This book belongs

ironic	**iro, iró**	irónico
law	**Jur**	jurídico
Latin America	**LAm**	Latinoamérica
linguistics, grammar	**Ling**	lingüística, gramática
literature, literary	**Lit**	literario
literal(ly)	**lit**	literal(mente)
masculine	**m**	masculino
mathematics	**Math, Mat**	matemáticas
	Mec	mecánica
medicine	**Med**	medicina
meteorology	**Met**	meteorología
Mexico	**Mex, Méx**	México, Méjico
military	**Mil**	militar
mining	**Min**	minería
mineralogy	**Miner**	mineralogía
music	**Mus, Mús**	música
noun	**n**	nombre, sustantivo
nautical	**Naut, Náut**	náutica
negative	**neg**	negativo
Nicaragua	**Nic**	Nicaragua
number	**num, núm**	número
object	**obj**	objeto
ornithology	**Orn**	ornitología
oneself	**o.s.**	
Panama	**Pan**	Panamá
Paraguay	**Par**	Paraguay
Parliament	**Parl**	Parlamento
pejorative	**pej**	
Peru	**Pe**	Perú
personal	**pers**	personal
	pey	peyorativo
pharmacy	**Pharm**	
philosophy	**Phil**	
photography	**Phot**	
physics	**Phys**	
plural	**pl**	plural
poetic	**poet**	
politics	**Pol**	política
possessive	**poss, pos**	posesivo
past participle	**pp**	participio pasado
Puerto Rico	**PR**	Puerto Rico
predicative	**pred**	predicativo
prefix	**pref**	prefijo
preposition	**prep**	preposición
present	**pres**	presente
pronoun	**pron**	pronombre
proverb	**Prov**	
present participle	**prp**	
psychology	**Psych, Psic**	psicología
past tense	**pt**	
	Quím	química
registered trade mark	**®**	marca registrada
radio	**Rad**	radio
religion	**Rel**	religión
somebody	**sb**	
school	**Scol**	
Scotland	**Scot**	
sewing	**Sew**	
singular	**sg**	singular
sociology	**Sociol**	sociología
Spain	**Sp**	
something	**sth**	
subject	**subj**	
subjunctive	**subjun**	subjuntivo
suffix	**suf**	sufijo
	suj	sujeto
superlative	**superl**	superlativo
	Taur	tauromaquia
	tb	también
	Teat	teatro
technical	**Tech, Téc**	técnico
telecommunications	**Telec**	telecomunicaciones
theatre	**Theat**	
	Tip	tipografía
television	**TV**	televisión
typography	**Typ**	
university	**Univ**	universidad
Uruguay	**Uru**	Uruguay
United States	**US**	Estados Unidos
verb	**vb**	verbo
Venezuela	**Ven**	Venezuela
veterinary medicine	**Vet**	veterinaria
intransitive verb	**vi**	verbo intransitivo
reflexive verb	**vr**	verbo reflexivo
transitive verb	**vt**	verbo transitivo
zoology	**Zool**	zoología

DICCIONARIO
ESPAÑOL ▸ INGLÉS
INGLÉS ▸ ESPAÑOL
SPANISH ▸ ENGLISH
ENGLISH ▸ SPANISH
DICTIONARY

COLLINS
DICCIONARIO
ESPAÑOL ▸ INGLÉS
INGLÉS ▸ ESPAÑOL

grijalbo

COLLINS

SPANISH ▸ ENGLISH
ENGLISH ▸ SPANISH
DICTIONARY

HarperCollins*Publishers*

First published in this edition 1993

Latest reprint 1996

Grijalbo Mondadori, S.A.
Aragón 385, Barcelona 08013

ISBN 84-253-2654-0 — CONCISE
ISBN 84-253-2772-5 — NEW STANDARD

HarperCollins Publishers
P.O. Box, Glasgow G4 ONB, Great Britain

ISBN 0 00 470115-1 (standard)

---

10 East 53rd Street, New York, NY 10022

ISBN 0-06-275514-5

First HarperCollins edition published 1993

Library of Congress Cataloguing-in-Publication Data

Collins Spanish-English, English-Spanish dictionary /
[contributors, Teresa Alvarez García ... et al.]. – 2nd ed.
p. cm.
Added t.p. in Spanish: Collins diccionario español-inglés, inglés-español.
Rev. ed. of: Collins concise Spanish-English, English-Spanish dictionary. 1985.
"Based on the third edition (1992) of the authoritative and highly acclaimed Collins Spanish dictionary" – Introd.
ISBN 0-06-275514-5 (thumb-indexed : US & Can.). – ISBN 0-00-470115-1 (standard : outside the US). – ISBN 0-00-470301-4 (thumb-indexed : outside the US & Can.)
1. Spanish language–Dictionaries–English. 2. English language–Dictionaries–Spanish. I. Alvarez García, Teresa. II. Collins concise Spanish-English, English-Spanish dictionary. III. Title: Collins diccionario español-inglés, inglés-español.
PC4640.C53 1993
463'.21–dc20 92-39311
CIP

---

96 97 98 99 00 CIBM 10 9 8 7

A catalogue record for this book is available from the British Library

Computer typeset by Tradespools Ltd, Somerset, Great Britain
Printed in Great Britain by Caledonian International Book Manufacturing

SECOND EDITION SEGUNDA EDICIÓN

CONTRIBUTORS/COLABORADORES

Teresa Alvarez García Ana Cristina Llompart

Enrique González Sardinero Henrietta McKaigney

Jane Horwood

LATIN AMERICAN SPANISH/ESPAÑOL DE LATINOAMÉRICA

Brian Steel

EDITORIAL MANAGEMENT/DIRECCIÓN EDITORIAL

Gerard Breslin

EDITORIAL STAFF/REDACCIÓN

Lesley Johnston Maggie Seaton Cordelia Lilly

COMPUTING/INFORMÁTICA

Raymund Carrick

FIRST EDITION PRIMERA EDICIÓN

Mike Gonzalez

Alan Morley John Forry

Jeremy Butterfield

CONTENTS

ÍNDICE DE MATERIAS

INTRODUCTION

This dictionary is based on the third edition (1992) of the authoritative and highly acclaimed Collins Spanish dictionary, and contains over 135,000 references and 220,000 translations, with unparalleled coverage of the rapidly changing vocabulary of Spanish and English in both Europe and America.

The user whose aim is to learn, read and understand Spanish will find this dictionary, with its wide-ranging and up-to-date coverage of current usage, an invaluable companion.

In-depth treatment has been given to all areas of language dealing with modern life, and particular emphasis is given to fields such as business, computing and new technology, where language developments are most evident. The extensive coverage of abbreviations and the most commonly used acronyms will enable the user to understand the press, where they are such a common feature. Similarly, the most commonly encountered geographical terms, such as names of countries, towns and cities and their inhabitants, have been listed.

To facilitate communication in the foreign language the basic, most frequently used words are treated in special depth, so that the user may communicate correctly and idiomatically – both orally and in writing.

The present volume has benefitted from the very latest developments in dictionary research, and incorporated a wealth of new material from the COBUILD English language corpora, and from a corpus of Spanish neologisms gathered by Diarmuid Bradley of the University of Galway.

Presented in Collins clear and attractive typography, this book is the ideal aid both to understanding and to expressing oneself in the foreign language.

INTRODUCCIÓN

El presente diccionario se basa en la tercera edición (1992) del reconocido y aclamado Diccionario Collins Inglés-Español. Contiene más de 135.000 referencias y 220.000 traducciones y ofrece un tratamiento sin rival del inglés y del español de Europa y América.

Para todos aquellos que deseen aprender inglés y llegar a leerlo y comprenderlo sin dificultad, este diccionario con su amplia cobertura de todas las variedades del léxico de hoy en día, constituirá un compañero indispensable.

Al elaborarlo, se ha puesto particular énfasis en abarcar campos tales como el de los negocios, la informática y la nueva tecnología, en los que el lenguaje evoluciona con una mayor rapidez. Por otra parte, la presencia de numerosos acrónimos y abreviaturas corrientes ayudará al público a comprender mejor la prensa, en la que éstos aparecen con tanta frecuencia. Por último, se han incluido los gentilicios y los términos geográficos más frecuentes, tales como nombres de países y ciudades.

A fin de facilitar la comunicación en la lengua extranjera, se ha intentado explicar detenidamente las palabras clave y de uso más frecuente, de manera que el lector pueda expresarse de forma correcta y natural, tanto oralmente como por escrito.

Este volumen se ha beneficiado de los últimos avances en investigación lexicográfica e incorpora una gran abundancia de material nuevo del banco de datos de lengua inglesa COBUILD y de un corpus de neologismos españoles elaborado por Diarmuid Bradley de la Universidad de Galway.

Con su clara y atractiva tipografía, esta edición es el instrumento ideal tanto para comprender como para expresarse en la lengua extranjera.

Registered trademarks indicated — indicación de marcas registradas

Tipp-Ex® ['tɪpeks] **1** *n* Tippex ® *m*, corrector *m*. **2** *vt* (*also* **to ~ out, to ~ over**) corregir con Tippex.

register marking — señalización del registro lingüístico

tipple ['tɪpl] (*fam*) **1** *n* trago *m* (*fam*). **2** *vi* empinar el codo.

tippler ['tɪplǝʳ] *n* (*fam*) amante *mf* de la bebida; **he's a bit of a ~** le gusta echar un trago de vez en cuando.

cross references — remisión a otros artículos

tippy-toe ['tɪpɪtǝʊ] (*US*) = **tiptoe**.

inflections shown — inclusión de la flexión gramatical

tipster ['tɪpstǝʳ] *n* pronosticador(a) *m/f*.

tipsy ['tɪpsɪ] *adj* (*comp* **-ier**; *superl* **-iest**) achispado/a, chispa, piripi, tomado/a (*LAm*).

Latin American coverage — español de América

tiptoe ['tɪptǝʊ] **1** *n*: **to walk on ~** andar *or* (*LAm*) caminar de puntillas. **2** *vi* ir de puntillas; **to ~ in** entrar de puntillas.

phonetics in IPA — transcripción fonética según la notación del alfabeto fonético internacional

tiptop ['tɪp'tɒp] *adj*: **in ~ condition** (*car etc*) en excelentes condiciones; (*person*) en plena forma.

tirade [taɪ'reɪd] *n* diatriba *f*.

superior numbers mark homographs — homógrafos señalados por números volados

tire[1] ['taɪǝʳ] *n* (*US*) = **tyre**.

tire[2] ['taɪǝʳ] **1** *vt* cansar. **2** *vi* cansarse; **to ~ of sb/sth** hartarse de algn/algo.

phrasal verbs — verbos preposicionales

► **tire out** *vt + adv* agotar, rendir (*LAm*); **to ~ sb out** cansar a algn.

clara indicación de las distintas acepciones

tired ['taɪǝd] *adj* **(a)** (*person, voice etc*) cansado/a, fatigado/a (*esp LAm*); **to be/feel ~** estar/sentirse cansado; **to look ~** tener cara de cansancio; **to be ~ of sb/sth** estar harto de algn/algo; **to get** *or* **grow ~ of doing sth** cansarse *or* hartarse de hacer algo. **(b)** (*fig: cliché etc*) trillado/a; (*: shabby*) raído/a, gastado/a.

US coverage — cobertura del inglés americano

manta[1] *nf* **(a)** (*de cama etc*) blanket; (*rebozo*) shawl; **~ eléctrica** electric blanket; **~ de viaje** travelling *o* (*US*) traveling rug; **a ~** plentifully, abundantly; **liarse la ~ a la cabeza** to decide to go the whole hog; **tirar de la ~** to let the cat out of the bag, give the game away. **(b)** (*LAm: calico*) coarse cotton cloth; (*: poncho*) poncho. **(c)** (*fam*) hiding.

manta[2] (*Esp fam*) **1** *adj* bone-idle. **2** *nmf* idler, slacker.

regional labelling for Spain and Latin America — indicaciones de uso geográfico para España y Latinoamérica

mantear [1a] *vt* to toss in a blanket.

manteca *nf* (animal) fat; (*CSur*) butter; **~ de cacahuete/cacao** peanut/cocoa butter; **~ de cerdo** lard.

mantecada *nf* small cake, iced bun.

helpful meaning indicators — indicaciones claras para dividir acepciones

mantecado *nm* (*helado*) ice cream; (*pasta*) ≈ shortbread.

mantecoso *adj* fat, greasy; (*cremoso*) creamy; **queso ~** soft cheese.

mantel *nm* tablecloth; (*Rel*) altar cloth.

mantelería *nf* table linen.

all Spanish verbs referred to verb tables — códigos que remiten a paradigmas verbales

mantener [2k] **1** *vt* **(a)** (*Arquit, Téc etc*) to hold up, support; **~ algo en equilibrio** to keep sth balanced.

paragraphing makes for easier access to entries — división en párrafos que facilita el acceso a cada acepción

(b) (*idea, opinión etc*) to maintain, defend; (*persona*) to keep, support; **mantenella y no emendalla** firm defence *o* (*US*) defense of a decision *etc*.

(c) (*fuego*) to keep in, keep going; (*alimentar*) to sustain; **le mantiene la esperanza** he is sustained by hope, hope keeps him going.

(d) (*Fin*) to maintain, support.

useful field labels — indicaciones del campo semántico

(e) (*Mec etc*) to maintain, service.

(f) (*costumbre, disciplina, relaciones*) to keep up, maintain; **~ la línea** to keep one's figure, keep in shape.

(g) (*~ + adj*) **~ algo caliente** to keep sth hot; **'Mantenga limpia España'** 'Keep Spain clean'.

2 mantenerse *vr* **(a) el edificio se mantiene todavía en pie** the building is still standing.

extensive usage examples — ejemplificación de uso de la voz

(b) ~ firme to hold one's ground; **~ a distancia** to keep one's distance; **~ en vigor** to stand, remain in force; **~ en un puesto** to stay in one's job, keep one's post; **~ en contacto con** to keep up one's contacts with, keep in touch with; **~ en forma** to keep fit.

(c) (*alimentarse*) to subsist; **se mantiene con leche** she keeps going on milk.

PRONUNCIATION AND ORTHOGRAPHY

THE PRONUNCIATION OF EUROPEAN SPANISH

1 Except for a very few anomalies such as the writing of silent *h* and the existence of the two symbols *b* and *v* for the same sound, the pronunciation of Spanish is so well represented by normal orthography that it would be a waste of space to give a phonetic transcription for every Spanish word in Part I as is done for English in Part II. The general introduction given below should suffice. However, a transcription in IPA (International Phonetic Association) symbols is given for those few Spanish words in which spelling and pronunciation are not in accord, such as *reloj* [re'lo], and for those numerous anglicisms and gallicisms which retain an un-Spanish spelling or which have unexpected and unpredictable pronunciations even for those acquainted with the original languages. In some cases alternative pronunciations are given, an indication that cultured Spanish usage has not yet fixed firmly on one.

In this section the pronunciation described is that of educated Castilian, and little account is taken of that of the Spanish regions, even though some (notably Andalusia) have considerable cultural strength and a pronunciation which is socially acceptable throughout Spain. The pronunciation of Spanish in America is treated in a separate section.

It must be noted that in this attempt to describe the sounds of Spanish in terms of English, and in a limited space, one is conscious of making no more than approximations. Such comparisons have a practical end and inevitably lack the scientific exactness which trained phoneticians require.

2 Accentuation of Spanish words

For Spanish, unlike English, simple rules can be devised and stated which will enable the stress to be placed correctly on each word at sight:

(**a**) If the word ends in a vowel, or in *n* or *s* (often the signs of the plural of verbs and nouns respectively), the penultimate syllable is stressed: *zap**a**to, zap**a**tos, div**i**de, div**i**den, dividi**e**ron, antiviviseccion**i**sta, telefon**e**a, hist**o**ria, diluvi**a**ba* (such words are called *palabras llanas* or *graves*).

(**b**) If the word ends in a consonant other than *n* or *s*, the last syllable is stressed: *verd**a**d, practic**a**r, decib**e**l, virr**e**y, coñ**a**c, pesad**e**z* (such words are called *palabras agudas*).

(**c**) If the word is to be stressed in some way contrary to rules (**a**) and (**b**), an acute accent is written over the vowel to be stressed: *hablar**á**, guaran**í**, rub**í**, est**é**, roco**có**; m**á**quina, m**é**todos, vi**é**ndolo, paral**í**tico, h**ú**ngaro* (words of this latter type are called *palabras esdrújulas*). With only two exceptions, the same syllable is stressed in the singular and plural forms of each word, but an accent may have to be added or suppressed in the plural: *cr**i**men, cr**í**menes; naci**ó**n, naci**o**nes*. The two exceptions are *car**á**cter, caract**e**res*, and *r**é**gimen, reg**í**menes*. Only in a few verbal forms can the stress fall further back than on the antepenultimate syllable: *c**á**ntamelo, proh**í**baselo*.

3 Diphthongs, hiatus and syllable division

It will have been noted in **2**(**a**) above, in cases like *telefonea* and *historia*, that not all vowels count equally for the purposes of syllable division and stress. The convention is that *a, e* and *o* are 'strong' vowels, and *i, u* 'weak'. Four rules then apply:

(**a**) A combination of weak + strong forms a diphthong (one syllable), the stress falling on the stronger element: *b**a**ila, ci**e**rra, pu**e**sto, p**e**ine, c**a**usa*.

(**b**) A combination of weak + weak forms a diphthong (one syllable), the stress falling on the second element: *ru**i**do, fu**i**mos, vi**u**da*.

(**c**) Two strong vowels remain in hiatus as two distinct syllables, the stress falling according to rules (**a**) and (**b**) in section 2; *ma/**e**s/tro* (three syllables in all), *con/tra/**e**r* (three syllables in all), *cre/**e**r* (two syllables).

(**d**) Any word having a vowel combination whose parts are not stressed according to rules (**a**) to (**c**) above bears an acute accent on the stressed part: *cre**í**do, per**í**odo, ba**ú**l, r**í**e, t**í**o*.

Note – in those cases where IPA transcriptions are given for Spanish words, the stress mark ['] is inserted in the same way as explained for English, above in **LA PRONUNCIACIÓN DEL INGLÉS BRITÁNICO**, section 2.

4 The Spanish letters and their sounds

Note – the order in which the explanations are set out is that of the alphabet and not that of the phonetic system. The system of transcription adopted is a fairly 'broad' one; a more exact or 'narrow' system would involve, for example, division of the vowel [e] according to quality and length, and the use of two symbols instead of one [e, ɛ].

5 Vowels

Spanish vowels are clearly and rather sharply pronounced, and single vowels are free from the tendency to diphthongize which is noticeable in English (eg **side** [saɪd], **know** [nəʊ]). Moreover when they are in unstressed positions they are relaxed only slightly, again in striking contrast to English (compare English **natural** ['nætʃrəl] with Spanish **natural** [natu'ral]). Stressed vowels are somewhat more open and short before **rr** (compare **carro** with **caro**, **perro** with **pero**).

(*NOTE: Examples are pronounced as in British English.*)

a	[a]	Not so short as **a** in English *pat, patter*, nor so long as in English *rather, bar*	**pata** **amara**
e	[e]	In an open syllable (one which ends in a vowel) like **e** in English *they*, but without the sound of the **y**. In a closed syllable (one which ends in a consonant) is a shorter sound, like the **e** in English *set, wet*	**me** **pelo** **sangre** **peldaño**
i	[i]	Not so short as **i** in English *bit, tip*, nor so long as in English *machine*	**iris** **filo**
o	[o]	In an open syllable (one which ends in a vowel) like **o** in English *note*, but without the sound of [u] which ends the vowel in this word. In a closed syllable (one which ends in a consonant) is a shorter sound, though not quite so short as in English *pot, cot*	**poco** **cosa** **bomba** **conté**

u	|u|	Like **u** in English *rule* or **oo** in *food.* Silent after **q** and in the groups **gue, gui,** unless marked by a diaeresis (*argüir, fragüe, antigüedad*)	**luna** **pula** **aquel** **pague**
y	|i|	As a vowel – that is in the conjunction **y** 'and', and at the end of a word such as *ley, voy* – is pronounced like **i.**	

Diphthongs

(See also section 3 above)

ai, ay	|ai|	like **i** in English *side*	**baile** **estay**
au	|au|	like **ou** in English *sound*	**áureo** **causa**
ei, ey	|ei|	like **ey** in English *they*	**reina** **rey**
eu	|eu|	like the vowel sounds in English **may-you,** without the sound of the **y**	**deuda** **feudo**
oi, oy	|oi|	like **oy** in English *boy*	**oiga** **soy**

Semiconsonants

These are two, and appear in a variety of combinations as the first element; not all the combinations are listed here.

i, y	|j|	like **y** in English *yes, yacht* (See also the note under *y* in the list of consonants)	**bien** **hielo** **yunta** **apoyo**
u	|w|	like **w** in English *well*	**huevo** **fuente** **agua** **guardar**

Consonants

b, v		These two letters have the same value in Spanish. There are two distinct pronunciations depending on position and context:	
	|b|	At the start of the breath-group and after written **m** and **n** (pronounced |m|) the sound is plosive like English **b**	**bomba** **boda** **enviar**
	|ß|	In all other positions the sound is a bilabial fricative (unknown in English) in which the lips do not quite meet	**haba** **severo** **yo voy** **de Vigo**
c		There are two different values:	
	|k|	**c** before **a, o, u** or a consonant is like English **k** in *keep,* but without the slight aspiration which accompanies it	**calco** **acto** **cuco**
	|θ|	**c** before **e, i** is like English **th** in *thin.* In parts of Andalusia and in *LAm* this is pronounced like English voiceless **s** in *same,* a phenomenon known as **seseo**	**celda** **hacer** **cinco** **cecear**
		Note – in words like *acción, sección* both types of *c*-sound are heard |kθ|	
ch	|tʃ|	like English **ch** in *church*	**mucho** **chocho**
d		There are three different values depending on position and context:	
	|d|	At the start of the breath-group and after **l, n** the sound is plosive like English **d**	**dama** **aldea** **andar**
	|ð|	Between vowels and after consonants other than **l, n** the sound is relaxed and approaches English voiced **th** |ð| in *this*; in parts of Spain and in uneducated speech it is further relaxed and even disappears, particularly in the **-ado** ending.	**pide** **cada** **pardo** **sidra**
		In the final position, the second type of |ð| is further relaxed or altogether omitted (though purists condemn this as a vulgar error). In eastern parts of Spain, however, this final **-d** may be heard as a |t|	**verdad** **usted** **Madrid** **callad**
f	|f|	like English **f** in *for*	**fama** **fofo**

g		There are three different values depending on position and context:	
	|x|	Before **e, i** it is the same as the Spanish **j** (below)	**Gijón** **general**
	|g|	At the start of the breath-group and after **n**, the sound is that of the English **g** in **g***et*	**gloria** **rango** **pingüe**
	|ɣ|	In other positions the sound is as in the second type above, but is fricative not plosive, there being no more than a close approximation of the vocal organs Note – in the group **gue, gui** the **u** is silent (*g***u***erra, g***u***indar*) except when marked by a diaeresis (*antig***ü***edad, arg***ü***ir*). In the group **gua** all the letters are sounded (**gua***rdia*, **gua***po*)	**haga** **agosto** **la guerra**
h		always silent, a written convention only	**honor** **hombre** **rehacer**
j	|x|	a strong guttural sound not found in the English of England, but like the **ch** of Scots *lo***ch**, Welsh *ba***ch**, or German *Aa***ch***en*, *A***ch***tung*; it is silent at the end of a word (*relo***j**)	**jota** **jején** **baraja**
k	|k|	like English **k** in **k***ick*, but without the slight aspiration which accompanies it	**kilogramo**
l	|l|	like English **l** in **l***ove*	**lelo** **panal**
ll	|ʎ|	approximating to English **lli** in *mi***lli***on*; in parts of Spain and most of *LAm* is pronounced as |j| and in other parts as |ʒ|; the pronunciation as |j| is condemned in Spain as a vulgar error but is extending rapidly even in Castile	**calle** **ella** **lluvia** **millón**
m	|m|	like English **m** in **m***ade*	**mano** **mamar**
n	|n|	like English **n** in **n***one*; but before written **v** is pronounced as **m**, the group making |mb| (*eg* **e***n***v***iar, si***n v***alor*)	**nadie** **pan** **pino**
ñ	|ɲ|	approximating to English **ni** |nj| in *o***ni***on*	**uña** **ñoño**
p	|p|	like English **p** in **p***ut*, but without the slight aspiration which accompanies it; it is often silent in *se***p***tiembre, sé***p***timo*	**padre** **papa**
q	|k|	like English **k** in **k***ick*, but without the slight aspiration which accompanies it; it is always written in combination with **u**, which is silent	**que** **quinqué** **busqué** **quiosco**
r	|r|	a single trill or vibration stronger than any **r** in the English of England, but like the **r** in Scots; it is more relaxed in the final position and is indeed silent in parts of Spain and *LAm*; pronounced like **rr** at the start of a word and also after **l, n, s**	**coro** **quiere** **rápido** **real**
rr	|rr|	strongly trilled in a way that does not exist in English (except in parodies of Scots)	**torre** **arre burra** **irreal**
s	|s|	Two pronunciations: Except in the instances mentioned next, is a voiceless **s** like **s** in English **s***ame*	**casa** **Isabel** **soso**
	|z|	Before a voiced consonant (**b, d, g, l, m, n**) is in most speakers a voiced **s** like **s** in English *ro***s***e, pha***s***e*	**desde** **asgo** **mismo** **asno**
t	|t|	like English **t** in **t***ame*, but without the slight aspiration which accompanies it	**título** **patata**
v		(*see* **b**)	
w		found in a few recent loanwords only; usually pronounced like Spanish **b, v** or like an English **v**, or kept as English **w**	**wáter** **week-end** **wolframio**

x		There are several possible pronunciations:	
	|ks|	Between vowels, **x** is pronounced like English **x** in *bo***x** |ks|, or	**máximo**
	|gs|	like **gs** in *bi***g** ***s****tick* |gs|	**examen**
	|s|	In a few words the **x** is pronounced between vowels like English **s** in **s***ame* by many (but not all) speakers	**exacto** **auxilio**
	|s|	Before a consonant **x** is pronounced like English **s** in **s***ame* by many (but not all) speakers	**extra** **sexto**
y	|j|	as a consonant or semiconsonant, is pronounced like **y** in English **y***es*, **y***outh*; in emphatic speech in Spain and *LAm* this is heard as a voiced palatal plosive rather like the **j** in English **j***am* |dʒ|; in *Argentina, Chile etc* this **y** is pronounced like the **s** in English *lei***s***ure* |ʒ|	**mayo** **yo** **mayor** **ya**
z	|θ|	like English **th** in **th***in*; in parts of Andalusia and in *LAm* this is pronounced like English voiceless **s** in **s***ame*, a phenomenon known as **seseo**	**zapato** **zopenco** **zumbar** **luz**

6 Additional notes on pronunciation

(**a**) The letter **b** is usually not pronounced in groups with **s** such as **obscuro, substituir,** and such words are now often written (with the Academy's sanction) **oscuro, sustituir** *etc*; they are so printed in this dictionary. A tendency to drop the **b** in pronouncing other similar groups is also noticeable, for example in **subjuntivo,** but in these cases the **b** is still always written.

(**b**) With one exception there are no real double consonants in Spanish speech; **cc** in words like **acción** is two separate sounds |kθ|, while **ll** and **rr** have their own values (see the table above). The exception is the **-nn-** group found in learned words having the Latin prefix **in-,** eg **innato,** or occasionally **con-, sin-,** as in **connatural, sinnúmero.** In these cases the *n* is pronounced double |nn|.

(**c**) Final **-s** of the definite and indefinite articles, plural, and of plural adjectives, is usually silent when the following noun starts with **r-**: eg **unos rábanos** |uno'rraβanos|, **los romanos, varias razones, dos ratas** |do'rratas|.

(**d**) Foreign sounds in Spanish hardly warrant separate treatment for our purposes; whereas the cultured Briton makes some attempt to maintain at least a vaguely French sound when he pronounces English loanwords from French, with nasal vowels and so on, the cultured Spaniard for the most part and certainly his less cultured compatriot adapts the sounds (but often not the spelling) of loanwords taken from French or English to suit his native speech habits. This is best studied in the transcriptions of individual items in the main text of the dictionary; see for example **chalet, gag, jazz, shock.**

(**e**) No old-established Spanish word begins with what is called 'impure *s*', that is, *s* plus a consonant as an initial group. When Spaniards have to pronounce a foreign name having such a group they inevitably precede it with an **e-** sound, so that **Smith** is |ez'miθ| or |ez'mis|. Very recent anglicisms tend to be written in Spanish as **slip, slogan** and so on, but must be pronounced |ez'lip|, |ez'loɣan|; those that are slightly better established are written **esnob, esplín** etc, and then present no problem in pronunciation.

7 The letters of the Spanish alphabet

When the letters are cited one by one, or when a word is spelled out for greater clarity, or when an aircraft is identified by a letter and a name, and so on, the names of the letters used are:

a	|a|	**j**	|'xota|	**r**	|'ere|
b	|be| (in *LAm* |be'larɣa|)	**k**	|ka|	**rr**	|'erre|
c	|θe| |se|	**l**	|'ele|	**s**	|'ese|
ch	|tʃe|	**ll**	|'eʎe|	**t**	|te|
d	|de|	**m**	|'eme|	**u**	|u|
e	|e|	**n**	|'ene|	**v**	|'uβe| (in *LAm* |be'korta|)
f	|'efe|	**ñ**	|'eɲe|		
g	|xe|	**o**	|o|	**w**	|'uβe 'doβle| (in *LAm* |'doβle be|)
h	|'atʃe|	**p**	|pe|		
i	|i|	**q**	|ku|	**x**	|'ekis|
				y	|i'ɣrjeɣa|
				z	|'θeta| *or* |'θeða| *or* |'seta|

The letters are of the feminine gender: 'mayo se escribe con una **m** minúscula', '¿esto es una **c** o una **t**?'. One says 'una **a**' and 'la **a**,' 'una **h**' and 'la **h**' (not applying the rule as in **un ave, el agua**).

THE PRONUNCIATION OF SPANISH IN AMERICA

To generalize briefly about the vast area over which Spanish ranges in the New World is difficult; the following notes are very tentative. The upland regions (settled by Castilians from the *meseta*) tend to be linguistically conservative and to have more Castilian features; the lowland and coastal regions share many of the features of Andalusian speech. Among the vowels there is little to note. Among the consonants:

1 The Castilian |θ| sound – in writing **c** or **z** – is pronounced as various kinds of *s* |s| throughout America, a phenomenon known as *seseo.*

2 At the end of a syllable and a word, *s* is a slight aspiration, eg **las dos** |lah'doh|, **mosca** |'mohka|; but in parts of the Andean region, in upland Mexico and in Peru the |s| is maintained as in Castilian.

3 Castilian written **ll** |ʎ| is pronounced in three different ways in regions of America. It survives as |ʎ| in part of Colombia, all Peru, Bolivia, N. Chile and Paraguay; in Argentina, Uruguay, upland Ecuador and part of Mexico it is pronounced |ʒ|; and in the remaining areas it is pronounced |j|. When this last kind |j| is in contact with the vowels **e** and **i** it disappears altogether and one finds in uneducated writing such forms as **gaína** (for **gallina**) and **biete** (for **billete**).

4 In uneducated speech in all parts there is much confusion of **l** and **r**: **clin** (for **crin**), **carma** (for **calma**) etc.

5 Written **h** is silent in Castilian, but in parts of Mexico and Peru this **h** is aspirated at the start of a word (when it derives from Latin initial *f-*), so that in uneducated writing one finds such forms as **jarto** (for **harto**) and **jablar** (for **hablar**). Compare **halar/jalar** and other cases in the text of the dictionary.

SPANISH ORTHOGRAPHY

The system of spelling in Spanish is extremely logical and apart from a few small anomalies it presents no problems. An excellent book for those in doubt is Manuel Seco's *Diccionario de dudas y dificultades de la lengua española*, Madrid, Espasa-Calpe, 9th ed., 1990.

1 Spelling reform in Spanish to correct the few remaining anomalies is rarely attempted. Some favour always writing **j** (not a mixture of **g** and **j**) for the |x| sound: **jeneral, Jibraltar** – quite logically, since **jirafa**, **jícara** and **jirón**, and many others, are so spelled by everybody. Poetic texts of Juan Ramón Jiménez are always printed with such spellings.

2 The Academy's *Nuevas Normas* of 1959 recommended spelling rare words beginning in **mn-** and rather frequent words in **ps-** with **m, s** respectively, but this is taking a long time to establish itself; we have preferred in the dictionary to give such words as **ps-** in both parts, but with a cross-reference from **s-** in the Spanish-English, in accordance with our principle of following usage rather than rules. (Note that the element **seudo-** is well established, however, and has virtually ousted **pseudo-**.)

3 Novels representing the life of the lower urban classes, peasants and the regions are numerous. In them the author may portray their speech (phonetically substandard on the purists' criteria) by such forms as: señá *for* señora, usté *for* usted, ná *for* nada *etc.*

4 Those who read familiar letters from less well-educated Spaniards may welcome a note on the kind of error which often appears in such documents (and is not wholly unknown in public notices and in print). The errors depend on the few anomalies of the official spelling system. Great confusion reigns over **b, v**; one finds **boy** for **voy**, **escrivir** for **escribir**, **tranbía** for **tranvía**, and even **vrabo** for **bravo**. **H** being silent is often omitted: **acer, reacer, ombre**; but equally it is often added where it does not belong, **hera** for **era**, **honce** for **once** and so on. Since written **ll** |ʎ| is often regionally and vulgarly pronounced |j|, one sometimes finds **ll** written by hypercorrection in place of **y**: **cullo** for **cuyo**, **rallo** for **rayo**.

5 Much of the above applies also to Spanish in America, partly because of error and partly because it reflects pronunciation there (see the previous section). The confusion between written **ll** and **y** goes further than in Spain, eg with **llapa-yapa**; the same is true of initial **h-** and **j-**, eg **halar-jalar**, and of **gua-** and **hua-**, eg **guaca-huaca**; we have tried to provide cross-references to these variants in the dictionary. Forms such as **güevo** (for **huevo**) and **güeno** (for **bueno**) are common too. Newspapers and even books are more carelessly printed in parts of America than they are in Spain; examples noted from Central America include **excabar** (for **excavar**), **haya** (for **aya**), **desabitada** (for **deshabitada**); while because the regular **seseo** equates Castilian |θ| with |s| in America, one finds in print **capas** (for **capaz**), **saga** (for **zaga**), and by hypercorrection **sociego** (for **sosiego**) and **discución** (for **discusión**).

6 Use of capitals in Spanish. Capital letters are used to begin words as in English in the following cases: for the first word in the sentence; for proper names of every kind; for the names, bynames and possessive pronouns of God, Christ, the Virgin Mary etc; for ranks and authorities in the state, army, church, the professions etc.

Usage differs from English in the following cases:

(a) The names of the days and months do not have capitals in Spanish: **lunes, martes, abril, mayo**.

(b) The first person subject pronoun does not have a capital unless it begins the sentence: **yo**. In Spanish it is usual to write the abbreviations **Vd, Vds, Ud, Uds** with capitals, but **usted, ustedes** in their extended form.

(c) Capitals are used for the names of countries and provinces etc, but not for the names of their inhabitants, for the adjectives relating to them or for their languages: **Francia**, but **un francés, una francesa, el vino francés, hablar francés**. The same is true of adjectives and nouns formed from other types of proper names: **la teoría darviniana, los estudios cervantinos, el conocido gongorista, la escuela alfonsí**.

(d) In the titles of books, articles, films etc the capital is used only at the start of the first word, unless later words are proper names: **El tercer hombre, Lo que el viento se llevó** (but **Boletín de la Real Academia Española**).

(e) A very few words which do not have capitals in English often have them in Spanish: **el Estado, la Iglesia** and such. This is not obligatory and may depend on the amount of respect being shown.

7 Spanish punctuation. This is as in English except for the following features:

(a) Exclamation and question marks are placed inverted (¡ ¿) at the start of the exclamation or question as well as at the end. Note that this does not always coincide with the start of the sentence: eg **Pues ¿vamos o no vamos?; Son trece en total, ¿verdad?**

(b) The long dash (—, called a *raya*) is often used in Spanish where English would put parentheses.

(c) The same dash is much used to introduce dialogue or direct speech; sometimes at the start and at the end of the quotation, but sometimes only at the start.

(d) The inverted commas (" ") with which English encloses passages of direct speech and uses for a variety of other purposes are often represented in Spanish by « ».

8 Word division in Spanish. There are rules, rather different from those of English, about how a word may be divided in writing at the end of a line. The main points are:

(a) A single consonant between vowels is grouped with the second of them: **pa-lo, Barcelo-na**.

(b) In a group of two consonants between vowels, the first is grouped with the preceding vowel and the second with the following vowel: **in-nato, des-mochar, paten-te**. But groups having **l** or **r** as the second element are considered as units and join the following vowel only: **re-probar, de-clarar**.

(c) A group consisting of consonant + **h** may be split: **ex-hibición, Al-hambra**.

(d) It must be remembered that **ch, ll** and **rr** are considered as individual letters and must therefore never be split: **aprove-char, aga-lla, contra-rrevolucionario**.

(e) In a group of three consonants, the first two join the preceding vowel and the third joins the following vowel: **trans-porte, cons-tante**. Exception: if the third consonant in the group is **l** or **r**, only the first consonant joins the preceding vowel while the second and third join the following vowel: **som-bra, des-preciar, con-clave**.

(f) Two vowels should never be separated, whether they form one syllable or not: **rui-do, maes-tro, pro-veer**.

(g) Where it can be clearly recognized that a word consists of two or more words having an independent existence of their own, the long word may be divided in ways that contravene the foregoing rules: **latino-americano, re-examinar, vos-otros**. The same applies to some prefixes: **des-animar, ex-ánime**.

9 Use of the hyphen (-, called a *guión*) in Spanish. Strictly speaking this should only be used in Spanish in the cases mentioned in the *Nuevas Normas*, *e.g.* **relaciones franco-prusianas, cuerpos técnico-administrativos**. Compound words with or without a hyphen in English should be written as single words without hyphen in Spanish; a **hotplate** is **un calientaplatos** and a **windscreen-wiper** is **un limpiaparabrisas**, while a **Latin-American** is **un hispanoamericano** or **un latinoamericano**. Nonetheless in the dictionary we have used the hyphen in a few Spanish words which have been regularly noted in that form in print.

PRONUNCIACIÓN Y ORTOGRAFÍA

LA PRONUNCIACIÓN DEL INGLÉS BRITÁNICO

Como es sabido, la ortografía del inglés se ajusta a criterios históricos y etimológicos y en muchos puntos apenas ofrece indicaciones ciertas de cómo ha de pronunciarse cada palabra. Por ello nos ha parecido aconsejable y de utilidad para los hispanohablantes dar para cada palabra inglesa una pronunciación figurada o transcripción. Al tratar de explicar en estas notas los sonidos del inglés mediante comparaciones con los sonidos del español en un espacio reducido nos damos cuenta de que realizamos una labor que no pasa de ser aproximativa. Tales comparaciones tienen una finalidad práctica y carecen del rigor científico que exigen los fonetistas especializados.

1 Sistema de signos

Se emplean los signos de la IPA (International Phonetic Association). Hemos seguido en general las transcripciones de Daniel Jones, *English Pronouncing Dictionary*, London, Dent, 14th ed., 1989. En el prólogo de esta obra el autor explica los principios que le han guiado en su trabajo.

2 Acentuación

En las transcripciones el signo |ˈ| se coloca delante de la sílaba acentuada. El signo |ˌ| se pone delante de la sílaba que lleva el acento secundario o más ligero en las palabras largas, p.ej. **acceleration** |ækˌseləˈreɪʃən|. Dos signos de acento principal |ˈ ˈ| indican que las dos sílabas, o bien dos de las sílabas, se acentúan igualmente, p.ej. **A 1** |ˈeɪˈwʌn|, **able-bodied** |ˈeɪblˈbɒdɪd|.

3 Signos impresos en cursiva

En la palabra *annexation* |ˌænekˈseɪʃ*ə*n|, la |*ə*| en cursiva indica que este sonido puede o no pronunciarse; o porque muchos hablantes la pronuncian pero que otros muchos no la pronuncian, o bien porque es un sonido que se oye en el habla lenta y cuidada pero que no se oye en el habla corriente y en el ritmo de la frase entera.

4 Transcripciones alternativas

En los casos donde se dan dos transcripciones, ello indica que ambas pronunciaciones son igualmente aceptables en el uso de las personas cultas, p.ej. **medicine** |ˈmeds*ɪ*n, ˈmedɪs*ɪ*n|, o bien que la pronunciación varía bastante según la posición de la palabra en la frase y el contexto fonético, p.ej. **an** |æn, ən, n|.

5 Véase también la nota sobre la pronunciación del inglés norteamericano.

6 El orden en que se explican los signos abajo es más o menos ortográfico y no el estrictamente fonético.

Vocales

|æ|	sonido breve, bastante abierto, parecido al de **a** en *carro*	**bat** **apple**	|bæt| |ˈæpl|
|ɑː|	sonido largo parecido al de **a** en *caro*	**farm** **calm**	|fɑːm| |kɑːm|
|e|	sonido breve, bastante abierto, parecido al de **e** en *perro*	**set** **less**	|set| |les|
|ə|	'vocal neutra', siempre átona; parecida a la **e** del artículo francés *le* y a la **a** final del catalán (p.ej. *casa*, *porta*)	**above** **porter** **convey**	|əˈbʌv| |ˈpɔːtə^{r}| |kənˈveɪ|
|ɜː|	forma larga del anterior, en sílaba acentuada; algo parecido al sonido de **eu** en la palabra francesa *leur*	**fern** **work** **murmur**	|fɜːn| |wɜːk| |ˈmɜːmə^{r}|
|ɪ|	sonido breve, abierto, parecido al de **i** en *esbirro*, *irreal*	**tip** **pity**	|tɪp| |ˈpɪtɪ|
|iː|	sonido largo parecido al de **i** en *vino*	**see** **bean** **ceiling**	|siː| |biːn| |ˈsiːlɪŋ|
|ɒ|	sonido breve, bastante abierto, parecido al de **o** en *corra*, *torre*	**rot** **wash**	|rɒt| |wɒʃ|
|ɔː|	sonido largo, bastante cerrado, algo parecido al de **o** en *por*	**ball** **board**	|bɔːl| |bɔːd|
|ʊ|	sonido muy breve, más cerrado que la **u** en *burro*	**soot** **full**	|sʊt| |fʊl|
|uː|	sonido largo, parecido al de **u** en *uno*, *supe*	**root** **fool**	|ruːt| |fuːl|
|ʌ|	sonido abierto, breve y algo oscuro, sin correspondencia en español; se pronuncia en la parte anterior de la boca sin redondear los labios	**come** **rum** **blood** **nourish**	|kʌm| |rʌm| |blʌd| |ˈnʌrɪʃ|

Diptongos

|aɪ|	sonido parecido al de **ai** en *fraile, vais*	**lie** **fry**	|laɪ| |fraɪ|
|aʊ|	sonido parecido al de **au** en *pausa, sauce*	**sow** **plough**	|saʊ| |plaʊ|
|eɪ|	sonido medio abierto, pero más cerrado que la **e** de *casé*; suena como si le siguiese una |i| débil, especialmente en sílaba acentuada	**fate** **say** **waiter** **straight**	|feɪt| |seɪ| |ˈweɪtəʳ| |streɪt|
|əʊ|	sonido que es una especie de **o** larga, sin redondear los labios ni levantar la lengua; suena como si le siguiese una |u| débil	**ago** **also** **atrocious** **note**	|əˈgəʊ| |ˈɔːlsəʊ| |əˈtrəʊʃəs| |nəʊt|
|ɛə|	sonido que se encuentra únicamente delante de la **r**; el primer elemento se parece a la **e** de *perro*, pero es más abierto y breve; el segundo elemento es una forma débil de la 'vocal neutra' |ə|	**there** **rare** **fair** **ne'er**	|ðɛəʳ| |rɛəʳ| |fɛəʳ| |nɛəʳ|
|ɪə|	sonido cuyo primer elemento es una **i** medio abierta; el segundo elemento es una forma débil de la 'vocal neutra' |ə|	**here** **interior** **fear** **beer**	|hɪəʳ| |ɪnˈtɪərɪəʳ| |fɪəʳ| |bɪəʳ|
|ɔɪ|	sonido cuyo primer elemento es una **o** abierta, seguido de una **i** abierta pero débil; parecido al sonido de **oy** en *voy* o de **oi** en *coime*	**toy** **destroy** **voice**	|tɔɪ| |dɪsˈtrɔɪ| |vɔɪs|
|ʊə|	sonido cuyo primer elemento es una **u** medio larga; el segundo elemento es una forma débil de la 'vocal neutra' |ə|	**allure** **sewer** **pure**	|əˈljʊəʳ| |sjʊəʳ| |pjʊəʳ|

Consonantes

|b|	como la **b** de *tumbar, umbrío*	**bet** **able**	|bet| |ˈeɪbl|
|d|	como la **d** de *conde, andar*	**dime** **mended**	|daɪm| |ˈmendɪd|
|f|	como la **f** de *fofo, inflar*	**face** **snaffle**	|feɪs| |ˈsnæfl|
|g|	como la **g** de *grande, rango*	**go** **agog**	|gəʊ| |əˈgɒg|
|h|	es una aspiración fuerte, algo así como la jota castellana |x| pero sin la aspereza gutural de aquélla	**hit** **reheat**	|hɪt| |ˈriːˈhiːt|
|j|	como la **y** de *cuyo, reyes*	**you** **pure** **million**	|juː| |pjʊəʳ| |ˈmɪljən|
|k|	como la **c** de *cama* o la **k** de *kilómetro*, pero acompañada por una ligera aspiración inexistente en español	**catch** **kiss** **chord** **box**	|kætʃ| |kɪs| |kɔːd| |bɒks|
|l|	como la **l** de *leer, pala*	**lick** **place**	|lɪk| |pleɪs|
|m|	como la **m** de *mes, comer*	**mummy** **roam**	|ˈmʌmɪ| |rəʊm|
|n|	como la **n** de *nada, hablan*	**nut** **sunny**	|nʌt| |ˈsʌnɪ|
|ŋ|	como el sonido que tiene la **n** en *banco, rango*	**bank** **sinker** **singer**	|bæŋk| |ˈsɪŋkəʳ| |ˈsɪŋəʳ|
|p|	como la **p** de *palo, ropa*, pero acompañada por una ligera aspiración inexistente en español	**pope** **pepper**	|pəʊp| |ˈpepəʳ|

|r| Es un sonido muy débil, casi semivocal, que no tiene la vibración fuerte que caracteriza la **r** española. Se articula elevando la punta de la lengua hacia el paladar duro. (NB: En el inglés de Inglaterra la **r** escrita se pronuncia únicamente delante de vocal; en las demás posiciones es muda. Véase abajo).

rate |reɪt|
pear |pɛə^{r}|
fair |fɛə^{r}|
blurred |blɜːd|
sorrow |'sɒrəʊ|

|^{r}| Este signo en las transcripciones indica que la **r** escrita en posición final de palabra se pronuncia en el inglés británico en muchos casos cuando la palabra siguiente empieza con vocal. En algún dialecto inglés y sobre todo en los Estados Unidos esta **r** se pronuncia siempre, así cuando la palabra se pronuncia aislada como cuando la siguen otras (empezando con vocal o sin ella)

bear |bɛə^{r}|
humour |'hjuːmə^{r}|
after |'ɑːftə^{r}|

|s| como la **s** (sorda) de *ca**s**a*, *se**s**ión*

sit |sɪt|
scent |sent|
cents |sents|
pox |pɒks|

|t| como la **t** de ***t**ela*, *ra**t**a*, pero acompañada por una ligera aspiración inexistente en español

tell |tel|
strut |strʌt|
matter |'mætə^{r}|

|v| Inexistente en español (aunque se encuentra en catalán y valenciano). En inglés es sonido labiodental, y se produce juntando el labio inferior con los dientes superiores

vine |vaɪn|
river |'rɪvə^{r}|
cove |kəʊv|

|w| como la **u** de *h**u**evo*, *p**u**ede*

wine |waɪn|
bewail |bɪ'weɪl|

|z| como la **s** (sonora) de *de**s**de*, *mi**s**mo*

zero |'zɪərəʊ|
roses |'rəʊzɪz|
buzzer |'bʌzə^{r}|

|ʒ| Inexistente en español, pero como la **j** de las palabras francesas ***j**our*, ***j**alousie*, o como la **g** de las palabras portuguesas ***g**ente*, ***g**eral*

rouge |ruːʒ|
leisure |'leʒə^{r}|
azure |'eɪʒə^{r}|

Este sonido aparece a menudo en el grupo |dʒ|, parecido al grupo **dj** de la palabra francesa *a**dj**acent*

page |peɪdʒ|
edge |edʒ|
jail |dʒeɪl|

|ʃ| Inexistente en español, pero como la **ch** de las palabras francesas ***ch**ambre*, *fi**ch**e*, o como la **x** de la palabra portuguesa *ro**x**o*

shame |ʃeɪm|
ocean |'əʊʃən|
ration |'ræʃən|
sugar |'ʃʊgə^{r}|

Este sonido aparece a menudo en el grupo |tʃ|, parecido al grupo **ch** del español *mu**ch**o*, ***ch**o**ch**o*

much |mʌtʃ|
chuck |tʃʌk|
natural |'nætʃrəl|

|θ| como la **z** de ***z**umbar* o la **c** de ***c**iento*

thin |θɪn|
maths |mæθs|

|ð| forma sonorizada del anterior, algo parecido a la **d** de *to**d**o*, *habla**d**o*

this |ðɪs|
other |'ʌðə^{r}|
breathe |briːð|

|x| sonido que en rigor no pertenece al inglés de Inglaterra, pero que se encuentra en el inglés de Escocia y en palabras escocesas usadas en Inglaterra etc; es como la **j** de ***j**oven*, *ro**j**o*

loch |lɒx|

7 Sonidos extranjeros

El grado de corrección con que el inglés pronuncia las palabras extranjeras que acaban de incorporarse al idioma depende – como en español – del nivel cultural del hablante y de los conocimientos que pueda tener del idioma de donde se ha tomado la palabra. Las transcripciones que damos de tales palabras representan una pronunciación más bien culta. En las transcripciones la tilde | ˜ | indica que la vocal tiene timbre nasal (en muchas palabras de origen francés). En las pocas palabras tomadas del alemán aparece a veces la |x|, para cuya explicación véase el cuadro de las consonantes.

8 Las letras del alfabeto inglés

Cuando se citan una a una, o cuando se deletrea una palabra para mayor claridad, o cuando se identifica un avión etc por una letra y su nombre, las letras suenan así:

a |eɪ| **j** |dʒeɪ| **s** |es|
b |biː| **k** |keɪ| **t** |tiː|
c |siː| **l** |el| **u** |juː|
d |diː| **m** |em| **v** |viː|
e |iː| **n** |en| **w** |'dʌbljuː|
f |ef| **o** |əʊ| **x** |eks|
g |dʒiː| **p** |piː| **y** |waɪ|
h |eɪtʃ| **q** |kjuː| **z** |zed| (*en*
i |aɪ| **r** |ɑː^{r}| *EEUU* |ziː|)

LA PRONUNCIACIÓN DEL INGLÉS NORTEAMERICANO

Sería sin duda deseable dar aquí un resumen de las diferencias más notables que existen entre el inglés de Inglaterra y el de las regiones del Reino Unido – Escocia, Gales, Irlanda del Norte – y el de los principales países extranjeros y continentes donde se ha arraigado este idioma: Irlanda, Estados Unidos y el Canadá, las Antillas, Australia y Nueva Zelanda, Sudáfrica y los países sucesores de las antiguas colonias en el Este y Oeste de África, la India, etc. Para tal labor no disponemos ni del espacio ni mucho menos de los conocimientos necesarios. Siendo este diccionario un trabajo angloamericano, sin embargo, y considerando el predominio actual de los Estados Unidos en tantas esferas (entre ellas la lingüística), es de todos modos imprescindible apuntar algunas de las múltiples diferencias que existen entre el inglés de Inglaterra y el hablado en Estados Unidos.

Empleamos las abreviaturas (*Brit*) (British) y (*US*) (United States).

1 Acentuación

Las palabras que tienen dos sílabas o más después del acento principal llevan en (*US*) un acento secundario que no tienen en (*Brit*), p.ej. **dictionary** |(*US*) 'dɪkʃəˌnerɪ = (*Brit*) 'dɪkʃənrɪ|, **secretary** |(*US*) 'sekrəˌterɪ = (*Brit*) 'sekrətrɪ|. En algunos casos se acentúa en (*US*) una sílaba distinta de la que lleva el acento en (*Brit*): p.ej. **primarily** |(*US*) praɪ'mærɪlɪ = (*Brit*) 'praɪmərɪlɪ|. Este cambio de acento se percibe ahora también, por influencia norteamericana, en el inglés de Inglaterra.

2 Entonación

El inglés de (*US*) se habla con un ritmo más lento y en un tono más monótono que en Inglaterra, debido en parte al alargamiento de las vocales que se apunta abajo.

3 Sonidos

Muchas de las vocales breves acentuadas en (*Brit*) se alargan mucho en (*US*), y alguna vocal inacentuada en (*Brit*) se oye con más claridad en (*US*), p.ej. **rapid** |(*US*) 'ræ:pɪd = (*Brit*) 'ræpɪd|, **capital** |(*US*) 'kæ:bɪdəl = (*Brit*) 'kæpɪtl|.

Peculiaridad muy notable del inglés en (*US*) es la nasalización de las vocales antes y después de las consonantes nasales |m, n, ŋ|.

En las vocales individuales también hay diferencias. El sonido |ɑ:| en (*Brit*) en muchas palabras se pronuncia en (*US*) como |æ| o bien |æ:|, p.ej. **grass** |(*US*) græs *o* græ:s = (*Brit*) grɑ:s|, **answer** |(*US*) 'ænsər *o* 'æ:nsər = (*Brit*) 'ɑ:nsə[r]|. El sonido |ɒ| en (*Brit*) se pronuncia en (*US*) casi como una |ɑ| oscura, p.ej. **dollar** |(*US*) 'dɑlər = (*Brit*) 'dɒlə[r]|, **hot** |(*US*) hɑt = (*Brit*) hɒt|, **topic** |(*US*) 'tɑpɪk = (*Brit*) 'tɒpɪk|. El diptongo que se pronuncia en (*Brit*) |ju:| en sílaba acentuada se pronuncia en la mayor parte de (*US*) sin |j|, p.ej. **Tuesday** |(*US*) 'tu:zdɪ = (*Brit*) 'tju:zdɪ|, **student** |(*US*) 'stu:dənt = (*Brit*) 'stju:dənt|; pero muchas palabras de este tipo se pronuncian en (*US*) igual que en (*Brit*), p.ej. **music, pure, fuel**. En último lugar entre las vocales, se nota que la sílaba final **-ile** que se pronuncia en (*Brit*) |aɪl| es a menudo en (*US*) |əl| o bien |ɪl|, p.ej. **missile** |(*US*) 'mɪsəl, 'mɪsɪl = (*Brit*) 'mɪsaɪl|. Existen otras diferencias en la pronunciación de las vocales de palabras individuales, p.ej. **tomato**, pero éstas se tratan individualmente en el texto del diccionario.

En cuanto a las consonantes, destacamos dos diferencias. La consonante sorda |t| entre vocales suele sonorizarse bastante en (*US*), p.ej. **united** |(*US*) ju'naɪdɪd = (*Brit*) ju:'naɪtɪd|, o sufre lenición |t|. La *r* escrita en posición final después de vocal o entre vocal y consonante es por la mayor parte muda en (*Brit*), pero se pronuncia a menudo en (*US*), p.ej. **where** |(*US*) wɛər = (*Brit*) wɛə[r]|, **sister** |(*US*) 'sɪstər = (*Brit*) 'sɪstə[r]|. Hemos tomado esto en cuenta en las transcripciones en el texto del diccionario. También en posición final de sílaba (no sólo de palabra) se nota esta pronunciación de la *r* escrita: **burden** |(*US*) 'bə:rdn = (*Brit*) 'bə:dn|, **jersey** |(*US*) 'dʒə:rzɪ = (*Brit*) 'dʒə:zɪ|.

Conviene advertir que aun dentro del inglés de Estados Unidos hay notables diferencias regionales; la lengua de Nueva Inglaterra difiere bastante de la del Sur, la del Mediooeste no es la de California, etc. Los datos que constan arriba no son más que indicaciones muy someras.

LA ORTOGRAFÍA DEL INGLÉS

El extranjero, mientras lucha con las muchas confusiones y rarezas de la ortografía inglesa, se consuela recordando que los propios niños ingleses, y muchas personas mayores, sostienen la misma lucha. El inglés ha de ser el único idioma para el que ha valido la pena – la cosa estuvo de moda hace unos años – organizar certámenes ortográficos, en los que se pedía que los concursantes deletreasen palabras como **parallel**, **precede** y **proceed** y **supersede**, **sylph** y **Ralph**. Ha habido muchas tentativas de reforma – siendo quizá la más conocida la de G. B. Shaw – pero ninguna se ha llevado a la práctica; las reformas norteamericanas (véase abajo) son útiles pero afectan sólo a una pequeña parte del problema.

1 En general se aplica el sistema en todo su rigor y las dudas y desviaciones permitidas son escasísimas. Es lícito escribir algunas palabras con o sin **e** muda, como **blond(e)**, **judg(e)ment**; varía la vocal en **enquiry-inquiry**, **encrust-incrust**, y la consonante en muchas palabras terminadas en **-ise**, **-ize** (pero siempre **advertise**, **chastise**). En casos como **spirt-spurt** se hace generalmente una distinción de sentido. Son toleradas **grandad** y **granddad**, **mummie** y **mummy**. Las variantes más importantes constan en el texto del diccionario.

2 En las novelas en que se presenta la vida de la clase baja urbana (p.ej. de los *Cockneys* de Londres) o de gente del campo, el autor puede representar su habla – con sus incorrecciones y barbarismos, según el criterio casticista – con formas como las siguientes:

'e	=	he	Oim	=	I'm
'ere	=	here	roit	=	right
'ope	=	hope	Lunnun	=	London
'ed	=	head	bruvver	=	brother
et	=	ate	Fursday	=	Thursday
'arf	=	half	dook	=	duke
yer	=	your	dunno	=	don't know

La **-d** final tras **n** se suprime a menudo en este lenguaje, p.ej. **an'** = **and**, y la **-g** final se suprime en la desinencia **-ing**, p.ej. **boozin'** = **boozing**. Como curiosidad apuntamos que este último fenómeno se da también en representaciones del habla de las familias aristocráticas, de los militares viejos etc: **huntin'**, **shootin'** and **fishin'**. Nótese el modo de emplear la comilla (') para indicar la supresión de una letra. Tales cambios en la escritura pueden representar una diferencia no de clase sino de región, p.ej. en escocés **awa'** = **away**, y en el inglés de las Antillas **dis** = **this**.

3 Se observan a veces deformaciones hechas con intención humorística (**luv** = **love, Injun** = **Indian**) o con afán de ultramodernidad (**nite** = **night**) o como truco publicitario en el comercio (**sox** = **socks**) o como parte de la jerga de un grupo social (**showbiz** = **show business**).

4 Son mucho más importantes las diferencias ortográficas entre el inglés británico (*Brit*) y el norteamericano (*US*):

(**a**) La **u** que se escribe en (*Brit*) en las palabras terminadas en **-our** y derivadas del latín, se suprime en (*US*): (*US*) **color** = (*Brit*) **colour**, (*US*) **labor** = (*Brit*) **labour**. (Esto no afecta a los monosílabos como **dour, flour, sour**, donde no hay diferencia). También en (*US*) se suprime la **u** del grupo **ou** |əʊ| en el interior de la palabra: (*US*) **mold** = (*Brit*) **mould**, (*US*) **smolder** = (*Brit*) **smoulder**.

(**b**) Muchas palabras que en (*Brit*) terminan en **-re** se escriben en (*US*) **-er**: *US* **center** = (*Brit*) **centre**, (*US*) **meter** = (*Brit*) **metre**, (*US*) **theater** = (*Brit*) **theatre**. (Pero no existe diferencia en **acre, lucre, massacre**).

(**c**) Ciertas vocales finales, que no tienen valor en la pronunciación, se escriben en (*Brit*) pero se suprimen en (*US*): (*US*) **catalog** = (*Brit*) **catalogue**, (*US*) **prolog** = (*Brit*) **prologue**, (*US*) **program** = (*Brit*) **programme**, (*US*) **kilogram** = (*Brit*) **kilogramme**.

(**d**) En (*US*) se suele simplificar los diptongos de origen griego y latino **ae, oe**, escribiendo sencillamente **e**: (*US*) **anemia** = (*Brit*) **anaemia**, (*US*) **anesthesia** = (*Brit*) **anaesthesia**. En (*US*) se duda entre **subpoena** y **subpena**; en (*Brit*) se mantiene siempre el primero.

(**e**) En algunos casos las palabras que en (*Brit*) terminan en **-ence** se escriben **-ense** en (*US*): (*US*) **defense** = (*Brit*) **defence**, (*US*) **offense** = (*Brit*) **offence**.

(**f**) Algunas consonantes que en (*Brit*) se escriben dobles se escriben en (*US*) sencillas: (*US*) **wagon** = (*Brit*) **waggon** (pero **wagon** se admite también en Inglaterra), y sobre todo en formas verbales: (*US*) **kidnaped** = (*Brit*) **kidnapped**, (*US*) **worshiped** = (*Brit*) **worshipped**. El caso de **l, ll** intervocálicas ofrece más complejidades. Alguna vez lo que se escribe con **ll** en (*Brit*) se encuentra con una **l** en (*US*): así (*US*) **councilor** = (*Brit*) **councillor**, (*US*) **traveler** = (*Brit*) **traveller**. Por el contrario, en posición final de sílaba o de palabra la **l** en (*Brit*) es a menudo **ll** en (*US*): así (*US*) **enroll, enrolls** = (*Brit*) **enrol, enrols**, (*US*) **skillful** = (*Brit*) **skilful**.

(**g**) En (*US*) se modifica algún otro grupo ortográfico del inglés, pero sólo en la escritura de tono familiar: (*US*) **tho** = (*Brit*) **though**, (*US*) **thru** = (*Brit*) **through**. También son más corrientes en (*US*) las formas como **Peterboro** (o bien **Peterboro'**), aunque éstas no son desconocidas en (*Brit*).

(**h**) Viene luego una serie de palabras aisladas que se escriben de modo diferente:

(*US*)	(*Brit*)	(*US*)	(*Brit*)
ax	axe	mustache	moustache
check	cheque	pajamas	pyjamas
cozy	cosy	plow	plough
gray	grey	skeptic	sceptic
gypsy	gipsy	tire	tyre

En otros casos se duda bastante; en (*US*) hay lucha entre **rime, rhyme**, mientras en (*Brit*) se escribe únicamente el segundo; en (*US*) hay lucha entre **tire, tyre**, mientras en (*Brit*) se escribe siempre el segundo.

Conviene notar que mientras la influencia del inglés norteamericano se percibe a cada paso en el inglés británico en cuanto al léxico, a la fraseología y a la sintaxis, ésta parece no haber afectado para nada la ortografía del inglés en el Reino Unido.

5 Las mayúsculas se emplean más en inglés que en español. Se emplean como en español al principio de la palabra en los siguientes casos: en la primera palabra de la frase; en los nombres propios de toda clase; en los nombres, sobrenombres y pronombres posesivos de Dios, Cristo, Nuestra Señora etc; en las graduaciones y títulos de las autoridades del estado, del ejército, de la iglesia, de las profesiones etc.

Las mayúsculas se emplean en inglés en los siguientes casos donde se escribe minúscula en español:

(**a**) Los nombres de los días y meses: **Monday, Tuesday, April, May**.

(**b**) El pronombre personal de sujeto, primera persona: **I** (**yo**). Pero el pronombre de segunda persona se escribe en inglés con minúscula: **you** (*Vd, Vds*).

(**c**) Los nombres de los habitantes de los países y provincias, los adjetivos derivados de éstos y los nombres de los idiomas: **I like the French, two Frenchwomen, French cheese, to talk French, a text in old Aragonese.** Se emplea la mayúscula también en los nombres y adjetivos derivados de otras clases de nombres propios: **a Darwinian explanation, the Bennites, two well-known Gongorists, the Alphonsine school.** Sin embargo el adjetivo de nacionalidad puede escribirse con minúscula en algún caso cuando se refiere a una cosa corriente u objeto conocido de todos, p.ej. **a french window, french beans, german measles** (en este diccionario hemos preferido escribir algunas de estas palabras con mayúscula).

(**d**) En los sustantivos y adjetivos principales en los títulos de libros, artículos, películas etc: **The Third Man, Gone with the Wind.**

6 La puntuación en inglés. Los signos y el modo de emplearlos son como en español con las siguientes excepciones:

(**a**) Los signos de admiración y de interrogación (¡¿) no se emplean en inglés en principio de frase.

(**b**) En inglés se emplea menos la doble raya (— ... —) con función parentética; se prefiere en muchos casos el paréntesis (...).

(**c**) La raya (—) que sirve a menudo en español para introducir el diálogo y la oración directa, y a veces también para cerrarlos, se sustituye en inglés por las comillas ("..."). Conviene apuntar que éstas se emplean obligatoriamente al terminar la cita u oración directa y no sólo para introducirla. Los signos « » del español se escriben siempre como comillas ("...") en inglés.

7 La división de la palabra en inglés. Las reglas para dividir una palabra en final de renglón son menos estrictas en inglés que en español. En general se prefiere cortar la palabra tras vocal, **hori-zontal, vindication**, pero se prefiere mantener como unidades ciertos sufijos comunes, **vindica-tion, glamor-ous.** De acuerdo con esto se divide la palabra dejando separada la desinencia **-ing**, p.ej. **sicken-ing**, pero si ésta está precedida por un grupo de consonantes, una de ellas va unida al **-ing**, p.ej. **tick-ling**. Se divide el grupo de dos consonantes iguales: **pat-ter, yel-low, disap-pear**, y los demás grupos consonánticos de acuerdo con los elementos separables que forman la palabra: **dis-count, per-turb**.

A, a *nf* (*letra*) A, a.
A. *abr de* **aprobado.**
a *prep* **(a)** (*dirección*) to; **ir a Madrid** to go to Madrid; **llegar a Madrid** to reach Madrid; **ir al parque** to go to the park; **voy a la tienda** I'm going to the shop; **subir a un tren** to get on a train; **mirar al norte** to look northwards; **de cara al norte** facing north; **torcer a la derecha** to turn (to the) right; **caer al mar** to fall into the sea.
(b) (*distancia*) away; **está a 7 km de aquí** it is 7 km (away) from here.
(c) (*situación*) at, on; **al lado de** at the side of, next to; **al final de la calle** at the end of the street; **a lo lejos** in the distance; **estaba sentado a su mesa de trabajo** he was sitting at his desk; **a orillas de** on the banks of; **a la izquierda/derecha** on the left/right; **al margen de** on the margin(s) of.
(d) (*tiempo*) at; **a las 8** at 8 o'clock; **¿a qué hora?** at what time?; **estamos a 3 de julio** it's the third of July; **a la mañana siguiente** the following morning; **a los 55 años** at the age of 55; **al año de esto** after a year of this, a year later; **al año/a la semana** a year/week later; **a los pocos días** after a few days, a few days later; **dos veces al día** twice a day; **a tiempo** (*decir, hacer*) in time; (*llegar*) on time.
(e) (*modo*) **a la americana** in the American fashion; **a cuadros/rayas** chequered *o* (*US*) checkered/striped; **a pie/caballo** on foot/horseback; **a escape** at full speed; **a oscuras** in the dark, in darkness; **a petición de** at the request of; **a solicitud** on request; **tres a tres** three at a time, in threes; **a lápiz** in pencil; **a puñetazos** with (blows of) one's fists; **a mano** by hand; **bordado a mano** hand-embroidered.
(f) (*medida*) **a un precio elevado** at a high price; **a 30 ptas el kilo** at *o* for 30 pesetas a kilo; **al 5 por ciento** at 5%; **a 50 km por hora** at 50 km an hour; **poco a poco** little by little; **palmo a palmo** inch by inch; **funciona a pilas** it works on batteries.
(g) (*complemento indirecto*) to; **se lo di a él** I gave it to him; **le di dos a Pepe** I gave two to Joe, I gave Joe two.
(h) (*procedencia*) **se lo compré a él** I bought it from him.
(i) (*complemento directo de persona: no se traduce*) **vi al jefe** I saw the boss.
(j) (*verbo + a*) to; **empezó a cantar** he began to sing; **voy a verle** I'm going to see him; **sabe a queso** it tastes of cheese; **huele a vino** it smells of wine.
(k) (*al + infin*) *V* **al.**
(l) (*nombre + a + infin*) **asuntos a tratar** agenda, items to be discussed; **el criterio a adoptar** the criterion to be adopted.
(m) (*si*) **a no ser esto así** if this were not so; **a decir verdad** to tell the truth; **a la que te descuidas** ... before you know where you are ....
(n) (*imperativo*) **¡a callar!** be quiet!; **¡a trabajar!** down to work!
(o) a que ... I bet ...; **a que no sabes** bet you don't know.
AA *abr* (*Aer*) *de* **Aerolíneas Argentinas.**
A.A. *abr de* **Alcohólicos Anónimos** AA.
AA.AA. *abr de* **Antiguos Alumnos** FPs.
AAE *nf abr de* **Asociación de Aerolíneas Europeas** AEA.
AA.EE. *abr de* **Asuntos Exteriores.**
ab. *abr de* **abril** Apr.
ábaco *nm* abacus.
abacorar [1a] *vt* (*And, Carib*) to harass, bother.
abad *nm* abbot.
abadejo *nm* **(a)** (*pez*) codfish. **(b)** (*insecto*) Spanish fly. **(c)** (*Orn*) kinglet.
abadesa *nf* (*Rel*) abbess.
abadía *nf* **(a)** (*convento*) abbey. **(b)** (*oficio*) abbacy.
abajeño/a (*LAm*) **1** *adj* lowland, coastal. **2** *nm/f* lowlander, coastal dweller.
abajo 1 *adv* **(a)** (*situación*) (down) below; (*esp LAm: debajo*) underneath; (*en casa etc*) downstairs; **aquí ~** down here; **desde ~** from below; **el ~ firmante** the undersigned; **más ~** lower *o* further down; **por ~** underneath; **~ del todo** right at the bottom; **la parte de ~** (*inferior*) the lower part; (*: de debajo*) the underside; **el piso de ~** (*planta*) the next floor down; (*planta baja*) the bottom *o* lower floor; (*casa*) the flat downstairs; **él de ~** (*que está abajo*) the one downstairs; (*el último*) the bottom one; **los de ~** (*fig*) the underdogs, the downtrodden.
(b) (*dirección*) down(wards); **hacia ~** down(wards); **cuesta ~** downhill; **río ~** downstream; **de la cintura para ~** from the waist down.
2 *interj* down with!
abalanzarse [1f] *vr* **(a)** to rush forward; **~ hacia** to rush forward; **~ sobre** to rush; (*ave*) to pounce on. **(b)** (*CSur: caballo*) to rear up.
abalear [1a] *vt* (*LAm: fam*) to fire at, shoot up (*fam*).
abalorio *nm* glass bead; **no vale un ~** it's worthless.
abanderado/a *nm/f* standard bearer; (*Pol, fig*) champion, leader.
abanderar [1a] *vt* **(a)** (*Náut*) to register. **(b)** (*causa etc*) to champion.
abandonado *adj* (*gen*) abandoned; (*edificio etc*) deserted, derelict; (*persona*) deserted, neglected; (*fig: jardín etc*) neglected, uncared-for.
abandonamiento *nm* = **abandono.**
abandonar [1a] **1** *vt* (*gen*) to leave; (*persona*) to abandon, desert; (*cosa*) to abandon, leave behind; (*: descuidar*) to neglect; (*fig: intento, hábito*) to drop, give up; (*renunciar*) to renounce, relinquish; **abandonaron a sus hijos** they deserted their children; **tuvo que ~ el cargo** he had to give up the post; **¡abandonado me tenías!** you'd forgotten all about me!
2 *vi* to give up; (*Inform*) to quit; (*Dep*) to withdraw, scratch; (*Boxeo*) to throw in the towel; (*Ajedrez*) to resign, concede.
3 abandonarse *vr* **(a)** to give in *o* up; (*descuidarse*) to let o.s. go, get slovenly.
(b) to give o.s. over to; **~ al alcohol** to take to drink.
abandono *nm* **(a)** (*acto*) abandonment; (*de un deber*) dereliction; (*de esposa etc*) desertion; (*renuncia*) giving up, renunciation; (*Dep*) withdrawal, retirement; **ganar por ~** to win by default. **(b)** (*estado: gen*) abandon, neglect; (*descuido*) neglect, slovenliness; (*vicio etc*) indulgence (*a* in); **darse al ~** to go downhill.
abanicar [1g] **1** *vt* to fan. **2 abanicarse** *vr* to fan o.s.
abanico *nm* **(a)** fan; (*Náut*) derrick; **~ de chimenea** fire screen; **extender las cartas en ~** to fan out one's cards.
(b) (*fig*) range; **~ de posibilidades** range of possibilities.
abaniqueo *nm* fanning (movement).
abarajar [1a] *vt* (*CSur fam: golpe*) to parry, counter.
abaratamiento *nm* price reduction.
abaratar [1a] **1** *vt* (*artículo*) to make cheaper, lower the

price of. **2** *vi*, **abaratarse** *vr* to get cheaper, come down (in price).
abarca *nf* sandal.
abarcar [1g] *vt* (*con los brazos*) to get one's arms round; (*comprender*) to include, take in; (*contener*) to contain, comprise; (*tarea*) to undertake, take on; (*LAm: acaparar*) to monopolize, corner (the market in); (*con la vista*) **desde aquí se abarca todo el valle** you can take in the whole valley from here; **el capítulo abarca 3 siglos** the chapter covers 3 centuries; **sus conocimientos abarcan todo el campo de** ... his knowledge ranges over the whole field of ...; **quien mucho abarca poco aprieta** you can bite off more than you can chew.
abarquillar [1a] **1** *vt* (*arrollar*) to curl up roll up; (*arrugar*) to wrinkle. **2 abarquillarse** *vr* (*arrollarse*) to curl up, roll up; (*arrugarse*) to crinkle.
abarrancarse [1g] *vr* (*gen, tb fig*) to get bogged down.
abarrotar [1a] **1** *vt* **(a)** (*llenar*) to pack; **el público abarrotaba la sala** the room was bursting with people. **(b)** (*Náut*) to stow, pack tightly; (*Com*) to overstock; **abarrotado de** bursting with, stuffed full of. **2 abarrotarse** *vr* (*LAm*) to glut the market.
abarrote *nm* **(a)** (*Náut*) packing. **(b) ~s** (*LAm: ultramarinos*) groceries; **tienda de ~s** grocer's (shop), grocery store.
abarrotería *nf* (*LAm*) grocer's (shop), grocery store.
abarrotero/a *nm/f* (*LAm*) grocer.
abastecedor(a) 1 *adj* supplying. **2** *nm/f* supplier.
abastecer [2d] *vt* to supply, provide (*de* with).
abastecimiento *nm* (*acto*) supplying, provision; (*servicio*) supply, provision; **~ de agua** water supply.
abastero *nm* (*CSur, Méx*) wholesale butcher.
abasto *nm* (*provisión*) supply; **dar ~ a** to supply; **dar ~ a un pedido** to fill an order, meet an order; **no da ~** there isn't enough (to go round); **no puedo dar ~ (a)** (*fig*) I can't cope *o* keep up (with).
abatatarse [1a] *vr* (*CSur*) to be shy, be bashful.
abate *nm* (*Rel: frec hum*) father, abbé.
abatible *adj*: **asiento ~** tip-up seat; (*Aut*) reclining seat; **mesa de alas ~s** gate-leg(ged) table.
abatido *adj* (*gen*) dejected; (*cara*) crestfallen; (*despreciable*) despicable; (*Com, Fin*) depreciated; **estar muy ~** to be very depressed.
abatimiento *nm* (*depresión*) depression, dejection; (*moral*) contemptible nature.
abatir [3a] **1** *vt* **(a)** (*Arquit etc*) to demolish, knock down; (*tienda de campaña*) to take down; (*árbol*) to cut down, fell; (*ave*) to shoot *o* bring down; (*bandera*) to lower, strike; (*individuo*) to knock down. **(b)** (*fig: desanimar*) to depress, discourage. **2 abatirse** *vr* **(a)** (*Aer etc*) to swoop, dive; **~ sobre** to swoop on. **(b)** (*fig*) to be depressed, get discouraged.
ABC, **abc** = **abecé**.
abdicación *nf* abdication.
abdicar [1g] **1** *vt* to renounce, relinquish; **~ la corona** to give up the crown. **2** *vi* to abdicate; **~ de algo** to renounce *o* relinquish sth; **~ en algn** to abdicate in favour *o (US)* favor of sb.
abdomen *nm* abdomen.
abdominal 1 *adj* abdominal. **2** *nm* press-up.
abecé *nm* ABC, alphabet; (*fig*) rudiments, basic elements.
abecedario *nm* alphabet; (*libro*) primer, spelling book.
abedul *nm* birch; **~ plateado** silver birch.
abeja *nf* bee; **~ machiega** *o* **maestra** *o* **reina** queen bee; **~ macho/obrera** drone/worker bee.
abejarrón *nm* bumblebee.
abejaruco *nm* bee-eater.
abejera *nf* beehive.
abejón *nm* drone.
abejorro *nm* bumblebee.
aberración *nf* aberration; **es una ~ bañarse cinco veces al día** it's crazy to have a bath five times a day.
aberrante *adj* aberrant.
Aberri Eguna *nm* Basque national holiday *(Easter Sunday)*.
abertura *nf* (*gen*) opening, gap; (*agujero*) hole; (*grieta*) crack; (*corte*) slit; (*Geog*) cove; (*Cos*) vent.
abertzale 1 *adj*: **movimiento ~** (Basque) nationalist movement. **2** *nmf* Basque nationalist.
abetal *nm* fir wood.
abeto *nm* fir; **~ blanco** silver fir; **~ falso** *o* **rojo** spruce.
abiertamente *adv* openly.
abierto 1 *pp de* **abrir**. **2** *adj* (*gen*) open; (*fig: carácter etc*) open, frank; **la puerta estaba ~a** the door was *o* stood open; **muy ~** wide open; **una brecha muy ~a** a gaping hole; **dejar un grifo ~** to leave a tap running.
abigarrado *adj* (*gen*) multi-coloured *o* -colored *(US)*; (*fig*) motley.
abigarramiento *nm* (*de colores*) variety; (*fig: de color*) vividness, colourfulness, colorfulness *(US)*.
abigarrar [1a] *vt* to paint *etc* in a variety of colours *o (US)* colors.
abigeato *nm* (*Méx*) cattle-rustling.
abigeo *nm* (*Méx*) cattle-rustler.
Abisinia *nf* Abyssinia.
abismal *adj* abysmal; (*enorme*) vast, enormous; (*diferencia*) unbridgeable.
abismar [1a] **1** *vt* (*humillar*) to cast down, humble; **~ a algn en la tristeza** to plunge sb into sadness; **estar abismado en** to be lost *o* sunk in. **2 abismarse** *vr* **(a)** (*LAm: asombrarse*) to be amazed. **(b) ~ en** to plunge into; **~ en el dolor** to abandon o.s. to grief.
abismo *nm* (*gen*) abyss, chasm; (*fig*) depth(s); (*Rel*) hell; **estar al borde del ~** to be on the brink of ruin; **de sus ideas a las mías hay un ~** our views are worlds apart.
abjurar [1a] **1** *vt* to abjure, forswear. **2** *vi*: **~ de** to abjure, forswear.
ablandamiento *nm* (*gen*) softening (up); (*moderación*) moderation.
ablandar [1a] **1** *vt* (*gen*) to soften; (*Mil etc*) to soften up; (*LAm Aut*) to run in; (*vientre*) to loosen; (*mitigar*) to mitigate, temper; (*calmar*) to soothe; (*conmover*) to touch; (*Culin*) to tenderize. **2** *vi* (*Met: frío*) to become less severe; (*: viento*) to moderate. **3 ablandarse** *vr* (*gen*) to soften (up), get soft(er); (*fig: ceder*) to relent.
ablande *nm* (*LAm Aut*) running-in.
ablativo *nm* ablative; **~ absoluto** ablative absolute.
ablución *nf* ablution.
ablusado *adj* loose.
abnegación *nf* self-denial, abnegation.
abnegado *adj* self-denying, self-sacrificing.
abnegarse [1h, 1j] *vr* to deny o.s., go without.
abobado *adj* stupid-looking, bewildered.
abobamiento *nm* (*estupidez*) silliness, stupidity; (*asombro*) bewilderment.
abobar [1a] **1** *vt* (*gen*) to make stupid; (*asombrar*) to daze, bewilder. **2 abobarse** *vr* to get stupid.
abocado *adj* (*jerez*) medium-sweet.
abocar [1g] **1** *vt* (*asir*) to seize *o* catch in one's mouth; (*acercar*) to bring nearer; (*verter*) to pour out, decant; **estar abocado al desastre** to be heading for disaster; **verse abocado a un peligro** to see danger looming ahead. **2** *vi* (*Náut*) to enter a river *o* channel.
abocinado *adj* trumpet-shaped.
abochornado *adj* embarrassed.
abochornar [1a] **1** *vt* (*sofocar*) to suffocate; (*avergonzar*) to shame, embarrass. **2 abochornarse** *vr* to get flushed, get overheated; (*Bot*) to wilt; **~ de** to feel ashamed at, get embarrassed about.
abofetear [1a] *vt* to slap, hit (in the face).
abogacía *nf* legal profession.
abogaderas, **abogaderías** *nfpl* (*LAm: pey*) specious *o* false arguments.
abogado/a *nm/f* **(a)** (*gen*) lawyer; (*notario*) solicitor; (*asesor*) counsel; (*en tribunal*) barrister, advocate, at-

torney *(US)*; ~ **del diablo** devil's advocate; ~ **defensor** defending counsel; ~ **de oficio** court-appointed counsel, duty solicitor; ~ **laboralista** labour *o (US)* labor lawyer; **ejercer de** ~ to practise law; **recibirse de** ~ *(esp LAm)* to qualify as a solicitor *etc*. (**b**) *(fig)* champion, advocate.

abogar [1h] *vi* to plead; ~ **por** to plead for, defend; *(fig)* to advocate, champion.

abolengo *nm (linaje)* ancestry, lineage; *(patrimonio)* inheritance; **de rancio** ~ of ancient lineage.

abolición *nf* abolition.

abolicionismo *nm* abolitionism.

abolicionista *nmf* abolitionist.

abolir [3a; imperfecto] *vt* to abolish.

abolsado *adj* baggy.

abolsarse [1a] *vr* to be baggy.

abolladura *nf (Téc: metal etc)* dent; *(hinchazón)* bump.

abollar [1a] **1** *vt (Téc: metal etc)* to dent; *(Med)* to raise a bump on. **2 abollarse** *vr* to get dented; *(persona)* to get bruised.

abombado *adj* (**a**) *(gen)* convex; *(fig)* bulging. (**b**) **estar** ~ *(Méx)* to be tight.

abombar [1a] **1** *vt* (**a**) *(Téc)* to make convex; *(deformar)* to cause to bulge. (**b**) *(fam: aturdir)* to stun. **2 abombarse** *vr (LAm)* (**a**) *(pudrirse)* to decompose, smell bad. (**b**) *(fam: emborracharse)* to get tight.

abominable *adj* abominable.

abominación *nf (sentimiento: cosa)* abomination.

abominar [1a] **1** *vt* to abominate, detest. **2** *vi*: ~ **de** to curse.

abonable *adj* payable, due.

abonado/a 1 *adj (Com etc)* paid(-up); *(Agr)* fertilised. **2** *nm/f (revista, Telec)* subscriber; *(Teat, Ferro)* season-ticket holder.

abonar [1a] **1** *vt* (**a**) *(gen)* to pay; *(Com: cuenta etc)* to credit *(en* to); *(periódico etc)* to take out a subscription to. (**b**) *(Agr)* to fertilise, manure. (**c**) *(avalar)* to vouch for, guarantee. **2 abonarse** *vr (periódico etc)* to subscribe; *(Ferro, Teat)* to take out *o* buy a season ticket.

abonaré *nm* credit note.

abonero/a *nm/f (Méx: vendedor a plazos)* street credit salesperson.

abono *nm* (**a**) *(Agr)* manure, fertilizer. (**b**) *(Com: gen)* payment; *(: a periódico etc)* subscription; *(Teat, Ferro)* season ticket. (**c**) *(aval)* guarantee.

abordable *adj (sitio)* accessible; *(fig: persona)* approachable; *(tarea)* manageable.

abordaje *nm (Náut: choque)* collision; *(invasión)* boarding; **¡al ~!** (get) ready to board!

abordar [1a] **1** *vt* (**a**) *(Náut: atacar)* to board; *(chocar con)* to collide with. (**b**) *(asunto)* to tackle, raise. (**c**) *(individuo)* to tackle, approach. **2** *vi (Náut)* to dock.

aborigen 1 *adj (esp australiano)* aboriginal. **2** *nm* native; *(australiano)* aborigine.

aborrascarse [1g] *vr* to get stormy.

aborrecer [2d] *vt (gen)* to loathe, detest; *(Orn)* to desert, abandon.

aborrecible *adj* loathsome, detestable.

aborrecimiento *nm* hatred, abhorrence.

aborregado *adj*: **cielo** ~ mackerel sky.

aborregarse [1h] *vr (fam)* to follow sheepishly, tag along.

abortar [1a] **1** *vt (tb Aer)* to abort. **2** *vi* (**a**) *(accidentalmente)* to have a miscarriage; *(deliberadamente)* to have an abortion. (**b**) *(fig)* to miscarry, fail.

abortista *nmf* (**a**) *(criminal)* abortionist. (**b**) *(partidario)* abortion campaigner.

abortivo *adj* abortive.

aborto *nm* (**a**) *(Med: accidental)* miscarriage; *(provocado)* abortion; ~ **clandestino** back-street abortion; ~ **ilegal** illegal abortion; ~ **libre y gratuito** abortion on demand. (**b**) *(Bio)* monster, freak. (**c**) *(fig)* failure. (**d**) *(fam)* ugly man *o* woman; *(aplicado a mujer)* old cow *(fam!)*.

abotagarse [1h] *vr* to swell up, become bloated.

abotonar [1a] **1** *vt* to button up, do up. **2** *vi (Bot)* to bud. **3 abotonarse** *vr (gen)* to button up.

abovedado 1 *adj* vaulted, arched. **2** *nm* vaulting.

abovedar [1a] *vt* to vault, arch.

aboyar [1a] *vt (Náut)* to mark with buoys.

abr. *abr de* **abril** Apr.

abra *nf (Geog)* inlet; *(: entre montañas)* (mountain) pass; *(Geol)* fissure; *(LAm: claro, bosque)* clearing.

abracadabra *nm* abracadabra.

abrasador *adj* burning, scorching; *(fig)* withering.

abrasante *adj (sol)* blazing, scorching.

abrasar [1a] **1** *vt (gen)* to burn (up); *(Agr: plantas)* to dry up, parch; *(con lejía)* to scorch; **murieron abrasados** they burned to death. **2** *vi*: **la sopa abrasa** this soup's boiling. **3 abrasarse** *vr* to burn (up); *(Agr)* to be parched; ~ **de amores** to be passionately in love; ~ **de calor** to be dying of the heat; ~ **de sed** to have a raging thirst.

abrasión *nf (gen)* abrasion; *(Med)* graze.

abrasivo *adj, nm* abrasive.

abrazadera *nf* bracket, clamp.

abrazar [1f] **1** *vt (gen)* to embrace, hug, hold; *(fig)* to include, take in; *(fe etc)* to adopt, embrace. **2 abrazarse** *vr* to embrace *o* hug (each other); ~ **a** *(persona)* to embrace; *(niño)* to cling to, clutch.

abrazo *nm* embrace, hug; *(en cartas)* **un ~ (afectuoso** *o* **cordial)** with best wishes *o* kind regards; **un** ~ love from.

abrebotellas *nm inv* bottle opener.

abrecartas *nm inv* letter opener, paper knife.

ábrego *nm* south-west wind.

abrelatas *nm inv* tin *o (US)* can opener.

abrevadero *nm (Zool: natural)* watering place; *(Agr)* drinking trough.

abrevar [1a] **1** *vt (animal)* to water, give a drink to. **2 abrevarse** *vr (Zool)* to drink.

abreviación *nf* abridgement, shortening.

abreviado *adj (breve)* brief; *(reducido)* shortened, abridged; **la palabra es forma ~a de ...** the word is short for ....

abreviar [1b] **1** *vt (palabra)* to abbreviate; *(texto)* to abridge, reduce; *(discurso, estancia etc)* to shorten, cut short; *(fecha etc)* to bring forward. **2** *vi (apresurarse)* to be quick; **bueno, para** ~ well, to cut a long story short.

abreviatura *nf* abbreviation, contraction.

abriboca *adj inv (Arg)* open-mouthed.

abridor *nm (de botellas)* bottle opener; *(abrelatas)* tin *o (US)* can opener.

abrigada *nf*, **abrigadero** *nm* shelter, windbreak.

abrigar [1h] **1** *vt* (**a**) *(proteger)* to shelter, protect *(de* against, from); *(: suj: ropa etc)* to keep warm, protect. (**b**) *(fig: duda)* to entertain; *(esperanza)* to cherish, nurse. **2** *vi*: **este jersey abriga mucho** this jumper's lovely and warm. **3 abrigarse** *vr (gen)* to take shelter *o* protect o.s. *(de* from); *(con ropa)* to cover up (warmly), wrap (o.s.) up.

abrigo *nm* (**a**) *(lugar protegido)* shelter; *(protección)* protection; *(cobertura)* covering, protection; **al ~ de** in the shelter of; **ropa de mucho** ~ warm *o* heavy clothing. (**b**) *(ropa)* (over)coat; ~ **de pieles/visón** fur/mink coat. (**c**) *(Náut)* harbour, harbor *(US)*, haven.

abril *nm* April; **en el ~ de la vida** in the springtime of one's life; **en ~ aguas** *o* **lluvias mil** April showers bring May flowers; **una niña de 15 ~es** a girl of 15 summers; *V tb* **se(p)tiembre**.

abrillantar [1a] *vt* to polish; *(fig)* to enhance, jazz up.

abrir [3a] *(pp* **abierto) 1** *vt* (**a**) *(gen)* to open (up); *(Med)* to cut open; *(mapa etc)* to open *o* spread out; *(cremallera)* to undo; *(camino etc)* to clear, open up; *(perforación)* to make, bore; *(pozo)* to sink; *(grifo)* to turn on; *(apetito)* to whet, stimulate; ~ **una puerta con llave** to unlock a

door; ~ **algo (cortándolo)** to cut sth open; ~ **de par en par** to open wide; **en un ~ y cerrar de ojos** in the twinkling of an eye; **no abrió la boca** *o* **el pico** he didn't say a word.
(**b**) (*iniciar: negocio*) to set up, start; (*cuenta, baile*) to open; (*manifestación, desfile*) to lead, head; (*lista*) to head; ~ **un expediente** (*Jur*) to begin proceedings.
2 *vi* to open; (*Bot: flor*) to open, unfold; **¡abre!** open up!
3 abrirse *vr* (**a**) (*gen*) to open; (*extenderse*) to open out, unfold, spread (out); (*Met*) to clear (up); ~ **a** *o* **con algn** to confide in sb; ~ **camino (en la vida)** to make one's way (in life).
(**b**) (*fam: largarse*); **¡me abro!** I'm off!

abrochar [1a] **1** *vt* (*con botones*) to button (up); (*con broche*) to do up, fasten (up); (*con hebilla*) to clasp, buckle. **2 abrocharse** *vr* (*LAm*) to struggle, wrestle; ~ **los zapatos** to tie one's laces *o* shoes.

abrogación *nf* abrogation, repeal.

abrojo *nm* (*Bot*) thistle; **~s** (*Náut*) submerged rocks, reefs.

abrumador *adj* (*agobiante*) crushing; (*pesado*) burdensome; (*Pol: mayoría*) overwhelming; **es una responsabilidad ~a** it's a heavy responsibility.

abrumar [1a] *vt* (*agobiar*) to overwhelm; (*oprimir*) to oppress, weigh down; (*cansar*) to wear out, exhaust; ~ **a algn de trabajo** to swamp sb with work; **le abrumaron con atenciones** they made too much of a fuss of him.

abrupto *adj* (*cuesta*) steep; (*terreno*) rough, rugged.

absceso *nm* abscess.

absenta *nf* absinth(e).

absentismo *nf* (*de obreros*) absenteeism; (*de terrateniente*) absentee landlordism.

ábside *nm* apse.

absolución *nf* (*Rel*) absolution; (*Jur*) acquittal.

absolutamente *adv* (*completamente*) completely, absolutely; (*neg*) not at all, by no means; ~ **nada** nothing at all.

absolutismo *nm* absolutism.

absolutista *adj*, *nmf* absolutist.

absoluto *adj* (**a**) (*gen*) absolute; (*total*) utter, complete; (*fe*) complete, implicit; **lo** ~ the absolute. (**b**) (*neg*) **en** ~ by no means; **¡en ~!** certainly not!, not at all!; **no sabía nada en ~ de eso** I knew nothing at all about it.

absolutorio *adj*: **fallo** ~ verdict of not guilty.

absolver [2h] (*pp* **absuelto**) *vt* (*Rel*) to absolve; (*Jur*) to acquit, clear (*de una acusación* of a charge).

absorbencia *nf* absorbency.

absorbente 1 *adj* (**a**) (*Quím*) absorbent. (**b**) (*fig: interesante*) interesting, absorbing; (*exigente*) demanding. **2** *nm* absorbent.

absorber [2a] **1** *vt* (*gen*) to absorb, soak up; (*información*) to absorb, take in; (*lectura etc*) to absorb, engross. **2 absorberse** *vr*: ~ **en** to become absorbed *o* engrossed in.

absorción *nf* absorption.

absorto *adj* absorbed, engrossed; **estar** ~ (*extasiado*) to be entranced; (*pasmado*) to be amazed; **estar ~ (en sus pensamientos)** to be lost in thought; **estar ~ en un proyecto** to be engrossed in a scheme.

abstemio/a 1 *adj* teetotal. **2** *nm/f* teetotaler.

abstención *nf* abstention.

abstencionismo *nm* (*Pol*) abstention; (*gen*) non-participation.

abstencionista *nmf* (*gen*) abstainer, non-participant.

abstenerse [2k] *vr* (*gen*) to abstain; ~ **de hacer algo** to refrain from doing sth.

abstinencia *nf* (*gen*) abstinence; (*Rel*) fasting; (*de drogas*) withdrawal.

abstracción *nf* (**a**) (*gen*) abstraction; (*pey: despiste*) absent-mindedness. (**b**) **hacer ~ de** to leave aside, except.

abstracto *adj* abstract; **en** ~ in the abstract.

abstraer [2o] **1** *vt* to abstract. **2 abstraerse** *vr* to be lost in thought *o* preoccupied; ~ **de** to leave aside, exclude.

abstraído *adj* (*ensimismado*) withdrawn; (*inquieto*) preoccupied.

abstruso *adj* abstruse.

absuelto *pp de* **absolver**.

absurdidad *nf* absurdity.

absurdo 1 *adj* (*gen*) absurd; **es ~ que** it is absurd that; **teatro de lo** ~ theatre *o* (*US*) theater of the absurd; **lo ~ es que** the ridiculous thing is that. **2** *nm* absurdity, (piece of) nonsense.

abubilla *nf* hoopoe.

abuchear [1a] *vt* to boo, jeer at; **ser abucheado** (*Teat etc*) to get hissed at, get the bird (*fam*).

abucheo *nm* booing, jeering; **ganarse un** ~ (*Teat etc*) to get booed, get the bird (*fam*).

abuela *nf* grandmother; (*fig*) old woman, old lady; **¡cuéntaselo a tu ~!** do you think I was born yesterday?; **(éramos pocos) y parió la** ~ (*fam*) and that was the last straw, and that was all we needed.

abuelita *nf* granny, grandma.

abuelito *nm* (*fam*) granddad (*fam*), grandpa (*fam*); (*Méx etc*) grandfather.

abuelo *nm* grandfather; (*fig*) old man; (*antepasado*) ancestor, forbear; **~s** grandparents.

abulense 1 *adj* of *o* from Ávila. **2** *nmf* native *o* inhabitant of Ávila.

abulia *nf* lack of willpower, ennui, lethargy.

abúlico *adj* lacking in willpower, lethargic.

abulón *nm* (*esp Méx*) abalone.

abultado *adj* (*gen*) bulky, unwieldy; (*labios*) thick; (*Med*) swollen; (*fig*) exaggerated.

abultamiento *nm* (*gen*) bulkiness, (large) size; (*Med*) swelling; (*fig*) exaggeration.

abultar [1a] **1** *vt* (*aumentar*) to increase; (*agrandar*) to enlarge; (*fig*) to exaggerate. **2** *vi* to be bulky, be big; (*fig*) to increase in importance.

abundancia *nf* abundance, plenty; **en** ~ in abundance, in plenty; **nadar en la** ~ to be rolling in money.

abundante *adj* (*gen*) abundant, plentiful; (*cosecha*) heavy; ~ **en** (*repleto de*) abounding in; (*que produce*) productive of.

abundar [1a] *vi* (*gen*) to abound, be plentiful; ~ **de** *o* **en** to abound in *o* with, be rich in; ~ **en la opinión de algn** to share sb's opinion wholeheartedly.

abur *interj* so long!

aburguesamiento *nm* (*Pol*) embourgeoisement.

aburguesarse [1a] *vr* (*persona*) to become bourgeois, adopt middle-class ways.

aburrido *adj* (*con ser*) boring, tedious; (*con estar*) bored; **un libro** ~ a boring book; **una espera ~a** a tedious wait; **¡estoy ~ de decírtelo!** I'm tired of telling you!

aburrimiento *nm* boredom, tedium; **¡qué ~!** what a bore!

aburrir [3a] **1** *vt* (*gen*) to bore; (*cansar*) to tire, weary. **2 aburrirse** *vr* to be *o* get bored (*con, de, por* with); ~ **como una ostra** to be bored stiff.

abusado (*Méx*) **1** *interj* (*fam: cuidado*) look out!, careful! **2** *adj* (*astuto*) sharp, cunning.

abusar [1a] *vi* to go too far, overstep the mark (*fam*); ~ **de** (*amistad*) to abuse, take unfair advantage of; (*amigo*) to impose upon; (*autoridad etc*) to abuse; (*tabaco, alcohol*) to overdo, overuse; (*mujer, niño*) to molest.

abusivo *adj* improper; (*precio*) exorbitant.

abuso *nm* (*gen*) abuse; (*de amistad etc*) imposition, unfair demand; (*de poderes*) misuse; ~ **de confianza** betrayal of trust; **~s deshonestos** indecent assault; ~ **sexual** sexual abuse.

abusón/ona (*fam*) **1** *adj* (*egoísta*) selfish. **2** *nm/f* selfish person; **eres un** ~ you want it all for yourself.

abyección *nf* wretchedness, abjectness.

abyecto *adj* wretched, abject.

a/c. *abr* (**a**) *de* **a cuenta**. (**b**) *de* **al cuidado de** c/o.

acá *adv* (**a**) (*esp LAm: lugar*) (over) here; ~ **y allá** *o* **acullá** here and there; **pasearse de ~ para allá** to walk up and down *o* to and fro; **tráelo más** ~ move it this way, bring it closer; **¡ven** *o* **vente para** ~! come over here! **(b)** (*tiempo*) at this time, now; **de** *o* **desde ayer** ~ since yesterday; **¿de cuándo** ~**?** since when?

acabada *nf* (*a un trabajo*) finish.

acabado 1 *adj* **(a)** (*completo*) finished, complete; (*perfecto*) perfect; (*fig: magistral*) consummate, masterly; (*: refinado*) polished. **(b)** (*viejo*) old, worn out; (*Med*) ruined in health, wrecked; **está** ~ **como futbolista** his footballing days are over. **2** *nm* (*Téc*) finish; ~ **satinado** matt finish.

acabamiento *nm* (*acto*) finishing, completion; (*final*) end; (*muerte*) death; (*LAm: agotamiento*) exhaustion.

acabar [1a] **1** *vt* (*gen*) to finish, complete; (*dar el toque final a*) to round off; (*LAm: hablar mal de*) to speak ill of.

2 *vi* **(a)** (*gen*) to finish, end; (*morir*) to die; **y no acaba** and there's no sign of it coming to an end; **es cosa de nunca** ~ there's no end to it; **¡acabáramos!** at last!, now I get it!; ~ **bien** to have a happy ending; ~ **mal** to come to a sticky end; **la palabra acaba con** *o* **por Z** the word ends in a Z; **el palo acaba en punta** the stick ends in a point; **él y yo hemos acabado** we've finished, we've split up.

(b) ~ **con** (*gen*) to put an end to, stop; (*esperanzas*) to put paid to; (*reservas etc*) to exhaust, use up; (*romper*) to break, destroy; **acabaron con la tarta** they finished off the cake; **esto acabará conmigo** this will be the end of me; **¡acabemos con él!** let's do away with him! (*fam*).

(c) ~ **de hacer** to have just done; **acabo de verle** I have just seen him; **acababa de hacerlo** I had just done it; **cuando acabemos de pagarlo** when we finish paying for it; **no lo acabo de entender** I don't fully understand it; **no me acaba de convencer** I'm not altogether satisfied with it; **para** ~ **de arreglarlo** to make matters worse.

(d) ~ **haciendo algo,** ~ **por hacer algo** to end up by doing sth; **acabó aceptándolo** he finally accepted it, he ended up accepting it.

3 acabarse *vr* **(a)** (*gen*) to finish, come to an end; (*morir*) to die; (*fig: esp LAm*) to wear o.s. out; (*reservas*) to run out, be exhausted; **¡se acabó!** it's all over!; **... y (san) se acabó, ...** and that's the end of the matter.

(b) (*con pron pers indirecto*) **se me acabó el tabaco** I ran out of cigarettes; **se nos acabará la gasolina** we shall soon be out of petrol; **se me acabó la paciencia** my patience is exhausted.

acabóse *nm*: **esto es el** ~ this is the last straw.

acacia *nf* acacia; ~ **falsa** locust tree.

acachetear [1a] *vt* to slap, punch.

academia *nf* (*gen*) academy; (*Escol*) (private) school; ~ **de baile** dance school; ~ **de idiomas** language school; ~ **militar** military academy; ~ **de música** school of music, conservatoire; **la Real A**~ the Spanish Academy.

académico/a 1 *adj* (*gen*) academic; (*título etc*) university *atr*. **2** *nm/f* academician, member (of an academy).

acaecer [2d] *vi* to happen, occur.

acalorado *adj* (*gen*) heated, hot; (*fig: discusión*) heated; (*: partidario*) passionate.

acaloramiento *nm* (*gen*) heat; (*pasión*) vehemence, passion.

acalorar [1a] **1** *vt* (*gen*) to make hot, warm up; (*fig*) to inflame, excite. **2 acalorarse** *vr* (*gen*) to get hot, become overheated; (*airarse*) to get excited *o* worked up; (*discusión*) to become heated.

acallar [1a] *vt* (*gen*) to silence, quieten; (*fig: furia*) to assuage, pacify; (*crítica, duda*) to silence.

acampada[1] *nf* camping; **ir de** *o* **hacer una** ~ to go camping.

acampado/a[2] *nm/f* camper.

acampanado *adj* bell-shaped; (*pantalón*) flared.

acampar [1a] *vi* to camp; (*Mil*) to encamp.

acanalado *adj* (*gen*) grooved, furrowed; (*Arquit*) fluted; (*Téc: hierro*) corrugated.

acanaladura *nf* (*gen*) groove, furrow; (*Arquit*) fluting.

acanalar [1a] *vt* (*V adj*) to groove, furrow; to flute; to corrugate.

acanallado *adj* disreputable, low.

acantilado 1 *adj* (*risco*) steep, sheer; (*Náut*) shelving. **2** *nm* cliff.

acanto *nm* acanthus.

acantonar [1a] *vt* (*Mil*) to billet, quarter (*en* on).

acaparador(a) 1 *adj* (*monopolista*) monopolistic; (*que guarda*) hoarding. **2** *nm/f* (*gen*) monopolizer, monopolist; (*quien guarda cosas*) hoarder.

acaparamiento *nm* (*V vt*) monopolizing, cornering the market (*de* in); hoarding.

acaparar [1a] *vt* (*Com: bienes*) to monopolize, corner the market in; (*: víveres*) to hoard; (*fig*) to hog, keep for o.s.; (*interés*) to hold; **ella acapara la atención** she occupies everyone's attention.

acápite *nm* (*LAm*) paragraph; **punto** ~ full stop, new paragraph.

acapulqueño/a 1 *adj* of *o* from Acapulco. **2** *nm/f* native *o* inhabitant of Acapulco.

acaracolado *adj* spiral *atr*, winding, twisting.

acaramelado *adj* (*Culin: sabor*) toffee-flavoured *o* (*US*) -flavored; (*color*) toffee-coloured *o* (*US*) -colored; (*fig: dulce*) sugary, oversweet; **estaban** ~**s** (*amantes*) they were besotted with each other, they only had eyes for each other.

acariciador *adj* caressing.

acariciar [1b] *vt* (*gen*) to caress; (*sobar*) to fondle, stroke; (*animal*) to pat, stroke; (*rozar*) to brush; (*fig: esperanzas*) to cherish, cling to; (*proyecto*) to have in mind.

acarraladura *nf* (*And, CSur fam: en medias*) run, ladder.

acarrear [1a] *vt* **(a)** (*transportar*) to haul, carry; (*arrastrar*) to carry along. **(b)** (*fig: causar*) to cause, bring in its train *o* wake; **le acarreó muchos disgustos** it brought him lots of problems.

acarreo *nm* (*flete*) haulage, carriage; **gastos de** ~ transport charges.

acartonado *adj* (*superficie etc*) like cardboard; (*fig: enjuto*) wizened.

acartonarse [1a] *vr* to grow stiff; (*fig*) to become wizened.

acaso *adv* **(a)** perhaps, maybe; **por si** ~ just in case; **por si** ~ **viene** if by any chance he comes; **si** ~ **llama, dímelo** if by any chance he phones, let me know; **está bueno, si** ~ **un poco dulce** it's quite tasty, if anything a bit too sweet. **(b)** (*esp LAm fam*); **¿**~ **yo lo sé?** how would I know?

acatamiento *nm* (*respeto*) respect (*a* for); (*obediencia*) deference.

acatar [1a] *vt* **(a)** (*gen*) to respect; (*ley*) to obey, observe. **(b)** (*LAm: notar*) to notice, observe.

acatarrar [1a] **1** *vt* (*LAm: molestar*) to annoy, bother. **2 acatarrarse** *vr* (*Med*) to catch (a) cold; (*CSur fam: emborracharse*) to get boozed up (*fam*).

acato *nm* = **acatamiento**.

acaudalado *adj* well-off, affluent.

acaudalar [1a] *vt* to acquire, accumulate.

acaudillar [1a] *vt* to lead, command.

acceder [2a] *vi* to accede, agree (*a* to); ~ **a** to enter, gain access to (socially); ~ **a una base de datos** to access a database; ~ **al trono** to succeed to the throne; ~ **a hacer algo** to agree to do sth.

accesibilidad *nf* accessibility (*to* a).

accesible *adj* (*lugar*) accessible; (*persona*) approachable; ~ **a** open to, accessible to.

accésit *nm* (*pl* ~**s**) second prize.

acceso *nm* **(a)** (*entrada*) entry, access; (*permiso de entrada*) admittance; **'~ prohibido', 'prohibido el ~'** 'no entry *o* admittance'. **(b)** (*camino*) access, approach; (*Aer*) approach; **vía** *o* **carretera de** ~ slip road; ~**s** approaches. **(c)** (*Med*) attack, fit; (*fig: de cólera*) outburst, explosion. **(d)** (*Pol*) accession. **(e)** (*Inform*) access; ~ **aleatorio/directo/secuencial** random/direct/sequential access.

accessorio/a 1 *adj* (*gen*) accessory; (*gastos*) incidental. **2** *nm* (*extra*) attachment, extra; **~s** (*Aut*) spare parts; (*Teat*) props.

accidentado/a 1 *adj* (*terreno*) rough, uneven; (*vida*) troubled, eventful; (*Med*) injured. **2** *nm/f* (*víctima de accidente*) accident victim, casualty.

accidental *adj* (*gen*) accidental, unintentional; (*encuentro etc*) casual, chance *atr*.

accidentalmente *adv* accidentally, by chance; (*sin querer*) unintentionally.

accidentarse [1a] *vr* to have an accident; (*Méx Aut*) to crash.

accidente *nm* (**a**) (*gen*) accident; **por ~** by accident, by chance; **~ aéreo** plane crash; **~ de carretera** road accident; **~ laboral** *o* **de trabajo** industrial accident; **una vida sin ~s** an uneventful life; **sufrir un ~** to have *o* meet with an accident. (**b**) **~s** (*de terreno*) unevenness *sg*, ruggedness *sg*.

acción *nf* (**a**) (*gen*) action; (*acto*) act, deed; **buena ~** good deed, kind act; **hombre de ~** man of action; **~ de gracias** thanksgiving; **de ~ retardada** delayed-action *atr*; **película de ~** adventure film; **ponerse en ~** to go into action; **unir la ~ a la palabra** to suit the deed to the word.

(**b**) (*Mil*) action, engagement; **entrar en ~** to go into action.

(**c**) (*Teat*) action, plot, story line.

(**d**) (*Jur*) action, lawsuit; **ejercitar una ~** to bring an action.

(**e**) (*Com, Fin*) share; **~es** stock(s), shares; **~ liberada** fully-paid share; **~ ordinaria** ordinary share, common stock *(US)*; **capital en ~es** share capital.

accionamiento *nm* (*Mec*) operation.

accionar [1a] **1** *vt* (*Mec*) to drive, propel; (*bomba*) to set off, detonate. **2** *vi* to gesticulate.

accionarial *adj* share *atr*; **paquete ~, participación ~** shareholding.

accionista *nmf* shareholder, stockholder.

ACE *nf abr de* **Acción Católica Española** *charitable and campaigning organization*.

acebo *nm* holly (tree).

acebuche *nm* (*Bot*) wild olive tree.

acecinar [1a] *vt* (*carne*) to salt, cure.

acechanza *nf* = **acecho**.

acechar [1a] *vt* (*observar*) to spy on, watch; (*esperar*) to lie in wait for; (*caza*) to stalk; (*amenazar*) to threaten, beset.

acecho *nm* (*acto de espiar*) spying, watching; (*Mil*) ambush; **estar al** *o* **en ~** to lie in wait; **cazar al ~** to stalk.

acedera *nf* sorrel.

acedía *nf* (*Culin*) acidity, sourness; (*Med*) heartburn; (*fig*) unpleasantness.

acéfalo *adj* headless; (*Pol etc*) leaderless.

aceitar [1a] *vt* to oil.

aceite *nm* (*gen*) oil; **~ de oliva/de soja/de girasol/de colza** olive/soya/sunflower/rapeseed oil; **~ alcanforado** camphorated oil; **~ combustible** fuel oil; **~ de hígado de bacalao** cod-liver oil.

aceitera *nf* (*Culin*) oil bottle; (*Aut etc*) oilcan; **~s** oil and vinegar set.

aceitero 1 *adj* oil *atr*. **2** *nm* oil merchant.

aceitoso *adj* oily.

aceituna *nf* olive; **~ rellena** stuffed olive.

aceitunado *adj* (*gen*) olive *atr*; (*de tez* **~a**) olive-skinned.

aceitunero/a *nm/f* (*Com*) dealer in olives; (*Agr*) olive-picker.

aceituno *nm* olive tree.

aceleración *nf* (*Mec etc*) acceleration; (*fig*) speeding-up, hastening.

acelerada *nf* acceleration, speed-up.

acelerador *nm* accelerator, gas pedal *(US)*; **apretar** *o* **pisar el ~** (*fig*) to step up the pace.

acelerar [1a] **1** *vt* (*Mec etc*) to accelerate, speed up; (*paso*) to quicken; **~ la marcha** to go faster, accelerate. **2 acelerarse** *vr* to hurry, hasten; (*LAm: excitarse*) to become agitated.

acelerón *nm* (*Aut*) sudden acceleration; (*fig*) leap forward; (*aumento*) rapid increase; (*mejora*) rapid improvement.

acelga *nf* beet.

acémila *nf* beast of burden, mule.

acendrado *adj* pure, unblemished.

acendrar [1a] *vt* (*gen*) to purify; (*Téc*) to refine.

acento *nm* (*gen*) accent; (*énfasis*) stress, emphasis; (*modulación*) tone, inflection; **~ agudo** acute accent; **~ ortográfico** written accent; **~ tónico** tonic accent; **~ cerrado** strong accent; **con fuerte ~ andaluz** with a strong Andalusian accent; **poner ~ en algo** (*énfasis*) to emphasize *o* stress sth.

acentuación *nf* accentuation.

acentuado *adj* accented, stressed.

acentuar [1e] **1** *vt* (*Ling etc*) to accent, stress; (*subrayar*) to emphasize, accentuate. **2 acentuarse** *vr* to become more noticeable, be accentuated; **se acentúa la tendencia a la baja en la Bolsa** the slide on the Stock Exchange is accelerating.

aceña *nf* water mill.

acepción *nf* (**a**) (*Ling*) sense, meaning. (**b**) (*en el trato*) preference; **sin ~ de persona** impartially.

acepilladora *nf* planing machine.

acepillar [1a] *vt* (*Téc*) to plane, shave; *(LAm fam)* to suck up to *(fam)*.

aceptabilidad *nf* acceptability.

aceptable *adj* acceptable.

aceptación *nf* (*gen*) acceptance; (*aprobación*) approval; (*Com*) **mandar algo a la ~** to send sth on approval; **este producto tendrá una ~ enorme** this product will get a great welcome; **no tener ~** to be unsuccessful.

aceptar [1a] **1** *vt* (*gen*) to accept. **2** *vi*: **~ a hacer algo** to agree to do sth.

acequia *nf* irrigation ditch *o* channel; (*LAm: riachuelo*) stream.

acera *nf* pavement, sidewalk *(US)*; **los de la ~ de enfrente** *(fam)* the gays.

acerado *adj* (*Téc*) steel *atr*; (*fig*) sharp, cutting.

acerar [1a] *vt* (*Téc*) to make into steel; (*fig*) to make sharp, make biting.

acerbidad *nf* acerbity, harshness.

acerbo *adj* (*sabor*) bitter, sour; (*fig*) harsh, scathing.

acerca de *prep* about, on, concerning.

acercamiento *nm* (**a**) approach (*a* to). (**b**) (*fig*) reconciliation; (*Pol*) rapprochement.

acercar [1g] **1** *vt* to bring near(er) *o* over; **~ algo al oído** to put sth to one's ear; **~ un poco el sillón** to pull the chair a little closer; **¿me acercas a casa?** can you give me a lift home?; **acércame las tijeras** pass the scissors. **2 acercarse** *vr* to approach, come *o* draw near; (*personas*) to approach one another; **~ a** to approach; (*fig*) to verge on; **~ a algn** to go up to sb.

acería *nf* steelworks, steel mill.

acerico *nm* pincushion.

acero *nm* steel; **~ bruto/fundido/inoxidable** crude/cast/stainless steel.

acérrimo *adj* (*partidario*) staunch; (*enemigo*) bitter.

acerrojar [1a] *vt* to bolt.

acertado *adj* (*correcto*) correct, right; (*idea*) bright, good; (*plan*) well-conceived; (*dicho*) apt, fitting; **eso no me parece muy ~** that doesn't seem right to me; **en eso no anduvo muy ~** that was not very sensible of him.

acertante 1 *adj* (*quiniela etc*) winning. **2** *nmf* (*de problema etc*) solver; (*ganador*) winner, en quinielas, forecaster.

acertar [1j] **1** *vt* (*blanco*) to hit; (*solución*) to get (right), guess correctly; **a ver si lo acertamos esta vez** let's see if we can get it right this time. **2** *vi* (**a**) (*dar en el blanco*) to

hit the mark; (*fig*) to hit the nail on the head; **¡has acertado!** you got it right! (**b**) ~ **a hacer algo** to manage to do sth, succeed in doing sth. (**c**) ~ **con algo** to happen *o* hit on sth; **acertaste con el regalo** you were bang on with the present *(fam)*.
acertijo *nm* riddle, puzzle.
acervo *nm* (*Jur*) undivided estate, common property; ~ **comunitario** (*CE*) community patrimony; ~ **cultural** cultural tradition *o* wealth.
acetato *nm* acetate.
acético *adj* acetic.
acetileno *nm* acetylene.
acetona *nf* acetone.
aciago *adj* ill-fated, fateful, black *(fam)*.
acíbar *nm* aloes; (*fig*) sorrow, bitterness.
acicalado *adj* (*persona*) smart, spruce.
acicalar [1a] **1** *vt* persona etc, to dress up, bedeck. **2 acicalarse** *vr* to smarten o.s. up, spruce o.s. up.
acicate *nm* (*fig*) incentive.
acidez *nf* (*Quím*) acidity; (*Culin*) sourness.
acidificar [1g] **1** *vt* to acidify. **2 acidificarse** *vr* to acidify.
ácido 1 *adj* sour, acid. **2** *nm* (**a**) (*Quím*) acid; ~ **carbólico/carbónico/nítrico/sulfúrico** carbolic/carbonic/nitric/sulphuric acid. (**b**) (*fam: droga*) L.S.D., acid *(fam)*.
acierto *nm* (**a**) (*éxito*) success; (*tino*) good shot, hit; (*al adivinar*) good guess; **fue un ~ suyo** it was a sensible choice on his part. (**b**) (*capacidad*) skill, ability; (*cordura*) aptness, wisdom; **obrar con ~** to act sensibly.
aclamación *nf* acclamation; **~es** applause *sg*, acclaim *sg*.
aclamar [1a] *vt* (*gen*) to acclaim; (*aplaudir*) to applaud; ~ **a algn por jefe** to acclaim *o* hail sb as leader.
aclaración *nf* clarification, explanation.
aclarado *nm* rinse.
aclarar [1a] **1** *vt* (**a**) (*ropa*) to rinse; (*líquido*) to thin (down); (*voz*) to clear. (**b**) (*fig: asunto*) to clear up, explain; (*: dudas*) to resolve, remove. **2** *vi* (*Met*) to brighten, clear up. **3 aclararse** *vr* (**a**) (*Met*) to clear (up). (**b**) (*explicarse*) to understand; (*fig*) to become clear; **¡a ver si te aclaras!** (*explícate*) what are you on about?; (*decídete*) make up your mind!; **no me aclaro** I can't work it out.
aclaratorio *adj* explanatory.
aclimatación *nf* acclimatization, acclimation *(US)*; (*aire acondicionado*) air conditioning.
aclimatar [1a] **1** *vt* to acclimatize, acclimate *(US)*. **2 aclimatarse** *vr* to acclimatize o.s., get acclimatized; ~ **a algo** (*fig*) to get used to sth.
acné *nf* acne.
ACNUR *nm abr de* **Alto Comisariado de las Naciones Unidas para los Refugiados** UNHCR.
acobardamiento *nm* intimidation.
acobardar [1a] **1** *vt* to intimidate, cow; (*fig*) to overawe, unnerve. **2 acobardarse** *vr* (*atemorizarse*) to be intimidated *o* frightened; (*echarse atrás*) to flinch, shrink back (*ante* from, at).
acocil *nm* (*Méx*) freshwater shrimp.
acodalar [1a] *vt* to shore *o* prop up.
acodar [1a] **1** *vt* (*brazo*) to lean, rest; (*tubo*) to bend; (*Agr*) to layer. **2 acodarse** *vr* to lean (*en* on); **acodado en** leaning on.
acogedor *adj* (*gen*) welcoming; (*ambiente*) friendly, warm; (*cuarto*) snug, cosy, cozy *(US)*.
acoger [2c] **1** *vt* (*gen*) to welcome; (*refugiado etc*) to take in, give refuge to; (*criminal*) to harbour, harbor *(US)*; (*hecho nuevo*) to accept, admit. **2 acogerse** *vr* to take refuge; ~ **a** (*fig: pretexto*) to take refuge in; (*: ley etc*) to resort to.
acogida *nf* (*gen*) welcome, reception; (*aprobación*) acceptance, admittance; (*Pol etc*) refuge, asylum; **dar ~ a** to accept; **tener buena ~** to be welcomed, be well received; **¿qué ~ tuvo la idea?** how was the idea received?
acogotar [1a] *vt* to fell, poleaxe, poleax *(US)*.
acojinar [1a] *vt* (*Téc*) to cushion.
acojonante *adj* (*Esp fam*) tremendous, brilliant *(fam)*.
acojonar [1a] (*Esp fam*) **1** *vt* (**a**) (*atemorizar*) to put the wind up *(fam)*, intimidate. (**b**) (*impresionar*) to impress; (*asombrar*) to amaze, overwhelm. **2 acojonarse** *vr* (**a**) (*acobardarse*) to back down; (*inquietarse*) to get the wind up *(fam)*; **!no te acojones!** take it easy! *(fam)*. (**b**) (*asombrarse*) to be amazed, be overwhelmed.
acojono *nm* (*Esp fam*) funk *(fam)*, fear.
acolchado *adj* padded.
acolchar [1a] *vt* (*Téc*) to quilt, pad; (*sonido*) to muffle.
acólito *nm* (*Rel*) acolyte; (*monaguillo*) server, altar boy; (*fig*) acolyte, minion.
acollarar [1a] *vt* (*bueyes*) to yoke, harness; (*perro etc*) to put a collar on.
acomedido *adj* (*LAm*) helpful, obliging.
acometedor *adj* energetic, enterprising.
acometer [2a] *vt* (**a**) (*gen*) to attack, set upon. (**b**) (*tarea*) to undertake, attempt. (**c**) (*suj: sueño etc*) to overcome; (*: miedo*) to seize, take hold of; (*: dudas*) to assail.
acometida *nf* (**a**) attack, assault. (**b**) (*Elec etc*) connection.
acometimiento *nm* (*gen*) attack.
acometividad *nf* (**a**) (*energía*) energy, enterprise. (**b**) (*agresividad*) aggressiveness.
acomodación *nf* (*gen*) accommodation; (*adaptación*) adaptation; (*arreglo*) arrangement.
acomodadizo *adj* (*gen*) accommodating, obliging; (*manejable*) pliable.
acomodado *adj* (**a**) (*apto*) suitable, fit; (*precio*) moderate. (**b**) (*rico*) well-to-do, well-off.
acomodador(a) *nm/f* (*Teat etc*) usher/usherette.
acomodar [1a] **1** *vt* (**a**) (*ajustar*) to adjust; ~ **a algn con algo** to supply sb with sth.
(**b**) (*colocar*) to fit in, find room for; (*Teat*) to show to a seat; (*emplear*) to take on, employ.
(**c**) (*adaptar*) to suit, adapt (*a* to); (*visita*) to make feel at home; (*enfermo*) to make comfortable; (*niño*) to settle.
(**d**) (*conciliar*) to reconcile.
2 *vi* to be suitable.
3 acomodarse *vr* (**a**) (*conformarse*) to comply, conform; (*adaptarse*) to adapt o.s..
(**b**) (*ponerse cómodo*) to settle down; **¡acomódese a su gusto!** make yourself comfortable!
(**c**) (*CSur: colocarse*) to get o.s. a soft job.
(**d**) ~ **a algo** to settle down to sth; **¡yo me acomodo a todo!** I'm easy!; ~ **con** (*llegar a un acuerdo con*) to come to an agreement with; (*conformarse con*) to comply *o* conform with.
acomodaticio *adj* = **acomodadizo**.
acomodo *nm* (**a**) (*arreglo*) arrangement; (*acuerdo*) agreement, understanding. (**b**) (*puesto*) post, job. (**c**) (*LAm: soborno*) bribe.
acompañado *adj*: **estar** *o* **ir** ~ to go accompanied, go with sb; **bien/mal** ~ in good/bad company.
acompañamiento *nm* (**a**) (*gen*) accompaniment; **sin** ~ unaccompanied, alone. (**b**) (*escolta*) escort; (*comitiva*) retinue; (*Teat*) extras; (*LAm: de sepelio*) funeral procession; (*: de boda*) wedding party *etc*. (**c**) (*Mús*) accompaniment; **cantar sin** ~ to sing unaccompanied.
acompañante *nmf* companion, escort; (*Mús*) accompanist.
acompañar [1a] **1** *vt* (**a**) (*gen*) to accompany, go with; (*señora*) to escort; (*señorita*) to chaperone; **¿quieres que te acompañe?** do you want me to come with you?; ~ **a algn a la puerta** to see sb to the door *o* out; **me acompañó a casa** he walked me home; **este vino acompaña bien el queso** this wine goes well with the cheese.
(**b**) (*Mús*) to accompany (*a, con* on).
(**c**) (*adjuntar*) to enclose, attach.
(**d**) ~ **lo que se ha dicho con** *o* **de pruebas** to support

what one has said with evidence.
(**e**) ~ **a algn en** to join (with) sb in, to share with sb in; **le acompaño en el sentimiento** please accept my condolences.
2 acompañarse *vr* (*Mús*) to accompany o.s. (*con, de* on).
acompasado *adj* (*gen*) rhythmic, regular; (*medido*) measured; (*lento*) slow, deliberate.
acompasar 1a *vt* (**a**) (*Mat*) to measure with a compass. (**b**) (*Mús etc*) to mark the rhythm of; (*fig*) to match, keep in step with.
acomplejado *adj* neurotic, hung-up *(fam)*; **está ~ por su nariz** he's got a complex *o* thing about his nose.
acomplejar 1a **1** *vt* to make neurotic, give a complex to. **2 acomplejarse** *vr* to become neurotic (*con, por* about).
acondicionado *adj*: **bien ~** (*Téc*) in good condition; **aire ~** air conditioning; **un laboratorio bien ~** a well-equipped laboratory.
acondicionador *nm* (*gen*) conditioner; **~ de aire** air conditioner.
acondicionamiento *nm* (*gen*) conditioning; (*Com*) shopfitting; **~ de aire** air conditioning.
acondicionar 1a *vt* (**a**) (*arreglar*) to arrange, prepare; (*Com*) to fit out; (*Téc: pelo*) to condition. (**b**) (*poner aire acondicionado en*) to air-condition.
acongojado *adj* distressed, anguished.
acongojar 1a **1** *vt* to distress, grieve. **2 acongojarse** *vr* to become distressed; **¡no te acongojes!** don't get upset!
aconsejable *adj* (*gen*) advisable; (*sensato*) sensible, politic; **nada** *o* **poco ~** inadvisable; **no sería ~ que Ud viniera** you would be ill-advised to come.
aconsejado *adj*; **bien ~** sensible; **mal ~** ill-advised.
aconsejar 1a **1** *vt* (*dar consejos a*) to advise, counsel; **~ a algn hacer algo** to advise sb to do sth. **2 aconsejarse** *vr* to seek *o* take advice; **~ con** *o* **de** to consult; **~ mejor** to think better of it.
acontecer 2d *vi* to happen, occur.
acontecimiento *nm* event, happening; **fue realmente un ~** it was an event of some importance; **fue todo un ~** it was quite an affair.
acopiar 1b *vt* (*gen*) to gather (together), collect.
acopio *nm* (**a**) (*acción*) gathering, collecting. (**b**) (*cantidad*) collection; (*suministro*) store, stock; (*CSur: abundancia*) abundance; **hacer ~** to stock up (*de* with), lay in stocks (*de* of).
acoplable *adj* attachable.
acoplado *nm* (**a**) (*CSur: Aut*) trailer. (**b**) (*CSur fam: parásito*) hanger-on *(fam)*, sponger *(fam)*.
acoplamiento *nm* (*Mec*) coupling; (*Elec*) connection; (*Telec: TV*) link-up, hook-up; (*de astronaves*) docking, link-up; **~ en serie** series connection; **~ universal** universal joint.
acoplar 1a **1** *vt* (*Téc*) to couple; (*Elec*) to connect, join up; (*carros etc*) to join *o* hook up; (*Zool*) to mate, pair; (*Dep etc*) to coordinate. **2 acoplarse** *vr* (**a**) (*Zool*) to mate, pair. (**b**) (*Aer*) to dock. (**c**) (*Elec*) to cause feedback.
acoplo *nm* (*Elec*) feedback.
acoquinar 1a **1** *vt* to scare, intimidate, cow. **2 acoquinarse** *vr* to get scared, take fright.
acorazado 1 *adj* armour-plated, armor-plated *(US)*, armoured, armored *(US)*. **2** *nm* battleship.
acorazar 1f **1** *vt* to armour-plate, armor-plate *(US)*. **2 acorazarse** *vr* (*fig*) to steel o.s. (*contra* against).
acorazonado *adj* heart-shaped.
acorchado *adj* (*gen*) spongy, cork-like; (*Med*) numb.
acorcharse 1a *vr* (*gen*) to become spongy, become like cork; (*Med*) to go numb.
acordado *adj* (*gen*) agreed; **lo ~** that which has been agreed (upon).
acordar 1l **1** *vt* (**a**) (*decidir*) to decide, resolve; (*aceptar*) to agree; (*: precio*) to agree upon.
(**b**) (*LAm: conceder*) to grant, accord.
(**c**) (*opiniones*) to reconcile; (*Mús*) to tune; (*Arte*) to blend, harmonize.
2 *vi* to agree, correspond.
3 acordarse *vr* (**a**) (*recordar*) to remember, recall, recollect; **no me acuerdo** I don't remember; **si mal no me acuerdo** if my memory serves me right; **~ de algo** to remember sth; **¡acuérdate de mí!** remember me!; **¿te acuerdas de mí?** do you remember me?; **¡te acordarás de mí!** you'll be hearing from me!
(**b**) (*resolver*) **se acordó hacerlo** it was agreed to do it.
acorde 1 *adj* (**a**) **estar ~s** to be agreed, be in agreement; (*fig*) to be in tune (*con* with). (**b**) (*Mús*) harmonious; **estar ~** to be in tune. **2** *nm* (*Mús*) chord; **a los ~s de la marcha nupcial** to the strains of the wedding march.
acordeón *nm* accordion.
acordeonista *nmf* accordionist.
acordonado *adj* (*Cos etc*) ribbed; (*calle etc*) cordoned-off.
acordonamiento *nm* cordoning off.
acordonar 1a *vt* (**a**) (*zapatos etc*) to tie *o* lace up. (**b**) (*lugar: con guardias etc*) to cordon off; (*: cercar*) to surround.
acornear 1a *vt* to gore.
acorralar 1a *vt* (*Agr: ganado*) to pen, corral; (*arrinconar*) to corner; (*fig*) to intimidate.
acortamiento *nm* shortening, reduction.
acortar 1a **1** *vt* (*hacer más corto*) to shorten; (*reducir*) to reduce; (*relato*) to cut short. **2 acortarse** *vr* (*gen*) to shrink, reduce.
acosar 1a *vt* (*perseguir*) to pursue relentlessly; (*fig: asediar*) to hound, harass; **~ a algn a preguntas** to pester sb with questions.
acosijar 1a *vt* (*Méx*) = **acosar**.
acoso *nm* relentless pursuit; (*fig*) hounding, harassment; **~ sexual** sexual harassment.
acostar 1l **1** *vt* (**a**) (*tender*) to lay down. (**b**) (*en cama*) to put to bed. (**c**) (*Náut*) to bring alongside. **2 acostarse** *vr* (**a**) (*tumbarse*) to lie down; (*ir a dormir*) to go to bed; (*LAm: dar a luz*) to give birth; **nos acostamos tarde** we go to bed late; **A se acostó con B** A went to bed *o* slept with B; **es hora de ~** it's bedtime. (**b**) (*inclinarse*) to lean, bend.
acostumbrado *adj* (*usual*) usual, customary; **~ a** used *o* accustomed to.
acostumbrar 1a **1** *vt*: **~ a algn a algo** to get sb used to sth.
2 *vi*: **~ (a) hacer algo** to be accustomed to doing sth, be in the habit of doing sth; **los sábados acostumbra (a) ir al cine** on Saturdays he usually goes to the cinema.
3 acostumbrarse *vr* (**a**) **~ a algo** to get accustomed *o* used to sth; **se acostumbró a tomar chocolate** he *etc* got into the habit of drinking chocolate; **está acostumbrado a verlas venir** he's not easily fooled.
(**b**) (*esp LAm*); **aquí no se acostumbra decir eso** people don't say that *o* that isn't said here; **no se acostumbra** it isn't customary *o* usual.
acotación *nf* (**a**) (*linde*) boundary mark; (*Geog*) elevation mark. (**b**) (*Tip*) marginal note; (*Teat*) stage direction.
acotar 1a *vt* (**a**) (*terreno*) to survey, mark out; (*poner cotos en*) to limit, set bounds to; (*caza*) to fence in, protect. (**b**) (*página*) to annotate; (*mapa*) to mark elevations on.
acotejar 1a **1** *vt* (*LAm: cosas*) to put in order, arrange. **2 acotejarse** *vr* (*LAm: acomodarse*) to come to an arrangement.
acotillo *nm* sledgehammer.
acr. *abr de* **acreedor** Cr.
acracia *nf* anarchy.
ácrata *adj, nmf* anarchist, libertarian.
acre[1] *adj* (*sabor*) sharp, bitter; (*olor*) acrid, pungent; (*fig: crítica etc*) biting, mordant.

acre[2] *nm* (*Agr*) acre.
acrecentamiento *nm* increase, growth.
acrecentar [1j] **1** *vt* to increase, augment. **2 acrecentarse** *vr* to increase, grow.
acreditación *nf* accreditation.
acreditado *adj* (*Pol etc*) accredited; (*estimado*) reputable; **nuestro representante** ~ our official agent; (*Com*) **una casa ~a** a reputable firm.
acreditar [1a] **1** *vt* (*dar reputación a*) to do *o* give credit to; (*avalar*) to vouch for, guarantee; (*probar*) to prove; (*autorizar*) to sanction, authorize; (*Com*) to credit; (*Pol: embajador*) to accredit; ~ **su personalidad** to establish one's identity. **2 acreditarse** *vr* to prove one's worth; ~ **como** to get a reputation for.
acreedor(a) 1 *adj*: ~ **a** worthy *o* deserving of. **2** *nm/f* creditor; ~ **común/diferido/con garantía** (*Com*) unsecured/deferred/secured creditor; ~ **hipotecario** mortgagee.
acreencia *nf* (*LAm Fin*) credit balance.
acribillar [1a] *vt* (**a**) to riddle, pepper; ~ **a balazos** to riddle with bullets. (**b**) (*fig*) to pester, badger; ~ **a algn a preguntas** to overwhelm sb with questions.
acrílico *adj* acrylic.
acriminar [1a] *vt* (*Jur*) to accuse; (*fig: falta*) to exaggerate.
acrimonia *nf* (*olor*) acridness, pungency; (*sabor*) sharpness, sourness; (*fig*) acrimony.
acriollado *adj* (*esp CSur*) adapted *o* adjusted *(to the customs of a Latin American country)*.
acriollarse [1a] *vr* (*esp CSur*) to go native.
acrisolado *adj* (*refinado*) pure; **una fe ~a** a faith tried and tested.
acrisolar [1a] *vt* (*Téc*) to purify, refine; (*fig*) to bring out, prove.
acristalado *adj* glazed.
acritud *nf* = **acrimonia**.
acrobacia *nf* acrobatics; ~ **aérea** aerobatics.
acróbata *nmf* acrobat.
acrobático *adj* acrobatic.
acta *nf* (**a**) (*Com: relación*) minutes, record; (*Univ*) transactions; (*Pol*) certificate of election; (*Jur: documento*) deed; (*LAm: ley*) act, law; ~ **de bautismo** certificate of baptism; ~ **de defunción/de matrimonio/de nacimiento** death/marriage/birth certificate; ~ **notarial** affidavit; **A~ Única Europea** Single European Act; **levantar** ~ (*Jur: jurar*) to make a formal statement; (*: preparar documento*) to draw up a deed; **levantar ~ de** to take the minutes of, minute; **tomar ~ (de algo)** (*CSur*) to take note (of sth), bear (sth) in mind.
(**b**) **~s** minutes, proceedings.
actitud *nf* (**a**) (*postura*) posture, pose. (**b**) (*fig: opinión*) attitude; (*: posición*) position; **la ~ del gobierno** the government's attitude; **adoptar una ~ firme** to take a firm stand; **estar en ~ de hacer algo** to be getting ready to do sth.
activación *nf* activation; (*agilización*) expediting, speeding-up.
activamente *adv* actively.
activar [1a] *vt* (*gen*) to activate; (*trabajo etc*) to expedite, speed up, hurry along.
actividad *nf* (**a**) (*gen*) activity; (*dinamismo*) liveliness; (*~callejera*) movement, bustle; **estar en** ~ to be active, be in operation; (*volcán*) to be active; **estar en plena** ~ to be in full swing. (**b**) (*profesional*) occupation; ~ **lucrativa** gainful employment; **~es** activities; **sus ~es políticas** his political activities.
activista *nmf* activist.
activo 1 *adj* (*gen*) active; (*vivo*) lively, energetic. **2** *nm* (**a**) (*Com*) assets *pl*; **~s congelados** *o* **bloqueados** frozen assets; ~ **fijo** fixed assets; ~ **invisible** invisible assets; ~ **líquido** *o* **realizable** liquid assets; ~ **y pasivo** assets and liabilities; ~ **de la quiebra** bankrupt's estate. (**b**) (*Mil etc*) **oficial en** ~ serving officer; **estar en** ~ to be on active service.
acto *nm* (*gen*) act, action; (*ceremonia*) ceremony, function; (*Teat*) act; ~ **reflejo** reflex action; ~ **religioso** church service; **el ~ sexual** the sex act, (sexual) intercourse; ~ **continuo,** ~ **seguido** next; ~ **seguido de** immediately (after); **morir en ~ de servicio** to die on active service; **en el** ~ immediately, there and then; **'reparaciones en el ~'** 'repairs while you wait'; **hacer ~ de presencia** (*asistir*) to attend (formally), be present; (*dejarse ver*) to show up, put in an appearance.
actor(a) 1 *adj* (*Jur*) **parte ~a** prosecution. **2** *nm/f* (*gen*) actor/actress; (*Jur*) plaintiff; (*fig*) protagonist.
actriz *nf* actress.
actuación *nf* (*acción*) action; (*conducta*) conduct, behaviour, behavior *(US)*; (*Dep, Teat*) performance; (*: papel*) role; **la ~ de la policía** the actions of the police; **su ~ fue importante** his part was an important one.
actual *adj* (*gen*) current, present; (*de hoy día*) present (day); (*de actualidad*) current, topical; **el 6 del** ~ the 6th of this month.
actualidad *nf* (**a**) present (time); **en la** ~ at present, nowadays; **cuestión de palpitante** ~ highly topical question; **ser de gran** ~ to be topical *o* of moment; **perder (su)** ~ to lose interest, get stale. (**b**) **la** ~ current affairs; (*noticias*) (current) news; **la ~ política** the current state of politics (today).
actualización *nf* (*acto*) updating; (*TV etc*) update.
actualizar [1f] *vt* to bring up to date, update.
actualmente *adv* (*gen*) at present; (*hoy día*) nowadays; ~ **está fuera** he's away at the moment.
actuar [1e] **1** *vt* (*hacer funcionar*) to work, operate. **2** *vi* (*Mec*) to work, operate; (*persona*) to perform; (*: Teat etc*) to act; ~ **de** to act as; **actuó bien el árbitro Sr X** Mr X refereed well; **actúa de manera rara** he's acting strangely.
actuario *nm* (*Jur*) clerk; (*Fin*) actuary.
acuadrillar [1a] *vt* (*Chi: acometer*) to set upon.
acuarela *nf* watercolour, watercolor *(US)*.
acuarelista *nmf* watercolourist, watercolorist *(US)*.
acuario *nm* aquarium; **A~** Aquarius.
acuárium *nm* aquarium.
acuartelamiento *nm* (*Mil*) quartering, billeting; (*disciplina*) confinement to barracks.
acuartelar [1a] **1** *vt* (*Mil*) to quarter, billet; (*disciplinar*) to confine to barracks. **2 actuartelarse** *vr* to withdraw to barracks.
acuático *adj* aquatic, water *atr*.
acuatinta *nf* aquatint.
acuatizar [1f] *vi* (*Aer*) to come down *o* land on water.
acuciante *adj* pressing; **necesidad** ~ dire necessity, urgent need.
acuciar [1b] *vt* (*estimular*) to urge on; **acuciado por el hambre** driven on by hunger.
acuclillarse [1a] *vr* to squat down.
acuchillado *adj* (*cortado*) slashed.
acuchillar [1a] *vt* (**a**) (*gen*) to knife, stab; (*Cos*) to slash. (**b**) (*Téc*) to plane down, smooth.
ACUDE *nf abr de* **Asociación de Consumidores y Usuarios de España**.
acudir [3a] *vi* (**a**) (*asistir*) to attend; (*inesperadamente*) to turn up; (*llegar*) to come; ~ **al teléfono** to come *o* go to the phone; ~ **a una cita** to keep *o* turn up for an appointment; ~ **a una llamada** to answer a call; ~ **a la mente** to come to (one's) mind; **pero no acudió** but he didn't come.
(**b**) (*para ayudar*) to come *o* go to the rescue, go to help.
(**c**) ~ **a** (*fig*) to turn to, have recourse to; ~ **al médico** to consult one's doctor; **no tener** *o* **saber a quién** ~ to have nobody to turn to.
(**d**) (*caballo*) to answer, obey.
acueducto *nm* aqueduct.
acuerdo *nm* (**a**) (*gen*) agreement; (*electoral etc*) pact; (*implícito*) understanding, accord; **A~ general sobre aranceles aduaneros y comercio** (*Com*) General Agree-

ment on Tariffs and Trade; ~ **marco** general framework of agreement; ~ **de pago respectivo** (*Com*) knock-for-knock (*Brit*) *o* (*US*) no-fault agreement; ~ **verbal** verbal agreement; **¡de** ~! I agree!, agreed!; **de** ~ **con** in accordance with; **de ~ con el artículo 2 del código** as laid down in article 2 of the code; **de común** ~ with one accord, unanimously; **estar de** ~ (*persona*) to agree, be in agreement (*con* with); (*cosas*) to agree, correspond; **esto está de** ~ **con lo que me dijo** this is in line with what he told me; **llegar a un** ~ to come to an understanding (*con* with); **ponerse de** ~ to reach agreement, agree.
(**b**) (*Pol etc*) resolution; **tomar un** ~ to pass a resolution.

acuidad *nf* sharpness.
acuilmarse [1a] *vr* (*CAm*) to get depressed.
acullá *adv* over there, yonder.
acumulación *nf* (*gen*) accumulation; (*reserva*) pile, stock.
acumulador 1 *adj* accumulative. **2** *nm* storage battery.
acumular [1a] **1** *vt* (*gen*) to accumulate; (*datos*) to amass, gather; (*bienes*) to pile (up), hoard. **2 acumularse** *vr* to accumulate, gather, pile up; **se me acumula el trabajo** the work is piling up (on me).
acumulativo *adj* cumulative.
acunar [1a] *vt* to rock (to sleep).
acuñación *nf* coining, minting.
acuñar [1a] *vt* (*moneda*) to coin, mint; (*medalla*) to strike; (*frase*) to coin.
acuosidad *nf* (*gen*) wateriness; (*de fruta*) juiciness.
acuoso *adj* (*gen*) watery; (*fruta*) juicy.
acupuntura *nf* acupuncture.
acurrucarse [1g] *vr* to huddle up, curl up.
acusación *nf* (*gen*) accusation; (*Jur: cargo*) charge, indictment; (*: acusador*) prosecution; **negar la** ~ to deny the charge.
acusado/a 1 *adj* (**a**) (*Jur etc*) accused. (**b**) (*fig: saliente*) marked, pronounced; (*acento*) strong; (*contraste*) marked, striking. **2** *nm/f* accused, defendant.
acusador(a) 1 *adj* accusing, reproachful. **2** *nm/f* accuser.
acusar [1a] **1** *vt* (**a**) (*Jur etc*) to accuse (*de* of), charge (*de* with); **¿me acusas a mí?** are you accusing me?; ~ **a algn de haber hecho algo** to accuse sb of having done sth.
(**b**) (*denunciar*) to denounce; (*inculpar*) to point to, proclaim the guilt of.
(**c**) (*indicar*) to show, reveal; (*fig: emoción etc*) to show, betray; **su rostro acusó extrañeza** his face registered surprise; **este sismógrafo acusa la menor vibración** this seismometer picks up the least vibration.
(**d**) (*recibir*) to take; **el boxeador acusó todos los golpes de su rival** the boxer took every blow his opponent threw at him.
(**e**) ~ **recibo** to acknowledge receipt.
2 acusarse *vr* (**a**) (*confesar*) to confess; ~ **de un crimen** to confess to a crime; ~ **de haberlo hecho** to confess to having done it.
(**b**) (*hacerse más fuerte*) to become more marked, get stronger; **esta tendencia se acusa cada vez más** this tendency is becoming ever more marked.

acusativo *nm* accusative.
acusatorio *adj* accusatory, accusing.
acuse *nm*: ~ **de recibo** acknowledgement of receipt.
acusete, acusica *nmf* (*fam*) telltale, sneak.
acusón/ona (*fam*) **1** *adj* telltale, sneaking. **2** *nm/f* telltale, sneak.
acústica *nf* acoustics.
acústico *adj* acoustic.
achacable *adj*: ~ **a** attributable to.
achacar [1g] *vt*: ~ **algo a** to attribute sth *o* put sth down to; ~ **(la culpa) a algn** to lay the blame on sb.
achacoso *adj* (*Med*) sickly, ailing.
achantar [1a] **1** *vt* (*fam*) to scare, frighten. **2 achantarse** *vr* to back down, eat one's words.
achaparrado *adj* (*Bot*) dwarf, stunted; (*fig: persona*) stocky, thickset.
achaque *nm* (*Med*) ailment, malady; **~s mañaneros** morning sickness; **~s de la vejez** ailments of old age.
acharolado *adj* polished, varnished.
achatamiento *nm* flattening.
achatar [1a] **1** *vt* to flatten. **2 achatarse** *vr* to get flat.
achicalado *adj* (*Méx*) sugared.
achicar [1g] **1** *vt* (**a**) (*gen*) to make smaller; (*fig*) to dwarf; (*Cos*) to shorten, take in; (*descontar*) to minimize. (**b**) (*Náut etc*) to scoop, bale (out). (**c**) (*fig: intimidar*) to intimidate, browbeat. **2 achicarse** *vr* (**a**) to get smaller; (*ropa*) to shrink. (**b**) (*esp LAm*) to minimize one's importance.
achicoria *nf* chicory.
achicharradero *nm* inferno.
achicharrante *adj*: **calor** ~ sweltering heat.
achicharrar [1a] **1** *vt* (**a**) (*gen*) to scorch, overheat; (*Culin*) to fry crisp; (*demasiado*) to burn. (**b**) (*fam: fastidiar*) to bother, plague. (**c**) (*Chi fam: aplastar*) to flatten, crush. **2** *vi*: **hace un sol que achicharra** it's absolutely roasting. **3 achicharrarse** *vr* to get burnt; **¡me estoy achicharrando!** I'm getting burnt to a cinder!
achichiguar [1i] *vt* (*Méx fam*) to cosset, spoil.
achichincle *nm* (*Méx*) minion.
achiguarse [1i] *vr* (*CSur: pared etc*) to bulge, sag; (*: persona*) to get very fat.
achinado *adj* (**a**) (*And, CSur: mestizo*) half-caste; (*fig*) coarse, common. (**b**) (*ojos*) slanting.
achiquillado *adj* (*esp Méx*) childish.
achiquitar [1a] *vt* (*LAm*) to make smaller, reduce.
achís *interj* atishoo!
achispado *adj* tipsy.
achisparse [1a] *vr* to get tipsy.
achocolatado *adj* (*color*) chocolate-brown.
acholado *adj* (*LAm*) half-caste, part-Indian.
acholarse [1a] *vr* (*Per: indígenas*) to have *o* adopt mestizo *o* half-breed ways.
achucutado *adj* (*LAm*) abashed, ashamed.
achucutarse [1a] *vr* (*And*) to be abashed, feel ashamed.
achuchado *adj* (*fam*) hard, difficult.
achuchar [1a] **1** *vt* (**a**) (*aplastar*) to crush, squeeze flat. (**b**) (*empujar*) to shove, jostle. (**c**) ~ **un perro contra algn** to set a dog on sb. **2 achucharse** *vr* (*amantes*) to cuddle, fondle (one another), pet (one another) (*fam*).
achuchón *nm* (**a**) (*empujón*) shove, push. (**b**) **tener un** ~ (*Med*) to be ill, be poorly.
achulado, achulapado *adj* (**a**) (*presumido*) jaunty, cocky. (**b**) (*grosero*) common, uncouth.
achumado *adj* (*LAm fam*) drunk.
achumarse [1a] *vr* (*LAm fam*) to get drunk.
achunchar [1a] **1** *vt* (*And, Chi*) to shame. **2 achuncharse** *vr* to be ashamed.
achura *nf* (*CSur: Culin*) offal.
achurar [1a] *vt* (*CSur: animal*) to gut; (*: persona*) to kill, wound.
ADA *nf abr de* **Ayuda del Automovilista** ≈ AA, ≈ RAC, ≈ AAA (*US*).
ADAC *nm abr de* **avión de despegue y aterrizaje cortos** VTOL.
adagio *nm* (*proverbio*) adage, proverb; (*Mús*) adagio.
adalid *nm* leader, champion.
adamascado *adj* damask.
adamascar [1g] *vt* to damask.
adán *nm* scruffy fellow; **estar hecho un** ~ to be terribly shabby.
adaptable *adj* (*gen*) adaptable, versatile; (*Tip*) compatible.
adaptación *nf* (*gen*) adaptation; (*montaje*) fitting.
adaptador *nm* (*Elec*) adapter.
adaptar [1a] **1** *vt* (*gen*) to adapt; (*encajar*) to fit, make suit-

able (*para* for); (*Inform*) to convert (*para* to); (*ajustar*) to adjust. **2 adaptarse** *vr* to adapt o.s. (*a* to).
adarga *nf* (oval) shield.
adarme *nm*: **ni un** ~ not a whit; **por ~s** in driblets.
A. de C. *abr de* **año de Cristo** AD.
adecentar [1a] **1** *vt* to tidy up. **2 adecentarse** *vr* to tidy o.s. up.
adecuación *nf* adaptation, fitting.
adecuadamente *adv* suitably.
adecuado *adj* (*apto*) fit, suitable (*para* for); (*oportuno*) appropriate; **los documentos ~s** the appropriate *o* relevant papers; **el hombre ~ para el puesto** the right man for the job; **lo más ~ sería ...** the most appropriate thing would be to ..., it would be best to ....
adecuar [1d] *vt* (*adaptar*) to adapt, fit; **tenía cualidades que le adecuaban para el puesto** he *etc* had qualities which made him suitable for the job.
adefesio *nm* (*persona rara*) queer bird, oddball *(fam)*; (*persona fea*) disaster *(fam)*; (*objeto feo*) monstrosity; (*ropa fea*) outlandish *o* ridiculous attire; **estaba hecha un ~** she looked a sight.
a. de J.C. *abr de* **antes de Jesucristo** BC.
adelantado *adj* **(a)** (*avanzado*) advanced. **(b)** (*precoz*) precocious. **(c)** (*Com etc*) **pagar por ~** to pay in advance. **(d)** (*atrevido*) bold, forward. **(e)** (*reloj*) fast.
adelantamiento *nm* (*avance*) advance; (*promoción*) advancement, promotion; (*progreso*) progress; (*Aut*) overtaking, passing *(US)*.
adelantar [1a] **1** *vt* **(a)** (*fecha, viaje*) to bring forward; (*Dep: balón*) to pass forward.
(b) (*apresurar: paso*) to speed up, quicken; (*: plan*) to hurry, speed up; ~ **los acontecimientos** to anticipate events; **no adelantemos acontecimientos** let's not cross our bridges before we come to them.
(c) (*sueldo, pago*) to pay in advance.
(d) (*reloj*) to put forward.
(e) (*competidor*) to get ahead of, outstrip; (*Aut*) to overtake, pass *(US)*; **no le gusta dejarse ~** he doesn't like being overtaken.
(f) (*conseguir*) to get, gain; **¿qué adelantas con enfadarte?** getting upset won't help you.
2 *vi* **(a)** (*ir delante*) to go ahead; (*progresar*) to improve, progress; **el alumno adelanta** the student is improving.
(b) (*Aut*) to overtake, pass *(US)*; **'prohibido ~'** 'no overtaking'.
(c) (*reloj*) to be fast, gain; **mi reloj adelanta 5 minutos** my watch is 5 minutes fast.
(d) el grupo adelantó 2 puestos en la lista the group moved up two places in the charts.
3 adelantarse *vr* **(a)** (*tomar la delantera*) to go forward, go ahead; **me adelantaré a inspeccionar el camino** I'll go on ahead and check the way.
(b) (*reloj*) to be fast, gain.
(c) (*suceder temprano*) to come early.
(d) ~ a algn to get ahead of *o* outstrip sb; (*fig*) to beat sb to it.
(e) ~ a los deseos de algn to anticipate sb's wishes.
adelante *adv* **(a)** (*lugar*) forward(s), ahead; **más ~** further on; **ir ~** to go on *o* ahead; **seguir ~** to carry on. **(b)** (*cantidad*) **de 100 ptas en ~** from 100 ptas up(wards). **(c)** (*tiempo*) **en ~, de aquí en ~, de hoy en ~** in future, from now on; **más ~** later (on), afterwards. **(d) ¡~!** (*interj: siga*) go on!, carry on!; (*: entre*) come in!; (*Mil etc: avance*) forward!; (*CSur*) bravo!, that's the way! **(e)** (*locuciones*) **sacar ~** (*niño*) to give a good education to; (*negocio*) to bring off; **salir ~** to get by, manage.
adelanto *nm* **(a)** (*progreso*) advancement, progress. **(b)** (*paso adelante*) advance, step forward; **los ~s de la ciencia** the advances of science. **(c)** (*dinero*) advance. **(d)** (*tiempo*) **llegar con 1 hora de ~** to arrive an hour early; **el reloj lleva 10 minutos de ~** the clock's 10 minutes fast.
adelfa *nf* rosebay, oleander.
adelgazador *adj* slimming.
adelgazamiento *nm* slimming.
adelgazar [1f] **1** *vt* (*gen*) to make thin, make slender; (*palo*) to pare, whittle; (*kilos*) to lose, take off; (*voz*) to raise the pitch of; (*punta*) to sharpen. **2** *vi* (*enflaquecer*) to grow thin; (*con régimen*) to slim, lose weight.
Adelpha *nf abr* (*Esp*) *de* **Asociación de Defensa Ecológica y del Patrimonio Histórico-artístico**.
ademán *nm* **(a)** (*de mano*) gesture, movement; (*postura*) posture, position; **en ~ de hacer algo** as if to do sth, getting ready to do sth; **hacer ~ de hacer** to make as if *o* to make a move to do. **(b) ~es** manners.
además 1 *adv* besides; (*frm*) moreover, furthermore; **y ~ la pegó** what's more he beat her; **creo ~ que** moreover I think that. **2** *prep*: **~ de** in addition to, not to mention; **~ de eso** moreover.
ADENA *nf abr* (*Esp*) *de* **Asociación para la Defensa de la Naturaleza**.
adentrarse [1a] *vr*: **~ en** to go into, get inside; (*penetrar*) to penetrate into; **~ en la selva** to go deep(er) into the forest.
adentro 1 *adv* **(a)** (*esp LAm*) = **dentro 1**. **(b) mar ~** out at sea, out to sea; **tierra ~** inland; **¡~!** come in! **2** *prep*: **~ de** (*LAm: dentro de*) inside. **3** *nm* **(a)** (*CSur*) indoors, inside the house. **(b) dijo para sus ~s** he said to himself; **reírse para sus ~s** to laugh inwardly.
adepto/a *nm/f* (*gen*) follower, supporter; (*Rel*) adept, initiate.
aderezar [1f] *vt* (*preparar*) to prepare, get ready; (*vestir*) to dress up; (*adornar*) to embellish, adorn; (*Culin: sazonar*) to season, garnish; (*: ensalada*) to dress.
aderezo *nm* **(a)** (*preparación*) preparation; (*adorno*) decoration. **(b)** (*Culin*) seasoning, dressing; (*Cos*) adornment; **~ de diamantes** set of diamonds.
adeudar [1a] **1** *vt* to owe; **~ una suma en una cuenta** to debit an account for a sum. **2 adeudarse** *vr* to run into debt.
adeudo *nm* (*deuda*) debt; (*en aduana*) customs duty; (*en cuenta*) debit, charge.
a.D.g. *abr de* **a Dios gracias**.
adherencia *nf* (*gen*) adherence; (*acción de pegar*) adhesion; (*fig: vínculo*) bond, connection; (*Aut*) road holding.
adherente *adj* adhesive, sticky; **~ a** (*fig*) adhering to.
adherido/a *nm/f* adherent, follower.
adherir [3i] *vi*, **adherirse** *vr* to adhere, stick (*a* to); **~ a** (*fig*) to follow.
adhesión *nf* (*Téc*) adhesion; (*fig*) adherence, support.
adhesivo 1 *adj* adhesive, sticky. **2** *nm* adhesive.
adicción *nf* addiction.
adición *nf* (*Mat*) addition; (*Jur*) acceptance; (*sumar*) adding up; (*CSur: cuenta*) bill, check *(US)*.
adicional *adj* additional, extra.
adicionar [1a] *vt* (*gen*) to add (*a* to); (*Mat*) to add (up).
adicto/a 1 *adj* **(a) ~ a** devoted to, attached to; **las personas ~as a él** those who follow him, his supporters. **(b)** (*dado a*) given to, addicted to. **2** *nm/f* (*seguidor*) supporter, follower; (*a droga, TV etc*) addict.
adiestrado *adj* trained.
adiestramiento *nm* (*de perro*) training; (*Mil, Dep*) drilling, practice.
adiestrar [1a] **1** *vt* (*animal*) to train; (*Mil etc*) to drill; (*fig: guiar*) to guide, lead. **2 adiestrarse** *vr* to practise, practice *(US)*, train o.s.; **~ a hacer** to teach o.s. to do.
adinerado *adj* wealthy, well-off.
adinerarse [1a] *vr* to get rich.
adiós 1 *interj* (*gen*) goodbye!; (*¡hola!*) hullo! **2** *nm* goodbye, farewell; **decir(se) los ~es** to say one's farewells; **decir ~ a algo** (*fig*) to wave sth goodbye, give sth up; **ir a decir ~ a algn** to go to say goodbye to sb.
adiposidad *nf* adiposity.
adiposo *adj* adipose, fat.
aditamento *nm* (*complemento*) complement, addition;

(*accesorio*) accessory.
aditivo *nm* additive.
adivinación *nf* (*predicción*) prophecy, divination; (*conjeturas*) guessing; (*solución*) solving; **por ~** by guesswork; **~ de pensamientos** mind-reading.
adivinador(a) *nm/f* fortune-teller.
adivinanza *nf* riddle, conundrum.
adivinar [1a] *vt* (*predecir*) to prophesy, foretell; (*conjeturar*) to guess; (*encontrar solución a*) to solve; (*pensamientos*) to read; **adivina quién** guess who.
adivino/a *nm/f* fortune-teller.
adj *abr de* **adjunto** enc.
adjetivo 1 *adj* adjectival. **2** *nm* adjective.
adjudicación *nf* (*gen*) award; (*en subasta*) knocking down, sale.
adjudicado *interj* sold!
adjudicar [1g] **1** *vt* to award (*a* to); **~ algo al mejor postor** to knock sth down to the highest bidder. **2 adjudicarse** *vr*: **~ algo** to appropriate sth; **~ el premio** to win (the prize).
adjuntar [1a] *vt* (*incluir*) to append, attach; (*en carta*) to enclose; **adjuntamos factura** we enclose our account.
adjunto/a 1 *adj* (**a**) (*incluido*) attached (*a* to); (*en carta*) attached, enclosed; **remitir algo ~** to enclose sth. (**b**) (*ayudante*) assistant. **2** *nm/f* assistant.
administración *nf* (**a**) (*gen*) administration; (*dirección*) management, running; **en ~** in trust; **~ pública** civil service, public administration *(US)*; **A~ de Correos** General Post Office; **~ de lotería** *place where lottery tickets are sold*. (**b**) (*Pol*) government, administration; **~ central** central government; **~ territorial** local government. (**c**) (*oficina*) headquarters, central office.
administrador(a) *nm/f* (*gen*) administrator; (*Com*) manager; (*Agr*) (land) agent, bailiff; **~ de correos** postmaster/-mistress; **~ de fincas** land agent; **es buena ~a** (*en casa*) she runs the house well.
administrar [1a] **1** *vt* (*gen*) to administer; (*Com etc*) to manage, run. **2 administrarse** *vr* to manage one's own affairs.
administrativo/a 1 *adj* administrative; (*Com*) managerial; (*del gobierno*) of the government *o* administration. **2** *nm/f* clerk, office worker.
admirable *adj* admirable.
admiración *nf* (**a**) (*gen*) admiration; **mi ~ por ti** my admiration for you. (**b**) (*asombro*) amazement, wonder. (**c**) (*Tip*) exclamation mark.
admirador(a) *nm/f* admirer.
admirar [1a] **1** *vt* (**a**) (*mostrar admiración*) to admire, look up to. (**b**) (*asombrar*) to astonish, surprise; **esto admiró a todos** this astonished everyone; **me admira su declaración** your statement amazes me. **2 admirarse** *vr* to be astonished *o* surprised; **se admiró de saberlo** he was amazed to hear it.
admirativo *adj* admiring, full of admiration.
admisibilidad *nf* admissibility.
admisible *adj* (*gen*) admissible; (*factible: excusa etc*) plausible; (*legítimo*) legitimate; **eso no es ~** that cannot be allowed.
admisión *nf* (*gen*) admission (*a* to); (*reconocimiento*) acceptance; (*Mec*) intake, inlet; **'reservado el derecho de ~'** 'the management reserves the right to refuse admission'; **~ de aire** (*Mec*) air intake.
admitir [3a] *vt* to admit (*a* to; *en* into) (*aceptar*) to accept, allow; (*dudas etc*) to leave room for; **esto no admite demora** this allows no delay; **no admite otra explicación** it allows of *o* lends itself to no other explanation; **¿admite la Academia la palabra?** does the Academy accept the word?; **hay que ~ que ...** it must be admitted that ...; **'no se admiten propinas'** 'no tipping'; **la sala admite 500 personas** the hall holds 500 people.
admón. *abr de* **administración** admin.
admonición *nf* warning; **~ oral/escrita** verbal/written warning.
admonitorio *adj* warning *atr*.
ADN *nm abr de* **ácido desoxirribonucleico** DNA.
adobado *nm* (*carne*) pickled pork.
adobar [1a] *vt* (*gen*) to prepare, dress; (*carne*) to season, pickle; (*pieles*) to tan.
adobe *nm* (*tabique*) adobe, sun-dried brick.
adobo *nm* (**a**) (*preparación*) preparation, dressing; (*de pieles*) tanning. (**b**) (*Culin*) pickle, sauce; (*para pieles*) tanning mixture.
adocenado *adj* common-or-garden *(fam)*.
adoctrinamiento *nm* indoctrination.
adoctrinar [1a] *vt* to indoctrinate (*en* with).
adolecer [2d] *vi*: **~ de** (*Med*) to be ill with; (*fig*) to suffer from.
adolescencia *nf* adolescence.
adolescente *adj*, *nmf* adolescent.
adonde *conj* (*esp LAm*) where.
adónde (*esp LAm*) **1** *adv interrog* where? **2** *conj* where.
adondequiera *adv* wherever.
Adonis *nm* Adonis; **es un ~** (*fig*) he's gorgeous *(fam)*.
adopción *nf* adoption.
adoptar [1a] *vt* to adopt.
adoptivo *adj* (*padres*) adoptive; (*hijo*) adopted; **patria ~a** country of adoption; **hijo ~ de la ciudad** honorary citizen.
adoquín *nm* (**a**) paving stone, flagstone, cobble. (**b**) (*fam*) idiot, clod.
adoquinado *nm* paving, cobbles, flagstones.
adoquinar [1a] *vt* to pave, cobble.
adorable *adj* adorable.
adoración *nf* adoration, worship.
adorar [1a] *vt* to adore, worship.
adormecedor *adj* that sends one to sleep, soporific.
adormecer [2d] **1** *vt* to make sleepy, send to sleep; (*fig*) to calm, lull. **2 adormecerse** *vr* (**a**) (*amodorrarse*) to become sleepy *o* drowsy; (*dormirse*) to fall asleep, go to sleep; (*miembro*) to go numb. (**b**) **~ en** (*fig*) to persist in.
adormecido *adj* (*gen*) sleepy, drowsy; (*miembro*) numb.
adormecimiento *nm* (*V vr*) sleepiness; drowsiness; numbness.
adormidera *nf* poppy.
adormilarse [1a] *vr* to doze.
adornar [1a] *vt* (*gen*) to adorn, decorate (*de* with); (*Cos*) to trim (*de* with); (*Culin*) to garnish (*de* with); (*persona: dotar*) to endow, bless (*de* with).
adorno *nm* (*gen*) adornment, decoration; (*Cos*) trimming; (*Culin*) garnish; **de ~** decorative.
adosado 1 *adj*: **casa ~a, chalet ~** semi-detached house. **2** *nm* semi-detached house.
adosar [1a] *vt*: **~ algo a una pared** to lean sth against a wall, place sth with its back against a wall.
adquirido *adj*: **mal ~** ill-gotten.
adquirir [3i] *vt* (*gen*) to acquire, obtain; (*comprar*) to buy, purchase; (*fig: costumbre*) to get into, form.
adquisición *nf* (*gen*) acquisition; (*compra*) buy, purchase.
adquisitivo *adj* acquisitive; **poder** *o* **valor ~** purchasing power.
adrede *adv* on purpose, deliberately.
adrenalina *nf* adrenalin.
Adriático *nm*: **(Mar) ~** Adriatic (Sea).
adscribir [3a] (*pp* **adscrito**) *vt*: **~ a** to appoint to, assign to; **estuvo adscrito al servicio de ...** he was attached to ....
aduana *nf* (*gen*) customs; (*oficina*) customs house; **derecho de ~** customs duty; **libre de ~** duty-free; **pasar por la ~** to go through customs.
aduanero/a 1 *adj* customs *atr*. **2** *nm/f* customs officer.
aducir [3f] *vt* to adduce, offer as proof.
adueñarse [1a] *vr*: **~ de** to take possession of.
adulación *nf* flattery, adulation.
adulador(a) 1 *adj* flattering, fawning. **2** *nm/f* flatterer.
adular [1a] *vt* to flatter.

adulón/ona 1 *adj* fawning, crawling. **2** *nm/f* toady, crawler.
adulonería *nf* flattering, fawning.
adulteración *nf* adulteration.
adulterado *adj* adulterated.
adulterar 1a *vt* to adulterate.
adulterio *nm* adultery.
adúltero/a 1 *adj* adulterous. **2** *nm/f* adulterer/adulteress.
adulto/a *adj, nm/f* adult, grown-up.
adustez *nf* harshness, severity.
adusto *adj* harsh, severe.
advenedizo/a *adj, nm/f (forastero)* stranger, parvenu; *(pey)* upstart; *(LAm)* novice.
advenimiento *nm* advent, arrival; ~ **al trono** accession to the throne.
adventicio *adj* adventitious.
adverbial *adj* adverbial; **locución** *u* **oración** ~ adverbial phrase.
adverbio *nm* adverb.
adversario/a 1 *adj* opposing, rival. **2** *nm/f* adversary, opponent.
adversidad *nf (problemas)* adversity; *(una ~)* setback, mishap.
adverso *adj (lado)* opposite, facing; *(resultado etc)* adverse; *(suerte)* bad.
advertencia *nf (gen)* warning; *(consejo)* piece of advice; *(prefacio)* preface, foreword.
advertir 3i *vt* (**a**) *(observar)* to notice, observe; ~ **que** to observe that. (**b**) *(indicar)* to point out, draw attention to. (**c**) *(aconsejar)* to advise; *(prevenir)* to warn; **estás ~** you've been warned; **te advierto que no pienso ir** I hope it's clear - I'm not going.
Adviento *nm* Advent.
adyacencia *nf* nearness, proximity.
adyacente *adj* adjacent.
AECE *nf abr de* **Asociación Española de Cooperación Europea**.
AEDAVE *nf abr de* **Asociación Empresarial de Agencias de Viajes Españoles** ≈ ABTA.
AEE *nf abr de* **Agencia Europea del Espacio** ESA.
AELC *nf abr de* **Asociación Europea de Libre Comercio** EFTA.
aéreo *adj (Fot etc)* aerial; *(tráfico etc)* air; *(Ferro)* overhead, elevated.
aero... *pref* aero....
aerobic *nm*, **aeróbica** *nf* aerobics.
aerobús *nm* airbus.
aeroclub *nm* flying club.
aerodeslizador *nm* hovercraft.
aerodinámica *nf* aerodynamics.
aerodinámico *adj (gen)* aerodynamic; *(forma)* streamlined.
aerodinamizar 1f *vt* to streamline.
aeródromo *nm* aerodrome, airdrome *(US)*.
aerofaro *nm (Aer)* beacon.
aerofoto *nf* aerial photograph.
aerogenerador *nm* wind turbine.
aerógrafo *nm* airbrush.
aerograma *nm* aerogram, airmail letter.
aeromodelismo *nm* aeromodelling, making model aeroplanes.
aeromodelista *nmf* model aeroplane enthusiast.
aeromodelo *nm* model aeroplane.
aeromotor *nm* aero-engine.
aeromoza *nf (LAm)* (air) hostess/stewardess, flight attendant *(US)*.
aeronauta *nmf* aeronaut.
aeronáutica *nf* aeronautics.
aeronáutico *adj* aeronautical.
aeronaval *adj* air-sea *atr*.
aeronave *nf* airship; ~ **espacial** spaceship.
aeroplano *nm* aeroplane, airplane *(US)*.
aeropuerto *nm* airport; ~ **de paso** stopover.
aerosol *nm* aerosol.
aeróstato *nm* balloon, aerostat.
aerotransportado *adj* airborne.
a/f *abr de* **a favor**.
afabilidad *nf* affability, geniality.
afable *adj* affable, good-natured, genial.
afamado *adj* famous, noted *(por* for).
afamar 1a **1** *vt* to make famous. **2 afamarse** *vr* to become famous, make a reputation.
afán *nm* (**a**) *(industria)* hard work, industry; *(labor)* toil. (**b**) *(deseo)* desire, urge; *(entusiasmo)* zeal, eagerness; **el ~ de** the desire *o* urge for; ~ **de lucro** profit motive; ~ **de victoria** will to win; **con ~** zealously, keenly.
afanador(a) *nm/f (ladrón)* thief; *(Méx)* menial worker.
afanar 1a **1** *vt* (**a**) *(birlar)* to pinch *(fam)*, swipe *(fam)*. (**b**) *(CAm: dinero)* to earn, make. **2 afanarse** *vr* to toil, labour, labor *(US) (en* at); ~ **por hacer algo** to strive to do sth.
afanoso *adj (trabajo: duro)* hard, heavy; *(: pesado)* tough, uphill; *(concienzudo)* industrious; *(febril)* feverish, hectic.
afarolado *adj (LAm: emocionado)* excited, worked up.
afarolarse 1a *vr (LAm: emocionarse)* to get excited *o* worked up.
afasia *nf* aphasia.
afásico *adj* mute, dumb.
AFE *nf abr de* **Asociación de Futbolistas Españoles** ≈ FA, ≈ SFA.
afear 1a *vt* (**a**) *(gen)* to make ugly, disfigure. (**b**) *(fig)* to condemn, censure.
afección *nf* (**a**) *(cariño)* affection, fondness. (**b**) *(Med)* trouble, disease; ~ **cardíaca** heart trouble; ~ **hepática** liver complaint.
afeccionarse 1a *vr (CSur)*: ~ **a** to take a liking to, become fond of.
afectación *nf* affectation.
afectado *adj* (**a**) *(gen)* affected. (**b**) *(Med)* **estar ~ del corazón** to have heart trouble.
afectar 1a *vt* (**a**) *(gen)* to affect, have an effect on; **su muerte nos afectó mucho** we were terribly saddened by his death; **por lo que afecta a esto** as far as this is concerned. (**b**) *(fingir)* to affect, pretend, put on a show of; ~ **ignorancia** to feign ignorance. (**c**) *(dañar)* to hurt, damage; *(LAm: tomar: forma)* to take, assume.
afectísimo *adj* affectionate; **suyo ~** yours truly.
afectivo *adj* affective.
afecto 1 *adj* (**a**) affectionate; ~ **a** attached to. (**b**) ~ **a** *(Jur)* subject to, liable for. (**c**) *(Med, fig)* ~ **de** afflicted with. **2** *nm* affection, fondness *(a* for); **tomar ~ a algn** to become attached to sb.
afectuosamente *adv* affectionately; *(en carta)* yours affectionately.
afectuosidad *nf* affection.
afectuoso *adj* affectionate.
afeitado *nm* (**a**) *(gen)* shave. (**b**) *(Taur)* blunting of the horns.
afeitadora *nf* electric razor *o* shaver.
afeitar 1a **1** *vt (barba)* to shave; *(cola)* to trim; *(Taur)* to trim the horns of. **2 afeitarse** *vr* to shave, have a shave.
afeite *nm* make-up, cosmetic(s).
afelpado *adj* plush, velvety.
afeminado 1 *adj* effeminate. **2** *nm* effeminate man, poof *(fam)*.
afeminamiento *nm* effeminacy.
afeminarse 1a *vr* to become effeminate.
aferrado *adj* stubborn; **seguir ~ a** to stick to, stand by.
aferrar 1j **1** *vt (asir)* to grasp, seize; *(Náut: barco)* to moor. **2 aferrarse** *vr* (**a**) *(Náut)* to anchor, moor. (**b**) *(agarrarse)* to cling *o* hang on. (**c**) ~ **a** *o* **en** *(obstinarse en)* to stick to, stand by; ~ **a un principio** to stick to a principle; ~ **a una esperanza** to cling to a hope; ~ **a su**

opinión to remain firm in one's opinion.
Afganistán *nm* Afghanistan.
afgano/a *adj, nm/f* Afghan.
afianzamiento *nm* (**a**) (*Téc*) strengthening, securing. (**b**) (*Fin etc*) guarantee, security; (*Jur*) surety, bond.
afianzar [1f] **1** *vt* (**a**) (*reforzar*) to strengthen, secure; (*apoyar*) to support, prop up; (*: fig*) to support, back. (**b**) (*avalar*) to guarantee, vouch for. **2 afianzarse** *vr* to steady o.s.; (*fig: establecerse*) to become strong, become established; ~ **a** to catch hold of; **la reacción se afianzó después de la guerra** the reaction set in after the war.
afición *nf* (**a**) (*gen*) fondness, liking (*a* for); (*inclinación*) inclination (*a* towards); **tomar ~ a** to take a liking to; **tener ~ a** to like, be fond of. (**b**) (*pasatiempo*) hobby, pastime; **¿qué ~es tiene?** what are his interests?; **pinta por ~** he paints as a hobby. (**c**) **la ~** (*Dep*) the fans; **aquí hay mucha ~** support is strong here.
aficionado/a 1 *adj* (**a**) (*entusiasta*) keen, enthusiastic; ~ **a** keen on, fond of. (**b**) (*Dep: no profesional*) amateur. **2** *nm/f* (*gen*) enthusiast; (*no profesional*) amateur; (*adicto*) fan, supporter; **gritaban los ~s** the fans were shouting; **todos los ~s a la música** all music lovers; **función de ~s** amateur performance.
aficionar [1a] **1** *vt*: ~ **a algn a algo** to interest sb in sth. **2 aficionarse** *vr*: ~ **a algo** to get fond of *o* take a liking to sth.
afiche *nm* (*esp LAm*) poster.
afiebrado *adj* feverish.
afilado *adj* (*gen*) sharp; (*punta*) tapering, sharp.
afilador *nm* (*persona*) knife-grinder; (*Téc*) steel sharpener; (*correa*) razor strop.
afiladura *nf* sharpening.
afilar [1a] **1** *vt* (**a**) (*gen*) to sharpen, put an edge on; (*punta*) to put a point on; (*cuchillo*) to whet, grind; (*navaja*) to strop. (**b**) (*CSur: flirtear*) to flatter, court; (*Chi fam!: joder*) to fuck (*fam!*), screw (*fam!*). **2 afilarse** *vr* (**a**) (*cara*) to sharpen, grow thin; (*dedos*) to taper. (**b**) (*LAm*) to get ready.
afiliación *nf* (*gen*) affiliation; (*de sindicatos etc*) membership.
afiliado/a 1 *adj* affiliated (*a* to), member *atr*; (*Com*) subsidiary. **2** *nm/f* member.
afiliarse [1b] *vr*: ~ **a** to affiliate to, join.
afiligranado *adj* (*Cos*) filigreed; (*fig*) delicate, fine.
afín *adj* (**a**) (*lindante*) bordering, adjacent. (**b**) (*relacionado*) similar.
afinación *nf* (*gen*) refining, polishing; (*fin*) completion; (*Mús*) tuning; (*Aut*) tuning(-up).
afinado *adj* (*acabado*) finished, polished; (*Mús*) in tune.
afinador *nm* (*Mús*) tuning key; ~ **de pianos** piano tuner.
afinar [1a] **1** *vt* (*perfeccionar*) to put the finishing touch to, complete; (*pulir*) to polish; (*Téc*) to purify, refine; (*puntería etc*) to sharpen, make more precise; (*Mús*) to tune; (*Aut*) to tune up. **2** *vi* to sing in tune, play in tune. **3 afinarse** *vr* (*pulirse*) to become polished.
afincarse [1g] *vr* to establish o.s., settle (in a town *etc*).
afinidad *nf* (*gen*) affinity; (*parentesco*) relationship; (*parecido*) similarity.
afirmación *nf* affirmation.
afirmado *nm* (*Aut*) road surface.
afirmar [1a] **1** *vt* (**a**) (*reforzar*) to make secure, strengthen. (**b**) (*declarar*) to assert, state; ~ **que** to affirm that . (**c**) (*LAm: golpe*) to deal, give. **2 afirmarse** *vr* (**a**) to steady o.s. (**b**) ~ **en lo dicho** to stand by what one has said.
afirmativa *nf* affirmative answer, yes (*fam*).
afirmativamente *adv* affirmatively; **contestar ~** to answer in the affirmative.
afirmativo *adj* affirmative, positive; **en caso ~** if that is the case.
aflautado *adj* high, fluty.
aflicción *nf* affliction, sorrow.
aflictivo *adj* (*penoso*) distressing.
afligido 1 *adj* grieving, heartbroken; (*Med*) ~ **por** stricken with. **2** *nm*: **los ~s** the afflicted; (*por deceso*) the bereaved.
afligir [3c] **1** *vt* (**a**) (*gen*) to afflict; (*apenar*) to pain, distress. (**b**) (*LAm: golpear*) to beat, hit. **2 afligirse** *vr* to grieve (*con, de* about, at); **no te aflijas tanto** you must not let it affect you like this, don't get so worked up (*fam*).
aflojamiento *nm* (*V vt*) (*gen*) loosening, slackening; (*de esfuerzo, presión*) weakening.
aflojar [1a] **1** *vt* (*gen*) to loosen, slacken; (*presión*) to relax; (*Aut: freno*) to release (*fam*); (*dinero*) to fork out, cough up (*fam*). **2** *vi* (*cuerda*) to slacken; (*Met: viento*) to let up. **3 aflojarse** *vr* (*gen*) to slacken (off *o* up); (*tuerca etc*) to come *o* work loose; (*Med: fiebre*) to abate; (*interés*) to flag.
aflorar [1a] *vi* (*Geol*) to crop out, outcrop; (*surgir: tb fig*) to come to the surface, emerge.
afluencia *nf* (**a**) (*gen*) influx, flow; (*gentío*) crowd, jam; **la ~ de turistas** the influx of tourists. (**b**) (*abundancia*) abundance, plenty.
afluente 1 *adj* (*que afuye*) inflowing. **2** *nm* (*Geog*) tributary.
afluir [3g] *vi* to flow (*a* into); (*gente*) to flock (*a* into, to).
aflujo *nm* (*Med*) afflux, congestion; (*Mec*) inflow, inlet.
afmo/a. *abr de* **afectísimo/a**.
afonía *nf* hoarseness, state of having lost one's voice.
afónico *adj* voiceless; (*ronco*) hoarse; **estar ~** to have lost one's voice.
aforar [1a] *vt* (*Téc*) to gauge; (*fig*) to appraise, value.
aforismo *nm* aphorism.
aforístico *adj* aphoristic.
aforo *nm* (**a**) (*Téc*) gauging; (*fig*) appraisal, valuation. (**b**) (*Teat etc*) capacity; **el teatro tiene un ~ de 2.000** the theatre *o* (*US*) theater can seat 2,000.
afortunadamente *adv* fortunately, luckily.
afortunado *adj* (*gen*) fortunate, lucky; (*fig*) happy; **poco ~** unsuccessful; **un comentario poco ~** a rather inappropriate comment.
afrancesado/a 1 *adj* frenchified; (*Pol*) pro-French, supporting the French. **2** *nm/f* frenchified person; (*Pol*) pro-French person.
afrenta *nf* affront, insult.
afrentar [1a] **1** *vt* (*gen*) to affront, insult; (*desacreditar*) to dishonour, dishonor (*US*). **2 afrentarse** *vr* to be ashamed (*de* of).
afrentoso *adj* (*gen*) insulting, outrageous; (*vergonzoso*) shameful.
África *nf* Africa; ~ **del Norte/del Sur** North/South Africa.
africaans *nm* Afrikaans.
africano/a *adj, nm/f* African.
afro *adj* Afro; **peinado ~** Afro hairstyle.
afroamericano *adj* Afro-American.
afroasiático *adj* Afro-Asian.
afrodisíaco *adj, nm* aphrodisiac.
afrontamiento *nm* confrontation.
afrontar [1a] *vt* (**a**) (*dos personas*) to bring face to face. (**b**) (*peligro etc*) to confront, face up to.
afrutado *adj* (*vino*) fruity.
aftosa *nf* (*tb* **fiebre ~**) foot-and-mouth (disease).
afuera 1 *adv* (*esp LAm*) out, outside; **¡~!** out of the way!, get out!; **de ~** from outside; **por ~** on the outside; **las hojas de ~** the outer *o* outside leaves. **2** *prep*: ~ **de** (*LAm*) outside. **3** *nfpl*: **~s** outskirts.
afuerano/a, **afuereño/a**, **afuerino/a** (*Chi*) **1** *adj* strange, outside *atr*. **2** *nm/f* outsider, stranger.
afusilar [1a] *vt* (*Méx*) to shoot.
ag. *abr de* **agosto** Aug.
agachadiza *nf* (*Orn*) snipe.
agachar [1a] **1** *vt* (*cabeza*) to bend, bow; ~ **las orejas** (*fam*) to hang one's head. **2 agacharse** *vr* (**a**) (*gen*) to stoop, bend down *o* over; (*acuclillarse*) to squat; (*bajar la*

cabeza) to duck. (**b**) (*fig: esconderse*) to go into hiding, lie low. (**c**) (*LAm: ceder*) to give in, submit. (**d**) (*Méx: callarse*); ~ **algo** to keep sth under one's hat.

agalbanado *adj* lazy, shiftless.

agalla *nf* (**a**) (*Bot*) gall; ~ **de roble** oak apple. (**b**) (*de pez*) gill. (**c**) ~**s** (*fam*) pluck, guts; **tener muchas ~s** to be brave, have guts *(fam)*. (**d**) (*LAm*) **tener ~s** to be greedy.

agalludo (*CSur*) *adj* (**a**) (*valiente*) daring, bold. (**b**) (*tacaño*) mean, stingy.

ágape *nm* banquet, feast.

agarrada *nf* scrap, brawl.

agarradera *nf* (*LAm*), **agarradero** *nm* (**a**) handle, grip. (**b**) ~**s** pull, influence; **tener buenas ~s** to have friends in the right places.

agarrado *adj* mean, stingy; **baile** ~ slow dance.

agarrar [1a] **1** *vt* (**a**) (*tomar con la mano*) to grasp, catch hold of; (*retener*) to grip, clutch; **me agarró del brazo** he took me by the arm; **no sé por dónde ~lo** (*fig*) I don't know how to take him; **~la** (*fam*) to get plastered *(fam)*.

(**b**) (*LAm*) = **coger**; ~ **un autobús** to catch a bus; ~ **un resfriado** to catch a cold.

2 *vi* (*gen*) to take hold (*de* of); (*Bot etc*) to take root; (*color*) to stick; **iban agarrados del brazo** they walked arm in arm; **agarró y se fue** (*fam*) he upped and offed *(fam)*.

3 agarrarse *vr* (**a**) (*meterse uno con otro*) to grapple (with each other); (*esp LAm: pelear*) to fight it out; **se agarraron a tiros** they shot it out.

(**b**) (*asirse*) to hold on; **¡agárrate bien!** hold on!, hold tight!; ~ **a** *o* **de** to hold on to, grip, seize; **se agarra a cualquier excusa** any (old) excuse will do him.

(**c**) (*fam: cogerse*) **se agarró una borrachera** he got plastered *(fam)*; **me agarré un cabreo** I got totally pissed off *(fam!)*.

(**d**) (*Culin: pegarse*) to stick.

(**e**) **~la con algn** (*LAm: tenerla tomada con algn*) to pick on sb.

agarre *nm* (*fig: valor*) guts; (*LAm*) grasp, hold.

agarroch(e)ar [1a] *vt* (*Taur*) to prick with a pike.

agarrón *nm* (**a**) (*tirón*) jerk, pull, tug. (**b**) = **agarrada**.

agarrotamiento *nm* (*apretón*) tightening; (*de músculos*) stiffening; (*Aut*) seizing up.

agarrotar [1a] **1** *vt* (*atar*) to tie tight; (*Jur*) to garrotte; (*músculos*) to stiffen; **tengo los músculos agarrotados** I'm all stiff. **2 agarrotarse** *vr* (*Med*) to stiffen, get numb; (*Aut etc*) to seize up.

agasajado/a *nm/f* chief guest, guest of honour *o (US)* honor.

agasajar [1a] *vt* to entertain, fête.

agasajo *nm* (*acogida*) royal welcome; (*regalo*) gift; ~**s** hospitality.

ágata *nf* agate.

agauchado *adj* (*CSur*) like a gaucho.

agave *nf* agave, American aloe.

agavilladora *nf* binder.

agavillar [1a] **1** *vt* to bind (in sheaves). **2 agavillarse** *vr* to gang up, band together.

agazaparse [1a] *vr* (*agacharse*) to crouch down, squat; **estaba agazapada tras las rocas** she was hidden behind the rocks.

agencia *nf* agency, office, bureau; (*Chi: montepío*) pawnshop; ~ **de noticias** *o* **prensa** news agency; ~ **de patentes** patents office; ~ **de publicidad/créditos** advertising/credit agency; ~ **de transportes** carriers, removal business; ~ **de viajes** travel agency.

agenciar [1b] **1** *vt* (*procurar*) to obtain, procure (*algo a algn* sth for sb); (*pey*) to wangle *(fam)*, fiddle *(fam)*. **2 agenciarse** *vr* (**a**) (*apañarse*) to look after o.s.; **yo me las agenciaré para llegar allí** I'll manage to get there somehow, I'll work out how to get there; **bien sabe agenciárselas** he takes good care of number one. (**b**) (*proporcionarse*) ~ **algo** to get hold of sth, obtain sth.

agenciero *nm* (*CSur*) agent, representative; (*Chi: de montepío*) pawnbroker.

agenda *nf* (*libro*) diary, notebook; (*de actividades*) agenda; (*de direcciones*) address book; ~ **de trabajo** engagement book.

agente 1 *nmf* (*gen*) agent; (*policía*) policeman; (*: mujer*) policewoman; (*LAm: oficial*) officer, official; ~ **acreditado** accredited agent; ~ **de bolsa** stockbroker; ~ **comercial** business agent; ~ **inmobiliario** estate agent, real estate broker *(US)*, realtor *(US)*; ~ **de negocios** business agent, broker; ~ **provocador** agent provocateur; ~ **secreto** secret agent; ~ **de seguros** insurance agent; ~**s sociales** social partners (*employers and unions*); ~ **viajero** commercial traveller, salesman.

2 *nm* (*Quím*) agent.

agigantado *adj* gigantic, huge; **a pasos ~s** by leaps and bounds.

agigantar [1a] **1** *vt* to enlarge, increase greatly; ~ **algo** to exaggerate sth. **2 agigantarse** *vr* to seem huge; (*crisis*) to get much bigger, get out of proportion.

ágil *adj* agile, nimble; (*fig*) flexible, adaptable.

agilidad *nf* agility, nimbleness; **con** ~ nimbly, quickly, flexibility, adaptability.

agilipollado *adj* (*fam*) stupid, daft.

agilipollarse [1a] *vr* (*atontarse*) to get all confused, act like an idiot.

agilización *nf* (*aceleración*) speeding-up; (*mejora*) improvement.

agilizar [1f] **1** *vt* (*acelerar*) to speed up; (*mejorar*) to improve, make more flexible. **2 agilizarse** *vr* to speed up.

ágilmente *adv* nimbly, quickly.

agiotaje *nm* speculation.

agiotista *nm* (*especulador*) speculator.

agitación *nf* (**a**) (*de mano etc*) waving, flapping; (*de bebida etc*) shaking, stirring; (*Náut*) roughness. (**b**) (*fig*) agitation; (*emoción*) excitement.

agitado *adj* (**a**) (*mar etc*) rough, choppy; (*aire*) turbulent. (**b**) (*fig: trastornado*) agitated, upset; (*emocionado*) excited; (*vida*) hectic.

agitador(a) 1 *nm* (*Mec*) agitator, shaker. **2** *nm/f* (*Pol*) agitator.

agitanado *adj* gipsy- *o (US)* gypsy-like.

agitar [1a] **1** *vt* (**a**) (*gen*) to wave; (*ala*) to flap; (*arma*) to brandish; (*botella*) to shake; (*líquido*) to stir; **agitaba un pañuelo** she was waving a handkerchief; **agítese antes de usar** shake *o* stir well before using. (**b**) (*fig: excitar*) to stir up; (*despertar*) to rouse; (*inquietar*) to worry, upset. **2 agitarse** *vr* (**a**) (*gen*) to sway; (*bandera etc*) to flap; (*mar*) to get rough *o* choppy; (*barco*) to roll. (**b**) (*emocionarse*) to get excited *o* worked up; (*niño*) to fidget; (*inquietarse*) to get worried *o* upset.

aglomeración *nf* agglomeration; ~ **de tráfico/gente** traffic jam/mass of people.

aglomerado 1 *adj* massed together, in a mass; **viven ~s** they live on top of each other. **2** *nm* (*madera*) plywood; (*Téc*) agglomeration.

aglomerar [1a] **1** *vt* to agglomerate, crowd together. **2 aglomerarse** *vr* to agglomerate, form a mass; (*apiñarse*) to crowd together.

aglutinación *nf* agglutination.

aglutinador *adj* agglutinative, cohesive; **fuerza ~a** unifying force, force that draws things together.

aglutinante *adj* agglutinative.

aglutinar [1a] **1** *vt* (*fig*) to draw together, bring together. **2 aglutinarse** *vr* (*fig*) to come together, gel.

agnosticismo *nm* agnosticism.

agnóstico/a *adj, nm/f* agnostic.

agobiador, agobiante *adj* (*calor*) oppressive; (*pena*) unbearable; (*labor*) backbreaking; (*responsabilidad*) overwhelming; (*pobreza*) grinding.

agobiar [1b] **1** *vt* (*gen*) to weigh down; (*oprimir*) to oppress, burden; **¡no me agobies!** give me a break! *(fam)*;

sentirse agobiado por to be overwhelmed by; **está agobiado de trabajo** he is overloaded with work. **2 agobiarse** *vr*: ~ **con** *o* **de** to be weighed down with *o* by; **enseguida se agobia** he worries at the slightest thing.

agobio *nm* (*peso*) burden, weight; (*cansancio*) exhaustion; (*fig*) oppression; (*Med*) nervous strain, anxiety.

agolpamiento *nm* throng, crush.

agolparse [1a] *vr* (*apiñarse*) to throng, crowd together; (*acumularse: problemas etc*) to come one on top of another; (*: lágrimas*) to come in a flood; ~ **en torno a algn** to crowd round sb.

agonía *nf* (**a**) death agony *o* throes; **acortar la ~ a un animal** to put an animal out of its misery. (**b**) (*fig: angustia*) anguish; (*: deseo*) desire, yearning; (*: últimos momentos*) dying moments.

agónico *adj* dying.

agonizante 1 *adj* dying. **2** *nmf* dying person.

agonizar [1f] *vi* to be dying, be in one's death throes.

ágora *nf* main square.

agorafobia *nf* agoraphobia.

agorar [1m] *vt* to predict, prophesy.

agorero/a 1 *adj* ominous; **ave ~a** bird of ill omen. **2** *nm/f* soothsayer, fortune-teller.

agostar [1a] **1** *vt* (*quemar*) to parch, burn up; (*fig: marchitarse*) to wither, kill before time. **2 agostarse** *vr* (*secarse*) to dry up, shrivel; (*fig*) to die, fade away.

agosto *nm* August; (*fig*) harvest; **hacer su ~** to feather one's nest, make one's pile; *V tb* **se(p)tiembre**.

agotado *adj*: **estar ~** (*persona*) to be exhausted *o* worn out; (*existencias, provisión*) to be finished, exhausted; (*libro*) to be out of stock; (*Com*) to be sold out; (*Téc: pila*) to be flat.

agotador *adj* exhausting.

agotamiento *nm* (*gen*) exhaustion; (*de reservas*) depletion, draining; ~ **nervioso** nervous strain.

agotar [1a] **1** *vt* (*gen*) to exhaust, use up, finish; (*reservas etc*) to drain, empty; (*individuo: cansar*) to exhaust, tire out. **2 agotarse** *vr* to become exhausted; (*estar acabado*) to be finished, be used up; (*entradas*) to be sold out; (*libro*) to go out of print; (*paciencia etc*) to give out, run out; (*individuo*) to exhaust *o* wear o.s. out.

agraciado/a 1 *adj* (*atractivo*) graceful, attractive; (*con suerte*) lucky; **poco ~** plain; **salir ~** to be lucky, be the winner. **2** *nm/f* lucky winner.

agraciar [1b] *vt* (**a**) (*adornar*) to adorn; (*ceder*) to grace; (*hacer más atractivo*) to make more attractive. (**b**) (*preso*) to pardon. (**c**) ~ **a algn con algo** to bestow sth on sb.

agradable *adj* (*gen*) pleasant, agreeable; **es un sitio ~** it's a nice place; **el cadáver no era muy ~ para la vista** the body was not a pretty sight; **ser ~ al gusto** to taste good, be tasty.

agradar [1a] **1** *vt* to please, be pleasing to; **esto no me agrada** I don't like this. **2** *vi* to please; **su presencia siempre agrada** your presence is always welcome. **3 agradarse** *vr* to like each other.

agradecer [2d] **1** *vt* (*dar las gracias a*) to thank; (*sentirse agradecido*) to be grateful for; **(te) agradezco tu ayuda** thanks for your help; **se lo agradezco** thank you; (*frm*) I am much obliged to you; **un favor que él no agradecería nunca lo bastante** a favour *o (US)* favor he can never thank you enough for; **le agradecería me enviara** I would be obliged *o* grateful if you would send me.
2 agradecerse *vr*: **¡se agradece!** much obliged!, thanks very much!; **una copita de jerez siempre se agradece** a glass of sherry is always welcome.

agradecido *adj* (*gen*) grateful; (*lleno de aprecio*) appreciative; **muy ~** thanks a lot, thanks for everything, thank you very much.

agradecimiento *nm* (*gen*) gratitude; (*aprecio*) appreciation.

agrado *nm* (**a**) (*cualidad*) affability; **con ~** willingly. (**b**) **ser del ~ de algn** to be to sb's liking.

agrandar [1a] **1** *vt* to make bigger, enlarge; (*fig: dificultades etc*) to exaggerate, magnify. **2 agrandarse** *vr* to get bigger.

agrario *adj* agrarian; **política/reforma ~a** agricultural policy/land reform.

agrarismo *nm* (*Méx*) agrarian reform movement.

agrarista (*Méx*) **1** *adj*: **movimiento ~** agrarian reform movement. **2** *nmf* supporter of land reform.

agravación *nf*, **agravamiento** *nm* (*empeoramiento*) worsening; (*Med*) change for the worse.

agravante 1 *adj* aggravating. **2** *nm o f* additional problem; (*Jur*) aggravating circumstance; **con la ~ de que** with the further difficulty that; **robo con ~** robbery with aggravation.

agravar [1a] **1** *vt* (*pesar sobre*) to weigh down, make heavier; (*pena*) to increase; (*dolor*) to make worse; (*situación*) to aggravate; (*fig: oprimir*) to oppress, burden. **2** *vi*, **agravarse** *vr* to worsen, get worse.

agraviar [1b] **1** *vt* (*dañar*) to wrong; (*insultar*) to offend, insult. **2 agraviarse** *vr* to be offended, take offence *o (US)* offense (*de, por* at).

agravio *nm* (*daño*) wrong, injury; (*insulto*) offence, offense *(US)*, insult; **~s de hecho** assault and battery.

agravioso *adj* offensive, insulting.

agraz *nm* (*uva*) sour grape; (*jugo*) sour grape juice; **en ~** prematurely, before time.

agredir [3a] *vt* to assault, set upon; (*verbalmente etc*) to attack.

agregado/a 1 *nm/f* (**a**) (*profesor etc*) assistant. (**b**) (*Pol etc*) ~ **comercial/cultural/militar** commercial/cultural/military attaché; ~ **de prensa** press attaché. (**c**) (*LAm: aparcero*) sharecropper. **2** *nm* (*Téc etc*) aggregate.

agregaduría *nf* (*Pol*) office of attaché; (*Escol*) assistantship.

agregar [1h] **1** *vt* (**a**) (*gen*) to add (*a* to); (*unir*) to join (*a* to). (**b**) (*recoger*) to gather, collect. (**c**) (*emplear*) to appoint, attach (*a* to, to the staff of). **2 agregarse** *vr*: ~ **a** to join.

agresión *nf* (*gen*) aggression; (*contra persona*) attack, assault; **pacto de no ~** non-aggression pact.

agresivamente *adv* aggressively.

agresividad *nf* aggressiveness.

agresivo *adj* aggressive.

agresor(a) 1 *adj*: **país ~** agressor country. **2** *nm/f* (*gen*) aggressor, attacker; (*Jur*) assailant.

agreste *adj* (**a**) (*gen*) rural, country. (**b**) (*paisaje*) wild. (**c**) (*fig: tosco*) rough, uncouth.

agriado *adj* (*fig*) sour, resentful.

agriar [1b *o* 1c] **1** *vt* (**a**) (*amargarse*) to turn sour. (**b**) (*fig*) to sour. **2 agriarse** *vr* to turn sour; **se le ha agriado el carácter** he's turned into a right creep *(fam)*.

agrícola *adj* agricultural, farming *atr*.

agricultor(a) *nm/f* farmer.

agricultura *nf* agriculture, farming; ~ **biológica** *o* **ecológica** *u* **orgánica** organic farming.

agricultural *adj* agricultural, farming *atr*.

agridulce *adj* bittersweet; **cerdo ~** sweet and sour pork.

agriera *nf* (*LAm*) heartburn.

agrietar [1a] **1** *vt* (*gen*) to crack (open); (*Med: piel*) to chap. **2 agrietarse** *vr* (*gen*) to crack; (*Med: piel*) to become chapped.

agrimensor *nm* surveyor.

agrimensura *nf* surveying.

agringado *adj* like a gringo/foreigner.

agrio 1 *adj* (*al gusto*) sour, tart; (*fig*) bitter, disagreeable. **2** *nm* sour juice; **~s** citrus fruits.

agro *nm* agriculture.

agroindustria *nf* agroindustry.

agronomía *nf* agronomy, agriculture.

agrónomo 1 *adj*: **ingeniero ~** agricultural scientist. **2** *nm* agronomist, agricultural expert.

agropecuario *adj* farming *atr*; **sector ~** agriculture and fishing; **política ~a** farming policy.

agrupación *nf* (**a**) (*grupo*) group, association; (*reunión*) gathering; (*Mús*) ensemble. (**b**) (*acción*) grouping; (*reunión*) coming together.

agrupar 1a **1** *vt* (*gen*) to group (together); (*gente, datos etc*) to gather, assemble. **2 agruparse** *vr* (*Pol*) to form a group; (*juntarse*) to gather *o* come together (*en torno a* round).

agua *nf* (**a**) (*gen*) water; (*lluvia*) rain; (*Náut*) leak; (*Arquit*) slope of a roof, pitch; **¡hombre al ~!** man overboard!

(**b**) (*con adj*) **~ bendita** holy water; **~ blanda** soft water; **~ de colonia** eau de cologne; **~ corriente** running water; **~ destilada** distilled water; **~ dulce** fresh water; **~ dura** hard water; **~ hirviendo** boiling water; **~ de lluvia** rainwater; **~ del mar** sea water; **~ mineral (con/sin gas)** (fizzy/still) mineral water; **~ oxigenada** hydrogen peroxyide; **~ potable** drinking water; **~ de rosas** rosewater; **~ salada** salt *o* sea water.

(**c**) (*locuciones*) **¡~ (va)!, ¡~s!** look out!, careful!; **sin decir ~ va** without any warning; **~ pasada no mueve molino** it's no good crying over spilt milk; **eso es ~ pasada** that's water under the bridge, that's all in the past; **bailar el ~ a algn** to dance attendance on sb; **nunca digas de esta ~ no beberé** never say never; **cambiar el ~ al canario** (*Esp hum*) to take a leak *(fam)*; **echar un barco al ~** to launch a boat; **echarse al ~** to dive in; (*fig*) to take the plunge; **estar con el ~ al cuello** to be up to one's neck (in sth); **estar más claro que el ~** to be crystal clear; **llevar el ~ a su molino** to turn sth to one's own advantage, look after number one; **hacer ~** (*Náut*) to leak, take in water; **se me hace la boca ~** my mouth is watering; **quedar en ~ de borrajas** to fail, come to nothing; **retener el ~** to hold water; **venir como ~ de mayo** to be a godsend.

(**d**) **~s** waters; (*Náut*) tide; (*Med*) water, urine; **~s abajo/arriba** downstream *o* downriver/upstream *o* upriver (*de* from); **~s de consumo** water supply, drinking water; **~s territoriales** territorial waters; **~s mayores** excrement, faeces, feces *(US)*; **~s menores** water, urine; **~s residuales** sewage; **~s termales** thermal springs; **hacer ~s** to relieve o.s.; **estar *o* nadar entre dos ~s** to sit on the fence; **romper ~s** (*Med*) to break water; **tomar las ~s** to take the waters; **las ~s vuelven a su cauce** (*fig*) things return to normal.

aguacate *nm* (**a**) (*fruto*) avocado pear; (*árbol*) avocado pear tree. (**b**) (*CAm fam: idiota*) idiot, fool.

aguacero *nm* (heavy) shower, downpour.

aguachento *adj* (*And, CSur: aguado*) watery.

aguachirle *nf* (*bebida*) slops, dishwater.

aguada *nf* (**a**) (*Agr*) watering place. (**b**) (*Náut*) water supply. (**c**) (*Min*) flood.

aguadilla *nf* ducking; **hacer una ~ a algn** to duck sb, hold sb's head under water.

aguado *adj* watered-down, thin; (*LAm: débil*) weak.

aguafiestas *nmf inv* spoilsport, killjoy.

aguafuerte *nf* (**a**) (*Quím*) nitric acid. (**b**) (*Arte*) etching; **grabar algo al ~** to etch sth.

aguafuertista *nmf* etcher.

aguaitar 1a (*LAm*) *vt* (*mirar*) to watch; (*espiar*) to spy on, observe.

aguaje *nm* (*CAm: aguacero*) downpour.

aguamanil *nm* (*jarro*) water jug; (*jofaina*) washbasin.

aguamar *nm* jellyfish.

aguamarina *nf* aquamarine.

aguamiel *nf* mead; (*CAm, Méx*) agave juice.

aguanieve *nf* sleet.

aguanoso *adj* (*Méx: individuo soso*) wet *(fam)*.

aguantable *adj* bearable, tolerable.

aguantaderas *nfpl*; **tener ~** to be patient, put up with a lot.

aguantar 1a **1** *vt* (**a**) (*gen*) to stand, put up with; (*afrenta*) to swallow; (*dolor*) to endure, bear; (*tormenta*) to weather; **no aguanto más** I can't bear it any longer.

(**b**) (*Arquit*) to hold up, sustain; (*respiración*) to hold; **esta mesa no aguanta el peso** this table can't take the weight; **~ las ganas de llorar/reír** to hold back the tears/laughter.

2 *vi* to last, hold out; **no sé cómo aguanta** I don't know how he can take it; **¡aguanta!** hang on a minute! *(fam)*.

3 aguantarse *vr* (*contenerse*) to restrain o.s., hold o.s. back; (*conformarse*) to resign o.s.; **¡ahora te aguantas!** you'll just have to put up with it now!; **¡que se aguante!** tough luck! *(fam)*.

aguante *nm* (*paciencia*) patience; (*resistencia*) endurance, fortitude; (*: de objeto*) strength; (*Dep*) stamina.

aguar 1i *vt* (**a**) (*vino etc*) to water (down). (**b**) (*fig*) to spoil, mar; **~ la fiesta a algn** to spoil sb's fun.

aguardar 1a **1** *vt* (*esperar*) to wait for, await; (*con ansias*) to expect; **no sabemos el futuro que nos aguarda** we don't know what's in store for us. **2** *vi* to wait; **aguarde Ud** I'm coming to that; **¡aguarda te digo!** hold your horses! *(fam)*.

aguardentoso *adj* (*alcohólico*) alcoholic; (*fig: voz*) husky, gruff, fruity, beery.

aguardiente *nm* brandy, liquor; **~ de caña** rum; **~ de cerezas** cherry brandy.

aguarrás *nm* turpentine.

aguate *nm* (*Méx: espina*) prickle, spine.

aguatero *nm* (*Méx: aguador*) waterseller.

aguazal *nm* swamp.

agudeza *nf* (**a**) (*gen*) acuteness, sharpness. (**b**) (*ingenio*) wit, wittiness. (**c**) (*una ~*) witticism.

agudización *nf* (*gen*) sharpening; (*de crisis*) deterioration, worsening.

agudizar 1f **1** *vt* (*gen*) to sharpen, make more acute; (*crisis*) to aggravate. **2 agudizarse** *vr* to sharpen, worsen; **el problema se agudiza** the problem is becoming more acute.

agudo *adj* (**a**) (*filo etc*) sharp; (*Med, Mat, Ling*) acute. (**b**) (*Mús: nota*) high, high-pitched; (*: voz*) piercing. (**c**) (*fig: inteligencia*) sharp, keen; (*: crítica*) penetrating; (*: pregunta*) acute, searching. (**d**) (*gracioso*) witty.

agüero *nm* omen, sign; **de buen/mal ~** lucky/of ill omen *o* unlucky; **pájaro de mal ~** bird of ill omen.

aguerrido *adj* hardened, veteran.

aguerrir 3a; imperfecto *vt* to inure, harden.

aguijada, aguijadera *nf* goad.

aguijar 1a *vt* to goad; (*fig*) to urge *o* spur on.

aguijón *nm* goad; (*Zool*) sting, stinger *(US)*; (*Bot*) prickle, spine; (*fig*) stimulus, incitement.

aguijonear 1a *vt* = **aguijar**.

águila *nf* (**a**) (*Orn*) eagle; **~ pescadora** osprey; **~ real** golden eagle; **~ ratonera** buzzard. (**b**) (*fig*) **ser un ~** to be a genius, be terribly clever. (**c**) **¿~ o sol?** (*Méx*) heads or tails?

aguileño *adj* (*nariz*) aquiline; (*rostro*) sharp-featured.

aguilera *nf* eagle's nest, eyrie.

aguilucho *nm* (*Orn*) eaglet, young eagle.

aguinaldo *nm* Christmas box *o* bonus.

agüita *nf* (*Chi Culin: de menta etc*) herb(al) tea.

aguja *nf* (**a**) (*gen*) needle; (*de sombrero*) hatpin; **~ de gancho** crochet hook; **~ de hacer punto** knitting needle; **~ hipodérmica** hypodermic needle; **~ magnética *o* imantada** compass (needle); **buscar una ~ en un pajar** to look for a needle in a haystack. (**b**) (*de reloj*) hand; (*Téc: indicador*) pointer, hand; (*Mil*) firing pin; (*de tocadiscos*) stylus, needle. (**c**) (*LAm Agr: estaca*) fence post. (**d**) (*Arquit*) spire, steeple. (**e**) **~s** (*carne*) shoulder, rib. (**f**) **~s** (*Ferro*) points. (**g**) (*pez*) garfish.

agujereado *adj* full of holes.

agujerear 1a *vt* (*gen*) to make holes in; (*penetrar*) to pierce.

agujero *nm* (**a**) (*gen*) hole; **~ de ozono** ozone hole, hole in the ozone layer; **hacer un ~ en** to make a hole in. (**b**) (*Fin*) hole, drain, deficit.

agujetas *nfpl* (**a**) stiffness *sg*; **tengo ~ en las piernas después del partido** my legs are stiff after the game. (**b**)

(*Méx: cordones*) shoelaces.
agur *interj* (*fam*) cheerio! (*fam*), so long!
agusanarse [1a] *vr* to get maggoty.
agustino *adj, nm* Augustinian.
aguzamiento *nm* sharpening.
aguzanieves *nf inv* wagtail.
aguzar [1f] *vt* (*fig*) to incite, stir up; (*ingenio*) to sharpen; ~ **el oído** to prick up one's ears; ~ **la vista** to keep one's eyes peeled (*fam*).
ah *interj* ah!, ha!; **¡~ del barco!** ship ahoy!
a.h. *abr de* **año de la Hégira** AH.
aherrojar [1a] *vt* to put in irons, fetter; (*fig*) to oppress.
aherrumbrarse [1a] *vr* (*metal*) to rust, get rusty; (*color etc*) to take on the colour *o* (*US*) color of iron.
ahí *adv* there; **de ~ que** and so, so that; **de ~ se deduce que** from that it follows that; **por ~** (*dirección*) that way; (*lugar*) over there; **200 pesos o por ~** 200 pesos or thereabouts; **está por ~** (*objeto*) it's round there somewhere; (*individuo*) he's knocking around somewhere; **salir** *o* **ir por ~** to go out; **vete por ~!** away you go!, go to hell! (*fam*); **¡hasta ~ podíamos llegar!** that's the limit!, what a nerve!; **¡~ es nada!** imagine!, wow!; **~ está** there he is; **¡~ va!** (*objeto*) here it comes *o* goes!; (*individuo*) there he goes!; (*con sorpresa*) goodness me!; **¡~ está! (el problema)** that's the problem; **~ donde le ve** as sure as he's standing there; **~ tienes** there you are.
ahijado/a *nm/f* godson/goddaughter; (*fig*) protégé(e).
ahijar [1a] *vt* to adopt.
ahijuna *interj* (*LAm fam!*): **¡~!** you bastard! (*fam!*).
ahinco, **ahínco** *nm* (*gen*) earnestness, intentness; (*empeño*) effort; **con ~** eagerly, hard.
ahito *adj* (**a**) (*repleto*) gorged, satiated. (**b**) (*fig*) **estar ~ de** to be fed up with.
AHN *nm abr* (*Esp*) *de* **Archivo Histórico Nacional**.
ahogado/a 1 *adj* (**a**) (*en agua*) drowned; (*por falta de aire*) suffocated; **perecer ~** (*en agua*) to drown; (*por falta de aire*) to suffocate. (**b**) (*mal ventilado*) stifling. (**c**) (*emoción*) pent-up; (*grito*) muffled, half-smothered. (**d**) **estar** *o* **verse ~** to be in a tight spot. **2** *nm/f* drowned person. **3** *nm* (*LAm Culin*) sauce.
ahogar [1h] **1** *vt* (**a**) (*en agua*) to drown; (*asfixiar*) to suffocate; (*fuego*) to smother, put out; (*plan etc*) to kill (off); (*Aut: motor*) to flood; **~ las penas** to drown one's sorrows (*fam*). (**b**) (*grito, sollozo*) to choke back, stifle. (**c**) (*rebelión*) to crush, put down. **2 ahogarse** *vr* (*en agua*) to drown; (*asfixiarse*) to suffocate; (*suicidarse*) to drown o.s.; (*Aut: motor*) to flood; **~ en un vaso de agua** (*fig*) to make a mountain out of a molehill; **me ahogo de calor** I'm suffocating with this heat.
ahogo *nm* (**a**) **perecer por ~** to drown. (**b**) (*Med*) breathlessness. (**c**) (*fig*) distress. (**d**) (*Fin*) financial difficulty.
ahondar [1a] **1** *vt* to deepen, make deeper. **2** *vi*: **~ en** to study thoroughly, explore. **3 ahondarse** *vr* to go *o* sink in more deeply.
ahora 1 *adv* (*gen*) now; (*hace poco*) just now; (*LAm*) in a minute; (*dentro de poco*) soon, right now; **de ~ en adelante, desde ~** from now on; **hasta ~** up till now; **¡hasta ~!** see you soon!; **por ~** for the moment; **~ mismito** (*hace poco*) just a moment ago; **~ mismo** right now, this very minute. **2** *conj* now (then), on the other hand; **~ bien** well now; (*por otra parte*) on the other hand; **~ pues** well then; **~ ...~ ...** either ... or ...; **~ que lo dices** now that you mention it.
ahorcado/a *nm/f* hanged person.
ahorcajarse [1a] *vr* to sit astride; **~ en** to straddle.
ahorcamiento *nm* hanging.
ahorcar [1g] **1** *vt* (*gen*) to hang; **a la fuerza ahorcan** there is no alternative; **¡que me ahorquen!** cross my heart! **2 ahorcarse** *vr* to hang o.s.
ahorita *adv* (*esp LAm*) right now, this very minute.
ahoritita *adv* (*Méx fam*) right now.
ahorquillado *adj* forked.
ahorrador *adj* thrifty.
ahorrar [1a] **1** *vt* (*gen*) to save; (*reservar*) to put by; (*evitar: molestias etc*) to save, avoid. **2** *vi* to save, economize. **3 ahorrarse** *vr*: **~ molestias** to save o.s. trouble, to spare o.s. effort; **ahórrate los comentarios** keep your thoughts to yourself.
ahorrativo *adj* thrifty; (*tacaño*) stingy, mean.
ahorrillos *nmpl* small savings.
ahorro *nm* (*acto*) saving; (*cuidado*) thrift; **~ energético** energy saving, saving in energy; **~s** savings; **caja de ~s** savings bank.
ahuchar [1a] *vt* to hoard, put by.
ahuecar [1g] **1** *vt* (**a**) (*excavar*) to hollow (out); **~ la mano** to cup one's hand. (**b**) (*Agr*) to loosen, soften; (*Cos*) to fluff out. (**c**) (*voz*) to deepen, give a solemn tone to. (**d**) **~ el ala** to make o.s. scarce. **2** *vi*: **¡ahueca!** (*fam*) beat it! (*fam*). **3 ahuecarse** *vr* to give o.s. airs.
ahuesarse [1a] *vr* (*And, CSur: mercancías*) to get spoiled.
ahuizote *nm* (*CAm, Méx*) pain (in the neck) (*fam*), nuisance.
ahumado 1 *adj* (*Culin*) smoked; (*lleno de humo*) smoky. **2** *nm* smoking, curing.
ahumar [1a] **1** *vt* (**a**) (*Culin*) to smoke, cure. (**b**) (*Téc*) to smoke; (*sala etc*) to fill with smoke. **2 ahumarse** *vr* (**a**) (*Culin*) to acquire a smoky flavour *o* (*US*) flavor. (**b**) (*cuarto*) to be smoky.
ahusado *adj* tapering.
ahuyentar [1a] *vt* (**a**) (*espantar*) to frighten off *o* away, put to flight; (*mantener a distancia*) to keep off. (**b**) (*fig: dudas etc*) to banish, dispel.
AI *nf abr de* **Amnistía Internacional** AI.
AID *nf abr de* **Agencia Internacional para el Desarrollo** AID.
AIF *nf abr de* **Asociación Internacional de Fomento** IDA.
aimará *adj, nmf* = **aymará**.
aindiado *adj* (*LAm*) Indian-like, Indianized.
airadamente *adv* angrily.
airado *adj* (*enojado*) angry; (*violento*) wild, violent; **joven ~** angry young man; **salió ~ del cuarto** he stormed out of the room.
airar [1a] **1** *vt* to annoy. **2 airarse** *vr* to get angry (*de, por* at).
aire *nm* (**a**) (*gen*) air; (*corriente*) draught, draft (*US*); (*viento*) wind; **~ comprimido** compressed air; **~ puro** clean air; **~ viciado** stale *o* foul air; **~ acondicionado** air conditioning; **con ~ acondicionado** air-conditioned; **al ~ libre** in the open air, outdoors; (*como adj*) open-air, outdoor; **cambiar de ~(s)** to have a change of scene; **dejar una pregunta en el ~** to leave a question unanswered *o* unsettled; **estar en el ~** (*Rad*) to be on the air; (*fig*) to be up in the air, be doubtful; **hace mucho ~** it's very draughty *o* (*US*) drafty *o* windy; **lanzar algo al ~** to throw sth up; **mantenerse** *o* **vivir del ~** to live off thin air; **saltar por los ~es** to blow up; **tomar el ~** to go for a stroll.

(**b**) (*aspecto*) air, appearance; **con ~ cansado** tired-looking; **darse ~(s)** to give o.s. airs; **darse ~s de** to boast of being; **no te des esos ~s de suficiencia conmigo** don't get on your high horse with me; **tener ~ de** to give the appearance *o* have the air of; **tener ~ de salud** to look healthy.

(**c**) (*parecido*) resemblance; **~ de familia** family likeness; **darse un ~ a** to resemble; **tener ~ de** to look like, resemble.

(**d**) (*humor*) humour, humor (*US*), mood; **estar de buen/mal ~** to be in a good/bad mood; **ir a su ~** to go one's own way, do one's own thing (*fam*); **seguir el ~ a algn** to humour sb.

(**e**) (*garbo*) elegance, gracefulness.

(**f**) (*Mús*) tune, air.
aireación *nf* ventilation.
aire-aire *adj*: **misil ~** air-to-air missile.
airear [1a] **1** *vt* (*gen*) to air, ventilate; (*fig*) to raise, air; **~ la atmósfera** to clear the air. **2 airearse** *vr* to take the

air.

airecito *nm* breeze, gentle wind.

airosidad *nf* grace, elegance.

airoso *adj* graceful, elegant; **quedar** *o* **salir** ~ to be successful, come out with flying colours.

aislación *nf* insulation; ~ **de sonido** soundproofing; ~ **térmica** insulation.

aislacionismo *nm* isolationism.

aislacionista *adj, nmf* isolationist.

aislado *adj* (**a**) (*remoto*) isolated; (*incomunicado*) cut off (*de* from). (**b**) (*Elec etc*) insulated.

aislador 1 *adj* (*Elec*) insulating. **2** *nm* (*Elec*) insulator.

aislamiento *nm* (**a**) (*gen*) isolation. (**b**) (*Elec etc*) insulation.

aislante 1 *adj* insulating. **2** *nm* (*Elec*) insulator.

aislar [1a] **1** *vt* (**a**) (*gen*) to isolate; (*separar*) to separate, detach; (*Mil etc*) to cut off. (**b**) (*Elec etc*) to insulate. **2 aislarse** *vr* to isolate o.s., cut o.s. off (*de* from).

AITA *nf abr de* **Asociación Internacional del Transporte Aéreo** IATA.

ajá *interj* splendid!; (*sorpresa*) aha!

ajamonarse [1a] *vr* (*fam*) to get plump, run to fat.

ajar [1a] **1** *vt* (**a**) (*tela*) to crumple, crush. (**b**) (*despreciar*) to abuse, disparage. **2 ajarse** *vr* to get crumpled, get messed up; (*Bot*) to wither, fade; (*fig: piel*) to get wrinkled.

ajardinar [1a] *vt* to landscape; **zona ajardinada** landscaped area.

ajedrea *nf* (*Bot*) savory.

ajedrecista *nmf* chessplayer.

ajedrez *nm* chess; **un** ~ a chess set.

ajenjo *nm* (*Bot*) wormwood; (*bebida*) absinth(e).

ajeno *adj* (**a**) (*de otro*) somebody else's, other people's; **un coche** ~ a car belonging to somebody else; **meterse en lo** ~ to interfere in the affairs of others; **vivir a costa ~a** to live at sb else's expense.

(**b**) (*extraño*) foreign, alien (*a* to); (*impropio*) inappropriate (*a, de* for, to); **por razones ~as a nuestra voluntad** for reasons beyond our control.

(**c**) ~ **de cuidados** free from care, without a care.

(**d**) (*no enterado*) unaware; (*ignorante*) uninformed, ignorant (*a* of); **estaba ~ a lo que le esperaba** he had no idea what was in store for him.

ajetreado *adj* busy.

ajetrearse [1a] *vr* (*atarearse*) to bustle about, be busy; (*fatigarse*) to tire o.s. out.

ajetreo *nm* (*actividad*) bustle; (*labor*) drudgery, hard work; **es un continuo** ~ there's constant coming and going.

ají *nm* (*pl* **ajíes**; *pl fam* **ajises**) (*LAm*) chili, red pepper; (*Culin*) chili sauce; **estar hecho un** ~ to be hopping mad.

ajiaco *nm* (*LAm Culin*) potato and chile stew.

ajillo *nm*: **al** ~ with garlic, cooked in garlic.

ajo *nm* (**a**) (*Bot*) garlic; (*: diente de ~*) clove of garlic; (*salsa*) garlic sauce. (**b**) (*fig*) shady deal, secret affair; **andar** *o* **estar en el** ~ to be mixed up in it; (*enterado*) to be in on the secret.

ajoarriero *nm* dish of cod with oil, garlic and peppers.

ajonjolí *nm* sesame.

ajorca *nf* bracelet, bangle.

ajotar [1a] *vt* (*CAm*) = **azuzar**.

ajuar *nm* (*muebles*) household furnishings; (*de novia*) trousseau; (*: dote*) dowry.

ajumado (*fam*) **1** *adj* tight; (*fam*) tipsy. **2** *nm* drunk (*fam*).

ajumarse [1a] *vr* (*fam*) to get tight (*fam*).

ajuntar [1a] (*fam*) **1** *vt* (*entre niños*) to make friends with, be friends with; **¡ya no te ajunto!** I'm not your friend any more! **2 ajuntarse** *vr* to live together, live in sin; (*entre niños*) **¡no me ajunto contigo!** I'm not your friend any more!

Ajuria Enea *nf* residence of chief minister of Basque autonomous government; (*fig*) Basque autonomous government.

ajustado *adj* (**a**) (*correcto*) right, fitting; (*precio*) agreed. (**b**) (*ropa*) close- *o* tight-fitting; **muy** ~ too tight.

ajustador *nm* (**a**) (*Téc*) fitter; (*Tip*) compositor. (**b**) (*Col: sujetador: tb* **~es**) bra.

ajustar [1a] **1** *vt* (**a**) (*Téc etc*) to fit (*a* to, into).

(**b**) (*Mec*) to adjust, regulate; (*fig*) to adjust, adapt (*a* to); (*error*) to put right.

(**c**) (*acuerdo*) to reach; (*boda*) to arrange; (*diferencias*) to settle; ~ **cuentas** to settle accounts.

(**d**) (*precio*) to fix.

(**e**) (*Tip*) to compose.

(**f**) ~ **un golpe a algn** (*CAm, Méx: asestar*) to give sb a blow.

2 *vi* to fit; ~ **bien** to be a good fit.

3 ajustarse *vr* (**a**) to fit (*a* into); ~ **el cinturón** to tighten one's belt.

(**b**) (*adaptarse*) to adapt, adjust (*a* to); (*conformarse*) to conform (*a* to), comply (*a* with); ~ **a las reglas** to abide by the rules.

ajuste *nm* (**a**) (*Téc*) fitting; (*: cambio*) adjustment; (*Cos*) fitting; **mal** ~ maladjustment; ~ **de plantilla** (*euf*) redeployment of labour *o (US)* labor. (**b**) (*Fin*) settlement; (*reconciliación*) reconciliation; (*acuerdo*) compromise. (**c**) (*Tip*) composition. (**d**) (*Méx Aut: repaso*) overhaul.

ajusticiar [1b] *vt* to execute, put to death.

al (= *a* + *el*) ~ **entrar** on entering; ~ **entrar yo** when I came in; ~ **verlo** on seeing it; **estar** ~ **llegar** to be about to arrive.

ala 1 *nf* (**a**) (*lit, Aer, Pol*) wing; **de cuatro ~s** four-winged; ~ **delta** hang-glider; **con ~s en delta** delta-winged; **con ~s en flecha** swept-wing.

(**b**) (*de sombrero*) brim; (*Arquit*) wing; (*: del techo*) eaves; (*de mesa*) leaf, flap.

(**c**) (*Dep: banda*) wing; ~ **izquierda/derecha** outside-left/-right.

(**d**) (*locuciones*) **ahuecar el** ~ (*fam*) to beat it (*fam*); **cortar las ~s a algn** to clip sb's wings; **dar ~s a algn** to encourage sb; **volar con las propias ~s** to stand on one's own feet.

2 *nmf* (*Dep*) winger; **medio** ~ half-back, wing-half.

Alá *nm* Allah.

alabador *adj* eulogistic.

alabanza *nf* (*tb* **~s**) praise, praises; **en** ~ **de** in praise of; **cantar las ~s de algn** to sing sb's praises.

alabar [1a] **1** *vt* to praise; ~ **a algn de** *o* **por algo** to praise sb for sth. **2 alabarse** *vr* to boast; ~ **de** to boast of being; **se alaba de** *o* **por prudente** he boasts about being sensible.

alabardero *nm* (*Hist*) halberdier.

alabastro *nm* alabaster.

álabe *nm* (*Mec*) wooden cog, tooth; (*de noria*) bucket.

alabear [1a] **1** *vt* to warp. **2 alabearse** *vr* to warp.

alacena *nm* cupboard, closet *(US)*.

alacrán *nm* scorpion.

alacranear [1a] *vi* to gossip, spread scandal.

alacre *adj* (*Méx*) ready and willing.

ALADI *nf abr de* **Asociación Latinoamericana de Integración**.

alado *adj* winged; (*fig*) swift.

ALALC *nf abr de* **Asociación Latinoamericana de Libre Comercio** LAFTA.

alambicado *adj* (*gen*) intricate; (*teoría etc*) complicated; (*estilo*) precious; (*modales*) affected.

alambicamiento *nm* (**a**) (*destilación*) distilling. (**b**) (*fig*) preciosity, affectation.

alambicar [1g] *vt* (**a**) (*destilar*) to distil. (**b**) (*fig: estilo etc*) to complicate unnecessarily. (**c**) (*escudriñar*) to scrutinize, investigate.

alambique *nm* still.

alambrada *nf* wire fence; (*Mil*) barbed-wire entanglement.

alambrado *nm* (*Agr etc*) wire fencing; (*Elec*) wiring,

wiring system.
alambrar [1a] *vt* (*Elec*) to wire; (*Agr etc*) to fence with wire.
alambre *nm* wire; ~ **cargado** live wire; ~ **de púas** barbed wire; ~ **forrado** covered wire; ~ **de tierra** earth wire, ground wire (*US*); **estar hecho un** ~ to be as thin as a rake.
alambrera *nf* (*red*) wire netting, chicken wire; (*cobertera*) wire cover; (*para chimenea*) fireguard.
alambrista *nmf* tightrope walker.
alameda *nf* (*Bot*) poplar grove; (*avenida*) avenue, boulevard.
álamo *nm* poplar; ~ **blanco/negro** white/black poplar; ~ **de Italia** Lombardy poplar; ~ **temblón** aspen.
alancear [1a] *vt* to spear, lance.
alano *nm* mastiff.
alar *nm* eaves *pl*.
alarde *nm* show, display; ~**s** (*esp LAm: jactancias*) boasts; **hacer** ~ **de** (*afectar*) to make a show of; (*ostentar*) to flaunt, parade; (*jactarse de*) to boast of.
alardear [1a] *vi* to boast, brag (*de* about).
alardeo *nm* boasting, bragging.
alargamiento *nm* (*gen*) lengthening; (*prórroga*) prolongation; (*Arquit etc*) extension.
alargar [1h] **1** *vt* (**a**) (*gen*) to lengthen; (*prorrogar*) to prolong, extend; (*cuello*) to crane; (*mano*) to stretch out; (*relato*) to spin out. (**b**) (*cable etc*) to pay out. (**c**) (*dar*) to hand, pass (*a* to). **2 alargarse** *vr* (**a**) to lengthen, get longer; (*días etc*) to grow longer; (*relato*) to drag out; **se alargó en la charla** he spun his talk out. (**b**) (*fig*) to digress.
alarido *nm* shriek, yell; **dar** ~**s** to shriek, yell.
alarma *nf* alarm; ~ **aérea** air-raid warning; **falsa** ~ false alarm; ~ **de incendios** fire alarm; **voz de** ~ warning note; **dar la** ~ to raise the alarm.
alarmante *adj* alarming.
alarmar [1a] **1** *vt* to alarm; (*Mil etc*) to alert, rouse. **2 alarmarse** *vr* to get alarmed, be alarmed; **¡no te alarmes!** don't be alarmed!
alarmismo *nm* alarmism, (excessive) alarm.
alarmista 1 *adj* jumpy, nervous. **2** *nmf* alarmist.
Álava *nf* Álava.
alavés/esa 1 *adj* of *o* from Álava. **2** *nm/f* native *o* inhabitant of Álava.
alazán/ana *adj*, *nm/f* (*caballo*) sorrel.
alba *nf* (**a**) dawn, daybreak; **al** ~ at dawn; **al romper el** ~ at daybreak. (**b**) (*Rel*) alb.
albacea *nmf* executor/executrix.
Albacete *nm* Albacete.
albacetense = **abaceteño**.
albaceteño/a 1 *adj* of *o* from Albacete. **2** *nm/f* native *o* inhabitant of Albacete.
albahaca *nf* basil.
albanés/esa 1 *adj*, *nm/f* Albanian. **2** *nm* (*Ling*) Albanian.
Albania *nf* Albania.
albañal *nm* drain, sewer.
albañil *nm* (*artesano*) bricklayer, mason; (*obrero*) building worker.
albañilería *nf* (*material*) brickwork, masonry; (*oficio*) bricklaying.
albar *adj* white.
albarán *nm* (*Com*) delivery note, invoice.
albarda *nf* packsaddle; (*CAm: silla de montar*) saddle.
albardilla *nf* (**a**) (*silla de montar*) small saddle; (*almohadilla*) cushion, pad. (**b**) (*Arquit*) coping. (**c**) (*Culin*) lard.
albaricoque *nm* apricot.
albaricoquero *nm* apricot tree.
albariño *nm (type of) Galician wine*.
albatros *nm inv* albatross.
albayalde *nm* white lead.
albedrío *nm* (*gen*) will; (*capricho*) whim; **libre** ~ free will; **¡hágalo a su** ~**!** have it your way!
alberca *nf* (*depósito*) tank, reservoir; (*Méx: piscina*) swimming pool.
albérchigo *nm* (*fruto*) (clingstone) peach; (*árbol*) (clingstone) peach tree.
albergar [1h] **1** *vt* (**a**) (*gen*) to shelter, give shelter to; (*alojar*) to house, put up. (**b**) (*esperanza*) to cherish. **2 albergarse** *vr* (*refugiarse*) to shelter; (*alojarse*) to stay, lodge.
albergue *nm* shelter, refuge; (*alojamiento*) lodging; (*Zool*) lair, den; ~ **de carretera** roadhouse; ~ **juvenil** youth hostel; **dar** ~ **a algn** to take sb in.
alberguista *nmf* youth-hosteller.
albinismo *nm* albinism.
albino/a *adj*, *nm/f* albino.
albis *adv*: **quedarse en** ~ not to know a thing, not have a clue; **me quedé en** ~ my mind went blank.
albóndiga *nf* meatball.
albor *nm* (**a**) (*color*) whiteness. (**b**) (*luz*) dawn (light); ~**es** dawn; ~ **de la vida** childhood, youth; **en los** ~**es de la ciencia** at the very beginning of science.
alborada *nf* (*alba*) daybreak, dawn; (*Mil*) reveille.
alborear [1a] *vi* to dawn.
albornoz *nm* (**a**) (*de árabes*) burnous(e). (**b**) (*bata*) bathrobe.
alborotadizo *adj* excitable.
alborotado *adj* (*excitado*) agitated, excited; (*precipitado*) hasty; (*mar*) rough; (*revuelto*) riotous.
alborotador(a) 1 *adj* boisterous, noisy; (*Pol*) seditious. **2** *nm/f* agitator, troublemaker; (*alumno*) unruly element.
alborotar [1a] **1** *vt* (*agitar*) to disturb, agitate; (*amotinar*) to incite to rebel; (*excitar*) to excite. **2** *vi* to make a racket, make a row. **3 alborotarse** *vr* (*individuo*) to get excited *o* worked up; (*multitud*) to riot; (*mar*) to get rough.
alboroto *nm* (**a**) (*gen*) disturbance; (*vocerío*) racket, row; (*jaleo*) uproar; (*motín*) riot; **armar un** ~ to cause a commotion. (**b**) (*susto*) scare, alarm. (**c**) ~**s** (*CAm: rosetas de maíz*) popcorn *sg*.
alborozar [1f] **1** *vt* to gladden, fill with joy. **2 alborozarse** *vr* to be overjoyed, rejoice.
alborozo *nm* joy, merriment.
albricias *nfpl* congratulations; **¡**~**! ¡lo conseguí!** whoopee! I got it!
álbum *nm* (*pl* **álbums** *o* **álbumes**) album; (*Mús*) album; (*: elepé*) LP; ~ **doble** double album; ~ **de recortes** scrapbook; ~ **de sellos** stamp album.
albumen *nm* white of egg; (*Bot*) albumen.
albúmina *nf* (*Quím*) albumin.
albur *nm* (*Méx: retruécano*) pun.
alca *nf* razorbill.
alcabala *nf* (*LAm: de policía*) roadblock.
alcachofa *nf* (**a**) artichoke. (**b**) ~ **de regadera** rose; ~ **de (la) ducha** shower head.
alcahuete/a *nm/f* (*hombre*) procurer, pimp; (*mujer*) procuress, go-between.
alcaide *nm* (*Hist: de castillo*) governor; (*de cárcel etc*) warder, jailer.
alcaidía *nf* (*cargo*) governorship; (*casa*) governor's residence.
alcalde *nm* mayor; (*juez*) magistrate.
alcaldesa *nf* mayoress.
alcaldía *nf* mayoralty, office of mayor; (*oficina*) mayor's office.
álcali *nm* alkali.
alcalino *adj* alkaline.
alcaloide *nm* alkaloid.
alcance *nm* (**a**) (*gen*) reach; **estar al** ~ **de algn** (*lit*) to be within sb's reach; (*fig*) to be within sb's powers; **el que está más al** ~ the nearest (one); **estar fuera del** ~ **de algn** (*lit*) to be out of *o* beyond sb's reach; (*fig*) to be over sb's head; (*Com*) to be too expensive for sb; **poner el coche al** ~ **de todos** to put the car within the reach of everybody,

make the car accessible to everyone; **al ~ del oído** within earshot; **al ~ de la voz/mano** within call/reach.
(**b**) (*Mil etc*) range; (*fig*) importance, significance; **al ~** within range; **de gran ~** (*Mil*) long-range; (*fig*) far-reaching.
(**c**) (*búsqueda*) chase, pursuit; **dar ~ a** to catch up (with), overtake; **de cortos ~s** not very bright.
alcancía *nf* moneybox.
alcanfor *nm* camphor.
alcanforado *adj* camphorated.
alcantarilla *nf* (*boca*) drain; (*cloaca*) sewer; (*conducto*) culvert, conduit.
alcantarillado *nm* drains *pl*.
alcantarillar [1a] *vt* to lay drains in.
alcanzar [1f] **1** *vt* (**a**) (*en carrera etc*) to catch, catch up (with); **cuando le alcancé** when I caught up with him.
(**b**) (*suj: bala etc*) to hit, strike; **un obús alcanzó la lancha** the launch was hit by a shell.
(**c**) (*llegar a*) to reach; (*sumar*) to amount to; **hasta donde alcanza la vista** as far as the eye can see; **la producción ha alcanzado las 20 toneladas** production has reached 20 tons; **el libro ha alcanzado 20 ediciones** the book has run into 20 editions.
(**d**) (*entender*) to grasp, understand.
(**e**) (*dar*) to pass, put within reach; **~ algo a algn** (*esp LAm: dar*) to hand sth to sb; (*: recibir*) to get sth from sb; **alcánzame la sal, por favor** pass the salt please.
2 *vi* (**a**) to reach, extend (*a, hasta* to, as far as); **¡no alcanzo!** I can't reach (it)!
(**b**) **~ a hacer algo** to manage to do sth; **no alcanzo a ver cómo** I can't see how.
(**c**) (*ser suficiente*) to be enough; **¿te alcanza para el bus?** (*esp LAm*) have you got enough money for the bus?
alcaparra *nf* (*Bot*) caper.
alcaraván *nm* stone-curlew.
alcaravea *nf* caraway.
alcatraz *nm* gannet.
alcaucil *nm* (*CSur*) artichoke.
alcazaba *nf* citadel, castle.
alcázar *nm* (*Mil*) fortress, citadel; (*palacio*) royal palace; (*Náut*) quarter-deck.
alce *nm* (*Zool*) moose, elk.
alción *nm* (*Orn*) kingfisher; (*Mitología*) halcyon.
alcista (*Com, Fin*) **1** *adj*: **mercado ~** bull market, rising market; **la tendencia ~** the upward trend. **2** *nm* bull, speculator.
alcoba *nf* bedroom; (*Méx: Ferro*) couchette, sleeping compartment; **~ de huéspedes** spare room.
alcohol *nm* alcohol; **~ absoluto** absolute *o* pure alcohol; **~ metílico** methylated spirit; **lámpara de ~** spirit lamp.
alcoholemia *nf* blood-level of alcohol.
alcohólico/a 1 *adj* alcoholic; **no ~** (*bebida*) non-alcoholic, soft. **2** *nm/f* alcoholic.
alcoholímetro *nm* Breathalyser ®.
alcoholismo *nm* alcoholism.
alcoholizado/a *adj, nm/f* alcoholic; **está ~** he's an alcoholic; **morir ~** to die of alcoholism.
alcoholizar [1f] **1** *vt* to alcoholize. **2 alcoholizarse** *vr* to become an alcoholic.
alcor *nm* hill.
Alcorán *nm* Koran; *V tb* **Corán**.
alcornoque *nm* (**a**) cork tree. (**b**) (*fam*) idiot.
alcotán *nm* (*Orn*) hobby.
alcotana *nf* pickaxe, pickax (*US*).
alcurnia *nf* ancestry, lineage; **de ~** of noble family *o* birth.
alcuza *nf* (*LAm: vinagreras*) olive-oil bottle, cruet.
aldaba *nf* (*de puerta*) (door) knocker; (*cerrojo*) bolt, latch; **tener buenas ~s** to have friends in the right places.
aldabada *nf* knock (on the door); **dar ~s en** to knock at.
aldabilla *nf* latch.
aldabón *nm* (*aldaba*) large (door) knocker; (*asa*) handle.
aldabonazo *nm* bang, loud knock (on the door); **dar ~s en** to bang at.
aldea *nf* (small) village, hamlet.
aldeano/a 1 *adj* (*de pueblo*) village *atr*; (*de campo*) rustic; **gente ~a** country people. **2** *nm/f* villager; **los ~s** the villagers.
aleación *nf* (*proceso*) alloying; (*efecto*) alloy.
alear [1a] *vt* (*Téc*) to alloy.
aleatorio *adj* random, contingent.
alebrestar [1a] **1** *vt* (*LAm*) to excite, make nervous. **2 alebrestarse** *vr* (*ponerse nervioso*) to get excited; (*rebelarse*) to rebel.
aleccionador *adj* instructive, enlightening; (*castigo etc*) exemplary.
aleccionamiento *nm* (*gen*) instruction, enlightenment; (*Pol etc: euf*) repression.
aleccionar [1a] *vt* (*gen*) to instruct, enlighten; (*castigar*) to teach a lesson to; (*regañar*) to lecture.
alechado *adj* (*LAm*) milky.
aledaño/a 1 *adj* adjoining, bordering. **2** *nmpl*: **los ~s** the outskirts.
alegación *nf* (*Jur etc*) allegation.
alegar [1h] **1** *vt* (**a**) (*Jur etc*) to allege; **~ que** to claim *o* assert that . (**b**) (*citar: dificultad etc*) to plead; (*: autoridad*) to quote; (*: razones*) to put forward, adduce. (**c**) (*LAm: discutir*) to argue against, dispute. **2** *vi* (*LAm*) to argue.
alegato *nm* (*Jur: escrito*) indictment; (*: oral*) allegation; (*declaración*) statement, assertion; (*LAm: discusión*) argument, dispute.
alegoría *nf* allegory.
alegóricamente *adv* allegorically.
alegórico *adj* allegoric(al).
alegrar [1a] **1** *vt* (**a**) (*gen*) to cheer (up), gladden; **eso les alegró mucho** that made them very happy.
(**b**) (*fig: avivar*) to enliven, brighten up; (*fuego*) to poke.
(**c**) (*toro*) to excite, stir up.
2 alegrarse *vr* (**a**) (*estado*) to be glad *o* happy; **me alegro muchísimo** I'm delighted; **~ con** *o* **de** *o* **por** to be glad about; **~ de hacer algo** to be glad *o* be happy to do sth; **me alegro de saberlo** I am glad to hear it; **me alegro de que lo hayas hecho** I am glad you've done it.
(**b**) (*acto*) to cheer up (*de* at); **con esto empezó a ~** at this he began to cheer up.
(**c**) (*fam*) to get merry *o* tipsy.
alegre *adj* (**a**) (*individuo: estado*) happy, glad; (*carácter*) cheerful; (*música etc*) cheerful; (*noticia*) good, cheering; (*color*) bright; **~ de corazón** light-hearted. (**b**) (*irresponsable*) reckless, thoughtless. (**c**) (*vida*) fast, immoral. (**d**) (*fam*); **estar ~** to be merry *o* tipsy.
alegremente *adv* (*V adj*) happily, merrily; cheerfully, gaily; brightly; recklessly; **se lo gastó todo ~** he spent it all without a thought for tomorrow.
alegría *nf* (**a**) (*gen*) happiness, joy; (*satisfacción*) gladness; (*optimismo*) cheerfulness; (*regocijo*) merriment; (*fig: dolores*) brightness; **¡qué ~!** how marvellous!, that's splendid!; **~ vital** joie de vivre; **saltar de ~** to jump for joy. (**b**) (*pey*) recklessness, irresponsibility. (**c**) **~ de la casa** (*Bot*) balsam. (**d**) **~s** (*Mús*) *Andalusian song o dance*.
alegro *nm* allegro.
alegrón *nm* sudden joy; **¡me dio un ~!** what a thrill I got!
alejado *adj* distant, remote (*de* from) .
alejamiento *nm* (*entre amigos*) estrangement; (*Pol*) removal; (*acto*) withdrawal; (*característica*) aloofness.
Alejandria *nf* Alexandria.
alejandrino *nm* alexandrine.
alejar [1a] **1** *vt* (**a**) (*gen*) to remove, move away (*de* from); (*Pol*) to sack, dismiss; (*sospechas*) to divert; (*deshacerse de*) to get rid of. (**b**) (*fig*) to cause a rift between; (*separar*) to keep apart, separate. **2 alejarse** *vr* to move *o* go

away (*de* from); (*no participar*) to remain aloof; (*dejar de participar*) to distance o.s.; (*peligro*) to recede; (*ruido*) to grow fainter; **alejémonos un poco más** let's go a bit further away.

alelado *adj* (*atontado*) stupefied, bewildered; (*bobo*) foolish, stupid.

alelamiento *nm* bewilderment.

alelar 1a **1** *vt* to stupefy, bewilder. **2 alelarse** *vr* to be stupefied *o* bewildered.

aleluya 1 *nm o nf* (*Mús*) hallelujah. **2** *interj* hallelujah!, hurray!

alemán/ana 1 *adj, nm/f* German. **2** *nm* (*Ling*) German.

Alemania *nf* Germany.

alentado *adj* (*CSur: sano*) healthy.

alentador *adj* encouraging.

alentar 1j **1** *vt* (**a**) (*gen*) to encourage, hearten; (*oposición*) to stiffen; (*esperanzas*) to raise. (**b**) (*LAm: aplaudir*) to clap, applaud. **2** *vi* (*fig*) to burn, glow; **en su pecho alienta la esperanza de ...** (*fig*) his heart is glowing in hope of .... **3 alentarse** *vr* (*esp LAm: Med*) to get better.

alerce *nm* larch (tree).

alergia *nf* allergy; **tener ~ a** to be allergic to *(tb fig)*.

alérgico *adj* allergic (*a* to).

alero *nm* (*Arquit*) eaves; (*Aut*) mudguard, fender *(US)*, wing.

alerón *nm* aileron.

alerta 1 *interj* watch out! **2** *adj,adv* alert, watchful; **estar (ojo) ~** to be on the alert; **todos los servicios de auxilio están ~(s)** all the rescue services are on stand-by. **3** *nf* alert; **~ roja** red alert; **dar la (voz de) ~** to raise the alarm; **en estado de ~** on the alert.

alertar 1a *vt* to alert; **~ a algn de algo** to alert sb to sth.

aleta *nf* (*Aut*) wing; (*Aer, Mec*) blade; (*de pez*) fin; (*de foca*) flipper.

aletargado *adj* drowsy, lethargic.

aletargamiento *nm* drowsiness, lethargy.

aletargar 1h **1** *vt* to make drowsy, make lethargic. **2 aletargarse** *vr* to grow drowsy, become lethargic.

aletear 1a *vi* (*ave*) to flutter, flap its wings; (*pez*) to move its fins; (*individuo*) to wave one's arms.

aleteo *nm* (*ave*) fluttering, flapping (of the wings); (*pez*) movement of the fins; (*fig*) palpitation.

alevín *nm* fry, young fish; (*fig*) youngster, novice.

alevino *nm* (*LAm*) young fish, alevin, fry *(for restocking rivers etc)*.

alevosía *nf* (**a**) treachery. (**b**) (*Jur*) premeditation; **con ~** cold-bloodedly.

alevoso *adj* treacherous.

alfa *nf* alpha.

alfabéticamente *adv* alphabetically.

alfabético *adj* alphabetic(al).

alfabetización *nf* (*gen*) teaching people to read and write; **campaña de ~** literacy campaign *o* drive.

alfabetizar 1f *vt* (**a**) (*clasificar*) to arrange alphabetically. (**b**) (*enseñar*) to teach to read and write.

alfabeto *nm* alphabet; **~ Morse** Morse code.

alfajor *nm* (*CSur*) sweet biscuit with filling.

alfalfa *nf* lucerne, alfalfa.

alfandoque *nm* (**a**) (*LAm Culin*) cheesecake. (**b**) (*And, CSur Mús*) maraca.

alfanje *nm* cutlass.

alfaque *nm* (*Náut*) bar, sandbank.

alfar *nm* (*taller*) potter's workshop.

alfarería *nf* (*arte*) pottery; (*tienda*) pottery shop.

alfarero *nm* potter.

alféizar *nm* (*Arquit: gen*) splay, embrasure; (*: tablilla*) window-sill.

alfeñique *nm* weakling.

alférez *nm* (*Mil*) second lieutenant, subaltern; (*Rel*) official standard bearer (in processions); **~ de navío** (*Náut*) sub-lieutenant.

alfil *nm* (*Ajedrez*) bishop.

alfiler *nm* (*gen*) pin; (*broche*) brooch, clip; **~ de corbata** tiepin; **~ de gancho** (*Arg*) safety pin; **~ de sombrero** hatpin; **aquí ya no cabe ni un ~** you can't squeeze anything else in; **prendido con ~es** shaky, hardly hanging together.

alfilerazo *nm* pinprick.

alfiletero *nm* needle case.

alfombra *nf* (*gen*) carpet; (*pequeña*) rug, mat; **~ de baño** bathmat; **~ mágica/voladora** magic/flying carpet.

alfombrado *nm* carpeting.

alfombrar 1a *vt* to carpet.

alfombrilla *nf* rug, mat.

alforfón *nm* buckwheat.

alforja *nf* (*gen*) saddlebag; (*en bicicleta*) pannier; **~s** (*fig*) provisions (for a journey).

alga *nf* seaweed, alga.

algalia *nf* (**a**) (*perfume*) civet. (**b**) (*Med*) catheter.

algarabía *nf* (*griterío*) hullabaloo.

algarada *nf* (*griterío*) outcry; **hacer *o* levantar una ~** to kick up a tremendous fuss.

Algarbe *nm*: **el ~** the Algarve.

algarroba *nf* carob (bean).

algarrobo *nm* carob tree, locust tree.

algazara *nf* din, uproar.

álgebra *nf* algebra.

algebraico *adj* algebraic.

álgido *adj* icy, chilly; (*momento etc*) crucial, decisive.

algo 1 *pron* (**a**) something; **habrá ~ para ti** there will be something for you; **~ es ~** something is better than nothing; **¡por ~ será!** (*gen*) there must be a reason behind *o* for it; (*de acción*) he *etc* can't have done it for no reason at all; **ya es ~** it's a start; **sé ~ de inglés** I know a little English; **es músico o ~ así** he's a musician or something like that; **dura ~ así como tres horas** it's about three hours long; **¡me va a dar ~!** (*fam*) I'm going off my head!; **tener un ~** to have a certain charm; **tomar ~** to have a drink.

(**b**) (*frases interrogativas y negativas*) anything; **¿pasa ~?** is anything the matter?; **¿hay ~ para mí?** is there anything for me?

2 *adv* rather, somewhat; **es ~ difícil** it's a bit awkward.

algodón *nm* (*tela*) cotton; (*Med*) swab; (*Bot*) cotton plant; (*tb* **~ hidrófilo**) cotton wool, absorbent cotton *(US)*; (*de azúcar*) candy floss, cotton candy *(US)*; **~ pólvora** guncotton; **~ en rama** raw cotton; **se crió entre ~es** he was always pampered.

algodonal *nm* cotton plantation.

algodonero 1 *adj* cotton *atr*. **2** *nm* (**a**) (*Com*) cotton dealer. (**b**) (*Bot*) cotton plant.

algodonosa *nf* cotton grass.

alguacil *nm* (*Jur*) bailiff, constable *(US)*; (*Taur*) mounted official.

alguien *pron* (*gen*) someone, somebody; (*en frases interrogativas y negativas*) anybody; **si ~ viene** if somebody *o* anybody comes; **¿viste a ~?** did you see anybody?; **para ~ que conozca la materia** for anyone who is familiar with the subject; **se cree ~** he think's (he is) somebody.

alguno/a 1 (*before nm sing* **algún**) *adj* (**a**) (*precediendo n*) some, any; **algún obispo lo dijo** some bishop said so; **hubo ~as dificultades** there were some *o* a few difficulties; **en ~a parte** somewhere; **¿has estado ~a vez en Londres?** have you ever been to London?; **algún que otro libro** an odd book or two, a few odd books; **leo algún libro que otro** I read an occasional book, I read a book from time to time.

(**b**) (*en frases negativas o después de n*) **no tiene talento ~** he has no talent, he hasn't any talent, he has no talent at all; **no engañó a hombre ~** he didn't cheat anybody *o* anyone; **sin duda ~a** definitely, without a shadow of a doubt; **sin interés ~** without the slightest interest.

2 *pron* (**a**) some; (*alguien*) someone, somebody; **~ de**

ellos one of them; ~ **que otro** one or two; ~ **dijo que** someone *o* somebody said that.

(**b**) ~**s** some, a few; ~**s son buenos** some are good; **vimos** ~**s** we saw a few.

alhaja *nf (joya)* jewel, gem; *(fig)* treasure, gem; **¡buena** ~! *(iró)* she's a fine one!

alharaca *nf* fuss; **hacer** ~**s** to make a fuss, make a great song and dance.

alhelí *nm* wallflower, stock.

alheña *nf (Bot)* privet.

alhucema *nf* lavender.

aliado/a 1 *adj* allied. **2** *nm/f* ally; **los A**~**s** the Allies.

alianza *nf* (**a**) *(gen)* alliance; **A**~ *(Rel)* Covenant. (**b**) *(anillo)* wedding ring.

aliar [1c] **1** *vt* to ally, bring into an alliance. **2 aliarse** *vr* to form an alliance; ~ **con** to ally o.s. with, side with.

alias *adv, nm inv* alias.

alicaído *adj (Med)* drooping, weak; *(fig)* downcast, depressed.

Alicante *nm* Alicante.

alicantino/a 1 *adj* of *o* from Alicante. **2** *nm/f* native *o* inhabitant of Alicante.

alicatado *nm* tiling.

alicatar [1a] *vt* to tile.

alicates *nmpl* pliers, pincers.

aliciente *nm* incentive, inducement; **ofrece el** ~ **de** it has the attraction of.

alienación *nf* alienation; *(Med)* alienation, mental derangement.

alienado/a 1 *adj* insane, mentally ill. **2** *nm/f* lunatic, mad person.

alienante *adj* inhuman, dehumanizing.

alienar [1a] *vt* = **enajenar**.

alienígena *adj, nmf* alien.

aliento *nm* (**a**) *(un* ~*)* breath; *(Med)* breathing, respiration; ~ **fétido** bad breath; **de un** ~ *(lit)* in one breath; *(fig)* in one go; **aguantar** *o* **contener el** ~ to hold one's breath; **dar los últimos** ~**s** to breathe one's last; **estar sin** ~ to be out of breath; **tiene mal** ~ his breath smells; **tomar** ~ to pause, take breath. (**b**) *(fig)* courage, spirit; **cobrar** ~ to take heart; **dar** ~ **a** to encourage.

aligeramiento *nm* (**a**) *(V vt)* lightening; easing, alleviation. (**b**) *(aceleración)* speeding-up.

aligerar [1a] **1** *vt* to lighten; *(dolor)* to ease, relieve, alleviate; *(abreviar)* to shorten; *(acelerar)* to quicken; **voy a dar un paseo para** ~ **las piernas** I'm going for a walk to stretch my legs. **2** *vi (darse prisa)* to hurry (up). **3 aligerarse** *vr (carga)* to get lighter; ~ **de ropa** to put on lighter clothing.

alijo *nm (contrabando)* contraband, smuggled goods; **un** ~ **de armas** an arms cache *o* haul; **un** ~ **de drogas** a drugs shipment, a consignment of drugs.

alimaña *nf (Zool)* pest *(fam)*; *(persona)* bloodsucker *(fam)*.

alimentación *nf* (**a**) *(acción)* feeding, nourishment; *(comida)* food; *(fig)* nurture, fostering; ~ **insuficiente** malnutrition. (**b**) *(Téc)* feed; *(Elec)* supply; **bomba de** ~ feed pump; ~ **automática de hojas** *o* **papel** automatic sheet-feeder.

alimentador *nm (Téc)* feeder.

alimentar [1a] **1** *vt* (**a**) *(dar de comer a)* to feed; *(suj: comida)* to nourish, be nourishing. (**b**) *(fig: familia)* to maintain, support; *(: esperanza)* to cherish; *(: ideas)* to foster; *(: pasión)* to feed, add fuel to. (**c**) *(Téc)* to feed; *(horno)* to feed, stoke *(de* with); *(Elec)* to supply. **2 alimentarse** *vr* to feed *(con, de* on).

alimentario *adj* food *atr*; **la industria** ~**a** the food industry.

alimenticio *adj* (**a**) *(nutritivo)* nourishing, nutritive. (**b**) *(relativo a comida)* food *atr*; **productos** ~**s** foodstuffs; **valor** ~ food *o* nutritional value.

alimento *nm* (**a**) *(gen)* food; **de mucho** ~ nourishing; **de poco** ~ of little nutritional value; ~ **de primera necesidad** staple food. (**b**) *(apoyo)* encouragement, support; *(de pasión)* food, fuel. (**c**) ~**s** maintenance allowance *sg*, alimony *sg (US)*.

alimón: **al** ~ *adv* together, jointly, in collaboration.

alineación *nf* (**a**) *(Téc)* alignment; **estar fuera de** ~ to be out of alignment, be out of true. (**b**) *(Dep etc)* line-up.

alineado *adj*: **países no** ~**s** non-aligned countries.

alineamiento *nm* = **alineación**.

alinear [1a] **1** *vt (Téc)* to align; *(alumnos etc)* to line up, put into line; *(Mil)* to form up; *(fig)* to bring into line *(con* with). **2 alinearse** *vr* to line up; *(Mil)* to fall in.

aliñar [1a] *vt* (**a**) *(Culin)* to dress, season. (**b**) *(CSur: hueso)* to set.

aliño *nm (Culin)* dressing, seasoning.

alioli *nm (Culin)* sauce of garlic and oil.

alisado 1 *adj* smooth; *(Téc)* polished. **2** *nm* smoothing; *(Téc)* polishing, finishing.

alisar [1a] *vt (vestidos)* to smooth (down); *(pelo)* to smooth, sleek; *(Téc)* to polish, finish.

alisios *nmpl*: **vientos** ~ trade winds.

aliso *nm* alder (tree).

alistamiento *nm (gen)* enrolment, enrollment *(US)*; *(Mil)* enlistment.

alistar [1a] **1** *vt (registrar)* to list, put on a list; *(matricular)* to enrol, enroll *(US)*; *(Mil)* to enlist. **2 alistarse** *vr* (**a**) *(matricularse)* to enrol; *(Mil)* to enlist, join up. (**b**) *(LAm: vestirse)* to dress up.

aliteración *nf* alliteration.

aliviadero *nm* overflow channel.

aliviar [1b] **1** *vt (aligerar)* to lighten; *(dolor)* to ease, relieve; *(fig: consolar)* to soothe. **2 aliviarse** *vr* (**a**) *(dolor)* to diminish, ease off; *(enfermo)* to get better, recover; **¡que se alivie!** get better soon! (**b**) *(fig)* to unburden o.s. *(de* of).

alivio *nm* (**a**) relief; *(de dolor)* easing; *(de penas)* alleviation; *(mejora)* improvement; *(medicina)* remedy; ~ **de luto** half-mourning. (**b**) **de** ~ *(fam)* awful, horrible; **un susto de** ~ an awful fright, a hell of a fright *(fam)*.

aljaba *nf* quiver.

aljama *nf (Hist)* (**a**) *(mezquita)* mosque; *(sinagoga)* synagogue. (**b**) *(reunión)* gathering of Moors *o* Jews.

aljibe *nm (tanque)* cistern, tank.

aljófar *nm* pearl.

alma *nf* (**a**) *(gen)* soul; *(espíritu)* spirit.

(**b**) **un pueblo de 2000** ~**s** a village of 2000 inhabitants.

(**c**) *(persona)* soul, person; **no había ni un** ~ there wasn't a soul; **¡**~ **mía!** my darling; ~ **bendita** innocent, simple soul.

(**d**) *(fig)* lifeblood, life and soul; **él es el** ~ **del movimiento** he's the leading spirit of the movement.

(**e**) *(locuciones)* **le arrancó el** ~ he was deeply shocked; **se le cayó el** ~ **a los pies** he became very disheartened; **me duele en el** ~ it breaks my heart; **entregar el** ~ to pass away *o* on; **estar como** ~ **en pena** to suffer, be terribly sad; **hacer algo con toda el** ~ to do sth with all one's heart; **ir como** ~ **que lleva el diablo** to go like hell *o* the clappers *(fam)*; **no puedo con mi** ~ *(Esp)* I'm completely worn out; **me llegó al** ~ it really struck home; **rompe el** ~ **verlo** it breaks one's heart to see it; **lo siento en el** ~ I am truly sorry; **estar con** *o* **tener el** ~ **en un hilo** to have one's heart in one's mouth *o (US)* throat; **no tener** ~ to be pitiless.

almacén *nm* (**a**) *(depósito)* warehouse, store; ~ **de depósito** bonded warehouse; ~ **depositario** *(Com)* depository. (**b**) *(Mec, Mil etc)* magazine. (**c**) *(Com)* shop, store; **(grandes)** ~**es** department store *sg*; **A**~**es Pérez** Pérez Department Store. (**d**) *(LAm: tienda de comestibles)* grocer's shop.

almacenaje *nm* (**a**) *(servicio)* storage, storing; ~ **frigorífico** cold storage. (**b**) *(gastos)* storage charge.

almacenamiento *nm* warehousing; *(Inform)* storage; ~ **de datos** data storage.

almacenar [1a] *vt* (**a**) *(como negocio)* to store, warehouse;

(*Inform*) to store; (*suj: cliente*) to put into storage. (**b**) (*guardar*) to keep, collect; (*rencor*) to store up.
almacenero *nm* (*LAm*) shopkeeper.
almacenista *nm* wholesaler.
almáciga *nf*, **almácigo** *nm* plantation, nursery.
almádena *nf* sledgehammer.
almadreña *nf* wooden shoe, clog.
almagre *nm* red ochre.
almanaque *nm* almanac.
almazara *nf* oil mill, oil press.
almeja *nf* clam.
almenara *nf* beacon.
almenas *nfpl* battlements.
almendra *nf* (*Bot*) almond; ~ **amarga/garapiñada** bitter/sugar almond.
almendrado 1 *adj* almond-shaped; **de ojos ~s** almond-eyed. **2** *nm* macaroon.
almendral *nm* almond orchard.
almendro *nm* almond tree.
almendruco *nm* green almond.
Almería *nf* Almería.
almeriense 1 *adj* of *o* from Almería. **2** *nmf* native *o* inhabitant of Almería.
almiar *nm* hayrick.
almíbar *nm* syrup; **peras en** ~ pears in syrup; **estar hecho un** ~ to be all sweet and kind.
almibarado *adj* syrupy; (*dulce*) honeyed, oversweet; (*meloso*) sugary.
almibarar [1a] *vt* to preserve *o* serve in syrup; ~ **las palabras** to use honeyed words.
almidón *nm* starch.
almidonado *adj* starched; (*fig*) dapper, spruce.
almidonar [1a] *vt* to starch.
almilla *nf* (*Téc*) tenon.
alminar *nm* minaret.
almirantazgo *nm* admiralty.
almirante *nm* admiral.
almirez *nm* mortar.
almizcle *nm* musk.
almizcleño *adj* musky.
almizclera *nf* muskrat, musquash.
almizclero *nm* musk deer.
almohada *nf* (*gen*) pillow; (*funda*) pillowcase; ~ **neumática** air cushion; **consultar algo con la** ~ to sleep on sth.
almohade *adj*, *nmf* Almohad.
almohadilla *nf* small pillow; (*LAm: acerico*) pincushion; (*Téc*) pad, cushion; (*para sellos*) inkpad.
almohadillado 1 *adj* (*acolchado*) padded, stuffed; (*Arquit*) dressed. **2** *nm* dressed stone.
almohadón *nm* large pillow, bolster; (*Rel*) hassock.
almoneda *nf* (*subasta*) auction; (*liquidación*) clearance sale.
almorávide *adj*, *nmf* Almoravid.
almorranas *nfpl* (*Med*) piles.
almorzar [1f, 1l] **1** *vt* (*a mediodía*) to have for lunch, lunch on; (*desayunar*) to have for breakfast *o* brunch. **2** *vi* (*a mediodía*) to lunch, have lunch; (*desayunar*) to have breakfast.
almuecín, **almuédano** *nm* muezzin.
almuerzo *nm* (*a mediodía*) lunch; (*desayuno*) breakfast, brunch; ~ **de negocios** business lunch.
aló *interj* (*esp LAm Telec*) hello!
alocado/a 1 *adj* (*loco*) crazy, mad; (*irresponsable*) wild; (*distraído*) scatterbrained. **2** *nm/f* madcap.
alocar [1g] (*LAm*) **1** *vt* to drive mad. **2 alocarse** *vr* to fly off the handle *(fam)*, go crazy.
alocución *nf* allocution.
áloe *nm* (*Bot*) aloe; (*Farm*) aloes.
alojado/a *nm/f* (*LAm*) guest, lodger.
alojamiento *nm* (*gen*) lodging(s); (*Mil*) billet, quarters; **buscarse** ~ to look for accommodation; **dar** ~ to put up, accommodate.
alojar [1a] **1** *vt* (*hospedar*) to lodge, accommodate; (*Mil*) to billet, quarter. **2 alojarse** *vr* to lodge, be lodged; (*Mil*) to be billeted *o* quartered; ~ **en** to stay *o* put up at.
alón *nm* wing (of chicken *etc*).
alondra *nf* lark, skylark.
alopecia *nf* alopecia.
alpaca *nf* (*animal, lana, metal*) alpaca.
alpargata *nf* rope-soled *o* canvas sandal.
alpende *nm* shed, lean-to.
Alpes *nmpl* Alps.
alpestre *adj* Alpine; (*fig*) mountainous.
alpinismo *nm* mountaineering, climbing.
alpinista *nmf* mountaineer, climber.
alpino *adj* Alpine.
alpiste *nm* (**a**) (*semillas*) birdseed, canary seed. (**b**) (*fam: alcohol*) drink, booze *(fam)*; (*LAm fam: dinero*) brass *(fam)*.
alquería *nf* farmhouse, farmstead.
alquilar [1a] **1** *vt* (**a**) (*suj: propietario: inmuebles*) to let, rent (out); (*Aut*) to hire (out); (*TV*) to rent (out). (**b**) (*suj: usuario: inmuebles*) to rent; (*Aut*) to hire; (*TV*) to rent. **2 alquilarse** *vr* (**a**) (*inmuebles*) to be let (*en* at, for); **'se alquila'** 'to let', 'for rent' *(US)*. (**b**) (*taxi etc*) to be for hire. (**c**) (*individuo*) to hire o.s. out.
alquiler *nm* (**a**) (*acción: inmuebles*) letting, renting; (*Téc*) plant hire; (*Aut etc*) hire, hiring; **de** ~ for *o* on hire. (**b**) (*precio: gen*) rent, rental; (*: Aut etc*) hire charge; **control de ~es** rent control; **exento de ~es** rent-free; **pagar el** ~ to pay the rent; **subir el** ~ **a algn** to raise sb's rent.
alquimia *nf* alchemy.
alquimista *nm* alchemist.
alquitara *nf* still.
alquitrán *nm* tar; ~ **de hulla** *o* **mineral** coal tar.
alquitranado 1 *adj* tarred, tarry. **2** *nm* (*de carretera*) tarmac; (*lienzo*) tarpaulin.
alquitranar [1a] *vt* to tar; (*carretera*) to tarmac.
alrededor 1 *adv* around, about; **todo** ~ all around. **2** *prep* (**a**) ~ **de** around, about; **todo** ~ **de la iglesia** all around the church; **mirar ~ de sí** to look about one. (**b**) ~ **de** (*aproximadamente*) about, in the region of; ~ **de 200** about 200. **3** *nm*: **mirar a su** ~ to look about one; **~es** surroundings, neighbourhood *sg*; (*de ciudad*) outskirts, environs; **en los ~es de Londres** in the area round London.
Alsacia *nf* Alsace.
alsaciano/a *adj*, *nm/f* Alsatian.
alt. *abr* (**a**) *de* **altura** ht. (**b**) *de* **altitud**.
alta *nf* (*Med*) (certificate of) discharge from hospital; **dar a algn de** ~ (*Med*) to discharge sb; (*Mil*) to pass sb (as) fit; **darse de** ~ to join, enrol, enroll *(US)*; (*Med*) to return to duty; (*Dep*) to declare o.s. fit.
altamente *adv* highly, extremely.
altanería *nf* (*altivez*) haughtiness, arrogance.
altanero *adj* (*altivo*) haughty, arrogant.
altar *nm* altar; ~ **mayor** high altar; **llevar a una al** ~ to lead sb to the altar; **subir a los ~es** to be beatified *o* canonized.
altavoz *nm* (*Rad*) loudspeaker; (*Elec*) amplifier.
al-tec *abr* (*fam*) *de* **alta tecnología** hi-tech *(fam)*.
alterabilidad *nf* changeability.
alterable *adj* changeable.
alteración *nf* (**a**) (*cambio*) alteration, change. (**b**) (*aturdimiento*) upset, disturbance; (*Med*) irregularity of the pulse; ~ **del orden público** breach of the peace. (**c**) (*riña*) quarrel, dispute.
alterado *adj* (*gen*) changed; (*orden etc*) disturbed; (*enfadado*) angry; (*Med*) upset, disordered.
alterar [1a] **1** *vt* (**a**) (*cambiar*) to alter, change; (*Med*) to change for the worse. (**b**) ~ **el orden** *etc* to disturb the peace, be disruptive. (**c**) (*agitar*) to stir up, agitate; (*enfadar*) to anger. **2 alterarse** *vr* (**a**) (*cambiar*) to alter, change. (**b**) (*comida*) to go bad, go off; (*leche etc*) to go sour. (**c**) (*voz*) to falter. (**d**) (*agitarse*) to get upset, be-

come agitated; (*enfadarse*) to get angry; **siguió sin** ~ he went on unabashed; **¡no te alteres!** keep calm!

altercado *nm* argument, altercation.

álter ego *nm* alter ego.

alternado *adj* alternate.

alternador *nm* (*Elec*) alternator.

alternancia *nf* alternation; ~ **en el poder** power switching, taking turns in office; ~ **de cultivos** crop rotation.

alternante *adj* alternating.

alternar [1a] **1** *vt* to alternate, vary; (*Agr*) to rotate. **2** *vi* (**a**) to alternate (*con* with); (*Téc*) to alternate, reciprocate. (**b**) (*participar*) to mix, socialize; ~ **con un grupo** to mix *o* go around with a group; ~ **con la gente bien** to hobnob with top people. **3 alternarse** *vr* (*hacer turnos*) to take turns, change about; ~ **a los mandos** to take turns at the controls; ~ **en el poder** to take turns in office.

alternativa *nf* (**a**) (*opción*) option, choice; **no tener** ~ to have no alternative. (**b**) (*sucesión*) alternation. (**c**) (*Taur*) **tomar la** ~ to become a fully qualified bullfighter.

alternativo *adj* (*Elec etc*) alternating; (*cultura: prensa*) alternative; **fuentes ~as de energía** alternative energy sources.

alterne *nm* mixing, socialising; (*euf*) sexual contact(s); **club de** ~ singles club; *V tb* **chica**.

alterno *adj* (*Bot, Mát etc*) alternate; (*Elec*) alternating.

alteza *nf* (**a**) (*título*) **A**~ Highness; **Su A~ Real** His *o* Her Royal Highness; **sí, A**~ yes, your Highness. (**b**) ~ **de miras** high-mindedness.

altibajos *nmpl* ups and downs.

altilocuencia *nf* grandiloquence.

altilocuente *adj* grandiloquent.

altillo *nm* (**a**) (*Geog*) small hill, hillock. (**b**) (*LAm*) attic.

altímetro *nm* altimeter.

altiplanicie *nf* high plateau.

altiplano *nm* (*LAm: de los Andes*) high Andean plateau, high Andes; (*gen*) plateau.

altísimo *adj* very high; **el A**~ the Almighty.

altisonancia *nf* (*de estilo*) high-flown style.

altisonante *adj* high-flown, high-sounding.

altitud *nf* (*Aer*) height, altitude; (*Geog*) elevation; **a una ~ de** at a height of.

altivez, **altiveza** *nf* haughtiness, arrogance.

altivo *adj* haughty, arrogant.

alto[1] **1** *adj* (**a**) (*gen*) high; (*edificio, individuo*) tall; (*clase, cámara*) upper; (*precio, temperatura*) high; (*Escol etc*) advanced; **~a costura/sociedad/traición** high fashion/ society/treason; **el muro tiene 5 metros de** ~ the wall is 5 metres high; **él tiene 1,80 de** ~ he is 1.80 metres tall; **lanzar algo de lo** ~ to throw sth down (from above); **desde lo ~ del árbol** from the top of the tree; **con las manos en** ~ with his hands in the air *o* held high; **estar en (lo)** ~ to be up high, be high up, be up on top; **estar en lo ~ de la escalera** to be at the top of the stairs; **por todo lo** ~ (*fig*) in style; **un ~ cargo** *o* **mando** a big wig (*fam*).

(**b**) (*Geog*) upper; **en ~a mar** on the high seas; **pesca de ~a mar** deep-sea fishing; **el A~ Rin** the Upper Rhine.

(**c**) **estar** ~ (*río*) to be in spate, be swollen; (*mar*) to be rough.

(**d**) (*fig: elevado*) lofty, elevated; **un ~ sentido del deber** a high sense of duty; **es un chico de ~as miras** he's a boy with the right priorities.

(**e**) (*hora*) late, advanced; **a ~as horas (de la noche)** late (on) at night, in the small *o* (*Scot*) wee hours.

(**f**) (*sonido*) high, loud; **en ~a voz** (*leer*) aloud, out loud; (*hablar*) in a loud voice.

(**g**) (*Mús: nota*) sharp; (*: voz*) alto.

(**h**) (*Hist, Ling*) high; ~ **antiguo alemán** Old High German.

2 *adv* (**a**) high (up); **lanzar algo** ~ to throw sth high.

(**b**) **hablar** ~ (*lit*) to speak loudly; (*fig*) to speak out (frankly); **poner la radio más** ~ to turn the radio up; **¡más ~, por favor!** louder, please!

3 *nm* (**a**) (*Geog*) hill, height.

(**b**) (*Arquit*) upper floor.

(**c**) (*LAm*) pile, stock.

(**d**) (*Mús*) alto.

(**e**) **~s y bajos** ups and downs.

(**f**) **pasar por** ~ (*sin querer*) to overlook, forget; (*a propósito*) to pass over, ignore.

alto[2] **1** *nm* halt, stop; **dar el ~ a algn** to order sb to halt; **hacer (un)** ~ to halt, stop. **2** *interj* halt!, stop!; **¡~ ahí!** halt!; **¡~ el fuego!** cease fire!; **el ~ el** *o* **al fuego** the ceasefire.

altoparlante *nm* (*LAm: altavoz*) loudspeaker.

altorrelieve *nm* high relief.

altozanero *nm* (*Col*) porter.

altozano *nm* (*otero*) small hill, hillock; (*de ciudad*) upper part.

altramuz *nm* lupin.

altruísmo *nm* altruism.

altruísta **1** *adj* altruistic. **2** *nmf* altruist.

altura *nf* (**a**) (*gen*) height; (*Aer*) altitude; (*agua*) depth; ~ **de crucero** cruising height; ~ **de la vegetación** timber line; **a una ~ de 600 m** at a height of 600 m; **tiene 5 m de** ~ it is 5 m high; **él tiene 1,80 m de** ~ he is 1.80 m tall; **ganar** *o* **tomar** ~ (*Aer*) to climb, gain height.

(**b**) (*fig*) **estar a la ~ de una tarea** to be up *o* equal to a task; **estar a la ~ de las circunstancias** to rise to the occasion; **estar a la ~ del tiempo** to be abreast of the times; **poner a algn a la ~ del betún** (*Esp fam*) to make sb feel like dirt.

(**c**) (*Geog*) latitude; **a la ~ de** on the same latitude as; **a la ~ del km 8** at the 8th km (point); **a la ~ del museo** up (the street) near the museum; **¿a qué ~ quiere que le deje?** how far along (the street) do you want to go?

(**d**) (*Náut*) high seas, open sea; **pesca de** ~ deep-sea fishing.

(**e**) (*Mús*) pitch.

(**f**) (*fig*) sublimity, loftiness; **ha sido un partido de gran** ~ it has been a really excellent game.

(**g**) (*Dep: salto*) high jump.

(**h**) **~s** (*Geog*) heights; (*Rel*) heaven *sg*; **a estas ~s** (*tiempo*) at this point, at this stage; (*estando aquí*) having come this far.

alubia *nf* kidney bean.

alucinación *nf* hallucination, delusion.

alucinado *adj* (**a**) (*lit*) deluded, suffering hallucinations. (**b**) (*fam: asombrado*) amazed, dumbfounded.

alucinante *adj* (**a**) (*Med*) hallucinatory. (**b**) (*Esp: fig*) attractive, beguiling; (*: misterioso*) mysterious; (*: fam*) great, super (*fam*). (**c**) (*Esp fam: absurdo*) absurd; **es** ~ it's mind-boggling (*fam*).

alucinar [1a] **1** *vt* (*engañar*) to delude, deceive; (*hipnotizar*) to fascinate; (*Esp fam*) to grab (*fam*), be a hit with. **2** *vi* to hallucinate. **3 alucinarse** *vr* to delude o.s.; ~ **de algo** to be amazed at sth.

alucine *nm* (*fam*) delusion; **de** ~ super (*fam*), great; **¡qué ~!** this is brill! (*fam*).

alucinógeno/a **1** *adj* hallucinogenic. **2** *nm/f* (*fam*) acid-head (*fam*). **3** *nm* (*Med*) hallucinogen.

alud *nm* avalanche; (*fig*) wave.

aludido *adj* aforesaid, above-mentioned; **darse por** ~ to take the hint; **no te des por** ~ don't take it personally.

aludir [3a] *vi*: ~ **a** to allude to, mention.

alumbrado/a **1** *adj* (*fam*) drunk. **2** *nm* lighting, illumination; ~ **eléctrico/público** electric/street lighting. **3** *nm/f* (*Rel*) **los A~s** the Illuminati.

alumbramiento *nm* (**a**) (*Elec: acción*) lighting up; (*: sistema*) lighting, illumination. (**b**) (*Med*) childbirth; **tener un feliz** ~ to have a safe delivery.

alumbrar [1a] **1** *vt* (**a**) (*Elec*) to light (up), illuminate. (**b**) (*individuo*) to light the way for. (**c**) (*ciego*) to give sight to. (**d**) (*fig: asunto*) to shed light on; (*: individuo*) to enlighten. (**e**) (*agua*) to find, strike. **2** *vi* (**a**) to give light, shed light; **esto alumbra bien** this gives a good light. (**b**) (*Med*) to give birth, have a baby. **3 alumbrarse** *vr* to get drunk.

alumbre *nm* alum.

aluminio *nm* aluminium, aluminum *(US)*; **papel de ~** cooking *o* kitchen foil.

alumnado *nm* (*Univ*) student body; (*Escol*) roll, pupils.

alumno/a *nm/f* (*Escol*) pupil; (*Univ*) student; **~ externo** day pupil; **~ interno** boarder; **antiguo ~** (*Escol*) old boy, former pupil; (*Univ*) old *o* former student, alumnus *(US)*.

alusión *nf* (*gen*) allusion; (*mención*) mention, reference; (*indirecta*) hint; **hacer ~ a** to allude to.

alusivo *adj* allusive.

aluvial *adj* alluvial.

aluvión *nm* (**a**) (*Geol*) alluvium; **tierras de ~** alluvial soil(s). (**b**) (*fig*) flood; **~ de improperios** torrent of abuse.

alveolar *adj* alveolar.

alvéolo *nm* (*Anat*) alveolus; (*de panal*) cell; (*fig*) network, honeycomb.

alza *nf* (**a**) (*Fin etc*) rise; **al** *o* **en ~** (*precio*) rising; **jugar al ~** (*Fin*) to speculate on a rising market; **cotizarse** *o* **estar en ~** (*Fin*) to rise, advance; **estar en ~** to go up in the world. (**b**) (*Mil*) sight; **~s fijas/graduables** fixed/adjustable sights.

alzacristales *nm inv*: **~ eléctrico** electric windows.

alzada *nf* (**a**) (*de caballos*) height. (**b**) (*Jur*) appeal.

alzado 1 *adj* (**a**) (*gen*) raised, elevated. (**b**) (*Fin: precio*) fixed; (*: quiebra*) fraudulent; **por un precio ~** for a lump sum. (**c**) (*LAm: altivo*) proud, haughty; (*Pol*) mutinous. **2** *nm* (*Arquit*) elevation; (*Tip*) gathering.

alzamiento *nm* (**a**) (*gen*) lifting, raising; (*Com: precio*) rise, increase; (*: en subasta*) higher bid. (**b**) **~ de bienes** fraudulent bankruptcy. (**c**) (*Pol*) rising, revolt.

alzaprima *nf* (**a**) (*palanca*) lever, crowbar; (*calce*) wedge. (**b**) (*Mús*) bridge.

alzar [1f] **1** *vt* (*gen*) to lift (up), raise (up); (*con grúa etc*) to hoist (up); (*edificio*) to raise; (*mantel*) to remove, put away; (*prohibición*) to lift. **2 alzarse** *vr* (**a**) (*levantarse*) to rise, get up; (*precios etc*) to rise. (**b**) (*amotinarse*) to rise, revolt; **~ en armas** to take up arms. (**c**) (*Fin*) to go fraudulently bankrupt. (**d**) **~ algo, ~ con algo** to steal sth; **~ con el premio** to carry off the prize.

allá *adv* (**a**) (*lugar*) there, over there; (*dirección*) to that place; **~ arriba/abajo** up/down there; **~ en Sevilla** down *o* over in Seville; **más ~** further away, further over; **más ~ de** beyond; **~ lejos** way off in the distance, away over there; **cualquier número más ~ de 7** any number higher than 7; **no sabe contar más ~ de 10** she can't count above *o* beyond 10; **el más ~** the (great) beyond; **por ~** thereabouts; **vamos ~** let's go there; **¡~ voy!** I'm coming!; **no muy ~** (*fam*) not much cop *(fam)*.

(**b**) **~ tú** that's up to you, that's your problem; **¡~ él!** that's his lookout! *(fam)*, that's his problem!

(**c**) (*tiempo*) **~ en 1600** (way) back in 1600, as long ago as 1600; **~ por el año 1960** round about 1960.

allanamiento *nm* (**a**) (*nivelación*) levelling, leveling *(US)*; (*alisadura*) smoothing; (*de casa*) search. (**b**) (*Jur*) submission (*a* to). (**c**) (*esp LAm: de policía*) (house) raid, search; **~ de morada** housebreaking, breaking and entering, burglary.

allanar [1a] **1** *vt* (**a**) (*nivelar*) to level (out), make even; (*alisar*) to smooth (down); (*Mil*) to raze, level to the ground. (**b**) (*problema*) to smooth away, iron out. (**c**) (*Jur: casa: robar*) to break into, burgle; (*: esp LAm: entrar en*) to enter and search. **2 allanarse** *vr* (**a**) (*nivelarse*) to level out *o* off. (**b**) (*derrumbarse*) to fall *o* tumble down. (**c**) (*fig*) to submit, give way; **~ a** to accept, conform to.

allegado/a 1 *adj* (**a**) near, close; **según fuentes ~as al ministro** according to sources close to the minister. (**b**) (*pariente*) closely related, near; **los más ~s y queridos** one's nearest and dearest. **2** *nm/f* (**a**) (*pariente*) relation, relative. (**b**) (*partidario*) follower.

allegar [1h] **1** *vt* (**a**) (*gen*) to gather (together), collect. (**b**) **~ una cosa a otra** to put sth near something else. (**c**) (*añadir*) to add. **2 allegarse** *vr*: **~ a una opinión** to adopt a view.

allende (*Lit*) **1** *adv* on the other side. **2** *prep* beyond; **~ los mares** beyond the seas; **~ los Pirineos** on the other side of the Pyrenees; **~ lo posible** impossible.

allí *adv* there; **~ arriba/dentro** up/in there; **~ cerca** near there; **de ~** from there; (*fig*) and so *o* thus; **de ~ a poco** shortly afterwards; **hasta ~** as far as that, up to that point; **hasta ~ no más** (*LAm*) that's the limit; **por ~** (*lit*) over there, round there; (*fig*) thereabouts; **~ donde va despierta admiración** wherever he goes he makes a favourable *o (US)* favorable impression.

A.M. *nf abr de* **amplitud modulada** AM.

a.m. *abr de* **ante meridiem** a.m.

ama *nf* (**a**) (*gen*) lady of the house, mistress; **~ de casa** housewife. (**b**) (*dueña*) owner, proprietress; (*de pensión*) landlady; **~ de llaves** housekeeper. (**c**) **~ de cría** *o* **de leche** wetnurse; **~ seca** nurse, nursemaid.

amabilidad *nf* kindness; (*cortesía*) courtesy; **tuvo la ~ de acompañarme** he was kind *o* good enough to come with me.

amable *adj* kind, nice; **es Ud muy ~** you are very kind; **sea tan ~** *o* **si es tan ~ (como para)** (*LAm*) please be so kind as to; **ser ~ con algn** to be kind *o* good to sb; **¡qué ~ ha sido Ud en traerlo!** how kind of you to bring it!

amachinarse [1a] *vr* (*LAm: amancebarse*) to set up house together; **estar** *o* **vivir amachinado con** to live together with.

amado/a 1 *adj* dear, beloved. **2** *nm/f* lover, sweetheart.

amadrinar [1a] *vt* (*niño*) to be godmother to; (*soldado, regimento*) to be patron to.

amaestrado *adj* (*animal*) trained; (*: de circo*) performing.

amaestramiento *nm* training.

amaestrar [1a] *vt* to train, teach; (*caballo*) to break in.

amagar [1h] **1** *vt* (*amenazar*) to threaten, portend. **2** *vi* (*gen*) to threaten, be impending; (*Med*) to show the first signs; (*Esgrima etc*) to feint; **~ a hacer algo** to threaten to do sth, show signs of doing sth. **3 amagarse** *vr* (*fam: esconderse*) to hide.

amago *nm* (**a**) (*amenaza*) threat; (*fig*) beginning. (**b**) (*Med etc*) sign, symptom. (**c**) (*Esgrima etc*) feint.

amainar [1a] **1** *vt* (*vela*) to take in, shorten. **2** *vi* **amainarse** *vr* (*Met, fig*) to abate; (*esfuerzo etc*) to slacken.

amalgama *nf* amalgam.

amalgamación *nf* amalgamation.

amalgamar [1a] **1** *vt* (*Quím etc*) to amalgamate; (*fig*) to combine, blend. **2 amalgamarse** *vr* to amalgamate.

amamantar [1a] *vt* to suckle, nurse.

amancebamiento *nm* common-law union, cohabitation.

amancebarse [1a] *vr* to live together, cohabit.

amanecer 1 *nm* dawn, daybreak; **al ~** at dawn. **2** [2d] *vi* (**a**) to dawn, begin to get light. (**b**) (*fig*) to appear, begin to show. (**c**) (*persona*) to wake up (in the morning); **amaneció acatarrado** he woke up with a cold.

amanecida *nf* dawn, daybreak.

amanerado *adj* mannered, affected.

amaneramiento *nm* affectation.

amanerarse [1a] *vr* to become affected.

amansadora *nf* (*Arg, fig*) waiting room.

amansamiento *nm* (*de fieras*) taming; (*de caballos*) breaking-in.

amansar [1a] **1** *vt* (*caballo*) to break in; (*fiera*) to tame; (*individuo*) to tame, subdue; (*pasión etc*) to soothe. **2 amansarse** *vr* (*individuo*) to calm down; (*pasión etc*) to moderate, abate.

amanse *nm* (*And, Méx: V vt*) breaking-in; taming.

amante 1 *adj* loving, fond; **nación ~ de la paz** peace-loving nation. **2** *nmf* (*hombre, mujer*) lover; (*mujer*) mistress; **él tuvo muchas ~s** he had many mistresses.
amanuense *nm* (*gen*) scribe; (*copista*) copyist; (*Pol*) secretary.
amañado *adj* (**a**) (*diestro*) skilful, skillful *(US)*, clever. (**b**) (*falso*) fake, faked; (*resultado, pelea*) fixed, rigged.
amañar 1a **1** *vt* (**a**) (*gen*) to do skilfully *o (US)* skillfully, perform cleverly. (**b**) (*pey: resultado etc*) to alter, tamper with; (*: elección*) to rig; (*Fot*) to fake. **2 amañarse** *vr* (*acostumbrarse*) to become accustomed to; **ya se amaña en Quito** he's beginning to feel at home in Quito.
amaño *nm* trick, guile.
amapola *nf* poppy; **ponerse como una ~** to turn as red as a beetroot.
amar 1a *vt* to love.
amaraje *nm* (*Aer*) landing (on the sea); (*de nave espacial*) splashdown, touchdown; **~ forzoso** ditching.
amarar 1a *vi* (*Aer*) to land (on the sea); (*nave espacial*) to splash down, touch down; (*forzosamente*) to ditch.
amarchantarse 1a *vr* (*Carib, Méx Com*) **~ en** to deal regularly with.
amargado *adj* bitter, embittered; **estar ~** to be disillusioned.
amargar 1h **1** *vt* (*comida*) to make bitter, sour; (*vida, persona*) to embitter; **~le la vida a algn** to make sb's life a misery; **a nadie le amarga un dulce** nobody says no to bit of luck. **2** *vi* to be bitter, taste bitter. **3 amargarse** *vr* (**a**) (*gen*) to get bitter. (**b**) (*persona*) to become embittered.
amargo 1 *adj* (**a**) (*sabor*) bitter, tart; **más ~ que tueras** *o* **la hiel** terribly bitter. (**b**) (*fig*) bitter, embittered. **2** *nm* (**a**) bitterness, tartness. (**b**) **~s** bitters. (**c**) (*CSur: maté*) bitter (Paraguayan) tea.
amargor *nm*, **amargura** *nf* (**a**) (*sabor*) bitterness, tartness. (**b**) (*fig*) bitterness; (*pena*) grief, distress.
amariconado (*fam*) **1** *adj* effeminate, queer *(fam)*. **2** *nm* nancy boy *(fam)*, queer *(fam)*.
amarillear 1a *vi* (**a**) (*tirar a amarillo*) to be yellowish. (**b**) (*volverse amarillo*) to go yellow.
amarillento *adj* yellowish; (*tez*) pale, sallow.
amarillez *nf* yellow, yellowness; (*tez*) paleness, sallowness.
amarillismo *nm* (*de prensa*) sensationalist journalism.
amarillista *adj* (*prensa*) sensationalist.
amarillo 1 *adj* yellow; (*semáforo*) amber; (*sindicato*) company *atr*. **2** *nm* yellow.
amarilloso *adj* (*LAm*) yellowish.
amarra *nf* (**a**) (*Náut*) mooring line. (**b**) **~s** (*Náut*) moorings; **cortar** *o* **romper las ~s** to break loose, cut adrift; **echar las ~s** to moor. (**c**) **~s** (*fig*) protection *sg*; **tener buenas ~s** to have good connections.
amarradero *nm* (*poste*) post, bollard; (*para barco*) berth, mooring.
amarradura *nf* mooring.
amarraje *nm* mooring charges.
amarrar 1a **1** *vt* (*gen: esp LAm*) to fasten, tie up; (*barco*) to moor, tie up; (*Naipes*) to stack; **tener a algn bien amarrado** (*fig*) to have sb under one's thumb. **2** *vi* (*fam*) to get down to it in earnest.
amarre *nm* (*acto*) fastening, tying; (*lugar*) berth, mooring.
amarrete *adj* (*CSur fam: tacaño*) mean, stingy *(fam)*.
amartelado *adj* lovesick; **andar** *o* **estar ~ con** to be in love with.
amartelamiento *nm* lovesickness, infatuation.
amartelar 1a **1** *vt* (**a**) (*dar celos a*) to make jealous. (**b**) (*enamorar*) to make fall in love. **2 amartelarse** *vr* to fall in love (*de* with).
amartillar 1a *vt* (*gen*) to hammer; (*rifle etc*) to cock.
amasadera *nf* kneading trough.
amasadora *nf* kneading machine.
amasamiento *nm* (*Culin*) kneading; (*Med*) massage.
amasandería *nf* (*And, CSur*) ≈ bakery.
amasandero *nm* (*And, CSur*) ≈ baker.
amasar 1a *vt* (*Culin: pan*) to knead; (*harina, yeso*) to mix, prepare; (*Fin etc*) to amass; (*Med*) to massage; *(fig fam)* to cook up, concoct.
amasiato *nm* (*Méx, Per*) cohabitation, common-law marriage.
amasijar 1a *vt* (*CSur fam: matar*) to do in *(fam)*.
amasijo *nm* (**a**) (*Culin: acción*) kneading; (*Téc*) mixing. (**b**) (*material*) mixture; (*mezcla*) hotchpotch, medley.
amasío/a *nm/f* (*CAm, Méx*) lover; (*mujer*) mistress.
amateur *adj, nmf* amateur.
amatista *nf* amethyst.
amatorio *adj* love *atr*.
amazacotado *adj* heavy, awkward; (*Lit etc*) ponderous, stodgy.
amazona *nf* (*Lit*) amazon; (*Dep*) horsewoman, rider; (*traje*) riding suit.
Amazonas *nm* Amazon.
Amazonia *nf* Amazonia.
amazónico *adj* Amazon *atr*, Amazonian.
ambages *nmpl*: **hablar sin ~** to come straight to the point.
ámbar *nm* amber; **~ gris** ambergris.
ambarino *adj* amber.
Amberes *nm* Antwerp.
ambición *nf* ambition.
ambicionar 1a *vt* (*gen*) to aspire to, seek; (*codiciar*) to lust after, covet; **~ ser algo** to have an ambition to be sth.
ambicioso/a 1 *adj* (**a**) (*gen*) ambitious. (**b**) (*pey: egoísta*) proud, self-seeking. **2** *nm/f* ambitious person; (*oportunista*) careerist; **~ de figurar** social climber.
ambidextro *adj* ambidextrous.
ambientación *nf* (*Cine, Lit etc*) setting; (*Rad*) sound effects.
ambientador(a) 1 *nm/f* (*Cine, TV*) dresser. **2** *nm* air-freshener.
ambiental *adj* environmental.
ambientar 1a **1** *vt* (**a**) (*gen*) to give an atmosphere to, add colour *o (US)* color to. (**b**) (*Lit etc*) to set; **la novela está ambientada en una sociedad de ...** the novel is set in a society of .... **2 ambientarse** *vr* to orientate o.s., get one's bearings; (*fig*) to adjust.
ambiente 1 *adj* ambient, surrounding; **medio ~** environment. **2** *nm* (*gen*) atmosphere; (*Bio*) environment; (*CSur: habitación*) room; **~ artificial** air conditioning; **voy a cambiar de ~** I'm going to move to new surroundings.
ambigú *nm* buffet.
ambigüedad *nf* ambiguity.
ambiguo *adj* ambiguous; (*fam: sexual*) bisexual; (*Ling*) common.
ámbito *nm* (**a**) (*campo*) compass, field; (*límite*) boundary, limit; **dentro del ~ de** within the limits *o* in the context of; **en el ~ nacional y extranjero** at home and abroad. (**b**) (*fig*) scope, range; **~ de acción** sphere of activity; **buscar mayor ~** to look for greater scope.
ambivalencia *nf* ambivalence.
ambivalente *adj* ambivalent.
ambo *nm* (*Arg*) two-piece suit.
ambos *adj, pron* both; **~ a dos** both (of them), both together.
ambrosía *nf* ambrosia.
ambulancia *nf* ambulance; (*Mil*) field hospital.
ambulante 1 *adj* (*que anda*) walking; (*circo, vendedor*) travelling; (*biblioteca*) mobile. **2** *nmf* (*vendedor callejero*) street-seller.
ambulatorio *nm* national health clinic.
ameba *nf* amoeba.
amedrentar 1a **1** *vt* (*asustar*) to scare, frighten; (*intimidar*) to intimidate. **2 amedrentarse** *vr* to be scared, be intimidated.

amelonado *adj* (**a**) melon-shaped. (**b**) **estar ~** (*fam*) to be lovesick.

amén 1 *nm inv* amen; **decir ~ a todo** to agree to everything; **en un decir ~** in a trice. **2** *interj* amen! **3** *prep* (**a**) **~ de** (*salvo*) except for, aside from. (**b**) **~ de** (*además de*) in addition to, besides.

amenaza *nf* threat, menace.

amenazador, **amenazante** *adj* threatening, menacing.

amenazar [1f] **1** *vt* to threaten, menace; **~ a algn de muerte** to threaten to kill sb; **la tarde amenazaba lluvia** it looked like rain in the evening. **2** *vi* to threaten, impend; **~ hacer algo, ~ con hacer algo** to threaten to do sth.

amenguar [1i] *vt* (**a**) (*gen*) to lessen, diminish. (**b**) (*fig*) to belittle.

amenidad *nf* pleasantness, agreeableness.

amenizar [1f] *vt* to make pleasant; (*conversación etc*) to enliven, liven up; (*estilo*) to brighten up.

ameno *adj* (*gen*) pleasant, agreeable, nice; (*estilo*) graceful, elegant; (*libro*) readable; (*lectura*) light; **es un sitio ~** it's a nice spot; **la vida aquí es más ~a** life is pleasanter here.

América *nf* America; (*LAm*) South America, Spanish America, Latin America; **~ del Norte/del Sur** North/South America; *V* **Centroamérica; Latinoamérica**.

americana[1] *nf* (sports) jacket, dress jacket.

americanismo *nm* Americanism.

americanizar [1f] **1** *vt* to americanize. **2 americanizarse** *vr* to become americanized.

americano/a[2] *adj, nm/f* American, Latin American, South American, Spanish American.

amerindio/a *adj, nm/f* American Indian, Amerindian.

ameritar [1a] *vt* (*LAm*) to deserve.

amerizaje *nm* (*Aer*) landing (on the sea); (*de nave espacial*) splashdown, touchdown.

amerizar [1f] *vi* (*V nm*) to land (on the sea); (*de nave espacial*) to splash down.

ametralladora *nf* machine gun.

ametrallar [1a] *vt* to machine-gun.

amianto *nm* asbestos.

amiga *nf* (*gen*) friend; (*novia*) girlfriend, sweetheart; (*amante*) lover.

amigable *adj* friendly, sociable; (*Jur*) **~ componedor** arbitrator.

amigarse [1h] *vr* to get friendly, become friends.

amígdala *nf* tonsil.

amigdalitis *nf* tonsillitis.

amigo 1 *adj* friendly; **ser ~ de** (*fig*) to be fond of; **son muy ~s** they are close friends. **2** *nm* (*gen*) friend; (*novio*) boyfriend, sweetheart; (*amante*) lover; **pero ¡~!** look here my friend!; **~ de lo ajeno** thief; **~ del alma** *o* **de confianza** close friend, soul mate; **~ por correspondencia** penfriend; **~ en la prosperidad** fair-weather friend; **hacerse ~s** to become friends; **hacerse ~ de** to make friends with.

amigote *nm* mate (*fam*), sidekick (*fam*), buddy (*US*).

amiguismo *nm* old-boy network, jobs for the boys.

amiláceo *adj* starchy.

amilanar [1a] **1** *vt* to scare, intimidate. **2 amilanarse** *vr* to get scared, be intimidated (*ante, por* at).

aminoácido *nm* amino acid.

aminorar [1a] *vt* (*gen*) to lessen, diminish; (*precio etc*) to cut down; (*velocidad*) to reduce.

amistad *nf* (**a**) friendship; **estrechar ~ con** to get friendly with; **romper las ~es** to fall out. (**b**) **~es** (*amigos*) friends; (*relaciones*) acquaintances; **invitar a las ~es** to invite one's friends.

amistar [1a] **1** *vt* (*hacer amigos*) to bring together, make friends of; (*reconciliar*) to bring about a reconciliation between. **2 amistarse** *vr* to become friends (*con* with), establish a friendship (*con* with); (*reconciliarse*) to make it up.

amistoso *adj* friendly, amicable.

amnesia *nf* amnesia; **~ temporal** blackout.

amnistía *nf* amnesty.

amnistiado/a *nm/f* amnestied person.

amnistiar [1c] *vt* to amnesty, grant an amnesty to.

amo *nm* (**a**) (*gen*) master; **~ de casa** householder. (**b**) (*propietario*) owner. (**c**) (*jefe*) boss, employer; **ser el ~** to be the boss; **ese corredor es ~ de la pista** that runner rules the track.

amoblado (*CAm, Méx*) **1** *adj* furnished. **2** *nm* furniture.

amodorramiento *nm* sleepiness, drowsiness.

amodorrarse [1a] *vr* (*gen*) to get sleepy *o* drowsy; (*con alcohol etc*) to fall into a stupor.

amohinar [1a] **1** *vt* to vex, annoy. **2 amohinarse** *vr* to sulk.

amojosado *adj* (*Bol*) rusty.

amolador 1 *adj* annoying. **2** *nm* knife-grinder.

amolar [1l] **1** *vt* (**a**) (*Téc*) to grind, sharpen. (**b**) (*fastidiar*) to pester, annoy. (**c**) (*arruinar*) to damage, ruin. **2 amolarse** *vr* (*esp LAm: enojarse*) to get cross, take offence; (*: estropearse*) to be ruined.

amoldable *adj* (*carácter, persona*) adaptable.

amoldar [1a] **1** *vt* (*gen*) to mould, mold (*US*) (*a, según* on); (*conducta*) to fashion; (*fig*) to adapt, adjust (*a* to). **2 amoldarse** *vr* to adapt *o* adjust o.s. (*a* to).

amonedar [1a] *vt* to coin, mint.

amonestación *nf* (**a**) (*gen*) reprimand; (*advertencia*) warning; (*Ftbl*) yellow card; (*Jur*) caution. (**b**) (*Rel*) marriage banns; **correr las ~es** to publish the banns.

amonestador *adj* warning, cautionary.

amonestar [1a] *vt* (**a**) (*gen*) to reprimand; (*Dep*) to caution, warn; (*avisar*) to advise. (**b**) (*Rel*) to publish the banns of.

amoníaco 1 *adj* ammoniac(al). **2** *nm* ammonia; **~ líquido** liquid ammonia.

amontillado *nm* amontillado (wine).

amontonado *adj* heaped (up), piled up; **viven ~s** they live on top of each other.

amontonamiento *nm* (*gen*) heaping, piling up; (*de dinero*) hoarding; (*de datos*) accumulation; (*de gente*) (over)crowding.

amontonar [1a] **1** *vt* (*gen*) to heap (up), pile (up); (*datos*) to gather, collect; (*dinero*) to hoard. **2 amontonarse** *vr* (*gen*) to pile up, get piled up; (*nubes*) to gather; (*datos*) to accumulate; (*desastres*) to come one on top of another; (*gente*) to crowd (together).

amor *nm* (**a**) (*pasión*) love (*a* for); **~ cortés** courtly love; **~ fracasado** disappointment in love; **~ interesado** cupboard love; **~ libre** free love; **~ maternal** *o* **de madre** mother love; **~ platónico** platonic love; **~ propio** amour propre, self-respect; **picarle a algn en el ~ propio** to wound sb's pride; **por el ~ al arte** (*hum*) just for the fun of it; **por el ~ de** for the love of; **por (el) ~ de Dios** for God's sake; **casarse por ~** to marry for love; **hacer algo por ~ al arte** (*fig*) to do sth for nothing *o* free; **hacer el ~** to make love; **hacer el ~ a** (*cortejar*) to court; (*en relación sexual*) to make love to; **~ con el ~ se paga** one good turn deserves another; (*iró*) an eye for an eye.

(**b**) (*persona*) love, lover; **mi ~, ~ mío** my love, my darling; **¡eres un ~!** you're a love!, you ARE sweet!

(**c**) (*locuciones*) **hacer algo con ~** to do sth lovingly *o* with love; **ir al ~ del agua** to go with the current; **estar al ~ de la lumbre** to be close to the fire.

(**d**) **~es** love affair *sg*, romance *sg*; **¡de *o* con mil ~es!** I'd love to!, gladly!

amoral *adj* amoral.

amoratado *adj* (*de frío*) blue; (*golpeado*) black and blue, bruised; **ojo ~** black eye, shiner (*fam*).

amoratarse [1a] *vr* (*de frío*) to turn blue; (*: por golpes*) to turn black and blue.

amordazar [1f] *vt* (*persona*) to gag; (*perro*) to muzzle;

(*fig*) to gag, silence.
amorfo *adj* amorphous, shapeless.
amorío *nm* love affair, romance.
amoroso *adj* (*gen*) loving, affectionate; (*mirada*) amorous; (*carta etc*) love *atr*; (*persona: agradable*) charming; **poesía ~a** love poetry; **en tono ~** in an affectionate tone.
amortajar 1a *vt* to shroud.
amortecer 2d **1** *vt* (*ruido*) to deaden, muffle; (*luz*) to dim. **2** *vi* (*Med*) to faint, swoon.
amortiguación *nf* = **amortiguamiento**.
amortiguador 1 *adj* (*ruido*) deadening, muffling; (*luz*) softening. **2** *nm* (*Mec*) shock absorber; (*Ferro*) buffer; (*Elec*) damper; **~ de luz** dimmer; **~ de ruido** silencer.
amortiguamiento *nm* (*V vt*) deadening, muffling; cushioning, absorption; damping; toning down; dimming.
amortiguar 1i **1** *vt* (**a**) (*ruido*) to deaden, muffle; (*choque*) to cushion, absorb; (*color*) to tone down; (*luz*) to dim. (**b**) (*fig*) to alleviate. **2 amortiguarse** *vr* (*luz*) to grow dim; (*ruido*) to die down.
amortizable *adj* (*Fin*) redeemable.
amortización *nf* (*Fin: de bono*) redemption; (*: de préstamo*) repayment; (*: de bienes*) depreciation; (*de puesto*) abolition; (*Jur*) amortization.
amortizar 1f *vt* (*Fin: capital*) to write off; (*: bono*) to redeem; (*: préstamo*) to pay off, repay; (*puesto*) to abolish; (*Jur*) to amortize.
amoscarse 1g *vr* (*fam*) to get cross, get peeved (*fam*).
amotinado 1 *adj* riotous, violent; (*Mil*) mutinous. **2** *nm* rioter; (*Mil*) rebel, mutineer.
amotinamiento *nm* (*civil*) riot; (*Pol*) rising, insurrection; (*Mil, Náut*) mutiny.
amotinar 1a **1** *vt* to incite to riot *o* mutiny *etc*. **2 amotinarse** *vr* to riot; (*Pol*) to rise up; (*Mil, Náut*) to mutiny.
amovible *adj* (*Téc*) removable, detachable; (*empleo*) temporary.
amparador(a) 1 *adj* protecting, protective. **2** *nm/f* protector/protectress; (*de criminal*) harbourer, harborer (*US*).
amparar 1a **1** *vt* to protect (*de* from), shelter; (*ayudar*) to help; (*Jur*) to harbour, harbor (*US*); **la ley nos ampara** the law is there to protect us. **2 ampararse** *vr* (**a**) to seek protection *o* help; **~ con** *o* **de** *o* **en** to seek the protection of. (**b**) (*de la lluvia etc*) to shelter.
amparo *nm* (*ayuda*) help; (*protección*) protection; (*abrigo*) refuge, shelter; **al ~ de la ley** under protection of the law; **vive al ~ de su fortuna** he lives with the cushion of his wealth behind him.
amperímetro *nm* ammeter.
amperio *nm* ampère, amp.
ampliable *adj* (*Inform*) expandable.
ampliación *nf* (*gen*) extension; (*Fot*) enlargement; (*fig*) expansion.
ampliadora *nf* enlarger.
ampliar 1c *vt* (*gen*) to extend; (*Fot*) to enlarge; (*Com*) to expand; (*sonido*) to amplify; (*idea*) to elaborate.
amplificación *nf* amplification.
amplificador *nm* amplifier.
amplificar 1g *vt* (*Téc*) to amplify.
amplio *adj* (**a**) (*sala*) spacious, roomy; (*ropa: grande*) big; (*falda*) full. (**b**) (*sentido*) broad; (*poderes*) wide, extensive; (*tierras*) vast.
amplitud *nf* (*Arquit*) spaciousness; (*ropa*) fullness; (*tierras*) expanse, extent; (*conocimientos*) breadth, depth; **~ de miras** broadmindedness; **de gran ~** far-reaching, ambitious.
ampolla *nf* (*gen*) blister; (*Med: de inyección*) ampoule.
ampollarse 1a *vr* to blister, form blisters.
ampolleta *nf* hourglass; (*LAm: bombilla*) bulb.
ampulosidad *nf* bombast, pomposity.
ampuloso *adj* bombastic, pompous.
amputación *nf* amputation.
amputar 1a *vt* to amputate, cut off.
amueblado *adj* furnished (*con, de* with).
amueblar 1a *vt* to furnish (*de* with).
amuermante *adj* (*fam: aburrido*) boring, dull; (*: ordinario*) banal, mundane.
amuermar 1a (*fam*) **1** *vt* to bore. **2 amuermarse** *vr* (*tener sueño*) to feel sleepy (after a meal); (*fig: aburrirse*) to get bored; (*: deprimirse*) to get depressed.
amuinar 1a (*Méx fam*) **1** *vt* to make cross, irritate. **2 amuinarse** *vr* to get cross.
amulatado *adj* mulatto-like.
amuleto *nm* amulet, charm.
amura *nf* (*Náut*) bow.
amurallado *adj* walled.
amurallar 1a *vt* to wall, fortify.
amusgar 1h *vt* (*orejas*) to lay back, throw back; (*ojos*) to screw up, narrow.
anacarado *adj* mother-of-pearl *atr*.
anacardo *nm* cashew (nut).
anacoluto *nm* anacoluthon.
anaconda *nf* anaconda.
anacoreta *nmf* anchorite.
anacrónico *adj* anachronistic.
anacronismo *nm* anachronism.
ánade *nm* duck; **~ real** mallard.
anafe *nm* portable cooker.
anagrama *nm* anagram.
anal *adj* anal.
anales *nmpl* annals.
analfabetismo *nm* illiteracy.
analfabeto/a 1 *adj* illiterate. **2** *nm/f* illiterate (person).
analgesia *nf* analgesia.
analgésico *adj, nm* analgesic.
análisis *nm inv* analysis; **~ de costos-beneficios** cost-benefit analysis; **~ de mercados** market research; **~ de sangre** blood test; **~ de sistemas** systems analysis; **~ de viabilidad** feasibility study.
analista *nm* (*gen*) analyst; (*Pol, Hist*) chronicler, annalist.
analista-programador(a) *nm/f* computer analyst and programmer.
analítico *adj* analytic(al); **cuadro ~** analytic table.
analizar 1f *vt* to analyse.
analogía *nf* (*correspondencia*) analogy; (*semejanza*) similarity; **por ~ con** on the analogy of.
analógico *adj* analogical; (*Inform*) analog.
análogo 1 *adj* analogous, similar (*a* to). **2** *nm* analogue; **limpiar con alcohol o ~** clean with alcohol or something similar.
ananá(s) *nm* pineapple.
anaquel *nm* shelf.
anaquelería *nf* shelves, shelving.
anaranjado 1 *adj* orange(-coloured) *o* (*US*) (-colored). **2** *nm* orange (colour).
anarco/a *nm/f* (*fam*) anarchist.
anarquía *nf* anarchy.
anárquico *adj* anarchic(al).
anarquismo *nm* anarchism.
anarquista 1 *adj* anarchist(ic). **2** *nmf* anarchist.
anarquizar 1f *vt* to produce anarchy in, cause utter disorder in.
anatema *nm* anathema.
anatematizar 1f *vt* (*Rel*) to anathematize; (*fig*) to curse.
anatomía *nf* (*lit, fig*) anatomy; (*Med: disección*) dissection.
anatómico *adj* anatomical.
anatomizar 1f *vt* to dissect.
anca *nf* rump, haunch; **~s** (*fam*) behind *sg*; **no sufre ~s** (*fam*) he can't take a joke.
ancestral *adj* ancestral.
ancestro *nm* (*esp LAm*) ancestor.

ancianidad *nf* old age.
anciano/a 1 *adj* old, aged. **2** *nm/f* old man/woman; (*Rel*) elder.
ancla *nf* anchor; ~ **de salvación** (*fig*) last hope; **echar ~s** to drop anchor; **levar ~s** to weigh anchor.
ancladero *nm* anchorage.
anclaje *nm* mooring charge.
anclar [1a] *vi* to anchor, drop anchor.
ancón *nm* (*Náut*) cove; (*Méx: rincón*) corner.
áncora *nf* anchor.
ancho 1 *adj* (**a**) wide, broad; ~ **de 4 cm, 4 cm de** ~ 4 cm wide; **se tumbó a lo** ~ he lay down breadthwise.
(**b**) (*ropa*) big; (*falda*) full; **me viene algo** ~ it's on the big side for me; **le viene muy ~ el cargo** (*fig*) the job is too much for him.
(**c**) (*fig*) liberal; ~ **de miras** broadminded; **ponerse** ~ to get conceited; **quedarse tan** ~ *o* **más ~ que largo** to go on as if nothing had happened.
(**d**) **estar a sus ~as** to be at one's ease, feel at home.
2 *nm* width, breadth; (*Ferro*) gauge; **doble ~ de tela** double width of cloth; ~ **normal** standard gauge.
anchoa *nf* anchovy.
anchura *nf* (*gen*) width, breadth; (*de ropa*) bigness, looseness; (*de falda*) fullness; (*fam: cara*) cheek; ~ **de conciencia** lack of scruple.
anchuroso *adj* (*gen*) wide, broad; (*Arquit*) spacious.
andadas *nfpl* (*Caza*) tracks; (*Chi, Méx*) walk, stroll; (*aventuras*) adventures; **volver a las** ~ to backslide.
andaderas *nfpl* babywalker.
andado *adj* worn, well-trodden; (*corriente*) common, ordinary; (*ropa*) old, worn.
andador(a)[1] **1** *adj* fast-walking; **es** ~ he's a good walker. **2** *nm/f* walker. **3** *nm* (*para niños*) walker; (*para enfermos*) Zimmer ®; **~es** (*de niño*) reins.
andadora[2] *nf* (*Méx*) prostitute.
andadura *nf* (*acción*) walking; (*manera*) gait, walk; (*de caballo*) pace.
ándale *interj* (*esp Méx*) come on!, hey!
Andalucía *nf* Andalusia.
andalucismo *nm* (**a**) (*Ling*) andalusianism, word *o* phrase *etc* peculiar to Andalusia. (**b**) sense of the differentness of Andalusia; (*Pol*) doctrine *o* belief in Andalusian autonomy.
andaluz(a) *adj, nm/f* Andalusian.
andamiaje *nm* scaffolding; (*fig*) framework, structure.
andamio *nm* (*gen*) scaffold; (*tablado*) stage, stand.
andana *nf* row, line.
andanada *nf* (**a**) (*Mil*) broadside; (*fig*) reprimand, rocket *(fam)*; **soltar la ~ a algn** to give sb a rocket *(fam)*. (**b**) (*Dep*) (grand)stand; (*Taur*) section of cheap seats.
andante 1 *adj* (*gen*) walking; (*caballero*) errant. **2** *nm* (*Mús*) andante.
andanza *nf* fortune; **~s** deeds, adventures.
andar [1p] **1** *vt* (*distancia*) to cover, travel; (*camino etc*) to go along, walk; (*ir a pie*) to walk; (*LAm: llevar, tener*) to wear, carry, have.
2 *vi* (**a**) (*ir a pie*) to walk; (*moverse*) to move; (*viajar*) to go about, travel; ~ **a caballo** to ride; ~ **tras algo/algn** to chase after sth/sb, pursue sth/sb; **venimos andando** we walked, we came on foot.
(**b**) (*Mec*) to go; **el reloj anda bien** the clock keeps good time; **¿cómo anda esto?** (*lit*) how does it work?
(**c**) (*fam: estar*) to be; **anda por aquí** it's around here somewhere; ~ **alegre** to be *o* feel cheerful; **hay que ~ con cuidado** one must go carefully; **¿en qué andas?** what are you up to?; **andamos mal de dinero** we're badly off for money; **¿cómo andan las cosas?** how are things?
(**d**) **anda en** *o* **por los 50** he's about 50.
(**e**) ~ **en** to tamper with, mess about with; **no andes en mis cosas** keep out of my things.
(**f**) (*tiempo*) to pass, elapse.
(**g**) (*locuciones*) **¡anda!** (*¡no me digas!*) get along with you!; (*¡despabílate!*) go on!, come on!; **¡anda, anda!** don't be silly!; **¡ándale!** *o* **¡ándele!** (*Méx fam*) go on!, hurry up!; **¡andando!** now we can get on with it!; **anda que te anda** never letting up for a moment, non-stop.
(**h**) ~ **haciendo algo** to be doing sth; **¿qué andas buscando?** what are you looking for?
3 andarse *vr* (**a**) (*irse*) to go off *o* away.
(**b**) ~ **con** to use, make use of; ~ **en** (*herida, nariz etc*) to be at, poke at; ~ **por las ramas** to beat about the bush; **no ~ con rodeos** to speak bluntly, call a spade a spade *(fam)*; **todo se andará** all in good time, hold your horses *(fam)*.
4 *nm* walk, gait; **es de ~es rápidos** he's a quick walker; **a más** *o* **todo** ~ at full speed.
andariego *adj* fond of travelling, restless.
andarivel *nm* (*Téc*) cable ferry; (*Náut: salvavidas*) lifeline; (*esp LAm*) rope bridge.
andas *nfpl* (*Med*) stretcher *sg*; (*Rel*) portable platform *sg*; (*féretro*) bier *sg*.
ándele *interj* (*Méx*) come on!, hurry up!
andén *nm* (*Ferro*) platform; (*de autopista*) hard shoulder; (*CAm, Col: acera*) pavement, sidewalk *(US)*; (*Náut*) quayside.
Andes *nmpl* Andes.
andinismo *nm* (*LAm*) mountaineering, climbing; **hacer** ~ to go mountaineering, go climbing.
andinista *nmf* (*LAm*) mountaineer, climber.
andino *adj* Andean, of *o* from the Andes.
Andorra *nf* Andorra.
andorrano/a *adj, nm/f* Andorran.
andrajo *nm* rag, tatter.
andrajoso *adj* ragged, in tatters.
andrógeno *nm* androgen.
andrógino/a 1 *adj* androgyenous. **2** *nm/f* androgyne.
androide *nm* android.
andullo *nm* (*Cu, Méx*) plug of tobacco.
andurriales *nmpl* out-of-the-way place *sg*; **en esos** ~ in that godforsaken spot.
anea *nf* bulrush.
anécdota *nf* anecdote, story.
anecdótico *adj* anecdotal.
anegación *nf* flooding.
anegadizo *adj* subject to flooding, frequently flooded.
anegar [1h] **1** *vt* (**a**) (*ahogar*) to drown. (**b**) (*inundar*) to flood; (*fig*) to overwhelm, destroy. **2 anegarse** *vr* (**a**) to drown. (**b**) to flood, be flooded; ~ **en llanto** to dissolve into tears. (**c**) (*Náut*) to sink, founder.
anejo 1 *adj* attached (*a* to), joined on (*a* to). **2** *nm* (*Arquit*) annexe, outbuilding; (*de libro*) supplement, appendix.
anemia *nf* anaemia, anemia *(US)*.
anémico *adj* anaemic, anemic *(US)*.
anemómetro *nm* anemometer; (*Aer*) wind gauge; ~ **registrador** wind-speed indicator.
anémona, **anémone** *nf* anemone; ~ **de mar** sea anemone.
anestesia *nf* anaesthesia, anesthesia *(US)*; ~ **general** general anaesthetic *o (US)* anesthetic; ~ **local** local anaesthetic.
anestesiar [1b] *vt* to anaesthetize, anesthetize *(US)*, give an anaesthetic *o (US)* anesthetic to.
anestésico *adj, nm* anaesthetic, anesthetic *(US)*.
anestesista *nmf* anaesthetist, anesthetist *(US)*.
anexar [1a] *vt* (**a**) (*Pol*) to annex. (**b**) (*documento etc*) to attach, append.
anexión *nf*, **anexionamiento** *nm* annexation.
anexo 1 *adj* (*gen*) attached; (*en carta*) enclosed; **llevar** *o* **tener algo** ~ to have sth attached. **2** *nm* (*Arquit*) annexe; (*Rel*) dependency; (*de carta*) enclosure.
anfeta *nf* (*fam*) = **anfetamina**.
anfetamina *nf* amphetamine.
anfibio 1 *adj* (*Zool*) amphibious; (*avión, vehículo*) amphibian. **2** *nm* amphibian; **los ~s** the amphibia.
anfiteatro *nm* amphitheatre; (*Univ*) lecture theatre;

(*Teat*) dress circle; ~ **anatómico** dissecting room.
anfitrión/ona *nm/f* host/hostess.
ánfora *nf* amphora; (*Méx Pol*) ballot box.
anfractuosidad *nf* (*gen*) roughness, unevenness; (*de camino*) bend; (*Anat*) fold, convolution; **~es** rough places.
angarillas *nfpl* (*de albañil*) handbarrow *sg*; (*en bicicleta*) panniers; (*Culin*) cruet stand.
ángel *nm* (**a**) angel; ~ **caído** fallen angel; ~ **custodio,** ~ **de la guarda** guardian angel. (**b**) **tener** ~ to have charm, be very charming.
angélica *nf* angelica.
angelical, angélico *adj* angelic(al).
angelote *nm* (*niño*) chubby child.
ángelus *nm* angelus.
angina *nf* angina; (*Méx, Ven*) tonsil; ~ **de pecho** angina pectoris; **tener ~s** to have a sore throat; (*esp*) to have tonsillitis.
anglicano/a *adj, nm/f* Anglican.
anglicismo *nm* anglicism.
anglo... *pref* anglo....
anglófilo/a *adj, nm/f* anglophile.
anglófobo/a *adj, nm/f* anglophobe.
anglófono *adj* English-speaking.
anglosajón/ona *adj, nm/f* Anglo-Saxon.
Angola *nf* Angola.
angoleño/a *adj, nm/f* Angolan.
angora *nmf* angora.
angostar 1a **1** *vt* to narrow. **2 angostarse** *vr* to narrow, get narrow(er).
angosto *adj* narrow.
angostura *nf* (**a**) (*estrechez*) narrowness. (**b**) (*Náut*) narrows *pl*, strait; (*Geog*) narrow pass.
angra *nf* cove, creek.
anguila *nf* eel; **~s** (*Náut*) slipway *sg*.
angula *nf* elver, baby eel.
angular *adj* angular.
ángulo *nm* (*gen*) angle; (*esquina*) corner; (*curva*) bend, turning; (*Mec*) knee, bend; ~ **agudo/obtuso/recto** acute/obtuse/right angle; **de** *o* **en** ~ **recto** right-angled; ~ **de mira** angle of sight; ~ **del ojo** corner of one's eye; ~ **de subida** (*Aer*) angle of climb; **de** ~ **ancho** (*Fot*) wide-angle; **en** ~ at an angle; **está inclinado a un** ~ **de 45 grados** it is leaning at an angle of 45 degrees; **formar** ~ **con** to be at an angle to.
anguloso *adj* (*cara etc*) angular, sharp; (*camino*) winding.
angurria *nf* (*esp LAm*) (**a**) (*hambre*) desperate hunger; **comer con** ~ to eat greedily. (**b**) (*angustia*) extreme anxiety. (**c**) (*tacañería*) stinginess *(fam)*.
angurriento (*esp LAm*), **angurrioso** (*CSur*) *adj* (**a**) (*glotón*) greedy. (**b**) (*ansioso*) anxious. (**c**) (*fam: tacaño*) mean, stingy *(fam)*.
angustia *nf* anguish, distress; ~ **vital** (*Med*) anxiety state; **dar** ~ **a** to distress, upset; **¡qué ~!** (*preocupación*) how distressing!; (*agobio*) oh no!
angustiar 1b **1** *vt* to distress; (*preocupar*) to worry. **2 angustiarse** *vr* to be distressed (*por* at, on account of); (*preocuparse*) to worry, get worried.
angustioso *adj* (*angustiado*) distressed, anguished; (*decisión etc*) distressing, agonizing.
anhelante *adj* (**a**) (*jadeante*) panting. (**b**) (*fig*) eager; **esperar** ~ **algo** to long for sth.
anhelar 1a **1** *vt* to long *o* yearn for, crave. **2** *vi* (**a**) (*Med*) to gasp, pant. (**b**) (*fig*) ~ **hacer algo** to be eager to do sth, long to do sth.
anhelo *nm* longing, desire (*de, por* for); **con** ~ longingly; **tener ~s de** to be eager for, long for.
anheloso *adj* (**a**) (*Med*) gasping, panting; (*respiración*) heavy, difficult. (**b**) (*fig*) eager, anxious.
anidar 1a **1** *vt* to take in, shelter. **2** *vi* (*Orn*) to nest, make its nest; (*fig*) to live, make one's home.
anilina *nf* aniline.
anilla *nf* curtain ring; (*Orn*) ring; ~ **de desgarre** ring pull.
anillar 1a *vt* (*dar forma de anillo a*) to make into a ring, make rings in; (*sujetar*) to fasten with a ring; (*Orn*) to ring.
anillo *nm* (*gen*) ring; ~ **de boda** wedding ring; ~ **de compromiso** *o* **pedida** engagement ring; **no creo que se me caen los ~s por eso** I don't feel it's in any way beneath my dignity; **venir como** ~ **al dedo** to be just right, suit to a tee.
ánima *nf* (**a**) (*Rel*) soul; ~ **en pena,** ~ **del purgatorio** soul in purgatory; **las ~s** angelus *sg*. (**b**) (*Mil*) bore.
animación *nf* (*gen*) liveliness, life; (*actividad*) bustle, movement; (*Cine*) animation; ~ **cultural** cultural awakening; ~ **turística** tourist activities coordination; **experto en** ~ **social** social activities coordinator; **había poca** ~ it was very quiet; **una escena llena de** ~ a scene full of life.
animado *adj* (**a**) (*vivo*) lively; (*concurrido*) bustling, busy; (*alegre*) in high spirits. (**b**) (*Zool*) animate.
animador(a) *nm/f* (*TV*) host, hostess; (*Dep*) cheerleader; ~ **cultural** director of cultural activities; ~ **turístico** tourist coordinator.
animadversión *nf* ill will, antagonism.
animal 1 *adj* (**a**) animal. (**b**) (*persona: tonto*) stupid; (*: torpe*) rough. **2** *nm* (**a**) animal; ~ **de carga** *o* **de tiro** carthorse, workhorse (*tb fig*); ~ **de compañía** pet. (**b**) (*tonto*) fool, idiot; **¡~!** (*tonto*) you idiot!; (*torpe*) clumsy oaf!; **el** ~ **de Juan** that idiot John; **¡qué** ~ **de policía!** what a brute of a policeman!; **¡no seas ~!** don't be so horrid!
animalada *nf* (*gen*) silly thing (to do *o* say *etc*); (*ultraje*) disgrace; (*Pol etc*) outrage.
animalidad *nf* animality.
animalizarse 1f *vr* to become brutalized.
animar 1a **1** *vt* (**a**) (*Bio*) to animate, give life to. (**b**) (*charla, reunión*) to enliven, liven up; (*escena etc*) to brighten up. (**c**) (*persona: alegrar*) to cheer up; (*: alentar*) to encourage (*a hacer algo* to do sth), put new heart into. **2 animarse** *vr* (**a**) (*fiesta etc*) to liven up. (**b**) (*individuo: cobrar ánimo*) to cheer up; (*decidirse*) to make up one's mind (*a hacer algo* to do sth); **¡anímate!** cheer up!, buck up!; **¿te animas?** are you game?
ánimo *nm* (**a**) (*mente*) mind; (*alma*) soul, spirit.
(**b**) (*valor*) courage, nerve; (*energía*) energy; **caer(se) de** ~ to lose heart, get disheartened; **cobrar** ~ to take heart, pluck up courage; **dar ~(s) a, infundir** ~ **a** to encourage; **tener muchos ~s** to be full of life.
(**c**) (*propósito*) intention, purpose; **con** ~ **de hacer algo** with the intention *o* idea of doing sth; **sociedad sin** ~ **de lucro** non-profit-making organization; **estar con** ~ **de hacer algo** to feel like doing sth; **tener ~s para algo** to be in the mood for sth.
(**d**) **¡~!** cheer up!
animosidad *nf* animosity, ill will.
animoso *adj* brave.
aniñado *adj* (*aspecto*) childlike; (*conducta*) childish, puerile.
aniquilación *nf,* **aniquilamiento** *nm* annihilation, destruction.
aniquilar 1a **1** *vt* (*gen*) to annihilate, destroy; (*fig: Dep*) to crush; (*matar*) to kill. **2 aniquilarse** *vr* (**a**) (*Mil etc*) to be annihilated *o* wiped out. (**b**) (*fig*) to deteriorate, decline; (*riqueza*) to be frittered away.
anís *nm* (**a**) (*Bot*) anise, aniseed. (**b**) (*bebida*) anisette; **estar hecho un** ~ (*And: bien vestido*) to be dressed up to the nines; **llegar a los anises** to turn up late.
anisado *adj* aniseed-flavoured *o (US)* -flavored.
anisete *nm* anisette.
aniversario *nm* anniversary; (*cumpleaños*) birthday.
Ankara *nf* Ankara.
ano *nm* anus.
anoche *adv* yesterday evening, last night; **antes de** ~ the night before last.

anochecer [2d] **1** *vi* (**a**) (*gen*) to get dark. (**b**) (*llegar*) to arrive at nightfall; **anochecimos en Toledo** we got to Toledo as night was falling. **2** *nm* nightfall, dusk; **al ~** at nightfall.
anochecida *nf* nightfall, dusk.
anodino *adj, nm* anodyne.
ánodo *nm* anode.
anomalía *nf* anomaly.
anómalo *adj* anomalous.
anona *nf* (*CAm, Méx Bot*) scaly custard apple, sweetsop.
anonadación *nf*, **anonadamiento** *nm* (*V vt*) (**a**) annihilation, destruction; crushing. (**b**) discouragement; humiliation. (**c**) amazement, astonishment.
anonadar [1a] **1** *vt* (**a**) (*derrotar*) to annihilate, destroy; (*apabullar*) to crush. (**b**) (*abatir*) to discourage, depress; (*humillar*) to humiliate. (**c**) (*impresionar*) to amaze, astonish. **2 anonadarse** *vr* to be crushed, be overwhelmed.
anonimato *nm* anonymity.
anónimo 1 *adj* (*gen*) anonymous; *V* **sociedad (c)**. **2** *nm* (**a**) (*anonimato*) anonymity; **conservar el ~** to remain anonymous. (**b**) (*individuo*) anonymous person. (**c**) (*carta*) anonymous letter; (*: maliciosa*) poison-pen letter.
anorak *nm* anorak.
anorexia *nf* anorexia (nervosa).
anoréxico *adj* anorexic.
anormal *adj* (*gen*) abnormal; (*Med*) subnormal, mentally handicapped.
anormalidad *nf* (*gen*) abnormality; (*Med*) subnormality, mental handicap.
anotación *nf* (*acto*) annotation; (*nota*) note; (*LAm Dep*) score.
anotar [1a] **1** *vt* (*apuntar*) to note (down), take down; (*texto*) to annotate; (*esp CSur: inscribir*) to register, enrol, enroll *(US)*. **2 anotarse** *vr* (*esp CSur: inscribirse*) to enrol (o.s.).
ANPE *nf abr de* **Asociación Nacional del Profesorado Estatal**.
anquilosado *adj* (*fig*) stale, out of date.
anquilosamiento *nm* (*fig*) paralysis, stagnation.
anquilosarse [1a] *vr* to become paralyzed, stagnate.
anquilostoma *nm* hookworm.
ánsar *nm* goose.
ansarino *nm* gosling.
ansia *nf* (**a**) (*preocupación*) anxiety, worry; (*angustia*) anguish. (**b**) (*anhelo*) yearning, longing (*de* for); **con ~** (*comer*) heartily; (*besar*) passionately; (*mirar*) longingly. (**c**) **~s** (*Med*) nausea *sg*.
ansiado *adj* longed-for; **el momento tan ~** the moment we *etc* had waited for.
ansiar [1b] *vt* to long *o* yearn for.
ansiedad *nf* (**a**) (*preocupación*) anxiety, worry. (**b**) (*Med*) nervous tension.
ansiolítico 1 *adj* sedative. **2** *nm* sedative, tranquillizer.
ansioso *adj* (*preocupado*) anxious, worried; (*deseoso*) eager, solicitous; **esperábamos ~s** we waited anxiously; **~ de** *o* **por algo** greedy for sth.
anta *nf* (**a**) elk, moose. (**b**) (*LAm: danta*) tapir.
antagónico *adj* antagonistic; (*opuesto*) opposing.
antagonismo *nm* antagonism.
antagonista *nmf* antagonist, opponent.
antaño *adv* long ago, in years past *o* gone by.
antara *nf* (*And*) Indian flute.
antártico 1 *adj* Antarctic. **2** *nm*: **el A~** the Antarctic.
Antártida *nf* Antarctica.
ante[1] *nm* (**a**) (*Zool*) elk, moose. (**b**) (*piel*) suede.
ante[2] *prep* (*individuo*) before, in the presence of; (*peligro etc*) in the face of, faced with; **~ todo** above all; **~ esta posibilidad** in view of this possibility; **~ tantas posibilidades** faced with so many possibilities; **estamos ~ un gran porvenir** we have a great future before us.
anteado *adj* buff-coloured *o (US)* -colored, fawn.
anteanoche *adv* the night before last.
anteayer *adv* the day before yesterday.
antebrazo *nm* forearm.
antecámara *nf* (*Arquit*) anteroom, antechamber; (*sala de espera*) waiting room; (*en parlamento*) lobby.
antecedente 1 *adj* previous, preceding; **visto lo ~** in view of the foregoing. **2** *nm* (**a**) (*gen*) antecedent. (**b**) **~s** record *sg*, history *sg*; **¿cuáles son sus ~s?** what's his background?; **~s penales** criminal record; **estar en ~s** to be well informed; **poner a algn en ~s** to put sb in the picture; **no tener ~s** to have a clean record.
anteceder [2a] *vt* to precede, go before.
antecesor(a) *nm/f* (*en cargo etc*) predecessor; (*antepasado*) ancestor, forebear.
antecocina *nf* scullery.
antedatar [1a] *vt* to antedate.
antediluviano *adj* antediluvian.
antelación *nf* predating; **con ~** in advance, beforehand.
antelina *nf* suede.
antellevar [1a] *vt* (*Méx fam: Aut*) to run over, knock down.
antemano: **de ~** *adv* in advance, beforehand.
antena *nf* (**a**) (*Zool*) feeler, antenna. (**b**) (*Náut*) lateen yard. (**c**) (*Rad*) aerial, antenna; **~ direccional/emisora/receptora** directional/transmitting/receiving aerial; **~ parabólica** satellite dish; **~ de televisión** television aerial; **permanecer en ~** to stay on the air; **salir en ~** to go out on the air, be broadcast.
antenatal *adj* antenatal, prenatal.
antenombre *nm* title.
anteojera *nf* (**a**) spectacle case. (**b**) **~s** blinkers, blinders *(US)*.
anteojo *nm* (**a**) spyglass, (small) telescope; **~ de larga vista** telescope. (**b**) **~s** (*esp LAm: gafas*) glasses; (*Aut, Téc etc*) goggles; (*prismáticos*) binoculars; (*gemelos*) opera glasses; (*de caballo*) blinkers.
antepagar [1h] *vt* to prepay.
antepasado 1 *adj* previous, before last. **2** *nm*: **~s** ancestors.
antepatio *nm* forecourt.
antepecho *nm* (*de puente*) rail, parapet; (*de ventana*) ledge, sill.
antepenúltimo *adj* last but two, antepenultimate.
anteponer [2q] **1** *vt* (**a**) to place in front (*a* of). (**b**) (*fig*) to prefer (*a* to). **2 anteponerse** *vr* to be in front (*a* of).
anteportal *nm* porch.
anteproyecto *nm* preliminary plan; (*esp fig*) blueprint; **~ de ley** draft bill.
anterior *adj* (**a**) (*parte etc*) front, fore; **en la parte ~ del coche** on the front part of the car. (**b**) (*orden: página etc*) preceding, previous; (*Ling*) anterior; **cada algn mejor que el ~** each (one) better than the last. (**c**) (*tiempo*) previous (*a* to), earlier (*a* than); **un texto ~ a 1140** a text earlier than 1140; **el día ~** the day before.
anterioridad *nf* priority; **con ~** previously, beforehand.
anteriormente *adv* previously, before; **~, lo hacíamos así** we used to do it like this.
antes 1 *adv* (**a**) (*gen*) before; (*primero*) first; (*antaño*) previously, formerly; (*hasta ahora*) before now; **3 días ~** 3 days before *o* earlier; **no quiso venir ~** he didn't want to come any earlier; **~ crecían plantas aquí** they used to grow plants here; **lo vio ~ que yo** he saw it first, he saw it before I did; **~ hoy que mañana** the sooner the better; **lo ~ posible, cuanto ~** as soon as possible; **mucho ~** long before; **poco ~** shortly before.

(**b**) (*preferencias*) sooner, rather; **~ muerto que esclavo** better dead than enslaved.

2 *prep*: **~ de** before; **~ de 1900** before 1900; **~ de hacerlo** before doing it.

3; *conj*; **~ de que** before; **~ de que te vayas** before you go.

antesala *nf* anteroom, antechamber; **en la ~ de** (*fig*) on the verge *o* threshold of; **hacer ~** (*lit*) to wait to go in *(to see sb/do sth etc)*; (*fig*) to cool one's heels.
antiabortista *adj*: **campaña ~** anti-abortion campaign.
antiácido *adj, nm* antacid.
antiadherente *adj* non-stick.
antiaéreo *adj* anti-aircraft.
antialcohólico *adj* (*Med*) **centro ~** detoxification unit; **grupo ~** alcoholics anonymous.
antiatómico *adj*: **refugio ~** fall-out shelter.
antiatraco(s) *adj inv*: **dispositivo ~** anti-theft device, security device.
antibalas *adj inv* bullet-proof.
antibiótico *adj, nm* antibiotic.
antibloqueo *nm*: **sistema de ~ de frenos** ABS braking system, anti-lock braking system.
anticarro *adj inv* anti-tank.
anticiclón *nm* anticyclone.
anticipación *nf* (*reacción*) anticipation; (*Com, Fin*) advance; **hacer algo con ~** to do sth in good time; **reservar con ~** to book in advance, book early; **llegar con ~** to arrive early, arrive in good time; **llegar con 10 minutos de ~** to come 10 minutes early.
anticipado *adj*: **pago ~** advance payment; **gracias ~as** thanks in advance.
anticipar [1a] **1** *vt* (**a**) (*fecha*) to bring forward; **anticiparon las vacaciones** they took their holiday early; **no anticipemos los acontecimientos** let's not cross our bridges before we come to them.
(**b**) (*factura etc*) to pay in advance.
(**c**) **~ algo con placer** to look forward to sth; **~ las gracias a algn** to thank sb in advance.
(**d**) (*prever*) to anticipate, foresee.
2 anticiparse *vr* (**a**) (*acontecimiento*) to take place early.
(**b**) **~ a un acontecimiento** to anticipate an event; **~ a algn** to beat sb to it; **Ud se ha anticipado a mis deseos** you have anticipated my wishes; **~ a una época** to be ahead of one's time.
anticipo *nm* (**a**) (*gen*) anticipation; **fue el ~ del fin** it was the beginning of the end; **esto es sólo un ~** this is just a foretaste. (**b**) (*Com, Fin*) advance payment. (**c**) (*Jur*) retaining fee.
anticlerical *adj, nmf* anticlerical.
anticlericalismo *nm* anticlericalism.
anticlinal *nm* (*LAm*) watershed; (*Geol*) anticline.
anticoagulante *adj, nm* anticoagulant.
anticomunista *adj, nmf* anticommunist.
anticoncepción *nf* contraception.
anticonceptivo 1 *adj* birth-control *atr*, contraceptive; **métodos ~s** contraceptive devices. **2** *nm* contraceptive.
anticongelante *adj, nm* antifreeze.
anticonstitucional *adj* unconstitutional.
anticorrosivo *adj* anticorrosive, antirust.
anticristo *nm* Antichrist.
anticuado *adj* (*gen*) antiquated; (*moda*) old-fashioned, out-of-date; (*técnica*) obsolete; **quedarse ~** to go out of date.
anticuario *nm* (*aficionado*) antiquarian, antiquary; (*Com*) antique dealer.
anticuarse [1d] *vr* (*Ling etc*) to become antiquated, go out of date; (*técnica*) to become obsolete.
anticucho 1 *nm* (*Per*) kebab. **2** *nmpl*: **~s** (*And, CSur*) kebab.
anticuerpo *nm* antibody.
antidemocrático *adj* undemocratic.
antideportivo *adj* unsporting, unsportsmanlike.
antidepresivo 1 *adj* antidepressant. **2** *nm* antidepressant (drug), stimulant.
antideslizante 1 *adj* (*Aut*) non-skid. **2** *nm* non-skid tyre *o (US)* tire.
antideslumbrante *adj* anti-glare.
antidetonante *adj* (*Aut*) anti-knock.
antidisturbios *adj inv*: **policía ~** riot (control) police.
antidóping *adj inv*: **control ~** (anti-)drugs test, check for drugs.
antídoto *nm* antidote (*contra* against, for, to).
antidroga *adj inv*: **brigada ~** drug squad; **campaña ~** anti-drug campaign; **tratamiento ~** treatment for drug addiction.
antiestético *adj* unsightly, ugly.
antifascismo *nm* antifascism.
antifascista *adj, nmf* antifascist.
antifaz *nm* mask.
antifranquismo *nm* opposition to Franco.
antifranquista 1 *adj* anti-Franco. **2** *nmf* opponent of Franco, person opposed to Franco.
antigás *adj*: **careta ~** gas mask.
antígeno *nm* antigen.
antigripal *adj inv*: **vacuna ~** flu vaccine.
antigualla *nf* (*objeto*) old thing, relic; (*cuento*) old story; (*individuo*) has-been; **~s** old things, junk *sg*.
antiguamente *adv* (*antes*) formerly, once; (*en el pasado antiguo*) in ancient times, long ago.
antigüedad *nf* (**a**) (*época*) antiquity; (*edad*) antiquity, age; (*en empleo*) seniority; **la fábrica tiene una ~ de 200 años** the factory has been going for 200 years. (**b**) (*objeto*) antique; **tienda de ~es** antique shop.
antiguo 1 *adj* (**a**) (*gen*) old; (*Hist*) ancient; **a la ~a** in the old-fashioned way; **de ~** from time immemorial; **en lo ~** in olden *o* ancient times. (**b**) (*Univ etc*) former, old; (*Pol etc*) ex-; **~ alumno** old pupil; **~ Ministro de Hacienda** ex-Treasury Minister. (**c**) **más ~** (*rango*) senior; **el socio más ~** the senior partner. **2** *nm*: **~s** the ancients.
antihéroe *nm* antihero.
antihigiénico *adj* unhygienic, insanitary.
antihistamínico *adj, nm* antihistamine.
antiincendios *adj inv*: **equipo ~** fire-fighting team; **servicio ~** fire-fighting services.
antiinflacionista *adj* anti-inflationary.
antiinflamatorio *adj* anti-inflammatory.
antílope *nm* antelope.
antillano/a 1 *adj* of *o* from the Antilles, West Indian. **2** *nm/f* native *o* inhabitant of the Antilles, West Indian.
Antillas *nfpl* Antilles, West Indies.
antimateria *nf* antimatter.
antimisil *adj* antimissile; **misil ~** antimissile missile.
antimonio *nm* antimony.
antimonopolios *adj inv*: **ley ~** anti-trust law.
antinacional *adj* unpatriotic.
antinatural *adj* unnatural.
antiniebla *adj inv*: **faros ~** fog lamps.
antinomia *nf* antinomy, conflict of authority.
antioxidante *adj* antirust.
antipara *nf* screen.
antiparasitario 1 *adj* antiparasitic. **2** *nm* antiparasitic drug.
antiparras *nfpl* (*fam*) glasses, specs *(fam)*.
antipatía *nf* (*sentimiento*) antipathy (*hacia* towards; *entre* between), dislike (*hacia* for); (*actitud*) unfriendliness (*hacia* towards).
antipático *adj* disagreeable, unpleasant; **me es muy ~** I don't like him at all; **es un chico de lo más ~** he's a horrible kid.
antipatriótico *adj* unpatriotic.
antípodas *nfpl* antipodes.
antiproteccionista *adj* anti-protectionist, free-trade *atr*.
antiquísimo *adj* ancient.
antirrábico *adj*: **vacuna ~a** anti-rabies vaccine.
antirracista *adj, nmf* anti-racist.
antirreglamentario *adj* (*gen*) unlawful, illegal; (*Dep*) foul.
antirrobo *nm*: **(dispositivo) ~** anti-theft device.
antisemita *nmf* anti-Semite.

antisemítico *adj* anti-Semitic.
antisemitismo *nm* anti-Semitism.
antiséptico *adj, nm* antiseptic.
antisocial *adj* antisocial.
antitabaco *adj inv* (*campaña*) anti-smoking.
antitanque *adj* anti-tank.
antitaurino *adj* anti-bullfighting.
antiterrorista *adj*: **medidas ~s** measures against terrorism; **Ley A~** ≈ Prevention of Terrorism Act.
antítesis *nf inv* antithesis.
antitético *adj* antithetic(al).
antojadizo *adj* (*caprichoso*) capricious; (*poco fiable*) unpredictable.
antojarse [1a] *vr* (**a**) **antojársele a uno algo** to take a fancy to sth, want sth; **se me antoja una cervecita** I could go a nice beer. (**b**) **antojársele a algn hacer algo** to have a mind to do sth; **no se lo antojó decir otra cosa** it didn't occur to him to say anything else; **no se me antoja ir** I don't feel like going. (**c**) **~ que** to imagine that; **se me antoja que no estará** I have the feeling that he won't be in.
antojo *nm* (**a**) (*gen*) whim; **hacer a su ~** to do as one pleases. (**b**) (*de embarazada*) craving. (**c**) (*Anat*) birthmark.
antología *nf* anthology; **de ~** (*fam*) superb (*fam*).
antónimo *nm* antonym.
antonomasia *nf* antonomasia; **por ~** par excellence.
antorcha *nf* torch; (*fig*) mentor.
antracita *nf* anthracite.
ántrax *nm* anthrax.
antro *nm* cavern; **~ de corrupción** (*fig*) den of iniquity; (*fam pey*) dive (*fam*).
antropofagia *nf* cannibalism.
antropófago/a **1** *adj* man-eating, cannibalistic. **2** *nm/f* cannibal.
antropología *nf* anthropology.
antropológico *adj* anthropological.
antropólogo/a *nm/f* anthropologist.
antropomorfismo *nm* anthropomorphism.
anual *adj, nm* annual.
anualidad *nf* (*Fin*) annual payment; **~ vitalicia** life annuity.
anuario *nm* (*gen*) yearbook, annual; (*Telec, Com: guía*) directory.
anubarrado *adj* cloudy, overcast.
anublar [1a] **1** *vt* (*cielo*) to cloud (over); (*luz*) to obscure. **2 anublarse** *vr* (*cielo*) to cloud over, become overcast.
anudar [1a] **1** *vt* (*gen*) to knot, tie; (*unir*) to join; (*fig: reiniciar*) to begin. **2 anudarse** *vr* (*cinta etc*) to get into knots.
anuencia *nf* consent.
anulación *nf* (*de contrato*) annulment, cancellation; (*de ley*) repeal.
anular[1] [1a] *vt* (**a**) (*contrato*) to annul, cancel; (*decisión*) to override; (*ley*) to repeal; (*efecto*) to cancel out; **~ el tiempo** to put the clock back. (**b**) (*Dep: gol, tanto*) to disallow, chalk off (*fam*).
anular[2] **1** *adj* ring-shaped, annular. **2** *nm* ring *o* third finger.
anunciación *nf* announcement; **A~** (*Rel*) Annunciation.
anunciador(a) *nm/f* (*Méx: Rad, TV*) announcer.
anunciante *nmf* (*Com*) advertiser.
anunciar [1b] **1** *vt* (*gen*) to announce; (*augurar*) to forebode; (*Com*) to advertise. **2 anunciarse** *vr*: **el festival se anuncia animado** it looks like being a lively festival.
anuncio *nm* (**a**) (*declaración*) announcement; (*presagio*) sign, omen. (**b**) (*Com etc*) advertisement; (*Teat etc*) bill; **~s por palabras** classified *o* small ads.
anverso *nm* obverse.
anzuelo *nm* fish hook; (*fig*) bait, lure; **picar en** *o* **tragarse el ~** to swallow the bait.
añadido *nm* (**a**) (*Tip*) addition. (**b**) (*pelo*) hairpiece.
añadidura *nf* (*gen*) addition; (*Com*) extra; **dar algo de ~** to give sth extra; **con algo de ~** with sth into the bargain; **por ~** in addition, on top of all that.
añadir [3a] *vt* (*gen*) to add (*a* to); (*aumentar*) to increase.
añagaza *nf* (*Caza*) lure, decoy; (*fig*) ruse.
añal **1** *adj* (*Agr*) year-old. **2** *nm* yearling.
añar *nm*: **hace ~es que ...** (*LAm*) it's ages since ....
añejar [1a] **1** *vt* to age. **2 añejarse** *vr* to mature, age.
añejo *adj* (*gen*) old; (*vino, queso*) mature; (*jamón*) well-cured.
añicos *nmpl* pieces, fragments; **hacer un vaso ~** to smash a glass to bits *o* to smithereens; **hacerse ~** to shatter; **estar uno hecho ~s** to be worn out, be shattered (*fam*).
añil *nm* (*Bot*) indigo; (*color*) indigo (blue); (*para lavado*) blue, bluing.
añinos *nmpl* lamb's wool.
año *nm* (**a**) year; **~ bisiesto** leap year; **~ civil** *o* **común** calendar year; **el ~ 66 después de Cristo** 66 A.D.; **~ económico** *o* **fiscal/escolar** *o* **lectivo/luz** tax/school/light year; **~ natural** calendar year; **A~ Nuevo** New Year; **~ sabático** sabbatical year; **¡feliz ~ nuevo!** happy New Year!; **día de A~ Nuevo** New Year's Day; **el ~ verde** (*LAm*) never; **el ~ pasado/que viene** last/next year; **una cosa del ~ de la nana** *o* **de la pera** something from the year dot *o* (*US*) one; **estar de buen ~** to be in good shape; **en el ~ 1980** in 1980; **en los ~s 60** in the sixties; **en estos últimos ~s** in recent years; **¡por muchos ~s!** many happy returns!
(**b**) **cumplir (los) 21 ~s** to reach 21; **cumplir ~s** to have a birthday; **¿cuántos ~s tienes?** how old are you?; **tengo 9 ~s** I'm 9; **entrado en ~s** elderly, advanced in years.
añojal *nm* fallow land.
añoranza *nf* (*recuerdos*) nostalgia (*de* for); (*por pérdida*) sense of loss.
añorar [1a] **1** *vt* (*país*) to miss, be homesick for; (*difunto*) to mourn. **2** *vi* to pine, grieve.
aojo *nm* evil eye.
aorta *nf* aorta.
aovado *adj* oval, egg-shaped.
aovar [1a] *vi* to lay eggs.
AP *nf abr* (*Esp Pol*) *de* **Alianza Popular**.
Ap. *abr de* **apartado postal** *o* **de correos** PO Box.
APA *nf abr de* **Asociación de Padres de Alumnos** ≈ PTA.
apa *interj* (*Méx*) goodness me!
apabullar [1a] *vt* (*lit, fig*) to crush, squash.
apacentadero *nm* pasture.
apacentar [1j] **1** *vt* (**a**) (*Agr: cuidar*) to graze, feed. (**b**) (*discípulos*) to teach; (*mente*) to give food for thought to; (*deseos*) to gratify. **2 apacentarse** *vr* (**a**) (*Agr*) to graze, feed. (**b**) (*fig*) to feed (*con, de* with).
apacibilidad *nf* (*V adj*) gentleness; calmness.
apacible *adj* (*gen*) gentle, mild; (*tiempo*) calm; **es un tío muy ~** he's a very even-tempered *o* mild-mannered chap.
apaciguamiento *nm* (*gen*) calming down; (*Pol*) appeasement.
apaciguar [1i] **1** *vt* (*gen*) to calm down; (*Pol*) to appease. **2 apaciguarse** *vr* to calm *o* quieten down.
apachar [1a] *vt* (*Per*) to steal.
apache *nm* Apache (Indian); (*fig*) crook, bandit.
apacheta *nf* (*And, CSur: Rel*) cairn, wayside shrine; **hacer la ~** (*fam*) to make one's pile (*fam*).
apachurrar [1a] *vt* (*esp LAm: aplastar*) to crush, squash; (*romper*) to smash.
apadrinamiento *nm* (*Rel*) sponsorship; (*fig*) backing, support.
apadrinar [1a] *vt* (*Rel*) to act as godfather to; (*Dep*) to second; (*fig*) to back, support.
apagadizo *adj* slow to burn, difficult to ignite.
apagado *adj* (**a**) (*volcán*) extinct; **estar ~** (*fuego, Elec etc*) to be out. (**b**) (*sonido*) muted, muffled; (*voz*) quiet. (**c**) (*color*) dull.

apagar [1h] **1** *vt* (**a**) (*fuego*) to put out, extinguish; (*aparato*) to put out, turn *o* switch off; (*sed*) to quench; (*Inform*) to toggle off; ~ **el sistema** to close *o* shut down. (**b**) (*sonido*) to muffle, deaden; (*Mús*) to mute. (**c**) (*color*) to tone down, soften. (**d**) (*dolor*) to kill. **2 apagarse** *vr* (**a**) (*luz, fuego*) to go out; (*con avería*) to go on the blink *(fam)*. (**b**) (*sonido*) to die away. (**c**) (*ira*) to subside.
apagón *nm* (*gen*) blackout; (*Elec: avería*) power failure; (*: racionamiento*) power cut.
apaisado *adj* oblong.
apalabrar [1a] **1** *vt* to agree to; **estar apalabrado a una cosa** to be committed to sth. **2 apalabrarse** *vr* to come to an agreement (*con* with).
Apalaches *nmpl*: **Montes** ~ Appalachians.
apalancado/a 1 *adj* (*fam*) settled-down; **quedarse ~ en casa** (*fig pey*) to stay stuck at home *(fam)*. **2** *nm/f* (*fig pey*): **es un** ~ he never sets foot outside the door.
apalancamiento *nm* leverage.
apalancar [1g] **1** *vt* (*levantar*) to lever up; (*forzar*) to pry open. **2 apalancarse** *vr* (*fam*) to sit down, squat; (*establecerse*) to settle in, establish o.s.; (*fig pey*) to cop out *(fam)*.
apaleamiento *nm* beating, thrashing.
apalear [1a] *vt* (*zurrar*) to beat, thrash; (*moqueta*) to beat; (*Agr*) to winnow.
apaleo *nm* (*Agr*) winnowing; (*paliza*) beating.
apanalado *adj* honeycombed.
apanar [1a] *vt* (*LAm Culin*) to coat in breadcrumbs.
apandillar [1a] **1** *vt* to form into a gang. **2 apandillarse** *vr* to gang up, band together.
apando *nm* (*Méx*) punishment cell.
apandorgarse [1h] *vr* (*Per*) to become lazy.
apantanar [1a] *vt* to flood.
apañado *adj* (**a**) (*hábil*) skilful, skillful *(US)*, clever; (*práctico*) handy. (**b**) (*objeto: útil*) handy. (**c**) (*fam*); **¡estás ~!** you've had it!
apañar [1a] **1** *vt* (**a**) (*arreglar*) to tidy (up); (*remendar*) to fix up, mend. (**b**) (*aderezar*) to smarten up, do up. (**c**) (*recoger*) to pick up *(fam)*; (*robar*) to steal, nick *(fam)*. (**d**) (*vestir*) to dress (up); (*abrigar*) to wrap up. (**e**) (*Méx: perdonar*) to forgive, excuse. **2 apañarse** *vr* to be skilful *o (US)* skillful; ~ **para hacer algo** to manage to do sth; **~las por su cuenta** to manage on one's own.
apaño *nm* (**a**) (*Cos*) patch, mend. (**b**) (*maña*) skill, dexterity. (**c**) (*chapuza*) quick fix *(fam)*. (**d**) (*acuerdo*) solution; **esto no tiene** ~ there's no answer to this one. (**e**) (*amorío*) affair; (*persona*) lover.
apapachar [1a] (*Méx fam*) *vt* (*mimar*) to spoil; (*abrazar*) to cuddle.
aparador *nm* (*mueble*) sideboard; (*esp LAm: escaparate*) shop window; (*Téc*) workshop.
aparato *nm* (**a**) (*gen*) (piece of) equipment *o* apparatus; (*Mec*) machine; (*Rad, TV*) set; (*Telec*) instrument; (*electrodoméstico*) appliance; (*Inform*) device; (*Teat*) properties; (*Anat*) system; ~ **antirrobo** anti-theft device; ~ **auditivo** hearing aid; ~ **crítico** (*Lit*) critical apparatus; ~ **dental** brace; ~ **eléctrico** (*Met*) electrical storm; ~ **fotográfico** camera; **~s de mando** (*Aer etc*) controls; ~ **de relojería** clockwork mechanism; ~ **respiratorio** respiratory system; **~s sanitarios** bathroom fittings; ~ **de televisión** television set; ~ **de uso doméstico** domestic appliance; **tengo a Jaime al** ~ I've got Jaime on the line.
(**b**) (*pompa*) display, show; **sin** ~ unostentatiously, without ceremony.
(**c**) ~ **del partido** (*Pol*) party machine.
aparatosidad *nf* showiness, ostentation.
aparatoso *adj* (*gen*) showy, ostentatious; (*afectado*) pretentious; (*incidente*) spectacular.
aparcacoches *nm inv* car-park attendant, parking valet.
aparcamiento *nm* (*acción*) parking; (*sitio*) car park, parking lot *(US)*.
aparcar [1g] *vt, vi* (*Aut*) to park.
aparcería *nf* (*Com*) partnership.
aparcero *nm* (*Com*) co-owner, partner.
apareamiento *nm* (*emparejarse*) mating, pairing.
aparear [1a] **1** *vt* (**a**) (*objetos*) to pair, match. (**b**) (*Agr*) to mate, pair. **2 aparearse** *vr* (*animales*) to mate, pair.
aparecer [2d] **1** *vi* (*gen*) to appear; (*visita etc*) to show up, turn up; (*libro*) to come out; **no ha aparecido el libro ese** that book still hasn't shown up; **apareció borracho** he turned up drunk. **2** *vr* **aparecerse** (*fantasma*) to appear, walk; **Nuestra Señora se apareció a Bernadette** Our Lady appeared to Bernadette.
aparecido *nm* ghost.
aparejado *adj* (*apto*) fit, suitable; (*listo*) ready (*para* for); **ir ~ con** to go hand in hand with.
aparejador *nm* clerk of works.
aparejar [1a] **1** *vt* (*gen*) to prepare, get ready; (*caballo*) to saddle, harness; (*Náut*) to fit *o* rig out; (*cuadro*) to size, prime. **2 aparejarse** *vr* to get ready.
aparejo *nm* (**a**) (*herramientas*) gear, equipment. (**b**) (*de caballería*) harness; **~s de pesca** fishing tackle. (**c**) (*poleas*) lifting gear, block and tackle. (**d**) (*Náut*) rigging. (**e**) (*Arquit*) bond, bonding. (**f**) (*Arte*) sizing, priming.
aparentar [1a] *vt* (**a**) (*simular*) to feign, affect. (**b**) (*edad*) to look, seem to be. (**c**) ~ **hacer algo** to make as if to do sth.
aparente *adj* (**a**) (*gen*) apparent. (**b**) (*patente*) visible, evident. (**c**) (*conveniente*) suitable, proper.
aparentemente *adv* seemingly.
aparición *nf* (**a**) appearance; (*publicación*) publication; **un libro de próxima** ~ a forthcoming book. (**b**) (*fantasma*) apparition, spectre.
apariencia *nf* (outward) appearance; **en** ~ outwardly, apparently; **por todas las ~s** to all appearances; **salvar las ~s** to keep up appearances.
apartadero *nm* (*Aut*) lay-by; (*Ferro*) siding.
apartado 1 *adj* (*separado*) separated; (*remoto*) remote, out-of-the-way. **2** *nm* (**a**) ~ **postal** *o* **de correos** Post Office box, box number. (**b**) (*párrafo*) paragraph; (*Jur etc*) (sub-)section.
apartamento *nm* apartment, flat.
apartamiento *nm* (**a**) (*proceso*) separation. (**b**) (*aislamiento*) seclusion, isolation.
apartar [1a] **1** *vt* (*separar*) to separate, divide (*de* from); (*quitar*) to remove, move away; (*Min*) to extract; (*Ferro*) to shunt; (*Jur*) to set aside, waive; (*guardar*) to put aside, keep; ~ **a algn para decirle algo** to take sb aside to tell him sth; ~ **a algn de un propósito** to dissuade sb from sth; **el ministro le apartó del mando** the minister removed him from his command; ~ **un pensamiento de sí** to put a thought out of one's mind; **¿no podemos ~lo un poco más?** can't we move it a bit further away?; **apartó el plato con la mano** he pushed his plate aside.
2 apartarse *vr* (**a**) (*separarse: gente*) to part, separate; (*objetos*) to become separated.
(**b**) (*irse*) to move away (*de* from); (*mantenerse aparte*) to keep away (*de* from); ~ **de un camino** to stray from a path; **nos hemos apartado bastante de la ruta** we've got rather a long way off the route; **¡apártate!** out of the way!; **apártate un poco** move out of the way a bit; **apártate de mi vista!** get out of my sight!
(**c**) (*Jur*) to withdraw from a suit.
aparte 1 *adv* (*gen*) apart, aside; (*por separado*) separately; **tendremos que considerar eso** ~ we shall have to consider that separately; **ser algo** ~ to be something superior; **poner algo** ~ to put sth aside; **eso** ~ apart from that. **2** *prep*: ~ **de** apart from; ~ **de que ...** apart from the fact that .... **3** *nm* (**a**) (*Teat*) aside. (**b**) (*Tip*) (new) paragraph; **'(punto y) ~'** 'new paragraph'.
apasionado/a 1 *adj* (**a**) (*gen*) passionate; (*discurso*) impassioned; (*aficionado*) fervent, enthusiastic; ~ **por**

passionately fond of. **(b)** *(parcial)* biased, prejudiced. **2** *nm/f* admirer, devotee.
apasionamiento *nm* *(entusiasmo)* passion, enthusiasm; *(fervor)* vehemence, intensity; **hacer algo con** ~ to do sth with passion.
apasionante *adj* exciting, thrilling.
apasionar 1a **1** *vt* *(gen)* to excite; *(gozar de)* to enjoy greatly; **le apasiona su ordenador** he *etc* is completely taken with his computer; **me apasiona el fútbol** I'm football-crazy. **2 apasionarse** *vr* **(a)** to get excited; ~ **por** *(persona)* to fall madly in love with; *(pasatiempo etc)* to get wildly enthusiastic about. **(b)** *(pey)* to become biased, give way to prejudice.
apatía *nf* apathy; *(Med)* listlessness.
apático *adj* apathetic; *(Med)* listless.
apátrida *adj* stateless.
Apdo., apdo. *abr de* **apartado postal** *o* **de correos** PO Box.
apeadero *nmf* *(Ferro)* halt, stopping place.
apear 1a **1** *vt* **(a)** *(ayudar a bajar)* to help down, help to alight (*de* from). **(b)** *(caballo)* to hobble; *(rueda)* to chock. **(c)** *(Arquit)* to prop up. **(d)** ~ **a algn de su opinión** to persuade sb that his opinion is wrong; ~ **el tratamiento a algn** to drop sb's title. **2 apearse** *vr* **(a)** *(jinete)* to dismount; *(Aut)* to get out, alight (*en* at); *(Ferro)* to get off, get out. **(b)** ~ **en** *(LAm)* to stay at, put up at. **(c) no** ~ **del burro** *(fig)* to refuse to climb down, be adamant.
apechugar 1h **1** *vt* to face up to resolutely; ~ **con las consecuencias** to take the consequences. **2 apechugarse** *vr*: ~ **con algo** to face up to sth, take the consequences of sth.
apedrear 1a **1** *vt* *(como castigo)* to stone; *(en pelea)* to throw stones at. **2** *vi* *(granizar)* to hail.
apedreo *nm* stoning; *(Bot)* damage by hail.
apegado *adj* attached *o* devoted (*a* to).
apegarse 1h *vr*: ~ **a** to become attached to.
apego *nm* attachment (*a* to), devotion (*a* to).
apelación *nf* **(a)** *(Jur)* appeal; **sin** ~ without appeal, final; **presentar su** ~ to present one's appeal. **(b)** *(fig)* help, remedy; **no hay~, esto no tiene** ~ it's a hopeless case.
apelante *nmf* appellant.
apelar 1a *vi* to appeal (*contra* against); ~ **a** *(fig)* to resort to, have recourse to.
apelativo *nm* *(Ling)* appellative; *(apellido)* surname.
apelmazado *adj* *(gen)* compact, solid; *(Culin)* thick, lumpy; *(estilo)* clumsy.
apelmazar 1f **1** *vt* to compress. **2 apelmazarse** *vr* to get lumpy.
apelotonar 1a **1** *vt* to roll into a ball. **2 apelotonarse** *vr* *(colchón)* to become lumpy; *(animal)* to curl up; *(gente)* to mass, crowd together.
apellidar 1a **1** *vt* to call. **2 apellidarse** *vr* to be called; **¿cómo se apellida Ud?** what is your surname?
apellido *nm* surname, family name; ~ **de soltera** maiden name.
apenado *adj* *(LAm)* sorry.
apenar 1a **1** *vt* *(doler)* to grieve, cause pain to; *(LAm: avergonzar)* to shame. **2 apenarse** *vr* to grieve, distress o.s.; *(LAm)* to be ashamed.
apenas 1 *adv* hardly, scarcely; ~ **nadie** hardly anybody; ~ **sí pude levantarme** I could hardly get up. **2** *conj*: ~ **había llegado cuando** no sooner had I arrived than, I had only just arrived when; ~ **llega** *(esp LAm)* as soon as he arrives.
apencar 1g *vi* *(fam)* to slog *(fam)*, slave.
apendectomía *nf* appendectomy.
apéndice *nm* *(Anat, Lit)* appendix; *(Jur)* schedule.
apendicitis *nf* appendicitis.
Apeninos *nmpl* Apennines.
apeo *nm* **(a)** *(Jur)* surveying. **(b)** *(Arquit)* prop, support. **(c)** *(Agr)* felling.
aperar 1a *vt* **(a)** *(Agr)* to make. **(b)** *(caballo)* to harness; ~ **a algn de herramientas** to provide sb with tools.
apercibimiento *nm* **(a)** *(preparación)* preparation. **(b)** *(aviso)* warning. **(c)** *(Jur)* caution.
apercibir 3a **1** *vt* **(a)** *(preparar)* to prepare; *(proveer)* to furnish. **(b)** *(avisar)* to warn, advise. **(c)** *(Jur)* to caution. **(d)** *(ver)* to notice, see. **2 apercibirse** *vr* to prepare (o.s.), get ready (*para* for); ~ **de** *(proveerse)* to provide o.s. with; *(percibir)* to notice.
apergaminado *adj* *(piel)* dried up, wrinkled; *(cara)* wizened.
apergaminarse 1a *vr* to dry up, get yellow and wrinkled.
aperitivo *nm* *(comida)* appetizer; *(bebida)* aperitif.
apero *nm* *(Agr)* implement; *(animales)* ploughing *o* *(US)* plowing team; ~**s** *(Agr)* farm equipment *sg*.
aperreado *adj* wretched, lousy *(fam)*.
aperreador *adj* bothersome, tiresome.
aperrear 1a **1** *vt* to set the dogs on; *(fig)* to plague. **2 aperrearse** *vr* to slave away, overwork.
aperreo *nm* overwork.
apersonado *adj*: **bien** ~ presentable, nice-looking; **mal** ~ unprepossessing.
apersonarse 1a *vr* *(Jur)* to appear in person.
apertura *nf* *(gen)* opening; *(Pol: proceso)* liberalization; *(Teat etc)* beginning; *(Jur: de testamento)* reading; ~ **de un juicio hipotecario** *(Com)* foreclosure.
aperturismo *nm* liberalization, relaxation; *(Pol)* policy of liberalization.
aperturista 1 *adj* *(tendencia etc)* liberalizing, liberal. **2** *nmf* liberalizer, liberal.
apesadumbrado *adj* sad, distressed.
apesadumbrar 1a **1** *vt* to grieve, sadden. **2 apesadumbrarse** *vr* to be grieved, distress o.s. (*con, de* about, at).
apesgar 1h *vt* to weigh down.
apestado *adj* **(a)** *(maloliente)* pestilential; *(Med)* plague-ridden. **(b) estar** ~ **de** to be infested with.
apestar 1a **1** *vt* **(a)** *(Med)* to infect (with the plague). **(b)** *(con olor)* to stink out. **2** *vi* to stink (*a* of). **3 apestarse** *vr* *(Med)* to catch the plague; *(Bot)* to be blighted; *(And, CSur: resfriarse)* to catch a cold.
apestoso *adj* **(a)** *(hediondo)* stinking; *(olor)* awful. **(b)** *(asqueroso)* sickening, nauseating.
apetecer 2d **1** *vt* **(a)** *(desear)* to crave, long for. **(b)** *(atraer)* to appeal to; **me apetece un helado** I feel like an ice cream; **¿te apetece?** how about it?, would you like to? **2** *vi* to attract, be welcome; **un vaso de jerez siempre apetece** a glass of sherry is always welcome.
apetecible *adj* attractive, tempting.
apetencia *nf* *(lit, fig)* hunger (*de* for).
APETI *nf abr de* **Asociación Profesional Española de Traductores e Intérpretes.**
apetito *nm* **(a)** appetite (*de* for); **abrir el** ~ to whet one's appetite; **¿tienes** ~**?** are you hungry? **(b)** *(fig)* desire, relish (*de* for).
apetitoso *adj* *(gustoso)* appetizing; *(sabroso)* tasty; *(fig)* tempting, attractive.
apiadar 1a **1** *vt* to move to pity. **2 apiadarse** *vr*: ~ **de** to pity, take pity on.
apicararse 1a *vr* to go off the rails *(fam)*.
ápice *nm* **(a)** *(punta)* apex, top. **(b)** *(de problema)* crux. **(c)** *(fig)* **ni** ~ not a whit; **no ceder un** ~ not to yield an inch.
apicultor(a) *nm/f* beekeeper, apiarist.
apicultura *nf* beekeeping.
apilar 1a **1** *vt* to pile up, heap up. **2 apilarse** *vr* to pile up.
apimplado *adj* *(fam: drunk)* pissed *(fam!)*.
apiñado *adj* **(a)** *(apretado)* crammed, packed (*de* with). **(b)** *(forma)* cone-shaped, pyramidal.
apiñar 1a **1** *vt* *(agrupar)* to crowd *o* bunch together; *(apretar)* to pack in. **2 apiñarse** *vr* to crowd *o* press to-

gether; **la multitud se apiñaba alrededor de él** the crowd pressed round him.
apio *nm* celery.
apiparse 1a *vr* (*fam*) to stuff o.s. (*fam*).
apisonadora *nf* (*con rodillo*) steamroller, road roller; (*pisón*) tamp-hammer.
apisonar 1a *vt* (*con rodillo*) to roll (flat); (*con pisón*) to tamp *o* ram down.
apitonar 1a **1** *vt* (*cáscara*) to pierce, break through. **2** *vi* (*cuernos*) to sprout; (*animal*) to begin to grow horns. **3 apitonarse** *vr* (*fam*) to go into a huff (*fam*).
apizarrado *adj* slate-coloured *o* (*US*) -colored.
aplacar 1g *vt* (*gen*) to appease, placate; (*hambre, sed*) to satisfy.
aplanacalles *nm inv* (*LAm fam*) idler, layabout.
aplanamiento *nm* (*nivelación*) levelling, leveling (*US*), flattening; (*derrumbe*) collapse.
aplanar 1a **1** *vt* (**a**) (*nivelar*) to level, make even; ~ **las calles** (*LAm fam*) to loaf about. (**b**) (*fam: asombrar*) to bowl over (with surprise). **2 aplanarse** *vr* (*fig: desanimarse*) to get discouraged.
aplastante *adj* overwhelming, crushing.
aplastar 1a **1** *vt* (**a**) (*insecto etc*) to squash, crush (flat). (**b**) (*fig: vencer*) to crush, overwhelm; (*: con argumentos*) to floor. **2 aplastarse** *vr* (**a**) to be squashed; (*coche*) to crash, smash (*contra* on, against). (**b**) (*fig*) to flatten o.s.; **se aplastó contra la pared** he flattened himself against the wall.
aplatanado *adj* (*aletargado*) weary, lethargic.
aplatanarse 1a *vr* (*abandonarse*) to become lethargic, sink into lethargy.
aplaudir 3a *vt* to applaud, clap; (*fig*) to welcome, approve.
aplauso *nm* applause; (*fig*) approval, acclaim; ~**s** applause *sg*, clapping *sg*.
aplazamiento *nm* (*gen*) postponement; (*Fin*) deferment.
aplazar 1f *vt* (*reunión*) to postpone; (*pago*) to defer; **han aplazado el examen al martes** they've put the exam off until Tuesday; **se ha aplazado la decisión por tiempo indefinido** the decision has been postponed indefinitely.
aplicable *adj* applicable (*a* to).
aplicación *nf* (*asiduidad*) industry, application; **le falta** ~ he doesn't work hard enough; ~**es comerciales** business applications.
aplicar 1g **1** *vt* (*gen*) to apply (*a* to); (*poner en vigor*) to put into effect; (*esfuerzos, tiempo*) to devote (*a* to); (*recursos*) to assign (*a, para* to); ~ **sanciones** to apply *o* impose sanctions; ~ **a algn a una carrera** to enter sb for a profession; ~ **el oído a una puerta** to put one's ear to a door. **2 aplicarse** *vr* (**a**) (*ley, regla*) to apply (*a* to), be applicable (*a* to). (**b**) (*individuo*) to apply *o* devote o.s. (*a* to); ~ **en hacer algo** to work hard at doing sth.
aplique *nm* wall lamp.
aplomar 1a **1** *vt* (**a**) (*Arquit*) to plumb. (**b**) (*Chi: dar vergüenza*) to embarrass. **2 aplomarse** *vr* (**a**) (*Arquit*) to collapse, cave in. (**b**) (*Chi: avergonzarse*) to get embarrassed. (**c**) (*ganar aplomo*) to gain confidence.
aplomo *nm* self-possession, assurance; **dijo con el mayor** ~ he said with the utmost assurance; **perder su** ~ to get worried *o* rattled.
apocado *adj* (*tímido*) timid; (*humilde*) lowly.
Apocalipsis *nm* Apocalypse.
apocalíptico *adj* apocalyptic.
apocamiento *nm* (*timidez*) timidity; (*humildad*) lowliness.
apocar 1g **1** *vt* (**a**) (*reducir*) to make smaller, reduce. (**b**) (*humillar*) to belittle, humiliate. **2 apocarse** *vr* (*intimidarse*) to shy away; (*rebajarse*) to sell o.s. short, run o.s. down.
apocopar 1a *vt* to apocopate, shorten.
apócope *nf* (*Ling*) apocopation.
apócrifo *adj* apocryphal.
apodar 1a *vt* to nickname, dub.
apoderado *nm* (*gen*) agent, representative; (*Jur*) proxy.
apoderar 1a **1** *vt* (**a**) (*gen*) to authorize, empower. (**b**) (*Jur*) to grant power of attorney to. **2 apoderarse** *vr*: ~ **de** to seize, take possession of.
apodo *nm* nickname.
apogeo *nm* (*Astron*) apogee; (*fig*) peak, height.
apolillado *adj* moth-eaten.
apolilladura *nf* moth-hole.
apolillarse 1a *vr* to get moth-eaten.
apolíneo *adj* (*Lit fig*) classically handsome.
apoliticismo *nm* apolitical nature, non-political nature.
apolítico *adj* (*gen*) apolitical; (*de interés general*) non-political.
apologética *nf* apologetics.
apologético *adj* apologetic.
apología *nf* (*defensa*) defence, defense (*US*); (*elogio*) eulogy.
apologista *nmf* apologist.
apoltronado *adj* lazy, idle.
apoltronarse 1a *vr* (*gen*) to get lazy; (*profesor etc*) to go through the motions.
apoplejía *nf* apoplexy, stroke.
apoplético *adj* apoplectic.
apoquinar 1a *vt* (*fam*) to fork out (*fam*), cough up (*fam*).
aporreamiento *nm* beating.
aporrear 1a **1** *vt* (**a**) (*pegar*) to beat, club; (*dar una paliza a*) to beat up. (**b**) (*con el puño*) to thump (on), pound (on); ~ **el piano** to hammer away at the piano. (**c**) (*LAm: vencer*) to beat, defeat. **2 aporrearse** *vr* (*pelear*) to lay into each other; (*trabajar*) to slave away, slog.
aporreo *nm* thumping, pounding.
aportación *nf* contribution.
aportar 1a **1** *vt* (*gen*) to furnish, contribute; (*pruebas*) to bring forward, adduce; ~ **ideas** to make suggestions. **2** *vi* (*Náut*) to reach port; (*fig*) to show up, arrive. **3 aportarse** *vr* (*Chi: aparecer*) to appear, approach.
aporte *nm* (*LAm*) contribution.
aposentar 1a **1** *vt* to lodge, put up. **2 aposentarse** *vr* to lodge, put up (*en* at).
aposento *nm* (*cuarto*) room; (*hospedaje*) lodging.
aposición *nf* apposition; **en** ~ in apposition.
apósito *nm* (*Med*) dressing.
aposta, **apostadamente** *adv* on purpose.
apostadero *nm* (*Mil*) posting; (*Náut*) naval station.
apostador(a) *nm/f* better, punter.
apostar[1] 1a *vt* (*Mil*) to station, post.
apostar[2] 1l **1** *vt* (**a**) (*dinero*) to stake, bet (*a* on). (**b**) ~ **a** *o* **con algn** to bet sb. **2** *vi* to bet (*a, por* on); ~ **a que** to bet that; **apuesto a que sí** I bet it is.
apostasía *nf* apostasy.
apóstata *nmf* apostate.
apostatar 1a *vi* (*Rel*) to apostatize (*de* from); (*fig*) to change sides.
apostilla *nf* footnote.
apostillar 1a *vt* to add notes to, annotate.
apóstol *nm* apostle.
apostolado *nm* apostolate.
apostólico *adj* apostolic.
apostrofar 1a *vt* (**a**) (*gen*) to apostrophize, address. (**b**) (*injuriar*) to insult.
apóstrofe *nm* (**a**) (*en retórica*) apostrophe. (**b**) (*injuria*) insult.
apóstrofo *nm* (*Ling*) apostrophe.
apostura *nf* (*esmero*) neatness; (*elegancia*) elegance.
apoteósico *adj* huge, tremendous.
apoteosis *nf* apotheosis.
apoyabrazos *nm inv* armrest.
apoyacabezas *nm inv* headrest.

apoyalibros *nm inv* book-end.

apoyar [1a] **1** *vt* (**a**) (*descansar*) to lean, rest (*en, sobre* on, against); (*poner*) to put, rest; (*Arquit, Téc*) to hold up, support; ~ **una escalera contra una pared** to lean a ladder against a wall. (**b**) (*amigo etc*) to support, back; (*teoría*) to base (*en* on); (*proposición*) to second, support. **2** *vi*: ~ **en** to rest on, be supported by. **3 apoyarse** *vr* (**a**) ~ **en** (*Arquit*) to rest on, be supported by; (*persona*) to lean on. (**b**) ~ **en** (*fiarse de*) to rely on; (*basarse en: argumento*) to be based on; (*: escritor etc*) to base o.s. on.

apoyo *nm* (*gen*) support; (*ayuda*) backing, help; (*aprobación*) approval; **contamos con su** ~ we rely on your support.

APRA *nf abr* (*Per Pol*) *de* **Alianza Popular Revolucionaria Americana.**

apreciable *adj* (**a**) (*gen*) appreciable; (*perceptible*) noticeable; ~ **al oído** audible. (**b**) (*cantidad*) considerable; (*persona*) worthy.

apreciación *nf* (*gen*) appreciation, appraisal; (*Com, Fin*) valuation, appraisal *(US)*; **según nuestra** ~ according to our estimation.

apreciar [1b] *vt* (**a**) (*Com, Fin etc*) to value, appraise *(US)*, assess (*en* at). (**b**) (*estimar*) to esteem, value (*por* for); **aprecio (en) mucho su amistad** I greatly value his friendship. (**c**) (*agradecer*) **lo aprecio mucho** I'm very grateful. (**d**) (*comida, música etc*) to appreciate; **aprecia a los niños** he likes children.

apreciativo *adj* appreciative.

aprecio *nm* (**a**) (*Com, Fin etc*) valuation, appraisal *(US)*. (**b**) (*fig*) appreciation; **no hacerle ~ algo** to pay no heed to sth; **tener a algn en gran** ~ to hold sb in high regard; **en señal de mi** ~ as a token of my esteem.

aprehender [2a] *vt* (**a**) (*individuo*) to apprehend, detain; (*bienes*) to seize. (**b**) (*Fil*) to understand.

aprehensión *nf* (**a**) (*de individuo*) apprehension, capture; (*de bienes*) seizure. (**b**) (*Fil*) understanding.

apremiante *adj* urgent, pressing.

apremiar [1b] **1** *vt* (*apurar*) to urge (on), press; (*obligar*) to force; ~ **a algn a hacer** *o* **para que haga algo** to press sb to do sth. **2** *vi* to be urgent; **el tiempo apremia** time presses.

apremio *nm* (**a**) (*gen*) urgency, pressure; (*obligación*) compulsion; **por ~ de tiempo** because time is pressing; **por ~ de trabajo** because of pressure of work; ~ **de pago** demand note; **procedimiento de** ~ compulsory procedure. (**b**) (*Jur*) writ, judgment.

aprender [2a] **1** *vt, vi* to learn (*a hacer algo* to do sth). **2 aprenderse** *vr* to learn by heart.

aprendiz(a) *nm/f* (**a**) (*novato*) beginner, novice; ~ **de conductor** (*Aut*) learner-driver. (**b**) (*de oficio*) apprentice; (*Com etc*) trainee; ~ **de comercio** business trainee; **estar de ~ con algn** to be apprenticed to sb.

aprendizaje *nm* (*gen*) apprenticeship; (*Com etc*) training period; **hacer su** ~ to serve one's apprenticeship; **pagar su** ~ (*fam*) to learn the hard way.

aprensión *nf* (*miedo*) apprehension, fear; (*reparo*) misgiving.

aprensivo *adj* apprehensive, worried.

apresador(a) *nm/f* captor.

apresamiento *nm* capture.

apresar [1a] *vt* (*gen*) to catch; (*criminal*) to capture, catch; (*suj: animal*) to seize; (*buque*) to take.

aprestar [1a] **1** *vt* (*gen*) to prepare, get *o* make ready; (*Arte*) to prime, size. **2 aprestarse** *vr* to prepare, get ready (*a o para hacer algo* to do sth).

apresto *nm* (**a**) (*gen*) preparation. (**b**) (*Arte: proceso*) priming, sizing; (*: sustancia*) size.

apresurado *adj* hurried, hasty; (*paso*) quick.

apresuramiento *nm* hurry, haste.

apresurar [1a] **1** *vt* (*gen*) to speed up; (*paso*) to quicken. **2 apresurarse** *vr* to hurry (*a o por hacer algo* to do sth), make haste; **me apresuré a sugerir que** I hastily suggested that.

apretado *adj* (**a**) (*nudo*) tight. (**b**) (*compacto*) compact, solid; (*escritura*) cramped; (*espacio*) full, chock-a-block; **un ~ programa de actividades** a very full programme of activities; **estaba ~ a presión** it was full to bursting. (**c**) (*difícil*) difficult, dangerous; **estar en una situación ~a** to be in a tight spot *o* fix. (**d**) (*jornada*) busy. (**e**) (*fam: tacaño*) tightfisted, stingy; (*: pobre*) poor.

apretar [1j] **1** *vt* (**a**) (*tornillo, tuerca*) to tighten (up); (*mano*) to clasp, grip; (*dientes*) to grit; (*botón*) to press; ~ **a algn entre los brazos** to hug sb in one's arms; ~ **la mano a algn** to shake sb's hand; ~ **el paso** to quicken one's step.

(**b**) (*contenido*) to pack *o* squeeze in.

2 *vi* (**a**) (*ropa*) to be too tight; (*zapatos*) to pinch, hurt. (**b**) (*dolor, frío*) to get worse; (*viento, esfuerzo*) to intensify; **cuando el calor aprieta** when the heat becomes oppressive.

(**c**) ~ **con el enemigo** to close with the enemy.

(**d**) ~ **a correr** to break into a run, start to run.

3 apretarse *vr* (**a**) (*en tren etc*) to crowd together, squeeze up; (*contra el frío*) to huddle together.

(**b**) ~ **el cinturón** (*tb fig*) to tighten one's belt.

apretón *nm* (**a**) (*gen*) squeeze; ~ **de manos** handshake. (**b**) (*apuro*) difficulty, jam; **estar en un** ~ to be in a fix. (**c**) (*carrera*) dash, sprint. (**d**) (*euf*) urgent call of nature.

apretujar [1a] *vt* to press *o* squeeze hard; **estar apretujado entre dos personas** to be sandwiched between two people.

apretujón *nm* hard squeeze.

apretura *nf* (**a**) = **apretón (b), (d).** (**b**) (*pobreza*) poverty.

aprieto *nm* (*fig*) difficulty, fix; **estar** *o* **verse en un** ~ to be in a jam; **ayudar a algn a salir de un** ~ to help sb out of trouble.

apriorismo *nm* tendency to resolve matters quickly.

apriorístico *adj* (*deductivo*) a priori, deductive.

aprisa *adv* quickly, hurriedly.

aprisco *nm* sheepfold.

aprisionar [1a] *vt* (*gen*) to imprison; (*atar*) to bind, tie.

aprista 1 *adj* pertaining to *o* supporting APRA. **2** *nmf* supporter of APRA.

aprobación *nf* (**a**) approval; **dar su** ~ to give one's consent. (**b**) (*Univ etc*) pass mark.

aprobado 1 *adj* approved. **2** *nm* (*Univ etc*) pass, passing grade *(US)*.

aprobar [1m] **1** *vt* (*gen*) to approve; (*amistad etc*) to approve of, consent to; (*ley*) to pass; (*Escol, Univ: candidato, materia*) to pass. **2** *vi* to pass; **aprobé en francés** I passed in French.

aprobatorio *adj*: **una mirada ~a** an approving look.

aproches *nmpl* (*Mil*) approaches.

aprontar [1a] **1** *vt* (*preparar*) to prepare without delay; (*entregar*) to deliver at once. **2** *vi* (*pagar*) to pay in advance.

apropiación *nf* appropriation; ~ **ilícita** illegal seizure, misappropriation.

apropiado *adj* appropriate (*para* for), suitable (*para* for).

apropiar [1b] **1** *vt* to adapt (*a* to), fit (*a* to). **2 apropiarse** *vr*: ~ **(de) algo** to appropriate sth.

aprovechable *adj* useful, serviceable.

aprovechado/a 1 *adj* (**a**) (*dinero, tiempo*) well-spent; **mal** ~ wasted. (**b**) (*oportunidad*) well-taken/-used; (*espacio*) well-used. (**c**) (*frugal*) thrifty. (**d**) (*pey: egoísta*) unscrupulous, selfish; **una persona muy ~a** a real opportunist, a scrounger *(pey)*. (**e**) (*trabajador*) industrious, hardworking. **2** *nm/f* opportunist.

aprovechamiento *nm* (**a**) (*uso*) use, exploitation; ~ **de recursos naturales** exploitation of natural resources. (**b**) **~s** products.

aprovechar [1a] **1** *vt* (*utilizar*) to make (good) use of, use; (*explotar*) to exploit; (*oferta etc*) to take advantage of; (*experiencia*) to profit by *o* from; (*oportunidad*) to make the most of.

2 *vi* (**a**) (*ser útil*) to be of use, be useful; **eso aprovecha poco** that is little use; **no ~ para nada** to be completely useless, be no help at all; **¡que aproveche!** bon appétit! (**b**) (*progresar*) to progress, improve.

3 aprovecharse *vr* to take advantage; **¡hay que ~!** this is a chance not to be missed!; **~ de algo/algn** to take advantage of sth/sb.

aprovisionamiento *nm* (*gen*) supply; (*Com*) purchasing, buying.

aprovisionar [1a] *vt* to supply.

aproximación *nf* (**a**) (*gen*) approximation (*a* to). (**b**) (*proximidad*) nearness, closeness. (**c**) (*Pol*) rapprochement. (**d**) (*en lotería*) consolation prize.

aproximadamente *adv* approximately.

aproximado *adj* (*gen*) approximate; (*cálculo etc*) rough.

aproximar [1a] **1** *vt* to bring near(er) (*a* to); **~ una silla** to bring a chair over. **2 aproximarse** *vr* to come near *o* closer; (*persona: edad*) to be nearly *o* getting on for; **~ a** (*fig*) to approach, approximate to.

aproximativo *adj* (*cálculo etc*) rough.

Aptdo. *abr de* **apartado postal** *o* **de correos** PO Box.

aptitud *nf* (**a**) (*conveniencia*) suitability, fitness (*para* for). (**b**) (*capacidad*) aptitude, ability; **~ para los negocios** business sense; **carece de ~** he hasn't got the talent; **demostrar tener ~es** to show promise.

apto *adj* (**a**) (*gen*) suitable (*para* for, to), fit (*para* for, to); **ser ~ para aprender** to be quick to learn; **~ para desarrollar** suitable for developing; **~/no ~ (para menores)** (*Cine*) suitable/unsuitable for children; **~ para el servicio** (*Mil*) fit for military service. (**b**) (*hábil*) competent, capable.

Apto. *abr de* **apartamento** Apt.

apuesta *nf* bet, wager.

apuesto *adj* neat, elegant.

apunarse [1a] *vr* (*And, CSur*) to fall ill with mountain sickness.

apuntación *nf* (*gen*) note; (*Mús*) notation.

apuntado *adj* (**a**) (*Arquit*) pointed. (**b**) (*escrito*) **lo tengo ~ en alguna parte** I have it written down somewhere.

apuntador *nm* (*Teat*) prompter.

apuntalamiento *nm* propping-up, underpinning.

apuntalar [1a] *vt* (*Min etc*) to prop *o* shore up; (*Mec*) to strut; (*respaldar*) to support, back.

apuntamiento *nm* (**a**) (*de arma*) aiming. (**b**) (*nota*) note. (**c**) (*Jur*) judicial report.

apuntar [1a] **1** *vt* (**a**) (*arma*) to aim (*a* at), point (*a* at); (*cañón*) to train (*a* on); **~ a un blanco** to aim at a target; **~ a algn con un revólver** to point a pistol at sb, cover sb with a pistol; (*en atraco etc*) to hold sb up with a pistol.

(**b**) (*señalar*) to point at *o* to; (*indicar*) to point out; (*sugerir*) to hint at.

(**c**) (*anotar*) to note (down), make *o* take a note of; (*registrar*) to record; **~ una cantidad en la cuenta de algn** to charge a sum to sb's account.

(**d**) (*apostar*) to stake, bet.

(**e**) (*Teat*) to prompt.

2 *vi* (**a**) (*día*) to dawn, break; (*barba, planta*) to sprout.

(**b**) **~ a** (*pronóstico*) to point to; (*medida*) to aim at (*hacer algo* doing sth).

(**c**) (*Teat*) to prompt; (*Escol: respuesta*) to whisper the answer to.

(**d**) **~ y no dar** to fail to keep one's word.

3 apuntarse *vr* (**a**) **~ un tanto** to score *o* chalk up a point; (*fig*) to stay one up; **~ una victoria** to score a win, chalk up a win.

(**b**) (*vino*) to turn sour.

(**c**) **~ en un curso** to enrol *o (US)* enroll in a course; **~ a una sociedad** to join a club.

(**d**) **¿os apuntáis?** OK?; **¡me apunto!** OK, I'm game; **¿te apuntas a un café?** fancy a coffee?

apunte *nm* (**a**) (*nota*) note; (*Com*) entry; (*Arte*) sketch; **llevar el ~ a** (*Arg*) to pay attention to. (**b**) (*Teat*) prompt book. (**c**) (*Naipes: jugador*) punter; (*: puesta*) stake. (**d**) (*Escol*) **~s** notes.

apuñalar, apuñalear [1a] *vt* (*LAm*) to stab, knife; **~ a algn por la espalda** (*fig*) to stab sb in the back.

apurado *adj* (**a**) (*pobre*) needy, hard up; **andar/estar ~ de tiempo** to be stuck for time; **andar/estar ~ de dinero** to be strapped for cash *(fam)*. (**b**) (*difícil*) difficult; (*peligroso*) dangerous; **estar en una situación ~a** to be in a tight spot. (**c**) (*agobiado*) worried. (**d**) (*exacto*) precise, exact. (**e**) (*avergonzado*) embarrassed. (**f**) (*LAm*) hurried, rushed; **estar ~** to be in a hurry.

apurar [1a] **1** *vt* (**a**) (*Téc*) to purify, refine.

(**b**) (*bebida*) to drain, drink up; (*agotar*) to use up.

(**c**) (*detalles*) to check on; (*cuestión: estudiar*) to study minutely; (*: desentrañar*) to get to the bottom of.

(**d**) (*fastidiar*) to annoy; (*avergonzar*) to embarrass.

(**e**) (*esp LAm*) to rush, hurry up; **no te quiero ~** I don't want to rush you.

2 apurarse *vr* (**a**) (*preocuparse*) to worry, upset o.s. (*por* about, over); **¡no te apures!** don't worry!

(**b**) (*esforzarse*) to make an effort, go hard at it; **~ por hacer algo** to strive to do sth.

(**c**) (*esp LAm*) to hurry (up); **¡apúrate!** get a move on!

apuro *nm* (**a**) (*aprieto*) financial difficulty; **pasar ~s** to suffer hardship(s); **verse en ~s** to be in trouble, be in distress. (**b**) (*dificultad*) fix, jam; **colocar a algn en ~s** to put sb on the spot; **me da un ~** I'd hate to, it'd be terribly awkward; **estar en el mayor ~** to be in a jam; **sacar a algn de un ~** to get sb out of a jam. (**c**) (*LAm: prisa*) haste, urgency.

aquejar [1a] *vt* (**a**) (*afligir*) to bother, trouble; **¿qué le aqueja?** what's up with him *etc*? (**b**) (*Med*) to afflict; **le aqueja una grave enfermedad** he suffers from a serious disease.

aquelarre *nm* witches' coven.

aquel(la) *adj dem* that; **aquellos/as** (*pl*) those.

aquél(la) *pron dem* that (one); **aquéllos/as** (*pl*) those (ones); **éstos son negros mientras aquéllos son blancos** the latter are black whereas the former are white; **~ que está en el escaparate** the one that's in the window; **todo ~ que** anyone who.

aquello *pron dem indef* that; **~ no tuvo importancia** that wasn't important; **~ no me gusta** I don't care for that; **~ que te conté de mi hermano** that business about my brother I told you about; **~ de que no iba a venir fue mentira** when they said he wasn't coming it was a lie.

aquerenciarse [1b] *vr*: **~ a un lugar** (*animal*) to become attached to a place.

aquí *adv* (**a**) (*espacio*) here; **~ dentro** in here; **~ mismo** right here, on this very spot; **a 2km de ~** 2 km from here; **~ Pepe, ~ Manolo** this is Pepe and this is Manolo; **hubo un lío de ~ te espero** (*fam*) there was a tremendous fuss; **andar de ~ para allá** to walk up and down *o* to and fro; **hasta ~** so far, as far as here; **venga por ~** come this way; **por ~ (cerca)** round here (somewhere).

(**b**) (*tiempo*) **de ~ en adelante** from now on; **de ~ a un mes** a month from now; **hasta ~** up till now.

(**c**) **de ~ que** and so, that's why.

aquiescencia *nf* acquiescence.

aquietar [1a] **1** *vt* (*gen*) to quieten *o* calm (down); (*temor*) to allay. **2 aquietarse** *vr* to calm (down).

aquilatar [1a] *vt* (**a**) (*metal*) to assay. (**b**) (*fig*) to size *o* weigh up.

Aquisgrán *n* Aachen, Aix-la-Chapelle.

A.R. *abr de* **Alteza Real**.

ara[1] *nf* (*altar*) altar; (*piedra*) altar stone; **en ~s de** in honour *o (US)* honor of; **en ~s de la exactitud** in the interests of precision.

ara[2] *nm* (*LAm*) parrot.

árabe 1 *adj* Arab; **lengua ~** Arabic; **estilo ~** (*Arquit*) Mauresque. **2** *nmf* Arab. **3** *nm* (*Ling*) Arabic.

arabesco *adj, nm* arabesque.

Arabia *nf* Arabia; ~ **Saudita** Saudi Arabia.
arábigo 1 *adj* (*numeral*) Arabic. **2** *nm* (*Ling*) Arabic.
arabismo *nm* (*Ling*) arabism.
arabista *nmf* Arabist.
arable *adj* (*esp LAm*) arable.
arácnido *nm* arachnid.
arada *nf* (*Agr: acción*) ploughing, plowing *(US)*; (*: tierra*) ploughed *o* *(US)* plowed land; (*: jornada*) day's ploughing.
arado *nm* plough, plow *(US)*.
arador *nm* ploughman, plowman *(US)*.
Aragón *nm* Aragon.
aragonés/esa *adj, nm/f* Aragonese.
arancel *nm* tariff, duty.
arancelario *adj* tariff *atr*, customs *atr*.
arándano *nm* bilberry, blueberry.
arandela *nf* (**a**) (*Téc*) washer. (**b**) (*chorrera*) frill, flounce.
araña *nf* (**a**) (*Zool*) spider; **tela de** ~ spider's web; **matar la** ~ (*fig*) to take the edge off one's appetite. (**b**) (*candelabro colgante*) chandelier. (**c**) (*fam: persona*) resourceful person; (*: puta*) whore *(pey)*.
arañar [1a] *vt* (**a**) (*herir*) to scratch. (**b**) (*recoger*) to scrape together; **pasó los exámenes arañando** (*Arg*) he just scraped through the exams.
arañazo *nm* scratch.
arar [1a] *vt* (*Agr*) to plough, plow *(US)*; (*fig*) to mark, wrinkle.
arara *nm* (*LAm*) parrot.
araucano/a *adj, nm/f* Araucanian.
arbitrador(a) *nm/f* arbiter, arbitrator.
arbitraje *nm* (**a**) (*gen*) arbitration; ~ **industrial** industrial arbitration. (**b**) (*Com*) arbitrage. (**c**) (*Dep*) refereeing, handling.
arbitral *adj* of a referee *o* an umpire; **una decisión** ~ a referee's ruling.
arbitrar [1a] **1** *vt* (**a**) (*gen*) to arbitrate in; (*Tenis*) to umpire; (*Ftbl*) to referee. (**b**) (*recursos*) to bring together; (*fondos*) to raise. **2** *vi* to arbitrate; (*Dep*) to umpire, referee; ~ **en una disputa** to arbitrate in a dispute; ~ **entre A y B** to arbitrate between A and B. **3 arbitrarse** *vr* to get along, manage.
arbitrariedad *nf* (**a**) (*cualidad*) arbitrariness. (**b**) (*acto*) arbitrary act; (*ultraje*) outrage.
arbitrario *adj* arbitrary.
arbitrio *nm* (**a**) (*libre albedrío*) free will. (**b**) (*medio*) means. (**c**) (*Jur*) decision, judgment; **al** ~ **de** at the discretion of; **dejar al** ~ **de algn** to leave to sb's discretion. (**d**) ~**s** (*Fin*) excise taxes.
árbitro *nm* (*Jur*) arbiter, arbitrator; (*Tenis*) umpire; (*Ftbl*) referee.
árbol *nm* (**a**) (*Bot*) tree; ~ **frutal/genealógico** fruit/family tree; ~ **de Navidad** Christmas tree; ~ **de la ciencia** tree of knowledge (of good and evil); **los ~es no dejan ver el bosque** you can't see the wood for the trees. (**b**) (*Mec*) shaft; ~ **del cigüeñal/de levas/motor** crankshaft/camshaft/driving shaft. (**c**) (*Náut*) mast; ~ **mayor** mainmast.
arbolado 1 *adj* wooded, tree-covered. **2** *nm* woodland.
arboladura *nf* (*Náut*) rigging.
arbolar [1a] **1** *vt* (*bandera*) to hoist, raise; (*esgrimir*) to brandish; (*buque*) to fit with masts. **2 arbolarse** *vr* (*caballo*) to rear up.
arboleda *nf* grove, coppice.
arbóreo *adj* (**a**) (*Zool*) arboreal, tree *atr*. (**b**) (*forma*) tree-like, tree-shaped.
arboricultor(a) *nm/f* forester.
arboricultura *nf* forestry.
arbotante *nm* (**a**) (*Arquit*) flying buttress. (**b**) (*Méx*) wall lamp.
arbusto *nm* shrub, bush.
arca *nf* (**a**) (*cofre*) chest; (*caja fuerte*) safe; **ser algn un** ~ **cerrada** to be inscrutable. (**b**) (*Rel*) **A~ de la Alianza** Ark of the Covenant; **A~ de Noé** Noah's Ark.
arcabucero *nm* (*Hist*) (h)arquebusier.
arcabuz *nm* (h)arquebus.
arcada *nf* (**a**) (*serie de arcos*) arcade. (**b**) (*de puente*) arch, span; **de una sola** ~ single-span. (**c**) ~**s** (*Med*) retching *sg*.
arcaduz *nm* (*caño*) pipe, conduit; (*de noria*) bucket.
arcaico *adj* archaic.
arcaísmo *nm* archaism.
arcaizante *adj* (*estilo*) old-fashioned; (*tono*) nostalgic.
arcángel *nm* archangel.
arcano 1 *adj* arcane, recondite. **2** *nm* secret, mystery.
arcar [1g] = **arquear**.
arce *nm* maple (tree).
arcediano *nm* archdeacon.
arcén *nm* (*de autopista*) hard shoulder; (*de carretera*) verge; ~ **de servicio** service area.
arcilla *nf* clay; ~ **de alfarería** potter's clay; ~ **cocida** baked clay; ~ **refractaria** fire clay.
arcilloso *adj* clayey.
arcipreste *nm* archpriest.
arco *nm* (**a**) (*Anat, Arquit, Geom*) arch; ~ **de herradura** horseshoe *o* Moorish arch; ~ **ojival/triunfal** pointed/triumphal arch. (**b**) (*arma, Mús*) bow; ~ **de violín** violin bow, fiddlestick; ~**s y flechas** bows and arrows. (**c**) (*Mat, Elec*) arc; ~ **voltaico** arc lamp; ~ **iris** rainbow. (**d**) (*LAm Dep*) goal.
arcón *nm* large chest.
archiconocido *adj* extremely well-known, famous.
archidiácono *nm* archdeacon.
archidiócesis *nf inv* archdiocese.
archiduque *nm* archduke.
archiduquesa *nf* archduchess.
archienemigo *nm* arch-enemy.
archipámpano *nm* (*fam*) big shot *(fam)*.
archipiélago *nm* archipelago.
archisabido *adj* extremely well-known; **un hecho** ~ common knowledge.
archivador(a) 1 *nm* filing cabinet. **2** *nm/f* (*en archivo*) archivist; (*en oficina*) filing clerk.
archivar [1a] *vt* (**a**) (*gen*) to file, store away; (*poner en el archivo*) to place in the archives; (*Inform*) to archive. (**b**) (*fig: plan*) to shelve, put on the back burner; (*: memorizar*) to put to the back of one's mind.
archivero/a *nm/f* (*de oficina*) filing clerk; (*bibliotecario*) archivist, keeper (of archives); ~ **público** registrar.
archivo *nm* (**a**) (*sitio*) archive(s); **A~ Nacional** Public Record Office; **fotos/imágenes de** ~ library photos/pictures. (**b**) (*documentos*) ~**s** files; ~**s policíacos** police files *o* records. (**c**) (*Inform*) file, archive; **nombre de** ~ file name; ~ **maestro** master file; ~ **de transacciones** transactions file. (**d**) **de** ~ (*fam*) out of date, ancient.
arder [2a] **1** *vt* (**a**) to burn. (**b**) (*esp LAm Med*) to sting, smart. **2** *vi* (*gen*) to burn; ~ **sin llama** to smoulder, smolder *(US)*; ~ **de ira** to seethe with anger; **la cosa está que arde** things are coming to a head.
ardid *nm* ruse; ~**es** tricks, wiles.
ardiente *adj* (*gen*) burning; (*deseo*) keen; (*aficionado*) passionate; (*partidario*) fervent, ardent; (*color*) blazing.
ardilla *nf* (**a**) squirrel; **andar como una** ~ to be always on the go. (**b**) (*LAm fam*) clever businessman, wheeler-dealer *(fam)*.
ardite *nm*: **(no) me importa un** ~ I don't give a damn; **no vale un** ~ it's not worth a brass farthing.
ardor *nm* (**a**) (*calor*) heat. (**b**) (*Med*) ~ **de estómago** heartburn. (**c**) (*fig*) ardour, ardor *(US)*, eagerness.
ardoroso *adj* hot, burning; (*fig*) ardent.
arduo *adj* arduous, hard.
área *nf* (**a**) (*gen*) area. (**b**) (*Dep*) ~ **de castigo** *o* **pénalty** penalty area; ~ **de servicio** (*Aut*) service area; ~ **de excedentes** (*Inform*) overflow area.
arena *nf* (**a**) (*Geol*) sand; ~**s movedizas** quicksands; ~**s**

de oro (*fig*) gold dust; **sembrar en ~** (*fig*) to labour *o (US)* labor in vain. (**b**) (*Med*) **~s** stones. (**c**) (*Dep etc*) arena.
arenal *nm* (**a**) (*terreno*) sandy spot. (**b**) (*Golf*) bunker.
arenga *nf* (**a**) (*gen*) harangue *(fam)*, sermon *(fam)*. (**b**) (*Chi: discusión*) argument, quarrel.
arengar [1h] *vt* to harangue.
arenillas *nfpl* (*Med*) stones.
arenisca *nf* sandstone.
arenoso *adj* sandy.
arenque *nm* herring.
areómetro *nm* hydrometer.
arepa *nf* (*LAm*) corn pancake.
arepera *nf* (*LAm*) (**a**) (*vendedora de arepas*) arepa seller. (**b**) (*fam!*) lesbian.
arete *nm* earring.
argamasa *nf* mortar.
argamasar [1a] **1** *vt* to mortar. **2** *vi* to mix (mortar).
árgana *nf* crane.
Argel *nm* Algiers.
Argelia *nf* Algeria.
argelino/a *adj, nm/f* Algerian.
argentado *adj* (*Téc*) silver-plated; (*fig*) silvery.
argentar [1a] *vt* to silver-plate.
argénteo *adj* = **argentino**[1].
argentería *nf* silver *o* gold embroidery.
Argentina *nf*: **la ~** the Argentine, Argentina.
argentinismo *nm* argentinism, word *o* phrase *etc* peculiar to Argentina.
argentino[1] *adj* (*poet*) silver(y).
argentino[2]**/a** *adj, nm/f* Argentinian, Argentine.
argolla *nf* (*anilla*) ring; (*gargantilla*) choker; (*LAm: anillo: de boda*) wedding ring; (*: de novios*) engagement ring.
argón *nm* argon.
argot [ar'go] *nm* (*pl* **~s** [ar'gos]) slang; **~ pasota** dropout slang.
argucia *nf* sophistry, hair-splitting; **~s** nitpicking *sg (fam)*.
argüir [3g] **1** *vt* (**a**) (*gen*) to argue, contend; (*inferir*) to deduce; (*probar*) to prove, show; **esto arguye su poco cuidado** this indicates his lack of care. (**b**) (*argumentar, justificarse*) to argue, claim; **arguyó que no era culpa suya** he claimed it wasn't his fault. **2** *vi* to argue (*contra* against, with).
argumentación *nf* (*acción*) arguing; (*razonamiento*) argument, reasoning.
argumentador *adj* argumentative.
argumental *adj* (*Lit*) plot *atr*; **línea ~** line of the plot, storyline.
argumentar [1a] *vt, vi* to argue.
argumentista *nmf* (*TV etc*) scriptwriter.
argumento *nm* (**a**) (*gen*) argument; (*razonamiento*) reasoning, thinking. (**b**) (*Lit, Teat*) plot; (*TV etc*) script, storyline.
aria *nf* aria.
aridecer [2d] *vi* to dry up, become arid.
aridez *nf* (*lit, fig*) aridity.
árido 1 *adj* arid, dry. **2** *nm*: **~s** (*Com*) dry goods.
Aries *nm* Aries.
ariete *nm* battering ram; (*Dep*) striker.
ario/a *adj, nm/f* Aryan.
arisco *adj* (*animal*) unfriendly; (*individuo*) unsociable, standoffish; (*tímido*) reserved.
arista *nf* (*Bot*) beard; (*Geom*) edge; (*Geog*) arête.
aristocracia *nf* aristocracy.
aristócrata *nmf* aristocrat.
aristocrático *adj* aristocratic.
aritmética[1] *nf* arithmetic.
aritmético/a[2] **1** *adj* arithmetical. **2** *nm/f* arithmetician.
arlequín *nm* (*fig*) buffoon; (*Culin*) Neapolitan ice cream.
arlequinada *nf* (piece of) buffoonery.
arlequinesco *adj* (*fig*) grotesque, ridiculous.
arma *nf* (**a**) (*instrumento*) arm, weapon; **~ atómica** atomic weapon; **~ biológica** biological weapon; **~ blanca** cold steel; **~ de combate** assault weapon; **~ convencional** conventional weapon; **~s cortas** small arms; **~ de doble filo** (*fig*) double-edged sword; **~ de fuego** firearm, gun; **~ química** chemical weapon; **~ reglamentaria** service *o* regulation weapon; **¡a las ~s!** to arms!; **¡~s al hombro!** shoulder arms!; **alzarse en ~s** to rise up in arms; **pasar a algn por las ~s** to execute sb; **¡descansen ~s!** order arms!; **¡presenten ~s!** present arms!; **rendir las ~s** to lay down one's arms; **de ~s tomar** frightening. (**b**) (*rama*) branch, service.
armada *nf* (**a**) (*gen*) navy; (*escuadra*) fleet; **la A~ Británica** the British Navy; **la A~ Invencible** the Spanish Armada; **un oficial de la ~** a naval officer. (**b**) (*CSur*) lasso.
armadijo *nm* trap, snare.
armadillo *nm* armadillo.
armado *adj* (**a**) (*provisto de armas*) armed; **~ hasta los dientes** armed to the teeth. (**b**) (*montado*) mounted, assembled. (**c**) (*hormigón*) reinforced.
armador *nm* (**a**) (*Náut*) shipowner; (*Hist*) privateer. (**b**) (*Mec*) fitter, assembler. (**c**) (*vestido*) jerkin; (*: LAm: chaleco*) waistcoat.
armadura *nf* (**a**) (*Mil, Hist*) armour, armor *(US)*; **una ~** a suit of armour. (**b**) (*Téc*) framework; (*: en hormigón*) reinforcing bars; (*de gafas*) frame; (*Anat*) skeleton; (*Elec*) armature. (**c**) (*Mús*) key signature.
Armagedón *nm* Armageddon.
armamentista *adj* arms *atr*; **carrera ~** arms race.
armamento *nm* (**a**) (*Mil*) armament; **~s** armaments, arms; *V* **carrera (b)**. (**b**) (*Náut*) fitting-out.
armar [1a] **1** *vt* (**a**) (*soldado*) to arm (*con, de* with).
(**b**) (*bayoneta*) to fix; (*rifle etc*) to load; (*trampa*) to set.
(**c**) (*disponer*) to prepare, get ready; (*Mec*) to assemble, put together; (*Náut*) to fit out, equip; (*hormigón*) to reinforce; (*Cos*) to stiffen.
(**d**) (*pleito*) to bring; (*jaleo*) to stir up; (*ruido*) to raise; **~la** to start a row, make trouble.
2 armarse *vr* (**a**) to arm o.s. (*con, de* with); **~ de paciencia** to resolve to be patient; **~ de valor** to summon up one's courage.
(**b**) (*estallar*) to break out; **se está armando una crisis** a crisis is brewing; **se va a ~ la de Dios es Cristo** the fur is going to fly.
(**c**) (*CAm, Méx: animal*) to balk, shy.
armario *nm* cupboard; **~ (ropero)** wardrobe; **~ empotrado** built-in cupboard.
armatoste *nm* (*objeto*) monstrosity; (*persona*) bungling great fool *(fam)*.
armazón *nf* (*gen*) frame; (*fig*) framework; (*Aer, Aut*) body, chassis; (*LAm: estantes*) shelving.
Armenia *nf* Armenia.
armenio/a *adj, nm/f* Armenian.
armería *nf* (**a**) (*museo*) military museum. (**b**) (*tienda*) gunsmith's (shop). (**c**) (*oficio*) gunmaking.
armero *nm* (**a**) (*obrero*) gunsmith; (*industrial*) arms manufacturer. (**b**) (*armario*) gun rack.
armiño *nm* ermine.
armisticio *nm* armistice.
armonía *nf* harmony; **en ~** in harmony *o* keeping (*con* with).
armónica[1] *nf* harmonica, mouth organ.
armónico/a[2] **1** *adj* harmonic. **2** *nm* (*Mús*) harmonic.
armonio *nm* harmonium.
armonioso *adj* harmonious.
armonización *nf* harmonization; (*fig*) reconciliation; **ley de ~** coordinating law.
armonizar [1f] **1** *vt* (*Mús*) to harmonize; (*diferencias*) to reconcile. **2** *vi* to harmonize (*con* with); (*fig*); **~ con** to harmonize *o* be in keeping with; (*colores*) to tone in with.
ARN *nm abr de* **ácido ribonucleico** RNA.

arnés *nm* (**a**) (*Mil, Hist*) armour, armor *(US)*. (**b**) **~es** harness *sg*, trappings.
aro *nm* (*de tonel*) ring, hoop; (*de rueda*) rim; (*servilletero*) napkin ring; (*And, CSur: arete*) earring; **~ de émbolo** piston ring; **~ de rueda** wheel rim; **pasar por el ~** *(fam)* to fall into line.
aroma *nm* (*gen*) aroma, scent; (*de vino*) bouquet.
aromático *adj* aromatic, sweet-scented.
aromatizador *nm* air-freshener.
aromatizar [1f] *vt* (*gen*) to scent; (*aire*) to freshen; (*Culin*) to spice, flavour *o (US)* flavor with herbs.
arpa *nf* harp.
arpado *adj* serrated.
arpegio *nm* (*Mús*) arpeggio.
arpía *nf* (*Mitología*) harpy; (*fig*) bag *(fam)*.
arpillera *nf* sacking, sackcloth.
arpista *nmf* harpist.
arpón *nm* harpoon.
arponar, **arponear** [1a] *vt* to harpoon.
arponero *adj*: **navío ~** whaler, whaling vessel.
arquear [1a] **1** *vt* (**a**) (*doblar*) to arch, bend. (**b**) (*lana*) to beat. (**c**) (*Náut*) to gauge; (*LAm Com*) to tot up. **2** *vi* (*Med*) to retch. **3 arquearse** *vr* to arch, bend.
arqueo *nm* (**a**) (*gen*) arching. (**b**) (*Náut*) capacity; (*Com*) filling *o* cashing up; **~ bruto** gross tonnage.
arqueología *nf* archaeology.
arqueológico *adj* archaeological; **investigación ~a** dig.
arqueólogo/a *nm/f* archaeologist.
arquería *nf* arcade, series of arches.
arquero *nm* (**a**) (*Mil*) bowman, archer. (**b**) (*Com*) cashier. (**c**) (*LAm Dep*) goalkeeper.
arquetípico *adj* archetypal, archetypical.
arquetipo *nm* archetype.
arquitecto/a *nm/f* architect; **~ de jardines** *o* **paisajista** landscape gardener.
arquitectónico *adj* architectural.
arquitectura *nf* architecture.
arrabal *nm* suburb; **~es** outskirts.
arrabalero *adj* (**a**) suburban. (**b**) (*fig*) common, coarse.
arracada *nf* pendant earring.
arracimado *adj* clustered, in a cluster.
arracimarse [1a] *vr* to cluster together.
arraigado *adj* (*costumbre*) deep-rooted; (*creencia*) deep-seated; (*persona*) property-owning.
arraigar [1h] **1** *vt* (**a**) (*fig*) to establish. (**b**) (*LAm Jur*) to place under a restriction order. **2** *vi* (*Bot*) to take root. **3 arraigarse** *vr* (*gen*) to take root; (*fig: establecerse*) to settle, establish o.s.
arraigo *nm* (**a**) (*Bot*) rooting; **de fácil ~** easily rooted. (**b**) (*bienes*) land, real estate; **hombre de ~** man of property. (**c**) (*fig: de creencia etc*) deep-seatedness; (*: influencia*) hold, influence.
arramblar [1a] *vi*: **~ con** (*fam: robar*) to make off with, pinch *(fam)*.
arrancaclavos *nm inv* claw hammer.
arrancada *nf* (*arranque*) sudden start; (*aceleración*) sudden acceleration; (*sacudida*) jerk, jolt; (*esp LAm: fuga*) sudden dash, escape attempt.
arrancar [1g] **1** *vt* (**a**) (*sacar de raíz*) to pull up; (*diente*) to extract, pull; (*pelo*) to pluck out; (*botón etc*) to tear off; (*página*) to tear *o* rip out; (*suspiro*) to heave.
(**b**) (*tomar*) to snatch away (*a, de* from); (*: con violencia*) to wrench, wrest (*a, de* from); **lograron ~le el cuchillo** they managed to wrest the knife from him.
(**c**) **~ a algn de un vicio** to wean sb off a bad habit.
(**d**) (*apoyo*) to win, get; (*victoria*) to snatch, wrest (*a* from); **~ información a algn** to extract information from sb.
(**e**) (*Aut etc*) to start.
(**f**) (*Inform*) to boot.
2 *vi* (**a**) (*gen*) to start, set off; (*Aut*) to start; (*Náut*) to set sail; (*marcharse*) to leave; **~ a correr** to start running.
(**b**) (*LAm: fugar*) to escape, run away.
(**c**) **~ de** to spring from, originate in; **esto arranca del siglo XV** this goes back to the 15th century.
3 arrancarse *vr* (*LAm fam: morirse*) to kick the bucket *(fam)*.
arrancón *nm* (*Méx*) = **arrancada**.
arranque *nm* (**a**) (*sacudida*) jerk, jolt. (**b**) (*Mec*) starter; **~ automático** (*Aut*) starter motor. (**c**) (*comienzo*) beginning, starting point. (**d**) (*arrebato*) (emotional) outburst; **~ de cólera** fit of anger; **en un ~** impulsively. (**e**) (*ocurrencia*) witty remark.
arrapiezo *nm* (**a**) (*harapo*) rag, tatter. (**b**) (*mocoso*) whippersnapper.
arras *nfpl* (*Fin, Com*) pledge *sg*, security *sg*.
arrasar [1a] **1** *vt* (**a**) (*gen*) to level; (*edificio*) to demolish; (*: esp en guerra*) to raze to the ground; (*suj: ciclón, terremoto*) to devastate. (**b**) (*llenar*) to fill to the brim. **2** *vi* (*Met*) to clear. **3 arrasarse** *vr* (*Met*) to clear; **se le arrasaron los ojos de** *o* **en lágrimas** her eyes filled with tears.
arrastrada[1] *nf* (*fam*) whore, hooker *(US)*.
arrastrado/a[2] **1** *adj* (**a**) **llevar algo ~** to drag sth along. (**b**) (*pobre*) poor, miserable; **andar ~** to have a wretched life. (**c**) (*pícaro*) wily, rascally. **2** *nm/f* rogue, rascal.
arrastradora *nf* (*Per*) prostitute.
arrastrar [1a] **1** *vt* (**a**) (*objeto pesado, pies*) to drag; (*carro*) to pull; (*fig: sílaba*) to drag out; **arrastra un complejo de inferioridad desde la adolescencia** he's had an inferiority complex ever since he was a youth.
(**b**) (*llevar: suj: viento*) to blow away; (*: río*) to sweep away *o* along; (*: emoción*) to carry away; **no te dejes ~ por esa idea** don't get carried away by that idea; **~ a algn a hacer algo** to lead sb to do sth.
(**c**) (*público*) to win over.
(**d**) (*dificultad, problemas*) to give rise to.
2 *vi* to drag, trail along the ground.
3 arrastrarse *vr* (**a**) (*Zool*) to crawl, creep; (*gente*) to drag o.s. along; (*fig: humillarse*) to grovel; **se arrastró hasta la puerta** he dragged himself to the door.
(**b**) (*vestido*) to trail along the ground.
arrastre *nm* (**a**) (*acción*) dragging, pulling; (*Aer*) drag; **flota de ~** trawling fleet, fleet of trawlers. (**b**) (*Méx, CAm*) influence; **tener mucho ~** to have friends in high places. (**c**) (*Taur*) removal of dead animal; **estar para el ~** (*fig*) to be knackered *(fam)*.
array *nm* (*Inform*) array; **~ empaquetado** packed array.
arrayán *nm* myrtle.
arre *interj* gee up!
arreada *nf* (*CSur, Méx: Agr*) round-up; (*Jur*) cattle-rustling; (*Mil*) press-ganging.
arreador *nm* (*LAm*) long whip.
arrear [1a] **1** *vt* (**a**) (*estimular*) to drive, urge on. (**b**) (*poner arreos a*) to harness. (**c**) (*CAm, CSur, Méx: ganado*) to rustle. **2** *vi* to hurry along; **¡arrea!** get moving!
arrebañaduras *nfpl* leftovers.
arrebañar [1a] *vt* (*juntar*) to scrape together; (*comida*) to eat up, clear up.
arrebatadizo *adj* excitable, hot-tempered.
arrebatamiento *nm* (**a**) (*acción*) snatching (away), seizure. (**b**) (*éxtasis*) ecstasy, rapture; (*ira*) anger.
arrebatar [1a] **1** *vt* (**a**) to snatch away, wrench (*a* from); (*vida*) to take; (*suj: viento etc*) to carry off *o* away; **le arrebató el revólver** he snatched the pistol from him; **le arrebataron la victoria** they snatched victory from under his *etc* very nose; **~ la vida a algn** to take sb's life.
(**b**) (*conmover*) to stir; (*cautivar*) to captivate.
2 arrebatarse *vr* (**a**) to get carried away, get excited; **~ de cólera** to be overcome with anger.
(**b**) (*Culin*) to burn, overcook.
arrebato *nm* (*ira*) rage; **en un ~ de cólera/entusiasmo** in an outburst of anger/in a sudden fit of enthusiasm.
arrebol *nm* (*colorete*) rouge; (*Met*) red glow; **~es** red clouds.

arrebolar 1a **1** *vt* to redden. **2 arrebolarse** *vr* (**a**) (*pintarse*) to apply rouge. (**b**) (*enrojecer*) to blush.
arrebujar 1a **1** *vt* (**a**) (*objetos*) to jumble together *o* up. (**b**) (*niño etc*) to wrap up, cover. **2 arrebujarse** *vr* to wrap o.s. up (*con* in, with).
arreciar 1b **1** *vi* (*Met*) to get worse; (*: viento*) to get stronger. **2 arreciarse** *vr* (**a**)=**1**. (**b**) (*Med*) to get stronger, pick up.
arrecife *nm* reef; ~ **de coral** coral reef.
arrechar 1a (*LAm*) **1** *vt* to arouse, excite. **2 arrecharse** *vr* to get (sexually) aroused/excited.
arrechera *nf* (**a**) (*LAm: de animal*) heat, mating urge. (**b**) (*CAm, Méx: fam: excitación*) arousal.
arrechucho *nm* (**a**) (*gen*) sudden impulse; (*de cólera*) fit, outburst. (**b**) (*Med*) turn.
arredrar 1a **1** *vt* (*asustar*) to scare. **2 arredrarse** *vr* (*intimidarse*) to be scared; ~ **ante algo** to shrink away from sth.
arregazado *adj* (*falda*) tucked up; (*nariz*) snub.
arregazar 1f *vt* to tuck up.
arreglado *adj* (**a**) (*ordenado*) neat, orderly; (*moderado*) moderate, sensible; **una vida ~a** a well-regulated life; **conducta ~a** good *o* orderly behaviour *o (US)* behavior; **está** ~ it's all arranged; (*iro*) he's done for! *(fam)*; **un precio** ~ a reasonable price. (**b**) ~ **a** in accordance with.
arreglar 1a **1** *vt* (**a**) (*gen*) to arrange; (*detalles*) to settle; (*cita*) to fix up; (*error etc*) to put right, correct; **yo lo arreglaré** I'll see to it, I'll take care of it.
(**b**) (*Mec etc*) to fix, repair.
(**c**) (*poner en orden*) to tidy up, smarten up; (*preparar*) to get ready.
(**d**) (*LAm: deuda*) to (re)pay.
2 arreglarse *vr* (**a**) (*ponerse de acuerdo*) to come to terms (*a, con* with), reach an understanding; (*: novios*) to make up; ~ **a** to conform to.
(**b**) (*vestirse*) to get dressed up; (*esmerarse*) to tidy o.s. up; ~ **el pelo** to have one's hair done.
(**c**) (*dificultad etc*) to work out, be solved; **por fin el asunto se arregló** everything worked out in the end.
(**d**) **arreglárselas** to get by, manage (*para hacer algo* to do sth); **¿cómo se arreglan Uds?** how do you manage?; **sabe arreglárselas** he's well able to take care of himself.
arreglo *nm* (**a**) (*acción*) arrangement, settlement; ~ **de cuentas** (*fig*) settling of old scores; **esto no tiene** ~ there's no solution to this; **ya no tiene** ~ it's too late now, it's beyond repair.
(**b**) (*reparación*) repair; **el ~ del televisor son 2000 ptas** it's 2000 ptas to fix the TV; **'se hacen ~s'** 'repairs done'.
(**c**) (*order*) rule, order; **vivir con** ~ to live an orderly life.
(**d**) (*acuerdo*) agreement, understanding; **con ~ a** in accordance with; **llegar a un** ~ to reach a compromise.
(**e**) (*Mús*) setting, arrangement.
(**f**) (*Inform*) array.
arrejuntarse 1a *vr* (*fam*) to set up house together, shack up together *(fam)*.
arrejunte *nm* cohabitation, living together.
arrellanarse, arrellenarse 1a *vr* to lounge, sprawl; ~ **en el asiento** to lie back in one's chair.
arremangar 1h **1** *vt* (*mangas*) to roll up; (*faldas*) to tuck up. **2 arremangarse** *vr* (**a**) to roll up one's sleeves. (**b**) (*fig*) to get stuck in *(fam)*.
arremeter 2a *vi* to rush forth, attack; ~ **a** *o* **contra algn** to attack *o* launch o.s. at sb; **el coche arremetió contra la pared** the car smashed into the wall.
arremetida *nf* (**a**) (*gen*) attack, assault; (*empujón*) shove, push. (**b**) (*de caballo*) sudden start.
arremolinarse 1a *vr* (*gente*) to crowd around, mill around; (*corriente*) to swirl, eddy.
arrendador(a) *nm/f* (**a**) (*propietario*) landlord/landlady; (*Jur*) lessor; (*Com*) franchisor. (**b**) (*arrendatario: gen*) tenant; (*: Jur*) lessee; (*: Com*) franchisee.
arrendajo *nm* (*Orn*) jay; (*fig*) mimic.
arrendamiento *nm* (**a**) (*gen*) renting; (*de casa*) leasing; (*el alquilar*) hiring; **tomar una casa en** ~ to rent a house. (**b**) (*precio*) rent, rental. (**c**) (*contrato*) contract, agreement; (*Com: concesión*) franchise.
arrendar[1] 1j *vt* (**a**) (*suj: propietario: inmuebles*) to let, lease; (*: máquinas etc*) to hire out. (**b**) (*suj: usuario: inmuebles*) to rent, lease; (*: máquinas*) to hire.
arrendar[2] 1j *vt* (*caballo*) to tie, tether (by the reins).
arrendatario/a *nm/f* (*gen*) tenant; (*Jur*) lessee, leaseholder; (*Aut etc*) hirer.
arreo *nm* (**a**) (*adorno*) adornment. (**b**) **~s** harness *sg*, trappings; (*fig*) gear *sg*. (**c**) (*LAm: animales*) drove (of cattle); (*: acto*) roundup.
arrepentido/a **1** *adj* (*gen*) sorry; (*Rel*) repentant; **terrorista** ~ reformed terrorist; **estar** ~ **de algo** to regret *o* be sorry about sth. **2** *nm/f* (*Rel*) penitent; (*terrorista, criminal*) reformed offender.
arrepentimiento *nm* regret; (*Rel*) repentance; (*de terrorista etc*) reformation.
arrepentirse 3i *vr* to repent, be repentant; ~ **de algo/de haber hecho algo** to regret sth/doing *o* having done sth; **no ~ de nada** to be sorry for nothing, have no regrets.
arrestado *adj* bold, daring.
arrestar 1a **1** *vt* to arrest, detain; ~ **en el cuartel** (*Mil*) to confine to barracks. **2 arrestarse** *vr*: ~ **a algo** to rush boldly into sth; ~ **a todo** to be afraid of nothing.
arresto *nm* (**a**) (*Jur: acción*) arrest; (*: detención*) remand; (*Mil*) detention, confinement; **estar bajo** ~ to be under arrest; ~ **domiciliario** house arrest; ~ **mayor** (*Esp*) *imprisonment for from 1 month and a day to 6 months*; ~ **menor** (*Esp*) *imprisonment for from 1 day to 30 days*; ~ **preventivo** preventive detention. (**b**) **~s** daring *sg*; **tener ~s** to be bold *o* daring.
arriada *nf* flood.
arriar 1c **1** *vt* (*bandera*) to lower, strike; (*vela*) to haul down; (*cable*) to loosen. **2 arriarse** *vr* to flood, become flooded.
arriate *nm* (**a**) (*Bot*) bed, border. (**b**) (*camino*) road.
arriba **1** *adv* (**a**) (*gen: situación*) up there, above; (*Náut*) aloft; (*en casa*) upstairs; (*sentido*) up, upwards; ~ **de** (*LAm: encima de*) above, over; **'este lado (para)** ~**'** 'this side up'; **de** ~ **abajo** from top to bottom, from head to foot; **desde** ~ from (up) above; **hacia** ~ up(wards); **está más** ~ it's higher *o* further up; **está hasta** ~ **de trabajo** (*fam*) he's up to his eyes in work *(fam)*; **llegar** ~ to get to the top; **por la calle** ~ up the street; **de 10 dólares para** ~ from 10 dollars upwards; **de la cintura (para)** ~ from the waist up; *V* **corriente; cuesta; patas**.
(**b**) **la parte de** ~ the upper part, the top side; **los de** ~ the people on top.
2 *interj*: ¡~! up!; **¡manos** ~! hands up!; **¡~ España!** Spain for ever!, long live Spain!
arribada *nf* (*Náut*) arrival; ~ **forzosa** unscheduled stop; **entrar de** ~ to put into port.
arribaje *nm* (*Náut*) arrival, entry into harbour *o (US)* harbor.
arribar 1a *vi* (*esp LAm: llegar*) to arrive; (*Náut*) to put into port.
arribismo *nm* social climbing.
arribista *nmf* upstart, arriviste.
arribo *nm* (*esp LAm*) arrival; **hacer su** ~ to arrive.
arriendo *nm* = **arrendamiento**.
arriero *nm* muleteer.
arriesgado *adj* (**a**) (*acto*) risky, hazardous; **unas ideas ~as** some dangerous ideas; **me parece** ~ **prometerlo** I would be rash to promise it. (**b**) (*individuo*) bold, daring.
arriesgar 1h **1** *vt* (*gen*) to risk, hazard; (*oportunidad etc*) to endanger, put at risk. **2 arriesgarse** *vr* to take a risk, expose o.s. to danger; ~ **a hacer algo** to risk doing sth.
arrimadero *nm* support.
arrimadizo/a **1** *adj* (*fig*) parasitic. **2** *nm/f* parasite,

hanger-on.

arrimado 1 *adj* close. **2** *nm* (*Méx*) parasite.

arrimar 1a **1** *vt* (**a**) (*acercar*) to bring close, draw up (*a* to); **hay que ~lo todavía más** you'll have to bring it closer still; **lo arrimamos a la ventana** we put it against the window; **arrimó el oído a la puerta** he put his ear to the door; **~ las espuelas a un caballo** to dig one's spurs into a horse; **~ un golpe a algn** to strike sb.
(**b**) (*arrinconar*) to lay aside, shelve; (*individuo*) to ignore, push aside; **~ los libros** (*fig*) to give up studying, drop out.
2 arrimarse *vr* (**a**) (*gen*) to come closer; (*juntarse*) to gather; **~ a** (*acercarse*) to come close(r), to get near(er) to; (*apoyarse*) to lean against *o* on; **se arrimó a la lumbre** she huddled over the fire; **arrímate a mí** cuddle up to me.
(**b**) **~ a** (*fig*) to join, keep company with; (*buscar ayuda*) to seek the protection of.

arrimo *nm* (**a**) (*apoyo*) support. (**b**) (*fig: ayuda*) help, protection. (**c**) (*apego*) attachment. (**d**) (*Arquit*) partition.

arrinconado *adj* (*olvidado*) forgotten, neglected; (*marginado*) out in the cold *(fam)*.

arrinconar 1a **1** *vt* (**a**) (*objeto*) to put in a corner; (*Mil etc*) to corner. (**b**) (*abandonar*) to lay aside, discard; (*apartar*) to push aside; (*marginar*) to leave out in the cold *(fam)*. **2 arrinconarse** *vr* to become a recluse.

arriscado *adj* (**a**) (*Geog*) craggy. (**b**) (*fig*) bold, resolute.

arriscarse 1g *vr* (**a**) (*envanecerse*) to get conceited. (**b**) (*LAm: vestir de punto en blanco*) to dress up to the nines.

arroba *nf* (*peso*) 25 pounds; **por ~s** (*fig fam*) tons *(fam)*, loads *(fam)*; **tiene talento por ~s** he has loads of talent.

arrobador *adj* entrancing, enchanting.

arrobamiento *nm* (*gen*) ecstasy, rapture; (*Rel*) trance.

arrobar 1a **1** *vt* to entrance, enchant. **2 arrobarse** *vr* to go into ecstasies, be enraptured; (*místico etc*) to go into a trance.

arrobo *nm* = **arrobamiento**.

arrocero *adj* rice *atr*; **cultivo ~** rice cultivation.

arrodajarse 1a *vr* (*CAm*) to sit cross-legged.

arrodillarse 1a *vr* to kneel (down), go down on one's knees; **estar arrodillado** to be kneeling (down), be on one's knees.

arrogancia *nf* arrogance; (*orgullo*) pride.

arrogante *adj* arrogant; (*altanero*) haughty.

arrogarse 1h *vr*: **~ algo** to assume sth, take sth on o.s.

arrojadizo *adj*: **arma ~a** missile, projectile.

arrojado *adj* (*valiente*) daring, dashing; (*temerario*) reckless.

arrojar 1a **1** *vt* (**a**) (*gen*) to throw, hurl; **~ algo de sí** to fling sth aside. (**b**) (*emitir*) to give out, emit; (*Bot*) to put out; (*individuo*) to throw out; (*vomitar: LAm*) to bring up, vomit; **este estudio arroja alguna luz sobre el tema** this study throws *o* casts some light on the subject. (**c**) (*Com, Fin, Mat*) to give, produce, yield; (*: resultado*) to show. **2 arrojarse** *vr* (**a**) to throw *o* hurl o.s. (*a* into, on; *por* out of, through); **~ al agua** to jump into the water. (**b**) (*fig*) **~ a** to rush into, fling o.s. into.

arrojo *nm* daring, fearlessness; **con ~** boldly.

arrollador *adj* (*fig*) sweeping, devastating; **por una mayoría ~a** by an overwhelming majority; **un ataque ~** a crushing attack.

arrollar 1a *vt* (**a**) (*enrollar*) to roll up; (*Elec etc*) to coil, wind. (**b**) (*suj: río etc*) to sweep away, wash away; (*Mil*) to rout; (*Dep*) to crush; (*Aut etc*) to run over, knock down. (**c**) (*persona: en debate*) to crush.

arropar 1a **1** *vt* (**a**) (*vestir*) to wrap up (with clothes); (*en cama*) to tuck up (in bed). (**b**) (*fig*) to protect. **2 arroparse** *vr* to wrap o.s. up; **¡arrópate bien!** wrap up warm!

arrope *nm* syrup.

arrorró *nm* (*LAm*) lullaby.

arrostrar 1a **1** *vt* (*consecuencias*) to face (up to); (*peligro*) to brave, face. **2 arrostrarse** *vr*: **~ con algn** to face up to sb.

arroyo *nm* (**a**) (*gen*) stream, brook; (*cauce*) watercourse; (*LAm: río*) river. (**b**) (*fig*) gutter; **poner a algn en el ~** to turn sb onto the streets; **sacar a algn del ~** to drag sb from the gutter; **ser del ~** to be an orphan *o* foundling.

arroyuelo *nm* small stream, brook.

arroz *nm* rice; **~ blanco** boiled rice; **~ a la cubana** rice with banana and fried egg; **~ hinchado** puffed rice; **~ integral** brown rice; **~ con leche** rice pudding.

arrozal *nm* ricefield, paddy field.

arruga *nf* (*piel*) wrinkle, line; (*en ropa*) crease.

arrugado *adj* (*cara etc*) wrinkled, lined; (*papel etc*) creased; (*vestido*) crumpled.

arrugar 1h **1** *vt* (*cara*) to wrinkle; (*ceño*) to knit; (*papel*) to crumple, screw up; (*ropa*) to ruck up, crumple; **~ la cara** to screw up one's face; **~ el entrecejo** to knit one's brow, frown. **2 arrugarse** *vr* (**a**) (*cara*) to wrinkle (up), get wrinkled; (*ropa*) to crease, get creased; (*Bot*) to shrivel up. (**b**) (*Méx fam*) to get scared.

arruinamiento *nm* ruin, ruination.

arruinar 1a **1** *vt* (*gen*) to ruin; (*destruir*) to wreck, destroy. **2 arruinarse** *vr* (*Fin etc*) to be ruined; (*fig*) to go to rack and ruin.

arrullar 1a **1** *vt* (*niño*) to lull *o* sing to sleep; (*amante*) to say sweet nothings to. **2** *vi* to coo. **3 arrullarse** *vr* to bill and coo.

arrullo *nm* (*Orn*) cooing; (*fig*) billing and cooing; (*canción*) lullaby.

arrumaco *nm* (**a**) (*caricia*) caress. (**b**) (*halago*) piece of flattery.

arrumaje *nm* (*Náut*) stowage.

arrumar 1a **1** *vt* (*Náut*) to stow. **2 arrumarse** *vr* (*Náut*) to become overcast.

arrumbar[1] 1a *vt* (**a**) (*objeto*) to put aside, discard. (**b**) (*individuo*) to silence, floor.

arrumbar[2] 1a (*Náut*) **1** *vi* to set course (*hacia* for). **2 arrumbarse** *vr* to take one's bearings.

arrurruz *nm* arrowroot.

arsenal *nm* (*Náut*) naval dockyard; (*Mil*) arsenal; (*fig*) storehouse, mine; **el ~ nuclear** the nuclear arsenal.

arsénico *nm* arsenic.

arte *nm o nf* (*gen m en sg, f en pl*) (**a**) art; **~s** (*Univ*) arts; **~ abstracto** abstract art; **bellas ~s** fine arts; **~s decorativas/gráficas/plásticas** decorative/graphic/plastic arts; **por ~ de magia** (as if) by magic; **~s marciales** martial arts; **~ mecánico** mechanical skill; **~s y oficios** arts and crafts; **~ poética** poetics; **el séptimo ~** the cinema, film; **~ de los trucos** conjuring.
(**b**) (*habilidad*) skill; (*astucia*) craftiness; **malas ~s** trickery *sg*.
(**c**) (*artificio*) workmanship, artistry; **sin ~** clumsy.
(**d**) **no tener ~ ni parte en algo** to have nothing whatsoever to do with a matter.

artefacto *nm* (**a**) (*Téc*) device, appliance; **~s de alumbrado** light fittings *o* fixtures; **~ nuclear** nuclear device. (**b**) (*Arqueol*) artefact, artifact *(US)*.

artejo *nm* knuckle.

arteria *nf* artery; **la ~ principal de una ciudad** the main thoroughfare of a town.

artería *nf* cunning, artfulness.

arterial *adj* arterial.

arterio(e)sclerosis *nf* arteriosclerosis.

artero *adj* cunning, crafty.

artesa *nf* trough.

artesanal *adj* craft *atr*; **industria ~** craft industry.

artesanía *nf* (*arte*) craftmanship; (*productos*) (handi)-crafts *pl*; (*artes y oficios*) arts and crafts.

artesano/a *nm/f* craftsman/craftswoman, artisan.

artesiano *adj*: **pozo ~** artesian well.

artesonado *nm* coffered ceiling.

ártico *adj, nm* Arctic.

articulación *nf* (**a**) (*Anat*) articulation, joint. (**b**) (*Mec*) joint; ~ **esférica/universal** ball-and-socket/universal joint. (**c**) (*Ling*) articulation.

articulado 1 *adj* (**a**) (*persona*) articulate. (**b**) (*Anat, Mec*) articulated, jointed. **2** *nm* (*de ley, reglamento*) article.

articular [1a] *vt* (**a**) (*Ling*) to articulate; (*Mec*) to articulate, join together. (**b**) (*Jur*) to article.

articulista *nmf* columnist, contributor (to a paper).

artículo *nm* (**a**) (*Com*) article, item; **~s** commodities, goods; **~s alimenticios** foodstuffs; **~ de comercio** commodity; **~s de consumo** consumer goods; **~s de marca** branded goods; (*Com*) proprietary goods; **~ de primera necesidad** basic commodities, essentials; **~s de tocador** toiletries. (**b**) (*escrito*) article; (*TV*) feature, report; **~ de fondo** leader, editorial. (**c**) (*Ling*) article; **~ definido/indefinido** definite/indefinite article.

artífice *nm* (*gen*) artist, craftsman; (*hacedor*) maker; **el ~ de la victoria** the architect of victory.

artificial *adj* artificial; **fuegos ~es** fireworks.

artificiero *nm* explosives expert, bomb-disposal officer.

artificio *nm* (**a**) (*arte*) art, craft; (*truco*) artifice. (**b**) (*aparato*) device, appliance.

artificioso *adj* (**a**) (*genial*) skilful, skillful *(US)*, ingenious. (**b**) (*disimulado*) artful.

artilugio *nm* gadget, contraption.

artillería *nf* artillery; **~ antiaérea** anti-aircraft guns; **~ pesada** heavy artillery.

artillero *nm* (*Mil*) artilleryman; (*Aer, Náut*) gunner.

artimaña *nf* (**a**) (*Caza*) trap, snare. (**b**) (*fig*) cunning.

artista *nmf* artist; (*Teat etc*) artist, artiste; **~ de cine** film actor/actress; **~ de teatro** artist(e); **~ de variedades** variety artist(e); **~ invitado** guest artist.

artístico *adj* artistic.

artrítico *adj* arthritic.

artritis *nf* arthritis; **~ reumatoidea** rheumatoid arthritis.

arveja *nf* (**a**) (*Bot*) vetch. (**b**) (*LAm: guisante*) pea.

Arz. *abr de* **arzobispo** Abp.

arzobispado *nm* archbishopric.

arzobispo *nm* archbishop.

as *nm* (**a**) (*Naipes*) ace; (*dominó*) one; **~ de espadas** ace of spades; **guardarse un ~ en la manga** to have an ace up one's sleeve. (**b**) (*fam*) ace; **~ del fútbol** star player; **~ del volante** champion driver; **es un ~** he's a wizard *(fam)*, he's tops *(fam)*.

asa[1] *nf* (*gen*) handle.

asa[2] *nf* (*Bot*) juice.

asadero 1 *adj* roasting, for roasting. **2** *nm* (**a**) (*Elec*) spit roaster; (*fig*) oven. (**b**) (*Méx: queso blando*) cottage cheese.

asado 1 *adj* roast, roasted; **carne ~a** roast meat; **~ al horno/a la parrilla** baked/broiled *o* grilled; **bien/poco ~** well done/rare. **2** *nm* roast, joint; (*CSur: comida*) barbecue; (*: carne asada*) barbecued meat.

asador *nm* (**a**) (*varilla*) spit; (*aparato*) spit roaster; **~ a rotación** rotary spit. (**b**) (*restaurante*) carvery.

asaduras *nfpl* entrails, offal; (*Culin*) chitterlings; **echar las ~** (*fig*) to bust a gut *(fam)*.

asaetear [1a] *vt* (**a**) to shoot, hit (with an arrow). (**b**) (*fig*) to bother, pester.

asalariado/a 1 *adj* wage-earning. **2** *nm/f* wage earner.

asalariar [1b] *vt* to employ.

asaltador(a) *nm/f*, **asaltante** *nmf* (*de individuo*) attacker, assailant; (*de banco etc*) raider.

asaltar [1a] *vt* (**a**) (*persona*) to attack, assault; (*Mil*) to storm; (*banco etc*) to break into, raid. (**b**) (*suj: dudas etc*) to assail; (*: idea*) to cross one's mind.

asalto *nm* (**a**) (*Mil*) attack, assault; **tomar por ~** to take by storm. (**b**) (*Boxeo*) round; **~ de armas** fencing bout. (**c**) (*Carib, Méx: reunión*) surprise party.

asamblea *nf* (*mítin*) meeting; (*congreso*) congress, assembly; **A~ Nacional** National Assembly.

asambleísta *nmf* assemblyman/woman.

asar [1a] **1** *vt* (**a**) to roast; **~ al horno/a la parrilla** to bake/grill. (**b**) (*fig*) to pester, plague (*con, a* with). **2 asarse** *vr* (*fig*) **me aso de calor** I'm roasting; **aquí se asa uno vivo** it's boiling hot here.

asaz *adv* (*Lit*) very, exceedingly.

asbesto *nm* asbestos.

ascendencia *nf* (**a**) ancestry; (*origen*) origin. (**b**) (*dominio*) ascendancy.

ascendente 1 *adj* (*movimiento*) ascending; (*tendencia*) rising, increasing; **en una curva ~** in an upward curve; **la carrera ~ del pistón** the upstroke of the piston. **2** *nm* (*Astrol*) ascendant.

ascender [2g] **1** *vt* to promote; **fue ascendido a teniente** he was promoted (to) lieutenant. **2** *vi* (**a**) (*gen*) to ascend, rise, go up. (**b**) (*Dep*) to be promoted (*a* to); **Málaga asciende a primera división** Málaga goes up to the first division. (**c**) **~ a** (*suma*) to amount to.

ascendiente 1 *adj* = **ascendente**. **2** *nmf* ancestor. **3** *nm* ascendancy (*sobre* over).

ascensión *nf* (**a**) (*montañismo*) ascent. (**b**) (*Rel*) **la A~** the Ascension.

ascensionista *nmf* balloonist.

ascenso *nm* promotion (*a* to, to the rank of).

ascensor *nm* lift, elevator *(US)*; (*Téc*) elevator.

ascensorista *nmf* lift attendant, elevator operator *(US)*.

asceta *nmf* ascetic.

ascético *adj* ascetic.

ascetismo *nm* asceticism.

asco *nm* (**a**) (*sensación*) disgust, revulsion; **¡qué ~!** how awful *o* revolting!; **coger ~ a algo** to get sick of sth; **dar ~ a algn** to sicken *o* disgust sb; **me dan ~ las aceitunas** I loathe olives; **hacer ~s a algo** to turn up one's nose at sth. (**b**) (*objeto*) **es un ~** it's disgusting; **estar hecho un ~** to be filthy; **poner a algn de ~** (*Méx fam*) to call sb all sorts of names.

ascua *nf* live coal, ember; **¡~s!** ouch!; **arrimar el ~ a su sardina** to look after number one; **estar como ~ de oro** to be shining bright; **estar en ~s** to be on tenterhooks.

aseado *adj* (*gen*) clean; (*pulido*) neat, smart.

asear [1a] **1** *vt* (*lavar*) to wash; (*limpiar*) to clean up; (*pulir*) to smarten up. **2 asearse** *vr* to tidy *o* smarten o.s. up.

asechanza *nf* trap, snare.

asechar [1a] *vt* to set a trap for.

asediar [1b] *vt* (**a**) (*Mil*) to besiege; (*Náut*) to blockade. (**b**) (*molestar*) to bother, pester.

asedio *nm* (*Mil*) siege; (*Náut*) blockade.

asegurado/a 1 *adj* (**a**) insured. (**b**) (*indudable*) secure; **tenemos el éxito ~** we are bound to be successful. **2** *nm/f* insured, policy-holder.

asegurador(a) 1 *adj* insurance *atr*. **2** *nm/f* insurer; **~ indirecto** underwriter.

asegurar [1a] **1** *vt* (**a**) (*fijar*) to fasten, fix; **~ algo con pernos** to secure sth with bolts.

(**b**) (*fortalecer*) to make secure (*contra* against).

(**c**) (*derechos*) to safeguard, guarantee.

(**d**) (*declarar*) to assure; **le aseguro que** I assure you that; **aseguró que** he affirmed that; **se lo aseguro** take my word for it.

(**e**) (*Com, Fin*) to insure (*contra* against); (*: vidas*) to assure (*contra* against).

2 asegurarse *vr* (**a**) to make sure (*de* of); **para ~nos del todo** in order to make quite sure.

(**b**) (*Com, Fin*) to insure o.s.

asemejar [1a] **1** *vt* (*hacer parecido*) to make alike *o* similar. **2 asemejarse** *vr* to be alike, be similar; (*compararse*) to compare (*a* to); **~ a** to be like, resemble.

asendereado *adj* (**a**) (*camino*) beaten, well-trodden. (**b**) (*vida*) wretched.

asenderear [1a] *vt*: **~ a algn** to chase sb relentlessly.

asenso *nm* assent; **dar su ~** to assent.

asentada *nf* sitting; **de una ~** at one sitting.

asentaderas *nfpl (fam)* behind *(fam)*, bottom.
asentado *adj* established, settled.
asentamiento *nm* (**a**) *(pueblo)* shanty town, township. (**b**) *(industrial etc)* site.
asentar [1j] **1** *vt* (**a**) *(sentar)* to seat, sit down; *(colocar)* to place, fix; *(ciudad etc)* to found; *(cimientos)* to lay down; *(campamento)* to set up, pitch; **la mesa no está bien asentada** the table isn't sitting properly.
(**b**) *(tierra)* to tramp down.
(**c**) *(golpe)* to deal.
(**d**) *(filo)* to sharpen.
(**e**) *(fig)* to settle, establish; *(principio)* to lay down; *(opinión)* to assert; ~ **la cabeza** to settle down.
2 *vi* to be suitable, suit.
3 asentarse *vr* (**a**) *(sentarse)* to sit down, seat o.s.; *(ave)* to alight; *(líquido, polvo)* to settle; *(Arquit)* to subside.
(**b**) *(fig)* to settle, establish o.s.
asentimiento *nm* assent.
asentir [3i] *vi* (**a**) to assent, agree; ~ **con la cabeza** to nod (one's head). (**b**) ~ **a** to agree *o* consent to; *(pedido)* to grant.
asentista *nm* contractor, supplier.
aseo *nm* (**a**) *(acto)* washing, toilet; *(higiene)* cleanliness. (**b**) ~**s** *(en bar etc)* toilet, rest room *(US)*.
ASEPEYO *abr de* **Asistencia Sanitaria Económica para Empleados y Obreros** *job-related health insurance scheme.*
aséptico *adj* germ-free.
asequible *adj (gen)* attainable; *(plan)* feasible; *(precio)* reasonable, within reach.
aserradero *nm* sawmill.
aserrador *nm* sawyer.
aserradora *nf* power *o* chain saw.
aserradura *nf* saw cut; ~**s** sawdust *sg*.
aserrar [1j] *vt* to saw (through).
aserrín *nm* sawdust.
aserruchar [1a] *vt (LAm)* = **aserrar**.
aserto *nm* assertion.
asesinar [1a] *vt* to murder; *(Pol)* to assassinate.
asesinato *nm* murder; *(Pol)* assassination; ~ **legal** judicial murder.
asesino/a 1 *adj* murderous. **2** *nm/f* murder/murderess, killer; *(Pol)* assassin.
asesor(a) *nm/f* adviser, consultant; *(Com)* assessor, consultant; ~ **administrativo** management consultant.
asesorar [1a] **1** *vt* (**a**) *(Jur)* to advise, give legal *o* professional advice to. (**b**) *(Com etc)* to act as consultant to. **2 asesorarse** *vr*: ~ **con** to take advice from, consult.
asesoría *nf* (**a**) *(cargo)* consultancy. (**b**) *(honorario)* adviser's fee. (**c**) *(oficina)* consultant's office.
asestar [1a] *vt* (**a**) *(arma)* to aim (*a* at, in the direction of); *(tiro)* to fire. (**b**) *(golpe)* to deal.
aseveración *nf* assertion, contention.
aseverar [1a] *vt* to assert.
asexual *adj* asexual.
asfaltado 1 *adj* asphalt *atr*, asphalted. **2** *nm* (**a**) *(proceso)* asphalting. (**b**) *(superficie)* asphalt surface.
asfaltar [1a] *vt* to asphalt.
asfalto *nm* asphalt.
asfixia *nf* suffocation, asphyxiation; *(Med)* asphyxia.
asfixiador, **asfixiante** *adj* suffocating, asphyxiating.
asfixiar [1b] **1** *vt* to asphyxiate, suffocate; *(Mil)* to gas. **2 asfixiarse** *vr* to be asphyxiated, suffocate.
así 1 *adv* (**a**) *(gen)* so, in this way, thus; **lo hizo** ~ he did it like this; ¡~! that's right!, that's the way!; ~ ~ so-so, fair; ~ **que asá** it makes no odds; ~ **como** ~, ~ **que** ~ anyway; **20 dólares o** ~ 20 dollars or so, 20 dollars or thereabouts; ¡~ **(lo hace) cualquiera!** anybody could do it that way!, it's easy that way!; **¡y ~ te va!** look where it's got you; **y ~ sucesivamente** and so on; ~ **que** so, therefore; ~ **sin más** just like that; ~ **pues** and so, so then; ~ **y todo** even so; ~ **es que no fuimos** that's why we didn't go; **¿no es ~?** is it not so?, isn't it?; ¡~ **sea!** so be it!
(**b**) *(comparaciones)* ~ **A como B** both A and B, A as well as B; ~ **de pobre que** ... *(LAm)* so poor that ...; **un baúl ~ de grande** a trunk as big as this; **no se hace ~ como** ~ it's not as easy as all that.
2 *adj*: **un hombre** ~ such a man, a man like that; ~ **es la vida** such is life, that's life; **los franceses son** ~ that's the way the French are.
3 *conj* (**a**) ~ **como,** ~ **que** as soon as.
(**b**) ~ **se esté muriendo de dolor** *(esp LAm)* even though he might be dying of pain; ¡~ **te mueras!** and I hope you die!
Asia *nf* Asia; ~ **Menor** Asia Minor.
asiático/a *adj, nm/f* Asian, Asiatic.
asidero *nm* (**a**) *(asa)* handle. (**b**) *(pretexto)* pretext; *(base)* basis.
asiduidad *nf (V adj)* assiduousness; regularity.
asiduo/a 1 *adj (gen)* assiduous; *(frecuente)* frequent, regular; **parroquiano** ~ regular (customer). **2** *nm/f* regular customer.
asiento *nm* (**a**) *(mueble)* seat, chair; *(lugar)* place; ~ **trasero** *o* **de atrás** *(de coche)* rear seat; *(de moto)* pillion seat; ~ **delantero** front seat; ~ **expulsor** *(Aer)* ejector seat; **no ha calentado el** ~ he hasn't stayed long.
(**b**) *(sitio)* site, location.
(**c**) *(fondo: de jarrón, silla)* bottom.
(**d**) *(Mec)* seating; ~ **de válvula** valve seating.
(**e**) *(poso)* sediment.
(**f**) *(Arquit)* settling; **hacer** ~ to settle, sink.
(**g**) *(arraigo)* settling, establishment.
(**h**) *(LAm: población minera)* mining town.
(**i**) *(Com: contrato)* contract; *(: en libro)* entry.
(**j**) *(estabilidad)* stability; *(juicio)* good sense, judgment; **hombre de** ~ sensible man.
asignación *nf* (**a**) *(acto)* assignment, allocation; *(cita)* appointment. (**b**) *(Fin)* allowance; ~ **por kilometraje** ≈ mileage allowance.
asignar [1a] *vt (gen)* to assign; *(recursos etc)* to allocate, apportion; *(labor)* to set.
asignatario/a *nm/f (LAm)* heir/heiress, legatee.
asignatura *nf (Univ etc)* subject, course; ~ **pendiente** *(Univ etc)* failed subject, resit subject; *(fig)* matter pending; **aprobar una** ~ to pass (in) a subject.
asilar [1a] **1** *vt* (**a**) *(albergar)* to take in, give shelter to; *(LAm)* to give political asylum to. (**b**) *(Med)* to put into a home *o* an institution. **2 asilarse** *vr* to take refuge (*en* in); *(Pol)* to seek political asylum.
asilo *nm* (**a**) *(Pol etc)* asylum; *(fig: abrigo)* shelter, refuge; **pedir (el)** ~ **político** to ask for political asylum. (**b**) *(Med etc)* home, institution; ~ **de ancianos** old people's home; ~ **de pobres** poorhouse.
asimetría *nf (gen)* asymmetry; *(fig)* imbalance.
asimétrico *adj* asymmetric(al).
asimiento *nm* (**a**) *(acción)* seizing, grasping. (**b**) *(fig)* attachment.
asimilación *nf* assimilation.
asimilar [1a] **1** *vt* to assimilate. **2 asimilarse** *vr* (**a**) to become assimilated. (**b**) ~ **a** to resemble.
asimismo *adv (gen)* likewise, in the same way; *(también)* also.
asir [3a; tiempo presente como salir] **1** *vt* to grasp, take hold of (*con* with; *de* by); **ir asidos del brazo** to walk along arm-in-arm. **2** *vi (Bot)* to take root. **3 asirse** *vr* to take hold; ~ **a** *o* **de** to seize; ~ **de** *(fig)* to avail o.s. of, take advantage of; ~ **con algn** to grapple with sb.
asirio/a *adj, nm/f* Assyrian.
asistencia *nf* (**a**) *(Escol etc)* attendance, presence (*a* at); *(Teat)* audience. (**b**) *(ayuda)* help, assistance; *(Med)* care, nursing; ~ **letrada** legal aid; ~ **médica** medical care; ~ **pública** *(CSur)* public health authority; ~ **sanitaria** health care; ~ **social** welfare *o* social work. (**c**) *(Méx: habitación)* spare room, guest room, den *(US)*. (**d**) ~**s** *(Fin)* allowance *sg*.

asistenta *nf* charwoman, daily help; ~ **social** social worker.

asistente *nm* (**a**) assistant; (*Mil*) orderly, batman; ~ **social** social worker. (**b**) **los ~s** those present.

asistido *adj*: ~ **por ordenador** computer-assisted.

asistir [3a] **1** *vt* (**a**) (*servir*) to serve, wait on. (**b**) (*ayudar*) to help, assist; (*Med*) to attend, care for; **el médico que le asiste** the doctor who attends him; ~ **un parto** to deliver a baby. (**c**) (*Jur*) to represent, appear for. (**d**) **le asiste la razón** he has right on his side. **2** *vi* (**a**) to be present (*a* at), attend; (*Jur*) to witness, be a witness of *o* to; **no asistió a la clase** he did not attend the class; **asistieron unas 200 personas** some 200 people were present; **¿vas a ~?** are you going? (**b**) (*Naipes*) to follow suit.

asma *nf* asthma.

asmático/a *adj, nm/f* asthmatic.

asnada *nf* silly thing.

asnal *adj* asinine, silly.

asno/a *nm/f* (**a**) (*Zool*) donkey/she-ass. (**b**) (*fig*) ass, fathead *(fam)*.

asociación *nf* (*gen*) association; (*sociedad*) society; (*Com, Fin*) partnership; ~ **de padres de alumnos** parent-teacher association; ~ **de vecinos** residents' association; **por ~ de ideas** by association of ideas.

asociado/a 1 *adj* associated; (*miembro*) associate. **2** *nm/f* associate, member; (*Com, Fin*) partner.

asociar [1b] **1** *vt* (*gen*) to associate (*a, con* with); (*recursos*) to pool, put together; (*Com, Fin*) to take into partnership. **2 asociarse** *vr* to associate; (*Com, Fin*) to become partners; ~ **con algn** to team up with *o* join forces with sb.

asolador *adj* devastating.

asolar [1a] **1** *vt* to raze (to the ground), destroy. **2 asolarse** *vr* (*líquidos*) to settle.

asoleada *nf* (*LAm*) sunstroke.

asolear [1a] **1** *vt* to put in the sun. **2 asolearse** *vr* (**a**) (*gen*) to sunbathe; (*tostarse*) to get tanned. (**b**) (*LAm*) to get sunstroke.

asomada *nf* brief appearance.

asomar [1a] **1** *vt* to show, stick out; ~ **la cabeza a la ventana** to put one's head out *o* lean out of the window; ~ **la cara** to show one's face.

2 *vi* to appear, become visible; **asoman ya las nuevas plantas** the new plants are beginning to show.

3 asomarse *vr* (**a**) (*cosa*) to show, stick out; **se asomaba el árbol por encima de la tapia** the tree showed above the wall.

(**b**) (*individuo*) to show up, show o.s.; ~ **a** *o* **por** to lean *o* look out of; **'¡prohibido ~!'** 'do not lean out of the window!'; **¡asómate!** show yourself!; ~ **a ver algo** to take a look at sth.

asombrar [1a] **1** *vt* (**a**) (*pasmar*) to amaze, astonish; (*asustar*) to frighten. (**b**) (*hacer sombra*) to shade; (*color*) to darken. **2 asombrarse** *vr* (*sorprenderse*) to be amazed *o* astonished (*de* at); (*asustarse*) to take fright; ~ **de saber algo** to be surprised to learn sth.

asombro *nm* (**a**) (*sorpresa*) astonishment, surprise; (*susto*) fear, fright. (**b**) (*maravilla*) wonder. (**c**) (*fam*) spook *(fam)*.

asombroso *adj* amazing, astonishing.

asomo *nm* (**a**) (*aparición*) appearance. (**b**) (*indicio*) sign, indication; **ante cualquier ~ de discrepancia** at the slightest hint of disagreement; **sin ~ de violencia** without a trace of violence; **ni por ~** by no means.

asonada *nf* mob, rabble.

asonancia *nf* (*Lit*) assonance.

asonante *adj, nf* assonant.

asonar [1l] *vi* to assonate.

asorocharse [1a] *vr* (*LAm Med*) to get mountain sickness.

aspa *nf* (*Arquit*) crosspiece; (*de molino*) sail, arm; (*de ventilador*) blade; **en ~** X-shaped.

aspado *adj* X-shaped.

aspar [1a] *vt* (**a**) (*Téc*) to reel, wind. (**b**) (*Rel*) to crucify; (*fig*) to vex, annoy; **¡que me aspen si lo sé!** (*fam*) I'm buggered if I know! *(fam)*.

aspaventero *adj* excitable, theatrical.

aspaviento *nm* exaggerated display of feeling; **hacer ~s** to make a great fuss.

aspecto *nm* (**a**) (*apariencia*) look, appearance; (*Geog etc*) aspect; ~ **exterior** outward appearance; **un hombre de ~ feroz** a fierce-looking man. (**b**) (*fig*) aspect; **bajo ese ~** from that point of view; **ver sólo un ~ de la cuestión** to see only one side to the question.

aspereza *nf* (*de terreno*) roughness, ruggedness; (*acidez*) sourness, bitterness; (*de carácter*) surliness; **contestar con ~** to answer harshly.

asperjar [1a] *vt* (*gen*) to sprinkle; (*Rel*) to sprinkle with holy water.

áspero *adj* (**a**) (*al tacto*) rough; (*terreno*) rugged. (**b**) (*al gusto*) sour, tart. (**c**) (*clima*) hard; (*trato*) rough. (**d**) (*voz*) rough, rasping; (*tono*) surly, gruff.

asperón *nm* sandstone.

aspersión *nf* sprinkling; (*Agr*) spraying.

aspersor *nm* sprinkler.

áspid *nm* asp.

aspidistra *nf* aspidistra.

aspillera *nf* (*Mil*) loophole.

aspiración *nf* (**a**) (*Zool, Med*) breathing in, inhalation; (*Ling*) aspiration; (*Mús*) short pause. (**b**) (*Mec*) air intake. (**c**) (*anhelo*) aspiration; **~es** aspiration *sg*, ambition *sg*; **es un hombre sin ~es** he's not an ambitious man.

aspirado *adj* aspirate.

aspirador *adj*: **bomba ~a** suction pump.

aspiradora *nf* vacuum cleaner, hoover ®; **pasar la ~** to vacuum, hoover.

aspirante 1 *adj* aspiring. **2** *nmf* candidate, applicant (*a* for).

aspirar [1a] **1** *vt* (**a**) (*aire*) to breathe in, inhale; (*líquido*) to suck in, take in. (**b**) (*Ling*) to aspirate. **2** *vi*: ~ **a algo** to aspire to sth; **no aspiro a tanto** I do not aim so high; ~ **a hacer algo** to aspire *o* aim to do sth.

aspirina *nf* aspirin.

asquear [1a] **1** *vt* to disgust, sicken. **2 asquearse** *vr* to be nauseated, feel disgusted.

asquerosidad *nf* (*suciedad*) filth; (*dicho*) obscenity; (*truco*) dirty trick.

asqueroso *adj* (*gen*) disgusting; (*comida etc*) revolting; (*condición*) squalid; (*sucio*) filthy, dirty.

asta *nf* (*arma*) lance, spear; (*palo*) shaft; (*de banderas*) flagpole; (*de brocha*) handle; (*Zool*) horn, antler; **a media ~** at half mast; **dejar a algn en las ~s del toro** to leave sb in a jam.

astado 1 *adj* horned. **2** *nm* bull.

asterisco *nm* asterisk; **poner ~ a** to asterisk.

asteroide *nm* asteroid.

astigmático *adj* astigmatic.

astigmatismo *nm* astigmatism.

astil *nm* (*de herramienta*) handle, haft; (*de flecha*) shaft; (*de balanza*) beam.

astilla *nf* splinter, chip; **~s** kindling *sg*; **hacer algo ~s** to smash sth into little pieces; *V* **palo (a)**.

astillar [1a] **1** *vt* to splinter, chip. **2 astillarse** *vr* to splinter; (*fig*) to shatter.

astillero *nm* shipyard, dockyard.

astracán *nm* astrakhan.

astral *adj* astral, of the stars.

astringente 1 *adj* astringent, binding. **2** *nm* astringent.

astringir [3e] *vt* (*Anat*) to constrict, contract; (*Med*) to bind.

astro *nm* (**a**) (*Astron*) star, heavenly body. (**b**) (*Cine*) star.

astrofísica *nf* astrophysics.

astrolabio *nm* astrolab.

astrología *nf* astrology.
astrológico *adj* astrological.
astrólogo/a *nm/f* astrologer.
astronauta *nmf* astronaut.
astronáutica *nf* astronautics.
astronave *nf* spaceship.
astronomía *nf* astronomy.
astronómico *adj* astronomical.
astrónomo/a *nm/f* astronomer.
astroso *adj* (**a**) (*sucio*) dirty; (*desaliñado*) untidy, shabby. (**b**) (*malhadado*) ill-fated. (**c**) (*vil*) contemptible.
astucia *nf* (**a**) (*gen*) astuteness, cleverness; (*maña*) guile, cunning. (**b**) **una** ~ a clever trick.
astur *adj, nmf,* **asturiano/a** *adj, nm/f* Asturian.
Asturias *nfpl* Asturias; **príncipe de** ~ crown prince, ≈ Prince of Wales.
astuto *adj* astute, clever; (*mañoso*) crafty, sly.
asueto *nm* time off, break; **día de** ~ day off; **tarde de** ~ (*trabajo*) afternoon off; (*Escol*) half-holiday; **tomarse un fin de semana de** ~ to take a weekend break, take the weekend off.
asumir [3a] **1** *vt* (*responsabilidad*) to assume, take on; (*mando*) to take over; (*actitud*) to adopt. **2** *vi* (*Pol etc*) to take (up) office.
asunceño/a 1 *adj* of *o* from Asunción. **2** *nm/f* native *o* inhabitant of Asunción.
asunción *nf* assumption; **A**~ (*Rel*) Assumption.
asunto *nm* (*gen*) matter, issue; (*tema*) subject; (*argumento*) plot; **¡esto es ~ mío!** that's my business *o* affair; **¡~ concluido!** that's an end to the matter!; **~s exteriores** foreign affairs; **~s que tratar** agenda; **es ~ de faldas** there's a woman involved somewhere; **ir al** ~ to get down to business; *V* **Ministerio; Ministro**.
asustadizo *adj* (*gen*) easily frightened; (*nervioso*) nervy, jumpy; (*animal*) shy, skittish.
asustar [1a] **1** *vt* (*gen*) to frighten, scare; (*espantar*) to alarm, startle. **2 asustarse** *vr* to be frightened, get scared; ~ **de algo** to be frightened at *o* get alarmed about sth; **¡no te asustes!** don't be alarmed!
A.T. *abr de* **Antiguo Testamento** OT.
atabal *nm* kettledrum.
atabalear [1a] *vi* (*caballo*) to stamp; (*con dedos*) to drum.
atacador(a) 1 *nm* (*Mil*) ramrod. **2** *nm/f* attacker, assailant.
atacante *nmf* attacker, assailant.
atacar [1g] *vt* (*Mil, Med etc*) to attack; (*dañar*) to damage, wade into; (*individuo*) to assault; (*reputación*) to impugn; **tengo que ~ a las matemáticas** I'll have to get stuck into my maths (*fam*).
atachable *adj* (*Méx Inform*) compatible (*a* with).
atadero *nm* (*cuerda*) rope, fastening; (*sitio*) place for tying; (*Méx: liga*) garter.
atadijo *nm* loose bundle.
atado 1 *adj* (*fig*) shy, inhibited. **2** *nm* bundle.
atadura *nf* (**a**) (*acción*) tying, fastening. (**b**) (*cuerda*) string, rope; (*Agr*) tether; (*fig*) bond.
atajar [1a] **1** *vt* (**a**) (*gen*) to stop, intercept; (*ruta de fuga*) to cut off; (*Arquit*) to partition off; ~ **un golpe** to parry a blow. (**b**) (*debate*) to cut short; (*discurso etc*) to interrupt; **este mal hay que ~lo** we must put an end to this evil. **2** *vi* to take a short cut (*por* by way of, across). **3 atajarse** *vr* to stop short.
atajo *nm* short cut; **echar por el** ~ to seek a quick solution.
atalaya 1 *nf* (**a**) watchtower, observation post. (**b**) (*fig*) vantage point. **2** *nm* look out, observer.
atalayar [1a] *vt* (*gen*) to observe; (*espiar*) to spy on.
atañer [2f; defectivo] *vi*: ~ **a** to concern, have to do with; **en lo que atañe a eso** with regard to that; **eso no me atañe** it's no concern of mine.
ataque *nm* (**a**) (*Mil etc*) attack (*a, contra* on); ~ **aéreo** air raid; ~ **fingido/de frente/por sorpresa** sham/frontal/surprise attack.
(**b**) (*Med etc*) attack (*de* of), fit; ~ **cardíaco,** ~ **al corazón** heart attack; ~ **cerebral** brain haemorrhage *o* (*US*) hemorrhage; ~ **epiléptico** epileptic fit; ~ **fulminante** stroke; ~ **de risa** fit of laughing.
atar [1a] **1** *vt* (**a**) (*gen*) to tie, tie up; (*cautivo*) to bind; (*animal*) to tether; ~ **corto a algn** (*fig*) to keep sb on a close rein; ~ **la lengua a algn** (*fig*) to silence sb. (**b**) (*fig*) to stop, paralyze; ~ **las manos a algn** (*fig*) to tie sb's hands, restrict sb's freedom of action. **2** *vi*: **ni ata ni desata** this is getting us nowhere. **3 atarse** *vr* to get into a muddle; ~ **en una dificultad** to get tied up in a difficulty.
atarantado *adj* (*CSur*) impetuous.
atarantarse [1a] *vr* (*Chi fam*) to hurry.
atardecer [2d] **1** *vi* to get dark; **atardecía** night was falling. **2** *nm* dusk, evening; **al** ~ at dusk.
atardecida *nf* dusk, nightfall.
atareado *adj* busy, rushed; **andar muy** ~ to be very busy.
atarear [1a] **1** *vt* to assign a task to. **2 atarearse** *vr* to work hard, keep busy; ~ **con algo** to be busy doing sth.
atarragarse [1h] *vr* (*LAm*) to stuff o.s., overeat.
atarugar [1h] **1** *vt* (*llenar*) to stuff, cram. **2 atarugarse** *vr* (**a**) (*atragantarse*) to swallow the wrong way. (**b**) (*fig*) to get confused, be in a daze.
atascadero *nm* (**a**) (*lodazal*) mire, bog. (**b**) (*fig*) stumbling block.
atascar [1g] **1** *vt* (*agujero etc*) to plug; (*cañería*) to clog up; (*proceso*) to hinder. **2 atascarse** *vr* (**a**) (*en lodazal*) to get stuck (in the mud); (*Aut*) to get into a jam; (*: motor*) to stall. (**b**) (*fig*) to get bogged down (*en un problema* in a problem); (*en discurso*) to dry up (*fam*). (**c**) (*cañería*) to get clogged up.
atasco *nm* (*gen*) obstruction, blockage; (*Aut*) traffic jam.
ataúd *nm* coffin.
ataviar [1c] **1** *vt* to dress up, get up (*con, de* in). **2 ataviarse** *vr* to dress up, get o.s. up (*con, de* in).
atavío *nm* getup; **~s** finery *sg*.
ate *nm* (*Méx*) quince jelly.
atecomate *nm* (*Méx: vaso*) tumbler.
ateísmo *nm* atheism.
atejonarse [1a] *vr* (*Méx: esconderse*) to hide.
atelaje *nm* (**a**) (*caballos*) team (of horses). (**b**) (*arreos*) harness.
atemorizar [1f] **1** *vt* to frighten, scare. **2 atemorizarse** *vr* to get scared (*de, por* at).
atemperar [1a] *vt* (*moderar*) to temper, moderate.
atemporal *adj* timeless.
Atenas *nm* Athens.
atenazar [1f] *vt*: ~ **los dientes** to grit one's teeth.
atención *nf* (**a**) (*gen*) attention; (*cuidado*) care; **¡~!** (*Mil*) attention!; (*cuidado*) look out!, careful!; **¡~ a los pies!** mind your feet!; **'¡~! frenos potentes'** 'beware!: powerful brakes'; **'¡~ a los precios!'** (*Com*) 'look at our prices!'; **'para la ~ de X'** (*en sobre*) 'for the attention of X'; **llamar la** ~ to attract attention, catch the eye; **llamar la ~ de algn por algo** to rebuke sb for sth; **no me llama la** ~ it doesn't surprise me; **me llamó la ~ un detalle** I was struck by a detail; **prestar** ~ to pay attention, listen (*a* to).
(**b**) (*cortesía*) kindness; **~es** kind gestures.
(**c**) (*obligaciones*) **~es** duties, responsibilities.
(**d**) **en ~ a esto** in view of this.
atender [2g] **1** *vt* (*gen*) to attend to, pay attention to; (*aviso etc*) to heed; (*Mec*) to service, maintain; (*cliente, paciente*) to look after, care for; (*ruego*) to comply with. **2** *vi* (**a**) ~ **a** to attend to, pay attention to; (*detalles*) to take care of; ~ **a sus compromisos** to meet one's obligations; ~ **a una orden** (*Com*) to attend to an order; ~ **a un giro** to honour *o* (*US*) honor a draft; ~ **al teléfono** to mind the telephone, stay by the telephone. (**b**) ~ **por** to answer to the name of.

ateneo *nm* cultural association *o* centre.

atenerse 2k *vr* **(a)** ~ **a** *(ley)* to abide by, obey; *(opinión)* to hold to; *(promesa)* to keep to; **si lo haces atente a las consecuencias** if you do it, then you'll have to take what's coming to you. **(b) saber a qué** ~ to know what to expect *o* where one stands.

ateniense *adj, nmf* Athenian.

atentado 1 *adj* prudent, cautious. **2** *nm* *(gen)* offence; *(Pol etc)* attempt *(a o contra la vida de algn* on sb's life); ~ **terrorista** terrorist outrage; ~ **golpista** attempted coup.

atentamente *adv*: **le saluda** ~ yours faithfully, yours truly *(US)*.

atentar 1a **1** *vt* *(crimen etc)* to attempt, try to commit. **2** *vi*: ~ **a** *o* **contra** to commit an outrage against; ~ **contra la vida de algn** to make an attempt on sb's life.

atento *adj* **(a)** *(gen)* attentive *(a* to), watchful *(a* of); **estar** ~ **a los peligros** to be mindful of the dangers. **(b)** *(cortés)* polite; *(afable)* thoughtful; **ser** ~ **con algn** to be kind to sb. **(c) su ~a (carta)** *(Com)* your esteemed letter. **(d)** ~ **a** in view of, in consideration of.

atenuación *nf* *(gen)* attenuation; *(Ling)* understatement; *(de efectos etc)* lessening; *(Jur)* extenuation.

atenuante 1 *adj* extenuating; **circunstancias ~s** extenuating *o* mitigating circumstances. **2** *nm* *(LAm)* excuse, plea.

atenuar 1e **1** *vt* *(gen)* to attenuate; *(Jur)* to extenuate; *(importancia)* to minimize; *(impresión etc)* to tone down. **2 atenuarse** *vr* to weaken.

ateo/a 1 *adj* atheistic. **2** *nm/f* atheist.

aterciopelado *adj* velvety.

aterido *adj* stiff with cold.

aterirse 3a; imperfecto; úsase sólo en infin y pp *vr* to get stiff with cold.

aterrador *adj* frightening, terrifying.

aterrar 1a **1** *vt* to terrify, frighten. **2 aterrarse** *vr* to be terrified *(de* by), be frightened *(de* at).

aterrizaje *nm* *(Aer)* landing; ~ **de emergencia** *o* **forzoso** emergency *o* forced landing; ~ **violento** crash landing.

aterrizar 1f *vi* *(Aer)* to touch down, land.

aterronarse 1a *vr* to get lumpy.

aterrorizador *adj* terrifying, frightening.

aterrorizar 1f *vt* to terrify; *(Mil, Pol)* to terrorize.

atesorar 1a *vt* *(gen)* to hoard, accumulate; *(fig: virtudes etc)* to possess.

atestación *nf* *(Jur)* attestation; *(Pol etc)* deposition.

atestado[1] *nm* *(Jur)* affidavit, statement.

atestado[2] *adj* packed, cram-full; ~ **de** packed with, full of.

atestar[1] 1a *vt* *(Jur)* to attest, testify to; *(fig)* to vouch for.

atestar[2] 1j **1** *vt* *(llenar)* to pack, stuff *(de* with). **2 atestarse** *vr* to stuff o.s *(de* with).

atestiguar 1i *vt* *(Jur)* to testify to, give evidence of; *(fig)* to attest, vouch for.

atezado *adj* **(a)** *(bronceado)* tanned. **(b)** *(negro)* black.

atiborrado *adj*: ~ **de** full of, stuffed *o* crammed with.

atiborrar 1a **1** *vt* to fill, stuff *(de* with). **2 atiborrarse** *vr* to stuff o.s. *(de* with).

ático *nm* attic.

atiesar 1a **1** *vt* to tighten (up). **2 atiesarse** *vr* to tighten.

atigrado *adj* striped, marked like a tiger.

atildado *adj* elegant, stylish.

atildar 1a **1** *vt* **(a)** *(Tip)* to put a tilde over. **(b)** *(componer)* to tidy, clean (up). **(c)** *(criticar)* to criticize, find fault with. **2 atildarse** *vr* to spruce o.s. up.

atinado *adj* *(correcto)* accurate, correct; *(sensato)* wise, sensible; **una decisión poco ~a** a rather unwise decision.

atinar 1a **1** *vt* *(solución)* to hit upon, find; *(acertar)* to guess right. **2** *vi* to be right; ~ **al blanco** to hit the mark; ~ **a** *o* **con** *o* **en** *(solución etc)* to hit upon, find; ~ **a hacer algo** to succeed in doing sth.

atingencia *nf* *(LAm)* connection, relationship.

atingir 3c *vt* *(LAm)* to concern, relate to.

atípico *adj* atypical, untypical, exceptional.

atiplado *adj* *(voz)* high-pitched.

atiplarse 1a *vr* to talk in a high *o* squeaky voice.

atirantar 1a **1** *vt* to tighten, tauten. **2 atirantarse** *vr* *(Méx fam)* to kick the bucket *(fam)*.

atisbador(a) *nm/f* *(guardia)* watcher; *(espía)* spy.

atisbar 1a *vt* to spy on, watch.

atisbo *nm* **(a)** *(acción)* spying, watching. **(b)** *(fig)* inkling, indication.

atizador *nm* **(a)** poker. **(b)** *(fig)* ~ **de la guerra** warmonger.

atizar 1f **1** *vt* **(a)** *(gen)* to poke, stir; *(horno)* to stoke. **(b)** *(discordia)* to stir up; *(pasión)* to fan, rouse. **(c)** *(fam: golpe)* to give. **2** *vi*: **¡atiza!** *(fam)* gosh! **3 atizarse** *vr* *(fam)* to smoke marijuana.

atizonar 1a *vt* *(Bot)* to blight, smut.

atlántico 1 *adj* Atlantic. **2** *nm*: **el A~** the Atlantic (Ocean).

Atlántida *nf* Atlantis.

atlas *nm* atlas.

atleta *nmf* athlete.

atlético *adj* athletic.

atletismo *nm* athletics.

atmósfera *nf* *(gen)* atmosphere; **mala** ~ *(Rad)* atmospherics.

atmosférico *adj* atmospheric.

atoar 1a *vt* *(Náut)* to tow.

atocinado *adj* *(fam)* fat, tubby *(fam)*.

atocinar 1a **1** *vt* **(a)** *(Agr: cerdo)* to cut up; *(carne)* to cure. **(b)** *(fam)* to do in *(fam)*. **2 atocinarse** *vr* to fly off the handle.

atocha *nf* esparto.

atol(e) *nm* *(LAm: bebida)* cornflour drink.

atolón *nm* atoll.

atolondrado *adj* bewildered, stunned.

atolondramiento *nm* bewilderment, amazement.

atolondrar 1a **1** *vt* to bewilder, amaze. **2 atolondrarse** *vr* to be bewildered *o* amazed.

atolladero *nm* **(a)** *(lodazal)* mire, morass. **(b)** *(fig)* jam; **estar en un** ~ to be in a jam; **sacar a algn del** ~ to get sb out of a fix.

atollar 1a *vi*, **atollarse** *vr* to get stuck in the mud, get bogged down.

atómico *adj* atomic.

atomización *nf* *(gen)* spraying; *(Pol etc)* atomization.

atomizador *nm* atomizer, spray.

atomizar 1f *vt* *(gen)* to spray; *(Pol etc)* to atomize.

átomo *nm* atom; ~ **de vida** spark of life; **ni un** ~ **de** not a trace of.

atonal *adj* atonal.

atonía *nf* lethargy, apathy.

atónito *adj* amazed, astounded *(con, de, por* at, by); **me miró** ~ he looked at me in amazement.

átono *adj* atonic, unstressed.

atontado *adj* **(a)** *(atolondrado)* stunned, bewildered. **(b)** *(tonto)* stupid, thick *(fam)*.

atontar 1a **1** *vt* **(a)** *(Med etc)* to stupefy. **(b)** *(fig)* to stun, bewilder. **2 atontarse** *vr* to get bewildered *o* confused.

atorar 1a **1** *vt* **(a)** *(gen)* to stop up, obstruct. **(b)** *(esp LAm)* to stop, hold up. **2 atorarse** *vr* *(atragantarse)* to choke, swallow the wrong way.

atormentador(a) 1 *adj* tormenting. **2** *nm/f* torturer.

atormentar 1a **1** *vt* *(Mil etc)* to torture; *(fig)* to torment. **2 atormentarse** *vr* to torment o.s.

atornillar 1a *vt* **(a)** *(Téc)* to screw down. **(b)** *(Méx fam: molestar)* to bother, annoy.

atoro *nm* *(LAm)* difficulty, fix.

atorón *nm* *(LAm)* traffic jam.

atorrante *(And, CSur)* **1** *adj* lazy. **2** *nmf* tramp, bum *(US fam)*.

atortolar [1a] *vt* to rattle, scare.
atosigante *adj* pestering.
atosigar [1h] **1** *vt* (**a**) to poison. (**b**) (*fig*) to harass, pester. **2 atosigarse** *vr* to slog away *(fam)*.
atrabiliario *adj* bad-tempered, irascible.
atrabilis *nf inv* (*fig*) bad temper.
atracadero *nm* pier.
atracador *nm* (*ladrón*) mugger; (*matón*) heavy *(fam)*, thug.
atracar [1g] **1** *vt* (**a**) (*robar: banco*) to hold up; (*: individuo*) to mug. (**b**) (*Náut*) to bring alongside. (**c**) (*atiborrar*) to stuff, cram (with food). (**d**) (*LAm: molestar*) to harass, pester; (*: zurrar*) to thrash, beat. **2** *vi* (*Náut*) ~ **en el muelle** to berth at the quay. **3 atracarse** *vr* (**a**) (*atiborrarse*) to cram, stuff (*de* with). (**b**) (*CAm, Méx: pelearse*) to brawl, fight.
atracción *nf* (**a**) (*gen*) attraction; ~ **sexual** sexual attraction; ~**es** (*Teat*) attractions; **parque de ~es** funfair. (**b**) (*Fís*) ~ **gravitatoria** gravity.
atraco *nm* (*de banco etc*) holdup, robbery; (*de paseante*) mugging; ~ **a mano armada** armed robbery; **¡es un ~!** (*fig*) it's daylight robbery!
atracón *nm* (*fam*) blow-out *(fam)*; **darse un** ~ to stuff o.s. (*de* with).
atractivo 1 *adj* attractive. **2** *nm* attractiveness, appeal.
atraer [2o] *vt* (*gen*) to attract; (*fig: apoyo etc*) to win, draw; **dejarse ~ por** to allow o.s. to be drawn towards.
atragantarse [1a] *vr* (**a**) (*Med*) to choke (*con* on), swallow the wrong way; **se me atragantó una miga** a crumb went down the wrong way. (**b**) (*en conversación*) to lose the thread of what one is saying. (**c**) (*fig fam*) **el tío ese se me atraganta** that guy gets up my nose *(fam)*.
atraillar [1a] *vt* to put on a leash.
atrancar [1g] **1** *vt* (*puerta*) to bar, bolt; (*cañería*) to clog, block up. **2** *vi* to stride along, take big steps. **3 atrancarse** *vr* (**a**) (*atascarse*) to get bogged down (*en* in); (*Mec*) to jam; (*fig*) to get stuck. (**b**) (*Méx fam: porfiarse*) to dig one's heels in, be stubborn.
atranco *nm* = **atascadero**.
atrapar [1a] *vt* (*gen*) to capture; (*resfriado etc*) to catch; ~ **un empleo** to land a job.
atrás *adv* (**a**) (*posición*) behind; (*dirección*) backwards; **¡~!** back!, get back!; **estar ~** to be in the rear; **está más ~** it's further back; **ir (hacia) ~** to go back(wards); **marcha ~** (*Aut etc*) reverse; **rueda de ~** rear *o* back wheel. (**b**) (*tiempo*) previously; **días ~** days ago; **4 meses ~** 4 months back; **más ~** longer ago; **desde muy ~** for a very long time.
atrasado *adj* (*gen*) late, behind (time); (*pago*) overdue; (*número de revista etc*) back *atr*; **andar** *o* **estar ~** (*reloj*) to be slow; **estar ~ en los pagos** to be in arrears; **estar ~ de medios** to be short of resources.
atrasar [1a] **1** *vt* (*progreso*) to slow down; (*salida etc*) to delay; (*reloj*) to put back. **2** *vi* (*reloj*) to lose time, be slow; **mi reloj atrasa 8 minutos** my watch is 8 minutes slow. **3 atrasarse** *vr* (*quedarse atrás*) to stay back, remain behind; (*tren etc*) to be late; (*reloj*) to be slow; **~ en los pagos** to be in arrears.
atraso *nm* (**a**) (*gen*) delay, time lag; (*de reloj*) slowness; (*de país etc*) backwardness; **el tren lleva ~** the train is late; **salir del ~** to catch up, make up lost time; **llegar con 20 minutos de ~** to arrive 20 minutes late; **¡esto es un ~!** this is just holding things up! (**b**) ~**s** (*Com, Fin*) arrears; **cobrar ~s** to collect arrears.
atravesado *adj* (*bizco*) squinting, cross-eyed; (*Zool*) mongrel, cross-bred; (*Mil etc*) pierced, shot through; (*carácter*) treacherous.
atravesar [1j] **1** *vt* (**a**) (*gen*) to go across; (*calle etc*) to cross; (*estrecho etc*) to go through; (*período*) to experience, go through.
(**b**) (*suj: bala etc*) to pierce, go through; ~ **a algn con una espada** to run sb through with a sword.
(**c**) (*puente*) to cross, span.
(**d**) (*obstáculo*) to lay *o* put across; ~ **un tronco en el camino** to lay a trunk across the road.
(**e**) **le tengo atravesado** he sticks in my gullet, I can't take him at all.
2 atravesarse *vr* (**a**) (*obstáculo*) to come in between; (*espina etc*) to stick in one's throat.
(**b**) ~ **en una conversación** to butt into a conversation; ~ **en un negocio** to meddle in an affair.
(**c**) **se me atraviesa el tipo ese** I can't stand that guy.
atrayente *adj* attractive.
atrenzo *nm* (*LAm: apuro*) trouble, difficulty.
atreverse [2a] *vr* (**a**) to dare; ~ **a hacer algo** to dare to do sth; **no me atrevo, no me atrevería** I wouldn't dare; **¿te atreves?** are you game?, will you? (**b**) ~ **con** *o* **contra algn** to chance one's arm with sb *(fam)*.
atrevido/a 1 *adj* (*gen*) bold, daring; (*insolente*) insolent, disrespectful; (*osado*) forward. **2** *nm/f* cheeky person.
atrevimiento *nm* (*gen*) boldness, daring; (*desacato*) insolence; (*osadía*) forwardness.
atribución *nf* (**a**) (*Lit etc*) attribution. (**b**) (*Pol*) powers, functions.
atribuible *adj* attributable (*a* to).
atribuir [3g] **1** *vt* (**a**) (*gen*) ~ **a** to attribute to; (*excusa*) to put down to; (*Jur*) to impute to. (**b**) (*Pol*) **las funciones atribuidas a mi cargo** the powers conferred on me by my post. **2 atribuirse** *vr*: ~ **algo** to claim sth for o.s.
atribular [1a] **1** *vt* to grieve, afflict. **2 atribularse** *vr* to grieve, be distressed.
atributivo *adj* attributive.
atributo *nm* attribute.
atril *nm* (*Rel etc*) lectern; (*Mús*) music stand.
atrincherar [1a] **1** *vt* to fortify with trenches. **2 atrincherarse** *vr* to entrench o.s., dig in.
atrio *nm* (*Rel*) vestibule, porch.
atrocidad *nf* (**a**) (*Mil etc*) atrocity, outrage. (**b**) (*fam: tontería*) foolish thing; **decir ~es** to talk nonsense.
atrochar [1a] *vi* to take a short cut.
atrofia *nf* atrophy.
atrofiar [1b] **1** *vt* to atrophy. **2 atrofiarse** *vr* to atrophy, be atrophied.
atrojarse [1a] *vr* (*Méx*) to be stumped *o* stuck (for an answer).
atrompetado *adj* bell-shaped.
atronador *adj* deafening.
atronar [1l] *vt* (**a**) (*Med*) to deafen. (**b**) (*Taur*) to fell with a blow on the neck. (**c**) (*fig*) to stun.
atropellado *adj* (*acto*) hasty, precipitate; (*estilo*) brusque, abrupt; (*ritmo*) violent.
atropellar [1a] **1** *vt* (**a**) (*pisotear*) to trample underfoot; (*Aut etc*) to knock down, run over *o* down; (*celebridad*) to mob. (**b**) (*derechos*) to ride roughshod over; (*sentimientos*) to outrage, violate; (*constitución*) to violate. (**c**) (*humillar: persona*) to crush. **2** *vi*: ~ **por** to push one's way violently through; (*fig*) to disregard, ride roughshod over; **atropella por todo** he doesn't give a damn for anybody. **3 atropellarse** *vr* (*actos*) to rush; (*al hablar*) to splutter.
atropello *nm* (**a**) (*Aut*) accident, knocking down; (*empujón*) shove, push; (*codeo*) jostling. (**b**) (*fig*) abuse (*de* of), disregard (*de* for); **los ~s del dictator** the crimes of the dictator.
atroz *adj* (**a**) (*gen*) atrocious; (*cruel*) cruel, inhuman. (**b**) (*fam: enorme*) huge, terrific; (*horrible*) dreadful, awful.
ATS *nmf abr de* **ayudante técnico sanitario** ≈ EN.
atto *abr de* **atento**.
ATUDEM *nf abr* (*Esp*) *de* **Asociación Turística de Estaciones de Esquí y Montaña**.
atuendo *nm* attire.
atufado *adj* (*gen*) cross, angry; (*And*) dazed.
atufar [1a] **1** *vt* (**a**) (*suj: olor*) to overcome. (**b**) (*molestar*) to irritate, vex. **2 atufarse** *vr* (**a**) (*vino*) to turn sour.

(**b**) (*persona*) to be overcome *(with smell or fumes)*. (**c**) (*fig*) to get cross (*con, de, por* at, with).
atufo *nm* irritation.
atún *nm* tuna.
atunero 1 *adj* tuna *atr*. **2** *nm* tuna fisherman.
aturdido *adj* bewildered, dazed.
aturdimiento *nm* bewilderment, amazement.
aturdir [3a] **1** *vt* (**a**) (*gen*) to stun, daze; (*suj: ruido*) to deafen; (*: droga, movimiento, vino*) to make giddy. (**b**) (*fig*) to bewilder; **la noticia nos aturdió** the news stunned us. **2 aturdirse** *vr* to be stunned.
aturrullar [1a] **1** *vt* to bewilder, perplex. **2 aturrullarse** *vr* to get flustered.
atusar [1a] **1** *vt* (*pelo: cortar*) to trim; (*alisar*) to smooth (down). **2 atusarse** *vr* to dress up to the nines; ~ **el bigote** to stroke one's moustache *o (US)* mustache.
audacia *nf* (*gen*) boldness, audacity; (*descaro*) cheek.
audaz *adj* bold, audacious.
audibilidad *nf* audibility.
audible *adj* audible.
audición *nf* (**a**) (*Med*) hearing. (**b**) (*Teat*) audition; **dar ~ a algn** to audition sb. (**c**) (*Mús*) concert.
audiencia *nf* (**a**) (*Rel etc*) audience; **recibir a algn en ~** to grant sb an audience. (**b**) (*Jur: tribunal*) court; (*: palacio*) assizes; (*Pol*) ~ **pública** public inquiry.
audífono *nm* hearing aid.
audiovisual *adj* audio-visual.
auditar [1a] *vt* to audit.
auditivo *adj* auditory, hearing *atr*.
auditor(a) *nm/f* (*Jur*) judge advocate; (*Fin*) auditor.
auditoría *nf* (*Com, Fin*) audit(ing).
auditorio *nm* (**a**) (*público*) audience. (**b**) (*local*) auditorium, hall.
auge *nm* (*cima*) peak, zenith; (*Astron*) apogee; (*Econ*) expansion; (*Com*) boom (*de* in); **estar en (pleno) ~** to thrive; (*Com*) to be thriving *o* booming.
augurar [1a] *vt* (*suj: cosa*) to augur; (*: individuo*) to foresee.
augurio *nm* (**a**) (*presagio*) omen. (**b**) (*fig*) **~s** best wishes (*para* for).
augusto *adj* august.
aula *nf* (*Escol*) classroom; (*Univ*) lecture room; ~ **magna** assembly *o* main hall.
aulaga *nf* furze, gorse.
aullar [1a] *vi* to howl, yell.
aullido *nm* howl, yell; **dar ~s** to howl, yell.
aumentar [1a] **1** *vt* (*gen*) to increase; (*precio*) to put up; (*producción*) to step up; (*añadir a*) to add to, augment; (*Elec*) to boost; (*imagen*) to magnify; (*Fot*) to enlarge. **2** *vi*, **aumentarse** *vr* to increase, be on the increase.
aumentativo *adj, nm* augmentative.
aumento *nm* (**a**) (*gen*) increase; (*de precio*) increase, rise; (*de imagen*) magnification; (*Fot*) enlargement; (*Rad*) amplification; ~ **de población** population increase; ~ **de precio** rise in price; ~ **salarial** *o* ~ **de sueldo** (pay) rise; **ir en ~** to (be on the) increase. (**b**) (*Méx: posdata*) postscript.
aun *adv* even; ~ **los que tienen dinero** even those who have money; **ni ~ regalado** not even if you give it to me; **y ni ~ así lo haría** not even then would I do it; ~ **(siendo esto) así** even so, even if that were the case; ~ **cuando** even if; **más ~** even more.
aún *adv* still, yet; ~ **está aquí** he's still here; ~ **no lo sabemos** we still don't know, we don't know yet; **¿no ha venido ~?** hasn't he come yet?
aunar [1a] **1** *vt* to join, unite. **2 aunarse** *vr* to unite.
aunque *conj* though, although,, even though; ~ **llueva vendremos** we'll come even if it rains; ~ **no me creas** even though you may not believe me.
aúpa 1 *interj* up!, come on!; **¡~ Toboso!** up Toboso! **2** *adj* (*fam*); **una función de ~** a slap-up do; **una paliza de ~** a thrashing and a half.
au pair 1 *adj* au pair; **chica ~** au pair (girl). **2** *nf* au pair (girl).
aupar [1a] *vt* (*levantar*) to help up; (*fig*) to praise; **sus discos la han aupado a los primeros puestos** her records have lifted her to the top positions.
aura *nf* (*LAm Orn*) vulture, buzzard *(US)*.
áureo *adj* (*lit*) golden.
aureola, **auréola** *nf* (*Rel*) halo, aureole; (*fig*) fame.
aurícula *nf* auricle.
auricular 1 *adj* aural, of the ear. **2** *nm* (**a**) (*Anat*) little finger. (**b**) (*Telec*) receiver; **~es** headphones, earphones.
aurora *nf* (*lit*) dawn; ~ **boreal(is)** northern lights.
auscultación *nf* sounding, auscultation.
auscultar [1a] *vt* to sound, auscultate.
ausencia *nf* absence.
ausentarse [1a] *vr* (*marcharse*) to absent o.s. (*de* from); (*no acudir*) to stay away (*de* from).
ausente 1 *adj* (*gen*) absent (*de* from); (*fig*) daydreaming; **estar ~ de** to be absent *o* missing from; **estar ~ de su casa** to be away from home. **2** *nmf* (*Escol etc*) absentee; (*Jur*) missing person.
auspiciar [1b] *vt* (*LAm*) to back, sponsor.
auspicios *nmpl* auspices; **bajo los ~ de** under the auspices of, sponsored by.
auspicioso *adj* auspicious.
austeridad *nf* (*Fin etc*) austerity; (*severidad*) severity.
austero *adj* (*Fin etc*) austere; (*severo*) severe.
austral 1 *adj* southern. **2** *nm* (*Arg*) *monetary unit (1985-1991)*.
Australia *nf* Australia.
australiano/a *adj, nm/f* Australian.
Austria *nf* Austria.
austríaco/a *adj, nm/f* Austrian.
autarquía *nf* autarchy.
auténtica *nf* (*Jur: gen*) certification; (*: copia*) authorized copy.
autenticar [1g] *vt* to authenticate.
autenticidad *nf* authenticity.
auténtico *adj* authentic; **un ~ espíritu de servicio** a true spirit of service; **es un ~ campeón** he's a real champion; **éste es copia y no el ~** this one is a copy and not the real one.
autentificar [1g] *vt* to authenticate.
autillo *nm* tawny owl.
autista, **autístico** *adj* autistic.
auto[1] *nm* (*Aut*) car, automobile *(US)*; ~ **de choque** bumper car, dodgem.
auto[2] *nm* (**a**) (*Jur*) edict, judicial decree; ~ **de comparecencia** summons, subpoena *(US)*; ~ **de ejecución** writ of execution; ~ **de prisión** warrant for arrest; ~ **de procesamiento** charge, indictment; **~s** proceedings, court record *sg*. (**b**) (*Teat, Rel*) mystery play; ~ **del nacimiento** nativity play; ~ **sacramental** eucharistic play. (**c**) (*Hist*) ~ **de fe** auto-da-fé; **hacer un ~ de fe de** (*fig*) to burn.
auto... *pref* auto..., self-....
autoabastecerse [1a] *vr* to supply o.s. (*de* with); (*ser autosuficiente*) to be self-sufficient.
autoabastecimiento *nm* self-sufficiency.
autoadhesivo *adj* self-adhesive.
autoalimentación *nf* (*Inform*): ~ **de hojas** automatic paper feed.
autoanálisis *nm* self-analysis.
autobiografía *nf* autobiography.
autobiográfico *adj* autobiographic(al).
autobomba *nf* fire engine.
autobombearse [1a] *vr* to blow one's own trumpet.
autobombo *nm* self-glorification; **hacerse el ~** to blow one's own trumpet.
autobús *nm* bus; (*LAm*) coach; ~ **de dos pisos** double-decker (bus); ~ **de línea** long-distance coach.
autocar *nm* coach; ~ **de línea** long-distance *o* inter-city coach.

autoclave *nm* pressure cooker; (*Med*) sterilizing apparatus.
autocracia *nf* autocracy.
autócrata *nmf* autocrat.
autocrático *adj* autocratic.
autocrítica *nf* self-criticism.
autóctono *adj* indigenous.
autodefensa *nf* self-defence, self-defense *(US)*.
autodeterminación *nf* self-determination.
autodidacta **1** *adj* self-taught. **2** *nmf* autodidact.
autodisciplina *nf* self-discipline.
autodominio *nm* self-control.
autódromo *nm* (motor-)racing circuit.
autoedición *nf* desktop publishing.
autoempleo *nm* self-employment.
autoescuela *nf* driving school.
autofinanciado *adj* self-financing.
autofinanciarse [1b] *vr* to finance o.s.
autogestión *nf* self-management; (*esp*) worker management.
autogiro *nm* autogiro.
autógrafo *nm* autograph.
autoinculparse [1a] *vr* to incriminate o.s.
autómata *nm* automation, robot; ~ **industrial** industrial robot.
automaticidad *nf* automaticity.
automático **1** *adj* automatic; **lavadora ~a** (automatic) washing machine. **2** *nm* (*Cos*) press stud.
automatización *nf* automation.
automatizar [1f] *vt* to automate.
automotor **1** *adj* self-propelled. **2** *nm* (*Ferro*) diesel train.
automóvil **1** *adj* self-propelled. **2** *nm* car, automobile *(US)*; ~ **de carreras** racing car; **ir en ~** to drive, go *o* travel by car.
automovilismo *nm* motoring; ~ **deportivo** motor racing.
automovilista *nmf* motorist, driver.
automovilístico *adj* car *atr*, auto *atr (US)*; **industria ~a** car industry.
autonomía *nf* (**a**) (*gen*) autonomy; **Estatuto de A~** (*Esp*) Devolution Statute. (**b**) (*Aer, Náut*) range; **de gran ~** long range.
autonómico *adj* (*Pol*) autonomous, self-governing; **elecciones ~as** elections for the autonomous regions; **política ~a** policy concerning the autonomies; **el proceso ~** the process leading to autonomy; **región ~a** autonomous region.
autonomismo *nm* separatism, movement towards autonomy.
autónomo *adj* autonomous, self-governing; (*Inform*) stand-alone, offline; **trabajo ~** self-employment.
autopista *nf* motorway, freeway *(US)*; ~ **de peaje** toll road, turnpike *(US)*.
autoproclamado *adj* self-confessed.
autopropulsión *nf* self-propulsion.
autopsia *nf* post mortem, autopsy.
autor(a) *nm/f* (*Lit*) author, writer; (*Jur: de crimen*) perpetrator (*de* of); ~ **intelectual** originator, brains *(fam)* (*de* behind); ~ **de mis días** (*fig*) my father.
autoría *nf* authorship; **la ~ del atentado** the responsibility for the attack.
autoridad *nf* (*gen*) authority; **las ~es** the authorities; ~ **de sanidad** health authorities *pl*; ~ **local** local authority.
autoritario/a *adj, nm/f* authoritarian.
autoritarismo *nm* authoritarianism.
autorización *nf* authorization, permission (*para hacer algo* to do sth).
autorizado *adj* (*oficial*) authorized, official; (*fiable*) authoritative; (*Com*) approved; **la persona ~a** the officially designated *o* approved person.
autorizar [1f] *vt* (*dar facultad a*) to authorize, empower; (*permitir*) to approve, license; (*Jur*) to legalise.
autorretrato *nm* self-portrait.
autoservicio *nm* (*tienda*) self-service store *o* shop; (*restaurante*) self-service restaurant.
autostop *nm* hitch-hiking; **hacer ~** to hitch-hike, thumb lifts.
autostopista *nmf* hitch-hiker.
autosuficiencia *nf* (*Econ*) self-sufficiency.
autosuficiente *adj* (*Econ*) self-sufficient.
autosugestión *nf* autosuggestion.
autotanque *nm* tanker, tank truck *(US)*.
autovía *nf* main road, trunk road, state highway *(US)*; ~ **de circunvalación** bypass, ring road.
auxiliar[1] **1** *adj* (*Univ etc*) assistant; (*Ling*) auxiliary; (*plantilla*) ancillary. **2** *nmf* auxiliary; (*Univ*) assistant lecturer; ~ **administrativo** administrative assistant; ~ **de laboratorio** (*Téc*) lab(oratory) assistant; ~ **de vuelo** (*Aer*) steward/stewardess.
auxiliar[2] [1b] *vt* (*gen*) to help, assist; (*agonizante*) to attend; (*Pol etc*) to aid, give aid to.
auxilio *nm* help, aid, assistance; ~ **social** welfare service; **primeros ~s** (*Med*) first aid; **acudir en ~ de algn** to come to sb's aid.
Av. *abr de* **Avenida** Av., Ave.
a/v *abr* (*Com*) *de* **a vista**.
aval *nm* (*Com*) endorsement; (*de firma*) guarantee; **dar su ~ a** to be a guarantor for; (*Fin*) to underwrite.
avalancha *nf* avalanche.
avalar [1a] *vt* (*Fin*) to underwrite; (*: individuo*) to act as guarantor for; (*Com*) to endorse, guarantee.
avalentonado *adj* boastful, arrogant.
avalista *nm* (*Com*) endorser.
avalorar [1a] *vt* (**a**) (*Com*) to appraise. (**b**) (*fig*) to encourage.
avaluación *nf* valuation, appraisal.
avaluar [1e] *vt* to value, appraise.
avance *nm* (**a**) (*Mil, fig*) advance. (**b**) (*Fin*) advance payment; (*Com*) balance. (**c**) (*Elec*) lead. (**d**) ~ **informativo** (*TV*) early news programme; (*Prensa*) press release.
avante *adv* (*esp LAm*) forward; (*Náut*) forward, ahead; ¡~! forward!
avanzada *nf* (*Mil*) advance party *o* guard.
avanzado *adj* (*gen*) advanced; (*hora*) late; (*pómulo etc*) prominent; **de edad ~a, ~ de edad** advanced in years.
avanzar [1f] **1** *vt* (**a**) (*mover*) to advance, move forward. (**b**) (*dinero*) to advance. (**c**) (*opinión etc*) to put forward. **2** *vi* **avanzarse** *vr* (**a**) (*gen*) to advance, move on. (**b**) (*plan etc*) to go forward, progress. (**c**) (*noche etc*) to draw on. (**d**) ~ **algo** (*CAm, Méx*) to steal sth.
avanzo *nm* (*Com*) balance sheet.
avaricia *nf* avarice.
avaricioso, **avariento** *adj* miserly, avaricious.
avaro/a **1** *adj* miserly, mean; **ser ~ de/en alabanzas** to be sparing in one's praise; **ser ~ de palabras** to be a person of few words. **2** *nm/f* miser, mean person.
avasallador *adj* overwhelming.
avasallamiento *nm* subjugation.
avasallar [1a] **1** *vt* (*sujetar*) to subjugate; (*dominar*) to dominate. **2** **avasallarse** *vr* to submit, yield.
avatar *nm* change, transformation; **~es** ups and downs.
Avda. *abr de* **Avenida** Av., Ave.
ave *nf* bird; (*esp LAm*) chicken; ~ **acuática** *o* **acuátil** water bird; ~ **canora** *o* **cantora** songbird; ~ **de corral** chicken, fowl; **~s de corral** poultry *sg*; ~ **marina** sea bird *sg*; ~ **de paso** bird of passage; ~ **de presa** *o* **de rapiña** bird of prey.
avecinarse [1a] *vr* to approach, come near.
avecindarse [1a] *vr* to take up one's residence, settle.
avefría *nf* lapwing.
avejentar [1a] *vt, vi,* **avejentarse** *vr* to age.
avellana *nf* (**a**) (*Bot*) hazelnut. (**b**) (*Per*) firecracker.
avellanado *adj* (**a**) (*color*) nutbrown. (**b**) (*piel*) shrivelled, wizened.

avellanar[1] *nm* hazel wood.
avellanar[2] 1a **1** *vt* (*Téc*) to countersink. **2 avellanarse** *vr* to become wrinkled.
avellanedo *nm* hazel wood.
avellano *nm* hazel nut tree.
avemaría *nf* (**a**) (*Rel: cuenta*) rosary bead; (*: oración*) Ave Maria, Hail Mary. (**b**) **al** ~ at dusk; **en un** ~ in a twinkling; **saber algo como el** ~ (*fam*) to know sth inside out.
avena *nf* oats; ~ **loca** wild oats.
avenado *adj* half-crazy, touched (*fam*).
avenamiento *nm* drainage.
avenar 1a *vt* to drain.
avenencia *nf* (*acuerdo*) agreement; (*Com*) deal.
avenida *nf* (**a**) (*calle*) avenue. (**b**) (*de río*) flood, spate.
avenido *adj* (*personas*): **están muy bien/mal ~s** they get on well/badly; (*pareja*) they're well/badly matched.
avenimiento *nm* agreement, compromise.
avenir 3a **1** *vt* to reconcile, bring together. **2** *vi* to come to pass. **3 avenirse** *vr* (**a**) (*Com etc*) to come to an agreement; (*hermanos etc*) to get on well together; **no se avienen** they don't get on. (**b**) ~ **con algo** (*estar de acuerdo*) to be in agreement with sth; (*resignarse*) to resign o.s. to sth; ~ **con algn** to reach an agreement with sb. (**c**) ~ **a hacer algo** to agree to do sth.
aventado *adj* (*LAm*) daring.
aventadora *nf* winnowing machine.
aventajado *adj* outstanding; ~ **de estatura** exceptionally tall.
aventajar 1a *vt* (**a**) (*gen*) to surpass, excel (*en* in); (*en carrera*) to outstrip. (**b**) (*mejorar*) to improve, better. (**c**) (*preferir*) to prefer.
aventar 1j **1** *vt* (**a**) (*fuego*) to fan, blow (on); (*Agr*) to winnow. (**b**) (*tirar*) to chuck *o* throw out; (*LAm: echar*) to throw. **2 aventarse** *vr* (**a**) (*vela etc*) to fill with air, swell up. (**b**) (*atacar*) to attack.
aventón *nm* (*Méx: empujón*) push, shove; **pedir** ~ to hitch a lift *o* (*US*) ride.
aventura *nf* (**a**) (*gen*) adventure; ~ **sentimental** love affair; **de** ~ (*película, libro*) adventure *atr*, action-adventure *atr*. (**b**) (*contingencia*) chance, contingency; **a la** ~ at random. (**c**) (*riesgo*) risk, hazard.
aventurado *adj* risky, hazardous; **es** ~ **suponer** ... it's a bit too much to suppose that ....
aventurar 1a **1** *vt* to venture, risk; (*opinión etc*) to hazard. **2 aventurarse** *vr* to dare, take a chance; ~ **a hacer algo** to venture to do sth, risk doing sth; **el que no se aventura no pasa la mar** nothing ventured, nothing gained.
aventurero/a 1 *adj* adventurous. **2** *nm/f* adventurer/adventuress. **3** *nm* (*Mil*) mercenary, soldier of fortune.
avergonzado *adj*: **estar** ~ to be ashamed (*de, por* about, at).
avergonzar 1f, 1l **1** *vt* (*gen*) to shame, put to shame; (*poner en un aprieto*) to embarrass. **2 avergonzarse** *vr* (*gen*) to be ashamed (*de, por* about, at, of); (*turbarse*) to be embarrassed; ~ **de hacer algo** to be ashamed to do sth; **se avergonzó de haberlo dicho** he was ashamed at having said it.
avería *nf* (**a**) (*Com etc*) damage; (*Mec*) breakdown; **el coche tiene una** ~ there's something wrong with the car; **en caso de** ~ **llame al 3474** in the event of a breakdown call 3474. (**b**) (*Náut*) average; ~ **gruesa** general average.
averiado *adj* (*Mec*) broken down, faulty; **'~'** 'out of order'.
averiar 1c **1** *vt* (*Mec*) to cause a breakdown *o* failure in; (*estropear*) to damage; **debe de estar averiado** (*coche*) it must have broken down; (*ascensor*) it must be out of order. **2 averiarse** *vr* (*gen*) to get damaged; (*Mec*) to have a breakdown.
averiguable *adj* verifiable.
averiguación *nf* (*gen*) verification; (*investigación*) inquiry, investigation.
averiguado *adj* certain, established.
averiguar 1i **1** *vt* (*verificar*) to verify; (*descubrir*) to ascertain, discover; (*dato: buscar*) to look up; (*asunto*) to investigate, inquire into; ~ **las señas de algn** to find out sb's address; **eso es todo lo que se pudo** ~ that is all that could be discovered. **2** *vi* (*CAm, Méx fam: pelear*) to quarrel.
aversión *nf* (*gen*) aversion (*hacia algo, por algo* to sth; *a algn* for sb); (*aborrecimiento*) disgust, loathing; **cobrar** ~ **a** to take a strong dislike to.
avestruz *nm* (*Orn*) ostrich; ~ **de la pampa** rhea.
avetado *adj* veined, streaked.
avezar 1f **1** *vt* to accustom, inure (*a* to). **2 avezarse** *vr* to become accustomed; ~ **a algo** to get used *o* hardened to sth.
aviación *nf* (**a**) (*gen*) aviation. (**b**) (*Mil*) air force; **la** ~ **francesa** the French air force.
AVIACO *nf abr* (*Esp*) *de* **Aviación y Comercio S.A.**
aviado *adj* (**a**) **estar** ~ (*Arg*) to be well off, have all one needs. (**b**) **estar** ~ to be in a mess; **¡~s estamos!** what a mess we're in!
aviador(a) *nm/f* (**a**) (*Aer: piloto*) pilot; (*: tripulante*) crew member. (**b**) (*Méx fam*) phantom employee.
aviar 1c **1** *vt* (**a**) (*preparar*) to get ready, prepare; (*ordenar*) to tidy up; (*proveer*) to supply (*de* with); (*LAm*) to advance money to. (**b**) ~ **a algn** to hurry *o* (*fam*) gee sb up. **2 aviarse** *vr* to get ready (*para hacer algo* to do sth).
avícola *adj* poultry *atr*; **granja** ~ poultry farm.
avicultor(a) *nm/f* poultry farmer.
avicultura *nf* poultry farming.
avidez *nf* (*entusiasmo*) avidity, eagerness (*de* for); (*codicia*) greed, greediness (*de* for); **con** ~ eagerly.
ávido *adj* (*gen*) avid, eager (*de* for); (*codicioso*) greedy (*de* for).
avieso *adj* (*torcido*) distorted, crooked; (*perverso*) perverse, wicked.
avilantarse 1a *vr* to be insolent.
avilantez *nf* insolence.
avillanado *adj* boorish, uncouth.
avinagrado *adj* (*sabor*) sour, acid; (*fig*) sour, jaundiced.
avinagrar 1a **1** *vt* to sour. **2 avinagrarse** *vr* (*individuo*) to be crochety; (*vino etc*) to turn sour.
Aviñón *nm* Avignon.
avío *nm* (**a**) (*prevención*) preparation, provision. (**b**) (*LAm Agr*) loan. (**c**) **hacer su** ~ (*fam*) to make one's pile (*fam*). (**d**) **¡al ~!** get cracking!, get on with it! (**e**) **~s** gear *sg*.
avión *nm* (**a**) (*Aer*) aeroplane, plane, aircraft, airplane (*US*); ~ **de carga** freight *o* cargo plane; ~ **de caza** *o* **de combate** fighter, pursuit plane; ~ **de despegue vertical** vertical take-off plane; ~ **de pasajeros** passenger aircraft; ~ **a** *o* **de reacción** jet plane; **por** ~ (*Correos*) by airmail; **ir en** ~ to go by plane *o* air. (**b**) (*Orn*) martin. (**c**) **hacer el** ~ **a algn** (*fam*) to do sb down, cause sb harm.
avioneta *nf* light aircraft.
avisado *adj* sensible; **mal** ~ rash, ill-advised.
avisador *nm* electric bell; ~ **de incendios** fire alarm.
avisar 1a *vt* (**a**) (*informar*) to inform, notify, tell; ~ **a algn con una semana de anticipación** to give sb a week's notice; **¿por qué no me avisó?** why didn't you let me know?; **en cuanto ella llegue me avisas** tell me the moment she comes; ~ **un taxi** to call a cab; **'avisamos grúa'** (*Esp*) 'cars will be towed away'. (**b**) (*advertir*) to warn; (*fam: criminal etc*) to tip off (*fam*); (*amonestar*) to admonish; ~ **al médico** to send for the doctor.
aviso *nm* (**a**) (*gen*) piece of information, tip; (*avertencia*) notice, warning; (*consejo*) advice; (*Com, Fin*) demand note; (*Inform*) prompt; ~ **de bomba** bomb alert; ~ **de envío** dispatch note; ~ **escrito** notice in writing; **con 15 días de** ~ at a fortnight's notice; **con poco tiempo de** ~

at short notice; **sin previo** ~ without warning *o* notice; **hasta nuevo** ~ until further notice; **salvo** ~ **contrario** unless otherwise informed; **según (su)** ~ (*Com*) as per order, as you ordered; **mandar** ~ to send word.
(**b**) (*Com: esp LAm*) advertisement; (*Pol*) announcement, statement; '**~s económicos**' 'classified advertisements'.
(**c**) **estar sobre** ~ to be on the alert *o* the look-out.
avispa *nf* (**a**) (*insecto*) wasp. (**b**) (*persona*) sharp *o* clever person.
avispado *adj* (*astuto*) sharp, clever; (*pey*) sly, wily.
avispar [1a] **1** *vt* (*caballo*) to spur on; (*fig*) to prod. **2 avisparse** *vr* (*despabilarse*) to liven up; (*preocuparse*) to fret, worry; (*LAm*) to become alarmed.
avispero *nm* (**a**) (*lit*) wasp's nest. (**b**) (*Med*) carbuncle. (**c**) (*fam*) hornet's nest, mess.
avispón *nm* hornet.
avistar [1a] **1** *vt* to sight, catch sight of. **2 avistarse** *vr* to have an interview (*con* with).
avitaminosis *nf* vitamin deficiency.
avituallamiento *nm* provisioning, supplying.
avituallar [1a] *vt* to provision, supply with food.
avivar [1a] **1** *vt* (*fuego*) to stoke (up); (*color*) to brighten; (*dolor*) to intensify; (*pasión*) to excite, arouse; (*disputa*) to add fuel to; (*interés*) to stimulate; (*esfuerzo*) to revive. **2 avivarse** *vr* to revive, take on new life.
avizor *adj*: **estar ojo** ~ to be on the alert, be vigilant.
avizorar [1a] *vt* to watch, spy on.
avutarda *nf* great bustard.
axial *adj* axial.
axila *nf* armpit.
axioma *nm* axiom.
axiomático *adj* axiomatic.
ay 1 *interj* (**a**) (*dolor*) ow!, ouch! (**b**) (*pena*) oh!, oh dear!; **¡~ de mí!** whatever shall I do?; **¡~ del que lo haga!** woe betide the man who does it! (**c**) (*sorpresa*) oh!, goodness! **2** *nm* moan, groan; **un** ~ **desgarrador** a heart-rending cry.
aya *nf* governess.
ayatolá, ayatollah *nm* ayatollah.
ayer 1 *adv* yesterday; (*fig*) formerly, in the past; ~ **mismamente** *or* (*LAm*) **no más** only yesterday; ~ **por la mañana** yesterday morning; **no es (cosa) de** ~ it's nothing new. **2** *nm* yesterday, past; **el** ~ **madrileño** Madrid in the past, old Madrid.
ayllu *nm* (*And*) Indian commune.
aymará *adj, nmf* Aymara.
ayo *nm* tutor.
ayote *nm* (*Méx, CAm: calabaza*) pumpkin.
Ayto *abr de* **Ayuntamiento**.
ayuda 1 *nf* (**a**) (*gen*) help, assistance; ~ **económica** economic aid. (**b**) (*Med*) enema; (*LAm*) laxative. **2** *nm* (*paje*) page; ~ **de cámara** valet.
ayudante *nmf* (*gen*) helper, assistant; (*Mil*) adjutant; (*Téc*) technician; ~ **de dirección** (*Teat etc*) production assistant; ~ **del electricista** electrician's mate; ~ **de laboratorio** lab(oratory) assistant *o* technician; ~ **de realización** (*TV*) production assistant; ~ **técnico sanitario** nursing assistant.
ayudar [1a] **1** *vt* (*gen*) to help, aid, assist; ~ **a algn a hacer algo** to help sb to do sth; ~ **a algn a bajar** to help sb down *o* out. **2 ayudarse** *vr* (*gen*) to help each other; (*valerse de*) to make use of, use; **ayúdate y Dios te ayudará** God helps those who help themselves.
ayunar [1a] *vi* to fast.
ayunas *nfpl*: **salir en** ~ to go out without any breakfast; **estar** *o* **quedarse en** ~ (*ser ignorante*) to be completely in the dark; (*no caer*) to miss the point.
ayuno 1 *adj* (**a**) (*Rel etc*) fasting. (**b**) (*fig: privado*) deprived; **estar** ~ **de** to know nothing about. **2** *nm* fast, fasting; **guardar** ~ to fast; **día de** ~ fast day.
ayuntamiento *nm* (**a**) (*corporación*) district *o* town *o* city council. (**b**) (*Casa Consistorial*) town *o* city hall. (**c**) (*cópula*) sexual intercourse.
azabachado *adj* jet-black.
azabache *nm* (*Min*) jet; **~s** jet trinkets.
azada *nf* hoe.
azadón *nm* large hoe, mattock.
azafata *nf* (*Aer*) air hostess, stewardess; (*TV*) hostess; ~ **de exposiciones y congresos** congress organizer.
azafate *nm* flat basket, tray.
azafrán *nm* (*Culin*) saffron.
azafranado *adj* (*color*) saffron-coloured *o* (*US*) -colored; (*sabor*) saffron-flavoured *o* (*US*) -flavored.
azafranar [1a] *vt* (*Culin*) to colour *o* (*US*) color with saffron, flavour *o* (*US*) flavor with saffron.
azahar *nm* orange blossom.
azalea *nf* azalea.
azar *nm* (**a**) (*gen*) chance, fate; **al** ~ at random; **por** ~ accidentally, by chance. (**b**) (*desgracia*) accident, piece of bad luck.
azararse [1a] *vr* (**a**) to go wrong, go awry. (**b**) = **azorarse**.
azaroso *adj* (**a**) (*arriesgado*) risky, hazardous; (*vida*) eventful. (**b**) (*malhadado*) unlucky.
Azerbaiyán *nm* Azerbaijan.
ázimo *adj* (*pan*) unleavened.
azogado 1 *adj* restless, fidgety. **2** *nm* silvering (of a mirror).
azogar [1h] **1** *vt* to coat with quicksilver; (*espejo*) to silver. **2 azogarse** *vr* to be restless *o* fidgety.
azogue *nm* mercury, quicksilver; **ser un** ~ to be always on the go; **tener** ~ to be restless, be fidgety.
azolve *nm* (*sedimento*) sediment, deposit.
azor *nm* goshawk.
azorado *adj* alarmed, upset.
azoramiento *nm* embarrassment, fluster.
azorar [1a] **1** *vt* (**a**) (*sobresaltar*) to alarm. (**b**) (*turbar*) to embarrass, fluster. (**c**) (*animar*) to urge *o* egg on. **2 azorarse** *vr* (**a**) (*alarmarse*) to get alarmed *o* rattled. (**b**) (*sentirse violento*) to be embarrassed, get flustered.
Azores *nfpl* Azores.
azoro *nm* (**a**) (*esp LAm*) = **azoramiento**. (**b**) (*CAm*) ghost.
azotaina *nf* beating, spanking; **¡te voy a dar una** ~**!** I'm going to give you a good hiding! (*fam*).
azotar [1a] *vt* (**a**) (*latigar*) to whip, flog; (*zurrar*) to thrash, spank; (*Agr etc*) to beat; (*suj: lluvia etc*) to lash. (**b**) ~ **las calles** to loaf around the streets.
azote *nm* (**a**) (*instrumento*) whip, scourge. (**b**) (*golpe: de látigo*) stroke, lash; (*: de mano*) spanking; **~s y galeras** the same old stuff. (**c**) (*fig*) scourge.
azotea *nf* (*And, CSur*) flat roof, adobe house.
azteca *adj, nmf* Aztec.
azúcar *nm o nf* sugar; ~ **blanquilla/fina/en terrón** white/caster/lump sugar; ~ **flor** (*LAm*) icing sugar; ~ **morena** *o* **negra** *o* **Demerara** brown sugar.
azucarado *adj* sugary, sweet.
azucarar [1a] *vt* (**a**) to sugar, add sugar to. (**b**) (*fig*) to sweeten.
azucarera, azucarería *nf* sugar refinery.
azucarero 1 *adj* sugar *atr*. **2** *nm* sugar bowl.
azucena *nf* white lily.
azuela *nf* adze.
azufre *nm* (*Quím*) sulphur, sulfur (*US*); (*Rel etc*) brimstone.
azufroso *adj* sulphurous, sulfurous (*US*).
azul 1 *adj* blue; **sangre** ~ noble blood. **2** *nm* (*color*) blue; (*grado*) blueness; ~ **celeste/eléctrico/marino** sky/electric/navy blue; ~ **turquesa** turquoise; ~ **de ultramar** ultramarine.
azulado *adj* blue, bluish.
azular [1a] **1** *vt* to colour *o* (*US*) color *o* dye blue. **2 azularse** *vr* to turn blue.
azulejar [1a] *vt* to tile.
azulejo *nm* glazed tile; (*en el suelo*) floor tile.
azulino *adj* bluish.
azurumbado *adj* (*CAm, Méx: tonto*) silly, stupid.

B

B, b [be] *nf* (*letra*) B, b.
B. *abr* (**a**) *de* **Barcelona**. (**b**) (*Rel*) *de* **Beato/a**.
baba *nf* (**a**) (*saliva*) spittle, saliva; (*de niños*) dribble; (*Bio*) mucus; (*de babosas etc*) slime, secretion; **mala** ~ (*fam: malhumor*) bad temper; (*mal genio*) nasty character; **se le caía la** ~ (*fig*) he was thrilled to bits *o* (*US*) pieces; **echar** ~ to drool, slobber. (**b**) (*Col, Ven*) small crocodile.
babaza *nf* slime, mucus.
babear [1a] **1** *vi* (**a**) (*echar saliva*) to slobber; (*niño*) to dribble. (**b**) (*fig*) to drool. **2 babearse** *vr* (*Méx fam*) ~ **por algo** to yearn for sth, drool at the thought of sth.
babel *nmf* bedlam.
babeo *nm* slobbering.
babero *nm* bib.
babi *nm* (*fam: babero*) bib; (*mandil*) apron, smock.
Babia *nf*: **estar en** ~ to be daydreaming.
babieca 1 *adj* simple-minded, stupid. **2** *nmf* idiot, dolt.
Babilonia *nf* Babylon, Babylonia.
babilonio/a *adj, nm/f* Babylonian.
bable *nm* Asturian dialect.
babor *nm* port (side); **a** ~ to port, on the port side; **de** ~ port *atr*.
babosa *nf* slug.
babosada *nf* (*CAm, Méx: fam*) piece of stupidity; **decir** ~**s** to talk nonsense *o* rubbish.
babosear [1a] **1** *vt* (**a**) to slobber over. (**b**) (*fig*) to drool over. **2** *vi* to drool.
baboso/a 1 *adj* (**a**) (*gen*) drooling, slobbering; (*Zool*) slimy. (**b**) (*fig: sentimental*) slushy; (*LAm: tonto*) silly. **2** *nm/f* (*Méx, CAm*) fool, idiot; (*pey*) drip (*fam*).
babucha *nf* slipper; **llevar algo a** ~ (*CSur*) to carry sth on one's back.
baby *nm* = **babi**.
baca *nf* (*Aut etc*) luggage *o* roof rack.
bacaladero *adj* cod *atr*; **flota** ~**a** cod-fishing fleet.
bacaladilla *nf* blue whiting.
bacalao *nm* (**a**) cod(fish); **cortar el** ~ (*fam*) to be the boss. (**b**) **ser un** ~ (*fam*) to be as thin as a rake.
bacán *nm* (*CSur fam*) toff, sugar daddy (*fam*).
bacanal *nf* (*tb* ~**es**) orgy.
bacar(r)á *nm* baccarat.
baceta *nf* (*naipes*) pack, stock.
bacía *nf* (*gen*) basin; (*de afeitar*) shaving bowl.
bacilar *adj* bacillary.
bacilo *nm* bacillus, germ.
bacín *nm* (**a**) (*orinal*) chamber pot; (*de pordiosero*) beggar's bowl. (**b**) (*miserable*) wretch, cur.
bacón *nm* bacon.
bacteria *nf* bacterium, germ; ~**s** bacteria, germs.
bacterial, **bacteriano** *adj* bacterial.
bactericida 1 *adj* germ-killing. **2** *nm* germicide, germ killer.
bacteriología *nf* bacteriology.
bacteriólogo/a *nm/f* bacteriologist.
báculo *nm* (**a**) stick, staff; ~ **pastoral** crozier, bishop's staff. (**b**) (*fig: apoyo*) prop, support.
bachata *nf* (*Carib*) spree.
bache *nm* (*en carretera etc*) (pot)hole; (*fig: mal rato*) bad patch; (*Econ etc*) slump; ~ **de aire** (*Aer*) air pocket; ~ **económico** slump, depression; **salir del** ~ to get moving again.
bacheado *adj carretera* pot-holed.
bachicha *nf* (*CSur pey*) (**a**) dago (*fam!*), wop (*Brit fam!*), guinea (*US fam!*). (**b**) (*Méx*) dregs.
bachiche *nm* (*And pey*) = **bachicha (a)**.
bachiller *nmf* (*Escol*) secondary *o* (*US*) high school graduate.
bachillerato *nm* (*Escol*) ≈ GCSE O Level (*Brit*), ≈ SCE O grade (*Scot*), ≈ high school leaving certificate (*US*); (*Hist*) bachelor's degree.
badajada *nf*, **badajazo** *nm* stroke, chime.
badajo *nm* (**a**) clapper. (**b**) (*fam: parlanchín*) chatterbox.
badajocense, **badajoceño/a 1** *adj* of *o* from Badajoz. **2** *nm/f* native *o* inhabitant of Badajoz.
badana *nf* sheepskin; **zurrarle** *o* **sobarle la** ~ **a algn** (*fam*) to give sb a good hiding (*fam*).
badén *nm* (*Aut: bache*) dip; (*para agua*) gutter.
bádminton *nm* badminton.
badulaque *nm* idiot, nincompoop.
baf(f)le *nm* (*Elec*) speaker, loudspeaker.
bagaje *nm* (**a**) (*gen*) baggage, equipment; (*fig: conocimientos*) experience, background; ~ **cultural** cultural background. (**b**) (*Mil: mula*) pack mule.
bagatela *nf* (*objeto*) trinket, knick-knack; (*fig: nimiedad*) trifle; **¡una ~!** a mere trifle; **son ~s** they're not worth worrying about.
bagazo *nm* (**a**) (*del azúcar*) sugar cane pulp *o* mash. (**b**) (*LAm fig: persona inútil*) dead loss (*fam*).
bagre 1 *adj* (**a**) (*LAm*) vulgar, coarse. (**b**) (*CAm*) clever, sharp. **2** *nm* (*LAm*) (**a**) (*pez*) catfish. (**b**) (*mujer*) ugly woman.
bagual 1 *adj* (*LAm*) (**a**) (*caballo etc*) wild, untamed. (**b**) (*CSur: huraño*) unsociable. **2** *nm* (**a**) (*And, CSur: caballo*) wild *o* untamed horse. (**b**) (*CSur: huraño*) unsociable person.
bah *interj* (*desdén*) bah!, that's nothing!, pooh!; (*incredulidad*) never!
Bahama: **las (Islas) ~(s)** *nfpl* the Bahamas.
baharí *nm* sparrowhawk.
bahía *nf* bay.
bahreiní *adj, nmf* Bahreini.
bailable 1 *adj*: **música** ~ dance music. **2** *nm* dance number.
bailador(a) 1 *adj* dancing. **2** *nm/f* dancer.
bailaor(a) *nm/f* flamenco dancer.
bailar [1a] **1** *vt* (*gen*) to dance; (*peonza*) to spin. **2** *vi* (*gen*) to dance; (*peonza*) to spin (round); (*fig*) to dance, jump about; ~ **al son que tocan** to toe the line; **¿quieres ~?** shall we dance?; **sacar a una a** ~ to invite a girl to dance; **le bailaban los ojos de alegría** her eyes sparkled with happiness; **¡que nos quiten lo bailado!** nobody can take away the good times we've had!; ~ **con la más fea** to pull the short straw. **3 bailarse** *vr*: ~ **a algn** (*Méx fam*) to do sb in (*fam*).
bailarín/ina 1 *adj* dancing. **2** *nm/f* dancer; ~ **de claqué** tap dancer. **3** *nf* (*de ballet*) ballerina; ~ **del vientre** belly dancer; **primera** ~ prima ballerina.
baile *nm* (**a**) (*gen*) dance; (*el bailar*) dancing; (*Teat*) dance, ballet; ~ **agarrado**, ~ **apretado** slow dance; ~ **clásico** ballet; ~ **folklórico**, ~ **popular**, ~ **regional** traditional dance, folk dancing; ~ **de salón**, ~ **de sociedad** ballroom dance. (**b**) (*ocasión*) dance; (*: formal*) ball; ~ **de disfraces** fancy-dress ball; ~ **de etiqueta** (dress) ball; ~ **de fantasía** (*LAm*) *o* **de máscaras** masked ball. (**c**)

(*Med*) ~ **de San Vito** St Vitus's dance.
bailón *adj*: **es muy** ~ he loves dancing.
bailongo *adj* dance *atr*; **música ~a** music for dancing, music you can dance to.
bailotear [1a] *vi* to dance *o* jump about.
baja *nf* (**a**) (*de precios etc*) drop, fall; (*Econ*) slump, recession; **una ~ del 5 por ciento** a fall of 5%; **una ~ de los tipos de interés** a cut in interest rates; **una ~ de temperatura** a drop in temperature; **tendencia a la ~** downward trend, bearish tendency; **jugar a la ~** (*Fin*) to speculate on a fall in prices; **seguir en ~** (*Fin*) to be low.
(**b**) (*Mil*) casualty; (*despido*) redundancy; (*vacante*) vacancy; (*Dep*) injury, injured player; **las ~s son grandes** the casualties are heavy; **dar de ~ a** (*soldado*) to discharge; (*Med*) to put on sick leave; (*miembro*) to expel; **darse de ~** (*retirarse*) to drop out, withdraw; (*Med*) to go sick; **~ por enfermedad** sick leave; **~ incentivada, ~ por incentivo** voluntary severance; **~ por jubilación anticipada** early retirement; **~ retribuida** paid leave; **~ voluntaria** voluntary redundancy; **ha estado 6 meses de ~** he's been off work for 6 months.
(**c**) (*Med: certificado*) sick note, doctor's line.
bajada *nf* (**a**) (*cuesta*) slope. (**b**) (*acto de bajar*) descent; **~ de bandera** minimum (taxi) fare; **durante la ~** on the way down.
bajamar *nf* low tide, low water.
bajar [1a] **1** *vt* (**a**) (*desde arriba*) to lower, let down; (*desde abajo*) to bring *o* take *o* get down; (*a una persona*) to help down *o* out; **~ los equipajes al taxi** to take the luggage down to the taxi; **¿me ayuda a ~ esta maleta?** would you help me down with this case?; **¿me baja a la Plaza Mayor?** (*en taxi*) can you take me to the Plaza Mayor?
(**b**) (*cabeza*) to bow, bend; (*brazos*) to drop; (*bandera, telón*) to lower; **bajó la vista** *o* **los ojos** he looked down.
(**c**) (*precio*) to lower, reduce; (*TV etc*) to turn down; (*voz*) to lower; (*faros*) to dip.
(**d**) (*escalera etc*) to come *o* go down.
2 *vi* (**a**) to come *o* go down; **¡ahora bajo!** I'll be right down!; **esa marca de jabón ha bajado de categoría** that brand of soap isn't as good as it used to be.
(**b**) (*apearse: de autobús, avión etc*) to get off; (*de coche*) to get out; **~ de** to get out *o* off of.
(**c**) (*Com, Met etc*) to fall.
(**d**) **~ de** (*ser menos de*) to be less than; **el regalo no bajará de 2000 ptas** the present won't cost any less than 2000 pesetas.
3 bajarse *vr* (**a**) (*inclinarse*) to bend down, stoop.
(**b**) (*de autobús, tren, avión*) to get off; (*de coche*) to get out of; **~ de** to get out *o* off of.
bajel *nm* (*barco*) vessel, ship.
bajero *adj* lower, under-; **falda ~a** underskirt; **sábana ~a** bottom sheet.
bajetón *adj* (*LAm*) short, small.
bajeza *nf* (**a**) vileness, baseness. (**b**) (*una ~*) mean *o* vile deed.
bajial *nm* (*LAm*) lowland.
bajío *nm* (**a**) (*Náut*) shoal, sandbank. (**b**) (*LAm*) lowland.
bajista 1 *adj*: **tendencia ~** bearish trend. **2** *nmf* (**a**) (*Mús*) bassist. (**b**) (*Fin*) bear.
bajo 1 *adj* (**a**) (*gen*) low; (*de estatura*) short, small; (*parte*) lower; **planta ~a** ground *o* (*US*) first floor; **con la cabeza ~a** with bowed head; **con los ojos ~s** with downcast *o* lowered eyes; **en la parte ~a de la ciudad** in the lower part of the town; **los ~s fondos** the lower depths; **en la ~a Edad Media** in the late Middle Ages.
(**b**) (*voz, tono*) low; **hablar en voz ~a** to speak quietly *o* in a whisper; **decir algo por lo ~** to say sth under one's breath; **hacer algo por lo ~** to do sth secretly.
(**c**) (*color*) dull.
(**d**) (*metal*) base.
(**e**) (*fig: humilde*) low; (*Pol: clase*) lower; (*condición*) lowly; (*barrio*) poorer; (*calidad*) low, poor.
(**f**) (*vulgar*) common; (*moralmente*) base, mean.
2 *nm* (**a**) (*hondanada*) hollow.
(**b**) (*Náut*) = **bajío (a)**.
(**c**) (*Cos*) hemline.
(**d**) (*Arquit*) ground *o* (*US*) first floor.
(**e**) (*Mús*) bass.
3 *adv* (*gen*) low; **hablar ~** (*en voz ~a*) to speak quietly *o* softly; (*tener una voz suave*) to speak softly; **¡más ~, por favor!** turn it down, please!
4 *prep* (**a**) under, underneath, below; **~ la lluvia** in the rain; **~ cuerda** (*fig*) under the counter.
(**b**) (*fig*) under; **~ Napoleón** under Napoleon.
(**c**) **libertad ~ palabra** parole; **~ pena de muerte** under sentence of death; **guardar ~ llave** to keep under lock and key; **está ~ la tutela de su tío** she's a ward of her uncle; **estamos ~ cero** it's below zero; **~ mi/este punto de vista** from my/this point of view.
bajomedieval *adj* late medieval.
bajón *nm* (**a**) (*gen*) fall, drop; (*Med*) decline, worsening; (*Com, Fin*) sharp fall in price; **~ en la moral** slump in morale; **dar un ~** (*Med: persona*) to go downhill; (*precios*) to fall away sharply; (*mercado*) to slump. (**b**) (*Mús*) bassoon.
bajorrelieve *nm* bas-relief.
bajura *nf*: **pesca de ~** shallow-water *o* coastal fishing.
bala *nf* (**a**) (*gen*) bullet; **a prueba de ~** bullet-proof; **~ de cañón** cannon-ball; **~ de fogueo** blank cartridge; **~ de goma** plastic *o* rubber bullet; **~ perdida** stray shot; **como una ~** like a shot; **ni a ~** (*Méx fam*) no way (*fam*); **es una ~ perdida** (*fam: raro*) he's an oddball (*fam*); (*: calavera*) he's an idiot; (*: malo*) he's a pig (*fam*); **no le entra ~** (*CSur*) he's as tough as nails (*fam*). (**b**) (*de algodón*) bale.
balacear [1a] *vt* (*CAm, Méx*) to shoot (at).
balacera *nf* (*CAm, Méx*) shooting, exchange of shots.
balada *nf* ballad.
baladí *adj* trivial, paltry.
baladrón/ona 1 *adj* boastful. **2** *nm/f* braggart, bully.
baladronada *nf* (*dicho*) boast, brag; (*hecho*) piece of bravado.
baladronear [1a] *vi* (*decir*) to boast, brag; (*hacer*) to indulge in bravado.
balance *nm* (*Com*) balance (sheet); **~ de comprobación** trial balance; **~ consolidado** consolidated balance sheet; **~ de situación** balance sheet; **el ~ de víctimas en el accidente** the toll of victims in the accident, the number of dead in the accident; **hacer ~ de la situación** to draw up a balance; (*fig*) to take stock of the situation; *V tb* **balanceo (a)**.
balancear [1a] **1** *vt* to balance. **2** *vi*, **balancearse** *vr* (*gen*) to move to and fro, to rock; (*péndulo*) to swing; (*Náut*) to roll.
balanceo *nm* (**a**) (*vaivén*) to-and-fro motion, rocking; (*Náut*) roll, rolling. (**b**) (*LAm Aut: tb* **~ de ruedas**) wheel balancing.
balancín *nm* (*Náut*) outrigger; (*en circo*) balancing pole; (*Mec*) rocker (arm); (*columpio*) seesaw; (*de máquina*) beam; (*silla*) rocking chair.
balandra *nf* sloop.
balandrismo *nm* yachting.
balandrista *nmf* yachtsman/-woman.
balandro *nm* yacht.
balanza *nf* (**a**) scales; (*Quím*) balance; **~ de cocina** kitchen scales; **~ romana** steelyard; **~ de muelle** spring-balance; **~ de precisión** precision scales. (**b**) (*fig*) judgment. (**c**) (*Com, Pol etc*) balance; **~ comercial** balance of payments; **~ de pagos** balance of payments; **~ de poder(es), ~ política** balance of power.
balaquear [1a] *vi* to boast.
balar [1a] *vi* to bleat, baa.
balast(r)o *nm* (*CSur, Méx: gen*) ballast; (*: Téc*) aggregate.
balata *nf* (*LAm Aut*) brake lining.

balaustrada *nf* balustrade; (*pasamanos*) banister.
balaustre *nm* baluster.
balay *nm* (*LAm*) wicker basket.
balazo *nm* (*tiro*) shot; (*herida*) bullet wound; **matar a algn de un ~** to shoot sb dead.
balboa *nf Panamanian currency unit.*
balbucear [1a] *vt, vi* to stammer, stutter; (*niño*) to babble.
balbuceo *nm* stammering, stuttering; (*de niño*) babbling.
balbuciente *adj* stammering, stuttering; (*niño*) babbling.
balbucir [3f] *vt, vi* = **balbucear**.
Balcanes *nmpl*: **los ~** the Balkans; **la Península de los ~** the Balkan Peninsula.
balcánico *adj* Balkan.
balcanización *nf* Balkanization, splitting-up.
balcón *nm* (*repisa*) balcony; (*balaustrada*) railing.
balda *nf* (*estante*) shelf.
baldada[1] *nf* (*CSur*) bucketful.
baldado/a[2] **1** *pp de* **baldar**. **2** *adj* crippled, disabled; **estar ~** (*fam*) to be knackered (*fam*). **3** *nm/f* cripple, disabled person.
baldaquín, **baldaquino** *nm* canopy.
baldar [1a] *vt* (**a**) (*dejar inválido*) to cripple, disable. (**b**) (*fam: agotar*) to shatter.
balde[1] *nm* (*esp LAm*) bucket, pail.
balde[2] *nm* (**a**) **obtener algo de ~** to get sth free; **estar de ~** (*estar de más*) to be unwanted; (*estorbar*) to be in the way; (*estar parado*) to be out of work. (**b**) **en ~** in vain, to no purpose.
baldear [1a] *vt* (**a**) to wash (down), swill with water. (**b**) (*Náut*) to bale out.
baldío **1** *adj* (**a**) (*campo*) uncultivated; (*terreno*) waste. (**b**) (*vano, inútil*) vain, useless. **2** *nm* (*Agr*) uncultivated *o* fallow land; (*solar*) wasteland.
baldón *nm* (*afrenta*) affront, insult; (*tacha*) blot, stain.
baldosa *nf* floor tile; (*grande*) flagstone; (*de calle*) paving stone.
baldosín *nm* tile.
balear[1] [1a] (*CAm, Méx*) **1** *vt* to shoot (at). **2 balearse** *vr* to exchange shots.
balear[2] **1** *adj* Balearic. **2** *nmf* native *o* inhabitant of the Balearic Isles.
Baleares *nfpl* (*tb* **Islas ~**) Balearics, Balearic Islands.
baleo *nm* (*CAm, Méx: tiroteo*) shooting.
balero *nm* (*Méx Mec*) ball bearing.
balido *nm* bleat, baa.
balín *nm* pellet; **~es** buckshot *sg*.
balística *nf* ballistics.
balístico *adj* ballistic.
baliza *nf* (*Náut*) (lighted) buoy, marker; (*Aer*) beacon, marker; **~s** *nfpl* (*LAm Aut*) sidelights, parking lights.
balizaje, **balizamiento** *nm*: **~ de pista** (*Aer*) runway lighting *o* beacons.
balizar [1f] *vt* (*canal*) to mark with buoys; (*Aer*) to light, mark with beacons.
balneario **1** *adj*: **estación ~a** spa. **2** *nm* (*Med*) spa, health resort.
balompédico *adj* football *atr*.
balompié *nm* soccer, (association) football.
balón *nm* (**a**) (large) ball, football; (*Quím etc*) bag (for gas); (*Met*) balloon; **~ de oxígeno** oxygen cylinder; **la noticia fue un ~ de oxígeno para la economía** (*fig*) the news gave the economy a real boost. (**b**) (*Com*) (large) bale.
balonazo *nm*: **me dio un ~** he thumped me with the ball.
baloncestista *nmf* basketball player.
baloncestístico *adj* basketball *atr*.
baloncesto *nm* basketball.
balonmano *nm* handball.
balonvolea *nf* volleyball.
balsa[1] *nf* (**a**) (*Bot*) balsa (wood). (**b**) (*Náut*) raft; (*embarcadero*) ferry; **~ salvavidas** liferaft; **~ neumática** (*Aer etc*) rubber dinghy.
balsa[2] *nf* (*charca*) pool, pond; (*pantano*) marsh; **el pueblo es una ~ de aceite** the village is lovely and peaceful.
balsámico *adj* balmy; (*fig*) soothing.
bálsamo *nm* balsam, balm; (*fig*) balm, comfort.
balsón *nm* (*LAm*) swamp, bog.
báltico *adj* Baltic; **el Mar B~** the Baltic (Sea); **los estados ~s** the Baltic states.
baluarte *nm* (*lit, fig*) bastion.
balumoso *adj* (*LAm*) bulky, cumbersome.
ballena *nf* (**a**) (*Zool*) whale; **parece una ~** (*fam*) she's as fat as a cow (*fam*); **~ azul** blue whale. (**b**) (*Cos*) bone, stay.
ballenera *nf* whaler, whaling ship.
ballenero **1** *adj*: **industria ~a** whaling industry. **2** *nm* (**a**) (*pescador*) whaler. (**b**) (*barco*) whaling ship.
ballesta *nf* (**a**) (*Hist*) crossbow. (**b**) (*Aut etc*) spring; **~s** suspension *sg*.
ballet [ba'le] *nm* (*pl* **~s** [ba'les]) ballet; **~ acuático** synchronized swimming.
balletístico *adj* ballet *atr*.
bamba *nf* (*CAm, Ven*) silver coin.
bambalina *nf* (*Teat*) drop(-scene); **entre ~s** behind the scenes.
bambolear [1a] *vi*, **bambolearse** [1a] *vr* (*gen*) to swing, sway; (*al andar*) to sway; (*muebles*) to wobble.
bamboleo *nm* swinging, swaying.
bambú *nm* bamboo.
banal *adj* (*gen*) banal; (*trivial*) trivial; (*vulgar*) ordinary, commonplace.
banalidad *nf* (*V adj*) banality; triviality; ordinariness; **~es** small talk, trivialities.
banalizar [1f] *vt* to trivialize.
banana *nf* (*esp LAm*) banana.
bananal *nm* (*LAm*) banana plantation.
bananera *nf* banana plantation.
bananero *adj*: **compañía ~a** banana company; **república ~a** banana republic.
banano *nm* banana tree.
banca *nf* (**a**) (*Com, Fin*) banking; **~ comercial** commercial banking; **~ industrial** merchant banking, investment banking; **la B~** the banks. (**b**) (*Naipes*) bank; **hacer saltar la ~** to break the bank. (**c**) (*CSur: influencia*) pull, influence.
bancal *nm* (*Agr*) terrace.
bancario *adj* bank *atr*, banking *atr*; **giro ~** bank draft.
bancarrota *nf* (*Fin*) bankrupcy; (*fracaso*) failure; **declararse en** *o* **hacer ~** to go bankrupt.
banco *nm* (**a**) (*gen*) bench, seat; (*en iglesia*) pew; (*Téc*) bench; **~ azul** (*Pol*) ministerial benches.
(**b**) (*Geog, Náut*) bank, shoal; (*Geol*) stratum, layer; **~ de arena** sandbank; **~ de hielo** icefield, ice floe; **~ de niebla** fog bank; **~ de pruebas** test bed; (*fig*) testing-ground.
(**c**) (*de peces*) shoal, school.
(**d**) (*Com, Fin*) bank; **~ de crédito** credit bank; **~ central** central bank; **~ comercial** commercial bank; **~ ejidal** (*Méx*) cooperative bank; **~ emisor** issuing bank; **~ de inversiones** investment bank; **~ de liquidación** clearing house; **~ de memoria** memory bank; **~ mercantil** merchant bank; **~ por acciones** joint-stock bank; **B~ Mundial** World Bank.
(**e**) **~ de datos** data bank; **~ de esperma(s)** sperm bank; **~ de sangre** blood bank.
banda *nf* (**a**) (*gen*) band; (*cinta*) ribbon; (*faja*) sash; (*tierra*) strip; (*de carretera*) lane; (*Rad*) (wave)band; **~ de rodamiento** (*Aut*) tread; **~ salarial** wage scale; **~ sonora** (*Cine*) sound track; **~ transportadora** conveyor belt.
(**b**) (*Geog: orilla*) side, edge; **la ~ de Gaza** the Gaza Strip; **la B~ Oriental** (*esp CSur*) Uruguay; **de la ~ de acá** on this side.
(**c**) (*Dep: Billar*) cushion; (*: Ftbl*) sideline; **fuera de ~** out of play, in touch; **sacar de ~** to take a throw-in.

(**d**) (*pandilla*) gang; (*partidarios*) party, group; (*Orn*) flock; **cerrarse en** ~ to stand firm, be adamant; **encerrarse en** ~ to refuse to say anything more; **negociaciones a tres ~s** three-party talks.
(**e**) (*Mús*) brass band.

bandada *nf* (*Orn*) flock; (*de peces*) shoal.

bandazo *nm* lurch, jolt; (*Náut*) heavy roll; (*LAm Aer*) air pocket, sudden drop; (*fig*) marked shift; **caminar dando ~s** to stumble along, reel from side to side; **el coche iba dando ~s** the car kangarooed along.

bandearse 1a *vr* (*ir de un lado a otro*) to move to and fro.

bandeja *nf* (*gen*) tray; (*LAm: platón*) platter, salver; ~ **de entrada** in-tray; ~ **de salida** out-tray; ~ **para horno** oven-tray; **servir algo a algn en ~ (de plata)** (*fig*) to hand sth to sb on a plate.

bandera *nf* (**a**) (*gen*) flag; (*estandarte*) banner, standard; (*Mil*) colours, colors *(US)*; ~ **blanca** white flag; ~ **de esquina** corner flag; **arriar la** ~ (*Náut*) to strike one's colours; **bajar la** ~ (*taxi*) to pick up a fare; **estar hasta la** ~ (*fam*) to be packed out; **izar la** ~ to hoist the flag. (**b**) **de** ~ (*fam*) terrific, marvellous, marvelous *(US)*.

banderilla *nf* (**a**) (*Taur*) banderilla; ~ **de fuego** banderilla with attached firecracker; **clavar ~s a algn** to goad sb. (**b**) (*Culin*) savoury *o (US)* savory appetiser. (**c**) (*LAm*) scrounging.

banderillear 1a *vt* (*Taur*) to thrust the banderillas (into the neck of).

banderillero *nm* (*Taur*) banderillero, bullfighter who uses the banderillas.

banderín *nm* small flag, pennant.

banderita *nf* little flag; (*de caridad*) flag sold for charity; **día de la** ~ flag day.

banderola *nf* (**a**) banderole; (*Mil*) pennant. (**b**) (*CSur: travesaño*) transom.

bandidaje, **bandidismo** *nm* banditry.

bandido *nm* (**a**) bandit, outlaw. (**b**) **¡~!** you rogue!, you beast!

bando *nm* (**a**) (*gen*) edict, proclamation; **~s** (*Rel*) banns. (**b**) (*Pol*) faction, party; (*Dep*) side; **pasar al otro** ~ to change sides.

bandolera *nf* bandoleer; **llevar algo en** ~ to wear sth across one's chest.

bandolerismo *nm* brigandage, banditry.

bandolero *nm* brigand, bandit; (*Hist*) highwayman.

bandolina *nf* mandolin.

bandoneón *nm* (*CSur*) large accordion.

bandurria *nf lute-type Spanish instrument.*

Bangladesh *nm* Bangladesh.

bangladesí *adj*, *nmf* Bangladeshi.

banjo *nm* banjo.

banquear 1a *vt* (*LAm*) to level, flatten out.

banquero/a *nm/f* banker.

banqueta *nf* (**a**) (*gen*) stool; (*banquillo*) low bench; ~ **de piano** piano stool. (**b**) (*CAm, Méx: acera*) pavement, sidewalk *(US)*.

banquete *nm* banquet, feast; ~ **anual** annual dinner; ~ **de boda** wedding breakfast; ~ **de gala** state banquet.

banquillo *nm* (*gen*) bench; (*Jur*) dock; ~ **de los acusados** prisoner's seat, dock.

banquina *nf* (*Arg, Uru*) side of the road, kerb.

bántam *nm* (*esp LAm: Dep*) bantamweight.

bantú *adj*, *nmf* Bantu.

bañada *nf* (*LAm: baño*) swim, dip; (*: de pintura*) coat.

bañadera *nf* (*LAm*) bathtub.

bañado *nm* (*LAm: pantano*) swamp, marshland; (*Téc*) bath.

bañador *nm* (*traje*) bathing costume, swimsuit, bathing suit *(US)*; (*de hombre*) trunks.

bañar 1a **1** *vt* (**a**) (*niño*) to bath, bathe *(US)*; (*Med*) to bathe (*con, de* in, with); (*Culin, Téc*) to dip, cover (*de* with); **bañado en sangre/sudor** soaked in blood/sweat. (**b**) (*fig*) to bathe (*con, de, en* in); (*suj: mar, olas*) to wash, lap. (**c**) (*suj: luz etc*) to bathe, flood. **2 bañarse** *vr* (*en bañera*) to take *o* have a bath; (*en el mar etc*) to bathe, swim; **ir a** ~ to go bathing *o* swimming; **'prohibido ~'** 'no swimming'.

bañera *nf* bath, bathtub.

bañista *nmf* (**a**) (*en mar etc*) bather. (**b**) (*Med: en balneario*) patient.

baño *nm* (**a**) (*bañera*) bath, bathtub; (*Téc*) bath; **(cuarto de)** ~ bathroom; (*aseo*) toilet, washroom *(US)*; ~ **María** bain-marie; ~ **de revelado** developing bath; ~ **de sangre** (*fig*) blood bath; ~ **de sol** sun bath; ~ **turco** Turkish bath; ~ **de vapor** steam bath.
(**b**) (*acto*) bathing; (*aseo*) bath; (*en el mar etc*) swim, dip; **dar un ~ a** (*Dep*) to whitewash; **darse un** ~ (*en bañera*) to have a bath; (*en mar etc*) to have *or* go for a swim.
(**c**) **~s** (*Med*) spa *sg*; **ir a ~s** to take the waters, bathe at a spa *(US)*.
(**d**) (*Arte*) wash; (*Culin*) coating, covering; (*de pintura*) coat.

baptismo *nm*: **el** ~ the Baptist faith.

baptista *adj*, *nmf* Baptist.

baptisterio *nm* baptistery, font.

baqueano *adj*, *nm* = **baquiano.**

baqueta *nf* (**a**) (*Mil*) ramrod. (**b**) (*Mús*) drumstick. (**c**) **tratar a algn a (la)** ~ to treat sb harshly.

baquetazo *nm*: **tratar a algn a ~ limpio** (*fam*) to give sb a hard time.

baqueteado *adj* experienced; (*mueble*) worse for wear, battered.

baquetear 1a *vt* (*fastidiar*) to annoy, bother; (*maltratar*) to treat harshly; **ha sido baqueteado por la vida** life's been hard on him.

baquía *nf* (*LAm*) (**a**) (*conocimientos locales*) local expertise. (**b**) (*habilidad*) expertise, skill.

baquiano 1 *adj* (**a**) (*LAm: gen*) familiar with a region. (**b**) (*esp LAm: experto*) expert, skilful, skillful *(US)*. **2** *nm* (**a**) (*LAm: guía*) guide, scout; (*Náut*) pilot. (**b**) (*esp LAm: experto*) expert.

báquico *adj* Bacchic; (*menos literario*) drunken.

báquiro *nm* (*Col, Ven*) peccary.

bar *nm* (*gen*) bar, pub *(Brit)*, public house *(Brit)*; (*en hotel*) lounge; (*café*) café; ~ **de alterne,** ~ **de citas** singles bar.

barahúnda *nf* uproar, hubbub.

baraja *nf* pack of cards; **jugar a** *o* **con dos ~s** (*fig*) to play a double game, double deal.

barajar 1a **1** *vt* (**a**) (*naipes*) to shuffle. (**b**) (*fig*) to jumble *o* mix up; (*nombres, candidatos*) to consider, weigh up; (*CSur, Méx: asunto*) to confuse; (*: demorar*) to delay; **las cifras que se barajan ahora** the figures now being put *or* bandied about. **2 barajarse** *vr* (*esp LAm: pelear*) to fight, brawl.

baranda *nf* rail, railing.

barandal *nm*, **barandilla** *nf* (*gen*) rail, railing; (*en escalera*) banisters.

barata *nf* (*Méx*) (**a**) (*venta*) sale, bargain sale; (*mercado*) street market. (**b**) (*Chi: cucaracha*) cockroach, roach *(US)*.

baratija *nf* (*objeto*) trinket; (*fig*) trifle; **~s** (*Com*) cheap goods; (*pey*) trash *sg*, junk *sg*.

baratillo *nm* (**a**) (*artículos*) secondhand goods; (*gangas*) cheap goods. (**b**) (*tienda*) secondhand shop, junk shop.

barato 1 *adj* (*gen*) cheap; (*económico*) inexpensive. **2** *adv* cheap, cheaply.

baratura *nf* low price, cheapness.

baraúnda *nf* = **barahúnda.**

barba 1 *nf* (**a**) (*mentón*) chin.
(**b**) (*pelo*) beard; **tener** ~ to be unshaven; ~ **cerrada** *o* **bien poblada** thick beard; ~ **de chivo** goatee; **a ~ regalada** abundantly, fully; **dos naranjas por** ~ 2 oranges apiece *or* per head; **un hombre con toda la** ~ a real man; **hacer algo en las ~s de** to do sth under the very nose of;

llevar *o* **tener** ~ to have a beard; **reírse en las ~s de algn** to laugh in sb's face; **subirse a las ~s de algn** to be disrespectful to sb.

(**c**) (*Orn*) wattle.

(**d**) (*Bot*) beard.

2 *nm* (*Teat: papel*) old man's part; (*actor*) performer of old men's roles; **~s** (*fam*) (bearded) guy *(fam)*.

barbacana *nf* (*defensa*) barbican; (*tronera*) loophole, embrasure.

barbacoa *nf* (*gen*) barbecue; (*CAm, Méx, Ven*) barbecued meat.

Barbada *nf*: **la** ~ Barbados.

barbado 1 *adj* bearded, with a beard. **2** *nm* (*Bot*) cutting.

Barbados *nm* Barbados.

bárbaramente *adv* (**a**) (*cruelmente*) cruelly, savagely. (**b**) (*fam*) tremendously *(fam)*; **pasarlo** ~ to have a great time.

barbárico *adj* barbaric.

barbaridad *nf* (**a**) (*gen*) barbarity; (*barbarie*) barbarism; (*una* ~) atrocity, outrage; **es capaz de hacer cualquier** ~ he's capable of anything, he will stop at nothing.

(**b**) (*fig*) **¡qué ~!** how awful!, good grief!; **~es** (*dichos, hechos*) terrible things; **hablar ~es de algn** to tear strips off sb *(fam)*.

(**c**) **una ~ de** (*fam*) loads *o* tons of *(fam)*; **había una ~ de gente** there were masses of people; **comimos una ~** we ate loads *o* tons *(fam)*; **cuesta una ~** it costs a fortune.

(**d**) **una ~** (*fam: como adv*) a lot, lots; **nos gustó una ~** we liked it a lot; **nos divertimos una ~** we had a great time; **sabe una ~** he knows a lot; **se nota una ~** it sticks out a mile *(fam)*.

barbarie *nf* (**a**) (*cualidad*) barbarism. (**b**) (*crueldad*) barbarity, cruelty.

barbarismo *nm* (*Ling*) barbarism.

bárbaro/a 1 *adj* (**a**) (*Hist*) barbarian. (**b**) (*fig: cruel*) barbarous, cruel; (*grosero*) rough, uncouth; (*inculto*) ignorant. (**c**) (*fam*) tremendous *(fam)*, smashing *(fam)*; **¡qué ~!** great!, terrific!; **un éxito ~** a tremendous success; **hace un frío ~** it's freezing. **2** *adv* (*fam*) brilliantly; **lo pasamos ~** we had a tremendous time; **ella canta ~** she's a terrific singer. **3** *nm/f* (**a**) (*Hist*) barbarian. (**b**) (*inculto*) uncouth person; **conduce como un ~** he drives like a madman.

barbear [1a] *vt* (*esp LAm*) (**a**) to shave. (**b**) (*CAm, Méx: lisonjear*) to fawn on, flatter. (**c**) (*Méx: ganado*) to throw, fell. (**d**) (*esp LAm: alcanzar*) to come up to, be as tall as.

barbecho *nm* (**a**) (*terreno*) fallow land; **estar en ~** (*Agr*) to be left fallow; (*CSur fig*) to be in preparation. (**b**) (*preparación*) preparation for sowing.

barbería *nf* (*tienda*) barber's (shop).

barbero *nm* (**a**) barber, hairdresser; **'El ~ de Sevilla'** 'The Barber of Seville'. (**b**) (*Guat, Méx fam*) flatterer.

barbijo *nm* (*And, CSur*) (**a**) (*correa*) chinstrap. (**b**) (*chirlo*) slash, scar.

barbilampiño 1 *adj* (**a**) (*sin barba*) beardless; (*de cara de niño*) baby-faced. (**b**) (*inexperto*) inexperienced. **2** *nm* (*fig*) novice, greenhorn.

barbilla *nf* (tip of the) chin.

barbitúrico *adj, nm* barbiturate.

barbo *nm* barbel; **~ de mar** red mullet.

barbot(e)ar [1a] *vt* to mutter, mumble.

barboteo *nm* muttering, mumbling.

barbudo 1 *adj* bearded. **2** *nm* (*a veces pey*) bearded man.

barbullar [1a] *vi* to jabber away, talk noisily.

Barça *nm*: **(el) ~** (*Esp fam*) Barcelona Football Club.

barca *nf* (small) boat; **~ de pasaje** ferry; **~ pesquera** fishing boat.

barcaza *nf* barge; **~ de desembarco** (*Mil*) landing craft.

Barcelona *nf* Barcelona.

barcelonés/esa 1 *adj* of Barcelona. **2** *nm/f* native *o* inhabitant of Barcelona; **los ~es** the people of Barcelona.

barco *nm* (*gen*) boat; (*navío*) ship; (*Com etc*) vessel; **~ almirante** flagship; **~ de carga** cargo boat; **~ cisterna** tanker; **~ de guerra** warship; **~ nodriza** supply ship; **~ de vapor** steamer; **~ de vela** sailing ship; **en ~** by boat *o* ship.

barchilón/ona *nm/f* (*And: enfermera*) nurse; (*And, CSur: curandero*) quack doctor.

bardo *nm* bard.

baremo *nm* (*Mat*) ready reckoner; (*fig*) yardstick, gauge.

barillero *nm* (*Méx*) hawker, street vendor.

bario *nm* barium.

barítono *nm* baritone.

Barlovento: **Islas de ~** *nfpl* Windward Isles.

barlovento *nm* windward; **a ~** to windward; **de ~** windward *atr*.

barman *nm* (*pl* **~s**) barman, bartender.

Barna. *abr de* **Barcelona.**

barniz *nm* (**a**) (*gen*) varnish; (*Aer*) dope; (*para cerámica*) glaze; (*en metal*) gloss, polish; **dar de ~ a** to varnish. (**b**) (*fig*) veneer.

barnizado *nm* varnishing.

barnizar [1f] *vt* (*gen*) to varnish; (*cerámica*) to glaze; (*fig*) to put a gloss on.

barométrico *adj* barometric.

barómetro *nm* barometer.

barón *nm* (*título*) baron; (*fam: Pol etc*) chief, big wig *(fam)*.

baronesa *nf* baroness.

baronía *nf* barony.

barquero *nm* (*gen*) boatman; (*de embarcadero*) ferryman.

barquilla *nf* (**a**) (*Aer: cesta*) basket; (*: de dirigible*) gondola, car. (**b**) (*Náut*) log. (**c**) (*LAm*) = **barquillo**.

barquillo *nm* (*Culin*) rolled wafer; (*helado*) cornet, cone.

barra *nf* (**a**) (*gen*) bar; (*Mec*) rod; (*pan*) stick, long loaf; (*de bicicleta*) crossbar; **beber en la ~** to drink at the bar; **~ americana** singles bar; **~s asimétricas** asymmetric bars; **(la bandera de) las ~s y estrellas** the Stars and Stripes; **~ de labios** lipstick; **~ de cortina** curtain rod; **~ de equilibrio(s)** beam; **~ de espaciado, ~ espaciadora** space bar; **~ fija** horizontal bar, fixed bar; **~ libre** free bar; **~s paralelas** parallel bars; **no pararse en ~s** to stick at nothing.

(**b**) (*Náut*) bar, sandbank.

(**c**) (*Jur*) bar, rail; (*: banquillo*) dock; (*Méx*) the Bar, the legal profession.

(**d**) (*And, CSur: público*) audience, spectators.

(**e**) (*CSur: pandilla*) gang.

(**f**) (*Mús*) bar.

barrabasada *nf* (piece of) mischief.

barraca *nf* (**a**) (*gen*) hut, cabin; (*en Valencia*) thatched farmhouse; (*chabola*) shanty, hovel. (**b**) (*en feria*) booth, stall; **~ de tiro al blanco** shooting gallery. (**c**) (*And: depósito*) large storage shed.

barracón *nm* (**a**) (*caseta*) big hut. (**b**) (*en feria*) sideshow.

barragana *nf* concubine.

barranca *nf* gully, ravine.

barranco *nm* (**a**) gully, ravine. (**b**) (*escarpado*) cliff. (**c**) (*fig*) difficulty, obstacle.

barraquismo *nm* problem of the slums, shanty town problem.

barredera *nf* street-cleaning lorry.

barredor *nm*: **~ de frecuencia** frequency sweeper.

barreduras *nfpl* (*gen*) sweepings; (*basura*) rubbish, refuse.

barreminas *nm inv* minesweeper.

barrena *nf* (**a**) (*taladro*) drill, bit; **~ de guía** centre *o* (*US*) center bit; **~ de mano** *o* **pequeña** gimlet. (**b**) (*Aer*) **entrar en ~** to go into a spin.

barrenar [1a] *vt* (*taladrar*) to drill, bore; (*volar*) to blast.
barrendero/a *nm/f* street-sweeper.
barreno *nm* (*perforación*) borehole; (*Min*) blasthole; **dar ~ a un barco** to scuttle a ship.
barreño *nm* washing-up bowl.
barrer [2a] **1** *vt* (**a**) (*gen*) to sweep; (*suelo*) to sweep (clean); (*cuarto*) to sweep out. (**b**) (*Mil, Náut*) to sweep, rake (with gunfire). (**c**) (*fig*) to sweep aside *o* away; (*vencer*) to beat, overwhelm; (*dudas*) to dispel; **los candidatos del partido barrieron a sus adversarios** the party's candidates swept their rivals aside; **~ con todo** to make a clean sweep. **2** *vi* (**a**) to sweep up. (**b**) (*fig*) **~ para** *o* **hacia dentro** to look after number one.
barrera[1] *nf* (**a**) (*gen*) barrier; (*Mil etc*) barricade; (*Aut etc*) roadblock; (*Ferro*) crossing gate; (*Taur*) barrier; (*fila*) first row; **~ arancelaria** tariff barrier; **~ comercial** trade barrier; **~ coralina** coral reef; **~ de peaje** tollgate, turnpike; **~ racial** colour *o (US)* color bar; **~ del sonido** sound barrier. (**b**) (*Mil*) **~ de fuego** barrage. (**c**) (*fig*) barrier, obstacle; **poner ~s a** to hinder, obstruct.
barrera[2] *nf* claypit.
barrero *nm* (*And, CSur: saladar*) salt soil.
bar-restaurante *nm* bar-cum-restaurant.
barretina *nf* Catalan cap.
barriada *nf* quarter, district; (*LAm: chabolas*) slum, shanty town.
barrica *nf* large barrel.
barricada *nf* barricade.
barrida *nf* (*LAm: de policía*) sweep, raid.
barrido *nm* sweep, sweeping; (*Elec*) scan, sweep; **vale tanto para un ~ como para un fregado** he can turn his hand to anything.
barriga *nf* (**a**) (*gen*) belly; (*panza*) paunch; (*vientre*) guts; **echar ~** to get middle age spread; **llenarse la ~** to stuff o.s.; **rascarse** *o* **tocarse la ~** (*fam*) to do damn-all *(fam)*; **tener ~** (*fam*) to be in the family way *(fam)*. (**b**) (*comba*) bulge.
barrigón, barrigudo *adj* potbellied.
barril *nm* (*gen*) barrel; (*para cerveza etc*) keg; **~ de petróleo** barrel of oil; **~ de pólvora** (*fig*) powder keg; **cerveza de ~** draught *o (US)* draft beer.
barrila *nf* (*fam*) row; **dar la ~** to kick up a fuss.
barrilete *nm* (**a**) keg, cask. (**b**) (*Téc*) clamp. (**c**) (*de revólver*) chamber. (**d**) (*Méx Jur*) junior barrister. (**e**) (*Chi: cometa de juguete*) kite.
barrio *nm* district, area, neighborhood *(US)*; **~s bajos** poor quarter; **los bares/tiendas de ~** the local bars/shops; **~ comercial** (*negocios*) business quarter; (*tiendas*) shopping district; **~ gótico** Gothic quarter; **~ chino** red-light district; **de ~** (*pey*) working-class *atr*; **irse al otro ~** (*fam*) to snuff it *(fam)*; **mandar a algn al otro ~** *(fam)* to do sb in *(fam)*.
barriobajero *adj* slum *atr*; (*fig*) vulgar, common.
barrizal *nm* mire.
barro *nm* (**a**) (*gen*) mud. (**b**) (*masa*) potter's clay; **~ cocido** baked clay; **vasija de ~** earthenware vessel. (**c**) (*loza*) earthenware. (**d**) (*CSur fam*) **hacer un ~** to drop a clanger. (**e**) (*Anat*) pimple.
barroco **1** *adj* (*Arquit etc*) baroque; (*Lit*) mannered; (*fig*) elaborate. **2** *nm* baroque (style); (*período*) baroque period.
barroquismo *nm* baroque (style); (*fig*) excess.
barros jarpa *nmsg* (*Chi*) toasted ham and cheese sandwich.
barros luca *nmsg* (*Chi*) toasted meat and cheese sandwich.
barroso *adj* (**a**) (*gen*) muddy. (**b**) (*color*) mud-coloured *o (US)* -colored; (*ganado*) reddish. (**c**) (*Anat*) pimply.
barrote *nm* thick bar.
barruntar [1a] *vt* (*adivinar*) to guess, conjecture; (*sospechar*) to suspect.
barrunto *nm* (*adivinanza*) guess, conjecture; (*indicio*) sign, indication; (*sospecha*) suspicion.
Barsa *nm* = **Barça**.
bartola *nf*: **echarse** *o* **tenderse a la ~** to be lazy, take it easy.
bartolina *nf* (*CAm, Méx*) dark cell, dungeon.
bártulos *nmpl* things, belongings; (*Téc*) tools; **liar los ~** to pack up one's belongings.
barucho *nm* (*fam pey*) seedy bar.
barullento *adj* (*CSur*) noisy, rowdy.
barullo *nm* (**a**) racket. (**b**) **a ~** in abundance, in great quantities.
basa *nf* (**a**) (*Arquit*) base. (**b**) (*fig: fundamento*) basis, foundation.
basalto *nm* basalt.
basamento *nm* base.
basar [1a] **1** *vt* (*gen*) to base (*sobre* on). **2 basarse** *vr* (**a**) **~ en** (*tener como base*) to be based on, rest on; **¿en qué se basa para decir eso?** what grounds have you (got) for saying that? (**b**) **~ en** (*partir de*) to base o.s. on, rely on.
basca *nf* (**a**) (*Med: esp LAm*) **~s** nausea, sick feeling; **dar ~s a algn** to turn sb's stomach. (**b**) (*fig*) fit of rage, tantrum. (**c**) (*fam: grupo*) crowd; (*pandilla*) gang, pals *pl*; **toda la ~** every last one of them. (**d**) (*impulso*) **le dio la ~** he had a sudden urge (*de hacer* to do).
bascoso *adj* (*LAm: que da asco*) nauseating, sick-making *(fam)*; (*obsceno*) obscene.
báscula *nf* (platform) scales, weighing machine; (*para camiones*) weighbridge; **~ de baño** bathroom scales.
basculante *nm* tipper, dumper.
báscula-puente *nf* weighbridge.
bascular [1a] *vi* (*inclinarse*) to tilt, tip up; (*Pol etc*) to swing.
base **1** *nf* (**a**) (*gen*) base; (*Pol*) rank and file; (*Inform, Mat*) base; **~s** (*de concurso*) conditions, rules; **~ de datos** database; **~ de maquillaje** make-up foundation; **~ aérea/naval** air/naval base; **~ imponible** taxable income.
(**b**) (*fig*) basis, foundation; **a ~ de** (*basándose en*) on the basis of; (*mediante*) by means of; **a ~ de muchos esfuerzos** by *o* after making great efforts; **a ~ de no hacer nada** by doing nothing; **a ~ de bien** in abundance; **partir de la ~ de que** ... to take as one's starting point that ...; **sentar las ~s de** to do the groundwork for, lay the foundations of.
2 *adj* basic, base *atr*; **salario ~** basic wage.
básica *nf* = **EGB**.
básico *adj* (*gen*) basic; (*fig*) fundamental.
Basilea *nf* Basle, Basel.
basílica *nf* basilica, large church.
basilisco *nm* (*Mitología*) basilisk; (*Méx*) iguana; **estar hecho un ~** to be furious.
básket *nm* basketball.
básquet *nm* (*tb* **pelota ~**) basketball.
bastante **1** *adj* (*suficiente*) enough, sufficient (*para* for); (*mucho*) (quite) a lot of; (*muchos*) quite a few; **hay ~ gente** there are quite a lot of people; **hace ~ frío** it's quite cold; **se marchó hace ~ rato** he left quite some time ago.
2 *adv* (**a**) (*lo suficiente*) enough, sufficiently; **~ grande** big enough, sufficiently large; **es lo ~ alto (como) para alcanzarlo** he's tall enough to reach it; **¿tienes ~?** do you have enough?
(**b**) (*más bien*) **~ bueno** fairly *o* quite good; **me gusta ~** I quite like it; **lo he visto ~ últimamente** I've seen him quite often recently; **es un hombre ~ rico** he's a pretty rich man.
bastar [1a] **1** *vt, vi* to be enough, be sufficient; **¡basta!** that's enough!, that will do!; **¡basta ya!** that's quite enough of that!; **con leerlo una vez basta** you only need to read it once; **basta y sobra** that's more than enough; **con eso basta** that's enough; **eso me basta** that's enough for me; **basta decir que** suffice it to say that; **nos basta saber que** it is enough for us to know that; **~ para hacer algo** to be enough *o* sufficient to do sth. **2 bas-**

tarse *vr*: ~ **a sí mismo** to be self-sufficient.
bastardía *nf* (**a**) (*cualidad*) bastardy. (**b**) (*fig: bajeza*) meanness, baseness.
bastardilla *nf* (*Tip*) italic type, italics; **en** ~ in italics; **poner en** ~ to italicize.
bastardo/a **1** *adj* (**a**) (*gen*) bastard. (**b**) (*mezquino*) mean, base. (**c**) (*híbrido*) hybrid, mixed. **2** *nm/f* bastard.
bastedad, **basteza** *nf* coarseness, vulgarity.
bastidor *nm* (**a**) (*gen*) frame, framework; (*de ventana*) sash; (*Arte*) stretcher; (*Aut*) chassis; (*And, CSur: celosía*) lattice window. (**b**) (*Teat*) wing; **entre ~es** behind the scenes; **dirigirlo entre ~es** to pull the strings.
bastilla *nf* hem.
bastillar [1a] *vt* to hem.
bastión *nm* bastion.
basto **1** *adj* coarse; (*grosero*) rude, vulgar. **2** *nm* (**a**) (*Naipes*) ace of clubs; **~s** clubs; **pintan ~s** (*fig*) things are getting tough, the going's getting rough. (**b**) (*albarda*) packsaddle.
bastón *nm* (*gen*) walking stick; (*de policía*) truncheon; (*Mil etc*) baton; (*fig: control*) control, command; ~ **de mando** baton, sign of authority; **empuñar el** ~ to take command.
bastonazo *nm* blow with a stick.
bastoncillo *nm* (*para los oídos*) cotton bud; (*Anat*) (retinal) rod.
bastonera *nf* umbrella-stand.
basuco *nm* (*fam*) unpurified cocaine.
basura *nf* (**a**) (*gen*) rubbish, garbage (*US*); (*Agr*) dung, manure; **cubo de (la)** ~ (*en calle*) litter bin, trash can (*US*); (*en casa*) dustbin, trash can (*US*); ~ **radioactiva** radioactive waste; **tirar algo a la** ~ to throw sth away. (**b**) (*fig*) trash, rubbish.
basural *nm* (*LAm*) rubbish dump.
basurero *nm* (**a**) (*persona*) dustman, garbage man (*US*). (**b**) (*vertedero*) rubbish dump. (**c**) (*LAm: balde*) litter bin, trash can (*US*).
basuriento *adj* (*And, CSur*) full of rubbish.
bata *nf* (*gen*) dressing gown; (*de playa etc*) wrap; (*guardapolvo*) smock; (*Med, Téc etc*) white *o* lab(oratory) coat; ~ **blanca** white coat.
batacazo *nm* (**a**) (*gen*) bump; (*porrazo*) thump. (**b**) (*LAm: chiripa*) stroke of luck, fluke.
batalla *nf* (**a**) (*gen*) battle; (*fig: lucha*) fight, struggle; ~ **campal** pitched battle; **ropa de** ~ everyday clothes; **librar** ~ to do battle. (**b**) (*Aut etc*) wheelbase.
batallador(a) **1** *adj* battling, fighting. **2** *nm/f* battler, fighter.
batallar [1a] *vi* (*luchar*) to battle, fight (*con* with, against) (*por* about, over).
batallita *nf*: **contar ~s** (*fam*) to go over old times.
batallón *nm* battalion; ~ **de castigo,** ~ **disciplinario** punishment squad.
batanar [1a] *vt* (**a**) (*Téc*) to full. (**b**) (*fam*) to beat, thrash.
batanear [1a] *vt* = **batanar (b)**.
batata *nf* (**a**) (*Bot*) sweet potato, yam. (**b**) (*CSur: timidez*) bashfulness, embarrassment.
batatazo *nm* (*esp LAm fam: chiripa*) stroke of luck, fluke.
bate *nm* (*esp LAm*) (baseball) bat.
batea *nf* (**a**) (*gen*) tray; (*LAm: artesa para lavar*) washing trough. (**b**) (*Ferro*) flat car, low waggon. (**c**) (*Náut*) flatbottomed boat, punt.
bateador *nm* batter.
batear [1a] **1** *vt* to hit. **2** *vi* to bat.
batel *nm* small boat, skiff.
batelón *nm* (*LAm*) canoe.
batería **1** *nf* (**a**) (*gen*) battery; (*Teat*) footlights *pl*; (*Mús*) drums *pl*; (*: de orquesta*) percussion instruments; ~ **de cocina** kitchen utensils, pots and pans; ~ **seca** dry battery; **aparcar en** ~ to park at an angle to the kerb; **(re)cargar ~s** (*fam*) to recharge one's batteries (*fam*). (**b**) (*LAm Béisbol*) hit, stroke. (**c**) (*Méx*) **dar** ~ to raise a rumpus. **2** *nmf* (*persona*) drummer.
batey *nm* (*Carib*) outbuildings *pl* (of sugar refinery).
batiburrillo *nm* hotchpotch.
baticola *nf* (*And: taparrabo*) loincloth.
batida *nf* (*Caza*) beating; (*Mil*) reconnaissance; (*And, CSur: de policía*) raid.
batido **1** *pp de* **batir**. **2** *adj* (**a**) (*camino*) well-trodden, beaten. (**b**) (*seda*) shot. **3** *nm* (*Culin*) batter; (*bebida*) milk shake.
batidor *nm* (**a**) (*Caza*) beater; (*Mil*) scout. (**b**) (*peine*) comb. (**c**) (*Culin*) whisk, mixer.
batidora *nf* (*Culin: de mano*) whisk; (*: eléctrica*) (food)-mixer, blender; (*Téc*) beater.
batiente *nm* (**a**) (*marco de puerta*) jamb; (*marco de ventana*) frame, case; (*hoja de puerta*) leaf, panel. (**b**) (*Náut*) open coastline.
batifondo *nm* (*CSur*) uproar, tumult.
batín *nm* (man's) dressing gown.
batintín *nm* gong.
batir [3a] **1** *vt* (**a**) (*gen*) to beat; (*martillear*) to hammer, pound (on); (*moneda*) to mint; (*alas*) to flap; (*palmas*) to clap. (**b**) (*demoler*) to knock down; (*Mil*) to batter down. (**c**) (*suj: olas*) to beat on, dash against. (**d**) (*Culin*) to beat, whisk; (*: nata*) to whip. (**e**) (*Mil: reconocer*) to reconnoitre; (*: derrotar*) to defeat. (**f**) (*Dep: récord*) to beat, break. (**g**) (*And: enjuagar*) to rinse (out). **2 batirse** *vr* to fight, have a fight; ~ **con algn** to fight sb; ~ **en duelo** to fight a duel; ~ **en retirada** to beat a retreat.
batiscafo *nm* bathyscope.
batista *nf* cambric, batiste.
batracio *nm* batrachian.
batuecas *nfpl*: **estar en las** ~ (*fig*) to be daydreaming, be in a world of one's own.
batuque *nm* (*CSur fam*) uproar.
batuquear [1a] *vt* (*And, Méx fam: batir*) to shake (up).
baturrillo *nm* hotchpotch.
baturro/a **1** *adj* (*rudo*) uncouth, rough. **2** *nm/f* Aragonese peasant.
batuta *nf* (*Mús*) baton; **llevar la** ~ (*fig*) to be the boss, be firmly in command.
batzoki *nm* (*vasco*) political party bar/headquarters.
baudio *nm* (*Inform*) baud.
baúl *nm* (**a**) (*tb* ~ **de viaje**) trunk; **el** ~ **de los recuerdos** the back of the mind. (**b**) (*LAm Aut*) boot, trunk (*US*).
bausa *nf* (*And, Méx: pereza*) laziness, idleness.
bautismal *adj* baptismal.
bautismo *nm* baptism, christening; ~ **del aire** maiden flight; ~ **de fuego** baptism of fire.
Bautista *adj, nmf* Baptist; **San Juan** ~ St John the Baptist.
bautizar [1f] *vt* (**a**) (*Rel*) to baptize, christen; **la bautizaron con el nombre de Teresa** she was baptized Teresa. (**b**) (*fig*) to christen, name; (*dar apodo a*) to nickname, dub. (**c**) (*diluir*) to water, dilute.
bautizo *nm* (*acto*) baptism, christening; (*fiesta*) christening party.
bauxita *nf* bauxite.
bávaro/a *adj, nm/f* Bavarian.
Baviera *nf* Bavaria.
baya *nf* berry.
bayeta *nf* (**a**) (*tela*) flannel; (*: verde*) baize. (**b**) (*trapo*) floorcloth, cleaning rag. (**c**) (*And: pañal*) nappy, diaper (*US*).
bayo **1** *adj* bay. **2** *nm* (**a**) (*caballo*) bay (horse). (**b**) (*Méx*) bean.
bayoneta *nf* bayonet; **~s caladas** fixed bayonets; **luchar a ~ calada** to fight with fixed bayonets.
bayonetazo *nm* (*arremetida*) bayonet thrust; (*herida*) bayonet wound.
baza *nf* (**a**) (*Naipes*) trick; **hacer 3 ~s** to make 3 tricks. (**b**) (*fig*) **hacer** ~ to get on; **meter** ~ to butt in; **meter** ~ **en** to interfere in; **no dejar meter** ~ **a nadie** not to let anybody

get a word in edgeways; **sentar ~** to intervene decisively.
bazar *nm* (*mercado*) bazaar.
bazo *nm* (*Anat*) spleen.
bazofia *nf* (**a**) left-overs *pl*, scraps *pl* of food. (**b**) (*fig*) pigswill, hogwash *(US)*.
bazooka, **bazuca** *nf* bazooka.
BCG *nm abr de* **Bacilo Calmette-Guérin** BCG.
Bco *abr de* **Banco** bk.
be *nf name of the letter B*; (*LAm*); **~ larga** *o* (*Méx*) **grande/chica** B/V; **~ por ~** in detail.
beatería *nf* affected piety.
beatificación *nf* beatification.
beatificar [1g] *vt* to beatify.
beatífico *adj* beatific.
beatitud *nf* beatitude.
beato/a 1 *adj* (**a**) (*feliz*) happy. (**b**) (*Rel: beatificado*) blessed. (**c**) (*piadoso*) devout, pious; (*santurrón*) sanctimonious. **2** *nm/f* (**a**) lay brother/sister. (**b**) devout *o* pious person. (**c**) holy Joe *(fam)*.
beba *nf* (*CSur*) baby girl.
bebe, **bebé** *nm* (*CSur*) baby; **~ foca** baby seal; **dos ~s panda** two baby pandas.
bebedero *nm* (**a**) (*Agr*) drinking trough. (**b**) (*de jarro*) spout. (**c**) (*Per*) watering hole *(fam)*.
bebedizo *nm* (*Med*) potion; (*filtro mágico*) love potion, philtre.
bebedor(a) 1 *adj* hard-drinking. **2** *nm/f* hard drinker.
bebendurria *nf* (**a**) (*juerga*) drinking spree. (**b**) (*And, Méx: borrachera*) drunkenness.
bebé-probeta *nmf* (*pl* **bebés-probeta**) test-tube baby.
beber 1 *nm* drink, drinking. **2** [2a] *vt, vi* (*gen*) to drink (up); (*ser bebedor*) to drink; (*fig: absorber*) to drink in, absorb; **~ de** to drink from *o* out of; **~ con la lengua** to lap up; **~ a sorbos/tragos** to sip/gulp; **~ mucho** to be a heavy drinker; **no bebe alcohol** he doesn't drink, he's a teetotaller; **se lo bebió todo** he drank it all up; **el problema que tiene es que bebe** his problem is that he drinks.
bebercio *nm* (*fam*) booze *(fam)*.
bebible *adj* drinkable; **no ~** undrinkable.
bebida *nf* (**a**) (*gen*) drink, beverage. (**b**) (*alcohólico*) drink; **~ alcohólica** alcoholic drink, liquor; **~ no alcohólica** soft drink, non-alcoholic drink; **~ refrescante** soft drink; **dado a la ~** hard-drinking; **darse a la ~** to take to drink.
bebido 1 *pp de* **beber**. **2** *adj* drunk.
bebito/a *nm/f* (*CSur*) little baby.
BEBS *abr* (*Inform*) *de* **basura entra, basura sale** GIGO.
beca *nf* scholarship, grant.
becado/a *nm/f* (*LAm*), scholarship holder.
becar [1g] *vt* to award a scholarship *o* grant *etc* to.
becario/a *nm/f* = **becado**.
becerrada *nf* (*Taur*) fight with young bulls.
becerrillo *nm* calfskin.
becerro *nm* (**a**) (*animal*) yearling calf, bullock; **~ de oro** golden calf. (**b**) (*piel*) calfskin.
becuadro *nm* (*Mús*) natural sign.
bechamel *nf* béchamel sauce.
bedel(a) *nm/f* (*Univ*) ≈ head porter; (*de colegio*) ≈ janitor.
beduino/a *adj, nm/f* Bedouin.
befa *nf* jeer, taunt.
befarse [1a] *vr*: **~ de** to jeer at, taunt.
befo 1 *adj* (**a**) (*gen*) thick-lipped. (**b**) (*zambo*) knock-kneed. **2** *nm* (*labio*) lip.
begonia *nf* begonia.
behaviorismo *nm* behaviourism, behaviorism *(US)*.
behaviorista *adj, nmf* behaviourist, behaviorist *(US)*.
BEI *nm abr de* **Banco Europeo de Inversiones** EIB.
beicon *nm* bacon.
beige [beis] *adj, nm* beige.
Beirut *nm* Beirut.
béisbol *nm* baseball.
beisbolero/a *nm/f*, **beisbolista** *nmf* (*esp LAm*) baseball player.
bejuco *nm* (*LAm: caña*) reed, liana.
bejuquear [1a] *vt* (*LAm: zurrar*) to beat, thrash.
beldad *nf* beauty.
Belén *nf* Bethlehem.
belén *nm* (**a**) (*de Navidad*) nativity scene, crib. (**b**) (*fig: confusión*) bedlam; (*lugar*) madhouse; **meterse en ~es** to get into a mess *o* into trouble.
belfo *adj, nm* = **befo**.
belga *adj, nmf* Belgian.
Bélgica *nf* Belgium.
Belgrado *nm* Belgrade.
Belice *nm* Belize.
beliceño/a *adj, nm/f* Belizean.
belicismo *nm* warmongering, militarism.
belicista 1 *adj* warmongering, belligerent. **2** *nmf* warmonger.
bélico *adj* (**a**) (*actitud*) warlike. (**b**) (*material etc*) war *atr*.
belicosidad *nf* (*actitud*) warlike spirit; (*agresividad*) belligerence, aggressiveness.
belicoso *adj* (*guerrero*) warlike; (*agresivo*) bellicose, aggressive.
beligerancia *nf* (*Mil*) belligerency; (*agresividad*) militancy.
beligerante *adj, nmf* belligerent; **no ~** non-belligerent.
bellaco 1 *adj* (*gen: malo*) wicked; (*astuto*) cunning, sly. **2** *nm* scoundrel, rogue; (*CSur, Méx: caballo*) difficult horse.
belladona *nf* deadly nightshade.
bellaquear [1a] *vi* (*And, CSur: encabritarse*) to shy; (*fig: ser terco*) to dig one's heels in.
bellaquería *nf* (**a**) (*acto*) dirty trick. (**b**) (*astucia*) cunning, slyness.
belleza *nf* (**a**) beauty, loveliness. (**b**) (*una ~*) beauty, beautiful woman; **es una ~ de mujer** she's a beautiful woman. (**c**) **de ~** beauty *atr*.
bello *adj* (*gen*) beautiful, lovely; **es una ~a persona** he's a lovely person; **B~as Artes** Fine Art.
bellota *nf* (*Bot*) acorn.
bembo *nm* (*LAm*) thick lip.
bemol *nm* (*Mús*) flat; **esto tiene muchos** *o* **tres ~es** (*fam*) this is a tough one; **¡tiene ~es la cosa!** (*con enfado, ironía*) that's just bloody great! *(fam)*.
bencedrina *nf* Benzedrine ®.
benceno *nm* benzene.
bencina *nf* benzine; (*Chi*) petrol, gas(oline) *(US)*.
bencinera *nf* (*Chi: estación de servicio*) petrol *o (US)* gas station; (*bomba*) petrol *o (US)* gas pump.
bendecir [3o] *vt* (*gen*) to bless; (*consagrar*) to consecrate; (*loar*) to praise; **~ la comida** *o* **la mesa** to say grace.
bendición *nf* (**a**) (*gen*) blessing, benediction; **~ de la mesa** grace; **~es nupciales** wedding ceremony; **echar la ~** to give one's blessing (*a* to); **será mejor echar la ~ a eso** (*fam*) it will be best to have nothing more to do with it. (**b**) **lo hace que es una ~** he does it splendidly.
bendito/a 1 *adj* (**a**) (*gen*) blessed; (*santo*) saintly; (*agua*) holy. (**b**) (*fig*) blessed. (**c**) (*dichoso*) happy; (*afortunado*) lucky. (**d**) (*de pocas luces*) simple, simple-minded. (**e**) (*locuciones*) **¡~ sea Dios!** thank goodness!; **venderse como pan ~** to sell like hot cakes. **2** *nm/f* (**a**) (*santo*) saint. (**b**) (*bobo*) simpleton, simple soul; **es un ~** he's sweet; **dormir como un ~** to sleep like a log.
benedictino *adj, nm* Benedictine; **es obra de ~s** it's a huge task.
benefactor(a) 1 *adj* beneficent. **2** *nm* benefactor.
beneficencia *nf* (**a**) (*virtud*) doing good. (**b**) (*tb sociedad de ~*) charity, charitable organization; **vivir a cargo de la ~** to live on charity.
beneficiar [1b] **1** *vt* (**a**) (*gen*) to benefit, be of benefit to. (**b**) (*CSur: tierra*) to cultivate; (*Min: explotar*) to ex-

ploit, work; (: *mineral*) to process, treat. (**c**) (*Com*) to sell at a discount. (**d**) (*fam: empleo*) to buy one's way into. **2** *vi* to be of benefit. **3 beneficiarse** *vr* to benefit, profit; ~ **a** (*fam!*) to lay (*fam!*); ~ **de** to benefit from; (*pey*) to take advantage of.

beneficiario/a *nm/f* beneficiary.

beneficio *nm* (**a**) (*gen*) benefit; **a ~ de** for the benefit of; **en ~ propio** to one's own advantage; **~s marginales** fringe benefits.
(**b**) (*donación*) benefaction.
(**c**) (*Teat*) benefit (performance).
(**d**) (*Rel*) living, benefice.
(**e**) (*Com, Fin*) profit; **~ bruto/neto** gross/net profit; **~ no realizado** unrealized profit; **~ postimpositivos** after-tax profits, profits after tax; **~s preimpositivos** pre-tax profits, profits before tax.
(**f**) (*LAm: matanza*) slaughter(ing).

beneficioso *adj* (*gen*) beneficial; (*Com*) profitable.

benéfico *adj* (*gen*) charitable; (*fig*) beneficial; **función ~a** charity performance; **obra ~a** charity; **organización** *o* **sociedad ~a** charity, charitable (organization).

benemérito *adj* (**a**) worthy, meritorious. (**b**) **la B~a** the Civil Guard.

beneplácito *nm* approval, consent; **dar su ~** to give one's blessing *o* consent.

benevolencia *nf* benevolence, kindness.

benevolente, **benévolo** *adj* benevolent, kind.

Bengala *nf* Bengal; **el Golfo de ~** the Bay of Bengal.

bengala *nf* (*Mil etc*) flare; (*fuego*) Bengal light; (*Bot*) rattan.

bengalí *adj, nmf* Bengali.

benignidad *nf* (*de individuos*) kindness; (*Met, Med etc*) mildness.

benigno *adj* (*individuos*) kind, gentle; (*clima*) mild; (*Med: tumor*) benign, non-malignant.

benjamín/ina 1 *nm/f* baby of the family, youngest child; (*junior*) young player. **2** *nm* (*botella*) half-bottle.

beodo/a 1 *adj* drunk. **2** *nm/f* drunk (*fam*), drunkard.

berbén *nm* (*Méx*) scurvy.

berberecho *nm* cockle.

berbiquí *nm* carpenter's brace; **~ y barrena** brace and bit.

bereber, **beréber**, **berebere** *adj, nmf* Berber.

berengo/a (*Méx*) **1** *adj* foolish, stupid. **2** *nm/f* idiot.

berenjena *nf* aubergine, eggplant.

berenjenal *nm* (**a**) aubergine bed. (**b**) (*fig*) mess, trouble; **en buen ~ nos hemos metido** we've got ourselves into a fine mess.

bergante *nm* scoundrel, rascal.

bergantín *nm* brig.

beriberi *nm* (*Med*) beriberi (fever).

berilo *nm* (*Min*) beryl.

Berlín *nf* Berlin.

berlina *nf* (*Aut*) saloon car, sedan (*US*).

berlinés/esa 1 *adj* Berlin *atr*. **2** *nm/f* Berliner.

berma *nf* (*Chi Aut*) hard shoulder (*Brit*), emergency lane.

bermejo *adj* reddish, ginger; (*Cu, Méx: ganado*) light brown.

bermellón *nm* vermilion.

Bermudas *nfpl* (*tb* **Islas ~**) Bermuda.

bermudas *nmpl* Bermuda shorts.

Berna *nf* Berne.

bernés/esa 1 *adj* of *o* from Berne. **2** *nm/f* native *o* inhabitant of Berne.

berrear [1a] *vi* (*Zool*) to bellow; (*niño*) to howl, bawl; (*Mús: hum*) to bawl.

berrenchín *nm* = **berrinche**.

berrido *nm* (*Zool*) lowing; (*de niño*) howl; **~s** bawling *sg*.

berrinche *nm* (*fam*) rage, tantrum; **coger** *o* **llevarse un ~** to fly into a rage.

berro *nm* watercress.

berza *nf* cabbage; **~ lombarda** red cabbage.

berzal *nm* cabbage patch.

berzotas *nmf inv* (*fam*) twit (*fam*), chump (*fam*).

besamanos *nm inv* (*Hist*) royal audience; (*fig*) forelock-touching.

besamel *nf* white sauce, béchamel sauce.

besar [1a] **1** *vt* (**a**) to kiss; **~ la mano** (*fig*) to pay one's humble respects (*a* to). (**b**) (*fig*) to graze, touch. **2 besarse** *vr* (**a**) to kiss (one another). (**b**) (*fig*) to bump heads.

beso *nm* (**a**) (*gen*) kiss; **~ de la muerte** kiss of death; **dar un ~ volado a, echar** *o* **tirar un ~ a** to blow a kiss to. (**b**) (*choque*) bump, collision.

bestia 1 *nf* (*Zool*) beast, animal; **~ de carga** beast of burden; **~ negra** (*fig*) bête noire, pet hate. **2** *nmf* (*idiota*) idiot, jerk (*US*); (*patán*) boor; (*bruto*) beast, brute; **¡~!** you brute!; **¡no seas ~!** don't be so bad-mannered! **3** *adj* (*fam: bruto*) boorish; **Juan es muy ~** John's so rude; **ese tío ~** that brute of a man; **a lo ~** (*como adj*) vulgar, crude; (*como adv*) rudely.

bestial *adj* (**a**) beastly, bestial. (**b**) (*fam*) terrific.

bestialidad *nf* (**a**) (*cualidad*) beastliness, bestiality. (**b**) (*fig*) (piece of) stupidity; **una ~ de gente** (*fam*) masses of people; **comer tanto es una ~** eating so much is just plain crazy.

bestialismo *nm* bestiality.

bestialmente *adv* (*fam*) marvellously, marvelously (*US*); **lo pasamos ~** we had a great time.

best-seller *nm* (*pl* **~s**) best-seller.

besucón/ona (*fam*) *adj, nm/f*: **es muy** *o* **un ~** he's always dishing out kisses (*fam*).

besugo *nm* (**a**) sea bream; **ojos de ~** bulging eyes. (**b**) (*fam*) idiot.

besuguera *nf* (*Culin*) fish pan.

besuquear [1a] (*fam*) **1** *vt* to cover with kisses. **2 besuquearse** *vr* to neck (*fam*), smooch (*fam*).

besuqueo *nm* (*fam*) necking (*fam*).

beta *nf* beta.

betabel *nm* (*Méx*), **betarraga** *nf*, **beterraga** *nf* (*Chi*) beetroot, beet (*US*).

bético *adj* (*liter*) Andalusian.

betún *nm* (**a**) (*para zapatos*) shoe polish; **dar de ~ a** to polish; **darse ~** (*fam*) to show off. (**b**) (*Quím*) bitumen.

bi... *pref* bi....

biaba *nf* (*CSur fam*) punch; **dar la ~ a** (*golpear*) to beat up; (*derrotar*) to defeat, crush.

bianual *adj, nm* (*Bot*) biennial.

bianualmente *adv* biennially, every two years.

Bib. *abr de* **Biblioteca**.

biberón *nm* feeding *o* baby's bottle.

bibiotecario/a 1 *adj* library *atr*; **servicios ~s** library services. **2** *nm/f* librarian.

Biblia *nf* Bible; **la Santa ~** the Holy Bible; **saber la ~ en verso** to know everything.

bíblico *adj* biblical.

bibliófilo *nm* bibliophile.

bibliografía *nf* bibliography.

bibliográfico *adj* bibliographic(al).

bibliógrafo/a *nm/f* bibliographer.

bibliorato *nm* (*CSur*) box file.

biblioteca *nf* (**a**) (*gen*) library; **~ ambulante/de préstamo/pública/de consulta** mobile/lending/public/reference library. (**b**) (*estantes*) bookcase, bookshelves.

biblioteconomía *nf* library science, librarianship.

BIC *nf abr* (*Esp*) *de* **Brigada de Investigación Criminal** ≈ CID (*Brit*), ≈ FBI (*US*).

bicameral *adj* (*Pol*) two-chamber, bicameral.

bicampeón/ona *nm/f* two-times champion, twice champion.

bicarbonato *nm*: **~ sódico** *o* **de sosa** bicarbonate of soda; (*Culin*) baking soda.

bicentenario *adj, nm* bicentenary.

bíceps *nm inv* biceps.

bici *nf* (*fam*) bike (*fam*).

bicicleta *nf* bicycle, cycle; **~ de carreras** racing bicycle;

~ de ejercicio, ~ estática, ~ fija, ~ gimnástica exercise bike; **~ de montaña** mountain bike; **andar** *o* **ir en ~** to cycle; **(saber) montar en ~** to be able to ride a bike.

bicoca *nf* **(a)** *(Esp fam)* cushy job *(fam)*; *(: ganga)* bargain. **(b)** *(LAm: solideo)* skullcap, calotte.

bicolor *adj* two-colour *o (US)* -color; *(Aut)* two-tone.

biche *adj (LAm: no maduro)* unripe, immature; *(: débil)* weak.

bichear [1a] *vt (CSur: mirar)* to observe, to spy on.

bichero *nm* boat hook.

bicho *nm* **(a)** *(Zool etc)* small animal; *(insecto)* bug, creepy-crawly *(fam)*; *(Cu, CSur: gusano)* maggot, grub; *(Taur)* bull; **~s** vermin, pests. **(b) ~ raro** *(fam)* oddball *(fam)*; **todo ~ viviente** every living soul; **es un mal ~** he's a nasty piece of work; **~ malo nunca muere** the devil looks after his own. **(c)** *(CAm, Méx: fam!)* prick *(fam!)*.

bichoco *adj (CSur)* useless.

BID *nm abr de* **Banco Interamericano de Desarrollo** IDB.

bidé, bidet [bi'ðe] *nm* bidet.

bidimensional *adj* two-dimensional.

bidireccional *adj* duplex, bidirectional; **~ simultáneo** full duplex.

bidón *nm (grande)* drum; *(pequeño)* can.

biela *nf* connecting rod.

Bielorrusia *nf* Belorussia.

bien 1 *adv* **(a)** *(gen)* well; *(correctamente)* properly, right; *(con éxito)* successfully; **hablas ~ (el español)** you speak (Spanish) well; **hacer algo ~** to do sth well *o* properly; **contestar ~** to answer correctly; **estar ~ de salud/dinero** to be well/well off; **lo sé muy ~** I know that perfectly well; **no veo muy ~** I can't see very well; **~ que mal** one way or another; **aquí se está ~** it's nice here; **¡está ~!** *(aceptando)* O.K., all right; **¿estás ~?** are you all right?; **te está ~ la falda** *(ser la talla)* the skirt fits you; *(sentar)* the skirt suits you; **ya está ~ de quejas** we've had enough complaints, that's quite enough complaining; **el libro/la casa está muy ~** the book is really good/the house is really nice; **oler/saber ~** to smell/taste good; **hacer ~ en preguntar/venir** to be right *o* do well to ask/come; **estar a ~ con algn** to be on good terms with sb; **tener a ~ hacer algo** to see fit to do sth.

(b) *(de buena gana)* willingly, readily; **yo ~ iría, pero** I'd gladly go, but; **~ me tomaría ahora un café** I'd love a coffee now.

(c) *(muy)* very; **un cafetito ~ caliente** a nice warm coffee; *(LAm)* a very warm coffee; **eso es ~ tonto** that's pretty silly; **un coche ~ caro** a pretty expensive car; **~ temprano** very early; **~ es verdad que** it is of course true that .

(d) *(mucho)* **¡te han dado ~ de regalos!** look at all the presents you've got!; **~ de veces** lots of times; **bebe ~ de café** he drinks a lot of coffee.

(e) *(fácilmente)* easily; **~ se ve que** it is easy to see that; **~ podía habérmelo dicho** he could have told me!

(f) *(locuciones)* **~ se levantó, ~ se sentó** whether he stood up or sat down; **~ por avión, ~ en tren** either by air or by train; **más ~** rather; **más ~ bajo** on the short side; **o ~** or else; **pues ~** well, well then; **¿y ~?** well?

(g) *(como interj etc)* **¡~!** all right, O.K.!; **¡muy ~!** very good!; *(aprobando discurso)* hear hear!; **¡~ hecho!** well done!; **¡hizo muy ~!** and he was quite right too!; **¡pues sí que estamos ~!** this is a fine mess we're in!; **¡qué ~!** *(bravo)* great, marvellous, marvelous *(US)*; *(ojalá)* now that really would be something!; *(iró)* a lot of good that would do!; **~ gracias, ¿y usted?** fine thanks, and you?

2 *conj* **(a) ~ que, si ~** although, even though.

(b) no ~ llegó, empezó a llover no sooner had he arrived than it started to rain.

3 *adj*: **barrio ~** posh neighbourhood *o (US)* neighborhood; **gente ~** toffs *pl*; **de casa ~** well brought up.

4 *nm* **(a)** *(gen)* good; *(provecho)* advantage, benefit; **hombre de ~** honest man; **el ~ público** the common good; **sumo ~** highest good; **en ~ de** for the good *o* benefit of; **hacer algo para el ~ de** to do sth for the well-being of; **hacer el ~** *(obrar)* to do good; *(ser honrado)* be honest; **es por tu ~** it's for your own good.

(b) mi ~ my dear, my darling.

(c) *(Com)* **~es** goods; *(propiedad)* property, possessions; *(riqueza)* riches, wealth; **~es activos** active assets; **~es de capital** capital goods; **~es de consumo/equipo** consumer/capital goods; **~es de consumo duraderos** consumer durables; **~es gananciales** shared possessions; **~es inmuebles** *o* **raíces** real estate; **~es muebles/públicos** personal/government *o* state property; **~es de producción** industrial goods.

bienal 1 *adj* biennial. **2** *nf* biennial exhibition *o* show.

bienamado *adj* beloved.

bienaventurado *adj* **(a)** *(gen)* happy, fortunate; *(Rel)* blessed. **(b)** *(fig: ingenuo)* naïve.

bienaventuranza *nf* **(a)** *(Rel)* (eternal) bliss; **las ~s** the Beatitudes. **(b)** *(fig: dicha)* happiness; *(: bienestar)* well-being, prosperity.

bienestar *nm (gen)* well-being, welfare; *(confort)* comfort; **~ social** social welfare; **estado de ~ social** welfare state.

bienhablado *adj* well-spoken.

bienhechor(a) 1 *adj* beneficent, generous. **2** *nm/f* benefactor/benefactress.

bienintencionado *adj* well-meaning.

bienio *nm* two-year period.

bienpensante 1 *adj* sanctimonious, goody-goody *(fam)*. **2** *nmf* do-gooder *(fam)*, goody-goody *(fam)*.

bienvenida *nf* **(a)** *(gen)* welcome; *(saludo)* greeting; **dar la ~ a algn** to welcome sb. **(b)** *(llegada)* safe arrival.

bienvenido *adj, interj*: **¡~!** welcome!; **¡~s a bordo!** welcome on board!

bies *nm*: **al ~** *(Cos)* cut on the cross.

bifásico *adj (Elec)* two-phase.

bife *nm (CSur)* **(a)** *(filete)* (beef)steak. **(b)** *(bofetada)* slap.

bífido *adj (lengua etc)* forked.

bifocal *adj* bifocal; **gafas ~es** bifocals.

bifurcación *nf (de calle: división)* fork; *(: empalme)* junction; *(Inform, Ferro)* branch.

bifurcado *adj* forked.

bifurcarse [1g] *vr* to fork, branch off.

bigamia *nf* bigamy.

bígamo/a 1 *adj* bigamous. **2** *nm/f* bigamist.

bígaro *nm* winkle.

bigote *nm (tb ~s)* moustache, mustache *(US)*; *(Zool)* whiskers; **~s de foca** walrus moustache.

bigotudo *adj* with a big moustache *o (US)* mustache.

bigudí *nm* (hair-)curler.

bikini *nm o (Arg) nf* bikini.

bilateral *adj* bilateral.

bilbaíno/a 1 *adj* of *o* from Bilbao. **2** *nm/f* native *o* inhabitant of Bilbao.

biliar *adj* bile *atr*, gall *atr*; **cálculo ~** gallstone.

bilingüe *adj* bilingual.

bilingüismo *nm* bilingualism.

bilioso *adj* bilious.

bilis *nf (gen)* bile; **descargar la ~** to vent one's spleen *(contra* on).

bilongo *nm (Cu: mal de ojo)* evil eye; **tener ~** to bristle with difficulties.

billar *nm* **(a)** *(juego)* billiards; **~ americano** pool; **~ automático** *o* **romano** pin table. **(b) mesa de ~** billiard *o* snooker *o* pool table. **(c)** *(sala)* billiard *o* snooker *o* pool hall.

billete *nm* **(a)** *(Esp Ferro etc)* ticket; **~ de abono** season ticket; **~ de ida y vuelta** return *o (US)* round-trip ticket; **~ sencillo** *o* **de ida** single *o (US)* one-way ticket; **~ kilométrico** runabout ticket; **medio ~** half fare; **sacar (un) ~** to get a ticket. **(b)** *(Fin)* banknote, bill *(US)*; **un ~ de 5 libras** a five-pound note; **un ~ de 100 dólares** a 100-dollar

bill. (**c**) note, short letter.
billetera *nf*, **billetero** *nm* wallet, billfold *(US)*.
billón *nm* billion *(Brit)*, trillion *(US)*.
bimba *nf* (*Méx fam: embriaguez*) drunkenness; (*: borrachera*) drunken spree, binge.
bimensual *adj* fortnightly.
bimestral *adj* bimonthly, two-monthly.
bimestre *nm* (*período*) two-month period.
bimotor 1 *adj* twin-engined. **2** *nm* twin-engined plane.
binario *adj* binary *(tb Inform)*; (*Mús*) two-four.
bingo *nm* (*juego*) bingo; (*sala*) bingo hall.
binóculares *nmpl* binoculars; (*Teat*) opera glasses.
binóculo *nm* pince-nez.
binomio *nm* (**a**) (*gen*) binomial. (**b**) **el ~ ejército-gobierno** (*fig*) the government-army pairing.
bio... *pref* bio....
bioactivo *adj* bioactive.
biodegradable *adj* biodegradable.
biodegradación *nf* biodegradation.
biodegradar [1a] *vt*, **biodegradarse** *vr* to biodegrade.
biofísica *nf* biophysics.
biogénesis *nf* biogenesis.
biogenética *nf* genetic engineering.
biografía *nf* biography, life.
biografiar [1c] *vt* to write the biography of.
biográfico *adj* biographical.
biógrafo/a 1 *nm/f* biographer. **2** *nm* (*Chi: cine*) cinema.
bioingeniería *nf* bioengineering.
biología *nf* biology.
biológico *adj* biological; (*alimento*) organic; **cultivo ~** organically-grown produce; **guerra ~a** biological warfare.
biólogo/a *nm/f* biologist.
biombo *nm* folding screen.
biomédico *adj* biomedical.
biopsia *nf* biopsy.
bioquímica *nf* biochemistry.
bioquímico/a 1 *adj* biochemical. **2** *nm/f* biochemist.
bioscopia *nf* bioscopy.
biosensor *nm* biosensor.
biosfera *nf* biosphere.
biosíntesis *nf* biosynthesis.
biosintético *adj* biosynthetic.
biotecnología *nf* biotechnology.
biotipo *nm* biotype.
bióxido *nm* dioxide; **~ de carbono** carbon dioxide.
BIP *nm abr de* **Banco Internacional de Pagos** BIS.
bip *nm* pip, beep.
bipartidismo *nm* (*Pol*) two-party system.
bipartidista *adj* two-party *atr*.
bipartido *adj* bipartite, two-party *atr*.
bipartito *adj* = **bipartido**.
bípedo *nm* biped.
biplano *nm* biplane.
biplaza *nm* (*Aer*) two-seater.
biquini *nm* bikini.
BIRD *nm abr de* **Banco Internacional para la Reconstrucción y el Desarrollo** IBRD.
birlar [1a] *vt* (*fam: quitar*) to pinch *(fam)*, nick *(fam)*; **me han birlado la bici** they've swiped my bike *(fam)*, my bike's been pinched *(fam)*.
birlibirloque *nm*: **por arte de ~** (as if) by magic.
Birmania *nf* Burma.
birmano/a *adj*, *nm/f* Burmese.
birome *nf a veces nm* (*CSur*) ballpoint pen, Biro ®.
birra *nf* (*fam*) beer.
birreactor *nm* twin-jet (plane).
birreta *nf* biretta, cardinal's hat.
birrete *nm* (**a**) (*Univ*) mortarboard; (*Jur*) judge's cap. (**b**) (*Rel*) = **birreta**.
birria *nf* (**a**) (*esp Esp: cosa fea*) monstrosity; (*: basura*) rubbish, trash; **la novela es una ~** (*fam*) the novel is rubbish. (**b**) (*And fam: obsesión*) set idea, mania.
biruji *nm* (*esp CSur*) chilly wind.
bis 1 *adv* (*dos veces*) twice; (*señas*) **vive en el 24 ~** he lives at 24B. **2** *nm* (*Teat*) encore. **3** *adj*: **ministro ~** deputy minister, stand-in minister.
bisabuelo/a *nm/f* great-grandfather/-grandmother; **~s** great-grandparents.
bisagra *nf* hinge.
bisar [1a] **1** *vt* to give as an encore, repeat. **2** *vi* to give an encore.
bisbisar [1a] *vt* to mutter, mumble.
bisbiseo *nm* muttering, mumbling.
biscote *nm* rusk.
bisel *nm* bevel (edge).
biselar [1a] *vt* to bevel.
bisemanal *adj* twice-weekly.
bisemanalmente *adv* twice-weekly.
bisexual *adj*, *nmf* bisexual.
bisexualidad *nf* bisexuality.
bisiesto *adj*: **año ~** leap year.
bisílabo *adj* two-syllabled.
bisnieto/a *nm/f* great-grandson/-granddaughter; **~s** great-grandchildren.
bisojo *adj* = **bizco**.
bisonte *nm* bison.
bisoñé *nm* toupée.
bisoño 1 *adj* (*principiante*) green, inexperienced; (*Mil*) raw. **2** *nm* (*gen*) greenhorn; (*Mil*) raw recruit, rookie *(fam)*.
bisté, bistec *nm* (*pl* **~s**) (beef)steak.
bisturí *nm* scalpel.
bisutería *nf* imitation jewellery *o (US)* jewelry.
bit *nm* (*Inform*) bit.
bitácora *nf* (*Náut*) binnacle.
bíter *nm* bitters.
bitoque *nm* (*de barril*) bung, spigot; (*LAm: cánula*) short tube, injection tube.
bivalvo *adj*, *nm* bivalve.
bizantino/a 1 *adj* (**a**) Byzantine. (**b**) (*fig: baldío*) idle, pointless; **discusión ~a** pointless argument. **2** *nm/f* Byzantine.
bizarría *nf* (**a**) (*gen*) gallantry, bravery. (**b**) (*generosidad*) generosity.
bizarro *adj* (**a**) (*gen*) gallant, brave. (**b**) (*generoso*) generous.
bizco/a 1 *adj* cross-eyed, squinting; **dejar a algn ~** to leave sb open-mouthed; **quedarse ~** to be flabbergasted. **2** *nm/f* cross-eyed person, someone with a squint.
bizcochería *nf* (*Méx*) pastry shop.
bizcocho *nm* (**a**) (*Culin*) sponge cake; (*Náut*) hardtack. (**b**) (*cerámica*) biscuit ware.
bizcornear [1a] *vi* (*Carib*) to squint.
bizquear [1a] *vi* to squint.
bizquera *nf* (*esp LAm fam*) squint.
blanca *nf* (**a**) white woman; **trata de ~s** white slave trade. (**b**) **estar** *o* **quedarse sin ~** to be broke *(fam)*. (**c**) (*Mús*) minim. (**d**) (*Ajedrez*) **las ~s** white, the white pieces.
Blancanieves *nf* Snow White.
blanco 1 *adj* (**a**) (*gen*) white; (*tez*) fair; **más ~ que la nieve** as white as snow; **más ~ que la pared** *o* **la cera** as white as a sheet.
(**b**) (*página, espacio*) blank.
2 *nm* (**a**) (*gen*) white; **~ de España** whiting; **~ de la uña** half-moon; **en ~ y negro** in black and white; **poner los ojos en ~** to roll one's eyes; **decir que lo ~ es negro** to make out that white is black.
(**b**) (*hombre*) white man; **los ~s** white people.
(**c**) (*Zool*) white spot *o* patch.
(**d**) (*intervalo*) interval, gap.
(**e**) (*Tip etc*) blank (space); **2 páginas en ~** two blank pages; **cheque en ~** blank cheque *o (US)* check; **dejar un ~** to leave a space; **firmar en ~** to sign a blank cheque *o*

(US) check; **votar en** ~ to spoil one's vote.

(**f**) (*meta*) aim; (*Mil, fig*) target; **tiro al** ~ target shooting; **ser el** ~ **de las burlas** to be the butt of jokes; **dar en el** ~ to hit the mark; **hacer** ~ to hit the target, strike home; **hacer** ~ **en** to hit, strike.

(**g**) (*locuciones*) **pasar la noche en** ~ to have a sleepless night; **quedarse en** ~ to go blank, have a mental block; **tenía la mente en** ~ his mind was a blank.

blancor *nm*, **blancura** *nf* whiteness.

blancuzco *adj* (*gen*) whitish; (*sucio*) dirty-white, off-white.

blandengue *adj* (*fam*) soft, weak.

blandiporno *adj inv*: **película** ~ (*fam*) soft-porn film.

blandir [3a; defectivo; no utilizado en presente] **1** *vt* to brandish, flourish. **2 blandirse** *vr* to wave to and fro, swing.

blando/a 1 *adj* (**a**) (*gen*) soft; ~ **de carnes** flabby; ~ **al tacto** soft to the touch; **vida** ~**a** easy life. (**b**) (*suave*) gentle; (*clima*) mild; (*tierno*) tender; (*vacío*) bland; ~ **de corazón** sentimental. (**c**) (*indulgente*) soft, indulgent. (**d**) (*cobarde*) cowardly. **2** *nm/f* (*Pol etc*) soft-liner, moderate; (*Mil*) dove.

blanducho *adj* (*gen*) soft; (*pey*) flabby.

blandura *nf* (**a**) (*gen*) softness; (*Met*) mildness; (*dulzura*) gentleness, tenderness. (**b**) (*carácter*) moral softness.

blanqueada *nf* (*LAm: blanqueo*) whitening; (*encalado*) whitewashing.

blanquear [1a] **1** *vt* (*gen*) to whiten; (*encalado*) to whitewash; (*ropa*) to bleach; (*fam: dinero*) to launder; (*: falta, persona culpable*) to whitewash. **2** *vi* to turn white, whiten.

blanquecino *adj* whitish.

blanqueo *nm* (*gen*) whitening; (*Arquit*) whitewashing; (*de ropa*) bleaching; (*de dinero*) laundering.

blanquillo 1 *adj* whitish; **azúcar/trigo** ~ white sugar/wheat. **2** *nm* (*CAm, Méx: huevo*) egg; (*Chi, Per: durazno*) white peach.

blasfemador(a) 1 *adj* blasphemous. **2** *nm/f* blasphemer.

blasfemar [1a] *vi* (*Rel*) to blaspheme (*contra* against); (*fig*); ~ **de** to curse, swear about *o* at.

blasfemia *nf* (**a**) (*Rel*) blasphemy; (*injuria*) insult. (**b**) (*palabra etc*) curse.

blasfemo/a *adj, nm/f* = **blasfemador**.

blasón *nm* (**a**) (*gen*) coat of arms. (**b**) (*fig*) honour, honor *(US)*, glory.

blasonar [1a] **1** *vt* to emblazon; (*fig*) to praise, extol. **2** *vi* to boast (about).

bledo *nm*: **(no) me importa un** ~ I couldn't care less.

blindado *adj* (*Mil*) armour-plated, armor-plated *(US)*; (*antibala*) bullet-proof; (*Mec*) shielded; **carro** ~ armoured *o (US)* armored car; **puertas** ~**as** reinforced doors.

blindaje *nm* (*Mil*) armour-plating, armor-plated *(US)*; (*Téc*) shield.

blindar [1a] *vt* (*Mil*) to armour-plate, armor-plate *(US)*; (*Téc*) to shield.

b.l.m. *abr de* **besa las manos** *courtesy formula*.

bloc *nm* (*pl* ~**s**) (*gen*) (writing) pad; (*Escol*) jotter, exercise book; ~ **de dibujos** sketch pad; ~ **de notas** notepad.

blocaje *nm* (*Dep*) tackle, stop.

blocar [1g] *vt* (*Dep: jugador*) to tackle; (*balón*) to stop, trap.

blof *nm* (*CAm, Méx*) bluff; **hacer un** ~ **a algn** to bluff sb.

blondo *adj* blond(e), fair.

bloque *nm* (**a**) (*gen*) block; (*de helado*) brick; ~ **de casas** *o* **viviendas** block (of houses); ~ **de cilindros** cylinder block; ~ **de papel** = **bloc**; ~ **publicitario** commercial break. (**b**) (*Pol*) bloc, group; **el** ~ **comunista** the communist bloc; **en** ~ en bloc. (**c**) (*Inform*) block.

bloquear [1a] *vt* (**a**) (*poner obstáculos*) to block, obstruct; (*Dep: jugador*) to tackle; (*balón*) to stop, trap; (*Rad*) to jam; ~ **una ley en la cámara** to block a bill in parliament; **los manifestantes bloquearon las calles** the demonstrators blocked (off) the streets.

(**b**) (*Mec*) to block, jam; **está bloqueado** it's jammed *o* stuck.

(**c**) (*aislar*) to cut off; **la inundación bloqueó el pueblo** the flood cut off the village.

(**d**) (*Aut*) to brake, pull up.

(**e**) (*Mil*) to blockade.

(**f**) (*Com, Fin*) to freeze; **fondos bloqueados** frozen assets.

bloqueo *nm* (**a**) (*Mil*) blockade; **burlar** *o* **forzar el** ~ to run the blockade. (**b**) (*Com, Fin*) ~ **de fondos** freezing of assets; ~ **informativo** news blackout. (**c**) ~ **mental** mental block. (**d**) ~ **central de cerraduras** central locking.

bluejean *nm inv* (*LAm*) jeans *pl*, denims *pl*.

blusa *nf* (*gen*) blouse.

blusón *nm* long *o* loose shirt, smock.

Blvr *abr de* **Bulevar** Blvd.

BN 1 *abr* (*Esp*) *de* **Biblioteca Nacional**. **2** *nm abr* (*Per*) *de* **Banco de la Nación**.

b/n *abr de* **blanco y negro** b/w.

B.º *abr* (**a**) (*Fin*) *de* **Banco** bk. (**b**) (*Com*) *de* **beneficiario**.

boa *nf* boa.

boato *nm* show, ostentation.

bob *nm* bobsleigh.

bobada *nf* silly *o* stupid thing; **decir** ~**s** to talk nonsense.

bobales *nmf inv* (*fam*) nitwit *(fam)*, dolt.

bobalicón/ona 1 *adj* utterly stupid. **2** *nm/f* nitwit, clot.

bobería *nf* (**a**) (*cualidad*) silliness, idiocy. (**b**) = **bobada**.

bóbilis *adv*: **de** ~ (*gen*) free, for nothing; (*sin esfuerzo*) without lifting a finger.

bobina *nf* (*Téc*) bobbin; (*Fot*) spool, reel; (*Aut, Elec*) coil; ~ **de encendido** ignition coil.

bobinado *nm* (*Elec*) winding.

bobinar [1a] *vt* to wind.

bobo/a 1 *adj* (*tonto*) silly, stupid; (*ingenuo*) simple, naïve; **estar** *o* **andar** ~ **con algo** to be crazy about sth. **2** *nm/f* idiot, fool; (*Teat*) clown, funny man; **entre** ~**s anda el juego** (*iró*) they're well matched, one's as bad as the other.

boca *nf* (**a**) (*Anat*) mouth; ~ **de dragón** (*Bot*) snapdragon; ~ **de escorpión** (*fig*) wicked tongue; **a** ~ verbally, by word of mouth; **(respiración)** ~ **a** ~ kiss of life, mouth-to-mouth resuscitation; **a pedir de** ~ to one's heart's content; **todo salió a pedir de** ~ it all turned out perfectly; **en** ~ **de** according to; **apoyó la idea de** ~ **afuera** he paid lip-service to the idea; ~ **abajo/arriba** face down(ward)/up(ward); **poner a algn** ~ **arriba** to turn sb on to his back; **andar en** ~ **de la gente** to be talked about; **la cosa anda de** ~ **en** ~ the story is going the rounds; **¡cállate la** ~**!** (*fam*) shut up!; **sin decir esta** ~ **es mía** without a word to anybody; **hablar por** ~ **de ganso** to talk through one's hat; **en** ~ **cerrada no entran moscas** silence is golden, mum's the word; **hacer** ~ to work up an appetite; **se me hace la** ~ **agua** my mouth is watering; **irsele la** ~ **a algn** to let one's tongue run away with one; **meterse en la** ~ **del lobo** to put one's head in the lion's mouth; **por la** ~ **muere el pez** silence is golden; **(oscuro) como** ~ **de lobo** pitch dark; **parir la** ~ **a algn** (*fam*) to smash sb's face in *(fam)*; **quedarse con la** ~ **abierta** to be dumbfounded; **tapar la** ~ **a algn** to shut sb's mouth.

(**b**) (*fig*) mouth; (*entrada*) entrance, opening; (*Inform*) slot; ~ **de riego** hydrant; ~ **del estómago** pit of the stomach; ~ **de metro** underground *o (US)* subway entrance; ~ **de mina** pithead, mine entrance; ~ **de río** river mouth, estuary.

(**c**) (*de arma*) muzzle, mouth; **a** ~ **de cañón** at close range.

(**d**) (*Zool*) pincer; (*de útil*) cutting edge.

(**e**) (*de vino*) flavour, flavor *(US)*, taste; (*de tonel*)

bunghole.
bocacalle *nf* side street; **la primera ~** the first turning.
bocadillo *nm* **(a)** *(Esp)* sandwich; **tomar un ~** to have a snack. **(b)** *(en dibujo)* balloon, bubble.
bocadito *nm* morsel, bit.
bocado *nm* **(a)** *(gen)* mouthful; *(fig)* snack; **no he probado ~ en todo el día** I've not had a bite to eat all day; **tomar un ~** to have a bite to eat; **~ exquisito** titbit. **(b)** *(para caballo)* bit. **(c) ~ de Adán** Adam's apple.
bocajarro *adv*: **a ~** *(Mil)* at point-blank range; **decir algo a ~** to say sth bluntly *o* without mincing words.
bocal *nm (jarro)* pitcher, jar.
bocamanga *nf (Cos)* cuff, wristband.
bocamina *nf (Min)* pithead, mine entrance.
bocana *nf* estuary.
bocanada *nf* **(a)** *(de vino etc)* mouthful, swallow. **(b)** *(de humo)* puff; *(de viento)* gust, blast. **(c) echar ~s** to boast, brag.
bocarada *nf (LAm)* = **bocanada**.
bocata *nm (fam)* sandwich.
bocazas *nmf inv (fam)* bigmouth *(fam)*.
boceras *nmf inv (fam)* loudmouth *(fam)*.
bocetista *nmf* sketcher.
boceto *nm (lit, fig)* sketch, outline; *(maqueta)* model, mock-up.
bocina *nf (Mús, Aut)* horn; *(megáfono)* megaphone; *(Méx Telec)* mouthpiece; **tocar (la) ~** *(Aut)* to sound *o* blow one's horn.
bocinazo *nm (Aut)* toot, blast (of the horn).
bocio *nm* goitre, goiter *(US)*.
bocón/ona *adj (LAm fig)* big-mouthed.
bocoy *nm* hogshead, large cask.
bocha *nf* bowl; **juego de las ~s** bowls.
bochar [1a] *vt (LAm)* to rebuff, reject; **~ a algn** to give sb a dressing-down.
boche *nm* **(a)** *(Chi)* husks, chaff. **(b)** *(LAm)* snub; **dar ~ a algn** to snub sb. **(c)** *(And, CSur)* row, fuss.
bochinche *nm (jaleo)* uproar, commotion.
bochinchear [1a] *vi (LAm)* to make a commotion.
bochinchero/a *(esp LAm)* **1** *adj* rowdy, brawling. **2** *nm/f (LAm)* brawler.
bochorno *nm* **(a)** *(Met)* sultry *o (fam)* stuffy weather; *(atmósfera)* stifling atmosphere. **(b)** *(Med)* hot flush. **(c)** *(fig)* embarrassment, (feeling of) shame; **¡qué ~!** how embarrassing!
bochornoso *adj* **(a)** *(Met)* close *(fam)* , stuffy *(fam)*, thundery. **(b)** *(fig)* embarrassing; **es un espectáculo ~** it is a degrading spectacle.
boda *nf (tb* **~s**: *gen)* wedding, marriage; *(fiesta)* wedding reception; **~s de diamante/de oro/de plata** diamond/golden/silver wedding (anniversary).
bodega *nf* wine cellar; *(tienda de vinos, licores)* wine shop; *(depósito)* storeroom, warehouse; *(Náut)* hold; *(esp LAm: bar)* bar; *(: tienda de comestibles)* grocery store.
bodegaje *nm (Chi)* storage.
bodegón *nm* **(a)** cheap restaurant. **(b)** *(Arte)* still life.
bodeguero *nm (oficio)* cellarman; *(Com)* vintner; *(And, Carib: tendero)* grocer.
bodoque *nm* **(a)** *(de ballesta)* small ball, pellet. **(b)** *(CAm, Méx Med: bulto)* lump, swelling. **(c)** *(Méx: tonto)* dimwit *(fam)* .
bodorrio *nm (pey)* poor wedding.
bodrio *nm* **(a)** *(fam)* rubbish, trash; **la película fue un ~** the film was rubbish *o* a load of tosh *(fam)*; **un ~ de sitio** an awful place. **(b)** *(esp LAm: confusión)* mess.
body ['boðɪ] *nm (pl* **bodies** ['boðɪs]) body-stocking.
BOE *nm abr (Esp) de* **Boletín Oficial del Estado** ≈ Hansard *(Brit)*, ≈ The Congressional Record *(US)*.
bóer 1 *adj* Boer. **2** *nmf (pl* **~s**) Boer.
bofe *nm (Zool)* **~s** lungs; **echar los ~s** to slog, slave.
bofetada *nf* slap in the face; *(puñetazo)* punch; **dar de ~s a algn** to hit *o* punch sb; **darse de ~s** to come to blows; *(colores)* to clash.
bofetón *nm* punch (in the face).
bofia *(fam!)* **1** *nf*: **la ~** the pigs *(fam!)*. **2** *nm* cop *(fam!)*, pig *(fam!)*.
boga[1] *nf* vogue, fashion; **estar en ~** to be in fashion, be popular.
boga[2] *nf* rowing.
bogar [1h] *vi* to row.
bogavante *nm* **(a)** *(Náut)* stroke, first rower. **(b)** *(Zool)* lobster.
bogotazo *nm (LAm)* Bogotá rising of 1948.
bohemio/a *adj, nm/f (fig)* bohemian.
bohío *nm (LAm: choza)* hut, shack.
boicot *nm (pl* **~s**) *(gen)* boycott; *(sindical)* boycott, blacking *(Brit)*.
boicotear [1a] *vt* to boycott; *(sindicato)* to boycott, to black *(Brit)*.
boicoteo *nm* boycott, boycotting.
boina 1 *nf* beret. **2** *nm*: **~ verde** commando.
boite, boîte [bwat] *nf* nightclub.
boj *nm (Bot)* box; *(madera)* boxwood.
bojote *nm* **(a)** *(LAm: paquete)* bundle, package. **(b)** *(fig)* **un ~ de** a lot of, a great many of.
bol *nm* **(a)** *(cuenco)* bowl; *(ponchera)* punchbowl. **(b)** *(Dep)* ninepin. **(c)** *(Pesca)* dragnet.
bola *nf* **(a)** *(gen)* ball; *(canica)* marble; **~s** *(Mec)* ball bearings; *(CSur Agr)* bolas; *(Dep)* shot(putting); **~ de billar** billiard ball; **estar como ~ de billar** to be as bald as a coot; **~ de cristal** crystal ball; **~ de naftalina** mothball; **~ de nieve** snowball; **~ del mundo** globe; **dar en** *o* **darle en la ~** *(LAm)* to hit the mark; **dejar que ruede la ~** to let things take their course.
(b) *(Naipes)* (grand) slam; **media ~** small slam.
(c) *(betún)* shoe polish.
(d) *(fam: embuste)* fib, tale; *(LAm fam: rumor)* rumour, rumor *(US)*; **meter ~s** to tell fibs.
(e) *(Méx: jaleo)* row, hubbub; *(: gentío)* crowd (of people).
bolada *nf* **(a)** throw (of a ball); *(Atletismo)* putt. **(b)** *(LAm: suerte)* piece of luck, lucky break.
bolado *nm (LAm: asunto)* deal, affair.
bolardo *nm* bollard.
bolazo *nm* **(a)** *(CSur: tontería)* silly remark, piece of nonsense. **(b)** *(Méx)*; **al** *o* **de ~** at random.
bolchevique *adj, nmf* Bolshevik.
bolchevismo *nm* Bolshevism.
boleada *nf (Méx)* shoeshine.
boleadoras *nfpl (CSur)* bolas, lasso with balls.
bolear [1a] **1** *vt* **(a)** *(tirar)* to throw. **(b)** *(LAm: cazar)* to catch with bolas; *(fig: engañar)* to play a mean trick on. **(c)** *(LAm: Univ etc)* to fail. **(d)** *(Méx: zapatos)* to polish, shine. **2** *vi* to play for fun. **3 bolearse** *vr* **(a)** *(CSur: caerse)* to rear and fall; *(Aut)* to overturn. **(b)** *(CSur: fig)* to get confused *o* bewildered; *(Univ)* to fail.
bolera *nf* bowling *o* skittle alley.
bolero[1] *adj* truant.
bolero[2] *nm (Mús etc)* bolero.
bolero[3] *nm (Méx)* bootblack, shoeshine boy.
boleta *nf* **(a)** *(LAm: billete)* ticket; *(: recibo)* receipt, (sales) docket. **(b)** *(LAm: de voto)* ballot, voting paper; *(CSur: Jur)* draft. **(c) hacerle la ~ a algn** *(CSur fam)* to bump sb off *(fam)*.
boletería *nf (LAm)* **(a)** *(gen)* ticket agency *o* office; *(Ferro etc)* booking office; *(Teat)* box office. **(b)** *(Dep)* gate, takings.
boletero *nm (LAm)* ticket clerk *o* seller.
boletín *nm (gen)* bulletin; *(Univ etc)* journal, review; *(Escol)* report; **~ de inscripción** registration form; **~ meteorológico** weather report *o* forecast; **~ de noticias** news bulletin; **~ oficial del Estado** official gazette.
boleto *nm* **(a)** *(LAm)* ticket; **~ de ida y vuelta** return *o (US)* round-trip ticket. **(b)** *(quinielas)* coupon; **~ de apuestas** betting slip; **~ de lotería** lottery ticket.

boli *nm (fam)* (ballpoint) pen.
boliche[1] *nm* (**a**) *(juego)* bowls, bowling. (**b**) *(bola)* jack.
boliche[2] *nm (LAm: tenducha)* small grocery store; *(CSur: café)* cheap snack bar.
bolichera[1] *nf (Per)* fishing boat.
bolichero/a[2] *nm/f (LAm)* grocer, shopkeeper.
bólido *nm* (**a**) meteorite. (**b**) *(Aut)* racing car; **iba como un** ~ *(fam)* he was really shifting *(fam)*.
bolígrafo *nm* (ballpoint) pen.
bolillo *nm* (**a**) *(Cos)* bobbin (for lacemaking). (**b**) *(LAm Mús)* drumstick. (**c**) *(Méx: panecillo)* bread roll.
bolinga 1 *adj inv*: **estar** ~ to be canned *(fam)*. **2** *nm*: **estar de** ~ to be boozing *(fam)*; **ir de** ~ to go on the booze *(fam)*.
bolívar *nm Venezuelan currency unit.*
Bolivia *nf* Bolivia.
boliviano/a *adj, nm/f* Bolivian.
bolo[1] *nm* (**a**) skittle, ninepin *(US)*; **(juego de) ~s** skittles, ninepins; **echar a rodar los ~s** *(fig)* to create a disturbance. (**b**) *(Med)* large pill. (**c**) *(Naipes)* slam.
bolo[2] *adj (CAm, Cu, Méx)* drunk.
bolón *nm* (**a**) *(CSur: piedra)* quarry stone. (**b**) *(Cu, Méx: muchedumbre)* mob, disorderly crowd.
Bolonia *nf* Bologna.
bolsa *nf* (**a**) *(gen)* bag; *(Zool)* pouch; *(de mujer)* handbag, purse *(US)*; *(LAm: bolsillo)* pocket; *(en boxeo)* purse; ~ **de agua caliente** hot-water bottle; ~ **de basura** refuse sack, rubbish bag; ~ **de deportes** sports bag; ~ **de la compra** shopping bag; ~ **de patatas fritas** packet of crisps; ~ **de plástico** plastic *o* carrier bag; **¡la ~ o la vida!** your money or your life!; **hacer algo de** ~ *(Chi)* to do sth at somebody else's expense.
(**b**) *(Cos: de vestido etc)* bag; **hacer** ~ to bag, pucker up; ~ **de pobreza** pocket of poverty.
(**c**) *(Téc, Mil)* pocket; ~ **de aire/gas** air pocket/pocket of gas.
(**d**) *(Anat)* cavity, sac; **~s de los ojos** bags under the eyes.
(**e**) *(Com, Fin)* stock exchange *o* market; ~ **de cereales** corn exchange; **'B~ de la propiedad'** 'Property Mart', 'Property for sale'; ~ **de trabajo** employment *o* labour *o (US)* labor bureau; **jugar a la** ~ to speculate, play the market.
(**f**) ~ **de estudio** educational grant; ~ **de viaje** travel grant.
bolsear [1a] *vi (CAm, Méx)* to pick pockets.
bolsillo *nm* (**a**) *(gen)* pocket; *(monedero)* purse, pocketbook *(US)*; **doler a algn en el** ~ *(fig)* to hurt sb in their pocket; **guardar algo en el** ~ to put sth in one's pocket; **meterse a algn en el** ~ to get sb eating out of one's hand; *(Pol fam)* to buy sb off; **lo pagué de mi** ~ I paid it out of my own pocket; **rascarse el** ~ *(fam)* to pay up, fork out *(fam)*; **tener a algn en el** ~ to have sb in one's pocket *o* eating out of one's hand. (**b**) **de** ~ pocket *atr*, pocket-size; **edición de** ~ pocket edition.
bolsista *nm* (**a**) stockbroker. (**b**) *(CAm, Méx: ratero)* pickpocket.
bolso *nm (gen)* bag; *(de mujer)* handbag, purse *(US)*; ~ **de viaje** travelling *o (US)* traveling bag.
bolsón *nm* (**a**) *(Per: bolso)* handbag, purse *(US)*. (**b**) *(Bol Min)* lump of ore. (**c**) *(LAm: de escuela)* satchel, schoolbag.
boludo/a *(CSur fam!)* **1** *adj* thick *(fam)*, stupid. **2** *nm/f* (stupid) idiot *(fam)*, jerk *(US fam!)*.
bollería *nf (bollos)* pastries; *(establecimiento)* baker's *o* pastry shop.
bollo *nm* (**a**) *(Culin: gen)* bread roll; *(: dulce)* scone, bun. (**b**) *(Mec)* dent. (**c**) *(Med)* bump, lump. (**d**) *(confusión)* confusion, mix-up. (**e**) **~s** *(And: problemas)* troubles.
bollón *nm* stud.
bomba 1 *nf* (**a**) *(Mil etc)* bomb; *(proyectil)* shell; ~ **atómica** atomic bomb; ~ **fétida** stink bomb; ~ **incendiaria** incendiary (bomb *o* device); ~ **lacrimógena** tear-gas bomb; ~ **de mano** (hand) grenade; ~ **de profundidad** depth charge; ~ **de relojería** time bomb; **a prueba de ~s** bomb-proof; **caer como una** ~ to fall *o* be like a bombshell.
(**b**) *(fig: sorpresa)* surprise; *(Carib: noticia falsa)* hoax.
(**c**) *(Téc)* pump; *(Mús)* slide; ~ **de aire** air pump; ~ **de alimentación** feed pump; ~ **de gasolina** *(motor)* petrol *o (US)* gas(oline) pump; ~ **de inyección (de combustible)** fuel pump; ~ **de incendios** fire engine; **dar a la** ~ to (work the) pump.
(**d**) *(de lámpara)* glass, globe.
(**e**) *(burbuja)* soap bubble.
(**f**) *(And, Carib: burbuja)* bubble.
(**g**) *(Carib, Méx: sombrero)* top hat.
(**h**) *(LAm: borrachera)* drunkenness; *(: juerga)* drunken spree, binge.
2 *adj*: **noticia** ~ *(fam)* bombshell *(fam)*; **éxito** ~ *(fam)* phenomenal success.
3 *adv (fam)* **pasarlo** ~ to have a great time.
bombachas *nfpl (And, CSur: pantalón bombacho)* baggy trousers; *(CSur: bragas)* panties.
bombacho *adj* baggy, loose-fitting.
bombachos *nmpl* baggy trousers; *(de golf etc)* plus-fours.
bombardear [1a] *vt (gen)* to bomb; *(Mil)* to bombard, shell; *(Fís, fig)* to bombard *(a, con* with).
bombardeo *nm (gen)* bombing; *(tb fig)* bombardment; *(Mil)* shelling; *(Aer)* ~ **aéreo** air raid *o* attack *(contra, sobre* on); ~ **en picado** dive bombing.
bombardero 1 *adj* bombing. **2** *nm (Aer)* bomber.
bombear [1a] **1** *vt* (**a**) *(Téc)* to pump. (**b**) *(Ftbl)* to lob. (**c**) *(CSur: espiar)* to spy on, observe closely. **2 bombearse** *vr (Arquit)* to camber; *(madera)* to warp, bulge.
bombeo *nm* (**a**) *(con bomba)* pumping. (**b**) *(comba)* camber; *(de madera)* warping, bulging.
bombero *nm* (**a**) fireman; **(cuerpo de) ~s** fire brigade. (**b**) *(Arg Mil: explorador)* spy, scout.
bombilla *nf* (**a**) *(Elec)* bulb; *(Fot)* ~ **de flash** flash bulb. (**b**) *(CSur Culin)* tube for drinking maté. (**c**) *(Méx)* ladle.
bombillo *nm* (**a**) *(LAm Elec)* bulb. (**b**) *(Téc)* U-bend, trap.
bombín *nm* bowler hat, derby *(US)*.
bombo 1 *adj (LAm: tibio)* lukewarm; *(Cu: insípido)* tasteless, insipid.
2 *nm* (**a**) *(Mús)* bass drum; *(Téc, sorteos)* drum; **anunciar algo a ~ y platillo(s)** to announce sth amid a lot of hype, go in for a lot of publicity about sth; **hacer algo a ~ y platillo(s)** to make a great song and dance about sth; **tengo la cabeza como un** ~ my head's throbbing *o* buzzing.
(**b**) *(fam)* exaggerated praise; *(Teat etc)* hype *(fam)*; **dar ~ a algn** to praise sb to the skies; **darse** ~ to blow one's own trumpet *(fam)*.
(**c**) **irse al** ~ *(CSur)* to come to grief, fail.
(**d**) *(fam)* **estar con** ~ to be in the family way *(fam)*; **dejar a una chica con** ~ to put a girl in the family way *(fam)*.
bombón *nm* (**a**) *(de chocolate)* chocolate. (**b**) *(chica)* peach *(fam)*, smasher *(fam)*.
bombona *nf* (**a**) carboy. (**b**) ~ **de butano** gas cylinder.
bombonera *nf* sweet box.
bombonería *nf* sweetshop, confectioner's (shop), candy store *(US)*.
bómper *nm (CAm, Carib)* bumper, front fender *(US)*.
Bón *abr de* **Batallón** Battn.
bonachón/ona *adj* good-natured, easy-going.
bonaerense 1 *adj* of *o* from Buenos Aires. **2** *nmf* native *o* inhabitant of Buenos Aires.
bonanza *nf* (**a**) *(Náut)* fair weather, calm conditions; **ir en** ~ *(Náut)* to have fair weather; *(fig)* to go well, prosper. (**b**) *(Min)* bonanza. (**c**) *(fig)* prosperity, boom.
bondad *nf (gen)* goodness; *(amabilidad)* kindness; **tener la ~ de decirme** to be so kind as to tell me, be good

enough to tell me; **tenga la ~ de pasar** please go in; **tenga la ~ de no fumar** be so kind as not to smoke.
bondadosamente *adv* kindly, good-naturedly.
bondadoso *adj* (*gen*) kind, good; (*apacible*) good-natured.
bonete *nm* (*Rel*) hat, biretta; (*Univ*) cap, mortarboard.
bonetería *nf* (*esp Méx*) haberdasher's shop, notions store *(US)*.
bongo *nm* (*LAm*) large canoe.
boniato *nm* sweet potato, yam.
bonificación *nf* (*Com*) allowance, discount.
bonificar [1g] *vt* (**a**) (*Agr*) to improve. (**b**) (*Com*) to allow, discount.
bonísimo *adj superl de* **bueno**.
bonitamente *adv* (*con delicadeza*) nicely, neatly; (*con maña*) craftily.
bonito[1] **1** *adj* (**a**) (*bello*) pretty, nice-looking. (**b**) (*bueno*) pretty good; **una ~a cantidad** a tidy little sum; **¡qué ~!** (*asombro*) very nice!; (*furia*) that's just fine! **2** *adv* (*LAm fam*) well, nicely; **ella canta ~** she sings nicely; **se te ve ~** it looks good on you.
bonito[2] *nm* (*pez*) striped tunny, bonito.
bono *nm* (**a**) (*vale*) voucher, certificate; **~ de billetes de metro** booklet of metro tickets. (**b**) (*Fin*) bond; **~ de caja, ~ de tesoría** debenture bond; **~ del estado** government bond; **~ del Tesoro** public bond.
bonobús *nm* (*Esp*) bus pass.
bono-loto, bonoloto *nf* state-run weekly lottery.
bonsai *nm* bonsai.
boñiga *nf*, **boñigo** *nm* cow pat, horse dung.
boom *nm* [bum] boom; **~ inmobiliario** property boom.
boomerang [bume'ran] *nm* boomerang.
boqueada *nf* gasp; **dar la última ~** to be at death's door.
boquear [1a] *vi* (**a**) (*quedar boquiabierto*) to gape, gasp. (**b**) (*estar expirando*) to be at one's last gasp; (*fig: terminar*) to be in its final stages.
boquera *nf* (**a**) (*Agr*) sluice. (**b**) (*Med*) lip sore.
boquerón *nm* (*pez*) (kind of) anchovy.
boquete *nm* (*hoyo*) gap, opening; (*brecha*) breach.
boquiabierto *adj* open-mouthed; **quedarse ~** to be left aghast *o* gaping.
boquilla *nf* (*Mús*) mouthpiece; (*de manga*) nozzle; (*de horno*) burner; (*de biberón*) teat, nipple *(US)*; (*de pipa*) stem; (*para cigarillos*) cigarette holder; **cigarros con ~** (filter) tipped cigarettes; **lo dijo de ~** he was not sincere in what he said, he was only paying lip-service to it.
bórax *nm* borax.
borbollón *nm* = **borbotón**.
Borbón *n* Bourbon.
borbónico *adj* Bourbon *atr*.
borbotar [1a] *vi* (*gen*) to bubble; (*al hervir*) to boil (up), boil over; (*nacer*) to gush forth, well up.
borbotón *nm* (*gen*) bubbling, boiling; **hablar a ~es** to talk ten to the dozen; **salir a ~es** (*agua*) to gush out.
borceguí *nm* (baby's) bootee.
borda *nf* (*Náut*) (**a**) gunwale, rail; (**motor de**) **fuera ~** outboard motor; **echar** *o* **tirar algo por la ~** to throw sth overboard. (**b**) (*vela*) mainsail.
bordada *nf* (*Náut*) tack; **dar ~s** to tack.
bordado *nm* embroidery, needlework.
bordadora *nf* needlewoman.
bordadura *nf* = **bordado**.
bordar [1a] *vt* to embroider; (*fig*) to do supremely well; **ha bordado su papel** she was excellent in her part; **bordado a mano** hand-embroidered.
borde[1] *nm* (*gen*) edge, border; (*de recipiente*) brim, rim, lip; (*de ventana*) ledge; (*Cos*) edge, hem; (*Náut*) board; **~ de la acera** kerb; **~ de la carretera** roadside, verge; (*en autopista*) hard shoulder; **~ del mar** seaside, seashore; **al ~ de** (*lit*) at the edge *o* side of; (*fig*) on the brink *o* verge of.
borde[2] *adj* (*fam: persona*) anti-social, difficult, stroppy; **ponerse ~** to get stroppy *o* nasty; **¡~!** bastard! *(fam!)*.
bordear [1a] **1** *vt* (**a**) to skirt (round). (**b**) (*lindar con*) to border on; (*fig*) to verge on. **2** *vi* (*Náut*) to tack.
bordelés/esa 1 *adj* of *o* from Bordeaux. **2** *nm/f* native *o* inhabitant of Bordeaux.
bordillo *nm* kerb, curb *(US)*.
bordo *nm* (**a**) (*Náut*) side, board; **a ~** aboard, on board; **al ~** alongside; **'bienvenidos a ~'** 'welcome aboard'; **ir a ~** to go on board; (*Aer*) to board; **buque de alto ~** big ship, seagoing vessel. (**b**) (*Méx Agr*) roughly-built dam.
bordó *adj inv* (*Arg*) maroon.
bordón *nm* (**a**) pilgrim's staff; (*fig*) helping hand. (**b**) (*Mús*) bass string. (**c**) (*Lit*) refrain; (*fig*) pet word *o* phrase.
bordonear [1a] **1** *vt* (*Mús*) to strum. **2** *vi* (*zumbar*) to hum.
boreal *adj* northern.
Borgoña *nf* Burgundy.
borgoña *nm* (*tb* **vino de ~**) burgundy.
bórico *adj* boric.
boricua, borinqueño/a *adj, nm/f* Puerto Rican.
borla *nf* (*gen*) tassel; (*de gorro*) pompon; **~ (de empolvarse)** powder puff.
borlote *nm* (*Méx*) row, uproar.
borne *nm* (*Elec*) terminal.
bornear [1a] **1** *vt* (**a**) (*torcer*) to twist, bend. (**b**) (*Arquit*) to put in place, align. **2 bornearse** *vr* to warp, bulge.
boro *nm* (*Quím*) boron.
borona *nf* (**a**) (*maíz*) maize, corn *(US)*; (*mijo*) millet. (**b**) (*CAm: migaja*) crumb.
borra *nf* (**a**) (*gen*) thick wool; (*para cojines*) stuffing. (**b**) (*pelusa*) fluff; (*Bot*) down; **~ de seda** floss silk. (**c**) (*Zool*) yearling ewe.
borrachera *nf* (**a**) (*gen*) drunkenness; **quitarse la ~** to sober up; **agarrar** *o* (*Esp*) **coger** *o* **pillar** *o* (*Méx*) **ponerse una ~** to get drunk. (**b**) (*fig*) spree, binge.
borrachín *nm* boozer *(fam)*.
borracho/a 1 *adj* (**a**) (*gen*) drunk; (*ebrio*) intoxicated; (*habitualmente*) drunken, hard-drinking; **estar ~ como una cuba** to be plastered *o* blind drunk *(fam)*. (**b**) (*fig*) drunk, blind (*de* with). (**c**) (*Culin: pastel*) tipsy; (*: fruta*) marinated. **2** *nm/f* drunkard, drunk *(fam)*.
borrador *nm* (**a**) (*versión*) first draft, rough copy; **hacer un nuevo ~** to do a redraft. (**b**) (*cuaderno*) scribbling *o (US)* scratch pad; (*Com*) daybook. (**c**) (*para pizarra*) duster, eraser *(US)*.
borradura *nf* erasure, crossing out.
borrajear [1a] *vt, vi* to scribble, scrawl.
borrar [1a] **1** *vt* (**a**) (*gen*) to erase, rub out; (*tachar*) to delete, cross out; (*cinta etc*) to wipe out, clean; (*Pol etc: euf*) to deal with, dispose of; (*Inform: archivo*) to delete, erase; **~ algo del mapa** to wipe sth off the map; **~ a algn de una lista** to cross sb off a list; **~ pantalla** to clear the screen. (**b**) (*Fot etc*) to blur. **2 borrarse** *vr* (**a**) (*de un club etc*) to resign. (**b**) **se me ha borrado su recuerdo** his memory has faded (from my mind).
borrasca *nf* (**a**) (*tormenta*) storm; (*: en el mar*) squall. (**b**) (*fig*) peril, hazard.
borrascoso *adj* (**a**) (*gen*) stormy; (*viento*) squally, gusty. (**b**) (*fig*) stormy, tempestuous.
borrego/a 1 *nm/f* (**a**) (yearling) lamb; (*oveja*) sheep. (**b**) (*fig*) simpleton. **2** *nm* (*Cu, Méx fam*) hoax, false news.
borreguil *adj* meek, like a lamb.
borrico/a *nm/f* donkey; (*fig*) fool.
borrón *nm* (*mancha*) blot, stain; (*fig*) blemish; **~ y cuenta nueva** let bygones be bygones.
borronear [1a] *vt* to scribble, scrawl.
borroso *adj* (**a**) (*Fot*) blurred, indistinct; (*escrito*) smudgy; (*Arte*) woolly, wooly *(US)*; **lo veo todo ~** everything is blurred. (**b**) (*líquido*) muddy, thick. (**c**) (*fig*) vague, hazy.
boscaje *nm* thicket, grove.
boscoso *adj* wooded.

Bósforo *nm*: **el (Estrecho del)** ~ the Bosp(h)orus.
Bosnia Herzegovina *nf* Bosnia Herzegovina.
bosque *nm* (*gen*) wood; (*: denso*) forest; (*LAm fam: selva*) jungle, rain forest.
bosquecillo *nm* copse, small wood.
bosquejar [1a] *vt* (*Arte: pintura*) to sketch; (*fig*) to sketch, outline; (*plan etc*) to draft.
bosquejo *nm* (*gen*) sketch, outline; (*plan etc*) draft.
bosquimán, bosquimano *nm* African bushman.
bostezar [1f] *vi* to yawn.
bostezo *nm* yawn.
bota *nf* (**a**) (*gen*) boot; **~s de esquí/de montar/de fútbol** ski/riding/football boots; **~s camperas** cowboy boots, top boots; **~s de agua** wellingtons, gumboots; **~s de goma** gumboots; **morir con las ~s puestas** to die with one's boots on; **ponerse las ~s** (*fam: enriquecerse*) to strike it rich; (*comer*) to have a blow-out *(fam)*. (**b**) (*de vino*) leather bottle. (**c**) (*tonel*) large barrel.
botada *nf* (*LAm: acción*) throwing away; (*: fam: cese*) boot *(fam)*, sacking *(fam)*.
botadero *nm* (*LAm*) (**a**) (*vado*) ford. (**b**) (*tiradero*) rubbish dump.
botado/a 1 *adj* (*Méx fam: Com*) dirt cheap. **2** *nm/f* (*LAm: tb* **niño** ~) foundling.
botadura *nf* (**a**) (*Náut*) launching. (**b**) (*LAm*) = **botada**.
botalón *nm* (*Náut*) outrigger; ~ **de foque** jib-boom.
botana *nf* (*LAm*) hors d'oeuvres.
botánica[1] *nf* botany.
botánico/a[2] **1** *adj* botanical. **2** *nm/f* botanist.
botanista *nmf* botanist.
botar [1a] **1** *vt* (**a**) (*tirar*) to throw. (**b**) (*Náut*) to launch; (*virar*) to put over. (**c**) (*LAm: gen*) to throw away *o* out; (*: despedir*) to fire, sack *(fam)*; (*: derrechar*) to fritter away, squander. **2** *vi* (*pelota*) to bounce; (*Aut etc*) to bump, jolt; (*caballo*) to rear; **está que bota** he's hopping mad.
botarate *nm* (**a**) (*loco*) madcap, wild fellow. (**b**) (*imbécil*) idiot. (**c**) (*LAm: manirroto*) spendthrift.
bote[1] *nm* (**a**) (*de pelota*) bounce; (*de bala*) ricochet; (*Aut etc*) bump, jolt; (*salto*) jump, leap; (*caballo*) buck; **dar el ~ a algn** *(fam)* to chuck sb out *(fam)*; **darse el** ~ *(fam)* to beat it *(fam)*; **dar un** ~ to jump; **dar ~s** (*Aut etc*) to bump; **pegar un** ~ to start (with surprise). (**b**) **estar de ~ en ~** to be jam-packed *(fam)*.
bote[2] *nm* (**a**) (*gen*) tin, can *(US)*; (*de cristal*) jar; (*en café: propina*) tip; (*: caja*) box (for tips); ~ **de humo** smoke bomb; **chupar del** ~ (*gorronear*) to live off sb else; (*enriquecerse*) to feather one's nest; **está en el** ~ *(fam)* it's in the bag *(fam)*; **lo tiene en el** ~ *(fam)* he's got it all sewn up *(fam)*. (**b**) (*Naipes*) jackpot. (**c**) (*CAm, Méx fam: cárcel*) nick *(Brit fam)*, can *(US fam)*.
bote[3] *nm* (*Náut*) boat; ~ **salvavidas** lifeboat.
botella *nf* bottle; **en** ~ bottled; ~ **de vino** (*contenido*) bottle of wine; (*recipiente*) wine bottle.
botellazo *nm* a blow with a bottle.
botellín *nm* small bottle, half-bottle.
botica *nf* chemist's (shop), pharmacy *(US)*, drugstore; **de todo como en** ~ everything under the sun.
boticario/a *nm/f* chemist, druggist; (*Hist*) apothecary.
botija 1 *nf* (**a**) earthenware jug; **poner a algn como ~ verde** (*CAm*) to insult sb. (**b**) (*CAm: tesoro*) buried treasure. **2** *nmf* (*Uru fam: chaval*) kid.
botijo *nm* (*Culin*) earthenware drinking jug (with spout and handle).
botijuela *nf* (*LAm*) (**a**) (*jarro*) earthenware jug. (**b**) (*tesoro*) buried treasure.
botillería *nf* (*Chi*) liquor store, off licence *(Brit)*.
botín[1] *nm* (*Mil etc*) booty, plunder; (*de ladrón*) loot.
botín[2] *nm* (**a**) (*zapato*) ankle boot. (**b**) (*polaina*) legging, spat. (**c**) (*Chi*) baby's bootee.
botina *nf* high shoe; (*de bebé*) bootee.
botiquín *nm* medicine cabinet; ~ **de emergencia** first-aid kit.
boto *adj* (*punta*) blunt; (*fig: torpe*) dull, dim.
botón *nm* (**a**) (*Cos, Téc*) button; ~ **de arranque** starter, starting switch; ~ **de muestra** sample, illustration; **pulsar el** ~ to press the button. (**b**) (*Bot*) bud; ~ **de oro** buttercup.
botonadura *nf* (set of) buttons.
botones *nm inv* bellboy, bellhop *(US)*.
Botsuana *nf* Botswana.
botulismo *nm* botulism, food poisoning.
boutique [bu'tik] *nf* boutique.
bóveda *nf* (*Arquit*) vault, dome; ~ **celeste** vault of heaven; ~ **craneal** cranial cavity.
bovino *adj* bovine; (*Agr*) **ganado** ~ cattle.
box *nm* (*LAm*) = **boxeo**.
boxeador *nm* boxer.
boxear [1a] *vi* to box.
boxeo *nm* boxing.
bóxer *nm* boxer (dog).
boxístico *adj* boxing *atr*.
boya *nf* (*Náut*) buoy; (*Pesca*) float.
boyante *adj* (*Náut*) buoyant; (*feliz*) buoyant; (*próspero*) prosperous.
boyar [1a] *vi* to float.
bozal *nm* (*de animal*) muzzle; (*LAm*) halter.
bozo *nm* (*pelusa*) fuzz, youthful whiskers.
bracear [1a] *vi* (*gen*) to swing one's arms; (*nadar*) to swim, crawl; (*fig*) to wrestle, struggle.
bracero *nm* (*peón*) labourer, laborer *(US)*, navvy; (*jornalero*) farmhand, farm labourer.
bracete *adv*: **de(l)** ~ *(fam)* arm-in-arm.
braco 1 *adj* pug-nosed. **2** *nm*: **perro** ~ setter.
braga *nf* (**a**) (*de niño*) nappy, diaper *(US)* **~s** (*de mujer*) knickers, panties; **coger *o* pillar a algn en ~s** *(fam)* to catch sb with his pants down *(fam)*; **dejar a algn en ~s** *(fam)* to leave sb empty-handed; **estar hecho una** ~ *(fam)* to be knackered *(fam)*; **estar en ~s** *(fam)* to be broke *(fam)*. (**b**) (*Náut, Téc*) sling, rope (for hoisting).
bragado *adj* gritty.
bragadura *nf* (*Cos*) crotch.
bragazas *nm inv* (*fam*) henpecked husband.
braguero *nm* (*Med*) truss.
bragueta *nf* (*Cos*) fly, flies, zipper *(US)*.
braguetazo *nm* (*fam*) marriage for money; **dar el** ~ to marry for money.
braguita(s) *nf(pl)* panties.
brah(a)mán *nm* Brahman, Brahmin.
bramadero *nm* (*LAm*) tethering post.
bramante *nm* twine, string.
bramar [1a] *vi* (*gen*) to roar; (*animal*) to bellow, roar; (*viento*) to howl, roar; (*mar*) to thunder.
bramido *nm* (*V vi*) roar(ing); bellow(ing); howl(ing).
brandy *nm* brandy.
branquia *nf* gills.
brasa *nf* live *o* hot coal; **carne a la** ~ grilled *o* barbecued meat.
brasear [1a] *vt* to braise.
brasero *nm* brazier; (*Hist*) stake; (*Méx*) fireplace.
Brasil *nm* Brazil.
brasileño/a, brasilero/a *adj, nm/f* (*CSur fam*) Brazilian.
bravata *nf* (*amenaza*) threat; (*fanfarronada*) boast, brag; **echar ~s** to boast, talk big.
braveza *nf* (**a**) (*ferocidad*) ferocity, savageness; (*viento etc*) fury, violence. (**b**) (*valor*) bravery.
bravío 1 *adj* (**a**) (*Zool: feroz*) ferocious, savage; (*: indómito*) wild, untamed; (*Bot*) wild. (**b**) (*fig: rudo*) uncouth, coarse. **2** *nm* ferocity.
bravo 1 *adj* (**a**) (*valiente*) brave, spirited. (**b**) (*excelente*) fine, excellent. (**c**) (*animal*) ferocious; (*mar etc*) rough, stormy; (*paisaje*) rugged; (*persona: malhumorado*) bad tempered; (*: valentón*) boastful, swaggering. (**d**) (*LAm Culin*) hot, spicy. **2** *interj* bravo!, well done!
bravucón/ona 1 *adj* swaggering. **2** *nm/f* braggart.

bravuconada *nf* (*calidad*) bluster; (*dicho*) brag.
bravura *nf* (**a**) (*ferocidad*) ferocity. (**b**) (*valor*) bravery.
braza *nf* (**a**) (*Náut*) ≈ fathom. (**b**) (*natación*) breaststroke; **nadar a ~** to swim breaststroke.
brazada *nf* (**a**) (*gen*) movement of the arms. (**b**) (*remo*) stroke. (**c**) (*Natación*) stroke, style. (**d**) (*cantidad*) armful. (**e**) (*LAm Náut: braza*) ≈ fathom.
brazado *nm* armful.
brazal *nm* (**a**) armband. (**b**) (*Agr*) irrigation channel.
brazalete *nm* (**a**) bracelet. (**b**) armband.
brazo *nm* (**a**) (*gen*) arm; (*Zool*) foreleg; (*de tocadiscos, sillón*) arm; (*Bot*) limb, branch; (*de río*) branch; **~ armado** (*de grupo terrorista etc*) military wing; **~ derecho** (*fig*) right-hand man; **~ de gitano** (*Culin*) swiss roll; **~ de lámpara** lamp bracket; **~ de mar** inlet, sound; **~ político** (*de grupo terrorista etc*) political wing; **ir (cogidos) del ~** to walk arm-in-arm; **cruzarse de ~s** (*tb fig*) to fold one's arms; **estarse con los ~s cruzados** (*fig*) to sit back and do nothing; **no dar su ~ a torcer** not to give way easily; **huelga de ~s caídos** sit-down strike; **luchar a ~ partido** to give no quarter; **recibir a algn con los ~s abiertos** to receive *o* welcome sb with open arms.
(**b**) (*fig: fuerza*) energy, enterprise; (*: valor*) courage.
(**c**) **~s** hands, workers.
brea *nf* (*gen*) tar, pitch; (*cubierta*) tarpaulin.
brebaje *nm* brew, concoction.
brécol *nm* broccoli.
brecha *nf* (*Mil, fig*) breach; (*hoyo, vacío*) gap, opening; (*Med*) gash, wound; **abrir ~ en una muralla** to breach a wall; **estar en la ~** to be in the thick of things; **hacer ~ en** (*fig*) to make an impression on; **seguir en la ~** to go on with one's work, keep at it.
brega *nf* (**a**) (*lucha*) struggle; **andar a la ~** to slog away. (**b**) (*riña*) quarrel, row.
bregar [1j] *vi* (**a**) (*luchar*) to struggle, fight. (**b**) (*reñir*) to quarrel. (**c**) (*trabajar mucho*) to slog away.
breña *nf*, **breñal** *nm* scrub, rough ground.
breque *nm* (*LAm*) (**a**) (*carroza*) break. (**b**) (*Ferro*) guard's van, baggage car *(US)*. (**c**) (*Mec*) brake.
Bretaña *nf* Brittany.
brete *nm* (**a**) (*cepo*) shackles *pl*. (**b**) (*fig*) predicament; **estar en un ~** to be in a jam; **poner a algn en un ~** to put sb on the spot.
breteles *nmpl* (*LAm*) (clothes) straps.
bretón/ona *adj, nm/f* Breton.
breva *nf* (**a**) (*Bot*) early fig. (**b**) (*puro*) flat cigar. (**c**) (*fam*) stroke of luck; **¡no caerá esa ~!** no such luck!
breve 1 *adj* (*gen*) short, brief; (*estilo*) concise; **en ~** (*pronto*) shortly, before long; **en ~s palabras** in short, to sum up. **2** *nm* (*Rel*) papal brief; (*en prensa*) short news item. **3** *nf* (*Mús*) breve.
brevedad *nf* (*gen*) shortness, brevity; (*de estilo*) conciseness; **con *o* a la mayor ~** as soon as possible.
brevemente *adv* briefly, concisely.
brevete *nm* (*LAm Aut*) driving licence *o (US)* license.
breviario *nm* (*Rel*) breviary; (*compendio*) compendium.
brezal *nm* moor, heath.
brezo *nm* heather.
bribón/ona 1 *adj* dishonest. **2** *nm/f* rascal, rogue.
bricolage, bricolaje *nm* do-it-yourself (work).
brida *nf* (**a**) (*freno*) bridle. (**b**) (*Téc: gen*) clamp; (*: de tubería*) flange.
bridge [briʒ, britʃ] *nm* (*Naipes*) bridge.
brigada 1 *nf* (*gen*) brigade; (*de obreros*) gang; (*de policía etc*) squad; **~ de stupefacientes, ~ antidrogas** drug squad; **B~s Internacionales** International Brigade. **2** *nm* (*Mil*) sergeant-major.
brigadier *nm* brigadier(-general).
brigantino/a 1 *adj* of *o* from Corunna. **2** *nm/f* native *o* inhabitant of Corunna.
brillante 1 *adj* (**a**) (*gen*) bright, brilliant; (*color*) vivid, bright; (*joya*) sparkling; (*superficie*) shining. (**b**) (*persona, idea*) brilliant; (*admirable*) splendid; (*sobresaliente*) outstanding. **2** *nm* diamond.
brillantez *nf* (**a**) (*color etc*) brightness; (*boato*) splendour, splendor *(US)*. (**b**) (*fig*) brilliance.
brillantina *nf* brilliantine, hair cream.
brillar [1a] *vi* (**a**) (*gen*) to shine; (*joyas*) to sparkle; (*oro*) to glitter, gleam. (**b**) (*fig: de alegría*) to glow, light up. (**c**) (*fig: sobresalir*) to shine, be outstanding; **~ por su ausencia** to be conspicuous by one's absence.
brillo *nm* (**a**) (*resplandor*) brilliance, brightness; (*de joyas etc*) sparkle, glitter; (*lustre*) shine; (*tela*) sheen; **sacar ~ a** to polish, shine. (**b**) (*fig*) splendour, splendor *(US)*, brilliance.
brilloso *adj* (*LAm*) = **brillante 1**.
brincar [1g] *vi* (**a**) (*esp LAm: gen*) to jump, leap; (*: rebotar*) to bounce; (*: de un pie*) to hop; (*animales*) to skip about, gambol. (**b**) (*fig*) **~ de cólera** to fly into a rage.
brinco *nm* (*gen*) jump, leap; (*al correr*) skip; **de un ~** at one bound; **dar ~s** to hop, jump *etc*; **pegar un ~** to jump, give a start.
brindar [1a] **1** *vt* (**a**) (*gen*) to offer, present; **bríndame un cigarro** give me a cigarette; **me brindó una copa** he bought me a drink; **le brinda la ocasión** it offers *o* affords him the opportunity. (**b**) (*Taur*) to dedicate (*a* to). **2** *vi*: **~ a *o* por** to drink to, toast; **¡brindemos por la unidad!** here's to unity! **3 brindarse** *vr*: **~ a hacer algo** to offer to do sth.
brindis *nm inv* toast; (*Taur*) (ceremony of) dedication.
brío *nm* (*gen*) spirit, verve; (*resolución*) determination; (*elegancia*) elegance; **cortar los ~s a algn** to clip sb's wings.
brioso *adj* (*gen*) spirited, full of verve; (*resuelto*) determined; (*elegante*) elegant.
briqueta *nf* briquette.
brisa *nf* breeze.
británico/a 1 *adj* British. **2** *nm/f* British person, Briton, Britisher *(US)*.
brizna *nf* (**a**) (*hebra*) strand, thread; (*de hierba*) blade. (**b**) (*trozo*) piece, fragment. (**c**) (*LAm*) drizzle.
briznar [1a] *vi* (*LAm*) to drizzle.
broca *nf* (**a**) (*Cos*) reel, bobbin. (**b**) (*Mec*) drill bit. (**c**) (*clavo*) tack.
brocado *nm* brocade.
brocha *nf* (large) paintbrush; **~ de afeitar** shaving brush; **pintor de ~ gorda** (*lit*) painter and decorator; (*fig*) bad painter.
brochada *nf*, **brochazo** *nm* brush-stroke.
broche *nm* (*Cos*) clasp, fastener; (*joya*) brooch; (*LAm*) paperclip; **el ~ final, el ~ de oro** (*fig*) the finishing touch.
brocheta *nf* skewer; **~s** kebabs.
broma *nf* (**a**) (*gen*) fun, merriment; **tomar algo a ~** to take sth as a joke; **en ~** in fun, as a joke; **ni en ~** never, not on any account; **lo decía en ~** I was only joking *o* kidding *(fam)*.
(**b**) (*una ~*) joke; **~ pesada** practical joke, hoax; **entre ~s y veras** half-joking(ly); **¡déjate de ~s!** quit fooling!, joke over!; **pero ~s aparte ...** but joking aside ...; **no es ninguna ~** this is serious, it's no joke; **la ~ me costó caro** the affair cost me dear; **no está para ~s** he's in no mood for jokes; **gastar ~s** to tell jokes; **gastar una ~ a algn** to play a joke on sb.
bromear [1a] *vi* to joke, crack jokes *(fam)*; **creía que bromeaba** I thought he was joking.
bromista 1 *adj* fond of joking. **2** *nmf* joker.
bromuro *nm* bromide.
bronca *nf* (**a**) (*gen*) row; **armar una ~** to kick up a fuss; **se armó una ~ tremenda** there was an almighty row *(fam)*; **buscar ~** (*fam*) to look for a fight, be spoiling for a fight; **dar una ~ a algn** (*Teat, Taur etc*) to give sb the bird. (**b**) (*regañada*) ticking off; **nos echó una ~ fenomenal** he came down on us like a ton of bricks. (**c**) (*fam: ruido*) racket *(fam)*.
bronce *nm* (**a**) bronze; **~ de campana** bell metal; **~ dorado** ormolu; **ligar ~** (*Esp fam*) to get a suntan. (**b**)

(*fig: latón*) brass; (*Mús*) brass instruments. (**c**) (*Arte*) bronze (statue). (**d**) (*moneda*) copper coin.
bronceado 1 *adj* (**a**) bronze (coloured *o (US)* colored). (**b**) (*tostado*) tanned. **2** *nm* (**a**) (*Téc*) bronze finish. (**b**) (sun)tan.
bronceador *nm* suntan lotion.
broncear 1a **1** *vt* (*Téc*) to bronze; (*piel*) to tan, bronze, brown. **2 broncearse** *vr* to get a (sun)tan.
bronco *adj* (**a**) (*superficie*) rough, coarse. (**b**) (*metal*) brittle. (**c**) (*voz*) gruff, hoarse; (*Mús*) rasping, harsh. (**d**) (*caballo*) unbroken.
bronconeumonía *nf* bronchopneumonia.
bronquedad *nf* (*V adj*) (**a**) roughness. (**b**) brittleness. (**c**) gruffness, harshness.
bronquial *adj* bronchial.
bronquios *nmpl* bronchial tubes.
bronquítico/a 1 *adj* bronchitic. **2** *nm/f* bronchitis sufferer.
bronquitis *nf inv* bronchitis.
broqueta *nf* skewer.
brotar 1a *vi* (**a**) (*Bot*) to sprout, bud. (**b**) (*agua*) to spring up, gush forth; (*lágrimas*) to well up; (*río*) to rise. (**c**) (*Med, fig*) to break out, appear; **el movimiento brotó en enero** the movement began *o* arose in January.
brote *nm* (**a**) (*Bot*) bud, shoot. (**b**) (*Med, fig*) outbreak; **un ~ de violencia** an outbreak of violence.
broza *nf* (**a**) (*Bot*) dead leaves *o* wood. (**b**) (*fig*) rubbish, trash. (**c**) (*brocha*) hard brush.
bruces *adv*: **de ~** face down; **caer de ~** to fall flat *o* headlong.
bruja *nf* (**a**) witch. (**b**) (*fam*) old hag. (**c**) (*Orn*) barn owl.
Brujas *nf* Bruges.
brujería *nf* witchcraft, sorcery, (black) magic.
brujeril *adj* witch-like.
brujo *nm* wizard, magician; (*LAm*) shaman, medicine man *(fam)*.
brújula *nf* compass; **perder la ~** to lose one's bearings.
brulote *nm* (*Chi*) rude *o* dirty word.
bruma *nf* (sea) mist.
brumoso *adj* misty, foggy.
bruno *adj* dark brown.
bruñido 1 *adj* polished, burnished. **2** *nm* (**a**) (*acto*) polish, polishing. (**b**) (*brillo*) shine, gloss.
bruñir 3h *vt* (**a**) to polish, shine. (**b**) (*CAm: molestar*) to pester.
brusco *adj* (**a**) (*gen*) sudden, brusque; (*cambio*) abrupt, violent; (*curva, declive etc*) sharp. (**b**) (*grosero*) short, brusque.
Bruselas *nf* Brussels.
bruselense 1 *adj* of *o* from Brussels. **2** *nmf* native *o* inhabitant of Brussels.
brusquedad *nf* (**a**) (*cambio etc*) suddenness. (**b**) (*conducta*) brusqueness, abruptness; **hablar con ~** to speak sharply.
brutal *adj* (**a**) (*gen*) brutal. (**b**) (*fam*) terrific *(fam)*.
brutalidad *nf* (**a**) (*gen*) brutality. (**b**) (*una ~*) brutal act, crime. (**c**) (*estupidez*) stupidity.
brutalizarse 1f *vr* to become brutalized.
bruto/a 1 *adj* (**a**) (*brutal*) brutish. (**b**) (*estúpido*) stupid, ignorant; (*inculto*) uncouth; **Pepe es muy ~** Joe is pretty thick *(fam)*. (**c**) (*materias*) crude, raw; **en ~** (*gen*) rough; (*diamantes*) uncut; **petróleo ~** crude oil; **hierro (en) ~** crude *o* pig iron; **a lo ~** roughly, crudely. (**d**) (*medidas*) gross; **peso ~** gross weight; **salario ~** gross salary; *V tb* **producto**. **2** *nm* (*animal*) brute, beast. **3** *nm/f* brute, boor; (*idiota*) idiot; **¡~!** you beast!
bruza *nf* coarse brush.
Bs.As. *abr de* **Buenos Aires**.
Bto/a *adj abr* (*Rel*) *de* **Beato/a**.
bto *abr de* **bruto** gr.
bu *nm* (*fam*) bogeyman; **hacer el ~ a algn** to scare sb.
bubónico *adj*: **peste ~a** bubonic plague.
bucal *adj* (*higiene etc*) oral; **por vía ~** (*Med*) orally, internally.
bucanero *nm* buccaneer.
bucáro *nm* (*jarrón*) vase.
buceador *nm* skin-diver.
bucear 1a *vi* (**a**) (*gen*) to dive, swim under water; (*buzo*) to work as a diver. (**b**) (*fig*) to explore, look below the surface.
buceo *nm* (skin) diving.
bucle *nm* (**a**) curl, ringlet. (**b**) (*fig*) curve, bend; (*Aer, Inform*) loop.
bucólica *nf* (*Lit*) bucolic *o* pastoral poem.
bucólico *adj* bucolic, pastoral.
buchaca *nf* (*CAm, Carib: bolso*) saddlebag; (*Billar*) billiard pocket.
buche *nm* (**a**) (*Orn*) crop; (*Zool*) maw *(fam)*, belly; **guardar algo en el ~** to keep sth very quiet. (**b**) (*trago*) mouthful; **hacer ~s con algo** to rinse one's mouth out with sth. (**c**) (*LAm Med*) goitre, goiter *(US)*.
Buda *nm* Buddha.
budín *nm* pudding; (*LAm: pastel*) cake; **~ de pescado** fish pie.
budismo *nm* Buddhism.
budista *adj, nmf* Buddhist.
buen *V* **bueno**.
buenamente *adv* (**a**) (*fácilmente*) easily, without difficulty. (**b**) (*de buena gana*) willingly, voluntarily.
buenaventura *nf* good luck *o* fortune; **decir *o* echar la ~ a algn** to tell sb's fortune.
buenazo/a 1 *adj* good-natured. **2** *nm/f* goodnatured person; **ser un ~** to be (too) kindhearted, be soft *(fam)*; **el ~ de Marcos** good old Marcos.
bueno 1 *adj* (*before nm sing* **buen**) (**a**) (*gen*) good; (*tiempo*) fine, good, fair; (*sociedad*) polite; **~s días** good morning; **los ~s tiempos** the good old times; **lo ~ es que** the best part is that; **¡qué ~!** (*esp LAm*) good!, great!; **¡~ está!** (*LAm*) that's enough! (**b**) (*persona, trabajador etc*) good; (*bondadoso*) kind, nice; (*honesto*) honest; **sé ~** be good; **los ~s** decent people; (*Cine*) the goodies *(fam)*; **el ~ de Manolo** good old Manolo; **es buen traductor** he's a good translator; **fue muy ~ conmigo** he was very good to me; **es ~a persona** he's a good sort; **es más ~ que el pan** he's a good soul.
(**c**) (*apropiado*) fit, proper; **por buen camino** along the right road; **ser ~ para** to be suitable *o* good for; **no es ~ que esté solo** it's not good for him to be alone.
(**d**) (*Med*) **estar ~** to be well.
(**e**) (*grande*) good, big; **un buen número de** ... a good number of ...; **un buen trozo de** ... a nice big piece of ....
(**f**) (*locuciones: iró*) fine, pretty; **¡buen conductor!** a fine driver you are!; **¡ésa sí que es ~a!** that's a good one!; **¡~a la has liado *o* hecho!** that's done it!; **¡en buen lío me he metido!** I've got myself into a fine old mess!; **¡estaría ~!** *(fam)* I should hope not!; **estaría ~ que** ... a fine thing it would be if ...; **le dio un tortazo de los ~s** he gave him a hell of a thump *(fam)*; **le di un buen susto** I gave him a good fright; **hacer algo a la ~a de Dios** to do sth any-old-how; **luego verás lo que es ~** (*fam*) I'll get you!; **le pusieron ~** (*fam: le pegaron*) they gave him a good going over *(fam)*; (*: le criticaron*) they slagged him off *(fam)*.
(**g**) (*fam: atractivo*) **está muy ~a** she's hot stuff *(fam)*; **está muy ~** he's a bit of alright *(fam)*; **¡estaba buenísima!** she looked a real treat!
(**h**) (*frases con buenas*) **¡~as!** hello! *(fam)*; **~as tardes** good evening; **de ~as a primeras** suddenly, without warning; **decir una noticia a algn de ~as a primeras** to spring a piece of news on sb; **por las ~as, de ~a gana** gladly, willingly; **por las ~as o por las malas** like it or not, by hook or by crook.
2 *adv, interj*: **¡~!** all right!, OK.!; (*iró*) come off it!; (*Méx Telec*) hello!; **~, resulta que** well, it happens that; **~, ¿y qué?** well, so what?; **pero ¡~!** well, I like that!; **~, pues** ... well ....
buenón *adj* (*fam*) nice-looking, good-looking.

Buenos Aires *nm* Buenos Aires.
buey *nm* (**a**) (*Zool*) ox; ~ **marino** manatee. (**b**) **es un ~ para el trabajo** he's a tremendous worker; **hablar de ~es perdidos** (*CSur*) to waste one's breath; **sacar el ~ de la barranca** (*Méx*) to bring off something difficult.
búfalo *nm* buffalo.
bufanda *nf* scarf, muffler.
bufar [1a] **1** *vi* (*gen*) to snort; (*gato*) to spit; **está que bufa** he's furious. **2 bufarse** *vr* (*Méx: pared*) to bulge.
bufé, bufet *nm* (**a**) (*mueble*) sideboard. (**b**) (*comida*) buffet supper.
bufete *nm* (**a**) (*mesa*) desk. (**b**) (*despacho de abogado*) lawyer's office; **establecer su ~** to set up in legal practice.
buffer *n* (*Inform*) buffer.
bufido *nm* snort.
bufo *adj* slapstick, knockabout; **ópera ~a** comic opera.
bufón 1 *adj* funny, comical. **2** *nm* (*payaso*) clown; (*Hist*) jester.
bufonada *nf* (*dicho*) jest; (*hecho*) piece of buffoonery; (*Teat*) farce.
bufonesco *adj* funny, comical; (*de payaso*) clownish.
bufoso *nm* (*Arg fam*) gun, rod *(fam)*.
buga *nm* (*fam: Aut*) car, wheels *(fam)*.
buganvilla *nf* bougainvillea.
buhardilla *nf* (**a**) (*ventana*) skylight. (**b**) (*desván*) loft.
búho *nm* (long-eared) owl.
buhonero *nm* pedlar, ped(d)ler *(US)*, hawker.
buitre *nm* (**a**) (*Orn*) vulture. (**b**) (*fam*) sponger *(fam)*, cadger *(fam)*.
buja *nf* (*Méx Aut*), **buje** *nm* (*Aut*) axle box.
bujía *nf* (**a**) (*vela*) candle; (*candelero*) candlestick. (**b**) (*Elec*) candle power. (**c**) (*Aut*) spark plug.
bula *nf* (papal) bull.
bulbo *nm* (*gen*) bulb.
bulboso *adj* bulbous.
bule *nm* (*Méx Bot*) gourd; (*cántaro*) water pitcher.
bulerías *nfpl Andalusian song accompanied with clapping and dancing.*
bulevar *nm* boulevard, avenue.
Bulgaria *nf* Bulgaria.
búlgaro/a 1 *adj, nm/f* Bulgarian. **2** *nm* (*Ling*) Bulgarian.
bulín *nm* (*And, CSur*) bachelor flat.
bulo *nm* hoax.
bulto *nm* (**a**) (*tamaño*) size, bulk; (*volumen*) volume; **de ~** obvious, striking; **de mucho ~** (*lit*) heavy, sizeable; (*fig*) important; **de poco ~** (*lit*) small; (*fig*) unimportant; **estar de ~, hacer ~, ir de ~** to swell the number(s), make up the number(s); **hacer ~** (*lit*) to take up space.
(**b**) (*forma*) shape, form; (*silueta*) vague *o* indistinct shape; **a ~** roughly, broadly; **decir algo a ~** to come right out with sth; **escurrir el ~** (*fig*) to dodge the issue.
(**c**) (*paquete*) package, bundle; (*maleta*) piece of luggage; (*de escolar*) satchel.
(**d**) (*Med*) lump, swelling.
bululú *nm* (*Ven fam*) excitement, fuss.
bulla *nf* (*esp LAm*) (**a**) (*gen*) uproar, racket; (*ruido*) noise; (*bronca*) quarrel, brawl; **armar** *o* **meter ~** to make a row *o* racket. (**b**) (*muchedumbre*) crowd, mob.
bullabesa *nf* fish soup, bouillabaisse.
bullanga *nf* disturbance, riot.
bullanguero/a 1 *adj* riotous, rowdy. **2** *nm/f* noisy person; (*alborotero*) troublemaker.
bulldog *nm* (*Zool*) bulldog.
bulldozer [bul'doθer] *nm* (*pl* **~s** [bul'doθer]) bulldozer.
bullero *adj* (*LAm*) = **bullicioso**.
bullicio *nm* (*gen: ruido*) din, hubbub; (*movimiento*) activity, bustle.
bulliciosamente *adv* (*V adj*) noisily; boisterously; busily.
bullicioso *adj* (*gen*) noisy, rowdy, boisterous; (*calle etc*) busy, bustling.
bullir [3h] **1** *vi* (**a**) (*hervir*) to boil; (*agitarse*) to bubble (up). (**b**) (*moverse*) to move, stir. (**c**) (*insectos*) to swarm; **~ de** (*fig*) to teem *o* seethe with; **bullía de indignación** he was seething with indignation; **la ciudad bullía de actividad** the town was humming with activity. **2 bullirse** *vr* to move, stir.
bumerang [bume'ran] *nm* (*pl* **~s** [bume'ran]) boomerang.
bungalow ['boŋgalo, buŋga'lo] *nm* (*pl* **~s** ['boŋgalo, buŋga'lo]) bungalow.
búnker [buŋker] *nm* (*pl* **~s** [buŋker]) (**a**) (*gen*) bunker. (**b**) (*Pol*) reactionary clique *o* core, entrenched interests.
buñuelo *nm* ≈ doughnut, ≈ donut *(US)*, fritter.
BUP *nm abr* (*Esp Escol*) *de* **Bachillerato Unificado y Polivalente** *secondary school education and leaving certificate for 14-17 age group,* ≈ GCSE.
buque *nm* (**a**) (*gen*) ship, boat; **~ de abastecimiento/de carga** *o* **carguero/de desembarco** supply ship/freighter/landing craft; **~ cisterna** tanker; **~ escuela** training ship; **~ de guerra** warship; (*Hist*) man-of-war; **~ insignia** flagship; **~ mercante** merchantman, merchant ship; **~ nodriza** mother ship. (**b**) (*cabida*) capacity. (**c**) (*casco*) hull.
burbuja *nf* bubble; **hacer ~s** (*gen*) to bubble; (*gaseosa*) to fizz.
burbujear [1a] *vi* (*gen*) to bubble; (*gaseosa*) to fizz.
burbujeo *nm* bubbling.
burdel *nm* brothel.
Burdeos *nm* Bordeaux.
burdeos 1 *nm* (*tb* **vino de ~**) claret, Bordeaux (wine). **2** *adj* maroon, dark red.
burdo *adj* (*gen*) coarse, rough; (*fig: mentira etc*) clumsy.
bureo *nm* entertainment, amusement; **ir de ~** (*fam*) to go out on the tiles *(fam)*.
burgalés/esa 1 *adj* of *o* from Burgos. **2** *nm/f* native *o* inhabitant of Burgos.
burgués/esa 1 *adj* middle-class; (*Pol, pey*) bourgeois; **pequeño ~** lower middle-class; (*Pol, pey*) petty bourgeois. **2** *nm/f* middle-class person; (*Pol, pey*) bourgeois; **pequeño ~** lower middle-class person; (*Pol, pey*) petty bourgeois.
burguesía *nf* middle-class, bourgeoisie; **alta ~** upper middle-class; **pequeña ~** lower middle-class; (*Pol, pey*) petty bourgeosie.
buril *nm* engraver's chisel.
burilar [1a] *vt* to engrave.
burla *nf* (**a**) (*mofa*) gibe, taunt; **~s** mockery *sg*, ridicule *sg*; **hacer ~ de** to make fun of, mock. (**b**) (*broma*) joke; **~s** joking *sg*, fun *sg*; **de ~s** in fun, tongue in cheek; **entre ~s y veras** half-jokingly; **fue una ~ cruel** it was a cruel trick.
burladero *nm* (*Aut*) traffic island; (*Taur*) covert; (*en túnel*) recess.
burlador(a) 1 *adj* mocking. **2** *nm/f* (**a**) (*cínico*) mocker. (**b**) (*bromista*) practical joker. **3** *nm* Don Juan.
burlar [1a] **1** *vt* (**a**) (*engañar*) to deceive, trick; (*enemigo*) to outwit; (*vigilancia*) to defeat. (**b**) (*frustrar*) to cheat, frustrate. (**c**) (*seducir*) to seduce. **2** *vi*, **burlarse** *vr* (**a**) to joke, banter. (**b**) **~se de** to ridicule, make fun of.
burlesco *adj* (**a**) (*cómico*) funny, comic. (**b**) (*Lit*) burlesque.
burlete *nm* draught *o* *(US)* draft excluder.
burlón/ona 1 *adj* mocking, teasing; (*voz etc*) sardonic. **2** *nm/f* joker. **3** *nm* (*Méx fam*) mockingbird.
buró *nm* (*escritorio*) bureau, (roll-top) desk; (*Méx: mesita de noche*) bedside table; **~ político** (*Pol*) executive committee.
burocracia *nf* bureaucracy.
burócrata *nmf* bureaucrat.
burocrático *adj* bureaucratic.
burra *nf* (**a**) (*Zool*) (she-)donkey. (**b**) (*fig: necia*) stupid woman; (*: sufrida*) drudge, slave.
burrada *nf* (**a**) (*tontería*) stupid act; **decir ~s** to talk nonsense. (**b**) (*fam*) **una ~ de cosas** a whole heap of things,

loads of things; **me gusta una** ~ I like it a lot.
burro 1 *adj* stupid; **ponerse** ~ to get pigheaded *(fam)*; **el muy** ~ the great oaf. **2** *nm* **(a)** *(Zool)* donkey; *(fig)* ass, idiot; ~ **de carga** *(fig)* glutton for work; **caerse del** ~ to realize one's mistake; **no ver tres en un** ~ to be as blind as a bat. **(b)** *(Téc)* sawhorse; *(Méx)* stepladder.
bursátil *adj* stock-exchange *atr*, stock-market *atr*.
burundanga *nf (Cu)* piece of junk; **de** ~ worthless.
bus *nm (tb Inform)* bus.
busca 1 *nf (gen)* search, hunt *(de* for); **en** ~ **de** in search of. **2** *nm (Telec)* bleeper, pager.
buscabulla(s) *nm (Cu, Méx)* troublemaker.
buscador(a) *nm/f* searcher, seeker; ~ **de oro** gold prospector.
buscapiés *nm inv* jumping jack *(Brit)*, firecracker *(US)*.
buscapleitos *nmf inv (LAm)* troublemaker.
buscar [1g] **1** *vt* **(a)** *(gen)* to look *o* search for, try to find; *(dato etc)* to hunt for; *(objeto perdido)* to have a look for; *(enemigo)* to seek out; *(riña)* to be asking for; *(beneficio)* to seek, be out for; *(Inform)* to search; **ir a** ~ to go and look for; *(traer)* to bring, fetch; **ven a ~me a la oficina** come and pick me up at the office; **nadie nos buscará aquí** nobody will look for us here; **búscalo en el diccionario** look it up in the dictionary; **~le 3 pies al gato** to split hairs, nitpick *(fam)*; **el terrorista más buscado** the most wanted terrorist.
(b) *(LAm: pedir)* to ask for.
(c) *(Méx: provocar)* to provoke.
2 *vi* to look, search, hunt; **buscó en el bolsillo** he felt in his pocket.
3 buscarse *vr* **(a)** **'se busca'** *o* **'búscase'** 'wanted'.
(b) **~la** *(fam: provocar)* to be looking for trouble; **él se lo buscó** he asked for it.
(c) *(fam)* ~ **la vida** to try to earn a living; *(arreglárselas solo)* to manage *o* get by on one's own.
buscas *nfpl (LAm fam)* perks *(fam)*.
buscavidas *nmf inv* **(a)** snooper, nosey parker *(fam)*. **(b)** *(persona ambiciosa)* go-getter.
buscón/ona *nm/f* petty thief.
buscona *nf* whore.
buseca *nf (CSur)* thick stew.
buseta *nf (And, Carib)* small bus, minibus.
busilis *nm (fam)* difficulty, snag; **ahí está el** ~ that's the problem; **dar en el** ~ **del asunto** to reach the crux of the matter.
búsqueda *nf* search; *(investigación)* inquiry, investigation; *(Inform)* search.
busto *nm (Anat)* chest; *(escultura)* bust.
butaca *nf* armchair, easy chair; *(Teat)* stall; ~ **de platea** *o* **patio** orchestra stall.
butacón *nm* large armchair.
butano *nm (tb* **gas** ~*)* butane (gas); **bomba/bombona de** ~ small/large Calor ® *(Brit) o* butane gas cylinder.
buten *adv*: **de** ~ *(fam)* terrific *(fam)*, tremendous *(fam)*.
butifarra *nf* **(a)** Catalan sausage. **(b)** *(Per)* meat and salad roll. **(c)** *(CSur fam)*; **tomar a algn para la** ~ to make a laughing stock of sb.
butiondo *adj* lewd, lustful.
buzo[1] *nm* diver.
buzo[2] *nm (And, CSur: chandal)* tracksuit; *(: mono)* jumpsuit.
buzón *nm* **(a)** *(gen)* letterbox; *(en calle)* pillar box, mailbox *(US)*; **echar al** ~ to post. **(b)** *(tapón)* plug; *(Téc)* sluice. **(c)** *(Pol)* courier in secret organization.
byte *nm (Inform)* byte.

C

C[1], **c[1]** [θe, *(esp LAm)* se] *nf (letra)* C, c.
C[2] *abr* **(a)** *de* **centígrado** C. **(b)** *de* **Compañía** Co.
c[2] *abr de* **capítulo** ch.
c[3] *abr de* **centímetros cúbicos** cc.
c/ *abr* **(a)** *de* **cuenta** a/c. **(b)** *de* **capítulo** ch.
C/ *abr de* **calle** St.
C-14 *abr de* **carbono 14** C.14; **datación por** ~ C.14 dating.
C.A. *abr* **(a)** *(Elec) de* **corriente alterna** AC. **(b)** *(Esp Pol) de* **Comunidad Autónoma**. **(c)** *de* **Club Atlético**.
ca *interj* not a bit of it!, never!
cabal 1 *adj* **(a)** *(gen)* exact; *(acabado)* finished, complete. **(b)** *(persona)* upright. **2** *nm*: **estar en sus ~es** to be in one's right mind.
cábala *nf* **(a)** *(Rel)* cab(b)ala; *(fig)* cabal, intrigue. **(b)** **~s** guess, supposition; **hacer ~s** to speculate, conjecture.
cabalgadura *nf (de montar)* mount, horse; *(de carga)* beast of burden.
cabalgar [1h] **1** *vt* **(a)** *(suj: jinete)* to ride. **(b)** *(suj: potro)* to cover, serve. **2** *vi* to ride; ~ **en mula** to ride (on) a mule; ~ **sin montura** to ride bareback.
cabalgata *nf* cavalcade, mounted procession; ~ **de Reyes** Twelfth Night procession.
cabalista *nmf* schemer, intriguer.
cabalístico *adj* cabalistic; *(fig)* occult, mysterious.
caballa *nf* mackerel.
caballada *nf (LAm: animalada)* stupid action.
caballar *adj* horse *atr*, equine; **ganado** ~ horses.
caballeresco *adj* **(a)** *(Hist)* knightly, chivalric. **(b)** *(sentimiento)* fine, noble; *(conducta)* chivalrous.
caballería *nf* **(a)** *(animal: gen)* mount, steed. **(b)** *(Mil)* cavalry; ~ **ligera** light cavalry. **(c)** *(Hist)* chivalry, knighthood; ~ **andante** knight-errantry; **libros de ~s** books of chivalry.
caballeriza *nf* **(a)** *(cuadra)* stable; *(de cría)* stud, horse-breeding establishment. **(b)** *(plantilla)* stable hands, grooms.
caballerizo *nm* groom, stableman; ~ **del rey** equerry.
caballero *nm* **(a)** *(Hist)* knight; ~ **andante** knight errant; ~ **de Santiago** Knight of (the Order of) Santiago; **el C~ de la Triste Figura** the Knight of the Doleful Countenance, Don Quixote; **armar** ~ **a algn** to knight sb, dub sb knight. **(b)** *(Mil)* cavalryman. **(c)** *(hombre)* gentleman; **cosas indignas de un** ~ things unworthy of a gentleman; **'C~s'** 'Gents', 'Men'; **ser todo un** ~ to be a real gentleman. **(d)** *(trato directo)* sir; **¿quién es Ud, ~?** who are you, sir?
caballerosidad *nf* gentlemanliness, chivalry.
caballeroso *adj* gentlemanly, chivalrous; **poco** ~ ungentlemanly.
caballete *nm (Agr)* ridge; *(de tejado)* ridge; *(Arte)* easel; *(Téc)* trestle; *(Anat)* bridge (of the nose); ~ **de serrar** sawhorse.
caballista *nmf* horseman/-woman.
caballito *nm* **(a)** little horse, pony; ~ **de niño** rocking horse, hobby-horse; *(insecto)* ~ **del diablo** dragonfly; ~ **de mar,** ~ **marino** sea horse. **(b)** **~s** merry-go-round.
caballo *nm* **(a)** *(Zool)* horse; ~ **de aros** vaulting horse; ~ **balancín** rocking horse; **el** ~ **de batalla** the most contro-

versial point; ~ **de carga** packhorse; ~ **de carreras** racehorse; ~ **de caza** hunter; ~ **de guerra** warhorse, charger; ~ **de tiro** cart-horse, draught *o* *(US)* draft horse; ~ **de Troya** Trojan horse; **a** ~ on horseback; **andar** *o* **ir** *o* **montar a** ~ to ride, go on horseback; **estar a** ~ **entre dos cosas** *(fig)* to be between two things, alternate between two things; **subir a** ~ to mount, get on one's horse; **ir a mata** ~ *(fam)* to go at breakneck speed; **a** ~ **regalado no le mires el diente** don't look a gift horse in the mouth; **como** ~ **desbocado** *(fig)* rashly, hastily; **tropas de a** ~ mounted troops.
(b) *(Ajedrez)* knight; *(Naipes)* queen.
(c) *(tb* ~ **de vapor***)* horsepower; **un motor de 18** ~**s** an 18 horsepower engine; **¿cuántos** ~**s tiene este coche?** what horsepower is this car? **(d)** *(fam: heroína)* smack *(fam)*.

caballón *nm (Agr)* ridge.

caballuno *adj* horse-like, horsy.

cabanga *nf (CAm)* nostalgia, blues *(fam)*.

cabaña *nf* **(a)** *(choza)* hut, cabin; ~ **de madera** log cabin. **(b)** *(Billar)* baulk. **(c)** *(Agr)* (large) flock. **(d)** *(CSur: estancia)* cattle-breeding ranch.

cabaré, **cabaret** *nm* [kaβa're] *(pl* **cabarets** [kaβa'res]*)* cabaret.

cabaretera *nf* cabaret entertainer.

cabe[1] *prep (Lit)* close to, near to.

cabe[2] *nm (Dep)* header.

cabeceada *nf (LAm)* nod (of the head).

cabecear [1a] **1** *vt (balón)* to head. **2** *vi* **(a)** *(al dormir)* to nod; *(negar)* to shake one's head; *(caballo)* to toss its head. **(b)** *(Náut)* to pitch; *(Aut etc)* to lurch, sway.

cabeceo *nm* **(a)** *(al dormir)* nod, nodding; *(negativa)* shake of the head; *(de caballo)* toss of the head. **(b)** *(Náut)* pitching; *(Aut etc)* lurching.

cabecera *nf* **(a)** *(gen)* head; *(asiento)* seat of honour *o* *(US)* honor; ~ **de cartel** *(Teat)* top of the bill; ~ **de río** headwaters of a river. **(b)** *(de cama)* headboard; *(fig)* bedside; **libro de** ~ bedside book; **médico de** ~ family doctor; **estar a la** ~ **de algn** to be at sb's bedside. **(c)** *(Tip)* heading, title; *(en periódico)* headline.

cabecilla *nmf (Mil, Pol)* ringleader.

cabellera *nf* **(a)** (head of) hair. **(b)** *(Astron)* tail.

cabello *nm* hair; ~**s** (head of) hair; ~ **de ángel** *pastry-like dessert of pumpkin and syrup*.

cabelludo *adj* hairy, shaggy; *(Bot)* fibrous.

caber [2l] *vi* **(a)** *(gen)* to go, fit *(en* into*)*; **no cabe el libro** the book won't fit, there's no room for the book; **caben 3 más** there's room for 3 more, we can get 3 more in; **en esta maleta no cabe** it won't go into this case; **en este depósito caben 20 litros** this tank holds 20 litres *o* *(US)* liters; **¿cabe alguien más?** is there room for one more?, can you get one more in?; **¿cabemos todos?** is there room for us all?; **eso no cabe por esta puerta** that won't go through this door; **¡no me cabe en la cabeza!** *(fig)* I can't understand it!; **no cabe en sí de contento** *o* **gozo** he's overjoyed.
(b) *(Mat)* **20 entre 5 cabe a 4** 5 into 20 goes 4 times.
(c) *(fig: ser posible)* to be possible; **a mí me parece que es aún más caro, si cabe** I think it's even more expensive than that; **no cabe duda de que** ... there is *o* can be no doubt that ...; **no cabe perdón** it's inexcusable; **cabe la posibilidad de que** ... there is a possibility that ...; **dentro de lo que cabe** considering the position *o* circumstances; **cabe preguntar si** ... one might *o* could ask whether ...; **la única explicación/interpretación que cabe es que** ... the only possible explanation/interpretation is that ....
(d) *(corresponder)* **me cabe el honor/la satisfacción de presentarles (a)** ... I have the honour *o* *(US)* honor/it gives me great pleasure to introduce you (to) ...; ~ **a algn** to fall to one's lot.

cabestrillo *nm (Med)* sling; **con el brazo en** ~ with one's arm in a sling.

cabestro *nm* **(a)** halter. **(b)** *(buey)* leading ox, bell-ox.

cabeza 1 *nf* **(a)** *(gen)* head; ~ **atómica** *o* **nuclear** atomic warhead; ~ **de biela** *(Mec)* big end; ~ **de dragón** *(Bot)* snapdragon; ~ **explosiva** *o* **de guerra** warhead; ~ **grabadora** *o* **de impresión** *(Inform)* head, printhead; ~ **de partido** county town; ~ **de puente** bridgehead; **caer de** ~ to fall head first *o* headlong; **ir de** ~ *(fam)* to be snowed under; **meterse de** ~ **en algo** to plunge into sth; **5 dólares por** ~ 5 dollars a head; **por encima de la** ~ over one's head, overhead; **alzar** *o* **levantar (la)** ~ to get on one's feet again; **andar en** ~ *(LAm)* to go bareheaded; **asentir** *o* **afirmar/negar con la** ~ to nod/shake (one's head); **calentarse la** ~ **por** *o* **con algo** *(fam)* to get het up about sth *(fam)*; **me da vueltas la** ~ my head's spinning; **me duele la** ~ my head aches, I've got a headache; **estar mal de la** ~**, no estar bien de la** ~ *(fam)* to be soft in the head *(fam)*; **se me va la** ~ I feel giddy; **se me fue de la** ~ it went right out of my mind; **ganar por una** ~ **(escasa)** to win by a (short) head; **jugarse la** ~ to risk one's life; **lavarse la** ~ to wash one's hair; **por fin le metimos en la** ~ **que** ... we finally got it into his head that ...; **se le ha metido en la** ~ **hacerlo sólo** he's taken it into his head to do it alone; **esa melodía la tengo metida en la** ~ I've got that tune on the brain; **perder la** ~ to lose one's head; **quitar algo de la** ~ **a algn** to get sth out of sb's head; **romper la** ~ **a algn** to wallop sb; **romperse la** ~ to rack one's brains; **le saca una** ~ **a su hermano** he is a head taller than his brother; **sentar (la)** ~ to settle down; **el vino se me subió a la** ~ the wine went to my head; **tener** ~ to be bright; **tengo la** ~ **como un bombo** my head is buzzing; **tener la** ~ **dura** to be stubborn; **tener la** ~ **sobre los hombros** to have one's head screwed on (the right way); **tener mala** ~ to be absent-minded; **tocado de la** ~ crazy; **traer de** ~ **a algn** to upset *o* bother sb; **volver la** ~ to look round, turn one's head.
(b) *(Geog)* top, summit; *(Dep: de liga etc)* head, top; **ir a la** ~ **de la lista** to be at the top of the list; **ir en** *o* **a la** ~ to be in the lead.
(c) *(de río)* source.
(d) ~ **de ajo** bulb of garlic; ~ **de plátanos** *(LAm)* bunch of bananas.
2 *nmf (persona)* head; ~ **cuadrada** *(fam)* bigot; ~ **de chorlito** *(fam)* scatterbrain; ~ **de familia** head of the household; ~ **hueca** idiot; ~ **de lista** person at the head of the list; ~ **de turco** scapegoat, fall guy *(US)*; ~ **rapada** skinhead; ~ **visible** chief, leader.

cabezada *nf* **(a)** *(cabezazo)* butt; *(porrazo etc)* blow on the head. **(b)** *(cabeceo)* shake of the head; **dar** ~**s** to nod (sleepily); **dar** *o* **echar una** ~ to go for a snooze.

cabezadita *nf*: **echar una** ~ *(fam)* to have a snooze *(fam)*, doze.

cabezal *nm* **(a)** *(almohada)* bolster. **(b)** *(Téc: Inform)* head.

cabezazo *nm (gen)* butt; *(porrazo)* bump on the head; *(Dep)* header.

cabezón *adj* **(a)** bigheaded, with a big head; *(fig)* pig-headed. **(b)** *(vino)* heady.

cabezonada *nf* pig-headed action.

cabezonería *nf* pig-headedness.

cabezota *nmf (fam)* pig-headed person.

cabezudo 1 *adj* = **cabezón (a)**. **2** *nm carnival figure with an enormous head.*

cabezuela *nf (Bot)* head.

cabida *nf (gen)* space, room; *(Náut etc)* capacity; *(terreno)* extent, area; **con** ~ **para 50 personas** with space for 50 people; **dar** ~ **a** to make room for; **tener** ~ **para** to have room for, hold.

cabildear [1a] *vi (presionar)* to lobby; *(conspirar)* to intrigue.

cabildeo *nm (V vi)* lobbying; intriguing, intrigues.

cabildo *nm (Rel)* chapter; *(Pol)* town council.

cabina *nf (gen)* cabin; *(de camión)* cab; *(Aer)* cabin, cockpit; *(Cine)* projection room; *(de pinchadiscos)* booth; ~ **a**

presión pressurized cabin; ~ **electoral** voting booth; ~ **telefónica** (tele)phone booth *o* kiosk.
cabinera *nf* (*Col*) air hostess, stewardess.
cabio *nm* (*Arquit: gen*) joist; (*: en puerta, ventana*) lintel.
cabizbajo *adj* dejected, downcast.
cable *nm* (*Náut etc*) cable, hawser; (*TV*) cable; (*de televisor, estéreo*) lead; **televisión por** ~ cable television; (*Elec*) ~ **aéreo** overhead cable; ~ **de remolque** towline, towrope; **se le cruzaron los ~s** (*fam*) he totally lost the place (*fam*); **echar un ~ a algn** to give sb a helping hand; **enviar un ~ a algn** to cable sb.
cablegrafiar [1c] *vi* to cable.
cablegrama *nm* cable(gram).
cabo *nm* (**a**) (*gen*) end, extremity; **de ~ a rabo** from beginning to end.
(**b**) (*de proceso etc*) end, conclusion; **al ~** finally, in the end; **al ~ de 3 meses** after (the lapse of) 3 months, 3 months later; **dar ~ a** to finish off; **llevar a ~** to carry out, execute.
(**c**) (*de objeto*) end, stump, butt; ~ **de vela** candle-end.
(**d**) (*hilo*) strand; (*Téc*) thread; (*Náut*) rope, cable; ~ **suelto** loose end; **atar ~s** to tie up the loose ends; **no dejar ningún ~ suelto** to leave no loose ends, cover all possibilities.
(**e**) (*de herramienta*) handle, haft.
(**f**) (*Geog*) cape, point; **C~ de Buena Esperanza** Cape of Good Hope; **C~ de Hornos** Cape Horn.
(**g**) (*Mil*) corporal.
cabotaje *nm* coastal traffic *o* trade.
cabra *nf* (**a**) (*Zool*) (she-)goat, nanny goat; ~ **montés** wild goat; (*fig*) **la ~ siempre tira al monte** what's bred in the bone will out in the flesh; **estar como una ~** to be crazy. (**b**) (*LAm*) loaded dice.
cabrales *nm inv strong blue cheese from Asturias*.
cabreante *adj* (*fam*) infuriating, maddening.
cabrear [1a] (*fam*) **1** *vt* to piss off (*fam!*), annoy. **2 cabrearse** *vr* to fly off the handle, get pissed off (*fam!*).
cabreo *nm* (*fam*) fury, rage; **coger un ~** to fly off the handle (*fam*).
cabrero/a 1 *adj* (*CSur fam*) bad-tempered; **ponerse ~** to fly off the handle. **2** *nm/f* goatherd.
cabrestante *nm* capstan.
cabrío *adj* goatish; **macho ~** he-goat, billy goat.
cabriola *nf* gambol, skip; **hacer ~s** to caper about, prance around.
cabriolé *nm* cabriolet.
cabritas *nfpl* (*Chi*) popcorn.
cabritilla *nf* kid(skin).
cabrito *nm* (**a**) (*Zool*) kid. (**b**) (*fam*) ¡~! you bugger *o* bastard! (*fam!*). (**c**) **~s** (*Chi*) popcorn.
cabro/a *nm/f* (*Chi fam*) kid, lad.
cabrón/ona 1 *nm* (*cornudo*) cuckold. **2** *nm/f*: ¡~! (*fam!*) you bastard! (*fam!*); **el muy ~ le robó el coche** the bastard stole his car (*fam!*); **el tío ~ ese** that bastard (*fam!*).
cabronada *nf* (*fam!*) dirty trick; **hacer una ~ a algn** to play a dirty trick on sb.
cabronazo *nm* (*fam!*) bastard (*fam!*), bugger (*fam!*).
cabruno *adj* goatish, goat *atr*.
cábula *nf* (*LAm*) (**a**) (*complot*) cabal, intrigue. (**b**) (*trampa*) trick, stratagem.
cabuya *nf* (*LAm Bot*) agave, pita; (*fibra*) pita fibre; (*Náut*) rope, cord; **ponerse en la ~** (*fam*) to cotton on (*fam*).
caca *nf* (*fam*) (**a**) (*palabra de niños*) pooh (*fam*), number two (*fam*); **el niño tiene** *o* **se ha hecho ~** the kid's dirtied his nappy; ¡~! (*no toques*) no touch!, dirty! (**b**) (*fig*) **una ~** rubbish.
cacahual *nm* (*LAm*) cacao plantation.
cacahuate *nm* (*Méx*), **cacahuete** *nm* (*sin cáscara*) peanut; (*con cáscara*) monkey nut.
cacao *nm* (**a**) (*Bot*) cacao; (*bebida*) cocoa; **pedir ~** (*LAm fig*) to give in, ask for mercy; **no valer un ~** (*LAm*) to be worthless. (**b**) (*fam: jaleo*) fuss, to-do. (**c**) ~ **mental** (*fam*) mental confusion; **tener un ~ en la cabeza** (*fam*) to be all mixed up.
cacaotal *nm* coffee plantation.
cacarear [1a] **1** *vt* to boast about, make much of; **ese triunfo tan cacareado** that much trumpeted triumph. **2** *vi* (*gallina*) to cackle.
cacareo *nm* crowing, cackling; (*fig*) boasting.
cacarizo *adj* (*Méx*) pitted, pockmarked.
cacatúa *nf* (**a**) (*Orn*) cockatoo. (**b**) (*fam: bruja*) old bat (*fam*), old cow (*fam*).
cacereño/a 1 *adj* of *o* from Cáceres. **2** *nm/f* native *o* inhabitant of Cáceres.
cacería *nf* (**a**) (*gen*) hunting, shooting. (**b**) (*partida*) hunt, shoot, shooting party; ~ **de zorros** fox hunt. (**c**) (*Arte*) hunting scene.
cacerola *nf* (*perola*) pan; (*cazuela*) casserole.
cacimba *nf* beach well.
cacique *nm* (*LAm Hist*) chief, headman; (*Pol*) local party boss; (*fig*) petty tyrant, despot.
caciquil *adj* despotic, tyrannical.
caciquismo *nm* (*Pol*) boss system; (*fig*) petty tyranny, despotism.
cacle *nm* (*Méx*) rough leather sandal.
caco *nm* (*ladrón*) pickpocket, thief.
cacofonía *nf* cacophony.
cacofónico *adj* cacophonous.
cacto *nm*, **cactus** *nm inv* cactus.
cacumen *nm* acumen, brains.
cacha *nf* (**a**) (*de arma*) butt. (**b**) (*Anat: muslo*) thigh.
cachaco *nm* (*Per fam*) cop (*fam*).
cachada *nf* (**a**) (*LAm Taur*) goring. (**b**) (*CSur*) joke, leg-pull.
cachalote *nm* sperm whale.
cachañar [1a] *vt* (*Chi*): ~ **a algn** to pull sb's leg.
cachar [1a] *vt* (**a**) (*And, CAm: cornear*) to butt, gore. (**b**) (*CSur: ridiculizar*) to deride, ridicule.
cacharpari *nm* (*Per*) farewell banquet.
cacharrazo *nm* (*fam*) bash (*fam*), bang.
cacharrería *nf* crockery shop.
cacharro *nm* (**a**) (*de barro*) earthenware pot, crock; **~s** earthenware, coarse pottery. (**b**) (*gen*) pot; **~s de cocina** crockery, pots and pans. (**c**) (*fam*) useless object, piece of junk; (*Aut*) old crock.
cachas *adj inv*: **estar ~** (*fam*) to be tough; **está ~** (*hombre*) he's dishy (*fam*); (*mujer*) she's hot stuff (*fam*).
cachaza *nf* (**a**) (*gen*) slowness; (*flema*) calmness, phlegm. (**b**) (*licor*) ≈ rum.
cachazudo/a 1 *adj* (*gen*) slow; (*flemático*) calm, phlegmatic. **2** *nm/f* slowcoach (*fam*).
caché *nm* = **cachet**.
cachear [1a] *vt* (*registrar*) to search, frisk (for weapons).
cachemir *nm*, **cachemira** *nf* cashmere.
cacheo *nm* searching, frisking (for weapons).
cachet [ka'tʃe] *nm* (*pl* **~s** [ka'tʃes]) (*de artista*) appearance money, fee.
cachetada *nf* (*LAm*) slap, box on the ear.
cachete *nm* (**a**) (*Anat*) (fat) cheek. (**b**) (*golpe*) slap, punch in the face.
cachetear [1a] *vt* (*LAm*) to slap, box on the ear.
cachimba *nf* (**a**) (*pipa*) pipe. (**b**) (*CAm: cartucho*) empty cartridge. (**c**) (*Cu fam!*) tart (*fam!*).
cachimbo *nm* (**a**) (*LAm*) pipe; **chupar ~** (*Ven*) to smoke a pipe. (**b**) (*Per Univ*) freshman.
cachipolla *nf* mayfly.
cachiporra *nf* truncheon, (billy) club (*US*).
cachito *nm* a bit, a little; **a ~s** bit by bit.
cachivache *nm* (**a**) (*vasija*) pot, utensil. (**b**) **~s** (*fig*) trash *sg*, junk *sg*.
cacho *nm* (**a**) crumb, bit; ¡~ **de gloria**! my precious!; ¡~ **de ladrón**! you thief!; **es un ~ de pan** (*fam*) he's terribly kind, he's got a heart of gold. (**b**) (*LAm: cuerno*) horn; (*CSur: de plátanos*) bunch. (**c**) (*locuciones*) **empinar el ~** (*LAm: beber*) to drink; **estar fuera de ~** to be in safe

keeping; **raspar el ~ a algn** (*CSur fam*) to tell sb off (*fam*).

cachondearse [1a] *vr* (*fam*) to take things as a joke; **~ de algn** to take the mickey out of sb (*fam*), make fun of sb.

cachondeo *nm* (**a**) (*gen*) joking; (*guasa*) laugh (*fam*); **hacer algo en plan de ~** (*fam*) to do sth for a lark *o* a laugh; **tomar a ~** to treat as a joke. (**b**) (*juerga*) **estar de ~** to live it up, have a great time. (**c**) (*farsa*) farce, mess; **¡esto es un ~!** what a farce this is!

cachondo *adj* (**a**) (*Zool*) on heat, in rut. (**b**) (*persona*) randy, horny (*esp US*). (**c**) (*juerguista*) fun-loving, riotous. (**d**) (*gracioso*) funny, amusing.

cachorro/a *nm/f* (**a**) (*Zool: gen*) cub; (*: perro*) pup(py). (**b**) (*LAm*) uncouth person; **¡~!** (*Carib fam*) you brute!

cachudo *adj* (**a**) (*Méx*) horned, with horns. (**b**) (*Col*) wealthy. (**c**) (*CSur*) suspicious, distrustful.

cachuela *nf* (**a**) (*Culin*) stew, fricassee. (**b**) (*LAm*) rapids *pl*.

cachupín/ina *nm/f* (*CAm, Méx: Hist: pey*) Spanish settler.

cada *adj inv* (**a**) each; (*antes de número*) every; **~ día** each day, every day; **~ uno** every one; (*de dos*) both, each one; **da dos a ~ uno** give each of them one; **~ 2 días** every other day; **~ dos por tres** every other minute; **~ 3 meses** every 3 months; **~ cierta distancia por la carretera** every so often along the road, at intervals along the road; **~ cierto tiempo** every so often; **~ vez más** more and more; **~ vez menos** less and less; **~ vez mejor** better and better; **~ vez peor** worse and worse; **¿~ cuánto?** how often?; **~ que** (*Méx*) whenever, every time (that); **uno de ~ cinco** one in five, one out of (every) five; **los problemas de ~ día** everyday problems.

(**b**) (*enfático*) **¡tienes ~ idea!** what funny ideas you have!; **oye una ~ historia** the things you hear nowadays!

cadalso *nm* (*Jur*) scaffold; (*Téc*) stand, platform.

cadáver *nm* (dead) body, corpse,, cadaver (*US*); (*animal*) body, carcass; **¡sobre mi ~!** over my dead body!; **ingresó ~** he was dead on arrival (at hospital).

cadavérico *adj* cadaverous; (*pálido*) deathly pale.

cadena *nf* (**a**) (*gen: tb Inform, Com*) chain; (*fig*) bond, link; (*serie*) series, sequence; (*Rad, TV*) network; **~ de caracteres** (*Inform*) character string; **~ de fabricación** production line; **~ de hoteles** chain of hotels; **~ de montaje** assembly *o* production line; **~ de montañas** range of mountains; **~ de oruga** caterpillar track; **~ de reloj** watch chain; **~ de sonido** sound system, hi-fi system; **reacción en ~** chain reaction; **trabajo en ~** assembly line work; **tirar de la ~ (del wáter)** to flush the toilet.

(**b**) (*Jur Hist*) chain gang.

(**c**) (*Jur*) **~ perpetua** life imprisonment.

(**d**) **~s** (*Aut*) tyre *o* (*US*) tire chains.

cadencia *nf* cadence, rhythm.

cadencioso *adj* rhythmic(al), cadenced.

cadeneta *nf* (*Cos*) chain stitch; **~ de papel** paper chain.

cadera *nf* hip.

cadete *nm* cadet.

Cádiz *nm* Cadiz.

cadmio *nm* cadmium.

caducar [1g] *vi* (**a**) (*Comm, Jur*) to expire, lapse; **esta oferta caduca el 31 de mayo** valid until May 31, this offer runs until May 31; **el abono ha caducado** the season ticket has expired. (**b**) (*comida*) to be *o* go past its sell-by date.

caducidad *nf* lapse, expiry, expiration (*US*); **fecha de ~** (*gen*) expiry date; (*alimentos*) sell-by date.

caduco *adj* (**a**) (*viejo*) senile, decrepit. (**b**) (*Bot*) deciduous. (**c**) (*fig: placer etc*) fleeting. (**d**) (*Com, Jur*) lapsed, invalid; **quedar ~** to lapse, be out of date.

C.A.E. *abr* (**a**) (*Com*) *de* **cóbrese al entregar** COD. (**b**) (*Jur*) *de* **Código Alimentario Español** *regulatory food body*.

caer [2n] **1** *vi* (**a**) (*gen*) to fall (down); (*edificio*) to collapse; (*Aer*) to crash, come down; (*cortina etc*) to hang; (*pelo*) to hang down; (*rendirse*) to give in, relapse; **~ al suelo** to fall to the ground; **~ sobre** (*abalanzarse*) to pounce on; **cayó un rayo en la torre** the tower was struck by lightning; **estar al ~** to be due to happen; (*persona*) to be about to arrive; **¡qué bajo has caído!** (*fig*) my, how you've come down in the world!; **~ en la tentación** to give in *o* yield to temptation; **dejar ~** to drop, let fall; **dejarse ~** to let o.s. fall; **hacer ~ algo** to knock sth down; **~ enfermo** to fall ill; **~ redondo** to fall in a heap.

(**b**) (*Mil: pueblo etc*) to fall; (*morir*) to fall, die; **ha caído el gobierno** the government has fallen; **~ como chinches, ~ como moscas** to die like flies.

(**c**) (*precio etc*) to fall, go down.

(**d**) (*viento etc*) to die down, drop; (*día*) to draw to a close; (*noche*) to fall; **al ~ la noche** at nightfall.

(**e**) (*sitio*) to lie; **eso cae más hacia el este** that lies further to the east; **¿por dónde cae eso?** whereabouts is that?

(**f**) (*ventana etc*) **~ a** *o* **hacia** to look over *o* look out on.

(**g**) (*fecha*) to fall; (*Com, Fin*) to fall due; **el aniversario cae en martes** the anniversary falls on a Tuesday.

(**h**) (*tocar*) **~ a** to fall to; **el premio gordo ha caído en Madrid** the first prize (in the lottery) went to Madrid; **¡la que nos ha caído encima!** (*fig*) that's just what we needed!

(**i**) (*darse cuenta*) **no caigo** I don't get it; **ya caigo** I see, now I understand; **~ en que** to realize that; **~ en la cuenta** to realize.

(**j**) **~ bien a algn** (*ropa*) to suit sb, look well on sb; (*gente*) **A no le cayó bien a B** A did not make a good impression on B; **me cae mal** *o* **gordo** *o* **fatal el tío ése** I can't stand that guy; **me cae (muy) bien** I (really) like him.

(**k**) (*visitar*) to come, drop in; **él suele (dejarse) ~ por aquí** he usually drops by *o* in.

2 caerse *vr* to fall down; **el edificio se está cayendo** the building is falling down; **se cae de viejo** (*edificio*) it's so old it's falling to bits; **se me ha caído el guante** I've dropped my glove.

café *nm* (**a**) (*Bot, bebida*) coffee; **~ instantáneo/descafeinado** instant/decaffeinated coffee; **~ con leche** white coffee, coffee with milk *o* (*US*) cream; **~ irlandés** Irish coffee; **~ molido** ground coffee; **(~) cortado** coffee with a dash of milk; **~ negro** *o* **solo** (small) black coffee; **~ torrefacto** roasted coffee; **~ americano** (large) black coffee, long black. (**b**) (*local*) café, coffee house. (**c**) (*CSur fam*) ticking-off (*fam*).

cafeína *nf* caffein(e).

cafetal *nm* coffee plantation.

cafetalero (*LAm*) **1** *adj* coffee *atr*, coffee-growing; **industria ~a** coffee industry. **2** *nm* coffee grower.

café-teatro *nm* (*lugar*) *café which provides entertainment*; (*actividad*) stand-up comedy, live entertainment.

cafetera *nf* (**a**) (*para hacer café*) coffee maker *o* machine; (*para servir café*) coffee pot; **~ de filtro** percolator. (**b**) (*Aut: fam*) old banger (*fam*).

cafetería *nf* (*gen*) café; (*Ferro*) buffet, refreshment car; (*LAm*) retail coffee shop.

cafetero *adj* (**a**) coffee *atr*; **industria ~a** coffee industry. (**b**) (*que bebe café*) coffee-drinking, fond of coffee; **soy muy ~** I really like my coffee.

cafetín *nm* small café.

cafeto *nm* coffee tree.

cafetucho *nm* seedy little café.

cafiche *nm* (*CSur fam!: alcahuete*) pimp (*fam*).

cafre *nmf* Kaffir; **como ~s** (*fig*) like savages, like beasts.

caftán *nm* caftan, kaftan.

cagada *nf* (*fam!*) (**a**) shit (*fam!*); (*fig: cosa fatal*) a load of crap *o* balls (*fam!*) . (**b**) (*error*) cock-up (*fam!*), fuck-up (*fam!*).

cagadero *nm* (*fam!*) bog (*fam*), john (*US*); (*fam*)

lavatory.
cagado *adj* (*fam!*) yellow, shit-scared (*fam!*).
cagalera *nf* (*fam!*) runs (*fam*), diarrhoea.
cagar [1h] (*fam!*) **1** *vt* (**a**) to shit (*fam!*). (**b**) (*fig*) to bungle, mess up; **¡la cagamos!** we blew it! **2** *vi* to have *o* (*US*) take a shit (*fam!*). **3 cagarse** *vr* (**a**) to shit o.s. (*fam!*); ~ **de miedo** to be shit-scared (*fam!*). (**b**) (*locuciones*) **¡me cago en diez!** Christ! (*fam!*); **¡me cago en el gobierno!** to hell with the government!; **la tía estaba que te cagabas** she was fucking brilliant (*fam!*).
cagarruta *nf* pellet, dropping.
cagón/ona (*fam!*) **1** *adj* = **cagado**. **2** *nm/f* coward, crapper (*fam!*).
caguama *nf* (*Méx*) large turtle.
cagueta(s) *nmf* coward, crapper (*fam!*).
caída *nf* (**a**) (*gen*) fall; (*de jinete etc*) tumble, spill; (*fig*) collapse, downfall; (*Teat*) flop, failure; **la C~** (*Rel*) the Fall; **la ~ del gobierno** the fall of the government; **la ~ de los dientes** the loss of one's teeth; **~ de agua** waterfall; **~ de cabeza** fall headfirst, header; **a la ~ del sol** at sunset; **sufrir una ~** to have a fall *o* tumble.
(**b**) (*de precio etc*) fall, drop.
(**c**) (*de terreno*) drop, slope; (*Geol*) dip; (*de hombros*) slope.
(**d**) (*de cortina*) fold(s); (*de ropa*) set, hang.
(**e**) (*fam*) witty remarks; **¡qué ~s tiene!** isn't he witty?
caído 1 *adj* (**a**) (*gen*) fallen; (*hombros*) drooping; (*fig*) crestfallen, dejected. (**b**) **~ del cielo** (*inesperado*) out of the blue; (*oportuno*) heaven-sent. **2** *nm*: **los ~s** the fallen.
caigo *etc V* **caer**.
caimán *nm* (*Zool*) alligator, caiman.
Caín *nm* Cain; **pasar las de ~** to have a terrible time; **venir con las de ~** to have evil intentions.
cairel *nm* (*peluca*) wig; (*Cos*) fringe.
Cairo *nm*: **el ~** Cairo.
caite *nm* (*CAm*) rough sandal.
caja *nf* (**a**) (*gen*) box; (*para mercancías*) case, crate; (*ataúd*) coffin, casket (*US*); **~ de cerillas** box of matches; **~ de cervezas** crate of beer; **~ de colores** paintbox; **~ de herramientas** toolbox; **~ de música** musical box; **~ negra** (*Aer*) black box; **~ de sorpresa** jack-in-the-box; **la ~ tonta** (*fam*) the box (*fam*); **~ torácica** chest wall.
(**b**) (*Mec*) casing, housing; (*de coche etc*) body; **~ de cambios** gearbox; **~ del cigüeñal** crankcase.
(**c**) (*Elec*) box; **~ de empalmes** junction box; **~ de fusibles** fuse box.
(**d**) (*Arquit: de escalera*) well; (*de ascensor*) well, shaft; **~ de registro** manhole.
(**e**) **~ (de fusil)** stock.
(**f**) (*Bot*) seed case, capsule.
(**g**) (*Com, Fin: en banco*) cashier's desk; (*en supermercado*) till, checkout; (*máquina*) till; **~ de caudales** strongbox, safe; **~ fuerte** strongroom, bank vault; **~ registradora** cash register, till; **metálico en ~** cash in hand; **hacer ~** (*banco*) to cash up; (*tienda*) to do the till, till up; **hicieron ~ de X pesetas** they took in X pesetas; **ingresar en ~** to be paid in.
(**h**) (*Fin*) fund; **~ de ahorros** savings bank; **~ de jubilaciones** *o* **pensiones** pension fund; **~ postal de ahorros** post-office savings bank; **~ de resistencia** (*Pol*) strike fund; **~ rural** agricultural credit bank.
(**i**) (*Mús*) drum; (*de piano*) case; (*de violín*) body, case; (*Rad*) cabinet; **~ de resonancia** soundbox; (*fig*) sounding board; **~ de ritmos** drum machine, beatbox; **despedir** *o* **echar a algn con ~s destempladas** to send sb packing (*fam*).
(**j**) (*Tip*) case; **~ alta/baja** upper/lower case.
(**k**) (*Mil*) **~ de reclutamiento** recruiting office; **entrar en ~** to join up, enlist.
cajero/a 1 *nm/f* (*gen*) cashier; (*en banco*) (bank) teller; (*en supermercado etc*) checkout operator. **2** *nm*: **~ automático** cash dispenser.
cajeta *nf* (*CAm, Méx*) round sweet box; (*CAm, Méx: caramelo*) sweet; (*CSur fam!*) cunt (*fam!*).
cajetilla *nf* (**a**) packet; **~ de cigarrillos** packet *o* (*US*) pack of cigarettes. (**b**) (*CSur fam*) dude (*fam*), toff (*fam*).
cajista *nmf* compositor, typesetter.
cajón *nm* (**a**) (*gen*) big box, crate; **~ de embalaje** packing case. (**b**) (*LAm*) coffin, casket (*US*). (**c**) (*en mueble*) drawer; (*Com*) till; **~ de sastre** (*fig*) odds and ends. (**d**) (*Com: puesto*) stall. (**e**) (*LAm Geog*) ravine, box canyon. (**f**) **eso es de ~** that goes without saying.
cajuela *nf* (*Méx Aut*) boot, trunk (*US*).
cal *nf* lime; **~ apagada** *o* **muerta** slaked lime; **~ viva** quicklime; **cerrar algo a ~ y canto** to shut sth firmly *o* securely; **de ~ y canto** firm, strong; **dar una de ~ y otra de arena** to chop and change, blow hot and cold.
cala *nf* (**a**) (*Geog*) cove. (**b**) (*Náut*) hold. (**c**) (*Culin: de fruta*) sample slice. (**d**) (*Esp fam*) peseta.
calabacera *nf* pumpkin (plant), gourd.
calabacín *nm* (**a**) (*Bot*) baby marrow, courgette, zucchini (*US*). (**b**) (*fig*) dolt.
calabaza *nf* (**a**) (*Bot*) pumpkin; (*recipiente*) gourd, calabash. (**b**) (*fig*) dolt. (**c**) **dar ~s a** (*candidato*) to fail; (*amante*) to jilt; **llevarse** *o* **recibir ~s** (*Univ*) to fail; **salir ~** to be a flop, prove a miserable failure.
calabobos *nm* drizzle.
calabozo *nm* (*prisión*) prison; (*celda*) prison cell; (*esp Hist*) dungeon.
calada *nf* (**a**) (*gen*) soaking. (**b**) (*de red*) lowering. (**c**) (*de ave*) swoop, dive. (**d**) (*de tabaco*) puff, drag (*fam*).
caladero *nm* fishing-grounds.
calado 1 *adj*: **estar ~ (hasta los huesos)** to be soaked (to the skin). **2** *nm* (**a**) (*Téc*) fretwork; (*Cos*) openwork. (**b**) (*Náut*) depth of water; (*de barco*) draught, draft (*US*).
calafatear [1a] *vt* (*Náut*) to caulk, plug up.
calamaco *nm* (*Méx Culin*) kidney bean.
calamar *nm* squid, cuttlefish.
calambre *nm* (**a**) (*muscular: tb* **~s**) cramp. (**b**) (*Elec*) shock; **un cable que da ~** a live wire.
calambur *nm* (*LAm*) pun.
calamidad *nf* calamity, disaster; (*persona*) **es una ~** he's a dead loss; **estar hecho una ~** to be in a very bad way; **¡vaya ~!** what bad luck!
calamina *nf* (**a**) (*gen*) calamine. (**b**) (*Chi, Per: chapa*) corrugated iron.
calamita *nf* lodestone.
calamitoso *adj* calamitous, disastrous.
cálamo *nm* (*Bot*) stem, stalk; (*Mús*) reed; (*Mús Hist*) flute; (*fig*) pen.
calandria[1] *nf* (*Orn*) calandra lark.
calandria[2] *nf* (*Téc*) mangle.
calaña *nf* nature, kind, stamp; **gente de mala ~** undesirables.
calar [1a] **1** *vt* (**a**) (*individuo*) to soak, drench; (*material*) to soak into, saturate, permeate.
(**b**) (*penetrar*) to penetrate, pierce, go through.
(**c**) (*Téc*) to do fretwork on; (*Cos*) to do openwork on.
(**d**) (*carácter*) to size up; (*intención*) to see through; **¡nos ha calado!** he's rumbled us!; **a ésos les tengo muy calados** I've got them well sized up.
(**e**) (*bayoneta*) to fix; (*red, puente*) to lower, let down.
(**f**) (*fruta*) to cut a sample slice of; (*LAm: muestra*) to take a sample of.
2 *vi* (*penetrar*) **~ (hondo) en** to have a (profound) effect on; **el mensaje ha calado hondo en ellos** the message really hit home with them.
3 calarse *vr* (**a**) (*gen*) to get soaked, get drenched (*hasta los huesos* to the skin) .
(**b**) (*ave*) to swoop (*sobre* on).
(**c**) **~ el sombrero** to put one's hat on firmly; **~ las gafas** to stick one's glasses on.
(**d**) (*Mec*) to stop, stall.
calatear [1a] *vt* (*Per*) to undress.
calato *adj* (*Per*) naked.

calavera 1 *nf* (*Anat*) skull; (*Méx Aut*) tail-light. **2** *nm* (*juerguista*) reveller; (*locuelo*) madcap; (*libertino*) rake.
calaverada *nf* madcap escapade, foolhardy act.
calca *nf* (**a**) (*Per*) barn, granary. (**b**) (*LAm: copia*) copy.
calcado 1 *adj* (*idéntico*): **ese bolso es ~ al mío** that bag is just like mine; **es ~ a su padre** he's the spittting image of his father. **2** *nm* (*Téc*) tracing.
calcañal, **calcañar**, **calcaño** *nm* heel.
calcar 1g *vt* (**a**) (*Téc*) to trace, make a tracing of. (**b**) (*plagiar*) to copy, imitate.
calcáreo *adj* calcareous.
calce *nm* (**a**) (*Mec*) (wheel) rim. (**b**) (*Méx Tip: de documento*) foot (of a document). (**c**) (*CSur*) chance, opportunity.
cal. cen. *abr de* **calefacción central** ch.
calceta *nf*: **hacer ~** to knit.
calcetín *nm* (*media*) sock.
calcificación *nf* calcification.
calcificar 1g *vt*, **calcificarse** *vr* to calcify.
calcinación *nf* calcination.
calcinar 1a *vt* (*gen*) to burn, reduce to ashes; **las ruinas calcinadas del edificio** the blackened ruins of the building.
calcio *nm* calcium.
calco *nm* (**a**) (*Téc*) tracing. (**b**) (*Ling*) calque (*de* on), loan translation (*de* from). (**c**) (*imitación*) copy, imitation; **ser un ~ de algn** to be the image of sb.
calcomanía *nf* transfer.
calculable *adj* calculable.
calculador *adj* calculating.
calculadora *nf* calculator; **~ de bolsillo** pocket calculator.
calcular 1a *vt* to calculate, work out; **~ que** to reckon that.
cálculo *nm* (**a**) (*gen*) calculation, reckoning; (*conjetura*) estimate, conjecture; (*Mat*) calculus; **~ de costo** costing, pricing (*US*); **~ diferencial** differential calculus; **hoja de ~** spreadsheet; **libro de ~s hechos** ready reckoner; **~ mental** mental arithmetic; **~ de probabilidades** theory of probability; **ségun mis ~s** by my reckoning; **obrar con mucho ~** to act cautiously. (**b**) (*Med*) stone; **~ biliar** gallstone.
Calcuta *nf* Calcutta.
caldas *nfpl* hot springs, hot mineral baths.
caldeamiento *nm* warming, heating.
caldear 1a **1** *vt* to warm (up), heat (up); **~ los ánimos de la gente** to get the audience going; **una atmósfera caldeada** (*fig*) a tense atmosphere. **2 caldearse** *vr* (*local*) to get hot; (*fig: ambiente*) to get tense.
caldera *nf* (*Téc*) boiler; (*caldero*) cauldron; **las ~s de Pe(d)ro Botero** hell.
calderero *nm* boilermaker.
caldereta *nf* (*Culin: de pescado*) fish stew; (*: de cordero*) lamb stew.
calderilla *nf* (*Fin*) small change, coppers.
caldero *nm* cauldron.
calderón *nm* (*Mús*) pause (sign).
caldo *nm* (**a**) (*Culin: gen*) stock; (*: sopa*) consommé, clear soup; (*: aderezo*) dressing, sauce; **~ gallego** broth; **~ de cultivo** (*Bio*) culture medium; (*fig*) breeding ground; **poner a algn a ~** to give sb a bashing; (*fig: reprender*) to give sb a dressing-down (*fam*); (*: insultar*) to lay into sb (*fam*). (**b**) **~s** wines; **los ~s jerezanos** the wines of Jerez, sherries.
caldoso *adj* watery, weak.
calé 1 *adj* gipsy *o* (*US*) gypsy *atr*. **2** *nmf* gipsy.
calefacción *nf* heating; **~ central** central heating; **sistema de ~** heating (system).
calefactor 1 *adj* heating *atr*; **sistema ~** heating system. **2** *nm* heater.
calefón *nm* (*CSur*) gas water-heater.
caleidoscópico *adj* kaleidoscopic.
caleidoscopio *nm* kaleidoscope.
calendario *nm* calendar; (*de reforma etc*) timetable; (*de trabajo etc*) schedule; **~ de taco** tear-off calendar.
caléndula *nf* marigold.
calentador *nm* heater; **~ de agua** water heater; **~ eléctrico** electric fire; **~ de gas** gas heater; **~ de inmersión** immersion heater.
calentamiento *nm* heating, warming; (*Dep: tb* **~ previo**) warm-up; **~ del planeta** *o* **de la atmósfera** global warming.
calentar 1j **1** *vt* (**a**) (*agua etc*) to heat (up); (*cuarto etc*) to warm (up); **~ al rojo** to make red-hot. (**b**) (*animar*) to speed up, get moving. (**c**) (*fam: excitar*) to turn on (*fam*). (**d**) (*esp LAm: enfurecer*) to make angry. (**e**) (*fam: zurrar*) to warm (*fam*), tan (*fam*). **2 calentarse** *vr* (**a**) (*gen*) to heat *o* warm up; (*al hogar etc*) to warm o.s.; (*Dep*) to warm up, do a warm-up. (**b**) (*fig: disputa etc*) to get heated. (**c**) (*Zool*) to be on heat (*fam*); (*gente*) to get randy (*fam*). (**d**) (*esp LAm*) to get cross *o* (*US*) mad.
calentito *adj* (*lugar*) nice and warm, cosy, cozy (*US*); (*persona*) cuddly; (*comida*) piping-hot.
calentón *adj* (*fam*) randy (*fam*), horny (*fam*).
calentura *nf* (**a**) (*Med*) fever, (high) temperature; **estar con** *o* **tener ~** to be feverish, have a temperature. (**b**) (*Chi*) tuberculosis. (**c**) (*fam*) randiness (*fam*), horniness (*fam*). (**d**) (*LAm: furia*) anger. (**e**) (*en labios*) cold sore.
calenturiento *adj* (**a**) (*Med*) feverish. (**b**) (*mente indecente*) dirty, prurient; (*exaltado*) rash, impulsive; **las mentes ~as** (*Pol etc*) the hotheads.
calenturón *nm* high fever.
calesa *nf* chaise, calash.
calesita(s) *nf(pl)* (*LAm*) merry-go-round.
caleta *nf* (*Geog*) cove, small bay, inlet.
calibración *nf* calibration.
calibrador *nm* (*gen*) gauge; (*de mordazas*) calliper(s).
calibrar 1a *vt* (*Téc*) to calibrate; (*fig etc*) to gauge, measure.
calibre *nm* (*Mil*) calibre, bore; (*Ferro*) gauge; (*Téc*) diameter; (*fig*) calibre; **de grueso ~** large-bore.
calicó *nm* calico.
caliche *nm* (*LAm*) saltpetre.
calidad *nf* (**a**) (*gen*) quality; (*grado*) grade; **de ~** quality; **de mala ~** low-quality; **~ de la vida** quality of life. (**b**) (*condición*) position, capacity; **en ~ de** in the capacity of. (**c**) (*fig*) rank, importance. (**d**) (*clase*) type, kind. (**e**) (*Inform*) **~ de borrador** draft quality; **~ de carta** *o* **de correspondencia** letter quality; **~ de texto** text quality.
cálido *adj* (*gen*) hot; (*fig: aplausos etc*) warm.
calidoscopico *adj* kaleidoscopic.
calidoscopio *nm* kaleidoscope.
calienta-platos *nm inv* hotplate.
calientapollas *nf inv* (*Esp fam!*) prick teaser (*fam!*).
caliente *adj* (**a**) (*gen*) warm, hot. (**b**) (*fig*) fiery, spirited; (*discusión etc*) heated; **un verano ~** (*Pol etc*) a long hot summer. (**c**) **estar ~** (*Zool*) to be on heat; (*gente*) to feel randy. (**d**) **en ~** at once, immediately; (*Téc*) hot.
califa *nm* caliph.
califato *nm* caliphate.
calificación *nf* (**a**) (*gen*) qualification; (*evaluación*) assessment; (*descripción*) description, label. (**b**) (*Escol etc*) grade, mark; **~ de sobresaliente** first-class mark.
calificado *adj* (**a**) (*gen*) qualified, competent; (*obrero*) skilled. (**b**) (*Jur: prueba*) undisputed; (*robo*) proven.
calificar 1g *vt* (**a**) (*gen*) to qualify. (**b**) (*evaluar*) to assess; (*Escol etc*) to grade, mark. (**c**) **~ a algn** to distinguish sb; **~ a algn de tonto** to call *o* label sb silly.
calificativo 1 *adj* qualifying. **2** *nm* qualifier, epithet; **sólo merece el ~ de ...** it can only be described as ....
California *nf* California.
californiano/a *adj*, *nm/f* Californian.
caligine *nf* (*poet*) mist, darkness.
caliginoso *adj* (*poet*) misty, dark.
caligrafía *nf* (*arte*) calligraphy; (*letra*) handwriting.

caligráfico *adj* calligraphic.
calilla *nf* (*LAm*) bore, tedious person.
calima *nf* = **calina**.
calimocho *nm* wine and cola.
calina *nf* haze, mist.
calipso *nm* calypso.
cáliz *nm* (**a**) (*Bot*) calyx. (**b**) (*Rel*) chalice, communion cup; (*copa*) goblet; ~ **de amargura** cup of bitterness.
caliza *nf* limestone.
calizo *adj* lime *atr*; (*tierra*) limy.
calma *nf* (**a**) (*Met, Náut*) calm (weather); ~ **chicha** dead calm; **estar en** ~ to be calm. (**b**) (*Com, Fin*) calm, lull (*de* in). (**c**) (*de temperamento*) calm, calmness; **¡~!, ¡con ~!** calm down!, take it easy!; **hacer algo con** ~ to do sth calmly; **perder la** ~ to get ruffled, lose one's cool; **tomarlo con** ~ to take things gently.
calmante 1 *adj* soothing, sedative. **2** *nm* sedative, tranquillizer.
calmar 1a **1** *vt* (*gen*) to calm; (*individuo*) to calm *o* quieten (down); (*nervios*) to soothe, steady; (*dolor*) to relieve. **2** *vi* (*Met: viento etc*) to abate, fall calm. **3 calmarse** *vr* to calm down, calm o.s.; **¡cálmese!** calm down!, don't get so worked up!
calmosamente *adv* (*V adj*) (**a**) calmly. (**b**) slowly, sluggishly; nonchalantly, deliberately; lazily.
calmoso *adj* (**a**) calm, quiet. (**b**) (*pey: torpe*) slow, sluggish; (*deliberado*) nonchalant, deliberate; (*perezoso*) lazy.
caló *nm* (*Ling*) gipsy *o* (*US*) gypsy dialect, ≈ Romany; (*argot*) slang.
calor *nm* (**a**) (*intenso*) heat; (*suave*) warmth; (*de discusión etc*) heat, passion; **un** ~ **agradable** a pleasant warmth; **un** ~ **excesivo** an excessive heat; ~ **blanco/rojo** white/red heat; **¡qué** ~**!** isn't it hot!, how hot it is!; **entrar en** ~ to get warm; (*Dep*) to warm up; **hace (mucho)** ~ it's (very) hot; **tener** ~ to be *o* feel hot. (**b**) (*fig: de discusión*) warmth, heat; (*de batalla*) heat; (*de acogida*) warmth; (*de pasión*) ardour, ardor (*US*), fervour, fervor (*US*).
caloría *nf* calorie.
calórico *adj* caloric.
calorífico *adj* calorific; **potencia** ~**a** calorific value.
calorro/a *nm/f* (*fam*) gipsy, gypsy (*US*).
calostro *nm* colostrum.
calote *nm* (*CSur fam*) swindle, trick.
caluma *nf* (*Per*) gap, pass.
calumnia *nf* (*gen*) calumny; (*Jur: oral*) slander (*de* of); (*: escrito*) libel (*de* on).
calumniador(a) *nm/f* slanderer, libeller.
calumniar 1b *vt* to slander, libel.
calumnioso *adj* slanderous, libellous, libelous (*US*).
calurosamente *adv* (*fig*) warmly, enthusiastically, heartily.
caluroso *adj* (*gen*) warm, hot; (*fig*) enthusiastic.
calva *nf* (*calvicie*) bald patch; (*forestal*) clearing.
Calvados *nm inv* Calvados.
Calvario *nm* (**a**) (*Rel: gen*) Calvary; (*via crucis*) Stations of the Cross. (**b**) **c**~ (*fig*) cross, heavy burden.
calvicie *nf* baldness; ~ **precoz** premature baldness.
calvinismo *nm* Calvinism.
calvinista 1 *adj* Calvinistic. **2** *nmf* Calvinist.
calvo 1 *adj* (**a**) (*persona*) bald; **quedarse** ~ to go bald; **ni tanto ni tan** ~ (*fig*) pull the other one (*fam*). (**b**) (*terreno*) bare, barren. **2** *nm* bald man.
calza *nf* (**a**) wedge; **poner** ~ **a** to wedge, scotch. (**b**) (*fam*) stocking; ~**s** breeches. (**c**) (*Col Med: empaste de dientes*) filling.
calzada *nf* roadway, tarmac; (*avenida*) avenue; ~ **romana** Roman road.
calzado 1 *adj* shod, wearing shoes; ~ **de** shod with, wearing. **2** *nm* footwear.
calzador *nm* shoehorn.
calzar 1f **1** *vt* (**a**) (*zapatos etc*) to wear; **calzaba zapatos verdes** she was wearing green shoes; **¿qué número calza Ud?** what size do you wear *o* take? (**b**) (*niño etc*) to put shoes on. (**c**) (*Mil etc: armas*) to carry, take. (**d**) (*Téc: rueda etc*) to scotch, chock. (**e**) (*Col: diente*) to fill. **2** *vi*: **calza bien** he wears good shoes. **3 calzarse** *vr* to put on one's shoes.
calzo *nm* (**a**) (*gen*) wedge, chock; (*Mec*) shoe; (*Náut*) skid, chock. (**b**) (*Fútbol*) professional foul (*euf*).
calzón *nm* (**a**) (*pantalón corto*) shorts *pl*; (*LAm: de hombre*) pants *pl* (*US*); **amarrarse los** ~**es** to act resolutely; **hablar a** ~ **quitado** to call a spade a spade; **ponerse los** ~**es** to wear the trousers. (**b**) (*LAm: de mujer*) pants *pl*, knickers *pl*; (*: de hombre*) pants, shorts (*US*).
calzonarias *nfpl* (*And, Col*), **calzonarios** *nmpl* (*Pan*) knickers.
calzonazos *nm inv* (*fam: tonto*) stupid fellow; (*: débil*) weak-willed man; (*: marido*) henpecked husband.
calzoncillos *nmpl* underpants, shorts (*US*).
calzoneras *nfpl* (*Méx*) trousers buttoned down the sides.
callada *nf*: **a la** ~, **de** ~ on the quiet, secretly; **dar la** ~ **por respuesta** to say nothing in reply.
callado *adj* (**a**) (*carácter*) quiet, reserved. (**b**) (*silencioso*) quiet, silent; **todo estaba muy** ~ everything was very quiet; **tener algo** ~ to keep quiet about sth; **¡qué** ~ **se lo tenía Ud!** you kept pretty quiet about it!; **más** ~ **que un muerto** as quiet as a mouse (*fam*).
callampa *nf* (*Chi: hongo*) mushroom (*fam*); (*paraguas*) umbrella; (*población*) shanty town.
callar 1a **1** *vt* (**a**) (*persona*) to silence, shut up (*fam*). (**b**) (*secreto*) to keep; (*omitir*) to pass over in silence, not to mention; (*información*) to keep to o.s., keep secret; (*asunto delicado*) to keep quiet about.
2 *vi*, **callarse** *vr* (*gen*) to keep quiet, remain silent; (*ruido*) to stop; (*dejar de hablar*) to stop talking; **¡calla!, ¡cállate! ¡cállese!** shut up!, be quiet!; **¡cállate la boca!** shut your mouth!, button your lip! (*fam*); **¿quieres** ~**(te)?** you've said enough, that's enough now; **calla, calle** say no more, enough said; **¡calla!** (*fig*) you don't mean to say!, well!; **hacer** ~ **a algn** to make sb be quiet.
calle *nf* (**a**) street, road; ~ **arriba/abajo** up/down the street; ~ **ciega** (*Ven*), ~ **cerrada** (*Méx*) cul-de-sac, dead end (street); ~ **de dirección única** one-way street; ~ **de doble sentido** two-way street; ~ **mayor** high *o* main street; ~ **peatonal** pedestrian precinct; **dejar a algn en la** ~ to put sb out of a job; **echarse a la** ~ to go out into the street; **hacer la** ~ (*euf*) to be on the game (*fam*); **llevar** *o* **traer a algn por la** ~ **de la amargura** to give sb a difficult time; **Juan se las lleva de** ~ they're all after Juan; **poner a algn (de patitas) en la** ~ to kick sb out, chuck sb out; **quedarse en la** ~ not to have a penny to one's name; **el hombre de la** ~ (*fig*) the man in the street.
(**b**) (*fam*) **¡~!** make way!; **abrir** *o* **hacer** ~ to make way, clear the way.
(**c**) (*Dep: gen*) lane; (*Golf*) fairway.
callejear 1a *vi* to wander (about) the streets.
callejero 1 *adj* (**a**) (*gen*) street *atr*; **accidente** ~ street accident; **disturbios** ~**s** disturbances in the streets. (**b**) (*individuo*) fond of walking about the streets; *V* **perro**[1] (**a**). **2** *nm* street directory.
callejón *nm* alley, passage; (*Geog*) narrow pass; ~ **sin salida** cul-de-sac; (*fig*) blind alley; **las negociaciones están en un** ~ **sin salida** the negotiations are deadlocked.
callejuela *nf* (*gen*) side street; (*fig*) way out (of the difficulty).
callista *nmf* chiropodist.
callo *nm* (**a**) (*Med: de pie*) corn; (*de mano*) callus, callosity; **criar** ~**s** to be callous. (**b**) ~**s** (*Culin*) tripe. (**c**) (*fam: mujer*) old bat (*fam*), old cow (*fam*). (**d**) **dar el** ~ (*Esp fam*) to slog, work hard.
callosidad *nf* callosity.
calloso *adj* horny, rough.

CAM *abr de* **Comunidad Autónoma de Madrid**.

cama *nf* (**a**) (*gen*) bed; ~ **de campaña** campbed; ~ **elástica** trampoline; ~**s gemelas** twin beds; ~ **sencilla/de matrimonio** single/double bed; ~ **plegable** *o* **de tijera** folding bed, campbed; ~ **solar** sunbed; ~ **turca** divan bed, day bed; **caer en (la)** ~ to fall ill; **estar en** ~, **guardar** ~ to be ill in bed; **hacer la** ~ to make the bed; **hacer** *o* **poner la** ~ **a algn** (*fig*) to scheme against sb; (*Dep*) to obstruct sb; **quien mala** ~ **hace en ella yace** having made your bed you must lie on it; **ir a la** ~ to go to bed; **irse a la** ~ **con algn** to sleep with sb; **se la llevó a la** ~ he got off with her (*fam*).
(**b**) (*Zool*) den, lair.
(**c**) (*Geol*) layer, stratum; (*Culin*) layer.

camada *nf* (*Zool*) litter, brood; (*pandilla*) gang, band; **son lobos de una** ~ they are birds of a feather.

camafeo *nm* cameo.

camaleón *nm* chameleon.

cama-nido *nf* (*pl* **camas-nido**) sofa bed with 2 sections.

cámara 1 *nf* (**a**) (*gen*) room; (*vestíbulo*) hall; ~ **acorazada** strongroom, vault; ~ **mortuoria** funeral chamber; ~ **frigorífica** cold-storage room; ~ **de tortura** torture chamber; **música de** ~ chamber music.
(**b**) (*esp Hist*) royal chamber; **médico de** ~ royal doctor.
(**c**) (*Náut*) wardroom; ~ **de cartas** chartroom; ~ **de motores** engine room.
(**d**) (*Pol etc*) chamber, house; ~ **alta/baja** upper/lower house; ~ **de comercio** chamber of commerce; ~ **legislativa** legislative assembly; **C~ de los Comunes** House of Commons; **C~ de los Lores** House of Lords; **C~ de los Representantes** House of Representatives.
(**e**) (*Mec, Fís*) chamber; ~ **de aire/de combustión/de compresión** air/combustion/compression chamber; ~ **de gas** gas chamber; ~ **de oxígeno** oxygen tent.
(**f**) (*Aut etc: tb* ~ **de aire**, ~ **neumática**) tyre *o* (*US*) tire inner tube; **sin** ~ tubeless.
(**g**) (*Anat*) cavity.
(**h**) (*Fot*) camera; ~ **de cine** *o* **cinematográfica** cine camera, film camera; **a** ~ **lenta** in slow motion; ~ **oscura** camera obscura; ~ **de televisión** television camera; ~ **de vídeo** video camera.
(**i**) ~**s** (*Med*) diarrhoea.
2 *nm* cameraman.

camarada *nm* (*gen*) comrade, companion; (*Pol*) comrade.

camaradería *nf* (*gen*) comradeship; (*Mil*) camaraderie; (*Dep*) team spirit.

camarera *nf* (*muchacha*) maid.

camarero/a 1 *nm/f* (**a**) (*en restaurán*) waiter/waitress. (**b**) (*Náut*) steward/stewardess. **2** *nm* (*Hist*) chamberlain.

camarilla *nf* (*gen*) pressure group; (*Pol*) (party) caucus; (*en cuerpo legislativo*) lobby.

camarín *nm* (**a**) (*Teat*) dressing room. (**b**) (*Rel*) niche for an image. (**c**) (*de tren*) sleeping compartment; (*de barco*) cabin.

camarón *nm* (*Zool*) shrimp, prawn.

camarote *nm* (*Náut*) cabin, stateroom.

camastro *nm* rickety old bed.

camayo *nm* (*Per Agr*) foreman, overseer (of a country estate).

cambalache *nm* (**a**) (*trueque*) swap, exchange. (**b**) (*LAm*) secondhand shop.

cámbaro *nm* crayfish.

cambiable *adj* (**a**) (*variable*) changeable, variable. (**b**) (*Com, Fin etc*) exchangeable.

cambiador *nm* moneychanger; (*LAm Ferro*) pointsman, switchman (*US*).

cambiante 1 *adj* changing, variable. **2** *nm* moneychanger.

cambiar [1b] **1** *vt* (**a**) (*gen*) to change; (*transformar*) turn (*en* into).
(**b**) (*Fin, Com etc*) to change, exchange (*con, por* for); ~ **libras en francos** *o* **por francos** to change pounds into francs; **¿tienes para** ~ **5000 pesetas?** can you change me a 5000 peseta note?; ~ **saludos** to exchange greetings; ~ **sellos** to swap stamps.
(**c**) (*trasladar*) to shift, move; **¿lo cambiamos a otro sitio?** shall we move it somewhere else?
2 *vi* (**a**) to change, alter; **¡cambio!** (*Rad*) over; **¡cambio y corto!** (*Rad*) over and out!; ~ **(de directorio)** (*Inform*) to change directory; ~ **a un nuevo sistema** to change *o* switch to a new system; **no ha cambiado nada** nothing has changed; **está muy cambiado** he's changed a lot.
(**b**) ~ **de** to change; ~ **de casa** to move (house); ~ **de dueño** to change hands; ~ **de idea/de ropa** to change one's mind/clothes.
(**c**) (*Met: viento*) to veer, change direction.
3 cambiarse *vr* (*gen*) to change; (*Met: viento*) to veer, change round.

cambiazo *nm* (*fam: Com*) (dishonest) switch; **dar el** ~ **a algn** to switch the goods on sb.

cambio *nm* (**a**) (*gen*) change, alteration; (*sucesión*) changeover; (*de dirección, opinión*) switch, shift; (*Dep*) substitution; (*de sitio*) shift, move (*a* to); **ha habido muchos** ~**s** there have been many changes; **el** ~ **se efectuó en 1970** the changeover took place in 1970; ~ **de domicilio** change of address; ~ **de guardia** changing of the guard; ~ **de impresiones** exchange of views; ~ **de marchas** *o* **de velocidades** gear-lever, gearshift (*US*); **con** ~ **de marchas automático** with automatic gearbox; ~ **de la marea** turn of the tide; ~ **de vía** (*Ferro*) points.
(**b**) (*Fin*) (small) change; **¿tienes** ~ **de 1000 pesetas?** can you change 1000 pesetas?, have you got change of 1000 pesetas?; **dar mal el** ~ **a algn** to shortchange sb.
(**c**) (*trueque*) exchange, barter; **libre** ~ free trade; **'admitimos su coche usado a** ~**'** 'we take your old car in part exchange'; **a** ~ **de** in exchange *o* return for; **a las primeras de** ~ at the very start; **en** ~ (*Com*) in exchange; ~ **de divisas** foreign exchange; ~ **a término** forward exchange.
(**d**) **en** ~ (*por otra parte*) on the other hand; **en** ~ **a mí no me gusta** however, I don't like it.
(**e**) (*Fin: tipo*) rate of exchange; **al** ~ **de** at the rate of.
(**f**) (*Inform*) ~ **de línea** line feed; ~ **de página** form feed.

cambista *nm* moneychanger.

Camboya *nf* Cambodia, Kampuchea.

camboyano/a *adj, nm/f* Cambodian, Kampuchean.

cambujo/a 1 *adj* swarthy. **2** *nm/f* mestizo.

cambullón *nm* (*LAm fam*) swindle.

cambur *nm* (*Ven*) banana.

cambuto *adj* (*Per*) small, squat.

camelar [1a] *vt* (**a**) (*mujer*) to flirt with. (**b**) (*persuadir*) to cajole. (**c**) (*Méx*) to spy on.

camelia *nf* camellia.

camelista *nmf* (**a**) (*cuentista*) joker. (**b**) (*halagador*) flatterer.

camelo *nm* (**a**) (*flirteo*) flirtation. (**b**) (*cuento*) joke, hoax; **dar** ~ **a algn** to make fun of sb; **a mí me da que es un** ~ I don't believe a word of it (*fam*); **¡esto es un** ~**!** it's all a swindle!

camello *nm* (**a**) (*Zool*) camel. (**b**) (*fam: traficante*) pusher, dealer (*fam*).

camellón *nm* (*Méx*) central reservation, median strip.

camerino *nm* (*Teat*) dressing room.

camero *adj* (*gen*) bed *atr*.

Camerún *nm* Cameroon.

camilla *nf* sofa, couch; (*Med*) stretcher.

camillero *nm* stretcher-bearer.

caminante *nmf* traveller, traveler (*US*), wayfarer.

caminar [1a] **1** *vt* (*recorrido*) to cover, travel. **2** *vi* (*gen*) to walk; (*viajar*) to travel, journey; **esto no camina** (*LAm*) this doesn't work.

caminata *nf* (*gen*) long walk; (*campestre*) hike, ramble; (*recorrido*) stretch.

caminero *adj*: **péon ~** navvy, road labourer, road laborer *(US)*.

camino *nm* (**a**) (*gen: esp Méx: carretera*) road; (*sendero*) track, path; **~ de acceso** approach road; **~ forestal** forest track; **~ trillado** well-trodden path; (*fig*) beaten track; **~ vecinal** country road, lane; **C~s, Canales y Puertos** (*Univ*) Civil Engineering.
(**b**) (*ruta*) way, road (*de* to), route; (*fig*) path, course; (*Inform*) path; **la vida no es ningún ~ de rosas** life's no bed of roses; **el ~ a seguir** the route to follow; **el ~ de La Paz** the La Paz road; **es el ~ del desastre** it's the road to ruin; **es el ~ a la fama** it's the path to fame; **tirar por el ~ de en medio** (*fig*) to take the middle way; **~ de** *o* **a Lima** on the way to Lima; **a medio ~** halfway (there); **en el ~** on the way, en route; **está en ~ de desaparecer** it's on its way out; **estar en ~** to be on the way; **nos quedan 20 kms de ~** we still have 20 kms to go; **es mucho ~** it's a long way; **ir por buen/mal ~** (*fig*) to be on the right/wrong track; **¿vamos por buen ~?** are we on the right road?; **traer a algn por buen ~** (*fig*) to put sb on the right track *o* road; **abrirse ~** to make one's way; **abrirse algn ~ en la vida** to get somewhere in life; **allanar el ~** to pave the way (*a algn* for sb); **echar ~ adelante** to strike out; **errar el ~** to lose one's way; **llevar a algn por mal ~** (*fig*) to lead sb astray; **ponerse en ~** to set out, start.

camión *nm* (*Aut: gen*) lorry; (*esp US*) truck; (*: Méx*) bus; **~ de la basura** dustcart, refuse lorry; **~ blindado** troop carrier; **~ de bomberos** fire engine; **~ de caja a bajo nivel** low loader; **~ cisterna** tanker, tank wagon; **~ frigorífico** refrigerator lorry; **~ de mudanzas** removal van; **~ de reparto** delivery truck; **estar como un ~** (*fam*) to look smashing *(fam)*.

camionaje *nm* haulage, cartage.

camionero *nm* (*Aut: gen*) lorry driver, truckdriver *(US)*; (*: Méx*) bus-driver.

camioneta *nf* (*camión*) van, light truck; (*coche, carro*) estate car, station wagon *(esp US)*.

camisa *nf* (**a**) shirt; **~ de fuerza** straitjacket; **estar en (mangas de) ~** to be in one's shirt-sleeves; **jugarse hasta la ~** to bet one's bottom dollar; **no le llegaba la ~ al cuerpo** he was simply terrified; **meterse en ~ de once varas** to bite off more than one can chew. (**b**) (*Bot*) skin. (**c**) (*Mec*) case, casing; **~ de agua** water jacket; **~ de gas** gas mantle. (**d**) (*de libro*) dust jacket.

camisería *nf* outfitter's (shop).

camisero 1 *adj* (*blusa, vestido*) shirt *atr*. **2** *nm* shirt maker, outfitter.

camiseta *nf* (*gen*) T-shirt; (*Dep*) shirt, top; (*ropa interior*) vest, singlet; **~ de deporte** sports shirt.

camisola *nf* (*Méx*) sports shirt.

camisón *nm* (*de noche: femenino*) nightdress, nightgown; (*de hombre*) nightshirt.

camomila *nf* camomile.

camorra *nf* quarrel; **armar ~** to kick up a row.

camorrista 1 *adj* rowdy, troublemaking. **2** *nmf* rowdy, hooligan.

camote *nm* (*LAm Bot*) sweet potato.

camotear [1a] *vi* (*Méx*) to wander about aimlessly.

campal *adj*: **batalla ~** pitched battle.

campamento *nm* camp, encampment; **~ de trabajo** labour *o (US)* labor camp; **~ de verano** holiday camp.

campana[1] *nf* (**a**) (*Rel etc*) bell; **a ~ tañida, a toque de ~** to the sound of bells; **echar las ~s a vuelo** to peal the bells; **oír ~s y no saber dónde** not to have a clue, be totally in the dark; **tañer** *o* **tocar las ~s** to peal the bells. (**b**) (*Téc*) bell-shaped object; **~ de buzo** diving bell; **~ de cristal** bell glass, glass cover. (**c**) (*LAm fam: con ladrones*) thieves' look-out man.

campana[2] *nf* (*CSur: campo*) country(side).

campanada *nf* (**a**) (*Mús*) stroke, peal (of a bell). (**b**) (*fig*) sensation; **dar la ~** to create a stir, cause a great surprise.

campanario *nm* bell *o* church tower.

campaneo *nm* pealing, chimes.

campanero *nm* (*Téc*) bell founder; (*Mús*) bell ringer.

campanilla *nf* (**a**) (*Rel etc*) small bell, handbell; (*eléctrica*) electric bell; **de (muchas) ~s** better class, grand. (**b**) (*burbuja*) bubble. (**c**) (*Anat*) uvula. (**d**) (*Cos*) tassel. (**e**) (*Bot*) bell flower.

campanillear [1a] *vi* to ring, tinkle.

campanilleo *nm* ringing, tinkling.

campante *adj* self-satisfied, smug; **siguió tan ~** he went on as if nothing had happened; **allí estaba tan ~** there he sat as cool as a cucumber.

campanudo *adj* (*Téc*) bell-shaped; (*fig: estilo*) high-flown, bombastic; (*: orador*) pompous, windy.

campánula *nf* bell flower, campanula; **~ azul** bluebell.

campaña *nf* (**a**) (*Geog: gen*) countryside; (*: llano*) plain; **tienda de ~** tent. (**b**) (*Mil, Pol*) campaign; **de ~** (*Mil*) field *atr*; **~ de venta** sales campaign; **~ electoral** election campaign; **~ publicitaria** advertising campaign, publicity campaign; **~ de protesta** campaign of protest; **hacer ~** to campaign (*en pro de, a favor de* for) (*contra* against); **lanzar una ~** to launch a campaign.

campañol *nm* vole.

campar [1a] *vi* (**a**) (*Mil etc*) to camp. (**b**) (*sobresalir*) to stand out, excel; **~ por sus respetos** to please oneself, look after oneself.

campear [1a] *vi* (**a**) (*Agr*) to go out to pasture. (**b**) (*Bot*) to show green. (**c**) (*Mil*) to reconnoitre.

campechanería, **campechanía** *nf* heartiness, cheerfulness.

campechano *adj* hearty, cheerful, genial.

campeón/ona *nm/f* champion.

campeonato *nm* championship; **de ~** (*fig*) tremendous *(fam)*, stupendous.

campera *nf* (*Arg*) windcheater, bomber jacket *(fam)*; **~ de duvet** (*CSur*) quilted jacket.

campero 1 *adj* unsheltered, (out) in the open; **fiesta ~a** open air party; **ganado ~** stock that sleeps out in the open. **2** *nm* (*Col: jeep*) four-wheel drive (vehicle).

campesinado *nm* peasantry, peasants.

campesino/a 1 *adj* (*rural*) country *atr*, rural; (*gente*) peasant *atr*; **ratón ~** field mouse. **2** *nm/f* peasant; (*rural*) countryman/-woman.

campestre *adj* country *atr*, rural.

camping ['kampin] *nm* (*pl* **~s** ['kampin]) (**a**) (*actividad*) camping; **estar** *o* **ir de ~** to go camping. (**b**) (*local*) camping site *o* ground.

campiña *nf* countryside.

campirano/a *nm/f* (*LAm*) peasant.

campista *nmf* camper.

campo *nm* (**a**) (*Geog*) country(side); **~ abierto** *o* **raso** open country; **a ~ raso** in the open; **~ a través** cross-country (running); **ir ~ travieso** to go across country; **ir al ~** to go into the country; **¿te gusta el ~?** do you like the country(side)?; **el ~ está espléndido** the countryside looks lovely; **pasar un día de ~** to spend a day in the country.
(**b**) (*Agr etc*) field; (*Dep*) ground, pitch, field *(US)*; **~ de aterrizaje** landing field; **~ de batalla** battlefield; **~ de deportes** sports ground, playing field; **~ de ejercicios** (*Mil*) drilling ground; **~ de fútbol** football pitch; **~ de golf** golf course *o* links *pl*; **~ magnético** magnetic field; **~ de minas** minefield; **~ petrolífero** oilfield; **~ santo** cemetery, churchyard; **~ de tiro** firing range; **~ visual** field of vision; **abandonar el ~** to give sth up as a bad job; **dejar el ~ libre** to leave the field open (*para* for); **quedar en el ~ de batalla** to fall in battle; **reconocer el ~** to reconnoitre; **trabajar en el ~** to work the land.
(**c**) (*Arte*) (back)ground.
(**d**) (*Mil*) camp; **~ de concentración/de internación/de trabajo** concentration/internment/labour *o (US)* labor camp; **levantar el ~** to strike camp; (*fig*) to give up.
(**e**) (*fig*) range, sphere; **el ~ de aplicación del invento** the scope of the invention; **dar ~ a** to give free range to;

dejar el ~ libre to leave the field open (*para* for); **en el ~ de las ciencias** in the field of science; **trabajo de ~** fieldwork.

camposanto *nm* cemetery, churchyard.

CAMPSA, Campsa *nf abr* (*Esp*) *de* **Compañía Arrendataria de Monopolio de Petróleos, S.A.**

campus *nm inv* (*Univ*) campus.

camuesa *nf* pippin.

camueso *nm* pippin tree.

camuflaje *nm* camouflage.

camuflar [1a] *vt* to camouflage.

can *nm* (**a**) (*hum*) dog, mutt (*fam*). (**b**) (*Mil*) trigger.

cana *nf* (*tb* **~s**) white *o* grey *o* (*US*) gray hair; **echar una ~ al aire** (*fam*) to have a fling; **faltar a las ~s** to show a lack of respect for one's elders.

canabis *nm* cannabis.

Canadá *nm*: **el ~** Canada.

canadiense *adj, nmf* Canadian.

canal[1] *nm* (**a**) (*Náut*) canal; **C~ de Panamá** Panama Canal; **~ de riego** irrigation channel.
(**b**) (*Náut: de puerto*) navigation channel.
(**c**) (*Geog*) channel, strait; **C~ de la Mancha** English Channel.
(**d**) (*Anat*) duct, tract.
(**e**) (*TV*) channel; **~ de pago** pay channel, subscription channel.
(**f**) (*Arquit*) gutter; **~es** guttering.
(**g**) (*Téc*) pipe, conduit.
(**h**) (*vía*) channel; **~es de comunicación** communication channels, lines of communication; **~ de distribución** distribution outlet; **~ de pago** method of payment.

canal[2] *nf* dressed carcass; **abrir en ~** to slit from top to bottom.

canaleta *nf* (*CSur Arq*) (roof) gutter.

canalete *nm* paddle.

canalización *nf* (**a**) (*Geog etc*) canalization, channelling, channeling (*US*). (**b**) (*Téc*) piping; (*Elec*) wiring; (*de gas etc*) mains *pl*.

canalizar [1f] *vt* (*gen*) to channel, direct; (*por tubería*) to pipe; (*río*) to canalise.

canalizo *nm* navigable channel.

canalón *nm* (**a**) (*Arquit*) drainpipe. (**b**) **~es** (*Culin*) cannelloni.

canalla 1 *nf* rabble, riffraff. **2** *nm* swine, blackguard; **¡~!** you swine!

canallada *nf* (*hecho*) dirty trick, despicable act; (*dicho*) nasty remark, vile thing (to say).

canallesco *adj* mean, despicable.

canana *nf* cartridge belt; **~s** (*LAm*) handcuffs.

canapé *nm* (**a**) (*sofá*) sofa, couch. (**b**) (*Culin*) canapé.

Canarias *nfpl* (*tb* **Islas ~**) Canaries, Canary Isles.

canario[1]**/a 1** *adj* from *o* of the Canary Isles. **2** *nm/f* Canary Islander.

canario[2] *nm* (*Orn*) canary.

canasta *nf* (**a**) (*gen*) (round) basket; (*para comida*) hamper. (**b**) (*Baloncesto*) basket. (**c**) (*Naipes*) canasta. (**d**) (*Méx Aut*) luggage rack.

canastilla *nf* (*gen*) small basket; (*de niño*) (baby's) layette.

canasto *nm* (**a**) large basket. (**b**) (*Col*) servant. (**c**) **¡~s!** good heavens!

cancán *nm* (**a**) (*Mús*) cancan. (**b**) (*ropa*) stiff, flounced petticoat; (*CSur: pantimedia*) pantyhose.

cancanear [1a] *vi* (*LAm: tartamudear*) to stammer.

cáncano *nm* louse; **andar como ~ loco** to go round in circles.

cancel *nm* (*gen*) storm door; (*tabique*) partition, thin wall; (*Méx: mampara*) folding screen.

cancela *nf* wrought-iron gate.

cancelación *nf* cancellation.

cancelar [1a] *vt* (*gen*) to cancel; (*deuda*) to write off, wipe out; (*decisión*) to cancel, annul; (*fig*) to dispel, banish (from one's mind).

cancelaría *nf* papal chancery.

cáncer *nm* (**a**) (*Med*) cancer; **~ de mama/pulmón** breast/lung cancer. (**b**) **C~** (*Astron*) Cancer.

cancerarse [1a] *vr* (**a**) (*Med: tumor*) to become cancerous; (*persona*) to get cancer. (**b**) (*fig*) to become corrupt.

cancerígeno *adj* carcinogenic.

canceroso *adj* cancerous.

canciller *nm* chancellor; **C~** (*LAm Pol*) Foreign Secretary (*Brit*), Secretary of State (*US*), Minister for Foreign Affairs.

cancillería *nf* (*en embajada*) chancery, chancellery.

canción *nf* (*gen*) song; (*Lit*) lyric, song; **~ de amor** love song; **~ de cuna** lullaby; **~ infantil** nursery rhyme; **~-protesta** protest song; **¡siempre la misma ~!** the same old story!

cancionero *nm* (*Mús*) song book, collection of songs; (*Lit*) anthology, collection of verse.

cancro *nm* (*Bot*) canker; (*Med*) cancer.

cancha[1] *nf* (*gen*) field, ground; (*de fútbol*) pitch, field (*US*); (*de tenis, pelota*) court; (*hipódromo*) racecourse; **~ de aterrizaje** landing ground; **~ de bolos** (*LAm*) bowling alley; **abrir** *o* **hacer ~** to make way, make room; **estar en su ~** (*CSur*) to be in one's element; **¡~!** (*CSur*) make way!, excuse me!; **en la ~ se ven los pingos** *o* (*Chi*) **gallos** actions speak louder than words; **tener ~** (*CSur*) to be experienced.

cancha[2] *nf* (*LAm: maíz*) toasted maize, popcorn.

canchero/a 1 *adj* (*CSur Dep*) experienced. **2** *nm/f* (*LAm Dep*) groundsman/-woman.

candado *nm* (*gen*) padlock; **poner algo bajo siete ~s** to lock sth safely away.

candeal 1 *adj*: **pan ~** white bread. **2** *nm* (*CSur Culin*) egg flip.

candela *nf* (**a**) (*vela*) candle; (*Fís*) candle power; **en ~** (*Náut*) vertical. (**b**) (*esp LAm*) fire; (*para cigarro*) light; **dar ~** to be a nuisance, be trying; **echar ~** to sparkle. (**c**) (*Bot*) blossom.

candelabro *nm* candelabra.

Candelaria *nf* Candlemas.

candelero *nm* candlestick; **estar en el ~** (*persona*) to be in the spotlight; (*tema*) to be in the news.

candente *adj* (*rojo*) red-hot; (*blanco*) white-hot; (*fig: cuestión*) burning; (*ambiente*) charged, electric; **un tema de ~ actualidad** a red-hot issue.

candidato *nm* (*gen*) candidate (*a* for); (*para puesto*) applicant (*a* for).

candidatura *nf* candidature; **presentar su ~ a un puesto** to put o.s. forward for a post.

candidez *nf* (**a**) (*simpleza*) simplicity, ingenousness; (*inocencia*) naïveté. (**b**) (*una ~*) silly remark.

cándido *adj* (*gen*) simple, ingenuous; (*inocente*) naïve.

candil *nm* (**a**) (*lámpara*) oil lamp; (*Méx: tb* **~ de prisma**) chandelier. (**b**) (*Zool*) tine, small horn.

candileja *nf* oil reservoir of a lamp; **~s** (*Teat*) footlights.

candiota *nf* wine cask.

candombe *nm* (*LAm*) African dance.

candor *nm* (*inocencia*) innocence, guilelessness; (*candidez*) frankness, candidness.

candoroso *adj* (*inocente*) innocent, guileless; (*franco*) frank, candid.

candungo *nm* (*Per*) idiot.

caneca *nf* (*vasija*) glazed earthenware pot; (*Cu: medida*) liquid measure of 19 ltrs; (*Col: cubo*) rubbish bin, garbage can (*US*).

canela *nf* cinnamon; **este torero es ~ fina** he's a brilliant bullfighter; **prueba estas gambas, son ~ fina** try these prawns they're exquisite.

canelo 1 *adj* cinnamon(-coloured *o* (*US*) -colored). **2** *nm* cinnamon tree; **hacer el ~** to act the fool.

canelón *nm* (**a**) = **canalón** (**b**). (**b**) (*carámbano*) icicle.

canesú *nm* (*Cos*) yoke.

caney *nm* (*Ven*) log cabin, hut.

cangilón *nm* (**a**) (*jarro*) pitcher; (*de noria*) bucket, scoop. **(b)** *(LAm)* cart track, rut.

cangrejo *nm* **(a)** ~ **(de mar)** crab; ~ **(de río)** crayfish; **avanzar como los ~s** to make little headway. **(b)** *(Náut)* gaff.

canguelo *nm* funk *(fam)*; **le entró un ~ justo antes de entrar** he got the jitters just before he went in *(fam)*.

canguro *nm* **(a)** *(Zool)* kangaroo. **(b)** *(fam: de niños)* child-minder; *(: de noche)* baby-sitter.

caníbal 1 *adj* cannibal(istic); *(fig)* fierce, savage. **2** *nmf* cannibal.

canibalismo *nm* cannibalism; *(fig)* fierceness, savageness.

canica *nf* marble.

canicie *nf* greyness, grayness *(US)*, whiteness (of hair).

canícula *nf* dog days *pl*, midsummer heat.

canicular *adj*: **calores ~es** midsummer heat.

caniche *nm* poodle.

canijo *adj* *(endeble)* weak, sickly; *(Méx: astuto)* sly.

canilla *nf* **(a)** *(Anat)* long bone; *(Orn)* wing bone; *(esp LAm: pierna)* shank, thin leg. **(b)** *(Téc)* bobbin, reel. **(c)** *(esp LAm: grifo)* tap, faucet *(US)*; *(de tonel)* spout, cock. **(d)** *(de tela)* rib. **(e) tener ~** *(Méx)* to be very strong.

canillera *nf* **(a)** *(Dep)* shin guard. **(b)** *(LAm)* fear, cowardice.

canillita *nm* *(And, CSur)* newsboy.

canillón, canilludo *adj* *(LAm)* longlegged.

canino 1 *adj* canine, dog *atr*; **hambre ~a** ravenous hunger. **2** *nm* canine (tooth).

canje *nm* *(gen)* exchange; *(trueque)* swap.

canjeable *adj* *(Fin)* exchangeable for cash, cashable.

canjear [1a] *vt* *(gen)* to exchange; *(trocar)* to swap.

cano *adj* grey-haired, gray-haired *(US)*, white-haired.

canoa *nf* **(a)** *(gen)* canoe; ~ **automóvil** motor boat, launch. **(b)** *(fam: porro)* joint.

canódromo *nm* dog track.

canoero/a *nm/f* *(LAm)*, **canoísta** *nmf* canoeist.

canon *nm* **(a)** *(Rel, Mús, Arte)* canon; *(Fin)* tax, levy; *(Agr)* rent. **(b) ~es** *(Rel)* canon law *sg*.

canónico *adj* canonical; **derecho ~** canon law.

canóniga *nf* nap before lunch.

canónigo *nm* canon.

canonización *nf* canonization.

canonizar [1f] *vt* *(Rel)* to canonize; *(fig)* to applaud, show approval of.

canoro *adj*: **ave ~a** songbird.

canoso *adj* *(gen)* grey-haired, gray-haired *(US)*, white-haired; *(barba)* grizzled, hoary.

canotier, canotié *nm* straw hat, boater.

cansado *adj* *(gen)* tired; *(fatigado)* weary *(de* of); *(ojos)* tired, strained; *(aburrido)* tedious, tiresome; **con voz ~a** in a weary voice; **estar ~** to be tired; **estoy ~ de hacerlo** I'm sick of doing it.

cansador *adj* *(CSur)* tiring, wearisome.

cansancio *nm* *(gen)* tiredness; *(fatiga)* weariness; *(Med)* fatigue, exhaustion; **estar muerto de ~** to be dead tired.

cansar [1a] **1** *vt* *(gen)* to tire (out), weary; *(Med)* to fatigue, exhaust; *(ojos)* to tire, strain; *(paciencia)* to try, wear out; *(Agr: tierra)* to exhaust; *(aburrir)* to bore; *(fastidiar)* to badger, bother *(con* with). **2** *vi* *(fatigar)* to be tiring; *(aburrir)* to be boring. **3 cansarse** *vr* *(gen)* to tire, get tired, grow weary *(con, de* of); *(fatigarse)* to tire o.s. out; ~ **de hacer algo** to get tired of *o* bored with doing sth; **no me canso de repetirle que tenga cuidado** I'm always telling him to take care.

cansera *nf* *(fam)* bother.

Cantabria *nf* *(gen)* Cantabria; *(frec)* Santander.

cantábrico *adj* Cantabrian; **Mar C~** Bay of Biscay.

cántabro/a *adj, nm/f* Cantabrian.

cantada *nf* *(Méx fam)* squealing *(fam)*, grassing *(fam)*.

cantaleta *nf* *(LAm)* boring repetion *o* chorus.

cantaletear [1a] *vt* *(LAm)* to repeat ad nauseam, say over and over.

cantamañanas *nmf inv* bullshitter *(fam)*.

cantante 1 *adj* singing. **2** *nmf* (professional) singer, vocalist; ~ **de ópera** opera singer.

cantaor(a) *nm/f* Flamenco singer.

cantar [1a] **1** *vt* *(gen)* to sing; *(misa)* to sing, say; **~las claras** to call a spade a spade; **~ los méritos** *etc* **de ...** to sing the praises *etc* of ....

2 *vi* **(a)** *(Mús)* to sing; *(sin música)* to chant; *(grillo etc)* to chirp; ~ **a dos voces** to sing a duet.

(b) *(fam: confesar)* to squeal, grass *(fam)*; ~ **de plano** to make a full confession.

(c) *(oler mal)* to smell bad, stink *(fam)*.

3 *nm* *(Rel etc)* song; *(Lit)* poem (set to music); **C~ de los C~es** Song of Songs; ~ **de gesta** epic poem; ~ **a algn las cuarenta** to tell sb a few home truths; **eso es otro ~** that's another story; *V* **gallo (a)**.

cántara *nf* large pitcher.

cantárida *nf* *(insecto)* Spanish fly; *(Med)* cantharides.

cantarín/ina 1 *adj* *(indviduo)* fond of singing; *(voz)* singsong, lilting. **2** *nm/f* singer.

cántaro *nm* pitcher, jug; **a ~s** in plenty; **llover a ~s** to rain buckets *o* cats and dogs.

cantata *nf* cantata.

cantautor(a) *nm/f* singer-songwriter.

cante *nm*: ~ **flamenco** *o* **jondo** Flamenco singing; **dar el ~** *(fam)* to stand *o* *(fam)* stick out a mile; **siempre van dando el ~ por la calle** they're forever out posing on the street.

cantegril(es) *nm(pl)* *(Uru)* shanty town, slum.

cantera *nf* **(a)** *(Min)* quarry, pit; ~ **de arena** sandpit; ~ **de piedra** stone quarry. **(b)** *(fig)* nursery, breeding ground; **Escocia es una ~ de grandes futbolistas** Scotland produces many talented footballers.

cantería *nf* **(a)** *(Min)* quarrying, stone cutting. **(b)** *(Arquit)* masonry, stonework.

cantero *nm* **(a)** *(Arquit)* stonemason. **(b)** ~ **de pan** crust of bread. **(c)** *(CSur: de plantas)* bed, plot.

cántico *nm* *(Rel)* canticle; *(fig)* song.

cantidad 1 *nf* *(gen)* quantity; *(Mat)* amount, number; *(Fin)* amount, sum; ~ **alzada** lump sum; **en ~** in quantity; ~ **de** *(fam)* lots of; **tengo (una) ~ de cosas que hacer** I've lots of things to do; **es ~ de chungo** *(fam)* it's really dodgy *(fam)*. **2** *adv* *(fam)* a lot, very much.

cantilena *nf* ballad, song; **la misma ~** *(fig)* the same old stuff.

cantimplora *nf* *(para agua)* water bottle, canteen; *(para licores)* hip flask.

cantina *nf* **(a)** *(Ferro)* buffet, refreshment room; *(Mil etc)* canteen, cafeteria *(US)*; *(café-bar)* snack bar; *(LAm)* bar, saloon; *(CSur: restorán)* cheap restaurant. **(b)** *(sótano)* wine cellar. **(c)** *(caja)* hamper; **~s** *(Méx: alforjas)* saddlebags.

cantinela *nf* = **cantilena**.

cantinero *nm* barman, publican.

canto[1] *nm* *(Mús)* **(a)** *(arte: gen)* singing; *(: sin música)* chanting. **(b)** *(pieza)* song; ~ **llano** plainsong; **al ~ del gallo** at cockcrow, at daybreak. **(c)** *(Lit)* song, lyric; *(capítulo)* canto.

canto[2] *nm* **(a)** *(Téc)* edge, rim; *(de cuchillo)* back; *(de pan)* crust; **ni un ~ de uña** absolutely nothing; **estar de ~** to be on edge, be on end; **le faltó el ~ de un duro** he had a narrow shave; **tener 3 cm de ~** to be 3 cm thick. **(b)** *(Min)* stone, pebble; ~ **rodado** boulder; **si no llega a las 100.000 ptas nos podemos dar con un ~ en los dientes** if it comes to less than 100,000 pesetas we can be well pleased.

cantón[1] *nm* *(esquina)* corner; *(Pol)* canton; *(Mil)* cantonment.

cantón[2] *nm* *(Cos)* cotton material.

cantonal *adj* cantonal.

cantor(a) 1 *adj*: **ave ~a** songbird. **2** *nm/f* singer.

cantuja *nf* *(Per)* underworld slang.

canturrear [1a] *vt, vi* *(sin voz)* to hum; *(cantar)* to sing

softly.
canturreo *nm* humming, soft singing.
canuto *nm* (**a**) (*Cos*) pin case. (**b**) (*tubo*) small tube; (*fam: porro*) joint *(fam)*.
caña *nf* (**a**) (*Bot: planta*) reed; (*: tallo*) stem, stalk; (*esp LAm*) sugar cane; ~ **de pescar** fishing rod; ~ **del timón** tiller, helm.
(**b**) (*Anat*) long bone; (*esp*) shinbone; (*de bota*) leg; (*de ancla*) shank.
(**c**) (*vaso*) tumbler; ~ **de cerveza** glass of draught *o (US)* draft beer; **'¡dos ~s!'** 'two beers please'.
(**d**) (*esp LAm: aguardiente*) cane liquor, cheap rum *o* brandy.
(**e**) (*Min*) gallery.
(**f**) (*fam: Aut*) **dar** *o* **meter** ~ to step on it *(fam)*; **dar** *o* **meter ~ a algn** (*fig fam: criticar*) to slag sb off; (*: dar la tabarra*) to pester sb.
cañabrava *nf* (*LAm*) reed, bamboo.
cañada *nf* (**a**) (*Geog*) gully, ravine. (**b**) (*Agr*) cattle track.
cañamazo *nm* (coarse) canvas.
cañamelar *nm* sugar-cane plantation.
cañamiel *nf* sugar-cane.
cáñamo *nm* (*Bot*) hemp; (*Cos*) hempen cloth; ~ **índico** (*CAm*) Indian hemp, marijuana plant.
cañavera *nf* reed grass.
cañaveral *nm* (*Bot*) reedbed; (*Agr*) sugar-cane field *o* plantation.
cañería *nf* (*tubería*) pipes, piping; (*tubo*) pipe.
cañizal, **cañizar** *nm* reedbed.
caño *nm* (**a**) (*tubo*) tube, pipe; (*Mús*) pipe; (*de fuente*) jet. (**b**) (*Min*) gallery.
cañón 1 *nm* (**a**) (*tubo*) tube, pipe; (*Mús*) (organ) pipe; (*de ascensor*) shaft; (*de escalera*) well; (*de fusil*) barrel; (*de pipa*) stem; **escopeta de dos ~es** double-barrelled *o (US)* -barreled gun; **escopeta de ~es recortados** sawn-off shotgun; ~ **rayado** rifled barrel; **ni a ~** *o* **~es** (*Chi, Per*) not at all, by no means.
(**b**) (*Mil*) gun; (*esp Hist*) cannon; ~ **de agua** water cannon; ~ **antiaéreo** anti-aircraft gun; **estar al pie del** ~ (*fig*) to be always *o* ever at the ready, be always on hand.
(**c**) (*Geog*) canyon, gorge.
(**d**) (*Per*) path (in mountain country).
2 *adj inv* (*fam*) fabulous *(fam)*, marvellous *o (US)* marvelous *(fam)*; **¡el hombre está ~!** what a gorgeous man!; **una noticia ~** a stunning piece of news.
cañonazo *nm* (*Mil*) gunshot; (*Ftbl*) shot, volley; **~s** gunfire, shellfire; **salva de 21 ~s** 21-gun salute.
cañonear [1a] *vt* to shell, bombard.
cañoneo *nm* shelling, gunfire.
cañonera *nf* (**a**) (*Náut: tb* **lancha ~**) gunboat. (**b**) (*LAm*) holster.
caoba *nf* mahogany.
caolín *nm* kaolin.
caos *nm* chaos.
caótico *adj* chaotic.
C.A.P. *nm abr de* **Certificado de Aptitud Pedagógica** ≈ PGCE.
cap. *abr de* **capítulo** ch.
capa *nf* (**a**) cloak, cape; ~ **de agua** waterproof cloak; ~ **del cielo** canopy of heaven; ~ **torera** bullfighter's cape; **andar de ~ caída** to be in a bad way; **defender a ~ y espada** to fight tooth and nail; **hacer de su ~ un sayo** to do as one pleases (with one's things); **de ~ y espada** cloak-and-dagger *atr*.
(**b**) (*fig*) cloak, mask; **so** *o* **bajo ~ de** on *o* under the pretext of.
(**c**) (*Geol*) layer, bed, stratum; (*Met, Anat etc*) layer; (*de polvo*) layer, film; (*Culin*) coating; (*de pintura*) coat; ~ **de ozono** ozone layer; **primera ~** undercoat, first coat; **~s sociales** social groups; **madera de tres ~s** three-ply wood.
(**d**) (*Náut*) **estar** *o* **ponerse a la ~** to lie to.
capacidad *nf* (**a**) (*Fís, Com etc*) capacity; (*cabida*) capaciousness, size; **una sala con ~ para 900** a hall that can hold 900; ~ **adquistiva** purchasing power; ~ **de carga** carrying capacity; ~ **financiera** financial standing; ~ **de ganancia** earning power; ~ **útil** effective capacity.
(**b**) (*talento*) ability, talent; (*habilidad*) competence, efficiency; **posee una gran ~ de comprensión** ha can take a lot in; **tiene una enorme ~ de trabajo** he can get through a tremendous amount of work; **tener ~ para** to have an aptitude for; **no tiene ~ para los negocios** he has no business sense.
capacitación *nf* training; **centro de ~** technical school.
capacitado *adj* qualified; **estar ~ para hacer algo** to be qualified to do sth.
capacitar [1a] *vt* (**a**) **~ a algn para algo** (*Univ etc*) to qualify sb for sth; (*Téc*) to train sb for sth. (**b**) **~ a algn para hacer algo** to empower *o* authorize sb to do sth.
capacha *nf* (*CSur fam: cárcel*) jail, clink *(fam)*.
capacho *nm* (**a**) wicker basket; (*Téc*) hod; (*LAm*) saddle-bag. (**b**) (*And, CSur*) old hat.
capar [1a] *vt* to castrate, geld.
caparazón *nm* (**a**) (*para caballo*) nosebag. (**b**) (*Zool*) shell.
caparrosa *nf* vitriol; ~ **azul** copper sulphate.
capataz *nm* foreman, overseer.
capaz *adj* (**a**) (*persona*) able, capable; (*: eficaz*) efficient, competent; **¿a que no eres ~?** bet you can't!; **¡eres ~!** I wouldn't put it past you!; **ser ~ de hacer algo** to be capable of doing sth; **es ~ de cualquier tontería** he's capable of the stupidest things; **ser ~ para un trabajo** to be qualified for the job. (**b**) (*amplio*) roomy, large; ~ **de** *o* **para** with room for, that holds. (**c**) (*LAm fam*) **(es) ~ (que)** (it is) likely/probable; **es ~ que venga mañana** he'll probably come tomorrow.
capazo *nm* Moses basket.
capcioso *adj* wily, deceitful; **pregunta ~a** trick question.
capea *nf* bullfight with young bulls.
capear [1a] **1** *vt* (**a**) (*Taur*) to play with the cape; (*fig*) to take in, deceive. (**b**) (*Náut, fig*) ~ **el temporal** to ride out *o* weather the storm. **2** *vi* (*Náut*) to ride out the storm.
capellán *nm* chaplain; ~ **castrense** military chaplain, padre *(fam)*.
capellanía *nf* chaplaincy.
Caperucita Roja *nf* (Little) Red Riding Hood.
caperuza *nf* (*de vestido*) (pointed) hood; (*Mec*) hood, cowling; (*de bolígrafo*) cap, top; ~ **de chimenea** chimney cowl.
capi *nf* (*esp LAm fam*) capital (city).
capia *nf* (*And, CSur*) white maize flour.
capicúa *nf* palindrome.
capilar 1 *adj* hair *atr*; **loción ~** hair lotion; **tubo ~** capillary. **2** *nm* capillary.
capilla *nf* (**a**) (*Rel*) chapel; ~ **ardiente** funeral chapel; ~ **mayor** choir, chancel; **estar en (la) ~** (*fig*) to be in suspense *o* on tenterhooks. (**b**) (*Mús*) choir. (**c**) (*Tip*) proof sheet; **estar en ~s** to be in proof. (**d**) (*camarilla*) clan, club.
capirote *nm* (**a**) (*Univ, Orn*) hood. (**b**) (*golpe*) flip, flick. (**c**) **tonto de ~** dunce.
capitación *nf* poll tax, capitation.
capital 1 *adj* (*gen*) capital; (*pecado*) mortal; (*característica*) chief, principal; (*importancia*) supreme, paramount; (*crimen, letra*) capital; (*punto*) essential; **lo ~** the main thing, the essential point.
2 *nm* (*Fin*) capital; ~ **activo/arriesgado/circulante** working/venture/circulating capital; ~ **emitido** issued capital; ~ **social** *o* **en acciones** share capital; ~ **improductivo** idle money; ~ **invertido** *o* **utilizado** capital employed; ~ **(de) riesgo** risk capital; **inversión de ~es** capital investment.
3 *nf* (**a**) capital (city); ~ **de provincia** provincial capital.

(**b**) (*Tip*) decorated initial capital.
capitalino/a (*LAm*) **1** *adj* of *o* from the capital. **2** *nm/f* native *o* inhabitant of the capital.
capitalismo *nm* capitalism.
capitalista *adj, nmf* capitalist.
capitalización *nf* capitalization.
capitalizar [1f] *vt* to capitalize; (*interés*) to compound.
capitán *nm* (*gen*) captain; (*fig*) leader, chief; (*Méx: en hotel*) maître d'(hôtel); ~ **de corbeta** lieutenant-commander; ~ **de fragata** commander; ~ **general (de ejército)** ≈ field marshal; ~ **general (de armada)** chief of naval operations; ~ **de navío** captain; ~ **del puerto** harbour *o (US)* harbor master.
capitana *nf* flagship.
capitanear [1a] *vt* (*equipo*) to captain; (*rebeldes etc*) to lead, command.
capitanía *nf* (**a**) (*Mil etc*) captaincy. (**b**) (*Náut*) harbour dues, harbor dues *(US)*.
capitel *nm* (*Arquit*) capital.
capitolio *nm* capitol; (*Pol*) statehouse, parliament building; **C**~ Capitol.
capitoné *nm* (*Com*) removal van.
capitoste *nm* (*fam*) big wheel *(fam)*.
capitulación *nf* (**a**) (*Mil*) capitulation, surrender; ~ **sin condiciones** unconditional surrender. (**b**) (*convenio*) agreement, pact; ~**es (de boda** *o* **matrimoniales)** marriage settlement.
capitular [1a] **1** *vt* (*Jur*) to charge (*de* with), impeach. **2** *vi* (*Mil*) to capitulate, surrender.
capituleo *nm* (*And, CSur: Pol*) lobbying.
capítulo *nm* (**a**) (*de libro*) chapter; (*de ley*) section; **eso es** ~ **aparte** that's another question altogether. (**b**) (*reprensión*) reproof, reprimand; ~ **de culpas** charge. (**c**) (*tema*) subject, matter; **en el** ~ **de las pensiones ...** on the subject of pensions ...; **ganar** ~ to make one's point. (**d**) ~**s matrimoniales** marriage contract *sg o* settlement *sg*. (**e**) (*Rel*) chapter; **llamar a algn a** ~ to call sb to account.
capo *nm* (*esp Col*) drug baron.
capó *nm* (*Aut*) bonnet, hood *(US)*.
capón¹ *nm* rap on the head.
capón² **1** *adj* castrated. **2** *nm* (*Zool*) capon; (*fam: hombre*) eunuch.
caponera *nf* (*Agr*) chicken coop.
caporal *nm* (*Mil*) corporal; (*fig*) chief, leader; (*esp LAm: capataz*) foreman (on cattle ranch).
capot [ka'po] *nm* (*Aut*) = **capó**.
capota *nf* (**a**) (*prenda*) bonnet. (**b**) (*Aer*) cowling; (*Aut*) hood, top *(US)*.
capotar [1a] *vi* (*Aut*) to turn over, overturn; (*Aer*) to nose-dive.
capote *nm* (**a**) (*capa*) cloak with sleeves; (*Taur*) bullfighter's cloak; (*Mil*) greatcoat; **decir para su** ~ to say to o.s.; **de** ~ (*Méx*) on the sly, in an underhand way; **darse** ~ (*Méx*) to give up one's job; **echar un** ~ **a algn** to give sb a helping hand. (**b**) (*ceño*) frown, scowl; (*Met*) mass of dark clouds. (**c**) (*Naipes*) slam.
capotear [1a] *vt* (**a**) (*Taur*) to play with the cape; (*engañar*) to deceive, bamboozle. (**b**) (*esquivar*) to dodge.
capotera *nf* (*LAm*) clothes hanger.
Capricornio *nm* Capricorn.
capricho *nm* (**a**) (*gen*) whim, (passing) fancy; **es un** ~ **nada más** it's just a passing whim; **por puro** ~ just to please o.s.; **entra y sale a su** ~ he comes and goes as he pleases; **hacer algo a** ~ to do sth any old how. (**b**) (*cualidad*) whimsicality, fancifulness. (**c**) (*fam: amante*) plaything *(fam)*. (**d**) (*Mús*) caprice, capriccio.
caprichoso *adj* (*gen*) capricious; (*voluntarioso*) wilful.
cápsula *nf* (*Med, Aer*) capsule; (*de botella*) cap; ~ **espacial** space capsule; ~ **fulminante** percussion cap.
capsular *adj* capsular; **en forma** ~ in capsule form.
captar [1a] *vt* (**a**) (*atención, apoyo*) to win, attract; (*voluntad*) to gain control over. (**b**) (*Téc: aguas*) to harness. (**c**) (*Rad: onda*) to tune in to; (*fig: sentido*) to get, pick up.
captura *nf* capture.
capturar [1a] *vt* to capture.
capturista *nmf* (*Méx*) typist; (*en computadora*) computer operator, keyboarder.
capucha *nf* (**a**) (*de prenda, Rel*) hood, cowl. (**b**) (*Ling*) circumflex accent.
capuchina *nf* nasturtium.
capuchino *nm* (**a**) (*Rel*) Capuchin. (**b**) (*LAm Zool*) Capuchin monkey. (**c**) (*café*) capuccino (coffee).
capullada *nf* (*fam!*) daft thing to do *o* say.
capullo *nm* (**a**) (*Zool*) cocoon. (**b**) (*Bot*) bud; ~ **de rosa** rosebud. (**c**) (*fam!: Anat*) prepuce, foreskin; **¡eres un ~!** (*fam!*) you're a daft sod! *(fam!)*.
caqui *nm* khaki; **marcar el** ~ to do national service.
cara *nf* (**a**) (*Anat*) face; ~ **de cuchillo** (*apodo*) hatchet face; ~ **a** ~ face to face; **a** ~ **descubierta** openly; **de** ~ opposite, facing; **de** ~ **al norte** facing north; ~ **al futuro** with an eye to the future; **de** ~ **a** (*fig*) in view of, with a view to; **de** ~ **a hacer algo** with a view to doing sth, in order to do sth; **mirar a algn a la** ~ to look sb in the face; **asomar la** ~ to show one's face; **se le caía la** ~ **de vergüenza** he blushed with shame; **cruzar la** ~ **a algn** to slash sb across the face; **dar la** ~ to face the consequences of what one has done; **dar la** ~ **por otro** to answer for somebody else; **dar** ~ **a** to face up to; **decir algo en** *o* **por la** ~ **de algn** to say sth to sb's face; **echar algo en** ~ **a algn** to reproach sb for sth; **lo mejor que te puedes echar a la** ~ (*fam*) the very best you could wish for; **hacer a dos** ~**s** to engage in double-dealing; **hacer** ~ **a** to face; (*enemigo etc*) to face up to, stand up to; **no mirar la** ~ **a algn** (*fig*) to be at daggers drawn with sb; **plantar** ~ **a algn** to confront sb; **romper la** ~ **a algn** to smash sb's face in; **sacar la** ~ **por algn** to stick up for sb; **tener buena** ~ (*gen*) to look good; (*comida*) to look appetising; (*enfermo*) to be looking well; **no volver la** ~ **atrás** not to flinch.
(**b**) (*aspecto*) look, appearance; **poner/tener** ~ **de** to look like; **tener** ~ **de querer hacer algo** to look as if one would like to do sth; **tener** ~ **de aburrirse** to look bored; ~ **de alegría** cheerful expression; **tiene** ~ **de pocos amigos** his face is tripping him *(fam)*; **poner** ~ **de circunstancias** to look resigned; ~ **de chiste** ridiculous expression; **mala** ~ wry face, grimace; **poner mala** ~ to grimace, make a (wry) face; **tener** ~ **de monja boba** to look all innocent; ~ **de pascua(s)** smiling face; ~ **de pijo** (*fam*) shit face *(fam!)*; ~ **de viernes** sad look; ~ **de vinagre** sour expression.
(**c**) (*descaro*) cheek, nerve; ~ **dura** cheek, nerve; **¡que ~ tienes!** what a cheek you've got; **tener** ~ **para hacer algo** to have the nerve to do sth; **tener más** ~ **que espalda**; **tener más** ~ **que un elefante con paperas** (*fam*) to have the cheek of the devil.
(**d**) (*Geom*) face; (*de disco, planeta, papel*) side; (*de moneda*) face, obverse; ~ **o cruz** heads or tails; **echar** *o* **jugar** *o* **sortear algo a** ~ **o cruz** to toss up for sth.
carabela *nf* caravel.
carabina *nf* (**a**) (*Mil*) carbine, rifle. (**b**) (*persona*) chaperone; **hacer de ~, ir de** ~ to go as chaperone.
carabinero *nm* (*Mil*) rifleman; (*de aduana*) customs officer; (*LAm*) policeman.
caracol *nm* (**a**) (*Zool*) snail; (*esp LAm: concha*) (sea) shell. (**b**) (*rizo*) curl. (**c**) (*Arquit*) spiral; **escalera de** ~ spiral *o* winding staircase.
caracolear [1a] *vi* (*caballo*) to prance about.
carácter *nm* (*pl* **caracteres**) (**a**) (*gen*) character; (*tipo*) nature, kind, condition; **de** ~ **totalmente distinto** of quite a different kind.
(**b**) (*de gente*) character; **tener buen/mal** ~ to be good-/ill-tempered; **no tiene** ~ he lacks firmness, he's a weak character.
(**c**) (*Bio*) feature, characteristic; ~ **hereditario/adquirido** inherited/acquired characteristic.
(**d**) (*Tip*) character; ~ **de letra** handwriting; ~**es de**

imprenta type(face).

(**e**) (*Inform*) ~ **alfanumérico** alphanumeric character; ~ **de cambio de página** form feed character; ~ **libre** wildcard character.

característica[1] *nf* characteristic, feature.

característico/a[2] **1** *adj* characteristic, typical (*de* of). **2** *nm/f* (*Teat*) character actor/actress.

caracterizar [1f] **1** *vt* (**a**) (*gen*) to characterize; (*distinguir*) to distinguish, set apart. (**b**) (*Teat: papel*) to play with great effect. **2 caracterizarse** *vr* (*Teat*) to make up, dress for the part.

caradura 1 *nmf* cheeky *o* brazen *o (US)* sassy person. **2** *nf* cheek *(fam)*.

carajillo *nm coffee with a dash of brandy, anis etc.*

carajo (*esp LAm fam*) **1** *nm*: **en el quinto** ~ miles away; **no entiende ni ~, no sabe ni ~ de eso** he doesn't know a damned thing about it; **¡qué coche ni que ~!** I'll car you!; **irse algo al** ~ to go to pot *o* hell *(fam)*; **no valer un** ~ to be completely worthless; **¡vete al ~!** go to hell! **2** *interj*: **¡~!** hell! *(fam)*, damn! *(fam)*, shit *(fam!)*.

caramba *interj* (*sorpresa*) good gracious!; (*qué raro*) how strange!; (*protesta*) hang it all!

carámbano *nm* icicle.

carambola *nf* (*juego*) billiards; (*golpe*) cannon; (*fig*) trick, ruse; **por** ~ by a lucky chance; **¡~s!** (*LAm fam: euf*) hell! *(fam)*, wow! *(fam)*.

caramelo *nm* (*gen*) sweet, candy *(US)*; (*Culin*) caramel; **azúcar a punto de** ~ syrupy sugar.

caramillo *nm* (**a**) (*Mús*) flageolet. (**b**) (*montón*) untidy heap. (**c**) (*chisme*) piece of gossip.

carancho *nm* (*Per: búho*) owl; (*CSur: buitre*) vulture, turkey buzzard *(US)*.

carantoñas *nfpl* (*arrumaco*) fondling *sg*; **hacer ~ a algn** (*amorosamente*) to caress sb.

caraota *nf* (*Ven*) bean.

carapacho *nm* shell, carapace.

carapintada *nm* (*Arg Mil*) rebel, rightwing officer.

caraqueño/a 1 *adj* of *o* from Caracas. **2** *nm/f* native *o* inhabitant of Caracas.

carátula *nf* (**a**) (*careta*) mask. (**b**) (*Méx: muestra de reloj*) face, dial. (**c**) (*Tip*) title page; (*de vídeo*) cover.

caravana *nf* (**a**) (*Hist*) caravan; (*Aut: de camiones*) convoy; (*: cola*) tailback, line of traffic *(US)*. (**b**) (*remolque*) caravan, trailer *(US)*. (**c**) **~s** (*CSur: pendientes*) large earrings.

caray *interj* good heavens!

carbohidrato *nm* carbohydrate.

carbólico *adj* carbolic.

carbón *nm* (**a**) (*Min*) coal; ~ **bituminoso** soft coal; ~ **de leña** charcoal. (**b**) (*Tip: tb* **papel** ~) carbon paper; **copia al** ~ carbon copy. (**c**) (*Elec*) carbon. (**d**) **¡se acabó el ~!** that's that, then!

carbonada *nf* (*And, CSur*) meat stew.

carbonato *nm* carbonate; ~ **de calcio** calcium carbonate; ~ **sódico** sodium carbonate.

carboncillo *nm* (*Arte*) charcoal; (*Aut*) carbon.

carbonera *nf* (**a**) (*mina*) coalmine. (**b**) (*de casa*) coal bunker. (**c**) (*Téc*) charcoal kiln.

carbonería *nf* coalyard.

carbonero 1 *adj* coal *atr*. **2** *nm* (**a**) (*individuo*) coal merchant, coalman. (**b**) (*Náut*) collier, coal ship.

carbónico *adj* carbonic.

carbonífero *adj* carboniferous; **la industria ~a** the coal industry.

carbonilla *nf* (*Min*) coaldust, dross; (*LAm Arte*) charcoal.

carbonización *nf* (*Quím*) carbonization.

carbonizar [1f] **1** *vt* (*Quím*) to carbonize; (*madera*) to make charcoal of; **quedar carbonizado** to be charred, be burnt to a cinder; (*Elec*) to be electrocuted. **2 carbonizarse** *vr* (*Quím*) to carbonize.

carbono *nm* carbon.

carbunclo *nm* (*Min*) carbunco; (*Med*) carbuncle.

carburador *nm* carburettor, carburetor *(US)*.

carburante *nm* fuel.

carburar [1a] *vi* (*fam*) to work, go well.

carburo *nm* carbide.

carca *adj, nmf inv* (*fam*) reactionary; (*anticuado*) square *(fam)*.

carcaj *nm* (*gen*) quiver; (*Méx*) rifle case.

carcajada *nf* (loud) laugh, guffaw; **reírse a ~s** to roar with laughter; **soltar una** ~ to burst out laughing.

carcajear [1a] *vi*, **carcajearse** *vr* to roar with laughter.

carcamal *nm* (*fam*) old fogey *(fam)*.

cárcel *nf* (**a**) prison, jail; ~ **modelo** model prison; ~ **de régimen abierto** open prison; **poner** *o* **meter en la** ~ to (send to) jail, put in prison. (**b**) (*Téc*) clamp.

carcelario *adj* prison *atr*.

carcelero 1 *adj* prison *atr*. **2** *nm* warder, jailer, guard *(US)*.

carcinoma *nm* carcinoma.

carcoma *nf* (**a**) (*insecto*) woodworm. (**b**) (*fig: cuidado*) anxiety, perpetual worry; (*: individuo*) spendthrift.

carcomer [2a] **1** *vt* (**a**) (*gen*) to bore into, eat into *o* away. (**b**) (*fig: salud etc*) to undermine. **2 carcomerse** *vr* (**a**) (*Arquit etc*) to get worm-eaten. (**b**) (*Med*) to waste away; (*fig: riqueza*) to be eaten away.

carcomido *adj* (*gen*) infested with woodworm; (*fig*) rotten, decayed.

carda *nf* (**a**) (*Bot*) teasel; (*Téc*) teasel, card. (**b**) (*acto*) carding.

cardán *nm* universal joint.

cardar [1a] *vt* (**a**) (*Téc*) to card, comb. (**b**) ~ **la lana a** to tell off, rap over the knuckles; ~ **el pelo a algn** to backcomb sb's hair.

cardenal *nm* (**a**) (*Rel*) cardinal. (**b**) (*Med*) bruise, mark, weal. (**c**) (*Chi*) geranium.

cardenillo *nm* verdigris.

cárdeno *adj* purple, violet; (*agua*) opalescent.

cardíaco *adj* cardiac, heart *atr*; **ataque** ~ heart attack.

cardinal *adj* cardinal.

cardiograma *nm* cardiogram.

cardiología *nf* cardiology.

cardiólogo/a *nm/f* cardiologist, heart specialist.

cardo *nm* thistle; **es un** ~ (*fam: insociable*) he's a prickly customer *(fam)*; (*feo*) he's as ugly as sin *(fam)*.

cardume(n) *nm* (**a**) (*Pesca*) shoal. (**b**) (*And, CSur fam: muchos*) great number, mass; **un ~ de gente** a lot *o* a crowd of people.

carear [1a] **1** *vt* (*personas*) to bring face to face; (*textos etc*) to compare. **2 carearse** *vr* to come face to face.

carecer [2d] *vi*: ~ **de** to lack, be without; (*necesitar*) to need, want; **carece de talento** he lacks talent, he has no talent; **no carecemos de dinero** we're not short of money; **eso carece de sentido** that doesn't make sense.

carencia *nf* (*gen*) lack (*de* of), shortage (*de* of); (*Econ*) scarcity; (*Med etc*) deficiency.

carente *adj*: ~ **de** lacking (in), devoid of.

careo *nm* (*Jur*) confrontation, meeting (face to face).

carestía *nf* (*escasez*) scarcity, shortage; (*Com*) high price(s), high cost; ~ **de la vida** high cost of living; **época de** ~ (*gen*) period of shortage; (*Com etc*) time of rising prices.

careta *nf* mask; ~ **antigás** gasmask; **quitar la ~ a algn** to unmask sb.

carey *nm* (*materia*) tortoiseshell; (*Zool*) turtle.

carga *nf* (**a**) (*gen*) load; (*Náut*) cargo; (*Ferro*) freight; (*Aut*) tare, permitted load; (*fig*) burden, weight; (*Inform*) loading; ~ **aérea** (*Com*) air cargo; ~ **afectiva** *o* **emocional** emotional impact *o* import; ~ **fiscal** tax burden; **en plena** ~ under full load; **bestia de** ~ beast of burden; **buque de** ~ freighter.

(**b**) (*Elec*) charge; ~ **máxima** peak load; **hilo con** ~ live wire.

(**c**) (*Mec*) load; ~ **fija** *o* **muerta** dead load; ~ **de pago** *o* **útil** payload.

(**d**) (*explosivo*) charge; ~ **explosiva** explosive charge; ~ **de profundidad** depth charge.

(**e**) (*Fin*) tax, duty.

(**f**) (*Jur*) duty, obligation; (*Pol*) responsibility; ~ **de familia** dependent relative; ~ **personal** personal commitments; **llevar la** ~ (*fam*) to carry the can *(fam)*.

(**g**) (*Mil: ataque*) charge, attack; ~ **de caballería** cavalry charge; **volver a la** ~ (*fig*) to return to the fray.

(**h**) (*acto*) loading; **andén de** ~ loading platform; **'permitido ~ y descarga'** 'loading and unloading'.

cargada *nf* (*Méx*): **ir a la** ~ to jump on the bandwagon.

cargadero *nm* loading platform.

cargado 1 *pp de* **cargar**. **2** *adj* (**a**) (*gen*) loaded, under load; (*esp fig*) laden, burdened (*de* with); **estar ~ (de vino)** to be drunk; **estar ~ de años** to be very old, be weighed down with age; **estar ~ de razón** to be absolutely right; **ser ~ de espaldas** to be round-shouldered. (**b**) (*Elec*) live, charged. (**c**) (*Mil*) ~ **(con bala)** live. (**d**) (*café etc*) strong. (**e**) (*cielo*) overcast; (*atmósfera*) heavy, close.

cargador *nm* (**a**) (*persona*) loader; (*Náut*) docker, stevedore; (*: de horno*) stoker. (**b**) (*de arma*) chamber; (*de bolígrafo*) filler; ~ **de acumuladores** *o* **de baterías** battery charger; ~ **de discos** (*Inform*) disk pack.

cargamento *nm* (*Aut*) load; (*Náut*) cargo; **un ~ de botellas** (*fam*) masses of bottles.

cargante *adj* (*gen*) annoying; (*tarea*) irksome; (*persona*) trying.

cargar [1h] **1** *vt* (**a**) (*camión, pistola, Inform, Fot*) to load (*de* with; *a, en* on); (*mechero, pluma*) to fill; (*esp fig*) to burden, weigh down (*de* with).

(**b**) (*Elec*) to charge.

(**c**) (*horno*) to stoke.

(**d**) (*recargar: maleta*) to make too heavy; (*: decoración*) to overdo; ~ **las tintas** to exaggerate; ~ **la mano con las tintas** to overdo it, go over the top.

(**e**) (*impuesto*) to impose (*sobre* on); (*Com, Fin*) to charge, debit (*en cuenta a* to, to the account of).

(**f**) (*acusar*) ~ **algo a algn, cargar a algn con algo** to charge sb with sth, accuse sb of sth; ~ **las culpas (de algo) a algn** to put the blame (for sth) on sb.

(**g**) (*Mil*) to charge, attack.

(**h**) (*LAm*) to carry, use; ~ **anteojos** to wear glasses; ~ **revólver** to carry a gun.

(**i**) (*fam: fastidiar*) to annoy; **esto me carga** this gets on my nerves.

2 *vi* (**a**) (*Aut*) to load (up); (*Náut*) to take on (a) cargo.

(**b**) ~ **con** (*objeto: levantar*) to pick up; (*: llevar*) to carry; (*fig: culpa, responsabilidad*) to shoulder; (*consecuencias*) to suffer.

(**c**) ~ **en** *o* **sobre** to lean on *o* against; (*Arquit etc*) to rest on, be supported by.

(**d**) (*Ling: acento*) to fall (*en, sobre* on).

3 cargarse *vr* (**a**) ~ **algo** to take sth on o.s.; ~ **de algo** to be full of *o* loaded with sth; (*fig*) to get one's fill of sth; ~ **de años** to get very old; **el árbol se carga de manzanas** the tree produces apples in abundance; ~ **de hijos** to have too many children.

(**b**) (*Elec*) to become charged, become live.

(**c**) (*cielo*) to become overcast; (*atmósfera*) to become oppressive.

(**d**) (*fam: romper*) to smash, break; **¡te lo has cargado!** (*fam*) you've broken it!

(**e**) (*fam: Educ*) ~ **a algn** to fail sb.

(**f**) (*Esp fam: matar*) ~ **a algn** to bump sb off *(fam)*.

(**g**) **cargársela** (*fam*) to get into hot water *(fam)*, get it in the neck *(fam)*.

cargazón *nf* (**a**) (*Med*) heaviness. (**b**) (*Met*) mass of heavy cloud.

cargo *nm* (**a**) (*carga*) load, weight.

(**b**) (*fig*) burden; ~ **de conciencia** burden on one's conscience.

(**c**) (*Com*) charge, debit; **una cantidad en ~ a algn** a sum to be charged to sb; **girar a ~ de, librar a ~ de** to draw on.

(**d**) (*empleo*) post, office; (*Teat, fig*) part; **alto** ~ (*puesto*) top post; (*persona*) top *o* senior official; **alto ~ directivo** (*puesto*) senior management position; (*grupo*) top *o* senior management; ~ **estelar** star role; **jurar el** ~ to take the oath of office, be sworn into office.

(**e**) (*obligación*) duty, responsibility; (*custodia*) charge, care; **a ~ de** in the charge of; **tener algo a su** ~ to be in charge of sth; **hacerse ~ de** to take charge of *o* responsibility for; **hacerse ~ de todas las circunstancias** to weigh up *o* consider all the circumstances; **el ejército se hizo ~ del poder** the army took (over) power.

(**f**) (*Jur*) charge.

cargosear [1a] *vt* (*LAm*) to pester, annoy.

cargoso *adj* (*LAm*) annoying.

carguero *nm* (**a**) (*Náut*) cargo boat; (*Aer*) freight plane; ~ **militar** (military) transport craft. (**b**) (*And, CSur: bestia de carga*) beast of burden.

cariacontecido *adj* crestfallen, down in the mouth.

cariado *adj* decayed.

caribe 1 *adj* Caribbean; **Mar C~** Caribbean (Sea). **2** *nmf* Carib.

caricatura *nf* (*gen*) caricature; (*en periódico etc*) cartoon.

caricaturesco *adj* absurd, ridiculous.

caricaturista *nmf* (*gen*) caricaturist; (*de periódico etc*) cartoonist.

caricaturizar [1f] *vt* to caricature.

caricia *nf* (**a**) (*a persona*) caress; (*a animal*) pat, stroke; **hacer ~s** to caress, stroke. (**b**) (*fig*) endearment.

caridad *nf* charity; **obra de** ~ act of charity; **hacer ~ a algn** to give alms to sb.

caries *nf inv* (**a**) (*Med*) dental decay, caries. (**b**) (*Agr*) blight.

carilargo *adj* long-faced.

carilla *nf* (*Tip*) page.

cariño *nm* (**a**) (*afecto*) affection, fondness (*a, por* for); **hecho con** ~ done with love; **sentir ~ por algn, tener ~ a algn** to like sb, be fond of sb; **tomar ~ a** to take a liking to, get fond of. (**b**) (*LAm: caricia*) caress, stroke; (*: regalo*) gift, token (of affection). (**c**) **con ~s** (*en carta*) love. (**d**) ~ darling, honey.

cariñoso *adj* affectionate.

carioca 1 *adj* (*LAm*) of *o* from Rio de Janeiro. **2** *nmf* native *o* inhabitant of Rio de Janeiro.

carisma *nm* charisma.

carismático *adj* charismatic.

caritativo *adj* charitable (*con, para* to).

cariz *nm* (*gen*) look, aspect; (*Met, fig*) outlook; **este asunto toma mal** ~ I don't like the look of this; **en vista del ~ que toman las cosas** in view of the way things are going.

carlinga *nf* cockpit, cabin.

carmelita *adj, nmf* Carmelite.

Carmen *nm* (*Rel*) Carmelite Order.

carmesí *adj, nm* crimson.

carmín *nm* (**a**) (*color*) carmine; ~ **de labios** lipstick. (**b**) (*Bot*) dog rose.

carminativo *adj* carminative, anti-flatulence.

carnada *nf* bait.

carnal *adj* (**a**) (*Rel*) carnal, of the flesh. (**b**) (*pariente*) full, blood; **hermano** ~ full brother; **primo** ~ first cousin.

carnaval *nm* carnival; **martes de** ~ Shrove Tuesday.

carne *nf* (**a**) (*Anat*) flesh; ~ **de gallina** (*fig*) gooseflesh, goosepimples *sg*; **me pone la ~ de gallina** it gives me goose bumps; (*fig*) it gives me the creeps; **de ~ y hueso** flesh and blood; **de abundantes** *o* **muchas/pocas ~s** fat/thin; **en ~ viva** on the raw; **cobrar** *o* **criar** *o* **echar ~s** to put on weight; **ser de ~ y hueso** to be only human.

(**b**) (*Culin*) meat; ~ **adobada** marinated meat; ~ **de cerdo** *o* (*LAm*) **de chancho/de cordero/de ternera/de vaca** *o* (*LAm*) **de res** pork/lamb/veal/beef; ~

cruda/asada/congelada raw/roast/frozen meat; ~ **magra** lean meat; ~ **picada** mince, ground meat *(US)*; ~ **de cañón** *(fig)* cannon-fodder; **poner toda la ~ en el asador** to go the whole hog, stake one's all.
(**c**) *(Bot)* flesh, pulp; *(LAm: cerne)* heart(wood).
(**d**) *(Rel)* flesh, carnality.

carné *nm* = **carnet**.

carneada *nf (Arg)* slaughter(ing).

carnear [1a] *vt* (**a**) *(CSur: ganado)* to slaughter (and dress); *(fig)* to murder, butcher. (**b**) *(Chi)* to deceive, take in *(fam)*.

carnero *nm* (**a**) *(Zool)* sheep, ram; ~ **marino** seal. (**b**) *(Culin)* mutton. (**c**) *(piel)* sheepskin. (**d**) *(CSur)* blackleg, scab *(fam)*.

carnestolendas *nfpl* Shrovetide.

carnet [kar'ne] *nm* (*pl* ~**s** *o* **carnés** [kar'nes]) *(librito)* notebook; *(de banco)* bank book; ~ **de conducir** driving licence *o (US)* license; ~ **de identidad/de socio** identity/membership card; **miembro con** ~ card-carrying member.

carnicería *nf* (**a**) *(Com)* butcher's (shop). (**b**) *(fig)* slaughter, carnage; **hacer una** ~ **de** to massacre, slaughter.

carnicero 1 *adj* (**a**) *(Zool)* carnivorous, flesheating; *(Orn)* of prey. (**b**) *(fig)* cruel, bloodthirsty. **2** *nm* (**a**) *(gen)* butcher. (**b**) *(Zool)* carnivore.

cárnico *adj* meat *atr*; **industria ~a** meat industry.

carnívoro 1 *adj* carnivorous, flesh-eating. **2** *nm* carnivore.

carnosidad *nf* (**a**) *(gen)* fleshiness; *(gordura)* corpulence. (**b**) *(Med)* proud flesh.

carnoso *adj* meaty.

caro 1 *adj* (**a**) *(querido)* dear, beloved; **las cosas que nos son tan ~as** the things which are so dear to us. (**b**) *(Com)* dear, expensive. **2** *adv* dear, dearly; **le costó muy** ~ it cost him dear; **eso sale bastante** ~ that comes rather expensive; **vender** ~ to sell at a high price.

carota *nmf (fam)* cool customer *(fam)*.

carpa[1] *nf (pez)* carp; ~ **dorada** goldfish.

carpa[2] *nf (circo)* big top; *(esp LAm: tienda de campaña)* tent; *(: lona)* awning.

carpanta *nf* (**a**) *(fam: hambre)* ravenous hunger. (**b**) *(Méx)* gang.

Cárpatos *adj*: **Montes** ~ Carpathians.

carpeta *nf* (**a**) *(para guardar papeles)* folder, file; *(cartera)* briefcase. (**b**) *(de mesa)* (green baize) table cover.

carpetazo *nm*: **dar ~ a** to shelve, do nothing about.

carpidor *nm (LAm)* weeding hoe.

carpintería *nf* (**a**) *(arte, oficio)* carpentry, joinery; *(afición)* woodwork. (**b**) *(taller)* carpenter's shop.

carpintero *nm* (**a**) *(Téc)* carpenter; ~ **de blanco** joiner. (**b**) *(Orn)* woodpecker.

carraca *nf* (**a**) *(coche)* old crock; *(barco)* tub. (**b**) *(Mús, Dep)* rattle.

carraspear [1a] *vi (hablar)* to be hoarse, have a frog in one's throat; *(aclararse)* to clear one's throat.

carraspera *nf* hoarseness.

carrasposo *adj* (**a**) *(Med)* hoarse, having a sore throat. (**b**) *(LAm)* rough, harsh.

carrera *nf* (**a**) *(acción)* run(ning); **a ~ tendida** at full speed, all out; **a la** ~ at (full) speed; **de** ~ hastily; **dar ~ libre a** to give free rein to; **darse una ~ para hacer algo** to be battling against the clock to do sth; **hacer la** ~ *(fam: puta)* to walk the streets; *(gen)* to be on the game *(fam)*; ~ **del oro** goldrush.
(**b**) *(Dep)* race; *(Béisbol)* run; **~s** races, racing; **caballo de ~(s)** racehorse; **coche de ~s** racing car; ~ **de armamentos** arms race; ~ **de caballos** horse race; ~ **corta** dash, sprint; ~ **de fondo** long-distance race; ~ **de obstáculos** obstacle race; *(de caballos)* steeplechase; ~ **pedestre** walking race; ~ **de relevos** relay race; ~ **de vallas** *(de corredores)* hurdle race, hurdles; *(de caballos)* steeplechase; **abrir** ~ to set the pace.
(**c**) *(Aut: de taxi)* ride, journey.
(**d**) *(fig)* career, profession; **diplomático de** ~ career diplomat; **hacer** ~ to get on in the world, make headway.
(**e**) *(Univ)* course, studies; **cuando termine la** ~ when he qualifies.
(**f**) *(en medias)* run, ladder.
(**g**) *(Astron)* course; **la ~ del sol** the course of the sun.
(**h**) *(curso: de pistón)* stroke.

carrerilla *nf*: **a** ~ non-stop, continuously; **de** ~ on the trot, in succession; **lo dijo de** ~ he reeled it off; **tomar** ~ to take a run up.

carreta *nf (gen)* waggon, cart; *(Col, Ven)* wheelbarrow.

carretada *nf* cart load; **a ~s** in loads, galore.

carrete *nm (Fot)* reel, spool; *(Cos)* reel, bobbin; *(Elec)* coil; *(Pesca)* reel; ~ **de encendido** *(Aut)* ignition coil; ~ **de inducción** *(Elec)* induction coil; **dar ~ a algn** *(fig)* to keep sb guessing *o* in suspense; **tiene ~ para rato** she could gab all day *(fam)*.

carretera *nf* (main) road, highway; **por** ~ by road; ~ **de acceso** approach road; ~ **de circunvalación** *o* **periférica** bypass, ring road; ~ **nacional** primary *o* A road, state highway *(US)*; ~ **comarcal** B road.

carretero *nm* cartwright, wheelwright; **fuma como un** ~ he smokes like a chimney; **jurar como un** ~ to swear like a trooper.

carretilla *nf* (**a**) *(tb* ~ **de mano)** handcart, barrow; *(Agr)* wheelbarrow; *(en tienda)* trolley; ~ **de horquilla** fork-lift truck. (**b**) *(buscapiés)* squib, cracker. (**c**) *(CSur: quijada)* jaw, jawbone. (**d**) *(Col: serie)* lot, series. (**e**) **saber algo de** ~ to know sth by heart.

carretón *nm* small cart; ~ **de remolque** trailer.

carricuba *nf* water cart.

carril *nm* (**a**) *(huella)* rut, track; *(camino)* cart track, lane; *(Aut, Dep)* lane; *(Agr)* furrow; **entrar en (el)** ~ *(fig)* to get on the right track. (**b**) *(Ferro)* rail; **~es** track *sg*.

carrilano *(Chi)* **1** *adj* railway *atr*, railroad *atr (US)*. **2** *nm* railway labourer, railroad laborer *(US)*.

carrillo *nm* (**a**) *(Anat)* cheek, jowl; **comer a dos ~s** to eat greedily, stuff o.s.. (**b**) *(Téc)* pulley.

carrito *nm (tb* ~ **de la compra)** trolley, cart *(US)*.

carrizal *nm* reedbed.

carrizo *nm* reed.

carro *nm* (**a**) cart, wagon; *(Hist: tb* ~ **de guerra)** chariot; *(LAm: coche)* car, automobile; *(: autobús)* bus, coach; *(Mil)* tank; *(de supermercado)* (shopping) trolley; ~ **alegórico** float; ~ **blindado** armoured *o (US)* armored car; ~ **de combate** tank; ~ **cuba** tank truck; ~ **de mudanzas** removal van; **aguantar ~s y carretas** to put up with anything; **apearse del** ~ *(fam)* to leave off, give it a rest *(fam)*; **¡pare Ud el ~!** hold your horses!; **tirar del** ~ *(fig)* to do all the donkey work; **untar el ~ a algn** to grease sb's palm.
(**b**) *(carga)* cartload.
(**c**) *(de máquina de escribir)* carriage.

carrocería *nf* (**a**) *(taller)* coachbuilder's. (**b**) *(Aut etc)* bodywork, coachwork.

carrocero *nm* coachbuilder.

carrocha *nf* eggs *of insect*,.

carroña *nf* carrion.

carroza *nf* (**a**) (state) coach, carriage; *(de carnaval)* float; ~ **fúnebre** hearse. (**b**) *(Náut)* awning. (**c**) *(fam)* old fogey *(fam)*.

carruaje *nm* carriage.

carrusel *nm* (**a**) *(de verbena)* merry-go-round, roundabout. (**b**) *(Fot)* carrousel, circular slide-tray.

carta *nf* (**a**) *(gen)* letter; ~ **abierta/adjunta/aérea** open/covering/air letter; ~ **de ajuste** *(TV)* test card; ~ **amorosa** *o* **de amor** love letter; **~-bomba** letter bomb; ~ **certificada** registered letter; **~s credenciales** credentials; ~ **de crédito** letter of credit; ~ **de crédito documentaria** *(Com)* documentary letter of credit; ~ **de crédito irrevocable** irrevocable letter of credit; ~ **de emplaza-**

miento summons; ~ **de pedido** (*Com*) order; ~ **de pésame** letter of condolence; ~ **de porte** bill of lading; ~ **de recomendación** letter of introduction (*para* to); ~ **de solicitud** application; ~ **urgente** special-delivery letter; **echar una ~ al correo** to post a letter.
(**b**) (*Jur*) document, deed; (*Hist, Pol*) charter; ~ **blanca** carte blanche; ~ **de ciudadanía** naturalization papers; ~ **de pago** receipt, discharge in full; ~ **de venta** bill of sale; ~ **verde** (*Aut*) green card; **a ~ cabal** thoroughly, in every respect; **¡~ canta!** there it is in black and white!; **tomar ~s en el asunto** to get involved (in the affair).
(**c**) (*Geog*) map; ~ **marítima** chart; ~ **astral** star chart.
(**d**) (*Naipes*) playing card; ~ **de figura** picture card; **a ~s vistas** openly, honestly; **echar las ~s a algn** to tell sb's fortune (with cards); **enseñar las ~s** (*fig*) to show one's hand; **poner las ~s boca arriba** *o* **sobre la mesa** to put one's cards on the table; **no saber a qué ~ quedarse** not to know what to think, be undecided.
(**e**) (*Culin*) menu; ~ **de vinos** wine list; **a la ~** à la carte.

cartabón *nm* (*de dibujante*) set square, triangle *(US)*; (*Mil*) quadrant.

cartapacio *nm* (*cuaderno*) notebook; (*Escol*) satchel.

cartear [1a] **1** *vi* (*Naipes*) to play low. **2 cartearse** *vr* to correspond (*con* with).

cartel *nm* (*Pol etc*) poster; (*Teat etc*) bill; (*Escol*) wall chart; (*Cine*) list of credits; ~ **de escaparate** window card; **torero de ~** star bullfighter; **estar en ~** to be showing, be on; **tener ~** to be a hit, be all the rage; **'se prohibe fijar ~es'** 'post no bills'.

cártel *nm* (*Com*) cartel, trust.

cartelera *nf* (*gen*) hoarding, billboard; (*en periódico*) entertainments, what's on section *(fam)*; **se mantuvo en la ~ durante 3 años** it ran for 3 years.

carteo *nm* correspondence, exchange of letters.

cárter *nm* (*Mec*) housing, case; ~ **de cigüeñal** crankcase.

cartera *nf* (**a**) (*gen*) wallet, pocketbook; (*Cos*) pocket flap; (*de colegial*) satchel, schoolbag; (*LAm*) handbag, purse *(US)*; ~ **de bolsillo** wallet; ~ **de mano** briefcase; ~ **de pedidos** (*Com*) order book. (**b**) (*Pol*) portfolio, ministerial post; **ministro sin ~** minister without portfolio; **proyecto en ~** plan in the pipeline. (**c**) (*Fin*) portfolio, holdings; **efectos en ~** holding, stocks.

carterista *nmf* pickpocket.

carterita *nf*: ~ **de fósforos** (*esp LAm*) book of matches.

cartero *nm* postman, mailman *(US)*.

cartílago *nm* cartilage.

cartilla *nf* (**a**) (*Escol*) primer, first reader; **cantar** *o* **leer la ~ a algn** to give sb a severe ticking off. (**b**) ~ **de ahorros** bank book; ~ **de seguro** *o* **seguridad** social security card. (**c**) (*Rel*) certificate of ordination; (*Mil*) record.

cartografía *nf* cartography, mapmaking.

cartógrafo/a *nm/f* cartographer, mapmaker.

cartomancia *nf* fortune-telling.

cartón *nm* (**a**) (*material*) cardboard; (*de libro*) board; ~ **ondulado** corrugated cardboard; ~ **piedra** papier mâché. (**b**) (*Arte*) cartoon. (**c**) (*caja*) (cardboard) box; (*esp de tabaco*) carton; ~ **de huevos** eggbox.

cartoné *nm*: **en ~** (*libro*) (bound) in boards.

cartuchera *nf* cartridge belt.

cartucho *nf* (**a**) (*Mil*) cartridge; ~ **en blanco** blank cartridge. (**b**) (*bolsita*) paper cone; (*de monedas*) roll. (**c**) ~ **de datos** (*Inform*) data cartridge.

Cartuja *nf* (*Rel*) Carthusian order.

cartujano *adj, nm* Carthusian.

cartulina *nf* fine cardboard, card.

CASA *nf abr* (*Esp*) *de* **Construcciones Aeronáuticas, S.A.** ≈ BAe.

casa *nf* (**a**) (*gen*) house; (*piso*) flat, apartment; (*edificio*) building; ~ **de campo** country house; ~ **de citas** *o* **de putas** (*fam*) brothel; ~ **consistorial** town hall; ~ **de huéspedes** boarding house; ~ **de juego** gambling house; ~ **de locos** loony bin *(fam)*, asylum; (*fig*) madhouse; ~ **de pisos** block of flats; **~-refugio** women's refuge; ~ **de socorro** first-aid post *o (US)* station; ~ **de vecindad** block of tenements; **como una ~** (*fam*) massive.
(**b**) (*hogar*) home; (*residencia*) residence, house; ~ **y comida** board and lodging; **¿dónde tiene Ud su ~?** where is your home?; **está en ~ Dios** (*fam*) it's miles away *(fam)*, it's far away; ~ **paterna** family home; ~ **solariega** family seat, ancestral home; **es una ~ alegre** it's a happy home; **ir a ~** to go home; **ir hacia ~** to head for home; **ir a ~ de Juan** to go to John's (house); **salir de ~** to leave home; **estar en ~** to be at home, be in; **¿está la señora en ~?** is the lady of the house in?; **estar fuera de ~** to be out, be away from home; **estar por la ~** to be about the house; **de ~** home *atr*, household; (*ropa*) indoor; (*animal*) pet; **estar de ~** to be in one's ordinary clothes; **una explicación de andar por ~** a rough-and-ready explanation.
(**c**) (*hogar: locuciones*) **abandonar la ~** to leave home, move out; **echar la ~ por la ventana** (*gastar*) to spare no expense; (*pasarlo bien*) to have a wild time; **empezar la ~ por el tejado** to put the cart before the horse; **está Ud en su ~** you're very welcome, make yourself at home; **franquear la ~ a algn** to open one's house to sb; **hacer ~** to get rich; **llevar la ~** to keep house, run the house; **poner ~** to set up house; **poner ~ a una mujer** to set a woman up in a little place; **sentirse como en su ~** to feel at home; **no tener ~ ni hogar** to be homeless.
(**d**) (*Dep*) home (ground); **equipo de ~** home team.
(**e**) (*Com, Fin*) firm, business house; ~ **armadora** shipbuilding company; ~ **bancaria** *o* **de banca** banking house; ~ **central** head office; ~ **de discos** record company; ~ **editorial** publishing house; ~ **de (la) moneda** mint.
(**f**) (*linaje*) line, family; ~ **real** royal house.

casabe *nm* cassava.

casaca *nf* dress coat; (*And, CSur*) blouson, zip jacket; ~ **de montar** riding coat; **cambiar de ~** to be a turncoat.

casadero *adj* marriageable.

casado/a 1 *adj* married; **mal ~** unhappily married; **estar ~** to be married (*con* to); **estar ~ a media carta** to live in sin. **2** *nm/f* married man/woman; **los recién ~s** the newlyweds. **3** *nm* (*Tip*) imposition.

casamentero/a *nm/f* matchmaker.

casamiento *nm* marriage, wedding (ceremony); ~ **por amor** love match; ~ **a la fuerza** shotgun wedding.

casar [1a] **1** *vt* (**a**) (*suj: cura*) to marry, join in wedlock. (**b**) (*suj: padre*) to marry (off), give in marriage (*con* to). (**c**) (*fig*) to pair, match; (*colores*) to match (up); (*Tip*) to impose. (**d**) (*Jur*) to quash. **2** *vi* (*fig*) to match, harmonize. **3 casarse** *vr* to marry, get married; **A se casó con B** A married B; **¿cuándo te vas a ~?** when are you getting married? ; **volver a~, ~ en segundas nupcias** to marry again; ~ **por lo civil** to have a civil wedding; **¡cásate y verás!** you'll live to regret it!

casba(h) *nf* kasbah.

cascabel *nm* (**a**) (*campana*) (little) bell. (**b**) **serpiente ~** rattlesnake.

cascabelear [1a] **1** *vt* to take in *(fam)*, beguile. **2** *vi* (**a**) (*LAm*) to jingle, tinkle. (**b**) (*fig*) to act recklessly.

cascabeleo *nm* jingling, tinkling.

cascabillo *nm* (*Bot*) husk.

cascada *nf* waterfall, cascade.

cascado *adj* (**a**) (*gen*) broken (down); (*individuo*) infirm, worn out. (**b**) (*voz*) cracked; (*piano etc*) tinny.

cascajo *nm* (**a**) (*guijo*) (piece of) gravel; (*de vasija*) fragments, sherds. (**b**) (*trastos*) junk, rubbish; **estar hecho un ~** to be a wreck.

cascanueces *nm inv* nutcracker; **un ~** a pair of nutcrackers.

cascar [1g] **1** *vt* (**a**) (*gen*) to split, break (open); (*nuez*) to crack. (**b**) (*fam: pegar*) to bash; (*Dep*) to wipe the floor with. (**c**) **~la** (*fam*) to kick the bucket *(fam)*. **2** *vi* to chatter, talk too much; (*fam: morir*) to kick the bucket *(fam)*. **3 cascarse** *vr* (**a**) (*gen*) to crack, break (open).

(**b**) (*salud*) to crack up; (*voz*) to break, crack.

cáscara *nf* (*gen*) shell; (*de grano*) husk; (*de fruta*) rind, skin; ~ **de huevo** eggshell; ~ **de limón** lemon peel; ~ **de plátano** (*tb fig*) banana skin; **patatas cocidas con** ~ potatoes in their jackets; **no hay más ~s** there's no other way out (*fam*).

cascarón *nm* (broken) eggshell; **meterse en su** ~ to go into one's shell; **es recién salido del** ~ he's a bit wet behind the ears.

cascarrabias *nmf inv* quick-tempered person.

cascarriento *adj* (*CSur fam*) filthy, greasy, mucky (*fam*).

casco *nm* (**a**) (*Mil etc*) helmet; (*copa de sombrero*) crown; ~ **de acero** steel helmet; ~ **azul** soldier of a UN peacekeeping force; ~ **protector** crash helmet; **~s** (*fam*) headset, headphones.

(**b**) (*Anat*) skull; (*fam*) nut (*fam*); **ligero de ~s** scatterbrained, frivolous; **calentarse** *o* **romperse los ~s** to rack one's brains; **sentar los ~s** to settle down.

(**c**) (*de vasija*) fragment, sherd.

(**d**) (*de cebolla*) skin, coat.

(**e**) (*tonel*) cask, barrel; (*botella*) returnable bottle.

(**f**) (*Náut*) hull.

(**g**) (*Zool*) hoof.

(**h**) (*Mec*) casing.

(**i**) (*Arquit*) inner city; (*LAm Agr*) ranchhouse, ranch and outbuildings; **el ~ urbano** inner city, area within city limits; **el ~ antiguo de la ciudad** the old quarter *o* part of the city.

cascote *nm* (piece of) rubble.

cáseo *nm* curd.

caserío *nm* country house.

casero/a 1 *adj* (**a**) (*gen*) domestic, household *atr*; (*Culin*) home-made; (*ropa*) house *atr*, indoor. (**b**) (*persona*) home-loving. **2** *nm/f* (*propietario*) landlord/landlady; (*Com*) house agent, property manager (*US*).

caserón *nm* large (ramshackle) house.

caseta *nf* (*de feria*) stand; (*de bañista*) changing room; ~ **de perro** kennel, doghouse (*US*); ~ **del timón** (*Náut*) wheelhouse.

caset(t)e [ka'set] **1** *nf* cassette. **2** *nm* cassette player.

casi *adv* almost, nearly; ~ ~ very nearly; **está ~ terminado** it's almost finished; ~ **nada** next to nothing; ~ **nunca** almost never, hardly ever.

casilla *nf* (**a**) hut, cabin, shed; (*en parque, jardín zoológico*) keeper's lodge; (*en mercado*) booth, stall. (**b**) (*cabina*) cab. (**c**) (*Teat*) box office. (**d**) (*para cartas*) pigeonhole; (*de caja*) compartment; (*de papel*) ruled column, section; (*Ajedrez*) square; (*LAm*); ~ **(postal)** *o* **de correo(s)** post office box (number), P.O. Box. (**e**) **sacar a algn de sus ~s** to shake sb out of his complacency; **salirse algn de sus ~s** to fly off the handle.

casillero *nm* (**a**) (set of) pigeonholes. (**b**) (*Ftbl fam*) scorer.

casimir *nm* cashmere.

casino *nm* (*Pol etc*) club; (*de juego*) casino.

casita *nf* small house, cottage.

caso *nm* (**a**) (*Ling*) case.

(**b**) (*Med*) case; **es un ~ perdido** he's a dead loss.

(**c**) (*cuestión*) case, instance; (*suceso*) event, happening; (*circunstancias*) circumstances; **el ~ Hess** the Hess affair; ~ **de autos** (*Jur*) case in hand; ~ **fortuito** act of God; **en ~ de** in the event of; ~ **que venga, en (el) ~ de que venga** in case he should come, should he come; **y en (el) ~ contrario** and if not; **en cualquier** ~ in any case; **en el mejor de los ~s** at best; **en tal** ~ in such a case; **en todo** ~ in any case, at all events; **en último** ~ as a last resort; **en uno u otro** ~ one way or the other; **según el** ~ as the case may be; **dado el ~ que** supposing (that); **el ~ es que** the fact is that; **hablar al** ~ to speak to the point; **venir al** ~ to be relevant; **no venir al** ~ to be beside the point; **pongamos por ~ que** let us suppose that; **pongamos por ~ a X** let's take X as an example; **servir para el** ~ to serve one's purpose; **¡vamos al ~!** let's get to the point!; **verse en el ~ de hacer algo** to be compelled to do sth.

(**d**) (*atención*) notice; **hacer ~ a** to heed, notice; **no me hacen** ~ they don't pay me any attention; **¡no haga Ud ~!** take no notice!; **hacer ~ de** (*escuchar*) to pay attention to; (*tener en cuenta*) to take into account; **sin hacer ~ de eso** regardless of that; **hacer ~ omiso de** to fail to mention, deliberately pass over; **¡ni ~!** (*fam*) don't pay any attention to him! *etc.*

caspa *nf* dandruff.

Caspio *adj*: **Mar** ~ Caspian Sea.

casquete *nm* (**a**) (*Mil*) helmet; (*Mec*) cap; (*gorra*) skullcap; ~ **de hielo** icecap. (**b**) **echar un** ~ (*fam!*) to have a screw (*fam!*).

casquillo *nm* (**a**) (*Téc*) ferrule, tip; (*Mil*) cartridge case. (**b**) (*LAm*) horseshoe.

casquivano *adj* scatterbrained.

cassette [ka'set] *nm, nf* = **caset(t)e**.

casta *nf* (*Rel etc*) caste; (*raza*) breed, race; (*fig*) class; **de** ~ of quality; **eso le viene de** ~ that comes naturally to him.

castaña *nf* (**a**) (*fruto*) chestnut; ~ **de agua** water chestnut; ~ **del Brasil**, ~ **de Pará** Brazil nut; ~ **de Indias** horse chestnut; **sacar a algn las ~s del fuego** to get sb off the hook; **ser algo/algn una** ~ (*fam*) to be a drag (*fam*). (**b**) (*fam: golpe*) punch; **¡toma ~!** take that!; (*sorpresa*) just imagine!; **darse una** ~ to give o.s. a knock. (**c**) **cogerse una** ~ (*fam*) to get pissed (*fam!*). (**d**) **tiene 71 ~s** (*fam*) he's 71 (years old).

castañar *nm* chestnut grove.

castañero/a *nm/f* chestnut seller.

castañeta *nf* (**a**) (*con dedos*) snap (of the fingers). (**b**) **~s** (*Mús*) castanets.

castañetear [1a] **1** *vt* (**a**) (*dedos*) to snap. (**b**) (*Mús*) to play on the castanets. **2** *vi* (**a**) (*dedos*) to snap, click; (*dientes*) to chatter, rattle; (*huesos*) to crack. (**b**) (*Mús*) to play the castanets.

castañeteo *nm* (**a**) (*de dedos*) snapping; (*de dientes*) chattering; (*de huesos*) cracking. (**b**) (*Mús*) sound of the castanets.

castaño 1 *adj* chestnut(-coloured *o* (*US*) -colored), brown. **2** *nm* chestnut tree; ~ **de Indias** horse chestnut tree; **esto pasa de ~ oscuro** this is beyond a joke.

castañuelas *nfpl* castanets; **estar como unas ~s** to be as happy as Larry.

castellano/a 1 *adj* (*Pol*) Castilian; (*Ling etc*) Spanish. **2** *nm/f* Castilian. **3** *nm* (*Ling*) Castilian, Spanish.

castellonense 1 *adj* of *o* from Castellón. **2** *nmf* native *o* inhabitant of Castellón.

casticidad *nf*, **casticismo** *nm* (**a**) (*Ling*) purity, correctness. (**b**) (*de costumbres*) traditional character, authenticity.

casticista *adj, nmf* purist.

castidad *nf* chastity, purity.

castigador(a) 1 *nm* ladykiller. **2** *nf* seductress.

castigar [1h] *vt* (**a**) (*gen*) to punish (*de, por* for); (*Dep*) to penalize (*de, por* for); (*Escol*) to keep in. (**b**) (*fig*) to castigate; (*Rel: carne*) to mortify. (**c**) (*enamorar*) to seduce.

castigo *nm* (**a**) (*gen*) punishment; (*Dep, Jur*) penalty; **area de** ~ penalty area *o* box. (**b**) (*fig*) castigation; (*Rel*) mortification. (**c**) (*Lit*) correction, revision.

Castilla *nf* Castile; ~ **la Nueva/la Vieja** New/Old Castile; **¡ancha es ~!** it takes all sorts!

Castilla-León *nm* Castile and León.

castillejo *nm* (**a**) (*Arquit*) scaffolding. (**b**) (*de niño*) babywalker.

castillo *nm* castle; ~ **de arena** sandcastle; ~ **de fuego** firework set piece; ~ **de naipes** house of cards; **~s en el aire** castles in the air.

castizo *adj* (**a**) (*Ling*) pure, correct. (**b**) (*fig*) traditional; (*auténtico*) pure, authentic; **es un tipo** ~ he's one of the best.

casto *adj* chaste, pure.

castor *nm* beaver.
castración *nf* (**a**) (*Zool*) castration, gelding. (**b**) (*Bot*) pruning.
castrado 1 *adj* castrated. **2** *nm* eunuch.
castrar [1a] *vt* (**a**) (*Zool: gen*) to castrate, geld; (*gato*) to doctor. (**b**) (*Bot*) to prune, cut back. (**c**) (*fig*) to impair, weaken.
castrense *adj* army *atr*, military.
casual *adj* accidental, chance.
casualidad *nf* chance, accident; **fue una pura ~** it was sheer coincidence; **por ~** by chance *o* accident; **¿tienes por ~ una pluma?** do you have a pen, by any chance?; **un día entró de ~** one day he dropped in; **da la ~ que** it (so) happens that; **dio la ~ que** as luck would have it; **¡qué ~!** what a coincidence!
casualmente *adv* by chance, fortuitously; **~ le vi ayer** I happened to see him yesterday.
casuca, **casucha** *nf* hovel.
casuista *nmf* casuist.
casuística *nf* casuistry.
CAT *nf abr* (*Esp*) (**a**) *de* **Comisaría de Abastecimientos y Transportes**. (**b**) *de* **Compañía Arrendataria de Tabacos**.
cata[1] *nm o nf* (**a**) (*gen*) tasting, sampling; **~ de vino** wine-tasting. (**b**) (*porción*) sample.
cata[2] *nf* (*LAm: loro*) parrot.
cataclismo *nm* cataclysm.
catacumbas *nfpl* catacombs.
catador *nm* (*gen*) taster, sampler; (*fig*) connoisseur.
catadura *nf* (**a**) (*catar*) tasting, sampling. (**b**) (*aspecto*) looks, appearance; **de mala ~** nasty-looking.
catafalco *nf* catafalque.
catalán/ana 1 *adj*, *nm/f* Catalan, Catalonian. **2** *nm* (*Ling*) Catalan.
catalanismo *nm* (**a**) (*Ling*) catalanism, word *o* phrase *etc* peculiar to Catalonia. (**b**) sense of the differentness of Catalonia; (*Pol*) doctrine of *o* belief in Catalan autonomy.
catalejo *nm* spyglass, telescope.
catalepsia *nf* catalepsy.
catalítico *adj* catalytic.
catalizador *nm* catalyst.
catalogación *nf* cataloguing.
catalogar [1h] *vt* (*gen*) to catalogue, catalog *(US)*; (*fig*) to classify (*de* as).
catálogo *nm* catalogue, catalog *(US)*.
Cataluña *nf* Catalonia.
catamarán *nm* catamaran.
cataplasma *nf* (**a**) (*Med*) poultice. (**b**) (*fam*) bore.
cataplines *nmpl* (*fam*) goolies *(fam)*.
catapulta *nf* catapult.
catapum *interj* bang!, crash!
catapún *adj*: **una cosa del año ~** an ancient old thing *(fam)*.
catar [1a] *vt* (**a**) (*Culin etc*) to taste, sample; (*examinar*) to examine, inspect. (**b**) (*mirar*) to look at; **¡cata!, ¡cátale!** just look at him! (**c**) (*colmenas*) to extract honeycombs from.
catarata *nf* (**a**) (*Geog*) waterfall, cataract; **C~s de Niágara** Niagara Falls; **~ de problemas** avalanche of problems. (**b**) (*Med*) cataract.
catarriento *adj* (*LAm*) = **catarroso**.
catarro *nm* (*Med: gen*) cold; (*: mucosidad*) catarrh; **pescarse un ~** to catch a cold.
catarroso *adj* having a cold.
catarsis *nf* catharsis.
catártico *adj* cathartic.
catastro *nm* property register, land registry.
catástrofe *nf* catastrophe.
catastrófico *adj* catastrophic.
catavinos *nm inv* (*profesión*) wine taster; (*fam*) boozer.
cate *nm*: **dar ~** (*Univ*) to fail.
catear [1a] *vt* (**a**) (*buscar*) to search. (**b**) (*probar*) to test, try. (**c**) (*fam: candidato*) to plough, plow *(US)* (*: examen*) to fail. (**d**) (*LAm Min*) to prospect. (**e**) (*Méx: policía*) to raid.
catecismo *nm* catechism.
catecúmeno/a *nm/f* catechumen.
cátedra *nf* (**a**) (*Univ*) chair, professorship; (*Escol*) principal teacher's post; (*asignatura*) subject, class; **ostentar una ~** to hold a chair (*de* of); **hablar ex ~** (*Rel*) to speak ex cathedra; (*fig*) to speak with authority; **hacer oposiciones para una ~, opositar a una ~** to try to win a chair *etc* by public competitive examination; **sentar ~ sobre un argumento** to take one's stand on an argument. (**b**) (*aula*) seminar room.
catedral *nf* cathedral; **como una ~** (*fam*) enormous, gigantic.
catedrático/a *nm/f* (**a**) (*Univ*) professor; **~ de Inglés** Professor of English. (**b**) (*Escol*) principal teacher; **~ de Inglés** principal English teacher.
categoría *nf* (*gen*) category; (*clase*) class, group; (*rango*) rank, standing; (*calidad*) quality; **de ~** (*important*) important; (*de lujo*) luxury; (*distinguido*) distinguished, high-ranking; **es hombre de cierta ~** he is a man of some standing; **de baja ~** low-class *atr*; (*oficial etc*) low-ranking; (*mercancía*) low-grade; **de segunda ~** secondrate; **no tiene ~** he has no standing.
categórico *adj* (*gen*) categorical; (*mentira*) outright; (*orden*) express.
categorización *nf* categorization.
cateo *nm* (*Méx*) search, raid.
catequizar [1f] *vt* (**a**) (*Rel*) to catechize, instruct in Christian doctrine. (**b**) (*fam*) to win over, talk round.
caterva *nf* throng, crowd.
cateto/a *nm/f* yokel, hick *(US)*.
catire/a (*Carib, Col*) **1** *adj* blond(e), fair(-haired). **2** *nm/f* blond *o* fair(-haired) person.
cátodo *nm* cathode.
catolicismo *nm* (Roman) Catholicism.
católico/a 1 *adj* (*Rel*) (Roman) Catholic; **no ~** non-Catholic; **no estar muy ~** not to be quite right; (*Med*) to be under the weather. **2** *nm/f* Catholic.
catorce 1 *adj* (**a**) (*cardinal*) fourteen. (**b**) (*ordinal*) fourteenth. **2** *nm* (*número*) fourteen; (*fechas*) fourteenth; *V tb* **seis**.
catorceavo 1 *nm* fourteenth part; *V tb* **sexto**. **2** *adj* fourteen years old.
catre *nm* cot; (*fam*) bed; **~ de tijera** campbed, folding bed.
catrecillo *nm* folding seat.
catrera *nf* (*CSur fam*) bunk, bed.
Cáucaso *nm* Caucasus.
cauce *nm* (*Geog*) riverbed; (*Agr*) irrigation channel; (*fig*) channel, means; **por el ~ reglamentario** through the usual channels.
caución *nf* (**a**) (*cautela*) caution, wariness. (**b**) (*Jur*) security, bond; **admitir a algn a ~** to grant sb bail.
cauchal *nm* rubber plantation.
cauchera *nf* rubber plant *o* tree.
cauchero 1 *adj* rubber *atr*; **industria ~a** rubber industry. **2** *nm* (*LAm*) worker in a rubber plantation.
caucho *nm* (**a**) (*gen*) rubber; **~ natural/sintético** natural/synthetic rubber. (**b**) (*LAm Aut*) tyre, tire *(US)*.
caudal *nm* (**a**) (*de río*) volume, flow. (**b**) (*abundancia*) abundance, wealth; (*riqueza*) fortune, wealth.
caudaloso *adj* (**a**) (*río*) mighty, large. (**b**) (*abundante*) copious, abundant; (*rico*) wealthy, rich.
caudillaje *nf* leadership.
caudillo *nm* (**a**) (*Mil etc*) leader, chief. (**b**) (*Pol*) boss *(fam)*.
causa *nf* (**a**) (*gen*) cause; (*motivo*) reason, motive; (*de queja*) grounds; **veamos qué ~ tiene esto** let us see what is the reason for this; **a** *o* **por ~ de** on account of, because of; **por poca ~, sin ~** for no good reason; **por mi ~** for my sake. (**b**) (*Pol etc*) cause; **hacer ~ común con** to make common cause with. (**c**) (*Jur*) lawsuit; **instruir ~** to take legal proceedings.

causal 1 *adj* causal. **2** *nf* reason, grounds.
causalidad *nf* causality, causation.
causante 1 *adj* causing, originating; **el coche ~ del accidente** the car which caused the accident. **2** *nmf* (**a**) cause, originator. (**b**) (*Méx*) taxpayer.
causar 1a *vt* (*gen*) to cause; (*impresión, trabajo*) to create, make; (*protesta*) to provoke; (*placer*) to give.
causear 1a *vi* (*Chi*) to have a snack.
cáustica *nf* caustic.
cáustico *adj* caustic.
cautela *nf* caution, wariness; **con mucha ~** very cautiously; **tener la ~ de hacer algo** to take the precaution of doing sth.
cautelar *adj* precautionary; **prisión ~** preventive detention.
cauteloso *adj* cautious, wary.
cauterizar 1f *vt* (**a**) (*Med*) to cauterize. (**b**) (*fig*) to eradicate.
cautivante *adj* captivating.
cautivar 1a *vt* (**a**) (*Mil etc*) to capture, take prisoner. (**b**) (*hechizar*) to charm, win over.
cautiverio *nm*, **cautividad** *nf* captivity; (*fig*) bondage, serfdom.
cautivo/a *adj, nm/f* captive.
cauto *adj* cautious, wary.
cava[1] *nf* champagne.
cava[2] *nf* digging.
cavador *nm* digger.
cavadura *nf* digging, excavation.
cavar 1a **1** *vt* (*gen*) to dig; (*pozo*) to sink; (*Agr*) to dig over. **2** *vi* (**a**) (*gen*) to dig. (**b**) (*fig*) to delve (*en* into), go deeply (*en* into); (*meditar*) to meditate profoundly (*en* on).
caverna *nf* cave, cavern.
cavernícola 1 *adj* cave-dwelling, cave *atr*; **hombre ~** caveman. **2** *nmf* cave dweller.
cavernoso *adj* (*gen*) cavernous; (*voz*) resounding, deep.
caviar *nm* caviar(e).
cavidad *nf* cavity.
cavilación *nf* deep thought, rumination.
cavilar 1a *vi* to ponder, consider closely.
caviloso *adj* brooding, suspicious.
cayado *nm* (*Agr*) crook; (*Rel*) crozier.
cayena *nf* cayenne pepper.
cayo *nm* (*Antillas*) islet, key; **C~ Hueso** Key West.
cayuco *nm* (*LAm*) small Indian canoe.
caza 1 *nf* (**a**) (*acción: gen*) hunting; (*: con fusil*) shooting; (*una ~*) hunt; (*: con fusil*) shoot; (*: persecución*) chase, pursuit; **~ de brujas** witchhunt; **~ furtiva** poaching; **~ de grillos** fool's errand, wild-goose chase; **~ del hombre** manhunt; **coto de ~** hunting estate; **~ submarina** underwater fishing; **~ del tesoro** treasure hunt; **andar a (la) ~ de** to go hunting for; **dar ~ a** to give chase to, go in pursuit of; **dar ~ a** to hunt down; **ir a la ~, ir de ~** to go hunting, go (out) shooting.
(**b**) (*animales*) game; **~ mayor/menor** big/small game; **levantar la ~** to put up the game; (*fig*) to start the ball rolling.
2 *nm* (*Aer*) fighter(-plane).
cazabe *nm* (*LAm Culin*) cassava bread *o* flour.
caza-bombardero *nm* fighter-bomber.
cazador(a)[1] *nm/f* (*gen*) hunter; (*de a caballo*) huntsman/-woman; **~ de pieles** trapper; **~ furtivo** poacher.
cazadora[2] *nf* bomber jacket, jerkin.
cazaejecutivos *nmf inv* (*Com*) headhunter.
cazar 1f *vt* (**a**) (*buscar*) to hunt; (*perseguir*) to chase, go after; (*esp fig*) to hunt *o* track down; (*marido*) to land. (**b**) (*prender*) to catch; (*matar*) to bag; (*fig: puesto etc*) to land, get; **~las al vuelo** to be pretty sharp.
cazarrecompensas *nm inv* bounty-hunter.
cazasubmarinos *nm inv* (**a**) (*Náut: gen*) destroyer; (*: sumergible*) hunter-killer. (**b**) (*Aer*) anti-submarine craft.
cazatalentos *nm inv* talent scout, talent spotter.
cazo *nm* (**a**) (*gen*) saucepan; **~ de cola** gluepot; **~ eléctrico** electric kettle. (**b**) (*cucharón*) ladle.
cazoleta *nf* (*gen*) (small) pan; (*de pipa*) bowl; (*de espada*) guard.
cazón *nm* dogfish.
cazuela *nf* (**a**) (*vasija: de metal*) pan; (*: de barro*) casserole; (*guiso*) stew, casserole. (**b**) (*Teat*) gods.
cazurro *adj* surly, sullen.
CC 1 *nm abr* (**a**) (*Aut*) *de* **Código de la Circulación**. (**b**) (*Pol*) *de* **Comité Central** . **2** *abr de* **Cuerpo Consular**.
C.C. *abr* (*Elec*) *de* **corriente continua** DC.
c/c *abr de* **cuenta corriente** C/A, a/c.
c.c. *abr de* **centímetros cúbicos** cc.
CCAA *abr* (*Esp Pol*) *de* **Comunidades Autónomas.**
CCI *nf abr de* **Cámara de Comercio Internacional** ICC.
CCOO *abr* (*Esp*) *de* **Comisiones Obreras** *Communist trades union.*
CD *nm abr de* **disco compacto** CD.
C.D. *nm abr* (**a**) *de* **Cuerpo Diplomático** CD. (**b**) *de* **Club Deportivo**.
c/d *abr* (**a**) *de* **en casa de** c/o. (**b**) (*Com*) *de* **con descuento**.
C. de J. *abr de* **Compañía de Jesús** S.J.
C.D.N. *nm abr* (*Esp*) *de* **Centro Dramático Nacional** ≈ RADA.
CDS *nm abr* (*Esp Pol*) *de* **Centro Democrático y Social**.
Cdte *abr de* **comandante** Cdr.
CE 1 *nm abr de* **Consejo de Europa**. **2** *nf abr de* **Comunidad Europea** EC.
ce *nf name of the letter* C; **~ por be** down to the tiniest detail; **por ~ o por be** somehow or other.
ceba *nf* (**a**) (*Agr*) fattening. (**b**) (*de arma*) priming. (**c**) (*de horno*) stoking.
cebada *nf* barley; **~ perlada** pearl barley.
cebadal *nm* barley field.
cebadera *nf* nosebag.
cebadura *nf* = **ceba (a)**.
cebar 1a **1** *vt* (**a**) (*Agr*) to fatten *o* feed (*con* on). (**b**) (*horno*) to feed, stoke (up); (*arma*) to prime. (**c**) (*trampa*) to bait. (**d**) (*CSur: maté*) to make, brew. **2** *vi* (*tuerco*) to grip, catch; (*clavo etc*) to go in. **3 cebarse** *vr*: **~ con algn** to set upon sb, go for sb; **~ en** (*encarnizarse*) to vent one's fury on; (*estragar*) to decimate; (*comida, lectura*) to get stuck into (*fam*).
cebellina *nf* (*Zool*) sable.
cebiche *nm* (*CSur Culin*) fish *o* shellfish dish.
cebo *nm* (**a**) (*Agr*) feed, food. (**b**) (*de arma*) charge, priming; (*Téc*) fuel, oven load. (**c**) (*Pesca*) bait; (*fig*) bait, lure.
cebolla *nf* onion; (*de tulipán*) bulb; (*fam: cabeza*) nut (*fam*).
cebolleta *nf* (*planta*) chive; (*cebolla*) spring onion, green onion (*US*).
cebollina *nf*, **cebollino** *nm* spring onion, green onion (*US*).
cebolludo/a *adj* (*Bot*) bulbous; (*fam: personas*) vulgar.
cebón 1 *adj* fat, fattened. **2** *nm* fattened animal.
cebra *nf* zebra; **paso de ~** zebra crossing.
cebú *nm* zebu.
CECA *nf abr* (**a**) *de* **Comunidad Europea del Carbón y del Acero** ECSC. (**b**) *de* **Confederación Española de Cajas de Ahorro**.
ceca *nf*: **andar *o* ir de la ~ a la Meca** to chase about all over the place.
cecear 1a *vi* (*gen*) to lisp; (*Ling*) to pronounce 's' as 'th'.
ceceo *nm* (*gen*) lisp; (*Ling*) pronunciation of 's' as 'th'.
ceceoso *adj* lisping, having a lisp.
cecina *nf* cured *o* smoked meat; (*CSur*) jerked meat/beef.
ceder 2a **1** *vt* (*gen*) to hand over, give up; (*territorio*) to cede; (*propiedad*) to transfer, make over; (*balón*) to pass; **'ceda el paso'** (*Aut*) 'give way' *o* (*US*) 'yield'. **2** *vi*

(**a**) to give in (*a* to), yield (*a* to); **no cede a nadie en experiencia** he is inferior to none in experience. (**b**) (*viento*) to drop; (*temperatura*) to go down; (*fiebre*) to abate. (**c**) (*barrera*) to give (way), sag.
cedilla *nf* cedilla.
cedro *nm* cedar.
cedrón *nm* (*CSur Culin*) lemon verbena.
cédula *nf* (*gen*) document; (*ficha*) index card; (*Com*) warrant; ~ **de aduana** customs permit; ~ **de identidad** (*LAm*) identity card, ID; ~ **en blanco** blank cheque *o* (*US*) check; **dar ~ a algn** to license sb.
CEE *nf abr de* **Comunidad Económica Europea** EEC.
cefalea *nf* migraine.
cefálico *adj* cephalic.
céfiro *nm* zephyr.
cegador *adj* blinding.
cegar [1j, 1k] **1** *vt* (**a**) to blind; (*encandilar*) to dazzle. (**b**) (*tubería etc*) to block up, stop up; (*Arquit*) to wall up. **2** *vi* to go blind, become blind(ed). **3 cegarse** *vr* to be blinded (*de* by).
cegato, **cegatón** *adj* (*fam*) short-sighted.
ceguedad, **ceguera** *nf* blindness; (*fig*) short-sightedness.
CEI *nf abr de* **Comunidad de Estados Independientes** CIS.
ceiba *nf* (*LAm Bot*) ceiba *o* kapok tree.
Ceilán *nm* (*Hist*) Ceylon.
ceja *nf* (**a**) (*Anat*) eyebrow; **~s pobladas** bushy *o* thick eyebrows; **arquear las ~s** to raise one's eyebrows; **estar endeudado hasta las ~s** to be up to one's eyes in debt; **fruncir las ~s** to knit one's brows, frown; **meterse algo entre ~ y ~** to get sth firmly into one's head; **quemarse las ~s** to burn the midnight oil; **tener a algn entre ~ y ~** to have no time for sb. (**b**) (*Téc*) rim, flange; (*Cos*) edging; (*Arquit*) projection; (*Geog*) brow, crown; (*Mús*) bridge.
cejar [1a] *vi* (*retroceder*) to move *o* go back; (*ceder*) to give way, back down; (*en discusión*) to climb down; (*aflojar*) to slacken, weaken; **no ~** to keep it up, keep going; **sin ~** unflinchingly; **no ~ en sus esfuerzos** to keep up one's efforts.
cejijunto *adj* with bushy eyebrows; (*fig*) scowling, frowning.
cejilla *nf* (*Mús*) bridge.
cejudo *adj* with bushy eyebrows.
celada *nf* (**a**) ambush, trap; (*fig*) trick, ruse; **caer en la ~** to fall into the trap. (**b**) (*Mil Hist*) helmet.
celador(a) **1** *nm/f* (*Escol*) monitor; (*de cárcel*) warder, guard (*US*); (*de museo*) attendant. **2** *nm* (*sereno*) watchman; (*Téc*) maintenance man.
celaje *nm* (**a**) (*Met*) sky with coloured *o* (*US*) colored clouds; (*Náut*) clouds; **~s** sunset clouds. (**b**) (*Arte*) cloud effect. (**c**) (*Arquit*) skylight. (**d**) (*fig*) (promising) sign, token.
celar[1] [1a] **1** *vt* to watch over; (*Escol*) to invigilate; ~ **la justicia** to see that justice is done. **2** *vi*: ~ **por** *o* **sobre** to watch over.
celar[2] [1a] *vt* to conceal, hide.
celda *nf* cell.
celdilla *nf* (*de colmena*) cell; (*Arquit*) niche.
celebérrimo *adj superl de* **célebre**.
celebración *nf* (**a**) (*de misa etc*) celebration; (*de reunión*) holding. (**b**) (*fig*) applause, welcome.
celebrante *nm* (*Rel*) celebrant, officiating priest.
celebrar [1a] **1** *vt* (**a**) (*aniversario etc*) to celebrate; (*reunión*) to hold; (*tratado*) to conclude; (*boda*) to perform, solemnize; (*misa*) to say. (**b**) (*loar*) to praise; (*aplaudir*) to applaud, welcome; (*chiste*) to laugh at, find amusing; **lo celebro** I'm very glad about it; **lo celebro mucho por él** I'm very glad for his sake. **2** *vi* to say mass. **3 celebrarse** *vr* (*Rel*) to fall, occur; (*reunión*) to be held, take place.
célebre *adj* famous, celebrated, noted (*por* for).
celebridad *nf* (**a**) (*fama*) celebrity, fame. (**b**) (*persona*) celebrity.
celeridad *nf* speed, swiftness; **con ~** quickly, promptly.
celeste *adj* (*Astron*) heavenly; (*color*) sky blue.
celestial *adj* (*Rel*) celestial; (*fig*) heavenly.
celestina *nf* bawd, procuress.
celibato *nm* celibacy.
célibe *adj*, *nmf* celibate.
celo[1] *nm* (**a**) (*entusiasmo*) zeal, fervour, fervor (*US*); (*cuidado*) conscientiousness; (*Rel*) religious fervour. (**b**) (*Zool*) rut, heat; **estar en ~** to be on heat *o* in season. (**c**) **~s** jealousy *sg*; **dar ~s** to cause jealousy; **dar** *o* **infundir ~s a algn** to make sb jealous; **tener ~s de algn** to be jealous of sb.
celo[2] *nm* (*tb* **papel ~**) adhesive tape.
celofán *nm* cellophane.
celosía *nf* lattice (window).
celoso *adj* (**a**) (*gen*) zealous (*de* for), keen (*de* about, on); (*cuidadoso*) conscientious; (*entusiasta*) eager. (**b**) (*desconfiado*) suspicious, distrustful. (**c**) (*que tiene celos*) jealous (*de* of).
celta **1** *adj* Celtic. **2** *nmf* Celt.
Celtiberia *nf* Celtiberia.
celtibérico/a, **celtíbero/a** *adj*, *nm/f* Celtiberian.
céltico *adj* Celtic.
célula *nf* (**a**) (*Bio etc*) cell; ~ **fotoeléctrica** photoelectric cell; ~ **nerviosa/sanguínea** nerve/blood cell. (**b**) (*Pol*) cell; ~ **terrorista** terrorist cell.
celular *adj* cellular, cell *atr*; **tejido ~** cell tissue.
celulitis *nf* cellulitis.
celuloide *nm* celluloid; **llevar algo al ~** to make a film of sth.
celulosa *nf* cellulose.
cellisca *nf* sleet.
CEM *nm abr* (*Esp*) *de* **Centro de Estudios para la Mujer**.
cementar [1a] *vt* (*Téc*) to case-harden, cement.
cementerio *nm* cemetery, graveyard; ~ **de coches** used-car dump, junkyard (*US*); ~ **nuclear** nuclear waste dump.
cemento *nm* (*Anat, Téc*) cement.
CEN *nm abr* (*Esp*) *de* **Consejo de Economía Nacional**.
cena *nf* (*comida ligera*) supper; (*extensa*) evening meal; (*formal etc*) dinner; **la C~, la Última C~** the Last Supper.
cenáculo *nm* group, coterie.
cenador *nm* arbour, arbor (*US*).
cenagal *nm* (*pantano*) bog, quagmire; (*fig*) mess, nasty business.
cenagoso *adj* muddy, boggy.
cenar [1a] (*V* **cena**) **1** *vt* to have for supper *etc*. **2** *vi* to have one's supper *o* dinner; **invitar a ~** to invite to dinner.
cenceño *adj* thin, skinny.
cencerrada *nf bell-ringing to mark the remarrying of a widow o widower*.
cencerrear [1a] *vi* (*campanillas etc*) to jangle; (*aparato*) to rattle, clatter; (*puerta etc*) to creak; (*Mús*) to make a dreadful noise.
cencerro *nm* cowbell; **a ~s tapados** stealthily, on the sly; **estar como un ~** (*fam*) to be round the bend (*fam*).
Cenebad *nm abr* (*Esp Escol*) *de* **Centro Nacional de Educación Básica a Distancia**.
cenefa *nf* (*Cos*) edging, border; (*Arquit*) border.
cenetista **1** *adj*: **política ~** policy of the CNT. **2** *nmf* member of the CNT.
cenicero *nm* ashtray.
Cenicienta *nf* Cinderella.
ceniciento *adj* ashen, ash-coloured, ash-colored (*US*).
cenit *nm* zenith.
ceniza *nf* ash(es); **huir de las ~s y dar en las brasas** to jump out of the frying pan into the fire; **reducir algo a ~s** to reduce sth to ashes.
cenizo **1** *adj* ashen, ash-coloured, ash-colored (*US*). **2** *nm* (**a**) (*Bot*) goosefoot. (**b**) (*fam: gafe*) jinx.
cenobio *nm* monastery.
cenotafio *nm* cenotaph.

cenote *nm* (*CAm, Méx*) natural well.
censar [1a] *vt* to take a census of.
censo *nm* (**a**) (*demográfico*) census; ~ **de tráfico** traffic census *o* count; **levantar el ~ de** to take a census of. (**b**) (*Fin: impuesto*) tax; (*: pago anual*) (annual) ground rent. (**c**) (*Pol*) ~ **electoral** electoral roll, list of registered voters *(US)*.
censor *nm* (**a**) (*Pol*) censor. (**b**) (*Com, Fin*) ~ **de cuentas** auditor; ~ **jurado de cuentas** chartered accountant, certified public accountant *(US)*. (**c**) (*fig*) critic.
censual *adj* (**a**) (*demografía*) census *atr*, relating to a census. (**b**) (*Fin*) mortgage *atr*.
censura *nf* (**a**) (*supresión*) censorship; **someter a la ~** to censor. (**b**) (*corrección*) censure, criticism; **digno de ~** reprehensible, blameworthy. (**c**) (*Com, Fin*) ~ **de cuentas** auditing.
censurable *adj* reprehensible.
censurar [1a] *vt* (**a**) (*Pol*) to censor. (**b**) (*criticar*) to censure, condemn.
centavo *nm* (**a**) (*gen*) hundredth (part). (**b**) (*Fin*) cent.
centella *nf* (*chispa*) spark; (*rayo*) flash of lightning; **salió como una ~ del cuarto** he whizzed out of the room.
centelleante *adj* (*V vi*) sparkling; gleaming, glinting; twinkling; flickering.
centell(e)ar [1a] *vi* to sparkle; (*metal*) to gleam, glint; (*estrella*) to twinkle; (*fuego*) to flicker.
centelleo *nm* (*gen*) sparkling; (*de metal*) glinting.
centena *nf* hundred; *V tb* **seiscientos**.
centenal[1] *nm* hundred; **a ~es** by the hundred, in (their) hundreds.
centenal[2], **centenar**[1] *nm* (*Agr*) rye field.
centenar[2] *nm* = **centenal**[1].
centenario/a 1 *adj* centenary, centennial. **2** *nm/f* centenarian. **3** *nm* centenary.
centeno *nm* rye.
centesimal *adj* centesimal.
centésimo/a 1 *adj* hundredth; **~a parte** hundredth. **2** *nm* hundredth (part); *V tb* **sexto**.
centígrado *adj* centigrade.
centigramo *nm* centigram.
centilitro *nm* centilitre, centiliter *(US)*.
centímetro *nm* centimetre, centimeter *(US)*.
céntimo *nm* hundredth part; (*esp of a peseta*) cent; **no vale un ~** it's worthless.
centinela *nmf* (*Mil*) sentry, guard; (*de asaltantes*) lookout man; **estar de ~** to be on guard.
centolla *nf* (large) crab.
centón *nm* (*Cos*) patchwork quilt.
central 1 *adj* central. **2** *nf* (*Com*) head office, headquarters; (*Pol: de sindicatos*) (union) confederation; (*Téc*) plant, station; ~ **azucarera** (*Cu*) sugar mill; ~ **eléctrica** power station; ~ **lechera** dairy; ~ **nuclear** nuclear power station; ~ **de teléfonos automática** automatic telephone exchange.
centralismo *nm* centralism.
centralista *adj, nmf* centralist.
centralita *nf* (*Telec*) switchboard.
centralización *nf* centralization.
centralizar [1f] *vt* to centralize.
centrar [1a] **1** *vt* (*gen, Inform*) to centre, center *(US)* (*en* on); (*fig, Fot*) to focus (*en* on). **2 centrarse** *vr*: ~ **en** to centre on, be centred on; (*enfocarse*) to focus on; (*concentrarse*) to concentrate on.
céntrico *adj* central, middle; **es muy ~** it's very central, it's very convenient.
centrífuga *nf* centrifuge.
centrifugar [1h] *vt* (*ropa*) to spin-dry.
centrífugo/a *adj* centrifugal.
centrípeto *adj* centripetal.
centrismo *nm* centrism, political doctrine of the centre *o (US)* center.
centrista 1 *adj* centrist, of a centrist party *o* policy *etc*. **2** *nmf* centrist, member of a centrist party.
centro *nm* (**a**) (*gen*) centre, center *(US)*, middle; (*de actividad*) hub; (*de incendio*) seat; ~ **de atracción** main attraction; ~ **de beneficios** profit centre; ~ **cívico** community centre; ~ **comercial** shopping centre *o* mall; ~ **(de determinación) de costos** (*Com*) cost centre; ~ **demográfico** centre of population; ~ **docente** teaching institution; ~ **de gravedad** centre of gravity; ~ **neurálgico** nerve centre; ~ **de planificación familiar** family planning clinic; ~ **de rastreo** (*Astron*) tracking centre; ~ **social** community centre; **estar en su ~** (*fig*) to be in one's element; **ir al ~** to go into town.
(**b**) (*fig*) goal, objective.
(**c**) (*Dep*) centre; ~ **delantero** centre-forward.
centroafricano/a 1 *adj* Central African. **2** *nm/f* native *o* inhabitant of the Central African Republic.
Centroamérica *nf* Central America.
centroamericano/a *adj, nm/f* Central American.
centrocampista *nmf* (*Dep*) midfielder; **los ~s** the midfield.
Centroeuropa *nf* Central Europe.
cént(s) *abr de* **céntimo(s)** c.
centurión *nm* centurion.
cenutrio *nm* (*fam*) twit *(fam)*, twerp *(fam)*.
cenzontle *nm* = **zenzontle**.
ceñido *adj* (**a**) (*ropa*) tight-fitting, figure-hugging; (*tejanos*) skintight; (*curva*) tight. (**b**) (*fig: frugal*) sparing, moderate; ~ **al tema** keeping close to the point.
ceñir [3h, 3l] **1** *vt* (**a**) (*gen*) to encircle, surround; (*Mil*) to besiege; **ceñí su cuerpo con mis brazos** I wrapped my arms around his body. (**b**) (*espada*) to gird on; (*cinturón*) to put on. (**c**) (*suj: ropa*) to fit tight; (*cortar más*) to take up *o* in; **el vestido ciñe bien** the dress fits well. (**d**) (*fig: recortar*) to cut down. **2 ceñirse** *vr* (**a**) (*ropa etc*) ~ **algo** to put sth on; **se ciñó la espada** he put his sword on. (**b**) (*hacer economías*) to tighten one's belt; ~ **al asunto** to stick to the matter in hand.
ceño *nm* frown, scowl; **arrugar** *o* **fruncir el ~** to frown, knit one's brows.
ceñudo *adj* frowning, scowling.
CEOE *nf abr de* **Confederación Española de Organizaciones Empresariales** ≈ CBI.
cepa *nf* (**a**) (*Bot*) stump; (*de vid*) stock; (*Arquit*) pier. (**b**) (*fig*) stock; **de buena ~ castellana** of good Castilian stock. (**c**) (*Bio*) strain.
CEPAL *nf abr de* **Comisión Económica para América Latina** ECLA.
cepillado *nm* brush.
cepillar [1a] **1** *vt* (**a**) (*gen*) to brush; (*Téc*) to plane (down). (**b**) (*Univ fam*) to fail. (**c**) (*fam: adular*) to flatter, butter up. **2 cepillarse** *vr* (**a**) ~ **a algn** (*fam*) to bump sb off *(fam)*. (**b**) ~ **a algo** (*fam*) to rip sth off *(fam)*.
cepillo *nm* (**a**) (*gen*) brush; ~ **de dientes** toothbrush; ~ **para el pelo/la ropa/las uñas** hair-/clothes-/nailbrush. (**b**) (*Téc*) plane. (**c**) (*Ecl*) poorbox, alms box.
cepo *nm* (**a**) (*Bot*) branch, bough. (**b**) (*Caza*) trap, snare; (*Aut*) (tyre *o (US)* tire) clamp. (**c**) (*Rel*) poorbox, alms box.
ceporro *nm* (*fam*) (**a**) (*idiota*) twit *(fam)*. (**b**) **estar como un ~** to be very fat.
CEPSA *nf abr* (*Com*) *de* **Compañía Española de Petróleos, Sociedad Anónima**.
CEPYME *nf abr de* **Confederación Española de la Pequeña y Mediana Empresa**.
cera *nf* (**a**) wax; ~ **de abejas** beeswax; ~ **de lustrar/para suelos** wax/floor polish; ~ **de los oídos** earwax. (**b**) **~s** honeycomb *sg*.
cerámica *nf* (**a**) (*Arte*) ceramics, pottery. (**b**) (*artefactos*) pottery.
cerámico *adj* ceramic.
ceramista *nmf* potter.
cerbatana *nf* (*Mil etc*) blowpipe; (*juguete*) peashooter; (*Med*) ear trumpet.
cerca[1] *nf* fence, wall; ~ **viva** hedge.

cerca[2] **1** *adv* near, nearby, close; **de ~** close up, closely; (*Mil*) at close range; **aquí ~** near here; **por aquí ~** nearby, hereabouts. **2** *prep* **(a) ~ de** (*sitio*) near, close to; **estar ~ de hacer algo** to be on the point of doing sth. **(b) ~ de** (*cantidad*) nearly, about; (*tiempo*) nearly; **hay ~ de 8 toneladas** there are about 8 tons; **son ~ de las 6** it's nearly 6 o'clock.

cercado *nm* **(a)** enclosure; (*huerto*) enclosed garden, orchard. **(b)** (*valla*) fence, wall.

cercanía *nf* **(a)** nearness, proximity. **(b) ~s** (*alrededores*) neighbourhood *o (US)* neighborhood *sg*, vicinity *sg*. **(c) ~s** (*suburbios*) outskirts, suburbs; **tren de ~s** suburban *o* commuter train.

cercano *adj* (*pueblo etc*) nearby, neighbouring, neighboring *(US)*; (*pariente*) close; (*muerte etc*) approaching; **~ a** near to, close to; **C~ Oriente** Near East.

cercar [1g] *vt* **(a)** (*poner vallas*) to fence *o* wall in; (*Agr etc*) to enclose; (*rodear*) to surround, ring (*de* with). **(b)** (*Mil: pueblo*) to surround, besiege; (*tropas*) to cut off, encircle.

cercenar [1a] *vt* **(a)** (*gen*) to cut *o* trim the edges of; (*miembro*) to cut off, amputate. **(b)** (*fig: gastos*) to cut down, reduce; (*texto*) to shorten, cut down.

cerciorar [1a] *vt*, **cerciorarse** *vr* to make sure; **~ de** to find out about, ascertain.

cerco *nm* **(a)** (*Agr etc*) enclosure; (*LAm*) fence, hedge. **(b)** (*Téc: de rueda*) rim; (*: de tonel*) hoop; (*Arquit*) casing, frame. **(c)** (*Astron, Met*) halo. **(d)** (*corillo*) social group, circle. **(e)** (*Mil*) siege; **poner ~ a** to lay siege to.

cerda *nf* **(a)** (*Zool*) sow. **(b)** (*pelo*) bristle; (*de caballo*) horsehair; (*de cepillo*) hair, bristle.

cerdada *nf* dirty trick.

cerdear [1a] *vi* **(a)** (*Mús*) to rasp, grate. **(b)** (*fam: aplazar*) to put things off.

Cerdeña *nf* Sardinia.

cerdo 1 *nm* **(a)** (*Zool*) pig; **~ marino** porpoise; **carne de ~** pork. **(b)** (*fig: fam!: persona*) dirty person, slob *(fam)*; (*en lo moral*) swine *(fam!)*. **2** *adj* (*fam*) **(a)** (*sucio*) filthy, dirty. **(b)** (*vil*) rotten *(fam)*.

cerdoso *adj* bristly.

cereal 1 *adj* cereal, grain *atr*. **2** *nm* cereal; **~es** cereals, grain.

cerealista 1 *adj* grain-producing. **2** *nm* cereal farmer; (*Com*) grain dealer.

cerebelo *nm* cerebellum.

cerebral *adj* cerebral, brain *atr*.

cerebro *nm* brain; (*fig*) brains *pl*, intelligence; **~ electrónico** electronic brain; **es el ~ del equipo** he's the brains of the team; **estrujarse el ~** to rack one's brains.

ceremonia *nf* **(a)** (*gen*) ceremony; (*Rel*) ceremony, service; **hacer ~s** to stand on ceremony. **(b)** (*ademán*) ceremoniousness; (*pompa*) formality; **falta de ~** informality; **reunión de ~** formal meeting; **por ~** as a matter of form; **hablar sin ~** to speak plainly; **hacer algo sin ~** to do sth without fuss.

ceremonial *adj, nm* ceremonial.

ceremonioso *adj* (*gen*) ceremonious; (*reunión*) formal; (*pey*) stiff, over-polite.

cereza *nf* cherry; (*LAm: cáscara*) husk of coffee bean; **un suéter rojo ~** a cherry-red jumper; **~ silvestre** wild cherry.

cerezal *nm* cherry orchard.

cerezo *nm* cherry tree.

cerilla *nf* **(a)** (*fósforo*) match; (*Rel etc*) wax taper. **(b)** (*Anat*) earwax.

cerillera *nf*, **cerillero** *nm* matchbox.

cerillo *nm* (*LAm*) match.

cernedor *nm* sieve.

cerneja *nf* fetlock.

cerner [2g] **1** *vt* **(a)** (*Téc*) to sift, sieve. **(b)** (*fig*) to scan, watch. **2** *vi* **(a)** (*Bot*) to bud, blossom. **(b)** (*Met*) to drizzle. **3 cernerse** *vr* **(a)** (*Orn*) to hover; (*Aer*) to circle; **~ sobre** (*fig*) to threaten, hang over. **(b)** (*al andar*) to waddle.

cernícalo *nm* **(a)** (*Orn*) kestrel. **(b)** (*fam: torpe*) lout, dolt.

cernidor *nm* sieve.

cero *nm* (*gen*) nothing, nought; (*Fís etc*) zero; (*Dep: gen*) nil, zip *(US)*; **empataron a ~** they drew nil-nil, it was a no-score draw; **ganaron por 3 goles a ~** they won by 3 goals to nil, they won 3 nil; **estamos a 40 (contra) ~** (*Tenis*) we're (at) 40-love, it's 40-love; **~ absoluto** absolute zero; **8 grados bajo ~** 8 degrees below zero; **es un ~ a la izquierda** he's useless; **a partir de ~** from scratch; **estoy a ~ de dinero** I'm broke *(fam)*; **desde las horas ~** from the start of the day.

ceroso *adj* waxen, waxy.

cerote *nm* **(a)** (*Téc*) (shoemaker's) wax. **(b)** (*fam: miedo*) panic.

cerquillo *nm* **(a)** (*LAm: flequillo*) fringe. **(b)** (*Téc*) seam, welt.

cerquita *adv* quite near, close by.

cerrado *adj* **(a)** (*gen*) closed, shut; (*con llave*) locked; (*puño*) clenched; **~ al vacío** vacuum-packed; **'~ por obras'** 'closed for repairs *o* alterations'; **huele a ~** it smells stuffy in here.
(b) (*sentido*) hidden.
(c) (*Met: cielo*) cloudy, overcast; (*: atmósfera*) heavy; (*: noche*) dark, black.
(d) (*curva*) sharp, tight.
(e) (*barba*) thick, full.
(f) (*reservado*) quiet, uncommunicative; **~ de mollera** dense, dim.
(g) (*Ling: vocal*) close; (*: acento*) broad, marked; **habló con ~ acento gallego** he spoke with a strong Galician accent.
(h) (*LAm: terco*) pigheaded.
(i) a puerta ~a (*Jur*) in camera; (*Pol: reunión*) behind closed doors.

cerradura *nf* (*Mec*) lock; **~ de combinación/de muelle/de seguridad** combination/spring/safety lock.

cerraja *nf* (*Mec*) lock.

cerrajería *nf* **(a)** (*oficio*) locksmith's craft *o* trade. **(b)** (*Com*) locksmith's (shop).

cerrajero *nm* locksmith.

cerrar [1j] **1** *vt* **(a)** (*gen*) to close, shut; (*puño*) to clench; (*carta*) to seal; (*cremallera*) to zip up; **~ algo con llave** to lock sth.
(b) (*brecha*) to block *o* stop (up); (*frontera, puerto*) to close; (*paso*) to block, bar; (*cercar*) to enclose, close off; (*grifo, gas*) to turn off.
(c) (*fábrica*) to close (down).
(d) (*marcha*) to bring up the rear of.
(e) (*cuento etc*) to close; (*programa*) to end, be the final item in.
(f) ~ un trato to seal *o* strike a deal.
(g) ~ el sistema (*Inform*) to close *o* shut down the system.
2 *vi* **(a)** (*gen*) to close, shut; **la puerta cierra mal** the door doesn't close properly; **cerramos a las 9** we close at 9.
(b) (*invierno, noche*) to close in.
(c) ~ con *o* **contra algn** to grapple with sb; **~ con el enemigo** to come to close quarters with the enemy.
3 cerrarse *vr* **(a)** (*gen*) to close, shut; (*herida*) to heal; (*Mil: tb* **~ en banda**) to close ranks.
(b) (*Met*) to cloud over, become overcast.
(c) ~ en hacer algo to persist in doing sth.

cerrazón *nf* **(a)** (*Met*) threatening sky, storm clouds *pl*. **(b)** (*fig: obstinación*) bloody-mindedness; (*torpeza*) dimwitidness.

cerrero *adj* (*LAm: sin azúcar*) unsweetened, bitter.

cerril *adj* **(a)** (*terreno*) rough, mountainous. **(b)** (*animal*) untamed, unbroken; (*persona inculta*) rough, uncouth; (*de miras estrechas*) small-minded.

cerro *nm* **(a)** (*Geog*) hill; **andar** *o* **echarse** *o* **ir por los ~s de**

Úbeda to wander from the point, digress. (**b**) (*Zool*) back; **en ~** bareback.
cerrojazo *nm* slamming; **dar ~** to slam the bolt; (*fig*) to end unexpectedly.
cerrojo *nm* bolt, latch; **echar el ~** to bolt the door.
certamen *nm* competition, contest; **~ de belleza** beauty contest.
certero *adj* (**a**) (*gen*) accurate, sure. (**b**) (*tiro*) well-aimed; (*decisión*) excellent; (*tirador*) sure, crack.
certeza *nf* (**a**) (*gen*) certainty; **tener la ~ de que** to know for certain that. (**b**) (*precisión*) accuracy; (*fig*) good timing, aptness.
certidumbre *nf* certainty; (*confianza*) conviction.
certificable *adj* certifiable.
certificación *nf* certification; (*Correos*) registration; (*Jur*) affidavit.
certificado 1 *adj* certified; (*Correos*) registered. **2** *nm* (**a**) certificate; **~ de una acción** (*Com*) share *o* stock certificate; **~ de aptitud** certificate of attainment; **~ de garantía** guarantee; **~ médico** medical certificate. (**b**) (*Correos*) registered item.
certificar [1g] *vt* (**a**) (*Jur*) to guarantee, vouch for; **~ que** to certify that. (**b**) (*Correos*) to register.
certitud *nf* certainty, certitude.
cerúleo *adj* sky blue.
cerumen *nm* earwax.
cervantino *adj* Cervantine; **estudios ~s** Cervantes studies, studies of Cervantes.
cervato *nm* fawn.
cervecera *nf* brewery.
cervecería *nf* (**a**) (*fábrica*) brewery. (**b**) (*bar*) bar, public house, beer hall *(US)*.
cervecero 1 *adj* beer *atr*; **la industria ~a** the brewing industry. **2** *nm* brewer.
cerveza *nf* beer; **~ de barril** draught *o (US)* draft beer; **~ embotellada** bottled beer; **~ rubia/negra** lager/stout; **una caña de ~** a glass of beer *o* lager.
cervical *adj* cervical.
cerviz *nf* nape of the neck; **de dura ~** stubborn, headstrong; **bajar** *o* **doblar la ~** to submit, bow down.
cesación *nf* cessation, suspension; **~ de pagos** suspension of payments.
cesante 1 *adj* (*gen*) redundant; (*esp LAm*) unemployed; (*funcionario*) suspended; (*embajador*) recalled; **el gobierno/ministro ~** the outgoing government/minister. **2** *nmf* redundant worker.
cesantía *nf* (*gen: esp LAm*) unemployment; (*paga*) redundancy money *o* payment; (*de funcionario*) suspension.
César *nm* Caesar.
cesar [1a] **1** *vt* (**a**) (*gen*) to cease, stop; (*pagos etc*) to stop, suspend. (**b**) (*esp LAm*) to sack, fire; **ha sido cesado de su cargo** he has been dismissed from his post. **2** *vi* (**a**) to cease, stop; **~ de hacer algo** to stop doing sth; **no cesa de hablar** she never stops talking; **sin ~** incessantly. (**b**) (*empleado*) to leave, quit.
cesárea *nf* (*Med*) Cesarean (section).
cese *nm* (**a**) (*gen*) suspension, stoppage; **~ de alarma** (*Mil*) all-clear signal; **~ de fuego** ceasefire; **~ de pagos** suspension of payments. (**b**) (*despido*) dismissal, sacking *(fam)*; **dar el ~ a algn** to sack sb.
CESID, **Cesid** *nm abr* (*Esp*) *de* **Centro Superior de Información de la Defensa** .
cesión *nf* (**a**) (*Pol etc*) cession. (**b**) (*Jur*) granting, transfer; **~ de bienes** surrender of property.
césped *nm* (*gen*) lawn; (*Dep*) pitch; **~ artificial** astroturf ®.
cesta *nf* (*gen*) basket; (*en pelota*) racket; **~ de la compra** shopping basket; (*Econ*) weekly *etc* cost of foodstuffs; **~ de Navidad** Christmas box *o* hamper; **llevar la ~** (*fam*) to play gooseberry.
cestada *nf* basketful.
cestería *nf* (**a**) (*arte*) basketmaking. (**b**) (*artefactos*) wickerwork, basketwork; **silla de ~** wicker(-work) chair. (**c**) (*tienda*) basket shop.
cestero/a *nm/f* basketmaker.
cestillo *nm* small basket; (*de globo*) basket.
cesto *nm* (large) basket, hamper; **~ de la colada** linen *o* clothes basket.
cesura *nf* caesura.
CETME *nm abr* (*Esp*) *de* **Centro de Estudios Técnicos de Materiales Especiales.**
cetrería *nf* falconry, hawking.
cetrero *nm* (**a**) (*Caza*) falconer. (**b**) (*Rel*) verger.
cetrino *adj* (*tez*) sallow; (*fig*) melancholy.
cetro *nm* sceptre; (*fig*) sway, dominion; **empuñar el ~** to ascend the throne.
CEU *nm abr* (*Esp*) *de* **Centro de Estudios Universitarios.**
Ceuta *nf* Ceuta.
ceutí 1 *adj* from *o* of Ceuta. **2** *nmf* native *o* inhabitant of Ceuta.
C.F. *abr de* **Club de Fútbol** FC.
CFC *nm abr de* **clorofluorocarbono** CFC.
cfr. *abr de* **confróntese; compárese** cf.
cg *abr de* **centígramo(s)** cg.
CGC-L *abr* (*Esp*) *de* **Consejo General de Castilla y León.**
CGPJ *nm abr* (*Esp*) *de* **Consejo General del Poder Judicial** *government body which oversees legal profession.*
CGT *nf abr* (**a**) (*Méx, Per*) *de* **Confederación General de Trabajadores.** (**b**) (*Arg*) *de* **Confederación General del Trabajo.**
CGV *abr* (*Esp*) *de* **Consejo General Vasco.**
C.I. 1 *nm abr de* **coeficiente de inteligencia** *o* **intelectual** IQ. **2** *nf abr* (*LAm*) *de* **cédula de identidad** ID.
CIA *nf abr* (*US*) *de* **Agencia Central de Inteligencia** CIA.
Cía *abr de* **compañía** Co.
cía *nf* hip bone.
cianotipo *nm* blueprint.
cianuro *nm* cyanide; **~ potásico** potassium cyanide.
ciar [1c] *vi* (**a**) (*gen*) to go backwards; (*Náut*) to go astern. (**b**) (*fig*) to back down, back out.
ciática *nf* sciatica.
ciático *adj* sciatic.
cibernética *nf* cybernetics.
cicatear [1a] *vi* to be stingy *o* mean.
cicatería *nf* stinginess, meanness.
cicatero/a 1 *adj* stingy, mean. **2** *nm/f* miser, skinflint.
cicatriz *nf* scar.
cicatrización *nf* healing, knitting *(fam)*.
cicatrizar [1f] **1** *vt* to heal. **2 cicatrizarse** *vr* to heal (up), form a scar.
cicerone *nm* guide, cicerone.
ciclamen, **ciclamino** *nm* cyclamen.
cíclico *adj* cyclic(al).
ciclismo *nm* (*gen*) cycling; (*Dep*) cycle racing.
ciclista *nmf* cyclist.
ciclo *nm* (*Fís etc*) cycle; (*Univ etc*) course, programme, program *(US)*.
ciclo-cross *nm* cyclo-cross.
ciclomoto(r) *nm* moped, autocycle.
ciclón *nm* cyclone.
cicloturista *nmf* cycling tourist, touring cyclist.
cicuta *nf* hemlock.
cidra *nf* citron.
cidro *nm* citron (tree).
ciego/a 1 *adj* (**a**) (*gen*) blind; (*cegado*) blinded; **a ~as** blindly; **andar** *o* **caminar a ~as** to grope one's way; **volar a ~as** to fly blind; **quedar ~** to go blind; **quedó ~ después del accidente** he was blinded in the accident; **más ~ que un topo** as blind as a bat.
(**b**) (*fig*) blind; **~ a** *o* **para** blind to; **con una fe ~a** with blind faith; **~ de ira** blind with rage.
(**c**) (*Arquit*) blind; (*Téc: tubo etc*) blocked, choked.
(**d**) (*fam: borracho*) pissed *(fam!)*, plastered *(fam)*; (*drogado*) stoned *(fam)*; **ponerse ~** (*fam*) to get high (*de* on).

2 *nm/f* blind man/woman; **los ~s** the blind, blind people.

3 *nm* (*fam: borrachera*) drunken state; (*: de drogas*) high; **llevarse un ~ enorme** to be really away with it *(fam)*.

cielo *nm* (**a**) (*Met etc*) sky; **~ encapotado** overcast sky; **~ máximo** (*Aer*) ceiling; **a ~ abierto** *o* **raso** in the open air; **mina a ~ abierto** opencast mine; **a ~ descubierto** in the open; **remover ~ y tierra** to move heaven and earth; **se vino el ~ abajo** it rained cats and dogs, the heavens opened.

(**b**) (*Arquit: tb* **~ raso**) ceiling; (*de boca*) roof; (*de cama*) canopy.

(**c**) (*Rel*) heaven; **¡~s!** good heavens!; **esto clama al ~ por una reforma** this is crying out for reform; **estar en el séptimo ~** to be in seventh heaven; **ganar el ~** to win salvation; **ganar el ~ con rosario ajeno** to use other people's efforts to one's own advantage; **ir al ~** to go to heaven; **poner a algn en el ~** to praise sb to the skies; **ver el ~ abierto** to see one's way out of a difficulty.

(**d**) **¡mi ~!, ¡~ mío!** my love, sweetheart; **el jefe es un ~** the boss is a dear.

ciempiés *nm inv* centipede.

cien *adj* (*antes de n, apócope de* **ciento**) (**a**) a hundred; **~ mil** a hundred thousand; **las últimas ~ páginas** the last hundred pages; **me pone a ~** (*fam*) it drives me up the wall *(fam)*. (**b**) **10 por ~** ten per cent; **~ por ~** (*fig*) a hundred per cent; **es español ~ por ~** he's Spanish through and through; **lo apoyo al ~ por ~** I support it wholeheartedly; *V tb* **seis**.

ciénaga *nf* marsh, swamp.

ciencia *nf* (*gen*) science; (*esp fig*) knowledge, learning; **hombre de ~** scientist; **~ del hogar** home economics; **~ infusa** instinct, intuition; **~s empresariales** business studies; **~s naturales** natural sciences; **saber algo a ~ cierta** to know sth for certain *o* for a fact.

ciencia-ficción *nf* science fiction.

Cienciología *nf* Scientology.

cieno *nm* (*gen*) mud, mire; (*depósito fluvial*) silt.

científico/a 1 *adj* scientific. **2** *nm/f* scientist.

cientista *nmf* (*LAm: tb* **~ social**) social scientist.

ciento *adj, nm* (one) hundred; **~ veinte** a hundred and twenty; **~ por ~** a hundred per cent; **hay un 5 por ~ de descuento** there is a 5 per cent discount; **por ~s** in hundreds, by the hundred; **de ~ en boca** tiny, insignificant; **dar ~ y raya al más pintado** to be a match for anyone; **había ~ y la madre** there were far too many; *V tb* **seis**.

cierne *nm* blossoming, budding; **en ~(s)** (*Bot*) in blossom; (*fig*) in its infancy; **es un ajedrecista en ~s** he's a budding chess champion.

cierre *nm* (**a**) (*acto: gen*) closing, shutting; (*: con llave*) locking; (*Rad, TV*) close-down; **~ patronal** lockout.

(**b**) (*Téc*) locking device; (*de vestido*) (snap) fastener; (*de cinturón*) buckle, clasp; (*Aut*) choke; **~ de cremallera, ~ relámpago** (*LAm*); **~ eclair** (*Chi*) zip (fastener), zipper *(esp US)*; **~ centralizado** (*Aut*) central locking; **~ metálico** roll shutter, metal blind.

(**c**) **precios de ~** (*Fin*) closing prices.

(**d**) **~ del sistema** (*Inform*) system shutdown.

(**e**) **echar el ~ a algn** (*fam*) to shut sb up; **¡echa el ~!** (*fam*) give it a rest!

cierrecler *nm* (*Chi*) zip (fastener), zipper *(esp US)*.

cierro *nm* (*Chi*) fence.

cierto *adj* (**a**) (*gen*) sure, certain; (*promesa*) definite; **¡~!** certainly!; **por ~** certainly; (*a propósito*) by the way; **por ~ que no era el único** and moreover *o* what is more he was not the only one; **es ~** it *o* that is true; **¿es ~ eso?** is that really so?; **es ~ que** it is certain that; **lo ~ es que** the fact is that; **lo único ~ es que** the only sure thing is that; **estar en lo ~** to be right; **¿no es ~?** don't you think? (**b**) (*algún*) a certain; **~s** some, certain; **~ día de mayo** one day in May; **~a persona que yo conozco** a certain person I know.

cierva *nf* hind.

ciervo *nm* stag; (*Zool etc*) deer; (*Culin*) venison; **~ común** red deer.

cierzo *nm* north wind.

cifra *nf* (**a**) (*Mat*) number, numeral; **~s** figures, statistics; **~ arábiga/romana** Arabic/Roman numeral; **en ~s redondas** in round figures; **escribirlo en ~s y palabras** to write it down in figures and in words. (**b**) (*cantidad*) quantity, amount; **~ global** lump sum; **~ de ventas** sales figures, turnover; **la ~ de los muertos** the death toll *o* tally. (**c**) (*Mil etc*) code, cipher; **en ~** in code; (*fig*) mysteriously, enigmatically. (**d**) (*monograma*) monogram; **~ de referencia** (*Com*) bench mark; **en ~** in brief, briefly.

cifrado *adj* coded, in code.

cifrar [1a] *vt* (**a**) (*mensaje*) to write in code; (*fig*) to summarize. (**b**) (*esperanzas*) to place (*en* on).

cigala *nf* Dublin Bay prawn.

cigarra *nf* cicada.

cigarrera *nf* cigar case.

cigarrería *nf* (*LAm*) tobacconist's (shop).

cigarrero *nm* (*fabricante*) cigar maker; (*vendedor*) cigar seller.

cigarrillo *nm* cigarette; **cajetilla** *o* **paquete/cartón de ~s** pack(et)/box of cigarettes; **liar un ~** to roll a cigarette.

cigarro *nm* (*tb* **~ puro**) cigar; (*cigarrillo*) cigarette; **~ habano** Havana cigar.

cigoto *nm* zygote.

cigüeña *nf* (**a**) (*Orn*) stork. (**b**) (*Mec*) crank, handle; (*Náut*) winch, capstan.

cigüeñal *nm* crankshaft.

CIJ *nf abr de* **Corte Internacional de Justicia** ICJ.

cilantro *nm* (*Bot, Culin*) coriander.

cilicio *nm* hair shirt.

cilindrada *nf* cylinder capacity.

cilindradora *nf* steamroller, road roller.

cilindrar [1a] *vt* to roll (flat).

cilíndrico *adj* cylindrical.

cilindrín *nm* (*fam*) cigarette; **incinerar el ~** to light up.

cilindro *nm* (*Mat, Téc*) cylinder; (*en máquina de escribir*) roller; (*Méx: organillo*) barrel organ; **~ compresor** steamroller, road roller.

cima *nf* (*de árbol*) top; (*de cerro etc*) peak, summit; (*fig*) height; **dar ~ a** to complete, carry out successfully.

cimarrón/ona 1 *adj* (**a**) (*LAm: Bot, Zool*) wild; (*fig*) rough, uncouth. (**b**) (*CSur: mate*) bitter, unsweetened. **2** *nm/f* (*Hist*) runaway slave. **3** *nm* (*CSur*) unsweetened maté.

címbalo *nm* cymbal.

cimbor(r)io *nm* (*Arquit*) dome; (*Min*) roof.

cimbrear [1a] **1** *vt* (*vara etc*) to swish, swing; (*curvar*) to bend. **2** *vi* to swing round. **3 cimbrearse** *vr* to sway, swing.

cimbreño *adj* pliant, flexible.

cimbreo *nm* swaying, swinging.

cimbrón *nm* (*LAm*) vibration.

cimentación *nf* (**a**) (*obra*) foundation. (**b**) (*acción*) laying of foundations.

cimentar [1j] *vt* (*Arquit*) to lay the foundations of *o* for; (*fig: fundar*) to found, establish; (*: fortalecer*) to strengthen, cement.

cimera *nf* crest.

cimero *adj* topmost.

cimiento *nm* (*Arquit*) foundation, groundwork; (*fig*) source; **abrir los ~s** to dig the foundations; **echar los ~s de** to lay the foundations for.

cimitarra *nf* scimitar.

cinc *nm* zinc.

cincel *nm* chisel.

cincelador *nm* (*en metal*) engraver; (*en piedra*) stone cutter.

cincelar [1a] *vt* to chisel.

cinco 1 *adj* (*gen*) five; (*fecha*) fifth; **las ~** five o'clock; **estar sin ~** (*fam*) to be broke *(fam)*; **le dije cuántas son ~**

I told him a thing or two; **saber cuántas son** ~ to know what's what; **tener los** ~ **muy listos** (*fam*) to be light-fingered; **¡vengan esos** ~! shake on it! **2** *nm* (**a**) (*gen*) five; (*fecha*) fifth. (**b**) (*Ven*) 5-stringed guitar; *V tb* **seis**.

cincuenta *adj* (*gen*) fifty; (*ordinal*) fiftieth; *V tb* **seis**.

cincuentavo *nm* fiftieth part; *V tb* **sexto 2**.

cincuentena *nf* fifty; **una** ~ **de** fifty-odd, fifty or so.

cincuenteno *adj* fiftieth; *V tb* **sexto 1**.

cincuentón/ona 1 *adj* fifty-year old, fiftyish. **2** *nm/f* person in his/her fifties.

cincha *nf* girth, saddle strap; **a revienta ~s** at breakneck speed.

cinchar [1a] *vt* (*gen*) to girth; (*Téc*) to band, hoop.

cincho *nm* (*gen*) belt, girdle; (*aro*) iron hoop, metal band.

cine *nm* (**a**) (*arte*) cinema, pictures (*Brit*), movies (*US*); (*obra*) film; **unos muebles de** ~ (*fam*) posh furniture; ~ **de arte y ensayo** arts cinema; **el** ~ **español actual** the contemporary Spanish cinema; ~ **mudo/sonoro** silent/talking films; **hacer** ~ to make films. (**b**) (*edificio*) cinema, movie theater (*US*); ~ **de estreno** first-run cinema; ~ **de verano** open-air cinema; **ir al** ~ to go to the cinema *o* (*Brit*) the pictures *o* (*US*) the movies.

cineasta *nmf* (*gen*) film-maker; (*crítico*) critic; (*aficionado*) film buff; (*director*) director.

cine-club *nm* (*pl* **~s** *o* **~es**) film club.

cinéfilo/a *nm/f* film fan, movie fan; (*especialista*) film buff (*fam*).

cinegética *nf* hunting, the chase.

cinemateca *nf* film library.

cinematografía *nf* cinematography.

cinematografiar [1a] *vt* to film.

cinematográfico *adj* cine-, film *atr*.

cinematógrafo *nm* (**a**) (*local*) cinema. (**b**) (*Téc*) (film) projector.

cineración *nf* incineration.

cinerama *nm* cinerama.

cinéreo *adj* ash-grey *o* (*US*) -gray, ashen.

cinética *nf* kinetics *sg*.

cinético *adj* kinetic.

cínico/a 1 *adj* (**a**) (*gen*) cynical. (**b**) (*descarado*) brazen, shameless. **2** *nm/f* (**a**) (*gen*) cynic. (**b**) (*sinvergüenza*) brazen individual.

cinismo *nm* (**a**) (*gen*) cynicism. (**b**) (*descaro*) brazenness, effrontery.

cinta *nf* (**a**) (*gen*) band, strip; (*magnética*) tape; (*Cos*) ribbon; (*Cine*) film; ~ **adhesiva** adhesive tape; ~ **aislante** insulating tape; ~ **de freno** brake lining; ~ **de goma** rubber band; ~ **de llegada** (*Dep*) (finishing) tape; ~ **magnética** (*Inform*) magnetic tape; ~ **magnetofónica** audio tape; ~ **virgen** *o* **en blanco** blank tape; **grabar en** ~ to tape; ~ **de cortometraje** short (film); ~ **métrica** tape measure; ~ **de pelo** hairband; ~ **transbordadora,** ~ **transportadora,** ~ **de transporte** conveyor belt.
(**b**) (*Arquit*) fillet, scroll.
(**c**) (*de acera*) kerb, curb (*US*).

cintillo *nm* hatband.

cinto *nm* (*Mil*) belt; **armas de** ~ side arms.

cintura *nf* (**a**) (*Anat*) waist; (*medida*) waistline; ~ **de avispa** wasp waist; **de la** ~ **(para) arriba** from the waist up. (**b**) (*Cos*) belt; **meter a algn en** ~ to bring *o* keep sb under control.

cinturón *nm* (**a**) (*gen*) belt; ~ **salvavidas** lifebelt; ~ **de seguridad** safety belt; **apretarse el** ~ (*fig*) to tighten one's belt. (**b**) (*fig*) belt, zone; **el** ~ **industrial de Madrid** the Madrid industrial belt; ~ **de miseria** (*Méx: de chabolas*) shanty town. (**c**) (*Dep*) belt.

CIP *nm abr* (**a**) (*Madrid*) *de* **Club Internacional de Prensa**. (**b**) (*Per*) *de* **Centro Internacional de la Papa**.

cipo *nm* milestone.

cipote 1 *adj* stupid. **2** *nm* (**a**) (*CAm, Carib: chico*) lad, youngster. (**b**) (*fam!*) prick (*fam!*).

ciprés *nm* cypress (tree).

CIR *nm abr* (*Esp Mil*) *de* **Centro de Instrucción de Reclutas**.

circo *nm* (**a**) (*Arquit*) circus, amphitheatre, amphitheater (*US*). (**b**) (*espectáculo*) circus.

circuir [3g] *vt* to encircle, surround.

circuito *nm* (*contorno*) circumference, distance round; (*viaje*) tour; (*Elec etc*) circuit; (*Dep*) lap; ~ **en bucle** loop; ~ **cerrado** closed circuit, loop; ~ **interno de TV, TV por** ~ **cerrado** closed-circuit TV; ~ **lógico** (*Inform*) logical circuit; **corto** ~ short circuit.

circulación *nf* (**a**) (*gen*) circulation; ~ **fiduciaria** paper money; ~ **sanguínea** *o* **de la sangre** circulation of the blood; **estar fuera de** ~ to be out of circulation; **poner algo en** ~ to issue sth, put sth into circulation. (**b**) (*Aut*) (movement of) traffic; ~ **rodada** vehicular traffic; **'cerrado a la** ~ **rodada'** 'closed to vehicles'; **calle de gran** ~ busy street.

circulante *adj* (*gen*) circulating; (*Fin: capital*) working; (*biblioteca etc*) mobile.

circular 1 *adj* (*gen*) circular, round; (*billete*) return, round-trip.
2 *nf* circular.
3 [1a] *vt* to circulate.
4 *vi* (**a**) (*gen*) to circulate; (*Fin*) to be in circulation; **hacer** ~ **una carta** to circulate a letter.
(**b**) (*gente*) to move about, walk around (*por* in); **¡circulen!** move along!; **hacer** ~ **a la gente** to move people along.
(**c**) (*Aut*) to drive; ~ **por la izquierda** (*país*) to drive on the left; (*en calle*) to keep to the left; **hacer** ~ **los coches** to keep the cars moving.
(**d**) (*autobús etc*) to run; **no circula los domingos** it does not run on Sundays.

circulatorio *adj* circulatory.

círculo *nm* (**a**) (*Mat etc*) circle; **C~ Polar Ártico/Polar Antártico** Arctic/Antarctic Circle; ~ **vicioso** vicious circle. (**b**) (*grupo*) circle, group; (*centro*) clubhouse; (*Pol*) political group, faction; **~s** circles; **en los ~s íntimos del ministro** sources close to the minister.

circun... *pref* circum....

circuncidar [1a] *vt* to circumcise.

circuncisión *nf* circumcision.

circunciso/a 1 *adj* circumcised. **2** *nm/f* circumcised man/woman.

circundante *adj* surrounding.

circundar [1a] *vt* to surround.

circunferencia *nf* circumference.

circunferir [3i] *vt* to limit.

circunflejo *nm* circumflex.

circunlocución *nf*, **circunloquio** *nm* circumlocution, roundabout expression.

circunnavegar [1a] *vt* to sail round, circumnavegate.

circunscribir [3a] (*pp* **circunscrito**) **1** *vt* (*gen*) to circumscribe; (*fig*) to limit, restrict (*a* to). **2 circunscribirse** *vr* (*fig*) to be limited, be confined (*a* to).

circunscripción *nf* (*gen*) circumscription; (*Mil etc*) district; (*Pol*) constituency, electoral district.

circunspección *nf* circumspection, prudence.

circunspecto *adj* (*gen*) circumspect, prudent; (*palabras*) carefully chosen.

circunstancia *nf* circumstance; **~s agravantes/atenuantes** aggravating/extenuating circumstances; **dadas las ~s** in *o* under the circumstances; **estar a la altura de las ~s** to rise to the occasion.

circunstanciado *adj* detailed.

circunstancial *adj* circumstantial.

circunstante *nmf* onlooker, bystander; **los ~s** those present.

circunvalación *nf*: **carretera de** ~ bypass, ring road, beltway (*US*).

cirio *nm* (*Rel*) (wax) candle; (*fam: jaleo*) squabble; **montar un** ~ to kick up a row (*a algn* with sb).

cirquero *nm* (*Méx*) circus performer, acrobat; (*Com*) circus impresario.

cirrosis *nf* cirrhosis.

ciruela *nf* plum; ~ **claudia** *o* **verdal** greengage; ~ **damascena** damson; ~ **pasa** *o* **seca** prune.

ciruelo *nm* **(a)** (*Bot*) plum tree. **(b)** (*fam!: picha*) prick (*fam!*).

cirugía *nf* surgery; ~ **estética** *o* **plástica** plastic surgery.

cirujano *nm* surgeon.

ciscar [1g] **1** *vt* **(a)** (*gen*) to dirty, soil. **(b)** (*Cu, Méx fam*) to put to shame. **2 ciscarse** *vr* **(a)** (*gen*) to soil o.s. **(b)** (*Cu, Méx fam*) to feel ashamed.

cisco *nm* **(a)** (*Min*) coaldust, dross; **estar hecho (un)** ~ to be a wreck, be all in. **(b)** (*fam: rollo*) row, shindy; **armar un** ~ to kick up a row.

Cisjordania *nf* West Bank.

cisma *nm* schism; (*Pol etc*) split; (*fig*) discord, disagreement.

cismático *adj* (*Rel*) schismatic(al); (*fig*) troublemaking, dissident.

cisne *nm* **(a)** (*Orn*) swan. **(b)** (*CSur: borla de empolvarse*) powder puff.

Cister *nm* Cistercian Order.

cisterciense *adj, nm* Cistercian.

cisterna *nf* cistern, tank; **buque** ~ tanker.

cistitis *nf* cystitis.

cita *nf* **(a)** (*gen*) appointment, meeting; (*de novios*) date; **acudir a una** ~ to turn up for an appointment; **se dieron (una)** ~ **para las 8** they agreed to meet at 8; **los mejores atletas se han dado** ~ **aquí** the best athletes are gathered here; **faltar a una** ~ to miss an appointment; **tener una** ~ **con** to have an appointment with. **(b)** (*Lit etc*) quotation (*de* from); **con largas ~s probatorias** with long quotations in support.

citación *nf* **(a)** (*Lit etc*) quotation. **(b)** (*Jur*) summons, citation; ~ **a licitadores** invitation to tender.

citadino/a (*LAm*) **1** *adj* urban. **2** *nm/f* urban *o* city dweller.

citado *adj* aforementioned; **en el** ~ **país** in the aforementioned country.

citar [1a] **1** *vt* **(a)** (*gen*) to make an appointment with; (*novia etc*) to make a date with; **la cité para las 9** I arranged to meet her at 9; **¿está Ud citado?** do you have an appointment? **(b)** (*Jur*) to call, summon; **tiene facultades para** ~ **testigos** he has the power to call witnesses. **(c)** (*Taur*) to incite, provoke. **(d)** (*Lit etc*) to quote, cite (*de* from); **citó varios ejemplos** *o* **casos** he gave many examples *o* cases in illustration. **2 citarse** *vr*: ~ **con algn** to arrange to meet sb.

cítara *nf* zither.

citología *nf* cytology.

cítrico *adj* citric.

CiU *abr* (*Esp Pol*) *de* **Convergència i Unió** *Catalan political party*.

ciudad *nf* city, town; **C~ del Cabo** Cape Town; ~ **colmena** *o* **dormitorio** commuter suburb, dormitory town; ~ **perdida** (*Méx: chabolas*) shanty town; ~ **satélite** new town (*Brit*), satellite city (*US*); ~ **universitaria** university campus; **es el mejor café de la** ~ it's the best café in town; **hoy vamos a la** ~ we're going (in)to town today.

ciudadanía *nf* citizenship; ~ **de honor** freedom of a city.

ciudadano/a 1 *adj* civic, city *atr*; **el orgullo** ~ civic pride. **2** *nm/f* **(a)** (*de ciudad*) city dweller, townsman/townswoman. **(b)** (*Pol etc*) citizen; ~ **de honor** freeman of city; **~s de segunda clase** second-class citizens.

ciudadela *nf* (*Mil*) citadel, fortress.

ciudadrealeño/a 1 *adj* from *o* of Ciudad Real. **2** *nm/f* native *o* inhabitant of Ciudad Real.

civeto *nm* civet.

cívico 1 *adj* (*gen*) civic; (*fig*) public-spirited, patriotic. **2** *nm* (*Arg: vaso de cerveza*) large glass of beer.

civil 1 *adj* **(a)** (*Pol etc*) civil; **derechos ~es** civil rights; **guerra** ~ civil war; **casarse por lo** ~ to have a civil wedding. **(b)** (*Mil*) **población** ~ civil *o* civilian population. **(c)** (*fig*) civil, courteous. **(d)** (*Rel*) secular. **2** *nm* **(a)** (*fam: guardia*) civil guard. **(b)** (*Mil*) civilian. **(c)** (*Culin*) pickled herring.

civilización *nf* civilization.

civilizador *adj* civilizing.

civilizar [1f] **1** *vt* to civilize. **2 civilizarse** *vr* to become civilized.

civismo *nm* community spirit.

cizalla *nf* **(a)** (*herramienta*) wire cutters. **(b)** (*fragmento*) shaving.

cizaña *nf* **(a)** (*Bot*) darnel; (*Biblia*) tares. **(b)** (*fig*) discord; **meter** *o* **sembrar** ~ to sow discord, create a rift (*entre* among).

cizañero/a *nm/f* troublemaker.

cl. *abr de* **centilitro(s)** cl.

clamar [1a] **1** *vt* to clamour *o* (*US*) clamor for, cry out for. **2** *vi* to cry out, clamour; ~ **contra** to protest against; ~ **por** to clamour for; **esto clama al cielo** this cries out to heaven (to be reformed *etc*).

clamor *nm* **(a)** (*grito*) cry, shout; (*ruido*) noise, clamour, clamor (*US*). **(b)** (*de campana*) tolling, knell. **(c)** (*fig*) clamour, outcry.

clamorear [1a] **1** *vt* = **clamar 1**. **2** *vi* (*campana*) to toll.

clamoreo *nm* (*gen*) clamour(ing), clamor(ing) (*US*); (*ruegos*) pestering.

clamoroso *adj* **(a)** (*fig*) noisy, loud, clamorous, clamorous (*US*). **(b)** (*fig: éxito etc*) resounding, enormous.

clan *nm* (*Hist etc*) clan; (*fig: de gángsters*) family, mob (*fam*).

clandestinidad *nf* secrecy; **en la** ~ in secrecy; (*Pol*) underground.

clandestino *adj* (*gen*) secret, clandestine; (*Pol*) clandestine, underground; (*agente*) secret, undercover.

claque *nf* claque.

claqué *nm* tap-dancing.

claqueta *nf* (*Cine*) clapperboard.

clara *nf* (*Culin*) white of an egg; (*bebida*) (lager) shandy.

claraboya *nf* skylight.

clarear [1a] **1** *vt* (*color*) to make lighter. **2** *vi* **(a)** (*Met*) to clear *o* brighten up. **(b)** (*día*) to dawn, break; (*cielo*) to grow light. **3 clarearse** *vr* **(a)** (*tela*) to be transparent *o* see-through. **(b)** (*fam: traicionarse*) to give the game away.

clarete *nm* (*de Burdeos*) claret; (*corriente*) light red wine.

claridad *nf* **(a)** (*Met etc*) brightness, light. **(b)** (*fig*) clearness, clarity; **lo explicó todo con mucha** ~ he explained it all very clearly. **(c)** **~es** home truths.

clarificación *nf* **(a)** (*Téc*) illumination, lighting (up). **(b)** (*fig*) clarification.

clarificar [1g] *vt* **(a)** (*Téc*) to illuminate, light (up). **(b)** (*líquidos*) to clarify. **(c)** (*fig*) to clarify.

clarín *nm* **(a)** (*instrumento*) bugle, trumpet; (*músico*) bugler; (*esp fig*) clarion. **(b)** (*Chi*) sweet pea.

clarinazo *nm* (*fig*) warning signal.

clarinete *nm* clarinet.

clarión *nm* chalk, white crayon.

clarividencia *nf* (*gen*) clairvoyance; (*fig*) farsightedness.

clarividente 1 *adj* far-sighted. **2** *nmf* clairvoyant.

claro 1 *adj* **(a)** (*ojos etc*) bright; (*sala*) light, well lit.

(b) (*agua*) clear, transparent.

(c) (*color*) light; **una tela verde** ~ a light-green cloth.

(d) (*voz etc*) clear, distinct; **mente ~a** clear mind; **tan** ~ **como la luz del día** as plain as a pikestaff; **más** ~ **que el agua** as clear as day(light); **tener las ideas ~as** to be clear in one's own mind.

(e) (*líquidos*) thin; (*té etc*) weak.

(f) (*prueba etc*) clear, evident; **todo queda muy** ~ it's all very clear; **¡~!** naturally!, of course!; **¡pues ~!** I quite agree with you!; **¡~ que sí!** yes of course!; **¡~ que no!** of course not!; ~ **que no es verdad** of course it isn't true; **está** ~ **que** it is plain that, it is obvious that; **a las ~as**

openly; **¡lo llevas** *o* **tienes ~!** (*fam*) don't say I didn't warn you! *(fam)*; **tengo ~ un punto, ...** I'm clear on one thing, ...; **ni siquiera tengo ~ lo que me espera mañana** I'm not even clear what's in store for me tomorrow.

2 *adv* clearly; **hablar ~** (*fig*) to speak plainly *o* bluntly; **poner algo en ~** to clear up *o* clarify sth; **no sacamos nada en ~** we couldn't get anything definite; **pasar la noche en ~** to have a sleepless night.

3 *nm* **(a)** (*gen*) opening; (*Tip*) gap, space; (*en discurso*) pause; (*en bosque*) clearing, glade; (*en pelo*) bald patch.

(b) (*Arquit*) skylight.

(c) (*Arte*) highlight.

(d) (*Met*) break in the clouds.

(e) ~ de luna moonlight.

claroscuro *nm* chiaroscuro.

clase *nf* **(a)** (*gen*) class; (*tipo*) kind, sort; **de buena ~** good quality *atr*; **con toda ~ de** with all kinds of, with every sort of; **gente de toda ~** people of every kind, all sorts of people; **de esta ~** of this kind; **de otra ~** of another sort; **les deseo toda ~ de felicidades** I wish you every kind of happiness.

(b) (*Aer, Ferro etc*) class; **primera/tercera ~** first/third class; **~ preferente** club class; **~ turista** tourist class.

(c) (*Escol etc*) class; **~ nocturna** evening class; **~ particular** private class *o* lesson; **~ de conducción** *o* **de conducir** driving lesson; **dar ~s** to teach; **faltar a ~** to miss class, not go to class.

(d) (*aula: Escol*) classroom; (*: Univ*) lecture room.

(e) (*Pol*) class; **~ alta/media/obrera/baja** upper/middle/working/lower class; **de la ~ obrera** working-class; **~ política** politicians *pl*; **las ~s acomodadas** the well-to-do, the moneyed classes.

(f) (*Mil*) **~s de tropa** non-commissioned officers.

clasicismo *nm* classicism.

clásico 1 *adj* **(a)** (*Arte*) classical. **(b)** (*fig: gen*) classic; (*: destacado*) outstanding, remarkable; (*: coche etc*) vintage; (*: institución*) traditional, typical; **le dio el ~ saludo** he gave him the timehonoured *o (US)* timehonored salute. **2** *nm* classic.

clasificable *adj* classifiable.

clasificación *nf* (*gen*) classification; (*Dep: liga*) table, league; (*: torneo*) qualification; (*Inform*) sorting; **~ nacional del disco** hit parade.

clasificador *nm* filing cabinet; **~ de cartas** letter file.

clasificar [1g] **1** *vt* (*gen*) to classify (*en la B* under B); (*Com etc*) to grade, class; (*Correos, Inform*) to sort. **2 clasificarse** *vr* **(a)** (*gen*) to occupy a position; **mi equipo se clasificó en segundo lugar** my team came second. **(b)** (*Dep: torneo*) to qualify; **no se clasificó el equipo para la final** the team did not qualify for the final.

clasista 1 *adj* (*Pol*) class *atr*; (*fam: actitud*) snobbish. **2** *nmf* snob.

claudicación *nf* giving way, abandonment of one's principles, backing down; **~ moral** failure of moral duty.

claudicar [1g] *vi* (*cejar*) to give way, back down, abandon one's principles.

claustro *nm* **(a)** (*Rel*) cloister. **(b)** (*Univ*) staff, faculty *(US)*; (*junta*) senate. **(c)** (*Anat*) **~ materno** womb.

claustrofobia *nf* claustrophobia.

cláusula *nf* clause; **~ de exclusión** (*Com*) exclusion clause; **~ de reajuste de los precios** escalation clause.

clausura *nf* **(a)** (*Pol etc*) formal closing, closing ceremony; **discurso de ~** closing speech. **(b)** (*Rel*) cloister; **convento de ~** enclosed convent.

clausurar [1a] *vt* **(a)** (*debate etc*) to close, bring to a close; (*Pol etc*) to adjourn. **(b)** (*cerrar*) to close (down).

clavadista *nmf* (*CAm, Méx Dep*) diver.

clavado *adj* **(a)** (*gen*) nailed; (*fijo*) firmly fixed; **quedó ~ en la pared** it stuck in the wall; **el reloj estaba ~ en las 7** the watch was stopped at 7. **(b)** (*mueble*) studded with nails. **(c)** (*ropa*) just right, exactly fitting. **(d) dejar a algn ~** to leave sb speechless; **quedó ~** he was dumbfounded. **(e) a las 5 ~as** at 5 sharp *o* on the dot. **(f) es Domingo ~** he's the spitting image of Domingo. **(g) ¡~!** exactly!, precisely!

clavar [1a] **1** *vt* **(a)** (*clavo*) to drive in *o* home; (*fijar*) to fasten, fix; (*con alfiler*) to pin; (*tablas etc*) to nail (together); (*cuchillo*) to stick, thrust (*en* into), bury (*en* in); **~ un anuncio en la puerta** to nail an announcement to the door.

(b) (*joya*) to set, mount.

(c) (*mirada*) to fix (*en* on), rivet (*en* to).

(d) (*fam: estafar*) to cheat; **me clavaron 50 dólares** they stung me for 50 dollars.

2 clavarse *vr* **(a)** (*clavo etc*) to penetrate, go in.

(b) (*con puñal etc*) to stab o.s.; **~ una astilla en dedo** to get a splinter in one's finger; **~ una espina** to prick o.s. on a thorn.

(c) (*CAm, Méx Dep*) to dive.

clave 1 *nf* **(a)** (*de cifra etc*) key; **la ~ del problema** the key to the problem. **(b)** (*Mús*) clef; **~ de fa/de sol** bass/treble clef. **(c)** (*Arquit*) keystone. **(d)** (*Inform*) **~ de búsqueda** search key; **~ de clasificación** sort key. **2** *nm* (*Mús*) harpsichord. **3** *adj* key *atr*; **cuestión ~** key question; **posición ~** key position.

clavel *nm* (*Bot*) carnation.

clavellina *nf* (*Bot*) pink.

clavero¹ *nm* (*Bot*) clove tree.

clavero² *nm* key-holder.

claveteado *nm* studding.

clavetear [1a] *vt* to decorate with nails.

clavicémbalo *nm* harpsichord.

clavicordio *nm* clavichord.

clavícula *nf* collar bone, clavicle.

clavija *nf* (*Carpintería*) peg, dowel, pin; (*Mús*) peg; (*Elec*) plug; **~ hendida** *o* **de dos patas** cotter pin; **apretar las ~s a algn** to put the screws on sb *(fam)*.

clavijero *nm* (*Mús*) pegbox; (*percha*) clothes rack.

clavillo *nm* **(a)** (*Téc*) pivot, pin. **(b)** (*Bot*) clove.

clavo *nm* **(a)** (*Téc*) nail; (*de adorno*) stud; **verdad de ~ pasado** platitude, truism; **agarrarse a un ~ ardiendo** to clutch at a straw; **no da** *o* **no pega ~** he doesn't do a stroke; **dar en el ~** (*fig*) to hit the nail on the head; **entrar de ~** to squeeze in; **llegar como un ~** to arrive on the dot; **remachar el ~** (*fig*) to go on and on. **(b)** (*Bot*) clove. **(c)** (*Med: jaqueca*) migraine; (*: callo*) corn. **(d)** (*CSur: cosa desagradable*); **es un ~** it's a real pain.

claxon *nm* (*pl* **~s** ['klakson]) (*Aut*) horn, hooter; **tocar el ~** to sound one's horn, hoot.

claxonazo *nm* (*Aut*) hoot, toot (on the horn).

clemátide *nf* clematis.

clemencia *nf* (*gen*) mercy, clemency; (*Jur*) leniency.

clemente *adj* (*gen*) merciful, clement; (*Jur*) lenient.

clementina *nf* clementine, tangerine.

cleptomanía *nf* kleptomania.

cleptómano/a *nm/f* kleptomaniac.

clerecía *nf* **(a)** (*estado*) priesthood. **(b)** (*cuerpo*) clergy.

clerical *adj* clerical.

clericalismo *nm* clericalism.

clericato *nm*, **clericatura** *nf* priesthood.

clérigo *nm* priest.

clero *nm* clergy.

cliché *nm* **(a)** (*Tip*) stencil. **(b)** (*Lit*) cliché. **(c)** (*Fot*) negative.

cliente *nmf* (*Com*) customer; (*Jur*) client; (*Med*) patient.

clientela *nf* (*Com*) clientele, customers *pl*; (*Med*) practice, patients *pl*.

clima *nm* climate; **~ artifical** air conditioning.

climático *adj* climatic.

climatización *nf* air conditioning.

climatizado *adj* air-conditioned.

climatología *nf* climatology.

climatológico *adj* climatological; **estudios ~s** studies in changes in the climate.

clímax ['klimas] *nm inv* climax.
clínica *nf* (**a**) (*gen*) clinic; ~ **ambulatoria** health centre; ~ **de reposo** convalescent home. (**b**) (*Univ*) clinical training.
clínico 1 *adj* clinical; **hospital** ~ teaching hospital. **2** *nm* consultant.
clip *nm* (*pl* ~**s** [klis]) (*gen*) clip; (*para papeles*) paper clip; (*LAm*) clip-on earring.
clíper *nm* (*Náut*) clipper.
clisar [1a] *vt* to stereotype, stencil.
clisé *nm* (*Tip*) cliché, stereotype plate; (*Fot*) negative.
cloaca *nf* sewer, drain.
cloch(e) *nm* (*CAm, Méx: Aut*) clutch.
clon *nm* clone.
clonación *nf*, **clonaje** *nm* cloning.
clónico 1 *adj* clonal, cloned. **2** *nm* (*Inform*) clone.
cloquear [1a] *vi* to cluck.
cloqueo *nm* clucking.
cloración *nf* chlorination.
clorador *nm* chlorinator.
clorhídrico *adj* hydrochloric.
cloro *nm* chlorine.
clorofila *nf* chlorophyl(l).
cloroformar [1a] *vt* (*LAm*), **cloroformizar** [1f] *vt* to chloroform.
cloroformo *nm* chloroform.
cloruro *nm* chloride; ~ **sódico** sodium chloride.
closet, **clóset** *nm* (*LAm*) (built-in) cupboard, closet (*US*).
clown [klawn] *nm* (*pl* ~**s** [klawn]) clown.
club [klu *o* kluß] *nm* (*pl* ~**s** [klus] *o* ~**es** [klußes]) (*LAm*) club; ~ **campestre** country club; ~ **de fútbol** football club.
clubista *nmf* club member.
clueca *nf* broody hen.
cm *abr de* **centímetro(s)** cm.
cm² *abr de* **centímetros cuadrados** sq. cm.
cm³ *abr de* **centímetros cúbicos** cc.
CMCC *nf abr de* **Comunidad y Mercado Común del Caribe** CARICOM.
CN *nf abr de* **carretera nacional** ≈ 'A' road.
CNA *nm abr de* **Congreso Nacional Africano** ANC.
CNT *nf abr* (**a**) (*Esp*) *de* **Confederación Nacional del Trabajo** *anarchist trade union.* (**b**) (*CSur, Méx*) *de* **Confederación Nacional de Trabajadores** *trade union.*
co... *pref* co....
coacción *nf* coercion, compulsion; **con** ~ under duress.
coaccionar [1a] *vt* to coerce, compel.
coactivo *adj* coercive, compelling.
coacusado/a *nm/f* co-defendant.
coadyutor(a) *nm/f* assistant, coadjutor.
coadyuvar [1a] *vt* to help, assist.
coagulación *nf* (*gen*) coagulation; (*de sangre*) clotting.
coagulante *nm* coagulant.
coagular [1a] *vt*, **coagularse** *vr* to coagulate; (*sangre*) to clot, congeal; (*leche*) to curdle.
coágulo *nm* clot, congealed lump.
coalición *nf* coalition; **gobierno de** ~ coalition government.
coaligado/a 1 *adj*: **estar** ~**s** to be allied *o* in league. **2** *nm/f* ally, confederate.
coaligarse [1h] *vr* to make common cause (*con* with).
coartada *nf* alibi; **alegar una** ~ to produce an alibi.
coartar [1a] *vt* to limit, restrict.
coatí *nm* (*LAm*) coati.
coautor(a) *nm/f* joint author, coauthor.
coba *nf* soft soap; **dar** ~ **a algn** to soft-soap sb.
cobalto *nm* cobalt.
cobarde 1 *adj* cowardly. **2** *nmf* coward.
cobardear [1a] *vi* to be a coward.
cobardía *nf* cowardliness.
cobaya *nf*, **cobayo** *nm* guinea pig.
cobertera *nf* (**a**) (*tapadera*) lid, cover; (*de reloj*) watch-case. (**b**) (*Bot*) white water lily.
cobertizo *nm* (*gen*) shed, lean-to; ~ **de aviación** hangar; ~ **de coche** car port.
cobertor *nm* bedspread, coverlet.
cobertura *nf* (**a**) (*acción*) covering. (**b**) (*Fin*) coverage, collateral (*US*); ~ **de dividendo** dividend cover; ~ **del seguro** insurance cover.
cobija *nf* (**a**) (*Arquit*) coping tile. (**b**) (*LAm*) blanket; ~**s** bedclothes.
cobijar [1a] **1** *vt* (**a**) (*cubrir*) to cover (up). (**b**) (*fig: proteger*) to protect, shelter; (*hospedar*) to take in, give shelter to; (*Pol, Jur etc*) to harbour, harbor (*US*). **2** **cobijarse** *vr* to (take) shelter.
cobijo *nm* (**a**) (*lit*) shelter, lodging. (**b**) (*fig*) cover.
cobista *nmf* (*fam*) crawler (*fam*), toady (*fam*).
cobra¹ *nf* (*Zool*) cobra.
cobra² *nf* (*Caza*) retrieval.
cobrable, **cobradero** *adj* (*cheque*) cashable; (*precio*) chargeable; (*suma*) recoverable.
cobrador(a) *nm/f* (**a**) (*Com*) collector. (**b**) (*en bus etc*) conductor/conductress.
cobrar [1a] **1** *vt* (**a**) (*recuperar*) to recover; (*Caza*) to retrieve; (*cuerda*) to pull in.
(**b**) (*precio*) to charge; **cobran 200 dólares por arreglarlo** they charge 200 dollars to repair it; **¿cuánto me va Ud a ~?** what are you going to charge me?
(**c**) (*suma*) to collect, receive; (*cheque*) to cash; (*salario*) to earn; (*retirar*) to draw; **fue a la oficina a ~ el sueldo** he went to the office to get his wages; **cantidades por** ~ sums payable, sums due; **¡cóbrame!** (*en bar etc*) what do I owe you?; **cuenta por** ~ unpaid bill; **¡vas a ~!** you're for it!
(**d**) (*fama etc*) to acquire, gain; (*valor etc*) to summon up, muster; ~ **actualidad** to be very relevant; ~ **cariño a algn** to take a liking to sb; ~ **fama de inteligente/ladrón** to acquire a reputation for being intelligent/a thief.
2 *vi* (*Fin*) to draw one's pay, collect one's salary; **cobra los viernes** he gets paid on Fridays; **a** ~ receivable.
3 cobrarse *vr* (*deuda*) to collect, recover; **¡se cobra aquí, por favor!** pay over here, please!; ~**se un favor** to get repaid a favour *o* (*US*) favor; **el accidente se cobró 3 víctimas** the accident claimed 3 lives.
cobre *nm* (**a**) (*Min*) copper; (*LAm fam: céntimo*) cent; **no tengo un** ~ I haven't a cent *o* penny. (**b**) (*Culin*) copper pans. (**c**) (*Mús*) brass; **batir(se) el** ~ to work with a will.
cobrizo *adj* coppery, copper-coloured, copper-colored (*US*).
cobro *nm* (**a**) (*Caza*) recovery, retrieval. (**b**) (*Fin*) collection; (*de cheque*) encashment; (*pago*) payment; ~ **a la entrega** collect on delivery; **llamar a ~ revertido** to reverse the charges; **poner al** *o* **en** ~ make payable; (*factura*) to send out. (**c**) (*fig*) safe place; **poner algo en** ~ to put sth in a safe place *o* out of harm's way; **ponerse en** ~ to take refuge, get to safety.
coca *nf* (**a**) (*Bot*) coca; (*droga*) coke (*fam*), snow (*fam*). (**b**) (*Méx fam*) **de** ~ free, gratis.
cocada *nf* (*Bol, Per*) coca plug.
cocaína *nf* cocaine.
cocainómano/a *nm/f* cocaine addict.
cocal *nm* coca plantation.
cocción *nf* (*Culin: gen*) cooking; (*: el hervir*) boiling; (*Téc*) firing; **el agua de** ~ boiling water.
cocear [1a] *vt*, *vi* to kick.
cocer [2b, 2h] **1** *vt* (**a**) (*Culin: gen*) to cook; (*: hervir*) to boil; (*: al vapor*) to steam (cook). (**b**) (*Téc*) to bake, fire. **2** *vi* (*gen*) to boil; (*vino*) to ferment. **3 cocerse** *vr* (*tramarse*) to be brewing; **¿qué se cuece por ahí?** what's cooking? (*fam*).
cocido 1 *adj* (**a**) boiled, cooked; **bien** ~ well done. (**b**) **estar** ~ (*fam*) to be pissed (*fam!*); (*de calor*) to be roasting (*fam*). **2** *nm* stew; **ganarse el** ~ to earn one's living.
cociente *nm* (*Mat*) quotient; (*Dep*) goal *etc* average.
cocina *nf* (**a**) (*pieza*) kitchen; **de** ~ kitchen *atr*. (**b**) (*apa-*

rato) stove, cooker; ~ **eléctrica/de gas** electric/gas cooker; ~ **de petróleo** oil stove. (**c**) (*arte*) cuisine; ~ **casera** plain *o* home cooking; ~ **nueva** nouvelle cuisine; **la ~ valenciana** the Valencian cuisine; **libro de ~** cookery book, cookbook *(US)*.

cocinar [1a] **1** *vt* to cook. **2** *vi* (**a**) (*guisar*) to cook, do the cooking. (**b**) (*fig*) to meddle.

cocinero/a *nm/f* cook.

cocinilla *nf* (**a**) (*cuarto*) small kitchen, kitchenette. (**b**) (*Mec: gen*) small cooker; (*: de alcohol*) spirit stove.

coco[1] *nm* (*Med*) coccus; (*insecto*) grub, maggot.

coco[2] *nm* (**a**) (*fantasma*) bogeyman; **parece un ~** he's an ugly devil; **¡que viene el ~!** the bogey man'll get you! (**b**) (*mueca*) face, grimace.

coco[3] *nm* (**a**) (*Bot: fruto*) coconut; (*: árbol*) coconut palm. (**b**) (*fam: cabeza*) head, nut *(fam)*; **comer el ~ a algn** (*fam*) to brainwash sb; **comerse el ~ por algo** (*fam*) to get neurotic about sth.

cocodrilo *nm* crocodile.

cocoliche *nm* (*CSur Ling*) *hybrid Spanish of Italian immigrants*.

cocorota *nf* bonce *(fam)*, nut *(fam)*.

cocotal *nm* coconut plantation.

cocotero *nm* coconut palm.

cóctel *nm* (*pl* **~s** *o* **~es**) (**a**) (*bebida*) cocktail. (**b**) (*reunión*) cocktail party. (**c**) **~ (Molotov)** petrol bomb.

coctelera *nf* cocktail shaker.

cocuyo *nm* (*LAm*) glow worm, lightning bug *(US)*.

cochambre *nm* (*mugre*) filth; (*objeto*) disgusting object; (*fig*) rubbish.

cochambroso *adj* filthy.

cochayuyo *nm* (*LAm*) edible seaweed.

coche *nm* (**a**) (*Aut*) car, automobile *(US)*; **~ ambulancia** ambulance; **~ de alquiler** hire car; **~ blindado** armoured *o (US)* armored car; **~ de bomberos** fire engine; **~ de carreras** racing car; **~ celular** prison van, patrol wagon; **~ de choque** dodgem car; **~ deportivo** sports car; **~ fúnebre** hearse; **~ de línea** long-distance taxi; **~ patrulla** patrol car; **~ de turismo** private car; **ir en ~** to go by car, drive; **ir en el ~ de San Fernando** to go on shank's pony.
(**b**) (*Ferro*) coach, car, carriage; **~ cama/comedor** sleeping/dining *o* restaurant car; **~ de correos** mail van; **~ directo** through carriage; **~ de equipajes** luggage van, baggage car *(US)*; **~ de literas** couchette car; **~ de viajeros** passenger coach.
(**c**) (*Hist*) coach, carriage.

coche-bomba *nm* (*pl* **coches-bomba**) car bomb.

cochecito *nm* (**a**) (*juguete*) toy car; (*para bebé*) pram; (*para niño*) pushchair. (**b**) (*Med*) wheelchair.

cochera *nf* (**a**) (*de carruajes*) coach house; **~ de alquiler** livery stable. (**b**) (*Aut*) garage, carport; (*de autobuses*) depot.

cochero 1 *adj*: **puerta ~a** carriage entrance. **2** *nm* coachman; **hablar (en) ~** (*Méx*) to use coarse language.

cochina *nf* sow; *V tb* **cochino**.

cochinada *nf* (**a**) (*suciedad*) filth, filthiness; (*comentario*) filthy language. (**b**) (*cosa*) filthy object. (**c**) (*fig*) dirty trick.

cochinear [1a] *vi* to talk smut.

cochinería *nf* = **cochinada**.

cochinilla *nf* (**a**) (*Zool*) woodlouse. (**b**) (*Culin*) cochineal. (**c**) **de ~** (*Cu, Méx*) trivial.

cochinillo *nm* piglet, sucking-pig.

cochino/a 1 *adj* (**a**) (*sucio*) filthy, dirty. (**b**) (*fig*) rotten; **esta vida ~a** this wretched life. **2** *nm/f* (**a**) pig. (**b**) (*fig*) **realmente es un ~** he really is a swine. **3** *nm* boar.

cochiquera *nf*, **cochitril** *nm* pigsty.

cochura *nf* (**a**) = **cocción**. (**b**) (*cantidad*) batch of loaves *etc*.

cod. *abr de* **código**.

codazo *nm* (**a**) dig, nudge (with one's elbow); **abrirse paso a ~s** to elbow one's way through. (**b**) (*Méx*) **dar ~ a algn** to tip sb off, warn sb.

codear [1a] **1** *vi* to elbow, jostle. **2 codearse** *vr*: **~ con** to hobnob *o* rub shoulders with.

codeína *nf* codeine.

codeo *nm* (*LAm fam*) sponging.

codera *nf* elbow patch.

codeso *nm* laburnum.

códice *nm* manuscript, codex.

codicia *nf* greed, covetousness; **~ de** lust for.

codiciable *adj* covetable, desirable.

codiciado *adj* sought-after, coveted.

codiciar [1b] *vt* to covet.

codicilo *nm* codicil.

codicioso *adj* greedy, covetous; **ser ~ de** to be greedy for, covet.

codificación *nf* codification; **~ de barras** bar coding.

codificador *nm* (*Inform*) encoder.

codificar [1g] *vt* to codify.

código *nm* (**a**) (*Jur etc*) code, rules *pl*; **~ de barras/de máquina/de operación** (*Inform*) bar/machine/operational *o* machine code; **~ de (la) circulación** *o* **del tránsito** highway code; **~ civil** civil code; **~ de leyes** statute book; **~ militar** military law; **~ penal** penal code; **~ postal** postcode; **~ de práctica** code of practice.
(**b**) (*Telec etc*) code; **mensaje en ~** coded message.

codillo *nm* (*Zool*) knee; (*Bot*) stump; (*Téc*) elbow.

codo *nm* (**a**) (*Anat*) elbow; (*Zool*) knee; **~ con ~** neck and neck; **comerse los ~s de hambre** to be utterly destitute; **dar con el** *o* **dar de(l) ~ a algn** (*CAm*) to nudge sb; **empinar el ~** to booze; **hablar por los ~s** to talk 19 to the dozen, talk a blue streak *(US)*; **morderse un ~** (*Méx, CSur*) to restrain o.s.; **pelarse** *o* **romperse los ~s** to swot *(fam)*; **ser del ~, ser duro de ~** (*CAm*) to be mean. (**b**) (*Téc*) elbow, bend. (**c**) (*fig*) **hacer más ~s** to put more elbow grease into it.

codorniz *nf* quail.

COE *nm abr de* **Comité Olímpico Español**.

coedición *nf* (*libro*) joint publication; (*acto*) joint publishing.

coeducación *nf* coeducation.

coeducacional *adj* coeducational.

coeficiente *nm* (*Mat*) coefficient; (*Econ etc*) rate; (*Med*) degree; **~ de incremento** rate of increase; **~ de inteligencia** intelligence quotient, IQ.

coercer [2b] *vt* to coerce.

coerción *nf* coercion.

coercitivo *adj* coercive.

coetáneo/a *adj, nm/f* contemporary.

coexistencia *nf* coexistence; **~ pacífica** peaceful coexistence.

coexistir [3a] *vi* to coexist (*con* with).

cofia *nf* hair net; (*de enfermera*) (white) cap.

cofrade *nm* member (of a brotherhood), brother.

cofradía *nf* (*Rel*) brotherhood, fraternity; (*gremio*) guild; (*de ladrones etc*) gang.

cofre *nm* (*gen*) chest; (*para joyas etc*) box, case; (*Méx Aut*) bonnet, hood *(US)*.

cogedor *nm* dustpan.

coger [2c] **1** *vt* (**a**) (*gen: esp Esp*) to take *o* catch hold of; (*por fuerza*) to seize, grasp; (*balón etc*) to catch; (*vestido*) to gather up; (*libro, algo caído*) to pick up; **~ la tercera (calle) a la derecha** to take the third (street) on the right; **~ a algn de la mano** to take sb by the hand; **cogidos de la mano** hand-in-hand; **no ha cogido un fusil en la vida** he's never held a gun in his life.
(**b**) (*robar*) to pinch; (*pedir prestado*) to borrow; **me coge siempre las cerillas** he always takes my matches; **te he cogido la regla** I've borrowed your ruler, I've nabbed your ruler *(fam)*.
(**c**) (*flor*) to pick; (*fruta*) to gather, collect.
(**d**) (*persona, pez, prisionero*) to catch; (*Jur*) to arrest; (*Mil*) to take prisoner; **¡por fin te he cogido!** caught you at last!; **~ a algn en una mentira** to catch sb lying *o* in a lie.

(**e**) (*sorprender*) to catch out; ~ **a algn desprevenido/en una mentira** to take sb unawares/catch sb lying; **la guerra nos cogió en Francia** the war found *o* caught us in France.

(**f**) (*suj: toro*) to gore, toss; (*: coche*) to knock down, run over.

(**g**) (*billete etc*) to get, acquire; **he cogido un billete de avión** I've got an air ticket; **cógeme un buen sitio** get me a good place.

(**h**) (*Med*) to catch; (*fig: costumbre*) to get into; **el niño cogió sarampión** the child got *o* caught measles; **ha cogido la manía de las quinielas** he's caught the pools craze.

(**i**) (*suj: emoción*) to take; ~ **aversión/cariño a** to take a dislike/liking to; ~ **celos a** to become jealous of.

(**j**) (*sentido*) to get, understand; (*frase*) to catch; (*acento*) to pick up.

(**k**) (*empleados, trabajo*) to take on; (*propina*) to take, accept.

(**l**) (*Ferro etc*) to take, catch, go by; **vamos a ~ el tren** let's take the train.

(**m**) (*fuerzas, velocidad*) to gather.

(**n**) (*emisora, canal*) to pick up, get; **con esta radio cogemos Praga** we can get Radio Prague on this set.

(**o**) (*suj: recipiente*) to hold, take; (*área*) to cover.

(**p**) (*escoger*) to choose, pick; **has cogido un mal momento** you've picked a bad time.

(**q**) (*LAm fam!*) to lay (*fam*), screw (*fam!*).

2 *vi* (**a**) (*Bot*) to take.

(**b**) (*caber*) to fit; **aquí no coge** there's no room for it here.

(**c**) **cogió y se fue** (*fam*) he just upped and offed (*fam*).

(**d**) (*dirigirse*) **cogió por esta calle** he went down this street.

3 cogerse *vr* (**a**) (*gen*) to catch; ~ **los dedos en la puerta** to catch one's fingers in the door; ~ **una mona** *o* **trompa** (*fam*) to get pissed (*fam!*) *o* (*fam*) plastered.

(**b**) ~ **de** (*agarrarse*) to grab hold of.

(**c**) (*robar*) ~ **algo** to steal sth.

cogestión *nf* co-partnership.

cogida *nf* (**a**) (*Agr*) gathering, picking. (**b**) (*Taur*) goring, tossing. (**c**) (*LAm fam!*) hump (*fam!*), lay (*fam*).

cognición *nf* cognition.

cogollo *nm* (**a**) (*Bot: tallo*) shoot, sprout; (*: de lechuga*) heart. (**b**) **el ~ de la sociedad** the cream of society. (**c**) (*fig*) core, nucleus.

cogote *nm* back of the neck, nape.

cohabitación *nf* cohabitation; (*Pol*) coexistence.

cohabitar [1a] *vi* to live together, cohabit; (*Pol*) to coexist.

cohechar [1a] *vt* to bribe.

cohecho *nm* bribe, bribery.

coherencia *nf* (*gen*) coherence; (*Fís*) cohesion.

coherente *adj* coherent.

cohesión *nf* cohesion.

cohesionar [1a] *vt* to unite, draw together.

cohesivo *adj* cohesive.

cohete 1 *nm* (**a**) (*gen*) rocket; ~ **espacial** (space) rocket; ~ **luminoso** *o* **de señales** flare, distress signal. (**b**) (*Méx fam: pistola*) piece (*fam*), pistol. (**c**) (*CSur*) **al** ~ to no effect. **2** *adj* (*CAm, Méx*) drunk, tight (*fam*).

cohibición *nf* (*Jur etc*) restraint; (*Med*) inhibition.

cohibido *adj* (*Jur etc*) restrained; (*Med*) inhibited; (*tímido*) shy; **sentirse** ~ to feel embarrassed.

cohibir [3a] **1** *vt* (*Jur etc*) to restrain, restrict; (*Med*) to inhibit; (*incomodar*) to embarrass. **2 cohibirse** *vr* (*Med etc*) to feel inhibited; (*incomodarse*) to feel embarrassed.

cohonestar [1a] *vt* (**a**) (*acto*) to explain away, whitewash. (**b**) (*diferencias*) to reconcile.

cohorte *nf* cohort.

COI *nm abr de* **Comité Olímpico Internacional** IOC.

coima *nf* (*LAm: soborno*) bribe.

coimacracia *nf* (*Per fam*) rule of graft.

Coimbra *nf* Coimbra.

coimero/a (*And, CSur*) **1** *adj* bribe-taking. **2** *nm/f* bribe-taker.

coincidencia *nf* (*gen*) coincidence; (*acuerdo*) agreement, conformity; **en ~ con** in agreement with.

coincidir [3a] *vi* (**a**) (*sucesos*) to coincide (*con* with); **coincidimos en el teatro** we met up by chance at the theatre. (**b**) (*estar de acuerdo*) to agree (*en que* that).

coipo, **coipu** *nm* (*LAm*) beaver-like animal.

coito *nm* intercourse, coitus.

cojear [1a] *vi* (*al andar*) to limp, hobble (along); (*estado*) to be lame (*de* in); (*mueble*) to wobble; **cojean del mismo pie** they both have the same faults.

cojera *nf* lameness, limp.

cojín *nm* cushion.

cojinete *nm* (**a**) (*almohadilla*) small cushion, pad. (**b**) (*Mec*) bearing; ~ **de bolas/de rodillos** ball/roller bearing. (**c**) (*Ferro*) chair.

cojo[1]/a 1 *adj* (**a**) (*gen*) lame, crippled; (*Dep etc*) limping; (*muebles*) wobbly; ~ **de un pie** lame in one foot. (**b**) (*fig*) lame, weak; **la frase está ~a** the sentence is incomplete. **2** *nm/f* cripple.

cojo[2] *etc V* **coger**.

cojón *nm* (*fam!*) ball (*fam!*), testicle; **es un tío con ~es** he's got guts; **¡hace falta tener ~es!** the bloody cheek! (*fam*); **hacer algo por ~es** to do sth by hook or by crook, do sth at all costs; **hace un frío de ~es** it's bloody cold (*fam*).

cojonudo *adj* (*Sp fam*) marvellous, marvelous (*US*), brilliant (*fam*).

cojudez *nf* (*And, CSur: fam!*) nonsense, stupidity.

cojudo/a 1 *adj* (**a**) (*animal*) entire, not castrated. (**b**) (*CSur fam!*) stupid. **2** *nm/f* stupid idiot (*fam*).

cok(e) *nm* (*LAm Min*) coke.

col[1] *nf* cabbage; ~ **de bruselas** (Brussels) sprouts; ~ **roja** red cabbage; **entre ~ y ~, lechuga** a change is as good as a rest.

col[2], **col.ª** *abr de* **columna** col.

cola[1] *nf* (**a**) (*Zool*) tail. (**b**) (*de frac etc*) tail; (*de vestido*) train. (**c**) (*posición*) tail end; **estar a la** ~ to be last in line, be at the end of the queue *o* (*US*) line; (*en clase etc*) to be bottom; **venir a la** ~ to come last. (**d**) (*línea*) queue, line (*US*); **hacer** ~ to queue (up); **¡a la ~!, ¡haga Ud ~!** get in the queue! (**e**) (*Téc*) ~ **de milano** *o* **de pato** dovetail. (**f**) (*fig*) **tener** *o* **traer** ~ to have grave consequences; **tener ~ de paja** (*Uru fam*) to feel guilty.

cola[2] *nf* (*adhesivo*) glue, gum; (*Arte*) size; **pintura a la** ~ distemper; (*Arte*) tempera; **esas cortinas no pegan ni con** ~ those curtains just do not match in; **el final de la película no pega ni con** ~ the film's ending doesn't fit in.

colaboración *nf* (**a**) (*gen*) collaboration. (**b**) (*en periódico*) contribution (*a, en* to).

colaboracionismo *nm* collaboration.

colaboracionista *nmf* (*Pol*) collaborator.

colaborador(a) *nm/f* (*gen*) collaborator, coworker; (*Lit etc*) contributor.

colaborar [1a] *vi* (**a**) (*gen*) to collaborate (*en algo* on sth). (**b**) ~ **en un periódico** to contribute (articles) to *o* write for a newspaper.

colación *nf* (**a**) (*comparación*) collation, comparison; **sacar a** ~ to bring up. (**b**) (*Culin*) collation; (*LAm*) box of sweets. (**c**) (*Univ*) conferral.

colacionar [1a] *vt* to collate, compare.

colada *nf* (**a**) (*lavado*) washing; **día de** ~ washday; **tender la** ~ to hang out the washing. (**b**) (*lejía*) bleach, lye. (**c**) (*Geol*) outflow.

coladero, **colador** *nm* strainer, colander; **dejar como un** ~ to riddle with bullets.

colado *adj* (**a**) (*metal*) cast. (**b**) **aire** ~ draught, draft (*US*). (**c**) **estar ~ por** (*fam*) to be madly in love with.

coladura *nf* (**a**) (*filtración*) straining. (**b**) **~s** grounds, dregs. (**c**) (*fam: pata*) clanger.

colágeno *nm* collagen.

colapsar [1a] **1** *vt* (**a**) (*derribar*) to overthrow, cause to collapse. (**b**) (*Aut etc*) to jam, block. **2** *vi*, **colapsarse** *vr* to collapse, go to pieces.

colapso *nm* (**a**) (*Med*) collapse; ~ **nervioso** nervous breakdown. (**b**) (*fig*) breakdown.

colar [1l] **1** *vt* (**a**) (*verduras*) to strain (off); (*café*) to filter; (*metal*) to cast, pour.

(**b**) (*ropa*) to bleach.

(**c**) ~ **algo por un sitio** to slip sth through a place.

(**d**) ~ **algo a algn** to foist *o* palm sth off on sb; ~ **una moneda** to pass a (false) coin; **¡a mí no me la cuelas!** I'm not going to swallow that!

2 *vi* (**a**) **esa noticia no cuela** that news item doesn't wash.

(**b**) (*fam: beber*) to booze, tipple.

3 colarse *vr* (**a**) (*gen*) to slip in; (*líquidos*) to filter through; (*aire*) to get in (*por* through); (*en mítin*) to sneak in; (*en fiesta*) to gatecrash; (*en cola*) to jump the queue, cut in line *(US)*.

(**b**) (*equivocarse*) to slip up; (*meter la pata*) to put one's foot in it.

(**c**) (*enamorarse*) ~ **por una chica** to fall for a girl.

colateral *adj* collateral.

colcha *nf* bedspread, counterpane.

colchón *nm* mattress; ~ **de aire** airbed; (*Téc*) air cushion; ~ **de muelles** spring mattress; ~ **de plumas** feather bed; **servir de** ~ **a** (*fig*) to act as a buffer for.

colchoneta *nf* (*Dep*) mat.

cole *nm* (*fam*) = **colegio**.

colear [1a] **1** *vt* (**a**) (*Taur: toro*) to hold on to the tail of. (**b**) (*LAm fam*) to harass. **2** *vi* (**a**) (*perro*) to wag its tail; (*caballo etc*) to swish its tail; (*pez*) to wriggle. (**b**) (*fig*) **el asunto todavía colea** the affair is still not settled; **vivito y coleando** alive and kicking.

colección *nf* collection.

coleccionar [1a] *vt, vi* to collect.

coleccionista *nmf* collector.

colecta *nf* (**a**) (*gen*) collection (for charity). (**b**) (*Rel*) collect.

colectar [1a] *vt* to collect.

colectivero *nm* (*LAm*) (mini-)bus driver.

colectividad *nf* (*gen*) collectivity; (*grupo*) group, community; **en** ~ collectively.

colectivizar [1f] *vt* to collectivize.

colectivo 1 *adj* collective; **acción ~a** joint action; *V* **convenio**. **2** *nm* (**a**) (*Pol*) collective. (**b**) (*LAm: bus*) minibus, (small) bus; (*: taxi*) taxi.

colector *nm* (**a**) (*individuo*) collector. (**b**) (*Elec*) collector; (*Mec*) sump, trap.

colega *nmf* (*gen*) colleague; (*fam*) mate, pal, buddy *(US)*.

colegiado/a 1 *adj* (**a**) collegiate. **2** *nm/f* (*Dep*) referee.

colegial(a) 1 *adj* (**a**) (*Escol etc*) school *atr*, college *atr*. (**b**) (*Rel*) collegiate. (**c**) (*Méx: inexperto*) raw, green *(fam)*, inexperienced. **2** *nm/f* schoolboy/schoolgirl.

colegiarse [1a] *vr* to become a member of one's professional association.

colegiata *nf* collegiate church.

colegiatura(s) *nf(pl)* (*Méx*) school *o* University fees.

colegio *nm* (**a**) (*Escol*) secondary *o* high school *(US)*; ~ **de internos** boarding school; ~ **de pago** fee-paying school; **ir al** ~ to go to school. (**b**) (*Univ*) college; ~ **mayor** hall of residence. (**c**) (*gremio etc*) ~ **de abogados** bar (association); **C~ de cardenales** College of Cardinals; ~ **electoral** electoral college.

colegir [3c, 3k] *vt* (**a**) (*juntar*) to collect, gather. (**b**) (*inferir*) to infer, conclude (*de* from).

cólera 1 *nf* (**a**) (*ira*) anger, rage; **descargar la** ~ **en** to vent one's anger on. (**b**) (*Anat*) bile. **2** *nm* (*Med*) cholera.

colérico *adj* (*furioso*) angry, furious; (*malhumorado*) irritable, bad-tempered.

colero *nm* (*Chi*) top hat.

colesterol *nm* cholesterol.

coleta *nf* (**a**) (*trenza*) plait; (*Taur*) pigtail; **gente de** ~ bullfighters, bullfighting people; **cortarse la** ~ to quit, retire. (**b**) (*adición*) postscript, afterthought.

coletazo *nm* (**a**) (*de animal*) lash, blow with the tail; **está dando los últimos ~s** (*fig*) it's on its last legs. (**b**) (*Aut*) swaying movement; **dar ~s** to sway about. (**c**) (*fig*) **~s** death throes.

coletilla *nf* afterthought.

coleto *nm* (**a**) (*Hist*) doublet, jerkin. (**b**) (*fam*); **decir para su** ~ to say to o.s.; **echarse algo al** ~ (*comer*) to eat sth right up; (*beber*) to drink sth down; **echarse un libro al** ~ to devour a book.

colgadero *nm* (*gancho*) peg; (*percha*) hanger.

colgadizo 1 *adj* hanging, loose. **2** *nm* lean-to shed.

colgado 1 *pp de* **colgar**. **2** *adj* (**a**) (*gen*) hanging; (*ahorcado*) hanged, hung; (*: asunto*) pending. (**b**) (*locuciones*) **dejar** ~ **a algn** to let sb down; (*en cita*) to stand sb up; **estar** ~ (*fam: drogado*) to be stoned *(fam)*; (*sin plan*) to be at a loose end *(fam)*; **quedar** ~ **a algn** (*fam*) to let sb down, leave sb out on a limb; **quedarse** ~ (*fam*) to be let down.

colgadura *nf* hangings *pl*.

colgajo *nm* (**a**) (*trapo*) tatter, shred. (**b**) (*Bot*) bunch. (**c**) (*Med*) flap of flesh.

colgante 1 *adj* hanging; **con la lengua** ~ with his tongue hanging out. **2** *nm* (**a**) (*joya*) pendant; *V* **puente**. (**b**) (*Arquit*) festoon.

colgar [1h, 1l] **1** *vt* (**a**) (*cuadro etc*) to hang (up) (*de* from) (*en* on); (*reo*) to hang; (*colada*) to hang out. (**b**) (*pared*) to decorate with hangings, drape (*de* with). (**c**) (*achacar*) to attribute (*a* to); ~ **la culpa a algn** to pin the blame on sb. (**d**) (*Univ fam*) to fail. (**e**) (*Telec*) ~ **a algn** to hang up on sb. **2** *vi* (*gen*) to hang, be suspended (*de* on, from); (*Telec*) to hang up, ring off.

colibrí *nm* hummingbird.

cólico *nm* colic.

coliflor *nf* cauliflower.

colilla *nf* cigarette *o (Brit)* fag end.

colimba *nf* (*Arg fam*) military service.

colina *nf* hill.

colindante *adj* adjacent, adjoining.

colindar [1a] *vi* to adjoin, be adjacent; ~ **con** to border on.

colirio *nm* eye-drops.

colisión *nf* (**a**) (*Aut etc*) crash, smash; ~ **de frente** head-on collision. (**b**) (*fig*) clash.

colitis *nf* colitis.

colmado 1 *adj* full (*de* of); **una cucharada ~a** one heaped spoonful; **una carrera ~a de incidentes** an eventful race. **2** *nm* grocer's shop.

colmar [1a] *vt* (**a**) (*vaso etc*) to fill to the brim *o* to overflowing (*de* with); (*cuchara etc*) to heap (*de* with). (**b**) (*ambición etc*) to fulfil, fulfill *(US)*, realize. (**c**) (*fig*) ~ **a algn de honores/improperios** to shower *o* heap honours *o (US)* honors/abuse (up)on sb.

colmena *nf* (**a**) (*de abejas*) beehive; (*fig*) hive. (**b**) (*Méx: abeja*) bee.

colmenar *nm* apiary.

colmenero/a *nm/f* beekeeper.

colmillo *nm* (**a**) (*Anat*) eye tooth, canine (tooth); (*Zool*) fang; (*de elefante*) tusk. (**b**) (*fig*) **enseñar los ~s** to show one's teeth; **escupir por el** ~ to talk big, brag; **tener el** ~ **torcido** to be an old fox.

colmo *nm* (*fig*) height, extreme; **el** ~ **de la elegancia** the height of elegance; **para** ~ **(de desgracias)** to cap it all; **¡eso ya es el** ~**!** that's beyond a joke!, that's the limit!; **sería el** ~ **si** it would be the end if.

colocación *nf* (**a**) (*acto*) placing, positioning; (*Com*) investment. (**b**) (*empleo*) job; **no encuentro** ~ I can't find a job. (**c**) (*situación*) place, position.

colocado *adj* (**a**) (*en trabajo*) in employment, working; **está muy bien ~a** she's got a great job. (**b**) (*fam: bebido*) drunk; (*colgado*) stoned *(fam)*.

colocar 1g **1** *vt* (**a**) (*gen*) to place, put, position; (*arreglar*) to arrange; ~ **la quilla de un buque** to lay down a ship's keel; ~ **un satélite en órbita** to put *o* place a satellite in orbit.
(**b**) (*emplear*) to place (in a job), find a post for.
(**c**) (*Fin*) to invest.
(**d**) ~ **a algn** (*fam: suj: droga*) to get sb stoned *(fam)*; (*: alcohol*) to get sb pissed *(fam)*.
(**e**) ~ **algo a algn** (*fam*) to fob sth off on sb; ~ **un rollo a algn** (*fam: vender*) to rabbit on to sb about sth *(fam)*.
2 colocarse *vr* (**a**) (*gen*) to place *o* station o.s.
(**b**) (*Dep*) to be (placed); **el equipo se ha colocado en quinto lugar** the team has climbed to fifth position.
(**c**) (*conseguir trabajo*) to get a job.
(**d**) (*fam*) to get high *(fam)* (*con* on).
colocolo *nm* (*Chi*) (**a**) (*gato montés*) wildcat. (**b**) (*monstruo*) mythical monster.
colofón *nm* colophon.
colofonia *nf* rosin, colophony.
Colombia *nf* Colombia.
colombiano/a *adj, nm/f* Colombian.
Colón *nm* Columbus.
colon *nm* (*Anat*) colon.
colón *nm* (*CR, ElS*) monetary unit of Costa Rica and El Salvador.
Colonia *nf* Cologne.
colonia[1] *nf* (**a**) (*Bio, Pol etc*) colony; (*Méx*) residential suburb *o* area; ~ **Quintanilla del D.F.** the Quintanilla area of the capital; ~ **escolar,** ~ **veraniega,** ~ **de vacaciones** summer camp for schoolchildren; ~ **obrera** working-class housing scheme; ~ **penal** penal settlement. (**b**) (*cinta*) silk ribbon.
colonia[2] *nf* eau-de-Cologne.
coloniaje *nm* (*LAm: época*) colonial period; (*: sistema*) colonial government.
colonial *adj* colonial; (*Com*) overseas, imported.
colonialismo *nm* colonialism.
colonialista *adj, nmf* colonialist.
colonización *nf* colonization, settlement.
colonizador(a) **1** *adj* colonizing. **2** *nm/f* colonist, colonizer.
colonizar 1f *vt* to colonize, settle.
colono *nm* (**a**) (*Pol*) colonist, settler. (**b**) (*Agr*) tenant farmer.
coloquial *adj* colloquial, familiar.
coloquio *nm* (*charla*) conversation, talk; (*Univ etc*) conference; (*Lit*) dialogue, dialog *(US)*; (*Inform*) handshake.
color *nm* (**a**) (*gen*) colour, color *(US)*; (*esp fig*) hue, shade; **a** ~, **en** ~**es** (*film*) in colour, colour *atr*; **a todo** ~ in full colour; **gente de** ~ coloured people; **el suceso tuvo** ~**es trágicos** the event had its tragic aspect; ~ **base** basic colour; ~ **muerto** *o* **quebrado/sólido** dull/fast colour; **un vestido de** ~ **malva** a mauve(-coloured) dress; **verlo todo** ~ **de rosa** to see everything through rose-coloured spectacles; **me puse de mil** ~**es** I went bright red with embarrassment; **le salieron los** ~**es** she blushed; **no hay** ~ (*fam*) there's no comparison, they're streets apart *(fam)*.
(**b**) (*Arte*) colour, paint; (*Téc*) dye, colouring matter; (*fig: tono*) tone; (*tendencia*) tendency.
(**c**) ~**es** (*Mil*) colours; **los** ~**es nacionales** the (national) flag.
(**d**) (*fam: droga*) dope *(fam)*.
coloración *nf* coloration, colouring, coloring *(US)*; (*Zool etc*) markings *pl*.
colorado **1** *adj* (**a**) coloured, colored *(US)*; (*esp*) red; (*tez*) ruddy; **poner** ~ **a algn** to make sb blush; **ponerse** ~ to blush. (**b**) (*esp LAm: chiste*) blue, rude. **2** *nm* red.
colorante *adj, nm* colouring, coloring *(US)*.
colorar 1a *vt* (*gen*) to colour, color *(US)*; (*teñir*) to dye, tint; ~ **algo de amarillo** to colour *o* dye *etc* sth yellow.
colorear 1a **1** *vt* (**a**) = **colorar**. (**b**) (*fig*) to justify, whitewash. **2** *vi* (**a**) (*frutos*) to ripen. (**b**) (*tirar a rojo*) to be reddish; (*ponerse colorado*) to redden.
colorete *nm* rouge.
colorido *nm* colour(ing), color(ing) *(US)*.
colorín *nm* (**a**) (*color*) bright colour *o (US)* color; **con muchos** ~**es** all bright and colourful; **y** ~, **colorado, este cuento ha acabado** and they all lived happily ever after; **¡qué** ~**es tiene el niño!** what rosy cheeks the little fellow has! (**b**) (*Orn*) linnet. (**c**) (*Med*) measles.
colosal *adj* colossal; (*comida etc*) splendid.
coloso *nm* colossus.
columbario *nm* columbarium.
columbrar 1a *vt* (**a**) (*divisar*) to make out. (**b**) (*fig*) to guess.
columna *nf* (**a**) (*Arquit, Téc, Tip*) column; ~ **de dirección** steering column. (**b**) (*Mil*) column; ~ **blindada** armoured *o (US)* armored column; **quinta** ~ fifth column. (**c**) (*Anat*) ~ **vertebral** spine, spinal column. (**d**) (*fig*) pillar; **una** ~ **de la religión** a pillar of religion.
columnata *nf* colonnade.
columnista *nmf* columnist.
columpiar 1b **1** *vt* to swing, push (on a swing). **2 columpiarse** *vr* (*mecerse*) to swing.
columpio *nm* swing; ~ **basculante** *o* **de tabla** seesaw.
colusión *nf* collusion.
colza *nf* (*Bot*) rape, colza; **aceite de** ~ rape-seed oil.
collage [ko'la:ʒ] *nm* collage.
collar *nm* (**a**) (*adorno*) necklace; (*insignia*) chain (of office); (*Zool etc*) collar; ~ **de perlas** pearl necklace. (**b**) (*Mec*) collar, ring.
collarín *nm* surgical collar.
collera *nf* (**a**) (*Agr*) horse collar. (**b**) (*CSur*) ~**s** cufflinks.
coma[1] *nm* (*Med*) coma.
coma[2] *nf* (*Tip*) comma; (*Mat*) decimal point; **sin faltar una** ~ dotting the 'i's and crossing the 't's; **12,5 (doce** ~ **cinco)** 12.5 (twelve point five).
comadre *nf* (**a**) (*madrina*) godmother. (**b**) (*vecina*) neighbour, neighbor *(US)*; (*chismosa*) gossip. (**c**) (*Med*) midwife. (**d**) (*alcahueta*) go-between, procuress.
comadrear 1a *vi* to chat, gossip.
comadreja *nf* weasel.
comadreo *nm*, **comadrería** *nf* gossip(ing).
comadrona *nf* midwife.
comal *nm* (*CAm, Méx*) (clay) griddle.
comanche *adj, nmf* comanche.
comandancia *nf* (**a**) (*función*) command. (**b**) (*grado*) rank of major. (**c**) (*central*) headquarters. (**d**) (*zona*) area under a commander's jurisdiction.
comandante *nm* (**a**) commandant, commander; ~ **en jefe** commander-in-chief; ~ **de vuelo** pilot, captain. (**b**) (*grado*) major.
comandar 1a *vt* to command, lead.
comandita *nf* sleeping *o* silent partnership.
comanditario *adj*: **socio** ~ sleeping *o* silent partner.
comando *nm* (*Mil: mando*) command; (*: soldado*) commando; (*: grupo*) commando unit *o* group; (*de terroristas*) active service unit; (*Inform*) command.
comarca *nf* region, area, county *(US)*.
comarcal *adj* local, regional.
comatoso *adj* comatose.
comba *nf* (**a**) (*gen*) bend; (*en viga*) warp, sag. (**b**) (*juguete*) skipping rope; **saltar a la** ~ to skip. (**c**) (*juego*) skipping. (**d**) **no pierde** ~ he doesn't miss a trick.
combadura *nf* (**a**) = **comba (a)**. (**b**) (*Aut*) camber.
combar 1a **1** *vt* to bend, curve. **2 combarse** *vr* (*hacer curva*) to bend, curve; (*alabearse*) to bulge, warp.
combate *nm* (*gen*) fight; (*Mil*) combat; (*Boxeo*) contest, fight; (*fig*) battle, struggle; ~ **naval** naval battle; ~ **singular** single combat; **estar fuera de** ~ (*lit, fig*) to be out of action; (*Boxeo*) to be knocked out.
combatiente *nmf* combatant; **no** ~ non-combatant.
combatir 1a **1** *vt* (*Mil*) to attack; (*fig*) to combat, fight. **2** *vi* to fight.

combatividad *nf* (*gen*) fighting spirit; (*agresividad*) aggressiveness.

combativo *adj* (*gen*) full of fight, spirited; (*Pol*) militant.

combi *nf* (*fam*) (**a**) (*vestido*) slip. (**b**) (*Méx*) minibus.

combinación *nf* (**a**) (*acción*) combination. (**b**) (*de caja fuerte*) combination. (**c**) (*Ferro etc*) connection; **hacer ~ con** to connect with. (**d**) (*prenda*) slip. (**e**) (*quinielas*) permutation; **~ métrica** (*Lit*) stanza form, rhyme scheme. (**f**) (*plan*) setup, scheme.

combinado *nm* cocktail.

combinar [1a] **1** *vt* (*gen*) to combine; (*colores*) to match; (*plan*) to devise. **2 combinarse** *vr* (*gen*) to combine; (*conspirar*) to conspire.

combustible 1 *adj* combustible. **2** *nm* fuel.

combustión *nf* combustion.

comecocos (*fam*) **1** *nm inv* (**a**) (*obsesión*) obsession, hang-up (*fam*); (*pasatiempo*) brainteaser; (*lavacerebros*) brainwashing exercise. (**b**) preocupación, nagging worry. **2** *nmf inv* (*persona*) nag (*fam*).

COMECON *nm abr de* **Consejo para la Mutua Ayuda Económica** Comecon.

comedero *nm* (*Agr*) trough, manger.

comedia *nf* (**a**) comedy; (*Hist*) play; **~ en un acto** one-act play; **~ de capa y espada** cloak-and-dagger play; **~ de enredos** comedy of intrigue; **~ italiana** commedia dell'arte. (**b**) (*fig*) farce; **hacer ~** to put on an act.

comediante/a *nm/f* (**a**) (*Teat*) (comic) actor/actress. (**b**) (*hipócrita*) hypocrite.

comedidamente *adv* moderately.

comedido *adj* (*moderado*) moderate, restrained; (*cortés*) courteous; (*esp LAm*) obliging.

comedimiento *nm* (*V adj*) moderation, restraint; courtesy; (*esp LAm*) helpfulness.

comediógrafo/a *nm/f* playwright.

comedirse [3k] *vr* to be courteous; **~ en las palabras** to choose one's words carefully.

comedor 1 *adj* voracious; **es muy ~** he likes his food. **2** *nm* (**a**) (*en casa*) dining room; (*Ferro*) restaurant; (*Escol, de fábrica*) canteen, cafeteria (*US*); (*Univ*) refectory. (**b**) (*muebles*) dining-room suite.

comedura *nf*: **~ de coco** *o* **de tarro** = **comecocos 1**.

comefuegos *nmf inv* fire eater.

comején *nm* (*insecto*) termite, white ant.

comendador *nm* knight commander (*of a military order*).

comensal *nmf* fellow diner; **habrá 13 ~es** there will be 13 to dinner; **me lo dijo mi ~** the man sitting next to me at dinner told me so.

comentador(a) *nm/f* commentator.

comentar [1a] *vt* (*hacer comentarios sobre*) to comment on; (*hablar sobre*) to discuss.

comentario *nm* (**a**) (*observación*) comment, remark; **y ahora sin más ~** and now without further ado; **sin ~s** no comment. (**b**) (*Lit*) commentary; **~ de texto** (*Educ*) (literary) commentary. (**c**) **~s** gossip *sg*, tittle-tattle *sg*; **dar lugar a ~s** to cause gossip; **hacer ~s** to pass (nasty) remarks.

comentarista *nmf* commentator.

comenzar [1f, 1j] *vt, vi* to begin, start, commence; **~ protestando** to begin by protesting; **~ a hacer algo** to begin *o* start to do sth, start doing sth; **~ con** to begin with; **~ por** to begin with; **~ por hacer algo** to begin by doing sth.

comer [2a] **1** *vt* (**a**) (*gen*) to eat; **sin ~lo ni beberlo** (*fig*) without having (had) anything to do with it, without wishing to be involved; **sin ~lo ni beberlo, yo ...** before I knew where I was ....

(**b**) (*a mediodía*) to eat *o* have for lunch; (*cenar*) to eat *o* have for dinner; **hoy hemos comido truchas** today we had trout for dinner.

(**c**) (*Quím*) to corrode; (*color*) to fade; (*Geol*) to erode; (*Med*) to itch; **el pelo te come la cara** your hair's all over your face.

(**d**) (*ahorros etc*) to eat up.

(**e**) **le come la envidia** she is eaten up with envy.

(**f**) (*Ajedrez etc*) to take, capture; *V tb* **coco; tarro.**

2 *vi* (**a**) (*gen*) to eat; (*a mediodía*) to have lunch; (*cenar*) to have dinner; **~ como una vaca** *o* **fiera** to eat like a horse; **~ con los ojos** to have eyes bigger than one's stomach; **Juan es de buen ~** John eats anything, John has a hearty appetite; **no tienen qué ~** they don't have enough to live on.

(**b**) **~ de** to eat, have some of; **dar de ~** to feed, give to eat.

3 comerse *vr* (**a**) (*comida*) to eat (up); **sólo me he comido un bocadillo** I only had a sandwich; **se lo comió todo** he ate it all up; **está para ~la** (*fam*) she looks a treat (*fam*); **~ las uñas** to bite one's nails.

(**b**) (*Quím*) to corrode.

(**c**) (*capital*) to eat up.

(**d**) (*párrafo etc*) to skip; (*palabra*) to slur.

(**e**) **~ a algn a besos** to smother sb in kisses; **~ a algn con los ojos** to give sb the eye; **¿con qué se come eso?** what on earth is that?; *V tb* **coco**; **tarro (b)**.

comerciabilidad *nf* marketability, saleability.

comerciable *adj* marketable, saleable.

comercial 1 *adj* commercial; (*director, experiencia*) sales *atr*; **zona ~** business quarter, shopping area. **2** *nmf* salesperson.

comercialización *nf* (*proceso*) commercialization; (*de producto*) marketing.

comercializar [1f] *vt* (*gen*) to commercialize; (*producto*) to market.

comerciante *nmf* (*gen*) merchant, dealer; (*tendero*) shopkeeper; **~ exclusivo** sole trader; **~ al por mayor/menor** wholesaler/retailer.

comerciar [1b] *vi* (*dos empresas*) to have dealings; (*naciones*) to trade; **~ con** (*empresa*) to do business with; (*país*) to trade with; (*mercancías*) to deal in, handle.

comercio *nm* (**a**) (*gen*) commerce, trade; (*negocio*) business; **~ autorizado** licensed trade; **~ de** *o* **en** trade *o* traffic in; dealings in; **el ~ español** Spanish trade; **~ de exportación/importación** export/import trade; **~ exterior/interior** foreign *o* overseas/domestic trade. (**b**) (*personas etc colectivamente*) business world, business interests. (**c**) (*tienda*) shop, store (*US*). (**d**) **~ carnal** the ways of the flesh *pl*.

comestible 1 *adj* eatable, edible. **2** *nm* (**a**) **~s** food *sg*, foodstuffs. (**b**) (*Com*) **~s** groceries, provisions; **tienda de ~s** grocer's (shop), grocery (*US*).

cometa[1] *nm* (*Astron*) comet.

cometa[2] *nf* kite.

cometer [2a] *vt* (*crimen*) to commit; (*error*) to make.

cometido *nm* (*encargo*) assignment; (*obligación*) duty; **cumplió su ~** he did his duty.

comezón *nf* (**a**) (*Med*) itch, itching; **tener ~** to itch, be itching. (**b**) (*fig*) itch (*por* for); **sentir ~ de hacer algo** to feel an itch to do sth.

comible *adj* eatable, fit to eat.

cómic ['komik] *nm* (*pl* **~s** ['komik]) comic.

comicastro *nm* ham (actor).

comicidad *nf* funniness, comicalness.

comicios *nmpl* elections, voting *sg*.

cómico/a 1 *adj* (**a**) (*gracioso*) comic(al), funny. (**b**) (*Teat*) comedy *atr*; **autor ~** playwright. **2** *nm/f* (*Teat*) (comic) actor/actress; (*de cabaret etc*) comedian/comedienne.

comida *nf* (**a**) (*alimentos*) food; **~ basura** junk food; **~ rápida** fast food. (**b**) (*acción*) eating; (*una ~*) meal; (*LAm: cena*) dinner, evening meal; **la ~** lunch; **bendecir la ~** to say grace. (**c**) **casa y ~** board and lodging. (**d**) **~ de coco** *o* **tarro** (*fam*) = **comecocos 1**.

comidilla *nf* hobby, special interest; **ser la ~ del barrio** *etc* to be the talk of the town.

comienzo *nm* (*gen*) beginning, start; (*de plan etc*) inception; (*Med*) onset; ~ del archivo (*Inform*) top-of-file; al ~ at the start, at first; en los ~s de este siglo at the beginning of this century; dar ~ a un acto to begin a ceremony; dar ~ a una carrera to start a race (off).

comilón/ona[1] 1 *adj* greedy. 2 *nm/f* (*gen*) big eater; (*tragón*) glutton, pig.

comilona[2] *nf* (*fam*) feast, blowout (*fam*).

comillas *nfpl* (*de cita*) quotation marks; (*de ironía etc*) inverted commas; entre ~ in inverted commas.

comino *nm* cumin (seed); no vale un ~ it's not worth tuppence; (no) me importa un ~ I couldn't give a damn.

Comintern *nf abr de* Internacional Comunista Comintern.

comisaría *nf* (*de policía*) police station, precinct (*US*).

comisario *nm* (*de policía*) police inspector; (*delegado*) commissioner; (*Pol*) commissar; ~ europeo European commissioner.

comiscar [1g] *vt* to nibble (at).

comisión *nf* (a) (*encargo*) assignment, mission. (b) (*Pol etc*) commission; ~ mixta/permanente joint/standing committee. (c) ~ Europea European Commission; C~es Obreras Workers' Commissions; ~ de seguimiento watchdog committee. (d) (*Fin*) board. (e) (*Com: pago*) commission, rake off (*fam*); ~ sobre las ventas sales commission; a ~ on a commission basis. (f) (*ejecución*) commission; (*de ultraje*) perpetration.

comisionado/a *nm/f* (*gen*) commissioner; (*Pol*) committee member; (*Com, Fin*) board member.

comisionar [1a] *vt* to commission.

comisionista *nm* commission agent.

comiso *nm* seizure, confiscation.

comisquear [1a] *vt* = comiscar.

comistrajo *nm* bad meal, awful food.

comisura *nf* corner, angle; ~ de los labios corner of the mouth.

comité *nm* committee; ~ de dirección stering committee; C~ Directivo (*Dep*) board (of management); ~ ejecutivo executive board; ~ de empresa works committee, shop stewards' committee; ~ de redacción drafting committee; (*Prensa*) editorial committee.

comitiva *nf* suite, retinue; ~ fúnebre cortège, funeral procession.

como 1 *adv* (a) (*semejanza*) as, like; (*equivalencia*) such as; es ~ un pez it's like a fish; juega ~ yo he plays like me *o* as I do; tuvo resultados ~ no se habían conocido antes it had results such as had never been known before; ~ éste hay pocos there are few like this *o* him; sabe ~ a queso it tastes a bit like cheese; sentía ~ una tristeza she felt a sort of sadness; hay peces, ~ truchas y salmones there are fish, such as trout and salmon.

(b) (*modo*) hazlo ~ quieras do it as *o* however you want *o* like; no es ~ me lo imaginaba it isn't as I imagined it; libre ~ estaba free as he was; prefiero ~ lo haces tú I prefer it the way you do it; ~ sea somehow.

(c) (*en calidad de*) as; asistió ~ espectador he attended as a spectator; lo dice ~ juez he says it in his capacity as judge; lo usamos ~ cama we use it as *o* for a bed.

(d) (*más o menos*) about, around; había ~ cincuenta there were about fifty; vino ~ a las dos he came (at) about *o* around two.

(e) (*según*) as; ~ se ve en la gráfica as you can see from the diagram.

2 *conj* (a) (+ *indic: ya que*) as, since; (*según*) as; ~ no tenía dinero as *o* since *o* because I had no money; ~ que because, since; ~ que no van a pagar, pagaré yo since they're not going to pay, I will.

(b) (+ *indic: cuando*) as soon as; así ~ nos vio lanzó un grito as soon as he saw us he shouted.

(c) ~ que ... as if ...; hizo ~ que no nos veía he pretended not to see us; ¡~ que te van a pagar! (*incredulidad*) don't tell me they're going to pay you (too)!

(d) (+ *subjun: si*) if; ~ vengas tarde, no comes if you're late you'll get nothing to eat; ~ no lo haga en seguida unless he does it at once; ~ sea cierto, ¡estamos perdidos! if it turns out to be true, we're done for!; ~ no sea para hacer algo unless it is to do sth, except to do sth; ¡~ lo pierdas! if you lose that!, you'd better not lose that!

(e) (+ *subjun*) ~ si ... as if ...; ~ si no hubiera pasado nada as though nothing had happened; ~ si fuera a llover as if it were about to rain, as if it was going to rain.

(f) (~*para*) ¡es ~ para denunciarles! it's enough to make you want to turn them in!

(g) (*CAm, Méx*) a ~ dé/diera lugar at any cost.

cómo 1 *adv* (a) *interrog* (*gen*) how?; (*¿por qué?*) why?; ¿~ lo hace? how does he do it?; ¿~ son? what are they like?; ¿~ están mis nietos? how are my grandchildren?; ¿~ está Ud? how are you?; ¿~ es de alto? how tall is it?, what height is it?; ¿(a) ~ vamos? (*Dep*) what's the score?; ¿a ~ son las peras? how much are the pears?; ¿~ dice? I beg your pardon?; ¿~ así?, ¿~ es eso? how come?, how can that be?; ¿~ es que no viniste? why didn't you come?; ¿~? (*aclaración*) what?; ¿~ que no? what do you mean 'no'?; ¿~ no? (*esp LAm*) why not?; no sé ~ hacerlo I don't know how to do it; me gusta ~ toca I like the way he plays; fue así ~ comenzó la cosa that was how the thing began; no había ~ alcanzarlo there was no way of reaching it.

(b) (*exclamación*) ¡~ llueve! look at the rain!, it's pouring!; ¡~ corre! he's one hell of a runner (*fam*).

2 *interj*: ¿~? (*sorpresa*) what was that?; (*ira*) how dare you!; ¡~ no! of course!

3 *nm*: el ~ y el por qué de the whys and wherefores of.

cómoda *nf* chest of drawers.

cómodamente *adv* comfortably.

comodidad *nf* (a) (*gen*) comfort; (*ventaja*) convenience; pensar en su propia ~ to consider one's own convenience; vivir con ~ to live in comfort. (b) ~es comforts, amenities; ~es de la vida good things of life.

comodín *nm* (a) (*Naipes*) joker. (b) (*excusa*) pretext, regular excuse. (c) (*Ling*) catch-all, all-purpose word. (d) (*Inform*) wildcard.

cómodo *adj* (a) (*mueble*) comfortable; (*cuarto*) cosy, cozy (*US*), snug; (*útil*) convenient. (b) (*individuo*) comfortable; (*: egoísta*) smug; así estarás más ~ you'll be more comfortable this way; ponerse ~ to make o.s. comfortable.

comodón/a 1 *adj* comfort-loving; (*pey*) lazy. 2 *nm/f* (*pey*) lazybones (*fam*); es un ~ he likes his home comforts.

comodoro *nm* commodore.

comoquiera *conj* (a) ~ que (+ *indic*) since, in view of the fact that. (b) ~ que (+ *subjun*) in whatever way; ~ que sea eso however that may be.

comp. *abr de* compárese cp.

compa *nmf* (a) (*CAm, Méx: fam*) pal (*fam*), buddy (*US*). (b) (*Nic Hist*) Nicaraguan freedom fighter.

compactadora *nf* compacter.

compactar [1a] *vt* to compact, compress.

compacto 1 *adj* (*gen*) compact; (*denso*) dense; (*apretado*) close. 2 *nm* (*Elec etc*) compact disc; (*Mús*) compact hi-fi system.

compadecer [2d] 1 *vt* (*apiadarse de*) to pity, be sorry for; (*comprender*) to sympathize with. 2 **compadecerse** *vr*: ~ con to fit, square with; ~ de = 1.

compadrazgo *nm* status of godfather; (*esp LAm: amistad*) close friendship.

compadre *nm* (a) (*padrino*) godfather. (b) (*fam: esp LAm*) friend, pal; (*esp US*) buddy (*fam*). (c) (*CSur: jactancioso*) braggart, loudmouth.

compadrear [1a] *vi* (a) (*esp LAm: amigos*) to be mates *o* (*US*) buddies (*fam*). (b) (*CSur*) to brag.

compadreo *nm* (*esp LAm*) companionship, close contact.

compadrito *nm* (*CSur*) = compadre (c).

compaginable *adj* compatible; motivos difícilmente ~s motives which it is hard to reconcile.

compaginación *nf* (*Cine*) continuity.
compaginar [1a] **1** *vt* (**a**) (*gen*) to combine, reconcile; ~ **A con B** to bring A into line with B. (**b**) (*Tip*) to make up. **2 compaginarse** *vr* to agree, tally; ~ **con** (*concordar*) to tally with; (*colores*) to blend with.
compañerismo *nm* (*gen*) comradeship, friendship (*US*); (*Dep etc*) team spirit.
compañero/a *nm/f* (**a**) (*gen*) companion; (*Dep, Naipes*) partner; (*Dep: equipos*) team-mate; ~ **de armas** comrade-in-arms; ~ **de baile** dancing partner; ~ **de clase/de cuarto** schoolmate/roommate; ~ **de juego** playmate; ~ **de trabajo** workmate; ~ **de viaje** fellow traveller *o* (*US*) traveler; **es un ~ divertido** he's good company.
(**b**) **dos calcetines que no son ~s** two odd socks; **¿dónde está el ~ de éste?** where is the one that goes with this?
(**c**) (*Pol*) brother/sister; **¡~s!** comrades.
compañía *nf* (**a**) (*gen*) company; **en ~ de** with, in the company of; **hacer ~ a algn** to keep sb company; **andar en malas ~s** to keep bad company. (**b**) (*Com, Teat etc*) company; ~ **afiliada** associated company; ~ **concesionadora** franchiser; **C~ de Jesús** Society of Jesus; ~ **(no) cotizable** (un)listed company; **Pérez y C~** Perez and Company; ~ **inversionista** investment trust; ~ **de seguros** insurance company. (**c**) (*Mil*) company.
comparable *adj* comparable (*a* to) (*con* with).
comparación *nf* (**a**) (*gen*) comparison; **en ~ con** in comparison with, beside; **es sin ~** it is beyond compare. (**b**) (*Lit*) simile.
comparado *adj* (*estudio etc*) comparative.
comparar [1a] **1** *vt* to compare (*a* to: *con* with) liken (*con* to); ~ **dos archivos** (*Inform*) to compare two files. **2 compararse** *vr*: ~ **a** *o* **con** to compare with *o* to; **él no puede ~se a ti** he doesn't stand comparison with you, he comes nowhere near you (*fam*).
comparativo *adj, nm* comparative.
comparecencia *nf* (*Jur*) appearance (in court); **su no ~** his non-appearance; **orden de ~** summons, subpoena (*US*).
comparecer [2d] *vi* (*Jur*) to appear (in court).
comparsa 1 *nf* (*carnaval etc*) group, procession; **la ~** (*Teat*) the extras *pl*. **2** *nmf* (*Teat*) extra.
compartible *adj* which can be shared.
compartimiento *nm* (**a**) (*acción*) division, sharing. (**b**) (*Náut, etc*) compartment; ~ **de bombas** (*Aer*) bomb bay; ~ **estanco** watertight compartment.
compartir [3a] *vt* (*distribuir*) to divide (up), share (out); (*cuarto, opinión*) to share (*con* with); **no comparto ese criterio** I do not share that view.
compás *nm* (**a**) (*ritmo*) beat, rhythm; (*división*) bar; ~ **de 2 por 4** 2/4 time; ~ **de vals** waltz time; **a ~** in time; **al ~ de la música** in time to the music; **fuera de ~** off beat; **llevar/perder el ~** to keep time/lose the beat; **mantenemos el ~ de espera** we are still waiting. (**b**) (*Mat etc*) compass, pair of compasses. (**c**) (*Náut etc*) compass.
compasado *adj* measured, moderate.
compasión *nf* pity, compassion; **¡por ~!** for pity's sake!; **tener ~ de** to take pity on.
compasivamente *adv* compassionately, sympathetically.
compasivo *adj* compassionate, sympathetic.
compatibilidad *nf* (*Inform*) compatibility.
compatible *adj* (*Inform*) compatible (*con* with).
compatriota *nmf* compatriot, fellow countryman/-woman.
compeler [2a] *vt* to compel.
compendiar [1b] *vt* to abridge.
compendio *nm* (*gen*) abridgement; (*Univ, Téc etc*) summary, abstract; **en ~** briefly, in brief.
compenetración *nf* (*fig*) mutual understanding.
compenetrarse [1a] *vr* (**a**) (*Quím etc*) to interpenetrate, fuse. (**b**) (*fig*) to understand one another; ~ **con algn/algo** to identify with sb/sth; **estamos muy compenetrados** we've got a great understanding.
compensación *nf* (**a**) (*gen*) compensation; (*Jur*) reparation, damages *pl*; **en ~** in exchange, as compensation. (**b**) (*Fin*) clearing; **cámara de ~** clearing house.
compensar [1a] **1** *vt* (*gen*) to compensate (*de* for); (*pérdida*) to redeem, make up (for); (*error*) to make amends for; (*Mec etc*) to balance; **le compensaron con 10 dólares** they gave him 10 dollars' compensation. **2** *vi* to be worthwhile; **el esfuerzo no (me) compensa** it's not worth the effort.
compensatorio *adj* compensatory.
competencia *nf* (**a**) (*Com etc*) competition; ~ **desleal** unfair competition; ~ **despiadada** *o* **encarnizada** bitter *o* fierce competition; **estar en ~ con** to be in competition with; **hacer la ~ a** to compete with *o* against. (**b**) (*Jur, habilidad*) competence. (**c**) (*cargo*) field, province; **no es de mi ~** that is not my responsibility. (**d**) (*Pol*) **~s** powers; **~s transferidas a las comunidades autónomas** powers transferred to the autonomous regions.
competente *adj* (**a**) (*Jur*) competent; **esto se elevará al ministerio ~** this will be sent to the appropriate ministry. (**b**) (*apto*) fit, suitable.
competentemente *adv* (**a**) (*apropiadamente*) appropriately. (**b**) (*suficientemente*) competently.
competer [2a] *vi*: ~ **a** to be the responsibility of, fall to; **le compete castigarlos** it is up to him to punish them.
competición *nf* competition.
competidor(a) 1 *adj* competing, rival. **2** *nm/f* (*gen*) competitor; (*Com etc*) rival (*a* for); (*TV etc*) contestant.
competir [3k] *vi* (**a**) to compete (*con* against, with) (*en* in) (*para* for). (**b**) ~ **con** (*fig*) to rival, vie with; **en cuanto a resistencia A no compite con B** A cannot match B for stamina.
competitivamente *adv* competitively.
competitivo *adj* competitive.
compilación *nf* compilation; **tiempo de ~** (*Inform*) compile time.
compilador(a) *nm/f* (*gen, Inform*) compiler.
compilar [1a] *vt* to compile.
compincharse [1a] *vr* to band together, team up; **estar compinchados** (*fam*) to be in cahoots (*fam*) (*con* with).
compinche *nm* (*amigo*) mate; (*esp US*) buddy; (*cómplice*) partner in crime, accomplice.
compita *nmf* (*Nic Hist: fam*) comrade (*fam*), Nicaraguan freedom fighter.
complacencia *nf* (**a**) (*gen*) pleasure, satisfaction. (**b**) (*agrado*) willingness; **lo hizo con ~** he did it gladly. (**c**) (*indulgencia*) indulgence; **tiene excesivas ~s con los empleados** he is too indulgent towards his employees.
complacer [2w] **1** *vt* (*gen*) to please; (*cliente etc*) to help, oblige; (*deseo*) to indulge; **nos complace anunciarles ...** we are pleased to announce .... **2 complacerse** *vr*: ~ **en hacer algo** to take pleasure in doing sth.
complacido *adj* pleased, satisfied; **me miró ~** he gave me a grateful look.
complaciente *adj* (**a**) (*gen*) obliging, helpful; **ser ~ con** to be helpful to. (**b**) (*marido*) complaisant.
complejidad *nf* complexity.
complejo 1 *adj* (*gen*) complex. **2** *nm* (**a**) (*Psic*) complex; ~ **de culpa** *o* **de culpabilidad** guilt complex; ~ **de Edipo** Oedipus complex; ~ **de inferioridad** inferiority complex. (**b**) (*Téc*) complex; ~ **deportivo** sports complex *o* hall; ~ **industrial** industrial complex; ~ **recreativo** leisure complex.
complementar [1a] **1** *vt* to complement, complete. **2 complementarse** *vr* to complement each other, be complementary to each other.
complementario *adj* complementary.
complemento *nm* (**a**) (*Mat etc*) complement. (**b**) (*Ling*) complement, object; ~ **directo/indirecto** direct/indirect object. (**c**) (*fig*) **sería el ~ de su felicidad** it would complete her happiness; **el vino es un ~ de la buena**

comida wine is an essential concomitant to good food. (**d**) **~s** (*Aut, de moda*) accessories. (**e**) **oficial de ~** (*Mil*) reserve officer. (**f**) **~ salarial** *o* **de sueldo** bonus, extra pay.

completamente *adv* completely.

completar [1a] *vt* (*gen*) to complete; (*perfeccionar*) to round off, make up; (*Méx*) to match.

completo 1 *adj* (**a**) (*gen*) complete; (*acabado*) perfect, finished; (*tarifa*) inclusive, all-in; **un hombre ~** a real man; **fue un ~ fracaso** it was a complete *o* utter *o* total failure; **al ~** full up, to capacity; **asistió el ayuntamiento al ~** the whole council was present; **por ~** completely, utterly. (**b**) (*autobús, hotel*) full. **2** *nm* (*Chi*) sandwich, hot dog (with salad).

complexión *nf* (*Anat*) build; **un hombre de ~ fuerte** a well-built man.

complicación *nf* complication; **una persona sin ~** an uncomplicated person; **han surgido ~es** complications have arisen.

complicado *adj* (*gen*) complicated, complex; (*fractura*) compound; (*estilo etc*) elaborate; (*persona*) complex; (*Jur*) involved, implicated.

complicar [1g] **1** *vt* (**a**) (*gen*) to complicate. (**b**) (*Jur*) to involve (*en* in). **2 complicarse** *vr* (**a**) (*gen*) to get complicated; **~ la vida** to make life difficult for o.s.. (**b**) **~ en un asunto** to get involved *o* entangled in a matter.

cómplice *nmf* accomplice.

complicidad *nf* complicity, involvement (*en* in).

compló, complot *nm* (*pl* **complots** *o* **complós**) plot, conspiracy.

componenda *nf* shady deal.

componente 1 *adj* component, constituent. **2** *nm* (*gen*) component; (*Culin etc*) ingredient; (*persona*) member.

componer [2q] (*pp* **compuesto**) **1** *vt* (**a**) (*formar*) to put together.

(**b**) (*constituir*) to constitute, make up; **componen el jurado 12 personas** 12 persons make up the jury.

(**c**) (*Lit, Mús*) to compose, write.

(**d**) (*Culin*) to prepare.

(**e**) (*Mec*) to repair, fix; (*Med: hueso*) to set; (*: estómago*) to settle.

(**f**) (*Tip*) to typeset, set; (*arreglar*) to arrange; (*adornar*) to adorn.

2 componerse *vr* (**a**) (*equipo etc*) **~ de** to be composed *o* made up of; **se compone de 6 partes** it consists of 6 parts.

(**b**) (*mujer etc*) to dress (up).

(**c**) (*Méx: persona*) to recover.

(**d**) **~las** to manage, get along; **~las para hacer algo** to contrive to do sth; **¡allá se las componga!** (*fam*) that's his funeral (*fam*).

comportamiento *nm* behaviour, behavior (*US*), conduct.

comportar [1a] **1** *vt* (*significar*) to involve; **no comporta obligación alguna** it carries no obligation. **2 comportarse** *vr* to behave; **~ como es debido** to behave properly; **~ mal** to misbehave, behave badly.

composición *nf* (**a**) (*Mús, Quím, Arte*) composition; **~ de lugar** stocktaking; **hacer una ~ de lugar** to take stock (of one's situation). (**b**) (*Tip*) typesetting; **~ por ordenador** computer typesetting.

compositor(a) *nm/f* (*Mús*) composer.

compostelano/a 1 *adj* from *o* of Santiago de Compostela. **2** *nm/f* native *o* inhabitant of Santiago de Compostela.

compostura *nf* (**a**) (*arreglo*) mending, repair. (**b**) (*dignidad*) composure; **perder la ~** to lose one's composure.

compota *nf* compote, preserve; **~ de manzanas** stewed apples.

compra *nf* (**a**) (*proceso*) purchasing, buying; **~ al contado/a plazos** cash/hire purchase; **~ a granel** (*Com*) bulk buying; **~ proteccionista** (*Com*) support buying; **hacer la ~** to do the shopping; **ir de ~s** to go shopping, shop. (**b**) (*artículo*) purchase; **es una buena ~** it's a good buy; **~s** purchases, shopping *sg*.

comprador(a) *nm/f* (*Com*) buyer, purchaser; (*en tienda*) shopper, customer.

comprar [1a] *vt* (**a**) (*gen*) to buy, purchase (*a* from); **~ al contado** to pay cash for; **~ deudas** (*Com*) to factor; **~ fiado** to buy on credit; **~ a plazos** to buy on hire purchase. (**b**) (*euf: sobornar*) to buy off, bribe.

compraventa *nf* (**a**) (*gen*) buying and selling, dealing. (**b**) (*Jur*) contract of sale.

comprender [2a] *vt, vi* (**a**) (*incluir*) to include, take in; **todo comprendido** everything included, all in.

(**b**) (*entender*) to understand, see; **~ que** to understand that, see that; **¿comprendes?** see?, understand?; **¡ya comprendo!** I see!, now I get it!; **no comprendo cómo** I don't see how; **comprendo su actitud** I understand his attitude; **cuando comprendió que no iba a ayudarle** when he realized *o* saw I was not going to help; **compréndanme Uds** let's be clear about this; **hacerse ~** to make o.s. understood.

comprensible *adj* understandable, comprehensible (*para* to); **no es ~ que** I *etc* cannot understand how.

comprensión *nf* (**a**) (*entendimiento*) understanding, grasp. (**b**) (*actitud*) understanding (attitude), sympathy.

comprensivo *adj* (*persona*) understanding, sympathetic.

compresa *nf* (*para mujer*) sanitary towel *o* (*US*) napkin; (*Med*) compress.

compresión *nf* compression.

compresor *nm* compressor.

comprimido 1 *adj* compressed. **2** *nm* (*Med*) pill, tablet.

comprimir [3a] **1** *vt* (*Téc etc*) to compress (*en* into); (*prensar*) to press (down) *etc*, squeeze down *etc*; (*Inform*) to pack. **2 comprimirse** *vr* to get compressed; (*personas*) to squeeze together, get squashed.

comprobable *adj* verifiable; **un alegato fácilmente ~** an allegation which is easy to check.

comprobación *nf* (*proceso*) checking, verification; (*datos*) proof; **~ general de cuentas** (*Com*) general audit; **de difícil ~** hard to check.

comprobante 1 *adj*: **documento ~** supporting document. **2** *nm* proof; (*Com*) receipt, voucher.

comprobar [1l] *vt* (*averiguar*) to check, verify; (*demostrar*) to prove; **~ (el disco)** (*Inform*) to check the disk; **~ que** to establish that; **~ si** to check whether.

comprometedor *adj* compromising.

comprometer [2a] **1** *vt* (**a**) (*individuo*) to compromise, put in an awkward situation; (*Jur*) to involve, implicate; **aquellas cartas le comprometieron** those letters have compromised him.

(**b**) (*poner en peligro*) to endanger, jeopardize; (*reputación*) to risk.

(**c**) **~ a algn a algo** to hold sb to sth; **~ a algn a hacer algo** to force sb to do sth.

2 comprometerse *vr* (**a**) (*gen*) to compromise o.s.; (*meterse*) to get involved (*en* in).

(**b**) **~ a hacer algo** to undertake *o* promise to do sth; **se compromete a todo** he'll say yes to anything.

comprometido *adj* (**a**) (*situación*) awkward, embarrassing. (**b**) (*arte*) engaged, committed. (**c**) **estar ~ a hacer algo** to be obliged to do sth.

compromiso *nm* (**a**) (*gen*) obligation, commitment; (*Jur*) undertaking; (*cita*) engagement, date; **por ~** out of a sense of duty; **libre de ~** (*Com*) without obligation; **adquirir un ~ de hacer algo** to commit o.s. to doing sth; **atender** *o* **cumplir sus ~s** to meet one's obligations; **tener muchos ~s** to have many commitments; **soltero sin ~** single unattached male.

(**b**) (*acuerdo*) agreement; **~ matrimonial** engagement (to marry); **~ verbal** gentlemen's agreement.

(**c**) (*aprieto*) fix; **poner a algn en un ~** to place sb in an embarrassing situation; **poner a algn en el ~ de tener que** ... to put sb in the position of having to ....

compuerta *nf* (**a**) (*en canal*) sluice, floodgate. (**b**) (*Inform*) gate.

compuesto 1 *pp de* **componer**; **estar ~ de** to consist of, be made up of. **2** *adj* (**a**) (*Mat, Fin, Ling, Quím*) compound; (*Bot*) composite. (**b**) (*elegante*) elegant. (**c**) (*fig*) composed, calm. **3** *nm* (*Quím, Ling etc*) compound; (*Med*) preparation.

compulsa *nf* (**a**) (*cotejo*) checking, comparison. (**b**) (*Jur, Admin*) certified true copy.

compulsar [1a] *vt* (**a**) (*comparar*) to collate, compare. (**b**) (*Jur, Admin*) to make an attested copy of.

compulsión *nf* compulsion.

compulsivo *adj* compulsive.

compunción *nf* (*arrepentimiento*) regret; (*tristeza*) sorrow.

compungido *adj* remorseful, contrite, sorry; (*triste*) sad, sorrowful.

compungir [3c] **1** *vt* to make remorseful. **2 compungirse** *vr* (*arrepentirse*) to feel remorseful (*por* about, because of) , feel sorry (*por* for); (*entristecerse*) to feel sad, be sorrowful.

computación *nf* (*esp LAm*) (**a**) (*cálculo*) calculation. (**b**) (*Inform*) computing.

computador *nm* (*esp LAm*), **computadora** *nf* (*esp LAm*) computer; **~ central** mainframe computer.

computar [1a] *vt* to calculate, compute.

computerizar [1f] *vt* to computerize.

cómputo *nm* calculation, computation.

COMSAT *nm abr de* **satélite de comunicaciones** comsat.

comulgante *nmf* communicant.

comulgar [1h] **1** *vt* to administer communion to. **2** *vi* (**a**) to take communion. (**b**) **~ con** (*ideas*) to share; (*personas*) to sympathize with; **hay varias cosas con las que ella no comulga** there are several things that she doesn't agree with.

comulgatorio *nm* communion rail.

común 1 *adj* (**a**) (*gen*) common (*a* to); **los intereses ~es** common interests; **de ~ con** in common with; **en ~** in common; **hacer algo en ~** to do sth jointly *o* together; **tener algo en ~** to have sth in common.

(**b**) (*universal*) common, general; **es costumbre muy ~** it is a very widespread custom; **nombre ~** (*Ling*) common noun.

(**c**) (*corriente*) common, ordinary; **fuera de lo ~** out of the ordinary; **por lo ~** generally.

(**d**) (*compartido: habitación*) communal; (*: gastos*) shared, common; (*: amigos, aficiones*) in common; (*: asignatura*) core.

2 *nm* (**a**) **el ~** the community, the people (at large); **bienes del ~** public property.

(**b**) **el ~ de la gentes** most people.

(**c**) (*fam: retrete*) toilet.

(**d**) **Cámara de los C~es** (*Brit Pol*) the House of Commons.

comuna *nf* (**a**) (*comunidad*) communa. (**b**) (*LAm: municipio*) municipality, county *(US)*.

comunal *adj* communal, community *atr*.

comunicable *adj* (**a**) (*gen*) communicable. (**b**) (*individuo*) sociable.

comunicación *nf* (**a**) (*gen*) communication; **no hemos tenido más ~ con él** we have had no further contact with him. (**b**) (*mensaje*) message; (*informe*) report; (*Pol*) communiqué. (**c**) (*Telec*) **póngame en ~ con el Sr Q** please put me through to Mr Q; **~es** communications, communication links.

comunicado *nm* communiqué; **~ de prensa** press release.

comunicar [1g] **1** *vt* (**a**) (*gen*) to communicate, pass on (*a* to); (*noticia*) to convey, tell (*a* to); (*enfermedad*) to give (*a* to); (*costumbre etc*) to pass on; **nos comunicó su miedo** his fear infected us; **¿me comunica con ...?** may I speak to ...?

(**b**) (*Arquit*) to connect, join; **cuartos comunicados** connecting rooms.

2 *vi* (**a**) to send a report (*de* from); **comunican desde Lisboa que** it is reported from Lisbon that.

(**b**) (*Telec*) **estar comunicando** to be engaged.

(**c**) (*Arquit*) **~ con** to connect with.

3 comunicarse *vr* (**a**) (*personas: gen*) to communicate (with each other); (*: por carta*) to correspond; **nos comunicamos nuestras expresiones** we exchanged impressions.

(**b**) (*Med etc*) to spread, be transmitted; **el miedo se comunicó a todos** the fear affected everybody.

(**c**) (*Arquit*) to be connected.

(**d**) (*Ferro etc*) **la colonia está bien comunicada por tren** the development has good train services; **pueblos bien comunicados** towns with good communications.

comunicativo *adj* (*gen*) communicative.

comunidad *nf* (**a**) (*gen*) community; **~ autónoma** autonomous region; **C~ (Económica) Europea** European (Economic) Community; **C~ de Estados Independientes** Commonwealth of Independent States; **~ de vecinos** residents' association; **de ~** (*Jur*) jointly. (**b**) (*fam: de piso*) service charge, charge for communal services.

comunión *nf* communion.

comunismo *nm* communism.

comunista *adj, nmf* communist.

comunitario *adj* (**a**) (*gen*) community *atr*. (**b**) (*CE*) Community *atr*.

con 1 *prep* (**a**) (*gen*) with; **atado ~ cuerda** tied with string; **~ su ayuda** with his help; **~ el tiempo** in the course of time; **¿~ quién hablas?** who are you speaking to?; **se levantó ~ rapidez** he got up quickly; **andar ~ muletas** to walk on *o* with crutches; **~ este sol no hay quien salga** no one can go out in that sun; **¡~ lo difícil que es todo esto!** what with all this being so difficult! (**b**) (*pese a*) in spite of; **~ todo, él la quiere mucho** in spite of it all, he loves her dearly.

(**c**) (*hacia: tb* **para ~**) to, towards; **amable ~ todos** kind to everybody; **ser insolente ~ el jefe** to be disrespectful to the boss.

(**d**) (+ *infin*) **~ llegar tan tarde** (by) arriving so late; **cree que ~ confesarlo se librará del castigo** by owning up he thinks he'll escape punishment; **~ decirle que no voy, se arreglará todo** when I tell him I'm not going, everything will be fine; **~ llegar a las 6 estará bien** if you come at 6 it will be all right.

(**e**) (*locuciones*) **~ arreglo a** in accordance with; **~ mucho gusto** certainly, by all means; **estar ~ dolor de muelas/la pierna escayolada** to have toothache/one's leg in plaster; **está ~ la gripe** he's got flu; **¡vaya ~ el niño!** (*fam*) the cheeky monkey! (*fam*); **¡~ lo bien que se está aquí!** (and) it's so good here too!; *V tb* **tal**.

2: **~ que** *conj* and so; **¿~ que Ud lo sabía?** so you knew, then?; **~ que me invite, me conformo** (just) so long as she invites me, I'm happy; **~ que fuimos a la cama** and so we went to bed; *V tb* **tal**.

CONADEP *nf abr* (*Arg Pol*) *de* **Comisión Nacional sobre la Desaparición de Personas**.

conato *nm* attempt; **~ de robo** attempted robbery; **hacer un ~ de entrar** to make an attempt to get in.

concatenación *nf* concatenation, linking; **~ de circunstancias** chain of circumstances.

concatenar [1a] *vt* to link together.

concavidad *nf* concavity.

cóncavo *adj* concave.

concebible *adj* conceivable, thinkable; **no es ~ que** it is unthinkable that.

concebir [3k] **1** *vt* (*gen*) to conceive; (*imaginar*) to imagine; (*esperanzas*) to build up; **~ una antipatía hacia** *o* **por** to take a dislike to; **no concibo que ...** I cannot understand how *o* why ... . **2** *vi* to conceive, become

pregnant.
conceder [2a] *vt* (*gen*) to concede, grant; (*honor etc*) to confer (*a* on), bestow (*a* on); (*descuento*) to allow; **~ que** to concede *o* admit that.
concejal(a) *nm/f* town councillor, town councilman *(US)*.
concejalía *nf* post of town councillor *o (US)* councilman.
concejo *nm* town council.
concentración *nf* concentration; (*Pol etc*) gathering, meeting, rally.
concentrado 1 *adj* concentrated. **2** *nm* (**a**) (*Culin etc*) extract, concentrate. (**b**) (*Pol*) demonstrator.
concentrar [1a] **1** *vt* to concentrate (*en* in, on). **2 concentrarse** *vr* (**a**) (*Mil etc*) to concentrate, be concentrated; **se concentraron cientos de personas** hundreds of people gathered (together). (**b**) (*fig*) to concentrate (*en hacer algo* on doing sth).
concéntrico *adj* concentric.
concepción *nf* (**a**) (*Bio*) conception; **la Inmaculada C~** the Immaculate Conception. (**b**) (*idea*) conception, idea.
conceptismo *nm* conceptism, *witty, allusive and involved style of esp 17th century*.
conceptista *adj* witty, allusive and involved.
concepto *nm* (**a**) (*idea*) concept, notion; **formarse un ~ de algo** to get an idea of sth.
(**b**) (*opinión*) view, judgment; **¿qué ~ has formado de él?** what do you think of him?; **tener buen ~ de algn, tener en buen ~ a algn** to think highly of sb.
(**c**) (*en cuenta*) heading, section; **bajo ningún ~** in no way, under no circumstances; **bajo todos (los)~s, por todos ~s** from every point of view; **en *o* por ~ de** as, by way of; **se le pagó esa cantidad por ~ de derechos** he was paid that amount as royalties; **por ningún ~** in no way.
(**d**) (*Lit*) conceit.
conceptual *adj* conceptual.
conceptuar [1e] *vt* to judge, deem; **le conceptúo poco apto para eso** I think him unsuited for that; **~ a algn de *o* como** to deem sb to be.
concerniente *adj*: **~ a** concerning, relating to; **en lo ~ a** with regard to, as for.
concernir [3i; defectivo] *vi*: **~ a** to relate *o* refer to; **en lo que concierne a ...** with regard to ..., concerning ....
concertación *nf* (**a**) **política de ~** consensus politics. (**b**) (*pacto*) agreement pact.
concertado *adj* (**a**) (*metódico*) systematic, concerted; (*ordenado*) ordered; (*armonioso*) harmonious. (**b**) (*Pol*) officially approved, state assisted.
concertar [1j] **1** *vt* (**a**) (*Mús: voces*) to harmonize, bring into harmony; (*: instrumentos*) to tune (up).
(**b**) (*planes*) to coordinate; (*diferencias*) to reconcile; **~ a varias personas para que contribuyan** to get various people to agree to contribute.
(**c**) (*tratado*) to conclude (*con* with); (*precio*) to agree, fix (*en* at); (*reunión*) to fix up, arrange; **~ una venta en 20 dólares** to agree to sell sth for 20 dollars; **~ hacer algo** to agree to do sth.
2 *vi* (**a**) (*Mús*) to harmonize, be in tune.
(**b**) (*Ling, fig*) to agree.
3 concertarse *vr* to reach agreement, come to terms; **~ para hacer algo** to conspire together to do sth.
concertina *nf* concertina.
concertino *nm* first violin, concertmaster *(US)*.
concertista *nmf* soloist, solo performer.
concesión *nf* (*acción*) concession, granting; (*Jur, Pol*) award; (*Com: fabricación*) licence, license *(US)*; (*: de venta*) franchise; (*: de transporte etc*) concession, contract.
concesionario/a *nm/f* (*Com: gen*) licence holder, license holder *(US)*, licensee; (*: de venta*) franchisee, authorized dealer, retail outlet; (*: de transportes etc*) contractor; **~ exclusivo** sole agency, exclusive dealership.
conciencia *nf* (**a**) (*moral*) conscience; **a ~** conscientiously; **en ~** honestly, in truth; **gusanillo de la ~** (*fig*) (guilty) conscience; **libertad de ~** freedom of worship; **acusarle *o* remorderle a algn la ~** to have a guilty conscience; **tener la ~ tranquila** to have a clear conscience. (**b**) (*conocimiento*) awareness, consciousness; **~ de clase** class-consciousness; **tener plena ~ de** to be fully aware of; **tomar ~ de** to become aware of.
concienciación *nf* arousal, awakening, (process of) becoming aware.
concienciado *adj* politically *o* socially aware.
concienciar [1b] **1** *vt* (*despertar*) to arouse, awaken, make aware; (*sensibilizar*) to raise the conscience of; (*condicionar*) to prepare (mentally); (*convencer*) to convince, persuade. **2 concienciarse** *vr* to be aroused (*de* to), become aware (*de* of); (*convencerse*) to convince o.s. (*de que* that).
concienzudamente *adv* conscientiously, painstakingly, thoroughly.
concienzudo *adj* conscientious.
concierto *nm* (**a**) (*acuerdo*) agreement; **de ~ con** in concert with. (**b**) (*Mús: función*) concert; (*: obra*) concerto; **~ sinfónico** symphony concert. (**c**) (*fig*) chorus.
conciliable *adj* reconcilable.
conciliábulo *nm* secret meeting *o* discussion.
conciliación *nf* conciliation.
conciliador(a) 1 *adj* conciliatory. **2** *nm/f* conciliator.
conciliar[1] [1b] *vt* (**a**) (*enemigos*) to reconcile; (*ideas*) to harmonize, bring into line. (**b**) **~ el sueño** to get to sleep.
conciliar[2] *adj* (*Rel*) of a council, council *atr*.
conciliatorio *adj* conciliatory.
concilio *nm* (*Rel*) council; **el Segundo C~ Vaticano** the Second Vatican Council.
concisamente *adv* concisely, briefly, tersely.
concisión *nf* conciseness, brevity.
conciso *adj* concise, brief.
concitar [1a] *vt* to stir up, incite (*contra* against).
conciudadano/a *nm/f* fellow citizen.
cónclave *nm* conclave.
concluir [3g] **1** *vt* (**a**) (*acabar*) to conclude, finish. (**b**) (*inferir*) to infer, deduce. **2** *vi* to conclude, finish; **~ por hacer algo** to end up by doing sth; **todo ha concluido** it's all over. **3 concluirse** *vr* to end, conclude.
conclusión *nf* conclusion; **en ~** in conclusion, finally; **llegar a la ~ de que** to come to the conclusion that.
concluyente *adj* conclusive, decisive.
concomerse [2a] *vr*: **~ de impaciencia** (*fig fam*) to be itching with impatience.
concomitante *adj* concomitant.
concordancia *nf* (**a**) (*gen*) agreement. (**b**) (*Ling*) concord, agreement. (**c**) (*Mús*) harmony. (**d**) **~s** (*Lit*) concordance *sg*.
concordante *adj* concordant.
concordar [1l] **1** *vt* (*gen*) to reconcile, bring into line; (*Ling*) to make agree. **2** *vi* (*gen*) to agree (*con* with), tally (*con* with); **esto no concuerda con los hechos** this does not square with *o* fit in with the facts.
concordato *nm* concordat.
concorde *adj*: **estar ~s** to be agreed *o* in agreement; **estar ~ en hacer algo** to agree to do sth.
concordia *nf* concord, harmony.
concreción *nf* (*Fís*) concretion; (*Med*) stone.
concretamente *adv* specifically, to be exact; **¿qué dijo ~?** what did he in fact say?; **se refirió ~ a dos** he referred specifically to two; **~ eran 39** to be exact there were 39.
concretar [1a] **1** *vt* (*lo abstracto*) to express in concrete terms; (*problema*) to pinpoint; (*tema*) to reduce to essentials; (*esperanzas*) to pin (*en* on); (*hora*) to specify; **en la reunión no concretamos nada** we didn't settle anything at the meeting; **concretemos, para ~** let us be

more specific, let's get down to the details. **2 concretarse** *vr* (**a**) (*idea etc*) to take shape; ~ **en** to come down specifically to. (**b**) ~ **a hacer algo** to confine o.s. to doing sth.

concreto 1 *adj* (*gen*) concrete; (*específico*) actual, specific; **en este caso** ~ in this particular instance; **no me dijo ninguna hora ~a** he didn't tell me any definite *o* particular time; **en** ~ to be exact; **en ~ había 7** there were 7 to be exact; **no hay nada en** ~ there's nothing you can put your finger on. **2** *nm* (*LAm*) concrete; ~ **armado** reinforced concrete.

concubina *nf* concubine.

concubinato *nm* concubinage.

concupiscencia *nf* (*lujuria*) lustfulness.

concupiscente *adj* (*lujurioso*) lustful.

concurrencia *nf* (**a**) (*coincidencia*) concurrence. (**b**) (*reunión*) gathering; (*público: Dep*) spectators; (*: Cine, Teat*) audience; **había una numerosa** ~ there was a big attendance *o* turnout.

concurrente 1 *adj* (*que coincide*) concurrent. **2** *nmf*: **los ~s** those present, the audience.

concurrido *adj* (*local*) crowded; (*calle*) busy; (*Teat etc*) popular.

concurrir 3a *vi* (**a**) (*converger*) to meet, come together (*en* at).

(**b**) (*reunirse*) to meet, gather (*a* at) (*en* in); ~ **a un baile/a las urnas** to go to a dance/the polls.

(**c**) (*contribuir*) ~ **al éxito de una empresa** to contribute to the success of an enterprise.

(**d**) (*cualidades etc*) to be found, be present; **concurren en ella muchas buenas cualidades** she has many good qualities.

(**e**) ~ **en una opinión** to concur in an opinion.

(**f**) (*sucesos*) to coincide (*con* with).

(**g**) (*concursar: en examen, competición*) to compete (*a* in), take part in (*a* in).

concursante *nmf* competitor, contestant, participant.

concursar 1a **1** *vt* to compete in *o* for; **va a ~ por la vacante** he is going to apply for the vacancy. **2** *vi* to compete, participate.

concurso *nm* (**a**) (*Com*) tender.

(**b**) ~ **de acreedores** (*Jur*) meeting of creditors.

(**c**) (*Dep etc*) competition, contest; (*examen*) examination, open competition; (*TV etc*) quiz; ~ **de belleza** beauty contest; ~ **de méritos** competition for posts; ~ **radiofónico** radio quiz (show); **ganar un puesto por** ~ to win a post in open compettition; **presentar algo a** ~ to open sth up to (competitive) tender, put sth out to tender; **queda ya fuera de** ~ he's out of the running now.

(**d**) (*coincidencia*) coincidence.

(**e**) (*ayuda*) cooperation; **con el ~ de** with the help of; **prestar su** ~ to help, collaborate.

concha *nf* (**a**) (*Zool*) shell; (*carey*) tortoiseshell; **meterse en su** ~ to retire into one's shell; **tener muchas ~s** to be very sharp, be a sly one. (**b**) (*de porcelana*) flake, chip. (**c**) (*Teat*) prompt box. (**d**) (*And, CSur: fam!*) **¡~(s) de tu madre!** bastard! *(fam!)*, son of a bitch! *(US fam!)*; = **coño 1 (a)**.

conchabar 1a **1** *vt* (*LAm: persona*) to hire for work. **2 conchabarse** *vr* to gang up (*contra* on), conspire (*para hacer algo* to do sth); **los dos estaban conchabados** the two were in cahoots *(fam)*.

concho[1] *nm* (*LAm: poso*) dregs, sediment; **~s** (*sobras*) left-overs; **hasta el** ~ to the very end.

concho[2] *interj* (*euf, fam!*) = **coño 1 (a)**.

conchudo/a *nm/f* (*And, CSur: fam*) bloody fool *(fam!)*, jerk *(US fam)*.

condado *nm* county; (*Hist*) earldom.

condal *adj*: **Ciudad C~** Barcelona.

conde *nm* earl, count.

condecoración *nf* (*acción*) decoration; (*insignia*) decoration, medal.

condecorar 1a *vt* to decorate (*con* with).

condena *nf* (**a**) (*pronunciamiento*) sentence, conviction; (*extensión*) term (of imprisonment); **cumplir una** ~ to serve a sentence. (**b**) (*desaprobación*) condemnation.

condenable *adj* reprehensible.

condenación *nf* (*gen*) condemnation; (*Rel*) damnation.

condenadamente *adv*: **es un trabajo ~ duro** it's bloody hard work *(fam)*.

condenado/a 1 *adj* (**a**) (*Jur*) condemned, convicted; (*Rel*) damned. (**b**) (*fig*) doomed; ~ **al olvido** destined for oblivion. (**c**) (*fam: maldito*) damned, flaming (*euf*); **aquel ~ teléfono** that ruddy telephone. **2** *nm/f* (**a**) (*Jur*) convicted person, prisoner; **el ~ a muerte** the condemned man; **trabaja como un** ~ he works like a Trojan. (**b**) (*Rel*) damned soul.

condenar 1a **1** *vt* (**a**) (*gen*) to condemn. (**b**) (*Jur: gen*) to convict, find guilty; (*: a pena capital*) to condemn; ~ **a algn a 3 meses de cárcel** to sentence sb to 3 months in jail; **le condenaron por ladrón** they found him guilty of robbery. (**c**) (*Rel*) to damn. (**d**) (*Arquit*) to wall up. **2 condenarse** *vr* (**a**) (*Jur etc*) to confess (one's guilt), own up. (**b**) (*Rel*) to be damned.

condenatorio *adj* condemnatory.

condensación *nf* condensation.

condensado *adj* condensed.

condensador *nm* condenser.

condensar 1a **1** *vt* to condense. **2 condensarse** *vr* to condense, become condensed.

condesa *nf* countess.

condescendencia *nf* (*deferencia*) obligingness; (*indulgencia*) affability; **aceptar algo por** ~ to accept sth so as not to hurt feelings.

condescender 2g *vi* to acquiesce; ~ **a** to consent to, say yes to; ~ **a los ruegos de algn** to agree to sb's requests; ~ **en hacer algo** to agree to do sth.

condescendiente *adj* obliging.

condición *nf* (**a**) (*naturaleza*) nature, condition; (*genio*) temperament, character; **la ~ humana** the human condition; **de ~ perversa** of a perverse nature.

(**b**) (*rango*) social class, rank; **de humilde** ~ low (in) status; **una boda de personas de distinta** ~ a wedding between people of different social backgrounds; **en su ~ de Presidente** in his capacity as President.

(**c**) (*cualidades*) **~es** qualities; **ella no tiene ~es para pintora** she is not cut out to be a painter.

(**d**) (*estado*) **~es** condition, state; **~es de trabajo** working conditions; **~es de vida** living conditions; **nuestras ~es económicas** our economic circumstances; **el coche está en malas ~es** the car is in a bad state; **no está en ~es para salir** it is not fit to go out; **no estamos en ~es para hacerlo** we are not in a position to do it.

(**e**) (*Jur etc*) provision, stipulation; **las ~es del contrato** the terms of the contract; ~ **previa** precondition; ~ **sine qua non** essential condition; **~es de venta** conditions of sale; **a ~ de que** on condition that, provided that; **con esta** ~ on this condition; **ayuda sin ~es** help with no strings attached; **rendición sin ~es** unconditional surrender.

condicionado *adj* conditioned.

condicional *adj* conditional.

condicionamiento *nm* conditioning.

condicionante 1 *adj* determining. **2** *nm* determining factor, determinant.

condicionar 1a *vt* (**a**) (*gen*) to condition. (**b**) **X condiciona su apoyo a la retirada de Y** X makes his support conditional on the withdrawal of Y.

condimentar 1a *vt* to flavour, flavor *(US)*, season.

condimento *nm* seasoning, flavouring, flavoring *(US)*.

condiscípulo/a *nm/f* fellow student.

condolencia *nf* condolence, sympathy.

condolerse 2h *vr*: ~ **de** *o* **por** to sympathize with, feel sorry for.

condominio *nm* (*Jur*) joint ownership; (*Pol*) condominium; (*LAm*) condo(minium), apartment.

condón *nm (fam)* condom, rubber *(fam)*.
condonar [1a] *vt (Jur: reo)* to reprieve; *(Fin: deuda)* to cancel.
cóndor *nm* condor.
conducción *nf* **(a)** *(acción: gen)* leading; *(: Com)* management; *(: transporte)* transport(ation); *(: de líquidos)* piping; *(: por cable)* wiring; *(: Fís)* conduction. **(b)** *(Aut)* driving; ~ **por derecha** right-hand drive; ~ **imprudente** *o* **temeraria** careless *o* reckless driving. **(c)** *(Téc: tubo)* pipe; *(: cable)* cabling; ~ **principal de gas/agua** gas/water main.
conducente *adj*: ~ **a** conducive to, leading to.
conducir [3n] **1** *vt* **(a)** *(líquidos)* to take, convey; *(Elec etc)* to carry. **(b)** *(Aut etc)* to drive; ~ **por la derecha** to drive on the right. **(c)** *(individuo)* to take, lead *(a* to); **me condujeron por un pasillo** they led me along a passage. **(d)** *(negocio)* to manage; *(Mil)* to lead. **2** *vi* **(a)** *(Aut)* to drive; **aprender a** ~ to learn to drive. **(b)** ~ **a** *(fig)* to lead to; **¿a qué conduce?** what's the point?; **esto no nos conduce a ninguna parte** this is getting us nowhere. **3 conducirse** *vr* to behave.
conducta *nf* **(a)** *(comportamiento)* conduct, behaviour, behavior *(US)*; **mala** ~ misconduct, misbehaviour; **cambiar de** ~ to mend one's ways. **(b)** *(Com etc)* direction, management.
conductibilidad *nf* conductivity.
conductismo *nm* behaviourism, behaviorism *(US)*.
conductista *adj* behaviourist, behaviorist *(US)*.
conducto *nm* **(a)** *(de agua etc)* pipe, conduit; *(Anat)* duct, canal; *(Elec)* lead, cable; ~ **biliar/lacrimal** bile/tear duct. **(b)** *(fig)* channel; **por** ~ **de** through, by means of.
conductor(a) **1** *adj* **(a)** *(gen)* leading, guiding. **(b)** *(Fís)* conductive. **2** *nm/f* **(a)** *(Aut)* driver; *(de coche)* motorist. **(b)** *(fig)* leader. **3** *nm* conductor.
condumio *nm (fam)* food, grub *(fam)*.
conectado *adj (Elec etc)* connected; **estar** ~ to be on, be live.
conectar [1a] **1** *vt* **(a)** *(Téc)* to connect (up); *(enchufar)* to plug in; *(computador etc)* to hook up; *(encender)* to switch on; *(Inform)* to toggle on; ~ **a tierra** to earth. **(b)** ~ **a algn con otra persona** to put sb in touch with somebody else. **2** *vi*: ~ **con** *(persona)* to communicate with. **3 conectarse** *vr (Inform)* to log in (on).
coneja *nf* doe rabbit.
conejar *nm* (rabbit) hutch.
conejera *nf* **(a)** *(madriguera)* warren, burrow; *(conejar)* rabbit hutch. **(b)** *(fam: tasca etc)* den.
conejillo *nm* young rabbit, bunny; ~ **de Indias** guinea-pig.
conejo *nm* **(a)** *(Zool)* rabbit; ~ **casero** tame rabbit; ~ **de monte** wild rabbit. **(b)** *(Anat: fam!)* = **coño 1 (a)**.
conexión *nf (gen)* connection, connexion; *(Inform)* interface.
conexo *adj* connected, related.
confabulación *nf* plot, dubious scheme.
confabularse [1a] *vr* to plot, conspire *(para hacer algo* to do sth).
confección *nf* **(a)** *(preparación)* making-up, preparation. **(b)** *(Cos)* dressmaking; *(: industria)* clothing; *(: vestido)* ready-made *o* off-the-peg *o (US)* off-the-rack garment; **'~ de caballero'** menswear.
confeccionado *adj* off-the-peg, ready-to-wear; ~ **a la medida** made to measure.
confeccionar [1a] *vt (lista)* to make out; *(Cos)* to make (up); *(Culin)* to make, bake.
confederación *nf* confederation.
confederado/a *adj, nm/f* confederate.
confederarse [1a] *vr* to confederate, form a confederation.
conferencia *nf* **(a)** *(Pol etc)* conference, meeting; ~ **cumbre** summit (conference); ~ **episcopal** synod; ~ **de prensa** press conference; ~ **de ventas** sales conference. **(b)** *(charla)* lecture; **dar una** ~ to give a lecture. **(c)** *(Telec: tb* ~ **interurbana)** long-distance call; ~ **a cobro revertido** reverse charge *o (US)* collect call; **facilidad de** ~ **múltiple** follow-on call facility.
conferenciante *nmf* lecturer.
conferenciar [1b] *vi* to confer *(con* with).
conferencista *nmf (LAm)* lecturer.
conferir [3i] *vt* **(a)** *(premio)* to award *(a* to); *(honor)* to confer *(a* on), bestow *(a* on). **(b)** *(fig)* to lend, give *(a* to); **los cuadros confieren un aire de dignidad a la sala** the paintings lend the room an air of dignity.
confesar [1j] **1** *vt* **(a)** *(error)* to acknowledge; *(crimen)* to own up to; *(pecados)* to confess. **(b)** *(Rel)* to confess, hear the confession of. **2** *vi*, **confesarse** *vr (gen)* to confess, own up; *(Rel)* to confess *(a, con* to), make one's confession; ~ **de sus pecados** to confess one's sins; ~ **de plano** to own up.
confesión *nf* confession.
confesional *adj* **(a)** *(de la confesión)* confessional. **(b)** *(de sectas)* confessional, denominational.
confes(i)onario *nm* confessional (box).
confeso **1** *adj* **(a)** *(Jur etc)* self-confessed. **(b)** *(Hist: judío)* converted. **2** *nm (Hist)* converted Jew; *(Rel)* lay brother.
confesor *nm* confessor.
confeti *nm* confetti.
confiable *adj* reliable, trustworthy.
confiadamente *adv* **(a)** *(con confianza)* trustingly. **(b)** *(tranquilamente)* confidently.
confiado *adj* **(a)** *(gen)* trusting; *(crédulo)* gullible. **(b)** *(seguro)* confident; **estar muy** ~ to be excessively hopeful.
confianza *nf* **(a)** *(gen)* trust *(en* in), reliance *(en* on); **margen de** ~ credibility gap; **persona de (toda)** ~ reliable *o* trustworthy person; **puesto de** ~ responsible post; **decir algo en** ~ to say sth in confidence; **defraudar la** ~ **de algn** to let sb down; **poner su** ~ **en** to put one's trust in; **él es de** ~ he is all right, you can speak freely in front of him.

(b) *(ánimo)* confidence; ~ **en sí mismo** self-confidence; **infundir** ~ **a algn** to give sb confidence.

(c) *(familiaridad)* intimacy, familiarity *(con* with); **amigo/reunión de** ~ close friend/intimate gathering; **en tono de** ~ in a confidential tone; **tener** ~ **con algn** to be on close terms with sb; **tratar a algn con** ~ to treat sb without formality, not to stand on ceremony with sb; **aquí estamos en** ~ we're all friends here.

(d) ~**s** *(pey)* familiarities; **se toma demasiadas ~s** he is too familiar, he's too fresh.
confiar [1c] **1** *vt*: ~ **algo a algn** to entrust sth to sb/sb with sth; ~ **algo al azar** to leave sth to chance. **2** *vi (gen)* to trust *(en* in); *(contar con)* to rely *(en* on), count *(en* on); **confío en ti** I trust you; ~ **en el éxito de algo** to feel confident about the success of sth; ~ **en que** to hope *o* trust that. **3 confiarse** *vr (fig: confesar)* to confide *(a* in); **no te confíes (demasiado)** I'd be a bit more wary.
confidencia *nf* confidence, secret; **hacer ~s a algn** to confide in sb, tell sb secrets.
confidencial *adj* confidential.
confidencialidad *nf* confidentiality, confidential nature.
confidencialmente *adv* confidentially.
confidente/a *nm/f* **(a)** *(amigo)* confidant(e), intimate friend. **(b)** *(Jur)* informer.
configuración *nf* shape, configuration; *(Inform)* configuration; ~ **de bits** *(Inform)* bit configuration; **la** ~ **del terreno** the lie of the land.
configurar [1a] *vt* to shape, form.
confín *nm (gen)* boundary; *(horizonte)* horizon; ~**es** confines, limits *(tb fig)*.
confinación *nf*, **confinamiento** *nm* confinement.
confinar [1a] **1** *vt (Jur etc)* to confine *(a, en* in); *(Pol)* to banish, exile *(a* to). **2** *vi*: ~ **con** to border on. **3 confinarse** *vr* to shut o.s. away.

confirmación *nf* confirmation.
confirmar [1a] **1** *vt* (*Rel etc*) to confirm; (*Jur etc*) to corroborate; ~ **a algn de como** to confirm sb as; **la excepción confirma la regla** the exception proves the rule. **2 confirmarse** *vr* (**a**) (*Rel*) to be confirmed. (**b**) (*probarse*) to be proven *o* confirmed.
confiscación *nf* confiscation.
confiscar [1g] *vt* to confiscate.
confitar [1a] *vt* (*conservar: en almíbar*) to preserve (in syrup); (*: con azúcar*) to candy.
confite *nm* sweet, candy *(US)*.
confitería *nf* (**a**) (*arte*) confectionery. (**b**) (*tienda*) confectioner's (shop), sweetshop, candy store *(US)*; (*And, CSur: café*) café and cake shop.
confitero/a *nm/f* confectioner.
confitura *nf* (*mermelada*) preserve, jam; (*fruta escarchada*) crystallized fruit.
conflagración *nf* conflagration; (*fig*) flare-up, outbreak; ~ **bélica** outbreak of war.
conflictividad *nf* (**a**) (*tensiones*) tensions and disputes; **la ~ laboral** industrial disputes, labour *o (US)* labor troubles; ~ **social** social unrest. (**b**) (*cualidad*) controversial *o* debatable nature.
conflictivo *adj* conflicting; (*sociedad etc*) troubled; (*asunto*) controversial; (*situación*) tense, troubled; **zona ~a** troubled region, trouble spot.
conflicto *nm* (**a**) (*gen*) conflict; ~ **de intereses** clash of interests; ~ **laboral** labour *o (US)* labor dispute. (**b**) (*fig*) difficulty, fix; **estar en** *or* **tener un ~** to be in a jam.
confluencia *nf* confluence.
confluente *adj* confluent.
confluir [3g] *vi* (*Geog: ríos etc*) to meet, come together; (*gente*) to gather.
conformación *nf* shape, form.
conformar [1a] **1** *vt* (*formar*) to shape; (*adaptar*) to adjust (*a* to), bring into line (*a* with). **2** *vi* to agree (*con* with). **3 conformarse** *vr* to conform; (*resignarse*) to resign o.s.; ~ **con** (*ley*) to comply with, observe; (*política*) to fall into line with; (*contentarse*) to put up with; **se conforma con cualquier cosa** he's content with anything.
conforme 1 *adj* (**a**) (*correspondiente*) consistent (*a* with); **un premio ~ a sus méritos** a prize in keeping with his merits.
(**b**) (*acorde*) agreed, in agreement; **¡~(s)!** agreed!, all right!; **estar ~s** to be agreed; **estamos ~s en que** we agree that; **declararse ~ con algo** to consent to sth.
(**c**) (*satisfecho*) satisfied, content (*con* with); **quedarse ~ con** to be happy *o* satisfied with.
2 *adv*: ~ **a** in accordance with; ~ **a la muestra** as per sample; **lo hicieron ~ a sus instrucciones** they acted according to their instructions.
3 *conj* as; ~ **lo iban sacando** as they were taking it out.
4 *nm* agreement; **dar el ~** to agree.
conformidad *nf* (**a**) (*semejanza*) similarity. (**b**) (*acuerdo*) agreement; (*consentimiento*) approval, consent; **de ~** by common consent; **de/en ~ con** in accordance/compliance with; **no ~** nonconformity; **dar su ~** to consent. (**c**) (*resignación*) resignation (*con* to); **soportar algo con ~** to resign o.s. to putting up with sth.
conformismo *nm* conformism, conventionality.
conformista *adj, nmf* conformist.
confort [kon'for(t)] *nm* (*pl* **~s** [kon'for(t)]) comfort; **'todo ~'** 'all mod cons'.
confortable *adj* comfortable.
confortante *adj* (**a**) (*gen*) comforting. (**b**) (*Med*) invigorating.
confortar [1a] *vt* (**a**) (*gen*) to comfort. (**b**) (*Med etc*) to invigorate, act as a tonic to.
confraternidad *nf* fraternity, brotherhood.
confraternizar [1f] *vi* to fraternize (*con* with).
confrontación *nf* (**a**) (*gen*) confrontation. (**b**) (*Lit*) comparison.
confrontar [1a] **1** *vt* (**a**) (*enfrentar*) to confront, face (up to). (**b**) (*carear*) to bring face to face. (**c**) (*textos*) to compare, collate. **2** *vi* to border (*con* on). **3 confrontarse** *vr*: ~ **con** to confront, face.
confundible *adj*: **fácilmente ~** easily mistaken (*con* for), easily confused (*con* with).
confundir [3a] **1** *vt* (**a**) (*borrar*) to blur.
(**b**) (*despistar*) to confuse, muddle; ~ **A con B** to mistake A for B, confuse A with B; **ha confundido todos los sellos** he has mixed up all the stamps.
(**c**) (*dejar boquiabierto*) to confound; (*turbar*) to bewilder, perplex; ~ **a algn con atenciones** to overwhelm sb with kindness.
(**d**) (*humillar*) to put to shame.
2 confundirse *vr* (**a**) (*hacerse borroso*) to become blurred.
(**b**) (*turbarse*) to get confused, get in a muddle; (*equivocarse*) to make a mistake; **Ud se ha confundido de número** (*Telec*) you have the wrong number.
(**c**) (*avergonzarse*) to feel ashamed.
(**d**) (*mezclarse*) to mix; **se confundió con la multitud** he disappeared in the crowd; **los policías se confundieron con los manifestantes** the police mingled with the demonstrators.
confusión *nf* confusion.
confusionismo *nf* confusion, uncertainty; **sembrar el ~ y desconcierto** to spread alarm and despondency.
confuso *adj* (*gen*) confused; (*desordenado*) mixed up, jumbled up; (*recuerdo*) hazy; (*estilo*) obscure; (*ruido*) indistinct; (*imagen*) blurred; **estar ~** (*turbado*) to be confused *o* bewildered.
conga *nf* (*Mús*) conga.
congelación *nf* (**a**) (*gen*) freezing. (**b**) (*Med*) frostbite. (**c**) (*Fin etc*) freeze, freezing; ~ **de créditos** credit freeze.
congelado *adj* (**a**) (*carne*) frozen, chilled; **¡estoy ~!** I'm frozen *o* freezing! (**b**) (*Med*) frostbitten. (**c**) (*Fin etc*) frozen, blocked.
congelador *nm* freezer.
congelar [1a] **1** *vt* (**a**) (*gen*) to freeze; (*sangre*) to congeal; (*imagen de vídeo*) to freeze. (**b**) (*Med*) to affect with frostbite. (**c**) (*Fin etc*) to freeze, block. **2 congelarse** *vr* (**a**) (*gen*) to freeze; (*sangre*) to congeal. (**b**) (*Med*) to get frostbitten.
congénere *nm* fellow, person *etc* of the same sort; **el criminal y sus ~s** the criminal and others like him.
congeniar [1b] *vi* to get on (*con* with).
congénito *adj* congenital.
congestión *nf* congestion.
congestionado *adj* (*gen*) congested; (*rostro*) flushed, red.
congestionar [1a] **1** *vt* to congest, produce congestion in. **2 congestionarse** *vr* to become congested; **se le congestionó la cara** his face became flushed.
conglomeración *nf* conglomeration.
conglomerado *nm* (*Geol, Téc*) conglomerate; (*fig*) conglomeration.
conglomerar [1a] *vt*, **conglomerarse** *vr* to conglomerate.
Congo *nm*: **el ~** the Congo.
congoja *nf* anguish, distress.
congoleño/a *adj, nm/f* Congolese.
congraciar [1b] **1** *vt* to win over. **2 congraciarse** *vr* to ingratiate o.s. (*con* with).
congratulación *nf* congratulation.
congratular [1a] **1** *vt* to congratulate (*por* on). **2 congratularse** *vr* to congratulate o.s., be pleased; **de eso nos congratulamos** we are glad about that.
congregación *nf* (*asamblea*) gathering, assembly; (*Rel*) congregation; **la ~ de los fieles** the (Catholic) Church.
congresal *nmf* (*LAm*) = **congresista**.
congresista *nmf* delegate, member (of a congress).
congreso *nm* congress; (*Pol*) parliament; ~ **anual** an-

nual conference; **C~ de los Diputados** (*Esp Pol*) ≈ House of Commons, ≈ House of Representatives *(US)*.
congrio *nm* conger (eel).
congruencia *nf* (**a**) (*Mat etc*) congruence. (**b**) (*coherencia*) suitability.
congruente, **congruo** *adj* (**a**) (*gen*) congruent, congruous (*con* with). (**b**) (*coherente*) suitable.
cónico *adj* (*gen*) conical; (*sección etc*) conic.
conífera *nf* conifer.
conífero *adj* coniferous.
conimbricense **1** *adj* of *o* from Cohimbra. **2** *nmf* native *o* inhabitant of Cohimbra.
conjetura *nf* conjecture, surmise; **son meras ~s** it's just guesswork.
conjeturar [1a] *vt* to guess (at), surmise (*de, por* from) (*que* that).
conjugación *nf* conjugation.
conjugar [1h] **1** *vt* (**a**) (*Ling*) to conjugate. (**b**) (*fig*) to combine; **es difícil ~ los deseos de los dos** it is difficult to please them both. **2 conjugarse** *vr* (**a**) (*Ling*) to be conjugated. (**b**) (*fig*) to fit together, blend.
conjunción *nf* conjunction.
conjuntado *adj* coordinated.
conjuntamente *adv* jointly, together; **~ con** together with.
conjuntar [1a] **1** *vt* to coordinate. **2** *vi*: **~ con** to go with, match.
conjuntero/a *nm/f* (*Mús fam*) band member.
conjuntivitis *nf* conjunctivitis.
conjuntivo *adj* conjunctive.
conjunto **1** *adj* combined, joint. **2** *nm* (**a**) (*gen*) whole; **en ~** as a whole, altogether; **en su ~** in its entirety; **formar un ~** to form a whole. (**b**) (*vestido*) ensemble. (**c**) (*Mús: de cámara*) ensemble; (*: pop*) group. (**d**) (*Teat*) chorus. (**e**) (*muebles etc*) suite. (**f**) (*Inform*) set; **~ integrado de programas** integrated software suite.
conjura, **conjuración** *nf* plot, conspiracy.
conjurado/a *nm/f* plotter, conspirator.
conjurar [1a] **1** *vt* (**a**) (*Rel*) to exorcise. (**b**) (*peligro*) to ward off; (*pensamiento*) to rid o.s. of. (**c**) (*rogar*) to entreat. **2** *vi*: **~ contra algn** to plot *o* conspire against sb. **3 conjurarse** *vr* to get together in a plot.
conjuro *nm* (**a**) (*Rel*) exorcism; (*fig*) spell. (**b**) (*ruego*) entreaty.
conllevar [1a] *vt* (**a**) (*sentido*) to convey, carry (with it); (*acarrear*) to imply, involve. (**b**) (*aguantar*) to bear, put up with.
conmemoración *nf* commemoration.
conmemorar [1a] *vt* to commemorate.
conmemorativo *adj* commemorative.
conmigo *pron* (*gen*) with me; **atento ~** kind to *o* towards me; **se portó muy bien ~** he was very good to me.
conminar [1a] *vt* (**a**) (*amenazar*) to threaten (*con* with). (**b**) (*avisar*) to warn (officially).
conminatorio *adj* threatening, warning.
conmiseración *nf* sympathy, commiseration.
conmoción *nf* (**a**) (*Geol*) shock, tremor. (**b**) (*Med*) **~ cerebral** concussion. (**c**) (*fig*) shock; (*Pol*) disturbance; **una ~ social** a social upheaval.
conmocionar [1a] *vt* (**a**) (*conmover*) to move, affect deeply; (*sacudir*) to shake profoundly, cause an upheaval in. (**b**) (*Med*) to put into shock, concuss.
conmovedor *adj* (*gen*) moving; (*enternecedor*) poignant.
conmover [2h] **1** *vt* (**a**) (*Geol*) to shake. (**b**) (*fig: enternecer*) to move, touch; (*: turbar*) to upset. **2 conmoverse** *vr* (**a**) (*Geol*) to shake, be shaken. (**b**) (*fig*) to be moved.
conmutación *nf* commutation; (*Inform*) switching; **~ de mensajes** message switching; **~ por paquetes** packet switching.
conmutador *nm* (*Elec*) switch; (*LAm Telec: centralita*) switchboard.
conmutar [1a] *vt* (**a**) (*trocar*) to exchange (*por* for). (**b**) (*Jur*) to commute (*en, por* to).
connatural *adj* innate, inherent.
connivencia *nf* connivance; **estar en ~ con** to be in collusion with.
connotación *nf* connotation.
connotado *adj* (*LAm*) famous.
connotar [1a] *vt* to connote.
cono *nm* cone.
conocedor(a) **1** *adj* expert (*de* in), knowledgeable (*de* about). **2** *nm/f* expert (*de* in), connoisseur (*de* of); **es buen ~ de ganado** he's a good judge of cattle.
conocer [2d] **1** *vt* (**a**) (*gen*) to know; (*llegar a ~*) to get to know; **~ a algn de vista** to know sb by sight; **conozco las dificultades** I know (about) the difficulties; **la conocí en Sevilla** I met her in Seville; **¿conoces a Pedro?** have you met Pedro?; **¿conoce Portugal?** have you been to Portugal?; **cuando la conozcas mejor** when you get to know her better; **¿de qué le conoces?** where do you know him from?; **no me conoce de nada** he doesn't know me from Adam; **conoce su oficio** he knows his job; **dar a ~** (*informe etc*) to release to the press *etc*; (*indebidamente*) to leak; **darse a ~** (*presentarse*) to make o.s. known; (*hacerse famoso*) to make a name for o.s..
(**b**) (*distinguir*) to tell, recognize (*en, por* by); **~ a algn por su modo de andar** to know sb by *o* from his walk.
2 *vi* (**a**) **~ de** to know about.
(**b**) (*Jur*) **~ de** *o* **en una causa** to try a case.
3 conocerse *vr* (**a**) (*individuo*) to know o.s..
(**b**) (*ser conocidos*) to know each other; (*llegar a ~*) to get to know each other, get acquainted; **se conocieron en un baile** they met at a dance.
(**c**) (*reconocerse*) to recognize each other.
(**d**) **no se le conoce tal defecto** he's not known to have any such shortcoming; **se conoce que** (*parece*) apparently; (*es obvio*) you can tell.
conocido/a **1** *adj* (*dato*) known; (*persona*) well-known; **un médico ~** a well-known doctor. **2** *nm/f* acquaintance.
conocimiento *nm* (**a**) (*gen*) knowledge; **hablar con ~ de causa** to know what one is talking about; **ha llegado a mi ~ que** it has come to my notice *o* attention that; **poner algo en ~ de algn** to bring sth to sb's attention; **tener ~ de** to know about, have knowledge of; **al tenerse ~ del suceso** as soon as the event became known.
(**b**) **~s** knowledge *sg* (*de* of); **~s elementales** basics *(fam)*; **mis pocos ~s de filosofía** my limited knowledge of philosophy.
(**c**) (*sensatez*) good sense; **los niños no tienen ~** the children have no sense.
(**d**) (*Med*) consciousness; **estar sin ~** to be unconscious; **perder el ~** to lose consciousness.
(**e**) (*Náut*) **~ de embarque** bill of lading.
(**f**) (*Com*) **~ de embarque aéreo** air waybill.
Cono Sur *nm* (*Pol*) Argentina, Chile and Uruguay; Southern Cone.
conque *conj* (*fam*) so (then); **¿~ te pillaron?** so they caught you?
conquense **1** *adj* of *o* from Cuenca. **2** *nmf* native *o* inhabitant of Cuenca.
conquista *nf* conquest.
conquistador(a) **1** *adj* conquering. **2** *nm/f* conqueror. **3** *nm* (**a**) (*Hist*) conquistador. (**b**) (*fam*) ladykiller.
conquistar [1a] *vt* (**a**) (*Mil*) to conquer. (**b**) (*puesto, simpatía*) to win; (*adversario*) to win round *o* over; (*enamorar*) to win the heart of.
consabido *adj* (*gen*) well-known; (*frase etc*) old, oft-repeated.
consagración *nf* (*Rel*) consecration, dedication; (*de costumbre*) establishment.
consagrado *adj* (**a**) (*Rel*) consecrated (*a* to), dedicated (*a* to). (**b**) (*fig*) hallowed, traditional; **según la expresión ~a** in the time-honoured *o (US)* -honored phrase; **un**

actor ~ an established actor.

consagrar 1a **1** *vt* (**a**) (*Rel*) to consecrate, dedicate (*a* to). (**b**) (*fig: vida etc*) to devote, dedicate (*a* to); (*monumento*) to put up (*a* to). (**c**) (*fama etc*) to confirm; **este triunfo lo consagra como un cirujano excepcional** this success confirms him as a really exceptional surgeon. **2 consagrarse** *vr* (**a**) (*por fama*) to establish o.s.. (**b**) (*la vida etc*) ~ **a** to devote o.s. to.

consanguíneo *adj* related by blood, consanguineous.

consanguinidad *nf* blood relationship, consanguinity.

consciencia *nf* conscience.

consciente *adj* (**a**) (*gen*) conscious; **ser ~ de** to be conscious *o* aware of. (**b**) (*Med*) **estar ~** to be conscious. (**c**) (*Jur*) fully responsible. (**d**) (*sensato*) responsible.

conscripción *nf* (*Arg*) conscription.

conscripto *nm* (*Arg*) conscript.

consecución *nf* (*gen*) obtaining; (*de meta*) attainment; **de difícil ~** hard to come by *o* get hold of.

consecuencia *nf* (**a**) (*gen*) consequence; (*resultado*) outcome, result; **a ~ de eso** as a result of that; **como** *o* **en ~** in consequence, accordingly; **aceptar las ~s** to take the consequences; **¡pues aténgase a las ~s!** then you'd better watch out!; **no tuvo ~s** nothing bad came of it. (**b**) (*firmeza*) consistency; **su ~ con sus principios le llevó a la cárcel** his faithfulness to his beliefs landed him in jail.

consecuente *adj* (**a**) (*gen*) consistent (*con* with). (**b**) (*Fil*) consequent.

consecuentemente *adv* consistently.

consecutivo *adj* consecutive.

conseguir 3d, 3k *vt* (**a**) (*gen*) to get, obtain; (*puesto etc*) to land; (*entradas*) to get one's hands on; **~ hacer algo** to succeed in doing sth, manage to do sth; **~ que algn haga algo** to get sb to do sth. (**b**) (*meta*) to attain, achieve.

conseja *nf* old wives' tale.

consejería *nf* (*Esp Pol*) ministry in a regional government.

consejero/a *nm/f* (*gen*) adviser; (*Téc etc*) consultant; (*Com*) director; (*en comisión*) member of a board *etc*; (*de autonomía*) minister in a regional government.

consejo *nm* (**a**) (*gen*) advice; **un ~** a piece of advice; **~s** advice *sg*; **fue muy útil tu ~** your tip was very useful; **¿qué ~ me das?** what would you suggest?; **pedir ~ a algn** to ask sb for advice, ask sb's advice. (**b**) (*Pol etc*) council; (*Com*) board; **~ de administración** board of directors; **C~ de Europa** Council of Europe; **~ de guerra** court-martial; **~ de ministros** (*entidad*) cabinet; (*reunión*) cabinet meeting.

consenso *nm* (*consentimiento*) consent; (*esp Pol*) consensus.

consensual *adj* agreed; **unión ~** common-law marriage.

consentido *adj* (**a**) (*mimado*) spoiled. (**b**) (*marido*) complaisant.

consentimiento *nm* consent.

consentir 3i **1** *vt* (**a**) (*gen*) to consent to; (*permitir*) to allow; **¡eso no se puede ~!** we can't have *o* allow that; **no te consiento que vayas** I can't allow you to go. (**b**) (*soportar*) to stand, bear; **la plataforma no consiente más peso** the platform will not bear any more weight. (**c**) (*mimar*) to spoil. **2** *vi* to agree, consent, say yes (*en* to); **~ en hacer algo** to agree to do sth. **3 consentirse** *vr* to break, give (way).

conserje *nm* (*gen*) porter; (*de hotel*) hall-porter.

conserjería *nf* porter's office *o* lodge.

conserva *nf* (**a**) (*proceso*) preserving. (**b**) (*Culin*) preserve(s); **~s alimenticias** tinned *o (US)* canned goods; **~s de carne** canned meat; **en ~** preserved.

conservación *nf* (*gen*) conservation; (*Culin*) preservation; **~ refrigerada** cold storage; **~ de suelos** soil conservation; **gastos de ~** maintenance costs; **instinto de ~** instinct of self-preservation.

conservador(a) 1 *adj* (*Pol*) conservative; (*: Brit*) Tory. **2** *nm/f* (**a**) (*Pol*) conservative; (*: Brit*) Tory. (**b**) (*de museo etc*) curator, keeper.

conservadurismo *nm* (*Pol etc*) conservatism.

conservante *nm* preservative.

conservar 1a **1** *vt* (**a**) (*gen*) to preserve; (*Culin: en vinagre*) to pickle; (*: en lata*) to tin, can. (**b**) (*energía*) to conserve, save. (**c**) (*costumbre*) to retain; (*secreto*) to keep; **conservo varias cartas suyas** I (still) have a few letters of his. **2 conservarse** *vr* (**a**) (*costumbre*) to survive. (**b**) (*individuo*) to keep (well); **¡qué bien se conserva!** he looks well for his age.

conservatorio *nm* (**a**) (*Mús*) conservatoire. (**b**) (*LAm*) greenhouse.

conservero *adj* canning *atr*; **la industria ~a** the canning industry.

considerable *adj* considerable.

consideración *nf* (**a**) (*deliberación*) consideration; **está en ~** it is under consideration; **tomar en ~** to take into account.

(**b**) (*atención*) consideration, regard; **de mi/nuestra (mayor) ~** (*esp LAm*) Dear Sir/Madam; **en ~ a** considering, in consideration of; **sin ~ a** irrespective of; **tratar a algn sin ~** to treat sb without consideration.

(**c**) (*respeto*) respect; **por ~ a** out of respect for; **tengo una gran ~ por él** I hold him in high esteem.

(**d**) **~es** kindness *sg*; **tener ~es con algn** to be kind *o* considerate to sb.

(**e**) **de ~** important; **una herida de ~** a serious wound; **de poca ~** unimportant, of no account.

considerado *adj* (**a**) (*respetado*) respected, esteemed; **bien ~** well-regarded; **mal ~** ill-regarded. (**b**) (*atento*) considerate, thoughtful.

considerar 1a *vt* (**a**) (*gen*) to consider; (*meditar*) to think about; **~ que** to consider *o* think that. (**b**) (*tener en cuenta*) to take into account; **considera que** bear in mind that, don't forget that. (**c**) (*juzgar*) to consider, deem; **lo considero imposible** I consider it (to be) impossible. (**d**) (*respetar*) to esteem, respect.

consigna *nf* (**a**) (*orden*) order; (*lema*) watchword; **~s de vuelo** operating instructions for a flight, operational oders for a flight. (**b**) (*Ferro*) left-luggage office, checkroom *(US)*; **~ automática** left-luggage locker.

consignación *nf* (**a**) (*Com*) consignment, shipment. (**b**) (*Fin*) allocation. (**c**) (*Méx Jur*) remand.

consignador *nm* (*Com*) consignor.

consignar 1a *vt* (**a**) (*Com*) to send, dispatch (*a* to). (**b**) (*Fin*) to assign; (*créditos*) to allocate. (**c**) (*registrar*) to record, register; (*escribir*) to set down, state.

consignatario/a *nm/f* (*Com*) consignee; (*Náut*) broker, agent; (*Jur*) trustee.

consigo *pron* (*gen*) with him/her; (*usted(es)*) with you; (*~mismo*) with one(self) *etc*; **no lleva nada ~** he isn't taking anything with him; **hablaba ~ misma** she was talking to herself.

consiguiente *adj* consequent; **por ~** therefore, consequently.

consistencia *nf* consistence, consistency.

consistente *adj* (**a**) (*gen*) consistent; (*argumento*) sound, valid. (**b**) (*materia*) solid, firm, tough; (*Culin etc*) thick. (**c**) **~ en** consisting of.

consistir 3a *vi* (**a**) **~ en** (*componerse*) to consist of, be composed of; **¿en qué consiste?** what does it consist of? (**b**) **~ en** (*estribar*) to lie in, be due to; **no consiste en eso la dificultad** the difficulty does not lie in that.

consistorial *adj* (*Rel*) consistorial; **casa ~** town hall.

consistorio *nm* (*Rel*) consistory; (*Pol*) town council.

consola *nf* (*mesa*) console table; (*Inform, Mús*) console.

consolación *nf* consolation.

consolador(a) 1 *adj* consoling, comforting. **2** *nm/f* consoler, comforter. **3** *nm* dildo.

consolar 1l **1** *vt* to console, comfort. **2 consolarse** *vr* to console o.s. (*por* about).

consolidación *nf* consolidation.
consolidar [1a] *vt* (*gen*) to consolidate, strengthen; (*Arquit*) to shore up; (*Fin*) to fund.
consomé *nm* consommé, clear soup.
consonancia *nf* (**a**) (*Mús etc*) consonance, harmony; **en ~ con** in accordance *o* harmony with. (**b**) (*Lit*) consonance, rhyme.
consonante 1 *adj* (**a**) (*Mús etc*) consonant, harmonious. (**b**) (*Ling*) consonantal. (**c**) (*Lit*) rhyming. **2** *nf* (*Ling*) consonant.
consonántico *adj* consonantal.
consorcio *nm* (**a**) (*Com*) consortium, syndicate. (**b**) (*unión*) relationship.
consorte *nmf* (**a**) (*esposo/a*) consort, spouse; **príncipe ~** prince consort. (**b**) **~s** (*Jur*) accomplices.
conspicuo *adj* eminent, famous.
conspiración *nf* conspiracy.
conspirador(a) *nm/f* conspirator.
conspirar [1a] *vi* to conspire, plot (*con* with) (*contra* against); **~ a hacer algo** to conspire to do sth *(tb fig)*.
constancia *nf* (**a**) (*gen*) constancy; (*firmeza*) firmness, steadfastness. (**b**) (*certeza*) certainty; (*prueba*) proof, evidence; **no hay ~ de ello** there is no certainty of it; **dejar ~ de algo** to place sth on record; **para que quede ~ de la fecha** in order to give proof of the date.
constante 1 *adj* (*gen*) constant; (*persona*) firm, steadfast. **2** *nf* (*Mat, fig*) constant.
constantemente *adv* constantly.
constar [1a] *vi* (**a**) **consta que** it is a fact that; **me consta que** I have evidence that; **conste que yo no lo aprobé** let it be clearly understood that I did not approve; **que conste que lo hice por ti** believe me, I did it for your own good.
(**b**) **~ (en)** to appear (in), be given (in *o* on); **no consta en el catálogo** it is not listed in the catalogue *o (US)* catalog; **en el carnet no consta su edad** his age is not stated on the licence *o (US)* license; **hacer ~** to put on record; **y para que así conste ...** and for the record ....
(**c**) **~ de** to consist of, be composed of.
constatación *nf* confirmation, verification.
constatar [1a] *vt* (*gen*) to verify; (*manifestar*) to state.
constelación *nf* constellation.
constelado *adj* (*Met etc*) starry, full of stars; (*fig*) bespangled (*de* with).
consternación *nf* consternation, dismay.
consternar [1a] **1** *vt* to dismay. **2 consternarse** *vr* to be dismayed (*con* by).
constipado 1 *adj*: **estar ~** to have a cold. **2** *nm* (*Med*) cold, catarrh; **coger un ~** to catch a cold.
constiparse [1a] *vr* to catch a cold.
constitución *nf* constitution.
constitucional *adj* constitutional.
constitucionalmente *adv* constitutionally.
constituir [3g] **1** *vt* (**a**) (*formar*) to constitute, form; **lo constituyen 12 miembros** it consists of 12 members, it is made up of 12 members.
(**b**) (*ser*) to be; **eso no constituye estorbo** that doesn't amount to an obstacle; **para mí constituye un placer** for me it is a pleasure.
(**c**) (*fundar: gen*) to create, set up, establish; (*: escuela etc*) to found.
(**d**) **~ una nación en república** to make a country into a republic; **~ a algn en árbitro** to set sb up as arbiter.
2 constituirse *vr* (**a**) **~ en algo** to set o.s. up as sth.
(**b**) (*Jur*) **~ en un lugar** to present o.s. at a place.
(**c**) (*Pol etc: cuerpo*) to be composed (*de* of); (*: fundarse*) to be established (*en* in).
constitutivo *adj* constitutive; **acto ~ de delito** act constituting a crime.
constituyente *adj* (*Pol*) constituent.
constreñir [3h, 3k] *vt* (**a**) (*limitar*) to restrict. (**b**) **~ a algn a hacer algo** to compel *o* force *o* constrain sb to do sth. (**c**) (*Med*) to constrict.
constricción *nf* constriction.
construcción *nf* (**a**) (*proceso*) construction, building; (*estructura*) structure; (*rama*) construction industry; **~ de buques, ~ naval** shipbuilding; **en (vía de) ~** under construction. (**b**) (*Ling*) construction.
constructivo *adj* constructive.
constructor(a)[1] **1** *adj* building, construction *atr*. **2** *nm/f* builder; **~ de buques, ~ naval** shipbuilder.
constructora[2] *nf* (*tb* **empresa ~**) construction company.
construir [3g] *vt* (**a**) (*gen*) to construct; (*Arquit*) to build, put up. (**b**) (*Ling*) to construe.
consuegra *nf* mother-in-law of one's son *o* daughter.
consuegro *nm* father-in-law of one's son *o* daughter.
consuelo *nm* solace, comfort; **llorar sin ~** to weep inconsolably.
consuetudinario *adj*: **derecho ~** common law.
cónsul *nmf* consul.
consulado *nm* (*cargo*) consulship; (*sede*) consulate.
consular *adj* consular.
consulta *nf* (**a**) (*acción*) consultation; (*Inform*) enquiry. (**b**) (*Med: consultorio*) surgery, consulting room; (*: cita*) examination; **horas de ~** surgery *o (US)* office hours; **la ~ es de 5 a 8** the surgery is from 5 to 8; **~ a domicilio** home visit. (**c**) **obra de ~** reference book.
consultar [1a] *vt* (**a**) (*experto*) to consult (*acerca de* about) (*sobre* on); **~ a un médico** to consult *o* see a doctor; **~ un archivo** (*Inform*) to interrogate a file. (**b**) (*asunto*) to discuss, raise (*con* with); **lo consultaré con mi abogado** I will take that up with my lawyer; **~ algo con la almohada** to sleep on sth. (**c**) (*libro*) to consult, look up; (*cita etc*) to look up.
consultivo *adj* consultative.
consultor(a)[1] *nm/f* consultant; **~ en dirección de empresas** (*Com*) management consultant.
consultora[2] *nf* consultancy (firm).
consultorio *nm* (*Med*) surgery, doctor's office *(US)*; (*de abogado*) office; (*de revista: tb* **~ sentimental**) problem page, agony column.
consumación *nf* (*gen*) consummation; (*Jur*) commission, perpetration.
consumado *adj* (*gen*) consummate, perfect; (*imbécil etc*) thorough, out-and-out.
consumar [1a] *vt* (*acabar*) to complete; (*crimen*) to commit; (*sentencia etc*) to carry out; (*matrimonio*) to consummate.
consumición *nf* (**a**) (*acción*) consumption. (**b**) (*bebida*) drink; **~ mínima** cover charge; **pagar la ~** to pay for what one has had.
consumido *adj* (*flaco*) skinny.
consumidor(a) *nm/f* consumer.
consumir [3a] **1** *vt* (**a**) (*comida*) to consume, eat; (*utilizar*) to use; (*incendio etc*) to burn, consume; (*en restaurante*) to take, have.
(**b**) (*material*) to wear away; (*paciencia*) to wear down; (*salud etc*) to waste away.
(**c**) (*fig*) **le consumen los celos** he is eaten up with jealousy; **me consume su terquedad** his obstinacy is getting on my nerves.
2 consumirse *vr* (**a**) (*líquidos*) to boil away; (*sólidos*) to burn (up *o* out); **se ha consumido la vela** the candle is finished.
(**b**) (*Med*) to waste away; (*de pasión*) to be consumed *o* overcome.
consumismo *nm* consumerism.
consumista *adj* consumer *atr*, consumerist.
consumo *nm* consumption; **~ de drogas** drug taking; **bienes de ~** consumer goods; **sociedad de ~** consumer society.
consunción *nf* (*Med*) consumption.
consustancial *adj* consubstantial; **ser ~ con** to be inseparable from, be all of a piece with.
contabilidad *nf* (**a**) (*práctica*) accounting, book-keep-

ing; **'C~'** (*letrero*) 'Accounts', 'Accounts Department'. (**b**) (*profesión*) accountancy. (**c**) (*Com*) ~ **analítica** variable costing *o (US)* pricing; ~ **de costos** cost accounting; ~ **de doble partida** double-entry book-keeping; ~ **de gestión** management accounting; ~ **por partida simple** single-entry book-keeping.

contabilizar [1f] *vt* (**a**) (*Fin*) to enter in the accounts. (**b**) (*fig*) to reckon with, take into account.

contable 1 *adj* countable. **2** *nm* (*gen*) book-keeper; (*licenciado*) accountant.

contactar [1a] *vi*: ~ **con** to contact, get in touch with.

contacto *nm* (**a**) (*gen*) contact, touch; (*Aut*) ignition; **lentes de** ~ contact lenses; **estar en** ~ **con** to be in touch with; **entrar en** ~ **con** to come into contact with; **ponerse en** ~ **con** to get into touch with, contact. (**b**) (*Elec etc*) contact; (*Méx: enchufe*) plug.

contado 1 *adj* (**a**) counted, numbered; **tiene los días ~s** his days are numbered. (**b**) **~s** few, scarce; **en ~as ocasiones** on rare occasions; **~as veces** seldom, rarely; **son ~s los que** there are few who. **2** *nm* (*Com*) **al** ~ for cash, cash down; **pago al** ~ cash payment; **precio al** ~ cash price.

contador(a) 1 *adj* counting. **2** *nm/f* (*esp LAm: Com*) book-keeper, accountant; (*Jur*) receiver. **3** *nm* (**a**) (*Náut*) ~ **(de navío)** purser. (**b**) (*Téc*) meter; ~ **de gas/agua** gas/water meter; **C~ Geiger** Geiger counter.

contaduría *nf* (**a**) (*profesión*) accountancy. (**b**) (*oficina*) accountant's office.

contagiar [1b] **1** *vt* (**a**) (*Med: enfermedad*) to pass on, transmit, give (*a* to); (*: víctima*) to infect (*con* with). (**b**) (*fig*) to infect (*con* with); **me ha contagiado su optimismo** I've been smitten with his optimism. **2 contagiarse** *vr* (**a**) (*Med: enfermedad*) to be contagious *o* catching; (*víctima*) to become infected; ~ **de** to become infected with, catch. (**b**) (*fig*) ~ **de** to be tainted with.

contagio *nm* infection, contagion; (*fig*) contamination.

contagioso *adj* (*enfermedad*) contagious; (*enfermo*) infected, infectious; (*fig*) catching; (*risa*) infectious.

contáiner *nm* container.

contaminación *nf* (*gen*) contamination; (*textual*) corruption; (*Met etc*) pollution; ~ **del aire** air pollution.

contaminante *nm* pollutant.

contaminar [1a] **1** *vt* (**a**) (*gen*) to contaminate; (*ambiente*) to pollute; (*texto*) to corrupt. (**b**) (*fig*) to taint, infect. **2 contaminarse** *vr* to be(come) contaminated (*con* with) (*de* by) (*agua, aire*) to become polluted.

contante *adj*: **dinero ~ (y sonante)** cash.

contar [1l] **1** *vt* (**a**) (*Mat*) to count; (*incluir*) to include, count in; **cuenta 18 años** she is 18; ~ **con los dedos** to count on one's fingers.

(**b**) (*considerar*) to consider; **al niño le cuentan como medio** they count the child as half; **le cuento entre mis amigos** I reckon him among my friends; **sin** ~ not counting, not to mention.

(**c**) (*tener en cuenta*) to remember, bear in mind; **cuenta que es más fuerte que tú** don't forget he's stronger than you are.

(**d**) (*relato etc*) to tell; **es muy largo de** ~ it's a long story; **¡cuéntaselo a tu abuela!** pull the other one! (*fam*); **¿y a mí qué me cuentas?** so what?; **ya me contarás** you tell me your side of it, you tell me how you see things.

2 *vi* (**a**) (*Mat*) to count (up); ~ **hasta 20** to count (up) to 20; **cuenta por dos** he counts for *o* as two.

(**b**) (*fig*) to count; **esos puntos no cuentan** those points don't count; **no cuenta para nada** he doesn't count at all.

(**c**) ~ **con** (*fiarse de*) to rely *o* count on; (*gozar de*) to have; **cuenta conmigo** count on me, you can rely on me; **cuenta con varias ventajas** it has a number of advantages; **no contábamos con eso** we had not bargained for that; **cuento con que no llueva** I'm counting on the rain staying off; **sin ~ con que** ... leaving aside the fact that ....

3 contarse *vr* (**a**) (*incluirse*) to be counted, figure (*entre* among); **se le cuenta entre los más famosos** he is reckoned among the most famous; **me cuento entre sus admiradores** I count myself among his admirers.

(**b**) **¿qué te cuentas?** (*fam*) how's things? (*fam*).

(**c**) **se cuentan por millares** there are thousands of them.

contemplación *nf* (**a**) (*gen*) contemplation; (*meditación*) meditation. (**b**) **~es** indulgence; **no andarse con ~es** not to stand on ceremony; **tratar a algn con ~es** to treat sb leniently; **no me vengas con ~es** don't come to me with excuses; **sin ~es** without ceremony.

contemplar [1a] **1** *vt* (**a**) (*mirar*) to look at, gaze, watch, contemplate. (**b**) (*complacer*) to be (too) lenient with. (**c**) (*tomar en cuenta*) to take account of, deal with; **la ley contempla los casos siguientes** the law provides for the following cases. **2** *vi* (*Rel*) to meditate.

contemplativo *adj* contemplative.

contemporáneo/a *adj, nm/f* contemporary.

contemporización *nf* temporizing.

contemporizador(a) 1 *adj* excessively compliant. **2** *nm/f* temporiser.

contemporizar [1f] *vi* to be compliant, show o.s. ready to compromise; (*pey*) to temporise (*con* with).

contención *nf* (**a**) (*Mil etc*) containing, containment; **muro de** ~ retaining wall. (**b**) (*restricción*) restraint.

contencioso 1 *adj* (*Jur etc*) contentious; (*carácter*) captious. **2** *nm* (*disputa*) dispute; (*punto conflictivo*) point of disagreement.

contender [2g] *vi* (*gen*) to contend (*con* with) (*sobre* over) (*competir*) to compete; (*Mil etc*) to fight.

contendiente 1 *adj* contending. **2** *nmf* contestant, contender.

contenedor *nm* container; (*Náut*) container ship; ~ **de escombros** (builder's) skip; ~ **de vidrio** bottlebank.

contenedorización *nf* (*Com*) containerization.

contener [2k] **1** *vt* (**a**) (*suj: recipiente*) to hold, contain. (**b**) (*Mil etc*) to contain; (*caballo etc*) to hold back, restrain; (*respiración*) to hold; (*emoción*) to choke back, bottle up; (*risa*) to smother; (*tendencia*) to check, curb. **2 contenerse** *vr* to control *o* restrain o.s.

contenido 1 *adj* (**a**) (*individuo*) restrained, controlled. (**b**) (*risa etc*) suppressed. **2** *nm* (*gen*) contents; (*Téc*) content.

contentadizo *adj* easy to please.

contentamiento *nm* contentment.

contentar [1a] **1** *vt* (**a**) (*gen*) to satisfy, content. (**b**) (*Com*) to endorse. **2 contentarse** *vr* (**a**) ~ **con** to be contented *o* satisfied with, make do with; ~ **con hacer algo** to content o.s. with doing sth. (**b**) (*reconciliarse*) to become reconciled (*con* with).

contento 1 *adj* (*satisfecho*) contented, satisfied; (*alegre*) glad, happy; **estar ~ con** *o* **de** to be satisfied with, be happy about; **están ~s con el coche** they are pleased with the car; **viven muy ~s** they live very happily; **¿estás ~?** are you happy?; **estar más ~ que unas castañuelas** to be as happy as a lark. **2** *nm* contentment, joy; **no caber en sí de** ~ to be overjoyed.

contera *nf* (*Téc*) (metal) tip, ferrule.

contertulio/a *nm/f* fellow member *of a social set,*; **~s de café** café companions.

contestable *adj* questionable, debatable.

contestación *nf* (**a**) (*respuesta*) answer, reply; ~ **a la demanda** (*Jur*) defence *o (US)* defense plea; **mala** ~ sharp retort, piece of backchat; **dejar una carta sin** ~ to leave a letter unanswered. (**b**) (*Pol*) protest.

contestador *nm*: ~ **automático** answering machine, ansafone ®.

contestar [1a] *vt, vi* (**a**) (*gen*) to answer, reply; (*replicar*) to answer back; (*saludo etc*) to return; ~ **una carta** to reply to a letter; ~ **el teléfono** to answer the telephone; **contestó que sí** he replied that it was *o* he would *etc*;

abstenerse de ~ to make no reply; **no contestan** there's no reply. (**b**) (*Jur*) to corroborate, confirm.
contestatario/a 1 *adj* non-conformist, anti-establishment; **movimiento** ~ protest movement. **2** *nm/f* non-conformist, person with anti-establishment views.
contexto *nm* context.
contextualizar [1f] *vt* to provide a context for, set in a context.
contextura *nf* (**a**) (*Téc*) contexture. (**b**) (*Anat*) build, physique.
contienda *nf* contest, struggle.
contigo *pron* with you; (*Rel*) with thee.
contigüidad *nf* contiguity.
contiguo *adj* adjacent, contiguous (*a* to); **en un cuarto** ~ in an adjoining room.
continencia *nf* continence.
continental *adj* continental.
continente *nm* (**a**) (*Geog*) continent. (**b**) (*recipiente*) container. (**c**) (*fig*) bearing; **de ~ distinguido** with an air of distinction.
contingencia *nf* (*gen*) contingency; (*posibilidad*) eventuality, possibility.
contingente 1 *adj* contingent. **2** *nm* (**a**) (*Mil etc*) contingent. (**b**) (*Com etc*) quota.
continuación *nf* (*gen*) continuation; (*Lit etc*) sequel; **a** ~ next, immediately after; **según lo expuesto a** ~ as set out below, as follows; **a ~ de** after, following.
continuamente *adv* (*sin interrupción*) continuously; (*siempre*) continually.
continuar [1e] **1** *vt* (*gen*) to continue, go on with; (*reanudar*) to resume. **2** *vi* (**a**) to continue, go on, carry on; **'continuará'** 'to be continued'; ~ **hablando** to continue talking *o* to talk, go on talking; **continúa lloviendo** it's still raining. (**b**) (*prolongarse*) to continue; **la carretera continúa más allá de la frontera** the road continues (on) beyond the frontier.
continuidad *nf* continuity.
continuismo *nm* (*esp LAm: Pol*) preservation of the status quo, practice of succeeding o.s. in office.
continuo 1 *adj* (**a**) (*serie etc*) unbroken, continuous. (**b**) (*constante*) continual, constant; **sus ~as quejas** his continual complaints. (**c**) (*Fís: movimiento*) perpetual; (*Elec: corriente*) direct. **2** *nm* continuum.
contonearse [1a] *vr* (*hombre*) to swagger; (*mujer*) to swing *o* wiggle one's hips.
contoneo *nm* (*de hombre*) swagger; (*de mujer*) hip-swinging, wiggle.
contorno *nm* (**a**) (*perfil*) outline; (*Geog*) contour; (*perímetro*) perimeter; **en** ~ round about, all around. (**b**) (*medida*) girth; **el ~ de cintura es de 26 pulgadas** her waist measurement is 26 inches. (**c**) **~s** neighbourhood *o (US)* neighborhood *sg*, surrounding area *sg*; **Caracas y sus ~s** Caracas and its environs.
contorsión *nf* contortion; **hacer ~es** to writhe.
contorsionista *nmf* contortionist.
Contra *nf*: **la** ~ (*Nic Hist*) the counter-revolutionary forces, the Contras.
contra 1 *prep* (*gen*) against; (*enfrente*) opposite, facing; (*Com: giro*) on; **puntos en** ~ points against; **apoyar algo ~ la pared** to lean sth against the wall; **hablar en ~ de** to speak against; **en ~ de lo que habíamos pensado** contrary to what we had thought; **ir en ~ de algo** to go against sth. **2** *adj, nmf* (*Pol fam*) counter-revolutionary. **3** *nf* (**a**) (*Esgrima*) counter. (**b**) (*quid*) rub, snag. (**c**) **llevar la ~ a algn** to oppose sb. (**d**) (*LAm Med*) antidote.
contra(a)lmirante *nm* rear admiral.
contra(a)tacar [1g] *vt, vi* to counter-attack.
contra(a)taque *nm* counter-attack.
contrabajo *nm* double bass.
contrabandista *nmf* smuggler; ~ **de armas** gun-runner.
contrabando *nm* (**a**) (*actividad*) smuggling; ~ **de armas** gun-running. (**b**) (*mercancías*) contraband, smuggled goods; **pasar** *o* **introducir algo de** ~ to smuggle sth in.
contracción *nf* contraction.
contracepción *nf* contraception.
contracorriente *nf* cross-current; **ir a** ~ to go against the current, go upstream; (*fig*) to go against the tide.
contractual *adj* contractual.
contrachapado 1 *adj*: **madera ~a = 2. 2** *nm* plywood.
contradecir [3o] **1** *vt* to contradict. **2 contradecirse** *vr* to contradict o.s.
contradicción *nf* (*gen*) contradiction; (*fig*) discrepancy, anomaly; **espíritu de** ~ contrariness.
contradictorio *adj* contradictory.
contraer [2o] **1** *vt* (**a**) (*Téc*) to contract. (**b**) (*deuda etc*) to contract; (*hábito*) to acquire, pick up; ~ **matrimonio con algn** to get married to sb, wed sb. **2 contraerse** *vr* (**a**) (*Med etc*) to contract. (**b**) ~ **a** to limit o.s. to.
contraespionaje *nm* counter-espionage.
contrafuerte *nm* (*Arquit*) buttress; (*Geog*) spur; (*de calzado*) stiffener.
contragolpe *nm* counter-blow; (*fig*) backlash, reaction.
contrahaz *nm* (*de tela*) wrong side.
contrahecho *adj* (*Anat*) hunchbacked.
contraindicación *nf* (*Med*) counter-indication.
contralor *nm* (*LAm*) Government accounting inspector.
contralto *nmf* contralto.
contraluz *nm* view against the light; **a** ~ against the light.
contramaestre *nm* (*Náut*) boatswain; (*Téc*) foreman.
contramano *nm*: **a** ~ the wrong way.
contramarchar [1a] *vi* to countermarch.
contraofensiva *nf* counter-offensive.
contraorden *nf* countermand.
contrapartida *nf* (**a**) (*Com, Fin*) balancing entry. (**b**) (*fig*) compensation; **como ~ de** as *o* in compensation for, in return for.
contrapelo *nm*: **a** ~ the wrong way; **todo lo hace a** ~ he does everything the wrong way round.
contrapesar [1a] *vt* (*gen*) to counterbalance (*con* with); (*fig*) to offset, compensate for.
contrapeso *nm* (**a**) (*Téc*) counterpoise, counterweight; (*Com*) makeweight; (*de equilibrista*) balancing pole. (**b**) (*fig*) counterweight.
contraponer [2q] *vt* (**a**) (*cotejar*) to compare, set against each other. (**b**) (*oponer*) to oppose; ~ **A a B** to set up A against B; **a esta idea ellos contraponen su teoría de que** against this idea they set up their theory that.
contraportada *nf* back cover.
contraposición *nf* (*cotejo*) comparison; (*oposición*) contrast, clash; **en ~ a** in contrast to.
contraproducente *adj* self-defeating, counterproductive; **tener un resultado** ~ to have a boomerang effect, boomerang.
contrapuerta *nf* storm door.
contrapuesto *adj* (*intereses*) conflicting, opposing.
contrapunto *nm* counterpoint.
contrariamente *adv*: ~ **a lo que habíamos pensado** contrary to what we had thought.
contrariar [1c] *vt* (**a**) (*contradecir*) to contradict; (*oponer*) to oppose, go against; (*dificultar*) to impede, thwart; **sólo lo hace por ~nos** he only does it to be contrary *o* awkward. (**b**) (*fastidiar*) to vex, annoy.
contrariedad *nf* (**a**) (*obstáculo*) obstacle; (*contratiempo*) setback, trouble. (**b**) (*disgusto*) vexation, annoyance. (**c**) (*oposición*) contrary nature.
contrario/a 1 *adj* (**a**) (*carácter etc*) opposed, different; **son ~s en sus aficiones** they differ widely in tastes.
(**b**) (*sentido etc*) opposite; **en sentido** ~ the other way, in the other direction; **en sentido ~ del que realmente tiene** in the opposite sense to its true one.
(**c**) (*dañino*) harmful, damaging (*a* to); **~ a los intereses**

del país contrary to the nation's interests.

(**d**) (*opinión*) opposed; **él es ~ a las reformas** he is opposed to the reforms, he is against the changes.

(**e**) (*locuciones*) **al ~, por el ~** on the contrary; **al ~ de** unlike; **todo salió al ~ de lo que habíamos previsto** it all turned out differently from what we had expected; **lo ~** the opposite, the reverse; **de lo ~** otherwise; **todo lo ~** quite the reverse; **llevar la ~a** to be contrary *o* awkward; **no le lleves la ~a** try to humour *o (US)* humor him.

2 *nm/f* (*enemigo*) enemy, adversary; (*Dep etc*) opponent.

Contrarreforma *nf* Counter-Reformation.

contrarreloj 1 *adv* against the clock. **2** *adj*: **prueba ~ = 3. 3** *nf* time trial.

contrarréplica *nf* rejoinder.

contrarrestar [1a] *vt* (**a**) (*resistir*) to resist; (*oponerse*) to oppose; (*efecto etc*) to counter. (**b**) (*pelota*) to return.

Contrarrevolución *nf* (*Nic Hist*) armed opposition to the Sandinista government of the 1980's.

contrarrevolución *nf* counter-revolution.

contrarrevolucionario/a *adj, nm/f* counter-revolutionary.

contrasentido *nm* (**a**) (*gen*) contradiction; (*disparate*) piece of nonsense. (**b**) (*Lit etc*) mistranslation.

contraseña *nf* (**a**) (*gen*) countersign, secret mark; (*Mil etc*) watchword, password. (**b**) (*Teat*) pass-out ticket.

contrastar [1a] **1** *vt* (*metal*) to assay; (*medidas*) to check; (*hechos*) to check, confirm, document. **2** *vi* to contrast (*con* with).

contraste *nm* (**a**) (*gen, TV*) contrast; **en ~ con** in contrast to; **por ~** in contrast; **hacer ~ con** to contrast with. (**b**) (*Téc: de metales*) assay; (*: de medidas*) inspection, check; **(marca del) ~** hallmark.

contrata *nf* contract.

contratación *nf* (**a**) (*gen*) hiring, employment. (**b**) (*Jur*) contracting. (**c**) (*Dep*) signing-on terms.

contratante *nmf* contracting party.

contratar [1a] *vt* (*Com*) to sign a contract for; (*empleado*) to hire, engage; (*jugador*) to sign (up).

contratiempo *nm* (**a**) (*gen*) setback, reverse; (*accidente*) mishap, accident. (**b**) (*Mús*) **a ~** offbeat.

contratista *nmf* contractor; **~ de obras** building contractor, builder.

contrato *nm* contract (*de* for); **~ de alquiler** lease, leasing agreement; **~ de compraventa** contract of sale; **~ a precio fijo** fixed-price contract; **~ a término** forward contract; **~ de trabajo** contract of employment *o* service.

contravención *nf* contravention, violation.

contravenir [3r] *vt* to contravene, infringe.

contraventana *nf* shutter.

contribución *nf* (**a**) (*gen*) contribution; **su ~ a la victoria** his contribution to the victory, his part in the victory. (**b**) (*Fin*) tax; **~es** taxes, taxation; **~ directa** direct tax; **~ municipal** rates; **~ territorial urbana** rates; **exento de ~es** tax-free, tax-exempt *(US)*.

contribuidor(a) *nm/f* contributor.

contribuir [3g] *vt, vi* (**a**) (*gen*) to contribute (*a* to) (*para* towards); **~ con una cantidad** to contribute a sum; **~ a hacer algo** to help to do sth. (**b**) (*Fin*) to pay (in taxes).

contribuyente *nmf* (*Fin*) taxpayer.

contrición *nf* contrition.

contrincante *nm* opponent, rival.

contrito *adj* contrite.

control *nm* (**a**) (*gen*) control; **bajo/fuera de ~** under/out of control; **~ de calidad/de costos/de créditos/de existencias** quality/cost/credit/stock control; **~ de cambio** exchange control; **~ de la circulación** traffic control; **~ a distancia, ~ remoto** remote control; **~ de (la) natalidad** birth control; **~ de precios** price control; **~ de sí mismo** self-control.

(**b**) (*Jur etc*) inspection, check; (*Com, Fin*) audit(ing); (*de policía*) checkpoint, roadblock; **~ de carretera** roadblock; **~ de frontera** frontier checkpoint; **~ de pasaportes** passport inspection.

controlador(a) *nm/f* (*tb* **~ aéreo**) air-traffic controller.

controlar [1a] **1** *vt* (**a**) (*gen*) to control. (**b**) (*comprobar*) to inspect, check; (*máquina, proceso*) to monitor; (*vigilar*) to keep an eye on; (*Com, Fin*) to audit. **2 controlarse** *vr* to control o.s., keep o.s. under control.

controversia *nf* controversy.

controvertido *adj* controversial.

controvertir [3i] **1** *vt* to dispute, question. **2** *vi* to argue.

contubernio *nm* ring, conspiracy.

contumacia *nf* obstinacy, stubborn disobedience.

contumaz *adj* (*gen*) obstinate, stubbornly disobedient; (*Jur*) guilty of contempt (of court).

contundencia *nf* forcefulness, power.

contundente *adj* (**a**) (*arma*) offensive, for striking a blow with; **instrumento ~** blunt instrument. (**b**) (*fig: argumento*) forceful, convincing; (*prueba*) conclusive; (*derrota*) crushing, overwhelming.

conturbar [1a] **1** *vt* to dismay, perturb. **2 conturbarse** *vr* to be troubled, become uneasy.

contusión *nf* bruise, contusion.

contusionar [1a] *vt* (*magullar*) to bruise; (*dañar*) to hurt, damage.

conuco *nm* (*Ven*) smallholding.

convalecencia *nf* convalescence.

convalecer [2d] *vi* to convalesce, recover (*de* from).

convaleciente *adj, nmf* convalescent.

convalidable *adj* which can be validated.

convalidación *nf* validation; (*de documento*) ratification, confirmation.

convalidar [1a] *vt* (*título*) to validate; (*documento*) to ratify, confirm.

convección *nf* convection.

convecino/a *nm/f* (close) neighbour *o (US)* neighbor.

convencer [2b] **1** *vt, vi* to convince; **~ a algn de algo** to convince sb of sth; **~ a algn para que haga algo** to persuade sb to do sth; **no me convence del todo** I'm not fully convinced; **no me convence ese tío** I don't really trust that chap; **dejarse ~** to allow o.s. to be persuaded.

2 convencerse *vr* to become convinced; **¡convéncete!** you'll have to get used to the idea.

convencimiento *nm* (**a**) (*acto*) convincing, persuasion. (**b**) (*creencia*) conviction, certainty; **llegar al ~ de** to become convinced of; **tener el ~ de que** to be convinced that.

convención *nf* convention.

convencional *adj* conventional.

convencionalismo *nm* conventionalism.

conveniencia *nf* (**a**) (*aptitud*) suitability, fitness; (*provecho*) usefulness, advantageousness; (*oportunidad*) advisability; **ser de la ~ de algn** to suit sb. (**b**) (*acuerdo*) agreement. (**c**) **~s (sociales)** conventions, social etiquette.

conveniente *adj* (*adecuado*) suitable; (*correcto*) fit, proper; (*útil*) useful; (*aconsejable*) advisable; **no es ~ que** it is not advisable that; **sería ~ que ...** it would be a good thing if ..., it would be an advantage if ...; **creer** *o* **estimar** *o* **juzgar ~** to think *o* see fit; **juzgar ~ hacer algo** to see fit to do sth.

convenio *nm* agreement, treaty; **~ colectivo** collective bargain, general wages agreement; **~ comercial** trade agreement; **~ de nivel crítico** threshold agreement.

convenir [3s] **1** *vt* (*precio, hora*) to agree on, fix; **'sueldo a ~'** 'salary to be agreed'.

2 *vi* (**a**) (*estar de acuerdo*) to agree (*con* with) (*en* about); **~ en hacer algo** to agree to do sth; **~ en que** to agree that.

(**b**) (*ser adecuado*) to suit, be suited to; **si le conviene** if it suits you; **no me conviene** it's not in my interest, it's not worth my while; **me conviene quedarme aquí** it is best for me to stay here, the best thing is for me to stay

here; **te convendría olvidarlo** you would be best advised to forget it; **no te conviene fumar** smoking is no good for you.
(**c**) (*impersonal*) **conviene hacer algo** it is important to do sth; **conviene recordar que** it is to be remembered that; **no conviene que se publique eso** it is not desirable that that should be published.
conventillo *nm* (*esp LAm*) tenement house.
convento *nm* (*de monjes*) monastery; (*de monjas*) convent, nunnery.
conventual *adj* conventual.
convergencia *nf* (**a**) (*lit*) convergence. (**b**) (*fig*) common tendency, common direction.
convergente *adj* (**a**) (*lit*) convergent, converging. (**b**) (*fig*) having a common tendency, tending in the same direction.
converger [2c], **convergir** [3c] *vi* (**a**) (*Mat etc*) to converge (*en* on). (**b**) (*fig*) to tend in the same direction (*con* as); **sus esfuerzos convergen en un fin común** their efforts are directed towards the same objective.
conversación *nf* conversation, talk; **cambiar de ~** to change the subject; **trabar ~ con algn** to strike up a conversation with sb.
conversada *nf* (*LAm fam*) chat.
conversador(a) **1** *adj* talkative, chatty. **2** *nm/f* conversationalist.
conversar [1a] *vi* to talk, chat.
conversión *nf* (**a**) (*gen*) conversion. (**b**) (*Mil*) wheel.
converso/a **1** *adj* converted. **2** *nm/f* (*gen*) convert; (*Hist: esp*) converted Jew(ess).
convertibilidad *nf* convertibility.
convertible *adj* convertible.
convertidor *nm* (*Elec, Metal*) converter.
convertir [3i] **1** *vt* (**a**) (*gen*) to convert; (*transformar*) to transform, turn (*en* into); **~ a algn al catolicismo** to convert sb to Catholicism. (**b**) (*Fin*) to (ex)change (*en* into, for). **2 convertirse** *vr* (*gen*) to be transformed, be changed (*en* into); (*Rel*) to be converted, convert (*a* to).
convexidad *nf* convexity.
convexo *adj* convex.
convicción *nf* conviction.
convicto *adj* convicted.
convidado/a *nm/f* guest.
convidar [1a] **1** *vt* (**a**) (*gen*) to invite; **~ a algn a hacer algo** to invite sb to do sth; **~ a algn a una cerveza** to treat sb to a beer. (**b**) (*fig*) **~ a** to stir to, move to; **el ambiente convida a la meditación** the atmosphere is conducive to meditation. **2 convidarse** *vr* to invite o.s. along.
convincente *adj* convincing.
convite *nm* (**a**) (*acción*) invitation. (**b**) (*función*) banquet, feast.
convivencia *nf* (*gen*) cohabitation, living together; (*fig, Pol*) coexistence.
conviviente *nmf* (*Chi*) partner, de facto.
convivir [3a] *vi* (*gen*) to live together (in harmony); (*coexistir*) to coexist.
convocación *nf* calling, convening.
convocar [1g] *vt* to summon, convoke; (*elecciones, huelga*) to call.
convocatoria *nf* (**a**) (*gen*) summons, call (to a meeting); (*anuncio*) notice of a meeting; **~ de huelga** strike call. (**b**) = **convocación**. (**c**) (*Univ etc*) examination diet.
convoy *nm* (*Mil, Náut*) convoy; (*Ferro*) train; (*séquito*) retinue.
convoyar [1a] *vt* to escort.
convulsión *nf* (*gen*) convulsion; (*Geol*) tremor; (*Pol etc*) upheaval.
convulsionar [1a] *vt* to convulse.
convulsivo *adj* convulsive.
convulso *adj* convulsed (*de* with).
conyugal *adj* conjugal, married; **vida ~** married life.
cónyuge *nmf* spouse, partner; **~s** married couple, husband and wife.
coña *nf* (*fam!*) piss-taking (*fam!*); **estar de ~** to be in a joking mood; **ser la ~** to be the limit, be beyond a joke; **tomar algo a ~** to take sth as a joke.
coñac [koɲa] *nm* (*pl* **~s** [koɲas]) brandy, cognac.
coñazo *nm* (*fam*) pain (*fam*); **dar el ~** to be a real pain.
coñearse [1a] *vr* (*fam!*) to take the piss (*fam!*).
coñete *adj* (*Chi, Per*) mean.
coño (*fam!*) **1** *nm* (**a**) cunt (*fam!*); (*LAm fam: pey*) *nickname for Spaniard*. (**b**) **viven en el quinto ~** they live way out in the sticks (*fam*), they live at the back of beyond (*fam*). **2** *interj* (*enfado*) hell!, damn!; (*sorpresa*) well I'm damned!, Christ!; **¡esto hay que celebrarlo, ~!** (*alegría*) we jolly well must celebrate this!; **¿qué ~ te importa?** why the hell does it matter to you? (*fam*).
cooficial *adj*: **dos lenguas ~es** two languages equally recognised as official.
cooperación *nf* cooperation.
cooperador(a) **1** *adj* cooperative. **2** *nm/f* collaborator, co-worker.
cooperar [1a] *vi* to cooperate (*en* in) (*con* with); **~ a hacer algo** to cooperate in doing sth; **~ a un mismo fin** to work for a common aim; **~ en** to collaborate in, work together on.
cooperativa *nf* cooperative, co-op (*fam*); **~ agrícola/industrial** agricultural/industrial cooperative.
cooperativo *adj* cooperative.
coordenada *nf* (*Mat*) coordinate.
coordinación *nf* coordination.
coordinado **1** *adj* coordinated. **2** *nmpl*: **~s** (*ropa*) separates.
coordinador(a)[1] **1** *adj* coordinating. **2** *nm/f* coordinator.
coordinadora[2] *nf* coordinating committee.
coordinar [1a] *vt* to coordinate.
copa *nf* (**a**) (*gen*) (stemmed) glass; (*bebida*) drink; (*poet*) goblet; (*Dep*) cup, trophy; **llevar una ~ de más** to have (had) one over the eight; **ir(se)** *o* **salir de ~s** to go out for a drink; **tomarse unas ~s** to have a drink or two; **C~ del Rey** ≈ FA Cup, ≈ Scottish Cup. (**b**) (*de sombrero*) crown; (*de árbol*) top; **huevo a la ~** (*And, CSur*) boiled egg. (**c**) (*Naipes*) **~s** hearts; **la ~** the ace of hearts.
copal *nm* (*CAm, Méx*) resin; (*Hist*) incense.
copar [1a] *vt* (*Mil*) to surround, cut off; (*fig*) to corner; (*Naipes*) to win (all the tricks); (*Pol, fig*) to win hands down; **han copado todos los puestos** they've made a clean sweep of all the posts.
copartícipe *nmf* partner.
COPE *nf abr de* **Cadena de Ondas Populares Españoles**.
copear [1a] *vi* (*fam*) to booze, tipple (*fam*).
Copenhague *nm* Copenhagen.
copeo *nm*: **ir de ~** (*fam*) to go drinking.
copete *nm* (**a**) (*de persona*) tuft (of hair), quiff; (*de caballo*) forelock; (*Orn*) tuft, crest; **estar hasta el ~** (*LAm fam*) to be utterly fed up. (**b**) (*fig*) pride; **de alto ~** aristocratic, upper-crust (*fam*).
copetín *nm* (*Cu, CSur*) drink, aperitif.
copetón *adj* (*LAm*) = **copetudo (a)**.
copetudo *adj* (**a**) (*Zool*) tufted, crested. (**b**) (*fig*) haughty, stuck-up (*fam*).
copia *nf* (**a**) (*gen*) copy; (*Arte*) replica, reproduction; (*Fin etc*) duplicate; **~ al carbón** carbon copy. (**b**) (*abundancia*) abundance, plenty. (**c**) (*Inform*) **~ de respaldo** *o* **de seguridad** back-up copy; **hacer ~ de seguridad** to back up.
copiadora *nf* photocopier, Xerox ® machine.
copiante *nmf* copyist.
copiar [1b] *vt* (*gen*) to copy (*de* from); (*dictado*) to take down; **~ por las dos caras** (*Téc*) to make a double-sided copy; **~ al pie de la letra** to copy word for word; **~ disco** (*Inform*) to diskcopy.
copihue *nm* (*Chi*) Chilean bell flower (*national symbol of Chile*).
copiloto *nm* (*Aut*) co-driver; (*Aer*) co-pilot.

copión/ona *nm/f* (*fam: alumno*) cheat; (*: imitador*) copycat *(fam)*.
copioso *adj* (*gen*) copious, abundant; (*lluvia*) heavy.
copista *nmf* copyist.
copita *nf* (small) glass; **una ~ de jerez** a glass of sherry; **tomarse unas ~s** to have a drink or two.
copla *nf* (**a**) (*Lit*) verse *(esp of 4 lines)*; (*Mús*) popular song, ballad; **~s** verses; **~s de ciego** doggerel; **la misma ~** (*fam*) the same old song *(fam)*. (**b**) (*LAm: Téc*) pipe joint.
copo *nm* (**a**) (*de lino etc*) small bundle; **~ de algodón** cotton ball; **~ de avena** oatmeal, rolled oats; **~s de maíz** cornflakes; **~ de nieve** snowflake. (**b**) (*LAm*) tree top.
copón *nm* large cup; (*Rel*) pyx; **un susto** *etc* **del ~** (*fam*) a tremendous fright *etc*.
coprocesador *nm* (*Inform*) co-processor.
coproducción *nf* (*Cine etc*) joint production.
coproducir 3n *vt* (*Cine etc*) to co-produce, produce jointly.
copropiedad *nf* co-ownership.
copropietario/a *nm/f* co-owner, joint owner.
copudo *adj* (*Bot*) bushy, thick.
cópula *nf* (**a**) (*Bio*) copulation. (**b**) (*Ling*) conjunction.
copular 1a *vi* to copulate (*con* with).
copulativo *adj* (*Ling*) copulative.
coque *nm* (*Min*) coke.
coquear 1a *vi* (*And, CSur*) to chew coca.
coqueta 1 *adj* flirtatious, coquettish. **2** *nf* (**a**) (*mujer*) flirt, coquette. (**b**) (*mueble*) dressing table.
coquetear 1a *vi* to flirt (*con* with).
coqueteo *nm*, **coquetería** *nf* (**a**) (*cualidad*) flirtatiousness, coquetry. (**b**) (*acto*) flirtation.
coquetón *adj* (**a**) (*objeto*) neat *(fam)*. (**b**) (*individuo*) flirtatious.
coracha *nf* leather bag.
coraje *nm* (*esp LAm*) (**a**) (*valor*) courage, fortitude. (**b**) (*ira*) anger; **dar ~ a** to make angry, enrage.
corajina *nf* fit of rage.
corajudo *adj* (*irascible*) quick-tempered; (*valiente*) brave, gutsy *(fam)*.
coral[1] (*Mús*) **1** *adj* choral. **2** *nm* chorale. **3** *nf* choir, choral group.
coral[2] *nm* (*Zool*) coral.
coralina *nf* coralline.
coralino *adj* coral *atr*, coralline.
Corán *nm* Koran.
coránico *adj* Koranic.
coraza *nf* (**a**) (*Mil, Hist*) cuirass; (*fig*) protection. (**b**) (*Náut*) armour-plating, armor-plating *(US)*. (**c**) (*Zool*) shell.
corazón *nm* (**a**) (*Anat, fig*) heart; **de ~** willingly; **de todo ~** wholeheartedly; **de buen ~** kind-hearted; **¡hijo de mi ~!** my precious child!; **duro de ~** hard-hearted; **sin ~** heartless; **con el ~ en la mano** frankly; **estar mal del ~** to have heart trouble; **arrancar** *o* **partir** *o* **romper el ~ a algn** to break sb's heart; **no caberle a algn el ~ en el pecho** to be bursting with joy; **tener el ~ en un puño** to have one's heart in one's mouth; **no tener ~** to be heartless. (**b**) (*Bot*) core. (**c**) (*Naipes*) **~es** hearts.
corazonada *nf* (**a**) (*presentimiento*) hunch. (**b**) (*impulso*) impulsive act.
corbata *nf* tie, necktie *(US)*.
corbatín *nm* bow tie.
corbeta *nf* corvette.
Córcega *nf* Corsica.
corcel *nm* steed, charger.
corcova *nf* hump, hunchback.
corcovado/a 1 *adj* hunchbacked. **2** *nm/f* hunchback.
corcovear 1a *vi* (*caballo*) to buck, plunge.
corcovo *nm* (*de caballo*) buck, plunge.
corchea *nf* (*Mús*) quaver.
corchero *adj* cork *atr*; **industria ~a** cork industry.
corchete *nm* (**a**) (*Cos: broche*) hook and eye; (*: macho*) hook; (*Chi: grapa*) staple. (**b**) (*Tip*) **~s** square brackets.
corchetera *nf* (*Chi*) stapler.
corcho *nm* (*gen*) cork; (*Pesca*) float; **de ~** cork *atr*; **sacar el ~** to draw the cork, uncork.
corcholata *nf* (*Méx*) (metal) bottle top.
córcholis *interj* (*fam*) good Lord!, dear me!
cordada *nf* (*Alpinismo*) team, roped team.
cordaje *nm* (*cuerdas*) cordage, ropes; (*Náut*) rigging.
cordel *nm* cord, line; **a ~** in a straight line.
cordelería *nf* (**a**) (*Náut*) rigging. (**b**) (*oficio*) ropemaking.
corderillo *nm* lambskin.
cordero/a 1 *nm/f* (**a**) (*Zool*) lamb; **C~ de Dios** Lamb of God; **es (como) un ~** he wouldn't say 'boo', he's as quiet as a mouse. **2** *nm* (*piel*) lambskin.
cordial 1 *adj* (**a**) (*gen*) cordial. (**b**) (*Med*) tonic, invigorating. **2** *nm* cordial, tonic.
cordialidad *nf* warmth, cordiality.
cordialmente *adv* cordially; (*en carta*) sincerely.
cordillera *nf* (mountain) range *o* chain.
cordillerano *adj* (*CSur*) Andean.
Córdoba *nf* (*Sp*) Cordova; (*Arg*) Cordoba.
cordoba *nm* (*Nic*) monetary unit of Nicaragua.
cordobán *nm* cordovan (leather).
cordobés/esa *adj, nm/f* Cordovan.
cordón *nm* (**a**) (*gen*) cord, string; (*Náut*) strand; (*de zapato*) lace; (*Mil*) braid; (*Elec*) flex, wire *(US)*, cord *(US)*; **lana de 3 ~es** 3-ply wool. (**b**) (*Anat*) cord; **~ umbilical** umbilical cord. (**c**) (*Mil, de policía*) cordon; **~ sanitario** cordon sanitaire. (**d**) (*CSur: bordillo*) kerb, curb *(US)*.
cordoncillo *nm* (*de tela*) rib; (*Cos*) braid, piping; (*de moneda*) milled edge.
cordura *nf* (*Med*) sanity; (*fig*) good sense, wisdom; **con ~** sensibly, wisely.
Corea *nf* Korea; **~ del Norte/del Sur** North/South Korea.
coreano/a *adj, nm/f* Korean.
corear 1a *vt* to chorus; (*eslogan*) to shout (in unison), chant; (*Mús*) to sing in chorus, sing together.
coreografía *nf* choreography.
coreográfico *adj* choreographic.
coreógrafo *nm* choreographer.
Corfú *nm* Corfu.
corintio *adj* Corinthian.
Corinto *nm* Corinth.
corista 1 *nmf* (*Rel, Mús*) chorister. **2** *nf* (*Teat etc*) chorus girl.
cormorán *nm* cormorant.
cornada *nf* (*Taur etc*) butt, goring; **dar una ~ a** to gore.
cornamenta *nf* horns; (*de ciervo*) antlers.
cornamusa *nf* bagpipe.
córnea *nf* cornea.
cornear 1a *vt* to butt, gore.
corneja *nf* crow.
córneo *adj* horny, corneous.
córner ['korner] *nm* (*pl* **~s** ['korne *o* 'kornes]) (*Dep*) corner (kick).
corneta 1 *nf* bugle; **~ de llaves** cornet. **2** *nm* bugler, cornet player.
cornetín/ina 1 *nm* (*instrumento*) cornet. **2** *nm/f* (*artista*) cornet player.
cornezuelo *nm* (*Bot*) ergot.
cornisa *nf* cornice; **la C~ Cantábrica** the Cantabrian coast.
corno *nm* (*Mús*) horn; **~ inglés** cor anglais.
Cornualles *nm* Cornwall.
cornucopia *nf* cornucopia, horn of plenty.
cornudo 1 *adj* (**a**) (*Zool*) horned. (**b**) (*marido*) cuckolded. **2** *nm* cuckold.
cornúpeta *nm* (*Taur*) bull.
coro *nm* (**a**) (*Mús, Teat*) chorus; **cantar las partes a ~** to sing the parts alternately; **decir algo a ~** to say sth in a

chorus *o* in unison; **hacer ~ a algn** to back sb up, take sides with sb. (**b**) (*Mús, Rel*) choir; **niño de ~** choirboy.
corola *nf* corolla.
corolario *nm* corollary.
corona *nf* (**a**) crown; **~ de espinas** crown of thorns; **ceñirse la ~** to take the crown. (**b**) (*Astron*) corona; (*Met*) halo. (**c**) (*de flores*) garland; **~ funeraria** wreath. (**d**) (*Anat*) crown, top of the head; (*Rel*) tonsure; (*de diente*) crown. (**e**) (*Fin*) crown. (**f**) (*los reyes*) **la C~** the Crown.
coronación *nf* (**a**) (*de rey*) coronation. (**b**) (*fig*) crowning, completion.
coronamiento *nm* (**a**) (*fig*) crowning, completion. (**b**) (*Arquit*) crown.
coronar 1a *vt* (**a**) to crown; **~ a algn rey** to crown sb king. (**b**) **~ la cima** to reach the summit. (**c**) (*fig*) to complete, round off; **~ algo con éxito** to crown sth with success.
coronario *adj* coronary.
coronel *nm* colonel; **~ de aviación** group captain, colonel *(US)*.
coronilla *nf* crown, top of the head; **andar** *o* **bailar** *o* **ir de ~** to bend over backwards to please sb; **estar hasta la ~** to be utterly fed up (*de* with).
corotos *nmpl* (*Col, Ven: fam*) odds and ends.
corpacho, **corpanchón**, **corpazo** *nm* (*fam*) carcass *(fam)*.
corpiño *nm* bodice; (*LAm: sostén*) bra.
corporación *nf* corporation.
corporal *adj* corporal, bodily; **castigo ~** corporal punishment.
corporativismo *nm* corporate spirit.
corporativo *adj* corporate.
corporeidad *nf* corporeal nature.
corpóreo *adj* corporeal, bodily.
corpulencia *nf* burliness, stoutness.
corpulento *adj* (*persona*) burly, heavily-built; (*árbol etc*) stout, solid, massive.
Corpus *nm* Corpus Christi.
corpus *nm inv* corpus, body.
corpúsculo *nm* corpuscle.
corral *nm* (**a**) (*Agr: de aves*) poultry yard; (*redil*) pen, corral *(US)*; (*de pesca*) weir; (*patio*) farmyard. (**b**) (*de niño*) playpen.
corralón *nm* (*gen*) large yard; (*maderería*) timberyard; (*Per*) vacant site *or (US)* lot.
correa *nf* (**a**) (*gen*) leather strap, thong; (*Téc etc*) belt; (*de perro*) leash; **~ de transmisión** driving belt, drive; **~ de ventilador** (*Aut etc*) fan belt. (**b**) (*flexibilidad*) give, elasticity; **tener ~** to be easy-going.
correaje *nm* (*Agr*) harness; (*Mil etc*) leathers.
corrección *nf* (**a**) (*acto: gen*) correction; **~ por líneas** (*Inform*) line editing; **~ de pruebas** (*Tip*) proofreading. (**b**) (*censura*) rebuke, reprimand. (**c**) (*calidad*) correctness; (*cortesía*) courtesy, good manners.
correccional *nm* reformatory.
correctamente *adv* (**a**) (*exactamente*) correctly, accurately. (**b**) (*decentemente*) correctly, politely.
correctivo *adj, nm* corrective.
correcto *adj* (**a**) (*respuesta etc*) correct, right; **¡~!** right!, OK.! (**b**) (*individuo*) correct; (*conducta*) courteous; **estuvo muy ~ conmigo** he was very polite to me.
corrector(a) 1 *nm/f*: **~ de pruebas** (*Tip*) proofreader; **~ de estilo** (*Prensa*) copy editor. 2 *nm* (**a**) (*líquido*) correcting fluid. (**b**) **~ ortográfico** (*Inform*) spell(ing) checker. (**c**) (*de dientes*) brace.
corredera *nf* (*Téc*) slide; (*ranura*) track, rail, runner; **puerta de ~** sliding door.
corredizo *adj* (*gen*) sliding; (*nudo*) running, slip *atr*.
corredor(a) 1 *nm/f* (**a**) (*Dep*) runner; **~ automovilista** racing driver; **~ de fondo** long-distance runner. (**b**) (*Com*) agent, broker; **~ de fincas** estate agent, real-estate broker *(US)*; **~ de bolsa** stockbroker. 2 *nm* (**a**) (*Arquit*) corridor, passage. (**b**) (*Méx Caza*) beater.
corregible *adj* rectifiable.
corregidor *nm* (*Hist*) chief magistrate.
corregir 3c, 3k 1 *vt* (**a**) (*gen*) to correct; (*Mec*) to adjust; (*Tip: pruebas*) to read. (**b**) (*reprender*) to rebuke, reprimand. 2 **corregirse** *vr* (*persona*) to reform, mend one's ways; (*defecto*) to right itself.
correlación *nf* correlation.
correlacionar 1a *vt* to correlate.
correlativo *adj, nm* correlative.
correligionario/a *nm/f* (*Rel*) co-religionist; (*Pol*) sympathizer.
correlón *adj* (*Méx, Ven*) cowardly.
correntada *nf* (*CSur*) rapids *pl*, strong current.
correntoso *adj* (*LAm: río*) strong-flowing, rapid.
correo *nm* (**a**) (*mensajero*) courier; (*cartero: Mil*) dispatch rider. (**b**) (*servicio*) post, mail; **~ aéreo** airmail; **~ certificado** registered post; **~ urgente** special delivery; **echar al ~, poner en el ~** to post; (*esp US*) mail; **¿ha llegado el ~?** has the post come?; **a vuelta de ~** by return (of post); **por ~** by post, through the post. (**c**) **~s** post office *sg*; **Administración General de C~s** General Post Office; **ir a ~s** to go to the post office.
correosidad *nf* (*Culin*) toughness, leatheriness; (*flexibilidad*) flexibility.
correoso *adj* (*Culin*) tough, leathery; (*flexible*) flexible.
correr 2a 1 *vt* (**a**) (*distancia*) to cover, travel over; (*terreno*) to pass over; **ha corrido medio mundo** he's been round half the world.
(**b**) (*Dep*) to run.
(**c**) (*objeto*) to push along; (*silla*) to pull *o* draw up; (*cerrojo*) to shoot, draw; (*cortina*) to draw; (*nudo*) to adjust.
(**d**) (*caballo*) to race, run; (*toro*) to fight; (*caza*) to chase.
(**e**) (*riesgo*) to run; (*aventura*) to have.
(**f**) (*colores*) to make run.
(**g**) **~la** (*fam*) to live it up *(fam)*; **no corréis peligro** you're not in danger.
(**h**) **~ a algn** (*esp LAm fam*) to chuck sb out *(fam)*.
2 *vi* (**a**) (*gen*) to run; **¡corre!** hurry!, hurry up!; **~ como un galgo** *o* **gamo** to run like a hare; **echar a ~** to break into a run; **salió/subió corriendo** he ran off/down.
(**b**) (*ir de prisa*) to hurry, rush; (*coche*) to go fast; (*conductor*) to drive fast; **¡no corras tanto!** not so fast!; **hacer algo a todo ~** to do sth as fast as one can; **me voy corriendo** I'm off!
(**c**) (*agua etc*) to run, flow; (*aire*) to flow; **el río corre muy crecido** the river is running very high; **corre mucho viento** there's a strong wind blowing; **dejar ~ la sangre** to let the blood flow; **dejar las cosas ~** to let things take their course.
(**d**) (*río, carretera*) to run (*de* from); **~ por** to run through.
(**e**) (*tiempo*) to pass (quickly), elapse; (*período*) to extend; **el tiempo corre** time is passing *o* presses; **el mes que corre** the current month.
(**f**) (*rumor*) to go round; (*creencia*) to be commonly held.
(**g**) (*sueldo etc*) to be payable.
(**h**) **~ con los gastos** to pay *o* meet *o* bear the expenses; **eso corre de mi cuenta** I'll take care of that; **eso corre a cargo de la empresa** the company will take care of that.
3 **correrse** *vr* (**a**) (*objeto*) to slide, move along; (*peso*) to shift; **córrete un poco** move over a bit; **se ha corrido el tablero unos centímetros** the board has moved a few centimetres *o (US)* centimeters.
(**b**) (*colores, medias*) to run.
(**c**) (*fam: avergonzarse*) to blush, get embarrassed.
(**d**) (*fam!: tener orgasmo*) to come *(fam!)*.
(**e**) (*Per fam!*) to screw *(fam!)*.
correría *nf* (*Mil*) raid, foray; (*fig*) adventure; **~s** travels.
correspondencia *nf* (**a**) (*gen*) correspondence. (**b**) (*cartas*) correspondence, letters; **~ particular** private

correspondence; **curso por ~** correspondence course; **estar en ~ con algn** to be in correspondence with sb. (**c**) (*comunicación*) communications, contact; (*Ferro etc*) connection (*con* with). (**d**) (*reciprocidad*) reciprocation, return.

corresponder [2a] **1** *vi* (**a**) (*Mat etc*) to correspond (*a* to). (**b**) (*ser apto*) to be suitable *o* fitting; (*pertenecer*) to belong; **~ a** (*muebles etc*) to match; **la llave corresponde a esta cerradura** the key fits this lock; **el resultado no ha correspondido a nuestras esperanzas** the result did not come up to our hopes.

(**c**) **~ a** (*pago*) to fall to the lot of, be the share of; **le dieron lo que le correspondía** they gave him his share; **éste es el premio que le ha correspondido** this is the prize he won.

(**d**) **~ a** (*deber*) to concern; (*tarea*) to rest with, devolve upon; **'a quien corresponda'** 'to whom it may concern'; **no me corresponde hacerlo** it is not my job to do it.

(**e**) (*contestar*) to respond, reply; **~ a** (*afecto*) to return, reciprocate; (*favor*) to repay; **nunca podré ~ a tanta generosidad** I can never adequately repay such generosity; **amor no correspondido** unrequited love.

(**f**) (*Ferro*) to connect (*con* with).

(**g**) (*Arquit*) to communicate (*con* with).

2 corresponderse *vr* (**a**) to correspond; (*armonizar*) to agree, tally, be in harmony (*con* with).

(**b**) (*amarse*) to love one another; (*colores, piezas*) to go together.

correspondiente *adj* (*gen*) corresponding (*a* to); (*respectivo*) respective; **cada regalo con su tarjeta ~** each present with its own card.

corresponsal *nm* (newspaper) correspondent; **~ de guerra** war correspondent.

corretaje *nm* brokerage.

corretear [1a] **1** *vt* (**a**) (*LAm: acosar*) to harass. (**b**) (*CAm*) to scare off. **2** *vi* (**a**) (*ir de prisa*) to run about. (**b**) (*vagar*) to loiter, hang about the streets.

correve(i)dile *nmf* tell-tale.

corrida *nf* (**a**) (*gen*) run; **decir algo de ~** to rattle off sth from memory; **en una ~** in an instant. (**b**) **~ (de toros)** bullfight. (**c**) (*fam!*) orgasm. (**d**) (*Chi*) row, line.

corrido 1 *adj* (**a**) (*Arquit*) continuous. (**b**) (*cortinas*) drawn. (**c**) (*fig: confuso*) abashed, embarrassed. (**d**) (*experimentado*) worldly-wise, sharp. (**e**) **de ~** fluently; **decir algo de ~** to rattle sth off. (**f**) (*Méx*); **comida ~a** fixed price menu. **2** *nm* (**a**) (*Méx*) ballad. (**b**) (*Per*) fugitive from justice.

corriente 1 *adj* (**a**) (*agua*) running; (*dinero*) valid, accepted; (*cuenta*) current, checking *(US)*; (*noticia*) topical.

(**b**) (*común*) common, everyday; **~ y moliente** ordinary, run-of-the-mill; **aquí es ~ ver eso** it's common to see that here, that is a common sight here; **es una chica ~** she's an ordinary sort of girl.

2 *nm* (**a**) current month; **el 9 del ~** the 9th of the current month, the 9th inst.

(**b**) **al ~** up-to-date; **estar al ~ de** to be informed about, be well up on; **mantenerse al ~** to keep up to date (*de* with); **tener a algn al ~ de** to keep sb informed about.

3 *nf* (**a**) (*río etc*) current; **C~ del Golfo** Gulf Stream; **~ de lava** lava flow; **~ submarina** undercurrent.

(**b**) **~ de aire** draught, draft *(US)*; **~ de aire caliente** flow of warm air.

(**c**) (*Elec*) current; **~ alterna/continua** alternating/direct current.

(**d**) (*fig: tendencia*) course, tendency; **dejarse llevar de la ~, seguir la ~** to drift along, follow the crowd; **seguirle a algn la ~** to humour *o (US)* humor sb; **las ~s modernas del arte** modern trends in art.

corrientemente *adv* usually, normally.

corrillo *nm* (*gen*) huddle, small group; (*fig*) clique, coterie.

corrimiento *nm* (*Geol*) slip; **~ de tierras** landslide.

corro *nm* (**a**) (*de gente*) ring, circle; **la gente hizo ~** the people formed a ring. (**b**) (*baile*) ring-a-ring-a-roses; **los niños cantan esto en ~** the children sing this in a ring. (**c**) (*espacio*) circular space; **hacer ~** to make room, leave a circular space.

corroboración *nf* corroboration.

corroborar [1a] *vt* to corroborate.

corroborativo *adj* corroborative.

corroer [2a] **1** *vt* (*Téc*) to corrode; (*Geol*) to erode; (*fig*) to corrode, eat away; **le corroen los celos** he is eaten up with jealousy. **2 corroerse** *vr* to corrode, become corroded.

corromper [2a] **1** *vt* (**a**) (*madera*) to rot; (*alimentos*) to turn bad. (**b**) (*pervertir*) to corrupt, pervert; (*sobornar*) to bribe. **2 corromperse** *vr* (**a**) (*madera*) to rot; (*alimentos*) to go bad, be spoiled. (**b**) (*personas*) to become corrupted.

corrompido *adj* (**a**) (*cosas*) rotten, putrid. (**b**) (*personas*) corrupt.

corrosión *nf* (*Quím*) corrosion; (*Geol*) erosion.

corrosivo *adj, nm* corrosive.

corrte. *abr de* **corriente, de los corrientes** inst.

corrupción *nf* (**a**) (*Bot*) rot. (**b**) (*fig*) corruption; (*Jur*) corruption, graft; **~ de menores** corruption of minors.

corruptela *nf* (**a**) (*gen*) corruption. (**b**) (*una ~*) corrupt practice, abuse.

corrupto *adj* corrupt.

corruptor(a) 1 *adj* corrupting. **2** *nm/f* corrupter, perverter.

corsario *nm* privateer, corsair.

corsé *nm* corset; (*fig*) straitjacket.

corso/a *adj, nm/f* Corsican.

corta *nf* felling, cutting.

cortaalambres *nm inv* wire cutters.

cortacésped *nm* lawnmower.

cortacircuitos *nm inv* circuit breaker.

cortada *nf* (*LAm: corte*) cut; (*: atajo*) short cut.

cortado 1 *adj* (**a**) (*gen*) cut; **~ a pico** steep, sheer, precipitous. (**b**) (*leche*) sour. (**c**) (*estilo*) disjointed. (**d**) (*fam: tímido*) shy; (*: confuso*) embarrassed; **dejar ~** to cut short; **me quedé ~** I was speechless. (**e**) **estar ~** (*esp LAm fam*) to be broke *(fam)*. **2** *nm* coffee with a little milk *o (US)* cream.

cortador(a) 1 *adj* cutting. **2** *nm/f* cutter.

cortadura *nf* (**a**) (*incisión*) cut; (*grande*) slash, slit. (**b**) (*Geog*) narrow pass, defile.

cortafrío *nm* cold chisel.

cortafuego(s) *nm (inv)* fire-break, fire lane *(US)*.

cortante *adj* (**a**) (*instrumento*) cutting, sharp. (**b**) (*viento*) cutting, biting; (*frío*) bitter.

cortapapeles *nm inv* paper knife.

cortapisa *nf* (**a**) (*restricción*) restriction, condition; **sin ~s** without strings attached. (**b**) (*traba*) snag, obstacle; **poner ~s a algo/algn** to restrict, hold back; **hablar sin ~s** to talk freely. (**c**) (*gracia*) charm, wit.

cortaplumas *nm inv* penknife.

cortapuros *nm inv* cigar cutter.

cortar [1a] **1** *vt* (**a**) (*gen*) to cut; (*pelo*) to cut, trim; (*cabeza*) to cut off; (*árbol*) to fell; (*carne*) to carve, cut up; (*pan*) to slice; (*diseño etc*) to cut out; **~ por la mitad** to cut down the middle.

(**b**) (*Mat*) to cut; (*Geog*) to cut (across); **esa línea corta la provincia en dos** that line cuts the province in two.

(**c**) (*Dep: balón*) to cut, slice.

(**d**) (*piel*) to chap, crack.

(**e**) (*baraja*) to cut.

(**f**) (*comunicación*) to cut off; (*corriente*) to cut off; (*LAm Telec*) to hang up; **la carretera está cortada** the road is cut; **quedaron cortados por la nieve** they were cut off by snow.

(**g**) (*discurso etc*) to cut short; (*conversación*) to interrupt, break into.

(**h**) (*suprimir*) to cut out, excise.

2 *vi* (**a**) (*gen*) to cut; **este cuchillo no corta** this knife doesn't cut; ~ **por lo sano** to settle things once and for all.

(**b**) (*Naipes*) to cut.

(**c**) (*Met: viento*) to be biting; **hace un viento que corta** there's a bitter wind.

(**d**) ~ **con el pasado** to (make a) break with the past; **ha cortado con su novia** he's finished with his girlfriend, he and his girlfriend have broken up.

(**e**) **¡corta!** (*fam*) give us a break! (*fam*).

(**f**) (*LAm Telec*) **cortó** he *o* she hung up.

3 cortarse *vr* (**a**) (*persona*) to cut o.s.; ~ **el pelo** to have one's hair cut; **si no acepta, me la corto** (*fam!*) I'm bloody sure he'll accept it (*fam*).

(**b**) (*manos, labios*) to get chapped; (*material*) to split, come apart.

(**c**) (*leche, mayonesa*) to curdle, turn (sour).

(**d**) (*fam*) to become embarrassed, get confused; **no se corta** he isn't backward in coming forward.

(**e**) (*interrumpirse: Telec*) to go dead; (*luz*) to go off *o* out; **se ha cortado la comunicación** the line's gone dead.

cortauñas *nm inv* nail clippers.

corte[1] *nm* (**a**) (*acto*) cut(ting); (*Cos*) cutting out; ~ **y confección** dressmaking; ~ **de carretera** closing of a road; ~ **de digestión** stomach cramp; ~ **de pelo** haircut.

(**b**) (*herida*) cut.

(**c**) (*Tip etc*) cut, deletion; **el censor lo dejó sin ~s** the censor did not cut it.

(**d**) (*Elec etc*) cut; ~ **de corriente** power cut.

(**e**) (*Téc*) section; ~ **transversal** cross section.

(**f**) (*Cos: cantidad*) piece, length; ~ **de vestido** dress length; (*arte*) tailoring; (*: estilo*) cut, style; **un traje de ~ muy moderno** a suit of very modern cut.

(**g**) (*Tip etc*) edge; **con ~s dorados** with gilt edges; **dar ~ a** to sharpen, put an edge on.

(**h**) (*fam: réplica*) snub, rebuff; **¡qué ~!** that's one in the eye!; ~ **de mangas** *obscene sign equivalent to two fingers,* ≈ V-sign.

(**i**) (*fam: vergüenza*); **¡qué ~!** how embarrassing!, what a brass neck! (*fam*); **me da ~ hacerlo** I'm affronted to do it.

corte[2] *nf* (**a**) (*real*) (royal) court. (**b**) (*capital*) capital (city); **La C~** Madrid. (**c**) (*séquito*) retinue. (**d**) **C~s** Spanish parliament; **C~s de Castilla y León** Regional Assembly of Castile and León. (**e**) **hacer la ~ a** to woo, court. (**f**) (*LAm*) law court; **C~ Suprema** Supreme Court.

cortedad *nf* (**a**) (*de tiempo*) shortness, brevity. (**b**) (*de espacio*) smallness. (**c**) (*fig: escasez*) dearth, lack; (*: timidez*) bashfulness; ~ **de ánimo** diffidence.

cortejar [1a] *vt* to court, woo.

cortejo *nm* (**a**) (*Pol etc*) entourage, retinue. (**b**) (*Rel etc*) procession; ~ **fúnebre** funeral cortège *o* procession; ~ **nupcial** wedding party. (**c**) (*acción*) wooing, courting.

cortés *adj* courteous, polite.

cortesana *nf* courtesan.

cortesano 1 *adj* of the court, courtly; **ceremonias ~as** court ceremony. **2** *nm* courtier.

cortesía *nf* (**a**) (*conducta*) courtesy, politeness; **visita de ~** courtesy call; **por ~** as a courtesy. (**b**) (*de carta*) formal ending. (**c**) (*reverencia*) bow, curtsy.

cortésmente *adv* courteously, politely.

corteza *nf* (**a**) (*Bot: de árbol*) bark; (*: de fruta*) peel, skin; (*Culin: de queso*) rind; (*: de pan*) crust; ~ **terrestre** earth's crust. (**b**) (*fig: exterior*) outside, outward appearance.

cortijo *nm* farmhouse.

cortina *nf* (*gen*) curtain; (*Téc*) retaining wall; (*fig*) screen; ~ **de fuego** (*Mil*) barrage; ~ **de humo** smoke screen.

cortinilla *nf* lace curtain.

cortisona *nf* cortisone.

corto 1 *adj* (**a**) (*espacio*) short; (*tiempo*) brief, short; (*Com, Rad*) short; **a la ~a o a la larga** sooner or later; **el vestido le ha quedado ~** the dress has got too short for her; **se ha hecho ~a la película** the film's been cut short.

(**b**) (*suministro*) scanty; (*ración*) small; ~ **de oído** hard of hearing; ~ **de vista** shortsighted; **pongamos 100 ptas y me quedo ~** let's say 100 ptas and that's an underestimate; **se quedó ~ en la comida** she did not provide enough food.

(**c**) (*tímido*) bashful, shy; **ni ~ ni perezoso, él ...** without thinking twice, he ....

(**d**) (*tb ~ de alcances*) dim(-witted).

2 *nm* (*Cine*) short.

cortocircuito *nm* short-circuit.

cortometraje *nm* (*Cine*) short.

Coruña *nf*: **La ~** Corunna.

coruñés/esa 1 *adj* of *o* from Corunna. **2** *nm/f* native *o* inhabitant of Corunna.

corva *nf* back of the knee.

corvadura *nf* (*gen*) curvature; (*Arquit*) arch.

corvejón *nm* (*Zool*) hock; (*Orn*) spur.

corveta 1 *adj* (*CAm*) bow-legged. **2** *nf* curvet, prance.

corvo *adj* (*gen*) curved, bent; (*nariz*) hooked.

corzo/a *nm/f* roe deer.

cosa *nf* (**a**) (*gen*) thing; **hay una ~ que no me gusta** there is something I don't like; **alguna ~** something; **¿alguna ~ más?** anything else?; **20 kilos o ~ así** 20 kilos or thereabouts; **ni ~ que se le parezca** nor anything else of the kind; **otra ~** anything *o* something else; **ésa es otra ~** that's another matter (altogether); **poca ~** nothing much; **es poca ~, no es gran ~** it's not important; **el apartamento no vale gran ~** the flat isn't worth much; **la chica es poquita ~** she's no great shakes (*fam*); **como si tal ~** as cool as you please; **la ~ es que** the trouble is that; **la ~ no es para menos** it's not to be sneezed at; **no es ~ que lo dejes todo** there's no reason for you to give it all up; **no es ninguna ~ del otro jueves** *o* **mundo** it's nothing to write home about; **no sea ~ que ...** in case ...; **tal como están las ~s** as things stand; **¡lo que son las ~s!** just imagine!; **¡no hay tal ~!** nothing of the sort!; **las ~s van mejor** things are going better.

(**b**) (*locuciones con adj etc*) **es ~ de nunca acabar** there's no end to it; **no es ~ de broma** *o* **risa** it's no laughing matter; **~(s) de comer** eatables, food; **es ~ distinta** that's another matter; **es ~ fácil** it's easy; **¿has visto ~ igual?** did you ever see the like?; **~ rara** strange thing; **¡(qué) ~ más rara!** how strange!; **y, ~ rara, nadie lo vio** and, oddly enough, nobody saw it; **es ~ de ver** it's worth seeing; **ésa es ~ vieja** (*iró*) so what's new?

(**c**) (*asunto*) affair, business; **meterse en ~s de otros** to stick one's nose in, interfere; **eso es ~ tuya** that's your affair, that's up to you; **eso es otra ~** that's another matter (entirely).

(**d**) **~s** (*fig*) odd ideas, wild notions; **¡~s de muchachos!** boys will be boys!; **¡son ~s de Juan!** that's John all over!; **¡qué ~s dices!** what dreadful things you say!

(**e**) ~ **de** about, more or less; ~ **de 8 días** about a week; **en ~ de 10 minutos** in about 10 minutes; **es ~ de unas 4 horas** it takes about 4 hours.

cosaco/a *adj, nm/f* Cossack; **beber como un ~** to drink like a fish.

coscoja *nf* kermes oak.

coscorrón *nm* (**a**) (*golpe*) bump on the head. (**b**) (*fig*) setback, knock.

cosecha *nf* (*frutas*) crop, harvest; (*producción*) yield; (*acto*) harvesting; (*temporada*) harvest time; **la ~ de 1972** (*vino*) the 1972 vintage; **de ~ propia** home-grown, home-produced; **cosas de su propia ~** (*fig*) things of one's own invention.

cosechadora *nf* combine harvester, combine (*US*).

cosechar [1a] *vt* (**a**) (*gen*) to harvest, gather (in); (*cereales*) to reap; (*frutas*) to pick; (*cultivar*) to grow, cultivate; **aquí no cosechan sino patatas** the only thing they grow here is potatoes. (**b**) (*fig*) to reap, win; **no cosechó sino disgustos** all he got was troubles.

cosechero/a *nm/f* harvester, reaper.
coseno *nm* cosine.
coser [2a] **1** *vt* (**a**) (*vestido*) to sew (up); (*botón etc*) to sew on, stitch on; (*Med*) to stitch (up); (*Náut*) to lash; ~ **con grapas** to staple. (**b**) (*fig*) to unite, join closely (*con* to). (**c**) **es cosa de ~ y cantar** it's straightforward. (**d**) ~ **a algn a balazos** to riddle sb with bullets; **le encontraron cosido a puñaladas** they found him cut to pieces. **2** *vi* to sew.
cosido *nm* sewing, needlework.
cosificar [1g] *vt* to reify.
cosignatario/a *nm/f* cosignatory.
cosmética *nf* cosmetics.
cosmético *adj, nm* cosmetic.
cósmico *adj* cosmic.
cosmografía *nf* cosmography.
cosmología *nf* cosmology.
cosmonauta *nmf* cosmonaut.
cosmopolita *adj, nmf* cosmopolitan.
cosmos *nm inv* cosmos.
coso[1] *nm* (*recinto*) enclosure; (*esp*) bullring.
coso[2] *nm* (*insecto*) deathwatch beetle, woodworm.
coso[3] *nm* (*esp CSur fam*) thingummy (*fam*), what-d'you-call-it.
cospel *nm* (*Arg Telec*) telephone token.
cosquillas *nfpl* tickling (sensation); **buscar las ~ a algn** to tease sb; **me hace** ~ it tickles; **hacer ~ a algn** to tickle sb; **tener** ~ to be ticklish.
cosquillear [1a] *vt* to tickle; **me cosquillea la idea de ...** I've a notion to ..., I've half a mind to ....
cosquilleo *nm* tickling (sensation).
cosquilloso *adj* (**a**) (*gen*) ticklish. (**b**) (*fig*) touchy, easily offended.
costa[1] *nf* (*Fin*) cost, price; ~**s** (*Jur*) costs; **a** ~ (*Com*) at cost; **a ~ de** at the expense of; **a ~ de muchos sacrificios** by making many sacrifices; **nos estuvimos riendo a ~ suya** we had a laugh at his expense; **a toda** ~ at any price; **condenar a algn en ~s** (*Jur*) to order sb to pay the costs.
costa[2] *nf* (**a**) (*Geog*) coast(line); (*CSur*) riverbank, lakeside; **ir a la** ~ to go to the seaside. (**b**) **C~ de Marfil** Ivory Coast; **C~ Blanca/Brava/Dorada/del Sol** Almería/Barcelona/Tarragona/Málaga coast.
costado *nm* (**a**) (*gen*) side; (*Mil*) flank; **de** ~ on one's side. (**b**) (*Méx: Ferro*) platform. (**c**) ~**s** ancestors; **español por los 4 ~s** Spanish through and through.
costal *nm* sack, bag; ~ **de huesos** (*fig*) bag of bones.
costalada *nf*, **costalazo** *nm* (*caída*) bad fall; **darse un** ~ to fall on one's back.
costanera *nf* (*LAm*) seaside promenade *o* drive.
costar [1l] *vt, vi* (**a**) (*Com, Fin*) to cost; **¿cuánto cuesta?** how much does it cost?; (*en tienda*) how much is it?; **¿cuesta mucho?** is it expensive? (**b**) (*fig*) to cost dear *o* dearly; **cuesta poco** it's easy; **cuesta mucho** it's difficult; **cueste lo que cueste** at all costs; **le ha costado caro** it has cost him dear; **es un trabajo que cuesta unos minutos** it's a job which takes a few minutes; **me cuesta hablar alemán** I find it difficult to speak German; **me cuesta creerlo** I find that hard to believe.
Costa Rica *nf* Costa Rica.
costarricense, **costarriqueño/a** *adj, nm/f* Costa Rican.
coste *nm* cost, price; **a precio de** ~ at cost (price); ~ **de la vida** cost of living; ~**s de fabricación/funcionamiento** manufacturing/running costs.
costear[1] [1a] **1** *vt* (*gen*) to pay for; (*Com etc*) to finance; **costea los estudios a su sobrino** he is paying for his nephew's education; **no lo podemos** ~ we can't afford it. **2 costearse** *vr*: ~ **los estudios/los caprichos** to pay (for) one's studies/little indulgences.
costear[2] [1a] *vt* (*Náut*) to sail along the coast of; (*río etc*) to skirt, go along the edge of.
costear[3] [1a] *vt* (*CSur: ganado*) to pasture.
costeño *adj* coastal.
costera *nf* (**a**) (*de bala etc*) side. (**b**) (*Geog*) slope. (**c**) (*Náut*) fishing season.
costero *adj* coastal; (*barco, comercio*) coasting.
costilla *nf* (**a**) (*Anat*) rib. (**b**) (*Culin*) cutlet. (**c**) ~**s** back, shoulders; **todo carga sobre mis ~s** I get all the burdens. (**d**) (*fam: mujer*) wife, better half.
costo *nm* (**a**) (*esp LAm*) cost; ~ **efectivo** actual cost; ~ **de expedición** shipping charges; ~ **de sustitución** replacement cost; ~ **unitario** unit cost; ~**, seguro y flete** cost, insurance and freight; ~ **de (la) vida** cost of living. (**b**) (*fam!*) dope (*fam!*).
costoso *adj* costly, expensive.
costra *nf* (*corteza*) crust; (*Med*) scab.
costumbre *nf* custom, habit; ~**s** customs, ways; (*fig*) morals; **las ~s de esta provincia** the customs of this province; **de** ~ (*adj*) usual; (*adv*) usually; **como de** ~ as usual; **más que de** ~ more than usual; **he perdido la** ~ I've got out of the habit; **tener la ~ de hacer algo, tener por ~ hacer algo** to be in the habit of doing sth; **novela de ~s** novel of (local) customs and manners.
costumbrismo *nm* (*Lit*) literature of manners.
costumbrista **1** *adj* (*Lit*) of (local) customs and manners. **2** *nmf* writer about (local) customs and manners.
costura *nf* (**a**) (*puntadas*) seam; **sin** ~ seamless. (**b**) (*labor*) sewing, needlework; (*confección*) dressmaking; **alta** ~ haute couture, high fashion; **la ~ italiana** Italian fashions.
costurera *nf* dressmaker, seamstress.
costurero *nm* sewing box.
cota[1] *nf* (*Hist*) ~ **de malla** coat of mail.
cota[2] *nf* (*Geog*) height above sea level; (*fig*) height, level; (*estándar*) standard.
cotarro *nm*: **alborotar el** ~ (*fam*) to stir up trouble; **dirigir el** ~ to be the boss.
coteja *nf* (*LAm*) equal, match.
cotejar [1a] *vt* to compare, collate.
cotejo *nm* comparison, collation.
cotelé *nm* (*Chi*) corduroy.
coterráneo/a **1** *adj* from the same country *o* region. **2** *nm/f* compatriot, fellow-countryman/woman; **un ~ le dio trabajo a Reilly en México** a fellow-countryman gave Reilly work in Mexico.
cotidiano *adj* daily; **la vida ~a** daily life.
cotilla *nmf* (*fam*) busybody, gossip.
cotillear [1a] *vi* (*fam*) to gossip.
cotilleo *nm* (*fam*) gossip(ing).
cotillón *nm* ≈ New Year's Eve party.
cotiza *nf* (*LAm*) rough sandal.
cotización *nf* (**a**) (*Fin*) quotation, price; ~ **de apertura/de cierre** opening/closing price. (**b**) (*de club etc*) dues, subscription; (*a la Seguridad Social*) N.I. contributions. (**c**) (*cambio*) exchange rate.
cotizado *adj* in demand, sought-after; (*fig*) valued, esteemed.
cotizar [1f] **1** *vt* (**a**) (*Fin: acción*) to quote, price (*en* at).
(**b**) (*fijar*) to fix; (*pagar*) to pay.
(**c**) ~ **a la Seguridad Social** to pay N.I. contributions.
2 *vi* (**a**) (*miembro*) to pay one's dues, pay one's subscription.
(**b**) (*Fin*) to be quoted; **la sociedad cotiza ahora en Bolsa** the company is now quoted on the Stock Exchange.
3 cotizarse *vr* (**a**) (*Com, Fin*) ~ **a** to sell at *o* for; (*Bolsa*) to stand at, be quoted at; **éste es el que se cotiza más** this one fetches the highest *o* best price of all.
(**b**) (*fig*) to be valued *o* esteemed; **tales conocimientos se cotizan mucho** such knowledge is highly valued.
coto[1] *nm* (**a**) (*Agr*) enclosure; (*Caza*) estate, reserve; ~ **de caza** game preserve; ~ **cerrado** (*fig*) closed shop. (**b**) (*fig*) limit; **poner ~ a** to put a stop to.
coto[2] *nm* (*LAm Med*) goitre, goiter (*US*).
cotón *nm* (*Méx: camisa*) shirt.

cotona *nf* (*LAm*) strongly-made shirt; (*Méx: cazadora*) leather *o* suede jacket.
cotorra *nf* (**a**) (*Orn: loro*) parrot; (*: urraca*) magpie. (**b**) (*fam: persona*) windbag.
cotorrear [1a] *vi* (*fam*) to chatter, gabble.
cotorreo *nm* (*fam*) chatter, gabble.
COU *nm abr* (*Esp*) *de* **Curso de Orientación Universitaria** *one year course leading to final school leaving certificate and university entrance examinations*, ≈ A Level.
covacha *nf* (**a**) (*Geog*) small cave. (**b**) (*fig*) hovel, dive (*fam*). (**c**) (*LAm*) lumber room, storage space.
covadera *nf* (*LAm*) guano deposit.
cowboy *nm* cowboy.
coyotaje *nm* (*Méx fam: gen*) fixing (*fam*).
coyote *nm* (**a**) (*Zool*) coyote, prairie wolf. (**b**) (*Méx fam: gen*) middleman, fixer; (*: sablista*) con man; (*: guía*) guide for would-be immigrants to US.
coyotear [1a] (*Méx*) *vi* (*Com, Fin*) to deal *o* speculate in shares; (*ser intermediario*) to act as go-between; (*ser sablista*) to be a con man (*fam*).
coyuntura *nf* (**a**) (*Anat*) joint. (**b**) (*fig*) juncture, occasion; ~ **crítica** critical moment; **la ~ política** the political situation; **esperar una ~ favorable** to await a favourable *o* (*US*) favorable moment.
coz *nf* (**a**) (*patada*) kick; **dar coces, dar de coces a** to kick. (**b**) (*de fusil: retroceso*) recoil, kick. (**c**) (*fig*) insult, rude remark; **tratar a algn a coces** to treat sb like dirt.
CP *abr* (**a**) (*Esp*) *de* **Caja Postal**. (**b**) (*Esp Com*) *de* **contestación pagada** RP. (**c**) (*LAm*) *de* **casilla postal** PO Box.
C.P.A. *nf abr de* **Caja Postal de Ahorros**.
CP/M *nm abr de* **Programa Central para Microprocesadores** CP/M.
CPN *nm abr* (*Esp*) *de* **Cuerpo de la Policía Nacional**.
CPS *abr de* **caracteres por segundo** cps.
crac[1] *nm* (**a**) (*Com, Fin*) crash; **el viernes del C~** Black Friday. (**b**) (*fig*) crack-up.
crac[2] *interj* snap!, crack!; **hizo ¡~! y se abrió** it went crack! and it opened out.
crack *nm* (*LAm Dep*) star, top player.
cranearse [1a] *vr* (*Chi, Per: fam*) to dream up.
cráneo *nm* skull, cranium; **voy de ~** (*me va mal: fam*) everything's going wrong for me.
crápula 1 *nf* (*embriaguez*) drunkenness; (*disipación*) dissipation. **2** *nm* wastrel.
craso *adj* (**a**) (*gordo*) fat. (**b**) (*fig: error*) gross, crass.
cráter *nm* crater.
crawl *nm* (*Dep*) (front) crawl.
creación *nf* creation.
creador(a) 1 *adj* creative. **2** *nm/f* (*gen*) creator; (*inventor*) inventor; **el C~** the Creator.
crear [1a] **1** *vt* (*gen*) to create; (*oficial*) to make; (*inventar*) to invent; (*originar*) to originate; (*establecer*) to found, establish; ~ **un directorio** (*Inform*) to make a directory; ~ **problemas** to cause problems. **2 crearse** *vr* (*gen*) to make *o* create for o.s.; (*comité etc*) to be set up.
creatividad *nf* creativity.
creativo *adj* creative.
crecer [2d] **1** *vi* (*gen*) to grow, increase; (*precio*) to rise; (*días*) to get longer; (*luna*) to wax; **dejarse ~ la barba** to grow a beard. **2 crecerse** *vr* (**a**) **'se crece un punto'** 'increase by one stitch'. (**b**) (*cobrar ánimo*) to grow bolder, acquire greater confidence; (*engreírse*) to get cocky (*fam*).
creces *nfpl*: **con ~** amply, fully; (*fig*) with a vengeance; **pagar a algn con ~** to more than repay one's debt; **devolver algo con ~** to return *o* repay sth with interest.
crecida *nf* (*de río*) spate, flood.
crecido *adj* (**a**) (*persona*) full-grown. (**b**) (*cantidad*) large. (**c**) (*río*) in flood. (**d**) (*fig*) vain, conceited.
creciente 1 *adj* (*gen*) growing, increasing; (*paro etc*) rising; **luna ~** crescent *o* waxing moon. **2** *nm* crescent. **3** *nf* flood; ~ **del mar** flood tide.
crecimiento *nm* (*acción*) growth; (*aumento*) increase, rise; (*Fin*) rise; ~ **cero** zero growth.
credenciales *nfpl* credentials.
credibilidad *nf* credibility.
crediticio *adj* (*Fin*) credit *atr*.
crédito *nm* (**a**) (*fe*) credit, credence; **dar ~ a** to believe (in), credit; **apenas daba ~ a sus oídos** he could scarcely believe his ears. (**b**) (*fama*) standing, reputation; **persona (digna) de ~** reliable person; **tiene ~ de muy escrupuloso** he has the reputation of being thoroughly honest. (**c**) (*Com, Fin*) credit; ~ **a largo/corto plazo** long-/short-term credit; ~ **al consumidor** consumer credit; ~ **rotativo** *o* **renovable** revolving credit; **a ~** on credit; **abrir ~ a** to give credit to. (**d**) (*Univ*) credit.
credo *nm* creed, credo.
credulidad *nf* credulity.
crédulo/a 1 *adj* credulous, gullible. **2** *nm/f* sucker (*fam*).
creencia *nf* belief (*en* in); **en la ~ de que** in the belief that.
creer [2e] **1** *vt, vi* (**a**) (*gen*) to think, believe; ~ **que** to think that, believe that; **creo que sí** I think so; **creo que no, no creo** I don't think so; **¡ya lo creo!** (*por supuesto*) of course!; (*iró*) pull the other one!; **créame** believe me, take my word for it; **no se vaya Ud a ~ que** don't go thinking that; **es difícil, no creas** it's hard enough, I'm telling you.
(**b**) ~ **en** to believe in.
(**c**) (*considerar*) to think, consider; **no le creo tan culpable** I don't think him so much to blame; **lo creo mi deber** I consider it (to be) my duty.
2 creerse *vr* (**a**) to believe *o* consider o.s. (to be); **se cree muy astuto** he thinks he's pretty clever; **¿quién te crees que eres?** who do you think you are?; **se cree alguien** he thinks he is somebody; **¿qué se ha creído?** who does he think he is?; **se lo tiene muy creído** he's full of himself.
(**b**) **no me lo creo** I don't believe it; **se cree todo lo que le dicen** he swallows everything he's told; **¡que te crees tú eso!** (*fam*) and you believe it! (*fam*); **¡no te lo crees ni tú!** come off it!
creíble *adj* believable, credible; **¿es ~ que?** is it conceivable that?
creído *adj* (**a**) (*engreído*) conceited. (**b**) (*crédulo*) credulous, trusting; **es un ~** he's full of himself.
crema 1 *nf* (**a**) (*Culin: gen*) cream; (*: natillas*) custard; ~ **pastelera** confectioner's cream *o* custard. (**b**) ~ **de afeitar** shaving cream; ~ **de belleza** beauty cream; ~ **bronceadora** suntan cream; ~ **dental** toothpaste; ~ **depilatoria** hair remover; ~ **hidratante** moisturizer. (**c**) (*betún*) shoe polish. (**d**) (*fig*) cream, best; **la ~ de la sociedad** the cream of society. **2** *adj* cream(-coloured *o* (*US*) -colored).
cremación *nf* cremation.
cremallera *nf* (**a**) (*tb* **cierre de ~**) zip (fastener), zipper (*US*); **cerrar la ~** to zip up; **echar la ~** (*fam*) to shut *o* (*fam*) button up. (**b**) (*Téc*) rack; ~ **y piñón** rack and pinion.
crematístico *adj* financial, economic.
crematorio 1 *adj*: **horno ~ = 2**. **2** *nm* crematorium.
cremosidad *nf* creaminess.
cremoso *adj* creamy.
crencha *nf* (*de pelo*) parting.
creosota *nf* creosote.
crep(e) *nm o nf* pancake.
crepé *nm* (**a**) (*gen*) crêpe. (**b**) (*Méx fig*) wig.
crepitación *nf* crackling.
crepitar [1a] *vi* to crackle.
crepuscular *adj* twilight, crepuscular; **luz ~** twilight.
crepúsculo *nm* twilight, dusk.
crescendo *nm* crescendo; **ir in ~** to increase, get louder *o* greater *etc*.
crespo *adj* (**a**) (*pelo*) fuzzy, curly; (*hoja etc*) curled. (**b**) (*estilo*) involved, tortuous.

crespón *nm* crape, crêpe.
cresta *nf* (**a**) (*Orn*) crest, comb. (**b**) (*Geog*) crest. (**c**) (*de ola*) crest; **en la ~ de la ola** (*fig*) on the crest of a wave.
crestón *nm* (*de celada*) crest; (*Min*) outcrop.
Creta *nf* Crete.
creta *nf* chalk.
cretáceo *adj* cretaceous.
cretinismo *nm* cretinism.
cretino/a 1 *adj* cretinous. **2** *nm/f* cretin.
cretona *nf* cretonne.
creyente *nmf* believer.
CRI *nf abr de* **Cruz Roja Internacional**.
cría *nf* (**a**) (*Agr*) rearing, breeding; **~ de ganado** cattle breeding, stock raising; **hembra de ~** breeding female. (**b**) (*Zool: camada*) litter; (*: individuo*) young; (*Orn*) brood.
criadero *nm* (**a**) (*Bot*) nursery. (**b**) (*Zool*) breeding place; **~ de ostras** oyster bed; **~ de peces** fish hatchery. (**c**) (*Geol*) vein, seam.
criadilla *nf* (*Culin*) testicles; **~s de tierra** truffles.
criado/a 1 *adj* reared, brought up; **bien ~** wellbred. **2** *nm/f* servant.
criador(a) *nm/f* breeder.
criandera *nf* (*LAm*) nursemaid, wet-nurse.
crianza *nf* (**a**) (*Agr etc*) rearing, breeding. (**b**) (*Med*) lactation. (**c**) (*de vinos*) vintage; **vinos de ~** vintage wines. (**d**) (*fig*) breeding; **mala ~** lack of breeding; **sin ~** ill-bred.
criar [1c] **1** *vt* (**a**) (*niños*) to suckle, feed; **~ al biberón/al pecho** to bottle-/breast-feed.
(**b**) (*plantas*) to grow.
(**c**) (*ganado*) to rear, raise, breed.
(**d**) (*tierra etc*) to bear, grow, produce; **esta tierra no cría hierba** this soil is not suitable for grass; **los perros crían pulgas** dogs have *o* get fleas; **~ carnes** to put on weight.
(**e**) (*educar*) to bring up, raise.
(**f**) (*vino*) to age, mature.
(**g**) (*locuciones*) **Dios los cría y ellos se juntan** birds of a feather flock together; **~ cuervos** to nourish a viper in one's bosom.
2 criarse *vr* to grow (up); **se criaron juntos** they grew up together; **~ en buena cuna** *o* **en buenos pañales** to be born with a silver spoon in one's mouth.
criatura *nf* (**a**) (*gen*) creature. (**b**) (*niño*) infant, baby; **todavía es una ~** she's only a child still; **¡no seas ~!** be *o* act your age!
criba *nf* (**a**) (*instrumento*) sieve, screen. (**b**) (*acto: fig*) sifting, selection; **hacer una ~** (*fig*) to sort out the sheep from the goats.
cribar [1a] *vt* to sieve, sift, screen.
cric *nm* (*Mec*) jack.
crimen *nm* crime; **~ de guerra** war crime; **~ pasional** crime of passion; **¡es un ~!** (*fig*) what a crime!, it's criminal!
criminal *adj, nmf* criminal.
criminalidad *nm* (**a**) (*gen*) criminality. (**b**) (*índice*) crime rate.
criminalista *nm* (**a**) (*Univ*) criminologist. (**b**) (*Jur*) criminal lawyer.
criminología *nf* criminology.
criminólogo/a *nm/f* criminologist.
crin *nf* (*Zool*) mane; (*Téc etc*) horsehair.
crinolina *nf* crinoline.
crío/a *nm/f* kid (*fam*), child; (*pey*) brat (*fam*); **¡no seas ~!** grow up!
criollo/a 1 *adj* (**a**) (*gen*) Creole. (**b**) (*LAm*) native (to America), national. **2** *nm/f* (**a**) (*gen*) Creole. (**b**) (*LAm*) native American.
cripta *nf* crypt.
críptico *adj* cryptic.
criptografía *nf* cryptography.
criptográfico *adj* cryptographic(al).
criptógrafo/a *nm/f* cryptographer.
criptograma *nm* cryptogram.
críquet *nm* cricket.
crisálida *nf* chrysalis.
crisantemo *nm* chrysanthemum.
crisis *nf inv* crisis; **~ económica** economic crisis; **~ nerviosa** nervous breakdown; **~ de la vivienda** housing shortage; **hacer ~** to be in crisis.
crisma *nf* (**a**) (*Rel*) chrism, holy oil. (**b**) (*fam*); **romper la ~ a algn** to knock sb's block off (*fam*); **romperse la ~** to split one's head open.
crisol *nm* (*Téc*) crucible; (*fig*) melting pot.
crispación *nf* (*fig*) tension, nervousness.
crispado *adj* tense, on edge.
crispar [1a] **1** *vt* (*músculo*) to cause to twitch *o* contract; (*nervios*) to set on edge; **con el rostro crispado por la ira** with his face contorted with anger; **eso me crispa (los nervios)** that gets on my nerves. **2 crisparse** *vr* (*músculo*) to twitch, contract; (*cara*) to contort; (*nervios*) to get all on edge.
cristal *nm* (**a**) (*Quím etc*) crystal; **~ de roca** rock crystal. (**b**) (*vidrio*) glass; (*fino*) crystal; (*Aut*) window; (*de gafas*) lens; **el ~ (de la ventana)** the (window) pane; **un ~** a pane *o* sheet of glass; **~ ahumado/cilindrado/inastillable/de seguridad/tallado** smoked/plate/splinterproof/safety/cut glass; **de ~** glass *atr*; **puerta de ~(es)** glass door; **vaso de ~** crystal glass; **hay ~es en el suelo** there's broken glass on the floor.
cristalera *nf* (large) window.
cristalería *nf* (**a**) (*arte*) glass making. (**b**) (*fábrica*) glassworks; (*tienda*) glassware shop. (**c**) (*objetos*) glassware.
cristalino *adj* (*Fís*) crystalline; (*fig*) clear, translucent.
cristalizar [1f] *vt, vi* **cristalizarse** *vr* to crystallize.
cristalografía *nf* crystallography.
cristianamente *adv* in a Christian way; **morir ~** to die as a Christian, die like a good Christian.
cristianar [1a] *vt* to christen, baptize.
cristiandad *nf* Christendom.
cristianismo *nm* Christianity.
cristiano/a 1 *adj* (**a**) (*Rel*) Christian. (**b**) **vino ~** unwatered wine. **2** *nm/f* (*Rel*) Christian; **~ nuevo** (*Hist*) converted Jew or Moor; **~ viejo** (*Hist*) Christian with no Jewish or Moslem blood. **3** *nm* (**a**) (*persona*) person, (living) soul; **eso lo sabe cualquier ~** any idiot knows that. (**b**) **hablar en ~** (*claramente*) to talk sense; (*en español*) to speak Spanish.
Cristo *nm* Christ; **el año 41 antes de ~** 41 BC; **el año 80 después de ~** 80 AD; **donde ~ perdió la sandalia** at the back of beyond; **armar un ~** (*fam*) to raise an almighty row; **donde ~ dio las tres voces** at the back of beyond (*fam*); **no había ni ~** there wasn't a soul (*fam*); **todo ~** every mortal soul, every man Jack; **ir hecho un ~** (*fam*) to be a sight (*fam*); **poner a algn como un ~** (*fam: criticar*) to give sb a right dressing down (*fam*); (*manchar*) to run sb into the ground (*fam*); (*pegar*) to give sb a real thumping (*fam*).
cristo *nm* crucifix; **¡un ~!** what a nightmare!
Cristóbal *nm* Christopher; **~ Colón** Christopher Columbus.
criterio *nm* (**a**) (*norma*) criterion; (*medida*) yardstick. (**b**) (*enfoque*) attitude, approach; **depende del ~ de cada cual** *o* **uno** it depends on the individual's viewpoint. (**c**) (*juicio*) discernment; **lo dejo a su ~** I leave it to your discretion; **tiene buen ~** his taste is admirable. (**d**) (*punto de vista*) view, opinion; **en mi ~** in my opinion.
crítica[1] *nf* (**a**) (*gen*) criticism; **~ literaria** literary criticism. (**b**) (*Teat etc*) review, notice; (*Pol etc*) critique; **la ~** the critics *pl*. (**c**) (*censura*) faultfinding; *V tb* **crítico**.
criticable *adj* (*conducta, actitud*) reprehensible.
criticar [1g] *vt* to criticize; **siempre está criticando a la gente** he's always finding fault with people.
crítico/a[2] *adj* critical. **2** *nm/f* critic.
criticón/ona 1 *adj* hypercritical, faultfinding. **2** *nm/f*

carping critic, faultfinder.
Croacia *nf* Croatia.
croar [1a] *vi* to croak.
croata *adj, nmf* Croat(ian).
croché, crochet [kro'tʃe] *nm* crochet.
croissan(t) *nm* croissant.
cromado 1 *adj* chromium-plated. **2** *nm* chromium plating, chrome.
cromático *adj* chromatic.
cromo *nm* (**a**) (*Quím*) chromium, chrome. (**b**) (*Tip*) coloured *o (US)* colored print; (*tarjeta*) picture card; **iba hecho un ~** (*fam*) he was a sight *(fam)*.
cromosoma *nm* chromosome.
crónica *nf* (**a**) (*Hist*) chronicle; (*fig*) account. (**b**) (*de periódico*) feature, article; **~ deportiva** sports page; **~ de sociedad** society column, gossip column; **'C~ de sucesos'** 'News in Brief'.
crónico *adj* (*Med, fig*) chronic; (*vicio*) ingrained.
cronista *nmf* (**a**) (*Hist*) chronicler. (**b**) (*de periódico*) reporter, columnist; **~ deportivo** sports writer.
cronología *nf* chronology.
cronológicamente *adv* chronologically, in chronological order.
cronológico *adj* chronological.
cronometrador(a) *nm/f* timekeeper.
cronometraje *nm* timing.
cronometrar [1a] *vt* to time.
cronómetro *nm* (*Téc etc*) chronometer; (*Dep*) stopwatch.
croquet [kro'ke] *nm* croquet.
croqueta *nf* croquette, rissole.
croquis *nm inv* sketch.
cross [kros] *nm inv* cross-country running.
crótalo *nm* (**a**) (*Zool*) rattlesnake. (**b**) (*Mús*) **~s** castanets.
cruce *nm* (**a**) (*acto*) crossing. (**b**) (*Mat etc*) (point of) intersection. (**c**) (*Aut etc*) junction, intersection; (*Méx*) level crossing; **~ (de carreteras)** crossroads. (**d**) (*Telec*) crossed line; **hay un ~ en las líneas** the wires are crossed. (**e**) (*Bio: proceso*) crossbreeding; (*: ente*) cross, hybrid. (**f**) (*Aut*) **luces de ~** dipped headlights; **poner luz de ~** to dip one's lights.
crucero *nm* (**a**) (*Mil*) cruiser. (**b**) (*Náut: barco*) cruise ship, liner; (*: viaje*) cruise; **velocidad de ~** cruising speed. (**c**) (*Arquit: de templo*) transept. (**d**) (*viga*) crosspiece.
cruceta *nf* (**a**) (*viga*) crosspiece; (*Náut*) crosstree. (**b**) (*Mec*) crosshead.
crucial *adj* crucial.
crucificar [1g] *vt* (*Rel*) to crucify; (*fig*) to torment, torture.
crucifijo *nm* crucifix.
crucifixión *nf* crucifixion.
crucigrama *nm* crossword.
cruda[1] *nf* (*LAm fam: resaca*) hangover.
crudeza *nf* (**a**) (*de imágenes, descripción*) coarseness, crudeness. (**b**) (*rigor*) harshness.
crudo/a[2] **1** *adj* (**a**) (*carne*) raw; (*legumbres*) green, uncooked; **las patatas están ~as** the potatoes are underdone. (**b**) (*Téc*) untreated; (*seda*) raw; (*lino*) unbleached; **de color ~** plain, natural. (**c**) (*clima etc*) harsh. (**d**) (*descripción*) crude, coarse. (**e**) (*fam: difícil*); **lo tendrán ~ si piensan que** ... they'll have a tough time of it if they think that ...; **lo veo muy ~** it doesn't look (too) good. **2** *nm* (**a**) (*petróleo*) crude (oil). (**b**) (*LAm fam: resaca*) hangover. (**c**) (*Per: arpillera*) sackcloth.
cruel *adj* cruel (*con, para* to).
crueldad *nf* cruelty.
cruelmente *adv* cruelly.
cruento *adj* (*lit*) bloody, gory.
crujido *nm* (*de papel etc*) rustle; (*de madera*) creak; (*de dientes*) grinding, gnashing.
crujiente *adj* (*seda*) rustling; (*madera*) creaking; (*galleta*) crunchy.
crujir [3a] *vi* (*papel, seda*) to rustle; (*madera, mueble, rama*) to creak; (*articulación, hueso*) to crack; (*galletas, nieve*) to crunch.
crupier *nm* croupier.
crustáceo *nm* crustacean.
cruz *nf* (**a**) (*gen*) cross; **~ gamada** swastika; **~ de hierro** iron cross; **C~ del Sur** Southern Cross; **C~ Roja** Red Cross; **¡~ y raya!** that's quite enough!, no more!; **en ~** cross-shaped; **con los brazos en ~** with arms crossed; **firmar con una ~** to make one's mark; **hacerse cruces** (*fig*) to show one's surprise. (**b**) (*de espada*) hilt; (*de ancla*) crown; (*de moneda*) tails; (*Zool*) withers. (**c**) (*fig*) cross, burden; **cada uno lleva su ~** each of us has his cross to bear.
cruza *nf* (*LAm*) cross, hybrid.
cruzada *nf* crusade.
cruzado 1 *adj* (**a**) (*cheque etc*) crossed; **con los brazos ~s** arms folded; (*fig*) at a loose end *(fam)*. (**b**) (*Cos*) double-breasted. (**c**) (*Zool*) crossbred, hybrid. **2** *nm* (*Hist*) crusader.
cruzamiento *nm* crossing.
cruzar [1f] **1** *vt* (**a**) (*gen*) to cross; (*Arquit etc*) to cut across, intersect; **~ un palo sobre otro** to place a stick across another; **~ el lago a nado** to swim across a lake.
(**b**) (*palabras*) to have, exchange; **~ apuestas** to place *o* make bets.
(**c**) (*estar cruzado*) to lie across; (*rayar*) to draw across, score.
(**d**) (*Bio*) to cross.
2 *vi* (*peatón*) to cross.
3 cruzarse *vr* (**a**) (*líneas etc*) to cross each other, intersect.
(**b**) **~ de brazos** to fold one's arms.
(**c**) (*peatones*) to pass each other; **~ con algn en la calle** to pass sb in the street; **se cruzó un coche delante de nosotros** a car crossed in front of us.
CSD *nm abr* (*Esp*) *de* **Consejo Superior de Deportes** ≈ Sports Council.
csf *abr de* **costo, seguro y flete** c.i.f..
CSIC *nm abr* (*Esp*) *de* **Consejo Superior de Investigaciones Científicas**.
CSN *nm abr* (*Esp*) *de* **Consejo de Seguridad Nuclear** .
CSP *nm abr* (*Esp*) *de* **Cuerpo Superior de Policía**.
cta., c.ta *abr de* **cuenta** a/c, acc., acct.
cta. cte. *abr de* **cuenta corriente** C/A.
cta. cto. *abr de* **carta de crédito** L/C.
ctdad. *abr de* **cantidad** qty.
cte. *abr de* **corriente, de los corrientes** inst.
CTNE *nf abr de* **Compañía Telefónica Nacional de España** ≈ BT.
ctra. *abr de* **carretera** Rd.
cu *nf* Q, name of the letter Q.
c/u *abr de* **cada uno** ea.
cuaco *nm* (*LAm: rocín*) nag.
cuadernillo *nm* (*gen*) booklet.
cuaderno *nm* (*gen*) notebook; (*Escol*) jotter, exercise book, workbook *(US)*; **~ de bitácora** (*Náut*) logbook.
cuadra *nf* (**a**) (*Agr*) stable. (**b**) (*LAm*) (city) block.
cuadrado 1 *adj* (**a**) (*Mat etc*) square; **dos metros ~s** two metres *o (US)* meters square, two square metres. (**b**) (*corpulento*) broad, square-shouldered. (**c**) **tenerlos ~s** (*fam!*) to have balls *(fam!)*. **2** *nm* (*Mat, Geom*) square; **cinco (elevado) al ~** five square(d).
cuadragésimo *adj* fortieth; *V tb* **sexto 1**.
cuadrangular *adj* quadrangular.
cuadrante *nm* (**a**) (*Mat, Náut*) quadrant. (**b**) (*indicador*) dial; (*de reloj*) face; **~ (solar)** sundial.
cuadrar [1a] **1** *vt* (**a**) (*Mat*) to square. (**b**) (*Téc*) to square (off). (**c**) (*fig*) to please; **si le cuadra** if it suits you. (**d**) (*Per: aparcar*) to park. **2** *vi* (*coincidir*) to tally; **~ con** (*cuenta etc*) to square *o* tally with; (*muebles etc*) to match, go with. **3 cuadrarse** *vr* (**a**) (*Mil*) to stand to attention. (**b**) (*fig*) to dig one's heels in.

cuadratura *nf* (*Mat*) quadrature; **la ~ del círculo** squaring the circle.
cuadrícula *nf* (*Tip etc*) grid, ruled squares.
cuadriculado *adj*: **papel ~** squared *o* graph paper.
cuadricular 1a *vt* to rule squares on.
cuadrilátero 1 *adj* quadrilateral, four-sided. **2** *nm* (*Mat*) quadrilateral; (*Boxeo*) ring.
cuadrilla *nf* (*amigos*) party, group; (*pandilla*) band, gang; (*Mil*) squad; (*obreros*) gang, team; (*Taur*) quadrille.
cuadro *nm* (**a**) (*Mat*) square; **camisa a ~s** chequered *o (US)* checkered *o* check shirt.
(**b**) (*Téc*) frame; **~ de bicicleta** bicycle frame.
(**c**) (*Arte*) picture, painting; **dos ~s de Velázquez** two Velazquez paintings.
(**d**) (*Teat, fig*) scene; **fue un ~** (*fam*) it was some scene *(fam)*, it was really quite dramatic.
(**e**) (*Lit*) description, picture; **~ de costumbres** scene of local colour *o (US)* color.
(**f**) (*Agr*) bed, plot.
(**g**) (*Elec etc*) panel; **~ de instrumentos** instrument panel; (*Aut*) dashboard; **~ de mandos** control panel.
(**h**) (*Mil: formación*) square.
(**i**) (*gráfico: tb* **~ sinóptico**) table, chart, diagram.
(**j**) (*personal: gen*) staff; (*: Dep*) line-up, team; (*: Pol*) cadre.
(**k**) (*Med*) set of symptoms.
cuadrúpedo *nm* quadruped.
cuádruple *adj* quadruple, fourfold.
cuadruplicar 1g **1** *vt* to quadruple; **las pérdidas cuadruplican las del año pasado** losses are four times last year's. **2 cuadruplicarse** *vr* to quadruple.
cuádruplo 1 *adj* fourfold, quadruple. **2** *nm* quadruple.
cuajada *nf* (*de leche*) curd; (*requesón*) cottage cheese.
cuajado *adj* (**a**) (*leche*) curdled; (*sangre*) coagulated, congealed. (**b**) **~ de** (*fig*) full of, filled with; **una situación ~a de peligros** a situation fraught with dangers; **un texto ~ de problemas** a text bristling with problems.
cuajar 1a **1** *vt* (**a**) (*leche*) to curdle; (*sangre*) to coagulate, clot; (*grasa*) to congeal; (*gelatina*) to set. (**b**) (*adornar*) to cover, adorn (*de* with); (*llenar*) to fill (*de* with). **2** *vi* (**a**) (*nieve*) to lie. (**b**) (*fig*) to become set, become established; (*plan etc*) to take shape; (*truco*) to come off, work; (*idea*) to be received, be acceptable; **el acuerdo no cuajó** the agreement didn't come off. **3 cuajarse** *vr* (**a**) (*leche*) to curdle; (*sangre*) to congeal, coagulate; (*gelatina*) to set. (**b**) **~ de** (*fig*) to fill (up) with.
cuajo *nm* (**a**) (*Zool*) rennet. (**b**) (*fig*) phlegm, calmness. (**c**) **arrancar algo de ~** to tear sth out by its roots; **arrancar una puerta de ~** to wrench a door out of its frame; **extirpar un vicio de ~** to eradicate a vice completely. (**d**) (*Méx fam: charla*) chatter; (*: fig*) fantasy; (*: Escol*) playtime; (*: látigo*) short whip.
cual 1 *adj* (*lit*) such as, of the kind (that); (*Jur*) said, aforementioned.
2 *pron* (**a**) **cada ~** each one; **allá cada ~** every man to his own taste.
(**b**) (*relativo*) **el** *etc* **~** (*cosas*) which; (*gente*) who; **al** *etc* **~** (*cosas*) to which; (*obj pers: directo*) whom; (*: indirecto*) to whom; **ese edificio, el ~ se construyó en el siglo XV** that building, which was built in the 15th century; **había ocho chicos, tres de los ~es hablaban en inglés** there were eight boys, three of whom were speaking in English.
(**c**) **lo ~** (*relativo*) which; **se rieron mucho, lo ~ me disgustó** they laughed a lot, which upset me; **con lo ~** at which, whereupon; **llegué tarde con lo ~ no pude entrar** because (of the fact that) I arrived late I couldn't get in; **por lo ~** (and) so, on account of which.
3 *adv, conj* (*con n*) like, as; (*con vb*) (just) as; **brillaba ~ estrella** it shone like a star; **en la foto salió tal ~ es en realidad** it came out in the photo just as it is in real life; **~ si** as if.
cuál 1 *pron interrog* (**a**) what, which (one); **¿~ quieres?** which (one) do you want?; **¿~ es el que dices?** which one are you talking about?; **ignora ~ será el resultado** he does not know what the outcome will be; **¿~es libros?** (*esp Méx, Per, Ven*) what books?
(**b**) (*indef*) **~ más ~ menos** some more, some less.
(**c**) (*locuciones*) **son a ~ más gandul** each is as idle as the other; **una serie de coches a ~ más rápido** a series of cars each faster than the last *o* outdoing each other in speed.
2 *interj*: **¡~ no sería mi asombro!** imagine the surprise I got!
cualidad *nf* (*gen*) quality; (*atributo*) attribute, characteristic; (*Fís etc*) property; **tiene buenas ~es** he has good qualities.
cualificado *adj* (*obrero*) skilled, qualified; **obrero no ~** unskilled worker.
cualitativamente *adv* qualitatively.
cualitativo *adj* qualitative.
cualquier(a)[1] (*pl* **cualesquier(a)**) *adj indef* (**a**) any; **~ hombre de los de aquí** any man from these parts; **en ~ momento** at any time; **en ~ sitio donde lo busques** in whatever place you look for it. (**b**) (*después de n*) any (old), ordinary; **un día ~a** an ordinary day.
cualquiera[2] *pron indef* (**a**) (*personas: suj*) anyone, anybody; (*: obj*) whoever; (*cosas: suj*) whatever; (*: obj*) whichever; **¡así ~!** anyone could do that!; **te lo diría ~** anyone would tell you the same; **~ puede hacer eso** anybody can do that; **¡~ lo sabe!** who knows?; **¡~ sube ahí arriba!** you try and get up there! (**b**) **~ que sea** (*persona*) whoever he *etc* is; (*cosa*) whichever it is. (**c**) **es un ~** he's a nobody; **yo no me caso con un ~** I'm not marrying just anybody. (**d**) **una ~** a loose woman.
cuán *adv* how; **¡~ agradable fue todo eso!** how delightful it all was!
cuando 1 *adv, conj* (**a**) (*tiempo*) when; **~ nos veamos** when we meet again; **~ iba allí lo veía** whenever I went there I saw him; **ven ~ quieras** come when(ever) you like; **me acuerdo de ~** I remember the time when; **lo dejaremos para ~ estés mejor** we'll leave it until you're better; **de ~ en ~, de vez en ~** from time to time, now and again.
(**b**) (*condicional, causal*) if; **~ lo dice él, será verdad** if he says so, it must be true; **~ más** at (the) most; **~ menos** at least; **~ no** if not, otherwise.
(**c**) (*concesiva*) **aun ~ no sea así** even if it's not so.
(**d**) (*adversativa*) **yo lo hago todo, ~ es él quien debería hacerlo** I'm the one that does it all, when it should be him.
2 *prep* at the time of; **eso fue ~ la guerra** that was during the war; **~ niño** as a child, when I *etc* was a child.
cuándo *adv, conj interrog* when; **¿~ lo perdiste?** when did you lose it?; **no sé ~ será** I don't know when it will be; **¿de ~ acá?** since when?; (*fig*) how come?; **¿desde ~ es esto así?** how long has it been like this?
cuantía *nf* (*cantidad*) quantity, amount; (*alcance*) extent; (*importancia*) importance; **de mayor ~** important; **de menor ~, de poca ~** unimportant, of little account; **se ignora la ~ de las pérdidas** the extent of the losses is not known.
cuántico *adj*: **teoría ~a** quantum theory.
cuantificar 1g *vt* to quantify.
cuantioso *adj* (*grande*) large, substantial; (*abundante*) abundant; (*pérdida*) heavy, grave.
cuantitativo *adj* quantitative.
cuanto/a 1 *adj* whatever; **daremos ~s créditos se precisen** we will give whatever credits are needed; **~s hombres la ven se enamoran de ella** all the men that see her fall for her; **unos ~s libros** a few books; **~s más invitados vengan (tantas) más comidas necesitamos** the more guests come, the more meals we'll need.
2 *pron* all that (which), as much as; **~s** all those that, as many as; **tiene ~ desea** he has all (that) he wants;

tome ~ quiera take all (that) you want, take as much as you want; **~s más, mejor** the more the merrier.

3 *adv, conj* **(a) en ~** inasmuch as; **él, en ~ erudito,** he, as a scholar; **en ~** *(conj)* as soon as, immediately, directly; **en ~ lo supe me fui** as soon as I heard it I left; **en ~ a** as for, with regard to; **por ~** and so, hence; **llama la atención por ~ supone de innovación** it attracts attention because of its novelty value.

(b) ~ más/menos at most/least; **~ antes** as soon as possible; **~ más** the more; **~ más gana menos gasta** the more he earns the less he spends; **~ más calor hace, más tiempo paso en la playa** the warmer it is, the more time I spend at the beach; **~ más que resultó ser mujer** all the more so because it turned out to be a woman.

cuánto/a *adj, pron, adv* **1** *interj* **(a)** (+ *vb*) **¡~ has crecido!** how you've grown!; **¡~ trabajas!** how hard you work!; **¡~ has gastado!** what a lot you've spent!; **¡~ me alegro!** I'm so glad! **(b)** (+ *n*) **¡~a gente!** what a lot of people!; **¡~ tiempo perdido!** what a lot of time wasted!, the time you've wasted!

2 *interrog* **(a)** *(sg)* how much?; **¿~ has gastado?** how much have you spent?; **¿~ tiempo?** how long?; **¿~ durará esto?** how long will this last?; **¿~ hay de aquí a Bilbao?** how far is it from here to Bilbao?; **¿a ~ están las peras?** how much are (the) pears?; **¿cada ~?** how often? **(b) ¿~s?** how many?; **¿~as personas había?** how many people were there?; **¿a ~s estamos?** what's the date? **(c) el señor no sé ~s** Mr So-and-So; **el señor Anastasio no sé ~s** Mr Anastasius Something.

cuáquero/a *adj, nm/f* Quaker.

cuarcita *nf* quartzite.

cuarenta *adj (gen)* forty; *(cuadragésimo)* fortieth; **ésas son otras ~** *(Arg, Per)* that's a different story; **los (años) ~** the forties; **cantar las ~ a algn** to tell sb a few home truths; **hasta el ~ de mayo no te quites el sayo** ne'er cast a clout till May be out; *V tb* **seis.**

cuarentavo 1 *adj* fortieth; **~a parte** fortieth. **2** *nm* fortieth.

cuarentena *nf* **(a)** *(conjunto)* forty(-odd); **una ~ de** some forty, forty or so. **(b)** *(Med etc)* quarantine; **poner en ~** *(fig: persona)* to send to Coventry; *(: asunto)* to suspend judgement on.

cuarentón/ona 1 *adj* forty-year-old, fortyish. **2** *nm/f* person of about forty.

cuaresma *nf* Lent.

cuaresmal *adj* Lenten.

cuarta *nf* **(a)** *(Mat)* quarter, fourth (part). **(b)** *(palmo)* span. **(c)** *(Náut)* point (of the compass). **(d)** *(LAm)* whip.

cuartear [1a] **1** *vt* **(a)** *(gen)* to quarter; *(Mat)* to divide into four. **(b)** *(carretera)* to zigzag up. **2** *vi (Taur)* to dodge, step aside. **3 cuartearse** *vr* **(a)** *(agrietarse)* to crack, split. **(b)** *(Taur)* to dodge, step aside.

cuartel *nm* **(a)** *(Mil)* barracks; **~es** quarters; **~ general** headquarters *pl.* **(b)** *(cuarta)* quarter; *(distrito)* quarter, district. **(c) no dar ~** to give no quarter; **no hubo ~ para los revoltosos** no mercy was shown to the rioters; **guerra sin ~** war without mercy.

cuartelazo *nm* coup.

cuartelillo *nm* police station.

cuarterón/ona 1 *nm* **(a)** *(peso)* quarter pound. **(b)** *(de ventana)* shutter; *(de puerta)* panel. **2** *nm/f (LAm)* quadroon.

cuarteta *nf* quatrain.

cuarteto *nm* **(a)** *(Mús)* quartet(te). **(b)** *(Lit)* quatrain.

cuartilla *nf* **(a)** *(hoja)* sheet (of paper); **~s** *(Tip)* copy. **(b)** *(de caballo)* pastern.

cuarto 1 *adj* fourth; *V tb* **sexto.**

2 *nm* **(a)** *(Mat etc)* quarter, fourth part; **(abrigo) tres ~s** three-quarter length coat; **~s de final** quarter finals; **~ de hora** quarter of an hour; **las 6 y/menos ~** a quarter past/to 6; **tardó tres ~s de hora** he took three-quarters of an hour; **~ de luna** quarter of the moon; **~ creciente/menguante** first/last quarter.

(b) *(Zool)* quarters; **~ trasero** hindquarters.

(c) *(Tip)* quarto.

(d) ~s *(fam: dinero)* dough *(fam)*; **de tres al ~** worthless, third-rate; **por 5 ~s** for a song; **no tener un ~** to be broke *(fam)*; **aflojar los ~s** *(fam)* to cough up *(fam)*.

(e) *(Arquit)* room; **~ de baño** bathroom; **~ de estar** living room; **~ oscuro** *(Fot)* darkroom.

(f) estar de ~ *(Mil)* to be on watch.

cuartón *nm* dressed timber, beam, plank.

cuarzo *nm* quartz.

cuate/a *(CAm, Méx)* **1** *adj* twin. **2** *nm/f* **(a)** *(gemelo)* twin. **(b)** *(compadre)* pal; *(esp US)* buddy.

cuaternario *adj, nm* quaternary.

cuatrero *nm (CSur: de ganado)* rustler, stock thief.

cuatrienal *adj* four-year *atr.*

cuatrillizos/as *nmpl/nfpl* quadruplets.

cuatrimestral *adj* four-monthly, every four months.

cuatrimotor 1 *adj* four-engined. **2** *nm* four-engined plane.

cuatro 1 *adj (gen)* four; *(fechas)* fourth; **las ~** four o'clock; **más de ~ lo creen** quite a few people believe it; **sólo había ~ gatos** the place was dead *(fam)*. **2** *nm* **(a)** *(gen)* four; *(ordinal)* fourth; **cada ~ días** every four days; **el ~ de octubre** (on) the fourth of October, (on) October the fourth; *V tb* **seis. (b)** *(Méx: trampa)* trick, fraud. **(c)** *(Ven)* four-stringed guitar.

cuatrocientos/as *adj, nmpl/nfpl* four hundred; *V tb* **seiscientos.**

Cuba *nf* Cuba.

cuba *nf* **(a)** *(tonel)* cask, barrel; *(tina)* tub, vat. **(b)** *(panzudo)* pot-bellied person. **(c)** *(borracho)* drunkard, boozer; **estar como una ~** to be as drunk as a lord.

cubalibre *nm (gen)* (white) rum and coke ®; **~ de ginebra** gin and coke ®.

cubano/a *adj, nm/f* Cuban.

cubata *nm* = **cubalibre.**

cubero *nm* cooper.

cubertería *nf* cutlery.

cubeta *nf (tonel)* keg, small cask; *(manual)* pail; *(Fot)* tray; **~ de siembra** seed box.

cubicar [1g] *vt* **(a)** *(Mat)* to cube. **(b)** *(Fís)* to determine the volume of.

cúbico *adj* cubic; **raíz ~a** cube root.

cubículo *nm* cubicle.

cubierta *nf* **(a)** *(gen)* cover(ing); *(Tip)* cover, jacket; *(Arquit)* roof; *(Téc)* casing; *(Aut etc)* tyre, tire *(US)*, outer cover; *(sobre)* envelope; **~ de cama** coverlet; **~ de lona** tarpaulin. **(b)** *(Náut)* deck; **~ de aterrizaje** *o* **vuelo** flight deck. **(c)** *(Méx: funda)* sheath. **(d)** *(fig)* cover, pretext.

cubierto 1 *pp de* **cubrir. 2** *adj (gen)* covered; *(cielo)* overcast; *(vacante)* filled; *(persona)* with a hat. **3** *nm* **(a)** *(techumbre)* cover; **a** *o* **bajo ~** under cover; **a ~ de** safe from; **ponerse a ~** to shelter *(de* from). **(b)** *(servicio de mesa)* place (at table); *(menú)* menu; *(una pieza sólo)* knife, spoon *o* fork; **~s** cutlery *sg*; **precio del ~** cover charge.

cubil *nm* den, lair.

cubilete *nm* **(a)** *(de dados)* cup. **(b)** *(hielo)* ice cube. **(c)** *(Culin)* pastry tray.

cubiletear [1a] *vt* to intrigue, scheme.

cubismo *nm* cubism.

cubista *adj, nmf* cubist.

cubito *nm* **(a)** *(de niño)* bucket, beach pail. **(b) ~ de caldo** stock cube; **~ de hielo** ice cube.

cúbito *nm* ulna.

cubo *nm* **(a)** *(Mat)* cube. **(b)** *(balde)* bucket, pail; **~ de (la) basura** *(en calle)* litter bin, trash can *(US)*; *(en casa)* dustbin, trash can *(US)*; **~ para el carbón** coal scuttle. **(c)** *(Mec)* barrel, drum. **(d)** *(de rueda)* hub.

cuboflash *nm (Fot)* flashcube.

cubrecama *nf* coverlet, bedspread.

cubrerrueda *nf* mudguard, fender *(US)*.

cubretetera *nf* tea cosy *o (US)* cozy.
cubrir [3a] (*pp* **cubierto**) **1** *vt* (**a**) (*gen*) to cover (in, over, up) (*con, de* with); (*ocultar*) to cover up, hide; (*llenar*) to fill (up), cover; (*Arquit*) to roof; **lo cubrieron las aguas** the waters closed over it; **el agua casi me cubría** I was almost out of my depth; **las nubes cubrían la cima de la montaña** the clouds enshrouded the mountain top.
(**b**) ~ **a algn con un revólver** to cover sb with a revolver.
(**c**) (*emoción*) to conceal; **cubre su tristeza con una falsa alegría** she covers up her sadness with a false cheerfulness; ~ **las formas** to keep up appearances.
(**d**) ~ **a algn de improperios** to shower sb with insults; ~ **a algn de alabanzas** to heap praises on sb; ~ **a algn de besos** to smother sb with kisses.
(**e**) (*proteger*) to cover, protect; (*ocultar*) to cover up for.
(**f**) (*distancia*) to travel, do; ~ **80 kms en una hora** to cover 80 kms in an hour.
(**g**) (*vacante*) to fill.
(**h**) (*Bio*) to cover, mate with.
(**i**) (*gastos*) to meet, cover; (*deuda*) to repay.
(**j**) (*Prensa: suceso*) to cover; **esto cubre todas nuestras necesidades** this meets all our needs.
2 cubrirse *vr* (**a**) (*ponerse el sombrero*) to put on one's hat.
(**b**) (*fig iró*) ~ **de gloria** to show o.s. up, give o.s. a showing-up.
(**c**) ~ **contra un riesgo** to cover *o* protect o.s. against a risk.
(**d**) (*Met: cielo*) to become overcast.
(**e**) (*Fin: gastos*) to be met *o* paid; (*: deuda*) to be covered.
cuca *nf* (**a**) (*fam*) one peseta. (**b**) (*fam!*) prick (*fam!*).
cucaña *nf* (**a**) (*hueso*) cinch (*fam*), easy thing. (**b**) (*diversión*) greasy pole.
cucañero/a *nm/f* (*fam*) smart cookie (*fam*).
cucaracha *nf* cockroach.
cuclillas *nfpl*: **en** ~ squatting, crouching; **sentarse en** ~ to squat, sit on one's heels.
cuclillo *nm* (**a**) (*Orn*) cuckoo. (**b**) (*fam*) cuckold.
cuco/a 1 *adj* (**a**) (*taimado*) sly, crafty. (**b**) (*mono*) pretty, cute. **2** *nm/f* (*fam*) wily bird (*fam*). **3** *nm* (**a**) (*Orn*) cuckoo. (**b**) (*oruga*) grub, caterpillar.
cucú *nm* (*canto*) cuckoo.
cucufato/a (*And, CSur: pey*) **1** *adj* (*hipócrita*) hypocritical; (*mojigato*) prudish. **2** *nm/f* (religious) hypocrite; (*mojigato*) prude.
cucur(r)ucú *nm* (*LAm*) cockadoodledoo.
cucurucho *nm* (**a**) (*Culin etc*) paper cone, cornet. (**b**) (*Rel*) penitent's hood.
cuchara *nf* (**a**) (*gen*) spoon; (*cucharón*) ladle; (*Téc*) scoop, bucket; ~ **de café** teaspoon; ~ **de palo** wooden spoon; ~ **sopera** soup spoon; **meter su** ~ to butt in, shove one's oar in; **despacharse** *o* **servirse con la** ~ **grande** (*esp LAm*) to look after number one (*fam*); **soplar** ~ (*fam*) to eat. (**b**) (*LAm: llana*) flat trowel; **albañil de** ~ skilled bricklayer. (**c**) (*CAm, Chi: fam*) **hacer** ~**(s)** to pout. (**d**) (*Méx fam: carterista*) pickpocket.
cucharada *nf* spoonful; ~ **colmada/rasa** heaped/level spoonful; ~ **de café** teaspoonful; ~ **de sopa** tablespoonful.
cucharadita *nf* teaspoonful.
cucharilla, **cucharita** *nf* (*tb* ~ **de té**) small spoon, teaspoon.
cucharón *nm* (*Culin etc*) ladle; (*Téc*) scoop, bucket.
cuchi (*Per*) **1** *interj call to a pig o (US) hog.* **2** *nm* pig, hog (*US*).
cuchichear [1a] *vi* to whisper (*a* to).
cuchicheo *nm* whispering.
cuchilla *nf* (**a**) (*Culin etc*) (large kitchen) knife; (*de carnicero*) chopper, cleaver; (*Téc*) blade; ~ **de afeitar** razor blade. (**b**) (*Geog*) ridge, crest; (*Chi: colinas*) sharp ridge.
cuchillada *nf* (**a**) (*herida*) slash, knife wound; **dar una** ~ to stab; **hubo** ~**s** there was a serious fight; (*fig*) the knives really came out. (**b**) (*Cos*) slash, slit.
cuchillero *nm* cutler.
cuchillo *nm* (**a**) (*gen*) knife; ~ **de monte** hunting knife; ~ **de trinchar** carving knife; **pasar a** ~ to put to the sword. (**b**) (*Arquit*) upright, support. (**c**) ~ **de aire** sharp draught *o (US)* draft.
cuchipanda *nf* (*fam*) feed (*fam*), blow-out (*fam*).
cuchitril *nm* hovel, pigsty, dump (*fam*).
cuchufleta *nf* joke, crack (*fam*).
cueca *nf* (*And, CSur*) *popular handkerchief dance, Chilean national dance.*
cuelgacapas *nm inv* (*en pared*) coat rack; (*en soporte*) coat stand.
cuelgue *nm*: **llevar un** ~ (*fam: Fin*) to be broke (*fam*); (*confuso*) to be all at sea, be in a bad way; (*drogas*) to need a fix (*fam*).
cuello *nm* (**a**) (*Anat*) neck; ~ **de botella** (*fig*) bottleneck; ~ **uterino** *o* **del útero** cervix, neck of the womb; **cortar el** ~ **a algn** to cut sb's throat; **jugarse el** ~ (*fam*) to stick one's neck out; **levantar el** ~ (*fig*) to get on one's feet again (*fig*). (**b**) (*de prenda*) collar; (*talle*) (collar) size; ~ **de caja** crew neck; ~ **(de) cisne** polo neck; ~ **de pico** V-neck. (**c**) (*de botella*) neck.
Cuenca *nf* Cuenca.
cuenca *nf* (**a**) (*Anat*) eye socket. (**b**) (*Geog*) bowl, deep valley; (*fluvial*) basin; **la** ~ **del Ebro** the Ebro basin; ~ **minera** coalfield.
cuenco *nm* (**a**) (*concavidad*) hollow; ~ **de la mano** hollow of the hand. (**b**) (*recipiente*) earthenware bowl.
cuenta *nf* (**a**) (*acción*) counting; (*resultado*) count; (*esp fig*) reckoning; (*Boxeo*) count; ~ **de la vieja** counting on one's fingers; ~ **atrás** countdown; **a esa** ~ at that rate; **por la** ~ apparently, as far as one can tell; **beber más de la** ~ to have one over the eight; **caer en la** ~ to catch on (*de* to), see the point (*de* of); **perder la** ~ **(de) algo** to lose count (of) sth; **tener en** ~ to take into account.
(**b**) (*Fin*) account; ~ **de ahorros,** ~ **a plazo (fijo)** deposit account; ~ **de asignación** appropriation account; ~ **de caja/de capital/de crédito** cash/capital/loan account; ~ **corriente** current *o (US)* checking account; ~ **de gastos e ingresos** income and expenditure account; ~ **en participación** joint account; ~ **por cobrar/pagar** account receivable/payable; **'únicamente en** ~ **del beneficiario'** 'payee only'; **abrir una** ~ to open an account; **a** ~ on account; **tomar un coche a** ~ to take a car in part payment; **abonar una cantidad en** ~ **a algn** to credit a sum to sb's account; **cargar en** ~ to charge to sb's account.
(**c**) (*Com: factura*) account, bill; (*de restaurante*) bill, check (*US*); ~ **de gastos** expense account; ~ **pendiente** unpaid bill, outstanding account; **la** ~ **es la** ~ business is business; **ajustar** *o* **liquidar una** ~ to settle an account; **echar las** ~**s** to reckon up; **llevar la** ~ **de** to keep an account of; **pasar la** ~ to send the bill.
(**d**) (*fam: de disputa*) score, account; **ajustar** ~**s** to settle up (*con* with); **ajustar** ~**s viejas con algn** to settle old scores with sb; **tener** ~**s pendientes con algn** to have a matter to settle with sb; **voy a ajustarle las** ~**s** I'm going to have it out with him.
(**e**) (*fig: partida*) report, statement; **en resumidas** ~**s** in short, in a nutshell, all in all; **dar** ~ **de** to give an account of, report on; **dar** ~ **a algn de sus actos** to account to sb for one's actions; **no tiene que dar** ~**s a nadie** he's not answerable to anyone; **dar buena** ~ **de sí** (*hacer bien algo*) to give a good account of o.s.; (*defenderse*) to give as good as one gets; **dar** ~ **de algo** (*acabar*) to finish sth off, be done with sth; (*informar*) to recount sth, report sth; **darse** ~ **de** to realize (*que* that); **sin darse** ~ without realizing it, without noticing; **rendir** ~**s a algn** to report to sb; **tener algo en** ~ to bear sth in mind; **tomar algo en** ~ **a algn** to hold sth against sb.

(**f**) (*fig: asunto*) affair, business; **ésa es ~ mía** that's my affair, that's up to me; **de ~ y riesgo de algn** at one's own risk; **por ~ propia, por su propia ~** on one's own account; **trabajar por ~ propia** to work for oneself, be self-employed; **trabajar por ~ ajena** to work for someone else; **por mi ~** in my opinion, as for me; **eso corre de** *o* **por mi ~** that's my affair; **éste corre por mi ~** this one's on me; **no querer ~s con algn** to want nothing to do with sb.

(**g**) **~s** plans; **echar ~s** to reflect, take stock; **echar ~ de hacer algo** to plan to do sth; **le salieron fallidas las ~s** his plans went wrong.

(**h**) (*fig: importe*) importance; **de (mucha) ~** important; **no tiene ~ hacer algo** there is no point in doing sth.

(**i**) (*fig: beneficio*) benefit; **por la ~ que le tiene** because it is to his benefit; **no trae ~ hacerlo** it is not profitable to do it; **me sale más a ~** it suits me better.

(**j**) (*Rel*) bead.

(**k**) **estar fuera de sus~s, salirse de sus ~s** (*fam: mujer*) to be overdue.

cuentagotas *nm inv* (*Med*) dropper.

cuentakilómetros *nm inv* (**a**) (*de distancias*) milometer, clock. (**b**) (*velocímetro*) speedometer, odometer (*US*).

cuentarrevoluciones *nm inv* rev counter.

cuentista *nmf* (**a**) (*Lit*) short-story writer; (*narrador*) storyteller. (**b**) (*chismoso*) gossip. (**c**) (*mentiroso*) liar, fibber. (**d**) (*esp LAm fam*) confidence trickster.

cuento[1] *nm* (**a**) (*gen*) story, tale; (*Lit*) short story; **~ de hadas** fairy tale; **~ de viejas** old wives' tale; **tener más ~ que siete viejas** *etc* to have the gift of the gab; **es un ~ largo** it's a long story; **es el ~ de nunca acabar** it's an endless business; **estar en el ~** to be in the know; **ir a algn con el ~** to go off and tell sb; **en seguida le fue con el ~ a la maestra** he went straight off and told the teacher; **va de ~ que** the story goes that, it is said that; **traer algo a ~** to bring sth up; **eso no viene a ~** that's irrelevant; **vivir del ~** to live by one's wits.

(**b**) **sin ~** countless.

(**c**) (*fábula*) story, tale; (*mentira*) fib; (*pretexto*) pretext; **¡puro ~!** a likely story!; **~ chino** tall story.

(**d**) **~s** (*fig*) trouble, difficulties; **han tenido no se qué ~s entre ellos** they've had some upset among themselves.

(**e**) (*fam: exageración*) fuss, exaggeration.

cuento[2] *nm* (*de bastón etc*) point, tip.

cuerda *nf* (**a**) (*gen*) rope; (*delgado*) string, cord; **~ arrojadiza** lasso; **~ floja** tightrope; **~ de plomada** plumbline; **~ salvavidas** *o* **de salvamento** lifeline; **~ para tender la ropa** clothesline; **aflojar la ~** (*fig*) to ease up; **apretar la ~** (*fig*) to tighten up; **bailar en la ~ floja** to sit on the fence; **estirar la ~** (*fig*) to go too far, overdo it; **son de la misma ~** they're all as bad as each other; **bajo ~** in an underhand way, on the side.

(**b**) (*Mec*) clockwork mechanism; (*de reloj*) spring; **aún le queda ~** (*fig*) he's still got some steam left in him; **tienen ~ para rato** they've something to keep them going, they've got a lot to talk about; **dar ~ al reloj** to wind up one's watch; **dar ~ a algn** to wind sb up (*fam*); **un coche de ~** a clockwork car.

(**c**) (*Mús: de violín etc*) string; (*: fig*) vocal range.

(**d**) (*Mat, Anat*) chord; **~s vocales** vocal cords.

(**e**) (*Dep: atletismo*) inside; (*: de hipódromo*) rails; **~s** (*Boxeo*) ropes.

(**f**) (*de presos*) chain gang.

cuerdo *adj* (**a**) (*persona*) sane. (**b**) (*acto*) sensible, prudent.

cuereada, cueriza *nf* (*LAm*) beating, tanning (*fam*).

cuerear 1a *vt* (*LAm: animal*) to skin.

cuerna *nf* (**a**) (*Zool: gen*) horns; (*: de ciervo*) antlers. (**b**) (*vaso*) drinking horn. (**c**) (*Caza*) (hunting) horn.

cuerno *nm* (**a**) (*Zool: gen*) horn; (*: de ciervo*) antler; **~ de la abundancia** horn of plenty; **coger** *o* **tomar al toro por los ~s** to take the bull by the horns; **estar en los ~s (del toro)** to be in a jam; **poner los ~s a** to cuckold; **oler** *o* **saber a ~ quemado** to leave a nasty taste; **esto me sabe a ~ quemado** this makes my blood boil. (**b**) (*fam: locuciones*) **¡(y) un ~!** my foot!; **irse al ~** (*negocio*) to fail, fall through; **mandar a algn al ~** to tell sb to go to hell.

cuero *nm* (**a**) (*Zool*) skin, hide; (*Téc etc*) leather; **~ cabelludo** scalp; **andar en ~s** to go about stark naked; **dejar a algn en ~s** (*fig*) to clean sb out (*fam*). (**b**) (*odre*) wineskin; **estar hecho un ~** to be as drunk as a lord. (**c**) (*de grifo*) washer. (**d**) (*LAm: látigo*) whip; **arrimar el ~ a algn** to give sb a beating. (**e**) (*Dep*) ball.

cuerpear 1a *vi* (*CSur*) to dodge.

cuerpo *nm* (**a**) (*Anat etc*) body; (*talle*) figure, build; (*cadáver*) corpse; (*Dep*) length; **luchar ~ a ~** to fight hand-to-hand; **~ del delito** corpus delicti; **de ~ entero** (*retrato etc*) full-length; (*auténtico*) thoroughgoing, out-and-out; **de medio ~** half-length; **en ~ y alma** fully; **dar con el ~ en tierra** to fall down; **echar el ~ atrás** to lean backwards suddenly; **estar de ~ presente** to lie in state; **ganar por 4 ~s** to win by 4 lengths; **hacer de(l) ~** to relieve o.s.; **hurtar el ~** to dodge, move (one's body) out of the way; **vivir a ~ de rey** to live like a king.

(**b**) (*Jur etc: colección*) body; **~ de doctrina** body of teaching.

(**c**) (*personal: gen*) body, force; (*Mil*) corps; **~ de baile** corps de ballet; **~ legislativo** legislature; **~ de bomberos** fire brigade, fire department (*US*); **~ diplomático** diplomatic corps; **~ de intendencia** service corps.

(**d**) (*Quím*) body, substance; **~ compuesto** compound; **~ simple** element; **~ extraño** foreign body.

(**e**) (*Astron, Fís*) body; (*Téc: de cohete*) stage; (*de mueble*) part, section; **de un solo ~** single-stage *atr*; **un armario de dos ~s** a two-part cupboard.

(**f**) (*tronco*) trunk; (*fig*) main part; **el ~ de un libro** the main part of a book; **un vino de mucho ~** a full-bodied wine; **dar ~ a un líquido** to thicken a liquid; **tomar ~** to swell, get bigger; (*plan etc*) to take shape.

(**g**) (*Tip: de letra*) size; (*: de papel*) thickness.

cuervo *nm* (*Orn*) raven; (*CSur: buitre*) vulture, buzzard (*US*); (*fam: cura*) priest; **~ marino** cormorant; *V* **criar 1 (g)**.

cuesco *nm* (**a**) (*Bot*) stone. (**b**) (*fam: pedo*) fart (*fam!*).

cuesta *nf* (**a**) (*Geog*) slope; (*colina*) hill; **~ abajo** downhill; **ir ~ abajo** (*fig*) to decline, go downhill; **~ arriba** uphill; **se me hace ~ arriba hacer algo** I find it hard to do sth; **~ de enero** *period of financial stringency following Christmas spending*; **hemos vencido la ~ ya** we're on the home straight now. (**b**) **a ~s** on one's back; **echar algo a ~s** to put sth on one's back; (*fig*) to take on the burden of sth.

cuestación *nf* charity collection.

cuestión *nf* (**a**) (*tema*) matter, question, issue; (*Mat etc*) problem; **~ batallona** vexed question; **~ clave** key question; **~ candente** burning question; **~ de procedimiento** matter of procedure; **la cosa en ~** the matter at issue; **en ~ de** about, concerning; **es ~ de** it is a matter of; **no es ~ de que lo hagas tú sólo** it's not as if you'll be doing it on your own; **eso es otra ~** that's another matter.

(**b**) (*riña*) quarrel, dispute; (*dificultad*) trouble, complication; **hay ~ sobre si** there's an argument about whether; **la ~ es que** the trouble is that; **no quiero ~es con los empleados** I don't want trouble with the staff.

cuestionable *adj* questionable.

cuestionar 1a **1** *vt* to question, dispute. **2** *vi* to argue.

cuestionario *nm* (*de sondeo etc*) questionnaire; (*Univ etc*) question paper.

cueva *nf* (*Geog*) cave; (*Arquit*) cellar, vault; **~ de ladrones** den of thieves.

cuévano *nm* pannier.

cuezo *nm*: **meter el ~** to drop a clanger (*fam*), put one's foot in it (*fam*).

cui (*pl* **~s** *o* **~ses**) *nm* (*LAm*) guinea-pig.
cuico/a *nm/f* (**a**) (*CSur: forastero*) foreigner, outsider. (**b**) (*Méx fam*) pig (*fam!*), cop (*fam*).
cuidado *nm* (**a**) (*preocupación*) worry, concern; **estar con ~** to be anxious *o* worried; **estar de ~** to be in a bad way; **¡no haya ~!, ¡pierda Ud ~!** don't worry!; **sentir ~** to be anxious *o* worried; **eso me tiene sin ~** I'm not worried about that.
(**b**) (*atención*) care, carefulness; **¡~!** look out!, watch out!; **¡~ con el paquete!** careful with the parcel!; **¡~ con el perro** beware of the dog!; **~s intensivos** intensive care; **¡~ con perderlo!** mind you don't lose it!; **de ~** (*serio*) serious; (*inquietante*) worrying; (*amenazador*) threatening; (*enfermo*) very ill; **andarse con ~** to go carefully, watch out; **poner mucho ~ en algo** to take great care over sth; **tener ~** to be careful, take care; **hay que tener ~ con él** you have to handle him carefully; **¡ten ~!** careful! (**c**) (*dependencia*) charge, care; (*asunto*) affair, business; **¡allá ~s!** let others worry about that!, that's their funeral! (*fam*); **'al ~ del Sr A'** 'care of Mr A'; **lo dejo a su ~** I leave it to you; **está al ~ de la computadora** he's in charge of the computer; **estar al ~ de algn** to be in charge of sb, be responsible for sb.
cuidador/a[1] *nm/f* (*Boxeo*) second; (*de caballos etc*) trainer.
cuidadora[2] *nf* (*Méx*) nanny.
cuidadoso *adj* (**a**) (*atento*) careful (*con* about, with). (**b**) (*solícito*) anxious, concerned (*de, por* about). (**c**) (*prudente*) wary, cautious.
cuidar [1a] **1** *vt* (**a**) (*asistir*) to take care of, look after; (*detalles etc*) to pay attention to; **ella cuida a los niños** she minds the children; **no cuidan la casa** they don't look after the house.
(**b**) (*Med*) to care for.
2 *vi*: **~ de** to take care of, look after; **~ de una obligación** to attend to a duty; **~ de que** to take care that, see (to it) that; **cuidó de que todo saliera bien** he ensured that everything should go smoothly.
3 cuidarse *vr* (**a**) (*Med etc*) to look after *o* take care of o.s.; **¡cuídate!** (*adiós*) take care!; **ella ha dejado de ~** she's let herself go.
(**b**) **~ de algo** to worry about sth; **~ de hacer algo** to be careful to do sth; **no se cuida del qué dirán** she doesn't worry about what people will think; **~ de algn** to look after sb.
(**c**) **~ muy bien de hacer algo** to take good care not to do sth.
cuita[1] *nf* (*preocupación*) worry, trouble; (*pena*) grief, affliction; **contar sus ~s a algn** to tell sb one's troubles.
cuita[2] *nf* (*CAm, Méx: estiércol*) poultry manure; (*: gen*) excrement.
cuitado *adj* (**a**) (*preocupado*) worried, troubled. (**b**) (*tímido*) timid.
culada *nf*: **darse una ~** (*fam*) to drop a clanger (*fam*).
culantro *nm* coriander.
culata *nf* (**a**) (*Mec: de fusil*) butt; (*: de cañón*) breech; (*: de cilindro*) head. (**b**) (*Zool*) haunch, hindquarters. (**c**) (*fig*) rear, back.
culatazo *nm* kick, recoil.
culebra *nf* (*Zool*) snake; **~ de anteojos** cobra; **~ de cascabel** rattlesnake; **hacer ~** to zigzag, stagger along.
culebrear [1a] *vi* (*gen*) to slither, wriggle (along); (*carretera etc*) to zigzag; (*río*) to wind, meander.
culebreo *nm* wriggling; (*carretera etc*) zigzag; (*río*) winding, meandering.
culebrina *nf* (*Met*) forked lightning.
culebrón *nm* (*fam*) soap opera (*fam*), soap (*fam*).
culera *nf* seat (of the trousers).
culero 1 *adj* lazy. **2** *nm* nappy, diaper (*US*).
culinario *adj* culinary, cooking *atr*.
culminación *nf* culmination.
culminante *adj* (*Geog etc*) highest, topmost; (*momento*) culminating; (*fig*) outstanding.
culminar [1a] *vi* to culminate (*en* in).
culo *nm* (*fam*) (**a**) (*asentaderas*) backside (*fam*), bum (*Brit*); (*fam*) fanny (*US fam*); (*ano*) arse(hole) (*fam!*), ass(hole) (*US fam!*); **dar a algn un puntapié en el ~** to kick sb's backside; **ir con el ~ a rastras** to be in a fix *o* jam (*fam*); **ir de ~** to be way behind (*con, en* with, in); **irse algo a tomar por (el) ~** to go right out of the window (*fam*); **les mandó a tomar por ~** he told them to get stuffed (*fam!*); **¡métetelo por el ~!** you can stick it! (*fam*); **perder el ~ por algo** *o* **algn** to go all out for sth *o* sb; **ser un ~ de mal asiento** to be restless *o* fidgety.
(**b**) (*de vaso etc*) bottom; **queda un ~ de vino** there's a trickle of wine left at the bottom.
culpa *nf* (**a**) (*gen*) fault, blame; (*Jur*) guilt; **por ~ de** through the fault of; **no le alcanza ~** no blame attaches to him; **cargar con la ~ a algn** to pin *o* put the blame on sb; **echar la ~ a algn** to blame sb (*de* for); **tener la ~** to be to blame (*de* for); **Ud tiene la ~** it's your fault; **la ~ fue de los frenos** the brakes were to blame; **es ~ suya** it's his fault. (**b**) **~s** sins; **pagar las ~s ajenas** to pay for somebody else's sins.
culpabilidad *nf* (*gen*) culpability; (*Jur etc*) guilt; (*esp fig*) responsibility.
culpable 1 *adj* (*gen*) **la persona ~** the person to blame *o* at fault; (*Jur*) the guilty person, the culprit; **confesarse ~** to plead guilty; **declarar ~ a algn** to find sb guilty. **2** *nmf* (*gen*) culprit; (*Jur etc*) offender, guilty party.
culpar [1a] *vt* to blame, accuse; **~ a algn de algo** to blame sb for sth; **~ a algn de descuidado** to accuse sb of carelessness.
cultismo *nm* (*Ling*) learned word.
cultivable *adj* cultivable, arable.
cultivador *nm* (*Téc*) Rotavator ®.
cultivador(a) *nm/f* farmer, grower; **~ de vino** winegrower; **~ de café** coffee planter.
cultivar [1a] *vt* (**a**) (*Agr: tierra*) to cultivate, till; (*: cosecha*) to raise, grow. (**b**) (*fig: amistad etc*) to cultivate; (*: talento*) to develop, improve.
cultivo *nm* (**a**) (*Agr: acto*) cultivation, growing. (**b**) (*cosecha*) crop; **el ~ principal de la región** the chief crop of the area; **rotación de ~s** rotation of crops. (**c**) (*Bio*) culture; **caldo de ~** culture medium.
culto 1 *adj* (**a**) (*gen*) cultured, educated. (**b**) (*Ling*) learned; **palabra ~a** learned word. **2** *nm* (*Rel*) worship; (*Pol etc*) cult (*a* of); **~ a la personalidad** personality cult; **rendir ~ a** to worship; (*fig*) to pay homage *o* tribute to.
cultura *nf* culture; **~ física** physical culture; **la ~ popular** *o* **de masas** popular culture.
cultural *adj* cultural.
culturismo *nm* body building.
culturista *nmf* body builder.
culturizar [1f] **1** *vt* to educate, enlighten. **2 culturizarse** *vr* to educate o.s., improve one's mind.
cumbre 1 *nf* (*Geog*) summit, top; (*fig*) top, height; **conferencia (en la) ~** summit (conference); **está en la ~ de su poderío** he is at the height of his power. **2** *atr*: **conferencia ~** summit conference; **momento ~** culminating point; **es su libro ~** it's his most important book.
cume, cumiche *nm* (*CAm*) baby of the family.
cumpleaños *nm inv* birthday; **¡feliz ~!** many happy returns!, happy birthday!
cumplido 1 *adj* (**a**) (*acabado*) completed; **misión ~a** mission accomplished.
(**b**) (*cabal*) complete, full; **un ~ caballero** a perfect gentlemen.
(**c**) (*ropa*) full, extra large; (*ración*) large, plentiful.
(**d**) (*cortés*) courteous, correct; (*formal*) formal (*in manner*).
(**e**) **tiene 60 años ~s** he is all of 60, he is at least 60.
2 *nm* compliment; **~s** politeness; **visita de ~** courtesy call; **por ~** out of politeness, as a matter of courtesy; **he venido por ~** I came out of a sense of duty; **¡sin ~s!** no

ceremony, please!; **andarse con ~s, estar de ~, usar ~s** to stand on ceremony, be formal.

cumplidor *adj* reliable, trustworthy.

cumplimentar 1a *vt* (**a**) (*dar parabién*) to congratulate (*por* on). (**b**) (*órdenes*) to carry out.

cumplimiento *nm* (**a**) (*gen*) execution, performance; (*de compromiso*) fulfilment, fulfillment *(US)*; (*de ley etc*) enforcement; (*acatamiento*) observance. (**b**) (*Com etc*) expiry, expiration *(US)*, end.

cumplir 3a **1** *vt* (**a**) (*gen*) to do; (*promesa etc*) to keep, carry out, fulfil, fulfill *(US)*; (*lo estipulado*) to comply with; (*ley*) to observe, obey; (*compromiso*) to honour, honor *(US)*.
(**b**) (*condena*) to serve.
(**c**) (*años*) to reach, attain; **hoy cumple 8 años** she's 8 today; **cuando cumpla los 21 años** when you're 21.
2 *vi* (**a**) (*plazo*) to end, expire; (*pago*) to fall due.
(**b**) (*persona*) to keep one's word; (*: Mil*) to complete national service; **Juan siempre cumple con sus compromisos** John always honours his commitments; **~ algn con su deber** to do one's duty; **~ con la iglesia** to fulfil one's religious obligations.
3 cumplirse *vr* (**a**) (*plan etc*) to be fulfilled; (*vaticinio*) to come true.
(**b**) (*plazo*) to expire, end; (*aniversario*) to be.

cúmulo *nm* (**a**) (*montón*) heap, accumulation; (*fig*) pile, lot. (**b**) (*Met*) cumulus.

cuna *nf* (**a**) (*camita*) cradle, cot; **~ portátil** carrycot; **canción de ~** lullaby. (**b**) (*familia*) family, stock; **de ~ humilde** of humble origin; **criarse en buena ~** to be born with a silver spoon in one's mouth. (**c**) (*fig*) cradle, birthplace. (**d**) **~s** cat's-cradle.

cundir 3a *vi* (**a**) (*gen*) to spread; (*multiplicarse*) to increase; **la noticia cundió** the news spread; **van cundiendo los efectos del paro** the effects of unemployment are multiplying. (**b**) (*arroz etc*) to swell; (*rendir*) to produce a good *etc* quantity; **hoy no me ha cundido el trabajo** I didn't get anywhere at work today; **no me cunde** I'm not making any headway; **no me cunde el tiempo** time's just running out on me.

cuneco/a *nm/f* (*Ven*) baby of the family.

cuneiforme *adj* cuneiform.

cuneta *nf* (*de carretera*) ditch; (*de calle*) gutter; (*arcén*) hard shoulder.

cuña *nf* (**a**) (*de rueda*) chock. (**b**) **meter ~** to sow discord. (**c**) (*fam: persona*) influential person; **tener ~s** to have pull.

cuñado/a *nm/f* brother-/sister-in-law.

cuño *nm* (**a**) (*Téc*) die-stamp; **de nuevo ~** (*fig*) newly-coined. (**b**) (*fig*) stamp, mark.

cuota *nf* (**a**) (*gen*) quota, share; (*tarifa*) tariff. (**b**) (*de club etc*) fee, dues; **~ del gremio** union dues; **~ de socio** membership fee. (**c**) (*impuesto*) tax. (**d**) (*importe*) cost; **~ de instalación** installation charge. (**e**) **venta por ~s** hire purchase.

cupé *nm* (*Aut*) coupé.

cupo *nm* (**a**) (*Fin etc*) quota, share; **~ de azúcar** sugar quota; **~ de importación** import quota. (**b**) (*Méx*) capacity. (**c**) (*Mil*) draft, intake; **excedente de ~** exempt from military service.

cupón *nm* (*gen*) coupon; (*de lotería*) ticket; **~ de (los) ciegos** ticket for the lottery for the blind; **~ de respuestas internacional** international reply coupon.

cúpula *nf* (**a**) (*Arquit*) dome, cupola. (**b**) (*Náut*) turret.

cuquería *nf* craftiness.

cura[1] *nm* (*Rel*) priest; **~ párroco** parish priest; **sí, señor ~** yes, father.

cura[2] *nf* (*Med*) treatment; **primera ~** first aid; **~ de choque** shock treatment; **~ de reposo** rest cure; **~ de urgencia** emergency treatment, first aid; **tiene ~** it can be cured, it is curable.

curable *adj* curable.

curaca *nm* (*And: cacique*) Indian chief, Indian native authority.

curación *nf* (*Med: proceso*) cure, healing; (*: tratamiento*) treatment; **primera ~** first aid.

curado *adj* (**a**) (*Culin etc*) cured; (*pieles*) tanned, prepared. (**b**) (*And, CSur: borracho*) drunk. (**c**) (*endurecido*) hardened, inured; **estar ~ de espanto(s)** to have seen it all before.

curador(a) *nm/f* (*Jur: tutor*) guardian; (*: administrador*) executor; (*de museo*) curator.

curalotodo *nm* cure-all.

curandero/a *nm/f* quack (doctor).

curar 1a **1** *vt* (**a**) (*Med: gen*) to cure (*de* of); (*: herida*) to treat, dress; (*: enfermedad*) to treat (*con* with). (**b**) (*fig: mal*) to remedy, put right. (**c**) (*Culin*) to cure, salt; (*pieles*) to tan; (*tela*) to bleach. **2** *vi* (*Med*) to get well (*de* after), recover (*de* from). **3 curarse** *vr* (**a**) (*Med*) to recover, get better; (*: herida*) to heal up. (**b**) **~ de** to take notice of, heed; (*ocuparse de*) to look after. (**c**) (*And, CSur: emborracharse*) to get drunk; (*Méx: para reponerse*) to have the hair of the dog *(fam)*.

curare *nm* curare, curari.

curasao *nm* curaçao.

curcuncho *nm* (*And, Chi: joroba*) hump; (*jorobado*) hunchback.

curda *adj* (*fam*) pissed *(fam!)*, drunk; **estar ~, tener una ~** to be sozzled *(fam) o (US fam)* soused.

curia *nf* (**a**) (*Rel: tb* **~ romana**) papal Curia. (**b**) (*Jur*) legal profession, the Bar.

curiana *nf* cockroach.

curiara *nf* (*Ven*) dugout canoe.

curiosamente *adv* (*extrañamente*) curiously, oddly.

curiosear 1a **1** *vt* to look over *o* round. **2** *vi* (*en tienda etc*) to look *o* wander round; (*explorar*) to poke about; (*pey: fisgar*) to snoop, pry.

curiosidad *nf* (**a**) (*gen*) curiosity; (*indiscreción*) inquisitiveness; **despertar la ~ de algn** to arouse sb's curiosity; **la ~ de noticias me llevó allí** the quest for news took me there; **estar muerto de ~** to be dying of curiosity; **tenemos ~ por saber si ...** we are curious to know if .... (**b**) (*objeto*) curiosity, curio. (**c**) (*aseo*) neatness, cleanliness. (**d**) (*cuidado*) care(fulness), conscientiousness.

curioso/a 1 *adj* (**a**) (*persona: gen*) curious; (*: indiscreto*) inquisitive; **estar ~ por saber** to be curious to know. (**b**) (*objeto etc*) curious, odd; **¡qué ~!** how odd! (**c**) (*aseado*) neat, clean, tidy. (**d**) (*cuidadoso*) careful, conscientious. **2** *nm/f* bystander, onlooker.

curita *nf* (*LAm*) (sticking) plaster, bandaid ® *(US)*.

currante *nmf* (*fam*) worker.

currar 1a, **currelar** 1a *vi* (*fam*) to work.

currelo *nm* (*fam*) work, job.

currículum *nm*: **~ vitae** curriculum vitae.

curro *nm* (**a**) = **currelo**. (**b**) **dar un ~** to beat up.

currutaco *adj* (**a**) (*ostentoso*) showy, loud. (**b**) (*LAm: bajito*) short, squat.

curry *nm* curry.

cursante *nmf* (*LAm*) student.

cursar 1a *vt* (**a**) (*orden etc*) to send, dispatch; (*solicitud*) to deal with. (**b**) (*Univ etc*) to study; **~ Matemáticas** to read Maths.

cursi 1 *adj* (*gen*) pretentious; (*esnob*) snobby, snooty; (*amanerado*) affected. **2** *nmf* = **cursilón**.

cursilada *nf*: **hizo la ~ de cortarle el pelo al caniche** he was tacky enough to get the poodle's hair cut.

cursilería *nf* (*vulgaridad*) bad taste, vulgarity; (*presunción*) pretentiousness; (*amaneramiento*) affectation.

cursilón/ona *nm/f* snob, snoot, show-off.

cursillo *nm* (*Univ etc*) short course; (*conferencias*) short series (of lectures).

cursiva *nf* (*Tip*) italics.

cursivo *adj* (*gen*) cursive; (*Tip*) italic.

curso *nm* (**a**) (*gen: dirección*) course, direction; **~ de agua** watercourse.

(**b**) (*fig*) progress; **el ~ de la enfermedad** the course *o* the progress of the disease; **dar libre ~ a** to give free rein to; **dejar que las cosas sigan su ~** to let matters take their course; **en el ~ de la vida** in the course of a lifetime; **en ~ (de realización)** under way; **el año en ~** the present *o* current year.
(**c**) (*Com*) **moneda de ~ legal** legal tender.
(**d**) (*Escol*) school year; (*Univ*) academic year; **apertura/clausura de ~** beginning/end of term.
(**e**) (*Univ etc: carrera*) course; **~ acelerado** *o* **intensivo** crash course; **~ por correspondencia** correspondence course.

cursor *nm* (*Téc*) slide; (*Inform*) cursor.

curtido 1 *adj* (**a**) (*cuero*) tanned; (*cara: por sol*) tanned; (*: por intemperie*) weather-beaten. (**b**) (*fig*) **estar ~ en** to be expert at, be skilled in. **2** *nm* tanning.

curtidor *nm* tanner.

curtiduría, **curtiembre** *nf* (*LAm*) tannery.

curtir 3a **1** *vt* (**a**) (*cuero*) to tan. (**b**) (*piel*) to tan, bronze. (**c**) (*fig*) to harden, inure. **2 curtirse** *vr* (**a**) (*por sol*) to become tanned; (*por intemperie*) to get weather-beaten. (**b**) (*fig: acostumbrarse*) to become inured (*contra* to).

curva *nf* (**a**) (*gen*) curve; (*Aut etc*) bend; **~ en herradura** hairpin bend; **~ de nivel** contour line; **~ de rentabilidad** (*Com*) break-even chart. (**b**) **~s** (*fam: de mujer*) vital statistics; **¡una mujer con unas ~s!** what a body she's got!

curvatura *nf* curvature.

curvilíneo *adj* curved, curvilinear.

curvo *adj* (*gen*) curved, bent.

cuscurro *nm* crouton.

cuscús *nm* couscous.

cusma *nf* (*Per*) (native) sleeveless shirt, tunic.

cúspide *nf* (**a**) (*Anat*) cusp. (**b**) (*Geog*) summit, peak; (*fig*) pinnacle, apex. (**c**) (*Mat*) apex.

cusqui *nf*: **hacer la ~** (*fam*) to bug (*fam*), annoy.

custodia *nf* (**a**) (*cuidado*) care, safekeeping, custody; **~ preventiva** protective custody; **bajo la ~ de** in the care *o* custody of. (**b**) (*escolta*) guard, escort. (**c**) (*Rel*) monstrance.

custodiar 1b *vt* (*conservar*) to take care of, look after; (*proteger*) to defend; (*vigilar*) to guard, watch over.

custodio 1 *adj*: **ángel ~** guardian angel. **2** *nm* custodian.

cutama *nf* (**a**) (*Chi*) bag, saddlebag. (**b**) clumsy person.

cutáneo *adj* cutaneous, skin *atr*.

cúter *nm* (*Náut*) cutter.

cutícula *nf* cuticle.

cutis *nm* skin, complexion.

cutrería *nf* (*fam: tacañería*) meanness, stinginess; (*ordinariez*) vulgarity, coarseness; (*miseria*) squalidness, shabbiness; **ese vestido me parece una ~** I think that dress is utterly tasteless; **su bar es una auténtica ~** his bar is a total dump (*fam*).

cuyano/a *adj, nm/f (Chi fam)* from Cuyo region, Argentinian.

cuy(e) (*pl* **cuis** *o* **cuyes**) *nm* (*LAm*) guinea-pig.

cuyo *adj rel* (**a**) (*gen*) whose; (*persona*) of whom; (*objeto*) of which; **la señora en ~a casa nos hospedábamos** the lady in whose house we were staying; **el asunto ~s detalles conoces** the matter of which you know the details. (**b**) **en ~ caso** in which case; **por ~a razón** and for this reason.

C.V. 1 *nm abr de* **curriculum vitae** CV. **2** *nmpl abr de* **caballos de vapor** HP, h.p.

C y F *abr de* **costo y flete** CAF, c.a.f., C and F.

CH

Ch, ch [tʃe] *nf* (*letra*) Ch, ch.

ch *abr de* **cheque** ch.

chabacanear 1a *vi* (*LAm*) to say/do coarse things.

chabacanería *nf* (**a**) vulgarity, bad taste. (**b**) **una ~** a coarse *o* vulgar remark.

chabacano[1] *adj* (*chiste etc*) vulgar, coarse, in bad taste; (*objeto*) cheap; (*trabajo*) shoddy.

chabacano[2] *nm* (*Méx*) apricot (tree).

chabola *nf* shack; **~s** shanty town.

chacal *nm* jackal.

chacalín/ina *nm/f* (*CAm*) kid (*fam*), child.

chácara[1] *nf* (**a**) (*LAm*) sore, ulcer. (**b**) (*CAm*) large (leather) bag.

chácara[2] *nf* (*LAm*) = **chacra**.

chacarero 1 *nm* (**a**) (*LAm: dueño*) small farmer, market gardener, truck farmer (*US*). (**b**) (*Chi: tb* **sandwich ~**) sandwich. **2** *adj* (*LAm*) small farm *atr*.

chacolí *nm sharp-tasting Basque wine.*

chacolotear 1a *vi* to clatter.

chacota *nf* fun (and games), high jinks; **estar de ~** to be in a joking mood; **echar** *o* **tomar algo a ~** to make fun of sth.

chacotear 1a **1** *vi* to have fun. **2 chacotearse** *vr*: **~ de algo** to make fun of sth.

chacotero, **chacotón** *adj* (*CSur*) fond of a laugh, merry.

chacra *nf* (*And, CSur: granja*) small farm, market garden, truck farm (*US*).

chacuaco *adj* (*LAm*) coarse, rough.

chacha *nf* maid, nursemaid.

chachalaca *nf* (*CAm, Méx*) chatterbox.

chachar 1a *vt* (*LAm: coca*) to chew (coca).

cháchara *nf* (**a**) chatter, small talk; **estar de ~** (*fam*) to have a gab (*fam*) *o* chat. (**b**) **~s** (*Méx: trastos*) junk *sg*.

chacharear 1a **1** *vt* (*Méx*) to deal in. **2** *vi* to chatter, gab (*fam*).

chacharero/a 1 *adj* chattering, garrulous. **2** *nm/f* (*fam*) chatterbox.

chachi (*fam*) **1** *adj* marvellous, marvelous (*US*) smashing (*fam*), terrific (*fam*); **una moto/película ~** a cracking bike/film (*fam*); **¡qué ~!** brill! (*fam*); **¡~, tío!** brill! (*fam*), OK; **¡estás ~!** you look brilliant! (*fam*). **2** *adv*: **nos lo pasamos ~** we had a whale of a time (*fam*); **me fue ~** it was smashing, it went like a bomb (*fam*).

chachos *nmpl* (*CAm*) Siamese twins.

chafallar 1a *vt* to botch (up).

chafallo *nm* botched job.

chafar 1a *vt* (**a**) (*aplastar*) to flatten; (*arrugar*) to crumple, crease. (**b**) **~** *o* **dejar chafado a algn** to crush *o* floor sb. (**c**) (*negocio*) to ruin, spoil; (*planes*) to fall through.

chaflán *nm* bevel; **la casa que hace ~** the house on the corner.

chaflar 1a *vt* (*Chi fam*) to expel, fire (*fam*).

chagra *nf* (*Ecu*) = **chacra**.

chaguar 1i *vt* (*CSur: ropa*) to wring (out).

cháguar *nm* (*LAm: fibra*) agave fibre, hemp.

chagüe *nm* (*CAm*) swamp, bog.

chagüite *nm* (*CAm, Méx: pantano*) swamp.

chaira *nf* (*de afilar*) sharpening steel; (*de zapatero*) shoemaker's knife.

chal *nm* shawl.
chala *nf* (**a**) (*And, CSur: de maíz*) tender leaf of maize. (**b**) (*CSur*) money, dough *(fam)*.
chalado *adj (fam)* crazy *(fam)*; **¡estás ~!** are you mad?; **estar ~ por** to be crazy about.
chaladura *nf (fam)* crankiness *(fam)*.
chalán *nm* (**a**) (horse) dealer; (*estafador*) shady businessman, shark. (**b**) (*LAm*) horse breaker.
chalanear [1a] **1** *vt* (**a**) (*persona*) to beat down; (*negocio*) to bring off. (**b**) (*LAm: adiestrar*) to break in, tame. **2** *vi* to bargain shrewdly.
chalar [1a] *(fam)* **1** *vt* to drive crazy *o (fam)* round the bend. **2 chalarse** *vr* to go crazy *o (fam)* off one's rocker; **~ por** to go mad for.
chaleco *nm* waistcoat, vest *(US)*; (*jersey*) shortsleeved pullover; **~ salvavidas/antibalas** life jacket/bulletproof vest; **~ de fuerza** (*LAm*) straitjacket.
chalecón *adj* (*Méx*) tricky, deceitful.
chalequear [1a] *vt* (*CSur, Méx: estafar*) to trick; (*: robar*) to steal.
chalet [tʃale] *nm* (*pl* **~s** [tʃales]) (*rural*) villa, cottage; (*en costa*) bungalow; (*de montaña*) chalet; (*en ciudad*) detached house; (*en hilera*) terraced house; (*Dep*) clubhouse; **~ adosado** semi-detached house.
chalina *nf* cravat(e); (*LAm*) scarf.
chalona *nf* (*LAm*) dried meat, dried mutton.
chalupa[1] *nf* (*embarcación*) launch, boat; (*Méx*) small canoe; **~ salvavidas** lifeboat.
chalupa[2] *nf* (*Méx Culin*) stuffed tortilla.
chamaco/a *nm/f* (*esp Méx*) boy/girl.
chamal *nm* (*And, CSur*) blanket *(worn by Indian women as tunic, men as trousers)*.
chamaril(l)ero *nm* secondhand dealer.
chamarra *nf* sheepskin *o* leather jacket; (*CAm, Méx: manta*) rough blanket, poncho.
chamarro *nm* (*LAm*) coarse woollen *o (US)* woolen blanket.
chamba[1] *nf* (**a**) (*And: tepe: tierra*) turf, sod. (**b**) (*Méx fam: trabajo*) work, business.
chamba[2] *nf* fluke, lucky break; **por ~** by a fluke.
chambear [1a] (*Méx fam*) *vi* to earn one's living.
chambón 1 *adj* (**a**) (*patoso*) clumsy. (**b**) (*suertudo*) lucky. **2** *nm (fam)* jammy *o* fluky player.
chambonada *nf* (**a**) (*torpeza*) awkwardness, clumsiness. (**b**) (*suerte*) fluke. (**c**) (*error*) blunder.
chambonear [1a] *vi* (*ser torpe*) to botch up; (*tener suerte*) to have a stroke of luck, win by a fluke.
chamelicos *nmpl* (*And, CSur: trastos*) lumber *sg*, junk *sg*.
chamizo *nm* thatched hut; (*chabola*) shack.
champa *nf* (*And, Chi*) (**a**) (*tierra*) sod, turf. (**b**) (*greña*) mop of hair; (*maraña*) tangled mass. (**c**) (*CAm: cobertizo*) shed; (*: tienda de campaña*) tent.
champán *nm*, **champaña** *nm* champagne.
champiñón *nm* mushroom.
champú *nm* shampoo; **~ anticaspa/condicionador** antidandruff/conditioning shampoo.
champurrado *nm* (*LAm*) mixture of liquors, cocktail; (*: fig*) mess.
chamuchina *nf* (*LAm fam: turba*) rabble, mob.
chamullar [1a] *vt, vi (fam)* to speak, talk; **chamullaban en árabe** they were jabbering away in Arabic.
chamuscar [1g] **1** *vt* (**a**) (*quemar*) to scorch, singe. (**b**) (*Méx: vender barato*) to sell cheap. **2 chamuscarse** *vr* to get scorched, singe.
chamusquina *nf* (**a**) (*quemadura*) singeing, scorching. (**b**) (*riña*) row, quarrel; **esto huele a ~** there's trouble brewing.
chanada *nf (fam)* trick, swindle.
chancaca *nf* (**a**) (*CAm: de maíz*) maize cake, wheat cake. (**b**) (*LAm: azúcar*) brown sugar. (**c**) (*And Med*) sore, ulcer.
chancadora *nf* (*Chi*) grinder, crusher.
chancar [1g] *vt* (*LAm*) to grind, crush; (*fig: pegar*) to beat, ill-treat.
chance *nm* (*LAm: oportunidad*) chance; (*suerte*) good luck; **dale ~** let him have a go.
chancear [1a] *vi*, **chancearse** *vr* (*bromear*) to joke, make jokes (*de* about); (*jugar*) to fool about, play around (*con* with); **~se de algn** to make fun of sb.
chancero *adj* fond of a joke.
chancla *nf* (*zapato viejo*) old shoe; (*chancleta*) wooden flip-flop.
chancleta 1 *nf* (**a**) wooden flip-flop; **ir en ~s** to wear flip-flops; **estar hecho una ~** to be a wreck *(fam)*. (**b**) (*LAm*) baby girl. **2** *nmf (fam)* good-for-nothing.
chancletero, **chancletudo** *adj* (*LAm: ordinario*) common, low-class.
chanclo *nm* (*zueco*) clog; (*de goma*) overshoe, galosh.
chancha *nf* (*LAm*) sow; **hacer la ~** *(fam)* to play truant *o (US)* hooky.
chanchada *nf* (*LAm fam*) dirty trick.
chanchería *nf* (*LAm*) pork-butcher's shop.
chanchero *nm* (*LAm*) pork butcher.
chanchi *(fam)* = **chachi**.
chanchito *nm*: **mi ~** (*LAm fam*) my darling.
chancho 1 *adj* (*LAm*) dirty, filthy. **2** *nm* (*LAm*) pig, hog; (*carne*) pork; **~ salvaje** wild boar.
chanchullero *(fam)* **1** *adj* crooked, bent *(fam)*. **2** *nm* crook.
chanchullo *nm (fam)* fiddle *(fam)*, wangle *(fam)*; **andar en ~s** to be on the fiddle, be engaged in something shady.
chandal, **chándal** *nm* tracksuit.
chanfle *nm* (**a**) (*CSur: fam*) cop *(fam)*. (**b**) (*LAm*) = **chaflán**.
changa[1] *nf* (*And, CSur*) odd job.
changador *nm* (*And, CSur: mozo de cordel*) porter; (*: trabajo*) odd job.
changango *nm* (*CSur: guitarra*) small guitar.
changarro *nm* (*Méx*) small shop.
chango[2]**/a 1** *adj* (**a**) (*Méx: listo*) quick, sharp; **¡ponte ~!** wake up!, watch out! *(fam)*. (**b**) (*Chi: tonto*) silly. **2** *nm/f* (*Méx*) small monkey.
changüi *nm (fam)* (**a**) (*gen*) joke. (**b**) (*engaño*) trick; **dar ~ a** to trick; (*tomar el pelo*) to tease.
chantaje *nm* blackmail(ing); **hacer ~ a algn** to blackmail sb.
chantajear [1a] *vt* to blackmail.
chantajista *nmf* blackmailer.
chantar [1a] *vt* (**a**) (*Per, Chi fam*) to throw, chuck; **~ a algn en la cárcel** to throw *o* put sb in jail. (**b**) (*CSur: abandonar*) to leave in the lurch.
chantre *nm* (*Rel*) precentor.
chanza *nf* joke; **~s** fun *sg*; **de** *o* **en ~** in fun, as a joke; **estar de ~** to be joking.
chao *interj (fam)* cheerio *(fam)*, so long *(esp US fam)*, see ya *(US)*.
chapa *nf* (**a**) (*metal*) plate, sheet; **~ acanalada** *u* **ondulada** corrugated iron (sheet); **~ de coche** number plate, license plate *(US)*.
(**b**) (*madera*) board, panel, sheet; (*acabado*) finish, veneer; **madera de 3 ~s** 3-ply wood.
(**c**) (*disquito de metal*) small metal plate, disc, tally; **~s** (*juego*) game of passing bottle tops; **~ de identidad** identity disc; **~ de matrícula** (*CSur*) licence *o (US)* license plate.
(**d**) (*LAm: cerradura*) lock.
(**e**) (*chapeta*) rouge.
(**f**) (*sentido común*) good sense, prudence; **hombre de ~** sensible man.
chapado *adj* (*metal*) plated; (*muebles etc*) finished, veneered; **~ de oro** gold-plated; **~ a la antigua** old-fashioned, of the old school.
chapalear [1a] *vi* = **chapotear**.
chapaleo *nm* = **chapoteo**.

chapapote *nm* (*Méx*) tar, pitch, asphalt.
chapar 1a *vt* (**a**) (*metal*) to plate; (*muebles etc*) to veneer, finish (in); (*pared*) to tile. (**b**) (*frase etc*) to come out with. (**c**) (*Per: asir*) to seize.
chaparra *nf* kermes oak.
chaparrada *nf* = **chaparrón**.
chaparrear 1a *vi* to pour in torrents.
chaparreras *nfpl* (*Méx*) leather chaps.
chaparro/a 1 *adj* squat; (*esp LAm: bajito*) short. **2** *nm* dwarf oak. **3** *nm/f* (*fig*) short chubby person.
chaparrón *nm* downpour, cloudburst; (*fig: aluvión*) flood, bombardment; **aguantar el ~** to face (up to) the music (*fam*).
chapear 1a *vt* (**a**) = **chapar**. (**b**) (*LAm Agr*) to weed. (**c**) (*sonar*) to rattle.
chapero *nm* (*fam!*) queer (*fam!*), poof (*fam!*); (*prostituto*) male prostitute, rent boy.
chapeta *nf* = **chapa (e)**.
chapetón 1 *adj* (*LAm fam: novato*) inexperienced, green (*fam*); (*: torpe*) clumsy, awkward. **2** *nm* (**a**) (*LAm fam*) European greenhorn in Latin America. (**b**) (*Méx*) horse brass. (**c**) (*lluvia*) downpour.
chapetonada *nf* (**a**) (*And fam*) illness suffered by Europeans on arrival in Latin America. (**b**) (*Ecu: novatada*) blunder.
chapín *nm* clog.
chapista *nm* tinsmith; (*Aut*) panel-beater.
chapistería *nf* body(work) shop.
chapitel *nm* (*Arquit: columna*) capital; (*: torre*) spire.
chapo *adj* (*Méx*) stunted, dwarfed.
chapó 1 *interj* bravo!, well done! **2** *nm*: **hacer el ~** to take off one's hat (*ante* to).
chapodar 1a *vt* to prune, trim.
chapolín *nm* (*juego*) pool.
chapopote *nm* = **chapapote**.
chapote *nm* (*CAm, Carib, Méx: pez*) pitch, tar; (*: asfalto*) asphalt.
chapotear 1a *vi* to splash about; **~ en el barro** to splash around in the mud.
chapoteo *nm* splashing.
chapucear 1a *vt* (**a**) to bungle, make a mess of. (**b**) (*Méx: estafar*) to swindle.
chapuceramente *adv* (*V adj*) roughly, crudely; shoddily; clumsily.
chapucería *nf* (**a**) shoddiness. (**b**) (*una ~*) botched job, shoddy piece of work.
chapucero 1 *adj* (*artefacto*) rough, crude; (*trabajo*) slapdash; (*persona*) clumsy. **2** *nm* bungler.
chapulín *nm* (*Méx*) large grasshopper.
chapurr(e)ar 1a *vt* (*lengua*) to speak badly.
chapuz *nm* (**a**) ducking; **dar ~ a** to duck. (**b**) = **chapuza**.
chapuza *nf* (**a**) botched job. (**b**) (*Méx*) trick, swindle.
chapuzar 1f **1** *vt* to duck. **2** *vi*, **chapuzarse** *vr* to dive (in).
chapuzas *nmf inv* bungler.
chapuzón *nm* (*zambullida*) dip, swim; **darse un ~** to go for a dip *o* swim.
chaqué *nm* morning coat.
chaqueta *nf* jacket; **~ de cuero/de smoking** leather/dinner jacket; **~ de punto** cardigan; **cambiar la ~** (*fig*) to change sides.
chaquete *nm* backgammon.
chaquetear 1a *vi* to change sides, be a turncoat.
chaquetero *nm* turncoat.
chaquetón *nm* donkey jacket.
charamusca *nf* (**a**) (*LAm: tb* **~s**) firewood, kindling. (**b**) (*CSur, Méx: dulce*) candy twist.
charanga *nf* (**a**) hullabaloo; (*fam*) racket (*fam*). (**b**) (*Mús, Mil*) brass band.
charango *nm* (*LAm*) small guitar.
charca *nf* pond, pool.
charco *nm* pool, puddle; **cruzar** *o* **pasar el ~** to cross the water; (*esp*) to cross the herring-pond (the Atlantic).
charcutería *nf* pork butcher's.
charla *nf* (*gen*) talk; chat; (*chismes*) gossip; (*conferencia*) talk, lecture.
charlador(a) 1 *adj* talkative. **2** *nm/f* gossip.
charladuría *nf* (*tb* **~s**) prattle.
charlar 1a *vi* to chat (*de* about); (*chismear*) to gossip.
charlatán/ana 1 *adj* talkative; (*cotilla*) gossipy. **2** *nm/f* (**a**) (*hablador*) chatterbox. (**b**) (*estafador*) (confidence) trickster, con man (*fam*).
charlatanear 1a *vi* to chatter away.
charlatanería *nf* (**a**) (*locuacidad*) talkativeness, garrulousness. (**b**) (*engaños*) quackery, charlatanism. (**c**) (*de vendedor*) sales talk, patter.
charlatanismo *nm* = **charlatanería (a)**.
charlotada *nf* (*Teat*) gag; (*Taur*) mock bullfight.
charnego/a *nm/f* (*pey*) Southern Spanish immigrant who has settled in Catalonia.
charnela *nf* hinge.
charol[1] *nm* (*barniz*) varnish; (*cuero*) patent leather; **darse ~** to brag.
charol[2] *nm* (*LAm*), **charola** *nf* (*LAm*) tray.
charolar 1a *vt* to varnish.
charquear 1a *vt* (*LAm*) (**a**) (*carne*) to dry, jerk. (**b**) (*persona*) to slash, wound severely.
charqui *nm* (*LAm: carne*) dried beef, jerked meat, jerky (*US*); (*CSur*) dried fruit *o* vegetables.
charrada *nf* (**a**) (*adorno*) flashy ornament. (**b**) (*torpeza*) coarseness. (**c**) (*Mús*) country dance.
charrán *nm* rascal, villain.
charranada *nf* dirty trick.
charrasca *nf* (*LAm*) knife.
charrasquear 1a *vt* (*Méx fam*) to knife, stab.
charreada *nf* (*Méx*) public fiesta.
charretera *nf* epaulette.
charro 1 *adj* (**a**) (*gente*) rustic. (**b**) (*ropa etc*) loud, gaudy; (*objeto*) flashy, showy. (**c**) (*salmantino*) Salamancan. (**d**) (*Méx: costumbres*) traditional, picturesque. **2** *nm* (**a**) rustic. (**b**) (*Méx: vaquero*) typical Mexican.
charrúa *adj, nmf* (*CSur*) Uruguayan.
chárter 1 *adj inv*: **vuelo ~** charter (flight). **2** *nm* (*pl* **~s** [ˈtʃarter]) charter (flight).
chasca *nf* (*And, CSur: greña*) mop of hair, tangled hair.
chascar 1g **1** *vt* (**a**) (*lengua*) to click; (*dedos*) to snap; (*látigo*) to crack; (*grava*) to crunch. (**b**) (*comida*) to swallow. **2** *vi* (*de madera etc*) to crack.
chascarillo *nm* funny story.
chasco *nm* (**a**) (*desilusión*) disappointment; **dar un ~ a algn** to disappoint sb; **llevarse (un) ~** to be disappointed *o* let down; **¡vaya ~ que me llevé!** I was just sick about that! (**b**) (*broma*) trick, joke; **dar un ~ a algn** to play a trick on sb.
chascón/ona *adj* (*Chi: greñudo*) with a (tangled) mop of hair.
chasis, **chasís** *nm inv* (*LAm: Aut etc*) chassis; (*Fot*) plateholder.
chasquear[1] 1a *vt* (**a**) (*decepcionar*) to disappoint, let down. (**b**) (*engañar*) to play a trick on, fool. (**c**) (*promesa*) to break.
chasquear[2] 1a *vt, vi* = **chascar**.
chasqui *nm* (*LAm*) messenger, courier.
chasquido *nm* (*de lengua*) click; (*de dedos*) snap; (*de madera*) crack; (*de galletas etc*) crunch.
chasquilla(s) *nf(pl)* (*And, CSur: flequillo*) fringe.
chata *nf* (**a**) bedpan. (**b**) (*Náut*) barge. (**c**) (*CSur: Ferro*) flatcar.
chatarra *nf* scrap (iron).
chatarrero *nm* scrap dealer *o* merchant.
chateo *nm* (*fam*) drinking; **ir de ~** to go for a few (drinks).
chati *nmf* (*fam*) love, darling.
chato 1 *adj* (**a**) (*nariz*) snub. (**b**) (*objeto*) flattened, blunt; (*barco etc*) flat; (*Arquit*) low, squat; (*And, Chi: persona*) short. (**c**) (*Méx: pobre*) poor, wretched; **quedarse ~ (con**

algo) (*Méx fam*) to be disappointed (at sth). **2** *nm* wine tumbler, tumbler (of wine).
chau *interj* = **chao**.
chaucha 1 *adj inv* (*LAm Agr etc*) ripening early. **2** *nf* (**a**) (*LAm*) early potato; (*CSur*) string bean; (*Per*) food. (**b**) (*Chi, Per: fam: dinero*) dough *(fam)*; ~**s** (*CSur fam*) peanuts *(fam)*, trifles.
chauchao, **chauchau** *nm* (*Chi, Per*) stew, chow *(fam)*.
chauchera *nf* (*And, CSur*) purse, pocketbook.
chaufa *nf* (*LAm*) Chinese fried rice.
chauvinismo *nm* chauvinism.
chauvinista *adj, nmf* chauvinist.
chaval(a) *nm/f (fam)* lad/lass, boy/girl, kid *(fam)*; **es un** ~ he's only a kid (still).
chavalo *nm* (*Nic fam*) lad, kid *(fam)*.
chaveta 1 *nf* cotter (pin); (*LAm*) broad-bladed knife; **perder la** ~ *(fam)* to go off one's rocker *(fam)*. **2** *adj inv*: **estar** ~ *(fam)* to be nuts *(fam)*.
chavo *nm* (**a**) (*Méx, CAm: fam: tío*) bloke *(Brit fam)*, guy *(fam)*. (**b**) **no tener** *o* **estar sin un** ~ to be skint *(fam)*, be stony broke *(US)*.
chayote *nm* chayote, vegetable pear *(US)*.
che¹ *nf* the (name of the) letter ch.
che² *interj* (*CSur*) hey!; (*en conversación*) man, boy, friend.
checar [1g] *vt* (*esp Méx*) = **chequear**.
checo/a *adj, nm/f* Czech.
checoslovaco/a *adj, nm/f* Czechoslovakian.
Checoslovaquia *nf* Czechoslovakia.
chele/a *adj* (*CAm*) fair, blond(e).
cheli *nm (fam)* (**a**) bloke *(Brit fam)*, guy *(fam)*. (**b**) (*Ling*) jargon, *esp* Madrid slang.
chelo¹ *adj* (*Méx*) fair, blond(e).
chelo² *nm* (*Mús*) cello.
chepa 1 *nf* hump. **2** *nm* hunchback.
cheque *nm* cheque, check *(US)*; ~ **abierto/en blanco/cruzado** open/blank/crossed cheque; ~ **sin fondos** bounced *o* dud cheque; ~ **al portador** cheque payable to bearer; ~ **de viaje** traveller's *o (US)* traveler's cheque; **pagar con** ~ to pay by cheque; **cobrar un** ~ to cash a cheque; **extender un** ~ to make out a cheque.
chequear [1a] *vt* (*gen: esp LAm: cuenta, documento*) to check; (*investigar*) to check (up) on; (*LAm: cheque*) to issue, write; (*LAm: equipaje etc*) to register; (*Méx Aut*) to service.
chequeo *nm* check; (*Med*) check-up; (*Aut*) servicing.
chequera *nf* (*LAm*) cheque book, checkbook *(US)*.
cherife *nm* (*LAm*) sheriff *(US)*.
chévere *adj* (*esp Col, Ven*) great, fabulous *(fam)*.
chic 1 *adj inv* chic, smart. **2** *nm* elegance.
chica *nf* girl; (*criada*) maid, servant.
chicana *nf* (*Méx*) chicanery.
chicanear [1a] *vi* (*Méx*) to use trickery, be cunning.
chicanero *adj* (*Méx*) tricky, crafty.
chicano *adj* Chicano, Mexican-American.
chicle *nm* chewing gum; ~ **de globo** bubble gum.
chiclear [1a] *vi* (*CAm, Méx*) (**a**) (*cosechar*) to extract gum. (**b**) (*masticar*) to chew gum.
chiclero *nm* (*Méx, CAm*) gum collector.
chico 1 *adj* (*esp LAm*) small, little; **quedarse** ~ to be humiliated; **dejar** ~ **a algn** to put sb in the shade. **2** *nm* boy, lad; (*fam: en oración directa*) mate *(fam)*, pal *(fam)*; **es (un) buen** ~ he's a good lad; ~ **de oficina** office boy; **mira** ~, **déjalo** OK, just leave it, will you?
chicolear [1a] *vi* (*Méx fam*) to flirt, say nice things.
chicoleo *nm* (*Méx*) (**a**) (*piropo*) compliment, flirtatious remark. (**b**) (*fam: flirteo*) flirting.
chicoria *nf* chicory.
chicotazo *nm* (*LAm*) lash.
chicote *nm* (**a**) (*Náut*) piece of rope, rope end; (*LAm*) whip, lash. (**b**) (*fam: puro*) cigar.
chicotear [1a] (*LAm*) *vt* (*azotar*) to whip, lash; (*pegar*) to beat up.
chicha¹ *nf* (*LAm*) maize liquor, corn liquor *(US)*; ~ **de uva** unfermented grape juice; **ni** ~ **ni limonada** neither fish nor fowl; **sacar la** ~ **a algn/algo** (*CSur*) to exploit sb/sth very thoroughly.
chicha² *nf (fam)* meat; **tiene poca(s)** ~**(s)** she's as thin as a rake *(fam)*.
chicha³ *adj*: **calma** ~ (*Náut*) dead calm.
chícharo (*LAm*) *nm* (*guisante*) pea; (*garbanzo*) chickpea.
chicharra *nf* (**a**) harvest bug, cicada; **es como** ~ **en verano** it's nasty, it's unpleasant; **canta la** ~ it's terribly hot, it's roasting *(fam)*. (**b**) (*fig*) chatterbox. (**c**) (*Elec*) bell, buzzer.
chicharrero *nm* oven, hothouse; (*fig: calor*) suffocating heat.
chicharro *nm* horse-mackerel.
chicharrón *nm* (pork) crackling; **estar hecho un** ~ to be burnt to a cinder.
chiche 1 *adj, adv* (*CAm*) easy, simple; (*adv*) easily; **está** ~ it's a cinch *(fam)*. **2** *nm* (**a**) (*CAm, Méx: fam: pecho*) breast, tit *(fam)*. (**b**) (*CSur fig: joya*) trinket; (*: juguete*) small toy. **3** *nf* (*Méx*) nursemaid.
chichear [1a] *vt, vi* to hiss.
chicheo *nm* hiss, hissing.
chichería *nf* (*And*) chicha tavern *o* shop *o* bar; (*fábrica*) chicha factory.
chichero *nm* chicha vendor *o* maker.
chichi *nf* (*Méx fam*) (**a**) (*teta*) tit *(fam)*. (**b**) (*niñera*) nursemaid.
chichón *nm* (*bulto*) lump, swelling.
chichonear [1a] *vi* (*CSur*) to joke.
chifa *nf* (*Chi, Per*) Chinese restaurant.
chifla *nf* (*Dep etc*) hissing, whistling.
chiflado/a *(fam)* **1** *adj* barmy, round the bend *o* twist *(fam)*; **estar** ~ **con** *o* **por** to be crazy about. **2** *nm/f* crazy person.
chifladura *nf* (**a**) = **chifla**. (**b**) *(fam)* craziness; (*: una* ~) crazy idea, wild scheme; **su** ~ **es el ajedrez** his mania is chess, he is crazy about chess.
chiflar [1a] **1** *vt* (**a**) (*Teat*) to hiss, boo, whistle at; (*pito*) to blow. (**b**) (*fam: beber*) to drink, knock back *(fam)*. (**c**) (*fam: encantar*) to entrance, captivate; (*: volver loco*) to drive crazy; **esa chica le chifla** *o* **tiene chiflado** he's crazy about that girl; **me chiflan los helados** I just adore ice cream. **2** *vi* (*esp LAm*) to whistle, hiss; (*CAm, Méx: aves*) to sing. **3 chiflarse** *vr* (**a**) *(fam)* to die, snuff it *(fam)*; ~ **con** *o* **por** to be/go crazy about. (**b**) **chiflárselas** (*CAm*) to snuff it *(fam)*.
chiflido *nm* (*esp LAm: silbido*) whistle; (*siseo*) hiss.
chiflón *nm* (*LAm*) (sudden) draught *o (US)* draft (of air).
chigüín/ina *nm/f* (*CAm fam*) kid *(fam)*.
chihuahua *nm* chihuahua.
chiita *adj, nmf* Shi'ite.
chilaba *nf* (d)jellabah.
chilco *nm* (*Chi*) wild fuschia.
Chile *nm* Chile.
chile *nm* (**a**) (*Bot, Culin*) chili pepper. (**b**) (*CAm fig fam: tb* ~**s**) joke.
chileno/a *adj, nm/f* Chilean.
chilpayate *nm* (*Méx fam*) kid *(fam)*.
chilla¹ *nf* (*tabla*) thin board, weatherboard, clapboard *(US)*.
chilla² *nf* (*Chi: zorro*) small fox.
chilla³ *nf* (*Méx: pobreza*) poverty; **estar en la** ~ to be very poor.
chillar [1a] *vi* (**a**) (*fiera*) to howl; (*ratón*) to squeak; (*cerdo*) to squeal; (*ave*) to screech, squawk; (*persona*) to shriek, scream; (*radio*) to blare; (*frenos*) to screech, squeal. (**b**) (*colores*) to scream, jar, be loud. (**c**) (*fig*) to shout, protest; **no** ~ (*LAm*) to keep one's mouth shut, not say a word.
chillería *nf* row, hubbub.

chillido *nm* (*V chillar*) howl; squeak; squeal; screech, squawk; shriek, scream.
chillón *adj* (*color*) loud, lurid; (*sonido*) shrill.
chimar [1a] *vt* (*CAm, Méx*) to annoy, bother.
chimba *nf* (*And, CSur: orilla*) opposite bank (of a river); (*: barrio*) suburb.
chimbar [1a] *vt* (*And, CSur*) to ford.
chimbe = **chimba**.
chimenea *nf* (**a**) chimney; (*Náut etc*) funnel; (*Min*) shaft; ~ **de aire** air shaft; ~ **refrigeradora** cooling tower. (**b**) (*hogar*) hearth, fireplace; ~ **francesa** fireplace.
chimichurri *nm* barbecue sauce.
chimiscolear [1a] *vi* (*Méx: chismear*) to go around in search of gossip.
chimpancé *nm* chimpanzee.
China *nf* China.
china[1] *nf* (*Culin etc*) china(ware).
china[2] *nf* (*Geol*) pebble; (*fam: de droga*) block; **le tocó la** ~ he had bad luck.
china[3] *nf* (*And, CSur*) (**a**) (*india*) Indian girl *o* woman; (*niñera*) nursemaid; (*criada*) servant girl. (**b**) (*Téc*) fan, blower.
chinampa *nf* (*Méx*) floating garden.
chinchar [1a] (*fam*) **1** *vt* to pester, annoy; **me chincha tener que hacerlo** it upsets me to have to do it. **2 chincharse** *vr* to get cross, get upset; **¡para que te chinches!** so there!
chincharrero *nm* (*And*) small fishing boat.
chinche *nm o nf* (**a**) bug, (*esp*) bedbug; **caer** *o* **morir como ~s** to die like flies. (**b**) (*clavo*) drawing pin, thumbtack *(US)*. (**c**) (*fig: molestia*) nuisance.
chincheta *nf* drawing pin, thumbtack *(US)*.
chinchilla *nf* chinchilla.
chinchín *nm* (**a**) (*música*) street music. (**b**) (*CSur: sonajero*) baby's rattle.
chinchona *nf* quinine.
chinchorrería *nf* (**a**) (*pesadez*) fussiness. (**b**) (*chisme*) piece of gossip.
chinchorrero *adj* (**a**) (*pesado*) fussy (about details). (**b**) (*chismoso*) gossipy.
chinchorro *nm* (**a**) (*red*) dragnet. (**b**) (*chalupa*) rowing boat, dinghy. (**c**) (*LAm: hamaca*) hammock.
chinchoso *adj* (**a**) full of bugs. (**b**) = **chinchorrero**. (**c**) (*pesado*) tiresome.
chinchulines *nmpl* (*CSur Culin*) tripe *sg*.
chinear [1a] *vt* (*CAm: niño*) to carry in one's arms; (*: mimar*) to spoil.
chinela *nf* (*zapatilla*) slipper; (*chanclo*) clog.
chinero *nm* china cupboard.
chinga *nf* (*CAm fam*) fag end, cigar stub; (*: posos*) dregs *pl*.
chingado/a (*fam!*) *adj* lousy *(fam!)*, bloody *(fam!)*; **hijo de la ~a** bastard *(fam!)*, son of a bitch *(US fam!)*.
chingana *nf* (**a**) (*And, CSur*) dive *(fam)*, tavern, cheap dance hall. (**b**) (*CSur: fiesta*) wild party.
chinganear [1a] *vi* (*And, CSur*) to go on the town, live it up *(fam)*.
chingar [1h] **1** *vt* (**a**) (*beber con exceso*) to knock back *(fam)*. (**b**) (*fam!*) to fuck (up) *(fam!)*, screw (up) *(fam!)*; **no chingues** (*Méx fam*) don't mess me around *(fam)*; **¡chinga tu madre!** (*Méx fam!*) fuck off! *(fam!)*. (**c**) (*CAm*) to dock, cut the tail of. **2** *vi* (**a**) to get pissed *(fam!)*. (**b**) (*CAm, Méx: fam*) to lark about *(fam)*. **3 chingarse** *vr* (**a**) (*fam*) to get pissed *(fam)*. (**b**) (*CAm, Méx: fam*) to fail; **la fiesta se chingó** the party was a disaster *(fam)*.
chingo 1 *adj* (**a**) (*CAm: vestido*) short; (*: romo*) blunt; (*: animal*) tailless. (**b**) (*CAm: desnudo*) (half-)naked. **2** *nm* (**a**) (*And: caballo*) colt. (**b**) (*And, CAm: barca*) small boat.
chingón *nm* (*Méx fam*) big shot *(fam)*, boss.
chingue *nm* (*Chi*) skunk.
chinita *nf* (*And, CSur*) (**a**) (*criada*) maid; (*criado*) servant. (**b**) (*Zool: mariquita*) ladybird, ladybug *(US)*.
chino[1]**/a**[4] **1** *adj, nm/f* Chinese. **2** *nm* (**a**) (*individuo*) Chinaman. (**b**) (*Ling*) Chinese; (*fig*) Greek, double Dutch; **hablar en** ~ to talk gobbledygook.
chino[2] **1** *adj*: **barrio** ~ (*euf*) red-light district. **2** *nm* (*LAm: mestizo*) half-breed; (*criado*) servant; (*indio*) Indian; **quedar como un** ~ (*CSur*) to come off badly; **trabajar como un** ~ (*esp CSur*) to work like a slave; **es trabajo de ~s** it's slave labour *o (US)* labor. (**b**) **~s** (*Méx*) curls. (**c**) (*rabia*) anger; **le salió el** ~ he got angry.
chip *nm* (*Inform*) chip.
chipe *adj* (*CAm fam: enfermizo*) weak, sickly.
chipiar [1a] *vt* (*CAm fam*) to bother, pester.
chipichipi *nm* (*CAm, Méx: fam*) continuous drizzle.
chipirón *nm* squid.
chipotear [1a] *vt* (*CAm*) to slap.
Chipre *nf* Cyprus.
chipriota, chipriote *adj, nmf* Cypriot.
chiquear [1a] **1** *vt* (*Méx*) to spoil, indulge. **2 chiquearse** *vr* (**a**) (*Méx*) to be pampered. (**b**) (*CAm: contonearse*) to swagger along, waggle one's hips.
chiqueo *nm* (**a**) (*Carib, Méx*) caress. (**b**) (*CAm: contoneo*) swagger.
chiquero 1 *nm* (*lit, fig*) pigsty; (*Taur*) bull pen. **2** *adj* (*persona*) fond of kids.
chiquillada *nf* (**a**) childish prank; **esos son ~s** that's kid's stuff *(fam)*. (**b**) (*esp LAm fam*) kids *pl*, group of children.
chiquillería *nf*: **una** ~ a crowd of youngsters.
chiquillo/a *nm/f* kid *(fam)*, youngster, child.
chiquitín/ina 1 *adj* tiny. **2** *nm/f* tiny tot.
chiquito/a 1 *adj* (*esp LAm*) tiny. **2** *nm/f* kid *(fam)*; **andarse con ~as** to beat about the bush. **3** *nm*: **un** ~ (*CSur*) a bit, a little.
chiribita *nf* (**a**) spark; **echar ~s, estar que echa ~s** to be furious; **le hacían ~s los ojos** her eyes sparkled *o* lit up. (**b**) **~s** (*fam*) spots before the eyes. (**c**) (*Bot*) daisy.
chiribitil *nm* (*desván*) attic, garret; (*cuchitril*) cubbyhole.
chirigota *nf* joke; **estar de** ~ to be joking; **tomarse algo a** ~ to take sth as a joke *o* in good heart; (*pey*) to treat sth too lightly.
chirimbolo *nm* thingummyjig *(fam)*; **~s** things, gear *sg*.
chirimía *nf* hornpipe.
chirimiri *nm* drizzle.
chirimoya *nf* custard apple, cherimoya *(US)*.
chiringuito *nf* refreshment stall *o* stand.
chirinola *nf* (**a**) (*discusión*) heated discussion. (**b**) (*nimiedad*) trifle, triviality.
chiripa *nf* (*Billar*) lucky break; (*fig*) fluke, stroke of luck; **de** *o* **por** ~ by a fluke, by chance.
chiripá *nm* (*CSur*) Amerindian breeches *pl*, *kind of blanket worn as trousers*.
chirla *nf* mussel, clam.
chirle *adj* insipid.
chirlo *nm* gash, slash (in the face); (*cicatriz*) (long) scar.
chirola, chirona *nf* (*fam*) *nf* (*LAm fam*) clink *(fam)*, jail; **estar en** ~ to be in the clink.
chirriar [1b] *vi* (**a**) (*grillo*) to chirp, sing; (*ave*) to screech, squawk; (*gozne, puerta*) to creak, squeak; (*frenos*) to screech, squeal. (**b**) (*And: tiritar: de frío etc*) to shiver.
chirrido *nm* (*chirriar: gen*) shrill sound; (*V vi*) screech(ing), squawk(ing); creak(ing); squeak(ing).
chirrionar [1a] *vt* (*Méx*) to whip, lash.
chis *interj* sh!
chiscón *nm* hovel.
chisme *nm* (**a**) (*gen*) gadget; **~s** things, gear *sg*. (**b**) (*fig: cosa*) thing, thingummyjig *(fam)*; **~s** (*fig*) paraphernalia *sg*. (**c**) (*fig: habladuría*) piece of gossip, tale; **~s** gossip *sg*; **siempre anda con ~s** she's always talking about somebody.
chismear [1a] *vi* to gossip, spread scandal.
chismería *nf*, **chismerío** *nm* (*CSur*) gossip, scandal.
chismorrear [1a] *vi* = **chismear**.

chismorreo *nm* = **chismería**.
chismoso/a 1 *adj* gossiping, scandalmongering. **2** *nm/f* gossip.
chispa 1 *nf* (**a**) spark; (*fig*) sparkle, gleam; **echar ~s** (*fig*) **estar que echa ~s** (*fig*) to be hopping mad (*fam*).
(**b**) (*gota de lluvia*) drop; **caen ~s** it's just spitting.
(**c**) (*fig: pizca*) bit, tiny amount; **una ~ de café** a tiny drop of coffee; **una ~ de sal** a pinch of salt; **ni ~** not the least bit.
(**d**) (*fig: genio*) wit; **no tiene ni ~ de gracia** it's awfully *o* incredibly dull; **Juan tiene ~** John's witty.
(**e**) (*fam: borrachera*) drunkenness; **coger** *o* **pillar una ~** to get sloshed (*fam*).
2 *adj inv*: **estar ~** (*fam*) to be sloshed (*fam*).
chispazo *nm* (**a**) spark; **primeros ~s** (*fig*) first signs. (**b**) = **chisme (c)**.
chispeante *adj* (*fig*) sparkling, scintillating.
chispear [1a] *vi* (**a**) to spark. (**b**) (*fig*) to sparkle, scintillate. (**c**) (*Met*) to drizzle.
chisporrotear [1a] *vi* to throw out sparks; (*aceite*) to hiss, splutter; (*carne*) to sizzle; (*leña*) to crackle.
chisquero *nm* pocket lighter.
chistar [1a] (*fam*) *vi*: **no ~** not to say a word; **sin ~** without a word; **nadie chistó** nobody answered back; **a ése no le chista nadie** you don't dare answer him back.
chiste *nm* joke, funny story; **~ verde** blue joke, dirty story; **caer en el ~** to get the point of the story, get it; **dar en el ~** to guess right; **hacer ~ de algo, tomar algo a ~** to take sth as a joke; **tiene ~** it's funny.
chistera *nf* (**a**) fish basket; (*Dep*) *variety of pelota racket*. (**b**) (*fam*) top hat.
chistoso/a 1 *adj* funny, amusing. **2** *nm/f* wit, amusing person.
chistu *nm* = **txistu**.
chistulari *nm* = **txistulari**.
chita[1]: **a la ~ callando** *adv* unobtrusively.
chita[2] *nf* anklebone; **dar en la ~** to hit the nail on the head.
chito, chitón *interj* sh!
chiva *nf* (**a**) (*Zool*) kid; (*cabra*) nanny goat. (**b**) (*LAm: barba*) goatee (beard). (**c**) (*CAm: manta*) blanket, bedcover.
chivar [1a] **1** *vt* (*LAm: fastidiar*) to annoy, upset. **2 chivarse** *vr* (**a**) (*fam*) to grass (*fam*) (*a, de* on), inform (*a, con* on), squeal (*fam*) (*a, con* on); **~ a la maestra** to tell the teacher. (**b**) (*LAm fam*) to get annoyed.
chivatazo *nm* (*fam*) tip-off; **dar ~** to inform, give a tip-off.
chivatear [1a] *vi* (**a**) = **chivarse (a)**. (**b**) (*CSur*) to shout.
chivato *nm* (**a**) (*Zool*) kid. (**b**) (*fam*) informer. (**c**) (*Ven fam*) prominent person.
chivo *nm* (**a**) (*Zool*) billy goat. (**b**) (*CSur: rabia*) fit of anger. (**c**) (*fig, Rel*) **~ (expiatorio)** scapegoat.
chocante *adj* (**a**) (*sorprendente*) startling, striking; (*notorio*) noteworthy; (*raro*) odd, strange; **lo ~ es que** the odd thing about it is that. (**b**) (*escandaloso*) shocking, scandalous. (**c**) (*esp LAm: pesado*) tiresome; (*: desagradable*) offensive, unpleasant.
chocar [1g] **1** *vt* (**a**) to shock; (*sorprender*) to startle, surprise; (*asquear*) to disgust; **me choca que no lo hayan hecho** I am surprised that they haven't done it.
(**b**) (*vasos*) to clink; (*manos*) to shake; **¡chócala!** (*fam*) put it there! (*fam*); **~ esos cinco** to shake on it; **~ la mano con algn** to shake hands with sb.
2 *vi* (**a**) to shock; (*sorprender*) to be surprising; **no es de ~** it's not all that surprising.
(**b**) (*Aut etc*) to collide, crash (*con, contra* with, against); (*vasos*) to clink; (*platos*) to clatter; (*Mil, fig*) to clash; **~ con** to collide with, crash into, smash against; **el balón chocó con el poste** tha ball crashed onto the post; **los coches chocaron** the cars crashed (into each other); **sus personalidades chocan** their personalities clash.
chocarrería *nf* (**a**) coarseness, vulgarity. (**b**) (*una ~*) coarse joke, dirty story.
chocarrero *adj* coarse, vulgar.
choclo[1] *nm* clog; **meter el ~** (*Méx fam*) to put one's foot in it.
choclo[2] *nm* (*LAm Agr*) ear of (tender) maize, cob of sweet corn.
choclón *nm* (*Chi*) crowd.
choco[1] (*Chi*) *nm* poodle.
choco[2] *adj* (*And, CSur: rojo*) dark red.
choco[3] **1** (*Chi*) *adj* (*manco*) one-armed; (*cojo*) one-legged; (*tuerto*) one-eyed. **2** *nm* (**a**) (*CSur: tocón*) stump (of tree). (**b**) (*And: chistera: sombrero*) top hat.
choco[4] *nm* (*Zool*) cuttlefish.
chocolate 1 *adj* (*LAm*) chocolate-coloured *o* (*US*) -colored. **2** *nm* (**a**) chocolate; **~ con leche** milk chocolate; **~ negro** plain chocolate. (**b**) (*fam*) dope (*fam*), marijuana.
chocolatera *nf* (**a**) chocolate pot. (**b**) (*fam*) piece of junk; (*Aut*) old crock; (*Náut*) hulk.
chocolatería *nf* chocolate factory *o* shop.
chocolatero *adj* fond of chocolate.
chocolatina *nf* (*tableta*) bar of chocolate; (*dulce*) chocolate.
chochear [1a] *vi* (**a**) to dodder, be senile. (**b**) (*fig*) to be soft.
chochera, chochez *nf* (**a**) senility. (**b**) (*una ~*) sentimental act.
chocho[1] *adj* (**a**) (*senil*) doddering, senile. (**b**) (*fig*) sentimental; (*CSur*) delighted, pleased.
chocho[2] *nm* candy stick; **~s** sweets, candies (*US*).
chofer *nm* (*LAm*), **chófer** *nm* driver; (*de bus*) bus driver.
cholgas *nfpl* (*CSur*) mussels.
cholo/a 1 *adj* (**a**) (*LAm*) half-breed (*fam*), mestizo. (**b**) (*Chi: miedoso*) cowardly. **2** *nm/f* (*And, CSur*) dark-skinned.
cholla *nf* (*fam*) nut (*fam*), head; (*fig*) brains.
chollo *nm* (*fam*) bargain, snip (*fam*).
chomba chompa *nf* (*And, CSur*) jumper, sweater.
chompipe *nm* (*CAm*) (species of) turkey.
chonchón *nm* (*Chi*) lamp.
chongo *nm* (**a**) (*Méx: moño*) bun. (**b**) (*CAm, Méx: trenzas*); **~s** pigtails.
chontal 1 *adj* (*CAm*) wild, uncivilized. **2** *nm* (*And*) peach palm.
chopería *nf* (*Chi*) (beer) bar.
chopo *nm* (**a**) (*Bot*) black poplar; **~ de Italia** *o* **lombardo** Lombardy poplar. (**b**) (*Mil fam*) gun; **cargar con el ~** (*fig*) to join up.
chop(p) *nm* (*Chi: vaso*) large beer glass; (*cerveza*) draught *o* (*US*) draft beer.
choque *nm* (**a**) impact; (*explosión*) blast, shock wave. (**b**) (*ruido*) crash; (*platos etc*) clatter; (*vasos*) clink. (**c**) (*Aut, Ferro etc*) crash, smash; **~ de frente** *o* **frontal** head-on collision; **~ de trenes** rail smash. (**d**) (*Elec, Med*) shock. (**e**) (*Mil, fig*) conflict; **ejército/tropas de ~** storm troops; **~ cultural** culture shock; **entrar en ~** to clash; **estar en abierto ~ con** to conflict openly with.
choquezuela *nf* kneecap.
chorear [1a] **1** *vi* (*Chi fam: refunfuñar*) to grumble, complain. **2** *vt*: **me chorea** it gets up my nose (*fam*).
choreo *nm* (*Chi*) complaint.
chorizar [1f] *vt* (*fam: robar*) to nick (*fam*); **me han chorizado la bici** they've nicked my bike (*fam*).
chorizo *nm* (**a**) (*Culin*) hard pork sausage. (**b**) (*en circo*) balancing pole. (**c**) (*fam: ratero*) small-time crook; (*maleante*) criminal; (*carterista*) pickpocket. (**d**) (*And, CSur: Culin*) **bife de ~** rump steak.
chorlito *nm*: **cabeza de ~** (*fam*) scatterbrain, dimwit (*fam*).
choro *nm* (*And, CSur*) mussel.
chorote *nm* (*Méx, Ven*) drinking chocolate (with brown sugar).

chorra *(fam)* **1** *nf* luck; **¡qué ~ tiene!** how jammy can you get! *(fam)*; **de ~** by chance. **2** *nmf (idiota)* fool, idiot.
chorrada *nf* **(a)** *(líquidos)* extra drop. **(b)** *(adorno)* unnecessary adornment *o* detail; *(objeto)* knick-knack; *(regalito)* little something, small present. **(c)** *(tonterías)* drivel *(fam)*; **no digas ~s** talk sense!; **la película es una ~** the film is garbage *(fam)*.
chorrear 1a **1** *vt* **(a)** *(Mil fam)* to tick off, dress down. **(b)** *(verter)* to pour. **(c)** *(CSur: robar)* to pinch *(fam)*. **2** *vi* **(a)** *(salir a chorros)* to gush (forth), spout (out); *(gotear)* to drip; **~ de sudor** to run with sweat; **la ropa chorrea todavía** his clothes are still wringing wet. **(b)** *(fig)* to trickle in, away *etc*. **3 chorrearse** *vr*: **~ algo** *(fam)* to pinch sth.
chorreo *nm* **(a)** *(flujo)* gushing, spouting; *(goteo)* dripping. **(b)** *(fig)* constant drain on resources *etc*.
chorrera *nf* **(a)** spout. **(b)** **~s** *(Cos)* frill *sg*. **(c)** **una ~ de** *(Méx fig)* a string *o* stream of.
chorretada *nf* **(a)** squirt, jet. **(b)** = **chorrada (a)**.
chorrillo *nm (fig)* steady trickle.
chorro *nm* **(a)** jet; *(caudalito)* dribble, trickle; **beber a ~** to drink without touching the bottle *etc*; **llover a ~s** to pour; **salir a ~s** to gush forth, come spurting out. **(b)** *(Téc)* jet, blast; *(Aer)* jet; **~ de arena** sandblast; **~ de vapor** steam jet; **con propulsión a ~** jet-propelled. **(c)** *(fig)* stream; **un ~ de palabras** a torrent of words; **a ~s** in plenty, in abundance; **hablar a ~s** to talk nineteen to the dozen. **(d)** *(CSur fam: ladrón)* thief, pickpocket.
chota *nf*: **estar como una ~** *(fam)* to be hopping mad *(fam)*.
chotear 1a *(LAm)* **1** *vt* to make fun of. **2 chotearse** *vr* to joke *(de* about).
choteo *nm* kidding, joking; **estar de ~** to be kidding.
chotis *nm inv traditional dance of Madrid*.
choto 1 *adj (CAm)* abundant, plentiful. **2** *nm* **(a)** *(cabrito)* kid; *(ternero)* calf. **(b)** *(CSur fam!)* prick *(fam!)*.
choza *nf* hut, shack.
chrisma [krisma] *nf*, **christma(s)** [krisma] *nm (pl* **christmas** [krismas]) Christmas card.
chubasco *nm* **(a)** *(Met)* squall, sudden rainstorm; **~ de nieve** (brief) snowstorm. **(b)** *(fig)* setback; **aguantar el ~** *(fig)* to weather the storm.
chubasquero *nm* cagoule, foul-weather gear *(US)*.
chúcaro *adj (LAm: salvaje)* wild, untamed; *(: tímido)* shy.
chucear 1a *vt (LAm)* to prick, goad.
chucrút *nm*, **chucruta** *nf* sauerkraut.
chucha *nf* **(a)** *(Zool)* bitch. **(b)** *(fam)* sweetheart.
chuchada *nf (CAm)* trick, swindle.
chuchería *nf* **(a)** *(adorno)* trinket. **(b)** *(bocada)* titbit; *(dulce)* sweet.
chucho 1 *adj (CAm fam: tacaño)* mean, stingy *(fam)*. **2** *nm* **(a)** *(Zool)* mongrel; **¡~!** down boy! **(b)** *(pastel)* custard-filled doughnut.
chuchumeca *nf (And, CSur: fam)* whore.
chuchumeco *nm (Méx fam: enano)* dwarf, runt.
chueca *nf* **(a)** *(Bot)* stump. **(b)** *(Anat)* round head of a bone. **(c)** *(fig)* practical joke, prank; **gastar una ~ a algn** to play a joke on sb.
chueco *adj (LAm: gen: torcido)* crooked, bent; *(: pierna)* bandy-legged.
chufa *nf* chufa, earth almond; **horchata de ~** drink made from chufas.
chufeta *nf* = **chufleta**.
chufla *nf* joke, merry quip; **tomar algo a ~** to take sth as a joke.
chuflarse 1a *vr* to joke, make jokes.
chufleta *nf* joke; *(mofa)* taunt.
chufletear 1a *vi* to joke; *(mofar)* to jeer.
chuico *nm (Chi)* demijohn.
chula *nf* coarse woman, flashy female; *V tb* **chulo**.
chulada *nf* **(a)** *(grosería)* coarse thing; *(truco)* mean trick. **(b)** *(fam)* **¡qué ~ de moto!** wow! what a cracking bike! **(c)** *(fam)* = **chulería (a)**.
chulear 1a *vt (fam)* **(a)** to make fun of. **(b)** to pinch *(fam)*, swipe *(fam)*; *(prostitutas)* to live off.
chulería *nf* **(a)** *(encanto)* natural charm, winning ways; *(vulgaridad)* commonness, vulgarity. **(b)** *(una ~)* = **chulada (a)**.
chulesco *adj* = **chulo 1**.
chuleta *nf* **(a)** chop, cutlet; **~ de cerdo/de ternera** pork/veal chop. **(b)** *(Cos)* insert. **(c)** *(golpe)* punch, bash *(fam)*. **(d)** *(Escol etc: fam)* crib *(fam)*, trot *(US)*. **(e)** *(fam: persona agresiva)* pushy person *(fam)*; *(fachendón)* show off *(fam)*; = **chulo 3 (b)**. **(f)** **~s** *(fam)* side-whiskers.
chuletada *nf* barbecue.
chuletón *nm* large steak, T-bone steak.
chulo 1 *adj* **(a)** *(fam)* amusing; *(encantador)* charming.
(b) *(apariencias)* smart; *(vulgar)* flashy, vulgar.
(c) *(aire)* proud; *(paso)* jaunty, swaggering; **iba andando muy ~** he swaggered along.
(d) *(conducta)* bold; *(pey)* overbold, fresh; **no te pongas ~ conmigo** don't get fresh with me.
(e) *(carácter)* rascally.
(f) *(fam: bonito)* pretty; *(: elegante)* attractive, elegant; **¡qué vestido más ~!** what a lovely dress!
2 *adv (CAm, Méx: fam)* well; **jugar ~** to play well.
3 *nm* **(a)** working-class person from Madrid.
(b) *(rufián)* layabout, rascal; **~ de putas** pimp.
(c) *(Col fam: buitre)* vulture, buzzard *(US)*.
chullo *nm (Per)* woollen *o (US)* woolen cap.
chumacera *nf (Mec)* ball bearing; *(Náut)* rowlock, oarlock *(US)*.
chumado *adj (Arg fam)* drunk, tight *(fam)*.
chumarse 1a *vr (Arg fam)* to get drunk.
chumbar 1a *vt (CSur: suj: perro)* to attack, go for; **¡chúmbale!** at him, boy!
chumbe *nm (LAm)* sash.
chumbera *nf* prickly pear.
chumbo *nm* prickly pear.
chuminada *nf (fam)* **(a)** *(tontería)* silly thing, piece of nonsense. **(b)** *(detalle)* petty detail; *(objeto)* trinket.
chuncho/a *(Per pey)* **1** *adj* savage, rustic. **2** *nm/f* savage Indian.
chunga *nf (fam)* fun; **contar ~s** to crack jokes *(fam)*; **estar de ~** to be in a merry mood; **en plan de ~** for a laugh.
chungar 1h, **chunguear** 1a **1** *vi (fam)* to crack jokes *(fam)*. **2 chungarse**, **chunguearse** *vr (fam)* to crack jokes *(fam)*; **~ de algn** to make fun of sb.
chungo *(fam) adj (malo)* rotten; *(desagradable)* nasty; *(feo)* ugly, hideous; *(dudoso)* dodgy *(fam)*; *(enfermo)* under the weather *(fam)*.
chuño *nm (LAm)* (dish made with) potato starch.
chupa[1] *nf*: **poner a algn como ~ de dómine** to give sb a tremendous ticking off.
chupa[2] *nf (fam: chaqueta)* leather jacket.
chupa[3] *nf (LAm: embriaguez)* drunkenness.
chupacirios *nmf (fam)* holy Willie *(fam)*.
chupa-chups ® *nm inv (fam)* lollipop.
chupada *nf* suck; *(en pipa)* pull, puff; **~s** sucking *sg*, suction *sg*.
chupado *adj* **(a)** *(flaco)* skinny, emaciated; **~ de cara** with a gaunt face. **(b)** *(falda)* tight. **(c)** **estar ~ de frío** to be pinched with cold. **(d)** **estar ~** *(fam: borracho)* to be drunk. **(e)** **está ~** *(fam: fácil)* it's simple, it's dead easy *(fam)*.
chupador *nm* **(a)** teething ring. **(b)** *(LAm fam: borracho)* drunkard.
chupaflor *nm (LAm)*, **chupamirto** *nm (Méx)* hummingbird.
chupar 1a **1** *vt* **(a)** to suck; *(absorber)* to absorb, take in *o* up; *(sorber)* to sip; *(pipa)* to puff at.
(b) *(fam: beber demasiado)* to drink (to excess).
(c) *(fig)* to milk; **el trabajo le chupa la salud** his work is

undermining his health; ~ **la sangre a algn** (*fig*) to bleed sb dry, take sb for everything.
2 *vi* to suck.
3 chuparse *vr* (**a**) (*fam*); **¡chúpate esa!** put that in your pipe and smoke it! (*fam*).
(**b**) ~ **el dedo** to suck one's finger; **a ver si te crees que me chupo el dedo** (*fig*) do you think I'm some sort of a mug? (*fam*); **para ~ los dedos** mouthwatering.
(**c**) (*Med*) to waste away.
(**d**) (*fam: aguantar*) to put up with; **nos chupamos toda la conferencia de pie** we managed to go through the whole of the lecture standing.
chupatintas *nm inv* penpusher.
chupe *nm* (*And, CSur: Culin*) stew.
chupete *nm* (**a**) dummy, pacifier (*US*); (*de biberón*) teat; (*LAm: pirulí*) lollipop. (**b**) (*LAm: chupada*) suck. (**c**) **de ~** delicious.
chupetear [1a] **1** *vt* to suck (at). **2** *vi* to suck (slowly).
chupeteo *nm* sucking.
chupito *nm* (*fam*) shot (*fam*).
chupo *nm* (*LAm Med*) boil.
chupón *nm* (**a**) (*Bot*) sucker. (**b**) (*fam: parásito*) sponger (*fam*). (**c**) (*dulce*) lollipop, sucking sweet; ~ **de caramelo** toffee apple. (**d**) (*LAm*) dummy, pacifier (*US*); (*biberón*) baby's bottle.
churdón *nm* raspberry.
churrasco *nm* (*barbacoa*) barbecue, roasted *o* barbecued meat; (*CSur: filete*) steak.
churrería *nf* fritter stall *o* shop.
churrero/a *nm/f* fritter maker *o* seller.
churrete *nm* grease spot, dirty mark.
churretear [1a] *vt* (*LAm*) to stain, dirty.
churria *nf* (*Méx, Col*) stain; ~**s** (*fam*) runs (*fam*), trots (*fam*).
churriento *adj* filthy.
churrigueresco *adj* (**a**) (*Arquit*) baroque. (**b**) (*fig*) excessively ornate.
churro 1 *adj* (*lana*) coarse. **2** *nm* (**a**) (*Culin*) fritter. (**b**) (*chapuza*) botch, mess; **el dibujo ha salido un ~** the sketch came out all wrong. (**c**) (*suerte*) fluke. (**d**) (*And, CSur: fam*) attractive *o* dishy person.
churrullero *adj* talkative, gossipy.
churruscar [1g] **1** *vt* to fry crisp. **2** *vi* to sizzle. **3 churruscarse** *vr* to burn.
churrusco *nm* burnt toast.
churumbel *nm* (*fam*) kid (*fam*).
churumbela *nf* (**a**) (*Mús*) flageolet. (**b**) (*CAm*) maté cup.
chus *interj*: **no decir ~ ni mus** not to say a word.
chuscada *nf* funny remark, joke.
chusco[1] *adj* funny, droll.
chusco[2] *nm*: **un ~ de pan** a chunk of bread.
chusma *nf* rabble, mob, riffraff.
chusmaje *nm* (*LAm*) = **chusma**.
chuspa *nf* (*LAm*) bag, pouch.
chutar [1a] **1** *vi* (*Dep*) to shoot (at goal). **2 chutarse** *vr* (*fam: heroína*) to shoot up (*fam*).
chute *nm* (*Dep*) shot (at goal); (*fam: heroína*) shot (*fam*).
chuzo *nm* (*Mil, Hist*) pike; (*bastón*) spiked stick; (*aguijón*) prick, goad; **caer ~s de punta** to rain cats and dogs, pelt down (*fam*).
chuzón *adj* (**a**) (*astuto*) wily. (**b**) (*ingenioso*) witty, amusing.

D

D, d [de] *nf* (*letra*) D, d.
D. *abr* (**a**) (*Fin*) *de* **debe**. (**b**) *de* **Don** Esq. (**c**) *de* **diciembre** Dec.
Da., D.ª *abr de* **Doña**.
dable *adj* possible, feasible; **en lo que sea ~** as far as possible.
dabuti (*fam*) **1** *adj* (*estupendo*) super (*fam*), smashing (*fam*). **2** *adv*: **pasarlo ~** to have a great time.
DAC *nm abr* (*LAm*) *de* **diseño asistido por computador** CAD.
dacrón ® *nm* Dacron ®.
dactilar *adj*: **huellas ~es** fingerprints.
dactilografía *nf* typing, typewriting.
dactilógrafo/a *nm/f* typist.
dadista *nm* (*Méx*) dice player.
dádiva *nf* (*regalo*) gift; (*compensación*) sop.
dadivoso *adj* generous, open-handed.
dado[1] *nm* (**a**) (*en juegos*) die; ~**s** dice. (**b**) (*Arquit*) dado. (**c**) (*Mec*) block.
dado[2] **1** *pp de* **dar**. **2** *adj* (**a**) **en un momento ~** at a certain point; ~ **las circunstancias** in view of these circumstances. (**b**) **ser ~ a** to be given to *o* very fond of (*hacer algo* doing sth). (**c**) ~ **que** (+ *subjun*) provided (that); (+ *indic*) given that.
dador(a) *nm/f* (*gen*) giver, donor; (*de carta*) bearer; (*Com*) drawer.
daga *nf* dagger.
daguerrotipo *nm* daguerrotype.
daiquiri, daiquirí *nm* daiquiri.
dalia *nf* dahlia.
daltoniano *adj* colour-blind, color-blind (*US*).
daltonismo *nm* colour blindness, color blindness (*US*).
dama *nf* (**a**) (*gen*) lady; (*noble*) gentlewoman; (*amante*) mistress; **primera ~** (*Teat*) leading lady; (*Pol*) president's wife, first lady (*US*); ~ **de honor** (*de reina*) lady-in-waiting; (*de novia*) bridesmaid; ~ **regidora** carnival queen; **'D~s y caballeros'** 'Ladies and Gentlemen'. (**b**) (*Ajedrez, Naipes*) queen; (*Damas*) king. (**c**) ~**s** (*juego*) draughts, checkers (*US*).
damajuana, damasana (*LAm*) *nf* demijohn.
Damasco *nm* Damascus.
damasco *nm* (**a**) (*tela*) damask. (**b**) (*fruta*) damson; (*LAm: árbol*) apricot tree; (*: fruta*) apricot.
damasquin(ad)o *adj* (*metal*) damask.
damasquinar [1a] *vt* (*metales*) to damask.
damnificar [1g] *vt* (*frm: persona*) to injure, harm; (*cosa*) to damage; **los damnificados** the victims.
danés/esa 1 *adj* Danish. **2** *nm/f* Dane. **3** *nm* (*idioma*) Danish.
danta *nf* (*LAm*) tapir.
dantesco *adj* (*fig*) nightmarish.
Danubio *nm* Danube.
danza *nf* (**a**) (*gen*) dancing; (*una ~*) dance; ~ **de apareamiento** courtship dance, mating display; ~ **de figuras/guerrera** square-/war dance; **él siempre está en ~** he's always buzzing around. (**b**) (*fam: negocio sucio*) shady affair; (*: lío*) mess. (**c**) (*fam: jaleo*) row, rumpus (*fam*); **armar una ~** to kick up a row.
danzante/a *nm/f* (**a**) dancer. (**b**) (*fam: persona activa*) live wire; (*: entrometido*) busybody; (*: zascandil*) scatterbrain.
dañado *adj* damaged.
dañar [1a] **1** *vt* (*objeto*) to damage; (*persona*) to harm,

hurt; (*estropear*) to spoil. **2 dañarse** *vr* **(a)** (*V vt*) to get damaged; to get hurt; to spoil. **(b)** (*comestibles etc*) to rot, go bad; (*Med*) to hurt o.s., do o.s. harm.

danzar [1f] **1** *vt* to dance. **2** *vi* **(a)** to dance (*tb fig*). **(b)** (*fam: entrometerse*) to meddle.

danzarín/ina 1 *adj* (*persona*) jumpy. **2** *nm/f* **(a)** dancer. **(b)** = **danzante (b)**.

dañino *adj* harmful (*para* to); **animales ~s** vermin, pests.

daño *nm* **(a)** (*a objeto*) damage; (*a persona*) hurt, harm, injury; **en ~ de** to the detriment of; **hacer ~ a** to damage, harm; (*Med*) to hurt, injure; **no hace ~** it doesn't hurt; **el ajo me hace ~** garlic disagrees with me; **hacerse ~** to hurt o.s.; **se hizo ~ en el pie** he hurt his foot. **(b)** (*Med*) trouble; **los médicos no saben dónde está el ~** the doctors cannot tell where the trouble is. **(c)** (*Jur*) **~s y perjuicios** damages.

dañoso *adj* harmful.

DAO *nm abr de* **diseño asistido por ordenador** CAD.

dar [1q] **1** *vt* **(a)** (*gen*) to give; (*entregar: objeto*) to hand, pass; (*: mensaje*) to deliver; (*fiesta*) to have, hold; (*golpe*) to strike; (*grito, alarido etc*) to let out; (*ejemplo*) to set; (*paso, paseo*) to take; (*luz*) to turn on; (*naipes*) to deal (out); (*noticias*) to tell, break; (*olor*) to give off; (*obra: de teatro*) to perform, put on; (*: musical*) to play; (*película*) to show, screen; **déme 2 kilos** I'll have 2 kilos; **~ los buenos días** *etc* **a algn** to wish sb good-morning *o* good-day *etc*, say hello *etc* to sb; **el reloj dio las tres** the clock struck 3 o'clock; **ya han dado las 8** it's past *o* gone 8 o'clock; **a mí no me la das** (*fam*) you can't fool me; **¡ahí te las den todas!** (*fam*) you just couldn't care less.

(b) (*producir: cosecha*) to produce; (*: flores*) to bear; (*: ganancias, intereses*) to yield; (*fig*) **me da asco/miedo/pena** *o* **lástima** it sickens/frightens/saddens me; **da gusto hablar con él** he's really nice to talk to; **le dio un fuerte dolor en el costado** he felt a sudden sharp pain in his side.

(c) (*considerar*) **~ como** *o* **por** to consider, regard as; **doy el asunto por concluido** I regard the matter as settled; **le dieron por desaparecido** they gave him up as lost.

(d) lo mismo da it makes no difference *o* odds; **lo mismo me da, tanto me da** it's all the same to me, I don't mind; **¡qué más da!, ¡da igual!** what does it matter!, never mind!

(e) ¡dale! (*gen*) go on!; (*Dep: ¡anda!*) come on!, get on with it!; (*¡pégale!*) hit him!; (*en una persecución*) after him!; **¡y dale!** (*¡otra vez!*) not again!; **estar/seguir dale que dale** *o* **dale que te pego** *o* (*LAm*) **dale y dale** to go/keep on and on.

(f) ~ a conocer (*persona*) to introduce, present; (*informe*) to release; (*sin autorización*) to leak; **~ a entender (que)** to give to understand (that); (*insinuar*) to imply (that).

2 *vi* **(a) ~ a** *o* **sobre** (*cuarto, ventana*) to look out on, overlook; (*casa*) to face (towards).

(b) ~ con (*persona: topar*) to meet, run into; (*: hallar*) to find; (*idea, solución*) to hit on; **el barco dio contra el puente** the ship struck the bridge; **no doy con el nombre** I can't think of the name; **dio consigo en la cárcel** he ended up in jail.

(c) ~ de cabeza to fall on one's head; (*fútbol*) to head the ball; **~ de palos/puñetazos a algn** to beat/punch sb; **~ de sí** (*cuero, tela*) to give, stretch; **~ de beber/comer a algn** to give sb something to drink/eat; **~ de beber/comer a** (*a animales*) to feed.

(d) ~ en (*blanco, suelo*) to hit, see; (*error*) to fall into; (*solución*) to hit on; **~ en hacer algo** to take to *o* get into the habit of doing sth; **el sol me da en la cara** the sun is shining right in my face.

(e) ~le a algn por hacer algo to take it into one's head to do sth, begin *o* decide to do sth; **al chico le daba por dormirse en la clase** the boy was always falling asleep in class.

(f) ~ que hablar to set people talking; **una película que da en qué pensar** a thought-provoking film.

(g) ~ para to be enough for; **mi cabeza no da para más** my head can't take any more.

3 darse *vr* **(a)** (*entregarse*) to surrender, give in.

(b) (*suceso*) to happen; (*Bio*) to exist, occur; (*Agr*) to grow, come up; **si se da el caso** if that happens; **se dió una situación extraña** a funny situation arose; **los pepinos se dan bien en esta tierra** cucumbers come up a treat on this land.

(c) ~ a to take to; (*pey*) to abandon o.s. to; **~ a la bebida** to take to drink; **~ a conocer** (*hecho*) to become known.

(d) ~ con *o* **contra** to bump o.s. against.

(e) dárselas de to pose as; **se las da de experto** he fancies himself as an expert; **no te las dés de listo** stop acting the smart ass! (*fam*).

(f) ~ por to consider o.s. as; **me doy por vencido** I give up; **no se dio por aludido** he didn't take the hint; **~ por satisfecho** to be perfectly happy.

(g) no se me *etc* **da un higo** *o* **bledo** *o* **rábano** I *etc* don't care two hoots.

(h) se me dan muy bien/mal los idiomas I am very good/bad at languages.

Dardanelos *nmpl* Dardanelles.

dardo *nm* dart, shaft.

dársena *nf* dock.

data *nf* **(a)** (*fecha*) date. **(b)** (*Com*) item.

datar [1a] **1** *vt* to date, put a date on. **2** *vi*: **~ de** to date from *o* back to.

dátil *nm* (*Bot*) date.

datilera *nf* date palm.

dativo *nm* (*Ling*) dative.

dato *nm* fact, piece of information; (*Mat*) datum; **~s** data, facts, information; **no tenemos todos los ~s** we do not have all the facts; **~s estadísticos** statistics; **~s personales** personal particulars.

dB *abr de* **decibelio** dB.

DC *nf abr* (*Pol*) *de* **Democracia Cristiana**.

dcha. *abr de* **derecha** R.

d. de J. C. *abr de* **después de Jesucristo** AD.

DDT *nm abr de* **diclorodifeniltricloroetano** DDT.

de *prep* **(a)** (*posesión, pertenencia*) of; **el coche ~ mi amigo/mis amigos** my friend's car *o* the car of my friend/my friends' car; **la llave ~ mi cuarto** the key to my room; (*aposición*) **la ciudad ~ Madrid** the city of Madrid; **uno ~ nosotros** one of us; **las calles ~ Madrid** the Madrid streets, the streets of Madrid; **la carretera ~ La Coruña** the road to La Coruña; **un libro ~ Unamuno** a book by Unamuno; (*superlativo*) **el más caro ~ la tienda/mundo** the most expensive in the shop/world.

(b) (*origen, distancia*) from; **vuelo 507 ~ Londres** flight 507 from London; **es ~ Sevilla** she's from Seville; **~ A a B hay 5 kms** it is 5 kms from A to B; **tiene 3 hijos ~ su primera mujer** he has 3 children by his first wife; **salir ~ casa** to go out, leave the house.

(c) (*causa, manera, modo*) **estar loco ~ alegría** to be crazy with joy; **morir ~ hambre** to die of *o* from starvation; **~ puro cansado** out of sheer tiredness; **trabaja ~ empleado** he works as a clerk; **~ un salto** at *o* with one bound; **~ puerta en puerta** from door to door; **iban entrando ~ 2 en 2** they came in 2 by 2; **bajó la escalera ~ 4 en 4** he came down the stairs 4 at a time; **mejor ~ salud** better in health; **~ niño** as a child.

(d) (*característica, material*) **vestido ~ azul** dressed in blue; **una cadena ~ oro** a gold chain; **pintado ~ rojo** painted red; **la niña ~ pelo largo** the girl with long hair; **una clase ~ francés** a French class; **un libro ~ biología** a biology book, a book on *o* about biology; **una cocina ~ gas** a gas stove; **es abogado ~ profesión** he's a lawyer by profession.

(e) (*uso*) **goma ~ mascar** chewing gum; **máquina ~ coser** sewing machine.

(f) (*medida, valor*) **un chico ~ 15 años** a boy of 15, a 15-

year-old boy; **un viaje ~ 2 días** a journey of two days, a two-day journey; **tiene 1 metro ~ alto** it's a metre *o (US)* meter high; **una moneda ~ 5 pesos** a 5-peso coin.

(**g**) (*con números*) **3 ~ cada 4** three out of every four; **más/menos ~ 7** more/less than 7.

(**h**) (*hora y fecha*) **a las 7 ~ la mañana** at 7 o'clock in the morning, at 7 a.m.; **muy ~ mañana** very early in the morning; **~ día/noche** by day/by *o* at night; **~ mayo a julio** from May to July; **del 15 al 30** from the 15th to the 30th.

(**i**) (*condicional*) **~ ser posible** if possible; **~ haberlo sabido no hubiese venido** if he had known, he wouldn't have come; **~ no** (*LAm: si no*) otherwise; **~ no ser así** if it were not so, were it not so.

(**j**) (*contenido*) **una copa ~ vino** a glass of wine; **una cajita ~ bombones** a box of chocolates.

(**k**) (*en oraciones pasivas*) **fue amado ~ todos** he was loved by all.

(**l**) (*locuciones*) **el bueno/pobre ~ Pedro** good/poor old Peter; **el imbécil ~ Fernández** that idiot Fernández.

(**m**) (+ *infin*) **un problema fácil ~ resolver** a problem that is easily solved; **un libro grato ~ leer** a nice book to read.

dé *V* **dar**.

deagradecido *adj* ungrateful (*con, para con* to).

deambular [1a] *vi* to saunter, stroll (*por* along, in, through); (*vagar*) to wander (about).

deán *nm* (*Rel*) dean.

debacle *nf* debacle, disaster.

debajo 1 *adv* (*tb* **por ~**) underneath, below, on the underside; **pasar por ~ de algo** to pass underneath something. **2** (*tb* **por ~ de**) *prep* under, below, beneath; **~ de la mesa** under the table; **por ~ de la media** below average.

debate *nm* (*gen, Pol*) debate; (*discusión*) discussion, argument; **poner un tema a ~** to raise an issue for discussion.

debatir[1] [3a] *vt* to debate; (*discutir*) to discuss, argue about.

debatir[2] [3a] *vi*, **debatirse** *vr* (*combatir*) to struggle; (*forcejar*) to writhe; **~ entre la vida y la muerte** to be fighting for life.

debe *nm* (*en cuenta*) debit side; **~ y haber** debit and credit; **asentar algo al ~ de algn** to debit sth to sb.

deber [2a] **1** *vt* (*dinero, respeto*) to owe; **me debes 5 dólares** you owe me 5 dollars; **¿qué le debo?** (*en bares, tiendas*) how much (is it)?; **esto lo debe a influencia francesa** he owes this to French influence.

2 *vi* (**a**) (+ *infin*) **debo hacerlo** I must do it, I have to do it; **no debes comer tanto** you shouldn't eat so much; **debiera ir** he ought to go, he should go; **deberá cambiarse cada mes** it should be changed every month; **debíamos haber salido ayer** we were to have *o* should have left yesterday; **hubieras debido traerlo** you ought to have *o* should have brought it.

(**b**) (*suposición*) **debe de ser así** it must be like that, that's how it must be; **debe de ser brasileño** he must be a Brazilian; **no debe de ser muy caro** it can't be very dear; **debe de haber ido** he must have gone; **he debido perderlo** I must have lost it; **debió de perderlo** he must have lost it.

3 deberse *vr*: **~ a** to be owing *o* due to *o* because of; **se debe a que no hay carbón** it is because (of the fact that) there's no coal; **¿a qué se debe esto?** what is the explanation of this?, why is this?

4 *nm* (**a**) (*obligación*) duty, obligation; **últimos ~es** last rites.

(**b**) (*deuda*) debt.

(**c**) **~es** (*Escol*) homework *sg*.

debidamente *adv* properly; (*rellenar: documento, solicitud*) duly.

debido *adj* (**a**) (*correcto*) proper, due; (*justo*) right, correct; **a su ~ tiempo** in due course; **en ~a forma** duly; **como** *o* **según es ~** as is (only) right and proper; **no lo hizo como es ~** he didn't do it properly; **más de lo ~** more than necessary; **con las ~as precauciones** with all the necessary precautions; **una fiesta como es ~** a real party. (**b**) **~ a** owing to, due to, because of; **~ a ello** because of this; **~ a que** ... because (of the fact that) ....

débil *adj* (*gen*) weak; (*persona: físicamente*) feeble, frail; (*salud*) poor; (*esfuerzo*) feeble, halfhearted; (*voz, ruido*) faint; (*luz*) dim.

debilidad *nf* (*V adj*) weakness; feebleness, frailty; poor health; feebleness; half-heartedness; faintness; dimness; **~ senil** senility, senile decay; **tener ~ por algn** to have a soft spot for sb; **tener ~ por el chocolate** to have a weakness for chocolate.

debilitación *nf* weakening, debilitation.

debilitar [1a] **1** *vt* (*gen*) to weaken; (*Med*) to debilitate. **2 debilitarse** *vr* (*lit, fig*) to grow weak(er), weaken.

debitar [1a] *vt* (*Com*) to debit.

débito *nm* (*Com: debe*) debit; (*: deuda*) debt.

debut [de'ßu] *nm* (*pl* **~s** [de'ßus]) début.

debutante 1 *nmf* (*principiante*) beginner. **2** *nf* (*en sociedad*) debutante.

debutar [1a] *vi* to make one's debut.

década *nf* decade.

decadencia *nf* (*estado*) decadence; (*proceso*) decline, decay.

decadente *adj* decadent.

decaer [2n] *vi* to decay, decline; (*debilitarse: fuerzas*) to weaken; (*: salud*) to fail; (*negocio*) to fall off.

decaimiento *nm* (*gen*) decay; (*declinación*) decline; (*Med: empeoramiento*) weakening; (*Com*) falling-off; (*de ánimo*) discouragement.

decálogo *nm* decalogue.

decanato *nm* (*cargo*) deanship; (*despacho*) dean's office.

decano/a *nm/f* (**a**) (*Univ etc*) dean. (**b**) (*de junta, grupo*) doyen(ne), senior member.

decantar[1] [1a] **1** *vt* (*vino*) to decant; (*líquidos*) to pour off. **2 decantarse** *vr*: **~ hacia** to move towards, evolve in the direction of; **~ por algo** *o* **algn** to show preference for sth *o* sb.

decantar[2] [1a] *vt* to praise.

decapitar [1a] *vt* to behead, decapitate.

decena *nf* (*diez*) ten; (*alrededor de diez*) (about) ten; **~s** (*Mat*) tens; **una ~ de barcos** about *o* some ten ships; **~s de miles de** tens of thousands of.

decencia *nf* (**a**) (*gen*) decency; (*decoro*) decorum; (*honestidad*) respectability. (**b**) (*aseo*) cleanliness, tidiness.

decenio *nm* decade.

decente *adj* (**a**) (*gen*) decent; (*correcto*) proper; (*honesto*) respectable. (**b**) (*aseado*) clean, tidy.

decepción *nf* disappointment.

decepcionante *adj* disappointing.

decepcionar [1a] *vt* to disappoint.

deceso *nm* (*LAm*) decease, passing.

decibel, decibelio *nm* decibel.

decidido *adj* decided; (*resuelto*) resolute; **estar ~ a hacer algo** to be resolved to do sth.

decidir [3a] **1** *vt* (**a**) (*persona*) to decide, persuade; **esto le decidió a dejarlo** this decided him *o* made him decide to give it up; **esto por fin le decidió** this finally made his mind up (for him).

(**b**) (*asunto, problema, resultado*) to decide, settle.

2 *vi* to decide (*de, en* about) (*hacer algo* to do sth); **~ en favor de algn** to decide in sb's favour *o (US)* favor; **~ entre A y B** to decide between A and B; **~ sobre cuál conviene más** to decide *o* choose which is more suitable.

3 decidirse *vr* to decide, take the decision, make up one's mind (*a hacer algo* to do sth); **~ por** to decide *o* settle on, choose.

decidor *adj* (**a**) (*gracioso*) witty, amusing. (**b**) (*elocuente*) fluent, eloquent.

décima *nf* (**a**) (*Mat*) tenth; (*esp en lotería*) tenth part. (**b**)

(*Rel*) tithe.

decimación *nf* decimation.

decimal 1 *adj* decimal. **2** *nm* decimal.

décimo *adj, nm* tenth; *V tb* **sexto**.

decimoctavo *adj* eighteenth; *V tb* **sexto 1**.

decimocuarto *adj* fourteenth; *V tb* **sexto 1**.

decimonónico *adj* (*hum, pey*) nineteenth-century *atr*.

decimonono, **decimonoveno** *adj* nineteenth; *V tb* **sexto 1**.

decimoquinto *adj* fifteenth; *V tb* **sexto 1**.

decimoséptimo *adj* seventeenth; *V tb* **sexto 1**.

decimosexto *adj* sixteenth; *V tb* **sexto 1**.

decimotercero, **decimotercio** *adj* thirteenth; *V tb* **sexto 1**.

decir [3o] (*pp* **dicho**) **1** *vt, vi* (**a**) (*palabras*) to say; **'tengo prisa' dijo** 'I'm in a hurry' he said; ~ **para** *o* **entre sí** to say to o.s.; **como dicen los madrileños** as they say in Madrid; **¿cómo ha dicho Ud?** pardon?, what did you say? *(fam)*; **eso digo (yo)** that's (just) what I say; **no hay más que** ~ there's no more to be said (about it); **no sé qué** ~ I (just) don't know what to say; **¡qué digo!** what am I saying?

(**b**) ~ **que** to say that; **'¿viene?' - 'dice que sí'** 'is she coming?' - 'she says she is *o* she says so'; **el cartel dice claramente que ...** the sign says clearly *o* clearly states that ...; ~ **que sí/no** to say yes/no; **no hay que ~ que, ni que ~ tiene que** *(frm)* it goes without saying that; **sabe lo que dice** he knows what he's talking about.

(**c**) ~ **algo a algn** to tell sb sth, say sth to sb; ~ **a algn que** ... to tell sb that ..., say to sb that ...; **tengo algo que ~te** there's something I want *o* I've got something to tell you; **me dice que lo haga ahora** (*ordenar*) he's telling me to do it now; **le dije que fuera más tarde** I told her to go later; **¿quién te lo dijo?** who told you (so)?

(**d**) (*mentiras, secreto*) to tell; (*verdad*) to speak, tell; (*tonterías*) to talk; (*misa*) to say; (*texto*) to say, read; (*indicar*) to show, indicate; (*revelar*) to reveal *(fam)*; (*nombrar*) to call; ~ **tonterías** to talk nonsense, say stupid things; **no me dice nada este libro** this book leaves me cold; **pues, ¿qué me dice de estos cambios?** what do you think about these changes, then?

(**e**) ~ **con** (*convenir*) to suit; (*armonizar*) to go with, match.

(**f**) (*locuciones: gen*) **pues, eso digo** that's what I say, exactly; **había 8, digo 9** there were 8, (no) I mean 9; **pero dice mal** but he is wrong; **y dice bien** and he is right; **no lo digo por ti** I'm not referring to you, I'm not getting at you; **como quien dice, como si dijéramos** so to speak; (*aproximadamente*) in a way, more or less; **como quien no dice nada** quite casually, as though it wasn't important; **¿cómo (lo) diría yo?** how shall I put it?; **¡lo que he dicho!** I stand by what I said!; **¡quién lo diría!** would you believe it!, did you ever? *(fam)*.

(**g**) (*locuciones con infin*) **al ~ de** according to, in the opinion of; **es** ~ that is to say, I mean; **es mucho ~, ya es** ~ that's saying a lot; **querer** ~ to mean; **¿qué quiere ~ 'spatha'?** what does 'spatha' mean?; **¿qué quiere Ud ~ con eso?** what do you mean by that?; **dar que ~ (a la gente)** to make people talk, set the tongues wagging; **ni que ~ tiene que** ... it goes without saying that ...; ~ **por** ~ to talk for talking's sake; **o por mejor** ~ or rather; **por ~lo así** so to speak, in a manner of speaking.

(**h**) (*locuciones con futuro*) **dirá Ud aquel otro** you must mean that other one; **Ud dirá** it's for you to say; (*sirviendo bebida*) how much do you like?, say when *(fam)*; **¡hombre, ya me dirás!** hey, too right!; **el qué dirán** what people will say.

(**i**) (*locuciones con subjun*) **¡diga!, ¡dígame!** (*en tienda etc*) can I help you?, yes sir?; (*Telec*) hullo?; **digámoslo así** so to speak, for want of a better word; **¡no me digas!** (*sorpresa*) you don't say!, well I'm blowed!; (*incredulidad*) come off it!; **¡y que lo digas!** you can say that again!; **y no digamos (de)** ... not to mention ...; **no es muy bonito, que digamos** it's not what you could really call pretty; **es, digamos, un comerciante** he's a dealer, for want of a better word; **y su madre, no digamos** not to mention his mother; **me lo hubieras dicho** you might have told me.

(**j**) (*con pp*) **mejor dicho** rather; **o dicho de otro modo ...** or, putting it another way, ...; **¡lo dicho, dicho!** I stand by what I said!; **bueno, lo dicho** ah well, OK, then; **¡dicho y hecho!** no sooner said than done!; **del dicho al hecho (hay mucho trecho)** actions speak louder than words; **¡haberlo dicho!** you might have told me!

2 decirse *vr* (**a**) **yo sé lo que me digo** I know what I'm talking about.

(**b**) **esta plaza se dice de la Revolución** this is called Revolution Square; **¿cómo se dice 'cursi' en inglés?** what's the English for 'cursi'?, how do you say 'cursi' in English?

(**c**) **se dice** it is said, they *o* people say; (*se cuenta*) the story goes; **se les ha dicho que ...** they have been told that ....

(**d**) **hablar portugués, lo que se dice hablar, no sé** I can't really talk Portuguese; **esto es lo que se dice un queso** this is what you really call a cheese.

3 *nm* saying; (*gracia*) witty remark; **es un** ~ it's just a phrase; **a ~ de todos** by all accounts; **al ~ de X** according to X.

decisión *nf* (**a**) decision; (*Jur*) judgment; **forzar una** ~ to force the issue; **tomar una** ~ to make *o* take a decision. (**b**) (*firmeza*) decisiveness; (*voluntad*) determination.

decisivo *adj* (*gen*) decisive; (*argumento*) overriding; (*voto*) casting.

declamación *nf* (**a**) declamation; (*cualidad*) delivery. (**b**) (*pey*) ranting.

declamar [1a] *vt* (*gen*) to declaim; (*versos etc*) to recite.

declaración *nf* (**a**) (*gen*) declaration; (*afirmación*) statement; (*explicación*) explanation; (*de matrimonio*) proposal (of marriage); ~ **de derechos** (*Pol*) bill of rights; ~ **de ingresos** *o* **de renta** income tax return. (**b**) (*Naipes*) bid. (**c**) (*Jur: deposición*) statement; (*: testimonio*) evidence; ~ **jurada** sworn statement, affidavit; **falsa** ~ misrepresentation; **prestar** ~ to make a statement; **tomar la ~ a algn** to take a statement from sb.

declaradamente *adv* confessedly, frankly.

declarado *adj* (*intención*) avowed; (*opinión*) professed; (*ateo etc*) (self-)confessed.

declarante *nmf* (**a**) (*Jur*) person making a statement, person giving evidence. (**b**) (*Naipes*) bidder.

declarar [1a] **1** *vt* (**a**) (*gen*) to declare *(tb en aduana)*; (*manifestar*) to state (*que* that); (*explicar*) to explain; ~ **la guerra** to declare war (*a* on).

(**b**) (*Naipes*) to bid.

(**c**) (*Jur*) ~ **culpable/inocente a algn** to find sb guilty/innocent.

2 *vi* (**a**) to declare.

(**b**) (*Naipes*) to bid.

(**c**) (*Jur: deponer*) to make a statement; (*atestiguar*) to testify, give evidence.

3 declararse *vr* (**a**) (*opinión*) to make one's opinion *o* position *etc* known; (*a una chica*) to propose; ~ **por** *o* **a favor de/en contra de** to come out in favour *o (US)* favor of/against, side with/go against; ~ **en huelga** to come out *o* go on strike; ~ **en quiebra** to declare o.s. bankrupt.

(**b**) (*Jur*) ~ **culpable/inocente** to plead guilty/not guilty.

(**c**) (*guerra, incendio*) to break out.

declinación *nf* (**a**) (*decaimiento*) decline, falling-off. (**b**) (*Astron, Náut*) declination. (**c**) (*Ling*) declension.

declinar [1a] **1** *vt* (**a**) (*honor*) to decline; (*Jur*) to reject. (**b**) (*Ling*) to decline. **2** *vi* (**a**) (*decaer*) to decline, decay; (*día*) to draw to a close. (**b**) (*terreno*) to slope (away *o* down). (**c**) (*Ling*) to decline.

declive *nm* (**a**) slope, incline; (*Ferro*) gradient; **en** ~ sloping, on a slope; **estar en** ~ to slope. (**b**) (*fig: Fin etc:*

tb ~ **económico**) slump.
decodificador *nm* (*Inform*) decoder.
decolaje *nm* (*And, Chi*) take-off.
decolar [1a] *vi* (*And, Chi*) to take off.
decolorante *nm* bleaching agent.
decolorar [1a] **1** *vt* to discolour, discolor *(US)* fade. **2 decolorarse** *vr* to get discoloured, become discolored *(US)*, fade.
decomisar [1a] *vt* to seize, confiscate.
decongestionante *nm* decongestant.
decoración *nf* decoration; ~ **de escaparate** window display; ~ **de escaparates** window dressing; ~ **del hogar** *o* **de interiores** interior decorating.
decorado *nm* (*Cine, Teat*) scenery, set.
decorador(a) *nm/f* (**a**) (*de interiores*) (interior) decorator. (**b**) (*Teat*) stage *o* set designer. (**c**) ~ **de escaparates** window dresser.
decorar [1a] *vt* to decorate, adorn (*de* with).
decorativo *adj* decorative, ornamental.
decoro *nm* (**a**) decorum, decency. (**b**) (*honor*) honour, honor *(US)*, respect.
decoroso *adj* decorous.
decrecer [2d] *vi* (*gen*) to decrease; (*nivel de agua*) to subside, go down; (*días*) to draw in.
decreciente *adj* decreasing, diminishing.
decrecimiento, **decremento** *nm* decrease.
decrépito *adj* decrepit.
decretar [1a] *vt* (**a**) (*por decreto*) to decree; (*ordenar*) to order. (**b**) (*premio*) to award.
decreto *nm* decree, order; (*Pol*) act.
decreto-ley *nm* (*pl* **decretos-leyes**) bill, law.
decúbito *nm* (*Med*) ~ **prono/supino** prone/supine position.
dedada *nf* (*de dedal*) thimbleful; (*cantidad*) very small quantity; (*de mermelada etc*) spot, dab.
dedal *nm* thimble.
dédalo *nm* (**a**) (*laberinto*) labyrinth. (**b**) (*fig*) tangle, mess.
dedicación *nf* (**a**) (*acto*) dedication; (*fig*) dedication, devotion. (**b**) (*Rel*) consecration. (**c**) **con** *o* **en** ~ **exclusiva** *o* **plena** full-time.
dedicar [1g] **1** *vt* (**a**) to dedicate; (*Rel*) to consecrate; (*ejemplar de libro*) to autograph. (**b**) (*esfuerzo, tiempo*) to devote, give; **dedico un día a la semana a pescar** I spend one day a week fishing. **2 dedicarse** *vr*: ~ **a** to devote o.s. to (*hacer algo* doing sth); (*carrera, estudio*) to go in for, take up; **se dedicó a la cerámica** he took up pottery; **¿a qué se dedica Ud?** what do you do (for a living)?, what business are you in?
dedicatoria *nf* inscription, dedication.
dedicatorio *adj* dedicatory.
dedillo *nm*: **conocer algo al** ~ to know sth like the back of one's hand; **cumplir algo al** ~ to do sth to a T; **saber algo al** ~ to have sth at one's fingertips.
dedo *nm* (**a**) finger; (*del pie*) toe; ~ **anular** ring finger; ~ **meñique** *o* (*LAm*) **chico/gordo** little/big toe; ~ **pulgar** thumb; **ligero de ~s** light-fingered; **contar con los ~s** to count on one's fingers; **chuparse los ~s** to eat with relish; (*fig*) to smack one's lips; **cruzar los ~s** to cross one's fingers, keep one's fingers crossed; **no se chupa el** ~ he's pretty smart; **entrar a** ~ to get in *o* get a job by pulling strings; **hacer ~s** (*Mús*) to practise, practice *(US)*, do scales; **no moverá un** ~ (*fig*) he won't lift a finger; **pillarse los ~s** (*fig*) to get caught red-handed; **poner el** ~ **en la llaga** to put one's finger on it; **no se ven los ~s de la mano** it's pitch-dark.
(**b**) (*fig: gota*) bit, drop; (*: medida*) finger; **¡dos ~s nada más!** (*bebida*) just a tiny drop!; **estar a dos ~s de** to be within an inch *o* on the verge of; **no tiene dos ~s de frente** he's pretty dim.
deducción *nf* (**a**) deduction; (*razonamiento*) inference. (**b**) (*Com*) deduction.
deducible *adj* (**a**) (*que se puede deducir*) deducible, inferable (*de* from). (**b**) (*Fin*) deductible; (*para impuestos*) allowable.
deducir [3n] *vt* (**a**) to deduce, infer (*de* from); (*fórmula*) to derive. (**b**) (*descontar*) to deduct; **deducidos los gastos** less charges.
deductivo *adj* deductive.
defecar [1g] *vi* to defecate.
defección *nf* defection, desertion.
defectivo *adj* (*gen, Ling*) defective.
defecto *nm* (**a**) (*en máquina*) defect, fault; (*en argumento, tela*) flaw. (**b**) (*falta*) lack, absence; **en** ~ **de** for lack *o* want of. (**c**) (*de carácter*) shortcoming, failing; (*de cara*) imperfection; ~ **de pronunciación** speech impediment; ~ **latente** (*Com*) latent defect; **por** ~ (*Inform*) default.
defectuoso *adj* defective, faulty.
defender [2g] **1** *vt* (*gen*) to defend; (*proteger*) to protect, shelter; (*ideas*) to uphold; (*causa*) to champion; (*amigos*) to stand up for; **para ~los contra el frío** in order to protect them from the cold. **2 defenderse** *vr* (**a**) to defend o.s.; ~ **bien** to give a good account of o.s.. (**b**) (*fig*) **me defiendo en inglés** I can get by in English; **¿qué tal os va? - hombre, nos defendemos** how are things? - we're managing.
defendible *adj* defensible.
defenestrar [1a] *vt* (*hum*) to dismiss abruptly, remove suddenly.
defensa 1 *nf* (**a**) (*gen*) defence, defense *(US)* (*contra, de* against); (*protección*) protection, shelter; ~ **pasiva** civil defence; ~ **personal** self-defence; **en** ~ **propia** in self-defence. (**b**) (*Náut*) fender; (*Dep*) defence, defenders *pl.* (**c**) ~**s** (*Mil*) defences. **2** *nm* (*Dep*) back, fullback.
defensiva *nf* defensive; **estar a la** ~ to be on the defensive.
defensivo *adj* defensive.
defensor(a) *nm/f* defender; (*protector*) protector; (*de causa*) upholder; (*Jur*) **abogado** ~ defending counsel.
deferencia *nf* deference; **en** *o* **por** ~ **a** in deference to.
deferente *adj* deferential.
deferir [3k] **1** *vt* (*Jur*) to refer, delegate. **2** *vi*: ~ **a** to defer to.
deficiencia *nf* (*falta*) deficiency; (*defecto*) defect (*de* in, of); ~ **mental** mental deficiency; ~ **visual** visual handicap.
deficiente *adj* deficient (*en* in); (*imperfecto*) defective.
déficit *nm* (*pl* ~**s**) (*Com, Fin*) deficit; (*fig*) lack, shortage; ~ **exterior** trade deffcit.
deficitario *adj* (*Fin*) deficit *atr*; (*cuenta*) in deficit, showing a deficit; (*empresa, operación*) loss-making.
definible *adj* definable.
definición *nf* (*tb Téc*) definition; **por** ~ (*Inform*) by definition.
definido *adj* (*tb Ling*) definite; **bien** ~ well *o* clearly defined; ~ **por el usuario** (*Inform*) user-defined.
definir [3a] *vt* (*gen, Inform*) to define; (*explicar*) to clarify; (*decidir*) to determine.
definitivamente *adv*: **está** ~ **cancelado** it has finally been cancelled.
definitivo *adj* (*edición, texto*) definitive; (*decisión*) final; (*prueba*) conclusive; (*fecha*) definite; **en ~a** definitively; (*en conclusión*) finally; (*en resumen*) in short.
definitorio *adj* defining, distinctive.
deflación *nf* deflation.
deflacionar [1a] *vt* to deflate.
deflacionario, **deflacionista** *adj* deflationary.
deflector *nm* (*Téc*) baffle, baffle plate.
deformación *nf* deformation; (*Rad etc*) distortion; (*Mec*) strain; (*de madera etc*) warping.
deformar [1a] **1** *vt* to deform; (*cara, cuerpo*) to disfigure; (*Rad, verdad*) to distort; (*Mec*) to strain; (*madera*) to warp. **2 deformarse** *vr* (*V vt*) to become deformed; to get distorted; to warp.
deforme *adj* (*de forma anormal*) deformed; (*mal hecho*)

misshapen; (*feo*) ugly.

deformidad *nf* (**a**) (*forma anormal*) deformity, malformation. (**b**) (*fig: defecto*) (moral) shortcoming.

defraudación *nf* (**a**) (*desfalco*) defrauding; (*engaño*) deceit; ~ **fiscal** *o* **de impuestos** tax evasion. (**b**) (*decepción*) disappointment.

defraudar [1a] *vt* (**a**) (*acreedores*) to cheat, defraud; ~ **impuestos** to evade taxes, fiddle one's income tax (*fam*). (**b**) (*decepcionar*) to disappoint; (*esperanzas*) to dash, disappoint. (**c**) (*Fís*) to intercept, cut off.

defunción *nf* decease.

DEG *nmpl abr de* **derechos especiales de giro** SDR.

degeneración *nf* (**a**) (*proceso*) degeneration (*en* into). (**b**) (*estado*) (moral) degeneracy.

degenerado/a 1 *adj* degenerate. **2** *nm/f* (sexual) pervert.

degenerar [1a] *vi* (*gen*) to degenerate (*en* into); (*decaer*) to decline; (*empeorar*) to get worse.

deglutir [3a] *vt, vi* to swallow.

degollación *nf* throat cutting; (*Jur*) beheading, execution; (*fig: masacre*) massacre.

degollar [1m] *vt* (**a**) (*cortar la garganta de*) to cut *o* slit the throat of; (*animal*) to slaughter; (*decapitar*) to behead; (*fig: masacrar*) to massacre. (**b**) (*fig: arruinar*) to destroy.

degradación *nf* (**a**) degradation. (**b**) (*Mil etc*) demotion.

degradar [1a] **1** *vt* (**a**) to degrade, debase. (**b**) (*Mil etc*) to demote, downgrade; (*Inform: datos*) to corrupt. **2 degradarse** *vr* to demean o.s.

degüello *nm* (**a**) **entrar a ~ en una ciudad** to put the people of a city to the sword. (**b**) (*de arma*) shaft.

degustación *nf* tasting, sampling.

degustar [1a] *vt* to taste, sample.

deidad *nf* (*dios*) deity; (*divinidad*) divinity.

deificación *nf* deification.

deificar [1g] *vt* (**a**) (*lit*) to deify. (**b**) (*fig*) to exalt.

deísmo *nm* deism.

deísta 1 *adj* deistic(al). **2** *nmf* deist.

dejadez *nf* (*V adj*) slovenliness; carelessness.

dejado *adj* (**a**) (*desaliñado*) slovenly. (**b**) (*negligente*) careless. (**c**) ~ **de la mano de Dios** godforsaken.

dejamiento *nm* = **dejadez**.

dejar [1a] **1** *vt* (**a**) (*gen*) to leave; (*omitir*) to leave out; (*actividad, empleo*) to give up; (*dinero: en un banco*) to deposit; (*abandonar*) to leave, desert, abandon; (*beneficio*) to produce, yield; **¡déjalo!** (*¡no hagas eso!*) stop it!; (*no te preocupes*) forget it!, don't worry about it!; **¡deja eso!** stop that!, drop that!, chuck it! (*fam*); **¡déjame (en paz)!** leave me alone!; ~ **a un lado** to set aside; ~ **aparte** to leave aside; **te dejo en tu casa** I'll drop you off at your place; ~ **atrás a** (*fig*) to outstrip; **el negocio le deja lo justo para vivir** the business brings in just enough for him to live on; ~ **algo para mañana** to leave sth *o* put sth off till tomorrow; **lo dejamos porque era muy difícil** we gave it up because it was too hard; **lo dejamos por imposible** we gave it up as (being) impossible; ~ **caer** (*objeto*) to drop; (*comentario*) to slip in; **se lo dejo en la conserjería** I'll leave it for you at the porter's office; **¿me dejas el coche?** can you *o* will you let me have the car?; ~ **así las cosas** to leave things as they are; **dejémoslo así** let's leave it at that; **dejó dicho que** he left a message that; **deja mucho que desear** it leaves a lot to be desired; **me dejó confundido** she left me confused; ~ **la bebida** to give up drink.

(**b**) (*permitir*) to let, allow; **quiero pero no me dejan** I want to but they won't let me; **no me dejan hacerlo** they won't let me do it *o* allow me to do it; ~ **entrar/salir** to let in/out; ~ **pasar** to let in *o* through *o* past *etc*; ~ **el paso libre** to leave the way open; ~ **que las cosas vayan de mal en peor** to let things go from bad to worse.

(**c**) (*esperar*) **deja que acabe de llover** wait for it to stop raining.

2 *vi* (**a**) **dejó de comer** she stopped *o* left off eating; **no puedo ~ de fumar** I can't give up smoking; **no puedo ~ de asombrarme** I cannot help being astonished; **yo he dejado de ir hace muchos años** I stopped going years ago.

(**b**) **no dejes de visitarles** don't fail to visit them; **no dejes de comprar un billete** make sure you buy a ticket.

(**c**) **no deja de ser algo raro** all the same it's rather odd; **eso no deja de tener gracia** it's not without its funny side.

3 dejarse *vr* (**a**) (*abandonarse*) to let o.s. go.

(**b**) ~ + *infin* to allow o.s. *o* let o.s. be + *pp*; ~ **caer por un sitio** to drop by somewhere; ~ **llevar por el entusiasmo** to get carried away by one's enthusiasm; ~ **persuadir** to allow o.s. to be persuaded; ~ **ver** to show o.s..

(**c**) ~ **de hacer algo** to stop doing sth; **¡déjese de eso!** stop that!, cut it out!; **¡déjate de andar y vamos a coger el coche!** forget about walking, let's get the car!; **¡déjate de tonterías!** stop messing about *o* being silly.

(**d**) (*olvidar*) **me he dejado el dinero en casa** I've left my money at home.

(**e**) ~ **barba/el pelo largo** to grow a beard/long hair.

deje *nm* (trace of) accent.

dejo *nm* (**a**) (*sabor*) aftertaste. (**b**) (*fig*) touch. (**c**) (*Ling*) (trace of) accent.

Del. *abr de* **Delegación**.

del = **de** + **el**.

delación *nf* denunciation.

delantal *nm* apron; ~ **de niña** pinafore.

delante 1 *adv* (*tb* **por ~**) in front; (*adelante*) ahead; (*enfrente*) opposite; **la parte de ~** the front part; **la casa no tiene nada ~** the house has nothing opposite; **estando otros ~** with others present; **abierto por ~** open in front; **¡las damas ~!** ladies first!; **tenemos todavía 4 horas por ~** we still have 4 hours in front of us; ~ **mío** *etc* (*esp CSur fam*) in front of me *etc*; **llevárselo todo por ~** (*fig*) to ride roughshod over everything.

2 (*gen*) in front of; (*tiempo*) before, ahead of; *prep*: ~ **de esperaba ~ del cine** he was waiting outside the cinema.

delantera *nf* (**a**) (*de casa, vestido*) front (part); (*Teat*) front row; (*Dep*) forward line. (**b**) **coger** *o* **tomar a algn la ~** (*en carrera*) to take the lead over sb; (*anticipar*) to beat sb to it; **llevar la ~** to be in the lead.

delantero/a 1 *adj* (*gen*) front *atr*; (*patas de animal*) fore; (*Dep: línea, posición*) forward. **2** *nm/f* (*Dep*) forward.

delatar [1a] *vt* (**a**) to denounce, inform against; **los delató a la policía** he reported them to the police. (**b**) (*fig*) to betray, give away.

delator(a) *nm/f* informer.

delco *nm* (*Aut*) distributor.

delectación *nf* delectation.

delegación *nf* (**a**) (*acto, delegados*) delegation; ~ **de poderes** (*Admin*) devolution. (**b**) (*Com*) local office; (*oficina estatal*) local office of a government department; (*Méx: comisaría*) main police station; (*: municipio*) Municipal District.

delegado/a *nm/f* (*gen*) delegate; (*Com*) agent, representative; ~ **del Gobierno** (*Esp*) *representative of central government attached to each autonomous region*.

delegar [1h] *vt* to delegate (*a o en algn* to sb).

deleitar [1a] **1** *vt* to delight, charm. **2 deleitarse** *vr* to delight (*con, en* in).

deleite *nm* delight, pleasure.

deletrear [1a] *vt* (**a**) (*decir letra por letra*) to spell (out). (**b**) (*descifrar*) to decipher, interpret.

deleznable *adj* (**a**) (*arcilla*) crumbly; (*superficie*) slippery. (**b**) (*argumento*) weak; (*pasajero*) fleeting.

delfín *nm* dolphin.

delgadez *nf* (*V adj*) (**a**) thinness; slimness. (**b**) delicateness; tenuousness. (**c**) sharpness.

delgado *adj* (**a**) (*gen*) thin; (*persona: esbelto*) slim; (*: flaco*) thin. (**b**) (*delicado*) delicate; (*tenue*) tenuous. (**c**)

(*agudo*) sharp, clever.
deliberación *nf* deliberation.
deliberado *adj* deliberate.
deliberar 1a **1** *vt* to debate. **2** *vi* to deliberate (*sobre* on), discuss (*si* whether).
deliberativo *adj* deliberative.
delicadez *nf* (**a**) = **delicadeza**. (**b**) (*debilidad física*) weakness. (**c**) (*sensibilidad excesiva*) hypersensitiveness.
delicadeza *nf* (**a**) (*gen*) delicacy; (*de rasgos*) daintiness; (*de gustos*) refinement. (**b**) (*sensibilidad excesiva*) hypersensitiveness; (*tacto*) tactfulness; **falta de ~** tactlessness.
delicado *adj* (**a**) (*gen*) delicate; (*máquina*) sensitive; (*salud*) delicate; (*tela*) fine; (*color*) soft; (*rasgos*) dainty; (*gusto*) refined; (*comida*) exquisite; (*distinción*) subtle; (*situación: difícil*) tricky; (*: violento*) embarrassing; (*punto, tema*) sore; **está ~ del estómago** he has a delicate stomach. (**b**) (*persona: difícil de contentar*) hard to please, fussy; (*: sensible*) hypersensitive; (*: discreto*) tactful; (*: atento*) considerate; **es muy ~ en el comer** he's very choosy about his food *(fam)*.
delicia *nf* delight; **tiene un jardín que es una ~** he has a delightful garden; **un libro que ha hecho las ~s de muchos niños** a book which has delighted many children.
delicioso *adj* (*gen*) delightful; (*comida*) delicious.
delictivo *adj* criminal *atr*.
delimitar 1a *vt* to delimit.
delincuencia *nf* delinquency; **~ juvenil** *o* **de menores** juvenile delinquency; **cifras de la ~** incidence of crime.
delincuente 1 *adj* delinquent. **2** *nmf* delinquent; (*criminal*) criminal, offender; **~ sin antecedentes penales** first offender; **~ habitual** hardened criminal; **~ juvenil** juvenile delinquent.
delineante *nm* draughtsman, draftsman *(US)*.
delinear 1a *vt* (*gen*) to delineate; (*contornos*) to outline.
delinquir 3e *vi* to commit an offence *o (US)* offense.
delirante *adj* (*Med*) delirious, raving; (*idea*) crazy.
delirar 1a *vi* (*Med*) to be delirious; (*desatinar*) to rave, talk nonsense.
delirio *nm* (**a**) (*Med, fig*) delirium; (*palabras insensatas*) nonsense. (**b**) (*frenesí*) frenzy; (*manía*) mania; **~ de grandeza** megalomania. (**c**) *(fam)*; **con ~** madly; **¡fue el ~!** it was great!; **cuando acabó de hablar fue el ~** when he finished speaking the place went wild.
delito *nm* (**a**) (*gen*) crime; (*infracción*) offence, offense *(US)*; **~ común/político** common/political crime; **~ de mayor/menor cuantía** felony/misdemeanour *o (US)* misdemeanor; **~ de sangre** violent crime. (**b**) (*fig*) misdeed.
delta 1 *nm* (*Geog*) delta. **2** *nf* (*letra*) delta.
demacrado *adj* emaciated.
demacrarse 1a *vr* to become emaciated.
demagogia *nf* demagogy, demagoguery.
demagógico *adj* demagogic.
demagogo *nm* demagogue, demagog *(US)*.
demanda *nf* (**a**) request (*de* for); (*pregunta*) inquiry; (*reivindicación*) claim; **~ de extradición** request for extradition; **~ de pago** demand for payment; **escribir en ~ de ayuda** to write asking for help.
(**b**) (*Teat*) call.
(**c**) (*Com*) demand; **~ final/indirecta/de mercado** final/derived/market demand; **hay mucha ~ de profesores** teachers are in great demand; **tener ~** to be in demand.
(**d**) (*Elec*) load; **~ máxima** peak load.
(**e**) (*Jur*) action, lawsuit; **entablar ~** to bring an action, sue; **presentar ~ de divorcio a algn** to sue sb for divorce.
demandado/a *nm/f* defendant; (*en divorcio*) respondent.
demandante *nmf* claimant; (*Jur*) plaintiff.
demandar 1a *vt* (**a**) (*gen*) to demand. (**b**) (*Jur*) to sue, file a suit against, start proceedings against; **~ a algn por calumnia/daños y perjuicios** to sue sb for libel/damages.
demarcación *nf* demarcation; **línea de ~** demarcation line.
demarcar 1g *vt* to demarcate.
demás 1 *adj*: **los ~ libros** the other *o* remaining books, the rest of the books; **y ~ gente de ese tipo** and other people of that sort. **2** *pron*: **lo ~** the rest (of it); **los/las ~** the others, the rest (of them); **por lo ~** otherwise; **todo lo ~** everything else; **todos los ~** everybody *o* everyone else. **3** *adv*: **por ~** moreover; (*en vano*) in vain; **y ~** etcetera, and so on.
demasía *nf* (**a**) excess; **con** *o* **en ~** too much, excessively. (**b**) (*fig: atropello*) outrage; (*: ofensa*) affront; (*: insolencia*) insolence.
demasiado 1 *adj* (**a**) too much; (*excesivo*) overmuch, excessive; **eso es ~** that's too much; **con ~ cuidado** with excessive care; **hace ~ calor** it's too hot; **¡esto es ~!** that's the limit!; **no tengo ~ tiempo** I'm short of time; **¡qué ~!** (*fam: increíble*) this is too much! *(fam)*.
(**b**) **~s** too many.
2 *adv* too (much), excessively; **comer ~** to eat too much; **es ~ pesado para levantarlo** it is too heavy to lift; **~ lo sé** I know it only too well; **es ~ sabio** (*LAm: muy*) he's very wise; **lo siento ~** (*LAm: mucho*) I'm very *o* really sorry.
demediar 1b **1** *vt* to divide in half. **2** *vi* to be divided in half.
demencia *nf* madness, dementia.
demencial *adj* mad, crazy, demented.
demente 1 *adj* mad, demented. **2** *nmf* lunatic; (*en hospital*) mental patient.
demérito *nm* (*falta*) fault.
democracia *nf* democracy.
demócrata *nf* democrat.
democrático *adj* democratic.
democratizar 1f *vt* to democratize.
democristiano/a 1 *adj* Christian Democratic. **2** *nm/f* Christian Democrat.
demodé *adj* (*fam*) out of fashion.
demografía *nf* demography.
demográfico *adj* demographic, population *atr*; **la explosión ~a** the population explosion.
demoledor *adj* (*fig: argumento*) overwhelming; (*: ataque*) shattering.
demoler 2h *vt* (*lit, fig*) to demolish; (*edificio*) to pull down.
demolición *nf* demolition.
demoníaco *adj* demoniacal, demonic.
demonio *nm* (**a**) (*lit*) devil, demon; **ser algn el mismísimo ~** to be a right little devil.
(**b**) **ese ~ de niño** that devil of a child; **ir como el ~** to go like the devil, to go hell for leather; **esto pesa como el ~** this is hellishly heavy; **¡vete al ~!** go to the devil!; **¡que se lo lleve el ~!** to hell with it!; **un ruido de todos los** *o* **de mil ~s** a hell of a noise *(fam)*.
(**c**) (*frases exclamativas*) **¡(qué) ~s!** (*ira*) hell!, damn it!; (*sorpresa*) well, I'll be blowed!, what the devil ...?; **¿qué/quién ~s será?** what/who the devil can that be?; **¿dónde ~ lo habré dejado?** where the devil can I have left it?
demora *nf* (**a**) (*atraso*) delay; **sin ~** without delay. (**b**) (*Náut*) bearing.
demorar 1a **1** *vt* to delay; (*llegada, terminación etc*) to hold up, hold back. **2** *vi* (*detenerse*) to stay *o* linger on; (*perder tiempo*) to waste time; **~ en hacer algo** (*LAm: tardar*) to take time in doing sth, be slow in doing sth; **no te demores mucho** don't be long, now. **3 demorarse** *vr* (**a**) = **vi**. (**b**) to take a long time (*en hacer algo* to do sth), be slow (*en hacer algo* in doing sth).
demorón *adj* (*LAm: lento*) slow; **ser ~ en hacer algo** to take a long time to do sth, be slow in doing sth.
demoroso *adj* (*LAm: moroso*) late, overdue; (*: lento*) slow.

demostrable *adj* demonstrable.

demostración *nf* (**a**) (*gen, Mat*) demonstration; (*de teorema*) proof. (**b**) (*de cariño, fuerza*) show; (*de amistad*) gesture; (*de cólera, gimnasia*) display; ~ **comercial** commercial *o* trade exhibition.

demostrar [1l] *vt* to demonstrate; (*emoción*) to show; (*teoría*) to prove; ~ **cómo se hace algo** to demonstrate how sth is done; ~ **que** (*gen*) to show that; (*probar*) to prove that; **Ud no puede ~ nada** you can't prove anything.

demostrativo 1 *adj* demonstrative. **2** *nm* (*Ling*) demonstrative.

demudado *adj* (*fig*) upset, distraught.

demudar [1a] **1** *vt* to change, alter. **2 demudarse** *vr* (**a**) (*expresión*) to change, alter. (**b**) (*fig: perder color*) to change colour *o* (*US*) color; (*: alterarse*) to look upset; **continuó sin ~** he went on quite unaffected *o* unabashed.

denegación *nf* (*V vt*) refusal, rejection; denial.

denegar [1h, 1j] *vt* (*rechazar*) to refuse, reject; (*negar*) to deny; (*Jur: petición*) to refuse to allow.

dengoso *adj* (*V nm*) affected; coy.

dengue *nm* (**a**) (*afectación*) affectation; (*coquetería*) coyness; **ne me vengas con esos ~s** I don't want to hear your silly complaints. (**b**) (*Med*) dengue *o* breakbone fever.

denier *nm* denier.

denigrante *adj* (*injurioso*) insulting; (*deshonroso*) degrading.

denigrar [1a] *vt* (*difamar*) to denigrate, run down; (*injuriar*) to insult.

denodado *adj* bold, brave.

denominación *nf* (**a**) (*acto*) naming. (**b**) (*nombre*) name, designation; (*clase*) denomination; ~ **de origen** denomination of origin; ~ **social** (*Méx*) firm's official name.

denominador *nm* denominator; ~ **común** common denominator.

denominar [1a] *vt* to name, designate.

denostar [1l] *vt* to insult.

denotar [1a] *vt* (*significar*) to denote; (*indicar*) to indicate, show.

densidad *nf* (*V adj*) density; compactness; thickness; solidity; (*Inform: de caracteres*) pitch; ~ **de población** population density.

denso *adj* (*gen*) dense; (*compacto*) compact; (*humo, líquido*) thick; (*apretado*) solid.

dentado *adj* (*rueda*) cogged; (*filo*) jagged; (*sello*) perforated; (*Bot*) dentate.

dentadura *nf* (set of) teeth *pl*; ~ **postiza** false teeth *pl*, denture(s); **tener mala ~** to have bad teeth.

dental *adj* dental.

dentar [1j] **1** *vt* to put teeth on; (*filo*) to make jagged; (*Téc*) to indent; (*sello*) to perforate. **2** *vi* (*niño*) to teethe, cut one's teeth.

dentellada *nf* (**a**) (*mordisco*) bite, nip; **partir algo a ~s** to sever sth with one's teeth. (**b**) (*señal*) tooth mark.

dentellar [1a] *vi* (*dientes*) to chatter; **estaba dentellando** his teeth were chattering.

dentellear [1a] *vt* to bite, nibble (at).

dentera *nf* (**a**) the shivers *pl*, the shudders *pl*; **dar ~ a algn** to set sb's teeth on edge, give sb the shivers. (**b**) (*envidia*) envy, jealousy; (*deseo*) great desire; **dar ~ a algn** to make sb jealous.

dentición *nf* (**a**) (*acto*) teething; **estar con la ~** to be teething. (**b**) (*Anat*) dentition; ~ **de leche** milk teeth.

dentífrico 1 *adj* tooth *atr*; **pasta ~a** toothpaste. **2** *nm* dentifrice, toothpaste.

dentina *nf* dentine.

dentista *nmf* dentist.

dentistería *nf* (*Col, Ven: ciencia*) dentistry; (*: clínica*) dental clinic *o* surgery.

dentística *nf* (*Chi*) dentistry.

dentón *adj* toothy.

dentro 1 *adv* (**a**) (*estar, ir*) in, inside; (*en casa*) indoors; (*sentir, pensar*) inwardly, inside; **allí ~** in there; **de** *o* **desde ~** from inside; **está ~** she's inside; **por ~** (on the) inside.
(**b**) **meter para ~** to push in; **vamos ~** let's go in(side).
2 *prep* (**a**) **~ de** (*estar*) in, inside, within; **~ de la casa** inside the house.
(**b**) **~ de** (*meter etc*) into, inside; **lo metió ~ del cajón** he put it into the drawer.
(**c**) **~ de** (*tiempo*) within, inside; **~ de 3 meses** inside *o* within 3 months; **llegará ~ de poco** he'll be here shortly.
(**d**) **~ de lo posible** as far as one *etc* can, as far as (is) possible; **~ de todo** all in all, all things considered.

denudar [1a] *vt* to denude, to lay bare.

denuedo *nm* (*audacia*) boldness; (*valentía*) bravery.

denuesto *nm* insult.

denuncia *nf* (*de accidente*) report; (*delación*) denunciation; (*acusación*) accusation; ~ **de accidente** report of an accident; ~ **falsa** false accusation; **hacer** *o* **presentar** *o* **poner una ~** to make an official complaint (to the police *etc*).

denunciable *adj* indictable, punishable.

denunciación *nf* denunciation.

denunciador(a) *nm/f*, **denunciante** *nmf* accuser; (*delator*) informer; **el ~ del accidente** the person who reported the accident.

denunciar [1b] *vt* (*delito, infracción*) to report; (*guerra, armisticio*) to proclaim; (*censurar*) to denounce, condemn; (*Jur: delatar*) to denounce, inform against *o* on; (*pey*) to betray; **el accidente fue denunciado a la policía** the accident was reported to the police; **esto denunciaba la presencia del gas** this betrayed *o* indicated the presence of gas.

denuncio *nm* = **denuncia**.

deontología *nf* deontology; (*profesional*) professional ethics *pl*.

Dep. *abr* (**a**) *de* **Departamento** Dept. (**b**) (*Com*) *de* **Depósito**.

D.E.P. *abr de* **descanse en paz** RIP.

deparar [1a] *vt* (*brindar*) to provide *o* furnish with; **nos deparó la ocasión para** it gave us a chance to; **los placeres que el viaje nos deparó** the pleasures which the trip afforded us.

departamental *adj* departmental.

departamento *nm* (**a**) (*sección administrativa*) department, section; (*oficina*) office; (*And, Chi: provincia*) province; ~ **de envíos** dispatch department; ~ **jurídico** legal department; ~ **de visados** visa section. (**b**) (*de caja, Ferro*) compartment; ~ **de (no) fumadores** (non-)smoking compartment; ~ **de primera** first-class compartment. (**c**) (*Náut*) ~ **de máquinas** engine room. (**d**) (*LAm: piso*) flat, apartment (*US*); (*: distrito*) department, province.

departir [1a] *vi* to talk, converse (*con* with; *de* about).

depauperación *nf* (**a**) impoverishment. (**b**) (*Med*) weakening, exhaustion.

depauperar [1a] *vt* (**a**) to impoverish. (**b**) (*Med*) to weaken, deplete, exhaust.

dependencia *nf* (**a**) (*gen*) dependence (*de* on), reliance (*de* on). (**b**) (*parentesco*) relationship, kinship. (**c**) (*Pol etc*) dependency. (**d**) (*Com: sección*) section, office; (*sucursal*) branch office. (**e**) (*Arquit: cuarto*) room; **~s** outbuildings. (**f**) (*Com: personal etc*) personnel, employees.

depender [2a] *vi* to depend; ~ **de** to depend on; (*contar con*) to rely on; (*de autoridad*) to be under *o* answerable to; **depende** it (all) depends; **depende de lo que haga ella** it depends on what she does; **no depende de mí** it does not rest with me; (*frm*) it's not up to me; **la asociación depende completamente de los donativos** the association is entirely dependant on donations; **el**

departamento depende de ella she is responsible for *o* in charge of the department; **todos dependemos de ti** we are all relying on you.
dependienta *nf* salesgirl, saleswoman, shop assistant.
dependiente 1 *adj* dependent (*de* on). **2** *nm* employee; (*oficinista*) clerk; (*en tienda*) salesman, shop assistant.
depilar 1a *vt* (*piernas*) to depilate; (*cejas*) to pluck.
depilatorio 1 *adj* depilatory. **2** *nm* depilatory, hair remover.
deplorable *adj* deplorable.
deplorar 1a *vt* to deplore; (*censurar*) to condemn; **lo deploro mucho** I'm extremely sorry.
deponer 2q **1** *vt* (**a**) (*armas*) to lay down; (*actitud*) to set aside; (*quitar*) to remove, take down. (**b**) (*rey*) to depose; (*gobernante*) to oust, overthrow; (*ministro*) to remove from office. **2** *vi* (**a**) (*Jur*) to give evidence; (*: declarar*) to make a statement. (**b**) (*CAm, Méx*) to vomit.
deportación *nf* deportation.
deportar 1a *vt* to deport.
deporte *nm* (*gen*) sport; (*juego*) game; (*pasatiempo*) pastime; **~s acuáticos** water sports; **~ hípico** horse-riding; **~s de invierno** winter sports; **~ de vela** sailing; **es muy aficionada a los ~s** she is very fond of sport.
deportista 1 *adj* sports *atr*, sporting; **el público ~** the sporting public. **2** *nmf* (*atleta*) sportsman/sportswoman; (*aficionado*) sports fan *(fam)*.
deportivamente *adv* (**a**) sportingly; (*fig*) in a good spirit. (**b**) **hablando ~** in sport, in sporting terms.
deportividad *nf* sportsmanship.
deportivo 1 *adj* (**a**) (*club, periódico*) sports *atr*. (**b**) (*actitud*) sporting, sportsmanlike. **2** *nm* (*Aut*) sports car.
deposición *nf* (**a**) (*de funcionario etc*) removal from office. (**b**) (*Jur: testimonio*) deposition, evidence.
depositador(a) *nm/f*, **depositante** *nmf* (*Com, Fin*) depositor.
depositar 1a **1** *vt* (*dinero*) to deposit; (*colocar*) to place; (*mercancías*) to put away, (put into) store; **~ la confianza en algn** to place one's trust in sb. **2 depositarse** *vr* (*líquido*) to settle.
depositario/a *nm/f* depository, trustee; (*de secreto*) repository; **~ judicial** official receiver.
depósito *nm* (**a**) (*gen*) deposit; (*Quím*) sediment; (*Com, Fin*); **~ bancario** bank deposit; **dejar una cantidad en ~** to leave a sum as a deposit. (**b**) (*Com etc: almacén*) store, warehouse, depot; (*de animales, coches*) pound; (*Mil*) depot; (*de desechos*) dump; **~ afianzado** bonded warehouse; **~ de cadáveres** mortuary, morgue; **~ de carbono** coal tip; **~ de locomotoras** engine shed; **~ de maderas** timber *o (US)* lumber yard; **mercancías en ~** bonded goods. (**c**) (*de agua, gasolina*) tank; (*en retrete*) cistern.
depravación *nf* depravity, corruption.
depravado *adj* depraved, corrupt.
depravar 1a **1** *vt* to deprave, corrupt. **2 depravarse** *vr* to become depraved.
depreciación *nf* depreciation; **~ normal** wear and tear.
depreciar 1b **1** *vt* to depreciate, reduce the value of. **2 depreciarse** *vr* to depreciate, lose value.
depredación *nf* (*malversación*) depredation; (*saqueo*) pillage; (*Bio*) predation.
depredador *nm* (*Bio*) predator.
depredar 1a *vt* to pillage.
depresión *nf* (**a**) (*gen*) depression; (*hueco*) hollow; (*en horizonte, camino*) dip. (**b**) (*acto*) lowering; (*merma*) drop, fall (*de* in); **~ del mercurio** fall in temperature *o* pressure. (**c**) (*Econ*) slump, recession. (**d**) (*Med*) depression; **~ nerviosa** nervous breakdown; **~ posparto** postnatal depression.
depresivo *adj* (*carácter*) depressive.
deprimente *adj* depressing.
deprimido *adj* depressed.
deprimir 3a **1** *vt* (**a**) (*gen*) to depress; (*apretar*) to press down; (*nivel*) to lower. (**b**) (*fig: humillar*) to humiliate; (*despreciar*) to belittle. **2 deprimirse** *vr* to get depressed.
deprisa *adv* *V* **prisa**.
depuración *nf* (**a**) (*purificación*) purification. (**b**) (*Pol etc*) purge. (**c**) (*Inform*) debugging.
depurador *nm* purifier.
depuradora *nf* purifying plant; (*de agua*) water-treatment plant; **~ de aguas residuales** sewage farm.
depurar 1a *vt* (**a**) to purify; (*sangre*) to purge. (**b**) (*Pol etc*) to purge. (**c**) (*Inform*) to debug.
depurativo *nm* blood tonic.
der. *abr de* **derecho** r.
derecha *nf* (**a**) (*mano*) right hand; (*lado*) right(-hand) side; **estar a la ~ de** to be on the right of; **torcer a la ~** to turn (to the) right; **conducción a la ~** (*Aut*) right-hand drive; **de la ~** on the right; **seguir por la ~** to keep (to the) right. (**b**) (*Pol*) **la ~, las ~s** the Right; **es de ~s** she's on the right, she has right-wing views. (**c**) **a ~s** rightly, correctly.
derechazo *nm* (*Boxeo*) right; (*Tenis*) forehand drive; (*Taur*) *pass with the cape.*
derechista 1 *adj* rightist, right-wing. **2** *nmf* rightist, right-winger.
derechización *nf* drift towards the right.
derecho 1 *adj* (**a**) (*mano*) right; (*bolsillo etc*) right-hand; (*fig*) **brazo ~** right-hand man.
(**b**) (*recto*) straight; (*vertical*) upright; **más ~ que una vela** as straight as a die; **poner algo ~** to stand sth upright.
(**c**) **no hacer nada a ~as** to do nothing right *o* properly.
(**d**) (*honrado*) honest, straight; (*LAm: suertudo*) lucky.
2 *adv* (**a**) (*verticalmente*) straight, upright.
(**b**) (*directamente*) straight, directly; **ir ~ a** to go straight to; **siga ~** carry straight on.
3 *nm* (**a**) (*lado: de tela, papel*) right side; **ponlo del ~** put it on the right.
(**b**) (*gen*) right; (*título*) claim, title; **~s civiles** civil rights; **~ de propiedad literaria** copyright; **~ de reunión** right of assembly; **~ de votar** *o* **al voto** right to vote, franchise; **con ~** rightly, justly; **con ~ a** with a right to, with entitlement to; **'reservados todos los ~s'** 'all rights reserved', 'copyright'; **'se reserva el ~ de entrada'** 'the management reserve the right to admission'; **estar algn en su (pleno) ~** to be (well) within one's rights; **tener ~ a** to have a right to, be entitled to (*hacer algo* do sth); **¡no hay ~!** it's not fair!
(**c**) (*Jur: leyes*) law; (*: justicia*) justice; **~ civil/criminal** *o* **penal/tributario** Civil/Criminal/Tax Law; **~ marítimo** maritime law; **Facultad de D~** Faculty of Law; **lo que manda el ~ en este caso** what justice demands in this case.
(**d**) (*Fin*) **~ de timbre** stamp duty; **~s** due(s); (*profesionales*) fee(s); (*impuestos*) tax(es); (*de autor*) royalties; **franco de ~s** duty-free; **~s de aduana** *o* **arancelarios** customs duty; **~s de muelle** dock dues *o (US)* docking fees; **~s portuarios** harbour *o (US)* harbor dues; **~ de patente** patent rights; **~s de peaje** (*Aut*) toll.
derechura *nf* (**a**) (*honestidad*) straightness; (*franqueza*) directness; **en ~** (*hablar*) plainly; (*hacer*) right away. (**b**) (*justicia*) rightness, justice. (**c**) (*LAm*) (good) luck.
deriva *nf* (*Náut*) drift; **a la ~** (*buque*) adrift; (*fig*) aimlessly; **ir** *o* **estar a la ~** to drift, be adrift (*tb fig*).
derivación *nf* (**a**) derivation; (*origen*) origin. (**b**) (*Elec*) shunt; **en ~** shunt *atr*.
derivado 1 *adj* derived. **2** *nm* (**a**) (*Ling*) derivative. (**b**) (*Industria, Quím*) by-product; **~ lácteo** milk product.
derivar[1] 1a **1** *vt* to derive; (*encaminar*) to direct. **2** *vi*, **derivarse** *vr* to derive, be derived (*de* from); (*consecuencia*) to spring (*de* from); **la conversación derivó hacia otros temas** the conversation drifted off to different topics.
derivar[2] 1a *vi* (*Náut*) to drift.

derivativo *adj, nm* derivative.
dermatología *nf* dermatology.
dermatólogo/a *nm/f* dermatologist.
dérmico *adj* skin *atr*.
der.° *abr de* **derecho** r.
derogación *nf* repeal.
derogar 1h *vt* (*ley*) to repeal; (*contrato*) to revoke.
derramamiento *nm* (**a**) (*gen*) spilling; (*rebosamiento*) overflowing; ~ **de sangre** bloodshed. (**b**) (*esparcimiento*) scattering. (**c**) (*fig*) squandering.
derramar 1a **1** *vt* (**a**) (*involuntariamente*) to spill; (*verter*) to pour (out); (*lágrimas*) to weep, shed; (*sangre, luz*) to shed; ~ **una taza de café** to spill a cup of coffee. (**b**) (*esparcir*) to scatter, spread (about). (**c**) (*fig*) to squander, waste; (*: regalos*) to lavish (*en* on). **2 derramarse** *vr* (**a**) (*agua*) to spill; (*harina etc*) to pour *o* spill out; (*pluma*) to leak; **llenar una taza hasta** ~ to fill a cup to overflowing. (**b**) (*esparcirse*) to spread, scatter.
derrame *nm* (**a**) (*acto*) = **derramamiento**. (**b**) (*salida*) overflow; (*pérdida*) leakage. (**c**) (*Med*) discharge; (*: en ojo*) tear; ~ **cerebral** brain haemorrhage *o (US)* hemorrhage; ~ **sinovial** synovitis.
derrapar 1a *vi* (*Aut*) to skid.
derredor *nm*: **al** *o* **en** ~ **(de)** around, about; **en su** ~ round about him.
derrengado *adj* (**a**) (*torcido*) bent, twisted. (**b**) (*cojo*) crippled, lame; **estar** ~ (*fig*) to ache all over; **dejar** ~ **a algn** (*fig*) to wear sb out.
derrengar 1h *vt* (**a**) (*torcer*) to bend, twist. (**b**) ~ **a algn** (*deslomar*) to break sb's back; (*fig*) to wear sb out.
derretido *adj* (**a**) (*gen*) melted; (*metal*) molten; (*nieve*) thawed. (**b**) **estar** ~ **por algn** to be crazy about sb.
derretimiento *nm* (**a**) (*gen*) melting; (*de nieve*) thawing. (**b**) (*fig: derroche*) squandering.
derretir 3k **1** *vt* (*gen*) to melt; (*nieve*) to thaw. **2 derretirse** *vr* (**a**) to melt. (**b**) (*fig*) to fall in love easily; ~ **por algn** to be crazy about sb.
derribar 1a **1** *vt* (**a**) (*edificio*) to knock down, pull down; (*puerta*) to batter down; (*suj: viento*) to blow down. (**b**) (*persona*) to knock down; (*: Boxeo*) to floor. (**c**) (*Aer*) to shoot down, bring down. (**d**) (*Caza*) to shoot, bag. (**e**) (*fig: gobierno*) to bring down, topple. **2 derribarse** *vr* (**a**) to fall down, collapse. (**b**) (*tirarse al suelo*) to throw o.s. down.
derribo *nm* (**a**) knocking down, demolition. (**b**) (*Lucha*) throw, take-down *(US)*. (**c**) (*Aer*) shooting down. (**d**) (*Pol*) overthrow. (**e**) ~**s** rubble *sg*, debris *sg*.
derrocamiento *nm* (*de edificio*) demolition; (*de gobierno*) overthrow.
derrocar 1g **1** *vt* (**a**) (*despeñar*) to hurl down; (*edificio*) to knock down, demolish. (**b**) (*Pol: gobierno*) to overthrow, topple; (*: ministro*) to oust. **2 derrocarse** *vr*: ~ **por un precipicio** to throw o.s. over a cliff.
derrochador(a) *adj, nm/f* spendthrift.
derrochar 1a *vt* (*dinero, recursos*) to squander, waste; (*energía, salud*) to be bursting with *o* full of.
derroche *nm* (**a**) (*despilfarro*) squandering, waste; (*exceso*) extravagance; **con un formidable** ~ **de recursos** with a lavish use of resources; **no se puede tolerar tal** ~ such extravagance is not to be tolerated. (**b**) (*abundancia*) abundance, excess; **con un** ~ **de buen gusto** with a fine display of good taste.
derrota[1] *nf* (**a**) (*camino, vereda*) route, track. (**b**) (*Náut*) course.
derrota[2] *nf* (*gen, Mil*) defeat; (*fuga*) rout; (*desastre: tb fig*) disaster; **sufrir una grave** ~ to suffer a serious defeat; (*fig*) to suffer a grave setback.
derrotado *adj* (**a**) defeated; (*equipo*) beaten, losing. (**b**) (*fig: vestidos, persona*) shabby.
derrotar 1a *vt* (*gen*) to defeat; (*poner en fuga*) to rout, put to flight.
derrotero *nm* (*Náut, fig*) course; **tomar otro** ~ (*fig*) to adopt a different course.
derrotismo *nm* defeatism.
derrotista *adj, nmf* defeatist.
derruir 3g *vt* to demolish, tear down.
derrumbamiento *nm* (**a**) (*caída*) plunge. (**b**) (*demolición*) demolition; (*desplome*) collapse; (*de piedras*) fall; ~ **de tierra** landslide. (**c**) (*fig*) collapse; (*: de precios*) sharp fall.
derrumbar 1a **1** *vt* (**a**) (*despeñar*) to fling *o* hurl down. (**b**) (*edificio*) to knock down, demolish. (**c**) (*volcar*) to upset, overturn. **2 derrumbarse** *vr* (**a**) (*precipitarse: persona*) to fling o.s., hurl o.s. (*por* down, over). (**b**) (*hundirse*) to collapse, fall down; (*: techo*) to fall in, cave in. (**c**) (*fig: esperanzas*) to collapse; **se han derrumbado los precios** prices have tumbled.
derrumbe *nm* = **derrumbamiento**.
des ... *pref* de ..., des ..., un ....
desabastecido *adj*: **estar** ~ **de algo** to be short *o* out of sth.
desabolladura *nf* (*esp LAm: Aut*) panel beating.
desaborido *adj* (*comida*) insipid, tasteless; (*persona*) dull.
desabotonar 1a **1** *vt* to unbutton, undo. **2** *vi* (*Bot*) to blossom. **3 desabotonarse** *vr* to come undone.
desabrido *adj* (**a**) (*comida*) tasteless, insipid; (*tiempo*) unpleasant. (**b**) (*persona: áspero*) surly; (*tono*) harsh; (*respuesta*) sharp.
desabrigado *adj* (*sin abrigo*) not sufficiently protected; (*fig*) exposed.
desabrigar 1h **1** *vt* (**a**) (*quitar ropa a*) to remove the clothing of; (*descubrir*) to uncover. (**b**) (*fig*) to deprive of protection. **2 desabrigarse** *vr* to take off one's (outer) clothing; ~ **en la cama** to throw off one's bedcovers.
desabrigo *nm* (**a**) (*acto*) uncovering. (**b**) (*fig*) lack of protection.
desabrochar 1a **1** *vt* (**a**) (*ropa, zapatos*) to undo, unfasten; (*: de otro*) to loosen the clothing of. (**b**) (*fig*) to penetrate, expose. **2 desabrocharse** *vr* (*fig*) to confide, unburden o.s.
desacatar 1a *vt* (*ley*) to disobey.
desacato *nm* (*falta de respeto*) disrespect; (*Jur*) (act of) contempt; ~ **a la justicia** contempt of court.
desaceleración *nf* deceleration, slowing down, slowdown; (*Econ*) downturn, reduction.
desacertado *adj* (*opinión*) mistaken, wide of the mark; (*medida*) unwise.
desacertar 1j *vi* (*errar*) to be mistaken, be wrong; (*desatinar*) to act unwisely.
desacierto *nm* (*error*) mistake; (*dicho*) unfortunate remark; **ha sido un** ~ **elegir este sitio** it was a mistake to choose this place.
desacomodado *adj* (**a**) (*parado*) unemployed, out of a job. (**b**) (*pobre*) badly off. (**c**) (*incómodo*) awkward, inconvenient.
desacompasado *adj* = **descompasado**.
desaconsejable *adj* inadvisable.
desaconsejar 1a *vt* to dissuade, advise against.
desacoplar 1a *vt* (*Elec*) to disconnect; (*Mec*) to take apart, uncouple.
desacorde *adj* (**a**) (*Mús*) discordant. (**b**) (*fig: opiniones*) conflicting; (*: colores*) clashing.
desacostumbrado *adj* unusual.
desacostumbrar 1a **1** *vt*: ~ **a algn de** to break sb of the habit of. **2 desacostumbrarse** *vr*: ~ **de** to break o.s. of the habit of.
desacreditar 1a **1** *vt* (**a**) to discredit, bring into disrepute. (**b**) (*denigrar*) to disparage, run down. **2 desacreditarse** *vr* to become discredited.
desactivar 1a *vt* (*bomba*) to deactivate, defuse; (*alarma*) to deactivate, neutralize.
desacuerdo *nm* (**a**) disagreement, discord; ~ **amistoso** agreement to differ; **en** ~ out of keeping *o* at variance (*con* with). (**b**) (*error*) error, blunder.

desadorno *nm* bareness.
desadvertido *adj* careless.
desafecto 1 *adj* disaffected; ~ **a** hostile to. **2** *nm* disaffection.
desaferrar [1j] *vt* (**a**) (*soltar*) to loosen, unfasten; (*Náut: ancla*) to weigh. (**b**) (*disuadir*) to dissuade, bring round.
desafiador(a) 1 *adj* (*insolente*) defiant; (*retador*) challenging. **2** *nm/f* challenger.
desafiante *adj* challenging; (*actitud etc*) defiant.
desafiar [1a] *vt* (**a**) to challenge, dare (*a algn a hacer algo* sb to do sth). (**b**) (*peligro*) to defy; (*enfrentarse*) to face (up to). (**c**) (*competir*) to challenge, compete with. (**d**) (*Méx*) to fight.
desafilar [1a] **1** *vt* to blunt, dull. **2 desafilarse** *vr* to get blunt.
desafinado *adj* out of tune.
desafinar [1a] *vi* (**a**) (*instrumento etc*) to be out of tune; (*cantar*) to sing out of tune. (**b**) (*hablar inoportunamente*) to speak out of turn.
desafío *nm* (**a**) challenge; (*combate*) duel. (**b**) (*fig*) challenge; (*provocación*) defiance; (*competencia*) competition, rivalry; **es un ~ a todos nosotros** it is a challenge to us all.
desaforadamente *adv*: **gritar ~** to shout one's head off.
desaforado *adj* (**a**) (*comportamiento*) outrageous. (**b**) (*enorme*) huge; (*grito*) ear-splitting.
desafortunado *adj* (**a**) unfortunate, unlucky. (**b**) (*no oportuno*) inopportune, untimely; (*desacertado*) unwise.
desagraciado *adj* graceless, unattractive.
desagradable *adj* disagreeable, unpleasant; **ser ~ con algn** to be rude to sb.
desagradar [1a] **1** *vt* (*no agradar*) to displease; (*molestar*) to bother; **me desagrada ese olor** I don't like that smell; **me desagrada tener que hacerlo** I dislike having to do it. **2** *vi* to be unpleasant.
desagradecimiento *nm* ingratitude.
desagrado *nm* (*disgusto*) displeasure; (*desconformidad*) dissatisfaction; **hacer algo con ~** to do sth unwillingly.
desagraviar [1b] **1** *vt* (**a**) (*persona*) to make amends to (*de* for); (*: compensar*) to indemnify; (*: disculparse con*) to apologize to. (**b**) (*agravio*) to make amends for. **2 desagraviarse** *vr* (*vengarse*) to get one's own back.
desagravio *nm* (*satisfacción*) amends *pl*; (*compensación*) compensation; **en ~ de** as amends for.
desaguadero *nm* (*lit, fig*) drain (*de* on).
desaguar [1i] **1** *vt* (**a**) (*líquido*) to drain. (**b**) (*fig*) to squander. **2** *vi* (**a**) to drain away, drain off. (**b**) (*río*) **~ en** to drain *o* flow into.
desagüe *nm* (**a**) (*acto*) drainage, draining. (**b**) (*canal*) drainage channel; (*caño*) drainpipe; (*salida*) outlet, drain; **tubo de ~** drainpipe, waste pipe.
desaguisado 1 *adj* illegal. **2** *nm* offence, offense *(US)*, outrage.
desahogado *adj* (**a**) (*habitación, vestido*) roomy, large; (*espacio*) clear, free. (**b**) (*vida*) comfortable; (*persona: holgado*) comfortably off; (*: descarado*) brazen, impudent.
desahogar [1h] **1** *vt* (*dolor*) to ease, relieve; (*ira*) to vent (*en* on). **2 desahogarse** *vr* (**a**) (*recobrarse*) to recover; (*distenderse*) to relax. (**b**) (*librarse*) to get out of debt/a difficulty. (**c**) (*desfogarse*) to let off steam *(fam)*; (*confesarse*) to confess, get sth off one's chest *(fam)*.
desahogo *nm* (**a**) (*comodidad*) comfort, ease; **vivir con ~** to be comfortably off. (**b**) (*alivio*) relief; (*recuperación*) recovery; (*medio*) outlet. (**c**) (*libertad*) freedom; (*descaro*) brazenness, impudence.
desahuciado *adj* hopeless; **estar ~** to be beyond recovery, be hopelessly ill.
desahuciar [1b] **1** *vt* (**a**) (*inquilino*) to evict; (*Chi*) to dismiss. (**b**) (*quitar esperanza a*) to deprive of hope; (*enfermo*) to declare past recovery. **2 desahuciarse** *vr* to lose all hope.
desahucio *nm* (*V vt (a)*) eviction, ejection; (*Chi*) dismissal.
desairado *adj* (**a**) (*menospreciado*) disregarded; (*sin éxito*) unsuccessful; **quedar ~** to come off badly. (**b**) (*desgarbado*) unattractive.
desairar [1a] *vt* (**a**) (*persona*) to slight, snub; (*cosa*) to disregard; **lo haré por no ~** I'll do it rather than cause offence *o (US)* offense. (**b**) (*Com*) to default on.
desaire *nm* (*menosprecio*) slight, snub; **dar** *o* **hacer un ~ a algn** (*rechazar*) to snub sb; (*ofender*) to offend sb; **sufrir un ~** to suffer a rebuff; **¿me va Ud a hacer ese ~?** (*invitación*) I won't take no for an answer!
desajustado *adj* ill-adjusted, poorly adjusted.
desajustar [1a] **1** *vt* (*desarreglar*) to disarrange; (*máquina*) to put out of order; (*fig: planes*) to upset. **2 desajustarse** *vr* (**a**) (*estropearse*) to get out of order, go wrong; (*aflojarse*) to get loose, loosen. (**b**) (*estar en desacuerdo*) to disagree, fall out; (*desdecirse*) to break a contract.
desajuste *nm* (**a**) (*desarreglo*) disorder; (*avería*) breakdown. (**b**) (*de situación*) imbalance, lack of balance. (**c**) (*desacuerdo*) disagreement; (*de planes*) upsetting.
desalar[1] [1a] **1** *vt* to clip the wings of. **2 desalarse** *vr* (*apresurarse*) to rush, hasten along; **~ por hacer algo** to rush to do sth.
desalar[2] [1a] *vt* to remove the salt from; (*agua salada*) to desalinate.
desalentador *adj* discouraging.
desalentar [1j] **1** *vt* (*lit*) to make breathless; (*fig*) to discourage. **2 desalentarse** *vr* to get discouraged, lose heart.
desaliento *nm* (*fig*) discouragement; (*abatimiento*) depression, dejection.
desalinar [1a], **desalinizar** [1f] *vt* to desalinate.
desalinización *nf* desalination.
desaliñado *adj* (**a**) (*descuidado*) slovenly; (*raído*) shabby; (*desordenado*) untidy, dishevelled, disheveled *(US)*. (**b**) (*negligente*) careless, slovenly.
desaliño *nm* (**a**) (*descuido*) slovenliness; (*pobreza*) shabbiness; (*desorden*) untidiness. (**b**) (*negligencia*) carelessness.
desalmado *adj* cruel, heartless.
desalojamiento *nm* (*V vt*) (**a**) removal; ejection; ousting; displacement. (**b**) evacuation; abandonment; clearing.
desalojar [1a] **1** *vt* (**a**) (*gen*) to remove, expel; (*inquilino*) to evict, eject; (*Mil*) to dislodge, oust; (*Náut*) to displace. (**b**) (*desocupar*) to evacuate; (*: casa*) to abandon, move out of *o* away from; **las tropas han desalojado el pueblo** the troops have moved out of the village; **la policía desalojó el local** the police cleared people out of the place. **2** *vi* to move out.
desalojo *nm* ejection, removal; (*desocupación*) evacuation; (*de casa*) abandonement.
desalquilar [1a] **1** *vt* to vacate, move out of. **2 desalquilarse** *vr* to become vacant.
desamarrar [1a] *vt* to untie; (*Náut*) to cast off.
desamor *nm* coldness, indifference; dislike; enmity.
desamortización *nf* (*Jur*) disentailment; (*Esp Hist*) sale of Church lands.
desamparado *adj* (**a**) (*sin protección*) helpless, defenceless, defenseless *(US)*; (*abandonado*) abandoned; **los niños ~s de la ciudad** the city's waifs and strays; **sentirse ~** to feel helpless. (**b**) (*lugar: expuesto*) exposed; (*: desierto*) deserted.
desamparar [1a] *vt* (**a**) (*persona*) to desert, abandon. (**b**) (*sitio*) to leave, abandon; (*: indefenso*) to leave defenceless *o (US)* defenseless.
desamparo *nm* (**a**) (*acto*) desertion, abandonment. (**b**) (*estado*) helplessness.

desamueblado *adj* unfurnished.
desandar [1p] *vt*: ~ **lo andado** *o* **el camino** (*lit, fig*) to retrace one's steps; **no se puede ~ lo andado** what's done can't be undone.
desangelado *adj* (*persona*) charmless, dull, unattractive; (*cosa*) dull, insipid; (*lugar*) empty, lifeless.
desangramiento *nm* bleeding; **morir de ~** to bleed to death.
desangrar [1a] **1** *vt* (**a**) (*persona*) to bleed; (*lago*) to drain. (**b**) (*fig*) to bleed white. **2 desangrarse** *vr* (*morir*) to bleed to death.
desangre *nm* (*LAm*) bleeding, loss of blood.
desanimado *adj* (**a**) (*sin ánimos*) downhearted, dejected. (**b**) (*espectáculo, fiesta*) dull, lifeless.
desanimar [1a] **1** *vt* (*desalentar*) to discourage; (*deprimir*) to depress, sadden. **2 desanimarse** *vr* to get discouraged, lose heart.
desánimo *nm* (**a**) despondency; (*abatimiento*) dejection. (**b**) (*falta de animación*) dullness.
desanudar [1a] *vt* to untie, undo; (*fig*) to clear up, sort out.
desapacible *adj* (*gen*) unpleasant; (*carácter*) surly; (*tono*) harsh; (*discusión*) bitter, bad-tempered.
desaparecer [2d] **1** *vi* (*gen*) to disappear, vanish; (~ *de vista*) to drop out of sight; (*efectos, señales*) to wear off. **2** *vt* (*LAm: Pol*) to cause to disappear; (*: euf*) to murder.
desaparecido/a 1 *adj* (*gen*) missing; (*especie*) extinct; (*LAm: Pol*) kidnapped, missing; **número de muertos, heridos y ~s** number of dead, wounded and missing. **2** *nm/f* (*LAm: Pol*) kidnapped person, missing person.
desaparejar [1a] *vt* (**a**) (*caballo*) to unharness, unhitch. (**b**) (*Náut*) to unrig.
desaparición *nf* (*gen*) disappearance; (*de especie etc*) extinction.
desapasionado *adj* dispassionate, impartial.
desapego *nm* (*frialdad*) coolness, indifference (*hacia* towards); (*distancia*) detachment.
desapercibido *adj* (**a**) (*gen*) unnoticed; **marcharse ~** to slip away (unseen); **pasar ~** to go unnoticed. (**b**) (*desprevenido*) unprepared.
desaplicado *adj* slack, lazy.
desapolillarse [1a] *vr* (*fig*) to get rid of the cobwebs.
desaprender [2a] *vt* to forget; (*lo aprendido*) to unlearn.
desaprensión *nf* unscrupulousness.
desaprensivo *adj* unscrupulous.
desaprobación *nf* (*V vt*) disapproval; condemnation; rejection.
desaprobar [1l] *vt* (*gen*) to disapprove of; (*condenar*) to condemn; (*rechazar*) to reject, dismiss.
desaprovechado *adj* (**a**) (*oportunidad, tiempo*) wasted. (**b**) (*alumno, estudiante*) slack.
desaprovechar [1a] **1** *vt* (*gen*) to fail to take advantage of; (*oportunidad*) to waste, miss; (*talento*) not to use to the full. **2** *vi* (*perder terreno*) to lose ground, slip back.
desarbolar [1a] *vt* to dismast.
desarmable *adj*: **mesa ~** fold-away table.
desarmador *nm* (*de fusil*) hammer; (*Méx*) screwdriver.
desarmar [1a] **1** *vt* (**a**) (*Mil*) to disarm. (**b**) (*Mec*) to take apart *o* to pieces; (*tienda de campaña*) to take down. (**c**) (*fig: persona*) to disarm; (*: ira*) to calm. **2** *vi* to disarm.
desarme *nm* disarmament; **~ unilateral** unilateral disarmament.
desarraigado *adj* (*persona*) without roots.
desarraigar [1h] *vt* (**a**) (*árbol*) to uproot, dig up. (**b**) (*fig: costumbre*) to root out, eradicate; (*: pueblo*) to uproot; (*: persona*) to banish.
desarraigo *nm* (*V vt*) eradication; uprooting; banishment.
desarrajar [1a] *vt* (*LAm fam*) = **descerrajar (a)**.
desarrapado *adj* = **desharrapado**.
desarreglado *adj* (**a**) (*Mec*) out of order; (*desordenado*) untidy, in disorder. (**b**) (*comportamiento*) disorderly; (*aspecto*) slovenly; (*hábitos*) irregular, unsystematic.
desarreglar [1a] **1** *vt* to mess up; (*planes*) to upset; (*Mec*) to put out of order; **el viento le desarregló el peinado** the wind made a mess of her hairdo; **los niños desarreglaron el cuarto** the children messed up the room. **2 desarreglarse** *vr* to get disarranged, get untidy; (*Mec*) to break down.
desarreglo *nm* (*desorden*) disorder, confusion; (*de ropa*) untidiness; (*Mec*) trouble; (*Med*) upset; (*de cuarto*) mess; **viven en el mayor ~** they live in complete chaos.
desarrollado *adj* developed.
desarrollar [1a] **1** *vt* (**a**) (*rollo etc*) to unroll; (*mapa*) to unfold, open (out).
(**b**) (*Mat*) to expand.
(**c**) (*fig, tb Mec*) to develop; (*teoría*) to explain, expound; **aquí desarrollan un trabajo muy importante** they carry on *o* out very important work here.
2 desarrollarse *vr* (**a**) (*rollo*) to unroll; (*mapa*) to open (out).
(**b**) (*fig*) to develop, grow; (*comedia, novela*) to unfold; (*tener lugar*) to take place; **la industria se desarrolla rápidamente** the industry is developing rapidly; **la acción se desarrolla en Roma** (*Cine etc*) the scene is set *o* the action takes place in Rome.
desarrollo *nm* (*gen*) development; (*de acontecimientos*) unfolding; (*de industria, mercado*) expansion, growth; **~ en línea** ribbon development; **país en vías de ~** developing country; **la industria está en pleno ~** industry is expanding steadily; **está en la edad del ~** he's beginning to develop.
desarroparse [1a] *vr* (*en la cama*) to kick off the blankets.
desarrugar [1h] *vt* (*alisar*) to smooth (out); (*ropa*) to remove the creases *o* (*US*) wrinkles from.
desarticulado *adj* disjointed.
desarticular [1a] *vt* (*desarmar*) to take apart *o* to pieces; (*huesos*) to dislocate, put out of joint; **~ un grupo terrorista** to put a terrorist group out of action.
desaseado *adj* (*sucio*) dirty; (*desaliñado*) untidy, unkempt.
desaseo *nm* messiness.
desasimiento *nm* (**a**) (*gen*) loosening, undoing; (*soltar*) release. (**b**) (*desapego*) detachment (*de* from); (*indiferencia*) indifference (*de* to).
desasir [3a; presente como salir] **1** *vt* to loosen, undo. **2 desasirse** *vr* (**a**) to extricate o.s. (*de* from). (**b**) **~ de** (*ceder*) to let go, give up; (*deshacerse de*) to rid o.s. of.
desasistir [3a] *vt* (*abandonar*) to desert, abandon; (*desatender*) to neglect.
desasnar [1a] *vt* (*civilizar*) to civilize; (*instruir*) to make less stupid.
desasosegado *adj* uneasy, anxious.
desasosegar [1h, 1j] **1** *vt* to disturb, make uneasy. **2 desasosegarse** *vr* to become uneasy, get perturbed.
desasosiego *nm* (*inquietud*) uneasiness, anxiety; (*intranquilidad*) restlessness; (*Pol etc*) unrest.
desastrado *adj* (**a**) (*sucio*) dirty; (*harapiento*) shabby, ragged. (**b**) (*desgraciado*) unlucky.
desastre *nm* disaster; **¡un ~!** how awful!; **la función fue un ~** the show was a shambles; **como pintor es un ~** he's a totally useless painter; **es un ~ de mujer** (*fam*) she's a dead loss (*fam*).
desastroso *adj* disastrous, calamitous.
desatado *adj* (*fig*) wild; (*descontrolado*) uncontrolled.
desatar [1a] **1** *vt* (**a**) (*nudo*) to untie, undo; (*perro*) to unleash; **la bebida le desató la lengua** the drink loosened his tongue.
(**b**) (*odio, represión*) to unleash; (*misterio*) to solve, unravel.
2 desatarse *vr* (**a**) to come untied *o* undone.
(**b**) **~ de un compromiso** to get out of an agreement.
(**c**) (*tormenta*) to break, burst; (*entusiasmo*) to break

all bounds; (*desastre*) to fall (*sobre* on); (*escándalo*) to break (out); ~ **en injurias** to pour out a stream of insults. (**d**) (*perder control de sí*) to lose self-control; (*delirar*) to talk wildly.

desatascador *nm* plunger.

desatascar [1g] *vt* (**a**) (*carro*) to pull out of the mud; ~ **a algn** (*fig*) to get sb out of a jam. (**b**) (*cañería*) to clear, unblock.

desatención *nf* (**a**) (*descuido*) inattention; (*distracción*) absent-mindedness. (**b**) (*descortesía*) discourtesy.

desatender [2g] *vt* (*gen*) to disregard, pay no attention to; (*deber*) to neglect; (*persona: ofender*) to slight, offend.

desatentado *adj* (**a**) (*irreflexivo*) thoughtless, rash. (**b**) (*desmesurado*) excessive, extreme.

desatento *adj* (**a**) (*descuidado*) heedless, careless. (**b**) (*descortés*) discourteous.

desatinado *adj* silly, foolish.

desatinar [1a] **1** *vt* to perplex, bewilder. **2** *vi* (*al actuar*) to act foolishly; (*decir tonterías*) to talk nonsense.

desatino *nm* (**a**) (*cualidad*) foolishness, silliness; (*torpeza*) tactlessness. (**b**) (*tontería*) foolish act; (*error*) blunder, mistake; ~**s** nonsense *sg*; **¡qué ~!** how silly!, what rubbish!

desatornillar [1a] *vt* to unscrew.

desatracar [1g] *vi* (*Náut*) to cast off.

desatrancar [1g] *vt* (**a**) (*puerta*) to unbolt. (**b**) (*cañería*) to unblock.

desautorización *nf* (*V vt*) (**a**) discrediting; disapproval; repudiation. (**b**) denial.

desautorizado *adj* (*gen*) unauthorized; (*informe*) repudiated; (*no aprobado*) unauthorized; (*no oficial*) unofficial; (*no justificado*) unwarranted.

desautorizar [1f] *vt* (**a**) (*oficial etc*) to deprive of authority; (*desacreditar*) to discredit; (*desaprobar*) to disapprove of; (*rechazar*) to repudiate. (**b**) (*desmentir*) to deny, issue a denial of.

desavenencia *nf* (*desacuerdo*) disagreement; (*riña*) quarrel.

desavenido *adj* (*opuesto*) contrary; (*reñidos*) in disagreement; **ellos están ~s** they are at odds.

desavenir [3r] **1** *vt* (*enemistar*) to make trouble between. **2 desavenirse** *vr* to fall out (*con* with), have a falling out *(US)*.

desaventajado *adj* (*desfavorable*) disadvantageous.

desayunar [1a] *vi*, **desayunarse** *vr* to have breakfast; **vengo desayunado** I've had breakfast; ~ **con café** to have coffee for breakfast, breakfast on coffee; ~ **con algo** to get the first news of sth.

desayuno *nm* breakfast; ~ **de trabajo** working breakfast.

desazón *nf* (**a**) (*falta de sabor*) tastelessness. (**b**) (*Med*) discomfort. (**c**) (*desasosiego*) uneasiness; (*angustia*) anxiety.

desazonar [1a] **1** *vt* (**a**) (*comida*) to make tasteless. (**b**) (*desasosegar*) to upset; (*angustiar*) to worry. **2 desazonarse** *vr* (**a**) (*Med*) to be out of sorts. (**b**) (*irritarse*) to be annoyed; (*preocuparse*) to worry.

desbancar [1g] *vt* (*quitar el puesto a*) to displace, oust, dislodge; (*suplantar*) to supplant (in sb's affections); (*en juegos: banca*) to bust *(fam)*; (*: persona*) to take the bank from.

desbandada *nf* rush (to get away); ~ **general** mass exodus; **a la ~** in disorder.

desbandarse [1a] *vr* (**a**) (*Mil*) to disband. (**b**) (*fig*) to flee in disorder.

desbarajustar [1a] *vt* (*causar confusión*) to throw into confusion; (*desordenar*) to mess up.

desbarajuste *nm* confusion, chaos; **¡qué ~!** what a mess!

desbaratamiento *nm* (**a**) (*el arruinar*) ruin; (*de planes etc*) thwarting; (*de teoría*) destruction. (**b**) (*Mil*) rout. (**c**) (*Med*) ~ **de vientre** bowel upset. (**d**) (*derroche*) squandering.

desbaratar [1a] **1** *vt* (**a**) (*gen*) to mess up; (*plan*) to spoil; (*arruinar*) to ruin; (*frustrar*) to thwart; (*teoría*) to destroy; (*fortuna*) to squander. (**b**) (*Mil*) to rout. **2** *vi* to talk nonsense. **3 desbaratarse** *vr* (**a**) (*Mec*) to break down. (**b**) (*persona: descontrolarse*) to fly off the handle *(fam)*.

desbarrar [1a] *vi* (*al hablar*) to talk rubbish; (*hacer tonterías*) to act silly.

desbastar [1a] **1** *vt* (**a**) (*Téc*) to plane (down), smooth (down). (**b**) (*persona*) to knock the corners off, lick into shape. **2 desbastarse** *vr* (*fig*) to acquire some polish.

desbaste *nm* (**a**) (*Téc*) planing, smoothing. (**b**) (*de persona*) polishing.

desbloquear [1a] *vt* (*Com, Fin*) to unfreeze, unblock.

desbocado *adj* (**a**) (*caballo*) runaway. (**b**) (*herramienta*) worn. (**c**) (*vestido, jersey*) baggy. (**d**) (*persona: malhablado*) foulmouthed; (*: descarado*) cheeky.

desbocar [1g] **1** *vt* (*vasija*) to break the rim *o* mouth of. **2** *vi* = **desembocar**. **3 desbocarse** *vr* (**a**) (*caballo*) to bolt. (**b**) (*vestido, jersey*) to go baggy. (**c**) (*persona: soltar injurias*) to let out a stream of insults.

desbordamiento *nm* (**a**) (*de río*) overflowing. (**b**) (*de cólera*) outburst; (*de entusiasmo*) upsurge. (**c**) (*Inform*) overflow.

desbordar [1a] **1** *vt* (*exceder*) to pass, go beyond; **el proyecto desborda los límites señalados** the plan goes well beyond the limits which were set; **esto desborda mi tolerancia** this is more than I can bear; **el problema me desborda** the problem's beyond me. **2** *vi*, **desbordarse** *vr* (**a**) (*río*) to flood, burst its banks; (*líquido*) to overflow, spill (over). (**b**) (*persona*) to get carried away; **~(se) de alegría** to be bursting with happiness.

desbravador *nm* horse-breaker.

desbravar [1a] **1** *vt* (*caballo*) to break in; (*animal*) to tame. **2** *vi*, **desbravarse** *vr* (*animal*) to get less wild; (*licor*) to lose its strength.

desbrozar [1f] *vt* (*camino*) to clear (of rubbish); (*campo*) to clear of scrub.

descabalado *adj* incomplete.

descabalar [1a] *vt* (*juego*) to leave unfinished *o* incomplete; (*medias etc*) to lose (one of a pair of); (*fig: planes*) to scupper.

descabalgar [1h] *vi* to dismount.

descabellado *adj* (*plan, idea*) crazy, preposterous.

descabellar [1a] *vt* (**a**) (*pelo*) to ruffle. (**b**) (*Taur*) to kill with a thrust in the neck.

descabello *nm* (*Taur*) final thrust, coup de grâce.

descabezado *adj* (**a**) (*sin cabeza*) headless. (**b**) (*insensato*) wild.

descabezar [1f] **1** *vt* (**a**) (*persona*) to behead; (*árbol*) to lop. (**b**) (*dificultad*) to surmount. **2 descabezarse** *vr* (**a**) (*Bot*) to shed the grain. (**b**) (*persona*) to rack one's brains.

descacharrado *adj* (*CAm*) dirty, slovenly.

descacharrar [1a] *vt* = **escacharrar**.

descafeinado *adj* decaffeinated.

descafeinar [1a] *vt* to decaffeinate; (*fig*) to dilute, water down.

descalabrado *adj*: **salir ~** to come out the loser (*de* in).

descalabrar [1a] **1** *vt* (**a**) to smash, damage; (*persona*) to hit, hurt; (*esp*) hit on the head; (*Náut*) to cripple, disable. (**b**) (*dañar*) to harm, damage. **2 descalabrarse** *vr* to hurt one's head.

descalabro *nm* (*contratiempo*) blow, setback; (*Mil*) defeat; ~ **electoral** disaster at the polls.

descalificación *nf* disqualification.

descalificar [1g] *vt* to disqualify.

descalzar [1f] **1** *vt* (**a**) ~ **a algn** to take off sb's shoes *etc*; **A no vale ni para ~ a B** A can't hold a candle to B. (**b**) (*rueda*) to remove the chocks from. **2 descalzarse** *vr* (**a**) to take off one's shoes *etc*. (**b**) (*caballo*) to cast a shoe.

descalzo *adj* barefoot(ed); **estar (con los pies) ~(s)** to be barefooted, have no shoes *etc* on.
descaminado *adj* (*proyecto*) misguided; **ir ~** (*fig*) to be on the wrong track; **andar ~ en** to be mistaken in *o* about; **en eso no anda Ud muy ~** you're not far wrong there.
descaminar 1a **1** *vt* (*hacer perderse*) to misdirect, put on the wrong road; (*fig*) to lead astray. **2 descaminarse** *vr* (*en camino*) to go the wrong way; (*fig*) to go astray.
descamisado 1 *adj* ragged, shabby. **2** *nm* (*desharrapado*) ragamuffin; (*vagabundo*) down-and-out; (*desgraciado*) wretch; **~s** (*Arg: Hist, Pol*) workers, proletariat.
descamisarse 1a *vr* (*CSur*) to take off one's shirt.
descampado *nm* open space, piece of empty ground; **comer al ~** to eat in the open air; **vivir en ~** to live in open country.
descansado *adj* (**a**) (*persona*) rested, refreshed. (**b**) (*sitio*) restful.
descansar 1a **1** *vt* (**a**) (*apoyar*) to rest, support, lean (*sobre* on).
(**b**) (*dar descanso a*) to rest; **esto descansa la vista más** this rests one's eyes better.
(**c**) **~ sus penas en algn** to tell sb one's troubles.
(**d**) (*Mil*) **¡descansen armas!** order arms!
2 *vi* (**a**) (*no trabajar*) to (take a) rest, have a break (*de* from); (*acostarse*) to lie down; (*cadáver, restos*) to lie; **necesito ~ un rato** I need to rest a bit; **descanse en paz** rest in peace; **no descansé en todo el día** I didn't have a moment's rest all day; **¡que Ud descanse!, ¡descanse bien!** sleep well! (**b**) (*Agr*) to lie fallow.
(**c**) **~ en** (*Arquit*) to be supported by; (*argumento*) to be based on.
(**d**) (*Mil*) **descansen!** at ease!
3 descansarse *vr*: **~ en algn** to rely on sb.
descansillo *nm* (*Arquit*) landing.
descanso *nm* (**a**) (*gen*) rest; (*alivio*) relief; (*período*) break; **tomarse unos días de ~** to take a few days' leave *o* rest; **trabajar sin ~** to work without a break; **día de ~** day off; **~ por enfermedad/maternidad** sick/maternity leave. (**b**) (*Dep*) half-time; (*Teat*) interval. (**c**) (*Téc*) rest, support.
descapitalizado *adj* undercapitalized.
descapotable *adj, nm* (*Aut*) convertible.
descarado *adj* (*sinvergüenza*) shameless; (*mentira*) barefaced; (*insolente*) cheeky, sassy *(US)*; (*patente*) blatant.
descarga *nf* (**a**) (*de barco, carro*) unloading. (**b**) (*Mil*) firing, discharge. (**c**) (*Elec*) discharge.
descargadero *nm* wharf.
descargado *adj* (*vaciado*) empty, unloaded; (*pilas*) flat.
descargador *nm* (*de barcos*) docker, stevedore.
descargar 1h **1** *vt* (**a**) (*barco, carro etc*) to unload, empty.
(**b**) (*arma*) to fire; (*golpe*) to deal; **~ golpes sobre la mesa** to beat the table; **~ un golpe contra la censura** to strike a blow against censorship.
(**c**) (*Elec*) to discharge; (*pila*) to run down.
(**d**) (*cólera*) to vent (*en, sobre* on); (*conciencia*) to relieve.
(**e**) (*Com*) to take up.
(**f**) (*persona: de una obligación*) to release; (*: de una deuda*) to free; (*Jur*) to clear, acquit (*de* of).
2 *vi* (**a**) (*río*) to flow (*en* into).
(**b**) (*Elec*) to discharge.
(**c**) (*río*) to burst, break.
3 descargarse *vr* (**a**) to unburden o.s.; **~ de algo** to get rid of sth; **~ con *o* en algn de algo** to unload sth on to sb.
(**b**) (*Jur*) to clear o.s. (*de* of).
(**c**) (*dimitir*) to resign.
(**d**) (*Elec*) to discharge; (*batería*) to go flat.
descargo *nm* (**a**) (*descarga*) unloading; (*fig: de obligación*) release. (**b**) (*Com: recibo*) receipt; (*: de deuda*) discharge. (**c**) (*Jur*) **~s** (*pruebas*) evidence *sg*; (*de acusado*) plea *sg*; **testigo de ~** witness for the defence *o (US)* defense; **~ de una acusación** acquittal of a charge.
descarnado *adj* (*cara*) lean; (*estilo*) straightforward.
descaro *nm* (*insolencia*) cheek, nerve; **tuvo el ~ de decirme que** he had the nerve to tell me that; **¡qué ~!** what cheek!, what a nerve!
descarriar 1c **1** *vt* (**a**) (*descaminar*) to misdirect. (**b**) (*fig*) to lead astray. **2 descarriarse** *vr* (**a**) (*persona*) to lose one's way; (*res*) to stray. (**b**) (*fig*) to go astray.
descarrilamiento *nm* derailment.
descarrilar 1a *vi*, **descarrilarse** (*LAm*) *vr* (**a**) (*Ferro*) to be derailed. (**b**) (*fig*) to get off the track.
descartar 1a **1** *vt* (*gen*) to discard; (*Naipes*) to throw away *o* down; (*poner de lado*) to put aside; (*rechazar*) to reject; (*posibilidad*) to rule out. **2 descartarse** *vr* (**a**) (*Naipes*) to discard. (**b**) to excuse o.s. (*de* from).
descarte *nm* (*rechazo*) rejection; (*fig*) excuse.
descascarar 1a **1** *vt* (*naranja, limón*) to peel; (*nueces, huevo duro, gamba*) to shell. **2 descascararse** *vr* to peel (off).
descascarillado *nm* (*de plato*) chipping; (*de pintura*) peeling, flaking.
descascarillar 1a *vt* to shell, peel; (*vasija etc*) to chip.
descastado *adj* (*frío*) cold, indifferent (to affection).
descendencia *nf* (**a**) (*origen*) descent, origin. (**b**) (*descendientes*) descendants *pl*; **morir sin dejar ~** to die without issue.
descendente *adj* descending, downward; (*cantidad*) diminishing; **tren ~** down train.
descender 2g **1** *vt* (**a**) (*bajar*) to lower, let down; (*equipaje*) to get down. (**b**) (*escalera*) to descend. **2** *vi* (**a**) to descend. (**b**) (*fiebre, temperatura*) to drop, fall. (**c**) (*líquido*) to run, flow. (**d**) (*cortina etc*) to hang, fall *(US)*. (**e**) (*fuerzas, persona*) to fail, get weak; **~ de *o* en energía** to suffer a loss of energy. (**f**) **~ a** to stoop to. (**g**) **~ de** to descend *o* come from, be descended from; (*derivarse*) to be derived from.
descendiente *nmf* descendant; **~s** issue *sg*, descendants.
descendimiento *nm* descent; (*acto*) lowering.
descenso *nm* (**a**) (*acto*) descent, going down; (*de fiebre, temperatura etc*) drop, fall; (*de producción*) downturn; (*de calidad*) decline, falling-off; (*Dep*) relegation. (**b**) (*Min etc*) collapse, subsidence. (**c**) (*Med*) rupture; **~ del útero** prolapse. (**d**) (*bajada*) slope, drop; **el ~ hacia el río** (*bajada*) the slope down to the river. (**e**) (*fig: decadencia*) decline.
descentrado *adj* (**a**) (*pieza de una máquina*) offcentre, offcenter *(US)*, off-beam; (*rueda*) out of true. (**b**) (*persona*) all-at-sea, bewildered; (*inadaptado*) maladjusted; (*desequilibrado*) unbalanced; (*problema*) out of focus; **todavía está algo ~** he is still somewhat out of touch.
descentralización *nf* decentralization.
descentralizar 1f *vt* to decentralize.
descentrar 1a *vt* to put off centre *o (US)* center *(fam)*, to put off one's stroke.
descerrajar 1a *vt* (**a**) (*cerradura, puerta*) to break open, force. (**b**) (*tiro*) to let off, fire (*a* at).
descifrable *adj* (*gen*) decipherable; (*letra*) legible.
descifrar 1a *vt* (*escritura*) to decipher; (*mensaje en cifra*) to decode; (*problema*) to puzzle out; (*misterio*) to solve.
desclavar 1a *vt* to pull out the nails from, unnail.
descocado *adj* (*descarado*) cheeky, sassy *(US)*; (*chica*) brazen.
descocarse 1g *vr* (*descararse*) to be cheeky.
descoco *nm* (*descaro*) cheek, sass *(US)*; (*atrevimiento*) brazenness.
descodificación *nf* decoding; (*TV*) unscrambling,

descrambling.
descodificador *nm* decoder; (*TV*) unscrambler, descrambler.
descodificar [1g] *vt* to decode; (*TV*) to unscramble, descramble.
descojonado *adj* (*fam!: cansado*) knackered (*fam*).
descojonante *adj* (*fam!: gracioso*) riotous, wildly funny.
descojonarse [1a] *vr* (*fam!*) (**a**) (*reír*) to piss o.s. laughing (*fam!*). (**b**) (*tb* ~ **vivo**) to do o.s. in (*fam*).
descojono (*fam!*) *nm*: **fue un ~ , ¡qué ~!** (*situación graciosa*) what a bloody riot! (*fam*); **¡esto es un ~!** what a bloody shambles! (*fam*).
descolar [1a] *vt* (*Méx*) to snub, slight.
descolgar [1h, 1l] **1** *vt* (*cuadro etc*) to take *o* get down; (*desde una posición alta*) to lower, let down; (*teléfono*) to lift, pick up; (*de una pared etc*) to unhook; **dejó el teléfono descolgado** he left the phone off the hook.
2 descolgarse *vr* (**a**) (*bajar por una cuerda*) to let o.s. down, lower o.s.; ~ **de** (*bajar rápidamente*) to come *o* rush down; ~ **por** (*bajar escurriéndose*) to slip *o* slide down; (*pared*) to climb down; **quedar descolgado** to be left behind.
(**b**) (*aparecer inesperadamente: persona*) to turn up unexpectedly.
(**c**) ~ **del pelotón** (*ciclismo*) to be left behind the group.
(**d**) ~ **con** (*estupidez etc*) to come out with, blurt out.
descolocado *adj* (*objeto*) misplaced; (*cosa, lugar*) untidy.
descolocar [1g] *vt* (*papeles, libros*) to misplace; (*cajón, habitación*) to mess up.
descolonización *nf* decolonization.
descolonizar [1f] *vt* to decolonize.
descoloramiento *nm* discoloration; (*de color, tela etc*) fading.
descolorar [1a] *vt* = **decolorar 1**.
descolorido *adj* (*gen*) discoloured, discolored (*US*); (*color, tela*) faded; (*pálido*) pale.
descollante *adj* outstanding.
descollar [1l] *vi* (*sobresalir*) to stand out, be outstanding; (*montaña etc*) to rise, tower; **la obra que más descuella de las suyas** his most outstanding work.
descomedido *adj* (**a**) (*excesivo*) excessive, immoderate. (**b**) (*persona*) rude, insolent (*con* to, towards).
descomedimiento *nm* rudeness, insolence.
descomedirse [3k] *vr* to be rude, be disrespectful (*con* to, towards).
descompasado *adj* (*excesivo*) excessive; (*sin proporción*) out of all proportion.
descompensar [1a] *vt* to unbalance.
descomponer [2r] (*pp* **descompuesto**) **1** *vt* (**a**) (*gen, Ling, Mat*) to break down (into parts), split up; (*Quím*) to decompose.
(**b**) (*materia orgánica*) to rot, decompose.
(**c**) (*Mec*) to break; (*mecanismo*) to put out of order; (*facciones*) to distort; (*estómago etc*) to upset; (*peinado*) to disarrange.
(**d**) (*orden*) to disarrange, disturb; (*planes*) to mess up, upset; (*calma*) to ruffle; (*persona*) to shake up; (*irritar*) to anger.
2 descomponerse *vr* (**a**) (*pudrirse*) to rot, decompose.
(**b**) (*esp Méx: Mec*) to break down; (*estómago*) to get upset.
(**c**) (*irritarse*) to lose one's temper.
descomposición *nf* (**a**) (*gen*) breakdown; (*Quím*) decomposition. (**b**) (*putrefacción*) rotting. (**c**) (*Med*) ~ (**de vientre**) stomach upset, diarrhoea, diarrhea (*US*).
descompostura *nf* (**a**) (*esp Méx: Téc etc*) breakdown, fault; (*desaliño*) untidiness. (**b**) (*fig: descaro*) brazenness.
descompresión *nf* decompression.
descompuesto **1** *pp de* **descomponer**. **2** *adj* (**a**) (*corrompido*) decomposed; (*esp Méx: reloj*) broken; (*: motor*) broken down, out of order. (**b**) (*Med*) **estar** ~ to have diarrhoea *o* (*US*) diarrhea. (**c**) (*alterado: rostro*) distorted; (*furioso*) angry; (*LAm fam: medio ebrio*) tipsy.
descomunal *adj* (*enorme*) huge, enormous.
desconcentrar [1a] **1** *vt* (**a**) (*industria*) to decentralize. (**b**) (*persona*) to distract. **2 desconcentrarse** *vr* to lose concentration, get distracted.
desconceptuar [1e] *vt* to discredit.
desconcertado *adj*: **estar** *o* **quedar** ~ (*fig*) to be disconcerted, taken aback; (*turbado*) disconcerted, bewildered.
desconcertante *adj* disconcerting, upsetting.
desconcertar [1j] **1** *vt* (**a**) (*orden*) to disturb; (*proyecto*) to upset. (**b**) (*persona: incomodar*) to disconcert, upset; (*: azorar*) to embarrass; (*: confundir*) to baffle, bewilder.
2 desconcertarse *vr* (*persona: turbarse*) to be disconcerted *o* upset; (*: azorarse*) to get embarrassed; (*: confundirse*) to be bewildered; **sin** ~ quite unruffled.
desconcierto *nm* (**a**) (*gen*) disorder. (**b**) (*fig: inquietud*) uneasiness; (*: desorientación*) uncertainty; (*: turbación*) embarrassment; (*: confusión*) bewilderment; **sembrar el** ~ to sow discord.
desconchado *nm* (*de pared*) place where plaster *etc* has broken away; (*de vasija*) chip.
desconchar [1a] **1** *vt* (*pared*) to strip off, peel off; (*loza*) to chip off. **2 desconcharse** *vr* to peel off; to chip.
desconectado *adj* (*Inform*) offline.
desconectar [1a] **1** *vt* (*Elec, Mec*) to disconnect; (*enchufe*) to take *o* pull out; (*desenchufar*) to unplug; (*radio, televisor etc*) to switch off, turn off; (*Inform*) to toggle off; **estar desconectado de** to have no contact with. **2** *vi* (*fig: de conversación etc*) to switch off.
desconfiado *adj* distrustful, suspicious (*de* of).
desconfianza *nf* distrust, mistrust; **voto de** ~ vote of no confidence.
desconfiar [1c] *vi* (*ser desconfiado*) to be distrustful; (*sentirse inseguro*) to lack confidence; ~ **de** (*sospechar*) to distrust, mistrust; (*no tener confianza en*) to have no faith *o* confidence in; **desconfíe de las imitaciones** (*Com*) beware of imitations; **desconfío de poder hacerlo** I don't think I can do it.
descongelar [1a] **1** *vt* (*nevera*) to defrost; (*comida*) to thaw; (*Aut*) to de-ice; (*Econ, Fin: créditos etc*) to unfreeze. **2 descongelarse** *vr* (*alimentos congelados*) to thaw.
descongestión *nf* (*gen*) relief, relieving; (*de pulmones, nariz*) clearing.
descongestionar [1a] *vt* (*cabeza*) to clear; (*calle, ciudad*) to relieve congestion in; (*fig: despejar*) to clear.
desconocer [2d] *vt* (**a**) (*ignorar*) not to know, be ignorant *o* unaware of. (**b**) (*no reconocer*) not to recognize; (*: fingiendo*) to pretend not to know. (**c**) (*obra*) to disown; (*no aceptar*) to deny.
desconocido/a **1** *adj* (**a**) unknown, not known (*de, para* to); (*poco familiar*) unfamiliar; (*no reconocido*) unrecognized; **lo** ~ the unknown; **el triunfo de un atleta** ~ the success of an unknown athlete. (**b**) **está** ~ he is hardly recognizable. **2** *nm/f* stranger; (*recién llegado*) newcomer.
desconocimiento *nm* (**a**) (*falta de conocimientos*) ignorance. (**b**) (*repudio*) disregard.
desconsideración *nf* inconsiderateness, thoughtlessness.
desconsiderado *adj* (*descuidado*) inconsiderate; (*insensible*) thoughtless.
desconsolado *adj* (*afligido*) disconsolate; (*cara*) sad; (*desanimado*) dejected.
desconsolador *adj* distressing, grievous.
desconsolar [1l] **1** *vt* to distress. **2 desconsolarse** *vr* to despair.
desconsuelo *nm* (*pena*) distress, grief; (*tristeza*) sad-

ness; (*desesperación*) despair.
descontado *adj*: **por ~** of course; **dar por ~** to take for granted.
descontaminación *nf* decontamination.
descontaminar [1a] *vt* to decontaminate.
descontar [1l] *vt* (*deducir*) to deduct, take away; (*Com*) to discount, deduct; **descontando los gastos de alojamiento** excluding accomodation expenses.
descontentadizo *adj* (*difícil de contentar*) hard to please.
descontentar [1a] *vt* to displease.
descontento 1 *adj* (*insatisfecho*) dissatisfied, discontented (*de* with); (*disgustado*) disgruntled (*de* about, at). **2** *nm* (**a**) (*insatisfacción*) dissatisfaction; (*desagrado*) displeasure; (*disgusto*) disgruntlement. (**b**) (*Pol etc*) discontent, unrest.
descontinuar [1e] *vt* to discontinue.
descontrol *nm* lack *o* loss of control; **hay un ~ en la oficina** the office is in chaos.
descontrolado *adj* uncontrolled; **estar ~** to be out of control.
descontrolarse [1a] *vr* to lose control, get out of control, go wild.
desconvocar [1g] *vt* (*huelga, reunión*) to call off, cancel.
descoordinación *nf* lack of coordination.
descoque *nm* = **descoco**.
descorazonador *adj* discouraging, disheartening.
descorazonar [1a] **1** *vt* to discourage, dishearten. **2 descorazonarse** *vr* to get discouraged, lose heart.
descorbatado *adj* tieless.
descorchador *nm* corkscrew.
descorchar [1a] *vt* (**a**) (*alcornoque*) to remove the bark from. (**b**) (*botella*) to uncork, open.
descorche *nm* uncorking, opening (of a bottle).
descornar [1l] **1** *vt* to de-horn, poll. **2 descornarse** *vr* (*fig: trabajar*) to slog away, work like a slave; (*pensar*) to rack one's brains; (*fam: caer*) to have a nasty fall, break one's head.
descorrer [2a] *vt* (*cerrojo, cortina*) to draw back; (*velo*) to remove.
descortés *adj* (*mal educado*) discourteous; (*grosero*) rude, impolite.
descortesía *nf* (*gen*) discourtesy; (*grosería*) rudeness, impoliteness.
descortezar [1f] *vt* (*árbol*) to strip the bark from; (*pan*) to cut the crust off; (*fruta*) to peel.
descoser [2a] **1** *vt* (*costura*) to unstitch, unpick. **2 descoserse** *vr* (**a**) (*Cos*) to come apart (at the seam). (**b**) (*fam: descubrir un secreto*) to blurt out a secret. (**c**) **~ de risa** to split one's sides laughing.
descosido 1 *adj* (*Cos*) unstitched, torn. **2** *nm* (**a**) (*Cos*) open seam. (**b**) **como un ~** (*obrar*) wildly; (*beber, comer*) to excess; (*estudiar etc*) like mad; **habla como un ~** he just rattles on and on *(fam)*.
descoyuntar [1a] **1** *vt* (**a**) (*Anat*) to dislocate; **estar descoyuntado** (*fam*) to be pooped *(fam)*. (**b**) (*hechos*) to twist. **2 descoyuntarse** *vr* (**a**) (*Anat*) **~ un hueso** to put a bone out of joint. (**b**) **~ de risa** (*fam*) to split one's sides laughing.
descrédito *nm* (*desprestigio*) discredit, disrepute; **caer en ~** to fall into disrepute; **ir en ~ de** to be to the discredit of.
descreencia *nf* unbelief.
descreído/a 1 *adj* unbelieving; (*ateo*) godless. **2** *nm/f* unbeliever.
descreimiento *nm* unbelief.
descremado *adj* (*leche*) skimmed, low-fat.
descremar [1a] *vt* (*leche*) to skim.
describir [3a] (*pp* **descrito**) *vt* (*gen*) to describe.
descripción *nf* description; **supera toda ~** it is indescribable.
descriptible *adj* describable.
descriptivo *adj* descriptive.
descrismarse [1a] *vr* (**a**) to split one's head open. (**b**) (*fig: trabajar*) to slave away; (*: pensar*) to rack one's brains.
descrito 1 *pp de* **describir**. **2** *adj* (*narrado*) described.
descruzar [1f] *vt* (*piernas*) to uncross; (*brazos*) to unfold.
descuajar [1a] *vt* (**a**) (*disolver*) to melt, dissolve. (**b**) (*arrancar*) to uproot; (*sacar*) to pull out. (**c**) (*extirpar*) to eradicate, wipe out.
descuajaringar, **descuajeringar** [1h] (*fam*) **1** *vt* to smash to bits *o* pieces. **2 descuajaringarse**, **descuajeringarse** *vr* to fall to bits; **~ de risa** to split one's sides laughing, die laughing.
descuartizamiento *nm* (*de animal*) carving up, cutting up; (*Hist*) quartering.
descuartizar [1f] *vt* (*animal*) to carve up, cut up; (*Hist: persona*) to quarter; (*fig: hacer pedazos algo*) to tear apart.
descubierta *nf* (**a**) (*Mil*) reconnoitring, patrolling. (**b**) **a la ~** (*sin disfraz*) openly; (*sin protección*) in the open.
descubierto 1 *pp de* **descubrir**.
2 *adj* (*gen*) uncovered; (*situación*) open, exposed; (*Mil*) under fire; (*cabeza, cuerpo*) bare; (*sin sombrero*) bareheaded, hatless; (*cielo*) clear; (*coche*) open; (*campo*) treeless.
3 *nm* (**a**) (*lugar*) open space; **al ~** (*al raso*) (out) in the open; (*sin rodeos*) openly; **poner al ~** to lay bare, expose to view; **quedar al ~** to be exposed, come out into the open.
(**b**) (*Com: en cuenta corriente*) deficit; (*: en el presupuesto*) shortage; (*saldo deudor*) overdraft; **vender al ~** to sell short; **estar en ~** to be overdrawn *o (fam)* in the red; **girar en ~** to overdraw.
descubridor(a) *nm/f* discoverer.
descubrimiento *nm* (*hallazgo*) discovery; (*de criminal, fraude*) detection; (*de secreto etc*) disclosure, revelation; (*de estatua etc*) unveiling.
descubrir [3a] (*pp* **descubierto**) **1** *vt* (**a**) (*país, remedio etc*) to discover; (*criminal, fraude*) to detect; (*encontrar: mina de oro, tesoro*) to find; (*: petróleo*) to strike; (*destapar*) to uncover; (*cacerola*) to take the lid off; (*naipes*) to lay down; (*sacar a luz: crimen*) to bring to light; (*enterarse de: causa, solución*) to find out, learn; **~ su juego** to show one's hand *o* one's cards.
(**b**) (*divisar*) to see, make out.
(**c**) (*estatua, placa*) to unveil.
(**d**) (*poner al descubierto*) to expose to view; (*revelar*) to show, reveal; (*delatar*) to give away, betray; **~ el estómago** to uncover *o* bare one's stomach.
2 descubrirse *vr* (**a**) to be discovered; (*mostrarse*) to reveal *o* show o.s.; (*verse*) to come into sight.
(**b**) (*quitarse el sombrero*) to take off one's hat; (*para saludar*) to raise one's hat (in greeting).
(**c**) (*fig: salir a luz*) to come out *o* to light.
descuento *nm* discount, rebate; **~ del 3%** 3% off; **a ~** below par; **con ~** at a discount; **hacer ~** to give a discount; **~ por pago al contado/por volumen de compras** (*Com*) cash/volume discount.
descuerar [1a] *vt* (*Chi fam*) to tell off *(fam)*.
descuidadamente *adv* (*V adj*) carelessly; slackly; untidily.
descuidado *adj* (**a**) (*sin cuidado*) careless; (*negligente*) slack; (*olvidadizo*) forgetful; (*despreocupado*) casual. (**b**) (*aspecto*) untidy, slovenly. (**c**) (*desprevenido*) unprepared, off (one's) guard. (**d**) (*tranquilo*) easy in one's mind; **puedes estar ~** you needn't worry, you can relax. (**e**) (*abandonado*) neglected.
descuidar [1a] **1** *vt* (*desatender: deberes*) to neglect; (*olvidar*) to overlook.
2 *vi* not to worry; **¡descuida!** don't worry!, it's all right!; **descuida, que yo me encargo de esto** don't worry, I'll take care of this.
3 descuidarse *vr* (**a**) (*no prestar atención*) to be careless, be negligent; (*desprevenirse*) to feel safe, drop one's guard; **si te descuidas** if you don't watch out; **a**

poco que te descuides te cobran el doble you've got to watch them all the time or they'll charge you double; **a poco que te descuides ya no está** before you know where you are it's gone.

(**b**) (*abandonarse*) to let o.s. go.

descuidero/a *nm/f* sneak thief, pickpocket.

descuido *nm* (**a**) (*gen*) carelessness; (*negligencia*) slackness; (*olvido*) forgetfulness; **al menor** ~ if my *etc* attention wanders for a minute; **con** ~ thoughtlessly. (**b**) (*desaseo*) untidiness. (**c**) (*un* ~) oversight; **en un** ~ when least expected; **por** ~ by an oversight, inadvertently.

desde 1 *prep* (**a**) (*lugar*) from; ~ **Burgos hay 30 km** it's 30 km from Burgos; ~ **A hasta M** from A to M; ~ **arriba/abajo** from above/below.

(**b**) (*tiempo*) from, since; ~ **ahora** from now on; ~ **entonces** since then; ~ **siempre** always; ~ **el siglo XV para acá** from the 15th century onward; **no existe** ~ **1960** it ceased to exist in 1960; **llueve** ~ **hace 3 días** it's been raining for 3 days; **no le vemos** ~ **hace 2 años** we haven't seen him for 2 years; **¿~ cuándo ocurre esto?** how long has this been happening? (**c**) ~ **niño** since childhood, since I *etc* was a child.

(**d**) ~ **luego** (*coletilla*) really; (*por supuesto*) of course; ~ **luego, quien lo iba a pensar** I ask you, who would have thought it?; **'¿vendrás?' - '~ luego'** 'are you coming?' - 'of course'.

2; ~ **que** *conj* since; ~ **que llovió** since it rained; ~ **que puedo recordar** ever since I can remember, (for) as long as I can remember.

desdecir [3o] **1** *vi* (**a**) ~ **de** to be unworthy of; (*no merecer*) **esta novela no desdice de las otras** this novel is well up to the standard of the others. (**b**) ~ **de** (*no corresponder*) to clash with. **2 desdecirse** *vr* (*retractarse*) to go back on what one has said; ~ **de algo** to go back on sth.

desdén *nm* scorn, disdain; **al** ~ carelessly.

desdentado *adj* toothless.

desdeñable *adj* contemptible; **nada** ~ far from negligible.

desdeñar [1a] *vt* to scorn, disdain; (*rechazar*) to turn up one's nose at.

desdeñoso *adj* scornful, disdainful.

desdibujado *adj* blurred.

desdibujar [1a] **1** *vt* to blur (the outlines of). **2 desdibujarse** *vr* to get blurred, fade (away); **el recuerdo se ha desdibujado** the memory has become blurred.

desdicha *nf* (**a**) (*gen*) unhappiness; (*miseria*) wretchedness. (**b**) (*una* ~) misfortune. (**c**) (*fig fam: persona, cosa inútil*) dead loss *(fam)*.

desdichado/a 1 *adj* (**a**) (*infeliz*) unhappy; (*desgraciado*) unlucky; **¡qué** ~ **soy!** how wretched I am! (**b**) (*día*) ill-fated. **2** *nm/f* (*pobre desgraciado*) poor devil.

desdoblamiento *nm* (**a**) (*de carreteras*) widening. (**b**) (*Escol: de grupos*) breaking down, reduction. (**c**) ~ **de la personalidad** split personality.

desdoblar [1a] **1** *vt* (**a**) (*desplegar*) to unfold; (*extender*) to spread out; (*alambre*) to untwist. (**b**) (*Quím*) to break down (*en* into). (**c**) (*duplicar*) to double; ~ **un cargo** to split the functions of a post. **2 desdoblarse** *vr* to divide, split in two.

desdorar [1a] *vt* (*lit, fig*) to tarnish.

desdoro *nm* (*fig*) stigma, dishonour, dishonor *(US)*.

desdramatizar [1f] *vt* to take the drama out of; (*crisis*) to defuse.

deseable *adj* desirable.

desear [1a] *vt* to want, desire, wish (for); **le deseo toda clase de éxito** I wish you every success; **¿qué desea?** (*Com etc*) what can I do for you?; **estoy deseando que esto termine** I'm longing for this to finish; ~ **hacer algo** to want *o* wish to do sth; **estoy deseando verle** I'm looking forward to seeing him; **deja bastante que** ~ it leaves a lot to be desired.

desecación *nf* desiccation.

desecar [1g] **1** *vt* (*gen*) to dry up; (*estanque, terreno*) to drain. **2 desecarse** *vr* to dry up.

desechable *adj* disposable; **la oferta no es** ~ the offer is not to be turned down lightly; **envases ~s** non-returnable empties.

desechar [1a] *vt* (**a**) (*basura*) to throw out; (*lo inútil*) to scrap, get rid of. (**b**) (*consejo, miedo*) to cast aside; (*oferta*) to reject; (*plan*) to drop.

desecho *nm* (**a**) reject; **producto de** ~ waste product; **ropa de** ~ castoffs; **~s** (*materiales inservibles*) rubbish *sg*, scrap *sg*; (*industriales*) waste *sg*; (*ropa*) castoffs *pl*; **~s radiactivos** radioactive waste. (**b**) **ese tío es un** ~ that bloke is a dead loss; **el** ~ **de la sociedad** the scum *o* dregs of society. (**c**) (*LAm: atajo*) short cut.

desembalar [1a] *vt* to unpack.

desembarazado *adj* (**a**) (*libre*) clear, free. (**b**) (*desenvuelto*) free and easy.

desembarazar [1f] **1** *vt* (*camino, cuarto*) to clear, free (*de* of). **2 desembarazarse** *vr*: ~ **de algo** to get rid of sth, free o.s. of sth.

desembarazo *nm* (**a**) (*LAm: parto*) birth. (**b**) (*desenfado*) ease, naturalness.

desembarcadero *nm* quay, landing stage.

desembarcar [1g] **1** *vt* (*personas*) to land, put ashore; (*mercancías*) to unload. **2** *vi* (**a**) (*de barco*) to land, go ashore; (*de avión*) to disembark. (**b**) (*esp LAm*) to alight (*de* from), get out (*de* of).

desembarco *nm* landing.

desembargar [1h] *vt* (*Jur*) to lift *o* remove the embargo on.

desembargo *nm* lifting *o* removal of an embargo.

desembarque *nm* (*gen*) disembarkation; (*de pasajeros*) landing; (*de mercancías*) unloading.

desembarrancar [1g] *vt* (*barco*) to refloat, get off.

desembocadura *nf* (*salida*) outlet; (*de río*) mouth; (*de calle*) opening, end.

desembocar [1a] *vi* (**a**) ~ **en** (*río*) to flow *o* run into; (*calle*) to join, lead into. (**b**) ~ **en** (*terminar en*) to end *o* result in; **esto desembocó en una tragedia** this ended in *o* led to tragedy.

desembolsar [1a] *vt* (*pagar*) to pay out; (*gastar*) to lay out.

desembolso *nm* (*gen*) payment; (*gastos*) outlay, expenditure; ~ **inicial** deposit.

desembozar [1f] *vt* (*lit, fig*) to unmask.

desembragar [1h] **1** *vt* (*Mec*) to disengage, disconnect. **2** *vi* (*Aut*) to declutch, let out the clutch.

desembrague *nm* disengagement; (*Aut: acto*) declutching; (*: mecanismo*) clutch release.

desembrollar [1a] *vt* (*madeja*) to unravel; (*asunto, malentendido*) to sort out.

desembuchar [1a] **1** *vt* to disgorge; (*fig*) to come out with. **2** *vi* (*confesar*) to spill the beans *(fam)*; **¡desembucha!** out with it! **3 desembucharse** *vr* (*Chi*) to be sick.

desemejante *adj* dissimilar, unlike.

desemejanza *nf* dissimilarity.

desempacar [1g] *vt* (*esp LAm*) to unpack.

desempacharse [1a] *vr* (**a**) **se desempachó** his stomach settled down (after its upset). (**b**) (*perder la timidez*) to come out of one's shell.

desempacho *nm* (*soltura*) ease; (*despreocupación*) unconcern; (*pey*) forwardness.

desempañar [1a] *vt* (*cristal*) to clean, de-mist, defog *(US)*.

desempapelar [1a] *vt* (*pared*) to strip.

desempaquetar [1a] *vt* to unpack, unwrap.

desempatar [1a] *vi*: **volvieron a jugar para** ~ they held a play-off.

desempate *nm* (*partido*) play-off; (*efecto*) breakthrough; ~ **a penaltis** penalty shoot-out; **el gol del** ~ the deciding *o* winning goal.

desempeñar [1a] **1** *vt* (**a**) (*lo empeñado*) to redeem, get out of pawn. (**b**) ~ **a algn** to get sb out of debt, pay sb's debts. (**c**) (*cargo*) to occupy, hold; (*deber, función*) to perform, carry out; (*papel: tb en teatro*) to play. **2 desempeñarse** *vr* to get out of debt.

desempeño *nm* (**a**) (*de lo empeñado*) redeeming, redemption. (**b**) (*de cargo, deber*) carrying out, fulfilment, fulfillment *(US)*; (*Teat*) performance, acting.

desempleado/a 1 *adj* unemployed, out of work. **2** *nm/f* unemployed man/woman; **los ~s** the unemployed.

desempleo *nm* (**a**) unemployment. (**b**) (*pago*) unemployment benefit.

desempolvar [1a] *vt* (*muebles etc*) to dust; (*lo olvidado*) to revive.

desencadenamiento *nm* (*fig*) unleashing; ~ **de hostilidades** outbreak of hostilities.

desencadenante 1 *adj*: **los factores ~s del accidente** the factors which caused *o* contributed to *o* triggered off the accident. **2** *nm* cause, trigger.

desencadenar [1a] **1** *vt* (**a**) (*quitar las cadenas de*) to unchain; (*perro*) to unleash. (**b**) (*desatar: ira etc*) to unleash; (*provocar*) to cause, set off. **2 desencadenarse** *vr* (**a**) (*soltarse*) to break loose. (**b**) (*estallar: tormenta*) to burst; (*guerra*) to break out; **se desencadenó una violenta reacción** a violent reaction was produced.

desencajado *adj* (*cara*) twisted, contorted; (*ojos*) wild.

desencajar [1a] **1** *vt* (**a**) (*hueso*) to throw out of joint, dislocate. (**b**) (*Mec*) to disconnect, disengage. **2 desencajarse** *vr* (*cara*) to become distorted (with fear); (*ojos*) to look wild.

desencallar [1a] *vt* (*barco*) to refloat, get off.

desencaminado *adj* headed in the wrong direction, misguided.

desencantar [1a] *vt* to disillusion, disenchant.

desencanto *nm* disillusion(ment), disenchantment.

desencapotarse [1a] *vr* (*cielo*) to clear (up).

desencogerse [2c] *vr* to lose one's fear, loosen up.

desencolarse [1a] *vr* to come unstuck.

desenconar [1a] **1** *vt* (*cólera*) to calm down, soothe. **2 desenconarse** *vr* (*odio*) to die down; (*persona*) to calm down.

desencuadernar [1a] **1** *vt* to unbind. **2 desencuadernarse** *vr* to come unbound.

desenchufar [1a] *vt* to disconnect, unplug.

desendeudarse [1a] *vr* (*LAm*) to pay one's debts, get out of the red.

desenfadado *adj* (*aire, carácter*) free, uninhibited; (*despreocupado*) free-and-easy, carefree; (*desenvuelto*) self-confident; (*pey: descarado*) forward; (*en el vestir*) casual.

desenfadar [1a] **1** *vt* to pacify, calm down. **2 desenfadarse** *vr* to calm down.

desenfado *nm* (*libertad*) freedom, lack of inhibition; (*despreocupación*) free-and-easy manner; (*pey: descaro*) forwardness; (*desenvoltura*) self-confidence.

desenfocado *adj* out of focus.

desenfocar [1g] **1** *vt* (*Fot*) to put out of focus, focus badly; (*fig: asunto*) to read wrongly. **2 desenfocarse** *vr* (*Fot*) to go out of focus.

desenfrenadamente *adv* (*V adj*) wildly, in an uncontrolled way; immoderately; licentiously.

desenfrenado *adj* (*frenético*) wild; (*inmoderado*) immoderate; (*apetito, pasiones*) unbridled.

desenfrenarse [1a] *vr* (**a**) (*persona: desmandarse*) to lose all self-control; (*multitud*) to run riot. (**b**) (*tempestad*) to burst; (*viento*) to rage.

desenfreno *nm* (*de pasiones*) unleashing; (*libertinaje*) licentiousness.

desenfundar [1a] **1** *vt* (*pistola*) to pull out, draw; (*destapar*) to uncover. **2** *vi* (*fam*) to flash *(fam)*.

desenganchar [1a] **1** *vt* (*gen*) to unhook; (*Ferro*) to uncouple; (*Mec*) to disengage; (*caballo*) to unhitch. **2 desengancharse** *vr* (*fam*) to come off drugs, kick the habit *(fam)*.

desengañado *adj* disillusioned.

desengañar [1a] **1** *vt* (*desilusionar*) to disillusion; (*decepcionar*) to disappoint; (*abrir los ojos a*) to open the eyes of, enlighten; **es mejor no ~la** it is best not to disillusion her *o* not to take away her hopes. **2 desengañarse** *vr* (**a**) (*desilusionarse*) to become disillusioned (*de* about); (*decepcionarse*) to be disappointed. (**b**) (*abrir los ojos*) to see the light, see things as they really are; **¡desengáñate!** wise up! *(fam)*.

desengaño *nm* (*desilusión*) disillusion(ment); (*decepción*) disappointment; (*revelación*) eyeopener; **sufrir un ~ amoroso** to be disappointed in love.

desengrasar [1a] *vt* to degrease.

desenhebrar [1j] *vt* to unthread.

desenlace *nm* (*resultado*) outcome; (*Lit*) ending, dénouement *(frm)*; ~ **fatal** *o* **trágico** tragic ending; **el libro tiene un ~ feliz** the book has a happy ending.

desenlatar [1a] *vt* (*LAm: latas*) to open.

desenlazar [1f] **1** *vt* (*desatar*) to untie. **2 desenlazarse** *vr* (**a**) (*desatarse*) to come undone. (**b**) (*Lit*) to end, turn out.

desenmarañar [1a] *vt* (*lo enredado*) to disentangle; (*aclarar*) to unravel, clear up.

desenmascarar [1a] *vt* (*fig*) to unmask, expose.

desenredar [1a] **1** *vt* (*pelo etc*) to unravel; (*dificultad, problema*) to straighten out. **2 desenredarse** *vr* (*fig*) to extricate o.s. (*de* from).

desenrollar [1a] **1** *vt* to unroll, unwind. **2 desenrollarse** *vr* to unroll, unwind.

desenroscar [1g] *vt* (*tornillo etc*) to unscrew.

desensillar [1a] *vt* to unsaddle.

desentenderse [2g] *vr* (**a**) ~ **de** (*simular ignorancia*) to pretend not to know about. (**b**) ~ **de** to wash one's hands of, want nothing to do with; **se ha desentendido del asunto** he wants nothing to do with the matter.

desentendido *adj*: **hacerse el ~** to pretend not to notice; **se hizo el ~** he didn't take the hint; **no te hagas el ~** don't pretend you haven't heard.

desenterrar [1j] *vt* (**a**) (*cadáver*) to disinter; (*tesoro*) to unearth. (**b**) (*cosas olvidadas*) to rake up.

desentonado *adj* (*Mús*) out of tune.

desentonar [1a] *vi* (**a**) (*Mús*) to be out of tune. (**b**) (*no encajar*) to be out of place; (*colores*) to clash (*con* with); **el edificio desentona con el entorno** the building doesn't fit in with the surroundings.

desentorpecer [2d] *vt* (**a**) (*miembro*) to stretch, loosen up. (**b**) (*fam: persona*) to polish up.

desentramparse [1a] *vr* (*fam*) to get out of the red.

desentrañar [1a] *vt* (*misterio*) to get to the bottom of; (*significado*) to puzzle out.

desentrenado *adj* out of training.

desentumecer [2d] *vt* (*miembro*) to stretch; (*Dep: músculos*) to loosen up.

desenvainar [1a] *vt* (*espada*) to draw, unsheathe.

desenvoltura *nf* (*de movimientos*) ease; (*falta de timidez*) (self-)confidence; (*al hablar*) fluency; (*pey*) forwardness, brazenness.

desenvolver [2h] (*pp* **desenvuelto**) **1** *vt* (*paquete*) to unwrap; (*rollo*) to unwind, unroll. **2 desenvolverse** *vr* (*suceder*) to go off; (*desarrollarse*) to develop; (*manejarse*) to manage, cope; **se desenvuelve muy bien en público** he comes across really well in public.

desenvuelto 1 *pp de* **desenvolver**. **2** *adj* (*suelto*) easy; (*desenfadado*) confident; (*al hablar*) fluent; (*pey*) forward.

deseo *nm* wish, desire; **el ~ de algo/hacer algo** the wish *o* desire for sth/to do sth; ~ **de saber** thirst for knowledge; **buenos ~s** good intentions; **arder en ~s de algo** to yearn for sth; **tener ~ de hacer algo** to want *o* yearn to do sth.

deseoso *adj*: **estar ~ de hacer algo** to be anxious *o* eager to do sth.

desequilibrado/a *adj* **1** *adj* (*lit, fig*) unbalanced; (*desigual*) one-sided, lop-sided. **2** *nm/f* unbalanced person; ~ **mental** mentally disturbed person.

desequilibrar [1a] **1** *vt* (*mente*) to unbalance; (*objeto*) to throw out of balance; (*persona*) to throw off balance. **2 desequilibrarse** *vr* (*balanza*) to go off balance; (*persona*) to become mentally unstable.

desequilibrio *nm* (**a**) (*de mente*) unbalance; (*entre cantidades*) imbalance. (**b**) (*Med*) unbalanced mental condition.

deserción *nf* desertion.

desertar [1a] *vi* to desert; ~ **de** (*Mil etc*) to desert; ~ **del hogar** to abandon one's home; ~ **de sus deberes** to neglect one's duties.

desértico *adj* (*árido*) desert-like, barren; (*vacío*) deserted.

desertización *nf* (process of) turning land into a desert.

desertizar [1f] *vt* to turn into a desert.

desertor(a) *nm/f* deserter.

desesperación *nf* (**a**) despair, desperation; **con** ~ despairingly. (**b**) **nadar con** ~ to swim furiously. (**c**) **es una** ~ it's maddening; **es una** ~ **tener que** ... it's infuriating to have to ....

desesperada *nf*: **hacer algo a la** ~ to do sth as a last resort *o* in desperation.

desesperadamente *adv* desperately, despairingly.

desesperado 1 *adj* (**a**) (*persona: sin esperanza*) desperate, despairing; (*caso, situación*) hopeless. (**b**) (*esfuerzo*) furious, frenzied. **2** *nm*: **como un** ~ like mad.

desesperante *adj* (*exasperante*) infuriating; (*persona*) hopeless.

desesperanzar [1f] **1** *vt* to drive to despair. **2 desesperanzarse** *vr* to lose hope, despair.

desesperar [1a] **1** *vt* to deprive of hope, drive to despair (*fam*); (*irritar*) to drive to distraction. **2** *vi* to despair (*de* of), lose hope; ~ **de hacer algo** to give up all hope of doing sth. **3 desesperarse** *vr* to despair, lose hope.

desespero *nm* (*LAm*) despair, desperation.

desestabilización *nf* destabilization.

desestabilizador *adj* (*campaña, influencia*) destabilizing.

desestabilizar [1f] *vt* to destabilize.

desestimar [1a] *vt* (**a**) (*menospreciar*) to have a low opinion of. (**b**) (*Jur: demanda*) to reject.

desfachatez *nf* cheek, nerve.

desfalcar [1g] *vt* to embezzle.

desfalco *nm* embezzlement.

desfallecer [2d] *vi* (*perder las fuerzas*) to get weak; (*desmayarse*) to faint; (*desanimarse*) to lose heart, get down (*fam*).

desfallecido *adj* (*débil*) weak.

desfallecimiento *nm* weakness; (*desmayo*) fainting fit.

desfasado *adj* (*anticuado*) behind the times; (*Téc*) out of phase; (*Anat*) uncoordinated.

desfasar [1a] *vt* to phase out.

desfase *nm* (*fig: diferencia*) gap; ~ **horario** jet lag; **hay un** ~ **entre A y B** there is no correspondence between A and B.

desfavorable *adj* unfavourable, unfavorable (*US*).

desfavorecer [2d] *vt* (*suj: ropa: sentar mal*) not to suit, not to look well on.

desfavorecido *adj* underprivileged.

desfiguración *nf*, **desfiguramiento** *nm* (*de persona*) disfigurement; (*de monumento*) defacement.

desfigurado *adj* (*persona*) disfigured; (*sentido*) distorted.

desfigurar [1a] *vt* (*cara*) to disfigure; (*cuerpo*) to deform; (*cuadro, monumento*) to deface; (*sentido*) to twist; (*suceso*) to misrepresent; **una cicatriz le desfigura la cara** a scar disfigures his face.

desfiladero *nm* defile, gorge.

desfilar [1a] *vi* (**a**) (*Mil*) to parade; **desfilaron ante el general** they marched past the general. (**b**) (*pasar*) to come, pass by; **por su despacho han desfilado muchos acreedores** many creditors have passed through his office. (**c**) (*salir*) to leave, file out; **según acababan, iban desfilando por la puerta** as the finished, they filtered out the door.

desfile *nm* (*gen*) procession; (*Mil*) parade, marchpast; ~ **de modelos** fashion show *o* parade; ~ **de la victoria** victory parade.

desflorar [1a] *vt* (**a**) (*mujer*) to deflower. (**b**) (*arruinar*) to tarnish. (**c**) (*asunto*) to touch on.

desfogar [1h] **1** *vt* (*fig*) to vent (*con, en* on). **2** *vi* (*Náut: tormenta*) to burst. **3 desfogarse** *vr* (*cólera*) to vent one's anger (*con, en* on), let off steam (*fam*).

desforestación *nf* deforestation.

desforestar [1a] *vt* to deforest.

desgajar [1a] **1** *vt* (**a**) (*rama*) to tear off; (*hoja de papel*) to tear out; (*naranja*) to split into segments. (**b**) ~ **a algn de** to tear sb away from. **2 desgajarse** *vr* to come off, break off.

desgana *nf* (**a**) (*falta de apetito*) lack *o* loss of appetite. (**b**) (*apatía*) unwillingness, reluctance; **hacer algo con** ~ to do sth reluctantly.

desganado *adj* (*sin apetito*) not hungry; (*sin entusiasmo*) half-hearted; **estar** ~ to have no appetite.

desganarse [1a] *vr* (**a**) (*perder el apetito*) to lose one's appetite. (**b**) (*cansarse*) to lose interest (*de* in), get fed up (*de* with).

desgañitarse [1a] *vr* to shout o.s. hoarse.

desgarbado *adj* (*sin gracia*) clumsy, ungainly.

desgarrador *adj* heartbreaking, heartrending; (*grito*) piercing.

desgarrar [1a] *vt* (**a**) (*vestido*) to tear, rip. (**b**) (*corazón*) to break.

desgarro *nm* (**a**) (*en tela*) tear, rip. (**b**) (*LAm: expectoración*) expectoration; (*: flema*) phlegm.

desgarrón *nm* big tear.

desgastar [1a] **1** *vt* (**a**) to wear away *o* down; (*Geol*) to erode; (*cuerda*) to fray; (*metal*) to corrode; ~ **la ropa** to wear one's clothes out. (**b**) (*fig*) to spoil, ruin. **2 desgastarse** *vr* (**a**) (*V vt*) to wear away; to erode; to fray; to corrode; to get worn out. (**b**) (*agotarse*) to wear o.s. out.

desgaste *nm* (**a**) (*de motor, objeto*) wear (and tear) (*de* on); (*de roca*) erosion; (*de cuerda*) fraying; (*de metal*) corrosion. (**b**) (*de gobierno etc*) ruination, downfall; ~ **económico** drain on one's resources; **guerra de** ~ war of attrition.

desglosar [1a] *vt* to detach; (*fig: cifras etc*) to break down.

desglose *nm* breakdown.

desgobernar [1j] *vt* (*Pol*) to misgovern, misrule; (*asunto*) to handle badly.

desgobierno *nm* (*V vt*) misgovernment, misrule; bad handling.

desgracia *nf* (**a**) (*gen*) misfortune; (*contratiempo*) accident; (*mala suerte*) (piece of) bad luck; **por** ~ unfortunately; **¡qué ~!** what bad luck!; **en el accidente no hay que lamentar ~s personales** there were no casualties in the accident; **tener la** ~ **de** to be unlucky enough to. (**b**) **caer en** ~ to lose favour *o* (*US*) favor.

desgraciadamente *adv* unfortunately, unluckily.

desgraciado/a 1 *adj* (**a**) (*sin suerte*) unlucky, luckless; (*infeliz*) unhappy; (*lamentable*) unfortunate; (*LAm: asqueroso*) lousy (*fam*); **era ~ en su matrimonio** he was unhappy in his marriage; **¡qué ~ soy!** how wretched I am! (**b**) **ese día** ~ that ill-fated day. **2** *nm/f* (*malo*) swine; (*infeliz*) poor creature.

desgraciar [1b] **1** *vt* (**a**) (*estropear*) to spoil. (**b**) (*ofender*) to displease. **2 desgraciarse** *vr* (*estropearse*) to be spoiled *o* be ruined; (*plan etc*) to fall through; **se le desgració el niño antes de nacer** she had a miscarriage, she lost the baby.

desgranar [1a] **1** *vt* (**a**) (*trigo*) to thresh; (*guisantes*) to shell; ~ **un racimo** to pick the grapes from a bunch. (**b**) ~ **las cuentas del rosario** to tell one's beads. (**c**) ~ **mentiras** to come out with a string of lies. **2 desgranarse** *vr* (**a**) (*trigo*) to shed its grain; (*planta*) to drop its seeds. (**b**) (*cuentas*) to come unstrung.

desgravable *adj* tax-deductible, allowable against tax.

desgravación *nf*: ~ **fiscal** *o* **de impuestos** tax relief; (*una* ~) tax deduction; ~ **personal** tax allowance.

desgravar [1a] **1** *vt* (*producto*) to reduce the tax *o* duty on. **2** *vi*: **esas inversiones desgravan** those investments are tax-deductible.

desgreñado *adj* dishevelled, disheveled *(US)*, tousled.

desguace *nm* (*de barco*) breaking-up, scrapping; (*de coche*) stripping, scrapping.

desguarnecer [2d] *vt* (**a**) (*Téc*) to strip down; (*quitar los adornos de*) to remove the accessories from; (*caballo*) to unharness; ~ **un barco de las velas** to remove the sails from a boat. (**b**) (*Mil: pueblo*) to remove the garrison from; (*: plaza fuerte*) to dismantle.

desguarnecido *adj* (**a**) (*gen*) bare, shorn of trimmings *etc*. (**b**) (*ciudad*) undefended, unprotected; (*flanco*) exposed.

desguazar [1f] *vt* (*barco*) to break up, scrap; (*coche etc*) to strip, scrap.

deshabillé *nm* negligee.

deshabitado *adj* uninhabited.

deshabitar [1a] *vt* (*casa*) to leave empty; (*despoblar*) to depopulate.

deshabituar [1e] **1** *vt*: ~ **a algn de la droga** to break sb of the drug habit, wean sb away from his addiction. **2 deshabituarse** *vr* to lose the habit; ~ **de la droga** to break o.s. of the drug habit, conquer one's drug addiction.

deshacer [2r] (*pp* **deshecho**) **1** *vt* (**a**) (*lo hecho*) to undo, unmake.

(**b**) (*projectos: arruinar*) to spoil, ruin; (*Mec: desmontar*) to take apart; (*romper*) to pull to pieces; (*dividir*) to cut *o* carve up.

(**c**) (*cama*) to strip; (*maleta*) to unpack; (*paquete*) to unwrap; (*nudo*) to untie; (*costura*) to unpick.

(**d**) (*nieve, helado*) to melt; (*pastilla etc*) to dissolve.

(**e**) (*camino, pasos*) to retrace; (*tratado*) to break; (*contrato*) to annul; (*enemigo*) to rout; (*persona, economía*) to shatter.

2 deshacerse *vr* (**a**) (*desatarse*) to come undone *o* untied; (*estropearse*) to be spoiled *o* ruined; (*descomponerse*) to fall to pieces; **cuando lo levanté, se me deshizo todo** when I lifted it up it all fell to bits.

(**b**) (*derretirse*) to melt, dissolve; (*desvanecerse*) to vanish.

(**c**) (*afligirse*) to grieve; (*impacientarse*) to get impatient; **se ha deshecho tras la tragedia** she has gone to pieces since the tragedy.

(**d**) ~ **de** (*gen*) to get rid of; (*de mala gana*) to part with; (*Com*) to dump, unload; **no quiero ~me de eso** I don't want to part with that.

(**e**) ~ **en** (*lágrimas*) to burst into; (*cumplidos, elogios*) to be lavish with.

(**f**) (*esforzarse*) **se deshace por su familia** he does all he can for his family; **se deshace trabajando** he works excessively hard; ~ **por complacer a algn** to strive *o* do one's utmost to please sb.

desharrapado/a 1 *adj* ragged, tattered. **2** *nm/f*: **los ~ de la sociedad** society's outcasts.

deshecho 1 *pp de* **deshacer**. **2** *adj* (*lazo, nudo*) undone; (*roto*) smashed; (*despedazado*) in pieces; (*cama*) unmade; **el pastel ha quedado** ~ the cake is ruined; **estoy** ~ I'm shattered.

deshelador *nm* (*Aer*) de-icer.

deshelar [1j] **1** *vt* (*tubería*) to thaw; (*congelador*) to defrost; (*avión, coche*) to de-ice. **2** *vi*, **deshelarse** *vr* to thaw, melt.

desherbar [1j] *vt* to weed.

desheredar [1a] *vt* to disinherit.

deshidratación *nf* dehydration.

deshidratado *adj* dehydrated.

deshidratar [1a] **1** *vt* to dehydrate. **2 deshidratarse** *vr* to become dehydrated.

deshielo *nm* (*gen*) thaw; (*de congelador*) defrosting; ~ **diplomático** diplomatic thaw.

deshilachar [1a] *vt*, **deshilacharse** *vr* to fray.

deshilar [1a] **1** *vt* to fray. **2 deshilarse** *vr* to get worn, fray.

deshilvanado *adj* (*fig*) disjointed, incoherent.

deshilvanar [1a] *vt* (*Cos*) to untack, take the stitches out of.

deshinchar [1a] **1** *vt* (**a**) (*neumático*) to let down; (*quitar la hinchazón de*) to reduce (the swelling of). (**b**) (*fig*) to give vent to. **2 deshincharse** *vr* (**a**) (*neumático*) to go flat; (*hinchazón*) to go down. (**b**) (*fig*) to get down off one's high horse.

deshipotecar [1g] *vt* (*propiedad*) to pay off the mortgage on.

deshojar [1a] **1** *vt* (*árbol*) to strip the leaves off; (*flor*) to pull the petals off; (*LAm: maíz*) to husk; (*: fruta*) to peel. **2 deshojarse** *vr* to lose its leaves *etc*.

deshollinador *nm* (chimney) sweep.

deshollinar [1a] *vt* (*chimenea*) to sweep.

deshonestidad *nf* (*falta de honradez*) dishonesty; (*indecencia*) indecency.

deshonesto *adj* (*no honrado*) dishonest; (*indecente*) indecent.

deshonor *nm* (**a**) dishonour, dishonor *(US)*, disgrace. (**b**) (*un* ~) insult, affront (*a* to); **no es un ~ trabajar** it is no disgrace to work.

deshonra *nf* (**a**) (*deshonor*) dishonour, dishonor *(US)*, disgrace; (*vergüenza*) shame; **lo tiene a** ~ he thinks it beneath him. (**b**) (*acto*) shameful act.

deshonrar [1a] *vt* (**a**) to dishonour, dishonor *(US)*, disgrace. (**b**) (*afrentar*) to insult. (**c**) (*mujer*) to seduce.

deshonroso *adj* dishonourable, dishonorable *(US)*, disgraceful, ignominious.

deshora *nf*: **a** ~ at an inconvenient time; (*llegar*) unexpectedly; (*acostarse*) at some unearthly hour; (*hacer*) at the wrong moment.

deshuesar [1a] *vt* (*carne*) to bone; (*fruta*) to stone.

deshumanizar [1f] *vt* to dehumanize.

desidia *nf* (**a**) (*pereza*) idleness. (**b**) (*en el vestir*) slovenliness.

desidioso *adj* (*V nf*) (**a**) idle. (**b**) slovenly.

desierto 1 *adj* (**a**) (*isla, región*) desert; (*paisaje*) bleak, desolate; (*calle, casa*) deserted. (**b**) **declarar** ~ (*oposiciones, premio*) to declare void. **2** *nm* desert; **clamar en el** ~ to preach in the wilderness.

designación *nf* (**a**) (*para un cargo*) appointment. (**b**) (*nombre*) designation.

designar [1a] *vt* (*nombrar*) to designate, appoint; (*elegir*) to select; (*fecha, lugar*) to fix.

designio *nm* plan, design; **los ~s divinos** divine intentions.

desigual *adj* (**a**) (*gen*) unequal; (*diferente*) different; (*lucha*) unequal; (*tratamiento*) unfair. (**b**) (*cambiadizo: tiempo*) changeable; (*: carácter*) unpredictable. (**c**) (*escritura*) uneven; (*terreno*) rough.

desigualdad *nf* (**a**) (*Econ, Pol*) inequality. (**b**) (*de carácter, tiempo*) unpredictability. (**c**) (*de escritura*) unevenness; (*de terreno*) roughness.

desilusión *nf* (*pérdida de ilusiones*) disillusion(ment); (*decepción*) disappointment; **caer en la** ~ to get disillusioned; **sufrir una** ~ to suffer a disappointment.

desilusionar [1a] **1** *vt* (*hacer perder las ilusiones*) to disillusion; (*decepcionar*) to disappoint, let down. **2 desilusionarse** *vr* (*desengañarse*) to get disillusioned; (*decepcionarse*) to be disappointed.

desincrustar 1a *vt* to descale.
desinencia *nf* (*Ling*) ending.
desinfección *nf* disinfection.
desinfectante *adj*, *nm* disinfectant.
desinfectar 1a *vt* to disinfect.
desinflación *nf* (*Com*) disinflation.
desinflado *adj* (*neumático*) flat.
desinflar 1a **1** *vt* to deflate, let the air out of. **2 desinflarse** *vr* (*neumático*) to go down *o* flat.
desinformación *nf* (**a**) (*información engañosa*) disinformation, misleading information, black propaganda. (**b**) (*ignorancia*) ignorance, lack of information.
desinhibición *nf* lack of inhibition(s).
desinhibido *adj* uninhibited.
desinhibir 3a **1** *vt* to free from inhibitions. **2 desinhibirse** *vr* to lose one's inhibitions.
desintegración *nf* disintegration; ~ **nuclear** nuclear fission.
desintegrar 1a **1** *vt* (*gen*) to disintegrate; (*átomo*) to split; (*grupo*) to break up. **2 desintegrarse** *vr* to disintegrate; to split; to break up.
desinterés *nm* (**a**) (*imparcialidad*) disinterestedness; (*altruismo*) unselfishness. (**b**) (*falta de interés*) lack of interest.
desinteresado *adj* (*imparcial*) disinterested; (*altruista*) unselfish.
desinteresarse 1a *vr* (**a**) (*perder interés*) to lose interest (*de* in). (**b**) ~ **de** (*desentenderse*) to take nothing to do with.
desintoxicación *nf* (*gen*) curing of poisoning; (*de drogas*) curing of drug addiction; **centro de** ~ detox(ification) centre *o* (*US*) center.
desintoxicar 1g **1** *vt* to cure of poisoning; (*de drogas*) to cure of drug addiction *etc*. **2 desintoxicarse** *vr* to undergo treatment for drug addiction *etc*.
desistir 3a *vi* to desist; ~ **de** (*empresa*) to give up; (*derecho*) to waive; ~ **de hacer algo** to desist from *o* give up doing sth.
deslavazado *adj* (*lacio*) limp; (*desteñido*) faded; (*insípido*) colourless, colorless (*US*); (*incoherente*) disjointed.
desleal *adj* disloyal (*a, con* to); (*Com: competencia*) unfair.
deslealtad *nf* (*gen*) disloyalty; (*Com*) unfairness.
desleído *adj* (*fig: idea*) weak, woolly.
desleír 3l **1** *vt* (*lo sólido*) to dissolve; (*lo líquido*) to dilute. **2 desleírse** *vr* to dissolve; to become diluted.
deslenguado *adj* (*malhablado*) foul-mouthed.
deslenguarse 1i *vr* (*hablar: demasiado*) to shoot one's mouth off; (*: groseramente*) to pour out obscenities.
desliar 1c **1** *vt* (*desatar*) to untie, undo; (*paquete*) to open. **2 desliarse** *vr* to come undone.
desligado *adj* loose, free; **vive** ~ **de todo** he lives in a world of his own.
desligar 1h **1** *vt* (**a**) (*gen*) to untie, undo. (**b**) (*separar*) to detach; ~ **el primer aspecto del segundo** to separate the first aspect from the second. (**c**) (*absolver*) to absolve, free (*de* from); ~ **a algn de una promesa** to release sb from a promise. **2 desligarse** *vr* (*objeto*) to come undone; (*persona*) to extricate o.s. (*de* from).
deslindar 1a *vt* (**a**) (*señalar las lindes de*) to mark out, fix the limits *o* boundaries of. (**b**) (*fig*) to define.
desliz *nm* (**a**) (*de persona*) slip; (*de objeto*) sliding; (*Aut*) skid. (**b**) (*equivocación*) slip; (*indiscreción*) indiscretion; **cometer un** ~ to slip up.
deslizamiento *nm* (*de cosas*) sliding; (*de persona*) slipping; (*Aut*) skid; ~ **de tierra** landslide.
deslizar 1f **1** *vt* (**a**) (*gen*) to slide, slip (*en* into) (*por* along, through).
(**b**) ~ **una propina a algn** to slip sb a tip; ~ **una observación** to slip in a remark.
2 deslizarse *vr* (**a**) (*resbalar*) to slip (*en* on); (*por nieve etc*) to slide (*por* along); (*Aut*) to skid.
(**b**) (*serpiente*) to slither; (*barco*) to glide; (*agua*) to flow gently; (*tiempo*) to pass; (*persona: irse*) to slip away; ~ **en un cuarto** to slip into a room; ~ **fuera de un agujero** to wriggle out of a hole; **la anguila se deslizó entre mis manos** the eel slipped through my fingers.
deslomar 1a **1** *vt* (*romper el lomo de*) to break the back of; (*fig*) to wear out; ~ **a algn a garrotazos** to beat sb mercilessly. **2 deslomarse** *vr* (*fig fam*) to work one's guts out.
deslucido *adj* (**a**) (*deslustrado*) tarnished; (*raído*) shabby. (**b**) (*sin vida*) dull; (*actuación*) undistinguished; **la fiesta resultó** ~**a** the party was a flop. (**c**) (*sin gracia*) graceless. (**d**) (*fracasado*) unsuccessful; **quedar** ~ to make a poor impression.
deslucimiento *nm* (**a**) (*de muebles, vestidos*) shabbiness. (**b**) (*falta de brillantez*) dullness. (**c**) (*falta de gracia*) gracelessness. (**d**) (*fracaso*) failure.
deslucir 3f **1** *vt* (**a**) (*deslustrar*) to tarnish; (*estropear*) to spoil, ruin; **la lluvia deslució el acto** the rain ruined the ceremony. (**b**) (*persona*) to discredit. **2 deslucirse** *vr* (*fracasar*) to fail, be unsuccessful.
deslumbrador, **deslumbrante** *adj* (*lit, fig*) dazzling.
deslumbramiento *nm* glare, dazzle.
deslumbrar 1a *vt* (**a**) (*con la luz*) to dazzle; (*: cegar*) to blind. (**b**) (*impresionar*) to dazzle; (*dejar perplejo a*) to puzzle, confuse; **deslumbró a todos con su oratoria** he captivated everyone with his oratory.
deslustrado *adj* (*sin lustre: tb fig*) dull; (*reputación*) tarnished.
deslustrar 1a *vt* (**a**) (*quitar lustre a*) to dull. (**b**) (*reputación*) to sully.
desmadejamiento *nm* enervation, weakness.
desmadejar 1a **1** *vt* to enervate, weaken, take it out of. **2 desmadejarse** *vr* to weaken.
desmadrarse 1a *vr* (*fam: descontrolarse*) to get out of control, go too far; (*divertirse*) to let one's hair down; (*excederse*) to go over the top.
desmadre *nm* (*fam*) (**a**) (*exceso*) excess; **esto va de** ~ **total** this is really getting out of hand. (**b**) (*confusión*) chaos. (**c**) (*juerga*) rave-up (*fam*).
desmalezar 1f *vt* (*LAm*) to weed.
desmán *nm* (*exceso*) excess; (*ultraje*) outrage; **cometer un** ~ to commit an outrage (*contra* on).
desmandado *adj* (**a**) (*desobediente*) unruly; (*desenfrenado*) unbridled; (*incontrolable*) out of hand. (**b**) (*caballo*) runaway.
desmandarse 1a *vr* (**a**) (*excederse*) to get out of hand; (*portarse mal*) to behave badly. (**b**) (*caballo*) to bolt, run away.
desmano: **a** ~ *adv* out of the way; **me pilla a** ~ it's not on my way.
desmantelamiento *nm* dismantling; (*de barcos*) unrigging; (*de organización*) disbanding.
desmantelar 1a **1** *vt* (**a**) (*base, fábrica*) to dismantle; (*máquina*) to strip down; (*andamio*) to take down; (*casa*) to strip of its contents; (*Náut*) to unrig. (**b**) (*organización*) to disband. **2 desmantelarse** *vr* (*casa*) to fall into disrepair.
desmañado *adj* clumsy.
desmaquillador, **desmaquillante** *nm* make-up remover.
desmaquillarse 1a *vr* to remove one's make-up.
desmarcarse 1a *vr* (*Dep*) to shake off one's attacker, get clear; (*fig*) to distance o.s. (*de* from).
desmayado *adj* (**a**) (*Med*) unconscious. (**b**) (*débil*) faint; (*carácter*) dull, lacklustre, lackluster (*US*). (**c**) (*color*) pale.
desmayar 1a **1** *vi* (*persona*) to lose heart; (*esfuerzo*) to falter, flag. **2 desmayarse** *vr* (*Med*) to faint.
desmayo *nm* (**a**) (*Med: acto*) faint, fainting fit; (*: estado*) unconsciousness; **sufrir un** ~ to have a fainting fit, faint. (**b**) (*de voz*) faltering; (*depresión*) dejection, depression; (*del cuerpo en gen*) languidness, limpness;

hablar con ~ to talk in a small voice, speak falteringly.
desmedido *adj* (*excesivo*) excessive; (*desproporcionado*) out of all proportion; (*ambición*) boundless.
desmedirse 3k *vr* to go too far.
desmejorado *adj*: **ha quedado muy ~a** she's lost her looks; **está muy ~a** (*Med*) she's not looking at all well.
desmejoramiento *nm* deterioration.
desmejorar 1a **1** *vt* (**a**) (*dañar*) to impair, damage. (**b**) (*Med*) to weaken. **2 desmejorarse** *vr* (**a**) (*situación*) to deteriorate. (**b**) (*persona*) to lose one's looks, look less attractive; (*Med*) to get worse (in health).
desmelenarse 1a *vr* (*fam*) to let one's hair down.
desmembración *nf*, **desmembramiento** *nm* (*lit*) dismemberment; (*fig*) break-up.
desmembrar 1j *vt* (*lit*) to dismember; (*fig*) to break up.
desmemoriado *adj* absent-minded.
desmentir 3i *vt* (*acusación*) to deny, refute; (*rumor*) to scotch, squelch *(US)*; (*teoría*) to refute; (*carácter, orígenes*) to belie; ~ **rotundamente una acusación** to flatly deny a charge.
desmenuzable *adj* crumbly.
desmenuzar 1f **1** *vt* (**a**) (*pan*) to crumble (up); (*carne*) to chop. (**b**) (*examinar*) to examine minutely. **2 desmenuzarse** *vr* to crumble (up).
desmerecedor *adj* undeserving.
desmerecer 2d **1** *vt* to be unworthy of. **2** *vi* (**a**) (*deteriorarse*) to deteriorate; (*perder valor*) to lose value. (**b**) ~ **de** to compare unfavourably *o (US)* unfavorably with; **ésta no desmerece de sus otras películas** this is every bit as good as his earlier films.
desmesuradamente *adv* disproportionately, excessively; **abrir ~ la boca** to open one's mouth extra wide.
desmesurado *adj* (**a**) (*desmedido*) disproportionate; (*enorme*) enormous; (*ambición*) boundless. (**b**) (*descarado*) insolent.
desmigajar 1a, **desmigar** 1h **1** *vt* to crumble. **2 desmigajarse**, **desmigarse** *vr* to crumble.
desmilitarización *nf* demilitarization.
desmilitarizar 1f *vt* to demilitarize.
desmirriado *adj* weedy.
desmitificar 1g *vt* to demythologize.
desmochar 1a *vt* (*árbol*) to lop; (*texto*) to cut, hack about.
desmoche *nm* (*de árbol*) lopping.
desmontable 1 *adj* (*gen*) which can be taken apart; (*que se quita*) detachable; (*en compartimientos*) sectional; (*que se puede plegar etc*) collapsible. **2** *nm* tyre *o (US)* tire lever.
desmontar 1a **1** *vt* (**a**) (*gen*) to dismantle; (*motor*) to strip down; (*máquina*) to take apart *o* to pieces; (*edificio*) to knock down; (*escopeta*) to uncock; (*artillería*) to knock out; (*tienda de campaña*) to take down. (**b**) (*terreno*) to level; (*quitar los árboles a*) to clear. (**c**) (*jinete*) to throw, unseat. **2** *vi* to dismount, alight (*de* from).
desmonte *nm* (**a**) (*acto: V vt (b)*) levelling, leveling *(US)*; clearing; **los trabajos exigirán el ~ de X metros cúbicos** the work will necessitate the removal of X cubic metres *o (US)* meters. (**b**) (*terreno*) levelled *o (US)* leveled ground. (**c**) (*Ferro*) cutting, cut *(US)*.
desmoralización *nf* demoralization.
desmoralizador *adj* demoralizing.
desmoralizar 1f **1** *vt* (*gen*) to demoralize. **2 desmoralizarse** *vr* to lose heart, get discouraged.
desmoronado *adj* (*casa, edificio*) tumbledown, in ruins.
desmoronamiento *nm* (*lit, fig*) crumbling, collapse.
desmoronar 1a **1** *vt* (*desgastar*) to wear away; (*fig: erosionar*) to erode. **2 desmoronarse** *vr* (*Geol*) to crumble, fall apart; (*casa*) to fall into disrepair; (*fig: decaer*) to decay; **tras la muerte de su marido se desmoronó** after her husband's death she went to pieces.
desmovilización *nf* demobilization.
desmovilizar 1f *vt* to demobilize.
desnacionalización *nf* denationalization.
desnacionalizado *adj* (*industria*) denationalized; (*persona*) stateless.
desnacionalizar 1f *vt* to denationalize.
desnatado *adj* (*leche*) skimmed, low-fat *atr*.
desnatar 1a *vt* (*leche*) to skim; **leche sin ~** whole milk.
desnaturalizado *adj* (**a**) **alcohol ~** methylated spirits. (**b**) (*persona*) unnatural.
desnaturalizar 1f **1** *vt* (**a**) (*Quím*) to denature. (**b**) (*corromper*) to pervert; (*sentido de algo, sucesos*) to distort, misrepresent. **2 desnaturalizarse** *vr* (*perder la nacionalidad*) to give up one's nationality.
desnivel *nm* (**a**) (*de terreno*) unevenness. (**b**) (*Pol, Sociol*) inequality; (*diferencia*) difference (*entre* between).
desnivelado *adj* (**a**) (*terreno*) uneven. (**b**) (*fig: desequilibrado*) unbalanced.
desnivelar 1a *vt* (**a**) (*terreno*) to make uneven. (**b**) (*fig: desequilibrar*) to unbalance; (*balanza*) to tip.
desnuclearizado *adj*: **región ~a** nuclear-free area.
desnudar 1a **1** *vt* (*despojar*) to strip (*de* of); (*persona*) to strip, undress; (*brazo*) to bare; (*espada*) to draw; (*Geol*) to denude; (*descubrir*) to uncover. **2 desnudarse** *vr* (**a**) (*persona*) to undress, get undressed; ~ **hasta la cintura** to strip to the waist. (**b**) ~ **de algo** to get rid of sth; **el árbol se está desnudando de sus hojas** the tree is shedding *o* losing its leaves.
desnudez *nf* (**a**) (*de persona*) nudity, nakedness. (**b**) (*fig*) bareness.
desnudo 1 *adj* (**a**) (*cuerpo*) naked, nude; (*árbol, brazo*) bare; (*paisaje*) flat, featureless; **en las paredes ~as** on the bare walls; **cavar con las manos ~as** to dig with one's bare hands. (**b**) (*estilo*) unadorned; (*verdad*) plain, unvarnished; ~ **de** devoid *o* bereft of. (**c**) (*pobre*) penniless; (*arruinado*) ruined, bankrupt. **2** *nm* (**a**) (*Arte*) nude; **la retrató al ~** he painted her in the nude. (**b**) **poner al ~** (*fig*) to lay bare.
desnutrición *nf* malnutrition, undernourishment.
desnutrido *adj* undernourished.
desobedecer 2d *vt, vi* to disobey.
desobediencia *nf* disobedience; ~ **civil** civil disobedience.
desobediente *adj* disobedient.
desocupación *nf* (**a**) (*esp LAm: desempleo*) unemployment. (**b**) (*ocio*) leisure. (**c**) (*de piso, fábrica*) clearance, clearing.
desocupado *adj* (**a**) (*asiento*) empty; (*piso*) unoccupied; (*mesa en restaurante*) free. (**b**) (*tiempo*) spare, free. (**c**) (*persona: libre*) free, not busy; (*Econ: parado*) unemployed.
desocupar 1a **1** *vt* (**a**) (*casa, piso*) to vacate, move out of; (*recipiente*) to empty. (**b**) (*piso, fábrica*) to clear (out). (**c**) (*contenido*) to remove, take out. **2 desocuparse** *vr* (*quedar libre*) to be free; **cuando me desocupe, te llamo** I'll call you when I'm free; **se ha desocupado aquella mesa** that table's free now.
desodorante *nm* deodorant.
desodorizar 1f *vt* to deodorize.
desoír 3p *vt* to ignore, disregard.
desojarse 1a *vr* to strain one's eyes.
desolación *nf* (*lit, fig*) desolation.
desolado *adj* (**a**) (*lugar*) desolate. (**b**) (*persona*) distressed.
desolador *adj* (*que aflige*) distressing; (*epidemia*) devastating.
desolar 1a **1** *vt* (*ciudad, poblado*) to lay waste; (*afligir*) to desolate. **2 desolarse** *vr* to grieve, be distressed.
desollar 1l *vt* (**a**) (*quitar la piel a*) to skin. (**b**) ~ **vivo a** (*hacer pagar*) to fleece; (*criticar*) to criticize unmercifully.
desorbitado *adj* (**a**) (*excesivo*) disproportionate; (*precio*) exorbitant. (**b**) **con los ojos ~s** popeyed.

desorbitar [1a] **1** *vt* (**a**) (*exagerar*) to exaggerate. (**b**) (*interpretar mal*) to misinterpret, get out of perspective. **2 desorbitarse** *vr* (*persona*) to lose one's sense of proportion; (*asunto*) to get out of hand.
desorden *nm* (**a**) (*gen*) disorder; (*confusión*) confusion; (*de casa, cuarto*) mess; **en** ~ (*gente*) in confusion; (*objetos*) in a mess; **poner las cosas en** ~ to upset things; **la casa está en un ~ total** the house is in a complete mess. (**b**) **~es** (*alborotos*) disturbances; (*excesos*) excesses.
desordenado *adj* (**a**) (*habitación, persona*) untidy; (*objetos: revueltos*) in a mess, jumbled. (**b**) (*vida*) irregular.
desordenar [1a] **1** *vt* (*gen*) to disarrange; (*pelo*) to mess up; (*cuarto*) to make a mess in; (*causar confusión a*) to throw into confusion. **2 desordenarse** *vr* (*papeles, casa*) to get into a mess.
desorganización *nf* disorganization.
desorganizar [1f] *vt* to disorganize.
desorientado *adj* (**a**) **estoy algo** ~ I'm lost. (**b**) (*juventud etc*) disoriented.
desorientar [1a] **1** *vt* (**a**) (*extraviar*) ~ **a algn** to make sb lose his way, disorientate sb; **me desorientó el nuevo edificio de la esquina** the new building on the corner made me lose my bearings *o* threw me out. (**b**) (*despistar*) to lead astray; (*confundir*) to confuse. **2 desorientarse** *vr* (*V vt*) (**a**) to lose one's way *o* bearings. (**b**) to go astray; to get confused.
desovar [1l] *vi* (*peces*) to spawn; (*insectos*) to lay eggs.
desove *nm* (*de pez*) spawning; (*de insecto*) egg-laying.
desoxidar [1a] *vt* to deoxidize.
despabilado *adj* (**a**) (*despierto*) wide-awake. (**b**) (*despejado*) sharp, quick (on the uptake).
despabilar [1a] **1** *vt* (**a**) (*vela*) to snuff; (*mecha*) to trim. (**b**) (*despertar*) to wake up; (*avivar el ingenio de*) to liven up, brighten up. (**c**) (*fortuna*) to squander rapidly; (*comida*) to eat up; (*trabajo*) to get through quickly. (**d**) (*fam: afanar*) to pinch (*fam*). **2** *vi* to get a move on (*fam*); **¡despabila!** shift it! (*fam*), jump to it! (*fam*). **3 despabilarse** *vr* (*lit*) to wake up; (*fig*) to get a move on.
despacio *adv* (**a**) (*lentamente*) slowly; (*sin esforzarse*) gently; (*poco a poco*) gradually; ¡~! gently does it!, take it easy! (**b**) (*esp LAm: en voz baja*) softly, in a low voice; **habla** ~ he's soft-spoken.
despacito *adv* (*fam*) slowly; (*suavemente*) softly; ¡~! slowly does it!
despachar [1a] **1** *vt* (**a**) (*terminar: tarea, negocio*) to complete; (*resolver: problema*) to settle; (*correspondencia*) to deal with, attend to; ~ **asuntos con el gerente** to settle matters with the manager; **medio capítulo llevo despachado ya** I've already knocked off half a chapter; **quiero ~ este asunto hoy** I want to get this matter settled *o* out of the way today.
(**b**) (*fam: comida*) to polish off (*fam*); (*: bebida*) to knock back (*fam*), gulp down (*US*).
(**c**) (*billete*) to issue; (*Arg: facturar*) to register, check in.
(**d**) (*enviar: mensaje, persona*) to dispatch (*a* to).
(**e**) (*persona: del trabajo*) to sack, fire (*fam*); **cuando me pidió dinero, lo despaché** when he asked me for money, I sent him packing.
(**f**) (*matar*) to do in (*fam*).
(**g**) (*Com: mercancías*) to sell, deal in; (*: cliente*) to attend to; **en seguida le despacho** I'll attend to you at once.
2 *vi* (**a**) (*Com*) **no despacha los domingos** he doesn't do business on Sundays; **¿quién despacha?** is anybody serving? (**b**) (*decidirse*) to get things settled; **¡despacha de una vez!** make up your mind!
3 despacharse *vr* (**a**) to finish off; ~ **de algo** to get rid *o* clear of sth.
(**b**) ~ **a su gusto con algn** to give sb a piece of one's mind.
despachero/a *nm/f* (*Chi*) shopkeeper.
despacho *nm* (**a**) (*envío*) dispatch, sending (out); (*de negocio*) settling. (**b**) (*mensaje*) message; (*Mil, diplomático*) dispatch; ~ **telegráfico** telegram. (**c**) (*oficina: Com, Pol*) office; (*: en una casa*) study; ~ **de billetes** *o* (*LAm*) **de boletos** booking office; ~ **de localidades** box office; ~ **de lotería** lottery ticket office. (**d**) (*Com: venta*) sale (of goods), selling; (*: tienda*) shop; (*Chi*) general stores.
despachurrar [1a] **1** *vt* (*aplastar*) to crush, squash; (*cuento*) to mangle; (*persona*) to flatten. **2 despachurrarse** *vr* (*fruta, pastel*) to get squashed *o* crushed (up).
despampanante *adj* (*fam: chica*) stunning.
despanzurrar [1a] **1** *vt* to crush, squash. **2 despanzurrarse** *vr* to get squashed *o* crushed (up) (*contra* against).
desparejado, desparejo *adj* odd.
desparpajar [1a] (*CAm, Méx*) **1** *vt* (*desparramar*) to scatter. **2** *vi*, **desparpajarse** *vr* (*despertarse*) to wake up.
desparpajo *nm* (**a**) (*desenvoltura*) self-confidence; (*pey*) nerve. (**b**) (*CAm: confusión*) muddle.
desparramar [1a] **1** *vt* (**a**) (*gen*) to scatter (*por* over); (*líquido: sin querer*) to spill. (**b**) (*fortuna*) to squander; (*atención*) to spread too widely. **2 desparramarse** *vr* (*V vt*) to scatter; to spill, be spilt.
despatarrado *adj* (*lit*) sprawling; (*fig*) flabbergasted.
despatarrarse [1a] *vr* (*abrir las piernas*) to open one's legs wide; (*al caerse*) to go sprawling; (*sentarse*) to sprawl.
despavorido *adj* terrified.
despectivamente *adv* contemptuously, scornfully; (*Ling*) pejoratively.
despectivo *adj* contemptuous, scornful; (*Ling*) pejorative; **hablar de algn en términos ~s** to speak disparagingly of sb.
despechado *adj* spiteful.
despecho *nm* (**a**) (*ojeriza*) spite; **por** ~ out of (sheer) spite. (**b**) **a ~ de** in spite of, despite.
despechugado *adj* (*fam*) bare-chested.
despechugarse [1h] *vr* (*fam*) to bare one's chest *o* breast.
despedazar [1f] *vt* (**a**) (*hacer pedazos*) to tear apart *o* to pieces. (**b**) (*corazón*) to break.
despedida *nf* (**a**) (*adiós*) goodbye, farewell; (*antes de viaje*) send-off; (*ceremonia*) farewell ceremony; **cena/función de** ~ farewell dinner/performance; **regalo de** ~ parting gift; ~ **de soltero/soltera** stag/hen party. (**b**) (*en carta*) closing formula.
despedir [3k] **1** *vt* (**a**) (*gen*) to say goodbye to; (*visita*) to see out; (*cliente*) to show out; **fuimos a ~le a la estación** we went to see him off at the station.
(**b**) (*empleado*) to dismiss, sack (*fam*); (*inquilino*) to evict.
(**c**) ~ **algo de sí** to get rid of sth; ~ **un pensamiento de sí** to put a thought out of one's mind.
(**d**) (*arrojar: objeto*) to hurl, fling; (*olor*) to give off *o* out; (*calor*) to give out; **salir despedido** to fly off (*fam*).
2 despedirse *vr* (*decir adiós*) to say goodbye, take one's leave; (*dejar un empleo*) to give up one's job; **se despidieron** they said goodbye to each other; ~ **de algn** to say goodbye to *o* take one's leave of sb; (*a la estación*) to see sb off; **¡ya puedes ~te de ese dinero!** you can say goodbye to that money!
despegado/a *adj* (**a**) (*separado*) detached, loose; **el sobre está** ~ the envelope has come unstuck; **el libro está** ~ the book is falling apart. (**b**) (*persona: poco afectuoso*) cold, indifferent.
despegar [1h] **1** *vt* (*cosas pegadas*) to unstick; (*separar*) to detach; (*sobre*) to open; **sin ~ los labios** without uttering a word. **2** *vi* (*avión*) to take off; (*cohete*) to blast off. **3 despegarse** *vr* (**a**) (*objeto*) to come unstuck. (**b**) (*persona: apartarse*) to become alienated (*de* from); ~ **de los amigos** to break with one's friends; ~ **del mundo** to renounce worldly things.
despego *nm* = **desapego**.

despegue *nm* (*de avión, tb fig*) takeoff; (*de cohete*) blast-off; ~ **vertical** vertical takeoff.
despeinado *adj* (*pelo*) ruffled, messed up; **estoy** ~ my hair's a mess.
despeinar [1a] **1** *vt* (*pelo*) to ruffle; **¡me has despeinado!** look at the mess you've made of my hair! **2 despeinarse** *vr* to get one's hair in a mess.
despejado *adj* (**a**) (*camino, mente*) clear; (*campo*) open; (*habitación, plaza*) spacious. (**b**) (*cielo*) cloudless. (**c**) (*despierto*) (wide-)awake. (**d**) (*persona: despabilado*) bright, smart.
despejar [1a] **1** *vt* (**a**) (*lugar*) to clear; **los bomberos despejaron el teatro** the firemen cleared the theatre *o* theater (of people) *(US)*.
(**b**) (*Dep: balón*) to clear.
(**c**) (*misterio*) to clear up; (*Mat: incógnita*) to find.
(**d**) (*Inform: pantalla*) to clear.
2 *vi* (*Dep, Met*) to clear; **¡despejen!** (*moverse*) move along!; (*salirse*) everybody out!
3 despejarse *vr* (**a**) (*Met: cielo*) to clear; **se está despejando** the weather's clearing.
(**b**) (*persona: despabilarse*) to brighten up; (*: esparcirse*) to relax; **me lavé la cara con agua fría para despejarme** I washed my face with cold water to wake myself up; **voy a salir a ~ un poco** I'm going out to freshen up a bit.
(**c**) (*misterio*) to become clearer.
despeje *nm* (*Dep*) clearance.
despelotarse [1a] *vr* (*fam*) (**a**) (*desnudarse*) to strip (off). (**b**) ~ **de risa** to laugh fit to burst *(fam)*.
despelote *nm* (**a**) (*fam: acto*) strip. (**b**) **¡qué** *o* **vaya** ~! what a riot *o* laugh! *(fam)*. (**c**) (*LAm fam*) mess.
despellejar [1a] *vt* (**a**) (*animal*) to skin. (**b**) (*criticar*) to criticize unmercifully.
despenalización *nf* decriminalization.
despenalizar [1f] *vt* to decriminalize.
despendolado *adj* (*fam*) uninhibited, free and easy, wild.
despensa *nf* (**a**) (*armario*) pantry, larder; (*Náut*) storeroom. (**b**) (*provisión de comestibles*) stock of food.
despeñadero *nm* (*Geog*) cliff, precipice.
despeñar [1a] **1** *vt* (*arrojar*) to fling *o* hurl down, throw over a cliff. **2 despeñarse** *vr* to fling *o* hurl o.s. down, throw o.s. over a cliff; (*caer*) to fall headlong.
despepitarse [1a] *vr* (**a**) (*gritar*) to bawl, shriek (one's head off); (*actuar*) to act wildly. (**b**) ~ **por algo** to long for sth; ~ **por hacer algo** to long to do sth.
desperdiciar [1b] *vt* (*comida, tiempo*) to waste; (*oportunidad*) to throw away.
desperdicio *nm* (**a**) (*de tiempo*) waste. (**b**) ~**s** (*basura*) rubbish *sg*, refuse *sg*, garbage *sg (US)*; (*residuos*) waste *sg*; (*Bio, Téc*) waste products; (*de la cocina*) scraps. (**c**) **el libro no tiene** ~ the book is excellent from beginning to end; **esta carne no tiene** ~ all this meat can be eaten.
desperdigar [1h] **1** *vt* (*esparcir*) to scatter, disperse; (*energía*) to spread too widely, dissipate. **2 desperdigarse** *vr* to scatter.
desperezarse [1f] *vr* to stretch (o.s.).
desperfecto *nm* (*defecto*) flaw, imperfection; (*daño*) slight damage; **sufrió algunos ~s en el accidente** it suffered slight damage in the accident.
despersonalizar [1f] *vt* to depersonalize.
despertador(a) **1** *nm* alarm clock; ~ **de viaje** travelling *o (US)* traveling clock. **2** *nm/f* (*persona*) knocker-up.
despertar [1j] **1** *vt* (**a**) (*del sueño*) to wake (up), awaken. (**b**) (*esperanzas*) to raise; (*recuerdo*) to revive; (*sentimiento*) to arouse. **2** *vi*, **despertarse** *vr* to wake up, awaken; **siempre me despierto temprano** I always wake up early; ~ **a la realidad** to wake up to reality. **3** *nm* awakening.
despiadado *adj* (*gen*) cruel; (*ataque*) merciless; (*persona*) heartless.
despido *nm* dismissal, sacking *(fam)*; ~ **improcedente** *o* **injustificado** wrongful dismissal; ~ **incentivado** *o* **voluntario** voluntary redundancy *o (US)* dismissal; ~ **injusto** unfair dismissal; ~ **libre** arbitrary dismissal.
despiece *nm* (*de res*) quartering, carving-up.
despierto *adj* (**a**) (*no dormido*) awake. (**b**) (*listo*) sharp; (*alerta*) alert.
despilfarrador/a **1** *adj* (*malgastador*) wasteful; (*con dinero*) spendthrift. **2** *nm/f* spendthrift.
despilfarrar [1a] *vt* (*gen*) to waste; (*dinero*) to squander.
despilfarro *nm* (**a**) (*acción*) wasting, squandering. (**b**) (*calidad*) extravagance, wastefulness.
despintar [1a] **1** *vt* (**a**) (*quitar pintura a*) to take the paint off. (**b**) (*hechos*) to distort. (**c**) (*Chi fam*) **no ~ algo a algn** not to spare sb (from) sth. **2** *vi*: **éste no despinta de su casta** he is in no way different from the rest of his family. **3 despintarse** *vr* (**a**) (*con la lluvia*) to wash off; (*desteñir*) to fade. (**b**) (*Chi fam*) **no ~ de alguien** *o* **algo** never to be without sb *o* sth.
despiojar [1a] *vt* (*quitar los piojos a*) to delouse.
despiole *nm* (*Arg fam*) mess.
despistado/a **1** *adj* (**a**) (*distraído*) vague, absent-minded; (*poco práctico*) unpractical. (**b**) (*confuso*) confused, muddled; (*desorientado*) off the track; **ando muy ~ con todo esto** I'm terribly muddled about all this. **2** *nm/f* (*tipo: distraído*) scatterbrain, absent-minded person; (*: poco práctico*) unpractical type; **es un** ~ he's hopeless, he's a dreamer; **hacerse el** ~ to pretend not to understand.
despistar [1a] **1** *vt* (**a**) (*perro*) to throw off the scent.
(**b**) (*confundir*) to mislead, fox; **esa pregunta está hecha para** ~ that question is designed to mislead you; **lograron ~ a sus perseguidores** they managed to shake off *o* give the slip to their pursuers.
2 despistarse *vr* (**a**) (*extraviarse*) to take the wrong route *o* road; (*confundirse*) to get confused.
(**b**) (*distraerse*) to be *o* get absent-minded; (*al hacer algo*) to forget o.s.; **no puedes ~te un momento** you can't let your attention wander for a moment.
despiste *nm* (**a**) (*error*) slip; **ha sido un** ~ it was just a momentary lapse. (**b**) (*distracción*) absent-mindedness; **¡qué ~ tienes!** what a clot you are!; **tiene un terrible** ~ he's terribly absent-minded.
desplanchar [1a] **1** *vt* (*ropa*) to crease, crumple. **2 desplancharse** *vr* to crease, crumple.
desplantador *nm* trowel.
desplante *nm* (*dicho*) outspoken remark; **dar** *o* **hacer un ~ a algn** to be short with sb.
desplazado/a **1** *adj* (**a**) (*pieza*) wrongly placed. (**b**) **sentirse un poco** ~ to feel rather out of place. **2** *nm/f* (*inadaptado*) misfit; (*Pol*) displaced person.
desplazamiento *nm* (**a**) (*Fís, Náut*) displacement; (*de tropas*) movement. (**b**) (*viaje*) journey. (**c**) (*de opinión, votos*) shift, swing. (**d**) (*Inform*) scrolling; ~ **hacía arriba/abajo** scroll up/down. (**e**) (*Com*) ~ **de la demanda** shift in demand.
desplazar [1f] **1** *vt* (*gen*) to move; (*Fís, Náut, Téc*) to displace; (*tropas*) to transfer; (*suplantar*) to take the place of; (*Inform*) to scroll. **2 desplazarse** *vr* (**a**) (*objeto*) to move, shift. (**b**) (*persona, vehículo*) to go, travel; **tiene que ~ todos los días 25 kms** he has to travel 25 kms every day; **el avión se desplaza a más de 1500 mph** the aircraft travels at more than 1500 mph. (**c**) (*votos, opinión*) to shift, swing.
desplegar [1h, 1j] **1** *vt* (**a**) (*gen*) to unfold; (*periódico*) to open (out); (*alas*) to spread; (*bandera, velas*) to unfurl; (*Mil*) to deploy. (**b**) (*fig: energías*) to put forth, use, display. (**c**) (*misterio*) to clarify. **2 desplegarse** *vr* (*flor*) to open (out); (*alas*) to spread (out); (*Mil*) to deploy.
despliegue *nm* (*Mil*) deployment; (*de fuerza etc*) display, show.
desplomarse [1a] *vr* (*gobierno, persona*) to collapse; (*derrumbarse*) to topple over; (*precios*) to slump, tumble; (*Aer*) to make a pancake landing; (*caer a plomo: ob-*

jeto) to plummet down; **se ha desplomado el techo** the ceiling has fallen in.
desplome *nm* (**a**) (*acción: V vr*) collapse; slump; pancake landing. (**b**) (*Alpinismo, Arquit, Geol etc*) overhang.
desplumar [1a] **1** *vt* (**a**) (*ave*) to pluck. (**b**) (*fam: estafar*) to fleece *(fam)*, skin *(fam)*. **2 desplumarse** *vr* to moult, molt *(US)*.
despoblación *nf* depopulation; ~ **rural** *o* **del campo** drift from the land.
despoblado 1 *adj* (*con insuficientes habitantes*) underpopulated; (*con pocos habitantes*) depopulated; (*sin habitantes*) unpopulated. **2** *nm* deserted spot.
despoblar [1l] **1** *vt* (*suj: epidemia, guerra: zona etc*) to depopulate; (*despojar*) to clear; ~ **una zona de árboles** to clear an area of trees. **2 despoblarse** *vr* to become depopulated, lose its population.
despojar [1a] **1** *vt* (*gen*) to strip, leave bare; (*de honores, títulos*) to divest; (*Jur*) to dispossess; **verse despojado de su autoridad** to find o.s. stripped of one's authority. **2 despojarse** *vr* (*desnudarse*) to undress; ~ **de** (*ropa*) to take off; (*hojas*) to shed; (*poderes*) to relinquish, give up.
despojo *nm* (**a**) (*robo*) plundering; (*acción*) stripping. (**b**) (*Mil: botín*) plunder, loot. (**c**) ~**s** (*gen*) waste *sg*; (*de comida*) left-overs; (*de animal*) offal; (*de edificio*) rubble *sg*; (*Geol*) debris; (*mortales*) remains.
despolitización *nf* depoliticization.
despolitizar [1f] *vt* to depoliticize.
desportillar [1a] *vt*, **desportillarse** *vr* [1a] to chip (off).
desposado *adj* recently married; **los ~s** the bridal couple, the newly-weds.
desposar [1a] **1** *vt* (*suj: sacerdote: pareja*) to marry. **2 desposarse** *vr* (*formalizar noviazgo*) to get engaged (*con* to); (*casarse*) to marry, get married (*con* to).
desposeer [2e] **1** *vt* to dispossess (*de* of); ~ **a algn de su autoridad** to strip sb of his authority. **2 desposeerse** *vr*: ~ **de** to give up, relinquish.
desposeído/a *nm/f*: **los ~s** the have-nots.
desposorios *nmpl* (*esponsales*) betrothal *sg*; (*boda*) marriage (ceremony) *sg*.
déspota *nmf* despot.
despótico *adj* despotic.
despotismo *nm* despotism; ~ **ilustrado** enlightened despotism.
despotricar [1g] *vi* to rave, rant, carry on (*contra* about).
despreciable *adj* (*moralmente*) despicable, contemptible; (*objeto*) worthless, valueless; (*cantidad*) negligible; **una suma nada** ~ a far from negligible amount.
despreciar [1b] *vt* (*gen*) to scorn, despise; (*oferta*) to spurn, reject; (*peligros*) to scorn; **desprecian a los extranjeros** they look down on foreigners; **no hay que ~ tal posibilidad** one should not underestimate such a possibility.
despreciativo *adj* (*observación, tono*) scornful, contemptuous; (*comentario*) derogatory.
desprecio *nm* (**a**) (*desdén*) scorn, contempt; **lo miró con** ~ he looked at it contemptuously. (**b**) (*desaire*) slight, snub; **le hicieron el ~ de no acudir** they snubbed him by not coming.
desprender [2a] **1** *vt* (**a**) (*soltar*) to loosen; (*separar*) to detach.
(**b**) (*gas, olor*) to give off; (*piel*) to shed.
2 desprenderse *vr* (**a**) (*pieza*) to become detached, work loose; (*botón*) to fall off.
(**b**) (*librarse*) ~ **de un estorbo** to extricate o.s. from a difficulty; **la serpiente se desprende de la piel** the snake sheds its skin.
(**c**) ~ **de algo** (*ceder*) to give sth up, part with sth; (*desembarazarse*) to get rid of sth; **se desprendío de sus joyas** she parted with her jewels; **tendremos que ~nos del coche** we shall have to get rid of the car; **se desprendió de su autoridad** he relinquished his authority.
(**d**) (*gas, olor*) to be given off, issue; **se desprende humedad de la pared** there is damp coming from the wall; **se desprendían chispas del fuego** sparks were shooting out from the fire.
(**e**) (*sentido*) ~ **de** to follow from, be implied by; **de ahí se desprende que ...** so, it follows that ...; **se desprende de esta declaración que ...** it is clear from this statement that ....
desprendido *adj* (**a**) (*pieza*) loose, detached; (*sin abrochar*) unfastened. (**b**) (*desinteresado*) disinterested. (**c**) (*generoso*) generous.
desprendimiento *nm* (**a**) (*gen*) loosening; ~ **de retina** detachment of the retina; ~ **de tierras** landslide. (**b**) (*falta de interés*) disinterestedness; (*generosidad*) generosity.
despreocupación *nf* (**a**) (*falta de preocupación*) unconcern; (*tranquilidad*) nonchalance; (*negligencia*) sloppiness. (**b**) (*indiferencia*) indifference.
despreocupadamente *adv* in a carefree way, nonchalantly; (*pey*) carelessly, sloppily.
despreocupado *adj* (**a**) (*sin preocupación*) unworried, unconcerned; (*tranquilo*) nonchalant. (**b**) (*en el vestir*) casual; (*pey*) careless, sloppy.
despreocuparse [1a] *vr* (*descuidarse*) not to bother; (*dejar de inquietarse*) to stop worrying; (*ser indiferente*) to be unconcerned.
desprestigiar [1b] **1** *vt* (*criticar*) to disparage, run down; (*desacreditar*) to discredit. **2 desprestigiarse** *vr* to lose (one's) prestige.
desprestigio *nm* (*denigración*) disparagement; (*descrédito*) discredit, loss of prestige; (*impopularidad*) unpopularity; **campaña de** ~ smear campaign; **esas cosas que van en ~ nuestro** those things which are to our discredit.
desprevenido *adj* (*no preparado*) unready, unprepared; **coger** *o* **pillar a algn** ~ to catch sb unawares *o* off his guard.
desprolijo *adj* (*Arg fam*) untidy, sloppy *(fam)*.
desproporción *nf* disproportion, lack of proportion.
desproporcionado *adj* disproportionate, out of proportion.
despropósito *nm* (*salida de tono*) irrelevant remark; (*disparate*) piece of nonsense.
desprotección *nf* (*gen*) vulnerability, defencelessness, defenselessness *(US)*; (*legal*) lack of (legal) protection; (*Inform*) deprotection.
desprotegido *adj* unprotected, vulnerable, defenceless, defenseless *(US)*; **los ~s** (*frec*) the poor and needy.
desprovisto *adj*: ~ **de** devoid of, without; **estar ~ de** to lack, be lacking in; **estar ~ de medios** to be without means.
después 1 *adv* (**a**) (*gen*) afterwards, later; (*desde entonces*) since (then); (*luego*) next; **años** ~ years later; **¿qué pasó ~?** what happened then?; **poco** ~ soon after, shortly after; **nos vemos** ~ I'll see you afterwards *o* later; **me encontré con él el año pasado, pero ~ no lo ví más** I bumped into him last year, but I haven't seen him since.
(**b**) (*orden*) next, after; **¿y ~?** and what comes next?; **nuestra casa viene** ~ and then our house is next.
2 *prep* (**a**) ~ **de** (*tiempo*) after, since; ~ **de esa fecha** (*pasado*) since that date; (*futuro*) from *o* after that date; ~ **de verlo** after seeing it; **no ~ de** not *o* no later than; ~ **de cerrada la puerta** after *o* once the door was *o* had been closed; ~ **de todo** after all.
(**b**) ~ **de** (*orden*) next (to); **mi nombre está ~ del tuyo** my name comes next to *o* after yours; **es el primero ~ de éste** it's the next one after this.
3 *conj*: ~ **(de) que** after; ~ **(de) que lo escribí** after *o* since I wrote it, after writing it; ~ **de que venga él ...** whenever he comes ....
despuntado *adj* blunt.
despuntar [1a] **1** *vt* (*lápiz*) to blunt. **2** *vi* (**a**) (*Bot: plantas*)

to sprout; (*flores*) to bud. (**b**) (*alba*) to break; (*día*) to dawn. (**c**) (*persona: descollar*) to excel, stand out; **despunta en matemáticas** he shines at maths; **despunta por su talento** her talent is outstanding.

desquiciamiento *nm* (**a**) upsetting, disturbance, turning upside down. (**b**) (*turbación*) unhinging.

desquiciar 1b **1** *vt* (**a**) (*puerta*) to take off its hinges. (**b**) (*descomponer*) to upset. (**c**) (*persona: turbar*) to disturb, upset; (*volver loco a*) to unhinge, drive mad. **2 desquiciarse** *vr* (*persona*) to go mad.

desquitarse 1a *vr* (*tomar satisfacción*) to obtain satisfaction; (*Com, Fin*) to recover a debt; (*fig: vengarse de*) to get even (*con* with), get one's own back (*con* on); ~ **de una pérdida** to make up for a loss; ~ **de una mala pasada** to get one's own back for a dirty trick.

desquite *nm* (*satisfacción*) satisfaction; (*recompensa*) compensation; (*venganza*) revenge, retaliation; (*Dep: tb* **partido de** ~) return match *o* game; **tomarse el** ~ to get one's own back; **tomarse el** ~ **de algo** to make up for sth.

desratización *nf*: **campaña de** ~ anti-rodent campaign.

desratizar 1f *vt* to clear of rats.

desrielar 1a *vi* (*LAm*) to derail.

desrizar 1f *vt* (*pelo*) to straighten.

Dest. *abr de* **destinatario**.

destacado *adj* (*gen*) outstanding.

destacamento *nm* (*Mil*) detachment.

destacar 1g **1** *vt* (**a**) (*Arte: hacer resaltar*) to make stand out; (*subrayar*) to emphasize; (*poner de relieve*) to throw into relief; **quiero** ~ **que ...** I wish to emphasize that ...; **sirve para** ~ **su belleza** it serves to show off her beauty. (**b**) (*Mil*) to detach, detail. **2** *vi*, **destacarse** *vr* (**a**) to stand out; ~ **contra** *o* **en** *o* **sobre** to stand out *o* be outlined against; **la torre se destaca contra el cielo** the tower is silhouetted against the sky. (**b**) (*persona: sobresalir*) to be outstanding *o* exceptional.

destajar 1a *vt* (*LAm: despedazar: reses*) to cut up.

destajo *nm* (*gen*) piecework; **a** ~ (*por pieza*) by the job; (*con afán*) eagerly; **trabajar a** ~ (*lit*) to do piecework; (*fig*) to work one's fingers to the bone; **trabajo a** ~ piecework; **hablar a** ~ (*fam*) to talk nineteen to the dozen.

destapamiento *nm* (*Méx: Pol*) *announcement of official PRI presidential candidate*.

destapar 1a **1** *vt* (**a**) (*descubrir*) to uncover; (*botella*) to open, uncork; (*quitar la tapa a: cacerola, caja*) to take the lid off; (*persona: en la cama*) to take the bedclothes from. (**b**) (*relevar*) to reveal. **2 destaparse** *vr* (**a**) (*descubrirse*) to get uncovered; **el niño se ha destapado** (*en la cama*) the child's lost his bedclothes. (**b**) (*revelarse*) to show one's true character. (**c**) (*fig*) to open one's heart (*con algn* to sb).

destape *nm* (*de persona: estado*) state of undress, nudity; (*acto*) undressing, stripping off; ~ **integral** full-frontal nudity; **el** ~ **español** the relaxation of sexual censorship *(after Franco's death)*.

destaponar 1a *vt* (*conducto, tubería*) to unblock, clear.

destartalado *adj* (*casa: grande, mal dispuesta*) large and rambling; (*: ruinoso*) tumbledown; (*coche*) rickety.

destejer 2d *vt* (*labor de punto*) to take the stitches out of.

destellar 1a *vi* (*diamante*) to sparkle; (*metal*) to glint; (*estrella*) to twinkle.

destello *nm* (**a**) (*V vi*) sparkle; glint; twinkling. (**b**) (*Téc*) signal light. (**c**) (*fig*) glimmer, hint; **tiene a veces ~s de inteligencia** he sometimes shows a glimmer of intelligence.

destemplado *adj* (**a**) (*Mús: instrumento*) out of tune; (*: voz*) harsh, unpleasant. (**b**) (*Med*) out of sorts. (**c**) (*carácter: malhumorado*) ill-tempered; (*: áspero*) harsh. (**d**) (*Met*) unpleasant.

destemplanza *nf* (**a**) (*Mús*) tunelessness. (**b**) (*Med*) indisposition. (**c**) (*falta de moderación*) intemperance, harshness. (**d**) (*Met*) unpleasantness, inclemency.

destemplar 1a **1** *vt* (**a**) (*Mús*) to put out of tune. (**b**) (*alterar*) to upset, disturb. **2 destemplarse** *vr* (**a**) (*Mús*) to get out of tune. (**b**) (*descomponerse*) to get out of order; (*persona: irritarse*) to get upset; (*Med*) to get out of sorts. (**c**) (*LAm*); **con eso me destemplo** that sets my teeth on edge.

desteñido *adj* faded, discoloured, discolored *(US)*.

desteñir 3h, 3k **1** *vt* (*quitar el color a*) to fade, discolour, discolor *(US)*. **2** *vi*, **desteñirse** *vr* (*perder color*) to fade; (*colores*) to run; **'esta tela no destiñe'** 'this fabric will not run'; **se ha desteñido la camiseta** the shirt has faded.

desternillante *adj* (*fam*) hilarious, very funny.

desternillarse 1a *vr*: ~ **de risa** to split one's sides laughing.

desterrado/a *nm/f* (*exiliado*) exile.

desterrar 1j *vt* (**a**) (*exiliar*) to exile, banish. (**b**) (*desechar*) to dismiss; ~ **una sospecha** to banish a suspicion from one's mind; ~ **el uso de las armas de fuego** to banish firearms, prohibit the use of firearms.

destetar 1a *vt* to wean.

destete *nm* weaning.

destiempo *nm*: **a** ~ at the wrong time.

destierro *nm* (**a**) (*exilio*) exile, banishment; **vivir en el** ~ to live in exile. (**b**) (*lugar alejado*) remote spot.

destilación *nf* distillation.

destilador *nm* (**a**) (*alambique*) still. (**b**) (*persona*) distiller.

destilar 1a **1** *vt* (**a**) (*alcohol*) to distil; (*pus, sangre*) to ooze. (**b**) (*fig: rebosar*) to exude; (*: revelar*) to reveal; **la carta destilaba odio** the letter exuded hatred. **2** *vi* (*gotear*) to drip; (*rezumar*) to ooze (out).

destilería *nf* distillery.

destinar 1a *vt* (**a**) (*gen*) to destine (*a, para* for, to); (*fondos*) to set aside, earmark (*a* for); **me habían destinado una habitación elegante** they had assigned me an elegant room; **le destinan al sacerdocio** they intend him for the priesthood; **es un libro destinado a los niños** it is a book (intended *o* meant) for children; **una carta que viene destinada a Ud** a letter for you, a letter addressed to you; **ir destinado a** (*Náut etc*) to be bound for; **estaba destinado a morir joven** he was destined to die young.

(**b**) (*designar: funcionario*) to appoint, assign (*a* to); (*Mil etc*) to post (*a* to); **le han destinado a Lima** they have appointed him to Lima.

destinatario/a *nm/f* (*de carta*) addressee; (*de giro*) payee.

destino *nm* (**a**) (*suerte*) destiny, fate; **es mi** ~ **no encontrarlo** I am fated not to find it; **el** ~ **lo quiso así** it was destiny; **rige los ~s del país** he rules the country's fate.

(**b**) (*de avión, viajero etc*) destination; **'a franquear en** ~**'** 'postage will be payed by the addressee'; **van con** ~ **a Londres** they are going to London; (*Náut*) they are bound for London; **salir con** ~ **a** to leave for; **con** ~ **a Londres** (*avión, barco*) bound for London; (*pasajeros*) for London; (*carta*) to London.

(**c**) (*puesto*) job, post; ~ **público** public appointment; **buscarse un** ~ **de sereno** to look for a job as night watchman.

(**d**) (*uso*) use, purpose; **dar** ~ **a algo** to put sth to good use, find a use for sth.

destitución *nf* dismissal, removal.

destituir 3g *vt* (*despedir*) to dismiss (*de* from); (*: ministro, funcionario*) to remove from office; **ha sido destituido de su cargo** he has been removed from his post.

destornillador *nm* screwdriver.

destornillar 1a **1** *vt* to unscrew. **2 destornillarse** *vr* (*lit*) to become unscrewed *(fam)*; (*enloquecer*) to go round the bend *(fam)*.

destreza *nf* (*habilidad*) skill; (*agilidad*) dexterity.

destripar 1a *vt* (**a**) (*animal*) to gut; (*persona*) to disembowel. (**b**) (*reventar*) to mangle; (*cuento*) to spoil.

destronamiento *nm* (*de rey*) dethronement; (*fig*)

overthrow.
destronar 1a *vt* (*rey*) to dethrone; (*fig*) to overthrow.
destroncar 1g *vt* (*LAm: desarraigar: planta*) to uproot.
destrozado *adj* (**a**) (*objeto*) smashed, shattered, ruined. (**b**) (*abatido*) shattered, broken-hearted. (**c**) (*fam: cansado*) knackered *(fam)*, shattered *(fam)*.
destrozar 1f *vt* (**a**) (*romper*) to smash, break to pieces; (*destruir*) to destroy; (*ropa, zapatos*) to ruin; (*Mil: ejército, enemigo*) to smash; (*carne*) to mangle; (*nervios*) to shatter; **ha destrozado el coche** he's wrecked the car. (**b**) (*arruinar: persona, vida*) to ruin; (*dejar abatido a*) to shatter; (*corazón*) to break; **le ha destrozado el que no quisiera casarse con él** her refusal to marry him broke him up *o* shattered him.
destrozo *nm* (*acción*) destruction; (*de ejército*) rout; (*de personas*) massacre; **~s** (*pedazos*) debris *sg*; (*daños*) havoc *sg*; **causar ~s** to create havoc (*en* in).
destrozón *adj*: **un niño ~** a child who is hard on his clothes.
destrucción *nf* destruction.
destructivo *adj* destructive.
destructor 1 *adj* destructive. **2** *nm* (*Náut*) destroyer.
destruir 3g *vt* (**a**) (*gen*) to destroy; (*arruinar*) to ruin; (*casa*) to demolish. (**b**) (*equilibrio*) to upset; (*proyecto*) to spoil; (*esperanzas*) to dash; (*argumento*) to demolish.
desubicar 1g *vt* (*CSur*) to disorientate.
desunión *nf* (**a**) (*separación*) separation. (**b**) (*discordia*) disunity.
desunir 3a *vt* (**a**) (*separar*) to separate. (**b**) (*enemistar*) to cause a rift between; **el problema de la herencia ha desunido a la familia** the inheritance problem has split the family.
desusado *adj* (**a**) (*anticuado*) obsolete, antiquated. (**b**) (*inusitado*) unusual, unwonted.
desuso *nm* disuse; **caer en ~** to fall into disuse, become obsolete; **una expresión (caída) en ~** an obsolete expression.
desvaído *adj* (**a**) (*color*) pale, washed-out. (**b**) (*contorno*) vague, blurred. (**c**) (*persona: soso*) characterless; (*personalidad*) flat, dull.
desvalido *adj* (*sin fuerzas*) helpless; (*desprotegido*) destitute; **los ~s** (*Pol*) the underprivileged; **niños ~s** waifs and strays.
desvalijamiento *nm* (*V vt*) robbing, robbery; rifling; burgling.
desvalijar 1a *vt* (*persona*) to rob; (*cajón, maleta*) to rifle; (*casa, tienda*) to burgle, ransack.
desvalorización *nf* devaluation.
desvalorizar 1f *vt* to devalue.
desván *nm* loft, attic.
desvanecer 2d **1** *vt* (**a**) (*gen*) to make disappear; (*duda*) to dispel; (*recuerdo, temor*) to banish. (**b**) (*colores*) to tone down; (*contorno*) to blur; (*Fot*) to mask. **2 desvanecerse** *vr* (**a**) to vanish, disappear; (*recuerdo, sonido*) to fade (away); (*duda*) to be dispelled. (**b**) (*Med*) to faint (away).
desvanecido *adj* (*Med*) faint; **caer ~** to fall in a faint.
desvanecimiento *nm* (**a**) (*gen*) disappearance; (*de dudas*) dispelling; (*de contornos*) blurring; (*Fot*) masking; (*de colores, recuerdo, sonido*) fading. (**b**) (*Med*) fainting fit *o (US)* spell.
desvariar 1c *vi* (**a**) (*Med*) to be delirious. (**b**) (*delirar*) to talk nonsense.
desvarío *nm* (**a**) (*Med*) delirium. (**b**) (*desatino*) absurdity; (*cosa inaudita*) extravagant *o* strange notion; **~s** ravings.
desvelado *adj* sleepless, wakeful; **estar ~** to be awake, be unable to get to sleep.
desvelar 1a **1** *vt* (**a**) (*persona*) to keep awake; **el café me desvela** coffee keeps me awake. (**b**) (*lo oculto*) to reveal, unveil. **2 desvelarse** *vr* (**a**) (*no poder dormir*) to stay awake, have a sleepless night. (**b**) (*vigilar*) to be watchful, keep one's eyes open; **~ por algo** to take great care over sth; **~ por hacer algo** to do everything possible to do sth; **se desvela porque no nos falte nada** she works hard so that we should not go short of anything.
desvelo *nm* (**a**) (*falta de sueño*) lack of sleep, sleeplessness. (**b**) (*vigilancia*) watchfulness. (**c**) **~s** (*preocupación*) anxiety *sg*, effort *sg*; **gracias a sus ~s** thanks to his efforts.
desvencijado *adj* (*casa*) ramshackle; (*silla*) rickety; (*máquina*) broken-down.
desvencijar 1a **1** *vt* (**a**) (*romper*) to break; (*soltar*) to loosen. (**b**) (*persona: agotar*) to exhaust. **2 desvencijarse** *vr* (**a**) (*romperse*) to come apart, fall to pieces. (**b**) (*Med*) to rupture o.s.
desventaja *nf* (*gen*) disadvantage; (*inconveniente*) drawback; **estar en ~** to be at a disadvantage.
desventajoso *adj* disadvantageous, unfavourable, unfavorable *(US)*.
desventura *nf* misfortune.
desventurado *adj* (*desgraciado*) unfortunate; (*de poca suerte*) ill-fated.
desvergonzado/a 1 *adj* (*sin vergüenza*) shameless; (*descarado*) insolent. **2** *nm/f* shameless person.
desvergüenza *nf* (*mala conducta*) shamelessness; (*descaro*) effrontery, impudence; **esto es una ~** this is disgraceful, this is shameful; **¡qué ~!** what a nerve!; **tener la ~ de hacer algo** to have the impudence *o* nerve to do sth.
desvestir 3k (*esp LAm*) **1** *vt* to undress. **2 desvestirse** *vr* to undress.
desviación *nf* (**a**) (*gen*) deviation (*de* from); (*de un golpe*) deflection (*de* from); **~ normal** standard deviation; **es una ~ de sus principios** it is a deviation *o* departure from his principles. (**b**) (*Pol, Med*) deviation. (**c**) (*Aut: rodeo*) diversion, detour; (*carretera de circunvalación*) bypass, ring road, beltway *(US)*; **~ de la circulación** traffic diversion.
desviar 1c **1** *vt* (**a**) (*balón, flecha, golpe*) to deflect; (*pregunta*) to parry; (*ojos*) to avert, turn away; (*avión, circulación*) to divert (*por* through); (*Ferro*) to switch (into a siding); **~ el cauce de un río** to alter the course of a river; **~ la conversación** to change the (topic of) conversation.
(**b**) (*fig*) to turn aside (*de* from); **le desviaron de su propósito** they dissuaded him from his intention; **~ a algn de su vocación** to turn sb from his (true) vocation; **~ a algn del buen camino** (*fig*) to lead sb astray.
2 desviarse *vr* (*apartarse del camino*) to turn aside *o* away (*de* from) (*carretera*) to branch off; (*Náut*) to sail off course; (*Aut: dar un rodeo*) to make a detour; **~ de un tema** to wander from the point.
desvincular 1a **1** *vt* to free, release. **2 desvincularse** *vr* (*aislarse*) to be cut off; (*alejarse*) to cut o.s. off (*de* from).
desvío *nm* (**a**) (*acción*) deflection, deviation (*de* from). (**b**) (*Aut: rodeo*) detour; (*: obligatorio*) diversion; (*Ferro*) siding.
desvirgar 1h *vt* to deflower.
desvirtuar 1e **1** *vt* (*estropear*) to impair, spoil; (*argumento, razonamiento*) to detract from; (*efecto*) to counteract; (*sentido*) to distort; **la cláusula secreta desvirtuó el objetivo del tratado** the secret clause nullified the aim of the treaty. **2 desvirtuarse** *vr* (*estropearse*) to go off.
desvitalizar 1f *vt* (*nervio*) to numb.
desvivirse 3a *vr*: **~ por algo** (*desear*) to crave sth, long for sth; (*chiflarse por*) to be crazy about sth; **~ por los amigos** to do anything for one's friends; **~ por salir** to be dying to go out; **se desvivió por ayudarme** he leant over backwards *o* went out of his way to help me.
detalladamente *adv* (*con detalles*) in detail; (*extensamente*) at great length.
detallado *adj* (*informe, relato*) detailed; (*declaración*) circumstantial; (*conocimiento*) intimate.

detallar [1a] *vt* (**a**) (*contar con detalles*) to detail; (*asunto por asunto*) to itemize. (**b**) (*cuento*) to tell in detail. (**c**) (*Com*) to (sell) retail.

detalle *nm* (**a**) detail; **al ~** in detail; **con todo ~, con todos los ~s** in detail, with full particulars; **hasta en sus menores ~es** down to the last detail; **no pierde ~** he doesn't miss a trick; **me observaba sin perder ~** he watched my every move.
(**b**) (*atención*) token (of appreciation), gesture; (*regalo*) gift; **¡qué ~!** what a nice gesture, how thoughtful!; **tiene muchos ~s** he is very considerate; **lo que importa es el ~** it's the thought that counts; **es el primer ~ que te veo en mucho tiempo** it's the first sign of consideration I've had from you in a long time.
(**c**) (*Com*) **al ~** retail *atr*; **vender al ~** to sell retail; **comercio al ~** retail trade.

detallista 1 *adj* (**a**) (*meticuloso*) meticulous. (**b**) retail *atr*; **comercio ~** retail trade. **2** *nmf* retailer, retail trader.

detección *nf* detection.

detectar [1a] *vt* to detect.

detective *nm* detective; **~ de la casa/privado** house/private detective.

detector *nm* (*Náut, Téc etc*) detector; **~ de mentiras/de minas** lie/mine detector.

detención *nf* (**a**) (*acción*) stopping; (*estancamiento*) stoppage; (*retraso*) holdup, delay. (**b**) (*Jur: arresto*) arrest; (*: prisión*) detention; **~ ilegal** unlawful detention; **~ en masa** mass arrest. (**c**) (*cuidado*) care.

detener [2k] **1** *vt* (**a**) (*gen*) to stop; (*retrasar*) to hold up, delay; **~ el progreso de** to hold up the progress of; **no quiero ~le** I don't want to delay you. (**b**) (*objeto*) to keep; (*aliento*) to hold. (**c**) (*Jur: arrestar*) to arrest; (*: encarcelar*) to detain. **2 detenerse** *vr* (*gen*) to stop; (*demorarse*) to delay, linger (*en* over); **se detuvo a mirarlo** he stopped to look at it; **¡no te detengas!** don't hang about!; **se detiene mucho en eso** he's taking a long time over that.

detenidamente *adv* (*minuciosamente*) carefully, thoroughly; (*extensamente*) at great length.

detenido/a 1 *adj* (**a**) (*arrestado*) arrested, under arrest; (*preso*) in custody. (**b**) (*narración, estudio*) detailed; (*análisis, examen*) thorough. **2** *nm/f* person under arrest; (*en cárcel*) prisoner.

detenimiento *nm* care; **con ~** thoroughly.

detentar [1a] *vt* (**a**) (*Dep*) to hold. (**b**) (*sin derecho: título*) to hold unlawfully; (*: puesto*) to occupy unlawfully.

detergente *adj, nm* detergent.

deteriorado *adj* (*estropeado*) damaged; (*desgastado*) worn.

deteriorar [1a] **1** *vt* (*estropear*) to spoil, damage; (*Mec*) to cause wear and tear to; **la falta de medios puede ~ la calidad de enseñanza** the lack of resources can have a damaging effect on the quality of education. **2 deteriorarse** *vr* (*estropearse*) to get damaged; (*Mec*) to wear, get worn; **se está deteriorando su salud** her health is getting worse; **las relaciones entre ambos países se han deteriorado** relations between the two countries have deteriorated.

deterioro *nm* (*empeoramiento*) deterioration; (*daño*) damage; (*Mec*) wear (and tear); **en caso de ~ de las mercancías** should the goods be imperfect in any way.

determinación *nf* (**a**) decision; **tomar una ~** to take a decision. (**b**) (*calidad*) determination, resolution; **actuar con ~** to take determined action. (**c**) (*de fecha, precio*) settling, fixing.

determinado *adj* (**a**) (*preciso*) fixed, set; **un día ~** on a certain *o* given day; **hay ~s límites** there are fixed limits; **no hay ningún tema ~** there is no particular theme. (**b**) (*Ling: artículo*) definite. (**c**) (*persona: resuelto*) determined, resolute.

determinante *adj, nm* determinant.

determinar [1a] **1** *vt* (**a**) (*gen*) to determine; (*fecha, plazo*) to fix, set; (*precio*) to settle; (*peso*) to work out.
(**b**) (*daños, impuestos*) to assess; (*pleito*) to decide; **el reglamento determina que ...** the rule states that ....
(**c**) (*causar*) to cause; **aquello determinó la caída del gobierno** that brought about the fall of the government.
(**d**) (*persona*) **esto le determinó** this decided him; **~ a algn a hacer algo** to determine *o* lead sb to do sth.
2 determinarse *vr* (**a**) (*asunto*) to be decided.
(**b**) (*persona*) to decide, make up one's mind; **~ a hacer algo** to determine to do sth; **no se determina a marcharse** he can't make up his mind to go.

determinismo *nm* determinism.

determinista *adj* deterministic.

detestable *adj* (*persona*) hateful; (*costumbre*) detestable; (*sabor, tiempo*) foul.

detestar [1a] *vt* to detest, hate, loathe.

detonación *nf* (*acción*) detonation; (*ruido*) explosion.

detonador *nm* detonator.

detonante 1 *adj* explosive. **2** *nm* explosive; (*fig*) trigger (*de* for); **eso fue el ~ de la crisis** that sparked off the crisis.

detonar [1a] *vi* to detonate, explode.

detracción *nf* (*denigración*) disparagement.

detractor(a) 1 *adj* disparaging. **2** *nm/f* detractor.

detrás 1 *adv* behind; **la foto lleva una dedicatoria ~** the photo has a dedication on the back; **salir de ~** to come out from behind; **por ~** behind; **atacar a algn por ~** to attack sb from behind; **los coches de ~** the cars at the back *o* in the rear; **paso yo adelante y tú vienes ~** I'll go first and you come after; **~ mío** *etc* (*esp CSur fam*) behind me *etc*.
2 *prep*: **~ de** behind, back of (*US*); **~ del colegio** behind the school; **por ~ de algn** (*fig*) behind sb's back; **salir de ~ de un árbol** to come out from behind a tree; **¿quién está ~ de todo esto?** (*fig*) who's behind all this?

detrasito *adv* (*LAm fam*) behind.

detrimento *nm* (*daño*) harm, damage; (*de honor, intereses*) detriment; **en ~ de** to the detriment of.

detritus *nm inv* (*Geol etc*) detritus; **los ~** (*desperdicios*) waste *sg*.

deuda[1] *nf* (**a**) (*condición*) indebtedness, debt; **estar en ~ con algn** (*deber dinero*) to be in debt to sb; (*fig*) to be indebted to sb. (**b**) (*una ~*) debt; **~ a largo plazo** long-term debt; **~s activas/pasivas** assets/liabilities; **~ exterior** *o* **externa/pública** foreign/national debt; **~ incobrable** bad debt; **una ~ de gratitud** a debt of gratitude; **contraer ~s** to get into debt; **estar lleno de ~s** to be heavily in debt. (**c**) (*Rel*) **perdónanos nuestras ~s** forgive us our trespasses.

deudo/a[2] *nm/f* relative.

deudor(a) 1 *adj* (**a**) **saldo ~** debit balance, adverse balance. (**b**) **le soy muy ~** I am greatly indebted to you. **2** *nm/f* debtor; **~ hipotecario** mortgager; **~ moroso** slow payer.

devaluación *nf* devaluation.

devaluar [1e] *vt* to devalue.

devanado *nm* (*Elec*) winding.

devanador *nm* (*carrete*) spool, bobbin.

devanar [1a] **1** *vt* (*hilo*) to wind. **2 devanarse** *vr* (**a**) **~ los sesos** to rack one's brains. (**b**) (*Méx*) **~ de dolor/risa** to double up with pain/laughter.

devaneo *nm* (**a**) (*fruslería*) idle pursuit. (**b**) (*amorío*) flirtation.

devastación *nf* devastation.

devastador *adj* (*lit, fig*) devastating.

devastar [1a] *vt* to devastate.

devengado *adj* (*sueldo*) due, outstanding; (*intereses*) accrued.

devengar [1h] *vt* (*salario: ganar*) to earn; (*: tener que cobrar*) to be due; (*intereses*) to bring in, to bear.

devenir [3r] **1** *vi*: **~ en** to become, turn into. **2** *nm* (*Fil: movimiento progresivo*) process of development;

(*transformación*) transformation.

devoción *nf* (**a**) (*Rel*) devotion, devoutness; **con ~** devoutly; **la ~ a esta imagen** the veneration for this image. (**b**) (*gen*) devotion (*a* to); (*afición*) strong attachment (*a* to); **sienten ~ por su madre** they are devoted to their mother.

devocionario *nm* prayer book.

devolución *nf* (*gen*) return; (*Com*) repayment, refund; (*restitución*) giving back; (*Jur*) devolution; **sin ~** non returnable; **pidió la ~ de los libros** he asked for the books to be given back; **'no se admiten ~es'** 'no refunds will be given'.

devolver [2h] (*pp* **devuelto**) **1** *vt* (**a**) (*gen*) to return; (*lo extraviado, prestado*) to give back; (*a su sitio*) to put back; (*Com: dinero*) to repay, refund; (*: mercancía*) to take back; **devuélveme el disco** give me back the record; **~ un florero a su sitio** to put a vase back in its place; **~ mal por bien** to return ill for good; **¿cuándo me vas a ~ el dinero que te presté?** when are you going to pay me back the money I lent you?; **'devuélvase al remitente'** 'return to sender'.

(**b**) (*cumplido, favor*) to return; (*salud, vista*) to restore; **han devuelto la casa a su antiguo esplendor** they have restored the house to its former glory; **~ la pelota a algn** (*fig*) to give sb tit for tat.

(**c**) (*vomitar*) to vomit, throw up (*fam*).

2 *vi* (*vomitar*) to vomit, throw up (*fam*). **3 devolverse** *vr* (*LAm: regresar*) to return, come *o* go back.

devorador *adj* (*pasión*) devouring; (*fuego*) allconsuming; (*hambre*) ravenous.

devorar [1a] *vt* (**a**) (*suj: animal*) to devour; (*comer ávidamente*) to gobble up, wolf (down) (*fam*). (**b**) (*fig: gen*) to devour; (*: fortuna*) to run through; **~ con los ojos** to ogle; **todo lo devoró el fuego** the fire consumed everything; **devora las novelas de amor** she laps up love stories; **le devoran los celos** he is consumed with jealousy.

devoto/a 1 *adj* (**a**) (*Rel: persona*) devout; (*: obra*) devotional; **ser muy ~ de un santo** to have a special devotion to a saint. (**b**) (*amigo*) devoted (*de algn* to sb); **su muy ~** your devoted servant. **2** *nm/f* (**a**) (*Rel*) devout person; **los ~s** the faithful; (*en iglesia*) the congregation *sg*. (**b**) (*fig*) devotee; **la estrella y sus ~s** the star and her fans (*fam*).

devuelto *pp de* **devolver**.

dextrosa *nm* dextrose.

D.F. *abr* (*Méx*) *de* **Distrito Federal**.

D.G. *abr* (**a**) *de* **Dirección General**. (**b**) *de* **Director General** DG.

dg. *abr de* **decigramo(s)** dg.

DGS *nf abr* (*Esp*) (**a**) *de* **Dirección General de Seguridad** *national police headquarters*. (**b**) *de* **Dirección General de Sanidad** ≈ Department of Health.

DGT *nf abr* (**a**) *de* **Dirección General de Tráfico**. (**b**) *de* **Dirección General de Turismo**.

di *etc V* **dar**.

día *nm* (**a**) (*período de tiempo*) day; **(llegará) el ~ 2 de mayo** (he'll arrive on) the second of May; **ocho ~s** a week; **quince ~s** a fortnight; **cuatro ~s** (*fig*) a couple of days; **¿qué ~ es hoy?** what's the date today?; **¡buenos ~s!** good morning!, good day!; **~ y noche** night and day; **parece que no pasan por ti los ~s** you don't look a day older; **~ lunes/martes** *etc* (*LAm*) Monday/Tuesday *etc*.

(**b**) (*expresiones con art, adj*) **el ~ de hoy** today; **el ~ de mañana** (*lit*) tomorrow; (*fig*) at some future date; **el mejor ~** some fine day; **el ~ menos pensado** when you least expect it; **un buen ~** (*fig*) one fine day; **un ~ de éstos** one of these days; **un ~ sí y otro no** every other day; **~ tras ~** day after day; **algún ~** some day, sometime; **cada ~** each *o* every day; **otro ~** some other day *o* time; **dejémoslo para otro ~** let's leave it for the moment; **todos los ~s** every day, daily; **todo el santo ~** the whole blessed day.

(**c**) (*con prep*) **~ a ~** day in day out; **a ~s** at times, once in a while; **a los pocos ~s** within *o* after a few days, a few days later; **al otro ~** (on) the following day; **al ~ siguiente** on the following day; **7 veces al ~** 7 times a day, 7 times daily; **de ~ en ~** from day to day; **del ~** (*estilos*) fashionable, up-to-date; (*menú*) today's; **de un ~ para otro** any day now; **en su ~** in due time; **¡hasta otro ~!** so long!

(**d**) (*expresiones con vb*) **dar los buenos ~s a algn** to say good morning to sb; **estar al ~** (*al tanto*) to be up to date; (*de moda*) to be with it; **quien quiera estar al ~ en estos estudios, lea ...** if anybody wants to keep up to date in these matters, he should read ...; **hace buen ~** it's a fine day; **poner al ~** (*diario*) to write up; (*texto, persona*) to bring up to date; **vivir al ~** to live from hand to mouth.

(**e**) (*con adj*) **~ de asueto** day off; **~ azul** (*Ferro*) cheap ticket day; **~ de diario, ~ de entresemana, ~ entre semana** weekday; **~ de los enamorados** St Valentine's Day (*14 February*); **~ feriado** *o* **festivo** *o* **de fiesta** holiday; **~ hábil/inhábil** working/non-working day; **D~ de la Hispanidad** Columbus Day (*12 October*); **~ de los inocentes** (*28 December*) ≈ All Fools' Day (*1 April*); **~ del Juicio (Final)** Judgment Day; **estaremos aquí hasta el ~ del Juicio** we'll be here till Kingdom come; **~ de detención** *o* **inactividad** quiet day; **~ laborable** *o* **útil** *o* **de trabajo** working day, weekday; **~ lectivo** teaching day; **~ libre** free day, day off; **D~ de (los) Muertos** (*Méx*) All Souls' Day; **~ de paga** payday; **D~ de Reyes** Epiphany (*6 January*); **~ señalado** special day, red-letter day.

(**f**) (*horas de luz*) daytime; **de ~** by day; **durante el ~** during the day(time); **en pleno ~** in broad daylight; **ya es de ~** it's daylight.

diabetes *nf* diabetes.

diabético/a *adj, nm/f* diabetic.

diablesa *nf* she-devil.

diablillo *nm* (*fam*) imp, monkey.

diablo *nm* (*lit, fig*) devil; **pobre ~** poor devil; **hace un frío de mil** *o* **todos los ~s** it's hellishly cold (*fam*); **¿cómo ~s se le ocurrió hacer tal cosa?** what the devil possessed him to do such a thing?; *V* **demonio** *para muchas frases*.

diablura *nf* (*travesura*) prank; **~s** mischief *sg*.

diabólico *adj* diabolical, devilish.

diábolo *nm* diabolo.

diaconato *nm* deaconry, diaconate.

diácono *nm* deacon.

diacrónico *adj* diachronic.

Diada *nf* Catalan national day (*11 September*).

diadema *nf* (*lit, fig*) diadem; (*joya*) tiara.

diáfano *adj* (*tela*) diaphanous; (*agua*) crystal-clear.

diafragma *nm* (*gen*) diaphragm; (*Med*) (Dutch) cap; (*Fot*) aperture.

diagnosis *nf inv* diagnosis.

diagnosticar [1g] *vt* to diagnose.

diagnóstico 1 *adj* diagnostic. **2** *nm* diagnosis.

diagonal *adj, nf* diagonal.

diagonalmente *adv* diagonally.

diagrama *nm* diagram; **~ de flujo** flow chart.

dial *nm* (*Aut, Rad etc*) dial.

dialectal *adj* dialectal, dialect *atr*.

dialectalismo *nm* (**a**) (*carácter*) dialectal nature, dialectalism. (**b**) (*palabra etc*) dialectalism, dialect word *o* phrase *etc*.

dialéctica *nf* dialectic(s).

dialéctico *adj* dialectical.

dialecto *nm* dialect.

dialectología *nf* dialectology.

diálisis *nf* dialysis.

dialogante 1 *adj* open, open-minded, willing to discuss. **2** *nmf* participant (in a discussion).

dialogar [1h] **1** *vt* to write in dialogue *o* (*US*) dialog form. **2** *vi* (*conversar*) to have a conversation; **~ con** (*Pol etc*) to engage in a dialogue with.

diálogo *nm* dialogue, dialog *(US)*; *(conversación)* conversation; ~ **norte-sur** north-south dialogue; ~ **de los sordos** dialogue of the deaf.
diamante *nm* **(a)** *(joya)* diamond; ~ **en bruto** uncut diamond; **ser un ~ en bruto** *(fig)* to be a rough diamond; ~ **falso** paste. **(b)** ~**s** *(Naipes)* diamonds.
diamantífero *adj* diamond-bearing.
diametral *adj* diametrical.
diametralmente *adv* diametrically; ~ **opuesto a** diametrically opposed to.
diámetro *nm* diameter; ~ **de giro** *(Aut)* turning circle; **faros de gran ~** wide-angle headlights.
diana *nf* **(a)** *(Mil)* reveille; **tocar ~** to sound reveille. **(b)** *(de blanco)* centre, center *(US)*, bull's-eye; **hacer ~** to score a bull's-eye.
diantre *nm* ¡~! *(fam: euf)*; oh hell!
diapasón *nm* **(a)** *(Mús)* diapason range. **(b)** *(de violín etc)* fingerboard. **(c)** ~ **normal** tuning fork. **(d)** *(de voz)* tone; **bajar/subir el ~** to lower/raise one's voice.
diapositiva *nf* slide; ~ **en color** colour *o (US)* color slide.
diariamente *adv* daily, every day.
diariero *nm (Arg)* paperboy.
diario 1 *adj* daily, everyday; **cien pesetas ~as** a hundred pesetas a day.
2 *adv (LAm)* daily, every day.
3 *nm* **(a)** *(periódico)* newspaper, daily; *(libro diario)* diary; ~ **de entradas y salidas** *(Com)* daybook; ~ **de a bordo**, ~ **de navegación** *(Náut)* logbook; ~ **hablado** *(Rad)* news (bulletin); ~ **dominical/matinal** *o* **de la mañana/de la noche** Sunday/morning/evening paper; ~ **de sesiones** parliamentary report.
(b) *(Fin)* daily expenses *pl.*
(c) a ~ daily; **de** *o* **para ~** everyday; **nuestro mantel de a ~** our tablecloth for everyday (use), our ordinary tablecloth.
diarismo *nm (LAm)* journalism.
diarrea *nf* diarrhoea, diarrhea *(US)*.
diáspora *nf (Hist)* diaspora; *(fig)* dispersal, migration.
diatriba *nf* diatribe, tirade.
dibujante *nm* **(a)** *(de bosquejos)* sketcher; *(de dibujos animados etc)* cartoonist. **(b)** *(Téc)* draughtsman/draughtswoman, draftsman/draftswoman *(US)*; *(de moda)* designer; ~ **de publicidad** commercial artist.
dibujar [1a] **1** *vt* **(a)** *(Arte)* to draw, sketch. **(b)** *(Téc)* to design. **(c)** *(describir)* to sketch, describe. **2 dibujarse** *vr* **(a)** *(perfilarse)* to be outlined *(contra* against). **(b)** *(emoción)* to show, appear; **el sufrimiento se dibujaba en su cara** suffering showed in his face.
dibujo *nm* **(a)** *(actividad)* drawing, sketching; ~ **lineal** draughtsmanship, draftsmanship *(US)*. **(b)** *(un ~)* drawing, sketch; *(Téc)* design; *(en papel, tela)* pattern; *(en periódico)* cartoon, caricature; ~**s animados** *(Cine)* cartoons; ~ **del natural** drawing from life; ~ **(hecho) a pulso** freehand drawing; **con ~ a rayas** with a striped pattern. **(c)** *(fig)* description, depiction.
dic. *abr de* **diciembre** Dec.
dicción *nf (gen)* diction.
diccionario *nm* dictionary; ~ **enciclopédico** encyclopaedia; ~ **geográfico** gazetteer.
dic.[e] *abr de* **diciembre** Dec.
diciembre *nm* December; *V tb* **se(p)tiembre**.
dicotomía *nf* dichotomy.
dictado *nm* **(a)** dictation; **escribir al ~** to take dictation; **escribir algo al ~** to take sth down (as it is dictated). **(b)** *(fig)* **los ~s de la conciencia** the dictates of conscience.
dictador(a) *nm/f* dictator.
dictadura *nf* dictatorship.
dictáfono *nm* Dictaphone ®.
dictamen *nm (opinión)* opinion; *(informe)* report; *(Jur)* legal opinion; ~ **contable** *(Méx)* auditor's report; ~ **facultativo** *(Med)* medical report.
dictaminar [1a] **1** *vt (juicio)* to pass. **2** *vi* to pass judgment, give an opinion *(en* on).
dictar [1a] *vt* **(a)** *(carta)* to dictate *(a* to). **(b)** *(sentencia)* to pass, pronounce; *(decreto)* to issue. **(c) lo que dicta el sentido común** what common sense suggests. **(d)** *(LAm: clase)* to give; *(: conferencia)* to deliver.
dictatorial *adj* dictatorial.
dicterio *nm* taunt.
dicha *nf* **(a)** *(felicidad)* happiness. **(b) es una ~ poder ...** it is a happy thing to be able to .... **(c)** *(suerte)* good luck.
dicharachero/a 1 *adj (gracioso)* witty; *(parlanchín)* talkative. **2** *nm/f* wit; *(parlanchín)* chatterbox.
dicharacho *nm* coarse remark.
dicho 1 *pp de* **decir**. **2** *adj (este)* this, the said; *(susodicho)* aforementioned; ~**s animales** the said animals; **en ~ país** in this (same) country; **las avispas propiamente ~as** true wasps, wasps in the strict sense; ~ **y hecho** no sooner said than done; *V tb* **decir 1 (j)**. **3** *nm (gen)* saying; *(proverbio)* proverb; *(ocurrencia)* bright remark; *(insulto)* insult; **del ~ al hecho hay mucho** *o* **gran trecho** there's many a slip 'twixt cup and lip; **es un ~** it's just a saying.
dichoso *adj* **(a)** *(feliz)* happy; **me siento ~ de hacer algo** I feel privileged to do sth. **(b)** *(afortunado)* lucky, fortunate; **¡~s los ojos!** nice to see you! **(c)** *(fam)* **¡aquel ~ coche!** that blessed car!
didáctica *nf* didactics.
didacticismo *nm* didacticism.
didáctico *adj* didactic.
didactismo *nm* = **didacticismo**.
diecinueve *adj, nm* nineteen; *(fecha)* nineteenth; *V tb* **seis**.
dieciochesco *adj* eighteenth-century.
dieciocho *adj, nm* eighteen; *(fecha)* eighteenth; *V tb* **seis**.
dieciséis *adj, nm* sixteen; *(fecha)* sixteenth; **a las ~ horas** at sixteen hundred hours; *V tb* **seis**.
diecisiete *adj, nm* seventeen; *(fecha)* seventeenth; *V tb* **seis**.
diente *nm* **(a)** *(Anat, tb de peine, sierra)* tooth; *(de elefante etc)* tusk; *(de reptil)* fang; ~ **canino/de leche** canine (tooth)/milk tooth; ~ **incisivo/molar** incisor/molar; ~**s postizos** false teeth; **echar los ~s** to teethe.
(b) *(locuciones)* **enseñar los ~s** *(fig)* to show one's claws, turn nasty; **hablar entre ~s** to mumble, mutter; **hincar el ~ en** *(comida)* to bite into; *(fig)* to get one's knife into; **nunca pude hincar el ~ a ese libro** I could never get my teeth into that book; **se le oía maldecir entre ~s** you could hear him cursing under his breath; **pelar el ~** *(LAm fam)* to smile affectedly; **se me ponen los ~s largos** I get green with envy; **tener buen ~** to be a hearty eater.
(c) *(Mec)* cog; *(de hebilla)* tongue.
(d) *(de ajo)* clove; ~ **de león** dandelion.
diéresis *nf* diaeresis.
diesel *nm (tb* **motor ~**) diesel engine.
diestra *nf* right hand.
diestro 1 *adj* **(a)** *(derecho)* right; **a ~ y siniestro** *(sin método)* wildly, at random; **repartir golpes a ~ y siniestro** to throw out punches right and left. **(b)** *(hábil)* skilful, skillful *(US)*; *(: con las manos)* handy. **(c)** *(astuto)* shrewd; *(pey)* sly. **2** *nm* **(a)** *(Taur)* matador. **(b)** *(correa)* bridle.
dieta *nf* **(a)** *(Med)* diet; ~ **láctea** milk diet; **la ~ mediterránea** the Mediterranean diet; **estar a ~** to diet, be on a diet. **(b)** *(Pol)* diet, assembly. **(c)** ~**s** subsistence allowance *sg*, expenses.
dietética *nf* dietetics.
dietético/a 1 *adj* dietetic, dietary. **2** *nm/f* dietician.
dietista *nmf* dietician.
diez *adj, nm* ten; *(fecha)* tenth; **un ~ para Pérez** ten out of ten for Pérez; **hacer las ~ de últimas** *(Naipes)* to sweep the board; *(fig)* to queer one's own pitch; *V tb* **seis**.
diezmar [1a] *vt (lit, fig)* to decimate.
diezmillo *nm (Méx)* sirloin steak.

diezmo *nm* tithe.
difamación *nf* (*hablando*) slander (*de* of); (*por escrito*) libel (*de* on).
difamador(a) **1** *adj* (*palabra*) slanderous; (*escrito*) libellous, libelous *(US)*. **2** *nm/f* slanderer.
difamar [1a] *vt* (*Jur: hablando*) to slander; (*: por escrito*) to libel.
difamatorio *adj* (*V vt*) slanderous; libellous, libelous *(US)*.
diferencia *nf* (*gen*) difference (*de* in); ~ **de edad(es)** age difference; ~ **salarial** (*Com*) wage differential; **a** ~ **de** unlike, in contrast to; **con corta** *o* **poca** ~ more or less; **hacer** ~ **entre** to make a distinction between; **partir la** ~ to split the difference; **ya han resuelto las** ~**s** they've patched up their differences; **no veo** ~ **de A a Z** I see nothing to choose between A and Z.
diferenciación *nf* differentiation.
diferenciador *adj* distinguishing.
diferencial **1** *adj* (*gen, Mat*) differential; (*rasgos*) distinguishing, distinctive. **2** *nm* (*Aut*) differential. **3** *nf* (*Mat*) differential.
diferenciar [1b] **1** *vt* (**a**) (*hacer diferencias*) to differentiate; ~ **entre A y B** to distinguish *o* differentiate between A and B. (**b**) (*hacer diferente*) to make different. **2 diferenciarse** *vr* (**a**) (*ser diferente*) to differ, be different (*de* from); **no se diferencian en nada** they do not differ at all. (**b**) (*destacarse*) to distinguish o.s.; **este producto se diferencia por su calidad** this products stands out because of its quality.
diferente *adj* (**a**) different (*de algo* from sth). (**b**) ~**s** several, various.
diferido *adj*: **emisión en** ~ (*Rad, TV*) recorded programme *o (US)* program, delayed transmission.
diferir [3i] **1** *vt* (*gen*) to defer; (*Jur: fallo*) to reserve. **2** *vi* to differ, be different (*de* from; *en* in).
difícil *adj* (**a**) (*gen*) difficult; (*tiempos, vida*) hard; (*situación*) delicate; ~ **de hacer** hard *o* difficult to do; **es** ~ **que venga** he is unlikely to come; **me resulta muy** ~ **decidir** ... I find it very hard to decide ..., I have great difficulty in deciding ...; **creo que lo tiene** ~ I think he's got a tough job on. (**b**) (*persona*) **es un hombre** ~ he's a difficult man to get on with; **niño** ~ problem child. (**c**) (*fam: raro*) odd, ugly.
difícilmente *adv* (*con dificultad*) with difficulty; (*apenas*) hardly; ~ **se podrá hacer** it can hardly be done.
dificultad *nf* (*gen*) difficulty; (*problema*) trouble; (*objeción*) objection; **sin** ~ **alguna** without the least difficulty; **tuvieron algunas** ~**es para llegar a casa** they had some trouble getting home; **poner** ~**es** to raise objections; **me pusieron** ~**es para darme el pasaporte** they made it awkward for me to get a passport.
dificultar [1a] *vt* (**a**) (*camino*) to obstruct; (*tráfico*) to hold up; (*poner obstáculos a*) to put obstacles in the way of; **las restricciones dificultan el comercio** the restrictions hinder trade *o* make trade difficult. (**b**) ~ **que suceda algo** to make it unlikely that sth will happen.
dificultoso *adj* difficult, hard.
difteria *nf* diphtheria.
difuminar [1a] *vt* (*dibujo*) to blur.
difumino *nm* stump.
difundir [3a] **1** *vt* (*calor, luz*) to diffuse; (*Rad*) to broadcast, transmit; (*gas etc*) to give off *o* out; ~ **una noticia** to spread a piece of news. **2 difundirse** *vr* (*teoría etc*) to spread; (*calor, luz*) to become diffused.
difunto/a **1** *adj* deceased; **el** ~ **ministro** the late minister. **2** *nm/f* deceased (person); **Día de los D**~**s** All Souls' Day.
difusión *nf* (*de calor, luz*) diffusion; (*de noticia, teoría*) dissemination; (*de programa*) broadcasting; (*programa*) broadcast; (*Prensa*) circulation, readership figures; **diario de** ~ **nacional** nationally distributed newspaper.
difuso *adj* (**a**) (*luz*) diffused; (*conocimientos*) widespread. (**b**) (*estilo, explicación*) wordy.
difusor **1** *adj*: **el medio** ~ (*Rad*) the broadcasting medium. **2** *nm* blow-drier.
digerible *adj* digestible.
digerir [3i] *vt* (**a**) (*gen*) to digest. (**b**) (*asimilar*) to absorb, assimilate; (*reflexionar sobre*) to think over; **no puedo** ~ **a ese tío** I can't stand that chap; **le ha costado** ~ **su fracaso** he's found it hard to accept his failure.
digestible *adj* digestible.
digestión *nf* digestion.
digestivo *adj* digestive.
digitación *nf* (*Mús*) fingering.
digital **1** *adj* (*ordenador, reloj*) digital; (*dactilar*) finger *atr*; **huellas** ~**es** fingerprints. **2** *nf* (*Bot*) foxglove; (*droga*) digitalis.
digitalizador *nm* (*Inform*) digitizer.
digitalizar [1f] *vt* to digitize.
dígito *nm* (*Mat etc*) digit; ~ **binario** (*Inform*) binary digit, bit.
dignamente *adv* (**a**) (*gen*) worthily; (*apropiadamente*) fittingly, properly, appropriately. (**b**) (*honradamente*) honourably, honorably *(US)*; (*con dignidad*) with dignity, in a dignified way. (**c**) (*decentemente*) decently.
dignarse [1a] *vr* (**a**) to deign *o* condescend (*hacer algo* to do sth). (**b**) **dígnese venir a esta oficina** please (be so good as to) come to this office.
dignatario *nm* dignitary.
dignidad *nf* (**a**) (*gen*) dignity; (*de sí mismo*) selfrespect; **herir la** ~ **de algn** to offend sb's selfrespect. (**b**) (*rango*) rank; **tiene** ~ **de ministro** he has the rank of a minister.
dignificar [1g] *vt* to dignify.
digno *adj* (**a**) (*gen*) worthy; (*correspondiente*) fitting, appropriate; ~ **de** worthy of, deserving; ~ **de elogio** praiseworthy; ~ **de mención** worth mentioning; **es** ~ **de verse** it is worth seeing. (**b**) (*persona: honesto*) honourable, honorable *(US)*; (*: grave*) dignified. (**c**) (*decoroso*) decent; **viviendas** ~**as para los obreros** decent homes for the workers.
digresión *nf* digression.
dije[1] *V* **decir**.
dije[2] *nm* (*relicario*) locket; (*amuleto*) charm.
dije[3] *adj* (*Chi fam*) nice.
dilación *nf* delay; **sin** ~ without delay, immediately.
dilapidación *nf* squandering, waste.
dilapidar [1a] *vt* to squander, waste.
dilatación *nf* (*V vt*) dilation; expansion; enlargement; protraction, prolongation.
dilatado *adj* (*pupila*) dilated; (*extenso*) extensive; (*período*) long.
dilatar [1a] **1** *vt* (**a**) (*gen*) to dilate; (*metales*) to expand; (*ampliar*) to enlarge. (**b**) (*prolongar*) to protract, prolong. (**c**) (*diferir*) to delay. **2 dilatarse** *vr* (**a**) (*pupila*) to dilate; (*agua*) to expand. (**b**) (*al hablar*) to be long-winded. (**c**) (*LAm*) to take a long time *o* be slow (*en hacer algo* to do sth). (**d**) (*CAm, Méx*) to delay, be delayed *o* late.
dilatorio **1** *adj* delaying. **2**: ~**as** *nfpl* delaying tactics; **andar con** ~ to drag things out.
dilema *nm* dilemma.
diletante *nmf* dilettante.
diligencia *nf* (**a**) (*esmero*) diligence; (*rapidez*) speed. (**b**) (*encargo*) errand; **hacer las** ~**s de costumbre** to take the usual steps (*para hacer algo* to do sth). (**c**) (*Jur*) ~**s** formalities; (*policiales etc*) report *sg*, official statement *sg*; ~**s judiciales** judicial proceedings; ~**s previas** inquest. (**d**) (*carruaje*) stagecoach.
diligenciar [1b] *vt* to take steps to obtain.
diligente *adj* (*aplicado*) diligent; (*pronto*) speedy; **poco** ~ slack.
dilucidar [1a] *vt* (*aclarar*) to elucidate, clarify; (*misterio*) to clear up.
dilución *nf* dilution.
diluir [3g] **1** *vt* (*líquidos*) to dilute; (*aguar, tb fig*) to water

down. **2 diluirse** *vr* to dissolve.

diluviar 1b *vi* to pour with rain.

diluvio *nm* (*lit, fig*) flood; **un ~ de cartas** a deluge of letters; **¡fue el ~!** it was chaos!

dimanar 1a *vi*: **~ de** to arise *o* spring from.

dimensión *nf* (*gen*) dimension; **~es** size *sg*; **de grandes ~es** of great size; **las ~es de la tragedia** the extent of the tragedy; **tomar las ~es de** to take the measurements of.

dimes *nmpl*: **~ y diretes** (*riñas*) bickering, squabbling; **andar en ~ y diretes con algn,** to bicker *o* squabble with sb.

diminutivo *adj, nm* diminutive.

diminuto *adj* tiny, diminutive.

dimisión *nf* resignation; **presentar la ~** to hand in *o* submit one's resignation.

dimisionario *adj* outgoing, resigning.

dimitir 3a **1** *vt* (*cargo*) to resign; **~ de la jefatura del partido** to resign (from) the party leadership. **2** *vi* to resign (*de* from).

Dinamarca *nf* Denmark.

dinámica *nf* dynamics; **~ de grupo** group dynamics; **la ~ de la sociedad** the dynamic of society.

dinámico *adj* (*lit, fig*) dynamic.

dinamismo *nm* dynamism.

dinamita *nf* dynamite.

dinamitar 1a *vt* to dynamite.

dinamizar 1f *vt* to invigorate, put (new) energy into.

dínamo, dinamo *nf* (*nm en LAm*) dynamo.

dinastía *nf* dynasty.

dinástico *adj* dynastic.

dinerada *nf*, **dineral** *nm* fortune; **habrá costado un ~** it must have cost a bomb.

dinerillos *nmpl*: **tiene sus ~** she's got a bit of money (put by).

dinero *nm* (*gen*) money; (*~ en circulación*) currency; **persona de ~** wealthy person; **es hombre de ~** he is a man of means; **~ caro/barato** dear *o* (*US*) expensive/cheap *o* easy money; **~ contante** cash; **~ contante y sonante** hard cash; **~ de curso legal** legal tender; **~ en caja** cash in hand; **~ para gastos** pocket money; **~ negro** *o* **sucio** dirty money, money from crime; **~ suelto** loose change; **el ~ lo puede todo** money can do anything, money talks; **andar mal de ~** to be short of money; **el negocio no da ~** the business does not pay; **ganar ~ a espuertas** *o* **a porrillo** to make money hand over fist; **hacer ~** to make money.

dinosaurio *nm* dinosaur.

dintel *nm* lintel.

diñar 1a *vt* (*fam*): **~la** to kick the bucket (*fam*).

diocesano *adj* diocesan.

diócesi(s) *nf* (*pl* **diócesis**) diocese.

diodo *nm* diode.

dioptría *nf* dioptre; **~s** gradation.

Dios *nm* (**a**) God; **~ mediante** God willing; **a ~ gracias** thank heaven; **a la buena de ~** any old how; **una de ~ es Cristo** an almighty row; **armar la de ~ (es Cristo)** to raise hell; **~ los cría y ellos se juntan** birds of a feather flock together; **~ dirá** time will tell; **lo hace como ~ le da a entender** he does it as best as he can; **como ~ manda** as is proper; **cuando ~ quiera** all in God's good time; **si ~ quiere** God willing; **a ~ rogando y con el mazo dando** trust in God but keep your powder dry; **sabe ~** God knows; **sabe ~ que no quería ofender** God knows I did not intend to cause offence *o* (*US*) offense; **sólo ~ sabe** God alone knows; **vaya con ~** goodbye, may God be with you; (*iró*) and good riddance.

(**b**) **¡~ mío!** good gracious!; **¡por ~!** for God's sake!; **¡~ le ampare** *o* **asista!** and the best of luck!; **¡~ te bendiga!** God bless you!; **¡~ me libre!** Heaven forbid!; **¡válgame ~!** bless my soul!; **¡vaya por ~!** (*contariedad*) oh no!

dios *nm* (**a**) god. (**b**) **como todo ~** (*fam*) like any guy; **no hay ~ que entienda eso** nobody can understand that; **no había ni ~** there wasn't a soul.

diosa *nf* goddess.

Dip. *abr de* **Diputación** ≈ CC.

diploma *nm* diploma.

diplomacia *nf* diplomacy.

diplomado/a 1 *adj* qualified, trained. **2** *nm/f* holder of a diploma; (*Univ*) graduate.

diplomarse 1a *vr* (*esp LAm*) to graduate (from college *etc*).

diplomáticamente *adv* diplomatically.

diplomático/a 1 *adj* (*cuerpo*) diplomatic; (*que tiene tacto*) tactful. **2** *nm/f* diplomat.

diplomatura *nf* diploma course, course leading to a diploma.

dipsomanía *nf* dipsomania.

dipsomaníaco/a, dipsómano/a *nm/f* dipsomaniac.

díptero *nm* fly.

díptico *nm* diptych.

diptongo *nm* diphthong.

diputación *nf* (**a**) deputation; **~ permanente** (*Pol*) standing committee. (**b**) **~ provincial** ≈ county council *o* (*US*) commission.

diputado/a *nm/f* (*delegado*) delegate; (*Pol*) ≈ member of parliament (*Brit*), ≈ representative (*US*); **el ~ por Guadalajara** the member for Guadalajara; **~ provincial** ≈ member of a county council.

diputar 1a *vt* to delegate, depute.

dique *nm* (**a**) dyke, dike (*US*); (*rompeolas*) breakwater; **~ de contención** dam; **~ flotante/seco** floating/dry dock; **entrar en~, hacer ~** to dock. (**b**) (*fig*) **es un ~ contra la expansión** it is a barrier to expansion.

Dir. *abr* (**a**) *de* **dirección**. (**b**) *de* **director** dir.

dire *nmf* (*fam*) = **director(a)**.

diré *etc V* **decir**.

dirección *nf* (**a**) (*lit, fig: sentido*) direction; (*fig: tendencia*) course, trend; **con** *o* **en ~ a** in the direction of, towards; **'~ prohibida'** (*Aut*) 'no entry'; **calle de ~ obligatoria, calle de ~ única** 'one-way street'; **~ este/oeste** (*Aut: de autopista*) eastbound/westbound; **¿podría Ud indicarme la ~ de ...?** could you please direct me to ...?; **ir en ~ contraria** to go the other way; **salir con ~ a** to leave for, depart for.

(**b**) (*gobierno*) guidance; (*control*) control; (*de empresa*) running, management; (*de periódico*) editorship; (*de partido*) leadership; **~ escénica** *o* **de escena** stage management; **le han confiado la ~ de la obra** he has been put in charge of the work; **tomar la ~ de una empresa** to take over the running of a company.

(**c**) (*personal directivo*) **la ~** the management; (*junta*) board of directors; (*de partido político*) leadership, top men.

(**d**) (*cargo: en empresa*) post of manager; (*: en escuela*) headship, principalship (*US*); (*: en periódico*) editorship; (*Admin*) post of chief executive.

(**e**) (*Aut etc: mecanismo*) steering; **~ asistida** power-assisted steering.

(**f**) (*oficina principal*) (head) office; (*despacho*) director's/manager's/headmaster's/editor's office; **~ provincial** provincial office of a government department; **D~ General de Seguridad/Turismo** State Security/Tourist office.

(**g**) (*señas*) address; **~ particular** home address; **poner la ~ en una carta** to address a letter; **~ absoluta/relativa** (*Inform*) absolute/relative address.

direccional 1 *adj* directional. **2**: **~es** *nmpl* (*Méx Aut*) (car) indicators, trafficators.

direccionamiento *nm* (*Inform*) addressing.

directa *nf* (*Aut*) top gear.

directamente *adv* directly.

directamente *adv* directly; **fuí ~ a casa** I went straight home.

directiva[1] *nf* (*de empresa*) board of directors; **~s** guidelines.

directivo/a[2] **1** *adj* (*junta*) managing; (*función*) managerial, administrative; (*clase*) executive. **2** *nm/f* (*Com etc*) manager, executive.
directo 1 *adj* (**a**) (*gen*) direct; (*línea*) straight; (*inmediato*) immediate. (**b**) (*tren*) through; (*vuelo*) non-stop. (**c**) (*TV*) **en ~** live; **transmitir en ~** to broadcast live. **2** *nm* (*Boxeo*) straight punch; (*Tenis*) forehand shot.
director(a) *nm/f* (*en banco, empresa, fábrica: encargado*) manager(ess); (*: administrador*) director; (*de compañía*) president; (*Admin*) head; (*de escuela*) headmaster/headmistress, principal (*US*); (*de periódico*) editor; (*de Academia*) president; (*de prisión*) governor; (*Mús*) conductor; (*Cine, TV*) director; **~ adjunto/general** assistant/general manager; **~ de escena** stage manager; **~ comercial/de personal/de sucursal** marketing/personnel/branch manager; **~ ejecutivo/de empresa/gerente** executive/company/managing director; **~ espiritual** father confessor; **~ de orquesta** conductor.
directorial *adj* (*Com etc*) managing, executive; **clase ~** managers, management.
directorio *nm* (**a**) (*norma*) directive. (**b**) (*junta*) (board of) directors. (**c**) (*libro, Inform*) directory; **~ telefónico** *o* **de teléfonos** (*Méx*) telephone directory.
directriz *nf* (**a**) guideline, instruction, directive. (**b**) (*Mat*) directrix.
dirigente 1 *adj* leading; **la clase ~** the ruling class. **2** *nm* (*Pol etc*) leader; **~ de la oposición** leader of the opposition; **los ~s del partido** the party leaders.
dirigible 1 *adj* (*Aer, Náut*) steerable. **2** *nm* dirigible, airship, blimp (*US*).
dirigido *adj* (*misil*) guided.
dirigir [3c] **1** *vt* (**a**) (*gen*) to direct (*a, hacia* at, to, towards); (*acusación*) to level (*a* at), make (*a* against); (*carta, comentario, pregunta*) to address (*a* to); (*mirada*) to turn (*a* on); (*pistola, telescopio*) to aim, point (*a* at); **dirigieron sus quejas al jefe** they addressed their complaints to the boss.
(**b**) (*Com: empresa*) to manage, run; (*expedición*) to lead; (*sublevación*) to head; (*periódico*) to edit.
(**c**) (*guiar*) to guide, advise (*en* about, in); **hay que ~ todos nuestros esfuerzos a ese fin** we must direct all our efforts to this end.
(**d**) (*Aut, Naút*) to steer; (*Aut*) to drive.
(**e**) (*Mús*) to conduct.
(**f**) (*Cine, Teat*) to produce, direct.
2 dirigirse *vr* (**a**) **~ a** (*ir hacia*) to go to, make one's way to; (*Náut etc*) to steer for; **se dirigía a su oficina cuando lo arrestaron** he was on his way to the office when they arrested him; **~ hacia** to head for.
(**b**) **~ a** (*hablar a*) to speak to, address; **~ a algn solicitando algo** to apply to sb for sth; **'diríjase a ...'** 'apply to ...', 'write to ...'; **el programa se dirije a los adultos** the programme *o* (*US*) program is aimed at adults.
dirigismo *nm* management, control; **~ estatal** state control.
dirigista *adj, nmf* interventionist.
dirimir [3a] *vt* (**a**) (*contrato, matrimonio*) to dissolve, annul. (**b**) (*disputa*) to settle.
discado *nm* (*And, CSur*) dialling, dialing (*US*).
discar [1g] *vt* (*And, CSur*) to dial.
discernimiento *nm* discernment.
discernir [3k] **1** *vt* (**a**) to discern; **~ A de B** to distinguish A from B. (**b**) (*esp LAm: premio*) to award (*a* to). **2** *vi* to distinguish (*entre* between).
disciplina *nf* (*gen: tb Univ*) discipline; **~ férrea** iron will; **~ de partido** *o* **de voto** party discipline *o* whip; **romper la ~ de voto** to vote against one's party.
disciplinar [1a] *vt* (**a**) (*gen*) to discipline. (**b**) (*enseñar*) to school, train; (*Mil*) to drill.
disciplinario *adj* disciplinary.
discípulo/a *nm/f* (**a**) (*Rel, Fil*) disciple; (*seguidor*) follower. (**b**) (*Escol*) pupil, student.
disco[1] *nm* (**a**) disk, disc; (*Dep*) discus; (*Ferro*) signal; (*Telec*) dial; (*Mús*) record; **~ compacto** compact disc; **~ de freno** brake disc; **~ de larga duración** long-playing record; **~ rojo/verde** (*Aut*) red/green light. (**b**) (*Inform*) **~ fijo** hard disk; **~ flexible** *o* **floppy** floppy disk; **~ magnético** magnetic tape. (**c**) (*fam pey*) **siempre con el mismo ~** it's always the same old story with him *etc*; **no cambia de ~** he never changes his tune.
disco[2] *nm* (*fam*) disco.
discóbolo *nm* discus thrower.
discografía *nf* (*gen*) records *pl*; (*discos*) record collection; **la ~ de Eccles** the complete recordings of Eccles.
discográfica *nf* record company.
discográfico *adj* record *atr*; **casa ~a** record company; **éxito ~** chart success.
díscolo *adj* (*rebelde*) unruly; (*niño*) mischievous.
disconforme *adj* differing; **estar ~** to be in disagreement (*con* with), not agree.
disconformidad *nf* disagreement.
discontinuidad *nf* lack of continuity, discontinuity.
discontinuo *adj* discontinuous; **línea ~a** (*Aut*) broken line.
discordancia *nf* (*tb fig*) discord.
discordante *adj* (*Mús*) discordant; (*opiniones*) clashing; **su traje fue la nota ~ en la reunión** his suit struck the only bad note in the meeting.
discordar [1l] *vi* (**a**) (*Mús*) to be out of tune. (**b**) (*estar en desacuerdo*) to disagree (*de* with); (*colores, opiniones*) to clash.
discorde *adj* (*sonido*) discordant; (*opiniones*) clashing; **su actitud es ~ con la política del partido** his attitude is out of line with the party's policy.
discordia *nf* discord, disagreement; **sembrar la ~** to sow discord.
discoteca *nf* (**a**) (*colección*) record library, record collection. (**b**) (*lugar de baile*) disco, nightclub.
discotequero/a 1 *adj* disco *atr*. **2** *nm/f* disco goer, nightclubber.
discreción *nf* (**a**) (*gen*) discretion; (*tacto*) tact; (*prudencia*) prudence; **tenemos que actuar con ~** we must act discreetly. (**b**) **a ~** at one's discretion; **añadir azúcar a ~** (*Culin*) add sugar to taste; **comer a ~** to eat as much as one likes; **¡a ~!** (*Mil*) stand easy!; **rendirse a ~** (*Mil*) to surrender unconditionally.
discrecional *adj* (*poder*) discretionary; (*facultativo*) optional; **parada ~** request *o* (*US*) flag stop; **servicio ~ (de autobuses)** discretionary (bus) service.
discrepancia *nf* discrepancy; (*desacuerdo*) disagreement.
discrepante *adj* divergent; **hubo varias voces ~s** there were some dissenting voices.
discrepar [1a] *vi* to differ (*de* from), disagree (*de* with); **discrepamos en varios puntos** we disagree on a number of points.
discreto *adj* (**a**) (*diplomático*) discreet; (*prudente*) prudent; (*listo*) shrewd. (**b**) (*color, vestido*) sober, unobtrusive; (*advertencia*) discreet, tactful. (**c**) (*mediano*) average, middling; **de inteligencia ~a** reasonably intelligent; **le daremos un plazo ~** we'll allow him a reasonable time; **unas ganancias ~as** modest benefits.
discriminación *nf* discrimination (*contra* against); **~ racial** racial discrimination.
discriminado *adj*: **sentirse ~** to feel that one has been unfairly treated, feel one has been discriminated against.
discriminar [1a] **1** *vt* to discriminate against. **2** *vi* to distinguish, discriminate (*entre* between).
discriminatorio *adj* discriminatory.
disculpa *nf* (*pretexto*) excuse; (*pedir perdón*) apology; **pedir ~s a/por** to apologize to/for.
disculpar [1a] **1** *vt* (*perdonar*) to excuse, forgive; **disculpa (el) que venga tarde** forgive me for coming late; **¡discúlpeme!** I'm sorry! **2 disculparse** *vr* to apologize (*con*

to); **se disculpó por haber llegado tarde** he apologized for arriving late.

discurrir 3a **1** *vt* (*inventar*) to think up; **esos chicos no discurren nada bueno** these lads are up to no good. **2** *vi* (**a**) (*recorrer*) to roam, wander (*por* about, along). (**b**) (*río*) to flow. (**c**) (*tiempo*) to pass; **la sesión discurrió sin novedad** the meeting went off quietly. (**d**) (*meditar*) to meditate (*en* about, on); (*hablar*) to discourse (*sobre* about, on); **discurre poco** *o* **menos que un mosquito** he just never thinks.

discursear 1a *vi* to speechify.

discursivo *adj* discursive.

discurso *nm* (**a**) speech; ~ **de clausura** closing speech; **pronunciar un** ~ to make *o* deliver a speech. (**b**) (*escrito*) discourse, treatise; (*razonamiento*) reasoning power. (**c**) (*tiempo*) **en el** ~ **del tiempo** with the passage of time; **en el** ~ **de 4 generaciones** in the space of 4 generations.

discusión *nf* (*diálogo*) discussion; (*riña*) argument; **eso no admite** ~ there can be no argument about that; **tener una** ~ to have an argument.

discutible *adj* debatable, arguable; **de mérito** ~ of dubious worth.

discutido *adj* controversial.

discutir 3a **1** *vt* (*plan, proyecto, idea*) to discuss; (*precio*) to argue about; (*contradecir*) to argue against; ~ **a algn lo que está diciendo** to contradict what sb is saying. **2** *vi* (*gen*) to discuss, talk; (*disputar*) to argue (*de, sobre* about, over); ~ **de política** to argue about *o* talk politics; **¡no discutas!** don't argue!

disecar 1g *vt* (**a**) (*Med, fig*) to dissect. (**b**) (*para conservar: animal*) to stuff; (*: planta*) to preserve, mount.

disección *nf* (*V vt*) (**a**) dissection. (**b**) stuffing; preservation, mounting.

diseminación *nf* dissemination, spread(ing).

diseminar 1a *vt* to disseminate, spread.

disensión *nf* dissension.

disentería *nf* dysentery.

disentimiento *nm* dissent, disagreement.

disentir 3i *vi* to dissent (*de* from), disagree (*de* with).

diseñador(a) *nm/f* designer; ~ **gráfico** commercial artist; ~ **de moda(s)** fashion *o* dress designer.

diseñar 1a *vt* (*Téc*) to design; (*Arte*) to draw, sketch.

diseño *nm* (*Téc*) design; (*Arte*) drawing, sketch; (*Cos*) pattern; ~ **gráfico** graphic design; ~ **industrial** industrial design; ~ **asistido por ordenador** *o* (*LAm*) **computador** computer-assisted design; **camisa de** ~ designer shirt; **de** ~ **italiano** Italian-designed.

disertación *nf* dissertation.

disertar 1a *vi* to discourse (*acerca de, sobre* upon).

disfraz *nm* (*gen*) disguise; (*traje*) fancy dress; (*Mil*) camouflage; (*pretexto*) blind (*de* for); **baile de disfraces** fancy-dress ball; **bajo el** ~ **de** under the cloak of.

disfrazado *adj* disguised (*de* as); **ir** ~ **de** to masquerade as; (*para fiesta*) to dress up as.

disfrazar 1f **1** *vt* (*lit, fig*) to disguise (*de* as); (*ocultar*) to cover up, conceal; (*Mil*) to camouflage; **lo disfrazaron de soldado** they disguised him as a soldier. **2 disfrazarse** *vr* (*persona*) to dress (o.s.) up, disguise o.s. (*de* as).

disfrutar 1a **1** *vt* (*gozar de*) to enjoy; (*aprovechar*) to make use of; **disfrutan una pensión del Estado** they get *o* receive a state pension. **2** *vi* (**a**) (*pasarlo bien*) to enjoy o.s; **¡cómo disfruto!** this is the life!; **¡qué disfrutes!** have a good time!; ~ **como un enano** to have a great time; ~ **con algo** to enjoy sth; **disfruto haciéndolo** I enjoy doing it. (**b**) ~ **de buena salud** to enjoy good health; ~ **de la naturaleza** to enjoy nature.

disfrute *nm* (*V vt*) enjoyment; use.

disfunción *nf* malfunction, difficulty.

disgregación *nf* disintegration.

disgregar 1h **1** *vt* (*gen*) to disintegrate; (*manifestantes*) to disperse. **2 disgregarse** *vr* to disintegrate, break up (*en* into).

disgustar 1a **1** *vt* (*molestar*) to annoy, upset; (*desagradar*) to displease; **me disgusta tener que repetirlo** it annoys me to have to repeat it, I don't like having to repeat it; **estaba muy disgustado con el asunto** he was very upset about the affair. **2 disgustarse** *vr* (**a**) (*enfadarse*) to be annoyed (*con, de* about); (*molestarse*) to be displeased, be offended (*con* about). (**b**) (*amigos*) to fall out (*con algn* with sb).

disgusto *nm* (**a**) (*enfado*) annoyance; (*desagrado*) displeasure; (*tristeza*) sorrow; **estar** *o* **sentirse a** ~ to be *o* feel ill at ease; **hacer algo a** ~ to do sth unwillingly; **me causó un gran** ~ it upset me very much; **matar a algn a** ~**s** to drive sb to distraction; **¡qué** ~**!** how *o* that's terrible!

(**b**) (*un* ~*: dificultad*) trouble, bother; (*percance*) unpleasant experience; (*desgracia*) misfortune; (*golpe*) blow, shock; **dar un** ~ **a algn** to upset sb; **nunca nos dio un** ~ he never gave us any trouble; **llevarse un** ~ to be upset.

(**c**) (*riña*) quarrel, row; **tener un** ~ **con algn** to fall out with sb.

disidencia *nf* (*Pol*) dissidence; (*Rel*) dissent; (*desacuerdo*) disagreement.

disidente **1** *adj* (*Pol*) dissident. **2** *nmf* (*Pol*) dissident; (*Rel*) dissenter, nonconformist.

disimulación *nf* (*doblez*) dissimulation; (*ocultación*) concealment.

disimuladamente *adv* (*V adj*) furtively; cunningly, slyly; covertly.

disimulado *adj* (*solapado*) furtive, underhand; (*taimado*) sly; (*oculto*) covert; **estaba** ~ **entre unos papeles** it was hidden among some papers; **hacerse el** ~ to pretend not to notice.

disimular 1a **1** *vt* (**a**) (*gen*) to hide; (*intención*) to conceal; **no pudo** ~ **lo que sentía** he couldn't hide *o* conceal what he felt. (**b**) (*perdonar*) to excuse, overlook. **2** *vi* to dissemble, pretend; **lo sé todo, así que no disimules** I know it all so don't bother pretending.

disimulo *nm* (**a**) (*fingimiento*) dissimulation; **con** ~ cunningly, craftily. (**b**) (*tolerancia*) tolerance.

disipación *nf* (*gen*) dissipation.

disipado *adj* (**a**) (*gen*) dissipated. (**b**) (*manirroto*) extravagant.

disipador(a) *nm/f* spendthrift.

disipar 1a **1** *vt* (**a**) (*niebla*) to dispel; (*nubes*) to disperse. (**b**) (*duda, temor*) to dispel, remove; (*esperanza*) to destroy. (**c**) (*dinero*) to fritter away (*en* on). **2 disiparse** *vr* (**a**) (*niebla*) to lift; (*nubes*) to disperse. (**b**) (*dudas*) to be dispelled.

diskette *nm* = **disqueta**.

dislate *nm* (*absurdo*) absurdity; ~**s** nonsense *sg*.

dislexia *nf* dyslexia.

disléxico/a *adj, nm/f* dyslexic.

dislocación *nf* (*Med*) dislocation; (*de estado*) dismemberment.

dislocar 1g **1** *vt* (*gen*) to dislocate; (*tobillo*) to sprain. **2 dislocarse** *vr* (*Anat, fig*) to dislocate, be dislocated; ~ **el tobillo** to dislocate one's ankle.

disloque *nm* (*fam*): **es el** ~ it's the last straw; **al llegar la medianoche aquello fue ya el** ~ when midnight came it was utter madness.

disminución *nf* decrease (*de* of), fall (*de* in); **continuar sin** ~ to continue unchecked *o* unabated; **ir en** ~ to diminish, (be on the) decrease.

disminuido/a **1** *adj* (*Med*) handicapped. **2** *nm/f*: ~ **físico** physically-handicapped person; ~ **psíquico** mentally-handicapped person.

disminuir 3g **1** *vt* (**a**) (*gen*) to reduce, decrease; (*temperatura*) to lower; (*gastos, raciones*) to cut down; (*fuerzas*) to diminish; (*precios*) to bring down. (**b**) (*dolor*) to relieve, lessen; (*autoridad, prestigio*) to weaken; (*entusiasmo*) to damp. **2** *vi* (*fuerzas, raciones*) to diminish; (*días*) to grow shorter; (*precios, temperatura*) to drop, fall; (*velocidad*) to slacken; (*población*) to decrease; (*beneficios, número*) to fall off, dwindle; (*memoria, vista*) to fail.

Disneylandia *nf* (*tb fig*) Disneyland.

disociación *nf* dissociation.

disociar [1b] **1** *vt* to dissociate (*de* from). **2 disociarse** *vr* to dissociate o.s. (*de* from).

disoluble *adj* soluble, dissolvable.

disolución *nf* (**a**) (*acto*) dissolution. (**b**) (*Quím*) solution. (**c**) (*Com*) liquidation. (**d**) (*moral*) dissoluteness, dissipation.

disoluto *adj* dissolute.

disolvente *nm* solvent, thinner.

disolver [2h] (*pp* **disuelto**) **1** *vt* (**a**) (*azúcar, sal*) to dissolve. (**b**) (*contrato, matrimonio, parlamento*) to dissolve; (*manifestación*) to break up. **2 disolverse** *vr* (**a**) to dissolve. (**b**) (*Com*) to go into liquidation. (**c**) (*manifestación*) to break up.

disonancia *nf* (**a**) (*Mús*) dissonance. (**b**) (*fig*) discord; **hacer ~ con** to be out of harmony with.

disonante *adj* (*Mús*) dissonant; (*fig*) discordant.

disonar [1l] *vi* (**a**) (*Mús*) to be out of tune. (**b**) (*fig*) **~ con** to be out of keeping with, clash with.

dispar *adj* unlike, disparate.

disparada *nf* (*LAm: salida apresurada*) sudden departure; (*prisa*) rush; **ir a la ~** to go at full speed; **irse a la ~** to be off like a shot; **tomar la ~** (*CSur fam*) to beat it *(fam)*.

disparadero *nm* trigger (mechanism); **poner a algn en el ~** to drive sb to distraction.

disparado *adj*: **entrar ~** to shoot in; **ir ~** to go like mad; **salir ~** to shoot out, be off like a shot.

disparador 1 *adj* (*Méx fam*) lavish. **2** *nm* (*de arma*) trigger; (*Fot, Téc*) release; (*de reloj*) escapement.

disparar [1a] **1** *vt* (**a**) (*arma de fuego*) to shoot, fire; (*piedra*) to hurl, let fly (*contra* at); (*balón*) to shoot (*a* at; *en* into); **¡nos están disparando!** they're firing at us!

(**b**) (*consumo, precio*) to cause to shoot up, increase excessively.

2 *vi* (**a**) to shoot, fire; **¡disparad!** fire!; **~ a matar** to shoot to kill.

(**b**) = **disparatar**.

(**c**) (*Méx fam: gastar mucho*) to spend lavishly.

3 dispararse *vr* (**a**) (*arma de fuego*) to go off; (*pestillo*) to be released; (*aprensión, pánico*) to take hold, be unleashed.

(**b**) (*persona: marcharse*) to rush off, dash away.

(**c**) (*caballo*) to bolt; (*consumo, precios*) to shoot up.

(**d**) (*enojarse*) to lose control, blow one's top *(fam)*; (*al hablar*) to get carried away *(fam)*, rant on; **¡no te dispares!** take it easy!

disparatado *adj* crazy, nonsensical.

disparatar [1a] *vi* (*decir disparates*) to talk nonsense; (*hacer disparates*) to blunder.

disparate *nm* (**a**) (*comentario*) foolish remark; (*acción*) absurd thing (to do); (*error*) blunder; **¡no digas ~s!** don't talk nonsense!; **¡qué ~!** what rubbish!, how absurd!; **sacar el coche en esta niebla es un ~** taking the car out in this fog is just crazy. (**b**) **costar un ~** to cost a hell of a lot *(fam)*.

disparidad *nf* disparity.

disparo *nm* (**a**) (*tiro*) shot; (*estampido*) report; (*acto*) firing; (*Dep*) shot; **~s** shooting, (exchange of) shots; **~ de advertencia** *o* **intimidación** warning shot; **~ inicial** (*de cohete*) blast-off. (**b**) (*Mec*) release.

dispendio *nm* waste.

dispensa *nf* exemption, excusal (*de* from); (*Rel*) dispensation.

dispensar [1a] *vt* (**a**) (*Jur, Med*) to dispense; (*ayuda*) to give; (*honores*) to grant; (*acogida etc*) to give, accord. (**b**) (*perdonar*) to excuse; **¡Ud dispense!, ¡dispénseme Ud!** I beg your pardon!, sorry! (**c**) (*eximir*) to exempt, excuse (*de* from); **~ a algn de una obligación/de hacer algo** to excuse sb (from) an obligation/from doing sth; **le han dispensado de hacer gimnasia** he's been let off gymnastics; **~ que algn haga algo** to excuse sb for doing sth.

dispensario *nm* (*clínica*) community clinic; (*de hospital*) outpatients' department.

dispepsia *nf* dyspepsia.

dispersar [1a] **1** *vt* to disperse, scatter; (*Mil*) to rout; (*manifestación*) to break up. **2 dispersarse** *vr* to disperse, scatter; to break up.

dispersión *nf* (*gen, Fís*) dispersion; (*de multitud*) dispersal.

disperso *adj* scattered, dispersed.

displicencia *nf* (*mal humor*) peevishness; (*desgana*) lack of enthusiasm.

displicente *adj* (*malhumorado*) peevish; (*poco entusiasta*) unenthusiastic.

disponer [2q] (*pp* **dispuesto**) **1** *vt* (**a**) (*arreglar*) to arrange; (*mesa*) to lay; **dispuso tostadas y mermelada en la mesa** she put toast and jam on the table.

(**b**) (*preparar*) to prepare, get ready.

(**c**) (*mandar*) to order; **la ley dispone que ...** the law provides that ...; **el general dispuso que nadie saliera** the general gave an order that nobody was to go out.

2 *vi* (**a**) **~ de** (*tener*) to have; **dispone de 2 coches** he has 2 cars; **disponemos de poco tiempo** we have very little time (at our disposal *o* available).

(**b**) **no puede ~ de esos bienes** she cannot dispose of those properties.

3 disponerse *vr*: **~ a** *o* **para hacer algo** to prepare *o* get ready to do sth; **se disponía a marcharse cuando ...** he was all set to go when ....

disponibilidad *nf* (**a**) availability. (**b**) (*Com*) **~es** resources, financial assets.

disponible *adj* (*gen*) available; (*tiempo*) spare; (*dinero*) on hand.

disposición *nf* (**a**) (*arreglo*) arrangement; (*de casa*) layout.

(**b**) (*ley*) order; (*cláusula*) provision; **pasar a ~ judicial** to be taken into custody; **según las ~es del código** according to the provisions of the statute; **última ~** last will and testament.

(**c**) **tomar las ~es para** to make preparations for.

(**d**) **a su ~** at your service; **tener algo a su ~** to have sth at one's disposal *o* available; **poner algo a la ~ de algn** to put sth at sb's disposal.

(**e**) **estar en ~ de hacer algo** to be ready to do sth, be in a position to do sth.

(**f**) (*estado de ánimo*) frame of mind; (*condiciones*) position; **~ de ánimo** frame of mind.

(**g**) (*aptitud*) aptitude, talent (*para* for); **no tener ~ para** to have no talent for.

dispositivo *nm* (**a**) (*Mec*) device, mechanism; **~ de arranque** starting mechanism; **~ intrauterino** intrauterine device; **~ de seguridad** safety catch. (**b**) **~s** (*Mil etc*) forces; **~s de seguridad** security forces.

dispuesto 1 *pp de* **disponer**. **2** *adj* (**a**) (*arreglado*) arranged; **todo está ~** everything's ready. (**b**) (*persona*) **bien ~** well-disposed (*hacia* towards); **mal ~** ill-disposed. (**c**) **estar ~/poco ~ a hacer algo** to be prepared/reluctant to do sth; **estar ~ a ir a juicio si es necesario** to be ready to go to court if necessary. (**d**) (*persona: dinámico*) bright, go-ahead.

disputa *nf* (*discusión*) dispute, argument; (*controversia*) controversy; **los asuntos en ~** the matters in dispute *o* at issue.

disputado *adj* (*partido*) close, tough, hard fought.

disputar [1a] **1** *vt* (**a**) (*discutir*) to dispute, question. (**b**) (*premio, posesión*) to contend for; (*Dep: partido*) to play, contest. **2** *vi* (**a**) to debate, argue (*con* with) (*de, sobre* about). (**b**) **~ con algn por un premio** to contend with sb for a prize. **3 disputarse** *vr*: **~ un premio** to contend for a prize; **~ la posesión de** to fight over *o* for the possession of.

disqueta *nf (LAm)*, **disquete** *nm (Inform)* floppy disk, diskette.

disquetera *nf* disk drive.

disquisición *nf* (**a**) (*análisis*) disquisition. (**b**) **~es** irrelevancies, comments on the side.

Dist. *abr* (**a**) *de* **distancia**. (**b**) *de* **Distrito**.

distancia *nf (gen)* distance; (*de tiempo*) interval; (*disparidad*) gap, difference; ~ **de despegue** (*Aer*) length of takeoff; ~ **de detención** stopping distance; ~ **focal** focal length; ~ **de frenado** braking distance; ~ **de seguridad** (*Aut*) safe distance; ~ **del suelo** *o* **sobre el suelo** (*Aut etc*) height off the ground, clearance; **a** ~ at a distance; **a gran** *o* **a larga** ~ long-distance; **mantener a algn a** ~ to keep sb at arm's length; **mantenerse a** ~ to keep one's distance; (*fig*) to remain aloof; **cada cierta** ~ every so often, at intervals; **acortar las ~s** to shorten the distance; (*fig*) to bridge the gap; **guardar las ~s** to keep one's distance; **salvando las ~s** recognizing that the cases are not entirely the same.

distanciado *adj* (**a**) (*remoto*) remote (*de* from); (*separado*) widely separated. (**b**) (*fig: alejado*) far apart; **estamos algo ~s** we are not particularly close; **ella está ~a de su familia** she has grown apart from her family; **estamos ~s en ideas** our ideas are poles apart.

distanciamiento *nm* (**a**) (*acto*) spacing out. (**b**) (*estado*) remoteness, isolation; (*fig*) distance; ~ **generacional** generation gap. (**c**) (*Teat etc*) distancing effect.

distanciar [1b] **1** *vt* (**a**) (*objetos*) to space out, separate. (**b**) (*en carrera*) to outdistance. (**c**) (*enemistar*) to cause a rift between. **2 distanciarse** *vr* (*dos personas*) to fall out, become estranged; ~ **de un rival** to get ahead of a rival; ~ **de la familia** to distance o.s. from one's family.

distante *adj* (*lit, fig*) distant.

distar [1a] *vi* (**a**) **dista 5 kms de aquí** it is 5 kms from here; **¿dista mucho?** is it far? (**b**) **dista mucho de la verdad** it's very far from *o* a long way off the truth.

distender [2g] **1** *vt* to distend, stretch; ~ **las relaciones entre ambos países** to ease *o* steady relations between the two countries. **2 distenderse** *vr* (*músculos*) to tense up; (*relaciones*) to ease, steady.

distendido *adj*: **ambiente** ~ relaxed atmosphere.

distensión *nf* distension, stretching; (*Med*) strain; (*Pol*) détente.

distinción *nf* (**a**) (*diferencia*) distinction; **a ~ de** unlike, in contrast to; **sin** ~ indiscriminately; **sin ~ de personas** without respect to persons; **sin ~ de edades** irrespective of age; **sin ~ de raza** without distinction of race; **hacer una ~ entre** to make a distinction between, differentiate between; **hacer una ~ con algn** to show sb special consideration. (**b**) (*honor*) distinction, honour, honor *(US)*; ~ **honorífica** honour. (**c**) (*elegancia*) elegance, refinement.

distingo *nm*: **hacer** *o* **poner ~s a algo** to make reservations about sth.

distinguido *adj* (**a**) distinguished; (*famoso*) prominent, well-known. (**b**) (*elegante*) elegant, refined.

distinguir [3d] **1** *vt* (**a**) (*gen*) to distinguish; (*divisar*) to make out; **distingo los dos aspectos del problema** I separate *o* make a distinction between the two aspects of the problem.

(**b**) (*diferencias*) to distinguish (*de* from; *entre* between), tell (*de* from); **no distingo cuál es el mío** I can't tell which is mine; **le he puesto una señal para distinguirlo** I've put a sign on it to make it stand out.

(**c**) (*caracterizar*) to mark out, distinguish; **eso los distingue de los demás** this makes them stand out from the others.

(**d**) (*honrar*) **me distingue con su amistad** he honours *o (US)* honors me with his friendship.

2 *vi*: **no** ~ to be indiscriminating; **es un hombre que sabe** ~ he is a discerning *o* discriminating person.

3 distinguirse *vr* (**a**) (*diferenciarse*) to be distinguished (*de* from), differ (*de* from); ~ **por su calidad** to stand out by reason of its quality.

(**b**) (*destacarse*) to distinguish o.s..

(**c**) **a lo lejos no se distingue** it's not visible from a distance.

distintivo 1 *adj* distinctive; (*signo*) distinguishing. **2** *nm* (*de policía etc*) badge; (*fig*) characteristic.

distinto *adj* (**a**) (*perfil, vista*) clear, distinct. (**b**) (*diferente*) different, distinct (*a, de* from); **son muy ~s** they are very different; **eso es** ~ that's a different matter. (**c**) **~s** several, various; **hay ~as opiniones sobre eso** there are various opinions about that.

distorsión *nf* (**a**) (*Anat*) twisting. (**b**) (*Rad etc*) distortion.

distorsionar [1a] *vt* to distort.

distracción *nf* (**a**) (*esparcimiento*) recreation, distraction; **es mi ~ favorita** it's my favourite *o (US)* favorite pastime; **lo hace como ~ nada más** he only does it as a hobby. (**b**) (*despiste*) forgetfulness, absentmindedness; (*falta de atención*) heedlessness; **por** ~ absentmindedly. (**c**) (*error, olvido*) slip, blunder; **fue una ~ mía** it was an oversight on my part.

distraer [2o] **1** *vt* (**a**) (*atención*) to distract (*de* from); **no me distraigas** don't distract me.

(**b**) (*entretener*) to amuse, relax; **la cocina me distrae de mis problemas** cooking takes my mind off my problems.

(**c**) (*Fin*) to embezzle.

2 *vi* to be relaxing; **el pescar distrae** fishing is a relaxation.

3 distraerse *vr* (**a**) (*entretenerse*) to amuse o.s., entertain o.s.; **me distraigo viendo la tele** I find it relaxing to watch TV.

(**b**) (*despistarse*) **me distraje un momento** my attention wandered for a moment; **no te distraigas** don't let yourself be distracted; **el niño se distrae mucho en clase** the boy gets distracted a lot in class.

distraídamente *adv* (*V adj*) (**a**) absent-mindedly; unobservantly; (*pey*) inattentively; slackly. (**b**) idly, casually.

distraído 1 *adj* (**a**) (*persona: despistado*) absentminded, vague; (*: desatento*) inattentive; (*: que no se fija*) unobservant; **iba yo algo** ~ I was rather absorbed in other things; **con aire** ~ idly, casually; **me miró ~a** she gave me a casual glance. (**b**) (*divertido*) amusing, entertaining. (**c**) (*LAm fam: desaliñado*) slovenly. **2** *nm*: **hacerse el** ~ to pretend not to notice.

distribución *nf* (**a**) (*gen*) distribution; (*entrega*) delivery; ~ **de premios** prize giving. (**b**) (*en estadística*) distribution, incidence; **la ~ de los impuestos** the incidence of taxes. (**c**) (*Arquit*) layout, ground plan. (**d**) (*Aut, Téc*) distribution.

distribuido *adj*: **una casa bien ~a** a well laid out house.

distribuidor(a)[1] **1** *adj*: **red/casa** ~ (*Com*) distribution network/house. **2** *nm/f* (*persona: gen*) distributor; (*: Correos*) sorter; (*: Com*) dealer, stockist; **su ~ habitual** your regular dealer.

distribuidora[2] *nf* (*Cine*) distributor.

distribuir [3g] *vt* (**a**) (*gen*) to distribute; (*prospectos*) to hand out; (*cartas*) to deliver; (*trabajo*) to allocate. (**b**) (*premios*) to give out, award; (*dividendos*) to pay; (*peso*) to distribute. (**c**) (*Arquit*) to plan, lay out.

distributivo *adj* distributive.

distrito *nm* district; (*Jur*) circuit; ~ **electoral** constituency, electoral area, precinct *(US)*; ~ **postal** postal district.

distrofia *nf*: ~ **muscular** (progressive) muscular dystrophy.

disturbio *nm (gen)* disturbance; **los ~s** the riots; ~ **aerodinámico** (*Aer*) wash, slipstream.

disuadir [3a] *vt* to dissuade, deter, discourage (*de* from): ~ **a algn de hacer algo** to dissuade *o* deter sb from doing sth.

disuasión *nf* dissuasion; (*Mil etc*) deterrent.
disuasivo *adj* dissuasive; **arma ~a** deterrent.
disuasorio *adj* (*Mil*) deterrent.
disuelto *pp de* **disolver**.
disyuntiva *nf* (*dilema*) dilemma.
dita *nf* (*garantía*) surety, security; (*LAm: deuda*) debt.
DIU *nm abr de* **dispositivo intrauterino** IUD.
diurético *adj, nm* diuretic.
diurno *adj* diurnal, day *atr*, daytime *atr*.
diva[1] *nf* prima donna, diva; *V tb* **divo**.
divagación *nf* digression; **~es** wanderings, ramblings.
divagar [1h] *vi* (*salir del tema*) to digress; (*hablar vagamente*) to ramble.
diván *nm* divan; (*de psiquiatra*) couch.
díver *adj* (*fam*) = **divertido**.
divergencia *nf* divergence; **~ de opiniones** difference of opinion.
divergente *adj* (*lit, fig*) divergent.
divergir [3c] *vi* **(a)** (*líneas*) to diverge. **(b)** (*opiniones*) to differ; (*personas*) to disagree.
diversidad *nf* diversity.
diversificación *nf* diversification.
diversificar [1g] **1** *vt* to diversify. **2 diversificarse** *vr* to diversify.
diversión *nf* **(a)** (*entretenimiento*) entertainment; (*pasatiempo*) hobby, pastime. **(b)** (*Mil*) diversion.
diverso *adj* **1 (a)** (*variado*) diverse, varied. **(b)** (*diferente*) different (*de* from). **(c) ~s** several, various; **está en ~s libros** it appears in several books. **2** *nmpl*: **~s** (*Com*) sundries.
divertido *adj* (*libro, película*) entertaining, amusing; (*chiste, persona*) funny, amusing; (*fiesta*) enjoyable; **el viaje fue muy ~** the trip was great fun.
divertimiento *nm* (*Mil*) diversion; (*Mús*) divertissement.
divertir [3i] **1** *vt* **(a)** (*entretener*) to entertain; **¡me divirtió mucho la película** I enjoyed the film a lot; **Luis me divierte** I find Luis amusing. **(b)** (*atención*) to divert, distract. **2 divertirse** *vr* (*distraerse*) to amuse o.s.; (*pasarlo bien*) to have a good time, enjoy o.s.; **lo hacen sólo por ~** they just do it for fun; **¡que te diviertas!** have a good time!
dividendo *nm* dividend; **~ definitivo** final demand; **~s por acción** earnings per share.
dividir [3a] **1** *vt* (*gen, Mat*) to divide (*en* into; *por* by) (*repartir*) to share out; **~ 12 entre** *o* **por 4** to divide 12 by 4; **~ algo en 5 partes** to divide sth into 5 parts; **~ algo por la mitad** to divide sth down the middle; **este tema ha dividido al partido** this issue has split the party. **2 dividirse** *vr* to divide, split up; (*fig*) to be in two places at the one time.
divieso *nm* (*Med*) boil.
divinamente *adv* (*tb fig*) divinely; **lo pasamos ~** we had a wonderful time.
divinidad *nf* **(a)** (*esencia divina*) divinity; **la D~** God. **(b)** (*una ~*) godhead, deity. **(c) ¡qué~!, ¡es una ~!** it's gorgeous *o* lovely!
divinizar [1f] *vt* to deify.
divino *adj* (*lit*) divine; (*fig*) divine, lovely; **la nueva casa es ~a** the new house is lovely.
divisa *nf* **(a)** emblem, badge. **(b) ~s** (*Fin*) foreign currency *sg o* exchange *sg*; **~ de reserva** reserve currency; **control de ~s** exchange control.
divisar [1a] *vt* to make out, distinguish.
divisible *adj* divisible.
división *nf* (*gen, Mat, Mil*) division; (*de partido, familia*) split; (*de país*) partition; **hay ~ de opiniones** opinions are divided; **primera ~** first division.
divismo *nm* artistic *o* star temperament.
divisor *nm* (*Mat*) divisor; **máximo común ~** highest common factor.
divisorio *adj* (*línea*) dividing; **línea ~a de las aguas** watershed.
divo/a[2] *nm/f* star.
divorciado/a 1 *adj* divorced; (*opinión*) divided. **2** *nm/f* divorcé(e).
divorciar [1b] **1** *vt* **(a)** (*cónyuge*) to divorce. **(b)** (*fig*) to divorce, separate (*de* from). **2 divorciarse** *vr* to get divorced, get a divorce (*de* from).
divorcio *nm* **(a)** divorce. **(b)** (*fig*) split; **existe un ~ entre A y B** there is a great discrepancy between A and B.
divulgación *nf* (*V vt*) spreading; popularizing; disclosure; **revistas de ~ científica** journals for the scientific community.
divulgar [1h] **1** *vt* (*ideas*) to spread; (*popularizar*) to popularize; (*secreto*) to divulge, disclose. **2 divulgarse** *vr* (*secreto*) to leak out; (*rumor*) to get about.
dizque *adv* (*LAm fam: al parecer*) apparently, allegedly; **~ vendrán hoy** they're supposed to be coming today.
D.J.C. = **d. de J.C.**
dl. *abr de* **decilitro(s)** dl.
Dls, dls *abr* (*LAm*) *de* **dólares**.
DM *abr de* **Deutschmark** DM.
Dm. *abr de* **decimal**.
dm. *abr de* **decímetro(s)** dm.
D.m. *abr de* **Dios mediante** DV.
D.N. *abr de* **Delegación Nacional**.
DNI *nm abr* (*Esp*) *de* **documento nacional de identidad** ID card.
Dña. = **Dª**.
D.O. *abr de* **denominación de origen**.
do *nm* (*Mús*) do, C; **~ mayor** C major; **~ de pecho** high C; **dar el ~ de pecho** to give one's all, do one's very best.
dóberman *nm* Doberman.
dobladillo *nm* (*de vestido*) hem; (*de pantalón: vuelta*) turn-up(s), cuff(s) (*US*).
doblado *adj* **(a)** (*carta, tela*) folded. **(b)** (*barra, rama*) bent, twisted. **(c)** (*persona*) crooked, bent (*fam*). **(d)** (*Cine*) dubbed.
doblaje *nm* (*Cine*) dubbing.
doblar [1a] **1** *vt* **(a)** (*duplicar*) to double; **~ el sueldo a algn** to double sb's salary; **te doblo en** *o* **la edad** I'm twice your age.
(b) (*carta, tela*) to fold (up *o* over); (*cabeza, rodilla*) to bend; (*Méx: matar*) to shoot down; **~ a algn a palos** to beat sb up.
(c) (*esquina*) to turn.
(d) (*Cine*) to dub; (*: sustituir*) to stand in for.
2 *vi* **(a)** (*torcer*) to turn; **hay que ~ a la izquierda/derecha** you have to turn left/right.
(b) (*campana*) to toll.
(c) (*Teat, Cine*) to double, understudy (*a* for).
3 doblarse *vr* **(a)** (*cantidad*) to double.
(b) (*plegarse*) to fold (up), crease; (*encorvarse*) to bend.
doble 1 *adj* **(a)** (*gen*) double; (*nacionalidad*) dual; (*fondo*) false; (*ventaja*) twofold; (*cuerda*) thick.
(b) (*falso*) two-faced.
2 *adv*: **veo ~** I see double.
3 *nm* **(a)** double (quantity); **~ o nada** double or quits; **el ~** twice the quantity *o* amount *o* as much; **apostar ~ contra sencillo** to bet two to one; **hoy gana el ~** today he earns double *o* twice as much; **su sueldo es el ~ del mío** his salary is twice (as much as) mine.
(b) (*Cos*) fold, crease.
(c) (*de campana*) toll(ing), knell.
(d) ~s (*Tenis*) doubles; **~s masculinos** men's doubles.
(e) ~ página double-page spread.
4 *nmf* (*Cine*) double, stand-in; **ser el ~ de algn** (*fig*) to be sb's double.
doblegar [1h] **1** *vt* **(a)** (*doblar*) to bend. **(b)** (*arma*) to brandish. **(c) ~ a algn** to make sb give in. **2 doblegarse** *vr* (*fig*) to yield, give in.
doblemente *adv* (*lit*) doubly; (*fig*) insincerely.
doblete *nm*: **hacer ~** (*TV, Teat*) to double (*a* for).
doblez 1 *nm* (*pliegue*) fold, hem; (*dobladillo*) turnup(s), cuff(s) (*US*). **2** *nf* (*falsedad*) duplicity.

doc. *abr* (**a**) *de* **docena** doz. (**b**) *de* **documento**.
doce 1 *adj* twelve; (*fecha*) twelfth; **las ~** twelve o'clock. **2** *nm* twelve; **los ~** (*de la CE*) the Twelve; *V tb* **seis**.
docena *nf* dozen; **~ del fraile** baker's dozen; **a ~s** by the dozen, in great numbers; **por ~(s)** by the dozen, in dozens.
docencia *nf* teaching.
docente *adj*: **centro/personal ~** teaching institution/staff.
dócil *adj* docile; (*manso*) gentle, mild.
docilidad *nf* (*V adj*) docility; gentleness, mildness.
dócilmente *adv* (*V adj*) in a docile way; gently, mildly.
doctamente *adv* learnedly.
docto/a 1 *adj* learned, erudite. **2** *nm/f* scholar, learned person.
doctor(a) 1 *nm/f* (*Med, Univ*) doctor; **~ en filosofía** doctor of Philosophy. **2** *nm* (*Rel*) father, saint.
doctorado *nm* doctorate, Ph.D.
doctoral *adj* doctoral; (*pey*) learned, pompous.
doctorarse [1a] *vr* to get a doctorate.
doctrina *nf* doctrine; (*enseñanza*) teaching.
doctrinal *adj* doctrinal.
doctrinario/a 1 *adj* doctrinaire. **2** *nm/f* doctrinarian.
documentación *nf* (**a**) (*gen*) documentation. (**b**) (*papeles*) papers, documents; **~ del barco** ship's papers; **la ~, por favor** your papers, please.
documentado *adj* (**a**) **un libro bien ~** a well documented *o* researched book. (**b**) **no voy ~** I don't have my papers with me.
documental *adj, nm* documentary.
documentar [1a] **1** *vt* to document. **2 documentarse** *vr* to gather information; (*fig*) to do one's homework.
documento *nm* document; (*certificado*) certificate; (*Jur*) exhibit; **~ justificativo** voucher, certificate; **~ nacional de identidad** identity card; **~s** papers.
dodecafónico *adj* dodecaphonic.
dodotis ® *nm inv* nappy, diaper (*US*).
dogal *nm* (*para animal*) halter; (*para ahorcar*) noose; **estar con el ~ al cuello** to be in a terrible fix *o* jam.
dogma *nm* dogma.
dogmático *adj* dogmatic.
dogmatismo *nm* dogmatism.
dogmatizar [1f] *vi* to dogmatize.
dogo *nm* bulldog.
dola *nf* (*fam*) = **pídola**.
dólar *nm* dollar; **gente montada en el ~** (*fam*) filthy rich people (*fam*).
dolencia *nf* (*achaque*) ailment; (*dolor*) ache.
doler [2h] **1** *vt, vi* (**a**) (*Med*) to hurt; **me duele el brazo** my arm hurts *o* aches; **me duele el estómago** I've got stomach ache; **me duele la garganta** I've got a sore throat; **¿te duele?** is it sore?, does it hurt?; **la inyección no duele** the injection doesn't hurt.
(**b**) (*afligir*) to grieve, distress; **le duele aún la pérdida** he still feels the loss; **no me duele el dinero** I don't mind about the money, the money doesn't bother me; **me duele que me traten así** it hurts me to be treated like this; **¡ahí (le) duele!** you've put your finger on it!
2 dolerse *vr* (**a**) (*afligirse*) to grieve (*de* about, for), feel sorry (*de* about, for); **~ de haber hecho algo** to regret having done sth.
(**b**) (*quejarse*) to complain.
dolido *adj*: **estar ~** (*fig*) to be distressed, be upset.
doliente 1 *adj* (**a**) (*enfermo*) sick, ill; (*dolorido*) aching. (**b**) (*triste*) sorrowful; **la familia ~** the bereaved family. **2** *nmf* (*Med*) sick person.
dolmen *nm* dolmen.
dolor *nm* (**a**) (*físico*) pain; **~ de cabeza** headache; **~ de espalda** backache; **~ de estómago** stomach ache; **~ de muelas** toothache; **~ de oídos** earache; **~es de(l) parto** labour *o* (*US*) labor pains. (**b**) (*pesar*) grief, sorrow; **con ~ de mi corazón** with an ache in my heart; **le causa mucho ~** it causes him great distress.
dolorido *adj* (**a**) (*Med*) sore; **la parte ~a** the part which hurts. (**b**) (*persona*) distressed, upset. (**c**) pained.
doloroso *adj* (*Med*) painful; (*fig*) painful, distressing.
doma *nf* (*de animal*) taming; (*adiestramiento*) training; (*de caballo*) breaking-in.
domador(a) *nm/f* tamer; (*que adiestra*) trainer; **~ de caballos** horse-breaker.
domar [1a] *vt* (**a**) (*animal: amansar*) to tame; (*: adiestrar*) to train; (*caballo*) to break in. (**b**) (*emoción*) to master, control.
domesticado *adj* (*amansado*) tame; (*de casa*) pet.
domesticar [1g] **1** *vt* (*amansar*) to tame, domesticate; (*tener en casa*) to make a pet of. **2 domesticarse** *vr* to become tame, become domesticated.
domesticidad *nf* domesticity, (state of being in) captivity.
doméstico/a 1 *adj* (**a**) domestic *atr*; **economía ~a** home economy, housekeeping; **faenas ~as** housework; **gastos ~s** household expenses. (**b**) (*animal*) pet. **2** *nm/f* servant.
domiciliación *nf* (*Fin*) automatic payment (through a bank), direct debiting.
domiciliar [1b] **1** *vt* (**a**) to domicile. (**b**) (*Fin: pago*) to pay by direct debit; **pago domiciliado** direct debit. (**c**) (*Méx: carta*) to address. **2 domiciliarse** *vr* to take up (one's) residence.
domiciliario *adj*: **arresto ~** house arrest.
domicilio *nm* (*casa*) home; (*frm*) domicile, residence; **~ particular** private residence; **~ social** (*Com*) head office, registered office; **servicio a ~** delivery service; **ventas a ~** door-to-door selling; **sin ~ fijo** of no fixed abode.
dominación *nf* (*gen*) domination; (*Mil*) commanding position.
dominador *adj* dominating; (*carácter*) domineering.
dominante *adj* (**a**) (*gen, Mús*) dominant; **la tendencia ~** the dominant *o* prevailing tendency. (**b**) (*carácter*) domineering.
dominar [1a] **1** *vt* (**a**) (*gen*) to dominate; (*países*) to rule (over); (*adversario*) to overpower; (*caballo, nervios, emoción*) to control; (*incendio, epidemia*) to check, bring under control; **le domina la envidia** he is ruled by envy.
(**b**) (*técnica, tema*) to master; **domina bien la materia** she has a good grasp of the subject; **domina 7 idiomas** he's fluent in 7 languages.
(**c**) **la catedral domina toda la ciudad** the cathedral dominates *o* towers above the whole town.
2 *vi* (*edificio*) to dominate; (*color, rasgo*) to stand out; (*opinión, tendencia*) to predominate, prevail.
3 dominarse *vr* to control o.s.
domingo *nm* Sunday; **D~ de Ramos** Palm Sunday; **D~ de Resurrección** Easter Sunday; **el traje de los ~s** Sunday best; *V tb* **sábado**.
dominguero/a 1 *adj* Sunday *atr*. **2** *nm/f* Sunday excursionist; (*Aut*) Sunday driver.
Dominica *nf* Dominica.
dominical 1 *adj* Sunday *atr*; **periódico ~** Sunday newspaper. **2** *nm* Sunday supplement.
dominicano/a *adj, nm/f* (*Geog, Rel*) Dominican.
dominico, **domínico** *nm* (*LAm*) Dominican.
dominio *nm* (**a**) (*soberanía*) dominion, power; (*autoridad*) authority (*sobre* over); (*supremacía*) supremacy; **~ público** public property, national property; **ser del ~ público** to be widely known, be common knowledge; **~ de** *o* **sobre sí mismo** self-control; **es impresionante su ~ del inglés** his command of *o* fluency in English is staggering.
(**b**) (*terreno*) domain; (*Pol*) dominion.
(**c**) (*fig*) field (of study), domain.
dominó *nm* (*pieza*) domino; (*juego*) dominoes; **un ~** (*estuche*) a set of dominoes; **juego de ~** dominoes.
dom.° *abr de* **domingo** Sun.

domo *nm* (*Méx*) skylight.
don[1] *nm* (**a**) **Señor D~ Alfredo Gómez** A Gómez Esq, Mr A Gómez; **no ha venido ~ Alfredo** Mr Gómez hasn't come; **el rey ~ Pedro** King Peter. (**b**) **un ~ nadie** a nobody.
don[2] *nm* (**a**) (*regalo*) gift. (**b**) (*deseo*) wish; **el hada le concedió 3 ~es** the fairy gave him 3 wishes. (**c**) (*talento*) gift (*de* for); **~ de gentes** personal charm, human touch; **tener ~ de gentes** to know how to handle people; **~ de lenguas** gift for languages; **~ de mando** (qualities of) leadership; (*Mil*) generalship; **~ de palabra** gift of the gab *(fam)*, gift of gab *(US fam)*.
donación *nf* donation; (*Jur*) gift; **~ de sangre** donation of blood.
donaire *nm* (*en el hablar*) wit, cleverness; (*elegancia*) elegance; (*un ~*) witticism.
donante *nmf* donor; **~ de sangre** blood donor.
donar [1a] *vt* to donate.
donativo *nm* donation.
doncella *nf* (**a**) (*criada*) maidservant. (**b**) (*virgen*) virgin; (*Hist, Lit*) maid, maiden.
donde 1 *rel adv* where; **el sitio ~ lo encontré** the place where I found it; **~ tú quieras** wherever you want; **quiero un trabajo ~ sea** I want a job anywhere; **a ~** to where, to which; **fue a ~ estaban** he went to (the place) where they were; **es a ~ vamos nosotros** that's where we're going; **el país de ~ vienen** the country they come from; **la caja de ~ lo sacó** the box he took it out of, the box from which he took it; **el pueblo en ~ vive** the village where *o* in which he lives; **la puerta por ~ se entra** the door you go in by.
2 *prep* (**a**) **es allí ~ el farol** it's over there by the lamppost.
(**b**) (*esp LAm*) at *o* to the house *etc* of; **están cenando ~ mi madre** they are having dinner at my mother's (house).
dónde *interrog adv* (**a**) where?; **¿~ lo dejaste?** where did you leave it?; **¿a ~ vás?** where are you going (to)?; **¿de ~ vienes?** where have you come from?; **¿en ~?** where?; **¿por ~ se va al estadio?** how do I get to the stadium?; **¿por ~ queda la estación?** whereabouts *o* which way is the station? (**b**) where; **no sé ~ lo puse** I don't know where I put it.
dondequiera *conj* anywhere, wherever; **~ que lo busques** wherever you look for it.
donjuán *nm* casanova, womanizer.
donjuanismo *nm* womanizing.
Donosti(a) *nf* San Sebastián.
donostiarra 1 *adj* of *o* from San Sebastián. **2** *nmf* native *o* inhabitant of San Sebastián.
Don Quijote *nm* Don Quixote.
donus *nm inv*, **donut** *nm* (*pl* **~s**) doughnut, donut *(US)*.
doña *nf* (*antepuesto a nombre de pila, no se traduce*) **D~ Alicia Pérez** Mrs Alicia Pérez; **está ~ Alicia?** is Mrs Pérez in?
dopado *adj* doped, doped-up *(fam)*.
dopar [1a] **1** *vt* to dope, drug. **2 doparse** *vr* to take drugs.
dóping ['dopin] *nm* doping, drugging.
doquier *adv*: **por ~** (*frm*) all over, everywhere.
dorado 1 *adj* golden; (*Téc*) gilt, gilded. **2** *nm* (*Téc*) gilding, gilt.
dorar [1a] *vt* (*Téc*) to gild; (*Culin*) to brown, cook lightly; **~ la píldora** to sweeten the pill.
dormida *nf* (*LAm*) sleep; (*: por 1 noche*) overnight stop.
dormidero *nm* (*de ganado*) sleeping place; (*de gallinas*) roost.
dormido *adj*: **estar ~** to be asleep; (*con sueño*) to be very sleepy; **quedarse ~** to fall asleep, go to sleep.
dormilón/ona[1] **1** *adj* fond of sleeping. **2** *nm/f* sleepyhead; (*pey*) sleepy sort.
dormilona[2] *nf* (*Ven*) nightdress.
dormir [3j] **1** *vt* (**a**) **~ la siesta** to have an afternoon nap, have a doze.
(**b**) **~la** (*fam*) to sleep it off; **~ la mona** (*fam*) to sleep off a hangover.
(**c**) **~ a algn** (*hacer dormir*) to send sb to sleep, make sb go to sleep; (*anestesiar*) to put sb to sleep; **nos cuesta ~ al niño** we have trouble getting the child to sleep.
2 *vi* to sleep; **dormí en casa de mi tío** I stayed overnight at my uncle's; **~ como un lirón** *o* **tronco** to sleep like a log; **~ como un bendito** *o* **santo** to be fast asleep; **~ a pierna suelta** *o* **tendida** to sleep soundly; **~ con algn** to sleep with sb.
3 dormirse *vr* (**a**) (*persona*) to go to sleep, fall asleep; **no llegué a la hora porque me dormí** I didn't arrive on time because I overslept; **no puede uno ~** (*fig*) you can't let the grass grow under your feet.
(**b**) (*brazo, pierna*) to go to sleep, get numb.
dormitar [1a] *vi* to doze, snooze.
dormitorio *nm* (*cuarto*) bedroom; (*muebles*) bedroom suite; (*en colegio etc*) dormitory.
dorsal 1 *adj* dorsal. **2** *nm* (*Dep*) number. **3** *nf* ridge.
dorso *nm* back; **escribir algo al ~** to write sth on the back; **'V al ~'** 'see other side', 'please turn over'.
dos 1 *adj* (**a**) two; (*fecha*) second; **vosotros ~** you two; **~ a ~** two against two; **~ y ~ son cuatro** two and two are four; **como ~ y ~ son cuatro** as sure as sure can be; **cada ~ por tres** every 5 minutes; **de ~ en ~** in twos, two by two; **los ~ libros** both books; **como ése no hay ~** they don't come any better than that.
(**b**) **los ~** the two of them *o* us *etc*, both (of them *o* us *etc*); **es para los ~** it's for both of you *o* us *etc*.
2 *nm* two; **estamos a ~** (*Tenis*) the score is deuce; **en un ~ por tres** in no time at all; *V tb* **seis**.
dos-caballos *nm inv* (*Aut*) deux-chevaux, 2 CV.
doscientos/as *adj, nmpl/nfpl* two hundred; *V tb* **seiscientos**.
dosel *nm* canopy.
dosificación *nf* dosage.
dosificar [1g] *vt* (*Culin, Med, Quím*) to measure out; (*no derrochar*) to be sparing with.
dosis *nf inv* (**a**) (*Med*) dose; (*Quím*) proportion; **en pequeñas ~** in small doses. (**b**) (*fig: cantidad*) dose; **con buena ~ de vanidad** with a good proportion of vanity; **en pequeñas ~** in small doses.
dos piezas *nm inv* two-piece.
dos(s)ier *nm* (*pl* **~s** *o* **~es** [dosi'er]) dossier.
dotación *nf* (**a**) (*dinero*) endowment; **~ del premio** amount of the prize. (**b**) (*plantilla*) staff, personnel; (*Náut*) crew; **la ~ es insuficiente** we are under-staffed.
dotado *adj* (**a**) (*persona*) gifted; **los niños excepcionalmente ~s** exceptionally gifted children; **bien ~** (*fam: físicamente*) well-endowed. (**b**) **~ de** (*persona*) endowed with; (*máquina*) equipped with, fitted with.
dotar [1a] *vt* (**a**) (*mujer*) to endow (*con* with), give a dowry to; **la dotó con un millón** he gave her a million as a dowry.
(**b**) (*fig*) to endow (*con, de* with); **la naturaleza lo dotó de buenas cualidades** nature endowed him with good qualities.
(**c**) (*destinar bienes a*) to endow; **son necesarias X pesetas para ~ estos puestos de enseñanza** X pesetas are needed to pay for these teaching posts; **la Academia ha dotado 2 premios** the Academy has set aside funds for 2 prizes.
(**d**) (*Mec*) to fit (*de* with).
(**e**) (*barco*) to man (*de* with); (*barco, oficina*) to staff (*de* with).
dote *nf* (**a**) (*de novia*) dowry; **con un millón de ~** with a dowry of a million. (**b**) **~s** gifts, talents; **tiene excelentes ~s** she has great gifts; **~s de adherencia** (*Aut*) road-holding qualities.
doy *V* **dar**.
dpdo. *abr de* **duplicado**.
Dpto. *abr de* **Departamento** Dept.

Dr(a). *abr de* **doctor(a)** Dr.
dracma *nf* (**a**) (*Farm*) drachm, dram. (**b**) (*moneda*) drachma.
DRAE *abr de* **Diccionario de la Real Academia Española.**
draga *nf* (*máquina*) dredge; (*barco*) dredger.
dragado *nm* dredging.
dragaminas *nm inv* minesweeper.
dragar [1h] *vt* to dredge; (*minas*) to sweep.
dragón *nm* (**a**) dragon. (**b**) (*Mil*) dragoon. (**c**) (*Bot*) snapdragon. (**d**) (*Méx fam: tragafuegos*) flame-thrower.
dragonear [1a] *vi* (*LAm*) to boast, brag; ~ **de** to pose as.
drama *nm* (*lit, fig*) drama; (*obra*) play.
dramática *nf* drama, dramatic art.
dramático **1** *adj* (*lit, fig*) dramatic. **2** *nm* (*autor*) dramatist.
dramatismo *nm* drama, dramatic quality.
dramatizar [1f] *vt* to dramatize.
dramaturgo/a *nm/f* dramatist, playwright.
drástico *adj* drastic.
drenaje *nm* drainage.
drenar [1a] *vt* to drain.
Dresde *nm* Dresden.
drible *nm* dribble.
dribl(e)ar [1a] *vt, vi* (*Dep*) to dribble; ~ **a algn** to dribble past sb.
dril *nm* (*material*) drill; ~ **de algodón** denim.
droga *nf* (**a**) (*Med*) drug; (*Dep*) dope; ~ **blanda/dura** soft/hard drug; ~ **milagrosa** wonder drug; **el problema de la** ~ the drug problem. (**b**) (*LAm fam: deuda*) debt, bad debt; **hacer** ~ (*Méx fam*) to refuse to pay up.
drogadicto/a *nm/f* drug addict.
drogado *nm* (*de caballo*) doping.
drogar [1h] **1** *vt* to drug; (*Dep*) to dope. **2 drogarse** *vr* to take drugs.
drogata, drogota *nmf* (*fam*) druggy (*fam*).
drogodependencia *nf* dependence on drugs, drug addiction.
droguería *nf* hardware store.
droguero/a *nm/f* (**a**) (*de tienda*) hardware merchant. (**b**) (*LAm fam: tramposo*) cheat, crook; (*: de deuda*) slow payer, swindler.
dromedario *nm* dromedary.
druida *nm* druid.
DSE *nf abr de* **Dirección de la Seguridad del Estado** *national police headquarters.*
Dto., D.[to] *abr de* **descuento** .
dto. *abr de* **departamento** dept.
Dtor(a). *abr de* **Director(a)** Dir.
dual *adj, nm* (*Ling*) dual.
dualidad *nf* duality.
dualismo *nm* dualism.
dubitativo *adj* (*gen*) doubtful; (*actitud*) uncertain, hesitant.
Dublín *nm* Dublin.
dublinés/esa **1** *adj* Dublin *atr*. **2** *nm/f* Dubliner.
ducado *nm* duchy, dukedom.
ducal *adj* ducal.
ducentésimo *adj* two hundredth; *V tb* **sexto.**
duco *nm* thick paint, lacquer; **pintar al** ~ to lacquer.
dúctil *adj* (*metal*) ductile; (*persona*) easily influenced.
ductilidad *nf* ductility.
ducha *nf* (*gen*) shower; (*Med*) douche; **tomarse una** ~ to have a shower; **dar una** ~ **de agua fría a un proyecto** (*fig*) to pour cold water on a plan.
duchar [1a] **1** *vt* to give a shower to; (*Med*) to douche. **2 ducharse** *vr* to have a shower.
ducho *adj*: ~ **en** (*experimentado*) experienced in; (*hábil*) skilled at.
duda *nf* (**a**) (*gen*) doubt; **fuera de toda** ~ beyond all doubt; **sin** ~ no doubt, doubtless; **¡sin** ~**!** of course!; **sin** ~ **alguna** without a shadow of a doubt; **no cabe** ~ there is no doubt about it; **no cabe** ~ **de que vendrá** there can be no doubt he'll come; **no le quepa** ~ make no mistake about it; **surge una** ~ a question arises; **estar en** ~ to be in doubt; **no quiero poner en** ~ **su conducta** I don't want to call his behaviour *o* (*US*) behavior into question; **sacar a algn de** ~**s** *o* **la** ~ to settle sb's doubts; **salir de** ~**s** to put aside one's doubts.
(**b**) **al principio tuve muchas** ~**s** I had a lot of misgivings at first; **tengo una** ~ I have a query.
dudar [1a] **1** *vt* to doubt; **lo dudo** I doubt it, I have my doubts about it; **a no** ~**lo** undoubtedly.
2 *vi* (**a**) to doubt, have doubts; ~ **acerca de algo** to be uncertain about sth; **no dudo de su capacidad** I don't doubt *o* question his ability; **dudo de sus motivos** I mistrust his reasons.
(**b**) **dudó en comprarlo** he hesitated to buy it; **dudamos entre ir en autobús o en taxi** we were not sure whether to go by bus or taxi; **dudaba entre los dos** she couldn't decide between the two.
(**c**) (~ *que* + *subjun:* ~ *si* + *indic*); **dudan que sea verdad** they doubt whether *o* if it's true; **dudo que venga** I don't think she'll come; **dudo si ha echado la carta al correo** I'm not sure whether he has posted the letter.
dudoso *adj* (**a**) doubtful; (*resultado*) indecisive; **es un caso** ~ it's a doubtful case. (**b**) (*persona: vacilante*) hesitant; (*conducta*) dubious.
duelo[1] *nm* (*Mil*) duel; **batirse en** ~ to fight a duel.
duelo[2] *nm* (**a**) (*dolor*) grief, sorrow; ~**s** sufferings. (**b**) (*luto*) mourning; (*personas*) mourners *pl*.
duende *nm* (**a**) goblin, elf; (*niño travieso*) imp. (**b**) **tiene** ~ he has a certain magic.
dueño/a *nm/f* (**a**) (*gen: propietario*) owner; (*de negocio*) proprietor/proprietress; (*de pensión, taberna*) landlord/landlady; (*de casa, perro*) master/mistress; (*empresario, patrón*) employer; **¿quién es el** ~ **del caballo?** who is the owner of *o* owns the horse? (**b**) **ser** ~ **de sí mismo** to have self-control; (*libre*) to be one's own boss; **eres** ~ **de hacer como te parezca** you're free to do as you think fit; **es Ud muy** ~ (*iró*) you're very welcome; **cambiar de** ~ to change hands; **hacerse** ~ **de una situación** to take command of a situation.
duermevela *nm o nf*: **pasé toda la noche en un** ~ I tossed and turned all night.
Duero *nm* Douro.
dulce **1** *adj* (*gen*) sweet; (*metal, sonido, voz*) soft; (*carácter, clima*) gentle, mild; (*música*) sweet; **agua** ~ fresh water; **esto vino es muy** ~ this wine is very sweet. **2** *adv* gently, softly; **habla muy** ~ she speaks very softly. **3** *nm* sweet, candy (*US*); ~**s** sweets; ~ **de almíbar** preserved fruit.
dulcería *nf* confectioner's, sweetshop, candy store (*US*).
dulcero *adj*: **ser** ~ to have a sweet tooth.
dulcificar [1g] *vt* (*fig*) to soften.
dulzarrón, dulzón *adj* (**a**) (*demasiado dulce*) sickly-sweet. (**b**) (*fig: empalagoso*) cloying.
dulzor *nm*, **dulzura** *nf* (*gen*) sweetness; (*de carácter*) mildness; **con** ~ sweetly, softly.
dumping ['dumpin] *nm* (*Com*) dumping; **hacer** ~ to dump goods.
dunas *nfpl* dunes.
Dunquerque *nm* Dunkirk.
dúo *nm* duet, duo.
duodécimo *adj* twelfth; *V tb* **sexto.**
duodeno *nm* duodenum.
dup. *abr de* **duplicado.**
dúplex *nm inv* (*piso*) flat on two floors; (*Telec*) link-up; ~ **integral** (*Inform*) full duplex.
duplicación *nf* duplication.
duplicado **1** *adj* duplicate; **número 14** ~ No. 14[A]. **2** *nm* duplicate; **por** ~ in duplicate.
duplicar [1g] **1** *vt* (*copias*) to duplicate; (*repetir*) to repeat; (*cantidad*) to double. **2 duplicarse** *vr* (*cifra, ganancias*) to double.
duplicidad *nf* duplicity, deceitfulness.

duplo *adj* double; **12 es ~ de 6** 12 is twice 6.
duque(sa) *nm/f* duke/duchess.
durable *adj* durable, lasting.
duración *nf* (*gen*) length; (*Aut, Mec*) life; **la ~ del disco** the length of the record; **~ media de la vida** average life expectancy; **de larga ~** (*enfermedad*) lengthy; (*pila*) long-life; (*disco*) long-playing; **de poca ~** short.
duradero *adj* (*tela*) hard-wearing; (*paz*) lasting.
durante *prep* during; **~ toda la noche** all through the night, all night long; **habló ~ una hora** he spoke for an hour.
durar [1a] *vi* (*gen*) to last; (*efecto, memoria*) to survive, endure, remain; (*ropa*) to wear (well); **la película duró 5 horas** the film lasted 5 hours *o* was 5 hours long; **no va a ~ mucho más** it'll soon be over.
duraznero *nm* (*esp LAm*) peach tree.
durazno *nm* (*esp LAm: fruta*) peach; (*árbol*) peach tree.
dureza *nf* (**a**) (*V adj (a)*) hardness; staleness; toughness; stiffness; harshness. (**b**) (*Med*) hard patch.
durmiente 1 *adj* sleeping. **2** *nmf* sleeper. **3** *nm* (*Ferro*) sleeper, tie *(US)*.
duro 1 *adj* (**a**) (*gen*) hard; (*pan*) stale, old; (*carne, legumbres etc*) tough; (*cuello, puerta etc*) stiff; (*golpe*) hard, heavy; (*viento*) strong; (*luz, agua, sonido*) hard; **más ~ que una piedra** as hard as nails; **tomar las ~as con las maduras** to take the rough with the smooth.
(**b**) (*carácter, actitud, prueba etc*) tough; **el sector ~ del partido** the hardliners in the party; **ser ~ con algn** to be hard on sb, be tough with sb.
(**c**) **~ de mollera** (*torpe*) dense, dim; **~ de oído** hard of hearing; (*Mús*) tone deaf; **es muy ~ de pelar** it's a hard nut to crack.
2 *adv* hard; **trabajar ~** to work hard.
3 *nm* (*moneda*) 5-peseta coin; **estar sin un ~** to be broke *(fam)*.
DYA *nf abr de* **Detente y Ayuda**.

E

E¹, e¹ [e] *nf* (*letra*) E, e.
E² *abr de* **este** E.
e² *conj* (*before words beginning with i and hi, but not hie*) and; *V tb* **y**.
e/ *abr* (*Com*) *de* **envío** shpt.
EA *nm abr* (*Esp*) (**a**) (*Mil*) *de* **Ejército del Aire**. (**b**) *abr* (*Pol*) *de* **Eusko Alkartasuna** *Basque political party*.
ea *interj* (*venga*) come on!
EAU *nmpl abr de* **Emiratos Árabes Unidos** UAE.
ebanista *nm* cabinetmaker, carpenter.
ebanistería *nf* (**a**) (*oficio*) cabinetmaking. (**b**) (*taller*) cabinetmaker's (work shop).
ébano *nm* ebony.
ebriedad *nf* intoxication, drunkenness.
ebrio *adj* (**a**) intoxicated, drunk. (**b**) (*fig*) blind (*de* with); **~ de alegría** beside o.s. with joy.
Ebro *nm* Ebro.
ebullición *nf* (**a**) (*de líquidos*) boiling; **entrar en ~** to begin to boil, to come to the boil; **punto de ~** boiling point. (**b**) (*fig: alboroto*) turmoil; (*: emoción*) ferment; **la juventud está en ~** youth is boiling over (with excitement).
eccehomo *nm* poor wretch; **estar hecho un ~** to be in a sorry state.
eccema *nm* eczema.
ECG *nm abr de* **electrocardiograma** ECG.
eclecticismo *nm* eclecticism.
ecléctico/a *adj, nm/f* eclectic.
eclesiástico 1 *adj* ecclesiastic(al); (*autoridades etc*) church *atr*. **2** *nm* clergyman, ecclesiastic.
eclipsar [1a] *vt* (*Astron*) to eclipse; (*fig*) to overshadow.
eclipse *nm* (*Astron, fig*) eclipse.
eclosión *nf* (**a**) bloom, blooming; **hacer ~** (*fig*) to bloom, blossom (forth). (**b**) (*Ent*) hatching, emerging; **hacer ~** to hatch, emerge.
eco *nm* (**a**) echo; **hacer ~** to (awaken an) echo. (**b**) (*reacción*) echo; **despertar** *o* **encontrar un ~** to produce a response (*en* from); **hacer ~** to make an impression; **hacerse ~ de una opinión** to echo an opinion; **tener ~** to catch on, arouse interest.
ecografía *nf* ultrasound scan.
ecolecuá *interj* (*LAm*) exactly!, that's it!
ecología *nf* ecology.
ecológico *adj* ecological.
ecologista *nmf*, **ecólogo/a** *nm/f* ecologist, environmentalist.
economato *nm* (*tienda*) cooperative *o* cut-price store; (*: de empresa*) company store; (*Mil*) ≈ NAAFI *(Brit)*, ≈ PX *(US)*.
economía *nf* (**a**) economy; **~ dirigida** planned economy; **~ doméstica** housekeeping, home economics *(US)*; **~ mixta** mixed economy; **~ política** political economy; **~ sumergida** black economy; **~s de escala** economies of scale. (**b**) (*estudio*) economics. (**c**) (*una ~*) economy; **hacer ~s** to economize. (**d**) (*cualidad*) economy, thrift.
económico *adj* (**a**) (*gen*) economic; (*año etc*) fiscal, financial; **la situación ~a** the economic position, the state of the economy. (**b**) (*persona*) thrifty; (*pey*) miserly. (**c**) (*Com, Fin*) economical, inexpensive; **edición ~a** a cheap *o* popular edition.
economista *nmf* economist.
economizar [1f] **1** *vt* to economize (on), save. **2** *vi* to economize; (*ahorros*) to save up; (*pey*) to be miserly, skimp.
ECU *nf abr de* **Unidad de Cuenta Europea** ECU.
ecuación *nf* equation.
Ecuador *nm*: **el ~** Ecuador.
ecuador *nm* equator.
ecualizador *nm* equalizer.
ecuánime *adj* (*carácter*) level-headed; (*estado de ánimo*) calm; (*juicio etc*) impartial.
ecuanimidad *nf* (*V adj*) level-headedness; calmness; impartiality.
ecuatorial *adj* equatorial.
ecuatoriano/a *adj, nm/f* Ecuador(i)an.
ecuestre *adj* equestrian.
ecuménico *adj* ecumenical.
eczema *nm* eczema.
echada *nf* (*Méx*) boast.
echado *adj* (**a**) **estar ~** to lie, be lying (down). (**b**) (*lanzado*) thrown; (*tirado*) thrown away. (**c**) **es muy ~ pa'lante** (*fam*) he's very pushy *o* forward.
echar [1a] **1** *vt* (**a**) (*gen*) to throw; (*con violencia*) to fling; (*ancla, anzuelo*) to cast; (*moneda*) to toss; (*mirada*) to cast, give; (*cimientos*) to lay; (*dados*) to throw; (*cartas*) to deal; (*maldiciones*) to shower, cast; **~ algo a cara o cruz** to toss up for sth; **~ algo a suertes** to draw lots for sth; **~ un pitillo/una partida** to have a cigarette/game.
(**b**) (*añadir: azúcar, carbón etc*) to put in; **échale un poco más de sal** throw on a bit more salt.
(**c**) (*servir: bebidas*) to pour out; (*: comida*) to serve

(out); **échame agua** give *o* pour me some water.

(**d**) to emit; (*gas*) to give off *o* out; (*sangre*) to lose, shed.

(**e**) (*persona*) to eject, throw *o* chuck out; (*empleado*) to fire *(fam)*; (*de un club etc*) to expel; (*desperdicios*) to throw away *o* out; (*Náut*) to jettison; (*piel*) to slough; ~ **algo de sí** to get rid of sth; ~ **algo a un lado** (*tb fig*) to throw sth to one side; **cuando protesté me echaron** when I protested they threw me out; **¡que le echen fuera!** chuck him out! (**f**) (*pelo etc*) to grow, begin to grow *o* have; (*dientes*) to cut; (*Bot: hojas etc*) to put forth, sprout; (*: raíces*) to set down.

(**g**) (*llave*) to turn; (*cerrojo*) to shoot; (*pestillo*) to slide, work; (*freno*) to put on, apply.

(**h**) (*empujar*) to push; (*mover*) to move; ~ **a algn a un lado** to push sb aside; ~ **la cabeza a un lado** to tilt *o* cock one's head to one side; ~ **atrás a la multitud** to push the crowd back.

(**i**) ~ **abajo** (*edificio*) to demolish, pull down; (*fig*) to overthrow.

(**j**) (*discurso*) to give, make; (*reprimenda*) to deal out.

(**k**) (*carta*) to post, mail *(US)*.

(**l**) (*multa*) to lay, impose (*a* on).

(**m**) ~ **en cara algo a algn** to cast sth up to sb; ~ **la culpa a algn** to lay the blame on sb; ~ **el muerto a algn** (*fam*) to lay the blame on sb.

(**n**) (*calcular: cuenta*) to make up, balance; **¿cuántos años le echas?** how old do you think he is?

(**o**) (*fam: película*) to show, put on, screen; **¿qué echan esta noche en el cine?** what's on tonight at the pictures?

(**p**) (*fam: beber*) to have; **¿echamos un café?** fancy a coffee?

2 *vi* (**a**) ~ **por una dirección** to go *o* turn in a direction; ~ **por una calle** to go down a street; **echemos por aquí** let's go this way.

(**b**) ~ **a hacer algo** to begin *o* start doing sth *o* to do sth; ~ **a reír** to burst out *o* start laughing; ~ **a correr** to break into a run; (*escapar*) to run off; *V* **ver 1 (f)**.

3 echarse *vr* (**a**) ~ **un pitillo** to have a smoke; ~ **una novia** to get o.s. a girlfriend; ~ **una siestecita** to have a doze.

(**b**) to throw *o* fling o.s.; ~ **atrás** to throw o.s. back(wards); (*fig*) to go back on what one has said; ~ **en brazos de algn** to throw o.s. into sb's arms.

(**c**) (*acostarse*) to lie down; (*estirarse*) to stretch out; **se echó en el suelo** he lay down on the floor; **me voy a ~ un rato** I'm going to lie down for a bit.

(**d**) ~ **a hacer algo** to begin doing sth.

(**e**) ~**las de** to pose as.

echarpe *nm* (woman's) stole, scarf.

echazón *nf* (*Náut*) jetsam.

echón *nm* (*Carib, Méx*) braggart, swank *(fam)*.

ed. *abr de* **edición** ed.

edad *nf* (**a**) (*de persona*) age; **¿qué ~ tiene?** what age *o* how old is he?; **a la ~ de 8 años** at the age of 8; **de ~** elderly; **de corta ~** young, of tender years; **de ~ madura, de mediana ~** middle-aged; **avanzado de ~** advanced in years; **a una ~ avanzada** late in life; **ser mayor de ~** to be of age, be adult; **llegar a mayor de ~, cumplir la mayoría de ~** to come of age; **ser menor de ~** to be under age; ~ **adulta** adulthood; **la ~ del pavo** the awkward age; ~ **viril** prime of life; ~ **crítica** change of life; ~ **escolar** school age; **ella no aparenta la ~ que tiene** she doesn't look her age; **tercera ~** third age; **persona de la tercera ~** senior citizen; **¿qué ~ le das?** how old do you think she is?

(**b**) (*Hist*) age, period; **E~es Bárbaras** Dark Ages; **E~ Media** Middle Ages.

edecán *nm* aide-de camp; (*Méx Com*) assistant.

edema *nm* oedema.

Edén *nm* Eden, Paradise; **es un e~** it's an earthly paradise.

ed. física *abr de* **educación física** PE.

edición *nf* (**a**) (*acto*) publication, issue; (*industria*) publishing. (**b**) (*libro etc*) edition; ~ **aérea** airmail edition; ~ **de bolsillo/extraordinaria** pocket/special edition; **'al cerrar la ~'** (*Tip*) 'stop-press'. (**c**) (*Com*) **E~es Ramírez** Ramirez Publications. (**d**) (*fig*) event, occasion; **es la tercera ~ de este festival** this is the third occasion on which this festival has been held.

edicto *nm* edict, proclamation.

edificación *nf* (**a**) (*Arquit*) construction, building. (**b**) (*fig*) edification.

edificante *adj* edifying; **una escena poco ~** an unedifying spectacle.

edificar [1g] *vt* (**a**) (*Arquit*) to build. (**b**) (*fig*) to edify.

edificio *nm* building; (*fig*) edifice, structure.

Edimburgo *nm* Edinburgh.

editar [1a] *vt* (**a**) (*publicar*) to publish. (**b**) (*corregir el texto de: tb Inform*) to edit.

editor(a) **1** *adj* publishing *atr*; **casa ~a** publishing house. **2** *nm/f* (**a**) publisher. (**b**) (*redactor*) editor, compiler.

editorial **1** *adj* (**a**) (*relativo a la industria del libro*) publishing *atr*; **casa ~** publishing house. (**b**) (*función, política*) editorial. **2** *nm* leading article, editorial. **3** *nf* publishing house.

editorialista *nmf* leader-writer.

Edo. *abr* (*Méx*) *de* **Estado**.

edredón *nm* eiderdown.

ed. religiosa *abr de* **educación religiosa** RE, RI.

educable *adj* educable, teachable.

educación *nf* (**a**) (*gen*) education; (*adiestramiento*) training; (*cría*) upbringing; ~ **física** physical education; ~ **de la voz** elocution lessons. (**b**) (*buenos modales*) (good) manners; (*: en la mesa*) table manners; **mala ~** bad manners, incivility; **es de mala ~ escupir** it's bad manners *o* ill-mannered to spit; **sin ~** badly bred, ill-mannered; **¡qué falta de ~!** how rude!

educacional *adj* educational.

educado *adj* (*de buenos modales*) well-mannered, polite; (*instruido*) cultivated; **mal ~** ill-mannered, rude.

educador(a) *nm/f* educator, teacher.

educando/a *nm/f* pupil.

educar [1g] *vt* (*gen*) to educate; (*adiestrar*) to train; (*hijos*) to raise, bring up.

educativo *adj* educative.

EE *abr de* **Euskadiko Ezkerra** *Basque political party*.

EE.UU. *abr de* **Estados Unidos** US(A).

efe *nf* (name of the letter) F.

efectismo *nm* straining after effect.

efectista **1** *adj* showy, sensational. **2** *nmf* sensationalist.

efectivamente *adv* (*verdaderamente*) really; (*de hecho*) in fact; (*como respuesta*) exactly, precisely.

efectivo **1** *adj* (**a**) effective; **hacer algo ~** to put sth into effect; **hacer ~ un cheque** to cash a cheque *o (US)* check; **inmediatamente ~** effective immediately. (**b**) (*poder etc*) actual, real. (**c**) (*trabajo*) regular, permanent. **2** *nm* (**a**) cash; **con 50 libras en ~** with £50 in cash; ~ **en caja** *o* **en existencia** cash in hand. (**b**) **~s** (*Mil etc*) forces.

efecto *nm* (**a**) effect; ~ **invernadero** greenhouse effect; **~s sonoros** sound effects; ~ **útil** (*Mec*) efficiency, output; **hacer ~** to take effect; **hacer** *o* **surtir ~** to have the desired effect; (*idea etc*) to get across; **poner en ~** to carry out; **tener ~** to take effect; (*acontecimiento*) to take place.

(**b**) **en ~** sure enough; (*como respuesta*) yes indeed.

(**c**) (*resultado*) result; **tener por ~** to have as a result.

(**d**) (*objetivo*) purpose, end; **a este** *o* **a tal ~** to this end; **a cuyo ~** to which end; **a ~s de hacer algo** with a view to doing sth; **a ~s de máxima seguridad** in order to ensure the tightest security; **a ~s fiscales** for tax purposes; **construido al ~** (specially) built for the purpose.

(**e**) (*impresión*) effect, impact; **hacer ~** to make an impression.

(**f**) (*de pelota*) spin; **dar ~ a una pelota** to put spin on a ball.

(**g**) **~s** (*Fin*) bills, securities; **~s a cobrar** bills receivable.

(**h**) **~s** (*personales*) personal effects; (*Fin*) assets; (*Com*) goods, merchandise *sg*; **~s de consumo** consumer goods.

efectuación *nf* accomplishment.

efectuar [1e] *vt* (*gen*) to effect; (*plan, reparación*) to carry out; (*mejoría, viaje, visita, parada*) to make; (*censo*) to take.

efeméride *nf* event (remembered on its anniversary); **~s** (*en periódico*) list of the day's anniversaries.

efervescencia *nf* (**a**) (*de líquidos*) fizziness; **entrar** *o* **estar en ~** to effervesce. (**b**) (*fig: alboroto*) commotion; (*: ánimo*) high spirits.

efervescente *adj* (**a**) (*bebida*) fizzy, bubbly. (**b**) (*fig: animado*) high-spirited.

eficacia *nf* efficacy, effectiveness.

eficaz *adj* efficacious, effective.

eficazmente *adv* (**a**) (*con efecto*) efficaciously, effectively; tellingly. (**b**) (*eficientemente*) efficiently.

eficiencia *nf* efficiency.

eficiente *adj* efficient.

eficientemente *adv* efficiently.

efigie *nf* effigy.

efímera *nf* mayfly.

efímero *adj* ephemeral.

eflorescente *adj* efflorescent.

efluvio *nm* (*emanación*) outpour, outflow; **un ~ de optimismo** a sudden burst of optimism.

efusión *nf* (**a**) (*lit, fig*) outpouring; **~ de sangre** bloodshed. (**b**) (*en el trato*) warmth, effusiveness; (*pey*) gushing manner; **con ~** effusively.

efusivo *adj* (*gen*) effusive; (*pey*) gushing; **mis más ~as gracias** my warmest thanks.

EGB *nf abr de* **Educación General Básica** *primary school education (ages 6 to 13).*

Egeo *nm*: **el Mar ~** the Aegean Sea.

égida *nf*: **bajo la ~ de** under the aegis of.

egipcio/a *adj, nm/f* Egyptian.

Egipto *nm* Egypt.

egiptología *nf* Egyptology.

egocéntrico *adj* egocentric(al), self-centred, self-centered *(US)*.

egoísmo *nm* egoism, selfishness.

egoísta 1 *adj* egoistical, selfish. **2** *nmf* egoist, selfish person.

egolatra *adj* big-headed.

egolatría *nf* self-worship.

egotismo *nm* egotism.

egotista 1 *adj* egotistic(al). **2** *nmf* egotist.

egregio *adj* eminent, distinguished.

egresado/a *nm/f* (*LAm: licenciado*) graduate.

egresar [1a] *vi* (*LAm*) (**a**) to go out, leave; **~ de** to go away from. (**b**) (*Univ*) to graduate.

egreso *nm* (*LAm*) (**a**) departure. (**b**) (*Univ*) graduation.

eh *interj* hey!, hi!

eider *nm* eider duck.

Eire *nm* Eire.

ej. *abr de* **ejemplo**.

eje *nm* (**a**) (*Geog, Mat*) axis; **~ de simetría** axis of symmetry; **partir a algn por el ~** (*fam*) to really knock sb for six *(fam)*. (**b**) (*Mec: de rueda*) axle; **~ delantero/trasero** front/rear axle; (*: de máquina*) shaft, spindle; **~ del cigüeñal** crankshaft; **untar el ~** (*fam*) to grease sb's palm. (**c**) (*Pol, fig*) axis, main line; (*núcleo*) core, central idea.

ejecución *nf* (**a**) (*gen*) performance, carrying out; (*realización*) fulfilment, fulfillment *(US)*; **poner en ~** to carry out. (**b**) (*Jur*) attachment. (**c**) (*Mús*) performance. (**d**) (*ajusticiamiento*) execution.

ejecutable *adj* feasible, practicable.

ejecutante *nmf* (*Mús*) performer.

ejecutar [1a] *vt* (**a**) (*orden*) to execute, carry out; (*deseos*) to perform, fulfil, fulfill *(US)*; (*hecho*) to execute. (**b**) (*Jur*) to attach, distrain on. (**c**) (*Mús*) to perform, render, play. (**d**) (*ajusticiamiento*) to execute. (**e**) (*Inform*) to run.

ejecutiva *nf* (*Pol etc*) executive (body *o* committee).

ejecutivo/a 1 *adj* (**a**) (*función, poder*) executive. (**b**) (*petición etc*) pressing, insistent; (*respuesta*) prompt. **2** *nm* (*Pol*) executive. **3** *nm/f* (*Com*) executive.

ejecutor *nm* (*tb* **~ testamentario**) executor.

ejecutoria *nf* (**a**) letters patent of nobility; (*fig*) pedigree. (**b**) (*Jur*) final judgment.

ejemplar 1 *adj* exemplary, model. **2** *nm* (*gen*) example; (*Zool etc*) speciment, example; (*de libro*) copy; (*de revista*) number, issue; **~ gratuito** free copy; **~ de regalo** complimentary copy.

ejemplaridad *nf* exemplariness.

ejemplarizador *adj* (*Chi*) exemplary.

ejemplarizar [1f] *vt* to set an example to.

ejemplificar [1g] *vt* to exemplify, illustrate.

ejemplo *nm* (*gen*) example; (*caso*) instance; **por ~** for example *o* instance; **sin ~** unprecedented, unparalleled; **dar ~** to set an example; **poner como** *o* **por ~** to give *o* take as an example; **tomar algo por ~** to take sth as an example.

ejercer [2b] **1** *vt* (*gen*) to exercise; (*influencia*) to exert, bring to bear; (*poder*) to wield; (*profesión: derecho etc*) to practise, practice *(US)*; (*negocio etc*) to manage, run; (*funciones*) to perform. **2** *vi* to practise, practice *(US)* (*de* as).

ejercicio *nm* (**a**) (*gen*) exercise; (*práctica*) practice; (*Mil*) drill, training; **~ acrobático** (*Aer*) stunt; **~s espirituales** (*Rel*) retreat; **hacer ~s** to take exercise; (*Mil*) to drill, train. (**b**) (*de cargo*) tenure. (**c**) (*Com, Fin: tb* **~ financiero**) fiscal year, financial year.

ejercitar [1a] **1** *vt* to exercise; (*profesión*) to practise, practice *(US)*; (*ejército*) to drill, train. **2 ejercitarse** *vr* to exercise; to practise; (*Mil*) to drill, train.

ejército *nm* army; **~ de ocupación** army of occupation; **~ permanente** standing army; **E~ de Salvación** Salvation Army.

ejidatario/a *nm/f* (*esp Méx*) holder of a share in common lands.

ejido *nm* common land.

ejote *nm* (*CAm, Méx*) string bean.

el[1], **la, los, las** *art def* (**a**) the.

(**b**) (*no se traduce*) **La India** India; **en el México de hoy** in present-day Mexico; **me gusta el fútbol** I like football; **está en la cárcel** he's in jail; **el General Prim** General Prim; **¿qué manda la señora?** what would madam like?; **a las ocho** at eight o'clock; **a los quince días** after a fortnight; **~ hacerlo fue un error** doing it was a mistake, it was a mistake to do it.

(**c**) (*traducido por el posesivo*) **se lavó las manos** he washed his hands; **me he cortado el pelo** I got my hair cut.

(**d**) (*en interj*) **¡el frío que hacía!** it was freezing!

el[2], **la, los, las** *pron dem*: **mi libro y ~ de Ud** my book and yours; **este jugador y ~ de la camisa azul** this player and the one in the blue shirt; **~ de Pepe es mejor** Joe's is better; **y ~ de todos los demás** and that of everybody else, and everybody else's.

el[3], **la, los, las** *pron rel*: **~ que** he who, whoever, the one(s) that; **~ que quiera, que lo haga** whoever wants to can get on with it; **los que hacen eso son tontos** those who do so are foolish; **~ que compramos no vale** the one we bought is no good; **a los que mencionamos añádase éste** add this one to the ones we mentioned; **él es el que quiere** it's him who wants to, he's the one who wants to.

él *pron pers m* (**a**) (*suj: persona*) he; (*: cosa, animal*) it; **¡es ~!** it's him! (**b**) (*después de prep: persona*) him; (*: cosa, animal*) it; **esto es para ~** this is for him; **vamos sin ~**

let's go without him. (**c**) (*después de de: persona*) his; (*: cosa, animal*) its; **mis libros y los de** ~ my books and his; **todo eso es de él** all that is his, all that belongs to him.
elaboración *nf* (*V vt*) elaboration; manufacture; working; working-out.
elaborar [1a] *vt* (*materia prima*) to elaborate; (*producto*) to make, manufacture; (*metal, madera etc*) to work; (*proyecto etc*) to work on *o* out.
elación *nf* (**a**) elation. (**b**) (*orgullo*) haughtiness, pride. (**c**) (*de estilo*) pomposity.
elasticidad *nf* (**a**) elasticity; (*de madera*) spring. (**b**) (*fig*) elasticity.
elástico 1 *adj* (**a**) (*lit, fig*) elastic; (*principio*) flexible; (*superficie etc*) springy. (**b**) (*fig*) elastic; (*moralmente*) resilient. **2** *nm* elastic.
ELE, E/LE *abr de* **español como lengua extranjera**.
ele *nf* (name of the letter) L.
elección *nf* (**a**) (*selección*) choice, selection; **su patria de** ~ his chosen country. (**b**) (*Pol etc*) election (*a* for); ~**es generales** general election; ~**es parciales** by-election, off-year election *(US)*; ~**es primarias** primaries.
eleccionario *adj* (*LAm*) electoral, election *atr*.
electivo *adj* elective.
electo *adj* elect; **el presidente** ~ the president-elect.
elector *nm/f* elector, voter.
electorado *nm* electorate, voters.
electoral *adj* electoral; **potencia** ~ voting power.
electricidad *nf* electricity.
electricista *nm* electrician.
eléctrico *adj* electric(al).
electrificación *nf* electrification.
electrificar [1g] *vt* to electrify.
electrizante *adj* (*fig*) electrifying.
electrizar [1f] *vt* (*lit, fig*) to electrify.
electro... *pref* electro....
electrocardiograma *nm* electrocardiogram.
electrocución *nf* electrocution.
electrocutar [1a] *vt* to electrocute.
electrochapado *adj* electroplated.
electrodinámica *nf* electrodynamics.
electrodo *nm* electrode.
electrodoméstico *nm* electrical household appliance; ~**s de línea blanca** white goods, major appliances *(US)*.
electroimán *nm* electromagnet.
electrólisis *nf* electrolysis.
electromagnético *adj* electromagnetic.
electromotor *nm* electric motor.
electrón *nm* electron.
electrónica *nf* electronics.
electrónico *adj* electronic; (*microscopio*) electron *atr*; **proceso** ~ **de datos** (*Inform*) electronic data processing.
electrotecnia *nf* electrical engineering.
electrotermo *nm* immersion *o (US)* immersible heater.
elefante/a *nm/f* elephant; ~ **blanco** white elephant.
elegancia *nf* (*gen*) elegance.
elegante *adj* (*gen*) elegant; (*traje, fiesta, tienda*) fashionable, smart; (*sociedad*) fashionable, elegant; (*decoración*) tasteful; (*frase etc*) elegant, well-turned, polished.
elegantemente *adv* (*V adj*) elegantly; fashionably, smartly; tastefully.
elegantoso *adj* (*LAm*) = **elegante**.
elegía *nf* elegy.
elegíaco *adj* elegiac.
elegibilidad *nf* eligibility.
elegible *adj* eligible.
elegido *adj* (**a**) (*escogido*) chosen, selected. (**b**) (*Pol etc*) elect, elected.
elegir [3c, 3k] *vt* (**a**) to choose, select; **café con bizcochos a** ~ coffee with a choice of cakes. (**b**) (*Pol etc*) to elect.
elemental *adj* elementary; (*de los elementos*) elemental.
elemento *nm* (**a**) element; **los cuatro** ~**s** the four elements; **estar en su** ~ to be in one's element.
(**b**) (*Quím etc*) element; (*parte*) ingredient, constituent (part); (*factor*) element, factor; (*fundamento*) basis; ~**s** material, ingredients.
(**c**) (*Elec*) element; (*de pila*) cell.
(**d**) (*LAm*) person, individual; **vino a verle un** ~ someone came to see you.
(**e**) (*LAm*) dimwit *(fam)*, ass *(Brit fam)*.
(**f**) (*tipo raro*) odd person, eccentric.
(**g**) (*Esp pey*) undesirable; ~**s subversivos** subversive elements; **¡menudo** ~**!** watch out for him!
(**h**) ~**s** (*de filosofía etc*) elements, first principles.
elenco *nm* (**a**) catalogue, catalog *(US)*, list; (*Teat*) cast. (**b**) (*LAm: Dep: equipo*) team.
elepé *nm* long-playing record.
elevación *nf* (**a**) (*acción*) elevation (*a* to), raising, lifting; (*Rel*) elevation; (*de precio, tipo etc*) rise. (**b**) (*Geog etc*) height, altitude. (**c**) (*de estilo, mente*) elevation; (*de persona*) exaltation; (*: pey*) conceit, pride. (**d**) (*éxtasis*) rapture.
elevadamente *adv* loftily, sublimely.
elevado 1 *adj* (**a**) (*subido*) elevated, raised; (*edificio*) high, tall; (*precio, tipo etc*) high; (*puesto*) exalted, high; **a precios elevadísimos** at terribly high prices. (**b**) (*pensamientos, estilo etc*) elevated, lofty; **de pensamientos** ~**s** of noble thoughts. **2** *nm* (*Cu*) overhead railway.
elevador *nm* elevator, hoist; (*LAm*) lift, elevator *(US)*.
elevadorista *nmf* (*LAm*) lift *o (US)* elevator operator.
elevalunas *nm inv*: ~ **eléctrico** (*Aut*) electric windows.
elevar [1a] **1** *vt* (**a**) (*subir*) to raise, lift (up), elevate; (*precio, tipo*) to raise; (*producción*) to step up; (*Elec*) to boost; (*Mat*) to raise (*a una potencia* to a power); (*persona*) to promote; (*alabar*) to exalt; (*estilo*) to raise the tone of; ~ **a algn de posición** to promote sb. (**b**) (*informe etc*) to present, submit (*a* to). **2 elevarse** *vr* (**a**) (*subirse*) to rise, go up; (*edificio etc*) to rise, soar; **la cantidad se eleva a** the quantity amounts to. (**b**) (*extasiarse*) to go into raptures. (**c**) (*pey*) to get conceited.
elidir [3a] **1** *vt* to elide. **2 elidirse** *vr* to elide, be elided.
eliminación *nf* elimination, removal; ~ **progresiva** (*Dep*) knockout.
eliminar [1a] *vt* (*gen*) to eliminate; (*necesidad etc*) to remove; (*escombros, olor*) to get rid of; (*Dep*) to eliminate, knock out; ~ **un directorio** (*Inform*) to remove a directory.
eliminatoria *nf* (*Dep: partido*) heat, qualifying round; (*: concurso*) knockout competition.
elipse *nf* elipse.
elipsis *nf inv* ellipsis.
elíptico *adj* elliptic(al).
elisión *nf* elision.
elite [e'lite] *nf* elite.
elitista *adj, nmf* elitist.
elixir *nm* elixir.
elocución *nf* elocution.
elocuencia *nf* eloquence.
elocuente *adj* eloquent; (*fig*) significant; **un dato** ~ a fact which speaks for itself.
elogiar [1b] *vt* to praise, eulogize.
elogio *nm* (*gen*) praise; (*homenaje*) tribute; **queda por encima de todo** ~ it's beyond praise; **hacer** ~ **de** to sing the praises of; **hizo un caluroso** ~ **del héroe** he paid a warm tribute to the hero.
elogiosamente *adv* with warm approval; **comentó** ~ **sus cualidades** he spoke very favourably *o (US)* favorably of his qualities.
elogioso *adj* highly favourable *o (US)* favorable; **en términos** ~**s** in highly favourable terms.
elote *nm* (*CAm, Méx*) maize, corn on the cob, sweetcorn; **coger a algn asando** ~**s** to catch sb red-handed.

El Salvador *nm* El Salvador.
elucidación *nf* elucidation.
elucidar 1a *vt* to elucidate.
elucubración *nf* lucubration.
elucubrar 1a *vi* to lucubrate.
eludible *adj* avoidable.
eludir 3a *vt* to elude, evade.
elusivo *adj* evasive, tricky.
ella *pron pers f* (**a**) (*suj: persona*) she; (*: cosa*) it. (**b**) (*después de prep: persona*) her; (*: cosa*) it; **estuve con ~** I was with her. (**c**) (*después de de: persona*) hers; (*: cosa*) its; **mi sombrero y el de ~** my hat and hers; **nada de esto es de ~** none of this is hers.
ellas *V* **ellos**.
elle *nf* (name of the letter) ll.
ello *pron 'neutro'* (**a**) it; **no tiene fuerzas para ~** he's not strong enough for it; **sin embargo, ~ no es obstáculo para que venga** nevertheless, that shouldn't stop him coming; **todo ~ se acabó** (*frm, Lit*) the whole thing is over and done with. (**b**) (*modismos*) **es por ~ por lo que** that is why; **~ dirá** the event will show; **¡a por ~!** here goes!
ellos/as *pron pers m/fpl* (**a**) (*sujeto*) they. (**b**) (*después de prep*) them. (**c**) (*después de de*) theirs; *V tb* **él, ella**.
E.M. *abr de* **Estado Mayor**.
Em.ª *abr de* **Eminencia**.
emanación *nf* emanation; (*olor*) smell.
emanar 1a *vi*: **~ de** to emanate from, come from.
emancipación *nf* emancipation.
emancipado *adj* (*liberado*) emancipated; (*libre*) independent, free.
emancipar 1a **1** *vt* to emancipate; (*fig*) to free. **2 emanciparse** *vr* to become emancipated (*de* from); (*fig*) to free o.s. (*de* from).
emascular 1a *vt* to castrate; (*fig*) to emasculate.
embadurnar 1a *vt* to daub, smear (*de* with).
embajada *nf* (**a**) (*lugar*) embassy. (**b**) (*cargo*) ambassadorship. (**c**) (*fig*) errand, message. (**d**) (*pey*) unwelcome proposal, silly suggestion.
embajador *nm* ambassador (*en* in; *cerca de* to).
embajadora *nf* (woman) ambassador; (*mujer de embajador*) ambassador's wife.
embalador(a) *nm/f* packer.
embaladura *nf* (*LAm*), **embalaje** *nm* packing.
embalar 1a **1** *vt* to pack, parcel up, wrap; (*mercancías pesadas*) to crate; (*LAm Aut*) to race along. **2 embalarse** *vr* (**a**) (*Dep*) to sprint, make a dash; (*Aut*) to step on it. (**b**) (*LAm*) to run off, escape. (**c**) (*fig*) to get carried away.
embaldosado *nm* tiled floor.
embaldosar 1a *vt* to tile, pave with tiles.
embalsamar 1a *vt* to embalm.
embalsar 1a *vt* (**a**) (*río*) to dam (up); (*agua*) to retain, collect. (**b**) (*Náut*) to sling, hoist.
embalse *nm* (*presa*) dam; (*lago*) reservoir.
embanastar 1a *vt* to put into a basket; (*fig*) to jam in, overcrowd.
embanderar 1a *vt* to deck with flags.
embarazada 1 *adj* pregnant; **dejar ~ a una chica** to get a girl pregnant, put a girl in the family way *(fam)*. **2** *nf* pregnant woman.
embarazar 1f *vt* (**a**) (*estorbar*) to hamper, hinder. (**b**) (*mujer*) to make pregnant, put in the family way *(fam)*.
embarazo *nm* (**a**) (*estorbo*) obstacle, hindrance. (**b**) (*de mujer*) pregnancy.
embarazoso *adj* (*molesto*) awkward, inconvenient; (*violento*) embarrassing.
embarcación *nf* (**a**) boat, craft, (small) vessel; **~ de arrastre** trawler; **~ de cabotaje** coasting vessel; **~ de recreo/de vela** pleasure/sailing boat. (**b**) (*acto*) embarkation.
embarcadero *nm* (**a**) (*de barcos*) pier, jetty. (**b**) (*LAm Ferro*) cattle loading yard of a station.
embarcar 1g **1** *vt* (**a**) (*personas*) to embark, put on board; (*carga*) to ship, stow. (**b**) (*fig*) **~ a algn en una empresa** to launch sb on an enterprise. **2 embarcarse** *vr* (**a**) to embark, go on board; (*marinero*) to sign on; **~ para** to sail for. (**b**) (*LAm Ferro etc*) to get on, get in; **se embarcó en el autobús** he got on the bus. (**c**) (*fig*) **~ en un asunto** to get involved in a matter.
embarco *nm* embarkation.
embargar 1h *vt* (**a**) (*estorbar*) to impede, hinder; (*frenar*) to restrain. (**b**) (*sentidos*) to overpower. (**c**) (*Jur*) to seize, impound.
embargo *nm* (**a**) (*Jur*) seizure, distraint; (*Com etc*) embargo. (**b**) (*Med*) indigestion. (**c**) **sin ~** still, however, nonetheless.
embarque *nm* (*de personas*) embarkation; (*de carga*) shipment, loading; **tarjeta de ~** boarding card.
embarrancar 1g **1** *vt, vi* (**a**) (*Náut*) to run aground. (**b**) (*Aut etc*) to run into a ditch. **2 embarrancarse** *vr* (**a**) to run aground. (**b**) to run into a ditch.
embarrar 1a **1** *vt* (**a**) to smear (*de* with); (*de barro*) to splash with mud. (**b**) (*LAm: pared*) to cover with mud; (*: enyesar*) to plaster. (**c**) (*Carib, CSur*) **~ a algn** to smear sb, damage sb's standing; **la embarré** (*CSur fam*) I put my foot in it *(fam)*, I spoiled things. **2 embarrarse** *vr* to get covered in mud.
embarrialarse 1a *vr* (**a**) (*CAm, Ven*) to get covered with mud. (**b**) (*CAm fig*) to get bogged down.
embarullador *adj* bungling.
embarullar 1a *vt* to bungle, mess up.
embastar 1a *vt* to stitch, tack.
embaste *nm* stitching, tacking.
embate *nm* (**a**) (*de mar, viento*) beating, violence. (**b**) (*fig*) **~s de la fortuna** blows of fate.
embaucador(a) *nm/f* (*estafador*) trickster, swindler; (*impostor*) impostor.
embaucamiento *nm* swindle, swindling.
embaucar 1g *vt* to trick, fool, lead up the garden path.
embeber 2a **1** *vt* (**a**) (*absorber*) to absorb, soak up. (**b**) (*Cos*) to take in, gather. (**c**) (*fig: absorber*) to imbibe; (*: meter*) to insert, introduce (*en* into); (*: abarcar*) to contain, incorporate. **2** *vi* (*tela*) to shrink. **3 embeberse** *vr* (**a**) to be absorbed, become engrossed (*en* in), be enraptured (*en* with). (**b**) **~ de** to imbibe, become well versed in.
embelecar 1g *vt* to deceive, cheat.
embeleco *nm*, **embelequería** (*LAm*) *nf* deceit, fraud.
embelesado *adj* spellbound, enraptured.
embelesador *adj* enchanting, entrancing.
embelesar 1a **1** *vt* to enchant, entrance. **2 embelesarse** *vr* to be enchanted *o* enraptured.
embeleso *nm* enchantment, delight.
embellecedor 1 *adj*: **productos ~es** beauty products. **2** *nm* (*Aut*) hub cap.
embellecer 2d *vt* to embellish, beautify.
embellecimiento *nm* embellishment.
embestida *nf* assault, onslaught; (*de toro etc*) charge.
embestir 3k **1** *vt* (*agredir*) to assault, attack; (*abalanzarse sobre*) to rush at *o* upon; (*toro*) to charge; (*Aut*) to hit, collide with, crash into. **2** *vi* to attack; (*toro*) to rush, charge; **~ contra** to rush upon; (*toro etc*) to charge down on.
embetunar 1a *vt* (*zapatos*) to polish.
emblandecer 2d **1** *vt* to soften; (*fig*) to mollify. **2 emblandecerse** *vr* to soften, get soft; (*fig*) to relent.
emblanquecer 2d **1** *vt* to whiten, bleach. **2 emblanquecerse** *vr* to turn white, bleach.
emblema *nm* emblem.
emblemático *adj* emblematic.
embobamiento *nm* (*fascinación*) fascination; (*perplejidad*) bewilderment.
embobar 1a **1** *vt* (*asombrar*) to amaze; (*fascinar*) to fascinate; **esa niña me emboba** that girl is driving me crazy. **2 embobarse** *vr* to be amazed (*con, de, en* at),

to be fascinated (*con, de, en* by); **reírse embobado** to laugh like mad.

embobecer [2d] **1** *vt* to make silly. **2 embobecerse** *vr* to get silly.

embocadura *nf* (**a**) (*entrada*) narrow entrance; (*de río*) mouth; (*Náut*) passage, narrows. (**b**) (*Mús*) mouthpiece; (*de cigarillo etc*) tip; (*de brida*) bit. (**c**) (*de vino*) flavour, flavor (*US*). (**d**) (*Teat*) proscenium arch.

embocar [1g] *vt* (**a**) ~ **algo** to put sth into sb's mouth; ~ **algo en un agujero** to insert sth into a hole. (**b**) ~ **un negocio** to undertake a piece of business. (**c**) ~ **algo a algn** (*fig*) to put one over on sb; ~ **una calle/un túnel** to go into *o* enter a street/tunnel.

embochinchar [1a] *vt* (*LAm*) to throw into confusion, create chaos in.

embolado *nm* (**a**) (*Teat*) bit part, minor role. (**b**) (*fam*) trick. (**c**) **meter a algn en un** ~ (*fam*) to put sb in a tight spot.

embolador *nm* (*And*) bootblack.

embolar [1a] *vt* (**a**) (*Taur: cuernos*) to tip with wooden balls. (**b**) (*And: zapatos*) to black. (**c**) (*CAm, Méx: fam*) to make drunk.

embolia *nf* (*Med*) embolism; ~ **cerebral** clot on the brain.

émbolo *nm* plunger; (*Mec*) piston.

embolsar [1a] *vt*, **embolsicar** [1g] *vt* (*LAm fam*) to (put into one's) pocket; (*dinero, ganancias etc*) to collect, take in.

embonar [1a] *vt* (**a**) (*Carib, CSur, Méx: tierra*) to manure. (**b**) (*fig*) to improve. (**c**) (*Náut*) to sheathe. (**d**) (*And, Carib, Méx*) **le embona el sombrero** the hat suits him; (*LAm: unir*) to join.

emboque *nm* (*fam*) trick, hoax.

emboquillado *adj* (*cigarillo*) tipped.

emboquillar [1a] *vt* (*cigarillo*) to tip.

emborrachar [1a] **1** *vt* to make drunk. **2 emborracharse** *vr* to get drunk (*con, de* on).

emborrascarse [1g] *vr* (**a**) (*Met*) to get stormy. (**b**) (*fig*) to get cross. (**c**) (*Com: negocio*) to fail. (**d**) (*Csur, Méx: mina*) to peter out.

emborronar [1a] **1** *vt* (*manchar*) to blot, make blots on; (*escribir*) to scribble on. **2** *vi* (*V vt*) to make blots; to scribble. **3 emborronarse** *vr* to get smudged.

emboscada *nf* ambush; **tender una** ~ **a** to lay an ambush for.

emboscarse [1g] *vr* to lie in ambush; **estaban emboscados cerca del camino** they were in ambush near the road.

embotado *adj* (*tb fig*) dull, blunt.

embotamiento *nm* (**a**) (*acto*) dulling, blunting (*tb fig*). (**b**) (*estado*) dullness, bluntness (*tb fig*).

embotar [1a] *vt* (**a**) (*objeto*) to blunt. (**b**) (*sentidos*) to dull, blunt; (*debilitar*) to weaken, enervate.

embotellado 1 *adj* bottled. **2** *nm* bottling.

embotellador *nm* bottler.

embotellamiento *nm* (**a**) (*Aut*) traffic jam. (**b**) (*sitio*) bottleneck.

embotellar [1a] **1** *vt* (**a**) to bottle. (**b**) (*Mil etc*) to bottle up. (**c**) (*CSur, Carib: discurso*) to prepare beforehand, memorize. **2 embotellarse** *vr* (*Aut: tráfico*) to get into a jam; (*: coche*) to get caught in a traffic jam.

embovedar [1a] *vt* to arch, vault.

embozadamente *adv* covertly, stealthily.

embozado *adj* (**a**) muffled up (to the eyes). (**b**) (*fig*) covert, stealthy.

embozar [1f] **1** *vt* (**a**) to muffle (up). (**b**) (*fig*) to cloak. **2 embozarse** *vr* to muffle o.s. up (*con, de* in).

embozo *nm* (**a**) muffler, mask; **quitarse el** ~ (*fig*) to drop the mask, end the play-acting. (**b**) (*de sábana*) turn over. (**c**) (*astucia*) cunning; (*disimulo*) concealment; **sin** ~ frankly, openly.

embragar [1h] **1** *vt* (*Aut, Mec*) to engage; (*partes*) to connect, couple; (*Náut*) to sling. **2** *vi* (*Aut etc*) to put the clutch in.

embrague *nm* (*Aut, partes*) clutch.

embravecer [2d] **1** *vt* to enrage, infuriate. **2** *vi* (*Bot*) to flourish. **3 embravecerse** *vr* (**a**) (*mar*) to get rough. (**b**) (*persona*) to get furious.

embravecido *adj* (**a**) (*mar*) rough; (*viento etc*) wild. (**b**) (*persona*) furious, enraged.

embrear [1a] *vt* to cover with tar *o* pitch; ~ **y emplumar a algn** to tar and feather sb.

embretar [1a] *vt* (*LAm: animales*) to pen, corral.

embriagador *adj* intoxicating; (*vino etc*) heady, strong.

embriagar [1h] **1** *vt* (**a**) to make drunk. (**b**) (*fig*) to delight. **2 embriagarse** *vr* to get drunk.

embriaguez *nf* (**a**) (*borrachera*) drunkenness. (**b**) (*fig*) rapture, delight.

embridar [1a] *vt* (**a**) (*caballo*) to bridle, put a bridle on. (**b**) (*fig*) to check, restrain.

embriología *nf* embryology.

embrión *nm* embryo; (*de proyecto, idea*) germ; **en** ~ in embryo; (*fig*) in its infancy *o* early stages.

embrionario *adj* embryonic.

embrocación *nf* embrocation.

embrollar [1a] **1** *vt* (*asunto*) to muddle, confuse; (*personas*) to involve, embroil (*en* in). **2 embrollarse** *vr* to get into a muddle *o* mess; ~ **en un asunto** to get involved in a matter.

embrollo *nm* (*confusión*) muddle, confusion; (*apuro*) fix, jam; (*fraude*) fraud, trick; (*mentira*) lie, falsehood.

embrollón(a) *nm/f* troublemaker.

embromado *adj* (*LAm fam*) tricky, difficult; **estar** ~ to be in a fix.

embromar [1a] *vt* (**a**) (*burlarse de*) to tease, make fun of. (**b**) (*engañar*) to hoodwink. (**c**) (*LAm fam: molestar*) to annoy; (*perjudicar*) to harm, set back. (**d**) (*Chi: atrasar*) to delay unnecessarily.

embrujado *adj* (*persona*) bewitched; (*sitio*) haunted; **una casa ~a** a haunted house.

embrujar [1a] *vt* (*persona*) to bewitch, put a spell on; (*sitio*) to haunt.

embrujo *nm* (**a**) (*acto*) bewitching. (**b**) (*maldición*) curse. (**c**) (*ensalmo*) spell, charm; **el** ~ **de la Alhambra** the enchantment *o* magic of the Alhambra.

embrutecer [2d] **1** *vt* to stupefy, dull the senses of. **2 embrutecerse** *vr* to be stupefied.

embuchacarse [1g] *vr* (*CAm, Méx*) ~ **algo** (*tb fig*) to pocket sth.

embuchado *nm* (**a**) (*Culin*) sausage. (**b**) (*fam*) pretext, blind.

embuchar [1a] *vt* (**a**) (*Culin*) to stuff with minced meat. (**b**) (*fam: comida*) to wolf, bolt.

embudo *nm* (**a**) (*para líquidos*) funnel. (**b**) (*fig*) trick, fraud.

embullar [1a] (*LAm*) **1** *vt* (*excitar*) to excite, disturb. **2 embullarse** *vr* (*excitarse*) to get excited.

embullo *nm* (*CAm: ruido*) excitement, revelry.

embuste *nm* (**a**) (*engaño*) trick; (*mentira*) lie; (*: hum*) fib, story. (**b**) ~**s** trinkets.

embustero/a 1 *adj* (**a**) (*engañoso*) deceitful. (**b**) (*mentiroso*) lying. **2** *nm/f* (*estafador*) cheat; (*mentiroso*) liar; (*hum*) fibber, storyteller; ¡~! (*con cariño*) you rascal!

embute *nm* (*Méx*) bribe.

embutido *nm* (**a**) (*Culin*) sausage. (**b**) (*Téc*) inlay, inlaid work, marquetry. (**c**) (*CSur, Méx, Ven*) lace insert.

embutir [3a] **1** *vt* (**a**) to insert (*en* into); (*fam*) to pack tight, stuff, cram (*de* with) (*en* into) (*fam: comida*) to cram, scoff (*fam*); ~ **algo a algn** to make sb swallow sth; **ella estaba embutida en un vestido apretadísimo** she was squeezed into a terribly close-fitting dress. (**b**) (*Téc*) to inlay; (*metal*) to hammer, work. **2 embutirse** *vr* (*fam*) to stuff o.s. (*de* with).

eme *nf* (**a**) (name of the letter) M. (**b**) (*fam: euf*) = **mierda**.

emergencia *nf* (**a**) (*acción*) emergence. (**b**) (*accidente*

etc) emergency; **de ~** emergency *atr*.
emergente *adj* resultant, consequent.
emerger [2c] *vi* to emerge; (*submarino*) to surface.
emérito *adj* emeritus.
emético *adj, nm* emetic.
emigración *nf* emigration; (*de aves*) migration.
emigrado/a *nm/f* emigrant; (*Pol etc*) émigré(e).
emigrante *adj, nmf* emigrant.
emigrar [1a] *vi* to emigrate; (*aves*) to migrate.
eminencia *nf* (**a**) (*Geog*) height, eminence. (**b**) (*fig*) eminence. (**c**) (*en títulos*) **Su E~** His Eminence; **Vuestra E~** Your Eminence.
eminente *adj* (**a**) (*alto*) high, lofty. (**b**) (*destacado*) eminent, distinguished.
eminentemente *adv* eminently, especially.
emir *nm* emir.
emirato *nm* emirate.
emisario *nm* emissary.
emisión *nf* (**a**) emission; (*Fin etc*) issue; **~ de acciones** (*Bolsa*) share issue; **~ gratuita de acciones** rights issue; **~ de valores** flotation. (**b**) (*Rad, TV: difusión*) broadcasting; (*: programa*) broadcast, programme, program (*US*); **~ deportiva** sports programme; **~ publicitaria** commercial, advertising spot.
emisor *nm* transmitter; **~ de radar** radar station.
emisora *nf* radio *o* broadcasting station; **~ de onda corta** shortwave radio station; **~ pirata** pirate radio station.
emisor-receptor *nm* walkie-talkie.
emitir [3a] *vt* (**a**) (*sonido, olor etc*) to emit, give off *o* out. (**b**) (*dinero, sellos, bonos etc*) to issue; (*dinero falsificado*) to circulate; (*préstamo*) to give. (**c**) (*opinión*) to express; (*veredicto*) to return, issue, give; (*voto*) to cast. (**d**) (*Rad, TV*) to broadcast; (*señal*) to send out.
emoción *nf* (**a**) (*gen*) emotion; (*sentimiento*) feeling; **llorar de ~** to be moved to tears; **sentir una honda ~** to feel a deep emotion. (**b**) (*excitación*) excitement; **¡qué ~!** (*lit*) how exciting!; (*iró*) big deal; **con la ~ del momento no me dí cuenta** in the heat of the moment I just didn't realise; **la ~ de la película no disminuye** the excitement *o* tension of the film does not flag.
emocionado *adj* deeply moved, stirred.
emocional *adj* emotional.
emocionante *adj* exciting, thrilling.
emocionar [1a] **1** *vt* (*excitar*) to excite, thrill; (*conmover*) to touch, move. **2 emocionarse** *vr* (*V vt*) to get excited; be thrilled; to be moved; **¡no te emociones tanto!** don't get so worked up!
emolumento *nm* emolument.
emotivo *adj* (*persona*) emotional; (*escena*) moving, touching; (*palabras*) emotive.
empacadora *nf* (**a**) (*Agr*) baler. (**b**) (*Méx*) packing company.
empacar [1g] **1** *vt* (*esp LAm: gen*) to pack; (*And, Méx: embalar*) to package; (*en caja*) to bale, crate. **2 empacarse** *vr* (**a**) (*enfadarse*) to get rattled, get confused. (**b**) (*LAm: caballo*) to balk, shy; (*fig*) to be obstinate.
empachado *adj* (**a**) clogged; (*estómago*) upset. (**b**) (*avergonzado*) embarrassed. (**c**) (*torpe*) awkward, clumsy.
empachar [1a] **1** *vt* (**a**) (*Med: estómago*) to upset; (*persona*) to give indigestion to. (**b**) (*fig: empalagar*) to annoy; (*: cansar*) to bore. **2 empacharse** *vr* (**a**) (*Med*) to get indigestion. (**b**) (*fig: empalagarse*) to get annoyed; (*: cansarse*) to get bored, get fed up (*fam*). (**c**) (*avergonzarse*) to get embarrassed, feel awkward.
empacho *nm* (**a**) (*Med*) indigestion; **darse un ~ de algo** (*fig*) to get a bellyful of sth (*fam*). (**b**) (*incomodidad*) embarrassment, awkwardness; (*timidez*) bashfulness; **sin ~** without ceremony; **no tener ~ en hacer algo** to have no objection to doing sth.
empachoso *adj* (**a**) (*comida*) cloying, indigestible. (**b**) (*fig: empalagoso*) annoying. (**c**) (*vergonzoso*) embarrassing.
empadronamiento *nm* (*censo*) census; (*de electores*) electoral register, list of registered voters (*US*).
empadronar [1a] *vt* (*censar*) to take a census of; (*: como elector*) to register.
empajar [1a] *vt* to cover *o* fill with straw.
empalagar [1h] **1** *vt* (**a**) (*suj: comida*) to cloy. (**b**) (*hartar*) to pall on, bore. **2** *vi* to pall. **3 empalagarse** *vr* to get sick (*de* of).
empalago *nm* (**a**) (*de comida*) cloying, palling. (**b**) (*aburrimiento*) boredom.
empalagoso *adj* (**a**) (*dulce etc*) cloying. (**b**) (*fig*) boring.
empalar [1a] *vt* to impale.
empalizada *nf* fence; (*Mil etc*) palisade, stockade.
empalmar [1a] **1** *vt* (**a**) to join, connect; (*cuerdas*) to splice. (**b**) (*fig*) to combine, put together. **2** *vi* (**a**) (*Ferro etc: vías*) to join; (*: trenes*) to connect (*con* with). (**b**) (*cable, pieza*) to connect (*con* with). (**c**) (*sucederse*) to follow on (*con* from). **3 empalmarse** *vr* (*fam*) to get a hard-on (*fam*).
empalme *nm* (**a**) (*Téc*) joint, connection. (**b**) (*combinación*) combination. (**c**) (*de vías, carreteras*) junction; (*de trenes*) connection.
empamparse [1a] *vr* (*LAm*) (**a**) to get lost on the pampas; (*fig*) to lose one's way. (**b**) (*asombrarse*) to be amazed.
empanada *nf* (**a**) (meat) pie, patty. (**b**) (*fig*) fraud, piece of shady business.
empanado *adj* (*Culin*) cooked *o* rolled in breadcrumbs *o* pastry.
empanar [1a] *vt* (*Culin*) to cook *o* roll in breadcrumbs *o* pastry.
empantanado *adj* flooded, swampy; (*fig: proyecto*) bogged down.
empantanar [1a] **1** *vt* (**a**) (*lit*) to flood, swamp. (**b**) (*negociación*) to bog down. **2 empantanarse** *vr* (**a**) to be flooded, get swamped. (**b**) (*fig*) to be held up; **~ en un asunto** to get bogged down in a matter.
empañado *adj* (*ventana etc*) misty, steamed-up; (*contorno*) blurred; (*superficie*) tarnished; (*voz*) faint, unsteady; (*honra*) tarnished.
empañar [1a] **1** *vt* (*ventana etc*) to mist, steam up; (*contorno*) to dim, blur; (*superficie, honra*) to tarnish; (*belleza*) to taint. **2 empañarse** *vr* (*V vt*) (**a**) (*cristales*) to get steamed up; (*voz*) to falter. (**b**) (*fig*) to become sad; (*: reputación*) to get tarnished.
empañetar [1a] *vt* (*LAm: enyesar*) to plaster; (*: encalar*) to whitewash.
empapar [1a] **1** *vt* (**a**) (*mojar*) to soak, drench; (*fig*) to steep (*de, en* in). (**b**) (*absorber*) to soak up, absorb. **2 empaparse** *vr* (**a**) to soak. (**b**) **~ de** to soak up, soak in. (**c**) **~ de** *o* **en** (*fig*) to steep o.s. in.
empapelado *nm* (*acto*) papering, paperhanging; (*papel*) wallpaper.
empapelador *nm* paperhanger.
empapelar [1a] *vt* (*objeto*) to wrap in paper; (*caja*) to line with paper; (*cuarto, pared*) to paper; **~ a algn** (*fam*) to do sb (*fam*); (*fig*) to throw the book at sb.
empaque *nm* (**a**) (*fam: aspecto*) look, appearance; (*: modales*) manner. (**b**) (*LAm: descaro*) nerve, effrontery.
empaquetador(a) *nm/f* packer.
empaquetadura *nf* packing; (*Mec*) gasket.
empaquetar [1a] *vt* to pack *o* parcel (up); (*Com*) to package.
emparamarse [1a] *vr* (*And, Carib: entumecerse*) to go numb with cold; (*: morir*) to die of cold.
emparedado *nm* sandwich.
emparedar [1a] *vt* to confine.
emparejar [1a] **1** *vt* (**a**) (*dos cosas*) to pair, match. (**b**) (*nivelar*) to (make) level. **2** *vi* (**a**) (*alcanzar*) to catch up (*con* with). (**b**) (*nivelarse*) to be even (*con* with). **3 emparejarse** *vr* to match.

emparentado *adj* related by marriage (*con* to).
emparentar [1j] *vi* to become related by marriage (*con* to); ~ **con una familia** to marry into a family.
emparrado *nm* trained vine.
emparrandarse [1a] *vr* (*LAm*) to go on a binge *(fam).*
empastado *adj* (**a**) (*Tip*) clothbound. (**b**) (*diente*) filled.
empastar [1a] *vt* (**a**) (*engomar*) to paste. (**b**) (*Tip*) to bind in stiff covers. (**c**) (*diente*) to fill, stop. (**d**) (*LAm*) to convert into pasture land.
empaste *nm* filling.
empatar [1a] **1** *vt* (*LAm*) to connect. **2** *vi* (*Dep*) to draw, tie; (*carreras*) to tie, have a dead heat; (*votación*) to tie; **los equipos empataron a 2** the teams drew 2-all.
empate *nm* draw, tie; **un ~ a 0** a 0-0 draw.
empavesado *nm* bunting.
empavesar [1a] *vt* (*adornar*) to deck, adorn; (*barco*) to dress.
empavonarse [1a] *vr* (*CAm*) to dress up.
empecatado *adj* (*fam*) damned.
empecinado *adj* stubborn, pigheaded.
empecinamiento *nm* stubbornness, pigheadedness.
empecinarse [1a] *vr* to be stubborn; ~ **en algo** to be stubborn about sth; ~ **en hacer algo** to persist in doing sth.
empedarse [1a] *vr* (*Méx, CSur: fam*) to get drunk, get sloshed *(fam).*
empedernido *adj* (**a**) (*persona*) heartless, cruel. (**b**) (*vicio*) hardened, inveterate; **un bebedor/fumador** ~ a heavy drinker/smoker; **un pecador** ~ an unregenerate sinner.
empedernir [3a: defectivo] **1** *vt* to harden. **2 empedernirse** *vr* (*fig*) to harden one's heart, resolve to be tough.
empedrado 1 *adj* (*superficie*) paved; (*fig*) pitted (*de* with); (*cara*) pockmarked; (*color*) dappled, flecked; (*cielo*) cloud-flecked. **2** *nm* paving.
empedrar [1k] *vt* to pave.
empeine *nm* (**a**) (*de pie, zapato*) instep; (*vientre*) groin. (**b**) **~s** (*Med*) impetigo.
empelotado *adj* (*LAm fam: desnudo*) naked, stripped.
empelotar [1a] **1** *vt* (*LAm: desvestir*) to undress, strip to the skin. **2 empelotarse** *vr* (**a**) (*fam*) to get into a row. (**b**) (*LAm*) to strip naked. (**c**) (*Carib, Méx: fam: enamorarse*) to fall head over heels in love.
empella *nf* (**a**) (*de zapato*) upper. (**b**) (*LAm*) lard.
empellar [1a] *vt* to push, jostle.
empellón *nm* push, shove; **mover a ~es** to shove, move by pushing; **abrirse paso a ~es** to push roughly past; **dar ~es** to shove, jostle.
empenachar [1a] *vt* to adorn with plumes.
empeñado *adj* (**a**) (*objeto de valor*) pawned. (**b**) **estar ~ hasta los ojos** to be deeply in debt. (**c**) (*persona*) determined; **estar ~ en hacer algo** to be determined to do sth. (**d**) (*discusión*) bitter, heated.
empeñar [1a] **1** *vt* (**a**) (*objeto de valor*) to pawn, pledge. (**b**) (*palabra*) to give; (*persona*) to engage, compel. (**c**) (*batalla*) to join; (*discusión*) to start. **2 empeñarse** *vr* (**a**) (*prometer*) to bind o.s., pledge o.s.. (**b**) (*endeudarse*) to get into debt. (**c**) ~ **en algo** to insist on sth; ~ **en hacer algo** to be set on doing sth; **se empeña en que es así** he insists that it is so. (**d**) ~ **en una lucha** to engage in a fight; ~ **en una discusión** to get involved in a heated argument. (**e**) ~ **por algn** to intercede for sb.
empeñero *nm* (*Méx*) pawnbroker, moneylender.
empeño *nm* (**a**) (*objeto*) pledge. (**b**) (*promesa*) obligation, undertaking. (**c**) (*resolución*) determination (*en hacer algo* to do sth); **con** ~ insistently; (*con celo*) eagerly, keenly; **poner ~ en algo** to put a lot of effort into sth; **poner ~ en hacer algo** to strive to do sth; **tener ~ en hacer algo** to be bent on doing sth. (**d**) (*tienda*) pawnshop. (**e**) (*empresa*) undertaking; **morir en el** ~ to die in the attempt.
empeoramiento *nm* deterioration, worsening.
empeorar [1a] **1** *vt* to make worse, worsen. **2** *vi*, **empeorarse** *vr* to get worse, worsen.
empequeñecer [2d] *vt* (**a**) (*hacer parecer más pequeño*) to dwarf, make (seem) smaller. (**b**) (*minimizar*) to minimize, belittle.
emperador *nm* emperor.
emperatriz *nf* empress.
emperejilarse [1a] *vr* to dress up, doll o.s. up.
emperifollarse [1a] *vr* to dress up, doll o.s. up.
emperramiento *nm* stubbornness.
emperrarse [1a] *vr* to get stubborn, be obstinate; ~ **en algo** to persist in sth.
empertigar [1h] *vt* (*Chi: caballo*) to hitch up.
empezar [1f, 1j] *vt, vi* to begin, start; **empezó a llover** it started to rain; **empezó diciendo que** he began by saying that; **empezaré por limpiar todo** I'll begin by cleaning everything; **¡no empieces!** (*a regañar etc*) don't start; **¡no empieces (otra vez)!** don't start on that (all over again)!; **bueno, para** ~ well, to start with; **volver a ~, ~ otra vez** to start over again.
empiece *nm* (*fam*) beginning, start.
empiezo *nm* (*LAm fam*) = **comienzo**.
empilonar [1a] *vt* (*LAm*) to pile up.
empinada *nf* (*Aer*) steep climb.
empinado *adj* (**a**) (*cuesta*) steep; (*edificio*) high, lofty. (**b**) (*fig*) proud.
empinar [1a] **1** *vt* (**a**) to raise; (*botella*) to tip up; ~ **el codo** to booze *(fam).* (**b**) (*enderezar*) to straighten. **2** *vi* (*fam*) to drink, booze. **3 empinarse** *vr* (*persona*) to stand on tiptoe; (*caballo*) to rear up; (*edificio*) to tower, soar; (*Aer*) to zoom upwards.
empingoratado *adj* (*fam*) stuck-up *(fam).*
empiparse [1a] *vr* (*LAm*) to stuff o.s. with food.
empírico 1 *adj* empiric(al). **2** *nm* empiricist.
empirismo *nm* empiricism.
empizarrado *nm* slate roof.
empizarrar [1a] *vt* to roof with slates.
emplastar [1a] *vt* (*Med*) to put a plaster/poultice on.
emplasto *nm* (**a**) (*Med*) poultice. (**b**) (*fig*) makeshift arrangement. (**c**) (*persona*) sickly person.
emplazamiento *nm* (**a**) (*Jur*) summons. (**b**) (*sitio*) location; (*Mil*) (gun) emplacement.
emplazar [1f] *vt* (**a**) (*convocar*) to summon, convene; (*Jur*) to summons. (**b**) (*ubicar*) to site, place; (*estatua etc*) to erect. (**c**) ~ **a algn a hacer algo** to call on sb to do sth.
empleado/a *nm/f* (*gen*) employee; (*oficinista*) clerk, office worker; ~ **bancario** *o* **de banco** bank clerk; ~ **de correos** post-office worker; ~ **del hogar** servant, maid.
emplear [1a] **1** *vt* (**a**) (*usar: herramienta, palabra etc*) to use, employ. (**b**) (*persona*) to employ. (**c**) (*consumir: tiempo*) to occupy, spend; (*: dinero*) to invest; ~ **mal** to misuse; ~ **mal el tiempo** to waste time. **2 emplearse** *vr* to be used, be employed; **¡te está bien empleado!** it serves you right!; ~ **a fondo** to make a great effort, do one's utmost.
empleo *nm* (**a**) (*de algo*) use; (*de tiempo*) spending; (*Com*) investment; **'modo de ~'** 'instructions for use'. (**b**) (*trabajo*) employment, work; ~ **comunitario** community work; **pleno** ~ full employment. (**c**) (*puesto*) job, employment, post; **buscar un** ~ to look for a job; **estar sin** ~ to be unemployed; **'solicitan ~'** 'situations wanted'.
emplomadura *nf* lead covering; (*Arg, Uru: de diente*) filling.
emplomar [1a] *vt* (*vidrieras*) to lead; (*revestir*) to cover *o* line *o* weight with lead; (*precintar*) to seal with lead; (*Arg, Uru: diente*) to fill.
emplumar [1a] **1** *vt* (**a**) to adorn with feathers; (*como castigo*) to tar and feather; **le emplumaron 6 meses de cárcel** (*fam*) they packed him off to prison for six months *(fam).* (**b**) (*LAm fam: estafar*) to swindle. (**c**) (*Hon fam: zurrar*) to beat up, thrash. (**d**) (*Chi fam*) **~las** to run away. **2** *vi* (**a**) to grow feathers. (**b**) (*LAm fam: huir*) to

take to one's heels.
emplumecer 2d *vi* to grow feathers.
empobrecer 2d **1** *vt* to impoverish. **2 empobrecerse** *vr* to become poor.
empobrecimiento *nm* impoverishment.
empolvado *adj* (*sustancia*) powdery; (*superficie*) dusty.
empolvar 1a **1** *vt* (*cara*) to powder; (*superficie*) to cover with dust. **2 empolvarse** *vr* **(a)** (*cara*) to powder one's face; (*superficie*) to get dusty. **(b)** (*CAm, Méx*) to get rusty, get out of practice. **(c)** (*Carib: huir*) to run away.
empollar 1a **1** *vt* **(a)** to incubate, sit on. **(b)** (*Univ etc fam: asignatura*) to swot up *(fam)*. **2** *vi* **(a)** (*gallina*) to sit, brood. **(b)** (*abejas*) to breed. **(c)** (*Univ etc fam*) to swot *(fam)*, cram.
empollón/ona *nm/f* (*Univ etc fam*) swot *(fam)*.
emponchado *adj* **(a)** (*LAm: vestido de poncho*) wearing a poncho, covered with a poncho. **(b)** (*And, CSur: sospechoso*) suspicious.
emponcharse 1a *vr* (*esp LAm*) to put on one's poncho.
emponzoñamiento *nm* poisoning.
emponzoñar 1a *vt* (*lit, fig*) to poison.
emporcar 1g, 1l *vt* to soil.
emporio *nm* emporium, trading centre *o (US)* center; (*LAm*) large department store.
emporrarse 1a *vr* (*fam*) to get stoned *(fam)*.
emporroso *adj* (*CAm, Carib*) annoying.
empotrado *adj* (*armario etc*) built-in; (*Mec*) fixed, integral.
empotrar 1a **1** *vt* (*gen*) to embed, fix; (*armario etc*) to build in. **2 empotrarse** *vr*: **el coche se empotró en la tienda** the car embedded itself in the shop.
empotrerar 1a *vt* **(a)** (*LAm: ganado*) to (put out to) pasture. **(b)** (*Carib, CSur: tierra*) to enclose.
empozarse 1f *vr* (*Méx*) to form pools.
emprendedor(a) 1 *adj* enterprising, go-ahead. **2** *nm/f* (*Fin*) entrepreneur.
emprender 2a *vt* **(a)** (*trabajo*) to undertake; (*viaje*) to embark on; ~ **marcha a** to set out for; ~ **el regreso** to return; ~ **la retirada** to retreat. **(b)** ~**la** to start, set out; ~**la con algn** to have a row with sb; **la emprendieron con el árbitro a botellazos** they attacked the referee by throwing bottles at him.
empresa *nf* **(a)** (*tarea*) enterprise; ~ **libre/privada** free/private enterprise. **(b)** (*Com, Fin: sociedad*) firm, company; ~ **colectiva** joint venture; ~ **funeraria** undertaker's; ~ **particular** private company; ~ **de servicios públicos** public utility company; **pequeñas y medianas ~s** small and medium-sized companies; ~ **pública** public sector company. **(c)** (*esp Teat: dirección*) management; **la ~ lamenta que** ... the management regrets that ....
empresariado *nm* business (world); (*gerentes*) managers *(collectively)*, management.
empresarial *adj* (*función, clase etc*) managerial; **estudios ~es** business studies.
empresario *nm* (*Fin*) businessman; (*Téc*) manager; (*Mús: de opera etc*) impresario; (*Boxeo*) promoter; (*Com*) contractor; ~ **de pompas fúnebres** undertaker, mortician *(US)*; ~ **de transporte** shipping agent.
emprestar 1a *vt* (*LAm fam: dar prestado*) to lend.
empréstito *nm* (public) loan; ~ **de guerra** war loan; (*Com*) loan capital.
empujada *nf* (*LAm*) push, shove.
empujadora-niveladora *nf* bulldozer.
empujar 1a *vt* **(a)** (*gen*) to push; (*con fuerza*) to shove, thrust (*en* into); (*Mec*) to drive; (*bicicleta*) to push; **'empujar'** (*en puertas*) 'push'; **¡no empujen!** stop pushing! **(b)** (*fig: presionar*) to push, press. **(c)** ~ **algo** (*fam*) to work behind the scenes for sth.
empujatierra *nf* bulldozer.
empuje *nm* **(a)** (*gen*) pressure; (*Mec, Fís*) thrust. **(b)** (*un* ~) push, shove. **(c)** (*fig*) push, drive; **le falta ~** he lacks drive; **en un espíritu de ~** in a thrustful spirit.
empujón *nm* push, shove; (*fig*) push, drive; **abrirse paso a ~es** to shove one's way through; **avanzar a ~es** to go forward in fits and starts; **dar un ~ a algo** (*fig*) to push sth through *o* forward.
empuñadura *nf* **(a)** (*de espada*) hilt; (*de herramienta etc*) handle. **(b)** (*de cuento*) start, opening.
empuñar 1a *vt* **(a)** to grasp, clutch. **(b)** (*fig*) ~ **las armas** to take up arms; ~ **el bastón** to take command.
empurrarse 1a *vr* (*CAm*) to get angry.
E.M.T. *nf abr* (*Esp*) *de* **Empresa Municipal de Transportes.**
emú *nm* emu.
emulación *nf* emulation.
emulador(a) 1 *adj* emulous (*de* of). **2** *nm/f* rival.
emular 1a *vt* to emulate, rival.
emulgente *nm* emulsifier.
émulo/a *nm/f* rival, competitor.
emulsión *nf* emulsion.
emulsionante *nm* emulsifier.
emulsionar 1a *vt* to emulsify.
EN *abr* (*Esp*) *de* **Editora Nacional.**
en *prep* **(a)** (*sitio*) in; (*dirección*) into; (*sobre*) on, upon; **está ~ el cajón** it's in the drawer; **está ~ Argentina** he's in Argentina; **está ~ algún lugar de la Mancha** he's at some place in La Mancha; ~ **casa** at home; ~ **el colegio/la oficina** at school/the office; **te esperé ~ la estación** I waited for you at the station; **trabaja ~ la tienda** she works in the shop; **entra ~ el coche** get into the car; **meterse algo ~ el bolsillo** to put sth in(to) one's pocket; **está ~ el suelo** it's on the floor; **ir de puerta ~ puerta** to go from door to door.
(b) (*tiempo*) in, on; ~ **1605** in 1605; ~ **el siglo X** in the 10th century; ~ **invierno/enero** in winter/January; ~ **aquella ocasión** on that occasion; **lo terminaron ~ 3 semanas** they finished it in 3 weeks; ~ **la mañana/tarde** *etc* (*LAm*) in the morning/evening *etc.*
(c) (*transporte*) by; ~ **avión/coche/autobús** by plane/car/bus.
(d) (*modo*) in; ~ **inglés** in English; ~ **color** in colour *o (US)* color; ~ **pantalón corto** in shorts; ~ **voz alta** loudly.
(e) (*precio*) at, for; **lo vendió ~ 5 dólares** he sold it at *o* for 5 dollars.
(f) (*tema, ocupación*) **experto ~ la materia** expert on the subject; **bueno ~ dibujo** good at drawing; **trabaja ~ la construcción** he works in the building trade.
(g) (*proporción*) by; **reducir algo ~ una tercera parte** to reduce sth by a third; **ha aumentado ~ un 20 por ciento** it has increased by 20%.
(h) (*con infinitivo*) **le conocí ~ el andar** I recognized him by his walk; **fue el último ~ hacerlo** he was the last to do it.
(i) (*con gerundio*) ~ **viéndole se lo dije** the moment I saw him I told him.
enaceitar 1a *vt* to oil.
ENAGAS, Enagas *nf abr* (*Esp*) *de* **Empresa Nacional del Gas.**
enagua *nf* (*esp LAm*), **enaguas** *nfpl* petticoat.
enajenación *nf*, **enajenamiento** *nm* **(a)** (*Jur etc*) alienation; ~ **forzosa** expropriation. **(b)** (*distracción*) absentmindedness; (*éxtasis*) rapture, trance; ~ **mental** mental derangement.
enajenar 1a **1** *vt* **(a)** (*Jur etc: propiedad*) to alienate, transfer; (*: derechos*) to dispose of. **(b)** (*persona*) to alienate, estrange. **(c)** (*fig*) to enrapture, carry away; (*volver loco*) to drive mad. **2 enajenarse** *vr* **(a)** ~ **algo** to deprive o.s. of sth; ~ **las simpatías** to make o.s. disliked. **(b)** (*amigos*) to become estranged. **(c)** (*extasiarse*) to be enraptured, get carried away.
enaltecer 2d *vt* to extol.
enamoradizo *adj* who easily falls in love.
enamorado *adj* **(a)** in love; **estar ~** to be in love (*de*

with). (**b**) (*aficionado*) **es un ~ de la ópera** he's a real opera fan, he really loves opera.
enamoramiento *nm* falling in love.
enamorar 1a **1** *vt* (**a**) to win the love of. (**b**) (*gustar mucho*) **me enamora este paisaje** I simply adore this scenery. **2 enamorarse** *vr* (**a**) to fall in love (*de* with). (**b**) (*fig*) **~ de** to become a real fan of, become dead keen on.
enamoricarse 1g *vr* (*fam*), **enamoriscarse** 1g *vr* (*fam*) to be just a bit in love (*de* with).
enangostar 1a **1** *vt* to narrow. **2 enangostarse** *vr* to narrow, get narrower.
enanismo *nm* (*Med*) dwarfism.
enano/a 1 *adj* dwarf *atr*. **2** *nm/f* dwarf, midget; (*pey*) runt; **disfrutar** *o* **pasárselo como un ~** to have a brilliant time.
enarbolar 1a **1** *vt* (*bandera etc*) to hoist; (*espada etc*) to flourish. **2 enarbolarse** *vr* (**a**) (*persona*) to get angry. (**b**) (*caballo*) to rear up.
enarcar 1g *vt* (**a**) (*Téc*) to put a hoop on. (**b**) (*cejas*) to raise; (*lomo*) to arch; (*pecho*) to throw out.
enardecer 2d **1** *vt* (*pasión*) to inflame; (*persona*) to fill with enthusiasm. **2 enardecerse** *vr* (**a**) (*Med*) to become inflamed. (**b**) (*fig*) to get excited, get enthusiastic (*por* about).
enarenar 1a **1** *vt* to cover with sand. **2 enarenarse** *vr* (*Náut*) to run aground.
enastado *adj* horned.
encabalgamiento *nm* (*Lit*) enjambement.
encabestrar 1a *vt* (**a**) (*caballo*) to put a halter on. (**b**) (*fig*) to overcome.
encabezado *adj* (*vino*) fortified.
encabezamiento *nm* (*en periódico*) headline, caption; (*preámbulo*) foreword, preface; (*de carta*) heading; (*Com*) bill head, letterhead.
encabezar 1f *vt* (**a**) (*movimiento, revolución etc*) to lead, head. (**b**) (*lista, liga etc*) to head, be at the top of. (**c**) (*papel, documento*) to put a heading to; (*artículo*) to head, entitle. (**d**) (*vino*) to fortify.
encabritarse 1a *vt* (**a**) (*caballo*) to rear up. (**b**) (*fig: enfadarse*) to get riled (*fam*), get cross.
encabronar 1a *vt* to make angry.
encachar 1a *vt* (*Taur: cabeza*) to lower before charging.
encachilarse 1a *vr* (*Arg fam*) to get furious.
encachorrarse 1a *vr* (*And*) to get angry.
encadenación *nf*, **encadenamiento** *nm* (**a**) chaining (together). (**b**) (*fig*) linking, connection, concatenation.
encadenar 1a *vt* (**a**) (*atar con cadenas*) to chain (together); (*poner grilletes a*) to fetter, shackle; (*fig*) to tie down. (**b**) (*enlazar: ideas*) to connect, link. (**c**) (*fig*) to shackle, paralyze, immobilize.
encajadura *nf* (**a**) (*acto*) insertion. (**b**) (*hueco*) socket; (*ranura*) groove.
encajar 1a **1** *vt* (**a**) (*ajustar*) to insert, fit (*en* into); (*meter a la fuerza*) to push in, thrust in; (*máquina etc*) to house, encase; (*partes*) to join, fit together.
(**b**) (*comentario*) to get in; (*cuento, sermón*) to come out with; (*insinuación*) to drop; (*insulto*) to hurl (*a* at).
(**c**) **~ algo a algn** to palm *o* foist sth off on sb; **~ una historia a algn** to force sb to listen to a (disagreeable) story.
(**d**) (*fam: golpe*) to give, deal; **le encajó un bofetón** he gave him a punch.
(**e**) (*aguantar: golpe, broma*) to take; (*: desgracia*) to suffer; **ha sabido ~ bien el golpe** he was able to cope well with the shock.
2 *vi* (**a**) (*ajustar*) to fit; **esto no encaja bien** this doesn't fit properly.
(**b**) (*corresponder a*) to fit, correspond; **esto no encaja con lo que dijo antes** this does not tally with what he said before.
3 encajarse *vr* (**a**) (*fam: introducirse*) to squeeze (o.s.) in.
(**b**) (*atascarse*) to get jammed, get stuck.
(**c**) **~ un sombrero** to put on a hat.
encaje *nm* (**a**) (*acto*) insertion, fitting. (**b**) (*hueco*) socket; (*ranura*) groove; (*Mec*) housing. (**c**) (*taracea*) inlay, mosaic; (*Cos*) lace; **~ de aplicación** appliqué (work). (**d**) (*Fin*) reserve, stock; **~ de oro** gold reserve.
encajero/a *nm/f* lacemaker.
encajetillar 1a *vt* to pack in boxes, box.
encajonar 1a **1** *vt* (**a**) to box (up), put in a box; (*Mec*) to box in. (**b**) (*río*) to canalize. (**c**) (*meter en un sitio estrecho*) to squeeze in *o* through. **2 encajonarse** *vr* (*río*) to run between steep banks.
encalabrinar 1a **1** *vt* (**a**) (*suj: vino*) to go to one's head. (**b**) **~ a algn** to get sb worked up. (**c**) (*fam*) **~ a una** to attract a girl. **2 encalabrinarse** *vr*: **~ de una** (*fam*) to get infatuated with a girl.
encalambrarse 1a *vr* (*LAm*) to get cramp; (*: aterirse*) to get stiff with cold.
encalar 1a *vt* (*pared*) to whitewash.
encalmado *adj* (**a**) (*Náut*) becalmed. (**b**) (*Com, Fin*) quiet, slack.
encalmarse 1a *vr* to calm down.
encalvecer 2d *vi* to go bald.
encalladero *nm* shoal, sandbank.
encallar 1a **1** *vi* (**a**) (*Náut*) to run aground, get stranded (*en* on). (**b**) (*fracasar*) to fail; (*en gestiones etc*) to get bogged down. **2 encallarse** *vr* (**a**) (*Náut*) to run aground, get stranded (*en* on). (**b**) (*carne*) to go rubbery.
encallecer 2d *vi*, **encallecerse**, *vr* to harden, form corns.
encallecido *adj* hardened.
encamarse 1a *vr* (**a**) to take to one's bed; **estar encamado** to be confined to bed. (**b**) (*maíz etc*) to be flattened. (**c**) (*animal*) to crouch, hide.
encaminar 1a **1** *vt* (**a**) (*poner en camino*) to direct, set on the right road (*a* to); **pude ~le** I was able to tell him the way to go.
(**b**) (*vehículo, expedición etc*) to route (*por* via).
(**c**) (*fig*: *orientar*: *atención, fuerza etc*) to direct (*a* towards); **medidas encaminadas a corregir esto** measures designed to correct this; **el proyecto está encaminado a ayudarles** the plan is directed towards helping them *o* is designed to help them.
2 encaminarse *vr* (**a**) **~ a** (*dirigirse a*) to set out for, take the road to.
(**b**) **~ a** (*tener como objetivo*) to be directed towards, be intended for.
encamotado *adj*: **estar ~** (*LAm fam*) to be in love (*de* with).
encamotarse 1a *vr* (*LAm fam*) to fall in love (*de* with).
encampanado *adj* bell-shaped.
encampanar 1a **1** *vt* (*elevar*) to raise. **2 encampanarse** *vr* (*LAm: encumbrarse*) to rise; (*Col, Méx: enamorarse*) to fall in love.
encanallarse 1a *vr* (*rebajarse*) to degrade o.s.; (*soltar la lengua*) to become coarse.
encandecer 2d *vt* to make white-hot.
encandilado *adj* (**a**) high, erect. (**b**) (*fig fam: deslumbrado*) **estar ~ con algn** to be all taken with sb.
encandilar 1a **1** *vt* (**a**) (*deslumbrar*) to dazzle. (**b**) (*lumbre*) to stir, poke. (**c**) (*persona*) to daze, bewilder. (**d**) (*fig: emoción*) to kindle, stimulate. **2 encandilarse** *vr* (**a**) (*ojos*) to light up. (**b**) (*And, Carib: asustarse*) to get scared.
encanecer 2d *vi*, **encanecerse** *vr* (**a**) (*pelo*) to go grey *o* (*US*) gray; (*persona*) to go grey, look old. (**b**) (*fig*) to go mouldy *o* (*US*) moldy.
encanijado *adj* weak, puny.
encanijarse 1a *vr* to grow weak, become emaciated.
encantado *adj* (**a**) (*hechizado*) bewitched; (*casa*) haunted; (*sitio*) romantic. (**b**) (*muy contento*) delighted, pleased; **¡~!** (*presentación*) how do you do!, pleased to

meet you; **estoy ~ de conocerle** I'm delighted to meet you; **yo, ~** it's all right with me. (**c**) (*distraído*) absent-minded; **parecer estar ~** to seem to be in a trance.

encantador(a) 1 *adj* (*persona*) charming, delightful; (*sitio*) lovely. **2** *nm/f* magician, enchanter/enchantress; **~ de serpientes** snake charmer.

encantamiento *nm* enchantment.

encantar [1a] *vt* (**a**) (*hechizar*) to bewitch, cast a spell on *o* over. (**b**) (*gustar mucho*) to charm, delight; (*cautivar*) to captivate, fascinate; **nos encanta la casa** we are delighted with the house; **me encantan las flores** I love flowers.

encanto *nm* (**a**) (*magia*) charm, spell; **como por ~** as if by magic; (*fig*) in a flash. (**b**) (*atractivo*) charm; (*gozo*) delight; **la playa es un ~** the beach is delightful; **¡qué ~ de jardín!** what a lovely garden!; **¡es un ~ de mujer!** what a delightful woman!; **se dejó seducir por sus ~s** he got led astray by her charms. (**c**) (*expresión de ternura*) sweetheart, my love; **¡oye, ~!** hullo gorgeous! *(fam)*.

encañada *nf* ravine.

encañado *nm* pipe.

encañar [1a] *vt* (**a**) (*agua*) to pipe. (**b**) (*planta*) to stake. (**c**) (*tierra*) to drain.

encañizado *nm* wire netting fence.

encañonar [1a] **1** *vt* (**a**) (*agua*) to pipe. (**b**) (*fam: asaltar con arma*) to stick up *(fam)*, hold up; (*amenazar*) to cover (with a gun). **2** *vi* (*pájaros*) to grow feathers.

encapotado *adj* (**a**) (*con capa*) wearing a cloak. (**b**) (*cielo*) cloudy, overcast.

encapotarse [1a] *vr* (*Met*) to become cloudy *o* overcast.

encapricharse *vr* to take a fancy (*con o por algo* to sth).

encapuchado *adj* hooded.

encarado *adj*: **bien ~** good-looking; **mal ~** plain.

encaramar [1a] **1** *vt* (**a**) (*subir*) to raise, lift up. (**b**) (*alabar*) to praise, extol, extoll *(US)*. **2 encaramarse** *vr* (*subir*) to perch, sit up high; **~ a** (*árbol etc*) to climb up *o* on to.

encarar [1a] **1** *vt* (**a**) (*arma*) to aim, point. (**b**) (*estar de cara a*) to face; (*afrontar*) to face up to. **2 encararse** *vr*: **~ a** *o* **con** to confront, come face to face with; **se encaró en seguida con el problema** he immediately faced up to the problem.

encarcelación *nf*, **encarcelamiento** *nm* imprisonment.

encarcelar [1a] *vt* to imprison, jail.

encarecer [2d] **1** *vt* (**a**) (*Com*) to put up the price of. (**b**) (*alabar*) to praise, extol, extoll *(US)*; (*persona*) to recommend; (*dificultad*) to stress, emphasize; (*exagerar*) to exaggerate; **le encarezco que lo haga** I urge you to do it. **2** *vi*, **encarecerse** *vr* (*Com*) to get dearer.

encarecidamente *adv* insistently, earnestly.

encarecimiento *nm* (**a**) (*de precio*) price increase. (**b**) (*alabanza*) extolling; (*insistencia*) stressing, emphasizing; (*exageración*) exaggeration; **con ~** insistently, strongly.

encargado/a 1 *adj*: **el empleado ~ de estos géneros** the employee in charge of these stocks. **2** *nm/f* (*agente*) agent, representative; (*persona responsable*) person in charge; **~ de negocios** (*Pol*) chargé d'affaires; **~ de obra** foreman, site manager; **~ de prensa** press officer; **~ de relaciones públicas** public relations officer; **~a de vestuario** (*Teat*) wardrobe mistress.

encargar [1h] **1** *vt* (*confiar*) to entrust; (*aconsejar*) to recommend, advise; (*pedir*) to ask for; (*Com*) to order; **~ algo a algn** to put sb in charge of sth; **~ un niño** (*Méx fam*) to fall pregnant. **2 encargarse** *vr* (**a**) **~ de algo** to take charge of sth, take sth over; **él se encarga del negocio** he looks after the business; **no irá, de eso me encargo yo** he won't be going, I'll make sure of that. (**b**) **~ de hacer algo** (*ver de*) to see about doing sth, undertake to do sth.

encargo *nm* (**a**) (*tarea*) assignment, job; (*puesto*) post; (*orden*) commission; (*responsabilidad*) responsibility; **hacer ~s** to run errands. (**b**) (*petición*) order, request; (*Com*) order (*de* for); **(hecho) de ~** ready made. (**c**) **estar con** *o* **de ~** (*LAm fam*) to be in the family way *(fam)*.

encariñado *adj*: **estar ~ con** to be fond of.

encariñarse [1a] *vr*: **~ con** to grow fond of, get attached to; (*Psicol*) to bond.

encarnación *nf* (*Rel*) incarnation; (*personificación*) embodiment.

encarnadino *adj* blood-red.

encarnado *adj* (**a**) (*Rel, fig*) incarnate; **es la sencillez ~a** it's simplicity itself. (**b**) (*color*) red; (*tez*) ruddy; (*: pey*) florid; **ponerse ~** to blush.

encarnadura *nf*: **tiene buena ~** his skin heals (up) well.

encarnar [1a] **1** *vt* (*gen*) to personify; (*Teat: papel*) to play, bring to life. **2** *vi* (**a**) (*Rel etc*) to become incarnate. (**b**) (*Med*) to heal (up). **3 encarnarse** *vr* (*Rel*) to become incarnate, to be made flesh.

encarnizadamente *adv* (*fig*) bloodily, fiercely.

encarnizado *adj* (**a**) (*herida*) red, inflamed; (*ojo*) bloodshot. (**b**) (*batalla*) bloody, fierce.

encarnizamiento *nm* (*V vt*) rage, fury; bitterness, ferocity.

encarnizar [1f] **1** *vt* (*enfadar*) to enrage; (*volver cruel*) to make cruel. **2 encarnizarse** *vr* (**a**) **~ en** (*atracarse*) to gorge o.s. on. (**b**) (*luchar*) to fight fiercely; **~ con** *o* **en** to be cruel to.

encarpetar [1a] *vt* (**a**) (*papeles*) to file away; (*proyecto etc*) to shelve, bury. (**b**) (*LAm: moción*) to shelve, bury.

encarrilar [1a] *vt* (**a**) (*tren*) to put back on the rails. (**b**) (*fig*) to put on the right track; (*: corregir*) to correct; (*: dirigir*) to direct, guide.

encartar [1a] **1** *vt* (**a**) to enrol, enroll *(US)*, enter (on a list); (*Jur*) to summon. (**b**) (*criminal*) to outlaw. **2** *vi* (*Naipes*) to lead. **3 encartarse** *vr* (*Naipes*) *to take on one's opponent's suit.*

encarte *nm* (**a**) (*Tip*) insert, inset. (**b**) (*Naipes*) lead.

encartuchar [1a] *vt* (*LAm: papel*) to roll up into a cone.

encasar [1a] *vt* (*hueso*) to set.

encasillado 1 *adj* (*actor*) typecast. **2** *nm* (set of) pigeonholes.

encasillar [1a] *vt* (**a**) (*poner en casillas*) to pigeonhole; (*clasificar*) to classify; (*archivar*) to file. (**b**) (*Teat etc*) to typecast.

encasquetar [1a] *vt* (**a**) (*sombrero*) to pull down tight. (**b**) **~ una idea a algn** to put an idea into sb's head. (**c**) (*fam*) **~ algo a algn** to foist sth on sb.

encasquillador *nm* (*LAm*) blacksmith.

encasquillar [1a] *vt* (*LAm: caballo*) to shoe.

encastillado *adj* (**a**) (*Arquit*) castellated. (**b**) (*soberbio*) haughty; (*obstinado*) stubborn.

encausar [1a] *vt* to prosecute, sue.

encauzar [1f] *vt* (**a**) (*agua, río*) to channel. (**b**) (*fig*) to channel, direct; **las protestas se pueden ~ a fines positivos** the protests can be guided into useful channels.

encefalitis *nf* encephalitis; **~ (letárgica)** sleeping sickness.

enceguecer [2d] (*LAm*) **1** *vt* to blind. **2** *vi* **enceguecerse** *vr* to go blind.

encelar [1a] **1** *vt* to make jealous. **2 encelarse** *vr* to become jealous.

encenagarse [1h] *vr* (**a**) to get muddy. (**b**) (*fig*) to become depraved.

encendedor *nm* (*esp LAm: mechero*) lighter; **~ de bolsillo** pocket lighter; **~ de cigarrillos/de gas/eléctrico** cigarette/gas/electric lighter; **~ del gas** gas poker.

encender [2g] **1** *vt* (**a**) (*gen*) to light; (*pegar fuego a*) to set alight *o* on fire, set fire to; (*cerilla*) to strike; (*luz, radio*) to turn *o* switch *o* put on; (*Inform*) to toggle on, switch on.

(**b**) (*avivar: pasiones etc*) to inflame; (*despertar: entusiasmo*) to arouse; (*: celos, odio*) to awake; (*guerra*) to spark off.

2 encenderse *vr* (**a**) (*gen*) to light; (*prenderse*) to catch (fire), ignite; (*arder más*) to flare up; **¿cuándo se encienden las luces?** when is lighting-up time? (**b**) (*iluminarse: cara*) to light up; (*exaltarse*) to get excited; (*ruborizarse*) to blush; (*estallar*) to break out; ~ **de ira** to flare up with rage.

encendidamente *adv* passionately, ardently.

encendido 1 *adj* (**a**) (*gen*) alight; (*colilla, fuego*) lighted, lit; (*ardiendo*) burning, on fire; (*luz, radio*) (switched) on; (*hilo*) live. (**b**) (*rojo vivo*) bright red; (*mejillas*) glowing (*de* with); (*cara: por el vino etc*) flushed; (*: por la ira*) purple; (*mirada*) fiery, passionate. **2** *nm* (*de faroles etc*) lighting; (*Aut*) ignition; ~ **eléctrico** electric lighting.

encerado 1 *adj* (*suelo*) waxed, polished; (*de color cera*) wax-coloured, wax-colored *(US)*. **2** *nm* (**a**) (*hule*) oilcloth; (*Náut*) tarpaulin. (**b**) (*Escol etc*) blackboard.

encerador(a)[1] *nm/f* (*persona*) polisher.

enceradora[2] *nf* polishing machine.

encerar [1a] *vt* (*suelo*) to wax, polish.

encerradero *nm* fold, pen.

encerrar [1j] **1** *vt* (**a**) to shut in; (*con llave*) to lock in *o* up; (*cercar*) to enclose; (*confinar*) to confine. (**b**) (*abarcar*) to include, comprise; **el libro encierra profundas verdades** the book contains deep truths. (**c**) (*implicar*) to involve, imply. **2 encerrarse** *vr* (**a**) to shut *o* lock o.s. up *o* in; (*aislarse*) to go into seclusion; ~ **en uno mismo** to withdraw into o.s. (**b**) (*como protesta*) to do a sit-in.

encerrona *nf*: **preparar a algn una** ~ (*fig fam*) to put sb in a tight spot.

encespedar [1a] *vt* to turf.

enceste *nm* (*Dep*) basket.

encía *nf* gum.

encíclica *nf* encyclical.

enciclopedia *nf* encyclopaedia.

enciclopédico *adj* encyclopaedic.

encierro *nm* (**a**) (*acto de encerrar*) shutting-in, locking; (*cercado*) confinement; (*de manifestantes*) sit-in; (*en fábrica*) work-in, sit-down strike. (**b**) (*reclusión*) enclosure; (*cárcel*) prison; (*Agr*) pen; (*Taur*) bull pen. (**c**) (*Taur*) penning.

encima 1 *adv* (**a**) (*lugar*) above; **hay una torre con dos estatuas** ~ there's a tower with two statues on top; **ves el cerro y** ~ **la iglesia** you can see the hill and at the top the church; **el avión pasó por** ~ the plane passed overhead; **póngalo** ~ put it on top.

(**b**) (*fig*) **echarse algo** ~ to take sth upon o.s.; **la policía se les ha echado** ~ the police got hold of them; **quitarse algo/algn de** ~ to get rid of sth/sb, shake sth/sb off; **la guerra está** ~ war is imminent; **muy por** ~ very superficially *o* hastily; **leer algo muy por** ~ to skim over *o* through sth; **no llevo dinero** ~ I haven't any money on me; **tienes bastante** ~ you've got enough to worry about; **se me vino** ~ (*sorpresa*) it took me by surprise.

(**c**) (*además*) as well, besides; **le regalaron una máquina fotográfica y** ~ **5 carretes** they gave him a camera and 5 rolls of film as well; **no viniste y** ~ **no me llamaste** you didn't come and on top of that you didn't ring me.

2 *prep* (**a**) ~ **de** (*sobre*) on (top of); (*más arriba*) above; ~ **de la puerta colgaba una cruz** a cross hung above the door; **por** ~ **de** over; **por** ~ **de mis posibilidades** beyond my ability; **estoy por** ~ **de él en categoría** I'm of a higher standard than him; **estamos** *o* **quedamos por** ~ **de aquello** we are above that sort of thing; **quiero hacerlo por** ~ **de todo** I want to do it above all else.

(**b**) ~ **de** (*además*) besides, in addition to; **y luego** ~ **de todo eso** and then, to cap it all.

(**c**) (*esp CSur*) ~ **nuestro** *etc* above us *etc*; **está siempre** ~ **mío vigilando lo que hago** he's always on top of me watching everything I do.

encimar [1a] *vt* (**a**) (*LAm fam*) to add as a bonus. (**b**) (*Dep*) to mark.

encimera *nf* worktop, work surface.

encina *nf* ilex, holm oak.

encinta *adj* pregnant; (*Zool*) with young; **mujer** ~ pregnant woman; **dejar a una** ~ to get a girl pregnant.

encizañar [1a] *vt, vi* to sow discord *o* create trouble (among).

enclaustrar [1a] *vt* (*Rel*) to cloister; (*fig*) to hide away.

enclavar [1a] *vt* (**a**) (*clavar*) to nail; (*traspasar*) to pierce, transfix. (**b**) (*empotrar*) to embed, set; (*edificio*) to place; **las ruinas están enclavadas en un valle** the ruins are set in a valley. (**c**) (*fam: engañar*) to swindle.

enclave *nm* (*Pol etc*) enclave.

enclenque *adj* weak, sickly.

enclítico *adj* enclitic.

encobar [1a] *vi*, **encobarse** *vr* (*gallina*) to brood.

encofrar [1a] *vt* to plank, timber.

encoger [2c] **1** *vt* (**a**) (*tejidos*) to shrink. (**b**) (*fig: acobardar*) to intimidate. **2** *vi* (*tela*) to shrink. **3 encogerse** *vr* (**a**) to shrink. (**b**) ~ **de hombros** to shrug one's shoulders. (**c**) (*acobardarse*) to cringe; (*desanimarse*) to get discouraged; (*avergonzarse*) to be shy *o* timid.

encogidamente *adv* (*fig*) shyly, bashfully.

encogido *adj* (**a**) (*tejido*) shrunken; (*marchito*) shrivelled, shriveled *(US)*. (**b**) (*tímido*) shy, bashful.

encogimiento *nm* (**a**) (*de tejidos*) shrinking. (**b**) ~ **de hombros** shrug (of the shoulders). (**c**) (*timidez*) shyness, bashfulness.

encohetarse [1a] *vr* (*And, CAm*) to get furious.

encojar [1a] **1** *vt* to lame, cripple. **2 encojarse** *vr* to go lame *(fam)*; (*fingir enfermedad*) to pretend to be ill.

encolar [1a] *vt* (*engomar*) to glue, paste; (*aprestar*) to size; (*pegar*) to stick down *o* together.

encolerizar [1f] **1** *vt* to anger, provoke. **2 encolerizarse** *vr* to get angry.

encomendar [1j] **1** *vt* to entrust, commend (*a* to, to the charge of). **2 encomendarse** *vr*: ~ **a** to entrust o.s. to.

encomendería *nf* (*Per*) grocery store.

encomendero *nm* (*Per*) grocer.

encomiable *adj* laudable, praiseworthy.

encomiar [1b] *vt* to praise, pay tribute to.

encomienda *nf* (**a**) (*encargo*) charge, mission; (*elogio*) praise. (**b**) (*LAm Hist*) *colonial grant of land and native inhabitants to a settler*. (**c**) (*LAm: almacén*) warehouse (*: paquete postal*) parcel.

encomio *nm* praise, eulogy.

encomioso *adj* (*LAm*) laudatory, eulogistic.

enconado *adj* (**a**) (*Med: inflamado*) inflamed; (*: dolorido*) sore. (**b**) (*discusión*) bitter.

enconamiento *nm* (*Med*) inflammation, soreness.

enconar [1a] **1** *vt* (**a**) (*Med: inflamar*) to inflame; (*: provocar dolor a*) to make sore. (**b**) (*fig*) to anger, irritate. **2 enconarse** *vr* (**a**) (*Med*) to become inflamed; (*: supurar*) to fester. (**b**) (*persona*) to get angry *o* irritated; (*agravio*) to fester, rankle.

enconcharse [1a] *vr* (*fig*) to go into one's shell.

encono *nm* (**a**) (*rencor*) rancour, rancor *(US)*, spite(fulness); (*mala leche*) bad blood. (**b**) (*Col, Méx*) inflammation, soreness.

enconoso *adj* (**a**) (*Med*) sensitive. (**b**) (*fig*) resentful, malevolent.

encontrado *adj* (*situación*) conflicting; (*posiciones*) opposite.

encontrar [1l] **1** *vt* (**a**) (*hallar*) to find.

(**b**) (*considerar*) **lo encontró bastante fácil** he found it pretty easy; **no sé lo que le encuentran** I don't know what they see in her.

(**c**) (*topar con*) to meet, encounter; ~ **dificultades** to run into trouble.

2 encontrarse *vr* (**a**) (*personas*) to meet (each other); ~ **con algn** to meet *o* run across sb; ~ **con un obstáculo** to encounter an obstacle; **me encontré con que no tenía gasolina** I found I was out of petrol *o (US)* gas.

(**b**) (*vehículos*) to crash, collide; (*opiniones etc*) to clash, conflict.

(**c**) (*situarse*) to be (situated *o* located), stand; **se**

encuentra en la plaza principal it is in the main square. (**d**) (*hallarse*) to find o.s., be. (**e**) (*sentirse*) **se encuentra enferma** she is ill; ~ **tranquilo** to be at ease, be relaxed; **¿cómo te encuentras ahora?** how are you now?; **no se encuentra aquí en este momento** he's not here at the moment.

encontrón, encontronazo *nm* collision, crash.

encoñado (*fam*) *adj*: **estar ~ con algn** (*enamorado*) to have the hots for sb (*fam*); **estar ~ con algo** (*encaprichado*) to be mad keen on sth.

encopetado *adj* (*altanero*) haughty; (*presumido*) conceited; (*de buen tono*) posh (*fam*), grand.

encopetarse [1a] *vr* to get conceited, give o.s. airs.

encorchar [1a] *vt* (**a**) (*botella*) to cork. (**b**) (*abejas*) to hive.

encordado *nm* (*Boxeo*) ring.

encordar [1l] **1** *vt* (**a**) (*Mús*) to fit strings to. (**b**) (*atar*) to bind, tie (with ropes). (**c**) (*espacio*) to rope off. **2 encordarse** *vr* (*alpinistas*) to rope themselves together.

encornar [1l] *vt* to gore.

encorralar [1a] *vt* to pen, corral.

encorsetar [1a] *vt* (*fig*) to confine, put into a straitjacket.

encorvado *adj* (*doblado*) curved, bent; (*inclinado*) stooping; (*torcido*) crooked.

encorvadura *nf* (*curva*) curve, curvature; (*torcedura*) bend.

encorvar [1a] **1** *vt* (*doblar*) to bend, curve; (*inclinar*) to bend down *o* over. **2 encorvarse** *vr* (**a**) (*inclinarse*) to stoop. (**b**) (*combarse*) to sag; (*torcerse*) to buckle.

encrespado *adj* curly.

encrespador *nm* curling tongs.

encrespar [1a] **1** *vt* (**a**) (*pelo*) to curl; (*plumas*) to ruffle; (*agua*) to ripple; (*mar*) to make rough. (**b**) (*irritar*) to anger, irritate. **2 encresparse** *vr* (*V vt*) (**a**) to curl; to ripple; to get rough. (**b**) (*fig*) to get cross, get irritated.

encrucijada *nf* (*lit, fig*) crossroads; (*empalme*) intersection; **poner a algn en la ~** (*fig*) to put sb on the spot.

encuadernación *nf* (**a**) binding; **~ en cuero** *o* **piel/tela** leather/cloth binding; **~ en pasta** hardback (binding). (**b**) (*taller*) binder's.

encuadernador(a) *nm/f* bookbinder.

encuadernar [1a] *vt* to bind (*en* in); **libro sin ~** unbound book.

encuadrar [1a] *vt* (**a**) (*cuadro*) to (put in a) frame. (**b**) (*encajar*) to fit, insert (*en* into). (**c**) (*fig: comprender*) to contain.

encuadre *nm* (*Fot etc*) setting, background, frame; (*fig*) setting.

encubierta *nf* fraud.

encubierto 1 *pp de* **encubrir**. **2** *adj* (*oculto*) hidden; (*turbio*) underhand; (*secreto*) undercover; (*crítica*) veiled.

encubridor(a) 1 *adj* concealing. **2** *nm/f* (*de lo robado*) receiver, fence (*fam*); (*que encubre delito*) accessory (after the fact).

encubrimiento *nm* (*gen*) concealment; (*Jur*) complicity.

encubrir [3a] (*pp* **encubierto**) *vt* to hide; (*delincuente*) to harbour, harbor (*US*); (*delito*) to conceal; (*ayudar*) to be an accomplice in.

encuentro *nm* (**a**) (*gen*) meeting; **un ~ fortuito** a chance meeting; **ir** *o* **salir al ~ de algn** to go to meet sb. (**b**) (*Mil*) encounter; (*: escaramuza*) skirmish. (**c**) (*Dep: partido*) match; **~ cumbre** (*Boxeo*) main bout. (**d**) (*Aut etc*) collision, crash; (*de opiniones etc*) clash; **llevarse a algn de ~** (*Carib, Méx: fam: arruinar*) to drag sb down, ruin sb.

encuerado *adj* (*Carib, Méx: fam*) naked.

encuerar [1a] **1** *vt* (*LAm: desnudar*) (**a**) to strip (naked). (**b**) (*fig*) to skin, fleece. **2 encuerarse** *vr* (*LAm fam*) to strip off, get undressed.

encuesta *nf* (**a**) (*gen*) inquiry, investigation (*de* into); **~ judicial** post mortem. (**b**) (*sondeo*) public opinion poll; **E~ Gallup** Gallup Poll; **~ por teléfono** telephone poll.

encuestador(a) *nm/f* pollster.

encuestar [1a] *vt* to poll, take a poll of; **el 69 por 100 de los encuestados** 69% of those polled.

encumbrado *adj* (**a**) (*edificio*) towering, high. (**b**) (*persona*) exalted; (*: pey*) haughty.

encumbramiento *nm* (**a**) (*acto*) raising, elevation. (**b**) (*altura*) height, loftiness.

encumbrar [1a] **1** *vt* (**a**) (*levantar*) to raise, elevate. (**b**) (*persona*) to elevate, exalt (*a* to); (*ensalzar*) to extol. **2 encumbrarse** *vr* (**a**) (*edificio*) to rise, tower. (**b**) (*fig*) **~ sobre** to be far superior to. (**c**) (*engreírse*) to be proud *o* haughty.

encurtido *nm* pickle.

encurtir [3a] *vt* to pickle.

enchapado *nm* (*de metal*) plating; (*de madera*) veneer.

enchaquetarse [1a] *vr* (*And, Carib*) to put one's jacket on.

encharcado *adj* (*terreno*) swamped.

encharcar [1g] **1** *vt* (*tierra*) to swamp, flood. **2 encharcarse** *vr* (**a**) (*tierra*) to swamp, get flooded. (**b**) (*agua: estancarse*) to become stagnant. (**c**) (*Med: pulmones*) to get clogged up.

enchastrar [1a] *vt* (*CSur*) to (make) dirty.

enchicharse [1a] *vr* (*LAm fam*) to get drunk on chicha.

enchilada *nf* (*CAm, Méx*) stuffed tortilla.

enchilado 1 *adj* (**a**) (*CAm, Méx: Culin*) seasoned with chili. (**b**) (*Méx: rojo*) bright red. **2** *nm* (*CAm, Méx*) stew with chili sauce.

enchilar [1a] **1** *vt* (**a**) (*LAm Culin*) to season with chili. (**b**) (*Méx*) to annoy. **2** *vi* (*Méx*) to sting, burn. **3 enchilarse** *vr* (*Méx fam*) to get angry *o* (*US*) mad.

enchiloso *adj* (*CAm, Méx: sabor*) hot.

enchinar [1a] (*Méx*) **1** *vt* to curl, perm. **2 enchinarse** *vr*: **~ el cuerpo** to get gooseflesh.

enchinchar [1a] **1** *vt* (**a**) (*LAm*) to put out, bother. (**b**) (*Méx: asunto*) to delay. **2 enchincharse** *vr* (**a**) (*LAm*) to get infested with bugs. (**b**) (*Arg, Méx: enfadarse*) to get bad-tempered.

enchiquerar [1a] *vt* to pen, corral.

enchironar [1a] *vt* (*fam*) to jail, lock up.

enchisparse [1a] *vr* (*LAm fam*) to get tight (*fam*).

enchufado/a (*fam*) *nm/f* (*influyente*) well-connected person, person with pull; (*cobista*) creep; (*en escuela*) teacher's pet.

enchufar [1a] **1** *vt* (**a**) (*Téc etc*) to join, fit together *o* in; (*Elec*) to plug in. (**b**) (*Com, Fin*) to merge. **2 enchufarse** *vr* (*fam: puesto*) to wangle o.s. a job *etc* (*fam*), get a cushy job (*fam*); (*relacionarse bien*) to get in with the right people.

enchufe *nm* (**a**) (*Téc etc*) joint; (*manguito*) sleeve; (*encaje*) socket. (**b**) (*Elec*) plug; (*caja de enchufe*) point, socket. (**c**) (*fam: influencia*) useful contact; **hay que tener ~s** you've got to have contacts; **lo consiguió por ~s** he pulled strings to do it. (**d**) (*fam: puesto*) cushy job (*fam*).

enchufismo *nm* (*fam*) wirepulling (*fam*).

ende *adv* (*frm*); **por ~** hence, therefore.

endeble *adj* (*Med*) feeble, weak; (*razón*) feeble.

endémico *adj* (*Med*) endemic; (*mal social*) rife, chronic.

endemoniado *adj* (**a**) (*poseído*) possessed (of the devil). (**b**) (*travieso*) devilish, fiendish; (*perverso*) perverse.

endemoniar [1b] **1** *vt* (**a**) (*endiablar*) to bedevil. (**b**) (*fam*) to provoke. **2 endemoniarse** *vr* (*fam*) to get angry.

endentar [1j] *vt, vi* (*Mec*) to engage, mesh (*con* with).

endentecer [2d] *vi* to teethe, cut one's teeth.

enderezado *adj* (*adecuado*) appropriate; (*propicio*) favourable, favorable (*US*).

enderezar [1f] **1** *vt* (**a**) (*poner derecho*) to straighten (out *o* up); (*destorcer*) to unbend.

(**b**) (*poner vertical*) to set upright, stand vertically; (*Náut*) to right.

(**c**) (*arreglar*) to put in order.
(**d**) (*dirigir*) to direct; **las medidas están enderezadas a** *o* **para corregirlo** the measures are designed to correct it.
(**e**) (*fig*) ~ **a algn** to correct sb's faults.
2 enderezarse *vr* (**a**) to straighten up, draw o.s. up; (*Náut*) to right itself; (*Aer*) to flatten out.
(**b**) ~ **a un lugar** to set out for a place.
(**c**) ~ **a hacer algo** to take steps to do sth.

ENDESA *nf abr* (*Esp*) *de* **Empresa Nacional de Electricidad, Sociedad Anónima.**

endeudamiento *nm* indebtedness, (extent of) debt.

endeudarse 1a *vr* to get into debt (*con* with).

endiablado *adj* (**a**) (*diabólico*) devilish, diabolical. (**b**) (*hum*) impish, mischievous. (**c**) (*feo*) ugly. (**d**) (*enfadado*) furious, angry. (**e**) (*carretera*) difficult, dangerous; (*: asunto*) tricky.

endibia *nf* endive.

endilgar 1h *vt* (*fam*) (**a**) (*enviar*) to send; (*encaminar*) to guide. (**b**) (*golpe*) to fetch. (**c**) ~ **algo a algn** to spring sth on sb; ~ **un sermón a algn** to give sb a lecture.

endiñar 1a *vt* (**a**) (*fam: golpe*) to fetch. (**b**) (*fam*) ~ **algo a algn** to label sb with sth.

endiosado *adj* (*vanidoso*) stuck-up (*fam*), conceited; (*reservado*) stand-offish.

endiosarse 1a *vr* (**a**) (*engreírse*) to give o.s. airs; (*ser reservado*) to be stand-offish. (**b**) (*engolfarse*) ~ **en algo** to be(come) absorbed in sth.

enditarse 1a *vr* (*LAm*) to get into debt.

endocrina *nf* (*tb* **glándula** ~) endocrine (gland).

endocrino/a *adj* endocrine *atr*.

endogamia *nf* inbreeding; **engendrado por** ~ inbred.

endomingado *adj* in one's Sunday best.

endomingarse 1h *vr* to put on one's Sunday best.

endorsar 1a = **endosar**.

endosante *nmf* endorser.

endosar 1a *vt* (**a**) (*cheque*) to endorse, back; (*confirmar*) to confirm. (**b**) (*fam*) ~ **algo a algn** to lumber sb with sth.

endosatario/a *nm/f* endorsee.

endoso *nm* endorsement; **sin** ~ unendorsed.

endrina *nf* sloe.

endrino *nm* blackthorn, sloe.

endrogarse 1h *vr* (*And, Méx*) to get into debt.

endulzar 1f *vt* (*lit, fig*) to sweeten; (*suavizar*) to soften.

endurecer 2d **1** *vt* (**a**) (*gen*) to harden, make hard; (*hacer más fuerte*) to toughen; (*barro etc*) to harden, cake. (**b**) (*acostumbrar*) to toughen; ~ **a algn a los peligros** to inure sb to dangers. (**c**) (*volver insensible*) to turn cruel *o* hard. **2 endurecerse** *vr* (**a**) (*V vt*) to harden, get hard; to toughen; to cake, set (firm); (*Fin: precio*) to harden. (**b**) (*volverse insensible*) to become cruel. (**c**) ~ **a los peligros** to inure o.s. to danger.

endurecido *adj* (**a**) (*V vt*) hard; tough; hardened, caked. (**b**) (*resistente*) hardy, tough; ~ **a** used to. (**c**) (*cruel*) cruel, hard-hearted; (*terco*) obdurate.

endurecimiento *nm* (**a**) (*acto*) hardening; ~ **de las arterias** hardening of the arteries. (**b**) (*dureza*) hardness, toughness. (**c**) (*crueldad*) cruelty, callousness.

ENE *abr de* **estenordeste** ENE.

ene *nf* (name of the letter) N; **supongamos que hay ~ objetos** let us suppose there are X objects.

ene. *abr de* **enero** Jan.

enebro *nm* juniper.

enema *nf* enema.

enemigo/a 1 *adj* enemy, hostile; (*poco amistoso*) unfriendly; **ser ~ de** (*persona*) to dislike, be hostile to; (*tendencia*) to be inimical to. **2** *nm/f* enemy; (*adversario*) foe, opponent; **pasarse al** ~ to go over to the enemy.

enemistad *nf* enmity.

enemistar 1a **1** *vt* to make enemies of, cause a rift between. **2 enemistarse** *vr* to become enemies; ~ **con algn** to fall out with sb, have a falling out with sb (*US*).

energético *adj* (*política*) energy *atr*.

energía *nf* (**a**) (*vigor*) energy, drive; (*empuje*) push, go; **reaccionar con** ~ to react vigorously. (**b**) (*Téc*) power, energy; ~ **atómica** atomic energy; ~ **eólica/hidráulica/nuclear/solar** wind/water/nuclear/solar power.

enérgicamente *adv* (*V adj*) energetically; vigorously; forcefully; emphatically; strenuously; boldly.

enérgico *adj* (*persona*) energetic, vigorous; (*manera*) forceful, forthright; (*gesto, habla, tono etc*) emphatic; (*esfuerzo*) determined; (*ejercicio*) strenuous; (*campaña*) vigorous, high-pressure; (*medida*) bold, drastic; (*ataque*) vigorous, strong; **ponerse ~ con algn** to get tough with sb.

energúmeno/a *nm/f* demon, madman/madwoman.

enero *nm* January; *V tb* **se(p)tiembre**.

enervante *adj* enervating.

enervar 1a *vt* (*debilitar*) to enervate, weaken; (*poner nervioso a*) to get on sb's nerves.

enésimo *adj* (**a**) (*Mat*) n^{th}; **elevado a la ~a potencia** raised to the nth power; (*fig*) to the nth degree. (**b**) (*fig*) **por ~a vez** for the umpteenth time.

enfadadizo *adj* irritable, crotchety.

enfadar 1a **1** *vt* (*gen*) to anger, irritate; (*ofender*) to offend. **2 enfadarse** *vr* to get angry *o* cross *o* annoyed (*con* with; *por, de* about, at); **de nada sirve enfadarte** it's no good getting cross; **se enfadó con su novio** she fell out with her boyfriend; **se enfada por nada** he gets angry at the slightest thing.

enfado *nm* (**a**) (*irritación*) annoyance, anger. (**b**) (*molestia*) trouble, bother.

enfadoso *adj* (*molesto*) annoying; (*pesado*) tedious.

enfangar 1h **1** *vt* to cover with mud. **2 enfangarse** *vr* (**a**) to get muddy *o* covered in mud. (**b**) (*fig: ensuciarse*) to dirty one's hands; ~ **en el vicio** to wallow in vice.

enfardar 1a *vt* to bale.

énfasis *nm* (*gen*) emphasis; (*insistencia*) stress; **hablar con** ~ to speak emphatically; **poner el ~ en** to stress.

enfático *adj* emphatic; (*positivo*) positive; (*habla*) heavy; **dijo** ~ he said emphatically.

enfatizar 1f *vt* to emphasize, stress.

enfermar 1a **1** *vt* (*Med*) to make ill; **su actitud me enferma** her attitude makes me sick. **2** *vi*, **enfermarse** *vr* (*esp LAm*) to fall *o* be taken ill (*de* with); ~ **del corazón** to develop heart trouble.

enfermedad *nf* (**a**) (*indisposición*) illness, sickness; **durante esta** ~ during this illness; **ausentarse por** ~ to be off sick. (**b**) (*afección*) illness, disease; (*mal*) complaint, malady; ~ **contagiosa/degenerativa/profesional/venérea** contagious/degenerative/occupational/venereal disease; ~ **de la piel** skin infection; ~ **del sueño** sleeping sickness; ~ **transmitida por virus** viral infection; **pegar** (*fam*) *o* **contagiar una ~ a algn** to give sb a disease.

enfermera *nf* nurse; ~ **ambulante** visiting nurse; ~ **jefa** matron, head nurse (*US*).

enfermería *nf* (*hospital*) infirmary; (*Escol etc*) sick bay.

enfermero *nm* (*en hospital*) male nurse; (*Mil*) medical orderly.

enfermizo *adj* (*persona: enclenque*) sickly; (*mente*) morbid; (*pasión*) morbid, unhealthy.

enfermo/a 1 *adj* ill, sick, unwell; ~ **de amor** lovesick; **caer** *o* **ponerse** ~ to fall ill (*de* with); **estar ~ de gravedad/de peligro** to be seriously/dangerously ill. **2** *nm/f* (*gen*) sick person; (*en hospital*) patient; ~ **terminal** terminal patient, terminally ill person.

enfermoso *adj* (*LAm*) = **enfermizo**.

enfervorizar 1f *vt* to arouse, arouse fervour *o* (*US*) fervor in.

enfiestarse 1a *vr* (*LAm*) to have a good time.

enfilar 1a *vt* (**a**) (*Mil*) to rake with fire. (**b**) (*colocar en fila*) to line up, put in a row; (*cuentas*) to thread. (**c**) (*calle*) to go straight along *o* down.

enflaquecer 2d **1** *vt* (*adelgazar*) to make thin; (*debili-*

tar) to weaken, sap the strength of. **2** *vi*, **enflaquecerse** *vr* (**a**) to get thin, lose weight. (**b**) (*esfuerzo*) to flag; (*desanimarse*) to lose heart.

enflaquecido *adj* thin.

enflatarse 1a *vr* (*LAm: ponerse de mal humor*) to become depressed *o* bad tempered.

enflautar 1a *vt* (*LAm fam*): ~ **algo a algn** to unload sth on to sb.

enfocar 1g **1** *vt* (**a**) (*Fot etc*) to focus (*a, sobre* on). (**b**) (*cuestión, problema*) to consider, look at; **no me gusta su modo de** ~ **la cuestión** I do not like his approach to the question. **2** *vi*, **enfocarse** *vr* to focus (*a, sobre* on).

enfollonado *adj* (*fam*) muddled, confused.

enfollonarse 1a *vr* (*fam*) to get muddled, get all mixed up.

enfoque *nm* (**a**) (*Fot: acto*) focusing; (*: resultado*) focus. (**b**) (*aumento*) magnification; **potencia de** ~ magnifying power. (**c**) (*óptica*) approach.

enfoscar 1g *vt* to fill with mortar.

enfrascar 1g **1** *vt* to bottle. **2 enfrascarse** *vr* (**a**) ~ **en un libro** to bury o.s. in a book. (**b**) ~ **en un problema** to get deeply involved in a problem.

enfrenar 1a *vt* (*caballo*) to bridle; (*Mec*) to brake.

enfrentamiento *nm* (*conflicto*) confrontation; (*encuentro*) (face to face) meeting *o* encounter.

enfrentar 1a **1** *vt* (**a**) (*carear*) to put face to face. (**b**) (*problema, dificultad*) to face, confront. (**c**) (*enemistar*) to set against. **2** *vi* to face. **3 enfrentarse** *vr*: ~ **con** (*problema*) to face (up to), confront; (*persona*) to stand up to; (*ejército*) to meet, face; (*Dep: equipos*) to play against, meet; **hay que** ~ **con el peligro** one must face the danger squarely.

enfrente 1 *adv* (*en el lado opuesto*) opposite; (*delante*) in front, facing; (*en contra*) in opposition; ~ **mío** *etc* (*esp CSur: fam*) opposite me *etc*; **la casa de** ~ the house opposite, the house across the street. **2** *prep*: ~ **de** (*frente a*) opposite (to), facing; (*en contra de*) opposed to, against; **estar uno** ~ **de otro** to be against one other.

enfriamiento *nm* (**a**) (*acción*) cooling. (**b**) (*Med*) cold, chill.

enfriar 1c **1** *vt* (**a**) (*poner frío: vino etc*) to cool, chill; (*lo caliente*) to cool down. (**b**) (*pasión*) to cool down; (*entusiasmo*) to dampen. (**c**) (*LAm fam: matar*) to kill, bump off *(fam)*. **2 enfriarse** *vr* (**a**) to cool (down *o* off); **déjelo hasta que se enfríe** leave it to cool down; **se te va a** ~ **el café** your coffee's going to get cold. (**b**) (*pasión*) to cool off. (**c**) (*Med*) to catch a chill, get chilled *(US)*.

enfrijolarse 1a *vr* (*Méx: negocio*) to get messed up, fall through.

enfundar 1a **1** *vt* (*espada*) to sheathe; (*gafas, violín*) to put in its case; (*diente*) to cap; **una señora enfundada en visón** a lady swathed in mink. **2 enfundarse** *vr*: **se enfundó la capa** he wrapped himself (up) in his cape.

enfurecer 2d **1** *vt* to enrage, madden. **2 enfurecerse** *vr* (**a**) (*persona*) to get furious, fly into a rage. (**b**) (*mar*) to get rough.

enfurruñarse 1a *vr* (*fam*) (**a**) to get angry. (**b**) (*estar mohíno*) to sulk.

engaitar 1a *vt* (*fam*) ~ **a algn** to talk sb round.

engalanar 1a **1** *vt* to adorn, deck (*de* with). **2 engalanarse** *vr* to adorn o.s., dress up.

enganchar 1a **1** *vt* (**a**) (*con gancho*) to hook; (*caballo*) to harness; (*carro, remolque*) to hitch up; (*Mec*) to couple, connect; (*dos vagones*) to couple up.

(**b**) (*fam: atraer: persona*) to rope in; (*: marido*) to land; (*: cautivar*) to hook; **los programas que más enganchan** the programmes *o (US)* programs which get most people hooked.

(**c**) (*Mil*) to recruit.

2 engancharse *vr* (**a**) (*quedarse prendido*) to get hooked up, catch (*en* on); (*Mec*) to engage (*en* with); **el vestido se enganchó en un clavo** the dress got caught on a nail; ~ **a la droga** (*fam*) to get hooked on drugs (*fam*), become addicted to drugs; **estar enganchado** (*fam*) to be hooked on drugs.

(**b**) (*Mil*) to enlist, join up.

enganche *nm* (**a**) (*acto*) hooking (up); (*de remolque*) hitching. (**b**) (*gancho*) hook. (**c**) (*Mec*) coupling, connection; (*Ferro*) coupling. (**d**) (*Mil*) recruitment, enlistment. (**e**) (*Méx Com: depósito*) deposit, initial payment. (**f**) (*Telec*) connection charge.

engañabobos *nm inv* (**a**) (*persona*) trickster. (**b**) (*trampa*) trick, trap.

engañadizo *adj* gullible.

engañador(a) 1 *adj* deceiving, cheating; (*cosa*) deceptive. **2** *nm/f* (*persona*) impostor.

engañapichanga *nf* (*Arg fam*) swindle, hoax, fraud.

engañar 1a **1** *vt* (**a**) (*embaucar*) to deceive, trick; (*despistar*) to mislead; (*con promesas vanas*) to delude; (*estafar*) to cheat, swindle; **engaña a su mujer** he's unfaithful to his wife; **a mí no me engaña nadie** you can't fool me; **no te dejes** ~ don't let yourself be taken in.

(**b**) **necesito picar algo para** ~ **el hambre hasta que cenemos** I need to nibble at sth to stop me feeling hungry until we have dinner; ~ **el tiempo** to kill time.

2 *vi* to be deceptive; **las apariencias engañan** appearances are misleading.

3 engañarse *vr* (**a**) (*equivocarse*) to be wrong, be mistaken; **en eso te engañas** you're wrong there.

(**b**) (*ocultarse la verdad*) to delude o.s., fool o.s.; **no te engañes** don't kid yourself.

engañifa *nf* (*fam*) trick, swindle.

engaño *nm* (**a**) (*acción*) deception; (*trampa*) trick, swindle; (*ilusión*) delusion; **todo es** ~ it's all a sham; **llamarse a** ~ to protest that one has been cheated. (**b**) (*malentendido*) mistake, misunderstanding; **padecer** ~ to labour *o (US)* labor under a misunderstanding. (**c**) ~**s** (*astucia*) wiles, tricks.

engañoso *adj* (*persona*) deceitful, dishonest; (*apariencia*) deceptive; (*consejo*) misleading.

engaratusar 1a *vt* (*And, CAm, Méx*) = **engatusar**.

engarce *nm* (**a**) (*de piedra*) setting, mount. (**b**) (*fig*) linking, connection.

engarrotarse 1a *vr* (*esp LAm: miembros*) to get stiff, go numb.

engarzar 1f **1** *vt* (**a**) (*joya*) to set, mount; (*cuentas*) to thread. (**b**) (*ideas*) to link, connect. **2 engarzarse** *vr* (*CSur*) to get tangled, get stuck.

engastar 1a *vt* (*joya*) to set, mount.

engaste *nm* setting, mount.

engatusar 1a *vt* to coax, wheedle; **no me vas a** ~ you're not going to get round me; ~ **a algn para que haga algo** to coax sb into doing sth.

engendrar 1a *vt* (**a**) (*Bio*) to beget, breed. (**b**) (*Mat*) to generate. (**c**) (*problemas, situación*) to cause.

engendro *nm* (**a**) (*Bio*) foetus; (*pey*) runt. (**b**) (*obra mal hecha*) bungled job. (**c**) (*idea*) brainchild; **el proyecto es el** ~ **del ministro** the plan is some brainchild of the minister. (**d**) (*fam*) **¡mal~!, ¡~ del diablo!** little monster!

engestarse 1a *vr* (*Méx fam*) to scowl.

englobar 1a *vt* (**a**) (*comprender*) to include, comprise. (**b**) (*incluir*) to lump together.

engolado *adj* (*fig*) haughty.

engolfarse 1a *vr* (**a**) (*Náut*) to sail out to sea. (**b**) ~ **en** (*política*) to get deeply involved in; (*estudio*) to bury o.s. in.

engolosinar 1a **1** *vt* to tempt, entice. **2 engolosinarse** *vr* (*encariñarse*) to grow fond (*con* of).

engomado *adj* gummed.

engomar 1a *vt* to gum, glue.

engorda *nf* (**a**) (*LAm: cebadura*) fattening (up). (**b**) (*CSur: ganado*) fattened animals.

engordar 1a **1** *vt* to fatten (up). **2** *vi* (**a**) (*ponerse gordo*) to get fat; (*aumentar de peso*) to put on weight; (*Agr*) to fatten. (**b**) (*comida*) to be fattening. (**c**) (*fam*) to get rich.

engorde *nm* fattening (up).

engorrar 1a *vt* (*LAm*) to annoy.
engorro *nm* bother, nuisance.
engorroso *adj* bothersome, trying.
engrampar 1a *vt* (*LAm*) to clip together, staple.
engranaje *nm* (*un* ~) gear; (*conjunto*) gears *pl*; (*dientes*) gear teeth *pl*, cogs *pl*; ~ **de distribución** timing gear.
engranar 1a **1** *vt* (**a**) (*Téc*) to gear; ~ **algo con algo** to engage sth with sth. (**b**) (*ideas*) to link together *o* up. **2** *vi* to interlock; (*Mec*) to engage (*con una rueda* a wheel), mesh (*con* with).
engrandecer 2d *vt* (**a**) (*aumentar*) to enlarge, magnify. (**b**) (*ensalzar*) to speak highly of; (*exagerar*) to exaggerate.
engrandecimiento *nm* (*V vt*) (**a**) enlargement. (**b**) exaltation; exaggeration.
engrane *nm* mesh(ing).
engrasación *nf*, **engrasado** *nm* greasing, lubrication.
engrasador *nm* grease cup; ~ **de compresión** *o* **de pistón** grease gun.
engrasamiento *nm* greasing, lubrication.
engrasar 1a *vt* (**a**) (*Mec*) to grease, oil. (**b**) (*manchar*) to stain with grease. (**c**) (*Agr*) to manure. (**d**) (*Méx Med*) to contract lead poisoning.
engrase *nm* greasing, lubrication.
engreído *adj* (*vanidoso*) vain, stuck-up *(fam)*.
engreimiento *nm* vanity, conceit.
engreír 3k **1** *vt* (*poner vanidoso*) to make vain *o* conceited. **2 engreírse** *vr* (**a**) to get conceited. (**b**) (*LAm: encariñarse*) to grow fond (*a, con* of).
engrifarse 1a *vr* (*fam*) to get high on drugs.
engrosar 1l **1** *vt* (*ensanchar*) to enlarge; (*cantidad*) to increase; (*espesar*) to thicken. **2** *vi* (*engordar*) to get fat. **3 engrosarse** *vr* to increase, swell.
engrudar 1a *vt* to paste.
engrudo *nm* paste.
enguantado *adj* (*mano*) gloved.
enguijarrado *nm* cobbles *pl*.
engullir 3a, 3h *vt* to gobble, gulp (down).
enharinar 1a *vt* (*Culin*) to flour.
enhebrar 1a *vt* to thread.
enhiesto *adj* (**a**) (*derecho*) erect, upright. (**b**) (*bandera*) raised; (*edificio*) lofty, towering.
enhorabuena 1 *nf* congratulations *pl*; ¡~! the best of luck!; **dar la ~ a algn** to congratulate sb; **estar de ~** to be in luck, be on to a good thing. **2** *adv*: ¡~! all right!; ~ **que** ... thank heavens that ....
enhoramala *interj*: ¡~! good riddance!; **¡vete ~!** go to the devil!
enigma *nm* enigma; (*misterio*) mystery.
enigmáticamente *adv* enigmatically.
enigmático *adj* enigmatic.
enjabonado 1 *adj* soapy. **2** *nm* soaping, lathering.
enjabonadura *nf* = **enjabonado 2**.
enjabonar 1a *vt* (**a**) (*manos, ropa*) to soap, wash; (*barba*) to lather. (**b**) (*fam: adular*) to soft-soap; (*: reprender*) to give sb a dressing-down.
enjaezar 1f *vt* to harness, saddle up.
enjalbegado *nm*, **enjalbegadura** *nf* whitewashing.
enjalbegar 1h *vt* (*pared*) to whitewash; (*cara*) to make up.
enjambrar 1a **1** *vt* to hive. **2** *vi* to swarm.
enjambre *nm* (*lit, fig*) swarm.
enjaranarse 1a *vr* (*CAm*) to get into debt.
enjaretar 1a *vt* (**a**) (*fam: recitar*) to reel off, spout. (**b**) (*fam*) **me enjaretó la tarea de** ... he lumbered me with the task of .... (**c**) (*hacer de prisa*) to rush, rush through.
enjaular 1a *vt* to (put in a) cage; (*encerrar*) to coop up *(fam)*; (*encarcelar*) to jail, lock up.
enjoyar 1a **1** *vt* to adorn with jewels, set with precious stones. **2 enjoyarse** *vr* (*fam*) to get all dressed up in jewels.
enjuagar 1h *vt* (*ropa*) to rinse (out); (*boca*) to wash out.
enjuague *nm* (**a**) (*de ropa*) rinsing; (*de boca*) washing. (**b**) (*fig: intriga*) scheme.
enjugar 1h **1** *vt* (**a**) (*sudor*) to wipe (off); (*lágrimas*) to wipe away; (*platos*) to wipe (up), dry; (*líquido*) to wipe *o* mop up. (**b**) (*deuda*) to wipe out. **2 enjugarse** *vr*: ~ **la frente** to wipe *o* mop one's brow.
enjuiciamiento *nm* (**a**) (*acción*) judgment. (**b**) (*Jur*) ~ **civil** lawsuit; ~ **criminal** trial.
enjuiciar 1b *vt* (**a**) (*juzgar*) to judge, pass judgment on. (**b**) (*Jur: acusar*) to indict; (*: procesar*) to prosecute; (*: sentenciar*) to sentence.
enjundia *nf* (**a**) (*grasa*) animal fat. (**b**) (*fuerza*) strength; (*meollo*) essence.
enjundioso *adj* (**a**) (*grasiento*) fat. (**b**) (*fig*) substantial, meaty.
enjuto *adj* (*seco*) dry, dried; (*flaco*) lean, skinny.
enlace *nm* (**a**) (*relación*) connection, relationship; (*encuentro*) rendezvous. (**b**) (*Elec*) linkage; (*Quím*) bond; (*Ferro*) connection; (*: de vías*) crossover; (*Mil*) liaison; **estación de ~** junction. (**c**) (*matrimonio: tb* ~ **matrimonial**) marriage. (**d**) ~ **sindical** shop steward. (**e**) ~ **de datos** (*Inform*) data link.
enladrillado *nm* brick paving.
enladrillar 1a *vt* to pave with bricks.
enlatado *nm* canning, tinning.
enlatar 1a *vt* to can, tin.
enlazar 1f **1** *vt* (**a**) (*unir con lazos*) to bind together: (*atar*) to tie. (**b**) (*ideas*) to link, connect. (**c**) (*LAm*) to lasso. **2** *vi* (*Ferro*) to connect (*con* with). **3 enlazarse** *vr* (*gen*) to be linked; (*ideas*) to be connected; (*novios*) to get married; (*dos familias*) to become related by marriage.
enlistar 1a *vt* (*CAm, Carib, Méx*) = **alistar**.
enlodar 1a, **enlodazar** 1f **1** *vt* (**a**) to cover in mud. (**b**) (*fig*) to stain. **2 enlodarse** *vr*, **enlodazarse** *vr* to get muddy.
enloquecedor *adj* maddening; (*dolor de cabeza*) splitting; (*dolor*) excruciating.
enloquecer 2d **1** *vt* (*volver loco*) to drive mad; (*enfurecer*) to madden, drive crazy; (*gustar mucho*) to send *(fam)*. **2** *vi*, **enloquecerse** *vr* to go mad, go out of one's mind.
enlosado *nm* flagstone pavement.
enlosar 1a *vt* to pave (with flagstones).
enlozado *adj* (*LAm*) enamelled, enameled *(US)*, glazed.
enlozar 1f *vt* (*LAm*) to enamel, glaze.
enlucido *nm* plaster.
enlucir 3f *vt* (*pared*) to plaster; (*metal*) to polish.
enlutado *adj* (*persona*) in *o* wearing mourning; (*ciudad*) stricken.
enlutar 1a **1** *vt* (**a**) (*persona*) to put into mourning. (**b**) (*ciudad, país*) to plunge into mourning; (*entristecer*) to sadden, grieve. (**c**) (*oscurecer*) to darken. **2 enlutarse** *vr* (*vestirse de luto*) to dress in mourning.
enmaderar 1a *vt* (*revestir*) to timber; (*cerrar*) to board (up).
enmadrado *adj*: **está ~** (*fam*) he's a mummy's boy, he's tied to his mother's apron strings.
enmaniguarse 1i *vr* (*LAm*) to get overgrown with trees.
enmarañar 1a **1** *vt* (**a**) (*enredar*) to tangle (up), entangle. (**b**) (*complicar*) to complicate; (*confundir*) to confuse, perplex; **sólo logró ~ más el asunto** he only managed to make a still worse mess of the matter. **2 enmarañarse** *vr* (**a**) (*enredarse*) to get tangled (up), become entangled. (**b**) (*complicarse*) to get more involved; (*confundirse*) to get confused.
enmarcar 1g *vt* (**a**) (*encuadrar*) to frame. (**b**) (*fig*) to provide the setting for.
enmascarar 1a **1** *vt* (**a**) (*cubrir con máscara*) to mask. (**b**) (*intenciones*) to disguise. **2 enmascararse** *vr* (**a**) to put on a mask. (**b**) (*fig*) ~ **de** to masquerade as.
enmendar 1j **1** *vt* (**a**) (*texto*) to emend, correct; (*ley*) to

amend. (**b**) (*moral*) to reform. (**c**) (*pérdida*) to make good, compensate for. **2 enmendarse** *vr* (*persona*) to mend one's ways.

enmicar [1g] *vt* (*Méx Téc: documento*) to cover in plastic.

enmienda *nf* (**a**) (*corrección*) emendation, correction; (*Jur, Pol etc*) amendment; ~ **a la totalidad** motion for the rejection of a bill. (**b**) (*de comportamiento*) reform. (**c**) (*compensación*) compensation, indemnity.

enmohecer [2d] **1** *vt* (**a**) (*metal*) to rust. (**b**) (*Bot etc*) to make mouldy *o (US)* moldy. **2 enmohecerse** *vr* (*V vt*) to rust, get rusty; to get mouldy.

enmohecido *adj* (**a**) (*metal*) rusty, rust-covered. (**b**) (*planta*) mouldy, moldy *(US)*, mildewed.

enmonarse [1a] *vr* (*LAm fam*) to get tight.

enmontarse [1a] *vr* (*CAm, Col, Méx*) to get overgrown.

enmoquetado *adj* carpeted.

enmudecer [2d] **1** *vt* to silence. **2** *vi* (*perder el habla*) to go dumb; (*fig: por miedo, sorpresa*) to be dumbstruck **enmudecerse** *vr* (*callarse*) to remain silent, say nothing; (*por miedo*) to be struck dumb.

enmugrar [1a] *vt* (*LAm fam*), **enmugrecer** [2d] *vt* (*fam*), **enmugrentar** [1a] *vt* (*Chi fam*) to soil, dirty.

ennegrecer [2d] **1** *vt* (*poner negro*) to blacken; (*fig*) to darken. **2** *vi*, **ennegrecerse** *vr* (*V vt*) to turn black; to get dark, darken.

ennoblecer [2d] *vt* (**a**) (*gen*) to ennoble. (**b**) (*adornar*) to embellish.

en.° *abr de* **enero** Jan.

enojada *nf* (*Carib, Méx*) (fit of) anger.

enojadizo *adj* (*esp LAm*) irritable, short-tempered.

enojado *adj* (*esp LAm*) angry, cross, mad *(US)*; **dijo** ~ he said angrily.

enojar [1a] (*esp LAm*) **1** *vt* (*encolerizar*) to anger; (*molestar*) to upset, annoy. **2 enojarse** *vr* to get angry, lose one's temper; (*irritarse*) to get annoyed *o* cross *o (US)* mad (*con, contra* with; *por* at, about).

enojo *nm* (**a**) (*esp LAm: ira*) anger; (*: irritación*) annoyance; **decir con** ~ to say angrily. (**b**) **tener repentinos ~s** to be quick to anger, be easily upset. (**c**) **~s** troubles, trials.

enojón *adj* (*Chi, Col, Méx*) = **enojadizo**.

enojoso *adj* irritating, annoying.

enología *nf* oenology, science of wine(-making).

enorgullecer [2d] **1** *vt* to fill with pride. **2 enorgullecerse** *vr* to be proud (*de* of), to pride o.s. (*de* on).

enorme *adj* (**a**) (*gen*) enormous, huge; (*masivo*) massive. (**b**) (*muy malo*) monstrous.

enormemente *adv*: **me gustó** ~ I enjoyed it enormously *o* tremendously.

enormidad *nf* (**a**) (*inmensidad*) enormousness, hugeness. (**b**) (*de crimen*) enormity. (**c**) (*acto*) wicked *o* monstrous thing. (**d**) (*fam*) **me gustó una** ~ I liked it enormously.

ENP, **ENPETROL** *nf abr de* **Empresa Nacional del Petróleo**.

enquistarse [1a] *vr* (*Med*) to develop a cyst.

enrabiar [1b] **1** *vt* to enrage. **2 enrabiarse** *vr* to get enraged.

enraizar [1f] *vi* to take root.

enramada *nf* (**a**) (*follaje*) leafy foliage. (**b**) (*cobertizo*) arbour, arbor *(US)*, cover made of branches.

enrarecer [2d] **1** *vt* (**a**) (*aire*) to rarefy. (**b**) to make scarce. **2 enrarecerse** *vr* (**a**) (*aire*) to become rarefied, get thin. (**b**) (*escasear*) to become scarce.

enrarecido *adj* rarefied.

enrastrojarse [1a] *vr* (*Méx*) to get covered in scrub.

enredadera *nf* (*Bot*) climbing plant, creeper; ~ **(de campo)** bindweed.

enredador(a) **1** *adj* (*niño*) naughty, mischievous; (*que causa riñas*) troublemaking. **2** *nm/f* (*niño*) naughty child; (*lioso*) troublemaker.

enredar [1a] **1** *vt* (**a**) (*animal*) to (catch in a) net; (*entrelazar*) to intertwine; (*pey: enmarañar*) to entangle, tangle (up).

(**b**) (*situación*) to confuse, complicate; (*desordenar*) to make a mess of; (*: comprometer: persona*) to involve; (*meter cizaña*) to cause trouble *o* sow discord among *o* between; (*entretener*) to delay, hold up.

(**c**) (*engañar: persona*) to deceive.

2 *vi* (*hacer travesuras*) to play about, get into mischief; ~ **con** (*juguetear*) to fiddle *o* tinker with.

3 enredarse *vr* (**a**) (*enmarañarse*) to get entangled *o* tangled (up); ~ **en** (*cuerda*) to catch on; (*Náut: ancla*) to foul.

(**b**) (*complicarse: asunto*) to get muddled *o* complicated; (*persona: involucrarse*) to get involved (*con, en* with); (*: amancebarse*) to have an affair; **no se enrede Ud en esto** don't you get mixed up in this.

enredista *adj, nmf* (*LAm fam*) = **enredador 1, 2**.

enredo *nm* (**a**) (*maraña*) tangle; **un ~ de pelos** a tangle of hair. (**b**) (*lío*) muddle, mess; (*confusión*) mix-up; (*laberinto*) maze; (*apuro*) jam; (*asunto turbio*) shady business. (**c**) (*amorío*) love affair. (**d**) (*trama: de novela etc*) plot. (**e**) **~s** (*fam: trastos*) odds and ends, stuff *sg*.

enredoso **1** *adj* (**a**) (*complicado*) complicated; (*tramposo*) tricky. (**b**) (*Méx*) = **enredador 1**. **2** *nm/f* (*Méx*) = **enredador 2**.

enrejado *nm* grating; (*de ventana*) lattice; (*en jardín*) trellis; (*Cos*) openwork; (*verja*) railings; (*de jaula*) bars; ~ **de alambre** wire netting (fence).

enrejar [1a] *vt* (**a**) (*poner rejilla*) to put a grating on; (*cercar*) to fence. (**b**) (*LAm: poner el ronzal*) to put a halter on.

ENRESA, **Enresa** *nf abr* (*Esp*) *de* **Empresa Nacional de Residuos Nucleares**.

enrevesado *adj* (*asunto*) difficult, complex.

enrielar [1a] *vt* (*poner rieles a*) to lay rails on; (*LAm fig*) to put on the right track.

enriquecer [2d] **1** *vt* to make rich, enrich. **2 enriquecerse** *vr* to get rich; (*prosperar*) to prosper; ~ **a costa ajena** to do well at other people's expense.

enriquecido *adj* (*producto*) enriched.

enriquecimiento *nm* enrichment.

enriscado *adj* craggy, rocky.

enristrar [1a] *vt* (**a**) to (put on a) string. (**b**) (*lanza*) to take up.

enrojecer [2d] **1** *vt* to redden, turn red; (*persona*) to make blush; (*metal*) to make red-hot. **2** *vi*, **enrojecerse** *vr* (*ruborizarse*) to blush; (*de ira*) to go red (with anger); (*hierro*) to get red-hot.

enrolar [1a] (*esp LAm*) **1** *vt* (*reclutar*) to enrol, enroll *(US)*, sign on *o* up; (*Mil*) to enlist. **2 enrolarse** *vr* to enrol, sign on; (*Mil*) to enlist, join up.

enrollado *adj*: **es un tío muy** ~ he's right with it, that guy *(fam)*; **estar ~ con algn** (*ocupado con*) to be tied up with sb; (*salir con*) to be going out with sb.

enrollar [1a] **1** *vt* (**a**) (*periódico*) to roll (up); (*hilo*) to wind (up); (*cable*) to coil. (**b**) (*atraer: fam*) to turn on *(fam)*; **a mí no me enrolla eso** that doesn't turn me on. **2 enrollarse** *vr* (*fam*) (**a**) (*al explicarse*) to go on a long time, jabber on; **cuando se enrolla no hay quien lo pare** when he gets going there's no stopping him. (**b**) ~ **con algn** to get involved with sb; (*como amante*) to get off with sb *(fam)*; ~ **bien con algn** to hit it off with sb *(fam)*.

enronquecer [2d] **1** *vt* to make hoarse. **2** *vi*, **enronquecerse** *vr* to grow hoarse.

enroque *nm* (*Ajedrez*) castling.

enroscado *adj* (*V vt*) coiled; twisted.

enroscar [1g] **1** *vt* (**a**) (*arrollar*) to coil (round); (*torcer*) to twist; (*formar espirales*) to curl (up). (**b**) (*tornillo*) to screw in. **2 enroscarse** *vr* (*V vt*) to coil; to twist; to curl (up); ~ **alrededor de un árbol** to twine round a tree.

enrostrar [1a] *vt* (*LAm*) to reproach.

enrular [1a] *vt* (*And, CSur*) to curl.

enrumbar [1a] *vi* (*And, CSur*) to set off.

ensalada *nf* (**a**) (*Culin*) salad; ~ **de patatas** potato salad.

(**b**) (*mescolanza*) hotchpotch; (*lío*) mix-up.
ensaladera *nf* salad bowl.
ensaladilla *nf* diced vegetable salad.
ensalmar 1a *vt* (*hueso*) to set; (*enfermedad*) to treat by quack remedies.
ensalmo *nm* spell, charm; (*Med*) quack remedy *o* treatment; **(como) por** ~ as if by magic.
ensalzar 1f *vt* (*elevar*) to exalt; (*alabar*) to praise, extol.
ensamblador *nm* (*carpintero*) joiner; (*ajustador*) fitter; (*Inform*) assembler.
ensambladura *nf*, **ensamblaje** *nm* (*acción*) assembly; (*unión*) joint.
ensamblar 1a *vt* (*madera etc*) to join; (*montar*) to assemble.
ensanchador *nm* (*Téc*) stretcher.
ensanchar 1a **1** *vt* (*agrandar*) to enlarge, widen; (*estirar*) to stretch; (*aumentar*) to expand; (*Cos*) to let out. **2 ensancharse** *vr* (**a**) (*V vt*) to get wider, expand; to stretch. (**b**) (*fig*) to be pleased with o.s.; **cada vez que habla de sus hijos se ensancha de orgullo** whenever she talks about her children she fills up with pride.
ensanche *nm* (*de ciudad*) enlargement; (*de calle*) widening, expansion; (*de elástico*) stretch(ing); (*barrio*) suburban development; (*Cos*) room to let out.
ensangrentado *adj* bloodstained.
ensangrentar 1j *vt* to stain with *o* cover in blood.
ensañamiento *nm* (*cólera*) rage; (*crueldad*) cruelty.
ensañar 1a **1** *vt* to enrage. **2 ensañarse** *vr*: ~ **con** *o* **en** to treat brutally.
ensarnarse 1a *vr* (*Méx*) to get mangy.
ensartar 1a **1** *vt* (**a**) (*cuentas*) to string; (*aguja*) to thread; (*carne*) to spit. (**b**) (*ideas*) to string together; (*disculpas*) to reel off. (**c**) (*Chi, Méx: engañar*) to deceive. **2 ensartarse** *vr* (*And, Carib: meterse en un aprieto*) to get into a jam, fall into a trap.
ensayar 1a **1** *vt* (**a**) (*probar*) to test, try (out). (**b**) (*metal*) to assay. (**c**) (*Mús, Teat*) to rehearse. **2 ensayarse** *vr* to rehearse; ~ **a hacer algo** to practise *o* *(US)* practice doing sth.
ensayista *nmf* essayist.
ensayo *nm* (**a**) (*prueba*) test, trial; (*experimento*) experiment; (*intento*) attempt; **de** ~ experimental; **hacer algo a modo de** ~ to do sth as an experiment; **hacer ~s** to practise, practice *(US)* (*de* on), train. (**b**) (*de metal*) assay. (**c**) (*Lit, Escol etc*) essay. (**d**) (*Mús, Teat*) rehearsal; ~ **general** dress rehearsal.
enseguida *adv V* **seguida**.
ensenada *nf* inlet, cove.
enseña *nf* ensign, standard.
enseñado *adj* trained, educated; **bien** ~ (*perro*) house-trained.
enseñanza *nf* (**a**) (*educación*) education; (*acción, profesión*) teaching; (*entrenamiento*) training; ~ **a distancia** distance learning; ~ **general básica** *education course in Spain from 6 to 14*; **primera ~, ~ primaria** elementary education; **segunda ~, ~ secundaria** secondary education; ~ **superior/universitaria** higher/university education; ~ **de niños con dificultades de aprendizaje** remedial *o* special needs teaching; ~ **programada** programmed *o (US)* programed learning.
(**b**) (*doctrina*) teaching, doctrine; **la ~ de la Iglesia** the teaching of the Church.
enseñar 1a **1** *vt* (**a**) to teach, educate; (*entrenar*) to train; ~ **a algn a hacer algo** to teach sb (how) to do sth; **enseña francés** he teaches French.
(**b**) (*mostrar*) to show; (*: involuntariamente*) to show off, reveal; (*señalar*) to point out *o* to; **estás enseñando el sujetador** your bra's showing; ~ **con el dedo** to point out; **nos enseñó el museo** he showed us (over) the museum.
2 *vi* to teach, be a teacher.
3 enseñarse *vr* (*esp LAm: acostumbrarse*) to accustom o.s. (*a* to); **no me enseño aquí** I can't settle down here.
enseres *nmpl* (*efectos personales*) goods and chattels; (*avíos*) equipment *sg*; ~ **domésticos** household goods.
ENSIDESA, Ensidesa *nf abr* (*Esp Com*) *de* **Empresa Nacional Siderúrgica, Sociedad Anónima**.
ensillar 1a *vt* to saddle (up).
ensimismarse 1a *vr* (**a**) to be(come) lost in thought. (**b**) (*LAm*) to get conceited.
ensoberbecer 2d **1** *vt* to make proud. **2 ensoberbecerse** *vr* (**a**) (*persona*) to become proud *o* arrogant. (**b**) (*mar*) to get rough.
ensombrecer 2d **1** *vt* (**a**) to darken, cast a shadow over. (**b**) (*fig*) to overshadow, put in the shade. **2 ensombrecerse** *vr* (**a**) to darken, get dark. (**b**) (*fig*) to get gloomy.
ensoñación *nf* fantasy, fancy, dream.
ensoñador(a) **1** *adj* dreamy. **2** *nm/f* dreamer.
ensopar 1a (*LAm*) **1** *vt* to soak, drench; (*galleta*) to dip, dunk. **2 ensoparse** *vr* (*persona*) to get soaked.
ensordecedor *adj* deafening.
ensordecer 2d **1** *vt* (*persona*) to deafen; (*ruido*) to muffle. **2** *vi* to go deaf.
ensortijar 1a **1** *vt* (**a**) (*pelo*) to curl. (**b**) (*nariz*) to fix a ring in. **2 ensortijarse** *vr* to curl.
ensuciar 1b **1** *vt* (**a**) to dirty, make dirty; **el hollín ensucia todo** the soot makes everything dirty. (**b**) (*fig: deshonrar*) to defile. **2 ensuciarse** *vr* to get dirty.
ensueño *nm* (**a**) dream, fantasy; (*soñando despierto*) reverie; **de** ~ dream-like; **una cocina de** ~ a dream kitchen. (**b**) **~s** visions, fantasies; **¡ni por ~s!** never!
entabicar 1g *vt* to partition off.
entablado *nm* (*tablas*) boarding, planking; (*suelo*) floorboards *pl*.
entablar 1a **1** *vt* (**a**) (*poner tablas*) to board (in *o* up). (**b**) (*Ajedrez*) to set up. (**c**) (*Med*) to (put in a) splint. (**d**) (*conversación*) to strike up; (*negocio*) to enter into; (*proceso*) to file; (*reclamación*) to put in. **2** *vi* (*Ajedrez*) to draw. **3 entablarse** *vr* (*viento*) to settle.
entablillar 1a *vt* (*Med*) to (put in a) splint.
entallado *adj* (*Cos*) waisted, with a waist.
entalladura *nf* (*corte*) slot, groove.
entallar 1a **1** *vt* (*Cos*) to cut, tailor; (*ceñir*) to bring in. **2** *vi* to fit (well); **un traje que entalla bien** a well-cut suit.
entallecer 2d *vi*, **entallecerse** *vr* to shoot, sprout.
entarimado *nm* parquet floor.
entarimar 1a *vt* to parquet.
entarugado *nm* block flooring.
ente *nm* (**a**) (*organización: gubernamental, oficial*) body, organization; (*compañía*) company; **el E~** (*Esp fam*) *the Spanish state television (and radio)*. (**b**) (*Fil*) entity, being. (**c**) (*fam: sujeto*) odd sort.
enteco *adj* weak, sickly, frail.
entechar 1a *vt* (*LAm*) to roof.
Entel *nf abr de* **Empresa Nacional de Telecomunicaciones**.
entelerido *adj* (*LAm*) skinny, weak.
entendederas *nfpl* (*fam*) brains; **ser corto de** *o* **tener pocas** ~ to be pretty dim.
entender 2g **1** *vt* (**a**) to understand; (*darse cuenta*) to realize; **no entiendo palabra** I don't understand a word; **no entendió ni jota** *o* **una patata** he didn't understand a word of it; **no te entiendo** I don't understand you; **no entiendo tu letra** I can't make out your writing; ~ **mal** to misunderstand; **dar a ~ que** to give to understand that, imply that; **según él da a** ~ according to what he says, as he implies; **hacer ~ algo a algn** to make sb understand sth; **hacerse** ~ to make o.s. understood; **logré ~ lo que me decía** I managed to grasp what he was telling me.
(**b**) (*querer decir*) to mean; **¿qué entiendes con eso?** what do you mean by that? (**c**) (*creer*) to think, believe; **¿debo ~ que lo niegas?** am I to understand that you

deny it?; **entiendo que sería mejor decírselo** I think it would be better to tell him.

2 *vi* (**a**) to understand; **¡ya entiendo!** now I get it!; **¿entiendes?** (do you) understand?; **a mi ~** in my opinion.

(**b**) **~ de** to be an expert on, know all about; **yo no entiendo de vinos** I'm no judge of wines; **ella no entiende de coches** she's hopeless with cars.

(**c**) **~ en un asunto** to be in charge of an affair.

3 entenderse *vr* (**a**) (*comprenderse*) to be understood; **no se entendió el mensaje** the message was not understood; **¿qué se entiende por estas palabras?** what is meant by these words?; **se entiende que** ... it is understood that ....

(**b**) (*percibirse con el oído*) to make out, catch; **no se entiende nada** I can't make out a word they're saying.

(**c**) (*uno mismo*) to understand o.s.; (*tener razones*) to know what one is about; **yo me entiendo** I know what I'm up to.

(**d**) (*2 personas: llevarse bien*) to get along (well) together, understand each other; **digamos, para entendernos, que** ... let us say, so that there should be no misunderstanding, that ....

(**e**) **~ con algn** (*llevarse bien*) to get on *o* along with sb; (*euf*) to have an affair with sb; **entendérselas con algn** to have it out with sb.

(**f**) **~ con algo** to know how to deal with sth.

entendido/a 1 *adj* (**a**) understood; **¡~!** (*convenido*) agreed!; **bien ~ que** on the understanding that; **según tenemos ~** as far as we can gather. (**b**) (*experto*) expert; (*perito*) skilled; (*sabio*) wise; (*enterado*) well-informed; **ser ~ en** to be well up on. **2** *nm/f* expert; **según el juicio de los ~s** according to the experts; **el whisk(e)y de los ~s** the connoisseur's whisky.

entendimiento *nm* (**a**) (*comprensión*) understanding. (**b**) (*inteligencia*) mind, intellect. (**c**) (*juicio*) judgment.

entenebrecer [2d] **1** *vt* (**a**) (*oscurecer*) to darken, obscure. (**b**) (*asunto*) to cloud, obscure. **2 entenebrecerse** *vr* to get dark.

entente *nf* entente.

enterado *adj* (*informado*) knowledgeable, well-informed; **estar ~** to be informed *o* in the know; **estar ~ de** to be aware of; **estar ~ de que** to know that; **no darse por ~** to pretend not to understand.

enteramente *adv* entirely, completely.

enterar [1a] **1** *vt* (**a**) to inform (*de* about, of), tell (*de* about). (**b**) (*LAm: dinero*) to pay; (*: cantidad*) to make up, complete. **2 enterarse** *vr* (*llegar a saber*) to find out, get to know; **me enteré de tu accidente por Juan** I heard about your accident from John; **¿se entera?** do you get it?; **¡entérate!** wise up!, catch yourself on!; **para que te enteres** ... I'd have you know ....

entereza *nf* (**a**) (*totalidad*) entirety. (**b**) (*integridad*) integrity; (*firmeza*) firmness; **~ de carácter** strength of character.

enteritis *nf* enteritis.

enterito *nm* (*Arg*) boilersuit.

enterizo *adj* in one piece, one-piece *atr*.

enternecedor *adj* touching.

enternecer [2d] **1** *vt* (*ablandar*) to soften; (*conmover*) to affect, move (to pity). **2 enternecerse** *vr* (*ceder*) to relent; (*conmoverse*) to be affected, be moved (to pity).

entero 1 *adj* (**a**) entire, complete; **la cantidad ~a** the whole sum; **por el mundo ~** over the whole world; **por ~** wholly, fully. (**b**) (*Mat*) whole, integral. (**c**) (*Bio*) entire. (**d**) (*persona: honrado*) upright; (*: firme*) resolute. (**e**) (*fuerte*) sound; (*tela etc*) strong. (**f**) (*LAm fam*) identical, similar. **2** *nm* (**a**) (*Mat*) integer. (**b**) (*Com, Fin*) point; **las acciones han subido dos ~s** the shares have gone up two points. (**c**) (*LAm*) payment. (**d**) (*Arg*) boilersuit.

enterrador *nm* gravedigger.

enterramiento *nm* burial, interment.

enterrar [1j] *vt* (**a**) (*gen*) to bury. (**b**) (*LAm: arma*) to thrust (*en* into). (**c**) (*olvidarse de*) to bury, forget.

entibiar [1b] **1** *vt* (**a**) (*lo caliente*) to cool. (**b**) (*ira*) to cool (down). **2 entibiarse** *vr* (**a**) (*lo caliente*) to become lukewarm. (**b**) (*ira, amistad*) to cool off.

entidad *nf* (**a**) entity; (*Admin, Pol*) body, organization; (*Comm, Fin*) firm, company; **~ bancaria** bank; **~ comercial** company, business. (**b**) **de ~** of importance.

entierrar [1a] *vt* (*Chi fam: zapatos*) to (make) dirty.

entierro *nm* (**a**) (*acto*) burial, interment. (**b**) (*funeral*) funeral; **asistir al ~** to go to the funeral.

entintar [1a] *vt* (*tampón*) to ink; (*manchar*) to stain with ink.

entoldado *nm* awning.

entoldar [1a] **1** *vt* (*cubrir con toldo*) to put an awning over. **2 entoldarse** *vr* (*Met*) to become overcast.

entomología *nf* entomology.

entomólogo/a *nm/f* entomologist.

entonación *nf* (**a**) (*Ling*) intonation. (**b**) (*fig: arrogancia*) conceit.

entonado *adj* (**a**) (*Mús*) in tune. (**b**) (*fig*) haughty, arrogant. (**c**) (*fig fam: en forma*) lively, in good form.

entonar [1a] **1** *vt* (**a**) (*Mús: canción*) to intone; (*: nota*) to give, set; (*: órgano*) to blow. (**b**) (*fig: alabanzas*) to sound. (**c**) (*Med*) to tone up. **2** *vi* (**a**) (*Mús: cantar afinadamente*) to be in tune (*con* with). (**b**) (*colores*) to match. **3 entonarse** *vr* (**a**) (*físicamente*) **toma, un cafetito para entonarte** here's a nice cup of coffee to pick you up. (**b**) (*fam: animarse*) to perk up. (**c**) (*engreírse*) to get arrogant.

entonces *adv* (**a**) (*tiempo*) then; **desde ~** since then; **en aquel ~** at that time; **hasta ~** up till then; **las costumbres de ~** the customs of the time; **el ~ embajador de España** the then Spanish ambassador. (**b**) (*concesivo*) (and) so;**~, ¿qué hacemos?** so, what shall we do?; **¿~ cómo no viniste?** then why didn't you come?

entono *nm* (**a**) (*Mús*) intoning. (**b**) (*arrogancia*) haughtiness.

entornado *adj* (*ojos*) half-closed; (*puerta*) ajar.

entornar [1a] *vt* (*ojos*) to half-close; (*puerta*) to leave ajar.

entorno *nm* (**a**) setting, milieu; (*medioambiente*) environment; (*clima*) climate; (*escenario*) scene; **~ social** social setting. (**b**) (*Inform*) environment; **~ gráfico/de red** graphics/network environment.

entorpecer [2d] *vt* (**a**) (*entendimiento*) to dull; (*aletargar*) to make lethargic. (**b**) (*estorbar*) to obstruct, hinder; (*proyectos etc*) to set back; (*tráfico*) to slow down *o* up; (*trabajo*) to delay.

entorpecimiento *nm* (**a**) (*de entendimiento*) dullness; (*entumecimiento*) numbness. (**b**) (*estorbo*) obstruction; (*retraso*) delay.

entrada *nf* (**a**) (*gen*) entrance, way in (*de* to); (*puerta*) gate(way); (*medio de acceso*) access; (*de casa*) doorway; (*vestíbulo*) entrance hall; (*de cueva, túnel*) mouth; **~ lateral/principal** side/main entrance; **~ de artistas** (*Teat*) stage door; **~ de servicio** tradesman's entrance.

(**b**) (*Mec*) inlet, intake.

(**c**) (*acción*) entry, entrance (*en* into); (*en academia, club etc*) admission; (*derecho*) right of entry; (*Mil*) invasion; **~ en escena** (*Teat*) entrance (on stage); **~ en vigor** coming into effect; **~ a viva fuerza** forced entry; **'~ gratis'** 'admission free'; **'prohibida la ~'** 'no entry', 'keep out'; **dar ~ a** (*admitir*) to admit; (*conducir*) to lead into.

(**d**) (*Teat: billete*) ticket; **~ de abono/favor** season/complimentary ticket.

(**e**) (*público: Teat*) house, audience; (*: Dep*) gate, crowd.

(**f**) (*recaudación: Fin, Teat*) receipts *pl*, takings *pl*; (*: Dep*) gate money.

(**g**) (*principio: de año, discurso, libro*) beginning, start; **~ en materia** introduction; **de ~** right away, from the outset; **de primera ~** at first sight.

(**h**) (*Culin*) entrée.

(**i**) (*Dep*) innings.

(**j**) (*Com: en libro mayor*) entry; (*en diccionario*) headword, entry.

(**k**) (*Com: desembolso inicial: para club*) entrance *o* membership fee; (*: al comprar un piso, coche etc*) deposit, down payment; **'sin ~'** 'no down payment'.

(**l**) (*Fin: ingresos*) **~s** income; **~s brutas** gross receipts; **~s y salidas** income and expenditure.

(**m**) (*Inform*) input; **~ de datos** data entry, data input; **~ inmediata** immediate access.

(**n**) (*Ftbl*) tackle (*a* on).

(**o**) (*de pelo*) bald patch; **tener ~s** to have a receding hairline.

entrado 1 *adj*: **~ en años** elderly; **~ en carnes** plump, overweight; **hasta muy ~a la noche** until late at night. **2** *nm* (*Inform*) input.

entramado *nm* (*Arquit*) framework.

entrambos *adj pl* (*Liter*) both.

entrampar [1a] **1** *vt* (**a**) to trap, snare; (*fig: engañar*) to snare, trick. (**b**) (*fig: enredar*) to make a mess of. (**c**) (*Com*) to burden with debts. **2 entramparse** *vr* (*fig*) (**a**) to get into a mess. (**b**) (*Com*) to get into debt.

entrante 1 *adj* (**a**) (*esp LAm*) next; **la semana ~** next week. (**b**) (*ministro, presidente*) new, incoming. **2** *nm* (*Geog*) inlet; (*Arquit*) recess.

entraña *nf* (**a**) **~s** (*Anat*) entrails, bowels; **arrancar las ~s a algn** (*fig*) to break sb's heart; **dar hasta las ~s** to give one's all; **echar las ~s** (*fam*) to puke (*fam*); **en las ~ de la Tierra** in the bowels of the Earth. (**b**) (*lo esencial: tb* **~s**) core. (**c**) **~s** (*sentimientos*) heart, feelings; (*temperamento*) disposition; **no tener ~s** to be heartless; **¡hijo de mis ~s!** my precious child!; **de malas ~s** malicious, evil-minded; **de buenas ~s** well-intentioned, kind-hearted.

entrañable *adj* (*amigo*) dear, close; (*amistad*) deep.

entrañar [1a] **1** *vt* (*contener*) to contain; (*acarrear*) to entail. **2 entrañarse** *vr* to become deeply attached (*con* to).

entrar [1a] **1** *vt* (**a**) (*fam: objeto*) to bring in; (*Inform*) to access, enter; **no sabe ~ el coche en el garaje** she can't get the car into the garage.

(**b**) (*fam: abordar*) to get at, approach; (*Dep*) to tackle; **sabe ~ a la gente** he knows how to approach *o* tackle people.

2 *vi* (**a**) to go *o* come in, enter; (*Mús*) to come in; (*Teat*) to enter; **entré en** *o* (*LAm*) **a la casa** I went into the house; **¡entre!** come in!; **entra en el coche** get into the car; **hágalo ~** show him in; **no me dejan ~** I'm not allowed in; **~ en detalles** to go into details; **no ~ ni salir en un asunto** to play no part in a matter.

(**b**) (*encajar*) **el paquete no entra en el saco** the parcel won't go *o* fit into the bag; **¿entra uno más?** is there room for one more?; **este pantalón no me entra** these trousers don't fit (me).

(**c**) (*estar incluido en*) **el servicio no entra en el precio** service charge is not included in the price; **eso no entra en nuestros planes** that does not enter into our plans; **en un kilo entran cuatro manzanas** you get four apples to the kilo.

(**d**) (*comenzar: época, estación*) to begin; **el año/mes que entra** next year/month.

(**e**) **~ en una sociedad/profesión** to join a society/take up a profession; **entró de botones en el banco** he started as a bellboy with the bank.

(**f**) (*venir*) to come over; **me entró sed/sueño** I felt thirsty/sleepy; **me entraron ganas de reír/irme** I felt like laughing/leaving.

(**g**) (*fam: soportar*) to bear; (*entender*) to get the hang of; **ese tío no me entra** I can't bear *o* stand that fellow; **no le entra el álgebra** he can't get the hang of algebra; **no le entra a la gente que ...** people can't get it into their heads that ....

(**h**) **~ a hacer algo** to begin to do sth; **entró a formar parte del comité central** he became a member of the central committee.

entre *prep* (**a**) (*dos cosas*) between; **~ las montañas y el mar** between the mountains and the sea; **~ la una y las dos** between one and two o'clock; **~ clase y clase** in between lessons; **~ azul y verde** midway between blue and green; **dudo** *o* **estoy ~ comprar éste o aquél** I'm swithering between buying this one or that one; **hablaban ~ sí** they were talking between themselves.

(**b**) (*más de dos*) among, amongst; **lo vi ~ los que aplaudían** I saw him among *o* in the midst of those who were clapping; **la cuento ~ mis amigas** I count her as one of my friends; **~ otras cosas** among other things; **se abrieron paso ~ la multitud** they forced their way through the crowd; **esto lo solucionaremos ~ nosotros** we'll sort that out among ourselves; **lo dividieron ~ los tres** they shared it out among the three of them.

(**c**) (*en total*) **lo haremos ~ todos** we'll do it between all of us; **~ todos había doce personas** there were twelve people in all *o* all told; **~ viaje y alojamiento nos gastaremos ...** taking the travel and accommodation together we'll spend ...; **~ una cosa y la otra, ~ unas cosas y otras** what with one thing and another.

(**d**) (*Mat*) **20 ~ 4** 20 by 4.

(**e**) (*causa*) **~ que era tarde y hacía frío, decidimos no salir** what with it being late and cold we decided not to go out.

(**f**) (*esp LAm fam*) **~ más estudia más aprende** the more he studies the more he learns.

entre... *pref* inter....

entreabierto 1 *pp de* **entreabrir**. **2** *adj* half-open; (*puerta etc*) ajar.

entreabrir [3a] (*pp* **entreabierto**) *vt* (*gen*) to half-open; (*puerta*) to leave ajar.

entreacto *nm* interval, entr'acte.

entrecano *adj* (*pelo*) greyish, grayish (*US*), greying, grayish (*US*); (*persona*) going grey.

entrecejo *nm*: **arrugar** *o* **fruncir el ~** to frown.

entrecerrar [1j] *vt* (*esp LAm*) to half-close; (*: puerta*) to leave ajar.

entrecomillado 1 *adj* in inverted commas, in quotes. **2** *nm* inverted commas, quotes.

entrecortado *adj* (*respiración*) laboured, labored (*US*), difficult; (*habla*) faltering, hesitant; **en voz ~a** in a faltering voice.

entrecortar [1a] *vt* (*objeto*) to cut halfway through; (*interrumpir*) to cut off, interrupt.

entrecot *nm* beefsteak.

entrecruzar [1f] **1** *vt* (**a**) (*entrelazar*) to interlace, interweave. (**b**) (*Bio*) to cross, interbreed. **2 entrecruzarse** *vr* (*Bio*) to interbreed.

entrechocar [1g] **1** *vi* (*dientes*) to chatter. **2 entrechocarse** *vr* to collide, crash.

entredicho *nm* (*prohibición*) prohibition, ban; (*Jur*) injunction; **su profesionalidad está** *o* **ha quedado en ~** grave doubts have been cast on his professionalism; **poner algo en ~** to raise doubts about, call into question.

entredós *nm* (*Cos*) insertion, panel.

entrefino *adj* (*tela*) medium(-quality).

entrega *nf* (**a**) (*de cartas, mercancías*) delivery; (*rendición*) surrender; (*de premios*) presentation; **'~ a domicilio'** 'we deliver'; **~ contra pago** *o* **reembolso** cash on delivery. (**b**) (*de novela*) instalment, installment (*US*); (*de revista*) number; **por ~s** in instalments. (**c**) (*dedicación*) commitment.

entregado *adj* committed, devoted; **~ a** absorbed in; committed to.

entregar [1h] **1** *vt* (**a**) (*dar*) to hand, give; (*ejercicios*) to hand in; (*poderes*) to hand over; (*pedido, carta*) to deliver; (*ceder*) to surrender; **me entregó la carta hoy** he gave me the letter today; **hay que ~ este trabajo mañana** this work has to be handed in tomorrow; **le entregaron a la policía** they handed him over to the police.

(**b**) (*Com*) **a ~** to be supplied; **~ algo a un abogado** to refer sth to a lawyer.

2 entregarse *vr* (**a**) (*Mil*) to surrender, give in.

(**b**) (*dedicarse*) to devote o.s. (*a* to); (*pey: a la bebida, vicio*) to indulge (*a* in); **~ a la desesperación** to give in to despair.

entreguerras *adj*: **el período de ~** the inter-war period, the period between the wars *(ie 1918-39)*.

entrelazar [1f] *vt*, **entrelazarse** *vr* to entwine, interlace.

entremedias 1 *adv* (*en medio*) in between, halfway; (*mientras tanto*) in the meantime. **2** *prep*: **~ de** between, among.

entremés *nm* (*Culin*) side dish; **~es** hors d'oeuvres.

entremeter [2a] *vt* (*inserir*) to insert; (*poner entre*) to put between.

entremeterse *etc V* **entrometerse** *etc*.

entremezclar [1a] *vt*, **entremezclarse** *vr* to intermingle.

entrenador(a) 1 *nm/f* trainer, coach. **2** *nm*: **~ de pilotaje** flight simulator.

entrenamiento *nm* training, coaching.

entrenar [1a] **1** *vt* (*Dep*) to train, coach; (*caballo*) to exercise; **estar entrenado** to be in training, be fit. **2** *vi* (*Chi, Ven*) to train (oneself). **3 entrenarse** *vr* to train.

entreoír [3p] *vt* to half-hear.

entrepaño *nm* (**a**) (*muro*) (stretch of) wall. (**b**) (*panel*) door panel; (*anaquel*) shelf.

entrepierna *nf* (*tb* **~s**) crotch, crutch.

entresacar [1g] *vt* (*seleccionar*) to pick out; (*pelo, plantas*) to thin out.

entresemana *nf* midweek; **de ~** midweek *atr*.

entresijo *nm* (*secreto*) secret; (*dificultad*) difficulty; **esto tiene muchos ~s** this is very complicated; **él tiene sus ~s** he's a deep one.

entresuelo *nm* mezzanine, entresol.

entretanto 1 *adv* meanwhile, meantime. **2** *nm* meantime; **en el ~** in the meantime.

entretecho *nm* (*Chi, Col*) attic.

entretejer [2a] *vt* (*hilos*) to interweave; (*entrecruzar*) to entwine; (*fig*) to interweave.

entretela *nf* (**a**) (*Cos*) interlining. (**b**) **~s** heartstrings.

entretención *nf* (*LAm*) entertainment.

entretener [2k] **1** *vt* (**a**) (*divertir*) to entertain, amuse; (*distraer*) to distract.

(**b**) (*retrasar: decisión*) to delay; (*: persona*) to detain, keep waiting; (*ocupar*) to keep occupied; **nos entretuvo en conversación** he kept us talking; **~ a los acreedores** to keep one's creditors at bay; **pues no le entretengo más** then I won't keep you any longer.

(**c**) (*hambre*) to stave off; (*dolor*) to allay; (*tiempo*) to while away.

(**d**) (*mantener: fuego*) to maintain; (*: ilusiones*) to nourish.

2 entretenerse *vr* (**a**) (*divertirse*) to amuse o.s.; (*pasar el rato*) to while away the time.

(**b**) (*tardar*) to dally; **¡no te entretengas!** don't hang about!

entretenido *adj* (*libro, obra de teatro*) entertaining, amusing; (*trabajo*) demanding.

entretenimiento *nm* (**a**) (*diversión*) entertainment, amusement; (*recreo*) recreation; **es un ~ nada más** it's just an amusement. (**b**) (*Mec etc*) upkeep, maintenance.

entretiempo *nm* period between seasons; (*primavera*) spring; (*otoño*) autumn.

entrever [2u] *vt* (*ver apenas*) to glimpse, catch a glimpse of; (*adivinar*) to guess.

entreverado *adj* (*mezclado*) mixed; (*tocino*) streaky.

entreverar [1a] **1** *vt* (*confundir*) to mix up. **2 entreverarse** *vr* (**a**) to be intermingled. (**b**) (*CSur: mezclarse en*) to become mixed up in.

entrevero *nm* (*LAm*) confusion, disorder.

entrevía *nf* (*Ferro*) gauge; **~ angosta** narrow gauge.

entrevista *nf* interview; (*reunión*) meeting, conference; **celebrar una ~ con** to have an interview with; **hacer una ~ a** to interview.

entrevistar [1a] **1** *vt* to interview. **2 entrevistarse** *vr* to have an interview, meet (*con* with); **el ministro se entrevistó con la reina ayer** the minister saw the queen yesterday.

entristecer [2d] **1** *vt* to sadden, grieve. **2 entristecerse** *vr* to grow sad, grieve.

entrometerse [2a] *vr* to meddle, interfere (*en* in, with).

entrometido/a 1 *adj* meddlesome, interfering. **2** *nm/f* busybody, meddler.

entromparse [1a] *vr* (**a**) (*fam*) to get drunk, get sozzled *(fam)*. (**b**) (*LAm fam*) to get cross, get mad *(US)*.

entroncar [1g] **1** *vt* to connect, establish a relationship between. **2** *vi* (*tener parentesco*) to be related, be connected (*con* to, with); (*vías*) to join, connect (*con* with).

entronque *nm* (**a**) (*parentesco*) relationship, link. (**b**) (*LAm Ferro*) junction.

entrucharse [1a] *vr* (*Méx fam*) to stick one's nose into other people's affairs.

entuerto *nm* (**a**) (*injusticia*) wrong, injustice. (**b**) **~s** (*Med*) afterpains.

entumecer [2d] **1** *vt* to numb. **2 entumecerse** *vr* (**a**) (*miembro*) to get numb, go to sleep. (**b**) (*río*) to swell; (*mar*) to surge.

entumecido *adj* numb, stiff.

enturbiar [1b] **1** *vt* (**a**) (*líquido*) to muddy; (*hacer menos claro*) to make cloudy. (**b**) (*asunto*) to confuse; (*mente, persona*) to unhinge. **2 enturbiarse** *vr* (*V vt*) (**a**) to get muddy; to become cloudy. (**b**) to become obscured.

entusiasmar [1a] **1** *vt* to fire with enthusiasm; **no le entusiasma mucho la idea** he's not very keen on the idea. **2 entusiasmarse** *vr* (*tener entusiasmo*) to get enthusiastic, get excited (*con, por* about); **se ha quedado entusiasmada con el vestido** she raved about the dress; **me entusiasma el trabajo** I love my work.

entusiasmo *nm* enthusiasm (*por* for); **con ~** enthusiastically.

entusiasta 1 *adj* enthusiastic (*de* about), keen (*de* on). **2** *nmf* enthusiast, fan *(fam)*.

entusiástico *adj* enthusiastic.

enumeración *nf* enumeration.

enumerar [1a] *vt* (*nombrar*) to enumerate; (*contar*) to count, reckon up.

enunciación *nf* (*de teoría*) enunciation; (*declaración*) declaration.

enunciar [1b] *vt* (*teoría*) to enunciate; (*idea*) to put forward.

enuresis *nf* enuresis, bedwetting.

envainar [1a] *vt* (*arma*) to sheathe.

envalentonamiento *nm* (*valor*) boldness; (*pey*) Dutch courage.

envalentonar [1a] **1** *vt* (*dar valor a*) to make bold. **2 envalentonarse** *vr* (*animarse*) to pluck up courage; (*jactarse*) to brag.

envanecer [2d] **1** *vt* to make conceited. **2 envanecerse** *vr* to get conceited.

envanecido *adj* conceited, stuck-up *(fam)*.

envanecimiento *nm* conceit, vanity.

envarar [1a] **1** *vt* (*entumecer*) to stiffen, make stiff. **2 envararse** *vr* to be numb, become stiff.

envasar [1a] **1** *vt* (**a**) (*empaquetar*) to pack, wrap; (*embotellar*) to bottle; (*poner en latas*) to can, tin. (**b**) (*esp LAm*) **~ un puñal en algn** to plunge a dagger into sb. **2** *vi* (*fam*) to tipple.

envase *nm* (**a**) (*acto: V vt*) packing, wrapping; bottling; canning. (**b**) (*recipiente*) container; (*embalaje*) package, wrapping; (*botella*) bottle; (*botella vacía*) empty; (*lata*) can, tin; (*barril*) barrel; (*bolsa*) bag; **precio con ~** price including packing; **géneros sin ~** loose *o* unwrapped goods.

envasijar [1a] *vt* (*LAm*) = **envasar 1**.

envejecer 2d **1** *vt* to age, make (seem) old. **2** *vi*, **envejecerse** *vr* (*volverse viejo*) to age, get *o* grow old; (*parecer viejo*) to look old; **en 2 años ha envejecido mucho** he's aged a lot these last two years.
envejecido *adj* old, aged; (*de aspecto*) oldlooking; **está muy ~** he looks terribly old.
envenenamiento *nm* poisoning.
envenenar 1a **1** *vt* to poison; (*amargar*) to embitter. **2 envenenarse** *vr* (**a**) to poison o.s., take poison. (**b**) to get poisoned.
enverdecer 2r *vi* to turn green.
envergadura *nf* (**a**) (*extensión*) expanse, spread; (*Náut*) breadth; (*Aer, Orn*) wingspan; (*de boxeador*) reach. (**b**) (*importancia*) scope; **un programa de gran ~** a wide-ranging programme.
envés *nm* (*de tela*) back, wrong side; (*de espada*) flat; (*Anat fam*) back.
enviado/a *nm/f* (*Pol*) envoy; **~ especial** (*de periódico, TV*) special correspondent.
enviar 1b *vt* to send; **~ a algn a hacer algo** to send sb to do sth.
enviciar 1b **1** *vt* to corrupt. **2 enviciarse** *vr* (*corromperse*) to get corrupted; **~ con** *o* **en** to get addicted to.
envidar 1a *vt, vi* (*Naipes*) to bid.
envidia *nf* envy, jealousy; **tener ~ a** to envy.
envidiable *adj* enviable.
envidiar 1b *vt* to envy; (*codiciar*) to desire, covet; **~ algo a algn** to envy sb sth, begrudge sb sth; **A no tiene nada que ~ a B** A is at least as good as B, A is quite up to the standard of B.
envidioso *adj* envious, jealous; (*codicioso*) covetous.
envilecer 2d **1** *vt* to debase, degrade. **2 envilecerse** *vr* to degrade o.s., lower o.s.
envilecimiento *nm* degradation, debasement.
envío *nm* (**a**) (*acción: gen*) sending; (*: Com*) dispatch; (*: en barco*) shipment; **~ contra reembolso** cash on delivery; **gastos de ~** (cost of) postage and packing, postage and handling *(US)*. (**b**) (*de mercancías*) consignment, lot; (*Náut*) shipment; (*de dinero*) remittance.
envión *nm* push, shove.
envite *nm* (**a**) (*apuesta*) stake. (**b**) (*ofrecimiento*) offer, bid. (**c**) (*empujón*) push, shove; **al primer ~** from the very start.
enviudar 1d *vi* to become a widow(er), be widowed; **~ de su primera mujer** to lose one's first wife.
envoltijo, **envoltorio** *nm* bundle, package.
envoltura *nf* (*gen*) cover; (*de papel*) wrapper, wrapping; (*Bot*) envelope.
envolvente *adj* (**a**) (*que rodea*) surrounding; (*Mil: movimiento*) encircling, enveloping. (**b**) (*fig*) comprehensive.
envolver 2h (*pp* **envuelto**) **1** *vt* (**a**) (*con papel*) to wrap (up), do up; (*con ropa*) to wrap, cover; **envuelto en una capa** muffled up in a cloak; **¿quiere que se lo envuelva?** shall I wrap it (up) for you? (**b**) (*Mil*) to encircle, surround. (**c**) (*suponer*) to imply, mean; (*persona*) to involve, implicate (*en* in). **2 envolverse** *vr* (**a**) (*abrigarse*) to wrap o.s. up (*en* in). (**b**) (*involucrarse*) to become involved (*en* in).
envuelto *pp de* **envolver**.
enyesado *nm*, **enyesadura** *nf* plastering.
enyesar 1a *vt* (**a**) (*pared*) to plaster. (**b**) (*Med*) to put in a plaster cast, cast *(US)*.
enyugar 1h *vt* to yoke.
enzarzar 1f **1** *vt* (*fig*) to involve (in a dispute). **2 enzarzarse** *vr* to get involved in a dispute.
enzima *nf* enzyme.
EOI *nf abr* (*Esp*) *de* **Escuela Oficial de Idiomas**.
eólico *adj* wind *atr*; **energía ~a** wind power.
EP *nf abr* (*Esp*) *de* **Enseñanza Primaria** *education for 6 to 11 year olds.*
epa, **épale** *interj* (*LAm fam*) hey!, wow!
epatar 1a *vt* (*fam: asombrar*) to amaze, astonish; (*deslumbrar*) to startle, dazzle.
E.P.D. *abr de* **en paz descanse** RIP.
épica *nf* epic poetry.
epicentro *nm* epicentre, epicenter *(US)*.
épico *adj* epic.
epicúreo/a *adj, nm/f* epicurean.
epidemia *nf* epidemic.
epidémico *adj* epidemic.
epidermis *nf* epidermis.
Epifanía *nf* Epiphany, Twelfth Night.
epígrafe *nm* epigraph.
epigrama *nm* epigram.
epilepsia *nf* epilepsy.
epiléptico/a *adj, nm/f* epileptic.
epílogo *nm* epilogue.
episcopado *nm* (**a**) (*cargo*) bishopric. (**b**) (*obispos*) bishops *(collectively)*.
episcopal *adj* episcopal.
episódico *adj* episodic.
episodio *nm* (*gen*) episode, incident; (*de cuento*) episode, part.
epistemología *nf* epistemology.
epístola *nf* epistle.
epitafio *nm* epitaph.
epíteto *nm* epithet.
epítome *nm* summary, résumé.
época *nf* (**a**) (*gen*) age, epoch; (*temporada*) season, time; **la ~ de Carlos III** the age of Charles III; **~ dorada** golden age; **en aquella ~** at that time, in that period; **~ de celo** (*Zool*) mating *o* rutting season; **muebles de ~** period furniture; **coche de ~** vintage car; **anticiparse a su ~** to be ahead of one's time; **hacer ~** to be epoch-making; **todos tenemos ~s así** we all go through spells like that. (**b**) (*tb* **~ del año**) season *o* time of the year; **~ de lluvias** rainy season.
epopeya *nf* (*lit, fig*) epic.
equidad *nf* (*justicia*) equity, fairness; (*de precio*) reasonableness.
equidistante *adj* equidistant.
equilátero *adj* equilateral.
equilibrado *adj* (*persona: sensato*) level-headed; (*: ecuánime*) well-balanced; (*dieta*) balanced.
equilibrar 1a **1** *vt* (*gen*) to balance; (*una cosa con otra*) to counterbalance. **2 equilibrarse** *vr* (*persona*) to balance o.s. (*en* on); (*fuerzas*) to counterbalance each other.
equilibrio *nm* (**a**) (*gen*) balance; (*Fís*) equilibrium; **~ político** balance of power; **mantener el ~** to keep the balance (*entre* between); **perder el ~** to lose one's balance. (**b**) (*serenidad*) poise.
equilibrista *nmf* (*funámbulo*) tightrope walker; (*acróbata*) acrobat.
equino 1 *adj* equine, horse *atr*. **2** *nm* sea urchin.
equinoccio *nm* equinox.
equipaje *nm* (**a**) luggage, baggage *(US)*; (*avíos*) equipment, kit; **~ de mano** hand luggage; **hacer el ~** to pack, do the packing. (**b**) (*Náut*) crew.
equipal *nm* (*Méx*) wicker *o* leather chair.
equipar 1a *vt* (*gen*) to equip (*con, de* with); (*Náut*) to fit out.
equiparable *adj* comparable (*con* to, with).
equiparación *nf* comparison.
equiparar 1a **1** *vt* (*igualar*) to put on the same level; (*comparar*) to compare (*con* with). **2 equipararse** *vr*: **~ con** to be on a level with.
equipo *nm* (**a**) (*conjunto de cosas*) equipment; (*para deportes*) kit; (*industrial*) plant; (*de turbinas etc*) set; **~ de caza** hunting gear; **~ cinematográfico móvil** mobile film unit; **~ de música/de alta fidelidad** music/Hi-Fi system; **~ de novia** trousseau; **~ de reparaciones** repair kit; **~ rodante** (*Ferro*) rolling stock. (**b**) (*grupo*) team; (*turno*) shift; **~ de día** day shift; **~ médico** medical team *o* unit; **~ de salvamento** rescue squad *o* unit. (**c**) (*Dep*)

team, side; ~ **de fuera/local** away/home team.
equis *nf* (name of the letter) X; **pongamos que cuesta ~ dólares** let us suppose it costs X dollars.
equitación *nf* (**a**) (*acto*) riding; **escuela de** ~ riding school. (**b**) (*arte*) horsemanship.
equitativo *adj* (*gen*) fair; (*precio*) reasonable; **trato** ~ fair *o* square deal.
equivalencia *nf* equivalence.
equivalente 1 *adj* equivalent (*a* to). **2** *nm* equivalent.
equivaler [2p] *vi*: ~ **a** to be equivalent to, be equal to; (*en grado, nivel*) to rank as.
equivocación *nf* (*error*) mistake, error; (*descuido*) oversight; (*malentendido*) misunderstanding; **por** ~ by mistake; **ha sido por** ~ it was a mistake.
equivocado *adj* wrong, mistaken; (*afecto, confianza*) misplaced; **Ud está** ~ you are mistaken.
equivocar [1g] **1** *vt* to mistake (*con* for); ~ **el camino** to take the wrong road. **2 equivocarse** *vr* (*no tener razón*) to be wrong, be mistaken; (*cometer un error*) to make a mistake; ~ **de casa** to go to the wrong house; ~ **en una elección** to choose wrongly.
equívoco 1 *adj* equivocal, ambiguous. **2** *nm* (*ambigüedad*) ambiguity; (*malentendido*) misunderstanding; (*Méx fam*) mistake.
era[1] *V* **ser**.
era[2] *nf* era, age; ~ **atómica** atomic age; ~ **cristiana** Christian era.
era[3] *nf* (*Agr*) threshing floor; (*para flores*) bed; (*para hortalizas*) patch.
erario *nm* treasury.
erección *nf* (*gen*) erection; (*acto de levantar*) raising; (*fundación*) establishment.
erguido *adj* (*cuerpo*) erect, straight.
erguir [3m] **1** *vt* (*levantar*) to raise, lift. **2 erguirse** *vr* (**a**) (*enderezarse*) to straighten up. (**b**) (*envanecerse*) to swell with pride.
erial *nm* uncultivated land.
erigir [3c] **1** *vt* (**a**) (*monumento*) to erect; (*edificio*) to build. (**b**) (*fundar*) to establish, found. (**c**) ~ **a algn en algo** to set sb up as sth. **2 erigirse** *vr*: ~ **en algo** to set o.s. up as sth.
erizado *adj* (**a**) bristly; ~ **de espinas** covered with thorns. (**b**) ~ **de problemas** bristling with problems.
erizar [1f] **1** *vt* (**a**) **el gato erizó el pelo** the cat bristled, the cat's hair stood on end. (**b**) (*asunto*) to complicate, surround with difficulties. **2 erizarse** *vr* (*pelo: de perro*) to bristle; **se me erizó el pelo** my hair stood on end.
erizo *nm* (**a**) (*Zool*) hedgehog; ~ **de mar** *o* **marino** sea urchin. (**b**) (*Bot*) burr. (**c**) (*fam*) grumpy sort.
ermita *nf* hermitage.
ermitaño/a *nm/f* hermit.
erogación *nf* (*LAm: gasto*) expenditure.
erogar [1h] *vt* (**a**) (*propiedad*) to distribute. (**b**) (*LAm: pagar*) to pay, contribute.
erógeno *adj* erogenous.
erosión *nf* (*Geol etc*) erosion; (*Med*) graze; **causar** ~ **en** to erode.
erosionable *adj* subject to erosion; **un suelo fácilmente** ~ a soil which is easily eroded.
erosionar [1a] *vt* to erode.
erosivo *adj* erosive.
erótico *adj* erotic; (*versos*) love *atr*.
erotismo *nm* eroticism.
errabundo *adj* wandering, roving.
erradicación *nf* eradication.
erradicar [1g] *vt* to eradicate.
errado *adj* (*equivocado*) mistaken, wrong; (*tiro*) wide of the mark.
errante *adj* (**a**) wandering; (*animal*) stray. (**b**) (*fig*) errant.
errar [1k] **1** *vt* (**a**) (*tiro*) to miss with; (*blanco*) to miss; (*vocación etc*) to miss, mistake. (**b**) (*persona*) to fail (in one's duty to). **2** *vi* (*vagar*) to wander; (*equivocarse*) to be mistaken. **3 errarse** *vr* to err, be mistaken; ~ **es cosa humana** to err is human.
errata *nf* misprint, printer's error.
errático *adj* erratic.
erre *nf* (name of the letter) R; ~ **que** ~ stubbornly.
erróneamente *adv* (*V adj*) mistakenly, erroneously; falsely.
erróneo *adj* (*equivocado*) mistaken; (*falso*) untrue.
error *nm* (*gen*) error, mistake; (*defecto*) fault; (*Inform*) bug; ~ **de copia** clerical error; ~ **de imprenta** *o* **tipográfico** misprint; ~ **judicial** miscarriage of justice; ~ **de lectura/escritura** (*Inform*) read/write error; ~ **de tecla** *o* **máquina** typing error; **por** ~ by mistake.
ERT *abr* (*Arg*) *de* **Ente de Radiotelevisión.**
Ertzaintza [er'tʃaintʃa] *nf* Basque police force.
eructar [1a] *vi* to belch.
eructo *nm* belch.
erudición *nf* erudition, learning.
erudito/a 1 *adj* erudite, learned. **2** *nm/f* scholar; **los ~s en esta materia** those who are expert in this subject; ~ **a la violeta** (*pey*) pseudointellectual.
erupción *nf* (**a**) (*Geol*) eruption; ~ **solar** solar flare; **estar en** ~ to be erupting; **entrar en** ~ to (begin to) erupt. (**b**) (*Med*) ~ **cutánea** rash. (**c**) (*de violencia*) outbreak; (*de ira*) outburst.
E/S *abr* (*Inform*) *de* **entrada/salida** I/O.
esa, ésa *etc* *V* **ese, ése.**
esbelto *adj* (*delgado*) slim, slender; (*gracioso*) graceful.
esbirro *nm* henchman.
esbozar [1f] *vt* (*Arte*) to sketch; (*fig*) to outline.
esbozo *nm* (*Arte*) sketch; (*fig*) outline.
escabechar [1a] *vt* (**a**) (*Culin*) to pickle, souse. (**b**) (*canas*) to dye. (**c**) (*fam*) to do in (*fam*). (**d**) (*Univ fam*) to plough (*fam*).
escabeche *nm* (liquid) pickle, brine.
escabechina *nf* slaughter; (*fig*) destruction, slaughter; **hacer una** ~ (*fam*) to wreak havoc; (*Univ fam*) to fail a pile of students.
escabel *nm* (foot)stool.
escabrosidad *nf* (*V adj*) roughness; unevenness; harshness; difficulty.
escabroso *adj* (**a**) (*tierra*) rough; (*superficie*) uneven. (**b**) (*sonido*) harsh; (*problema*) tough, difficult. (**c**) (*chiste*) risqué.
escabullarse [1a] *vr* (*LAm*), **escabullirse** [3a] *vr* to slip away *o* off, clear out; ~ **por** to slip through.
escafandra *nf* (*buzo*) diving suit.
escala *nf* (**a**) (*escalera de mano*) ladder; ~ **de cuerda** *o* **viento** (*Náut*) rope ladder.
(**b**) (*Mat, Mús, fig*) scale; (*de colores, velocidades etc*) range; ~ **de ascensos** salary-increase scale; ~ **móvil** sliding scale; ~ **salarial** *o* **de sueldos** salary scale; **una investigación a** ~ **nacional** a nationwide inquiry; **modelo a** ~ scale model; **el dibujo no está a** ~ the drawing is not to scale; **en gran** ~ in a big way, on a large scale; **un plan en gran** ~ a large-scale plan; **reproducir según** ~ to reproduce to scale.
(**c**) (*parada*) stopping place; (*Náut*) port of call; **hacer** ~ **en** to stop (off) at; (*Náut*) to put in at; ~ **técnica** (*Aer*) refuelling *o* (*US*) refueling stop.
escalación *nf* (*Mil, Pol*) escalation.
escalada *nf* (**a**) (*de montaña*) climb, climbing; (*de pared*) scaling; (*de casa*) break-in; (*tb* ~ **en rocas**) rock climbing. (**b**) (*Mil, Pol*) escalation; **una** ~ **de violencia** an escalation in violence.
escalador(a) *nm/f* (**a**) (*alpinista*) climber, mountaineer; (*tb* ~ **en rocas**) rock climber. (**b**) (*ladrón*) burglar.
escalafón *nm* (**a**) (*de empleados, soldados*) roll. (**b**) (*de salarios*) salary *o* wage scale.
escalamiento *nm* = **escalada**.
escalar [1a] **1** *vt* (**a**) (*montaña*) to climb, scale. (**b**) (*casa*) to burgle, to burglarize (*US*), break into. (**c**) (*fig*) to scale, rise to. **2** *vi* (**a**) (*alpinista*) to climb. (**b**) (*Náut*) to

call, put in (*en* at). (**c**) (*Mil, Pol*) to escalate.
escaldado *adj* (*receloso*) wary, cautious.
escaldar [1a] **1** *vt* (**a**) (*quemar*) to scald; (*metal*) to make red-hot. (**b**) (*escarmentar*) to teach a lesson. **2 escaldarse** *vr* (*quemarse*) to scald o.s.; (*bebé*) to get nappy rash.
escalera *nf* (**a**) (*de casa*) stairs *pl*; (*de camión*) tailboard; ~ **de caracol** spiral *o* winding staircase; ~ **doble** *o* **de mano** *o* **de tijera** steps, stepladder; ~ **de incendios** fire escape; ~ **mecánica** *o* **móvil** escalator; ~ **de servicio** backstairs. (**b**) (*Naipes*) run, sequence.
escalerilla *nf* small ladder; (*Náut: en barco*) gangway.
escalfar [1a] *vt* (*huevo*) to poach.
escalinata *nf* (flight of) steps *pl*; (*exterior*) outside staircase.
escalofriante *adj* (*espeluznante*) bloodcurdling; (*aterrador*) frightening.
escalofrío *nm* (**a**) (*Med*) (feverish) chill. (**b**) (*fig*) **~s** shivers.
escalón *nm* (**a**) (*peldaño*) step, stair; (*de escalera de mano*) rung; (*de cohete*) stage. (**b**) (*fig: paso*) step; (*al éxito*) ladder; (*paso*) stepping stone.
escalonar [1a] *vt* to spread out at intervals; (*tierra*) to terrace; (*horas de trabajo*) to stagger.
escalope *nm* (*Culin*) escalope, cutlet *(US)*; ~ **de ternera** escalope of veal.
escalpelo *nm* scalpel.
escama *nf* (**a**) (*Bot, Zool*) scale; (*de jabón*) flake. (**b**) (*resentimiento*) resentment; (*sospecha*) suspicion.
escamado *adj* (*desconfiado*) wary, cautious.
escamar [1a] **1** *vt* (**a**) (*pez*) to scale. (**b**) (*producir recelo*) to make wary; **eso me escama** that makes me suspicious. **2 escamarse** *vr* (**a**) to scale (off), flake off. (**b**) to get wary.
escamoso *adj* (*pez*) scaly; (*sustancia*) flaky.
escamoteador *nm* (*prestidigitador*) conjurer, juggler; (*pey*) swindler.
escamot(e)ar [1a] *vt* (**a**) (*hacer desaparecer*) to make vanish; (*carta*) to palm. (**b**) (*fam: robar*) to lift *(fam)*. (**c**) (*verdad: ocultar*) to hide, cover up. (**d**) (*esquivar: dificultad*) to shirk.
escamoteo *nm* (**a**) (*ilusionismo*) conjuring; (*un* ~) conjuring trick. (**b**) (*fam: robo*) lifting *(fam)*; (*: un* ~) swindle.
escampar [1a] **1** *vt* (*sitio*) to clear out. **2** *vi* (**a**) (*cielo*) to clear; (*lluvia*) to stop; (*tiempo*) to clear up. (**b**) (*Carib, Méx: abrigarse*) to shelter from the rain.
escanciar [1b] **1** *vt* (*vino*) to pour (out), serve; (*copa*) to drain. **2** *vi* to drink wine.
escandalera *nf* (*fam*) row, uproar.
escandalizar [1f] **1** *vt* to scandalize, shock. **2** *vi* to make a fuss. **3 escandalizarse** *vr* to be shocked (*de* at, by), be scandalized (*de* at, by).
escándalo *nm* (**a**) scandal; **¡es un** ~! it's outrageous *o* shocking!; **precios de** ~ outrageous prices; **comportamiento de** ~ scandalous behaviour *o (US)* behavior. (**b**) (*alboroto*) row, uproar; **armar un** ~ to make a scene. (**c**) (*asombro*) astonishment.
escandaloso *adj* (*gen*) scandalous, shocking; (*delito*) flagrant; (*risa*) hearty; (*niño*) noisy.
escandallo *nm* (**a**) (*Náut*) lead. (**b**) (*Com: etiqueta*) price tag; (*acto*) pricing.
Escandinavia *f* Scandinavia.
escandinavo/a *adj, nm/f* Scandinavian.
escáner *nm* scanner.
escantillón *nm* pattern, template.
escaño *nm* (*banco*) bench; (*Pol*) seat.
escapada *nf* (**a**) (*huida*) escape, flight; **en una** ~ in a jiffy. (**b**) (*Carreras, Dep*) breakaway. (**c**) (*viaje*) quick trip; **hice una** ~ **a la capital** I made a quick trip to the capital. (**d**) (*pey*) escapade.
escapado *adj, adv* at top speed, in a rush; **irse/salir/volverse** ~ to rush off/out/back.
escapar [1a] **1** *vt* (*caballo*) to drive hard.
2 *vi* (**a**) to escape, run away; ~ **a algn** to escape from sb; ~ **de la cárcel** to escape from prison.
(**b**) (*Carreras, Dep*) to break away.
3 escaparse *vr* (**a**) (*persona*) to escape, run *o* get away; ~ **por un pelo** to have a narrow escape.
(**b**) (*gas etc*) to leak (out), escape.
(**c**) (*noticias*) to leak out; **se le escapó ese detalle** that point went by him completely; **se me escapa su nombre** his name escapes me; **se le escapó la fecha de la reunión** he let the date of the meeting slip out.
escaparate *nm* (**a**) (shop) window; (*vitrina*) showcase; **mirar ~s** to go window-shopping. (**b**) (*LAm*) wardrobe.
escapatoria *nf* (**a**) (*huida*) flight; (*fam: escapada*) secret trip; ~ **del trabajo** escape from work. (**b**) (*rendija*) loophole; (*pretexto*) excuse.
escape *nm* (**a**) (*huida*) escape, flight; **a** ~ at full speed; **salir a** ~ to rush out. (**b**) (*de gas etc*) leak(age), escape. (**c**) (*Téc*) exhaust; **gases de** ~ exhaust (fumes). (**d**) (*Inform: tecla*) Esc(ape) key.
escapismo *nm* escapism.
escapista *adj, nmf* escapist.
escápula *nf* scapula, shoulder blade.
escapulario *nm* scapular(y).
escaquearse [1a] *vr* (*fam: negar la responsabilidad*) to pass the buck *(fam)*.
escarabajear [1a] **1** *vt* (*fam: preocupar*) to bother, worry. **2** *vi* (**a**) (*agitarse*) to wriggle, squirm. (**b**) (*garabatear*) to scribble.
escarabajo *nm* (**a**) (*insecto*) beetle; ~ **del Colorado** *o* **de la patata** Colorado beetle. (**b**) (*Téc*) flaw. (**c**) (*fam: persona*) dwarf. (**d**) **~s** (*fam: garabatos*) scribble. (**e**) (*Aut*) Beetle.
escaramujo *nm* (*Bot*) wild rose; (*fruto*) hip.
escaramuza *nf* (**a**) (*Mil*) skirmish, brush. (**b**) (*fig*) brush.
escaramuzar [1f] *vi* to skirmish.
escarapela *nf* (**a**) (*insignia*) rosette. (**b**) (*fam: riña*) brawl, shindy.
escarbadientes *nm inv* toothpick.
escarbador *nm* scraper.
escarbar [1a] **1** *vt* (**a**) (*tierra*) to scratch; (*fuego*) to poke; (*dientes*) to pick. (**b**) (*investigar*) to investigate; (*curiosear*) to pry into. **2** *vi* (**a**) to scratch. (**b**) ~ **en** = **1 (b)**.
escarcear [1a] *vi* (*CSur*) to prance.
escarceo *nm* (**a**) (*tb* **~s**: *de caballo*) nervous movement, prance. (**b**) (*fig*) **en mis ~s con la política** in my occasional dealings with politics; **~s amorosos** romantic flings.
escarcha *nf* (hoar)frost.
escarchar [1a] **1** *vt* (*Culin: tarta*) to ice; (*: fruta*) to crystallize. **2** *vi*: **escarcha** it's frosty, it's freezing.
escarda *nf* (*acción*) weeding; (*herramienta*) weeding hoe.
escardar [1a] *vt* (*lit, fig*) to weed (out).
escardillo *nm* weeding hoe.
escarlata 1 *adj inv* scarlet. **2** *nf* (*color*) scarlet; (*tela*) scarlet cloth.
escarlatina *nf* scarlet fever.
escarmentado *adj* wary, cautious.
escarmentar [1j] **1** *vt* to punish severely. **2** *vi* to learn one's lesson; **¡para que escarmientes!** that'll teach you!
escarmiento *nm* (*castigo*) punishment; (*aviso*) lesson, warning; **que esto te sirva de** ~ let this be a lesson *o* warning to you.
escarnecer [2d] *vt* to scoff at, mock.
escarnio *nm* (*insulto*) jibe; (*burla*) ridicule.
escarola *nf* (*Bot*) curly endive, escarole *(US)*.
escarpa *nf* (*cuesta*) slope; (*Geog, Mil*) scarp, escarpment.
escarpado *adj* (*pendiente*) steep, sheer; (*rocas*) craggy.
escarpia *nf* spike.
escasamente *adv* (**a**) (*insuficientemente*) scantily,

sparingly. (**b**) (*apenas*) scarcely, hardly.
escasear 1a *vi* to be *o* get scarce.
escasez *nf* (*gen*) scarcity, lack; (*pobreza*) poverty; ~ **de dinero** shortage of funds; **vivir con escaseces** to live in poverty.
escaso *adj* (**a**) (*comida*) scarce; (*recursos*) scanty; (*cosecha, público*) sparse; (*posibilidad*) slim; (*recompensa*) meagre, meager *(US)*; (*visibilidad*) poor; ~ **de dinero** short of money; ~ **de recursos naturales** poor in natural resources. (**b**) **hay 2 toneladas ~as** there are barely 2 tons; **tenemos una media hora ~a** we have only half an hour; **ganar por una cabeza ~a** to win by a short head.
escatimar 1a *vt* to skimp, be sparing with; **no ~ esfuerzos (para)** to spare no effort (to); **no escatimaba sus alabanzas de ...** he was unstinting in his praise of ....
escatología[1] *nf* (*Rel*) eschatology.
escatología[2] *nf* scatology.
escatológico[1] *adj* (*Rel*) eschatological.
escatológico[2] *adj* scatological.
escayola *nf* (*Arte*) plaster of Paris; (*Med, Constr*) plaster, cast *(US)*.
escayolar 1a *vt* to put in plaster, cast *(US)*; **con la pierna escayolada** with his leg in plaster.
escena *nf* (**a**) (*gen*) scene; **una ~ conmovedora** a touching scene; ~ **retrospectiva** (*Cine*) flashback; **montar una ~** to make a scene. (**b**) (*escenario*) stage; **entrar en ~** to enter, come on; **poner en ~** to stage, put on.
escenario *nm* (**a**) (*Teat*) stage; **en el ~** on (the) stage. (**b**) (*Cine*) setting. (**c**) (*fig*) scene; **el ~ del crimen** the scene of the crime; **el ~ político** the political scene.
escénico *adj* scenic.
escenificación *nf* (*V vt*) staging; dramatization.
escenificar 1g *vt* (*comedia*) to stage; (*novela etc*) to dramatize, make a stage version of; (*suceso histórico*) to re-enact, reproduce.
escenografía *nf* scenography, stage design.
escenógrafo/a *nm/f* stage designer.
escepticismo *nm* scepticism, skepticism *(US)*.
escéptico/a 1 *adj* sceptical, skeptical *(US)*. **2** *nm/f* sceptic, skeptic *(US)*.
escindir 3a **1** *vt* to split; **el partido está escindido** the party is split. **2 escindirse** *vr* to split (*en* into); (*facción*) to split off.
escisión *nf* (**a**) (*Med*) excision; ~ **nuclear** nuclear fission. (**b**) (*fig*) split, division; **la ~ del partido** the split in the party.
esclarecedor *adj* (*explicación*) illuminating.
esclarecer 2d *vt* (*dilucidar*) to explain, shed light on; (*explicar*) to enlighten; (*crimen*) to clear up.
esclarecido *adj* illustrious, distinguished.
esclarecimiento *nm* (*explicación*) explanation; (*información*) enlightenment.
esclava[1] *nf* (*pulsera*) bangle.
esclavatura *nf* (*LAm Hist: esclavos*) slaves.
esclavina *nf* short cloak, cape.
esclavitud *nf* (*lit, fig*) slavery.
esclavizar 1f *vt* to enslave.
esclavo/a[2] *nm/f* slave; **ser ~ del tabaco** (*fig*) to be a slave to tobacco.
esclerosis *nf* (**a**) sclerosis; ~ **múltiple** multiple sclerosis. (**b**) (*fig*) fossilization, stagnation.
esclusa *nf* (*de canal*) lock; (*compuerta*) floodgate; ~ **de aire** airlock.
escoba *nf* (**a**) broom; **pasar la ~** to sweep up. (**b**) (*Bot*) broom.
escobar 1a *vt* to sweep (out).
escobazo *nm* (*golpe*) blow with a broom.
escobilla *nf* (**a**) (*escoba*) small broom; (*esp LAm: cepillo*) brush. (**b**) (*Aut, Elec*) dynamo brush.
escobillón *nm* (*Mec, Med*) swab.
escobón *nm* long-handled broom.
escocer 2b, 2h **1** *vt* (*irritar*) to annoy, upset. **2** *vi* (*picar*) to smart, sting; **me escuece el labio/la herida** my lip/cut is nipping. **3 escocerse** *vr* to chafe, get sore.
escocés/esa 1 *adj* (*persona*) Scottish; (*whisky*) Scotch; **falda ~a** kilt; **tela ~a** tartan, plaid. **2** *nm/f* Scot, Scotsman/Scotswoman; (*Ling*) Scots; **los ~es** the Scots.
Escocia *nf* Scotland.
escofina *nf* rasp, file.
escoger 2c *vt, vi* to choose, select; (*Pol*) to elect; **hay que ~ entre los dos** you must choose between the two; **puestos a ~, ellos ...** faced with the choice, they ....
escogido *adj* (*mercancías*) choice, select; (*obras*) selected.
escolar 1 *adj* (*éxitos*) scholastic; (*edad, vacaciones*) school *atr*; **año ~** school year. **2** *nm/f* schoolboy/schoolgirl, pupil.
escolaridad *nf* schooling; ~ **obligatoria** compulsory schooling; **el porcentaje de ~ es elevado** the proportion of those in school is high.
escolarización *nf* schooling, education.
escolarizar 1f *vt* to provide with schooling; **niños sin ~** children not in school, children receiving no schooling.
escolástica *nf* scholasticism.
escolástico *adj* scholastic.
escoleta *nf* (*Méx: banda*) amateur band.
escolopendra *nf* (*Zool*) centipede.
escolta *nf* escort; **dar ~ a** to escort, accompany.
escoltar 1a *vt* (*gen*) to escort; (*proteger*) to guard; (*Náut*) to escort, convoy.
escollera *nf* breakwater, jetty.
escollo *nm* (**a**) (*arrecife*) reef, rock. (**b**) (*fig: obstáculo*) pitfall, stumbling block.
escombrera *nf* (*vertedero*) dump; (*Min*) slag heap.
escombros *nmpl* (*basura*) rubbish *sg*; (*restos: de edificio etc*) debris *sg*, rubble *sg*; (*Min*) slag *sg*.
esconder 2a **1** *vt* to hide (*de* from), conceal (*de* from). **2 esconderse** *vr* to hide (o.s.), conceal o.s.; (*estar escondido*) to be hidden, lurk.
escondidas *nfpl* (*LAm*) hide-and-seek; **a ~** secretly, by stealth; **hacer algo a ~ de algn** to do sth behind sb's back.
escondite *nm* (**a**) (*escondrijo*) hiding place. (**b**) (*juego*) hide-and-seek; **jugar al ~ con** (*fig*) to play hide-and-seek with.
escondrijo *nm* (*escondite*) hiding place, hideout; (*rincón*) nook.
escoñar 1a (*fam*) **1** *vt* to smash up, break, shatter. **2 escoñarse** *vr* (**a**) (*persona*) to hurt o.s.; **estoy escoñado** I'm knackered *(fam)*. (**b**) (*Mec*) to break, get broken.
escopeta *nf* shotgun; ~ **de aire comprimido** airgun; ~ **de dos cañones** *o* **de tiro doble** double-barrelled *o* *(US)* -barreled gun; ~ **de cañones recortados** sawn-off shotgun.
escopetazo *nm* (**a**) (*disparo*) gunshot; (*herida*) gunshot wound. (**b**) (*noticia*) blow, bombshell.
escopet(e)ado *adj*: **salir ~** to be off like a shot.
escoplo *nm* chisel.
escora *nf* (*Náut*) (**a**) (*línea*) level *o* load line. (**b**) (*apoyo*) prop, shore. (**c**) (*inclinación*) list; **con una ~ de 30 grados** with a thirty-degree list.
escorar 1a *vi* (*Náut*) to list; ~ **a babor** to list to port.
escorbuto *nm* scurvy.
escoria *nf* (**a**) (*de alto horno*) slag, dross. (**b**) (*fig*) scum, dregs *pl*; **la ~ de la humanidad** the scum of humanity.
Escorpio *nm* Scorpio.
escorpión *nm* scorpion; **E~** (*Astron*) Scorpio.
escorzo *nm* foreshortening.
escotado *adj* (*vestido*) low-cut.
escotar 1a **1** *vt* (*vestido*) to cut low in front; (*cuello*) to cut low. **2** *vi* (*pagar su parte*) to pay one's share, chip in.
escote *nm* (**a**) (*de vestido*) low neck(line). (**b**) share; **ir** *o* **pagar a ~** to share the expenses, go fifty-fifty; (*pareja*) to go Dutch.

escotilla *nf* (*Náut*) hatchway.
escotillón *nm* trap door.
escozor *nm* (*dolor*) sting(ing); (*sentimiento*) grief, heartache.
escribanía *nf* (**a**) (*mueble*) writing desk. (**b**) (*Jur: cargo*) clerkship; (*: despacho*) clerk's office.
escribano *nm* (**a**) (*secretario judicial*) court clerk, lawyer's clerk; (*notario*) notary. (**b**) (*Orn*) bunting.
escribiente *nm* clerk.
escribir [3a] (*pp* **escrito**) **1** *vt, vi* (**a**) to write; (*cheque*) to write *o* make out; (*música*) to compose; ~ **a mano** to write in longhand; ~ **a máquina** to type. (**b**) (*ortografiar*) to spell; **'voy' se escribe con 'v'** 'voy' is spelled with a 'v'; **¿cómo se escribe eso?** how is that spelled?, how do you spell that? **2 escribirse** *vr* (**a**) (*cartearse*) to write to each other, correspond. (**b**) ~ **con** to correspond with, write to.
escrito 1 *pp de* **escribir**. **2** *adj* written, in writing; (*examen*) written; **lo arriba** ~ what has been said above. **3** *nm* (*gen*) writing; (*documento*) document; (*Jur*) brief; ~**s** (*Lit*) writings, works; **por** ~ in writing; **poner por** ~ to write down.
escritor(a) *nm/f* writer; ~ **de material publicitario** copywriter.
escritorio *nm* (*mueble*) desk, bureau; (*despacho*) office.
escritura *nf* (**a**) (*gen*) writing; (*de individuo*) (hand) writing; **tiene malísima** ~ her writing is terrible; ~ **corrida** *o* **normal** longhand; ~ **fonética** phonetic script; ~ **a máquina** typing. (**b**) **Sagrada E**~ (Holy) Scripture. (**c**) (*Jur*) deed, document; ~ **de propiedad** title deed.
escriturar [1a] *vt* (*Jur: documentos*) to formalize legally.
escroto *nm* scrotum.
escrúpulo *nm* (**a**) scruple; **falta de** ~**s** unscrupulousness; **sin** ~ unscrupulous; **no tuvo** ~**s en hacerlo** he had no qualms about doing it. (**b**) (*con la comida etc*) fussiness, pernickityness; **me da** ~ **beber de ahí** I'm wary about drinking from there.
escrupulosamente *adv* scrupulously.
escrupulosidad *nf* scrupulousness.
escrupuloso *adj* (**a**) (*gen*) scrupulous; (*minucioso*) particular, precise. (**b**) (*con la comida etc*) fussy, pernickety.
escrutador(a) 1 *adj* (*mirada*) searching, penetrating. **2** *nm/f* (*Pol: de votos*) returning officer, scrutineer.
escrutar [1a] *vt* (**a**) (*examinar*) to scrutinize, examine. (**b**) (*votos*) to count.
escrutinio *nm* (**a**) (*examen atento*) scrutiny, examination. (**b**) (*Pol: de votos*) count, counting.
escuadra *nf* (**a**) (*instrumento*) square; ~ **de delineante** set square; **a** ~ square, at right angles; **fuera de** ~ out of true. (**b**) (*Mil*) squad; (*Náut*) squadron; (*de coches*) fleet.
escuadrar [1a] *vt* (*Téc*) to square.
escuadrilla *nf* (*Aer*) wing, squadron.
escuadrón *nm* (*Mil, Aer*) squadron.
escuálido *adj* (*muy delgado*) skinny, scraggy.
escucha 1 *nf* (*acción*) listening; (*Rad*) monitoring; ~**s telefónicas** telephone tapping; **estar a la** ~ to listen in; **estar de** ~ to spy, eavesdrop. **2** *nm* (*Mil*) scout. **3** *nm/f* (*Rad*) monitor.
escuchar [1a] **1** *vt* to listen to; (*esp LAm: oír*) to hear; (*consejo*) to heed, pay attention to; **se escucha muy mal** it's a very bad line *o* (*US*) connection. **2** *vi* to listen.
escuchimizado *adj*: **estar** ~ (*fam*) to be (all) skin and bones; **es un chico** ~ he's a skinny boy.
escudar [1a] **1** *vt* (*lit, fig*) to shield. **2 escudarse** *vr* to shield o.s.
escudería *nf* motor-racing team.
escudero *nm* squire.
escudilla *nf* bowl, basin.
escudo *nm* (**a**) (*lit, fig*) shield; ~ **de armas** coat of arms. (**b**) (*moneda*) escudo.
escudriñar [1a] *vt* (*investigar*) to inquire into, investigate; (*examinar*) to scrutinize.
escuela *nf* (**a**) (*gen*) school; ~ **de Bellas Artes** Art School; ~ **de comercio** business school, school of business studies; ~ **de enfermería** nursing college; ~ **normal** teacher training college; ~ **de párvulos** infant school, kindergarten; ~ **primaria** *o* **de primera enseñanza** primary school; ~ **pública** state school; ~ **universitaria** college; **ir a la** ~ to go to school.
(**b**) (*del pensamiento, pintura*) school; **gente de la vieja** ~ people of the old school.
(**c**) (*formación*) training; **le falta** ~ he needs experience.
(**d**) **la** ~ **de la vida** the university of life.
escuelante *nmf* (*Col, Méx, Ven: alumno*) pupil.
escuerzo *nm* toad.
escuetamente *adv* plainly, baldly.
escueto *adj* (*verdad*) plain, bald; (*estilo*) simple; (*explicación*) presentación, concise.
escuincle/a, escuintle/a *nm/f* (*Méx fam*) child, kid.
esculcar [1g] *vt* (*Méx*) to search.
esculpir [3a] *vt* (*piedra*) to sculpt; (*madera*) to carve.
escultor(a) *nm/f* sculptor/sculptress.
escultórico *adj* sculptural.
escultura *nf* sculpture, carving; ~ **en madera** wood carving.
escultural *adj* sculptural; (*mujer*) statuesque, shapely.
escupidera *nf* (**a**) (*para escupir*) spittoon. (**b**) (*And, CSur: orinal*) chamberpot.
escupir [3a] **1** *vt* (**a**) (*sangre*) to spit; (*llamas*) to belch out. (**b**) (*fig: palabra*) to spit, spit out. (**c**) (*fam: confesar*) to cough (*fam*), sing (*fam*). **2** *vi* to spit (*a algn* at sb); ~ **a la cara de algn** to spit in sb's face.
escupitajo *nm* (*fam*) spit.
escurreplatos *nm inv* plate rack.
escurridero *nm* draining board, drainboard (*US*).
escurridizo *adj* (*carácter, superficie*) slippery; (*idea*) elusive.
escurridor *nm* (*de platos*) plate rack; (*colador*) colander.
escurrir [3a] **1** *vt* (*ropa*) to wring (out); (*platos, líquido, botella*) to drain; (*verduras*) to strain. **2** *vi* (*líquido*) to drip. **3 escurrirse** *vr* (**a**) (*líquido*) to drip; (*objeto*) to slip, slide; **se me escurrió de entre las manos** it slipped out of my hands. (**b**) (*platos*) to drain. (**c**) (*observación*) to slip out; (*persona: esfumarse*) to slip away, sneak off.
escúter *nm* (motor) scooter.
esdrújulo *adj* having dactylic stress, accented on the antepenult.
ESE *abr de* **estesudeste** ESE.
ese[1] *nf* (**a**) (name of the letter) S; **en forma de** ~ S-shaped. (**b**) **hacer** ~**s** (*carretera*) to zigzag, twist and turn; (*borracho*) to reel about.
ese[2]**/a** *adj dem* that; **esos/as** those; ~**a casa** that house; **esos dibujos** those drawings.
ése/a *pron dem* (**a**) that one; **ésos/as** those (ones); (*los anteriores*) the former; **prefiero ésos** I prefer those (ones); ~ **es el mío** that one is mine; **ésos que te compré yo** the ones I bought you. (**b**) ... **y cosas de** ~**as** ... and suchlike; **ni por** ~**as** (*de ningún modo*) on no account; (*aun así*) even so; **¡no me vengas con** ~**as!** don't give me any more of that nonsense.
esencia *nf* (*gen*) essence; (*de asunto*) heart; **en** ~ essentially, in essence.
esencial 1 *adj* (*imprescindible*) essential; (*principal*) chief, main; **lo** ~ the main thing. **2** *nm* essential.
esfera *nf* (**a**) (*Geog, Mat*) sphere; ~ **terrestre** globe; **en forma de** ~ spherical. (**b**) (*instrumento*) dial; (*de reloj*) face. (**c**) (*campo*) sphere, field; ~ **de acción** scope, range; ~ **de actividad** sphere of activity.
esférico *adj* spherical.
esfinge *nf* (*lit, fig*) sphinx; **ser como una** ~ to be expressionless.
esfínter *nm* sphincter.
esforzado *adj* (*enérgico*) vigorous, energetic; (*fuerte*)

strong, tough; (*emprendedor*) enterprising; (*valiente*) brave; (*trabajador*) hardworking.

esforzar [1f, 1l] **1** *vt* (*voz, vista*) to strain. **2 esforzarse** *vr* to exert o.s., make an effort; **hay que ~ más** you must try harder; **~ en** *o* **por lograr algo** to struggle *o* strive to achieve sth.

esfuerzo *nm* (**a**) (*gen*) effort; (*vigor*) spirit, vigour, vigor *(US)*; **sin ~** effortlessly, without strain; **hacer un ~** to make an effort. (**b**) (*Mec*) stress.

esfumar [1a] **1** *vt* (*Arte*) to tone down, soften. **2 esfumarse** *vr* (*apoyo, esperanzas*) to fade away, melt away; (*persona*) to vanish, make o.s. scarce; **¡esfúmate!** (*fam*) get lost! *(fam)*.

esgrima *nf* (*Dep*) fencing; (*arte*) swordsmanship.

esgrimidor(a) *nm/f* (*Dep*) fencer.

esgrimir [3a] **1** *vt* (*espada*) to wield; (*argumento*) to use. **2** *vi* to fence.

esguince *nm* (**a**) swerve, dodge. (**b**) (*Med*) sprain.

eslabón *nm* (*lit, fig*) link; (*para afilar*) steel; **~ perdido** (*Bio, fig*) missing link.

eslabonar [1a] *vt* (*lit*) to link (together, up); (*fig*) to interlink, connect.

eslálom, **eslalon** *nm* = **slalom**.

eslavo/a 1 *adj* Slav, Slavonic. **2** *nm/f* Slav. **3** *nm* (*Ling*) Slavonic.

eslip *nm* (*pl* **~s**) = **slip**.

eslogan *nm* (*pl* **~s**) = **slogan**.

eslora *nf* (*Náut*) length.

Eslovaquia *nf* Slovakia.

Eslovenia *nf* Slovenia.

esloveno/a *adj, nm/f* Slovene, Slovenian.

esmaltar [1a] *vt* (**a**) (*gen*) to enamel; (*uñas*) to varnish, paint. (**b**) (*fig*) to adorn (*con, de* with).

esmalte *nm* (**a**) (*Anat, Téc*) enamel; (*objeto*) enamelwork; **~ de uñas** nail varnish *o* polish. (**b**) (*fig*) lustre, luster *(US)*.

esmeradamente *adv* carefully, neatly.

esmerado *adj* (*trabajo*) careful, neat; (*persona*) careful, painstaking.

esmeralda *nf* emerald.

esmerar [1a] **1** *vt* to polish. **2 esmerarse** *vr* (*aplicarse*) to take great pains (*en* over); (*hacer lo mejor*) to do one's best; **~ en hacer algo** to take great pains to do sth.

esmeril *nm* emery.

esmerilar [1a] *vt* to polish with emery.

esmero *nm* (*cuidado*) care, carefulness; (*aseo*) neatness; **poner ~ en** to take great care over.

esmirriado *adj* puny.

esmoquin *nm* dinner jacket, tuxedo *(US)*.

esnifar [1a] *vt* (*fam: colas etc*) to sniff; (*: cocaína*) to snort.

esnob 1 *adj inv* (*persona*) snobbish; (*coche, restaurante etc*) posh *(fam)*, de luxe, swish *(fam)*. **2** *nmf* (*pl* **~s** [ez'noß]) snob.

esnobismo *nm* snobbery, snobbishness.

ESO *nf abr de* **Enseñanza Secundaria obligatoria** *compulsory secondary education for 12 to 16 year olds*.

eso *pron dem* that; **~ no me gusta** I don't like that; **¿qué es ~?** what's that?; **~ de su coche** that business about his car; **¿es verdad ~ que me han contado?** is it true what I've been told?; **¿qué es ~ de que ...?** what's all this about ...?; **¡~!** that's right!; **~ es** that's it, that's right; **~ sí** yes, of course; **el coche es viejo, ~ sí** the car is certainly old; **~ digo yo** I quite agree; (*respondiendo a pregunta*) that's what I'd like to know; **¡~ no!, ¡~ sí que no!** no way!; **~ creo/espero** I think/hope so; **a ~ de las 2** at about 2 o'clock, round about 2; **en ~** thereupon, at that point; **nada de ~** nothing of the kind, far from it; **¡nada de ~!** not a bit of it!; **¿no es ~?** isn't that so?; **por ~** therefore, and so; **por ~ no vine** that's why I didn't come; **no es por ~** that's not the reason; **¿y ~?** why?, how so? *(fam)*; **y ~ que llovía** in spite of the fact it was raining.

esófago *nm* oesophagus, esophagus *(US)*, gullet.

esotérico *adj* esoteric.

esoterismo *nm* (*culto*) cult of the esoteric; (*como género*) esoterics; (*carácter*) esoteric nature.

esp. *abr de* **español**.

espabilar [1a] *vt*, **espabilarse** *vr* = **despabilar**.

espaciado *nm* (*Inform*) spacing.

espaciador *nm* space bar.

espacial *adj inv* (**a**) (*Mat etc*) spatial. (**b**) space (*atr*); **viajes ~es** space travel.

espaciar [1b] *vt* (*gen*) to space (out); (*noticia*) to spread; (*pagos*) to spread out, stagger.

espacio *nm* (**a**) (*gen*) space; **~ aéreo** air space; **~ libre** room, clear space; **~ de maniobra** room for manoeuvre *o (US)* maneuver; **~ muerto** clearance; **en el ~ de una hora** in the space of one hour; **por ~ de** during, for; **ocupar mucho ~** to take up a lot of room.

(**b**) (*Aer, Geog*) space; **~ exterior** outer space.

(**c**) (*Tip*) space, spacing; **a un ~** single-spaced; **a dos ~s, a doble ~** double-spaced.

(**d**) (*Mús*) interval; (*Rad, TV*) programme, program *(US)*; (*: en la programación*) slot; **~ informativo** newscast; **~ publicitario** advertising spot, commercial.

espacioso *adj* (**a**) (*cuarto, casa*) spacious, roomy. (**b**) (*movimiento*) slow, deliberate.

espachurrar [1a] **1** *vt* to squash, flatten. **2 espachurrarse** *vr* to get squashed *o* flattened.

espada 1 *nf* (**a**) sword; **estar entre la ~ y la pared** to be between the devil and the deep blue sea. (**b**) **~s** (*Naipes*) spades. **2** *nm* swordsman; (*Taur*) matador.

espadachín *nm* (*esgrimidor*) skilled swordsman; (*pey*) bully, thug.

espadaña *nf* bulrush.

espadín *nm* dress *o* ceremonial sword.

espagueti(s) *nmpl* spaghetti *sg*.

espalda *nf* (**a**) back; (*hombros*) shoulder(s); **a ~s de algn** behind sb's back; **de ~s a** with one's back to; **de ~s a la marcha** facing backwards, with one's back to the engine; **por la ~** from behind; **atar las manos a la ~** to tie sb's hands behind his back; **caer de ~s** to fall on one's back; **cubrirse las ~s** (*fig*) to cover o.s. *o* one's own back; **dar la ~ a** to turn one's back on, face away from; **echar algo sobre las ~s** to take sth on, take charge of sth; **estar con** *o* **tener las ~s cubiertas** to make sure, be on the safe side; **estar de ~s** to have one's back turned; **volver la ~** to turn away; (*pey*) to turn tail; **volver la ~ a algn** to cold-shoulder sb; **volverse de ~s** to turn one's back.

(**b**) (*Dep*) backstroke.

espaldar *nm* (**a**) (*de silla*) back. (**b**) (*para plantas*) trellis, espalier.

espaldarazo *nm* (*apoyo*) backing.

espaldera *nf* (**a**) trellis, espalier. (**b**) (*Dep*) **~s** wall bars.

espaldilla *nf* shoulder blade.

espantada *nf* (*huida: de animal*) stampede; (*de gente*) stampede, mayhem.

espantadizo *adj* shy, easily scared (off).

espantajo *nm* (*espantapájaros*) scarecrow; (*persona*) sight, fright.

espantapájaros *nm inv* scarecrow.

espantar [1a] **1** *vt* to frighten, scare; (*ahuyentar*) to frighten off; (*horrorizar*) to appal. **2 espantarse** *vr* (*asustarse*) to get frightened, get scared (*de* at, of); (*horrorizarse*) to be appalled (*de* at).

espanto *nm* (**a**) (*susto*) fright; (*asombro*) astonishment. (**b**) (*amenaza*) threat, menace. (**c**) (*LAm: fantasma*) ghost. (**d**) (*fam*) **¡qué ~!** how awful!, goodness!; **hace un frío de ~** it's terribly cold.

espantoso *adj* (*aterrador*) frightening, terrifying; (*malo*) appalling; (*ruido*) dreadful.

España *nf* Spain; **la ~ de pandereta** touristy Spain.

español(a) 1 *adj* Spanish. **2** *nm/f* Spaniard; **los ~es** the Spaniards, the Spanish. **3** *nm* (*Ling*) Spanish.

españolada *nf* (*pey*) typically Spanish product *o* feature *etc*.

españolismo *nm* (*amor a lo español*) love of Spain;

(*carácter español*) Spanishness; (*Ling*) Hispanicism.
españolista 1 *adj* centralist, unionist *(as opposed to regionalist)*. **2** *nmf* pro-centralist.
españolizar 1f **1** *vt* to make Spanish, Hispanicize. **2 españolizarse** *vr* to adopt Spanish ways; **se españolizó por completo** he became completely Spanish.
esparadrapo *nm* sticking plaster, bandaid *(US)*.
esparcido *adj* (**a**) (*desparramado*) scattered; (*extendido*) widespread. (**b**) (*fig: alegre*) cheerful.
esparcimiento *nm* (**a**) (*dispersión*) spreading. (**b**) (*descanso*) relaxation; (*recreo*) amusement.
esparcir 3b **1** *vt* (**a**) (*desparramar*) to spread, scatter; (*divulgar*) to disseminate. (**b**) (*distraer*) to amuse, divert. **2 esparcirse** *vr* (**a**) (*desparramarse*) to spread (out), scatter. (**b**) (*descansar*) to relax; (*divertirse*) to amuse o.s.
espárrago *nm* asparagus; ~ **triguero** wild asparagus; **estar hecho un** ~ to be as thin as a rake; **¡vete a freír ~s!** (*fam*) away you go!
espartano/a *adj* (*fig*) spartan.
espartillo *nm* (*LAm*) esparto (grass).
esparto *nm* esparto (grass); **estar como el** ~ to be all dried up.
espasmo *nm* spasm.
espasmódico *adj* spasmodic.
espástico/a *adj, nm/f* spastic.
espatarrarse 1a *vr* (*fam*) to sprawl.
espátula *nf* (*Med*) spatula; (*Arte*) palette knife; (*Culin*) fish slice; (*Constr*) putty knife.
especia *nf* spice.
especial *adj* (**a**) special, especial; **en** ~ especially, particularly; **un material ~ para ...** material suitable for .... (**b**) (*pey: persona*) particular, fussy (*en* about).
especialidad *nf* (*gen, Culin*) speciality, specialty *(US)*; (*Univ: ramo*) specialism, special field; **no es de mi** ~ it's not in my line.
especialista *nmf* (**a**) (*gen*) specialist. (**b**) (*Cine etc*) stuntman/stuntwoman.
especializado *adj* specialized; (*obrero*) skilled, trained; **mano de obra ~a** skilled labour *o (US)* labor.
especializarse 1f *vr* to specialize (*en* in).
especialmente *adv* (e)specially, particularly.
especie *nf* (**a**) (*Bio*) species; ~ **amenazada** *o* **en peligro** endangered species. (**b**) (*clase*) kind, sort; **una ~ de ...** a sort of .... (**c**) (*asunto*) matter; (*noticia*) piece of news; (*rumor*) rumour, rumor *(US)*, piece of gossip. (**d**) **en** ~ in kind; **pagar en** ~ to pay in kind.
especificación *nf* specification.
específicamente *adv* specifically.
especificar 1g *vt* to specify.
específico 1 *adj* specific. **2** *nm* (*Med*) specific; (*medicina fabricada*) patent medicine.
espécimen *nm* (*pl* **especímenes**) specimen.
espectacular *adj* spectacular.
espectacularidad *nf* spectacular nature; **de gran** ~ very spectacular.
espectacularmente *adv* spectacularly, in spectacular fashion.
espectáculo *nm* spectacle; (*Teat*) show; (*: función*) performance; ~ **de variedades** variety show; **dar un** ~ to make a scene; **el deporte como** ~ sport presented as show-biz.
espectador(a) *nm/f* (*Cine, Dep, Teat*) spectator; (*de acontecimiento*) onlooker; **los ~es** (*Dep*) the spectators; (*Teat*) the audience *sg*.
espectral *adj* (**a**) (*Fís*) spectral. (**b**) (*fig*) ghostly.
espectro *nm* (**a**) (*Fís*) spectrum; **de amplio** ~ wide-ranging, covering a broad spectrum. (**b**) (*fantasma*) spectre, specter *(US)*, ghost; **el ~ del hambre** the spectre of famine.
espectroscopio *nm* spectroscope.
especulación *nf* (*gen*) speculation; ~ **bursátil** speculation on the stock exchange; ~ **inmobiliaria** property speculation.
especulador(a) *nm/f* speculator.
especular 1a *vi* (**a**) (*hacer cábalas*) to speculate (*sobre* about). (**b**) (*Com, Fin*) to speculate (*en, con* with).
especulativo *adj* speculative.
espejismo *nm* (*lit, fig*) mirage.
espejo *nm* mirror; ~ **de cuerpo entero/retrovisor** full-length/rear-view mirror; **mirarse al** ~ to look at o.s. in the mirror.
espeleología *nf* potholing.
espeleólogo/a *nm/f* potholer.
espeluznante *adj* hair-raising, horrifying.
espera *nf* (**a**) wait; **estar a la ~ de algo** to be expecting sth; **la cosa no tiene** ~ the affair is most urgent; **en ~ de** waiting for; **en ~ de su contestación** awaiting your reply. (**b**) (*Jur*) stay, respite.
esperanto *nm* Esperanto.
esperanza *nf* hope; (*expectativa*) expectation; ~ **de vida** life expectancy; **con la ~ de/de que** in the hope of/that; **¡qué ~!** (*LAm*) some hope!, not on your life! *(fam)*; **hay pocas ~s de que venga** there is little prospect of his coming; **dar ~s a algn** to give sb hope; **tener ~s de** to have hopes of; **tener la ~ puesta en** to pin one's faith on.
esperanzador *adj* hopeful, encouraging.
esperanzar 1f *vt* to give hope to; **estar esperanzado** to be hopeful.
esperar 1a **1** *vt* (**a**) (*tener esperanza de*) to hope for; **espero llegar a tiempo** I hope to arrive on time; **eso espero** I hope so; **espero que sea así** I hope it is *o* will be so; **espero que te haya gustado** I hope you liked it; **espero que vengas** I hope you'll come.
(**b**) (*aguardar*) to wait for, await; ~ **el avión** to wait for the plane; **ir a ~ a algn** to go and meet sb; **no me esperes después de las 7** don't wait for me after 7; **nos espera un duro invierno** we've got a hard winter in store; **¡la que te espera cuando llegues a casa!** you're for it when you get home!; **un lío de aquí te espero** (*fam*) a tremendous row *(fam)*.
(**c**) (*contar con*) to expect; **¿esperas visita?** are you expecting someone?; **espero la llamada en cualquier momento** I expect his call at any moment; **¿no esperarás que pague yo?** are you expecting me to pay?; **no esperaba menos de ti** I knew I could count on you, I expected nothing less of you; **era de ~ que eso sucediera** it was to be expected that that would happen.
(**d**) (*bebé*) to be expecting.
2 *vi* (*estar en espera*) to wait; **esperaré aquí** I'll wait here; **¡espera un momento!** wait a moment!, just a minute!; ~ **a** *o* **hasta que algn haga algo** to wait for sb to do sth, wait until sb does sth; **hacer ~ a algn** to make sb wait, keep sb waiting; **espera y verás** wait and see; **¡ya puedes ~ sentado!** (*fam*) don't hold your breath! *(fam)*; **el que espera desespera** a watched pot never boils.
3 esperarse *vr* (**a**) **como podía** ~ as was to be expected; **no fue tan bueno como se esperaba** it was not as good as expected; **se espera que** it is hoped.
(**b**) **no es lo que me esperaba!** it isn't what I expected; **¡me lo esperaba!** I was expecting this!
(**c**) **¡espérate (un momento)!** wait (a minute)!, hold on (a minute)!; **espérate a que deje de llover** wait until it stops raining.
esperma *nm o nf* (**a**) sperm; ~ **de ballena** spermaceti. (**b**) (*Carib, Col: vela*) candle.
espermatozoo *nm* spermatozoon.
espermicida *nm* spermicide.
esperpéntico *adj* (**a**) (*absurdo*) absurd, nonsensical. (**b**) (*grotesco*) grotesque, exaggerated.
esperpento *nm* (**a**) (*persona*) fright, sight. (**b**) (*disparate*) (piece of) nonsense. (**c**) (*Teat*) *play which focuses on the grotesque*.
espesante *nm* thickener, thickening agent.
espesar 1a **1** *vt* to thicken. **2 espesarse** *vr* (*líquido*) to thicken, get thicker; (*bosque*) to get denser.

espeso *adj* (*gen*) thick; (*bosque*) dense; (*nieve*) deep; (*pasta*) stiff.
espesor *nm* thickness; (*de nieve*) depth; **tiene medio metro de** ~ it is half a metre *o* *(US)* meter thick.
espesura *nf* (**a**) thickness. (**b**) (*Bot*) thicket.
espetar [1a] *vt* (**a**) (*carne*) to skewer, spit; (*persona*) to run through. (**b**) (*orden*) to rap out; ~ **algo a algn** to spring sth on sb.
espetón *nm* (*broqueta*) skewer; (*asador*) spit.
espía *nmf* spy; **satélite** ~ spy satellite.
espiar [1c] **1** *vt* (*observar*) to spy on; (*LAm: mirar*) to look at, watch. **2** *vi* to spy.
espichar[1] [1a] **1** *vt*: ~**la** (*fam*) to kick the bucket *(fam)*. **2** *vi* = **1**. **3 espicharse** *vr* (*LAm: enflaquecerse*) to get thin.
espichar[2] [1a] *vi* (*LAm fam: pronunciar un discurso*) to speechify.
espich(e) *nm* (*LAm fam*) speech.
espiga *nf* (*Bot: de trigo*) ear; (*: de flores*) spike; (*clavija*) peg.
espigado *adj* (*Bot*) ripe; (*fig*) tall, slender.
espigar [1h] **1** *vt* (*Agr, fig*) to glean; (*Téc*) to pin, peg. **2** *vi* (*cereales*) to come into ear. **3 espigarse** *vr* (*muchachos*) to shoot up.
espigón *nm* (**a**) (*Bot*) ear; (*de herramienta*) sharp point, spike. (**b**) (*Náut*) breakwater.
espina *nf* (**a**) (*Bot*) thorn; (*astilla*) splinter; **me da mala** ~ it makes me suspicious; **sacarse la** ~ (*fig*) to get even. (**b**) (*de pez*) bone; (*Anat: tb* ~ **dorsal**) spine. (**c**) (*problema*) worry.
espinaca *nf* spinach.
espinal *adj* spinal.
espinazo *nm* spine, backbone; **doblar el** ~ (*fig*) to knuckle under.
espinilla *nf* (**a**) (*Anat: tibia*) shin(bone). (**b**) (*en la piel*) blackhead.
espinillera *nf* shinpad, shin guard *(US)*.
espino *nm* hawthorn; ~ **negro** blackthorn, sloe.
espinoso 1 *adj* (**a**) (*planta*) thorny, prickly; (*pez*) bony. (**b**) (*problema*) knotty. **2** *nm* stickleback.
espionaje *nm* spying, espionage; ~ **industrial** industrial espionage; **novela de** ~ spy story.
espira *nf* (*Mat*) spire; (*Zool*) whorl, ring; (*Elec*) turn.
espiráculo *nm* blow-hole.
espiral 1 *adj* spiral. **2** *nm* (*de reloj*) hairspring. **3** *nf* spiral; **la** ~ **inflacionista** the inflationary spiral; **el humo subía en** ~ the smoke went spiralling *o* *(US)* spiraling up.
espirar [1a] **1** *vt* (*aire, humo*) to breathe out, exhale; (*olor*) to give off. **2** *vi* to breathe (out).
espiritismo *nm* spiritualism.
espiritista *adj, nmf* spiritualist.
espiritoso *adj* spirituous; **bebidas** ~**s** spirits.
espíritu *nm* (**a**) (*gen*) spirit; ~ **de cuerpo** esprit de corps; ~ **de equipo/de lucha** team/fighting spirit; **en la letra y en el** ~ in the letter and in the spirit; **pobre de** ~ poor in spirit; **levantar el** ~ **de algn** to raise sb's spirits.
(**b**) (*mente*) mind; (*inteligencia*) intelligence; **con** ~ **amplio** with an open mind; **de** ~ **crítico** of a critical turn of mind; **edificar el** ~ **de algn** to improve sb's mind.
(**c**) (*Rel*) spirit, soul; **E**~ **Santo** Holy Ghost; **dar** *o* **rendir el** ~ to give up the ghost.
(**d**) (*aparecido*) spirit, ghost; ~ **maligno** evil spirit.
(**e**) (*alcohol*) spirits *pl*, liquor; ~ **de vino** spirits of wine.
espiritual 1 *adj* (*vida, patria, poderes*) spiritual. **2** *nm* (Negro) spiritual.
espirituoso = **espiritoso**.
espita *nf* (**a**) tap, faucet *(US)*. (**b**) (*fam: borracho*) drunkard.
espléndidamente *adv* (*V adj*) (**a**) splendidly, magnificently. (**b**) lavishly, generously.
esplendidez *nf* (*magnificencia*) splendour, splendor *(US)*, magnificence; (*generosidad*) generosity.
espléndido *adj* (**a**) (*magnífico*) splendid, magnificent. (**b**) (*generoso*) lavish, generous.
esplendor *nm* splendour, splendor *(US)*, magnificence; (*resplandor*) brilliance.
esplendoroso *adj* (*magnífico*) magnificent; (*resplandeciente*) brilliant, radiant.
espliego *nm* lavender.
espolear [1a] *vt* (*caballo*) to spur (on); (*fig*) to spur on, stimulate.
espoleta *nf* (**a**) (*Mil*) fuse. (**b**) (*Anat*) wishbone.
espolón *nm* (**a**) (*Zool: de gallo*) spur; (*: de caballo*) fetlock. (**b**) (*Geog*) spur. (**c**) (*Náut: proa*) stem. (**d**) (*malecón*) sea wall; (*contrafuerte*) buttress. (**e**) (*paseo*) promenade.
espolvorear [1a] *vt* to dust, sprinkle (*de* with).
esponja *nf* (**a**) sponge; **beber como una** ~ to drink like a fish. (**b**) (*fam: gorrón*) sponger *(fam)*.
esponjar [1a] **1** *vt* to make spongy; (*lana*) to fluff up. **2 esponjarse** *vr* (**a**) to become spongy; (*lana*) to fluff up. (**b**) (*engreírse*) to swell with pride.
esponjosidad *nf* sponginess.
esponjoso *adj* spongy.
esponsales *nmpl* betrothal *sg*.
espontaneidad *nf* spontaneity.
espontáneo 1 *adj* (*gen*) spontaneous; (*improvisado*) impromptu; (*persona: natural*) natural. **2** *nm* (*Taur*) intruder, spectator who rushes into the ring and attempts to take part.
espora *nf* spore.
esporádicamente *adv* sporadically.
esporádico *adj* sporadic.
esposa *nf* (**a**) wife. (**b**) ~**s** handcuffs; (*grillos*) manacles; **poner las** ~**s a algn** to handcuff sb.
esposar [1a] *vt* to handcuff.
esposo *nm* husband; **los** ~**s** husband and wife, the couple.
esprint *nm* (*pl* ~**s** [esprin], ~**es**) sprint.
esprínter *nmf* sprinter.
espuela *nf* (**a**) (*lit, fig*) spur. (**b**) (*fam: trago*) last drink, one for the road.
espuelear [1a] *vt* (*LAm fam*) to spur (on).
espuerta *nf* basket, pannier; **a** ~**s** in vast quantities, by the ton.
espulgar [1h] *vt* (**a**) (*quitar la pulgas a*) to delouse, get the lice *o* fleas out of. (**b**) (*fig*) to scrutinize.
espuma *nf* (*de agua*) foam, spray; (*de olas*) surf; (*de cerveza*) froth, head; (*de jabón*) lather; (*residuos*) floating waste, surface scum; ~ **de afeitar** shaving foam; **crecer como la** ~ to flourish; **hacer** ~ to foam, froth.
espumadera *nf*, **espumador** *nm* (*Culin*) skimming ladle.
espumajear [1a] *vi* to foam at the mouth.
espumar [1a] **1** *vt* (*quitar espuma a*) to skim off. **2** *vi* (*cerveza*) to froth, foam; (*vino*) to sparkle.
espumarajo *nm* froth, foam; **echar** ~**s (de rabia)** to splutter with rage.
espumilla *nf* (*LAm*) meringue.
espumoso *adj* frothy; (*vino*) sparkling.
espúreo, **espurio** *adj* spurious; (*niño*) illegitimate, bastard.
esputar [1a] *vt, vi* to spit (out).
esputo *nm* (*saliva*) spit, spittle; (*Med*) sputum.
esqueje *nm* (*de planta*) cutting.
esquela *nf* (**a**) (*nota*) note. (**b**) (*anuncio*) notice; ~ **de defunción** *o* **mortuoria** announcement of death.
esquelético *adj* skeletal; (*fam*) thin, skinny.
esqueleto *nm* (**a**) (*Anat*) skeleton; **mover el** ~ (*fam*) to shake it about *(fam)*. (**b**) (*fig*) skeleton; (*lo esencial*) bare bones (of a matter); (*Chi, Lit: borrador*) rough draft; (*And, CAm, Méx: formulario*) form, blank; **en** ~ unfinished; **menear el** ~ (*fam*) to dance.
esquema *nm* (**a**) (*diagrama*) diagram, plan; (*proyecto*)

scheme; (*esbozo*) sketch. (**b**) (*Rel*) schema.
esquemático *adj* schematic; **un resumen ~** an outline.
esquí *nm* (*pl* **~s** *o* **~es**) (**a**) (*objeto*) ski. (**b**) (*deporte*) skiing; **~ acuático** water-skiing; **hacer ~** to go skiing.
esquiador(a) *nm/f* skier.
esquiar [1c] *vi* to ski.
esquife *nm* skiff.
esquila[1] *nf* (*campanilla*) small bell; (*cencerro*) cowbell.
esquila[2] *nf* (*Agr: de ovejas*) shearing.
esquilar [1a] *vt* to shear.
esquilmar [1a] *vt* (**a**) (*cosecha*) to harvest. (**b**) (*tierra, tb fig*) to impoverish. (**c**) (*fam: jugador*) to skin (*fam*).
esquimal 1 *adj, nmf* Eskimo. **2** *nm* (*Ling*) Eskimo.
esquina *nf* (**a**) corner (*tb Dep*); **doblar la ~** to turn the corner; **hacer ~** (*edificio*) to be on the corner; (*calles*) to meet. (**b**) (*LAm: tienda*) corner shop, village store. (**c**) (*fam*); **la ~** the game (*fam*), prostitution.
esquinado *adj* (**a**) sharp-cornered. (**b**) (*Fút*) **tiro ~** low shot into the corner of the net.
esquinar [1a] **1** *vt* (**a**) (*Dep*) to put in a corner. **2** *vi*: **~ con** (*hacer esquina*) to form a corner with; (*estar en la esquina*) to be on the corner of. **3 esquinarse** *vr* (*pelearse*) to quarrel (*con* with).
esquinazo *nm*: **dar ~ a algn** to give sb the slip, shake sb off.
esquirla *nf* splinter.
esquirol *nm* scab (*fam*), strikebreaker.
esquivada *nf* (*LAm*) evasion.
esquivar [1a] *vt* (*evitar*) to avoid, shun; (*evadir*) to dodge, side-step; **~ un golpe** to dodge a blow; **~ hacer algo** to avoid *o* be chary of doing sth.
esquivez *nf* (*timidez*) shyness; (*despego*) unsociability; (*desdén*) scorn.
esquivo *adj* (**a**) (*tímido*) shy; (*huraño*) unsociable; (*evasivo*) evasive. (**b**) (*despreciativo*) scornful.
esquizo *adj, nm* (*fam*) schizo (*fam*).
esquizofrenia *nf* schizophrenia.
esquizofrénico/a *adj, nm/f* schizophrenic.
esquizoide *adj, nmf* schizoid.
esta, **ésta** *etc V* **este**[2]; **éste**.
estabilidad *nf* stability.
estabilización *nf* stabilization.
estabilizador 1 *adj* stabilizing. **2** *nm* stabilizer; (*Aut*) anti-roll bar.
estabilizar [1f] **1** *vt* (*gen*) to stabilize; (*fijar*) to make steady; (*precios*) to peg. **2 estabilizarse** *vr* to become stable.
estable *adj* (*firme*) stable, steady; (*habitual*) regular.
establecer [2d] **1** *vt* to establish; (*fundar*) to set up, found; (*colonos*) to settle; (*alegación*) to justify; (*récord*) to set (up); (*domicilio*) to take up; **la ley establece que ...** the law provides that .... **2 establecerse** *vr* to establish o.s., settle; (*Com*) to start a business; (*sucursal*) to open a branch.
establecimiento *nm* (**a**) (*acto*) establishment; (*fundación*) institution; (*de colonias*) settlement. (**b**) (*local*) establishment; **~ central** head office; **~ comercial** business house. (**c**) (*Jur*) statute.
establo *nm* cowshed, stall, barn.
estaca *nf* (**a**) (*poste*) stake, post; (*de tienda de campaña*) peg; (*porra*) cudgel. (**b**) (*Agr*) cutting. (**c**) (*LAm*) large mining claim *o* concession.
estacada *nf* (**a**) (*cerca*) fence; (*Mil*) stockade; **dejar a algn en la ~** (*fig*) to leave sb in the lurch; **estar** *o* **quedar en la ~** (*estar en apuro*) to be in a jam; (*fracasar*) to fail disastrously. (**b**) (*LAm*) wound.
estacar [1g] *vt* (*LAm: herir*) to wound; (*: pinchar*) prick.
estación *nf* (**a**) (*gen*) station; **~ balnearia** (*medicinal*) spa; (*de mar*) seaside resort; **~ depuradora** sewage works; **~ de esquí** ski resort; **~ terminal** terminus; **~ transmisora** transmitter; **~ meteorológica** weather station; **~ de autobuses/ferrocarril/servicio** bus/railway/service *o* petrol station. (**b**) (*Rel*) **E~es del vía Crucis** Stations of the Cross. (**c**) (*temporada*) season; **~ muerta** off season. (**d**) **hacer ~** to make a stop (*en* at, in).
estacional *adj* seasonal.
estacionamiento *nm* stationing; (*Aut: acción*) parking; (*: esp LAm*) car park.
estacionar [1a] **1** *vt* to station, place; (*Aut*) to park. **2 estacionarse** *vr* to station o.s.; (*Aut*) to park; (*no moverse*) to remain stationary; **la inflación/la fiebre se ha estacionado** inflation/the fever has stabilized.
estacionario *adj* stationary; (*Med*) stable; (*Com, Fin*) slack.
estacionómetro *nm* (*Méx Aut*) parking meter.
estacón *nm* (*LAm*) prick, jab.
estada *nf* (*LAm*) stay.
estadía *nf* (*LAm*) stay; (*: duración*) length of stay.
estadio *nm* (**a**) (*fase*) stage, phase. (**b**) (*Mat*) furlong. (**c**) (*Dep*) stadium.
estadista *nm* (**a**) (*Pol*) statesman. (**b**) (*Mat*) statistician.
estadística *nf* (*ciencia*) statistics *sg*; **una ~** a figure, a statistic.
estadísticamente *adv* statistically.
estadístico/a 1 *adj* statistical. **2** *nm/f* statistician.
estado *nm* (**a**) (*gen*) state, condition; **~ de alarma** *o* **alerta** state of alert; **~ de ánimo** state of mind; **~ (de salud)** condition; **~ de sitio** state of siege; **~ de emergencia** *o* **excepción** state of emergency; **~ de gracia** (*fig*) honeymoon period; **~ de guerra** state of war; **~ sólido** solid state; **estar en ~ de buena esperanza** to be pregnant, be in the family way; **estar en buen ~** to be in good condition; **quedar en ~** to become pregnant.
(**b**) (*categoría*) **~ civil** marital status; **~ llano** third estate, commoners.
(**c**) (*Mil*) **~ mayor** staff.
(**d**) (*Pol*) state; **~ benefactor** *o* **del bienestar** *o* **de previsión** welfare state; **el E~ Español** the Spanish State; **asuntos de ~** affairs of state; **~ de derecho** state ruled by law, constitutional state; **~ policial** police state; **hombre de ~** statesman.
(**e**) (*lista*) list (of employees).
(**f**) (*resumen*) summary; (*informe*) report; **~ de cuenta(s)** statement of account; **~ financiero/de pérdidas y ganancias** financial/profit and loss statement.
Estados Unidos *nmpl* United States.
estadounidense 1 *adj* United States *atr*, American. **2** *nmf* United States citizen, American.
estafa *nf* (*timo*) swindle; (*Com, Fin*) racket.
estafador(a) *nm/f* swindler; (*Com, Fin*) racketeer.
estafar [1a] *vt* to swindle, defraud; **~ algo a algn** to swindle sb out of sth; **¡me han estafado!** I've been done! (*fam*).
estafeta *nf* (*tb* **~ de Correos**) (sub-)post office.
estalactita *nf* stalactite.
estalagmita *nf* stalagmite.
estalinismo *nm* Stalinism.
estalinista *adj, nmf* Stalinist.
estallar [1a] *vi* (*gen*) to explode; (*bomba*) to explode, go off; (*volcán*) to erupt; (*neumático*) to burst; (*vidrio*) to shatter; (*látigo*) to crack; (*epidemia, guerrra, conflicto*) to break out; (*sublevación*) to break out; **~ en llanto** to burst into tears; **el parabrisas estalló en pedazos** the windscreen shattered; **cuando estalló la guerra** when the war broke out; **hacer ~** to set off; (*fig*) to spark off, start.
estallido *nm* (*explosión*) explosion; (*de látigo, trueno*) crack; (*comienzo*) outbreak.
estambre *nm* (**a**) (*tela*) worsted. (**b**) (*Bot*) stamen.
Estambul *nm* Istanbul.
estamento *nm* (*social*) class.
estampa *nf* (**a**) (*imagen*) print; (*en libro*) picture. (**b**) (*imprenta*) printing. (**c**) (*fig: aspecto*) appearance, aspect; **de magnífica ~** fantastic-looking; **~s de la vida cotidiana** vignettes of everyday life; **ser la propia ~ de algn** to be the very image of sb.

estampado 1 *adj* (*gen*) printed; (*vestido*) print. **2** *nm* (*impresión*) printing; (*diseño*) print (dress).

estampar [1a] *vt* (**a**) (*imprimir*) to print; (*marcar*) to stamp; (*grabar*) to engrave; (*fig: grabar*) to stamp, imprint (*en* on). (**b**) (*fam: beso, bofetada*) to plant. (**c**) **lo estampó contra la pared** (*fam*) she flung him against the wall.

estampida *nf* (*Agr, Zool*) stampede; **se marchó de** ~ he went off like a shot.

estampido *nm* bang; ~ **sónico** sonic boom.

estampilla *nf* (**a**) (*sello de goma*) seal, (rubber) stamp. (**b**) (*LAm Correos*) stamp.

estampillado *nm* rubber stamp *o* stamping.

estampillar [1a] *vt* to rubber-stamp.

estampita *nf* (*Rel*) small religious picture; **el timo de la** ~ con trick.

estancado *adj* (*agua*) stagnant; (*negociaciones*) at a standstill; **quedarse** ~ to get bogged down, get into a rut.

estancamiento *nm* (*de agua, asunto*) stagnation; (*de negociaciones*) deadlock.

estancar [1g] **1** *vt* (**a**) (*aguas*) to hold back, stem. (**b**) (*progreso*) to hold up; (*negociación*) to deadlock; (*Com*) to establish a monopoly in. **2 estancarse** *vr* (*gen*) to stagnate.

estancia *nf* (**a**) (*permanencia*) stay; (*domicilio*) dwelling, abode. (**b**) (*LAm*) farm, cattle ranch; (*Carib*) small farm, smallholding. (**c**) (*Lit*) stanza.

estanciera *nf* (*CSur Aut*) station wagon.

estanciero *nm* (*LAm*) farmer, rancher.

estanco 1 *adj* watertight. **2** *nm* (*monopolio*) state monopoly; (*tienda*) tobacconist's (shop), cigar store *(US)*.

estand *nm* = **stand**.

estándar *adj, nm* standard.

estandarización *nf* standardization.

estandarizar [1f] *vt* to standardize.

estandarte *nm* banner, standard.

estanque *nm* (*lago: ornamental*) lake; (*: pequeño*) pool, pond; (*depósito*) tank; ~ **de juegos** paddling pool.

estanquero/a *nm/f* tobacconist.

estante *nm* (**a**) (*anaquel*) shelf. (**b**) (*soporte*) rack, stand; ~ **(para libros)** bookcase.

estantería *nf* shelving, shelves *pl*.

estañar [1a] *vt* (*Téc*) to tin; (*soldar*) to solder.

estaño *nm* tin.

estaquear [1a] *vt* (*CSur*) to stretch out between stakes.

estaquilla *nf* (*de madera*) peg; (*clavo largo*) spike, long nail; (*para tienda*) tent peg.

estar [1o] **1** *vi* (**a**) (*presencia, posición*) to be; **¿está Juan?** is John in?; **no está** he is not here, he's out; **está fuera** (*de casa*) she's out; (*de ciudad*) she's away *o* out of town; **el monumento está en la plaza** the monument is *o* stands in the square; **¿dónde está la estación?** where is the station?; **estamos en octubre** we are in October.

(**b**) (+ *adj: estado transitorio*) ~ **enfermo** *o* **malo** to be *o* feel ill; **está vacío** it's empty; **¡qué elegante estás!** how smart you're looking!; **¡qué bueno está!** it's really good!; **el traje te está grande** the suit is too big for you; **está más viejo** he looks *o* seems older.

(**c**) (+ *adv*) **está bien** (*sano*) he's all right; (*correcto*) it's right; **que esté(s) bien** (*Col fam*) goodbye, bye *(fam)*; **está mal** (*enfermo*) he's ill; (*incorrecto*) it's wrong; **¿cómo** *o* **qué tal estás?** how are you keeping?

(**d**) (*estar listo*) to be ready; **estará a las cuatro** it'll be ready at four; **en seguida está** it'll be ready in a moment; **dos vueltas más y ya está** two more turns and that's it, two more turns and it's done.

(**e**) (+ *ger*) **estoy leyendo un libro** I am reading a book; **estaba corriendo** he was running.

(**f**) (+ *participio*) **está envuelto en papel** it is wrapped in paper; **no está cocido todavía** it is not boiled yet.

(**g**) (+ *a: precio*) **las uvas están a 100 pesetas** grapes are (selling at) 100 pesetas; (*: fecha*) **estamos a 8 de junio** it is the 8th of June, today is the 8th of June; **¿a cuántos estamos?** what's the date?; (*: distancia*) **¿a cuánto estamos de Madrid?** how far are we from Madrid?

(**h**) (+ *con*) **está con la gripe** he's down with flu; **yo estoy con él** (*de acuerdo*) I'm with him.

(**i**) (+ *de: trabajo*) **está de camarero** he's working as a waiter; (*: vestido*) **estaba de uniforme** he was (dressed) in uniform; (*: ocupación*) **están de vacaciones** they are (away) on holiday; **están de charla** they're having a natter; (*: actitud*) **está de buen humor** he's in good spirits; (*: enfático*) **¡estoy de nervioso!** I'm so nervous!

(**j**) (+ *en: consistir*) **el problema está en que** the problem lies in the fact that; (*: creer*) **yo estoy en que ...** I believe that ..., I'm of the opinion that ....

(**k**) (+ *para: a punto de*) **está para salir** he's about to leave; (*: con humor de*) **no estoy para bromas** I'm not in the mood for joking.

(**l**) (+ *por: en favor de*) ~ **por** to be in favour *o (US)* favor of; **yo estoy por dejarlo** I'm for just leaving it; (*: sin hacer*) **está por escribir** it has yet to be written; (*: a punto de*) **está por llover** (*LAm*) it's about to rain.

(**m**) (+ *sin*) **está sin hacer** it hasn't been done.

(**n**) (+ *que*) **está que rabia** (*fam*) he's hopping mad *(fam)*; **estoy que me caigo de sueño** I'm terribly sleepy, I can't keep my eyes open.

(**o**) (*modismos*) **¿estamos?** (*comprender*) right?; (*estar listo*) ready?; (*de acuerdo*) are we agreed?; **¿cómo estamos?** how do we stand?; (*Dep*) what's the score?; **¡ya está!** that's it!, done!; **¡ya estuvo!** (*Méx*) that's it!, that's done!; **¡ya está bien!** that will do!, that's enough!; **ya que estamos** while we are at it.

2 estarse *vr* (**a**) **se estaba muriendo** he was (gradually) dying.

(**b**) (*quedarse*) to stay, remain.

(**c**) **¡estáte quieto!** keep still!, stop fidgeting!

estarcido *nm* stencil.

estarcir [3b] *vt* to stencil.

estárter *nm* = **stárter**.

estatal *adj* state *atr*; (*Esp frec*) national, nationwide.

estatalización *nf* nationalization.

estatalizar [1f] *vt* to nationalize.

estático *adj* static.

estatua *nf* statue.

estatuilla *nf* statuette, figure.

estatuir [3g] *vt* (*establecer*) to establish; (*ordenar*) to ordain.

estatura *nf* stature, height; **un hombre de 1,80m de** ~ a man 1.80m in height.

estatus *nm inv* status.

estatutario *adj* statutory.

estatuto *nm* (*gen*) statute; (*de ciudad*) bylaw; (*de comité*) (standing) rule; **E~ de Autonomía** (*Esp Pol*) statute of autonomy; **~s sociales** (*Com*) articles of association.

este[1] (*Geog*) **1** *adj* (*parte*) east; (*dirección*) easterly; (*viento*) east, easterly. **2** *nm* (**a**) east; **la Europa del E~** Eastern Europe; **en la parte del** ~ in the eastern part; **al ~ de Toledo** to the east of Toledo, on the east side of Toledo. (**b**) (*viento*) east wind.

este[2]**/a** *adj dem* this; **estos/as** these; **esta silla** this chair; **¡~ Pedro es un desastre!** Pedro is a complete disaster!; **¡vaya con el niño ~!** that kid! *(fam)*.

éste/a *pron dem* this, this one; (*el último*) the latter; **éstos/as** these; (*los últimos*) the latter; **en ésta** in this town (from where I am writing); ~ **me quiere engañar** this guy's out to cheat me!; **pero ¿dónde está ~?** where on earth is he?; **en éstas se acerca y dice ...** just then he went up and said ...; **jurar por éstas** to swear by all that is holy; ~ **...** (*LAm: como muletilla*) er ..., um ....

estela *nf* (*Náut*) wake, wash; (*Aer*) slipstream, trail; (*fig*) trail.

estelar *adj* (**a**) (*Astron*) stellar. (**b**) (*Teat*) star *atr*; **función** ~ all-star show.

estenografía *nf* shorthand.
estenógrafo/a *nm/f* shorthand writer.
estenotipia *nf* shorthand typing.
estenotipista *nmf* shorthand typist.
estentóreo *adj* (*voz*) stentorian, booming; (*sonido*) strident.
estepa *nf* (*Geog*) steppe.
estepario *adj* steppe *atr*.
estera *nf* (*alfombra*) mat; (*tejido*) matting.
estercolar 1a *vt* to manure.
estercolero *nm* manure heap, dunghill; (*fig*) pigsty, shithole *(fam!)*.
estéreo *adj*, *nm* stereo.
estereofonía *nf* stereo(phony).
estereofónico *adj* stereo(phonic), in stereo.
estereoscópico *adj* stereoscopic.
estereotipado *adj* stereotyped.
estereotipar 1a *vt* (*lit, fig*) to stereotype.
estereotipo *nm* stereotype.
estéril *adj* (**a**) (*terreno*) sterile, barren. (**b**) (*esfuerzo*) vain, futile.
esterilidad *nf* (**a**) (*de terreno*) sterility, barrenness. (**b**) (*fig*) futility, uselessness.
esterilización *nf* sterilization.
esterilizar 1f *vt* to sterilize.
esterilla *nf* (*alfombrilla*) small mat; (*tejido*) rush matting; **silla de** ~ (*Arg*) wicker chair.
esterlina *adj*: **libra** ~ pound sterling.
esternón *nm* breastbone, sternum.
estero *nm* (*estuario*) estuary; (*LAm*) swamp, marsh.
esteroide *nm* steroid; ~ **anabólico** *o* **anabolizante** anabolic steroid.
estertor *nm* death rattle.
esteta *nmf* aesthete, esthete *(US)*.
estética *nf* aesthetics *sg*, esthetics *sg (US)*.
esteticismo *nm* aestheticism, estheticism *(US)*.
esteticista *nmf* beauty consultant *o* specialist.
estético *adj* aesthetic, esthetic *(US)*; **cirugía ~a** cosmetic surgery.
estetoscopio *nm* stethoscope.
estevado *adj* bow-legged, bandy-legged.
estiaje *nm* low water.
estibador *nm* stevedore, docker.
estibar 1a *vt* (*Náut*) to stow.
estiércol *nm* dung, manure.
estigma *nm* (*lit, fig*) stigma; **~s** (*Rel*) stigmata.
estigmatizar 1f *vt* to stigmatize.
estilar 1a *vi*, **estilarse** *vr* (*estar de moda*) to be in fashion; (*usarse*) to be used; ~ + *infin* to be customary to + *infin*; **ya no se estila la chistera** top hats aren't in fashion anymore.
estilete *nm* (*arma*) stiletto.
estilista *nmf* (*Lit etc*) stylist; (*Téc*) designer.
estilístico *adj* stylistic.
estilización *nf* (*Téc*) styling.
estilizado *adj* stylized; **una chica muy ~a** (*delgada*) a slender young woman; (*con facciones finas*) a fine-featured young woman.
estilizar 1f *vt* to stylize; (*Téc*) to design, style.
estilo *nm* (**a**) (*gen*) style; **el ~ del escritor** the writer's style; ~ **de vida** way of life; **un comedor ~ Luis XV** a dining-room suite in Louis XV style; ~ **directo/indirecto** (*Ling*) direct/indirect speech; **al ~ de** in the style of; **una chica con ~** a stylish girl; **algo por el ~** something of the sort *o* along these lines; **no tenemos nada por ese ~** we have nothing in that line. (**b**) (*Natación*) stroke; ~ **braza/mariposa** breast/butterfly stroke; ~ **libre** freestyle. (**c**) (*para escribir*) stylus.
estilográfica *nf* fountain pen.
estima *nf* (**a**) (*aprecio*) esteem, respect; **tener a algn en gran** ~ to hold sb in high esteem. (**b**) (*Náut*) dead reckoning.
estimable *adj* estimable; (*cantidad*) considerable.
estimación *nf* (**a**) (*acción*) estimation. (**b**) (*evaluación*) estimate, valuation. (**c**) (*aprecio*) esteem, regard; ~ **propia** self-esteem.
estimado *adj* esteemed, respected; '**~ Señor**' 'Dear Sir'.
estimador/a *nm/f* (*Com*) estimator.
estimar 1a **1** *vt* (**a**) (*evaluar*) to estimate; (*valorar*) to value, appraise *(US)* (*en* at). (**b**) (*respetar*) to esteem, respect; ~ **a algn en mucho/poco** to have a high/low opinion of sb. (**c**) (*juzgar*) to consider, reckon; **lo que Ud estime conveniente** whatever you deem appropriate. **2 estimarse** *vr* (**a**) (*objeto*) to be estimated (*en* at), be valued (*en* at). (**b**) **¡se estima!** thanks very much!, I appreciate it! (**c**) (*uno mismo*) to have a high opinion of o.s.
estimativo *adj* rough, approximate.
estimulante 1 *adj* stimulating. **2** *nm* stimulant.
estimular 1a *vt* (*apetito*) to stimulate; (*esfuerzos, persona*) to encourage (*a hacer algo* to do sth); (*discusión*) to promote.
estímulo *nm* stimulus; (*incentivo*) incentive.
estío *nm* summer.
estipendio *nm* salary; (*Com*) stipend.
estipulación *nf* stipulation, condition.
estipular 1a *vt* to stipulate.
estirado 1 *adj* (**a**) (*alargado*) stretched. (**b**) (*fig: tieso*) stiff, starchy; (*engreído*) stuck-up *(fam)*. (**c**) (*tacaño*) tight-fisted. **2** *nm*: ~ **de (la) piel** face-lift.
estirajar 1a *vt* (*fam*) to stretch (out).
estiramiento *nm*: ~ **facial** face-lift.
estirar 1a **1** *vt* (**a**) (*gen*) to stretch; (*brazos*) to stretch out; (*cuello*) to crane; (*para desarrugar*) to smooth out; (*piel*) to tighten; **salir a ~ las piernas** to go out and stretch one's legs. (**b**) (*dinero*) to eke out; (*discurso*) to spin out. (**c**) (*LAm fam*) to bump off *(fam)*; ~ **la pata** to kick the bucket. **2 estirarse** *vr* to stretch.
estirón *nm* (*tirón*) pull, tug; **dar un** ~ (*niño*) to shoot up.
estirpe *nf* stock, lineage.
estival *adj* summer *atr*.
esto *pron dem* this; ~ **es difícil** this is difficult; ~ **es** that is (to say); ~ **de la boda** this business about the wedding; **durante** ~ in the meantime; **en** ~ at this *o* that point; **por** ~ for this reason; **¿qué es ~?** what's all this?; **y ~ ¿qué es?** whatever is this?; ~ ... (*vacilando*) er ..., um ....
estocada *nf* (*acción*) stab, thrust; (*herida*) stab wound; (*Taur*) death blow.
Estocolmo *nm* Stockholm.
estofa *nf* quality; **de baja** ~ poor-quality.
estofado 1 *adj* (**a**) (*Culin*) stewed. (**b**) (*Cos*) quilted. **2** *nm* stew, hotpot.
estofar 1a *vt* (**a**) (*Culin*) to stew. (**b**) (*Cos*) to quilt.
estoicismo *nm* stoicism.
estoico/a 1 *adj* stoic(al). **2** *nm/f* stoic.
estola *nf* stole; ~ **de visón** mink cape.
estólido *adj* stupid.
estomacal *adj* stomach *atr*; **trastorno** ~ stomach upset.
estomagar 1h *vt* (**a**) to give indigestion to. (**b**) (*fig*) to annoy.
estómago *nm* stomach; **dolor de** ~ stomach ache; **revolver el ~ a algn** to revolt sb; (*molestar*) to annoy sb; **tener buen** ~ (*ser insensible*) to be thick-skinned; (*ser poco escrupuloso*) to have an elastic conscience.
Estonia *nf* Estonia.
estopa *nf* (*del cáñamo*) tow; (*harpillera*) burlap; ~ **de acero** steel wool.
estoque *nm* (*arma*) rapier, sword.
estoquear 1a *vt* to stab, run through.
estorbar 1a **1** *vt* (*obstaculizar*) to hinder, be *o* get in the way of; (*dificultar*) to interfere with; (*molestar*) to bother. **2** *vi* to be in the way.
estorbo *nm* (*gen*) hindrance; (*molestia*) nuisance.
estornino *nm* starling.
estornudar 1a *vi* to sneeze.
estornudo *nm* sneeze.

estoy *V* **estar**.
estrabismo *nm* squint.
estrada *nf* road, highway; **batir la ~** (*Mil*) to reconnoitre.
estrado *nm* (*tarima*) platform; (*Mús*) bandstand; **~s** law courts.
estrafalario *adj* (**a**) (*excéntrico*) odd, eccentric. (**b**) (*traje*) slovenly.
estrago *nm* (*ruina*) ruin; (*corrupción*) corruption; **~s** havoc *sg*; **hacer ~s en** *o* **entre** to play havoc with.
estragón *nm* (*Bot, Culin*) tarragon.
estrambótico *adj* odd, outlandish.
estrangis *adv*: **de ~** (*fam*) secretly, on the quiet.
estrangulación *nf* strangulation.
estrangulador(a) **1** *nm/f* (*persona*) strangler. **2** *nm* (*Mec*) throttle; (*Aut*) choke.
estrangulamiento *nm* strangulation.
estrangular [1a] *vt* (*persona*) to strangle; (*Mec*) to throttle; (*Aut*) to choke.
estraperlista *nmf* black marketeer.
estraperlo *nm* black market; **comprar algo de ~** to buy sth on the black market.
Estrasburgo *nm* Strasbourg.
estratagema *nf* stratagem.
estratega *nm* strategist.
estrategia *nf* strategy.
estratégico *adj* strategic.
estratificación *nf* stratification.
estratificar [1g] *vt* to stratify.
estrato *nm* (**a**) stratum. (**b**) (*nube*) stratus.
estratosfera *nf* stratosphere.
estraza *nf* rag; **papel de ~** brown *o* wrapping paper.
estrechamente *adv* (**a**) (*austeramente*) austerely. (**b**) (*íntimamente*) closely, intimately.
estrechamiento *nm* (**a**) (*de valle, calle*) narrowing; (*Aut*) bottleneck. (**b**) (*de lazos*) tightening, closening.
estrechar [1a] **1** *vt* (**a**) (*calle*) to narrow; (*vestido*) to take in; (*lazos*) to tighten. (**b**) (*abrazar: persona*) to hug, embrace; **~ la mano a algn** to shake sb's hand. (**c**) (*obligar*) to compel. **2 estrecharse** *vr* (**a**) (*calle*) to narrow, get narrow. (**b**) (*2 personas*) to embrace (one another), hug; **se estrecharon la mano** they shook hands. (**c**) (*lazos*) to become closer; **~ con algn** to get very friendly with sb.
estrechez *nf* (**a**) (*angostura*) narrowness; (*de ropa*) tightness. (**b**) (*pobreza*) poverty; **estrecheces** financial difficulties; **vivir con ~** to live in straitened circumstances. (**c**) (*de amistad*) closeness; (*rigidez*) strictness; **~ de miras** narrow-mindedness.
estrecho **1** *adj* (**a**) (*gen*) narrow; (*zapato, ropa*) (too) tight; **estos zapatos me están muy ~s** these shoes are too small for me, these shoes pinch my feet. (**b**) (*amistad, relación*) close. (**c**) (*moral*) strict; (*carácter: pey*) mean; **~ de miras** narrow-minded; **¡no te hagas la ~a!** (*fam*) don't be so coy! **2** *nm* (*Geog*) strait(s); **E~ de Gibraltar** Straits of Gibraltar.
estrella *nf* (*gen*) star; **~ fugaz** shooting star; **~ de mar** starfish; **~ de cine** film *o* movie star; **nacer con ~** to be born lucky; **tener (buena)/mala ~** to be lucky/unlucky; **ver las ~s** (*fig*) to see stars; **un hotel de cinco ~s** a five-star hotel.
estrelladera *nf* slice.
estrellado *adj* (**a**) (*en forma de estrella*) starshaped; (*cielo*) starry; (*vestido*) spangled. (**b**) (*hecho pedazos*) smashed, shattered. (**c**) (*huevos*) fried.
estrellar [1a] **1** *vt* (**a**) (*decorar con estrellas*) to spangle, cover with stars. (**b**) (*hacer pedazos*) to smash, shatter; **lo estrelló contra la pared** he smashed it against the wall. (**c**) (*huevos*) to fry. **2 estrellarse** *vr* (**a**) to smash, shatter; **el coche se estrelló contra el muro** the car crashed into the wall. (**b**) (*fig*) to fail.
estrellato *nm* stardom.
estrellón *nm* (*esp LAm: Aer*) crash; (*: Aut*) crash, collision.
estremecedor *adj* alarming, disturbing, shattering.
estremecer [2d] **1** *vt* (*lit, fig*) to shake. **2 estremecerse** *vr* (*edificio*) to shake, vibrate; (*persona: de miedo*) to tremble (*ante* at; *de* with) (*: horror*) to shudder (*de* with); (*: frío*) to shiver (*de* with).
estremecimiento *nm* (*sacudida*) shake; (*temblor*) trembling; (*de frío*) shiver(ing); (*sobresalto*) shock.
estrenar [1a] **1** *vt* (**a**) (*gen*) to use for the first time; (*ropa etc*) to wear *o* put on for the first time. (**b**) (*Cine: película*) to give its premiere; (*: distribuir*) to release, put on release; (*Teat*) to perform for the first time. **2 estrenarse** *vr* (**a**) (*persona*) to make one's debut. (**b**) (*película*) to have its premiere; (*obra*) to open. (**c**) (*fam*) to cough up *(fam)*, pay up.
estreno *nm* (**a**) (*gen*) first use. (**b**) (*de persona*) debut, first appearance. (**c**) (*Cine*) premiere; (*Teat*) premiere, first night *o* performance; **~ general** general release; **riguroso ~** world premiere.
estreñido *adj* constipated.
estreñimiento *nm* constipation.
estreñir [3h, 3k] **1** *vt* to constipate. **2 estreñirse** *vr* to get constipated.
estrépito *nm* (*alboroto*) noise, racket; (*bulla*) fuss; **reírse con ~** to laugh uproariously.
estrepitosamente *adv* (*V adj*) noisily; loudly, deafeningly; rowdily, boisterously; spectacularly.
estrepitoso *adj* noisy; (*persona, fiesta*) rowdy; (*caída, fracaso*) spectacular; **con aplausos ~s** with loud applause.
estreptococo *nm* streptococcus.
estreptomicina *nf* streptomycin.
estrés *nm* stress.
estresado *adj* stressed.
estresante *adj* stressful.
estresar [1a] *vt* to cause stress to, put stress on.
estría *nf* groove; (*Arquit*) flute, fluting; (*Anat*) stretchmark.
estriado *adj* grooved.
estriar [1c] *vt* to groove, make a groove in.
estribación *nf* (*Geog*) spur; **~es** foothills.
estribar [1a] *vi*: **~ en** to rest on, be supported by; (*fig*) to rest on; **la dificultad estriba en el texto** the difficulty lies in the text.
estribera *nf* (*LAm*) saddle strap.
estribillo *nm* (*Lit*) refrain; (*Mús*) chorus; (*fig*) pet word *o* phrase; **¡siempre (con) el mismo ~!** the same old story!
estribo *nm* (**a**) (*de jinete*) stirrup; (*Aut etc*) running board; **perder los ~s** (*fig: enfadarse*) to lose one's temper; (*: agitarse*) to get hot under the collar. (**b**) (*Téc*) brace. (**c**) (*Arquit: de edificio*) buttress; (*: de puente*) pier. (**d**) (*fig*) foundation.
estribor *nm* starboard.
estricnina *nf* strychnine.
estrictamente *adv* strictly.
estricto *adj* strict.
estridencia *nf* stridency, raucousness; **iba vestida sin ~s** she was not loudly dressed.
estridente *adj* strident, raucous.
estrofa *nf* verse, strophe.
estrógeno *nm* oestrogen.
estroncio *nm* strontium.
estropajo *nm* (*para fregar*) scourer, scouring pad; **poner a algn como un ~** to make sb feel a heel.
estropajoso *adj* (**a**) (*carne*) tough. (**b**) (*lengua*) coated, furry; (*habla*) indistinct. (**c**) (*persona*) slovenly. (**d**) (*pelo*) straggly.
estropeado *adj*: **está ~** (*máquina*) it's broken down, it isn't working; **ella está muy ~a** she's really aged.
estropear [1a] **1** *vt* (*comida, cosecha*) to ruin; (*proyecto, vida*) to mess up; (*máquina*) to damage; (*persona*) to age. **2** *vi* (*proyecto*) to fail; (*máquina: deteriorarse*) to get damaged; (*coche*) to break down.

estropicio *nm* (*fam*) (**a**) (*rotura*) breakage, smashing. (**b**) (*efectos*) harmful effects *pl*; (*jaleo*) rumpus (*fam*).
estructura *nf* structure; (*armazón*) frame(work).
estructuración *nf* structure.
estructural *adj* structural.
estructuralismo *nm* structuralism.
estructurar [1a] *vt* to structure, arrange.
estruendo *nm* (**a**) (*ruido: fuerte*) din; (*: brusco*) crash. (**b**) (*alboroto*) uproar, turmoil. (**c**) (*pompa*) pomp.
estruendoso *adj* (*ruidoso*) noisy; (*persona*) loud.
estrujar [1a] **1** *vt* (*exprimir*) to squeeze; (*apretar*) to press; (*fig*) to drain, bleed white. **2 estrujarse** *vr*: **~ la mollera** (*fam*) to rack one's brains.
estrujón *nm* squeeze, press.
estuario *nm* estuary.
estucar [1g] *vt* to stucco, plaster.
estuco *nm* stucco, plaster.
estuche *nm* (*gen*) case; (*Escol*) pencil case; (*vaina*) sheath; **~ de cigarros** cigar case; **~ de joyas** jewel box.
estudiado *adj* (*fig*) studied.
estudiantado *nm* students *pl*, student body.
estudiante *nmf* student; **~ de derecho** law student; **~ de medicina** medical student; **~ de ruso** student of Russian.
estudiantil *adj* student *atr*; **vida ~** student life.
estudiantina *nf* student music group.
estudiar [1b] *vt, vi* (*gen*) to study; (*propuesta*) to think about *o* over; (*asignatura*) to read, study; **~ para abogado** to study to become a lawyer, study law; **estudia todo el día en la biblioteca** he works all day in the library; **lo estudiaré** I'll think about it.
estudio *nm* (**a**) (*gen, Arte, Mús*) study; (*encuesta*) research, survey; (*investigación*) investigation (*de* into); (*proyecto preliminar*) plan, design (*de* for); **~ de casos prácticos** case study; **~ de desplazamientos y tiempos** (*Com*) time and motion study; **~ de mercado** market research; **~s de motivación** motivational research *sg*; **~ del trabajo** work study; **~ de viabilidad** feasibility study; **estar en ~** to be under consideration.
(**b**) **~s** (*educación*) schooling, education; (*investigaciones*) work, researches; **cursar** *o* **hacer ~s** to study; **le pagaron los ~s** they paid for his schooling *o* education.
(**c**) (*Cine, Rad etc*) studio; (*en casa*) study; (*piso*) bedsit(ter); (*de abogado*) office; **~ cinematográfico** *o* **de cine** film studio; **~ de grabación** recording studio; **~ de televisión** television studio.
(**d**) (*aplicación*) studiousness, diligence; (*erudición*) learning.
estudioso/a 1 *adj* studious. **2** *nm/f* student, scholar.
estufa *nf* (**a**) stove, heater; **~ eléctrica/de gas** electric/gas fire; **~ de petróleo** oil stove. (**b**) (*Agr*) hot-house; **criar a algn en ~** (*fig*) to pamper sb.
estufilla *nf* (**a**) (*brasero*) small stove, brazier. (**b**) (*para las manos*) muff.
estulticia *nf* (*liter*) stupidity, foolishness.
estupa (*fam*) **1** *nf* drug squad. **2** *nmf* member of the drug squad.
estupefacción *nf* astonishment, stupefaction.
estupefaciente 1 *adj* (*sustancia*) narcotic *atr*. **2** *nm* narcotic, drug.
estupefacto *adj* astonished; **me miró ~** he looked at me in amazement; **dejar a algn ~** to leave sb speechless.
estupendamente *adv* marvellously, marvelously (*US*), wonderfully, terrifically; **estoy ~** (*salud*) I feel great; **le salió ~** he did it very well.
estupendo *adj* marvellous, marvelous (*US*), great; **¡~!** that's great!, splendid!
estupidez *nf* (**a**) (*cualidad*) stupidity, silliness. (**b**) (*acto*) stupid thing (to do); **fue una ~ mía** it was a silly mistake of mine; **cometer una ~** to do something silly.
estúpido/a 1 *adj* stupid, silly. **2** *nm/f* idiot.
estupor *nm* (*Med*) stupor; (*fig*) amazement.
estupro *nm* (*con menor de edad*) sexual intercourse with a minor; (*violación*) rape.
esturión *nm* sturgeon.
estuve *etc V* **estar**.
esvástica *nf* swastika.
ET *nm abr* (*Esp*) *de* **Ejército de Tierra**.
ETA *nf abr* (*Esp Pol*) *de* **Euskadi Ta Askatasuna, Patria Vasca y Libertad** ETA.
etapa *nf* (**a**) (*de viaje*) stage; (*Dep*) leg, lap; (*Mil*) stopping place; **en pequeñas ~s** in easy stages; **hacer ~ en** to break one's journey at; **quemar ~s** to make rapid progress. (**b**) (*fig*) stage, phase; **la segunda ~ del plan** the second phase of the plan; **una adquisición proyectada por ~s** a phased takeover; **lo haremos por ~s** we'll do it gradually *o* in stages.
etarra 1 *adj* of ETA. **2** *nmf* member of ETA.
etc. *abr de* **etcétera** etc.
etcétera 1 *adv* etcetera; **gatos y perros, ~** cats and dogs and so on. **2** *nm* (long) list; **y un largo ~** and a lot more besides, and much much more; **y un largo ~ de autores** and many more authors besides.
éter *nm* ether.
etéreo *adj* ethereal.
eternamente *adv* eternally, everlastingly.
eternidad *nf* eternity.
eternizar [1f] **1** *vt* to perpetuate; (*pey*) to drag out. **2 eternizarse** *vr* (*discurso*) to be interminable; **~ en hacer algo** to take ages to do sth.
eterno *adj* eternal, everlasting; (*pey*) neverending; **el viaje se me hizo ~** I thought the journey would never end.
ética *nf* ethics; **~ profesional** professional ethics.
ético/a *adj* ethical.
etílico *adj*: **alcohol ~** ethyl alcohol; **en estado ~** intoxicated; **intoxicación ~a** alcohol poisoning.
etilo *nm* ethyl.
etimología *nf* etymology.
etimológico *adj* etymological.
etiología *nf* aetiology, etiology (*US*).
etíope *adj, nmf* Ethiopian.
Etiopía *nf* Ethiopia.
etiqueta *nf* (**a**) (*formalismo*) etiquette, ceremony; **de ~** formal; **ir de ~** to wear evening dress; **'vestir de ~'** 'dress: formal'. (**b**) (*rótulo*) label; (*de paquete*) tag.
etiquetar [1a] *vt* to label.
etiquetero *adj* formal, ceremonious.
etnia *nf* ethnic group.
étnico *adj* ethnic.
etnocéntrico *adj* ethnocentric.
etnografía *nf* ethnography.
etnología *nf* ethnology.
etrusco/a 1 *adj, nm/f* Etruscan. **2** *nm* (*Ling*) Etruscan.
ETS 1 *nf abr* (*Med*) *de* **enfermedad de transmisión sexual** STD. **2** *nfpl abr* (*Esp*) *de* **Escuelas Técnicas Superiores** *technical colleges offering short degree courses*.
EU(A) *abr* (*esp LAm*) *de* **Estados Unidos (de América)** US(A).
eucalipto *nm* eucalyptus, gum tree.
eucaristía *nf* Eucharist.
eucarístico *adj* eucharistic.
euclidiano *adj* Euclidean.
eufemismo *nm* euphemism.
eufemístico *adj* euphemistic.
eufonía *nf* euphony.
euforia *nf* euphoria.
eufórico *adj* euphoric.
Eufrates *nm* Euphrates.
eugenesia *nf* eugenics.
eunuco *nm* eunuch.
eurasiático/a *adj, nm/f* Eurasian.
eureka *interj* eureka!
euro *nm* (*liter*) east wind.
euro... *pref* Euro....
eurocomunismo *nm* Eurocommunism.

eurócrata *nmf* Eurocrat.
Eurocrédito *nm* Eurocredit.
eurocheque *nm* Eurocheque.
eurodiputado/a *nm/f* Euro MP, member of the European Parliament.
Europa *nf* Europe.
europarlamentario/a *nm/f* member of the European Parliament.
europeísta *adj, nmf* pro-European.
europeización *nf* Europeanization.
europeizante (*LAm*) = **europeísta**.
europeizar [1f] **1** *vt* to Europeanize. **2 europeizarse** *vr* to become Europeanized.
europeo/a *adj, nm/f* European.
Eurovisión *nf* Eurovision.
Euskadi *nm* the Basque Country.
euskaldún/una 1 *adj* Basque; (*Ling*) Basque-speaking. **2** *nm/f* Basque-speaker.
euskera, **eusquera**, **éusquero** *nm* Basque, the Basque language; ~ **batua** standard Basque.
eutanasia *nf* euthanasia, mercy killing.
evacuación *nf* (**a**) (*gen*) evacuation. (**b**) (*Téc*) waste.
evacuado/a *nm/f* evacuee.
evacuar [1d] *vt* (*gen*) to evacuate; (*Med: llaga*) to drain; ~ **el vientre** to have a movement of the bowels.
evadido/a *nm/f* escaped prisoner.
evadir [3a] **1** *vt* to evade, avoid; (*impuestos*) to evade. **2 evadirse** *vr* (*gen*) to escape; (*de cárcel*) to break out; ~ **de la realidad** to escape from reality.
evaluación *nf* (**a**) evaluation. (**b**) (*Escol*) assessment; ~ **continua** continuous assessment.
evaluar [1e] *vt* to evaluate.
evangélico *adj* evangelic(al).
evangelio *nm* gospel.
evangelista *nm* evangelist.
evangelizar [1f] *vt* to evangelize.
evaporación *nf* evaporation.
evaporar [1a] **1** *vt* to evaporate. **2 evaporarse** *vr* to evaporate; (*fig*) to vanish.
evasión *nf* escape; (*fig*) evasion; ~ **de capitales** flight of capital; ~ **fiscal** *o* **de impuestos** *o* **tributaria** tax evasion; **literatura de** ~ escapist literature.
evasiva *nf* (*pretexto*) excuse; (*escapatoria*) loophole, way out; **contestar con ~as** to avoid *o* dodge the issue.
evasivo *adj* (*respuesta*) evasive, non-committal.
evento *nm* (**a**) unforeseen happening; **a todo** ~ whatever happens. (**b**) (*acontecimiento*) event; (*: Dep*) fixture.
eventual 1 *adj* (**a**) (*casual*) fortuitous; (*posible*) possible. (**b**) (*trabajo, obrero*) temporary, casual; (*oficial*) acting; (*solución*) stopgap *atr*. **2** *nmf* temporary worker.
eventualidad *nf* eventuality.
eventualmente *adv* (*por casualidad*) by chance; (*posiblemente*) possibly.
Everest *nm*: **el (Monte)** ~ (Mount) Everest.
evidencia *nf* (**a**) evidence, proof; **poner en** ~ to make clear, show; **ponerse en** ~ to put o.s. forward; **dejar** *o* **poner a algn en** ~ to put sb in an embarrassing position, show sb up in a bad light. (**b**) (*lo evidente*) obviousness.
evidenciar [1b] *vt* (*probar*) to prove, demonstrate; (*hacer ver*) to make evident; ~ **de modo inconfundible** to give clear proof of.
evidente *adj* obvious, clear, evident; ¡~! naturally!, obviously!
evidentemente *adv* obviously, clearly, evidently.
evitable *adj* avoidable, preventable.
evitación *nf* avoidance; ~ **de accidentes** accident prevention.
evitar [1a] **1** *vt* (*gen*) to avoid; (*precaver*) to prevent; (*peligro*) to escape; (*molestia*) to save, spare; (*tentación etc*) to shun; **no lo lograrán si puedo ~lo** they won't get away with that if I can help it; ~ **hacer algo** to avoid doing sth. **2 evitarse** *vr* (**a**) ~ **trabajo** to save o.s. trouble; **así me evito tener que ir** that way I can avoid going. (**b**) (*dos personas*) to avoid each other.
evocación *nf* evocation; (*de espíritus*) invocation.
evocador *adj* (*sugestivo*) evocative; (*del pasado*) reminiscent (*de* of).
evocar [1g] *vt* (*recordar*) to evoke, conjure up.
evolución *nf* (**a**) (*Bio*) evolution; (*fig*) evolution, development; (*Med*) progress. (**b**) (*Mil etc*) manoeuvre, maneuver *(US)*.
evolucionar [1a] *vi* (**a**) (*Bio*) to evolve; (*fig*) to evolve, develop; (*Med etc*) to progress. (**b**) (*Mil*) to manoeuvre, maneuver *(US)*; (*Aer*) to circle.
evolutivo *adj* evolutionary.
ex 1 *pref* ex-, former; ~ **secretario** ex-secretary, former secretary. **2** *nmf*: **mi** ~ *(fam)* my ex *(fam)* (husband *o* wife).
exabrupto *nm* broadside.
exacción *nf* (*acto*) exaction; (*de impuestos*) demand.
exacerbación *nf* exacerbation.
exacerbar [1a] *vt* to aggravate, exacerbate; (*irritar*) to irritate.
exactamente *adv* (*V adj*) exactly; accurately; precisely; correctly.
exactitud *nf* (*V adj*) exactness; accuracy; precision, correctness.
exacto *adj* exact; (*acertado*) accurate; (*correcto*) precise, correct; ¡~! exactly!, quite right!; **eso no es del todo** ~ that's not quite right; **para ser** ~ to be precise.
exageración *nf* exaggeration; **lleva 10 horas trabajando - ¡qué** ~! he's been working 10 hours - that'll be the day!
exagerado/a 1 *adj* (*relato*) exaggerated, highly-coloured *o (US)* -colored; (*precio*) excessive, steep; (*persona*) over-demonstrative; (*gesto*) theatrical. **2** *nm/f*: **¡qué ~ eres!, ¡no seas ~!** don't exaggerate!
exagerar [1a] **1** *vt* to exaggerate; (*exceder*) to overdo; (*aumentar*) to enlarge upon. **2** *vi* to exaggerate; (*pey*) to overdo it; **creo que eso sería** ~ I think that would be going a bit far.
exaltación *nf* (**a**) exaltation. (**b**) (*sobreexcitación*) over-excitement, elation; (*fanatismo*) hot-headedness. (**c**) (*Pol*) extremism.
exaltado/a 1 *adj* (**a**) exalted. (**b**) (*estado, humor*) over-excited, elated; (*carácter*) excitable; (*fanático*) hot-headed; (*discurso*) impassioned. (**c**) (*Pol*) extreme. **2** *nm/f* (*fanático*) hothead; (*Pol*) extremist.
exaltar [1a] **1** *vt* (**a**) to exalt; (*enaltecer*) to raise (*a* to). (**b**) (*encomiar*) to extol, praise. (**c**) (*emocionar*) to excite, work up; (*emoción*) to intensify; (*imaginación*) to fire. **2 exaltarse** *vr* (*persona*) to get excited, get worked up; (*emoción*) to run high; **¡no te exaltes!** don't get so worked up!
exalumno/a *nm/f* (*esp LAm Univ*) graduate, former student.
examen *nm* (*Escol*) examination, exam; (*Med*) examination; (*encuesta*) inquiry (*de* into); (*de problema*) consideration; ~ **de admisión** *o* **de ingreso** entrance examination; ~ **de conducir** driving test; ~ **eliminatorio** qualifying examination; **hacer un** ~ to sit an exam(ination); **presentarse a un** ~ to enter *o* go in for an exam(ination).
examinado/a *nm/f* exam candidate.
examinador(a) *nm/f* examiner.
examinando/a *nm/f* exam candidate.
examinar [1a] **1** *vt* (*gen*) to examine; (*poner a prueba*) to test; (*inspeccionar*) to inspect, go over; (*indagar*) to inquire into. **2 examinarse** *vr* to take an examination, be examined (*en* in).
exangüe *adj* bloodless; (*fig*) weak.
exánime *adj* lifeless; (*fig*) exhausted.
exasperación *nf* exasperation.
exasperante *adj* exasperating, infuriating.

exasperar 1a **1** *vt* to exasperate, infuriate. **2 exasperarse** *vr* to get exasperated, lose patience.
Exc.ª *abr de* **Excelencia.**
excarcelar 1a *vt* to release (from prison).
excavación *nf* excavation.
excavador(a)[1] *nm/f (persona)* excavator, digger.
excavadora[2] *nf (máquina)* digger.
excavar 1a *vt* to excavate, dig (out).
excedencia *nf* leave (of absence).
excedente *adj, nm* excess, surplus.
exceder 2a **1** *vt (superar)* to exceed, surpass; *(sobrepasar)* to outdo, excel. **2** *vi*: ~ **de** to exceed, surpass. **3 excederse** *vr* **(a)** *(sobrepasarse)* to excel o.s. **(b)** *(pey)* to go too far; ~ **en sus funciones** to exceed one's duty.
excelencia *nf* **(a)** excellence; **por** ~ par excellence. **(b) su E~** his Excellency.
excelente *adj* excellent, superior.
excelso *adj* lofty, exalted, sublime.
excentricidad *nf* eccentricity.
excéntrico/a *adj, nm/f* eccentric.
excepción *nf* exception; **la ~ confirma la regla** the exception proves the rule; **a** *o* **con ~ de** with the exception of, except for; **un libro de ~** an exceptional book; **hacer una ~** to make an exception.
excepcional *adj* exceptional.
excepcionalidad *nf* exceptional nature.
excepto *prep* except (for), excepting.
exceptuar 1e *vt* to except, exclude.
excesivamente *adv (V adj)* excessively; unreasonably, unduly.
excesivo *adj (gen)* excessive; *(indebido)* unreasonable, undue; **con generosidad ~a** overgenerously.
exceso *nm (lit, fig)* excess; *(Com, Fin)* surplus; **~ de equipaje** excess luggage *o (US)* baggage; **~ de mano de obra, ~ de plantilla** overmanning, overstaffing; **~ de peso** excess weight; **~ de velocidad** speeding; **en** *o* **por ~** excessively, to excess; **los ~s cometidos en su juventud** the overindulgences of his youth; **los ~s de la revolución** the excesses of the revolution.
excitabilidad *nf* excitability.
excitable *adj* excitable.
excitación *nf (emoción)* excitement; *(acción)* excitation.
excitante 1 *adj* exciting; *(Med)* stimulating. **2** *nm* stimulant.
excitar 1a **1** *vt* **(a)** *(gen)* to excite; *(emoción)* to stir up; **el café me excita** coffee makes me jumpy. **(b)** *(incitar)* to incite. **(c)** *(Elec)* to excite, energize. **2 excitarse** *vr* to get excited, get worked up.
exclamación *nf* exclamation; *(grito)* cry.
exclamar 1a *vt, vi* to exclaim, cry out.
exclamativo, exclamatorio *adj* exclamatory.
excluir 3g *vt (gen)* to exclude *(de* from); *(solución)* to reject; *(posibilidad)* to rule out; **le han excluido del equipo** he's been left out of the team.
exclusión *nf* exclusion; **con ~ de** excluding.
exclusiva *nf* **(a)** *(Com)* sole right, sole agency; **tener la ~ de un producto** to be the sole agents for a product; **venta en ~** exclusive sale. **(b)** *(en periódicos etc)* exclusive story, scoop; **reportaje en ~** exclusive story.
exclusivamente *adv* exclusively.
exclusive *adv* exclusively, exclusive of, not counting; **hasta el primero de enero ~** till the first of January exclusive.
exclusividad *nf* exclusiveness; *(Com)* sole right.
exclusivista *adj (club etc)* exclusive, select; *(grupo)* clannish; *(actitud)* snobbish.
exclusivo *adj* exclusive; **derecho ~** sole *o* exclusive right.
Excmo/a. *abr de* **Excelentísimo/a.**
excombatiente *nm* ex-serviceman, veteran *(US).*
excomulgar 1h *vt (Rel)* to excommunicate.
excomunión *nf* excommunication.
excoriar 1b **1** *vt (desollar)* to graze. **2 excoriarse** *vr* to graze o.s.
excreción *nf* excretion.
excremento *nm* excrement.
excretar 1a *vt* to excrete.
exculpación *nf* exoneration; *(Jur)* acquittal.
exculpar 1a *vt* to exonerate; *(Jur)* to acquit *(de* of).
excursión *nf (paseo)* excursion, trip; *(Mil)* raid; **~ campestre** picnic; **~ a pie** walk, hike; **ir de ~** to go (off) on a trip *o* an outing.
excursionar 1a *vi* to go on a trip, have an outing.
excursionismo *nm* going on trips; *(por el campo)* walking, hiking, rambling.
excursionista *nmf (en una excursión)* tripper; *(por campo,montaña)* hiker, rambler.
excusa *nf* excuse; **presentar sus ~s** to make one's excuses, excuse o.s.
excusado 1 *adj (inútil)* unnecessary; **~ es decir que** needless to say; **estar ~ de** to be exempt from. **2** *nm* lavatory, toilet.
excusar 1a **1** *vt* **(a)** *(disculpar)* to excuse; **excúsame con los otros** apologize to the others for me. **(b)** *(eximir)* to exempt *(de* from); *(evitar: disgustos)* to avoid, prevent; **excusamos decirle que ...** we don't have to tell you that .... **2 excusarse** *vr (disculparse)* to apologize *(con algn* to sb; *de haber hecho algo* for having done sth).
execrable *adj* execrable.
execrar 1a *vt* to loathe.
exégesis *nf* exegesis.
exención *nf* exemption *(de* from); **~ contributiva, ~ de impuestos** tax exemption, tax allowance.
exento *adj* exempt *(de* from), free *(de* from, of); **~ del servicio militar** exempt from military service; **~ de derechos/impuestos** duty-/tax-free, free of tax/duty; **una expedición no ~a de peligros** an expedition not without (its) dangers.
exequias *nfpl* funeral rites.
exfoliación *nf (cosmética)* peeling, flaking.
exhalación *nf* **(a)** *(acción)* exhalation; *(vapor)* fumes *pl.* **(b)** *(Astron)* shooting star; **pasar como una ~** to flash past.
exhalar 1a **1** *vt* to exhale; *(suspiro)* to breathe; **~ el último suspiro** *(euf)* to give up one's last breath. **2 exhalarse** *vr* to hurry, run.
exhaustivamente *adv* exhaustively, thoroughly.
exhaustividad *nf* exhaustiveness, thoroughness.
exhaustivo *adj* exhaustive, thorough.
exhausto *adj* exhausted; *(persona)* worn-out.
exhibición *nf* **(a)** *(exposición)* exhibition; *(demostración)* show, display; *(de película)* showing; *(de equipo)* performance; **~ aérea** flying display; **una impresionante ~ de fuerza** an impressive show of strength. **(b)** *(Méx Com)* payment of an instalment *o (US)* installment.
exhibicionismo *nm* exhibitionism; *(sexual)* indecent exposure, flashing.
exhibicionista 1 *adj, nmf* exhibitionist. **2** *nm (sexual)* flasher *(fam).*
exhibir 3a **1** *vt* **(a)** *(cuadros)* to exhibit, put on show; *(artículos)* to display; *(pasaporte)* to show; *(película)* to screen. **(b)** *(mostrar con orgullo)* to show off; *(hacer alarde de)* to let show. **(c)** *(Méx: cantidad)* to pay in cash. **2 exhibirse** *vr (mostrarse en público)* to show o.s. off; *(indecentemente)* to expose o.s.
exhortación *nf* exhortation.
exhortar 1a *vt* to exhort *(a* to).
exhumación *nf* exhumation, disinterment.
exhumar 1a *vt* to exhume, disinter.
exigencia *nf* demand; *(lo necesario)* requirement; **según las ~s de la situación** as the situation requires.
exigente *adj (persona, trabajo)* demanding; **ser ~ con algn** to be hard on sb; **es muy ~ en la limpieza** she is very particular about cleanliness.

exigir [3c] *vt* (**a**) (*impuestos*) to exact, levy (*a* from). (**b**) (*requerir*) to demand, require (*a* of, from), to call for (*a* from); ~ **el pago** to demand payment; **esto exige mucho cuidado** this needs *o* calls for a lot of care; **exige mucho** he's very demanding; **exija un recibo** insist on getting a receipt. (**c**) (*Ven: cosa*) to ask for, request; (*: persona*) to beg, plead with.

exiguo *adj* (*cantidad*) meagre, meager *(US)*; (*objeto: pequeño*) tiny.

exilado/a 1 *adj* exiled, in exile. **2** *nm/f* exile.

exiliar [1b] **1** *vt* to exile. **2 exiliarse** *vr* to go into exile.

exilio *nm* exile; **estar** *o* **vivir en el** ~ to be in exile.

eximio *adj* (*persona*) distinguished.

eximir [3a] **1** *vt* (*de impuestos, servicio militar*) to exempt (*de* from); (*de obligación*) to free (*de* from). **2 eximirse** *vr* to free o.s. (*de hacer algo* from doing sth).

existencia *nf* (**a**) existence; (*vida*) life; **amargar la** ~ **a algn** to make sb's life a misery. (**b**) (*Com*) ~ **de mercancías** stock-in-trade; ~**s** stock *sg*, goods; **nuestras** ~**s de carbón** our coal stocks; **estar/tener en** ~ to be/have in stock; **liquidar** ~**s** to clear stock; **renovar** ~**s** to restock.

existencial *adj* existential.

existencialismo *nm* existentialism.

existencialista *adj, nmf* existentialist.

existente *adj* existing, in existence; (*situación*) present.

existir [3a] *vi* to exist; **dejar de** ~ (*persona: euf*) to pass away; (*euf*); **esta sociedad existe desde hace 90 años** the company has been in existence for 90 years; **no existe tal cosa** there's no such thing.

exitazo *nm* great success; (*Mús, Teat etc*) smash hit.

éxito *nm* (**a**) success; **con** ~ successfully; **tener** ~ **en** to be successful in, make a success of; **no tener** ~ to be unsuccessful, not succeed. (**b**) (*Mús, Teat, fig*) success, hit; ~ **editorial** *o* **de librería** bestseller; ~ **rotundo** huge success; (*Mús etc*) smash hit; ~ **de ventas** best-seller; **grandes** ~**s** greatest hits.

exitoso *adj* (*esp LAm*) successful.

éxodo *nm* exodus; **el** ~ **rural** the drift from the land.

ex oficio *adj, adv* ex officio.

exonerar [1a] *vt* (**a**) to exonerate; ~ **a algn de un deber** to free sb from a duty. (**b**) (*empleado*) to dismiss.

exorbitante *adj* exorbitant.

exorcismo *nm* exorcism.

exorcizar [1f] *vt* to exorcise.

exótico *adj* exotic.

exotismo *nm* exoticism.

expandir [3a] **1** *vt* (*Anat*) to expand; (*Com*) to expand, enlarge; (*fig*) to spread. **2 expandirse** *vr* to expand, spread.

expansión *nf* (**a**) (*V expandir*) expansion; enlargement; spread(ing); **la** ~ **económica** economic growth. (**b**) (*recreo*) relaxation; (*efusión*) expansiveness.

expansionarse [1a] *vr* (*dilatarse*) to expand; (*recrearse*) to relax; (*desahogarse*) to open one's heart (*con* to).

expansionista *adj* (*Pol etc*) expansionist.

expansivo *adj* (*lit, fig*) expansive; (*efusivo*) communicative.

expatriación *nf* (*emigración*) expatriation; (*exilio*) exile.

expatriado/a *nm/f* (*emigrado*) expatriate; (*exilado*) exile.

expatriarse [1b] *vr* (*emigrar*) to emigrate; (*Pol*) to go into exile.

expectación *nf* (*esperanza*) expectation; (*ilusión*) excitement; **crece la** ~ excitement is growing.

expectante *adj* expectant.

expectativa *nf* expectation; (*esperanza*) hope; ~ **de vida** life expectancy; **estar a la** ~ to wait and see (what will happen); **estar a la** ~ **de algo** to look out for sth, be on the watch for sth.

expectorar [1a] *vt, vi* to expectorate.

expedición *nf* (**a**) (*Geog, Mil*) expedition; ~ **de salvamento** rescue expedition. (**b**) (*Com*) shipment; **gastos de** ~ shipping charges.

expedicionario/a 1 *adj* expeditionary. **2** *nm/f* member of an expedition.

expedidor *nm* shipping agent.

expedientar [1a] *vt* (*investigar*) to make a file on, draw up a dossier on; (*Jur*) to start proceedings against.

expediente *nm* (**a**) (*medio*) expedient, means; **recurrir al** ~ **de hacer algo** to resort to the device of doing sth.

(**b**) (*Jur*) action; (*: papeles*) records of a case; **abrir** *o* **incoar** ~ to start proceedings; ~ **disciplinario** disciplinary proceedings; ~ **judicial** legal proceedings; ~ **de regulación de empleo** notice of dismissal.

(**c**) (*papeles*) record; (*ficha*) file; ~ **policial** police dossier; ~ **académico** (*Escol*) student's record.

(**d**) **cubrir el** ~ to do just enough to keep out of trouble; **lo haré por cubrir el** ~ I'll do it to keep up appearances.

expedir [3k] *vt* (*mercancías*) to send, ship off; (*documento*) to draw up; (*orden, billete*) to issue; (*negocio*) to deal with.

expeditar [1a] *vt* (*CAm, Méx*) to expedite, hurry along.

expeditivo *adj* expeditious.

expedito *adj* (**a**) (*pronto*) prompt, speedy. (**b**) (*camino*) clear, free.

expeler [2a] *vt* to expel, eject.

expendedor(a) 1 *adj*: **máquina** ~**a** vending machine. **2** *nm/f* (*de lotería*) lottery-ticket seller; (*de tabaco*) tobacconist. **3** *nm*: ~ **automático** vending machine.

expendeduría *nf* (*de lotería*) lottery-ticket shop *o* stall; (*de tabaco*) tobacconist's (shop), cigar store *(US)*.

expender [2a] *vt* (*gastar*) to spend; (*moneda falsa*) to pass; (*mercancías*) to sell (retail).

expendio *nm* (*LAm: tienda*) small shop; ~ **de boletos** (*Méx*) ticket office.

expensas *nfpl*: **a** ~ **de** at the expense of; **a mis** ~ at my expense.

experiencia *nf* (**a**) experience; ~ **laboral** work experience; **saber por** ~ to know by *o* from experience. (**b**) (*experimento*) experiment (*en* on); ~ **piloto** pilot scheme.

experimentación *nf* experimentation.

experimentado *adj* experienced.

experimental *adj* experimental.

experimentar [1a] **1** *vt* (**a**) (*método, producto*) to test, try out. (**b**) (*cambio*) to experience, go through; (*pérdida, deterioro*) to suffer; (*aumento*) to show; (*sensación*) to feel; **las cifras han experimentado un aumento de un 5 por 100** the figures show an increase of 5%. **2** *vi* to experiment (*con* with; *en* on).

experimento *nm* experiment (*con* with; *en* on); **como** ~ as an experiment, by way of experiment; **hacer** ~**s** to experiment (*con* with; *en* on).

experto/a 1 *adj* (*gen*) expert, skilled. **2** *nm/f* expert (*en algo* in *o* on sth).

expiación *nf* expiation, atonement.

expiar [1c] *vt* to expiate, atone for.

expiración *nf* expiration.

expirar [1a] *vi* to expire.

explanada *nf* (*paseo*) esplanade; (*a orillas del mar*) sea front, promenade.

explayar [1a] **1** *vt* to extend. **2 explayarse** *vr* (*esparcirse*) to relax; (*en discurso*) to speak at length; ~ **a su gusto** to talk one's head off, talk to one's heart's content; ~ **con algn** to confide in sb.

explicable *adj* explicable, explainable, that can be explained.

explicación *nf* (*gen*) explanation; (*motivo*) reason (*de* for); **sin dar** ~**es** without giving any reason.

explicar [1g] **1** *vt* (*gen*) to explain; (*teoría*) to expound; (*Escol: materia*) to lecture in. **2 explicarse** *vr* (**a**) (*persona*) to explain (o.s.); **se explica con claridad** he states things clearly. (**b**) ~ **algo** to understand sth; **no me lo explico** I can't understand it, I can't make it out. (**c**) **esto no se explica fácilmente** this cannot be explained

(away) easily.
explicativo, **explicatorio** *adj* explanatory.
explícitamente *adv* explicitly.
explicitar [1a] *vt* (*declarar*) to state, assert, make explicit.
explícito *adj* explicit.
exploración *nf* exploration; (*Mil*) reconnaissance; (*Radar*) scanning.
explorador(a)[1] **1** *nm/f* (*Geog etc*) explorer; (*Mil*) scout. **2** *nm* (**a**) (*Med*) probe. (**b**) (**niño**) ~ (boy) scout.
exploradora[2] *nf* girl guide *o* (*US*) scout.
explorar [1a] **1** *vt* (*Geog, fig*) to explore; (*Med*) to probe; (*Radar*) to scan. **2** *vi* to explore; (*Mil*) to reconnoitre.
exploratorio *adj* exploratory.
explosión *nf* (*lit, fig*) explosion; (*de cólera*) outburst; **motor de** ~ internal combustion engine; **hacer** ~ to explode.
explosionar [1a] *vti* to explode, blow up.
explosivo *adj, nm* explosive.
explotación *nf* (*pey*) exploitation; (*de planta*) running; (*Min*) working; (*de recursos*) development; ~ **agrícola** farm; ~ **forestal** forestry; ~ **minera** mine; **gastos de** ~ operating costs *o* expenses.
explotador(a) 1 *adj* exploitative. **2** *nm/f* exploiter.
explotar [1a] **1** *vt* (**a**) (*recursos, situación: tb pey*) to exploit; (*planta*) to run. (**b**) (*mina*) to work; (*bomba*) to explode. **2** *vi* (*bomba etc*) to explode, go off.
expoliación *nf* pillaging, sacking.
expoliar [1b] *vt* to pillage, sack.
expolio *nm* pillaging, sacking.
exponente 1 *nmf* exponent. **2** *nm* (**a**) (*Mat*) index, exponent. (**b**) (*ejemplo*) model, (prime) example; **el tabaco cubano es** ~ **de calidad** Cuban tobacco is the best of its kind.
exponer [2q] (*pp* **expuesto**) **1** *vt* (**a**) (*gen, Rel, Fot*) to expose; (*cuadro*) to exhibit, put on show; (*cartel, mercancías*) to display. (**b**) (*teoría*) to expound; (*idea*) to explain; (*hechos*) to set out. **2 exponerse** *vr* to lay o.s. open (*a* to); ~ **a (hacer) algo** to run the risk of (doing) sth.
exportable *adj* exportable.
exportación *nf* (**a**) (*acto*) export, exportation. (**b**) (*artículo*) export, exported article; (*mercancías*) exports.
exportador(a) 1 *adj* (*país*) exporting. **2** *nm/f* exporter.
exportar [1a] *vt* to export.
exposición *nf* (**a**) (*Fot*) exposure; (*de cuadro*) showing; (*Com*) display. (**b**) (*de hechos*) statement; (*de teoría*) exposition. (**c**) (*Arte*) exhibition; (*Com*) show, fair; ~ **universal** world fair.
exposímetro *nm* (*Fot*) exposure meter.
expósito/a 1 *adj*: **niño** ~ = **2**. **2** *nm/f* foundling.
expositor(a) *nm/f* (*Arte etc*) exhibitor.
exprés 1 *adj* (*café*) espresso; **olla** ~ pressure cooker. **2** *nm* (**a**) (*LAm*) express train. (**b**) (*café*) espresso coffee.
expresado *adj* above-mentioned; **según las cifras ~as** according to these figures.
expresamente *adv* (*concretamente*) expressly; (*a propósito*) on purpose; **no lo dijo** ~ he didn't say so in so many words.
expresar [1a] **1** *vt* (*gen*) to express; (*redactar*) to phrase, put; (*sentimiento*) to show; **estaba expresado de otro modo** it was worded differently. **2 expresarse** *vr* (*persona*) to express o.s.; (*cifra, dato*) to be stated; **como abajo se expresa** as is stated below.
expresión *nf* (*gen, Ling*) expression; ~ **corporal** self-expression through movement; ~ **familiar** colloquialism, conversational expression.
expresionismo *nm* expressionism.
expresionista *adj, nmf* expressionist.
expresivamente *adv* (**a**) (*gen*) expressively. (**b**) (*cariñosamente*) tenderly, affectionately.
expresividad *nf* expressiveness.
expresivo *adj* (*gen*) expressive; (*cariñoso*) tender, affectionate.
expreso 1 *adj* (**a**) (*explícito*) express; (*exacto*) specific, clear. (**b**) (*tren*) night *atr*. **2** *nm* (*Ferro*) night train.
exprimelimones *nm inv* lemon squeezer.
exprimidor *nm* squeezer.
exprimir [3a] **1** *vt* (**a**) (*limón*) to squeeze; (*jugo*) to squeeze out. (**b**) (*pey: persona*) to exploit. **2 exprimirse** *vr*: ~ **el cerebro** *o* **los sesos** (*fam*) to rack one's brains.
ex profeso *adv* on purpose.
expropiación *nf* expropriation.
expropiar [1b] *vt* to expropriate.
expuesto 1 *pp de* **exponer**; **según lo arriba** ~ according to what has been stated *o* set out above. **2** *adj* (**a**) (*lugar*) exposed. (**b**) (*cuadro, mercancías*) on show, on display. (**c**) **estar** ~ **a** to be exposed *o* open to.
expugnar [1a] *vt* to take by storm.
expulsar [1a] *vt* (*alumno*) to expel (*de* from); (*extranjero*) to expel, deport; (*jugador*) to send off, eject (*US*); ~ **a algn a puntapiés** to kick sb out.
expulsión *nf* expulsion; (*de país*) deportation; (*Dep*) sending-off, ejection (*US*).
expulsor 1 *adj*: **asiento** ~ (*Aer*) ejector seat. **2** *nm* (*Téc*) ejector.
expurgar [1h] *vt* to expurgate.
exquisitez *nf* exquisiteness; (*comida*) delicacy.
exquisito *adj* (**a**) (*belleza*) exquisite; (*comida*) delicious. (**b**) (*pey*) affected.
Ext. *abr* (**a**) *de* **Exterior.** (**b**) *de* **Extensión** ext., extn.
extasiar [1c] **1** *vt* to entrance, enrapture. **2 extasiarse** *vr* to go into ecstasies (*ante* over, about).
éxtasis *nm inv* ecstasy; (*trance*) trance; **estar en el** ~ to be in ecstasy.
extático *adj* ecstatic, rapturous.
extemporáneo *adj* (*lluvia etc*) unseasonable; (*viaje*) untimely.
extender [2g] **1** *vt* (**a**) (*gen*) to extend; (*agrandar*) to enlarge; (*mapa, tela*) to spread (out), open (out); (*naipes*) to lay down; (*brazo, mano*) to stretch out; (*crema de belleza, mantequilla*) to spread.
(**b**) (*documento*) to draw up; (*cheque*) to write *o* make out; (*certificado*) to issue.
2 extenderse *vr* (**a**) (*mancha, incendio*) to spread; (*terreno*) to stretch *o* spread (out); **sus terrenos se extienden sobre muchos kilómetros** his lands spread over many miles.
(**b**) (*en el tiempo*) to extend, last (*a* to, till; *de* from).
(**c**) (*costumbre, rumor*) to spread, extend; (*guerra*) to escalate; **la epidemia se extendió rápidamente** the epidemic spread rapidly.
(**d**) ~ **sobre un tema** to enlarge on a subject.
extendido *adj* (**a**) (*tela*) spread out, open; (*brazos*) outstretched. (**b**) (*costumbre, conocimiento*) widespread; (*pey*) rife, rampant.
extensamente *adv* (**a**) (*viajar, leer*) extensively, widely. (**b**) (*tratar*) fully, in full, with full details.
extensible *adj* extending.
extensión *nf* (**a**) (*acción: gen*) extension, stretching; (*de alas*) spreading; ~ **de plazo** (*Com*) extension. (**b**) (*superficie*) extent; (*de terreno, mar*) expanse, stretch; **por toda la** ~ **del paisaje** over the whole (expanse) of the countryside. (**c**) (*tiempo*) length, duration. (**d**) (*Mús*) range, compass. (**e**) (*de conocimientos*) extent, range; (*de programa*) scope. (**f**) (*Telec*) extension.
extensivo *adj* extensive; **hacer** ~ **a** to extend to, apply to, make applicable to; **la crítica se hizo ~a a toda la ciudad** the criticism applied to the whole city.
extenso *adj* (**a**) (*amplio*) extensive; (*cuarto*) big. (**b**) (*conocimientos*) widespread; (*reportaje*) full; **por** ~ in full, at length.
extenuación *nf* exhaustion.
extenuado *adj* exhausted.
extenuar [1e] **1** *vt* to exhaust. **2 extenuarse** *vr* to get

exhausted.

exterior 1 *adj* (**a**) exterior, external, outer; (*aspecto*) outward; (*habitación*) outside. (**b**) (*relaciones, deuda*) foreign; **asuntos ~es** foreign affairs; **comercio ~** foreign *o* overseas trade. **2** *nm* (**a**) (*de casa*) exterior, outside; **con el ~ pintado de azul** with the outside painted blue. (**b**) (*países extranjeros*) abroad; **en el ~** abroad; **noticias del ~** foreign *o* overseas news. (**c**) (*Dep*) **~ derecho/izquierdo** outside-right/left. (**d**) **~es** (*Cine*) location shots.

exterioridad *nf* outward appearance, externals *pl*.

exteriorizar [1f] *vt* to show, reveal.

exteriormente *adv* outwardly.

exterminar [1a] *vt* to exterminate.

exterminio *nm* extermination.

externalizar [1f] *vt* = **exteriorizar**.

externo/a 1 *adj* external, outside. **2** *nm/f* day pupil.

extinción *nf* (*gen*) extinction.

extinguido *adj* (*animal, volcán*) extinct; (*fuego*) out, extinguished.

extinguir [3d] **1** *vt* (**a**) (*fuego*) to extinguish, put out; (*deuda*) to wipe out. (**b**) (*Bio*) to exterminate, wipe out. **2 extinguirse** *vr* (**a**) (*fuego*) to go out. (**b**) (*Bio*) to die out, become extinct.

extinto *adj* (*volcán*) extinct; (*Méx: euf*) dead, deceased.

extintor *nm* (*tb* **~ de incendios**) fire extinguisher.

extirpación *nf* extirpation, eradication; (*Med*) removal.

extirpar [1a] *vt* (*vicios*) to eradicate, stamp out; (*Med*) to remove (surgically).

extorsión *nf* (**a**) (*Fin etc*) extortion, exaction; (*chantaje*) blackmail. (**b**) (*molestia*) inconvenience.

extorsionar [1a] *vt* (**a**) (*usurpar*) to extort, extract (*de* from). (**b**) (*fig*) to pester, bother.

extra 1 *adj inv* (*tiempo*) extra; (*Com: vino*) first-rate; (*: gasolina*) high-octane. **2** *nmf* (*Cine*) extra. **3** *nm* (*cuenta*) extra; (*periódico*) special edition.

extra... *pref* extra....

extracción *nf* (*gen*) extraction; (*sorteo*) draw; (*de carbón*) mining.

extracto *nm* (*Quím*) extract; (*Lit*) summary.

extractor *nm* extractor; **~ de humos** extractor fan.

extradición *nf* extradition.

extraditable *nm* (*esp Col*) prominent drug baron (*wanted by US police*).

extraditar [1a] *vt* to extradite.

extraer [2p] *vt* (*gen, Mat, Med*) to extract; (*muela*) to take *o* pull out; (*Min*) to mine.

extraescolar *adj*: **actividad ~** out-of-school activity.

extrafino *adj* superfine.

extrajudicial *adj* extrajudicial, out of court.

extralimitación *nf* abuse (of authority).

extralimitarse [1a] *vr* to exceed *o* abuse one's authority.

extramuros *adv* outside the city.

extranjería *nf* alien status, status of foreigners; **ley de ~** law on aliens.

extranjerismo *nm* foreign word *o* phrase *etc*.

extranjero/a 1 *adj* foreign. **2** *nm/f* foreigner. **3** *nm* foreign country; **estar en el ~** to be abroad *o* overseas; **ir al ~** to go abroad.

extranjis: **de ~** *adv* (*fam*) secretly, on the sly.

extrañamiento *nm* (**a**) estrangement (*de* from) . (**b**) = **extrañeza**.

extrañar [1a] **1** *vt* (**a**) (*hallar extraño*) to find strange; **me extrañaba que no hubieras venido** I was surprised you had not come; **eso me extraña** that surprises me, I find that odd; **me extrañaría que ...** I'd be surprised if ...; **no es de ~ que ...** it's hardly surprising that ...; **¡no me extrañaría!** no wonder! (**b**) (*esp LAm: echar de menos*) to miss. **2 extrañarse** *vr* to be amazed, be surprised (*de* at); (*maravillarse de*) to marvel (*de* at).

extrañeza *nf* (**a**) (*rareza*) strangeness, oddness. (**b**) (*asombro*) surprise, amazement.

extraño *adj* (**a**) strange, odd; **¡qué ~!** how strange!; **parece ~ que ...** it seems strange that .... (**b**) (*ajeno*) extraneous (*a* to).

extraoficial *adj* unofficial, informal.

extraoficialmente *adv* unofficially, informally.

extraordinariamente *adv* extraordinarily.

extraordinario 1 *adj* extraordinary; (*insólito*) unusual; (*edición, numero, descuento*) special; (*cobro*) supplementary; **no tiene nada de ~** there's nothing special about it. **2** *nm* (**a**) treat. (**b**) (*menú*) special dish. (**c**) (*Tip*) special issue.

extrapolación *nf* extrapolation.

extrapolar [1a] *vt* to extrapolate.

extrarradio *nm* suburbs *pl*.

extraterrenal, **extraterreno** *adj* (*LAm*) supernatural, extraterrestrial.

extraterrestre 1 *adj* from outer space. **2** *nmf* creature from outer space.

extravagancia *nf* (**a**) (*V extravagante*); (*calidad*) extravagance; outlandishness; oddness. (**b**) (*capricho*) whim; (*rareza*) peculiarity; **~s** (*tonterías*) nonsense *sg*.

extravagante *adj* extravagant; (*estrafalario*) outlandish; (*raro*) odd.

extraviado *adj* lost; (*animal*) lost, stray.

extraviar [1c] **1** *vt* (**a**) (*persona: desorientar*) to mislead, misdirect. (**b**) (*objeto*) to lose, mislay. **2 extraviarse** *vr* (**a**) (*persona*) to get lost; (*animal*) to stray; (*objeto*) to go missing *o* astray. (**b**) (*persona: moralmente*) to go astray.

extravío *nm* (*de objeto*) loss, mislaying; (*fig: moral*) misconduct.

extremadamente *adv* extremely, exceedingly.

extremado *adj* extreme, excessive.

Extremadura *nf* Estremadura.

extremar [1a] **1** *vt* to carry to extremes; **sin ~ el sentimentalismo** without overdoing the sentimentality; **debemos ~ la atención** we must step up our guard; **es necesario ~ las precauciones** we must tighten up our safeguards. **2 extremarse** *vr* to do one's utmost (*en hacer algo* to do sth).

extremaunción *nf* extreme unction.

extremeño/a *adj, nm/f* Extremaduran.

extremidad *nf* (**a**) (*punta*) tip, extremity; (*borde*) edge. (**b**) **~es** (*Anat*) extremities.

extremismo *nm* extremism.

extremista *adj, nmf* extremist.

extremo 1 *adj* (*gen*) extreme; (*último*) last; (*sumo*) utmost; (*más alejado*) furthest; **en caso ~** as a last resort. **2** *nm* (**a**) (*límite*) end, extremity; **pasar de un ~ a otro** (*lit*) to go from one end to the other; (*fig*) to go from one extreme to the other. (**b**) (*situación*) extreme; **al ~ de, hasta el ~ de** to the point of; **con ~** in the extreme; **en último ~** as a last resort. (**c**) (*asunto*) point, matter. (**d**) (*Dep*) **~ derecho/izquierdo** outside-right/left.

Extremo Oriente *nm* Far East.

extrínseco *adj* extrinsic.

extrovertido/a 1 *adj* extrovert, outgoing. **2** *nm/f* extrovert.

exuberancia *nf* (**a**) exuberance. (**b**) (*Bot*) luxuriance, lushness. (**c**) (*de tipo*) fullness, buxomness.

exuberante *adj* (**a**) exuberant. (**b**) (*Bot*) luxuriant, lush. (**c**) (*tipo etc*) full, buxom, well-covered.

exudar [1a] *vt, vi* to exude.

exultación *nf* exultation.

exultar [1a] *vi* to exult.

exvoto *nm* votive offering.

eyaculación *nf* (*Med*) ejaculation; **~ precoz** premature ejaculation.

eyacular [1a] *vt, vi* (*Med*) to ejaculate.

eyectable *adj*: **asiento ~** ejector seat.

eyectarse [1a] *vr* (*Aer*) to eject.

F

F[1], **f** [efe] *nf* (*letra*) F, f.

F[2] *abr* (**a**) *de* **fuerza; un viento F8** a force 8 wind. (**b**) *de* **febrero** Feb.; **el 23-F** the 23rd February *(date of the Tejero coup attempt (1981)).*

f.ª *abr* (*Com*) *de* **factura** inv.

fa *nm* (*Mús*) fa; ~ **mayor** F major.

fab *abr de* **fabricante** mfr(s).

f.a.b. *abr de* **franco a bordo** FOB, f.o.b.

fabada *nf rich stew of beans, pork etc.*

fábrica *nf* (**a**) (*gen*) factory; (*maquinaria*) works, plant; (*molino*) mill; ~ **de cerveza** brewery; ~ **de montaje/conservas** assembly/canning plant; ~ **de gas** gasworks; ~ **de moneda** mint; ~ **de papel** paper mill; **marca de** ~ trademark; **precio de** ~ price ex-works. (**b**) (*proceso*) manufacture. (**c**) (*Arquit*) building, structure; (*material*) masonry.

fabricación *nf* manufacture, production; **de** ~ **casera** home-made; **de** ~ **nacional** home-produced; **de** ~ **propia** our own make; ~ **en serie** mass production.

fabricante *nmf* manufacturer, maker.

fabricar [1g] *vt* (**a**) (*gen*) to manufacture, make; (*construir*) to build, construct; ~ **en serie** to mass-produce. (**b**) (*mentira*) to fabricate, concoct.

fabril *adj* manufacturing.

fábula *nf* (**a**) (*gen*) fable. (**b**) (*habladuría*) rumour, rumor *(US)*, piece of gossip; (*mentira*) fib. (**c**) (*fam*) **de** ~ splendid; **es de** ~ it's fabulous *(fam)*.

fabuloso *adj* (**a**) (*gen*) fabulous; (*ficticio*) imaginary, fictitious. (**b**) (*fam: maravilloso*) fantastic.

FACA *nm abr* (*Esp*) *de* **Futuro avión de combate y ataque**.

facción *nf* (**a**) (*Pol*) faction. (**b**) (*Anat*) feature; **de ~es irregulares** with irregular features.

faccioso/a 1 *adj* (*revoltoso*) rebellious. **2** *nm/f* (*rebelde*) rebel; (*agitador*) troublemaker.

faceta *nf* facet.

facial *adj* facial.

fácil 1 *adj* (**a**) (*gen*) easy; (*sencillo*) simple, straightforward; **es** ~ **ver que** it is easy to see that; ~ **de hacer** easy to do; ~ **de usar** (*Inform*) user-friendly. (**b**) (*estilo etc*) fluent; (*respuesta*) facile, glib. (**c**) (*mujer*) easy, loose. (**d**) **es** ~ **que venga** he is quite likely to come; **no veo muy** ~ **que** I don't think it is at all likely that. **2** *adv* easily.

facilidad *nf* (**a**) (*gen*) ease, easiness; (*sencillez*) simplicity; **con la mayor** ~ with the greatest (of) ease. (**b**) (*habilidad*) facility, gift; (*: para hablar*) fluency, gift of the gab *(fam)*. (**c**) **~es** facilities; **~es de crédito** credit facilities; **'~es de pago'** (*Com*) 'easy terms', 'credit available'.

facilitar [1a] *vt* (**a**) (*hacer fácil*) to facilitate, make easy; (*agilizar*) to expedite. (**b**) (*proporcionar*) to provide, furnish, supply; (*: documento*) to issue; **¿quién facilitó el dinero?** who put up the money?; **me facilitó un coche** he got me *o* let me have a car; (*Com*) **le agradecería me facilitara** I would be grateful if you could let me have.

fácilmente *adv* easily.

facilón *adj* (*fam*) very easy; (*pey: respuesta*) trite; (*: canción*) rubbishy *(fam)*.

facineroso/a *adj, nm/f* criminal.

facistol 1 *adj* (*And, Carib*) vain, conceited. **2** *nm* (**a**) (*Rel*) lectern. (**b**) (*And, Carib*) vain *o* conceited person.

facón *nm* (*CSur*) long gaucho knife.

facsímil(e) *adj, nm* facsimile.

factibilidad *nf* feasibility.

factible *adj* feasible.

facticio *adj* artificial.

fáctico *adj*: **los poderes ~s** the powers that be.

factor(a) 1 *nm* (**a**) (*Mat*) factor. (**b**) (*elemento*) factor, element; ~ **determinante/humano/de seguridad** determining/human/safety factor; ~ **sorpresa** element of surprise; ~ **tiempo** time factor. **2** *nm/f* (**a**) (*Com: representante*) agent, factor. (**b**) (*Ferro*) freight clerk.

factoría *nf* (**a**) (*Com*) agency. (**b**) (*esp LAm: fábrica*) factory.

factótum *nm* jack-of-all-trades; (*Com etc*) agent, nominee.

factura *nf* (**a**) (*Com: cuenta*) bill; (*: nota de pago*) invoice; ~ **simulada** *o* **pro forma** pro forma invoice; **según** ~ as per invoice; **pasar** *o* **presentar** ~ (*tb fig*) to send an invoice, send the bill. (**b**) (*CSur*) bun, cake.

facturación *nm* (**a**) (*Com: acto*) invoicing. (**b**) (*Com: ventas*) sales (collectively), turnover. (**c**) (*Ferro, Aer etc*) registration, check-in.

facturar [1a] *vt* (**a**) (*Com: géneros*) to invoice. (**b**) **la compañía facturó X pesetas en 1995** the company turned over *o* had a turnover of X pesetas in 1995. (**c**) (*Ferro, Aer etc*) to register, check *(US)*.

facultad *nf* (**a**) (*gen*) faculty. (**b**) (*autoridad*) power; **tener la** ~ **de hacer algo** to have the power to do sth; **tener** ~ **para hacer algo** to be authorized to do sth. (**c**) (*inteligencia*) **~es** faculties, powers; **~es mentales** mental powers. (**d**) (*Univ*) faculty, school; **F~ de Filosofía y Letras/de Ciencias/de Derecho** Faculty *o* School of Arts/Science/Law.

facultar [1a] *vt* to authorize, empower; ~ **a algn para hacer algo** to empower sb to do sth.

facultativo 1 *adj* (**a**) optional. (**b**) (*Univ*) faculty *atr*. (**c**) (*de un oficio*) professional; **dictamen** ~ medical report; **prescripción ~a** medical prescription. **2** *nm* doctor.

facundia *nf* eloquence; (*labia*) gift of the gab *(fam)*.

facha[1] *nf* (**a**) (*aspecto*) look, appearance; (*cara*) face; **tener** ~ **de** to look like. (**b**) (*pey*) **estar hecho una** ~ to look a sight, look terrible; **~s!** (*Méx*) slovenly dress *sg*.

facha[2] *nmf* (*fam pey*) fascist, right-wing extremist, reactionary.

fachada *nf* (**a**) (*Arquit*) façade; (*parte delantera*) front; **con 15 metros de** ~ with a frontage of 15 m. (**b**) (*Tip*) title page. (**c**) (*fig: apariencia*) façade, outward show; **no tiene más que** ~ it's all just show with him.

fachenda (*fam*) **1** *nf* swank, conceit. **2** *nmf* swank, show-off.

fachendear [1a] *vi* (*fam*) to swank, show off.

fachendoso/a 1 *adj* swanky, conceited. **2** *nm/f* swank, show-off.

fachinal *nm* (*CSur fam*) swamp.

fachoso *adj* (*fam*) (**a**) (*raro*) ridiculous, odd-looking. (**b**) (*And, CSur: elegante*) elegant, natty *(fam)*; (*Méx: engreído*) conceited.

faena *nf* (**a**) (*gen*) task, job, piece of work; (*Mil*) fatigue; ~ **doméstica** housework; **~s** chores; **estar en (plena)** ~ to be hard at work. (**b**) (*fam: tb* **mala** ~) dirty trick; **hacer una** ~ **a algn** to play a dirty trick on sb; **¡menuda** ~ **la que me hizo!** a fine thing he did to me! (**c**) (*Taur*) set of passes with cape.

faenar [1a] *vi* (**a**) to work, labour, labor *(US)*. (**b**) (*pesca-*

dor) to fish, work.
faenero *nm* (*Chi*) farm worker.
fagot **1** *nm* (*instrumento*) bassoon. **2** *nmf* (*músico*) bassoonist.
faisán *nm* pheasant.
faja *nf* (**a**) (*tira*) strip, band; (*cinturón*) belt; (*: de tela*) sash; (*de mujer*) girdle, corset; (*Med*) bandage, support. (**b**) (*Geog: zona*) belt, zone. (**c**) (*Arquit*) band, fascia.
fajar [1a] **1** *vt* (**a**) (*envolver*) to wrap. (**b**) (*atacar*) to attack; (*esp LAm fam: golpear*) to thrash. **2 fajarse** *vr* (**a**) to put on one's belt *o* sash *etc*; (*fig*) to tighten one's belt. (**b**) (*LAm: pelearse*) to come to blows (*fam*), fight.
fajilla *nf* (*CAm, Méx: correo*) wrapper.
fajín *nm* (*Mil*) sash.
fajina *nf* (**a**) (*Agr*) shock, pile, rick. (**b**) (*leña*) kindling. (**c**) (*faena*) task. (**d**) (*Mil*) bugle call; (*esp*) call to mess.
fajo *nm* (**a**) (*de papeles*) bundle, sheaf; (*de billetes*) roll, wad. (**b**) (*Méx*) woman's belt.
falacia *nf* (**a**) (*engaño*) deceit, fraud; (*error*) fallacy, error. (**b**) (*falsedad*) deceitfulness.
falange *nf* (**a**) (*Mil*) phalanx; (*Pol*) **F~** Falangist party. (**b**) (*Anat*) phalange.
falangista *adj, nmf* Falangist.
falaz *adj* (*individuo*) false, deceitful; (*doctrina*) fallacious; (*apariencia*) deceptive, misleading.
falda *nf* (**a**) (*ropa*) skirt; (*pliegue*) flap, fold; ~ **escocesa** kilt; ~ **pantalón** culottes *pl*, divided skirt; **está cosido** *o* **pegado a las ~s de su madre** he's tied to his mother's apron strings. (**b**) (*Anat*) lap; **sentarse en la ~ de algn** to sit on sb's lap. (**c**) (*fam: mujer*) bird (*fam*); **ser muy aficionado a las ~s** to be fond of the ladies; **es asunto de ~s** there's a woman in it somewhere. (**d**) (*Geog: colina*) foothill; (*: pie de*) foot, bottom (of a slope). (**e**) (*Culin*) brisket. (**f**) (*de camilla*) table cover.
faldero *adj*: **perro ~** lapdog; **hombre ~** ladies' man.
faldillas *nfpl* (*de abrigo*) coat-tails; (*de camisa*) shirt-tails.
faldón *nm* (**a**) (*de vestido*) tail, skirt; (*Cos: pliegue*) flap. (**b**) (*Arquit*) gable.
falencia *nf* (*Arg*) bankruptcy.
falibilidad *nf* fallibility.
falible *adj* fallible.
fálico *adj* phallic.
falo *nm* phallus.
falocracia *nf* (*fam*) male domination *o* chauvinism.
falócrata *nm* male chauvinist pig.
falsario/a *nm/f* (*mentiroso*) liar.
falseador(a) *nm/f* forger, counterfeiter.
falsear [1a] **1** *vt* (*gen*) to falsify; (*firma etc*) to forge, fake; (*moneda etc*) to counterfeit; (*cerrojo*) to pick; (*Téc*) to bevel; ~ **la verdad/los hechos** to bend the truth/the facts. **2** *vi* (**a**) (*ceder*) to buckle, give way; (*fig*) to flag, slacken. (**b**) (*Mús*) to be out of tune.
falsedad *nf* (**a**) (*gen*) falseness, falsity; (*hipocresía*) hypocrisy, insincerity. (**b**) (*una ~*) a falsehood.
falsete *nm* (**a**) (*Téc*) plug, bung. (**b**) (*Mús*) falsetto.
falsía *nf* duplicity.
falsificación *nf* (**a**) (*acto*) falsification, forging. (**b**) (*objeto*) forgery.
falsificador(a) *nm/f* forger, counterfeiter.
falsificar [1g] *vt* (*gen*) to falsify; (*moneda*) to counterfeit; (*Arte*) to forge, fake; (*resultado etc*) to rig.
falso *adj* (**a**) (*mentira*) untrue, false; (*incorrecto*) wrong, incorrect; (*fabricado*) false, fake; (*moneda*) counterfeit, dud; (*firma, documento, cuadro*) forged, fake; (*joya*) imitation *atr*; (*caballo*) vicious; (*persona: insincero*) hollow, insincere; (*: poco honesto*) dishonest; (*: traicionero*) treacherous, false. (**b**) **en ~** falsely; **jurar en ~** to commit perjury; **dar un paso en ~** to trip; (*fig*) to take a false step.
falta *nf* (**a**) (*carencia*) lack, want; (*necesidad*) need; (*escasez*) shortage; (*Jur*) default; ~ **de asistencia** non-attendance; ~ **de pago** non-payment; **a ~ de** failing; **a** *o* **por ~ de** for want *o* lack of; ~ **de dinero** shortage of money; ~ **de peso** short weight; ~ **de respeto** disrespect; ~ **de seriedad** frivolity; **echar algo/algn en ~** to miss sth/sb; **hacer ~** to be lacking, be wanting; **me hace (mucha) ~ una secretaria/una pluma** I (badly) need a secretary/a pen; **no nos hace ~ nada** there's nothing we need; **a este plato le hace ~ sal** this dish needs more salt; **lo que hace ~ aquí** what's needed here; **si hace ~, voy** if necessary, I'll go; **aquí no haces ~** you are not needed here; **¡~ hacía!** and about time too!; **hacer ~ hacer algo** to be necessary to do sth; **hace ~ pintarlo** it needs painting; **no hace ~ que vayas/se lo digas** you don't need to go/tell him; **poner ~ a algn** (*Escol*) to mark sb absent, put sb down as absent.
(**b**) (*fallo*) failure, shortcoming; (*Téc, culpa*) fault; (*error*) mistake; (*ofensa*) offence; (*defecto*) flaw, defect; ~ **de ortografía** spelling mistake; ~ **garrafal** dreadful blunder; **sin ~** without fail; **sacar ~s a algn** to point out sb's defects.
(**c**) (*Jur*) misdemeanour, misdemeanor (*US*).
(**d**) (*Dep*) foul, infringement; (*: tenis*) fault; **cometer una ~ contra algn** to foul sb.
(**e**) (*Med: por embarazo*) missed period.
faltar [1a] **1** *vt* (*LAm*) **~le a algn al respeto,** (*esp LAm*) **~le a algn** to be rude to *o* show disrespect for sb.
2 *vi* (**a**) (*necesitar*) to be lacking *o* wanting; **le falta dinero** he needs money; **me falta un cuchillo** I need *o* I am missing a knife; **nos falta tiempo para hacerlo** we haven't the time to do it; **nos faltan 9** we're 9 short; **no le falta valor** he doesn't lack courage.
(**b**) (*no estar*) to be missing; **falta Pedro/una hoja** Pedro/a sheet is missing; **faltan 1000 ptas en la caja** 1000 pesetas are missing from the till; **¿quién falta?** who's absent?, who's not here?; **¿falta algo?** is anything missing?; **no falta quien opina que ...** there are those who think that ....
(**c**) (*no ir*) to miss; **¡no faltaré!** I'll be there!; ~ **a clase** to miss school *o* classes; ~ **a una cita** to miss *o* break an appointment; ~ **al trabajo** to stay away from work; **en 8 años no he faltado ni una sola vez** I've not missed once in 8 years.
(**d**) (*quedar*) **faltan 3 semanas para las elecciones** there are 3 weeks to go to the election; **faltan 5 para las 7** (*LAm*) it's five to seven; **falta mucho todavía** there's plenty of time yet; **¿falta mucho?** is there long to go?; **falta poco para las 8** it's nearly 8 o'clock; **falta poco para terminar** it's almost over; **faltó poco para que le pillara un coche** he was very nearly run down by a car; **faltan pocos minutos para el comienzo** it's only a few minutes to go to the start; **falta todavía por hacer** it is still to be done.
(**e**) (*no cumplir*) ~ **a** (*principio*) to be false to; (*persona: ser infiel*) to be unfaithful to; ~ **a la decencia** to offend against decency; ~ **a una promesa** to go back on one's word; ~ **al respeto** to be disrespectful (*a* to); ~ **a la verdad** to lie, be untruthful.
(**f**) (*euf: morirse*) to pass away; **cuando falte yo** when I'm gone.
(**g**) (*locuciones*) **¡lo que (me) faltaba!** that's all I needed; **¡no faltaba** *o* **faltaría más!** (*no hay de qué*) don't mention it!; (*naturalmente*) of course, naturally; (*¡ni hablar!*) certainly not!, no way! (*fam*); **¡no faltaba más que eso!** *o* **¡lo que faltaba!** (*¡es el colmo!*) it's the limit!, it's the last straw!; (*¡ni hablar!*) certainly not!, no way! (*fam*).
falto *adj* (*gen*) short, deficient; ~ **de moral** downhearted; **estar ~ de** to be short of; (*cualidad*) to be lacking in; **estar ~ de personal** to be understaffed.
faltón *adj* (**a**) (*gen*) neglectful, unreliable; (*about carrying out duties*). (**b**) (*irrespetuoso*) disrespectful.
faltriquera *nf* (*bolsillo*) fob, watch pocket; (*bolsa*) handbag; **rascarse la ~** to dig into one's pocket (*fig*).
falúa *nf* launch.
falla *nf* (**a**) (*defecto*) fault, defect; (*esp LAm: de carácter*)

failing; **géneros que tienen ~s** (*Com*) seconds. (**b**) (*Geol*) fault. (**c**) (*Esp*) huge ornate cardboard figure burnt in Valencia at the Fallas.

fallar [1a] **1** *vt* (**a**) (*Naipes*) to trump.
(**b**) (*Jur*) to pronounce sentence on; (*premio*) to award, decide (on).
(**c**) (*errar*) to miss; **~ el blanco** to miss the target.
2 *vi* (**a**) (*gen: freno, memoria etc*) to fail; (*proyectos*) to go wrong, miscarry; (*tiro*) to miss, go astray; (*piernas*) to give way; (*cuerda etc*) to break, snap, give way; (*fusil etc*) to misfire, fail to go off; (*motor*) to misfire, miss; **~ a algn** to fail sb, let sb down; **algo falló en sus planes** something went wrong with his plans; **le falló el corazón** his heart failed; **no falla nunca** it never fails.
(**b**) (*Jur*) to pronounce sentence, pass judgment.
(**c**) (*Naipes*) to trump (in).

Fallas *nfpl Valencian celebration of the feast of St Joseph.*

fallecer [2d] *vi* to pass away, die.

fallecido/a **1** *adj* late. **2** *nm/f* deceased.

fallecimiento *nm* decease; (*frm*) death.

fallera *nf* Fallas queen.

fallero/a **1** *adj* of *o* relating to the Fallas. **2** *nm/f* maker of fallas.

fallido *adj* (**a**) (*gen*) vain, frustrated; (*esfuerzo*) unsuccessful; (*esperanza*) disappointed; (*Mec, Mil etc*) dud; (*deuda*) bad, irrecoverable. (**b**) (*Com*) bankrupt.

fallo *nm* (**a**) (*avería*) failure, breakdown; (*Med*) failure; (*Dep*) mistake; (*falta*) fault, shortcoming; (*Inform*) bug; **ha sido un ~ decírselo** it was a mistake telling him; **debido a un ~ de los frenos** because of a brake failure. (**b**) (*Jur: sentencia*) sentence, verdict; (*: decisión*) decision, ruling; (*: de jurado etc*) findings.

fallutería *nf* (*CSur fam*) hypocrisy.

falluto *adj* (*CSur*) hypocritical.

fama *nf* (*renombre*) fame; (*reputación*) reputation, repute; **mala ~** notoriety; **de mala ~** notorious, of ill repute; **este restaurante tiene ~ de barato** this restaurant is reputed to be cheap; **el libro que le dio ~** the book which made him famous, the book which made his name; **tener ~** to be famous; **tener ~ de gran cazador** to be known as a great hunter; **tener ~ de poco escrupuloso** he is thought to be unscrupulous; **tus pasteles tienen ~** your cakes are famous.

famélico *adj* starving, famished.

familia *nf* (*gen*) family; (*habitantes de casa*) household; **~ numerosa** large family; **~ política** in-laws; **de buena ~** of good family; **acordarse de la ~ de algn** (*fam*) to insult sb at length; **sentirse como en ~** to feel thoroughly at home; **ser como de la ~** to be one of the family; **tener mucha ~** to have lots of children; **eso viene de ~** that runs in the family.

familiar **1** *adj* (**a**) (*de la familia*) family *atr*; **los lazos ~es** family ties; **subsidio ~** family allowance. (**b**) (*conocido*) familiar (*a* to). (**c**) (*estilo*) homely, informal; (*Ling*) colloquial. **2** *nmf* relative, relation.

familiaridad *nf* (*gen*) familiarity (*con* with); (*de estilo*) homeliness, informality; **~es** familiarities.

familiarizar [1f] **1** *vt* to familiarize, acquaint (*con* with). **2 familiarizarse** *vr*: **~ con** to familiarize o.s. with, get to know.

famoso/a **1** *adj* (*gen*) famous (*por* for). **2** *nm* famous person, celebrity; **los ~s** the famous.

fan *nmf* (*pl* **~s**) (*gen*) fan *(fam)*; (*Cine*) buff.

fanal *nm* (**a**) (*Náut*) (harbour *o (US)* harbor) beacon. (**b**) (*campana*) bell glass.

fanático/a **1** *adj* fanatical. **2** *nm/f* (*gen*) fanatic; (*intransigente*) bigot; (*Cine etc*) fan *(fam)*; (*Dep: hincha*) supporter; **es un ~ del aeromodelismo** he's mad about model aeroplanes.

fanatismo *nm* (*gen*) fanaticism; (*intransigencia*) bigotry; (*entusiasmo*) enthusiasm.

fancine *nm* = **fanzine**.

fandango *nm* (**a**) (*Mús*) fandango. (**b**) (*fam: jaleo*) row, rumpus; **se armó un ~** there was a great row. (**c**) (*fiesta*) rowdy party.

fané *adj inv* (*CSur fam*) worn out, tired out.

faneca *nf* (*pez*) *species of flatfish.*

fanega *nf* (**a**) *grain measure (= Spain 1.58 bushels, Méx 2.57 bushels, CSur 3.89 bushels)* . (**b**), *land measure (= Spain 1.59 acres, Carib 1.73 acres).*

fanfarria *nf* (**a**) (*fam: jactancia*) bluster, bravado. (**b**) (*Mús*) fanfare.

fanfarrón/ona **1** *adj* blustering, boastful. **2** *nm/f* blowhard, braggart.

fanfarronada *nf* bluster, bravado.

fanfarronear [1a] *vi* to boast, talk big *(fam)*.

fanfarronería *nf* (*acto*) boasting, bragging; = **fanfarronada**.

fangal *nm* bog, quagmire.

fango *nm* (*lodo*) mud, mire; (*fig*) mire, dirt.

fangoso *adj* muddy, miry.

fantasear [1a] *vi* (*soñar*) to dream, fantasize.

fantaseo *nm* (*V vi*) dreaming.

fantasía *nf* (**a**) (*gen*) fantasy; (*imaginación*) imagination; **es obra de la ~** it is a work of the imagination. (**b**) (*Arte, Lit etc*) fantasy; (*cuento*) fantastic tale; (*Mús*) fantasia; **tocar por ~** to improvise. (**c**) (*una ~*) whim, fancy. (**d**) (*Com*) **de ~** fancy; **joyas de ~** costume jewellery *o (US)* jewelry.

fantasioso *adj* (*soñador*) dreamy.

fantasma **1** *nm* (**a**) (*gen*) ghost, phantom. (**b**) (*fam: presumido*) show-off, bighead *(fam)*; (*fanfarrón*) boaster, blowhard; **¡no seas ~!** stop showing off! (**c**) (*TV*) shadow, ghost image. **2** *adj* ghost, phantom; **buque ~** ghost ship; **compañía ~** dummy company.

fantasmada *nf* (*fam*) bluster, bravado.

fantasmagoría *nf* phantasmagoria.

fantasmagórico *adj* phantasmagoric.

fantasmal *adj* ghostly.

fantasmón/ona *nm/f* (*fam*) = **fantasma 1(b)**.

fantástico *adj* (**a**) (*gen*) fantastic; (*extraño*) weird, unreal. (**b**) (*estupendo*) fantastic, great. (**c**) (*fanfarrón*) boastful.

fantoche *nm* (**a**) (*títere*) puppet, marionette. (**b**) (*fam: persona: mediocre*) mediocrity, nonentity; (*: presumido*) braggart, loudmouth *(fam)*.

fanzine *nm* fanzine.

FAO *nf abr de* **fabricación asistida por ordenador** CAM.

faquir *nm* fakir.

farabute *nm* (*CSur*) rogue.

farallón *nm* (*Geog*) headland; (*Geol*) outcrop, rocky peak.

faramalla *nf* (**a**) (*charla*) humbug, claptrap; (*cosa tirada*) trash. (**b**) (*Méx, Chi: fam*) lie.

faramallear [1a] *vi* (*Méx, Chi: fam*) to lie.

farándula *nf* (*Teat: Hist*) troupe of strolling players; **el mundo de la ~** the theatre *o (US)* theater world.

farandulero/a *adj* (*LAm*) = **farolero**.

faraón/a **1** *nm* Pharaoh. **2** *nm/f* (*fig*) king/queen.

faraónico *adj* Pharaonic; (*plan etc*) overambitious.

fardada *nf* (*fam*) show, display; **pegarse una ~** to show off.

fardar [1a] *vi* (*fam*) (**a**) (*objeto*) to be classy; **es un coche que farda mucho** it's a car with a lot of class. (**b**) (*persona*) to show off, put on a display. (**c**) (*jactarse*) to boast, spin a line; **fardaba de sus amigas** he boasted about his girlfriends.

fardo *nm* (*gen*) bundle; (*bala*) bale, pack; (*fig*) burden; **pasar el ~** (*Per fam*) to pass the buck *(fam)*.

fardón *adj* (*fam*) (**a**) (*de clase*) classy, posh. (**b**) (*vanidoso*) stuck-up *(fam)*, swanky.

farero/a *nm/f* lighthouse-keeper.

farfulla *nf* (*fam*) spluttering; (*LAm*) bragging, boasting.

farfullador *adj* spluttering; (*LAm*) bragging, boastful.

farfullar [1a] **1** *vi* to splutter; (*LAm*) to brag, boast. **2** *vt* to gabble.

farináceo *adj* starchy, farinaceous.
faringe *nf* pharynx.
faringitis *nf* pharyngitis.
fariña *nf* (*Per, CSur*) coarse manioc flour.
farisaico *adj* Pharisaic(al), hypocritical.
fariseo *nm* Pharisee, hypocrite.
farmacéutico/a 1 *adj* pharmaceutical. **2** *nm/f* chemist, pharmacist.
farmacia *nf* (*ciencia*) pharmacy; (*tienda*) chemist's (shop), drugstore *(US)*; ~ **de guardia** all-night chemist's.
farmaco *nm* drug.
farmacología *nf* pharmacology.
farmacológico *adj* pharmacological.
farmacólogo/a *nm/f* pharmacologist.
farmacopea *nf* pharmacopoeia.
faro *nm* (**a**) (*Náut: torre*) lighthouse; (*señal*) beacon; ~ **aéreo** air beacon. (**b**) (*Aut*) headlamp, headlight; ~ **antiniebla** foglamp.
farol *nm* (**a**) (*linterna*) lantern, lamp; (*Ferro*) headlamp; (*en la calle*) street lamp; ~ **antiniebla** foglamp; (*poste*) lamppost; ~ **de viento** hurricane lamp. (**b**) (*Taur*) flourishing pass. (**c**) (*CSur*) bay window. (**d**) (*Naipes etc*) bluff; **echarse** *o* **marcarse** *o* **tirarse un** ~ (*fam*) to shoot a line *(fam)*, brag; (*Naipes etc*) to bluff.
farola *nf* street lamp, lamppost.
farolazo *nm* (*CAm, Méx: fam*) swig.
farolear [1a] *vi* (*fam*) to brag, boast; (*Naipes*) to bluff.
farolero/a 1 *adj* (*fam*) boastful, vain. **2** *nm/f* (*presumido*) braggart; (*engañador*) bullshitter *(fam!)*.
farolillo *nm* Chinese lantern; ~ **rojo** (*fig*) back marker, team *etc*) *in last place.*
farra *nf* (**a**) (*esp LAm*) spree; **ir de** ~ to go on a binge. (**b**) (*CSur*) mockery, teasing; **tomar a algn para la** ~ to pull sb's leg.
fárrago *nm* hotchpotch.
farrear [1a] **1** *vi* (*esp CSur*) to make merry, carouse. **2 farrearse** *vr* (**a**) (*CSur*) ~ **de algn** to tease sb. (**b**) (*Arg: dinero*) to squander.
farrista *adj* (*CSur*) hard-drinking.
farruco *adj* (*fam*) pig-headed; **ponerse** ~ to get aggressive.
farruto *adj* (*Chi fam: pey*) sickly, weak.
farsa *nf* (*Teat*) farce; (*fig*) farce, sham.
farsante *nmf* (*fam*) fraud, phoney *(fam)*.
FAS *abr de* **Fuerzas Armadas**.
fas: **por** ~ **o por nefas** by hook or by crook.
fascículo *nm* (*gen*) part, instalment, installment *(US)*.
fascinación *nf* fascination.
fascinador(a), **fascinante** *adj* fascinating.
fascinar [1a] *vt, vi* (*gen*) to fascinate; (*encantar*) to captivate.
fascismo *nm* fascism.
fascista *adj, nmf* fascist.
fase *nf* (**a**) (*gen*) phase, stage. (**b**) (*Astron, Bio, Elec*) phase.
fastidiado *adj* (*fam: estropeado*) ruined, bust; **ando** ~ **del estómago, tengo el estómago** ~ I've got a dodgy stomach.
fastidiar [1b] **1** *vt* (**a**) (*molestar*) to annoy, bother; (*aburrir*) to bore; (*dar asco*) to disgust, sicken; **¡no fastidies!** you're kidding!; **¡no me fastidies!** stop bothering me!; **me fastidia tener que ir** it's a pain having to go *(fam)*.
(**b**) (*dañar*) to harm, damage; **nos ha fastidiado las vacaciones** it's ruined our holidays.
2 fastidiarse *vr* (**a**) (*gen*) to get cross; (*aburrirse*) to get bored; **¡que se fastidie!** (*fam: aguante*) he'll just have to put up with it; (*: que vaya al diablo*) he can go to hell *(fam)*.
(**b**) (*hacerse daño*) to harm o.s. *(US)*, do o.s. an injury.
(**c**) (*fam: estropearse*) to break; (*fiesta, tarde*) to be spoiled *o* ruined.
fastidio *nm* (*molestia*) annoyance, bother; (*aburrimiento*) boredom; (*asco*) disgust, repugnance; **¡qué ~!** what a nuisance!
fastidioso *adj* (*molesto*) annoying, bothersome; (*aburrido*) tedious, boring; (*asqueroso*) sickening.
fasto *nm* (*pompa*) pomp, pageantry.
fastuosamente *adv* (*V adj*) magnificently, splendidly; lavishly.
fastuoso *adj* (*espléndido*) magnificent, splendid; (*banquete etc*) lavish.
fatal 1 *adj* (**a**) (*mortal*) fatal. (**b**) (*inevitable*) fateful; (*plazo, cita*) unavoidable. (**c**) (*fam*) awful, rotten. **2** *adv* terribly; **lo pasaron** ~ they had a terrible time (of it); **cocina** ~ he's a terrible cook; **me encuentro** ~ I feel awful.
fatalidad *nf* (**a**) (*destino*) fate; (*Mil etc*) fatality. (**b**) (*desdicha*) misfortune, ill-luck.
fatalismo *nm* fatalism.
fatalista 1 *adj* fatalistic. **2** *nmf* fatalist.
fatalmente *adv* (*V adj*) (**a**) fatally. (**b**) unavoidably.
fatídico *adj* (*gen*) fateful, ominous.
fatiga *nf* (**a**) (*cansancio*) fatigue, weariness; ~ **cerebral** mental fatigue; ~ **del metal** (*Téc*) metal fatigue. (**b**) **~s** hardships, troubles.
fatigar [1h] **1** *vt* (*cansar*) to tire, weary; (*molestar*) to annoy. **2 fatigarse** *vr* to tire, get tired, grow weary; ~ **de andar** to wear o.s. out walking.
fatigosamente *adv* painfully, with difficulty.
fatigoso *adj* (**a**) (*cansado*) tiring, exhausting. (**b**) (*Med*) painful, difficult; **respiración ~a** laboured *o (US)* labored breathing. (**c**) (*fastidioso*) trying.
fatuidad *nf* (*gen*) foolishness; (*vanidad*) conceit.
fatuo *adj* (*gen*) fatuous, foolish; (*vanidoso*) conceited.
fauces *nfpl* (*Anat*) fauces, gullet *sg*; (*fig*) jaws, maw *sg*.
faul *nm* (*Méx Dep*) foul.
faulear [1a] *vt* (*Méx Dep*) to foul.
fauna *nf* fauna; **toda la ~ del barrio** (*fam*) all the weirdos in the neighbourhood *(fam)*.
fauno *nm* faun.
fausto 1 *adj* fortunate, lucky. **2** *nm* splendour, splendor *(US)*.
favor *nm* (**a**) (*ayuda*) favour, favor *(US)*, good turn; **~es** (*de mujer*) favours; **entrada de** ~ complimentary ticket; **hacer un** ~ to do a favour; **por** ~ please; **haga el ~ de esperar** please wait; **¿me hace el ~ de pasar la sal?** would you be so kind as to pass the salt?; **si hace el ~ de pasar** please go in; ~ **de venir puntualmente** (*LAm*) please be punctual.
(**b**) (*gracia*) good graces; **gracias al ~ del rey** thanks to the king's protection.
(**c**) **a** ~ in favour; **¿estás a ~?** are you in favour *o* in agreement?; **a ~ de** in favour of; (*Com*) to the order of; **en ~ de** on behalf of; **a ~ de la marea** taking advantage of the tide.
favorable *adj* (*gen*) favourable, favorable *(US)*; (*condiciones etc*) advantageous.
favorecedor *adj* (*vestido*) becoming; (*retrato*) flattering.
favorecer [2d] *vt* (**a**) (*gen*) to favour, to favor *(US)*; (*amparar*) to help, protect; (*suj: destino etc*) to smile on. (**b**) (*vestido*) to become, look well on; (*retrato*) to flatter.
favoritismo *nm* favouritism, favoritism *(US)*.
favorito/a *adj, nm/f* favourite, favorite *(US)*.
fax *nm* fax (machine); (*mensaje*) fax.
fayuca *nf* (*Méx fam*) smuggling.
fayuquear [1a] *vt* (*Méx fam*) to smuggle.
fayuquero/a *nm/f* (*Méx fam*) seller of smuggled goods.
faz *nf* (*lit, fig*) face; (*de moneda*) obverse; **en la ~ de la tierra** on the face of the earth.
FC, **f.c.** *abr de* **ferrocarril** Rly.
Fdo. *abr* (*en correspondencia*) *de* **firmado**; ~ **D. Josep Pauli i Costa** Signed, Josep Pauli i Costa Esq.
FE *nf abr* (*Hist*) *de* **Falange Española**.
fe *nf* (**a**) (*Rel*) faith (*en* in); **la ~ católica** the Catholic faith.

(**b**) (*confianza*) faith, belief; **de buena ~** in good faith; (*Jur*) bona fide; **actuar en** *o* **de buena/mala ~** to act in good/bad faith; **dar** *o* **prestar ~ a** to believe, place reliance on; **tener ~ en** to have faith in, believe in.

(**c**) (*palabra*) assurance; **en ~ de lo cual** in witness whereof; **dar ~ de** to testify to, bear witness to.

(**d**) (*Admin*) certificate; **~ de bautismo** certificate of baptism; **~ de erratas** errata; **~ de vida** *document proving that a person is still alive.*

FEA *nf abr* (**a**) *de* **Federación Española de Automovilismo**. (**b**) *de* **Federación Española de Atletismo**. (**c**) (*Hist*) *de* **Falange Española Auténtica**.

fealdad *nf* ugliness, hideousness.

feb., feb.º *abr de* **febrero** Feb.

febrero *nm* February; *V tb* **se(p)tiembre**.

febril *adj* (*gen*) fevered, feverish; (*movido*) hectic.

fecal *adj* faecal, fecal *(US)*; **aguas ~es** sewage.

FECOM *nm abr de* **Fondo Europeo de Cooperación Monetaria** EMCF.

fécula *nf* starch.

feculento *adj* starchy.

fecundación *nf* fertilization; **~ in vitro** test-tube fertilization.

fecundar [1a] *vt* to fertilize.

fecundidad *nf* (*gen*) fertility, fecundity; (*fig: productividad*) productiveness.

fecundizar [1f] *vt* to fertilize.

fecundo *adj* (*gen*) fertile; (*fig*) prolific; (*fructífero*) fruitful, productive.

fecha *nf* date; **~ de caducidad, ~ límite de venta** sell-by date; **~ límite** *o* **tope** deadline; **~ de nacimiento** date of birth; **~ de vencimiento/de vigencia** (*Com*) due/effective date; **a 30 días ~** (*Com*) at 30 days' sight; **con ~ del 15 de agosto** dated the 15th of August; **en ~ próxima** soon, at an early date; **hasta la ~** to date, so far; **para estas ~s** by this time; **pasarse de ~** (*Com*) to pass the sell-by date; **por estas ~s** about now; **el año pasado por estas ~s** this time last year.

fechador *nm* date stamp.

fechar [1a] *vt* to date.

fechoría *nf* misdeed, villainy.

FED *nm abr de* **Fondo Europeo de Desarrollo** EDF.

FEDER *nm abr de* **Fondo Europeo de Desarrollo Regional** ERDF.

federación *nf* federation.

federal 1 *adj* federal; **Distrito F~** (*Méx*) Mexico City. **2** *nm*: **los ~s** (*Méx*) federal soldiers *o* police.

federalismo *nm* federalism.

federalista *nmf* federalist.

federar [1a] **1** *vt* to federate. **2 federarse** *vr* (**a**) (*Pol*) to federate. (**b**) (*hacerse socio*) to become a member.

federativo *adj* federative.

fehaciente *adj* reliable, authentic; **de fuentes ~s** from reliable sources.

FE-JONS, FE de las JONS *nf abr* (*Hist*) *de* **Falange Española de las Juntas de Ofensiva Nacional Sindicalista**.

felación *nf* fellatio.

feldespato *nm* felspar.

felicidad *nf* (*gen*) happiness; (*suerte*) good fortune *(fig fam)*; **curva de la ~** pot belly; **¡~es!** best wishes, congratulations!; (*cumpleaños*) happy birthday!

felicitación *nf* good wish; (*tarjeta*) greetings card; **~es** congratulations; **~ de Navidad** Christmas greetings; (*tarjeta*) Christmas card.

felicitar [1a] **1** *vt* to congratulate (*a algn por algo* sb on *o* about sth); **¡le felicito!** congratulations!, well done!; **~ la Navidad** *etc* **a algn** to wish sb a happy Christmas *etc.* **2 felicitarse** *vr* to congratulate o.s.

feligrés/esa *nm/f* parishioner.

feligresía *nf* (*parroquia*) parish; (*feligreses*) parishioners.

felino *adj* feline, catlike.

felipismo *nm* policies of Felipe González *(Spanish Prime Minister from 1983).*

felipista 1 *adj* characteristic of Felipe González; **la mayoría ~** the pro-Felipe González majority. **2** *nmf* supporter of Felipe González.

feliz *adj* (**a**) (*gen*) happy; **¡~ año nuevo!** happy New Year!; **y vivieron felices** *o* **fueron felices y comieron perdices** and they lived happily ever after. (**b**) (*expresión*) felicitous, apt, fitting. (**c**) (*afortunado*) lucky, fortunate; **el asunto tuvo un final ~** the affair turned out well.

felizmente *adv* (*V adj*) happily; felicitously; luckily, fortunately.

felonía *nf* disloyalty, treachery.

felpa *nf* (*terciopelo*) plush; (*toalla*) (terry) towelling; (*fig fam: paliza*) hiding; **echarle una ~ a algn** to bawl sb out.

felpear [1a] *vt* (*CSur, Méx: fam*) to dress down.

felpilla *nf* chenille.

felpudo 1 *adj* plush. **2** *nm* doormat.

femenil *adj* feminine, womanly; (*Dep etc*) **equipo ~** women's team.

femenino 1 *adj* (*gen*) feminine; (*sexo*) female; **deporte ~** sport for women; **equipo ~** women's team. **2** *nm* (*Ling*) feminine.

fémina *nf* (*hum*) woman, female.

feminidad *nf* femininity.

feminismo *nm* feminism.

feminista *adj, nmf* feminist.

FEMP *nf abr de* **Federación Española de Municipios y Provincias**.

fémur *nm* femur.

fenecer [2d] *vi* (**a**) (*concluirse*) to come to an end, cease. (**b**) (*euf*) to pass away, die.

fenicio/a *adj, nm/f* Phoenician.

fénix *nm* phoenix.

fenol *nm* phenol.

fenomenal 1 *adj* (*gen*) phenomenal *(fam)*; (*estupendo*) tremendous, terrific *(fam)*. **2** (*fam*) *adv*: **le va ~** he's getting on tremendously well; **lo hemos pasado ~** we've had a terrific time.

fenómeno 1 *nm* (**a**) (*gen*) phenomenon; (*fig*) freak, accident. (**b**) **Pedro es un ~** Peter is a genius, Peter is altogether exceptional. **2** *adj* (*fam*) great, marvellous, marvelous *(US)*; **una chica ~a** a smashing girl. **3** *adv* (*fam*) = **fenomenal 2**.

feo 1 *adj* (**a**) (*gen: aspecto*) ugly; (*horroroso*) hideous; **más ~ que Picio** *o* **un grajo** as ugly as sin; **me tocó bailar con la más ~a** (*fig*) I got the short straw.

(**b**) (*desagradable*) nasty; (*jugada*) dirty, foul; **es una costumbre ~a** it's a nasty habit; **eso es muy ~** that's nasty; **el tiempo se está poniendo ~** the weather's *o* it's turning nasty; **esto se está poniendo ~** I don't like the look of this; **hace ~ comerse las uñas en público** it's not done *o* it's bad-mannered to bite your nails in public.

(**c**) (*olor*) foul; (*comida*) foul-tasting.

2 *nm* (*ofensa*) insult, slight; **hacer un ~ a algn** to offend sb; **¿me vas a hacer ese ~?** but you can't refuse!

3 *adv* (*esp LAm fam*) bad, badly; **oler ~** to smell bad; **cantar ~** to sing badly.

FEOGA *nm abr de* **Fondo Europeo de Orientación y de Garantía Agrícola** EAGGF.

feote *adj* (*fam*) plug-ugly *(fam)*.

feraz *adj* fertile.

féretro *nm* coffin.

feria *nf* (**a**) (*gen*) fair; (*mercado*) market; (*Agr*) show; **la F~ de Sevilla** the Seville Carnival; **~ del libro** book fair; **~ comercial** trade fair; **~ de muestras** trade show *o* exhibition. (**b**) (*descanso*) holiday, day off. (**c**) (*Méx fam: cambio*) (small) change.

feriado 1 *adj*: **día ~** holiday, day off. **2** *nm* (*LAm*) bank holiday, public holiday.

ferial 1 *adj*: **recinto ~** fairground, exhibition area. **2** *nm* fairground.

feriante *nmf* (*Com*) stallholder, trader; (*público*)

fair-goer.
feriar 1b *vt* (*Méx*) to exchange.
ferino *adj*: **tos ~a** whooping cough.
fermentación *nf* fermentation.
fermentado *adj* fermented.
fermentar 1a *vt, vi* to ferment.
fermento *nm* ferment.
ferocidad *nf* ferociousness, ferocity.
Feroe: **Islas** ~ *fpl* Faroe Islands, the Faroes.
feroz *adj* (*salvaje*) fierce, ferocious, savage; (*cruel*) cruel.
férreo *adj* (**a**) (*gen*) iron; (*Quím*) ferrous; **metal no** ~ non-ferrous metal. (**b**) (*Ferro*) **vía ~a** railway, railroad *(US)*. (**c**) (*fig*) iron *atr*; **una voluntad ~a** an iron will.
ferrería *nf* ironworks, foundry.
ferretería *nf* (**a**) (*objetos*) ironmongery, hardware. (**b**) (*tienda*) ironmonger's (shop), hardware store.
ferretero/a *nm/f* ironmonger, hardware dealer.
ferroaleación *nf* ferro-alloy.
ferrocarril *nm* railway, railroad *(US)*; ~ **elevado** overhead railway; ~ **de vía estrecha/única** narrow-gauge/single-track railway; **por** ~ by rail, by train.
ferrocarrilero (*LAm*) **1** *adj* railway *atr*, rail *atr*, railroad *atr (US)*. **2** *nm* (*LAm*) railwayman, railroad worker *(US)*.
ferroso *adj* ferrous; **metal no** ~ non-ferrous metal.
ferroviario 1 *adj* railway *atr*, rail *atr*, railroad *atr (US)*. **2** *nm* railwayman, railway *o (US)* railroad worker.
fértil *adj* (*gen*) fertile; (*productivo*) fruitful, productive; (*rico*) rich (*en* in).
fertilidad *nf* (*V adj*) fertility; productivity; richness.
fertilizante *nm* fertilizer.
fertilizar 1f *vt* to fertilize.
férula *nf* (**a**) (*vara*) birch, rod. (**b**) (*Med*) splint. (**c**) (*fig: dominio*) rule, domination.
férvido *adj* fervid, ardent.
ferviente *adj* fervent.
fervor *nm* fervour, fervor *(US)*, passion.
fervorosamente *adv* fervently, passionately.
fervoroso *adj* fervent, passionate.
festejar 1a *vt* (**a**) (*divertir*) to wine and dine, fête. (**b**) (*celebrar*) to celebrate. (**c**) (*cortejar*) to woo, court. (**d**) (*Méx fam*) to thrash.
festejo *nm* (**a**) (*de huésped*) fêting. (**b**) (*de cumpleaños etc*) celebration; **~s** public festivities. (**c**) (*cortejo*) wooing, courtship.
festín *nm* feast, banquet.
festival *nm* festival.
festivalero *adj* festival *atr*.
festividad *nf* (**a**) (*ceremonia*) festivity. (**b**) (*Rel*) feast, holiday. (**c**) (*ingenio*) wit.
festivo *adj* (**a**) (*fiesta*) festive, merry. (**b**) **día** ~ holiday. (**c**) (*agudo*) witty; (*Lit etc*) burlesque.
festón *nm* (*Cos*) festoon, scallop; (*de flores*) garland.
festonear 1a *vt* (*Cos*) to festoon, scallop; (*de flores*) to garland.
FET *nf abr* (**a**) *de* **Federación Española de Tenis**. (**b**) (*Hist*) *de* **Falange Española Tradicionalista**.
fetal *adj* foetal.
fetiche *nm* (*gen*) fetish.
fetichismo *nm* fetishism.
fetichista 1 *adj* fetishistic. **2** *nmf* fetishist.
fetidez *nf* smelliness, rankness.
fétido *adj* foul-smelling, stinking.
feto *nm* (**a**) foetus, fetus *(US)*. (**b**) (*fam*) ugly sod *(fam!)*.
feúcho *adj* (*fam*) plain, homely *(US)*.
feudal *adj* feudal.
feudalismo *nm* feudalism.
feudo *nm* fief, realm.
FEVE *nf abr de* **Ferrocarriles Españoles de Vía Estrecha**.
FF, **f.f.** *abr de* **franco (en) fábrica**; **precio** ~ price ex-factory.
FF. AA. *abr de* **Fuerzas Armadas**.
FF. CC. *abr de* **Ferrocarriles**.
FGD *nm abr de* **Fondo de Garantía de Depósitos** *supervisory financial body*.
fha. *abr de* **fecha** d.
fiabilidad *nf* reliability, trustworthiness.
fiable *adj* reliable, trustworthy.
fiaca *nf* (*Arg fam*) laziness.
fiado *nm*; **al** ~ on trust; (*Com*) on credit.
fiador(a) *nm/f* (**a**) (*Jur*) guarantor, bondsman *(US)*; **salir ~ por algn** to stand security for sb. (**b**) (*Mec*) (safety) catch.
fiambre 1 *adj* (**a**) (*Culin*) (served) cold. (**b**) (*fig: noticia etc*) old, stale. **2** *nm* (**a**) (*Culin*) cold meat, cold cut *(US)*. (**b**) (*fam: cadáver*) corpse, stiff *(fam)*; **el pobre está** ~ the poor chap is stone dead, the poor fellow is cold meat now *(fam)*. (**c**) (*CSur fam: fiesta*) lifeless party.
fiambrera *nf* (**a**) (*para almuerzo*) lunch basket, dinner pail *(US)*. (**b**) (*CSur: nevera*) meat safe *o* store.
fiambrería *nf* (*And, CSur*) delicatessen.
fianza *nf* (*gen*) surety, security; (*anticipo*) deposit; (*Jur*) bail, bond; **bajo** ~ (*Jur*) on bail.
fiar 1c **1** *vt* (**a**) (*secreto etc*) to entrust, confide (*a* to). (**b**) (*Fin etc*) to guarantee, stand security for; (*Jur*) to stand *o (US)* post bail for. (**c**) (*Com*) to sell on credit; **me fió la comida** he let me have the food on tick *(fam) o* credit. **2** *vi* to trust (*en* in); **ser de** ~ to be reliable *o* trustworthy. **3** **fiarse** *vr*: ~ **de algn** to trust *o* rely on sb; **no me fío de él** I don't trust him; **'no se fía'** (*en tienda*) 'no credit given'.
fiasco *nm* fiasco.
fibra *nf* (**a**) (*gen*) fibre, fiber *(US)*; ~ **artificial** man-made fibre; ~ **óptica** (*Inform*) optical fibre; ~ **de vidrio** fibreglass. (**b**) (*en madera*) grain. (**c**) (*fig: vigor*) vigour, vigor *(US)*; **~s del corazón** heartstrings; **despertar la ~ sensible** to strike a sympathetic cord, awaken a sympathetic response.
fibroso *adj* fibrous.
ficción *nf* (*gen*) fiction; (*mentira*) fabrication; ~ **científica** science-fiction.
ficticio *adj* (*gen*) fictitious; (*inventado*) fabricated.
ficha *nf* (**a**) (*Telec etc*) token; (*en juegos*) counter, marker; (*en casino*) chip; (*Com, Fin*) tally, check *(US)*; ~ **del dominó** domino. (**b**) (*tarjeta*) card; (*de archivo*) index card; (*en hotel*) registration form; ~ **policial** police dossier; ~ **técnica** (*TV etc*) (list of) credits.
fichaje *nm* (**a**) (*Dep*) signing(-up); (*: dinero*) signing-on fee. (**b**) (*persona*) signing.
fichar 1a **1** *vt* (**a**) (*archivar*) to file, index; ~ **a algn** (*LAm*) to put sb on file; **está fichado** he's got a record; **lo tenemos fichado** we've got our eye on him. (**b**) (*Dep: jugador*) to sign (up); (*Pol: nuevos miembros*) to sign up, recruit. **2** *vi* (**a**) (*Dep: jugador*) to sign (up). (**b**) (*trabajador: al entrar*) to clock in *o* on; (*: al salir*) to clock out *o* off.
fichero *nm* (*archivo*) card index; (*archivero*) filing cabinet; (*Inform*) file; (*de policía*) (criminal) records; ~ **activo/archivado/indexado/de reserva** (*Inform*) active/archive/index/back-up file.
FIDA *nm abr de* **Fondo Internacional de Desarrollo Agrícola** IFAD.
fidedigno *adj* reliable, trustworthy; **fuentes ~as** reliable sources.
fideicomisario 1 *adj* trust *atr*; **banco** ~ trust company. **2** *nm* trustee.
fideicomiso *nm* trust.
fidelidad *nf* (**a**) (*gen*) loyalty, fidelity (*a* to). (**b**) (*exactitud: dato etc*) accuracy. (**c**) **alta** ~ high fidelity, hi-fi.
fideo *nm* (**a**) **~s** (*Culin*) noodles. (**b**) (*fam: delgado*) beanpole *(fam)*.
fiduciario/a 1 *adj* fiduciary. **2** *nm/f* fiduciary, trustee.
fiebre *nf* (**a**) (*Med*) fever; **tener** ~ to have a temperature; ~ **amarilla/reumática/del heno** yellow/rheumatic/hay fever; ~ **palúdica** malaria; ~ **tifoidea** typhoid. (**b**) (*fig*) fever, excitement; **la ~ de oro** gold fever.

fiel 1 *adj* (**a**) (*gen*) faithful; (*leal*) loyal; (*fiable*) reliable, trustworthy; **seguir siendo ~ a** to remain loyal *o* true to. (**b**) (*traducción etc*) accurate, faithful. **2** *nm* (**a**) (*Téc: de balanza*) needle, pointer. (**b**) **los ~es** (*Rel*) the faithful.
fielmente *adv* (*V adj*) (**a**) (*gen*) faithfully, loyally; reliably. (**b**) (*exactamente*) accurately, exactly.
fieltro *nm* (*gen*) felt; **sombrero de ~** felt hat.
fiera *nf* (**a**) (*Zool*) wild beast *o* animal; (*Taur*) bull. (**b**) (*fig*) fiend; **es una ~ para el deporte** he's a sports fiend; **es una ~ para el trabajo** he's a demon for work; **ponerse hecho una ~** to be furious, be beside o.s. with rage; **entró hecha una ~** she came in absolutely furious.
fierecilla *nf* (*fig*) shrew.
fiereza *nf* (*ferocidad*) fierceness, ferocity; (*Zool*) wildness; (*crueldad*) cruelty.
fiero *adj* (*feroz*) fierce, ferocious; (*Zool*) wild; (*cruel*) cruel.
fierro (*LAm*) *nm* (*gen*) iron; (*cuchillo*) knife; (*Agr*) branding iron, brand.
fiesta *nf* (**a**) (*particular*) party; (*festejo*) celebration; (*festival*) festival; **~s** public holiday *o* festivities; **~s patrias** (*LAm*) independence day; **la ~ nacional** bullfighting; **organizar una ~ en honor de algn** to give a party in sb's honour *o (US)* honor; **¡se acabó la ~!** (*fig*) that's enough!, give it a rest! *(fam)*; **estar de ~** to be in high spirits; **no estoy para ~s** I'm in no mood for jokes; **aguar la ~** to spoil the fun, be a killjoy; (*fig*) to spoil the party; **la noticia del accidente nos aguó la ~ a todos** news of the accident put a real dampener on us all; **¡tengamos la ~ en paz!** let's all just calm down!
(**b**) (*Rel*) feast day; **~s** holidays; (*esp*) Christmas festivities *o* season; **~ de la banderita** flag day; **~ de guardar** *o* **de precepto** day of obligation; **F~ de la Hispanidad** Columbus Day; **~ nacional** public *o* bank holiday; **F~ del Trabajo** Labour *o (US)* Labor Day; **~ movible/fija** movable/immovable feast; **mañana es ~** it's a holiday tomorrow; **hacer ~** to take a day off.
(**c**) **~s** soothing words, flattery *sg*; **hacer ~s a** to caress, fondle; (*fig*) to make a great fuss of, fawn on.
FIFA *nf abr de* **Federación Internacional de Asociaciones de Fútbol** FIFA.
fifí *nm* (*Méx fam*) playboy.
fifiriche *nm* (*CAm, Méx: fam: lechuguino*) dandy, toff *(fam)*; (*enclenque*) weed *(fam)*, weedy person *(fam)*.
figura 1 *nf* (**a**) (*gen*) figure; (*forma*) shape, form; (*imagen*) image; **~ decorativa** (*fig*) figurehead; **tener buena ~** to have a good figure. (**b**) (*individuo*) personality; **una ~ destacada** an outstanding figure. (**c**) (*Naipes*) picture card, court card; (*Ajedrez*) piece, man. (**d**) (*Mat*) drawing, diagram; (*Ling*) **~ geométrica** geometric shape; **~ retórica** figure of speech. (**e**) (*Teat*) character, role; **en la ~ de** in the role of. (**f**) (*Mús*) note. (**g**) (*Baile, Patinaje*) figure. **2** *nm*: **ser un ~** to be a big name, be somebody.
figuraciones *nfpl*: **eso son ~ tuyas** it's just your imagination, you're imagining things.
figurado *adj* figurative.
figurante *nmf* (*nf a veces* **figuranta**) (**a**) (*Teat*) extra. (**b**) (*fig*) figurehead.
figurar [1a] **1** *vt* (*formar*) to shape, form; (*representar*) to represent, depict; (*fingir*) to feign. **2** *vi* (**a**) to figure (*como* as; *entre* among), appear; **los nombres no figuran aquí** the names are not here *o* do not figure here. (**b**) (*fig*) to show off; **todo se debe al afán de ~** it's the urge to be somebody that causes it all. **3 figurarse** *vr* (*suponer*) to suppose; (*imaginarse*) to imagine; **¡figúrate!** just imagine!, imagine that!; **ya me lo figuraba** I thought as much; **~ que ...** to believe *o* think that ....
figurativo *adj* figurative.
figurilla *nf* figurine.
figurín *nm* (*modelo*) model, dummy; (*revista*) fashion magazine; (*dibujo*) design.
figurinista *nmf* (*Teat*) costume designer.
figurón *nm* (**a**) huge figure; **~ de proa** (*Náut*) figurehead. (**b**) (*fam*) pompous ass.
figuroso *adj* (*Méx*) showy, loud.
fija *nf* (*And, CSur: Dep*) favourite, favorite *(US)*; **es una ~** (*CSur*) it's a cert *o* cinch *(fam)*.
fijación *nf* (**a**) (*acto: gen*) fixing; (*con clavos etc*) securing, fastening; (*con goma*) sticking (on), posting. (**b**) (*Psic*) fixation.
fijador *nm* (*Fot: etc*) fixative; (*para pelo*) setting lotion.
fijamente *adv* fixedly; **mirar ~ a algn** to stare at sb.
fijar [1a] **1** *vt* (**a**) (*gen*) to fix; (*clavar*) to secure, fasten (on, down *etc*); (*con goma*) to glue (on); (*sello*) to affix, stick (on); (*cartel*) to post, put up; (*pelo*) to set; (*Fot*) to fix; (*residencia*) to take up, establish.
(**b**) (*fig: determinar*) to settle (on), decide, determine; (*fecha, hora etc*) to fix, set; **fijaron el precio en ...** they fixed the price at ....
2 fijarse *vr* (**a**) (*establecerse*) to become fixed, to settle.
(**b**) (*prestar atención*) to pay attention; (*darse cuenta*) to notice; **fíjese bien** watch this carefully; **¡fíjate!** just imagine!; **¿te fijas?** (*esp LAm*) see what I mean?; **¡fíjate qué precios!** just look at these prices; **lo malo es que no se fija (en los detalles)** the trouble is she doesn't pay attention (to detail); **no me había fijado (en ello)** I hadn't noticed (it).
fijasellos *nm inv* stamp hinge.
fijeza *nf* (*gen*) firmness, stability; (*constancia*) constancy; **mirar con ~ a algn** to stare at sb.
fijo *adj* (**a**) (*gen*) fixed; (*firme*) firm; (*fecha, precio etc*) fixed; (*mirada*) fixed, steady; (*seguro*) steady, secure; **de ~** (*fam*) certainly, for sure. (**b**) (*plantilla*) permanent; (*cliente*) regular; **trabajo ~** steady job.
fila *nm* (**a**) (*gen*) row, line; (*en marcha*) file; (*Teat etc*) row, tier (of seats); **primera ~** front row; **una ~ de coches** a line of cars; **~ india** single file; **en ~** in a line; **aparcar en doble ~** to double-park; **ponerse en ~** to line up, get into line.
(**b**) (*Mil*) rank; **las ~s** (*fig*) the ranks; **¡en ~s!** fall in!; **cerrar ~s** (*fig*) to close ranks; **llamar a algn a ~s** to call sb up; **romper ~s** to fall out, break ranks; **¡rompan ~s!** dismiss! (**c**) (*fam*) dislike, antipathy.
Filadelfia *n* Philadelphia.
filamento *nm* filament.
filantropía *nf* philanthropy.
filantrópico *adj* philanthropic.
filántropo/a *nm/f* philanthropist.
filarmónica *nf* Philharmonic (orchestra).
filarmónico *adj* philharmonic; **orquesta ~a** Philharmonic (orchestra).
filatelia *nf* philately, stamp collecting.
filatélico/a 1 *adj* philatelic. **2** *nm/f* = **filatelista**.
filatelista *nmf* philatelist, stamp collector.
filete *nm* (**a**) (*Culin: carne*) meat; (*: bistec*) steak; (*: de solomillo*) tenderloin; (*: de pescado*) fillet; **darse el ~** *(fam)* to neck *(fam)*, pet *(fam)*; **darse el ~ con** *(fam)* to feel *(fam)*, touch up *(fam)*. (**b**) (*Mec*) worm; (*rosca*) thread. (**c**) (*de caballo*) snaffle bit. (**d**) (*Cos*) narrow hem. (**e**) (*Tip*) ornamental bar *o* line.
filfa *nf* (*fam*) hoax.
filiación *nf* (**a**) (*a partido etc*) affiliation; (*de ideas etc*) connection, relationship. (**b**) (*señas*) particulars; (*Mil, de policía*) records.
filial 1 *adj* filial; (*Com*) subsidiary *atr*, affiliated. **2** *nf* (*Com*) subsidiary; (*sucursal*) branch.
filibusterismo *nm* (*Pol*) filibustering.
filibustero *nm* pirate, freebooter.
filigrana *nf* (*Téc*) filigree (work); (*Tip*) watermark; **~s** (*fig*) delicate work; (*Dep*) elegant play, fancy footwork.
filípica *nf* harangue, philippic.
Filipinas *nfpl*: **las (Islas) ~** the Philippines.
filipino/a *adj, nm/f* Philippine.
filisteo/a 1 *adj, nm/f* Philistine. **2** *nm* (*fig*) big man, giant.

film *nm* (*pl* ~**s** *o* ~**es**) film, picture, movie *(US)*.
filmación *nf* filming, shooting.
filmar [1a] *vt* to film, shoot.
filme *nm* = **film**.
fílmico *adj* film *atr*, movie *atr (US)*.
filmina *nf* slide, transparency.
filmografía *nf* (*Univ etc*) study of the film; (*catálogo*) filmography; **la ~ de la estrella** the star's screen career; **la ~ del famoso director** the famous director's films.
filmoteca *nf* film library *o* archive.
...filo/a *nm/f suf* ...phile; **francó~** francophile.
filo[1] *nm* (**a**) (*de navaja etc*) (cutting) edge, blade; (*línea*) dividing line; **~ de la navaja** (*fig*) razor's edge; **~ del viento** (*Náut*) direction of the wind; **de doble ~, de dos ~s** double-edged; **sacar ~ a** to sharpen. (**b**) (*Méx fam*) hunger.
filo[2] *nm* (*Bio*) phylum.
filo... *pref* philo..., pro-; **~comunista** pro-communist.
filología *nf* philology; **F~ Francesa** (*Univ*) French Studies.
filológico *adj* philological.
filólogo/a *nm/f* philologist; (*Univ: hum*) language graduate.
filón *nm* (*Min*) vein, lode; (*fig*) gold mine.
filoso *adj* (*LAm*) sharp.
filosofal *adj*: **piedra ~** philosopher's stone.
filosofar [1a] *vi* to philosophize.
filosofía *nf* philosophy; **tomarse las cosas con ~** to take things philosophically; **~ moral/natural** moral/natural philosophy; *V* **facultad (d)**.
filosófico *adj* philosophic(al).
filósofo/a *nm/f* philosopher.
filtración *nf* (*Téc*) filtration; (*fig: de fondos*) misappropriation; (*: de datos*) leak.
filtrador *nm* filter.
filtrar [1a] **1** *vt* (**a**) (*gen*) to filter. (**b**) (*información*) to leak. **2** *vi*, **filtrarse** *vr* (**a**) (*gen*) to filter; **~ por** to spread *o* filter through; (*perderse*) to seep *o* leak through. (**b**) (*fig: dinero etc*) to disappear.
filtro *nm* (**a**) (*Téc*) filter; **~ de aceite/de aire** oil/air filter; **cigarrillo con ~** filter-tipped cigarette. (**b**) (*Hist*) love-potion, philtre.
filudo *adj* (*LAm*) sharp.
fin *nm* (**a**) (*gen*) end; (*conclusión*) ending, conclusion; **~ de archivo** (*Inform*) end of file; **~ de fiesta** (*Teat etc*) grand finale; **~ de semana** weekend; **a/hacia ~es de mes** at *o* about/towards the end of the month; **al ~** finally, in the end; **al ~ y al cabo** in the end, after all; **a ~ de cuentas** in the last analysis; **en ~** (*en resumen*) in short; (*fig*) well (then); **¡en ~!** so that's that!, what next?; **pero en ~, ...** but still, ...; **por ~** (*finalmente*) finally, at last; **¡por ~!** at last!; **sin ~** (*adv*) endlessly; (*adj*) endless; **correa sin ~** endless belt; **dar ~ a un discurso** to end *o* close a speech; **llegar a ~ de mes** (*fig*) to make ends meet; **llevar algo a buen ~** to carry sth through to a successful conclusion; **poner ~ a** to stop, put a stop to.
(**b**) (*objetivo*) aim, purpose, objective; **los ~es de este estudio** the aims of this study; **a ~ de hacer algo** in order to do sth; **a ~ de que** so that; **con el ~ de hacer algo** with the purpose of doing sth.
finado/a 1 *adj* late, deceased; **el ~ presidente** the late president. **2** *nm/f* deceased.
final 1 *adj* (*gen*) final, last; (*último*) ultimate. **2** *nm* (*gen*) end; (*de film*) ending; (*Mús*) finale; **~ feliz** happy ending; **al ~ de la calle** at the end of the street. **3** *nf* (*Dep*) final, championship *(US)*; **cuartos de ~** quarter-finals.
finalidad *nf* (**a**) (*propósito*) purpose, intention; **la ~ de este libro** the aim of this book. (**b**) (*Fil etc*) finality.
finalista *nmf* finalist.
finalización *nf* ending, conclusion.
finalizar [1f] **1** *vt* to end, finish; **~ la sesión** (*Inform*) to log out *o* off; **dar algo por finalizado** to consider sth finished. **2** *vi* to conclude, come to an end.
finalmente *adv* finally.
finamente *adv* (*V fino (d), (e)*) politely; elegantly; acutely, shrewdly; subtly; delicately.
financiación *nf* financing.
financiador(a) *nm/f* financial backer.
financiamiento *nm* finance, financing, financial backing.
financiar [1b] *vt* to finance.
financiera *nf* (*empresa*) finance company, finance house.
financiero/a 1 *adj* financial; **el mundo ~** the world of finance. **2** *nm/f* financier.
financista *nm* (*LAm: bolsista*) financier; (*: consejero*) financial expert.
finanzas *nfpl* finances.
finar [1a] **1** *vi* to pass away, die. **2 finarse** *vr* to long, yearn.
finca *nf* (**a**) (*bien inmueble*) property, land, real estate; **~ urbana** town property. (**b**) (*casa*) country house; (*LAm*) farm; **~ azucarera/cafetelera** sugar/coffee plantation; **pasan un mes en su ~** they're spending a month at their country place.
fineza *nf* (**a**) (*cualidad*) fineness, excellence; (*pureza*) purity. (**b**) (*modales*) refinement. (**c**) (*acto*) kindness, nice thing (to say/do *etc*); (*dádiva*) small gift, token.
fingido *adj* (*falso*) feigned, false; **nombre ~** assumed name.
fingimiento *nm* pretence, pretense *(US)*, feigning.
fingir [3c] **1** *vt*, *vi* (*simular*) to feign, simulate; (*hacer como si*) to pretend; **finge que duerme** *o* **dormir** he's pretending to be asleep; **~ desinterés** to pretend not to be interested. **2 fingirse** *vr*: **~ dormido** to pretend to be asleep; **~ muerto** to play *o* act dead.
finiquitar [1a] *vt* (*Fin: cuenta*) to settle and close, balance up.
finiquito *nm* (*Com, Fin*) settlement.
finisecular *adj* fin-de-siècle *atr*.
Finisterre *nm*: **el Cabo de ~** Cape Finisterre.
finito *adj* finite.
finlandés/esa 1 *adj* Finnish. **2** *nm/f* Finn. **3** *nm* (*Ling*) Finnish.
Finlandia *nf* Finland.
fino 1 *adj* (**a**) (*de buena calidad*) fine, excellent; (*fruta etc*) choice, quality; (*tabaco*) select; (*Min*) refined; **oro ~** pure gold. (**b**) (*delgado*) thin; (*persona*) slender, slight; (*tela etc*) delicate. (**c**) (*punta*) sharp. (**d**) (*cortés*) polite, well-bred; (*refinado*) refined, cultured; (*piropo etc*) elegant, well-turned; **ponerse ~** to turn on the charm. (**e**) (*inteligencia*) shrewd, acute, penetrating; (*gusto*) discriminating; (*oído*) sharp. (**f**) (*sutil*) subtle, delicate. **2** *nm* dry sherry, fino sherry.
finolis *adj inv* affected.
finquero *nm* (*LAm*) estate farmer.
finta *nf* feint; **hacer ~s** to feint, spar.
fintar [1a], **fintear** [1a] *vi* (*LAm*) to feint, spar.
finura *nf* (**a**) (*buena calidad*) fineness, excellence; (*: de fruta, vino etc*) choiceness, high quality. (**b**) (*cortesía*) politeness, courtesy; (*elegancia*) elegance. (**c**) (*agudeza*) shrewdness, acuteness. (**d**) (*sutileza*) subtlety, delicacy.
fiordo *nm* fiord.
FIP *nf abr* (*Esp*) *de* **Formación Intensiva Profesional** *retraining organization*.
fique *nm* (*Col, Méx, Ven: fibra*) vegetable fibre *o (US)* fiber, rope, cord.
firma *nf* (**a**) (*gen*) signature; (*acto*) signing. (**b**) (*Com, Fin*) firm, company.
firmamento *nm* firmament.
firmante *adj*, *nmf* signatory (*de* to); **los abajo ~s** the undersigned.
firmar [1a] *vt*, *vi* to sign; **firmado y sellado** signed and sealed; **~ un contrato** (*Com: colocarse*) to sign on.
firme 1 *adj* (**a**) (*gen*) firm; (*estable*) steady, stable; (*duro*)

hard; (*sólido*) solid, compact; (*color*) fast; (*decisión*) resolute; **mantenerse** ~ to hold one's ground.
(**b**) (*persona leal*) steadfast, resolute.
(**c**) (*Mil*) **¡~s!** attention!; **estar en posición de ~s** to stand at attention; **ponerse ~s** to come to attention.
(**d**) **de** ~ firmly, strongly; **batir de** ~ to strike hard; **resistir de** ~ to resist strongly; **trabajar de** ~ to work hard.
(**e**) (*Com*) **oferta en** ~ firm offer.
2 *adv* hard; **pegar** ~ to hit hard.
3 *nm* (*Aut*) roadbed, road surface; **'~ provisional'** 'temporary surface'; (*Arquit*) ~ **del suelo** rubble base (of floor).
firmemente *adv* (**a**) firmly. (**b**) (*lealmente*) staunchly, steadfastly.
firmeza *nf* (**a**) (*gen*) firmness; (*estabilidad*) steadiness, stability; (*solidez*) solidity, compactness. (**b**) (*fig*) firmness; (*voluntad*) resolution.
fiscal 1 *adj* (*gen*) fiscal, tax *atr*. **2** *nmf* (**a**) (*Jur*) prosecutor, district attorney *(US)*; ~ **general** attorney-general. (**b**) (*fam*) busybody, meddler.
fiscalía *nf* attorney-general's office.
fiscalizar [1f] *vt* (**a**) (*controlar*) to control; (*registrar*) to inspect (officially). (**b**) (*fig: criticar*) to criticize, find fault with. (**c**) (*fam: hurgar*) to pry into.
fisco *nm* (*hacienda*) treasury, exchequer; **declarar algo al** ~ to declare sth for tax purposes.
fisga *nf* (*Guat, Méx: Taur*) banderilla.
fisgar [1h] **1** *vt* (*fig*) to pry into, spy on. **2** *vi* = **fisgonear**.
fisgón/ona (*fam*) **1** *adj* (*gen*) prying, nosey. **2** *nm/f* snooper, nosey-parker.
fisgonear [1a] *vi* (*fam*) to snoop *(fam)*, be a nosey-parker *(fam)*.
física *nf* physics; ~ **nuclear** nuclear physics.
físicamente *adv* physically.
físico/a 1 *adj* physical. **2** *nm/f* (*gen*) physicist; (*Hist*) physician. **3** *nm* (*Anat*) physique; (*aspecto*) appearance, looks *pl*; **de ~ regular** ordinary-looking.
fisiología *nf* physiology.
fisiológico *adj* physiological.
fisiólogo/a *nm/f* physiologist.
fisión *nf* fission; ~ **nuclear** nuclear fission.
fisioterapeuta *nmf* physiotherapist.
fisioterapia *nf* physiotherapy.
fisioterapista *nmf* (*esp LAm*) physiotherapist.
fisonomía *nf* physiognomy, features; **la ~ de la ciudad** the appearance of the city.
fisonomista *nmf*: **ser buen** ~ to have a good memory for faces.
fisoterapeuta *nmf* physiotherapist.
fistol *nm* (*Méx*) tiepin.
fístula *nf* fistule.
fisura *nf* fissure.
FIV *nf abr de* **fecundación in vitro** IVF.
flaccidez *nf* softness, flabbiness.
fláccido *adj* flaccid, flabby.
flaco 1 *adj* (**a**) (*esp LAm: Anat*) thin, skinny; **años ~s** (*LAm*) lean years; **ponerse** ~ (*LAm*) to get thin. (**b**) (*fig: débil*) weak, feeble; (*: memoria*) bad, short; **su punto** ~ his weak point, his weakness. **2** *nm* (*defecto*) weak spot, failing.
flacura *nf* (*gen*) thinness, skinniness.
flagelación *nf* flagellation, whipping.
flagelar [1a] *vt* (*gen*) to flagellate, whip; (*fig*) to flay, criticize severely.
flagelo *nm* (*gen*) whip, scourge; (*fig*) scourge, calamity.
flagrante *adj* flagrant; **en ~ delito** in the act, red-handed.
flama *nf* (*Méx*) flame.
flamante *adj* (*estupendo*) brilliant, fabulous; (*nuevo*) brand-new.
flamear [1a] **1** *vt* (*Culin*) to flambé. **2** *vi* (**a**) (*llamear*) to flame, blaze (up). (**b**) (*Náut: vela*) to flap; (*bandera*) to flutter.
flamenco[1] *nm* (*Orn*) flamingo.
flamenco[2]**/a 1** *adj* (**a**) (*Geog*) Flemish. (**b**) (*Mús*) flamenco. (**c**) **ponerse** ~ (*fam*) to get cocky *(fam)*. **2** *nm/f* (*persona*) Fleming; **los ~s** the Flemings, the Flemish. **3** *nm* (**a**) (*Mús*) flamenco. (**b**) (*Ling*) Flemish.
flamígero *adj*: **estilo gótico** ~ flamboyant Gothic style.
flámula *nf* streamer.
flan *nm* (*Culin*) creme caramel, egg custard, custard *(US)*; **estar hecho** *o* **estar como un** ~ to shake like a jelly.
flanco *nm* (*gen*) side, flank.
Flandes *nm* Flanders.
flanera *nf* jelly mould, jelly mold *(US)*.
flanquear [1a] *vt* (**a**) (*gen*) to flank. (**b**) (*Mil*) to outflank.
flaquear [1a] *vi* (*debilitarse*) to weaken, grow weak; (*: esfuerzo*) to slacken, flag; (*viga: ceder*) to give way; (*salud*) to get worse; (*persona: desanimarse*) to lose heart; **me flaquean las piernas** my legs are like jelly.
flaqueza *nf* (**a**) (*Anat*) thinness, leanness; (*debilidad*) feebleness, frailty. (**b**) **una** ~ a failing, a weakness.
flash [flas] *nm* (*pl* ~**es** [flases]) (**a**) (*TV etc*) newsflash. (**b**) (*Fot*) flash, flashlight. (**c**) (*fam: sorpresa*) surprise; (*: choque*) shattering experience.
flashback [flasbak] *nm* flashback.
flato *nm* (**a**) (*Med*) flatulence, wind; **tener** ~ to have a stitch. (**b**) (*LAm: depresión*) gloom, depression; (*CAm: temor*) fear, apprehension.
flatoso *adj* (**a**) (*Med*) flatulent. (**b**) (*CAm, Col, Méx: deprimido*) depressed.
flatulencia *nf* flatulence.
flatulento *adj* flatulent.
flauta 1 *nf* flute; ~ **dulce** recorder; **sonó la ~ (por casualidad)** that was sheer luck! **2** *nmf* flautist, flute player. **3** *interj* (*LAm*) gosh!; **¡la gran ~!** my God!; **¡hijo de la gran ~!** *(fam!)* bastard *(fam!)*, son of a bitch *(US fam!)*.
flautín 1 *nm* piccolo. **2** *nmf* (*persona*) piccolo player.
flautista *nmf* flautist, flute player; **el ~ de Hamelin** the Pied Piper of Hamelin.
flebitis *nf* phlebitis.
fleco *nm* (*Cos*) tassel; **~s** frayed edge (of cloth).
flecha *nf* (*gen*) arrow; (*en juego*) dart; (*Arquit*) spire; **como una** ~ like an arrow like a shot.
flechar [1a] *vt* (*Arg, Méx*) to prick *(esp with a goad)*.
flechazo *nm* (**a**) (*acción*) bowshot; (*herida*) arrow wound. (**b**) (*fam: amor*) love at first sight.
flejar [1a] *vt* (**a**) (*esp LAm*) to strap, secure with metal strips. (**b**) (*Méx: paquete*) to pack.
fleje *nm* (*Téc*) hoop, metal band; (*: resorte*) springclip.
flema *nf* phlegm.
flemático *adj* (*imperturbable*) phlegmatic; (*tono, comportamiento*) matter-of-fact, unruffled.
flemón *nm* gumboil.
flequillo *nm* fringe, bangs *pl (US)*.
fletamento, **fletamiento** *nm* chartering; **contrato de** ~ charter.
fletar [1a] **1** *vt* (**a**) (*avión, barco*) to charter; (*embarcar*) to load, freight. (**b**) (*LAm: Aut etc*) to hire. (**c**) (*CSur fam*) to get rid of, fire *(fam)*. **2 fletarse** *vr* (*And, Carib, Méx: fam: largarse*) to beat it *(fam)*; (*Arg: colarse*) to gatecrash.
flete *nm* (**a**) (*alquiler*) charter. (**b**) (*carga*) freight; (*: Náut, Aer*) cargo; (*gastos*) freightage, carriage; ~ **debido/pagado/sobre compras** freight forward/prepaid/inward. (**c**) (*LAm: caballo*) fast horse.
fletero 1 *adj* (*LAm*) hired, for hire, charter *atr*; **camión** ~ lorry for hire. **2** *nm* (*LAm: transportista*) haulier.
flexibilidad *nf* (*gen*) flexibility; (*Téc*) pliability; (*fig*) flexibility, adaptability; ~ **laboral** *o* **de plantillas** (*euf*) ability to redeploy the workforce, freedom to hire and fire.
flexibilizar [1f] *vt* to make (more) flexible; (*plantilla*) to redeploy.
flexible 1 *adj* (*gen*) flexible; (*Téc*) pliable; (*sombrero*) soft. **2** *nm* (**a**) soft hat. (**b**) (*Elec*) flex, cord.

flexión *nf* (**a**) (*gen*) flexion; (*ejercicio*) press-up. (**b**) (*Ling*) inflexion.
flexionar [1a] *vt* to bend; (*músculo*) to flex.
flexo *nm* adjustable table-lamp.
flipado *adj* (*fam*) stoned *(fam)*.
flipante *adj* (*fam*) (**a**) great, smashing. (**b**) (*pasmoso*) amazing.
flipar [1a] (*fam*) **1** *vt* (**a**) (*gustar*) to turn on *(fam)*, send *(fam)*; **esto me flipa** this really sends me, I just adore this. (**b**) (*pasmar*) to amaze, knock sideways. **2** *vi* (**a**) (*drogarse*) to get stoned *(fam)*. (**b**) (*pasarlo bien*) to have a great time; ~ **con algo** (*disfrutar*) to enjoy sth, rave about sth; (*pasmarse*) to be amazed at sth.
flipe *nm* (*fam*) (**a**) (*experiencia*) amazing experience, startling revelation. (**b**) (*droga*) high *(fam)*.
flipper ['fliper] *nm* pinball machine.
flirt [flir o fler] *nm* (*pl* ~**s**) (*amorío*) flirtation, (light-hearted) affair.
flirteador(a) *nm/f* flirt.
flirtear [1a] *vi* (*fam*) to flirt (*con* with).
flirteo *nm* (*fam*) (**a**) (*gen*) flirting. (**b**) (*un* ~) flirtation.
flojear [1a] *vi* (*debilitarse*) to weaken; (*amainar*) to slacken, ease up; **me flojean las piernas** my legs are away.
flojedad *nf* (**a**) (*Téc*) looseness, slackness. (**b**) (*debilidad*) weakness, feebleness. (**c**) (*flaccidez*) limpness, flaccidity. (**d**) (*descuido*) slackness, negligence.
flojera *nf* (**a**) weakness, feebleness. (**b**) (*esp LAm fam*) **me da** *o* **tengo** ~ I can't be bothered.
flojo *adj* (**a**) (*tuerca etc*) loose, slack; **me la trae ~a** *(fam)* it leaves me stone-cold; **cuerda ~a** tightrope. (**b**) (*esfuerzo*) weak, feeble; (*viento*) light. (**c**) (*brazo etc*) limp; (*carnes*) flaccid. (**d**) (*té, vino*) weak; (*trabajo*) poor, feeble; (*estudiante etc*) poor, weak; **estoy ~ en física** I'm no good at physics. (**e**) (*actitud*) slack, lax. (**f**) (*Fin: precio*) low, weak; (*: mercado*) dull. (**g**) (*LAm: poco trabajador*) lazy, idle.
flor *nf* (**a**) (*Bot: gen*) flower, bloom; **en** ~ in flower, in bloom; **en plena** ~ in full bloom; **no es ~ de un día** this is no mere flash in the pan; **¡ni ~es!** *(fam)* no way! *(fam)*.
(**b**) (*de ciruela etc*) bloom.
(**c**) (*de cuero*) grain.
(**d**) (*fig*) flower, cream; **la ~ y nata de la sociedad** the cream of society; **la ~ de la canela** the crème de la crème; **en la ~ de la vida** in the prime of life.
(**e**) (*Téc*) surface; **a ~ de** (*a nivel de*) level *o* flush with; (*sobre*) on the surface of; **a ~ de agua** at water level; **sus nervios estaban a ~ de piel** his nerves were there for all to see; **a ~ de tierra** at ground level; **con los nervios a ~ de piel** with one's nerves on a knife edge.
(**f**) (*piropo*) compliment; **decir** *o* **echar ~es a** to pay compliments to.
(**g**) (*LAm*) ~ **de caballo** a wonderful horse; ~ **de alegre** really happy, very cheerful.
flora *nf* flora.
floración *nf* flowering; **en plena** ~ in full bloom.
floral *adj* floral.
floreado *adj* (*tela*) flowery, flowered.
florear [1a] *vi* (**a**) (*LAm*) to flower, bloom. (**b**) (*Mús*) to play a flourish.
florecer [2d] **1** *vi* (**a**) (*Bot*) to flower, bloom. (**b**) (*fig*) to flourish, thrive. **2 florecerse** *vr* to go mouldy, go moldy *(US)*.
floreciente *adj* (**a**) (*Bot*) in flower, flowering, blooming. (**b**) (*fig*) flourishing, thriving.
florecimiento *nm* (**a**) (*Bot*) flowering, blooming. (**b**) (*fig*) flourishing, thriving.
Florencia *nf* Florence.
florentino/a *adj, nm/f* Florentine.
floreo *nm* (*Esgrima, Mús*) flourish.
florería *nf* florist's (shop).
florero *nm* (*recipiente*) vase.
florescencia *nf* florescence.
floresta *nf* (*bosque*) wood, grove; (*LAm: selva*) forest, jungle.
florete *nm* (*Esgrima*) foil.
floricultor(a) *nm/f* flower-grower.
floricultura *nf* flower growing.
florido *adj* (**a**) (*campo etc*) full of flowers. (**b**) (*fig*) choice, select; **lo más** ~ the pick. (**c**) (*estilo*) flowery, florid.
florilegio *nm* anthology.
florín *nm* florin; (*holandés*) guilder.
floripón *nm* (*LAm*) (**a**) (*Cos: pey*) big flower. (**b**) (*fam: hombre*) pansy *(fam)*, poof *(fam!)*.
floripondio *nm* = **floripón (a)**.
florista *nmf* florist.
floristería *nf* florist's (shop).
floritura *nf* flourish.
florón *nm* (**a**) (*Bot*) big flower. (**b**) (*Arquit*) fleuron, rosette. (**c**) (*Tip*) tailpiece.
flota *nf* (*de buques, aviones*) fleet; ~ **mercante** merchant navy; ~ **pesquera** fishing fleet.
flotación *nf* (*Fin*) flotation; (*Náut*) floating; **línea de** ~ waterline.
flotador *nm* (*gen*) float; (*de cisterna*) ballcock; (*de niño*) float, rubber ring, life preserver *(US)*.
flotante 1 *adj* (*gen*) floating; (*pieza*) loose; **de coma** ~ (*Inform*) floating-point. **2** *nm* (*Col*) braggart.
flotar [1a] *vi* (**a**) (*gen*) to float. (**b**) (*pieza etc*) to hang (loose); (*bandera*) to flutter; ~ **al viento** (*cabello*) to stream in the wind.
flote *nm*: **estar a** ~ (*tb fig*) to be afloat; **poner a** ~ to float; (*Econ etc*) to make viable, restore to profitability; **sacar a** ~ to refloat, raise; **ponerse** *o* **salir a** ~ (*fig*) to get back on one's feet.
flotilla *nf* flotilla, fleet; (*de aviones, taxis etc*) fleet.
fluctuación *nf* (**a**) (*gen*) fluctuation; **las ~es de la moda** the ups and downs of fashion. (**b**) (*indecisión*) uncertainty, hesitation.
fluctuante *adj* fluctuating.
fluctuar [1e] *vi* (**a**) (*gen*) to fluctuate. (**b**) (*vacilar*) to waver, hesitate.
fluidez *nf* (**a**) (*Téc*) fluidity. (**b**) (*fig*) fluency, smoothness.
fluido 1 *adj* (*Téc*) fluid; (*lenguaje*) fluent; (*estilo*) smooth; **la circulación es bastante ~a** traffic is moving quite freely. **2** *nm* (**a**) (*Téc*) fluid. (**b**) (*Elec*) current, juice *(fam)*.
fluir [3g] *vi* (*gen*) to flow, run; (*fig*) to spring.
flujo *nm* (**a**) (*gen*) flow, stream; (*de votantes*) swing; (*Náut*) rising tide, incoming tide; ~ **y reflujo** ebb and flood; (*fig*) ebb and flow; ~ **positivo/negativo de efectivo** (*Com*) positive/negative cash flow. (**b**) (*Med*) discharge.
fluminense 1 *adj* of *o* from Rio de Janeiro. **2** *nmf* native *o* inhabitant of Rio de Janeiro.
flúor *nm* fluoride.
fluorescencia *nf* fluorescence.
fluorescente 1 *adj* fluorescent. **2** *nm* (*tb* **tubo** ~) fluorescent tube.
fluorización *nf* fluoridation.
fluoruro *nm* fluoride.
flus *nm* (*Col, Ven*) suit of clothes.
fluvial *adj* fluvial, river *atr*.
flux [flus] *nm inv* (**a**) (*Naipes*) flush; ~ **real** royal flush. (**b**) (*Méx fam*) **estar** *o* **quedarse a** ~ to be completely broke *(fam)*. (**c**) (*Col, Ven*) = **flus**.
FM *nf abr de* **Frecuencia Modulada** FM.
FMI *nm abr de* **Fondo Monetario Internacional** IMF.
FNMT *nf abr* (*Esp*) *de* **Fábrica Nacional de Moneda y Timbre** ≈ Royal Mint *(Brit)*, ≈ (US) Mint *(US)*.
f.º *abr de* **folio** fo., fol.
fobia *nf* phobia.
foca *nf* (**a**) (*Zool*) seal. (**b**) (*fam: persona*) fat lump.
focal *adj* focal.
foco *nm* (**a**) (*Mat etc*) focus; (*centro*) focal point, centre, center *(US)*; (*fuente*) source; (*de incendio*) seat; (*LAm:*

guerrilla*)* foco; **un ~ de infección** a focus of infection. (**b**) (*Elec*) floodlight; (*Teat etc*) spotlight; (*LAm*) electric lightbulb; (*: Aut*) headlamp; (*: farol*) street light.

focha *nf* coot.

fodongo *adj* (*Méx fam*) lazy, slovenly.

fofadal *nm* (*Argr*) bog, quagmire.

fofo *adj* (*esponjoso*) soft, spongy *(fam)*; (*individuo*) flabby.

fogaje *nm* (**a**) (*Méx, Ven: fiebre*) fever, high temperature; (*: sarpullido*) heat rash. (**b**) (*Col, Ven: bochorno*) sultry weather.

fogata *nf* (*llamas*) blaze; (*hoguera*) bonfire.

fogón *nm* (**a**) (*Culin*) range; (*Ferro*) firebox; (*Náut*) galley. (**b**) (*LAm*) bonfire.

fogonazo *nm* (**a**) (*estallido*) flash, explosion. (**b**) (*Méx*) coffee with brandy.

fogonero *nm* (*Náut, Ferro*) stoker.

fogosidad *nf* (*gen*) spirit, mettle; (*ímpetu*) dash, verve; (*de caballo etc*) fieriness, friskiness.

fogoso *adj* (*gen*) spirited, ardent; (*caballo etc*) fiery, frisky.

fogueado *adj* (*LAm: persona*) expert, experienced; (*Méx: animal*) trained.

fogueo *nm*: **cartucho de ~** blank cartridge.

foja *nf* (**a**) (*Orn*) coot. (**b**) (*LAm*) sheet (of paper); **~ de servicios** record file *o* sheet.

fol. *abr de* **folio** fo., fol.

folder, **fólder** *nm* (*LAm*) folder.

foliación *nf* (**a**) (*Bot*) foliation. (**b**) (*Tip: de páginas*) numbering.

folio *nm* (**a**) (*Hist, Tip: gen*) folio; **en ~** in folio. (**b**) (*tb* **tamaño ~**) A4 size; **doble ~** A3 size; **un ~** an A4 sheet; **~s** A4 paper.

folk *adj inv, nm* folk.

folklore *nm* folklore.

folklórica *nf* (pseudo) flamenco singer.

folklórico *adj* (**a**) folk *atr*, popular, traditional; **es muy ~** it's very picturesque, it's full of local colour *o (US)* color. (**b**) (*pey*) frivolous, unserious.

folklorista **1** *adj* (**a**) folklore *atr*. (**b**) (*pey*) frivolous, unserious. **2** *nmf* folklorist, student of folklore.

follado *adj*: **ir ~** *(fam!)* to go like fuck *(fam!)*.

follaje *nm* (**a**) (*Bot*) foliage, leaves; (*Arte*) leaf motif. (**b**) (*fig*) waffle *(fam)*, verbiage.

follar [1l] **1** *vt, vi (fam!)* to fuck *(fam!)*. **2 follarse** *vr*: **me lo voy a ~ vivo** *(fam!)* I'll have his guts for garters *(fam)*; **se me han follado en Física** they've fucking failed me in Physics *(fam!)*.

folletín *nm* newspaper serial; (*fig*) drama, saga; (*TV*) soap opera, TV serial.

folletinesco *adj* melodramatic.

folletinista *nmf* pulp writer.

folleto *nm* (*Com*) brochure; (*Pol*) pamphlet; (*volatín*) leaflet; **~ informativo** information leaflet.

follisca *nf* (*And: lío*) shindy *(fam)*; (*: riña*) brawl.

follón *nm* (**a**) (*fam: alboroto*) rumpus, row; **hubo** *o* **se armó un ~ tremendo** there was a hell of a row. (**b**) (*confusión*) mess; **¡qué ~ de papeles!** what a mess of papers! (**c**) (*Méx fam!*) silent fart *(fam!)*.

follon(e)arse [1a] *vr* (*Méx fam!*) to fart silently *(fam!)*.

follonero/a *(fam)* **1** *adj* rowdy, trouble-making. **2** *nm/f* rowdy, troublemaker.

fome *adj inv* (*Chi fam*) boring.

fomentar [1a] *vt* (**a**) (*Med*) to foment, warm. (**b**) (*fig: promover*) to promote, foster, encourage; (*odio etc*) to foment, stir up.

fomento *nm* (**a**) (*Med*) poultice. (**b**) (*fig: ayuda*) fostering, encouragement; (*Com: de ventas*) promotion; (*Pol etc*) fomentation.

fonda *nf* (*restaurante*) small restaurant; (*pensión*) boarding house; (*Hist*) inn, tavern; (*Ferro*) buffet.

fondeadero *nm* (*gen*) anchorage; (*en puerto*) berth.

fondeado *adj* (**a**) (*Náut*) **estar ~** to be anchored, be at anchor. (**b**) (*LAm fam*) **quedar ~** to be in the money *(fam)*.

fondear [1a] **1** *vt* (**a**) (*Náut: sondear*) to sound; (*barco*) to search; (*fig*) to examine. (**b**) (*CAm*) to provide with money. (**c**) (*Chi*) to drown at sea, throw overboard. **2** *vi* to anchor, drop anchor. **3 fondearse** *vr* (*LAm fam: enriquecerse*) to get rich.

fondeo *nm* (*Chi*) dumping *o* drowning at sea.

fondero *nm* (*LAm*) innkeeper.

fondillo *nm* (*LAm fam*), **fondillos** *nmpl* (*de pantalones*) seat of trousers *o (US)* pants.

fondilludo *adj* (*LAm fam*) big-bottomed.

fondista *nmf* (**a**) (*de restaurante*) restaurant owner; (*Hist*) innkeeper. (**b**) (*Dep*) long-distance runner.

fondo *nm* (**a**) (*de caja etc*) bottom; (*de sala etc*) back, far end; (*medida*) depth; **doble ~** false bottom; **~ del mar** sea bed *o* floor; **a ~** (*adj*) thorough; (*adv*) thoroughly; **una investigación a ~** a thorough investigation; **conocer algo a ~** to know sth inside out; **al ~** (*de sala etc*) at the back, at the rear; **al ~ del pasillo** at the bottom of the corridor; **de ~** (*carrera de distancia*) long-distance; (*prueba de resistencia*) endurance *atr*; **artículo de ~** (*Prensa*) leader; **cuestión de ~** basic question; **el problema de ~** the fundamental *o* underlying problem; **en el ~** (*fig*) at bottom, at heart; **en el ~ de su corazón** deep down in his heart; **sin ~** bottomless; **irse al ~** to sink, go to the bottom; **llegar al ~ de un misterio** to get to the bottom of a mystery; **tener poco ~** (*fig*) to be shallow; **tocar ~** (*tb fig*) to touch bottom; **la forma y el ~** the form and substance.

(**b**) (*Arte*) background, ground; (*Cos*) ground; **música de ~** background music; **verde sobre ~ rojo** green on a red background.

(**c**) **los bajos ~s** (*fig*) the underworld.

(**d**) (*Com, Fin*) fund; (*tb* **~ común**) kitty; **~s** funds, resources; (*fig*) supply, reservoir; **~ de amortización** sinking fund; **~s bloqueados** frozen assets; **F~ Monetario Internacional** International Monetary Fund; **~ de huelga** strike fund; **~ de previsión** provident fund; **cheque sin ~s** bad cheque *o (US)* check; **estar sin ~s** to have no money, be broke *(fam)*; **a ~ perdido** (*adv*) without security; (*adj*) unsecured, non-repayable; **subvención a ~ perdido** capital grant; **invertir a ~ perdido** to invest without hope of recovering one's money; **reunir ~s** to raise funds.

(**e**) (*de biblioteca, archivos*) holdings *pl*, collection.

(**f**) (*fig: carácter*) nature, disposition; **tener buen ~** to be good-natured.

(**g**) (*Méx: combinación de mujer*) petticoat.

fonducha *nf*, **fonducho** *nm* cheap restaurant.

fonema *nm* phoneme.

fonética *nf* phonetics.

fonético *adj* phonetic.

fónico *adj* phonic.

fono *nm* (*Chi Telec: auricular*) earpiece; (*: número*) telephone number.

fonocaptor *nm* (*de tocadiscos*) pickup.

fonógrafo *nm* (*esp LAm*) gramophone, phonograph (*US*).

fonología *nf* phonology.

fonológico *adj* phonological.

fonoteca *nf* record library, sound archive.

fontanal, **fontanar** *nm* spring.

fontanería *nf* plumbing.

fontanero *nm* plumber.

footing ['futin] *nm* jogging.

F.O.P. *nfpl abr de* **Fuerzas del Orden Público**.

foque *nm* jib.

foquismo *nm* (*LAm Pol*) a theory of guerrilla warfare.

forajido *nm* outlaw, bandit.

foral *adj*: **parlamento ~** regional parliament; *V* **fuero**.

foramen *nm* (*Méx*) hole.

foráneo/a **1** *adj* foreign. **2** *nm/f* outsider, stranger.

forastero/a **1** *adj* alien, strange. **2** *nm/f* stranger, outsider.

forcej(e)ar [1a] *vi* (*gen*) to struggle, wrestle; (*afanarse*) to strive.

forcej(e)o *nm* struggle.

fórceps *nm inv* forceps.

forense **1** *adj* forensic, legal. **2** *nmf* pathologist; (*Jur*) coroner.

forestación *nf* afforestation.

forestal *adj* (*gen*) forest *atr*; (*industria*) timber *atr*.

forfait [for'fe] *nm* (**a**) (*ausencia*) absence, non-appearance; **ganar por** ~ to win by default. (**b**) (*precio*) flat rate, fixed price; (*Esquí etc*) all-in charge.

forja *nf* (**a**) (*fragua*) forge; (*fundición*) foundry. (**b**) (*acción*) forging.

forjado *adj*: **hierro** ~ wrought iron.

forjar [1a] *vt* (**a**) (*gen*) to forge, shape. (**b**) (*fig: formar*) to form, make; ~ **un plan** to hammer out a plan; **tratamos de** ~ **un estado moderno** we are trying to build a modern state. (**c**) (*mentiras etc*) to invent, concoct; (*sueños, ilusiones*) to build up.

forma *nf* (**a**) (*gen*) form, shape; **de** ~ **triangular** triangular (in shape); **en** ~ **de U** U-shaped.
(**b**) (*Téc*) mould, mold (*US*); (*de zapatero*) last.
(**c**) (*Med*) fitness; **estar en** ~ to be in (good) form, be fit; (*Dep*) to be on form; **estar en baja** ~ to be off form, to be going through a bad spell.
(**d**) (*modo*) way; (*método*) means, method; **la única** ~ **de hacerlo es** the only way to do it is; **me gusta más de esta** ~ I like it better this way; **no hubo** ~ **de convencerle** it was impossible to persuade him; **no veo** ~ **de hacerlo** I can see no way of doing it; ~ **de pago** (*Com*) manner *o* method of payment; ~ **de ser** character, temperament; **de esta** ~ in this way; **de** ~ **que** so that; **de todas** ~**s** at any rate, in any case; **en debida** ~ duly, in due form; **ver la** ~ **de hacer algo** to see one's way to do *o* doing sth.
(**e**) ~**s** social forms, conventions; **buenas** ~**s** good manners; **guardar las** ~**s** to keep up appearances.
(**f**) (*Tip*) format.

formación *nf* (**a**) (*gen*) formation. (**b**) (*enseñanza*) training, education; ~ **profesional/fuera del trabajo/en el trabajo** *o* **sobre la práctica** vocational/off-the-job/on-the-job training.

formado *adj* formed, shaped; **bien** ~ nicely-shaped, well-formed; **hombre (ya)** ~ grown man.

formal *adj* (*serio*) serious; (*grave*) dignified; (*promesa*) express, definite; (*individuo: de fiar*) reliable, dependable; (*: puntual*) punctual; (*conducta*) steady, stable; **¿has sido** ~**?** did you behave yourself?; **estuvo muy** ~ **conmigo** he treated me very properly.

formaldehido *nm* (*Quím*) formaldehyde.

formaleta *nf* (*CAm, Col: construcción*) wooden framework.

formalidad *nf* (**a**) (*requisito*) formality; **son las** ~**es de costumbre** these are the usual formalities; **hay que cumplir muchas** ~**es** there's a lot of red tape. (**b**) (*seriedad*) seriousness; (*dignidad*) dignity; (*fiabilidad*) reliability, dependable nature; (*puntualidad*) punctuality; (*estabilidad*) steadiness, stability; (*conducta*) proper behaviour *o* (*US*) behavior; **hablar con** ~ to speak in earnest; **¡niños,** ~**!** kids, behave yourselves!; **¡señores, un poco de** ~**!** gentlemen, let's be serious!

formalina *nf* formalin(e).

formalismo *nm* (*gen*) formalism; (*pey: burocracia*) red tape.

formalista *nmf* formalist.

formalizar [1f] **1** *vt* (*Jur*) to formalize; (*plan etc*) to formulate, draw up; (*situación etc*) to put in order, regularize; ~ **sus relaciones** to become formally engaged. **2 formalizarse** *vr* (**a**) (*ponerse serio*) to grow serious. (**b**) (*situación*) to be put in order, be regularized.

formar [1a] **1** *vt* (**a**) (*gen*) to form, shape; (*plan etc*) to make, fashion; (*reservas*) to build up.
(**b**) (*constituir*) to make up, constitute; **está formado por** it is formed by *o* made up of; ~ **parte de** to be part of.
(**c**) (*enseñar*) to train, educate.
(**d**) (*Mil*) to form up, parade.
2 *vi* (*Mil*) to fall in; (*Dep*) to line up; **¡a** ~**!** (*Mil*) fall in!
3 formarse *vr* (**a**) (*gen*) to take form, be formed; (*desarrollarse*) to develop.
(**b**) (*educarse*) to be trained, be educated.
(**c**) (*Mil*) to fall in, get into line; (*Dep*) to line up; **¡fórmense!** fall in!; **el equipo se formó sin González** the team lined up without Gonzalez.
(**d**) ~ **una opinión** to form an opinion.

formatear [1a] *vt* (*Inform*) to format.

formateo *nm* (*Inform*) formatting.

formativo *adj* formative.

formato *nm* (*Tip, Inform*) format; (*tamaño: de papel*) size; **periódico de** ~ **reducido** tabloid newspaper.

fórmica *nf* Formica ®.

fórmico *adj*: **ácido** ~ formic acid.

formidable *adj* (**a**) (*gen*) formidable, redoubtable; (*enorme*) huge; (*impresionante*) forbidding. (**b**) (*fig*) terrific, tremendous; ¡~! that's great!, splendid!

formón *nm* chisel.

Formosa *nf*: **la Isla de** ~ (*Hist*) Formosa.

fórmula *nf* (*gen*) formula; (*Med etc*) prescription; **por pura** ~ purely as a matter of form.

formulación *nf* formulation.

formular [1a] *vt* (*gen*) to formulate; (*plan etc*) to draw up, make out; (*pregunta*) to frame, pose; (*protesta*) to make, lodge; (*demanda*) to file, put in; (*deseo*) to express.

formulario *nm* (*para rellenar*) form; ~ **de solicitud** application form; ~ **de pedido** (*Com*) order form; **rellenar un** ~ to fill in *o* complete a form.

formulismo *nm* red tape.

fornicación *nf* fornication.

fornicador(a) **1** *adj* fornicating. **2** *nm/f* fornicator; (*adúltero*) adulterer/adulteress.

fornicar [1g] *vi* to fornicate.

fornido *adj* strapping, hefty.

fornitura *nf* (*Téc*) movement; (*Cos*) accessories *pl*; (*Mil*) cartridge belt.

foro *nm* (**a**) (*Pol, Hist*) forum; (*reunión*) forum, (open) meeting. (**b**) (*Jur: tribunal*) court of justice; (*: abogados*) bar, legal profession. (**c**) (*Teat*) upstage area; **desaparecer** *o* **marcharse por el** ~ to exit stage left, do a disappearing act.

FORPPA *nm abr* (*Esp*) *de* **Fondo de Ordenación y Regulación de Precios y Productos Agrarios.**

forrado *adj* (**a**) (*Cos etc*) lined; ~ **de nilón** lined with nylon; **un coche** ~ **de ...** a car upholstered in .... (**b**) **estar** ~ (*fam*) to be loaded (*fam*).

forraje *nm* (**a**) (*Agr*) forage, fodder. (**b**) (*acción*) foraging. (**c**) (*fam: mezcla*) hotchpotch, mixture.

forrajear [1a] *vi* to forage.

forrar [1a] **1** *vt* (*Cos etc*) to line (*de* with); (*libro*) to cover (*de* with), bind (*de* in); (*coche*) to upholster; (*Téc*) to lag. **2 forrarse** *vr* (**a**) (*enriquecerse*) to line one's pockets. (**b**) (*comida*) to stuff o.s. (*de* with); (*Méx, Guat: fam*) to eat a heavy meal.

forro *nm* (**a**) (*gen*) lining; (*relleno*) padding; (*Tip*) cover; (*Náut*) sheathing; (*Téc*) casing, lining; (*Aut*) upholstery; **con** ~ **de piel** fur-lined; ~ **de freno** (*Aut*) brake lining; **ni por el** ~ (*fam*) not in the least; **no ha visto el libro ni por el** ~ no way has he even seen the book. (**b**) (*CSur fam*) rubber (*fam*), condom. (**c**) (*LAm: fraude*) swindle, fraud. (**d**) (*Chi*) tyre, tire (*US*).

fortachón *adj* (*fam*) strong, tough.

fortalecer [2d] **1** *vt* (**a**) (*gen*) to strengthen; (*Mil*) to fortify. (**b**) ~ **a algn en una opinión** to encourage sb in a belief. **2 fortalecerse** *vr* (**a**) to fortify o.s. (*con* with). (**b**) (*opinión etc*) to become stronger.

fortalecimiento *nm* (**a**) (*gen*) strengthening; (*Mil*) fortification. (**b**) (*fig: de creencia*) encouragement; (*: de*

decisión) stiffening.
fortaleza *nf* (**a**) (*Mil*) fortress, stronghold. (**b**) (*fuerza*) strength, toughness; (*: moral*) fortitude, resolution.
fortificación *nf* fortification.
fortificar [1g] *vi* to fortify; (*fig*) to strengthen.
fortín *nm* (*gen*) (small) fort; (*de hormigón*) pillbox.
fortísimo *adj superl de* **fuerte**; (*Mús*) fortissimo.
fortuito *adj* (*gen*) fortuitous; (*encuentro etc*) accidental, chance *atr*.
fortuna *nf* (**a**) (*gen*) fortune, chance; (*suerte*) (good) luck; **mala** ~ misfortune; **por** ~ luckily, fortunately; **tener la** ~ **de hacer algo** to have the good fortune to do sth; **probar** ~ to have a shot. (**b**) (*Náut*) **correr** ~ to ride out a storm. (**c**) (*Fin*) fortune.
forzado *adj* (*gen*) forced; (*obligatorio*) compulsory; **sonrisa** ~**a** forced smile; **trabajos** ~**s** hard labour *o* (*US*) labor *sg*.
forzar [1f, 1l] *vt* (**a**) to force, compel; ~ **a algn a hacer algo** to force *o* make sb do sth. (**b**) (*puerta etc*) to force, break down *o* open; (*cerradura*) to force, pick; (*casa*) to break into; (*Mil*) to storm, take; (*violar*) to rape. (**c**) (*ojos etc*) to strain.
forzosamente *adv* (*gen*) necessarily; (*inevitablemente*) inevitably; (*por obligación*) compulsorily, by obligation; **tuvieron que cerrarlo** ~ they had (no alternative but) to close it; ~ **lo harás** you'll have no choice but to do it.
forzoso *adj* (*necesario*) necessary; (*inevitable*) inescapable, unavoidable; (*obligatorio*) compulsory; (*aterrizaje etc*) forced; **es** ~ **que** it is inevitable that; **le fue** ~ **hacerlo** he had no choice but to do it.
forzudo 1 *adj* (*fuerte*) tough, brawny. **2** *nm* (*de circo*) strong man; (*pey: matón*) thug.
fosa *nf* (**a**) grave; ~ **común** common grave; ~ **marina** deep trough in the ocean bed; ~ **de reparaciones** (*Aut*) inspection pit; ~ **séptica** septic tank. (**b**) (*Anat*) cavity; ~**s nasales** nasal cavities.
fosfato *nm* phosphate.
fosforecer [2d] *vi* to phosphoresce, glow.
fosforera *nf* (**a**) (*caja*) matchbox. (**b**) (*fábrica*) match factory.
fosforescencia *nf* phosphorescence.
fosforescente *adj* phosphorescent.
fosfórico *adj* phosphoric.
fósforo *nm* (**a**) (*Quím*) phosphorus. (**b**) (*esp LAm*) match.
fosforoso *adj* phosphorous.
fósil 1 *adj* fossil, fossilized. **2** *nm* (**a**) fossil. (**b**) (*fam: viejo*) old crock *o* dodderer.
fosilizarse [1f] *vr* (*gen*) to become fossilized; (*fig*) to vegetate *(fam)*.
foso *nm* (*gen*) pit, hole; (*Teat*) pit; (*Mil*) moat; ~ **de agua** (*Dep*) water jump; **irse** *o* **venirse al** ~ (*Teat*) to flop, fail.
fotingo *nm* (*LAm fam*) old crock, jalopy *(fam)*.
foto *nf* photo; ~ **de carnet** passport(-size) photograph; ~ **de conjunto** group photo; **sacar** *o* **tomar una** ~ to take a photo *o* snap (*de* of).
fotocalco *nm* photoprint.
fotocontrol *nm* (*Dep*) **resultado comprobado por** ~ photo finish.
fotocopia *nf* photocopy, print.
fotocopiadora *nf* photocopier.
fotocopiar [1b] *vt* to photocopy.
fotocopistería *nf* photocopying shop.
fotoeléctrico *adj* photoelectric; **célula** ~**a** photoelectric cell.
fotogénico *adj* photogenic.
fotograbado *nm* photogravure, photoengraving.
fotografía *nf* (**a**) (*gen*) photography; ~ **aérea/en colores** aerial/colour *o* (*US*) color photography. (**b**) (*una* ~) photograph; ~ **en colores** colour photograph; ~ **instantánea** snapshot; **sacar** *o* **tomar una** ~ **de** to take a photograph of; *V* **foto**.
fotografiar [1c] **1** *vt* to photograph. **2 fotografiarse** *vr* to have one's photograph taken.
fotográfico *adj* photographic.
fotógrafo *nmf* photographer; ~ **de estudio** portrait photographer; ~ **de prensa** press photographer.
fotograma *nm* (*Cine*) shot, still.
fotomatón *nm* (*quiosco*) photograph booth.
fotómetro *nm* light meter.
fotomontaje *nm* photomontage.
fotón *nm* photon.
fotonovela *nf* romance *o* crime story *etc* illustrated with photos.
fotoquímico *adj* photochemical.
fotosíntesis *nf* photosynthesis.
fotostato *nm* photostat.
fototeca *nf* collection of photographs.
fotuto *nm* (**a**) (*LAm Mús*) wind instrument (of gourd). (**b**) (*Cu: bocina*) car horn.
foul [faul] *nm* = **faul**.
foulard [fu'lar] *nm* (*de mujer*) (head)scarf; (*de hombre*) cravate.
fox [fos] *nm inv* foxtrot.
FP 1 *nf abr* (*Esp Escol, Com*) *de* **Formación Profesional** *vocational courses for 14 to 18 year-olds*. **2** *nm abr* (*Pol*) *de* **Frente Popular**.
FPLP *nm abr de* **Frente Popular para la Liberación de Palestina** PFLP.
Fr. *abr de* **Fray** Fr.
frac *nm* (*pl* ~**s** *o* **fraques**) dress coat, tails.
fracasado/a 1 *adj* failed, unsuccessful. **2** *nm/f* failure.
fracasar [1a] *vi* (*gen*) to fail, be unsuccessful; (*plan etc*) to fall through.
fracaso *nm* (*gen*) failure; (*de negociaciones etc*) collapse, breakdown; ~ **escolar** school drop-out, failure in end-of-year exams; **ir al** ~ to court disaster; **¡es un** ~**!** he's a disaster!
fracción *nf* (**a**) (*Mat*) fraction; ~ **decimal** fraction. (**b**) (*parte*) part, fragment. (**c**) (*Pol etc*) faction, splinter group. (**d**) (*repartición*) division, breaking-up (*en* into).
fraccionado *adj*: **pago** ~ payment by instalments *o* (*US*) installments.
fraccionadora *nf* (*Méx*) housing estate, real estate development *(esp US)*.
fraccionamiento *nm* (**a**) (*gen*) division, breaking-up (*en* into). (**b**) (*Méx*) housing estate, housing development *(US)*; ~ **de tierras** land distribution. (**c**) (*Téc: de petróleo*) cracking.
fraccionar [1a] *vt* to divide, break up, split up (*en* into).
fraccionario *adj* fractional; (*dinero*) small, in small units.
fractura *nf* (**a**) (*gen*) fracture, break; ~ **complicada** multiple fracture. (**b**) (*Jur*) **robo con** ~ burglary.
fracturar [1a] **1** *vi* (*gen*) to fracture, break. **2 fracturarse** *vr* to fracture, break.
fragancia *nf* fragrance, perfume.
fragante *adj* fragrant, scented.
fragata *nf* frigate.
frágil *adj* (*gen*) fragile; (*Com*) breakable; (*fig*) frail, delicate.
fragilidad *nf* (*gen*) fragility; (*fig*) frailty, delicacy.
fragmentación *nf* fragmentation.
fragmentar [1a] **1** *vt* (*gen*) to fragment; (*en trozos etc*) to break *o* divide up. **2 fragmentarse** *vr* to fragment; (*en trozos etc*) to break *o* divide up.
fragmentario *adj* fragmentary.
fragmento *nm* (*gen*) fragment; (*pedazo*) piece, bit; (*de discurso*) excerpt; (*de canción etc*) snatch.
fragor *nm* (*gen*) din, clamour, clamor *(US)*; (*de trueno etc*) crash, clash; (*de máquina*) roar.
fragosidad *nf* (**a**) (*cualidad*) roughness, unevenness. (**b**) (*una* ~) rough spot; (*esp*) rough road.
fragoso *adj* (*gen*) rough, uneven; (*terreno*) difficult; (*bosque*) dense.

fragua *nf* forge.

fraguado *nm* (**a**) (*de metal*) forging. (**b**) (*de hormigón etc*) hardening, setting.

fraguar [1i] **1** *vt* (**a**) (*metal*) to forge. (**b**) (*fig: plan etc*) to hatch, concoct. **2** *vi* (*hormigón etc*) to harden, set.

fraile *nm* (*Rel*) friar, monk; ~ **de misa y olla** simple-minded friar.

frailecillo *nm* (*Orn*) puffin.

frailesco, frailuno *adj* monkish.

frambuesa *nf* rasberry.

frambueso *nm* raspberry cane.

francachela (*fam*) *nf* (*comida*) spread; (*juerga*) spree.

francamente *adv* (**a**) (*abiertamente*) frankly, openly. (**b**) (*generosamente*) generously, liberally. (**c**) (*realmente*) really; ~ **no lo sé** I don't really know; ~ **eso está mal** frankly, that's wrong.

francés/esa 1 *adj* French; **a la ~a** in the French manner *o* style; **tortilla ~a** plain omelette. **2** *nm/f* Frenchman/Frenchwoman. **3** *nm* (*Ling*) French.

francesilla *nf* (**a**) (*Bot*) buttercup. (**b**) (*Culin*) roll.

Francia *nf* France.

franciscano *adj, nm* Franciscan.

francmasón *nm* (free)mason.

francmasonería *nf* (free)masonry.

franco[1] *nm* (*Fin*) franc.

franco[2] *adj* (**a**) (*directo*) frank, forthright, candid; **seré ~ contigo** I will be frank with you; **para serte ~** to be honest (with you); **estar en ~a decadencia** to be in full decline; **estar en ~a rebeldía** to be in open rebellion.

(**b**) (*liberal*) generous.

(**c**) (*Com etc*) free, gratis; (*exento*) exempt; (*puerto*) free; ~ **a bordo/al costado del buque/puesto sobre vagón** free on board/alongside ship/on rail; ~ **de derechos** duty-free; **precio ~ (en) fábrica** price ex-factory, price ex-works; ~ **de porte** (*Com*) carriage-free; (*Correos*) post-free.

(**d**) (*CSur*) **estar de ~** to be off duty *o* on leave.

franco... *pref* franco....

francocanadiense *adj, nmf* French-Canadian.

francófilo/a *nm/f* francophile.

francófobo/a *nm/f* francophobe.

francófono/a 1 *adj* French-speaking. **2** *nm/f* French speaker.

francote *adj* outspoken, blunt.

francotirador *nm* (*tirador aislado*) sniper; (*experto*) sharpshooter; (*fig*) freelance, free agent.

franchute *nmf* (*fam*) Frenchy (*fam*), frog (*fam*).

franela *nf* (**a**) (*gen*) flannel. (**b**) (*LAm: camiseta*) vest, undershirt (*US*).

frangollero *adj* (*And, CSur*) bungling.

frangollo *nm* (*And, CSur: Culin*) corn mash; (*Méx*) carelessly-prepared meal, dog's dinner (*fam*).

frangollón/ona (*LAm*) **1** *adj* bungling. **2** *nm/f* bungler.

franja *nf* (**a**) (*borde*) fringe, border, trimming; (*de uniforme*) stripe. (**b**) (*de tierra etc*) strip; **la ~ de Gaza** the Gaza strip.

franqueadora *nf* (*Correos*) franking machine.

franquear [1a] **1** *vt* (**a**) (*esclavo*) to free, liberate; (*Com etc*) to free, exempt (*de* from). (**b**) (*derecho*) to grant, concede (*a* to); ~ **la entrada a** to give free entry to. (**c**) (*camino etc*) to clear, open; ~ **el paso a algn** to clear the way for sb. (**d**) (*río*) to cross; (*obstáculo*) to negotiate, overcome. (**e**) (*Correos*) to frank, stamp; **una carta franqueada** a post-paid letter. **2 franquearse** *vr* (**a**) (*ceder*) to give way to sb. (**b**) ~ **a** *o* **con algn** (*abrirse*) to have a heart-to-heart talk with sb.

franqueo *nm* (*Correos*) franking; **con ~ insuficiente** with insufficient postage.

franqueza *nf* (**a**) (*gen*) frankness; (*candidez*) forthrightness; **con ~** frankly; **lo digo con toda ~** I say so quite openly. (**b**) (*liberalidad*) generosity.

franquía *nf* (*Náut*) room to manoeuvre *o* (*US*) maneuver.

franquicia *nf* (**a**) exemption (*de* from); ~ **aduanera** *o* **arancelaria** exemption from customs duties; ~ **postal** freepost. (**b**) (*Com*) franchise.

franquismo *nm*: **el ~** (*período*) the Franco years *o* period; (*política*) the Franco system *o* policy *o* outlook.

franquista 1 *adj* (*gen*) pro-Franco. **2** *nmf* (*gen*) supporter of Franco.

fraques *npl de* **frac**.

frasco *nm* (*botella*) flask, bottle; ~ **de perfume** scent bottle; ~ **al vacío** vacuum flask.

frase *nf* (*Ling: oración*) sentence; (*: locución*) phrase, expression; ~ **compleja** complex sentence; ~ **hecha** idiom; (*pey*) cliché.

fraseo *nm* (*Mús*) phrasing.

fraseología *nf* phraseology.

fraternal *adj* brotherly, fraternal.

fraternidad *nf* brotherhood, fraternity.

fraternización *nf* fraternization.

fraternizar [1f] *vi* to fraternize.

fraterno *adj* brotherly, fraternal.

fratricida 1 *adj* fratricidal. **2** *nmf* (*individuo*) fratricide.

fratricidio *nm* (*crimen*) fratricide.

fraude *nm* (**a**) (*falta de honradez*) dishonesty, fraudulence. (**b**) (*engaño*) fraud, swindle; ~ **fiscal** tax fraud; **por ~** under false pretences.

fraudulencia *nf* fraudulence.

fraudulento *adj* fraudulent, dishonest.

fray *nm* brother, friar; **F~ Juan** Brother *o* Friar John.

frazada *nf* (*LAm*) blanket.

frecuencia *nf* frequency; **con ~** frequently, often; (*Elec, Rad*); **de alta ~** high-frequency; ~ **modulada** frequency modulation; (*Inform*) ~ **de red** mains frequency; ~ **de reloj** clock speed.

frecuentar [1a] *vt* to frequent, haunt.

frecuente *adj* (*gen*) frequent; (*costumbre*) common, prevalent; (*vicio*) rife.

frecuentemente *adv* frequently, often.

fregada *nf* (*LAm fam*) nuisance, pain (*fam*).

fregadera *nm* (*LAm fam*) nuisance, annoyance, pain (*fam*).

fregadero *nm* (kitchen) sink.

fregado 1 *adj* (**a**) (*LAm fam: molesto*) annoying; (*: condenado*) damn (*fam*), lousy (*fam*), bloody (*fam*); (*: obstinado*) stubborn. (**b**) (*CAm, Méx: astuto*) cunning. **2** *nm* (**a**) (*gen*) scrubbing, scouring; (*de platos*) washing-up; **hacer el ~** to do the washing-up. (**b**) (*lío*) mess, messy affair. (**c**) riña, row.

fregandera *nf* (*Méx*) charwoman, cleaner.

fregar [1h, 1j] **1** *vt* (**a**) (*gen*) to scrub, scour; (*suelo*) to mop, scrub; (*platos*) to wash (up). (**b**) (*LAm: fastidiar*) to bother, annoy; (*: usar mal*) to muck (sb) about; (*: zurrar*) to thrash, beat up; **¡no friegues!** don't be a nuisance, leave me *etc* alone. (**c**) (*CSur fam!: joder*) to fuck (*fam!*), screw (*fam!*). **2 fregarse** *vr* (*And, CSur: fam!*) to screw up (*fam!*).

fregón *adj* (*LAm: molesto*) tiresome, annoying.

fregona *nf* (**a**) (*fig*) slave, skivvy (*fam*) . (**b**) (*fam: utensilio*) mop.

freidora *nf* deep-fat frier.

freiduría *nf*: ~ **(de pescado)** fried-fish shop.

freír [3l] (*pp* **frito**) **1** *vt* (**a**) (*gen*) to fry; **al ~ será el reír** he who laughs last laughs longest. (**b**) (*fig: molestar*) to annoy; **~le a algn a preguntas** to bombard sb with questions. (**c**) ~ **a algn a tiros** to riddle sb with bullets. **2 freírse** *vr* (**a**) (*gen*) to fry, be frying. (**b**) **~la a algn** (*fam*) to plan to deceive sb.

frejol, fréjol *nm* (*esp Per*) = **fríjol**.

frenada *nf* (*Aut*) (sudden) braking.

frenado *nm* (*Aut*) braking.

frenar [1a] *vt* (**a**) (*Aut, Mec*) to brake, apply the brake to. (**b**) (*fig*) to check, curb.

frenesí *nm* frenzy.

frenético *adj* frantic, frenzied; **ponerse ~** to lose one's head.
frenillo *nm*: **tener ~** *(fig)* to have a speech defect.
freno *nm* **(a)** *(Aut, Mec etc)* brake; **~ de aire/de mano/de pedal** air/hand/foot brake; **~ de disco/tambor** disc *o* *(US)* disk/drum brake; **líquido de ~s** brake fluid; **poner el ~** to apply the brake(s); **soltar el ~** to release the brake. **(b)** *(de caballo)* bit; **morder** *o* **tascar el ~** *(fig)* to champ at the bit. **(c)** *(fig: obstáculo)* check, restraint; **~s y equilibrios** *(Pol)* checks and balances; **poner ~ a** to curb, check. **(d)** *(CSur fam)* hunger.
frenología *nf* phrenology.
frentazo *nm* *(Méx)* disappointment.
frente 1 *nm* **(a)** *(parte delantera)* front (part); *(Arquit)* façade; **~ de trabajo** *(Min)* working face; **al ~** in front *(de* of); **al ~ de** *(fig)* at the head of; **ir de ~** to go forward; **mirar de ~** to look (straight) ahead; **chocar de ~** to crash head-on; **en ~** opposite; **la casa de en ~** the house opposite; **hacer ~ a** to resist, stand *o* face up to; **hacer ~ a grandes gastos** to (have to) meet considerable expenses.
(b) *(Mil, Pol)* front; **~ de batalla** battle front, firing line; **~ del oeste** western front; **~ popular** popular front; **~ unido** united front; **hacer un ~ común con algn** to make common cause with sb.
(c) *(Met)* front; **~ frío** cold front.
2 *nf* *(Anat)* forehead, brow; **~ a ~** face to face; **arrugar la ~** to frown; **llevar algo escrito en la ~** to be an open book.
3 *prep*: **~ a** opposite (to), facing; **~ mío** *etc* *(esp CSur fam)* in front of *o* opposite me *etc.*
fresa *nf* **(a)** *(Bot: fruta)* strawberry; *(planta)* strawberry plant. **(b)** *(Téc)* milling cutter; *(de dentista)* drill. **(c)** *(Méx: fam pey)* snob *(fam)*.
fresadora *nm* *(Mec)* milling machine; **~ de roscar** thread cutter.
fresal *nm* strawberry bed *o* fields *pl.*
fresar [1a] *vt* *(Mec)* to mill.
fresca *nf* **(a)** *(aire)* fresh air; *(parte del día)* cool part of the day; **tomar la ~** to go out for a breath of air. **(b)** *(fam)*; **decir** *o* **soltar cuatro ~s a algn** to give sb a piece of one's mind.
frescachón *adj* **(a)** *(robusto)* glowing with health, ruddy. **(b)** *(niño)* bouncing, healthy. **(c)** *(mujer)* buxom.
frescales *nm inv* *(fam)* scamp, rascal.
fresco 1 *adj* **(a)** *(gen)* fresh; *(nuevo)* new; *(reciente)* recent; *(huevo)* new-laid.
(b) *(bastante frío)* cool; **bebida ~a** cool *o* cold drink; **hace ~** *(Met)* it's cool *o* fresh.
(c) *(tela)* light, thin.
(d) *(impasible)* cool, calm; **me lo dijo tan ~** he just said it to me as cool as you like; **me lo dijo y se quedó tan ~** he said it without batting an eyelid; **estar más ~ que una lechuga** to be as cool as a cucumber.
(e) *(descarado)* cheeky, bad-mannered, sassy *(US)*; **¡qué ~!** what a cheek!, what a nerve!
2 *nm* **(a)** *(aire)* fresh air, cool air; **al ~** in the open air, out of doors; **tomar el ~** to get some fresh air.
(b) *(Arte)* fresco; **pintar al ~** to paint in fresco.
(c) *(fam)* fresh guy *(US fam)*, bad-mannered person.
(d) *(CAm: bebida)* fruit juice *o* drink.
frescor *nm* freshness; **gozar del ~ nocturno** to enjoy the cool night air.
frescura *nf* **(a)** *(gen)* freshness; *(frío)* coolness. **(b)** *(serenidad)* coolness, calmness; **con la mayor ~** completely unmoved *o* unconcerned. **(c)** *(fam: descaro)* cheek, nerve; **¡qué ~!** what a nerve! **(d)** *(impertinencia)* impudent remark.
fresnada *nf* ash grove.
fresno *nm* ash (tree).
fresón *nm* *(Bot: fruto)* strawberry; *(planta)* strawberry plant.
fresquera *nf* meat safe, cold-room.
fresquería *nf* *(LAm)* refreshment stall.
freudiano/a *adj, nm/f* Freudian.
freza *nf* **(a)** *(de peces)* spawn; *(estación)* spawning. **(b)** *(Zool)* dung, droppings.
frezar [1f] *vi* to spawn.
frialdad *nf* **(a)** *(frío)* coldness, cold; *(fig)* chilliness. **(b)** *(indiferencia)* indifference, unconcern; **recibir a algn con ~** to give sb a cool reception.
fríamente *adv* *(fig)* coldly.
fricasé *nm* fricassee.
fricativa *nf* fricative.
fricativo *adj* fricative.
fricción *nf* *(friega)* rub, rubbing; *(Med)* massage; *(Mec)* friction; *(Pol, fig etc)* friction, trouble.
friccionar [1a] *vt* *(frotar)* to rub; *(Med)* to rub, massage.
friega *nf* **(a)** *(gen)* rub, rubbing; *(Med)* massage; *(Dep)* rub-down. **(b)** *(LAm fam: molestia)* nuisance, annoyance. **(c)** *(And, CSur: zurra)* thrashing.
friegaplatos *nm inv* dishwasher.
frigidez *nf* frigidity.
frígido *adj* frigid.
frigo *nm* *(fam)* fridge, refrigerator.
frigorífico 1 *adj* *(gen)* refrigerating; **instalación ~a** cold-storage plant. **2** *nm* *(gen)* refrigerator; *(electrodoméstico)* fridge; *(Náut)* refrigerator ship; *(camión)* freezer lorry *o* *(US)* truck.
frigorífico-congelador *nm* *(pl* **frigoríficos-congeladores***)* fridge-freezer.
fríjol, frijol *nm* **(a)** *(esp LAm: Bot)* kidney bean; *(: gen)* bean. **(b)** **~es** *(LAm fam)* food, grub *(fam)*; **buscarse los ~es** *(Cu fam)* to earn a living.
frío 1 *adj* **(a)** *(gen)* cold; **más ~ que el hielo** as cold as ice. **(b)** *(fig: indiferente)* unmoved, indifferent; *(poco entusiasta)* chilly, cool; *(inexpresivo)* cold, lifeless; *(poco apasionado)* frigid; **eso me deja ~** that turns me off. **2** *nm* **(a)** cold; **¡qué ~!** how cold it is!; **hace (mucho) ~** it's (very) cold; **coger ~** to catch cold; **pasar ~** to be cold; **tener ~** to be *o* feel cold; **no me da ni ~ ni calor** it's all the same to me. **(b)** *(indiferencia)* coldness, indifference.
friolento *adj* *(LAm)* sensitive to cold.
friolera *nf* trifle, mere nothing; **gastó la ~ de 100.000 ptas** *(iró)* he spent a mere 100,000 pesetas.
friolero *adj* sensitive to cold.
frisa *nf* *(And, CSur)* nap (on cloth).
frisar [1a] *vi*: **~ en** to border on, be *o* come close to; **frisa en los 50** she's getting on for 50.
friso *nm* *(Arquit)* frieze; *(: rodapié)* skirting board.
fritada *nf* fry, fry-up *(fam)*.
fritanga *nf* *(LAm)* = **fritada**.
fritanguería *nf* *(Chi, Per)* fried food shop *o* stall.
fritar [1a] *vt* *(LAm)* to fry.
frito 1 *pp de* **freír**. **2** *adj* **(a)** *(gen)* fried; **patatas** *o* *(LAm)* **papas ~as** chips, French fries *(US)*. **(b)** **tener ~ a algn** *(fam)* to get on sb's nerves, be a nuisance to sb; **este trabajo me tiene ~** this job's getting me down. **(c)** *(fam: persona)*; **dejar a algn ~** *(matar)* to do sb in *(fam)*; **estar ~** to be finished, be done for *(fam)*; *(dormido)* to be kipping *(fam)*; *(muerto)* to be a gonner *(fam)*; **quedarse ~** *(fam: dormirse)* to go out like a light. **3** *nm* fry, fried dish; **~s variados** mixed grill.
fritura *nf* **(a)** *(gen)* fry, fried dish. **(b)** *(Telec)* crackling, interference.
frivolidad *nf* frivolity, frivolousness.
frívolo *adj* frivolous.
fronda *nf* frond; **~s** foliage, leaves.
frondoso *adj* leafy, luxuriant.
frontal *adj* frontal; *(parte, posición)* front; **choque ~** head-on collision.
frontera *nf* **(a)** *(línea divisoria)* frontier, border; *(zona fronteriza)* frontier area, borderland. **(b)** *(Arquit)* façade.
fronterizo *adj* frontier; *(atr)* border *atr.*
frontero *adj* opposite, facing.
frontis *nm* *(Arquit)* façade.

frontispicio *nm* (*de libro*) frontispiece; (*fam*) face, clock (*fam*).
frontón *nm* (**a**) (*Arquit*) pediment. (**b**) (*Dep*) pelota court.
frotación *nf*, **frotadura** *nf*, **frotamiento** *nm* (*gen*) rub, rubbing; (*Mec*) friction.
frotar [1a] **1** *vt* (*gen*) to rub; (*fósforo*) to strike; **quitar algo frotando** to rub sth off. **2 frotarse** *vr* to rub, chafe; ~ **las manos** to rub one's hands (together).
frote *nm* (*acción*) rub.
frotis *nm*: ~ **cervical/vaginal** cervica/vaginall smear.
fr(s). *abr de* **franco(s)** fr.
fructífero *adj* (**a**) (*Bot etc*) productive, fruitbearing. (**b**) (*fig*) fruitful.
fructificar [1g] *vi* (**a**) (*Bot*) to produce *o* bear fruit. (**b**) (*fig*) to yield a profit.
fructosa *nf* fructose.
fructuoso *adj* fruitful.
frufrú *nm* rustling.
frugal *adj* frugal.
frugalidad *nf* frugality.
fruición *nf* (*gen*) enjoyment; ~ **maliciosa** malicious pleasure.
frunce *nm* (*Cos*) gather, shirr.
fruncido 1 *adj* (**a**) (*Cos*) pleated, gathered; (*frente*) wrinkled, furrowed; (*ceño*) frowning. (**b**) (*CSur*) prudish, demure. **2** *nm* = **frunce**.
fruncir [3b] *vt* (*Cos*) to gather, shirr; (*ceño*) to frown; (*frente*) to wrinkle, knit; (*labios*) to purse.
fruslería *nf* (*chuchería*) trinket; (*fig: nimiedad*) trifle, triviality.
frustración *nf* frustration.
frustrar [1a] **1** *vt* to frustrate, thwart. **2 frustrarse** *vr* (*gen*) to be frustrated; (*plan etc*) to fail, miscarry.
frustre *nm* (*fam*) = **frustración**.
fruta *nf* (*gen*) fruit; ~**s confitadas** candied fruits; ~ **prohibida** forbidden fruit; ~ **de sartén** fritter; ~ **del tiempo** seasonal fruit.
frutal 1 *adj* fruit-bearing, fruit *atr*. **2** *nm*: (**árbol**) ~ fruit tree.
frutería *nf* fruiterer's (shop), fruit shop.
frutero/a 1 *adj* fruit *atr*; **plato** ~ fruit dish. **2** *nm/f* fruiterer. **3** *nm* fruit dish *o* bowl.
fruticultor(a) *nm/f* fruit-farmer, fruit-grower.
frutilla *nf* (*And, CSur*) strawberry.
fruto *nm* (**a**) (*gen*) fruit; ~ **del pan** breadfruit; ~**s del país** (*LAm*) agricultural products; ~**s secos** nuts; **dar** ~ to fruit, bear fruit. (**b**) (*fig: resultado*) result, consequence; (*hijo etc*) offspring, child; **el** ~ **de esta unión** the offspring of this marriage; **sacar** ~ **de** to profit from, derive benefit from.
FSE *nm abr de* **Fondo Social Europeo** ESF.
FSM *nf abr de* **Federación Sindical Mundial** WFTU.
fu 1 *nm* (*de gato*) spit *o* hiss. **2** *interj* ugh! **3**: **ni** ~ **ni fa** neither chalk nor cheese.
fuácata *nf* (*Cu, Méx: fam*) **estar en la** ~ to be broke (*fam*).
fucsia *nf* fuchsia.
fucha, **fuchi** *interj* (*Méx: asco*) yuk!, ugh!; (*: sorpresa*) phew!
fuego *nm* (**a**) (*gen*) fire; ~**s artificiales** fireworks; ~ **fatuo** will-o'-the-wisp; **encender** *o* (*LAm*) **prender/apagar el** ~ to light/put out the fire; **avivar el** ~ (*fig*) to stoke things up; **avivar** *o* **atizar el** ~ to poke the fire; **echar** ~ **por los ojos** to glare, look daggers; **jugar con** ~ (*fig*) to play with fire; **marcar a** ~ to brand; **pegar** *o* **prender** ~ **a** to set fire to, set on fire; **poner un pueblo a** ~ **y sangre** to lay a village waste.
(**b**) (*Culin: gas*) burner, ring; (*: Elec*) (hot) plate; (*: calor*) flame, heat; **hervir a** ~ **lento** to simmer.
(**c**) (*Náut etc*) beacon, signal fire.
(**d**) (*para cigarro*) light; **¿tienes** *o* **me das** ~**?** have you got a light?; **le pedí** ~ I asked him for a light.
(**e**) (*Mil*) fire; **¡alto el** ~**!** cease fire!; ~ **nutrido** heavy fire; **abrir** *o* **romper** ~ to open fire; **hacer** ~ to fire (*sobre* at, on); **estar entre dos** ~**s** (*fig*) to be in the crossfire.
(**f**) (*Med*) rash; ~ **pérsico** shingles.
(**g**) (*fig: pasión*) fire, passion; **apagar los** ~**s de algn** to damp down sb's ardour *o* (*US*) ardor; **atizar el** ~ to stir things up, add fuel to the fire.
fuel-oil [fuel'oil] *nm* paraffin, kerosene (*US*).
fuelle *nm* (**a**) (*gen*) bellows; (*de gaita*) bag; ~ **de pie** foot pump. (**b**) (*Aut*) folding hood, folding top (*US*); ~ **quitasol** (*Fot*) hood. (**c**) (*fam: soplón*) grass (*fam*).
fuente *nf* (**a**) (*gen*) fountain; (*ojo de agua*) spring; ~ **de beber** drinking fountain; ~ **termal** hot spring; ~ **de río** source of a river. (**b**) (*Culin*) serving dish. (**c**) (*fig: origen*) source, origin; **de** ~ **desconocida/fidedigna** from an unknown/a reliable source; ~ **de alimentación** (*Inform*) power supply; ~ **de suministro** source of supply. (**d**) (*Chi*) ~ **de soda** small café, ≈ soda fountain (*US*).
fuer *nm*: **a** ~ **de** as a; **a** ~ **de caballero** as a gentleman.
fuera 1 *adv* (**a**) (*situación*) outside; (*dirección*) out; **¡~!** get out!; **'¡ruritanos ~!'** 'Ruritanians go home!'; **ir** *o* **salir** ~ to go out; **el perro tenía la lengua** ~ the dog had his tongue hanging out; **la parte de** ~ the outside *o* outer part; **desde** ~ from outside; **por** ~ (on the) outside; **los de** ~ strangers, newcomers.
(**b**) **estar** ~ to be away; (*en el extranjero*) to be abroad; **estuvo** ~ **8 semanas** he was away for 8 weeks; **salir** ~ to go abroad.
(**c**) (*Dep*) **estar** ~ to be in touch *o* out; **poner** ~ to put into touch; **jugar** ~ (*Ftbl etc*) to play away (from home); **el equipo de** ~ the away team.
2 *prep* (**a**) ~ **de** outside (of), out of; **estaba** ~ **de su jaula** it was out of its cage; **esperamos** ~ **de la puerta** we waited outside the door; ~ **de alcance** out of reach; ~ **de combate** (*Mil*) wounded; (*Boxeo*) K.O.ed; ~ **de serie** out of order; (*fig*) special; ~ **de peligro** out of danger; ~ **de lo común** unusual; ~ **de lugar** (*fig*) inappropriate, out of place; **estar** ~ **de sí** to be beside o.s..
(**b**) ~ **de** (*fig*) in addition to, besides, beyond; **pero** ~ **de eso** but aside from that; ~ **de que** ... outside *o* beyond the fact that ....
3 *nmf*: **un** ~ **de serie** an exceptional person, an outstanding individual.
fuera-borda, **fuerabordo** *nm inv* outboard engine *o* motor.
fuereño/a *nm/f* (*Méx: gen*) outsider; (*: pey*) rustic, provincial.
fuero *nm* (**a**) (*carta municipal*) municipal charter; (*leyes municipales*) local *o* regional law code; (*privilegio: tb* ~**s**) privilege, exemption; **a** ~ according to law; **¿con qué** ~**?** by what right?; **de** ~ de jure, in law. (**b**) (*autoridad*) jurisdiction; **el** ~ **no alcanza a tanto** his authority does not extend that far. (**c**) (*fig*) **en mi** *etc* ~ **interno** ... in my *etc* heart of hearts ..., deep down ....
fuerte 1 *adj* (*gen*) strong; (*robusto*) tough, sturdy; (*comida*) heavy, big; (*té*) strong; (*terreno*) rough, difficult; (*golpe*) hard, heavy; (*voz, ruido*) loud; (*dolor, calor*) intense, great; (*rigor*) excessive, extreme; **plato** ~ (*Culin*) main course; (*fig*) main event; **¡qué** ~**!** (*fam*) that's great!; (*sorpresa*) well!, extraordinary!; **eso es muy** ~ that's a very serious thing to say; **se hicieron** ~**s en la casa** they barricaded themselves in the house; **ser** ~ **en filosofía** to be strong *o* well up in philosophy.
2 *adv* (*gen*) strongly; (*golpear*) hard; (*hablar etc*) loud, loudly; (*abrazar*) tight(ly); **pegar** ~ **al enemigo** to hit the enemy hard; **¡más** ~**!** speak up!; **poner la radio más** ~ to turn the radio up.
3 *nm* (**a**) (*Mil*) fort, strongpoint.
(**b**) (*Mús*) forte.
(**c**) (*fig*) forte, strongpoint; **el canto no es mi** ~ singing is not my strong point.
fuerza *nf* (**a**) (*poder*) strength; (*dureza*) toughness; (*robustez*) sturdiness; (*vigor*) vigour, vigor (*US*); (*intensidad*) intensity; (*de argumento etc*) force, effect; ~ **de**

voluntad willpower; **a ~ de** by dint *o* force of; **a viva ~** by sheer strength; **entrada a viva ~** forced entry; **cobrar ~s** to recuperate; (*Med*) to convalesce; **restar ~s a** to weaken; **sacar ~s de flaqueza** to make a supreme effort; **no me siento con ~s para eso** I don't feel up to it; **tener ~s para hacer algo** to be strong enough to do sth.

(**b**) (*Fís, Mec*) force, power; **~ de arrastre** pulling power; **~ de brazos** manpower; **~ centrífuga/centrípeta** centrifugal/centripetal force; **~ de gravedad** force of gravity; **~ hidraúlica/motriz** hydraulic *o* water power/motive force; **~ de sustentación** (*Aer*) lift.

(**c**) (*obligación*) force, compulsion; **~ mayor** force majeure; **por ~ mayor** by sheer force; **a la** *o* **por la ~** by force, under pressure; (*por necesidad*) of necessity; **con ~ legal** (*Com*) legally binding; **en ~ de** by virtue of; **es ~ hacer algo** it is necessary to do sth.

(**d**) (*violencia*) violence; **~ bruta** brute force; **hacer ~ a una mujer** to rape a woman; **recurrir a la ~** to resort to force, use violence.

(**e**) (*Mil etc*) force, forces; **~(s) aérea(s)** air force; **~s armadas (FFAA)** armed forces; **~ de choque** storm-troops, spearhead; **~s de Orden Público (F.O.P.)** police (forces); **~ de pacificación** peace-keeping force; **~s de seguridad** security forces.

fuetazo *nm* (*LAm*) lash.

fuete *nm* (*LAm*) whip.

fuga[1] *nf* (**a**) (*gen*) flight, escape; (*de enamorados*) elopement; **~ de capitales** flight of capital abroad; **~ de la cárcel** escape from prison, jailbreak; **~ de cerebros** brain drain; **darse a la** *o* **ponerse en ~** to flee, take to flight; **poner al enemigo en ~** to put the enemy to flight. (**b**) (*de gas etc*) leak, escape; **~ de cerebros** (*fig*) brain drain. (**c**) (*fig: ardor*) ardour, ardor *(US)*, impetuosity. (**d**) (*locución*) **le aplicaron la ley de ~s** he was shot while trying to escape.

fuga[2] *nf* (*Mús*) fugue.

fugacidad *nf* fleetingness, transitory nature.

fugarse [1h] *vr* (**a**) (*gen*) to flee; (*preso*) to escape; (*niño*) to run away; (*enamorados*) to elope (*con* with). (**b**) (*gas etc*) to leak (out), escape.

fugaz *adj* (**a**) (*momento etc*) fleeting, brief. (**b**) **estrella ~** shooting star.

fugitivo/a 1 *adj* (**a**) fugitive, fleeing. (**b**) = **fugaz (a)**. **2** *nm/f* fugitive.

fui, fuimos *etc V* **ser; ir.**

fulana *nf* (**a**) **Doña F~** Mrs So-and-so. (**b**) *(fam)* tart *(fam)*.

fulano *nm* so-and-so, what's-his-name; **~ de tal, Don F~** Mr So-and-so, Joe Bloggs *(Brit)*, John Doe *(US)*; **~, zutano y mengano** Tom, Dick and Harry; **me lo dijo ~** somebody told me; **no te vas a casar con un ~** you're not going to marry just anybody.

fulbito *nm* (*Dep*) five-a-side football.

fulcro *nm* fulcrum.

fulero *adj* (**a**) (*objeto*) useless, poorly made. (**b**) (*individuo: torpe*) blundering, incompetent; (*: astuto*) sly.

fulgente, fúlgido *adj* dazzling, brilliant.

fulgir [3c] *vi* to shine, glow.

fulgor *nm* brilliance, glow; (*fig*) splendour, splendor *(US)*.

fulgurante *adj* (**a**) bright, shining. (**b**) (*fig*) shattering, stunning.

fulgurar [1a] *vi* to shine, glow.

fulminación *nf* fulmination; (*rayo*) bolt.

fulminante 1 *adj* (**a**) (*pólvora*) fulminating; **cápsula ~** percussion cap; (*fig: mirada*) withering. (**b**) (*Med*) fulminant; **ataque ~** stroke. (**c**) (*fam*) terrific, tremendous; **golpe ~** terrific blow; **tiro ~** (*Ftbl etc*) sizzling shot. **2** *nm* (*LAm*) percussion cap.

fulminar [1a] **1** *vt* (**a**) (*gen*) to fulminate; (*amenazas*) to utter (*contra* against); **~ a algn con la mirada** to look daggers at sb. (**b**) (*con rayo*) to strike with lightning; (*fig*) to strike down. **2** *vi* to fulminate, explode.

fullería *nf* (**a**) (*Naipes etc*) cheating, cardsharping. (**b**) (*trampa*) trick.

fullero 1 *adj*: **hacer algo en plan ~** to botch sth *(fam)*. **2** *nm* (*Naipes etc*) cheat, cardsharp; (*tramposo*) sneak *(fam)*.

fumada *nf* (*de cigarro*) puff, drag *(fam)*.

fumadero *nm* smoking room; **~ de opio** opium den; **este cuarto es un ~** this room is full of smoke.

fumado *adj*: **estar ~** (*fam*) to be stoned *(fam)*.

fumador(a) *nm/f* smoker; **~ de pipa** pipe smoker; **~ pasivo** passive smoker; **no ~** non-smoker.

fumar [1a] **1** *vt, vi* to smoke; **'prohibido ~'** 'no smoking'; **él fuma en pipa** he smokes a pipe; **¿puedo ~?** may I smoke? **2 fumarse** *vr* (**a**) (*dinero*) to squander; (*clase*) to cut, miss. (**b**) **fumárselo a algn** (*LAm fam: engañar*) to trick *o* swindle sb.

fumarada *nf* (**a**) (*gen*) puff of smoke. (**b**) (*en pipa*) pipeful.

fumigación *nf* fumigation.

fumigar [1h] *vt* to fumigate.

fumista *nm* (*CSur*) joker, tease.

fumosidad *nf* smokiness.

fumoso *adj* smoky.

funambulista *nmf*, **funámbulo/a** *nm/f* tightrope walker.

función *nf* (**a**) (*gen*) function; (*de máquina etc*) functioning, operation.

(**b**) (*deberes*) duties; **presidente en ~es** acting president; **entrar en ~es** to take up one's duties; **excederse en sus ~es** to exceed one's duty.

(**c**) (*Teat etc*) show; **~ benéfica/de despedida** charity/farewell performance; **~ de (la) tarde/(la) noche** matinée/evening performance; **mañana no hay ~** there will be no performance tomorrow; **~ pública** civil service, civil servants *(collectively)*; **~ de títeres** puppet show; **~ taquillera** box-office success, hit *(fam)*.

(**d**) **en ~ de** on the basis of, in relation to; **retribución en ~ de la valía del candidato** remuneration to reflect the quality of the successful candidate.

funcional *adj* functional.

funcionalidad *nf* functional character.

funcionamiento *nm* (*gen*) functioning, operation; (*Mec, Téc*) operation, working, running; **sociedad en ~** going concern; **entrar en ~** to come into operation; **poner en ~** to bring into service.

funcionar [1a] *vt* (*gen*) to function; (*Mec, Téc*) to go, work, run; (*Aut etc*) to perform; **funcionando** in working *o* running order; **'no funciona'** 'out of order'; **hacer ~ una máquina** to operate a machine.

funcionario/a *nm/f* official, civil servant; **~ público** public official.

funda *nf* (**a**) case, cover; **~ (de almohada),** pillowcase, pillowslip; **~ de pistola** holster; **~ protectora del disco** (*Inform*) disk-jacket. (**b**) (*Col: falda*) skirt.

fundación *nf* foundation.

fundado *adj* (*justificado*) well-founded, justified; **una pretensión mal ~a** an ill-founded claim.

fundador(a) *nm/f* founder.

fundamental *adj* fundamental, basic; (*esencial*) essential.

fundamentalismo *nm* fundamentalism.

fundamentalista *adj, nmf* fundamentalist.

fundamentalmente *adv* (*V adj*) fundamentally, basically; essentially.

fundamentar [1a] *vt* (**a**) (*sentar las bases*) to lay the foundations of. (**b**) (*fig: basarse*) to base, found (*en* on).

fundamento *nm* (**a**) (*Arquit*) foundations. (**b**) (*fig: base*) foundation, basis; (*: razón*) grounds, reason; **eso carece de ~** that is groundless, that is completely unjustified; **creencia sin ~** groundless *o* unfounded belief. (**c**) (*moral*) reliability, trustworthiness. (**d**) (*Téc*) weft, woof. (**e**) **~s** (*fig*) fundamentals, basic essentials.

fundar [1a] **1** *vt* (**a**) (*gen*) to found; (*crear*) to institute, set up, establish. (**b**) (*fig: basarse etc*) to base, found (*en* on). **2 fundarse** *vr* (**a**) to be founded *o* established. (**b**) ~ **en** to be founded *o* based on; **me fundo en los siguientes hechos** I base my opinion on the following facts.

fundente *nm* flux.

fundición *nf* (**a**) (*acción*) smelting, founding. (**b**) (*Com: fábrica*) foundry, smelting plant; ~ **de hierro** iron foundry. (**c**) (*Téc: colado*) casting; ~ **de acero** steel casting. (**d**) (*Tip*) font, fount.

fundido *adj* (*LAm Com*) ruined, bankrupt.

fundidor *nm*, **fundidora** *nf* foundry.

fundillo *nm* (*LAm Cos*) trouser seat, seat of the pants *(US)*; (*LAm fam: culo*) bum *(Brit fam)*, arse *(Brit fam!)*, ass *(US fam)*.

fundir [3a] **1** *vt* (**a**) (*fusionar*) to fuse (together); (*unir*) to join, unite.
(**b**) (*Téc*) to melt (down), smelt; (*nieve etc*) to melt; (*Elec*) to fuse; (*pieza*) to found, cast; (*Com*) to merge.
(**c**) (*CSur*) to ruin.
2 fundirse *vr* (**a**) (*gen*) to fuse (together); (*colores etc*) to merge, blend (together).
(**b**) (*derretirse: tb fig*) to melt; (*Elec: fusible, lámpara etc*) to blow, burn out; **se fundieron los plomos** the fuses blew *o* went.
(**c**) (*malgastar*) **se fundió la fortuna en unos meses** he squandered his fortune in a few months.
(**d**) (*LAm*) to be ruined.

fundo *nm* (*Per, Chi*) landed property, estate.

fúnebre *adj* (**a**) (*gen*) funeral *atr*; **coche** ~ hearse; **pompas ~s** undertaker's *(Brit)*, funeral parlor *(US)*. (**b**) (*fig*) funereal; (*sonido etc*) mournful, lugubrious.

funeral 1 *adj* funeral *atr*. **2** *nm* funeral; **~es** funeral, obsequies.

funerala *nf*: **marchar a la** ~ to march with reversed arms; **ojo a la** ~ black eye.

funeraria *nf* undertaker's, mortician's *(US)*, funeral parlor *(US)*; **director de** ~ undertaker, funeral director, mortician *(US)*.

funerario *adj* funeral *atr*.

funesto *adj* (*gen*) ill-fated, unfortunate; (*desastroso*) fatal, disastrous (*para* for).

fungicida *nm* fungicide.

fungir [3c] *vi* (*CAm, Méx: actuar*) to act (*de* as).

fungo *nm* (*Med*) fungus.

fungoso *adj* fungous.

funicular *nm* funicular (railway).

furcia *nf* (*fam*) tart *(fam)*, whore; ¡~! you slut!

furgón *nm* wagon, truck; (*Ferro*) van; ~ **blindado** armoured *o (US)* armored truck; ~ **celular** police van, prison van; ~ **de equipajes** luggage van, baggage car *(US)*; ~ **de mudanzas** removal lorry; ~ **de reparto** delivery lorry.

furgoneta *nf* (*Aut, Com*) (transit) van, pickup (truck) *(US)*; (*coche*) estate (car).

furia *nf* (*gen*) fury, rage; (*violencia*) violence; **a toda** ~ (*CSur*) at top speed; **estar hecho una** ~ to be furious *o* raging; **ponerse hecho una** ~ to get mad.

furibundo *adj* furious, enraged.

furioso *adj* (*gen*) furious; (*violento*) violent; **estar** ~ to be furious; **ponerse** ~ to get furious, lose one's head.

furor *nm* (**a**) (*gen*) fury, rage; (*pasión*) frenzy, passion; **dijo con** ~ he said furiously. (**b**) (*fig*) rage; **hacer** ~ to be all the rage, be a sensation.

furriel, furrier *nm* quartermaster.

furriña *nf* (*Méx*) anger.

furtivo *adj* (*gen*) furtive, clandestine; **cazador** *o* **pescador** ~ poacher.

furúnculo *nm* (*Med*) boil.

fuselado *adj* streamlined.

fuselaje *nm* fuselage.

fusible *nm* fuse.

fusil *nm* rifle, gun; ~ **de juguete** toy gun.

fusilamiento *nm* (*Jur*) execution by firing squad; (*irregular*) summary execution.

fusilar [1a] *vt* (**a**) to shoot, execute. (**b**) (*fam: plagiar*) to pinch *(fam)*, plagiarize; (*producto*) to pirate, copy illegally.

fusilero *nm* rifleman, fusileer.

fusión *nf* (*Fís etc*) fusion; (*unión*) joining, uniting; (*metal etc*) melting; (*Com*) merger, amalgamation.

fusionar [1a] **1** *vt* to fuse (together); (*Com*) to merge, amalgamate. **2 fusionarse** *vr* to fuse; (*Com*) to merge, amalgamate.

fusta *nf* (**a**) (*látigo*) riding whip. (**b**) (*leña*) brushwood, twigs *pl*.

fustán *nm* (**a**) (*tela*) fustian. (**b**) (*LAm: funda*) petticoat, underskirt; (*: falda*) skirt.

fuste *nm* (**a**) (*gen*) log, timber; **de** ~ wooden. (**b**) (*de lanza*) shaft; (*de chimenea*) shaft; **de** ~ (*fig*) important, of some consequence. (**c**) (*CAm fam: Anat*) bottom.

fustigar [1h] *vt* (*gen*) to whip, lash; (*fig*) to upbraid, give a tongue-lashing to *(fam)*.

fútbol *nm* football, soccer; ~ **americano** American football.

futbolín *nm* table football.

futbolista *nm* footballer.

futbolístico *adj* football *atr*.

futesa *nf* trifle, mere nothing; **~s** small talk.

fútil *adj* trifling, trivial.

futileza *nf* (*Chi*), **futilidad** *nf* trifle, triviality.

futre *nm* (*Chi fam*) toff *(fam)*, dude *(US fam)*.

futura *nf* (**a**) (*Jur*) reversion. (**b**) (*fam*) fiancée.

futurismo *nm* futurism.

futurístico *adj* futuristic.

futuro 1 *adj* future; **~a madre** mother-to-be. **2** *nm* (**a**) future; **en el** ~ in (the) future; **en lo** *o* **un** ~ in (the) future; **en un** ~ some time in the future; **en un** ~ **próximo** in the very near future, very soon. (**b**) (*Ling*) future tense. (**c**) (*fam*) fiancé. (**d**) **~s** (*Com*) futures.

futurología *nf* futurology.

futurólogo/a *nm/f* futurologist.

G

G, g [xe] *nf* (*letra*) G, g.

g/ *abr de* **giro** p.o., m.o. *(US)*.

gabacho/a 1 *adj* (**a**) (*Geog*) Pyrenean. (**b**) (*pey: afrancesado*) frenchified. (**c**) **le salió ~a la cosa** the affair was a failure. **2** *nm/f* (**a**) (*Geog*) Pyrenean villager. (**b**) (*fam pey*) Frenchy *(fam)*, froggy *(fam)*; (*español*) frenchified Spaniard.

gabán *nm* overcoat, topcoat.

gabardina *nf* (*tela*) gabardine; (*sobretodo*) raincoat, mackintosh.

gabarra *nf* (*barcaza*) barge, flatboat.

gabarrero *nm* (*barquero*) bargeman.

gabarro *nm* (**a**) (*en una tela: defecto*) flaw, defect. (**b**) (*Vet: moquillo*) distemper, pip. (**c**) (*fig: en las cuentas*) error, miscalculation; (*obstáculo*) snag; (*molestia*) annoyance.

gabela *nf* (*impuesto*) tax, duty; (*carga*) burden.

gabinete *nm* (**a**) (*estudio*) study, library; (*sala de recibo*) private sitting room; (*tocador*) boudoir; (*Jur, Med*) office; (*Arte*) studio; ~ **de consulta/de lectura** consulting/reading room; ~ **fiscal** tax advisory office; ~ **de prensa** press office. (**b**) (*Pol*) cabinet. (**c**) (*muebles*) suite of office furniture.

gablete *nm* (*Arquit*) gable.

gacela *nf* gazelle.

gaceta *nf* (*periódico*) gazette, official journal.

gacetilla *nf* (**a**) (*notas sociales*) gossip column; (*noticias generales*) section of local *o* miscellaneous news; **'G~'** (*titular*) 'News in Brief'. (**b**) (*fam: soplón*) gossip, scandalmonger; **ella es una ~ con dos patas** she's a dreadful gossip.

gacetillero/a *nm/f* (*reportero de sociales*) gossip columnist; (*fam pey: periodista*) hack.

gacilla *nf* (*CAm: imperdible*) safety pin.

gacha *nf* (**a**) thin paste, mush; **~s** (*Culin: papilla*) pap; **~s de avena** oatmeal porridge; **se ha hecho unas ~s** (*fig*) she's turned all sentimental. (**b**) (*LAm: vasija*) earthenware bowl.

gachí *nf* (*pl* **~s**) (*fam: chica*) dame (*US fam*), bird (*Brit fam*).

gacho *adj* (**a**) (*encorvado*) bent down, turned downward; (*cuerno*) down-curved; (*sombrero*) with down-turned brim; (*orejas*) drooping, floppy; **sombrero ~** slouch hat; **salió con las orejas ~as** *o* **la cabeza ~a** he went out all down in the mouth (*fam*). (**b**) (*Méx fam: feo*) nasty, ugly. (**c**) (*fam*); **ir a ~as** to go on all fours.

gachó *nm* (*pl* **~s**) (*fam*) chap (*fam*), bloke (*fam*).

gachón *adj* (*fam: que tiene gracia*) charming, sweet; (*niño*) spoilt.

gachupín/ina *nm/f* (*Méx pey*) (any) Spaniard.

gaditano/a 1 *adj* of *o* from Cadiz. **2** *nm/f* native *o* inhabitant of Cadiz.

GAE *nm abr* (*Esp Mil*) *de* **Grupo Aéreo Embarcado**.

gaélico/a 1 *adj* Gaelic. **2** *nm/f* Gael. **3** *nm* (*Ling*) Gaelic.

gafa *nf* (*grapa*) grapple; (*abrazadera*) clamp; (*anteojos*) **~s** glasses, spectacles; (*Dep*) goggles; **~s ahumadas/bifocales** *o* **graduadas** smoked glasses/bifocals; **~s de baño** goggles; **~s de motorista/protectoras** motorcyclist's/protective goggles; **~s de sol** sunglasses.

gafar [1a] *vt* (**a**) (*arrebatar*) to hook, latch on to. (**b**) (*fam: traer mala suerte*) to put a jinx on; (*estropear*) to mess up.

gafe 1 *adj*: **ser ~** (*fam*) to have a jinx (*fam*), be jinxed (*fam*). **2** *nm* (*fam*) jinx (*fam*).

gafete *nm* clasp, hook and eye.

gafo *adj* (*LAm: de caballo*) footsore; (*Méx: adormecido*) numb.

gag [gax] *nm* (*pl* **~s** [gax]) (*Teat*) gag.

gago/a (*Méx*) **1** *adj* stammering. **2** *nm/f* stammerer.

gaguear [1a] *vi* (*Méx fam: tartamudear*) to stammer, stutter.

gaguera *nf* (*Méx: tartamudeo*) stammer, speech defect.

gaita *nf* (**a**) (*Mús: gen*) bagpipe(s); (*: flauta*) flute; (*: organillo*) hurdy-gurdy; ~ **gallega** bagpipe; **ser como una ~** to be very demanding; **estar de ~** to be merry; **templar ~s a algn** to calm sb down. (**b**) (*fam: pescuezo*) neck; **sacar la ~** to stick one's neck out. (**c**) (*dificultad*) bother, nuisance; (*cosa engorrosa*) tough job; **¡qué ~!** what a pain! (*fam*). (**d**) **estar hecho una ~** to be a wreck (*fam*). (**e**) (*Méx fam: maula*) cheat, trickster.

gaitero 1 *adj* (**a**) (*colores*) gaudy, flashy. (**b**) (*ridículamente alegre*) inappropriately jocular *o* witty. **2** *nm* (*Mús*) (bag)piper.

gajes *nmpl* (*salario*) pay; (*gratificación*) perquisites; ~ **del oficio** (*hum*) occupational hazards *o* risks; ~ **y emolumentos** (*Com*) perquisites.

gajo *nm* (**a**) (*rama*) torn-off branch *o* bough; (*de uvas*) small cluster, bunch; (*de naranja*) slice, segment. (**b**) (*de horca*) point, prong. (**c**) (*Geog*) spur.

GAL *nmpl abr* (*Esp*) *de* **Grupos Antiterroristas de Liberación** *anti-ETA terrorist group*.

gala *nf* (**a**) (*traje de etiqueta*) full dress; (*vestido lucido*) best dress; (*traje ceremonial*) court dress; **de ~** state *atr*, gala *atr*; **estar de ~** to be in full dress; (*bien vestido*) to be all dressed up; (*ciudad*) to be in festive mood.

(**b**) **~s** (*artículos de lujo*) finery, trappings; (*joyas*) jewels; **~s de novia** bridal attire.

(**c**) **hacer ~ de** to show off; (*jactarse*) to boast of, glory in; **tener algo a ~** to be proud of sth; **tener a ~ hacer algo** to be proud to do sth.

(**d**) (*lo más selecto*) cream, pride; **es la ~ de la ciudad** it is the pride of the city; **llevarse las ~** to deserve *o* win applause.

(**e**) (*Mús*) gig, show, concert.

(**f**) (*fiesta etc*) show; ~ **benéfica** charity event.

galáctico *adj* (*Astron*) galactic.

galán *nm* (**a**) (*apuesto*) handsome fellow; (*Don Juan*) ladies' man; (*Hist*) young gentleman, courtier. (**b**) (*novio*) gallant, beau; (*pretendiente*) suitor. (**c**) (*Teat*) male lead; (*protagonista*) hero; ~ **de cine** matinée idol; **primer ~** leading man. (**d**) (*Bot*) ~ **de noche** night jasmine. (**e**) (*mueble: tb* ~ **de noche**) clothes-rack and trouser press.

galano *adj* (**a**) (*primoroso*) smart, spruce; (*elegante*) elegant; (*gallardo*) gaily dressed. (**b**) (*Cu: tez*) mottled.

galante *adj* (**a**) (*hombre*) gallant; (*atento*) charming; (*cortés*) polite. (**b**) (*mujer*) flirtatious.

galantear [1a] *vt* (*enamorar*) to court, woo; (*coquetear*) to flirt with.

galanteo *nm* (*corte*) courtship, wooing; (*coqueteo*) flirting.

galantería *nf* (**a**) (*gen*) gallantry; (*atención*) attentiveness to women; (*gentileza*) politeness. (**b**) (*requiebro*) compliment; (*piropo*) charming thing to say.

galanura *nf* (*gracia*) prettiness; (*encanto*) charm; (*gallardía*) elegance.

galápago *nm* (**a**) (*Zool: tortuga*) freshwater tortoise. (**b**) (*molde*) tile mould *o* (*US*) mold. (**c**) (*Téc*) ingot, pig. (**d**) (*montura*) light saddle; (*LAm: montura de lado*) sidesaddle.

Galápagos: **Islas ~** *nfpl* Galapagos Islands.

galardón *nm* (*Lit*) reward, prize.

galardonar [1a] *vt* (*premiar*) to reward, recompense (*con* with); (*Lit: una obra*) to give a prize to; **obra galardonada por la Academia** work which won an Academy prize.

galaxia *nf* (*Astron*) galaxy.

galbana *nf* (*pereza*) sloth, laziness; (*holgazanería*) shiftlessness.

galena *nf* galena, galenite.

galeno 1 *adj* (*viento*) moderate, soft. **2** *nm* (*fig*) physician.

galeón *nm* (*Náut*) galleon.

galeote *nm* galley slave.

galera *nf* (**a**) (*Náut*) galley; **condenar a algn a ~s** to condemn sb to the galleys. (**b**) (*carro*) covered wagon. (**c**) (*Med*) hospital ward; (*Hist*) women's prison; (*CAm, Méx*) shed. (**d**) (*LAm*) top hat. (**e**) (*Tip*) galley.

galerada *nf* (**a**) (*carga*) wagonload. (**b**) (*Tip*) galley proof.

galería *nf* (*gen*) gallery; (*corredor*) passage, corridor; (*Min*) gallery; (*balcón*) veranda(h); (*Arte*) gallery; (*fam: público*) audience; ~ **de columnas** colonnade; ~ **comercial** shopping mall; ~ **de popa** (*Náut*) stern gallery; ~ **secreta** secret passage; **hacer algo cara a la ~** (*fig*) to play to the gallery; ~ **de tiro** shooting gallery.

galerita *nf* (*Orn*) crested lark.

galerna *nf*, **galerno** *nm* violent north-west wind (*on N coast of Spain*).

galerón *nm* (*CAm*) shed; (*Méx*) big room.
Gales *nm* Wales.
galés/esa 1 *adj* Welsh. **2** *nm/f* Welshman/woman. **3** *nm* (*Ling*) Welsh.
galga *nf* (**a**) (*Zool*) greyhound bitch. (**b**) (*Geol*) boulder, rolling stone; (*Téc: de molino de aceite*) millstone.
galgo *nm* greyhound; **¡échale un ~!** (*fam*) you've no chance of catching him; **¡vaya Ud a espulgar un ~!** (*fam*) go to blazes!
Galia *nf* Gaul.
galiciano/a *adj, nm/f* Galician.
galicismo *nm* gallicism.
Galilea *nf* Galilee.
galimatías *nm inv* (*asunto confuso*) rigmarole; (*lenguaje oscuro*) gibberish, nonsense.
galo/a 1 *adj* Gallic. **2** *nm/f* Gaul.
galón[1] *nm* (*Cos*) braid; (*Mil*) stripe, chevron; **quitar los ~es a algn** to demote sb; **la acción le valió 2 ~es** the action got him a couple of stripes.
galón[2] *nm* (*medida*) gallon.
galonear [1a] *vt* to trim with braid.
galopada *nf* gallop.
galopante *adj* (*Med, fig*) galloping.
galopar [1a] *vi* to gallop; **echar a ~** to break into a gallop.
galope *nm* gallop; **a ~, al ~** at a gallop; (*fig*) in great haste, in a rush; **a ~ tendido** at full gallop; **alejarse a ~** to gallop off; **llegar a ~** to gallop up; **medio ~** canter.
galopín *nm* (*pícaro*) ragamuffin, urchin; (*bribón*) scoundrel; (*Náut: grumete*) cabin boy.
galpón *nm* (*LAm: cobertizo grande*) shed, storehouse; (*Aut*) garage.
galvánico *adj* galvanic.
galvanizado *adj* galvanized.
galvanizar [1f] *vt* (*Fís*) to electroplate; (*tb fig*) to galvanize.
galvanoplastia *nf* electro-plating.
gallada *nf* (*LAm: acto atrevido*) bold deed, great achievement; (*: jactancia*) piece of boasting; **la ~** (*CSur fam*) the boys *(fam)*, the lads *(fam)*.
gallardear [1a] *vi* (*actuar con gracia*) to act with ease and grace; (*comportarse*) to bear o.s. well.
gallardete *nm* (*banderola*) pennant, streamer.
gallardía *nf* (*gracia*) gracefulness; (*magnificencia*) fineness; (*valentía*) bravery; (*caballerosidad*) gallantry; (*nobleza*) nobleness.
gallardo *adj* (*V n*) graceful; fine; brave; gallant.
gallareta *nf* (*LAm*) South American coot.
gallear [1a] **1** *vt* (*suj: gallo*) to tread. **2** *vi* (**a**) (*destacar*) to excel, stand out. (**b**) (*envalentonarse*) to put on airs, strut; (*presumir*) to brag; (*alzar la voz*) to bawl.
gallego/a 1 *adj* (**a**) Galician. (**b**) (*LAm pey*) Spanish. **2** *nm/f* (**a**) Galician. (**b**) (*LAm pey*) Spaniard. (**c**) (*viento*) north-west wind. **3** *nm* (*Ling*) Galician.
galleguismo *nm* (**a**) (*Ling*) galleguism, word *o* phrase *etc* peculiar to Galicia. (**b**) sense of the differentness of Galicia; (*Pol*) doctrine of *o* belief in Galician autonomy.
galleguista 1 *adj* that supports *etc* Galician autonomy. **2** *nmf* supporter *etc* of Galician autonomy.
gallera *nf* cockpit; (*gallinero*) coop (for gamecocks).
gallería *nf* (*Cu*) = **gallera**.
gallero 1 *adj* (*LAm*) fond of cockfighting. **2** *nm* (*LAm: encargado*) owner *o* trainer of fighting cocks; (*: aficionado*) cockfighting enthusiast.
galleta *nf* (**a**) (*Culin*) biscuit, cookie *(US)*; (*: delgada*) wafer; (*Náut*) ship's biscuit, hardtack; **~ dulce** rusk; **~ de perro** dog biscuit.
(**b**) (*fam: bofetada*) bash *(fam)*, slap; (*: golpe*) thump; **se pegó una ~ con la moto** he got a real thump with the bike.
(**c**) (*And, CSur*) small bowl for drinking maté.
(**d**) **colgar** *o* **dar la ~ a algn** (*And, Arg: fam*) to get rid of *o (fam)* sack sb; (*: plantar*) to jilt sb; **hacerse una ~** (*CSur fam*) to get muddled; **tener ~** (*Méx fam*) to be very strong.
(**e**) (*LAm fam*) confusion, disorder; **~ del tráfico** (*Ven fam*) traffic jam.
galletear [1a] *vt* (*Méx: golpear*) to bash *(fam)*, punch.
galletero *nm* (*recipiente*) biscuit barrel *o* tin.
gallina 1 *nf* (**a**) (*Orn*) hen, fowl; **~ de agua** coot; **~ clueca** broody *o (US)* brooding hen; **~ de Guinea** guinea fowl; **~ ponedora** laying hen; **acostarse con las ~s** to go to bed early; **cantar la ~** to own up, hold up one's hands; **estar como ~ en corral ajeno** to be like a fish out of water; **las ~s de arriba ensucian a las de abajo** (*Chi*) the underdog always suffers; **matar la ~ de los huevos de oro** to kill the goose that lays the golden eggs. (**b**) **jugar a la ~ ciega** to play blind man's buff. **2** *nmf* (*fam: cobarde*) coward.
gallinaza *nf* hen droppings.
gallinazo *nm* (*LAm: buitre*) turkey buzzard.
gallinería *nf* (**a**) flock of hens; (*Com*) poultry shop, chicken market. (**b**) (*fig: cobardía*) cowardice.
gallinero *nm* (**a**) (*criadero*) henhouse, coop. (**b**) (*criador*) chicken farmer; (*pollero*) poulterer. (**c**) (*Teat*) gods, top gallery. (**d**) (*confusión*) babel, hubbub; (*griterío*) noisy gathering.
gallineta *nf* (*Orn*) sandpiper; (*LAm*) guinea fowl.
gallipavo *nm* (**a**) (*Orn*) turkey. (**b**) (*Mús*) false *o* wrong note.
gallito 1 *adj* (*fam*) cocky *(fam)*, cocksure; **ponerse ~** to get cocky *(fam)*. **2** *nm* (**a**) (*Orn*) small cock. (**b**) (*fig: pendenciero*) troublemaker; **el ~ del mundo** the cock-o'-the walk, the top dog.
gallo *nm* (**a**) (*Orn*) cock, rooster; **~ lira** black grouse; **~ montés** *o* **silvestre** capercaillie; **~ de combate** *o* **pelea** *o* **riña** gamecock, fighting cock; **estar como ~ en gallinero** to be much esteemed, be well thought of; **en menos que canta un ~** in an instant; **otro ~ me cantara** that would be quite a different matter; **haber comido ~** (*Méx fam*) to be in a fighting mood; *V* **pata (a)**.
(**b**) (*fam*) boss.
(**c**) **alzar** *o* **levantar el ~** (*fig*) to bawl, behave noisily; **tener mucho ~** to be cocky *(fam)*.
(**d**) (*Pesca*) cork float; (*Pez*) john dory.
(**e**) (*Mús*) false *o* wrong note; (*cambio de voz*) break in the voice; **soltar un ~** to sing a wrong note.
gallumbos *nmpl* (*fam: pantalones*) pants, trousers; (*calzoncillos*) underpants.
gama[1] *nf* (*Mús*) scale; (*fig: escala*) range, scale; **una extensa ~ de colores** an extensive range of colours *o (US)* colors; **~ de frecuencias/ondas/sonora** frequency/wave/sound range.
gama[2] *nf* (*Zool*) doe (*of fallow deer*).
gamba *nf* (*marisco*) prawn; (*fam: pierna*) leg; **meter la ~** (*fam*) to put one's foot in it *(fam)*.
gambado *adj* (*Carib: patituerto*) knock-kneed.
gamberrada *nf* (*patanería*) piece of hooliganism, loutish thing (to do).
gamberrear [1a] *vi* (*hacer el gamberro*) to go around causing trouble, act like a hooligan; (*gandulear*) to loaf.
gamberrismo *nm* hooliganism, loutishness.
gamberro 1 *adj* (*pey*) ill-bred, loutish. **2** *nm* (**a**) (*pey*) lout, hooligan; **hacer el ~** (*fam*) to act like a hooligan. (**b**) (*fam*) joker, tease.
gambeta *nf* (*de caballo*) prance, caper; (*LAm: esguince*) dodge, avoiding action, swerve; (*: Dep*) dribble, swerving; (*fig: pretexto*) dodge, pretext.
gambito *nm* (*Ajedrez*) gambit.
gamella *nf* (*abrevadero*) trough; (*artesa*) washtub.
gameto *nm* gamete.
gamín *nm* (*Col fam: chiquillo*) kid *(fam)*.
gamma *nf* (*letra*) gamma; **rayos ~** gamma rays.
gamo *nm* (*Zool*) buck (*of fallow deer*).
gamonal *nm* (*LAm*) = **cacique**.
gamonalismo *nm* (*LAm*) = **caciquismo**.
gamuza *nf* (**a**) (*Zool*) chamois. (**b**) (*piel*) chamois *o* wash

leather; (*sacudidor*) duster.

gana *nf* (*gen*) desire, wish (*de* for); (*hambre*) appetite (*de* for); (*afán*) inclination, longing (*de* for); **¡las ~s!** you'll wish you had!; **son ~s de joder** (*fam!*) *o* **molestar** they're just trying to be awkward; **~ tiene de coles quien besa al hortelano** it's just cupboard love; **donde hay ~ hay maña** where there's a will, there's a way; **con ~s** with a will, enthusiastically; **de buena ~** willingly, readily; **¡de buena ~!** gladly!; **de mala ~** reluctantly, grudgingly; **comer con ~s** to eat heartily; **darle la ~ de hacer algo** to feel like doing sth, to want to do sth, have an inclination to do sth; **esto da ~s de comerlo** it makes you want to eat it; **porque (no) me da la (real) ~** because I (don't) (damned well) want to; **como te dé la ~** just as you wish; **le entran ~s de hacer algo** he feels the urge to do sth; **hacer uno lo que le da la ~** to do as one pleases; **quedarse con las ~s** to be disappointed; **quitársele a uno las ~s de** to lose one's appetite for; **tener ~s de hacer algo** to feel like doing sth, have a mind to do sth; **no me viene en ~** I don't feel like it, I can't be bothered.

ganadería *nf* (**a**) (*crianza*) cattle raising; (*: en estancia*) ranching. (**b**) (*estancia*) stock farm; (*rancho*) cattle ranch. (**c**) (*ganado*) cattle, livestock; (*raza*) breed, race of cattle.

ganadero 1 *adj* cattle *atr*, stock *atr*; (*pecuario*) cattle-raising *atr*. **2** *nm* (*que cría ganado*) stockbreeder *(US)*; (*resero*) rancher; (*que trata en ganados*) cattle dealer.

ganado *nm* (**a**) livestock; (*esp LAm: vacuno*) cattle; (*un ~*) herd, flock; **~ asnal** donkeys; **~ caballar** horses; **~ cabrío** goats; **~ lanar** *u* **ovejuno** sheep; **~ mayor** cattle, horses and mules; **~ menor** sheep, goats and pigs; **~ porcino** pigs; **~ vacuno** cattle. (**b**) (*pey: gente*) **un ~ de** a crowd *o* mob of; **¡ya verás qué ~ tenemos esta noche!** we've got a right bunch in here tonight! *(fam)*.

ganador(a) 1 *adj* (*vencedor*) winning, victorious; **el equipo ~** the winning team; **apostar a ~ y colocado** to back (a horse) each way, back for a win and a place. **2** *nm/f* winner; (*Fin*) earner; (*fig: que aventaja*) gainer, one who gains.

ganancia *nf* (**a**) (*beneficio*) gain; (*aumento*) increase; (*Com, Fin: utilidad*) profit; **~s** (*utilidades*) earnings; (*beneficios*) profits; **~s y pérdidas** profit and loss; **~ bruta** gross profit; **~s de capital** capital gains; **~ líquida** net profit; **sacar ~s de** to draw profit from. (**b**) (*LAm: propina*) extra, bonus.

ganancial *adj* profit *atr*.

ganancioso/a 1 *adj* (**a**) gainful; (*que produce beneficios*) profitable, lucrative. (**b**) (*triunfador*) winning; **salir ~** to emerge the winner; (*que saca provecho*) to be the gainer. **2** *nm/f* gainer, winner; **en esto el ~ es él** in this he is the gainer.

ganapán *nm* (**a**) (*mandadero*) messenger. (**b**) (*sin trabajo fijo*) casual labourer *o (US)* laborer; (*que trabaja de vez en cuando*) odd-job man. (**c**) (*persona ruda*) lout, rough individual.

ganar 1a **1** *vt* (**a**) (*sueldo*) to earn; **¿cuánto ganas al mes?** how much do you earn *o* make a month?

(**b**) (*guerra, partido*) to win; (*un punto*) to score, win; (*oponente*) to beat; **¡les ganamos!** we beat them!; **no hay quien le gane** there's nobody who can beat him, he's unbeatable.

(**c**) (*conseguir: premio*) to win; (*: tiempo, peso, terreno*) to gain; **si te toca puedes ~ un millón** if you win you could get a million; **¿qué gano yo con todo esto?** what do I gain from all that?; **tierras ganadas al mar** land reclaimed *o* won from the sea.

(**d**) (*aventajar*) to outstrip; **te gana en inteligencia** he's more intelligent than you.

(**e**) (*Mil: plaza, pueblo*) to take, capture.

(**f**) (*alcanzar*) to reach; **~ la orilla** to reach the shore; **~ la orilla nadando** to swim to the shore.

(**g**) (*fig: conquistar*) to win over; (*apoyo, seguidores*) to win, get; **dejarse ~ por** to allow o.s. to be won over by; **no se deja ~ en ningún momento por la desesperación** he never gives way to despair.

2 *vi* (**a**) (*Dep, Mil etc*) to win; (*aventajar*) to gain.

(**b**) (*fig: prosperar*) to thrive, improve; **hemos ganado con el cambio** we've done well with the change; **ha ganado mucho en salud** his health has greatly improved; **saldrás ganando** you'll do well out of it.

3 ganarse *vr* to win, earn; **~ la confianza de algn** to win sb's trust; **~ la vida** to earn one's living; **se lo ha ganado** he has earned it *o* deserves it; **¡te la vas a ~!** (*fam*) you're for it! *(fam)*.

ganchillo *nm* (**a**) small hook; (*Cos*) crochet hook. (**b**) (*labor*) crochet work; **hacer ~** to crochet.

gancho *nm* (**a**) (*gen*) hook; (*colgador*) hanger; (*Agr*) shepherd's crook; (*LAm: horquilla*) hairpin; **~ de carnicero** butcher's hook; **echar el ~ a** (*fig: capturar*) to hook, capture.

(**b**) (*pey: persona*) decoy; **le usan de ~ para atraer a la gente** they use him to lure people.

(**c**) (*fam*) sex appeal, charm; **tiene muchísimo ~** she's got lots of sex appeal; **esta música tiene ~** this music's got sth to it.

(**d**) (*de anuncio*) pull, bite.

(**e**) (*Boxeo: golpe*) hook; **un ~ hacia arriba** an uppercut.

(**f**) (*LAm: ayuda*) help; **hacer ~** (*CSur fam*) to lend a hand.

ganchoso, **ganchudo** *adj* (*encorvado*) hooked.

gandul(a) 1 *adj* (*holgazán*) idle, slack; (*vago*) goodfornothing. **2** *nm/f* (*tunante*) idler, slacker.

gandulear 1a *vi* (*holgazanear*) to idle, loaf.

gandulería *nf* (*holgazanería*) idleness, loafing.

gang [gan] *nm* (*pl* **~s** [gan]) (*Policía: pandilla*) gang.

ganga *nf* (**a**) (*Com*) bargain; **¡una verdadera ~!** a genuine bargain!; **precios de ~** bargain *o* giveaway prices. (**b**) (*fig: golpe de suerte*) windfall; (*cosa fácil*) cinch *(fam)*, gift *(fam)*; **esto es una ~** this is a gift.

Ganges *nm*: **el Río ~** the Ganges.

ganglio *nm* (*Anat*) ganglion; (*hinchazón*) swelling.

gangoso *adj* nasal, twanging.

gangrena *nf* gangrene.

gangrenarse 1a *vr* to become gangrenous.

gángster ['ganster] *nm* (*pl* **~s** ['ganster]) (*forajido*) gangster, gunman.

gangsterismo [ganste'rizmo] *nm* (*dominio de los gángsters*) gangsterism.

ganguear 1a *vi* (*hablar con la nariz*) to talk with a nasal accent, speak with a twang.

gangueo *nm* nasal accent, twang.

ganoso *adj* (*afanoso*) anxious, keen; **~ de hacer algo** anxious to do sth, keen to do sth.

gansada *nf* stupid thing (to do), piece of stupidity; **hacer ~s** to act the fool.

ganso 1 *nm* (**a**) (*Orn*) goose, gander; **~ salvaje** wild goose. (**b**) (*fam: torpe*) idiot, dimwit *(fam)*; (*persona rústica*) country bumpkin; **hacer el ~** to play the fool. **2** *adj* (*fam: grande*) huge, hefty; (*gandul*) lazy, estúpido, idiotic; (*pey: bromista*) playacting; **¡no seas ~!** don't be an idiot!

Gante *nm* Ghent.

ganzúa 1 *nf* (*llave maestra*) picklock, skeleton key. **2** *nmf* (*ladrón*) burglar, thief; (*sonsacador*) inquisitive person.

gañán *nm* farmhand, labourer, laborer *(US)*.

gañido *nm* (*aullido*) yelp, howl; (*graznido*) croak.

gañir 3h *vi* (*perro*) to yelp, howl; (*pájaro*) to croak; (*persona*) to wheeze, croak.

gañón, **gañote** *nm* (*fam: gaznate*) throat, gullet.

GAR *nm abr* (*Esp*) *de* **Grupo Antiterrorista Rural** *antiterrorist branch of the Civil Guard*.

garabatear 1a **1** *vt* to scribble, scrawl. **2** *vi* (**a**) (*enganchar*) to throw out a hook. (**b**) (*al escribir*) to scribble, scrawl. (**c**) (*andar con rodeos*) to beat about the bush.

garabato *nm* (**a**) (*gancho*) hook; (*Náut*) grappling iron;

~ **de carnicero** meat hook. **(b)** (*en un ejercicio de escritura*) pothook. **(c)** ~**s** scribble, scrawl.
garaje *nm* garage; ~ **de varios pisos** multi-storey car park.
garambaina *nf* **(a)** (*adorno de mal gusto*) cheap *o* tawdry finery. **(b)** ~**s** affected grimaces; (*ademanes afectados*) absurd mannerisms; **¡déjate de ~s!** stop your nonsense! **(c)** ~**s** = **garabato (c)**.
garandumba *nf* (*Arg: balsa*) flatboat, flat river boat.
garante 1 *adj* (*responsable*) responsible. **2** *nmf* (*Fin*) guarantor, surety.
garantía *nf* (*gen*) guarantee; (*seguridad*) pledge, security; (*compromiso*) undertaking; (*Jur: caución*) warranty; **bajo** ~ under guarantee; **de máxima** ~ absolutely guaranteed; ~ **de trabajo** job security; ~ **en efectivo** cash guarantee, surety; ~**s constitucionales** constitutional guarantees; **suspender las ~s** to suspend civil rights.
garantir [3a; defectivo] *vt* to guarantee.
garantizado *adj* guaranteed.
garantizar [1f] *vt* to guarantee, warrant; (*responder*) to vouch for.
garañón *nm* (*asno*) stud jackass; (*LAm: semental*) stallion.
garapiña *nf* **(a)** (*almíbar*) sugar icing *o* coating. **(b)** (*LAm*) iced pineapple drink.
garapiñar [1a] *vt* (*granizado*) to freeze; (*pastel*) to ice, coat with sugar; (*fruta*) to candy; *V* **almendra**.
garapiñera *nf* (*congelador*) ice-cream freezer.
garba *nf* (*Agr: gavilla*) sheaf.
garbanzo *nm* **(a)** (*Bot*) chickpea; **ser el ~ negro** to be the black sheep of the family; **ganarse los ~s** to earn one's living. **(b) de** ~ (*vulgar*) ordinary, unpretentious; **gente de** ~ humble folk, ordinary people.
garbeo *nm* affected elegance, show; **darse** *o* **pegarse un** ~ (*fam: dar un paseo*) to go for a stroll; (*: ir por ahí*) to go out, go out and about.
garbo *nm* **(a)** grace, elegance; (*porte*) graceful bearing; (*aire*) jauntiness; (*de mujer*) glamour, glamor (*US*), attractiveness; **andar con** ~ to walk gracefully; **hacer algo con** ~ to do sth with grace and ease *o* with style; **¡qué ~!** isn't she lovely? **(b)** (*largueza*) magnanimity, generosity. **(c)** (*brío*) agility; **empezó a limpiar el cuarto con mucho** ~ she went whizzing round the room cleaning up.
garboso *adj* **(a)** (*elegante*) graceful, elegant; (*gallardo*) jaunty; (*encantador*) glamorous, alluring; (*con estilo*) stylish. **(b)** (*desinteresado*) magnanimous, generous.
garceta *nf* (*Orn*) egret.
garçon (*LAm*) = **garzón**.
gardenia *nf* (*Bot*) gardenia.
garduña[1] *nf* (*Zool*) marten.
garduño/a[2] *nm/f* (*ratero*) sneak thief.
garete *nm*: **irse al** ~ (*barco*) to be adrift; (*fam: plan, proyecto etc*) to fall through; (*empresa*) to go bust (*fam*).
garfio *nm* (*gancho*) hook; (*Téc: arpeo*) grappling iron, claw; (*Alpinismo: pico*) climbing iron; (*fam: dedos*) fingers.
gargajear [1a] *vi* (*expectorar*) to spit phlegm, hawk.
gargajo *nm* (*flema*) phlegm, sputum.
garganta *nf* **(a)** (*Anat*) throat, gullet; (*cuello*) neck; **le tengo atravesado en la** ~ he sticks in my gullet; **mojar la** ~ to wet one's whistle. **(b)** (*Anat: del pie*) instep. **(c)** (*Mús*) singing voice; **tener buena** ~ to have a good singing voice. **(d)** (*de botella*) neck. **(e)** (*Geog: barranco*) ravine; (*: desfiladero*) narrow pass. **(f)** (*Arquit: de columna*) shaft.
gargantilla *nf* necklace, choker.
gárgara *nf* gargle, gargling; **hacer ~s** to gargle; **¡váyase Ud a hacer ~s!** (*fam*) go to blazes!
gargarismo *nm* **(a)** (*líquido*) gargle, gargling solution. **(b)** (*acto*) gargling.
gargarizar [1f] *vi* to gargle.
gárgola *nf* (*Arquit*) gargoyle.
garguero *nm* (*garganta*) gullet; (*esófago*) windpipe.
garita *nf* (*caseta*) cabin, box; (*de centinela*) sentry box; (*de camión*) cab; (*de edificio*) porter's lodge; (*puesto de vigilancia*) look-out post; ~ **de señales** (*Ferro*) signal box; ~ **de control** checkpoint.
garito *nm* **(a)** (*timba*) gaming house *o* den. **(b)** (*ganancias del juego*) gambling profits.
garlito *nm* (*especie de nasa*) fish trap; (*celada*) snare, trap; **caer en el** ~ to fall into the trap; **coger a algn en el** ~ to catch sb in the act.
garlopa *nf* (*Carpintería: cepillo*) jack plane.
garnacha *nf* **(a)** (*Jur Hist*) gown, robe. **(b)** (*uva*) garnacha grape; (*vino*) garnacha (*sweet wine from garnacha grape*). **(c)** (*Méx Culin*) tortilla with meat filling. **(d) a la** ~ (*CAm fam*) violently. **(e)** (*Chi: ventaja*) advantage, edge.
Garona *nm*: **el (Río)** ~ the Garonne.
garra *nf* **(a)** (*Zool*) claw; (*fig*) hand, paw; (*Méx fam*) muscular strength; **echar la ~ a algn** to arrest *o* seize sb. **(b)** ~**s** (*Zool*) claws; (*fig*) grip, clutch; **caer en las ~s de algn** to fall into sb's clutches. **(c)** (*Téc*) claw, hook; (*Mec*) clutch; ~ **de seguridad** safety clutch. **(d)** (*fig*) bite; **esa canción no tiene** ~ that song has no bite to it. **(e)** (*Chi fam*) strip of old leather; ~**s** (*Méx fam*) bits, pieces; **no hay cuero sin ~s** (*Méx fam*) nothing is ever perfect.
garrafa *nf* **(a)** carafe, decanter; (*grande: para agua*) large glass water container. **(b)** (*Arg: bombona de gas etc*) cylinder. **(c) de** ~ (*fam pey: ginebra etc*) cheap, dodgy (*fam*).
garrafal *adj* enormous, terrific; (*error*) monumental, terrible.
garrafón *nm* (*damajuana*) carboy, demijohn.
garrancha *nf* (*fam: espada*) sword; (*Colombia: gancho*) hook.
garrapata *nf* **(a)** (*Zool*) tick. **(b)** (*Mil fam*) disabled *o* useless horse.
garrapatear [1a] *vi* (*garabatear*) to scribble, scrawl.
garrapaticida *nm* (*LAm*) insecticide, tick-killing agent.
garrapato *nm* pothook; ~**s** (*fig*) scribble, scrawl.
garrapiñado *adj*: **almendra ~a** sugar-coated almond.
garrapiñar [1a] *vt* = **garapiñar**.
garrido *adj* **(a)** (*galano*) neat, smart. **(b)** (*atractivo*) handsome; (*hermoso*) pretty.
garrobo *nm* (*CAm: lagarto*) iguana.
garrocha *nf* (*Agr*) goad; (*Taur*) spear; (*Dep*) vaulting pole.
garrón *nm* (*Orn: espolón*) spur; (*Zool*) paw; (*talón*) heel; (*de carne*) shank; (*Arg*) hock; (*Bot*) snag, spur; **vivir de** ~ (*Arg*) = **garronear**.
garronear [1a] *vi* (*Arg fam: gorrear*) to sponge (*fam*), live off others.
garrota *nf* (*bastón*) stick, truncheon; (*de pastor*) crook.
garrotazo *nm* blow with a stick *o* club.
garrote *nm* **(a)** stick, truncheon. **(b)** (*Med*) tourniquet; (*Jur: estrangulación, tormento*) garrotte; **dar ~ a algn** to garrotte sb.
garrotear [1a] *vt* (*LAm: apalear*) to hit (with a stick).
garrotero 1 *adj* (*Carib, CSur: fam*) stingy (*fam*). **2** *nm* (*Méx Ferro*) guard, brakeman (*US*).
garrotillo *nm* (*Med: difteria*) croup.
garrucha *nf* (*polea*) pulley.
garrudo *adj* (*Méx*) tough, muscular.
garrulería *nf* (*palabrería*) chatter.
garrulidad *nf* (*charlatanería*) talkativeness.
gárrulo *adj* (*persona*) chattering, talkative; (*: vulgar*) garrulous; (*pájaro*) twittering; (*agua*) babbling.
garúa *nf* (*LAm*) drizzle.
garuar [1e] *vi* (*LAm*) to drizzle; **¡que le garúe fino!** I wish you luck!
garza *nf* **(a)** (*tb* ~ **real**) heron; ~ **imperial** purple heron. **(b)** (*Chi*) lager *o* beer glass.

garzo *adj* blue, bluish.
garzón/ona *nm/f* (*Chi, Uru: camarero*) waiter/ waitress.
gas *nm* (**a**) gas; (*vapores*) fumes *pl*; ~ **butano** butane; ~**es de escape** exhaust (fumes); ~ **del alumbrado/tóxico/lacrimógeno/mostaza/natural** coal/poison/tear/mustard/natural gas; **bebida con** ~ fizzy drink; **asfixiar con** ~ to gas. (**b**) (*CAm, Méx: gasolina*) petrol, gas *(US)*; **darle** ~ to step on the gas *(fam)*; **ir a todo** ~ (*Aut*) to go full out. (**c**) ~**es** (*flatulencias*) wind *sg*, flatulence *sg*; **tener** ~**es** to have wind *o* flatulence.
gasa *nf* gauze; (*Med*) lint; (*de luto*) crêpe; (*de pañal*) nappy *o (US)* diaper liner.
Gascuña *nf* Gascony.
gaseosa *nf* soda water; (*bebida efervescente*) fizzy drink; (*de limón*) lemonade.
gaseoso *adj* (*gen*) gaseous; (*agua*) aerated, carbonated; (*bebida*) fizzy.
gasfíter *nm* (*And, CSur: fontanero*) plumber.
gasfitería *nf* (*And, CSur: fontanería*) plumber's (shop).
gasfitero *nm* = **gasfíter**.
gasoducto *nm* gas pipeline.
gas-oil [ga'soil] *nm*, **gasóleo** *nm* diesel oil.
gasolina *nf* (*Aut*) petrol, gas(oline) *(US)*; ~ **de aviación** aviation spirit *o* fuel; ~ **de alto octanaje** high octane petrol; ~ **sin plomo** unleaded (petrol); ~ **súper** 4-star petrol.
gasolinera *nf* (**a**) (*Aut*) petrol *o (US)* gas station. (**b**) (*Náut*) motorboat.
gasómetro *nm* gasometer.
gastado *adj* (**a**) (*usado*) spent, used up. (**b**) (*decaído*) worn out; (*vestido*) shabby. (**c**) (*trillado*) hackneyed, trite; (*broma*) old, corny *(fam)*.
gastador(a) **1** *adj* (*extravagante*) extravagant; (*disipador*) wasteful. **2** *nm/f* (**a**) (*derrochador*) spender; (*pey: manirroto*) spendthrift. (**b**) (*Mil Hist*) sapper.
gastar [1a] **1** *vt* (**a**) (*esfuerzo, dinero, tiempo*) to spend; (*desembolsar*) to expend; (*disponer: dinero*) to lay out; **han gastado un dineral** they've spent a fortune.
(**b**) (*consumir: gasolina, electricidad etc*) to use (up), consume; (*agotar: recursos*) to use up, exhaust; **mi coche gasta mucha gasolina** my car uses a lot of petrol; **las reservas se gastaron** the reserves are used up.
(**c**) (*pey: desperdiciar*) to waste; ~ **una semana en hacer algo** to waste a week doing sth; ~ **palabras** to waste one's breath.
(**d**) (*Mec*) to wear away *o* down; (*ropa, zapato: desgastar*) to wear out; (*: estropear*) to spoil.
(**e**) (*vestir*) to wear; (*coche*) to run; **¿qué número (de zapatos) gastas?** what size (of shoes) do you take?; ~ **barba** to have *o* sport a beard.
(**f**) (*broma*) to play (*a* on).
(**g**) ~**las** (*fam*) to act, behave; **todos sabemos cómo las gasta Juan** we all know how John carries on *(fam)*.
2 *vi* to spend.
3 gastarse *vr* (*consumirse*) to become exhausted; (*terminarse*) to run out; (*desgastarse*) to wear out; (*deteriorarse*) to waste, spoil.
Gasteiz *nm* Vitoria.
gasto *nm* (**a**) (*acto*) spending, expenditure.
(**b**) (*cantidad gastada*) outlay, expense; **ello supone un gran** ~ **para él** it means a considerable expense for him.
(**c**) (*consumo*) consumption, use; (*Mec*) wear; (*desgaste*) waste; (*de gas*) flow, rate of flow.
(**d**) ~**s** (*Com, Fin*) expenses; (*costos*) charge(s), cost(s); ~**s de acarreo** transport charges, haulage; ~**s bancarios** bank charges; ~**s de administración/defensa/distribución/explotación** *o* **operacionales** administrative/defence *o (US)* defense/distribution/operating costs; ~**s de comunidad** *o* **de escalera** service charge; ~ **corriente** revenue expenditure; ~**s de desplazamiento** removal expenses; ~**s de envío** charge for postage and packing; ~**s fijos** fixed charges; ~**s de flete** freight charges; ~**s generales** overheads, overhead *(US)*; ~**s de mantenimiento** maintenance expenses; ~**s menores (de caja)** petty cash; ~ **público** public expenditure; ~**s de tramitación** handling charge *sg*; ~**s de transporte** *o* **de viaje** travelling *o (US)* traveling expenses; ~**s vendidos** accrued charges; **cubrir** ~**s** to cover expenses; **meterse en** ~**s** to incur expense.
gástrico *adj* (*Anat*) gastric.
gastritis *nf* (*Med*) gastritis.
gastronomía *nf* (*arte culinaria*) gastronomy.
gastrónomo/a *nm/f* gastronome, gourmet.
gata *nf* (**a**) (*Zool*) she-cat. (**b**) (*fam: madrileña*) Madrid woman; (*Méx fam: sirvienta*) servant, maid. (**c**) (*Met*) hill cloud. (**d**) (*LAm Aut*) jack. (**e**) **andar a** ~**s** to go on all fours; (*gatear*) to creep, crawl; (*bebé*) to crawl.
gatear [1a] **1** *vt* (*CAm, Méx: fam: ligar*) to look to pick up *(fam)*, court furtively. **2** *vi* (*trepar*) to climb, clamber (*por* up); (*andar a gatas*) to crawl, go on all fours.
gatera[1] *nf* (**a**) (*tb Náut*) cat hole. (**b**) (*And: verdulera*) market woman, stallholder.
gatero/a[2] **1** *adj* fond of cats. **2** *nm/f* cat-lover.
gatillero *nm* (*Méx: pistolero*) hired gun(man).
gatillo *nm* (**a**) (*Mil*) trigger; (*Med*) dental forceps; (*Téc*) clamp. (**b**) (*Zool*) nape of the neck. (**c**) (*ratero*) young pickpocket.
gato *nm* (**a**) (*Zool*) cat, tomcat; ~ **de algalia/de Angora/montés** civet/Angora/wild cat; **'El** ~ **con botas'** 'Puss in Boots'; **dar a algn** ~ **por liebre** to swindle sb, con sb; **el** ~ **escaldado del agua fría huye** once bitten twice shy; **aquí hay** ~ **encerrado** there's something fishy here; **no había más que 4** ~**s** there was hardly anybody there; **jugar al** ~ **y ratón con algn** to play a cat-and-mouse game with sb; **lavarse como los** ~**s** to give o.s. a quick wash; **llevar el** ~ **al agua** to bring *o* pull sth off; **pasar sobre algo como** ~ **sobre ascuas** to tread carefully round sth; **estar para el** ~ (*Chi fam: persona*) to be worn out *(fam)*; *V* **pie (a)**.
(**b**) (*Téc: Aut*) jack; (*torno*) clamp, vice, vise *(US)*; ~ **de tornillo** screw jack.
(**c**) (*Fin*) money bag.
(**d**) (*fam: ladrón*) sneak *o* petty thief; (*: hombre sagaz*) slyboots *(fam)*.
(**e**) (*madrileño*) native of Madrid.
(**f**) (*Méx fam*) servant; (*CSur*) *a popular Argentinian folk dance*.
GATT *nm abr de* **Acuerdo general sobre aranceles aduaneros** GATT.
gatuno *adj* (*felino*) catlike, feline.
gatuperio *nm* (**a**) (*mezcla*) hotchpotch. (**b**) (*chanchullo*) shady dealing.
gauchada *nf* (*CSur*) (**a**) gauchos *pl*. (**b**) (*hazaña de gaucho*) gaucho exploit *o* trick. (**c**) (*favor*) kind deed, favour, favor *(US)*.
gauchaje *nm* (*CSur*) gauchos *pl*; (*pey: gentuza*) riffraff, rabble.
gauchear [1a] *vi* (*CSur*) to live like a gaucho.
gauchesco *adj* (*CSur*) gaucho *atr*, of the gauchos; **vida** ~**a** gaucho life.
gaucho **1** *nm* (*LAm*) gaucho; (*vaquero*) cowboy, herdsman. **2** *adj* (**a**) gaucho (*atr*), gaucho-like. (**b**) (*LAm: grosero*) coarse; (*taimado*) sly.
gaudeamus *nm* (*fam: fiesta*) party.
gaveta *nf* (*cajón*) drawer, till; (*con llave*) locker.
gavia *nf* (**a**) (*Náut: vela*) main topsail. (**b**) (*Agr: zanja*) ditch. (**c**) (*cuadrilla*) squad of workmen.
gavilán *nm* (**a**) (*Orn*) sparrowhawk. (**b**) (*de pluma*) nib. (**c**) (*LAm: uñero*) ingrowing toenail.
gavilla *nf* (**a**) (*Agr*) sheaf. (**b**) (*fam: pandilla*) gang, band.
gaviota *nf* (*Orn*) seagull.
gay [gai] **1** *adj inv* gay. **2** *nm* (*pl* ~**s**) gay man, gay; **los** ~**s** the gays.
gaya *nf* (**a**) (*Orn: urraca*) magpie. (**b**) (*en tela*) coloured *o (US)* colored stripe.

gayo *adj* (**a**) (*alegre*) merry, gay; **~a ciencia** (*Lit Hist*) art of poetry. (**b**) (*vistoso*) bright, showy.
gayola *nf* (*jaula*) cage; (*fam: cárcel*) jail.
gaza *nf* (*lazo*) loop; (*Náut*) bend, bight.
gazapa *nf* (*fam: mentira*) fib, lie.
gazapatón *nm* (*fam: disparate*) blunder, slip.
gazapera *nf* (**a**) (*madriguera*) rabbit hole, warren. (**b**) (*fam, fig*) den of thieves. (**c**) (*riña*) brawl, shindy.
gazapo *nm* (**a**) (*Zool*) young rabbit. (**b**) (*fam: disparate*) blunder (*fam*); (*Tip: error*) printing error; **meter un ~** (*fam*) to make a blunder; **cazar un ~** to spot a mistake.
gazmoñería *nf* (*mojigatería*) prudery; (*santurronería*) sanctimoniousness.
gazmoñero/a, **gazmoño/a 1** *adj* (*mojigato*) prudish; (*beato*) sanctimonious. **2** *nm/f* prude, sanctimonious person.
gaznápiro/a *nm/f* (*zoquete*) dolt, simpleton.
gaznate *nm* (*pescuezo*) gullet; (*garganta*) windpipe; **refrescar el ~** (*fam*) to wet one's whistle (*fam*).
gazpacho *nm* (*Culin*) *cold vegetable soup of Andalucía*.
gazuza *nf* (*fam: hambre*) ravenous hunger.
GC *nf abr de* **Guardia Civil**.
géiser *nm* (*Geog*) geyser.
geisha [ˈgeiʃa] *nf* geisha girl.
gel *nm* (*pl* **~s** *o* **~es**) gel.
gelatina *nf* (*Culin*) gelatin(e), jelly, jello (*US*); **~ explosiva** gelignite.
gelatinoso *adj* gelatinous.
gélido *adj* chill, icy.
gelignita *nf* gelignite.
gema *nf* (**a**) (*piedra preciosa*) gem, jewel. (**b**) (*Bot: botón*) bud.
gemelo/a 1 *adj* (*mellizo*) twin; **buque ~** sister ship; **hermanas ~as** twin sisters; **es mi alma ~a** we're two of a kind. **2** *nm/f* (**a**) twin. (**b**) **~s de campo** field glasses, binoculars; **~s de teatro** opera glasses. (**c**) **~s** (*Cos*) cufflinks. (**d**) **G~s** (*Astron*) Gemini.
gemido *nm* (*quejido*) groan, moan; (*lamento*) wail, howl.
Géminis *nm* Gemini.
gemir [3k] *vi* (*quejarse*) to groan, moan; (*lamentarse*) to wail, howl; (*animal*) to whine; (*viento*) to howl; (*fig*) to moan; **'sí' dijo gimiendo** 'yes' he groaned.
Gen *abr de* **General** Gen.
gen *nm* gene.
gen. *abr* (*Ling*) (**a**) *de* **género**. (**b**) *de* **genitivo**.
genciana *nf* (*Bot*) gentian.
gendarme *nm* (*esp LAm: policía*) policeman, gendarme.
gendarmería *nf* (*esp LAm*) police, gendarmerie.
genealogía *nf* (*ascendientes*) genealogy; (*árbol*) family tree; (*raza*) pedigree.
genealógico *adj* genealogical.
generación *nf* (**a**) (*acto*) generation. (**b**) (*grupo*) generation; **la ~ del '98** the '98 generation; **las nuevas ~es** the rising generation; **primera/segunda/tercera/cuarta ~** (*Inform*) first/second/third/fourth generation. (**c**) (*especie*) progeny; (*sucesión*) succession.
generacional *adj* generation *atr*.
generado/a *adj*: **~ por ordenador** (*Inform*) computer-generated.
generador 1 *adj* generating. **2** *nm* generator; **~ de programas** (*Inform*) program generator.
general 1 *adj* (*gen*) general; (*amplio*) wide; (*común*) common; (*pey: corriente*) rife; (*frecuente*) usual; **es ~ por toda España** it is common throughout Spain; **de distribución ~** of general distribution; **en** *o* **por lo ~** generally, as a general rule; **el mundo en ~** the world in general *o* at large. **2** *nm* (*Mil, Rel*) general; **~ de brigada** brigadier-general; **~ de división** major-general.
generalato *nm* (*Mil, Rel*) generalship.
generalidad *nf* (**a**) generality; (*mayoría*) mass, majority; **la ~ de los hombres** the majority of *o* most men. (**b**) (*vaguedad*) vague answer, generalization.
generalísimo *nm* (*Mil*) supreme commander; **el G~ Franco** General Franco.
Generalitat *nf* Catalan autonomous government.
generalización *nf* (**a**) (*acto*) generalization. (**b**) (*de un conflicto*) widening, escalation.
generalizar [1f] **1** *vt* (**a**) to generalize; (*hacer general una cosa*) to make more widely known. (**b**) (*Mil: ampliar*) to widen, escalate. **2** *vi* to generalise. **3 generalizarse** *vr* (**a**) to become general *o* universal; (*difundirse*) to become widely known *o* used. (**b**) (*Mil: extenderse*) to widen, escalate.
generar [1a] *vt* to generate.
generativo *adj* generative.
genérico *adj* generic.
género *nm* (**a**) (*clase*) class, kind; **~ humano** human race, mankind; **le deseo todo ~ de felicidades** I wish you all the happiness in the world.
(**b**) (*Bio: especie*) genus.
(**c**) (*Arte, Lit*) genre, type; **~ chico** genre of short farces; (*zarzuela*) Spanish operetta; **~ novelístico** novel genre, fiction; **pintor de ~** genre painter; **es todo un ~ de literatura** it is a whole type of literature.
(**d**) (*Ling*) gender; **del ~ masculino** of the masculine gender.
(**e**) (*Com*) cloth, material; **~s** (*productos*) goods; (*mercancías*) commodities; **~ de lino** linen goods; **~s de punto** knitwear; **le conozco el ~** I know his sort.
generosidad *nf* (**a**) (*largueza*) generosity. (**b**) (*Hist*) nobility; (*valor*) valour, valor (*US*).
generoso *adj* (**a**) (*liberal*) generous (*con, para* to); (*noble*) noble, magnanimous. (**b**) (*Hist*) highborn; (*caballeresco*) gentlemanly; (*valiente*) brave; **de sangre ~a** of noble blood; **en pecho ~** in a noble heart. (**c**) (*vino*) rich, full-bodied.
genésico *adj* genetic.
génesis *nf* genesis; **G~** (*Rel*) Genesis.
genética *nf* genetics *sg*.
genético *adj* genetic.
genial *adj* (**a**) (*brillante*) brilliant, of genius; **escritor ~** writer of genius; **fue una idea ~** it was a brilliant idea. (**b**) (*estupendo*) fabulous, wonderful; **fue una película ~** it was a wonderful *o* marvellous *o* (*US*) marvelous film. (**c**) (*agradable*) pleasant, genial. (**d**) (*propio*) characteristic; (*singular*) individual; (*típico*) typical.
genialidad *nf* (**a**) (*cualidad*) genius; (*acto genial*) stroke of genius, brilliant stroke; **es una ~ suya** (*iró*) it's one of his brilliant ideas. (**b**) (*singularidad*) peculiarity; (*excentricidad*) eccentricity.
genio *nm* (**a**) (*inclinación*) disposition, temper; **buen ~** good nature; **de ~ franco** of an open nature; **mal ~** bad temper; **~ vivo** quick *o* hot temper; **corto de ~** (*torpe*) dimwitted; (*tímido*) timid; **~ y figura hasta la sepultura** the leopard can't change his spots.
(**b**) (*cólera*) bad temper; **es una mujer de mucho ~** she's a quick-tempered woman; **tiene ~** he's temperamental.
(**c**) (*talento*) genius; **¡eres un ~!** you're a genius!
(**d**) (*peculiaridad*) genius, peculiarities; **el ~ andaluz** the Andalusian spirit, the spirit of Andalucía.
(**e**) (*Rel etc*) spirit; (*espíritu*) genie; **~ del mal** evil spirit; **~ tutelar** guardian spirit.
genista *nf* (*Bot*) broom.
genital 1 *adj* genital. **2** *nm*: **~es** genitals, genital organs.
genitivo 1 *adj* (*reproductivo*) generative, reproductive. **2** *nm* (*Ling: caso*) genitive.
genocida *nmf* person accused *o* guilty of genocide.
genocidio *nm* genocide.
Génova *nf* Genoa.
genovés/esa *adj, nm/f* Genoese.
gente *nf* (**a**) (*gen*) people; (*nación*) race, nation; (*Mil*) men, troops; (*fam: parientes*) relatives, folks; (*obreros*) workforce; **el rey y su ~** the king and his retinue; **mi ~** my people, my folks; **son ~ inculta** they're rough peo-

ple; **hay muy poca** ~ there are very few people; ~ **baja** lower classes; ~ **bien/de bien** upper-class *o (pey)* posh/ decent people; **buena/mala** ~ good/bad sort; **Juan es buena** ~ *(fam)* Juan's a good sort; ~ **de capa parda** country folk; ~ **de color** *(euf)* coloured *o (US)* colored people; ~ **de mar** seafaring men; ~ **menuda** *(humildes)* humble folk; *(niños)* children; ~ **de pelo** well-to-do people; ~ **de medio pelo** people of limited means; ~ **principal** nobility, gentry; ~ **de trato** tradespeople; *V* **don**².
(**b**) *(esp LAm)* upper-class people; **buena** ~ nice *o* respectable people; **ser** ~ to be somebody.
(**c**) *(LAm)* person; **había dos ~s** there were two people.

gentecilla *nf* unimportant people; *(pey: gentuza)* rabble, riffraff.

gentil 1 *adj* (**a**) *(elegante)* graceful; *(guapo)* charming. (**b**) *(fino)* courteous; *(iró)* pretty, fine; **¡~ cumplido!** a fine compliment! (**c**) *(idólatra)* pagan, heathen; *(no judío)* gentile. **2** *nmf (V adj)* pagan, heathen; gentile.

gentileza *nf* (**a**) *(gracia)* gracefulness; *(encanto)* charm; *(finura)* courtesy; **'por ~ de X'** 'by courtesy of X'. (**b**) *(pompa)* splendour, splendor *(US)*. (**c**) *(cortesía)* dash, gallantry.

gentilicio *adj (de las naciones)* national, tribal; *(familiar)* family *atr*; **nombre** ~ family name.

gentilidad *nf*, **gentilismo** *nm (idolatría)* heathenism.

gentío *nm* crowd, throng.

gentuza *nf (pey: plebe)* rabble, mob; *(: chusma)* riffraff; **¡qué ~!** what a rabble! *(fam)*.

genuflexión *nf* genuflexion.

genuino *adj (auténtico)* genuine; *(verdadero)* real, true.

GEO *nmpl abr (Esp) de* **Grupo Especial de Operaciones**.

geofísica *nf* geophysics.

geografía *nf* (**a**) geography; **en toda la ~ nacional** all over the country. (**b**) *(país)* territory, country.

geográfico *adj* geographical.

geógrafo/a *nm/f* geographer.

geología *nf* geology.

geológico *adj* geological.

geólogo *nm* geologist.

geometría *nf* geometry; ~ **del espacio** solid geometry.

geométrico *adj* geometric(al).

geopolítica *nf* geopolitics.

Georgia *nf* Georgia.

geranio *nm (Bot)* geranium.

gerencia *nf* (**a**) *(dirección)* management. (**b**) *(cargo)* post of manager. (**c**) *(oficina)* manager's office.

gerente *nmf* manager/manageress, director; *(ejecutivo)* executive; ~ **de fábrica** works manager.

geriatría *nf (Med)* geriatrics *sg*.

gerifalte *nm* (**a**) *(Orn)* gerfalcon. (**b**) *(fig)* important person; **estar** *o* **vivir como un** ~ to live like a king.

germanía *nf (jerga)* thieves' slang, underworld parlance.

germano *adj* Germanic.

germanófilo/a *nm/f* germanophile.

germen *nm* (**a**) *(Bio, Med)* germ; ~ **plasma** germ plasma. (**b**) *(fig)* germ, seed; *(origen)* source; **el ~ de una idea** the germ of an idea.

germicida 1 *adj* germicidal. **2** *nm (desinfectante)* germicide.

germinación *nf* germination.

germinar [1a] *vi (nacer)* to germinate; *(brotar)* to sprout, shoot.

Gerona *nf* Gerona.

gerontocracia *nf* gerontocracy.

gerontología *nf* gerontology.

gerundense 1 *adj* of *o* from Gerona. **2** *nmf* native *o* inhabitant of Gerona.

gerundiano *adj (estilo)* bombastic.

gerundiar [1b] *vi* to speak *o* write meaninglessly.

gerundio *nm (Ling)* gerund; ~ **adjetivado** gerundive; **andando, que es** ~ get a move on – now!

gesta *nf* (**a**) *(acción heroica)* heroic deed. (**b**) *(Lit Hist)* epic poem; *V* **cantar 3**.

gestación *nf* gestation.

gestante *adj*: **mujer** ~ pregnant woman, expectant mother.

Gestapo *nf*: **la** ~ the Gestapo.

gestar [1a] **1** *vt (Bio)* to gestate; *(fig)* to prepare, hatch. **2 gestarse** *vr (Bio)* to gestate; *(fig)* to be in preparation, be brewing.

gestear [1a] *vi* = **gesticular**.

gesticulación *nf* (**a**) *(mímica)* gesticulation. (**b**) *(mueca)* grimace, wry face.

gesticular [1a] *vi* (**a**) to gesticulate, gesture. (**b**) *(hacer muecas)* to grimace, make a face.

gestión *nf* (**a**) *(Com)* management, conduct. (**b**) *(negociación)* negotiation. (**c**) *(medida)* step; *(acción)* action; *(esfuerzo)* effort; **~es** measures, steps; **hacer las ~es necesarias para hacer algo** to take the necessary steps to do sth; **hacer las ~es preliminares** to do the groundwork; ~ **financiera/de personal** *(Com)* financial/personnel management; ~ **interna** *(Inform)* housekeeping.

gestionar [1a] *vt* (**a**) *(conducir)* to manage, conduct. (**b**) *(negociar)* to negotiate (for). (**c**) *(hacer diligencias)* to try to arrange, work towards *o* for.

gesto *nm* (**a**) *(cara)* face; *(semblante)* expression on one's face; **poner mal** *o* **torcer el** ~ to make a wry face; **fruncir el** ~ to scowl, look cross. (**b**) *(mueca)* grimace, wry face; *(ceño)* scowl; **hacer ~s** to make faces (*a* at); **hizo un ~ de asco** he looked disgusted; **hizo** *o* **puso un ~ de extrañeza** he looked surprised. (**c**) *(actitud)* gesture; *(ademán)* sign; **hacer ~s** to make gestures (*a* to); **con un ~ de cansancio** with a weary gesture.

gestor(a) 1 *adj (que gestiona)* managing. **2** *nm/f* manager/manageress; *(promotor)* promoter; *(agente)* business agent.

gestoría *nf* agency *(for undertaking business with government departments, insurance companies etc)*.

Ghana *nf* Ghana.

ghaneano/a *adj, nm/f* Ghanean.

ghetto *nm* ghetto.

giba *nf* (**a**) *(joroba)* hump. (**b**) *(fam: molestia)* nuisance, bother.

gibado *adj (jorobado)* with a hump, hunchbacked.

gibar [1a] *vt (fam: molestar)* to annoy, bother.

gibón *nm (mono)* gibbon.

Gibraltar *nm* Gibraltar.

gibraltareño/a 1 *adj* of *o* from Gibraltar. **2** *nm/f* native *o* inhabitant of Gibraltar.

gigante 1 *adj (muy alto)* giant *atr*, gigantic. **2** *nm* giant; *(fig)* superior.

gigantesco *adj* gigantic, giant *atr*.

gigantismo *nm (Med)* gigantism, giantism.

gigantón *nm (muñeco grande)* giant carnival figure.

gigoló *nm* gigolo.

Gijón *nm* Gijón.

gijonés/esa 1 *adj* of *o* from Gijón. **2** *nm/f* native *o* inhabitant of Gijón.

gil *nmf (esp CSur fam: tonto)* fool.

gili, **gilí** *nmf* = **gilipollas**.

gilipollada *nf (fam: estupidez)* silly thing.

gilipollas *nmf inv (fam: estúpido)* idiot; **¡~!** you idiot!

gilipollez *nf (fam)* (**a**) *(idiotez)* idiocy, silliness; **es una ~** that's nonsense *o* silly. (**b**) *(vanidad)* conceit, presumption. (**c**) **decir gilipolleces** to talk rubbish.

gilipuertas *nmf inv (fam: euf)* = **gilipollas**.

gillet(t)e ® [xi'lete] *nf* razor blade.

gimnasia *nf* gymnastics; *(entrenamiento)* physical training; ~ **de mantenimiento** keep-fit; ~ **respiratoria** deep breathing; **confundir la ~ con la magnesia** to get things mixed up.

gimnasio *nm* gymnasium, gym *(fam)*.

gimnasta *nmf* gymnast.

gimnástico *adj* gymnastic.

gimotear [1a] *vi (gemir)* to whine; *(lamentar)* to wail;

(*lloriquear*) to snivel.
gimoteo *nm* (*gemido*) whine, whining; (*lamento*) wailing; (*lloriqueo*) snivelling, sniveling *(US)*.
gincana *nf* gymkhana.
Ginebra *nf* (*Geog*) Geneva.
ginebra *nf* (*bebida*) gin.
ginebrés/esa 1 *adj* of *o* from Geneva. **2** *nm/f* native *o* inhabitant of Geneva.
ginecología *nf* gynaecology.
ginecólogo *nm* gynaecologist.
gingivitis *nf inv* gingivitis.
gira *nf* (*Mús, Teat*) tour; (*viaje*) trip; **estar de** ~ to be on tour; ~ **artística** artistic tour; *V tb* **jira**.
girado/a *nm/f* (*Com*) drawee.
girador(a) *nm/f* (*Com*) drawer.
giralda, **giraldilla** *nf* weathercock.
girar [1a] **1** *vt* (**a**) (*dar vuelta a*) to turn round, rotate; (*torcer*) to twist; (*revolver*) to spin; ~ **la manivela 2 veces** to turn the crank twice.
(**b**) (*volver*) to swing, swivel; ~ **la vista** to look round.
(**c**) (*Com*) to draw (*a cargo de, contra* on), issue.
2 *vi* (**a**) (*voltearse*) to turn round; (*dar vueltas*) to rotate; (*Mec*) to spin; (*rodar*) to wheel; (*Dep: pelota*) to spin; ~ **hacia la derecha** to swing right; **gira a 1600 rpm** it rotates at 1600 rpm; **el satélite gira alrededor de la tierra** the satellite circles the earth; **la conversación giraba en torno de las elecciones** the conversation turned on the election.
(**b**) (*balancear*) to swing, swivel; (*sobre goznes*) to hinge; (*en equilibrio*) to pivot; **la puerta giró sobre sus goznes** the door swung on its hinges.
(**c**) (*Com*) to draw; ~ **en descubierto** to overdraw.
girasol *nm* sunflower.
giratorio *adj* (*gen*) revolving; (*puerta*) revolving; (*puente*) swing *atr*; (*silla*) swivel *atr*.
giro[1] *nm* (**a**) (*vuelta*) turn; (*rotación*) revolution, rotation; (*cambio de sentido*) change of direction; **hacer un** ~ to make a turn; **el coche dio un** ~ **brusco** the car swung away suddenly.
(**b**) (*fig: de sucesos*) trend, course; ~ **de 180 grados** (*fig*) U-turn, complete turnaround; **la cosa ha tomado un** ~ **favorable** the affair has taken a favourable *o (US)* favorable turn.
(**c**) (*Ling*) turn of phrase, expression.
(**d**) (*Com*) draft; (*letra*) bill of exchange; ~ **bancario** bank giro *o* draft; ~ **en descubierto** overdraft; ~ **postal** postal order; ~ **a la vista** sight draft.
giro[2] *adj* (*LAm: gallo*) with some yellow colouring *o (US)* coloring.
girocompás *nm* gyrocompass.
girola *nf* (*Arquit*) ambulatory.
giroscopio *nm* gyroscope.
gis *nm* (**a**) (*And, Méx: lápiz de pizarra*) slate pencil. (**b**) (*Méx fam*) pulque.
gitanada *nf* (**a**) (*acción*) gipsy *o* gypsy trick, mean trick. (**b**) (*halago*) wheedling, cajolery; (*embuste*) humbug.
gitanear [1a] *vt* (*halagar*) to wheedle, cajole.
gitanería *nf* (**a**) (*grupo*) band of gipsies *o* gypsies. (**b**) (*vida*) gipsy (way of) life. (**c**) (*dicho*) gipsy saying.
gitano/a 1 *adj* (**a**) (*de gitanos*) gipsy *atr*, gypsy *atr*; **las costumbres ~as** gipsy customs. (**b**) (*fig*) wheedling, cajoling. (**c**) (*astuto*) wily, sly. (**d**) (*sucio*) dirty. **2** *nm/f* gipsy; **~a** (*adivinadora*) fortune teller; **vivir como ~s** to live like tramps; **volvió hecho un** ~ he came back dirty all over.
glaciación *nf* glaciation.
glacial *adj* (**a**) (*masa de hielo*) glacial; (*viento*) icy, bitter. (**b**) (*fig*) icy, stony.
glaciar *nm* glacier.
gladiador *nm* (*Hist*) gladiator.
gladio, **gladíolo** *nm* gladiolus.
glamo(u)r *nm* glamour, glamor *(US)*.
glamo(u)roso *adj* glamorous.
glándula *nf* (*Anat, Bot*) gland; ~ **endocrina/pituitaria/prostática/tiroides** endocrine/pituitary/prostate/thyroid gland.
glandular *adj* glandular.
glas *adj*: **azúcar** ~ icing-sugar.
glaseado *adj* (*brillante*) glazed, glossy; (*tela*) glacé.
glasear [1a] *vt* (*papel*) to glaze.
glauco *adj* (*Lit: verde claro*) green, light-green.
glaucoma *nm* (*Med*) glaucoma.
gleba *nf* (*terrón*) clod.
glicerina *nf* (*Quím*) glycerin(e).
global *adj* (*en conjunto*) global; (*completo*) total, overall; (*investigación*) full, comprehensive; (*cantidad*) total, aggregate; (*suma*) lump *atr*.
globalizar [1f] *vt* (**a**) (*abarcar*) to encompass, include. (**b**) (*extender*) to make universal, extend world-wide.
globo *nm* (**a**) (*esfera*) globe, sphere; ~ **de luz** spherical lamp; ~ **ocular** *o* **del ojo** eyeball; ~ **terráqueo** globe. (**b**) (*con aire*) balloon; ~ **aerostático** (*Aer*) balloon; ~ **cautivo** observation balloon; ~ **dirigible** airship, dirigible. (**c**) (*fam: preservativo*) condom, rubber *(fam)*. (**d**) *(fam)* **tener un** ~ to be stoned *(fam)*.
globoso, **globular** *adj* globular, spherical.
glóbulo *nm* (**a**) globule. (**b**) (*Anat*) corpuscle; ~ **blanco/rojo** white/red corpuscle.
gloria *nf* (*fama*) glory; (*fig*) delight; (*delicia*) bliss; **una vieja** ~ a has-been; **¡por la** ~ **de mi madre!** by all that's holy!; **cubrirse de** ~ (*iró*) to make a fine mess of sth; **¡da** ~ **verlos!** it's great to see them!; **estar en la** ~ to be in one's element; **saber a** ~ to taste heavenly; **Dios le tenga en su santa** ~ God rest his soul.
gloriarse [1b] *vr*: ~ **de algo** (*preciarse*) to boast of sth, be proud of sth; ~ **en algo** (*complacerse*) to glory *o* rejoice in sth.
glorieta *nf* (**a**) (*pérgola*) bower; (*cenador*) summerhouse. (**b**) (*Aut*) roundabout, traffic circle *(US)*; (*plaza redonda*) circus; (*cruce*) junction, intersection.
glorificar [1g] **1** *vt* (*alabar*) to glorify, praise. **2 glorificarse** *vr*: ~ **de** *o* **en** (*gloriarse*) to boast of, glory in.
glorioso *adj* (*digno*) glorious; (*Rel: santo*) blessed, in glory; (*memoria*) blessed; **la G~a** (*Rel*) the Virgin.
glosa *nf* (*explicación*) gloss; (*comentario*) comment, note.
glosar [1a] *vt* (*explicar*) to gloss; (*comentar*) to comment on, annotate; (*criticar*) to criticize.
glosario *nm* glossary.
glotis *nf inv* (*Anat*) glottis.
glotón/ona 1 *adj* (*tragón*) gluttonous, greedy. **2** *nm/f* glutton. **3** *nm* (*tb* ~ **de América**) wolverine.
glotonear [1a] *vi* to be greedy *o* gluttonous.
glotonería *nf* gluttony, greediness.
glucosa *nf* (*Quím*) glucose.
gluglú *nm* (*de agua*) gurgle, gurgling; **hacer** ~ to gurgle.
gluten *nm* gluten.
glúteo 1 *adj* (*Anat*) gluteal. **2** *nm* (*fam: nalgas*) buttocks *pl*, backside.
G.N. *abr* (*Nic, Pan*) *de* **Guardia Nacional**.
gnomo ['nomo] *nm* gnome.
gobernable *adj* (**a**) (*Pol*) governable; **un pueblo difícilmente** ~ an unruly people. (**b**) (*Náut*) navigable, steerable.
gobernación *nf* (**a**) (*acto*) governing, government; **Ministro de la G~** Minister of the Interior, Home Secretary *(Brit)*, Secretary of the Interior *(US)*. (**b**) (*residencia*) governor's residence *o* office.
gobernador(a) 1 *adj* (*que gobierna*) governing, ruling. **2** *nm/f* (*jefe político*) governor, ruler; ~ **general** governor general.
gobernalle *nm* (*timón*) rudder, helm.
gobernanta *nf* (**a**) (*esp LAm: niñera*) governess. (**b**) (*de hotel*) staff manageress, housekeeper.
gobernante 1 *adj* (*que gobierna*) ruling. **2** *nmf* (*líder*) ruler, governor; (*fig*) self-appointed leader.

gobernar 1j **1** *vt* (**a**) (*Pol*) to govern, rule. (**b**) (*gen*) to govern; (*guiar*) to guide; (*controlar*) to manage, run; (*manejar*) to handle. (**c**) (*Náut*) to steer, sail. **2** *vi* (**a**) (*Pol*) to govern, rule; ~ **mal** to misgovern. (**b**) (*Náut*) to handle, steer.

gobierno *nm* (**a**) (*Pol*) government; **el ~ español** the Spanish government; ~ **autónomo** autonomous government; ~ **de concentración** government of national unity; ~ **fantasma** shadow cabinet; ~ **de gestión**, ~ **interino**, ~ **de transición** caretaker government.

(**b**) (*gen*) guidance, direction; (*dirección*) management; (*manejo*) control, handling; ~ **doméstico** *o* **de la casa** housekeeping; **para su ~** for your guidance *o* information; **servir de ~ a** to act as a guide to.

(**c**) (*puesto*) governorship; (*edificio*) Government House; ~ **civil** (*puesto*) civil governorship.

(**d**) (*Náut*) steering; (*timón*) helm; **buen ~** navigability; **de buen ~** navigable, easily steerable.

gob.[no] *abr de* **gobierno** govt.

goce *nm* (*disfrute*) enjoyment; (*posesión*) possession.

godo/a 1 *adj* (*gótico*) Gothic. **2** *nm/f* (**a**) (*Hist*) Goth. (**b**) (*LAm Hist: pey*) Spaniard; (*: Pol: conservador*) conservative. (**c**) (*Canarias: pey*) (Peninsular) Spaniard.

gofio *nm* (*Canarias, LAm*) roasted maize meal *(often stirred into coffee)*.

gofre *nm* waffle.

gol *nm* goal; **¡~!** goal!

gola *nf* (**a**) (*Anat*) throat, gullet. (**b**) (*Arquit*) cyma, ogee.

goleada *nf* avalanche of goals.

goleador *nm* (*Dep*) goal scorer; **el máximo ~ de la liga** the top goal scorer in the league.

golear 1a **1** *vt* (*anotar tantos*) to score a goal against; **Eslobodia goleó a Ruritania por 13 a 0** Slobodia overwhelmed Ruritania by 13-0. **2** *vi* (*anotar*) to score a goal.

goleta *nf* schooner.

golf *nm* golf; **campo de ~** golf course; ~ **miniatura** miniature golf.

golfa *nf* (*fam: prostituta*) tart *(fam)*.

golfante 1 *adj* loutish; (*delincuente*) delinquent, criminal. **2** *nm* oaf, lout; (*pillo*) rascal.

golfear 1a *vi* (*vagabundear*) to loaf, idle; (*vivir a la briba*) to live like a street urchin.

golfería *nf* (**a**) (*en conjunto*) loafers; (*vagos*) street urchins. (**b**) (*holgazanear*) loafing, idling; (*vida callejera*) street life. (**c**) (*trampa*) dirty trick.

golfista *nmf* (*Dep*) golfer.

golfo[1] *nm* (**a**) (*Geog: bahía*) gulf, bay; **G~ de** (*Esp*) **Méjico** *o* (*LAm*) **México** Gulf of Mexico; **G~ Pérsico** Persian Gulf. (**b**) (*el mar*) open sea. (**c**) (*fig*) gulf, abyss.

golfo[2] *nm* (*pilluelo*) street urchin; (*vago*) tramp; (*gorrón*) loafer.

golilla *nf* (**a**) (*LAm: bufanda*) neckerchief; **andar de ~** to be all dressed up; **ajustar la ~** to do one's duty. (**b**) (*LAm Orn*) collar, ruff.

golondrina *nf* (**a**) (*Orn*) swallow; ~ **de mar** tern; **una ~ no hace verano** one swallow does not make a summer. (**b**) (*Chi Hist*) furniture cart.

golondrino *nm* (**a**) (*vagabundo*) tramp; (*Mil*) deserter. (**b**) (*Med*) tumour *o (US)* tumor under the armpit.

golosina *nf* (**a**) (*manjar*) titbit, tidbit *(US)*, dainty; (*dulce*) sweet. (**b**) (*bagatela*) trifle; (*cosa inútil*) useless object.

goloso *adj* (**a**) (*de lo dulce*) sweet-toothed. (**b**) (*apetecible*) attractive, inviting.

golpazo *nm* heavy thump.

golpe *nm* (**a**) (*gen*) blow; (*impacto*) hit, knock; (*manotazo*) smack; (*encuentro*) bump; (*con un remo*) stroke; (*del corazón*) beat, throb; (*de reloj*) tick; **se dio un ~ en la cabeza** he got a bump on his head; **A dio a B un ~ con un palo** A gave B a blow with his stick; ~ **aplastante** crushing blow; ~ **de gracia** coup de grâce *(tb fig)*; ~ **mortal** death blow; **dar ~s en la puerta** to pound (at *o* on) the door; **descargar ~s sobre algn** to rain blows on sb; **no dar ~** (*fam*) not to do a stroke; **errar el ~** to fail in an attempt.

(**b**) (*Téc*) stroke; ~ **de émbolo** piston stroke.

(**c**) (*Boxeo*) blow, punch; (*Fútbol*) kick; (*Béisbol, Golf, Tenis*) hit, shot; ~ **bajo** (*Boxeo, fig*) low punch, punch below the belt; (*fig*) dirty trick; ~ **de acercamiento** (*Golf*) approach shot; ~ **de castigo/franco** penalty/free kick; ~ **de martillo** (*Tenis*) smash; ~ **de salida** (*Golf*) drive, drive off.

(**d**) (*mala suerte*) blow, misfortune; (*choque*) shock, clash; (*sorpresa*) surprise, astonishment; **ha sufrido un duro ~** he has had a hard knock; **dar el ~ con algo** to cause a surprise with sth.

(**e**) (*fam: atraco*) job *(fam)*, heist *(US)*; **dieron un ~ en un banco** they did a bank job.

(**f**) (*salida*) witticism, sally; **¡qué ~!** how very clever!, good one!; **el libro tiene unos ~s buenísimos** the book's got some great lines in it.

(**g**) (*Pol*) coup; ~ **de estado** coup d'état; ~ **de mano** rising, sudden attack.

(**h**) (*fig*) ~ **de agua** heavy fall of rain; ~ **de efecto** coup de théâtre; ~ **de fortuna/maestro** stroke of luck/genius; ~ **de teléfono** telephone call; ~ **de tos** fit of coughing; ~ **de viento** gust of wind; ~ **de vista** look.

(**i**) (*locuciones + prep*) **a ~ seguro** without any risk; **ir a ~ de calcetín** *o* **de alpargata** (*fam*) to go on shanks's pony; **de ~ (y porrazo)** suddenly, unexpectedly; **de un ~** in one go; (*de una vez*) outright; (*de un tirón*) at a stretch; **la puerta se abrió de ~** the door flew open; **cerrar una puerta de ~** to slam a door.

(**j**) (*Mec*) **pestillo de ~** spring bolt.

(**k**) (*Cos: adorno*) pocket flap; (*Col: vuelta*) facing.

(**l**) (*Méx: mazo*) sledgehammer.

golpeador *nm* (*LAm: aldaba*) door knocker.

golpear 1a **1** *vt* (*gen*) to strike, knock; (*persona, alfombra*) to beat; (*dar un puñetazo*) to punch; (*aporrear*) to thump; (*mesa*) to bang; (*con suavidad*) to tap; **la vida le ha golpeado mucho** (*fig*) life has treated him badly. **2** *vi* (*latir*) to throb, tick; (*Aut, Mec*) to knock; **el ~ de las olas** the pounding of the sea.

golpecito *nm* (light) blow, tap; **dar ~s en** to tap (on), rap (on).

golpetear 1a *vt, vi* to beat; (*martillar*) to knock, hammer; (*traquetear*) to rattle.

golpeteo *nm* (*golpes*) beating; (*martilleo*) drumming, tapping; (*traqueteo*) rattling.

golpismo *nm* tendency to military coups; (*actitud*) coup d'état mentality.

golpista 1 *adj* (*tendencia etc*) *V* **golpismo**. **2** *nmf* participant in a coup d'état.

golpiza *nf* (*LAm: paliza*) bashing *(fam)*, beating-up *(fam)*; **dar una ~ a algn** to beat sb up.

gollería *nf* (*golosina*) dainty, delicacy; (*gaje*) extra, special treat; **pedir ~s** to ask too much; **es un empleo con muchas ~s** the job has a lot of perks.

gollete *nm* (*garganta*) throat, neck; (*de botella*) neck; **estar hasta el ~** (*fam: harto*) to be up to here *(fam)*; (*: lleno*) to be full up.

goma *nf* (**a**) (*gen*) gum; (*caucho*) rubber; (*Cos*) elastic; ~ **arábiga** gum arabic; ~ **espumosa** foam rubber; ~ **de mascar** chewing gum; ~ **de pegar** gum, glue. (**b**) (*una ~*) rubber *o* elastic band; (*tira*) piece of elastic; (*Aut*) tyre, tire *(US)*; (*fam: preservativo*) condom, sheath; ~ **de borrar** rubber, eraser. (**c**) **estar de ~** (*CAm fam*) to have a hangover. (**d**) (*fam: droga*) good quality hashish.

goma-espuma *nf* foam rubber.

gomero 1 *adj* gum *atr*; (*de caucho*) rubber *atr*. **2** *nm* (**a**) (*Bot*) gum tree; (*caucho*) rubber tree. (**b**) (*persona*) rubber planter *o* producer; (*esp LAm: trabajador*) rubber-plantation worker. (**c**) (*frasco*) glue container.

gomina *nf* hair cream.

gomoso 1 *adj* (*pegajoso*) gummy, sticky. **2** *nm* (*fam:*

pisaverde) toff *(fam)*, dandy.
gónada *nf* gonad.
góndola *nf* (*Náut*) gondola; (*Ferro*) goods wagon, freight car *(US)*; (*And, Chi*) bus; ~ **de cable** cablecar; ~ **del motor** (*Aer*) engine casing.
gondolero *nm* gondolier.
gong [gon] *nm* (*pl* ~**s** [gon]), **gongo** *nm* gong.
gonorrea *nf* gonorrhoea.
gorda[1] *nf* (**a**) **se armó la** ~ all hell broke loose; *V tb* **gordo**. (**b**) **no tener ni** ~ to be skint *(fam)*.
gordiflón, gordinflón *adj* (*fam*) podgy, chubby; ¡~! fatty! *(fam)*.
gordito/a *adj* (*Chi fam: mi vida*) darling *(fam)*.
gordo/a[2] **1** *adj* (**a**) (*persona*) fat; (*corpulento*) stout, plump; (*cosa*) big; (*lienzo, hilo*) coarse; (*hecho*) important, big; (*premio*) first, big; **una mentira ~a** a fat lie; **lo más ~ fue** ... the most outrageous part was ...; *V* **gota; perra; sangre (b); dedo; pez.**
(**b**) (*comida, sustancia*) greasy, oily.
(**c**) (*agua*) hard.
(**d**) (*fam: antipático*) unpleasant; **ese tipo me cae** ~ that chap gets on my nerves.
(**e**) (*Chi fam: mi vida*) darling *(fam)*.
2 *adv* (*fam*): **hablar** ~ to talk big *(fam)*.
3 *nm/f* fat man/woman; ¡~! fatty! *(fam)*.
4 *nm* (**a**) (*Culin*) fat, suet.
(**b**) (*fam: premio*) first *o* big prize; **ganar el** ~ to win the big prize; **sacarse el** ~ (*fig*) to bring home the bacon *(fam)*.
gordura *nf* (**a**) (*obesidad*) fat, fatness; (*corpulencia*) corpulence, stoutness. (**b**) (*Culin*) grease, fat.
gorgojo *nm* (**a**) (*insecto*) grub, weevil. (**b**) (*fig*) dwarf, runt.
gorgón *nm* (*And: hormigón*) concrete.
gorgoritear [1a] *vi* (*gorjear*) to trill, warble.
gorgorito *nm* (*gorjeo*) trill, warble.
gorgotear [1a] *vi* (*hacer gárgaras*) to gurgle.
gorgoteo *nm* (*gárgara*) gurgle.
gori *nm*: **armar el** ~ (*fam*) to make a row, kick up a fuss.
gorigori *nm* (*fam*) funeral chanting; (*fig*) wailing, gloomy chanting.
gorila 1 *nf* (*Zool*) gorilla. **2** *nm* (*fam: matón*) tough *(fam)*, thug *(fam)*; (*guardaespaldas*) bodyguard; (*CSur Pol: fam*) right-winger; (*: Mil*) senior officer. **3** *adj* (*CSur Pol: fam*) reactionary.
gorjear [1a] **1** *vi* (*trinar*) to chirp, trill. **2 gorjearse** *vr* (*niño*) to gurgle, burble.
gorjeo *nm* (*trino*) chirping, trilling; (*gorgoteo*) gurgling, burbling.
gorra 1 *nf* (*gen*) cap; (*de bebé*) bonnet; (*Mil*) bearskin, busby; (*Univ*) cap; ~ **de montar/de paño/de punto/de visera** riding/cloth/knitted/peaked cap; **pasar** ~ to pass the hat round. **2** *nmf*: **una comida de** ~ (*fam*) a free meal; **andar** *o* **ir** *o* **vivir de** ~ to sponge *(fam)*, scrounge *(fam)*; **colarse de** ~ to gatecrash; **comer de** ~ to scrounge a meal *(fam)*.
gorrear [1a] *vi* to sponge *(fam)*, live as a parasite.
gorrero *nm* (*fam*) = **gorra 2**.
gorrinada *nf* (*fig: mala pasada*) dirty trick.
gorrinera *nf* (*pocilga*) pigsty.
gorrinería *nf* (**a**) (*porquería*) dirt. (**b**) (*fig*) dirty trick.
gorrino/a *nm/f* (**a**) (*cochinito*) small pig, sucking-pig. (**b**) (*fig*) dirty individual.
gorrión *nm* sparrow.
gorro *nm* (*gen*) cap; (*de bebé, mujer*) bonnet; ~ **de baño/de dormir/de papel** bathing cap/nightcap/paper hat; **poner el ~ a algn** (*fam*) to cuckold sb; **estoy hasta el** ~ I am fed up.
gorrón[1] *nm* (**a**) (*guijarro*) pebble, cobblestone. (**b**) (*Mec*) pivot, journal.
gorrón[2] *nm* (*fam*) sponger *(fam)*, parasite.
gorronear [1a] *vi* (*fam*) to sponge *(fam)*, scrounge *(fam)*.
gota *nf* (**a**) (*de agua*) drop; (*de sudor*) bead; (*de pintura*) blob; ~**s amargas** bitters; ~ **a** ~ drop by drop; **caer a ~s** to drip; **la ~ que colma el vaso** the straw that breaks the camel's back, the last straw; **parecerse como dos ~s de agua** to be as like as two peas; **sudar la ~ gorda** to sweat blood; **no ver ni** ~ to see nothing; **el ~ a ~** (*Med*) the drip. (**b**) (*Med*) gout; ~ **caduca** *o* **coral** epilepsy. (**c**) (*Met*) ~ **fría** cold front. (**d**) ~ **de leche** (*Chi: fig*) child welfare clinic.
goteado *adj* speckled, spotted.
gotear [1a] *vi* (*destilar*) to drip; (*escurrir*) to trickle; (*salirse*) to leak; (*vela*) to gutter; (*Met*) to rain lightly.
goteo *nm* (*gen*) dripping; (*Med*) drip.
gotera *nf* (**a**) (*gotas*) drip; (*chorrito*) trickle; (*agujero*) leak. (**b**) (*mancha*) stain *o* mark left by dripping water. (**c**) (*Med: achaque*) chronic ailment; **estar lleno de ~s** to be full of aches and pains.
gotero *nm* (*LAm Med*) dropper.
gótico 1 *adj* Gothic; (*fig*) noble, illustrious. **2** *nm* (*Ling*) Gothic.
gotita *nf* droplet; **¡una ~ nada más!** (*de bebida*) just a drop!; **hubo dos ~s de lluvia** it rained a drop or two.
gotoso *adj* gouty.
gourmet [gur'me] *nm* (*pl* ~**s** [gur'mes]) (*gastrónomo*) gourmet, connoisseur (of food).
gozada *nf* (*fam*) (great) pleasure, delight; **es una** ~ it's a real joy.
gozar [1f] **1** *vt* (**a**) (*disfrutar*) to enjoy; (*poseer*) to have, possess. (**b**) (*mujer*) to have, seduce. **2** *vi* (*disfrutar*) to enjoy o.s., have a good time (*con* with); ~ **de** to enjoy; (*tener*) to have; ~ **de buena salud** to enjoy good health. **3 gozarse** *vr* to enjoy o.s.; ~ **en hacer algo** to enjoy doing sth, take pleasure in doing sth.
gozne *nm* hinge.
gozo *nm* (**a**) (*placer*) enjoyment, pleasure; (*complacencia*) delight; (*júbilo*) joy, rejoicing; **¡mi ~ en un pozo!** it's gone down the drain!; **no caber (en sí) de** ~ to be overjoyed; **da ~ escucharle** it's a pleasure to listen to him. (**b**) ~**s** (*Lit, Mús*) couplets in honour *o (US)* honor of the Virgin.
gozoso *adj* glad, delighted (*con, de* about).
g.p. *nm abr de* **giro postal** p.o., m.o. *(US)*.
gr. *abr de* **gramo(s)** gm(s).
grabación *nf* recording; ~ **en cinta** *o* **magnetofónica** tape recording; ~ **digital** digital recording.
grabado 1 *adj* (*música*) recorded; (*en cinta*) on tape. **2** *nm* (*impresión*) engraving, print; (*en un libro*) illustration, print; ~ **al agua fuerte** etching; ~ **al agua tinta** aquatint; ~ **en cobre** copperplate; ~ **en madera** woodcut; ~ **rupestre** rock carving.
grabador(a[1]**)** *nm/f* (*persona*) engraver.
grabadora[2] *nf* (**a**) (*Téc*) graver, cutting tool. (**b**) (*Elec*) recorder; ~ **de cinta** tape recorder; ~ **de cassettes** cassette recorder.
grabadura *nf* engraving.
grabar [1a] *vt* (**a**) (*Arte*) to engrave; ~ **al agua fuerte** to etch. (**b**) (*disco, cinta*) to record. (**c**) (*impresionar*) to engrave, impress; ~ **algo en el ánimo de algn** to impress sth on sb's mind; **la escena está grabada en mi memoria** the scene is engraved on my memory; **sus palabras se me quedaron grabadas** his words stuck in my mind.
gracejada *nf* (*CAm, Méx: fam: estupidez*) stupid joke.
gracejo *nm* (**a**) (*al hablar*) charm, grace. (**b**) (*chispa*) wit, humour, humor *(US)*; (*conversación*) repartee.
gracia *nf* (**a**) (*garbo*) grace, gracefulness; (*atractivo*) attractiveness; **sin** ~ graceless, unattractive.
(**b**) (*favor*) favour, favor *(US)*, kindness; **de** ~ free, gratis; **hacer a algn ~ de algo** to free sb from sth.
(**c**) (*benevolencia*) graciousness.
(**d**) (*agrado*) grace, favour; **caer en ~ a algn** to find favour with *o* please sb.
(**e**) (*Jur*) pardon, mercy.
(**f**) (*chiste*) joke, witticism; (*humor*) humour, humor *(US)*; (*chispa*) wit; (*sentido*) point of a joke; **por** ~ as a joke; **¡qué ~!** how funny!; (*iró*) what a nerve!, the very

idea!; **coger** *o* **pescar la** ~ to see the point (of a joke); **dar en la** ~ **de decir algo** to harp on sth; **ahí está la** ~ that's what's so funny; **hacer** ~ **a algn** to amuse sb, strike sb as funny; **no nos hace** ~ we are not amused; **no me hace** ~ **la idea** I'm not keen on the idea; **hacer una** ~ **a algn** to play a practical joke on sb; **hizo una de sus ~s** he showed himself up once again; **reírle las ~s a algn** to laugh along with sb; **tener** ~ to be funny; (*encantar*) to be charming; **¡tiene** ~ **la cosa!** (*iró*) would you believe it!, it's unbelievable!; **si lo haces se va la** ~ if you do it, it breaks the spell.

(**g**) (*fam: nombre*) name; **¿cuál es su ~?** what's your name?

(**h**) (*Rel*) grace; **por la G~ de Dios** (*en una moneda*) by the grace of God; **estar en** ~ **(de Dios)** to be in a state of grace.

(**i**) **en** ~ **a** for the sake of; **en** ~ **a la brevedad** to be brief.

(**j**) (*agradecimiento*) **~s** thanks; **¡~s!** thank you!; **¡muchas ~s!, ¡muchísimas ~s!** thanks very much!; **~s a Dios** thank heaven; **~s a ...** thanks to ...; **~s a que** thanks to the fact that; **toma eso, ¡y ~s!** take that and be thankful!; **con anticipadas/repetidas ~s** thanking you in advance/again; **dar las ~s a algn por** to thank sb for.

(**k**) (*Mitología*) **las G~s** the Three Graces.

grácil *adj* (*sutil*) graceful; (*delgado*) slender; (*delicado*) delicate; **un coche de líneas ~es** a car of graceful lines.

gracioso 1 *adj* (**a**) (*garboso*) graceful; (*atractivo*) pleasing, elegant.

(**b**) (*título*) gracious; **su ~a Majestad** her gracious Majesty.

(**c**) (*chistoso*) funny, amusing; (*agudo*) witty; **una situación muy ~a** a very amusing situation; **¡qué ~!** how funny!; **es un tío de lo más ~!** he's a most amusing chap; **lo** ~ **de caso es que** ... the funny thing about it is that ....

(**d**) (*gratuito*) free.

2 *nm* (*Teat Hist*) comic character, fool; **¡no se haga el ~!** don't try to be funny!

grada *nf* (**a**) (*peldaño*) step, stair; (*Rel*) altar step; **~s** (*escalones*) flight of steps. (**b**) (*Dep, Teat*) tier, row of seats. (**c**) (*Náut*) **~s** slips, slipway; **~s de construcción** shipbuilding yard. (**d**) (*Agr: azada*) harrow; ~ **de disco** disk harrow; ~ **de mano** hoe, cultivator.

gradación *nf* (**a**) (*progresión*) gradation; (*serie*) graded series. (**b**) (*Retórica*) climax; (*Ling*) comparison.

gradar 1a *vt* (*Agr: allanar*) to harrow; (*: cultivar*) to hoe.

gradería *nf*, **graderío** *nm* (*Dep, Teat*) tiers, rows of seats; ~ **cubierta** covered stand, grandstand.

grado *nm* (**a**) (*peldaño*) step.

(**b**) degree; (*etapa*) stage, step; (*medida*) measure; (*nivel*) rate; **quemaduras de primer** ~ first-degree burns; **el** ~ **que ahora hemos alcanzado** the stage we have now reached; **está en el segundo** ~ **de elaboración** it is now in the second stage of production; ~ **de velocidad** (rate of) speed; **de** ~ **en ~, por ~s** step by step; **en sumo** *o* **alto ~, en** ~ **superlativo** in the highest degree.

(**c**) (*calidad*) grade, quality; (*Mil*) rank; **de** ~ **superior** of superior quality.

(**d**) (*Escol*) class, year, grade *(US)*.

(**e**) (*Univ*) degree; ~ **universitario** university degree; **colación de** ~ conferment of degrees.

(**f**) (*Geog, Mat, Fís*) degree; ~ **de latitud** degree of latitude; **en un ángulo de 45 ~s** at an angle of 45 degrees; **la temperatura es de 40 ~s** the temperature is 40 degrees.

(**g**) (*Ling*) degree of comparison.

(**h**) (*de parentesco*) order of lineage.

(**i**) (*gusto*) willingness; **de ~, de buen** ~ willingly; **de mal ~, mal de mi** ~ unwillingly.

(**j**) **~s** (*Rel*) minor orders.

graduable *adj* adjustable.

graduación *nf* (**a**) (*acto*) gradation, grading; (*Univ*) graduation. (**b**) (*clasificación*) rating, grading; (*de una bebida*) alcoholic strength, proof grading; ~ **octánica** octane rating. (**c**) (*de vista*) testing. (**d**) (*de volumen*) adjustment. (**e**) (*Mil: rango*) rank; **de alta** ~ of high rank.

graduado/a 1 *adj* (*estudiante*) graduate *atr*; (*escala*) graduated; (*militar*) commissioned; **gafas ~as** prescription glasses, glasses with prescription lenses. **2** *nm/f* graduate; ~ **escolar** certificate of success in EGB course.

gradual *adj* gradual.

graduar 1e **1** *vt* (**a**) (*clasificar*) to grade, classify (*de, por* as); (*considerar*) to appraise; (*medir*) to gauge, measure; (*Téc*) to calibrate; (*vista*) to test; (*termómetro*) to graduate; ~ **el volumen** to adjust the volume. (**b**) (*Univ*) to confer a degree on. (**c**) (*Mil*) to confer a rank on; ~ **a algn de capitán** to confer the rank of captain on sb. **2 graduarse** *vr* (**a**) (*Univ*) to graduate, take one's degree; ~ **de** to take the degree of. (**b**) (*Mil*) to take a commission (*de* as).

GRAE *abr de* **Gramática de la Real Academia Española**.

grafía *nf* (*escritura*) writing; (*ortografía*) spelling.

gráfica *nf* (*Mat*) graph; (*diagrama*) diagram; ~ **de fiebre** *o* **de temperatura** (*Med*) temperature chart.

gráfico 1 *adj* (**a**) graphic; (*ilustrado*) pictorial, illustrated. (**b**) (*fig: vívido*) vivid, lively. **2** *nm* (*Mat etc*) graph, diagram, chart; **~s** (*Inform*) graphics; ~ **de barras** bar graph; ~ **de sectores** *o* **tarta** pie chart; *V tb* **gráfica**.

grafito *nm* (*Miner*) graphite, black lead.

grafología *nf* graphology.

gragea *nf* (*confite*) small coloured *o (US)* colored sweets; (*Med*) sugar-coated pill.

grajear 1a *vi* (*Orn*) to caw.

grajiento *adj* (*LAm*) sweaty, smelly.

grajo *nm* (**a**) (*cuervo*) rook. (**b**) (*LAm*) body odour *o (US)* odor, underarm smell.

Gral. *abr de* **General** Gen.

grama *nf* (*esp LAm: Bot*) grass.

gramática[1] *nf* (**a**) grammar. (**b**) ~ **parda** native wit, horse sense.

gramatical *adj* grammatical.

gramático/a[2] **1** *adj* grammatical. **2** *nm/f* (*persona*) grammarian.

gramil *nm* (*Téc*) gauge.

gramo *nm* gramme, gram *(US)*.

gramófono *nm* gramophone, phonograph *(US)*.

gramola *nf* gramophone, phonograph *(US)*; (*en café etc*) jukebox.

grampa *nf* (*esp LAm*) paper clip.

gran *V* **grande**.

grana[1] *nf* (*Bot*) (**a**) (*semilla*) small seed; **dar en** ~ to go to seed. (**b**) (*sembradura*) seeding time.

grana[2] *nf* (*Zool*) cochineal; (*tinte*) kermes; (*color*) scarlet; (*tela*) scarlet cloth; **de** ~ scarlet, bright red; **ponerse como la** ~ to go as red as a beetroot.

Granada *nf* (*Caribe*) Grenada; (*Esp*) Granada.

granada *nf* (**a**) (*Bot*) pomegranate. (**b**) (*Mil*) shell; (*bomba*) grenade; ~ **de mano** hand grenade; ~ **de metralla** shrapnel shell; **a prueba de** ~ shellproof.

granadero *nm* (*Mil*) grenadier; **~s** (*Méx: policía*) riot police.

granadilla *nf* (*pasionaria*) passionflower; (*fruto*) passion fruit.

granadino/a 1 *adj* of *o* from Granada. **2** *nm/f* native *o* inhabitant of Granada.

granado[1] *nm* (*Bot*) pomegranate tree.

granado[2] *adj* (**a**) (*maduro*) mature; (*alto*) full-grown. (**b**) (*selecto*) choice, select; (*notable*) distinguished; **lo más** ~ **de** the cream of, the pick of.

granar 1a *vi* (*maíz, arroz*) to seed.

granate *nm* (*Miner*) garnet; (*color*) maroon.

Gran Bretaña *nf* Great Britain.

Gran Canaria *nf* Grand Canary.

grancanario/a 1 *adj* of *o* from Grand Canary. **2** *nm/f* native *o* inhabitant of Grand Canary.

grande 1 *adj* (*before sg noun* **gran**) (**a**) (*de tamaño*) big, large; (*de estatura*) big, tall; (*número, velocidad*) high, great; **los zapatos le están muy ~s** the shoes are too big for her; **quedarse algo grande a algn** (*fig*) to be too much for sb, to be more than sb can handle; **con gran placer** with great pleasure; **¿cómo es de ~?** how big *o* what size is it?

(**b**) (*moral*) great; **un gran hombre/una gran hazaña** a great man/achievement.

(**c**) (*impresionante*) grand, grandiose.

(**d**) **en ~** (*en conjunto*) as a whole; (*en cantidad*) on a large scale; **pasarlo en ~** to have a tremendous time (*fam*); **hacer algo/vivir a lo ~** to do sth/live in style.

(**e**) **grandísimo** (*iró*) big, huge; **un coche ~** a whacking big car (*fam*); **¡grandísimo tunante!** you awful old rogue!

(**f**) (*LAm: viejo*) old.

(**g**) **¡qué ~!** (*Arg fam*) how funny!

2 *nm* (**a**) **los ~s de la industria** the major companies in the industry; **los siete ~s (bancos)** the Big Seven.

(**b**) **G~ (de España)** grandee.

3 *nf* (*Arg*) first *o* big prize (in a lottery).

grandeza *nf* (**a**) (*tamaño*) bigness; (*magnitud*) magnitude. (**b**) (*generosidad*) greatness. (**c**) (*esplendidez*) grandness, impressiveness; (*ostentación*) grandeur. (**d**) (*nobleza*) nobility.

grandilocuencia *nf* grandiloquence.

grandiosidad *nf* = **grandeza (c)**.

grandioso *adj* (*magnífico*) grand, magnificent; (*pey: ostentoso*) grandiose.

grandote *adj* great big, huge.

grandullón *adj* (*muy crecido*) overgrown, oversized.

granear [1a] *vt* (**a**) (*semilla*) to sow. (**b**) (*Téc*) to grain, stipple.

granel *nm* (*montón*) heap; **a ~** in abundance; (*a montones*) by the ton; (*con profusión*) lavishly; (*Com*) in bulk, loose; **vino a ~** wine in bulk *o* in the barrel.

granero *nm* (*edificio*) granary, barn; **el ~ de Europa** (*fig*) the breadbasket of Europe.

granetario *nm* precision balance.

granete *nm* (*Téc*) punch.

granilla *nf* grain (in cloth).

granito[1] *nm* (*Geol*) granite.

granito[2] *nm* (*Agr*) small grain; (*Med*) pimple.

granizada *nf* (**a**) (*Met*) hailstorm. (**b**) (*fig*) hail; (*abundancia*) shower; **una ~ de balas** a hail of bullets.

granizado *nm* (*bebida*) iced drink; (*de hielo*) slush; **~ de café** iced coffee.

granizar [1f] *vi* (*Met*) to hail; (*fig*) to shower.

granizo *nm* hail.

granja *nf* farm; (*cortijo*) farmhouse; (*lechería*) dairy; **~ avícola** chicken *o* poultry farm; **~ colectiva** collective farm; **~ escuela** educational farm.

granjear [1a] **1** *vt* (*adquirir*) to gain, earn; (*ganar*) to win. **2 granjearse** *vr* (*voluntad, amistad*) to win *o* gain for o.s.

granjería *nf* (**a**) (*Com, Fin*) profit, earnings; (*Agr: producto*) farm earnings. (**b**) (*Agr: zootecnia*) farming, husbandry.

granjero/a *nm/f* farmer.

grano *nm* (**a**) (*Agr, Bot*) grain; (*semilla*) seed; **~s** corn, cereals; **~ de arroz/trigo** grain of rice/wheat; **~ de café** coffee bean; **ir al ~** to get to the point; **¡vamos al ~!** let's get to the point! (**b**) (*partícula*) particle, grain; (*punto*) speck; **~ de arena** grain of sand; **no es ~ de anís** *o* **arena** it's not just a small thing; **apartar el ~ de la paja** to separate the wheat from the chaff. (**c**) (*en piedra, madera, tela*) grain; **de ~ fino/gordo** fine-/coarse-grained. (**d**) (*Med*) pimple, spot. (**e**) (*Farm*) grain.

granoso *adj* granular, granulated.

granuja 1 *nf* (*uvas*) loose grapes; (*semilla*) grape seed. **2** *nm* (*pilluelo*) urchin, ragamuffin; (*bribón*) rogue.

granujería *nf* (*en conjunto*) urchins *pl*, rogues *pl*.

granulación *nf* granulation.

granulado 1 *adj* granulated. **2** *nm* (*Farm*) **un ~ vitamínico** a vitamin powder.

granular [1a] **1** *vt* to granulate. **2 granularse** *vr* (**a**) to granulate. (**b**) (*Med*) to break out in spots.

gránulo *nm* granule.

granuloso *adj* granular.

grapa *nf* (**a**) (*para papel*) staple; (*sujetador*) clip, fastener; (*Mec*) dog clamp; (*Arquit*) cramp. (**b**) (*CSur: aguardiente*) (cheap) grape liquor.

grapadora *nf* stapler, stapling gun.

grapar [1a] *vt* (*papeles*) to staple.

GRAPO *nmpl abr* (*Esp Pol*) *de* **Grupos de Resistencia Antifascista Primero de Octubre**.

grasa 1 *nf* (**a**) (*gen*) grease; (*Culin*) fat; (*sebo*) suet; **~ de ballena** blubber; **~ de pescado** fish oil; **~ vegetal** vegetable fat; **alimentos bajos en ~s** low-fat foods; **eliminar ~s** to cut out fats. (**b**) (*Aut, Mec*) oil; (*lubricante*) grease; **~ para ejes** axle grease. (**c**) (*Anat*) fat. (**d**) (*Méx fam*) shoe polish. (**e**) (*mugre*) greasy dirt, filth; (*Arg fam*) working-class person. (**f**) **~s** (*Min: escorias*) slag. **2** *adj* (*Arg fam: torpe*) stupid, slow.

grasiento *adj* (*grasoso*) greasy, oily; (*resbaloso*) slippery; (*mugriento*) filthy.

graso *adj* (*gen*) fatty; (*aceitoso*) greasy, oily.

grasoso *adj* (*graso*) fatty; (*esp LAm: grasiento*) greasy.

gratificación *nf* (*recompensa*) reward, recompense; (*propina*) tip; (*aguinaldo*) gratuity; (*de sueldo*) bonus; (*prima*) bonus.

gratificador *adj* (*satisfactorio*) satisfying.

gratificante *adj* gratifying.

gratificar [1g] *vt* (**a**) (*recompensar*) to reward, recompense; (*primar el sueldo*) to give a bonus to; **'se gratificará'** 'a reward is offered'. (**b**) (*satisfacer*) to gratify; (*complacer*) to give pleasure to; (*un anhelo*) to indulge.

gratinado 1 *adj* au gratin. **2** *nm* dish cooked au gratin.

gratinador *nm* overhead grill.

gratis *adv* free, for nothing; **'entrada ~'** 'admission free'.

gratitud *nf* gratitude.

grato *adj* (*placentero*) pleasing, pleasant; (*agradable*) agreeable; (*satisfactorio*) welcome; **una decisión muy ~a para todos** a very welcome decision for everybody; **nos es ~ informarle que ...** we are pleased to inform you that ....

gratuito *adj* (**a**) (*gratis*) free. (**b**) (*comentario*) gratuitous, uncalled-for; (*acusación*) unfounded.

gratulatorio *adj* (*carta, discurso*) congratulatory.

grava *nf* (*guijos*) gravel; (*piedra molida*) crushed stone; (*en carreteras*) road metal.

gravamen *nm* (*carga*) burden, obligation; (*Jur*) lien, encumbrance; (*Fin*) tax; **libre de ~** free from encumbrances.

gravar [1a] *vt* (*pesar*) to burden, encumber (*de* with); (*Jur: propiedad*) to place a lien upon; (*Fin*) to assess for tax; **~ con impuestos** to burden with taxes.

grave *adj* (**a**) (*pesado*) heavy, weighty. (**b**) (*fig: serio*) grave, serious; (*espinoso*) critical; (*importante*) important, momentous; (*pérdida*) grave, grievous; **un deber muy ~** a very grave duty; **la situación es ~** the situation is grave *o* critical. (**c**) (*carácter*) serious, dignified. (**d**) (*Med: enfermedad, estado*) grave, serious; (*: herida*) severe; **estar ~** to be seriously ill. (**e**) (*Mús: nota, tono*) low, deep. (**f**) (*Ling: acento*) grave; (*: palabra*) stressed on the penultimate syllable.

gravedad *nf* (**a**) (*Fís: ley*) gravity. (**b**) (*fig*) gravity, seriousness; (*grandeza*) importance; (*severidad*) severity. (**c**) (*dignidad*) seriousness, dignity. (**d**) (*Med*) gravity; **estar enfermo de ~** to be seriously ill; **estar herido de ~** to be severely injured *o* wounded. (**e**) (*Mús*) depth.

gravemente *adv* gravely, critically; **habló ~** he spoke gravely; **estar ~ enfermo** to be critically ill.

grávido *adj* (**a**) (*embarazada*) pregnant; (*Zool*) carrying young. (**b**) (*fig*) full (*de* of), heavy (*de* with); **me sentí ~**

de emociones I was weighed down with emotions.
gravilla *nf* gravel.
gravitación *nf* (*Fís*) gravitation.
gravitar [1a] *vi* (**a**) (*Fís*) to gravitate (*hacia* towards). (**b**) ~ **sobre** to rest on; (*caer sobre*) to bear down on; (*fig: pesar sobre*) to be a burden to; (*amenazar*) to loom over.
gravoso *adj* (**a**) (*molesto*) burdensome, oppressive; **ser ~ a** to be a burden to. (**b**) (*Fin*) costly; (*oneroso*) burdensome; (*precio*) extortionate. (**c**) (*insufrible*) tiresome, vexatious.
graznar [1a] *vi* (*gen*) to squawk; (*cuervo*) to croak; (*ganso*) to cackle; (*pato*) to quack; (*pey: cantante*) to croak.
graznido *nm* (*V vi*) squawk; croak; cackle; quack.
Grecia *nf* Greece.
greda *nf* (*Geol: arcilla*) clay; (*Téc*) fuller's earth.
gredal *nm* claypit.
gregario *adj* (**a**) (*en grupo*) gregarious; **instinto ~** herd instinct. (**b**) (*fig*) servile, slavish.
gregoriano *adj* Gregorian.
grelos *nmpl* parsnip *o* turnip tops.
gremial 1 *adj* (**a**) (*Hist*) guild *atr*. (**b**) (*Pol: sindical*) trade-union *atr*. **2** *nm* (*miembro*) union member.
gremio *nm* (**a**) (*Hist*) guild, corporation. (**b**) (*Pol: sindicato*) (trade) union; (*asociación*) association, organization.
greña *nf* (**a**) (*tb* **~s**: *cabello revuelto*) shock *o* mat *o* mop of hair. (**b**) (*fig*) tangle; **andar a la ~** to bicker, squabble. (**c**) **en ~** (*Méx: seda*) raw; (*: plata*) unpolished.
greñudo *adj* (*cabello*) tangled, matted; (*persona*) dishevelled, disheveled *(US)*.
gres *nm* (**a**) (*Geol*) potter's clay. (**b**) (*alfarería*) earthenware, stoneware.
gresca *nf* (*bulla*) uproar; (*trifulca*) row; **armar una ~** to cause a fight.
grey *nf* (*Rel, fig*) flock, congregation.
Grial *nm*: **Santo ~** Holy Grail.
griego/a 1 *adj* Greek, Grecian. **2** *nm/f* Greek. **3** *nm* (**a**) (*Ling*) Greek; **~ antiguo** ancient Greek. (**b**) (*fig*) gibberish, double Dutch; **hablar en ~** to talk double Dutch.
grieta *nf* (*fisura*) fissure, crack; (*hendidura*) chink; (*quiebra*) crevice; (*en la piel*) chap, crack; (*Pol*) rift.
grifa *nf* (*droga*) marijuana.
grifear [1a] *vi* to smoke marijuana.
grifería *nf* plumbing fixtures, taps, faucets *(US)*.
grifero *nm* (*And*) petrol pump attendant.
grifo[1] *nm* (**a**) tap, faucet *(US)*; (*a presión*) cock; **cerveza (servida) al ~** draught *o (US)* draft beer; **cerrar el ~** (*fig*) to turn off the tap, cut off the funds. (**b**) (*And: gasolinera*) petrol *o (US)* gas station; (*bar*) dive *(fam)*.
grifo[2] 1 *adj*: **estar ~** (*Méx: borracho*) to be plastered *o (US)* soused *(fam)*; (*: loco*) to be nuts *(fam)*; (*: drogado*) to be high *(fam)*, be doped up *(fam)*. **2** *nm* (**a**) (*droga*) marijuana, pot *(fam)*. (**b**) (*adicto*) marijuana smoker, pot smoker *(fam)*. (**c**) (*borracho*) drunkard.
grifo[3] *adj* (*LAm: pelo*) curly, kinky.
grifota *nmf* (*fam*) dope smoker *(fam)*.
grill [gril] *nm* (*aparato*) grill.
grilla *nf* (*insecto*) female cricket; **¡ésa es ~ (y no canta)!** (*fam*) that's a likely story! *(iró)*.
grillado *adj* (*fam: chiflado*) barmy *(fam)*.
grillera *nf* (*jaula*) cage for crickets; (*nido*) cricket hole.
grillete *nm* fetter, shackle.
grillo *nm* (**a**) (*insecto*) cricket. (**b**) (*Bot: brote*) shoot, sprout. (**c**) **~s** (*cadenas*) fetters, shackles; (*fig: estorbo*) shackles.
grima *nf* (*horror*) loathing; (*desagrado*) reluctance; (*desazón*) uneasiness; (*disgusto*) annoyance, irritation; **me da ~** it gets on my nerves, it sickens me.
gringada *nf* (*CSur fam*) group of gringos *o* foreigners; (*: canallada*) dirty trick.
gringaje *nm* (*CSur*) group of gringos *o* foreigners.
gringo/a (*LAm*) **1** *adj* (**a**) (*pey: extranjero*) foreign. (**b**) (*idioma*) foreign, unintelligible. (**c**) (*LAm: rubio*) blond(e), fair. **2** *nm/f* (**a**) (*pey: extranjero*) foreigner. (**b**) (*LAm: rubio*) blond(e), fair-haired person. **3** *nm* (*griego*) gibberish; **hablar en ~** to talk double Dutch.
gringolandia *nf* (*LAm pey*) USA.
gringuería *nf* (*LAm*) group of gringos *o* foreigners.
gripa *nf* (*LAm: gripe*) flu, influenza.
gripal *adj* flu *atr*.
gripe *nf* flu, influenza.
griposo *adj*: **estar ~** to have flu.
gris 1 *adj* (*color*) grey, gray *(US)*; (*día, tiempo, persona*) grey, dull; **~ marengo** (*tela*) dark grey; **~ perla** pearl-grey. **2** *nm* (*color*) grey; (*esp Hist fam*) member of the armed police; **hace un ~** (*fam*) there's a cold wind; *V* **oso**.
grisáceo *adj* greyish, grayish *(US)*.
grisalla *nf* (*Méx: chatarra*) rusty scrap metal.
grisma *nf* (*CSur*) bit, shred.
grisoso *adj* (*esp LAm: grisáceo*) greyish, grayish *(US)*.
grisú *nm* (*Min: gas*) firedamp.
gritar [1a] **1** *vt* (*gen*) to shout (*algo* sth; *a algn* at sb) (*abuchear*) to jeer (at), boo; **le gritaron que callara** they shouted at him to be quiet. **2** *vi* (*gen*) to shout; (*fuerte*) to yell, scream; (*abuchear*) to jeer, boo; **¡no grites!** stop shouting!
gritería *nf*, **griterío** *nm* shouting, uproar.
grito *nm* (**a**) (*clamor*) shout, yell; (*chillido*) scream, cry; (*abucheo*) hoot, boo; (*Zool*) cry, sound; (*Orn*) call, cry; **a ~s, a ~ pelado, a voz en ~** at the top of one's voice; **llorar a ~s** to weep and wail; **esa chica está pidiendo un corte de pelo a ~s** she badly needs a haircut; **poner el ~ en el cielo** to scream blue murder *(fam)*; **es el último ~** (*de la moda*) it's the latest thing; **pegar** *o* **lanzar un ~** to cry out.
(**b**) (*LAm*) proclamation; **~ de independencia** proclamation of independence; **el ~ de Dolores** *the proclamation of Mexican independence (1810)*.
gritón *adj* loud-mouthed.
groenlandés/esa 1 *adj* Greenland *atr*. **2** *nm/f* Greenlander.
Groenlandia *nf* Greenland.
groggy ['grogi], **grogui** *adj* (*fam*) groggy.
grosella *nf* redcurrant; **~ epinosa** gooseberry; **~ negra** blackcurrant.
grosería *nf* (**a**) (*gen*) rudeness, discourtesy; (*ordinariez*) coarseness, vulgarity; (*tosquedad*) roughness. (**b**) (*comentario*) rude *o* vulgar remark; (*palabra*) swearword.
grosero *adj* (*descortés*) rude, discourteous; (*ordinario*) coarse, vulgar; (*tosco*) rough, loutish; (*error*) gross, stupid.
grosor *nm* thickness.
grotesco *adj* (*ridículo*) grotesque; (*absurdo*) bizarre, absurd.
grúa *nf* (*Téc*) crane; (*Náut*) derrick; (*camión*) tow truck; **~ corrediza** *o* **móvil/de pescante/puente/de torre** travelling *o (US)* traveling/jib/overhead/tower crane; **~ horquilla** (*Chi*) forklift truck.
gruesa *nf* (*cantidad*) gross, twelve dozen.
grueso 1 *adj* (**a**) (*espeso*) thick; (*voluminoso*) bulky, solid; (*pesado*) big, heavy; (*obeso*) stout, thickset; (*grande*) large; **mar ~a** heavy sea.
(**b**) (*calidad*) coarse; **palabras ~as** coarse language; **humor ~** coarse humour *o (US)* humor.
2 *nm* (**a**) (*espesor*) thickness; (*tamaño*) bulkiness, size; (*densidad*) density.
(**b**) (*parte principal*) main part, major portion; (*de gente, tropa*) main body, mass; **el ~ del pelotón** (*en carrera*) the main body of the runners.
(**c**) (*Com*) **en ~** in bulk.
grujidor *nm* glass cutter, glazier.
grulla *nf* (*Orn: tb* **~ común**) crane.
grullo 1 *adj* (**a**) (*fam: grosero*) uncouth, rough. (**b**) (*CAm, Méx: caballo*) grey, gray *(US)*. **2** *nm* (*CAm, Méx*)

grey horse.
grumete *nm* (*Náut*) cabin *o* ship's boy.
grumo *nm* (**a**) (*coágulo*) clot, lump; (*masa*) dollop; ~ **de leche** curd. (**b**) (*de uvas*) bunch, cluster.
grumoso *adj* (*cuajado*) clotted; (*con grumos*) lumpy.
gruñido *nm* (*de animal*) grunt, growl; (*fig*) grouse (*fam*) grumble; **dar ~s = gruñir**.
gruñir 3h *vi* (*animal*) to grunt, growl; (*fig*) to grouse (*fam*) grumble; (*puerta*) to creak.
gruñón/ona 1 *adj* grumpy, grumbling. **2** *nm/f* grumbler.
grupa *nf* crupper, hindquarters.
grupo *nm* (**a**) (*gen*) group; (*de árboles*) cluster, clump; ~ **del dólar** dollar block; ~ **de presión** pressure group; ~ **sanguíneo** blood group; **discusión en** ~ group discussion. (**b**) (*Elec, Téc*) unit, plant; (*montaje*) assembly; ~ **compresor** compressor unit; ~ **electrógeno** *o* **generador** power plant.
gruta *nf* cavern, grotto.
GT *abr de* **Gran Turismo** GT.
Gta. *abr* (*Aut*) *de* **glorieta**.
gua[1] *interj* (*LAm: preocupación*) oh dear!; (*sorpresa*) well!; (*desdén*) get away!
gua[2] *nm* (*juego*) marbles; (*hoyo*) hole for marbles.
gua... *pref para diversas palabras escritas así en LAm*; *V tb* **hua...**.
guaca *nf* (*LAm*) (Indian) tomb, funeral mound; (*tesoro*) buried treasure.
guacal *nm* (*LAm: cajón*) wooden crate; (*: calabaza*) gourd, vessel.
guacamayo 1 *adj* (*Méx fam*) absurdly dressed. **2** *nm* (**a**) (*Orn*) macaw. (**b**) (*persona*) absurdly dressed person.
guacamole *nm* (*LAm Culin*) avocado salad.
guachada *nf* (*Arg fam: canallada*) dirty trick.
guachafita *nf* (*LAm: batahola*) hubbub, din; (*desorden*) disorder.
guachafitero/a 1 *adj* (*Ven: desorganizado*) chaotic, inefficient. **2** *nm/f* (*persona*) inefficient person.
guachapear 1a **1** *vt* (**a**) (*en agua*) to dabble in, splash about in. (**b**) (*estropear*) to botch, mess up. **2** *vi* (*sonar*) to rattle, clatter.
guache *nm* (*And, Carib: fam*) uncouth person.
guachimán *nm* (*LAm: guardián*) watchman.
guachinango *nm* (*Carib, Méx: pez*) red snapper.
guacho/a 1 *adj* (*And, CSur: persona*) homeless, orphaned; (*: animal*) motherless. **2** *nm* (**a**) (*polluelo*) baby bird, chick. (**b**) (*And, CSur: expósito*) homeless *o* abandoned child; (*: huérfano*) orphan, foundling; (*: Agr*) motherless animal; (*: fam: bastardo*) illegitimate child.
Guadalajara *nf* Guadalajara.
guadalajareño/a 1 *adj* of *o* from Guadalajara. **2** *nm/f* native *o* inhabitant of Guadalajara.
Guadalquivir *nm*: **el Río** ~ the Guadalquivir.
guadamecí *nm* (*cuero*) embossed leather.
guadaña *nf* (*Agr*) scythe; **la G~** (*fig*) the Grim Reaper.
guadañadora *nf* mowing machine.
guadañar 1a *vt* to scythe, mow.
guadaño *nm* (*Cu, Méx*) lighter, small harbour *o* (*US*) harbor boat.
Guadiana *nm*: **el Río** ~ the Guadiana.
guagua[1] *nf* (*Cu, Canarias: autobús*) bus.
guagua[2] **1** *adj* (*And: pequeño*) small, little. **2** *nf* (*And, CSur*) (**a**) baby. (**b**) (*bagatela*) trifle, small thing; **de** ~ (*Cu, Méx: gratis*) free, for nothing.
guagüero/a 1 *adj* (**a**) (*gorrón*) sponging (*fam*) parasitical. (**b**) (*Cu*) bus *atr.* **2** *nm/f* (**a**) (*Cu: chofer*) bus driver. (**b**) (*que saca provecho*) bargain hunter.
guai *adj* (*fam*) = **guay**.
guaico (*And*) *nm* (*hondonada*) hollow, dip; (*abismo*) ravine; (*alud*) avalanche.
guaina (*And, CSur*) **1** *nf* (*muchacha*) girl, young woman. **2** *nm* (*muchacho*) youth, young man.
guaipe *nm* (*Chi*) cotton waste.
guaira *nf* (**a**) (*CAm*) Indian flute. (**b**) (*And, CSur: Min*) earthenware smelting furnace (*for silver ore*). (**c**) (*Náut*) triangular sail.
guairo *nm* (*Cu, Ven: Náut*) small coastal vessel.
guajada *nf* (*Méx fam: necedad*) stupid thing.
guaje 1 *adj* (*Méx: estúpido*) silly, stupid; **hacer ~ a algn** (*engañar*) to fool sb. **2** *nm* (**a**) (*Méx*) gourd, calabash. (**b**) (*CAm fam: trasto*) old thing, piece of junk. (**c**) (*CAm, Méx: acacia*) *species of acacia.* **3** *nmf* (*CAm, Méx: fam: estúpido*) idiot, fool.
guajear 1a *vi* (*Méx*) to play the fool.
guajería *nf* (*Méx*) (**a**) (*estupidez*) idiocy, foolishness. (**b**) (*acto*) stupid thing, foolish act.
guajiro/a *nm/f* (*Carib, Col: campesino*) (white) peasant.
guajolote (*Méx*) **1** *adj* (*estúpido*) silly, stupid. **2** *nm* (**a**) (*pavo*) turkey. (**b**) (*fam: tonto*) fool, idiot, turkey (*US*).
gualdo *adj* yellow, golden.
gualdrapa *nf* (**a**) (*Hist*) trappings *pl.* (**b**) (*fam: harapos*) tatter, ragged end.
gualdrapear 1a *vi* (**a**) (*Náut: velas*) to flap. (**b**) (*Cu: caballo*) to walk slowly.
gualicho *nm* (**a**) (*And, CSur: maleficio*) evil spell. (**b**) (*Arg: talismán*) good-luck charm.
guama *nf* (*And, CAm: fam: mentira*) lie.
guambra *nmf* (*Ecu: niño indio o mestizo*) Indian *o* mestizo child.
guampa *nf* (*And, CSur: cuerno*) horn.
guampudo *adj* (*And, CSur: con cuernos*) horned.
guanábana *nf* (*LAm: fruta tropical*) soursop, prickly custard apple.
guanábano *nm* (*árbol tropical*) soursop (tree).
guanacada *nf* (*LAm: estupidez*) foolish act, silly thing.
guanaco 1 *adj* (*LAm fam: tonto*) simple, silly; (*: torpe*) slow. **2** *nm* (**a**) (*Zool*) guanaco. (**b**) (*LAm fam: tonto*) simpleton, dimwit (*fam*) (*campesino*) rustic.
guanajo *nm* (*LAm*) (**a**) (*pavo*) turkey. (**b**) (*fam*) fool, idiot.
guando *nm* (*And, Chi: parihuela*) stretcher.
guanear 1a **1** *vt* (**a**) (*Per Agr*) to fertilize with guano. (**b**) (*Bol: ensuciar*) to dirty, soil. **2** *vi* (*LAm: animales*) to defecate.
guanera *nf* (*esp LAm*) guano deposit.
guanero *adj* (*LAm*) guano *atr*, pertaining to guano.
guano[1] *nm* (**a**) (*LAm: estiércol de aves marinas*) guano; (*estiércol*) dung, manure. (**b**) (*Cu: fam*) money, brass (*fam*).
guano[2] *nm* (*LAm: palma*) palm tree; (*: hoja*) palm leaf.
guantada *nf*, **guantazo** *nm* slap.
guante *nm* (**a**) glove; ~ **de boxeo/cabritilla/goma** boxing/kid/rubber glove; ~ **con puño** gauntlet; **se ajusta como un** ~ it fits like a glove; **arrojar el** ~ to throw down the gauntlet; **colgar los ~s** (*Boxeo*) to quit boxing; (*fig*) to retire; **echar el ~ a algn** to catch hold of sb; (*fig: policía*) to catch sb; **echar el ~ a algo** to lay hold of sth; **recoger el** ~ to take up the challenge. (**b**) (*Chi*) whip, cat-o'nine-tails. (**c**) **~s** (*gratificación*) tip, commission.
guantear 1a *vt* (*LAm*) to slap, hit.
guantelete *nm* gauntlet.
guantera *nf* (*Aut*) glove compartment.
guantón *nm* (*LAm*) slap, hit, blow.
guañusco *adj* (*Arg fam*) (**a**) (*marchito*) withered, faded. (**b**) (*chamuscado*) burned, burned up.
guapear 1a *vi* (*fam*) (**a**) (*ostentar*) to cut a dash, dress flashily. (**b**) (*bravear*) to bluster, swagger.
guaperas *adj inv* (*fam*) gorgeous (*fam*).
guapetón = **guapo**.
guapeza *nf* (**a**) (*atractivo*) good looks, attractiveness. (**b**) (*elegancia*) smartness, elegance; (*pey: ostentación*) flashiness. (**c**) (*valentía*) boldness, dash; (*bravata*) bravado.

guapo 1 *adj* (**a**) (*atractivo*) good-looking; (*mujer*) pretty, attractive; (*hombre*) handsome; **¡oye, ~a!** (*¡basta!*) hey, that's enough!; **¡cállate, ~!** just shut up! (**b**) (*elegante*) smart, elegant; (*pey*) flashy, overdressed; **¡hombre, qué ~ estás!** how nice you're looking!; **ir ~** to look smart; **va de ~ por la vida** he goes through life with every confidence in his good looks. (**c**) (*valiente*) bold, dashing. (**d**) (*fam: guay*) ace (*fam*), brill (*fam*). **2** *nm* (*esp LAm: bravucón*) bully, tough guy; (*fanfarrón*) braggart.
guapura *nf* (*fam*) good looks *pl*.
guaquear [1a] *vt* (*And, CAm: robar tumbas*) to rob (tombs).
guaqueo *nm* (*And, CAm*) tomb robbing.
guaquero *nm* (*And, Cam*) tomb robber.
guaraca *nf* (*And: honda*) sling; (*: azote para trompo*) whip.
guarache *nm* (*Méx: sandalia*) sandal, light shoe.
guaragua *nf* (**a**) (*CAm: mentira*) lie; (*: mentiroso*) liar, tale-teller. (**b**) (*LAm: contoneo*) rhythmical movement (in dancing).
guarango *adj* (*And, CSur: grosero: acto*) rude; (*: persona*) uncouth.
guaranguear [1a] *vi* (*And, CSur*) to be rude.
guaraní 1 *adj, nmf* Guarani. **2** *nm* (*Ling*) Guarani.
guaranismo *nm* (*Ling*) word *o* expression from the Guarani language.
guarapear [1a] *vi* **guarapearse** *vr* (**a**) (*Per*) to drink sugar-cane liquor. (**b**) (*Carib fam: emborracharse*) to drink, get drunk.
guarapo *nm* (*LAm: bebida*) sugar-cane liquor; (*Ven*) fermented pineapple juice; **menear el ~** (*Cu, Ven*) to beat; **se le enfrió el ~** (*Carib fam*) he lost his nerve.
guarapón *nm* (*And, CSur: sombrero*) broad-brimmed hat.
guarda 1 *nm* (*guardián*) guard; (*cuidador*) keeper, custodian; (*CSur Ferro*) ticket inspector; **~ de coto** *o* **forestal** gamekeeper; **~ de dique** lock keeper; **~ jurado** (*de empresa*) security guard; **~ nocturno** night watchman.
2 *nf* (**a**) (*acto*) guard, guarding; (*depósito*) safekeeping; (*custodia*) custody. (**b**) (*de la ley*) observance. (**c**) (*de cerradura*) ward; (*de espada*) guard; (*Tip*) flyleaf, endpaper. (**d**) (*LAm: Cos*) ribbing, trimming.
guarda(a)gujas *nm inv* (*Ferro*) switchman.
guarda(a)lmacén *nm* (*Com: tendero*) storekeeper.
guardabarrera *nm* (**a**) (*Ferro: persona*) crossing keeper. (**b**) (*Ferro: en paso*) level-crossing *o* (*US*) grade-crossing gate(s).
guardabarros *nm inv* mudguard, fender (*US*).
guardabosque(s) *nm inv* gamekeeper; (*guardia*) ranger, forester.
guardabrisa *nf* (*Aut: parabrisa*) windscreen, windshield (*US*).
guardacabo *nm* (*Náut*) thimble.
guardacantón *nm* (*en las esquinas o caminos*) kerbstone, curbstone (*US*); (*poste*) roadside post.
guardacoches *nmf inv* (*celador*) parking attendant.
guardacostas *nm inv* coastguard vessel, revenue cutter.
guardador 1 *adj* (**a**) (*protector*) protective. (**b**) (*de orden, ley*) observant, watchful. **2** *nm* (**a**) (*cuidador*) keeper; (*guarda*) guardian; (*protector*) protector. (**b**) (*de la ley*) observer.
guardaespaldas *nm inv* bodyguard, henchman.
guardafango *nm* mudguard, fender (*US*).
guardafrenos *nm inv* (*Ferro*) guard, brakeman.
guardafuego *nm* (*alambrera*) fireguard; (*Náut: defensa*) fender.
guardagujas *nm inv* (*Ferro*) pointsman, switchman (*US*).
guardajoyas *nm inv* (*joyero*) jewel case.
guardameta *nm* goalkeeper.
guardamuebles *nm inv* furniture repository.
guardapapeles *nm inv* (*archivo*) filing cabinet.
guardapelo *nm* (*joya*) locket.
guardapolvo *nm* (**a**) (*cubierta*) dust cover *o* sheet. (**b**) (*ropa*) dust coat; (*mono*) overalls; (*sobretodo*) outdoor coat.
guardar [1a] **1** *vt* (**a**) (*cuidar*) to guard; (*proteger*) to watch over, protect; (*preservar*) to maintain, preserve; (*rebaño*) to tend; **¡Dios guarde a la Reina!** God save the Queen!; **Dios os guarde** may God be with you; **~ las apariencias** to keep up appearances; **~ las distancias** to keep one's distance.
(**b**) (*retener*) to keep, hold; (*conservar*) to put away, store away; (*colocar*) to place; (*ahorrar*) to save; (*Inform: archivo*) to save; **~ algo para sí** to keep sth for o.s.; **lo guardó en el bolsillo** he put it away in his pocket; **te lo puedes ~** you can keep it; **guardo los sellos para mi hermano** I save the stamps for my brother; **guardo los mejores recuerdos** I have the nicest memories.
(**c**) (*promesa, secreto, mandamiento*) to keep; (*ley*) to observe, respect; (*respeto*) to have, show (*a* for); (*rencor*) to bear, have (*a* for, towards) ; *V* **cama; silencio.**
2 *vi*: **¡guarda!** (*Arg fam*) look out!, watch out!
3 guardarse *vr* (**a**) (*recelar*) to be on one's guard; (*precaverse*) to look out for o.s.
(**b**) **~ de algo** (*evitar*) to avoid sth; (*cuidarse*) to look out for sth; (*abstenerse*) to refrain from sth; (*protegerse*) to protect o.s. against sth; **~ de hacer algo** to be careful not to do sth, guard against doing sth; **¡guárdate mucho de hacerlo!** don't you dare!; **guárdate de no ofenderle** take care not to upset him.
(**c**) **~la a algn** to have it in for sb.
guardarraya *nf* (*Cu, PR*) path between rows of coffee bushes.
guardarropa 1 *nm* (**a**) (*cuarto*) cloakroom, checkroom (*US*). (**b**) (*ropero*) wardrobe. **2** *nmf* (*persona*) cloakroom attendant.
guardarropía *nf* (*Teat*) wardrobe; (*accesorios*) properties, props (*fam*); **de ~** make-believe.
guardavalla(s) *nm* (*LAm: portero*) goalkeeper.
guardavía *nm* (*Ferro*) linesman.
guardavidas *nm inv* (*Arg: en la playa*) lifeguard.
guardavista *nm* (*visera*) visor, sunshade.
guardería *nf*: **~ infantil** crèche, day nursery.
guardés/esa *nm/f* guard; (*de puerta*) doorman; (*de casa de campo*) gatekeeper.
guardia 1 *nf* (**a**) (*gen*) custody, care; (*defensa*) defence, defense (*US*), protection; (*Mil etc*) guarding; **farmacia de ~** all-night chemist's; **médico de ~** doctor on call; **estar de ~** to be on duty; (*vigilar*) to keep watch; **estar en ~ contra** to be on one's guard against; **montar (la) ~** to mount guard; **poner a algn en ~** to put sb on his guard; **relevar la ~** to change guard.
(**b**) (*Mil*) guard; (*policía*) police; (*Náut*) watch; **~ de asalto** riot police; **G~ Civil** Civil Guard; **~ jurado** security guard; **~ montada** horse guards; **~ municipal** *o* **urbana** town *o* traffic police; **G~ Nacional** (*Nic, Pan*) National Guard, Army.
(**c**) (*esgrima: posición*) guard; **aflojar** *o* **bajar la ~** (*tb fig*) to lower one's guard; **estar en ~** to be on guard.
2 *nmf* (*policía*) policeman/policewoman; (*Mil*) guardsman; **~s de asalto** riot police; (*Mil*) shock troops; **~ de tráfico** *o* **urbano/a** traffic policeman/policewoman; **~ civil** civil guard; **~ forestal** game warden, ranger; **~ marina** midshipman.
guardián/ana *nm/f* (*cuidador*) guardian, keeper; (*guarda*) warden; (*vigilante*) watchman; (*Zool*) keeper; **~ de niño(s)** baby-sitter; **~ de parque** park keeper; **~ de prisiones** warder.
guardilla *nf* (*buhardilla*) attic, garret; (*cuarto*) attic room.
guarecer [2d] **1** *vt* (*cobijar*) to protect, give shelter to; (*preservar*) to preserve. **2 guarecerse** *vr* (*refugiarse*) to shelter, take refuge (*de* from).

guaricha *nf* (**a**) (*Ven: joven*) young unmarried Indian girl. (**b**) (*And, CAm, Carib: fam: puta*) whore.

guarida *nf* (*Zool*) den, hideout; (*fig*) refuge, shelter; (*amparo*) cover; (*de persona*) haunt, hideout.

guarismo *nm* figure, numeral; **en ~ y por extenso** in figures and in words.

guarnecer [2d] *vt* (**a**) (*proveer*) to equip, provide (*de* with); (*adornar*) to adorn, garnish (*de* with); (*Cos*) to trim (*de* with); (*frenos*) to line; (*pared*) to plaster, stucco; (*joya*) to set, mount; (*caballo*) to harness; (*Téc*) to reinforce (*de* with). (**b**) (*Mil*) to man, garrison.

guarnecido *nm* plaster, plastering.

guarnición *nf* (**a**) (*acto: de proveer*) equipment, provision; (*: de engastar*) fitting; (*: de adornar*) adorning, embellishing; (*Culin*) garnishing. (**b**) (*adorno*) adornment; (*Cos*) trimming, binding; (*de frenos*) lining; (*de pared*) plastering; (*de joya*) setting, mount; (*de espada*) guard; (*Mec*) packing. (**c**) **~es** harness; (*equipo*) gear; (*de casa*) fittings, fixtures; **~es del alumbrado** light fittings. (**d**) (*Mil*) garrison.

guarnicionar [1a] *vt* (*Mil*) to garrison, man.

guaro *nm* (**a**) (*CAm: ron*) liquor, spirits. (**b**) (*Orn*) small parrot.

guarrada *nf* (*trampa*) dirty trick; (*dicho*) rotten thing (to say); (*indecencia*) indecent act, vulgar thing (to do).

guarrear [1a] *vt* to dirty, mess up.

guarrería *nf* = **guarrada**.

guarro/a **1** *adj* (*cochino*) dirty, filthy. **2** *nm/f* (*puerco*) pig, hog; (*fig*) dirty *o* slovenly person.

guarura *nm* (*Méx fam: guardaespaldas*) bodyguard.

guasa *nf* (**a**) (*broma*) joke; (*chanza*) joking, teasing; **con** *o* **de** ~ jokingly, in fun; **tomarse algo a** ~ to take sth as a joke. (**b**) (*Chi: campesina*) peasant woman.

guasanga *nf* (**a**) (*CAm, Cu, Méx: bulla*) din, uproar. (**b**) (*CAm: chiste*) joke.

guasca (*LAm*) *nf* (*correa*) leather strap, rawhide thong; **dar ~ a** (*azotear*) to whip, flog.

guascazo *nm* (*LAm: latigazo*) lash.

guasearse [1a] *vr* (*bromearse*) to joke, tease.

guasería *nf* (*And, CSur: fam: grosería*) rudeness.

guaso/a (*And, Carib, CSur: fam*) **1** *adj* (*grosero*) coarse, rough. **2** *nm/f* (*Chi: campesino*) peasant, countryman/woman. **3** *nm* (*Cu fam: bulla*) merry din, revelry.

guasón **1** *adj* (*pícaro*) witty, humorous; (*burlón*) joking, teasing; **dijo** ~ he said jokingly *o* teasingly. **2** *nm* joker, tease.

guasqueada *nf* (*LAm fam: latigazo*) lash; (*: azote*) whipping, flogging.

guasquear [1a] **1** *vt* (*LAm fam: azotar*) to whip, flog. **2** *vi* (*Chi: sonido*) to crack.

guata[1] *nf* (*And, CSur: panza*) paunch, belly; **~s** (*CSur Culin*) tripe; **echar** ~ (*Chi fam*) to get fat.

guata[2] *nf* (**a**) (*algodón*) raw cotton; (*relleno*) padding; (*And: cuerda*) twine, cord. (**b**) (*Cu: mentira*) lie, fib.

guataca **1** *nf* (*Cu: azada*) small hoe. **2** *nmf* (*lameculos*) bootlicker *(fam)*.

guataco *adj* (*And: pey*) Indian, native.

guatal *nm* (*CAm*) hillock.

guate *nm* (**a**) (*CAm: de maíz*) maize plantation. (**b**) (*Ven fam: serrano*) highlander.

guatearse [1a] *vr* (*Chi*) to warp, bulge.

Guatemala *nf* Guatemala.

guatemalteco/a *adj, nmf* Guatemalan.

guateque *nm* (*fiesta*) party, binge *(fam)*.

guatero *nm* (*Chi*) hot water bottle.

guatitas *nfpl* (*Chi Culin: callos*) tripe *sg*.

guatón *adj* (*Chi fam: barrigón*) fat, pot-bellied.

guau **1** *interj* bow-wow! **2** *nm* (*ladrido*) bark.

guay *adj* (*fam*) super *(fam)*, great, smashing *(fam)*.

guaya *nf* (*Ven*) wire.

guayaba *nf* (**a**) (*LAm Bot*) guava; (*jalea*) guava jelly. (**b**) (*fig, fam: LAm*) fib, lie.

guayabear [1a] *vt* (*CAm fam: besar*) to kiss.

guayabera (*LAm*) *nf loose shirt with large pockets*; (*chaqueta*) lightweight jacket.

guayabo *nm* (**a**) (*Bot*) guava tree. (**b**) (*And: pena*) grief, sorrow. (**c**) (*Ven: murria*) nostalgia. (**d**) (*And, CSur: fam: resaca*) hangover. (**e**) (*fam: guapa*) pretty girl, smasher *(fam)*.

guayaca *nf* (*LAm: bolso*) bag, purse.

Guayana *nf* Guyana, Guiana.

guayanés/esa *adj, nm/f* Guyanese.

guayar [1a] *vt* (*Carib Culin*) to grate.

guayuco *nm* (*Col, Ven: taparrabo*) loincloth.

gubernamental **1** *adj* governmental; (*facción*) loyalist. **2** *nmf* (*leal*) loyalist; (*Mil*) government soldier.

gubernativo *adj* governmental.

gubia *nf* (*Téc: formón*) gouge.

guedeja *nf* (*cabellera*) long hair, lock; (*de león*) mane.

güegüecho **1** *adj* (**a**) (*And, CAm: fam: tonto*) silly, stupid. (**b**) (*CAm, Méx: Med*) suffering from goitre *o (US)* goiter. **2** *nm* (*CAm, Méx: Med*) goitre, goiter *(US)*.

guepardo *nm* cheetah.

Guernesey *nm* Guernsey.

güero *adj* (*CAm, Méx*) blond(e), fair.

guerra *nf* (**a**) (*gen*) war; (*arte*) warfare; (*lucha*) struggle, conflict; **~ de agotamiento** *o* **desgaste** war of attrition; **~ atómica/bacteriológica/nuclear/de guerrilla** atomic/germ/nuclear/guerrilla warfare; **~ civil/fría** civil/cold war; **~ de las galaxias** Star Wars; **~ a muerte** war to the bitter end; **~ psicológica** psychological warfare; **~ santa** holy war, crusade; **~ sin cuartel** all-out war; **G~ de los Cien/Treinta Años** Hundred/Thirty Years' War; **G~ de la Independencia** (*Esp, LAm*) War of Independence; **G~ del Transvaal** Boer War; **Primera/Segunda G~ Mundial** First/Second World War; **de** ~ military, war *atr*; **Ministerio de G~** Ministry of War, War Office *(Brit)*, War Department *(US)*; **estar en** ~ to be at war (*con* with); **dar** ~ to be a nuisance (*a* to), make trouble (*a* for); (*niño*) to carry on; **declarar la** ~ to declare war (*a* on); **hacer la** ~ to wage war (*a* on).

(**b**) (*juego*) billiards.

(**c**) (*Com*) **~ económica** economic warfare; **~ de precios** price war.

guerrear [1a] *vi* (*pelear*) to wage war, fight; (*fig*) to put up a fight, resist.

guerrera *nf* trench coat; (*Mil*) military jacket.

guerrero **1** *adj* (**a**) (*belicoso*) war *atr*; **espíritu** ~ fighting spirit. (**b**) (*contrario*) warring. (**c**) (*de carácter*) warlike, martial; **un pueblo** ~ a warlike people. **2** *nm* (*soldado*) warrior, soldier.

guerrilla *nf* (**a**) (*grupo*) guerrilla band; (*partidarios*) group of partisans. (**b**) (*guerra clandestina*) guerrilla warfare.

guerrillero *nm* guerrilla (fighter); (*paisano*) partisan.

güevón (*LAm*) = **huevón**.

guía **1** *nf* (**a**) (*orientación*) guidance; **~ vocacional** vocational guidance; **para que le sirva de** ~ for your guidance.

(**b**) (*Tip*) guidebook (*de* to); (*manual*) handbook; (*de teléfono*) directory; (*Inform*) prompt; **~ de campo** (*Bio*) field guide; **~ de carga** (*Ferro*) waybill; **~ oficial de ferrocarriles** (*Ferro*) official timetable; **~ telefónica** *o* **de teléfonos** telephone directory; **~ del turista** tourist guide; **~ del viajero** traveller's *o (US)* traveler's guide.

(**c**) (*Mec*) guide; (*de bicicleta*) handlebars; (*caballo*) leader, front horse; **~s** reins; **~ sonora** (*Cine*) soundtrack.

2 *nmf* guide; (*dirigente*) leader; (*consejero*) adviser.

guiar [1c] **1** *vt* (**a**) (*gen*) to guide; (*dirigir*) to lead, direct; (*conducir*) to manage; (*orientar*) to advise. (**b**) (*Aut etc*) to drive; (*Náut*) to steer; (*Aer*) to pilot. (**c**) (*Bot: dirigir*) to train. **2** **guiarse** *vr*: **~ por** to be guided by, be ruled by, go by.

guija *nf* (*piedra*) pebble; (*en camino*) cobblestone.

guijarral *nm* (*con guijarros*) stony place; (*playa*) shingle, pebbles.
guijarro *nm* (*guija*) pebble; (*canto*) boulder; (*en camino*) cobblestone.
guijo *nm* (**a**) (*grava*) gravel; (*para caminos*) granite chips; (*en la playa*) shingle. (**b**) (*Mec: gorrón*) shaft of wheel.
güila *nf* (**a**) (*Méx fam: ramera*) whore. (**b**) (*Chi fam: andrajos*) rags, tatters.
güilo (*Méx*) *adj* (*tullido*) maimed, crippled; (*fig*) weak, sickly.
guillado *adj* (*fam: chiflado*) cracked *(fam)*, crazy; **estar ~** to be off one's trolley *(fam)*.
guillame *nm* (*Téc*) rabbet plane.
guillarse 1a *vr* (*fam: chiflarse*) to go crazy.
guillotina *nf* guillotine; (*para papel*) paper cutter; **ventana de ~** sash window.
guillotinar 1a *vt* to guillotine.
güincha *nf* (*And, CSur*) (**a**) (*ribete*) narrow strip of cloth; (*tira*) ribbon; (*cinta*) hair ribbon; (*Dep*) tape. (**b**) (*cinta métrica*) measuring tape, tape measure.
güinche *nm* (*Arg: torno*) winch, hoist; (*: grúa*) crane.
guinda *nf* (*fruta*) mazzard *o* morello *o (US)* sour cherry; **poner la ~ a algo** to add the finishing touches to sth; **aquello puso la ~ final** (*iró*) that was the last straw.
guindaleza *nf* (*Náut*) hawser.
guindar 1a **1** *vt* (**a**) (*colgar*) to hoist, hang up (high); (*fam: ahorcar*) to hang, string up *(fam)*. (**b**) (*fam: robar*) to pinch *(fam)*, swipe *(fam)*. **2 guindarse** *vr* (*fam: ahorcarse*) to hang o.s.; (*fam: morirse*) to kick the bucket *(fam)*; (*descolgarse*) to hang (down).
guindaste *nm* (*Náut*) jib crane.
guindilla *nm* (**a**) (*fam*) bobby *(fam)*, cop *(fam)*. (**b**) (*Esp: pimiento*) chili, red *o* green pepper.
guindo *nm* mazzard *o* morello cherry tree; **caer del ~** *(fam)* to twig *o* cotton on *(fam)*.
guindola *nf* (*Náut*) lifebuoy.
Guinea *nf* Guinea; **~ Española** Spanish Guinea.
guineo[1] *adj, nm/f* Guinea(n).
guineo[2] *nm* (*LAm Bot*) banana.
guiñada *nf* (**a**) (*guiño*) wink; (*pestañeo*) blink. (**b**) (*Aer, Náut*) yaw.
guiñapo *nm* (**a**) (*andrajo*) rag, tatter; **poner a algn como un ~** to shower insults on sb. (**b**) (*dejado*) slovenly person; (*granuja*) ragamuffin; (*réprobo*) rogue, reprobate.
guiñar 1a **1** *vt* (*parpadear*) to wink; (*pestañear*) to blink. **2** *vi* (**a**) to wink; to blink. (**b**) (*Aer, Náut*) to yaw.
guiño *nm* (**a**) (*parpadeo*) wink; (*muecas*) grimace, wry face; **hacer ~s a** to wink at. (**b**) (*Aer, Náut*) yaw.
guiñol *nm* (*Teat*) puppet theatre *o (US)* theater, Punch and Judy show.
guión *nm* (**a**) (*Tip*) hyphen, dash. (**b**) (*Lit: esquema*) summary, outline; (*: aclaración*) explanatory text; (*Cine, Rad, TV*) script. (**c**) (*pendón*) royal standard; (*Rel*) processional cross *o* banner. (**d**) (*Orn*) **~ de codornices** corncrake.
guionista *nmf* (*Cine*) scriptwriter.
guipar 1a *vt* (*fam*) (**a**) (*ver*) to see. (**b**) (*entender*) to cotton on to *(fam)*, catch on to. (**c**) (*percibir*) to spot, catch sight of.
güipil (*CAm, Méx*) = **huipil**.
guipuzcoano/a **1** *adj* of *o* from Guipúzcoa. **2** *nm/f* native *o* inhabitant of Guipúzcoa.
guiri *nmf* (*fam: extranjero*) foreigner; (*turista*) tourist.
guirigay *nm* (**a**) (*lenguaje confuso*) gibberish, jargon. (**b**) (*griterío*) hubbub, uproar; (*confusión*) chaos, confusion; **¡esto es un ~!** the place is like a bear garden!
guirlache *nm* (*turrón*) *type of nougat*.
guirnalda *nf* (*corona*) garland; (*en entierro*) wreath; (*Arte*) garland, floral motif.
güiro *nm* (*Carib fam: calabaza*) gourd; (*: Mús*) musical instrument.
guisa *nf*: **a ~ de** (*modo*) as, like; **de tal ~** in such a way (*que* that).
guisado *nm* stew.
guisante *nm* pea; **~ de olor** sweet pea.
guisar 1a **1** *vt* (**a**) (*Culin*) to cook; (*cocinar*) to stew; **él se lo guisa, él se lo come** he's made his bed, so he can lie in it. (**b**) (*fig: preparar*) to prepare; (*ordenar*) to arrange. **2 guisarse** *vr* (*fig*) urdirse, to be brewing, be simmering.
guiso *nm* cooked dish; (*guisado*) stew.
guisote *nm* (*pey: guiso*) hash, poor-quality stew; (*mezcla*) concoction; (*comida*) grub *(fam)*.
guita *nm* (**a**) (*cuerda*) twine; (*bramante*) packthread. (**b**) (*fam: dinero*) dough *(fam)*; **aflojar** *o* **soltar la ~** to stump up *(fam)*, fork out *(fam)*.
guitarra *nf* (*Mús*) guitar; **ser como ~ en un entierro** to strike the wrong note; **chafar la ~ a algn** to queer sb's pitch; **estar con la ~ bien/mal templada** to be in a good/bad mood.
guitarreo *nm* strum(ming).
guitarrista *nmf* guitarist.
güito *nm* (*hueso*) stone.
gula *nf* greed, gluttony.
gurí/isa *nm/f* (*Arg, Uru: fam*) kid *(fam)*.
guripa *nm* (*fam: Mil*) soldier; (*policía*) cop *(fam)*.
gurrí *nm* (*Col, Ecu: Orn*) wild duck.
gurrumina *nf* (**a**) (*And fam: molestia*) bother, vexation; (*: tristeza*) sadness. (**b**) (*Méx: fruslería*) trifle, mere nothing.
gurrumino **1** *adj* (*débil*) weak, sickly; (*insignificante*) small, puny. **2** *nm* (*Méx: chiquillo*) child.
gur(r)upié *nm* (*Méx: en los garitos*) croupier.
gurú *nm* (*pl* **~s**) guru.
gus *nm* (*And: buitre*) turkey buzzard.
gusa *nm* (*a veces*) *nf* (*fam: = gusanillo* (*a*)) hunger; **tener ~** to be hungry.
gusanera *nf* (**a**) (*nido*) nest *o* breeding ground for maggots. (**b**) (*fig: montón*) bunch, lot; **una ~ de chiquillos** a bunch of kids.
gusanillo *nm* (**a**) small maggot *o* worm; **me anda el ~** I feel peckish. (**b**) (*fam: interés*) craze, obsession; **le entró el ~ de las motos** he was taken with the motorbike craze.
gusano *nm* (**a**) maggot, worm; (*de mariposa, polilla*) caterpillar; **~ de luz/seda** glow-worm/silkworm; **~ de la conciencia** remorse; **matar el ~** to have a bite to eat; (*licor*) to drink to clear one's head; **criar ~s** to be dead and buried. (**b**) (*fig*) worm; (*ser despreciable*) contemptible person; (*persona dócil*) meek creature. (**c**) (*Cu Pol: pey*) *nickname for Cuban refugees post-1959*.
gusanoso *adj* maggoty, worm-eaten.
gustación *nf* tasting, trying.
gustar 1a **1** *vt* (*probar*) to taste, sample.
2 *vi* (**a**) (*complacer*) to please, be pleasing; **es una película que siempre gusta** it's a film which always pleases; **la comedia no gustó** the play was not a success.
(**b**) (*con complemento personal*) **me gusta el té** I like tea; **¿te gusta México?** do you like Mexico?; **no me gusta mucho** I don't like it much; **me gusta como anda** I like the way she walks.
(**c**) (*frases de cortesía*) **¿gusta Ud?** would you like some?, may I offer you some?; **si Ud gusta** if you please, if you don't mind; **como Ud guste** as you wish.
(**d**) **~ de algo** to like *o* enjoy sth; **~ de hacer algo** to like to do sth, to be fond of doing sth, enjoy doing sth.
gustazo *nm* (*fam: mucho placer*) great pleasure; **me di el ~ de levantarme a las doce** I treated myself to a long lie till twelve.
gustillo *nm* (*dejo*) touch, tang.
gusto *nm* (**a**) (*sentido*) taste; **agregue azúcar a ~** add sugar to taste.
(**b**) (*de comida*) taste, flavour, flavor *(US)*; **tiene un ~ amargo** it has a bitter taste.
(**c**) (*Arte*) taste; (*estilo*) style, fashion; **buen/mal ~**

good/bad taste; **de buen ~** in good taste; **es de un mal ~ extraordinario** it is in extraordinarily bad taste; **ser persona de ~** to be a person of taste; **sobre ~s no hay disputa, de ~s no hay nada escrito** there's no accounting for tastes.

(**d**) (*placer*) pleasure; **con mucho ~** with pleasure; (*con voluntad*) gladly; **comer con ~** to eat heartily; **aquí me encuentro a ~** I feel at home here; **acomodarse a su ~** to make o.s. at home; **me corro** *o* **muero del ~** (*fam!*) it's bloody brilliant (*fam!*); **dar ~ a** to please, give pleasure to; **tener el ~ de hacer algo** to have the pleasure of doing sth; **tener ~ en hacer algo** to be glad to do sth.

(**e**) (*presentaciones*) **¡mucho ~!, ¡tanto ~!,** (*LAm fam*) **¡ ~ verlo!** how do you do?, pleased to meet you; **el ~ es mío** how do you do?, the pleasure is mine; **tengo mucho ~ en presentar al Sr X** allow me to introduce Mr X.

(**f**) (*agrado*) liking (*por* for); **al ~ de** to the liking of; **ser del ~ de algn** to be to sb's liking; **tener ~ por** to have a liking for; **tomar ~ a** to take a liking to.

(**g**) (*antojo*) whim, fancy; **a ~** at will, according to one's fancy.

gustoso *adj* (**a**) (*sabroso*) tasty, nice. (**b**) (*agradable*) pleasant. (**c**) (*con voluntad*) willing, glad; **lo hizo ~** he did it gladly; **le ofrezco ~ una habitación de matrimonio** I am glad to be able to offer you a double room.

gutapercha *nf* gutta-percha.

gutural *adj* guttural (*tb Ling*); (*de la garganta*) throaty.

Guyana *nf* Guyana.

guyanés/esa *adj, nm/f* Guyanese, Guyanan.

H, h¹ ['atʃe] *nf* (*letra*) H, h.

h² *abr de* **hora** h., hr.

H. *abr* (**a**) (*Fin*) *de* **haber** Cr. (**b**) *de* **hectárea(s)**. (**c**) (*Rel*) *de* **Hermano** Br, Bro.

h. *abr* (**a**) *de* **hacia** c. (**b**) *de* **habitantes** pop.

ha *V* **haber**.

Ha. *abr de* **hectárea(s)**.

haba *nf* (*legumbre*) (broad) bean; (*de café etc*) bean; **~ de las Indias** sweet pea; **son ~s contadas** it goes without saying; **en todas partes cuecen ~s** it's the same the whole world over.

Habana *nf*: **La ~** Havana.

habanera¹ *nf* (*Mús*) habanera.

habanero/a² **1** *adj* of *o* from Havana. **2** *nm/f* native *o* inhabitant of Havana.

habano *nm* Havana cigar.

hábeas corpus *nm* habeas corpus.

haber [2j] **1** *vt* (**a**) (*Lit*) to catch, lay hands on.

(**b**) (*periodismo, Jur etc*) **un hijo habido fuera del matrimonio** a child born out of wedlock; **la lista de las víctimas habidas** the list of casualties suffered; **en el encuentro habido ayer** (*Prensa*) in yesterday's game; **X, que Dios haya en su gloria** X, God rest his soul; **todos los inventos habidos y por ~** all inventions present and future.

2 *vb aux* (**a**) (*en tiempos compuestos*) to have; **he comido** I have eaten; **había ido al cine** he had gone to the cinema; **lo hubiéramos hecho** we would have done it; **¡hubiera(n) visto la casa!** (*esp LAm fam*) you should have seen the house!; **¡~lo dicho!** you should have said!; **antes de ~lo visto** before seeing him; **de ~lo sabido** if I had known it; **pero, ¿habráse visto (cosa igual)?** well, have you ever seen the like?

(**b**) **~ de** to have to; **he de hacerlo** I have to do it; **¿qué he de hacer?** what am I to do?; **hemos de tener paciencia** we must be patient; **han de ser las 9** it must be about 9 o'clock; **has de saber que ...** you really should know that ...; **ha de llegar hoy** (*esp LAm*) he will *o* should get here today; **has de estar equivocado** (*esp LAm fam*) you must be wrong.

3 *vb impers* (**a**) (*gen*) **hay** there is, there are; **hay un hombre/2 hombres en la calle** there is one man/there are 2 men in the street; **ha habido problemas** there have been problems; **habían muchas personas** (*esp LAm fam*) there were many people there; **hay tanto que hacer** there is so much to be done; **no hay plátanos** we have no bananas; **no hubo discusión** there was no discussion; **¿habrá tiempo?** will there be time?; **tomará lo que haya** he'll take whatever there is; **lo que hay es que** it's like this; **algo debe (de) ~ para que se comporte así** there must be some reason for him acting like that; **hay sol** the sun is shining, it is sunny; **¿qué hay?** (*¿qué pasa?*) what's up?; (*¿qué tal?*) how's it going?; **¡qué hubo!, ¡quihúbole!** (*Chi, Méx, Ven: fam*) hi!, what's the matter?; **no hay más que hablar** there's no more to be said; **¡no hay de qué!** don't mention it!, not at all!; **¿cuánto hay de aquí a Cuzco?** how far is it from here to Cuzco?; **no hay nada mejor que ...** there's nothing better than ...; **no hay quien te entienda** there's no understanding you; **¡aquí no hay quien duerma!** it's impossible trying to sleep here!; **¡eres de lo que no hay!** you're unbelievable!; **un amigo como hay pocos** *o* **donde los haya** a friend in a million.

(**b**) **hay que hacer algo** it is necessary to do sth, one must do sth; **hay que trabajar más** you must work harder; **hay que hacerlo** it has to be done; **¡había que verlo!** you should have seen it!; **¡hay que ver!** (*sorpresa*) well now!; **hay que ser fuertes** we *etc* must be strong.

(**c**) (*tiempo*) **3 años ha** (*frm*) 3 years ago.

4 haberse *vr*: **habérselas con algn** (*tener delante*) to be up against sb; (*enfrentarse*) to have it out with sb.

5 *nm* (*ingresos*) income, salary; (*bienes*) assets *pl*; (*en balance*) credit side; **~es** assets; **¿cuánto tengo en el ~?** how much have I to my credit *o* in my account?

habichuela *nf* kidney bean.

hábil *adj* (**a**) (*listo*) clever; (*diestro*) skilful, skillful (*US*); (*capaz*) able, capable; (*experto*) good, expert (*en* at); (*pey*) cunning, smart. (**b**) competent.

habilidad *nf* (**a**) (*gen*) cleverness, skill; (*capacidad*) ability, proficiency; (*destreza*) expertness, expertise; (*pey*) cunning, smartness; **hombre de gran ~ política** a man of great political skill; **tener ~ manual** to be clever with one's hands. (**b**) **~ para** fitness (for). (**c**) (*Jur*) competence.

habilidoso *adj* capable, handy.

habilitación *nf* (**a**) qualification, entitlement. (**b**) (*de casa etc*) equipment, fitting out. (**c**) (*Fin*) financing. (**d**) (*oficina*) paymaster's *o* (*US*) payroll office.

habilitado *nm* paymaster.

habilitar [1a] *vt* (**a**) (*gen*) to qualify, entitle (*para que haga* to do); (*permitir*) to enable (*para que haga* to do); (*autorizar*) to empower, authorize (*para que haga* to do). (**b**) (*preparar*) to equip, fit out. (**c**) (*financiar*) to finance. (**d**) (*CSur Com*) to take into partnership.

hábilmente *adv* (*V* **hábil**) cleverly; skilfully, skillfully (*US*); ably, expertly; cunningly, smartly.

habiloso *adj (CSur fam)* clever, skilful, skillful *(US)*.
habitable *adj* inhabitable, that can be lived in.
habitación *nf* (**a**) *(vivienda)* dwelling, abode; *(alquilada)* lodging(s), apartment; *(Bio)* habitat, habitation. (**b**) *(cuarto)* room; ~ **doble** *o* **de matrimonio** double room; ~ **individual** single room.
habitacional *adj (LAm)* housing *atr*.
habitáculo *nm* living space; *(Aut)* inside, interior.
habitado *adj* inhabited; *(satélite etc)* manned.
habitante **1** *nmf (gen)* inhabitant; *(vecino)* resident; *(inquilino)* occupant, tenant. **2** *nm (hum: piojo)* louse.
habitar [1a] **1** *vt* to inhabit, live in; *(casa)* to occupy, be the occupant of. **2** *vi* to live.
hábitat *nm (pl* ~**s** ['aßitas]) habitat.
hábito *nm* (**a**) habit, custom; ~**s de consumo** buying habits; **una droga que crea** ~ a habit-forming drug; **tener el** ~ **de hacer algo** to be in the habit of doing sth. (**b**) *(Rel)* habit; **colgar los** ~**s** to leave the priesthood; **tomar el** ~ *(hombre)* to take holy orders, become a monk; *(mujer)* to take the veil, become a nun.
habitual **1** *adj* habitual, customary, usual; *(cliente, lector etc)* regular; *(criminal)* hardened; **su restaurante** ~ one's usual restaurant; **como lector** ~ **de esa revista** as a regular reader of your journal. **2** *nmf (de bar, tienda etc)* regular.
habituar [1e] **1** *vt* to accustom *(a* to). **2 habituarse** *vr*: ~ **a** to become accustomed *o* get used to.
habla *nf* (**a**) *(gen)* speech; **dejar a algn sin** ~ to leave sb speechless; **perder el** ~ to become speechless. (**b**) *(Ling: idioma)* language; *(dialecto)* dialect, speech; *(Lit)* language, style; **de** ~ **francesa** French-speaking. (**c**) *(el hablar)* talk; **¡García al** ~! *(Telec)* García speaking!; **estar al** ~ to be in contact; *(Telec)* to be on the line, be speaking *(con* to).
habladas *nfpl (LAm)* boasts.
hablado *adj* (**a**) spoken; **la palabra** ~**a** the spoken word. (**b**) **bien** ~ well-spoken; **mal** ~ coarse, foul-mouthed.
hablador(a) **1** *adj* (**a**) *(parlanchín)* talkative. (**b**) *(chismoso)* gossipy. **2** *nm/f* (**a**) chatterbox. (**b**) gossip.
habladuría *nf (gen)* rumour, rumor *(US)*; *(injuria)* nasty remark; ~**s** gossip, scandal.
hablante **1** *adj* speaking. **2** *nmf* speaker.
hablar [1a] **1** *vt (gen)* to speak, talk; *(Méx Telec)* to (telephone; **habla bien el portugués** he speaks good Portuguese, he speaks Portuguese well; **y no hay más que** ~ so there's no more to be said about it; **eso habrá que** ~**lo con X** you'll have to discuss that with X.
2 *vi* to speak, talk *(a, con* to; *de* about, of); **que hable él** let him speak; **¡hable!, ¡puede** ~! *(Telec)* you're through!, go ahead *(US)*; **¿quién habla?** *(Telec)* who is it?, who's calling?; **¡mira quién fue a** ~! look who's talking!; **de eso ni** ~ it's out of the question, no way *(fam)*; ~ **alto/bajo/claro** to speak loudly/quietly/plainly *o* bluntly; ~ **por** ~ to talk for talking's sake; **los datos hablan por sí solos** the facts speak for themselves; ~ **solo** to talk to o.s.; **dar que** ~ **a la gente** to cause (people to) gossip; **hacer** ~ **a algn** to make sb talk.
3 hablarse *vr* (**a**) **'se habla inglés'** 'English spoken here'; **se habla de que van a comprarlo** there is talk of their buying it.
(**b**) **no se hablan** they are not on speaking terms; **no me hablo con él** I'm not talking to him, I'm not on speaking terms with him.
hablilla *nf* rumour, rumor *(US)*, story.
Habsburgo *nm* Hapsburg.
hacedero *adj* practicable, feasible.
hacedor(a) *nm/f (gen)* maker; *(Lit)* poet; **el (Supremo) H**~ the Maker.
hacendado/a **1** *adj* landed, property-owning. **2** *nm/f (terrateniente)* landowner; *(LAm)* rancher.
hacendoso *adj* industrious, hard-working.
hacer [2r] *(pp* **hecho**) **1** *vt* (**a**) *(fabricar)* to make; *(Téc)* to manufacture; *(construir)* to build, construct; *(crear)* to create; *(Lit, Mús)* to compose; *(dinero)* to earn, make; *(cama)* to make; *(comida)* to prepare, cook; *(maletas)* to pack; *(nudo)* to tie; *(pregunta)* to put, ask; *(sombra)* to cast, give; *(visita)* to pay; ~ **la guerra** to make war; ~ **el amor** to make love; ~ **el pelo/las uñas a algn** to do sb's hair/nails; ~ **un favor a algn** to do sb a favour *o (US)* favor; ~ **un gesto** *(gen)* to make a sign; *(con la cara)* to make *o* pull a face; ~ **un recado** to run an errand; ~ **gracia** to amuse; ~ **ruido** to make a noise; ~ **sitio** to make room, move along; ~ **tiempo** to kill time.
(**b**) *(gen)* to do; *(realizar)* to execute, perform, put into practice; *(teatro)* to do, perform; *(milagros etc)* to do, work; **no sé qué** ~ I don't know what to do; **haga lo que quiera** do as you please; **¿qué haces ahí?** what are you doing there?; **¿qué le vamos a** ~? what can we do about it?, there's nothing you can do, what can you do!; ~ **por** ~ to do sth for the sake of doing it; **¡la hemos hecho buena!** a fine mess we've made of it!, we're in a right pickle now! *(fam)*.
(**c**) *(dedicarse a)* ~ **cine** to make films, be working for the cinema; **este año hace turismo en África** this year he's gone touring in Africa.
(**d**) *(remplazando otro verbo)* to do; **él protestó y yo hice lo mismo** he protested and I did the same; **no viene como lo solía** ~ he doesn't come as he used to (do).
(**e**) *(Teat, fig)* ~ **un papel** to play a role *o* part; ~ **teatro** to act; ~ **el tonto** to act the fool; ~ **el muerto** to float.
(**f**) *(pensar)* to imagine, think; **yo le hacía más viejo** I thought he was older; **te hacíamos en el Perú** we assumed you were in Peru.
(**g**) *(acostumbrar)* to accustom, inure; ~ **el cuerpo al frío** to get one's body used to cold.
(**h**) (+ *infin*, + *subjun*) to make, force, oblige; **les hice venir** I made them come; **yo haré que vengan** I'll see to it that they come; **hágale entrar** show him in; **me lo hizo saber** he informed *o* told me of it; ~ **construir una casa** to have a house built.
(**i**) *(Mat: sumar)* to make (up), amount to; **6 y 3 hacen 9** 6 and 3 make 9; **éste hace 100** this one makes 100.
(**j**) *(volver)* to make, turn, render; ~ **feliz a algn** to make sb happy; **esto lo hará más difícil** this will make *o* render it more difficult; **te hace más delgado** it makes you look thinner; ~ **polvo algo** to smash sth to pieces.
(**k**) *(ejercitar)* ~ **dedos** to do finger exercises; ~ **piernas** to stretch one's legs.
2 *vi* (**a**) *(gen)* to act, behave; *(disimular)* to pretend; ~ **bien/mal** to behave well/badly; **haces bien en esperar** you're doing the right thing in waiting; ~ **como que** *o* **como si** to act as if; ~ **de** to act as; *(Teat)* to act, play the part of; ~ **de malo** to play the villain *o* baddie; ~ **las veces de** to act *o* serve as.
(**b**) **dar que** ~ to cause trouble; **daban que** ~ **a la policía** they gave the police trouble.
(**c**) ~ **por hacer algo** to try to do sth.
(**d**) **no le hace** *(LAm)* it doesn't matter, never mind.
(**e**) *(ser apropiado)* to be suitable; **¿hace?** will it do?, is it all right?; **la llave hace a todas las puertas** the key fits all the doors.
3 *vb impers* (**a**) *(Met)* to be; **hace calor/frío** it's hot/cold; **¿qué tiempo hace?** what's the weather like?
(**b**) *(tiempo)* ago; **hace 3 años** 3 years ago; **hace 3 años que se fue** he left 3 years ago, it's 3 years since he left; **hace 3 años que no le veo** I haven't seen him for 3 years, it's 3 years since I last saw him; **desde hace 4 años** for (the last) 4 years; **hace poco** a short while back, a short time ago; **no hace mucho** not long ago; **hacía un año** a year previously.
4 hacerse *vr* (**a**) to be made, be done *etc*; **todavía no se ha hecho** it still has not been done; **¡eso no se hace!** that's not done!
(**b**) ~ **algo** *(por otra persona)* to have sth made; *(uno mismo)* to make o.s. sth; ~ **un retrato,** ~ **retratar** to have one's portrait painted; **se hizo un jersey** he made him-

self a jumper; ~ **una idea de** ... to get an impression of ...; ~ **ilusiones de** to get carried away by, get worked up at.

(**c**) (*llegar a ser*) to become; (*disimular*) to pretend; **se hicieron amigos** they became friends; ~ **enfermera** to become a nurse; ~ **a uno mismo** to be a self-made man/woman.

(**d**) (*fingirse*) to act; ~ **el interesante** to act all high and mighty; ~ **el sordo** to pretend not to hear, turn a deaf ear; ~ **el sueco** to pretend not to understand; ~ **el tonto** to act *o* play the fool.

(**e**) (*con adj*) to become, grow, get; **esto se hace pesado** this is becoming tedious; ~ **grande** to grow *o* get tall; **se hace tarde** it's getting late; ~ **viejo** to grow *o* get old.

(**f**) (*parecer*) **se me hace imposible trabajar** I'm finding it impossible to work; **se me hizo largo/pesado el viaje** the journey felt long/boring; **se me hace que** ... (*esp LAm*) it seems to me that ..., I get the impression that ....

(**g**) ~ **a algo** to get used to sth; ~ **una idea** to get used to an idea; ~ **a hacer algo** to get used to doing sth.

(**h**) ~ **con algo** to get hold of sth; **logró** ~ **con una copia** he managed to get hold of a copy.

(**i**) ~ **a un lado** to stand aside, move over; ~ **atrás** to move back; ~ **de rogar** to play hard to get; ~ **de nuevas** to act all innocent.

hacia *prep* (**a**) (*lugar*) towards, in the direction of; ~ **abajo/arriba** downwards/upwards; ~ **adelante/atrás** forwards/backwards; **eso está más** ~ **el este** that's further (over) to the east; **vamos** ~ **allá** let's go in that direction, let's go over that way. (**b**) (*hora*) about; ~ **las cinco** about *o* around five. (**c**) (*actitud*) towards; **su hostilidad** ~ **la empresa** his hostility towards the firm.

hacienda *nf* (**a**) (*finca*) country estate; (*LAm*) ranch. (**b**) (*CSur*) cattle, livestock. (**c**) ~ **pública** public finance; **(Ministerio de) H**~ Treasury, Exchequer, Treasury Department *(US)*.

hacinado *adj* crowded *o* packed together; **vivían** ~**s** they lived one on top of the other.

hacinamiento *nm* heaping (up); (*Agr*) stacking; (*fig*) (over)crowding.

hacinar [1a] *vt* to pile (up), heap (up); (*Agr*) to stack; (*fig*) to overcrowd.

hacha[1] *nf* (**a**) (*gen*) axe, ax (*US*); (*pequeña*) hatchet. (**b**) (*fig*) **¡es un** ~**!** he's right on the ball!; **es un** ~ **para** ... he's an ace at .... (**c**) **de** ~ (*Chi*) unexpectedly, without warning.

hacha[2] *nf* large candle.

hachazo *nm* (**a**) (*golpe*) blow with an axe *o (US)* ax. (**b**) (*LAm*) gash, axe wound.

hache *nf* (name of the letter) H; **llámele Ud** ~ call it what you will.

hachís[1] *nm* hashish.

hachís[2] *interj* atishoo!

hachón *nm* (large) torch, firebrand.

hada *nf* fairy; ~ **madrina** fairy godmother; **cuento de** ~**s** fairy tale.

hado *nm* fate, destiny.

haga *V* **hacer**.

hagiografía *nf* hagiography.

hagiógrafo/a *nm/f* hagiographer.

hago *V* **hacer**.

Haití *nm* Haiti.

haitiano/a *adj, nm/f* Haitian.

hala *interj* (**a**) (*sorpresa*) wow!; (*qué exageración*) away (you go)!, come off it! (**b**) (*vamos*) come on!, let's go! (**c**) (*anda*) get on with it!, hurry up! (**d**) (*Náut*) heave!

halagador *adj* (*que agrada*) pleasing, gratifying; (*adulador*) flattering.

halagar [1h] *vt* (**a**) (*mostrar afecto*) to show affection to. (**b**) (*agradar*) to please, gratify*atraer*, to allure, attract; **es una perspectiva que me halaga** it's a possibility which pleases me. (**c**) (*lisonjear*) to flatter.

halago *nm* (**a**) (*gusto*) pleasure, delight; (*satisfacción*) gratification; (*atracción*) attraction. (**b**) (*lisonjas*) flattery.

halagüeño *adj* (*gen*) pleasing; (*atractivo*) attractive; (*adulador*) flattering (*para* to); (*prometedor*) promising, rosy.

halar [1a] *vt, vi* (*LAm*) = **jalar**.

halcón *nm* (**a**) falcon; ~ **común** *o* **peregrino** peregrine. (**b**) (*Méx: matón a sueldo*) young government-sponsored thug.

halconería *nf* falconry.

halconero *nm* falconer.

hale *interj* = **hala (b); (c)**.

hálito *nm* breath.

halitosis *nf* halitosis, bad breath.

halo *nm* halo.

halógeno 1 *adj* halogenous, halogen *atr*. **2** *nm* halogen.

halón *nm* (*LAm*) = **jalón (c)**.

halterofilia *nf* weight-lifting.

hall [xol] *nm* (*pl* ~**s** *o* ~**es** [xol]) hall; (*Teat etc*) foyer.

hallaca *nf* (*Ven*) tamale.

hallar [1a] **1** *vt* (*gen*) to find; (*descubrir*) to discover; (*averiguar*) to find out; (*aprobación etc*) to meet with; (*oposición etc*) to meet with, run up against. **2 hallarse** *vr* (*estar*) to be; (*encontrarse*) to find o.s.; **se hallaba fuera** he was away at the time; ~ **enfermo/mejor** to be ill/better; **no se halla en las fiestas** he feels out of place at parties; **no se halla bien con el nuevo jefe** he doesn't get on with the new boss; ~ **con un obstáculo** to encounter an obstacle.

hallazgo *nm* (**a**) (*acto*) finding, discovery. (**b**) (*cosa hallada*) find, thing found.

hamaca *nf* (*cama*) hammock; (*CSur: mecedora*) rocking chair; ~ **plegable** deckchair.

hamacar [1g] (*LAm*), **hamaquear** [1a] (*LAm*) **1** *vt* (**a**) to rock, swing. (**b**) ~ **a algn** (*Méx fam: fig*) to keep sb on tenterhooks. **2 hamacarse** *vr* (*esp LAm*) hamaquearse *vr* (*esp LAm*) to rock, swing.

hambre *nf* (**a**) (*gen*) hunger; (*escasez general*) famine; (*inanición*) starvation; ~ **canina** *o* **feroz** ravenous hunger; **estar con** ~**, padecer** ~**, pasar** ~ to be *o* go hungry, starve; **hacer morir** *o* **matar de** ~ **a algn** to starve sb to death; **matar el** ~ to satisfy one's hunger; **morir de** ~ to starve to death; **tener** ~ to be hungry; **vengo con mucha** ~ I'm terribly hungry. (**b**) (*fig*) hunger, keen desire, longing (*de* for); **tener** ~ **de** to hunger *o* be hungry for.

hambreador(a) *nm/f* (*Chi, Per: de personas*) exploiter.

hambrear [1a] *vt* (*Chi: explotar: personas*) to exploit; (*hacer pasar hambre*) to starve.

hambriento/a 1 *adj* (**a**) starving, hungry, famished. (**b**) (*fig*) ~ **de** hungry *o* longing for. **2** *nm/f* starving person; **los** ~**s** the hungry, the starving.

hambruna *nf* (**a**) famine. (**b**) (*And, CSur*) = **hambrusia**.

hambrusia *nf* (*Col, Méx*) ravenous hunger; **tener** ~ to be famished.

Hamburgo *nm* Hamburg.

hamburgués/esa[1] **1** *adj* of *o* from Hamburg. **2** *nm/f* native *o* inhabitant of Hamburg.

hamburguesa[2] *nf* hamburger.

hamburguesería *nf* burger bar *o* joint.

hampa *nf* criminal underworld; **gente del** ~ criminals, riffraff.

hampesco *adj* underworld *atr*, criminal.

hampón *nm* thug.

hámster *nm* (*pl* ~**s**) hamster.

han *V* **haber**.

hándicap ['xandikap] *nm* (*pl* ~**s**) handicap.

hangar *nm* (*Aer*) hangar.

Hannover, **Hannóver** *nm* Hanover.

haragán/ana 1 *adj* idle, lazy. **2** *nm/f* layabout, good-for-nothing.

haraganear [1a] *vi* to idle, waste one's time.

harakiri *nm* hara-kiri; **hacerse el** ~ to commit hara-kiri.

harapiento *adj* tattered, in rags.

harapo *nm* rag, tatter; **estar hecho un** ~ to go about in

rags.
haraposo *adj* = **harapiento**.
haraquiri *nm* = **harakiri**.
hardware ['xarwer] *nm* (computer) hardware.
harén *nm* harem.
harina *nf* flour; ~ **de maíz/de trigo** cornflour *o* (*US*) corn starch/wheat flour; **eso es ~ de otro costal** that's another story.
harinero 1 *adj* flour *atr*. **2** *nm* (**a**) (*comerciante*) flour merchant. (**b**) (*recipiente*) flour bin.
harinoso *adj* floury.
harnear [1a] *vt* (*LAm*) to sieve, sift.
harnero *nm* sieve.
harpillera *nf* sacking, sackcloth.
hartar [1a] **1** *vt* (**a**) (*saciar*) to satiate, satisfy (*de* with). (**b**) (*fig*) to sicken, tire, bore; **¡me estás hartando!** you're getting on my nerves!
(**c**) ~ **a algn de algo** (*fig*) to overwhelm sb with sth; ~ **a algn de palos** to rain blows on sb.
2 hartarse *vr* (**a**) to eat one's fill (*de* of), gorge o.s. (*de* on), be satiated; **comer hasta ~** to eat one's fill; ~ **de uvas** to stuff o.s. with grapes.
(**b**) (*fig*) to (get) weary (*de* of); **dormir hasta ~** to be well-rested; ~ **de reír** to laugh fit to burst; **se hartó de él** she got fed up with him; **¡ya me he hartado de esperar!** I'm sick and tired of waiting!
(**c**) (*hacer mucho*) **en vacaciones me harté a** *o* **de tomar el sol** during the holidays all I did was sunbathe.
hartazgo *nm* surfeit, glut; **darse un ~** to eat one's fill (*de* of); (*fig*) to overdo, have too much (*de* of).
harto 1 *adj* (**a**) full, satiated. (**b**) (*fig*) **estar ~ de** to be fed up with, be tired of; **¡estamos ~s ya!** we're fed up!, enough is enough!; **¡estoy ~ de decírtelo!** I'm sick and tired of telling you (so)!(**c**) (*esp LAm fam: mucho*) a lot of, many; **~s chilenos** a lot of Chileans. **2** *adv* (*esp LAm fam: muy*) very; **una tarea ~ difícil** a very difficult task.
hartón *adj* (*CAm, Méx, Ven*) gluttonous.
hartura *nf* (**a**) (*gen*) surfeit, glut; (*abundancia*) abundance, plenty; **con ~** in abundance *o* plenty. (**b**) (*fig: deseo*) fulfilment, fulfillment *(US)*.
has *V* **haber**.
has. *abr de* **hectáreas**.
hasta 1 *adv* even; **y ~ le pegó** and he even hit her; **~ en Valencia hiela a veces** even in Valencia it freezes sometimes.
2 *prep* (**a**) (*lugar*) as far as; (*subiendo*) up to; (*bajando*) down to; **lo llevó ~ la iglesia** he carried it as far as the church; **¿~ dónde vais?** how far are you going?; **los árboles crecen ~ los 4.000 metros** the trees grow up to 4,000 m.
(**b**) (*tiempo, hora*) till, until, up to; **se quedará ~ el martes** she will stay till Tuesday; **¿hasta cuándo os quedáis?** how long are you staying for?; **siguió en pie ~ el siglo pasado** it stood until *o* up to *o* as late as the last century; **~ ahora** see you soon *(fam)*; (*hasta el momento*) so *o* thus far; **~ entonces** till *o* until then; **~ luego** *o* **la vista** goodbye, see you *(fam)*; **~ siempre** (*Arg fam*) goodbye; **lo hizo ~ el martes** (*CAm, Col, Méx: neg*) he didn't do it until Tuesday; **~ hoy lo conocí** I didn't meet him until today; **~ la fecha** (up) to date; **~ nueva orden** until further notice.
3 *conj*: **~ que** till, until; **~ que me lo des** until you give it to me.
hastial *nm* (*Arquit*) gable end.
hastiar [1c] **1** *vt* (*fastidiar*) to weary, bore; (*asquear*) to sicken, disgust. **2 hastiarse** *vr*: **~ de** to tire of.
hastío *nm* (*cansancio*) weariness; (*asco*) disgust.
hatajo *nm* lot, collection; **un ~ de sinvergüenzas** a bunch of no-gooders.
hato *nm* (**a**) (*enseres*) personal effects, possessions; **echarse el ~ a cuestas, liar el ~** to pack up; **revolver el ~** to stir up trouble. (**b**) (*víveres*) provisions. (**c**) (*choza*) shepherd's hut. (**d**) (*Agr*) flock, herd; (*gente*) group, crowd. (**e**) (*LAm*) cattle ranch.
Hawai *nm* (*tb* **Islas ~**) Hawaii.
hawaianas *nfpl* (*esp LAm: de playa*) flip flops, thongs.
hawaiano/a *adj, nm/f* Hawaian.
hay *V* **haber**.
Haya *nf*: **La ~** The Hague.
haya[1] *V* **haber**.
haya[2] *nf* beech tree.
hayal, hayedo *nm* beechwood.
haz[1] *nm* (**a**) (*de cosas*) bundle, bunch; (*Agr: de trigo*) sheaf. (**b**) (*rayo*) beam; **~ de luz** beam of light.
haz[2] *nf* (*fig*) face, surface; (*: de tela*) right side.
haz[3] *V* **hacer**.
hazaña *nf* feat, exploit, deed; **las ~s del héroe** the hero's exploits; **sería una ~** it would be a great achievement.
hazmerreír *nm* laughing stock, joke.
HB *nm abr* (*Esp Pol*) *de* **Herri Batasuna** *Basque political party*.
he[1] *V* **haber**.
he[2] (*frm*) *adv*: **~ aquí** here is, here are; **¡~me aquí!** here I am!; **¡~lo aquí!** here it is!; **¡~los allí!** there they are!; **~ aquí la razón de que ..., ~ aquí por qué ...** that is why ....
hebdomadario *adj, nm* weekly.
hebilla *nf* buckle, clasp.
hebra *nf* (*hilo*) thread; (*Bot etc*) strand; (*: fibra*) fibre, fiber *(US)*; (*de madera*) grain; (*de metal*) vein; **tabaco de ~** loose tobacco; **de una ~** (*CSur, Méx: fam*) all at once; **pegar la ~** to start a conversation; (*hablar mucho*) to chatter; **se rompió la ~ entre los dos amigos** (*Méx fam*) the two friends fell out.
hebraico *adj* Hebraic.
hebreo/a 1 *adj, nm/f* Hebrew. **2** *nm* (*Ling*) Hebrew.
Hébridas *nfpl* Hebrides.
hebroso *adj* (*gen*) fibrous; (*carne*) stringy.
hecatombe *nf* (*fig*) slaughter, butchery.
hectárea *nf* hectare *(= 2.471 acres)*.
hectogramo *nm* hectogramme, hectogram *(US)*.
hectolitro *nm* hectolitre, hectoliter *(US)*.
hechicera *nf* sorceress, witch.
hechicería *nf* (**a**) (*gen*) sorcery, witchcraft. (**b**) (*una ~*) spell. (**c**) (*fig*) spell, charm.
hechicero 1 *adj* magic(al); (*fig*) enchanting. **2** *nm* wizard, sorcerer.
hechizar [1f] *vt* (**a**) to bewitch, cast a spell on. (**b**) (*fig*) to fascinate.
hechizo 1 *adj* (*And, CSur, Méx*) home-made, locally produced, craft *atr*. **2** *nm* (**a**) (*gen*) magic, witchcraft; (*un ~*) magic spell, charm. (**b**) (*fig*) spell, enchantment; **~s** (*femeninos*) charms.
hecho 1 *pp de* **hacer**.
2 *adj* (**a**) done; **¡~!** (*de acuerdo*) agreed!, it's a deal!; **a lo ~ pecho** there is no use crying over spilt milk; **lo ~ está ~** what's done cannot be undone; **bien/mal ~** (*gen*) well/badly done; (*manufactura etc*) well/poorly made; **él, ~ un ...** he, like a ...; **ella, ~a una furia, se lanzó** she hurled herself furiously; **estar ~ a** to be used to.
(**b**) (*gen*) complete, finished; (*Cos*) readymade, ready-to-wear; **~ a la medida** made-to-measure; **~ a mano/máquina** hand-/machine-made; **frase ~a** stock expression, idiom; **un hombre ~ y derecho** a real man.
(**c**) (*Culin: fruta*) ripe; **muy ~** overdone, well-cooked; **no muy ~, poco ~** underdone, undercooked; **un filete poco** *o* **no muy ~** a rare steak.
3 *nm* (**a**) (*acto*) deed, act, action; **H~s de los Apóstoles** Acts of the Apostles; **~s y** *o* **que no palabras** actions speak louder than words; **un ~ consumado** a fait accompli.
(**b**) (*gen*) fact; **es un ~** it's a fact; (*consumado*) it's done now *(fam)*; **el ~ es que** the fact *o* the position is that; **los ~s** the events; **el lugar de los ~s** (*Jur*) the scene of the crime; **de ~** in fact, as a matter of fact; (*Pol etc: adj, adv*) de facto; **de ~ y de derecho** de facto and de jure.

hechura *nf* (**a**) (*acto*) making, creation.
(**b**) (*objeto*) creation, product; **somos ~ de Dios** we are God's handiwork.
(**c**) (*forma*) form, shape; (*talle*) build; (*corte*) cut; **a ~ de** like, after the manner of; **no tener una ~** (*LAm*) to be a dead loss.
(**d**) (*Cos*) making-up, confection; **~s** cost of making up; **de ~ sastre** tailor-made.
(**e**) (*Téc*) craftsmanship, workmanship.
(**f**) (*fig*) creature, puppet; **él es una ~ del ministro** he is a creature of the minister.
heder [2g] *vi* (**a**) to stink, reek (*a* of). (**b**) (*fig: molestar*) to annoy, be unbearable.
hediondez *nf* (**a**) (*olor*) stink, stench. (**b**) (*cosa*) stinking thing.
hediondo *adj* (**a**) stinking, foul-smelling. (**b**) (*asqueroso*) repulsive. (**c**) (*fig: inaguantable*) annoying, unbearable.
hedonismo *nm* hedonism.
hedonista 1 *adj* hedonistic. **2** *nmf* hedonist.
hedor *nm* stink, stench (*a* of).
hegemonía *nf* hegemony.
hégira *nf* hegira.
helada *nf* frost.
heladera[1] *nf* (*CSur*) refrigerator.
heladería *nf* ice-cream stall *o (US)* parlor.
heladero/a[2] *nm/f* ice-cream man/woman.
helado 1 *adj* (**a**) (*gen*) frozen; (*carretera*) icy. (**b**) (*muy frío*) freezing, ice-cold; **¡estoy ~!** I'm frozen!; **¡tengo las manos ~as!** my hands are like ice!; (*fig: mirada*) frosty, icy. (**c**) **dejar ~ a algn** to dumbfound sb; **¡me deja Ud ~!** you amaze me!; **¡me quedé ~!** I couldn't believe it! **2** *nm* ice cream.
helador *adj* (*viento etc*) icy, freezing.
heladora *nf* freezer; (*esp CSur*) refrigerator, icebox.
helar [1j] **1** *vt* (**a**) (*Met*) to freeze, ice (up); (*líquido*) to congeal; (*bebidas etc*) to ice, chill. (**b**) (*fig*) to dumbfound, amaze; (*desalentar*) to discourage. **2** *vi* to freeze. **3 helarse** *vr* (*Met*) to freeze; (*estado*) to be frozen; (*Aer, Ferro etc*) to ice (up), freeze up; (*líquido*) to congeal, set; (*plantas*) to die from frost; (*lago, río*) to freeze over; **¡me estoy helando!** I'm freezing (here)!; **se me heló la sangre (en las venas)** my blood turned cold.
helecho *nm* bracken, fern.
helénico *adj* Hellenic, Greek.
heleno/a *nm/f* Hellenic, Greek.
hélice *nf* (**a**) (*espiral*) spiral; (*Anat, Elec, Mat*) helix. (**b**) (*Aer, Náut*) propeller.
helicóptero *nm* helicopter.
helio *nm* helium.
heliotropo *nm* heliotrope.
helipuerto *nm* heliport.
helitransportar [1a] *vt* (*Mil etc*) to helicopter (in).
helmántico *adj* (*Esp*) of *o* from Salamanca.
helvético/a *adj, nm/f* Swiss.
hematíe *nm* red (blood) corpuscle.
hematoma *nm* bruise.
hembra *nf* (**a**) (*Bot, Zool*) female; (*mujer*) woman; **el pájaro ~** the hen bird; **5 hijos: 2 varones y 3 ~s** 5 children: 2 boys and 3 girls. (**b**) (*Mec*) nut. (**c**) (*Cos*) eye; **macho y ~** hook and eye.
hemeroteca *nf* newspaper library.
hemiciclo *nm* semicircular theatre *o (US)* theater; (*Pol*) floor; (*gen*) chamber.
hemisferio *nm* hemisphere.
hemofilia *nf* haemophilia, hemophilia *(US)*.
hemofílico/a *adj, nm/f* haemophiliac, hemophiliac *(US)*.
hemoglobina *nf* haemoglobin, hemoglobin *(US)*.
hemorragia *nf* haemorrhage, hemorrhage *(US)*; **~ cerebral** cerebral haemorrhage; **~ nasal** nosebleed.
hemorroides *nfpl* haemorrhoids, hemorrhoids *(US)*, piles.
henar *nm* meadow, hayfield.
henchir [3h] **1** *vt* to fill (up), stuff, cram (*de* with). **2 henchirse** *vr* (**a**) to swell; (*de comida*) to stuff o.s. (with food). (**b**) **~ de orgullo** to swell with pride.
Hendaya *nf* Hendaye.
hendedura *nf* = **hendidura**.
hender [2g] *vt* (*gen*) to crack; (*cortar*) to cleave, split.
hendidura *nf* (*grieta*) crack, fissure; (*corte*) cleft, split.
hendija *nf* (*LAm*) crack, crevice.
hendir [3i] *vt* = **hender**.
henequén *nm* (*LAm: planta*) agave, henequen; (*: fibra*) agave fibre *o (US)* fiber.
heno *nm* hay.
hepático *adj* hepatic, liver *atr*.
hepatitis *nf* hepatitis.
heptagonal *adj* heptagonal.
heptágono *nm* heptagon.
heráldica *nf* heraldry.
heráldico *adj* heraldic.
heraldo *nm* herald.
herbáceo *adj* herbaceous.
herbario 1 *adj* herbal. **2** *nm* herbarium, plant collection.
herbicida *nm* weed-killer.
herbívoro 1 *adj* herbivorous. **2** *nm* herbivore.
herbolario/a *nm/f* herbalist; (*tienda*) herbalist's (shop).
herboristería *nf* herbalist's (shop).
hercio *nm* hertz.
hercúleo *adj* Herculean.
heredad *nf* country estate.
heredar [1a] *vt* (*dinero, tradición, problema*) to inherit (*de* from).
heredero/a *nm/f* heir/heiress (*de* to), inheritor (*de* of); **~ del trono** heir to the throne.
hereditario *adj* hereditary.
hereje *nmf* heretic.
herejía *nf* (*Rel y fig*) heresy.
herencia *nf* (**a**) inheritance, legacy; (*fig*) heritage. (**b**) (*Bio*) heredity.
herético *adj* heretical.
herida[1] *nf* (**a**) wound, injury. (**b**) (*fig*) insult; **hurgar en la ~** to reopen an old wound.
herido/a[2] **1** *adj* (**a**) injured; (*Mil etc*) wounded. (**b**) (*fig*) offended; **sentirse ~ en su amor propio** to hurt one's pride. **2** *nm/f* injured person, casualty; **los ~s** (*Mil*) the wounded; **el número de los ~s en el accidente** the number of casualties in the accident.
herir [3i] *vt* (**a**) (*dañar*) to injure, hurt; (*Mil etc*) to wound; **~ a algn en el brazo** to wound sb in the arm. (**b**) (*golpear*) to beat, strike, hit; (*Mús*) to pluck, play; (*suj: el sol*) to beat down on; **es un color que hiere la vista** it's a colour which offends the eye. (**c**) (*fig: ofender*) to hurt; **me hirió en lo más hondo** it really hurt me deep down.
hermafrodita *adj, nm* hermaphrodite.
hermana *nf* (*gen, Rel*) sister; *V tb* **hermano**.
hermanar [1a] *vt* (*hacer juego*) to match; (*unir*) to join; (*ciudades*) to twin, make sister cities *(US)*; (*armonizar*) to harmonize, bring into harmony.
hermanastro/a *nm/f* stepbrother/stepsister.
hermandad *nf* (**a**) (*parentesco: gen, de hombres*) brotherhood, fraternity; (*: de mujeres*) sisterhood. (**b**) (*sindicato etc*) association.
hermanitas *nfpl*: **~ de la caridad** Little Sisters of Charity.
hermano 1 *adj* similar; (*barco*) sister; **ciudades ~as** twin towns. **2** *nm* (**a**) brother; **medio ~** half-brother; **primo ~** first cousin; **~ gemelo** twin brother; **~ de leche** foster brother; **~ mayor** elder brother, big brother; **~ político** brother-in-law; **mis ~s** my brothers, my brothers and sisters. (**b**) (*Rel, fig*) brother; **~s** brethren. (**c**) (*de par*) twin.
herméticamente *adv* hermetically.

hermético *adj* (*gen*) hermetic, airtight; (*fig: teoría*) watertight; (*: misterio*) impenetrable.
hermetismo *nm* (*fig*) tight secrecy, close secrecy; (*de persona*) silence, reserve.
hermosear [1a] *vt* to beautify, embellish.
hermoso *adj* (*gen*) beautiful, lovely; (*espléndido*) fine, splendid; (*hombre*) handsome; **un día** ~ a fine *o* lovely day; **un** ~ **gesto** a grand gesture; **seis ~s toros** six magnificent bulls.
hermosura *nf* (**a**) (*gen*) beauty, loveliness; (*de hombre*) handsomeness. (**b**) (*mujer: una* ~) beauty; **¡qué ~ de niño!** what a lovely child!
hernia *nf* rupture, hernia; ~ **discal** slipped disc.
herniarse [1b] *vr* to rupture o.s.; (*fig*) to break one's back.
héroe *nm* hero.
heroicamente *adv* heroically.
heroicidad *nf* (**a**) heroism. (**b**) (*una* ~) heroic deed.
heroico *adj* heroic.
heroína[1] *nf* heroine.
heroína[2] *nf* (*Farm*) heroin.
heroinómano/a *nm/f* heroin addict.
heroísmo *nm* heroism.
herpes *nmpl o nfpl* (*Med: gen*) herpes; (*: de la piel*) shingles.
herrada *nf* (*Col: caballo*) shoeing.
herrador *nm* farrier, blacksmith.
herradura *nf* horseshoe.
herraje *nm* (**a**) (*trabajos*) ironwork, iron fittings. (**b**) (*Méx*) silver harness fittings.
herramienta *nf* (**a**) (*gen*) tool; (*conjunto*) set of tools; ~ **mecánica** power tool. (**b**) (*hum: de toro*) horns; (*: dientes*) teeth.
herrar [1j] *vt* (*Agr: caballo*) to shoe; (*: ganado*) to brand; (*Téc*) to bind with iron, trim with ironwork.
herrería *nf* (**a**) (*taller*) smithy, blacksmith's (shop), blacksmith's workshop *(US)*. (**b**) (*oficio*) blacksmith's trade.
herrerillo *nm* (*Orn*) tit.
herrero *nm* blacksmith, smith; **en casa del ~ (cuchillo de palo)** there's none worse shod than the shoemaker's wife.
herrete *nm* (*cabo*) metal tip, ferrule.
herrumbre *nf* (**a**) rust. (**b**) (*Bot*) rust. (**c**) (*fig*) iron taste.
herrumbroso *adj* rusty.
hervidero *nm* (**a**) (*manantial*) hot spring. (**b**) (*fig*) swarm; (*Pol etc*) hotbed; **un ~ de gente** a swarm of people; **un ~ de disturbios** a hotbed of unrest.
hervido 1 *adj* boiled. **2** *nm* (*LAm*) stew.
hervidor *nm* kettle.
hervir [3i] **1** *vt* to boil. **2** *vi* (**a**) (*gen*) to boil; (*burbujear*) to bubble, seethe; ~ **a fuego lento** to simmer; **dejar de/empezar** *o* **romper a** ~ to go off/come to the boil. (**b**) (*fig: por emociones*) to boil, seethe; **¡me hierve la sangre!** my blood's boiling!; **hiervo en deseos de ...** I'm just itching to ...; **el público hervía de emoción** the audience was carried away with excitement; ~ **de** *o* **en** to swarm with; **la cama hervía de pulgas** the bed was swarming with fleas.
hervor *nm* (*acto*) boiling; (*fig*) ardour, ardor *(US)*; **dar un ~ a algo** to boil sth once.
heterodoxia *nf* heterodoxy.
heterodoxo *adj* heterodox, unorthodox.
heterogeneidad *nf* heterogenousness, heterogeneous nature.
heterogéneo *adj* heterogeneous.
heterosexual *adj, nmf* heterosexual.
hexagonal *adj* hexagonal.
hexágono *nm* hexagon.
hexámetro *nm* hexameter.
hez *nf* (*tb* **heces**) dregs; (*Med*) faeces; (*de vino*) lees; (*fig*) dregs, scum; **la ~ de la sociedad** the scum of society.
hg. *abr de* **hectogramos** hg.
hibernación *nf* hibernation; **estar en** ~ (*fig*) to be dormant.
hibernar [1a] *vi* to hibernate.
híbrido *adj, nm* hybrid.
hice *etc V* **hacer**.
hidalgo/a 1 *adj* (*gen*) noble; (*fig: honrado*) honourable, honorable *(US)*; (*generoso*) generous. **2** *nm/f* noble(man/woman).
hidalguía *nf* (*nobleza*) nobility; (*fig: honradez*) nobility, honourableness, honorableness *(US)*; (*generosidad*) generosity.
hidratación *nf* (*de la piel*) moisturizing.
hidratante *adj*: **crema** ~ moisturizer, moisturizing cream.
hidratar [1a] **1** *vt* to moisturize. **2 hidratarse** *vr* to put on moisturizing cream.
hidrato *nm* hydrate; ~ **de carbono** carbohydrate.
hidráulica *nf* hydraulics *sg*.
hidráulico *adj* hydraulic, water *atr*; **fuerza ~a** water *o* hydraulic power.
hidro... *pref* hydro ..., water-.
hidroavión *nm* seaplane, flying boat.
hidrocarburo *nm* hydrocarbon.
hidroeléctrico *adj* hydroelectric; **central ~a** hydro(electricity) station.
hidrófilo *adj* absorbent; **algodón** ~ cotton wool, absorbent cotton *(US)*.
hidrofobia *nf* hydrophobia, rabies.
hidrófugo *adj* water-repellent.
hidrógeno *nm* hydrogen.
hidrólisis *nf* hydrolysis.
hidrosoluble *adj* soluble in water, water-soluble.
hidroterapia *nf* hydrotherapy.
hidróxido *nm* hydroxide.
hiedra *nf* ivy.
hiel *nf* (**a**) (*Anat*) gall, bile; **echar la** ~ to sweat blood *(fam)*. (**b**) (*fig*) bitterness. (**c**) **~es** (*fig*) troubles, upsets.
hielera *nf* (*Chi, Méx: nevera*) refrigerator, fridge.
hielo *nm* (**a**) (*gen*) ice; ~ **picado** crushed ice; **romper el** ~ (*fig*) to break the ice. (**b**) (*fig*) coldness.
hiena *nf* hyena; (*fig*) vulture.
hierático *adj* (*figura*) hieratic(al); (*aspecto*) stern, severe.
hierba *nf* (*pasto*) grass; (*Med: planta*) herb, medicinal plant; (*Culin*) herb; (*fam: droga*) grass, pot; **a las finas ~s** cooked with herbs; **cura/infusión de ~s** herbal cure/tea; **mala** ~ weed; **'mala ~ nunca muere'** 'it's a case of the proverbial bad penny'; ~ **mate** (*esp CSur*) maté; ~ **mora** nightshade; **y otras ~s** (*fig*) and so forth.
hierbabuena *nf* mint.
hierbajo *nm* weed.
hierra *nf* (*LAm*) branding.
hierro *nm* (**a**) (*metal*) iron; ~ **acanalado/bruto/colado/forjado/viejo** corrugated/pig/cast/wrought/scrap iron; **de** ~ iron *atr*; **machacar en ~ frío** to flog a dead horse; **el que** *o* **quien a ~ mata, a ~ muere** those that live by the sword die by the sword; **quitar** ~ to minimize sth; (*LAm*) *V* **fierro**. (**b**) (*objeto*) iron object; (*herramienta*) tool; (*de flecha*) head; (*Agr*) branding-iron; (*Golf*) iron; **~s** irons.
higa *nf* (*gesto*) rude sign, obscene gesture; (*fig*) scorn, derision.
hígado *nm* (**a**) liver; **castigar el** ~ (*fam*) to knock it back *(fam)*; **echar los ~s** to sweat one's guts out *(fam)*. (**b**) **~s** (*fig*) guts, pluck *sg*. (**c**) **ser un** ~ (*CAm, Méx: fam*) to be a pain in the neck *(fam)*.
highball *nm* (*LAm: cóctel*) cocktail, highball *(US)*.
higiene *nf* hygiene.
higiénico *adj* hygienic, sanitary; **papel** ~ toilet paper.
higienizar [1f] *vt* to clean up.
higo *nm* (*Bot*) fig, green fig; ~ **chumbo** prickly pear; ~ **seco** dried fig; **de ~s a brevas** once in a blue moon; **estar hecho un** ~ to be all crumpled up; **(no) me importa un** ~ I couldn't care less.

higuera *nf* fig tree; ~ **chumba** prickly pear (cactus); **caer de la** ~ to come down to earth with a bump; **estar en la** ~ to be daydreaming.

hija *nf* daughter; (*uso vocativo*) dear; ~, **no te lo puedo decir** I can't tell you, dear; ~ **política** daughter-in-law; *V tb* **hijo**.

hijastro/a *nm/f* stepson/stepdaughter.

hijo *nm* (**a**) (*varón*) son; (*gen*) child; ~**s** children, sons and daughters; **sin ~s** childless; **¿cuántos ~s tiene?** how many children has she?; **Juan Pérez,** ~ Juan Pérez Junior; ~ **adoptivo/de leche/natural** adopted/foster/illegitimate child; ~ **político** son-in-law; ~ **predilecto** favourite *o (US)* favorite son; ~ **pródigo** prodigal son; **cada** *o* **todo** ~ **de vecino** everyone, any Tom, Dick and Harry *(fam)*; ~ **de puta** (*fam!*) bastard *(fam!)*, son of a bitch *(fam!)*; **ser** ~ **único** to be an only child; ~ **de papá** daddy's boy *(fam)*.

(**b**) (*uso vocativo: con niño*) son, my boy; (*con adulto*) man, old chap; **¡~ de mi alma!** my precious child!; **¡~(s)!, ¡híjole!** (*Méx fam*) Christ! *(fam)*, good God! *(fam)*.

(**c**) **hacer a una un** ~ to get sb with child.

hijodeputa, hijoputa *nm* (*fam!*) bastard *(fam!)*, son of a bitch *(US fam!)*.

hijuela *nf* (*And, CSur*) rural property.

hijuelo *nm* (**a**) (*Zool*) young. (**b**) (*Bot*) shoot.

hijueputa *nm* (*LAm fam!*) bastard *(fam!)*, son of a bitch *(US fam!)*.

hijuna *interj* (*LAm fam!*) you bastard! *(fam!)*, you son of a bitch! *(US fam!)*.

hilacha *nf* (*hilo*) ravelled thread; ~**s** (*Méx: andrajos*) rags; **mostrar la** ~ (*CSur*) to show o.s. in one's true colours *o (US)* colors.

hilachos *nmpl* (*Méx: andrajos*) rags.

hilada *nf* row, line; (*Arquit*) course.

hilado 1 *adj* spun; **seda ~a** spun silk. **2** *nm* (**a**) (*acto*) spinning. (**b**) (*hilo*) thread, yarn.

hilador(a) *nm/f* spinner.

hilandería *nf* (**a**) (*oficio*) spinning. (**b**) (*fábrica*) spinning mill; ~ **de algodón** cotton mill.

hilandero/a *nm/f* spinner.

hilar [1a] *vt* (**a**) (*lit*) to spin. (**b**) (*fig*) to reason, infer; ~ **(muy) delgado** *o* **fino** to split hairs.

hilarante *adj* hilarious; **gas** ~ laughing gas.

hilaridad *nf* hilarity.

hilatura *nf* spinning.

hilaza *nf* yarn, coarse thread; **descubrir la** ~ to show o.s. in one's true colours *o (US)* colors.

hilazón *nf* connection.

hilera *nf* row, line; (*Mil etc*) rank, file; (*Arquit*) course; (*Agr*) row, drill.

hilo *nm* (**a**) (*Cos*) thread, yarn; (*Bot etc*) fibre, fiber *(US)*, filament; ~ **bramante** twine; ~ **de zurcir** darning wool; **a** ~ continuously; **colgar** *o* **pender de un** ~ to hang by a thread; **tela de** ~ (*Méx*) linen cloth.

(**b**) (*metal*) thin wire; (*Elec*) wire, flex; (*Telec*) line.

(**c**) (*de líquido*) thin stream, trickle; (*de gente*) thin line; ~ **de humo** thin line of smoke, plume of smoke; ~ **musical** piped music; **decir algo con un** ~ **de voz** to say sth in a thin *o* barely audible voice.

(**d**) (*tela*) linen; **traje de** ~ linen dress *o* suit.

(**e**) (*fig: conversación*) thread, theme; (*vida*) course; (*pensamientos*) train; **el** ~ **conductor** the theme *o* leitmotiv; **coger el** ~ to pick up the thread; **perder el** ~ to lose the thread; **seguir el** ~ (*de razonamiento*) to follow, understand.

hilván *nm* (*Cos*) tacking, basting.

hilvanar [1a] *vt* (**a**) (*Cos*) to tack, baste *(US)*. (**b**) (*fig: trabajo, discurso*) to cobble together; (*: ideas*) to string together.

Himalaya *nm*: **el ~, los montes** ~ the Himalayas.

himen *nm* hymen, maidenhead.

himeneo *nm* (*Lit*) nuptials *(Lit)*, wedding.

himno *nm* hymn; ~ **nacional** national anthem.

hincada *nf* (*Chi, Ecu: de rodillas*) genuflection.

hincapié *nm*: **hacer** ~ **en** to emphasize, make a special point of; (*insistir en*) to insist on, demand on.

hincar [1g] **1** *vt* (*meter*) to thrust *o* drive *o* push (in); (*diente*) to sink (*en* into); (*pie etc*) to set (firmly) (*en* on). **2 hincarse** *vr*: ~ **de rodillas** (*esp LAm*) to kneel (down).

hincha 1 *nf* ill will; **tener** ~ **a algn** to have a grudge against sb; **tomar** ~ **a algn** to take a dislike to sb. **2** *nmf* (**a**) (*Dep etc*) fan, supporter. (**b**) (*Per*) pal, buddy.

hinchada *nf* supporters *pl*, fans *pl*.

hinchado *adj* (**a**) (*inflamado*) swollen. (**b**) (*fig: vanidoso*) arrogant, vain; (*: inflado*) pompous.

hinchapelotas *nm inv*: **es un** ~ (*CSur fam!*) she *o* he's a pain in the arse *(fam!) o (US fam)* ass.

hinchar [1a] **1** *vt* (**a**) (*gen*) to swell; (*vientre*) to distend; (*globo etc*) to blow up, inflate, pump up. (**b**) (*fig*) to exaggerate. **2 hincharse** *vr* (**a**) (*gen*) to swell (up); (*vientre*) to get distended; (*llenarse*) to stuff o.s. (*de* with). (**b**) (*fig*) to get conceited, become vain. (**c**) ~ **a correr** *etc* to run *etc* hard; ~ **a reír** to have a good laugh.

hinchazón *nf* (**a**) (*Med etc*) swelling; (*protuberancia*) bump, lump. (**b**) (*fig*) arrogance; (*de estilo etc*) pomposity.

hindú *adj, nmf* Hindu.

hinojo[1] *nm* (*Bot*) fennel.

hinojo[2] *nm*: **de ~s** on bended knee; **postrarse de ~s** to kneel (down), go down on one's knees.

hipar [1a] *vi* (**a**) to hiccup, hiccough. (**b**) (*perro*) to pant; ~ **por algo** to long for sth. (**c**) (*gimotear*) to whine.

hiper *nm inv* (*fam*) hypermarket.

hiper... *pref* hyper....

hiperactivo *adj* hyperactive.

hipérbaton *nm* (*pl* **hipérbatos**) hyperbaton.

hipérbole *nf* hyperbole.

hiperbólico *adj* hyperbolic(al), exaggerated.

hipercrítico *adj* hypercritical; (*reparón*) carping.

hipermercado *nm* hypermarket.

hipermetropía *nf* long-sightedness; **tener** ~ to be long-sighted.

hipersensible *adj* hypersensitive.

hipertensión *nf* hypertension, high blood pressure.

hipertenso *adj* having *o* with high blood pressure; **ser** ~ to have high blood pressure.

hipertrofia *nf* hypertrophy.

hípico *adj* horse *atr*, equine; **club** ~ riding club.

hipido *nm* whine, whimper.

hipnosis *nf* hypnosis.

hipnótico/a *adj, nm/f* hypnotic.

hipnotismo *nm* hypnotism.

hipnotizador(a) 1 *adj* hypnotizing. **2** *nm/f* hypnotist.

hipnotizar [1f] *vt* to hypnotize, mesmerize.

hipo *nm* hiccup(s), hiccough(s); **quitar el** ~ **a algn** to cure sb's hiccups; (*fig*) to take sb's breath away, be a shock to sb; **tener** ~ to have hiccups.

hipo... *pref* hypo....

hipocondria *nf* hypochondria.

hipocondríaco/a *adj, nm/f* hypochondriac.

hipocrático *adj*: **juramento** ~ Hippocratic oath.

hipocresía *nf* hypocrisy.

hipócrita 1 *adj* hypocritical. **2** *nmf* hypocrite.

hipodérmico *adj*: **aguja ~a** hypodermic needle.

hipódromo *nm* racetrack, racecourse.

hipopótamo *nm* hippopotamus.

hipoteca *nf* mortgage; **redimir una** ~ to pay off a mortgage; **segunda** ~ second mortgage, remortgage.

hipotecar [1g] *vt* to mortgage; (*fig: futuro*) to jeopardize.

hipotecario *adj* mortgage *atr*.

hipotenusa *nf* hypotenuse.

hipótesis *nf inv* hypothesis, supposition; **es una** ~ **(nada más)** that's just an idea *o* a theory.

hipotético *adj* hypothetic(al).

hiriente *adj* (*gen*) wounding; (*contraste*) striking.

hirsuto *adj* (**a**) (*peludo*) hairy, hirsute. (**b**) (*fig: brusco*) brusque, gruff.

hirviente *adj* boiling, seething.

hisopo *nm* (**a**) (*Rel*) sprinkler, aspergillum. (**b**) (*Bot*) hyssop. (**c**) (*LAm: brocha*) paintbrush; (*: tb* ~ **de algodón**) cotton bud.

hispalense *adj, nmf* Sevillian.

hispánico *adj* Hispanic, Spanish.

hispanidad *nf* (**a**) (*gen*) Spanishness, Spanish characteristics. (**b**) (*Pol*) Spanish world, Hispanic world; **Día de la H~** Columbus Day *(12 October)*.

hispanismo *nm* (**a**) word *etc* borrowed from Spanish, hispanicism. (**b**) (*Univ etc*) Hispanism, Hispanic studies.

hispanista *nmf* (*Univ etc*) hispanist, Spanish scholar, student of Spain and Latin America.

hispanizar [1f] *vt* to Hispanicize.

hispano/a 1 *adj* Spanish, Hispanic. **2** *nm/f* Spaniard, Spanish-speaking American *(US)*.

hispano... *pref* Hispano-, Spanish-.

Hispanoamérica *nf* Spanish America, Latin America.

Hispanoamérica *nf* Spanish *o* Latin America.

hispanoamericano/a *adj, nm/f* Spanish *o* Latin American.

hispanoárabe *adj* Hispano-Arabic.

hispanófilo/a *nm/f* hispanophile.

hispanohablante 1 *adj* Spanish-speaking. **2** *nmf* Spanish speaker.

histerectomía *nf* hysterectomy.

histeria *nf* hysteria.

histérico *adj* hysterical; **paroxismo** ~ hysterics; **¡me pone ~!** (*fam*) it drives me mad!

histerismo *nm* (*Med*) hysteria; (*fig*) hysterics.

histograma *nm* histogram.

historia *nf* (**a**) (*gen*) story; (*cuento*) tale; (*lío*) messy business; **~s** (*pey*) gossip *sg*; **la ~ es larga de contar** it's a long story; **la ~ de siempre, la misma ~** the same old story; **dejarse de ~s** to come to the point; **no me vengas con ~s** don't think you can fool me *(fam)*. (**b**) (*estudio*) history; **~ antigua/natural** ancient/natural history; **es una mujer que tiene ~** she's a woman with a past; **pasar a la ~** to go down in history (*como* as).

historiador(a) *nm/f* historian.

historial *nm* (*gen*) record; (*profesional*) curriculum vitae, c.v., résumé *(US)*; (*Med*) case history.

historiar [1b] *vt* (**a**) (*escribir*) to write the history of. (**b**) (*Arte etc*) to depict.

histórico *adj* (*personaje, hecho*) historical; (*acontecimiento, encuentro*) historic.

historieta *nf* strip cartoon; (*anécdota*) tale.

histrionismo *nm* (**a**) (*Teat*) acting, art of acting. (**b**) (*fig*) histrionics.

hitita 1 *adj, nmf* Hittite. **2** *nm* (*Ling*) Hittite.

hitleriano *adj* Hitlerian.

hito *nm* (**a**) (*para límites*) boundary post; (*para distancias*) milestone. (**b**) (*fig*) landmark, milestone; **es un ~ en nuestra historia** it is a landmark in our history. (**c**) **dar en el ~** to hit the nail on the head. (**d**) **mirar a algn de ~ en ~** to stare at sb.

hl *abr de* **hectolitro(s)** hl.

Hna(s) *abr de* **Hermana(s)** Sr(s).

Hno(s) *abr de* **Hermano(s)** Bro(s).

hocico *nm* (**a**) (*de animal*) snout, nose *(fam)*; (*de persona: cara*) mug *(fam)*; (*: nariz*) snout *(fam)*; **caer** *o* **dar de ~s** to fall on one's face; **dar de ~s contra algo** to bump into sth; **estar de ~s** to be in a bad mood; **meter el ~** to meddle, shove one's nose in. (**b**) (*fig: mueca*) angry face, grimace; **torcer el ~** to scowl, look cross.

hockey ['oki *o* 'xoki] *nm* (*tb* ~ **sobre hierba**) hockey; **~ sobre patines/sobre hielo** roller hockey/ice hockey.

hogar *nm* (**a**) (*lit*) fireplace, hearth. (**b**) (*fig: casa*) home, house; (*: vida doméstica*) home life, family life; **artículos del** *o* **para el ~** domestic goods; **~ de ancianos** *o* **jubilados** *o* **pensionistas** old folk's *o* people's home.

hogareño *adj* home *atr*; (*gente*) home-loving.

hogaza *nf* large loaf.

hoguera *nf* bonfire; (*Hist*) stake; **murió en la ~** he died at the stake.

hoja *nf* (**a**) (*Bot*) leaf; (*: pétalo*) petal; (*: de hierba*) blade; **~ de parra** (*fig*) fig leaf; **de ~ ancha** broad-leaved; **de ~ caduca/perenne** deciduous/evergreen.

(**b**) (*papel*) leaf, sheet; (*página*) page; (*formulario*) form, document; **~ electrónica** *o* **de cálculo** spreadsheet; **~ parroquial** parish magazine; **~ de pedido** order form; **~ de ruta** waybill; **~ de servicio(s)** record (of service); **~s sueltas** loose sheets, loose-leaf paper; **~ de trabajo** (*Inform*) worksheet; **~ volante** leaflet, handbill; **volver la ~** (*fig*) to change the subject.

(**c**) (*metal*) sheet; (*puerta*) leaf; (*espada, patín*) blade; (*vidrio*) sheet, pane; **~ de afeitar** razor blade.

hojalata *nf* tin, tinplate.

hojalatada *nf* (*Méx Aut*) panel beating.

hojalatero *nm* tinsmith.

hojaldra *nf* (*LAm*), **hojaldre** *nm* puff pastry.

hojarasca *nf* (**a**) (*hojas*) dead leaves, fallen leaves. (**b**) (*fig*) rubbish, trash; (*palabras*) empty verbiage, waffle.

hojear [1a] *vt* to turn the pages of, leaf through.

hojuela *nf* (**a**) (*Bot*) leaflet, little leaf. (**b**) (*hoja delgada*) flake; (*de metal*) foil, thin sheet. (**c**) (*Culin*) pancake.

hola *interj* hullo!, hello!

Holanda *nf* Holland.

holandés/esa[1] **1** *adj* Dutch. **2** *nm/f* Dutchman/woman. **3** *nm* (*Ling*) Dutch.

holandesa[2] *nf* (*Tip*) quarto sheet.

holgadamente *adv* (**a**) loosely, comfortably; **caben ~** they fit in easily, they go in with room to spare. (**b**) **vivir ~** to live comfortably, be well off.

holgado *adj* (**a**) (*ropa*) loose, comfortable; **demasiado ~** too big. (**b**) (*Fin*) comfortably off, well-to-do; **vida ~a** comfortable life, life of luxury.

holganza *nf* (**a**) (*gen*) idleness; (*descanso*) rest; (*ocio*) leisure, ease. (**b**) (*diversión*) amusement, enjoyment.

holgar [1h, 1l] **1** *vi* (**a**) (*descansar*) to rest; (*en paro*) to be idle *o* out of work; (*objeto*) to lie unused. (**b**) (*sobrar*) to be unnecessary, be superfluous; **huelga decir que ...** it goes without saying that .... **2** *vi*, **holgarse** *vr* to amuse *o* enjoy o.s.; **~(se) con algo** to take pleasure in sth.

holgazán/ana 1 *adj* idle, lazy. **2** *nm/f* idler, loafer.

holgazanear [1a] *vi* to laze around, loaf.

holgazanería *nf* laziness, loafing.

holgura *nf* (**a**) (*Cos*) looseness, fullness; (*Mec*) play, free movement. (**b**) (*ocio*) leisure, ease. (**c**) (*lujo*) comfortable living, luxury; **vivir con ~** to live in luxury.

holocausto *nm* holocaust.

holografía *nf* holograph.

hollar [1m] *vt* (**a**) (*gen*) to tread (on); (*pisotear*) to trample down. (**b**) (*fig*) to trample underfoot; (*humillar*) to humiliate.

hollejo *nm* (*Bot*) skin, peel.

hollín *nm* soot.

hombrada *nf* manly deed, brave act; **¡vaya ~** (*iró*) how brave!

hombre 1 *nm* (*gen*) man; (*raza humana*) mankind; **su ~** (*fam*) her man *o* husband; **es otro ~** he's a changed man; **pobre ~** poor devil; (*pey*) poor fish; **de ~ a ~** man-to-man; **el ~ propone y Dios dispone** man proposes, God disposes; **ser muy ~** to be a real man, be pretty tough; **¡~ al agua!** man overboard!; **~ de bien** honest *o* good man; **~ de confianza** right-hand man; **~ de estado** statesman; **~ hecho** grown man; **~ de letras** man of letters; **el ~ de la calle** the man in the street; **el ~ medio** the average man, the man in the street; **~ de mundo** man of the world; **~ de negocios** businessman; **~ orquesta** one-man band; **~ de paja** stooge *(fam)*; **~ de pro** *o* **de provecho** worthy *o* honest man; **~ del tiempo** weatherman.

2 *interj* (**a**) old chap, man; **sí ~** yes (of course); **¡~ claro!** (why) of course!;**~, yo creo que ...** well, I think that ....

(**b**) (*sorpresa*) you don't say!; **¡~, Pedro! ¿qué tal?** hey, Pedro! how's things?
(**c**) (*protesta*) come now!
hombre-anuncio *nm* (*pl* **hombres-anuncio**) sandwich-board man.
hombrear[1] [1a] *vi* (*joven*) to act grown-up; (*hombre*) to act tough.
hombrear[2] [1a] *vt* to shoulder.
hombre-lobo *nm* (*pl* **hombres-lobo**) werewolf.
hombre-mono *nm* (*pl* **hombres-mono**) apeman.
hombrera *nf* (*tirante*) shoulder strap; (*almohadilla*) shoulder pad; (*Mil*) epaulette.
hombre-rana *nm* (*pl* **hombres-rana**) frogman.
hombría *nf* manliness.
hombro *nm* shoulder; **~ con ~** shoulder to shoulder; **a ~s** on one's shoulders; **¡armas al ~!** shoulder arms!; **arrimar** *o* **poner el ~** to put one's shoulder to the wheel, lend a hand; **cargar algo sobre los ~s** to shoulder sth; **encogerse de ~s** to shrug one's shoulders; **sacar a algn en ~s** to carry sb out on (their) shoulders.
hombruno *adj* mannish, butch *(fam)*.
homenaje *nm* (**a**) (*gen*) homage; **rendir ~ a** to do *o* pay homage to. (**b**) (*fig*) tribute; **en ~ a** in honour *o (US)* honor of; **una cena ~ para Don XY** a dinner in honour of Don XY; **rendir ~ a** to pay a tribute to; **partido ~** benefit match.
homenajeado/a *nm/f*: **el ~** the person being honoured *o (US)* honored, the guest of honour *o (US)* honor.
homenajear [1a] *vt* to honour, honor *(US)*, pay tribute to.
homeópata *nm* homeopath.
homeopatía *nf* homeopathy.
homeopático *adj* homeopathic.
homérico *adj* Homeric.
homicida 1 *adj* homicidal; **el arma ~** the murder weapon. **2** *nmf* murderer/murderess.
homicidio *nm* (*intencional*) murder, homicide; (*involuntario*) manslaughter.
homilía *nf* homily.
homogeneidad *nf* homogeneity.
homogeneización *nf* levelling *o (US)* leveling down, equalization.
homogen(e)izar [1f] *vt* to homogeneize, level down, equalize.
homogéneo *adj* homogeneous.
homologación *nf* official approval, sanction(ing); (*de sueldos*) parity.
homologado *adj* officially approved, authorized.
homologar [1h] *vt* (**a**) (*estandarizar*) to bring into line, standardize. (**b**) (*aprobar*) to approve officially, sanction; (*récord*) to accept.
homólogo/a 1 *adj* equivalent. **2** *nm/f* counterpart, opposite number.
homónimo 1 *adj* homonymous. **2** *nm* (*Ling*) homonym; (*tocayo*) namesake.
homosexual *adj, nmf* homosexual.
homosexualidad *nf* homosexuality.
honda *nf* sling.
hondear [1a] *vt* (*LAm*) to hit with a catapult.
hondo 1 *adj* (**a**) (*gen*) deep; (*bajo*) low. (**b**) (*fig*) profound; **con ~ pesar** with deep regret, with profound sorrow. **2** *adv*: **respirar ~** to breathe deeply. **3** *nm* depth(s).
hondonada *nf* (**a**) (*valle*) hollow, dip. (**b**) (*llano*) lowland.
hondura *nf* depth, profundity; **meterse en ~s** to get out of one's depth, get into deep water.
Honduras *nf* Honduras; **~ Británica** (*Hist*) British Honduras.
hondureño/a *adj, nm/f* Honduran.
honestamente *adv* (*V n*) (**a**) decently. (**b**) purely. (**c**) fairly, justly. (**d**) honourably, honorably *(US)*; honestly.
honestidad *nf* (**a**) (*decencia*) decency. (**b**) (*pureza*) purity, chastity. (**c**) (*justicia*) fairness, justice. (**d**) (*nobleza*) honourableness, honorableness *(US)*; (*honradez*) honesty.
honesto *adj* (*V n*) (**a**) decent. (**b**) pure, chaste. (**c**) fair, just. (**d**) honourable, honorable *(US)*; (*honrado*) honest.
hongo *nm* (**a**) (*Bot*) fungus; (*comestible*) mushroom; (*venenoso*) toadstool; **un enorme ~ de humo** an enormous mushroom of smoke. (**b**) (*sombrero*) bowler hat, derby *(US)*.
Honolulú *nm* Honolulu.
honor *nm* (*gen*) honour, honor *(US)*; (*fig*) glory; **~es** (*Mil etc*) honours; **~ profesional** professional etiquette; **en ~ a la verdad** to be fair; **en ~ de algn** in sb's honour; **hacer ~ a** to honour; **hacer ~ a su fama** to live up to it's *etc* reputation; **hacer los ~es de la casa** to do the honours (of the house); **hacer los debidos ~es a una comida** to do full justice to a meal; **sepultar a algn con todos los ~es militares** to bury sb with full military honours; **tener el ~ de hacer algo** to have the honour to do sth, to be proud to do sth.
honorable *adj* honourable, honorable *(US)*, worthy.
honorario 1 *adj* honorary, honorific. **2** *nmpl*: **~s** (professional) fees, charges.
honorífico *adj* honourable, honorable *(US)*; **cargo ~** honorary post; **mención ~a** honourable mention.
honra *nf* (*personal*) self-esteem; (*de mujer*) honour, honor *(US)*, virtue, good name; **~s fúnebres** funeral rites; **tener algo a mucha ~** to be proud of sth; **tener a mucha ~ hacer algo** to be proud to do sth; **¡y a mucha ~!** and proud of it!
honradamente *adv* (*V adj*) honestly; honourably, honorably *(US)*, uprightly.
honradez *nf* (*gen*) honesty; (*integridad*) uprightness, integrity.
honrado *adj* (*honesto*) honest; (*honorable*) honourable, honorable *(US)*, upright; **hombre ~** honest *o* decent man.
honrar [1a] **1** *vt* (**a**) to honour, to honor *(US)*; (*ser orgullo de*) to do credit to; **un gesto que le honra** a gesture to be proud of. (**b**) (*Com etc*) to honour. **2 honrarse** *vr*: **~ con algo** to be honoured by sth; **~ de hacer algo** to be honoured to do sth.
honrilla *nf*: **por la negra ~** out of concern for what people will say.
honroso *adj* honourable, honorable *(US)*; (*respetable*) respectable.
hontanar *nm* spring, group of springs.
hopa *interj* (*Arg: a animales*) whoa!
hora *nf* (**a**) hour; (*tiempo*) time; **media ~** half an hour; **durante 2 ~s** for 2 hours; **esperamos ~s** we waited hours; **en la ~ de su muerte** at the moment of his death; **¿a qué ~?** at what time?; **¿qué ~ es?** what time is it?; **¡la~!, ¡es la ~!** time's up!; **es ~ de hacer algo** it is time to do sth; **es ~ de irnos** it's time we went, it's time for us to go; **¡ya es** *o* **va siendo ~ de que ...!** it is high time that ...; **¡ya era ~!** and about time too!; **no comer entre ~s** not to eat between meals; **1000 pts la ~** 1000 pesetas an hour.
(**b**) (*con adj o prep*) **a altas ~s (de la madrugada)** in the (wee) small hours; **~ de apertura** opening time; **a una ~ avanzada** at a late hour; **a buena ~** opportunely; **¡a buena(s) ~(s) (mangas verdes)** it's too late now!; **en buena ~** fortunately; **~ cero** zero hour; **desde las cero ~s** from the start of the day, from midnight; **~ de comer** mealtime; **a la ~ de comer** at lunchtime; **~s de comercio** business hours; **~s de consulta** consulting hours; **~s extra** *o* **extraordinarias** overtime; **~s libres** free *o* spare time; **en mala ~** unluckily; **~s muertas** dead period; **se pasa las ~s muertas viendo la tele** he spends hour after hour watching telly; **~s de oficina** business *o* office hours; **~ peninsular** time in mainland Spain; **a primera ~** first thing in the morning; **~s punta** *o* (*Méx*) **pico** peak *o* rush hours; **~ de recreo** playtime; **'última ~'** 'stop

press'; **a última** ~ at the last moment; **noticias de última** ~ last-minute news; **dejar las cosas hasta última** ~ to leave things until the last moment; ~ **de verano** summer time; **la** ~ **de la verdad** the moment of truth; ~**s de vuelo** (*Aer*) flying time; (*fig: experiencia*) experience; (*: antigüedad*) seniority; **a la** ~ **en punto** on the dot; **a la** ~ **justa** in the nick of time; **a estas** ~**s** now, at this time; **a la** ~ **de pagar** when it comes to paying; **sueldo por** ~ hourly wage; **trabajar por** ~**s** to be paid by the hour.

(**c**) (*con verbo*) **dar la** ~ to strike (the hour); **hacer** ~**s (extra)** to work overtime; **le ha llegado la** ~ her time has come; **poner el reloj en** ~ to set one's watch; **no ver la** ~ **de algo** to be scarcely able to wait for sth.

(**d**) (*cita*) **dar/pedir/tener** ~ to fix/ask for/have an appointment.

horadar [1a] *vt* to bore (through), drill.

hora-hombre *nf* (*pl* **horas-hombre**) man-hour.

horario 1 *adj* (*cada hora*) hourly; (*huso*) time *atr*. **2** *nm* (*de reloj*) hour hand; (*Escol, Ferro etc*) timetable; ~ **comercial** business hours; ~ **flexible** flexitime; **trabajo de** ~ **partido** job involving a split day; ~ **de visitas** (*de hospital etc*) visiting hours; (*de médico*) doctor's surgery hours.

horca *nf* (**a**) (*de ejecución*) gallows, gibbet. (**b**) (*Agr*) pitchfork. (**c**) (*de ajos etc*) string.

horcajadas *nfpl*: **a** ~ astride.

horchata *nf* (*de chufas*) tiger nut milk; (*de almendras*) almond milk.

horda *nf* horde.

horita *adv* (*esp Méx fam*) = **ahorita**.

horizontal *adj* horizontal.

horizontalmente *adv* horizontally.

horizonte *nm* horizon; **línea del** ~ skyline.

horma *nf* (*Téc*) form, mould, mold *(US)*; ~ **de sombrero** hat block; ~ **(de calzado)** last, shoetree; **encontrar(se con) la** ~ **de su zapato** to meet one's match.

hormiga *nf* (**a**) ant; ~ **obrera** worker ant. (**b**) **ser una** ~ (*trabajador*) to be hard-working; (*ahorrativo*) to be thrifty.

hormigón *nm* concrete; ~ **armado/pretensado** reinforced/pre-stressed concrete.

hormigonera *nf* concrete mixer.

hormiguear [1a] *vi* (**a**) (*piel etc*) to tingle; **me hormiguea el pie** I've pins and needles in my foot. (**b**) (*bullir*) to swarm, teem.

hormigueo *nm* (**a**) (*de piel etc*) tingling, prickly feeling, pins and needles. (**b**) (*fig: inquietud*) anxiety, uneasiness. (**c**) (*bullición*) swarming.

hormiguero 1 *adj*: **oso** ~ anteater. **2** *nm* ant hill; **aquello era un** ~ it was swarming with people.

hormiguillo *nm* = **hormigueo (a)**; **(b)**.

hormiguita *nf*: **ser una** ~ to be always beavering away.

hormona *nf* hormone.

hormonal *adj* hormonal.

hornacina *nf* (vaulted) niche.

hornada *nf* batch (of loaves *etc*).

hornazo *nm* (*Culin*) Easter pie *(decorated with eggs)*.

hornear [1a] *vt* to cook, bake.

hornero/a *nm/f* baker.

hornillo *nm* (*Téc*) small furnace; (*Culin*) cooker, stove; (*de pipa*) bowl; ~ **eléctrico** hotplate; ~ **de gas** gas ring.

horno *nm* (*Culin*) oven, stove; (*Téc*) furnace; (*para cerámica*) kiln; ~ **microondas** microwave oven; **alto(s)** ~**(s)** blast furnace; ~ **crematorio** crematorium; **al** ~ baked; **¡esta casa es un** ~**!** it's like an oven in here!; ~ **de fundición** smelting furnace; **no está el** ~ **para bollos** this is the wrong moment, this is a bad time to ask.

horóscopo *nm* horoscope; **leer el** ~ to read one's stars.

horquilla *nf* (*para pelo*) hairpin, hairclip; (*Agr*) pitchfork; (*en bicicleta*) fork; (*Mec*) yoke; (*Telec*) rest, cradle; ~ **(de cavar)** garden fork.

horrendo *adj* horrible, awful.

hórreo *nm* (raised) granary.

horrible *adj* (**a**) horrible, ghastly. (**b**) (*fig*) dreadful, nasty, terrible *(fam)*.

horripilante *adj* hair-raising, horrifying.

horripilar [1a] *vt*: ~ **a algn** to make sb's hair stand on end, horrify sb.

horror *nm* (**a**) (*gen*) horror, dread (*a* of); (*odio*) abhorrence (*a* of); **¡qué** ~**!** how awful *o* dreadful!; **tener** ~ **a algo** to have a horror of sth. (**b**) (*acto*) atrocity. (**c**) (*fam: como adv*) **me duele** ~**es** it's frightfully painful, it hurts a lot; **me gusta** ~**es** *o* **un** ~ I like it awfully.

horrorizar [1f] **1** *vt* to horrify. **2 horrorizarse** *vr* to be horrified.

horroroso *adj* (**a**) horrifying, terrifying. (**b**) (*fig*) ghastly *(fam)*; (*feo*) hideous, ugly.

hortaliza *nf* (*verdura*) vegetable; ~**s** vegetables, garden produce.

hortelano *nm* gardener; (*Com*) market gardener, truck farmer *(US)*.

hortensia *nf* hydrangea.

hortera (*fam*) **1** *adj inv* (*decoración, persona*) tacky; (*gustos*) terrible. **2** *nmf*: **es un** ~ his taste stinks *(fam)*.

horterada *nf*: **ese vestido es una** ~ that dress is a sight *(fam)*.

hortícola *adj* horticultural.

horticultor(a) *nm/f* horticulturist.

horticultura *nf* horticulture.

hortofrutícola *adj* fruit and vegetable *atr*.

hosco *adj* (**a**) (*lúgubre*) gloomy. (**b**) (*persona*) sullen, morose.

hospedaje *nm* (cost of) board and lodging.

hospedar [1a] **1** *vt* (*alojar*) to put up, lodge; (*recibir*) to receive as a guest, entertain. **2 hospedarse** *vr* to stay, put up, lodge (*con* with) (*en* at).

hospedería *nf* (**a**) (*edificio*) hostelry, inn. (**b**) (*en convento*) guest quarters.

hospedero/a *nm/f* landlord/landlady, innkeeper.

hospiciano/a *nm/f*, **hospiciante** *nmf* (*LAm*) inmate of an orphanage, orphan.

hospicio *nm* poorhouse; (*Rel*) hospice.

hospital *nm* hospital, infirmary; ~ **de sangre** field dressing station.

hospitalario *adj* (**a**) hospitable. (**b**) (*Med*) hospital *atr*; **estancia** ~**a** stay in hospital.

hospitalidad *nf* hospitality.

hospitalización *nf* hospitalization.

hospitalizar [1f] **1** *vt* to send *o* take to hospital, hospitalize; **estuvo hospitalizado durante 3 meses** he spent 3 months in hospital. **2 hospitalizarse** *vr* (*LAm*) to go into hospital.

hosquedad *nf* sullenness.

hostal *nm* cheap hotel, boarding house.

hostelería *nf* hotel trade *o* business; **empresa de** ~ catering company.

hostelero/a 1 *adj* catering *atr*. **2** *nm/f* innkeeper, landlord/landlady.

hostería *nf* (*posada*) inn, hostelry; (*CSur: hotel*) hotel.

hostia *nf* (**a**) (*Rel*) host, consecrated wafer.

(**b**) (*fam*) punch, bash *(fam)*; (*choque*) bang, bash *(fam)*; **liarse a** ~**s** to get into a scrap *(fam)*; **le pegué dos** ~**s** (*fam*) I walloped him a couple of times *(fam)*.

(**c**) (*fam: locuciones*); **¡ese tío es la** ~**!** (*con admiración*) he's a hell of a guy *(fam)*; (*con enfado*) what a shit he is! *(fam!)*; **no entiendo ni** ~ I don't understand a damn word of it *(fam)*; **había un tráfico de la** ~ the traffic was bloody awful *(fam)*; **estar de mala** ~ to be in a shitty mood *(fam)*; **ir a toda** ~ to go like the clappers *(fam)*; **salió cagando** *o* **echando** ~**s** he shot out like a bat out of hell; **tener mala** ~ (*carácter*) to have a nasty streak.

(**d**) (*fam!*) **¡**~**!** damn it! *(fam)*; (*sorpresa*) Christ almighty! *(fam)*; (*fastidio*) damn it all!; (*negación*) get away!, never!, no way!; (*rechazo*) bollocks! *(fam!)*; **¿qué** ~**s quieres?** what the hell do you want?; **¡qué libros ni qué** ~**s!** books, your backside! *(fam)*.

hostiar [1b] *vt* (*fam*) to wallop (*fam*), sock.
hostigamiento *nm* (*fig*) harassment.
hostigar [1h] *vt* (**a**) (*dar latigazos*) to lash, whip. (**b**) (*fig: molestar*) to harass.
hostil *adj* hostile.
hostilidad *nf* hostility; **romper las ~es** to start hostilities.
hotel *nm* (*gen*) hotel.
hotelero/a 1 *adj* hotel *atr*; **la industria ~a** the hotel trade. **2** *nm/f* hotelkeeper, hotel manager/ess.
hoy *adv* (*gen*) today; (*ahora*) now, nowadays; **la juventud de ~** the youth of today; **~ (en) día** nowadays; **el día de ~** (*Esp*) this very day; **~ por ~** at the present time, right now; **de ~ en ocho (días)** a week today; **de ~ a mañana** any time now; **de ~ en adelante** from now on; **desde ~** from now on; **¡y hasta ~!** and I've heard no more about it!, and that was the last I heard!; **por ~** for the present.
hoya *nf* (**a**) (*agujero*) pit, hole; (*tumba*) grave; **~ de arena** (*Golf*) bunker. (**b**) (*Geog*) vale, valley.
hoyador *nm* (*LAm fam*) dibber, seed drill.
hoyanco *nm* (*Méx Aut*) pothole.
hoyito *nm* dimple.
hoyo *nm* (**a**) (*gen*) hole; (*hondura*) pit; (*tumba*) grave. (**b**) (*Golf*) hole; **en el ~ 18** at the 18th hole. (**c**) (*Med*) pockmark.
hoyuelo *nm* dimple.
hoz *nf* (**a**) (*Agr*) sickle; **la ~ y el martillo** the hammer and sickle. (**b**) (*Geog*) gorge.
hs. *abr de* **horas** h., hrs.
hua... *pref para diversas palabras escritas así en LAm*; *V tb* **gua...**.
huaca *nf etc* = **guaca** *etc*.
huacalón *adj* (*Méx: gordo*) fat.
huaco *nm* (*And Hist*) ancient Peruvian pottery artefact.
huachafo/a (*And*) **1** *adj* = **cursi**. **2** *nm/f* middle-class snob, social climber.
huahua *nf* (*LAm*) = **guagua**.
huaica *nf* (*And*) bargain sale.
huaipe *nm* (*Chi*) cotton waste.
huarache *nm* (*Méx: sandalia*) sandal, light shoe.
huáscar *nm* (*Chi fam*) (police) water cannon truck.
huasipungo *nm* (*And Agr*) (Indian's) tied plot of land.
huaso *nm/f* (*Chi*) = **guaso 2**.
huatal *nm* (*LAm*) = **guatal**.
huayco *nm* (*And, Chi: alud*) landslide of mud and rock; *V tb* **guaico**.
huayno *nm* (*And, Chi*) folk song and dance.
hube *etc V* **haber**.
hucha *nf* (**a**) (*para ahorrar*) moneybox; (*para caridad*) collecting tin. (**b**) (*fig*) savings; **tener una buena ~** to have a nest egg.
hueco 1 *adj* (**a**) (*gen*) hollow; (*vacío*) empty. (**b**) (*blando*) soft, spongy. (**c**) (*sonido*) resonant. (**d**) (*persona*) conceited; (*estilo*) pompous, affected. **2** *nm* (**a**) (*agujero*) hole, gap; (*cavidad*) hollow; (*Arquit*) recess; (*de escalera*) well; (*de ascensor*) shaft; **~ de la mano** hollow of the hand. (**b**) (*sitio vacío*) (empty) space; (*de tiempo*) free time; **hacer (un) ~ a algn** to make space for sb; **llenar un ~** (*fig*) to fill a gap.
huecograbado *nm* (*Tip*) photogravure.
huelga *nf* strike; **~ de brazos caídos** sit-down strike; **~ de celo** work-to-rule, go-slow; **~ general** general strike; **~ de hambre** hunger strike; **~ oficial** official strike; **~ selvaje** wildcat strike; **~ por solidaridad** sympathy strike; **estar en ~** to be on strike; **declarar la ~, declararse** *o* **ponerse en ~ , hacer ~, ir a la ~** to come out *o* go on strike, strike.
huelguista *nmf* striker.
huelguístico *adj* strike *atr*.
Huelva *nf* Huelva.
huella *nf* (*rastro*) trace; (*marca*) imprint; (*de pie*) footprint; (*de coche, de pata*) track; **~ dactilar** *o* **digital** fingerprint; **se le notaban las ~s del sufrimiento** you could see the signs of her suffering; **sin dejar ~** without leaving a trace; **aquello dejó una ~ imborrable** (*fig*) it left an indelible memory; **seguir las ~s de algn** (*fig*) to follow in sb's footsteps.
huemul *nm* (*CSur*) southern Andean deer.
huérfano/a 1 *adj* orphan, orphaned; (*fig*) unprotected, defenceless, defenseless (*US*); **una niña ~a de madre** a motherless child. **2** *nm/f* orphan.
huero *adj* (**a**) (*huevo*) rotten. (**b**) (*fig*) empty, sterile.
huerta *nf* (**a**) vegetable garden, kitchen garden; (*comercial*) (large) market garden, truck farm (*US*). (**b**) (*esp Murcia, Valencia*) irrigated region.
huertero *nm* (*LAm*) gardener.
huerto *nm* kitchen garden; (*comercial*) (small) market garden *o* (*US*) truck farm; (*de árboles frutales*) orchard; (*en casa pequeña*) back garden; **llevarse a algn al ~** (*engañar: fam*) to put one over on sb, to lead sb up the garden path (*fam*); (*a la cama*) to go to bed with sb, sleep with sb.
huesillo *nm* (*And, CSur*) sun-dried peach.
hueso *nm* (**a**) (*Anat*) bone; **un ~ duro de roer** a hard nut to crack; **sin ~** boneless; **dar con sus ~s en la cárcel** to land *o* end up in jail; **no dejar ~ sano a algn** to pull sb to pieces; **estar en los ~s** to be nothing but skin and bone; **tener los ~s molidos** to be fagged out (*fam*), ache all over. (**b**) (*Bot*) stone, pit (*US*). (**c**) (*fig*) hard work, drudgery. (**d**) (*CAm, Méx: sinecura*) government job, sinecure. (**e**) **ser un ~** (*fig*) to be terribly strict.
huesoso *adj* (*esp LAm*) bony.
huésped(a) *nm/f* (**a**) (*invitado*) guest; (*en pensión*) lodger, boarder; **se le hacen los dedos ~es cada vez que oye hablar de dinero** he rubs his hands at the first mention of money. (**b**) (*anfitrión*) host/hostess.
hueste *nf* (**a**) (*Lit*) host, army. (**b**) (*muchedumbre*) crowd, mass; (*partidarios*) followers.
huesudo *adj* bony.
hueva *nf* (**a**) (*de peces*) (hard) roe; **~s** eggs, spawn *sg*. (**b**) (*tb* **~s**: *Chi fam!*) ball(s) (*fam!*).
huevada (*And, CSur*) *nf* (*fam: comentario*) piece of nonsense, foolish remark; (*acto*) stupid thing (to do); **~s** (*tonterías*) nonsense, crap (*fam!*).
huevear [1a] *vi* (*Chi fam*) to mess about (*fam*).
huevera *nf* eggcup.
huevo *nm* (**a**) egg; **~ pasado por agua/cocido** *o* **duro** soft-boiled/hard-boiled egg; **~ a la copa** (*And, Chi*) boiled egg; **~ crudo** raw egg; **~ estrellado** *o* **frito/escalfado** fried/poached egg; **~s revueltos** *o* (*Col, Ven*) **pericos** scrambled eggs; **~ tibios** (*And, CAm, Méx*) soft-boiled eggs; **nos lo han puesto a ~** they've made it easy for us. (**b**) (*fam!*) ball (*fam!*), testicle; **¡un ~!** (*fam!*) bollocks! (*fam!*), no way! (*fam*); **me costó un ~** it took me a lot of trouble, it was hard work; (*precio*) it cost me an arm and a leg, it cost me a bomb (*fam*); **estar hasta los ~s** to be pissed off (*fam!*); **tener ~s** to have guts *o* balls (*fam*), be tough; **sabe un ~ de vinos** he knows a lot about wine; *V* **cojón** *para muchas locuciones*.
huevón/a (*LAm fam*) **1** *adj* (*flojo*) lazy; (*estúpido*) stupid, thick (*fam*); (*cobarde*) cowardly. **2** *nm/f* (*vago*) lazy sod (*fam!*), skiver (*fam*); (*imbécil*) stupid idiot (*fam*), bloody fool (*fam!*).
huida *nf* (**a**) flight, escape. (**b**) (*de caballo*) shy, bolt.
huidizo *adj* (*tímido*) shy; (*esquivo*) elusive; (*fugaz*) fleeting.
huido *adj* fugitive, on the run; **un esclavo ~** a runaway slave.
huilas *nfpl* (*Chi fam: andrajos*) rags.
huincha *nf* (*And, CSur*) = **güincha**.
huipil *nm* (*CAm, Méx*) Indian regional dress *o* blouse.
huir [3g] *vi* (**a**) (*escaparse*) to run away, flee (*de* from); **huyó del país** he fled the country. (**b**) (*evitar*) to avoid, shun (*de* from); **huye de esto como de la peste** avoid it like the plague. (**c**) (*tiempo*) to fly.
huira *nf* (*And, CSur: cuerda*) rope; **dar ~ a algn** (*fam*) to

thrash sb.

huiro *nm* (*And, CSur*) seaweed.

huisache *nm* (*CAm, Méx*) species of acacia.

huisachero *nm* (*CAm, Méx: leguleyo*) shyster lawyer, unqualified lawyer.

huitlacoche *nm* (*CAm, Méx*) black mushroom.

huizache *nm* (*CAm, Méx*) = **huisache**.

hulado *nm* (*CAm*) oilskin, rubberized cloth.

hular *nm* (*Méx*) rubber plantation.

hule *nm* (**a**) (*goma*) rubber. (**b**) (*tela*) oilskin, oilcloth. (**c**) **habrá** ~ there'll be trouble. (**d**) (*CAm, Méx: árbol*) rubber tree. (**e**) (*Méx fam: preservativo*) condom, rubber (*fam*).

hulla *nf* coal, soft coal.

hullero *adj* coal *atr*.

humanamente *adv* (**a**) (*en términos humanos*) humanly. (**b**) (*con humanidad*) humanely.

humanidad *nf* (**a**) (*género humano*) humanity, mankind. (**b**) (*cualidad*) humanity. (**c**) (*fam: gordura*) corpulence. (**d**) **las ~es** the humanities.

humanismo *nm* humanism.

humanista *nmf* humanist.

humanístico *adj* humanistic.

humanitario/a **1** *adj* humanitarian; (*benévolo*) humane. **2** *nm/f* humanitarian.

humanizar [1f] **1** *vt* to humanize, make more human. **2 humanizarse** *vr* to become more human.

humano **1** *adj* (**a**) (*relativo al hombre*) human; **ser** ~ human being; **equivocarse es** ~ to err is human. (**b**) (*benévolo*) humane. **2** *nm* human (being).

humareda *nf* cloud of smoke.

humazo *nm* dense smoke, cloud of smoke.

humeante *adj* smoking, smoky; (*caldo, sopa*) steaming.

humear [1a] **1** *vt* (*LAm: fumigar*) to fumigate. **2** *vi* (**a**) (*humo*) to smoke, give out smoke; (*vapor*) to steam. (**b**) (*fig: memoria, rencor etc*) to be still alive, linger on.

humectador *nm* humidifier.

humedad *nf* humidity, damp(ness); (*rocío etc*) moisture; **a prueba de** ~ damp-proof.

humedecer [2d] **1** *vt* to dampen, moisten; (*ambiente*) to humidify. **2 humedecerse** *vr* to get damp *o* wet; **se le humedecieron los ojos** his eyes filled with tears, tears came into his eyes.

húmedo *adj* (*clima etc*) humid, damp; (*ropa*) damp, pelo, wet; (*ligeramente: labios, tierra*) moist.

húmero *nm* humerus.

humildad *nf* (**a**) humbleness, humility. (**b**) (*fig*) lowliness.

humilde *adj* (**a**) humble. (**b**) (*clase etc*) low, modest; **son gente** ~ they are humble *o* poor people.

humildemente *adv* humbly.

humillación *nf* (*abatimiento*) humiliation; (*acto*) humbling.

humillante *adj* humiliating, degrading.

humillar [1a] **1** *vt* to humiliate, humble. **2 humillarse** *vr* to humble o.s.; ~ **a** to grovel to.

humita *nf* (*And, CSur: Culin*) tamale.

humo *nm* (**a**) (*gen*) smoke; (*gases*) fumes; (*vapor*) vapour, vapor (*US*), steam; **echar** ~ to smoke; **convertirse en** ~ (*fig*) to vanish without trace; **hacerse** ~ (*And, CSur: fam: desaparecer*) to disappear, clear off (*fam*); **írsele al** ~ **a algn** (*LAm*) to jump sb (*fam*). (**b**) **~s** (*fig: aires*) conceit, airs; **bajar los ~s a algn** to take sb down a peg; **darse ~s** to brag, boast; **tener muchos ~s** to think highly of o.s., have a big head.

humor *nm* (**a**) (*gen*) mood, humour, humor (*US*), temper; **buen** ~ good humour; **un ~ de perros** a stinker of a mood (*fam*); **estar de buen/mal** ~ to be in a good/bad mood *o* temper; **me pone de mal** ~ it puts me in a bad mood; **seguir el ~ a algn** to humour sb; **tengo ~ para fiestas** I'm in a party mood. (**b**) (*gracia*) humour; ~ **negro** black humour.

humorada *nf* (**a**) (*broma*) witticism. (**b**) (*capricho*) caprice, whim.

humorismo *nm* humour, humor (*US*); (*de cara al público*) stand-up comedy.

humorista *nmf* humorist; (*de cara al público*) stand-up comedian/comedienne.

humorístico *adj* humorous, funny.

humus *nm* humus.

hundido *adj* (**a**) sunken; (*ojos*) deep-set. (**b**) (*desmoralizado*) downcast, demoralized.

hundimiento *nm* (**a**) (*gen*) sinking. (**b**) (*colapso*) collapse, ruin; (*Min*) cave-in, subsidence.

hundir [3a] **1** *vt* (**a**) (*gen*) to sink; (*sumergir*) to submerge. (**b**) (*edificio etc*) to ruin, destroy; (*plan etc*) to sink, ruin.

(**c**) (*desmoralizar*) to demoralize; **me hundes en la miseria** you are driving me to ruin .

2 hundirse *vr* (**a**) (*Náut*) to sink; (*en arena, lodo etc*) to sink.

(**b**) (*edificio etc*) to collapse, fall (down); (*tierra*) to cave in, subside.

(**c**) (*fig: arruinarse*) to be destroyed, be ruined; (*: persona*) to collapse, break down; **se hundió la economía** the economy collapsed; **el negocio se hundió** the business failed *o* went under; **se hundieron los precios** prices slumped; **se hundió en la meditación** he became lost in meditation; ~ **en la miseria** to get really low *o* depressed.

húngaro/a **1** *adj, nm/f* Hungarian. **2** *nm* (*Ling*) Hungarian, Magyar.

Hungría *nf* Hungary.

huno *nm* Hun.

huracán *nm* hurricane.

huracanado *adj*: **viento** ~ hurricane wind, violent wind.

huraño *adj* (*tímido*) shy; (*esquivo*) shy, elusive.

hurgar [1h] **1** *vt* (**a**) (*tocar*) to poke, jab; (*: fuego*) to poke, rake. (**b**) = **hurguetear**. **2** *vi*: ~ **en** to rummage in. **3 hurgarse** *vr* (*tb* ~ **las narices**) to pick one's nose.

hurgón *nm* (*de fuego*) poker.

hurguete *nm* (*CSur*) nosy parker.

hurguetear [1a] *vt* (*LAm: remover*) to finger, turn over, rummage (inquisitively) among; (*fisgonear*) to shove one's nose into, pry into.

hurí *nf* houri.

hurón **1** *adj* (*tímido*) shy, unsociable. **2** *nm* (**a**) (*Zool*) ferret. (**b**) (*fig*) shy person. (**c**) (*fisgón*) nosy parker, snooper.

huronear [1a] *vi* (*fig*) to pry, snoop around.

hurra *interj* hurray!, hurrah!

hurtadillas *nfpl*: **a** ~ stealthily, on the sly.

hurtar [1a] *vt* (**a**) (*robar*) to steal. (**b**) ~ **el cuerpo** to dodge.

hurto *nm* (**a**) (*acto*) theft; (*robo*) thieving, robbery. (**b**) (*lo robado*) (piece of) stolen property, loot.

húsar *nm* hussar.

husillo *nm* (**a**) (*Mec*) spindle, shaft; (*de prensa etc*) screw, worm. (**b**) (*conducto*) drain.

husma *nf*: **andar a la** ~ to go snooping around, go prying (*de* after, for).

husmear [1a] **1** *vt* (**a**) (*oler*) to scent, get wind of. (**b**) (*fig*) to pry into, sniff out. **2** *vi* (*carne*) to smell bad.

husmeo *nm* (**a**) scenting. (**b**) (*fig*) prying, snooping.

huso *nm* (**a**) (*Téc*) spindle; (*de torno*) drum. (**b**) ~ **horario** (*Geog*) time zone. (**c**) (*Col fam*) kneecap.

huy *interj* (*dolor*) ow!, ouch!; (*sopresa*) well!; (*alivio*) phew!; **¡~, perdona!** oops, sorry!

Hz *abr de* **hertzio** Hz.

I

I, i [i] *nf* (*letra*) letter I, i.
IA *nf abr de* **inteligencia artificial** AI.
IAC *nf abr de* **ingeniería asistida por computadora** CAE.
IAO *nf abr de* **instrucción asistida por ordenador** CAI.
IB *abr de* **Iberia, Líneas Aéreas de España, Sociedad Anónima.**
iba *etc V* **ir.**
Iberia *nf* Iberia.
ibérico *adj* Iberian.
ibero/a, íbero/a *adj, nm/f* Iberian.
Iberoamérica *nf* Latin America.
iberoamericano/a *adj, nm/f* Latin-American.
íbice *nm* ibex.
ibicenco/a 1 *adj* of *o* from Ibiza. **2** *nm/f* native *o* inhabitant of Ibiza; **los ~s** the people of Ibiza.
Ibiza *nf* Ibiza.
ICE *nm abr* (*Esp*) (**a**) (*Escol*) *de* **Instituto de Ciencias de la Educación.**
(**b**) (*Com*) *de* **Instituto de Ciencias Económicas.**
iceberg *nm* ['iθeβer] (*pl* **~s** ['iθeβer]) iceberg; **la punta** *o* **cabeza del ~** the tip of the iceberg.
ICEX *nm abr de* **Instituto de Comercio Exterior.**
ICH *nm abr* (*Esp*) *de* **Instituto de Cultura Hispánica.**
ICI *nm abr* (*Esp*) *de* **Instituto de Cooperación Iberoamericana.**
ICO *nm abr* (*Esp*) *de* **Instituto de Crédito Oficial.**
ICONA, Icona *nm abr* (*Esp*) *de* **Instituto para la Conservación de la Naturaleza** ≈ NCC.
icono *nm* ikon; (*tb Inform*) icon.
iconoclasta 1 *adj* iconoclastic. **2** *nmf* iconoclast.
iconografía *nf* iconography.
ictericia *nf* jaundice.
ICYT *nm abr de* **Instituto de Información y Documentación sobre Ciencia y Tecnología.**
íd. *abr de* **ídem** do.
ida *nf* (**a**) (*gen*) going, departure; **~s y venidas** comings and goings; **(viaje de) ~** outward journey; **billete de ~ y vuelta** return *o (US)* round trip ticket; **~ y vuelta** round trip.
(**b**) (*Caza*) track, trail. (**c**) (*fig*) rash act.
IDCA *nm abr de* **Instituto de Desarrollo Cooperativo en América.**
IDE *nf abr de* **Iniciativa de Defensa Estratégica** SDI.
idea *nf* (**a**) idea, notion; **~ genial** brilliant idea; **~ fija** fixed idea, obsession; **¡ni ~!** I haven't a clue!, search me!; **hacerse a la idea de que ...** to get used to the idea of ...; **meterse una ~ en la cabeza** to get an idea into one's head; **no tengo la menor** *o* **la más remota ~** I haven't the faintest *o* foggiest idea; **no tenía la menor ~ de que ...** I had no idea that ...; **una persona de ~s liberales** a liberal-minded person.
(**b**) (*impresión*) opinion; **¿qué ~ tienes de él?** what impression do you have of him?; **darse una ~ de, hacerse una ~ de** to get an idea of, form an impression of.
(**c**) (*propósito*) intention; **una persona de mala ~** a malicious person; **con la ~ de hacer algo** with the idea of doing sth; **cambiar** *o* **mudar de ~** to change one's mind; **hacer algo a** *o* **con mala ~** to do sth maliciously; **llevar ~ de hacer algo** to have a mind to do sth.
ideal 1 *adj* ideal; **nuestra casa ~** our dream house. **2** *nm* ideal.
idealismo *nm* idealism.
idealista 1 *adj* idealistic. **2** *nmf* idealist.
idealización *nf* idealization.
idealizar [1f] *vt* to idealize.
idear [1a] *vt* (*gen*) to think up; (*inventar*) to invent, devise.
ideario *nm* ideology; **el ~ de la organización** the thinking of the organization.
ideático *adj* (**a**) (*LAm*) eccentric. (**b**) (*CAm: inventivo*) ingenious.
IDEM *nm abr* (*Esp*) *de* **Instituto de los Derechos de la Mujer.**
ídem *pron* ditto, idem.
idéntico *adj* identical.
identidad *nf* (*gen*) identity; (*semejanza*) sameness, similarity; **carnet de ~** identity card; **~ corporativa** (*Com*) corporate identity *o* image.
identificación *nf* identification; **~ errónea** mistaken identity.
identificar [1g] **1** *vt* to identify; **víctima sin ~** unidentified victim. **2 identificarse** *vr* (**a**) to identify o.s. (**b**) **~ con** to identify (o.s.) with.
ideograma *nm* ideogram.
ideología *nf* ideology.
ideológico *adj* ideological.
ideólogo/a *nm/f* ideologue, ideolog *(US)*.
idílico *adj* idyllic.
idilio *nm* idyll; (*amor*) romance, love affair.
idioma *nm* language.
idiomático *adj* idiomatic; **giro ~** idiom, idiomatic expression.
idiosincrasia *nf* idiosyncrasy.
idiota 1 *adj* idiotic, stupid. **2** *nmf* idiot; **¡~!** you idiot!
idiotez *nf* idiocy; **¡eso es una ~!** that's nonsense!
idiotizar [1f] *vt* (**a**) to reduce to a state of idiocy, make an idiot of; (*fig*) to stupefy. (**b**) (*LAm*) **~ a algn** to drive sb crazy.
IDO *nm abr* (*Esp*) *de* **Instituto de Denominaciones de Origen.**
ido *adj* (**a**) (*fam: despistado*) absent-minded; **estar ~** to be miles away. (**b**) (*chiflado*) crazy *(fam)*, nuts *(fam)*; **estar ~ (de la cabeza)** to be crazy, be wild.
idólatra 1 *adj* idolatrous. **2** *nmf* idolator/tress.
idolatrar [1a] *vt* to worship, adore; (*fig*) to idolize.
idolatría *nf* idolatry.
ídolo *nm* idol.
idoneidad *nf* (*gen*) suitability; (*capacidad*) aptitude, ability.
idóneo *adj* suitable, fit, fitting.
IEE *nm abr* (**a**) (*Admin*) *de* **Instituto Español de Emigración.** (**b**) (*Esp Com*) *de* **Instituto de Estudios Económicos.**
IEI *nm abr* (*Esp*) *de* **Instituto de Educación e Investigación.**
IEM *nm abr* (*Esp*) *de* **Instituto de Enseñanza Media.**
iglesia *nf* church; **I~ Católica** Catholic Church; **~ parroquial** parish church; **casarse por la ~** to get married in church; **cumplir con la ~** to fulfil *o (US)* fulfill one's religious obligations; **llevar a algn a la ~** to lead sb to the altar; **¡con la ~ hemos topado!** now we're really up against it!
iglú *nm* igloo.
IGN *nm abr* (*Esp, Honduras*) *de* **Instituto Geográfico Nacional.**
ignición *nf* ignition.

ignifugación *nf* fireproofing.
ignífugo *adj* fireproof, fire-resistant.
ignominia *nf* (**a**) ignominy, disgrace. (**b**) (*acto*) disgraceful act.
ignominioso *adj* ignominious, disgraceful.
ignorado *adj* (*gen*) unknown; (*poco conocido*) obscure, little-known.
ignorancia *nf* ignorance; **por ~** through ignorance.
ignorante 1 *adj* ignorant. **2** *nmf* ignoramus.
ignorar 1a *vt* (**a**) (*desconocer*) not to know, be ignorant *o* unaware of; **lo ignoro en absoluto** I've no idea; **ignoramos su paradero** we don't know his whereabouts. (**b**) (*no tener en cuenta*) to ignore.
ignoto *adj* (*gen*) unknown; (*no descubierto*) undiscovered.
igual 1 *adj* (**a**) (*gen*) equal (*a* to); (*semejante*) alike, similar; **no vi nunca cosa ~** I never saw the like; **1 kilómetro es ~ a 1.000 metros** a kilometre is equal to 1,000 metres; **A es ~ a B** A is like B, A is the same as B; **es ~** it makes no difference, it's all the same; **me es ~** it's all the same to me; **son todos ~es** they're all the same.
(**b**) (*llano*) even, level; (*constante*) uniform, constant; (*invariable*) unchanging; (*liso*) smooth; **ir ~es** (*Dep*) to be level, be even; **quince ~es** (*Tenis*) fifteen all.
(**c**) **~ que** like, the same as; **A, ~ que B, no sabe** A, like B, doesn't know; **A es ~ de bonito que B** A is just as nice as B.
(**d**) **al ~ que** like, just like; **los chilenos, al ~ que los argentinos, estiman que** ... the Chileans, (just) like the Argentines, think that ....
2 *adv* (**a**) (*Esp fam: a lo mejor*) maybe; **~ no lo saben** maybe they don't know.
(**b**) (*CSur fam: a pesar de todo*) just the same, still, in spite of everything; **era inocente pero me expulsaron ~** I was innocent but they threw me out just the same.
3 *nmf* equal; **al** *o* **por ~** equally, on an equal basis; **sin ~** peerless; **ser el ~ de** to be a match for; **no tener ~** to be unrivalled; **tratar a algn de ~ a ~** to treat sb as an equal.
4 *nm* (*Mat*) equals sign.
iguala *nf* (*Com*) agreement; (*cuota*) agreed fee.
igualación *nf* (*gen*) equalization; (*nivelación*) evening up, levelling, leveling (*US*); (*Mat*) equating.
igualada *nf* (*Dep*) equalizer; (*igualdad de puntos*) level score.
igualado *adj* (**a**) (*en carrera, competición*) level. (**b**) (*CAm, Méx: fam*) disrespectful (to superiors).
igualar 1a **1** *vt* (**a**) (*hacer igual*) to equalize, make equal; (*Mat*) to equate (*a* to); (*fig*) to compare, match (*a* with); **~ el marcador** (*Dep*) to level the score. (**b**) (*allanar*) to level (off *o* up), even out; (*alisar*) to smooth; (*fig*) to even out, adjust. (**c**) (*Com*) to agree upon. **2** *vi*, **igualarse** *vr* (**a**) to be equal; **~ a** *o* **con** to equal, be equal to, be the equal of. (**b**) (*Dep*) to equalize. (**c**) (*Com*) to come to an agreement.
igualatorio *nm* (*Med*) insurance group.
igualdad *nf* (**a**) (*gen*) equality; (*semejanza*) sameness; **~ de derechos/oportunidades** equal rights/opportunities; **en ~ de condiciones** on an equal basis. (**b**) (*de superficie*) evenness, levelness; (*de forma*) uniformity.
igualitario *adj* egalitarian.
igualito *adj* (*diminutivo de* **igual**) exactly the same, identical; **los dos son ~s** they're the spitting image of each other.
igualmente *adv* (**a**) (*gen*) equally. (**b**) (*también*) likewise, also. (**c**) (*saludo*) the same to you.
iguana *nf* iguana.
IHS *abr de* **Jesús** IHS.
III *nm abr* (*Méx*) *de* **Instituto Indigenista Interamericano**.
ijada *nf*, **ijar** *nm* (*Zool*) flank; (*Anat*) loin.
ikastola *nf* Basque language school.
ikurriña *nf* Basque national flag.
ilación *nf* (*gen*) inference; (*nexo*) connection.
ILARI *nm abr de* **Instituto Latinoamericano de Relaciones Internacionales**.
ilativo *adj* inferential; (*Ling*) illative.
ilegal *adj* illegal, unlawful.
ilegalidad *nf* illegality, unlawfulness; **trabajar en la ~** to work illegally.
ilegalización *nf* outlawing, banning.
ilegalizar 1f *vt* to outlaw, declare illegal, ban.
ilegalmente *adv* illegally, unlawfully.
ilegible *adj* illegible.
ilegitimidad *nf* illegitimacy.
ilegítimo *adj* (**a**) (*gen*) illegitimate; (*ilegal*) unlawful. (**b**) (*fig*) false, spurious.
ileso *adj* (*sin daños*) unhurt, unharmed; (*sin tocar*) untouched; **salió ~** he got out unscathed.
iletrado *adj* uncultured, illiterate.
ilicitano/a 1 *adj* of *o* from Elche. **2** *nm/f* native *o* inhabitant of Elche.
ilícito *adj* illicit, illegal, unlawful.
ilimitado *adj* unlimited, limitless.
Ilmo/a. *abr de* **Ilustrísimo/a.** *courtesy title.*
ilocalizable *adj* that cannot be found; **ayer X seguía ~** X was still unavailable yesterday.
ilógico *adj* illogical.
ILPES *nm abr de* **Instituto Latinoamericano de Planificación Económica y Social**.
iluminación *nf* (**a**) (*gen*) illumination, lighting; (*en estadio etc*) flood lighting; **~ indirecta** indirect lighting. (**b**) (*fig*) enlightenment.
iluminado/a 1 *adj* illuminated, lighted, lit; (*fig*) enlightened. **2** *nm/f* visionary.
iluminar 1a *vt* (**a**) to illuminate, light (up); (*estadio etc*) to floodlight. (**b**) (*fig*) to enlighten.
ilusión *nf* (**a**) (*gen*) illusion; (*delirio*) delusion; **~ óptica** optical illusion.
(**b**) (*fig*) unfounded hope, piece of wishful thinking; **con ~** hopefully; **su ~ era comprarlo** her dream was to buy it; **forjarse** *o* **hacerse ~es** to build up (false) hopes; **no te hagas ~es** don't get any false ideas; **no me hago muchas ~es de que** ... I am not very hopeful that ...; **poner su ~ en algo** to pin one's hopes on sth.
(**c**) (*emoción*) excitement, thrill; (*entusiasmo*) eagerness; **¡qué ~!** how exciting!; **trabajar con ~** to work with a will; **el viaje me hace mucha ~** I am so looking forward to the trip; **tu carta me hizo mucha ~** I was thrilled to get your letter.
ilusionado *adj* (*gen*) hopeful; (*entusiasmado*) excited, eager; **estaba ~ con ir a Francia** he was looking forward to going to France.
ilusionar 1a **1** *vt* (**a**) (*falsamente*) to give grounds for false hopes to. (**b**) (*entusiasmar*) to excite, thrill; **me ilusiona el viaje** I'm really excited about the journey. **2** **ilusionarse** *vr* (**a**) (*falsamente*) to get carried away; **no te ilusiones** don't get any false ideas. (**b**) (*entusiasmarse*) to be excited, be thrilled.
ilusionismo *nm* conjuring.
ilusionista *nmf* conjurer, illusionist (*US*).
iluso/a 1 *adj* (*gen*) gullible; (*engañado*) deluded. **2** *nm/f* dreamer, visionary; **¡~!** you're hopeful!
ilusorio *adj* (*gen*) illusory, unreal; (*sin valor*) empty; (*sin efecto*) ineffectual.
ilustración *nf* (**a**) (*gen*) illustration. (**b**) (*Tip*) picture, drawing. (**c**) (*fig*) learning, erudition; **la I~** the Enlightenment.
ilustrado *adj* (**a**) (*gen*) illustrated. (**b**) (*culto*) learned, erudite; (*fig*) enlightened.
ilustrador(a) 1 *adj* illustrative; (*instructivo*) enlightening. **2** *nm/f* illustrator.
ilustrar 1a **1** *vt* (**a**) (*gen*) to illustrate. (**b**) (*elucidar*) to explain, make clear. (**c**) (*instruir*) to instruct, enlighten. **2** **ilustrarse** *vr* to acquire knowledge.
ilustrativo *adj* illustrative.
ilustre *adj* illustrious, famous.
ilustrísimo *adj* most illustrious; **Su I~a** (*arzobispo*) His

Grace; (*lord: Brit*) His Lordship; **Vuestra I~a** Your Grace; Your Lordship.

IM *nm abr de* **Instituto de la Mujer** WI.

IMAC *nm abr de* **Instituto de Mediación, Arbitraje y Conciliación** ≈ ACAS.

imagen *nf* (**a**) (*gen*) image; (*semejanza*) likeness; **ser la viva ~ de** to be the spitting (*fam*) *o* living image of; **a su ~ (y semejanza)** in one's own image (and likeness). (**b**) (*Rel*) image, statue. (**c**) (*TV*) picture; (*Fot*) frame; **~ fantasma** ghost image. (**d**) (*Lit*) image; **imágenes** imagery. (**e**) (*apariencia*) image; **cuidar su ~** to care for one's appearance; (*fig*) to protect one's image.

imaginable *adj* imaginable, conceivable.

imaginación *nf* (*gen*) imagination; (*fig*) fancy; **ni por ~** on no account; **no se me pasó por la ~ que ...** it never even occurred to me that ...; **son ~es tuyas** you're imagining things.

imaginar [1a] **1** *vt* (*gen*) to imagine; (*visualizar*) to visualize; (*concebir*) to think up, invent. **2** *vi* **imaginarse** *vr* to imagine, fancy; **¡imagínate!** just imagine!, just fancy!; **imagínese que** suppose that, imagine that; **me imagino que** I suppose that; **sí, me imagino** yes, I can imagine; **me imagino que sí** I should think so.

imaginaria *nf* (*Mil*) reserve *o* nightguard.

imaginario *adj* imaginary, unreal.

imaginativa *nf* (*gen*) imagination, imaginativeness; (*sentido común*) common sense.

imaginativo *adj* imaginative.

imaginería *nf* (*Ecl*) images, statues.

imam, imán¹ *nm* (*Rel*) imam.

imán² *nm* magnet; **~ de herradura** horseshoe magnet.

iman(t)ación *nf* magnetization.

iman(t)ar [1a] *vt* to magnetize.

imbatible *adj* unbeatable.

imbatido *adj* unbeaten.

imbécil 1 *adj* (**a**) (*Med*) imbecile. (**b**) (*fig*) silly, stupid. **2** *nmf* (**a**) (*Med*) imbecile. (**b**) (*fig*) imbecile, idiot; **¡~!** you idiot!

imbecilidad *nf* (**a**) (*Med*) imbecility. (**b**) (*fig*) stupidity, idiocy; **decir ~es** to say silly things.

imberbe *adj* beardless.

imbombera *nf* (*Ven Med*) pernicious anaemia *o* (*US*) anemia.

imbornal *nm* (*Náut*) scupper; (*Arquit*) gutter.

imborrable *adj* (*gen*) indelible; (*recuerdo etc*) unforgettable.

imbricación *nf* (*Cos*) overlapping; (*fig*) interweaving, interdependence.

imbricar [1g] *vt*, **imbricarse** *vr* to overlap.

imbuir [3g] *vt* to imbue, infuse (*de, en* with).

imbunchar [1a] *vt* (*Chi: encantar*) to bewitch.

IMCE *nm abr de* **Instituto Mejicano de Comercio Exterior**.

IMEC *nf abr de* **Instrucción Militar de la Escala de Complemento**.

imitable *adj* imitable.

imitación *nf* (**a**) (*gen*) imitation; (*parodia*) mimicry; **a ~ de** in imitation of; **desconfíe de las ~es** (*Com*) beware of copies *o* imitations. (**b**) **de ~** imitation *atr*; **joyas de ~** imitation jewellery *o* (*US*) jewelry. (**c**) (*Teat*) imitation, impersonation.

imitador(a) 1 *adj* imitative. **2** *nm/f* imitator, follower; (*Teat*) mimic, impersonator.

imitar [1a] *vt* (**a**) (*gen*) to imitate; (*Teat etc*) to mimic, ape; (*copiar*) to follow. (**b**) (*falsificar*) to forge, counterfeit.

imitativo *adj* imitative.

impaciencia *nf* impatience.

impacientar [1a] **1** *vt* to make impatient; (*enfadar*) to irritate, exasperate. **2 impacientarse** *vr* to get impatient (*ante, por* about, at; *con* with) lose patience; (*agitarse*) to get worked up; (*inquietarse*) to fret.

impaciente *adj* impatient; (*inquieto*) anxious, fretful; **~ por empezar** impatient to start, keen to get going; **¡estoy ~!** I can't wait (*por* + *infin* to + *infin*).

impacientemente *adv* (*V adj*) impatiently; anxiously; fretfully.

impactar [1a] **1** *vt* (*impresionar*) to impress, have an impact on. **2** *vi*: **~ en** to affect, have an effect on, influence.

impacto *nm* (**a**) (*gen*) impact; (*Mil*) hit, shock; **~ político** political impact. (**b**) (*señal*) **~ de bala** bullet hole. (**c**) (*impresión*) impact, impression; (*esp LAm*) shock.

impagable *adj* unpayable; (*fig*) priceless, inestimable.

impagado *adj* unpaid, still to be paid.

impago 1 *adj* (*CSur*) unpaid, still to be paid. **2** *nm* non-payment.

impalpable *adj* impalpable.

impar 1 *adj* (*Mat*) odd; (*fig*) unique; **los números ~es** the odd numbers. **2** *nm* odd number.

imparable *adj* unstoppable.

imparcial *adj* impartial, fair.

imparcialidad *nf* impartiality, fairness.

imparcialmente *adv* impartially, fairly.

impartible *adj* indivisible.

impartir [3a] *vt* to impart, give.

impasible *adj* impassive, unmoved.

impavidez *nf* (*gen*) intrepidity, dauntlessness.

impávido *adj* (**a**) (*gen*) intrepid, dauntless. (**b**) (*LAm*) cheeky.

IMPE *nm abr* (*Esp*) *de* **Instituto de la Mediana y Pequeña Empresa**.

impecable *adj* impeccable, faultless.

impedido *adj* crippled, disabled.

impedimenta *nf* (*Mil*) impedimenta.

impedimento *nm* (**a**) (*gen*) impediment, hindrance. (**b**) (*Med*) disability.

impedir [3k] *vt* (**a**) (*bloquear*) to impede, obstruct; **~ el paso** to block the way. (**b**) (*parar*) to stop, prevent; (*frustrar*) to thwart, hinder; **~ algo a algn** to keep sb from doing sth; **~ a algn hacer algo, ~ que algn haga algo** to stop sb doing sth, prevent sb (from) doing sth; **me veo impedido para ayudar** I find it impossible to help.

impeler [2a] *vt* (**a**) (*Mec*) to drive, propel. (**b**) (*fig*) to urge; **~ a algn a hacer algo** to drive *o* urge sb to do sth; **impelido por la necesidad** driven by need.

impenetrabilidad *nf* impenetrability.

impenetrable *adj* (*gen*) impenetrable; (*impermeable*) impervious; (*fig*) obscure, incomprehensible.

impenitencia *nf* impenitence.

impenitente *adj* unrepentant.

impensable *adj* unthinkable.

impensado *adj* (**a**) (*imprevisto*) unexpected, unforeseen. (**b**) (*casual*) random, chance *atr*.

impepinable *adj* (*fam*) certain, inevitable.

imperante *adj* ruling, prevailing.

imperar [1a] *vi* (**a**) (*reinar*) to rule, reign. (**b**) (*fig*) to reign, prevail; (*precio etc*) to be in force, be current.

imperativo 1 *adj* (**a**) (*gen*) imperative. (**b**) (*tono etc*) imperious, commanding. **2** *nm* (**a**) (*necesidad etc*) imperative; **~ categórico** moral imperative. (**b**) (*Ling*) imperative (mood).

imperceptible *adj* imperceptible, undiscernible.

imperceptiblemente *adv* imperceptibly.

imperdible *nm* safety pin.

imperdonable *adj* unforgivable, inexcusable.

imperecedero *adj* imperishable; (*fig*) undying.

imperfección *nf* (*gen*) imperfection; (*falla*) flaw, fault, blemish.

imperfecto 1 *adj* (**a**) (*Com*) imperfect, faulty. (**b**) (*tarea*) unfinished, incomplete. (**c**) (*Ling*) imperfect. **2** *nm* (*Ling*) imperfect (tense).

imperial 1 *adj* imperial. **2** *nf* (*en autobús*) top *o* upper deck.

imperialismo *nm* imperialism.

imperialista 1 *adj* imperialist(ic). **2** *nmf* imperialist.

impericia *nf* (*torpeza*) unskilfulness, unskillfulness

(*US*); (*inexperiencia*) inexperience; **a prueba de ~** foolproof.

imperio *nm* (**a**) empire; **I~ Español** Spanish Empire; **vale un ~, vale siete ~s** it's worth a fortune. (**b**) (*autoridad*) rule, authority.

imperioso *adj* (**a**) (*porte, tono etc*) imperious. (**b**) (*urgente*) urgent; **necesidad ~a** absolute necessity, pressing need.

impermeabilidad *nf* impermeability, imperviousness.

impermeabilizar [1f] *vt* to waterproof, make watertight.

impermeable 1 *adj* (*gen*) impermeable, impervious (*a* to); (*agua*) waterproof. **2** *nm* raincoat, mac (*fam*).

impersonal *adj* impersonal.

impersonalidad *nf* impersonality.

impertérrito *adj* (*gen*) unafraid; (*impávido*) unshaken, undaunted.

impertinencia *nf* (*insolencia*) impertinence; **~s** impertinent remarks.

impertinente 1 *adj* (*insolente*) impertinent. **2** *nmpl*: **~s** lorgnette.

imperturbable *adj* (*gen*) imperturbable; (*sereno*) unruffled, unflappable; (*impasible*) impassive.

impétigo *nm* impetigo.

ímpetu *nm* (**a**) (*gen*) impetus, impulse; (*Mec*) momentum. (**b**) (*acometida*) rush, onrush. (**c**) (*impetuosidad*) impetuosity.

impetuosidad *nf* (*gen*) impetuousness, impulsiveness; (*violencia*) violence.

impetuoso *adj* (*gen*) impetuous, impulsive; (*voluntarioso*) headstrong; (*corriente etc*) rushing, violent; (*acto*) hasty, impetuous.

impiedad *nf* (*Rel*) impiety, ungodliness; (*crueldad*) cruelty, pitilessness.

impío *adj* (*Rel*) impious, ungodly; (*cruel*) cruel, pitiless.

implacable *adj* implacable, relentless.

implantación *nf* (*gen*) implantation; (*de costumbre*) introduction.

implantar [1a] *vt* (*gen*) to implant; (*costumbre etc*) to introduce.

implementar [1a] *vt* to implement.

implemento *nm* (*herramienta*) implement, tool.

implicación *nf* (**a**) (*complicidad*) involvement, complicity. (**b**) (*significado*) implication.

implicar [1g] *vt* (**a**) (*involucrar*) to implicate, involve; **las partes implicadas** the parties concerned. (**b**) (*significar*) to imply; **esto no implica que ...** this does not mean that ....

implícitamente *adv* implicitly.

implícito *adj* implicit, implied.

imploración *nf* supplication, entreaty.

implorar [1a] *vt* to implore, beg.

impoluto *adj* unpolluted, pure.

imponderable 1 *adj* imponderable. **2** *nm*: **~s** imponderables.

imponencia *nf* (*LAm*) impressiveness.

imponente *adj* (*impresionante*) imposing, impressive; (*maravilloso*) terrific, great.

imponer [2q] (*pp* **impuesto**) **1** *vt* (**a**) (*gen*) to impose; (*carga*) to lay, thrust (*a* upon); (*tarea*) to set; (*impuesto*) to put, impose (*a, sobre* on).

(**b**) (*obediencia etc*) to exact (*a* from), demand (*a* from); (*respeto*) to command (*a* from); (*miedo*) to inspire (*a* in).

(**c**) (*informar*) to inform (*de* of).

(**d**) (*Com, Fin*) to deposit.

2 *vi* (*edificio*) to be impressive; (*persona*) to inspire respect.

3 imponerse *vr* (**a**) **~ un deber** to assume a duty, take on a duty.

(**b**) (*hacerse obedecer*) to assert o.s., get one's way; **~ a** to dominate, impose one's authority on.

(**c**) (*prevalecer*) to prevail (*a* over); (*costumbre*) to grow up; **se impondrá el buen sentido** good sense will prevail.

(**d**) (*ser necesario*) to be necessary; **la conclusión se impone** the conclusion is inescapable.

(**e**) (*ganar: equipo*) to get on top.

(**f**) (*instruirse*) **~ de** to acquaint o.s. with.

imponible *adj* (*Fin*) taxable, subject to tax; (*importación*) dutiable, subject to duty; **no ~** tax-free, tax-exempt (*US*).

impopular *adj* unpopular.

impopularidad *nf* unpopularity.

importación *nf* (**a**) (*acto*) importation, importing; **artículo de ~** imported article; **comercio de ~** import trade. (**b**) (*importaciones*) imports.

importador(a) 1 *adj* importing. **2** *nm/f* importer.

importancia *nf* (*gen*) importance; (*peso*) significance, weight; (*valor*) size, magnitude; **de cierta ~** of some importance; **sin ~** insignificant, minor; **carecer de ~** to be unimportant; **conceder** *o* **dar mucha ~ a** to attach great importance to, put the emphasis on; **no dar ~ a** to consider unimportant; (*fig*) to make light of; **darse ~** to give o.s. airs; **quitar** *o* **restar a ~** to play down; **no tiene ~** it's nothing, it's not important.

importante *adj* (**a**) (*gen*) important; (*trascendental*) significant, momentous; **lo (más) ~ es** the main thing is; **poco ~** unimportant. (**b**) (*cantidad etc*) considerable, sizeable; (*lesión, retraso*) serious.

importar[1] [1a] *vt* (*Com*) to import (*a* into; *de* from).

importar[2] [1a] **1** *vt* (*Fin*) to amount to; (*valer*) to cost, be worth.

2 *vi* to be important, matter; **~ a** to concern; **no importa** it doesn't matter; **¡no importa!** never mind!; **¿qué importa?** what difference does it make?; **y a ti ¿qué te importa?** and what business is it of yours?; **no le importa** he doesn't care, it doesn't bother him; **lo que importa es ...** what matters is ..., the main thing is ...; **(no) me importa un bledo** *o* **rábano** I couldn't care less (*de* about); **¿te importa** *o* **importaría prestármelo?** would you mind lending it to me?; **no me importa esperar** I don't mind waiting; **'no importa precio'** 'cost no object'; **lo comprará a no importa qué precio** he'll buy it at any price.

importe *nm* value, cost; **~ total** final *o* grand total; **hasta el ~ de** up to the amount of; **el ~ de esta factura** the amount of this bill.

importunación *nf* pestering.

importunar [1a] *vt* to bother, pester.

importunidad *nf* (*acción*) pestering; (*efecto*) annoyance.

importuno *adj* (**a**) (*fastidioso*) troublesome, annoying. (**b**) (*inoportuno*) inopportune, illtimed.

imposibilidad *nf* (**a**) impossibility. (**b**) **mi ~ para hacer algo** my inability to do sth.

imposibilitado *adj* (**a**) (*Med*) disabled, crippled; (*Fin*) helpless, without means. (**b**) **estar** *o* **verse ~ para hacer algo** to be unable to do sth, be prevented from doing sth.

imposibilitar [1a] *vt* (**a**) (*Med*) to disable; (*incapacitar*) to make unfit, incapacitate; **la lesión le imposibilitó participar en la carrera** the injury ruled him out of the race. (**b**) (*impedir*) to make impossible, prevent.

imposible *adj* (**a**) (*gen*) impossible; (*inaguantable*) intolerable, unbearable; **es ~** it's out of the question; **es ~ de predecir** it's impossible to forecast; **hacer lo ~** to do one's utmost (*por hacer algo* to do sth). (**b**) (*difícil*) difficult, awkward.

imposición *nf* (**a**) (*gen*) imposition. (**b**) (*Com, Fin*) tax. (**c**) (*Fin*) deposit; **efectuar una ~** to make a deposit. (**d**) (*Rel*) **~ de manos** laying on of hands.

impositivo *adj* (*Fin*) tax *atr*; **sistema ~** taxation, tax system.

impositor(a) *nm/f* (*Fin*) depositor.

impostor(a) *nm/f* (**a**) (*charlatán*) impostor, fraud. (**b**)

(*calumniador*) slanderer.
impostura *nf* (**a**) (*gen*) imposture, fraud. (**b**) (*calumnia*) slur, slander.
impotencia *nf* (**a**) (*gen*) impotence, powerlessness, helplessness. (**b**) (*Med, fig*) impotence.
impotente *adj* (**a**) (*gen*) impotent, powerless, helpless. (**b**) (*Med, fig*) impotent.
impracticable *adj* (**a**) (*gen*) impracticable, unworkable. (**b**) (*carretera*) impassable.
imprecación *nf* imprecation, curse.
imprecar [1g] *vt* to curse.
imprecisión *nf* lack of precision, vagueness.
impreciso *adj* imprecise, vague.
impredecible *adj*, **impredictible** *adj* (*LAm*) unpredictable.
impregnación *nf* impregnation.
impregnar [1a] *vt* (*gen*) to impregnate; (*saturar*) to saturate (*de* with); (*fig*) to pervade.
impremeditado *adj* unpremeditated.
imprenta *nf* (**a**) (*arte*) printing; **dar a la** ~ to send for printing. (**b**) (*aparato*) press; (*taller*) printer's.
imprescindible *adj* essential, indispensable; **cosas ~s** essentials; **es ~ que ...** it is imperative that ...; **lo más ~** the essentials.
impresentable *adj* unpresentable; (*acto*) disgraceful; (*persona*) disreputable; **Juan es ~** you can't take John anywhere.
impresión *nf* (**a**) (*gen*) impression; (*huella*) imprint; **~ digital** fingerprint.
(**b**) (*Tip: gen*) printing; (*: una ~*) print-run; (*: letra*) print; (*: tirada*) edition, issue; **quinta ~** fifth impression; **una ~ de 5.000 ejemplares** an edition of 5,000 copies; **~ en color(es)** colour *o* (*US*) color printing.
(**c**) (*Fot*) print.
(**d**) (*Inform*) printout.
(**e**) (*fig*) impression; **cambiar ~es** to compare notes; **da la ~ de hacer algo** it gives the impression of doing sth; **me da la ~ de que ...** I have the feeling that ...; **causar** *o* **hacer buena ~** to make a good impression, impress; **su muerte me causó una gran ~** her death was a great shock to me; **¿qué ~ te produjo?** how did it impress you?, what impression did it make on you?; **tener la ~ de que ...** to have the impression that ....
impresionable *adj* impressionable.
impresionado *adj* (**a**) (*gen*) impressed. (**b**) (*Fot*) exposed.
impresionante *adj* (*gen*) impressive; (*maravilloso*) great, marvellous, marvelous (*US*); (*espectáculo*) striking; (*conmovedor*) moving, affecting.
impresionar [1a] **1** *vt* (**a**) (*disco*) to cut; (*Fot*) to expose; **película sin ~** unexposed film. (**b**) (*causar impresión a*) to impress, strike; (*conmover*) to move, affect; **la noticia de su muerte me impresionó mucho** the news of his death had a profound effect on me. **2** *vi* (*causar impresión*) to make an impression; **lo hace sólo para ~** he does it just to impress. **3 impresionarse** *vr* to be impressed; (*conmoverse*) to be moved, be affected.
impresionismo *nm* impressionism.
impresionista **1** *adj* impressionist(ic). **2** *nmf* impressionist.
impreso **1** *pp de* **imprimir**. **2** *adj* printed. **3** *nm* (**a**) printed work. (**b**) (*formulario*) form; **~ de solicitud** application form. (**c**) **~s** printed matter *sg*.
impresor(a[1]) *nm/f* printer.
impresora[2] *nf* (*Inform*) printer; **~ (por) láser** laser printer; **~ de línea** line-printer; **~ de margarita** daisywheel printer; **~ por chorro de tinta por burbuja** ink-jet printer; **~ matricial, ~ de matriz de puntos** dot-matrix printer.
imprevisible *adj* (*gen*) unforeseeable; (*individuo*) unpredictable.
imprevisión *nf* (*gen*) short-sightedness; (*irreflexión*) thoughtlessness.
imprevisto **1** *adj* unforeseen, unexpected. **2** *nm* (*suceso*) contingecy; **~s** incidentals, unforeseen expenses; **si no surgen ~s** if nothing unexpected occurs.
imprimar [1a] *vt* (*Arte*) to prime.
imprimátur *nm* (*tb fig*) imprimatur.
imprimir [3a] (*pp* **impreso**) *vt* (**a**) (*gen*) to imprint, impress, stamp (*en* on). (**b**) (*Tip*) to print; (*Inform*) to output, print out. (**c**) (*fig*) **quedó impreso en su memoria** it was lodged firmly in his mind.
improbabilidad *nf* improbability, unlikelihood.
improbable *adj* improbable, unlikely.
improbidad *nf* dishonesty.
ímprobo *adj* (**a**) (*poco honrado*) dishonest, corrupt. (**b**) (*tarea*) arduous, thankless, tough; (*esfuerzo etc*) tremendous, awful, strenuous.
improcedencia *nf* (*V adj*) unsuitability, inappropriateness; unseemliness; inadmissibility.
improcedente *adj* (**a**) (*inadecuado*) unsuitable, inappropriate; (*indecoroso*) unseemly. (**b**) (*Jur*) inadmissible; **despido ~** unfair dismissal.
improductivo *adj* unproductive.
impronta *nf* (*de relieve*) rubbing; (*de hueco*) cast, mould, mold (*US*); (*fig*) stamp, mark.
impronunciable *adj* unpronounceable.
improperio *nm* insult, taunt; **soltar ~s** to curse.
impropiedad *nf* (**a**) (*inadecuación*) inappropriateness, unsuitability. (**b**) (*de estilo, palabras*) impropriety.
impropio *adj* (*gen*) improper; (*inadecuado*) inappropriate, unsuitable; **~ de** foreign to.
improvisación *nf* (*gen*) improvisation; (*Mús*) extemporization, impromptu; (*Teat etc*) ad-lib.
improvisadamente *adv* (*de repente*) unexpectedly, suddenly; (*sin preparación*) at the drop of a hat.
improvisado *adj* (*gen*) improvised; (*reparación*) makeshift; (*Mús etc*) extempore, impromptu.
improvisar [1a] *vt* (*gen*) to improvise; (*Mús etc*) to extemporize; (*Teat etc*) to ad-lib; (*Culin: comida*) to rustle up (*fam*).
improviso *adj*: **de ~** unexpectedly, suddenly; (*dicho*) off the cuff; (*hecho*) on the spur of the moment; **coger** *o* **pillar de ~** to catch unawares; **tocar de ~** to play impromptu.
imprudencia *nf* (**a**) (*gen*) imprudence, rashness; (*indiscreción*) indiscretion; (*descuido*) carelessness. (**b**) (*acción*) **fue una ~ de conductor** it was the driver's carelessness; **~ temeraria** criminal negligence; **ser acusado de conducir con ~ temeraria** to be charged with dangerous driving.
imprudente *adj* (*gen*) imprudent, rash; (*indiscreto*) indiscreet; (*conductor*) careless.
Impte *abr de* **Importe** amt.
impúber *adj* not having reached puberty, immature.
impublicable *adj* unprintable.
impudicia *nf* immodesty, shamelessness; (*obscenidad*) lewdness.
impúdico *adj* immodest, shameless; (*obsceno*) lewd.
impudor *nm* = **impudicia**.
impuesto **1** *pp de* **imponer**; **estar ~ en** to be well versed in.
2 *nm* (*gen*) tax; (*derecho*) duty, levy (*sobre* on); **~s** taxes, taxation; **sujeto a ~** taxable, dutiable; **~ sobre los bienes heredados** estate duty; **~ sobre el capital** capital levy; **~ directo** direct tax; **~ de lujo** luxury tax; **~ de plusvalía** capital gains tax; **~ sobre la propiedad** rate (*US*), property tax (*Brit*); **~ revolucionario** protection money paid to terrorists; **~ sobre la riqueza** wealth tax; **~ sobre sociedades** corporation tax; **~ sobre la renta** income tax; **~ de transferencia de capital** capital transfer tax; **I~ sobre (el) Valor Añadido** *o* (*LAm*) **Agregado (IVA)** Value Added Tax (VAT); **~ de venta** sales *o* purchase tax; **anterior al ~** pre-tax.
impugnar [1a] *vt* (*decisión, fallo*) to contest, challenge; (*teoría*) to refute.

impulsador *nm* (*Aer*) booster.
impulsar 1a *vt* (**a**) (*Mec*) to drive, propel. (**b**) (*fig*) to drive, impel; **impulsado por el miedo** driven on by fear. (**c**) (*promover*) to promote, stimulate.
impulsión *nf* impulsion; (*Mec*) propulsion, drive.
impulsividad *nf* impulsiveness.
impulsivo *adj* impulsive.
impulso *nm* (**a**) (*gen*) impulse; (*Mec*) drive, thrust; (*empuje*) impetus, momentum; **coger** *o* **tomar** ~ (*Dep*) to take a run up. (**b**) (*fig*) impulse, urge; **un ~ repentino** a sudden impulse. (**c**) (*estímulo*) stimulus, boost.
impune *adj* unpunished.
impunemente *adv* with impunity.
impunidad *nf* impunity.
impureza *nf* (**a**) (*gen*) impurity. (**b**) (*fig*) unchastity, lewdness.
impuro *adj* (**a**) (*gen*) impure. (**b**) (*fig*) unchaste, lewd.
imputación *nf* imputation.
imputar 1a *vt*: ~ **a** to impute to, attribute to; **los hechos que se les imputan** the acts with which they are charged.
inabordable *adj* unapproachable.
inacabable *adj* endless, interminable.
inacabado *adj* unfinished.
inaccesibilidad *nf* inaccessibility.
inaccesible *adj* (*gen*) inaccessible; (*fig: precio*) beyond one's reach (*fam*), prohibitive; (*individuo*) aloof.
inacción *nf* (*gen*) inaction; (*ociosidad*) inactivity, idleness.
inacentuado *adj* unaccented, unstressed.
inaceptable *adj* unacceptable.
inactividad *nf* (*gen*) inactivity; (*pereza*) laziness, idleness; (*Com, Fin*) dullness.
inactivo *adj* (*gen*) inactive; (*perezoso*) lazy, idle; (*Com, Fin*) dull; (*población*) non-working.
inadaptable *adj* unadaptable.
inadaptación *nf* (*gen*) maladjustment; (*Med*) rejection.
inadaptado/a 1 *adj* maladjusted. **2** *nm/f* misfit.
inadecuación *nf* (*gen*) inadequacy; (*impropiedad*) unsuitability, inappropriateness.
inadecuado *adj* (*gen*) inadequate; (*inapto*) unsuitable, inappropriate.
inadmisibilidad *nf* inadmissibility.
inadmisible *adj* inadmissible.
inadvertencia *nf* inadvertence; **por** ~ inadvertently.
inadvertido *adj* (**a**) (*despistado*) unobservant, inattentive; (*descuidado*) careless. (**b**) (*sin observar*) unnoticed, unobserved; **pasar** ~ to escape notice, slip by.
inagotable *adj* inexhaustible.
inaguantable *adj* intolerable, unbearable.
inajenable *adj* (*Jur*) inalienable; (*billete*) not transferable.
inalámbrico *adj* wireless.
in albis *adv*: **quedarse** ~ to be left in the dark.
inalcanzable *adj* unattainable.
inalienable *adj* inalienable.
inalterable *adj* (*gen*) unchanging; (*color*) permanent, fast; (*cara*) impassive.
inalterado *adj* unchanged, unaltered.
inamovible *adj* fixed, immovable; (*Téc*) undetachable.
inanición *nf* starvation; (*Med*) inanition; **morir de** ~ to die of starvation.
inanidad *nf* inanity.
inanimado *adj* inanimate.
inánime *adj* lifeless.
INAP *nm abr* (*Esp*) *de* **Instituto Nacional de la Administración Pública**.
inapelable *adj* (*Jur*) unappealable; (*fig*) irremediable; **las decisiones de los jueces serán ~s** the judges' decisions will be final.
inapetencia *nf* lack of appetite.
inapetente *adj*: **estar** ~ to have no appetite, not to be hungry.
inaplicable *adj* not applicable.
inaplicado *adj* slack, lazy.
inapreciable *adj* (**a**) (*diferencia etc*) imperceptible. (**b**) (*de valor*) invaluable.
inaprehensible *adj* indefinite, hard to pin down.
inaptitud *nf* unsuitability.
inapto *adj* unsuited (*para* to).
inarmónico *adj* unharmonious; (*fig*) cacophonous.
inarrugable *adj* crease-resistant.
inarticulado *adj* inarticulate.
inasequible *adj* (*gen*) unattainable, out of reach; (*indisponible*) unobtainable.
inasistencia *nf* absence.
inastillable *adj* shatterproof.
inatacable *adj* unassailable.
inatención *nf* inattention.
inatento *adj* inattentive.
inaudible *adj* inaudible.
inaudito *adj* (*gen*) unheard-of; (*sin precedente*) unprecedented; (*increíble*) outrageous.
inauguración *nf* (*gen*) inauguration; (*Teat etc*) opening; ~ **privada** (*Arte*) private view.
inaugural *adj* (*gen*) inaugural; (*Teat etc*) opening; (*viaje etc*) maiden *atr*.
inaugurar 1a *vt* (*gen*) to inaugurate; (*exposición etc*) to open (formally); (*estatua*) to unveil.
INB *nm abr* (*Esp Escol*) *de* **Instituto Nacional de Bachillerato** ≈ comprehensive school (*Brit*), ≈ high school (*US*).
I.N.B.A. *abr* (*Méx*) *de* **Instituto Nacional de Bellas Artes**.
INBAD *nm* (*Esp abr*) *de* **Instituto Nacional de Bachillerato a Distancia**.
INC *nm abr* (**a**) (*Esp*) *de* **Instituto Nacional de Colonización**. (**b**) (*Esp Com*) *de* **Instituto Nacional de Consumo**.
inca *nmf* Inca.
incaico *adj* Inca *atr*.
incalculable *adj* incalculable.
incalificable *adj* indescribable, unspeakable.
incanato *nm* (*Per: época*) Inca period; (*: reinado*) reign of an Inca.
incandescencia *nf* incandescence.
incandescente *adj* incandescent; (*fam*) white hot.
incansable *adj* tireless, untiring.
incansablemente *adv* tirelessly, untiringly.
incapacidad *nf* (*gen*) incapability; (*inaptitud*) unsuitability (*para* for); (*incompetencia*) inadequacy, incompetence; **su ~ para hacer algo** his inability to do sth.
incapacitado *adj* (*descalificado*) disqualified; (*inadecuado*) unfitted (*para* for); (*inválido*) handicapped, disabled.
incapacitar 1a *vt* (*gen*) to incapacitate, handicap (*para* for); (*Jur*) to disqualify (*para* for).
incapaz *adj* (*gen*) incapable (*de* of); (*inadecuado*) unfit, inadequate; (*Jur*) incompetent; ~ **de hacer algo** unable to do sth; **yo sería ~ de hacerlo** I couldn't do it.
incario *nm* (*Per*) Inca period.
incásico *adj* (*LAm*) Inca *atr*.
incautación *nf* seizure, confiscation.
incautarse 1a *vr*: ~ **de** (*Jur*) to seize, confiscate, impound; (*intervenir*) to take possession of.
incauto *adj* unwary, incautious.
incendiar 1b **1** *vt* to set on fire, set fire to, set alight; (*fig*) to kindle, inflame. **2 incendiarse** *vr* to catch fire.
incendiario/a 1 *adj* (**a**) incendiary; **bomba ~a** incendiary (device). (**b**) (*fig*) inflammatory. **2** *nm/f* fire-raiser, pyromaniac.
incendio *nm* fire, conflagration (*frm*); ~ **forestal** forest fire; ~ **intencionado** *o* **provocado** arson.
incensar 1j *vt* (*Rel*) to cense, incense; (*fig*) to flatter.
incensario *nm* censer.
incentivación *nf* (**a**) motivation. (**b**) (*Fin*) incentive scheme.
incentivar 1a *vt* to encourage, stimulate; **baja incenti-**

vada voluntary severance.
incentivo *nm* incentive; ~ **fiscal** tax incentive.
incertidumbre *nf* uncertainty, doubt.
incesante *adj* incessant, unceasing.
incesantemente *adv* incessantly, unceasingly.
incesto *nm* incest.
incestuoso *adj* incestuous.
incidencia *nf* (**a**) (*Mat etc*) incidence. (**b**) (*suceso*) incident. (**c**) (*impacto*) effect, impact; **la huelga tuvo escasa** ~ the strike was not widely supported, the strike had little impact.
incidente 1 *adj* incidental. **2** *nm* incident; **un viaje sin ~s** an uneventful journey.
incidir [3a] **1** *vt* (*Med*) to incise. **2** *vi*: ~ **en** to fall upon; (*afectar*) to influence, affect; ~ **en un error** to fall into error; **el impuesto incide más en ellos** the tax affects them worst.
incienso *nm* (*Rel*) incense; (*fig*) flattery.
incierto *adj* (*dudoso*) uncertain, doubtful; (*inconstante*) inconstant; (*inseguro*) insecure.
incineración *nf* (*de basuras*) incineration; (*de cadáveres*) cremation.
incinerador *nm*, **incineradora** *nf* incinerator.
incinerar [1a] *vt* to incinerate, burn; (*cadáver*) to cremate.
incipiente *adj* incipient.
incircunciso *adj* uncircumcised.
incisión *nf* incision.
incisivo 1 *adj* (*gen*) sharp, cutting; (*fig*) incisive. **2** *nm* incisor.
inciso *nm* (*Ling*) clause, sentence; (*coma*) comma; (*Jur*) subsection; (*observación*) parenthetical comment, aside; **hacer un** ~ to make an aside.
incitación *nf* incitement.
incitante *adj* provocative.
incitar [1a] *vt* to incite, rouse, spur on; ~ **a algn a hacer algo** to urge sb to do sth.
incívico *adj* antisocial.
incivil *adj* uncivil, rude.
incivilizado *adj* uncivilized.
inclasificable *adj* unclassifiable, nondescript.
inclemencia *nf* (*Met*) harshness, inclemency.
inclemente *adj* (*Met*) harsh, inclement.
inclinación *nf* (**a**) (*gen*) inclination; (*declive*) slope, incline; (*Náut*) pitch, tilt; ~ **lateral** (*Aer*) bank. (**b**) (*reverencia*) bow; (*de cabeza*) nod. (**c**) (*fig*) inclination, bent, leaning; **tener ~ hacia la poesia** to have a penchant for poetry.
inclinado *adj* (**a**) (*en ángulo*) inclined, sloping, slanting; **la torre ~a de Pisa** the leaning tower of Pisa. (**b**) **sentirse ~ a hacer algo** to feel inclined to do sth.
inclinar [1a] **1** *vt* (**a**) (*gen*) to incline; (*sesgar*) to slope, slant, tilt; (*cabeza: afirmar*) to nod; (*bajar*) to bow.
(**b**) (*fig*) ~ **a algn a hacer algo** to persuade sb to do sth.
2 inclinarse *vr* (**a**) (*gen*) to incline; (*ladearse*) to slope, slant; (*Náut, Téc*) to tilt.
(**b**) (*encorvarse*) to stoop, bend; (*hacer una reverencia*) to bow; ~ **ante** (*fig*) to bow to, bow down before; ~ **sobre algo/algn** to lean on sth/sb.
(**c**) ~ **a favor de,** ~ **por** to lean towards; **me inclino a pensar que** ... I am inclined to think that ....
incluir [3g] *vt* (*gen*) to include; (*comprender*) to comprise, contain; (*en carta*) to enclose; **todo incluido** (*Com*) inclusive, all-in.
inclusa *nf* foundling hospital.
inclusión *nf* inclusion; **con ~ de** including.
inclusive *adv* inclusive, inclusively; **del 1 al 10, ambos** ~ from the first to the 10th inclusive; **hasta el próximo domingo** ~ up to and including next Sunday.
inclusivo *adj* inclusive.
incluso *adv* (**a**) including. (**b**) (*aun*) even, actually; ~ **le pegó** he even hit her, he actually hit her.
incoar [1a] *vt* to start, initiate.
incobrable *adj* irrecoverable; (*deuda*) bad.
incógnita[1] *nf* (*Mat*) unknown quantity; (*fig*) unknown quantity *o* factor; (*razón oculta*) hidden motive; **queda en pie la ~ sobre su influencia** there is still a question mark over his influence.
incógnito/a[2] **1** *adj* unknown. **2** *nm* incognito; **viajar de** ~ to travel incognito.
incoherencia *nf* (*gen*) incoherence; (*falta de conexión*) disconnectedness; (*de comportamiento, respuestas*) inconsistency; **~s** nonsense *sg*.
incoherente *adj* (*gen*) incoherent; (*inconexo*) disconnected; **es ~ con sus ideas** he's inconsistent in his thinking.
incoloro *adj* colourless, colorless (*US*).
incólume *adj* (*gen*) safe; (*ileso*) unhurt, unharmed; **salir ~ del accidente** to emerge unharmed from the accident.
incombustible *adj* (*gen*) fire-resistant; (*telas*) fireproof.
incomible *adj* inedible.
incomodar [1a] **1** *vt* to inconvenience, trouble. **2 incomodarse** *vr* (**a**) to put o.s. out, take trouble; **¡no se incomode!** don't bother! (**b**) (*enfadarse*) to get cross *o* annoyed (*con* with).
incomodidad *nf* (**a**) (*inoportunidad*) inconvenience; (*falta de comodidad*) discomfort. (**b**) (*fastidio*) annoyance.
incómodo *adj* (*inoportuno*) inconvenient; (*poco cómodo*) uncomfortable; (*pesado*) tiresome, annoying; **sentirse** ~ to feel ill at ease; **estar ~ con algn** (*CSur*) to be angry with sb.
incomparable *adj* incomparable.
incomparecencia *nf* failure to appear (in court *etc*), non-appearance.
incompatibilidad *nf* incompatibility; **ley de ~es** law against the holding of multiple posts; ~ **de caracteres** mutual incompatibility.
incompatible *adj* incompatible.
incompetencia *nf* incompetence.
incompetente *adj* incompetent.
incompleto *adj* incomplete, unfinished.
incomprendido/a 1 *adj* (*persona*) misunderstood; (*genio etc*) not appreciated. **2** *nm/f* misunderstood person; (*genio etc*) person who is not appreciated.
incomprensibilidad *nf* incomprehensibility.
incomprensible *adj* incomprehensible.
incomprensión *nf* (*gen*) incomprehension, lack of understanding; (*subestimación*) lack of appreciation.
incomunicación *nf* (*gen*) isolation; (*para presos*) solitary confinement.
incomunicado *adj* (*gen*) isolated, cut off; (*preso*) in solitary confinement, incommunicado.
incomunicar [1g] *vt* (*gen*) to cut off, isolate; (*preso*) to put into solitary confinement.
inconcebible *adj* inconceivable, unthinkable.
inconciliable *adj* irreconcilable.
inconcluso *adj* unfinished, incomplete.
incondicional 1 *adj* (**a**) (*gen*) unconditional; (*fe*) complete, unquestioning; (*apoyo*) wholehearted; (*afirmación*) unqualified; (*partidario etc*) staunch, stalwart. (**b**) (*LAm*) servile, fawning. **2** *nmf* (**a**) stalwart, staunch supporter. (**b**) (*LAm*) yes man (*fam*).
inconexión *nf* (*V adj*) unconnectedness; disconnectedness; incoherence.
inconexo *adj* (*gen*) unconnected; (*desarticulado*) disconnected, disjointed; (*incoherente*) incoherent.
inconfesable *adj* shameful, disgraceful.
inconfeso *adj* (*reo*) who does not confess.
inconformismo *nm* nonconformism.
inconformista *adj*, *nmf* nonconformist.
inconfundible *adj* unmistakable.
incongruencia *nf* incongruity.
incongruente, **incongruo** *adj* incongruous.

inconmensurable *adj* (*gen*) immeasurable, vast; (*Mat*) incommensurate.
inconmovible *adj* unshakeable.
inconmutable *adj* immutable.
inconquistable *adj* (*gen*) unconquerable; (*fig*) inconquerable, unyielding.
inconsciencia *nf* (**a**) (*Med*) unconsciousness. (**b**) (*fig*) unawareness. (**c**) (*irreflexión*) thoughtlessness.
inconsciente 1 *adj* (**a**) (*Med*) unconscious; **le encontraron ~** they found him unconscious. (**b**) (*fig: ignorante*) unaware (*de* of), oblivious (*de* to); (*involuntario*) unwitting. (**c**) (*irresponsable*) thoughtless, reckless. **2** *nm* unconscious; **el ~ colectivo** the collective unconscious.
inconscientemente *adv* (*V adj*) (**a**) (*sin saber*) unconsciously; unawares, unwittingly. (**b**) (*sin pensar*) thoughtlessly; recklessly; in a carefree manner.
inconsecuencia *nf* inconsistency.
inconsecuente *adj* inconsistent.
inconsideración *nf* (*gen*) inconsiderateness, thoughtlessness; (*precipitación*) rashness, haste.
inconsiderado *adj* (*gen*) inconsiderate, thoughtless; (*precipitado*) rash, hasty.
inconsistencia *nf* (*V adj*) lack of firmness; weakness; flimsiness; (*Culin: de masa*) lumpiness.
inconsistente *adj* (*poco sólido*) lacking firmness, not solid; (*argumento*) weak; (*Culin*) lumpy, unmixed; (*tela*) flimsy.
inconsolable *adj* inconsolable.
inconstancia *nf* (*V adj*) inconstancy; changeability; fickleness.
inconstante *adj* inconstant; (*tiempo*) changeable; (*caprichoso*) fickle; **un amigo ~** a fairweather friend.
inconstitucional *adj* unconstitutional.
inconstitucionalidad *nf* unconstitutional nature.
incontable *adj* countless, innumerable.
incontenible *adj* uncontrollable, unstoppable.
incontestable *adj* (*irrefutable*) unanswerable; (*innegable*) undeniable, indisputable.
incontinencia *nf* (*tb Med*) incontinence.
incontinente *adj* (*tb Med*) incontinent.
incontrastable *adj* (*dificultad*) insuperable; (*argumento*) unanswerable.
incontrolable *adj* uncontrollable.
incontrolado *adj* uncontrolled.
incontrovertible *adj* incontrovertible.
inconveniencia *nf* (**a**) (*gen*) unsuitability, inappropriateness; (*imprudencia*) inadvisability; (*desventaja*) inconvenience. (**b**) (*descortesía*) impoliteness. (**c**) (*dicho*) silly *o* tactless remark.
inconveniente 1 *adj* (**a**) (*gen*) unsuitable, inappropriate; (*imprudente*) inadvisable; (*inoportuno*) inconvenient. (**b**) (*descortés*) impolite. **2** *nm* (*obstáculo*) obstacle, difficulty; (*desventaja*) drawback; **el ~ es que** the trouble is that, the difficulty is that; **no hay ~ en hacer eso** there is no objection to doing that; **poner un ~** to raise an objection; **no tengo ~** I don't mind; **no veo ~** I see no objection.
inconvertibilidad *nf* inconvertibility.
inconvertible *adj* inconvertible.
incordiar [1b] *vt* (*fam*) to bother, bug (*fam*); **¡déjate de ~!** give it a break (*fam*).
incordio *nm* (*fam*) pain (*fam*), nuisance.
incorporación *nf* (*gen*) incorporation; (*fig*) inclusion; (*a filas*) enlisting, enlistment; **la ~ del ejército al gabinete** the inclusion of the Army in the Cabinet.
incorporado *adj* (*Téc*) built-in; **con antena ~a** with built-in aerial.
incorporar [1a] **1** *vt* (**a**) (*incluir*) to incorporate (*a, con, en* into, in); (*abarcar*) to embody; (*Culin*) to mix. (**b**) **~ a algn** to make sb sit up (in bed). **2 incorporarse** *vr* (**a**) (*cuando se está acostado*) to sit up, raise o.s.; **~ en la cama** to sit up in bed. (**b**) **~ a** (*regimiento, sociedad etc*) to join; **~ a filas** (*Mil*) to join up, enlist; **~ al trabajo** to go to work, report for work.
incorpóreo *adj* incorporeal, bodiless; (*intocable*) intangible.
incorrección *nf* (**a**) (*de datos*) incorrectness, inaccuracy. (**b**) (*descortesía*) discourtesy, bad-mannered behaviour *o* (*US*) behavior; **cometer una ~** to commit a faux pas. (**c**) (*Ling*) mistake.
incorrectamente *adv* (*V adj*) (**a**) incorrectly, inaccurately. (**b**) discourteously.
incorrecto *adj* (**a**) (*dato*) incorrect, inaccurate, wrong. (**b**) (*conducta*) discourteous, bad-mannered; (*irregular*) improper; **ser ~ con** to take liberties with.
incorregible *adj* incorrigible.
incorruptible *adj* incorruptible.
incorrupto *adj* (*gen*) uncorrupted; (*fig*) pure, chaste.
incredibilidad *nf* incredibility.
incredulidad *nf* incredulity; (*fig*) scepticism, skepticism (*US*).
incrédulo/a 1 *adj* incredulous; (*fig*) sceptical, skeptical (*US*). **2** *nm/f* unbeliever, sceptic, skeptic (*US*).
increíble *adj* incredible; **es ~ que ...** it is unbelievable that ....
incrementar [1a] **1** *vt* (*aumentar*) to increase; (*alzar*) to raise. **2 incrementarse** *vr* to increase.
incremento *nm* (*gen*) increment; (*alza*) increase; **~ salarial** pay increase, rise in wages; **~ de temperatura** rise in temperature.
increpación *nf* reprimand, rebuke.
increpar [1a] *vt* to reprimand, rebuke.
in crescendo 1 *adv*: **ir ~** to increase, intensify, spiral upwards. **2** *nm* increase, upward spiral.
incriminación *nf* incrimination.
incriminar [1a] *vt* (*Jur*) to incriminate.
incruento *adj* bloodless.
incrustación *nf* (**a**) (*gen*) incrustation. (**b**) (*Arte*) inlay, inlaid work. (**c**) (*Téc*) scale.
incrustar [1a] **1** *vt* (*gen*) to incrust (*de* with); (*joyas etc*) to inlay (*de* with); (*fig*) to graft (*en* on to); (*Téc*) to set (*en* into). **2 incrustarse** *vr*: **~ en** (*bomba etc*) to lodge in, embed itself in.
incubación *nf* incubation.
incubadora *nf* incubator.
incubar [1a] *vt* to incubate, hatch.
incuestionable *adj* unchallengeable.
inculcar [1g] *vt* to instil, inculcate (*en* in, into).
inculpación *nf* charge, accusation.
inculpar [1a] *vt* (*Jur*) to charge (*de* with), accuse (*de* of); (*fig: achacar*) to blame (*de* for).
incultivable *adj* uncultivable, unworkable.
inculto *adj* (**a**) (*Agr*) uncultivated. (**b**) (*fig*) uncultured; (*grosero*) uncouth.
incultura *nf* lack of culture.
incumbencia *nf* obligation, duty; **no es de mi ~** it is not my job.
incumbir [3a] *vi*: **~ a** to be incumbent upon; **no me incumbe a mí** it is no concern of mine; **le incumbe hacerlo** that's his job.
incumplimiento *nm* non-fulfilment, non-fulfillment (*US*); (*Com*) repudiation; **~ de contrato** breach of contract; **por ~** by default.
incumplir [3a] *vt* (*regla*) to break, disobey, fail to observe; (*promesa*) to break, fail to keep.
incunable *nm* incunable, incunabulum; **~s** incunabula.
incurable 1 *adj* (*Med*) incurable; (*fig*) hopeless, irremediable. **2** *nmf* incurable.
incurrir [3a] *vi*: **~ en** (*error*) to fall into; (*crimen etc*) to commit; (*deuda, odio*) to incur; (*desastre etc*) to bring on o.s.
incursión *nf* raid, incursion; **~ aérea** air-raid.
indagación *nf* investigation, inquiry.
indagar [1h] *vt* (*gen*) to investigate, inquire into; (*averi-*

guar) to find out, ascertain.
indebidamente *adv* (*V adj*) unduly; improperly; illegally, wrongfully.
indebido *adj* (*gen*) undue; (*dicho*) improper; (*acto*) illegal, wrongful.
indecencia *nf* (**a**) (*gen*) indecency; (*obscenidad*) obscenity. (**b**) (*porquería*) filth. (**c**) (*acto*) indecent act; (*palabra*) indecent thing.
indecente *adj* (**a**) (*gen*) indecent, improper; (*obsceno*) obscene. (**b**) (*asqueroso*) filthy; **un cuchitril** ~ a miserable pigsty of a place; **es una persona** ~ he's a low sort, he's a mean character.
indecible *adj* unspeakable, indescribable; **sufrir lo** ~ to suffer terribly.
indecisión *nf* indecision, hesitation.
indeciso/a 1 *adj* (**a**) (*gen*) undecided; (*fig: persona*) hesitant, irresolute; (*indefinido*) vague; **¡soy más ~!** I can never make up my mind! (**b**) (*resultado etc*) indecisive. **2** *nm/f* (*Pol*) floating voter; (*en encuesta*) don't know.
indeclinable *adj* (**a**) (*Ling*) indeclinable. (**b**) (*inevitable*) unavoidable.
indecoroso *adj* (*gen*) unseemly, indecorous; (*vergonzoso*) indecent.
indefectible *adj* unfailing, infallible.
indefectiblemente *adv* unfailingly, infallibly.
indefendible *adj* indefensible.
indefenso *adj* defenceless, defenseless *(US)*.
indefinible *adj* indefinable.
indefinidamente *adv* indefinitely.
indefinido *adj* (*gen*) indefinite; (*vago*) undefined, vague; **por tiempo** ~ for an indefinite time, indefinitely.
indeformable *adj* that keeps its shape.
indeleble *adj* indelible.
indelicadeza *nf* indelicacy; **cometió** *o* **tuvo la ~ de preguntarle la edad** he was tactless enough to ask her age.
indemne *adj* (*objeto*) undamaged; (*persona*) unharmed, unhurt.
indemnidad *nf* indemnity.
indemnización *nf* (**a**) (*acto*) indemnification. (**b**) (*suma*) indemnity, compensation; **~es** (*Mil, Pol*) reparations; ~ **por cese** redundancy pay *o* money; ~ **por despido** severance pay.
indemnizar [1f] *vt* to indemnify (*de* against, for), compensate (*por* for).
independencia *nf* independence; **con ~ de** independent of, irrespective of.
independentismo *nm* independence.
independentista 1 *adj* independence *atr*. **2** *nmf* supporter of independence, independent.
independiente 1 *adj* (*gen*) independent; (*autosuficiente*) self-sufficient; (*piso etc*) self-contained; (*Inform*) stand-alone; **hacerse** ~ to become independent. **2** *nmf* independent.
independientemente *adv* independently; **~ de que** irrespective *o* regardless of whether.
independizar [1f] **1** *vt* to make independent, grant independence to. **2 independizarse** *vr* to become independent (*de* of).
indescifrable *adj* (*Mil: código*) indecipherable; (*fig: misterio*) impenetrable.
indescriptible *adj* indescribable.
indeseable 1 *adj* undesirable. **2** *nmf* undesirable (person).
indeseado *adj* unwanted.
indesmallable *adj* (*medias*) run-proof.
indestructible *adj* indestructible.
indeterminado *adj* (*gen*) indeterminate; (*resultado*) inconclusive; (*Ling*) indefinite.
India *nf*: **la** ~ India; **las ~s** the Indies.
indiada *nf* (*LAm: grupo*) group of Indians; (*: acto etc*) typically Indian thing to do *o* say *etc*.
indiana *nf* printed calico.
indiano/a 1 *adj* (Spanish-)American. **2** *nm/f* Spaniard who has made good in America.
indicación *nf* (**a**) (*gen*) indication; (*Med*) sign, symptom. (**b**) (*sugerencia*) hint, suggestion; **por ~ de** at the suggestion of. (**c**) (*dato*) piece of information; (*Téc: de termómetro etc*) reading. (**d**) **~es** (*Com etc*) instructions, directions; **~es para el empleo** instructions for use.
indicado *adj* (*apto*) right, appropriate; **el sitio más** ~ the most obvious place; **tú eres el menos ~ para hacerlo** you're the least suitable *o* last person to do it; **no es el momento más** ~ it isn't the best moment.
indicador *nm* (*gen*) indicator; (*Téc: aparato*) gauge, meter, dial; (*aguja*) hand, pointer; (*de carretera*) roadsign; ~ **de dirección** (*Aut*) indicator; ~ **de encendido** (*Inform*) power-on indicator; ~ **de velocidades** speedometer.
indicar [1g] *vt* (**a**) to indicate, show; (*Téc: registrar*) to register, record; (*termómetro etc*) to read. (**b**) (*señalar*) to point out to; (*mostrar*) to show; (*sugerir*) to suggest, hint; **me indicó con la cabeza que** ... he nodded to me that ...; **lo que te indique el médico** whatever the doctor tells you.
indicativo 1 *adj* indicative. **2** *nm* (**a**) (*Ling*) indicative. (**b**) (*Rad*) call sign, call letters *(US)*; ~ **de nacionalidad** (*Aut*) national identification plate.
índice *nm* (**a**) (*gen*) index; (*catálogo*) (library) catalogue *o (US)* catalog; ~ **de materias** table of contents.
(**b**) (*Mat, Com etc*) ratio, rate; ~ **de audiencia** (*TV*) audience ratings; ~ **del coste de (la) vida** cost-of-living index; ~ **de natalidad** birth rate; ~ **de ocupación** occupancy rate; ~ **de participación** electoral turnout; ~ **de precios al consumo** *o* **al por menor (IPM)** retail price index (RPI); ~ **de vida** life expectancy.
(**c**) (*Téc: aguja*) pointer, needle; (*manecilla*) hand.
(**d**) (*Anat*) index finger, forefinger.
indicio *nm* (*gen*) indication, sign; (*fig*) token; (*Jur etc*) piece of evidence, clue (*de* to); (*vestigio*) trace, vestige; (*Inform*) marker, mark; **es ~ de** it is an indication of, it is a sign of; **no hay el menor ~ de él** there isn't the faintest sign of him, there isn't the least trace of him.
indiferencia *nf* (*gen*) indifference; (*apatía*) apathy, lack of interest.
indiferente *adj* (**a**) (*gen*) indifferent (*a* to), unconcerned (*a* about); (*apático*) apathetic, uninterested. (**b**) (*fig*) immaterial; **me es** ~ it makes no difference to me.
indiferentemente *adv* indifferently.
indígena 1 *adj* indigenous (*de* to), native (*de* to); (*LAm*) Indian. **2** *nmf* (*gen*) native; (*LAm*) Indian.
indigencia *nf* poverty, destitution, indigence.
indigenismo (*esp LAm*) *nm* indigenism, pro-Indian political movement; (*estudio*) study of Indian societies and cultures.
indigenista 1 *adj* (*LAm*) pro-Indian. **2** *nmf* (*LAm: estudiante*) student of Indian cultures; (*Pol etc*) supporter *o* promoter of Indian cultures, supporter of the Indian cause.
indigente 1 *adj* destitute, indigent. **2** *nmf* poor person.
indigerible *adj* indigestible.
indigestar [1a] **1** *vt* to cause indigestion to. **2 indigestarse** *vr* (**a**) (*persona*) to get *o* have indigestion. (**b**) (*comida*) to cause indigestion. (**c**) (*fig*) to be insufferable; **se me indigesta ese tío** I can't stand that fellow.
indigestión *nf* indigestion.
indigesto *adj* (*gen*) indigestible, hard to digest; (*fig*) muddled, badly thought-out.
indignación *nf* indignation, anger; **descargar la ~ sobre** to vent one's spleen on.
indignado *adj* indignant, angry (*con, contra* with; *por* at, about).
indignante *adj* outrageous, infuriating.
indignar [1a] **1** *vt* to anger, make indignant. **2 indignarse** *vr* to get angry; ~ **con algn** to get indignant with sb.

indignidad *nf* (**a**) (*falta de mérito*) unworthiness. (**b**) (*vileza*) unworthy act; (*insulto*) indignity, insult; **sufrir la ~ de hacer algo** to suffer the indignity of doing sth.
indigno *adj* (**a**) (*sin mérito*) unworthy (*de* of). (**b**) (*ruin*) contemptible, low.
índigo *nm* indigo.
indio/a 1 *adj* Indian. **2** *nm/f* (**a**) Indian; **subírsele** *o* **asomarle el ~ a algn** (*CSur fam*) to get excited, blow one's top *(fam)*. (**b**) **hacer el ~** to play the fool.
indirecta *nf* (*gen*) hint; (*pey: insinuación*) insinuation, innuendo; **soltar una ~** to drop a hint, make an insinuation.
indirectamente *adv* indirectly.
indirecto *adj* (*gen*) indirect; (*ruta*) roundabout; (*fig: crítica etc*) oblique.
indisciplina *nf* (*gen*) indiscipline, lack of discipline; (*Mil etc*) insubordination.
indisciplinado *adj* undisciplined.
indisciplinarse [1a] *vr* to get out of control.
indiscreción *nf* (*gen*) indiscretion; (*falta social*) gaffe, faux pas; **si no es ~** if I may say so; **cometió la ~ de decírmelo** he was tactless enough to tell me.
indiscreto *adj* (*gen*) indiscreet; (*dicho etc*) tactless.
indiscriminadamente *adv* indiscriminately.
indiscriminado *adj* indiscriminate.
indiscutible *adj* indisputable, unquestionable.
indisimulado *adj* undisguised.
indisoluble *adj* (*Com etc*) indissoluble; (*fig: amigos etc*) inseparable.
indispensable *adj* indispensable, essential.
indisponer [2q] **1** *vt* (**a**) (*plan etc*) to spoil, upset. (**b**) (*Med*) to upset, make ill. (**c**) **~ a algn con otro** to set sb against another person. **2 indisponerse** *vr* (**a**) (*Med*) to become *o* fall ill. (**b**) **~ con algn** to fall out with sb.
indisponible *adj* not available, unavailable.
indisposición *nf* (**a**) (*Med*) indisposition. (**b**) (*desgana*) disinclination, unwillingness.
indispuesto *adj* indisposed, unwell; **sentirse ~** to feel slightly ill.
indistinguible *adj* indistinguishable (*de* from).
indistintamente *adv* (*V adj*) without distinction; indiscriminately; **pueden firmar ~** either (joint holder of the account *etc*) may sign.
indistinto *adj* (**a**) (*poco claro*) indistinct, vague; (*borroso*) faint, dim. (**b**) (*indiscriminado*) indiscriminate.
individua *nf* (*fam pey*) woman, female.
individual 1 *adj* (*gen*) individual; (*particular*) peculiar, special; (*cama, cuarto*) single. **2** *nm* (*Dep*) singles (match); **~ femenino/masculino** women's/men's singles.
individualidad *nf* individuality.
individualismo *nm* individualism.
individualista 1 *adj* individualistic. **2** *nmf* individualist.
individualizar [1f] *vt* to individualize.
individualmente *adv* individually.
individuo *nm* (**a**) individual; (*pey*) individual, chap, fellow; **el ~ en cuestión** the person in question. (**b**) (*socio etc*) member, fellow.
indivisible *adj* indivisible.
indiviso *adj* undivided.
INDO *nm abr* (*Com*) *de* **Instituto Nacional de Denominaciones de Origen de los Vinos Españoles**.
Indo *nm* (*Geog*) Indus.
indo... *pref* Indo....
indócil *adj* (*gen*) unmanageable, headstrong; (*rebelde*) disobedient.
indoctrinar [1a] *vt* to indoctrinate; (*fig pey*) to brainwash.
indocumentado/a 1 *adj* without identifying documents, who carries no identity papers. **2** *nm/f* person who carries no identity papers; (*Méx etc*) illegal immigrant.
Indochina *nf*: **la ~** Indochina.
indoeuropeo/a *adj, nm/f* Indo-European.
índole *nf* (**a**) (*naturaleza*) nature; (*carácter*) character. (**b**) (*tipo*) kind, sort.
indolencia *nf* (*gen*) indolence, laziness; (*abulia*) apathy.
indolente *adj* (*gen*) indolent, lazy; (*abúlico*) apathetic.
indoloro *adj* painless.
indomable *adj* (*espiritú*) indomitable; (*animal*) untameable; (*fig*) unmanageable, uncontrollable.
indomado *adj* wild, untamed.
indómito *adj* = **indomable**.
Indonesia *nf* Indonesia.
indonesio/a *adj, nm/f* Indonesian.
Indostán *nm* Hindustan.
indte. *abr de* **indistintamente**.
Indubán *nm abr* (*Esp Fin*) *de* **Banco de Financiación Industrial**.
indubitable *adj* indubitable, undoubted.
inducción *nf* (**a**) (*Fil, Elec*) induction; **por ~** by induction, inductively. (**b**) (*persuasión*) inducement, persuasion.
inducido *nm* (*Elec*) armature.
inducir [3n] *vt* (**a**) (*Elec*) to induce; (*Fil*) to infer. (**b**) (*persuadir*) to induce, persuade; **~ a algn a error** to mislead sb, lead sb astray.
inductivo *adj* inductive.
indudable *adj* undoubted, indubitable; **es ~ que ...** there is no doubt that ....
indulgencia *nf* (**a**) (*gen*) indulgence; (*Jur etc*) leniency; **proceder sin ~ contra** to proceed ruthlessly against. (**b**) (*Rel*) indulgence; **~ plenaria** plenary indulgence.
indulgente *adj* indulgent (*con* towards).
indultar [1a] *vt* (**a**) (*Jur: perdonar*) to pardon, reprieve (*de* from). (**b**) (*eximir*) to exempt, excuse (*de* from).
indulto *nm* (**a**) (*Jur: perdón*) pardon, reprieve. (**b**) (*exención*) exemption, excusal.
indumentaria *nf* (**a**) (*ropa*) clothing, dress. (**b**) (*estudio*) (history of) costume.
industria *nf* (*Com etc*) industry; **~ básica/clave/pesada/petrolífera** basic/key/heavy/oil industry; **~ agropecuaria** farming and fishing; **~ artesanal** *o* **casera** cottage industry; **~ automovilística** car *o (US)* auto industry.
industrial 1 *adj* (**a**) (*de la industria*) industrial. (**b**) (*no casero*) factory-made, industrially produced; (*fig*) large, massive. **2** *nmf* industrialist, manufacturer.
industrialización *nf* industrialization; **~ sustitutiva** import-substitution industrialisation.
industrializar [1f] **1** *vt* to industrialize. **2 industrializarse** *vr* to become industrialized.
industriarse [1b] *vr* to manage, find a way; **~las para hacer algo** to manage to do sth.
industrioso *adj* (**a**) (*trabajador*) industrious. (**b**) (*mañoso*) skilful, skillful *(US)*, resourceful.
INE *nm abr* (*Esp*) *de* **Instituto Nacional de Estadística**.
inédito *adj* (**a**) (*texto*) unpublished. (**b**) (*fig*) new; **una experiencia ~a** a completely new experience.
INEF *nm abr de* **Instituto Nacional de Educación Física**.
inefable *adj* indescribable, ineffable.
ineficacia *nf* (**a**) (*de medida*) ineffectiveness. (**b**) (*de proceso*) inefficiency.
ineficaz *adj* (**a**) (*medida*) ineffective, ineffectual. (**b**) (*proceso*) inefficient.
ineficiencia *nf* inefficiency.
ineficiente *adj* inefficient.
inelástico *adj* inelastic, rigid.
inelegible *adj* ineligible.
ineludible *adj* unavoidable, inescapable.
INEM *nm abr* (**a**) (*Esp*) *de* **Instituto Nacional de Empleo** *employment organization*. (**b**) (*Esp*) *de* **Instituto Nacional de Enseñanza Media**.
INEN *nm* (*Méx*) *de* **Instituto Nacional de Energía Nuclear**.

inenarrable *adj* inexpressible.
inencogible *adj* shrink-resistant.
inencontrable *adj* unobtainable.
inepcia *nf* (*gen*) ineptitude, incompetence; (*necedad*) stupidity.
ineptitud *nf* ineptitude, incompetence.
inepto *adj* inept, incompetent; (*necio*) stupid.
inequívoco *adj* (*sin ambigüedad*) unequivocal, unambiguous; (*inconfundible*) unmistakable.
inercia *nf* (**a**) (*Fís*) inertia. (**b**) (*fig*) passivity; (*indolencia*) sluggishness.
inerme *adj* (*sin armas*) unarmed; (*fig: indefenso*) defenceless, defenseless *(US)*, unprotected.
inerte *adj* (**a**) (*Fís*) inert. (**b**) (*fig*) passive, inactive; (*indolente*) sluggish.
inescrutable *adj* inscrutable.
inesperadamente *adv* (*V adj*) unexpectedly; without warning, suddenly.
inesperado *adj* (*gen*) unexpected, unforeseen; (*repentino*) sudden.
inesquivable *adj* unavoidable.
inestabilidad *nf* instability, unsteadiness.
inestable *adj* unstable, unsteady.
inestimable *adj* inestimable, invaluable.
inevitabilidad *nf* inevitability.
inevitable *adj* inevitable, unavoidable.
inexactitud *nf* (*imprecisión*) inaccuracy; (*falsedad*) incorrectness, wrongness.
inexacto *adj* (*detalles etc*) inaccurate; (*no cierto*) incorrect, untrue.
inexcusable *adj* (**a**) (*conducta*) inexcusable, unforgivable. (**b**) (*conclusión etc*) inevitable.
inexistencia *nf* non-existence.
inexistente *adj* non-existent.
inexorable *adj* inexorable.
inexperiencia *nf* (*gen*) inexperience; (*incompetencia*) lack of skill.
inexperto *adj* (*novato*) inexperienced; (*incompetente*) unskilled, inexpert.
inexplicable *adj* inexplicable, unaccountable.
inexplicablemente *adv* inexplicably, unaccountably.
inexplorado *adj* (*gen*) unexplored; (*Náut, fig: ruta*) uncharted.
inexpresable *adj* inexpressible.
inexpresividad *nf* (*V adj*) inexpressiveness; flatness, woodenness.
inexpresivo *adj* (*gen*) inexpressive; (*ojos*) dull; (*cara*) wooden.
inexpugnable *adj* (**a**) (*Mil*) impregnable. (**b**) (*fig*) firm, unshakeable.
inextinguible *adj* eternal, inextinguishable.
inextricable *adj* inextricable.
infalibilidad *nf* (*Rel*) infallibility; (*certeza*) certainty.
infalible *adj* (*Rel*) infallible; (*indefectible*) certain, sure; (*aparato, plan*) foolproof; (*Mil: puntería*) unerring.
infamar [1a] *vt* to defame, slander.
infamatorio *adj* defamatory, slanderous.
infame *adj* (*gen*) infamous, odious; (*tarea*) thankless; **esto es** ~ this is monstrous.
infamia *nf* (*gen*) infamy; (*descrédito*) disgrace.
infancia *nf* (*niñez*) infancy, childhood; (*fig*) infancy, beginnings.
infanta *nf* (*Hist*) infanta, princess.
infante *nm* (*Hist*) infante, prince; (*Mil Hist*) infantryman; ~ **de marina** marine.
infantería *nf* infantry; ~ **de marina** marines *pl*.
infanticida *nmf* child-killer.
infanticidio *nm* infanticide.
infantil *adj* (**a**) child's, children's; **libros ~es** children's books. (**b**) (*inocente*) childlike, innocent; (*pueril*) infantile, childish.
infantilismo *nm* infantilism.
infarto *nm*: ~ **(de miocardio)** heart attack, coronary.
infatigable *adj* tireless, untiring.
infausto *adj* (*gen*) unlucky; (*funesto*) ill-starred, ill-fated.
INFE *nm abr de* **Instituto de Fomento de las Exportaciones**.
infección *nf* infection.
infeccioso *adj* infectious.
infectar [1a] **1** *vt* (*gen*) to infect; (*contaminar*) to contaminate, corrupt; (*pervertir*) to pervert. **2 infectarse** *vr* to become infected (*de* with) *(tb fig)*.
infecto *adj* (*gen*) infected (*de* with); (*contaminado*) corrupt, tainted.
infecundidad *nf* (*V adj*) infertility, barrenness; sterility.
infecundo *adj* (*tierra*) infertile, barren; (*mujer*) sterile.
infelicidad *nf* unhappiness, misfortune.
infeliz 1 *adj* (**a**) (*desgraciado*) unhappy; (*desdichado*) unfortunate, wretched. (**b**) (*bondadoso*) kindhearted, good-natured; (*inocente*) gullible. **2** *nmf* (**a**) (*desgraciado*) wretch. (**b**) (*inocentón*) goodnatured simpleton.
inferencia *nf* inference; **por** ~ by inference.
inferior 1 *adj* (**a**) (*situación*) lower (*a* than); **labio** ~ bottom *o* lower lip; **el lado** ~ the underside, the side underneath. (**b**) (*rango*) inferior (*a* to), lower (*a* than); **de calidad** ~ of inferior quality. (**c**) (*Mat*) lower; **cualquier número ~ a 9** any number under *o* below *o* less than 9; **una cantidad** ~ a lesser quantity. **2** *nmf* inferior, subordinate.
inferioridad *nf* inferiority; **complejo de** ~ inferiority complex; **en ~ de condiciones** on less good conditions.
inferir [3i] *vt* (**a**) (*gen*) to infer, deduce; ~ **una cosa de otra** to infer one thing from another. (**b**) (*herida*) to inflict (*a, en* on); (*daños*) to cause.
infernal *adj* infernal; **un ruido** ~ a dreadful racket *(fam)*.
infernillo *nm* (*tb* ~ **de alcohol**) spirit lamp *o* stove; ~ **campestre** camp stove; ~ **de gasolina** petrol stove.
infértil *adj* infertile.
infestar [1a] *vt* to infest, overrun; (*fig*) to harass, beset; **infestado de turistas** overrun with tourists.
inficionar [1a] *vt* = **infectar**.
infidelidad *nf* (**a**) infidelity, unfaithfulness; ~ **conyugal** marital infidelity. (**b**) (*Rel*) unbelief, lack of faith.
infiel 1 *adj* (**a**) (*desleal*) unfaithful, disloyal (*a, para, con* to); **fue ~ a su mujer** he was unfaithful to his wife. (**b**) (*Rel*) unbelieving, infidel. (**c**) (*fig: erróneo*) inaccurate; **la memoria le fue** ~ his memory failed him. **2** *nmf* (*Rel*) unbeliever, infidel.
infiernillo *nm* = **infernillo**.
infierno *nm* (**a**) hell, inferno; **la ciudad era un** ~ the city was ablaze. (**b**) (*fig*) **¡vete al ~!** go to hell!; **está en el quinto** ~ it's at the back of beyond.
infiltración *nf* infiltration.
infiltrado/a *nm/f* infiltrator.
infiltrar [1a] **1** *vt* (*gen*) to infiltrate (*en* into) (*fig: infundir*) to inculcate (*en* in). **2 infiltrarse** *vr* to infiltrate (*en* into).
ínfimo *adj* (*más bajo*) lowest; (*peor*) worst; (*miserable*) wretched, mean; **de ~a calidad** terrible quality *atr*; **precios ~s** cut-throat prices.
infinidad *nf* (**a**) (*Mat etc*) infinity. (**b**) (*fig*) great quantity, enormous number; ~ **de** vast numbers of; ~ **de veces** countless times; **hay ~ de personas que creen ...** any number of people believe ....
infinitamente *adj* infinitely.
infinitesimal *adj* infinitesimal.
infinitivo 1 *adj* infinitive. **2** *nm* infinitive (mood).
infinito 1 *adj* (**a**) (*gen*) infinite. (**b**) (*fig*) boundless, limitless; **con paciencia ~a** with infinite patience; **hasta lo** ~ ad infinitum. **2** *adv* infinitely, immensely. **3** *nm* (*Mat*) infinity; **el** ~ (*Fil etc*) the infinite.
inflable *adj* inflatable.
inflación *nf* (*gen, tb Econ*) inflation.

inflacionario *adj* (*Econ*) inflationary; **una política económica ~a** an inflationary economic policy.
inflacionismo *nm* (*Econ*) inflation.
inflacionista *adj* inflationary.
inflador *nm* (*LAm*) bicycle pump.
inflamable *adj* inflammable.
inflamación *nf* (**a**) (*Fís*) ignition, combustion. (**b**) (*Med*) inflammation.
inflamar [1a] **1** *vt* (**a**) (*prender fuego a*) to set on fire, ignite. (**b**) (*Med*) to inflame. (**c**) (*fig*) to inflame, arouse. **2 inflamarse** *vr* (**a**) (*Fís*) to catch fire, ignite. (**b**) (*Med*) to become inflamed. (**c**) (*fig*) to become inflamed (*de* with), get excited.
inflamatorio *adj* inflammatory.
inflar [1a] **1** *vt* (**a**) (*pneumático etc*) to inflate, blow up, pump air into. (**b**) (*fig*) to exaggerate; (*precios*) to inflate; (*engreír*) to make conceited. **2 inflarse** *vr* (**a**) (*hincharse*) to swell. (**b**) (*engreírse*) to get conceited; **~ de orgullo** to swell with pride.
inflexibilidad *nf* inflexibility.
inflexible *adj* inflexible; (*fig*) unbending, unyielding; **regla ~** strict *o* hard-and-fast rule.
inflexión *nf* inflexion.
infligir [3c] *vt* to inflict (*a* on).
influencia *nf* influence (*sobre* on); **bajo la ~ de** under the influence of.
influenciable *adj* impressionable, easily influenced.
influenciar [1b] *vt* to influence.
influenza *nf* (*esp LAm*) influenza, flu.
influir [3g] **1** *vt* to influence; **A, influido por B ...** A, influenced by B .... **2** *vi* (**a**) to have influence, carry weight (*con* with). (**b**) **~ en** *o* **sobre** to influence, affect; (*contribuir a*) to have a hand in.
influjo *nm* influence (*sobre* on).
influyente *adj* influential.
información *nf* (**a**) (*gen*) information; (*noticias*) news; (*Mil*) intelligence; **una ~** a piece of information. (**b**) (*informe*) report, account; (*rúbrica periodística*) section; **~ deportiva** sports section; **~ extranjera** foreign news. (**c**) (*Jur*) judicial inquiry, investigation. (**d**) (*Inform: datos*) data; (*Telec*) **I~** Directory Enquiries, Directory Assistance *(US)*.
informador(a) *nm/f* informant; **~ (de policía)** informer; **~ gráfico** reporter, pressman; (*fotoperiodista*) photojournalist.
informal *adj* (**a**) (*charla, lenguaje, cena*) informal; (*ropa*) casual. (**b**) (*conducta: descortés*) bad, unmannerly; (*: poco usual*) unconventional. (**c**) (*individuo: poco fiable*) unreliable, untrustworthy; (*mal educado*) offhand, badmannered.
informalidad *nf* (**a**) (*gen*) informality; (*en el vestir*) casualness. (**b**) (*de conducta*) bad manners, rudeness. (**c**) (*poca formalidad*) unreliability, offhandedness.
informalmente *adv* (**a**) (*sin formalismos*) informally. (**b**) (*sin formalidad*) unreliably.
informante *nmf* informant.
informar [1a] **1** *vt* (**a**) (*enterar*) to inform, tell (*de* of; *sobre* about). (**b**) (*dar forma a*) to form, shape. **2** *vi* (**a**) (*gen*) to report (*acerca de, de* on). (**b**) (*Jur: delator*) to inform (*contra* against); (*: abogado*) to plead. **3 informarse** *vr* to find out, inform o.s.; **~ de** to find out about, inquire into.
informática[1] *nf* (*Téc*) information technology; (*Univ etc*) computer science *o* studies, computing.
informático/a[2] **1** *adj* computer *atr*; **servicios ~s** computer services. **2** *nm/f* computer scientist.
informativo 1 *adj* (*gen*) informative; (*TV etc*) **boletín ~** news bulletin; **un folleto ~** an information booklet, an explanatory booklet. **2** *nm* (*Rad, TV*) news programme *o (US)* program.
informatización *nf* computerization.
informatizar [1f] *vt* to computerize.
informe[1] *adj* shapeless.
informe[2] *nm* (**a**) (*gen*) report; (*Pol*) white paper; (*dictamen*) statement; (*Mil*) briefing; **~s** information; (*datos*) data; (*de trabajador*) references; **según mis ~s** according to my information; **dar ~s sobre** to give information about; **pedir ~s** to ask for information, make inquiries (*a* of; *sobre* about). (**b**) (*Jur*) plea; **~ del juez** summing-up, summation *(US)*. (**c**) (*Com*) **~ anual** annual report.
infortunado *adj* unfortunate, unlucky.
infortunio *nm* (*gen*) misfortune, ill luck; (*accidente*) mishap.
infra... *pref* infra..., under....
infracción *nf* (*de ley etc*) infringement (*de* of); (*de acuerdo*) breach (*de* of); (*Aut etc*) offence (*de* against), violation *(US)*.
infractor(a) *nm/f* offender (*de* against).
infraestructura *nf* infrastructure.
in fraganti *adv*: **pillar a algn ~** to catch sb redhanded.
infrahumano *adj* subhuman.
infranqueable *adj* (*Aut etc*) impassable; (*fig*) insurmountable.
infrarrojo *adj* infrared.
infravalorar [1a] *vt* (*subvalorar*) to undervalue; (*subestimar*) to underestimate.
infrecuencia *nf* infrequency.
infrecuente *adj* infrequent.
infringir [3c] *vt* to infringe, break, contravene.
infructuoso *adj* (*inútil*) fruitless; (*fracasado*) unsuccessful.
ínfulas *nfpl* conceit; **darse ~** to get all high and mighty; **tener (muchas) ~ de** to fancy o.s. as.
infundado *adj* unfounded, baseless.
infundio *nm* (*fam*) fairy tale, fib.
infundir [3a] *vt* to instil (*a, en* into); **~ ánimo a algn** to encourage sb; **~ miedo a algn** to intimidate sb.
infusión *nf* infusion; **~ (de hierbas)** herbal tea; **~ de manzanilla** camomile tea.
Ing. *abr de* **ingeniero**; **ingeniera**.
ingeniar [1a] **1** *vt* to devise, think up, contrive. **2 ingeniarse** *vr* to manage, find a way, get along; **ingeniárselas para hacer algo** to manage to do sth.
ingeniería *nf* engineering; **~ genética** genetic engineering; **~ de sistemas** (*Inform*) systems engineering.
Ingeniero *nm* (*esp Méx*) graduate; (*título*) sir; **Ing. Quintanilla** ≈ Dr. Quintanilla.
ingeniero/a *nm/f* engineer; **~ agrónomo** agronomist, agricultural expert; **~ de caminos, canales y puertos** civil engineer; **~ de minas** mining engineer; **~ naval** naval architect; **~ químico** chemical engineer.
ingenio *nm* (**a**) (*inventiva*) ingenuity, inventiveness; (*talento*) creativeness; (*agudeza*) wit, wits; **aguzar el ~** to sharpen one's wits. (**b**) (*individuo*) clever *o* talented person. (**c**) (*Mec*) apparatus, device; (*Mil*) device; (*fundición*) foundry; **~ nuclear** nuclear device; **~ (de azúcar)** sugar refinery.
ingeniosidad *nf* ingenuity, ingeniousness.
ingenioso *adj* (**a**) (*mañoso*) clever, resourceful. (**b**) (*agudo*) witty.
ingente *adj* huge, enormous.
ingenuidad *nf* (*gen*) ingenuousness, naïveté; (*sencillez*) simplicity.
ingenuo *adj* ingenuous, candid.
ingerir [3i] *vt* to consume, take in.
ingestión *nf* ingestion.
Inglaterra *nf* England.
ingle *nf* groin.
inglés/esa 1 *adj* English. **2** *nm/f* (**a**) Englishman/Englishwoman; **los ~es** the English; **montar a la ~a** to ride sidesaddle.
ingobernable *adj* uncontrollable; (*Pol*) ungovernable.
ingratitud *nf* ingratitude.
ingrato *adj* (**a**) (*individuo*) ungrateful; **¡~!** you wretch! (**b**) (*tarea*) thankless.

ingravidez *nf* weightlessness.
ingrávido *adj* weightless.
ingrediente *nm* ingredient; ~**s** (*Arg: tapas*) appetizers.
ingresar [1a] **1** *vt* (**a**) (*dinero*) to deposit, pay in; (*ganancias*) to receive, take in; ~ **dinero en una cuenta** to pay money into an account.
(**b**) (*Med*) ~ **a algn** to admit sb (as a patient); **X continúa ingresado en el hospital** X is still in hospital.
2 *vi* to go in, enter; ~ **a** (*esp LAm*) to enter, go in; ~ **en** (*club*) to join; (*Mil, Univ*) to enrol *o* (*US*) enroll in; ~ **en una sociedad** to become a member of *o* join a club; ~ **en la Academia** to be admitted to the Academy; ~ **en el ejército** to join the army, join up; ~ **en el hospital** to be admitted to hospital.
3 ingresarse *vr* (*Méx*) to join, become a member; (*Méx Mil*) to join up.
ingreso *nm* (**a**) (*acto*) entry (*en* into); (*en club*) joining; (*Mil, Univ*) enrolment, enrollment (*US*); (*en hospital etc*) admission (*en* to); **examen de** ~ entrance examination.
(**b**) (*lugar*) entrance.
(**c**) (*Com*) entry, deposit; **hacer un** ~ to make a deposit, pay in.
(**d**) ~**s** (*Fin: renta*) income; (*: del Estado*) revenue; (*: entradas*) receipts, takings; ~**s anuales/devengados/exentos de impuestos/personales disponibles** annual/earned/non-taxable/disposable personal income *sg*; ~**s brutos** gross receipts; **vivir con arreglo a los** ~**s** to live within one's income.
íngrimo *adj*: ~ **y solo** (*esp LAm fam*) all *o* completely alone.
inhábil *adj* (**a**) (*torpe*) unskilful, unskillful (*US*), clumsy; (*incompetente*) unfit (*para* for; *para hacer algo* to do sth). (**b**) **día** ~ non-working day.
inhabilidad *nf* (*torpeza*) unskilfulness, unskillfulness (*US*), clumsiness; (*incompetencia*) unfitness (*para* for).
inhabilitación *nf* (**a**) (*Pol, Jur*) disqualification. (**b**) (*Med*) disablement.
inhabilitar [1a] *vt* (**a**) (*Pol, Jur*) to disqualify (*para hacer algo* from doing sth). (**b**) (*Med*) to disable, render unfit (*para* for).
inhabitable *adj* uninhabitable.
inhabitado *adj* uninhabited.
inhabituado *adj* unaccustomed (*a* to).
inhalación *nf* inhalation.
inhalador *nm* inhaler.
inhalar [1a] *vt* to inhale.
inherente *adj* inherent (*a* in).
inhibición *nf* inhibition.
inhibir [3a] **1** *vt* (*gen*) to inhibit; (*Jur*) to restrain, stay. **2 inhibirse** *vr* to keep out (*de* of).
inhospitalario *adj* (*gen*) inhospitable; (*fig*) bleak, uninviting.
inhospitalidad *nf* inhospitality.
inhóspito *adj* inhospitable.
inhumación *nf* burial, interment.
inhumano *adj* (*gen*) inhuman; (*fig*) inhumane.
inhumar [1a] *vt* to bury, inter.
INI *nm abr* (*Esp Com*) *de* **Instituto Nacional de Industria** ≈ National Enterprise Board.
INIA *nm abr* (*Esp Agr*) *de* **Instituto Nacional de Investigación Agraria**.
iniciación *nf* (*Rel*) initiation; (*comienzo*) beginning.
iniciado/a 1 *adj* initiate(d). **2** *nm/f* initiate.
iniciador *nm* initiator, starter; (*pionero*) pioneer.
inicial 1 *adj* initial. **2** *nf* initial.
inicializar [1a] *vt* (*Inform*) to initialize.
iniciar [1b] *vt* (**a**) (*gen*) to initiate (*en* into); ~ **a algn en un secreto** to let sb into a secret. (**b**) (*comenzar*) to begin, start; (*dar origen a*) to originate; ~ **la sesión** (*Inform*) to log in *o* on.
iniciático *adj*: **ritos** ~**s** initiation rites.
iniciativa *nf* (*gen*) initiative; (*liderazgo*) leadership; ~ **privada** private enterprise; **por** ~ **propia** on one's own initiative; **carecer de** ~ to lack initiative; **tomar la** ~ to take the initiative.
inicio *nm* start, beginning.
inicuo *adj* wicked, iniquitous.
inidentificable *adj* unidentifiable.
inidentificado *adj* unidentified.
inigualado *adj* unequalled.
inimaginable *adj* unimaginable.
inimitable *adj* inimitable.
ininteligible *adj* unintelligible.
ininterrumpidamente *adv* (*V adj*) uninterruptedly; continuously, without a break; steadily.
ininterrumpido *adj* (*gen*) uninterrupted; (*proceso*) continuous; (*progreso*) steady, sustained.
iniquidad *nf* (*gen*) wickedness; (*injusticia*) injustice.
injerencia *nf* interference, meddling (*en* in).
injerir [3i] **1** *vt* to insert, introduce (*en* into); (*Agr*) to graft (*en* on, on to). **2 injerirse** *vr* to interfere, meddle (*en* in).
injertar [1a] *vt* (*Agr, Med*) to graft (*en* on, on to); (*fig*) to inject (*en* into).
injerto *nm* (**a**) (*acción*) grafting. (**b**) (*Agr, Med*) graft; ~ **de piel** skin graft.
injuria *nf* (*gen*) insult, offence, offense (*US*); (*agravio*) affront (*para* to); ~**s** abuse; **llenar a algn de** ~**s** to heap abuse on sb.
injuriar [1b] *vt* (*insultar*) to insult, abuse.
injurioso *adj* insulting, offensive.
injusticia *nf* (*gen*) injustice; (*fig, Dep*) unfairness; **una solemne** ~ a terrible injustice; **con** ~ unjustly.
injustificable *adj* unjustifiable.
injustificado *adj* unjustified, unwarranted.
injusto *adj* (*gen*) unjust, unfair; (*indebido*) wrong(ful); **ser** ~ **con algn** to be unjust to sb.
INLE *nm abr de* **Instituto Nacional del Libro Español**.
inmaculado *adj* immaculate; (*Rel*) **la Vírgen I~a** the Immaculate Virgin.
inmadurez *nf* immaturity.
inmaduro *adj* (*individuo*) immature; (*fruta*) unripe.
inmarcesible, **inmarchitable** *adj* undying, unfading.
inmaterial *adj* immaterial.
INME *nm abr de* **Instituto Nacional de Moneda Extranjera**.
inmediaciones *nfpl* neighbourhood, neighborhood (*US*), environs; **en las** ~ **de** in the neighbourhood of.
inmediatamente *adv* immediately, at once.
inmediatez *nf* immediacy.
inmediato *adj* (**a**) (*gen*) immediate; (*rápido*) prompt; **de** ~ (*esp LAm*) immediately, promptly. (**b**) (*contiguo*) next, adjoining; (*próximo*) neighbouring, neighboring (*US*); ~ **a** close to, next to.
inmejorable *adj* unsurpassable; (*precio etc*) unbeatable; ~**s recomendaciones** excellent references; **de calidad** ~ of the very best quality.
inmemorial *adj* immemorial; **desde tiempo** ~ from time immemorial.
inmensamente *adv* immensely, vastly; ~ **rico** hugely rich, enormously wealthy.
inmensidad *nf* (*gen*) immensity, vastness; (*cantidad*) vast numbers.
inmenso *adj* immense, vast; **sentir una tristeza** ~**a** to be terribly sad.
inmensurable *adj* immeasurable.
inmerecidamente *adv* undeservedly.
inmerecido *adj* undeserved.
inmersión *nf* (**a**) (*gen*) immersion; (*buzo etc*) dive, plunge. (**b**) (*Téc, Fot etc*) **tanque de** ~ bath.
inmerso *adj* (*gen*) immersed; (*fig*) involved (*en* in); ~ **en sus meditaciones** deep in thought.
inmigración *nf* immigration.
inmigrado/a *nm/f* immigrant.

inmigrante *adj, nmf* immigrant.
inmigrar [1a] *vi* to immigrate.
inminencia *nf* imminence.
inminente *adj* imminent, impending.
inmiscuirse [3g] *vr* to interfere, meddle (*en* in).
inmisericorde *adj* insensitive, pitiless.
inmobiliaria *nf* estate agency, real estate agency *(US)*; (*de construcción*) construction company, builder(s).
inmobiliario *adj* real-estate *atr*, property *atr*; **agente ~** estate agent; **venta ~a** sale of property.
inmoderación *nf* excess.
inmoderado *adj* immoderate, excessive.
inmodestia *nf* immodesty.
inmodesto *adj* immodest.
inmolar [1a] *vt* to immolate, sacrifice.
inmoral *adj* immoral.
inmoralidad *nf* immorality.
inmortal *adj, nmf* immortal.
inmortalidad *nf* immortality.
inmortalizar [1f] *vt* to immortalize.
inmotivado *adj* (*gen*) unmotivated; (*sospecha etc*) groundless.
inmóvil *adj* (**a**) (*inamovible*) immovable; (*sin mover*) motionless, still; **quedar ~** to remain *o* be *o* stand motionless; (*Aut etc*) to remain stationary. (**b**) (*fig*) steadfast, unshaken.
inmovilidad *nf* immobility.
inmovilismo *nm* resistance to change; (*Pol*) ultraconservatism.
inmovilista *adj* resistant to change; (*Pol*) ultraconservative.
inmovilización *nf* (*V vt*) immobilization; paralysing; **~ de coches** *o* **carros** *etc* (*Méx*) traffic jam.
inmovilizado *nm* capital assets, fixed assets.
inmovilizar [1f] *vt* (*gen*) to immobilize; (*fig: paralizar*) to paralyse, bring to a standstill; (*Fin: capital*) to tie up.
inmueble 1 *adj*: **bienes ~s** real estate, landed *o (US)* real property. **2** *nm* property, building.
inmundicia *nf* filth, dirt; **~s** rubbish.
inmundo *adj* (*gen*) filthy, dirty; (*asqueroso*) foul.
inmune *adj* (*Med, fig*) immune (*a* against, to); **~ a las críticas** immune to criticism.
inmunidad *nf* (*Pol, Med*) immunity; **~ diplomática/parlamentaria** diplomatic/parliamentary immunity.
inmunitario *adj*: **sistema ~** immune system.
inmunizar [1f] *vt* to immunize.
inmunodeficiencia *nf* immunodeficiency.
inmunología *nf* immunology.
inmunológico *adj* immune *atr*; **sistema ~** immune system.
inmutabilidad *nf* immutability.
inmutable *adj* changeless.
inmutarse [1a] *vr* to lose one's self-possession; **ni se inmutó** he didn't turn a hair; **siguió sin ~** he carried on unperturbed.
innato *adj* innate, inborn.
innatural *adj* unnatural.
innavegable *adj* (*río etc*) unnavigable; (*barco*) unseaworthy.
innecesariamente *adv* unnecessarily.
innecesario *adj* unnecessary.
innegable *adj* undeniable.
innoble *adj* ignoble.
innocuo *adj* = **inocuo**.
innovación *nf* innovation; (*novedad*) novelty, new thing.
innovador(a) 1 *adj* innovatory. **2** *nm/f* innovator.
innovar [1a] **1** *vt* to introduce. **2** *vi* to innovate.
innumerable *adj* countless.
inobjetable *adj* unobjectionable.
inobservancia *nf* non-observance (*de* of); (*de ley*) violation, breaking (*de* of).
inocencia *nf* (*gen*) innocence; (*sencillez*) naïveté.
inocentada *nf* (**a**) (*simpleza: dicho*) naïve remark; (*: hecho*) blunder. (**b**) (*engaño*) practical joke, April Fool joke.
inocente 1 *adj* (**a**) (*gen*) innocent (*de* of); (*sin malicia*) harmless. (**b**) (*ingenuo*) simple, naïve. **2** *nmf* (**a**) innocent (person). (**b**) (*bobo*) simple soul.
inocentemente *adv* innocently.
inocentón/ona 1 *adj* gullible. **2** *nm/f* simple soul.
inocuidad *nf* harmlessness.
inoculación *nf* inoculation.
inocular [1a] *vt* to inoculate (*contra* against; *de* with).
inocuo *adj* innocuous, harmless.
inodoro 1 *adj* odourless, odorless *(US)*, having no smell. **2** *nm* toilet, lavatory.
inofensivo *adj* inoffensive, harmless.
inolvidable *adj* unforgettable.
inoperancia *nf* inoperative character.
inoperante *adj* (*gen*) ineffective, ineffectual.
inopia *nf*: **estar en la ~** (*fig: no saber*) to be in the dark, have no idea; (*estar despistado*) to be dreaming, be far away.
inopinadamente *adv* unexpectedly.
inopinado *adj* unexpected.
inoportunamente *adv* (*V adj*) (**a**) inopportunely, at the wrong time. (**b**) inconveniently; inappropriately.
inoportunidad *nf* (**a**) (*momento*) inopportuneness, untimeliness. (**b**) (*molestia*) inconvenience; (*impropiedad*) inappropriateness.
inoportuno *adj* (**a**) (*momento*) inopportune, untimely, ill-timed. (**b**) (*molesto*) inconvenient; (*inapropiado*) inappropriate.
inorgánico *adj* inorganic.
inoxidable *adj* (*gen*) rustless; (*acero*) stainless.
inquebrantable *adj* (**a**) unbreakable. (**b**) (*fig*) unshakeable, unyielding, unswerving.
inquietante *adj* worrying, disturbing.
inquietar [1a] **1** *vt* to worry, disturb. **2 inquietarse** *vr* to worry, upset o.s.; **¡no te inquietes!** don't panic!
inquieto *adj* (**a**) (*preocupado*) anxious, worried, uneasy; **estar ~ por** to be anxious *o* worried about. (**b**) (*agitado*) restless, unsettled.
inquietud *nf* (**a**) (*gen*) anxiety, disquiet. (**b**) (*desasosiego*) restlessness.
inquilinato *nm* (*Arg, Col, Uru*) tenement house; (*pey*) slum.
inquilino/a *nm/f* tenant; (*Com*) lessee; (*Chi*) tenant farmer.
inquina *nf* (*aversión*) dislike, aversion; (*rencor*) ill will, spite; **tener ~ a algn** to have a grudge against sb.
inquirir [3i] **1** *vt* to investigate, look into. **2** *vi* to inquire.
inquisición *nf* inquiry, investigation; **la I~** the Inquisition.
inquisidor *nm* inquisitor.
inquisitivo *adj* inquisitive, curious; (*mirada*) prying.
inquisitorial *adj* inquisitorial.
inri *nm*: **para más ~** to make matters worse.
insaciable *adj* insatiable.
insalubre *adj* (*gen*) unhealthy; (*fig: condiciones*) insanitary.
insalubridad *nf* unhealthiness.
INSALUD, Insalud *nm abr* (*Esp*) *de* **Instituto Nacional de la Salud**.
insalvable *adj* (*obstáculo*) insuperable.
insano *adj* (**a**) (*loco*) insane, mad. (**b**) (*malsano*) unhealthy.
insatisfacción *nf* dissatisfaction.
insatisfactorio *adj* unsatisfactory.
insatisfecho *adj* (*condición etc*) unsatisfied; (*estado de ánimo*) dissatisfied.
inscribir [3a] (*pp* **inscrito**) **1** *vt* (*grabar*) to inscribe; (*poner en lista*) to list, enter (on a list)*matricular*, to enrol, enroll *(US)*, register. **2 inscribirse** *vr* to enrol, register.

inscripción *nf* (**a**) (*en curso etc*) registration, enrolment, enrollment *(US)*. (**b**) (*grabado*) inscription; (*Tip*) lettering.
inscrito *pp de* **inscribir**.
insecticida *nm* insecticide.
insectívoro *adj* insectivorous.
insecto *nm* insect.
inseguridad *nf* (*peligro*) insecurity, unsafeness; (*vacilación*) unsteadiness; (*incertidumbre*) uncertainty; ~ **ciudadana** lack of safety in the streets, decline in law and order.
inseguro *adj* (*peligroso*) unsafe, insecure; (*paso etc*) unsteady; (*incierto*) uncertain.
inseminación *nf*: ~ **artificial** artificial insemination.
inseminar [1a] *vt* to inseminate, fertilize.
insensatez *nf* foolishness, stupidity.
insensato *adj* senseless, stupid.
insensibilidad *nf* (**a**) (*gen*) insensitivity; (*indiferencia*) callousness. (**b**) (*Med*) insensibility, unconsciousness; (*entumecimiento*) numbness.
insensibilizar [1f] *vt* (*gen*) to render insensitive, make callous; (*Med*) to anaesthetize, anesthetize *(US)*; (*Téc*) to desensitize.
insensible *adj* (**a**) (*gen*) insensitive (*a* to); (*indiferente*) callous. (**b**) (*cambio etc*) imperceptible. (**c**) (*Med*) insensible, unconscious; (*entumecido*) numb.
inseparable *adj* inseparable.
inseparablemente *adv* inseparably.
insepulto *adj* unburied.
inserción *nf* insertion.
INSERSO, Inserso *nm abr* (*Esp*) *de* **Instituto Nacional de Servicios Sociales**.
insertar [1a] *vt* to insert.
inservible *adj* (*gen*) useless; (*Mec etc*) out of order.
insidia *nf* (**a**) (*trampa*) snare, trap. (**b**) (*acto*) malicious act. (**c**) (*cualidad*) maliciousness.
insidioso *adj* insidious, deceptive.
insigne *adj* (*gen*) distinguished; (*famoso*) notable, famous.
insignia *nf* (**a**) (*señal*) badge, emblem. (**b**) (*estandarte*) flag, banner; (*Náut*) pennant. (**c**) ~**s** insignia.
insignificancia *nf* insignificance, trifle.
insignificante *adj* (*gen*) insignificant; (*nimio*) trivial, petty.
insinceridad *nf* insincerity.
insincero *adj* insincere.
insinuación *nf* (*gen*) hint; (*indirecta*) insinuation.
insinuante *adj* (*que insinúa*) insinuating; (*atrevido*) forward, suggestive.
insinuar [1e] **1** *vt* (*gen*) to insinuate, hint at; ~ **que ...** to imply that .... **2 insinuarse** *vr* (**a**) ~ **a algn** to make advances to sb. (**b**) ~ **en** to worm one's way into.
insipidez *nf* insipidness, tastelessness; (*fig*) dullness, flatness.
insípido *adj* insipid, tasteless; (*fig*) dull, tedious.
insistencia *nf* insistence (*en* on); **con ~ machacona** persistently, ad nauseam.
insistente *adj* (*individuo*) insistent; (*quejas etc*) persistent.
insistentemente *adv* (*V adj*) insistently; persistently.
insistir [3a] *vi* (*gen*) to insist; (*persistir*) to persist; ~ **en algo** to insist on sth; (*enfatizar*) to stress sth; ~ **en una idea** to press an idea; ~ **en hacer algo** to insist on doing sth; ~ **en que se haga algo** to insist that sth should be done.
in situ *adv* (*formal*) in situ; (*más común*) on the spot.
insobornable *adj* incorruptible.
insociabilidad *nf* unsociability.
insociable *adj* unsociable.
insolación *nf* (**a**) (*Met*) sunshine; **horas de** ~ hours of sunshine. (**b**) (*Med*) sunstroke; **coger una** ~ to get sunstroke.
insolencia *nf* (**a**) (*descaro*) insolence, effrontery. (**b**) (*ultraje*) piece of rudeness.
insolentarse [1a] *vr* to be insolent (*con* to).
insolente *adj* (**a**) (*gen*) insolent, rude. (**b**) (*altivo*) haughty, contemptuous.
insolidaridad *nf* lack of solidarity.
insolidario *adj* unsupportive, uncooperative.
insólito *adj* unusual.
insoluble *adj* insoluble.
insolvencia *nf* insolvency, bankruptcy.
insolvente *adj* insolvent, bankrupt.
insomne 1 *adj* sleepless. **2** *nmf* insomniac.
insomnio *nm* (*desvelo*) sleeplessness; (*Med*) insomnia.
insondable *adj* bottomless; (*fig*) unfathomable.
insonorización *nf* soundproofing.
insonorizado *adj* soundproof; **estar** ~ to be soundproofed.
insoportable *adj* unbearable, intolerable.
insoslayable *adj* unavoidable.
insospechado *adj* unsuspected.
insostenible *adj* untenable.
inspección *nf* (*gen*) inspection, examination; (*control*) check; **I~** inspectorate; ~ **ocular** visual examination; ~ **técnica de vehículos** ≈ MOT test.
inspeccionar [1a] *vt* (*gen*) to inspect, examine; (*controlar*) to check; (*velar*) to supervise; (*Inform*) to peek.
inspector *nm* (*gen*) inspector; (*supervisor*) supervisor; ~ **de aduanas** customs officer; ~ **de Hacienda** tax inspector.
inspectorado *nm* inspectorate.
inspiración *nf* (**a**) (*gen*) inspiration. (**b**) (*Med*) inhalation.
inspirador *adj* inspiring.
inspirar [1a] **1** *vt* (**a**) to inspire. (**b**) (*Med*) to inhale, breathe in. **2 inspirarse** *vr*: ~ **en** to be inspired by, find inspiration in.
INSS *nm abr* (*Esp*) *de* **Instituto Nacional de Seguridad Social**.
instalación *nf* (**a**) (*acto*) installation. (**b**) (*equipo*) fittings, equipment; ~**es deportivas** sports facilities; ~ **de fuerza** power plant; ~ **sanitaria** sanitation, plumbing.
instalador(a) *nm/f* fitter; ~ **sanitario** plumber.
instalar [1a] **1** *vt* (*gen*) to install; (*equipar*) to set *o* fit up, lay on. **2 instalarse** *vr* to install *o* establish o.s., settle (down).
instancia *nf* (*gen*) request; (*solicitud*) application; (*Jur*) petition; **a ~(s) de** at the request of; **en última** ~ as a last resort.
instantánea *nf* (*Fot*) snap(shot).
instantáneo *adj* instantaneous; **café** ~ instant coffee.
instante *nm* instant, moment; **al** ~ right now, at once; **(a) cada** ~ all the time; **en un** ~ in a flash; **en ese** *o* **aquel mismo** ~ at that precise moment; **por ~s** incessantly; **hace un** ~ a moment ago.
instar [1a] **1** *vt* to urge, press. **2** *vi* to be urgent *o* pressing.
instauración *nf* (*establecimiento*) establishment, setting-up.
instaurar [1a] *vt* (*establecer*) to establish, set up.
instigación *nf* instigation; **a ~ de** at the instigation of.
instigador(a) *nm/f* instigator; ~ **de un delito** (*Jur*) accessory before the fact.
instigar [1h] *vt* to instigate; ~ **a algn a hacer algo** to incite *o* induce sb to do sth; ~ **a la sublevación** to incite to riot.
instilar [1a] *vt* to instil *o (US)* instill (*en* into).
instintivo *adj* instinctive.
instinto *nm* (*gen*) instinct; (*impulso*) impulse, urge; ~ **sexual** sexual urge; **por** ~ instinctively.
institución *nf* (**a**) (*acción*) establishment. (**b**) (*organismo*) institution; ~ **benéfica** charitable foundation. (**c**) ~**es** (*bases*) principles.
institucional *adj* institutional.
instituir [3g] *vt* (*gen*) to institute, establish; (*fundar*) to found, set up.
instituto *nm* (**a**) (*gen*) institute, institution; ~ **de belleza** (*Esp*) beauty parlour *o (US)* parlor; ~ **financiero** finan-

cial institution; **I~ Nacional del Bachillerato** state secondary school, high school *(US)*; **I~ Nacional de Industria (INI)** ≈ National Enterprise Board. **(b)** *(regla)* principle, rule.
institutriz *nf* governess.
instrucción *nf* **(a)** *(gen)* education, teaching; *(Mil etc)* training, drill; *(Dep)* coaching, training. **(b)** *(conocimientos)* knowledge, learning; **tener poca ~ en** to know little about. **(c)** *(Jur: tb* **~ del sumario**) proceedings. **(d)** *(Inform)* statement. **(e) ~es** instructions, orders; **de acuerdo con sus ~es** in accordance with your instructions; **~es para el uso** *o* **de uso** directions for use.
instructivo *adj* *(gen)* instructive; *(educativo)* educational.
instructor(a) *nm/f* instructor/tress, teacher; *(Dep)* coach, trainer.
instruido *adj* well-informed.
instruir 3g **1** *vt* **(a)** *(gen)* to instruct, teach *(de, en, sobre* in, about); *(enseñar)* to educate; *(Mil etc)* to train, drill; *(Dep)* to coach, train. **(b)** *(Jur: proceso)* to prepare, draw up. **2 instruirse** *vr* to learn, teach o.s. *(de, en, sobre* about).
instrumentación *nf* orchestration, scoring.
instrumental 1 *adj* instrumental. **2** *nm* (set of) instruments.
instrumentar 1a *vt* to score, orchestrate.
instrumentista *nmf* *(músico)* instrumentalist; *(fabricante)* instrument maker.
instrumento *nm* **(a)** *(gen, tb fig)* instrument; *(herramienta)* tool, implement; **~s científicos** scientific instruments; **~s de mando** *(Aer etc)* controls; **~ de precisión** precision instrument. **(b)** *(Mús)* instrument; **~ de percusión/cuerda/viento** percussion/string(ed)/wind instrument. **(c)** *(Jur)* deed, legal document.
insubordinación *nf* *(Mil etc)* insubordination; *(fig)* unruliness.
insubordinar 1a **1** *vt* to stir up, rouse to rebellion. **2 insubordinarse** *vr* to rebel.
insuficiencia *nf* **(a)** *(gen)* insufficiency, inadequacy; *(carencia)* lack, shortage; **~ de franqueo** underpaid postage. **(b)** *(fig: incompetencia)* incompetence. **(c)** *(Med)* **~ cardíaca/renal** heart/kidney failure.
insuficiente *adj* **(a)** *(gen)* insufficient, inadequate. **(b)** *(fig: individuo)* incompetent. **(c)** *(nota)* unsatisfactory.
insufrible *adj* unbearable, insufferable.
insular *adj* insular, island *atr*.
insularidad *nf* insularity.
insulina *nf* insulin.
insulsez *nf* **(a)** *(de comida)* tastelessness. **(b)** *(fig)* flatness, dullness.
insulso *adj* **(a)** *(comida)* tasteless, insipid. **(b)** *(fig)* flat, dull.
insultante *adj* insulting, abusive.
insultar 1a *vt* to insult.
insulto *nm* insult *(para* to).
insumisión *nf* rebelliousness; *(Esp)* refusal to do military service.
insumiso 1 *adj* rebellious. **2** *nm* **(a)** *(Esp) man who refuses to do military or community service*. **(b) ~s** *(Méx Econ: entradas)* input (materials).
insuperable *adj* *(problema)* insurmountable; *(precio)* unbeatable; *(calidad)* unsurpassable.
insuperado *adj* unsurpassed.
insurgente *adj, nmf* insurgent.
insurrección *nf* revolt, insurrection.
insurreccional *adj* insurrectionary.
insurreccionar 1a **1** *vt* to incite to rebel. **2 insurreccionarse** *vr* to rebel, revolt.
insurrecto = **insurgente**.
insustancial *adj* insubstantial.
insustituible *adj* irreplaceable.
INTA *nm abr (Esp Aer) de* **Instituto Nacional de Técnica Aerospacial**.
intacto *adj* *(sin tocar)* untouched; *(entero)* whole, intact; *(puro)* pure.
intachable *adj* faultless, perfect.
intangible *adj* intangible.
integración *nf* integration; **~ racial** racial integration.
integrado *adj* *(Inform)*: **circuito ~** integrated circuit.
integral 1 *adj* **(a)** *(gen)* integral; *(Mec etc)* built-in; **arroz ~** brown rice; **pan ~** wholemeal bread. **(b)** *(fam)* total, complete; **un idiota ~** an utter fool. **2** *nf* *(Mat)* integral.
integrante 1 *adj* integral. **2** *nmf* member; **los ~s del conjunto** the members of the group.
integrar 1a *vt* **(a)** to make up, compose, form; **y los que integran el otro grupo** and those who make up the other group. **(b)** *(Mat, fig)* to integrate. **(c)** *(Fin)* to repay, reimburse.
integridad *nf* **(a)** *(totalidad)* wholeness, completeness; **~ física** physical wellbeing; **en su ~** completely, as a whole. **(b)** *(fig: rectitud)* uprightness, integrity; **peligró su ~ física** he was nearly hurt, he came close to suffering injury. **(c)** *(Inform)* integrity.
integrismo *nm* *(social)* entrenched traditionalism; *(Pol)* fundamentalism; **el ~ árabe** Arab fundamentalism.
integrista *adj, nmf* *(social)* traditionalist; *(Pol)* fundamentalist.
íntegro *adj* **(a)** *(gen)* whole, entire, complete; *(integral)* integral; *(texto)* uncut, unabridged. **(b)** *(honrado)* honest, upright.
intelecto *nm* intellect.
intelectual *adj, nmf* intellectual.
intelectualidad *nf* intelligentsia, intellectuals.
intelectualoide *adj, nmf* pseudo-intellectual.
inteligencia *nf* **(a)** *(gen)* intelligence; *(intelecto)* mind, understanding. **(b)** *(fig: comprensión)* understanding; *(trato secreto)* collusion. **(c)** *(personas)* intelligentsia.
inteligente *adj* **(a)** *(gen)* intelligent; *(listo)* clever, brainy. **(b)** *(hábil)* skilful, skillful *(US)*.
inteligibilidad *nf* intelligibility.
inteligible *adj* intelligible.
intemperancia *nf* intemperance, excess.
intemperante *adj* intemperate.
intemperie *nf* bad *o* rough weather; **estar a la ~** to be at the mercy of the elements; **una cara curtida a la ~** a face tanned by wind and weather.
intempestivo *adj* untimely, ill-timed.
intención *nf* *(gen)* intention, purpose; *(plan)* plan; **~ delictiva** criminal intent; **su ~ era muy otra** he had something very different in mind; **segunda ~** duplicity, underhandedness; **con ~** deliberately; **con segunda** *o* **doble ~** in an underhand way; **con la ~ de hacer algo** with the idea of doing sth; **de ~** on purpose; **aceptar las ~es de algn** to accept sb's advances; **sin hacer la menor ~ de hacer algo** without making the least move to do sth; **tener la ~ de hacer algo** to intend to do sth, mean to do sth.
intencionado *adj* **(a)** *(intencional)* deliberate. **(b) bien ~** well-meaning; **mal ~** ill-disposed, hostile; *(malévolo)* malicious.
intencional *adj* intentional.
intencionalidad *nf* *(propósito)* purpose, intention; **la ~ del incendio** the fact that the fire was deliberately started.
intendencia *nf* **(a)** *(dirección)* management, administration. **(b)** *(Mil: tb* **cuerpo de ~**) ≈ service corps. **(c)** *(Arg)* mayoralty.
intendente *nm* **(a)** manager. **(b) ~ de ejército** quartermaster general. **(c)** *(LAm Hist)* governor. **(d)** *(Arg: alcalde)* mayor; *(Arg, Chi: gobernador)* provincial governor. **(e)** *(Méx, Ecu: policía)* police inspector.
intensidad *nf* *(gen)* intensity; *(de recuerdo etc)* vividness; *(Elec, Téc)* strength.
intensificación *nf* intensification.
intensificar 1g **1** *vt* to intensify. **2 intensificarse** *vr*

to intensify.

intensivo *adj* (*gen*) intensive; (*curso*) crash.

intenso *adj* (*gen*) intense; (*emoción*) powerful, strong; (*recuerdo etc*) vivid, profound; (*color*) deep; (*Elec etc*) strong.

intentar 1a *vt* to try, attempt; ~ **algo** to try sth; ~ **hacer algo** to try *o* attempt to do sth; **¡venga, inténtalo!** go on, have a go!

intento *nm* (**a**) (*propósito*) intention, intent, purpose. (**b**) (*tentativa*) attempt; ~ **fracasado** failed attempt; ~ **de suicidio/violación** attempted suicide/rape.

intentona *nf* foolhardy attempt; (*Pol*) putsch, rising.

inter... *pref* inter....

interacción *nf* interaction, interplay.

interaccionar 1a *vi* (*tb Inform*) to interact (*con* with).

interactivo *adj* interactive; **computación ~a** (*Inform*) interactive computing.

interamericano *adj* inter-American.

interanual *adj*: **promedio** ~ year-on-year average.

interbancario *adj* inter-bank *atr*.

intercalación *nf* intercalation, insertion; (*Inform*) merging.

intercalar 1a *vt* to intercalate, insert; (*Inform: archivos, texto*) to merge.

intercambiable *adj* interchangeable.

intercambiar 1b *vt* to interchange; (*presos etc*) to exchange; (*sellos etc*) to swap.

intercambio *nm* interchange; (*canje*) exchange; (*trueque*) swap(ping).

interceder 2a *vi* to intercede; ~ **con A por B** to intercede with A on B's behalf, plead with A for B.

interceptación *nf* (*gen*) interception; (*Aut etc*) stoppage, holdup.

interceptar 1a *vt* (*gen*) to intercept, cut off; (*Aut etc*) to stop, hold up.

interceptor *nm* (**a**) interceptor. (**b**) (*Mec*) trap, separator.

intercesión *nf* intercession.

intercomunicación *nf* intercommunication.

interconectar 1a *vt* to interconnect.

interconexión *nf* interconnection.

interconfesional *adj* interdenominational.

intercontinental *adj* intercontinental.

interdecir 3o *vt* to forbid, prohibit.

interdependencia *nf* interdependence.

interdicto *nm* prohibition, ban; (*Jur, Rel*) interdict.

interdisciplinar(io) *adj* interdisciplinary.

interés *nm* (**a**) (*gen*) interest; (*importancia*) concern; **con gran** ~ with great interest; **de gran** ~ very interesting; **su** ~ **en** *o* **por** his interest in; **poner** ~ **en** to take an interest in; **sentir** *o* **tener** ~ **por** to be interested in.

(**b**) (*participación*) interest, share, part; **~es** interests, affairs; **~es creados** vested interests; **en** ~ **de** in the interest of; **fomentar los ~es de algn** to promote sb's interests; **tener** ~ **en** to hold a share in, have a part in.

(**c**) (*pey: egoísmo*) selfishness, egotism.

(**d**) (*Com, Fin*) interest; **con un** ~ **del 9 por ciento** with interest of 9%; ~ **compuesto** compound interest; ~ **simple** simple interest; **~es acumulados** accrued interest *sg*; **dar a** ~ to lend at interest; **devengar ~es** to bear interest.

interesado/a 1 *adj* (**a**) (*gen*) interested; **estar** ~ **en** to be interested in, have an interest in. (**b**) (*parcial*) biassed, prejudiced. (**c**) (*egoísta*) selfish, self-seeking. **2** *nm/f* (**a**) person concerned, interested party. (**b**) (*firmante*) the undersigned.

interesante *adj* interesting; **hacerse el/la** ~ to try to attract attention.

interesar 1a **1** *vt* (**a**) (*gen*) to interest, be of interest to; (*cautivar*) to appeal to; **¿te interesa el fútbol?** are you interested in football?; **no me interesan los toros** bullfighting does not appeal to me; **logré ~le en mi idea** I succeeded in interesting him in my idea.

(**b**) (*afectar*) to concern, involve; **el asunto interesa a todos** the matter concerns everybody.

(**c**) (*Med*) to affect, involve; **la lesión interesa la región lumbar** the injury affects the lumbar region.

2 *vi* (*gen*) to be of interest; (*importar*) to be important.

3 interesarse *vr* to be interested, take an interest (*en, por* in).

interestatal *adj* inter-state.

interface *nm* (*Inform*) interface.

interfecto/a 1 *adj* killed, murdered. **2** *nm/f* (**a**) murdered person, murder victim. (**b**) (*fam*) punter *(fam)*, person in question.

interferencia *nf* (**a**) (*Rad etc*) interference; (*Mil*) jamming; (*Telec*) tapping. (**b**) (*fig*) interference (*en* in).

interferir 3i **1** *vt* (**a**) (*Rad etc*) to interfere with; (*Mil*) to jam; (*Telec*) to tap. (**b**) (*fig*) to interfere with, affect. **2** *vi* to interfere (*en* in, with). **3 interferirse** *vr* to interfere (*en* in, with).

interfono *nm* intercom.

intergubernamental *adj* inter-governmental, between governments.

ínterin 1 *adv* meanwhile. **2** *nm* interim; **en el** ~ in the meantime.

interinidad *nf* (*estado*) temporary nature; (*estatus*) provisional status; (*empleo*) temporary work.

interino/a 1 *adj* (**a**) (*gen*) temporary; (*medida*) stopgap, interim. (**b**) (*empleado etc: provisional*) acting. **2** *nm/f* temporary holder of a post, acting official; (*Teat*) stand-in; (*Med*) locum, on-call doctor *(US)*.

interior 1 *adj* (*gen*) interior; (*pensamientos*) inward, inner; (*comercio*) domestic, internal; **ropa** ~ underwear; **habitación** ~ room without a view; **en la parte** ~ inside, on the inside; **pista** ~ inside track.

2 *nm* (**a**) (*gen*) interior, inside; (*parte interior*) inner part.

(**b**) (*fig*) mind, soul; **en su** ~ in one's heart; **dije para mí** ~ I said to myself.

(**c**) (*Geog*) interior, hinterland; (*Pol*) **Ministerio del I~** Home Office *(Brit)*, Justice Department *(US)*.

(**d**) (*Dep*) inside-forward; ~ **derecho/izquierdo** inside-right/-left.

(**e**) **~es** (*Anat*) insides.

(**f**) **~es** (*Col, Ven: calzoncillos*) (under)pants, shorts *(US)*.

interioridad *nf* (**a**) inwardness. (**b**) **~es** family secrets; (*detalles*) ins and outs; **explicó las ~es de la lucha** he explained the inner history of the struggle.

interiorizar 1f **1** *vt* (**a**) (*Psic*) to internalize. (**b**) (*Chi*) to inform (*de, sobre* about). **2 interiorizarse** *vr*: ~ **algo** to familiarize o.s. with sth.

interjección *nf* interjection.

interlínea *nf* (*Inform*) line feed.

interlocutor(a) *nm/f* speaker, interlocutor; (*al teléfono*) person at the other end (of the line); **mi** ~ the person I was speaking to, the person who spoke to me; ~ **válido** (*Pol*) official negotiator *o* spokesman.

interludio *nm* interlude.

intermediario/a 1 *adj* (**a**) (*gen*) intermediary. (**b**) (*mediador*) mediating. **2** *nm/f* (**a**) intermediary, go-between; (*Com*) middle-man. (**b**) (*mediador*) mediator.

intermedio 1 *adj* (**a**) (*etapa*) intermediate, halfway (*entre* between). (**b**) (*tiempo*) intervening; **el período** ~ the interim, the period between. **2** *nm* interval; (*Pol*) recess.

intermezzo [inter'metso] *nm* intermezzo.

interminable *adj* endless, interminable.

intermisión *nf* intermission, interval.

intermitente 1 *adj* intermittent. **2** *nm* (*Aut*) flashing light, indicator.

internacional *adj, nmf* international.

internacionalismo *nm* internationalism.

internacionalizar 1f *vt* to internationalize.

internada *nf* (*Dep*) attack.

internado/a 1 *nm/f* (*Mil etc*) internee; (*Escol*) boarder. **2** *nm* (**a**) (*colegio*) boarding school. (**b**) (*alumnos*) boarders.
internamiento *nm* internment.
internar [1a] **1** *vt* (*Mil*) to intern; (*Med*) to admit (*en* to); ~ **a algn en un manicomio** to commit sb (to an asylum). **2 internarse** *vr* (**a**) (*avanzar*) to advance (deeply), penetrate; ~ **en** to go into *o* right inside; **se internó en el edificio** he disappeared into the building; ~ **en un país** to go into the interior of a country. (**b**) ~ **en un estudio** to study a subject in depth.
interno/a 1 *adj* internal, interior; **la política ~a** domestic politics; **por vía ~a** (*Med*) internally. **2** *nm* (*CSur Telec*) (telephone) extension. **3** *nm/f* (*Escol*) boarder; (*Med*) houseman.
interparlamentario *adj* interparliamentary.
interpelación *nf* appeal, plea.
interpelar [1a] *vt* (*dirigirse a*) to address, speak to; (*Pol*) to ask for explanations, grill (*fam*).
interpersonal *adj* interpersonal.
interplanetario *adj* interplanetary.
Interpol *nf abr de* **Organización Internacional de Policía Criminal** Interpol.
interpolación *nf* interpolation.
interpolar [1a] *vt* (*gen*) to interpolate; (*interrumpir*) to interrupt briefly.
interponer [2q] **1** *vt* (**a**) (*insertar*) to interpose, put in. (**b**) (*Jur: apelación*) to lodge, put in. **2 interponerse** *vr* to intervene.
interpretación *nf* (**a**) (*gen*) interpretation; **mala** ~ misinterpretation. (**b**) (*traducción*) translation. (**c**) (*Mús, Teat*) performance.
interpretar [1a] *vt* (**a**) (*gen*) to interpret; ~ **mal** to misinterpret. (**b**) (*Ling*) to interpret, translate. (**c**) (*Mús, Teat: pieza*) to perform; (*papel*) to play.
intérprete *nmf* (**a**) (*Ling*) interpreter, translator. (**b**) (*Mús*) performer; (*Teat*) artist(e).
interracial *adj* interracial.
interregno *nm* (*Hist, Pol*) interregnum.
interrelación *nf* interrelation.
interrelacionar [1a] *vt* to interrelate.
interrogación *nf* (**a**) (*Mil etc*) questioning, interrogation. (**b**) (*Ling: pregunta*) question. (**c**) (*Tip: signo de ~*) question mark.
interrogador(a) *nm/f* interrogator, questioner.
interrogante 1 *adj* questioning. **2** *nm* question mark; (*fig*) question mark, query.
interrogar [1h] *vt* to question, interrogate; (*Jur*) to examine.
interrogativo *adj, nm* interrogative.
interrogatorio *nm* (*gen*) interrogation, questioning; (*Mil*) debriefing; (*Jur*) examination.
interrumpir [3a] *vt* (*gen*) to interrupt; (*vacaciones*) to cut short; (*servicio*) to cut off; (*tráfico*) to block, hold up; (*Elec: apagar*) to switch off; (*embarazo*) to terminate.
interrupción *nf* (*gen*) interruption; (*paro etc*) stoppage, holdup; (*de embarazo*) termination.
interruptor *nm* (*Elec*) switch; ~ **de dos direcciones** two-way switch.
intersección *nf* intersection; (*Aut*) crossing, junction.
intersticio *nm* interstice; (*grieta*) crack; (*intervalo*) interval, gap; (*Mec*) clearance.
interurbano *adj* inter-city; (*Telec*) long-distance.
intervalo *nm* (*Mús, tiempo*) interval; (*descanso*) break; (*espacio*) gap; **a ~s** at intervals; (*de vez en cuando*) every now and then.
intervención *nf* (**a**) (*gen*) supervision, control; (*LAm: de sindicatos etc*) government takeover. (**b**) (*Com*) audit, auditing. (**c**) (*Med*) operation; ~ **quirúrgica** surgical operation. (**d**) (*Telec*) tapping. (**e**) (*participación*) intervention (*en* in); **su ~ en la discusión** his contribution to the discussion; **la política de no ~** the policy of nonintervention.
intervenir [3r] **1** *vt* (**a**) to supervise, control; (*LAm: sindicatos*) to install government appointees in; **el gobierno intervino a los ferroviarios** the government took over the railworkers' union. (**b**) (*Com*) to audit. (**c**) (*Med*) to operate on. (**d**) (*Telec*) to tap. **2** *vi* (**a**) to be involved, intervene (*en* in); **no intervino en el debate** he did not take part in the debate. (**b**) (*mediar*) to mediate; ~ **por algn** to intercede for sb.
interventor(a) *nm/f* inspector, supervisor; (*judicial*) (official) receiver; (*Com: tb* ~ **de cuentas**) auditor.
interventor *nm* (*gen*) inspector, supervisor; (*LAm*) government-appointed manager; (*Com*) auditor.
interviú *nf* interview; **hacer una ~ a algn** to interview sb.
interviu(v)ador(a) *nm/f* interviewer.
interviu(v)ar [1a] *vt* to interview.
intestado *adj* intestate.
intestinal *adj* intestinal.
intestino 1 *adj* (*interno*) internal; (*lucha etc*) internecine. **2** *nm* intestine, gut; ~ **delgado/grueso** small/large intestine.
inti *nm* (*Per Fin*) Peruvian monetary unit since 1986.
intimación *nf* announcement, notification.
intimar [1a] **1** *vt* (*notificar*) to announce, notify (*a* to); (*mandar*) to order, require (*que* that). **2** *vi*, **intimarse** *vr* to become intimate *o* friendly (*con* with).
intimidación *nf* intimidation.
intimidad *nf* (**a**) intimacy, familiarity; **disfrutar de la ~ de algn** to be on close terms with sb; **entrar en ~ con algn** to become friendly with sb. (**b**) (*vida personal*) private life; (*Jur: derecho*) privacy. (**c**) **~es** (*pl: Anat*) private parts.
intimidar [1a] **1** *vt* to intimidate, scare. **2 intimidarse** *vr* (*temer*) to be intimidated *o* frightened; (*asustarse*) to get scared.
intimidatorio *adj* intimidating.
intimista *adj* intimate, private.
íntimo *adj* (*gen*) intimate; (*estrecho*) close; (*pensamientos*) innermost; (*vida*) personal, private; (*amigo*) **una boda ~a** a quiet wedding; **en lo más ~ de su corazón** in one's heart of hearts.
intitular [1a] *vt* to entitle, call.
intocable *adj, nmf* untouchable.
intolerable *adj* intolerable, unbearable.
intolerancia *nf* (*gen*) intolerance; (*Rel*) bigotry.
intolerante *adj* (*gen*) intolerant (*con* of); (*Rel*) bigoted (*en* about).
intoxicación *nf* poisoning; ~ **alimenticia** food poisoning; ~ **etílica** alcohol(ic) poisoning.
intoxicar [1g] *vt* to poison.
intra... *pref* intra....
intracomunitario *adj* within the European Community.
intragable *adj* unpalatable.
intranquilidad *nf* worry, anxiety.
intranquilizar [1f] **1** *vt* to worry, make uneasy. **2 intranquilizarse** *vr* to get worried, feel uneasy.
intranquilo *adj* (*gen*) worried, anxious; (*desasosegado*) restless.
intranscendente *adj* unimportant, insignificant.
intransferible *adj* not transferable.
intransigencia *nf* intransigence.
intransigente *adj* (*gen*) intransigent, uncompromising; (*fanático*) diehard.
intransitable *adj* impassable.
intransitivo *adj* intransitive.
intratable *adj* (*problema*) intractable; (*dificultad*) awkward, tough; (*individuo*) unsociable; **¡son ~s!** they're impossible!
intrauterino *adj* intrauterine.
intravenoso *adj* intravenous.
intrepidez *nf* boldness.
intrépido *adj* intrepid, dauntless.

intriga *nf* (*gen*) intrigue; (*ardid*) plot, scheme; (*Teat*) plot; ~ **secundaria** subplot.
intrigante 1 *adj* **(a)** (*enredador*) scheming. **(b)** (*interesante*) intriguing, interesting. **2** *nmf* intriguer.
intrigar [1h] **1** *vt* to intrigue, interest. **2** *vi* to scheme, plot.
intrincado *adj* **(a)** (*bosque*) dense, tangled. **(b)** (*fig*) intricate.
intrincar [1g] *vt* to confuse, complicate.
intríngulis *nm* (*fam*) hidden snag, catch (*fam*).
intrínseco *adj* intrinsic.
intro... *pref* intro....
introducción *nf* (*gen*) introduction; (*de monedas etc*) insertion; (*libro*) foreword; (*Inform*) input.
introducir [3n] **1** *vt* (*gen*) to introduce; (*hacer pasar*) to bring in, show in; (*moneda etc*) to insert, put in; (*discordia etc*) to create, sow; (*poner en uso*) to bring in; (*Inform*) to input, enter. **2 introducirse** *vr* (*meterse*) to get *o* slip in; (*fig*) to worm one's way (*en* into).
introductor *adj* introductory.
introductorio *adj* introductory.
introito *nm* (*Teat*) prologue, prolog (*US*); (*Rel*) introit.
intromisión *nf* interference, meddling.
introspección *nf* introspection.
introspectivo *adj* introspective.
introversión *nf* introversion.
introvertido/a *adj, nm/f* introvert.
intrusión *nf* (*gen*) intrusion; (*Jur*) trespass.
intruso/a 1 *adj* intrusive. **2** *nm/f* intruder; (*extraño*) outsider; (*en fiesta*) gatecrasher; (*Jur*) trespasser.
intuición *nf* intuition; **por** ~ intuitively.
intuir [3g] **1** *vt* to know by intuition. **2 intuirse** *vr*: **eso se intuye** that can be guessed; **se intuye que** ... one can tell intuitively that ....
intuitivo *adj* intuitive.
inundación *nf* flood, flooding.
inundar [1a] *vt* to flood, swamp (*de, en* with); ~ **el mercado de un producto** to flood the market with a product; **quedamos inundados de ofertas** we were inundated with offers, offers rained in on us.
inusitado *adj* unusual, rare.
inusual *adj* unusual.
inútil *adj* (*gen*) useless; (*vano*) fruitless, vain; **todo es** ~ nothing is any use; **es** ~ **que Ud proteste** it's no good your protesting.
inutilidad *nf* uselessness.
inutilizar [1f] *vt* to make *o* render useless; (*incapacitar*) to disable, put out of action; (*estropear*) to spoil, ruin.
INV *nm abr* (*Esp*) *de* **Instituto Nacional de la Vivienda**.
invadir [3a] *vt* **(a)** (*Mil etc*) to invade, overrun; **la turba invadió las calles** the mob poured out on to the streets; **me invadió la nostalgia** I was overcome with homesickness. **(b)** (*fig: derechos*) to encroach upon.
invalidar [1a] *vt* (*gen*) to invalidate, nullify; (*Pol: leyes*) to repeal.
invalidez *nf* **(a)** (*Med*) disablement; ~ **permanente** permanent disability. **(b)** (*Jur*) invalidity, nullity.
inválido/a 1 *adj* **(a)** (*Med*) invalid, disabled. **(b)** (*Jur*) invalid, null and void. **2** *nm/f* (*Med*) invalid. **3** *nm* (*Mil Med*) disabled ex-serviceman.
invariable *adj* invariable.
invasión *nf* (*gen*) invasion; (*fig*) encroachment (*de* on).
invasor(a) 1 *adj* invading. **2** *nm/f* invader, attacker.
invectiva *nf* invective; **una** ~ a tirade.
invencibilidad *nf* invincibility.
invencible *adj* (*gen*) invincible; (*obstáculo*) insurmountable.
invención *nf* (*invento*) invention; (*hallazgo*) discovery, finding; (*mentira*) fabrication; (*Lit etc*) fiction, tale.
inventar [1a] **1** *vt* (*gen*) to invent; (*plan*) to devise; (*historia, excusa*) to make up, concoct. **2 inventarse** *vr* (*historia, excusa*) to make up, concoct.
inventario *nm* (*gen*) inventory; (*Com*) stocktaking, taking inventory (*US*).
inventiva *nf* inventiveness.
inventivo *adj* inventive.
invento *nm* invention.
inventor(a) *nm/f* inventor.
invernáculo *nm* greenhouse.
invernada *nf* (*LAm*) winter pasture.
invernadero 1 *nm* **(a)** greenhouse. **(b)** (*LAm*) winter pasture. **(c)** (*lugar de recreo*) winter resort. **2** *atr*: **gas/efecto** ~ greenhouse gas/effect.
invernal *adj* wintry, winter *atr*.
invernar [1j] **1** *vi* to winter, spend the winter; (*Zool*) to hibernate. **2** *vt* (*CSur: ganado*) to pasture (and fatten) in winter.
inverosímil *adj* (*improbable*) unlikely, improbable; (*increíble*) implausible.
inverosimilitud *nf* implausibility.
inversión *nf* **(a)** (*gen*) inversion; (*Elec*) reversal; (*Aut, Mec*); ~ **de marcha** reversing, backing; ~ **sexual** homosexuality. **(b)** (*Com, Fin*) investment (*en* in); ~ **de capital(es)** capital investment; **~es extranjeras** foreign investment *sg*.
inversionista *nmf* (*Com, Fin*) investor.
inverso *adj* (*Mat*) inverse, inverted; (*cara*) reverse; (*contrario*) opposite; **a la ~a** inversely, the other way round; (*fig*) vice versa; (*al contrario*) on the contrary; **en sentido** ~ in the opposite direction.
inversor(a) *nm/f* (*Com, Fin*) investor; ~ **financiero** investments manager; ~ **inmobiliario** property investor.
invertebrado *adj, nm* invertebrate.
invertido 1 *adj* **(a)** inverted; (*al revés*) reversed. **(b)** homosexual. **2** *nm* homosexual.
invertir [3i] *vt* **(a)** (*Mat*) to invert; (*cambiar: orden: dirección*) reverse, to change; (*volcar*) to turn upside down; (*poner al revés*) to put the other way round. **(b)** (*Com, Fin*) to invest (*en* in). **(c)** (*esfuerzo, tiempo*) to spend, put in (*en* on).
investidura *nf* (*gen*) investiture.
investigación *nf* **(a)** (*gen*) investigation; (*indagación*) inquiry (*de* into); ~ **policíaca** police investigation. **(b)** (*científica etc*) research (work) (*sobre* in, into). **(c)** (*Com*) ~ **y desarrollo** research and development (R and D); ~ **de los medios de publicidad/del mercado** media/market research.
investigador(a) *nm/f* **(a)** investigator. **(b)** (*científico etc*) research worker, researcher.
investigar [1h] *vt* **(a)** to investigate, look into. **(b)** (*Univ etc*) to do research into.
investir [3k] *vt*: ~ **a algn con** *o* **de algo** to confer sth on sb.
inveterado *adj* (*gen*) inveterate; (*criminal*) hardened.
invicto *adj* unconquered, unbeaten.
invidencia *nf* sightlessness.
invidente 1 *adj* sightless, blind. **2** *nmf* sightless *o* blind person.
invierno *nm* winter(time).
inviolabilidad *nf* inviolability; ~ **parlamentaria** parliamentary immunity.
inviolable *adj* inviolable.
inviolado *adj* inviolate.
invisibilidad *nf* invisibility.
invisible 1 *adj* invisible; **importaciones/exportaciones ~s** (*Com*) invisible imports/exports. **2** *nm* (*Arg*) hairpin.
invitación *nf* invitation (*a* to).
invitado/a *nm/f* guest.
invitar [1a] *vt* **(a)** (*gen*) to invite; ~ **a algn a hacer algo** to invite sb to do sth; (*invocar*) to call on sb to do sth; **invito yo** it's on me, be my guest; **os invito a una cerveza** I'll buy *o* stand you all a beer; **nos invitó a cenar (fuera)** she took us out for a meal. **(b)** to attract, entice.
invocar [1g] *vt* to invoke, call on; (*Inform*) to call; ~ **la ley** to invoke the law; ~ **la ayuda de algn** to beg for sb's help.
involución *nf* (*Pol*) regression, reaction.
involucionismo *nm* (*Pol*) reaction; (*en sentido amplio*)

reactionary forces.

involucrar [1a] **1** *vt*: ~ **algo en un discurso** to bring sth irrelevant into a speech; ~ **a algn en algo** to involve sb in sth, mix sb up in sth. **2 involucrarse** *vr* (*interesarse en*) to get involved (*en* in).

involuntario *adj* (*gen*) involuntary; (*ofensa etc*) unintentional.

invulnerable *adj* invulnerable.

inyección *nf* injection, shot, jab (*fam*); **hacerse** *o* **ponerse una** ~ to give o.s. an injection.

inyectable *nm* serum, vaccine.

inyectado *adj*: **ojos ~s en sangre** bloodshot eyes.

inyectar [1a] *vt* to inject (*en* into); ~ **algo en algn** to inject sb with sth.

inyector *nm* (*Aut*) injector; (*tobera*) nozzle.

ion *nm* ion.

iónico *adj* ionic.

ionizador *nm* (negative) ioniser.

ionizar [1f] *vt* to ionize.

ionosfera *nf* ionosphere.

IORTV *nm abr de* **Instituto Oficial de Radiodifusión y Televisión**.

iota *nf* iota.

IPC *nm abr de* **índice de precios al consumidor** *o* **consumo** CPI.

IPPV *nm abr de* **Instituto para la Promoción Pública de la Vivienda**.

ir [3s] **1** *vi* (**a**) (*gen*) to go; (*moverse*) to move; (*viajar*) to travel; (*a pie*) to walk; (*en coche*) to drive; (*: como pasajero*) to ride; ~ **a Quito** to go to Quito; **este camino va a Huesca** this road goes to Huesca, this is the road to Huesca; **fui en coche** I went by car, I drove; **fui en tren** I went by train *o* rail; ~ **despacio** to go slow(ly); ~ **con tiento** to go carefully *o* cautiously; **vaya donde vaya, encontrará** ... wherever you go, you will find ...; **¡voy!** I'm coming!, with you in a moment!; **¡vamos!** let's go!; **¿quién va?** (*Mil etc*) who goes there?; ~ **demasiado lejos** (*fig*) to go too far; **sin ~ más lejos** without looking any further; ~ **por** to fetch, go for; ~ **por la derecha** to walk *o* drive *etc* on the right, keep to the right; ~ **por la mitad** to be halfway through sth; **voy por el médico** I'll call the doctor.

(**b**) **va para los 40** he's knocking on 40; **va para viejo** he's getting old.

(**c**) (*proceso*) to go; (*Med*) to be, get along; **¿cómo va eso?** how are things (going)?; **¿cómo le va?** how goes it?; **¿cómo va el ensayo?** how are you getting on with the essay?

(**d**) (*importancia*) **va mucho de A a B** there's a lot of difference between A and B; **va mucho en esto** a lot depends on it; **no le va la vida en esto** he can take it or leave it (*fam*); **ni me va ni me viene** it doesn't concern me at all.

(**e**) (*intención*) **eso no va por Ud** I wasn't referring to you; **va para arquitecto** he's going to be an architect.

(**f**) (*apuestas*) **van 5 pesos a que no lo haces** I bet 5 pesos that you won't do it; **¿cuánto va?** how much do you bet?

(**g**) (*sentar*) to suit, become; (*combinar*) to match; **¿me va bien esto?** does this suit me?; **el marrón no va bien con el azul** brown doesn't go well with blue.

(**h**) (*vestir*) ~ **de rojo** to be dressed in red; ~ **con pantalones** to be wearing trousers.

(**i**) (*interj*) **¡vaya!** well!, I say!; **¡vaya coche!** what a car!, that's some car!; **¡vaya susto que me pegué!** what a fright I got!; **vaya con Dios** (*despido*) God speed; (*en misa*) God be with you; **¡vaya con el niño!** that damn kid! (*fam*); **¡vamos!** well!; (*animando*) come on!; **vamos, no es difícil** come now, it's not difficult; **¡qué va!** rubbish!, nonsense!; **¡vaya por Pepe!** here's to Joe!; **¡que le vaya bien!** (*LAm fam: despedida*) all the best, then!, bye (*fam*).

(**j**) (*en tiempos continuos*) **iba anocheciendo** it was getting dark; **iban fumando** they were smoking; **¡voy corriendo!** I'll be right there!; **voy comprendiendo que** ... I am beginning to see that ...; **no vaya a ser que** ... unless he should ..., in case he should ....

(**k**) (*con pp*) **iba cansado** he was tired; **van escritas 3 cartas** that's 3 letters I've written; **va vendido todo** everything has been sold.

(**l**) (*ir a + infin*) **voy a hacerlo** I'm going to do it; **fui a verle** I went to see him; **¿qué le vamos a hacer?** what can we do about it?, what can you do?

(**m**) (*ir de + n: fam*) **¿de qué va la película?** what's the film about?; **no sabe de qué va el rollo** he doesn't know what it's all about; **va de intelectual de por vida** he acts the intellectual all the time; **¿de qué vas?** what are you on about?

(**n**) (*locuciones*) ~ **de mal en peor** to go from bad to worse; **esto va de veras** this is serious; **es el no va más** (*fam*) it's the very last word; **en lo que va del año** so far this year; **aquí cada uno va a lo suyo** everyone does their own thing here; **a eso voy** I'm coming to that; **pues, a eso voy** that's what I mean; **con éste van 30** that makes 30; **¿de qué va el libro?** (*fam*) what's the book about?; ~ **dado** (*fam*) to be away with it (*fam*); **si crees que te voy a pagar las vacaciones, vas dado** if you think I'm going to pay for your holidays, you must be joking!

2 irse *vr* (**a**) **por aquí se va a Jaca** this is the way to Jaca; **¿por dónde se va al aeropuerto?** which way to the airport?

(**b**) (*marcharse*) to go away, leave, depart; **me voy, ¡hasta luego!** I'm off, see you!; **se fueron** they went (off), they left; **es hora de ~nos** it's time we went; **¡vete!** go away!, get out!; **¡vete ya!** piss off! (*fam!*); **¡no te vayas!** don't go!; **¡vámonos!** let's go!; **¡nos fuimos!** (*LAm fam*) let's go!, off we go! (*fam*); ~ **de algo** to discard sth; ~ **de la lengua** to mouth off (*fam*).

(**c**) (*resbalar*) to slip, lose one's balance; (*pared*) to give way; *V* **mano; pie** *etc*.

(**d**) (*euf: presente*) to be dying; (*pasado*) to die; **se nos va el amo** the master is dying; **se nos fue hace 3 años** he passed away 3 years ago.

ira *nf* (*rabia*) anger, rage; (*fig: de elementos*) fury.

iracundia *nf* irascibility.

iracundo *adj* irascible.

Irak = **Iraq**.

irakí = **iraquí**.

Irán *nm* Iran.

iraní *adj, nm/f* Iranian.

Iraq *nm* Iraq.

iraquí *adj, nmf* Iraqi.

irascibilidad *nf* irascibility.

irascible *adj* irascible.

iribú *nm* (*Arg Orn*) turkey buzzard.

iridescente *adj* iridescent.

iris *nm inv* (*Met*) rainbow; (*Anat*) iris.

irisación *nf* iridescence.

irisado *adj* iridescent.

Irlanda *nf* Ireland; ~ **del Norte** Northern Ireland, Ulster.

irlandés/esa 1 *adj* Irish. **2** *nm/f* Irishman/woman; **los ~es** the Irish. **3** *nm* (*Ling*) Gaelic, Irish.

ironía *nf* irony; **con** ~ ironically; (*tono*) sarcastically.

irónico *adj* (*gen*) ironic(al); (*mordaz*) sarcastic.

ironizar [1f] **1** *vt* to ridicule. **2** *vi* to speak ironically.

IRPF *nm abr* (*Esp*) *de* **impuesto sobre la renta de las personas físicas**.

irracional 1 *adj* (*gen*) irrational; (*actitud*) unreasoning. **2** *nm* brute (creature).

irracionalidad *nf* (*gen*) irrationality; (*actitud*) unreasonableness.

irradiación *nf* irradiation.

irradiar [1b] *vt* (*gen*) to irradiate; (*Med*) to scan.

irrazonable *adj* unreasonable.

irreal *adj* unreal.

irrealidad *nf* unreality.

irrealizable *adj* (*gen*) unrealizable; (*meta*) unrealistic,

impossible.
irrebatible *adj* irrefutable.
irreconciliable *adj* irreconcilable.
irreconocible *adj* unrecognizable.
irrecuperable *adj* irrecoverable, irretrievable.
irrecurrible *adj*: **la decisión es** ~ there is no appeal against this decision.
irrecusable *adj* unimpeachable.
irreducible *adj* (**a**) (*mínimo*) irreducible. (**b**) (*diferencias*) irreconcilable, incompatible.
irreductible *adj* (*defensor etc*) uncompromising, unyielding; (*pey*) bigoted.
irreembolsable *adj* (*Com, Fin*) non-returnable.
irreemplazable *adj* irreplaceable.
irreflexión *nf* (*gen*) thoughtlessness; (*impetu*) rashness, impetuosity.
irreflexivo *adj* (*gen*) thoughtless, unthinking; (*acto*) rash, ill-considered.
irrefrenable *adj* uncontrollable; (*deseo*) unstoppable.
irrefutable *adj* irrefutable, unanswerable.
irregular *adj* (*gen*) irregular; (*situación*) abnormal; (*sueño*) fitful; (*pulso*) erratic.
irregularidad *nf* (*gen*) irregularity; (*anomalía*) abnormality.
irrelevante *adj* (*esp LAm*) irrelevant.
irremediable *adj* (*gen*) irremediable; (*vicio*) incurable.
irremisible *adj* (*falta*) unpardonable; (*pérdida*) irretrievable.
irremisible *adj* unpardonable.
irremontable *adj* (*barrera*) insurmountable.
irreparable *adj* irreparable.
irrepetible *adj* one-and-only, unique.
irreprimible *adj* irrepressible.
irreprochable *adj* irreproachable.
irreproducible *adj* that cannot be reproduced, unrepeatable.
irresistible *adj* irresistible.
irresolución *nf* hesitation, indecision.
irresoluto *adj* (**a**) (*perplejo*) hesitant, undecided. (**b**) (*sin resolver*) unresolved.
irrespetar [1a] *vt* (*LAm*) to show disrespect to *o* for.
irrespeto *nm* disrespect.
irrespetuoso *adj* disrespectful.
irrespirable *adj* unbreathable.
irresponsabilidad *nf* irresponsibility.
irresponsable *adj* irresponsible.
irrestricto *adj*: **apoyo** ~ (*LAm*) unconditional support.
irreverencia *nf* disrespect.
irreverente *adj* disrespectful.
irreversible *adj* irreversible.
irrevocable *adj* irrevocable.
irrigación *nf* irrigation.
irrigador *nm* sprinkler.
irrigar [1h] *vt* to irrigate.
irrisible *adj* laughable, absurd; (*fig: precio*) absurdly low, bargain.
irrisión *nf* (**a**) (*mofa*) derision, ridicule. (**b**) (*hazmerreír*) laughing stock.
irrisorio *adj* (*ridículo*) derisory, ridiculous; (*fig: precio*) absurdly low, bargain *atr*.
irritabilidad *nf* irritability.
irritable *adj* irritable.
irritación *nf* irritation.
irritador *adj* irritating.
irritante 1 *adj* irritating. **2** *nm* irritant.
irritar [1a] **1** *vt* (**a**) (*gen*) to irritate, exasperate. (**b**) (*Med*) to irritate. **2 irritarse** *vr* to get angry, lose one's temper (*por algo* about *o* at sth; *con algn* with sb).
irrompible *adj* unbreakable.
irrumpir [3a] *vi*: ~ **en** to burst *o* rush into.
irrupción *nf* (*gen*) irruption; (*Mil etc*) invasion.
IRTP *nm abr* (*Esp*) *de* **impuesto sobre el rendimiento del trabajo personal** ≈ PAYE.
Irún *n* Iran.
IRYDA *nm abr de* **Instituto para la Reforma y el Desarrollo Agrario.**
ISDE *nm abr* (*Esp Com*) *de* **Instituto Superior de Dirección de Empresas.**
isla *nf* (**a**) (*Geog*) island, isle; **I~s Británicas** British Isles; **Las I~s Filipinas/Malvinas/Canarias** The Philippines/Falklands/Canaries. (**b**) (*Arquit*) block; (*Aut*) traffic island. (**c**) (*de árboles*) isolated cluster of trees.
Islam *nm* Islam.
islámico *adj* Islamic.
islandés/esa 1 *adj* Icelandic. **2** *nm/f* Icelander. **3** *nm* (*Ling*) Icelandic.
Islandia *nf* Iceland.
isleño/a 1 *adj* island *atr*. **2** *nm/f* islander.
isleta *nf* islet.
islote *nm* small island.
iso... *pref* iso....
isobara *nf* isobar.
isoca *nf* (*CSur*) caterpillar, grub.
isósceles *adj*: **triángulo** ~ isosceles triangle.
isoterma *nf* isotherm.
isotérmico *adj* insulated; (*Geog*) isothermal.
isótopo *nm* isotope.
Israel *nm* Israel.
israelí *adj, nmf* Israeli.
istmo *nm* isthmus; ~ **de Panamá** Isthmus of Panama.
itacate *nm* (*Méx*) provisions (for journey).
Italia *nf* Italy.
italiano/a *adj, nm/f* Italian.
itálica *nf* (*gen, tb Inform*) italic; **en** ~ in italics.
ITE *nm abr* (*Esp Hist*) *de* **impuesto de tráfico de empresas.**
ítem 1 *nm* item. **2** *adv* also, likewise.
itemizar [1f] *vt* (*Chi*) to itemize, list.
iterar [1a] *vt* to repeat.
iterativo *adj* iterative.
itinerante *adj* (*gen*) travelling; (*embajador*) roving.
itinerario *nm* itinerary, route.
ITV *nf abr* (*Esp*) *de* **Inspección Técnica de Vehículos** ≈ MOT.
IVA *nm abr de* **impuesto sobre el valor añadido** *o* (*LAm*) **agregado** VAT.
I. y D. *nf abr de* **Investigación y Desarrollo** R & D.
izada *nf* (*LAm: alzamiento*) lifting, raising.
izar [1f] *vt* (*bandera*) to hoist, run up.
izcuincle, izcuintle (*Méx*) *nm* (*perro*) mangy dog, mongrel; (*fam: chiquillo*) kid (*fam*).
izda, izq.ª *abr de* **izquierda**.
izdo, izq, izq.º *abr de* **izquierdo** L, l.
izquierda *nf* (**a**) (*mano*) left hand; (*lado*) left(-hand) side; **estar a la** ~ **de** to be on the left of; **conducción por la** ~ (*Aut*) left-hand drive; **seguir por la** ~ to keep (to the) left; **es un cero a la** ~ (*fam*) he is a nonentity. (**b**) (*Pol*) left (wing).
izquierdista 1 *adj* leftist, left-wing. **2** *nmf* leftist, left-winger.
izquierdo *adj* (**a**) (*gen*) left(-hand). (**b**) (*zurdo*) left-handed.

J

J, j ['xota] *nf* (*letra*) J, j.
ja *interj* ha!
jaba *nf* **(a)** (*Cu*) straw basket. **(b)** (*CAm, Méx*) crate.
jabalí *nm* wild boar.
jabalina *nf* **(a)** (*Zool*) wild sow. **(b)** (*Dep*) javelin.
jábega *nf* **(a)** (*red*) sweep net. **(b)** (*barca*) fishing smack.
jabón *nm* **(a)** soap; (*un* ~) piece *o* cake of soap; ~ **de afeitar** shaving soap; ~ **en escama** soapflakes; ~ **de tocador** toilet soap; ~ **(en polvo)** soap *o* washing powder. **(b)** (*fam: adulación*) flattery; **dar ~ a algn** to soft-soap sb.
jabonada *nf* **(a)** = **jabonadura (a)**. **(b)** (*LAm: bronca*) telling-off.
jabonado *nm* **(a)** (*acto*) soaping. **(b)** (*cosas lavadas*) wash, laundry.
jabonadura *nf* **(a)** (*acto*) soaping. **(b) ~s** lather *sg*, soapsuds. **(c)** (*fam: regaño*) telling-off; **dar una ~ a algn** to tell sb off.
jabonar [1a] *vt* **(a)** to soap; (*ropa*) to wash; (*barba*) to lather. **(b)** (*fam*) to tell off, dress down.
jaboncillo *nm* (piece of) toilet soap; ~ **de sastre** French chalk.
jabonera *nf* soapdish.
jabonoso *adj* soapy.
jaca *nf* pony, small horse; (*yegua*) mare.
jacal *nm* (*CAm, Carib, Méx*) shack, hut.
jacalear [1a] *vi* (*Méx fam*) to go around gossiping.
jacalón *nm* (*Méx*) shed.
jácara *nf* **(a) estar de ~** to be very merry. **(b)** (*fam: molestia*) pain *(fam)*, nuisance.
jacarandá *nm* (*pl* **jacarandaes** *o* *(fam)* **~s**) (*esp LAm*) jacaranda (tree).
jacarandoso *adj* merry, jolly; (*airoso*) spirited, lively.
jácena *nf* girder.
jacinto *nm* (*Bot*) hyacinth; (*Min*) jacinth.
jactancia *nf* (*autoalabanza*) boasting; (*orgullo*) boastfulness.
jactarse [1a] *vr* to boast, brag; ~ **de** to boast about *o* of; ~ **de hacer algo** to boast of doing sth.
jade *nm* jade.
jadeante *adj* panting, gasping.
jadear [1a] *vi* to pant, gasp for breath.
jadeo *nm* panting, gasping.
Jaén *nm* Jaen.
jaez *nm* **(a)** harness; **jaeces** trappings. **(b)** (*fig*) kind, sort.
jaguar *nm* jaguar.
jagüel *nm* (*LAm*), **jagüey** *nm* (*LAm*) (natural *o* artificial) pool.
jai alai *nm* pelota.
jaiba *nf* (*LAm*) crab.
jáibol *nm* (*LAm*) highball *(US)*.
jáilaif *nf* (*LAm fam*) high life.
jalada *nf* (*Méx*) **(a)** pull, tug, heave. **(b)** (*reprimenda*) rebuke.
jalar [1a] **1** *vt* **(a)** (*LAm: gen*) to pull; (*: arrastrar: tb Náut*) to haul. **(b)** (*fam*) to eat. **2** *vi* **(a)** (*LAm*) to go off; ~ **para su casa** to go off home. **(b)** (*CAm, Méx*) to be courting. **3 jalarse** *vr* **(a)** (*LAm*) to get drunk. **(b)** = **2 (a)**.
jalbegar [1h] *vt* to whitewash.
jalbegue *nm* (*pintura*) whitewash; (*acto*) whitewashing.
jalde, jaldo *adj* bright yellow.
jalea *nf* jelly; ~ **de guayaba** guava jelly; ~ **real** royal jelly.
jalear [1a] **1** *vt* (*perros*) to urge on; (*bailarina etc*) to cheer *o* shout on. **2** *vi* (*Méx*) to amuse o.s. noisily.
jaleo *nm* **(a)** (*juerga*) binge *(fam)*. **(b)** (*ruido*) racket, uproar; (*confusión*) hassle; (*lío*) mix-up, tangle; **armar un ~** to kick up a row *o* din; **se armó un ~** all hell broke loose *(fam)*; **con tanto botón me armo unos ~s** I get into such a tangle with all these buttons; **es un ~ acordarse de tantos nombres** it's such a hassle having to remember all those names. **(c)** (*Mús*) shouting and clapping.
jalón *nm* **(a)** (*poste*) stake, pole. **(b)** (*fig: hito*) milestone, watershed. **(c)** (*LAm*) pull, tug; **hacer algo de un ~** (*Col, Méx*) to do sth in one go.
jalonar [1a] *vt* to stake *o* mark out; (*fig*) to mark.
jalonear [1a] **1** *vt* (*Méx*) to pull, tug. **2** *vi* (*Méx: regatear*) to haggle.
Jamaica *nf* Jamaica.
jamar [1a] *vt* (*fam*) to stuff o.s. with.
jamás *adv* never; (*con vb neg, tb interrog*) ever; **¿se vio ~ tal cosa?** did you ever see such a thing?; **¡~!** never!; **el mejor amigo que ~ ha existido** the best friend ever; **¡~ de los jamases!** never in your life!
jamba *nf* jamb; ~ **de puerta** jamb, door post.
jambarse [1a] *vr* (*CAm, Méx*) to overeat.
jamelgo *nm* wretched horse, nag.
jamón *nm* **(a)** (*sin cocer*) bacon; (*cocido*) ham; ~ **dulce/serrano** boiled/cured ham; **y un ~ (con chorreras)!** you're not on! **(b)** (*fam: pierna*) leg, pin *(fam)*.
jamona *nf* buxom (middle-aged) woman.
Japón *nm* Japan.
japonés/esa 1 *adj, nm/f* Japanese. **2** *nm* (*Ling*) Japanese.
jaque *nm* (*Ajedrez*) check; (*fam: matón*) bully; ~ **mate** checkmate; **dar ~ a** to check; **dar ~ mate a** to checkmate, mate; **tener en ~** (*fig*) to hold a threat over.
jaquear [1a] *vt* (*Ajedrez*) to check; (*Mil, fig*) to harass.
jaqueca *nf* (severe) headache, migraine.
jara *nf* **(a)** (*Bot*) rockrose. **(b)** (*dardo*) dart.
jarabe *nm* syrup; ~ **de arce** maple syrup; ~ **de palo** (*fam*) beating; ~ **contra** *o* **para la tos** cough syrup *o* mixture; ~ **tapatío** (*esp Méx*) Mexican hat dance; **dar ~ a algn** (*fam*) to butter sb up *(fam)*.
jaral *nm* **(a)** thicket. **(b)** (*fig*) difficult affair, thorny question.
jarana *nf* **(a)** (*juerga*) spree *(fam)*, rumpus, row; **andar/ir de ~** to be/go on a spree. **(b)** (*trampa*) trick, deceit; (*mala pasada*) practical joke, hoax. **(c)** (*Mús: Per*) dance; (*: Méx*) small guitar.
jaranear [1a] *vi* to be *o* go on a spree, have a high old time.
jaranero *adj* merry, roistering.
jarcia *nf* (*de pescar*) fishing tackle; (*Náut: tb* **~s**) rigging; (*Cu, Méx*) rope.
jardín *nm* (flower) garden; ~ **botánico** botanical garden; ~ **de niños** *o* **de (la) infancia** kindergarten, nursery school; ~ **zoológico** zoo.
jardinera[1] *nf* **(a)** (*de ventana*) window box. **(b)** (*CSur: carrito*) street vendor's barrow *o* cart. **(c)** (*Chi: mono*) overalls *pl*.
jardinería *nf* gardening.
jardinero/a[2] *nm/f* gardener.
jarea *nf* (*Méx fam*) hunger, keen appetite.
jarearse [1a] *vr* (*Méx fam*) **(a)** (*de hambre*) to be dying of hunger. **(b)** (*huir*) to flee.
jareta *nf* **(a)** (*Náut*) cable, rope. **(b)** (*Cos*) casing.

jarra *nf* jar, pitcher; (*de leche*) churn; (*de cerveza*) mug, tankard; **de** *o* **en ~s** with arms akimbo.
jarrada *nf* (*LAm*) jarful, jugful.
jarrete *nm* (*Anat*) back of the knee; (*Zool*) hock.
jarro *nm* jug, pitcher; **echar un ~ de agua fría a una idea/algn** to pour cold water on an idea/sb.
jarrón *nm* vase; (*Arqueol*) urn.
jaspe *nm* jasper.
jaspeado *adj* mottled, speckled.
Jauja *nf*: **¡esto es ~!** this is the life!; **Tierra de ~** land of milk and honey.
jaula *nf* cage; (*embalaje*) crate; (*de loco*) cell; (*Aut*) lock-up garage; (*Méx Ferro: fam*) open truck; (*Carib fam*) Black Maria (*Brit fam*), paddy wagon (*US fam*).
jauría *nf* pack of hounds.
jazmín *nm* jasmine.
jazz [jaθ Io jas] *nm* jazz.
jazzístico *adj* jazz *atr*.
J.C. *abr de* **Jesucristo** J.C.
jebe *nm* (**a**) (*LAm Bot*) rubber plant; (*: goma*) rubber. (**b**) (*CSur*) elastic.
jeep [jip] *nm* jeep.
jefatura *nf* (**a**) (*liderato*) leadership. (**b**) (*sede*) central office; **~ de policía** police headquarters; **J~ de la aviación civil** ≈ Civil Aviation Authority, ≈ Federal Aviation Administration (*US*).
jefe/a *nm/f* (*dueño*) boss; (*director*) chief, head; (*Pol*) leader; (*Com*) manager; (*Mil*) officer in command; **~ de bomberos** fire officer; **~ de camareros** head waiter/waitress; **~ de cocina** chef; **~ ejecutivo** (*Com*) chief executive; **~ de estación** station master; **~ de estado** head *o* chief of state; **~ de estado mayor** chief of staff; **~ de estudios** (*Escol*) deputy head; **~ de oficina/de producción** (*Com*) office/production manager; **~ de personal** personnel manager; **~ de redacción** editor-in-chief; **~ supremo** commander-in-chief; **~ de taller** foreman; **sí, mi ~** (*esp LAm*) yes sir *o* boss.
Jehová *nm* Jehovah.
jején *nm* (**a**) (*LAm*) gnat. (**b**) **un ~ de** (*Méx fam*) a lot of.
JEN *nf abr* (*Esp*) *de* **Junta de Energía Nuclear** ≈ AEA, ≈ AEC (*US*).
jengibre *nm* ginger.
jeque *nm* sheik(h).
jerarca *nm* chief, leader.
jerarquía *nf* hierarchy; **una persona de ~** a highranking person.
jerárquico *adj* hierarchic(al).
Jerez *nf*: **~ de la Frontera** Jerez.
jerez *nm* sherry.
jerezano/a 1 *adj* of *o* from Jerez. **2** *nm/f* native *o* inhabitant of Jerez.
jerga[1] *nf* (*tela*) coarse cloth, sackcloth; (*LAm*) horse blanket.
jerga[2] *nf* (*lengua*) jargon.
jergón *nm* palliasse, straw mattress.
jerigonza *nf* (**a**) = **jerga[2]**. (**b**) (*galimatías*) gibberish.
jeringa *nf* syringe; **~ de engrase** grease gun.
jeringar [1h] *vt* (**a**) to syringe; (*inyectar*) to inject. (**b**) (*fam*) to annoy, plague; **¡nos ha jeringado!** he's pulled a fly one on us (*fam*); (*en menosprecio*) wouldn't we all!
jeringazo *nm* syringing; (*inyección*) injection; (*chorro*) squirt.
jeringón *nm* (*esp LAm*) pest, pain (*fam*).
jeringuilla *nf* hypodermic (syringe).
jeroglífico *nm* hieroglyph(ic); (*fig*) puzzle.
jersei, jersey *nm* (*pl* **~s**) (*suéter*) jersey, pullover.
Jerusalén *nf* Jerusalem.
Jesucristo *nm* Jesus Christ.
jesuita *adj, nm* Jesuit.
Jesús *nm* Jesus; **¡~!** good heavens!; (*al estornudar*) bless you!; **en un decir ~** before you can say Jack Robinson.
jet (*pl* **~s**) **1** *nm* (*Aer*) jet, jet plane. **2** *nf* jet-set.
jeta *nf* (*fam*) (**a**) thick lips; **poner ~** to pout. (**b**) (*Zool*) snout; (*fam: cara*) face, dial (*fam*); **estirar la ~** (*CSur fam!*) to kick the bucket (*fam*). (**c**) (*fam: insolencia*); **¡qué ~ tienes!** you've got a nerve!; **se quedó con mi libro por la ~** she had the cheek to hold on to my book.
JHS *abr de* **Jesús** IHS.
jibia *nf* cuttlefish.
jícama *nf* (*CAm, Méx*) edible tuber.
jícara *nf* (**a**) (*para chocolate*) chocolate-cup. (**b**) (*CAm, Méx: calabaza*) gourd; (*CAm fam: cabeza*) head.
jicote *nm* (*CAm, Méx*) wasp.
jicotera *nf* (*CAm, Méx*) wasps' nest; **armar una ~** to kick up a row.
jienense 1 *adj* of *o* from Jaen. **2** *nmf* native *o* inhabitant of Jaen.
jifia *nf* swordfish.
jilguero *nm* goldfinch.
jilipollas *nm inv* (*fam!*) asshole (*fam!*).
jilote *nm* (*CAm, Méx: Agr*) green ear of maize *o* (*US*) corn.
jineta *nf* (*Zool*) genet.
jinete/a *nm/f* horseman/-woman, rider.
jinetear [1a] **1** *vt* (*LAm: gen*) to ride; (*: caballo*) to break in. **2** *vi* to ride around.
jiote *nm* (*Méx: sarpullido*) rash, impetigo.
jipa *nf* (*And fam*), **jipe** *nm*, **jipi** *nm* (*LAm*) Panama *o* straw hat.
jipijapa (*LAm*) **1** *nf* fine woven straw. **2** *nm* (*tb* **sombrero de ~**: *esp LAm*) Panama *o* straw hat.
jira *nf* excursion, outing; (*tb* **~ campestre**) picnic; (*Mús, Pol*) tour; **ir de ~** to go on an outing; **estar de ~** to be (away) on a tour *o* trip.
jirafa *nf* giraffe; (*TV etc*) boom.
jirón *nm* (**a**) rag, tatter; **en** *o* **hecho ~es** in shreds *o* tatters; **hacer algo ~es** to tear sth to shreds. (**b**) (*fig*) bit, shred. (**c**) (*Per*) street.
jitomate *nm* (*Méx*) tomato.
JJ.OO. *abr de* **Juegos Olímpicos.**
jockey ['jοki] *nm* (*pl* **~s** ['jokis]) jockey.
joco *adj* (*CAm, Méx*) sharp, bitter.
jocoque *nm* (*Méx*), **jocoqui** *nm* (*Méx*) sour milk, sour cream.
jocosidad *nf* humour, humor (*US*); **una ~** a joke.
jocoso *adj* humorous, jocular.
joda *nf* (*esp LAm fam!*) (**a**) (*molestia*) bloody nuisance (*fam!*). (**b**) (*broma*) joke; **lo dijo en ~** he said it as a joke.
joder [2a] (*fam!*) **1** *vti* (**a**) to fuck (*fam!*), screw (*fam!*).
(**b**) (*fig: fastidiar*) to piss off (*fam!*), bug (*fam*); **esto me jode** I'm browned off with this (*fam*); **jode tener que pagar tanto** it's a bugger having to pay all that (*fam!*); **ahora tú tienes que hacerlo, ¿a que jode?** now it's your turn to do it - it's a bastard, isn't it? (*fam*); **¡nos ha jodido!** (*en menosprecio*) wouldn't we all!
(**c**) (*fig: estropear*) to fuck up (*fam!*), screw up (*fam!*).
(**d**) (*como exclamación*) **¡~!** (*enfado*) bloody hell! (*fam!*), shit! (*fam!*); **¡no jodas!** (*sorpresa*) bloody hell! (*fam!*), bugger off! (*fam!*).
2 joderse *vr* (**a**) **¡que se joda!** sod him! (*fam!*), stuff him! (*fam*); **¡te jodes!** tough shit! (*fam!*); **¡(es que) hay que joderse!** for fuck sake! (*fam!*).
(**b**) (*fracasar*) to get ballsed up (*fam*); **se jodió todo** it was a total balls-up (*fam*).
(**c**) (*estropearse*) to get fucked *o* screwed up (*fam!*); **se jodió el pie jugando al fútbol** he fucked up his leg playing football (*fam!*).
jodido *adj* (*fam!*) (**a**) (*difícil*) bloody awkward (*fam*), damn difficult (*fam*); **es un libro ~** it's a bloody difficult book (*fam*).
(**b**) (*fig: cansado: enfermo*) buggered (*fam!*), totally fucked (*fam!*); (*desanimado*) pissed off (*fam!*); **estoy ~** I'm (*fam*) knackered *o* (*fam!*) buggered.
(**c**) **todo está ~** it's all a bloody balls-up (*fam!*).
(**d**) (*maldito*) fucking (*fam!*), bloody (*fam*); **¡qué guapo**

es el muy ~! he's a bloody nice looking guy!; **¡el ~ coche no arranca otra vez!** the fucking car won't start again! *(fam!)*.

(**e**) (*LAm fam: muy pesado*) bloody annoying *(fam)*.

jodienda *nf* (*fam!*) (**a**) (*acto sexual*) fuck *(fam!)*. (**b**) (*fastidio*) fucking nuisance *(fam!)*.

jofaina *nf* washbasin.

jogging ['joɣin] *nm* (**a**) (*Dep*) jogging; **hacer ~** to jog. (**b**) (*Arg*) jogging suit.

jojoba *nf* (*Bot*) jojoba (tree *o* seed).

jojoto *nm* (*Ven: maíz tierno*) (ear of) corn *o* maize.

jolgorio *nm* (*juerga*) fun, revelry; **un ~** binge; **ir de ~** to go on a binge.

jolín, jolines *interj* (*euf*) crikey! (*euf*), flip! (*euf*).

jonrón *nm* (*esp LAm: béisbol*) home run.

JONS *nfpl abr* (*Esp Hist*) *de* **Juntas de Ofensiva Nacional Sindicalista**.

Jordán *nm* Jordan (river).

Jordania *nf* Jordan (country).

jornada *nf* (**a**) (*día de trabajo*) working day; (*horas*) hours of work; (*fig: vida*) lifetime, span of life; **~ de 8 horas** 8-hour day; **~ completa** full working day; **~ intensiva** full day's work with no breaks; **~ laboral** (*semana*) working week; (*anual*) working year; **~ partida** split shift; **media ~** half day; **trabajar en ~s reducidas** to work short-time. (**b**) (*día de viaje*) day's journey; (*etapa*) stage. (**c**) (*Mil*) expedition. (**d**) (*Univ etc*) congress, conference; **J~s Cervantinas** Conference on Cervantes.

jornal *nm* (*sueldo*) (day's) wage; (*trabajo*) day's work; **política de ~es y precios** prices and incomes policy; **trabajar a ~** to work for a day wage, be paid by the day.

jornalero *nm* (day) labourer, (day) laborer *(US)*.

joroba *nf* (**a**) hump. (**b**) (*fig*) nuisance.

jorobado/a 1 *adj* hunchbacked. **2** *nm/f* hunchback.

jorobar [1a] **1** *vt* (**a**) to annoy, pester, bother; **esto me joroba** I'm fed up with this; **¡no me jorobes!** get off my back! (**b**) (*estropear*) to break, smash; (*dañar*) to mess up. **2 jorobarse** *vr* (**a**) (*molestarse*) to get cross, get worked up; (*cansarse*) to get fed up. (**b**) **pues ¡que se jorobe!** well, he can lump it! *(fam)*. (**c**) (*fracasar*) to fail, go down the drain; (*estropearse*) to spoil, be spoiled. (**d**) (*romperse*) to break, be damaged; **¡hay que ~!** to hell with it!

jorongo *nm* (*Méx*) (sleeveless) poncho.

joropo *nm* (*Ven Mús*) (national) Venezuelan dance.

jota *nf* (**a**) (name of the letter) J. (**b**) (*fig*) jot, iota; **no entendió ni ~** he didn't understand a word of it; **sin faltar una ~** to a T; **no entender** *o* **saber ni ~** to have no idea.

joto *nm* (*Méx fam*) effeminate person, queer *(fam)*, fag *(US)*.

joven 1 *adj* (*gen*) young; (*aspecto etc*) youthful. **2** *nmf* young man/young woman; **¡~!** (*Méx: en tiendas, cafés: al cliente*) (yes), sir?; (*al empleado*) excuse me!

jovencito/a *nm/f* youngster.

jovial *adj* jolly, cheerful.

jovialidad *nf* jolliness, cheerfulness.

joya *nf* (**a**) jewel, gem; **~ de familia** heirloom. (**b**) **~s** jewels, jewellery, jewelry *(US)*; (*de novia*) trousseau; **~ de fantasía** costume *o* imitation jewellery. (**c**) (*fig*) gem, treasure.

joyería *nf* (**a**) (*joyas*) jewellery, jewelry *(US)*, jewels. (**b**) (*tienda*) jeweller's *o (US)* jeweler's (shop).

joyero *nm* (**a**) (*persona*) jeweller, jeweler *(US)*. (**b**) (*estuche*) jewel case.

Juan *nm* John; **un buen ~** a good-natured fool; **ser un Don ~** to be a romeo.

juan *nm* (*Méx fam*) common soldier.

juanete *nm* bunion.

jubilación *nf* (**a**) (*retiro*) retirement; **~ anticipada** early retirement; **~ forzosa** compulsory retirement. (**b**) (*pensión*) retirement pension.

jubilado/a 1 *adj* retired; **vivir ~** to live in retirement. **2** *nm/f* retired person, pensioner.

jubilar [1a] **1** *vt* (**a**) (*gen*) to pension off, retire. (**b**) (*fig: gente*) to put out to grass; (*objeto*) to discard. **2** *vi* to rejoice. **3 jubilarse** *vr* to retire, take one's pension.

júbilo *nm* joy, rejoicing; **con ~** joyfully, with jubilation.

jubiloso *adj* jubilant.

judaico *adj* Jewish, Judaic.

judaísmo *nm* Judaism.

Judas *nm* (**a**) Judas; (*fig*) traitor, betrayer. (**b**) (*LAm*) Easter effigy, guy.

judas *nm* peephole.

judería *nf* (**a**) (*barrio*) Jewish quarter, ghetto. (**b**) (*judíos*) Jewry.

judía[1] *nf* (*Bot*) kidney bean; **~ blanca** haricot bean; **~ escarlata** runner bean; **~ de la peladilla** Lima bean; **~ pinta** pinto bean; **~ verde** French *o* string bean.

judiada *nf* (**a**) (*acto cruel*) cruel act, cruel thing. (**b**) (*Fin*) extortion.

judicatura *nf* (**a**) (*cuerpo de jueces*) judiciary. (**b**) (*cargo de juez*) office of judge.

judicial *adj* judicial; **recurrir a la vía ~** to go to law.

judío/a[2] 1 *adj* (**a**) Jewish. (**b**) (*fig, pey*) usurious. **2** *nm/f* Jew/Jewess, Jewish man/woman.

judo *nm* judo.

juego[1] *etc V* **jugar**.

juego[2] *nm* (**a**) (*acto de jugar*) play, playing; (*diversión*) fun, amusement; **entrar en ~** to take a hand; **poner algo en ~** to bring sth into play.

(**b**) (*deporte*) sport; **J~s Olímpicos** Olympic Games; **J~s Olímpicos de invierno** Winter Olympics; **el balón está en ~** the ball is in play; **~ duro** rough play; **~ limpio/sucio** fair/foul *o* dirty play; **estar fuera de ~** (*jugador*) to be offside; (*balón*) to be out of play.

(**c**) (*actividad: un ~*) game, sport; **~ de azar** game of chance; **~ de cartas** *o* **naipes** card game; **~ de damas** draughts, checkers *(US)*; **~ de destreza** game of skill; **~s infantiles** children's games; **~s malabares** juggling; **~s de manos** conjuring; **~ de mesa** table game; **~ de palabras** pun, play on words.

(**d**) (*tb* **~ terminado**) (complete *o* finished) game; (*Tenis*) game; **~, set y partido** game, set and match.

(**e**) (*fig*) game; **le conozco** *o* **veo el ~** I know his little game, I know what he's up to; **seguirle el ~ a algn** to play along with sb.

(**f**) (*con apuesta*) gambling, gaming; **el ~ es un vicio** gambling is a vice; **¡hagan ~!** place your bets!; **lo que está en ~** what is at stake; **hay diversos intereses en ~** there are various interests concerned.

(**g**) (*Mec*) play, movement; **estar en ~** to be in gear.

(**h**) (*de luz*) play.

(**i**) (*conjunto*) set; (*vajilla*) set, service; (*muebles*) suite; (*herramientas*) kit; **~ de café** coffee set; **~ de comedor** dining-room suite; **~ de mesa** dinner service; **con falda a ~** with skirt to match; **hacen ~** they match, they go well together.

juerga *nf* binge *(fam)*; **ir de ~** to go out for a good time.

juerguista *nm* reveller.

juev. *abr de* **jueves** Thur(s).

jueves *nm inv* Thursday; **no es cosa del otro ~** it's nothing to write home about; *V tb* **sábado**.

juez *nmf* (**a**) (*gen*) judge; **~ árbitro** arbitrator, referee; **~ de instrucción** examining magistrate; **~ de paz** justice of the peace. (**b**) (*Dep*) judge; **~ de línea** linesman; **~ de salida** starter; **~ de silla** (*Tenis*) umpire.

jugada *nf* (**a**) (*gen*) play. (**b**) (*Dep*) piece of play; (*Ftbl etc*) move; (*golf*) stroke, shot; **una bonita ~** a lovely move. (**c**) **(mala) ~** dirty trick; **hacer** *o* **gastar una mala ~ a algn** to play a dirty trick on sb. (**d**) (*Méx*) dodge.

jugador(a) *nm/f* (*gen*) player; (*de apuestas*) gambler; **~ de bolsa** gambler on the stock exchange; **~ de fútbol** footballer.

jugar [1h, 1n] **1** *vt* (**a**) (*carta etc*) to play; **¡me la han jugado!** *(fam)* they've done me! *(fam)*.

(**b**) (*apostar*) to gamble, stake; **~ 5 dólares a una carta** to stake *o* put 5 dollars on a card.

2 *vi* (**a**) to play (*con* with; *contra* against); ~ **limpio/sucio** to play fair/unfairly *o* dirty; ~ **al tenis** to play tennis; ~ **a los indios** to play cowboys and Indians; **solamente está jugando contigo** he's just having a game with you.

(**b**) (*mover*) to make a move; **¿quién juega?** whose move *o* turn is it?

(**c**) (*apostar*) to gamble; (*Fin*) to speculate.

(**d**) (*Mec*) to move about.

(**e**) (*hacer juego*) to match, go together.

3 jugarse *vr* to gamble (away), risk; **se jugó 500 dólares** he staked 500 dollars; **¿qué te juegas a que tengo razón?** what's the betting I'm right?; **jugársela** to stick one's neck out; ~ **el todo por el todo** to stake one's all, go for bust *(fam)*.

jugarreta *nf* (**a**) (*mala jugada*) bad move, poor piece of play. (**b**) (*trampa*) dirty trick; **hacer una ~ a algn** to play a dirty trick on sb.

jugo *nm* (**a**) juice; (*savia*) sap; (*de carne*) gravy; ~ **de naranja** orange juice. (**b**) (*fig*) essence, substance; **sacar el ~ a algn** to pick sb's brains.

jugosidad *nf* (*suculencia*) juiciness, succulence.

jugoso *adj* (**a**) juicy, succulent. (**b**) (*fig*) substantial, important; (*rentable*) profitable.

juguera *nf* (*CSur*) blender, liquidizer.

juguete *nm* (**a**) toy; **un cañón de ~** a toy gun. (**b**) (*fig*) toy, plaything.

juguetear [1a] *vi* to play, sport.

jugueteo *nm* playing, romping.

juguetería *nf* (**a**) (*Com*) toy business. (**b**) (*tienda*) toyshop.

juguetón *adj* playful.

juicio *nm* (**a**) judgment, reason.

(**b**) (*razón*) sanity, reason; (*sabiduría*) wisdom; **lo dejo a su ~** I leave it to your discretion; **estar en su (cabal *o* sano) ~** to be in one's right mind; **estar fuera de ~** to be out of one's mind; **perder el ~** to go mad; **no tener ~, tener poco ~** to lack common sense; **tener mucho ~** to be sensible.

(**c**) (*opinión*) opinion; ~ **de valor** value judgment; **a mi ~** in my opinion.

(**d**) (*Jur: proceso*) trial; (*: veredicto*) verdict, judgment; **llevar a algn a ~** to take sb to court; **J~ Final** Last Judgment; ~ **civil/criminal** civil/criminal trial; ~ **en rebeldía** judgement by default.

juicioso *adj* judicious, wise.

JUJEM *nf abr* (*Esp Mil*) *de* **Junta de Jefes del Estado Mayor**.

jul. *abr de* **julio** Jul, Jly.

julepe *nm* (*Naipes*) *card game*.

julepear [1a] (*CSur*) **1** *vt* to scare, terrify. **2 julepearse** *vr* to get scared.

julia *nf* (*Méx fam*) Black Maria *(Brit fam)*, paddy wagon *(US fam)*.

julio *nm* July; *V tb* **se(p)tiembre**.

jumadera *nf* (*Méx fam*) drunkenness, drunken state.

jumado *adj* (*LAm fam*) drunk.

jumarse [1a] *vr* (*LAm fam*) to get drunk.

jumento *nm* donkey; (*fig*) dolt.

jumo *adj* (*LAm fam*) drunk.

jun. *abr de* **junio** Jun.

juncal 1 *adj* (**a**) rushy, reedy. (**b**) (*fig*) willowy, lissom. **2** *nm* = **juncar**.

juncar *nm* ground covered in rushes.

junco¹ *nm* rush, reed.

junco² *nm* (*Náut*) junk.

jungla *nf* jungle.

junio *nm* June; *V* **se(p)tiembre**.

junior *adj, nmf* (*pl* **~s**) (*Dep*) junior.

junquera *nf* rush, bulrush.

junta *nf* (**a**) (*asamblea*) meeting, assembly; (*sesión*) session; ~ **general de accionistas** annual general meeting (of shareholders); ~ **general extraordinaria** extraordinary general meeting, special meeting *(US)*; **celebrar ~** to hold a meeting; (*comité*) to sit.

(**b**) (*consejo*) council, committee; (*Com, Fin*) board; (*Pol, Mil*) junta; ~ **constitutiva** statutory meeting; ~ **directiva** board of management; ~ **de portavoces** (*Parl*) House business committee.

(**c**) (*punto de unión*) junction.

(**d**) (*Téc*) joint.

juntamente *adv* (*conjuntamente*) together; (*al mismo tiempo*) together, at the same time.

juntar [1a] **1** *vt* (**a**) (*gen*) to join; (*unir*) to unite; (*montar*) to assemble, put together; (*coleccionar*) to collect, gather (together); ~ **el armario a la pared** to join the cupboard to the wall.

(**b**) (*puerta*) to halfclose, leave ajar.

2 juntarse *vr* (**a**) to join, come together; (*gente*) to meet, assemble, gather (together); (*arrimarse*) to approach, draw closer; ~ **con algn** to join sb; (*encontrarse*) to meet (up) with sb; (*: con frecuencia*) to associate with sb; **se juntó con ellos en la estación** he joined them at the station.

(**b**) (*personas: euf*) to live together.

junto 1 *adj* (*gen*) joined; (*unido*) united; **~s** together; **tenía los ojos muy ~s** his eyes were very close together. **2** *adv* near, close; **(de) por ~, en ~** (*Com*) wholesale; **ocurrió todo ~** it happened all at once. **3** *prep*: ~ **a** (*cerca de*) near (to), close to; (*al lado de*) next to; ~ **con** together with.

juntura *nf* join, junction; (*Anat, Téc*) joint.

Júpiter *nm* Jupiter.

jura *nf* (**a**) (*juramento*) oath, pledge; ~ **de la bandera** (taking the) oath of loyalty *o* allegiance. (**b**) **la ~** (*CAm fam*) the cops *(fam)*.

jurado *nm* (**a**) (*Jur: cuerpo*) jury; (*en TV etc*) panel (of judges). (**b**) (*Jur: persona*) juror; (*en TV etc*) member of a panel.

juramentar [1a] **1** *vt* to swear in, administer the oath to. **2 juramentarse** *vr* to be sworn in, take the oath.

juramento *nm* (**a**) oath; **bajo ~** on oath; **prestar ~** to take the oath (*sobre* on); **tomar ~ a algn** to swear sb in. (**b**) (*palabrota*) oath, curse.

jurar [1a] **1** *vt, vi* to swear; ~ **decir la verdad** to swear to tell the truth; ~ **en falso** to commit perjury; **juro por mi honor** I swear on my honour *o (US)* honor; ~ **la Constitución** to swear to keep faith with the Constitution; ~ **la bandera** to take an oath of allegiance (to the flag). **2 jurarse** *vr*: **jurársela a algn** to have it in for sb.

jurídico *adj* juridical, legal.

jurisdicción *nf* (**a**) jurisdiction. (**b**) (*distrito*) district, administrative area.

jurisdiccional *adj*: **aguas ~es** territorial waters.

jurisprudencia *nf* jurisprudence.

jurista *nmf* jurist.

justa *nf* (*Hist*) joust, tournament; (*fig*) contest.

justamente *adv* (**a**) (*con justicia*) justly, fairly. (**b**) (*precisamente*) just, precisely, exactly; **son ~ las que no se venden** they are precisely the ones which are not for sale. (**c**) (*con escasez*) frugally; **viven muy ~ con la pensión** they live very meagerly on their pension.

justicia *nf* (*gen*) justice; (*equidad*) fairness, equity; (*derecho*) right; **de ~** justly, deservedly; **es de ~ añadir que** it is only right to add that; **en ~** by rights; **hacer ~ a** to do justice to; **tomarse la ~ por su mano** to take the law into one's own hands.

justicialismo *nm* (*Arg: Hist, Pol*) political movement founded by Perón.

justiciero *adj* (strictly) just, righteous.

justificable *adj* justifiable.

justificación *nf* justification.

justificante *nm* voucher.

justificar [1g] *vt* to justify; (*probar*) to verify, substantiate; (*declarar inocente*) to clear (*de* of).

justo 1 *adj* (**a**) (*correcto*) just, fair, right; **pagan ~s por pecadores** the innocent often pay for the guilty; **me parece muy** ~ it seems perfectly fair to me; **más de lo** ~ more than is proper.
(**b**) (*exacto*) exact, correct; **el peso** ~ the correct weight; **¡~!** that's it!, correct!, right!
(**c**) (*ropa*) tight; **el traje me viene muy** ~ the suit is tight for *o* on me.
(**d**) (*tiempo*) **llegaste muy ~ de tiempo** you just made it; (*dinero*) **voy ~ de dinero** money's a bit tight at the moment.
(**e**) (*preciso*) exact, precise; **vino en el momento** ~ he arrived right on time.
2 *adv* (**a**) (*con justicia*) justly.
(**b**) (*exactamente*) right.
(**c**) (*con dificultad*) tightly; **vivir muy** ~ to be hard up, have only just enough to live on.

juvenil *adj* youthful; **obra** ~ early work; **torneo** ~ (*Dep*) junior tournament; **de aspecto** ~ youthful in appearance.
juventud *nf* (**a**) (*época*) youth, early life. (**b**) (*jóvenes*) young people; **la ~ de hoy** young people today, today's youth; (*Pol*) **J~es Comunistas** *etc* Young Communists *etc*.
juyungo/a *nm/f* (*Ecu: persona*) black, mulatto.
juzgado *nm* court; ~ **de primera instancia** court of first instance, low-level court.
juzgar [1h] *vt, vi* (**a**) (*emitir un juicio*) to judge; ~ **mal** to misjudge; **a ~ por** to judge by, judging by. (**b**) (*considerar*) to think, consider; **júzguelo Ud mismo** see for yourself, form your own judgement; **lo juzgo mi deber** I consider *o* deem it my duty; **juzgue Ud mi sorpresa cuando me enteré** imagine my surprise when I found out.

K

K[1], **k** [ka] *nf* (*letra*) K, k.
K[2] *nm abr* (**a**) *de* **kilobyte** K. (**b**) **vehículo K** unmarked police car.
ka *nf* (name of the letter) K.
Kadsastán *nm* Kazakhstan.
kaki *nm* = **caqui**.
kamikaze *nm* kamikaze.
Kampuchea *nf* Kampuchea.
kárate *nm* karate.
karateka *nmf* karate expert, karateka.
karting *nm* go-kart racing.
Katar *nm* Qatar.
kayac, **kayak** *nm* kayak, canoe.
k/c. *abr de* **kilociclos** klc.
Kenia *nf* Kenya.
kepí, **kepis** *nm* (*esp LAm: gorro militar*) (military style) round cap *o* hat.
kerosén *nm* (*LAm*), **kerosene** *nm* (*LAm*), **keroseno** *nm*, **kerosina** *nf* (*CAm*) kerosene, paraffin.
kg *abr de* **kilogramo(s)** kg.
KHz *abr de* **kilohercio** KHz.
kilate *nm* = **quilate**.
kilo *nm* kilo.
kilociclo *nm* kilocycle.
kilogramo *nm* kilogramme, kilogram *(US)*.
kilolitro *nm* kilolitre, kiloliter *(US)*.
kilometraje *nm* distance *o* rate in kilometres *o (US)* kilometers, ≈ mileage.
kilométrico *adj* (**a**) kilometric; **(billete)** ~ (*Ferro*) ≈ mileage ticket. (**b**) (*fam*) very long; **palabra ~a** very long *o* multisyllabic word.
kilómetro *nm* kilometre, kilometer *(US)*.
kiloocteto *nm* (*Inform*) kilobyte.
kilovatio *nm* kilowatt.
kilovatios-hora *nmpl* kilowatt-hours.
kimona *nf* (*Cu, Méx*), **kimono** *nm* kimono.
kiosco *nm* = **quiosco**.
Kirgidstán, **Kirguidstán** *nm*, **Kirguisia** *nf* Krygyzstan.
kiwi *nm* (**a**) (*Orn*) kiwi. (**b**) (*fruta*) kiwi fruit, Chinese gooseberry.
klaxon *nm* horn; **tocar el** ~ to blow the horn, toot.
klínex *nm inv* tissue, Kleenex ®.
km. *abr de* **kilómetro(s)** km.
km/h. *abr de* **kilómetros por hora** km/h.
knock-out ['nokau] *nm*, **K.O.** [kaw] *nm* (*gen*) knockout; (*golpe*) knockout blow; **dejar a algn** ~ to knock sb out; *V tb* **noqueo** *etc*.
k.p.h *abr de* **kilómetros por hora** km/h.
k.p.l *abr de* **kilómetros por litro** ≈ mpg.
kuchen *nm* (*Chi: tarta*) fancy (German-style) cake.
Kurdistán *nm* Kurdistan.
kurdo/a 1 *adj* kurdish. **2** *nm/f* Kurd. **3** *nm* (*Ling*) Kurdish.
Kuwait *nm* Kuwait.
kuwaití *adj, nmf* Kuwaiti.
kv. *abr de* **kilovatio(s)** kW.
kv/h. *abr de* **kilovatios-hora** kW/h.

L

L, **l** [ele] *nf* (*letra*) L, l.
L/ *abr de* **Letra**.
l. *abr* (**a**) *de* **litro(s)** l. (**b**) *de* **libro** bk. (**c**) (*Jur*) *de* **ley** .
l/100 km *abr de* **litros por 100 kilómetros** ≈ mpg.
la[1]: ~ **mujer** the woman; **La India** India; *V* **el**[1].
la[2] *pron pers* her; (*Ud*) you; (*cosa*) it; *V tb* **laísmo**.
la[3] *pron dem*: **mi casa y ~ de Ud** my house and yours; **esta chica y ~ del sombrero verde** this girl and the one in the green hat; **~ de Pedro es mejor** Peter's is better; **¡~ de goles que marcó!** what a lot of goals he scored; **¡~ de veces que se equivoca!** how often he's wrong!; *V* **el**[2].
la[4] *pron rel V* **el**[3].
la[5] *nm* (*Mús*) la.
laberíntico *adj* labyrinthine; (*edificio*) rambling.

laberinto *nm* labyrinth, maze.
labia *nf* glib tongue; **tener mucha ~** to have the gift of the gab *o (US)* gab *(fam)*.
labial *adj, nf* labial.
labio *nm* lip; (*de vasija etc*) edge, rim; (*fig*) tongue; **~s** lips, mouth; **~ inferior/superior** lower/upper lip; **~ leporino** harelip; **no descoser los ~s** to keep one's mouth shut; **sin despegar los ~s** without uttering a word.
labiolectura *nf* lip-reading.
labor *nf* (**a**) (*trabajo*) labour, labor *(US)*, work; (*una ~*) job, task, piece of work; **~ de chinos** tedious task; **~ de equipo** teamwork; **~es domésticas** household chores; **'profesión: sus ~es'** (*en formulario*) 'occupation: housewife'. (**b**) (*Agr*) ploughing, plowing *(US)*. (**c**) (*costura*) sewing; (*bordado*) embroidery; (*punto*) knitting; **una ~** a piece of sewing *etc*; **~ de aguja, ~es de punto** needlework; **~ de ganchillo** crochet, crocheting. (**d**) **~es** (*Min*) workings.
laborable *adj* (*gen*) workable; (*Agr*) arable; **día ~** working day, weekday.
laboral *adj* labour *o (US)* labor *atr*.
laboralista *adj* labour *o (US)* labor *atr*; **abogado ~** labour lawyer.
laborar [1a] **1** *vt* to work; (*Agr*) to till. **2** *vi* to work.
laboratorio *nm* laboratory.
laborear [1a] *vt* to work.
laboreo *nm* (*Agr*) tilling; (*Min*) exploitation.
laboriosidad *nf* (*trabajo*) industry; (*pesadez*) laboriousness.
laborioso *adj* (*individuo*) hard-working, industrious; (*trabajo*) hard, laborious.
laborismo *nm* Labourism.
laborista 1 *adj*: **Partido L~** Labour Party. **2** *nmf* (*Brit Pol*) Labour Party member *o* supporter.
labradío *adj* arable.
labrado 1 *adj* (*gen*) worked; (*metal*) wrought; (*madera*) carved; (*tela*) patterned, embroidered. **2** *nm* cultivated field; **~s** cultivated land.
Labrador *nm* (*Geog*) Labrador.
labrador *nm* (peasant) farmer.
labrantío *adj* arable.
labranza *nf* (*cultivo*) cultivation; (*trabajo*) work.
labrar [1a] **1** *vt* (*gen*) to work; (*metal*) to work; (*madera*) to carve; (*tierra*) to work, farm, till; (*tela*) to embroider; (*fig*) to cause, bring about. **2 labrarse** *vr*: **~ un porvenir** to carve out a future for o.s.
labriego/a *nm/f* farmhand.
laburno *nm* laburnum.
laburo *nm* (*CSur fam*) work; **¡qué ~!** what a job!
laca *nf* shellac; (*barniz*) lacquer; (*de pelo*) hairspray; **~ de** *o* **para uñas** nail polish *o* varnish.
lacado *nm* lacquer.
lacayo *nm* (*criado*) footman; (*fig*) lackey.
lacear [1a] *vt* (*LAm*) to lasso; (*Arg*) to whip.
laceración *nf* laceration.
lacerante *adj* (*fig*) wounding, hurtful.
lacerar [1a] *vt* to lacerate; (*fig*) to damage, spoil.
lacio *adj* (*Bot*) withered, faded; (*pelo*) lank, straight; (*fig*) limp, languid.
lacón *nm* shoulder of pork.
lacónico *adj* laconic, terse.
lacra *nf* (*Med*) mark, scar; (*LAm: llaga*) sore, ulcer; (*: costra*) scab; (*fig*) blot, blemish.
lacrar[1] [1a] *vt* (*Med, fig*) to injure, harm; (*: contagiar*) to infect.
lacrar[2] [1a] *vt* to seal.
lacre 1 *adj* (*LAm*) bright red. **2** *nm* sealing wax; (*Chi*) red (colour *o (US)* color).
lacrimógeno *adj* (**a**) tear-producing; **gas ~** tear gas. (**b**) (*fig*) tearful, highly sentimental; **novela ~a** tear-jerker.
lacrimoso *adj* tearful, lachrymose.
lacrosse [la'kros] *nf* lacrosse.
lactación *nf*, **lactancia** *nf* lactation; (*de niño*) breast-feeding.
lactante 1 *adj*: **mujer ~** nursing mother. **2** *nmf* breast-fed baby.
lactar [1a] *vt, vi* to suckle, breast-feed.
lácteo *adj*: **productos ~s** dairy products.
lactosa *nf* lactose.
lacho *nm* (*Chi, Per*) lover.
ladeado *adj* (**a**) tilted, leaning, inclined. (**b**) (*Arg: descuidado*) slovenly.
ladear [1a] **1** *vt* (**a**) (*gen*) to tilt, tip; (*Aer*) to bank, turn. (**b**) (*montaña etc*) to skirt, go round the side of. **2** *vi* to tilt, tip, lean. **3 ladearse** *vr* (**a**) to lean, incline (*a* towards); (*torcerse*) to bend; (*Dep etc*) to swerve; (*Aer*) to bank, turn. (**b**) (*Chi fam*) to fall in love (*con* with).
ladeo *nm* (*gen*) tilting; (*Aer*) banking, turning; (*fig*) inclination.
ladera *nf* slope, hillside.
ladero 1 *adj* side *atr*, lateral. **2** *nm* (*Arg fam*) helper, backer.
ladilla *nf* crab louse.
ladino 1 *adj* (**a**) smart, shrewd. (**b**) (*LAm: indio*) Spanish-speaking. (**c**) (*CAm, Méx*) half-breed, mestizo. **2** *nm* (*LAm*) Spanish-speaking Indian; (*CAm, Méx*) half-breed, mestizo.
lado *nm* (**a**) (*gen*) side; **~ débil** weak spot; **~ izquierdo** left(-hand) side; **a un ~** to one side; **a un ~ y a otro** on all sides, all around; **~ a ~** side by side; **ir a todos ~s** to go all over; **al ~** near, at hand; **al ~ de** by the side of, beside; **estuvo a mi ~** she was at my side, she was beside me; **al otro ~ de la calle** on the other side of *o* across the street; **al ~ de aquello, esto no es nada** beside *o* in comparison with that, this is nothing; **la casa de al ~** the house next door; **viven al ~ de nosotros** they live next door to us; **estar de un ~ para otro** to be up and down; **poner algo de ~** to put sth sideways *o* edgeways; **por el ~ de Madrid** in the direction of Madrid; **por todos ~s** on all sides, all round; **por un ~, por otro** on the one hand, on the other; **dar a algn de ~** to disregard sb, be unconcerned about sb; **me da de ~** I don't care; **dejar a un ~** (*omitir*) to skip, omit, pass over; (*dejar*) to leave aside; **echar a un ~** to cast aside; **hacerse a un ~** to stand aside; **poner a un ~** to put aside.
(**b**) (*Mil*) flank.
(**c**) (*Dep*) end; **cambiar de ~** to change ends.
(**d**) (*Pol etc*) faction; **ponerse al ~ de algn** to side with sb.
ladrar [1a] *vi* to bark; (*fig: chillar*) to squeal.
ladrido *nm* bark, barking; (*fig*) slander, scandal.
ladrillado *nm* brick floor; (*de azulejos*) tile floor.
ladrillar 1 *nm* brickworks. **2** [1a] *vt* to brick, pave with bricks.
ladrillera *nf* brickworks.
ladrillo *nm* (*gen*) brick; (*azulejo*) tile; **este libro es un ~** (*fam*) this book is a yawn *(fam)*.
ladrón/ona 1 *adj* thieving. **2** *nm/f* thief; **~ de corazones** ladykiller; **¡al ~!** stop thief! **3** *nm* (*Elec*) adaptor, multiple plug.
ladronera *nf* den of thieves.
lagar *nm* (*Agr*) (wine *o* oil) press.
lagarta *nf* (*reptil*) lizard; (*fig*) sly woman; (*prostituta*) whore; **¡~!** you bitch!
lagartija *nf* (small) lizard, wall lizard.
lagarto *nm* (**a**) (*Zool*) lizard; (*LAm: caimán*) alligator; **~ de Indias** alligator; **¡~, ~!** look out! (**b**) (*taimado*) devious person.
lagartón *adj* sharp, shrewd.
lagartona *nf* (*prostituta*) whore.
lago *nm* lake; (*escocés*) loch; **los Grandes L~s** the Great Lakes.
Lagos *n* Lagos.
lágrima *nf* (*gen*) tear; (*gota*) drop; **~s de cocodrilo** crocodile tears; **beberse las ~s** to hold back one's tears; **des-**

hacerse en ~s to burst into tears; **se me saltaron las ~s** tears came to my eyes; **llorar a ~ viva** to sob one's heart out.

lagrimal *nm* corner of the eye.

lagrimea *nf*: **tener ~** to have streaming eyes.

lagrimear 1a *vi* (*gente*) to shed tears easily; (*ojos*) to water.

lagrimoso *adj* (*gente*) tearful; (*ojos*) watery.

laguna *nf* (**a**) (*Geog*) pool; (*costal*) lagoon. (**b**) (*Lit etc*) gap, lacuna; (*en proceso*) hiatus, gap.

lagunoso *adj* marshy, swampy.

laico/a 1 *adj* lay; **educación ~a** secular education. **2** *nm/f* layman/woman.

laísmo *nm use of 'la' as indirect object.*

laja *nf* (*LAm*) sandstone, rock.

lama[1] *nf* (**a**) mud, slime, ooze. (**b**) (*LAm: moho*) mould, mold *(US)*, verdigris; (*Min*) crushed ore.

lama[2] *nm* (*Rel*) lama.

lambarear 1a *vi* (*Cu fam*) to wander aimlessly about.

lambeculo *nmf* (*LAm*) creep *(fam)*, toady.

lamber 2a *vt* (*LAm*) (**a**) = **lamer**. (**b**) to fawn on, toady to, suck up to *(fam)*.

lambeta *nmf* (*CSur*) creep *(fam)*, toady.

lambetada *nf* (*LAm*) servile action; **~s** crawling *(fam)*.

lambiche *adj* (*Méx*) = **lambiscón**.

lambido *adj* (*LAm*) affected, vain; (*Méx, CAm: cínico*) shameless, cynical.

lambiscón (*LAm*) *adj* (**a**) (*glotón*) greedy, gluttonous. (**b**) (*adulón*) fawning.

lambisconear 1a (*LAm*) *vt* (*fig*) to suck up to *(fam)*.

lambisconería *nf* (*Méx, Per: fam*) (**a**) (*gula*) greediness, gluttony. (**b**) (*coba*) crawling *(fam)*, fawning.

lambisquear 1a *vt, vi* (*Méx*) to look for sweets *o (US)* candies.

lambrijo *adj* (*fam*) skinny.

lamé *nm* lamé.

lameculos *nmf inv* (*fam*) arselicker *(fam!)*, crawler *(fam)*.

lamedura *nf* lick, licking.

lamentable *adj* lamentable; (*escena, aspecto*) sorry, woeful; **es ~ que ...** it is regrettable that ....

lamentablemente *adv* unfortunately.

lamentación *nf* lamentation; **ahora no sirven ~es** it's no good crying over split milk.

lamentar 1a **1** *vt* to be sorry about, regret; (*pérdida*) to lament, bewail; (*difunto*) to mourn; **~ que** to be sorry that, regret that; **lamento lo que pasó** I'm sorry about what happened; **no hay que ~ víctimas** fortunately there were no casualties. **2 lamentarse** *vr* to lament, wail, moan (*de, por* about, over); (*difunto*) to mourn (*de, por* over); (*quejarse*) to complain (*de, por* about).

lamento *nm* lament; **~s** lamentation *sg*.

lamentoso *adj* (*LAm*) (**a**) = **lamentable**. (**b**) plaintive.

lameplatos *nmf inv* (**a**) pauper. (**b**) (*Méx fam*) toady; (*: parásito*) scrounger *(fam)*.

lamer 2a *vt* (*gen*) to lick; (*olas*) to lap (against).

lamido 1 *adj* very thin. **2** *nm* (*Téc*) lapping.

lámina *nf* (*gen*) sheet; (*Fot, Tip*) plate; (*grabado*) engraving; **~s de acero** sheet steel.

laminado *adj* laminate(d); (*Téc*) sheet, rolled; **cobre ~** sheet *o* rolled copper.

laminador *nm*, **laminadora** *nf* rolling mill.

laminar 1a *vt* to laminate; (*Téc*) to roll.

lampa *nf* (*Chi, Per: azada*) hoe; (*: Min: pico*) pick.

lampalagua *nf* (*Chi*) mythical snake.

lámpara *nf* (**a**) lamp, light; (*bombilla*) bulb; **~ de alcohol/gas** spirit *o (US)* alcohol/gas lamp; **~ de bolsillo** torch, flashlight; **~ de lectura/de pie** reading/standard lamp; **~ de soldar** blow-lamp, blow torch; **~ solar ultravioleta** sun-ray lamp; **~ plegable** angle-poise lamp. (**b**) (*mancha*) stain, dirty mark.

lamparazo *nm* (*Méx*) gulp.

lamparilla *nf* (**a**) nightlight. (**b**) (*Bot*) aspen.

lamparín *nm* (*Chi, Per*) paraffin lamp.

lamparón *nm* (*Med*) scrofula; (*mancha*) large grease spot.

lampazo[1] *nm* (*Bot*) burdock.

lampazo[2] *nm* (**a**) (*LAm: escobilla*) floor mop. (**b**) (*And, Carib: azotamiento*) whipping.

lampiño *adj* hairless; (*afeitado*) clean-shaven.

lamprea *nf* (**a**) (*pez*) lamprey. (**b**) (*Med*) sore, ulcer.

lana *nf* (**a**) wool; (*vellón*) fleece; (*tela*) woollen *o (US)* woolen cloth; (*para labores*) knitting wool; **~ de acero** steel wool; **~ para labores** knitting wool; **~ virgen** pure new wool; **(hecho) de ~** wool, woollen. (**b**) (*And, Méx: fam: dinero*) money, dough *(fam)*; (*: mentira*) lie.

lanar *adj* wool-bearing; **ganado ~** sheep.

lance *nm* (**a**) (*de red etc*) throw, cast. (**b**) (*Pesca*) catch. (**c**) (*Dep etc*) move, piece of play. (**d**) (*episodio*) incident, event; **tirarse (a) un ~** (*CSur*) to take a chance. (**e**) (*riña*) row, quarrel; **~ de honor** affair of honour *o (US)* honor, duel. (**f**) (*Com*) **de ~** secondhand.

lancear 1a *vt* to spear.

lanceta *nf* (**a**) (*Med etc*) lancet; **abrir con ~** to lance. (**b**) (*LAm*) goad.

lancinante *adj* (*dolor*) piercing.

lancinar 1a *vt* to lance, pierce.

lancha *nf* (*gen*) (small) boat; (*de motor*) launch; **~ de carga** lighter, barge; **~ de carreras** speedboat; **~ de desembarco** landing craft; **~ motora** motorboat, speedboat; **~ neumática** (*Aer etc*) rubber dinghy *o (US)* raft; **~ salvavidas** *o* **de socorro** lifeboat.

lanchaje *nm* (*Méx*) freight charge.

lanchero *nm* boatman.

lanchón *nm* lighter, barge.

lanero 1 *adj*: **la industria ~a** the wool industry. **2** *nm* (*persona*) wool dealer.

lángara *nmf* (*Méx fam*) untrustworthy individual.

langosta *nf* (*de mar*) lobster; (*insecto*) locust.

langostera *nf* lobster pot.

langostín *nm*, **langostino** *nm* (*de mar*) prawn; (*de agua dulce*) crayfish.

languidecer 2d *vi* to languish, pine (away).

languidez *nf* (*cansancio*) languor, lassitude; (*decaimiento*) listlessness.

lánguido *adj* (*gen*) languid; (*débil*) weak, listless.

lanilla *nf* nap; (*tela*) thin flannel cloth.

lanolina *nf* lanolin(e).

lanudo *adj* (**a**) woolly, wooly *(US)*, fleecy. (**b**) (*Méx*) well off.

lanza 1 *nf* (**a**) (*Mil*) lance, spear; **estar ~ en ristre** to be ready for action; **medir ~s** to cross swords; **ser una ~** (*Méx*) to be sly, be a rogue. (**b**) (*en carruajes*) shaft; **romper una ~ por algn** to defend sb to the hilt. **2** *nm* (*LAm fam: estafador*) cheat; (*Chi fam: ratero*) pickpocket, thief.

lanzabombas *nm inv* (*Aer*) bomb release; (*Mil*) mortar.

lanzacohetes *nm inv* rocket launcher.

lanzadera *nf* shuttle.

lanzado *adj* (*fam*) (**a**) (*ser*) forward, brazen. (**b**) (*estar: decidido*) determined, single-minded.

lanzador *nm* (**a**) thrower; (*Dep*) bowler, pitcher *(US)*; **~ de cuchillos** knife-thrower. (**b**) (*Com, Fin*) promoter.

lanzaespumas *nm inv* foam extinguisher.

lanzagranadas *nm inv* grenade launcher, mortar.

lanzallamas *nm inv* flamethrower.

lanzamiento *nm* (**a**) (*gen*) throw, cast; (*acto*) throwing, casting, hurling; (*Aer*) jump, descent; **~ de disco** throwing the discus; **~ de pesos** putting the shot. (**b**) (*Aer, Náut*) launch, launching. (**c**) (*Com, Fin*) promotion; **oferta de ~** promotional offer. (**d**) (*Jur*) eviction.

lanzaminas *nm inv* minelayer.

lanzamisiles *nm inv* missile-launcher.

lanzar 1f **1** *vt* (**a**) (*gen*) to throw, cast; (*con violencia*) to fling, hurl; (*Dep: balón*) to bowl; (*: US*) to pitch (*a* at, to);

(*: peso*) to put; (*Aer*) to drop; (*desafío*) to throw out *o* down.

(**b**) (*grito*) to give, utter; (*vistazo*) to give, cast (*a* at); (*suspiro*) to give; (*crítica*) to hurl.

(**c**) (*Aer, Náut*) to launch.

(**d**) (*Com, Fin*) to launch, promote.

2 lanzarse *vr* (**a**) to throw *o* hurl *o* fling o.s. (*a, en* into; *sobre* on) (*ataque*) to rush (*sobre* at, on), fly (*sobre* at); (*Aer*) to jump, bale out; **se lanzó al río** he dived into the river.

(**b**) ~ **a** (*fig*) to embark upon, undertake.

Lanzarote *nm* Lanzarote.

lanzatorpedos *nm inv* torpedo tube.

laña *nf* clamp.

lañar [1a] *vt* to clamp (together).

Laos *nm* Laos.

lapa *nf* (*Zool*) limpet.

lapicera *nf* (*CSur: plumafuente*) fountain pen; (*: bolígrafo*) ballpoint pen.

lapicero *nm* propelling *o* (*US*) mechanical pencil; (*LAm: plumafuente*) fountain pen; (*: bolígrafo*) ballpoint pen.

lápida *nf* memorial tablet *o* stone; ~ **mortuoria** headstone, gravestone; ~ **sepulcral** tombstone.

lapidar [1a] *vt* (*persona*) to stone, throw stones at; (*LAm: joyas*) to cut.

lapidario *adj, nm* lapidary.

lápiz *nm* (**a**) (*gen*) pencil; (*de color*) crayon; ~ **de cejas** *o* **ojos** eyebrow pencil; ~ **de labios** lipstick; ~ **electrónico** *u* **óptico** light pen; **escribir algo a** *o* **con** ~ to write sth in pencil. (**b**) (*Min*) blacklead, graphite.

lapo *nm* (*fam*) punch; **de un** ~ (*LAm*) at one go.

lapón/ona 1 *adj, nm/f* Lapp, Laplander. **2** *nm* (*Ling*) Lapp.

Laponia *nf* Lapland.

lapso *nm* (*gen*) lapse; (*error*) mistake, error; ~ **de tiempo** interval of time.

laquear [1a] *vt* to lacquer; (*uñas*) to varnish.

LAR *nf abr* (*Esp Jur*) *de* **Ley de Arrendamientos Rústicos**.

larga *nf* (*Taur*) pass with the cape; *V tb* **largo 1** (**f**).

largamente *adv* (**a**) for a long time; (*relatar etc*) at length, fully. (**b**) (*vivir*) comfortably, at ease.

largar [1a] **1** *vt* (**a**) (*soltar*) to let go, let loose, release; (*aflojar*) to loosen, slacken; (*cuerda*) to let out, pay out; (*Náut*) to unfurl.

(**b**) (*golpe*) to give, fetch, deal.

(**c**) (*insulto*) to let fly.

(**d**) (*decir*) ~ **un rollo/discurso** to deliver a spiel/speech; **le largó una tremenda bronca** she gave him a good ticking-off *(fam)*.

(**e**) (*dar*) to give; **le largó una buena propina** he slipped him a good tip.

(**f**) (*LAm fam: lanzar*) to throw, hurl; (*echar*) to throw out; (*deshacerse de*) to get rid of.

2 *vi* (*fam*) to speak, talk; (*mucho*) to ramble on.

3 largarse *vr* (**a**) (*fam*) to beat it *(fam)*, hop it *(fam)*; **¡lárgate!** clear off!

(**b**) (*Náut*) to set sail, start out.

(**c**) (*LAm*) ~ **a hacer algo** to start to do sth.

largavistas *nm inv* (*CSur Téc: gemelos*) binoculars.

largo 1 *adj* (**a**) (*gen*) long; (*alto*) tall; ~ **de piernas** long-legged; **se cayó al suelo cuan ~ era** he fell to the floor full out; **después de una ~a demora** after a lengthy delay; **es muy ~ de contar** it's a long story; **a ~ plazo** in the long term; **~ y tendido** (*como adv*) at great length.

(**b**) (*fam*) **¡~ (de aquí)!** clear off!

(**c**) (*de ~*) **ponerse de** ~ to put on grown-up clothes; **pasar de** ~ to pass by, go by (without stopping); **dejar pasar a algn de** ~ to give sb a wide berth; **este problema viene de** ~ this problem started way back, this problem has been with us a long time.

(**d**) (*lo ~*) **a lo más** ~ at the most; **a lo** ~ (*posición*) lengthways; (*relatar*) at great length, lengthily; (*ver*) in the distance, far off; **a lo ~ de** along; (*al lado de*) alongside; (*tiempo*) all through, throughout; **a lo ~ y a lo ancho de** the length and breadth of; **a todo lo ~ del río** all along the river.

(**e**) (*cantidades*) full, good; **tardó media hora ~a** he took a good *o* full half-hour; **los aventajó en un minuto** ~ he beat them by a full minute; **ir para** ~ to go on and on, go on at length.

(**f**) (*larga*) **a la ~a** in the long run; **dar ~s a algo** to put sth off; **saberla ~a** to have no flies on one *(fam)*.

(**g**) (*generoso*) generous; **tirar de** ~ to spend lavishly.

(**h**) (*Agr etc*) abundant.

(**i**) (*astuto*) sharp, shrewd.

(**j**) (*cuerda*) loose, slack.

2 *nm* (**a**) length; **el ~ de las faldas** the length of skirts; **tiene 9 metros de** ~ it is 9 m long; **¿cuánto tiene de ~?** how long is it?

(**b**) (*Mús*) largo.

largometraje *nm* full-length *o* feature film.

larguero 1 *adj* (*CSur*) long, lengthy; (*individuo*) slow-working. **2** *nm* (*Arquit*) main beam, chief support; (*de puerta*) jamb; (*Dep*) crossbar; (*en cama*) bolster.

largueza *nf* generosity.

larguirucho *adj* lanky, gangling.

largura *nf* length.

laringe *nf* larynx.

laringitis *nf* laryngitis.

larva *nf* larva, grub.

larvado *adj* hidden, latent.

las *V* **los**.

lasca *nf* chip of stone.

lascadura *nf* (*Méx*) graze, abrasion.

lascar [1g] *vt* (*Méx*) to graze, bruise; (*piedra*) to chip off.

lascivia *nf* (*gen*) lewdness, lasciviousness; (*lujuria*) lust, lustfulness.

lascivo *adj* lewd, lascivious; (*lujurioso*) lustful.

láser *nm* laser; **rayo** ~ laser beam.

lasitud *nf* lassitude, weariness.

laso *adj* (*gen*) weary; (*lánguido*) languid.

lástima *nf* (**a**) (*gen*) pity; (*compasión*) compassion; **¡qué ~!** what a shame!, that's too bad!; **¡qué ~ de hombre!** isn't he pitiful?; **es una** ~ it's a shame; **es ~ que** it's a pity that; **dar** ~ to be pitiful; **eso me da mucha** ~ I feel very sorry about that; **tener ~ de** to feel sorry for. (**b**) **estar hecho una** ~ to be a sorry sight. (**c**) (*queja*) complaint.

lastimadura *nf* (*LAm*) wound, injury.

lastimar [1a] **1** *vt* (*gen*) to hurt, injure; (*herir*) to wound; (*ofender*) to offend, distress. **2 lastimarse** *vr* to hurt *o* injure o.s.; **se lastimó el brazo** he hurt his arm; ~ **de** to complain about.

lastimero *adj* (**a**) harmful, injurious. (**b**) = **lastimoso.**

lastimoso *adj* pitiful, pathetic.

lastrar [1a] *vt* to ballast.

lastre *nm* (**a**) (*Náut, Téc*) ballast. (**b**) (*fig*) dead weight. (**c**) (*sentido común*) good sense, steadiness.

lata *nf* (**a**) (*metal*) tinplate; (*envase*) tin, can; **sardinas en** ~ tinned *o* canned sardines. (**b**) (*fam*) nuisance, pain *(fam)*; **es una ~ tener que** it's a nuisance having to; **¡vaya (una) ~!, ¡qué ~!** what a nuisance *o* *(fam)* bore; **dar la** ~ to be a nuisance *o* *(fam)* pain.

latente *adj* latent.

lateral 1 *adj* lateral; **calle** ~ side street. **2** *nm* (*Teat*) wings *pl*.

laterío *nm* (*Méx*) tinned *o* canned goods *pl*.

latero *nm* (*LAm: oficio*) tinsmith.

látex *nm* latex.

latido *nm* (**a**) (*de corazón*) beat, beating; (*de herida*) throb, throbbing. (**b**) (*de perro*) yelp.

latifundio *nm* latifundium, large estate.

latifundista *nm* owner of a large estate.

latigazo *nm* (**a**) (*golpe*) lash; (*chasquido*) crack. (**b**) (*fig: insultos*) verbal lashing. (**c**) (*de bebida*) swig *(fam)*.

látigo *nm* whip.
latiguear [1a] *vt* (*LAm*) to whip, thrash.
latiguillo *nm* (*Teat*) hamming.
latín *nm* Latin; **saber (mucho)** ~ (*fam*) to be pretty sharp.
latinajo *nm* dog Latin; **echar ~s** to come out with learned quotations and references.
latinismo *nm* latinism.
latinista *nmf* latinist.
latino/a *adj, nm/f* Latin.
Latinoamérica *nf* Latin America.
latinoamericano/a *adj, nm/f* Latin-American.
latir [3a] *vi* (**a**) (*corazón*) to beat; (*herida etc*) to throb. (**b**) (*estar latente*) to lie (hidden), lurk.
latitud *nf* (*Geog, fig*) latitude; (*area*) area, extent.
LATN *nf abr* (*Par Aer*) *de* **Líneas Aéreas de Transporte Nacional**.
lato *adj* broad, wide.
latón *nm* (**a**) (*metal*) brass. (**b**) (*CSur*) large tin container.
latoso *adj* (*molesto*) annoying; (*pesado*) boring, tedious.
latrocinio *nm* robbery, theft.
Latvia *nf* Latvia.
LAU *nf abr* (*Esp Jur*) (**a**) (*Hist*) *de* **Ley de Autonomía Universitaria**. (**b**) *de* **Ley de Arrendamientos Urbanos**.
lauco *adj* (*Chi*) bald, hairless.
laucha *nf* (*CSur*) small mouse; (*Arg*) dirty old man; **ser una** ~ (*CSur*) to be very sharp; **aguaitar** *o* **catear la** ~ (*CSur fam*) to await a favourable *o (US)* favorable opportunity.
laúd *nm* (*Mús*) lute.
laudable *adj* laudable, praiseworthy.
laudatorio *adj* laudatory.
laudo *nm* (*Jur*) decision, finding.
laurear [1a] *vt* to honour, honor *(US)*, reward.
laurel *nm* (*Bot*) laurel; (*fig*) laurels; (*: premio*) honour, honor *(US)*, reward; **(hojas de)** ~ (*Culin*) bay (leaves).
Lausana *nf* Lausanne.
lava *nf* (*Geol*) lava.
lavable *adj* washable.
lavabo *nm* (**a**) (*jofaina*) washbasin. (**b**) (*retrete*) lavatory, washroom *(US)*, toilet *(Brit)*.
lavacoches *nm inv* car wash.
lavada *nf* (*LAm*) wash, washing.
lavadero *nm* (**a**) (*lavandería*) laundry, wash house; (*en río*) washing place. (**b**) (*LAm Min*) gold-bearing sands *(in river)*.
lavado *nm* (**a**) (*acto*) wash, washing; ~ **de cabeza** shampoo; ~ **de cerebro** brainwashing; ~ **en seco** dry cleaning; **le hicieron un ~ de estómago** he had his stomach pumped. (**b**) (*ropa*) wash, laundry.
lavador *nm* (*CSur*) washbasin.
lavadora *nf* washing machine.
lavadura *nf* (*lavado*) washing; (*agua sucia*) dirty water.
lavafrutas *nm inv* finger bowl.
lavaje *nm* (*CSur*) = **lavadura**.
lavamanos *nm inv* washbasin.
lavanda *nf* lavender.
lavandera *nf* laundress, washerwoman.
lavandería *nf* laundry; ~ **automática** launderette, laundromat *(US)*.
lavandero *nm* launderer, laundryman.
lavándula *nf* = **lavanda**.
lavaojos *nm inv* eye bath.
lavaplatos *nm inv* (**a**) (*aparato*) dish-washer. (**b**) (*empleado*) washer-up. (**c**) (*Chi, Col, Méx: fregadero*) sink.
lavar [1a] **1** *vt* (**a**) to wash; (*fam: dinero*) to launder *(fam)*; ~ **y marcar** (*pelo*) to shampoo and set; ~ **en seco** to dry-clean; ~ **la cabeza** to wash one's hair. (**b**) (*fig*) to wipe away *o* out. **2 lavarse** *vr* to wash, have a wash; ~ **las manos** to wash one's hands; (*fig*) to wash one's hands of it.
lavaseco *nm* (*Chi: tintorería*) drycleaning (shop).
lavativa *nf* (**a**) (*Med*) enema. (**b**) (*fig*) nuisance.
lavatorio *nm* (**a**) washstand. (**b**) (*LAm*) lavatory, washroom *(US)*. (**c**) (*Med*) lotion.
lavavajillas *nm inv* dishwasher.
lavoteo *nm* (*fam*) quick wash.
laxante *adj, nm* laxative.
laxar [1a] *vt* to ease, slacken; (*vientre*) to loosen.
laxitud *nf* laxity, slackness.
laxo *adj* lax, slack.
laya *nf* (**a**) spade; ~ **de puntas** (garden) fork. (**b**) (*fig*) kind, sort; **de esta** ~ of this kind.
lazada *nf* bow, knot.
lazar [1f] *vt* (**a**) to lasso, rope. (**b**) (*Méx*) = **enlazar 1**.
lazarillo *nm* blind man's guide.
lazo *nm* (**a**) (*gen*) bow, knot; (*Agr*) lasso, lariat; ~ **corredizo** slipknot; ~ **de zapato** bootlace. (**b**) (*Caza, fig*) snare, trap; **caer en el** ~ to fall into the trap. (**c**) (*Aut*) hairpin bend. (**d**) (*fig: vínculo*) link, bond, tie; **los ~s familiares** the family bond, the ties of blood.
LBE *nf abr* (*Esp Jur*) *de* **Ley Básica de Empleo**.
L/C *nf abr de* **Letra de Cambio** B/E.
Ldo/a. *abr de* **Licenciado/a**.
le *pron pers* (**a**) (*dir: él*) him; (*: Ud*) you; **no ~ veo** I don't see him; **¿~ ayudo?** shall I help you? (**b**) (*indir: dativo*) (to) him, (to) her, (to) it; (*: Ud*) (to) you; ~ **hablé** I spoke to him *o* her; **quiero dar~ esto** I want to give you this; ~ **he comprado esto** I bought this for you; *V tb* **leísmo**.
leal *adj* loyal, faithful.
lealtad *nf* loyalty, fidelity.
lebrel *nm* greyhound.
lebrón *adj* (*Méx fam: astuto*) experienced.
LEC *nf abr* (*Esp Jur*) *de* **Ley de Enjuiciamiento Civil**.
lección *nf* (**a**) (*gen*) lesson; (*Escol*) lesson, class; (*Univ*) lecture, class; ~ **práctica** object lesson (*de* in); **aprenderse la** ~ to learn one's lesson; **dar ~es** to teach, give lessons; **dar una ~ a algn** (*fig*) to teach sb a lesson; **¡que te sirva de ~!** let that be a lesson to you! (**b**) (*Lit, en Biblia*) reading.
lectivo *adj*: **año** ~ school year.
lectoescritura *nf* reading and writing.
lector(a) *nm/f* (**a**) reader. (**b**) (*Escol, Univ*) (conversation) assistant. (**c**) (*Inform*) ~ **óptico de caracteres** optical character reader *o* scanner; **~a de fichas** card reader.
lectura *nf* (*gen*) reading; (*obra*) reading matter; **dar ~ a** to read (publicly); **sala de** ~ reading room.
lechada *nf* (**a**) (*lavado*) whitewash; (*para fijar*) paste, grout; (*para papel*) pulp. (**b**) (*Méx*) milking.
lechar [1a] *vt* (**a**) (*LAm*) to milk. (**b**) (*CAm, Méx*) to whitewash.
lechazo *nm* young lamb.
leche *nf* (**a**) milk; ~ **completa** *o* **entera** full-cream milk, unskimmed milk; ~ **condensada/desnatada/pasteurizada** condensed/skimmed/pasteurised milk; ~ **descremada** *o* **de larga duración** long-life milk; ~ **de magnesia** milk of magnesia; ~ **en polvo** powdered milk.
(**b**) (*Bot*) milk, milky juice; (*Bol*) rubber.
(**c**) (*fam: locuciones*) **¡~!** hell!, shit *(fam!)*; **mala** ~ bad blood, ill-feeling; **estar de mala** ~ to be pissed off *(fam!)*, be in a shitty mood *(fam)*; **poner a algn de mala** ~ to put sb in a stinker *(fam)*, wind sb up the wrong way *(fam)*; **¿qué ~s quieres?** what the hell do you want?; **¡qué coche ni qué ~!** car my foot! *(fam)*; **salió echando ~s** he went like a bat out of hell *(fam)*; **tener mala** ~ to be a shit *(fam!)*; **hay mucha mala ~ entre ellos** there's a lot of bad blood between them; **ir a toda** ~ to scorch along *(fam)*; **cantando es la** ~ when she sings she's a bloody marvel *(fam)*; (*pey*) when she sings she's bloody awful *(fam)*.
(**d**) (*fam: golpe*) bash *(fam)*, swipe; (*choque*) bash *(fam)*, bang; **darse una** ~ (*fig*) to come a cropper *(fam)*.
(**e**) (*fam: molestia*) bore, pain *(fam)*; **¡es la ~!** it's such a pain!
(**f**) (*LAm: suerte*) good luck; **¡qué ~ tienes!** you lucky devil!

lechecillas *nfpl* sweetbreads.
lechera *nf* (**a**) (*persona*) milkmaid, dairymaid. (**b**) (*recipiente*) milk can, milk churn. (**c**) (*LAm: animal*) cow.
lechería *nf* (**a**) (*lugar*) dairy, creamery. (**b**) (*LAm*) meanness.
lecherita *nf* milk jug.
lechero 1 *adj* (**a**) milk; (*atr*); **producción ~a** milk production; **vaca ~a** milk *o* milch cow. (**b**) (*LAm: suertudo*) lucky. **2** *nm* (*granjero*) dairyman; (*distribuidor*) milkman.
lecho *nm* (**a**) bed; (*Agr*) bedding; **~ mortuorio** deathbed. (**b**) (*de río*) bed; (*Geol*) layer; **~ de roca** bedrock.
lechón *nm* piglet, sucking *o (US)* suckling pig.
lechona *nf* (**a**) sow. (**b**) (*fig*) pig.
lechosa *nf* (*Ven*) papaya.
lechoso *adj* (**a**) milky. (**b**) (*LAm: suertudo*) lucky.
lechudo *adj* (*LAm*) lucky.
lechuga 1 *nf* (**a**) lettuce. (**b**) (*Cos*) frill, flounce. **2** *nm* (*Esp fam: billete*) 1000 peseta note.
lechuguino *nm* young lettuce.
lechuza *nf* (*Orn*) owl; **~ común** barn owl.
leer [2e] *vt, vi* to read; **~ el pensamiento a algn** to read sb's mind; **~ los labios** to lip-read; **~ entre líneas** to read between the lines.
legación *nf* legation.
legado *nm* (**a**) legate. (**b**) (*Jur*) legacy, bequest.
legajo *nm* file, bundle (of papers).
legal *adj* (**a**) (*gen*) legal, lawful; (*hora*) standard. (**b**) (*individuo*) trustworthy, truthful; **tío ~** good bloke *(fam)*.
legalidad *nf* legality, lawfulness.
legalista *adj* legalistic.
legalización *nf* legalization; (*de documentos*) authentication.
legalizar [1f] *vt* (*gen*) to legalize, make lawful; (*documentos*) to authenticate.
légamo *nm* slime, mud; (*arcilla*) clay.
legamoso *adj* slimy, oozy.
legaña *nf* sleep; (*en los ojos*) rheum.
legañoso *adj* bleary.
legar [1h] *vt* to bequeath, leave (*a* to).
legatario/a *nm/f* legatee.
legendario *adj* legendary.
legibilidad *nf* legibility.
legible *adj* legible; **~ por máquina** (*Inform*) machine-readable.
legión *nf* legion; **L~ Extranjera** Foreign Legion; **L~ de Honor** Legion of Honour *o (US)* Honor.
legionario 1 *adj* legionary. **2** *nm* legionary; (*soldado activo*) legionnaire.
legislación *nf* legislation; (*leyes*) laws; **~ antimonopolio** (*Com*) anti-trust legislation.
legislador(a) *nm/f* legislator.
legislar [1a] *vi* to legislate.
legislatura *nf* (*Jur*) term; (*Pol*) session; (*LAm*) legislature, legislative body.
legista 1 *nm* jurist; (*estudiante*) law student. **2** *adj* (*LAm*); **médico ~** forensic expert.
legitimar [1a] **1** *vt* (*gen*) to legitimize; (*Jur*) to legalize. **2 legitimarse** *vr* to establish one's title *o* claim.
legitimidad *nf* legitimacy.
legitimización *nf* legitimization.
legítimo *adj* legitimate, rightful; (*auténtico*) authentic.
lego/a 1 *adj* (**a**) (*Rel*) lay. (**b**) (*fig*) ignorant, uninformed. **2** *nm/f* lay brother/sister; **los ~s** the laity.
legración *nf*, **legrado** *nm* (*Med*) scrape.
legua *nf* league; **eso se ve** *o* **se nota a la ~** you can tell it a mile away.
leguleyo *nm* pettifogging *o (US)* shyster lawyer.
legumbre *nf* vegetable.
leguminosa *nf* (*Bot*) pulse.
leíble *adj* legible.
leída *nf* (*LAm*) reading; **de una ~** in one reading, at one go; **dar una ~ a** to read.
leído *adj* (*individuo*) well-read; (*libro*) widely read.
leísmo *nm use of 'le' instead of 'lo' as direct objects.*
lejanía *nf* (*distancia*) distance, remoteness; (*lugar*) remote place.
lejano *adj* distant, remote, far off; **L~ Oriente** Far East.
lejía *nf* (**a**) bleach. (**b**) (*fam*) dressing-down.
lejos 1 *adv* far away *o* off; **a lo ~** in the distance, far off; **de** *o* **desde ~** from afar, from a long way off; **más ~** further (off); **está muy ~** it's a long way (away); **¿está ~?** is it far?; **ese chico llegará ~** that boy will go far; **esta vez has ido demasiado ~** this time you've gone too far; **eso queda demasiado ~** that's too far (away); **para no ir más ~** (*fig*) to take an obvious example.
2 *prep*: **~ de** far from; **estoy muy ~ de pensar que ...** I am very far from thinking that ....
3 *nm* distant view; (*de cuadro*) background.
lele *adj* (*LAm*), **lelo** *adj* silly, stupid.
lema *nm* motto, device; (*Pol etc*) slogan.
lempira *nm* (*Hon*) monetary unit of Honduras.
lémur *nm* lemur.
lencería *nf* (**a**) (*ropa blanca*) linen, drapery; (*ropa interior*) lingerie. (**b**) (*tienda*) draper's (shop).
lencero *nm* draper.
lengua *nf* (**a**) (*Anat, fig*) tongue; **mala ~, ~ larga, ~ de trapo** (*LAm*) gossip; **de ~ en ~** from mouth to mouth; **según las malas ~s ...** according to gossip ...; **andar en ~s** to be the talk of the town; **atar la ~ a algn** (*fig*) to silence sb; **dar a la ~** to chatter, talk too much; **estar con la ~ fuera** (*fig*) to be dead beat; **írse uno de la ~** to let the cat out of the bag; **morderse la ~** to hold one's tongue; **sacar la ~ a algn** (*fig*) to cock a snook at sb; **soltar la ~** (*fam*) to spill the beans *(fam)*; **se le trabó la ~** he was tongue-tied; **tirar de la ~ a algn** to draw sb out, make sb talk.
(**b**) (*en campana*) clapper.
(**c**) (*Geog*) **~ de tierra** spit *o* tongue of land.
(**d**) (*Ling*) language, tongue; **L~** (*Esp Escol*) Spanish language *(as a school subject)*; **~ franca** lingua franca; **~ materna** mother tongue; **~ origen** source language.
lenguado *nm* sole, dab.
lenguaje *nm* (**a**) (*gen*) language; (*facultad*) (faculty of) speech.
(**b**) (*forma de hablar*) parlance, (mode of) speech; **~ comercial** business language; **~ del cuerpo** body language; **~ de gestos** sign language; **~ periodístico** journalese; **en ~ llano** ≈ in plain English.
(**c**) (*Lit*) style, diction.
(**d**) (*Inform*) language; **~ máquina** machine language; **~ de programación** program(m)ing language.
lenguaraz *adj* talkative; (*mal hablado*) foulmouthed.
lenguaz *adj* garrulous.
lengüeta *nf* (**a**) (*gen*) tab, small tongue; (*de zapatos, Mús*) tongue; (*Anat*) epiglottis. (**b**) (*LAm: hablador*) chatterbox; (*chismoso*) gossip.
lengüetada *nf*, **lengüetazo** *nm* lick.
lengüetear [1a] (*LAm*) **1** *vt* to lick. **2** *vi* to stick one's tongue out.
lengüeterías *nfpl* (*LAm*) gossip *sg*, tittle-tattle *sg*.
lenguón/ona (*LAm*) **1** *adj* gossipy. **2** *nm/f* gossip.
lenidad *nf* lenience.
Leningrado *nm* Leningrad.
lenitivo 1 *adj* lenitive. **2** *nm* lenitive, palliative.
lenocinio *nm* pimping, procuring; **(casa de) ~** brothel.
lente *nm o nf* lens; **~s** (*esp LAm*) spectacles; **~ de aumento** magnifying glass; **~s de contacto** contact lenses.
lenteja *nf* lentil; **~s** lentil soup.
lentejuela *nf* spangle, sequin.
lentilla *nf* contact lens.
lentitud *nf* slowness; **con ~** slowly.
lento *adj* slow; (*persona*) slow, dull; **cocer a fuego ~** to simmer.
leña *nf* (**a**) firewood; **echar ~ al fuego** to add fuel to the

flames *o* fire; **hacer** ~ to gather firewood. (**b**) (*fam*) thrashing; **cargar de** ~, **hartar de** ~, **dar** ~ **a** to thrash; **repartir** ~ to lash out.
leñador *nm* woodcutter, woodman.
leñazo *nm* (*golpe*) bash, thump; (*choque*) collision, bash.
leñe *interj* (*fam*) shit! *(fam!)*.
leñera *nf* woodshed.
leñero *nm* (**a**) (*comerciante*) dealer in wood. (**b**) (*lugar*) woodshed.
leño *nm* (**a**) log, timber. (**b**) (*fam*) dolt *(fam)*.
leñoso *adj* woody.
Leo *nm* Leo.
León *nm* Leon; ~ **(de Francia)** Lyons.
león *nm* lion; (*LAm*) puma; ~ **marino** sea lion.
leona *nf* (**a**) lioness. (**b**) (*Chi*) confusion, mix-up.
leonado *adj* tawny.
leonera *nf* (**a**) (*jaula*) lion's cage; (*cueva etc*) lion's den; **parece una** ~ it's shockingly dirty. (**b**) (*fam*) gambling den; (*CSur*) communal prison cell.
leonés/esa 1 *adj* of *o* from Leon. **2** *nm/f* native *o* inhabitant of Leon.
leonino *adj* leonine; (*Com, Jur*) unfair, one-sided.
leontina *nf* watch chain.
leopardo *nm* leopard; ~ **cazador** cheetah.
leopoldina *nf* fob, short watch chain.
leotardo *nm* leotard; ~**s** tights.
Lepe *nm*: **saber más que** ~ to be pretty smart.
leperada *nf* (*CAm, Méx*) coarse remark.
lépero/a (*CAm, Méx*) **1** *adj* (*grosero*) rude, tough, uncouth. **2** *nm/f* rude *o* uncouth person.
leporino *adj*: **labio** ~ harelip.
lepra *nf* leprosy.
leprosario *nm* (*Méx*), **leprosería** *nf* leper colony.
leproso/a 1 *adj* leprous. **2** *nm/f* leper.
lerdear [1a] **1** *vi* (*CAm, Arg*) to do things very slowly. **2 lerdearse** *vr* to be slow (about doing things).
lerdez, **lerdeza** *nf* (*CAm*) slowness; (*estupidez*) slowwittedness; (*torpeza*) clumsiness.
lerdo *adj* (*lento*) slow; (*de pocas luces*) slow-witted; (*torpe*) clumsy.
lerdura *nf* (*CSur*) = **lerdez**.
Lérida *nf* Lerida.
leridano/a 1 *adj* of *o* from Lerida. **2** *nm/f* native *o* inhabitant of Lerida.
les *pron pers* (**a**) (*dir*) them; (*: Uds*) you. (**b**) (*indir*) (to) them; (*: Uds*) (to) you; *V* **le** *para uso*.
lesbiana *nf* lesbian.
lesbianismo *nm* lesbianism.
lésbico, **lesbio** *adj* lesbian.
leseras *nfpl* (*CSur fam: tonterías*) nonsense.
lesión *nf* wound, lesion; (*Dep*) injury; (*fig*) damage; ~ **cerebral** brain-damage.
lesionado *adj* hurt; (*Dep*) injured.
lesionar [1a] **1** *vt* (*dañar*) to hurt, injure; (*herir*) to wound. **2 lesionarse** *vr* to get hurt.
lesivo *adj* harmful, damaging.
lesna *nf* awl.
leso *adj* (**a**) (*ofendido*) hurt, injured, offended; **crimen de** ~**a majestad** lèse-majesté, treason; **crimen de** ~**a patria** high treason. (**b**) (*LAm*) simple, stupid.
Lesoto *nm* Lesotho.
lesura *nf* (*Chi fam*) stupidity.
letal *adj* deadly, lethal.
letanía *nf* (*Rel*) litany; (*fig*) rigmarole; (*: retahíla*) long list.
letárgico *adj* lethargic.
letargo *nm* lethargy.
Letonia *nf* Latvia.
letra *nf* (**a**) (*Tip etc*) letter; ~ **gótica** Gothic script; ~ **de imprenta** print; ~ **inicial/mayúscula/minúscula** initial/capital/small letter; ~ **bastardilla/negrilla** italics/bold *o* heavy type; **en** ~**s de molde** in block letters.
(**b**) (*fig*) letter, literal meaning; **lo tomó al pie de la** ~ he took it literally.
(**c**) **poner unas** *o* **dos** *o* **cuatro** ~**s a algn** (*escrito*) to drop sb a line.
(**d**) (*escritura*) handwriting; ~ **cursiva** cursive writing; **tiene buena** ~ his writing is good.
(**e**) (*Com*) letter, bill, draft; ~ **abierta** letter of credit; ~ **de cambio** bill (of exchange), draft; ~ **de crédito** letter of credit; ~ **de patente** letters patent *pl*; **pagar a** ~ **vista** to pay on sight.
(**f**) (*Mús*) words, lyric(s).
(**g**) ~**s** (*fig*) letters, learning; (*Escol, Univ*) Arts; **Filosofía y L~s** humanities; **primeras** ~**s** elementary education, the three Rs; **hombre de** ~**s** man of letters.
letrado 1 *adj* (**a**) learned; (*despectivo*) pedantic. (**b**) legal; **derecho a la asistencia** ~**a** right to have a lawyer present. **2** *nm* lawyer.
letrero *nm* (*gen*) sign, notice; (*Pol*) placard, poster; (*Com*) label; ~ **luminoso** neon sign.
letrina *nf* latrine, privy; (*fig*) pit *(fam)*, hole *(fam)*.
letrista *nmf* songwriter.
leucemia *nf* leukaemia, leukemia *(US)*.
leucémico/a *nm/f* leukaemia sufferer.
leudante *adj V* **harina**.
leva *nf* (**a**) (*Náut*) weighing anchor. (**b**) (*Mil*) levy. (**c**) (*Mec*) cam; (*palanca*) lever.
levadizo *adj*: **puente** ~ drawbridge.
levadura *nf* yeast, leaven; ~ **de cerveza** brewer's yeast; ~ **en polvo** baking powder.
levantada *nf* (*Per: alzamiento*) raising.
levantador *nm*: ~ **de pesos** weight lifter.
levantamiento *nm* (**a**) raising, lifting; ~ **del cadáver** removal of the body; ~ **de pesos** weight lifting. (**b**) (*Pol*) rising, revolt. (**c**) (*Geog*) survey.
levantar [1a] **1** *vt* (**a**) (*gen*) to raise, lift (up); (*elevar*) to elevate; (*recoger*) to pick up; (*Arquit*) to build, erect; (*fig*) imperio, to raise, build up; (*ejército*) to recruit; (*censo*) to take; (*sesión*) to adjourn; (*empresa*) to set up; **levantó la mano** he raised *o* put up his hand; ~ **los ojos** to look up, raise one's eyes; **¡no levantes la voz!** keep your voice down!; **fue imposible** ~**lo** it was impossible to lift it.
(**b**) (*mesa*) to clear away; (*casa*) to move; (*campamento*) to strike; (*tienda*) to take down.
(**c**) (*prohibición*) to raise, lift.
(**d**) (*fig: persona*) to rouse, arouse; (*: ánimo*) to lift, uplift, raise; (*Pol*) to rouse, stir up.
(**e**) (*Jur*) ~ **acta de algo** to take an offical record of sth.
2 *vi*: **no levanta del suelo más de 1,40m** she stands only 1.40 m.
3 levantarse *vr* (**a**) (*gen*) to rise; (*incorporarse*) to get up, stand up, rise to one's feet; ~ **(de la cama)** to get up, get out of bed; ~ **con el pie izquierdo** (*fam*) to get out of bed on the wrong side.
(**b**) (*Met: niebla*) to lift; (*: viento*) to rise.
(**c**) (*destacarse etc*) to stand up, stick up, stand out.
(**d**) (*sesión*) to be adjourned, conclude.
(**e**) (*Pol*) to rise, revolt, rebel.
Levante *nm* (**a**) (*gen*) Levant; **el** ~ the Levant, the (Near) East. (**b**) (*España*) east coast, south-east coast.
levante *nm* (*Geog*) (**a**) (*gen*) east. (**b**) (*viento*) east wind.
levantino/a 1 *adj* of *o* from the eastern coast *o* provinces of Spain. **2** *nm/f*: **los** ~**s** the people of the east of Spain.
levantisco *adj* restless, turbulent.
levar [1a] **1** *vt* (*Mil*) to levy, recruit (by force); (*Náut*) ~ **anclas** to weigh anchor. **2 levarse** *vr* to weigh anchor, set sail.
leve *adj* (*gen*) light; (*mínimo*) slight; (*sin importancia*) trivial, unimportant; **una herida** ~ a slight wound.
levedad *nf* lightness; (*fig*) levity.
levita *nf* frock coat.
levitar [1a] *vi* to levitate.
lexema *nm* lexeme.

léxico 1 *adj* lexical. **2** *nm* lexicon, dictionary; (*vocabulario*) vocabulary.
lexicografía *nf* lexicography.
lexicógrafo/a *nm/f* lexicographer.
lexicología *nf* lexicology.
lexicólogo/a *nm/f* lexicologist.
ley *nf* (**a**) (*gen*) law; (*Jur*) act; (*Dep etc*) rule, law; (*Pol*) **proyecto de** ~ bill, measure; **decreto-**~ decree law; ~ **del más fuerte** (principle of) might is right; ~ **no escrita** unwritten law; ~ **natural** law of nature; **la** ~ **de la oferta y la demanda** the law of supply and demand; ~ **orgánica** constitutional law; ~ **seca** prohibition law; **a** ~ **de** on the word of; **de acuerdo con** *o* **según la** ~ in accordance with the law, by law, in law; **con todas las de la** ~ (*sirviéndose de la* ~) within the law, legally; **va a protestar, y con todas las de la** ~ (*con razón*) he's going to complain, and rightly so; **está fuera de la** ~ he's outside the law; **un fuera de la** ~ an outlaw; **hecha la** ~ **hecha la trampa** every law has a loophole; **recurrir a la** ~ to go to law.
(**b**) (*fig*) loyalty, devotion; **tener/tomar** ~ **a** to be/become devoted to.
(**c**) (*para metales*) legal standard of fineness; **oro de** ~ pure *o* standard gold; **bajo de** ~ base; **de buena** ~ (*fig*) genuine, reliable; **de mala** ~ (*fig*) base, disreputable; **en buena** ~ really.
leyenda *nf* (**a**) legend; **la** ~ **negra** the black legend. (**b**) (*Tip*) legend, inscription.
lezna *nf* awl.
liana *nf* liana.
liante (*fam*) *nmf* (*enredador*) mischief-maker; (*difícil*) awkward customer (*fam*); (*timador*) con man (*fam*); (*chismoso*) gossip.
liar 1c **1** *vt* (**a**) (*gen*) to tie (up), do up; (*atar*) to bind; (*envolver*) to wrap (up); (*cigarillo*) to roll; **estoy muy liado ahora** (*fig*) I'm really tied up right now.
(**b**) (*fig*) to confuse; **¡no me líes!** (*no me confundas*) don't mix me up!; (*no me metas en un lío*) don't get me in trouble!; ~**la** (*provocar una discusión*) to stir up trouble; (*hacer algo mal*) to make a mess of things; **¡la liamos!** (*fam*) we've done it now! (*fam*).
2 liarse *vr* (**a**) to get tied up; (*envolverse*) to wrap up.
(**b**) (*fig*) to get muddled up.
(**c**) (*fig*) to get involved (*con* with).
(**d**) ~ **a hostias** (*fam!*) to come to blows.
lib. *abr de* **libro** bk.
libanés/esa *adj, nm/f* Lebanese.
Líbano *nm*: **el** ~ the Lebanon.
libar 1a *vt* to suck.
libelo *nm* (**a**) lampoon, satire (*contra* of). (**b**) (*Jur*) libel.
libélula *nf* dragonfly.
liberación *nf* (*gen*) liberation; (*de preso*) release.
liberado *adj* liberated; (*Com, Fin*) paid-up, paid-in (*US*); (*Pol: obrero*) full-time.
liberal *adj, nmf* liberal.
liberalidad *nf* liberality, generosity.
liberalismo *nm* liberalism.
liberalizar 1f *vt* to liberalize.
liberar 1a *vt* (**a**) to free, liberate. (**b**) ~ **a algn de una obligación** to release sb from a duty.
Liberia *nf* Liberia.
líbero *nm* (*Dep*) sweeper.
libertad *nf* (*gen*) liberty, freedom; (*privilegio*) licence, license (*US*); ~ **de conciencia** freedom of conscience; **estar en** ~ **condicional** *o* **vigilada** to be on probation; ~ **de cultos** freedom of worship; ~ **bajo fianza** release on bail; ~ **de asociación/de imprenta** *o* **prensa/de (la) palabra** freedom of association/of the press/of speech; ~ **bajo palabra** *o* **a prueba** parole; **estar en** ~ to be free; **poner a algn en** ~ to set sb free; **tomarse una** ~ to take a liberty; **decir algo con entera** *o* **total** ~ to say sth in total freedom.
libertador(a) 1 *adj* liberating. **2** *nm/f* liberator; **El L**~ (*LAm Hist*) the Liberator.
libertar 1a *vt* (*gen*) to set free, liberate, release (*de* from); (*de un deber etc*) to exempt (*de* from); (*salvar*) to deliver (*de* from); ~ **a algn de la muerte** to save sb from death.
libertinaje *nm* licentiousness.
libertino/a 1 *adj* permissive. **2** *nm/f* permissive person.
Libia *nf* Libya.
libidinoso *adj* lustful, libidinous.
libido *nf* libido.
libio/a *adj, nm/f* Libyan.
Libra *nf* Libra.
libra *nf* pound; (*Per Hist*) 10 soles note; ~ **esterlina** pound sterling.
librado/a *nm/f* (*Com*) drawee.
librador(a) *nm/f* (*Com*) drawer.
libramiento *nm* rescue, delivery (*de* from); (*Com*) order of payment.
libranza *nf* (*Com*) draft, bill of exchange; ~ **de correos** *o* **postal** postal *o* money order.
librar 1a **1** *vt* (**a**) to save, free, rescue (*de* from); (*Jur*) to exempt, release (*de* from); ~ **a algn de una obligación** to free sb from an obligation; **¡líbreme Dios de ...!** Heaven forbid that I ...!
(**b**) (*sentencia*) to pass; (*decreto etc*) to issue.
(**c**) (*Com*) to draw; (*cheque*) to make out; ~ **a cargo de** to draw on.
(**d**) (*combate*) to fight, wage.
2 *vi* (**a**) to give birth.
(**b**) ~ **bien/mal** to succeed/fail.
(**c**) (*tiempo*) **libro los sábados** I keep Saturdays free.
3 librarse *vr* to free o.s., escape; **de buena nos hemos librado** we're well out of that; **por fin nos hemos librado de él** we've finally got rid of him.
libre 1 *adj* (**a**) (*gen*) free (*de* from, of); (*plaza*) vacant, unoccupied; (*tiempo*) spare, free; **¿estás ~?** are you free?; **¿está ~ este asiento?** is this seat free?; ~ **de derechos** duty-free; ~ **de franqueo** post-free; ~ **de impuestas** free of tax; **al aire** ~ in the open air; **examinarse por** ~ to take one's exams as an independent candidate; **ir por** ~ to go it alone; **trabajar por** ~ to freelance.
(**b**) (*comportamiento*) licentious, loose, immoral; **de vida** ~ loose-living, immoral.
(**c**) (*Natación*) free-style; (*Ftbl*) **tiro** *o* **saque** ~ free kick.
2 *nm* (*Dep*) = **líbero**.
librea *nf* livery, uniform.
librecambio *nm* free trade.
librecambista 1 *adj* free-trade *atr*. **2** *nm* freetrader.
librepensador(a) *nm/f* freethinker.
librera *nf* (*LAm*) bookcase.
librería *nf* (**a**) (*tienda*) bookshop, bookstore (*US*); ~ **anticuaria** antiquarian bookshop; ~ **de ocasión** *o* **de viejo** secondhand bookshop. (**b**) (*estante*) bookcase. (**c**) (*comercio*) book trade.
librero *nm* (**a**) bookseller. (**b**) (*LAm*) bookcase.
libresco *adj* bookish.
libreta *nf* notebook; (*Com*) account book; ~ **de banco** *o* **de ahorros** bank *o* pass book.
libreto *nm* (*LAm: guión*) (film) script.
libro *nm* book; ~ **de actas** minute book; ~ **de apuntes** notebook; ~ **de bolsillo** paperback; ~ **de caja/de caja auxiliar** cash/petty cash book; ~ **de cabecera** bedside book; ~ **de cocina** cookery book, cookbook (*US*); ~ **de consulta** reference book; ~ **de cuentas** account book; ~ **de cuentos** storybook; ~ **escolar** school report; ~ **de familia** marriage certificate; ~ **de honor** *o* **visitas** visitors' book; ~ **de lectura** reader; ~ **mayor** ledger; ~ **móvil** *o* **vivo** pop-up book; ~ **de pedidos** *o* **encargos** order book; ~ **de reclamaciones** complaints book; **L~ Blanco/Rojo** (*Pol*) White/Red Paper; ~ **en rústica** *o* **de bolsillo/en pasta** *o* **encuadernado** paperback/hardback (book); ~ **de texto** textbook; ~ **de vuelos** (*Aer*) logbook;

ahorcar los ~s (*fig*) to give up studying; **llevar los ~s** (*Com*) to keep the books *o* accounts; **hacer ~ nuevo** to turn over a new leaf.
librote *nm* big book, tome.
Lic. *abr* (*esp Méx*) *de* **Licenciado/a**.
licencia *nf* (**a**) (*gen*) licence, license *(US)*, permission; **sin mi ~** without my permission.
(**b**) (*esp LAm: documento*) licence, permit; **~ de armas** gun licence; **~ de caza** game licence, hunting permit; **~ de exportación** (*Com*) export licence; **~ de manejar** (*LAm*) driving licence; **~ de matrimonio** marriage licence; **~ de vuelo** pilot's licence.
(**c**) (*Mil etc*) leave, furlough *(US)*; **~ por enfermedad** sick leave; **~ sin sueldo** unpaid leave; **ir de ~** to go on leave.
(**d**) (*Mil*) **~ absoluta** discharge.
(**e**) (*moral*) licence, licentiousness; **~ poética** poetic licence.
(**f**) (*Univ*) degree; **~ en Derecho/Ciencias** Law/Science degree.
licenciado/a *nm/f* (**a**) (*Univ*) graduate, bachelor; **L~ en Filosofía y Letras** Bachelor of Arts. (**b**) (*LAm*) lawyer; (*esp Méx: título*) ≈ Dr; **El L~ Papacostas nos dice que ...** Dr Papacostas tells us that ....
licenciar [1b] **1** *vt* (**a**) (*dar permiso*) to license, grant a permit *o* licence *o (US)* license to. (**b**) (*permitir*) to permit, allow. (**c**) (*Mil*) to discharge. (**d**) (*Univ*) to confer a degree on. **2 licenciarse** *vr* to graduate; **~ en Derecho** to take a degree in Law.
licenciatura *nf* (**a**) (*título*) degree. (**b**) (*estudios*) degree course, course of study *(US)*.
licencioso *adj* licentious.
liceo *nm* lyceum; (*LAm*) secondary school.
licitar [1a] **1** *vt* to bid for. **2** *vi* to bid.
lícito *adj* lawful, legal, licit; (*justo*) fair, just; **si es ~ preguntarlo** if one may ask.
licitud *nf* (*legalidad*) legality; (*justicia*) fairness, justness.
licor *nm* (**a**) (*líquido*) liquid. (**b**) (*alcohol: gen*) spirits, liquor *(US)*; (*: con hierbas etc*) liqueur; **~es espiritosos** hard liquor.
licuar [1d] *vt* to liquefy, turn into liquid; (*Culin*) to liquidize.
licuefacción *nf* liquefaction.
lichi *nm* lychee.
lid *nf* (*gen*) fight, combat; (*disputa*) dispute, controversy; **en buena ~** in (a) fair fight.
líder 1 *atr* top, leading, foremost; **marca ~** leading brand, brand leader. **2** *nm* leader; **~ del mercado** market leader.
liderato, liderazgo *nm* leadership.
lidia *nf* (**a**) struggle, fight. (**b**) (*Taur*) bullfighting; (*una ~*) bullfight; **toro de ~** fighting bull. (**c**) (*LAm*) trouble, nuisance; **dar ~** to be trying, be a nuisance.
lidiador *nm* fighter; (*Taur*) bullfighter.
lidiar [1a] **1** *vt* (*Taur*) to fight. **2** *vi* to fight (*con, contra* against) (*por* for).
liebre *nf* (**a**) (*Zool*) hare; (*fig*) coward; **~ corrida** (*Méx fam*) old hand; **dar gato por ~** to con *(fam)*, fool; **levantar la ~** to blow the gaff. (**b**) (*Chi: microbús*) minibus.
Lieja *nf* Liège.
liendre *nf* nit.
lienzo *nm* (**a**) linen; (*Arte*) canvas; (*pañuelo*) handkerchief. (**b**) (*Arquit*) wall; (*fachada*) face, front; (*LAm: valla etc*) section; (*Méx*) corral, pen.
lifting *nm* facelift.
liga *nf* (**a**) (*Pol etc*) league. (**b**) (*faja*) suspender, garter; (*elástica*) elastic band. (**c**) (*Bot*) mistletoe. (**d**) (*sustancia viscosa*) birdlime. (**e**) (*CAm, Méx*) binding.
ligadura *nf* bond, tie; (*Med*) ligature; (*Mús*) ligature, legato.
ligamento *nm* ligament.
ligamiento *nm* tying; (*fig*) harmony.
ligar [1h] **1** *vt* (**a**) (*gen*) to tie, bind; (*metales*) to alloy, mix; (*Med*) to bind up; (*fig*) to join, bind together; (*bebidas*) to mix; (*salsa*) to thicken; (*fam: chicas etc*) to pick up, get off with *(fam)*; **estar ligado por contrato a** to be bound by contract to.
(**b**) (*birlar*) to pinch *(fam)*.
2 *vi* (**a**) to mix (well), blend, go well together.
(**b**) (*conquistar*) to score *(fam)* (*con* with), get off with; **parece que han ligado** it appears they've got off together.
3 ligarse *vr* (**a**) (*unirse*) to unite, band together.
(**b**) to get off with; **~ a algn** to get off with sb.
(**c**) (*fig*) to bind *o* commit o.s.
ligazón *nf* (**a**) (*Náut*) rib, beam. (**b**) (*fig*) bond, tie.
ligereza *nf* (**a**) (*gen*) lightness. (**b**) (*rapidez*) swiftness, speed. (**c**) (*agilidad*) agility, nimbleness. (**d**) (*carácter*) fickleness; (*una ~: dicho*) flippant remark; (*: hecho*) indiscretion.
ligero 1 *adj* (**a**) (*gen*) light; (*tela*) lightweight, thin; (*té*) weak; **más ~ que un corcho** *o* **una pluma** as light as a feather.
(**b**) (*rápido*) swift, quick, rapid; **~ de pies** light-footed, quick; **corrió ~ por el puente** she ran quickly over the bridge.
(**c**) (*ágil*) agile, quick, nimble.
(**d**) (*carácter: superficial*) shallow, superficial; (*: inconstante*) fickle; (*pey: mujer*) loose *(fam)*; **juzgar a la ~a** to judge hastily, jump to conclusions; (*superficial*) **un ~ conocimiento** a slight acquaintance.
2 *adv* quickly, swiftly.
ligón *nm* (*fam*) ladies' man, romeo *(fam)*.
ligue (*fam*) **1** *nm* (**a**) **ir de ~** to look for sb to get off with *(fam)*, go eyeing up the talent *(fam)*. (**b**) (*acto: un ~*) pick-up *(fam)*, date; (*amorío*) affair. **2** *nmf* (*persona*) pick-up *(fam)*, date.
liguero 1 *nm* suspender belt, garter belt *(US)*. **2** *adj* league *atr*.
lija *nf* (**a**) (*Zool*) dogfish. (**b**) (*Téc: papel de ~*) sandpaper.
lijar [1a] *vt* to sandpaper.
lila[1] *nf* (*Bot*) lilac.
lila[2] *nm* (**a**) (*color*) lilac. (**b**) (*idiota*) twit *(fam)*.
liliquear [1a] *vi* (*Chi fam*) to tremble nervously, shake.
Lima *nf* Lima.
lima[1] *nf* (*Bot*) lime, sweet-lime tree.
lima[2] *nf* (**a**) (*Téc*) file; **~ de** *o* **para las uñas** nail file. (**b**) (*pulido*) filing, polishing. (**c**) (*fig*) polish, finish; **comer como una ~** to eat like a horse.
limadura *nf* (**a**) filing, polishing. (**b**) **~s** filings.
limar [1a] *vt* (*Téc*) to file (down *o* off); (*alisar*) to smooth (over); (*fig*) to polish (up), put the final polish on; (*diferencias*) to smooth over, iron out.
limaza *nf* slug.
limazo *nm* slime, sliminess.
limbo *nm* (*Bot, Mat*) limb; (*Rel, fig*) limbo; **estar en el ~** to be in limbo; (*fig*) to be distracted.
limeño/a 1 *adj* of *o* from Lima. **2** *nm/f* native *o* inhabitant of Lima.
limero *nm* lime (tree).
limeta *nf* (**a**) (*CSur*) broad brow, domed forehead. (**b**) (*LAm*) flagon.
limitación *nf* (*gen*) limitation; (*límite*) limit; **~ de velocidad** speed limit; **sin ~** unlimited.
limitado *adj* (**a**) limited; **sociedad ~a** (*Com*) limited company, corporation *(US)*. (**b**) (*lerdo*) slow-witted, dim.
limitar [1a] **1** *vt* (*restringir*) to limit, restrict; (*reducir*) to cut down, reduce; **~ a algn a hacer algo** to limit sb to doing sth. **2** *vi*: **~ con** to border on. **3 limitarse** *vr* to limit *o* restrict o.s.; **~ a hacer algo** to limit *o* confine o.s. to doing sth.
límite 1 *nm* (*gen*) limit; (*final*) end; (*Geog, Pol*) boundary, border; **~ de crédito** (*Com*) credit limit; **~ forestal** tree line; **~ de página** (*Inform*) page break; **~ de veloci-**

dad speed limit; **como** ~ at (the) most; (*fecha*) at the latest; **sin ~s** limitless; **poner un ~ a** to set a limit to; (*fig*) to draw the line at; **no tener ~s** to know no bounds. **2** *atr* extreme, maximum; **caso** ~ extreme case; **situaciones** ~ extreme situations.
limítrofe *adj* bordering, neighbouring, neighboring *(US)*.
limo *nm* slime, mud.
limón *nm* lemon.
limonada *nf* lemonade; ~ **natural** lemon juice *o* squash; **ni chicha ni** ~ neither chalk nor cheese.
limonar *nm* lemon grove.
limonero *nm* lemon tree.
limosna *nf* alms; **pedir** ~ to beg; **vivir de** ~ to live by begging.
limosnear [1a] *vi* to beg, ask for alms.
limosnero/a 1 *adj* charitable. **2** *nm/f* (*LAm*) beggar.
limoso *adj* slimy, muddy.
limpia 1 *nf* cleaning; (*CAm, Méx: Agr*) weeding; (*fig: Pol etc*) clean-up, purge. **2** *nm* (*fam*) bootblack.
limpiabotas *nm inv* bootblack.
limpiacristales *nm inv* (**a**) window cleaner. (**b**) (*líquido*) window-cleaning fluid.
limpiachimeneas *nm inv* chimney-sweep.
limpiada *nf* (*LAm*) clean, clean-up.
limpiadientes *nm inv* toothpick.
limpiador(a) 1 *adj* cleaning, cleansing. **2** *nm/f* cleaner.
limpiadura *nf* (**a**) cleaning, cleaning-up. (**b**) **~s** dirt, dust, scourings.
limpiamanos *nm inv* (*CAm, Méx*) hand towel.
limpiametales *nm inv* metal polish.
limpiamuebles *nm inv* furniture polish.
limpiaparabrisas *nm inv* windscreen wiper, windshield wiper *(US)*.
limpiapipas *nm inv* pipe-cleaner.
limpiar [1b] **1** *vt* (**a**) (*gen*) to clean; (*enjugar*) to wipe; (*maquillaje, marca*) to wipe off *o* clean; (*zapatos*) to shine, polish; (*casa*) to tidy (up); ~ **en seco** to dry-clean; ~ **las narices a un niño** to wipe a child's nose. (**b**) (*fig*) to cleanse, purify; (*Mil etc*) to mop up; (*Policía*) to clean up; (*Bot*) to prune, cut back. (**c**) (*fam: juego*) to clean out *(fam)*. (**d**) (*fam: robar*) to swipe *(fam)*, nick *(fam)*. (**e**) (*Méx fam*) to hit, bash *(fam)*. **2 limpiarse** *vr* to clean *o* wipe o.s.; ~ **las narices** to wipe one's nose.
límpido *adj* limpid.
limpieza *nf* (**a**) (*acción: gen*) cleaning, cleansing; (*zapatos*) shining, polishing; ~ **en seco** dry cleaning; ~ **general** ≈ spring cleaning; **hacer la** ~ to clean (up). (**b**) (*Pol etc*) purge; (*Mil*) mopping-up; (*Policía*) clean-up. (**c**) (*estado*) cleanness, cleanliness; ~ **de sangre** racial purity. (**d**) (*moral*) purity; (*integridad*) integrity, honesty. (**e**) (*destreza*) skill; (*Dep*) fair play.
limpio 1 *adj* (**a**) (*gen*) clean; (*ordenado*) neat, tidy; (*despejado*) clear; (*líquidos*) pure; ~ **de** free from, clear of; **más** ~ **que los chorros del oro** as clean as can be.
(**b**) (*moral*) pure; (*honesto*) honest; (*Dep*) fair, clean.
(**c**) (*Fin*) clear, net; **50 dólares de ganancia ~a** 50 dollars of clear profit.
(**d**) (*locuciones*) **a puñetazo** ~ with bare fists; **estar** ~ (*fam*) not to know a single thing; **quedar(se)** ~ (*fam*) to be cleaned out *(fam)*.
2 *nm* (*Dep*) fair, clean; **en** ~ clearly; (*Fin*) clear, net; **copia en** ~ fair copy; **estar** *o* **quedar en** ~ to be broke; **pasar** *o* **poner algo en** ~ to make a fair *o (US)* clean copy of sth; **quedó en** ~ **que** it was clear that; **sacar algo en** ~ to make sense of sth.
3 *adv*: **jugar** ~ to play fair.
limusina *nf* limousine.
linaje *nm* (**a**) lineage, family; **de** ~ **de reyes** descended from royalty, of royal descent. (**b**) (*clase*) class, kind; ~ **humano** mankind; **de otro** ~ of another kind.
linajudo *adj* highborn, noble.
linaza *nf* linseed.
lince *nm* (**a**) (*Zool*) lynx. (**b**) (*fig*) **ser un** ~ to be very observant; (*astuto*) to be shrewd, be crafty; **tener ojos de** ~ to be very sharp *o* observant.
linchamiento *nm* lynching.
linchar [1a] *vt* to lynch.
lindante *adj* bordering (*con* on), adjacent (*con* to).
lindar [1a] *vi* to border (*con* on), adjoin, be adjacent (*con* to); (*Arquit*) to abut (*con* on).
linde *nm o nf* boundary.
lindero 1 *adj* adjoining, bordering. **2** *nm* (*borde*) edge, border; (*linde*) boundary.
lindeza *nf* (**a**) (*gen*) prettiness; (*elegancia*) elegance. (**b**) (*esp LAm*) niceness. (**c**) **~s** pretty things; (*modalidades*) charming ways. (**d**) **~s** (*iró: insultos*) insults, improprieties.
lindo 1 *adj* (*esp LAm*) (**a**) pretty; (*exquisito*) exquisite. (**b**) (*iró*) fine, pretty. (**c**) (*bonito*) nice, lovely; (*excelente*) fine, excellent; **un** ~ **coche** a nice car; **un** ~ **partido** a first-rate game; **un** ~ **concierto** a marvellous concert; **de lo** ~ a lot, a great deal; **es de** ~ (*LAm*) it's fine, it's marvellous. **2** *adv* (*LAm*) nicely, well; **baila** ~ she dances beautifully.
lindura *nf* (*LAm*) = **lindeza**.
línea *nf* (**a**) (*gen*) line; (*Elec*) line, cable; ~ **aérea** (*Aer*) airline; (*Elec*) overhead cable; ~ **de alto el fuego** ceasefire line; ~ **de banda** sideline, touchline; ~ **de medio campo** *o* **de centro** halfway line; ~ **delantera** forward line; ~ **derivada** (*Telec*) extension; ~ **directa** (*Telec*) direct line; ~ **discontinua** (*Aut*) broken line; ~ **divisoria** dividing line; ~ **férrea** railway; ~ **de flotación** water line; ~ **de fuego** firing line; ~ **de gol** *o* **de meta** *o* **de puerta** goal line; ~ **de montaje** assembly *o* production line; **primera** ~ front line; ~ **recta** straight line; ~ **de socorro** (*Telec*) helpline; **autobús de** ~ service *o* regular bus; **explicar algo en (sus) ~s generales** to set sth out in broad outline; **de** ~ (*Mil*) regular, front-line; **de primera** ~ first-rate, top-ranking; **en** ~ in (a) line, in a row; **en/fuera de** ~ (*Inform*) on-/off-line; **leer entre ~s** to read between the lines; **poner unas ~s a algn** to drop a line to sb.
(**b**) (*talle*) figure; (*Náut: perfil*) lines, outline; **guardar** *o* **conservar la** ~ to keep one's figure (trim); **la** ~ **de 1997** (*moda*) the 1997 look.
(**c**) (*moral, Pol etc*) line; ~ **de conducta** course of action; ~ **dura** (*Pol*) hard line; ~ **de partido** party line.
lineal *adj* linear; (*Inform*) on-line; **dibujo** ~ line drawing.
linfa *nf* lymph.
linfático *adj* lymphatic.
lingotazo *nm* (*fam*) swig *(fam)*, shot *(fam)*.
lingote *nm* ingot; (*de oro etc*) bar.
lingüista *nmf* linguist, language specialist.
lingüística *nf* linguistics.
lingüístico *adj* linguistic.
linimento *nm* liniment.
lino *nm* (**a**) (*Bot*) flax. (**b**) (*CSur*) linseed. (**c**) (*ropa fina*) linen; (*lona*) canvas.
linóleo *nm* lino, linoleum.
linotipia *nf* linotype.
linotipista *nm* linotypist.
linterna *nf* lantern, lamp; (*Elec*) spotlight; ~ **eléctrica** *o* **a pila** torch, flashlight *(US)*.
linyera *nm* (*CSur: vagabundo*) tramp, bum *(US fam)*.
lío *nm* (**a**) (*gen*) bundle; (*paquete*) package, parcel. (**b**) (*fam: jaleo*) row, fuss; (*: confusión*) mix-up, confusion, muddle; **un** ~ **de papeles** a jumble of papers; **armar un** ~ to make *o* kick up a fuss; **hacerse un** ~ to get all mixed up, get into a muddle; **meterse en un** ~ to get into a jam. (**c**) (*fam*) affair, liaison; **tener un** ~ **con algn** to be having an affair with sb. (**d**) (*chisme*) tale, piece of gossip; **no me vengas con ~s** less of your tales!
liofilizado *adj* freeze-dried.
lipotimia *nf* faint, black-out.

liquen *nm* lichen.
liquidación *nf* (**a**) (*Quím*) liquefaction. (**b**) (*Com, Fin*) liquidation, winding-up; (*cuenta*) settlement; **entrar en ~** to go into liquidation. (**c**) (*venta de ~*) (clearance) sale; **~ por cierre del negocio** closing-down sale; **vender en ~** to sell up. (**d**) (*Pol*) liquidation. (**e**) (*Méx*) redundancy pay.
liquidar 1a **1** *vt* (**a**) (*Quím*) to liquefy. (**b**) (*Com, Fin*) to liquidate; (*cuenta*) to settle; (*empresa*) to wind up; (*deudas*) to settle, pay off, clear; (*existencias*) to sell off, sell up. (**c**) (*Pol*) to liquidate; (*fam: matar*) to bump off (*fam*). (**d**) (*Méx*) to pay off. **2 liquidarse** *vr* (*Quím*) to liquefy.
liquidez *nf* liquidity, fluidity.
líquido 1 *adj* (**a**) (*gen*) liquid, fluid. (**b**) (*Com*) net; **ganancia ~** a net profit. (**c**) (*CAm, Méx*) exact; **4 varas ~as** exactly 4 yards. **2** *nm* (**a**) (*gen*) liquid, fluid; **~ anticongelante** antifreeze; **~ de frenos** brake fluid. (**b**) (*Fin: efectivo*) ready cash *o* money; (*Com, Fin*) net amount *o* profit; **~ imponible** net taxable income.
lira *nf* (*Mús*) lyre.
lírica *nf* lyric(al) poetry.
lírico/a 1 *adj* (**a**) (*Lit*) lyric(al); (*Teat*) musical. (**b**) (*LAm: persona*) full of idealistic plans; (*plan, idea*) Utopian, fantastic. **2** *nm/f* (*LAm*) dreamer, Utopian.
lirio *nm* iris; **~ de los valles** lily of the valley.
lirismo *nm* (**a**) lyricism; (*sentimentalismo*) sentimentality. (**b**) (*LAm*) dreams, Utopia; (*manera de ser*) fantasy, Utopianism.
lirón *nm* (*Zool*) dormouse; (*fig*) sleepyhead.
lisamente *adv* evenly.
Lisboa *nf* Lisbon.
lisboeta 1 *adj* of *o* from Lisbon. **2** *nmf* native *o* inhabitant of Lisbon.
lisiado/a 1 *adj* (*gen*) injured, hurt; (*cojo*) lame, crippled. **2** *nm/f* cripple; **~ de guerra** wounded ex-serviceman.
lisiar 1b *vt* (*gen*) to injure (permanently), hurt (seriously); (*tullir*) to cripple, maim.
liso *adj* (**a**) (*gen*) smooth, even; (*pelo*) straight; (*carrera*) flat; **los 400 metros ~s** the 400-m flat race. (**b**) (*fig*) plain, unadorned; **~ y llano** plain, simple; **~a y llanamente** plainly, in plain language. (**c**) (*And, CSur: grosero*) rude.
lisonja *nf* flattery.
lisonjear 1a *vt* (**a**) (*alabar*) to flatter. (**b**) (*agradar*) to please, delight.
lisonjero/a 1 *adj* (**a**) flattering. (**b**) (*agradable*) pleasing, agreeable. **2** *nm/f* flatterer.
lista *nf* (**a**) (*gen*) list; (*catálogo*) catalogue, catalog (*US*); (*Mil*) roll (call); (*Escol*) roll, register, school list (*US*); **~ de boda** wedding list; **~ de comidas** *o* **de platos** menu; **~ de correos** poste restante; **~ electoral** electoral roll, register of voters; **~ de espera** waiting list; **~ de raya** payroll; **~ de tandas** duty roster, rota; **pasar ~** (*Mil*) to call the roll; (*Escol*) to call the register. (**b**) (*raya*) stripe; (*tela*) strip; (*de papel*) slip; **tela a ~s** striped material.
listado[1] *adj* striped.
listado[2] *n* (*lista*) list, listing; (*Com, Inform*) listing, printout; **~ paginado** paged listing.
listar 1a *vt* to list, enter on a list; (*Inform*) to list.
listeria *nf* listeria.
listillo/a *nm/f* know-all, smart Aleck (*fam*).
listín *nm*: **~ teléfonos** telephone directory.
listo *adj* (**a**) (*gen*) ready, prepared; **~ para usar** ready-to-use; **¿estás ~?** are you ready? (**b**) **¡~!** (*interj: ¡bien!*) all right!, OK!; (*¡se acabó!*) that's the lot!, it's all over! (**c**) (*astuto*) clever, smart; **¡~!** wake up!; **dárselas de ~** to think o.s. very clever; **ser más ~ que el hambre** to be as smart as they come; **pasarse de ~** to be too clever by half. (**d**) (*fam*); **¡estás ~!** no way! (*fam*), not likely!; **¡estamos ~s!** that's done it! (*fam*).
listón *nm* (*Cos*) ribbon; (*de madera*) strip, lath; (*Dep*) bar; (*de metal*) strip.
lisura *nf* (**a**) (*gen*) smoothness, evenness; (*de pelo*) straightness. (**b**) (*sinceridad*) sincerity. (**c**) (*And, CSur: grosería*) rude remark.
lisurero *adj* (*Per*) rude.
litera *nf* (*Hist*) litter; (*en alcoba*) bunk, bunk bed; (*Náut, Ferro*) bunk, berth.
literal *adj* literal.
literario *adj* literary.
literato/a *nm/f* writer, author.
literatura *nf* literature.
litigación *nf* litigation.
litigante *nmf* litigant.
litigar 1h **1** *vt* to dispute at law. **2** *vi* (*Jur*) to go to law; (*fig*) to argue, dispute.
litigio *nm* (*gen*) litigation; (*pleito*) lawsuit; (*fig*) dispute; **en ~** at stake, in dispute.
litio *nm* lithium.
litografía *nf* (**a**) (*proceso*) lithography. (**b**) (*cuadro etc*) lithograph.
litografiar 1c *vt* to lithograph.
litoral 1 *adj* coastal, littoral. **2** *nm* seaboard, littoral, coast.
litro *nm* litre, liter (*US*).
litrona *nf* litre *o* (*US*) liter bottle (of beer).
Lituania *nf* Lithuania.
lituano/a 1 *adj, nm/f* Lithuanian. **2** *nm* (*Ling*) Lithuanian.
liturgia *nf* liturgy.
litúrgico *adj* liturgical.
liviandad *nf* (*V adj*) fickleness; lewdness; lightness.
liviano *adj* (**a**) (*inconstante*) fickle. (**b**) (*lascivo*) lewd.
lividez *nf* (**a**) lividness. (**b**) (*palidez*) paleness, pallor.
lívido *adj* (**a**) (*morado*) livid; (*amoratado*) black and blue. (**b**) (*pálido*) pale, pallid.
living ['lißin] *nm* (*pl* **~s** ['lißin]) (*LAm*) living room.
lo[1] (**a**) **~ bello** the beautiful, what is beautiful, that which is beautiful; **~ difícil** what is difficult; **~ difícil es que** the difficult thing about it is that; **quiero ~ justo** I want what is just; **defiendo ~ mío** I defend what is mine; **visto ~ ocurrido** in view of what has happened; **ven ~ más pronto posible** come as soon as you possibly can; **es de ~ mejor/peor** it's the very best/worst; **es de ~ más divertido** it's so *o* really funny; **~ mejor/peor de la película** the best/worst thing about the film; **sufre ~ indecible** she suffers terribly.
(**b**) (*estilo: a ~*) **construido a ~ campesino** built in peasant style; **viste a ~ americano** he dresses in the American style, he dresses like an American.
(**c**) (*cuán*) **no saben ~ aburrido que es** they don't know how boring it is; **me doy cuenta de ~ amables que son** I realize how kind they are; **sabes ~ mucho que me gusta** you know (just) how much I like it.
lo[2] *pron* (**a**) (*individuo*) him; (*cosa*) it; **~ tengo aquí** I have it here; **~ creo** I think so; **~ sé** I know; **~ veo** I see it; **ya ~ creo** I should think so; **guapa sí que ~ es** she's certainly very pretty. (**b**) (*LAm*) = **le**.
lo[3] *pron dem*: **~ de** that matter of, that business about; **~ de ayer** what happened yesterday; **~ de siempre** the same old story; **~ de Rumasa** the Rumasa affair; (**a**) **~ de ...** (*CSur: a casa etc de*) to the house *etc* of ....
lo[4] *pron rel* (**a**) **~ que** what, that which; **~ que digo es** what I say is; **toma ~ que quieras** take what(ever) you want; **todo ~ que puedas** as much as *o* whatever you can; **~ que hay** (*fam*) *o* **pasa es que** what's happening is that, it's like this; **empezó a tocar, ~ que le fastidió** she began to play, which made him cross.
(**b**) (*locuciones*) **~ que sea** whatever; **~ que se dice feo** really ugly; **~ que es eso** as for that; **¡~ que has tardado!** how late you are!; **¡~ que es saber otomí!** isn't it wonderful to speak Otomí?; **¡~ que he dicho!** I stand by what I said!; **¡~ que ves!** can't you see?, it's there for you to see!

(**c**) (**a**) ~ **que** (*LAm: en cuanto: como conj*) as soon as.
loa *nf* praise.
loable *adv* praiseworthy, laudable.
LOAPA *nf abr* (*Esp Jur*) *de* **Ley Orgánica de Armonización del Proceso Autonómico**.
loar [1a] *vt* to praise.
loba *nf* (**a**) (*Zool*) she-wolf. (**b**) (*Agr*) ridge (between furrows).
lobanillo *nm* wen, cyst.
lobato, lobezno *nm* wolf cub.
lobero *adj*: **perro** ~ wolfhound.
lobo 1 *adj* (*Chi*) shy. **2** *nm* wolf; ~ **de mar** old salt, sea dog; (*Chi*) seal; ~ **marino** seal; **son ~s de una camada** they're birds of a feather; **¡menos ~s (Caperucita)!** tell me another one!
lóbrego *adj* dark, gloomy.
lobreguez *nf* darkness, gloom(iness).
lóbulo *nm* lobe.
lobuno *adj* wolfish, wolflike.
LOC *nm abr* (*Inform*) *de* **lector óptico de caracteres** optical character reader.
local 1 *adj* local; **equipo** ~ home team. **2** *nm* (*gen*) place; (*oficina etc*) premises; (*Com*) **en el** ~ on the premises.
localidad *nf* (**a**) locality; (*pueblo*) town. (**b**) (*Teat*) seat; **'no hay ~es'** 'house full', 'sold out'.
localización *nf* location.
localizar [1f] *vt* (**a**) (*gen*) to locate; (*colocar*) to place, site; (*hallar*) to find, track down; **¿dónde se puede ~ al Sr Gómez?** where can I find Mr Gómez? (**b**) (*Med etc*) to localize.
locamente *adv*: ~ **enamorado** madly in love.
locatario/a *nm/f* tenant, lessee.
locería *nf* (*LAm*) china, chinaware.
locero/a *nm/f* (*LAm*) potter.
loción *nf* lotion, wash; ~ **para el cabello** hair restorer; ~ **para después del afeitado** aftershave lotion.
lock-out [lokaut] *nm* (*pl* **~s** [lokaut]) lockout.
loco/a 1 *adj* (**a**) (*gen*) mad, crazy; (*fig*) wild, mad; ~ **de atar,** ~ **rematado,** ~ **de remate** raving mad; **más ~ que una cabra** as mad as a hatter; **ando ~ con el examen** the exam is driving me crazy; **estar ~ de alegría** to be mad with joy; **estar ~ por hacer algo** to be mad keen to do sth; **estar ~ por una chica** to be mad about a girl; **esto me tiene** *o* **trae** ~ it's driving me crazy; **no lo hago ni** ~ *(fam)* no way will I do that *(fam)*; **volver ~ a algn** to drive sb mad *o* round the bend; **volverse** ~ to go mad; **estar para volverse** ~ to be at one's wits' end.
(**b**) **hacer algo a lo** ~ to do sth any old how.
(**c**) (*Mec*) loose, free.
(**d**) (*fam: enorme*) huge, tremendous; **un éxito** ~ a huge success.
2 *nm/f* lunatic, loony *(fam)*, madman/madwoman; **correr como un** ~ to run like mad; **gritar como un** ~ to shout like a madman; **hacerse el** ~ to act the fool.
3 *nm* (*Chi*) (species of) abalone.
locomoción *nf* locomotion.
locomotora *nf* (*Ferro*) engine, locomotive.
locro *nm* (*LAm*) meat and vegetable stew.
locuacidad *nf* loquacity, talkativeness.
locuaz *adj* loquacious, talkative.
locución *nf* expression, idiom.
locumba, locumbeta (*Per fam*) **1** *adj inv* (*loco*) crazy *(fam)*, nuts *(fam)*. **2** *nmf inv* crazy person, madman.
locura *nf* (**a**) madness, lunacy, insanity; **¡qué ~!** it's madness!; **es una casa de** ~ *(fam)* it's a smashing house *(fam)*. (**b**) (*acto*) mad *o* crazy thing; **~s** folly *sg*; **es capaz de hacer cualquier** ~ he is capable of any madness. (**c**) **tener** *o* **sentir ~ por** to be crazy about.
locutor(a) *nm/f* (*Rad*) announcer; (*comentarista*) commentator; (*TV*) newscaster, newsreader.
locutorio *nm* (*Telec*) telephone box *o* booth; ~ **radiofónico** studio.
lodazal *nm* bog.
LODE *nf abr* (*Esp Escol*) *de* **Ley Orgánica Reguladora del Derecho a la Educación**.
lodo *nm* mud, mire; (*Min*) sludge; **~s** (*Med*) mudbath.
lodoso *adj* muddy.
log *abr de* **logaritmo** log.
logaritmo *nm* logarithm.
logia *nf* (**a**) (*Mil, de masones*) lodge. (**b**) (*Arquit*) loggia.
lógica *nf* logic.
lógico 1 *adj* (*gen*) logical; (*correcto*) natural; (*razonable*) reasonable; **como es** ~ logically enough; **es ~ que ...** it stands to reason that .... **2** *nm* logician.
logística *nf* logistics *pl.*
logopeda *nmf* speech therapist.
logopedia *nf* speech therapy.
logoterapia *nf* speech therapy.
logotipo *nm* logo.
lograr [1a] *vt* (**a**) (*gen*) to get, obtain; (*conseguir*) to achieve, attain; **por fin lo logró** eventually he managed it; **logra cuanto quiere** he gets whatever he wants. (**b**) ~ **hacer algo** to manage to do sth, succeed in doing sth; ~ **que algn haga algo** to (manage to) get sb to do sth.
logrero *nm* (**a**) moneylender. (**b**) (*LAm*) sponger *(fam)*, parasite.
logro *nm* (**a**) (*éxito*) achievement, attainment; **uno de sus mayores ~s** one of his greatest successes. (**b**) (*Com, Fin*) profit; (*usura*) usury; **a** ~ at (a high rate of) interest.
logroñés/esa 1 *adj* of *o* from Logroño. **2** *nm/f* native *o* inhabitant of Logroño.
Logroño *nm* Logroño.
LOGSE *nf abr de* **Ley Orgánica de Ordenación General del Sistema Educativo**.
Loira *nm* Loire.
loísmo *nm use of 'lo' instead of 'le' as indirect object.*
lolo/a *nm/f* (*Chi fam*) boy *o* girl, teenager.
loma *nf* hillock, low ridge.
lomada *nf* (*CSur*) = **loma**.
lomaje *nm* (*CSur*) low ridge.
lombarda *nf* (*Agr*) red cabbage.
Lombardía *nf* Lombardy.
lombriciento *adj* (*LAm*) suffering from worms.
lombriz *nf* worm, earthworm; ~ **intestinal** tapeworm.
lomería *nf*, **lomerío** *nm* (*LAm*) low hills.
lomo *nm* (**a**) (*Anat*) back; (*de cerdo*) (tender)loin; **~s** ribs; **iba a ~s de una mula** he was riding a mule, he was mounted on a mule. (**b**) (*Agr*) balk, ridge; (*Ferro*) gradient; ~ **de burro** (*Arg fam*) speed hump *o* ramp. (**c**) (*de libro*) spine, back. (**d**) (*de cuchillo*) blunt edge.
lona *nf* (*gen*) canvas; (*Náut*) sailcloth; (*arpillera*) sackcloth.
loncha *nf* = **lonja**[1].
lonche *nm* (*LAm*) lunch.
lonchería *nf* (*LAm*) lunch counter, snack bar, diner *(US)*.
londinense 1 *adj* London *atr*, of *o* from London. **2** *nmf* Londoner.
Londres *nm* London.
loneta *nf* (*CSur*) thin canvas.
longanimidad *nf* forbearance, magnanimity.
longánimo *adj* forbearing, magnanimous.
longaniza *nf long pork sausage.*
longevidad *nf* longevity.
longevo *adj* long-lived.
longitud *nf* (**a**) length; ~ **de onda** wave length; **salto de** ~ (*Dep*) long jump. (**b**) (*Geog*) longitude.
longitudinal *adj* longitudinal.
longo/a *nm/f* (*Ecu*) young Indian.
longui(s) *(fam) nm*: **hacerse el** ~ (*desentenderse*) to pretend not to know; (*fingir desinterés*) to pretend not to be interested; (*guardar secreto*) not to let on, keep mum *(fam)*.
lonja[1] *nf* (**a**) slice; (*de tocino*) rasher. (**b**) (*CSur: cuero*) strip of leather.

lonja[2] *nf* (*Com*) market, exchange; ~ **de granos** corn exchange; ~ **de pescado** fish market; **manipular la** ~ to rig the market.
lonjear 1a *vt* (*CSur: cuero*) to cut into strips; (*zurrar*) to thrash severely.
lontananza *nf* (*Arte*) background; **en** ~ far away, in the distance.
loor *nm* praise.
LOPJ *nf abr* (*Esp Jur*) *de* **Ley Orgánica del Poder Judicial**.
loquera *nf* (**a**) (*fam: manicomio*) madhouse, loony bin (*fam*). (**b**) (*LAm*) madness; *V tb* **loquero**.
loquería *nf* (*LAm*) madhouse, lunatic asylum.
loquero/a 1 *nm/f* (*fam: enfermero*) psychiatric nurse. **2** *nm* (*Arg: bullicio*) row, uproar.
lor *nm* lord.
Lorena *nf* Lorraine.
loro 1 *adj* dark brown. **2** *nm* (**a**) parrot. (**b**) (*fam*) radio, transistor; radio-cassette; **estar al** ~ (*alerta*) to be on the alert; (*informado*) to know the score (*fam*). (**c**) (*fam: mujer fea*) old bag *o* bat (*fam*).
los[1] *art def mpl*, **las** *fpl* the; *V tb* **el**[1].
los[2], **las**[2] *pron* them; **¿los hay?** are there any?; **los hay** there are some.
los[3], **las**[3] *pron dem*: **mis libros y los de Ud** my books and yours; **las de Juan son verdes** John's are green; **una inocentada de las de niño pequeño** a practical joke typical of a small child; *V* **el**[2].
los[4], **las**[4] *pron rel V* **el**[3].
losa *nf* (stone) slab, flagstone; ~ **radiante** (*Arg*) underfloor heating; ~ **sepulcral** gravestone, tombstone.
losange *nm* diamond (shape); (*Mat*) rhomb; (*Dep*) diamond.
loseta *nf* carpet square, carpet tile.
lote *nm* (**a**) portion, share; (*Com etc*) lot; (*Inform*) batch. (**b**) (*LAm: solar*) lot. (**c**) (*fam*) affair; **darse** *o* **pegarse el** ~ **con una** to make it with a girl (*fam*).
lotear 1a *vt* (*esp CSur*) to divide into lots.
lotería *nf* lottery; **le cayó** *o* **le tocó la** ~ he won a big prize in the lottery; (*fig*) he struck lucky; **jugar a la** ~ to play the lottery; **L~ Nacional** National Lottery; ~ **primitiva** *weekly state-run lottery*.
lotero/a *nm/f* seller of lottery tickets.
loto *nm* lotus.
loza *nf* crockery; ~ **fina** china, chinaware; **hacer la** ~ to wash up.
lozanear 1a *vi* (*Bot*) to flourish, do well; (*fig*) to be full of life, bloom.
lozanía *nf* (*Bot*) lushness, luxuriance; (*fig*) life, liveliness.
lozano *adj* (*Bot*) lush, luxuriant; (*fig*) full of life, lively.
LRA *nf abr de* **Ley de Reforma Agraria**.
LRU *nf abr* (*Esp Jur*) *de* **Ley de Reforma Universitaria**.
LSM *adj abr de* **libre del servicio militar**.
lubina *nf* sea bass.
lubricación *nf* lubrication.
lubricador 1 *adj* lubricating. **2** *nm* lubricator.
lubricante 1 *adj* lubricant, lubricating. **2** *nm* lubricant.
lubricar 1g *vt* to lubricate, oil, grease.
lubricidad *nf* (**a**) (*lo grasoso*) slipperiness. (**b**) (*lujuria*) lewdness, lubricity.
lúbrico *adj* (**a**) slippery. (**b**) (*fig*) lewd, lubricious.
lubrificar 1f *vt etc* = **lubricar** *etc*.
lucas *adj inv* (*Méx fam*) crazy, cracked (*fam*).
lucense 1 *adj* of *o* from Lugo. **2** *nmf* native *o* inhabitant of Lugo.
lucera *nf* skylight.
Lucerna *nf* Lucerne.
lucerna *nf* chandelier.
lucero *nm* (**a**) (*Astron*) bright star; (*esp*) Venus; ~ **del alba/de la tarde** morning/evening star. (**b**) (*fig*) brilliance, radiance.
lucidez *nf* lucidity, clarity.
lúcido *adj* lucid, clear.
lucido *adj* (**a**) (*gen*) splendid, brilliant; (*elegante*) elegant; (*exitoso*) successful. (**b**) **estar** ~ (*iró*) to make a mess of things.
luciérnaga *nf* glow-worm.
Lucifer *nm* Lucifer.
lucimiento *nm* (*gen*) brilliance, lustre, luster (*US*), splendour, splendor (*US*); (*triunfo*) success; **hacer algo con** ~ to do sth outstandingly well.
lucio *nm* (*pez*) pike.
lucir 3f **1** *vt* (**a**) (*echar luz a*) to illuminate, light up. (**b**) (*ostentar*) to show off, display; ~ **las habilidades** to show off one's talents; **lucía traje nuevo** he was sporting a new suit.
2 *vi* (**a**) (*gen*) to shine.
(**b**) (*fig*) to shine, be brilliant; **no lucía en los estudios** he did not shine at his studies.
(**c**) (*aprovechar*) to gain from; **no le luce el esfuerzo** all his effort is in vain.
(**d**) (*LAm: parecer*) to look, seem; **(te) luce lindo** it looks nice (on you).
3 lucirse *vr* (**a**) to dress up, dress elegantly; *V* **vi (b)**.
(**b**) to do well; (*iró*) to make a fool of o.s.; **se lució con un gol** he distinguished himself with a goal.
lucrarse 1a *vr* to do well out of a deal.
lucrativo *adj* lucrative, profitable; **institución no ~a** non-profitmaking institution.
lucro *nm* profit; **~s y daños** (*Fin*) profit and loss.
luctuoso *adj* mournful, sad, tragic.
lucubración *nf* lucubration; **déjate de ~es y vamos al grano** come down off the clouds and let's talk sense.
lúcuma *nf* (*Chi, Per*) *pear-shaped fruit*; (*: fam*) head.
lucha *nf* (**a**) (*gen*) fight, struggle (*por* for); ~ **de clases** class struggle; **la ~ contra la droga** the fight against drugs. (**b**) (*Dep*) ~ **de la cuerda** tug-of-war; ~ **libre** wrestling.
luchador(a) 1 *adj* combative. **2** *nm/f* (*gen*) fighter; (*Dep*) wrestler.
luchar 1a *vi* (**a**) (*gen*) to fight, struggle (*por algo* for sth; *por hacer* to do); **luchaba con los mandos** he was struggling *o* wrestling with the controls; ~ **con** *o* **contra algn** to fight (against) sb. (**b**) (*Dep*) to wrestle (*con* with).
ludibrio *nm* mockery, derision.
lúdico *adj* (*Lit*) ludic, playful.
ludir 3a *vt* to rub (*con, contra* against).
luego *adv* (*gen*) then, next; (*pronto*) presently, soon; (*más tarde*) later (on), afterwards; (*LAm: en seguida*) at once, instantly, immediately; (*: más tarde*) later; **¿y ~?** what next?, what happened then?; **desde** ~ naturally, of course; **desde ~ que no** of course not; **¡hasta ~!** see you later!, so long!; ~ **de eso** immediately after that; ~ **de haberlo dicho** immediately after saying it; ~ **que** as soon as; **luego** ~ (*esp Méx fam*) straight *o* right away.
lueguito *adv* (**a**) (*LAm*) at once, right now. (**b**) (*Chi, CAm, Méx: fam*) near; **aquí** ~ right here, near here.
lúes *nf* syphilis.
lugar *nm* (**a**) (*gen*) place, spot; (*posición*) position; ~ **seguro** safe place; **en ~ de** instead of, in place of; **en primer** ~ in the first place, firstly; **yo en su** ~ if I were him; **estar fuera de** ~ (*tb fig*) to be out of place; **devolver un libro a su** ~ to put a book back (in its place); **ocupar el ~ de** to take the place of; **poner las cosas en su** ~ (*fig*) to put things straight; **póngase en mi** ~ put yourself in my place; **sentirse fuera de** ~ to feel out of place; **tener** ~ to take place, happen, occur.
(**b**) (*espacio*) room, space; **¿hay ~?** is there any room?; **hacer ~ para** to make room for, make way for.
(**c**) (*pueblo*) village, town, place.
(**d**) (*fig: razón*) reason (*para* for), cause; (*ocasión*) opportunity; **sin ~ a dudas** doubtlessly, without a doubt; **si se me da el** ~ if I have the chance; **dar ~ a** to give rise to, occasion; **dejar ~ a** to allow, permit of; **'¡protesto!' -**

'no ha ~' (*Jur*) 'objection!' - 'overruled'; **una reacción tan fuerte, francamente no ha ~** (*fam*) there is no need for such a violent response.

(**e**) ~ **común** commonplace, cliché, platitude.

lugareño/a 1 *adj* village *atr*. **2** *nm/f* villager.

lugarteniente *nm* deputy.

Lugo *nm* Lugo.

lúgubre *adj* mournful, lugubrious.

Luisiana *nf* Louisiana.

lujo *nm* (**a**) (*gen*) luxury; **de ~** de luxe, luxury *atr*; **vivir en el ~** to live in luxury. (**b**) (*fig*) profusion, wealth, abundance; **con todo ~ de detalles** in the very finest detail.

lujoso *adj* luxurious.

lujuria *nf* lust, lechery, lewdness; (*fig*) excess.

lujuriante *adj* (**a**) (*rico*) luxuriant, lush. (**b**) (*lujurioso*) lustful.

lujuriar [1b] *vi* to lust.

lujurioso *adj* lustful, lecherous.

lulo (*Chi*) *nm* (*bulto*) cylindrical bundle; (*persona*) lanky person.

lumbago *nm* lumbago.

lumbre *nf* (**a**) fire; **a la** *o* **cerca de la ~** near the fire, at the fireside; **echar ~ por los ojos** to be furious. (**b**) (*para cigarro etc*) light; **¿tienes ~?, ¿me das ~?** have you got a light? (**c**) (*luz*) light; (*brillo*) brightness, brilliance, splendour, splendor *(US)*; (*Arquit*) (sky)light.

lumbrera *nf* (**a**) (*Arquit*) skylight. (**b**) (*Mec*) vent, port; **~ de escape** exhaust vent. (**c**) (*fig*) leading light. (**d**) (*Méx: Taur, Teat*) box.

luminar *nm* = **lumbrera (c)**.

luminaria *nf* altar lamp; **~s** illuminations, lights.

luminosidad *nf* (**a**) (*gen*) brightness, luminosity. (**b**) (*fig*) brightness, brilliance.

luminoso *adj* (**a**) (*gen*) bright, luminous, shining; (*letrero*) illuminated. (**b**) (*fig: idea etc*) bright, brilliant.

luminotecnia *nf* lighting.

luminotécnico *adj* lighting *atr*; **efectos ~s** lighting effects.

luna *nf* (**a**) moon; **claro de ~** moonlight; **~ creciente/llena/media/nueva/menguante** crescent/full/half-/new/waning moon; **~ de miel** honeymoon; **estar en la ~ de Valencia** to be in dreamland; **eso es hablar de la ~** that's nonsense; **estar** *o* **vivir en la ~** to have one's head in the clouds. (**b**) (*vidrio: escaparate*) plate glass; (*: espejo*) mirror.

lunar 1 *adj* lunar. **2** *nm* (*Anat*) mole, spot; (*fig*) defect, flaw, blemish; (*moral*) stain, blot; **~ postizo** beauty spot.

lunático/a *adj, nm/f* lunatic.

lunes *nm inv* Monday; **hacer San L~** (*LAm fam*) to stay away from work on Monday; **no ocurre cada ~ y cada martes** it doesn't happen every day of the week; *V tb* **sábado**.

luneta *nf* (**a**) lens, glass (of spectacles). (**b**) halfmoon shape, crescent.

lunfardo *nm* (*Arg*) *local slang of Buenos Aires*.

lupa *nf* magnifying glass.

lupanar *nm* brothel.

lúpulo *nm* (*Bot*) hop, hops.

lurio (*Méx fam*) *adj* in love; (*loco*) crazy, cracked *(fam)*.

lusitano/a *adj, nm/f* Portuguese.

luso *adj* = **lusitano**.

lustrabotas *nm inv* (*LAm*) bootblack.

lustrada *nm* (*LAm fam: acto*) shoeshine.

lustrador *nm* (**a**) (*Téc*) polisher. (**b**) (*LAm: limpiabotas*) bootblack, shoeshine boy.

lustradora *nf* polishing machine.

lustrar [1a] *vt* (*esp LAm*) to shine, polish.

lustre *nm* (**a**) (*brillo*) shine, gloss, lustre, luster *(US)*; **dar ~ a** to polish, put a shine on. (**b**) (*sustancia*) polish; **~ para calzado/metales** shoe/metal polish. (**c**) (*fig*) lustre, glory.

lustrín *nm* (*Chi*) shoeshine box *o* stand.

lustrina *nf* shiny material of alpaca.

lustro *nm* period of five years.

lustroso *adj* glossy, bright, shining.

luteranismo *nm* Lutheranism.

luterano/a *adj, nm/f* Lutheran.

luto *nm* (**a**) (*gen*) mourning; (*duelo*) grief, sorrow; **~ riguroso** deep mourning; **estar de** *o* **vestir(se) de ~** to be in mourning (*por* for); **dejar el ~** to come out of mourning. (**b**) **~s** mourning (clothes).

Luxemburgo *nm* Luxembourg.

luxemburgués/esa 1 *adj* of *o* from Luxembourg. **2** *nm/f* native *o* inhabitant of Luxembourg.

luz *nf* (**a**) (*gen*) light; **~ y sombra** light and shade; **la ~ del día** the light of day; **a la ~ del día** (*fig*) in the cold light of day; **~ eléctrica** electric light; **~ de la luna/del sol** *o* **solar** moonlight/sunlight; **a la ~ de una vela** by the light of a candle; **a primera ~** at first light; **espectáculo de ~ y sonido** son et lumière show; **dar a ~ un niño** to give birth to a child; **dar a ~ un libro** to publish a book; **negar la ~ del día a algn** to concede absolutely nothing to sb; **quitar la ~ a algn** to stand in sb's light; **sacar a la ~** to bring to light; (*libro*) to publish; **salir a la ~** (*hecho*) to come to light; (*libro*) to come out; **ver la ~** to appear, come out; (*nacer*) to be born.

(**b**) (*Elec: fam*) electricity; **les cortaron la ~** their (electricity) supply was cut off.

(**c**) (*fig*) light; **a la ~ de** in the light of; **a la ~ de un nuevo descubrimiento** in the light of a new discovery; **a todas luces** by any reckoning.

(**d**) (*Elec etc*) light, lamp; **~ de costado** sidelight; **~ de cruce** dipped *o (US)* low-beam headlight; **~ intermitente/trasera** flashing/rear light; **luces de freno/de estacionamiento/de tráfico** brake/parking/traffic lights; **~ roja/verde** red/green light; **poner** *o* **encender/apagar la ~** to switch *o* turn *o* put the light on/off; **~ relámpago** (*Fot*) flashlight.

(**e**) (*Arquit*) space, span.

(**f**) **luces** (*fig*) intelligence *sg*; **corto de luces, de pocas luces** dim, stupid; **el Siglo de las Luces** the Age of Enlightenment.

lycra® *nf* lycra ®.

LL

Ll, ll [eʎe] *nf* (*letra*) Ll, ll.

llaga *nf* (**a**) wound; (*úlcera*) ulcer, sore; **¡por las ~s (de Cristo)!** damnation! (**b**) (*fig*) affliction, torment; **las ~s de la guerra** the havoc of war.

llagar [1h] *vt* to make sore; (*herir*) to wound, injure.

llama¹ *nf* (*Zool*) llama.

llama² *nf* (**a**) flame; **~ piloto** pilot light; **arder sin ~** to smoulder, smolder *(US)*; **en ~s** burning, ablaze, in flames; **estallar en ~s** to burst into flames. (**b**) (*fig*) passion, ardour, ardor *(US)*.

llamada *nf* (**a**) call; (*a la puerta: golpe*) knock; (*: timbre*) ring; (*Mil*) call to arms; **~ interurbana** *o* **a larga distancia**

long-distance *o* trunk call; ~ **a cobro revertido** reverse-charge *o (US)* collect call; ~ **al orden** call to order; ~ **a procedimiento** (*Inform*) procedure call. (**b**) (*gesto*) signal, sign, gesture. (**c**) (*Tip*) reference mark.

llamado 1 *adj* so-called. **2** *nm* (*LAm: llamada*) (telephone) call; (*: llamamiento*) appeal.

llamador *nm* (**a**) (*visita*) caller. (**b**) (*aldaba*) doorknocker; (*timbre*) bell.

llamamiento *nm* call; **hacer un ~ a algn para que haga algo** to appeal to sb to do sth.

llamar [1a] **1** *vt* (**a**) (*nombrar*) to call, name; **le llamaron el Gordo** they called him Tubby; **¿cómo le van a ~?** what are they going to call him? (**b**) to call; (*convocar*) to summon; (*invocar*) to invoke, call upon; (*atraer con gesto*) to beckon; (*Telec: tb* ~ **por teléfono**) to call, ring up, telephone (to); **¿quién me llama?** who's asking for me?; **que me llamen a las 7** please have them call me at 7; **le llamaron a palacio** they called *o* summoned him to the palace.

(**c**) (*atraer*) to draw, attract; **me llamó la atención su traje** his suit attracted my attention; **el policía me llamó la atención** (*LAm*) the policeman gave me a warning *o (fam)* gave me a ticking-off; **no me llama la atención** (*fam*) I see nothing special about it *(fam)*.

2 *vi* (**a**) (*gen*) to call; **¿quién llama?** (*Telec*) who's calling?, who's that?; ~ **por ayuda** to call for help.

(**b**) (*a la puerta: aldaba*) to knock; (*: timbre*) to ring; ~ **a la puerta** to knock at the door; **¿quién llama?** who's there?

3 llamarse *vr* to be called, be named; **me llamo Mimi** my name is Mimi; **¿cómo te llamas?** what's your name?; **¡eso sí que se llama hablar!** now you're talking!, that's more like it!; **¡como me llamo Rodríguez, que lo haré!** as sure as my name's Rodríguez, I'll do it!

llamarada *nf* flare-up, sudden blaze; (*en rostro*) flush; (*fig*) flare-up, outburst.

llamativo *adj* (*ostentoso*) gaudy, flashy; (*color*) loud; **de modo** ~ in such a way as to draw attention.

llamear [1a] *vi* to blaze.

llampo *nm* (*And, CSur*) pulverized ore.

llana *nf* (**a**) (*Geog*) plain. (**b**) (*Arquit*) trowel.

llanada *nf* flat ground.

llanamente *adv* (**a**) (*lisamente*) smoothly, evenly. (**b**) (*sin ostentaciones*) plainly, simply; (*sinceramente*) openly, frankly; *V* **liso**.

llanca *nf* (*LAm*) copper ore.

llanero *nm* (*esp Ven*) plainsman.

llaneza *nf* (*fig: simplicidad*) plainness, simplicity; (*: franqueza*) openness, frankness.

llano 1 *adj* (**a**) (*superficie*) level, flat, smooth, even. (**b**) (*fig: sencillo*) plain, simple; (*: franco*) open, frank; **en lenguaje** ~ in plain language; **a la ~a** simply; **decir algo por lo** ~ to put matters bluntly; **de** ~ openly. **2** *nm* plain, flat ground; **Los L~s** (*Ven Geog*) Venezuelan Plains.

llanta[1] *nf* (*esp LAm*) tyre, tire *(US)*; (*de rueda*) rim; ~ **de oruga** caterpillar track.

llanta[2] *nf* (*Bol, Per*) sunshade, awning.

llanto *nm* weeping, tears *pl*; (*fig*) lamentation; (*Lit*) dirge, lament; **dejar el** ~ to stop crying.

llanura *nf* (**a**) (*lisura*) flatness, smoothness, evenness. (**b**) (*Geog*) plain; (*pampa*) prairie.

llapa *nf* (*LAm*) *V* **yapa**.

llave *nf* (**a**) key; ~ **de contacto** (*Aut*) ignition key; ~ **maestra** skeleton *o* master key; **bajo** ~ under lock and key; **cerrar con** ~ to lock; **echar (la)** ~ **(a)** to lock up; **tener las ~s de la caja** (*fig*) to hold the purse strings. (**b**) (*de gas, agua*) tap, faucet *(US)*; (*Elec*) switch; ~ **de cierre** stopcock. (**c**) (*Mec*) spanner; ~ **ajustable** adjustable spanner; ~ **inglesa** monkey wrench.

llavero *nm* key ring.

llavín *nm* latch key.

llegada *nf* arrival, coming.

llegar [1h] **1** *vt* to bring up, bring over, draw up.

2 *vi* (**a**) to arrive; **por fin llegamos** we're here at last; **avíseme cuando llegue** tell me when he comes; **llegará en tren/autobús** he will come by train/bus; **no llegues tarde** don't be late.

(**b**) (*alcanzar*) to reach; (*bastar*) to be enough; (*sumar*) to amount to, equal; **esta cuerda no llega** this rope isn't long enough; **el importe llega a 50 pesos** the total is 50 pesos; **con ese dinero no va Ud a** ~ you won't have enough money; **hacer** ~ **el sueldo** to make (both) ends meet (on one's salary).

(**c**) (*con verbo*) ~ **a hacer algo** (*gen*) to reach the point of doing sth; (*lograr*) to manage to do sth, succeed in doing sth; **por fin llegó a hacerlo** he managed to do it eventually; **llegué a creerlo** I believed it in the end; ~ **a saber algo** to find sth out; ~ **a ser famoso/el jefe** to become famous/the boss.

3 llegarse *vr* to come near, approach.

llenar [1a] **1** *vt* (**a**) to fill (*de* with); (*superficie*) to cover (*de* with); (*espacio, tiempo*) to fill, take up (*de* with); (*documento*) to fill in, fill out *(US)*. (**b**) (*deber*) to fulfil, fulfill *(US)*; (*deseo*) to satisfy; **la poesía me ha llenado** poetry has made me feel fulfilled. (**c**) (*fig*) ~ **a algn de elogios** to heap praises on sb. **2 llenarse** *vr* (**a**) to fill (up) (*de* with); (*fam*) to stuff o.s. (*de* with). (**b**) (*fig*) to get cross, get annoyed.

lleno 1 *adj* full (*de* of), filled (*de* with); (*Ferro etc*) full up; **estar ~ a reventar** to be full to bursting; **estar ~ de sí mismo** to be full of o.s.; **de** ~ fully, entirely; **le dio de ~ en la cara** it hit him full in the face. **2** *nm* (**a**) (*fam*) abundance, plenty. (**b**) (*Teat*) full house, sellout. (**c**) (*Astron*) full moon.

llevadero *adj* bearable, tolerable.

llevar [1a] **1** *vt* (**a**) (*gen*) to carry; (*a sitio*) to take; (*en vehículo*) to transport; **¿me llevas esta carta?** will you take this letter for me?; **yo llevaba la maleta** I was carrying the case; ~ **adelante** (*fig*) to carry forward *o* out.

(**b**) (*ropa etc*) to wear; (*título etc*) to bear; **llevaba traje azul** he wore a blue suit; **lleva barba/el pelo corto** he wears a beard/his hair short; **no llevo dinero (encima)** I have no money on me; **lleva un rótulo que dice ...** it has a label which says ...; **el tren no lleva coche-comedor** the train has no dining car.

(**c**) (*gente*) to take (*a* to); (*conducir: tb fig*) to lead (*a* to); **este camino nos lleva a Bogotá** this road takes us to Bogotá; **le llevamos al teatro** we took him to the theatre *o (US)* theater; ~ **a algn de la mano** (*tb fig*) to lead sb by the hand; ~ **a algn a creer que ...** to lead sb to think that ....

(**d**) (*ruta*) to follow, keep to; **¿qué dirección llevaba?** what direction was he going in?; ~ **buen/mal camino** to be on the right/wrong road; ~ **camino de ...** to be on the road to ..., be heading for ....

(**e**) (*apartar*) to carry off, take away, cut off; **la bala se le llevó dos dedos** the shot took off two of his fingers.

(**f**) (*premio etc*) to win, get, carry off.

(**g**) (*precio*) to charge; **¿cuánto me van a ~?** what are you going to charge me?

(**h**) (*Agr*) to bear, produce; (*Com, Fin*) to bear, carry; **los bonos llevan un 8 por cien de interés** the bonds bear interest at 8%.

(**i**) (*vida*) to lead; ~ **una vida tranquila** to live *o* lead a quiet life.

(**j**) (*aguantar*) to bear, stand, put up with; ~ **las desgracias con paciencia** to bear misfortunes patiently; **lo lleva bien** he's taking it well.

(**k**) (*tiempo*) to spend; **¿cuánto tiempo llevas aquí?** how long have you been here?; **el tren lleva una hora de retraso** the train is an hour late; **el trabajo me llevará tres días** the work will take me three days.

(**l**) (*vb aux*) **llevo 3 meses buscándolo** I have been looking for it for 3 months; **llevo estudiados 3 capítulos** I have studied 3 chapters.

(**m**) (*negocio etc*) to conduct, direct, manage; ~ **una finca** to manage an estate; **¿quién lleva la cuenta?** who is keeping count?; ~ **los libros** *o* **las cuentas** (*Com*) to keep the books.

(**n**) (*ritmo, paso, compás*) to keep, mark.

(**o**) (*aventajar*) **ella me lleva 2 años** she's 2 years older than I am; ~ **la ventaja** to be winning *o* in the lead; **les llevamos una gran ventaja** we have a great advantage over them.

(**p**) (*Mat*) to carry.

(**q**) (*locuciones*) **llevo las de perder** I'm likely to lose, I'm in a bad way; **no las lleva todas consigo** he's not all there; ~ **algo a (buen) término** to bring sth to a successful conclusion; ~ **algo a la práctica** to put sth into practice; ~ **la contraria** to maintain an opposite point of view; (*a algn*) to oppose, contradict; **dejarse** ~ to get carried away (*por* at, by); **dejarse ~ (por algn)** to allow o.s. to be influenced by sb; **no te dejes ~ por las apariencias** don't be taken in by appearances; **si te dejas ~ por él, acabarás mal** if you fall in with him, you'll be in trouble; **se dejó ~ por las olas** he was swept away by the waves.

2 *vi* (*carretera*) to go, lead; **esta carretera lleva a La Paz** this road goes to La Paz.

3 llevarse *vr* (**a**) to carry off, take away, remove; **se lo llevaron al cine** they took him off to the cinema; **los ladrones se llevaron la caja** the thieves took the safe (away); **siempre me llevo la peor parte** (*fig*) I always come off worst.

(**b**) ~ **bien** to get on well (together); **no se lleva bien con el jefe** he doesn't get on *o* along with the boss.

(**c**) ~ **a algn por delante** (*atropellar*) to run over sb; (*LAm: ofender*) to offend sb; (*: maltratar*) to ride roughshod over sb.

(**d**) (*estar de moda*) to be in *(fam)*; **se llevan los lunares** polka dots are all the rage *(fam)*.

(**e**) (+ *sust: tener*) **me llevé una alegría** I was so happy; **se llevó un buen susto** he got a right old fright *(fam)*.

llorar [1a] **1** *vt* to weep over *o* for, cry about; (*lamentar*) to bewail, lament; (*difunto etc*) to mourn. **2** *vi* (**a**) to cry, weep; **¡no llores!** don't cry!; ~ **a moco tendido** to sob one's heart out, cry uncontrollably. (**b**) (*ojos*) to water. (**c**) (*Chi fam*) to suit, be becoming, look nice (*a* on).

lloricón/ona *nm/f* crybaby.

lloriquear [1a] *vi* to snivel, whimper.

lloriqueo *nm* snivelling, sniveling *(US)*, whimpering.

llorón/ona[1] **1** *adj* weeping, tearful. **2** *nm/f* tearful person.

llorona[2] *nf* professional mourner.

lloroso *adj* weeping, tearful; (*triste*) sad.

llovedizo *adj* (**a**) (*techo*) leaky. (**b**) **agua ~a** rainwater.

llover [2h] *vi* (**a**) to rain; **llueve, está lloviendo** it is raining; ~ **a cántaros** *o* **a cubos** *o* **a mares** to rain cats and dogs, pour (down); **ser una cosa llovida del cielo** to be a godsend; **llueve sobre mojado** it never rains but it pours. (**b**) (*fig*) to rain; **le llovieron regalos encima** he was showered with gifts.

llovida *nf* (*LAm*) rain, shower.

llovido *nm* stowaway.

llovizna *nf* drizzle.

lloviznar [1a] *vi* to drizzle.

llueca *nf* broody hen.

lluvia *nf* rain; (*cantidad*) rainfall; (*fig: balas etc*) hail, shower; **día de** ~ rainy day; ~ **ácida** acid rain; ~ **menuda** drizzle; ~ **radiactiva** (radioactive) fallout; **una ~ de regalos** a shower of gifts.

lluvioso *adj* rainy, wet.

M

M[1], **m** ['eme] *nf* (*letra*) M, m.

M[2] *abr de* **mediano** M.

M. *abr* (**a**) *de* **Madrid**. (**b**) (*Ferro*) *de* **Metropolitano** . (**c**) (*Geog*) *de* **Meridiano**. (**d**) *de* **María**.

m *abr* (**a**) *de* **metro(s)** m. (**b**) *de* **minuto(s)** m, min. (**c**) *de* **masculino** masc., m. (**d**) *de* **murió** d. (**e**) *de* **mes** m. (**f**) *de* **monte** Mt.

m² *abr de* **metros cuadrados** sq. m., m².

m³ *abr de* **metros cúbicos** cu. m., m³.

M-19 *nm abr* (*Col Pol*) *de* **Movimiento 19 de Abril**.

M.ª *abr de* **María**.

maca *nf* (*defecto*) flaw; (*mancha*) spot; (*en fruta*) bruise.

macabro *adj* macabre.

macaco 1 (*LAm fam*) *adj* (*deforme*) deformed, misshapen; (*feo*) ugly. **2** *nm* (*Zool*) rhesus monkey.

macadán *nm* macadam.

macagua *nf* (*LAm Orn*) laughing falcon.

macana (*LAm*) *nf* (*Hist*) Indian club, cudgel; (*fig fam: mentira*) lie, fib; (*tontería*) piece of nonsense; **¡~!** (*LAm*) it's all lies!

macanear [1a] *vi* (*esp And, CSur: fam: mentir*) to lie, tell tall stories; (*decir tonterías*) to talk nonsense *o* rubbish *(fam)*; (*hacer tonterías*) to mess about *(fam)*.

macanudo *adj* (*LAm fam*) super *(fam)*, terrific *(fam)*, great.

Macao *nm* Macao.

macarrón[1] *nm* (*tb* ~ **de almendras**) macaroon.

macarrón[2] *nm* (*Náut*) bulwark, stanchion.

macarrones *nmpl* macaroni.

macarse [1g] *vr* to go bad, rot.

macear [1a] **1** *vt* to hammer, pound. **2** *vi* = **machacar 2**.

Macedonia *nf* Macedonia.

maceración *nf* maceration; (*fig*) mortification.

macerar [1a] *vt* to macerate; (*avergonzar*) to mortify.

maceta 1 *adj* (*And, CSur: fam*) slow, thick *(fam)*. **2** *nf* (**a**) (*tiesto*) flower *o* plant pot; (*CSur*) bouquet, bunch of flowers. (**b**) (*martillo*) mallet.

macetero *nm* flowerpot stand *o* holder; (*LAm: maceta*) flowerpot.

macetón *nm* (*para plantas*) tub.

macicez *nf* massiveness, solidity; (*gordura*) stoutness.

macilento *adj* (*pálido*) pale, wan; (*demacrado*) haggard, emaciated.

macillo *nm* (*Mús*) hammer.

macis *nf* (*Culin*) mace.

macizo 1 *adj* (*de una pieza*) solid; (*sólido, fuerte*) solidly made; (*: persona*) solid, stoutly built; (*grande*) massive. **2** *nm* (**a**) mass; (*trozo*) lump, solid piece. (**b**) (*Geog*) massif. (**c**) (*de plantas*) bed, plot. (**d**) (*Aut*) solid tyre *o (US)* tire. (**e**) (*Arquit*) stretch, section (of a wall); (*: de edificios*) group.

macramé *nm* macramé.

macró *nm* (*CSur fam: alcahuete*) pimp *(fam)*.

macro... *pref* macro....

macrobiótico *adj* macrobiotic.

macrocefálico *adj* macrocephalic; (*fig*) top-heavy.

macrocomando *nm* (*Inform*) macro(command).

macrocosmo(s) *nm* macrocosm.

macroeconomía *nf* macroeconomy.
macuco (*And, CSur: fam*) **1** *adj* (*taimado*) crafty, cunning. **2** *nm* (*grandullón*) overgrown boy.
mácula *nf* (**a**) (*gen, fig*) stain, blemish; (*Anat*) blind spot; **sin** ~ spotless, without stain. (**b**) (*fig: trampa*) trick.
macuto *nm* (*Mil*) knapsack.
machaca 1 *nf* (*aparato*) crusher, pounder. **2** *nmf* (*persona*) nag(ger).
machacadora *nf* crushing machine.
machacar [1g] **1** *vt* (**a**) (*hacer polvo*) to crush, pound; (*moler*) to grind (up); (*aplastar*) to mash. (**b**) (*hacer pedazos*) to knock to bits; (*enemigo*) to maul, crush; (*en discusión*) to crush, flatten; (*precio*) to slash. (**c**) (*lección*) to swot (up) (*fam*). **2** *vi* (**a**) (*insistir*) to go on, keep on (about sth); (*regañar*) to nag; *V* **hierro**. (**b**) (*Univ etc*) to swot (*fam*). **3 machacarse** *vr* (*fam*) ~ **el verano** to spend the summer swotting (*fam*).
machacón/ona 1 *adj* (*pesado*) tiresome; (*insistente*) insistent; (*monótono*) monotonous. **2** *nm/f* pest, bore.
machaconeo *nm* (*V machacón*) insistence; monotony, repetitiveness.
machaconería *nf* = **machaconeo**.
machada *nf* act of courage, heroic deed; (*pey*) piece of bravado.
machado *nm* hatchet.
machamartillo: **a** ~ *adv*: **creer a** ~ (*firmemente*) to believe firmly; (*ciegamente*) to believe blindly; **cumplir a** ~ to carry out a task to the letter.
machaqueo *nm* crushing, pounding.
machaquería *nf* = **machaconería**.
machetazo *nm* (*esp LAm*) blow *o* slash with a machete.
machete *nm* (*esp LAm*) machete, cane knife, big knife.
machetear [1a] **1** (*LAm*) *vt* (*caña etc*) to cut down with a machete; (*persona*) to slash *o* wound *o* stab with a machete. **2** *vi* (*Méx: obstinarse*) to keep on, persevere.
machetero *nm* (**a**) (*esp LAm Agr*) cane cutter. (**b**) (*Méx: cargador*) porter, stevedore. (**c**) (*Méx fam: estudiante*) plodding student.
machi, machí *nm* (*CSur*) medicine man.
machihembrado *nm* dovetail (joint).
machihembrar [1a] *vt* to dovetail.
machismo *nm* male chauvinism, machismo.
machista 1 *adj* male chauvinistic, macho *atr*. **2** *nm* male chauvinist.
macho 1 *adj* (**a**) (*Bio*) male. (**b**) (*fig: varonil*) masculine; (*fuerte*) strong, tough; **es muy** ~ he's very tough. (**c**) (*Mec*) male. **2** *nm* (**a**) (*Bio*) male; (*mulo*) mule; ~ **cabrío** he-goat, billy-goat. (**b**) (*Mec: perno*) pin, peg; (*Elec*) pin, plug; (*Cos*) hook. (**c**) (*Téc*) sledgehammer. (**d**) (*Arquit*) buttress. (**e**) (*fig: persona*) tough guy (*US fam*), he-man (*fam*).
machón *nm* buttress.
machota *nf*: **a la** ~ (*And, Carib: fam*) carelessly.
machote *nm* (**a**) (*fam*) tough guy (*US fam*), he-man (*fam*). (**b**) (*Méx: borrador*) rough draft; (*: modelo*) model. (**c**) (*Méx: impreso en blanco*) blank form.
machucar [1g] *vt* (*aplastar*) to pound, crush; (*golpear*) to beat; (*magullar*) to dent; (*dañar*) to knock about, damage.
machucón *nm* (*Méx*) bruise.
machucho *adj* (**a**) (*mayor*) elderly. (**b**) (*juicioso*) prudent. (**c**) (*And, Méx: fam: taimado*) cunning, sly.
Madagascar *nm* Madagascar.
madama *nf* (*LAm*) madam, brothel keeper.
madeja *nf* (*de lana*) skein, hank; (*de pelo*) mass, mop; **se está enredando la** ~ the plot thickens.
Madera *nf* Madeira.
madera *nf* (**a**) wood; ~ (**de construcción**) timber; **una** ~ a piece of wood; ~ **contrachapada** *o* **laminada** plywood; ~ **fósil** lignite; **una silla de** ~ a wooden chair; **¡toca ~!** touch wood!, knock on wood! (*US*). (**b**) (*Zool*) horny part of hoof. (**c**) (*fig*) nature, temperament; (*: aptitud*) aptitude; **tiene buena** ~ he's made of solid stuff; **tiene** ~ **de futbolista** he's got the makings of a footballer. (**d**) (*fam*) fuzz (*fam*), cops (*fam*).
maderable *adj*: **árbol** ~ tree useful for its wood.
maderaje, maderamen *nm* timber, wood; (*trabajo*) woodwork, timbering.
maderero/a 1 *nm/f* timber merchant, lumberman. **2** *adj* timber, wood; **industria ~a** timber industry.
madero *nm* (**a**) (*viga*) beam; (*tronco*) log; (*madera*) (piece of) timber. (**b**) (*fig*) ship, vessel. (**c**) (*Esp: fam: policía*) cop (*fam*), pig (*fam!*).
Madona *nf* Madonna.
madrastra *nf* stepmother; (*fig*) unloving mother.
madraza *nf* caring mother.
madrazo *nm* (*Méx fam*) hard blow.
madre 1 *adj* mother; **lengua** ~ native language; **la M~ Patria** the Mother *o* Old Country (*Spain*).
2 *nf* (**a**) mother; (*en asilo etc*) matron; ~ **adoptiva** foster mother; ~ **de alquiler** surrogate mother; ~ **de familia** mother; ~ **política** mother-in-law; ~ **de Dios** Mother of God; **¡~ de Dios!** good heavens!; ~ **soltera** unmarried *o* single mother; **futura** ~ expectant mother, mother-to-be; **su señora** ~ (*esp Méx*) your mother; **sin** ~ motherless; **¡~ mía!** oh dear!, good heavens!; **como su ~ lo echó al mundo, como su ~ lo parió** (*fam*) in his *etc* birthday suit (*fam*), starkers (*fam*); **ahí está la ~ del cordero** (*fam*) that's just the trouble; **ciento y la** ~ (*fam*) hundreds of people; **ser** ~ to be a mother.
(**b**) (*Rel*) mother; ~ **superiora** Mother Superior.
(**c**) (*fam!*) **¡tu ~!** up yours! (*fam!*), get stuffed! (*fam!*); **¡(me cago en) la ~ que te parió!** (*fam!*) get to fuck! (*fam!*), fuck off! (*fam!*); **mentarle la ~ a algn** to insult sb violently; **darle a algn en la** ~ (*Méx fam*) to wallop sb (*fam*), thump sb.
(**d**) (*fig: origen*) origin, cradle.
(**e**) (*de río*) bed; **sacar de ~ a algn** to upset sb; **salirse de** ~ (*río*) to burst its banks; (*persona*) to lose all self-control; (*proceso etc*) to go beyond its normal limits.
(**f**) (*de vino etc*) dregs, sediment.
(**g**) (*Agr: acequia*) main channel, main irrigation ditch; (*Téc: alcantarilla*) main sewer.
madreperla *nf* mother-of-pearl.
madreselva *nf* honeysuckle.
Madrid *nm* Madrid.
madrigal *nm* madrigal.
madriguera *nf* (**a**) (*Zool*) den, burrow. (**b**) (*fig*) den.
madrileño/a 1 *adj* of *o* from Madrid. **2** *nm/f* native *o* inhabitant of Madrid.
Madriles *nmpl*: **Los** ~ (*fam*) Madrid.
madrina *nf* (**a**) godmother; (*de empresa etc*) patron(ess), protectress; ~ **de boda** ≈ bridesmaid. (**b**) (*LAm*) tame animal (*used in breaking in or catching others*).
madroño *nm* (*Bot*) strawberry tree, arbutus; (*borla*) tassel.
madrugada *nf* early morning, small hours; (*alba*) dawn, daybreak; **de** ~ in the small hours; **a las 4 de la** ~ at 4 o'clock in the morning, at 4 a.m.
madrugador(a) 1 *adj* early rising, who gets up early. **2** *nm/f* early riser; (*fig*) early bird.
madrugar [1h] *vi* (**a**) to get up early; (*de costumbre*) to be an early riser; **a quien madruga, Dios le ayuda** God helps those who help themselves. (**b**) (*anticiparse*) to get a head start, get in first; (*Dep, fig*) to jump the gun.
madrugón *nm*: **darse** *o* **pegarse un** ~ to get up terribly early.
maduración *nf* ripening, maturing.
madurar [1a] **1** *vt* (**a**) (*fruta*) to ripen. (**b**) (*fig: persona*) to mature; (*: hacer fuerte*) to toughen (up); (*: proyecto etc*) to think out. **2** *vi* (**a**) (*fruta*) to ripen. (**b**) (*fig*) to mature. **3 madurarse** *vr* to ripen.
madurez *nf* (**a**) ripeness. (**b**) (*fig: carácter, edad*) maturity; (*sabiduría*) sageness, wisdom.
maduro 1 *adj* (**a**) (*fruta*) ripe; **poco** ~ unripe, underripe. (**b**) (*fig: carácter*) mature; (*: tranquilo*) mellow; **de edad**

~a middle-aged; **el divieso está ~** the boil is about to burst. **2** *nm* (*Col*) plantain.

MAE *nm abr* (*Esp Pol*) *de* **Ministerio de Asuntos Exteriores.**

maestranza *nf* (**a**) (*Mil*) arsenal, armoury, armory (*US*); (*Náut*) naval dockyard. (**b**) (*personal*) staff of an arsenal/a dockyard.

maestría *nf* (*dominio*) mastery; (*habilidad*) skill, expertise; **lo hizo con ~** he did it very skilfully *o* (*US*) skillfully *o* in a masterly fashion.

maestro/a 1 *adj* (**a**) masterly; (*perito*) skilled, expert. (**b**) (*Téc: principal*) main, principal; (*llave, viga*) master *atr*; **obra ~a** masterpiece. (**c**) (*abeja*) **abeja ~a** queen bee. **2** *nm/f* (**a**) master; (*profesor*) teacher; (*autoridad*) authority; (*Téc*) master craftsman; **~ (de escuela)** schoolteacher. (**b**) **~ albañil/sastre** master mason/tailor. (**c**) (*Mús*) maestro. (**d**) **~ de armas** *o* **de esgrima** fencing master; **~ de cocina** chef; **~ de obras** master builder, foreman. (**e**) (*esp LAm*) skilled workman, craftsman.

mafia *nf* mafia, criminal gang, ring; **la M~** the Mafia; **ese departamento es una ~** (*fam*) that department is very cliquey (*fam*).

mafioso/a 1 *adj* Mafia *atr*. **2** *nm/f* mafioso; (*de la Mafia*) member of the Mafia; (*criminal*) gangster.

Magallanes *nm*: **Estrecho de ~** Magellan Strait.

maganzón *nm* (*LAm*) lazy person, idler, loafer.

magazine *nm* (*TV*) magazine.

magdalena *nf* (*Culin*) bun.

magenta *nf* magenta.

magia *nf* magic; **~ negra** black magic; **por arte de ~** (as if) by magic.

mágico *adj* magic, magical; **momentos ~s** magic moments.

magín *nm* (*fam: fantasía*) fancy, imagination; (*: mente*) mind; **todo eso salió de su ~** it all came out of his own head.

magisterio *nm* (**a**) (*enseñanza*) teaching; (*profesión*) teaching profession; (*formación*) teachers' training; (*maestros*) teachers (*collectively*). (**b**) (*fig: pedantería*) pompousness, pedantry.

magistrado *nm* (**a**) magistrate, judge. (**b**) (*LAm Pol*) **Primer M~** President, Prime Minister.

magistral *adj* magisterial; (*fig: genial*) masterly; (*: pedante*) pompous, pedantic.

magistratura *nf* magistracy; **alta ~** (*fig*) highest authority; **M~ de trabajo** industrial tribunal.

magma *nm* magma.

magnánimamente *adv* magnanimously.

magnanimidad *nf* magnanimity.

magnánimo *adj* magnanimous.

magnate *nm* magnate, tycoon; **~ de la prensa** press baron.

magnavoz *nm* (*Méx*) loudspeaker, loudhailer.

magnesia *nf* magnesia.

magnesio *nm* (*Quím*) magnesium; (*Fot*) flash.

magnético *adj* (*tb fig*) magnetic.

magnetismo *nm* (*tb fig*) magnetism.

magnetizar [1f] *vt* (*tb fig*) to magnetize.

magneto *nf* magneto.

magnetofón, magnetófono *nm* tape recorder.

magnetofónico *adj*: **cinta ~a** recording tape.

magnicida *nmf* assassin (*of an important person*).

magnicidio *nm* assassination (*of an important person*).

magníficamente *adv* splendidly, wonderfully, superbly, magnificently.

magnificar [1g] *vt* to praise, extol.

magnificencia *nf* (**a**) splendour, splendor (*US*), magnificence. (**b**) (*generosidad*) lavishness, generosity.

magnífico *adj* wonderful, magnificent; **¡~!** splendid!, that's great!; **rector ~** (*Esp Univ*) honourable Chancellor *o* (*US*) honorable Chancelor.

magnitud *nf* magnitude (*tb Astron*); **de primera ~** (*Astron*) of the first magnitude; (*fig*) first rate *atr*.

magnolia *nf* magnolia.

mago/a 1 *nm/f* magician; **los Reyes M~s** the Magi, the Three Wise Men. **2** *nm* (*en cuentos*) wizard.

magrear [1a] *vt* (*fam: Esp*) to touch up.

magreo *nm* (*Esp fam*) touching up (*fam*).

magro 1 *adj* (**a**) (*persona*) thin, lean. (**b**) (*carne*) lean; (*porción*) meagre, meager (*US*). (**c**) (*tierra*) poor, thin. **2** *nm* lean cut (of meat).

maguarse [1i] *vr* (*Carib fam*) (**a**) (*fiesta*) to be a failure, be spoiled. (**b**) (*persona: decepcionarse*) to suffer a disappointment.

maguey *nm* (*Bot*) maguey.

magulladura *nf* bruise.

magullar [1a] **1** *vt* (*amoratar*) to bruise; (*dañar*) to hurt, damage. **2 magullarse** *vr* to get bruised; (*hacerse daño*) to get hurt.

magullón *nm* bruise.

Maguncia *nf* Mainz.

maharajá *nm* maharajah; **vivir como un ~** to live like a prince.

Mahoma *nm* Mahomet, Muhammad.

mahometano/a *adj, nm/f* Mahommedan.

mahometismo *nm* Mahommedanism.

mahonesa *nf* mayonnaise.

maicena *nf* (*esp LAm*) cornflour, corn starch (*US*).

maicero *adj* maize *atr*, corn *atr* (*US*).

maicillo *nm* (*Chi*) (road) gravel.

mailing ['mailin] *nm* (*pl* **~s** ['mailin]) mailshot.

maillot [mɑjot] *nm* (*Dep*) jersey, vest; **el ~ amarillo** the yellow jersey.

maitines *nmpl* matins.

maître ['metre] *nm* head waiter.

maíz *nm* maize, corn (*US*), sweetcorn, Indian corn.

maizal *nm* maize field, cornfield (*US*).

majada *nf* (**a**) (*corral*) sheepfold. (**b**) (*estiércol*) dung.

majaderear [1a] *vt* (*LAm*) to nag.

majadería *nf* (**a**) (*tontería*) silliness; (*sin sentido*) absurdity. (**b**) **una ~** a silly thing, an absurdity; **~s** nonsense *sg*.

majadero/a 1 *adj* (*tonto*) silly, stupid. **2** *nm/f* (*tonto*) idiot, fool; **¡~!** you idiot!

majador *nm* pestle.

majar [1a] *vt* (*aplastar*) to pound, crush, mash; (*Med*) to bruise.

majara, majareta (*fam*) **1** *adj* cracked (*fam*), potty (*fam*). **2** *nmf* nutter (*fam*).

majestad *nf* majesty; **Su M~** His/Her Majesty; **(Vuestra) M~** Your Majesty.

majestuosamente *adv* majestically.

majestuosidad *nf* majesty.

majestuoso *adj* majestic, stately, imposing.

majete *adj* (*fam*) nice.

majo *adj* (**a**) nice; (*guapo*) attractive, goodlooking. (**b**) (*elegante*) smart, natty. (**c**) (*apelativo*) **ven, ~, ven** come on darling *o* dear.

majuelo *nm* (**a**) (*vid*) young vine. (**b**) (*espino*) hawthorn.

mal 1 *adv* (**a**) badly; (*equivocadamente*) wrongly; (*insuficientemente*) poorly; (*con dificultad*) with difficulty; **me cae ~ su amigo** I don't like his friend; **se come ~ en este restaurante** you don't get a good meal in this restaurant; **hablar ~ de algn** to speak ill of sb; **lo hace muy ~** he does it very badly; **hace ~ en mentir** he is wrong to lie; **huele ~** it smells bad; **sabe ~** it tastes nasty; **eso está ~** that's wrong; **estar ~** to be ill; **oigo/veo ~** I can't hear/see well; **sentirse ~** to feel ill *o* bad; (*mareado*) to feel sick; **está muy ~ escrito** it's very badly written; **¡no está ~ este vino!** hey, this wine isn't bad!; **no estaría ~ ir mañana de excursión** I wouldn't mind going on a trip tomorrow; **me entendió ~** he misunderstood me; **pensar ~ de algn** to think badly of sb; **~ puedo hablar yo de este asunto** I'm hardly the right person to talk to about this.

(**b**) (*locuciones*) **~ que bien** one way or another; **ir de ~**

en peor to go from bad to worse, get worse; **¡menos ~!** that's a relief!; **menos ~ que** ... it's just as well (that) ..., it's a good job (that) ...; **si ~ no recuerdo** if my memory serves me right; **estar a ~ con algn** to be on bad terms with sb; **tomar algo a ~** to take sth the wrong way.

2 *conj*: **~ que le pese** whether he likes it or not.

3 *adj V* **malo 1**.

4 *nm* (**a**) evil, wrong; **el bien y el ~** good and evil; **combatir el ~** to fight against evil.

(**b**) (*daño*) harm, damage; (*desgracia*) misfortune; **un ~ menor** a lesser evil; **no le deseo ningún ~** I don't wish him any harm *o* ill; **el ~ ya está hecho** the harm is done now; **el ~ está en que** ... the trouble is (that) ...; **no hay ~ que por bien no venga** it's an ill wind that blows nobody any good; **'~ de muchos (consuelo de todos)'** 'we're all in the same boat'; **'~ de muchos (consuelo de tontos)'** 'that's no consolation'.

(**c**) (*Med: enfermedad*) disease, illness; (*fig: sufrimiento*) suffering; **~es** (*fig*) ills; **~ de altura** altitude sickness; **~ de amores** lovesickness; **~ de Chagas** Chagas' disease; **los ~es de la economía** the problems with the economy; **~ de ojo** evil eye.

(**d**) (*LAm Med*) epileptic fit.

malabar *adj*: **juegos ~es** juggling *sg*.

malabarismo *nm* (**a**) juggling, conjuring. (**b**) **~s** (*fig*) juggling *sg*, balancing act *sg*.

malabarista *nmf* juggler, conjurer.

malacate *nm* winch, capstan; (*CAm*) spindle.

malaconsejado *adj* ill-advised.

malaconsejar 1a *vt* to give bad advice to.

malacostumbrado *adj* (**a**) (*de malos hábitos*) having bad habits. (**b**) (*consentido*) spoiled.

malacostumbrar 1a *vt*: **~ a algn** to get sb into bad habits; (*consentir*) to spoil *o* ruin sb.

malacrianza *nf* (*LAm*) rudeness.

Málaga *nf* Malaga.

malagradecido *adj* ungrateful.

malagueño/a 1 *adj* of *o* from Málaga. **2** *nm/f* native *o* inhabitant of Málaga.

malamente *adv* badly; **tenemos gasolina ~ para** ... + *infin* we hardly have enough petrol to ... + *infin*; **~ puede hacerse si** ... it can scarcely be done if ....

malandrín/ina *nm/f* (*hum*) scoundrel, rogue.

malanga *nf* (*Carib, Méx*) *tuber resembling a sweet potato*.

malaria *nf* malaria.

Malasia *nf* Malaysia.

malasio/a *adj, nm/f* Malaysian.

Malaui, Malawi *nm* Malawi.

malavenido *adj*: **estar ~s** to be in disagreement *o* in conflict; **una pareja ~a** an unsuited *o* incompatible couple.

malaventura *nf* misfortune.

malaya[1] *interj* (*LAm*) damn!

malayo/a[2] **1** *adj* Malay(an). **2** *nm/f* Malay. **3** *nm* (*idioma*) Malay.

malbaratar 1a *vt* (*Com: malvender*) to sell off cheap, sell at a loss; (*fig: malgastar*) to squander.

malcarado *adj* ugly, grim-faced; (*enfadado*) fierce-looking, cross-looking.

malcasado *adj* unhappily married.

malcomer 2a *vi* to have a poor meal, eat badly.

malcriadez *nf* (*LAm*) bad breeding, lack of breeding.

malcriado *adj* (*grosero*) rude, bad-mannered; (*consentido*) spoiled.

malcriar 1c *vt* to spoil, pamper.

maldad *nf* (**a**) evil, wickedness. (**b**) **una ~** a wicked thing.

maldecir 3o **1** *vt* (**a**) to curse. (**b**) (*odiar*) to loathe, detest. **2** *vi* to curse; **~ de** to speak ill of; (*fig: quejarse*) to complain bitterly of.

maldiciente 1 *adj* (*quejumbroso*) that speaks ill of everything, forever criticizing; (*grosero*) foulmouthed. **2** *nmf* grumbler.

maldición *nf* curse; **¡~!** curse it!, damn!

maldito *adj* (**a**) damned, accursed; **poeta ~** accursed poet. (**b**) (*condenado*) damned; **¡~a sea!** damn it!; **ese ~ niño** wretched child; **~ lo que me importa** I don't care a damn; **¡~ el día en que le conocí!** curse the day I met him!; **no le hace ~ (el) caso** he doesn't take a blind bit of notice. (**c**) (*maligno*) wicked. (**d**) (*Méx fam: taimado*) crafty.

maleable *adj* malleable.

maleante 1 *adj* (*malo*) wicked; (*pícaro*) villainous, rascally; (*indeseable*) unsavoury, unsavory *(US)*. **2** *nmf* (*malhechor*) crook, villain; (*vago*) vagrant.

malear 1a **1** *vt* (*corromper*) to corrupt, pervert. **2 malearse** *vr* to be corrupted.

malecón *nm* pier, jetty.

maledicencia *nf* slander, scandal.

maledicente *adj* slanderous, scandalous.

maleducado *adj* ill-bred, bad-mannered.

maleficio *nm* (*hechizo*) curse, spell; (*brujería*) witchcraft.

maléfico *adj* harmful, evil.

malentendido *nm* misunderstanding.

malestar *nm* (**a**) (*Med: incomodidad*) discomfort; (*: enfermedad*) indisposition. (**b**) (*fig: inquietud*) uneasiness; (*: irritación*) annoyance; (*Pol etc*) unrest.

maleta[1] *adj* (**a**) (*LAm: travieso*) naughty, mischievous. (**b**) (*LAm: vago*) lazy.

maleta[2] **1** *nf* (**a**) (suit)case; (*saco*) travelling *o (US)* traveling bag; **hacer la(s) ~(s)** to pack (up); **ya puede ir preparando las ~s** (*fig*) he's on his way out, he'll not last much longer. (**b**) (*LAm: flojo*) lazy person, idler. (**c**) (*CSur: de caballo*) saddlebag. (**d**) (*CAm: fajo de ropa*) bundle of clothes; (*: joroba*) hump. (**e**) (*Auto*) boot, trunk *(US)*. **2** *nm* (*fam, Taur*) bungler, clumsy beginner; (*Dep*) poor player; (*Teat*) ham.

maletera *nf* (**a**) (*LAm Aut*) boot, trunk *(US)*. (**b**) (*And, Méx: de caballo*) saddlebag.

maletero *nm* (**a**) (*Aut*) boot, trunk *(US)*. (**b**) (*persona*) porter.

maletilla *nm* (*Taur*) itinerant aspiring bullfighter.

maletín *nm* (*maleta*) small case; (*portafolio*) briefcase, attaché case.

maletudo (*And, Carib*) **1** *adj* hunchbacked. **2** *nm* hunchback.

malevo/a *nm/f* (*CSur*) malefactor.

malevolencia *nf* malevolence, spite.

malévolo *adj* malevolent, spiteful.

maleza *nf* (**a**) (*Agr*) weeds. (**b**) (*matas*) scrub, undergrowth; (*zarza*) thicket.

Malgache *nm* Malgache, Madagascar.

malgache 1 *adj* of *o* from Madagascar. **2** *nmf* native *o* inhabitant of Madagascar.

malgastador(a) 1 *adj* spendthrift, wasteful. **2** *nm/f* spendthrift.

malgastar 1a *vt* (*tiempo, esfuerzo*) to waste; (*recursos, dinero*) to squander, waste; (*salud*) to ruin.

malgeniado, malgenio(so) *adj* (*LAm*) badtempered.

malhablado *adj* (*grosero*) coarse, rude; (*que dice groserías*) foul-mouthed.

malhaya *interj* (*LAm*) damn!; **¡~ sea!** damn him *etc* *(fam)*.

malhechor(a) *nm/f* malefactor, criminal.

malherido *adj* badly injured, seriously wounded.

malhumorado *adj* bad-tempered, cross.

malicia *nf* (**a**) (*maldad*) wickedness. (**b**) (*intención*) spite, malice; **lo dije sin ~** I said it without malice. (**c**) (*de animal*) viciousness, vicious nature; (*de niño: travesura*) mischief; (*: carácter*) mischievous nature. (**d**) (*de mirada, chiste etc*) roguishness, naughtiness, provocative nature; **el niño tiene demasiada ~ para su edad** the kid is too knowing for his age *(fam)*. (**e**) (*astucia*)

slyness, guile. (**f**) ~**s** suspicions.
maliciarse 1b *vr* to suspect, have one's suspicions.
malicioso *adj* (**a**) (*malo*) wicked, evil. (**b**) (*malintencionado*) ill-intentioned; (*rencoroso*) spiteful, malicious. (**c**) (*violento*) vicious; (*travieso*) mischievous. (**d**) (*pícaro*) roguish, naughty. (**e**) (*astuto*) sly, crafty.
malignidad *nf* (**a**) (*Med*) malignancy. (**b**) (*maldad*) evil nature, viciousness; (*daño*) harmfulness; (*rencor*) malice.
maligno 1 *adj* (**a**) (*Med*) malignant, pernicious. (**b**) (*malo*) evil, vicious; (*dañino*) pernicious, harmful; (*rencoroso*) malicious. **2** *nm*: **el** ~ the devil.
Malinche *nf* (*Méx*) mistress of Cortés.
malintencionado *adj* (*comentario*) hostile; (*persona*) malicious.
malinterpretar 1a *vt* to misinterpret, misunderstand.
malísimamente *adv* very badly, dreadfully, appallingly.
malísimo *adj* very bad, dreadful, appalling.
malmirado *adj* (**a**) **estar** ~ to be disliked. (**b**) (*desconsiderado*) thoughtless, inconsiderate.
malnutrido *adj* undernourished.
malo/a 1 *adj* (*before nm sing* **mal**) (**a**) bad; (*calidad*) poor; (*miserable*) wretched; (*espantoso*) dreadful; (*olor etc*) bad, nasty, unpleasant; (*parte del cuerpo*) sore; (*niño*) disobedient, naughty; **ir por mal camino** to be on the wrong road; **esta película es bastante ~a** it's a pretty bad film; **es una tela muy ~a** it's a very poor material; **es ~ para la salud** it's bad for your health; **¡no seas ~!** don't be naughty!, behave yourself!; **soy muy ~ para las matemáticas** I'm no good at maths.
(**b**) (*Med etc*) **estar** ~ to be ill; **ponerse** ~ (*persona*) to fall ill; (*comida*) to go off.
(**c**) (*difícil*) difficult, hard; **es un animal ~ de domesticar** it's a difficult animal to tame.
(**d**) (*locuciones*) **¡~!** oh dear!, that's bad!; **lo ~ es que ...** the trouble is that ...; **~ sería que no ganáramos** we're certain to win, I'd be surprised if we didn't win; **¿qué tiene de ~?** what's wrong with that?; **¿qué tiene de ~ comer helados en invierno?** what's wrong with eating ice cream in winter?; **a la ~a** (*LAm: a la fuerza*) by force, forcibly; (*: en forma traicionera*) treacherously; **andar a ~as con algn** to be on bad terms with sb; **ponerse a ~as con algn** to fall out with sb; **estar de ~as** (*sin suerte*) to be out of luck; (*de mal humor*) to be in a bad mood; **venir de ~as** to have evil intentions; **por las ~as** by force, willy-nilly.
2 *nm/f* (*Teat*) villain; (*Cine*) baddie *(fam)*.
malogrado *adj* (**a**) (*proyecto etc*) abortive; (*esfuerzo etc*) wasted. (**b**) (*persona*) who died before his time; **el ~ actor** the failed actor.
malograr 1a **1** *vt* (*arruinar*) to spoil, upset; (*desperdiciar*) to waste. **2 malograrse** *vr* (**a**) (*proyecto etc*) to fail, miscarry. (**b**) (*esp Per: máquina etc*) to go wrong. (**c**) (*persona*) to die before one's time, die early.
maloliente *adj* stinking, smelly.
malón *nm* (*LAm Hist*) Indian raid.
malparado *adj*: **salir** ~ to come off badly *o* worst.
malpensado *adj* evil-minded; **¡no seas ~!** don't be so nasty *o* horrid!
malquerencia *nf* dislike.
malquistar 1a **1** *vt*: **~ a dos personas** to cause a rift between two people. **2 malquistarse** *vr* (**a**) **~ con algn** to fall out with sb. (**b**) (*dos personas*) to fall out, become estranged.
malsano *adj* (**a**) (*clima etc*) unhealthy. (**b**) (*Med*) sickly; (*mente*) sick, morbid.
malsonante *adj* (*palabra*) nasty, rude.
malsufrido *adj* impatient.
Malta *nf* Malta.
malta *nf* malt.
malteada *nf* (*LAm*) malted milk shake.
malteado 1 *adj* malted. **2** *nm* malting.
maltés/esa *adj, nm/f* Maltese.
maltraer 2o *vi*: **llevar** *o* **traer a ~ a algn** to keep on at sb.
maltraído *adj* (*LAm*) shabby, untidy.
maltratado *adj* (*bebé, mujer*) battered; (*sexualmente*) abused.
maltratamiento *nm* = **maltrato**.
maltratar 1a *vt* (**a**) (*persona*) to ill-treat, maltreat; (*mujer, hijo*) to batter; (*cosas*) to handle roughly, damage. (**b**) (*tb* **~ de palabra**) to abuse, insult.
maltrato *nm* (**a**) (*de persona*) rough treatment; (*daño*) damage; (*de bebé, mujer*) battering; **~ infantil/psicológico** child/psychological abuse. (**b**) (*abuso*) abuse, insults.
maltrecho *adj* (*golpeado*) battered, damaged; (*lastimado*) injured; **dejar ~ a algn** to leave sb in a bad way.
malucho *adj* (*Med fam*) poorly, under the weather.
malva 1 *adj inv* (*color*) mauve. **2** *nf* (*Bot*) mallow; **~ loca** *o* **real** *o* **rósea** hollyhock; **criar ~s** (*Esp fam*) to be pushing up the daisies *(fam)*; **estar como una ~** to be very meek and mild.
malvado/a 1 *adj* evil, wicked. **2** *nm/f* villain.
malvarrosa *nf* hollyhock.
malvasía *nf* malmsey.
malvavisco *nm* marshmallow.
malvender 2a *vt* to sell off cheap *o* at a loss.
malversación *nf* embezzlement, misappropriation.
malversador *nm* embezzler.
malversar 1a *vt*: **~ fondos** to embezzle *o* misappropriate funds.
Malvinas *nfpl* (*tb* **Islas ~**) Falkland Islands, Falklands.
malvivir 3a *vi* to live badly, live poorly; **malviven de lo que pueden** they get along as best they can.
malvón *nm* (*LAm*) geranium.
malla *nf* (**a**) (*de una red*) mesh; (*red*) network; **~ de alambre** wire mesh *o* netting. (**b**) (*para ballet etc*) leotard. (**c**) **~ (de baño)** (*LAm*) swimming costume, swimsuit. (**d**) (*Dep*) **las ~s** the net *sg*.
mallo *nm* mallet.
Mallorca *nf* Majorca.
mallorquín/ina 1 *adj, nm/f* Majorcan. **2** *nm* (*Ling*) Majorcan language.
mama *nf* (**a**) (*Med*) mammary gland; (*de mujer*) breast; (*de animal*) teat. (**b**) = **mamá (a)**.
mamá *nf* (*fam*) (**a**) mummy; (*fam*) mum *(fam)*, mom(my) *(US)*; (*gen US*) mamma. (**b**) (*esp CAm, Carib, Méx: cortesía*) mother; **~ grande** (*Col*) grandmother; **futura ~** expectant mother, mother-to-be.
mamacita *nf* (*LAm fam*) mummy *(fam)*, mum *(fam)*.
mamada *nf* (**a**) (*chupada*) blow job *(fam!)*. (**b**) (*LAm: trabajo*) soft job, sinecure. (**c**) (*fam: borrachera*) drunkenness.
mamadera (*LAm*) *nf* (*tetilla*) rubber teat; (*biberón*) feeding bottle.
mamado *adj* (*esp LAm fam*) drunk, sloshed *(fam)*.
mamagrande *nf* (*LAm*) grandmother; *V tb* **mamá (b)**.
mamantear 1a *vt* (*LAm*) (**a**) (*mamar*) to nurse, feed, suckle. (**b**) (*fig: mimar*) to spoil, pamper.
mamar 1a **1** *vt* (**a**) (*leche, pecho*) to suck. (**b**) (*fig: asimilar*) to absorb, assimilate; **lo mamó desde pequeño** he grew up with it from childhood. **2** *vi* to suck; **dar de ~ a** to feed, suckle. **3 mamarse** *vr* (**a**) (*fam: emborracharse*) to get sloshed *(fam)*. (**b**) **~ a algn** (*LAm: engañar*) to cheat sb.
mamario *adj* mammary.
mamarrachada *nf* (*fam: acción*) something stupid; (*objeto*) sight *(fam)*.
mamarracho *nm* mess, botch; (*persona*) sight, scarecrow.
mambo *nm* (*Mús*) mambo.
mameluco *nm* (**a**) (*Hist*) Mameluke. (**b**) (*fam*) chump *(fam)*, idiot. (**c**) (*LAm: mono*) overalls; (*tb* **~s de niño**) rompers.
mamey *nm* (*LAm*) mammee apple, mamey.

mamífero 1 *adj* mammalian, mammal *atr.* **2** *nm* mammal.

mamografía *nf* mammography.

mamón *nm* (**a**) *(fam!)* prick *(fam!)*, wanker *(fam!)*. (**b**) *(Bot)* sucker, shoot. (**c**) *(And, CSur)* papaya tree *o* fruit.

mamotreto *nm* *(libro)* hefty volume, whacking great book; *(fig: objeto)* monstrosity.

mampara *nf* screen, partition.

mamporro *nm* *(fam)* clout; *(al caer)* bump; **atizar un ~ a algn** to give sb a swipe; **liarse a ~s con algn** to come to blows with sb.

mampostería *nf* masonry; *(sin labrar)* rubblework.

mampuesto *nm* (**a**) *(piedra)* rough stone. (**b**) *(muro)* wall, parapet. (**c**) *(LAm: de fusil)* rest.

mamut *nm* mammoth.

mana *nf* *(LAm)* spring, fountain.

maná *nm* manna.

manada *nf* (**a**) *(Zool)* herd, flock; *(de lobos)* pack; *(de leones)* pride. (**b**) *(fam)* **llegaron en ~** they came in droves.

manager ['manaʒer] *nm* *(pl* **~s** ['manaʒer]) manager.

manantial *nm* (**a**) spring, fountain; **agua de ~** spring water. (**b**) *(fig)* source.

manar [1a] **1** *vt* to run *o* flow with; **la herida manaba sangre** blood flowed from the wound. **2** *vi* (**a**) *(líquido)* to run, flow; *(: a chorros)* to pour out; *(surgir)* to well up. (**b**) *(fig: abundar)* to abound, be plentiful.

manatí *nm* manatee, sea cow.

manazas *nmf*: **ser (un) ~s** to be clumsy.

manazo *nm* *(LAm)* slap.

mancar [1g] *vt* (**a**) to maim, cripple. (**b**) *(CSur)* **~ el tiro** to miss.

mancarrón *nm* *(CSur fam: caballo)* worn-out horse, nag.

mancebo *nm* (**a**) *(joven)* youth, young man. (**b**) *(soltero)* bachelor.

mancilla *nf* stain, blemish; **sin ~** unblemished.

mancillar [1a] *vt* to stain, sully.

manco/a 1 *adj* (**a**) *(de una mano)* one-handed, one-armed; *(sin brazos)* armless; *(inválido)* crippled, maimed. (**b**) *(fig: fallado)* defective, faulty. (**c**) **no ser ~** to be nobody's fool. **2** *nm/f (V adj)* one-armed person; armless person; cripple.

mancomunadamente *adv* *(tb* **de mancomún**: *en conjunto)* jointly, together; *(por voluntad común)* by common consent.

mancomunar [1a] **1** *vt* *(personas)* to unite, associate; *(intereses)* to combine; *(recursos)* to pool; *(Jur)* to make jointly responsible. **2 mancomunarse** *vr* to unite, merge.

mancomunidad *nf* *(unión)* union, association; *(comunidad)* community; *(Jur)* joint responsibility.

mancornas *nfpl* *(LAm)*, **mancuernas** *nfpl* *(Méx)*, **mancuernillas** *nfpl* *(CAm, Méx)* cufflinks.

Mancha *nf*: **La ~** La Mancha.

mancha *nf* (**a**) spot, mark, stain; *(Zool)* patch; *(Med: gen)* spot; *(: moretón)* bruise; *(de tinta)* blot; *(de vegetación)* patch; **~ solar** sunspot; **propagarse como una ~ de aceite** to spread like wildfire. (**b**) *(fig: imperfección)* stain, blemish, blot.

manchado *adj* *(sucio)* dirty, stained; *(animal)* spotted, dappled; *(ave)* speckled; *(de tinta)* smudged; **un abrigo ~ de barro** a coat stained *o* bespattered with mud.

manchar [1a] **1** *vt* (**a**) *(ensuciar)* to soil, stain; *(de tinta)* to smudge. (**b**) *(fig: honor)* to stain, sully. **2 mancharse** *vr* (**a**) to get dirty. (**b**) *(fig)* to dirty one's hands.

manchego/a 1 *adj* of *o* from La Mancha. **2** *nm/f* native *o* inhabitant of La Mancha.

Manchuria *nf* Manchuria.

manda *nf* *(LAm: voto)* religious vow.

mandado/a 1 *nm/f*: **ser un ~** to be a gofer *(fam)*. **2** *nm* order; *(recado)* commission, errand.

mandamás *nmf inv* boss *(fam)*, big shot *(fam)*.

mandamiento *nm* (**a**) *(orden)* order, command. (**b**) *(Jur)* writ, warrant; **~ de entrada y registro** search warrant; **~ judicial** warrant. (**c**) *(Rel)* commandment.

mandar [1a] **1** *vt* (**a**) *(ordenar)* to order; **~ a algn hacer algo** to order sb to do sth; **¿qué manda Ud?** *(Lit o esp LAm)* can I help you?; **¿manda Ud algo más?** *(Lit o esp LAm)* would you like something else?; **~ llamar** *o* **venir a algn** to send for sb; **~ salir a algn** to order sb out.

(**b**) *(enviar)* to send; **le manda muchos recuerdos** he sends you warmest regards; **se lo mandaremos por correo** we'll post *o (US)* mail it to you; **le mandé a por** *o* **a comprar pan** I sent him for bread; **~ a algn a paseo** *o* **a la porra** to tell sb to go to hell *(fam)*.

(**c**) *(Com: encargar)* to order, ask for; **~ hacer un traje** to order a suit, have a suit made; **he mandado que nos traigan el desayuno a la habitación** I've ordered breakfast to be brought to the room.

(**d**) *(Mil etc)* to lead, command; *(estar a cargo)* to be in charge of.

(**e**) *(LAm: echar)* to throw, hurl; *(: tirar, botar)* to throw away.

2 *vi* (**a**) *(estar a cargo)* to be in charge *o* command; *(controlar)* to be in control; **¿quién manda aquí?** who's in charge here?; **aquí mando yo** I'm the boss here.

(**b**) *(gobernar)* to rule; **los que mandan en este país** the people that run the country.

(**c**) **¡mande Ud!** at your service!, what can I do for you?; **¿mande?** *(esp Méx)* pardon?, what did you say?; *(: como respuesta)* yes?

(**d**) *(pey)* to be bossy, boss people about; **le gusta mucho ~** he likes bossing around a lot.

3 mandarse *vr* *(LAm)* (**a**) **~ cambiar** *o* **mudar** to go away, leave; **¡mándese mudar!** get out!

(**b**) **~ algo** *(comerse)* to scoff *(fam)*; *(: beberse)* to knock back *(fam)*.

mandarín *nm* (**a**) *(Hist, Ling)* Mandarin. (**b**) *(pey)* petty bureaucrat.

mandarina *nf* *(Bot)* tangerine, mandarin (orange).

mandatario *nm* (**a**) *(Jur)* agent, attorney. (**b**) leader; *(esp LAm Pol: tb* **primer ~**) President, Head of State.

mandato *nm* (**a**) *(orden)* order; *(Jur: expediente)* writ, warrant; *(: poder)* power of attorney; **~ judicial** (search) warrant. (**b**) *(Pol: programa)* mandate; *(: presidencia etc)* term (of office). (**c**) *(Inform)* command.

mandíbula *nf* *(Anat, Téc)* jaw; *(Zool)* mandible; **reírse a ~ batiente** to laugh one's head off.

mandil *nm* (**a**) *(delantal)* apron. (**b**) *(LAm)* horse blanket.

mandinga *nm* (**a**) *(LAm: diablo)* devil; *(: duende)* evil spirit. (**b**) *(And, Carib: negro)* Black.

mandioca *nf* cassava, manioc.

mando *nm* (**a**) *(Mil)* command; *(de país)* rule; *(liderazgo)* leadership; *(período de ~)* term of office; **alto ~** high command; **al ~ de** in charge of; **ejercer el** *o* **estar al ~** to be in charge *o* command. (**b**) **~s** *(personas)* leaders, leadership, top people. (**c**) *(Mec)* drive, control; **~ a la izquierda** left-hand drive; **~ a distancia** *o* *(esp LAm)* **remoto** remote control; **palanca de ~** control lever; *(de avión)* joystick. (**d**) *(Rad, Téc etc)* **~s** controls.

mandoble *nm* (**a**) *(golpe)* two-handed blow. (**b**) *(espada)* broadsword.

mandolina *nf* mandolin(e).

mandón 1 *adj* bossy, domineering. **2** *nm* *(CSur)* mine foreman.

mandrágora *nf* mandrake.

mandril¹ *nm* *(Zool)* mandrill.

mandril² *nm* *(Téc)* mandrel.

manduca *nf* *(fam)* grub *(fam)*, scoff *(fam)*.

maneador *nm* *(LAm)* hobble.

manecilla *nf* (**a**) *(Téc)* pointer; *(de reloj)* hand; **~ grande/pequeña** minute/hour hand. (**b**) *(de libro)* clasp.

maneco *adj* *(Méx: tullido)* maimed, deformed.

manejabilidad *nf* *(V adj)* manageability; handiness; manoeuvrability.

manejable *adj* manageable; *(fácil de usar)* handy, easy to use; (*avión etc*) manoeuvrable.

manejador(a) 1 *adj* manipulative. **2** *nm/f* (*LAm Aut*) driver, motorist.

manejar [1a] **1** *vt* (**a**) (*útiles, animales*) to handle; (*máquina*) to work, operate; (*casa, empresa*) to run, manage. (**b**) (*persona*) to manage, push about. (**c**) (*LAm Aut*) to drive. **2** *vi* (**a**) '**~ con cuidado**' 'handle with care'. (**b**) (*LAm*) to drive. **3 manejarse** *vr* (**a**) (*comportarse*) to act, behave. (**b**) (*arreglárselas*) to manage; **se maneja bien con los chiquillos** she manages all right with the kids. (**c**) (*Med*) to get about unaided.

manejo *nm* (**a**) handling; (*de máquina*) working, operation; (*de casa, empresa*) management; **de fácil ~** (*herramienta*) easy-to-use. (**b**) (*seguridad*) confidence, ease of manner. (**c**) (*pey: trampa*) intrigue; (*: negocio sucio*) shady deal; **turbios ~s** intrigues, underhand dealing. (**d**) (*LAm Aut*) driving.

manera *nf* (**a**) way, manner, fashion; **~ de obrar** way of going about things, conduct; **tu ~ de ser** the way you are; **¡no hay ~!** it's just impossible!; **no hay ~ de hacer algo** there's no way of doing sth; **no había ~ de convencerle** there was no convincing him; **¡vaya una** *o* **qué ~ de hacerlo!** what a way to do sth!

(**b**) (*locuciones con prep*) **a la ~ de** in the manner of, after the fashion of; **lo hice a mi ~** I did it my way; **a mi ~ de ver** in my view, as I see it; **de alguna ~** somehow; (*en cierto modo*) in a way; **de cualquier ~** (*sin cuidado*) any old how; (*en cualquier caso*) anyway, in any case; **de esta/la misma ~** (in) this/the same way; **¡llovía de una ~!** it was just pouring!, you should have seen how it rained!; **de la ~ que sea** however you *etc* like; **de mala ~** really, properly (*fam*); **de otra ~** otherwise, if not; (*de forma distinta*) in a different way; **de ninguna ~** by no means, not at all; **¡de ninguna ~!** certainly not!, never!; **de ~ que** so (that); **¿de ~ que esto no le gusta?** so you don't like it?; **de tal ~ que ...** in such a way that ...; **de todas ~s** anyway, at any rate; **en cierta ~** up to a point, in a way; **en gran ~** to a large extent; **sobre ~** exceedingly.

(**c**) (*Lit: género*) kind, sort.

(**d**) (*Arte, Lit etc: estilo*) manner, style.

(**e**) **~s** (*modales*) manners; **buenas ~s** good manners; **con buenas ~s** politely.

manflor *nm* (*LAm*), **manflorita** *nm* (*LAm: afeminado*) pansy (*fam*), queer (*fam*).

manga *nf* (**a**) sleeve; **~ de camisa** shirtsleeve; **estar en ~s de camisa** to be in one's shirtsleeves; **de ~ corta/larga** short-/long-sleeved; **sin ~s** sleeveless; **corte de ~s** ≈ V sign; **ser de** *o* **tener ~ ancha** to be easy-going *o* broadminded; (*pey*) to be unscrupulous; **andar ~ por hombro** to be a mess; **sacarse algo de la ~** to pull sth out of the bag; **traer algo en la ~** to have sth up one's sleeve.

(**b**) (*tb* **~ de riego**) hose, hosepipe; **~ de incendios** fire hose.

(**c**) (*Culin*) strainer; (*de pastelería*) piping bag.

(**d**) (*Aer*) windsock, wind gauge.

(**e**) (*Geog: de agua*) stretch; **~ marina** waterspout; **~ de viento** whirlwind.

(**f**) (*Náut*) beam, breadth.

(**g**) (*Dep*) leg, round; (*Bridge*) game; **ir a ~** to go to game.

(**h**) (*LAm: multitud*) crowd, mob, swarm; (*: Agr*) funnel, narrow entrance (*to a corral etc*).

(**i**) (*CAm*) poncho, coarse blanket.

manganear [1a] *vt* (*Per*) to bother, annoy.

manganeso *nm* manganese.

manganeta *nf* (*LAm*), **manganilla** *nf* (**a**) (*juego de manos*) sleight of hand. (**b**) (*engaño*) trick, deceit.

mangante *nmf* (*fam: gorrón*) scrounger (*fam*), freeloader (*fam*); (*ladrón*) thief; (*: en tienda*) shoplifter.

manganzón *adj* (*perezoso*) lazy.

mangar [1h] (*fam*) **1** *vt* (*robar*) to pinch (*fam*), swipe (*fam*). **2** *vi* (*robar*) to pilfer (*fam*); (*: en tienda*) to shoplift.

manglar *nm* mangrove swamp.

mangle *nm* (*Bot*) mangrove.

mango[1] *nm* (*Bot*) mango.

mango[2] *nm* (**a**) (*asa*) handle, haft; **~ de escoba** broomstick; (*Aer*) joystick. (**b**) (*Arg fam: dinero*) dough (*fam*).

mangón *nm* (*And: prado*) pasture.

mangoneador(a) *nm/f* (**a**) (*fam: entrometido*) meddler, interfering sort; (*: mandón*) bossy individual. (**b**) (*Méx fam: oficial vendido*) corrupt official.

mangonear [1a] (*fam*) **1** *vt* (**a**) (*persona*) to boss about. (**b**) (*birlar*) to swipe (*fam*), pinch (*fam*). **2** *vi* (**a**) (*entrometerse*) to meddle, interfere (*en* in); (*interesarse por*) to dabble (*en* in). (**b**) (*ser mandón*) to boss people about. (**c**) (*LAm: estafar*) to graft, be on the fiddle (*fam*).

mangoneo *nm* (*fam*) (**a**) (*entrometimiento*) meddling, interference. (**b**) (*con personas*) bossing people about. (**c**) (*LAm*) graft (*fam*), fiddling (*fam*); (*Pol*) fixing, fiddling of results.

mangoneón/a, mangonero/a 1 *adj* (*entrometido*) meddlesome, interfering; (*mandón*) bossy; (*descarado*) brazen. **2** *nm/f* busybody; (*entrometido*) bossy individual; (*descarado*) brazen sort.

mangosta *nf* mongoose.

manguear [1a] (*LAm*) **1** *vt* (*ganado*) to drive. **2** *vi* (*fam*) to pretend to be working.

manguera *nf* (*de riego*) hose, hosepipe; (*tubo*) pipe, tube; **~ de aspiración** suction pump; **~ de incendios** fire hose.

mangui *nmf* (*fam: ladrón*) thief; (*: chorizo*) small-time crook (*fam*).

manguito *nm* (**a**) muff. (**b**) (*Téc*) sleeve, coupling; **~ incandescente** gas mantle.

manguta *nmf* (*fam: indeseable*) good-for-nothing.

mani *nf* (*fam*) demo (*fam*).

maní *nm* (*pl* **~es** *o* **manises**) (*esp LAm*) (**a**) (*cacahuete*) peanut; (*planta*) groundnut plant. (**b**) (*fam: Carib: dinero*) dough (*fam*), money.

manía *nf* (**a**) (*Med*) mania; **~ persecutoria** persecution mania.

(**b**) (*costumbre*) odd habit; (*rareza*) peculiarity, oddity; (*capricho*) fad; **tiene ~s** he's rather odd, he has his little ways.

(**c**) (*afición*) mania; (*moda*) rage, craze, oddity; **la ~ del fútbol** the football craze; **tiene la ~ de las motos** he's obsessed with motorbikes, he's bike-crazy (*fam*); **tiene la ~ de comerse las uñas** he has the annoying habit of biting his nails.

(**d**) (*antipatía*) dislike; (*malicia*) **coger ~ a algn** to take a dislike to sb; **tener ~ a algn** to dislike sb; **tengo ~ a los bichos** I can't stand insects; **el maestro me tiene ~** the teacher's got it in for me.

maníaco/a 1 *adj* maniac(al). **2** *nm/f* maniac; **~ sexual** sex maniac.

maniacodepresivo/a *adj, nm/f* manicdepressive.

maniatar [1a] *vt* to tie the hands of.

maniático/a 1 *adj* (**a**) maniacal. (**b**) (*fig: loco*) crazy; (*: excéntrico*) odd, eccentric; (*: delicado*) fussy; (*: terco*) stubborn. **2** *nm/f* (**a**) maniac. (**b**) (*fig*) maniac; (*: excéntrico*) eccentric; **es un ~ del fútbol** he's football crazy.

manicero *nm* (*LAm*) peanut seller.

manicomio *nm* lunatic asylum, insane asylum (*US*), mental hospital.

manicura[1] *nf* manicure.

manicuro/a[2] *nm/f* manicurist.

manido *adj* (**a**) (*carne*) high, gamy; (*frutos secos*) stale. (**b**) (*tema etc*) trite, stale.

manierismo *nm* (*Arte, Lit*) mannerism.

manierista *adj, nmf* mannerist.

manifestación *nf* (**a**) (*de emoción etc*) display, show; (*señal*) manifestation, sign. (**b**) (*declaración*) statement, declaration; (*Pol: desfile etc*) demonstration; (*: concentración*) mass meeting, rally. (**c**) (*Chi: tb* **~ social**) social occasion.

manifestante *nmf* demonstrator.

manifestar [1j] **1** *vt* (**a**) (*emociones etc*) to show, display; (*revelar*) to reveal. (**b**) (*declarar*) to state; (*expresar*) to express. **2 manifestarse** *vr* (**a**) to show, become apparent; ~ **en** to become evident in *o* from, be shown by. (**b**) (*Pol: desfilar*) to demonstrate; (*: reunirse*) to hold a mass meeting, hold a rally.

manifiesto 1 *adj* clear, manifest; (*patente*) evident, obvious; (*error*) glaring, obvious; **poner algo de** ~ (*aclarar*) to make sth clear; (*revelar*) to reveal sth; **quiero poner de ~ que** I wish to state that; **quedar** ~ to be plain *o* clear. **2** *nm* (**a**) (*Náut*) manifest. (**b**) (*Pol, Arte: programa*) manifesto.

manigua (*LAm*) *nf* (*pantano*) swampy scrubland; (*selva*) jungle; **irse a la** ~ to take to the hills (in revolt).

manija *nf* (**a**) handle; (*Arg: de puerta*) door knob; (*: Aut*) starting handle. (**b**) (*Mec*) clamp, collar; (*Ferro*) coupling. (**c**) (*Agr*) hobble.

Manila *nf* Manila.

manilargo *adj* (**a**) (*generoso*) open-handed, generous. (**b**) (*esp LAm: fam: ladrón*) light-fingered, thievish.

manilla *nf* (**a**) (*pulsera*) bracelet; **~s (de hierro)** handcuffs, manacles. (**b**) (*de reloj*) hand. (**c**) (*LAm: mango*) handle.

manillar *nm* handlebars.

maniobra *nf* (**a**) manoeuvring, maneuvering *(US)*; (*manejo*) handling; (*operación*) operation; (*Ferro*) shunting; **hacer ~s** to manoeuvre, maneuver *(US)*; (*Ferro*) to shunt. (**b**) (*Náut: marinería*) seamanship; (*: aparejo*) gear, rigging. (**c**) **~s** (*Mil*) manoeuvres. (**d**) (*fig*) manoeuvre, move; (*: estratagema*) trick, stratagem; **mediante una ~ hábil** by a clever move.

maniobrar [1a] **1** *vt* (*manejar*) to handle, operate; (*mover*) to manoeuvre, to maneuver *(US)*; (*Ferro*) to shunt. **2** *vi* (*lit, fig*) to manoeuvre.

maniota *nf* hobble.

manipulable *adj* (**a**) (*Téc*) operable, that can be operated. (**b**) (*persona*) easily influenced, readily manipulated.

manipulación *nf* manipulation; (*Com*) handling.

manipulador(a) 1 *nm/f* manipulator; handler. **2** *nm* (*Elec, Telec*) key, tapper.

manipular [1a] **1** *vt* to manipulate; (*Com*) to handle. **2** *vi*: ~ **con** *o* **en** to manipulate.

manipuleo *nm* (*gen*) manipulation; (*pey*) fiddling.

maniqueísmo *nm* (*Hist*) Manicheanism; (*fig*) tendency to see things in black and white.

maniqueo/a 1 *adj* Manichean; (*fig*) black-and-white. **2** *nm/f* (*Hist*) Manichean; (*fig*) person who tends to see things in terms of black and white.

maniquí 1 *nm* (**a**) (*de sastre*) dummy, manikin. (**b**) (*fig: títere*) puppet. **2** *nf* mannequin, model.

manirroto/a 1 *adj* lavish, extravagant. **2** *nm/f* spendthrift.

manisero (*LAm*) = **manicero**.

manita *nf* little hand; **~s de cerdo** *etc* pig's *etc* trotters; **~s de plata** *o* **de oro** delicate *o* artistic hands; **echar una ~ a algn** to lend sb a hand; **hacer ~s** (*amantes*) to hold hands (*con* with); **ser ~s** to be handy, be clever with one's hands.

manitas *nmf*: **ser (un)** ~ to be handy *(be good with one's hands)*.

manito *nm* (*Méx: en conversación*) mate *(fam)*, chum.

manivela *nf* crank; ~ **de arranque** starting handle.

manjar *nm* (tasty) dish, special dish; (*CSur: dulce*) heated condensed milk; ~ **exquisito** tasty morsel.

mano[1] *nf* (**a**) (*Anat*) hand; (*Zool: de cuadrúpedo*) foot, forefoot, paw; (*: de ave*) foot, claw(s); (*: de halcón*) talon(s); **~s de cerdo** pig's trotters.

(**b**) (*fig: locuciones*) hand; **~ a ~** (*trabajar*) together, hand in hand; (*hablar*) tête-à-tête; **Pedro es mi ~ derecha** Pedro is my right-hand man; **~ dura** harsh treatment; (*Pol*) firm hand, heavy-handedness; **~ de santo** sure remedy; **¡~s a la obra!** to work!, let's get on with it!; **¡las ~s quietas!** hands off!; **¡qué ~!** (*Ven*) not likely!

(**c**) (*con prep*) **a ~** (*sin máquina*) by hand; (*cerca*) handy, at hand; (*asequible*) handy, to hand; **tener algo a ~** to have sth to hand; **hecho a ~** handmade; **a ~ izquierda/derecha** on the left-/right-hand side; **robo a ~ armada** armed robbery; **a ~s llenas** lavishly, generously; **morir a ~s de** to die at the hands of; **llegó a mis ~s** it reached me, it came into my hands; **llegar a las ~s** to come to blows; **votar a ~ alzada** to vote by a show of hands; **¡arriba las ~s!** hands up!; **bajo ~** (*secretamente*) in secret; (*de modo turbio*) in an underhand way; **coger a algn con las ~s en la masa** to catch sb red-handed; **de ~** hand *atr*; **equipaje de ~** hand-luggage; **los dos iban de la ~** the two were walking hand-in-hand; **llevar a algn de la ~** to lead sb by the hand; **de primera/segunda ~** (at) first-/second-hand; **de ~s de** at the hands of; **a entregar en ~** to deliver by hand; **está en tus** *etc* **~s** it's up to you *etc*; **en ~s de** in the hands of, into the hands of; **en buenas ~s** in good hands; **me pongo en tus ~s** I place myself in your hands; **ha hecho cuanto ha estado en su ~** he has done all in his power (*para hacer algo* to do sth); **traer un asunto entre ~s** to have a matter in hand; (*estar ocupado en*) to have a matter on one's hands; **¿qué os traéis entre ~s?** what are you up to?; **ganar por la ~ a algn** to beat sb to it; **tomarse la justicia por su ~** to take the law into one's own hands; **estar ~ sobre ~** to be idle, be out of work.

(**d**) (*con vb*) **abrir la ~** to open up, loosen up; (*fig*) to let one's standards slip; **alzar la ~ a** *o* **contra** to raise one's hand against; **cargar la ~** (*exagerar*) to overdo it; (*Com: cobrar demasiado*) to overcharge; (*Culin*) to put too much spice in; **dar la ~ a algn** to take sb by the hand; (*saludar*) to shake hands with sb; **le das la ~ y se toma el codo** give him an inch and he'll take a mile; **darse la ~** *o* **las ~s** to shake hands; **echar una ~** to lend a hand (*a* to); **echar ~ a** to lay hands on; **echar ~ de** to make use of, resort to; **estrechar la ~ a algn** to shake sb's hand; **se le fue la ~** (*lit*) his hand slipped; (*fig*) he went too far, he overdid it; **irse de la ~** (*al cocinar*) to add too much; **meter ~ a algn** (*fam*) to touch sb up *(fam)*; **no hay quien le meta ~** (*persona*) there's nobody can touch him; (*cosa*) nobody can make anything of it; **pasar la ~ a algn** (*LAm*) to flatter sb *o (fam)* suck up to sb; **¡como me pongas la ~ encima ...!** if you lay one finger on me ...!; **tener las ~s largas** to be light-fingered; **untar la ~ a algn** to grease sb's palm; **¡venga esa ~!** shake!, put it there!

(**e**) (*habilidad*) **tener buena ~** to have the knack; **tener buena ~ para la cocina** to be a good cook; **tener buena ~ para tratar a la gente** to be good with people; **tener buena ~ para las plantas** to have green fingers; **¡qué ~s tiene!** he's so clever with his hands!

(**f**) (*Dep*) handling, handball; **¡~!** handball!

(**g**) (*de reloj*) hand.

(**h**) **~ de almirez** *o* **mortero** pestle.

(**i**) (*de pintura*) coat; (*de jabón*) wash, soaping.

(**j**) (*Naipes etc*) hand, round, game; **ser** *o* **tener la ~** to lead; **soy ~** it's my lead.

(**k**) (*lote*) lot, series; (*LAm: de plátanos*) bunch, hand.

(**l**) **~ de obra** labour, labor *(US)*, manpower; (*obreros*) **~ de obra especializada** skilled labour *o (US)* labor; **~ de obra directa** direct labour *o (US)* labor.

(**m**) **~s** hands, workmen; **contratar ~s** to sign up workmen.

mano[2] *nm* (*Méx: en conversación*) mate *(fam)*, chum.

manojo *nm* handful, bunch *(fam)*; (*grupo*) bunch; **~ de hierba** tuft of grass; **~ de llaves** bunch of keys; **~ de pillos** bunch of rogues; **estar hecho** *o* **ser un ~ de nervios** to be a bag of nerves.

manómetro *nm* (pressure) gauge.

manopla *nf* (**a**) (*guante*) mitten; (*Hist, Téc etc*) gauntlet. (**b**) (*LAm*) knuckleduster.

manoseado *adj* (*fig*) hackneyed, well-worn.

manosear [1a] *vt* (**a**) (*tocar*) to handle, touch; (*des-*

ordenar) to rumple, mess up; (*jugar con*) to fiddle with; (*LAm: acariciar*) to fondle, feel *o* touch up *(fam)*. (**b**) (*insistir en*) to overwork, repeat.

manoseo *nm* (*V vt*) (**a**) handling, touching; rumpling; (*LAm*) fondling. (**b**) overworking, repetition.

manotada *nf* (**a**) slap, smack. (**b**) (*LAm: puñado*) handful, fistful.

manotazo *nm* slap, smack.

manotear 1a **1** *vt* (*dar palmadas*) to slap, smack. **2** *vi* (*gesticular*) to gesticulate, move *o* use one's hands; (*LAm: arrancar*) to bag-snatch; (*Méx: robar*) to steal.

manoteo *nm* gesticulation.

mansalva *nf*: **a ~** (*sin riesgo*) without risk; (*a granel*) in abundance; (*en gran escala*) on a large scale; **le dispararon a ~** they shot him before he could defend himself.

mansamente *adv* gently, mildly, meekly.

mansarda *nf* (*esp LAm*) attic.

mansedumbre *nf* (**a**) (*de persona*) gentleness, meekness. (**b**) (*de animal*) tameness.

mansión *nf* mansion.

manso *adj* (**a**) (*persona*) meek, gentle. (**b**) (*animal*) tame. (**c**) (*Chi fam*) huge, tremendous.

manta[1] *nf* (**a**) (*de cama etc*) blanket; (*rebozo*) shawl; **~ eléctrica** electric blanket; **~ de viaje** travelling *o (US)* traveling rug; **a ~** plentifully, abundantly; **liarse la ~ a la cabeza** to decide to go the whole hog; **tirar de la ~** to let the cat out of the bag, give the game away. (**b**) (*LAm: calico*) coarse cotton cloth; (*: poncho*) poncho. (**c**) (*fam*) hiding.

manta[2] (*Esp fam*) **1** *adj* bone-idle. **2** *nmf* idler, slacker.

mantear 1a *vt* to toss in a blanket.

manteca *nf* (animal) fat; (*CSur*) butter; **~ de cacahuete/cacao** peanut/cocoa butter; **~ de cerdo** lard.

mantecada *nf* small cake, iced bun.

mantecado *nm* (*helado*) ice cream; (*pasta*) ≈ shortbread.

mantecoso *adj* fat, greasy; (*cremoso*) creamy; **queso ~** soft cheese.

mantel *nm* tablecloth; (*Rel*) altar cloth.

mantelería *nf* table linen.

mantener 2k **1** *vt* (**a**) (*Arquit, Téc etc*) to hold up, support; **~ algo en equilibrio** to keep sth balanced.

(**b**) (*idea, opinión etc*) to maintain, defend; (*persona*) to keep, support; **mantenella y no emendalla** firm defence *o (US)* defense of a decision *etc*.

(**c**) (*fuego*) to keep in, keep going; (*alimentar*) to sustain; **le mantiene la esperanza** he is sustained by hope, hope keeps him going.

(**d**) (*Fin*) to maintain, support.

(**e**) (*Mec etc*) to maintain, service.

(**f**) (*costumbre, disciplina, relaciones*) to keep up, maintain; **~ la línea** to keep one's figure, keep in shape.

(**g**) (*~ + adj*) **~ algo caliente** to keep sth hot; **'Mantenga limpia España'** 'Keep Spain clean'.

2 mantenerse *vr* (**a**) **el edificio se mantiene todavía en pie** the building is still standing.

(**b**) **~ firme** to hold one's ground; **~ a distancia** to keep one's distance; **~ en vigor** to stand, remain in force; **~ en un puesto** to stay in one's job, keep one's post; **~ en contacto con** to keep up one's contacts with, keep in touch with; **~ en forma** to keep fit.

(**c**) (*alimentarse*) to subsist; **se mantiene con leche** she keeps going on milk.

mantenimiento *nm* maintenance; (*Aut etc*) service, servicing; (*Dep*) keep-fit; **clase de ~** keep-fit class.

mantequera *nf* (**a**) (*para batir*) churn. (**b**) (*para servir*) butter dish.

mantequería *nf* (*LAm: lechería*) dairy, creamery; (*: ultramarinos*) grocer's (shop).

mantequilla *nf* butter.

mantilla *nf* (**a**) mantilla. (**b**) **~s** baby clothes; **estar en ~s** (*persona*) to be terribly innocent; (*proyecto*) to be in its infancy.

mantillo *nm* humus, mould, mold *(US)*.

mantis *nf inv*: **~ religiosa** praying mantis.

manto *nm* (**a**) (*capa*) cloak; (*Rel, Jur etc*) robe, gown. (**b**) (*Zool*) mantle. (**c**) (*Arquit: tb* **~ de chimenea**) mantel. (**d**) (*Min*) layer, stratum. (**e**) (*fig*) cloak, mantle.

mantón *nm* shawl.

manual 1 *adj* manual, hand *atr*; **habilidad ~** manual skill; **tener habilidad ~** to be clever with one's hands; **trabajo ~** manual labour *o (US)* labor. **2** *nm* manual, guide(book); **~ de estilo** stylebook.

manualidades *nfpl* manual labour *o (US)* labor *sg*; (*Escol*) handicraft.

manubrio *nm* (**a**) handle, crank; (*torno*) winch. (**b**) (*Mús*) barrel organ. (**c**) (*LAm*) handlebar(s). (**d**) (*Par Aut*) steering wheel.

manufactura *nf* (**a**) (*fabricación*) producto, manufacture. (**b**) (*fábrica*) factory.

manufacturar 1a *vt* to manufacture.

manufacturero/a 1 *adj* manufacturing. **2** *nm/f* (*esp LAm*) manufacturer.

manuscrito 1 *adj* handwritten. **2** *nm* manuscript; **~s del Mar Muerto** Dead Sea scrolls.

manutención *nf* (*gen, Mec*) maintenance; (*sustento*) support; (*pensión*) keep, board.

manzana *nf* (**a**) apple; **~ de la discordia** (*fig*) bone of contention. (**b**) **~ de Adán** (*Anat esp LAm*) Adam's apple. (**c**) (*Arquit*) block (of houses). (**d**) (*CAm*) *land measure (= 1.75 acres)*.

manzanal *nm* (**a**) (*huerto*) apple orchard. (**b**) (*manzano*) apple tree.

manzanar *nm* apple orchard.

manzanilla *nf* (**a**) camomile; (*infusión*) camomile tea. (**b**) (*jerez*) manzanilla sherry.

manzano *nm* apple tree.

maña *nf* (**a**) (*habilidad*) skill, dexterity; (*ingeniosidad*) ingenuity; (*pey*) craft, guile; **con ~** craftily, slyly; **darse ~ para hacer algo** to contrive to do sth. (**b**) **una ~** trick, knack; **(malas) ~s** bad habits, vices; (*de niño etc*) naughty ways; **tiene ~ para hacerlo** he's got the knack of doing it.

mañana 1 *adv* (**a**) tomorrow; **~ por la ~/noche** tomorrow morning/night; **¡hasta ~!** see you tomorrow!; **pasado ~** the day after tomorrow; **~ temprano** early tomorrow; **~ será otro día** tomorrow's another day.

(**b**) (*en otro momento*) later, some other time.

2 *nm* future; **el día de ~** (at) some time in the future.

3 *nf* morning; **la ~ siguiente** (on) the following morning; **a las 7 de la ~** at 7 o'clock, at 7 a.m; **de *o* por la ~** in the morning; **muy de ~** very early in the morning; **en la ~ de hoy** this morning; **de la noche a la ~** overnight.

mañanero/a 1 *adj* (*madrugador*) early-rising; (*matutino*) morning *atr*. **2** *nm/f* early riser.

mañanita *nf* (**a**) early morning; **de ~** very early in the morning, at the crack of dawn. (**b**) (*chal*) bed jacket. (**c**) **~s** (*Méx: canción*) serenade.

maño/a *adj, nm/f* Aragonese.

mañosear 1a *vi* (*And, CSur: niño*) to be difficult *(esp about food)*.

mañoso *adj* (**a**) (*hábil*) clever, ingenious; (*pey: astuto*) crafty, cunning. (**b**) (*LAm: violento: animal*) vicious.

maoísmo *nm* Maoism.

maoísta *adj, nmf* Maoist.

MAPA *nm abr de* **Ministerio de Agricultura, Pesca y Alimentación** ≈ MAFF.

mapa *nm* map; **~ meteorológico/en relieve/mural** weather/relief/wall map; **desaparecer del ~** to vanish off the face of the earth.

mapache *nm* rac(c)oon.

mapamundi *nm* globe, world map.

mapuche (*a veces en fem* **mapucha**) (*esp Chi*) **1** *adj* Mapuche, Araucanian. **2** *nmf* Mapuche *o* Araucanian (Indian). **3** *nm* (*Ling*) Mapuche.

maque *nm* lacquer.

maquear [1a] **1** *vt* to lacquer. **2 maquearse** *vr (fam)* to get ready (to go out), get dressed up.
maqueta *nf* (**a**) (scale) model, mock-up. (**b**) (*libro*) dummy. (**c**) (*Mús*) demo (tape).
maquetación *nf* (*Prensa*) layout, design.
maquiavélico *adj* Machiavellian.
maquiladora *nf* (*Méx Com*) bonded assembly plant.
maquillador(a) *nm/f* (*Teat etc*) make-up man/girl.
maquillaje *nm* (*pintura*) make-up; (*acto*) makingup; ~ **base** *o* **de fondo** foundation make-up.
maquillar [1a] **1** *vt* (**a**) to make up. (**b**) (*fam: cifras, cuentas*) to massage *(fam)*. **2 maquillarse** *vr* to make up.
máquina *nf* machine; (*Ferro*) engine, locomotive; (*motor*) engine; (*Fot*) camera; (*fam: bicicleta*) bike *(fam)*; (*CAm, Cu*) car; ~ **de afeitar** (safety) razor; ~ **de afeitar eléctrica** electric shaver; ~ **(de bolas)** *(fam)* pinball (machine); ~ **de coser** sewing machine; ~ **de discos** jukebox; ~ **de escribir** typewriter; ~ **expendedora** vending machine; ~ **fotográfica** camera; ~ **herramienta** machine tool; ~ **de tabaco** *(fam)* cigarette machine; ~ **de tejer** *o* **de hacer punto** *o* **de tricotar** knitting machine; ~ **tragaperras** fruit machine, one-armed bandit; (*Com*) slot machine; ~ **recreativa** game machine; ~ **registradora** (*LAm*) cash register; ~ **de vapor** steam engine; **a toda** ~ at full speed; **hecho a** ~ machine-made; **acabar** *o* **coser a** ~ to machine; **escribir a** ~ to type; **escrito a** ~ typed, typewritten; **entrar en** ~ to go to press.
maquinación *nf* machination, plot.
maquinador(a) *nm/f* schemer, plotter.
maquinal *adj (fig)* mechanical, automatic.
maquinalmente *adv (fig)* mechanically, automatically.
maquinar [1a] *vt, vi* to plot, machinate.
maquinaria *nf* (**a**) machinery; (*equipo*) plant. (**b**) (*de reloj etc*) mechanism, works. (**c**) (*Pol*) machine.
maquinilla *nf* (*para el pelo*) clippers; ~ **de afeitar** (safety) razor; ~ **eléctrica** electric razor, shaver; ~ **para liar cigarrillos** cigarette(-rolling) machine.
maquinista *nmf* (*Ferro*) engine driver, engineer *(US)*; (*Náut etc*) engineer; (*Téc*) operator, machinist.
maquis *nm inv* resistance movement.
mar *nm o nf* (**a**) (*gen*) sea; (*océano*) ocean; (*marea*) tide; ~ **de fondo** groundswell; (*fig*) undertone of protest; ~ **gruesa** heavy sea; ~ **llena** high tide; ~ **Mediterráneo/Rojo** Mediterranean/Red Sea; ~ **adentro/afuera** out at/out to sea; **de alta** ~ (*buque*) seagoing, oceangoing; (*pesca*) deep-water *atr*; **en alta** ~ on the high seas; **por** ~ by sea *o* boat; **es hablar de la** ~ it's just a dream; **hacerse a la** ~ to put to sea.
(**b**) **un** ~ **de confusiones** a sea of confusion, a welter of confusion; **hay un** ~ **de diferencia** there's a world of difference; **estar hecho un** ~ **de lágrimas, llorar a** ~**es** to weep buckets; **a** ~**es** in abundance; **llover a** ~**es** to rain cats and dogs.
(**c**) *(fam)* **la** ~ **de cosas** lots *o* no end of things; **es la** ~ **de guapa** she's awfully pretty *(fam)*; **la** ~ **de bien** very well; **estar la** ~ **de contento** to be very happy.
mar. *abr de* **marzo** Mar.
mara *nf (fam)* crowd, gang *(fam)*.
marabunta *nf* (**a**) (*de hormigas*) plague of ants. (**b**) (*multitud*) crowd.
marabunta *nf* plague of voracious ants.
maraca *nf* (*Mús*) maraca, rattle.
maraña *nf* (**a**) (*maleza*) thicket, tangle of plants. (**b**) (*enredo, tb fig*) mess, tangle. (**c**) (*fam: truco*) trick, ruse.
maraquear [1a] *vt* (*LAm*) to shake, rattle.
marasmo *nm* (**a**) (*Med*) wasting, atrophy. (**b**) *(fig)* paralysis, stagnation.
maratón *nm* (*a veces f*) marathon.
maratoniano/a 1 *adj* marathon *atr*. **2** *nm/f* marathon runner.
maravedí *nm* (*pl* ~**s** *o* **maravedises**) *old Spanish coin.*
maravilla *nf* (**a**) (*objeto*) marvel, wonder; (*sentimiento*) wonderment; **las siete** ~**s del mundo** the seven wonders of the world; **contar** *o* **decir** ~**s de algn** to praise sb to the heavens; **hacer** ~**s** to work wonders; **a (las mil)** ~**(s)** wonderfully well, marvellously; **lo hace de** ~ he does it perfectly *o* splendidly; **¡qué** ~**!** that's brilliant! (**b**) (*Bot*) marigold. (**c**) (*Chi Bot*) sunflower.
maravillar [1a] **1** *vt* to astonish, amaze. **2 maravillarse** *vr* to be astonished *o* amazed; ~ **con** *o* **de** to wonder at, marvel at.
maravillosamente *adv* wonderfully, marvellously.
maravilloso *adj* wonderful, marvellous, marvelous *(US)*.
marbellí 1 *adj* of *o* from Marbella. **2** *nmf* native *o* inhabitant of Marbella.
marbete *nm* (**a**) (*etiqueta*) label, tag. (**b**) (*Cos*) edge, border.
marca *nf* (**a**) mark; (*sello*) stamp; (*de pie*) footprint, footmark; (*de ganado*) brand; (*: acto*) branding.
(**b**) (*Com: de tabaco, jabón*) brand; (*: de máquinas, coches etc*) make; **ropa de** ~ designer clothes; ~ **de fábrica** trademark; ~ **de nacimiento** birthmark; ~ **propia** own brand; ~ **registrada** registered trademark; **de** ~ **mayor** (*susto, borrachera*) incredible; (*imbécil*) utter.
(**c**) (*Náut*) seamark; (*: boya*) marker, buoy; (*: lugar conocido*) landmark.
(**d**) (*Dep*) record; **batir** *o* **mejorar la** ~ to break the record.
(**e**) (*Naipes*) bid.
marcación *nf* (*Náut*) bearing.
marcadamente *adv* markedly.
marcado 1 *adj* marked, pronounced; (*evidente*) distinct; **con** ~ **acento argentino** with a marked Argentinian accent. **2** *nm* (*de pelo*) set.
marcador *nm* (**a**) marker; (*de libro*) bookmark. (**b**) (*Dep*) scoreboard; (*: persona*) scorer; **abrir el** ~ to open the scoring.
marcaje *nm* (*Dep*) marking; (*entrada*) tackle, tackling.
marcapasos *nm inv* pacemaker.
marcar [1g] **1** *vt* (**a**) to mark (*de* with); (*ganado etc*) to brand, stamp; (*tierra etc*) to mark off *o* out; (*ropa*) to put one's name on; (*Inform: bloque, texto*) to flag; ~ **un hito en la historia** to be a historical landmark.
(**b**) (*indicar*) to mark, indicate; (*cuadrante, termómetro etc*) to show, register, record, read, say; **mi reloj marca las 2** it's 2 o'clock by my watch; **mi reloj marca la hora exacta** my watch keeps exact time.
(**c**) (*números, tanteo*) to keep the tally *o* score of.
(**d**) (*Mús: paso*) to mark; ~ **el compás** to keep *o* beat time.
(**e**) (*Telec*) to dial.
(**f**) (*Naipes*) to bid.
(**g**) (*Dep: tb fig: tanto*) to score; (*: jugador, contrario*) to mark.
(**h**) (*tarea*) to assign; (*política*) to lay down.
(**i**) (*Com*) to put a price on.
(**j**) (*pelo*) to set.
2 *vi* (**a**) (*Dep*) to score.
(**b**) (*Telec*) to dial.
3 marcarse *vr* (**a**) *(fam)* ~ **un farol** to shoot a line *(fam)*; ~ **un rollo** to ramble on and on; ~ **un tanto** *(fig)* to score a Brownie point *(fam)*.
(**b**) ~ **el pelo** to have one's hair set *o* styled.
marcial *adj* (*ley*) martial; (*porte, disciplina*) military.
marcianitos *nmpl* (*juego*) space-invaders.
marciano/a *adj, nm/f* Martian.
marco *nm* (**a**) frame; ~ **de chimenea** mantelpiece; **poner** ~ **a un cuadro** to frame a picture. (**b**) (*Dep*) goal posts. (**c**) *(fig)* setting; (*contexto*) framework; **un** ~ **incomparable** a perfect setting. (**d**) (*Fin*) mark. (**e**) **acuerdo** ~ general framework of agreement.
marcha *nf* (**a**) (*Mil*) march; (*Pol etc*) (protest) march; ~ **forzada** forced march; **a** ~**s forzadas** *(fig)* with all speed; **abrir la** ~ to be at the head of the procession; **cerrar la** ~

to bring up the rear; **¡en ~!** (*Mil*) forward march!; (*fig*) let's go!; (*: a otro*) get going!, get moving!; (*: adelante*) here goes!

(b) (*Dep*) walk; (*excursión*) walk, hike; ~ **atlética** *o* **de competición** walk, walking race.

(c) (*partida*) departure; **tras su** ~ after he left.

(d) (*velocidad*) speed; **'~ moderada'** (*Aut*) 'drive slowly'; **moderar la** ~ to slow down; **a toda** ~ (*lit*) at full speed; (*fig*) at full blast, full-blast.

(e) (*Mús*) march; ~ **fúnebre** funeral march; ~ **nupcial** wedding march; **M~ Real** national anthem.

(f) (*Aut, Mec*) gear; **primera** ~ first *o* bottom gear; ~ **directa/atrás** top/reverse gear; **dar ~ atrás, poner en ~ atrás** to reverse, put into reverse.

(g) (*Mec: funcionamiento*) working, operation; **estar en** ~ to be working; (*fig: proyecto*) to be underway; **un país en** ~ a country on the move *o* going places; **poner en** ~ to start; (*fig*) to set in motion, get going.

(h) (*fig: progreso*) progress; (*: avance*) march; (*: curso, sentido*) trend, course; (*de huracán*) path; **la ~ de los acontecimientos** the course of events; **sobre la ~** en route, on the way; **hacer algo sobre la** ~ to do sth as you *etc* go along.

(i) (*fam: animación*) buzz (*fam*); **la** ~ the action, the scene; **ir de** ~ to go out to enjoy o.s.; **tener** ~ (*persona*) to be full of beans (*fam*); (*ciudad*) to be buzzing (*fam*); (*música*) to be lively; **hoy no tengo** ~ I've got no get-up-and-go today.

(j) (*Méx Aut*) self-starter.

marchamo *nm* label, tag; (*de aduana*) customs mark; (*fig*) stamp.

marchantaje *nm* (*LAm*) clients *pl*, clientele.

marchante/a *nm/f* **(a)** (*comerciante*) dealer, merchant. **(b)** (*LAm fam: cliente*) client, customer.

marchar [1a] **1** *vi* **(a)** (*ir*) to go; (*moverse*) to move, travel; (*LAm: andar*) to walk; (*Mil*) to march.

(b) ¡marchando! get moving!, on your way!; **'una tortilla' - '¡marchando!'** 'an omelette *o* (*US*) omelet' - 'right away!' **(c)** (*Mec*) to go, work; **el motor marcha mal** the engine is running badly; ~ **en vacío** to tick over; **el reloj no marcha** the watch isn't working.

(d) (*fig*) to go, proceed; **todo marcha bien** everything is going well; **el proyecto marcha** the plan is working (out); **el negocio no marcha** the business is getting nowhere, the deal is making no progress; **¿cómo marcha eso** *o* **marchan las cosas?** (*esp LAm*) how's it going?, how are things?

2 marcharse *vr* to go (away), leave; ~ **a otro sitio** to go somewhere else, leave for another place; ~ **de la capital** to leave the capital; **¿os marcháis?** are you leaving?, must you go?; **con permiso, me marcho** if you don't mind I must go.

marchitar [1a] **1** *vt* to wither, dry up. **2 marchitarse** *vr* **(a)** (*Bot*) to wither, fade. **(b)** (*fig: languidecer*) to languish, fade away.

marchito *adj* withered, faded.

marchoso/a (*fam*) **1** *adj* **(a)** (*animado*) buzzing, turned-on (*fam*). **(b)** (*amigo de placeres*) fun-loving. **2** *nm/f* go-getter.

marea *nf* **(a)** tide; ~ **alta/baja/creciente/menguante/muerta/viva** high/low/rising/ebb/neap/spring tide; ~ **negra** oil spill, large oil slick. **(b)** (*fig*) tide; **la ~ de la rebelión** the tide of revolt. **(c)** (*brisa*) light sea breeze.

mareado *adj* **(a)** (*con náuseas*) sick; (*Náut*) seasick; (*aturdido*) dizzy. **(b)** (*fam: achispado*) tipsy.

mareaje *nm* **(a)** (*marinería*) navigation, seamanship. **(b)** (*rumbo*) ship's course.

marear [1a] **1** *vt* **(a)** (*Náut*) to sail, navigate. **(b)** (*Med*) ~ **a algn** to make sb (feel) sick; (*aturdir*) to make sb (feel) dizzy. **(c)** (*fig: irritar*) to annoy; (*: cargar*) to burden. **2 marearse** *vr* **(a)** (*Med*) to feel sick; (*: en barco*) to be *o* get *o* feel seasick; (*aturdirse*) to feel dizzy; (*desvanecerse*) to feel faint. **(b) no te marees con esto** don't bother your head about this. **(c)** (*fam*) to get a bit drunk.

marejada *nf* **(a)** (*Náut*) swell, heavy sea. **(b)** (*fig: de descontento*) undercurrent.

maremagno, maremágnum *nm* (*fig*) ocean, abundance; (*: confusión*) noisy confusion.

maremoto *nm* tidal wave.

marengo *adj inv*: **gris** ~ dark grey *o* (*US*) gray.

mareo *nm* **(a)** (*Med*) sick feeling; (*: en viaje*) travel sickness; (*: en mar*) seasickness; (*: aturdimiento*) dizziness, giddiness. **(b)** (*fig*) irritation; (*: confusión*) confusion; (*: nervios*) nervy state. **(c)** (*lata*) nuisance, bore.

marfil *nm* ivory.

marfileño *adj* ivory, like ivory.

marga *nf* marl, loam.

margarina *nf* margarine.

margarita *nf* **(a)** (*Bot*) daisy; **criar ~s** (*fam*) to be pushing up the daisies (*fam*); **deshojar la** ~ (*juego*) to play 'she loves me, she loves me not'; (*fig: dudar*) to waver. **(b)** (*perla*) pearl; **echar ~s a los cerdos** to cast pearls before swine. **(c)** (*Zool*) winkle. **(d)** (*Typ*) daisy-wheel.

margen 1 *nm* **(a)** (*borde*) border, edge; (*de papel, Tip*) margin; **al** ~ in the margin.

(b) (*fig*) margin; (*libertad de acción*) leeway; ~ **de beneficio** *o* **de ganancia** profit margin; ~ **de confianza** credibility gap; ~ **de error** margin of error; **hay un ~ de aproximación de 8 días** we allow a week each way.

(c) (*fig*) **al ~ de lo que digas** despite what you say; **dejar a algn al** ~ to leave sb out (in the cold); **mantener a algn al** ~ to keep sb out (of things); **mantenerse al** ~ to keep out, stand aside; **vivir al ~ de la sociedad** to live on the edge of society.

(d) (*fig: ocasión*) occasion, opportunity; **dar ~ para** to give an opportunity for, give scope for.

2 *nf* (*de río etc*) bank.

marginación *nf* **(a)** (*acto*) exclusion, rejection. **(b)** (*estado*) isolation.

marginado *adj*: **estar** *o* **quedar** ~ to be excluded, be left out; **sentirse** ~ to feel rejected.

marginado/a *nm/f* outcast.

marginal *adj* marginal; (*grupo, organización*) fringe *atr*.

marginar [1a] **1** *vt* **(a)** (*apartar*) to exclude, edge out. **(b)** (*texto*) to write notes in the margin of. **2 marginarse** *vr* to exclude oneself, isolate oneself.

maría[1] *nf* (*Esp fam: droga*) pot (*fam*), hash (*fam*).

maría[2] *nf* (*hum, pey*) housewife.

maría[3] *nf* (*fam: Escol*) unimportant subject.

maría[4] *nf* (*Méx fam*) female Indian immigrant from the country to Mexico city.

mariachi 1 *adj* (*Méx*) mariachi. **2** *nm* mariachi band.

marica 1 *nf* (*urraca*) magpie. **2** *nm* **(a)** (*fam*) sissy. **(b)** (*fam*) = **maricón**.

Maricastaña *nf*: **en los días** *o* **en tiempos de** ~ way back, in the good old days.

maricón *nm* (*fam*) queer (*fam*), poof (*fam*).

mariconada *nf* (*fam*) dirty trick.

mariconear [1a] *vi* (*fam*) to act like a poof (*fam*), poof around (*fam*).

mariconeo *nm* (*fam*) homosexual activities, poofing (*fam*).

mariconera *nf* (*fam*) (man's) handbag.

maridaje *nm* (*asociación*) marriage, close association; (*Pol etc*) unholy alliance.

marido *nm* husband.

marihuana, mariguana, marijuana *nf* cannabis, Indian hemp.

marimacho *nm* (*fam*) mannish woman.

marimandón/ona 1 *adj* overbearing, bossy. **2** *nm/f* bossy-boots (*fam*).

marimba *nf* (*Mús*) kind of drum; (*: LAm*) marimba, kind of xylophone.

marimorena *nf* fuss, row; **armar la** ~ to kick up a row.

marina *nf* **(a)** (*Geog*) coast, coastal area. **(b)** (*marinería*) seamanship; (*navegación*) navigation; **término de ~** nautical term. (**c**) (*Mil*) navy; (*barcos: tb* **~ de guerra**) navy; **~ mercante** merchant navy, merchant marine *(US)*. (**d**) (*Arte*) seascape.

marinera *nf* (*Per*) Peruvian folk dance.

marinería *nf* (**a**) seamanship. (**b**) (*tripulación*) ship's crew.

marinero 1 *adj* (**a**) = **marino 1**. (**b**) (*gente*) sea *atr*, seafaring; (*barco*) seaworthy. **2** *nm* (*gen*) sailor, mariner; (*hombre de mar*) seafarer, seaman; **~ de agua dulce/de cubierta/de primera** landlubber/deckhand/able seaman.

marino 1 *adj* sea *atr*, marine. **2** *nm* sailor, seaman; **~ mercante** merchant seaman.

marioneta *nf* marionette, puppet.

mariposa *nf* (**a**) butterfly; **~ (nocturna)** moth; **~ de la col** cabbage white butterfly; **~ cabeza de muerte**, **~ de calavera** death's head moth. (**b**) (*natación*) butterfly (stroke).

mariposear [1a] *vi* (**a**) (*revolotear*) to flutter about, flit to and fro. (**b**) (*ser inconstante*) to be fickle, act capriciously; (*coquetear*) to flirt; **~ alrededor de algn** to dance attendance on sb.

mariposón *nm* (*fam*) (**a**) (*que galantea*) flirt, romeo *(fam)*. (**b**) (*gay*) queer *(fam)*, poof *(fam)*.

mariquita 1 *nf* (**a**) (*insecto*) ladybird, ladybug *(US)*. (**b**) (*Orn*) parakeet. **2** *nm* = **marica 2**.

marisabidilla *nf* know-all.

mariscada *nf* seafood dish.

mariscal *nm* (*Mil*) major-general; **~ de campo** field marshal.

mariscar [1g] *vi* to gather shellfish.

marisco *nm* shellfish, seafood.

marisma *nf* (*pantano*) marsh, swamp; (*tierras de arena*) mud flats.

marisquería *nf* shellfish bar, seafood restaurant.

marital *adj* marital.

marítimo *adj* (*de barcos, costeño*) maritime; (*del mar*) marine, sea *atr*; (*de navegación*) shipping *atr*; **ciudad ~a** coastal town; **ruta ~a** ocean route, seaway; **seguro ~** marine insurance.

marjal *nm* marsh, fen, bog.

márketing ['marketin] *nm* marketing.

marmita *nf* (**a**) (*Culin*) pot; (*Mil*) mess tin. (**b**) (*Geol*) **~ de gigante** pothole.

mármol *nm* marble; (*de cocina*) worktop; (*Culin*) chopping-block.

marmóreo *adj* marble *atr*, marmoreal.

marmota *nf* (**a**) (*Zool*) marmot; **~ de América** woodchuck; **dormir como una ~** to sleep like a log. (**b**) (*fig*) sleepyhead.

maroma *nf* (**a**) (*cuerda*) rope. (**b**) (*LAm: cuerda floja*) tightrope; (*: acrobacia*) **~s** acrobatics, acrobatic stunts; **hacer ~s** = **maromear**.

maromear [1a] *vi* (*LAm*) (**a**) (*en cuerda floja*) to walk (on) a tightrope. (**b**) (*Pol, fig*) to do a balancing act.

maromero *nm* (*LAm*) (**a**) (*acróbata*) tightrope walker, acrobat. (**b**) (*fig: político etc*) opportunist (politician).

maromo *nm* (*Esp fam*) bloke *(fam)*.

marqués *nm* marquis.

marquesa *nf* marchioness.

marquesina *nf* (*cobertizo*) glass canopy, porch; (*techo*) glass roof, cantilever roof; (*de tienda de campaña*) fly-sheet; (*de parada*) bus-shelter.

marquetería *nf* marquetry, inlaid work.

marrajo 1 *adj* (*toro*) vicious, dangerous; (*persona*) sly. **2** *nm* (*tiburón*) shark.

marrana *nf* (**a**) (*Zool*) sow. (**b**) (*fam*) slut.

marranada, **marranería** *nf* (**a**) (*inmundicia*) filthiness. (**b**) (*acto*) filthy act; (*mala jugada*) dirty trick.

marrano 1 *adj* filthy, dirty. **2** *nm* (**a**) (*Zool*) pig, hog. (**b**) (*fam: malo*) swine; (*: sucio*) dirty pig.

Marraquech, **Marraqués** *nm* Marrakesh.

marrar [1a] **1** *vt*: **~ el tiro** to miss; **~ el golpe** to miss *(with a blow)*. **2** *vi* (**a**) to miss; (*fig*) to miss the mark. (**b**) (*fig*) to fail, miscarry.

marras *adv*: **de ~** (the same) old; **es el problema de ~** it's the same old problem; **el individuo de ~** ... the man in question ....

marrazo *nm* (*Méx*) bayonet.

marrón 1 *adj* (*color*) brown. **2** *nm* (**a**) brown. (**b**) (*Culin*) **~ glacé** marron glacé. (**c**) (*fam: acusación*) charge; (*condena*) sentence; **comerse un ~** to cough up *(fam)*, own up; **le pillaron de** *o* **en un ~** they caught him red-handed.

marroquí 1 *adj, nmf* Moroccan. **2** *nm* (*Téc*) morocco (leather).

marroquinería *nf* (**a**) (*arte*) fine leather work. (**b**) (*artículos*) fine leather goods.

Marruecos *nm* Morocco.

marrullería *nf* (**a**) (*cualidad*) smoothness, glibness. (**b**) **una ~** a plausible excuse; **~s** smooth approach, cajolery, wheedling.

marrullero/a 1 *adj* (*lenguaraz*) smooth, glib; (*que engatusa*) cajoling, wheedling. **2** *nm/f* smooth type, smoothie *(fam)*.

Marsella *nf* Marseilles.

Marsellesa *nf* Marseillaise.

marsopa *nf* porpoise.

marsupial *adj, nm* marsupial.

mart. *abr de* **martes** Tue(s).

marta *nf* (*animal*) (pine) marten; (*piel*) sable; **~ cebellina** sable.

martajar [1a] *vt* (*CAm, Méx: maíz*) to pound, grind.

Marte *nm* Mars.

martes *nm inv* Tuesday; **~ de carnaval** *o* **de carnestolendas** Shrove Tuesday; **~ y trece** ≈ Friday 13th; *V tb* **sábado**.

martiano/a (*Cu Pol*) **1** *adj* supporting the ideas of José Martí. **2** *nm/f* supporter of José Martí.

martillar [1a] *vt* = **martillear**.

martillazo *nm* (heavy) blow with a hammer; **a ~s** by hammering.

martillear [1a] **1** *vt* to hammer; (*machacar*) to pound. **2** *vi* (*motor*) to knock.

martilleo *nm* hammering; (*machaqueo*) pounding.

martillero *nm* (*And, CSur*) auctioneer.

martillo *nm* (**a**) (*tb Dep*) hammer; (*de presidente de asamblea etc*) gavel; **~ mecánico** power hammer; **~ neumático** pneumatic drill, jackhammer *(US)*; **~ de orejas** *o* **sacaclavos** claw hammer. (**b**) (*Com*) auction room. (**c**) (*Arquit*) projecting part. (**d**) (*fig: persona*) hammer, scourge.

martín *nm*: **~ pescador** kingfisher.

martinete *nm* (*mazo*) drop hammer, pile driver; (*Mús*) hammer.

martingala *nf* (*artimaña*) trick, ruse.

Martinica *nf* Martinique.

mártir *nmf* martyr.

martirio *nm* (**a**) (*Rel*) martyrdom. (**b**) (*fig*) torment.

martirizador *adj* (*fig*) agonizing, excruciating.

martirizar [1f] *vt* (**a**) (*Rel*) to martyr. (**b**) (*fig*) to torture, torment.

maruja *nf* (*fam*) housewife.

marxismo *nm* Marxism.

marxista *adj, nmf* Marxist.

marzo *nm* March; *V tb* **se(p)tiembre**.

mas *conj* but.

más 1 *adv* (**a**) (*comp*) more; **A es ~ difícil que B** A is more difficult *o* harder than B; **tiene ~ dinero que yo** he has more money than me *o* I (do); **~ de** more than; **~ de 10** more than ten; **~ de lo que queremos** more than we want; **con ~ dinero de lo que creíamos** with more money than we thought; **se trata de voluntad ~ que de fuerza** it's more a question of willpower than of strength, it's a matter of willpower rather than of strength; **correr ~** to run faster; **durar ~** to last longer;

me gusta ~ I like it better; **trabajar** ~ to work harder; **son ~ de las diez** it's past ten o'clock; **cada vez ~ difícil** more and more difficult, harder and harder; **~ y ~** more and more.

(b) (*superl*) (the) most; **él es el ~ inteligente** he is the most intelligent (one); **es él el que sabe ~** he's the one who knows most; **un libro de lo ~ divertido** a most *o* highly amusing book; **un hombre de lo ~ honrado** a completely honest man.

(c) (*preguntas*) **¿algo ~?** anything else?; **¿qué ~?** what else?; **¿quién ~?** anybody else?

(d) (*adición*) **un kilómetro** ~ one more kilometre *o* (*US*) kilometer; (*al sumar*) and, plus; **2 ~ 3 (son) 5** 2 and *o* plus 3 are 5; **seremos nosotros ~ los niños** it will be us plus the kids.

(e) (*en frases negativas*) **no veo ~ solución que ...** I see no other solution than *o* but to ...; **hace no ~ de tres semanas** only three weeks ago, no more than three weeks ago; **no vengas ~ por aquí** don't come round here any more.

(f) (+ *nada, nadie*) **nada ~** nothing else; **¡nada ~!** that's all!, that's the lot!; **nadie ~** no one else; **nadie ~ que tú** only you, nobody but you.

(g) (*LAm*) **no ~** only, just; **ayer no ~** just yesterday; **dos días no ~** only two days; **¡pase no ~!** (*entre*) please *o* do go in; (*venga*) please *o* do come in; **siga no ~** just carry on.

(h) ~ bien rather; **lo hizo, o ~ bien lo intentó** he did it, or rather he tried.

(i) (*valor intensivo*) **¡qué perro ~ feo!** what an ugly dog!; **¡qué cena ~ rica!** what a splendid supper!; **¡es ~ bueno!** (*fam*) he's (ever) so kind!

(j) (*de* ~) **llevaba tres de ~** he was carrying three too many; **trae una manta de ~** bring an extra blanket; **estar de ~** to be unnecessary, be superfluous; **aquí yo estoy de ~** I'm not needed here, I'm in the way here; **unas copas no estarían de ~** a few drinks wouldn't do any harm.

(k) (*locuciones con prep y otras*) **~ de la cuenta** too much; **~ o menos** more or less; **2 ~ 2 menos** give or take two; **~ aún** even more; **es ~** furthermore; **a las 8 a ~ tardar** at 8 o'clock at the latest; **la cosa no fue a ~** things did not get out of hand; **a ~ no poder** to the utmost *o* limit; **está nevando a ~ y mejor** it really is snowing; **trabaja tanto como el que ~** he works as hard as anyone; **ocurrió nada ~ iniciado el partido** it happened when the game had scarcely begun; **nada ~ llegar te llamo** I'll call you as soon as I arrive; **son 10 pesos nada ~** it's only 10 pesos; **ni ~ ni menos** neither more nor less, just; **por ~ que se esfuerce** however much *o* hard he tries, no matter how (hard) he tries; **por ~ que quisiera ayudar** much as I should like to help; **por ~ veces que se lo he dicho** no matter how many times I've told him; **¡que ~ da!** what does it matter?, it's all the same; **quien ~, quien menos** everybody, each and every one; **sin ~ (ni ~)** without more ado.

(l) (*lo* + ~) **lo ~ posible** as much as possible; **lo ~ temprano** the earliest; **a lo ~** at (the) most; **todo lo ~** at (the) most; **lo ~ que puede** as much as he can; *V* **allá; bien 1 (e); cuento[1] (a)** *V* **nunca; vale 2 (b).**

2 *adj* (*fam*) **esta es ~ casa que la otra** this is a better house than the last one; **es ~ hombre** he's more of a man.

3 *nm* **(a)** (*Mat*) plus, plus sign.

(b) tiene sus ~ y sus menos it has its good and bad points.

(c) los ~ most people; **las ~ de las veces** most of the time, the majority of the time.

masa[1] *nf* **(a)** (*Culin*) dough. **(b)** (*CSur*) small bun, teacake.

masa[2] *nf* **(a)** (*Fís etc*) mass; (*fig*) mass, bulk; (*volumen*) volume, quantity; **las ~s** the masses; **en ~** (*gente*) en masse; **reunir(se) en ~** to mass. **(b)** (*Elec*) earth, ground (*US*).

masacrar [1a] *vt* to massacre.

masacre *nf* massacre.

masaje *nm* massage; **dar ~ a** to massage.

masajear [1a] *vt* to massage.

masajista *nmf* masseur/masseuse.

masato *nm* (*And, CAm*) *drink made from fermented maize, bananas, yucca etc*.

mascada *nf* **(a)** (*LAm: tabaco*) plug of chewing tobacco. **(b)** (*CAm: ahorrar*) nest egg; (*: fam: reprimenda*) rebuke. **(c)** (*Méx: pañuelo*) silk handkerchief *o* scarf.

mascadura *nf* chewing.

mascar [1g] **1** *vt* **(a)** to chew. **(b)** (*fam: palabras*) to mumble, mutter; **~ un asunto, dar mascado un asunto** (*fam*) to explain sth in very simple terms. **2** *vi* to chew; (*esp LAm*) to chew tobacco.

máscara 1 *nf* **(a)** (*gen, tb Inform*) mask; **~ antigás** gas mask; **~ de oxígeno** oxygen mask; (*Aer etc*) breathing apparatus. **(b) ~s** masque *sg*, masquerade *sg*. **(c)** (*fig*) mask; (*: disfraz*) disguise; **quitar la ~ a algn** to unmask sb; **quitarse la ~** to reveal o.s. **2** *nmf* masked person.

mascarada *nf* **(a)** masque, masquerade. **(b)** (*fig*) masquerade; (*: farsa*) farce, charade.

mascarilla *nf* mask; (*tb Med: vaciado*) plaster cast (of the face); (*maquillaje*) facepack; **~ de arcilla** mudpack; **~ mortuoria** death mask; **~ de oxígeno** oxygen mask.

mascarón *nm* large mask; **~ de proa** figurehead.

mascota *nf* mascot.

masculinidad *nf* masculinity, manliness.

masculino 1 *adj* masculine; (*macho*) manly; (*Bio*) male; **ropa ~a** men's clothing. **2** *nm* (*Ling*) masculine.

mascullar [1a] *vt* to mumble, mutter.

masía *nf* (*Aragón, Catalonia*) farm.

masificación *nf* overcrowding.

masificado *adj* overcrowded.

masificarse [1g] *vr* to get overcrowded.

masilla *nf* (*para ventanas*) putty; (*para agujeros*) filler.

masivo *adj* (*grande, fuerte*) massive; (*en masa: evacuación etc*) en masse, general; (*ejecución*) mass *atr*; **reunión ~a** mass meeting.

masoca (*fam*) **1** *adj* masochistic. **2** *nmf* masochist.

masón *nm* (free)mason.

masonería *nf* (free)masonry.

masónico *adj* masonic.

masoquismo *nm* masochism.

masoquista 1 *adj* masochistic. **2** *nmf* masochist.

mastate *nm* (*CAm, Méx: Hist*) loincloth.

mastectomía *nf* mastectomy.

master 1 *adj* (*copia*) master. **2** *nm* (*pl* **~s**) **(a)** (*Univ*) master's degree (*en* in). **(b)** (*Cine, Mús*) master copy. **(c)** (*Dep*) masters' competition.

masticación *nf* mastication.

masticar [1g] *vt* to masticate, chew.

mástil *nm* **(a)** pole, post; (*para bandera*) flagpole; (*Náut*) mast. **(b)** (*de guitarra*) neck.

mastín *nm* mastiff; **~ danés** Great Dane.

mastitis *nf* mastitis.

mastodonte *nm* mastodon; (*fam*) elephantine person *u* object *etc*.

mastodóntico *adj* (*fig*) colossal, huge.

mastoides *adj, nf inv* mastoid.

mastuerzo *nm* **(a)** cress. **(b)** (*fam*) dolt.

masturbación *nf* masturbation.

masturbar [1a] *vt*, **masturbarse** *vr* to masturbate.

Mat. *abr de* **Matemáticas**.

mata *nf* **(a)** (*arbusto*) bush, shrub; (*esp LAm: cualquier vegetal*) plant; (*: en cubo etc*) potted plant; **a salto de ~** (*día a día*) from day to day; (*al azar*) haphazardly. **(b)** (*ramita*) sprig; (*manojo*) tuft, blade; (*raíz*) clump, root; (*ramo*) bunch. **(c) ~s** scrub *sg*. **(d)** (*Agr: terreno*) field. **(e)** (*de bananos*) clump, grove; (*LAm: bosque*) forest, jungle; **~ de bananos** clump of banana trees, banana plantation. **(f) ~ de pelo** head *o* mop of hair.

matacaballo *adv*: **a ~** at breakneck speed.

matadero *nm* **(a)** slaughterhouse, abattoir. **(b)** *(Méx, CSur: fam: prostíbulo)* brothel.

matador(a) 1 *adj* **(a)** killing. **(b)** *(fam: horrible)*; **el vestido te está ~** that dress looks terrible on you. **2** *nm/f* killer. **3** *nm (Taur)* matador, bullfighter.

mátalas callando *nm inv (fam)* wolf in sheep's clothing.

matambre *nm (CSur Culin)* stuffed rolled beef.

matamoscas *nm inv (palo)* fly swat; *(papel)* flypaper; *(aerosol)* fly spray.

matanza *nf* slaughter, killing; *(Agr)* slaughtering; *(esp)* pig-killing; *(temporada)* slaughtering season; *(fig)* slaughter.

matar 1a **1** *vt* **(a)** *(persona)* to kill, murder; *(animal)* to slaughter; **~ a algn a disgustos** to make sb's life a misery; **así me maten** for the life of me; **que me maten si ...** I'll be damned if ...; **~las callando** to go about things slyly.
(b) *(fig: tiempo, pelota)* to kill; *(: hambre)* to stay; *(: polvo)* to lay; *(: sello)* to postmark, cancel; *(: borde etc)* to file down; *(: color)* to tone down.
2 *vi* **(a)** to kill; **estar** *o* **llevarse a ~ con algn** to be at daggers drawn with sb.
(b) *(Ajedrez)* to mate.
3 matarse *vr* **(a)** *(suicidarse)* to kill o.s., commit suicide; *(morir)* to be *o* get killed.
(b) *(fig: gastarse)* to wear o.s. out, kill o.s.; **~ trabajando** to kill o.s. with work, overwork; **~ por hacer algo** to struggle *o* strain to do sth.

matarife *nm* slaughterman.

matarratas *nm* rat poison; *(fig: alcohol)* hooch, bad liquor.

matasanos *nm inv (fam)* quack (doctor).

matasellos *nm inv (marca)* postmark; *(instrumento)* franking machine; *(: tb* **~ de puño***)* handstamp.

matasuegras *nm inv* streamer.

match [maʃ] *nm (pl* **~s** [maʃ]*) (Dep)* match.

mate[1] *adj* dull, matt, unpolished; *(Fot)* matt.

mate[2] *nm (Ajedrez)* mate; **dar ~ a** to mate, checkmate.

mate[3] *nm (LAm)* **(a)** *(bebida)* maté, Paraguayan tea; **~ cocido** maté infusion; **~ de coca/menta** coca leaf tea/mint tea. **(b)** *(vasija)* gourd, mate pot.

matear 1a *vi (And, Csur)* to drink maté.

matemáticamente *adv* mathematically; **siempre llegan ~ a la misma hora** they always arrive at exactly the the same time.

matemáticas *nfpl* mathematics.

matemático/a 1 *adj* mathematical; **¡es ~! - ¡cada vez que me siento, suena el teléfono!** it's like clockwork! - every time I sit down the phone rings! **2** *nm/f* mathematician.

materia *nf* **(a)** *(gen, Fís)* matter; *(material)* material, stuff; **~ colorante** dyestuff; **~ gris** grey *o (US)* gray matter; **~ prima** raw material. **(b)** *(tema)* (subject) matter; *(Escol)* subject; **índice de ~s** table of contents; **en ~ de** on the subject of; *(en cuanto a)* as regards; **entrar en ~** to get down to business.

material 1 *adj* **(a)** material.
(b) *(físico)* physical; **la presencia ~ de algn** sb's physical *o* bodily presence; **daños ~es** physical damage.
(c) *(real)* real, true; *(literal)* literal; **la imposibilidad ~ de ...** the physical impossibility of ...; **el autor ~ del hecho** the actual perpetrator of the deed; **no tengo tiempo ~ para ir** I've literally no time to go.
2 *nm* **(a)** material; **~ bélico** *o* **de guerra** war material; **~ de construcción** building material; **~es de derribo** rubble; **tengo ya ~ para una novela** I've got enough material now for a novel.
(b) *(equipo)* equipment, plant; **~ escolar/de limpieza** teaching/cleaning materials; **~ fotográfico** photographic equipment; **~ móvil** *o* **rodante** rolling stock; **~ de oficina** office supplies.
(c) *(Tip)* copy.
(d) *(fam: cuero)* leather.

materialidad *nf (naturaleza)* (material) nature; *(apariencia)* outward appearance; **percibe solamente la ~ del asunto** he sees only the surface of the question.

materialismo *nm* materialism.

materialista 1 *adj* materialist(ic). **2** *nmf* materialist. **3** *nm (Méx)* lorry driver, truckdriver *(US)*.

materialización *nf* materialization.

materializar 1f **1** *vt* to materialize. **2 materializarse** *vr* to materialize.

materialmente *adv* **(a)** materially; *(físicamente)* physically. **(b)** *(absolutamente)* absolutely; *(textualmente)* literally; **nos es ~ imposible** it is quite *o* absolutely impossible for us.

maternal *adj* motherly, maternal.

maternidad *nf* **(a)** motherhood, maternity. **(b)** *(tb* **casa de ~***)* maternity hospital.

materno *adj (lengua etc)* mother *atr*; *(casa etc)* mother's; **abuelo ~** maternal grandfather; **leche ~a** mother's milk.

mates *nfpl (fam)* maths *(fam)*, math *(US)*.

matinal 1 *adj* morning *atr*. **2** *nf* matinée.

matinée *nm (Teat)* matinée.

matiz *nm* **(a)** *(de color)* shade, tint. **(b)** *(de sentido)* shade, nuance; *(ironía etc)* touch.

matización *nf* **(a)** *(Arte)* blending. **(b)** *(V vt: teñido)* tinging, tinting; *(fig)* variation; toning down; refinement, fine-tuning; clarification.

matizado *adj*: **~ de** *o* **en** tinged *o* touched with *(tb fig)*.

matizar 1f *vt* **(a)** *(color: tb fig)* to tinge, tint *(de* with*)*; *(tono etc)* to vary, introduce some variety into; *(contraste, intensidad de colores)* to tone down; *(aclarar)* to make more precise, add precision to, fine-tune; *(sutilizar)* to go into fine detail over, introduce subtle distinctions into; **~ un discurso de ironía** to give a speech an ironical slant. **(b)** *(fig: variar)* to vary; *(: suavizar)* to tone down.

matón *nm* bully, thug.

matorral *nm (arbusto)* thicket; *(matas)* brushwood, scrub.

matraca 1 *nf* **(a)** rattle. **(b)** *(fam)* nuisance, bore; *(: burla)* teasing, banter; **dar la ~ a algn** to pester *o* tease sb. **2** *nmf (fam: persona)* nuisance, bore.

matraquear 1a *vt* **(a)** to rattle. **(b)** *(fam)* = **dar la matraca** *V* **matraca 1 (b)**.

matraz *nm (Quím)* flask.

matrero *(LAm)* **1** *adj* suspicious, distrustful. **2** *nm (bandido)* bandit, brigand.

matriarca *nf* matriarch.

matriarcado *nm* matriarchy.

matriarcal *adj* matriarchal.

matricida *nmf (persona)* matricide.

matricidio *nm (acto)* matricide.

matrícula *nf* **(a)** *(registro)* register, registration *(US)*, list. **(b)** *(Náut)* registration; *(Escol: inscripción)* registration, matriculation; **~ de honor** *first class with distinction (and remission of registration fee)*. **(c)** *(Aut)* registration number; *(: placa)* licence *o (US)* license plate.

matriculación *nf (V vt)* registration; enrolment, enrollment *(US)*.

matricular 1a **1** *vt (registrar)* to register; *(inscribir)* to enrol, enroll *(US)*. **2 matricularse** *vr* to register, enrol; **~ en el curso de ...** to sign on for the course in ....

matrimonial *adj* matrimonial; **agencia ~** marriage bureau; **enlace ~** wedding; **vida ~** married life, conjugal life.

matrimonio *nm* **(a)** *(gen)* marriage, matrimony; *(acto)* marriage; **~ civil/clandestino** civil/secret marriage; **~ de conveniencia** *o* **de interés** marriage of convenience; **cama de ~** double bed; **contraer ~ (con)** to marry; **hacer vida de ~** to live together. **(b)** *(pareja)* (married) couple;

el ~ García the Garcías, Mr and Mrs García.
matriz 1 *nf* (**a**) (*Anat*) womb, uterus. (**b**) (*Téc*) mould, mold *(US)*, die; (*Tip*) matrix. (**c**) (*de libreta de cheques etc*) stub. (**d**) (*Jur*) original, master copy. **2** *adj*: **casa ~** (*Com: sede*) head office; (*: compañía*) parent company.
matrona *nf* (**a**) matron. (**b**) (*Med*) midwife.
matute *nm* smuggling, contraband; **de ~** (*Com*) smuggled *o* contraband (goods); (*adv*) secretly, stealthily.
matutero *nm* smuggler.
matutino 1 *adj* morning *atr*. **2** *nm* morning newspaper.
maula 1 (*LAm*) *adj* (*animal*) useless, lazy; (*persona*) good-for-nothing, unreliable. **2** *nf* (*Cos*) remnant; (*trasto*) piece of junk; (*persona*) dead loss *(fam)*; (*truco*) dirty trick. **3** *nmf* (**a**) (*vago*) idler, slacker. (**b**) (*tramposo*) cheat; (*Fin: que paga con atraso*) bad payer.
maullar 1a *vi* to mew, miaow.
maullido *nm* mew, miaow.
Mauricio *nm* (*Geog*) Mauritius.
Mauritania *nf* Mauritania.
mauritano/a *adj, nm/f* Mauritanian.
mausoleo *nm* mausoleum.
max. *abr de* **máximo** max.
maxilar 1 *adj* maxillary. **2** *nm* jaw, jawbone.
máxima[1] *nf* maxim.
máxima[2] *nf* (*Met*) maximum (temperature), high, highest temperature.
maximalismo *nm* going all out; (*Pol*) extremism, advocacy of extreme solutions.
maximalista 1 *adj* far-out, extreme. **2** *nmf* person who goes all out; (*Pol*) extremist, advocate of extreme solutions.
máxime *adv* (*sobre todo*) especially; (*principalmente*) principally; **y ~ cuando** ... and all the more so when ....
máximo 1 *adj* maximum; (*primero*) top; (*sumo*) highest, greatest; **el ~ dirigente** the top leader; **llegar al punto ~** to reach the highest point; **es lo ~ en la moda juvenil** *(fam)* it's the most in young people's fashions *(fam)*; **~ jefe** *o* **líder, jefe** *o* **líder ~** (*esp LAm*) President, leader. **2** *nm* maximum; **al ~** to the utmost; **como ~** at most, at the outside.
maxisencillo, maxisingle *nm* twelve-incher, maxisingle.
may. *abr de* **mayúscula(s)** cap(s).
maya[1] *nf* (**a**) (*Bot*) daisy. (**b**) May Queen.
maya[2] *adj, nmf* Maya(n).
mayal *nm* flail.
mayestático *adj* majestic; **el plural ~** the royal 'we'.
mayo *nm* (**a**) (*mes*) May; *V tb* **se(p)tiembre**. (**b**) (*palo*) maypole.
mayonesa *nf* mayonnaise.
mayor 1 *adj* (**a**) (*principal*) main, major; (*más grande*) larger.
(**b**) (*altar, misa, calle etc*) high; *V* **libro**.
(**c**) (*Mús*) major.
(**d**) (*adulto*) grown up, adult; (*Jur*) of age; (*de edad avanzada*) elderly; **ser ~ de edad** to be of age, be adult; **hacerse ~** to grow up.
(**e**) (*jefe*) head, chief.
2 *adj comp* (**a**) (*tamaño*) bigger, larger, greater (*que* than).
(**b**) (*edad*) older (*que* than), elder; (*rango*) senior (*que* to).
3 *adj superl* (**a**) (*tamaño*) biggest, largest, greatest; (*tb fig*); **su ~ enemigo** his greatest enemy; **su ~ problema** his biggest problem.
(**b**) (*edad*) oldest; (*rango*) most senior; **mi hijo ~** my eldest son.
4 *nmf* (**a**) (*LAm Mil*) major.
(**b**) **~ de edad** adult, person legally of age; **~es** grown-ups, adults; (*antepasados*) ancestors, forefathers.
(**c**) **llegar a ~es** (*situación*) to get out of hand, get out of control.
5 *nm*: **al por ~** (*tb fig*) wholesale.
mayoral *nm* (*capataz*) foreman, overseer; (*Agr*) head shepherd; (*mayordomo*) farm manager.
mayorazgo *nm* (**a**) (*institución*) primogeniture. (**b**) (*tierras*) entailed estate. (**c**) (*hijo*) eldest son.
mayorcito *adj* rather older, a bit more grown-up; **eres ~ ya** you're grown up, you're a big boy now; **ya eres un poco ~ para hacer eso** you're too old now to be doing that.
mayordomo *nm* steward; (*de casa*) butler.
mayoreo *nm* (*LAm*) wholesale (trade).
mayoría *nf* (**a**) (*gen*) majority; (*mayor parte*) greater *o* larger part; **la ~ de las veces** usually, on most occasions; **en la ~ de los casos** in most cases; **en su ~** on the whole; **la abrumadora** *o* **inmensa ~** the overwhelming *o* vast majority; **~ absoluta** absolute majority; **~ silenciosa** silent majority; **~ simple** simple majority; **una ~ de 20 por ciento** a 20% majority. (**b**) **~ de edad** majority, adult age; **cumplir** *o* **llegar a la ~ de edad** to come of age.
mayorista *nmf* wholesaler.
mayoritariamente *adv* preponderantly, for the most part; (*al votar*) by a majority.
mayoritario *adj* majority *atr*; **gobierno ~** majority government.
mayormente *adv* (*principalmente*) chiefly, mainly; (*especialmente*) especially.
mayúscula *nf* capital (letter); (*Tip*) upper case letter.
mayúsculo *adj* (**a**) (*letra*) capital. (**b**) (*fig: enorme*) big, tremendous; **un susto ~** a big scare.
maza *nf* (**a**) (*arma*) mace; (*Dep*) bat; (*Polo*) stick, mallet; (*Mús*) drumstick; (*billar etc: taco*) thick end; (*Téc*) flail; **~ de fraga** drop hammer; **~ de gimnasia** Indian club. (**b**) (*fam: molestia*) pest, bore.
mazacote *nm* (**a**) hard mass; (*Culin*) dry doughy food; (*Arquit: hormigón*) concrete; (*CAm, Méx: dulce*) sweet mixture; **el arroz se ha hecho un ~** the rice has gone lumpy. (**b**) (*Arte, Lit etc*) mess, hotchpotch. (**c**) (*fig fam: lata*) bore; (*: monstruosidad*) eyesore.
mazamorra *nf* (*LAm: de maíz*) maize mush *o* porridge; (*pey*) mush.
mazapán *nm* marzipan.
mazazo *nm* heavy blow; **fue un ~ para él** (*fig*) it came as a real blow to him.
mazmorra *nf* dungeon.
mazo *nm* (**a**) (*martillo*) mallet; (*de mortero*) pestle; (*Dep*) club, bat; (*Agr*) flail; **a Dios rogando y con el ~ dando** God helps those who help themselves. (**b**) (*manojo*) bunch, handful; (*fardo*) bundle, packet; (*de papeles*) sheaf *o* bundle; (*de naipes*) stack; (*de billetes*) wad; (*Arg: naipes*) pack (of cards). (**c**) (*fam*) bore.
mazorca *nf* (**a**) (*Bot*) spike; (*: de maíz*) cob, ear; **~ de maíz** corncob. (**b**) (*Téc*) spindle.
Mb *abr de* **megabyte** Mb.
Mbytes *abr de* **megabytes** Mbytes.
M.C. *nm abr de* **Mercado Común** C.M..
MCCA *nm abr de* **Mercado Común Centroamericano** CACM.
MCD *nm abr de* **Máximo Común Divisor** HCF.
MCE *nm abr* (*Com*) *de* **Mercado Común Europeo** ECM.
MCI *nm abr de* **Mercado Común Iberoamericano**.
MCM *nm abr de* **Mínimo Común Múltiplo** LCD.
me *pron pers* (**a**) (*dir*) me. (**b**) (*indir*) (to) me; **¡dámelo!** give it to me!; **~ lo compró** (*de mí*) he bought it from me; (*para mí*) he bought it for me; **~ rompí el brazo** I broke my arm. (**c**) (*reflexivo*) (to) myself; **~ lavé** I washed (myself); **~ marcho** I am going.
meada *nf* (**a**) (*fam: orina*) piss *(fam!)*. (**b**) (*mancha*) urine mark *o* stain *etc*.
meadero *nm* (*fam*) bog *(fam)*, piss house *(fam!)*.
meandro *nm* meander.
mear 1a *(fam!)* **1** *vt* to piss on *(fam!)*. **2** *vi* to piss *(fam!)*, have *o (US)* take a piss *(fam!)*. **3 mearse** *vr* to wet o.s.; **~ de risa** to piss o.s. laughing *(fam!)*.

MEC *nm abr* (*Esp*) *de* **Ministerio de Educación y Ciencia**.
Meca *nf*: **La** ~ Mecca.
meca[1] *nf*: **la** ~ **del cine** the Mecca of motion pictures, the centre *o* (*US*) center of the film world.
meca[2] *interj* (*Chi fam!*) shit (*fam!*).
mecachis *interj* (*Esp*) (*euf de* **¡me cago!**) oh hell! (*fam*), shoot! (*fam*).
mecánica *nf* (**a**) mechanics *sg*; ~ **de precisión** precision engineering. (**b**) (*mecanismo*) mechanism, works. (**c**) (*fig: funcionamiento*) mechanics, workings.
mecánicamente *adv* mechanically.
mecanicista *adj* mechanistic.
mecánico/a 1 *adj* (**a**) mechanical; (*con motor*) power-driven, power-operated; (*de máquinas*) machine *atr*. (**b**) (*gesto, trabajo*) mechanical. **2** *nm/f* mechanic; (*operario*) machinist; (*ajustador*) fitter, repair man/woman; (*Aer*) rigger, fitter; ~ **de vuelo** flight engineer.
mecanismo *nm* (**a**) mechanism, works, machinery; (*engranaje*) gear; ~ **de dirección** steering gear. (**b**) (*movimiento*) action, movement. (**c**) (*fig: procedimiento*) mechanism; ~ **de defensa** defense mechanism; **el** ~ **electoral** the electoral procedure.
mecanización *nf* mechanization.
mecanizar [1f] *vt* to mechanize.
mecano *nm*® Meccano ®.
mecanografía *nf* typing; ~ **al tacto** touch-typing.
mecanografiado 1 *adj* typewritten, typescript. **2** *nm* typescript.
mecanografiar [1c] *vt* to type.
mecanógrafo/a *nm/f* typist.
mecapal *nm* (*CAm, Méx*) leather strap (for carrying).
mecapalero *nm* (*CAm, Méx*) porter.
mecate *nm* (**a**) (*CAm, Méx: cuerda burda*) rope, twine. (**b**) (*Méx fam: persona*) boor, oaf.
mecatear [1a] (*CAm, Méx*) *vt* (*atar*) to tie up; (*azotar*) to lash, whip.
mecedor 1 *adj* rocking, swinging. **2** *nm* swing.
mecedora *nf* rocking chair.
mecenas *nmf inv* patron.
mecenazgo *nm* patronage.
mecer [2b] **1** *vt* (**a**) to swing; (*cuna, niño etc*) to rock; (*rama etc*) to sway. (**b**) (*líquido*) to stir. **2 mecerse** *vr* (*V vt*) to swing; to rock; to sway.
meco *adj* (*CAm, Méx: fam*) coarse; (*vulgar: Hist*) wild (Indian).
mecha *nf* (**a**) (*gen*) wick; (*Mil etc*) fuse; **aguantar** ~ (*fig*) to grin and bear it; **a toda** ~ (*fam*) at full speed; **encender la** ~ to stir up trouble. (**b**) ~**s** (*en el pelo*) highlights. (**c**) (*de tocino*) rasher, slice. (**d**) (*LAm: miedo*) fear, fright.
mechar [1a] *vt* (*Culin: poner manteca*) to lard; (*: rellenar*) to stuff.
mechero *nm* (*encendedor*) cigarette lighter; (*estufa*) burner, jet; ~ **Bunsen** Bunsen burner; ~ **de gas** gas burner, gas jet, gas lighter.
mechón *nm* (*de pelo*) tuft, lock; (*hilos*) bundle.
mechudo *adj* (*LAm: pelo*) tousled, unkempt.
medalla *nf* medal; (*joya*) medallion, pendant.
medallista *nmf* medallist.
medallón *nm* (**a**) (*medalla*) medallion. (**b**) (*relicario*) locket.
médano *nm* (*en tierra*) sand dune; (*de mar*) sandbank.
media *nf* (**a**) (*hasta el muslo*) stocking; (*LAm: de hombre*) sock; ~**s** (*pantis*) tights, pantyhose (*US*). (**b**) **de** ~ knitting *atr*; **hacer** ~ to knit. (**c**) (*Dep*) half-back line. (**d**) (*Mat: promedio*) mean; ~ **aritmética** arithmetic mean; **100 de** ~ **al día** 100 as a daily average, 100 each day on the average.
mediación *nf* mediation; **por** ~ **de** through.
mediado *adj* (**a**) (*local*) half full; (*trabajo*) halfway through, half completed. (**b**) **a** ~**s de marzo** in the middle of *o* halfway though March; **a** ~**s del siglo pasado** in the mid-nineteenth century; ~**a la tarde** halfway through the afternoon; **llevo** ~ **el trabajo** I'm halfway through the job, I've completed half the work.
mediador(a) *nm/f* mediator.
medialuna *nf* (*LAm*) croissant.
mediana *nf* (*Aut*) central reservation, median (*US*).
medianamente *adv* (*moderadamente*) moderately, fairly; (*regularmente*) moderately well.
medianería *nf* (**a**) (*pared*) party wall. (**b**) (*Agr*) sharecropping.
medianero *adj* (**a**) (*pared*) party *atr*, dividing; (*valla*) boundary *atr*. (**b**) (*vecino*) adjacent, next.
medianía *nf* (**a**) (*promedio*) average; (*término medio*) halfway point. (**b**) (*persona mediocre*) mediocrity, second-rater.
mediano *adj* (*regular*) middling, average; (*empresa etc*) medium-sized; (*indiferente*) indifferent, undistinguished; (*euf*) mediocre; (*euf: no muy bueno*) rather poor; (*en tamaño*) medium-sized; **de** ~**a edad** middle-aged.
medianoche *nf* midnight; **a** ~ at midnight; (*durante la noche*) in the middle of the night.
mediante *prep* by means of, through, by.
mediar [1b] *vi* (**a**) (*estar en medio*) to be in the middle, be halfway through; (*llegar a la mitad*) to get to the middle, get halfway; (*tiempo*) to elapse, pass; **entre los dos sucesos mediaron varios años** several years elapsed between the two events; **media un abismo entre los dos gobiernos** there is a wide gap between the two governments; **mediaba el otoño** autumn was half over; **mediaba el mes de julio** it was halfway through July; **sin** ~ **palabra** directly.
(**b**) (*ocurrir*) to come up, happen; (*intervenir*) to intervene; (*existir*) to exist; **pero medió la muerte de su madre** but his mother's death intervened; **media el hecho de que** ... there is the fact that ....
(**c**) (*interceder*) to mediate (*en* in; *entre* between) intervene; ~ **en favor de,** ~ **por algn** to intecede on sb's behalf.
mediatizar [1f] *vt* (*estorbar*) to interfere with, obstruct; (*influir*) to affect adversely, influence for the worse.
medicación *nf* medication, treatment.
medicamento *nm* medicine, drug.
medicar [1g] **1** *vt* to medicate, give medicine to. **2 medicarse** *vr* to medicate o.s., take medicine.
medicina *nf* medicine; ~ **forense** *o* **legal** forensic medicine; ~ **general** general practice; **estudiante de** ~ medical student.
medicinal *adj* medicinal.
medicinar [1a] **1** *vt* (*tratar*) to treat, prescribe for. **2 medicinarse** *vr* to dose o.s.
medición *nf* measurement, measuring.
médico/a 1 *adj* medical; **receta** ~**a** prescription. **2** *nm/f* doctor, medical practitioner, physician; ~ **de cabecera** family doctor; ~ **forense** forensic surgeon; ~ **interno** *o* **residente** house physician, intern (*US*).
medida *nf* (**a**) (*Mat*) measurement; (*medición*) measuring, measurement; **a la** ~ (*proporcionado*) in proportion; (*apto*) suitable, just right; **hay uno a la** ~ **de sus necesidades** there is one to suit your needs; **una caja a la** ~ a specially made box, a box made for the purpose; **un traje (hecho) a la** ~ a made-to-measure suit; **a** ~ **de** (*de acuerdo con*) in proportion to, in keeping with; **a** ~ **que** (*at the same time*) as; **a** ~ **que vaya bajando el agua** as the water goes down; **en cierta** ~ up to a point, in a way; **en gran** ~ to a great extent; **en la** ~ **de lo posible** as far as possible; ~**s vitales** vital statistics; **tomar las** ~**s a algn** to measure sb, take sb's measurements; (*fig*) to size sb up.
(**b**) (*sistema, recipiente*) measure; **pesos y** ~**s** weights and measures; ~ **para áridos/para líquidos** dry/liquid measure; **esto colma la** ~ (*fig*) this is the last straw.
(**c**) (*de camisa, zapato etc*) size, fitting.
(**d**) (*disposición*) measure, step; ~ **preventiva/repre-**

siva preventive/repressive measures; **tomar ~s** to take steps.

(**e**) (*fig*) **con** ~ with restraint; **sin** ~ immoderately, in an unrestrained fashion.

(**f**) (*moderación*) moderation, prudence.

medidor *nm* (*LAm*) meter, gauge; ~ **de lluvia** rain gauge.

medieval *adj* medieval.

medievalismo *nm* medievalism.

medievalista *nmf* medievalist.

medievo *nm* Middle Ages.

medio 1 *adj* (**a**) (*mitad*) half (a); **~a hora** half an hour; **~a pensión** half-board; **nos queda ~a botella** we've half a bottle left; **~a luz** half-light; **vino ~ mundo** lots (and lots) of people came.

(**b**) (*intermedio: punto etc*) mid(way), middle; **a ~ camino** halfway (there); **clase ~** middle class(es); **a ~a tarde** halfway through the afternoon; **café de ~a mañana** (mid-)morning coffee.

(**c**) (*Mat: promedio*) mean, average; (*fig*) average; **el hombre ~** the man in the street; **término ~** average; (*fig*) compromise.

(**d**) **a ~as** half, by halves; **lo dejó hecho a ~as** he left it half-done; **está escrito a ~** it's half-written; **ir a ~as** to go fifty-fifty, divide the costs *etc* equally; **verdad a ~as** halftruth.

2 *adv* (**a**) half; **~ dormido** half asleep; **está ~ borracha** she is half drunk; **es ~ tonto** he's not half wise; **está a ~ escribir/terminar** *etc* it is half-written/finished *etc*. (**b**) (*LAm: bastante*) rather, quite, pretty *(fam)*; **fue ~ difícil** it was pretty hard.

3 *nm* (**a**) (*centro*) middle, centre, center *(US)*; (*término medio*) halfway point *etc*; **justo ~** happy medium, fair compromise; **equivocarse de ~ a ~** to be completely wrong; **en ~** (*gen*) in the middle; (*entre*) in between; **en ~ de todos ellos** among all of them; **la casa de en ~** the middle house, the house in between; **quitar algo de en ~** to get sth out of the way; **quitarse de en ~** to get out of the way; **pasar por ~ de** to go through (the middle of); **de por ~** in between; **hay dificultades de por ~** there are snags in the way; **meterse de por ~** to intervene.

(**b**) (*Dep*) half-back; **~ centro** centre-half.

(**c**) (*método*) means *pl*, way; (*medida*) measure, expedient; **los ~s de comunicación, los ~s de difusión** the media; **~s de comunicación de masas** mass media; **~s informativos** news media; **~ de transporte** means of transport; **por ~ de** by (means of), through; **por todos los ~s** in every possible way; **no hay ~ de conseguirlo** there is no way of getting it; **poner todos los ~s** *o* **no regatear ~ para hacer algo** to spare no effort to do sth.

(**d**) **~s** (*Econ, Fin*) means, resources; **hombre de (muchos) ~s** a man of means.

(**e**) (*atmósfera*) atmosphere; (*entorno*) milieu, ambience; (*círculo*) circle; (*Bio*) medium, environment; **~ ambiente** environment; **en los ~s financieros** in financial circles; **encontrarse en su ~** to be in one's element.

medioambiental *adj* environmental.

mediocre *adj* middling, average; (*pey*) mediocre.

mediocridad *nf* middling quality; (*pey*) mediocrity.

mediodía *nm* (**a**) (*las doce*) midday, noon; (*hora de comer*) early afternoon, ≈ lunchtime; **a ~** at lunchtime. (**b**) (*Geog*) south.

medioevo *nm* Middle Ages.

Medio Oriente *nm* Middle East.

mediopensionista *nmf* day pupil *o* student.

medir [3k] **1** *vt* (**a**) (*gen*) to measure; (*tierra*) to survey, plot; **~ a algn (con la vista)** (*fig*) to size sb up.

(**b**) (*plan, posibilidad etc*) to weigh up; **~ las calles** (*Méx*) to roam the streets.

(**c**) (*moderar*) to consider; **mide tus palabras** choose yuor words carefully.

(**d**) (*Liter: verso*) to scan (properly).

2 *vi* to measure, be; **el papel mide 20 cms de ancho** the paper is 20 cms wide; **¿cuánto mides? mido 1,50 m** how tall are you? I am 1.50 m tall; **mide 88 cms de pecho** her bust measurement is 88 cms.

3 medirse *vr* (**a**) **~ con algn** to measure up against sb.

(**b**) (*fig: moderarse*) to be moderate, act with restraint.

(**c**) (*Dep*) to play each other, meet.

meditabundo *adj* pensive, thoughtful.

meditación *nf* meditation.

meditar [1a] **1** *vt* (*pensar*) to ponder, think over, meditate (on); (*plan etc*) to think out, work out. **2** *vi* to ponder, think, meditate; (*considerar*) to muse.

Mediterráneo *nm*: **el ~** the Mediterranean.

mediterráneo *adj* Mediterranean.

médium *nm* (*pl* **~s**) (*persona*) medium.

medrar [1a] *vi* (*aumentarse*) to increase, grow; (*mejorar*) to improve, do well; (*Econ: prosperar*) to prosper, thrive; (*animal, planta etc*) to grow, thrive.

medro *nm* (*V medrar*) increase, growth; improvement; prosperity.

medroso *adj* fearful, timid.

médula *nf* (**a**) (*Anat*) marrow; **~ espinal** spinal cord; **hasta la ~** (*fig*) to the core, through and through. (**b**) (*Bot*) pith. (**c**) (*fig*) essence, substance.

medusa *nf* jellyfish.

megabyte *nm* (*Inform*) megabyte.

megaciclo *nm* megacycle.

megafonía *nf* public address system.

megáfono *nm* megaphone.

megalítico *adj* megalithic.

megalito *nm* megalith.

megalomanía *nf* megalomania.

megalómano/a *nm/f* megalomaniac.

megatón *nm* megaton.

megavatio *nm* megawatt.

megavoltio *nm* megavolt.

meiga *nf* (*Galicia*) wise woman.

mejicano *etc V* **mexicano** *etc.*

Méjico *nm* Mexico.

mejilla *nf* cheek.

mejillón *nm* mussel.

mejillonero *adj* mussel *atr*; **industria ~a** mussel industry.

mejor 1 *adj* (**a**) (*comp*) better (*que* than).

(**b**) (*superl*) best; (*oferta etc*) highest; **es el ~ de todos** he's the best of all; **lo ~** the best thing, the best part *etc*; **lo ~ de** the best thing about, the best part of; **lo ~ de la vida** the prime of life; **lo hice lo ~ que pude** I did the best I could, I did my best; **llevarse la ~ parte** to get the best of it.

(**c**) (*preferible*) better; **es ~ callarse** it's better saying nothing, just say nothing; **será ~ que te vayas** you'd better go.

2 *adv* (**a**) (*comp*) better; **A canta ~ que B** A sings better than B; **~ vámonos** (*esp LAm fam*) we'd better go; **tú, ~ te callas** (*esp LAm fam*) you'd better shut up *(fam)*; **¡~!** good!, that's fine!; **~ que ~** better and better, all the better; **~ dicho** or rather, to be precise; **tanto ~** all the better, so much the better; **está mucho ~** he's much better. (**b**) (*superl*) best.

(**c**) **a lo ~** (*probablemente*) probably; (*tal vez*) maybe; **a lo ~ viene mañana** he might come tomorrow.

mejora *nf* (**a**) improvement; **~s** (*arreglos*) improvements, alterations. (**b**) (*en subasta*) higher bid.

mejoramiento *nm* improvement.

mejorana *nf* marjoram.

mejorar [1a] **1** *vt* (**a**) to improve, make better; (*realzar*) to enhance; (*oferta etc*) to raise, improve; (*récord*) to break. (**b**) **~ a** to be better than. **2** *vi* (**a**) (*situación*) to improve, get better; (*Met*) to improve, clear up; (*Fin etc*) to do well, prosper; (*enfermo*) to recover; **los negocios mejoran** business is picking up; **¡que se mejore!** get well soon! (**b**) (*subasta*) to raise one's bid. **3 mejo-**

rarse *vr* to get better, improve.
mejoría *nf* improvement; (*restablecimiento*) recovery.
mejunje *nm* (**a**) (*mezcla*) brew, concoction. (**b**) (*fam: fraude*) fraud.
melado 1 *adj* (*color*) honey-coloured *o (US)* -colored. **2** *nm* (*LAm: de caña*) cane syrup.
melancolía *nf* melancholy, sadness.
melancólicamente *adv* (*V adj*) gloomily, sadly, in a melancholy way; wistfully.
melancólico *adj* melancholy, sad; (*soñador*) dreamy, wistful.
melanina *nf* melanine.
melanoma *nm* melanoma.
melaza *nf* molasses, treacle.
mêlée [me'le] *nf* (*Rugby*) scrum.
melena *nf* (*de hombre*) long hair; (*de mujer*) loose hair, flowing hair; (*Zool*) mane; **~s** (*pey*) mop of hair.
melenas *nm inv* (*fam*) = **melenudo 2**.
melenudo/a 1 *adj* long-haired. **2** *nm/f* long-haired yob.
melifluo *adj* mellifluous, sweet.
melindre *nm* (**a**) sweet cake; (*buñuelo*) honey fritter. (**b**) **~s** daintiness *sg*, dainty ways*sg*, (*pey: afectación*) affected ways; (*mojigatería*) prudery *sg*, prudishness *sg*.
melindroso *adj* (*afectado*) affected; (*mojigato*) prudish; (*quisquilloso*) finicky, fussy.
melocotón *nm* peach.
melocotonero *nm* peach tree.
melodía *nf* (**a**) **una** ~ melody, tune, air. (**b**) (*cualidad*) melodiousness.
melódico *adj* melodic.
melodioso *adj* melodious, tuneful.
melodrama *nm* melodrama.
melodramático *adj* melodramatic.
melómano/a *nm/f* music-lover.
melón *nm* (**a**) (*Bot*) melon. (**b**) (*fam: cabeza*) head, nut; (*: tonto*) idiot.
melonar *nm* bed of melons, melon plot.
melopea *nf* (*fam*) binge (*fam*); **coger** *etc* **una** ~ to get canned (*fam*) *o (US)* soused.
melosidad *nf* (**a**) sweetness; (*pey: lo empalagoso*) sickliness. (**b**) (*fig: dulzura*) sweetness; (*pey*) smoothness.
meloso *adj* (**a**) (*dulce*) honeyed, sweet; (*empalagoso*) sickly, cloying. (**b**) (*fig: voz etc*) sweet, musical; (*pey: zalamero*) smooth, soapy.
mella *nf* (**a**) (*rotura*) nick, notch; (*de dientes etc*) gap; **hacer** ~ (*fig*) to make an impression, sink in. (**b**) (*fig: daños*) harm, damage; **hacer** ~ **en** to do damage to, harm.
mellado *adj* (*borde*) jagged, nicked; (*persona*) gaptoothed.
mellar [1a] *vt* (**a**) (*hacer muescas en*) to nick, dent, notch; (*astilla*) to take a chip out of. (**b**) (*fig: dañar*) to damage, harm.
mellizo/a *adj, nm/f* twin.
membrana *nf* membrane; ~ **mucosa** mucous membrane.
membresía *nf* (*Méx*) membership.
membrete *nm* letterhead, heading.
membrillo *nm* (**a**) quince; **(carne de)** ~ quince jelly. (**b**) (*fam*) fool, idiot.
memez *nf* (*fam*) stupidity; (*: una* ~) silly thing; **decir memeces** to talk rubbish.
memo/a (*fam*) **1** *adj* silly, stupid. **2** *nm/f* idiot.
memorable *adj* memorable.
memorándum *nm* (*pl* **~s**) (**a**) (*cuaderno*) notebook. (**b**) (*memorial*) memorandum.
memoria *nf* (**a**) memory; **de buena** *o* **feliz** ~ of happy memory; **digno de** ~ memorable; **falta de** ~ forgetfulness; **aprender algo de** ~ to learn sth by heart; **hablar de** ~ to speak from memory; **se le fue de la** ~ he forgot it, it slipped his mind; **la peor tormenta de que hay** ~ the worst storm in living memory *o* on record; **hacer** ~ to try to remember; **hacer** ~ **de algo** to recall sth; **no queda** ~ **de eso** there is no memory *o* record of that; **tener buena/mala** ~ to have a good/bad memory; **si tengo buena** ~ if my memory serves me right; **traer algo a la** ~ to recall sth; **venir a la** ~ to come to mind.
(**b**) (*informe*) note, report; (*relación*) record; (*memorandum*) aide-mémoire, memorandum; (*petición*) petition; (*artículo*) (learned) paper; ~ **anual** annual report; (*~s personales*) memoirs; (*de sociedad*) transactions.
(**c**) (*Inform*) memory; ~ **de acceso aleatorio** random access memory, RAM; ~ **auxiliar** backing storage; ~ **central** *o* **principal** main memory; ~ **intermedia** buffer; ~ **muerta** *o* **de sólo lectura** read-only memory, ROM.
memorial *nm* memorial, petition; (*Jur*) brief.
memorioso, **memorista** *adj* (*esp LAm*) having a retentive memory.
memorístico *adj* memory *atr*; **enseñanza ~a** learning by rote.
memorización *nf* memorizing.
memorizar [1f] *vt* to memorize.
mena *nf* ore.
menaje *nm* (**a**) (*muebles*) furniture, furnishings. (**b**) (*tareas domésticas*) housework. (**c**) (*Com etc: utensilios domésticos*) household equipment; **sección de** ~ (*tienda*) hardware and kitchen department.
mención *nf* mention; ~ **honorífica** honourable *o (US)* honorable mention; **hacer** ~ **de** to mention.
mencionado *adj* aforementioned.
mencionar [1a] *vt* (*referirse a*) to mention, refer to; (*nombrar*) to name; **sin** ~ ... let alone ....
menda *pron* (*fam: tb* **~s**: *yo*) yours truly; **un** ~ a bloke (*fam*), a guy (*fam*).
mendacidad *nf* (**a**) (*mentir*) untruthfulness. (**b**) **una** ~ untruth, gross lie.
mendaz *adj* lying, untruthful.
mendicante *adj, nmf* mendicant.
mendicidad *nf* begging.
mendigar [1h] **1** *vt* to beg (for). **2** *vi* to beg (for alms).
mendigo/a *nm/f* beggar.
mendrugo *nm* (**a**) (*de pan*) crust of bread. (**b**) (*fam: tonto*) chump (*fam*).
menear [1a] **1** *vt* (**a**) (*cabeza etc*) to move, shake; (*líquido*) to stir; (*pelo*) to toss; (*cola*) to wag; (*cadera*) to swing; **sin** ~ **un dedo** without lifting a finger; **peor es meneallo** don't go stirring all that up; **¡me la menean!** (*fam!*) I don't give a shit! (*fam!*).
(**b**) (*asunto*) to get on with, get moving; (*negocio*) to handle, conduct.
2 menearse *vr* (**a**) (*gen*) to move, shake; (*cola*) to wag; (*contonearse*) to swing, waggle; ~ *o* **meneársela** (*fam!*) to wank (*fam!*); **un vapuleo de no te menees** a terrific beating-up (*fam*).
(**b**) (*apurarse*) to get a move on; **¡~!** get going!, jump to it!
meneo *nm* (**a**) (*movimiento*) movement; (*: repentino*) shake, toss; (*: de cola*) wag; (*de líquido*) stir, stirring; (*de caderas etc*) swing(ing); (*sacudida*) jerk, jolt. (**b**) (*fam*) hiding.
menester *nm* (**a**) **ser** ~ to be necessary; **es** ~ **hacer algo** it is necessary to do sth, we *etc* must do sth. (**b**) (*trabajo*) job, piece of business; (*recado*) errand; **~es** (*deberes*) duties, business; (*ocupación*) occupation; (*función*) function; **hacer sus ~es** (*euf*) to do one's business (*euf*).
menesteroso *adj* needy.
menestra *nf* stew; ~ **de verduras** vegetable stew.
mengano/a *nm/f* Mr/Mrs/Miss So-and-so; *V* **fulano**.
mengua *nf* (**a**) (*disminución*) decrease, diminishment; (*decadencia*) decay, decline; **sin** ~ (*íntegro*) complete, whole; (*intacto*) untouched. (**b**) (*falta*) lack, want; (*pérdida*) loss. (**c**) (*pobreza*) poverty. (**d**) (*persona: debilidad*) spinelessness. (**e**) (*descrédito*) discredit; **en** ~ **de** to the detriment of.
menguado *adj* (**a**) (*disminuido*) decreased, diminished. (**b**) (*fig*) wretched, miserable; (*: débil*) weak;

(*: tacaño*) mean; (*: tonto*) foolish.

menguante 1 *adj* decreasing, diminishing; (*decadente*) decaying; (*luna*) waning; (*marea*) ebb *atr*. **2** *nf* **(a)** (*Náut*) ebb tide, low water. **(b)** (*luna*) waning. **(c)** (*fig*) decay, decline.

menguar 1i **1** *vt* **(a)** (*disminuir*) to lessen, reduce; (*labor de punto*) to decrease (by). **(b)** (*fig*) to discredit. **2** *vi* **(a)** (*disminuirse*) to decrease; (*número, marea etc*) to go down; (*luna*) to wane. **(b)** (*fig*) to wane, decay, decline.

meningitis *nf* meningitis.

menisco *nm* meniscus.

menopausia *nf* menopause.

menopáusico *adj* menopausal.

menor 1 *adj* (*Mús, Rel*) minor.

2 *adj comp* **(a)** (*tamaño*) smaller (*que* than); less, lesser; **en ~ número** in smaller numbers.

(b) younger (*que* than), junior (*que* to); **el hermano ~** the younger brother; **Juanito es ~ que Pepe** Johnnie is younger than Joe; **ser ~ de edad** to be a minor, be under age.

3 *adj superl* **(a)** (*tamaño*) smallest; (*número*) least; **éste es el ~ de todos** this is the smallest of the lot; **no le doy la ~ importancia** I don't attach the least *o* slightest importance to it; **no tengo la ~ idea** I haven't the least *o* slightest idea.

(b) (*en edad*) youngest; **ella es la ~ de todas** she is the youngest of all.

4 *nmf* (*joven*) young person, juvenile; (*Jur*) minor; **los ~es de edad** those who are under age, the juveniles; **apto para ~es** (*Cine*) for all ages; **no apto para ~es** (*Cine*) not suitable for juveniles.

5 *nm*: **al por ~** (*Com*) retail.

Menorca *nf* Minorca.

menorista (*LAm*) **1** *adj* retail *atr*. **2** *nmf* retailer.

menos 1 *adv* **(a)** (*comp*) less; (*número*) fewer; **con ~ ruido** with less noise; **aquí hay ~ gente** there are fewer people here; **A tiene ~ ventajas que B** A has fewer advantages than B; **A es ~ caro que B** A is less expensive than B; **hoy se va ~** people don't go so much nowadays, nowadays people go less; **~ de** less than; **~ de 9** less than 9; **~ de lo que piensas** less than you think.

(b) (*superl*) least; **es el ~ inteligente de los 4** he is the least intelligent of the 4; **es el que ~ culpa tiene** he is (the) least to blame; **es él que habla ~** he's the one who talks (the) least.

(c) (*locuciones*) **~ aún** even less; **al ~** at least; **si al ~ lloviera** if only it would rain; **hay 7 de ~** we're 7 short, there are 7 missing; **me dieron un paquete con medio kilo de ~** they gave me a packet which was half a kilo short *o* under weight; **me han pagado 2 libras de ~** they have underpaid me by £2; **en ~ de nada** in no time at all; **fue nada ~ que un rey** he was a king no less; **no es para ~** quite right too; **¡~ mal!** too bad!; **por ~ de nada** for no reason at all; **¿qué ~ que darle las gracias?** the least we can do is say thanks!

(d) (*locuciones con lo*) **lo ~ 10** 10 at least; **lo ~ posible** as little as possible; **eso es lo de ~** that's the least of it; **es lo ~ que se puede esperar** it's the least one can expect; **por lo ~** at least.

(e) (*locuciones con verbos*) **tener a ~ hacer algo** to consider it beneath o.s. to do sth; **ir *o* venir a ~** to come down in the world; **echar de ~ (a algn)** to miss (sb); **hacer a algn de ~** to despise *o* belittle sb; **no se quedó en ~** he was not to be outdone; **para no ser ~ que los demás** to keep up with the rest (of them); **¡ya será ~!** come off it!; *V* **cuando; mucho; poder.**

2 *prep* **(a)** except; **todos ~ él** everybody except him; **¡todo ~ eso!** anything but that! **(b)** (*cifras*) minus, less; **5 ~ 2** 5 minus *o* less 2; **7 ~ 2 (son) 5** 2 from 7 leaves 5, 7 take away 2 leaves 5; **las 7 ~ 20** (*hora*) 20 to 7.

3 *adj* (*fam*) **éste es ~ coche que el anterior** this is not as good a car as the last one.

4 *conj*: **a ~ que ...** unless ....

5 *nm* **(a)** (*Mat*) minus sign.

(b) los ~ the minority.

(c) *V* **más.**

menoscabar 1a *vt* **(a)** (*disminuir*) to lessen, reduce; (*dañar*) to damage, impair. **(b)** (*desacreditar*) to discredit.

menoscabo *nm* (*V vt*) lessening, reduction; damage; **con *o* en ~ de** to the detriment of; **sin ~** unimpaired.

menospreciable *adj* contemptible.

menospreciar 1b *vt* **(a)** (*despreciar*) to scorn, despise. **(b)** (*ofender*) to slight. **(c)** (*subestimar*) to underrate.

menosprecio *nm* **(a)** (*desdén*) scorn, contempt. **(b)** (*subestimación*) underrating, undervaluation. **(c)** (*falta de respeto*) disrespect.

mensáfono *nm* bleeper, pager.

mensaje *nm* message; **~ de la corona** speech from the throne; **~ de error** (*Inform*) error message.

mensajero/a *nm/f* messenger; (*profesional*) courier.

menso *adj* (*Chi, Méx: fam*) silly, stupid.

menstruación *nf* menstruation.

menstrual *adj* menstrual.

menstruar 1e *vi* to menstruate.

menstruo *nm* menstruation.

mensual *adj* monthly; **50 dólares ~es** 50 dollars a month.

mensualidad *nf* (*salario*) monthly salary; (*Com*) monthly instalment *o* (*US*) installment *o* payment.

mensualmente *adv* monthly.

mensuario *nm* (*LAm*) monthly magazine *o* journal.

mensurable *adj* measurable.

menta[1] *nf* mint; **~ romana *o* verde** spearmint.

menta[2] *nf* (*Arg fam: fama*) reputation; **~s** (*Chi fam: chismes*) rumours, rumors (*US*), gossip.

mentada *nf*: **hacerle a algn una ~** (*LAm fam*) to (seriously) insult sb.

mentado *adj* **(a)** (*mencionado*) aforementioned. **(b)** (*famoso*) well-known, famous.

mentado *adj* **(a)** (*mencionado*) aforementioned. **(b)** (*famoso*) well-known, famous.

mental *adj* mental; (*capacidad, trabajo etc*) intellectual.

mentalidad *nf* mentality, mind.

mentalización *nf* (*V vt*) (mental) preparation; conditioning; sensitization; persuasion; (*pey*) brainwashing.

mentalizar 1f **1** *vt* to prepare (mentally), condition; (*concienciar*) to sensitize, make aware; (*convencer*) to persuade, convince; (*pey*) to brainwash. **2 mentalizarse** *vr* to prepare o.s. (mentally); (*concienciarse*) to make o.s. aware.

mentalmente *adv* mentally.

mentar 1j *vt* to mention, name; **~ la madre a algn** (*esp Méx*) to swear at sb.

mente *nf* mind; (*inteligencia*) intelligence, understanding; **no está en mi ~ hacer algo, no tengo en ~ hacer algo** it is not in my mind to *o* it is not my intention to do sth; **se le fue completamente de la ~** it completely slipped his mind; **traer/venir a la ~** to call/come to mind.

mentecato/a 1 *adj* silly, stupid. **2** *nm/f* idiot, fool.

mentidero *nm* gossip shop (*fam*).

mentir 3k *vi* to (tell a) lie, tell lies; (*engañar*) to be deceptive; **¡miento!** sorry, I'm wrong!, my mistake!

mentira *nf* **(a)** (*una ~*) lie, falsehood; (*acto de mentir*) lying, deceitfulness; **¡~!** it's a lie!; **una ~ como una casa** a whopping great lie (*fam*); **~ piadosa** white lie; **¡parece ~!** well (I never)!; **aunque parezca ~** however incredible it seems, strange though it may seem; **parece ~ que ...** it seems impossible that ...; **parece ~ que no te acuerdes** I'm surprised you don't remember; **coger a algn en una ~** to catch sb in a lie. **(b)** (*uñas*) white mark (on fingernail).

mentirijillas *nfpl*: **es *o* va de ~** it's only a joke; (*a niño*) just pretend, it's just make-believe; **jugar de ~** to play for fun *(ie not for money).*

mentiroso/a 1 *adj* lying; *(que engaña)* deceitful; *(falso)* deceptive, false. **2** *nm/f* liar; deceiver.

mentís *nm inv* denial; **dar el ~ a** to refute, deny.

mentol *nm* menthol.

mentolado *adj* mentholated.

mentón *nm* chin.

mentor *nm* mentor.

menú *nm (tb Inform)* menu; **~ del día** *(Esp)* fixed price meal; **guiado por ~** *(Inform)* menu-driven.

menudear [1a] **1** *vt* **(a)** *(repetir)* to repeat frequently; **menudea sus visitas** he often comes to visit. **(b)** *(LAm)* to sell retail. **2** *vi (ser frecuente)* to be frequent, happen frequently.

menudencia *nf (bagatela)* trifle, small thing; **~s** odds and ends.

menudillos *nmpl* giblets.

menudo 1 *adj* **(a)** *(pequeño)* small, minute; *(fig)* slight, insignificant. **(b)** *(iró)* fine, some; *(admirativo)* what a, some; **¡~ negocio!** *(iró)* a fine deal (indeed)!; *(con admiración)* what a great bit of business!; **¡~ lío!** what a mess!; **~ viento hizo anoche!** that was some wind last night! **2** *nm* small change. **3** *adv*: **a ~** often, frecuently.

meñique *nm (tb* **dedo ~***)* little finger.

meódromo *nm (fam)* bog *(fam)*, loo *(fam)*.

meollo *nm* **(a)** *(Anat: médula)* marrow. **(b)** *(de pan)* soft part, inside, crumb. **(c)** *(fig: de persona)* brains. **(d)** *(fig: nucleo)* gist, essence, core; **el ~ de la cuestión** the heart of the matter.

meón/ona *(fam)* **1** *adj (niño)* that wets itself. **2** *nm/f* baby (boy/girl).

mequetrefe *nm* good-for-nothing, whippersnapper.

meramente *adv* merely, only, solely.

mercachifle *nm* **(a)** *(pey: comerciante)* smalltime trader *o* dealer. **(b)** *(fig: rapaz)* moneygrubber.

mercadear [1a] *vt* to deal, trade.

mercadeo *nm* marketing.

mercader *nm (esp Hist)* merchant.

mercadería *nf* commodity; **~s** goods, merchandise *sg.*

mercadillo *nm* street market.

mercado *nm* market; **~ en baja** falling market; **M~ Común** Common Market; **~ de demanda** seller's market; **~ exterior/interior** *o* **nacional/libre/único** overseas/home/free/single market; **~ negro/objetivo** black/target market; **~ de trabajo** *o* **laboral** labour *o (US)* labor market; **~ de productos básicos/de valores** commodity/stock market; **inundar el ~ de** to flood the market with; **salir al ~** to come on to the market.

mercadotecnia *nf* marketing; **estudios de ~** market research.

mercancía 1 *nf* commodity; **~s** goods, merchandise *sg*; **~s en depósito** bonded goods. **2** *nm inv*: **~s** goods train, freight train *(US).*

mercante 1 *adj* merchant *atr*, commercial. **2** *nm (buque)* merchantman, merchant ship.

mercantil *adj* mercantile, commercial; *(derecho)* commercial.

mercantilismo *nm* mercantilism.

merced *nf* **(a)** *(Lit: favor)* favour, favor *(US)*; **hacer la ~ de hacer algo** to do the favour of doing sth; **tenga la ~ de hacerlo** please be so good as to do it. **(b) ~ a** thanks to. **(c) estar a la ~ de** to be at the mercy of. **(d)** *(antaño)* **vuestra ~** your worship, sir.

mercenario *adj, nm* mercenary.

mercería *nf* **(a)** *(artículos)* haberdashery, notions *pl (US).* **(b)** *(tienda)* haberdasher's (shop), notions store *(US)*; *(Carib, Méx: lencería)* draper's (shop), dry-goods store *(US)*; *(: ferretería)* ironmonger's, hardware salesman.

mercero *nm* haberdasher; *(LAm)* draper.

Mercosur *nm abr de* **Mercado Común del Cono Sur** *(Argentina, Brazil, Paraguay and Uruguay).*

mercurio *nm* mercury.

merdoso *adj (fam!: inmundo)* filthy; *(: puerco)* sluttish.

merecedor *adj* deserving, worthy *(de* of); **~ de confianza** trustworthy; **ser ~ de** to deserve, be deserving of.

merecer [2d] **1** *vt (gen)* to deserve, merit; **~ hacer algo** to deserve to do sth; **merece la pena** it's worth it. **2** *vi* to be deserving, be worthy. **3 merecerse** *vr*: **~ algo** to earn sth; **se lo mereció** he deserved it, he got what he deserved.

merecido 1 *adj (premio etc)* well deserved, fully deserved; **bien ~ lo tiene** it serves him right. **2** *nm*: **llevarse su ~** to get one's deserts.

merecimiento *nm* **(a)** *(lo merecido)* deserts *pl.* **(b)** *(méritos)* merit, worthiness.

merendar [1j] **1** *vt* to have for tea *o (US)* lunch. **2** *vi* to have tea; *(en el campo)* to picnic, take tea out. **3 merendarse** *vr (fam)* **(a) ~ algo** to wangle sth *(fam).* **(b) ~ una fortuna** to squander a fortune. **(c) ~ a algn** *(fig)* to gobble sb up, make short work of sb; *(LAm: matar)* to bump sb off *(fam).*

merendero *nm (café)* tearoom; *(en el campo)* picnic spot.

merengue 1 *adj (fam)* (of) Real Madrid F.C. **2** *nm* **(a)** *(Culin)* meringue. **(b)** *(LAm: enfermizo)* sickly person, invalid. **(c)** *(And, Carib) popular dance.* **3** *nmpl*: **los ~s** *(fam)* Real Madrid F.C.

meretriz *nf* prostitute.

meridiano/a 1 *adj* **(a)** *(calor, hora etc)* midday *atr*, noon *atr.* **(b)** *(hecho etc)* clear as day, crystal-clear. **2** *nm (Astron, Geog)* meridian.

meridional 1 *adj* southern. **2** *nmf* southerner.

merienda *nf* tea, afternoon snack; *(de viaje)* packed meal; *(en el campo)* (picnic) meal; **~ de negros** *(fam: confusión)* bedlam, free-for-all; *(: chanchullo)* crooked deal.

merino *adj, nm* merino.

mérito *nm (valor)* merit, worth, value; *(excelencia)* excellence; **de ~** worthy, of merit; **~s de guerra** mention in dispatches; **hacer ~ de** to mention; **hacer ~s** to strive to be deserving; **restar ~ de** to detract from.

meritocracia *nf* meritocracy.

meritorio/a 1 *adj (que merita)* deserving; *(: alabanza)* praiseworthy. **2** *nm/f* unpaid trainee; *(esp)* office junior.

merluza *nf* **(a)** hake. **(b)** *(fam)* **coger una ~** to get sozzled *(fam) o (US)* soused.

merluzo 1 *adj (fam)* silly, stupid. **2** *nm* idiot.

merma *nf* decrease; *(pérdida)* wastage, loss.

mermar [1a] **1** *vt (disminuir)* to reduce, lessen; *(cortar)* to cut down. **2** *vi*, **mermarse** *vr (disminuirse)* to decrease, dwindle; *(líquido)* to go down; *(fig)* to waste away.

mermelada *nf* jam; **~ de naranja** marmalade.

mero[1] **1** *adj* **(a)** *(gen)* mere, simple; **el ~ hecho de ...** the mere *o* simple fact of .... **(b)** *(CAm, Méx: exacto)* real; **la ~a verdad** the simple truth; **el ~ Jaime** Jaime himself; **en la ~a esquina** right on the corner. **2** *adv (CAm, Méx: justo)* just, right; **aquí ~** *(exacto)* right here, near here; **ahora ~** right now; *(pronto)* in a minute; **¡ya ~!** *(fam)* just coming; **él va ~ adelante** he's just ahead. **3** *nm*: **el ~ ~** *(Méx fam)* the boss *(fam).*

mero[2] *nm (Pez)* grouper.

merodeador 1 *adj* marauding, prowling. **2** *nm (Mil etc)* marauder, raider; *(nocturno)* prowler.

merodear [1a] *vi (Mil etc)* to maraud; *(de noche)* to prowl (about); *(curiosear)* to snoop around.

merolico *nm (Méx fam: curandero)* quack *(fam)*; *(vendedor)* street salesman.

mersa *(Arg fam)* **1** *adj inv* common, vulgar. **2** *nmf inv* common person.

mes *nm* **(a)** month; **al ~ llegó él** he came a month later; **50 dólares al ~** 50 dollars a month; **~ lunar** lunar month; **el ~ corriente** this *o* the current month; **el ~ que viene** next month. **(b)** *(Fin: sueldo)* month's pay; *(: pago)* monthly payment. **(c)** (*Med: fam*) **estar con** *o* **tener el ~** to be having one's period.

mesa *nf* **(a)** table; (*tb* **~ de trabajo**) desk; **~ de billar** billiard table, pool table *(US)*; **~ digitalizadora** (*Inform*) graph pad; **~ de operaciones** *u* **operatoria** operating table; **~ redonda** (*Hist*) Round Table; (*Pol*) round table; (*conferencia*) round-table conference; **quitar la ~** to clear away; **bendecir la ~** to say grace; **poner la ~** to lay the table; **sentarse a la ~** to sit down to table; **servir a la ~** to wait at table.
(b) (*personas: de empresa*) presiding committee, board; (*: en mitin*) platform; **~ electoral** officials in charge of a polling station.

mesana *nf* mizzen.

mesarse [1a] *vr*: **~ el pelo** *o* **los cabellos/la barba** to tear one's hair/beard.

mescalina *nf* mescaline.

mesero/a *nm/f* (*Méx*) waiter/waitress.

meseta *nf* **(a)** (*Geog*) meseta, tableland, plateau. **(b)** (*Arquit*) landing.

mesetario *adj* of *o* from the Castilian meseta; (*fig*) Castilian.

mesiánico *adj* messianic.

Mesías *nm* Messiah.

mesilla *nf* small *o* side *o* occasional table; (*tb* **~ de noche**) bedside table.

mesón *nm* **(a)** (*Hist*) inn; (*moderno*) olde worlde inn. **(b)** (*Chi, Ven*) counter.

mesonero/a *nm/f* **(a)** innkeeper. **(b)** (*Carib*) waiter/waitress.

mesteño (*Méx*) **1** *adj* (*caballo*) wild, untamed. **2** *nm* mustang.

mestizaje *nm* **(a)** (*cruce*) crossbreeding. **(b)** (*gente*) mestizos *pl*.

mestizo/a 1 *adj* racially mixed; (*Zool: cruzado*) crossbred, mongrel; (*híbrido*) hybrid. **2** *nm/f* (*persona*) mestizo; (*animal*) crossbreed.

mesura *nf* **(a)** (*calma*) calm. **(b)** (*moderación*) moderation, restraint. **(c)** (*cortesía*) courtesy.

mesurado *adj* (*V nf*) **(a)** calm. **(b)** moderate, restrained. **(c)** courteous.

mesurar [1a] **1** *vt* **(a)** (*contener*) to restrain, temper. **(b)** (*Ecu: medir*) to measure. **2 mesurarse** *vr* to restrain o.s., act with restraint.

meta 1 *nf* **(a)** (*Ftbl*) goal; (*Carrera*) winning post, finishing line; (*Atletismo*) tape; **~ volante** (*ciclismo*) sprint. **(b)** (*fig*) goal, aim, objective. **2** *nm* (*portero*) goalkeeper.

metabólico *adj* metabolic.

metabolismo *nm* metabolism.

metadona *nf* methadone.

metafísica *nf* metaphysics *sg*.

metafísico *adj* metaphysical.

metáfora *nf* metaphor.

metafórico *adj* metaphoric(al).

metal *nm* **(a)** metal; (*Mús*) brass; **~ en láminas** *o* **laminado** sheet metal; **~ pesado** heavy metal; **el vil ~** filthy lucre. **(b)** (*de voz*) timbre; (*fig*) quality.

metalenguaje *nm* metalanguage.

metálico 1 *adj* metallic, metal *atr*. **2** *nm* cash; **pagar en ~** to pay (in) cash.

metalizado *adj* (*pintura*) metallic.

metalurgia *nf* metallurgy.

metalúrgico/a 1 *adj* metallurgic(al); **industria ~a** engineering industry. **2** *nm/f* metallurgist.

metamorfosear [1a] **1** *vt* to metamorphose, transform (*en* into). **2 metamorfosearse** *vr* to be metamorphosed, be transformed.

metamorfosis *nf inv* metamorphosis, transformation.

metano *nm* methane.

metate *nm* (*CAm, Méx*) flat stone for grinding.

metedor *nm* **(a)** (*de bebé*) nappy liner. **(b)** (*contrabandista*) smuggler.

metedura *nf* **(a)** (*fam: acto de meter*) putting, placing. **(b)** (*fam*) **~ de pata** (*fam*) blunder, clanger.

metelón *adj* (*Méx*) meddling.

meteórico *adj* meteoric.

meteorito *nm* meteor, meteorite.

meteoro *nm* meteor.

meteorología *nf* meteorology.

meteorológico *adj* meteorological, weather *atr*.

meteorólogo/a *nm/f* meteorologist; (*Rad, TV*) weatherman *(fam)*, female weather reporter.

metepatas *nmf inv* (*fam*): **eres un ~** you're always putting your foot in it.

meter [2a] **1** *vt* **(a)** to put (*en, a (LAm)* in, into); (*encajar*) to fit in; (*: con dificultad*) to squeeze in; **~ la mano en el bolsillo** to put one's hand in one's pocket; **~ dinero en el banco** to put money in the bank; **~ a algn en la cárcel** to put sb in prison; **a todo ~** as fast as possible.
(b) (*Dep: gol*) to score.
(c) (*Com: tb* **~ de contrabando**) to smuggle (in).
(d) (*hacer, provocar*) to make, cause; **~ ruido** to make a noise; (*fig*) to cause a stir; **~ miedo a algn** to scare *o* frighten sb; **~ un susto a algn** to put the wind up sb *(fam)*; **~ prisa a algn** to make sb get a move on.
(e) (*dinero: apostar*) to stake, wager; (*: invertir*) to invest.
(f) (*persona*) to involve; **tú me metiste en este lío** you got me into this mess.
(g) ~ a algn a trabajar to put sb to work; **~ a algn a un oficio** to put sb to a trade; **~ una chica monja** to send a girl to a convent.
(h) (*Cos: achicar etc*) to take in, take up.
(i) (*fam: golpe*) to give, deal.
(j) (*fam*) **~ algo a algn** to palm sth off on sb; **nos metió un rollo** he went on and on, he gave us a whole spiel; **le metieron 5 años de cárcel** they did him for 5 years *(fam)*; **nos van a ~ más trabajo** they're going to lumber us with more work; **¿quién le metió esas ideas en la cabeza?** who gave him those ideas?
2 meterse *vr* **(a) ~ en** (*entrar*) to go *o* get into, enter; (*negocio, situación etc*) to take part *o* get involved in; **se metió en la cama** she got into bed; **se metió en la tienda** he went into the shop; **~ en explicaciones** to enter into explanations; **~ en líos** to get into problems; **~ en sí mismo** to withdraw into one's shell; **¿dónde se habrá metido el lápiz?** where can the pencil have got to?; **la pobre no sabía donde ~** she didn't know where to hide.
(b) (*Geog: cabo*) to extend, project; (*río*) to flow into.
(c) ~ la camisa to tuck one's shirt in; **~ una buena cena** *(fam)* to tuck into a good dinner; **~ un pico** to give o.s. a fix; **¡métetelo donde te quepa!** *(fam)* you can stuff it! *(fam)*.
(d) ~ en (*fig*) to interfere *o* meddle in; **¡no te metas en lo que no te importa!, ¡no te metas donde no te llaman!** mind your own business!; **¿por qué te metes?** what's it to you?
(e) ~ con algn (*provocar*) to provoke sb, pick a quarrel with sb; (*burlarse*) to tease sb, have a go at sb.
(f) ~ (a) monja to become a nun; **~ a escritor** to become a writer; (*pey*) set o.s. up as a writer; **~ de aprendiz en un oficio** to go into trade as an apprentice.
(g) ~ a hacer algo to start doing sth *o* to do sth.

meterete *adj inv* (*Arg fam*), **metete** *adj inv* (*Chi, Méx: fam*) interfering.

meticón/ona (*fam*) **1** *adj* meddling. **2** *nm/f* busybody, meddler.

meticuloso *adj* meticulous, thorough.

metiche *adj* (*CAm, Chi, Méx: fam*) meddling, meddlesome.

metido 1 *adj* **(a) ~ en sí mismo** introspective. **(b) estar muy ~ en un asunto** to be deeply involved in a matter. **(c) ~ en años** elderly, advanced in years; **~ en carnes** plump. **(d)** (*LAm: entrometido*) meddling, meddlesome.

2 *nm* (*fam*) (**a**) (*reprimenda*) ticking-off; **dar** *o* **pegar un ~ a algn** to give sb a dressing-down. (**b**) **pegar un buen ~ a una tarta** to take a good chunk out of a cake.
metílico *adj*: **alcohol ~** methylated spirit.
metódicamente *adv* methodically.
metódico *adj* methodical.
metodismo *nm* Methodism.
metodista *adj, nmf* Methodist.
método *nm* method.
metodología *nf* methodology.
metodológico *adj* methodological.
metomentodo *nmf* (*fam*) meddler, busybody.
metraje *nm* (*Cine*) length.
metralla *nf* (**a**) shrapnel. (**b**) (*fam*) coppers, small change.
metralleta *nf* sub-machine *o* tommy gun.
métrica *nf* metrics.
métrico *adj* metric(al); **cinta ~a** tape measure.
metro[1] *nm* (**a**) (*medida*) metre, meter *(US)*; **~ cuadrado/cúbico** square/cubic metre. (**b**) (*instrumento*) rule, ruler; (*cinta métrica*) tape measure.
metro[2] *nm* (*Ferro*) underground, tube, subway *(US)*.
metrónomo *nm* metronome.
metrópoli *nf* metropolis; (*de imperio*) mother country.
metropolitano 1 *adj* metropolitan; **área ~a de Madrid** Greater Madrid. **2** *nm* (**a**) (*Rel*) metropolitan. (**b**) (*Ferro*) = **metro**[2].
mexicano/a *adj, nm/f* (*LAm*) Mexican.
México *nm* (*LAm*) Mexico.
mezanine *nm* mezzanine.
mezcal *nm* (*Méx: bebida*) mescal.
mezcla *nf* (**a**) (*acto*) mixing. (**b**) (*sustancia*) mixture; (*fig*) blend, combination; (*Cos*) tweed; **sin ~** pure, unadulterated; (*bebida*) neat; **~ explosiva** explosive mixture; (*fam*) unholy mixture. (**c**) (*Arquit*) mortar.
mezclador(a) 1 *nm/f*: **~ de imágenes** vision mixer; **~ de sonido** dubbing mixer. **2** *nf* (*máquina*) mixer.
mezclar [1a] **1** *vt* (**a**) (*gen*) to mix, mix up (together); (*líquidos*) to blend; (*combinar*) to merge, combine; (*desordenar, confundir*) to mix up; (*naipes*) to shuffle.
(**b**) (*fig: envolver*) to involve; (*: introducir*) to bring *o* drag in; **no quiero que me mezcles en ese asunto** I don't want you to get me involved up in that business.
2 mezclarse *vr* (**a**) (*V vt*) to mix (*con* with); to blend (*con* with); (*desordenarse*) to get mixed up.
(**b**) (*personas*) to mingle; **~ con cierta gente** (*alternar*) to mix with certain people; **se mezcló con unos indeseables** he got mixed up with a bunch of undesirables.
(**c**) (*intervenir*) **~ en** to get mixed up in, get involved in.
mezcolanza *nf* hotchpotch, jumble.
mezquinar [1a] (*LAm*) **1** *vt* to be stingy with, give sparingly. **2** *vi* to be mean, be stingy.
mezquindad *nf* (**a**) (*cicatería*) meanness, stinginess; (*miras estrechas*) pettiness; (*vileza*) ignoble nature; (*insignificancia*) paltriness, wretchedness. (**b**) (*acto*) mean action, petty deed.
mezquino/a 1 *adj* (**a**) (*tacaño*) mean, stingy. (**b**) (*de miras estrechas*) small-minded, petty; (*interesado*) materialistic, lacking the finer sentiments. (**c**) (*miserable*) miserable, paltry. **2** *nm/f* (**a**) (*avaro*) mean person, miser; (*miserable*) petty individual, wretch. (**b**) (*LAm: verruga*) wart.
mezquita *nf* mosque.
mezquite *nm* (*Méx*) mesquite (tree *o* shrub).
mezzanine *nm* mezzanine.
M.F. *nf abr de* **modulación de frecuencia** FM.
mg. *abr de* **miligramo(s)** mg.
MHz *abr de* **megahercio** MHz.
mi[1] *adj pos* my.
mi[2] *nm* (*Mús*) E; **~ mayor** E major.
mí *pron* (*después de prep*) me, myself; **¡a ~!** help!; **¡a ~ con ésas!** come off it!, tell me another!; **¿y a ~ qué?** so what?, what has that got to do with me?; **para ~ no hay duda** I don't believe there can be any doubt; **por ~ puede ir** so far as I'm concerned she can go; **por ~ mismo** by myself, on my own account.
miaja *nf* (*gen*) crumb; **ni (una) ~** (*fig*) not the least little bit.
miasma *nm* miasma.
miau *nm* mew, miaow.
Mibor *nm abr de* **Madrid inter-bank offered rate**.
mica *nf* (*Miner*) mica.
mico *nm* (**a**) (*Zool*) monkey; (*esp*) long-tailed monkey. (**b**) (*fam: feo*) ugly devil; (*: engreído*) conceited person, big head (*fam*); **¡~!** (*a niño*) you little monkey! (**c**) **dar el ~** (*engañar*) to cheat; (*decepcionar*) to disappoint; **volverse ~ para hacer algo** to be at one's wit's end to know how to do sth.
micra *nf* micron.
micrero/a *nm/f* (*And, CSur*) minibus driver; (*CSur*) coach driver.
micro[1] *nm* (*Rad*) mike (*fam*), microphone.
micro[2] *nm* (*And, CSur: de corta distancia*) minibus; (*CSur: de larga distancia*) bus, coach.
micro... *pref* micro....
microbio *nm* microbe.
microbiología *nf* microbiology.
microbiólogo/a *nm/f* microbiologist.
microbús *nm* minibus.
microcircuito *nm* microcircuit.
microclima *nm* microclimate.
mícrocomputadora *nf* microcomputer.
microcosmo(s) *nm* microcosm.
microchip *nm* microchip.
microeconomía *nf* microeconomics *sg*.
microelectrónica *nf* microelectronics.
microficha *nf* microfiche.
microfilm *nm* (*pl* **~s** *o* **~es**) microfilm.
micrófono *nm* microphone; (*Telec*) mouthpiece.
microlentillas *nfpl* contact lenses.
micrómetro *nm* micrometer.
microonda *nf* microwave; **(horno) ~s** microwave (oven).
microordenador *nm* microcomputer.
microorganismo *nm* microorganism.
micropastilla *nf* (*Inform*) chip, wafer.
microplaqueta, **microplaquita** *nf*: **~ de silicio** silicon chip.
microprocesador *nm* microprocessor.
microprograma *nm* (*Inform*) firmware.
microscópico *adj* microscopic.
microscopio *nm* microscope.
microsurco *nm* microgroove.
microtécnica, **microtecnología** *nf* microtechnology.
michelín *nm* (*fam*) spare tyre *o (US)* tire, roll of fat.
MIE *nm abr* (*Esp*) *de* **Ministerio de Industria y Energía**.
miéchica *interj* (*LAm euf*) damn! (*fam*), shoot! (*fam*).
miedica(s) *nmf* (*fam*) coward.
miedo *nm* (**a**) (*gen*) fear, dread (*a, de* of); (*recelo*) apprehension, nervousness; **~ cerval** *o* **espantoso** great fear; **~ al público** (*Teat*) stage fright; **por ~ a** *o* **de** for fear of; **por ~ de que ...** for fear that ...; **¡qué ~!** what a fright!; **dar** *o* **infundir** *o* **meter ~ a** to scare, frighten; **me da ~** it scares me *o* makes me nervous; **me da ~ dejar solo al niño** I worry about leaving the kid alone; **que da ~** (*adj*) fearsome; (*adv*) dreadfully, terribly; **meterle el ~ en el cuerpo a algn** to scare the wits out of sb, scare the pants off sb (*fam*); **tener ~** to be afraid (*a* of); **tener ~ de** *o* **a hacer algo** to be afraid to do sth, be afraid *o* nervous of doing sth; **tengo ~ de que le ocurra algo** I'm scared something will happen to him.
(**b**) (*fam*) **de ~** (*adj, adv*) wonderful(ly), marvellous(ly); (*pey*) awful(ly); **es un coche de ~** it's a smashing car (*fam*); **hace un frío de ~** it's terribly cold (*fam*).
miedoso *adj* (*cobarde*) fearful, fainthearted; (*tímido*)

nervous, shy.

miel *nf* (**a**) honey; (*tb* ~ **de caña** *o* **negra**) molasses. (**b**) (*locuciones*) **las ~es del triunfo** the sweets of success; **es ~ sobre hojuelas** better still; **no hay ~ sin hiel** there's no rose without a thorn; **dejar a algn con la ~ en los labios** to spoil sb's fun.

mielga *nf* alfalfa.

miembro 1 *nm* (**a**) (*Anat*) limb, member; ~ **viril** male member, penis. (**b**) (*Ling, Mat etc*) member. (**c**) (*de club*) member; (*de institución*) fellow. **2** *adj* member; **los países ~s** the member countries.

mientes *nfpl*: **¡ni por ~!** never!, not on your life!; **parar ~ en** to reflect on; **traer a las ~** to recall; **se le vino a las ~** it occurred to him.

mientras 1 *conj* (**a**) while, when, as long as; ~ **duraba la guerra** as long as the war lasted; ~ **él estaba fuera** while he was abroad; **no podemos comenzar ~ no venga** we can't start until he comes.

(**b**) ~ **(que)** whereas; **tú trabajas ~ que yo estoy en el paro** you're working while I'm unemployed; ~ **más tienen más quieren** (*esp LAm*) the more they have the more they want.

2 *adv* (*entre tanto: tb* **y ~**, ~ **tanto**) meanwhile, meantime; (*todo el tiempo*) all the while; **llegaré en seguida, ~ (tanto), prepáralo todo** I'll be right there, in the meantime, you get it all ready.

miérc. *abr de* **miércoles** Wed(s).

miércoles *nm inv* Wednesday; ~ **de ceniza** Ash Wednesday; *V* **sábado**.

mierda *nf* (*fam!*) (**a**) shit; (*fam!*) crap (*fam!*); (*fig*) filth, dirt; **¡~!** shit (*fam!*); **de ~** (*esp LAm: maldito*) lousy (*fam*), bloody (*fam*). (**b**) (*fig*) **el libro es una ~** the book is crap (*fam*); **una película de ~** a crappy film (*fam!*); **esos políticos de ~** those lousy politicians (*fam*); **coger** *o* **pillar una ~** to get sozzled (*fam*); **estar hecho una ~** to be knackered (*fam*); **irse todo a la ~** to get ballsed up (*fam!*); **¡vete a la ~!** go to hell! (*fam*), piss off! (*fam!*).

mies *nf* (**a**) (ripe) corn, wheat, grain. (**b**) (*temporada*) harvest time. (**c**) **~es** cornfields.

miga *nf* (**a**) crumb; (*fig*) bit; **la ~** the dough; **~s** (*Culin*) fried breadcrumbs. (**b**) (*fig: médula*) core, essence; **esto tiene su ~** there's more to this than meets the eye. (**c**) **hacer algo ~s** to break *o* smash sth into little pieces; **hacer ~s a algn** to leave sb in a sorry state; **hacer buenas ~s** to get on well, hit it off.

migajas *nfpl* (*de pan*) crumbs; (*gen*) bits; (*fig*) leavings.

migar [1h] *vt* to crumble, break up.

migración *nf* migration.

migraña *nf* migraine.

migrar [1a] *vi* to migrate.

migratorio *adj* migratory.

mijo *nm* millet.

mil *adj, nm* a *o* one thousand; **tres ~ coches** three thousand cars; ~ **doscientos dólares** one thousand two hundred dollars; ~ **veces** hundreds of times; **a las ~** (*fam*) at some ungodly hour; *V* **seis**.

milagro *nm* miracle; ~ **económico** economic miracle; **es un ~ que ...** it is a miracle *o* wonder that ...; **salvarse de ~** to escape miraculously *o* by the skin of one's teeth; **hacer ~s** (*fig*) to work wonders.

milagroso *adj* miraculous.

Milán *nm* Milan.

milanesa *nf* (*Arg Culin*) schnitzel.

milano *nm* (*Orn*) kite.

mildeu *nm* (*tb* **mildiu, mildiú**) mildew.

milenario 1 *adj* millennial; (*fig*) very ancient, age-old. **2** *nm* millennium.

milenio *nm* millennium.

milésimo/a 1 *adj* thousandth. **2** *nm/f* thousandth; **una ~a de segundo** a thousandth of a second; (*fig*) a split second; *V* **sexto**.

mili *nf* (*fam*) military service; **hacer la ~** to do one's military service.

milibar *nm* millibar.

milicia *nf* (**a**) militia; (*militares*) military. (**b**) (*arte*) art of war; (*profesión*) soldiering, military profession; (*servicio militar*) (period of) military service.

miliciano/a *nm/f* militiaman/-woman.

milico *nm* (*And, CSur: pey: soldado*) soldier; (*: policía*) policeman.

miligramo *nm* milligramme, milligram (*US*).

mililitro *nm* millilitre, milliliter (*US*).

milimetrado *adj* (*fig*) minutely calculated.

milimétrico *adj* (*fig*) precise, minute; **con precisión ~a** with pinpoint accuracy.

milímetro *nm* millimetre, millimeter (*US*); **lo calculó al** *o* **hasta el ~** (*fig*) he calculated it very precisely.

militancia *nf* (**a**) (*cualidad*) militancy. (**b**) (*Pol*) membership.

militante 1 *adj* militant. **2** *nmf* militant; (*Pol*) (active) member; ~ **de base** rank and file member.

militar 1 *adj* military; (*guerrero*) warlike; **ciencia ~** art of war. **2** *nm* (*soldado*) soldier, military man; (*: en la mili*) serviceman; **los ~es** the military. **3** [1a] *vi* (**a**) (*Mil*) to serve (in the army). (**b**) (*fig*) ~ **en un partido** to belong to *o* be active in a party. (**c**) (*fig*) ~ **contra/a favor de** (*hecho*) to militate against/for; (*persona*) to fight against/for.

militarismo *nm* militarism.

militarista 1 *adj* militaristic. **2** *nmf* militarist.

militarizar [1f] *vt* to militarize.

milonga (*CSur*) *nf kind of dance*; (*fiesta*) party.

milpa *nf* (*CAm, Méx*) maize field, cornfield (*US*).

milpear [1a] (*CAm, Méx*) **1** *vt* to prepare for the sowing of maize. **2** *vi* (**a**) to make a maize field. (**b**) (*maíz: brotar*) to sprout.

milpero *nm* (*CAm, Méx*) maize grower.

miltomate *nm* (*CAm, Méx*) small green tomato.

milla *nf* mile; ~ **marina** nautical mile.

millar *nm* thousand; **a ~es** in thousands, by the thousand.

millo *nm* (*esp LAm*) (variety of) millet.

millón *nm*: **un ~** a *o* one million; **un ~ de sellos** a million stamps; **3 ~es de niños** 3 million children; **¡un ~ de gracias!** thanks a million!

millonada *nf* (*fam*) million.

millonario/a *nm/f* millionaire/millionairess.

millonésimo/a *adj, nm/f* millionth.

mimado *adj* spoiled.

mimar [1a] *vt* (*niño etc*) to spoil, pamper.

mimbre *nmf* (**a**) (*Bot*) osier, willow. (**b**) (*material*) wicker; **de ~** wicker *atr*, wickerwork.

mimbrearse [1a] *vr* to sway.

mimeografiar [1c] *vt* to mimeograph.

mimeógrafo *nm* mimeograph.

mimético *adj* mimetic, imitation *atr*.

mimetismo *nm* mimetism; (*Zool etc*) mimicry.

mimetizar [1f] (*esp LAm*) **1** *vt* to change colour *o* (*US*) color, camouflage. **2 mimetizarse** *vr* (*Zool*) to change colour *o* (*US*) color; (*Mil*) to camouflage o.s.

mímica *nf* (**a**) (*arte*) mime; (*lenguaje*) sign language; (*gesto*) gesticulation. (**b**) (*imitación*) mimicry.

mímico *adj* mimic; **lenguaje ~** sign language.

mimo/a 1 *nm/f* (*Teat*) mime. **2** *nm* (**a**) (*Teat*) mime. (**b**) (*caricia*) affectionate caress; (*condescendencia*) pampering; **dar ~s a un niño** to spoil a child; **hacer ~s a algn** to make a (great) fuss of *o* over sb.

mimosa *nf* mimosa.

mimoso *adj* affectionate; (*pey: niño*) clingy; (*: novia*) kittenish.

Min *abr de* **Ministerio** Min; ~ **de AA.EE** FCO, FO; ~ **de D** MOD.

min *abr de* **minúscula** lc.

mina *nf* (**a**) (*Min*) mine; ~ **a cielo abierto** opencast mine; ~ **de carbón** *o* **hullera** coalmine. (**b**) (*galería*) gallery; (*pozo*) shaft. (**c**) (*Mil, Náut*) mine. (**d**) (*de lápiz*) lead, re-

fill. (**e**) (*fig*) (gold) mine, storehouse. (**f**) (*And, CSur: fam: chica*) bird *(fam)*, broad *o (US fam)* chick.
minador *nm* (**a**) (*Mil*) sapper; (*Min*). (**b**) (*Náut: tb* **buque** ~) minelayer.
minar [1a] *vt* (**a**) (*Mil, Min, Náut*) to mine. (**b**) (*fig*) to undermine, sap.
minarete *nm* minaret.
mineral 1 *adj* mineral. **2** *nm* (*Geol*) mineral; (*Min*) ore; ~ **de hierro** iron ore.
mineralogía *nf* mineralogy.
mineralogista *nmf* mineralogist.
minería *nf* mining.
minero/a 1 *adj* mining. **2** *nm/f* miner.
minga[1] *nf* (*fam!*) prick *(fam!)*.
minga[2] *nf* (*LAm*) (**a**) (*trabajo*) voluntary communal labour *o (US)* labor, cooperative work. (**b**) (*equipo*) crew, gang (of cooperative workers).
mingar [1h] *vt* (**a**) (*LAm: trabajar*) to work communally on, contribute cooperatively to. (**b**) (*And, CSur: trabajadores*) to call together for a communal task.
mingitorio *nm* (*hum: tb* **~s**) toilets, urinals.
mini *nf* (*falda*) mini, miniskirt.
mini... *pref* mini....
miniatura 1 *adj* miniature; (*perro etc*) toy. **2** *nf* miniature; **en** ~ in miniature.
minifalda *nf* miniskirt.
minifundio *nm* smallholding, small farm.
minifundista *nmf* smallholder.
minigolf *nm* putting (green), miniature golf(-course).
mínima *nf* (*Met*) low, lowest temperature.
minimal, minimalista *adj, nmf* minimalist.
minimalismo *nm* minimalism.
mínimamente *adv* minimally.
minimizar [1f] *vt* to minimize.
mínimo 1 *adj* (*gen*) minimum; (*insignificante*) minimal; (*el más pequeño*) smallest, slightest, least; **cifra ~a** minimum number; **con el ~ esfuerzo** with the slightest effort; **en lo más** ~ not at all *o* in the least; **no me importa en lo más** ~ it doesn't matter to me in the least *o* slightest; **precio/salario** ~ minimum price/wage.
2 *nm* minimum; **como** ~ as a minimum, at the very least; **lo ~ que pueden hacer** the least they can do; ~ **de presión** (*Met*) low-pressure area, trough; **estar bajo ~s** to be at a low ebb.
mínimum *nm* minimum.
minino/a *nm/f* puss, pussy-cat.
Minipimer® *nm* electric mixer.
miniserie *nf* miniseries.
ministerial *adj* ministerial.
ministerio *nm* (**a**) (*gen*) ministry; (*esp US*) department; **M~ de Asuntos Exteriores** Foreign Office *(Brit)*, State Department *(US)*; **M~ de Comercio e Industria** Department of Trade and Industry *(Brit)*; **M~ de (la) Gobernación** *o* **del Interior** ≈ Home Office *(Brit)*, Department of the Interior *(US)*; **M~ de Hacienda** Treasury. (**b**) (*Jur*) **el ~ público** the Prosecution, the State Prosecutor *(US)*.
ministro/a *nm/f* (**a**) (*en gobierno*) minister; (*esp US*) secretary; ~ **de la Iglesia** minister of religion; **primer** ~ prime minister; ~ **portavoz** government spokesperson; ~ **sin cartera** minister without portfolio; ~ **de Asuntos Exteriores** Foreign Secretary *(Brit)*, Secretary of State *(US)*; ~ **de Hacienda** Chancellor of the Exchequer *(Brit)*, Secretary of the Treasury *(US)*; ~ **de (la) Gobernación** *o* **del Interior** ≈ Home Secretary *(Brit)*, Secretary of the Interior *(US)*.
(**b**) (*Pol*) **consejo de ~s** cabinet.
minoría *nf* minority; ~ **de edad** minority.
minorista 1 *adj* retail *atr*. **2** *nmf* retailer, retail trader.
minoritario *adj* minority *atr*; **gobierno** ~ minority government.
minucia *nf* (*detalle insignificante*) trifle, insignificant detail; (*bagatela*) mere nothing; (*pedazo*) morsel, tiny bit; **~s** petty details, minutiae.
minuciosamente *adv* (*V nf*) thoroughly, meticulously; in a very detailed way; minutely.
minuciosidad *nf* (*meticulosidad*) thoroughness, meticulousness; (*detalle*) detailed nature; (*carácter pequeño*) minuteness.
minucioso *adj* (*V nf*) thorough, meticulous; very detailed; minute.
minúscula *nf* small letter; (*Tip*) lower case letter.
minúsculo *adj* tiny, minute, minuscule; (*Tip*) small.
minusvalía *nf* (**a**) (physical) handicap. (**b**) (*Com*) depreciation, capital loss.
minusválido/a 1 *adj* physically handicapped *o* disabled. **2** *nm/f* disabled person; **los ~s** the disabled; ~ **físico** physically handicapped person; ~ **psíquico** mentally handicapped person.
minuta *nf* (**a**) (*borrador*) rough draft, first draft. (**b**) (*cuenta*) lawyer's bill. (**c**) (*Culin*) menu.
minutero *nm* minute hand.
minuto *nm* minute; **al** ~ a minute later; **dentro de un** ~ in a minute.
Miño *nm*: **el (río)** ~ the Miño.
mío *adj y pron pos* mine, of mine; **es ~, es el** ~ it is mine; **lo** ~ (what is) mine, what belongs to me; **lo ~ son los deportes** I'm a sports person myself; **no es amigo** ~ he's no friend of mine; **¡Dios ~!** my God!, good heavens!; **¡hijo ~!** my dear boy!; **los ~s** my people, my relations, my family.
miope 1 *adj* near- *o* short-sighted, myopic. **2** *nmf* short-sighted person.
miopía *nf* near- *o* short-sightedness, myopia.
MIPS *nmpl abr de* **millones de instrucciones por segundo** MIPS.
MIR *nm abr* (*Esp Med*) *de* **Médico interno y residente**.
mira *nf* (**a**) **estar a la** ~ to be on the look-out, keep watch (*de* for). (**b**) (*Mil, Téc etc*) sight(s); ~ **de bombardeo** bombsight; ~ **telescópica** telescopic sight; **con la ~ puesta en** (*fig*) with one's sights set on. (**c**) (*Mil*) watch-tower, look-out post. (**d**) (*fig*) aim, intention; **con la ~ de hacer algo** with the aim of doing sth; **con ~s a** with a view to; **poner la ~ en** to aim at. (**e**) (*fig*) **de amplias/ estrechas ~s** broad-/narrow-minded *o* bigoted.
mirada *nf* (**a**) look, glance; ~ **fija** stare, gaze; ~ **de soslayo** sidelong glance; ~ **perdida** *o* **vaga** vague *o* distant look; **apartar la** ~ to look away (*de* from); **apuñalar** *o* **fulminar a algn con la** ~ to look daggers at sb; **echar una ~ a** (*mirar*) to glance at; (*vigilar*) to keep an eye on; **lanzar una ~ a** to (cast a) glance at; **levantar/bajar la** ~ to look up/down; **resistir la ~ de algn** to stare sb out. (**b**) (*expresión*) look, expression; **con una ~ triste** with a sad look.
miradero *nm* (**a**) (*lugar*) vantage point. (**b**) (*atracción*) centre *o (US)* center of attention *o* attraction.
mirado *adj* (**a**) **bien** ~ well *o* highly thought of; **no está bien ~ que** it is not thought proper that; **mal** ~ disliked; *V* **malmirado**. (**b**) (*sensato*) sensible; (*cauto*) cautious, careful; (*considerado*) considerate, thoughtful. (**c**) (*pey*) finicky, fussy. (**d**) **bien** ~ (*adv*) all in all, all things considered.
mirador *nm* (**a**) (*ventana*) bay window; (*balcón*) (enclosed) balcony. (**b**) (*lugar de observación*) viewpoint, vantage point.
miraguano *nm* (*LAm*) (type of) kapok tree, kapok.
miramiento *nm* (**a**) (*consideración*) considerateness; (*cortesía*) courtesy. (**b**) (*circunspección*) care; (*pey: timidez*) timidity. (**c**) **~s** respect *sg*; **sin ~s** unceremoniously; **tratar sin ~ a algn** to ride roughshod over sb.
miranda (*fam*) *nf*: **estar de** ~ (*gandulear*) to be idle, loaf around; (*mirar*) to look on, be an onlooker.
mirar [1a] **1** *vt* (**a**) to look at; (*observar*) to watch; **miraba la foto** she was looking at the photo; **se quedó mirando cómo jugaban los niños** she stood watching the children play; **míralo en el diccionario** look it up in the dictionary; **¡mira lo que has hecho!** (just) look what you've done!; ~ **a algn de arriba abajo** to look sb up and down; ~

fijamente (*a algn*) to stare at; (*a algo*) to gaze at; ~ **algo por encima** to glance over sth, glance cursorily at sth; ~ **algo/a algn por encima del hombro** to look down on sth/sb; ~ **algo/a algn de reojo** *o* **de través** to look askance at sth/sb; **de mírame y no me toques** delicate, fragile.

(**b**) (*registrar*) to look at *o* through, search; **le miraron la maleta** they looked at his suitcase.

(**c**) (*LAm: ver*) to see; **¿lo miras?** can you see it?

(**d**) (*fig: reflexionar sobre*) to consider, think over, think carefully about; **lo hago mirando el porvenir** I do it with the future in mind; **no mira las dificultades** he doesn't take account of the difficulties; **mirándolo bien, bien mirado** (*en definitiva*) all in all; (*pensándolo bien*) on second thoughts; **¡mira lo que haces!** mind what you're doing!; **¡mira con quien hablas!** just remember who you're talking to!; **¡mira que no tenemos dinero!** remember we've no money!

(**e**) (*fig: vigilar*) to watch, keep an eye on; (*: cuidar*) to be careful about; **conviene ~ el bolso** it's best to keep an eye on your handbag.

(**f**) (*fig*) ~ **bien** *o* **con buenos ojos** to think highly of; ~ **mal**, ~ **con malos ojos** to have a poor opinion of.

(**g**) (*comprobar*) to look and see, check; **mira (a ver) si está** see if he's in; **mira a ver lo que hace el niño** go and check what the kid's up to.

(**h**) (*locuciones*) **¡mira que si no viene!** just suppose he doesn't come!; **¡mira que es tonto!** what an idiot!, he's so stupid!; **¡mira que te avisé!** I did warn you, didn't I?; **¡mira quien fue a hablar!** look who's talking!, you're a fine one to talk!; **¡mira que ponerse a llover ahora!** imagine it starting to rain right now!; **¡mira si será listo!** (*tb iró*) boy he's quick! (*fam*).

2 *vi* (**a**) to look; (~ *de reojo*) to glance; **¡mira!** look!; (*protesta*) look here!; **mira, yo creo que** ... look, I think that ...; **¡(pues) mira por donde ...!** surprise, surprise!; ~ **alrededor** to look around; ~ **atrás** (*fig*) to look back, think about the past; ~ **hacia otro lado** to look the other way; ~ **por la ventana** to look out of the window; ~ **por un agujero** to look through a hole; ~ **de través** to squint.

(**b**) (*registrar*) to look; **¿has mirado en el cajón?** have you looked in the drawer?

(**c**) (*Arquit*) to face, look *o* open on to; **la casa mira al sur** the house faces south.

(**d**) (*fig*) ~ **a** to aim at, have in mind.

(**e**) (*fig*) ~ **por** to look after, take care of; ~ **por sus intereses** to look after one's own interests.

3 mirarse *vr* (**a**) to look at o.s.; ~ **al espejo** to look at o.s. in the mirror.

(**b**) (*2 personas*) to look at one another *o* each other; ~ **a los ojos** to look into each other's eyes.

(**c**) **se mire por donde se mire** whichever way you look at it.

mirasol *nm* sunflower.

mirilla *nf* (*agujero*) peephole, spyhole; (*Fot*) viewer.

miriñaque *nm* (*Hist*) crinoline, hoop skirt.

miriópodo *nm* millipede.

mirlo *nm* (**a**) (*Orn*) blackbird. (**b**) ~ **blanco** (*fig*) rare bird.

mirón/ona (*fam*) **1** *adj* nosey (*fam*). **2** *nm/f* (*espectador*) onlooker, watcher, observer; (*pey*) peeping Tom; **estar de** ~ to look on (without doing anything); **ir de** ~ to go along just to watch.

mirra *nf* myrrh.

mirtilo *nm* bilberry, whortleberry.

mirto *nm* myrtle.

misa *nf* mass; ~ **del gallo** midnight mass (*on Christmas Eve*); ~ **de difuntos** requiem mass; ~ **mayor/rezada** high/low mass; **como en** ~ in dead silence; **ir a** *o* **oír** ~ to go to mass *o* church; **no saben de la** ~ **la media** they don't know the half of it; **estos datos van a** ~ (*fig*) these facts are utterly trustworthy.

misal *nm* missal.

misantropía *nf* misanthropy.

misantrópico *adj* misanthropic.

misántropo/a *nm/f* misanthrope, misanthropist.

miscelánea *nf* (**a**) miscellany. (**b**) (*Méx*) corner shop.

misceláneo *adj* miscellaneous.

miserable 1 *adj* (**a**) (*cicatero*) mean, stingy; (*avaro*) miserly; (*sueldo etc*) miserable, paltry. (**b**) (*moralmente*) rotten (*fam*), vile, despicable; **¡~!** you wretch! (**c**) (*lugar, habitación etc*) squalid, sordid. (**d**) (*desdichado*) wretched. **2** *nmf* (*canalla*) rotter (*fam*).

miseria *nf* (**a**) (*pobreza*) poverty, destitution; (*carencia*) want; **vivir en la** ~ to live in abject poverty. (**b**) (*condiciones*) squalor, squalid conditions. (**c**) **una** ~ a (mere) pittance. (**d**) (*tacañería*) meanness, stinginess.

misericordia *nf* (**a**) (*compasión*) pity, compassion. (**b**) (*perdón*) forgiveness, mercy.

misericordioso *adj* (*V nf*) (**a**) compassionate. (**b**) forgiving, merciful.

mísero *adj* = **miserable 1**.

Misiá, **Misia** *nf* (*esp CSur fam: tratamiento*) Missis (*fam*), Missus (*fam*); ~ **Eugenia** Doña Eugenia, Miss Eugenia.

misil *nm* missile; ~ **balístico/autodirigido** ballistic/guided missile; ~ **tierra-aire** ground-to-air missile.

misión *nf* mission; (*tarea*) job, duty; (*Pol*) assignment; **~es** (*Rel*) overseas missions, missionary work *sg*; ~ **de buena voluntad** goodwill mission.

misional *adj* missionary.

misionero/a *nm/f* missionary.

Misisipí *nm* Mississippi.

misiva *nf* missive.

mismamente *adv* (*fam: sólo*) only, just; (*: textualmente*) literally; **ayer** ~ **vino** it was only yesterday he came.

mismísimo *adj superl* selfsame, very (same); **con mis ~s ojos** with my very own eyes; **estuvo el** ~ **obispo** the bishop himself was there.

mismo 1 *adj* (**a**) same (*que* as, that); **el** ~ **coche** the same car; **tengo el** ~ **dinero que tú** I've got the same amount of money as you.

(**b**) (*reflexivo*) -self; **para mí** ~ to myself; **lo hizo por sí** ~ he did it by himself; **perjudicarse a sí** ~ to harm one's own interests.

(**c**) (*enfático*) very, selfsame; **en ese** ~ **momento** at that very moment; **en Argentina ~a, en la ~a Argentina** in Argentina itself; **ella es la generosidad ~a** she is generosity itself *o* the soul of generosity; **estuvo el** ~ **ministro** the minister himself was there; **yo** ~ **lo ví** I saw it myself *o* with my own eyes; **ni ella ~a lo sabe** she doesn't even know herself.

2 *pron*: **lo** ~ the same (thing); (*en un bar etc*) the same again; **lo** ~ **digo yo** that's (exactly) what I say; **no es lo** ~ it's not the same (at all); **es** *o* **da lo** ~ it's all the same, it makes no difference; **me da lo ~, lo ~ me da** I don't mind, it's all the same to me; **da lo** ~ **que vengas hoy o mañana** it doesn't matter whether you come today or tomorrow; **por lo** ~ for the same reason; **lo** ~ **A que B** both A and B; **lo** ~ **si viene que si no viene** whether he comes or not.

3 *adv* (**a**) (*enfático*) right; **ahora** ~ right away; **aquí** ~ right here, on this very spot; **ayer** ~ only yesterday; **hoy** ~ this very day; **delante** ~ **de la casa** right in front of the house.

(**b**) (*por ejemplo*) **aquí** ~ here will do; **¿quién responde? a ver, tú** ~ who's going to answer? right, you, for example!

(**c**) (*fam: a lo mejor*) **lo** ~ **no vienen** they might not come.

4 *conj*: **lo** ~ **que** just like, just as (if); **lo** ~ **que Ud es médico yo soy ingeniero** just as you are a doctor I am an engineer; **nos divertimos lo** ~ **que si hubiéramos ido al baile** we had just as good a time as if we had gone to the dance.

misoginia *nf* misogyny.
misógino *nm* misogynist.
miss [mis] *nf* beauty queen; **M~ España 1984** Miss Spain 1984.
misterio *nm* (**a**) mystery; (*enigma*) enigma, puzzle; (*técnica, pericia profesionales*) mystique; **no hay ~** there's no mystery about it. (**b**) (*lo secreto*) secrecy; **obrar con ~** to go about sth secretly.
misteriosamente *adv* (*V adj*) mysteriously; puzzlingly.
misterioso *adj* mysterious; (*inexplicable*) mystifying, puzzling.
mística[1] *nf, misticismo, nm* mysticism.
místico/a[2] **1** *adj* mystic(al). **2** *nm/f* mystic.
mistificación *nf* (*broma*) hoax, practical joke; (*misterio*) mystification; (*jerga etc*) hocus-pocus; **sin ~es** plain, without frills, with no nonsense about it.
mistificar [1g] *vt* (**a**) (*engañar*) to hoax, play a practical joke on. (**b**) (*falsificar*) to falsify. (**c**) (*mezclar*) to mix up, make a mess of.
Misuri *nm* Missouri.
mita (*And, CSur: Hist*) *nf* (*dinero*) tax *o* tribute paid by Indians; (*trabajo*) common service to landlord.
mitad *nf* (**a**) half; **~ (y) ~** half-and-half; (*fig*) so-so, yes and no; **paguemos ~ y ~** let's go halves; **es ~ blanco y ~ rojo** it's half white and half red; **me queda la ~** I have half left; **a ~ de precio** half-price; **reducir en una ~** to cut by half, halve.
(**b**) (*centro*) middle; **a ~ de** halfway along *o* through *etc*; **a ~ de camino entre A y Z** halfway between A and Z; **en ~ de la calle** in the middle of the street; **está a la ~** it's half empty, it's half gone *etc*; **estar a ~ de camino** to be halfway there; **hacia la ~ de la película** halfway through the film; **cortar por la ~** to cut down the middle; **partir a algn por la ~** (*fig*) to upset sb's plans, queer sb's pitch; *V* **dividir**.
mítico *adj* mythical.
mitificar [1g] *vt* to mythologize, convert into a myth.
mitigación *nf* (*V vb*) mitigation; relief; quenching; appeasement; tempering; reduction.
mitigar [1h] *vt* (*gen*) to mitigate; (*dolor*) to relieve, ease; (*sed*) to quench; (*ira*) to appease; (*dureza*) to temper, mitigate; (*preocupación*) to allay; (*calor*) to reduce; (*soledad*) to alleviate, relieve.
mitin *nm* (**a**) (*esp Pol*) meeting; **~ popular** rally. (**b**) (*discurso*) political speech; (*pey*) rabble-rousing speech.
mito *nm* myth.
mitología *nf* mythology.
mitológico *adj* mythological.
mitómano/a *nm/f* myth-maker, person who exaggerates.
mitote *nm* (*Méx fam*) uproar.
mitra *nf* mitre.
mixomatosis *nf* myxomatosis.
Mixteca *nf* (*Méx*) southern Mexico.
mixto 1 *adj* mixed; (*comité*) joint. **2** *nm* (**a**) (*fósforo*) match; (*Mil*) explosive compound. (**b**) (*Ferro*) passenger and goods train.
mixtura *nf* mixture.
Mk *abr de* **Marco** Mk.
ml. *abr de* **mililitro(s)** ml.
mm. *abr de* **milímetro(s)** mm.
M.N., m/n *abr* (*LAm*) *de* **moneda nacional**; *V* **moneda**.
mnemotécnico *adj* mnemonic.
M.° *abr* (**a**) (*Pol*) *de* **Ministerio** Min. (**b**) (*Escol*) *de* **Maestro**.
M.O. *abr de* **mano de obra**.
m/o *abr* (*Com*) *de* **mi orden**.
moai *nm* (*pl* **~s**) (*Chi*) Easter Island statue.
mobiliario *nm* (*muebles*) furniture; (*artículos domésticos*) household goods; (*juego*) suite (of furniture).
moblaje *nm* = **mobiliario**.
MOC *nm abr de* **Movimiento de Objeción de Conciencia**.
moca *nm* mocha.
mocasín *nm* moccasin.
mocedad *nf* (**a**) (*juventud*) youth; **en mis ~es** in my young days. (**b**) **~es** (*travesuras*) youthful pranks; (*vida licenciosa*) wild living; **pasar las ~es** to sow one's wild oats.
mocetón/ona *nm/f* strapping boy/girl.
moción *nf* (**a**) motion, movement. (**b**) (*Parlamento etc*) motion; **~ de censura** motion of censure, censure motion; **~ compuesta** composite motion; **~ de confianza** vote of confidence; **hacer** *o* **presentar una ~** to propose a motion.
mocionante *nmf* (*CAm, Méx*) proposer (of a motion).
mocionar [1a] *vt* (*CAm, Méx*) to move, propose.
mocito/a 1 *adj* very young. **2** *nm/f* youngster.
moco *nm* (**a**) mucus, snot *(fam)*; **limpiarse los ~s** to blow one's nose; **llorar a ~ tendido** to sob one's heart out, cry one's eyes out; **tener ~s** to have a runny nose; **tirarse el ~** (*fam*) to brag. (**b**) (*Orn*) crest; **no es ~ de pavo** it's no trifle *o* not to be sneezed at. (**c**) (*pábilo*) snuff, burnt wick; (*cera derretida*) candle grease. (**d**) (*Téc*) slag.
mocoso/a 1 *adj* snivelling; **un niño ~** a kid with a runny nose. **2** *nm/f* (*fam*) brat; (*fig*) child.
mochales *adj*: **estar ~** (*Esp fam*) to be round the bend *(fam)*.
mochar [1a] *vt* (**a**) (*LAm: cortar*) to chop off, hack off (clumsily). (**b**) (*And fam: despedir*) to fire *(fam)*.
mochila *nf* rucksack, knapsack; (*Mil*) pack.
mocho 1 *adj* (*truncado*) cut off, short; (*muñón*) stubby; (*desafilado*) blunt; (*árbol*) lopped; (*vaca*) hornless, polled. **2** *nm* (*de utensilio etc*) blunt end, thick end.
mochuelo *nm* (**a**) (*Orn: tb* **~ común**) little owl. (**b**) **cargar con el ~** to get landed with it; **colgar** *o* **echar el ~ a algn** to lumber sb with the job *(fam)*; (*culpa*) to make sb carry the can *(fam)*; (*crimen*) to frame sb.
moda *nf* fashion; (*estilo*) style; **de ~** (*adj*) in fashion, fashionable; (*adv*) fashionably; **a la ~ de** after the fashion of; **estar a la ~** to be in fashion *o* fashionable; **ponerse a la ~** to smarten up, get some new clothes; **vestido a la última ~** trendily dressed; **pasado de ~** out of fashion, old-fashioned, outdated; **pasarse de ~** to go out of fashion; **ponerse de ~** to become fashionable; **estar muy de ~** to be in fashion.
modal 1 *adj* modal. **2** *nm*: **~es** manners.
modalidad *nf* (*clase*) kind, variety; (*manera*) way; (*Inform*) mode; **~ de pago** (*Com*) method of payment; **~ de texto** (*Inform*) text mode; **habrá pruebas de atletismo en todas sus ~es** there will be athletics trials in every discipline; **hay varias ~es del juego** there are several ways of playing the game.
modelado *nm* modelling.
modelador(a) *nm/f* modeller.
modelar [1a] **1** *vt* (**a**) to model (*sobre, según* on). (**b**) (*dar forma a*) to shape, form. **2 modelarse** *vr*: **~ sobre** to model o.s. on.
modélicamente *adv* in a model way, in an exemplary fashion.
modélico *adj* model, ideal, exemplary.
modelismo *nm* modelling, model-making.
modelista *nmf* model-maker.
modelo 1 *nm* (*gen*) model; (*patrón*) pattern; (*norma*) standard; **~ a escala** scale model; **presentar algo como ~** to hold sth up as a model. **2** *nmf* (*Arte, Fot, Moda etc*) model; **~ de portada** cover-girl; **desfile de ~s** fashion show *o* parade. **3** *adj* model; **cárcel ~** model prison; **niño ~** model child; **un coche último ~** a latest-model car.
módem *nm* modem.
moderación *nf* moderation; **~ salarial** wage restraint; **con ~** in moderation.
moderadamente *adv* moderately.
moderado/a 1 *adj* moderate; (*cálculo*) conservative. **2** *nm/f* (*Pol*) moderate, wet *(Brit)*.
moderador(a) 1 *adj* moderating. **2** *nm/f* (*en debate*)

chairperson, chairman/chairwoman; (*TV*) presenter.
moderar [1a] **1** *vt* (**a**) to moderate; (*violencia*) to restrain, control; (*velocidad*) to reduce. (**b**) (*debate*) to chair; (*TV*) to present. **2 moderarse** *vr* (*fig: contenerse*) to restrain *o* control o.s.; (*: tranquilizarse*) to calm down.
modernamente *adv* nowadays, in modern times.
modernidad *nf* modernity.
modernismo *nm* modernism.
modernista 1 *adj* modernist(ic). **2** *nmf* modernist.
modernización *nf* modernization.
modernizar [1f] **1** *vt* to modernize, bring up to date, update. **2 modernizarse** *vr* to modernize o.s., get up to date, move with the times.
moderno/a 1 *adj* (*gen*) modern; (*actual*) present-day; (*equipo etc*) up-to-date; **lo ~** up-to-date things, the new. **2** *nm/f* trendy.
modestamente *adv* modestly.
modestia *nf* modesty.
modesto *adj* modest.
módico *adj* (*gen*) reasonable, moderate; (*precio, suma*) low, modest.
modificación *nf* modification.
modificar [1g] *vt* to modify.
modismo *nm* idiom.
modista *nf* dressmaker.
modisto *nm* fashion designer, couturier.
modo *nm* (**a**) way, manner; (*estilo*) fashion; (*método*) mode, method; **'~ de empleo'** (*en etiqueta*) 'instructions for use'; **~ de gobierno** form of government; **a mi ~ de ver** *o* **pensar** in my view, as I see it.
(**b**) (*locuciones con prep*) **a mi/tu** *etc* **~** in my/your *etc* (own) way; **lo interpretan a su ~** they interpret it each in his own way; **a ~ de** like; **algo a ~ de saco** a sort of bag, some kind of bag; **de este ~** (in) this way, like this; **del mismo** *o* **de igual ~ (que)** in the same way *o* just (as); **de igual ~** in the same way; **¡de ~ que sí fuiste tú!** so it was you after all!; **de un ~ u otro** (in) one way or another, by some means or other; *V para otras locuciones* **manera (a), (b)**.
(**c**) **~s** (*de persona*) manners; **buenos ~s** good manners; **contestar con buenos ~s/de mal ~** to answer courteously/rudely.
(**d**) (*Inform, Mús*) mode.
(**e**) (*Ling*) mood; **~ imperativo/indicativo/subjuntivo** imperative/indicative/subjunctive mood.
modorra *nf* drowsiness, heaviness.
modorro *adj* (**a**) drowsy, heavy. (**b**) (*fam: tonto*) dull, stupid.
modoso *adj* (*educado*) quiet, well-mannered; (*niña*) demure.
modulación *nf* modulation; **~ de frecuencia** (*Rad*) frequency modulation.
modular [1a] **1** *adj* modular. **2** *vt* to modulate.
módulo *nm* module; (*de mobiliario*) unit.
mofa *nf* mockery, ridicule; **hacer ~ de** to scoff *o* jeer at, make fun of.
mofarse [1a] *vr*: **~ de** to mock, scoff at.
mofeta *nf* (**a**) (*Zool*) skunk. (**b**) (*Min*) firedamp.
mofle *nm* (*LAm Aut*) silencer.
moflete *nm* (**a**) fat cheek, chubby cheek. (**b**) **~s** (*fig*) chubbiness *sg*.
mofletudo *adj* fat-cheeked, chubby.
mogollón (*fam*) **1** *nm* (**a**) (*gran cantidad*) loads, masses; **(un) ~ de gente** a mass of people, loads of people; **tengo (un) ~ de discos** I've got loads of records. (**b**) (*confusión*) commotion, upheaval; **hay mucho ~ aquí** it's a bit wild here. **2** *adv* (*mucho*) **me gusta ~** I like it loads *(fam)*.
mogollónico *adj* (*fam*) huge, colossal.
mohair [mo'xair, mo'air] *nm* mohair.
mohín *nm* (*mueca*) (wry) face, grimace; (*pucheros*) pout.
mohino *adj* (*triste*) gloomy, depressed; (*malhumorado*) sulky, sullen.
moho *nm* (**a**) (*en metal*) rust. (**b**) (*Bot*) mould, mold *(US)*, mildew; **cubierto de ~** mouldy, moldy *(US)*, mildewed; **no cría ~** (*fig*) he's always on the go.
mohoso *adj* (**a**) (*oxidado*) rusty. (**b**) (*cubierto de moho*) mouldy, moldy *(US)*, mildewed; (*olor, sabor*) musty. (**c**) (*fig: chiste etc*) stale.
Moisés *nm* Moses.
moisés *nm* Moses basket, cradle; (*portátil*) carrycot.
mojado *adj* wet; (*húmedo*) damp, moist; (*empapado*) drenched, soaked; **llueve sobre ~** it never rains but it pours.
mojar [1a] **1** *vt* (**a**) to wet; (*humedecer*) to damp(en), moisten; (*empapar*) to drench, soak; **el niño ha mojado la cama** the baby's wet the bed; **moja un poco el trapo** dampen the cloth; **la lluvia nos mojó a todos** the rain soaked us all; **~ el pan en el café** to dip *o* dunk one's bread in one's coffee.
(**b**) (*fam: triunfo etc*) to celebrate (with a drink).
(**c**) **~ la cabeza al niño** to wet the baby's head.
2 *vi*: **~ en** (*entrometerse*) to meddle *o* get involved in.
3 mojarse *vr* (**a**) to get wet; **~ hasta los huesos** to get soaked to the skin.
(**b**) (*fam: comprometerse*) to get one's feet wet; **no se mojó** he kept out of it, he didn't get involved.
mojarra *nf* (*LAm*) short broad knife.
mojicón *nm* (**a**) (*Culin: bizcocho*) sponge cake; (*bollo*) bun. (**b**) (*fam: bofetada*) punch in the face, slap.
mojigatería *nf* (*V adj*) hypocrisy; sanctimoniousness; prudery, prudishness.
mojigato/a 1 *adj* (*hipócrita*) hypocritical; (*santurrón*) sanctimonious; (*gazmoño*) prudish, straitlaced. **2** *nm/f* (*V adj*) hypocrite; sanctimonious person; prude.
mojinete *nm* (*CSur: aguilón*) gable.
mojón *nm* (*hito*) landmark; (*piedra*) boundary stone; (*tb* **~ kilométrico**) milestone; (*señal*) signpost; (*montón*) heap.
mol. *abr* (*Fís*) *de* **molécula** mol.
molar[1] *nm* molar.
molar[2] [1a] *vi* (*fam*) (**a**) **lo que más me mola es ...** what I'm really into is ... *(fam)*; **no me mola** I don't go for that *(fam)*, I don't fancy that. (**b**) (*estar de moda*) to be in *(fam)*, be fashionable; **eso mola mucho ahora** it's all the rage now. (**c**) (*dar tono*) to be classy *(fam)*, be real posh *(fam)*.
molcajete *nm* (*esp Méx: Culin*) mortar.
Moldavia *nf* Moldavia.
molde *nm* (*Culin, Téc*) mould, mold *(US)*, shape; (*vaciado*) cast; (*Tip*) forme; **romper ~s** (*fig*) to break the mould.
moldeado *nm* moulding, molding *(US)*; (*en yeso*) casting; (*del pelo*) soft perm.
moldear [1a] *vt* (**a**) (*gen*) to mould, mold *(US)*, shape; (*en yeso etc*) to cast; (*pelo*) to give a soft perm. (**b**) (*fig*) to mould, shape, form.
moldura *nf* moulding, molding *(US)*.
mole[1] *nf* (*masa*) mass, bulk; (*edificio*) pile; **ese edificio/hombre es una ~** that building/man is massive; **se sentó con toda su ~** he sat down with his full weight.
mole[2] (*Méx*) *nm* thick chile sauce; (*plato*) meat in chile sauce; **~ poblano** meat dish from Puebla.
molécula *nf* molecule.
molecular *adj* molecular.
moledor 1 *adj* (**a**) (*que muele*) grinding, crushing. (**b**) (*fam: aburrido*) boring. **2** *nm* (*Téc: aparato*) grinder, crusher; (*: de rodillo*) roller.
moler [2h] *vt* (**a**) (*café etc*) to grind; (*machacar*) to crush; (*pulverizar*) to pound; (*trigo etc*) to mill; (*fam*) to chew (up); **~ a algn a palos** to give sb a beating. (**b**) (*fig: cansar*) to tire out, weary, exhaust; (*fastidiar*) to annoy; (*aburrir*) to bore.
molestar [1a] **1** *vt* (**a**) to annoy; (*fastidiar*) to bother, irritate; (*incomodar*) to inconvenience, put out; (*perturbar*) to trouble, upset; **me molesta ese ruido** that

noise upsets me *o* gets on my nerves; **¿le molesta el ruido?** do you mind the noise?, does the noise bother you?; **me molesta tener que repetirlo** I hate having to repeat it; **¿le molesta que abra la ventana/que fume?** do you mind if I open the window/if I smoke?; **siento ~le** I'm sorry to trouble you; **que no me moleste nadie** I don't want to be disturbed by anyone.

(**b**) (*físicamente*) to trouble, bother; **me molestan un poco los zapatos** my shoes are hurting a bit.

(**c**) (*ofender*) **me ha molestado lo que has dicho sobre mí** I'm hurt at what you said about me.

2 *vi* (*fastidiar*) to be a nuisance; (*estorbar*) **no quiero ~** I don't want to intrude *o* be in the way; **'se ruega no ~'** 'please do not disturb'.

3 molestarse *vr* (**a**) to bother (*con* about); (*incomodarse*) to go to a lot of trouble, put o.s. out; **~ en hacer algo** to bother to do sth; **¡no se moleste!** don't bother, don't trouble yourself! (**b**) (*enfadarse*) to get cross; (*ofenderse*) to take offence, get upset.

molestia *nf* (*gen*) bother, trouble; (*estorbo*) nuisance; (*incomodidad*) inconvenience; (*Med*) discomfort; **es una ~** it's a nuisance; **¡no es ninguna ~!** it's no trouble at all!; **ahorrarse ~s** to save trouble, spare o.s. effort; **darse** *o* **tomarse la ~ de hacer algo** to take the trouble to do sth *o* go out of one's way to do sth; **'perdonen las ~s'** 'we apologize for any inconvenience'.

molesto *adj* (**a**) (*que fastidia*) troublesome, annoying; (*pesado*) trying, tiresome; (*incómodo*) inconvenient; (*tarea: difícil*) irksome; (*olor, sabor*) nasty; **si no es ~ para Ud** if it's no trouble to you; **es una persona muy ~a** he's a very trying person.

(**b**) (*descontento*) discontented; (*inquieto*) restless; (*incómodo*) ill-at-ease, uncomfortable; (*ofendido*) upset, offended; (*azorado*) embarrassed; **estar ~** (*Med*) to be in some discomfort; **estar ~ con algn** to be cross with sb; **me sentí ~** I felt embarrassed.

molestoso *adj* (*LAm*) annoying.

molicie *nf* (**a**) softness. (**b**) (*fig: vida*) soft *o* luxurious living.

molido *adj* (**a**) (*machacado*) ground, crushed; (*pulverizado*) powdered. (**b**) **estar ~** (*fig*) to be exhausted *o* dead beat.

molienda *nf* (**a**) (*acto*) grinding; (*de trigo etc*) milling. (**b**) (*cantidad*) quantity of grain to be ground. (**c**) (*fam: cansancio*) weariness; (*: molestia*) nuisance.

molinero/a *nm/f* miller.

molinillo *nm* (**a**) hand mill; **~ de café** coffee mill *o* grinder. (**b**) (*juguete*) (toy) windmill.

molino *nm* (*gen*) mill; (*trituradora*) grinder; **~ de agua/de viento** watermill/windmill.

molón *adj* (*fam*) (**a**) (*bueno*) super (*fam*), smashing (*fam*). (**b**) (*Esp: elegante*) posh (*fam*), classy (*fam*).

molotov *nm*: **cóctel** *o* **bomba ~** Molotov cocktail.

Molucas *nfpl*: **las (Islas) ~** the Moluccas, the Molucca Islands.

molusco *nm* mollusc.

molla *nf* (*Anat*) fleshy part; (*de carne*) lean part; (*de fruta*) flesh; (*de pan*) doughy part.

mollar *adj* (*fruta*) soft, tender.

molledo *nm* (**a**) (*Anat*) fleshy part. (**b**) (*de pan*) dough.

molleja *nf* gizzard; **~s** sweetbreads.

mollera *nf* (*Anat*) crown of the head; (*fam: seso*) brains *pl*, sense; **cerrado** *o* **duro de ~** (*estúpido*) thick, dim; (*terco*) pig-headed; **no les cabe en la ~** they just can't believe it.

mollete *nm* (*Culin*) (fried) roll.

momentáneamente *adv* momentarily.

momentáneo *adj* momentary.

momento *nm* (**a**) moment; (*instante*) instant; (*tiempo*) time; **al ~** at once; **a cada ~** all the time; **de ~** at *o* for the moment; **continúa de ~ en el puesto** he stays in the job for the time being; **no los vi de ~** I didn't see them at first; **de un ~ a otro** at any moment; **del ~** current; **desde el ~ en que lo reconoce** (*tan pronto como*) as soon as he admits it; (*puesto que*) since he admits it; **en el ~ actual** at the present time; **en el ~ menos pensado** when least expected; **en el ~ oportuno** at the right *o* proper time; **en este ~** at the moment, right now; **en su ~** (*pasado*) in its time; (*futuro*) in due time, in due course, when the time is right; **hace un ~** not a moment ago; **por el ~** for the time being; **está cambiando por ~s** it is changing by the minute; **atravesamos un ~ difícil** we are going through a difficult time; **ha llegado el ~ de hacer algo** the time has come to do sth.

(**b**) (*Mec*) momentum, moment.

momia *nf* mummy.

momificación *nf* mummification.

momificar [1g] **1** *vt* to mummify. **2 momificarse** *vr* to mummify, become mummified.

momio¹ *nm* (*ganga*) bargain; (*sinecura*) cushy job (*fam*); **de ~** free.

momio²/a (*Chi fam*) **1** *adj* reactionary, right wing *atr*. **2** *nm/f* reactionary, right winger.

mona *nf* (**a**) (*Zool: hembra*) female monkey; (*: especie*) Barbary ape; **aunque la ~ se vista de seda (~ se queda)** fine feathers don't make fine birds; **mandar a algn a freír ~s** (*fam*) to tell sb to go to blazes (*fam*). (**b**) (*fam: copión*) copycat (*fam*). (**c**) (*fam: borrachera*); **coger** *o* **pillar una ~** to get canned (*fam*); **dormir la ~** to sleep it off. (**d**) (*Ven fam*) stuck-up girl.

monacal *adj* monastic.

monacato *nm* monastic life.

Mónaco *nm* Monaco.

monada *nf* (**a**) (*comportamiento*) monkeying around; (*tontería*) silly habit *o* trick. (**b**) (*de niño*) charming habit, sweet little way. (**c**) (*cosa primorosa*) lovely thing; (*chica*) pretty girl; **la casa es una ~** the house is lovely; **¡qué ~!** isn't it cute?, isn't it lovely? (**d**) (*fam: zalamería*); **~s** flattery *sg*.

monago, monaguillo *nm* acolyte, altar boy.

monarca *nm* monarch, ruler.

monarquía *nf* monarchy.

monárquico/a *adj* monarchic(al); (*Pol*) royalist, monarchist.

monarquista *nm* monarchist.

monasterio *nm* monastery.

monástico *adj* monastic.

Moncloa *nf*: **la ~** *official residence of the Spanish prime minister (Madrid).*

monda¹ *nf* (**a**) (*acción: de fruta*) peeling; (*peladura*) peel, peelings; (*cáscara*) skin. (**b**) (*LAm fam: paliza*) beating.

monda² *nf* (*fam*) (**a**) **¡es la ~!** (*fantástico*) it's great!; (*el colmo*) it's the limit!; **fue la ~** (*para reírse*) it was a scream (*fam*). (**b**) **¡es la ~!** (*persona: gracioso*) she's *o* he's a knockout (*fam*).

mondadientes *nm inv* toothpick.

mondadura *nf* (**a**) = **monda¹**. (**b**) **~s** peel.

mondar [1a] **1** *vt* (**a**) (*fruta*) to peel, skin; (*patata*) to peel; (*nueces, guisantes*) to shell; (*palo*) to pare. (**b**) (*fam: pelar*) to fleece, clean out (*fam*). (**c**) (*LAm fam: pegar*) to beat (up). **2 mondarse** *vr*: **~ (de risa)** (*fam*) to die laughing (*fam*).

mondo *adj* (**a**) (*limpio*) clean; (*puro*) pure; (*sencillo*) plain. (**b**) (*sin añadidura*) bare, plain; **tiene su sueldo ~ y nada más** he has his bare salary and nothing more; **me ha quedado ~** I'm cleaned out (*fam*), I haven't a cent; **~ y lirondo** (*fam*) plain, pure and simple.

mondongo *nm* guts *pl*, insides *pl*; (*callos*) tripe.

monear [1a] *vt* (*comportarse como mono*) to act like a monkey; (*hacer muecas*) to make faces.

moneda *nf* (**a**) (*gen*) currency, money; (*metálico*) coinage; **~ blanda/dura** soft/hard currency; **~ corriente** legal tender; **~ fraccionaria** money in small units; **~ menuda** *o* **suelta** small change; **~ nacional** (*LAm*) local currency; **el precio es1.000 ~ nacional** the price is 1000 pesos; **en ~ española** in Spanish money; **pagar a algn**

con *o* **en la misma** ~ to pay sb back in his own coin; **es ~ corrienta** *(fig)* it's common knowledge; **(casa de) la** ~ the mint.

(**b**) *(una ~)* coin; ~ **falsa** false *o* dud coin; **una ~ de 5 dólares** a 5-dollar piece.

monedero *nm* (**a**) *(portamonedas)* purse. (**b**) ~ **falso** counterfeiter.

monegasco/a 1 *adj* of *o* from Monaco, Monegasque. **2** *nm/f* native *o* inhabitant of Monaco, Monegasque.

monería *nf* (**a**) *(mueca)* funny face, monkey face. (**b**) *(payasada)* antic, prank.

monetario *adj* monetary, financial.

monetarismo *nm* monetarism.

monetarista *adj, nmf* monetarist.

mongol 1 *adj, nm/f* Mongol, Mongolian. **2** *nm (Ling)* Mongolian.

Mongolia *nf* Mongolia.

mongólico/a *adj, nm/f (Med)* Mongol.

mongolismo *nm* mongolism.

monigote *nm* (**a**) *(muñeco)* rag doll; *(títere)* puppet; *(figura ridícula)* grotesque figure. (**b**) *(sin personalidad)* colourless *o (US)* colorless individual. (**c**) *(caricatura)* humorous sketch, cartoon; *(pey)* bad painting.

monitor(a) 1 *nm (tb Inform, Téc)* monitor. **2** *nm/f (persona: Escol)* monitor; *(: Dep etc)* instructor, coach.

monitorio *adj* admonitory.

monja *nf* nun.

monje *nm* monk.

monjil *adj* nun's, of *o* like a nun; *(pey fig)* excessively demure.

mono[1] *nm* (**a**) *(Zool)* monkey, ape; **¡~!** *(a niño)* you little monkey!

(**b**) *(imitador)* mimic; ~ **de imitación** *(niño)* copycat *(fam)*.

(**c**) *(fam: petimetre)* pansy; *(: hombre feo)* ugly devil.

(**d**) *(figura)* cartoon *o* caricature figure; *V tb* **monigote (c)**.

(**e**) *(Med: fam)* withdrawal symptoms *(following deprivation of drugs)*, cold turkey; **estar con el** ~ to be suffering withdrawal symptoms.

(**f**) *(fam: seña)* sign *(between lovers etc)*; **hacerse ~s** to make eyes at each other.

(**g**) *(locuciones)* **es el último** ~ he's a nobody; **meter los ~s a algn** *(LAm)* to put the wind up sb.

mono[2] *adj (bonito)* pretty, lovely, attractive; *(simpático)* nice, charming, cute; **una chica muy ~a** a very pretty *o* attractive girl.

mono[3] *nm (overoles)* overalls, boiler suit; *(de niño)* rompers.

mono/a[4] 1 *(LAm) adj (amarillo)* yellow; *(rubio)* blonde. **2** *nm/f (Col: rubio)* blond(e) (person); *V tb* **mona (d)**.

mono... *pref* mono....

monocarril *nm* monorail.

monocorde *adj* (**a**) *(Mús)* single-stringed. (**b**) *(fig)* monotonous, unvaried.

monocromo *adj, nm* monochrome.

monóculo *nm* monocle.

monocultivo *nm* single crop farming, monoculture.

monogamia *nf* monogamy.

monógamo *adj* monogamous.

monográfico 1 *adj*: **estudio** ~ monograph; **número ~ de la revista** *an issue of the journal devoted to a single subject*. **2** *nm* monograph, special edition.

monograma *nm* monogram.

monolingüe *adj* monolingual.

monolítico *adj* monolithic.

monolito *nm* monolith.

monologar [1h] *vt* to soliloquize.

monólogo *nm* monologue, monolog *(US)*.

monomanía *nf (idea fija)* monomania; *(obsesión)* mania, obsession.

monopatín *nm* skateboard.

monoplano *nm* monoplane.

monopolio *nm* monopoly; ~ **total** absolute monopoly.

monopolista *adj, nmf* monopolist.

monopolización *nf* monopolization.

monopolizar [1f] *vt* to monopolize.

monorail *nm* monorail.

monosabio *nm (Zool)* trained monkey.

monosilábico *adj* monosyllabic.

monosílabo 1 *adj* monosyllabic. **2** *nm* monosyllable.

monoteísmo *nm* monotheism.

monotemático *adj* having a single theme.

monotipia *nf* Monotype ®.

monotonía *nf (sonido)* monotone; *(fig)* monotony; *(: tristeza)* dreariness.

monótono *adj (sonido)* on one note; *(fig)* monotonous; *(triste)* dreary.

mono-usario *adj (Inform)* single-user.

monóxido *nm* monoxide; ~ **de carbono** carbon monoxide.

Mons. *abr de* **Monseñor** Mgr, Mons, Msgr.

monseñor *nm* monsignor.

monserga *nf (importuna)* annoying request; *(pesada)* boring spiel; **¡no me vengas con ~s!** give my head peace!

monstruo 1 *nm (gen)* monster; *(Bio)* freak; *(espectáculos etc)* idol, wonder boy. **2** *adj inv (fam)* fantastic, fabulous *(fam)*.

monstruoso *adj (gen)* monstrous; *(enorme)* huge; *(Bio)* freakish, freak *atr*; *(fig)* monstrous, hideous.

monta *nf* (**a**) *(acto de montar)* mounting. (**b**) *(Mat)* total, sum. (**c**) *(valor)* value; **de poca** ~ unimportant.

montacargas *nm inv* service lift, hoist, freight elevator *(US)*.

montado[1] *adj* (**a**) *(a caballo)* mounted; **estar ~ (en el dólar)** *(fam)* to be flush *(fam)*, be loaded *(fam)*. (**b**) *(Téc: instalado)* equipped.

montado[2] *nm*: ~ **de lomo** *a hot sandwich made with pork loin.*

montador *nm* (**a**) *(para montar)* mounting block. (**b**) *(profesión)* fitter; *(Cine)* film editor.

montadura *nf* (**a**) *(acto)* mounting. (**b**) = **montura (b)**.

montaje *nm* (**a**) *(Mec etc)* assembly; *(: organización)* fitting-up; *(Arquit)* erection; *(: fam: estafa)* put-up job *(fam)*, frame-up *(fam)*; ~ **publicitario** advertising *o* publicity stunt. (**b**) *(Rad)* hookup. (**c**) *(Arte, Cine, Fot)* montage; *(Teat: escenografía)* stage designing, décor.

montante *nm* (**a**) *(poste)* upright, post; *(soporte)* stanchion; *(Arquit: de puerta)* transom; *(: de ventana)* mullion. (**b**) *(suma)* total, amount.

montaña *nf* (**a**) mountain; *(sierra)* mountains, mountainous area; ~ **rusa** roller-coaster. (**b**) *(LAm: bosque)* forest.

montañero/a 1 *adj* mountain *atr*. **2** *nm/f* mountaineer, climber.

montañés/esa 1 *adj (de montaña)* mountain *atr*; *(de tierras altas)* highland. **2** *nm/f* highlander.

montañismo *nm* mountaineering, climbing.

montañoso *adj* mountainous.

montaplatos *nm inv* service lift, dumbwaiter *(US)*.

montar [1a] **1** *vt* (**a**) *(subir a: caballo, bicicleta)* to mount, get on; *(bicicleta, caballo)* to ride; **estar montado en bicicleta/caballo** to be riding a bicycle/horse; **hoy monta mi caballo** she's riding my horse today.

(**b**) *(Téc: armar)* to assemble, put together; *(: construir)* to erect, put up; *(pistola)* to cock; ~ **una casa** to set up house; ~ **guardia** to mount guard; ~ **una tienda** to open a shop; ~ **un negocio** to start up in business.

(**c**) *(Cos)* to cast on.

(**d**) *(Cine: película)* to edit; *(Teat: obra)* to stage, put on.

(**e**) *(Culin: batir)* to whip, beat; ~ **a punto de nieve** to beat until stiff.

(**f**) *(Zool: aparear)* to mate with, cover.

(**g**) ~ **a algn sobre algo** to lift sb on to sth.

(**h**) *(engarzar: joya)* to set.

(**i**) (*sumar*) ~ (**a**) to amount (to).

(**j**) (*fam: organizar*) to raise, kick up; ~**la** to kick up a fuss; ~ **una bronca** to start a fight.

2 *vi* (**a**) (*a caballo, en bicicleta etc*) to ride; (*: subir a*) to mount *o* get onto; ~ **en el avión** to get on *o* board the plane.

(**b**) (*cubrir*) to overlap.

(**c**) ~ **en cólera** to fly into a rage.

(**d**) (*Fin*) ~ **a** to amount *o* come to.

(**e**) **tanto monta** it makes no odds.

3 montarse *vr* = **2** (**a**); **él se lo monta mejor** (*fam*) he does things better, he gets himself better organized; **se lo monta muy mal** he's no idea how to manage things, he's just not with it (*fam*); ~ **en el dólar** (*fam*) to make a mint.

montaraz *adj* (**a**) (*de montaña*) mountain *atr*; (*de tierras altas*) highland *atr*. (**b**) (*salvaje*) wild, untamed; (*tosco*) rough, coarse; (*esquivo*) unsociable.

monte *nm* (**a**) (*montaña*) mountain; (*cerro*) hill; **echarse al** ~ to take to the hills.

(**b**) (*bosque*) woodland; (*despoblado*) wild country; ~ (**alto/bajo**) forest/scrub *o* brush; **batir el** ~ to beat for game, go hunting; (*fig: buscar*) to search high and low.

(**c**) ~ **pío** *o* **de piedad** (stateowned) pawnshop.

(**d**) (*CAm, Carib: alrededores*) outskirts, surrounding country; (*LAm: hierba*) grass, pasture.

(**e**) (*Naipes: baraja*) pile; (*: banca*) bank.

(**f**) (*fam: obstáculo*) obstacle, snag; **todo se le hace un** ~ he makes mountains out of molehills.

montecillo *nm* mound, hump.

montepío *nm* (**a**) (*sociedad*) friendly society. (**b**) (*monte de piedad*) pawnshop.

montera *nf* (*sombrero*) cloth cap; (*de torero*) bullfighter's hat; **ponerse el mundo por** ~ not to care what anybody thinks.

montería *nf* (**a**) (*arte*) hunting; (*caza*) hunt, chase. (**b**) (*animales*) animals, game.

montero/a *nm/f* huntsman, hunter.

montés *adj* wild.

montículo *nm* = **montecillo**.

montón *nm* (**a**) heap, pile; (*de nieve*) drift. (**b**) **un hombre del** ~ an ordinary chap; **un** ~ **de** lots *o* heaps *o* masses of; **un** ~ **de gente** a crowd of people; **sabe un** ~ he knows loads (*fam*); **a** ~ all jumbled together; **a** ~**es** by the score, galore.

montonera *nf* (*LAm*) (**a**) (*guerrilla*) band of guerrilla fighters. (**b**) (*montón*) pile, heap. (**c**) (*CSur Hist*) troup of mounted rebels.

montonero/a 1 *adj* (**a**) (*LAm: autoritario*) overbearing. (**b**) (*CSur*) urban guer(r)illa *atr*. **2** *nm/f* urban guer(r)illa.

montuoso *adj* hilly, mountainous.

montura *nf* (**a**) (*cabalgadura*) mount. (**b**) (*silla*) saddle; (*arreos*) harness, trappings. (**c**) (*de joya*) mounting, setting; (*de gafas*) frame.

monumental *adj* monumental; (*fam: excelente*) tremendous (*fam*), terrific (*fam*).

monumento 1 *nm* (*lit, fig*) monument; (*de conmemoración*) memorial; (*fig: persona*) beauty; ~ **a los caídos** war memorial. **2** *adj* (*fam*) **un éxito** ~ a tremendous *o* huge success.

monzón *nm o nf* monsoon.

monzónico *adj* monsoon *atr*.

moña *nf* (**a**) (*lazo*) hair ribbon, bow; (*cinta*) ribbon. (**b**) (*fam: muñeca*) doll. (**c**) (*fam*) **cogerse una** ~ to get sloshed (*fam*); **estar con la** ~ to be canned (*fam*).

moño *nm* (**a**) (*de pelo*) bun, chignon; (*LAm: cabello*) hair; **agarrarse del** ~ to pull each other's hair; **estar hasta el** ~ (*fam*) to be fed up to the back teeth; **ponerse** ~**s** (*fam*) to give o.s. airs, put it on. (**b**) (*Orn*) crest. (**c**) = **moña** (**a**). (**d**) ~**s** (*fig*) fripperies. (**e**) (*LAm: altivez*) pride, haughtiness; **bajar el** ~ **a algn** to take sb down a peg.

MOPT *nm abr* (*Esp*) *de* **Ministerio de Obras Públicas y Transporte**.

moquear [1a] *vi* to have a runny nose.

moqueo *nm* runny nose.

moquera *nf*: **tener** ~ to have a runny *o* streaming nose.

moqueta *nf* fitted carpet.

moquete *nm* punch on the nose.

moquillo *nm* (*Vet*) distemper.

mor: **por** ~ **de** *prep* because of, on account of.

mora[1] *nf* (*Bot*) mulberry; (*: zarzamora*) blackberry.

mora[2] *nf* (*Fin: Jur*) delay; **ponerse en** ~ to default, get into arrears.

morada *nf* (**a**) (*gen*) dwelling; (*casa*) abode, home; **última** ~ (last) resting place; **no tener** ~ **fija** to be of no fixed abode. (**b**) (*estadía*) stay.

morado 1 *adj* purple, violet; **pasarlas** ~**as** to have a tough time of it; **ponerse** ~ (**de algo**) (*fam*) to do o.s. well, gorge o.s. **2** *nm* bruise.

morador(a) *nm/f* inhabitant.

moradura *nf* bruise.

moral[1] *nm* (*Bot*) mulberry tree.

moral[2] 1 *adj* moral. **2** *nf* (**a**) (*moralidad*) morals *pl*, morality; (*ética*) ethics *pl*; **tiene más** ~ **que el alcoyano** he keeps going against all the odds. (**b**) (*estado de ánimo*) morale; **tener baja la** ~ to be in low spirits.

moraleja *nf* moral.

moralidad *nf* (**a**) morals *pl* morality. (**b**) (*moraleja*) moral.

moralista 1 *adj* moralistic. **2** *nmf* moralist.

moralizar [1f] *vt* to moralize.

morapio *nm* (*fam*) cheap red wine, plonk (*fam*).

morar [1a] *vi* to live, dwell.

moratón *nm* bruise.

moratoria *nf* moratorium.

morbido *adj* (**a**) (*enfermo*) morbid, diseased. (**b**) (*suave*) soft, delicate.

morbo *nm* disease, illness.

morbosidad *nf* morbidity, morbidness; (*mala salud*) unhealthiness.

morboso *adj* (**a**) (*enfermo*) morbid, sickly; (*que causa enfermedad*) likely to cause disease(s). (**b**) (*fig: malsano*) diseased, morbid.

morcilla *nf* (**a**) (*Culin*) blood sausage, black pudding. (**b**) (*Teat*) ad lib.

mordacidad *nf* (*de crítica*) sharpness.

mordaz *adj* (*crítica*) sharp, scathing.

mordaza *nf* (**a**) (*en la boca*) gag. (**b**) (*Téc*) clamp, jaw.

mordedura *nf* (*acción, herida*) bite.

mordelón *adj* (**a**) (*LAm: esp perro*) prone to bite. (**b**) (*CAm, Méx: fam: sobornable*) given to taking bribes.

morder [2h] **1** *vt* (**a**) to bite; (*pinchar*) to nip; (*mordisquear*) to nibble (at). (**b**) (*Quím*) to corrode, eat away; (*recursos etc*) to eat into. (**c**) (*Mec: embrague etc*) to catch. (**d**) (*fam: denigrar*) to gossip about, run down. (**e**) (*CAm, Méx: exigir soborno*) to take a bribe from. **2** *vi* to bite; **está que muerde** he's hopping mad. **3 morderse** *vr* to bite; ~ **la lengua** to hold one's tongue.

mordida *nf* (**a**) bite. (**b**) (*CAm, Méx: dinero etc*) bribe; (*: el soborno*) graft, bribery.

mordiscar [1g] **1** *vt* (*gen*) to nibble at; (*con fuerza*) to gnaw at; (*pinchar*) to nip; (*suj: caballo*) to champ. **2** *vi* (*gen*) to nibble; (*caballo*) to champ.

mordisco *nm* (**a**) (*mordedura*) bite, nip. (**b**) (*trozo*) bite.

mordisquear [1a] = **mordiscar**.

morena *nf* (*Pez*) moray.

moreno/a 1 *adj* (*gen*) (dark) brown; (*persona: de pelo* ~) dark-haired; (*: de tez* ~*a*) dark(-skinned), swarthy; (*: euf*) coloured, colored (*US*); **ponerse** ~ to get brown, acquire a suntan. **2** *nm/f* (*de tez*) dark(-skinned) man/woman; (*de pelo*) dark-haired man/woman; (*: negro*) black-haired man/woman.

morera *nf* mulberry tree.

morería *nf* (*Hist*) Moorish lands, Moorish territory; (*barrio*) Moorish quarter.

moretón *nm* bruise.

morfema *nm* morpheme.
morfina *nf* morphia, morphine.
morfinómano/a 1 *adj* addicted to hard drugs. **2** *nm/f* drug addict.
morfología *nf* morphology.
morganático *adj* morganatic.
morgue *nf* (*esp LAm*) morgue.
moribundo/a 1 *adj* dying; (*esp fig*) moribund. **2** *nm/f* dying person.
morir 3j (*pp* **muerto**) **1** *vt* (*sólo pp y pretérito perfecto*) to kill; **fue muerto a tiros** he was shot (dead).
2 *vi* (**a**) (*gen*) to die (*de* of); ~ **ahogado/ahorcado/fusilado** to drown/to be hanged/to be shot; ~ **de frío/hambre** to die of cold/to starve to death; ~ **joven** to die young; **¡muera el tirano!** down with the tyrant!
(**b**) (*extinguirse: fuego*) to die down; (*: luz*) to get dim; **moría el día** night was falling; **las olas iban a ~ a la playa** the waves ran out on the beach.
(**c**) (*Ferro etc: vías*) to end (*en* at); (*calle*) to come out (*en* at).
3 morirse *vr* (**a**) to die; **se le murió el tío** an uncle of his died; **¡me muero de hambre!** (*fig*) I'm starving!; **no es cosa de** ~ it's not as bad as all that.
(**b**) (*fig*) to be dying; **me moría de vergüenza** I nearly died of shame; **me moría de miedo** I was half-dead with fright; **se van a ~ de risa** they'll die laughing; ~ **de ganas (de hacer)** to be dying (to do).
(**c**) ~ **por algo** to be dying *o* desperate for sth; ~ **por algn** to be crazy about sb; **se muere por el fútbol** he's mad keen on football; ~ **por hacer algo** to be dying to do sth.
(**d**) (*entumecerse*) to go to sleep, go numb.
morisco/a 1 *adj* Moorish; (*Arquit*) in the Moorish style. **2** *nm/f* (*Hist*) Moslem convert to Christianity.
mormón/ona *nm/f* Mormon.
moro/a 1 *adj* (**a**) Moorish. (**b**) (*caballo*) dappled, piebald. (**c**) (*fam: machista*) macho (*fam*). **2** *nm/f* (**a**) Moor; **¡hay ~s en la costa!** watch out!, the coast isn't clear. (**b**) (*LAm: caballo*) piebald horse. **3** *nm* (*fam: marido*) domineering husband.
morocho (*LAm*) **1** *adj* (**a**) (*pelo*) dark; (*persona: de piel ~a*) dark-skinned. (**b**) (*fuerte*) strong, tough; (*bien conservado*) well-preserved. **2** *nm* (**a**) (*maíz*) hard maize, corn (*US*). (**b**) (*persona fuerte*) tough person. (**c**) (*Ven: gemelos*) **~s** twins.
moronga *nf* (*CAm, Méx*) blood sausage, black pudding.
morosidad *nf* (*lentitud*) slowness; (*tardanza*) dilatoriness.
moroso 1 *adj* (**a**) (*lento*) slow, dilatory; (*Com, Fin*) **deudor** ~ slow payer, defaulter. (**b**) **delectación ~a** (*pey*) morbid *o* unhealthy enjoyment. **2** *nm* (*Com, Fin*) bad debtor, defaulter.
morrada *nf* (*cabezazo*) butt; (*bofetada*) bash (*fam*), punch.
morral *nm* (**a**) (*mochila*) haversack, knapsack; (*de caza*) pouch, gamebag; (*de caballo*) nosebag. (**b**) (*fam: matón*) lout, rough type.
morralla *nf* (**a**) (*peces*) small fry, little fish. (**b**) (*basura*) rubbish. (**c**) (*personas*) rabble, common sort. (**d**) (*fig*) trinket. (**e**) (*Méx: calderilla*) small change.
morrazo *nm* (*golpe*) thump.
morrear 1a *vt, vi* (*fam*) to snog (*fam*).
morreo *nm* (*fam*) snogging (*fam*).
morrillo *nm* (*Zool*) fleshy part of the neck; (*fam: cuello*) neck.
morriña *nf* (*Esp*) homesickness.
morrión *nm* (*Mil*) helmet, bearskin.
morro *nm* (**a**) (*Zool*) snout, nose; (*fam: labio*) (thick) lip; **andar de ~ con algn** to be at odds with sb; **estar de ~s (con algn)** to be in a bad mood (with sb); **partir los ~s a algn** (*fam*) to bash sb's face in (*fam*); **poner** *o* **torcer el** ~ to look cross.
(**b**) (*Aer, Aut etc*) nose; **caer de** ~ to nose-dive.
(**c**) (*fam: descaro*) cheek (*fam*), nerve (*fam*); **echarle mucho** ~ (*fam*) to have a real nerve (*fam*); **me lo quedé por el** ~ I just held on to it and to hell with them *etc*! (*fam*); **¡qué ~ tienes!** (*fam*) you've got a nerve! (*fam*).
(**d**) (*Geog: promontorio*) headland, promontory.
(**e**) (*guijarro*) pebble.
(**f**) (*cerro*) small rounded hill.
morrocotudo *adj* (*fam*) (**a**) (*fantástico*) smashing, terrific (*fam*); (*riña, golpe*) tremendous. (**b**) (*fuerte*) strong; (*pesado*) heavy. (**c**) (*difícil*) awkward; (*importante*) important. (**d**) (*grande*) big.
morrón 1 *adj*: **pimiento** ~ red pepper. **2** *nm* hot sweet red pepper; (*Esp fam*) blow.
morrudo *adj* (*de labios gruesos*) thick-lipped.
morsa *nf* walrus.
morse *nm* morse.
mortadela *nf* bologna sausage.
mortaja *nf* (**a**) (*de muerto*) shroud. (**b**) (*Téc*) mortise. (**c**) (*LAm fam: papel*) cigarette paper.
mortal 1 *adj* (**a**) (*que muere*) mortal. (**b**) (*herida*) mortal, fatal; (*golpe*) deadly; (*pecado*) mortal. (**c**) (*angustiante*) deadly, dreadful; (*interminable*) unending. (**d**) **salto** ~ somersault. **2** *nmf* mortal, human being.
mortalidad *nf* (**a**) (*condición de mortal*) mortality. (**b**) (*cantidad de muertos etc*) mortality, loss of life; (*mortandad*) death rate; ~ **infantil** (rate of) infantile mortality.
mortandad *nf* (*número de víctimas*) loss of life, number of victims; (*Mil*) slaughter, carnage.
mortecino *adj* (**a**) (*débil*) weak, failing. (**b**) (*luz*) dim, fading; (*color*) dull, faded.
mortero *nm* mortar.
mortífero *adj* deadly, lethal.
mortificación *nf* (*sufrimiento*) mortification; (*humillación*) humiliation.
mortificar 1g **1** *vt* (**a**) (*Med*) to damage seriously. (**b**) (*atormentar*) to torment, plague; ~ **la carne** to mortify the flesh. (**c**) (*doler*) to mortify; (*humillar*) to humiliate.
2 mortificarse *vr* (*atormentarse*) to be mortified (*con* at); (*CAm, Méx: avergonzarse*) to feel ashamed *o* embarrassed.
mortuorio *adj* mortuary, death *atr*.
morueco *nm* (*Zool*) ram.
Mosa *nm*: **el (río)** ~ the Meuse.
mosaico *nm* mosaic; ~ **de madera** marquetry.
mosca *nf* (**a**) (*insecto*) fly; ~ **de burro** horsefly; ~ **muerta** (*fig*) hypocrite; **cazar** *o* **papar ~s** to daydream; **pescar** ~ to fish with a fly; **por si las ~s** just in case; **estar** ~ (*desconfiar*) to smell a rat; (*estar harto*) to be utterly fed up; **estar ~ con algn** to be cross with sb; **tener la ~ en** *o* **detrás de la oreja** to be wary; **¿qué ~ te ha picado?** what's eating you?
(**b**) (*fam: pasta*) dough (*fam*); **aflojar** *o* **soltar la** ~ to fork out (*fam*), stump up.
(**c**) (*fam: persona pesada*) pest, bore.
(**d**) (*pelo*) tuft of hair; (*barba*) small goatee beard.
(**e**) **~s** sparks; **~s volantes** spots before the eyes, floaters.
(**f**) (*Méx fam: parásito*) sponger (*fam*).
moscarda *nf* blowfly, bluebottle.
moscardón *nm* (**a**) (*moscarda*) blowfly; (*abejón*) hornet. (**b**) (*fam: persona molesta*) pest.
moscatel *adj, nm* muscatel.
moscón *nm* (**a**) = **moscarda**. (**b**) (*Bot*) maple. (**c**) (*fam*) pest, nuisance.
moscovita *adj, nmf* Muscovite.
Moscú *nm* Moscow.
mosqueado *adj* (**a**) (*moteado*) spotted. (**b**) (*fam: enfadado*) angry, resentful.
mosqueante *adj* (**a**) (*molesto*) annoying, irritating. (**b**) (*sospechoso*) suspicious, fishy (*fam*).
mosquearse 1a *vr* (**a**) (*enfadarse*) to get cross; (*ofenderse*) to take offence *o* (*US*) offense. (**b**) (*desconfiar*) to smell a rat (*fam*), get suspicious.

mosqueo *nm* (**a**) (*enfado*) annoyance, anger, resentment. (**b**) (*lío*) hassle, fuss.
mosquete *nm* musket.
mosquita *nf*: ~ **muerta** (*fig*) hypocrite; **hacerse la ~ muerta** to look as if butter would not melt in one's mouth.
mosquitero *nm* mosquito net.
mosquito *nm* mosquito; (*pequeño*) gnat.
mostaza *nf* mustard.
mosto *nm* must, unfermented grape juice.
mostrador *nm* (*de tienda*) counter; (*de café etc*) bar.
mostrar [1l] **1** *vt* (*gen*) to show; (*exponer*) to display, exhibit; (*señalar*) to point out; (*explicar*) to explain; (*demostrar*) to demonstrate; ~ **en pantalla** (*Inform*) to display. **2 mostrarse** *vr* (**a**) to show o.s., appear. (**b**) (*con adj: parecer*) to appear, seem; (*resultar ser*) to turn out *o* prove to be; **se mostró ofendido** he appeared (to be) cross.
mostrenco *adj* (**a**) (*sin dueño*) ownerless, unclaimed; (*animal*) stray. (**b**) (*fam: persona: torpe*) dense, slow; (*: gordo*) fat.
mota *nf* (**a**) (*partícula*) speck, tiny piece; (*de pelusa*) piece of fluff; ~ **de polvo** speck of dust. (**b**) **a ~s** (*dibujo*) dotted, of dots. (**c**) (*fig: defecto*) fault, blemish. (**d**) **no hace (ni) ~ de aire** there isn't a breath of air. (**e**) (*LAm: lana*) tuft (of wool); (*: marijuana: planta*) marijuana plant; (*: droga*) grass *(fam)*. (**f**) (*And, Carib, Méx: borla*) powder puff.
mote[1] *nm* (*apodo*) nickname; (*sentencia*) motto.
mote[2] *nm* (*And, CSur*) boiled maize, boiled corn *(US)*; ~ **con huesillos** (*Chi*) maize and peach drink.
moteado *adj* (*piel*) speckled, mottled, dappled (*de* with); (*tela*) dotted, with a design of dots.
motejar [1a] *vt* to nickname.
motel *nm* motel.
motín *nm* (*insurrección*) revolt, rising; (*disturbio*) riot, disturbance.
motivación *nf* motivation.
motivar [1a] *vt* (**a**) (*gen*) to motivate; (*causar*) to cause. (**b**) (*explicar*) to explain, justify (*con, en* by, by reference to).
motivo 1 *adj* motive.
2 *nm* (**a**) motive, reason (*de* for), cause (*de* of); **~s de divorcio** grounds for divorce; ~ **oculto** ulterior motive; **con ~ de** (*debido a*) because of, owing to; (*en ocasión de*) on the occasion of; (*con el fin de*) in order to, for the purpose of; **con este** *o* **tal** ~ for this reason; **por cuyo** ~ for which reason; **por ~s de salud** for health reasons; **sin** ~ for no reason at all, without good reason; ~ **más que sobrado para ...** all the more reason to ...; **la decisión fue ~ de críticas** the decision became the object of criticism; **tengo mis ~s** I have my reasons.
(**b**) (*Arte, Mús*) motif; ~ **conductor** leitmotif.
moto *nf* (motor)bike; (*escúter*) scooter.
motobomba *nf* fire engine.
motocarro *nm* three-wheeler, light delivery van.
motocicleta *nf* motorcycle.
motociclismo *nm* motorcycling.
motociclista *nmf* motorcyclist; ~ **de escolta** outrider.
moto-cross *nm* moto-cross.
motonáutica *nf* motorboat *o* speedboat racing.
motonave *nf* motor ship, motor vessel.
motoneta *nf* (*LAm*) motor scooter, vespa ®.
motoniveladora *nf* bulldozer.
motor 1 *adj* (**a**) (*Téc*) motive, motor *(US)*; **potencia ~a** motive power. (**b**) (*Anat*) motor. **2** *nm* motor, engine; **con ~** power-driven; **con 6 ~es** 6-engined; ~ **de arranque** *o* **de puesta en marcha** starter, starting motor; ~ **de combustión interna** *o* **de explosión** internal combustion engine; ~ **a chorro** *o* **a reacción** jet engine; ~ **Diesel** diesel engine; ~ **de** *o* **a inyección** fuel-injected engine; ~ **de fuera de borda** outboard motor; **calentar ~es** to warm up.
motora *nf*, **motorbote** *nm* motorboat, speedboat.
motorismo *nm* motorcycling.
motorista *nm* (*esp LAm: automovilista*) motorist; (*motociclista*) motorcyclist.
motorístico *adj* motor-racing *atr*.
motorizado *adj* motorized; **estar ~** (*fam*) to be mobile, have a car; **patrulla ~a** motorized patrol, mobile unit.
motorizar [1f] **1** *vt* (*Mil, Téc*) to motorize, mechanize. **2 motorizarse** *vr* (*hum, fam*) to get o.s. a car, become mobile.
motosierra *nf* mechanical saw.
motoso *adj* (*LAm: pelo*) kinky.
motriz *adj* motive, driving; **fuerza ~** driving force.
mousse [mu:s] *nf* (*Culin*) mousse; (*de pelo*) hair-conditioner.
movedizo *adj* (**a**) (*movible*) easily moved, movable; (*suelto*) loose; (*inseguro*) unsteady; (*arenas*) shifting. (**b**) (*persona: cambiadizo*) fickle; (*situación*) unsettled, changeable.
mover [2h] **1** *vt* (**a**) (*gen*) to move; (*cambiar de lugar*) to shift; (*cabeza: para negar*) to shake; (*: para asentir*) to nod; (*cola*) to wag; **'no nos moverán'** (*eslogan*) 'we shall not be moved'.
(**b**) (*Mec: accionar*) to drive, power, work; (*tren*) to pull; **el agua mueve la rueda** the water turns *o* drives the wheel.
(**c**) (*fig: causar*) to cause, provoke; ~ **una guerra contra algn** to wage war on sb; ~ **un pleito contra algn** to start proceedings against sb; ~ **a algn a la risa/a lágrimas** to make sb laugh/cry; ~ **a algn a hacer algo** to move sb to do sth.
2 *vi* (**a**) (*Bot*) to bud, sprout.
(**b**) (*fam: para irse*) to make a move.
3 moverse *vr* (**a**) (*gen*) to move; (*hacer lugar*) to move over; **no se ha movido de su asiento** he has not stirred from his seat.
(**b**) (*mar*) to get rough; (*viento*) to rise.
(**c**) (*fig: apresurarse*) to move o.s., get a move on; (*: evolucionar*) to be on the move; (*hacer gestiones*) to make a move; **se movió mucho para conseguir el puesto** he pulled out all the stops to get the post.
(**d**) to move, go around; **se mueve mucho entre aristócratas** he mixes a lot with aristocrats; **siempre me he movido en el mundo finanaciero** I've always been around the business world.
movible *adj* (**a**) (*no fijo*) movable; (*móvil*) mobile. (**b**) (*fig: cambiadizo*) changeable; (*: persona*) fickle.
movida *nf* (**a**) (*Ajedrez*) move. (**b**) (*fam: asunto*) thing, business; (*: acontecimiento*) happening; **la ~ cultural** the cultural scene; **¡qué ~!** what a carry-on! *(fam)*.
movido *adj* (**a**) (*Fot*) blurred. (**b**) (*persona: activo*) active; (*: inquieto*) restless, always on the go; (*agitado*) lively; (*mar*) rough, choppy; (*día*) hectic.
móvil 1 *adj* = **movible**. **2** *nm* (*motivo*) motive (*de* for); (*incentivo*) incentive.
movilidad *nf* mobility.
movilización *nf* mobilization.
movilizar [1f] *vt* (*organizar*) to mobilize.
movimiento *nm* (**a**) (*gen*) movement; (*Mec, Fís*) motion; (*de cabeza: para negar*) shake; (*para asentir*) nod; ~ **hacia arriba/hacia abajo** upward/downward movement; ~ **de bloques** (*Inform*) block move; ~ **de caja** (*Fin*) transaction; ~ **de mercancías** (*Com*) turnover, volume of business; ~ **obrero/sindical** workers'/trade union movement; ~ **sísmico** earth tremor; **mantener algo en ~** to keep sth moving; **poner algo en ~** to set sth in motion, start sth.
(**b**) (*actividad*) activity; (*bullicio*) bustle, stir; (*Aut*) traffic; **de mucho ~** (*tienda etc*) busy; ~ **máximo** (*Aut*) peak traffic; **había mucho ~ en el tribunal** there was great activity in the court.
(**c**) (*Mús*) tempo.
(**d**) (*emociones: cambio*) change, alteration; (*: de pasión, celos*) fit, outburst.

(**e**) (*Lit, Pol etc*) movement.

moza *nf* (*chica*) girl; (*criada*) servant; **buena** ~ good-looking girl.

mozambiqueño/a *adj, nm/f* Mozambican.

Mozambique *nm* Mozambique.

mozárabe 1 *adj* Mozarabic. **2** *nmf* Mozarab.

mozo 1 *adj* (**a**) (*joven*) young. (**b**) (*soltero*) single, unmarried. **2** *nm* (*joven*) youth, young fellow, lad; (*criado*) servant; (*camarero*) waiter; **buen** ~ handsome fellow; ~ **de caballos** groom; ~ **de cuerda** *o* **estación** *o* **de equipajes** porter; ~ **de hotel** page, buttons, bellhop *(US)*.

mozuela *nf* girl; (*pey*) wench.

mozuelo *nm* (young) lad.

MTC *nm abr* (*Esp*) *de* **Ministerio de Transportes y Comunicaciones**.

mucama *nf* (*And, CSur*) maid, servant; (*ama*) housekeeper.

mucamo *nm* (*And, CSur*) servant, houseboy.

mucosa *nf* (*membrana*) mucous membrane; (*secreción*) mucus.

mucosidad *nf* mucus.

mucoso *adj* mucous.

muchacha *nf* (**a**) (*chica*) girl. (**b**) (*tb* ~ **de servicio**: *criada*) maid.

muchachada *nf* (**a**) (*travesura*) childish prank. (**b**) (*pandilla*) group of kids. (**c**) (*LAm: grupo de jóvenes*) group of young people.

muchachería *nf* (**a**) (*travesura*) childish prank. (**b**) (*muchachos*) boys and girls, kids *(fam)*; (*pandilla*) crowd of kids *(fam)*.

muchacho *nm* (**a**) (*chico*) boy, lad. (**b**) (*criado*) servant. (**c**) (*Chi: cuña*) clamp, wedge.

muchedumbre *nf* crowd, mass, throng; (*pey*) mob, herd; (*de pájaros*) flock.

muchísimo *adj, adv* (*superl de mucho*) very much, a very great deal.

mucho 1 *adj* (**a**) (*cantidad de*) a lot of; (*grande*) much, great; ~ **tiempo** a long time; ~ **dinero** a lot of money; **no tengo** ~ **dinero/tiempo** I don't have a lot of money/time, I don't have much money/time; **con** ~ **valor** with much *o* great courage; **hace** ~ **calor/frío** it's very hot/cold; **es** ~ **dinero para un niño** it's too much money for a child.

(**b**) (*sg: fam: colectivo*) **había** ~ **borracho** there were a lot *o* lots of drunks *(fam)*.

(**c**) (*sg: fam: grande*) **ésta es** ~**a casa para nosotros** this house is far too big for us.

(**d**) (*pl*) ~**s** many, lots of; **hay** ~**s conejos** there are lots of rabbits; **no hay** ~**s conejos** there are not many rabbits; ~**s de los ausentes** many of those absent; **somos** ~**s** there are a lot of us; **se lo he dicho** ~**as veces** I've told him many times *o* many a time.

2 *pron* a lot, much; (*pl*) a lot, many; **tengo** ~ **que hacer** I have a lot to do; ~**s dicen que ...** a lot of people say that ...; **¿cuánto queda? -** ~ (*tiempo*) how long to go? - ages; (*vino*) how much is left? - lots; **¿te gusta? - no** ~ do you like it? - not really.

3 *adv* (**a**) a lot, a great deal, much; ~ **más/menos** much *o* a lot more/less; ~ **peor** much worse; ~ **antes/después** long before/after; **come** ~ she eats a lot *o* a great deal; **me alegro/lo siento** ~ I'm very glad/sorry; **correr** ~ to run fast; **te quiero** ~ I love you very much *o* a lot; **trabajar** ~ to work hard; **es** ~ it's a lot (of money), it's too much; **si no es** ~ **pedir** if that's not asking too much; **se guardará muy** ~ **de hacerlo** (*fam*) he'll jolly well be careful not to do it *(fam)*.

(**b**) (*tiempo*) long; **¿te vas a quedar** ~**?** are you staying long?

(**c**) (*a menudo*) often; **viene** ~ he comes a lot *o* often.

(**d**) (*como respuesta*) very; **¿estás cansado? - ¡**~**!** are you tired? - very *o* I certainly am.

(**e**) (*locuciones*) **¡**~ **lo sientes tú!** a fat lot you care! *(fam)*; **como** ~ at (the) most *o* the outside; **con** ~ far and away, by far; **con** ~ **el mejor** far and away the best; **ni con** ~ not nearly, nothing like, not by a long chalk; **ni** ~ **menos** far from it; **tener a algn en** ~ to think highly of sb; **por** ~ **que** however much; **por** ~ **que estudies** however hard you study.

muda *nf* (**a**) (*de ropa*) change of clothing. (**b**) (*Orn, Zool*) moult, molt *(US)*; (*de serpiente*) slough. (**c**) (*temporada*) moulting season. (**d**) (*de la voz*) breaking, changing; **está de** ~ (*chico*) his voice is breaking.

mudable *adj* (*variable*) changeable, variable; (*persona*) fickle.

mudanza *nf* (**a**) (*gen*) change. (**b**) (*de casa*) move, removal; **camión de** ~**s** removal van; **estar de** ~ to be moving. (**c**) (*Baile*) figure. (**d**) ~**s** (*fig: inconstancia*) fickleness *sg*, moodiness *sg*.

mudar [1a] **1** *vt* (**a**) (*cambiar*) to change, alter; (*transformar*) to change *o* turn *o* transform (*en* into); **le han mudado a otra oficina** they've moved him to another office; **le mudan las sábanas todos los días** they change his sheets every day. (**b**) (*Orn, Zool*) to shed, moult, molt *(US)*. **2** *vi* to change; ~ **de ropa** to change one's clothes. **3 mudarse** *vr* (**a**) *V* **2**. (**b**) (*tb* ~ **de casa**) to move (house). (**c**) (*voz*) to break; *V* **mandar 3 (a)**.

mudéjar 1 *adj* Mudejar. **2** *nmf* (*Hist*) Mudejar *(Moslem permitted to live under Christian rule)*.

mudez *nf* dumbness.

mudo *adj* (**a**) (*sin facultad de hablar*) dumb; (*callado*) silent, mute; **quedarse** ~ **(de)** (*fig*) to be dumb (with); **quedarse** ~ **de asombro** to be speechless; **se quedó** ~ **durante 3 horas** he did not speak for 3 hours. (**b**) (*Ling: letra*) mute, silent; (*consonante*) voiceless. (**c**) (*película*) silent; **papel** ~ (*Teat*) walk-on part.

mueblaje *nm* = **mobiliario**.

mueble 1 *adj*: **bienes** ~**s** movable *o* personal property. **2** *nm* piece of furniture; ~**s** furniture *sg*; (*de tienda etc*) fittings; (*armario*) cabinet, dresser; **con/sin** ~**s** furnished/unfurnished; ~**s y enseres** furniture and fittings.

mueble-bar *nm* cocktail cabinet.

mueca *nf* (wry) face, grimace; **hacer** ~**s** to make faces (*a* at).

muela *nf* (**a**) (*Anat*) tooth; ~ **del juicio** wisdom tooth; **dolor de** ~**s** toothache. (**b**) (*Téc: de molino*) millstone; (*: de afilar*) grindstone. (**c**) (*Geog: cerro*) mound, hillock.

muelle[1] **1** *adj* (**a**) (*blando*) soft; (*delicado*) delicate. (**b**) (*fig: vida*) soft, easy. **2** *nm* (*resorte*) spring; ~ **real** mainspring; **colchón de** ~**s** interior sprung mattress.

muelle[2] *nm* (**a**) (*Náut: puerto*) wharf, quay; (*malecón*) pier. (**b**) (*Ferro*) unloading bay.

muérdago *nm* mistletoe.

muerdo *nm* (*fam*) bite.

muermo 1 *adj* (*Esp fam: pesado*) boring; (*débil: lento*) slow, slow-witted. **2** *nm* (**a**) (*aburrimiento*) boredom; (*depresión*) blues. (**b**) (*asunto etc*) bore, pain *(fam)*.

muerte *nf* (**a**) (*gen, fig*) death; (*homicidio*) murder; ~ **civil** loss of civil rights; ~ **violenta** *o* **a mano airada** violent death; **de vida o** ~ life-and-death; ~ **repentina** sudden death; **dar** ~ **a** to kill; **causar** *o* **producir la** ~ **a** (*en accidente*) to kill, cause the death of; **encontrar la** ~ to die, meet one's death; **estar a la** ~ to be at death's door; **pena de** ~ death sentence.

(**b**) (*fig: locuciones*) **luchar a** ~ to fight to the death; **un susto de** ~ a terrible fright; **odiar a algn a** ~ to hate sb implacably; **aburrirse de** ~ to be bored to death; **de mala** ~ lousy *(fam)*, rotten *(fam)*; **un pueblo de mala** ~ a one-horse town; **es la** ~ it's deadly (boring).

muerto/a 1 *pp de* **morir**.

2 *adj* (**a**) (*gen, fig*) dead; (*inactivo*) lifeless; **nacido** ~ stillborn; **naturaleza** ~**a** (*Arte*) still life; **más** ~ **que vivo** half-dead, more dead than alive; **dar por** ~ **a algn** to give sb up for dead; **no tener donde caerse** ~ to be utterly destitute, not have a penny to one's name.

(**b**) (*fig*) **estar** ~ **de cansancio/de miedo/de hambre** to

be dead tired/dead scared/dying of hunger; **medio** ~ (*fig*) ready to drop (*fam*).
(**c**) (*color*) dull.
(**d**) (*cal*) slaked.
3 *nm/f* dead man/woman; (*difunto*) deceased; (*frm: cadáver*) corpse; (*fam: lento*) slowcoach (*fam*); (*pesado*) bore; **callarse como un** ~ to keep absolutely quiet; **cargar con el** ~ (*fam*) to carry the can (*fam*); **echar el** ~ **a algn** to pass the buck (*fam*); **hacer el** ~ (*nadando*) to float; **ser un** ~ **de hambre** (*fig*) to be a nobody.
4 *nm* (*Naipes*) dummy.

muesca *nf* (*concavidad*) notch, nick; (*ranura*) groove, slot.
muesli *nm* muesli.
muestra *nf* (**a**) (*señal*) indication, sign; (*ejemplo*) example; (*demostración*) demonstration; (*prueba*) proof; (*testimonio*) token; (*exposición*) trade fair; **dar ~s** to show signs. (**b**) (*Com etc*) sample, specimen; ~ **gratuita** free sample. (**c**) (*estadística*) sample; ~ **aleatoria/representativa** random/cross-section example. (**d**) (*modelo*) model, pattern, guide; (*Cos*) pattern. (**e**) (*reloj*) face. (**f**) (*tienda*) sign, signboard.
muestrario *nm* collection of samples; (*fig: exposición*) showcase.
muestreo *nm* sampling; (*sondeo*) survey.
muestreo *nm* (*acto*) sampling; (*números*) sample.
mugido *nm* (*de vaca*) moo, lowing; (*de toro*) bellow; (*de dolor*) roar, howl.
mugir 3c *vi* (*V nm*) to moo, low; to bellow; to roar, howl.
mugre *nf* (*suciedad*) dirt; (*inmundicia*) filth; (*grasa*) grease, grime.
mugriento *adj* (*V nf*) dirty; filthy; greasy, grimy.
mugrón *nm* (*vid*) sucker, layer; (*vástago*) shoot, sprout.
mugroso *adj* (*LAm*) dirty, mucky (*fam*).
muguete *nm* lily of the valley.
mujer *nf* (**a**) (*gen*) woman; ~ **de (mala) vida,** ~ **pública** prostitute; ~ **de la limpieza** help, cleaner; ~ **policía** policewoman; **ser muy** ~ **de su casa** to be very house-proud. (**b**) (*esposa*) wife; **mi futura** ~ my wife to be. (**c**) ¡~! woman!
mujerero *adj* (*LAm*) fond of women.
mujeriego 1 *adj* (**a**) womanizing. (**b**) **cabalgar a ~as** to ride sidesaddle. **2** *nm* ladykiller; (*pey*) womanizer.
mujeril *adj* womanly.
mujer-objeto *nf* (*pl* **mujeres-objeto**) woman treated as an object, sex object.
mujerzuela *nf* whore.
mula *nf* (**a**) (*animal*) mule; **más terco que una** ~ as stubborn as a mule. (**b**) (*Méx: trastos*) trash, junk. (**c**) (*fuerte*) tough guy.
mulada *nf* drove of mules.
muladar *nm* dungheap.
mulato *adj, nm* mulatto.
mulero *nm* muleteer.
muleta *nf* (**a**) (*para andar*) crutch. (**b**) (*Taur*) *matador's stick with red cloth attached.* (**c**) (*fig: soporte*) prop, support.
muletilla *nf* (**a**) (*bastón*) cross-handled cane; (*Téc: botón*) wooden toggle *o* button. (**b**) (*frase*) pet word, tag; (*de cómico etc*) catch phrase.
mulo *nm* mule.
multa *nf* fine; **echar** *o* **dar** *o* **(im)poner una** ~ **a** to fine *o* impose a fine on.
multar 1a *vt* to fine; (*Dep*) to penalize; ~ **a algn en 100 dólares** to fine sb 100 dollars.
multi... *pref* multi....
multiacceso *adj* (*Inform*) multi-access.
multicanal *adj* (*TV*) multichannel.
multicine *nm* multiscreen cinema, multiplex.
multicolor *adj* multicoloured, multicolored (*US*).
multicopista *nm* duplicator.
multidireccional *adj* multidirectional.
multidisciplinar(io) *adj*: **estudio** ~ cross-disciplinary study.
multiforme *adj* manifold, multiform.
multilaminar *adj*: **madera** ~ plywood.
multilateral, multilátero *adj* multilateral, many-sided.
multimillonario/a *nm/f* multimillionaire/-millionairess.
multinacional *nf* multinational (company).
multipartidista *adj* multi-party *atr*.
múltiple *adj* (**a**) (*Mat*) multiple; (*fig: variado*) many-sided. (**b**) **~s** (*muchos*) many, numerous; (*variados*) manifold, multifarious. (**c**) (*Inform*) **de tarea** ~ multi-task; **de usuario** ~ multi-user.
multiplicación *nf* multiplication.
multiplicar 1g **1** *vt* (*Mat, fig*) to multiply (*por* by); (*aumentar*) to increase; (*Mec*) to gear up. **2 multiplicarse** *vr* (**a**) (*Mat, Bio: reproducirse*) to multiply; (*: aumentarse*) to increase. (**b**) (*fig: estar en todas partes*) to be everywhere at once.
multiplicidad *nf* multiplicity.
multitud *nf* (*gentío*) crowd; **la** ~ (*pey: la masa*) the multitude, the masses; ~ **de** (*fam*) lots *o* heaps of.
multitudinario *adj* (*numeroso*) multitudinous; (*de masa*) mass *atr*.
multiviaje *adj inv*: **billete** ~ season ticket.
mullido 1 *adj* (*cama*) soft, sprung; (*hierba*) springy. **2** *nm* (*relleno*) stuffing, filling.
mullir 3a *vt* (*almohada etc*) to fluff up; (*ablandar*) to soften; (*azadonar*) to hoe, loosen.
mullo *nm* (red) mullet.
mun. *abr de* **municipio.**
mundanal *adj* worldly; **lejos del** ~ **ruido** far from the madding crowd.
mundanería *nf* worldliness.
mundano/a 1 *adj* (**a**) worldly, of the world. (**b**) (*de alta sociedad*) society *atr*; (*de moda*) fashionable. **2** *nm/f* society person, socialite.
mundial *adj* (*universal*) world-wide, universal; (*del mundo*) world *atr*; **la 1ª/2ª guerra** ~ the 1st/2nd World War.
mundialmente *adv* worldwide, universally; ~ **famoso** world-famous.
mundillo *nm* world, circle; **en el** ~ **teatral** in the theatre *o (US)* theater world, in theatrical circles; **vive enfrascado en su** ~ (*pey*) he lives in a world of his own.
mundo *nm* (**a**) (*gen*) world; (*fig: ámbito*) world, realm; **Nuevo/Antiguo** *o* **Viejo M**~ New/Old World; **Tercer M**~ Third World; **en todo el** ~ the (whole) world over; **el otro** ~ the next world, the hereafter.
(**b**) (*gente*) people; **todo el** ~ everyone, everybody; **estaba medio** ~ there were masses of people; **conoce medio** ~ he knows everybody.
(**c**) (*locuciones*) **no es nada del otro** ~ it's nothing special *o* to write home about; **el** ~ **es un pañuelo** it's a small world; **desde que el** ~ **es** ~ since time began; **se le cayó el** ~ **encima** he was totally shattered; **así va el** ~ no wonder things are as they are; **por nada del** *o* **en el** ~ not for all the world; **no es el fin del** ~ it's not the end of the world; **tener (mucho)/poco** ~ to be experienced *o* know one's way about/be inexperienced; **como Dios lo trajo al~, tal como vino al** ~ stark naked; **venir al** ~ to come into the world, be born; **ha visto** *o* **corrido mucho** ~ he's knocked around a lot; **se le cayó el** ~ **(encima)** his world fell apart.
(**d**) (*ámbito*) world, circle; **en el** ~ **científico** in scientific circles; **el gran** ~ high society; **el** ~ **del espectáculo** show business.
munición *nf* (**a**) (*tb* **~es**) ammunition; (*balas*) munitions; (*provisiones*) stores, supplies; **~es de boca** provisions. (**b**) **de** ~ army *atr*, service *atr*.
municipal 1 *adj* (*elección*) municipal; (*concejo*) town *atr*, local; (*piscina etc*) public. **2** *nm* (*guardia*) policeman.

municipalidad *nf* municipality; (*edificio*) town hall.
municipio *nm* (**a**) (*distrito*) municipality; (*población*) town(ship). (**b**) (*ayuntamiento*) town council, local council.
Munich *nm* Munich.
muniqués/esa 1 *adj* of *o* from Munich. **2** *nm/f* native *o* inhabitant of Munich.
muñeca *nf* (**a**) (*Anat*) wrist. (**b**) (*juguete*) doll; (*maniquí*) dummy, manikin; ~ **de trapo** rag doll. (**c**) (*trapo*) polishing rag. (**d**) (*And, CSur: mutualidad*) Friendly Society *(Brit)*, Benefit Society *(US)*.
muñeco *nm* (**a**) (*figura*) figure; (*juguete*) (boy) doll; (*espantapájaros*) guy, scarecrow; (*títere*) puppet, marionette; (*maniquí*) dummy; ~ **de nieve** snowman. (**b**) (*fig: instrumento*) puppet, pawn. (**c**) (*fam: niño*) pretty little boy, little angel.
muñequera *nf* (*correa*) wristband.
muñón *nm* (*Anat*) stump.
mural 1 *adj* mural, wall *atr*. **2** *nm* mural.
muralla *nf* (*muro defensivo*) (city) wall, walls *pl*; (*terraplén*) rampart; (*LAm: gen: pared*) wall.
Murcia *nf* Murcia.
murciano/a 1 *adj* of *o* from Murcia. **2** *nm/f* native *o* inhabitant of Murcia.
murciélago *nm* (*Zool*) bat.
murga *nf* (**a**) (*banda*) band of street musicians. (**b**) (*fam: lata*) nuisance, bind *(fam)*; **dar la** ~ to be a pain *(fam)*, be a pest.
murmullo *nm* (**a**) (*susurro*) murmur(ing), whisper(ing). (**b**) (*de hojas, viento*) rustle, rustling; (*de agua*) murmur, lapping; (*ruido confuso*) hum(-ming).
murmuración *nf* (*cotilleo*) gossip; (*: malicioso*) backbiting.
murmurador(a) 1 *adj* (*chismoso*) gossiping; (*criticón*) backbiting. **2** *nm/f* (*chismoso*) gossip; (*criticón*) backbiter.
murmurar [1a] *vi* (**a**) (*persona: susurrar*) to murmur, whisper; (*: quejarse*) to mutter. (**b**) (*agua*) to lap; (*hojas, viento*) to rustle; (*multitud*) to hum. (**c**) (*fig: cotillear*) to gossip (*de* about); (*: quejarse*) to grumble *o* mutter (*de* about); **siempre están murmurando del jefe** they're always grumbling about the boss, they're always criticizing the boss.
muro *nm* wall; ~ **de contención** retaining wall.
murria *nf* depression, blues; **tener** ~ to be down in the dumps *(fam)*.
murrio *adj* depressed.
musa *nf* Muse.
musaraña *nf* (**a**) (*Zool*) shrew; (*animalito*) small creature; (*insecto*) creepy-crawly *(fam)*. (**b**) **mirar a las ~s** to stare vacantly; **pensar en las ~s** to daydream.
muscular *adj* muscular.
musculatura *nf* muscles, musculature.
músculo *nm* muscle.
musculoso *adj* (*de muchos músculos*) muscular; (*fortachón*) tough, brawny.
muselina *nf* muslin.
museo *nm* museum; ~ **de arte** *o* **de pintura** art gallery; ~ **de cera** waxworks.
musgo *nm* moss.
musgoso *adj* mossy, moss-covered.
música *nf* (**a**) music; ~ **de cámara/coreada/de fondo** *o* **ambiental** chamber/choral/background music; ~ **celestial** (*fam*) nonsense, drivel; **poner ~ a** to set to music; **irse con la ~ a otra parte** to clear off. (**b**) (*banda*) band. (**c**) **~s** (*fam: tonterías*) drivel *sg*.
musical *adj* musical.
musicalidad *nf* musicality, musical quality.
músico 1 *adj* musical. **2** *nm* musician, player; ~ **callejero** street musician.
musitar [1a] *vt, vi* to mumble, mutter.
muslo *nm* thigh; (*de pollo*) leg, drumstick.
mustango *nm* mustang.
mustio *adj* (**a**) (*planta*) withered, faded. (**b**) (*persona*) depressed, gloomy. (**c**) (*Méx fam: hipócrita*) hypocritical.
musulmán/ana *adj, nm/f* Moslem.
mutación *nf* (**a**) (*cambio*) change. (**b**) (*Bio, Ling*) mutation. (**c**) (*Teat*) change of scene.
mutante *adj, nmf* mutant.
mutilación *nf* mutilation.
mutilado/a 1 *adj* crippled. **2** *nm/f* cripple, disabled person; ~ **de guerra** disabled veteran.
mutilar [1a] *vt* (**a**) (*gen*) to mutilate; (*lisiar*) to cripple, disable. (**b**) (*estropear*) to hack about, spoil; (*: cuento*) to garble; (*desfigurar*) to deface.
mutis *nm inv* (*Teat*) exit; **¡~!** sh!; **hacer** ~ (*Teat: retirarse*) to exit, go off; (*fig*) to say nothing, keep quiet; **hacer ~ por el foro** to make o.s. scarce *(fam)*.
mutismo *nm* (*mudez*) dumbness; (*fig: silencio*) silence.
mutualidad *nf* (**a**) (*reciprocidad*) mutual character. (**b**) (*ayuda*) mutual aid, reciprocal aid. (**c**) (*asociación*) friendly *o (US)* benefit society.
mutuo *adj* (*recíproco*) mutual, reciprocal; (*conjunto*) joint.
muy *adj* (*gen*) very; (*con pp*) greatly, highly; (*demasiado*) too; ~ **bien** (*manera*) very well; (*de acuerdo*) all right, fine; ~ **buscado** highly prized; ~ **de noche** (very) late at night; **el ~ bestia de Pedro** that great idiot Peter; **¡el ~ bandido!** the rascal!; **es ~ hombre/mujer** he's very manly/she's a real woman; **eso es ~ de él** that's just like him; **eso es ~ español** that's typically Spanish; **tener ~ en cuenta** to bear very much in mind; **llegar ~ tarde** to come very late; **M~ Señor mío** Dear Sir; **por ~ cansado que estés** however *o* no matter how tired you are.

N

N, n ['ene] *nf* (*letra*) N, n.
N *abr* (**a**) *de* **Norte** N. (**b**) *de* **nacional**. (**c**) *de* **noviembre** Nov. (**d**) (*LAm*) *de* **Moneda Nacional**; **le entregaron sólo N$2.000** they only gave him $2,000 pesos.
n. *abr* (**a**) *de* **nuestro/a**. (**b**) *de* **nacido** b. (**c**) *de* **número** no.
nabo *nm* (*Bot*) turnip; ~ **gallego** rape.
nácar *nm* mother-of-pearl, nacre.
nacarado, nacarino *adj* mother-of-pearl *atr*, pearly, nacreous.
nacer [2d] **1** *vi* (**a**) to be born; (*ave*) to hatch; **nací en Cuba** I was born in Cuba; **cuando nazca el niño** when the baby is born; **nació para poeta** he was born to be a poet; **nadie nace enseñado** we all have to learn; ~ **de pie** to be born lucky; **¡a ver si te crees que he nacido ayer!** do you think I was born yesterday!
(**b**) (*Bot*) to sprout, bud; (*estrella etc*) to rise; (*agua*) to spring up, appear, begin to flow; (*camino*) to begin, start (*de* from) (*en* in) (*día*) to dawn.
(**c**) (*fig*) to begin, originate, have its origin (*en* in); **el**

error nace del hecho de que the error springs *o* stems from that fact that; **entre ellos ha nacido una fuerte simpatía** a strong friendship has sprung up between them.
2 nacerse *vr* **(a)** *(Bot)* to bud, sprout.
(b) *(Cos)* to split.

nacido 1 *adj* born; **bien** ~ of noble birth; **ser un mal** ~ to be mean *o* wicked; **recién** ~ newborn. **2** *nm* **(a)** human being; **ningún** ~ nobody. **(b)** *(Méd)* tumour, tumor *(US)*, growth. **(c)** *(Cos)* split.

naciente 1 *adj* nascent; *(nuevo)* new, recent; *(creciente)* growing; *(sol)* rising. **2** *nm* **(a)** east. **(b)** *(CSur: tb* **~s***)* spring, source.

nacimiento *nm* **(a)** birth; *(Orn etc)* hatching; **ciego de** ~ blind from birth. **(b)** *(fig: estirpe)* descent, family. **(c)** *(agua)* spring; *(de río)* source. **(d)** *(fig: origen)* origin, beginning, start; **dar** ~ **a** to give rise to. **(e)** *(Arte, Rel)* nativity (scene).

nación *nf* nation; *(pueblo)* people; **N~es Unidas** United Nations; **de** ~ **española** Spanish by birth, of Spanish nationality.

nacional 1 *adj* national; *(Econ, Com)* domestic, home *atr*; **'vuelos ~es'** 'domestic flights'; *V* **moneda (a)**. **2** *nmf* *(LAm)* national.

nacionalidad *nf* **(a)** nationality; **doble** ~ dual nationality. **(b)** *(Esp Pol)* autonomous region; regional government.

nacionalismo *nm* nationalism.

nacionalista 1 *adj* nationalist(ic). **2** *nmf* nationalist.

nacionalización *nf* **(a)** *(de inmigrante)* naturalization. **(b)** *(Econ)* nationalization.

nacionalizar [1f] **1** *vt* **(a)** *(inmigrante)* to naturalize. **(b)** *(Econ)* to nationalize. **2 nacionalizarse** *vr* to become naturalized; to be nationalized.

nada 1 *pron* nothing; **no dijo** ~ she said nothing, she didn't say anything; **¡~, ~!** not a bit of it!; ~ **de** ~ absolutely nothing, nothing at all; ~ **de eso** nothing of the kind, far from it; **¡~ de eso!** not a bit of it!; **¡~ de marcharse!** forget about leaving!; **no tiene** ~ **de particular** there's nothing special about it; ~ **más** nothing else *o* more; ~ **más llegar yo (cuando)** ... I had just arrived when ...; **(~ más y) ~ menos que ...** (no more and) no less than ...; **antes de** ~ very soon, right away; **antes de** ~ **tengo que** before I do anything else I must; **a cada** ~ *(LAm fam)* constantly; **casi** ~ next to nothing; **como si** ~ as if it didn't matter; **¡de ~!** you're welcome!, don't mention it!; **no entiende** ~ he doesn't understand a thing; **estuvo en** ~ **que lo perdiesen** they very nearly lost it; **hace** ~ just a moment ago; **no los mencionó para** ~ he never mentioned them at all; **quedar(se) en** ~ to come to nothing; **no quiere comer ni** ~ he won't even eat; **no es listo ni** ~ he's really smart; **no reparar en** ~ to stop at nothing; **no servir para** ~ to be utterly useless; **llorar por** ~ to cry for no reason at all; **por** ~ **del mundo** not for anything in the world; **por menos de** ~ for two pins; **¡pues ~!** not to worry!; *(coletilla)* OK then, right; **no ha sido** ~ it's nothing; **y** ~ and that was that.
2 *adv* not at all, by no means; **no es** ~ **fácil** it's not at all easy, it's far from easy.
3 *nf* nothingness; **la** ~ the void; **el avión parecía salir de la** ~ the aircraft seemed to come from nowhere.

nadador(a) *nm/f* swimmer.

nadar [1a] *vi* **(a)** to swim; *(flotar)* to float. **(b)** *(Cos)* **en estos pantalones va nadando** these trousers are much too big for him. **(c)** ~ **en la abundancia** *(fig)* to be rolling in money.

nadería *nf* small thing, mere trifle.

nadie *pron* **(a)** nobody, no-one; ~ **lo tiene, no lo tiene** ~ nobody has it; **no he visto a** ~ I haven't seen anybody; **casi** ~ hardly anybody. **(b) no es** ~ he's nobody (that matters); **es un don** ~ he's a nobody *o* nonentity.

nadir *nm* nadir.

nadita *(esp LAm fam)* = **nada**.

nado *nm*: **cruzar** *o* **pasar a** ~ to swim (across).

nafta *nf* naphtha; *(Arg)* petrol, gasoline *(US)*.

naftaleno *nm*, **naftalina** *nf* naphthaline.

nagual *nm* **(a)** *(CAm, Méx)* sorcerer, wizard. **(b)** *(Méx fam)* lie.

náhuatl 1 *adj inv* Nahuatl. **2** *nmf inv* Nahuatl Indian. **3** *nm (Ling)* Nahuatl language.

nailon *nm* nylon.

naipe *nm* playing card; **~s** cards; **una baraja de ~s** a pack of cards.

naja *nf*: **salir de ~s** *(fam)* to get out, beat it *(fam)*.

najarse [1a] *vr (fam)* to beat it *(fam)*.

nal. *abr de* **nacional** nat.

nalga *nf* buttock; **~s** buttocks, backside; **dar de ~s** to fall on one's bottom.

nalgón *adj (And)*, **nalgudo** *adj* big-bottomed, broad in the beam *(fam)*.

Namibia *nf* Namibia.

nana *nf* **(a)** *(Mús)* lullaby, cradlesong. **(b)** *(CAm, Méx: nodriza)* wet nurse; *(: niñera)* nursemaid.

nanai, nanay *interj* no (you don't)!

nano/a *nm/f* kid.

nao *nf (Hist)* ship.

napa *nf* imitation leather.

napalm *nm* napalm.

Napoleón *nm* Napoleon.

napoleón *nm (Chi: alicates)* pliers *sg*, cutters *sg*.

Nápoles *nm* Naples.

napolitano/a *adj, nm/f* Neapolitan.

naranja *nf* **(a)** orange; ~ **cajel** Seville orange; ~ **sanguina** blood orange. **(b)** *(fam)*; **¡~s!, ¡~s de la China!** nonsense!, rubbish! **(c) mi media** ~ my better half; **encontrar su media** ~ to meet one's match.

naranjada *nf* orangeade, orange squash.

naranjal *nm* orange grove.

naranjo *nm* orange tree.

narcisismo *nm* narcissism.

narcisista *adj* narcissistic.

narciso *nm* **(a)** narcissus; ~ **atrompetado** *o* **trompón** daffodil. **(b)** *(fig)* dandy, fop.

narco *nm (fam)* = **narcotraficante; narcotráfico.**

narcodólar *nm* drug dollar.

narcosis *nf* narcosis.

narcótico *adj, nm* narcotic.

narcotizar [1f] *vt (gen)* to narcotize; *(fam)* to drug, dope.

narcotraficante *nmf* drug dealer.

narguile *nm* hookah.

narigón 1 *adj* big-nosed. **2** *nm (Méx)* nose ring.

narigudo *adj* big-nosed.

nariz *nf* **(a)** *(gen)* nose; *(orificio)* nostril.
(b) narices nostrils; *(fam)* nose; **¡narices!** *(fam)* rubbish!, nonsense!; **me cerró la puerta en las narices** he shut the door in my face; **dar de narices** to fall flat on one's face; **dar de narices contra la puerta** to bang one's face on the door; **estar hasta las narices** to be completely fed up; **hacer algo por narices** *(fam)* to do sth for the hell of it *(fam)*; **hace un frío de narices** *(fam)* it's really cold; **se le hincharon las narices** *(fam)* he got really mad; **meter las narices en algo** to poke one's nose into sth.
(c) *(olfato)* sense of smell.
(d) *(de vino)* bouquet.

narizudo *adj (CAm, Méx)* big-nosed.

narración *nf* narration, account.

narrador(a) *nm/f* narrator.

narrar [1a] *vt* to tell, narrate, recount.

narrativa *nf* narrative, story.

narrativo/a *adj* narrative.

nasa *nf* bread bin; *(Pesca)* basket, creel.

nasal *adj, nf* nasal.

nasalizar [1f] *vt* to nasalize.

N.ª S.ª *abr de* **Nuestra Señora**.

nata *nf* **(a)** cream; *(en leche cocida etc)* skin; ~ **batida** *o* **montada** whipped cream; ~ **líquida** cream. **(b)** *(fig)*

cream; **la flor y ~ de la sociedad** society's crème de la crème, the cream of society.
natación *nf* swimming.
natal *adj* natal; (*país*) native; (*pueblo etc*) home *atr*.
natalicio *nm* birthday.
natalidad *nf* birth rate.
natillas *nfpl* custard.
natividad *nf* nativity.
nativo/a 1 *adj* (**a**) (*gen*) native; (*país etc*) native, home *atr*; **lengua ~a** mother tongue. (**b**) natural, innate. **2** *nm/f* native.
nato *adj* born; **un actor ~** a born actor.
natural 1 *adj* (**a**) (*gen*) natural; **es ~ que ...** it is natural that .... (**b**) (*frutas*) fresh; (*agua*) plain; (*luz*) natural; (*hijo*) illegitimate; **de tamaño ~** life-size(d). (**c**) (*Mús*) natural. **2** *nmf* native, inhabitant; **es ~ de Sigüenza** he is a native of Sigüenza. **3** *nm* (**a**) disposition, temperament; **buen ~** good nature. (**b**) **fruta al ~** fruit in its own juice; **ginebra al ~** neat gin; **está muy guapa al ~** she is very pretty just as she is (without make-up); **pintar del ~** to paint from life. (**c**) (*Taur*) *type of pass*.
naturaleza *nf* (**a**) (*gen*) nature; **es generoso por ~** he's generous by nature; **son de ~ tímida** they're timid by nature. (**b**) **~ muerta** (*Arte*) still life. (**c**) (*Pol*) nationality. (**d**) (*Pol*) **carta de ~** naturalization papers.
naturalidad *nf* naturalness; **con la mayor ~ (del mundo)** as if nothing had happened; **hacer algo con ~** (*sencillez*) to so sth in a staightforward way.
naturalismo *nm* naturalism.
naturalista 1 *adj* naturalistic. **2** *nmf* naturalist.
naturalización *nf* naturalization.
naturalizar [1f] **1** *vt* to naturalize. **2 naturalizarse** *vr* to become naturalized, become acclimated *(US)*.
naturalmente *adv* (**a**) (*de modo natural*) in a natural way. (**b**) ¡~! naturally!, of course!
naturismo *nm* naturism.
naturista *nmf* naturist.
naufragar [1h] *vi* (**a**) (*barco*) to be wrecked, sink; (*gente*) to be shipwrecked. (**b**) (*fig*) to fail, miscarry.
naufragio *nm* (**a**) shipwreck. (**b**) (*fig*) failure, ruin.
náufrago/a 1 *adj* shipwrecked. **2** *nm/f* shipwrecked person.
nauseabundo *adj* nauseating, sickening.
náusea(s) *nf(pl)* nausea, sick feeling; (*fig*) disgust, repulsion; **dar ~s a** to nauseate, sicken, disgust; **tener ~s** to feel sick.
náutica *nf* navigation, seamanship.
náutico/a *adj* nautical; **club ~** yacht club.
navaja *nf* (**a**) clasp knife, penknife; **~ (de afeitar)** razor. (**b**) (*marisco*) razor shell.
navajada *nf*, **navajazo** *nm* slash, gash, razor wound.
navajero *nm* criminal who carries a knife.
naval *adj* (*gen*) naval.
Navarra *nf* Navarre.
navarro/a *adj*, *nm/f* Navarrese.
nave *nf* (**a**) (*Náut*) ship, vessel; **quemar las ~s** to burn one's boats. (**b**) (*Aer*) **~ espacial** spaceship, spacecraft. (**c**) (*Arquit*) nave; **~ lateral** aisle. (**d**) (*Téc*) shop; **~ industrial** factory premises.
navegable *adj* navigable.
navegación *nf* (**a**) navigation. (**b**) (*viaje*) sea voyage; **~ costera** coastal traffic; **~ fluvial** river navigation. (**c**) (*buques*) ships, shipping; **cerrado a la ~** closed to shipping.
navegador, **navegante** *nm* navigator.
navegar [1h] *vt*, *vi* (*gen*) to navigate; (*barco*) to sail; (*avión*) to fly; **~ a (la) vela** to sail, go sailing.
Navidad *nf* Christmas; **(día de) ~** Christmas Day; **~es** Christmas time; **por ~es** at Christmas time; **¡feliz ~!** happy Christmas!
navideño *adj* Christmas *atr*.
naviero *nm* shipowner.
navío *nm* ship.
nazarenas *nfpl* (*And, CSur*) large gaucho spurs.
nazareno/a *nm/f* penitent.
nazi *adj*, *nmf* Nazi.
nazismo *nm* Nazism.
NB *abr de* **nota bene** NB.
N. de la R. *abr de* **nota de la redacción.**
N. de la T, **N. del T** *abr de* **Nota de la Traductora, Nota del Traductor**.
NE *abr de* **nor(d)este** NE.
neblina *nf* mist; (*fig*) fog.
nebulosa *nf* nebula.
nebulosidad *nf* (**a**) nebulosity, cloudiness. (**b**) (*fig*) vagueness, obscurity.
nebuloso *adj* (**a**) (*Astron*) nebular, nebulous; (*cielo*) cloudy; (*aire*) misty, foggy. (**b**) (*fig*) nebulous, vague.
necedad *nf* (**a**) foolishness, silliness. (**b**) (*una ~*) silly thing; **~es** nonsense.
necesario *adj* necessary; **si es ~** if need(s) be; **es ~ que lo hagas** you have to *o* must do it.
neceser *nm* toilet case; **~ de belleza** vanity case; **~ de costura** workbox; **~ de fin de semana** weekend bag.
necesidad *nf* (**a**) (*gen*) necessity, need (*de* for); **~ primordial** absolute necessity, pressing need; **de** *o* **por ~** of necessity; **esto es de primera ~** this is absolutely essential; **no hay ~ de mirarlo** there is no need to look at it; **tener ~ de** to need. (**b**) (*fig*) tight spot; **en caso de ~** in case of emergency. (**c**) (*pobreza*) need, poverty. (**d**) **~es** hardships. (**e**) **hacer sus ~es** to relieve o.s.
necesitado *adj* (**a**) **~ de** in need of. (**b**) needy; **los ~s** the needy, the poor.
necesitar [1a] **1** *vt* (*gen*) to need, want; (*exigir*) to necessitate, require; **necesitamos 2 más** we need 2 more; **necesita un poco de cuidado** it needs *o* requires a little care; **~ hacer algo** to need *o* have to do sth; **'se necesíta coche'** 'car wanted'. **2** *vi*: **~ de** to need.
necio/a 1 *adj* (*gen*) silly, stupid; (*Méx: terco*) stubborn. **2** *nm/f* fool.
necrofilia *nf* necrophilia.
necrófilo/a *adj*, *nm/f* necrophiliac.
necrología, **necrológica** *nf* (*lista*) obituary column; (*noticia*) obituary.
necrológico *adj* necrological, obituary *atr*.
necrópolis *nf inv* necropolis.
néctar *nm* nectar.
nectarina *nf* nectarine.
neerlandés/esa 1 *adj* Dutch. **2** *nm/f* Dutchman/-woman. **3** *nm* (*Ling*) Dutch.
nefando *adj* unspeakable, abominable.
nefario *adj* nefarious.
nefasto *adj* unlucky, ill-fated.
nefritis *nf* nephritis.
negación *nf* (**a**) (*gen*) negation; (*negativa*) refusal, denial. (**b**) (*Ling*) negative.
negado *adj*: **~ para** inept at, unfitted for.
negar [1h, 1j] **1** *vt* (**a**) (*gen*) to deny; (*rechazar*) to reject, refute. (**b**) (*permiso*) to deny, refuse (*a* to); (*privar de*) to withhold (*a* from); **~ el saludo a algn** to cut sb. (**c**) (*responsibilidad etc*) to disclaim, disown. **2** *vi*: **~ con la cabeza** to shake one's head. **3 negarse** *vr* (**a**) **~ a hacer algo** to refuse to do sth. (**b**) **~ a una visita** to refuse to see a visitor.
negativa *nf* (*rechazo*) denial, refusal; **~ rotunda** flat refusal.
negativo 1 *adj* (**a**) negative. (**b**) (*Mat*) minus. (**c**) (*Fot*) negative. **2** *nm* (*Fot*) negative.
negligencia *nf* (*gen*) negligence; (*abandono*) neglect.
negligente *adj* (*gen*) negligent; (*para deberes*) neglectful.
negociable *adj* negotiable.
negociación *nf* (*gen*) negotiation; (*de cheque*) clearance; **~ colectiva de salarios** collective bargaining.
negociado *nm* (**a**) (*sección*) department, section. (**b**) (*And, CSur*) shady deal, illegal transaction.

negociador(a) *nm/f* negotiator.
negociante *nmf* businessman/-woman.
negociar [1b] **1** *vt* to negotiate. **2** *vi* (**a**) (*Pol etc*) to negotiate. (**b**) (*Com*) ~ **en** *o* **con** to deal in, trade in.
negocio *nm* (**a**) affair; **¡mal ~!** it looks bad!; **eso es ~ tuyo** that's your affair.
(**b**) (*Com, Fin*) business; (*tienda*) shop; **el ~ del libro** the book trade; **hombre/mujer de ~s** businessman/-woman; **estar en viaje de ~s** to be (away) on business; **hablar de ~s** to talk business; **montar un ~** to start a business.
(**c**) (*transacción*) deal, transaction; **buen ~** profitable deal; **~ sucio** shady deal; **hacer un buen ~** to pull off a profitable deal; **cuidar de su propio ~** to look after one's own interests.
negra[1] *nf* (**a**) (*Mús*) crotchet. (**b**) (*fig*) bad luck; **le tocó la ~** he had bad luck; **ése me trae la ~** he brings me bad luck; **tener la ~** to be out of luck, have a run of bad luck; *V tb* **negro**.
negrear [1a] *vi* (*gen*) to turn black; (*parecer*) to appear black.
negrero *nm* slave trader; (*fig*) exploiter of labour *o (US)* labor, cruel boss.
negrilla *nf* (**a**) (*Tip*) = **negrita**. (**b**) (*Bot*) elm.
negrita *nf* (*Tip*) bold face; **en ~** in bold *o* heavy type.
negrito *nm* golliwog.
negro/a[2] **1** *adj* (**a**) (*gen*) black; (*oscuro*) dark; (*raza*) Negro; **~ como boca de lobo** *o* **como un pozo** pitch-black; **ponerse ~** (*moreno*) to get a good tan.
(**b**) (*fig: humor etc*) sad; (*lúgubre*) black, gloomy; (*suerte*) atrocious; **pasarlas ~as** to have a tough time of it; **la cosa se pone ~a** it's not going well, it looks bad; **verse ~** to be in a jam; **verse ~ para hacer algo** to have one's work cut out to do sth.
(**c**) (*fam*) cross, peeved *(fam)*; **estoy ~ con esto** I'm getting desperate about it; **poner ~ a algn** (*fam*) to make sb cross.
(**d**) (*ilegal*) black; **dinero ~** hot money, money not declared for tax; **mercado ~** black market.
2 *nm* (*color*) black.
3 *nm/f* (**a**) (*individuo*) Negro/Negress, black; **trabajar como un ~** to work like a Trojan, slave away.
(**b**) (*fam: escritor*) ghostwriter.
(**c**) **mi ~** (*And, CSur fam: mi vida*) darling, honey.
negroide *adj* negroid.
negrura *nf* blackness.
negruzco *adj* blackish.
nemotécnica *nf* (*etc*) = **mnemoténica** *etc*.
nene/a *nm/f* baby, small child.
nenúfar *nm* water lily.
neo... *pref* neo....
neocelandés/esa, neozelandés/esa 1 *adj* New Zealand *atr*, of *o* from New Zealand. **2** *nm/f* New Zealander.
neoclasicismo *nm* neoclassicism.
neofascismo *nm* neofascism.
neolatino *adj*: **lenguas ~as** Romance languages.
neolítico *adj* neolithic.
neologismo *nm* neologism.
neón *nm* neon.
neonazi *adj, nmf* neonazi.
neoyorquino/a 1 *adj* New York *atr*, of *o* from New York. **2** *nm/f* New Yorker.
Nepal *nm* Nepal.
nepotismo *nm* nepotism.
Neptuno *nm* Neptune.
nervadura *nf* (*Arquit, Bot*) ribs.
nervio *nm* (**a**) (*gen*) nerve; **crispar los ~s a algn, poner los ~s de punta a algn** to get on sb's nerves; **estar destrozado de los ~s, tener los ~s destrozados** to be a nervous wreck. (**b**) (*Anat*) tendon, sinew; (*en carne*) sinew, tough part. (**c**) (*Arquit, Tip, Bot*) rib; (*de insectos*) vein; (*Mús*) string. (**d**) (*fig*) vigour, vigor *(US)*, strength; **un hombre sin ~** a spineless man; **tener ~** to have character. (**e**) (*fig: eje*) soul, leading light. (**f**) (*fig: fondo*) core, crux.
nerviosidad *nf*, **nerviosismo** *nm* nervousness, nerves *pl*; (*agitación*) agitation, restlessness.
nervioso *adj* (**a**) (*Anat*) nerve *atr*, nervous; **centro ~** nerve centre *o (US)* center; **crisis ~a** nervous breakdown; **sistema ~** nervous system.
(**b**) (*mano etc*) sinewy, wiry.
(**c**) (*individuo: de temperamento ~*) nervy, highly-strung; (*impaciente*) restless, impatient; (*irritable*) edgy; (*exaltado*) worked up; **estar ~** to be nervous; **poner ~ a algn** to make sb nervous; (*fastidiar*) to make sb cross; **ponerse ~** to get upset; **¡no te pongas ~!** take it easy!, keep your hair on! *(fam)*.
(**d**) (*vigoroso*) vigorous, forceful.
nervudo *adj* (**a**) (*gen*) tough, strong. (**b**) (*mano etc*) sinewy, wiry.
nesgado *adj* (*Cos*) flared.
nesgar [1h] *vt* (*Cos*) to flare, gore.
neto *adj* (**a**) (*gen*) clear; (*puro*) clean, pure; (*sencillo*) simple; **tiene su sueldo ~** he has (just) his bare salary. (**b**) (*Com, Fin*) net; **peso ~** net weight.
neumático 1 *adj* pneumatic, air *atr*. **2** *nm* tyre, tire *(US)*; **~ sin cámara** tubeless tyre; **~ de recambio** *o* **de repuesto** spare tyre.
neumonía *nf* pneumonia.
neura *nf* (*fam: manía*) obsession; (*depresión*) depression.
neuralgia *nf* neuralgia.
neurálgico *adj* neuralgic, nerve *atr*.
neurastenia *nf* (**a**) (*Med*) neurasthenia. (**b**) (*fig*) excitability.
neurasténico *adj* (**a**) (*Med*) neurasthenic. (**b**) (*fig*) excitable.
neurocirugía *nf* neurosurgery.
neurología *nf* neurology.
neurólogo *nm* neurologist.
neurona *nf* neuron, nerve cell.
neurosis *nf inv* neurosis.
neurótico/a *adj, nm/f* neurotic.
neutral *adj, nmf* neutral.
neutralidad *nf* neutrality.
neutralismo *nm* neutralism.
neutralización *nf* neutralization.
neutralizar [1f] *vt* to neutralize.
neutro *adj* (**a**) (*gen*) neutral. (**b**) (*Zool, Ling*) neuter.
neutrón *nm* neutron.
nevada[1] *nf* snowfall.
nevado/a[2] **1** *adj* (**a**) snow-covered; (*montaña*) snow-capped. (**b**) (*fig*) snowy, snow-white. **2** *nm* (*LAm*) snow-capped mountain.
nevar [1j] **1** *vt* to cover with snow; (*fig*) to whiten. **2** *vi* to snow.
nevasca *nf* snowstorm.
nevazón *nf* (*And, CSur*) snowstorm.
nevera *nf* refrigerator, icebox *(US)*; (*fig*) icebox.
nevera-congelador *nf* fridge-freezer.
nevisca *nf* light snowfall.
neviscar [1g] *vi* to snow lightly.
nexo *nm* link, connection, nexus.
n/f. *abr de* **nuestro favor**.
n/g. *abr de* **nuestro giro**.
ni *conj* (**a**) nor, neither; **~ el uno ~ el otro** neither one nor the other; **~ vino ~ llamó por teléfono** he neither came nor rang up; **sin temor ~ favor** without fear or favour *o (US)* favor; **~ yo** nor me.
(**b**) (*tb* **~ siquiera**) not even; **~ siquiera me llamó** he didn't even phone me; **~ (siquiera) a ti te lo dirá** he won't tell even you; **¡~ hablar!** not on your life!, no way!; **¡~ por ésas!** (*fam*) no bloody way! *(fam)*.
(**c**) **~ que** not even if; **~ que fueses su mujer** it's not as if you were his wife.

(**d**) ~ **bien** (*Arg: en cuanto*) as soon as.
Niágara *nm* Niagara.
niara *nf* (*Agr*) stack, rick.
nica *adj, nmf* (*CAm pey*) Nicaraguan.
Nicaragua *nf* Nicaragua.
nicaragüense *adj, nmf* Nicaraguan.
nicotina *nf* nicotine.
nicho *nm* niche, recess.
nidada *nf* (*huevos*) clutch; (*pajarillos*) brood.
nidal *nm* nest.
nido *nm* (**a**) nest; **caer del** ~ (*fig*) to come down to earth with a bump; **parece que se ha caído de un** ~ he seems so innocent. (**b**) ~ **de ladrones** den of thieves. (**c**) (*fig: escondrijo*) hiding place. (**d**) (*fig: criadero*) centre, center *(US)*, hotbed.
NIE *nm abr de* **número de identificación de extranjero**.
niebla *nf* (**a**) fog, mist; ~ **artificial** smoke screen; **un día de** ~ a foggy day; **hay** ~ it is foggy. (**b**) (*fig*) confusion. (**c**) (*Bot*) mildew.
nieta *nf* granddaughter.
nieto *nm* (**a**) grandson; **~s** grandchildren. (**b**) (*fig*) descendant.
nieve *nf* (**a**) snow; **copo de** ~ snowflake; **las primeras ~s** the first snows, the first snowfall. (**b**) (*Culin*) **a punto de** ~ (beaten) stiff. (**c**) (*LAm: helado*) ice pole. (**d**) (*fam: cocaína*) snow *(fam)*, coke *(fam)*.
NIF *nm abr de* **número de identificación fiscal**.
Nigeria *nf* Nigeria.
nigeriano/a *adj, nm/f* Nigerian.
nigromancia *nf* necromancy, black magic.
nigua *nf* (*Ant, CAm: pulga*) chigoe, chigger.
nihilismo *nm* nihilism.
nihilista 1 *adj* nihilistic. **2** *nmf* nihilist.
Nilo *nm* Nile.
nilón *nm* nylon.
nimbo *nm* (*Arte, Astron, Rel*) halo; (*Met*) nimbus.
nimiedad *nf* (**a**) (*cualidad*) triviality; (*prolijidad*) longwindedness; (*demasía*) excess. (**b**) (*una* ~) trifle, tiny detail; **riñeron por una** ~ they quarrelled *o (US)* quarreled over nothing.
nimio *adj* (**a**) insignificant, trivial, tiny; **un sinfín de detalles ~s** a host of petty details. (**b**) (*individuo: gen*) fussy (about details).
ninfa *nf* nymph.
ninfómana *nf* nymphomaniac.
ningún *V* **ninguno**.
ningunear [1a] *vt*: ~ **a algn** (*CAm, Méx: fam*) to ignore *o* pay no attention to sb, pretend that sb doesn't exist.
ninguneo *nm*: **le condenaron al** ~ (*CAm, Méx: fam*) they made a non-person of him.
ninguno 1 *adj* (*before nm sing* **ningún**) no; **ningún hombre** no man; **~a belleza** no beauty; **no hay ningún libro que valga más** there is no book that is worth more; **no tiene ningún interés** it holds no interest; **no voy a ~a parte** I'm not going anywhere. **2** *pron* nobody, no-one, none; **no lo sabe** ~ nobody knows; ~ **de ellos** none of them; ~ **de los dos** neither of them; **¿cuál prefieres?** ~ which do you prefer? neither (of them).
niña *nf* (**a**) (little) girl, child. (**b**) (*LAm: esp Hist: título*) miss, mistress. (**c**) (*Anat*) pupil; **ser la** ~ **de los ojos de algn** to be the apple of sb's eye.
niñada *nf* = **niñería (b)**.
niñear [1a] *vi* to act childishly.
niñera *nf* nursemaid, nanny.
niñería *nf* (**a**) (*cualidad*) childishness. (**b**) (*acto*) childish thing; **llora por cualquier** ~ she cries about any triviality.
niñero *adj* fond of children.
niñez *nf* (*gen*) childhood; (*fig: principio*) infancy.
niño 1 *adj* (*gen*) young; (*de poca experiencia*) immature, inexperienced; (*pey*) childish; **es muy** ~ **todavía** he's still very young *o* small.
2 *nm* (**a**) (*gen*) child; (*varón*) (little) boy; (*al hablar*) my boy, my lad; **los ~s** the children; **el N~ (Jesús)** the Baby Jesus; ~ **bien** *o* **bonito** Hooray Henry *(fam)*; ~ **expósito** foundling; ~ **de pecho** babe-in-arms; ~ **probeta** test-tube baby; ~ **prodigio** child prodigy; **de** ~ as a child; **desde** ~ since childhood, since I *etc* was a child; **¡no seas ~!** don't be such a baby!; **ser el** ~ **mimado de algn** to be sb's pet; **¡qué coche ni qué ~ muerto!** (*fam*) all this nonsense about a car, car my foot! *(fam)*; **va a tener un** ~ she's going to have a baby.
(**b**) (*LAm: esp Hist: título*) master, sir; **el** ~ **Francisco** (young) master Francisco.
nipón/ona *adj, nm/f* Japanese.
níquel *nm* nickel; (*Téc*) nickel-plating.
niquelar [1a] *vt* to nickel-plate.
niqui *nm* T-shirt.
níspero *nm*, **níspola** *nf* medlar.
nitidez *nf* (**a**) (*gen*) brightness; (*limpieza*) spotlessness; (*Fot etc*) clarity, sharpness. (**b**) (*fig*) unblemished nature.
nítido *adj* (**a**) (*gen*) bright; (*limpio*) clean, spotless; (*Fot etc*) clear, sharp. (**b**) (*fig*) pure, unblemished.
nitral *nm* nitrate deposit.
nitrato *nm* nitrate.
nítrico *adj* nitric.
nitro *nm* nitre, saltpetre.
nitrógeno *nm* nitrogen.
nitroglicerina *nf* nitroglycerin(e).
nivel *nm* (**a**) (*Geog etc*) level, height; ~ **de(l) aceite** (*Aut etc*) oil level; **a 900 m sobre el** ~ **del mar** at 900 m above sea level; **a** ~ level, flush; **paso a** ~ level crossing, grade crossing *(US)*; **al** ~ **de** on a level with, at the same height as.
(**b**) (*fig*) level, standard; **el** ~ **cultural del país** the cultural standard of the country; ~ **de vida** standard of living; **alto** ~ **de trabajo** high level of employment; **estar al** ~ **de** to be equal to; **estar al** ~ **de las circunstancias** to rise to the occasion.
(**c**) (*Téc*) ~ **de aire** *o* **de burbuja** spirit level.
nivelación *nf* levelling, leveling *(US)*.
nivelado *adj* level, flat; (*Téc*) flush.
niveladora *nf* bulldozer.
nivelar [1a] *vt* (**a**) to level (out); (*Ferro*) to grade. (**b**) (*fig*) to level (up), even (out *o* up); (*Fin etc*) to balance (*con* against).
nixtamal *nm* (*CAm, Méx: maíz cocido*) boiled maize *o (US)* corn.
Niza *nf* Nice.
n/l. *abr de* **nuestra letra**.
NN *abr de* **ningún nombre** no name *(mark on grave of unknown person)*.
NNE *abr de* **nornordeste** NNE.
NNO *abr de* **nornoroeste** NNW.
NN.UU. *abr de* **Naciones Unidas** UN.
NO *abr de* **noroeste** NW.
no 1 *adv* (**a**) (*en respuestas*) no; (*en frases sin verbo*) not; (*con verbo*) not; **¡~!** no!; **¡yo ~!** not I!; ~ **sé** I do not know, I don't know; **me rogó** ~ **hacerlo** he asked me not to do it; **¿vives aquí, ~?** you live here, don't you?; **decir que** ~ to say no; **creo que** ~ I don't think so; **¡que ~!** I tell you it isn't! *o* doesn't! *etc*; **¡a que ~!** I bet you can't!, I bet you it isn't! *etc*; **¡a que ~ lo sabes!** I bet you don't know!; ~ **bien** (*LAm: en cuanto*) as soon as; **si ~**, (*LAm*) **de** ~ if not, otherwise; (*advertencia*) unless you *etc* do; **todavía** ~ not yet; *V* **más; sino**[2].
(**b**) (*en doble negación*) ~ **tengo nada** I have nothing, I don't have anything; *V* **nada; nunca**.
(**c**) (*palabras compuestas*) **el** ~ **conformismo** nonconformism; **pacto de** ~ **agresión** non-aggression pact; **los países** ~ **alineados** the non-aligned nations; **cosa** ~ **esencial** inessential.
(**d**) (*en comparaciones*) **es mejor que lo diga que** ~ **que se calle** it's better he speaks up rather than saying nothing.

2 *nm*: **un '~' contundente** a resounding *o* firm 'no'.
N.º, n.º *abr de* **número** No., no.
n/o. *abr de* **nuestra orden.**
Nobel *nm* (**a**) (*tb* **Premio** ~) Nobel Prize. (**b**) (*persona*) Nobel prizewinner.
nobiliario *adj* (**a**) (*título*) noble. (**b**) (*libro etc*) genealogical.
noble 1 *adj* (*gen*) noble; (*honrado*) honest, upright. **2** *nm* noble, nobleman; **los ~s** the nobility.
nobleza *nf* (**a**) (*cualidad: gen*) nobility; (*honradez*) honesty, uprightness. (**b**) (*aristocracia*) nobility, aristocracy.
nocaut *nm* (*esp LAm*) knockout.
noción *nf* (**a**) notion, idea; **no tener la menor ~ de algo** not to have the faintest idea about sth. (**b**) **~es** elements, rudiments; **tiene algunas ~es de árabe** he has a smattering of Arabic.
nocivo *adj* harmful, injurious (*para* to).
noctambulismo *nm* sleepwalking.
noctámbulo/a *nm/f* sleepwalker.
nocturno 1 *adj* night *atr*, evening *atr*; (*Zool etc*) nocturnal; **clase ~a** evening class; **vida ~a** night life. **2** *nm* (*Mús*) nocturne.
noche *nf* night, night-time; (*fig*) dark, darkness (*fig*); **ayer** ~ last night; **esta** ~ tonight; **mañana por la** ~ tomorrow night; **las once de la** ~ eleven (o'clock) at night; **¡buenas ~s!** (*saludo*) good evening!; (*despedida*) good night!; ~ **de estreno** (*Teat*) first night; ~ **toledana** sleepless night; ~ **vieja** New Year's Eve; **a la** ~ at nightfall; **de** ~ (*adv*) at night, by night, in the night-time; **función de** ~ late-night show, evening performance; **traje de** ~ evening dress; **de la ~ a la mañana** overnight; **en toda la** ~ all night; **hasta muy entrada la** ~ until late at night; **por la** ~ at night, during the night; **hacer ~ en un sitio** to spend the night in a place; **se hace de** ~ it's getting dark; **pasar la ~ en blanco** to have a sleepless night.
Nochebuena *nf* Christmas Eve.
nochero 1 *adj* (*LAm*) nocturnal. **2** *nm* (**a**) (*Chi, Col*) night watchman; (*Guat*) night worker. (**b**) (*Col*) bedside table.
nochote *nm* (*Méx*) cactus beer.
nodo *nm* node.
nodriza *nf* wet nurse.
nodular *adj* nodular.
nódulo *nm* nodule.
Noé *nm* Noah.
nogal *nm* (*madera*) walnut; (*árbol*) walnut tree.
noguera *nf* walnut tree.
nómada 1 *adj* nomadic. **2** *nmf* nomad.
nomadismo *nm* nomadism.
nomás *adv* (*LAm: gen*) just; (*: tan sólo*) only; *V tb* **más 1 (e)**.
nombradía *nf* fame, renown.
nombramiento *nm* (*gen*) nomination; (*designación*) appointment; (*Mil*) commission.
nombrar [1a] *vt* (**a**) (*gen*) to name; (*mencionar*) to mention. (**b**) (*designar*) to nominate, appoint; (*Mil*) to commission.
nombre *nm* (**a**) name; **mal** ~ nickname; ~ **y apellidos** name in full, full name; ~ **artístico** (*de autor*) pen-name; (*de actor*) stage name; (*gen*) professional name; ~ **comercial** trade name; ~ **de fichero** (*Inform*) file name; ~ **de lugar** place name; ~ **de pila** first name, Christian name; ~ **propio** proper name; **un sobre a ~ de ...** an envelope addressed to ...; **de** ~ by name; **de ~ García** García by name; **no existe sino de** ~ it exists in name only; **en ~ de** in the name of, on behalf of; **en ~ de la libertad** in the name of liberty; **por ~ de** by the name of, called; **sin** ~ nameless; **poner ~ a** to call, name; **¿qué ~ le van a poner?** what are they going to call him?; **su conducta no tiene** ~ his conduct is utterly despicable.
(**b**) (*Ling*) noun.
(**c**) (*fig*) name, reputation; **un médico de** ~ a famous doctor; **tiene ~ en el mundo entero** it has a world-wide reputation.
nomenclatura *nf* nomenclature.
nomeolvides *nf inv* forget-me-not.
nómina *nf* (**a**) list, roll; (*Com, Fin*) payroll; **estar en** ~ to be on the staff; **tiene una ~ de 500 personas** he has 500 on his payroll. (**b**) (*sueldo*) salary.
nominación *nf* (*esp LAm*) nomination.
nominal *adj* (**a**) (*cargo*) nominal, titular, in name only. (**b**) (*valor*) face *atr*, nominal. (**c**) (*Ling*) noun *atr*, substantival.
nominar [1a] *vt* to nominate.
nominativo 1 *adj* (**a**) (*Ling*) nominative. (**b**) (*Com, Fin*) bearing a person's name; **el cheque será ~ a favor de X** the cheque *o (US)* check should be made out to X. **2** *nm* (*Ling*) nominative.
non 1 *adj* (*número*) odd, uneven. **2** *nm* odd number; **pares y ~es** odds and evens; **los ~es** the odd ones; **un zapato de** ~ an odd shoe; **estar de** ~ (*perona*) to be odd man out; (*fig*) to be useless.
nonada *nf* trifle, mere nothing.
nonagésimo *adj* ninetieth; *V* **sexto 1**.
nonato *adj* unborn.
nones *adv*: **decir** ~ to say no.
noningentésimo *adj* nine-hundredth.
nono *adj* ninth.
nopal *nm* prickly pear.
nopalera *nf* patch of prickly pears.
noqueada *nf* (*esp LAm*) knockout blow.
noquear [1a] *vt* (*esp LAm*) to knock out.
noqueo *nm* (*esp LAm*) knockout.
noray *nm* bollard.
norcoreano/a *adj*, *nm/f* North Korean.
nordeste 1 *adj* (*región etc*) north-east(ern); (*dirección*) north-easterly. **2** *nm* (**a**) (*región*) northeast. (**b**) (*viento*) north-east wind.
nórdico/a 1 *adj* (**a**) northern, northerly. (**b**) (*Hist*) Nordic, Norse. **2** *nm/f* (**a**) northerner. (**b**) (*Hist*) Norseman.
noreste = **nordeste**.
noria *nf* (**a**) (*Agr*) waterwheel. (**b**) (*de feria*) big *o (US)* Ferris wheel.
norirlandés/esa 1 *adj* Northern Irish. **2** *nm/f* Northern Irishman/-woman.
norma *nf* (**a**) standard, norm, rule; (*patrón*) pattern; (*método*) method; ~ **de comprobación** (*Fís etc*) control; **~s de seguridad** safety regulations; ~ **de vida** principle. (**b**) (*Arquit, Téc*) square.
normal *adj* (*gen*) normal; (*usual*) usual, natural; (*Téc*) standard; **Escuela N~** (*esp LAm*) teachers' training college.
normalidad *nf* normality, normalcy; (*Pol*) calm, normal conditions.
normalista (*esp LAm*) **1** *adj inv* student teacher *atr*. **2** *nmf* student teacher.
normalización *nf* (*Com*) standardization.
normalizar [1f] **1** *vt* to normalize, restore to normal; (*Téc*) to standardize. **2 normalizarse** *vr* to return to normal, settle down.
Normandía *nf* Normandy.
normando 1 *adj* Norman; (*vikingo*) Norse; **Islas N~as** Channel Islands. **2** *nm/f* Norman; (*vikingo*) Northman, Norseman.
normativo *adj*: **es ~ en todos los coches nuevos** it is standard in all new cars.
noroeste 1 *adj* (*región*) north-west(ern); (*dirección*) north-westerly. **2** *nm* (**a**) north-west. (**b**) (*viento*) north-west wind.
nortada *nf* (steady) northerly wind.
norte 1 *adj* (*región etc*) north(ern); (*dirección*) northerly. **2** *nm* (**a**) north; **en la parte del** ~ in the northern part; **al ~ de Segovia** to the north of Segovia. (**b**) (*viento*) north wind. (**c**) (*fig*) guide; (*meta*) aim, objective.
Norteamérica *nf* North America.

norteamericano/a *adj, nm/f* North American; (*esp*) American.
norteño/a 1 *adj* northern. **2** *nm/f* northerner.
nortino/a (*And, CSur*) **1** *adj* northern. **2** *nm/f* northerner.
Noruega *nf* Norway.
noruego/a 1 *adj, nm/f* Norwegian. **2** *nm* (*Ling*) Norwegian.
nos *pron pers pl* (**a**) (*dir*) us. (**b**) (*indir*) (to) us; ~ **lo dará** he will give it to us; ~ **lo compró** (*de*) he bought it from us; (*para*) he bought it for us; ~ **cortamos el pelo** we had our hair cut. (**c**) (*reflexivo*) (to) ourselves; (*mutuo*) (to) each other; ~ **lavamos** we washed; **no** ~ **hablamos** we don't speak to each other; ~ **levantamos a las 7** we get up at 7.
nosocomio *nm* (*esp LAm*) hospital.
nosotros/as *pron pers pl* (**a**) (*sujeto*) we. (**b**) (*después de prep*) us; ~ **(mismos)** ourselves; **entre** ~ between you and me; **no irán sin** ~ they won't go without us; **no pedimos nada para** ~ we ask nothing for ourselves.
nostalgia *nf* nostalgia, homesickness.
nostálgico *adj* nostalgic, homesick.
nota *nf* (**a**) (*gen*) note, memorandum; (*Univ etc*) footnote; (*Com*) account; (*vale*) IOU; ~ **de aviso** advice note; ~ **de crédito/debito** credit/debit note; ~ **de gastos** expense account; ~ **a pie de página** footnote; ~ **de sociedad** gossip column; **tomar (buena)** ~ **(de algo)** (*fijarse*) to take (good) note (of sth).
(**b**) (*Escol*) mark, grade *(US)*; (*de fin de año*) report; **obtener** *o* **sacar buenas ~s** to get good marks.
(**c**) (*Mús, fig*) note; ~ **de adorno** grace note; **una** ~ **de buen gusto** a tasteful note; **dar la** ~ (*fig*) to set the tone; ~ **dominante** dominant feature; **de mala** ~ notorious.
(**d**) **digno de** ~ notable, worthy of note.
notabilidad *nf* (**a**) (*cualidad*) noteworthiness, notability. (**b**) (*individuo*) notable, worthy.
notable 1 *adj* (*gen*) noteworthy, notable; (*Escol etc*) outstanding. **2** *nmf* notable, worthy.
notación *nf* notation.
notar [1a] **1** *vt* (*gen*) to note, notice; (*percibir*) to feel, perceive; (*ver*) to see; **no noto frío alguno** I don't feel cold at all; **no lo había notado** I hadn't noticed it; **te noto raro** you seem strange; **hacer** ~ **que** to note that, observe that; **hacerse** ~ to stand out, draw attention to o.s. **2 notarse** *vr* to show, be apparent *o* obvious; **se nota que** one observes that, one notes that; **no se nota nada la mancha** you can't see the stain at all.
notaría *nf* (**a**) (*profesión*) profession of notary. (**b**) (*despacho*) notary's office.
notarial *adj* (*gen*) notarial; (*estilo etc*) legal, lawyer's.
notario *nm* notary (public); (*abogado*) solicitor.
noticia *nf* (**a**) news; (*una* ~) piece of news; (*TV etc*) news item; **~s** news; **¿hay alguna ~?** any news?; **una buena/mal** ~ a good/bad piece of news; **¡~s frescas!** (*iró*) tell me a new one!; ~ **necrológica** obituary notice; **según nuestras ~s** according to our information; **tener ~s de algn** to have news of sb; **hace tiempo que no tenemos ~s suyas** we haven't heard from her for a long time. (**b**) (*conocimiento*) knowledge, notion; **no tener la menor** ~ **de algo** to know nothing at all about a matter.
noticiar [1b] *vt* to notify.
noticiario *nm* (*TV etc*) news bulletin.
noticiero 1 *adj* news *atr*. **2** *nm* newspaper, gazette.
noticioso *adj* (*LAm*) news *atr*; **agencia ~a** news agency.
notificación *nf* notification.
notificar [1g] *vt* to notify, inform.
notoriedad *nf* fame, renown.
notorio *adj* (**a**) (*gen*) publicly known; **un hecho** ~ a well-known fact; **es** ~ **que** it is well-known that. (**b**) (*obvio*) obvious; (*error etc*) glaring, blatant.
nov. *abr de* **noviembre** Nov.
novatada *nf* (**a**) (*burla*) ragging, hazing *(US)*. (**b**) (*error*) beginner's mistake; **pagar la** ~ to learn the hard way.
novato/a 1 *adj* raw, green, new. **2** *nm/f* beginner.
novecientos/as *adj, nmpl/nfpl* nine hundred; *V* **seiscientos.**
novedad *nf* (**a**) (*cualidad*) newness, novelty; (*extrañeza*) strangeness. (**b**) (*objeto*) novelty; (*sorpresa*) surprise; **~es** (*noticia*) latest news; **~es, últimas ~es** (*Com*) latest models. (**c**) (*fig: cambio*) new feature *o* development, change; **llegar sin** ~ to arrive safely; **la jornada ha sido sin** ~ it has been a quiet *o* normal day; **el enfermo sigue sin** ~ the patient's condition is unchanged.
novedoso *adj* novel, full of novelties.
novel *adj, nmf* = **novato.**
novela *nf* novel; ~ **de amor** love story, romance; ~ **por entregas** serial; ~ **negra** thriller; ~ **policíaca** detective story, whodunit *(fam)*.
novelar [1a] **1** *vt* to make a novel out of, fictionalize. **2** *vi* to write novels.
novelesco *adj* (**a**) (*Lit*) fictional; **el género** ~ fiction, the novel. (**b**) romantic, fantastic; (*aventura etc*) storybook.
novelista *nmf* novelist.
novelística *nf*: **la** ~ fiction, the novel.
novena *nf* (*Ecl*) novena.
noveno *adj* ninth; *V tb* **sexto.**
noventa *adj* (*cardinal*) ninety; (*ordinal*) ninetieth; *V tb* **seis.**
novia *nf* (*amiga*) girlfriend, sweetheart; (*prometida*) fiancée; (*en boda*) bride; **traje de** ~ wedding dress.
noviar [1b] *vi*: ~ **con** (*CSur*) to go out with, date *(fam)*.
noviazgo *nm* engagement.
noviciado *nm* apprenticeship, training; (*Rel*) novitiate.
novicio/a *nm/f* (*gen*) beginner, novice; (*aprendiz*) apprentice; (*Rel*) novice.
noviembre *nm* November; *V tb* **se(p)tiembre.**
novilla *nf* heifer.
novillada *nf* (*Taur*) training fight.
novillero *nm* (**a**) (*Taur*) apprentice bullfighter. (**b**) (*fam*) truant.
novillo *nm* (**a**) bullock, steer; **~s** (*Taur*) = **novillada.** (**b**) **hacer ~s** (*Escol*) to play truant, play hooky *(US)*.
novio *nm* (*amigo*) boyfriend, sweetheart; (*prometido*) fiancé; (*en boda*) bridegroom; **los ~s** (*prometidos*) the engaged couple; (*en boda*) the bride and groom; (*recién casados*) the newly-weds; **ser ~s formales** to be formally engaged; **viaje de ~s** honeymoon.
novísimo *adj* (*gen*) newest, latest; (*Com etc*) brand-new.
NPI *abr* (**a**) (*Inform, Fin*) *de* **Número Personal de Identificación** PIN. (**b**) (*Esp fam*) *de* **ni puta** *o* **puñetera idea.**
nro./a *abr de* **nuestro/a.**
N.S. *abr de* **Nuestro Señor.**
ns *abr de* **no sabe(n).**
ns/nc *abr de* **no sabe(n)/no contesta(n)** *don't knows.*
N.T. *abr* (**a**) (*Rel*) *de* **Nuevo Testamento** NT. (**b**) (*Téc*) *de* **nuevas tecnologías.**
nubada, nubarrada *nf* (**a**) downpour, sudden shower. (**b**) (*fig*) abundance.
nubarrón *nm* storm cloud.
nube *nf* (**a**) (*gen*) cloud; ~ **de lluvia** raincloud; ~ **de tormenta** storm cloud. (**b**) (*fig*) crowd, mass, multitude; **una** ~ **de periodistas** a crowd of journalists; **una** ~ **de críticas** a storm of criticism. (**c**) (*Med: en el ojo*) cloud, film. (**d**) (*locuciones*) **los precios están por las ~s** prices are sky high *(fam)*; **poner a algn en** *o* **por** *o* **sobre las ~s** to praise sb to the skies; **ponerse por las ~s** (*individuo*) to go up the wall *(fam)*; (*precio*) to rocket, soar; **andar por las ~s, estar en las ~s** to be away with the fairies *(fam)*.
núbil *adj* marriageable, nubile.
nublado 1 *adj* cloudy, overcast. **2** *nm* (**a**) (*nube*) storm cloud, black cloud. (**b**) (*fig: amenaza*) threat, impending danger. (**c**) (*enfado*) anger, black mood; **pasó el** ~ (*fig*) the trouble's over.

nublar [1a] **1** *vt* (**a**) (*gen*) to darken, obscure. (**b**) (*fig: vista, mente*) to cloud, disturb. **2 nublarse** *vr* to become cloudy, cloud over.
nubloso *adj* (**a**) cloudy. (**b**) (*fig*) unlucky, unfortunate.
nubosidad *nf* cloudiness.
nuboso *adj* cloudy.
nuca *nf* nape (of the neck), back of the neck.
nuclear *adj* nuclear; **central** ~ nuclear power station.
nuclearización *nf* (*proceso*) introduction of nuclear energy (*de* to); (*de un país*) conversion to nuclear energy.
nuclearizado *adj*: **países** ~**s** countries possessing nuclear weapons.
núcleo *nm* (*gen*) nucleus; (*Elec*) core; (*Bot*) kernel, stone; (*fig*) core, essence; ~ **de población** population centre *o* (*US*) center; ~ **duro** hard core; ~ **urbano** city centre.
nudillo *nm* knuckle.
nudismo *nm* nudism.
nudista *nmf* nudist.
nudo *nm* (**a**) knot; ~ **corredizo** slipknot; ~ **llano** reef knot. (**b**) (*Náut*) knot. (**c**) (*Bot, Min*) node. (**d**) thick part, lump; **con un** ~ **en la garganta** with a lump in one's throat; **se me hizo un** ~ **en la garganta** I got a lump in my throat. (**e**) (*Ferro*) junction. (**f**) (*vínculo*) bond, tie, link. (**g**) (*fig: de problema etc*) core, crux; (*Teat etc*) crisis, point of greatest complexity.
nudoso *adj* (*madera*) knotty; (*tronco*) gnarled; (*bastón*) knobbly, knobby *(US)*.
nuera *nf* daughter-in-law.
nuestro 1 *adj pos* our; (*después de n*) of ours; **un barco** ~ a boat of ours, one of our boats; **no es amigo** ~ he's no friend of ours; **lo** ~ (what is) ours, what belongs to us. **2** *pron pers* ours, of ours; **es el** ~ it is ours; **los** ~**s** (*frec*) our people, our relations, our family; (*Dep*) our *o* the local side *o* team; **es de los** ~**s** he's one of ours *o* us.
nueva *nf* piece of news; ~**s** news; **me cogió de** ~**s** it was news to me, it took me by surprise; **hacerse de** ~**s** to pretend not to have heard a piece of news before, pretend to be surprised.
Nueva Delhi *nf* New Delhi.
Nueva Escocia *nf* Nova Scotia.
nuevamente *adv* (*gen*) again; (*de nuevo*) anew.
Nueva York *nf* New York.
Nueva Zelanda, **Nueva Zelandia** *nf* (*LAm*) New Zealand.
nueve 1 *adj* nine; (*fecha*) ninth; **las** ~ nine o'clock. **2** *nm* nine; *V tb* **seis**.
nuevo *adj* (*gen*) new; (*adicional*) further, additional; **de** ~ again; **es** ~ **en el oficio** he's new to the trade; **no hay nada** ~ **bajo el sol** there's nothing new under the sun; **es más** ~ **que yo** he is junior to me; **con** ~**s argumentos** with further arguments; **la casa es** ~**a** the house is new; **la casa está** ~**a** the house is as good as new; **estos pantalones están como** ~**s** these trousers are just like new; **¿qué hay de** ~**?** (*fam*) what's new? *(fam)*.
Nuevo Méjico *nm* New Mexico.
nuez *nf* nut; (*esp*) walnut; ~ **moscada** nutmeg; ~ **de la garganta** Adam's apple.
nulidad *nf* (**a**) (*Jur*) nullity. (**b**) incompetence, incapacity. (**c**) (*individuo*) nonentity; **es una** ~ he's a dead loss, he's useless.
nulo *adj* (**a**) (*Jur*) (null and) void; ~ **y sin efecto** null and void. (**b**) (*individuo*) useless; **es** ~ **para la música** he's no good at music. (**c**) (*Dep: partido*) drawn, tied.
núm. *abr de* **número** No., no.
Numancia *nf* Numantia; (*fig*) *symbol of heroic* o *last-ditch resistance*.
numen *nm* (*gen*) inspiration; (*talento*) talent, inventiveness; ~ **poético** poetic inspiration; **de propio** ~ out of one's head.
numeración *nf* (**a**) numeration. (**b**) numbers, numerals; ~ **arábiga** Arabic numerals; ~ **de línea** (*Inform*) line numbering; ~ **romana** Roman numerals.
numeral 1 *adj* numeral, number *atr*. **2** *nm* numeral.
numerar [1a] **1** *vt* to number; **páginas sin** ~ unnumbered pages. **2 numerarse** *vr* (*Mil etc*) to number off.
numerario 1 *adj* numerary; **profesor** ~ permanent member of teaching staff. **2** *nm* hard cash.
numérico *adj* numerical.
número *nm* (**a**) (*gen*) number; (*Mat*) numeral; ~ **arábigo/romano** Arabic/Roman numeral; ~ **binario** (*Inform*) binary number; ~ **cardinal/ordinal/par/impar/primo/entero** cardinal/ordinal/even/odd/prime/whole number; ~ **fraccionario** *o* **quebrado** fraction; ~ **de matrícula** (*Aut etc*) registration number; ~ **personal de identificación** (*Inform etc*) personal identification number; ~ **quebrado** fraction; **en** ~**s redondos** in round numbers; ~ **de serie** serial number; **el jugador** ~ **uno de su país** the top player in his country; **en** ~ **de** to the number of; **miembro de** ~ full member; **sin** ~ (*fig*) countless; **estar en** ~**s rojos** to be in the red.
(**b**) (*zapatos etc*) size.
(**c**) (*periódico etc*) number, issue; ~ **extraordinario** special edition *o* issue.
(**d**) (*Teat etc*) turn, act, number; **hacer** *o* **montar el** ~ (*fam*) to do something pretty far-out *(fam)*, go over the top; (*armarla*) to make a scene.
numeroso *adj* numerous; **familia** ~**a** large family.
numismática[1] *nf* numismatics *sg*.
numismático/a[2] *nm/f* numismatist.
núms *abr de* **números** Nos.
nunca *adv* (*gen*) never; (*con verbo negativo*) ever; **no viene** ~, ~ **viene** he never comes, he doesn't ever come; **¡**~**!** never!; **casi** ~ almost never, hardly ever; **¡hasta** ~**!** I don't care if I never see you again!; **más que** ~ more than ever; **no lo he visto** ~ **jamás** I've never ever seen it; ~ **más** never again, nevermore; **¿has visto** ~ **cosa igual?** have you ever seen anything like this?
nuncio *nm* (**a**) (*Rel*) nuncio. (**b**) messenger; (*fig*) herald, harbinger.
nupcial *adj* wedding *atr*, nuptial.
nupcias *nfpl* wedding, nuptials; **casarse en segundas** ~ to marry again.
nutria *nf* otter.
nutrición *nf* nutrition.
nutrido *adj* (**a**) **bien** ~ well-nourished; **mal** ~ undernourished. (**b**) (*fig*) large, considerable; (*numeroso*) numerous; ~ **de** full of, abounding in; **una** ~**a concurrencia** a large attendance; ~**s aplausos** deafening applause; **fuego** ~ (*Mil*) heavy fire.
nutrimento *nm* nutriment, nourishment.
nutrir [3a] *vt* (**a**) to feed, nourish. (**b**) (*fig*) to feed, strengthen.
nutritivo *adj* nourishing, nutritious; **valor** ~ nutritional *o* food value.
nylon [ni'lon, 'nailon] *nm* nylon.

Ñ, ñ [eɲe] *nf* (*letra*) Ñ, ñ.
ña *nf* (*LAm fam*) = **doña**.
ñame *nm* yam.
ñandú *nm* (*CSur*) South American ostrich, rhea.
ñango *adj* (*LAm fam: patoso*) awkward, clumsy.
ñaña *nf* (*LAm fam: hermana*) elder sister; (*: nodriza*) nursemaid, wet nurse.
ñandutí *nm* (*CSur: encaje*) Paraguayan lace.
ñaño (*LAm*) **1** *adj* (*amigo*) close; (*consentido*) spoiled. **2** *nm* (*amigo*) friend; (*hermano mayor*) elder brother.
ñapa *nf* (*LAm: prima*) extra, bonus; (*: propina*) tip; **de ~** as an extra.
ñapango *nm* (*Col*) mulatto, mestizo.
ñaque *nm* (*trastos*) junk.
ñata(s) *nf(pl)* (*LAm fam*) nose, conk *(fam)*.
ñato *adj* (*LAm: de nariz chata*) flat-nosed, snubnosed.
ñeque *nm* (*And, CSur: fam: fuerza*) strength.
ñiquiñaque *nm* (**a**) (*trastos*) trash, junk. (**b**) (*persona*) worthless individual.
ño *nm* (*LAm fam*) = **don**.
ñoco *adj* (*LAm: sin dedo*) lacking a finger; (*: con una sola mano*) one-handed.
ñoña¹ *nf* (*Chi, Ecu: fam!*) shit *(fam!)*.
ñoñería, ñoñez *nf* (*sosería*) insipidness; (*falta de carácter*) spinelessness; (*melindres*) fussiness.
ñoño/a² **1** *adj* (*soso*) characterless, insipid; (*persona: débil*) spineless; (*: melindroso*) fussy, finicky. **2** *nm/f* spineless person, drip *(fam)*; *V tb* **ñoña**.
ñoquis *nmpl* gnocchi.
ñorbo *nm* (*And Bot*) passionflower.
ñu *nm* gnu.
ñudoso *adj* = **nudoso**.

O

O, o [O] *nf* (*letra*) O, o.
O *abr* (**a**) (*Geog*) *de* **oeste** W. (**b**) *de* **octubre** Oct.
o¹ *conj* or; **~ ~** either or; **~ sea** that is.
o² *abr* (*Com*) *de* **orden** o.
ó *conj* (*en números para evitar confusión*) or; **5 ó 6** 5 or 6.
OAA *nf abr de* **Organización de las Naciones Unidas para la Alimentación y la Agricultura** FAO.
OACI *nf abr de* **Organización de la Aviación Civil Internacional** ICAO.
oasis *nm inv* oasis.
obcecación *nf* blindness, blind obstinacy; **en un momento de ~** when the balance of his *etc* mind was disturbed.
obcecado *adj* blind, mentally blinded; (*terco*) stubborn, obdurate.
obcecar [1g] **1** *vt* to blind (mentally); **el amor le ha obcecado** love has blinded him (to all else). **2 obcecarse** *vr* to get stubborn; **~ con una idea** to be stuck on an idea.
obedecer [2d] *vt, vi* (**a**) to obey; **~ a algn** to do as someone says. (**b**) **~ a** (*Med etc*) to yield to, respond to (treatment by). (**c**) **~ a , ~ al hecho de que** to be due to, arise from; **su viaje obedece a dos motivos** his journey has two reasons.
obediencia *nf* obedience.
obediente *adj* obedient.
obelisco *nm* obelisk; (*Tip*) dagger.
obertura *nf* overture.
obesidad *nf* obesity.
obeso *adj* obese.
óbice *nm* obstacle, impediment.
obispado *nm* bishopric.
obispo *nm* bishop.
obituario *nm* (*en periódico*) obituary section.
objeción *nf* objection; **~ de conciencia** conscientious objection; **poner ~es** to raise objections; **no ponen ninguna ~** they make *o* raise no objection.
objetante *nmf* (*gen*) objector; (*Pol: en mitin*) heckler.
objetar [1a] *vt, vi* (*gen*) to object; (*objeción*) to make, offer, raise; (*argumento*) to put forward.
objetivar [1a] *vt*, **objetivizar** [1f] *vt* to objectify, put in objective terms.
objetividad *nf* objectivity.
objetivo **1** *adj* objective. **2** *nm* (**a**) (*fig*) objective, aim. (**b**) (*Mil*) objective, target. (**c**) (*Fot*) lens.
objeto *nm* (**a**) (*gen*) object, thing; **'~s perdidos'** (*letrero*) 'lost property'; **~s de tocador** toilet articles. (**b**) (*meta*) object, aim; **al** *o* **con ~ de hacer algo** with the object *o* aim of doing sth; **esta carta tiene por ~ hacer algo** this letter has the aim of doing sth; **fue ~ de un asalto** she was the target of an attack, she suffered an attack. (**c**) (*temática*) theme, subject matter. (**d**) (*Ling*) object.
objetor *nm* objector; **~ de conciencia** conscientious objector.
oblea *nf* (*Rel, fig*) wafer; (*Inform*) chip, wafer; **quedar como una ~** to be as thin as a rake.
oblicua *nf* (*Mat*) oblique line.
oblicuo *adj* (*gen*) oblique; (*Anat: ojos*) slant(ing); (*mirada*) sidelong.
obligación *nf* (**a**) obligation, duty; **~es** (*esp*) family responsibilities; **cumplir con una ~** to fulfil *o* (*US*) fulfill a duty; **faltar a sus ~es** to fail in one's duty; **tener ~ de hacer algo** to have a duty to do sth. (**b**) (*Com, Fin*) bond.
obligacionista *nmf* bondholder.
obligar [1h] **1** *vt* (**a**) to force, compel, oblige; **~ a algn a hacer algo** to force *o* compel sb to do sth; **verse obligado a hacer algo** to be obliged to do sth; **estar** *o* **quedar obligado a algn** to be obliged to sb, be in sb's debt. (**b**) (*empujar*) to force, push. **2 obligarse** *vr* to put o.s. under an obligation; **~ a hacer algo** to bind o.s. to do sth.
obligatoriedad *nf* obligatory nature.
obligatorio *adj* obligatory, compulsory; **es ~ hacerlo** it is obligatory to do it.
obliterar [1a] *vt* to obliterate, destroy.

oblongo *adj* oblong.
obnubilado *adj* stunned.
obnubilar [1a] *vt* = **ofuscar (c)**.
oboe *nm* (**a**) oboe. (**b**) (*músico*) oboist.
óbolo *nm* (*fig*) mite, small contribution.
ob.[po] *abr de* **obispo** Bp.
obra *nf* (**a**) (*gen*) work; (*una* ~) piece of work; ~ **de arte** work of art; ~ **benéfica,** ~ **de misericordia,** ~ **piadosa** charity; **buenas ~s, ~s de caridad** good works; **de** ~ (*Rel*) by deed; ~ **maestra** masterpiece; **~s públicas** public works; **¡manos a la ~!** to work!, let's get on with it!; **por ~ (y gracia) de** thanks to the efforts of; **poner algo por** ~ to carry sth out; **~s son amores y no buenas razones** actions speak louder than words; **seguro que es ~ suya** it must be his doing.
(**b**) (*Arte etc*) work; (*Lit*) book; (*Teat*) play; (*Mús*) opus; ~ **de consulta** reference book; **~s completas** complete works.
(**c**) (*Arquit*) **~s** construction, building; **'~s'** 'building under construction'; (*en carretera*) 'men at work'; **'cerrado por ~s'** 'closed for repairs *o* alterations'; **~s de carretera** roadworks; **estamos en ~s** there are building repairs going on; **se han comenzado las ~s del nuevo embalse** work has been begun on the new dam.
(**d**) (*ejecución*) workmanship.
(**e**) (*Chi*) brickworks.
(**f**) ~ **de** about; **en ~ de 8 semanas** in about 8 weeks.
obrador *nm* workshop.
obraje *nm* (**a**) (*CSur*) sawmill, timberyard. (**b**) (*Méx*) pork butcher's (shop).
obrajero *nm* (**a**) (*CSur: matadero*) lumberman. (**b**) (*Bol*) craftsman, skilled worker. (**c**) (*Méx*) pork butcher.
obrar [1a] **1** *vt* (**a**) (*gen*) to work. (**b**) (*Med*) to work on, have an effect on. (**c**) (*construir*) to build. **2** *vi* (**a**) to act, behave; ~ **de acuerdo con** to proceed in accordance with. (**b**) (*medicinas*) to work, have an effect. (**c**) (*Com*) **su carta obra en mi poder** I have received your letter, your letter is to hand; (*Jur*) **el acusado obra en manos del juez** the accused man is in the judge's hands. (**d**) (*esp LAm fam*) to move one's bowels.
obr. cit. *nf abr de* **obra citada** op. cit.
obrerismo *nm* working-class movement.
obrero/a 1 *adj* (*clase*) working; (*movimiento*) labour *atr*, labor *atr (US)*; **condiciones ~as** working conditions. **2** *nm/f* (*gen*) worker; (*empleado*) man, hand; (*peón*) labourer, laborer *(US)*; ~ **especializado** skilled worker.
obscenidad *nf* obscenity.
obsceno *adj* obscene.
obscu... *V* **oscu...**.
obseder [2a] *vt* (*LAm*) to obsess.
obsequiar [1b] *vt* to lavish attentions on; **le obsequiaron con un reloj** they presented him with a clock, they gave him a clock.
obsequio *nm* (**a**) present, gift; (*para jubilado etc*) presentation; **ejemplar de** ~ presentation copy. (**b**) (*agasajo*) attention, kindness; **en ~ de** in honour *o (US)* honor of.
obsequioso *adj* obliging, helpful; (*en demasía*) servile.
observable *adj* observable.
observación *nf* (**a**) (*gen*) observation; (*Jur*) observance. (**b**) (*en conversación etc*) remark, comment; (*objeción*) objection; **hacer una** ~ to make a remark, comment, observe.
observador(a) 1 *adj* observant. **2** *nm/f* observer; ~ **extranjero** foreign observer.
observancia *nf* observance.
observar [1a] *vt* (**a**) (*gen*) to observe, watch; (*notar*) to see, notice, spot; ~ **que ...** to observe *o* notice that ...; **se observa una mejoría** you can detect an improvement. (**b**) (*leyes*) to observe, respect; (*reglas*) to abide by, adhere to; ~ **buena conducta** (*Per*) to behave o.s.
observatorio *nm* observatory; ~ **del tiempo** weather station.
obsesión *nf* obsession.
obsesionante *adj* (*recuerdo etc*) haunting; (*hábito*) obsessive.
obsesionar [1a] *vt* to obsess, haunt; **estar obsesionado con** *o* **por algo** to be obsessed by sth.
obsesivo *adj* obsessive.
obseso *adj* obsessed, haunted.
obsidiana *nf* obsidian.
obsolescencia *nf*: ~ **incorporado** (*Com*) built-in obsolescence.
obsoleto *adj* obsolete.
obstaculizar [1f] *vt* (*gen*) to hinder, hamper, hold up.
obstáculo *nm* (*gen*) obstacle, hindrance; (*impedimento*) handicap, drawback; **no es ~ para que yo lo haga** it is no obstacle to my doing it; **poner ~s a algo/algn** to hinder sth/sb.
obstante: **no ~ 1** *adv* (**a**) (*sin embargo*) nevertheless, however. (**b**) (*de todos modos*) all the same. **2** *prep* in spite of.
obstar [1a] *vi*: ~ **a** *o* **para** to hinder, prevent; **eso no obsta para que lo haga** that does not prevent him from doing it.
obstetricia *nf* obstetrics *sg*.
obstétrico *adj* obstetric(al).
obstinación *nf* obstinacy, stubbornness.
obstinado *adj* obstinate, stubborn.
obstinarse [1a] *vr* to dig one's heels in; ~ **en hacer algo** to persist in doing sth.
obstrucción *nf* obstruction.
obstruccionar [1a] *vt* (*esp LAm*) to obstruct.
obstruccionismo *nm* obstructionism.
obstructivo, **obstructor** *adj* obstructive.
obstruir [3g] *vt* (*gen*) to obstruct; (*bloquear*) to block; (*Dep etc*) to hinder, impede.
obtención *nf* (*Com etc: contrato*) obtaining, securing; (*meta*) achievement.
obtener [2k] *vt* (*gen*) to get, obtain, secure; (*meta*) to achieve.
obtenible *adj* (*available: meta*) achievable.
obturación *nf* (*gen*) plugging, stopping; (*Fot*) **velocidad de ~** shutter speed.
obturador *nm* (*gen*) plug, stopper; (*Aut*) choke; (*Fot*) shutter.
obturar [1a] *vt* to plug, stop (up).
obtuso *adj* (**a**) (*romo*) blunt, dull. (**b**) (*Mat, fig*) obtuse.
obús *nm* (**a**) (*Mil*) shell. (**b**) (*Aut*) tyre *o (US)* tire valve.
obviamente *adv* obviously.
obviar [1c] **1** *vt* to obviate, remove; ~ **un problema** to get round a problem. **2** *vi* to stand in the way.
obvio *adj* obvious.
OC *nf abr de* **onda corta** SW.
oca *nf* goose.
ocasión *nf* (**a**) occasion, time; **con ~ de** on the occasion of; **en algunas ~es** sometimes. (**b**) (*oportunidad*) chance, opportunity; **aprovechar la ~** to seize one's opportunity; **dar a algn la ~ de hacer algo** to give sb a chance *or* an opportunity to do sth. (**c**) (*motivo*) cause, motive; **no hay ~ para quejarse** there is no cause to complain. (**d**) **de ~** (*Com*) secondhand; (*ganga*) bargain; **librería de ~** secondhand bookshop.
ocasional *adj* (**a**) (*fortuito*) chance, accidental. (**b**) (*que ocurre a veces*) occasional.
ocasionar [1a] *vt* to cause, produce.
ocaso *nm* (**a**) (*Astron*) sunset. (**b**) (*Geog*) west. (**c**) (*fig*) decline, end, fall.
occidental 1 *adj* western. **2** *nmf* westerner.
occidentalizado *adj* westernized.
occidentalizar [1f] *vt* to westernize.
Occidente *nm* (*Pol*) the West, the Western world.
occidente *nm* west.
occiso/a *nm/f*: **el ~** the deceased; (*de asesinato*) the victim.

Occitania *nf* Occitania.
OCDE *nf abr de* **Organización para la Cooperación y el Desarrollo Económico** OECD.
Oceanía *nf* Oceania.
oceánico *adj* oceanic.
océano *nm* ocean; **O~ Atlántico/Pacífico/Indico** Atlantic/Pacific/Indian Ocean.
oceanografía *nf* oceanography.
oceanógrafo/a *nm/f* oceanographer.
ocelote *nm (Zool)* ocelot.
ocio *nm* **(a)** leisure; *(inactividad)* idleness; **~s, ratos de ~** leisure *o* spare *o* free time; **'guía del ~'** 'what's on'. **(b) ~s** pastime, diversion.
ociosidad *nf* idleness; **la ~ es madre de todos los vicios** the devil finds work for idle hands.
ocioso *adj* **(a)** at leisure; *(inactivo)* inactive; **estar ~** to be idle. **(b)** *(promesas etc)* useless, pointless, idle; **es ~ especular** it is idle to speculate.
oclusiva *nf (Ling)* occlusive, plosive.
oclusivo *adj (Ling)* occlusive, plosive.
ocote *nm (CAm, Méx)* ocote pine.
ocozoal *nm (Méx)* rattlesnake.
ocre *nm* ochre.
OCSHA *nf abr (Rel) de* **Obra de la Cooperación Sacerdotal Hispanoamericana.**
oct. *abr de* **octubre** Oct.
octagonal *adj* octagonal.
octágono *nm* octagon.
octanaje *nm (Téc)* **de alto ~** high-octane *atr*.
octano *nm* octane.
octava *nf* octave.
octavilla *nf* pamphlet, leaflet.
octavo 1 *adj* eighth. **2** *nm* **(a)** eighth; *V tb* **sexto**. **(b)** *(Tip)* **libro en ~** octavo book. **(c)** *(Dep)* **~s de final** quarterfinals.
octeto *nm* octet(te); *(Inform)* byte.
octogenario/a *adj, nm/f* octogenarian, eighty-year-old.
octogésimo *adj* eightieth; *V tb* **sexto 1**.
octosílabo 1 *adj* octosyllabic. **2** *nm* octosyllable.
octubre *nm* October; *V tb* **se(p)tiembre**.
OCU *nf abr (Esp) de* **Organización de Consumidores y Usuarios** ≈ CA.
ocular 1 *adj* ocular; **testigo ~** eyewitness. **2** *nm* eyepiece.
oculista *nmf* oculist.
ocultar [1a] **1** *vt* to hide, conceal *(a, de* from); *(disfrazar)* to screen, mask. **2 ocultarse** *vr* to hide (o.s.); **~ a la vista** to keep out of sight; **~ con *o* tras** to hide behind; **se me oculta la razón** I cannot see the reason.
ocultismo *nm* occultism.
oculto *adj* **(a)** hidden, concealed; **permanecer ~** to remain in hiding. **(b)** *(fig)* secret; *(artes)* occult; *(pensamiento)* inner; *(motivo)* ulterior.
ocupación *nf (gen)* occupation.
ocupado *adj* **(a)** *(plaza)* occupied, taken; **¿está ~a la silla?** is that seat taken? **(b) la línea está ~a** *(Telec)* the line is engaged, the line is busy *(US)*. **(c)** *(individuo)* busy; **estoy muy ~** I'm very busy *(con* with).
ocupante 1 *adj (Mil)* occupying. **2** *nmf* occupant.
ocupar [1a] **1** *vt* **(a)** *(gen)* to occupy; *(atmósfera)* to fill; *(Mil: ciudad, país)* to occupy, take over.
(b) *(puesto)* to hold, fill.
(c) *(individuo)* to engage, keep busy; *(obreros)* to employ, provide work for.
(d) *(tiempo)* to occupy, fill up, take up; **ocupa sus ratos libres pintando** he paints in his spare time.
2 ocuparse *vr*: **~ con *o* de *o* en** *(gen)* to concern o.s. with; *(poner atención en)* to pay attention to; *(dedicarse a)* to busy o.s. with; *(cuidar)* to take care of, look after; **me ocuparé de ello mañana** I will deal with it tomorrow; **~ de lo suyo** to mind one's own business.
ocurrencia *nf* **(a)** *(suceso)* incident, event. **(b)** *(idea)* bright idea. **(c)** *(chiste)* witticism.
ocurrido *adj*: **lo ~** what has happened.
ocurrir [3a] **1** *vi* to happen, occur; **¿qué ocurre?** what's going on?; **por lo que pudiera ~** because of what might happen.
2 ocurrirse *vr*: **se le ocurrió hacerlo** he thought of doing it; **si se le ocurre huir** if he takes it into his head to escape; **se me ocurre que** it occurs to me that; **nunca se me había ocurrido** it had never crossed my mind; **¿cómo no se te ocurrió pensar que ...?** didn't it cross your mind that ...?; **¿se te ocurre algo?**, can you think of anything?; **¡ni se te ocurra (hacerlo)!** don't even think about (doing) it!; **¡se te ocurren unas cosas!** you've got some right ideas!
ochavado *adj* octagonal.
ochenta *adj (cardinal)* eighty; *(ordinal)* eightieth; *V tb* **seis**.
ocho 1 *adj* eight; *(fecha)* eighth; **~ días** a week; **dentro de ~ días** within a week; **las ~** eight o'clock. **2** *nm* eight; *V tb* **seis**.
ochocientos *adj, nmpl/nfpl* eight hundred; *V tb* **seiscientos**.
oda *nf* ode.
ODECA *nf abr de* **Organización de los Estados Centroamericanos** OCAS.
ODEPA *nf abr de* **Organización Deportiva Panamericana**.
odiar [1b] *vt* **(a)** to hate. **(b)** *(Chi)* to irk, annoy.
odio *nm* **(a)** hatred; **~ de clase** class hatred; **~ mortal** seething hatred; **almacenar ~** to store up hatred; **tener ~ a algn** to hate sb. **(b)** *(Chi)* annoyance, bother.
odioso *adj*, **odiosito** *adj (Chi)* **(a)** odious, hateful; **hacerse ~** to become a nuisance *o (fam)* a pain. **(b)** *(Arg, Chi, Per)* irksome, annoying.
Odisea *nf* Odyssey; **o~** odyssey.
odontología *nf* dentistry, dental surgery.
odontólogo/a *nm/f* dentist, dental surgeon.
odorífero, odorífico *adj* sweet-smelling, odoriferous.
odre *nm* **(a)** wineskin. **(b)** *(fam)* drunk(ard).
OEA *nf abr de* **Organización de Estados Americanos** OAS.
OECE *nf abr de* **Organización Europea de Cooperación Económica** OEEC.
oeste 1 *adj (región etc)* west(ern); *(dirección)* westerly. **2** *nm* **(a)** west; **en la parte del ~** in the western part; **al ~ de Bilbao** to the west of Bilbao. **(b)** *(viento)* west wind.
ofender [2a] **1** *vt* **(a)** *(gen)* to offend; *(insultar)* to slight, insult; *(maltratar)* to hurt; **por temor a ~le** for fear of offending him. **(b)** *(sentido)* to offend, be offensive to. **2 ofenderse** *vr* to take offence *o (US)* offense *(por* at).
ofendido *adj* offended; **darse por ~** to take offence *o (US)* offense.
ofensa *nf (gen)* offence, offense *(US)*; *(insulto)* slight.
ofensiva *nf* offensive; **pasar a *o* tomar la ~a** to take the offensive.
ofensivo/a *adj (gen)* offensive; *(conducta)* rude, insulting.
ofensor(a) 1 *adj* offending. **2** *nm/f* offender.
oferta *nf* **(a)** *(gen)* offer; *(propuesta)* proposal, proposition. **(b)** *(Com: gen)* offer; *(para contrato)* tender, bid; *(Econ)* supply; **~ excedentaria/monetaria** excess/money supply; **la ley de la ~ y la demanda** the law of supply and demand; **~ pública de adquisición (de acciones)** takeover bid; *(periódico)* **~s de trabajo** situations vacant column, job openings *(US)*; **estar en ~** to be on offer. **(c)** *(regalo)* gift, present.
ofertar [1a] *vt* **(a)** *(esp LAm: ofrecer)* to offer, promise. **(b)** *(Com)* to tender.
off [of] *nm*: **voz en ~** voice off; **en ~** *(Cine)* off-screen; *(Teat)* offstage.
office *nm (Esp: despensa)* pantry; *(trascocina)* scullery; *(para lavadora etc)* utility room.
offset ['ofset] *nm (Tip)* offset.

offside [or'sai] *nm* (*Dep*) offside.
oficial 1 *adj* official. **2** *nm* (*gen*) officer; (*Téc*) skilled worker; (*funcionario: alto grado*) official; (*bajo grado*) clerk; **primer ~** (*Náut*) mate.
oficiala *nf* female office clerk.
oficialidad *nf* (*Mil*) officers *pl*.
oficialismo *nm* party-liners *pl*; (*LAm*) government authorities.
oficialista 1 *adj* party-line *atr*; (*LAm*) (pro-)government *atr*, of the party in power; **el candidato ~** the governing party's candidate. **2** *nmf* party-liner; (*LAm*) government supporter.
oficializar [1f] *vt* to make official, give official status to.
oficiante *nm* (*Ecl*) celebrant.
oficiar [1b] **1** *vt* to inform officially. **2** *vi* (**a**) (*Rel*) to officiate. (**b**) **~ de** to officiate as, act as.
oficina *nf* (*gen*) office; (*Mil*) orderly room; (*Farm*) laboratory; (*Téc*) workshop; (*Chi*) nitrate works; **horas de ~** business *o* office hours; **~ de colocación** labour *o* (*US*) labor exchange, employment agency; **~ de información** information bureau; **~ de objetos perdidos** lost-property office, lost-and-found department (*US*).
oficinista *nmf* office worker, clerk; **los ~s** whitecollar workers.
oficio *nm* (**a**) (*profesión*) profession, occupation; (*Téc*) craft, trade; **aprender un ~** to learn a trade; **ser del ~** to be on the game (*fam*); **no tener ni ~ ni beneficio** to. (**b**) (*función*) function; **los deberes del ~** the duties of the post. (**c**) **buenos ~s** good offices. (**d**) **Santo O~** (*Hist*) Holy Office, Inquisition. (**e**) (*comunicado*) official letter. (**f**) (*Rel*) service, mass; **~ de difuntos** funeral service. (**g**) **miembro de ~** ex officio member.
oficiosidad *nf* (**a**) helpfulness. (**b**) officiousness.
oficioso *adj* (**a**) unofficial, informal; **de fuente ~a** from a semiofficial source. (**b**) (*solícito*) helpful, obliging; **mentira ~a** white lie. (**c**) (*entrometido*) officious.
ofimática *nf* office automation.
Ofines *nf abr de* **Oficina Internacional de Información y Observación del Español**.
ofrecer [2d] **1** *vt* (*gen*) to offer; (*ventaja*) to present; (*bienvenida*) to extend; **~ a algn hacer algo** to offer to do sth for sb. **2 ofrecerse** *vr* (**a**) to offer o.s., volunteer; **~ a hacer algo** to offer *o* volunteer to do sth. (**b**) (*oportunidad*) to offer *o* present itself; (*vista*) to open up, present itself. (**c**) **¿qué se ofrece?** what's going on?, what's happening? (**d**) **¿se le ofrece algo?** is there anything I can get *o* do for you?; **no se me ofrece nada por ahora** I don't want anything for the moment.
ofrecimiento *nm* (*Rel*) offering; **~ de paz** peace offer.
ofrenda *nf* gift; (*Rel*) offering; (*fig*) tribute.
ofrendar [1a] *vt* to give, contribute; (*Rel*) to make an offering.
oftalmología *nf* ophthalmology.
oftalmólogo *nm* ophthalmologist.
ofuscación *nf*, **ofuscamiento** *nm* (*ceguera*) blindness; (*confusión*) bewilderment, confusion.
ofuscar [1g] *vt* (**a**) (*suj: luz*) to dazzle. (**b**) (*confundir*) to bewilder, confuse. (**c**) (*fig*) to blind; **estar ofuscado por la cólera** to be blinded by anger.
Ogino, **ogino** *nm*: **método ~** rhythm method (of birth-control).
ogro *nm* ogre.
ohmio *nm* ohm.
OIC *nf abr* (**a**) (*Com*) *de* **Organización Internacional del Comercio** ITO. (**b**) (*Com*) *de* **Organización Interamericana del Café**.
OICE *nf abr de* **Organización Interamericana de Cooperación Económica**.
OICI *nf abr de* **Organización Interamericana de Cooperación Intermunicipal** IAMO.
OID *nf abr de* **Oficina de Información Diplomática**.
oída *nf* hearing; **de ~s** by hearsay.
oído *nm* (**a**) (*sentido*) (sense of) hearing; **duro de ~** hard of hearing.
(**b**) (*Anat*) ear; **~ interno** inner ear; **aguzar los ~s** to prick up one's ears; **dar ~s a** to listen to; (*creer*) to believe; **apenas pude dar crédito a mis ~s** I could scarcely believe my ears; **decir algo al ~ de algn** to whisper sth to sb, whisper sth in sb's ear; **hacer ~s sordos a** to turn a deaf ear to; **es una canción que se pega al ~** it's a catchy song; **llegar a ~s de algn** to come to sb's attention; **prestar ~(s) a** to give ear to; **ser todo ~s** to be all ears; **le estarán zumbando los ~s** his ears must be burning.
(**c**) (*Mús*) ear; **de ~** by ear; **tener (buen) ~** to have a good ear.
OIEA *nm abr de* **Organismo Internacional de Energía Atómica** IAEA.
oigo *etc V* **oír**.
OIN *nf abr de* **Organización Internacional de Normalización** ISO.
OIP *nf abr* (**a**) *de* **Organización Internacional de Periodistas**. (**b**) (*Aer*) *de* **Organización Iberoamericana de Pilotos**.
OIR *nf abr* (**a**) *de* **Organización Internacional para los Refugiados** IRO. (**b**) *de* **Organización Internacional de Radiodifusión**.
oír [3p] *vt, vi* (**a**) (*gen*) to hear; (*esp LAm: escuchar*) to listen (to); (*prestar atención a*) to pay attention to, heed; **~ hablar de** to hear about *o* of; **he oído decir que ...** I've heard it said that ..., rumour *o* (*US*) rumor has it that ...; **fui a ~ un concierto** I went to see a concert, I attended a concert; **le oí abrir la puerta** I heard him open *o* opening the door; **lo que oyes** just like I'm telling you; **lo oyó como quien oye llover** she paid no attention, she turned a deaf ear to it; **¡me van a ~!** (*fig*) they'll be having a few words from me!; **~ mal** (*persona*) to be hard of hearing; (*al teléfono*) to be unable to hear (properly).
(**b**) (*interj etc*) **¡oye!, ¡oiga!** listen!, listen to this!; (*llamando la atención*) hi!, hey!, I say!; (*objeción*) now look here!; (*sorpresa*) I say!, say! (*US*); **¡oiga!** (*Telec*) hello? (**c**) (*ruego*) to heed, answer; **¡Dios te oiga!** I just hope you're right!
OIT *nf abr de* **Oficina** *u* **Organización Internacional del Trabajo** ILO.
ojal *nm* buttonhole.
ojalá 1 *interj* (*vivo deseo*) if only it were so!, if only it would!; (*desesperanzado*) no such luck!, some hope! **2** *conj* (*tb* **~ que**) I wish ...!, if only ...!; **¡~ venga pronto!** I hope he comes soon!, I wish he'd come!; **¡~ pudiera!** I wish I could!, if only I could!
OJD *nf abr de* **Oficina de Justificación de la Difusión**.
OJE *nf abr de* **Organización Juvenil Española**.
ojeada *nf* glance; **echar una ~ a** to glance at, take a quick look at.
ojear[1] [1a] *vt* (*gen*) to eye; (*fijamente*) to stare at; **voy a ~ cómo va el trabajo** I'm going to see how the work is getting on.
ojear[2] [1a] *vt* (**a**) to drive away *o* off, shoo. (**b**) (*Caza*) to beat, drive.
ojeo *nm* (*Caza*) beating.
ojera *nf* (**a**) bag under the eye; **tener ~s** to have bags under the eyes. (**b**) (*Med*) eyebath.
ojeriza *nf* spite, ill will; **tener ~ a** to have a grudge against, have it in for.
ojeroso *adj* tired, haggard.
ojete *nm* (**a**) (*Cos*) eyelet. (**b**) (*fam!*) arse (*fam!*).
ojímetro *nm*: **a ~** (*fam*) roughly, at a rough guess.
ojiva *nf* (*Arquit*) pointed arch; (*Mil*) warhead.
ojival *adj* ogival, pointed.
ojo *nm* (**a**) eye; **~ a la funerala, ~ amoratado, ~ a la virulé** black eye; **~s de almendra** *o* **almendrados** almond eyes; **~ de cristal** glass eye; **~s saltones** goggle *o* (*fam*) frog eyes; **a los ~s de** in the eyes of; **a ~ (de buen cubero)** roughly, at a rough guess; **a ~s cerrados** blindfold; **a ~s vistas** publicly, openly; (*crecer etc*) before one's (very) eyes; (*suceder etc*) right under one's nose; **con buenos**

~**s** kindly, favourably, favorably *(US)*; **con malos ~s** unfavourably; **delante de mis propios ~s** before my very eyes; ~ **por** ~ an eye for an eye; **abrir los ~s a algn** to open sb's eyes to sth; **en un abrir y cerrar de ~s** in the twinkling of an eye; **avivar el** ~ to be on the alert; **cerrar los ~s a algo** *(fig)* to shut one's eyes to sth; **clavar los ~s en** to fix one's eyes on, stare at; **comer a algn con los ~s** *(de deseo)* to eye sb up; *(de ira)* to stare daggers at sb; **costar un ~ de la cara** to cost a bomb *o* packet *(fam)*; **echar el ~ a** *(deseando)* to have one's eye on, covet; *(vigilar)* to keep an eye on; **guiñar el** ~ to wink *(a* at); **se le fueron los ~s tras la chica** he couldn't keep his eyes off the girl; **pasar los ~s por algo** to look sth over; **paseó los ~s por la sala** he looked round the hall; **no pegué ~ en toda la noche** I didn't get a wink of sleep all night; **no quitar ~ a** to keep a close eye on; **se le salieron los ~s de las órbitas** his eyes popped out of his head; **saltar a los ~s** to be blindingly obvious; **ser la niña de los ~s de algn** to be the apple of sb's eye; **ser todo ~s** to be all eyes; **tener buen ~, tener ~ clínico** to have good intuition; **tener a algn entre ~s** to loathe sb; **tener los ~s puestos en** *(fig)* to have one's heart set on; **torcer los ~s** to squint; **~s que no ven, corazón que no siente** out of sight, out of mind.

(**b**) *(de aguja)* eye; *(de queso)* hole; ~ **de la llave** keyhole.

(**c**) *(en puente)* span; **un puente de 4 ~s** a bridge with 4 arches *o* spans.

(**d**) *(LAm: depósito natural)* ~ **de agua** (natural) pool.

(**e**) ~ **de pez** *(Fot)* fish-eye *o* wide-angle lens.

(**f**) ~ **(del culo)** *(fam)* hole *(fam)*.

(**g**) *(Arquit)* skylight; ~ **de buey** *(Náut)* porthole.

(**h**) *(fig)* judgment, sharpness; **tener buen ~ para algo** to have a good eye for sth, be a good judge of sth.

(**i**) **¡~!** careful!, look out!; *(Tip)* N.B.; **andar con ~** to take care, be careful; **hay que tener mucho ~ con los carteristas** one must be very careful of pickpockets.

ojota *nf (LAm)* rough sandal.

okupa *nmf (fam)* squatter.

OL *nf abr de* **onda larga** LW.

ola *nf (gen)* wave; ~ **de calor/frío** heat/cold wave; ~ **de marea** tidal wave; **la nueva** ~ the latest fashion; *(Mús, Cine)* (the) new wave.

OLADE *nf abr de* **Organización Latinoamericana de Energía**.

OLAVU *nf abr de* **Organización Latinoamericana del Vino y de la Uva**.

olé *interj* bravo!

oleada *nf* (**a**) *(Náut)* big wave. (**b**) *(fig)* wave; **una gran ~ de gente** a great surge of people; **la primera ~ del ataque** the first wave of the attack.

oleaginoso *adj* oily, oleaginous.

oleaje *nm* swell, surge.

óleo *nm (gen)* oil; **santo** ~ holy oil; *(Arte)* oil painting; **pintar al** ~ to paint in oils.

oleo... *pref* oleo....

oleoducto *nm* (oil) pipeline.

oleoso *adj* oily.

oler [2i] **1** *vt* (**a**) *(gen)* to smell. (**b**) *(fam: curiosear)* to pry into, poke one's nose into. (**c**) *(fam: descubrir)* to sniff out, uncover. **2** *vi* to smell *(a* of, like); **huele mal** it smells bad.

olfacción *nf* (act of) smelling.

olfatear [1a] *vt* (**a**) *(gen, fig)* to smell, sniff; *(animal)* to scent (out). (**b**) *(fig)* to pry into, poke one's nose into.

olfativo *adj* olfactory.

olfativo *adj* olfactory.

olfato *nm* (**a**) (sense of) smell. (**b**) *(fig)* instinct, intuition.

oliente *adj*: **bien/mal** ~ sweet-/foul-smelling.

oligarquía *nf* oligarchy.

oligárquico *adj* oligarchic(al).

oligofrénico 1 *adj* mentally retarded. **2** *nm/f* mentally retarded person.

olimpíada *nf* Olympiad; **las O~s** the Olympics.

olímpicamente *adv* loftily; **pasó de nosotros** ~ *(fam)* he completely snubbed us.

olímpico *adj* (**a**) Olympian; *(Dep)* Olympic. (**b**) *(despectivo)* dismissive. (**c**) *(fam: enorme)* tremendous.

oliscar [1g] **1** *vt* (**a**) to smell, sniff (gently). (**b**) *(fig)* to investigate, look into. **2** *vi* to start to smell (bad).

olisco *adj (LAm: carne etc)* high *(fam)*.

olisquear [1a] = **oliscar**.

oliva *nf* (**a**) *(aceituna)* olive; *(árbol)* olive tree; **(color) verde** ~ olive green. (**b**) *(Orn)* = **lechuza**.

olivar *nm* olive grove.

olivo *nm* olive tree; **tomar el** ~ *(fam: huir)* to beat it *(fam)*.

olmeda *nf*, **olmedo** *nm* elm grove.

olmo *nm* elm, elm tree.

olor *nm* (**a**) *(gen)* smell *(a* of); *(aroma)* odour, odor *(US)*, scent; **buen/mal** ~ nice/nasty smell; **tiene mal** ~ it stinks; ~ **corporal** body odour. (**b**) *(fig)* suspicion; **acudir al ~ del dinero** to come to where the money is. (**c**) *(fama)* reputation.

oloroso *adj* sweet-smelling, fragrant.

olote *nm (CAm, Méx)* corncob.

OLP *nf abr de* **Organización para la Liberación de Palestina** PLO.

olvidadizo *adj (gen)* absent-minded; *(ingrato)* ungrateful.

olvidado *adj* (**a**) *(gen)* forgotten; ~ **de Dios** godforsaken. (**b**) *(individuo)* forgetful; ~ **de** forgetful of, oblivious to. (**c**) *(fig)* ungrateful. (**d**) *(Arg, Col)* = **olvidadizo**.

olvidar [1a] **1** *vt (gen)* to forget; *(abandonar)* to leave behind; *(omitir)* to leave out, omit; ~ **hacer algo** to forget to do sth. **2 olvidarse** *vr* (**a**) **se me olvidó** I forgot; **se me olvidó el paraguas** I forgot my umbrella; ~ **de hacer algo** to forget to do sth. (**b**) *(fig)* to forget o.s.

olvido *nm* (**a**) *(absoluto)* oblivion; **caer en el** ~ to fall into oblivion; **echar al** ~ to forget; **enterrar** *o* **hundir en el** ~ to forget (deliberately). (**b**) *(estado)* forgetfulness; *(acto)* omission, oversight; *(descuido)* neglect, slip; **ha sido por** ~ it was an oversight.

olla *nf* (**a**) *(gen)* pot, pan; *(para agua)* kettle; ~ **exprés,** ~ **de** *o* **a presión** pressure cooker. (**b**) *(Culin)* stew; ~ **podrida** hotpot. (**c**) *(en río)* eddy, whirlpool.

OM (**a**) *nf abr (Pol) de* **Orden Ministerial**. (**b**) *nf abr (Rad) de* **onda media** MW. (**c**) *nm abr (Geog) de* **Oriente Medio**.

Omán *nm* Oman.

ombligo *nm* navel; **encogérsele el ~ a algn** to get the wind up, get cold feet; **mirarse el** ~ to contemplate one's navel.

ombú *nm (Arg: árbol)* ombú (tree).

omega *nf* omega.

OMI *nf abr de* **Organización Marítima Internacional** IMO.

OMIC *nf abr de* **Oficina Municipal de Información al Consumidor**.

ominoso *adj* ominous; *(fig)* awful, dreadful.

omisión *nf* (**a**) *(gen)* omission, oversight; **su ~ de hacer algo** his failure to do sth. (**b**) *(descuido)* neglect.

omiso *adj*: **hacer caso ~ de** to ignore.

omitir [3a] *vt* (**a**) to leave *o* miss out, omit. (**b**) ~ **hacer algo** to omit *o* fail to do sth.

OMM *nf abr de* **Organización Meteorológica Mundial** WMO.

ómnibus 1 *adj*: **tren** ~ slow train. **2** *nm (Aut Hist)* omnibus; *(LAm)* bus.

omnímodo *adj* all-embracing.

omnipotencia *nf* omnipotence.

omnipotente *adj* omnipotent, all powerful.

omnipresencia *nf* omnipresence.

omnipresente *adj* omnipresent.

omnisapiente, omnisciente *adj* omniscient, all-knowing.

omnisciencia *nf* omniscience.
omnívoro *adj* omnivorous.
omoplato, omóplato *nm* shoulder blade.
OMS *nf abr de* **Organización Mundial de la Salud** WHO.
OMT *nf abr (Esp) de* **Oficina Municipal de Transportes**.
ONCE *nf abr de* **Organización Nacional de Ciegos Españoles**.
once 1 *adj (gen)* eleven; *(fecha)* eleventh; **las ~** eleven o'clock; **tomar las ~** *(fam)* to have elevenses *(fam)*; **tomar ~** *o* **la(s) ~** *a veces* **~s** *(Chi)* to have afternoon tea *o* a snack. **2** *nm* eleven; *(Ftbl)* team; *V tb* **seis**.
onceno *adj* eleventh; *V tb* **sexto 1**.
onda *nf* **(a)** *(gen)* wave; **~ corta/media/larga** short/medium/long wave; **~ de choque, ~ expansiva, ~ sísmica** shock wave; **~ explosiva** blast, shock wave; **~ sonora** sound wave. **(b)** *(fig)* wavelength; **coger** *o (LAm: entender)* **agarrar la ~** to get it *(fam)*, get the point *(fam)*; **estar en la ~** *(fam: moda)* to be in *(fam)*; *(al tanto)* to be on the ball *(fam)*, be up to date. **(c)** *(Cos)* scallop.
ondear [1a] **1** *vt (gen)* to wave. **2** *vi (gen)* to wave (up and down), undulate; *(agua)* to ripple; *(bandera)* to fly, flutter; *(pelo)* to flow, fall. **3 ondearse** *vr* to swing, sway.
ondulación *nf (gen)* undulation, wavy motion; *(pelo, agua)* wave; **~es** *(en paisaje)* undulations.
ondulado 1 *adj (gen)* wavy; *(carretera)* uneven, rough; *(paisaje)* undulating, rolling; *(cartón etc)* corrugated. **2** *nm (en pelo)* wave.
ondulante *adj* **(a)** undulating. **(b)** = **ondulado 1**.
ondular [1a] **1** *vt (pelo)* to wave; *(cuerpo)* to wiggle; **hacerse ~ el pelo** to have one's hair waved. **2** *vi*, **ondularse** *vr* to undulate.
oneroso *adj (pesado)* onerous, burdensome.
ONG *nf abr de* **organización no gubernamental** quango *(Brit)*, NGO *(US)*.
ónice *nm* onyx.
ONO *abr de* **oesnoroeste** WNW.
onomástica *nf* saint's day.
onomástico *adj*: **índice ~** index of names; **fiesta ~a** saint's day.
onomatopeya *nf* onomatopoeia.
onomatopéyico *adj* onomatopoeic.
ontología *nf* ontology.
ONU *nf abr de* **Organización de las Naciones Unidas** UNO.
onubense 1 *adj* of *o* from Huelva. **2** *nmf* native *o* inhabitant of Huelva.
ONUDI *nf abr de* **Organización de las Naciones Unidas para el Desarrollo Industrial** UNIDO.
onza *nf* **(a)** *(peso)* ounce. **(b)** *(Zool)* wildcat.
onzavo/a *adj, nm/f* eleventh; *V tb* **sexto 1**.
OP *abr de* **Ordenador Personal** PC.
O.P. *abr* **(a)** *de* **Obras Publicas**. **(b)** *(Ecl) de* **Orden de Predicadores** O.S.D.
OPA *nf abr de* **oferta pública de adquisición**.
opa[1] 1 *adj (And, Arg)* **(a)** *(sordomudo)* deaf and dumb. **(b)** *(fam, fig)* stupid. **2** *nmf* idiot.
opa[2] *interj (Arg)* stop it!
opacar [1g] *(LAm)* **1** *vt (fig)* to outshine. **2 opacarse** *vr* to become opaque; *(cielo)* to cloud over.
opacidad *nf* **(a)** opacity, opaqueness. **(b)** *(fig)* dullness, lifelessness.
opaco *adj* **(a)** opaque, dark. **(b)** *(oscuro)* dull. **(c)** *(lúgubre)* gloomy, sad.
OPAEP *nf abr de* **Organización de Países Árabes Exportadores de Petróleo** OAPEC.
opalescente *adj* opalescent.
ópalo *nm* opal.
opción *nf* **(a)** *(gen)* option, choice; **no hay ~** there is no choice. **(b)** *(derecho)* right. **(c)** *(Com)* option *(a* on); **con ~ a 8 más, con ~ para 8 más** with an option on 8 more; **este dispositivo es de ~** this gadget is optional.
opcional *adj* optional.
OPEP *nf abr de* **Organización de Países Exportadores del Petróleo** OPEC.
ópera *nf* opera.
operación *nf* **(a)** *(gen)* operation; **~ quirúrgica** surgical operation; *(Mil)* **~ de limpieza** mopping up operation. **(b)** *(Com)* transaction, deal; *(dirección)* management.
operacional *adj* operational.
operador *nm (gen)* operator; *(Med)* surgeon; *(Cine: rodaje)* cameraman; *(proyección)* projectionist.
operante *adj* **(a)** operating. **(b)** *(fig)* powerful, influential; **los medios más ~s del país** the most influential circles in the country.
operar [1a] **1** *vt* **(a)** *(efectuar)* to produce, bring about, effect. **(b)** *(Med)* to operate on; **~ a algn de apendicitis** to operate on sb for appendicitis. **(c)** *(Com)* to manage; *(Min)* to work, exploit. **2** *vi* **(a)** to operate. **(b)** *(Com)* to deal, do business. **3 operarse** *vr* **(a)** to occur, come about; **se han operado grandes cambios** great changes have been made *o* have come about. **(b)** *(Med)* to have an operation *(de* for).
operario/a *nm/f* operative; *(esp LAm: obrero)* worker; **~ de máquina** machinist.
operatividad *nf* **(a)** *(acto)* functioning, working; *(acción)* action. **(b)** *(eficacia)* effectiveness, efficiency.
operativizar [1f] *vt* to put into operation, make operative.
operativo 1 *adj* operative. **2** *nm (CSur: esp Mil, policía)* operation.
opereta *nf* operetta, light opera.
operístico *adj* operatic, opera *atr*.
opiáceo *nm* opiate.
opinar [1a] *vi* **(a)** to think; **~ que ...** to think that ..., be of the opinion that .... **(b) ~ bien de** to think well of, have a good opinion of. **(c)** *(dar su opinión)* to give one's opinion.
opinión *nf* opinion, view; **~ pública** public opinion; **en mi ~** in my opinion; **cambiar** *o* **mudar de ~** to change one's mind; **ser de la ~ (de) que ...** to be of the opinion that ..., take the view that ....
opio *nm* opium.
opiómano/a *nm/f* opium addict.
opíparo *adj (banquete etc)* sumptuous.
oponente *nmf* opponent.
oponer [2q] *(pp* **opuesto) 1** *vt* **(a) ~ A a B** to pit A against B; **~ dos opiniones** to contrast two views. **(b)** *(objeción)* to raise *(a* to); *(resistencia)* to put up, offer *(a* to); *(arma)* to use *(a* against); **~ la razón a la pasión** to use reason against passion. **2 oponerse** *vr* to be opposed; *(mutuamente)* to oppose each other; **yo no me opongo** I don't object; **~ a** to oppose; **se opone a hacerlo** he objects to doing it.
Oporto *nm* Oporto.
oportunidad *nf* **(a)** *(cualidad)* opportuneness, timeliness. **(b)** *(una ~)* opportunity, chance; **'~es'** *(en tienda)* 'bargains'; **igualdad de ~es** equality of opportunity; **a** *o* **en la primera ~** at the first opportunity; **tener la ~ de hacer algo** to have the chance of doing sth, have a chance to do sth.
oportunismo *nm* opportunism.
oportunista *adj, nmf* opportunist.
oportuno *adj* **(a)** *(en buen momento)* opportune, timely; *(apropiado)* appropriate, suitable; *(adecuado)* convenient; **una respuesta ~a** a suitable reply; **en el momento ~** at the right moment; **las medidas que se estimen ~as** the measures which may be considered appropriate. **(b)** *(individuo)* witty.
oposición *nf* **(a)** opposition. **(b) ~es** Civil Service examination; **hacer ~es a, presentarse a unas ~es a** to sit an examination for.
opositar [1a] *vi* to go in for a public competition (for a post).
opositor(a) *nm/f* competitor, candidate *(a* for).
opresión *nf* **(a)** *(gen)* oppression. **(b)** *(Med)* difficulty in breathing, tightness of the chest; **sentir ~** to find it diffi-

cult to breathe.
opresivo *adj* oppressive.
opresor(a) 1 *adj* oppressive. **2** *nm/f* oppressor.
oprimir [3a] *vt* (**a**) (*gen*) to squeeze, press; (*asir*) to grasp, clutch; (*pulsar*) to press; (*gas*) to compress; (*suj: ropa*) to be too tight for. (**b**) (*fig*) to oppress.
oprobio *nm* shame, opprobrium.
oprobioso *adj* shameful.
optar [1a] *vi* (**a**) to choose, decide; ~ **entre** to choose between; ~ **por** to choose, decide on, opt for; ~ **por hacer algo** to choose to do sth. (**b**) (**poder**) ~ **a** to (have the right to) apply for.
optativo *adj* optional.
óptica *nf* optics *sg*; (*fig*) viewpoint; (*tienda*) optician's.
óptico/a 1 *adj* optic(al). **2** *nm/f* optician.
optimismo *nm* optimism.
optimista 1 *adj* optimistic, hopeful. **2** *nmf* optimist.
óptimo *adj* very best, optimum.
opuesto 1 *pp de* **oponer**. **2** *adj* (**a**) (*lado etc*) opposite; **en dirección ~a** in the opposite direction. (**b**) (*enemigo*) contrary; (*Dep: equipo*) opposing.
opulencia *nf* opulence, luxury.
opulento *adj* opulent, rich.
opúsculo *nm* tract, brief treatise.
oquedad *nf* hollow, cavity; (*fig*) emptiness.
ORA *nf abr de* **Operación de Regulación de Aparcamientos**.
ora *adv* (*frm*): ~ **A**, ~ **B** now A, now B.
oración *nf* (**a**) oration, speech; ~ **fúnebre** funeral oration; **pronunciar una** ~ to make a speech. (**b**) (*Rel*) prayer; **~es por la paz** prayers for peace. (**c**) (*Ling*) sentence, clause; **partes de la** ~ parts of speech.
oráculo *nm* oracle.
orador(a) *nm/f* speaker, orator.
oral *adj* oral; (*Med*) **por vía** ~ orally.
órale (*Méx fam*) *interj* (*¡venga!*) come on!; (*¡oiga!*) hey!
orangután *nm* orang-outang.
orar [1a] *vi* (**a**) (*Rel*) to pray (*a* to) (*por* for). (**b**) to speak, make a speech.
orate *nmf* lunatic.
oratoria *nf* oratory; **concurso de** ~ publicspeaking competition.
oratorio 1 *adj* oratorical. **2** *nm* (*Mús*) oratorio; (*Rel*) oratory, chapel.
orbe *nm* (**a**) orb, sphere. (**b**) (*fig*) world; **en todo el** ~ all over the globe.
órbita *nf* (*gen*) orbit; (*Anat: ocular*) (eye-)socket; **estar en** ~ to be in orbit; **está fuera de su** ~ **de acción** it's outside his remit.
orbital *adj* orbital.
orbitar [1a] *vt* to orbit.
orca *nf* killer whale.
Órcadas *nfpl* Orkneys, Orkney Islands.
órdago: **de** ~ *adj* first-class, super, swell *(US)*; (*pey*) awful, tremendous *(fam)*.
orden 1 *nm* (**a**) (*gen*) order, arrangement; (*cuarto etc*) tidiness; ~ **del día** agenda; **de primer** ~ first-rate; **en** ~ in order; **en** ~ **a** with regard to; **en** ~ **de batalla** in battle order; **'en otro** ~ **de cosas ...'** 'passing now to other matters ...'; **fuera de** ~ out of order *o* turn; **por (su)** ~ in order; **por** ~ **cronológico** in chronological order; **sin** ~ **ni concierto** any old how; **poner en** ~ to put in order, arrange (properly); (*cuarto etc*) to tidy (up).
(**b**) (*Jur etc*) order; ~ **público** public order, law and order; **llamar al** ~ to take to task, reprimand; **mantener el** ~ to keep order.
(**c**) (*números*) **del** ~ **de** about, approximately.
2 *nf* (**a**) (*gen*) order; (*Jur*) warrant, writ; ~ **del día** (*Mil*) order of the day; ~ **judicial** court order; **eso ahora está a la** ~ **del día** that is now the order of the day; **a la** ~ (*Com*) to order; **a la** ~ **de Ud, a sus ~es** at your service; **hasta nueva** ~ till further orders; **por** ~ **de** on the orders of, by order of; **dar la** ~ **de hacer algo** to give the order to do sth.
(**b**) (*Rel*) order; ~ **monástica** monastic order.
(**c**) (*Hist, Mil*) ~ **de caballería** order of knighthood.
(**d**) (*Com, Fin*) order; ~ **bancaria** banker's order.
ordenación *nf* (**a**) (*estado*) order, arrangement; (*acto*) ordering, arranging; (*Inform*) sorting. (**b**) (*Rel*) ordination.
ordenado *adj* (**a**) (*en orden*) orderly, tidy, well arranged. (**b**) (*individuo: metódico*) methodical. (**c**) (*Rel*) ordained, in holy orders.
ordenador *nm* computer; ~ **de (sobre)mesa** desktop computer.
ordenancista *nm* disciplinarian, stickler.
ordenanza 1 *nf* ordinance, decree; **~s municipales** bylaws; **ser de** ~ to be the rule. **2** *nm* (*Com etc*) messenger; (*Mil*) orderly, batman.
ordenar [1a] **1** *vt* (**a**) to arrange, put in order; ~ **sus asuntos** to put one's affairs in order. (**b**) (*mandar*) to order; ~ **a algn hacer algo** to order sb to do sth. (**c**) (*Rel*) to ordain. **2 ordenarse** *vr* (*Rel*) to be ordained (*de* as).
ordeña *nf* (*LAm*) milking.
ordeñadero *nm* milking pail.
ordeñadora *nf* milking machine.
ordeñar [1a] *vt* (*gen*) to milk; (*aceitunas*) to harvest.
ordeño *nm* milking; (*de aceitunas*) harvest.
ordinal *adj, nm* ordinal.
ordinariez *nf* (**a**) (*cualidad*) coarseness, vulgarity. (**b**) (*una* ~) coarse remark/joke *etc*.
ordinario 1 *adj* (**a**) (*gen*) ordinary, usual; **de** ~ usually, ordinarily. (**b**) (*vulgar*) common, coarse; (*chiste*) crude; **son gente muy ~a** they're very common people. **2** *nm* (*recadero*) carrier, delivery man.
orear [1a] **1** *vt* to air. **2 orearse** *vr* (**a**) (*ropa*) to air. (**b**) (*individuo*) to get some fresh air.
orégano *nm* oregano.
oreja *nf* (**a**) (*Anat*) ear; **con las ~s gachas** (*fig*) dejected; **aguzar las ~s** to prick up one's ears; **calentar las ~ a algn** to box sb's ears; **hacer ~s** to listen to sense, see sense; **verle las ~s al lobo** to get a sudden fright. (**b**) (*Mec*) lug, flange; (*en martillo*) claw.
orejano *adj* (*And, CSur: ganado*) unbranded, ownerless.
orejear [1a] *vi* (**a**) (*LAm*) to eavesdrop. (**b**) (*CSur fam*) to uncover one's cards one by one.
orejera *nf* earflap; (*Agr*) mouldboard, moldboard *(US)*.
orejeta *nf* (*Téc*) lug.
orejón 1 *adj* (**a**) (*esp LAm*) = **orejudo**. (**b**) (*CAm Méx*) rough, coarse. **2** *nm* (**a**) pull on the ear. (**b**) strip of dried peach/apricot. (**c**) (*And Hist*) Inca officer.
orejudo *adj* (*gen*) big-eared.
orensano/a 1 *adj* of *o* from Orense. **2** *nm/f* native *o* inhabitant of Orense.
Orense *nm* Orense.
orfanato, **orfanatorio** *nm* (*LAm*) orphanage.
orfandad *nf* (**a**) orphanhood. (**b**) (*fig*) helplessness, destitution.
orfebre *nm* gold- *o* silversmith.
orfebrería *nf* gold work, silver work, craftsmanship in precious metals.
orfelinato *nm* orphanage.
orfeón *nm* choral society.
organdí *nm* organdie.
orgánico *adj* organic.
organigrama *nm* flow chart, organization chart.
organillero *nm* organ-grinder.
organillo *nm* barrel organ, hurdy-gurdy.
organismo *nm* (**a**) (*gen*) organism. (**b**) (*Pol etc*) organization; (*agencia*) agency; **O~ Internacional de Energía Atómica** International Atomic Energy Agency.
organista *nmf* organist.
organización *nf* organization; *V* **OEA; OPEP**.
organizador(a) 1 *adj* organizing; **el comité** ~ the organizing committee. **2** *nm/f* organizer.

organizar [1f] *vt* to organize.
órgano *nm* (*gen*) organ; (*fig*) means, medium.
orgasmo *nm* orgasm.
orgía *nf* orgy.
orgullo *nm* (*gen*) pride; (*altanería*) haughtiness.
orgulloso *adj* (*gen*) proud; (*altanero*) haughty; **estar ~ de algo** to be proud of sth.
orientación *nf* (**a**) (*gen*) orientation; (*dirección*) direction, course; (*Arquit*) aspect, prospect; **una casa con ~ sur** a house facing south. (**b**) (*guía*) guidance; **~ profesional** vocational guidance.
oriental 1 *adj* (*gen*) oriental; (*región etc*) eastern; **la Banda O~** (*CSur*) Uruguay. **2** *nmf* oriental; (*CSur*) Uruguayan.
orientar [1a] **1** *vt* (**a**) (*gen*) to orientate, position; (*dirigir*) to give a direction to, direct; **la casa está orientada hacia el suroeste** the house faces *o* looks south-west; **hay que ~ las investigaciones en otro sentido** you will have to change the direction of your inquiries; **los libros están orientados al público adolescente** the book is aimed at the youth market.
(**b**) (*individuo: guiar*) to guide, direct; (*: enseñar*) to train.
2 orientarse *vr* (**a**) (*cosa*) to point, face (*hacia* towards).
(**b**) (*individuo*) to get one's bearings, orient o.s.
orientativo *adj* guiding, illustrative.
oriente *nm* (**a**) east. (**b**) **el O~** the Orient, the East; **Cercano** *o* **Próximo O~** Near East; **Extremo** *o* **Lejano O~** Far East; **O~ Medio** Middle East. (**c**) (*viento*) east wind.
orificio *nm* orifice, hole.
origen *nm* (*gen*) origin, source; **país de ~** country of origin; **de ~ argentino** of Argentinian origin; **dar ~ a** to cause, give rise to; **tiene su ~ en el s. XV** it dates back to the 15th century.
original 1 *adj* (**a**) (*gen*) original. (**b**) (*fig*) novel; (*raro*) odd, eccentric, strange. (**c**) = **originario (b)**. **2** *nm* (**a**) original. (**b**) (*Tip*) manuscript. (**c**) (*individuo*) character, eccentric.
originalidad *nf* (*V adj (a), (b)*) (**a**) originality. (**b**) eccentricity, oddness.
originar [1a] **1** *vt* to start, cause, give rise to. **2 originarse** *vr* to originate (*de* from; *en* in) (*proceder*) to spring (*de* from).
originario *adj* (**a**) original; **en su forma ~a** in its original form. (**b**) **ser ~ de** to originate from; **los escoceses son ~s de Irlanda** the Scots came out of Ireland. (**c**) **país ~** country of origin, native country.
orilla *nf* (*gen*) edge, border; (*de río*) bank; (*de lago*) side, shore; (*de mar*) shore; **~ del mar** seashore; **a ~s de** on the banks of; **vive ~ de mi casa** (*fam*) he lives next door to me.
orillar [1a] *vt* (**a**) (*Cos*) to edge, trim (*de* with). (**b**) (*lago etc*) to skirt, go round. (**c**) (*negocio*) to put in order, tidy up; (*concluir*) to wind up; (*obstáculo*) to overcome; (*dificultad*) to avoid, get round.
orillero/a (*LAm*) **1** *adj* lower *o* working class, common, vulgar. **2** *nm/f* lower *o* working class person.
orín[1] *nm* rust; **tomarse de ~** to get rusty.
orín[2] *nm* urine.
orina *nf* urine.
orinacamas *nm inv* dandelion.
orinal *nm* chamberpot; **~ de cama** bedpan.
orinar [1a] **1** *vt, vi* to urinate. **2 orinarse** *vr* to urinate (involuntarily), wet o.s.; **~ en la cama** to wet one's bed.
Orinoco *nm*: **el río ~** the Orinoco (River).
orita (*LAm fam*) = **ahorita**.
oriundo/a 1 *adj*: **~ de** native to; **ser ~ de** to be a native of, come from, hail from. **2** *nm/f* native.
orla, **orladura** *nf* (*Cos etc*) border.
orlar [1a] *vt* to border (*con, de* with).
ornamentación *nf* ornamentation, adornment.
ornamental *adj* ornamental.
ornamentar [1a] *vt* to adorn (*de* with).
ornamento *nm* ornament, adornment; **~s** (*Rel*) vestments.
ornar [1a] *vt* to adorn (*de* with).
ornato *nm* adornment, decoration.
ornitología *nf* ornithology.
ornitólogo *nm* ornithologist.
ornitorrinco *nm* platypus.
oro *nm* (**a**) gold; **~ en barras** gold bars, bullion; **~ batido** gold leaf; **~ laminado** rolled gold; **~ molido** ormolu; **~ negro** black gold, oil; **de ~** gold, golden; **regla de ~** golden rule; **como un ~** like new; **no es ~ todo lo que reluce** all that glitters is not gold; **tiene una voz de ~** she has a marvellous *o* (*US*) marvelous voice; **guardar algo como ~ en paño** to treasure sth; **hacerse de ~** to make a fortune; **poner a algn de ~ y azul** to heap insults on sb; **prometer el ~ y el moro** to promise the moon.
(**b**) (*Naipes*) **~s** hearts.
orondo *adj* (**a**) (*vasija*) rounded. (**b**) (*individuo*) smug, self-satisfied.
oropel *nm* tinsel; **de ~** flashy, bright but tawdry.
orquesta *nf* orchestra; **~ de jazz** jazz band; **~ sinfónica** symphony orchestra.
orquestación *nf* orchestration.
orquestal *adj* orchestral.
orquestar [1a] *vt* to orchestrate.
orquídea *nf* orchid.
ortiga *nf* stinging nettle.
ortodoncia *nf* orthodontics.
ortodoxia *nf* orthodoxy.
ortodoxo *adj* orthodox.
ortografía *nf* spelling, orthography.
ortopedia *nf* orthopaedics, orthopedics (*US*).
ortopédico *adj* orthopaedic, orthopedic (*US*).
ortopedista *nmf* orthopaedist, orthopedist (*US*).
oruga *nf* (**a**) (*gen*) caterpillar; **tractor de ~** caterpillar tractor. (**b**) (*Bot*) rocket.
orzuelo *nm* (*Med*) stye.
os *pron pers pl* (**a**) (*dir*) you. (**b**) (*indir*) (to) you; **~ lo di** I gave it to you; **~ quitáis el abrigo** you take off your coats. (**c**) (*reflexivo*) (to) yourselves; (*mutuo*) (to) each other; **vosotros ~ laváis** you wash yourselves; **cuando ~ marchéis** when you leave; **¿~ conocéis?** have you met?, do you know each other?
osa *nf* she-bear; (*Astron*) **O~ Mayor/Menor** Ursa Major/Minor.
osadía *nf* daring, boldness; (*cara*) impudence.
osado *adj* daring, bold; (*descarado*) impudent.
osamenta *nf* skeleton.
osar [1a] *vi* to dare; **~ hacer algo** to dare to do sth.
osario *nm* ossuary, charnel house.
Oscar, **óscar** *nm* Oscar.
oscense 1 *adj* of *o* from Huesca. **2** *nmf* native *o* inhabitant of Huesca.
oscilación *nf* (**a**) (*gen*) oscillation; (*vaivén*) swing, sway, to and fro movement; (*llama*) winking, blinking. (**b**) (*de precios*) fluctuation. (**c**) (*fig*) hesitation, wavering.
oscilador 1 *adj* oscillating. **2** *nm* oscillator.
oscilar [1a] *vi* (**a**) (*gen*) to oscillate; (*péndulo etc*) to swing, sway; (*luz*) to wink, blink. (**b**) (*fig*) to fluctuate (*entre* between). (**c**) (*individuo*) to hesitate, to waver (*entre* between).
ósculo *nm* (*Lit*) osculation, kiss.
oscurantismo *nm* obscurantism.
oscurecer [2d] **1** *vt* (**a**) (*gen*) to obscure, darken, dim. (**b**) (*fig: cuestión*) to confuse, cloud; (*rival*) to overshadow, put in the shade; (*fama*) to dim, tarnish. (**c**) (*Arte*) to shade. **2** *vi* to grow dark, get dark.
oscuridad *nf* (**a**) darkness, obscurity. (**b**) (*fig*) obscurity.
oscuro *adj* (**a**) (*gen*) dark; (*fig*) obscure; (*indefinido*) con-

fused, indistinct; **a ~as** in the dark. (**b**) (*Met*) overcast, cloudy. (**c**) (*fig: futuro etc*) uncertain; (*asunto*) shady.
óseo *adj* (*gen*) bony, osseous; (*Med etc*) bone *atr*.
osezno *nm* bear cub.
osificación *nf* ossification.
osificar 1g **1** *vt* to ossify. **2 osificarse** *vr* to ossify, become ossified.
osito *nm*: **~ de felpa** *o* **peluche** teddy bear.
osmosis, ósmosis *nf inv* osmosis.
OSO *abr de* **oessudoeste** WSW.
oso *nm* bear; **~ blanco/gris/pardo** polar/grizzly/brown bear; **~ marsupial** koala bear; **~ hormiguero** anteater; **~ de peluche** teddy bear; **ser un ~** to be a prickly sort; **hacer el ~** to play the fool.
Ostende *nm* Ostend.
ostensible *adj* obvious, evident; **hacer algo ~** to make sth clear.
ostensiblemente *adv* perceptibly, visibly; **se mostró ~ conmovido** he was visibly affected.
ostentación *nf* (**a**) (*gen*) ostentation, display. (**b**) (*acto*) show, display; **hacer ~ de** to flaunt, parade.
ostentar 1a *vt* (**a**) (*gen*) to show; (*hacer gala de*) to show off, flaunt. (**b**) to have; **ostenta todavía las cicatrices** he still has *o* carries the scars. (**c**) (*cargo, título*) to have, hold; **~ el título mundial en el deporte** to hold the world title in the sport.
ostentoso *adj* sumptuous.
osteoartritis *nf* osteoarthritis.
osteópata *nm* osteopath.
osteopatía *nf* osteopathy.
ostión *nm* (*esp LAm*) large oyster.
ostionería *nf* (*LAm*) sea food shop *o* restaurant, oyster bar.
ostra *nf* (**a**) (*Zool*) oyster; **~ perlera** pearl oyster. (**b**) **¡~s!** (*fam euf*) sugar! (*fam euf*).
ostracismo *nm* ostracism.
ostral *nm* oyster bed.
ostrería *nf* oyster bar.
ostrero *nm* (**a**) oyster bed. (**b**) (*Orn*) oystercatcher.
osuno *adj* bear-like.
OTAN *nf abr de* **Organización del Tratado del Atlántico Norte** NATO.
otario/a (*CSur fam*) **1** *adj* simple, gullible. **2** *nm/f* sucker *(fam)*.
OTASE *nf abr de* **Organización del Tratado del Sudeste Asiático** SEATO.
otate *nm* (*Méx*) cane, reed.
otear 1a *vt* (**a**) to look down on, look over. (**b**) (*fig*) to examine, look into.
otero *nm* low hill, hillock, knoll.
OTI *nf abr* (*TV*) *de* **Organización de la Televisión Iberoamericana**.
otitis *nf* earache.
otomano/a *adj, nm/f* Ottoman.
otoñada *nf* autumn, fall *(US)*.
otoñal *adj* autumnal, autumn *atr*, fall *atr (US)*.
otoño *nm* autumn, fall *(US)*.
otorgamiento *nm* (**a**) (*acto: gen*) granting, conferring; (*permiso*) consent; (*Jur*) execution. (**b**) (*Jur*) legal document, deed.
otorgar 1h *vt* (*gen*) to grant, give (*a* to); (*poderes*) to confer (*a* on); (*premio*) to award (*a* to); (*Jur: ejecutar*) to execute; (*testamento*) to make.
otramente *adv* in a different way.
otro 1 *adj* (*sg*) another; (*pl*) other; **~a taza de café** another cup of coffee; **a la ~a semana** (*fam*) the following week; **con ~s trajes** (*~s más*) with other dresses; (*diferentes*) with different dresses; **con ~s 8 libros** with another 8 books, with 8 more books; **de ~ modo** otherwise; **por ~a parte** on the other hand; **muéstreme ~a cosa** show me something else; **vete a ~ lado** go somewhere else; **¡~a!** (*Teat*) encore!; **~a cosa** something else; **~a parte** elsewhere, somewhere else; **tropezamos con ~a nueva dificultad** we run up against yet another difficulty; **va a ser ~ Manolete** he's going to be another *o* a second Manolete; **son ~s tiempos** times have changed.
2 *pron* (*sg*) another one; (*pl*) others; **el ~** the other one; **los ~s** the others; **¿~?** another one?; **lo ~ no importa** the rest isn't important; **tomar el sombrero de ~** to take somebody else's hat; **conformarse con las costumbres de los ~s** to adapt o.s. to other people's habits; **~ que** other than, different from; **no fue ~ que el obispo** it was none other than the bishop; **algún ~** somebody else; **algunos ~s** some *o* a few others; **que lo haga ~** let somebody else do it; **~ dijo que ...** somebody else said ...; **como dijo el ~** as someone said; **¡~ que tal!** here we go again!; **~ tanto** the same; **uno y ~** both; **unos y ~s** both lots, all of them; **~a vez** again.
otrora *adv* formerly; **el ~ señor del país** the one-time ruler of the country.
OUA *nf abr de* **Organización de la Unidad Africana** OAU.
OUAA *nf abr de* **Organización de la Unidad Afro-americana.**
ovación *nf* ovation.
ovacionar 1a *vt* to cheer, applaud, give an ovation to.
oval, ovalado *adj* oval.
óvalo *nm* oval.
ovario *nm* ovary.
oveja *nf* sheep, ewe; **~ negra** (*fig*) black sheep (of the family); **cada ~ con su pareja** birds of a feather flock together.
ovejera *nf* (*Méx*) sheepfold.
ovejería *nf* (*Chi: ovejas*) sheep; (*cría*) sheep farming; (*hacienda*) sheep farm.
ovejita *nf* (*Arg fam*) whore *(fam)*.
ovejo *nm* (*LAm*) ram.
ovejuno *adj* (*Agr*) **ganado ~** sheep; (*fig*) sheeplike.
overol *nm* (*LAm*) overalls.
ovetense 1 *adj* of *o* from Oviedo. **2** *nmf* native *o* inhabitant of Oviedo.
Oviedo *nm* Oviedo.
oviforme *adj* egg-shaped.
ovillar 1a **1** *vt* (*hilo*) to wind, wind into a ball. **2 ovillarse** *vr* to curl up into a ball.
ovillo *nm* (*bola*) ball; (*fig*) tangle; **hacerse un ~** to curl up into a ball; (*de miedo*) to crouch, cower; (*en el habla*) to get tied up in knots.
ovino *adj* ovine, sheep *atr*; **ganado ~** sheep.
ovíparo *adj* oviparous.
OVNI *nm abr de* **objeto volante** *o* **volador no identificado** UFO.
ovoide *adj, nm* ovoid.
ovulación *nf* ovulation.
ovular 1a *vi* to ovulate.
óvulo *nm* ovule, ovum.
oxear 1a *vt* to shoo (away).
oxiacanta *nf* hawthorn.
oxiacetilénico *adj*: **soplete ~** oxyacetylene torch.
oxidación *nf* (*gen*) rusting; (*Quím*) oxidation.
oxidado *adj* (*gen*) rusty; (*Quím*) oxidized.
oxidar 1a **1** *vt* (*gen*) to rust; (*Quím*) to oxidize. **2 oxidarse** *vr* to rust, go *o* get rusty; (*Quím*) to oxidize.
óxido *nm* oxide.
oxigenación *nf* oxygenation.
oxigenado 1 *adj* (**a**) (*Quím*) oxygenated. (**b**) (*pelo*) bleached; **una rubia ~a** a peroxide blonde. **2** *nm* peroxide.
oxigenar 1a **1** *vt* to oxygenate. **2 oxigenarse** *vr* (**a**) to become oxygenated. (**b**) (*fam*) to get some fresh air.
oxígeno *nm* oxygen.
oxte *interj*: **sin decir ~ ni moxte** without a word.
oyente *nmf* (**a**) listener, hearer; **'queridos ~s '** (*Rad*) 'dear listeners '. (**b**) (*Univ*) unregistered *o* occasional student, auditor *(US)*.
ozono *nm* ozone.
ozonosfera *nf* ozonosphere, ozone layer.

P

P[1], **p** [pe] *nf* (*letra*) P, p.
P[2] *abr* (**a**) (*Ecl*) *de* **Padre** F., Fr. (**b**) *de* **Papa** . (**c**) *de* **pregunta** Q. (**d**) *de* **presidente** P. (**e**) *de* **Príncipe** P.
p. *abr* (**a**) (*Tip*) *de* **página** p. (**b**) (*Cos*) *de* **punto** .
p.ª *abr de* **para**.
p.a. *abr* (**a**) *de* **por autorización**. (**b**) *de* **por ausencia**.
PAAU *nfpl abr de* **Pruebas para el Acceso a la Universidad**.
pabellón *nm* (**a**) (*tienda*) bell tent. (**b**) (*de cama*) canopy, hangings. (**c**) (*Arquit*) pavilion; (*de jardín*) summer-house, hut; (*Med etc*) wing; ~ **de caza** shooting box. (**d**) (*Mús: de trompeta*) mouth; ~ **de la oreja** outer ear. (**e**) (*Mil*) stack. (**f**) (*Náut etc*) flag; ~ **de conveniencia** flag of convenience.
pabilo *nm* wick.
pábulo *nm* (*gen*) food; (*fig*) food, fuel; **dar ~ a** to feed, encourage; **dar ~ a los rumores** to encourage rumours *o* (*US*) rumors.
PAC *nf abr de* **Política Agraria Común** CAP.
paca[1] *nf* (*Agr etc*) bale.
paca[2] *nf* (*LAm Zool*) paca, spotted cavy.
pacato *adj* timid.
pacense 1 *adj* of *o* from Badajoz. **2** *nmf* native *o* inhabitant of Badajoz.
paceño/a 1 *adj* of *o* from La Paz. **2** *nm/f* native *o* inhabitant of La Paz.
pacer [2d] **1** *vt* (**a**) (*hierba*) to eat, graze. (**b**) (*ganado*) to graze, pasture. **2** *vi* to graze.
paciencia *nf* patience, forbearance; **¡~!** be patient!; **¡~ y barajar!** keep trying!, don't give up!; **se me acaba** *o* **agota la ~** my patience is exhausted; **armarse de ~** to resolve to be patient; **tener ~** to have patience, be patient; **perder la ~** to lose one's temper.
paciente *adj, nmf* patient.
pacienzudo *adj* very patient, long-suffering.
pacificación *nf* pacification.
pacificador(a) 1 *adj*: **operación ~a** peace-keeping operation. **2** *nm/f* peacemaker.
pacificar [1g] **1** *vt* (*Mil*) to pacify; (*calmar*) to calm; (*reconciliar*) to bring together, reconcile. **2 pacificarse** *vr* to calm down.
Pacífico *nm* (*tb* **Océano ~**) Pacific (Ocean).
pacífico *adj* (*gen*) peaceful; (*carácter*) peaceable, pacific.
pacifismo *nm* pacifism.
pacifista *adj, nmf* pacifist.
paco (*And, Chi*) **1** *adj* reddish. **2** *nm* (**a**) alpaca. (**b**) (*fam*) cop (*fam*).
pacota *nf* (*Méx*), **pacotilla** *nf* (*trasto*) trash, inferior merchandise; **de ~** trashy, shoddy.
pactar [1a] **1** *vt* to agree to *o* on. **2** *vi* to come to an agreement.
pacto *nm* pact, agreement; **~ social** social contract; **P~ de Varsovia** Warsaw Pact; **~ de no agresión** non-aggression pact.
pachá *nm* pasha; **vivir como un ~** to live like a king.
pachamama *nf* (*And, CSur*) Mother Earth.
pachamanca *nf* (*Per*) barbecue, feast.
pachanga *nf* (*Col, Méx*) lively party.
pachanguero *adj* (*fam: bullicioso*) noisy, rowdy; (*música*) catchy.
pacharán *nm* sloe brandy.
pacho *adj* (*CAm, CSur: fam: aplastado*) flat, thin.
pachón 1 *nm* (*perro*) pointer. **2** *adj* (*persona*) phlegmatic.
pachorra *nf* (*indolencia*) slowness, sluggishness; (*tranquilidad*) calmness; **Juan, con su santa ~ ...** John, as slow as ever ....
pachorrear [1a] *vi* (*CAm*) to be slow, be sluggish.
pachuco/a (*Méx pey*) *adj, nm/f* Chicano, Mexican-American.
pachucho *adj* (*fruta*) overripe; (*persona*) off-colour, off-color (*US*), poorly.
pachulí *nm* (*Bot, perfume*) patchouli.
padecer [2d] *vt, vi* (*gen*) to suffer; (*aguantar*) to endure, put up with; (*error etc*) to labour *o* (*US*) labor under, be a victim of; **~ de** to suffer from; **padece del corazón** he has heart trouble; **ella padece por ellos** she suffers on their account; **eso hace ~ el metal de los goznes** that puts a strain on the metal of the hinges.
padecimiento *nm* (*gen*) suffering; (*Med*) ailment.
padrastro *nm* (**a**) (*gen*) stepfather; (*fig*) harsh father. (**b**) (*pega*) obstacle, difficulty.
padrazo *nm* indulgent father.
padre 1 *nm* (**a**) (*gen*) father; (*Zool*) father, sire; **~s** father and mother, parents; (*antepasados*) ancestors; **García ~** García senior, the elder García; **~ de familia** father of a family; (*Pol etc*) head of a household; **~ político** father-in-law; **su señor ~** your father; **es el ~ de estos estudios** he is the father of this discipline.
(**b**) (*Rel*) father; **el P~ Las Casas** Father Las Casas; **~ espiritual** confessor; **P~ Nuestro** Lord's Prayer, Our Father; **P~ Santo** Holy Father, Pope.
(**c**) (*fam*); **una paliza de ~ y muy señor mío** the father and mother of a thrashing; **¡mi ~!** (*fam*) you don't say! (*fam*); **¡tu ~!** (*fam!*) up yours! (*fam!*).
2 *adj* (*esp Méx fam*) great, tremendous (*fam*); **un éxito ~** a terrific success (*fam*); **un lío ~** an almighty row; **darse una vida ~** to live the high life.
padrejón *nm* (*Arg*) stallion.
padrenuestro *nm* Lord's Prayer, paternoster; **en menos que se reza un ~** in no time at all.
padrinazgo *nm* (*Rel*) godfathership; (*fig*) sponsorship, patronage.
padrino *nm* (*Rel*) godfather; (*tb* **~ de boda**) best man; (*de desafío*) second; (*fig*) sponsor, patron; **~s** godparents.
padrísimo *adj* (*Méx fam*) = **padre 2**.
padrón *nm* (**a**) (*censo*) census; (*Pol*) electoral register *o* roll. (**b**) (*Téc*) pattern. (**c**) (*memorial*) commemorative column. (**d**) (*fig*) stain, blot; **será un ~ (de ignominia) para todos nosotros** it will be a disgrace for all of us. (**e**) (*LAm Agr*) stud (animal); (*caballo*) stallion. (**f**) (*Chi Aut*) car registration (card).
padrote *nm* (*CAm, Méx*) pimp.
paella *nf* (*Culin*) paella.
paellera *nf* (*Culin*) paella dish.
paf *interj* wham!, zap!
pág. *abr de* **página** p.
paga *nf* (**a**) (*pago*) payment; **entrega contra ~** cash on delivery. (**b**) (*sueldo*) pay, wages; **día de ~** payday; **~ extra** salary bonus (*paid in July and December*).
pagadero *adj* payable, due; **~ a la entrega** payable on delivery; **~ a plazos** payable in instalments *o* (*US*) installments.
pagado *adj* (*fig*) pleased; **~ de sí mismo** self-satisfied,

smug.

pagador(a) *nm/f* payer; **mal ~** bad payer.

pagaduría *nf* paymaster's office.

paganismo *nm* paganism, heathenism.

pagano/a 1 *adj* (*Rel*) pagan, heathen. **2** *nm/f* (**a**) (*Rel*) pagan, heathen. (**b**) (*fam*) the one who pays (*fam*).

pagar [1h] **1** *vt, vi* (**a**) (*gen*) to pay; (*deuda*) to pay (off), repay; (*compras*) to pay for; **su tío le paga los estudios** his uncle is paying for his education; **no lo podemos ~** we can't afford it; **a ~** (*Correos*) postage due; **cuenta a ~** outstanding account; **~ por adelantado** to pay in advance; **~ al contado** to pay (in) cash.

(**b**) (*fig: favor*) to repay; (*visita*) to return; (*crimen*) to pay for; **lo pagó con la vida** he paid for it with his life; **¡me las pagarás!** I'll get you for this!; **¡las vas a ~!** you've got it coming to you!; **¡lo pagarás caro!** you'll pay dearly for that!

2 *vi* to pay; **el negocio no paga** the business doesn't pay.

3 pagarse *vr* (**a**) **~ con algo** to be content with sth.

(**b**) **~ de algo** to be pleased with sth; **~ de sí mismo** to be conceited, be full of o.s. (*fam*).

pagaré *nm* promissory note, IOU.

página *nf* page; **~s amarillas** *o* (*Arg*) **doradas** yellow pages; **primera ~** front page.

paginación *nf* pagination.

paginar [1a] *vt* to paginate, number the pages of; **con 6 hojas sin ~** with 6 unnumbered pages.

pago[1] *nm* (**a**) (*Fin: gen*) payment; (*: devolución*) repayment; **~ anticipado** advance payment; **~ al contado** cash payment; **~ a cuenta** payment on account; **~ a la entrega**, **~ contra reembolso** cash on delivery; **~ a título gracioso** ex gratia payment; **~ domiciliado** direct debit; **~ en especie** payment in kind; **~ fraccionado** instalment, installment (*US*), part-payment; **~ inicial** down payment, deposit; **~ a plazos** payment by instalments *o* (*US*) installments; **'nada de ~'** 'nothing to declare'; **colegio de ~** fee-paying school; **atrasarse en los ~s** to be in arrears; **efectuar un ~** to make a payment; **faltar en los ~s** to default.

(**b**) (*fig*) return, reward; **en ~ de** *o* **por** in return for.

pago[2] *nm* (*zona*) district; (*finca*) estate (*esp planted with vines or olives*); (*Arg*) region, area; (*CSur*) home area.

pagoda *nf* pagoda.

págs *abr de* **páginas** pp.

pai *nm* (*LAm*) pie.

paila *nf* (*esp Chi: sartén*) frying pan, frypan (*US*); (*CSur: comida*) meal of fried food.

país *nm* (**a**) (*nación*) country; (*tierra*) land, region; **~ natal** native land; **~ satélite** satellite country; **los ~es miembros** the member countries; **vino del ~** local wine. (**b**) **P~es Bajos** Low Countries; **P~ Vasco** Basque Country.

paisaje *nm* landscape, countryside.

paisajista *nmf* landscape painter.

paisanada *nf* (*CSur*) group of peasants; (*colectivamente*) peasants.

paisanaje *nm* civil population; (*Arg*) group of peasants; (*colectivamente*) peasants.

paisano/a 1 *adj* of the same country. **2** *nm/f* (**a**) (*Mil*) civilian; **vestir de ~** to be in civvies; **traje de ~** plain clothes. (**b**) (*compatriota*) compatriot, fellow countryman/-woman; **es ~ mío** he's a fellow countryman (of mine). (**c**) (*esp Arg*) peasant.

paja *nf* (**a**) (*Agr*) straw; **hombre de ~** (*fig fam*) front man (*fam*); **techo de ~** thatched roof; **hacerse una ~** (*fam!*) to wank (*fam!*); **riñeron por un quítame allá esas ~s** they quarrelled *o* (*US*) quarreled over some trifle. (**b**) (*fig*) trash, rubbish; (*en libro, ensayo*) padding, waffle; **hinchar un libro con mucha ~** to pad a book out. (**c**) (*And, Chi*) **~ brava** tall altiplano grass.

pajar *nm* straw loft.

pájara *nf* (**a**) (*Orn*) hen (bird); (*esp*) hen partridge. (**b**) (*de papel*) paper plane. (**c**) **~ pinta** (game of) forfeits. (**d**) (*mujer: taimada*) sneaky bitch (*fam*).

pajarera *nf* aviary.

pajarería *nf* (**a**) (*tienda*) pet shop. (**b**) (*pájaros*) large flock of birds.

pajarero 1 *adj* (**a**) (*Orn*) bird *atr*. (**b**) (*persona*) merry, fun-loving. (**c**) (*ropa*) gaudy, flashy, loud. (**d**) (*LAm: caballo*) nervous. **2** *nm* (*Com*) bird dealer; (*cazador*) bird catcher; (*criador*) bird breeder.

pajarilla *nf* paper kite; **se le alegraron las ~s** he laughed himself silly.

pajarita *nf* (**a**) (*Orn*) **~ de las nieves** white wagtail. (**b**) (*pájaro de papel*) paper bird. (**c**) (*corbata*) bow tie.

pajarito *nm* (*Orn*) baby bird, fledgling; (*fig*) very small person; **quedarse como un ~** to die peacefully, fade away.

pájaro *nm* (**a**) (*Orn*) bird; **~ de mal agüero** bird of ill omen; **~ azul** bluebird; **~ bobo** penguin; **~ cantor** songbird; **~ carpintero** woodpecker; **~ mosca** hummingbird; **matar dos ~s de un tiro** to kill two birds with one stone; **más vale ~ en mano que ciento volando** a bird in the hand is worth two in the bush; **tener la cabeza a ~s** to be featherbrained. (**b**) (*fam: astuto*) clever fellow, sharp sort; **~ bravo** (*Ven fam*) smart alec (*fam*); **~ de cuenta** big shot (*fam*). (**c**) (*fam: picha*) prick (*fam!*).

paje *nm* (*gen*) page; (*Náut*) cabin boy.

pajera *nf* straw loft.

pajero *nm* (*fam!*) tosser (*fam!*), wanker (*fam!*).

pajita *nf* (drinking) straw.

pajizo *adj* (**a**) (*de paja*) straw, made of straw; (*techo*) thatched. (**b**) (*color*) straw-coloured, straw-colored (*US*).

pajolero *adj* bloody (*fam*), damn(ed) (*fam*).

pajonal *nm* (*LAm*) scrubland, rough country.

Pakistán *nm* Pakistan.

pakistaní *adj, nmf* Pakistani.

pala *nf* (**a**) (*gen*) shovel, spade; **~ mecánica** power shovel; **~ topadora** (*Arg*) bulldozer. (**b**) (*Culin*) slice; **~ para el pescado** fish slice. (**c**) (*Dep: Béisbol*) bat; (*: ping-pong etc*) racket. (**d**) (*de remo etc*) blade. (**e**) **~ matamoscas** fly swat. (**f**) (*de zapato*) upper.

palabra *nf* (**a**) (*voz*) word; **~s cruzadas** crossword; **dos ~s, cuatro ~s** a couple of words; **¡ni una ~ más!** not another word!; **a media ~** at the least hint; **de ~** by word of mouth; **en una ~** in a word; **a ~s necias, oídos sordos** it's best not to listen to such nonsense; **coger a algn la ~** (*creerle*) to take sb at his word; (*obligarle*) to keep sb to his word; **sin chistar ~** without a word; **dejar a algn con la ~ en la boca** to interrupt sb; **no encuentro ~s para expresarme** words fail me; **medir las ~s** to choose one's words carefully; **negar la ~ de Dios a algn** to concede absolutely nothing to sb; **quedarse con la ~ en la boca** to stop short; **tuvo ~s de elogio para el ministro** he praised the minister; **trabarse de ~s** to wrangle, squabble.

(**b**) (*facultad*) (faculty of) speech; **de ~ fácil** fluent; **perder la ~** to lose the power of speech; **tener unas ~s con algn** to have a few words with sb.

(**c**) (*en reunión, comité etc*) right to speak; **conceder la ~ a algn** to invite sb to speak; **dirigir la ~ a algn** to address sb; **tomar la ~** to speak; **pedir la ~** to ask to be allowed to speak; **tener la ~** to have the floor.

(**d**) (*promesa*) word, promise; **~ de casamiento** *o* **de matrimonio** promise to marry; **~ de honor** word of honour *o* (*US*) honor; **bajo ~** (*Mil*) on parole; **es hombre de ~** he is a man of his word; **faltar a su ~** to go back on one's word.

palabreja *nf* strange word.

palabrería *nf* verbiage, hot air.

palabrero/a 1 *adj* wordy, windy. **2** *nm/f* windbag.

palabrota *nf* swearword, four-letter word (*fam*).

palacete *nm* small palace.

palaciego *adj* palace *atr*.

palacio *nm* (*gen*) palace; (*casa grande*) mansion, large house; ~ **de congresos** conference hall; ~ **de justicia** courthouse; ~ **municipal** city hall; ~ **real** royal palace; **ir a** ~ to go to court.

palada *nf* (**a**) (*gen*) shovelful, spadeful. (**b**) (*de remo*) stroke.

paladar *nm* (hard) palate, roof of the mouth; (*fig*) palate, taste; **tener un** ~ **delicado** to have a delicate palate.

paladear [1a] *vt* to relish, savour, savor *(US)*.

paladeo *nm* tasting, savouring, savoring *(US)*.

paladín *nm* (*Hist*) paladin; (*fig*) champion.

paladino *adj* open, public.

palafrén *nm* palfrey.

palafrenero *nm* groom.

palanca *nf* (**a**) (*gen*) lever, crowbar; ~ **de cambio** gear lever, gearshift *(US)*; ~ **de freno** brake lever; ~ **de mando** control lever. (**b**) (*fig*) pull, influence; **mover ~s** to pull strings.

palangana 1 *nf* washbasin. **2** *nmf* (*And, CSur: fam*) braggart.

palanganear [1a] *vi* (*LAm*) to show off.

palanganero *nm* washstand.

palanquera *nf* stockade.

palanqueta *nf* (*gen*) small lever; (*de forzar puertas*) jemmy, crowbar.

palatal *adj, nf* palatal.

palatinado *nm* palatinate.

palatino *adj* (*Pol*) palace *atr*, court *atr*; (*del palatinado*) palatine.

palco *nm* (*Teat etc*) box; ~ **de honor** royal box; ~ **de la presidencia** (*Taur*) president's box; ~ **de proscenio** stage box.

palenque *nm* (**a**) (*estacada*) stockade, palisade. (**b**) (*recinto*) arena, ring. (**c**) (*CSur*) tethering post, rail.

palenquear [1a] *vt* (*CSur*) to hitch, tether.

palentino/a 1 *adj* of *o* from Palencia. **2** *nm/f* native *o* inhabitant of Palencia.

paleografía *nf* paleography.

paleógrafo/a *nm/f* paleographer.

paleolítico *adj* paleolithic.

paleontología *nf* paleontology.

Palestina *nf* Palestine.

palestino/a *adj, nm/f* Palestinian.

palestra *nf* arena; (*fig*) lists; **salir a la** ~ (*fig*) to take the field.

paleta *nf* (**a**) (*pala*) small shovel *o* spade; (*de albañil*) trowel. (**b**) (*Arte*) palette. (**c**) (*Téc: de turbina*) blade; (*de noria*) paddle, bucket. (**d**) (*Anat*) shoulder blade. (**e**) (*LAm: helado*) ice cream; (*pirulí*) ice pole.

paletada *nf* shovelful, spadeful.

paletilla *nf* shoulder blade.

paletización *nf* (*Com*) palletization.

paleto/a 1 *adj* boorish, stupid. **2** *nm/f* yokel, hick *(US)*.

paliacate *nm* (*Méx*) kerchief.

paliar [1b] *vt* (*gen*) to mitigate, alleviate; (*dolor*) to relieve; (*efectos*) to cushion.

paliativo *adj, nm* palliative; **un edificio feo sin ~s** an ugly building with no saving graces *o* redeeming features.

palidecer [2d] *vi* to pale, turn pale.

palidez *nf* paleness, pallor.

pálido *adj* (*gen*) pale, pallid; (*enfermizo*) sickly.

palillo *nm* (**a**) (*gen*) small stick; (*mondadientes*) toothpick; (*Mús*) drumstick; (*CSur: aguja de tejer*) knitting needle; **~s** (*instrumento*) castanets; **~s chinos** chopsticks. (**b**) (*fam*) very thin person; **estar hecho un** ~ to be as thin as a rake.

palinodia *nf* recantation; **cantar la** ~ to recant.

palio *nm* (*dosel*) canopy; **recibir bajo** ~ **a algn** to roll out the red carpet for sb.

palique *nm* small talk, chitchat; **estar de** ~ to be chatting, have a chat.

paliza 1 *nf* (**a**) beating-up; **dar una** *o* (*fam*) **propinar una** ~ **a algn** to give sb a beating. (**b**) (*fig: Dep etc*) drubbing; **¡qué** ~ **aquélla!** what a beating that was!; **los críticos le dieron una** ~ **a la novela** the critics panned *o* slated the novel; **dar la** ~ (*ponerse pesado*) to lay down the law; **darse la** ~ to flog o.s., slog; **el viaje fue una** ~ the journey was ghastly *(fam)*. **2** *nmf inv* (*fam: pesado*) bore, pain *(fam)*.

palizada *nf* (**a**) (*valla*) fence, palisade. (**b**) (*cercado*) fenced enclosure.

Palma *nf*: **Isla de la** ~ (*Canarias*) Island of Palma; ~ **de Mallorca** Palma; **Las ~s** (*ciudad, provincia*) Las Palmas.

palma *nf* (**a**) (*Anat*) palm; **batir** *o* **dar ~s** to clap hands, applaud; (*Mús*) to clap hands; **como la** ~ **de la mano** very easy, straightforward. (**b**) **~s** (*fig*) clapping, applause; **~s de tango** (*fam*) slow hand-clap *(fam)*. (**c**) (*Bot*) palm (tree); (*hoja*) palm leaf; **llevarse la** ~ to triumph, win.

palmada *nf* (**a**) slap, pat; **darse una** ~ **en la frente** to clap one's hand to one's brow. (**b**) **~s** clapping, applause; **dar ~s** to clap, applaud.

palmar[1] *nm* (*Bot*) palm grove.

palmar[2] [1a] *vi* to die, kick the bucket *(fam)*.

palmar[3], **palmario** *adj* obvious, self-evident.

palmarés *nm* (*Dep: de ganadores*) list of winners; (*: historial*) record.

palmeado *adj* (*pata*) webbed.

palmear [1a] **1** *vt* (*LAm: perro etc*) to pat, stroke. **2** *vi* to clap.

palmera[1] *nf*, **palmero**[1] *nm* (*Méx*) palm (tree).

palmero[2]/**a**[2] **1** *adj* of *o* from the island of Palma. **2** *nm/f* native *o* inhabitant of the island of Palma.

palmeta *nf* (*Escol*) cane; ~ **matamoscas** fly swat.

palmillas *nfpl*: **llevar a algn en** ~ to treat sb with great consideration.

palmípedo *adj* web-footed.

palmitas *nfpl* = **palmillas**.

palmo *nm* (*medida*) span; (*fig*) few inches, small amount; ~ **a** ~ inch by inch; **avanzar** ~ **a** ~ to go forward inch by inch; **crecer a ~s** to shoot up; **dejar a algn con un** ~ **de narices** to disappoint sb, let sb down; **no hay un** ~ **de A a B** there's hardly any distance *o* difference between A and B.

palmotear [1a] *vi* to clap, applaud.

palo *nm* (**a**) (*gen*) stick; (*Telec etc*) post, pole; (*porra*) club; (*de herramienta*) handle, shaft; (*Dep*) club; ~ **ensebado** greasy pole; ~ **de escoba** broomstick; ~ **de golf** golf club; **de tal** ~ **tal astilla** a chip off the old block; **estar hecho un** ~ to be as thin as a rake; **meter ~s en las ruedas** (*fig*) to put a spanner in the works.

(**b**) (*Náut*) mast; ~ **mayor** mainmast.

(**c**) (*Bot*) stalk.

(**d**) (*madera*) wood; **cuchara de** ~ wooden spoon.

(**e**) (*esp LAm*) tree; ~ **dulce** liquorice root; ~ **de hule** (*CAm*) rubber tree.

(**f**) (*Tip*) upright.

(**g**) (*porrazo*) blow, hit (with a stick); **andar a ~s** to be always squabbling; **dar un** ~ **a algn** (*fig*) to take sb to task; **¡~ y tentetieso!** come down hard on him; **dar ~s de ciego** to lash out wildly; **no dar** *o* **pegar (ni)** ~ **al agua** (*fam*) to do sweet nothing; **¡fue un ~!** (*fam fig*) what a blow *o* shock!; **¡qué** ~ **si suspendo!** it'll be a right shocker if I fail!

(**h**) (*Naipes*) suit; **seguir el** ~ to follow suit.

(**i**) **a** ~ **seco** by itself, pure; **vermut a** ~ **seco** straight vermouth.

(**j**) (*Chi fam*) ~ **grueso** (*fig*) big shot *(fam)*.

paloma *nf* (**a**) (*Orn*) dove, pigeon; ~ **de la paz** dove of peace; ~ **mensajera** carrier *o* homing pigeon; ~ **torcaz** wood pigeon. (**b**) (*fig*) meek and mild person.

palomar *nm* dovecot(e), pigeon loft.

palomilla *nf* (**a**) (*insecto*) grain moth. (**b**) (*Téc: tuerca*) wing nut. (**c**) (*soporte*) wall bracket. (**d**) (*de caballo*) back.

palomino *nm* (**a**) (*Orn*) young pigeon. (**b**) palomino

(horse). (**c**) (*excremento*) pigeon droppings.
palomita *nf* (*Méx: aprobación*) tick.
palomitas *nfpl* (*tb* ~ **de maíz**) popcorn.
palomo *nm* (cock) pigeon.
palote *nm* (*en escritura*) downstroke.
palpable *adj* (*gen*) palpable; (*fig*) tangible, concrete.
palpar [1a] **1** *vt* (**a**) (*gen*) to touch, feel; (*andar a tientas*) to feel one's way along. (**b**) (*fig*) to appreciate, understand. **2 palparse** *vr* (*fig*) to be felt; **se palpaba el descontento** you could feel the restlessness.
palpitación *nf* palpitation, throb(bing), beat(ing).
palpitante *adj* (**a**) (*corazón*) palpitating, throbbing. (**b**) (*fig: candente*) burning.
palpitar [1a] *vi* (**a**) (*gen*) to palpitate; (*corazón*) to throb, beat. (**b**) (*fig*) to throb; **en la poesía palpita la emoción** the poem throbs with emotion. (**c**) (*CSur*) **me palpita** I have a hunch.
palpite, **pálpito** *nm* hunch, presentiment; **tener un** ~ to have a hunch.
palta *nf* (*And, CSur*) avocado (pear).
palto *nm* (*And, CSur*) avocado (pear) tree.
paltó *nm* (*esp LAm*) topcoat, overcoat.
palúdico *adj* marshy; (*Med*) malarial.
paludismo *nm* malaria.
palurdo/a **1** *adj* coarse, uncouth. **2** *nm/f* yokel, hick *(US)*.
palustre *nm* (*Téc*) trowel.
pallasa *nf* mattress.
pamela *nf* picture hat, sun hat.
pamema *nf* (**a**) triviality, trifle. (**b**) ~**s** fuss; **¡déjate de ~s!** stop your fussing!, that's enough of that!
pampa[1] *nf* (*LAm*) pampa(s), prairie; **la P~** the Pampas.
pampa[2] **1** *adj* (*And, CSur: fam: negocio*) shady, dishonest. **2** *nmf* (*Arg*) (pampean) Indian.
pámpano *nm* vine shoot *o* tendril.
pampeano *adj* (*LAm*) of *o* from the pampas.
pampear [1a] *vi* (*CSur*) to travel over the pampas.
pampero/a (*LAm*) **1** *adj* of *o* from the pampas. **2** *nm/f* inhabitant of the pampas. **3** *nm* (*Met*) strong westerly wind.
pamplina *nf* (**a**) (*Bot*) chickweed. (**b**) ~**s** nonsense; **¡~s!** rubbish!; **esas son ~s** that's a load of rubbish; **no me venga Ud con ~s** don't come to me with that soft soap *(fam)*.
pamplinero *adj* (**a**) (*tonto*) silly, nonsensical. (**b**) (*aspaventero*) fussy, emotional.
pamplonés/esa *adj, nm/f* = **pamplonica**.
pamplonica **1** *adj* of *o* from Pamplona. **2** *nmf* native *o* inhabitant of Pamplona.
pan *nm* (**a**) (*gen*) bread; (*un* ~) loaf; (*fig*) bread, daily bread; ~ **candeal/duro/integral/de centeno** white/stale/wholemeal/rye bread; ~ **de molde** sliced loaf; ~ **rallado** breadcrumbs *atr*; **el** ~ **nuestro de cada día** our daily bread; **ganarse el** ~ to earn one's living.
(**b**) (*Bot*) wheat; ~**es** (*fig*) crops, harvest; **año de mucho** ~ year of a heavy wheat crop; **tierras de** ~ **llevar** wheatland.
(**c**) ~ **de azúcar** sugar loaf; ~ **de higos** block of dried figs; ~ **de jabón** bar *o* cake of soap.
(**d**) (*Téc*) gold *o* silver leaf.
(**e**) (*locuciones*) **eso es** ~ **comido** it's a cinch; **con su** ~ **se lo coma** that's his look-out; **llamar al** ~ ~ **y al vino vino** to call a spade a spade; **venderse como** ~ **bendito** to sell like hot cakes.
pana[1] *nf* velveteen, corduroy.
pana[2] *nf* (*And Aut*) breakdown; **quedar en** ~ (*Chi Aut*) to break down.
pana[3] *nf* (*Chi: hígado*) liver.
panacea *nf* panacea, cure-all.
panadería *nf* bakery, bakehouse; (*tienda*) baker's (shop).
panadero/a *nm/f* baker.
panal *nm* honeycomb.
Panamá *nm* Panama.
panamá *nm* panama hat.
panameño/a *adj, nm/f* Panamanian.
panamericanismo *nm* Pan-Americanism.
panamericano *adj* Pan-American.
pancarta *nf* placard, banner.
pancista *adj, nmf* opportunist.
pancito *nm* (*LAm*) (bread) roll.
páncreas *nm* pancreas.
pancha *nf* (*fam*) = **panza**.
pancho[1] *adj* calm, unruffled; **estar tan** ~ to remain perfectly calm.
pancho[2] *nm* (*Arg*) hot dog.
panda[1] *nf* (*Zool*) panda.
panda[2] *nf* bunch, group.
pandear [1a] *vi*, **pandearse** *vr* (*madera*) to bend, warp; (*pared*) to sag, bulge.
pandemonio, **pandemónium** *nm* pandemonium; **fue el** ~ (*fam*) all hell broke loose.
pandereta *nf* tambourine; **la España de** ~ (*fam*) tourist Spain.
pandero *nm* (**a**) (*Mús*) tambourine. (**b**) (*fam: culo*) backside.
pandilla *nf* (*camarilla*) clique, coterie; (*criminal etc*) gang; (*Com*) ring.
pando *adj* (**a**) (*pared*) bulging; (*madera*) warped; (*viga*) sagging. (**b**) (*lento*) slow.
Pandora *nf*: **la caja de** ~ Pandora's box.
pandorga *nf* (**a**) (*jamona*) fat woman. (**b**) (*cometa*) kite.
panecillo *nm* (bread) roll.
panegírico *nm* panegyric.
panel *nm* panel; ~**es** (*Arquit*) panelling, paneling *(US)*; ~ **de información de vuelos** flight information board; ~ **de mandos** (*Aer etc*) controls.
panera *nf* bread basket.
pánfilo *adj* sluggish, lethargic.
panfletario *adj* (*estilo*) violent, highly-coloured, highly-colored *(US)*.
panfletista *nmf* pamphleteer.
panfleto *nm* (*Pol etc*) pamphlet; (*esp LAm*) lampoon, scandal sheet.
pánico *nm* (**a**) panic, fear; **yo le tengo un** ~ **tremendo** I'm scared stiff of him. (**b**) **de** ~ excellent, brilliant.
paniego *adj* (*Agr*) **tierra ~a** wheatland.
panificación *nf* breadmaking.
panificadora *nf* bakery.
panizo *nm* (**a**) (*Bot: gen*) millet; (*: maíz*) maize. (**b**) (*Chi*) mineral deposit; (*fig*) treasure, gem; (*fig*) goose that lays the golden eggs, gold mine.
panocha, **panoja** *nf* (**a**) (*Bot*) corncob, ear of maize. (**b**) (*Méx: azúcar*) unrefined brown sugar; (*: dulce*) brown sugar (candy).
panoli(s) *nmf inv* chump, idiot.
panoplia *nf* panoply.
panorama *nm* (*gen*) panorama; (*vista*) view, scene.
panorámico *adj* panoramic; **punto** ~ vantage point.
panqué *nm* (*CAm, Carib*), **panqueque** *nm* (*esp LAm*) pancake.
pantaleta(s) *nf(pl)* (*LAm*) panties, bloomers, drawers.
pantalón *nm*, **pantalones** *nmpl* (**a**) (*de hombre*) trousers, pants *(US)*; (*femenino*) slacks, trousers; **~es cortos** shorts; **~es de esquí** ski pants; **~es tejanos** *o* **vaqueros** jeans; **es ella la que lleva los ~es** (*fam*) she's the one who wears the trousers. (**b**) **bajarse los ~es** (*fig fam*) to back down.
pantalla *nf* (**a**) (*de lámpara*) (lamp)shade. (**b**) (*Cine, Inform etc*) screen; ~ **de cristal líquido** liquid crystal display; ~ **plana** flat screen; ~ **táctil** touch-sensitive screen; ~ **de televisión** television screen; **los personajes de la** ~ screen personalities; **llevar una historia a la** ~ to film a story. (**c**) (*CAm*) fan. (**d**) (*fig*) blind, pretext; **servir de** ~ **a** to be a blind for; **hacer la** ~ (*Dep*) to protect the goalkeeper. (**e**) (*de chimenea*) fireguard.

pantanal *nm* marshland.
pantano *nm* **(a)** *(natural)* marsh, bog; *(artificial)* reservoir. **(b)** *(fig)* fix, difficulty; **salir de un ~** to get out of a jam.
pantanoso *adj (Agr etc)* marshy, boggy; *(fig)* difficult.
panteísmo *nm* pantheism.
panteísta 1 *adj* pantheistic. **2** *nmf* pantheist.
panteón *nm* **(a)** pantheon; **~ familiar** family vault. **(b)** *(LAm)* cemetery.
pantera *nf (Zool: gen)* panther; *(: Carib)* jaguar, ocelot.
pantimedias *nfpl (Méx)* tights, panty-hose.
pantis *nmpl* tights, panty-hose.
pantomima *nf* pantomime.
pantoque *nm (Náut)* bilge.
pantorrilla *nf* calf (of the leg).
pantufla *nf*, **pantuflo** *nm* (carpet) slipper.
panty *nm (pl* **~s, panties**) *(Esp: medias)* tights, panty-hose.
panza *nf* belly, paunch; **~ mojada** *(Méx fam)* wetback *(US)*.
panzada *nf* **(a)** *(hartazgo: tb fig)* bellyful; **darse una ~ de algo** to get a bellyful of sth. **(b)** *(golpe)* blow in the belly. **(c) aterrizaje de ~** belly landing.
panzón, **panzudo** *adj* paunchy, potbellied.
pañal *nm* **(a)** *(de bebé)* nappy, diaper *(US)*; *(de camisa)* shirt-tail. **(b)** *(fig)* **de humildes ~es** of humble origins; **criarse en buenos ~es** to be born with a silver spoon in one's mouth; **estar todavía en ~es** to be still wet behind the ears.
pañería *nf (géneros)* drapery; *(tienda)* draper's (shop), dry-goods store *(US)*.
pañito *nm (Esp)* table-runner.
paño *nm* **(a)** *(gen)* cloth; *(tela)* material; **le conozco el ~** I know his sort.
(b) *(un ~)* (piece of) cloth; *(trapo)* duster, rag; **~s calientes** *(fig)* half-measures; **no andarse con ~s calientes** to pull no punches; **poner ~s calientes** to make a half-hearted attempt; **conocerse el ~** to know the score *(fam)*; **~ de cocina** dishcloth; **~ higiénico** sanitary towel, sanitary napkin *(US)*; **~ de lágrimas** *(fig)* standby, consolation; **~ de manos** towel; **~ mortuorio** pall; **~ de secar** tea towel.
(c) *(Cos: ancho)* piece of cloth, width.
(d) ~s clothes; *(Arte)* drapes; **~s menores** undies *(fam)*.
(e) al ~ *(Teat)* offstage.
(f) *(Arquit)* wall section.
(g) *(en cristal)* mist, cloud; *(de diamante)* flaw.
pañol *nm (Náut)* store(room); **~ del agua** water store.
pañoleta *nf* fichu.
pañolón *nm* shawl.
pañuelo *nm (gen)* handkerchief; *(de cabeza)* (head) scarf; **~ de cuello** cravate; **~ de papel** handkerchief.
papá *nm* **(a)** dad(dy), pop *(US)*; **hijo de ~** Hooray Henry *(fam)*. **(b) ~s** parents. **(c) ~ grande** *(Méx)* grandfather.
papa[1] *nm (Rel)* pope.
papa[2] *nf* **(a)** *(esp LAm)* potato; **~s fritas** chips, French fries *(US)*; **~ dulce** sweet potato. **(b) ni ~** sweet Fanny Adams *(fam)*; **no saber ni ~** to be clueless. **(c)** *(Méx)* lie, fib.
papachar [1a] *(Méx fam) vt (acariciar)* to pat, caress, stroke; *(mimar)* to pamper, spoil.
papachos *nmpl (Méx fam: caricias)* cuddles, caresses.
papada *nf* double chin.
papado *nm* papacy.
papagayo *nm* **(a)** *(Orn)* parrot. **(b)** *(fig)* chatterbox.
papal[1] *adj (Rel)* papal.
papal[2] *nm (LAm)* potato field.
papalina *nf (gorra)* ski-cap.
papalote *nm (CAm, Méx: juguete)* kite.
papamoscas *nm inv* **(a)** *(Orn)* fly-catcher. **(b)** = **papanatas**.
papanatas *nm inv* simpleton.
papanatería *nf*, **papanatismo** *nm* gullibility, simple-mindedness.
papar [1a] **1** *vt* to swallow, gulp (down). **2 paparse** *vr*: **~ algo** *(fam)* to eat sth up; **se lo papó todo** he scoffed the lot; **¡pápate ésa!** put that in your pipe and smoke it! *(fam)*.
paparrucha *nf (disparate)* piece of nonsense, silly thing.
papaya *nf (Bot)* papaya.
papayo *nm (LAm)* papaya tree.
papel *nm* **(a)** *(gen)* paper; **~ (de) aluminio** tinfoil; *(Culin)* aluminium foil; **~ atrapamoscas** flypaper; **~ de calcar** tracing paper; **~ carbón** carbon (paper); **~ de cartas** notepaper, stationery; **~ contínuo** continuous feed paper; **~ cuadriculado** squared *o* graph paper; **~ de China** India paper; **~ de embalar** *o* **envolver** wrapping paper; **~ de empapelar** wallpaper; **~ encerado** wax(ed) paper; **~ engomado** gummed paper; **~ de envolver** brown paper; *(regalo)* wrapping paper; **~ de estaño** tinfoil; **~ de filtro** filter paper; **~ de fumar** cigarette paper; **~ higiénico** toilet paper; **~ de lija** sandpaper; **~ madera** *(CSur: cartón)* cardboard; **~ mojado** *(fig)* scrap of paper, worthless bit of paper; **~ de paja de arroz** rice paper; **~ pintado** wallpaper; **~ de plata** silver paper; **~ prensa** newsprint; **~ de regalo** gift-wrap paper; **~ sanitario** *(Méx)* toilet paper; **~ secante** blotting paper; **~ de tornasol** litmus paper; **~ vitela** vellum paper; **sobre el ~** *(fig)* on paper, in theory.
(b) *(un ~)* piece *o* sheet (of paper); **~es** papers; **~es viejos** waste paper.
(c) *(Pol etc)* **~es** papers, documents; *(carnet)* identification papers; **tiene los ~es en regla** his papers are in order.
(d) *(Fin: billetes)* **~ moneda** paper money, banknotes; **mil dólares en ~** a thousand dollars in notes.
(e) *(bonos)* stocks and shares; **~ del Estado** government bonds.
(f) *(Cine, Teat etc)* part, role; **desempeñar un ~** *(fig)* **hacer un ~** to play a part; **el ~ del gobierno en este asunto** the government's role in this matter; **hacer buen** *o* **mal ~** to make a good *o* bad impression; **hizo el ~ de Cleopatra** she played the part of Cleopatra; **tuvo que desempeñar un ~ secundario** he had to play second fiddle.
papelada *nf (Col)* charade.
papeleo *nm (fig)* red tape.
papelera *nf* **(a)** *(gen)* wastepaper basket. **(b)** *(escritorio)* writing desk.
papelería *nf* stationer's (shop).
papelero/a 1 *adj* **(a)** *(Com etc)* paper *atr*. **(b)** *(farolero)* pretentious. **2** *nm/f* **(a)** *(fabricante)* paper manufacturer. **(b)** *(vendedor)* stationer. **3** *nm (Méx)* paper-seller.
papeleta *nf (gen)* slip *o* bit of paper; *(ficha)* index *o* file card; *(de rifa)* ticket; *(Pol)* ballot paper; *(Escol)* report; **~ de empeño** pawn ticket; **~ de examen** *(Univ)* (examination) report; **¡vaya ~!** this is a tough one.
papelillo *nm* **(a)** *(cigarro)* cigarette. **(b)** *(Med)* sachet.
papelón *nm (Teat etc)* leading role, big part; **hacer un ~** to do something ridiculous, make o.s. a laughing-stock.
papelote, **papelucho** *nm* useless bit of paper.
papera *nf (Med: bocio)* goitre, goiter *(US)*; **~s** mumps.
papiamento *nm (Ling)* Papiamento.
papilla *nf* **(a)** *(de bebé)* pap, mush. **(b)** *(fig)* guile, deceit. **(c) estar hecho ~** to be dog-tired.
papiro *nm* papyrus.
papiroflexia *nf* origami.
papirotazo, **papirote** *nm* flick.
papismo *nm* popery.
papista *adj, nmf* papist; **es más ~ que el papa** *(fig)* he's more Catholic than the pope.
papo *nm* **(a)** *(Orn)* crop; *(Zool)* dewlap; *(sotabarba)* jowl, double chin. **(b)** *(Med)* goitre, goiter *(US)*. **(c)** *(fam!: coño)* pussy *(fam!)*, cunt *(fam!)*.

paquebote *nm* packet boat.
paquete 1 *nm* **(a)** *(Correos etc)* parcel, package; **~s postales** *(como servicio)* parcel post; **~ de cigarrillos** packet *o (US)* pack of cigarettes; **ir** *o* **viajar de ~** *(fam: en moto)* to ride pillion. **(b)** *(conjunto)* package; **~ de medidas económicas** package of financial measures. **(c)** *(Náut)* packet (boat). **(d)** *(Mil fam)* **meter un ~ a algn** to put sb on a charge. **(e)** *(Inform)* **~ de aplicaciones** application package; **~ integrado** integrated package. **2** *adj inv* *(And, Arg: fam)* elegant, chic.
paquete-bomba *nm* *(pl* **paquetes-bomba***)* parcel bomb.
paquidermo *nm* pachyderm.
paquistaní = **pakistaní.**
par 1 *adj (semejante)* like, equal; *(número)* even.
2 *nm* **(a)** *(gen)* pair, couple; **un ~ de guantes** a pair of gloves; **por un ~ de dólares** for a couple of dollars; **un ~ de veces** a couple of times; **le dio un ~ de hostias** he hit him a couple of times; **a ~es** in pairs, in twos.
(b) *(igual)* equal; **al ~** equally; **está al ~ de los mejores** it is on a level with the best; **caminar al ~ de** to walk abreast of; **sin ~** matchless, peerless; **no tener ~** to have no parallel, be unique.
(c) *(Mat)* even number; **~es o nones** odds or evens.
(d) *(Golf)* par; **lo hizo con 4 por debajo del ~** he did it in 4 under par.
(e) *(Mec)* **~ de fuerzas** couple; **~ de torsión** torque.
(f) estar abierto de ~ en ~ to be wide open.
(g) *(Pol)* peer; **los doce ~es** the twelve peers.
3 *nf (esp Com, Fin)* par; **a la ~** at par; *(fig: conjuntamente)* together; *(: igualmente)* at the same time; **a la ~ que** at the same time as; **es útil a la ~ que divertido** it is both useful and amusing; **estar a la ~** to be at par; **estar por encima de la ~** to be above *o* over par.
para *prep* **(a)** *(destino, finalidad, uso etc)* (intended) for; **un regalo ~ ti** a present for you; **un hotel ~ turistas** a tourist hotel; **una taza ~ café** a coffee cup, a cup for coffee; **no es ~ comer** it's not for eating, it's not to be eaten; **nació ~ poeta** he was born to be a poet; **~ mí que ...** in my opinion ..., if you ask me ...; **léelo ~ ti** read it to yourself; **~ esto, podíamos habernos quedado en casa** if this is all it is we might as well have stayed at home; **yo no valgo ~ esto** I'm no good at this; **no estoy ~ estos trotes** I'm not up to this running around.
(b) ¿~ qué? why?, for what purpose?, what's the use?; **¿~ qué lo quieres?** why do you want it?, what do you want it for?
(c) ~ que in order that, so that; **lo traje ~ que lo veas** I brought it so that you could see it; **~ que eso fuera posible habría que trabajar mucho** you would have to work hard for that to be possible *o* to bring that about.
(d) ~ hacer algo *(propósito)* to do sth, in order to do sth; **lo hizo ~ salvarse** he did it (in order) to save himself; **~ comprarlo necesitas 5 dólares más** to buy it you need another 5 dollars; **el rey visitará A ~ volar después a B** the king will visit A and then fly on to B; **es ~ que lo leas** it's so you read it.
(e) ~ hacer algo *(resultado)* only to do sth; **se casaron ~ separarse en seguida** they married only to separate at once.
(f) *(con demasiado, bastante, muy)* **tengo bastante ~ vivir** I have enough to live on; **es demasiado tarde ~ ir** it's too late to go; **tiene demasiada inteligencia ~ pensar así** he's too intelligent to think that.
(g) *(tiempo)* **~ entonces** by then *o* that time; **~ mañana** for *o* by tomorrow; **lo dejamos ~ mañana** we left it till tomorrow; **lo tendré listo ~ fin de mes** I'll have it ready by *o* for the end of the month; **ahora ~ la feria de agosto hará un año** it'll be a year ago this *o* come the August holiday; **va ~ un año desde la última vez** it's getting on for a year since the last time; **con esto tengo ~ rato** this lot will take me a while; **un cuarto ~ las diez** *(esp LAm)* a quarter to ten.
(h) *(dirección)* **~ atrás** back(wards); **~ la derecha** to the right; **iba ~ el metro** I was going towards the underground.
(i) *(trato: tb* **~ con***)* to, towards; **tan amable ~ todos** so kind to everybody.
(j) *(comparación)* **~ profesor habla muy mal** he talks very badly for a teacher; **~ niño lo hace muy bien** he does it very well for a child; **es mucho ~ lo que suele dar** this is a lot in comparison with what he usually gives; **¿quién es Ud ~ gritar así?** who are you to shout like that?; **~ patatas, las de mi pueblo** if it's potatoes you want, my town's the one.
parabellum *nm* (automatic) pistol.
parabién *nm* congratulations *pl*; **dar el ~ a algn** to congratulate sb *(por* on).
parábola *nf* **(a)** *(Mat)* parabola. **(b)** *(Lit)* parable.
parabólica *nf* satellite dish.
parabólico *adj* parabolic.
parabrisas *nm inv* windscreen, windshield *(US)*.
paraca *nmf (fam)* para *(fam)*, paratrooper.
paracaídas *nm inv* parachute; **lanzarse en ~** to parachute (down).
paracaidismo *nm* parachuting.
paracaidista *nmf* **(a)** parachutist. **(b)** *(Mil)* paratrooper; **los ~s** *(Mil)* the paratroops. **(c)** *(Méx fam: ocupante)* squatter.
parachoques *nm inv* *(Aut)* bumper, fender *(US)*; *(Ferro)* buffer(s); *(Mec etc)* shock absorber.
parada *nf* **(a)** *(acción)* stopping; *(sitio)* stopping place; *(industrial)* stoppage; **~ de autobús** bus stop; **~ cardíaca** cardiac arrest; **~ discrecional** request stop; **~ en seco** sudden stop; **~ de taxis** taxi rank. **(b)** *(de caballos)* relay, team. **(c)** *(en el juego)* bet, stake. **(d)** *(presa)* dam. **(e)** *(Agr)* stud, breeding establishment. **(f)** *(Mil etc)* parade; **formar en ~** to parade.
paradero *nm* **(a)** *(gen)* whereabouts; **averiguar el ~ de** to ascertain the whereabouts of; **X, ahora en ~ desconocido** X, whose whereabouts are unknown. **(b)** *(morada)* lodging. **(c)** *(fig)* end; **seguramente tendrá mal ~** he'll surely come to a bad end. **(d)** *(And, CSur: parada)* bus stop.
paradigma *nm* paradigm.
paradigmático *adj* paradigmatic.
paradisíaco *adj* heavenly.
parado 1 *adj* **(a) estar ~** *(inmóvil: persona)* to be motionless; *(: máquina)* to be idle; *(: fábrica)* to be at a standstill; *(: coche etc)* to be stationary.
(b) estar ~ *(obrero)* to be unemployed, be idle.
(c) estar ~ *(LAm)* to be standing (up); **estuve ~ durante 2 horas** I was standing for 2 hours.
(d) dejar a algn ~ *(fig)* to amaze *o* bewilder sb; **¡me deja Ud ~!** you amaze me!; **me quedé ~** I was completely confused.
(e) salir bien ~ to come off well; **salió mejor ~ de lo que cabía esperar** he came out of it better than could be expected; **estar bien ~** to be well placed; **caer ~ (como los gatos)** to land on one's feet, be lucky.
(f) ser ~ *(persona)* to be slow.
2 *nm* unemployed person; **los ~s** the unemployed.
paradoja *nf* paradox.
paradójico *adj* paradoxical.
parador *nm* **(a)** *(Hist)* inn; *(hotel)* (state-run) tourist hotel. **(b)** *(jugador)* heavy gambler.
paraestatal *adj* semi-official.
parafernalia *nf* paraphernalia.
parafina *nf* paraffin.
parafrasear [1a] *vt* to paraphrase.
paráfrasis *nf inv* paraphrase.
paragolpes *nm inv* *(CSur Aut)* bumper (bar), fender *(US)*.
paraguas *nm inv* **(a)** *(gen)* umbrella. **(b)** *(fam: condón)* rubber *(fam)*.
Paraguay *nm*: **el ~** Paraguay.

paraguayo/a *adj, nm/f* Paraguayan.
paragüero *nm* umbrella stand.
paraíso *nm* (**a**) (*Rel*) paradise, heaven; ~ **fiscal** tax haven. (**b**) (*Teat*) gods.
paraje *nm* place, spot.
paralelismo *nm* parallelism.
paralela *nf* parallel (line); ~**s** parallel bars; *V* **paralelo.**
paralelo/a 1 *adj* (**a**) parallel (*a* to). (**b**) (*fig*) unofficial, irregular; **importaciones ~as** unauthorized imports, illegal imports. **2** *nm* parallel; **en** ~ (*Elec*) in parallel.
paralelogramo *nm* parallelogram.
parálisis *nf* paralysis; ~ **cerebral** cerebral palsy; ~ **infantil** infantile paralysis; ~ **progresiva** creeping paralysis.
paralítico/a *adj, nm/f* paralytic.
paralización *nf* (*gen*) stoppage; (*fig*) blocking; **la ~ fue total** there was a complete stoppage.
paralizar [1f] **1** *vt* to paralyse, paralyze *(US)*; **estar paralizado de un brazo** to be paralysed in one arm. **2 paralizarse** *vr* to become paralysed; (*fig*) to be paralysed, come to a standstill.
paramento *nm* (**a**) (*adorno*) ornamental cover; (*de caballo*) trappings; ~**s sacerdotales** liturgical vestments. (**b**) (*de pared*) face.
parámetro *nm* parameter.
paramilitar *adj* paramilitary.
páramo *nm* bleak plateau.
parangón *nm* comparison; **sin** ~ incomparable, matchless.
parangonar [1a] *vt* to compare (*con* to).
paraninfo *nm* (*Univ*) assembly hall.
paranoia *nf* paranoia.
paranoico/a *adj, nm/f* paranoid, paranoiac.
paranormal *adj* paranormal.
parapente *nm* parapente, para-gliding.
parapetarse [1a] *vr* (**a**) to protect o.s., shelter (*tras* behind). (**b**) (*fig*) ~ **tras una razón** to take refuge in a reason (for not doing sth).
parapeto *nm* parapet, railings.
paraplejía *nf* paraplegia.
parapléjico/a *adj, nm/f* paraplegic.
parapsicología *nf* parapsychology.
parar [1a] **1** *vt* (**a**) (*gen*) to stop; (*fig: progreso etc*) to check, halt.
(**b**) (*golpe etc*) to ward off; (*Esgrima*) to parry; (*tiro*) to save.
(**c**) (*atención*) to fix (*en* on).
(**d**) (*fig*) to lead; **ahí le paró esa manera de vida** that's where that way of life led him.
2 *vi* (**a**) (*gen*) to stop; **¡pare!** stop!; **el coche ha parado** the car has stopped; **el autobús para enfrente** the bus stops opposite; **sin** ~ without stopping; ~ **en seco** to stop dead; **no parará hasta conseguirlo** he won't give up until he gets it; **¿adónde vamos a ~?** (*fig*) where's it all going to end?; **vino a ~ a mis pies** it came to rest at my feet.
(**b**) ~ **de hacer algo** to stop doing sth; **ha parado de llover** it has stopped raining; **no para de quejarse** he never stops complaining; **y pare Ud de contar** and that was it; **¡no para! siempre está haciendo algo** he never stops! he's always doing sth.
(**c**) ~ **en** (*terminar*) to end up in *o* at; (*plan etc*) to come down to; (*persona*) to end up at; **no sabemos en qué va a ~ todo esto** we don't know where all this is going to end; **¿dónde vamos a ir a ~?** what's going to become of us?; **fueron a ~ a la comisaría** they finished up at the police station; **'es mucho mejor este' - '¡dónde va a ~!'** 'this one's much better' - what's the world coming to!
(**d**) (*hospedarse*) to stay, put up, lodge (*en* at); **siempre paro en este hotel** I always stay at this hotel.
(**e**) (*perro*) to point.
3 pararse *vr* (**a**) (*gen*) to stop; (*Aut*) to stop, pull up; (*proceso*) to come to a halt; (*trabajo*) to stop, come to a standstill; ~ **a hacer algo** to stop to do sth, pause to do sth.
(**b**) ~ **en algo** to pay attention to sth.
(**c**) (*LAm*) to stand up.
pararrayos *nm inv* lightning conductor, lightning rod *(US)*.
parasitar [1a] *vt* to feed *o* live off.
parasitario *adj* parasitic(al).
parasitismo *nm* parasitism.
parásito 1 *adj* parasitic (*de* on). **2** *nm* (**a**) parasite. (**b**) (*Rad*) ~**s** interference.
parasol *nm* parasol, sunshade.
paratifoidea *nf* paratyphoid.
paratopes *nm inv* (*Ferro*) buffer(s).
parcela *nf* (*solar*) plot; (*Agr*) smallholding.
parcelar [1a] *vt* (*gen*) to divide into plots; (*finca*) to break up.
parcial 1 *adj* (**a**) (*incompleto*) partial, part-. (**b**) (*Jur*) partial, prejudiced; (*Pol*) partisan. **2** *nfpl*: ~**es** (*Pol*) by-election.
parcialidad *nf* (**a**) (*Jur*) partiality, bias; (*Pol*) partisanship. (**b**) (*grupo*) faction, group.
parco *adj* (*gen*) frugal, sparing; (*moderado*) moderate, temperate; **muy ~ en comer** very frugal in one's eating habits; ~ **en elogios** sparing in one's praises.
parcómetro *nm* parking meter.
parchar [1a] *vt* (*esp LAm*) to patch, mend.
parche *nm* (**a**) (*Med*) sticking plaster; (*Aut etc*) patch; (*fig*) patch, mend; **poner ~s a** to apply temporary remedies to. (**b**) (*Mús*) drumhead.
parchís *nm board game.*
pardear [1a] *vi* to look brown(ish).
pardiez *interj* good heavens!
pardillo/a 1 *nm/f* yokel, hick *(US)*. **2** *nm* (*Orn*) linnet.
pardo *adj* (*gen*) brown; (*cielo*) overcast; (*voz*) flat, dull.
parear [1a] **1** *vt* (**a**) (*formar pares de*) to match, put together. (**b**) (*Bio*) to mate, pair. **2 parearse** *vr* to pair off.
parecer 1 *nm* (**a**) (*opinión*) opinion, view; **a mi** ~ in my opinion; **al** ~ apparently, seemingly; **mudar** *o* **cambiar de** ~ to change one's mind.
(**b**) (*aspecto*) looks; **de buen** ~ good-looking, handsome; **de mal** ~ ugly.
(**c**) (*Jur*) expert advice.
2 [2d] *vi* (**a**) (*gen*) to seem, look; **parece muy difícil** it looks very difficult; **parecía volar** it seemed to fly; **así parece** so it seems; **a lo que parece, según parece** evidently, apparently; **aunque no lo parezca** surprising though it may seem; **parece como si quisieras ...** + *infin* it looks as if you wanted to ...; **parece que va a llover** it looks as though it's going to rain.
(**b**) (*con pron pers*) **me parece que** it seems to me that; **me parece que no** I don't think so; **si te parece, si a Ud le parece** if you think so, if you want to; **¿cómo te parece?** what do you think (of it)?; **como te parezca** as you wish; **¿qué te parece?** what do you think (of it)?; **me parece bien que vayas** I think it's a good idea for you to go; **si a Ud le parece mal** if you don't like it.
(**c**) (*semejar*) to look like, resemble; **una casa que parece un palacio** a house that looks like a palace; **¡pareces una reina!** you look like a queen!
3 parecerse *vr* (**a**) (*dos cosas*) to look alike, resemble each other; **se parecen mucho** they look very much alike; **ni cosa que se parezca** nor anything of the sort; **¿en qué se parecen estos dos objetos?** what's the similarity between these two objects?
(**b**) ~ **a** to look like, resemble; **se parece a su abuelo** he takes after his grandfather; **el retrato no se le parece** the picture isn't a bit like him.
parecido 1 *adj* (**a**) similar (*de, en* in, in respect of); ~ **a** like, similar to; **son muy ~s** they are very much alike. (**b**) **bien** ~ good-looking, nice-looking, handsome; **no es mal ~a** she's not bad-looking. **2** *nm* similarity, likeness, resemblance (*a, entre* to, between); **tienen mucho**

~ they are very alike.

pared *nf* wall; (*Alpinismo*) face, wall; ~ **divisoria/ medianera** dividing/party wall; ~ **por medio** next door; **ni que hablara uno a la** ~ I might as well talk to a brick wall; **las ~es oyen** the walls have ears; **ponerse como la** ~ to go as white as a sheet; **subirse por las ~es** (*fam*) to go up the wall (*fam*); **hacer la** ~ (*Dep: obstaculizar*) to obstruct, check; (*Ftbl*) to make a one-two (*fam*).

paredón *nm* (**a**) (*Arquit*) thick wall; (*de ruinas*) standing wall. (**b**) (*Mil*) **llevar a algn al** ~ to put sb up against a wall, shoot sb; **¡al ~!** shoot him!

pareja *nf* (**a**) (*par*) pair. (**b**) (*esposos etc*) couple. (**c**) = **parejita**. (**d**) (*Guardias*) Civil Guard patrol. (**e**) (*de baile etc*) partner; **no encuentro la ~ de este zapato** I can't find the shoe that goes with this one *o* my other shoe; **correr ~s** to be on a par, go together, keep pace (*con* with). (**f**) (*novio*) boyfriend; (*novia*) girlfriend; (*cónyuge*) other *o* better half; **vivir en** ~ to live as a couple.

parejita *nf* pigeon pair (*son and daugter*).

parejo 1 *adj* (**a**) (*igual*) similar, alike; **6 todos ~s** 6 all the same; **ir ~s** to be neck and neck; **ir ~ con** to be on a par with, be paralleled by. (**b**) (*Téc*) even, flush; (*LAm*) flat, level. **2** *adv* (*LAm*) at the same time, together.

parentela *nf* relations *pl*, family.

parentesco *nm* relationship, kinship.

paréntesis *nm inv* (**a**) (*Ling*) parenthesis. (**b**) (*Tip*) parenthesis, bracket; **entre** ~ (*adj*) parenthetical, incidental; (*adv*) parenthetically, incidentally; **y, entre** ~ ... and, by the way .... (**c**) (*fig*) interruption, interval, break.

paria *nmf* pariah.

parida[1] *nf*: ~ **mental** (*fam*) dumb idea (*fam*); **salir con una** ~ to come out with some silly remark; *V* **parido**.

paridad *nf* (**a**) (*igualdad*) parity, equality. (**b**) (*comparación*) comparison.

parido/a[2] *adj* (*fam*) **bien** ~ good-looking.

parienta[1] *nf*: **la** ~ (*fam*) the wife (*fam*), the missus (*fam*).

pariente/a[2] *nm/f* relative, relation; ~ **político** relative by marriage; **los ~s políticos** the in-laws.

parietal *adj* parietal.

parihuela *nf* stretcher.

paripé *nm*: **hacer** *o* **montar el** ~ to put on a show, keep up the show.

parir [3a] **1** *vt* (**a**) (*Bio*) to give birth to, bear. (**b**) (*fig*) to cause, give rise to. **2** *vi* (*mujer*) to give birth, have a baby; (*yegua*) to foal; (*vaca*) to calve; **éramos pocos y parió la abuela** (*fam*) that's the limit (*fam*); **poner a ~ a algn** (*fam*) to slag sb off (*fam*).

París *nm* Paris.

parisiense, **parisino/a** *adj, nm/f* Parisian.

paritario *adj* peer *atr*.

parking ['parkin] *nm* car park, parking lot (*US*).

parlador *adj* talkative.

parlamentar [1a] *vi* (*gen*) to converse, talk; (*Mil*) to parley.

parlamentario/a 1 *adj* parliamentary. **2** *nm/f* parliamentarian.

parlamento *nm* (**a**) (*Pol*) parliament. (**b**) (*Mil*) parley. (**c**) (*Jur*) speech.

parlanchín/ina 1 *adj* loose-tongued, indiscreet. **2** *nm/f* chatterbox.

parlante 1 *adj* talking. **2** *nm* (*LAm: altoparlante*) loudspeaker.

parlar [1a] *vi* (*gen*) to chatter (away), talk (a lot), gossip; (*Orn*) to talk.

parlotear [1a] *vi* to chatter, prattle.

parloteo *nm* chatter, prattle.

parné *nm* (*fam: dinero*) dough (*fam*) .

paro[1] *nm* (*Orn*) tit.

paro[2] *nm* (**a**) (*Com etc: gen*) stoppage (of work); **hay ~ en la industria** work in the industry is at a standstill. (**b**) (*desempleo*) unemployment; **índice de** ~ level of unemployment; **estar en** ~ to be unemployed; ~ **encubierto** underemployment; ~ **estacional** seasonal unemployment. (**c**) (*pago*) unemployment benefit; **cobrar el** ~ to receive unemployment benefit; (*frec*) be on the dole. (**d**) (*Inform*) ~ **del sistema** system shutdown.

parodia *nf* parody, takeoff (*fam*).

parodiar [1b] *vt* to parody, take off.

paroxismo *nm* paroxysm; ~ **histérico** hysterics; ~ **de risa** convulsions of laughter.

parpadear [1a] *vt* (*ojos*) to blink, wink; (*luz*) to blink, flicker; (*estrella*) to twinkle.

parpadeo *nm* (*de ojos*) blinking, winking; (*de luz*) flickering.

párpado *nm* eyelid; **restregarse los ~s** to rub one's eyes.

parque *nm* (**a**) (*gen*) park; ~ **de estacionamiento** car park, parking lot (*US*); ~ **de atracciones** fun fair, fairground; ~ **nacional** national park; ~ **natural** nature reserve; ~ **zoológico** zoo. (**b**) (*Mil etc*) depot; ~ **de bomberos** fire station; **el ~ provincial de tractores** the number of tractors in use in the province. (**c**) ~ **de jugar** playpen. (**d**) (*Méx*) ammunition, ammo (*fam*).

parqué, **parquet** *nm* parquet.

parqueadero *nm* (*LAm*) aparcamiento, car park, parking lot (*US*).

parquear [1a] *vt, vi* (*LAm*) to park.

parquedad *nf* (*gen*) frugality; (*templanza*) moderation; (*economía*) sparingness.

parquímetro *nm* parking meter.

parra *nf* grapevine; **subirse a la** ~ (*fam*) to blow one's top (*fam*).

parrafada *nf* (*esp LAm fam: charla*) chat, talk; (*: discurso*) spiel (*fam*), talk; **soltar una** ~ to give a lengthy spiel.

párrafo *nm* paragraph; **hacer ~ aparte** to start a new paragraph; (*fig*) to change the subject.

parral *nm* vine arbour, vine arbor (*US*).

parrampán *nm* (*Pan fam: cursi*) pretentious person.

parranda *nf* spree, party; **andar** *o* **ir de** ~ to go on a binge (*fam*).

parricida *nmf* (*individuo*) parricide.

parricidio *nm* (*crimen*) parricide.

parrilla *nf* (**a**) (*Culin*) grill; **carne a la** ~ grilled meat. (**b**) (*Dep Aut: tb* ~ **de salida**) starting grid. (**c**) (*LAm Aut: baca*) roof-rack.

parrillada *nf* (mixed) grill.

párroco *nm* parish priest.

parroquia *nf* (**a**) (*Rel: zona*) parish; (*iglesia*) parish church; (*filigreses*) parishioners *pl*. (**b**) (*Com*) clientele, customers; **una tienda con mucha** ~ a shop with a large clientele.

parroquial *adj* parochial, parish *atr*.

parroquiano/a *nm/f* (**a**) (*Rel*) parishioner. (**b**) (*Com*) customer, patron; **ser ~ de** to shop regularly at, patronize.

parsimonia *nf* (**a**) (*con dinero*) carefulness; (*frugalidad*) sparingness. (**b**) (*calma*) deliberateness, calmness; **con** ~ calmly, unhurriedly.

parsimonioso *adj* (**a**) (*frugal*) sensible; (*con dinero*) careful. (**b**) (*tranquilo*) calm, unhurried.

parte[1] *nm* (*Telec*) message; (*informe*) report; (*Mil*) dispatch, communiqué; ~ **médico** medical report *o* bulletin; ~ **meteorológico** weather forecast; **dar ~ a algn** to report to sb.

parte[2] *nf* (**a**) (*gen*) part; (*sección*) portion, section; **cuarta** ~ quarter, fourth part; **tercera** ~ third; **reducir algo en una tercera** ~ to reduce sth by a third; **primera** ~ (*Dep*) first half; **la mayor ~ de** the great majority of; **la mayor ~ de los argentinos** most Argentinians; ~ **del mundo** part of the world; ~ **de la oración** part of speech; **ser ~ esencial** *o* **integral de** to be an essential part of; **de algún tiempo a esta** ~ for some time past; **como ~ del pago** in part exchange; **de ~ a ~** through and through; **de ~ de** from, on behalf of; **¿de ~ de quién?** (*Telec*) who's calling?; **de ~ de todos nosotros** on behalf of us all; **salúdale**

de mi ~ give him my regards; **en** ~ in part, partly; **en gran** ~ to a large extent; **por** ~ **de** on the part of; **por ~s** stage by stage, systematically; **¡vayamos por ~s!** let's take one step at a time!; **por otra** ~ (or) again, on the other hand; **por una ~ ... por otra (~)** on the one hand, ... on the other; **yo por mi** ~ I for my part; **echar algo a mala** ~ to look on sth with disapproval; **formar** ~ **de** to form part of; (*individuo*) to be a member of; **tomar algo en buena** ~ to take sth in good part.

(**b**) (*participación*) share; **a ~s iguales** in equal shares; **hacer su** ~ to do one's share; **llevarse la mejor** ~ to come off best, get the best of it; **poner algo de su** ~ to do one's bit *o* share; **tener** ~ **en** to share in; **tomar** ~ to take part (*en* in).

(**c**) (*lugar*) part; **en alguna** ~ somewhere; **en alguna** ~ **de Europa** somewhere in Europe; **en cualquier** ~ anywhere; **por ahí no se va a ninguna** ~ that leads nowhere; (*fig*) this is getting us nowhere; **en ninguna** ~ **del país** nowhere in the country; **ir a otra** ~ to go somewhere else; **ha de estar en otra** ~ it must be somewhere else; **¿en qué** ~ **del país?** in which part of the country?; **en todas ~s** everywhere; **en todas ~s de España** everywhere in Spain, all over Spain.

(**d**) (*lado*) side; **por cualquier** ~ **que lo mires** from whichever side you look at it.

(**e**) (*Mús, Teat*) part.

(**f**) (*de parentesco*) side; **por** ~ **de madre** on the mother's side.

(**g**) (*Jur etc: bando*) party, side; ~ **actora** plaintiff; **las ~s contratantes** the contracting parties; **¿de** ~ **de quién estás tú?** whose side are you on?; **todo está de su** ~ it's all in his favour *o (US)* favor; **ponerse de** ~ **de** to side with; **ser juez y** ~ to be judge and jury (in one's own case).

(**h**) (*Anat*) **~s** parts; **~s íntimas** *o* **pudendas** private parts; ~ **sensible** sensitive spot; **le dio en salva sea la** ~ (*Esp euf*) it hit her you know where.

partenogénesis *nf inv* parthenogenesis.

partero/a *nm/f* (*comadrona*) midwife; (*Méx*) obstetrician.

parterre *nm* (**a**) (*de flores*) (flower)bed. (**b**) (*Teat etc*) stalls.

partición *nf* (*Mat*) division; (*reparto*) division, sharing-out; (*Pol etc*) partition.

participación *nf* (**a**) (*acto*) participation, taking part. (**b**) (*Fin*) share, stock *(US)*; (*Com*) interest; ~ **minoritaria** minority interest; ~ **en los beneficios** profit-sharing; **su** ~ **en estos asuntos** his share *o* part in these matters. (**c**) (*Dep*) entry; **hubo una nutrida** ~ there was a big entry. (**d**) (*parte*) share; (*de lotería*) (part of a) lottery ticket. (**e**) (*aviso*) ~ **de boda** notice of a forthcoming wedding; **dar** ~ **de** to give notice of.

participante 1 *adj* participating. **2** *nmf* participant.

participar [1a] **1** *vt* (*informar*) to notify, inform; ~ **algo a algn** to notify sb of sth; **le participo que ...** I have to tell you that .... **2** *vi* (**a**) (*tomar parte de*) to take part, participate (*en* in); ~ **en una carrera** to enter for a race. (**b**) ~ **de** *o* **en una herencia** to share in an estate; ~ **en una empresa** (*Fin*) to invest in an enterprise. (**c**) (*compartir*) ~ **de una cualidad/opinión** to share a quality/ an opinion.

partícipe *nmf* (*gen*) participant; (*Com etc*) interested party; **hacer** ~ **a algn de algo** (*enterar*) to inform sb of sth; (*compartir*) to share sth with sb; (*implicar*) to make sb party to sth.

participial *adj* participial.

participio *nm* participle; ~ **de pasado/presente** past/ present participle.

partícula *nf* particle.

particular 1 *adj* (**a**) (*gen*) particular, special; (*propio*) peculiar (*a* to); **nada de** ~ nothing special; **lo que tiene de** ~ **es que** what's remarkable about it is that; **en** ~ in particular; **tiene un sabor** ~ it has a flavour *o (US)* flavor of its own.

(**b**) (*personal*) private, personal; **secretario** ~ private secretary; **clase** ~ private lesson; **casa** ~ private home.

2 *nm* (**a**) (*asunto*) particular, point; **no dijo mucho sobre este** ~ he didn't say much about this matter.

(**b**) (*individuo*) (private) individual; **no comerciamos con ~es** we don't do business with individuals.

particularidad *nf* particularity, peculiarity; **tiene la** ~ **de que ...** one of its special features is (that) ....

particularizar [1f] **1** *vt* (**a**) (*distinguir*) to distinguish, characterize. (**b**) (*especificar*) to specify. (**c**) (*singularizar*) to single out. (**d**) (*preferir*) to prefer. **2 particularizarse** *vr* (*cosa*) to distinguish itself, stand out; (*persona*) to make one's mark.

partida *nf* (**a**) (*salida*) departure.

(**b**) (*documento*) certificate; ~ **de bautismo/defunción/ matrimonio/nacimiento** baptismal/death/marriage/ birth certificate.

(**c**) (*Fin*) entry, item; ~ **doble** double entry.

(**d**) (*Com*) consignment.

(**e**) (*Naipes*) game, hand; (*Ajedrez etc*) game; ~ **de dobles** doubles match; ~ **de individuales** singles match; **echar una** ~ to have a game.

(**f**) (*personas*) party; ~ **de caza** hunting party; ~ **de campo** picnic (party).

(**g**) **(mala)** ~ dirty trick.

partidario/a 1 *adj* partisan. **2** *nm/f* supporter, follower (*de* of).

partidismo *nm* (*Jur*) partisanship, bias; (*Pol*) party politics.

partidista *adj, nmf* partisan.

partido *nm* (**a**) (*Pol etc*) party; ~ **político** political party; **sistema de** ~ **único** one-party system. (**b**) (*Dep*) game, match; ~ **amistoso** friendly (game); ~ **de fútbol** football match; ~ **internacional** international (match). (**c**) (*distrito*) district, administrative area. (**d**) **tomar** ~ to take sides. (**e**) (*ventaja*) advantage, profit; **sacar** ~ **de** to profit from, benefit from; **ser un buen** ~ (*persona*) to be a good catch *(fam)*, be eligible.

partir [3a] **1** *vt* (**a**) (*dividir*) to split (up, into two *etc*), divide (up); (*nuez etc*) to crack; (*hender*) to split open; ~ **la cabeza a algn** to split sb's head open; ~ **el corazón a algn** to break sb's heart.

(**b**) (*loncha etc*) to cut off.

(**c**) (*repartir*) to share (out), distribute; ~ **algo con otros** to share sth with others.

2 *vi* (**a**) (*ponerse en camino*) to start, set off *o* out, depart (*de, para, con rumbo a* from, for, in the direction of).

(**b**) (*comenzar*) to start (*de* from); **a** ~ **de hoy/mañana** from today/tomorrow; **a** ~ **del lunes** from Monday, starting on *o* from Monday; **a** ~ **de ahora** from now on, from here on; **hemos partido de un supuesto falso** we have started from a false assumption.

3 partirse *vr* (**a**) (*irse*) to leave; (*ponerse en camino*) to set off *o* out.

(**b**) (*dividirse*) to split.

(**c**) (*romperse*) to break; ~ **de risa** to split one's sides.

partisano/a *adj, nm/f* partisan.

partitivo *adj* partitive.

partitura *nf* (*Mús*) score.

parto *nm* (**a**) (*Med*) childbirth, delivery; (*Zool*) parturition; **asistir un** ~ to deliver a baby; **mal** ~ miscarriage; ~ **sin dolor** painless childbirth; **tener un** ~ **difícil** to have a difficult labour *o (US)* labor. (**b**) (*fig*) product, creation; ~ **del ingenio** brainchild; **el ensayo ha sido un** ~ **difícil** I sweated blood over the essay.

parturienta *nf* woman in labour *o (US)* labor.

parva *nf* (*Agr*) (heap of) unthreshed corn.

parvedad *nf* littleness, smallness; **una** ~ a tiny bit.

parvulario *nm* nursery school, kindergarten.

párvulo/a *nm/f* infant; **colegio de ~s** nursery school.

pasa *nf* raisin; ~ **de Corinto** currant; ~ **de Esmirna**

sultana.

pasable *adj* passable.

pasabocas *nmpl* (*Col: tapas*) tasty snacks.

pasacalles *nm inv* street band; (*teatro*) informal theatre *o (US)* theater troupe.

pasada *nf* (**a**) (*acción*) passing, passage; (*con trapo*) wipe; ~ **de pintura** coat of paint; **dar dos ~s de jabón a la ropa** to soap the clothes twice; **de ~** in passing. (**b**) (*Cos: línea*) row of stitches; (*: hilvanado*) tacking stitch; **~s** patch, mend. (**c**) **mala ~** dirty trick. (**d**) (*fam: ultraje, exceso*) outrage, excess; **esto fue una ~ suya** he went over the top *(fam)*; **¡qué ~!** that's a bit much!; **una ~ de ...** a lot of ..., a whole heap of ....

pasadera *nf* stepping stone.

pasadero/a *adj* (*tolerable*) passable, tolerable; (*Aut etc*) passable, open.

pasadizo *nm* (*Arquit*) passage, corridor; (*callejón*) passageway, alley.

pasado 1 *adj* (**a**) (*gen*) past; **lo ~** the past; **lo ~, ~** let bygones be bygones; **el jueves ~** last Thursday; **el mes ~** last month; **~ mañana** the day after tomorrow; **~s dos días** after two days; **ya eran ~as las seis** it was already after six.

(**b**) (*comida*) stale, bad; (*fruta*) overripe; (*noticia*) stale; (*idea*) antiquated, out of date; **~ de moda** old fashioned, ancient *(fam)*; **la carne está ~a** the meat is off *o* bad; (*muy hecho*) the meat is overdone.

(**c**) (*Culin: huevo*) **~ por agua** boiled.

2 *nm* (**a**) (*de tiempo*) past.

(**b**) (*Ling*) past (tense).

pasador(a) 1 *nm/f* smuggler. **2** *nm* (**a**) (*Culin: gen*) colander; (*: de té*) strainer. (**b**) (*Téc: filtro*) filter; (*: pestillo*) bolt; (*: de bisagra*) pin. (**c**) (*de corbata*) tie pin *o* clip; (*de camisa*) collar stud. (**d**) (*de pelo*) hairpin. (**e**) **~s** (*LAm: cordones*) shoelaces.

pasaje *nm* (**a**) (*acción*) passage, passing; (*Náut*) voyage, crossing. (**b**) (*tarifa*) fare; **cobrar el ~** to collect fares. (**c**) (*viajeros*) passengers *pl*. (**d**) (*callejón*) passageway, alleyway. (**e**) (*Lit, Mús*) passage.

pasajero/a 1 *adj* (**a**) (*momento*) fleeting, transient. (**b**) (*ave*) of passage, migratory. (**c**) (*sitio*) busy. **2** *nm/f* passenger, traveller, traveler *(US)*.

pasamano(s) *nm* (**a**) (*Arquit: gen*) handrail; (*: de escalera*) banister. (**b**) (*CSur: Ferro etc*) strap.

pasamontaña(s) *nm* Balaclava (helmet).

pasante *nm* assistant.

pasapalos *nmpl* (*Méx, Ven: tapas*) tasty snacks.

pasaporte *nm* passport; **dar el ~ a algn** (*fam*) to bump sb off *(fam)*.

pasapurés *nm inv* mixer, blender.

pasar [1a] **1** *vt* (**a**) (*gen*) to pass; (*objeto*) to hand, pass (*a* to); (*noticia*) to give, pass on; (*factura*) to send; (*bienes*) to transfer; (*persona*) to take, conduct (*a* to, into); **¿me pasas la sal, por favor?** would you please pass the salt?; **nos pasaron a otra habitación** they moved us into another room; *V* **lista; revista** *etc*. (**b**) (*enfermedad*) to give, infect with; **me has pasado tu catarro** you've given me that cold. (**c**) (*visita etc*) to make, carry out; **el médico pasará visita** the doctor will call. (**d**) (*cruzar: río*) to cross, go over; (*: frontera*) to cross; (*barrera*) to pass through *o* across *o* over; **esto pasa los límites de lo razonable** this goes beyond anything that is reasonable.

(**e**) (*insertar*) to insert, put in; (*deslizar*) to slip, pass; (*colar*) to strain, pass through; **~ el café por el colador** to strain the coffee.

(**f**) (*tragar*) to swallow.

(**g**) (*examen*) to pass.

(**h**) (*falta etc*) to overlook, tolerate; (*individuo*) to be soft on; **no te voy a ~ más** I'm not going to indulge you any more; **~ por alto una falta** to ignore a mistake.

(**i**) (*moneda falsa*) to pass (off); (*contrabando*) to smuggle (in/out); (*drogas*) to deal; **a ése se le puede ~ cualquier cosa** you can get anything past him.

(**j**) (*superar*) to surpass, excel; (*rival*) to beat; (*Aut*) to pass, overtake; **él me pasa ya 3 cms** he's already 3 cms taller than I am.

(**k**) (*fecha etc*) to pass, go past; **hemos pasado el aniversario** we are past the anniversary, the anniversary is behind us.

(**l**) (*omitir*) to omit, pass over; **~ por alto un detalle** to skip a detail.

(**m**) (*tiempo*) to spend, pass; **~ las vacaciones** to spend one's holidays; **fuimos a ~ el día en la playa** we went to the seaside for the day; **~lo bien** to have a good time; **¡que lo pases bien!** have a good time!, enjoy yourself!; **~lo mal** to have a bad time (of it); **~las canutas** *o* **moradas** *o* **negras** to have a rough time of it; **~lo bomba** *o* **de maravilla** to have a great time.

(**n**) (*desgracias*) to suffer, go through; **~ hambre/frío** to be hungry/cold.

(**o**) **~ la mano por algo** to run one's hand over sth; **~ el cepillo por el pelo** to run a brush through *o* over one's hair; **~ la aspiradora** to do the hoovering; **voy a ~le un trapo** I'm going to give it a wipe.

(**p**) (*película, programa*) to screen, show.

2 *vi* (**a**) (*gen*) to pass, go; **pasó de mis manos a las suyas** it passed from my hands into his; **la cuerda pasa de un lado a otro de la calle** the rope goes from one side of the street to the other; **el hilo pasa por el agujero** the thread goes through the hole; **el río pasa por la ciudad** the river flows *o* goes *o* runs through the city; **el autobús pasa por delante de nuestra casa** the bus goes past our house; **~ de largo** to go by, pass by; **pasó una bicicleta** a bicycle went past; **ya ha pasado el tren de las 6** the 6 o'clock train has already gone by.

(**b**) (*persona: gen*) to pass, go; (*: moverse*) to move; (*: entrar*) to come in, go in; **¡pase (Ud)!** (*al entrar*) after you!; (*¡entre!*) come in!; **~ a un cuarto contiguo** to go into an adjoining room; **no se puede ~** you can't go through; **pasamos directamente a ver al jefe** we went straight in to see the chief; **nos hicieron ~** they showed us in (*a* to); **~ a decir algo** to go on to say sth; **~ a ser** to become; **y luego pasaron a otra cosa** and then they went on to something else; **~ adelante** to go on, proceed; **~ de teniente a general** to go from lieutenant to general; **~ por una crisis** to go through a crisis; **pasaré por tu casa** I'll drop in.

(**c**) (*propuesta etc*) to pass, be approved; **puede ~** it's passable, it's OK *(fam)*; **por esta vez pase** I'll let it go this time; **esta moneda no pasa** this coin is a dud.

(**d**) **~ de** to go beyond, exceed; **~ de los límites** to exceed the limits; **pasa ya de los 70** he's over 70; **esto pasa de ser una broma** this goes beyond a joke; **no pasan de 60 los que lo tienen** those who have it do not number more than 60; **~ de moda** to go out of fashion; **de ésta no pasa** this is the very last time; **de hoy no pasa que le escriba** I'll write to him this very day; **yo de ahí no paso** I draw the line at that, that's the bottom line.

(**e**) **~ por** (*ser tenido por*) to pass as; **Juan pasa por francés** John could be taken for a Frenchman; **pasa por sabio** he has a reputation for learning; **se hace ~ por médico** he passes himself off as a doctor.

(**f**) (*aguantar*) **ir pasando** (*fig*) to get by, manage (somehow); **tendrá que ~ sin coche** he'll have to get by *o* along without a car; **~ con poco** to get along with very little; **pasa por todo con tal que no le hagan trabajar** he'll put up with anything as long as they don't make him work.

(**g**) (*Naipes*) to pass; **yo paso** I pass, no bid.

(**h**) (*Esp fam*) to be indifferent; (*no querer intervenir*) to stand back, stand aside, not take part; (*ser pasota*) to drop out; **yo paso** count me out; **~ de** to do without, get by without; (*no estar interesado en*) to have no interest in, have no concern for; (*desatender*) to ignore; **yo paso de política** (*fam*) I'm not into politics, politics is not for me; **paso de todo** I couldn't care less.

(**i**) (*tiempo*) to pass, go by, elapse; **han pasado 4 años** 4 years have gone by; **¡cómo pasa el tiempo!** how time flies!

(**j**) (*problema, situación etc*) to be over; (*efectos*) to wear off; **ha pasado la crisis** the crisis is over; **ya pasó aquello** that's all over (and done with) now.

(**k**) (*ocurrir*) to happen; **aquí pasa algo misterioso** something odd is going on here; **¿qué pasa?** what's happening?, what's going on?, what's up?; (*saludo*) how's things? *(fam)*, how are things?; **¿qué le pasa a ése?** what's the matter with him?; **lo que pasa es que ...** well, you see ..., the problem is that ...; **como si no hubiese pasado nada** as if nothing (unusual) had happened; **pase lo que pase** whatever happens, come what may; **siempre pasa igual** it's always the same; **siempre me pasa lo mismo** I'm always having the same trouble; **¿qué pasa contigo?** *(fam)* how's it going? *(fam)*, how are you?

3 pasarse *vr* (**a**) (*efectos*) to pass, be over; **ya se te pasará** you'll get over it.

(**b**) (*perder*) to miss; **se me pasó el turno** I missed my turn; **no se te pase la oportunidad** don't miss the chance this time.

(**c**) (*trasladarse*) to go over; ~ **al enemigo** to go over to the enemy.

(**d**) (*flor etc*) to fade; (*comida*) to go bad *o* off; (*ropa*) to show signs of wear, get threadbare; **no se pasará si se tapa la botella** it will keep if you put the cap on the bottle.

(**e**) (*tornillo, tuerca*) to get overscrewed.

(**f**) (*fam: excederse*) to go too far, overstep the mark; **¡no te pases!** *(fam)* you'd better toe the line!; **¡te has pasado, tío!** *(fam)* bravo, friend!, well done, man! *(fam)*; (*censurando*) you've really done it now!; ~ **de bueno** to be too good; ~ **de listo** to be too clever by half; ~ **de la raya** to go too far.

(**g**) (*tiempo*) to spend, pass; **se ha pasado todo el día leyendo** he has spent the whole day reading.

(**h**) **no se le pasa nada** nothing escapes him, he misses nothing; **se me pasó hacerlo** I forgot to do it.

(**i**) ~ **por un sitio** (*ir*) to drop by somewhere; **se me pasó por la cabeza** *o* **imaginación** it crossed my mind.

(**j**) ~ **sin algo** to do without sth.

pasarela *nf* (*puente*) footbridge; (*Teat*) catwalk; (*Náut*) gangway, gangplank.

pasatiempo *nm* pastime, hobby.

Pascua, pascua *nf* (**a**) ~ **florida** *o* **de Resurrección** Easter; (*los Reyes*) Epiphany; ~ **de Navidad** Christmas; ~ **de Pentecostés** Pentecost; ~**s** Christmas time *o* period; **¡felices ~s!** merry Christmas! (**b**) ~ **de los hebreos** Passover. (**c**) (*locuciones*) **y santas ~s** and that's that; **de ~s a Ramos** once in a blue moon; **estar como unas ~s** to be as happy as a sandboy; **hacer la ~ a** *(fam)* to annoy, bug *(fam)*.

pascual *adj* Paschal.

pase *nm* (**a**) (*gen*) pass; ~ **adelante/(hacia) atrás** forward/back pass; ~ **de favor** (*Pol etc*) safeconduct. (**b**) (*Cine*) showing; ~ **de modas,** ~ **de modelos** fashion show. (**c**) (*Com*) permit. (**d**) (*Jur*) licence, license *(US)*.

paseante *nmf* (*gen*) walker, stroller; (*transeúnte*) passer-by.

pasear [1a] **1** *vt* (**a**) (*perro etc*) to take for a walk, walk. (**b**) (*exhibir*) to parade, show off. **2** *vi* **pasearse** *vr* (**a**) (*gen*) to go for a walk, stroll; ~ **en bicicleta** to go for a ride, go cycling; ~ **en coche** to go for a drive, go driving; ~ **a caballo** to ride, go riding; ~ **en bote** to go sailing. (**b**) (*fig*) to idle, loaf about.

paseíllo *nm* (*Taur*) *ceremonial entry of bullfighters*.

paseo *nm* (**a**) (*gen*) stroll, walk; (*excursión*) outing; ~ **en bicicleta,** ~ **a caballo** ride; ~ **en coche** drive, run; ~ **de vigilancia** round, tour of inspection; **dar un** ~ to go for a walk *o* stroll; (*en coche*) to go for a ride; **dar el ~ a algn** to take sb for a ride *(fam)*; **estar de** ~ to be out for a walk; **mandar a algn a** ~ to tell sb to go to blazes; **¡vete a ~!** get lost!, on your bike! *(fam)*; **llevar** *o* **sacar a un niño de** ~ to take a child out for a walk.

(**b**) (*avenida*) parade, avenue; ~ **marítimo** promenade, esplanade; ~ **cívico** (*Méx*) (fiesta) procession.

pasillo *nm* (**a**) (*Arquit*) passage, corridor; (*Pol fig*) lobby; (*Náut*) gangway. (**b**) (*Teat*) short piece, sketch.

pasión *nf* passion; **tener ~ por** to have a passion for.

pasional *adj* passionate; **crimen** ~ crime of passion.

pasionaria *nf* passionflower.

pasito *adv* gently, softly.

pasividad *nf* passiveness, passivity.

pasivo 1 *adj* (*gen*) passive; (*Econ*) inactive. **2** *nm* (**a**) (*Com, Fin*) liabilities *pl*, debts *pl*; (*de cuenta*) debit side; ~ **circulante** current liabilities *pl*. (**b**) (*Ling*) passive (voice).

pasma *nm* *(fam)* cop *(fam)*, Civil Guard.

pasmado *adj* (**a**) (*frío*) frozen stiff; (*Bot*) frostbitten. (**b**) (*asombrado*) astonished, amazed; **dejar ~ a algn** to amaze sb; **estar** *o* **quedar ~ de** to be amazed at, be astonished at; **mirar con cara de** ~ to look in astonishment at. (**c**) (*atontado*) bewildered; **se quedó ahí** ~ he just stood there gaping; **¡oye, ~!** *(fam)* hey, you dope!

pasmar [1a] **1** *vt* (**a**) (*asombrar*) to amaze, astonish; (*atontar*) to stun, dumbfound. (**b**) (*enfriar*) to chill (to the bone); (*Bot*) to nip, cut. **2 pasmarse** *vr* (**a**) (*asombrarse*) to be amazed *o* astonished (*de* at). (**b**) (*estar helado*) to be chilled to the bone. (**c**) (*Med*) to get lockjaw. (**d**) (*colores*) to fade.

pasmarote *nmf* *(fam)* idiot.

pasmo *nm* (**a**) (*asombro*) amazement, astonishment; (*fig*) wonder, marvel. (**b**) (*Med: enfriamiento*) chill; (*trismo*) lockjaw, tetanus; **darle un ~ algn** *(fam)* to get frozen stiff.

pasmoso *adj* amazing, astonishing.

paso[1] *adj* (*fruta*) dried.

paso[2] **1** *nm* (**a**) (*acción: gen*) passing, passage; (*cruce*) crossing; (*Aut*) overtaking, passing; (*Orn, Zool*) migration, passage; (*fig*) transition; **el ~ del tiempo** the passage of time; **lo recogeré al** ~ I'll pick it up when I'm passing; **salir al ~ a** *o* **de** to confront; **de** ~ in passing; **estar de** ~ to be passing through; **entrar de** ~ to drop in, call in (for a moment).

(**b**) (*camino*) way through, passage; (*Arquit*) passage; **¡~!** make way!; ~ **de cebra** (*Esp*) zebra crossing; ~ **elevado** (*Aut*) flyover; ~ **libre** free passage; ~ **a nivel** level *o* *(US)* grade crossing; ~ **de peatones** pedestrian crossing; ~ **subterráneo** subway, underpass *(US)*; **'prohibido el ~'** 'no thoroughfare'; (*Aut*) 'no entry'; **abrir ~ para** to make way for; **abrirse** ~ to make one's way (*entre, por* through), force a way through; **abrirse ~ a tiros** to shoot one's way through; **ceder el** ~ to give way, yield; **'ceda el ~'** (*Aut*) 'give way'; **cerrar el** ~ to block the way; **dejarle ~ a algn** to let sb by.

(**c**) (*Geog*) pass; (*Náut*) strait.

(**d**) (*distancia*) step, pace; (*huella*) footprint; (*ruido*) footstep, footfall; ~ **atrás** step backwards; (*fig*) backward step; **~ a ~** step by step; **a cada** ~ at every step, at every turn; **a ~s agigantados** (*fig*) by leaps and bounds; **a dos ~s de aquí** two steps from here, very near here; **por sus ~s contados** step by step, systematically; **dar un** ~ to take a step; **dar un ~ en falso** to trip; (*fig*) to take a false step; **llevar el** ~ to keep in step, keep time; **marcar el** ~ to keep time; (*fig*) to mark time; **seguir los ~s a algn** to tail *o* shadow sb; **seguir los ~s de algn** to follow in sb's footsteps; **volver sobre los ~s** to retrace one's steps.

(**e**) (*modo de andar*) walk, gait; (*ritmo*) pace, rate; (*de caballo*) gait; ~ **de andadura** amble; **buen** ~ good pace; **a buen** ~ quickly; (*fig*) at a good rate; **a ~ lento** at a slow pace, slowly; **a ~ de tortuga** at a snail's pace; **a ese** ~ (*fig*) at that rate; **al ~ que vamos** at the rate we're going; **acelerar el** ~ to go faster, speed up; **aflojar el** ~ to slow down, slacken one's pace.

(**f**) (*de baile*) step; ~ **a dos** pas de deux; ~ **de vals** waltz step.

(**g**) (*fig*) step, measure; **es un ~ hacia nuestro objetivo** it's a step towards our objective; **andar en malos ~s** to be mixed up in shady affairs; **dar un mal ~** to take a false step, make a false move; **dar los primeros ~s** to make the first move.

(**h**) (*aventura*) incident, event.

(**i**) (*Elec, Téc*) pitch.

(**j**) (*apuro*) difficulty, crisis; **salir del ~** to get out of trouble.

(**k**) (*Telec*) metered unit.

2 *adv* softly, gently; **¡~!** not so fast!, easy there!

pasota *adj, nmf* ≈ dropout.

pasote *nm* (*fam*) = **pasada (d)**.

pasotismo *nm* underground *o* alternative culture.

paspa *nf* (*And*), **paspadura** *nf* (*And, CSur*) chapped *o* cracked skin.

pasparse [1a] *vr* (*And, CSur: piel*) to chap, crack.

paspartú *nm* passe-partout.

pasquín *nm* (*Pol*) poster.

pasta *nf* (**a**) (*gen*) paste; **~ de carne** meat paste; **~ de dientes** *o* **dentífrica** toothpaste; **~ de madera/papel** wood/paper pulp. (**b**) (*Tip*) boards; **media ~** half-binding; **libro en ~** hardback. (**c**) (*Culin: masa*) dough; (*: masa cocida*) pastry; **~s** pasta. (**d**) (*fam: dinero*) money, dough *(fam)*. (**e**) (*fig*) makings *pl*; **tiene ~ de futbolista** he has the makings of a good footballer; **ser de buena ~** to be a good sort.

pastaje, **pastal** *nm* (*LAm*) pasture, grazing land.

pastar [1a] *vt, vi* to graze.

pastel 1 *nm* (**a**) (*Culin: gen*) cake; (*: de carne*) pie; **~es** pastry, confectionery. (**b**) (*Arte*) pastel. (**c**) (*Naipes*) sharp practice; (*fig*) plot; **se descubrió el ~** they let the cat out of the bag. **2** *adj*: **tono ~** pastel shade.

pastelería *nf* (**a**) (*arte*) pastry-making. (**b**) (*pasteles*) cakes *pl*, pastries *pl*. (**c**) (*tienda*) baker's, cake shop.

pastelero/a 1 *adj* (**a**) (*Culin*) **masa ~a** dough, cake-mix. (**b**) **no tengo ni ~a idea** (*fam: euf*) I haven't a clue *(fam)*. **2** *nm/f* (**a**) (*Culin*) pastrycook. (**b**) (*Com*) baker, confectioner.

pastelillo *nm* (*Culin*) tart.

pasteurización *nf* pasteurization.

pasteurizado *adj* pasteurized.

pasteurizar [1f] *vt* to pasteurize.

pastiche *nm* pastiche.

pastilla *nf* (**a**) (*Med*) tablet, pastille; (*de jabón etc*) cake, bar; (*de chocolate*) bar; **~ de caldo** stock cube; **~ para la tos** cough drop; **ir a toda ~** (*Esp fam*) to go full-belt *(fam)*. (**b**) (*fam*) **la ~** the Pill.

pastizal *nm* pasture.

pasto *nm* (**a**) (*Agr: acción*) grazing; (*: sitio*) pasture, field; (*: hierba*) grass, pasture; (*: pienso*) feed, fodder; (*LAm*) grass, lawn; **derecho de ~** grazing rights; **~ seco** fodder.

(**b**) (*fig*) food, nourishment; **fue ~ del fuego** *o* **de las llamas** it was fuel to the flames, the flames devoured it; **sirvió de ~ a los mirones** the onlookers lapped it up *(fam)*; **ser ~ de la actualidad** to be headline material, be newsworthy.

(**c**) **a todo ~** abundantly; **había fruta a todo ~** there was fruit in unlimited quantities.

(**d**) **vino de ~** ordinary wine.

pastor(a) 1 *nm/f* shepherd/shepherdess. **2** *nm* (**a**) (*Rel*) minister, pastor. (**b**) (*Zool*) sheepdog; **~ alemán** Alsatian, German shepherd.

pastoral 1 *adj* pastoral. **2** *nf* pastoral, idyll.

pastorear [1a] *vt* (**a**) (*Agr, Rel*) to shepherd. (**b**) (*LAm fam*) to lie in wait for.

pastoreo *nm* grazing.

pastoril *adj* (*Lit*) pastoral.

pastoso *adj* (**a**) (*material*) doughy, pasty. (**b**) (*lengua*) furry; (*voz*) rich, mellow. (**c**) (*CSur*) grassy.

pat. *abr de* **patente** pat.

pata *nf* (**a**) (*Zool: pierna*) leg; (*: pie*) paw; (*Orn*) foot; (*de mesa etc*) leg; (*Chi: etapa*) stage, leg; **~ de cabra** (*Téc*) crowbar; **~s de gallo** crow's-feet; **americana a ~ de gallo** jacket with a hound's-tooth check; **~ hendida** cloven hoof; **~ de palo** wooden leg; **la ~ coja** hopscotch; **eso lo sé hacer a la ~ coja** I can do that blindfold; **~s arriba** on one's back, upside down; (*fig*) topsy turvy; **a ~** on foot; **a cuatro ~s** on all fours; **a la ~ la llana** plainly, simply; **estirar la ~** (*fam*) to kick it *(fam)*; **meter la ~** to put one's foot in it; **metedura de ~** clanger *(fam)*; **es un diccionario con dos ~s** he's a walking dictionary; **es la virtud con dos ~s** she is virtue personified; **tener buena ~** to be lucky; **tener mala ~** to be unlucky; **ser de mala ~** to bring bad luck.

(**b**) (*Orn*) (female) duck.

(**c**) **P~s** (*fam*) Old Nick *(fam)*; **~s cortas** shorty, titch *(fam)*.

(**d**) **~s** (*Chi fam: caradura*) cheek *(fam)*.

patada *nf* (*gen*) kick; (*en el suelo*) stamp; **a ~s** in abundance; (*trato*) roughly, inconsiderately; **esto lo termino en dos ~s** I'll finish *o* be through with this in no time at all, it won't take me any time to finish this; **dar ~s** to kick; (*en el suelo*) to stamp; **dar la ~ a algn** (*fam*) to give sb the boot *(fam)*; **me da cien ~s** (*fam: objeto*) it gets on my nerves; (*persona*) he gives me a pain in the neck *(fam)*, I can't stand him; **caer como una ~ en los cojones** *(fam!)* to be very unwelcome; **echar a algn a ~s** to kick sb out; **tratar a algn a ~s** to kick sb around.

patagón/ona *adj, nm/f* Patagonian.

Patagonia *nf* Patagonia; **voy a la ~** I'm going to Patagonia.

patagónico *adj* Patagonian.

patalear [1a] *vi* (**a**) (*en el suelo*) to stamp (angrily). (**b**) (*bebé etc*) to kick out.

pataleo *nm* (*en el suelo*) stamping; (*en el aire*) kicking; **derecho al ~** right to protest, right to make a fuss.

patán *nm* rustic, yokel.

patata *nf* (**a**) potato; **~ de siembra** seed potato; **~s fritas** chips, French fries *(US)*; **~s fritas (a la inglesa)** crisps, potato chips *(US)*; **puré de ~s** mashed potatoes. (**b**) **ni ~** (*fam*) nothing at all; **ser una ~** (*fam*) to be duff *(fam)*; **no entendió ni ~** he didn't understand a single word.

patatal, **patatar** *nm* potato field.

patatús *nm* dizzy spell, faint; **darle un ~ a algn** to come over all funny.

patear [1a] **1** *vt* (**a**) (*pisotear*) to stamp on, trample (on); (*dar patadas a*) to kick, boot. (**b**) (*Esp fam: andar por*) to tramp round, cover, go over; **tuve que ~ toda la ciudad** I had to tramp round the whole town. (**c**) (*fig*) to treat roughly; (*Teat*) to boo, jeer. **2** *vi* (**a**) (*patalear*) to stamp one's foot; (*Teat etc*) to stamp. (**b**) (*LAm: arma etc*) to kick.

patena *nf* paten.

patentado *adj* patent(ed); **marca ~a** registered trade mark.

patentar [1a] *vt* to patent.

patente 1 *adj* (**a**) patent, obvious; **hacer ~** to show clearly, establish. (**b**) (*Com etc*) patent. **2** *nf* (**a**) (*Com: gen*) patent; (*Jur etc*) licence, license *(US)*, authorization; **~ de corso** licence to do whatever one pleases; **~ de invención** patent; **~ de navegación** ship's certificate of registration; **~ de privilegio** letters patent; **~ de sanidad** bill of health; **de ~** patent. (**b**) (*CSur Aut*) licence *o (US)* license plate.

patentizar [1f] *vt* to show, make evident.

pateo *nm* (*gen*) stamping; (*Teat*) the bird *(fam)*.

paternal *adj* fatherly, paternal.

paternalismo *nm* paternalism; (*pey*) patronizing attitude.

paternalista 1 *adj* paternalistic; (*pey*) patronizing. **2** *nm* paternalist; (*pey*) patronizing person.

paternidad *nf* (**a**) (*gen*) fatherhood, parenthood. (**b**) (*Jur*) paternity; **prueba de ~** paternity test; **~ literaria** authorship.

paterno *adj* paternal; **abuelo ~** paternal grandfather.
patético *adj* moving, poignant.
patetismo *nm* pathos, poignancy.
patíbulo *nm* scaffold, gallows.
paticorto *adj* short-legged.
patidifuso *adj (fam)* aghast, taken aback.
patilargo *adj* long-legged.
patilla *nf* **(a)** *(de gafas)* sidepiece, temple *(US)*; **~s** whiskers, sideburns; **tener ~s** *(fam)* to have a brass neck *(fam)*. **(b)** *(Arg)* bench. **(c)** *(Carib, Col)* watermelon.
patín *nm (gen)* skate; *(de trineo)* runner; *(Aer)* skid; (*tb* **~ de pedal, ~ playero**) pedalo; **~ de cola** *(Aer)* tailskid; **~ de hielo** ice skate; **~ de ruedas** roller skate.
pátina *nf* patina.
patinador(a) *nm/f* skater.
patinaje *nm* **(a)** *(Dep)* skating; **~ artístico** figure skating; **~ sobre hielo** ice-skating; **~ sobre ruedas** roller-skating. **(b)** *(Aut)* skidding.
patinar [1a] *vi* **(a)** *(Dep)* to skate. **(b)** *(Aut etc)* to skid, slip. **(c)** *(fam: meter la pata)* to boob *(fam)*, make a blunder. **(d)** *(Arg fam)* to fail.
patinazo *nm* **(a)** *(Aut)* skid. **(b)** *(fam: error)* boob *(fam)*; **dar un ~** to blunder.
patinete *nm* scooter.
patio *nm (Arquit)* courtyard, patio; *(Teat)* pit; **~ de butacas** stalls, orchestra *(US)*; **~ de luces** well (of a building); **~ de recreo** playground; **¡cómo está el ~!** *(fam)* what a to-do!
patitieso *adj* **(a)** *(paralizado)* paralysed with cold/fright *etc*. **(b)** *(presumido)* stuck-up *(fam)*.
patito *nm* duckling; **los dos ~s** all the twos *(fam)*, twenty-two.
patizambo *adj* knock-kneed.
pato *nm* **(a)** *(Orn)* duck; **~ (macho)** drake; **~ silvestre** mallard, wild duck; **pagar el ~** to take the blame, carry the can *(fam)*. **(b)** *(fam: persona)* bore. **(c)** *(torpe)* **ser un ~** to be clumsy.
patochada *nf* blunder, bloomer.
patógeno *nm* pathogen.
patología *nf* pathology.
patológico *adj* pathological.
patólogo/a *nm/f* pathologist.
patoso/a 1 *adj (soso)* boring, tedious; *(torpe)* clumsy, heavy-footed. **2** *nm/f (soso)* bore; *(torpe)* clumsy oaf.
patraña *nf* fabrication, tall story.
patria *nf* native land, fatherland; **~ adoptiva** country of adoption; **~ chica** home town; **madre ~** mother country; **luchar por la ~** to fight for one's country.
patriarca *nm* patriarch.
patriarcado *nm* patriarchy.
patriarcal *adj* patriarchal.
patricio/a *adj, nm/f* patrician.
patrimonial *adj* hereditary.
patrimonio *nm* **(a)** *(Jur)* inheritance. **(b)** *(fig)* heritage, birthright; **el ~ artístico de la nación** our national art heritage; **~ nacional** national wealth, national resources; **~ real** crown land(s).
patrio *adj* **(a)** *(Pol)* native, home; **el suelo ~** one's native land. **(b)** *(Jur)* paternal.
patriota 1 *adj* patriotic. **2** *nmf* patriot.
patriotería *nf* chauvinism.
patriotero/a 1 *adj* chauvinistic. **2** *nm/f* chauvinist.
patriótico *adj* patriotic.
patriotismo *nm* patriotism.
patrocinador(a) 1 *adj* sponsoring. **2** *nm/f* sponsor, patron, patroness.
patrocinar [1a] *vt* to sponsor, act as patron to.
patrocinio *nm* sponsorship, patronage.
patrón/ona 1 *nm/f* **(a)** *(protector)* patron(ess). **(b)** *(Rel)* patron saint. **(c)** *(jefe)* boss *(fam)*, employer. **(d)** *(de pensión)* landlord/landlady. **2** *nm* **(a)** *(Náut)* master, skipper. **(b)** *(Cos)* pattern; *(Téc)* standard, norm; **~ oro** gold standard. **(c)** *(Bot)* stock.
patronal 1 *adj* employers'; **sindicato ~** employers' association; **cierre ~** lockout. **2** *nf* employers' organization; *(dirección)* management.
patronato *nm* **(a)** *(protección)* patronage, sponsorship; **bajo el ~ de** under the patronage of. **(b)** *(Com, Fin)* employers' association; *(Pol)* owners *pl*; **el ~ francés** French industrialists. **(c)** *(junta)* board of management; **el ~ de turismo** the tourist board. **(d)** *(fundación)* trust, foundation.
patronímico *adj, nm* patronymic.
patrono *nm* = **patrón 1 (a)**.
patrulla *nf* patrol; **coche ~** patrol car.
patrullar [1a] *vi* to patrol.
patulea *nf* mob, rabble.
paulatino *adj* gradual, slow.
pauperismo *nm* pauperism.
pauperización *nf* impoverishment.
paupérrimo *adj* very poor, poverty-stricken.
pausa *nf* **(a)** *(gen)* pause, break; *(Mús)* rest. **(b) con ~** slowly, deliberately. **(c)** *(Téc: cassette)* pause (button); *(: en videograbadora)* hold.
pausado *adj* slow, deliberate.
pauta *nf* *(regla)* rule, guide; *(rayas)* lines *pl*; *(fig: modelo)* model; *(guía)* guideline; **marcar la ~** to establish guidelines, lay down ground rules.
pautar [1a] *vt (Tip: papel)* to rule.
pava *nf* **(a)** *(Orn)* turkey (hen); **~ real** peahen; **pelar la ~** to whisper sweet nothings. **(b)** *(CSur: para hervir)* kettle. **(c)** *(Col, Ven)* broad-brimmed straw hat.
pavada *nf* **(a)** *(esp Arg fam: tontería)* silliness, stupidity. **(b)** *(Orn)* flock of turkeys.
pavear [1a] **1** *vt (And)* to kill (treacherously). **2** *vi (CSur, Per: fam)* to act the fool.
pavesa *nf* piece of ash.
pavimentar [1a] *vt (con losas)* to pave; *(Arquit)* to floor.
pavimento *nm (con losas)* pavement, paving; *(Arquit)* flooring.
pavo *nm* **(a)** *(Orn)* turkey (cock); **~ real** peacock; **estar en la edad del ~** to be going through the awkward stage (of adolescence). **(b) comer ~** *(fam)* to be a wallflower. **(c)** *(necio)* silly thing, idiot; **¡no seas ~!** don't be silly! **(d)** *(fam: moneda)* 5 pesetas, one *duro*. **(e)** *(fam: primo)* sucker *(fam)*. **(f)** *(Chi fam)* stowaway. **(g) subirse a algn el ~** to blush like a lobster.
pavón *nm* **(a)** *(Orn)* peacock. **(b)** *(Téc)* bluing, bronzing.
pavonearse [1a] *vr* to swagger, show off (*de* at).
pavoneo *nm* strutting, showing-off.
pavor *nm* dread, terror.
pavoroso *adj* dreadful, frightening, terrifying.
pay *nm (LAm)* pie.
paya, payada *nf (CSur)* improvised ballad.
payador *nm (CSur)* gaucho minstrel.
payar [1a] *vi (CSur)* to improvise songs to a guitar accompaniment.
payasada *nf* ridiculous thing (to do); **~s** clowning, tomfoolery; *(Teat etc)* slapstick, knockabout humour *o* *(US)* humor.
payasear [1a] *vi (LAm)* to clown.
payaso *nm* clown.
payo 1 *adj (Arg)* albino. **2** *nm/f (para gitanos)* non-gipsy, non-gypsy *(US)*.
paz *nf* **(a)** *(gen)* peace; *(tranquilidad)* peace and quiet, tranquillity, tranquility *(US)*; **¡a la ~ de Dios!** God be with you!; **en ~ y en guerra** in peace and war, in peacetime and wartime; **no dar ~ a la lengua** to keep on and on; **dejar a algn en ~** to leave sb alone *o* in peace; **¡déjame en ~!** leave me alone!; **descansar en ~** to rest in peace; **su madre, que en ~ descanse** her mother, God rest her soul; **¡haya ~!** stop it!, that's enough!; **mantener la ~** to keep the peace; **¡ ... y en ~!, ¡aquí ~ y después gloria!** and that's that! **(b)** *(tratado)* peace treaty; **firmar ~** to sign a peace treaty; **hacer las paces** to make peace;

(*fig*) to make (it) up; **poner ~** to make peace.
pazguato *adj* simple, stupid.
PC *nm abr de* **Partido Comunista** CP.
p.c. *nm abr de* **por cien** p.c.
PCB *nm abr de* **policlorobifenilo** PCB.
PCL *nf abr de* **pantalla cristal liquido.**
PD *abr de* **posdata** PS.
Pdte *abr* (*Chi Prensa*) *de* **presidente.**
P.e *abr de* **Padre** F., Fr.
pe *nf, name of the letter* P; **de ~ a pa** from A to Z, from beginning to end.
peaje *nm* toll; **autopista de ~** toll motorway, turnpike *(US)*.
peana *nf* stand, base.
peatón *nm* pedestrian; **paso de ~es** pedestrian crossing, crosswalk *(US)*.
pebete *nm/f* (*Arg, Uru: fam*) kid, child.
pebre *nm* (*esp Chi: Culin*) mild sauce.
peca *nf* freckle.
pecado *nm* sin; **~ venial/capital** venial/mortal sin; **~ de comisión** sin of commission; **por mis ~s** for my sins; **sería un ~ no aprovecharlo** it would be a crime *o* sin *o* pity not to make use of it.
pecador(a) 1 *adj* sinful, sinning. **2** *nm/f* sinner.
pecaminoso *adj* sinful.
pecar [1g] *vi* (**a**) (*Rel*) to sin; (*fig*) to err, go astray; **si he pecado en esto, ha sido por ...** if I have been at fault in this, it has been because .... (**b**) (*fig*) **~ de** + *adj* to be too + *adj*; **peca de generoso** he is too generous; **peca por exceso de confianza** he is too cocky.
pécari, **pecarí** *nm* (*LAm Zool*) peccary.
pecera *nf* fishbowl, fishtank.
pécora *nf* (*tb* **mala ~**: *lagarta*) bitch; (*arpía*) harpy; (*puta*) loose woman, whore.
pecoso *adj* freckled.
pectina *nf* pectin.
pectoral 1 *adj* (*Anat*) pectoral; (*Med*) **pastillas ~es** cough drops *o* lozenges. **2** *nm* (**a**) (*Rel*) pectoral cross. (**b**) **~es** (*Anat*) pectorals.
pecuario *adj* livestock *atr*.
peculado *nm* embezzlement.
peculiar *adj* special, peculiar (*de* to).
peculiaridad *nf* peculiarity.
peculio *nm* one's own money.
pecuniario *adj* pecuniary, money; **pena ~a** fine.
pechar [1a] **1** *vt* (**a**) (*LAm: empujar*) to push, shove. (**b**) (*pedir dinero*) to tap *(fam)*, touch for. **2** *vi*: **~ con** (*fam*) (**a**) to put up with, get stuck *o* landed with. (**b**) (*cometido etc*) to shoulder, take on; (*problema*) to face up to.
pechera *nf* (**a**) (*Cos: de camisa*) shirt front; (*: de vestido*) front; (*Mil etc*) chest protector; **~ postiza** dicky. (**b**) (*Anat fam*) (big) bosom.
pechero *nm* bib.
pecho *nm* (**a**) (*Anat: gen*) chest; **de ~ plano** flat-chested; **a ~ descubierto** unarmed, defenceless, defenseless *(US)*; (*fig*) openly, frankly; **dar el ~** to face things squarely; **quedarse con algo entre ~ y espalda** to keep sth back; **sacar el ~** to thrust one's chest out.
(**b**) (*de mujer*) bust, breast; **los ~s** the breasts; **dar el ~ a** to breast-feed.
(**c**) (*fig*) heart, breast; **abrir su ~ a algn** to confide in sb; **no le cabía la alegría en el ~** he was bursting with happiness; **tomar algo a ~** to take sth to heart.
(**d**) (*valor*) courage, spirit; **¡~ al agua!** courage!; **a lo hecho ~** we must make the best of it now.
(**e**) (*Geog*) slope, gradient.
pechuga *nf* (**a**) (*Culin*) breast; **~ de pollo** chicken breast; (*fam: de mujer*) tits *pl (fam)*. (**b**) (*Geog*) slope, hill. (**c**) (*LAm fam*) nerve, cheek *(fam)*.
pechugón *adj* (*fam: de mucho pecho*) busty *(fam)*, big-bosomed.
PED *nm abr de* **Procesamiento Electrónico de Datos** EDP.
pedagogía *nf* pedagogy.
pedagógico *adj* pedagogic(al).
pedagogo *nm* teacher, pedagogue, pedagog *(US)*.
pedal *nm* pedal; **~ de acelerador** accelerator (pedal); **~ de embrague** clutch (pedal); **~ de freno** footbrake, brake (pedal); **~ fuerte** (*Mús*) loud pedal; **coger un ~** *(fam)* to get canned *(fam)*.
pedalear [1a] *vi* to pedal; **~ en agua** to tread water.
pedante 1 *adj* pedantic. **2** *nmf* pedant.
pedantería *nf* pedantry.
pedantesco *adj* pedantic.
pedazo *nm* (**a**) piece, bit; **un ~ de papel** a piece of paper; **un ~ de pan** a scrap of bread; (*fig*) a terribly nice person; **trabaja por un ~ de pan** he works for a mere pittance; **caerse a ~s** to fall to bits; **hacer ~s** (*papel*) to rip *o* tear (up); (*vaso etc*) to shatter, smash; (*persona*) to tear to shreds; **se hizo ~s** it fell to pieces, it shattered; **estoy hecho ~s** I'm worn out. (**b**) (*fig*) **~ del alma** *o* **del corazón** the apple of one's eye; **~ de animal** *o* **alcornoque** blockhead.
pederasta *nm* pederast.
pederastia *nf* pederasty.
pedernal *nm* flint; **como un ~** (*fig*) of flint, flinty.
pedestal *nm* pedestal, stand.
pedestre *adj* pedestrian; **carrera ~** foot race.
pedestrismo *nm* walking.
pediatra *nmf* paediatrician, pediatrician *(US)*.
pediatría *nf* paediatrics *sg*, pediatrics *sg (US)*.
pedicura *nf* chiropody.
pedicuro/a *nm/f* chiropodist, podiatrist *(US)*.
pedida *nf*: **~ de mano** engagement; *V* **pulsera.**
pedido *nm* (*Com*) order; **~ de ensayo** trial order; **~ de repetición** repeat order.
pedigrí *nm* pedigree.
pedigüeño *adj* mooching *(fam)*.
pedimento *nm* petition.
pedir [3k] **1** *vt* (**a**) (*gen*) to ask for, request; (*comida*) to order; (*Com*) to order (*a* from); **~ algo a algn** to ask sb for sth; **~ que ...** to ask that ...; **~ algo a Dios** to pray to God for sth; **me pidió que cerrara la puerta** he asked me to shut the door.
(**b**) (*precio*) to look for *(fam)*, ask; **¿cuánto piden por él?** how much are they asking for it? (**c**) **~ a una joven en matrimonio** to ask for a girl's hand in marriage.
(**d**) (*Jur*) **~ en justicia** to sue.
(**e**) (*fig*) to need, demand, require; **la casa está pidiendo (a gritos) una mano de pintura** the house is crying out for a dab of paint.
(**f**) **~ prestado** to borrow; **~ cuentas** to demand an explanation; **~ disculpas** to apologize; **~ limosna** to beg.
2 *vi* (**a**) to ask; **por ~ que no quede** it does no harm to ask, one might as well ask.
(**b**) (*mendigo*) to beg.
pedo 1 *adj*: **estar ~** (*fam: borracho*) to be pissed *(fam!)*, be drunk; (*: drogado*) to be high *(fam)*. **2** *nm* (**a**) *(fam)* fart *(fam!)*; **tirarse un ~** to fart *(fam!)*. (**b**) **agarrar** *o* **coger un ~** (*fam: borracho*) to get pissed *(fam!)*; (*: drogado*) to get high *(fam)*.
pedofilia *nf* paedophilia, pedophilia *(US)*.
pedorrera *nf (fam!)* string of farts *(fam!)*.
pedorreta *nf (fam)* raspberry *(fam)*.
pedorro/a *(fam)* **1** *adj* (*tonto*) daft; (*pelmazo*) annoying. **2** *nm/f* (*tonto*) twit *(fam)*; (*pelmazo*) pain *(fam)*.
pedrada *nf* (**a**) (*acción*) throw of a stone; (*golpe*) hit *o* blow from a stone; **matar a algn a ~s** to stone sb to death. (**b**) (*fig*) snide remark, dig.
pedrea *nf* (**a**) (*combate*) stone-throwing. (**b**) (*Met*) hailstorm. (**c**) (*fam: de lotería*) minor prizes.
pedregal *nm* rocky ground.
pedregoso *adj* stony, rocky.
pedregullo *nm* (*CSur*) gravel.
pedrera *nf* quarry.
pedrería *nf* precious stones, jewels.

pedrisco *nm* (*granizo*) hail; (*granizada*) hailstorm.
Pedro *nm* Peter; **entrar como ~ por su casa** to come in as if one owned the place.
pedrusco *nm* rough stone.
pedúnculo *nm* stem, stalk.
pega *nf* (**a**) (*acción*) sticking. (**b**) (*chasco*) practical joke. (**c**) (*dificultad*) snag, difficulty; **todo son ~s** there's nothing but problems; **poner ~s** to raise objections. (**d**) (*Univ etc*) catch *o* trick question. (**e**) **de ~** false, dud; **un billete de ~** a dud banknote.
pegadizo *adj* (**a**) (*pegajoso*) sticky. (**b**) (*Med*) infectious, catching. (**c**) (*canción etc*) catchy. (**d**) (*postizo*) false. (**e**) (*gorrón*) sponging.
pegado 1 *adj* (*fig*) **dejar a algn ~** to leave sb nonplussed; **estar ~** (*fam*) to have no idea, be clueless *(fam)*. **2** *nm* patch, sticking plaster.
pegajoso *adj* (**a**) (*gen*) sticky, adhesive. (**b**) (*persona*) cloying; (*niño*) clinging.
pegamento *nm* (*adhesivo*) gum; **~ de caucho** (*Aut etc*) rubber solution.
pegar [1h] **1** *vt* (**a**) (*gen*) to stick (on *o* together *o* up); (*con cola*) to glue, paste; (*cartel*) to post, stick up; (*coser*) to sew (on); **~ un sello** to stick a stamp on; **~ una silla a una pared** to move a chair up against a wall.
(**b**) (*enfermedad*) to give, infect with; (*idea etc*) to give (*a* to); **él me pegó la costumbre** he passed on the habit to me.
(**c**) (*golpe*) to hit, deal; (*balón*) to hit; (*persona*) to hit, strike; **~ un puntapié a algn** to give sb a kick; **dicen que pega a su mujer** they say he knocks his wife about; **hazlo o te pego** do it or I'll hit you.
(**d**) (*fam*) **~ un grito** to let out a yell; **~ un salto** to jump (with fright *etc*); **~le un susto a algn** to scare sb.
(**e**) (*And, Arg: fam*) **~la** to be lucky.
(**f**) (*fam*) **~le a algo** to be a great one for sth *(fam)*; **~le a la bebida** to be a heavy drinker.
2 *vi* (**a**) (*adherir*) to stick, adhere.
(**b**) **~ en** to touch; **el piano pega en la pared** the piano is touching the wall.
(**c**) (*planta*) to take root.
(**d**) (*fam: encajar*) to fit, go well; (*dos colores etc*) to match, go together; **este sillón no pega aquí** this armchair doesn't look right in here; **no le pega nada actuar así** it's not like him to act like that; **~ con** to match, go with; **ese sombrero no pega con el abrigo** that hat doesn't go with the coat.
(**e**) (*golpear*) to hit, beat; **~ en** to hit, strike (against); **la flecha pegó en el blanco** the arrow hit the target; **las ramas pegan en los cristales** the branches beat against the windows.
(**f**) (*sol*) to beat down; **a estas horas el sol pega fuerte** the sun really beats down at this time; **esta canción está pegando muy fuerte** (*fam*) this song is rocketing up the charts; **este vino pega** (*fam*) this wine goes to your head.
(**g**) (*fam*) **me pega que no vendrá** I have a hunch that he won't come.
3 pegarse *vr* (**a**) (*adherirse*) to stick.
(**b**) (*pelearse*) to hit each other, fight.
(**c**) **~ a** (*acercarse mucho a*) to get very close to; (*: pey*) to stick to, attach o.s. to; (*Dep*) to mark; **~ a una reunión** to gatecrash a meeting *(fam)*.
(**d**) (*Med*) to be catching; (*fig*) to be infectious, catchy.
(**e**) (*Culin*) to burn.
(**f**) (*fam*) **ella se la pega a su marido** she's unfaithful to her husband.
(**g**) (*fam*) **~ un tiro** to shoot o.s.; **~ un golpe** to hit o.s.; **se pega una vida de millonario** he lives the life of Riley.
pegatina *nf* (*Pol etc*) sticker.
pego *nm* (*Esp fam*): **da el ~** it looks great, that looks just right.
pegote *nm* (**a**) (*Med*) sticking plaster; (*fig*) patch, ugly mend. (**b**) (*Culin fam*) sticky mess. (**c**) **echarse un, tirarse ~s** (*fam*) to come on strong, exaggerate. (**d**) (*fam: gorrón*) sponger, hanger-on.
PEIN *nm abr de* **Plan Electrónico e Informático Nacional**.
peinada *nf* combing; **darse una ~** to comb one's hair.
peinado 1 *adj* combed. **2** *nm* hairdo.
peinador(a) 1 *nm/f* hairdresser. **2** *nm* (**a**) (*bata*) dressing gown. (**b**) (*LAm*) dressing table.
peinar [1a] **1** *vt* (**a**) (*gen: pelo*) to comb, do. (**b**) (*Arg fam*) to flatter. **2 peinarse** *vr* to comb one's hair.
peine *nm* comb; **¡te vas a enterar de lo que vale un ~!** (*fam*) your chickens are coming home to roost!
peinecillo *nm* fine comb.
peineta *nf* back comb, ornamental comb.
p.ej. *abr de* **por ejemplo** e.g.
pejiguera *nf* (*fam*) bother, nuisance.
Pekín *nm* Pekin(g).
pela *nf* (**a**) (*Culin*) peeling. (**b**) (*fam: peseta*) peseta; **unas buenas ~s** a good few bucks *(fam)*. (**c**) (*LAm fam*) beating. (**d**) (*Méx fam*) slog, hard work. (**e**) **cambiar la ~** (*fam*) to vomit, puke (up) *(fam)*.
pelada *nf* (**a**) (*LAm*) haircut. (**b**) (*CSur*) bald head.
peladera *nf* (*Med*) alopecia.
peladez *nf* (*Méx fam*) vulgarity.
peladilla *nf* (*Esp*) sugared almond, coated almond.
pelado/a 1 *adj* (**a**) (*cabeza*) hairless; (*piel*) peeled; (*hueso*) clean; (*fruta*) pared, peeled; (*terreno*) treeless, bare. (**b**) (*fig*) bare; **cobra el sueldo ~** he gets just the bare salary; **el cinco mil ~** exactly five thousand. (**c**) (*esp LAm fam*) broke *(fam)*, penniless. (**d**) (*Méx: grosero*) coarse, rude. (**e**) (*número*) round. **2** *nm* (*fam: corte de pelo*) close crop. **3** *nm/f* (*gen*) pauper; (*Méx fam*) working-class person.
peladura *nf* (**a**) (*acción*) peeling. (**b**) **~s** peel, peelings.
pelagatos *nm inv* poor devil, wretch.
pelaje *nm* (**a**) (*Zool*) fur, coat. (**b**) (*fig*) appearance; **y otros de ese ~** and others of that ilk.
pelambre *nm* (**a**) (*Agr*) skin, fleece. (**b**) (*fig fam*) hair, mop *(fam)*.
pelambrera *nf* = **pelambre (a)**.
pelandusca *nf* (*Esp fam*) tart *(fam)*, slut *(fam)*.
pelar [1a] **1** *vt* (**a**) (*pelo*) to cut; (*animal*) to skin; (*ave*) to pluck; (*fruta*) to peel; (*habas, mariscos etc*) to shell. (**b**) (*fam: criticar*) to criticize. (**c**) (*fam: quitar dinero*) to fleece, clean out *(fam)*. **2 pelarse** *vr* (**a**) (*piel etc*) to peel (off). (**b**) (*fam: individuo*) to go baldy *(fam)*; **voy a ~me** I'm going to get cropped *(fam)*. (**c**) **~las por algo** (*fam*) to crave (for) sth. (**d**) (*fam*) **corre que se las pela** he runs like nobody's business *(fam)*; **hace un frío que pela** it's really cold.
peldaño *nm* (*Arquit*) step, stair; (*de escalera portátil*) rung.
pelea *nf* (**a**) (*gen*) fight, tussle; (*riña*) quarrel, row; **armar una ~** to kick up a row. (**b**) **~ de gallos** cockfight; **gallo de ~** fighting cock.
peleado *adj*: **estar ~ con algn** to be on bad terms with sb.
peleador *adj* quarrelsome.
pelear [1a] **1** *vi* (*gen*) to scuffle, brawl; (*fig*) to fight, struggle (*por* for); (*con palabras*) to quarrel. **2 pelearse** *vr* (**a**) (*gen*) to scuffle, brawl; **~ con algn** to fight sb (*por* for). (**b**) (*fig*) to fall out, quarrel (*con, por* with, about, over).
pelechar [1a] *vi* (*Zool, Orn*) to moult, molt *(US)*, shed its hair; (*fig*) to regain one's strength.
pelele *nm* (**a**) (*figura*) guy, dummy; (*fig*) tool, puppet. (**b**) (*bobo*) simpleton. (**c**) (*traje infantil*) rompers.
peleón *adj* (**a**) (*persona*) pugnacious, aggressive. (**b**) (*vino*) cheap, ordinary.
peletería *nf* furrier's, fur shop.
peletero *nm* furrier.
peliagudo *adj* (*tema*) tricky, ticklish.
pelícano *nm* pelican.
película *nf* (**a**) (*Téc*) film, thin covering. (**b**) (*Cine*) film, movie *(US)*; **~ en colores** colour *o* *(US)* color film; **~ de**

dibujos (animados) cartoon film; ~ **muda** silent film; ~ **del Oeste** western; ~ **S** porn film; ~ **sonora** talkie. (**c**) (*Fot*) (roll *o* reel of) film. (**d**) **de** ~ (*fam*) astonishing, out of this world (*fam*); **fue de** ~ it was an incredible scene.
peliculero (*fam*) *adj* (**a**) film *atr*, cine *atr*, movie (*US atr*). (**b**) (*aficionado*) fond of films, fond of the cinema. (**c**) (*fam: afectado*) showy.
peligrar [1a] *vi* to be in danger; ~ **de hacer algo** to be in danger of doing sth.
peligro *nm* (*gen*) danger, peril; (*riesgo*) risk; (*fig: amenaza*) menace, threat; **'~ de muerte'** 'danger'; **con** ~ **de la vida** at the risk of one's life; **estar en** ~ to be in danger; **estar fuera de** ~ to be out of danger; **correr** ~ to be in danger; **correr** ~ **de hacer algo** to run the risk of doing sth; **estar enfermo de** ~ to be seriously ill; **poner en** ~ to endanger, put at risk.
peligrosidad *nf* danger, riskiness.
peligroso *adj* dangerous, risky.
pelillo *nm* (*fig fam*) trifle, triviality; **echar ~s a la mar** to bury the hatchet.
pelirrojo/a 1 *adj* red-haired, red-headed. **2** *nm/f* redhead.
pelma 1 *nmf* (*fam*) bore; **¡no seas ~!** don't be such a bore!, don't go on about it! **2** *nm* lump, solid mass.
pelmazo *nm* = **pelma 1, 2.**
pelo *nm* (**a**) (*gen*) hair; (*de barba*) whisker; (*Zool*) hair, fur, coat; (*de fruta*) down; (*de tejido*) nap, pile; (*Téc*) fibre, fiber (*US*), strand; (*de diamante*) flaw; **un ~ rubio** a blond hair; **tiene ~ rubio** she has blond hair; **dos caballos del mismo** ~ two horses of the same colour *o* (*US*) color; **cortarse el** ~ to have one's hair cut.
(**b**) (*locuciones*) **a** ~ bareheaded, hatless; (*fam: desnudo*) naked; **de medio** ~ common; **venir al** ~ to come just right, be exactly what one needs; **con es(t)os ~s** (*fam*) unprepared, in a right state (*fam*); **con (sus) ~s y señales** with full details, with chapter and verse; **hombre de ~ en pecho** real man, macho man (*fam*); **por los ~s** by the skin of one's teeth; **escaparse por un** ~ to have a close shave; **pasó el examen por los ~s** he scraped through the exam; **agarrarse** *o* **asirse a un** ~ to clutch at any opportunity; **¡se te va a caer el ~!** (*Esp fam*) you're for it know!, now you've really done it!; **no se cortó un** ~ he didn't bat an eyelid; **cortar un ~ en el aire** (*fig*) to be pretty smart; **así nos luce el** ~ (*fam*) and that's the awful state we're in, that's why we're so badly off; **estuvo en un ~ que lo perdiéramos** we very nearly lost it; **se me pusieron los ~s de punta** my hair stood on end; **soltarse el** ~ to burst out, drop all restraint; **no tiene ~ de tonto** he's no fool; **no tener ~s en la lengua** to be outspoken, not mince words; **no tocar un ~ de la ropa a algn** not to lay a finger on sb; **tomar el ~ a algn** to pull sb's leg; **no se les ve el ~ desde hace mucho** they haven't been around for a long time.
(**c**) (*grieta*) hairline, fine crack.
(**d**) (*Téc: sierra*) fine saw.
pelón/ona 1 *adj* (**a**) (*calvo*) bald. (**b**) (*estilo*) with a crew-cut. (**c**) (*tonto*) thick (*fam*), stupid. (**d**) (*sin recursos*) broke (*fam*). **2** *nm* poor wretch.
pelota *nf* (**a**) (*Dep etc*) ball; (*fam: cabeza*) nut, head; ~ **de goma** (*Mil*) rubber bullet; ~ **vasca** pelota; **devolver la ~ a algn** (*fig*) to turn the tables on sb; **la ~ sigue en el tejado** (*fig*) the situation is still unresolved. (**b**) **en ~s** stark naked; **dejar a algn en** ~ to strip sb of all that he has; (*en el juego*) to clean sb out (*fam*); **estar en ~s** (*fam*) to be broke (*fam*). (**c**) **~s** (*fam!*) balls (*fam!*); **tener ~s** to have balls; **tocar las** ~ to bug (*fam*), annoy. (**d**) **hacer la ~ a** (*fam*) to suck up to; **ser algn un** ~ to be a toady.
pelotari *nm* pelota player.
pelotazo *nm* (*Esp fam*) drink.
pelotear [1a] **1** *vt* (*Fin: cuenta*) to audit. **2** *vi* (**a**) (*Dep*) to knock *o* kick a ball about. (**b**) (*reñir*) to bicker, argue.
peloteo *nm* (*Tenis*) rally, long exchange of shots; (*Ftbl*) kick-about (*fam*); (*de entrada*) warm-up.
pelotera *nf* row, set-to (*fam*).
pelotilla *nf* = **pelota (d)**.
pelotillero/a 1 *adj* crawling (*fam*), boot-licking (*fam*). **2** *nm/f* crawler (*fam*), bootlicker (*fam*).
pelotón *nm* (**a**) (*Dep*) big ball. (**b**) (*de hilos*) tangle, mat. (**c**) (*de gente*) crowd. (**d**) (*Mil*) party, detachment; ~ **de ejecución** firing squad.
pelotudo/a (*CSur fam!*) **1** *adj* stupid. **2** *nm/f* bloody fool (*fam!*), jerk (*US fam*).
peltre *nm* pewter.
peluca *nf* (*gen*) wig.
peluche *nm* felt.
peludo 1 *adj* (*gen*) hairy, shaggy; (*de cabello largo*) long-haired; (*animal*) long-haired, shaggy; (*barba*) bushy. **2** *nm* (**a**) (*felpudo*) round felt mat. (**b**) (*CSur Zool*) (species of) armadillo.
peluquería *nf* (**a**) (*de mujeres*) hairdresser's. (**b**) (*de hombres*) barber's (shop).
peluquero/a *nm/f* (**a**) (*de hombres*) barber. (**b**) (*de mujeres*) hairdresser.
peluquín *nm* toupée; **ni hablar del** ~ (*fam*) no way! (*fam*), you're not on (*fam*).
pelusa *nf* (**a**) (*Bot*) down; (*Cos*) fluff. (**b**) (*entre niños*) envy, jelousy.
pélvico *adj* pelvic.
pelvis *nf* pelvis.
pella *nf* (*gen*) ball, pellet, round mass; (*sin forma*) dollop.
pellejería *nf* (**a**) (*pieles*) skins *pl*, hides *pl*. (**b**) (*curtiduría*) tannery. (**c**) **~s** (*CSur*) difficulties, jam *sg* (*fam*).
pellejo *nm* (**a**) (*Zool*) skin, hide, pelt; (*Anat: esp LAm*) skin; (*de uva etc*) skin, peel, rind. (**b**) (*odre*) wineskin; (*fam: borracho*) drunk. (**c**) (*fam: puta*) whore, hooker (*US*). (**d**) (*fig*) skin, hide; **arriesgar el** ~ to risk one's neck; **no caber en el** ~ (*fig*) to be big-boned; (*euf*) be tubby; **perder el** ~ to lose one's life; **no quisiera estar en su** ~ I wouldn't like to be in his shoes; **salvar el** ~ to save one's skin.
pelliza *nf* fur jacket.
pellizcar [1g] *vt* (*gen*) to pinch, nip; (*comida*) to nibble *o* pick at.
pellizco *nm* (**a**) (*gen*) pinch, nip. (**b**) (*Culin etc*) small bit; **un ~ de sal** a pinch of salt; **un buen** ~ (*fam*) a tidy sum (*fam*).
PEMEX *nm abr de* **Petróleos Mejicanos**.
PEN *nm abr* (**a**) (*Esp*) *de* **Plan Energético Nacional**. (**b**) (*Arg*) *de* **Poder Ejecutivo Nacional**.
pena *nf* (**a**) (*pesadumbre*) grief, sorrow; (*malestar*) anxiety; **¡allá ~s!** I don't care!, that's not my worry!; **pasó sin ~ ni gloria** it happened unnoticed, it happened but left no impression; **es una** ~ it's a shame, it's a pity (*que* that); **me da mucha** ~ (*LAm*) I'm very embarrassed; **da ~ verlos así** it grieves me to see them like that; **es una ~ que no vengan más** it's a pity they don't come more often; **¡qué ~!** what a shame!; (*LAm*) how embarrassing!; **valer la** ~ to be worthwhile; **no merece la** ~ it's not worth the trouble; **morir de** ~ to die of a broken heart.
(**b**) (*fam: dolor*) pain; **tener una** ~ to have a pain.
(**c**) (*dificultad*) trouble; **~s** hardships; **alma en** ~ soul in torment; **a duras ~s** with great difficulty; (*fig*) hardly, scarcely; **ahorrarse la** ~ to save o.s. trouble.
(**d**) (*Jur*) punishment, penalty; (*Com*) penalty; ~ **capital** capital punishment; ~ **pecuniaria** fine; **bajo** *o* **so ~ de** on pain of.
penable *adj* punishable.
penacho *nm* (**a**) (*Orn*) tuft, crest; (*Mil*) plume. (**b**) (*fig*) pride, arrogance.
penado/a 1 *adj* = **penoso (b)**. **2** *nm/f* convict.
penal 1 *adj* penal. **2** *nm* prison.
penalidad *nf* (**a**) (*tb* **~es**: *dificultad*) trouble, hardship. (**b**) (*Jur*) penalty, punishment.
penalista *nm* expert in criminal law.
penalización *nf* penalty.
penalizar [1f] *vt* to penalize.

penalti, **penalty** *nm* (*Dep*) penalty (kick); **punto de ~** penalty spot; **casarse de ~** (*fig fam*) to have a shotgun wedding; **pitar ~** to award a penalty.
penar [1a] **1** *vt* to punish. **2** *vi* (**a**) (*gen*) to suffer; (*alma*) to be in torment; **ella pena por todos** she takes everybody's sufferings upon herself. (**b**) **~ por** to pine for, long for.
penca *nf* (*Bot: de maguey*) leaf.
penco *nm* (**a**) (*persona*) dimwit (*fam*), nitwit (*fam*). (**b**) (*caballo*) nag.
pendejada *nf* (**a**) (*LAm: tontería*) foolish act. (**b**) (*Cu, Méx: fam: cobardía*) cowardly act.
pendejear [1a] *vi* (*And, Méx*) to act the fool.
pendejo (*esp LAm fam*) **1** *adj* (*imbécil*) idiotic; (*cobarde*) cowardly, yellow (*fam*). **2** *nm* (*gen*) fool, idiot; (*cobarde*) coward.
pendencia *nf* (*riña*) quarrel; (*pelea*) fight, brawl; **armar ~** to stir up trouble.
pendenciero/a 1 *adj* quarrelsome, argumentative. **2** *nm/f* troublemaker.
pender [2a] *vi* (**a**) (*gen*) to hang (*de, en, sobre* from, over). (**b**) (*Jur*) to be pending. (**c**) (*depender*) to depend *o* rest (*de* on).
pendiente 1 *adj* (**a**) (*colgado*) hanging. (**b**) (*asunto*) pending, unsettled; (*cuenta*) outstanding, unpaid. (**c**) (*fig*) **estar ~ de algo** (*depender*) to be relying on sth; (*asignatura*) to have as a resit; **estar ~ de un cabello** to hang by a thread; **estar ~ de los labios de algn** to hang on sb's lips *o* words. **2** *nm* (*arete*) earring; (*colgante*) pendant. **3** *nf* (*Geog*) slope, incline; (*Aut etc*) hill, slope; (*Arquit*) pitch; **en ~** sloping.
péndola *nf* (**a**) (*pluma*) pen, quill. (**b**) (*de puente etc*) suspension cable.
pendón *nm* (**a**) (*bandera*) banner, standard. (**b**) (*persona*) wild character.
pendonear [1a] *vi* (*fam*) to loaf around the streets.
péndulo *nm* pendulum.
pene *nm* penis.
penede *nm* = **P.N.D.**
penene *nmf* = **PNN.**
penetrable *adj* penetrable.
penetración *nf* (**a**) (*acción*) penetration. (**b**) (*agudeza*) sharpness, acuteness; (*visión*) insight.
penetrante *adj* (**a**) (*herida*) deep. (**b**) (*arma*) sharp; (*frío*) biting; (*sonido*) piercing; (*mirada*) searching. (**c**) (*genio*) acute, keen.
penetrar [1a] **1** *vt* (**a**) (*defensas*) to penetrate, pierce.
(**b**) (*misterio*) to fathom; (*secreto*) to unlock; (*sentido*) to grasp.
2 *vi* (**a**) (*gen*) to penetrate, go in; (*líquidos*) to sink in, soak in; **~ en** *o* **por** to penetrate; **el cuchillo penetró en la carne** the knife went into *o* entered *o* penetrated the flesh; **~ en las filas enemigas** to break into enemy lines; **el frío penetra en los huesos** the cold gets right into the bones.
(**b**) (*entrar*) to enter, go in; **~ en un túnel** to enter *o* go into a tunnel.
(**c**) (*emoción etc*) to pierce.
(**d**) **~ en el sentido de algo** to penetrate the meaning of sth.
penicilina *nf* penicillin.
península *nf* peninsula; **P~ Ibérica** Iberian Peninsula.
peninsular 1 *adj* peninsular. **2** *nmf*: **los ~es** the people(s) of the (Iberian) Peninsula.
penique *nm* penny; **~s** pence; **un ~** a *o* one penny.
penitencia *nf* (**a**) (*estado*) penitence. (**b**) (*castigo*) penance; **en ~** as a penance; **imponer una ~ a algn** to give sb a penance; **hacer ~** to do penance (*por* for).
penitenciaría *nf* prison; (*esp US*) penitentiary.
penitenciario 1 *adj* penitentiary, prison *atr*. **2** *nm* confessor.
penitente *adj, nmf* penitent.
penoso *adj* (**a**) (*que aflige*) painful, distressing; (*lamentable*) pathetic, sorry; **un estado ~** a sorry state; **era ~ verlo** it was a pathetic sight. (**b**) (*difícil*) arduous, laborious, difficult. (**c**) (*And, Méx*) timid, shy.
pensado *adj* (**a**) **un proyecto poco ~** a badly thought-out scheme; **lo tengo bien ~** I have thought it over *o* out carefully; **tengo ~ hacerlo mañana** I have it in mind to do it tomorrow; **bien ~, creo que ...** on reflection, I think that .... (**b**) **en el momento menos ~** when least expected.
pensador(a) *nm/f* thinker.
pensamiento *nm* (**a**) (*facultad*) thought; **como el ~** (*fig*) in a flash. (**b**) (*mente*) mind; **acudir** *o* **venir al ~ de algn** to come to sb's mind; **no le pasó por el ~** it never occurred to him. (**c**) (*un ~*) thought; **mal ~** nasty *o* wicked thought; **el ~ de Quevedo** Quevedo's thought; **adivinar los ~s de algn** to read sb's thoughts. (**d**) (*propósito*) idea, intention; **mi ~ es hacer algo** my idea is to do sth. (**e**) (*Bot*) pansy.
pensante *adj* thinking.
pensar [1k] **1** *vt* (**a**) (*gen*) to think; **~ que** to think that; **cuando menos lo pienses** when you least expect it; **¿qué piensas de ella?** what do you think of her?; **lo pensó mejor** she thought better of it; **dar que ~ a algn** to give sb food for thought; **dar que ~ a la gente** to set people thinking; **¡ni ~lo!** not a bit of it!; **sólo con ~lo ...** just the thought of it ...; **sin ~lo** unexpectedly.
(**b**) (*problema etc*) to think over *o* out; **lo pensaré** I'll think about it; **esto es para ~lo** this needs thinking about; **pensándolo bien** on reflection.
(**c**) (*decidir*) **~ que ...** to decide that ..., come to the conclusion that ....
(**d**) (*planear*) **~ hacer algo** to intend *o* propose to do sth; **pienso seguir insistiendo** I'm going to keep on trying.
(**e**) (*concebir*) to think up, invent; **¿quién pensó este plan?** who thought this one up?
2 *vi* (**a**) to think; **~ en** to think of *o* about; **¿en qué piensas?** what are you thinking about?; **~ bien/mal de algo/algn** to think ill/well of sth/sb; **¡no pienses mal!** don't be nasty!; **¡siempre pensando mal!** what a nasty mind you've got!; **~ para sí** to think to o.s.; **~ sobre** to think about, think over; **sin ~** without thinking.
(**b**) (*aspirar*) **~ en** to aim at, aspire to; **piensa en una cátedra** he's aiming at a chair.
pensativo *adj* thoughtful, pensive.
pensión *nf* (**a**) (*Fin*) pension; **~ alimenticia** alimony, maintenance; **~ de inválidos** disability allowance; **~ de jubilación** retirement pension; **~ escalada** graduated pension; **~ vitalicia** annuity; **cobrar la ~** to draw one's pension. (**b**) (*casa de huéspedes*) boarding house, guesthouse; (*Univ etc*) lodgings. (**c**) (*precio*) board and lodging; **~ completa** full board; **media ~** half board.
pensionado/a 1 *adj* pensioned. **2** *nm* boarding school.
pensionar [1a] *vt* to pension, give a pension to.
pensionista *nmf* (**a**) (*jubilado*) (old-age) pensioner. (**b**) (*huésped*) lodger, paying guest. (**c**) (*Escol*) boarder.
pentagonal *adj* pentagonal.
pentágono *nm* pentagon; **el P~** (*US*) the Pentagon.
pentagrama *nm* (*Mús*) stave, staff.
pentámetro *nm* pentameter.
pentatlón *nm* pentathlon.
Pentecostés *nm* (**a**) (*cristiano*) Whitsun(tide); **domingo de ~** Whit Sunday. (**b**) (*judío*) Pentecost.
penúltima[1] *nf* (*fam*) one for the road (*fam*).
penúltimo/a[2] *adj, nm/f* penultimate, last but one.
penumbra *nf* penumbra, half-light; **sentado en la ~** seated in the shadows.
penuria *nf* (*pobreza*) penury, poverty; (*escasez*) shortage, dearth.
peña *nf* (**a**) (*Geog*) cliff, crag. (**b**) (*grupo*) group, circle; **~ deportiva** supporters' club; **~ taurina** club of bullfighting enthusiasts. (**c**) (*fam*) crowd; **hay mucha ~** there's loads of people (*fam*). (**d**) (*LAm: club*) folk club.
peñascal *nm* rocky place.

peñasco *nm* large rock, crag.
peñón *nm* wall of rock, crag; **el P~** the Rock (of Gibraltar).
peón *nm* (**a**) (*Téc*) unskilled workman, labourer, laborer *(US)*; (*esp LAm: Agr*) farm labourer, farmhand; **~ de albañil** bricklayer's mate; **~ caminero** navvy, roadmender. (**b**) (*Ajedrez*) pawn.
peonada *nf* (*Agr*) day's stint.
peonaje *nm* group of labourers *o (US)* laborers.
peoneta *nm* (*Chi Aut*) lorry *o (US)* truck driver's mate.
peonía *nf* peony.
peonza *nf* spinning top.
peor *adj, adv* (*comp*) worse; (*superl*) worst; **A es ~ que B** A is worse than B; **Z es el ~ de todos** Z is the worst of all; **lo ~ es que** the worst of it is that; **llevar lo ~** to get the worst of it; **o si no, será ~ para tí** or if you don't, it will be the worse for you; **¡~ para tí!** tough! *(fam)*; **tanto ~** so much the worse.
pepa *nf* (*LAm Bot*) seed, pip, stone.
pepenar [1a] **1** *vt* (*And, CAm, Méx*) to pick up; (*Méx: basura*) to search through. **2** *vi* (*Méx*) to search through rubbish tips.
pepinillo *nm* gherkin.
pepino *nm* cucumber; **me importa un ~** I don't care two hoots *o* give a damn.
pepita *nf* (**a**) (*Vet*) pip. (**b**) (*Bot*) pip. (**c**) (*Min*) nugget.
pepito *nm* meat sandwich.
pepitoria *nf*: **pollo en ~** (*Esp Culin*) fricassé of chicken.
pepona *nf* large cardboard doll.
pepsina *nf* pepsin.
péptico *adj* peptic.
peque *nmf* *(fam)* kid *(fam)*, child.
pequeñez *nf* (**a**) (*tamaño*) smallness, littleness, small size; (*infancia*) infancy. (**b**) (*de miras*) pettiness, small-mindedness. (**c**) (*nada*) triviality; **preocuparse por pequeñeces** to worry about trifles.
pequeño/a 1 *adj* (*gen*) small, little; (*cifra*) small, low; (*bajo*) short; **el hermano ~** the youngest brother; **un niño ~** a small child; **cuando era ~, de ~** when I was a child; **un castillo en ~** a miniature castle. **2** *nm/f* child; **los ~s** the children, the little ones; **soy el ~** I'm the youngest (brother).
pequeñoburgués/esa 1 *adj* petit bourgeois. **2** *nm/f* petit(e) bourgeois(e).
pequero *nm* (*CSur fam*) cardsharp.
pequinés/esa 1 *adj* Pekinese, of *o* from Peking. **2** *nm/f* Pekinese, native *o* inhabitant of Peking. **3** *nm* (*perro*) pekinese.
pera[1] *nf* (**a**) (*Bot*) pear; **eso es pedir ~s al olmo** that's asking the impossible. (**b**) (*barba*) goatee; (*Chi fam*) chin. (**c**) *(fam)* **tocarse la ~** *(fam)* to sit on one's backside (doing nothing). (**d**) (*de atomizador, bocina etc*) bulb; (*interruptor*) switch.
pera[2] *adj inv* (*fam*) classy, posh *(fam)*; **niño ~** spoiled upper-class brat; **un barrio ~** a posh area; **fuimos a un restaurante muy ~** we went to a really swish restaurant *(fam)*.
peral *nm* pear tree.
peralte *nm* (*Arquit*) cant, slope; (*de carretera*) banking, camber.
perca *nf* (*pez*) perch.
percal *nm*: **conocer el ~** *(fam)* to know what the score is *(fam)*.
percán *nm* (*Chi*) mould, mold *(US)*, mildew.
percance *nm* (**a**) (*gen*) misfortune, mishap; (*en plan etc*) setback, hitch; **sufrir** *o* **tener un ~** to have a mishap. (**b**) (*Fin*) perquisite.
per cápita *adv* per capita.
percatarse [1a] *vr*: **~ de** (*gen*) to notice, take note of; (*comprender*) to realize, come to understand.
percebe *nm* (**a**) (*Zool*) barnacle. (**b**) (*fam*) idiot.
percepción *nf* (**a**) (*gen*) perception; **~ extrasensoria** extrasensory perception. (**b**) (*idea*) notion, idea. (**c**) (*Com, Fin*) collection.
perceptible *adj* (**a**) (*visible*) perceptible, noticeable. (**b**) (*Com, Fin*) payable, receivable.
perceptivo *adj* perceptive.
perceptor(a) *nm/f* (*Fin: de impuestos*) collector, receiver.
percibir [3a] *vt* (**a**) (*notar*) to perceive, notice, detect; (*ver*) to see, observe; (*peligro etc*) to sense, scent. (**b**) (*sueldo, subsidio*) to draw.
percusión *nf* percussion; **instrumento de ~** percussion instrument.
percusionista *nmf* percussionist, drummer.
percusor, percutor *nm* (*Téc*) hammer; (*de arma*) firing pin.
percha *nf* (**a**) (*para ropa: gen*) (clothes) hanger; (*: colgador*) clothes rack; (*para sombreros*) hatstand. (**b**) (*Téc*) rack. (**c**) (*para pájaros*) perch. (**d**) (*tronco*) pole. (**e**) (*fam: tipo*) build, physique.
perchero *nm* clothes rack.
perdedor(a) 1 *adj* losing. **2** *nm/f* loser; **buen ~** good sport.
perder [2g] **1** *vt* (**a**) (*gen*) to lose; **¿dónde lo perdió?** where did you lose it?; **he perdido 5 kilos** I've lost 5 kilos; **he perdido la costumbre** I have got out of the habit; **no tienes nada que ~** you have nothing to lose.
(**b**) (*tiempo etc*) to waste; (*oportunidad*) to miss, lose; (*tren etc*) to miss; (*Jur*) to lose, forfeit; **no pierde detalle** he doesn't miss a thing; **sin ~ un momento** without wasting a moment.
(**c**) (*destruir*) to ruin; **ese error le perdió** that mistake was his undoing; **ese vicio le perderá** that vice will be his ruin, that vice will destroy him; **lo que le pierde es** ... where he comes unstuck is ....
2 *vi* (**a**) (*gen*) to lose; **el equipo perdió por 2-5** the team lost 2-5; **salir perdiendo** to lose, be the loser; (*fig*) to come off worst; (*Com*) to lose on a deal; **saber ~, tener buen ~** to be a good loser; **tienen todas las de ~** they're on a hiding to nothing.
(**b**) (*fig*) to deteriorate, go down(hill).
(**c**) (*tela*) to fade, discolour, discolor *(US)*.
(**d**) **echar a ~** (*comida*) to spoil, ruin; **echarse a ~** to go downhill.
3 perderse *vr* (**a**) (*persona*) to get lost, lose one's way; **¡piérdete!** *(fam)* get lost! *(fam)*; **se perdieron en el bosque** they got lost in the wood; **se perdió en un mar de contradicciones** he got lost in a mass of contradictions; **¿qué se les ha perdido en Eslobodia?** what business have they (to be) in Slobodia?
(**b**) (*objeto*) to be lost; **se me han perdido las llaves** I've lost my keys.
(**c**) **~ un programa/algo interesante** to miss a programme *o (US)* program/something interesting; **¡no te lo pierdas!** don't miss it!; **no se pierde ni una** she doesn't miss out on anything.
(**d**) (*desaparecer*) to disappear, be lost (to view); **el tren se perdió en la niebla** the train disappeared into the fog.
(**e**) (*desperdiciarse*) to be wasted, go to waste.
(**f**) (*Agr etc*) to be ruined, get spoiled; **con la lluvia se ha perdido la cosecha** with so much rain the crop has been ruined.
(**g**) (*arruinarse*) to be ruined; **se perdió por el juego** he was ruined through gambling.
(**h**) **~ por** to be mad about *o* on.
perdición *nf* (*Rel etc*) perdition; (*fig*) undoing, ruin; **fue su ~** it was his undoing.
pérdida *nf* (*gen*) loss; **~s** (*Fin, Mil etc*) losses; (*Téc*) leakage, wastage; **~ contable** (*Com*) book loss; **es una ~ de tiempo** it's a waste of time; **~ de conocimiento** loss of consciousness; **¡no tiene ~!** you can't miss!, you can't go wrong!; **vender algo con ~** to sell sth at a loss.
perdidamente *adv*: **~ enamorado** passionately in love, hopelessly in love.
perdido/a 1 *adj* (**a**) (*gen*) lost; (*bala*) stray; (*rato*) spare;

dar algo por ~ to give sth up for lost. (**b**) (*sin solución: loco*) raving; (*: borracho etc*) inveterate, hardened; **es un caso** ~ he is a hopeless case; **de ~s, al río** in for a penny, in for a pound; **es tonto** ~ he's totally mad; **¡estamos ~s!** we're done for! (**c**) **estar** ~ **por** to be mad *o* crazy about. (**d**) **poner todo** ~ **de barro** to cover in mud; **te has puesto** ~ **el pantalón** you've ruined your trousers. **2** *nm/f* libertine.

perdigar 1h *vt* to half-cook, brown.

perdigón *nm* (**a**) (*Orn*) young partridge. (**b**) (*bala*) pellet; ~ **zorrero** buckshot; ~**es** shot, pellets.

perdiz *nf* partridge; ~ **blanca** ptarmigan.

perdón *nm* (*gen: tb Jur*) pardon, forgiveness; (*indulto*) mercy; **¡~!** sorry!, I beg your pardon!; **¡le pido ~!** I am so sorry!, do forgive me!; **pedir** ~ **a algn** to ask sb's forgiveness; **con** ~ if I may, if you don't mind; **con** ~ **de los presentes** present company excepted; **hablando con** ~ if you'll pardon the expression; **no cabe** ~ it's inexcusable.

perdonable *adj* pardonable, excusable.

perdonar 1a *vt, vi* (**a**) (*gen*) to pardon, forgive, excuse; **¿me perdonas?** will you forgive me?; **¡perdone (Ud)!** sorry!, I beg your pardon!; **perdone, pero me parece que ...** excuse me, but I think ...; **perdónanos nuestras deudas** forgive us our trespasses.
(**b**) ~ **la vida a algn** to spare sb's life.
(**c**) (*de obligación*) to exempt, excuse; **les he perdonado las clases** I have excused them from classes.
(**d**) **no** ~ **esfuerzo** to spare no effort; **no** ~ **ocasión de hacer algo** to miss no chance to do sth; **no perdona (ni) una** he doesn't miss a trick.

perdonavidas *nm inv* (*matón*) bully, tough, thug; (*suficiente*) superior person, condescending type.

perdulario *adj* (*gen*) forgetful; (*descuidado*) careless; (*vicioso*) dissolute.

perdurable *adj* (*duradero*) lasting, abiding; (*perpetuo*) everlasting.

perdurar 1a *vi* (*gen*) to last, endure; (*subsistir*) to stand, still exist.

perecedero *adj* (*Com etc*) perishable; (*vida etc*) transitory; **géneros no ~s** non-perishable goods.

perecer 2d *vi* to perish, die.

peregrinación *nf* pilgrimage; **ir en** ~ to make a pilgrimage (*a* to).

peregrinar 1a *vi* (**a**) (*Rel*) to go on a pilgrimage (*a* to). (**b**) (*ir*) to go to and fro.

peregrino/a 1 *adj* (**a**) (*que viaja*) wandering, travelling, traveling *(US)*; (*Orn*) migratory. (**b**) (*fig: exótico*) exotic; (*extraño*) strange, odd; (*singular*) rare, extraordinary; **ideas ~as** harebrained ideas. **2** *nm/f* pilgrim.

perejil *nm* parsley.

perendengue *nm* trinket, cheap ornament.

perenne *adj* (*gen*) everlasting, constant; (*Bot*) perennial; **de hoja** ~ evergreen.

perentorio *adj* (*urgente*) urgent; (*terminante*) peremptory; **plazo** ~ deadline.

pereza *nf* laziness, idleness; **me da una** ~ **ducharme** I can't be bothered showering; **tener** ~ to feel lazy.

perezosamente *adv* (*V adj*) lazily; slowly, sluggishly.

perezoso/a 1 *adj* lazy, idle; (*lento*) slow, sluggish. **2** *nm/f* loafer, idler. **3** *nm* (*Zool*) sloth.

perfección *nf* perfection; **a la** ~ to perfection.

perfeccionamiento *nm* (*proceso*) perfection; (*mejora*) improvement.

perfeccionar 1a *vt* (**a**) (*gen*) to perfect; (*mejorar*) to improve. (**b**) (*acabar*) to complete, finish.

perfeccionismo *nm* perfectionism.

perfeccionista *nmf* perfectionist.

perfectamente *adv* perfectly; **te entiendo** ~ I know exactly what you mean; **¡~!** (*de acuerdo*) fine!

perfectibilidad *nf* perfectibility.

perfectible *adj* perfectible.

perfecto *adj* (*gen, Ling*) perfect; **un** ~ **imbécil** a complete idiot; **¡~!** fine; **me parece** ~ **que lo hagan** I think it right that they should.

perfidia *nf* perfidy, treachery.

pérfido *adj* perfidious, treacherous.

perfil *nm* (**a**) (*gen*) profile; (*contorno*) silhouette, outline; (*Geol etc*) (cross) section; ~ **aerodinámico** streamlining; **de** ~ in profile, from the side. (**b**) (*profesional*) profile; ~ **del cliente** (*Com*) customer profile. (**c**) ~**es** (*rasgos*) features, characteristics.

perfilado *adj* (*rostro*) long; (*nariz*) well-formed, shapely; (*Aer*) streamlined.

perfilar 1a **1** *vt* (**a**) (*gen*) to outline; (*fig*) to shape, give character to. (**b**) (*Aer etc*) to streamline. (**c**) (*rematar*) to put the finishing touches to. **2 perfilarse** *vr* (**a**) (*modelo*) to show one's profile, stand sideways on; (*Taur*) to prepare for the kill; (*edificio etc*) to show in outline, be silhouetted (*en* against). (**b**) (*fig*) to become more definite; **el proyecto se va perfilando** the plan is taking shape.

perforación *nf* (**a**) (*orificio: Tip*) perforation; (*: Cine, Fot*) sprocket; (*: Téc*) punch-hole; (*: Min*) bore-hole. (**b**) (*proceso: gen*) piercing, perforation; (*: Min*) drilling, boring; (*: Tip*) punching, perforating.

perforadora *nf* (*Tip etc*) punch; (*Téc*) drill; ~ **neumática** pneumatic drill.

perforar 1a *vt* (*gen*) to perforate, pierce; (*Min*) to drill, bore; (*tarjeta, ficha*) to punch.

performance [per'formans] *nf* performance.

perfumar 1a *vt* to scent, perfume.

perfume *nm* scent, perfume.

perfumería *nf* perfumery.

pergamino *nm* parchment.

pergeñar 1a *vt* (*gen*) to sketch; (*texto etc*) to do a draft of, prepare.

pérgola *nf* pergola.

pericia *nf* (*habilidad*) skill, skilfulness, skillfulness *(US)*; (*experiencia*) expertness, expertise.

pericial *adj* expert; **tasación** ~ expert valuation; **testigo** ~ expert witness.

periclitar 1a *vi* (*Lit: declinar*) to decay, decline; (*quedar anticuado*) to become outmoded.

perico *nm* (**a**) (*Orn*) parakeet. (**b**) (*Bot*) giant asparagus. (**c**) (*fam*) snow *(fam)*, cocaine. (**d**) (*Col: café con leche*) white coffee.

periferia *nf* (*Mat*) periphery; (*Geog: de población*) outskirts.

periférico 1 *adj* (*gen*) peripheral; **barrio** ~ outlying district; **unidad ~a** peripheral (unit). **2** *nm*: ~**s** (*Inform*) peripherals.

perifollo *nm* (**a**) (*Bot*) chervil. (**b**) ~**s** (*adornos*) buttons and bows, trimmings.

perífrasis *nf inv* periphrasis.

perifrástico *adj* periphrastic.

perilla *nf* (*barba*) goatee; **venir de ~(s)** to come just right, be very welcome, be perfect.

perillán *nm* (*fam*) rogue, rascal.

perímetro *nm* perimeter.

perinatal *adj* perinatal.

periódicamente *adv* periodically.

periodicidad *nf* periodicity.

periódico 1 *adj* (*gen*) periodic(al); (*Mat*) recurrent. **2** *nm* (news)paper; ~ **dominical** Sunday (news)paper.

periodismo *nm* journalism.

periodista *nmf* journalist; ~ **de televisión/de radio** television/radio journalist.

periodístico *adj* journalistic; **estilo** ~ journalistic style, journalese; **el mundo** ~ the newspaper world.

periodo, **período** *nm* (*gen: tb Med*) period; ~ **contable** (*Com*) accounting period.

peripecia *nf* vicissitude; ~**s** vicissitudes, ups and downs.

periplo *nm* (long) journey, tour; (*Náut*) (long) voyage; (*Hist*) periplus.

peripuesto *adj* dressed up, smart; **tan** ~ all dressed up (to the nines).
periquete *nm*: **en un** ~ *(fam)* in a tick.
periquito *nm* parakeet.
periscopio *nm* periscope.
perista *nm (fam)* fence *(fam)*, receiver (of stolen goods).
peristilo *nm* peristyle.
peritaje *nm* (**a**) (*informe*) specialist's report. (**b**) (*honorario*) expert's fee. (**c**) (*estudios*) professional training.
perito/a 1 *adj* expert; **ser** ~ **en** (*actividad*) to be expert at; (*materia*) to be an expert on. **2** *nm/f* (*gen*) expert; (*licenciado*) ≈ graduate engineer; ~ **agrónomo** agronomist; ~ **forense** legal expert.
peritonitis *nf* peritonitis.
perjudicar [1g] *vt* (*dañar*) to damage, harm; (*fig: posibilidades etc*) to damage, prejudice.
perjudicial *adj* harmful, detrimental (*a, para* to).
perjuicio *nm* damage, harm; (*Fin*) financial loss; **en** ~ **de** to the detriment of; **redundar en** ~ **de** to be detrimental to, harm; **sin** ~ **de** without prejudice to; **sufrir grandes** ~**s** to suffer great damage.
perjurar [1a] *vi* (**a**) (*Jur*) to perjure o.s., commit perjury. (**b**) (*jurar*) to swear a lot.
perjurio *nm* perjury.
perjuro/a 1 *adj* perjured. **2** *nm/f* perjurer.
perla *nf* (**a**) pearl; ~ **cultivada** cultured pearl; ~**s de imitación** imitation pearls. (**b**) (*fig*) pearl (*de* of, among), gem; **me parece de** ~**s** it all seems splendid to me; **me viene de** ~**s** it comes just right.
perlado *adj* pearly; **cebada** ~**a** pearl barley.
permanecer [2d] *vi* (**a**) to stay, remain; **aún permanece** it still remains. (**b**) ~ + *adj* to go on being + *adj*, remain + *adj*; ~ **indeciso** to remain undecided; **permanezcan sentados** (please) remain seated.
permanencia *nf* (**a**) (*gen*) permanence. (**b**) (*estancia*) stay.
permanente 1 *adj* (*gen*) permanent, constant; (*color*) fast; (*comisión, ejército etc*) standing. **2** *nf* permanent wave, perm *(fam)*; **hacerse una** ~ to have one's hair permed.
permanentemente *adv* permanently.
permanganato *nm* permanganate.
permeabilidad *nf* permeability, pervious nature.
permeable *adj* permeable, pervious (*a* to).
permisible *adj* allowable, permissible.
permisividad *nf* permissiveness.
permisivo *adj* permissive.
permiso *nm* (**a**) (*gen*) permission; **con** ~ (*pidiendo ver algo*) if I may; (*queriendo entrar, pasar: esp LAm*) excuse me; **con** ~ **de Uds me voy** excuse me but I must go; **dar su** ~ to give one's permission; **tener** ~ **para hacer algo** to have permission to do sth.
(**b**) (*documento*) permit, licence, license *(US)*; ~ **de conducir** driving licence; ~ **de exportación/importación** export/import licence; ~ **de residencia/trabajo** residence/work permit.
(**c**) (*Mil etc*) leave; ~ **de convalecencia** sick leave; **estar de** ~ to be on leave.
permitir [3a] **1** *vt* (**a**) (*gen*) to permit, allow; ~ **a algn hacer algo** to allow sb to do sth; **¿me permite?** may I?, do you mind?; (*al pasar*) excuse me!; **si el tiempo lo permite** weather permitting.
(**b**) (*hacer posible*) to allow, enable; **la televisión nos permite llegar a más público** television allows us to reach a wider audience.
2 permitirse *vr* (**a**) (*gen*) to be permitted *o* allowed; **eso no se permite** that is not allowed.
(**b**) ~**se algo** to permit *o* allow o.s. sth; (*económicamente*) to afford sth; **no puedo permitirme ese lujo** I can't afford the extra expense.
(**c**) (*tomarse una libertad*) to take it upon o.s. to; **me permito recordarle que** may I remind you that.
permuta *nf* exchange.
permutación *nf* (**a**) (*Mat etc*) permutation. (**b**) = **permuta**.
permutar [1a] *vt* (**a**) (*Mat etc*) to permute. (**b**) (*cambiar*) to switch, exchange (*con, por* with, for); ~ **destinos con algn** to swap *(fam) o* exchange jobs with sb.
pernada *nf*: **derecho de** ~ (*Hist*) droit de siegneur.
pernear [1a] *vi* to kick one's legs.
pernera *nf* trouser leg.
pernicioso *adj* pernicious.
pernil *nm* (**a**) (*Zool*) upper leg, haunch; (*Culin*) leg. (**b**) (*Cos*) trouser leg.
perno *nm* bolt.
pernoctar [1a] *vi* to spend the night, stay for the night.
pero[1] 1 *conj* (**a**) (*gen*) but; (*sin embargo*) yet; **me gusta,** ~ **es muy caro** I like it, but it's very expensive; **yo no quería ir,** ~ **bueno** ... I didn't want to go, but still ....
(**b**) (*enfático*) ~, **¿dónde está Pedro?** where on earth is Pedro?; ~ **bueno, ¿vienes o no?** now look, are you coming or not?; ~ **vamos a ver** well let's see; **¡~ que muy bien!** jolly good!; **¡~ qué guapa estás!** you look great!; **¡~ si no tiene coche!** I tell you he hasn't got a car!
2 *nm* (**a**) (*falta*) flaw, defect.
(**b**) (*pega*) objection; **encontrar** *o* **poner** ~**s a** to raise objections to, find fault with; **¡no hay** ~ **que valga!** there are no buts about it!
pero[2] *nm* (*And, CSur*) pear tree.
perogrullada *nf* platitude, truism.
Pero Grullo *nm*: **verdad de** ~ platitude, truism.
perol *nm* pot.
peroné *nm* (*Anat*) fibula.
peronista *adj, nmf* (*Arg*) Peronist.
peroración *nf* peroration, speech.
perorar [1a] *vi* to make a speech.
perorata *nf* long-winded speech; **echar una** ~ to rattle on *(fam)* (*sobre* about).
peróxido *nm* peroxide.
perpendicular 1 *adj* (**a**) perpendicular (*a* to). (**b**) (*en ángulo recto*) at right angles (*a* to); **el camino es** ~ **al río** the road is at right angles to the river. **2** *nf* perpendicular.
perpetración *nf* perpetration.
perpetrador(a) *nm/f* perpetrator.
perpetrar [1a] *vt* to perpetrate.
perpetuación *nf* perpetuation.
perpetuar [1e] *vt* to perpetuate.
perpetuidad *nf* perpetuity; **a** ~ in perpetuity, for ever; **le condenaron a** ~ he was sentenced to life.
perpetuo *adj* (*Rel etc*) perpetual, everlasting; **cadena** ~**a** (*Jur etc*) life imprisonment.
perplejidad *nf* perplexity, bewilderment.
perplejo *adj* perplexed, bewildered; **me miró** ~ he looked at me in a puzzled way; **dejar a algn** ~ to perplex sb; **se quedó** ~ **un momento** he hesitated a moment.
perra *nf* (**a**) (*Zool*) bitch, female dog. (**b**) (*Esp*) ~ **chica/gorda** (*Hist*) 5/10 cent piece; **no tener una** ~ *(fam)* to be broke *(fam)*, be skint *(fam)*; **ahorró unas** ~**s** he saved a few coppers *(fam)*. (**c**) (*fam: rabieta*) tantrum; **el niño cogió una** ~ the child had a tantrum. (**d**) (*fam: obsesión*) obsession *(fam)*; **está con la** ~ **de comprárselo** he's taken it into his head to buy it.
perramus *nm inv* (*Arg*) raincoat.
perrera *nf* (*gen*) kennels.
perrería *nf* (*trampa*) dirty trick.
perrillo *nm* (**a**) (*Zool*) pup(py). (**b**) (*Mil*) trigger.
perrito *nm*: ~ **caliente** hot dog.
perro[1] *nm* (**a**) (*Zool*) dog; **'**~ **peligroso'** 'beware of the dog'; ~ **de aguas/cobrador/de lanas/de muestra/de presa** spaniel/retriever/poodle/pointer/bulldog; ~ **callejero/faldero/pastor/de casta/de caza** mongrel/lapdog/sheepdog/pedigree dog/hunting dog; ~ **guardián** watchdog; ~ **de guía,** ~ **lazarillo** guide dog; ~ **lobo** wolfhound; ~ **policía** police dog; ~ **salchicha** *(fam)* sau-

sage dog.

(**b**) (*locuciones*) **ser como el ~ del hortelano** to be a dog in the manger; **se cree que allí atan los ~s con longaniza** he thinks it's the land of milk and honey; **ser ~ viejo** to be an old hand; **vida de ~** dog's life; **tiempo de ~s** dirty weather; **¡a otro ~ con ese hueso!** pull the other one, it has bells on it! (*fam*); **echar a algn los ~s encima** to persecute sb; **hacer ~ muerto** (*Chi, Per: fam*) to avoid paying; **se llevan como (el) ~ y (el) gato** they fight like cat and dog; **meter los ~s en danza** to set the cat among the pigeons; **~ ladrador, poco mordedor** his bark is worse than his bite; **a ~ flaco todo son pulgas** it never rains but it pours; **tratar a algn como a un ~** to treat sb like dirt.

(**c**) (*fam: persona*) swine.

(**d**) (*Culin*) **~ caliente** hot dog.

perro[2] *adj* (*fam*) awful, wretched; **esta ~a vida** this wretched life.

perruno/a *adj* (*gen*) canine, dog; (*afecto etc*) doglike.

persa *adj, nmf* Persian.

persecución *nf* (**a**) (*acoso*) pursuit, chase; **estar en plena ~** to be in full cry. (**b**) (*Pol etc*) persecution.

persecutorio *adj*: **manía ~a** persecution complex *o* mania.

perseguidor(a) *nm/f* (**a**) (*gen*) pursuer. (**b**) (*Pol etc*) persecutor.

perseguir [3d, 3k] *vt* (**a**) (*caza, fugitivo*) to pursue, chase; (*acosar*) to hunt down. (**b**) (*chica, empleo*) to chase after, go after; (*propósito*) to pursue. (**c**) (*Pol etc*) to persecute; (*fig*) to harass; **me persiguieron hasta que dije que sí** they pestered me until I said yes; **le persiguen los remordimientos** he is gnawed by remorse; **le persigue la mala suerte** he is dogged by ill luck.

perseverancia *nf* perseverance, persistence.

perseverante *adj* persevering, persistent.

perseverar [1a] *vi* to persevere, keep on, persist; **~ en** to persevere in, persist with.

Persia *nf* Persia.

persiana *nf* (Venetian) blind; (*enrollable*) roller blind.

persignarse [1a] *vr* to cross o.s.

persistencia *nf* persistence.

persistente *adj* persistent.

persistir [3a] *vi* to persist (*en, en hacer* in, in doing).

persona *nf* person; **20 ~s** 20 people; **aquellas ~s que lo deseen** those who wish; **es buena ~** he's a good sort; **tercera ~** third party; (*Ling*) third person; **un pronombre de primera ~** a first person pronoun; **~ física** (*Jur*) natural person; **~ no grata** persona non grata; **~ de historia** dubious individual; **~ jurídica** legal entity; **~s reales** royalty, king and queen; **en ~** in person, in the flesh; **en la ~ de** in the person of; **3 caramelos por ~** 3 sweets each; **pagaron 2 dólares por ~** they paid 2 dollars a head.

personaje *nm* (**a**) (*sujeto notable*) personage, important person; (*famoso*) celebrity, personality; **ser un ~** to be somebody. (**b**) (*Lit, Teat etc*) character.

personal 1 *adj* personal. **2** *nm* (**a**) (*plantilla*) personnel, staff; (*total*) establishment; (*esp Mil*) force; (*Náut*) crew, complement; **~ de tierra** (*Aer*) ground crew; **estar falto de ~** to be shorthanded. (**b**) (*fam: gente*) people; **había mucho ~ en el cine** there was a big crowd in the cinema.

personalidad *nf* (**a**) (*gen*) personality. (**b**) (*Jur*) legal entity. (**c**) **~es** (*personas*) personalities, dignitaries.

personalismo *nm* personal preference, partiality; **obrar sin ~s** to act with partiality towards none.

personalizar [1f] **1** *vt* (*gen*) to personalize; (*personificar*) to embody, personify. **2** *vi* to make a personal reference. **3 personalizarse** *vr* to become personal.

personalmente *adv* personally.

personarse [1a] *vr* to appear in person; **~ en** to present o.s. at, report to.

personero/a *nm/f* (*esp LAm Pol: representante*) (government) official.

personificación *nf* personification.

personificar [1g] *vt* to personify, be the embodiment of.

perspectiva *nf* (**a**) (*Arte, fig*) perspective; **en ~** in perspective; **le falta ~** he lacks a sense of perspective.

(**b**) (*vista*) view, scene, panorama.

(**c**) (*fig*) outlook, prospect; **'buenas ~s de mejora'** 'good prospects'; **es una ~ nada halagüeña** it's a most unwelcome prospect; **se alegró con la ~ de pasar un día en el campo** he cheered up with the prospect of spending a day in the country; **encontrarse ante la ~ de hacer algo** to be faced with the prospect of doing sth; **tener algo en ~** to have sth in view.

perspicacia *nf* perspicacity, shrewdness, discernment.

perspicaz *adj* perspicacious, shrewd.

persuadir [3a] **1** *vt* (*gen*) to persuade; (*convencer*) to convince; **~ a algn de algo/para hacer algo** to persuade sb of sth/to do sth; **dejarse ~** to allow o.s. to be persuaded. **2 persuadirse** *vr* to be persuaded, become convinced.

persuasión *nf* (**a**) (*gen*) persuasion. (**b**) (*convicción*) conviction.

persuasivo *adj* persuasive, convincing.

pertenecer [2d] *vi* (**a**) to belong (*a* to). (**b**) (*fig*) **~ a** to concern; **le pertenece a él hacerlo** it's his job to do it.

perteneciente *adj* (**a**) (*gen*) belonging (*a* to). (**b**) **~ a** pertaining to.

pertenencia *nf* ownership; **las cosas de su ~** his possessions, his property; **~s** personal belongings.

pértiga *nf* pole; **salto de ~** (*Dep*) pole vault.

pertinacia *nf* (**a**) (*persistencia*) persistence. (**b**) (*obstinación*) obstinacy.

pertinaz *adj* (**a**) (*duradero*) persistent. (**b**) (*obstinado*) obstinate.

pertinencia *nf* relevance, pertinence.

pertinente *adj* relevant, pertinent; **no es ~ hacerlo ahora** this is not the appropriate time to do it.

pertrechar [1a] **1** *vt* (*gen*) to supply (*con, de* with); (*Mil*) to supply with ammunition and stores. **2 pertrecharse** *vr*: **~ de algo** to provide o.s. with sth.

pertrechos *nmpl* (*gen*) implements, equipment; (*Mil*) supplies and stores; **~ de pesca** fishing tackle.

perturbación *nf* (**a**) (*Met, Pol etc*) disturbance; **~ del orden público** breach of the peace. (**b**) (*Med*) upset, disturbance; (*mental*) mental disorder.

perturbado/a *nm/f* mentally unbalanced person.

perturbador(a) 1 *adj* (**a**) (*noticia etc*) perturbing, disturbing. (**b**) (*conducta*) unruly, disorderly. **2** *nm/f* disturber (of the peace).

perturbar [1a] *vt* (**a**) (*orden*) to disturb; (*plan etc*) to upset. (**b**) (*Med*) to upset, disturb; (*psicológicamente*) to perturb.

Perú *nm*: **(el) ~** Peru.

peruano/a *adj, nm/f* Peruvian.

perversidad *nf* perversity, depravity.

perversión *nf* (**a**) (*gen*) perversion; **~ sexual** sexual perversion. (**b**) (*maldad*) wickedness; (*corrupción*) corruption.

perverso *adj* perverse, depraved.

pervertido/a 1 *adj* perverted. **2** *nm/f* pervert.

pervertimiento *nm* perversion, corruption.

pervertir [3i] **1** *vt* to pervert, corrupt. **2 pervertirse** *vr* to become perverted.

pesa *nf* weight; **levantamiento de ~s** weightlifting; **hacer ~s** to do weight training.

pesadamente *adv* (**a**) (*gen*) heavily; **caer ~** to fall heavily. (**b**) (*lentamente*) slowly, sluggishly. (**c**) (*de manera aburrida*) boringly, tediously.

pesadez *nf* (**a**) (*peso*) heaviness, weight. (**b**) (*lentitud*) slowness, sluggishness. (**c**) (*Med*) heavy feeling; **~ de estómago** full feeling in the stomach. (**d**) (*fatiga*) tediousness; (*molestia*) annoyance; **es una ~ tener que ...** it's a bore having to ....

pesadilla *nf* (**a**) (*gen*) nightmare, bad dream; **de ~** nightmarish. **(b)** *(fig)* worry, obsession; **ese equipo es nuestra** ~ that is our bogey team; **ha sido la** ~ **de todos** it has been a nightmare for everybody.

pesado/a 1 *adj* **(a)** *(gen)* heavy; **industria ~a** heavy industry.

(b) *(tardo)* slow, sluggish.

(c) *(Met)* heavy, sultry.

(d) *(sueño)* deep, heavy.

(e) *(Med)* heavy; **tener el estómago** ~ to feel bloated.

(f) *(tarea etc: difícil)* tough, hard; *(: aburrido)* tedious, boring; *(: molesto)* annoying; **esto se hace** ~ this is becoming tedious; **la lectura del libro resultó ~a** the book was heavy going; **es una persona de lo más** ~ he's a terribly dull sort; **¡no seas ~!** stop pestering me!

2 *nm/f* boring person, bore; **es un** ~ he's such a bore.

pesadumbre *nf* grief, sorrow, affliction.

pesaje *nm (Boxeo)* weigh-in.

pésame *nm* message of sympathy; **dar el** ~ to express one's condolences (*por* for, on).

pesar [1a] **1** *vt* **(a)** *(averiguar el peso de)* to weigh.

(b) *(resultar pesado)* to weigh down, be heavy for; **me pesa el abrigo** the coat weighs me down.

(c) *(resultar difícil para)* to weigh heavily on; **le pesa tanta responsabilidad** so much responsibility bears heavily on him *o* is a burden to him.

(d) *(fig: examinar)* to weigh.

(e) *(afligir)* to grieve, afflict, distress; **me pesa mucho** I am very sorry about it *o* to hear it *etc*; **no me pesa haberlo hecho** I'm not sorry I did it; **¡ya le pesará!** you'll be sorry!

2 *vi* **(a)** *(gen)* to weigh; *(Boxeo, Hípica)* to weigh in (at); **pesa 5 kilos** it weighs 5 kilos; **¿cuánto pesas?** what *o* how much do you weigh?

(b) *(pesar mucho)* to weigh a lot, be heavy; *(tiempo)* to drag, hang heavy; **ese paquete no pesa** that parcel hardly weighs anything; **¿pesa mucho?** is it heavy? **(c)** *(fig)* to weigh heavily; **sobre ella pesan muchas obligaciones** many obligations bear heavily on her; **pesa sobre mi conciencia** it is weighing on my conscience; **la hipoteca que pesa sobre la finca** the mortgage with which the estate is burdened.

(d) *(fig: opinión etc)* to carry weight, count for a lot; **eso no ha pesado en mi decisión** that didn't have any bearing on my decision.

(e) pese a (que) ... in spite (of) ...; **pese a las dificultades** in spite of the difficulties.

3 pesarse *vr* to weigh o.s.; *(Boxeo, Hípica)* to weigh in.

4 *nm* **(a)** *(arrepentimiento)* regret; *(aflicción)* grief, sorrow; **a mi** ~ to my regret; **con gran** ~ **mío** much to my sorrow; **causar ~ a algn** to cause grief to sb; **sentir** *o* **tener ~ por no haber** ... to regret not having ....

(b) a ~ de in spite of, despite; **a ~ de eso** in spite of that, notwithstanding that; **a ~ de todo** in spite of everything; **a ~ de que no tiene dinero** despite having no money; **a ~ suyo** against his will.

pesaroso *adj (arrepentido)* regretful; *(afligido)* sorrowful, sad.

pesca *nf* **(a)** *(actividad)* fishing; ~ **de altura** deep sea fishing; ~ **de bajura** coastal fishing; ~ **de perlas** pearl fishing; ~ **submarina** underwater fishing; **ir de** ~ to go fishing; **andar a la ~ de** *(fig)* to fish for, angle for. **(b)** *(lo pescado)* catch, quantity (of fish) caught; **la ~ ha sido mala** it's been a poor catch. **(c)** *(fam)* **y toda la** ~ and all the rest of it.

pescadería *nf* fish shop, fishmonger's, fish market *(US)*.

pescadero/a *nm/f* fishmonger.

pescadilla *nf* whiting.

pescado *nm* fish.

pescador(a) 1 *adj* fishing. **2** *nm/f* fisherman/-woman; **~ de caña** angler, fisherman.

pescante *nm* **(a)** *(de carruaje)* driver's seat. **(b)** *(Teat)* wire. **(c)** *(Téc)* jib.

pescar [1g] **1** *vt* **(a)** *(tomar)* to catch, land.

(b) *(intentar tomar)* to fish for, try to catch.

(c) *(fam: obtener)* to get hold of, land; *(empleo)* to land, manage to get; *(datos)* to dredge up; *(resfriado)* to catch; **viene a ~ un marido** she's come to get a husband; **le ha pescado la policía** he's been caught by the police.

(d) *(fam: sorprender)* to nab, catch unawares; **¡ya te pesqué!** now I've found you out!

2 *vi* to fish; **ir a** ~ to go fishing; ~ **a mosca** to fish with a fly; ~ **a la rastra** to trawl; ~ **en río revuelto** to fish in troubled waters.

pescozón *nm* slap on the neck.

pescuezo *nm (Zool)* neck; *(fam: Anat)* scruff of the neck; **retorcer el ~ a una gallina** to wring a chicken's neck; **¡calla, o te retuerzo el ~!** shut up, or I'll wring your neck!

pese *prep*: ~ **a** despite, in spite of.

pesebre *nm* **(a)** *(Agr)* manger, stall. **(b)** *(Rel)* nativity scene, crib.

pesero *nm (Méx: colectivo)* (fixed price) collective taxi.

peseta *nf* peseta.

pesetero *adj (avaro)* money-grabbing, mercenary; *(tacaño)* mean, stingy *(fam)*.

pésimamente *adv* awfully, dreadfully.

pesimismo *nm* pessimism.

pesimista 1 *adj* pessimistic. **2** *nmf* pessimist.

pésimo *adj* awful *(fam)*, dreadful *(fam)*.

peso *nm* **(a)** *(gen)* weight; *(pesadez)* heaviness; **~s y medidas** weights and measures; ~ **atómico/bruto/neto** atomic/gross/net weight; ~ **específico** specific gravity; **comprar algo a ~ de oro** to buy sth at a very high price; **vender a** ~ to sell by weight; **de poco** ~ light(weight); **de mucho** ~ (very) heavy; **poner/perder** ~ to put on/lose weight; **eso cae de su (propio)** ~ that goes without saying, that's obvious.

(b) *(objeto)* weight, weighty object; *(Dep)* shot; **lanzar el** ~ to put the shot; **levantamiento de ~s** weightlifting.

(c) *(Boxeo)* weight; ~ **mosca/gallo/pluma/ligero/medio/pesado** fly-/bantam-/feather-/light-/middle-/heavyweight.

(d) *(sensación de pesadez)* heavy feeling, dull feeling.

(e) *(fig)* weight; **el ~ de la responsabilidad/los años** the burden of responsibility/age; **llevar el ~ del ataque** to bear the brunt of the attack; **quitarse un ~ de encima** to get a load off one's mind; **argumento de** ~ weighty argument; **razones de** ~ good *o* sound reasons; **un hombre de** ~ an influential man.

(f) *(balanza)* scales, balance, weighing machine.

(g) *(LAm Fin)* monetary unit.

pespunte *nm (Cos)* backstitch(ing).

pespuntear [1a] *vt, vi* to backstitch.

pesquera[1] *nf* = **pesquería**.

pesquería *nf* fishing ground, fishery.

pesquero/a[2] **1** *adj* fishing *atr*. **2** *nm* fishing boat.

pesquisa *nf (indagación)* investigation, inquiry; *(búsqueda)* search.

pestaña *nf* **(a)** eyelash. **(b)** *(Téc)* flange; *(de neumático)* rim.

pestañear [1a] *vi* to blink, wink; **sin** ~ without batting an eyelid.

pestañeo *nm* blink(ing), wink(ing).

pestazo *nm (fam)* stink, stench.

peste *nf* **(a)** *(Med)* plague; ~ **bubónica** bubonic plague; ~ **negra** Black Death; ~ **porcina** swine fever. **(b)** *(fig: plaga)* plague; **los chiquillos son una** ~ the kids are a nuisance *(fam)*. **(c)** *(mal olor)* stink, foul smell; **¡qué ~ hay aquí!** what a stink! **(d) echar ~s** to swear, fume.

pesticida *nm* pesticide.

pestilencia *nf* **(a)** *(plaga)* pestilence, plague. **(b)** *(mal olor)* stink, stench.

pestilente *adj* **(a)** pestilent. **(b)** *(que huele mal)* smelly, foul.

pestillo *nm* bolt, latch; (*cerrojo*) catch, fastener.
pesuña *nf* (*LAm*) = **pezuña**.
peta *nm* (*fam: droga*) joint.
petaca 1 *nf* (**a**) (*de cigarrillos*) cigarette; (*de puros*) cigar case; (*de pipa*) tobacco pouch; (*de alcohol*) flask; **hacerle la ~ a algn** to make an apple-pie bed for sb. (**b**) (*esp LAm*) leather-covered chest; (*Méx: equipaje*) piece of luggage. **2** *nmf* (*Arg fam: rechoncho*) short squat person. **3** *adj inv* (*Chi*) slow, sluggish.
petacón *adj* (*Méx fam*) fat-bottomed, broad in the beam *(fam)*.
pétalo *nm* petal.
petanca *nf* pétanque.
petardear [1a] *vi* (*Aut*) to backfire.
petardo *nm* (**a**) firework, firecracker; (*Mil*) petard. (**b**) (*fam: lo que aburre*) bore, drag. (**c**) (*mujer fea*) bag *(fam)*.
petate *nm* (**a**) (*esp LAm*) mat of palm leaves, sleeping mat. (**b**) (*equipaje*) bundle of bedding and belongings; (*Mil*) luggage; **liar el ~** *(fam)* to pack; (*irse*) to pack up and go, clear out *(fam)*; (*morir*) to kick it *(fam)*.
petatearse [1a] *vr* (*Méx*) to peg out *(fam)*, die.
peteneras *nfpl*: **salir por ~** to butt in with some silly remark.
petición *nf* (*gen*) request, plea; (*memorial*) petition; (*Jur: alegato*) plea; (*: reclamación*) claim; **a ~** by request; **a ~ de** at the request of; **~ de divorcio** petition for divorce; **~ de mano** proposal; **~ de orden** (*Inform*) prompt; **con una ~ de 12 años de condena** (*Jur*) with a recommendation to serve 12 years.
peticionar [1a] *vt* (*LAm*) to petition.
peticionario/a *nm/f* petitioner.
petimetre 1 *adj* foppish. **2** *nm* fop, dandy.
petirrojo *nm* robin.
petiso/a, **petizo/a** (*LAm*) **1** *adj* (*pequeño*) small; (*rechoncho*) stocky, chubby. **2** *nm* small horse. **3** *nm/f* small person.
peto *nm* (*de falda*) bodice; (*de pantalón*) bib; (*Mil*) breastplate; (*Taur*) horse's padding; **(pantalones con) ~** dungarees.
petrel *nm* petrel.
pétreo *adj* stony, rocky.
petrificación *nf* petrifaction.
petrificado *adj* petrified.
petrificar [1g] **1** *vt* (*lit, fig*) to petrify. **2 petrificarse** *vr* (*lit*) to become petrified; (*fig*) to be petrified.
petrodólar *nm* petrodollar.
petróleo *nm* (*Min*) oil, petroleum; **~ de alumbrado** paraffin (oil); **~ combustible** fuel oil; **~ crudo** crude oil.
petrolero 1 *adj* oil *atr*. **2** *nm* tanker.
petrolífero *adj* petroliferous, oil-bearing; (*Com*) oil *atr*; **compañía ~a** oil company.
petroquímica *nf* (*ciencia*) petrochemistry; (*Com*) petrochemical company; (*fábrica*) petrochemical factory.
petroquímico *adj* petrochemical.
petulancia *nf* (*insolencia*) vanity, opinionated nature.
petulante *adj* vain, opinionated.
petunia *nf* petunia.
peyorativo *adj* pejorative.
pez¹ *nm* (**a**) fish; **~ de colores** goldfish; **~ espada** swordfish; **~ martillo** hammerhead; **~ sierra** sawfish; **~ volador** *o* **volante** flying fish; **estar como el ~ en el agua** to feel completely at home, be in one's element. (**b**) **~ gordo** big shot. (**c**) **estar ~ en algo** to be completely ignorant of sth, know nothing at all about sth.
pez² *nf* (*brea*) pitch, tar.
pezón *nm* (**a**) (*Anat*) teat, nipple. (**b**) (*Bot*) stalk. (**c**) (*Mec*) **~ de engrase** lubrication point.
pezuña *nf* (**a**) (*Zool*) hoof. (**b**) (*Méx, Per: fam*) smelly feet.
pgdo. *abr de* **pagado** pd.
piadoso *adj* (**a**) (*Rel*) pious, devout. (**b**) (*bondadoso*) kind, merciful (*para, con* to).
piafar [1a] *vi* (*caballo*) to paw the ground, stamp.
pianista *nmf* pianist.
piano *nm* piano; **~ de cola** grand piano; **~ de media cola** baby grand; **~ recto** *o* **vertical** upright piano; **como un ~** (*Esp fam*) real big; **tocar el ~** (*lit*) to play the piano; (*fam: fregar los platos*) to do the washing-up; (*: registrar huellas*) to have one's fingerprints taken.
piar [1c] *vi* (*ave*) to cheep.
piara *nf* (*manada*) herd, drove.
PIB *nm abr de* **producto interior bruto** GNP.
pibe/a *nm/f* (*esp Arg fam*) kid *(fam)*, child.
pica¹ *nf* (*Orn*) magpie.
pica² *nf* (*Mil*) pike; (*Taur*) goad; **poner una ~ en Flandes** to bring off something difficult.
pica³ *nf* (*And, Agr*) tapping (of rubber trees); (*Chi, Per*) annoyance, grudge; **sacar ~ a algn** *(fam)* to annoy sb.
pica⁴ *nm* (*fam: Ferro etc*) inspector.
picacho *nm* peak, summit.
picada *nf* (*CSur: tapas*) tasty snacks *pl*.
picadero *nm* (**a**) (*escuela*) riding school. (**b**) (*fam: habitación*) pad *(fam)*.
picadillo *nm* (*Culin*) mince, minced meat; (*fig*) **los hizo ~** he made mincemeat out of them.
picado 1 *adj* (**a**) (*material*) pricked, perforated; (*superficie*) pitted; **~ de viruelas** pockmarked. (**b**) (*carne*) minced; (*tabaco*) cut; (*mar*) choppy; (*cebolla etc*) finely chopped; (*vino*) pricked, slightly sour. (**c**) **estar ~** to be offended, be cross. **2** *nm* (**a**) (*Aer, Orn*) dive; **caer en ~** (*Aer*) to dive, plummet; (*precios*) to plummet, fall sharply. (**b**) (*Mús*) pizzicato.
picador *nm* (**a**) horse-trainer, horse-breaker. (**b**) (*Taur*) picador. (**c**) (*Min*) faceworker.
picadora *nf* (*tb* **~ de carne**) mincer, mincing machine.
picadura *nf* (**a**) (*gen*) prick; (*pinchazo*) puncture; (*de insecto etc*) sting, bite. (**b**) (*tabaco picado*) cut tobacco.
picaflor *nm* (*LAm*) (**a**) (*Orn*) hummingbird. (**b**) *(fam)* ladykiller *(fam)*, Don Juan.
picajón, **picajoso** *adj* *(fam)* touchy.
picana *nf* (*LAm*) cattle prod, goad; (*eléctrica*) prod *(esp for torture)*.
picanear [1a] (*LAm*) *vt* to spur on, goad on; (*persona*) to torture with electric shocks.
picante 1 *adj* (**a**) (*comida, sabor*) hot, spicy. (**b**) (*comentario*) sharp, cutting; (*broma*) racy, spicy. **2** *nm* (**a**) (*sabor*) hot taste. (**b**) (*And, CSur: Culin: salsa*) chili sauce; (*: guisado*) meat stew with chili sauce.
picantería *nf* (*And, CSur*) (cheap) restaurant *(specializing in spicy dishes)*.
picapedrero *nm* stonecutter, quarryman.
picapica: **polvos de ~** *nmpl* itching powder.
picapleitos *nmf inv* litigious person; (*pey: abogado*) shark lawyer.
picaporte *nm* (*manija*) door-handle; (*pestillo*) latch; (*aldana*) doorknocker.
picar [1g] **1** *vt* (**a**) (*perforar*) to prick, puncture; (*papel*) to prick (a line of) holes in, perforate; (*superficie*) to pit, pock; (*Arte*) to stipple; (*billete*) to punch, clip.
(**b**) (*suj: insecto, reptil*) to bite; (*: abeja, avispa*) to sting; (*: espina*) to prick; (*: pájaro*) to peck.
(**c**) (*comer: ave*) to peck at; (*: persona*) to nibble (at), pick at; (*: pez*) to bite.
(**d**) (*caballo*) to put spurs to, spur on; (*toro*) to stick, prick (with the goad).
(**e**) (*Culin: carne*) to mince; (*: cebollas etc*) to chop up.
(**f**) (*piedra*) to chip; (*en cantera*) to cut; (*tabaco*) to cut.
(**g**) (*Mús*) to play pizzicato.
(**h**) (*fig: incitar*) to goad, incite; (*ofender*) to pique; (*molestar*) to annoy; **eso me picó la curiosidad** that aroused my curiosity; **~ el amor propio de algn** to wound sb's self esteem.
2 *vi* (**a**) (*espina*) to prick; (*insecto*) to sting, bite; **no es de los que pican** it's not the kind that stings.
(**b**) (*pájaro*) to peck (*en* at); (*persona*) to pick, nibble

(*en* at, on); (*fig*) to dabble in; **ha picado en todos los géneros literarios** he's had a go at all the literary genres.

(**c**) (*pez*) to bite, take the bait; (*fig*) to rise to the bait; **por fin picó** he swallowed the bait eventually; **ha picado mucha gente** lots of people have fallen for it, it has caught on with lots of people.

(**d**) (*comida*) to be hot.

(**e**) (*sentir picor*) to itch, sting; **me pican los ojos** my eyes hurt; **me pica la garganta/barba** I've got an itchy throat/beard; **me pica el brazo** my arm itches; **me pica la lengua** my tongue is smarting; **un jersey que pica** an itchy jumper.

(**f**) (*sol*) to burn, scorch.

(**g**) (*Aer, Orn*) to dive.

(**h**) ~ **muy alto** to aim too high, be over-ambitious.

3 picarse *vr* (**a**) (*ropa*) to get moth-eaten; (*substancia*) to get holes in it; (*diente*) to decay.

(**b**) (*vino etc*) to turn sour; (*fruta etc*) to go rotten.

(**c**) (*mar*) to get choppy.

(**d**) (*persona*) to take offence, take offense *(US)*; **el que se pica ajos come** if the cap fits, wear it.

(**e**) ~ **con algo** get an obsession about sth.

(**f**) (*sentirse estimulado*) to pick o.s. up, give o.s. a shake.

(**g**) (*fam: inyectarse*) to give o.s. a shot (of drugs) *(fam)*, shoot up *(fam)*.

picardía *nf* (**a**) (*cualidad*) crookedness; (*astucia*) slyness; (*travesura*) naughtiness. (**b**) (*una* ~) prank.

picardías *nm inv* negligée.

picaresco *adj* (**a**) (*travieso*) roguish, rascally. (**b**) (*Lit: novela*) picaresque.

pícaro/a 1 *adj* (**a**) (*deshonesto*) crooked; (*pillo*) villainous; (*taimado*) sly, crafty; (*niño: travieso*) naughty, mischievous. (**b**) (*niño: precoz*) precocious, knowing. **2** *nm/f* (**a**) (*granuja*) rogue; (*ladino*) sly sort; (*niño*) rascal, scamp; **¡~!** you rascal! (**b**) (*Lit*) rogue.

picarón/ona 1 *adj* naughty, roguish. **2** *nm* (*LAm*) fritter.

picatoste *nm* fried bread.

picazón *nf* (**a**) (*comezón*) itch; (*ardor*) sting, stinging feeling. (**b**) (*desazón*) uneasiness; (*remordimiento*) pang of conscience.

píccolo *nm* piccolo.

picia *nf* (*fam*) prank, escapade.

pick-up [pi'kap, pi'ku] *nm* (*Téc*) pickup.

picnic *nm* picnic.

pico *nm* (**a**) (*Orn*) beak, bill; (*boca*) mouth; **darse un** ~ to kiss.

(**b**) (*punta*) corner, sharp point; (*de página*) corner; **cuello de** ~ V-neck; **sombrero de tres ~s** cocked hat, three-cornered hat; **irse de ~s pardos** (*fam*) to have a whale of a time *(fam)*.

(**c**) (*de jarra*) lip, spout.

(**d**) (*Téc*) pick, pickaxe, pickax *(US)*.

(**e**) (*Geog*) peak, summit.

(**f**) **y** ~ and a bit; **son las 3 y** ~ it's just after 3; **tiene 50 libros y** ~ he has 50-odd books; **quédese con el** ~ keep the change; **me costó un** ~ it cost me quite a bit.

(**g**) (*pájaro*) woodpecker.

(**h**) (*fam: boca*) mouth, trap *(fam)*, gob *(fam)*; (*labia*) talkativeness; **cerrar el** ~ to shut one's trap *(fam)*; **darle al** ~ to gab a lot *(fam)*; **ser un ~ de oro, tener buen** *o* **mucho** ~ to have the gift of the gab *o (US)* gab; **irse del** ~ to talk too much.

(**i**) (*fam: de drogas*) fix *(fam)*, shot *(fam)*.

picoleto *nm* (*Esp fam*) Civil Guard.

picor *nm* = **picazón (a)**.

picoso *adj* (*LAm Culin*) very hot, spicy.

picota *nf* pillory; **poner a algn en la** ~ (*fig*) to ridicule sb.

picotada *nf*, **picotazo** *nm* (*de pájaro*) peck; (*de insecto*) sting, bite.

picotear [1a] **1** *vt* to peck. **2** *vi* (*al comer*) to nibble, pick.

pictórico *adj* (**a**) (*gen*) pictorial. (**b**) (*paisaje etc*) worth painting. (**c**) (*habilidad*) artistic; **tiene dotes ~as** she has a talent for painting.

picudo *adj* (**a**) (*puntiagudo*) pointed, with a point; (*jarra*) with a spout. (**b**) (*Méx fam: astuto*) crafty, clever.

picha *nf* (*fam!*) prick *(fam!)*.

piche *nm* (*CAm*) miser, skinflint.

pichi *nm* (*prenda*) pinafore dress.

pichicata *nf* (*LAm fam*) cocaine powder.

pichicatero/a (*LAm*) *nm/f* (*adicto*) dope addict *(fam)*; (*comerciante*) dope peddler *(fam)*.

pichicato *adj* (*LAm fam: tacaño*) stingy *(fam)*.

pichincha *nf* (*And, CSur: fam*) bargain.

pichón/ona 1 *nm* (**a**) (*paloma*) young pigeon; (*LAm*) chick, young bird; ~ **de barro** clay pigeon. (**b**) (*LAm fam: novato*) novice, greenhorn. **2** *nm/f* (*apelativo*) darling, dearest.

pichonear [1a] *vt* (*Méx fam*) to swindle.

pichuleador *nm* (*CSur fam*) money-grubber.

pichuleo *nm* (*CSur fam*) meanness, stinginess *(fam)*.

PID *nm abr de* **proceso integrado de datos** IDP.

pídola *nf* leapfrog.

pie *nm* (**a**) (*Anat*) foot; ~ **de atleta** athlete's foot; ~ **de cabra** crowbar; **~s de gato** climbing boots; **~s planos** flat feet; **a** ~ on foot; **ir a** ~ to go on foot, walk; **a ~ firme** steadfastly; **a ~s juntillas** (*fig*) firmly, absolutely; **con ~s de plomo** warily, gingerly; **con un ~ en el hoyo** with one foot in the grave; **caer de** ~ (*fig*) to fall on one's feet; **cojear del mismo** ~ to be birds of a feather; **entrar con buen** ~ *o* **con ~ derecho** to get off to a good start; **estar de** ~ to be standing (up); **leventarse con el ~ izquierdo** (*fig*) to get up on the wrong side of the bed; **nacer de** ~ to be born lucky; **ponerse de** *o* **en** ~ to stand *o* get up, rise; **saber de qué ~ cojea algn** to know sb's weak spots *o* weaknesses; **de ~s a cabeza** from head to foot, from top to toe; **soldado de a** ~ (*Hist*) foot-soldier; **de a** ~ (*fig*) common, ordinary; **en** ~ upright; **mantenerse en** ~ to remain upright; **la oferta sigue en** ~ the offer remains; **irse** *o* **salir por ~s, poner ~s en polvorosa** to make off; **argumento sin ~s ni cabeza** pointless *o* absurd argument; **buscar tres ~s al gato** to split hairs, quibble; **no dar ~ con bola** to do everything wrong; **se le fueron los ~s** he slipped, he stumbled; **hacer** ~ to touch the bottom; **no hacer** ~ to be out of one's depth; **parar los ~s a algn** to clip sb's wings, take sb down a peg; **poner el** ~ to tread, put one's foot; **poner los ~s en** (*fig*) to set foot in.

(**b**) (*Mat*) foot; ~ **cuadrado** square foot; **tiene 6 ~s de largo** it is 6 feet long.

(**c**) (*Bot*) trunk, stem; (*de rosa etc*) stock; (*de copa*) stem; (*de estatua*) foot, base; (*de cama, página, escalera*) foot, bottom; (*de foto*) caption; ~ **de imprenta** imprint; **al ~ del monte** at the foot *o* bottom of the mountain; **a los ~s de la cama** at the foot of the bed; **al ~ de la letra** (*citar*) literally, verbatim; (*copiar*) exactly, word for word; **al ~ del cañón** ready to act.

(**d**) (*Teat*) cue.

(**e**) (*de vino*) sediment.

(**f**) (*causa*) motive, basis; (*pretexto*) pretext; **dar ~ a** to give cause for; **dar ~ para que algn haga algo** to give sb a motive for doing sth.

(**g**) (*posición*) standing, footing; **en ~ de guerra** on a war footing; **estar en ~ de igualdad** to be on an equal footing (*con* with).

piedad *nf* (**a**) (*Rel*) piety. (**b**) (*compasión*) pity; (*misericordia*) mercy; **¡por ~!** for pity's sake!; **tener ~ de** to take pity on; **¡ten un poco de ~!** show some sympathy!; **no tuvieron ~ de ellos** they showed them no mercy.

piedra *nf* (*gen*) stone; (*roca*) rock; (*de mechero*) flint; (*Med*) stone; (*Met*) hailstone; **un puente de** ~ a stone bridge; **tener el corazón de** ~ to be hard-hearted; **primera** ~ foundation stone; ~ **de afilar** grindstone; ~ **angular/arenisca/caliza** cornerstone/sandstone/limestone; ~ **filosofal** philosopher's stone; ~ **imán** lodestone; ~ **de molino** millstone; ~ **pómez** pumice (stone); ~ **preciosa** precious stone; ~ **de toque** touchstone; **menos da una** ~ it's better than nothing; **no dejar** ~ **sobre** ~ to raze to the ground; **¿quién se atreve a lanzar la primera** ~**?** which of you shall cast the first stone?; **quedarse de** ~ to be thunderstruck, be rooted to the spot; **no soy de** ~ I'm not made of stone, I do have feelings; **eso sería tirar ~s sobre su propio tejado** people who live in glass houses should not throw stones.

piel 1 *nf* (**a**) (*Anat*) skin. (**b**) (*Zool: pellejo*) skin, hide, fur; (*cuero*) leather; ~ **de ante** suede; ~ **de ternera** calf; ~ **de cerdo** pigskin; **abrigo de ~es** fur coat; **artículos de** ~ leather goods; **una maleta de** ~ a leather suitcase, **dejarse la** ~ (*fig*) to give one's all. (**c**) (*Bot*) skin, peel. **2** *nmf*: ~ **roja** redskin.

piélago *nm* (**a**) (*poet*) ocean, deep. (**b**) (*fig*) **un** ~ **de dificultades** a sea of difficulties.

pienso *nm* (*Agr*) feed, fodder; **~s** feeding stuffs.

pierna *nf* leg; **en ~s** bare-legged; **estirar las ~s** (*fig*) to stretch one's legs; **dormir a** ~ **suelta** *o* **tendida** to sleep the sleep of the just.

pierrot [pie'ro] *nm* pierrot.

pieza 1 *nf* (**a**) (*gen*) piece; (*de tela*) piece, roll; ~ **de museo** museum piece; ~ **de ropa** article of clothing; **de una** ~ in one piece; **¡buena** ~ **estás tú hecho!** you're a fine one!; **quedarse de una** ~ to be dumbfounded; **vender algo por ~s** to sell sth by the piece.

(**b**) (*Mec*) part; ~ **de recambio** *o* **de repuesto** spare (part), extra *(US)*.

(**c**) ~ **de oro** gold coin, gold piece.

(**d**) (*Ajedrez etc*) piece, man.

(**e**) (*Caza*) specimen bagged.

(**f**) (*esp LAm: habitación*) room; ~ **amueblada** furnished room.

(**g**) (*Mús*) piece, composition; (*Teat*) work, play.

(**h**) ~ **de artillería** piece, gun.

2 *nm*: **un dos ~s** (*traje*) a two-piece suit.

pifia *nf* (**a**) (*Billar*) bad shot. (**b**) (*fig: error*) blunder, bloomer. (**c**) (*And, CSur: burla*) mockery; **hacer** ~ **de** to mock. (**d**) (*And, CSur: rechifla*) hiss.

pifiar [1b] **1** *vt* (*And, Arg*) to joke about, mock. **2** *vi* (**a**) (*CSur*) to fail, come a cropper *(fam)*. (**b**) (*tb* ~**la**) to blunder, make a bloomer *(fam)*.

pigmentación *nf* pigmentation.

pigmento *nm* pigment.

pigmeo/a *adj, nm/f* pigmy.

pignorar [1a] *vt* (*empeñar*) to pawn.

pigricia *nf* (*And*) trifle, bagatelle.

pija[1] *nf* (*esp LAm: fam!*) prick *(fam!)*.

pijada *nf* (*fam*) (**a**) (*cosa absurda*) **eso es una** ~ that's utter nonsense *o* rubbish. (**b**) (*cosa sin importancia*) trifle.

pijama *nm* pyjamas, pajama *(US)*.

pije *nm* (*Chi*) toff *(fam)*, snob *(fam)*.

pijo/a[2] (*fam*) **1** *adj* (**a**) (*pera*) posh. (**b**) (*tonto*) stupid. **2** *nm/f* (**a**) (*pera*) snob *(fam)*, toff *(fam)*. (**b**) (*tonto*) berk *(fam)*, twit *(fam)*, jerk *(US)*. **3** *nm* (*Esp fam!*) prick *(fam!)*.

pijotada *nf* = **pijada**.

pijotería *nf* (**a**) snobbery, snobbishness. (**b**) (*LAm*) = **pijada (b)**. (**c**) (*fam: tacañería*) stinginess *(fam)*.

pijotero/a (*fam*) **1** *adj* (**a**) (*molesto*) tedious, annoying. (**b**) (*LAm: tacaño*) mean, stingy *(fam)*. **2** *nm/f* (*persona*) pain *(fam)*, drag *(fam)*.

pila[1] *nf* (**a**) (*montón*) pile, stack. (**b**) (*fam*) heap; **tengo una** ~ **de cosas que hacer** I have heaps *o* stacks of things to do. (**c**) (*esp LAm fam*); **una** ~ **de** a heap of, a lot of; **una** ~ **de años** very many years.

pila[2] *nf* (**a**) (*fregadero*) sink; (*artesa*) trough; (*de fuente*) basin; (*LAm*) (public) fountain. (**b**) (*Rel: tb* ~ **bautismal**) font; ~ **de agua bendita** holy-water stoup; **nombre de** ~ Christian *o* first name. (**c**) (*Elec*) battery, cell; ~ **atómica** atomic pile; ~ **(de) botón** small battery; ~ **seca** dry cell; **cargar las ~s** (*fig*) to recharge one's batteries.

pilar[1] *nm* (**a**) (*gen*) pillar; (*mojón*) milestone; (*de puente*) pier. (**b**) (*fig*) prop, mainstay; **un** ~ **de la monarquía** a mainstay of the monarchy.

pilar[2] *nm* (*de fuente*) basin, bowl.

pilastra *nf* pilaster.

pilcha *nf* (*CSur fam*) garment, article of clothing; **~s** (*ropa: vieja*) old clothes; (*: elegante*) fine clothes.

pilche *nm* (*LAm*) (coconut) gourd, calabash.

píldora *nf* pill; **la** ~ **(anticonceptiva)** the (contraceptive) pill; **dorar la** ~ to sweeten the pill; **tragarse la** ~ to be taken in.

pileta *nf* (**a**) basin, bowl; (*de cocina*) sink. (**b**) (*LAm*) ~ **de natación** swimming pool.

pilila *nf* (*fam*) willy *(fam)*.

pilmama *nf* (*Méx: nodriza*) wet-nurse; (*: niñera*) nursemaid.

pilón[1] *nm* (**a**) (*gen*) pillar, post; (*Elec etc*) pylon. (**b**) (*Téc*) drop hammer.

pilón[2] *nm* (**a**) (*abrevadero*) drinking trough; (*de fuente*) basin. (**b**) (*mortero*) mortar. (**c**) (*Méx fam*) extra, bonus; (*propina*) tip.

piloncillo *nm* (*Méx*) powdered brown sugar.

pilongo *adj* (*castaña*) dried.

piloso *adj* hairy.

pilotaje *nm* (*Náut, Aer*) piloting.

pilotar [1a] *vt* (*avión*) to pilot; (*coche*) to drive; (*barco*) to steer, navigate.

pilote *nm* (*Arquit*) pile.

piloto 1 *nmf* (*Aer*) pilot; (*Aut*) (racing) driver; (*Náut*) navigator, navigation officer. **2** *nm* (**a**) ~ **automático** automatic pilot. (**b**) (*luz*) pilot (light); (*Aut*) tail light; ~ **de alarma** flashing light. **3** *atr* pilot *atr*; **piso** ~ show flat; **programa** ~ pilot programme *o (US)* program.

pilsen, **pilsener** *nf* (*Chi*) beer.

piltra *nf* (*fam*) kip *(fam)*.

piltrafa *nf* (**a**) poor quality meat; **~s** offal *sg*, scraps. (**b**) (*fig*) worthless object; (*individuo*) wretch. (**c**) (*LAm*) **~s** rags, old clothes.

pillaje *nm* pillage, plunder.

pillar [1a] *vt* (**a**) (*atrapar*) to grasp, seize; (*alcanzar*) to catch up with; **¡como te pille ...!** if I get hold of you ...!; **le pilló la policía** the police nabbed him; **la puerta le pilló el dedo** he got his finger caught in the door.

(**b**) (*atropellar*) to knock down, run over.

(**c**) (*fam: sorprender*) to catch out *o* in the act; (*: encontrar*) to catch, get; **¡te he pillado!** got you!; **a ver si le pillo en casa** maybe I'll catch him at home.

(**d**) (*resfriado*) to catch, get; (*puesto, ganga etc*) to get, land; (*broma, significado*) to get, catch on to.

(**e**) (*Esp fam*) **me pilla lejos** it's too far for me; **me pilla de camino** it's on my way; **me pilla muy cerca** it's right here.

pillería *nf* (**a**) (*acción*) dirty trick. (**b**) (*de niños*) naughtiness; (*de adultos*) craftiness. (**c**) (*pandilla*) gang of scoundrels.

pillín/ina *nm/f* little rascal.

pillo/a 1 *adj* (*adulto*) sly, crafty; (*niño*) naughty. **2** *nm/f* (*adulto*) rogue, scoundrel; (*niño*) rascal, scamp.

PIM *nmpl abr de* **Programas Integrados Mediterráneos**.

pimentero *nm* (*Bot*) pepper plant.

pimentón *nm* paprika.

pimienta *nf* pepper; ~ **negra** black pepper.

pimiento *nm* (**a**) (*fruto*) pepper, pimiento; ~ **rojo/verde** red/green pepper; **(no) me importa un** ~ I don't care two hoots *(fam)*. (**b**) (*Bot*) pepper plant.

pimpante *adj* (**a**) smart, spruce. (**b**) (*tb* **tan** ~) smug, self-satisfied.

pimpinela *nf* pimpernel.

pimpollo *nm* (**a**) (*Bot*) sucker, shoot; (*brote*) sapling; (*capullo*) rosebud. (**b**) **hecho un** ~ (*elegante*) very smart;

(*joven*) very young for one's age.
pimpón *nm* ping-pong.
PIN *nm abr de* **producto interior neto**.
pinacoteca *nf* art gallery.
pináculo *nm* (*lit, fig*) pinnacle.
pinar *nm* pine grove *o* plantation.
pincel *nm* (**a**) paintbrush, artist's brush. (**b**) (*fig*) painter.
pincelada *nf* brushstroke; **última** ~ (*fig*) finishing touch.
pincha *nm* (*fam*) D.J., deejay.
pinchadiscos *nmf inv* disc jockey.
pinchar 1a **1** *vt* (**a**) (*gen*) to prick, pierce; (*neumático*) to puncture; (*fam: con navaja*) to knife, stab; **no ~ ni cortar** (*fam*) to cut no ice; **tener un neumático pinchado** to have a puncture *o* a flat tyre *o (US)* tire; ~ **a algn** (*Med fam*) to give sb a jab.
(**b**) (*Telec: fam*) to tap, bug.
(**c**) (*fig: estimular*) to prod; **hay que ~le** he needs prodding; **le pinchan para que se case** they keep prodding him to get married.
(**d**) (*fig: molestar*) to get at; **siempre me está pinchando** he's always getting on at me.
(**e**) (*disco*) to play, put on.
2 *vi* (**a**) (*Aut*) to puncture, burst, have a puncture *o (US)* flat.
(**b**) (*fam: perder*) to fail, suffer a defeat, get beaten.
3 pincharse *vr* (**a**) (*gen*) to prick; (*con droga*) to inject o.s.
(**b**) (*neumático*) to burst, puncture.
pinchazo *nm* (**a**) (*gen*) prick; (*en neumático*) puncture, flat *(US)*. (**b**) (*Med: fam*) jab. (**c**) (*de dolor*) pang. (**d**) (*Telec fam*) tap *(fam)*, bug *(fam)*.
pinche 1 *adj* (*Méx fam*) bloody *(fam)*, lousy *(fam)*. **2** *nmf* kitchen hand.
pinchito *nm* savoury, savory *(US)*, titbit.
pincho *nm* (**a**) (*gen*) point; (*Bot*) prickle, thorn; (*aguijón*) pointed stick, spike. (**b**) (*Culin*) snack; **un ~ de tortilla** a portion of omelette; ~ **moruno** kebab.
pinga *nf* (*LAm fam!*) prick *(fam!)*.
pingajo *nm* rag, shred; **ir hecho un** ~ to look a right mess *(fam)*.
pinganilla *nm* (**a**) (*LAm fam*) sharp dresser. (**b**) (*Méx*) **en ~s** (*de puntillas*) on tiptoe.
pingo 1 *adj inv* (*fam pey*) loose *(fam)*, promiscuous. **2** *nm* (**a**) (*gen*) rag; (*harapo*) old garment, shabby dress; **ir de** ~ to gad about; **poner a algn como un** ~ to abuse sb. (**b**) (*fam: callejador*) gaddabout; (*: pey: mujer*) slut *(fam)*. (**c**) (*CSur fam*) good horse. (**d**) (*Méx*) **el** ~ the devil.
pingonear 1a *vi* (*fam*) to gad about.
ping-pong ['pimpon] *nm* ping-pong.
pingüe *adj* (*ganancias*) rich, fat; (*cosecha*) bumper, rich; (*negocio*) lucrative.
pingüino *nm* penguin.
pininos *nmpl* (*esp LAm*), **pinitos** *nmpl*: **hacer sus** ~ (*niño*) to toddle, take his first steps; (*novato*) to take his first steps; **hago mis ~ como pintor** I play *o* dabble at painting.
pino *nm* (*Bot*) pine tree; ~ **albar** Scots pine; ~ **de tea** pitch pine; **hacer el** ~ to do a handstand; **vivir en el quinto** ~ to live at the back of beyond.
pinol(e) *nm* (*CAm, Méx*) roasted maize *o (US)* cornflour.
pinta¹ *nf* (**a**) (*lunar*) spot, dot; (*Zool*) spot, mark; **una tela a ~s azules** a cloth with blue spots.
(**b**) (*de líquidos*) drop, spot; (*de lluvia*) drop of rain; (*bebida*) drink, drop to drink; **una ~ de grasa** a grease spot.
(**c**) (*fam: aspecto*) look(s); **por la** ~ by the look of it; **tener buena** ~ to look good, look well; **tener ~ de listo** to look clever; **con esa(s) ~(s) no puedes ir** you can't go looking like that.
(**d**) (*LAm Zool: colorido*) colouring, coloring *(US)*, coloration; (*LAm: característica*) family characteristic, distinguishing mark.
(**e**) (*CAm, Méx: pintadas*) piece of graffiti.
pinta² *nf* pint.
pinta³ *nm* (*fam*) rogue.
pintada *nf* piece of graffiti; **~s** graffiti.
pintado *adj* (**a**) (*moteado*) spotted; (*pinto*) mottled, dappled; (*fig*) multicoloured, multicolored *(US)*; **'recién ~'** 'wet paint'. (**b**) **podría pasarle al más** ~ it could happen to anybody; **me sienta que ni ~, viene que ni** ~ it suits me a treat. (**c**) (*fam: igual*) like, identical; **el niño salió ~ al padre** the boy looked exactly like his father.
pintalabios *nm inv* lipstick.
pintar 1a **1** *vt* (**a**) (*gen*) to paint; (*letrero, dibujo*) to draw; ~ **algo de azul** to paint sth blue.
(**b**) (*fig: describir*) to paint, depict, describe; **lo pinta todo muy negro** he paints it all very black.
(**c**) **pero, ¿qué pintamos aquí?** what on earth are we doing here?
2 *vi* (**a**) to paint.
(**b**) (*Bot: madurar*) to ripen, turn red.
(**c**) (*Naipes*) to be trumps; **¿qué pinta?** what's trumps?
(**d**) (*fam*) **él aquí no pinta nada** (*no cuenta*) he's nothing here; (*no le concierne*) this has nothing to do with him.
3 pintarse *vr* (**a**) (*maquillarse*) to use *o* put on make-up; (*pey*) to paint o.s.
(**b**) (*arreglárselas*) **pintárselas solo para algo** to manage to do sth by o.s.
pintarraj(e)ar 1a *vt, vi* (*fam*) to daub.
pintas *nm inv* (*fam*) scruff *(fam)*.
pintear 1a *vi* to drizzle, spot with rain.
pintiparado *adj* (**a**) identical (*a* to). (**b**) **me viene (que ni)** ~ it comes just right.
pinto *adj* (**a**) (*LAm: con manchas: esp animal*) spotted, dappled. (**b**) (*Cu*) clever.
pintor(a) *nm/f* painter; ~ **de brocha gorda** house painter; (*fig*) bad painter, dauber; ~ **decorador** decorator.
pintoresco *adj* picturesque.
pintura *nf* (**a**) (*gen*) painting; **no lo podía ver ni en** ~ she couldn't stand the sight of him. (**b**) (*una* ~) painting; ~ **a la acuarela** watercolour, watercolor *(US)*; ~ **al óleo** oil painting; ~ **rupestre** cave painting. (**c**) (*material*) paint; ~ **al temple** distemper; (*Arte*) tempera. (**d**) (*lápiz de color*) crayon; ~ **de cera** wax crayon.
pinturero/a (*fam*) **1** *adj* conceited, swanky *(fam)*. **2** *nm/f* show-off *(fam)*, swank *(fam)*.
pinza *nf* (**a**) (*de ropa*) clothes peg, clothespin *(US)*; (*Zool*) claw. (**b**) (*Cos*) dart. (**c**) **~s** (*de depilar*) tweezers; (*Med*) forceps; (*tenazas*) tongs; (*Téc*) pincers; **~s de azúcar** sugar tongs; **había que cogerlo con ~s** (*fig*) I had to take it very carefully; **no se lo sacan ni con ~s** wild horses won't drag it out of him.
pinzón *nm* (*Orn*) finch; ~ **vulgar** chaffinch; ~ **real** bullfinch.
piña *nf* (**a**) (*de pino*) pine cone. (**b**) (*fruta*) pineapple. (**c**) (*fig: grupo*) group; (*conjunto*) cluster, knot; (*corrillo*) clique, closed circle. (**d**) (*Carib, Méx*) hub. (**e**) (*fam: golpe*) punch, bash *(fam)*; **darse una** ~ to have a crash.
piñata *nf suspended balloon filled with sweets for parties.*
piño¹ *nm* (*fam*) ivory *(fam)*, tooth.
piño² *nm* (*Chi fam: reunión de personas*) crowd.
piñón¹ *nm* (*Bot*) pine kernel; **estar *o* llevarse a partir un** ~ to be the best of buddies; **seguir a ~ fijo** (*fam: sin moverse*) to be rooted to the spot; (*fig*) to go on in the same old way, be stuck in one's old ways.
piñón² *nm* (*Orn, Téc*) pinion.
PIO *nm abr* (*Esp*) *de* **Patronato de Igualdad de Oportunidades** ≈ EOC.
pío¹ *adj* (*caballo*) piebald, dappled.
pío² *adj* (**a**) (*Rel*) pious, devout; (*pey*) sanctimonious. (**b**) (*compasivo*) merciful.

pío[3] *nm* (*Orn*) cheep, chirp; **no decir ni ~** not to breathe a word; **¡de esto no digas ni ~!** you keep your mouth shut about this!

piocha *nf* pickaxe, pickax *(US)*.

piojo *nm* louse; **estar como ~s en costura** to be packed in like sardines.

piojoso *adj* (**a**) lousy; (*sucio*) dirty, ragged. (**b**) (*mezquino*) mean.

piola 1 *nf* (*LAm*) (**a**) (*soga*) rope, tether. (**b**) (*cuerda*) cord, string. **2** *adj inv* (*Arg fam: astuto*) smart, clever.

piolet [pio'le] *nm* (*pl* **~s** [pio'les]) ice axe, ice ax *(US)*.

pionero/a 1 *adj* pioneering. **2** *nm/f* pioneer.

pioneta *nm* (*Chi Aut*) lorry *o* *(US)* truck driver's mate.

piorrea *nf* pyorrhoea.

pipa *nf* (**a**) pipe; **fumar en ~** to smoke a pipe. (**b**) (*de vino*) cask, barrel; (*medida*) pipe. (**c**) (*Bot: semilla*) pipe, seed; (*esp de girasol*) (edible) sunflower seed; **no tener ni para ~s** to be broke *o* skint *(fam)*. (**d**) (*Mús*) reed. (**e**) (*LAm fam: barriga*) belly *(fam)*; **tener ~** to be potbellied. (**f**) (*fam: pistola*) rod *(fam)*. (**g**) **pasarlo ~** *(fam)* to have a great time.

pipeta *nf* pipette.

pipí *nm* *(fam)* weewee *(fam)*; **hacer ~** to go weewee *(fam)*.

pipiolo/a *nm/f* youngster; (*chico*) little boy, little girl; (*fig: novato*) novice, greenhorn.

pipón *nm* (*PR fam*) kid *(fam)*.

pipote *nm* keg, cask.

pique *nm* (**a**) (*resentimiento*) resentment; (*inquina*) grudge; (*rivalidad*) rivalry, competition; **tener un ~ con algn** to have a grudge against sb; **tienen (un) ~ sobre sus coches** they're always trying to outdo one another with their cars. (**b**) **estar a ~ de hacer algo** to be on the point of doing sth. (**c**) **irse a ~** (*barco*) to sink, founder; (*esperanza, familia*) to be ruined. (**d**) (*LAm*) mine shaft.

piquera *nf* (**a**) (*de tonel, colmena*) hole, vent. (**b**) (*CAm, Méx: fam: taberna*) dive *(fam)*.

piqueta *nf* pick, pickaxe, pickax *(US)*; (*de tienda de campaña*) peg.

piquete *nm* (**a**) (*Mil*) squad, party; (*de huelguistas*) picket; **~ secundario** secondary picket. (**b**) (*Arg*) yard, small corral.

piquiña *nf* (*And, Carib*) itch, sting.

pira *nf* (*hoguera*) pyre.

pirado/a *(fam)* **1** *adj* round the bend *(fam)*. **2** *nm/f* nutcase *(fam)*.

piragua *nf* canoe.

piragüismo *nm* canoeing.

piragüista *nmf* canoeist.

piramidal *adj* pyramidal.

pirámide *nf* pyramid.

piraña *nf* piranha.

pirarse [1a] *vr* (**a**) **~(las)** to beat it *(fam)*. (**b**) **~ la(s) clases** to cut class.

pirata 1 *nmf* (**a**) pirate; **~ aéreo** hijacker. (**b**) (*Inform*) hacker. **2** *adj*: **barco ~** pirate ship; **disco ~** bootleg record; **edición ~** pirated edition; **emisora ~** pirate radio station.

piratear [1a] **1** *vt* (*Aer*) to hijack; (*Mús*) to pirate; (*Inform*) to hack into. **2** *vi* to buccaneer, practise *o* *(US)* practice piracy.

piratería *nf* piracy; (*de disco*) pirating, bootlegging; (*Inform*) hacking; **~s** depredations.

pirca *nf* (*And, Chi*) dry-stone wall.

pirenaico *adj* Pyrenean.

pirgua *nf* (*And, CSur*) shed, small barn.

pirineo *adj* Pyrenean.

Pirineo(s) *nm(pl)* Pyrenees; **el ~ catalán** the Catalan (part of the) Pyrenees.

piripi *adj* *(fam)*: **estar ~** to be sozzled *(fam)*.

pirita *nf* pyrite.

piro *nm*: **darse el ~** *(fam)* to beat it *(fam)*.

piromanía *nf* pyromania.

pirómano/a *nm/f* arsonist, fire-raiser, pyromaniac.

piropear [1a] *vt* to compliment.

piropo *nm* (amorous) compliment, flirtatious remark; (*lisonja*) flattery; **echar ~s a** to compliment.

pirotecnia *nf* pyrotechnics; (*fuegos artificiales*) firework display.

pirotécnico *adj* pyrotechnic, firework *atr*.

pirquén *nm*: **mina al ~** (*Chi*) rented mine.

pirrar [1a], **pirriar** [1b] **1** *vt*: **le pirraba el cine** he was right into the cinema *(fam)*. **2 pirr(i)arse** *vr*: **~ por** to rave about, be crazy about.

pírrico *adj*: **victoria ~a** Pyrrhic victory.

pirueta *nf* (**a**) pirouette; (*cabriola*) caper. (**b**) **hacer ~s** (*fig*) to perform a balancing act.

piruetear [1a] *vi* to pirouette.

pirula *nf*: **hacer la ~ a** (*fam: molestar*) to upset, annoy; (*: jugarla*) to play a dirty trick on.

piruleta *nf* lollipop.

pirulí *nm* (*chupachups*) lollipop; **el P~** *(fam)* Madrid television tower.

pis *nm* *(fam)* pee *(fam)*; (*entre niños*) wee wee *(fam)*; **hacer ~** to have a pee *(fam)*, do a wee wee *(fam)*.

Pisa *nf* Pisa.

pisada *nf* footstep, tread; (*huella*) footprint.

pisano/a 1 *adj* of *o* from Pisa. **2** *nm/f* native *o* inhabitant of Pisa.

pisapapeles *nm inv* paperweight.

pisar [1a] **1** *vt* (**a**) to tread (on), walk on; (*por casualidad*) to step on; (*para destruir*) to flatten, crush, trample (underfoot); (*uvas*) to tread; (*tierra*) to tread down; **¡me has pisado!** you've stood on me!; **~ el acelerador** to step on the accelerator; **'prohibido ~ el césped'** 'keep off the grass'; **no volvimos a ~ ese sitio** we never set foot in that place again.

(**b**) (*Mús: tecla*) to strike, press; (*: cuerda*) to hold down.

(**c**) (*And: hembra*) to cover.

(**d**) (*fig: atropellar*) to trample on, walk all over; (*maltratar*) to abuse; **no se deja ~ por nadie** he doesn't let anybody trample over him.

(**e**) (*fam: adelantarse a*); **otro le pisó el puesto** somebody got in first and collared the job; **el periódico le pisó la noticia** the newspaper got in first with the news.

2 *vi* (**a**) (*andar*) to tread, step; **hay que ~ con cuidado** you have to tread carefully.

(**b**) (*fig*) **~ fuerte** to act determinedly; **entrar pisando fuerte** to get off to a good start.

pisaverde *nmf* toff *(fam)*.

pisca *nf* (*Méx*) = **pizca**.

piscar [1g] *vi* (*Méx*) to pinch, nip.

piscicultor(a) *nm/f* fish-farmer.

piscicultura *nf* fish-farming.

piscifactoría *nf* fish-farm.

piscina *nf* (**a**) swimming pool; **~ climatizada** heated swimming pool; **~ cubierta** indoor swimming pool; **~ olímpica** Olympic-length pool. (**b**) (*estanque*) fishpond, fishtank.

Piscis *nm* Pisces.

pisco *nm* (*And, Chi*) strong grape liquor; **~ sauer** (*And*) pisco cocktail.

piscolabis *nm inv* snack.

piso *nm* (**a**) (*esp LAm: gen*) floor; (*suelo*) flooring. (**b**) (*de edificio*) storey, floor; (*de autobús*) deck; (*de cohete*) stage; (*de pastel*) layer, tier; **~ alto/bajo** top/ground *o* *(US)* first floor; **primer ~** first *o* *(US)* second floor; **viven en el quinto ~** they live on the fifth floor; **autobús de dos ~s** double-decker bus. (**c**) (*casa*) flat, apartment *(US)*; **~ franco** (*Esp*) safe house, hideout. (**d**) (*Aut: de neumático*) tread. (**e**) (*de zapato*) sole. (**f**) (*LAm: tapete*) table runner.

pisón *nm* (*para aplastar tierra*) ram, rammer.

pisotear [1a] *vt* (**a**) (*gen*) to tread down, trample (underfoot); (*hollar*) to stamp on. (**b**) (*fig: humillar*) to trample on; (*ley etc*) to abuse, disregard.

pisotón *nm* stamp; **me ha dado un ~** he stood on me.

pispar [1a] *vi* (*CSur: acechar*) to spy, keep watch.

pista *nf* (**a**) (*rastro*) track, trail; (*Inform*) track; **estar sobre la ~** to be on the scent; **estar sobre la ~ de algn** to be on sb's trail; **seguir la ~ de algn** to be on sb's track.
(**b**) (*indicio*) clue, clew *(US)*; **~ falsa** false trail, false clue; (*: ardid*) red herring; **dame una ~** give me a clue; **la policía tiene una ~ ya** the police already have a lead.
(**c**) (*Dep*) track, course; (*cancha*) court; (*de circo etc*) floor, arena; **~ de aterrizaje** runway, landing strip; **~ de baile** dance floor; **~ de carreras** racetrack; **~ de esquí** ski run; **~ forestal** forest trail; **~ de hielo** ice rink; **~ de patinaje** skating rink; **~ de tenis** tennis court; **~ de tierra batida** clay court.
(**d**) (*de cinta*) track.

pistacho *nm* pistachio.

pistilo *nm* (*Bot*) pistil.

pisto *nm* (**a**) (*Med*) chicken broth. (**b**) (*Culin*) fried vegetable hash, ratatouille. (**c**) (*fig: revoltijo*) mixture, hotchpotch, hodgepodge *(US)*. (**d**) **darse ~** (*fam*) to show off. (**e**) (*LAm fam: dinero*) money, dough *(fam)*.

pistola *nf* (*arma*) pistol, gun; (*Téc: para pintar*) spray gun; **~ de engrase** grease gun; **~ de juguete** toy pistol.

pistolera *nf* (**a**) holster. (**b**) (*Anat fam*) **~s** flabby thighs.

pistolero *nm* gunman, gangster; **~ a sueldo** hired gunman.

pistoletazo *nm* pistol shot; (*Dep, fig*) starting signal.

pistón *nm* (**a**) (*Mec*) piston. (**b**) (*Mús*) key; (*Col*) bugle, cornet.

pistonudo *adj* (*fam*) smashing *(fam)*, terrific *(fam)*.

pistudo *adj* (*CAm fam*) filthy rich *(fam)*.

pita *nf* (*planta*) agave; (*fibra*) pita fibre, pita thread.

pitada *nf* (**a**) (*silbido*) whistle; (*rechifla*) hiss. (**b**) (*LAm fam: de cigarrillo*) puff, draw *(fam)*.

pitanza *nf* (**a**) dole, daily ration; (*fam*) grub. (**b**) (*fam*) price.

pitar [1a] **1** *vt* (**a**) (*silbato*) to blow; (*partido*) to referee; **el árbitro pitó falta** the referee whistled for a foul. (**b**) (*Dep*) to whistle at, boo; (*actor, obra*) to hiss, give the bird to. (**c**) (*LAm fam: fumar*) to smoke. **2** *vi* (**a**) (*sonar*) to whistle, blow a whistle; (*rechiflar*) to hiss, boo; (*Aut*) to sound one's horn. (**b**) (*LAm fam: fumar*) to smoke. (**c**) (*fam: funcionar*) **esto no pita** this is no good; **salir pitando** to beat it *(fam)*.

pitazo *nm* (*LAm*) whistle, hoot.

pitido *nm* whistle; (*sonido agudo*) beep; (*sonido corto*) pip.

pitillera *nf* cigarette case.

pitillo *nm* (**a**) cigarette; **echarse un ~** to have a smoke. (**b**) (*And, Carib*) drinking straw.

pítima *nf*: **coger una ~** (*fam*) to get plastered *(fam)*.

pitiminí *nm*: **de ~** (*fig*) trifling, trivial.

pito *nm* (**a**) (*silbato*) whistle; (*Aut*) horn, hooter; (*Ferro*) whistle, hooter; **tener voz de ~** to have a squeaky voice.
(**b**) (*Orn*) **~ real** green woodpecker.
(**c**) (*fam: cigarrillo*) fag *(fam)*, ciggy *(fam)*; (*LAm*) pipe.
(**d**) (*fam!*) prick *(fam!)*; (*entre niños*) willy *(fam)*.
(**e**) (*locuciones*) **cuando no es por ~s es por flautas** if it isn't one thing it's another; **entre ~s y flautas** what with one thing and another; **(no) me importa un ~** I don't care two hoots (*de* about); **me tomaron por el ~ del sereno** (*Esp*) they thought I was something the cat dragged in.

pitón[1] *nm* (*Zool*) python.

pitón[2] *nm* (*Zool*) horn; (*de jarra etc*) spout; (*LAm: de manguera*) nozzle.

pitonisa *nf* (*adivinadora*) fortuneteller; (*hechicera*) witch, sorceress.

pitorrearse [1a] *vr*: **~ de** to scoff at, make fun of.

pitorreo *nm* (*fam*) teasing, joking; **estar de ~** to be in a joking mood.

pitorro *nm* spout.

pitote *nm* (*fam*) fuss, row.

pituco/a (*And, CSur*) **1** *adj* posh *(fam)*, elegant. **2** *nm/f* *(fam)* toff *(fam)*, elegant person.

pituitario *adj* pituitary; **glándula ~a** pituitary (gland).

pivote *nm* pivot.

píxel *nm* (*Inform*) pixel.

piyama *nm* (*LAm*) pyjamas *pl*, pajama *(US)*.

pizarra *nf* (**a**) (*piedra*) slate; (*esquisto*) shale. (**b**) (*Escol*) blackboard.

pizarral *nm* *V* **pizarra (a)** slate quarry; shale bed.

pizarrín *nm* slate pencil.

pizarrón *nm* (*Escol*) blackboard.

pizca *nf* (**a**) (*partícula*) pinch, spot; (*migaja*) crumb; **una ~ de sal** a pinch of salt. (**b**) (*fig: rastro*) trace, jot; **ni ~** not a bit, not a scrap; **no tiene ni ~ de gracia** it's not funny at all.

pizpireta *nf* (*fam*) bright girl, smart little piece *(fam)*.

pizza *nf* (*Culin*) pizza.

PJ *nm abr* (*Arg*) *de* **Partido Justicialista**.

p.j. *nm abr de* **partido judicial**.

PL *nm abr de* **Parlamento Latinoamericano**.

placa *nf* (**a**) (*gen*) plate; (*lámina*) thin piece of material, (thin) sheet; (*de cocina*) plate; (*radiador*) radiator; **~ conmemorativa** commemorative plaque; **~ dental** (dental) plaque; **~ de hielo** icy patch; **~ de matrícula** number *o (US)* license plate, registration plate; **~ madre** (*Inform*) motherboard; **~ del nombre** nameplate. (**b**) (*Fot: tb* **~ fotográfica**) plate. (**c**) (*LAm: Mús*) gramophone *o (US)* phonograph record. (**d**) (*distintivo*) badge, insignia. (**e**) (*LAm: erupción*) blotch, skin blemish.

placaje *nm* (*Rugby*) tackle.

placar [1g] *vt* (*Rugby*) to tackle.

placard *nm* (*CSur: armario empotrado*) built-in cupboard, (clothes) closet *(US)*.

pláceme *nm* (*felicitación*) congratulations, message of congratulations; **dar el ~ a algn** to congratulate sb.

placenta *nf* placenta, afterbirth.

placentero *adj* pleasant, agreeable.

placer[1] **1** *nm* (*gen*) pleasure; (*contento*) enjoyment, delight; **a ~** as much as one wants; **es un ~ hacerlo** it is a pleasure to do it; **con mucho *o* sumo ~** with great pleasure; **tengo el ~ de presentarle** It's my pleasure to introduce; **~ de dioses** heavenly delight; **viaje de ~** pleasure trip. **2** [2w] *vt* (*agradar*) to please; **me place poder hacerlo** I am glad to be able to do it.

placer[2] *nm* (*Geol, Min*) placer.

placero/a *nm/f* (**a**) (*vendedor*) stallholder, market trader. (**b**) (*fig: ocioso*) loafer, gossip.

plácidamente *adv* placidly.

placidez *nf* placidity.

plácido *adj* placid.

placita *nf* (*LAm*) little square.

plaf *interj* bang!, crash!, smack!

plafón *nm* (*en el techo*) rosette; (*de madera*) panel; (*LAm: Constr*) ceiling.

plaga *nf* (**a**) (*Agr: Zool*) pest; (*: Bot*) blight; **~ del jardín** garden pest; **~s forestales** forest pests. (**b**) (*de langostas*) plague; (*azote*) scourge; (*infortunio*) calamity, disaster; **aquí la sequía es una ~** drought is a menace here; **una ~ de turistas** a plague of tourists. (**c**) (*exceso*) glut.

plagar [1h] **1** *vt* (*infestar*) to infest, plague; (*llenar*) to fill; **han plagado la ciudad de carteles** they have plastered the town with posters; **un texto plagado de errores** a text riddled with errors. **2 plagarse** *vr* to become infested with.

plagiar [1b] *vt* (**a**) (*copiar*) to plagiarize. (**b**) (*Méx: secuestrar*) to kidnap.

plagiario/a *nm/f* (**a**) plagiarist. (**b**) (*Méx*) kidnapper.

plagio *nm* (**a**) (*copia*) plagiarism. (**b**) (*Méx*) kidnap.

plan *nm* (**a**) (*gen*) plan; (*proyecto*) scheme; (*intención*) idea, intention; **~ de desarrollo** development plan; **~ de incentivos** incentive scheme; **~ quinquenal** five-year plan; **no tengo ~es para el futuro** I have no plans for the future.

(**b**) (*idea*) (idea for an) activity, amusement; **tengo un ~ estupendo para mañana** I've got a splendid idea about what to do tomorrow.

(**c**) (*fam: aventura*) date; (*pey*) affair; **¿tienes ~ para esta noche?** have you a date for tonight? (**d**) (*de curso*) programme, program *(US)*; **~ de estudios** curriculum, syllabus.

(**e**) (*Med*) régime; **estar a ~** to be on a course of treatment.

(**f**) (*Topografía: nivel*) level.

(**g**) (*fam: manera*) way; (*: actitud*) attitude; **en ~ económico** in an economical way; **en ese ~** in that way, at that rate; **si te pones en ese ~** if that's your attitude; **eso no es ~, tampoco es ~** that's not on *(fam)*; **vamos en ~ de turismo** we're going as tourists; **lo hicieron en ~ de broma** they did it for a laugh; **lo hizo en ~ bruto** (*Esp*) he did it in a brutal way; **unos jóvenes en ~ de divertirse** some youngsters out for a good time.

plana *nf* (**a**) (*de hoja*) side, page; (*Tip*) page; **noticias de primera ~** front-page news; **en primera ~** on the front page; **corregir** *o* **enmendar la ~ a algn** to put sb right. (**b**) (*Mil*) **~ mayor** staff; (*fig*) top brass *(fam)*, big shots *(fam)*. (**c**) (*Téc*) trowel; (*de tonelero*) cooper's plane.

plancton *nm* plankton.

plancha *nf* (**a**) (*lámina*) plate, sheet; (*losa*) slab; (*Tip*) plate; (*Náut*) gangway; (*Culin*) grill; **pescado a la ~** grilled fish. (**b**) (*utensilio*) iron; (*acción*) ironing; (*: de traje*) pressing; (*ropa para planchar*) ironing; **~ eléctrica** electric iron. (**c**) (*fam: error*) bloomer *(fam)*; **hacer** *o* **tirarse una ~** to drop a clanger *(fam)*. (**d**) (*Dep*) dive; **entrada en ~** sliding tackle; **lanzarse en ~** to dive (for the ball), dive headlong.

planchada *nf* (**a**) (*para barcas*) landing stage. (**b**) (*LAm*) = **plancha (c)**.

planchado 1 *adj* (**a**) (*ropa*) ironed; (*traje*) pressed. (**b**) (*CAm, CSur*) very smart, dolled up. (**c**) (*LAm fam: sin dinero*) broke *(fam)*. **2** *nm* (**a**) (*V adj (a)*) ironing; pressing; **dar un ~ a** to iron, press; **prenda que no necesita ~** non-iron garment. (**b**) (*And, CSur: Aut*) panel beating.

planchar [1a] **1** *vt* (**a**) (*ropa*) to iron; (*traje*) to press; **prenda de no ~** non-iron garment. (**b**) (*LAm fam*) to flatter, suck up to *(fam)*. **2** *vi* (**a**) to iron, do the ironing. (**b**) (*LAm fam*) to sit out (a dance). (**c**) (*Chi fam*) to drop a clanger *(fam)*; (*parecer absurdo*) to look ridiculous.

planchazo *nm* (*fam*) = **plancha (c)**.

planeador *nm* (*Aer*) glider.

planear [1a] **1** *vt* (*proyectar*) to plan. **2** *vi* (*Aer*) to glide; (*fig*) to hang, hover (*sobre* over).

planeta *nm* planet.

planetario 1 *adj* planetary. **2** *nm* planetarium.

planicie *nf* (*llanura*) plain; (*llano*) flat area, level ground.

planificación *nf* planning; **~ corporativa** corporate planning; **~ familiar** family planning.

planificador 1 *adj* planning. **2** *nm* planner.

planificar [1g] *vt* (*proyectar*) to plan.

planilla *nf* (*LAm*) (**a**) (*lista*) list; (*tabla*) table, tabulation; (*nómina*) payroll. (**b**) (*Ferro etc*) ticket. (**c**) (*formulario*) application form, blank; (*Fin: cuenta*) account; (*de gastos*) expense account. (**d**) (*para votar*) voting paper; (*Pol*) ticket.

plan(n)ing [ˈplanin] *nm* (*pl* **~s** [ˈplanin]) agenda, schedule, plan.

plano 1 *adj* (**a**) (*llano*) flat, level; (*Mat, Mec*) plane; (*liso*) smooth; **caer de ~** to fall flat.

(**b**) (*fig*) **le daba el sol de ~** the sun shone directly on it; **confesar de ~** to make a full confession; **rechazar algo de ~** to turn sth down flat.

2 *nm* (**a**) (*Mat, Mec*) plane; **~ focal** focal plane.

(**b**) (*fig: posición*) position, level; **de distinto ~ social** of a different social position.

(**c**) (*Cine*) shot; **primer ~** close-up; (*de imagen*) foreground; **está en (un) primer/segundo ~** (*fig*) to be in the foreground/background.

(**d**) (*Aer*) **~ de cola** tailplane.

(**e**) (*Arquit, Mec*) plan; (*Geog*) map; (*de ciudad*) map, street plan; **~ acotado** contour map; **levantar el ~ de** (*de país*) to survey, make a map of; (*de edificio*) to draw up the designs for.

planta *nf* (**a**) (*Bot*) plant; **~ de interior** indoor plant, houseplant. (**b**) (*del pie*) sole of the foot, foot. (**c**) (*Arquit: piso*) floor, storey; **~ baja** ground *o (US)* first floor. (**d**) (*Arquit: plano*) ground plan; **construir un edificio de (nueva) ~** to build a completely new building. (**e**) (*presencia*) **de buena ~** well-built; (*de buen talle*) shapely; **tener buena ~** to have a fine physique; (*atractivo*) to be good-looking. (**f**) (*fábrica*) plant.

plantación *nf* (**a**) (*acción*) planting. (**b**) plantation; **~ de tabaco** tobacco plantation.

plantado *adj* (*fam*) (**a**) **dejar a algn ~** (*en una cita*) to stand sb up; (*abandonar*) to walk out on sb; **dejar ~ al novio** to jilt one's boyfriend; **dejar algo ~ (en cualquier sitio)** to dump sth down. (**b**) **sigue ahí ~** he's still standing there. (**c**) *V* **planta (e)**; **bien ~** well-built; shapely; good-looking.

plantador(a) 1 *nm/f* (*persona*) planter. **2** *nm* (*Agr*) dibber.

plantar [1a] **1** *vt* (**a**) (*Bot*) to plant.

(**b**) (*poste etc*) to put in; (*tienda*) to pitch.

(**c**) (*fam: beso, bofetada*) to plant.

(**d**) (*fam: insulto*) to offer, hurl; **le planté cuatro verdades** I gave him a good piece of my mind.

(**e**) **~ a algn (de patitas) en la calle** to chuck sb out.

(**f**) *V* **plantado (a)**.

2 plantarse *vr* (**a**) to stand firm, stay resolutely where one is; (*con firmeza*) to plant o.s.; (*fig: de pie firme*) to stand firm, refuse to compromise.

(**b**) (*caballo: resistirse*) to balk, refuse.

(**c**) **~ en** to reach, get to; **en 3 horas se plantó en Sevilla** he got to Seville in 3 hours.

(**d**) (*Naipes*) to stick.

planteamiento *nm* (**a**) (*de problema*) posing, raising. (**b**) (*aproximación*) approach.

plantear [1a] **1** *vt* (**a**) (*proponer*) to bring up, raise. (**b**) (*problema*) to create, pose; (*dificultad*) to raise; **nos ha planteado muchos problemas** it has created a lot of problems for us; **se lo plantearé** I'll put it to him. **2 plantearse** *vr*: **~ algo** (*pensar en*) to think about sth; (*enfrentarse a*) to address sth.

plantel *nm* (**a**) (*Bot*) nursery. (**b**) (*fig: centro educativo*) training establishment, nursery. (**c**) (*fig: personal*) staff, personnel; **~ de actores y actrices** leading actors and actresses. (**d**) (*LAm: escuela*) school.

plantilla *nf* (**a**) (*de zapato*) inner sole, insole; (*de media etc*) sole. (**b**) (*Téc*) pattern, template; (*patrón*) stencil. (**c**) (*personas*) personnel; **estar de ~** to be on the payroll.

plantío *nm* plot, bed, patch.

plantón *nm* (*fam: espera*) long wait, tedious wait; **dar (un) ~ a algn** to stand sb up; **estar de ~** to be stuck, have to wait around.

plañidera *nf* (paid) mourner.

plañidero *adj* mournful, plaintive.

plañir [3h] *vt* to mourn, grieve over.

plaqueta *nf* (*Med*) platelet.

plasma *nm* plasma.

plasmar [1a] **1** *vt* (*figurar*) to mould, mold *(US)*, shape; (*crear*) to create; (*dar forma a*) to represent. **2** *vi* **plasmarse** *vr*: **~ en** to take the form of, emerge as.

plasta 1 *nf* (**a**) (*gen*) soft mass, lump; (*cosa aplastada*) flattened mass. (**b**) (*fam: desastre*) botch, mess. **2** *nmf* (*fam: pelmazo*) bore. **3** *adj inv* boring.

plástica *nf* (art of) sculpture, modelling, modeling *(US)*.

plasticidad *nf* (**a**) plasticity. (**b**) (*fig*) expressiveness, descriptiveness; (*de descripción*) richness.

plástico 1 *adj* (**a**) (*gen*) plastic; **artes ~as** plastic arts. (**b**) (*fig: imagen*) expressive, descriptive; (*descripción*) rich, poetic, evocative. **2** *nm* (**a**) (*gen*) plastic. (**b**) (*fam: disco*) record, disc.

plastificar [1a] *vt* (*documento*) to cover with plastic, seal in plastc.

plastilina ® *nf* Plasticine ®.

plata *nf* (**a**) (*metal*) silver; (*vajilla*) silverware; (*Fin*) silver, silver coin(s). (**b**) (*esp LAm*) money; **podrido en ~** (*fam*) stinking rich *(fam)*, rolling in money *(fam)*. (**c**) **hablar en ~** to speak bluntly *o* frankly.

plataforma *nf* (**a**) platform; **~ de lanzamiento** launching pad; **~ petrolífera** *o* **de perforación** drilling rig, oil rig; **zapatos de ~** platforms. (**b**) (*Pol: tb* **~ electoral**) platform; **~ reivindicativa** set of demands. (**c**) (*fig: para lograr algo*) springboard.

platal *nm* (*LAm*) wealth, fortune.

platanal *nm*, **platanar** *nm* (*Col*), **platanera** *nf* (*LAm*) banana plantation.

platanero 1 *adj* banana *atr*. **2** *nm* (*LAm*) banana grower; (*Com*) dealer in bananas.

plátano *nm* (**a**) (*banana: fruta*) banana; (*: árbol*) banana tree. (**b**) (*árbol*) plane (tree).

platea *nf* (*Cine, Teat*) stalls *pl*, ground floor *(US)*.

plateado 1 *adj* (**a**) (*color*) silvery; (*Téc*) silver-plated. (**b**) (*Méx*) wealthy. **2** *nm* silver-plating.

platear [1a] *vt* (**a**) to silver-plate. (**b**) (*CAm, Méx*) to sell, turn into money.

platense (*Arg*) **1** *adj* = **rioplatense 1**. (**b**) of *o* from La Plata. **2** *nmf* (**a**) = **rioplatense 2**. (**b**) native *o* inhabitant of La Plata.

plateresco *adj* plateresque.

platería *nf* (**a**) silversmith's craft. (**b**) silversmith's.

platero/a *nm/f* silversmith.

plática *nf* (*esp Méx: charla*) talk, chat; (*Rel*) sermon; **estar de ~** to be chatting, have a talk.

platicar [1g] **1** *vi* (*charlar*) to talk, chat. **2** *vt* (*Méx: decir*) to say, tell.

platija *nf* plaice.

platillo *nm* (**a**) saucer; (*plato*) small plate; (*de limosnas*) collecting bowl; (*~ de balanza*) scale, pan; **~ volante** flying saucer; **pasar el ~** to pass the hat round. (**b**) **~s** (*Mús*) cymbals.

platina *nf* (**a**) microscope slide. (**b**) (*de cassette*) tape (deck); **doble ~** twin deck.

platino 1 *nm* platinum; **~s** (*Aut*) contact points. **2** *adj*: **rubia ~** platinum blonde.

plato *nm* (**a**) plate, dish; (*de balanza*) scale, pan; **~ frutero/sopero** fruit/soup dish; **fregar los ~s** to wash the dishes, wash up; **pagar los ~s rotos** (*fam*) to carry the can *(fam)*.

(**b**) (*contenido del ~*) plateful, dish; **un ~ de arroz** a dish of rice.

(**c**) (*Culin: en menú*) course; (*: guiso*) dish; **~ combinado** set main course; **~ fuerte** main course; (*fig: tema*) main topic, central theme; **sopa y 4 ~s** soup and 4 courses; **es un ~ típico español** it's a typical Spanish dish; **es mi ~ favorito** it's my favourite dish *o* meal; **no es ~ de mi gusto** (*fig*) it's not my cup of tea.

(**d**) (*de tocadiscos*) turntable.

plató *nm* (*Cine*) set; (*TV*) floor.

platónicamente *adv* platonically.

platónico *adj* platonic.

platudo *adj* (*LAm fam: rico*) rich, well-heeled *(fam)*.

plausible *adj* (**a**) (*loable*) commendable, praiseworthy. (**b**) (*argumento*) acceptable, admissible.

playa *nf* (**a**) (*orilla*) beach; **pasar el día en la ~** to spend the day on the beach. (**b**) (*gen: costa*) seaside; **ir a veranear a la ~** to spend the summer at the seaside. (**c**) (*LAm*) flat open space; (*Ferro*) goods-yard; **~ de estacionamiento** car park, parking lot *(US)*; **~ de juegos** playground.

playera *nf* (*CAm, Méx*) T-shirt.

playeras *nfpl* sandshoes, canvas shoes.

playero *adj* beach *atr*.

playo *adj* (*Arg, Méx*) shallow.

plaza *nf* (**a**) (*gen*) square; (*lugar amplio*) public square; (*mercado*) market (place); **~ mayor** main square; **~ de toros** bullring; **hacer la ~** to do the daily shopping.

(**b**) (*Com: población mercantil*) town, city, centre, center *(US)*.

(**c**) (*espacio*) room, space; (*lugar*) place; (*de vehículo etc*) seat, place; **de dos ~s** (*Aut etc*) two-seater; **~ hotelera** hotel bed; **el avión tiene 90 ~s** the plane carries 90 passengers; **reservar una ~** to reserve a seat.

(**d**) (*ocupación*) post, job; (*vacante*) vacancy; **cubrir una ~** to fill a job.

(**e**) (*Mil: tb* **~ fuerte**) fortress, fortified town.

plazo *nm* (**a**) (*tiempo*) time, period; (*término*) time limit; (*vencimiento*) expiry date, expiration date *(US)*; (*Com, Fin*) date; **en un ~ de 6 meses** in the space of 6 months; **nos dan un ~ de 8 días** they allow us a week, they give us a week's grace; **¿cuándo vence el ~?** when is the deadline?; **se ha cumplido el ~** the time is up; **a corto ~** (*adj: préstamo, fig*) short-dated; (*fig*) short-term; (*adv*) in the short term; **a largo ~** (*adj*) long-dated; (*fig*) long-term; (*adv*) in the long term; **es una tarea a largo ~** it's a long-term job.

(**b**) (*pago*) instalment, installment *(US)*, payment; **pagar el ~ de marzo** to pay the March instalment; **comprar a ~s** to buy on hire purchase, pay for in instalments.

plazoleta, plazuela *nf* small square.

pleamar *nf* high tide.

plebe *nf*: **la ~** the common people, the masses; (*populacho: pey*) the mob, the rabble.

plebeyo/a 1 *adj* plebeian; (*ordinario*) coarse, common. **2** *nm/f* plebeian, commoner.

plebiscito *nm* plebiscite.

pleca *nf* (*Inform*) backslash.

plectro *nm* plectrum.

plegable *adj* pliable, that bends; (*silla*) folding, collapsible.

plegado *nm* (*acto*) folding; (*doblar*) bending.

plegamiento *nm* (*Geol*) fold.

plegar [1h, 1j] **1** *vt* (*papel*) to fold; (*lo duro*) to bend; (*Cos*) to pleat. **2 plegarse** *vr* (**a**) to bend. (**b**) (*fig: someterse*) to yield, submit (*a* to).

plegaria *nf* (*oración*) prayer.

pleitear [1a] *vi* (**a**) (*Jur*) to plead, conduct a lawsuit; (*litigar*) to go to law (*con, contra, sobre* with, over), indulge in litigation. (**b**) (*esp LAm fam*) to argue.

pleitesía *nf*: **rendir ~ a** to show respect for, show courtesy to; (*homenaje*) to pay tribute to.

pleito *nm* (**a**) (*Jur*) lawsuit, case; **~s** litigation *sg*; **~ de acreedores** bankruptcy proceedings; **~ civil** civil action; **entablar ~** to bring an action *o* a lawsuit; **ganar el ~** to win one's case; **poner ~** to sue, bring an action. (**b**) (*fig: litigio*) dispute, feud; (*controversia*) controversy; (*pelea*) quarrel, argument.

plenamente *adj* fully; (*enteramente*) completely.

plenario *adj* plenary, full.

plenilunio *nm* full moon.

plenipotenciario/a *adj, nm/f* plenipotentiary.

plenitud *nf* (*totalidad*) plenitude, fullness; (*exceso*) abundance; **en la ~ de** in the fullness of; (*pináculo*) at the height of.

pleno 1 *adj* full; (*entero*) complete; (*poderes*) full; (*sesión*) plenary, full; **en ~ día** in broad daylight; **en ~ verano** at the height of summer; **en ~ a vista** in full view; **le dio en ~ a cara** it hit him full in the face. **2** *nm* (**a**) plenum. (**b**) (*en el juego*) clean sweep. (**c**) **en ~** as a whole, collectively; (*por unanimidad*) unanimously.

pleonasmo *nm* pleonasm.

pletina *nf* = **platina**.

plétora *nf* plethora, abundance.

pletórico *adj* abundant; **~ de** abounding in, full of,

brimming with; ~ **de salud** bursting with health.
pleuresía *nf* (*Med*) pleurisy.
plexiglás ® *nm* Perspex ®, Plexiglas *(US)* ®.
plexo *nm* (*Anat*) ~ **solar** solar plexus.
pléyade 1 *nf* (*Lit*) group, gathering. **2** *nmpl*: **P~s** Pleiades.
plica *nf* sealed envelope *o* document; (*en un concurso*) sealed entry.
pliego *nm* (**a**) (*hoja de papel*) sheet; (*carpeta*) folder; (*Tip*) gathering. (**b**) sealed letter *o* document; ~ **cerrado** (*Náut*) sealed orders; ~ **de condiciones** specifications (of a tender); ~ **de cargos** list of accusations; ~ **de descargo** evidence (for the defendant).
pliegue *nm* (**a**) fold, crease; (*Cos*) pleat, crease; (*alforza*) tuck. (**b**) (*Geol etc*) fold.
plin *interj*: **¡a mí, ~!** I couldn't care less!
plisado *nm* pleating.
plisar [1a] *vt* to pleat.
plomada *nf* (*Arquit*) plumb; (*Náut*) lead; (*en red de pescar*) weights *pl*, sinkers *pl*.
plomar [1a] *vt* to seal with lead.
plomazo *nm* (*CAm, Méx: tiro*) shot; (*: herida*) bullet wound.
plomería *nf* (**a**) (*Arquit*) leading, lead roofing. (**b**) (*LAm*) plumbing; (*taller*) plumber's workshop.
plomero *nm* (*esp LAm*) plumber.
plomífero *adj* (*fam*) boring.
plomizo *adj* leaden, lead-coloured, lead-colored *(US)*.
plomo 1 *nm* (**a**) lead; ~ **derretido** molten lead; **gasolina sin** ~ unleaded petrol; **soldado de** ~ tin soldier. (**b**) (*plomada*) **a** ~ true, vertical(ly); (*fig: justo*) just right; **caer a** ~ to fall heavily *o* flat. (**c**) (*Elec*) fuse; **se han fundido los ~s** the fuses have blown. (**d**) (*esp LAm*) bullet. (**e**) (*fam: pesadez*) bore; (*: pelmazo*) drag *(fam)*. **2** *adj* (*LAm*) leaden grey *o (US)* gray, lead-coloured *o (US)* -colored.
pluma *nf* (**a**) (*Orn*) feather, quill; (*adorno*) plume, feather; **colchón de ~s** feather bed. (**b**) (*para escribir*) pen; ~ **estilográfica** fountain pen; **y otras obras de su** ~ and other works from his pen; **escribir a vuela** ~ to write quickly. (**c**) **tener** ~ (*Esp fam*) to be a queer *(fam)*.
plumada *nf* stroke of the pen; (*letra adornada*) flourish.
plumado *adj* (*con plumaje*) feathered, with feathers; (*pajarito*) fledged.
plumafuente *nf* (*LAm*) fountain pen.
plumaje *nm* (**a**) (*Orn*) plumage, feathers *pl*. (**b**) (*adorno*) plume, crest; (*penacho*) bunch of feathers.
plumazo *nm* (*trazo fuerte*) stroke of the pen; (*tb fig*); **de un** ~ with one stroke of the pen.
plúmbeo *adj* leaden.
plumear [1a] *vt, vi* to write.
plumero *nm* (**a**) feather duster. (**b**) (*adorno*) plume; (*penacho*) bunch of feathers; **se le ve el** ~ (*fam*) you can see what he's really thinking, you can see what he's really like. (**c**) (*portaplumas*) penholder.
plumier(e) *nm* pencil case.
plumífero *nm* quilted anorak.
plumilla *nf*, **plumín** *nm* pen nib.
plumón *nm* (**a**) (*Orn*) down. (**b**) (*edredón*) continental quilt, duvet; (*saco de dormir*) quilted sleeping bag. (**c**) (*LAm*) felt-tip pen.
plural 1 *adj* plural. **2** *nm* plural; **en** ~ in the plural.
pluralidad *nf* (**a**) (*gen*) plurality. (**b**) **una ~ de** a number of; **el asunto tiene ~ de aspectos** there are a number of sides to this question.
pluralismo *nm* pluralism.
pluralista *adj* pluralist.
pluriempleado/a 1 *adj* having more than one job. **2** *nm/f* person with more than one job, moonlighter *(fam)*.
pluriempleo *nm* having more than one job, moonlighting *(fam)*.
plurifamiliar *adj*: **vivienda** ~ house for several families.
plurivalencia *nf* many-sided value; (*versatilidad*) diversity of uses.
plurivalente *adj* having numerous values; (*versátil*) having diverse uses.
plus *nm* (*suplemento*) extra pay, bonus; ~ **de carestía de vida** cost-of-living bonus; ~ **de peligrosidad** danger money; **con 5 dólares de** ~ with a bonus of 5 dollars.
pluscuamperfecto *nm* (*Ling*) pluperfect.
plusmarca *nf* record.
plusmarquista *nmf* (*Dep*) record holder.
plusvalía *nf* (*mayor valor*) appreciation, added value; (*beneficio*) capital gain.
plutocracia *nf* plutocracy.
plutócrata *nmf* plutocrat.
Plutón *nm* Pluto.
plutonio *nm* plutonium.
pluvial *adj* rain *atr*.
pluviómetro *nm* rain gauge.
pluviosidad *nf* rainfall.
PM *nf abr de* **Policía Militar** MP.
p.m. (**a**) *abr de* **post meridiem** p.m. (**b**) *abr de* **por minuto**.
PMA *nm abr de* **Programa Mundial de Alimentos** WFP.
p/mes *abr de* **por mes** pcm.
PMM *nm abr de* **parque móvil de ministerios** *official government cars*.
pmo *abr de* **próximo**.
PN *nmf abr* (*Esp*) *de* **profesor numerario, profesora numeraria**.
PNB *nm abr de* **producto nacional bruto** GNP.
P.N.D. *nm abr* (*Univ, Escol*) *de* **personal no docente** *non-teaching staff*.
PNN 1 *nmf abr* (*Escol*) *de* **profesor(a) no numerario/a**. **2** *nm abr* (*Econ*) *de* **producto nacional neto**.
PNUD *nm abr de* **Programa de las Naciones Unidas para el Desarrollo**.
PNV *nm abr* (*Esp Pol*) *de* **Partido Nacionalista Vasco**.
P.° *abr de* **Paseo** Ave, Av.
p.o. *abr de* **por orden**.
población *nf* (**a**) population; ~ **activa/flotante** working/floating population. (**b**) (*ciudad*) town, city; (*pueblo*) village; (*Chi: tb* ~ **callampa**) shanty town.
poblada *nf* (*LAm: revuelta*) rural revolt; (*: muchedumbre*) rural crowd in revolt.
poblado 1 *adj* (**a**) inhabited. (**b**) **poco/densamente** ~ underpopulated/thickly populated. (**c**) ~ **de** peopled *o* populated with; (*fig: lleno*) filled with; (*: plagado*) covered with. (**d**) (*barba etc*) big, thick; (*cejas*) bushy. **2** *nm* village; (*población*) town; (*lugar habitado*) inhabited place.
poblador(a) *nm/f* (*colonizador*) settler, colonist; (*fundador*) founder; (*Chi*) slum dweller.
poblano/a 1 *adj* (*LAm*) village *atr*, town *atr*; (*Méx*) of *o* from Puebla. **2** *nm/f* (*LAm*) villager; (*Méx*) native *o* inhabitant of Puebla.
poblar [1l] **1** *vt* (**a**) (*lugar*) to settle, colonize; (*río, colmena*) to stock (*de* with); (*tierra*) to plant (*de* with). (**b**) (*habitar*) to people, inhabit; **los peces que pueblan las profundidades** the fish that inhabit the depths. **2 poblarse** *vr* (**a**) to fill (*de* with); (*ir aumentando*) to fill up (*de* with); (*irse cubriendo*) to become covered (*de* with). (**b**) (*Bot*) to come into leaf.
pobo *nm* white poplar.
pobre 1 *adj* (*gen*) poor (*de, en* in); **¡~ de mí!** poor old me!; **¡~ de ti si te pillo!** it'll be tough on you if I catch you!; **¡~ hombre!** poor fellow! **2** *nmf* (**a**) (*necesitado*) poor person; (*mendigo*) beggar, pauper; **un** ~ a poor man; **los ~s** the poor, poor people. (**b**) (*fig*) ~ **diablo** poor wretch *o* devil; **la ~ estaba mojada** the poor girl was wet through.
pobrecillo/a *nm/f* poor thing.
pobremente *adv* poorly.

pobrería *nf*, **pobrerío** *nm* the poor.
pobrete/a *nm/f* poor thing *o* wretch.
pobretería *nf* **(a)** (*los pobres*) poor people. **(b)** (*pobreza*) poverty. **(c)** (*tacañería*) miserliness, meanness.
pobreza *nf* (*gen*) poverty; (*estrechez*) work, penury; (*moral*) ~ **de espíritu** poorness of spirit, small-mindedness.
pocerón *nm* (*CAm, Méx*) large pool.
pocilga *nf* (*porquerizo*) piggery, pigsty; (*fig: lugar asqueroso*) pigsty.
pocillo *nm* cup; (*LAm*) coffee cup; (*Méx*) tankard.
pócima, **poción** *nf* (*Farm*) potion, draught, draft *(US)*; (*Vet*) drench; (*fig: brebaje*) concoction, nasty drink.
poco 1 *adj, pron* **(a)** (*sg: gen*) little; (*pequeño*) small; (*escaso*) slight, scanty; **era ~ para él** it was too little for him; **~a cosa** not much; **con ~ respeto** with little respect; **de ~ interés** of small interest; **de ~a extensión** not extensive; **hay ~ queso** there isn't much cheese; **nos queda ~ tiempo** we haven't much time; **con lo ~ que me quedaba** with what little I had left; **ya sabes lo ~ que me interesa** you know how little it interests me; **y por si eso fuera ~** and as if that weren't enough.

(b) (*pl: no muchos*) **~s** few; **eran ~s para ella** there were too few of them for her; **unos ~s** a few, some; **~s de entre ellos** few of them; **~s niños saben que ...** few *o* not many children know that ...; **~s son los que ...** there are few who ...; **un canalla como hay ~s** a right scoundrel.

2 *adv* **(a)** (*no mucho*) little, not much; (*ligeramente*) only slightly; **cuesta ~** it doesn't cost much; **ahora trabaja ~** he only works a little now; **los estiman ~** they hardly value it at all; **~ a ~** little by little; **¡~ a ~!** gently!, easy there!; **~ más o menos** more or less; **tener a algn en ~** to think little of sb; **tiene la vida en ~** he holds his life cheap.

(b) (*+adj*) **~ dispuesto a ayudar** disinclined to help; **~ amable** unkind; **~ inteligente** unintelligent.

(c) (*casi*) **por ~** almost, nearly; **por ~ me ahogo** I very nearly drowned.

(d) (*locuciones de tiempo*) **a ~** shortly (after), presently; **a ~ de haberlo firmado** shortly after he had signed it; **cada ~** every so often; **dentro de ~** shortly; **hace ~** a short while back, a short time ago.

(e) (*Méx fam*) **¿a ~?** not really?; **¡a ~ no!** not much! *(fam)*; **¿a ~ no?** (well) isn't it?; **¿a ~ crees que ...?** do you really imagine that ...?; **a ~ vas a decir que ...** maybe you're going to say that ...; **de a ~** (*LAm*) gradually.

3 *nm*: **un ~** a little, a bit; **estoy un ~ triste** I am a little sad; **le conocía un ~** I knew him slightly; **espera un ~** wait a minute; **un ~ de dinero** a little money.
pochismo *nm* (*Méx fam: Ling*) language error, anglicism.
pocho/a 1 *adj* **(a)** (*flor, color*) faded, discoloured, discolored *(US)*; (*persona*) pale; (*fruta*) soft, overripe. **(b)** (*fig: deprimido*) depressed. **2** *nm/f* (*Méx etc*) *United States national of Mexican origin.*
pocholo *adj* (*fam*) nice, cute.
poda *nf* **(a)** (*acto*) pruning. **(b)** (*temporada*) pruning season.
podadera *nf* (*Agr*) pruning knife *o* shears, secateurs.
podadora *nf* (*Méx*) lawnmower.
podar [1a] *vt* **(a)** to prune; (*mondar*) to lop, trim (off). **(b)** (*fig: cortar lo superfluo*) to prune, cut out.
podenco *nm* hound.
poder 1 [2s] *v aux* **(a)** (*capacidad*) **puedo hacerlo sólo** I can do it on my own *o* by myself; **no puede** he can't do it; **no ha podido venir** he couldn't *o* was unable to come.

(b) (*posibilidad*) **puede** *o* **podría estar en cualquier sitio** it could be anywhere; **¿se puede llamar por teléfono desde aquí?** can you make a phone call from here?; **este agua no se puede beber** this water is not fit to drink.

(c) (*eventualidad*) **por lo que pueda pasar** because of what might happen; **podías haberte roto una pierna** you could have broken your leg.

(d) (*permiso*) **puedes irte** you can go; **¿puedo abrir la ventana?** may I open the window?; **aquí no se puede fumar** you are not allowed to smoke here.

(e) (*moral*) **no podemos dejarle sólo** we can't leave him alone.

(f) (*petición*) **¿puedes/puede/podría darme un vaso de agua?** can I have a glass of water please?

(g) (*cálculo*) **¿qué edad puede tener?** I wonder what age he is?

(h) (*sugerencia*) **pod(r)íamos ir al cine** we could (always) go to the cinema.

(i) (*reproche*) **¡podías habérmelo dicho!** you might have told me!

2 *vi* **(a)** (*capacidad*) **no puedo** I can't; **lo haré si puedo** I'll do it if I can; **¡no puedo más!** (*estoy agotado*) I can't go on!; (*estoy harto*) I've had it with this!; (*he comido mucho*) I can't eat another thing!; **no pude (por) menos de sonreír** I could only smile, I just had to smile; **a más no ~** to the utmost, for all one is worth; **es tonto a más no ~** he's as daft as you're likely to get.

(b) (*permiso*) **¿se puede?** may *o* can I come in?

(c) (*fuerza, dominio*) **¿quién puede más?** who can better that?; **la curiosidad pudo más que el temor** his curiosity got the better of his fear; **yo le puedo** I'm a match for him, I'm up to him; **¿puedes con la maleta?** can you manage the suitcase?; **no puedo con él** (*pesa mucho*) I can't manage it; (*no puedo controlarle*) I can't handle him; **no puedo con la hipocresía** I can't stand hypocrisy.

3 *v impers*: **puede** (*fam*) perhaps, maybe; **puede ser** maybe, it may be so; **¡no puede ser!** it can't be!, it's impossible!; **puede ser que esté enfermo** he may be sick; **puede que sí** maybe so, maybe (you're right); **puede que vaya** he might come.

4 *nm* **(a)** (*fuerza*) power; (*autoridad*) authority; **~ adquisitivo** purchasing power; **~ de convocatoria** drawing power; **el dinero es ~** money is power; **esa droga no tiene ~ contra la enfermedad** that drug is not effective against the disease.

(b) (*posesión*) possession; **estar** *u* **obrar en ~ de** to be in the hands *o* possession of; **pasar a ~ de** to pass to, pass into the possession of; **lo tengo en mi ~** I have it within my power.

(c) el ~ power; (*los dirigentes*) the leadership; **~ absoluto** absolute power; **el cuarto ~** the fourth estate *(the Press)*; **~ ejecutivo/judicial/legislativo** executive/judicial/legislative power; **~es públicos** public authorities; **los ~es fácticos** the powers that be; **¡el pueblo al ~!** power to the people!; **¡Smith al ~!** Smith for leader!; **estar en el ~, ocupar el ~** to be in power.

(d) (*Jur*) power of attorney, proxy; **plenos ~es** full power, full authority (to act); **por ~(es)** by proxy.
poderío *nm* **(a)** power; (*fuerza*) might; (*señorío*) authority, jurisdiction. **(b)** (*Fin*) wealth.
poderosamente *adv* powerfully.
poderoso 1 *adj* (*gen*) powerful. **2** *nmpl*: **los ~s** (*dirigentes*) the people in power; (*ricos*) the rich and powerful.
podio *nm* podium.
pódium *nm* (*pl* **~s**) = **podio.**
podología *nf* chiropody.
podólogo/a *nm/f* chiropodist.
podómetro *nm* pedometer.
podredumbre *nf* (*cualidad*) rottenness, putrefaction; (*fig*) rottenness, corruption.
podrido *adj* **(a)** (*gen*) rotten; (*putrefacto*) putrid. **(b)** (*fig*) rotten, corrupt; **está ~ por dentro** he's rotten inside; **están ~s de dinero** (*fam*) they're filthy rich *(fam)*.
podrir [3a] = **pudrir.**
poema *nm* **(a)** poem. **(b)** (*fig*) **fue todo un ~** it was all terribly romantic; (*pey*) it was a proper farce.
poemario *nm* book of poems.

poesía *nf* (**a**) (*gen*) poetry; **la ~ del Siglo de Oro** Golden Age poetry. (**b**) (*una ~*) poem. (**c**) (*encanto*) charm.
poeta *nm* poet.
poetastro *nm* (*pey*) poetaster.
poética *nf* poetics.
poético *adj* poetic(al).
poetisa *nf* poetess.
poetizar [1f] *vt* to poeticize.
pogrom(o) *nm* pogrom.
póker *nm* poker.
polaco[1]/a 1 *adj* Polish. **2** *nm/f* Pole. **3** *nm* (*Ling*) Polish.
polaco[2]/a *adj, nm/f* (*fam*) Catalan.
polaina *nf* (*sobrecalza*) gaiter, legging.
polar *adj* polar.
polaridad *nf* polarity.
polarización *nf* polarization.
polarizar [1f] **1** *vt* to polarize. **2 polarizarse** *vr* to polarize (*en torno a* around).
polca *nf* (**a**) (*Mús*) polka. (**b**) (*fam: jaleo*) fuss, to-do (*fam*).
pólder *nm* polder.
polea *nf* pulley.
polémica *nf* (**a**) (*gen*) polemics *sg.* (**b**) (*una ~*) polemic, controversy.
polémico *adj* polemic(al), controversial.
polemista *nmf* polemicist; (*persona que polemiza*) debater, controversialist.
polemizar [1f] *vi* to indulge in a polemic, argue (*en torno a* about); **no quiero ~** I have no wish to get involved in an argument.
polen *nm* pollen.
poleo *nm* (*Bot*) pennyroyal.
polera *nf* (*Chi*) T-shirt.
poli 1 *nm* (*fam*) cop (*fam*). **2** *nf* (*fam*): **la ~** the cops (*fam*).
poli... *pref* poly..., many-.
policía 1 *nmf* (*hombre*) policeman; (*mujer: tb* **mujer ~**) policewoman; **~ municipal** local policeman/-woman; **~ acostado** (*Ven fam: Aut*) speed bump *o* ramp. **2** *nf* (**a**) (*organización*) police force; **~ militar/secreta/de tráfico/montada** military/secret/traffic/mounted police; **P~ Municipal** local police; **P~ Nacional** national police. (**b**) **mujer ~** policewoman.
policíaco *adj* police *atr*; **novela ~a** detective story.
policial *adj* police *atr*.
policlínico *nm* (*tb* **hospital ~**) general hospital.
policromo, **polícromo** *adj* polychromatic; (*de muchos colores*) many-coloured, many-colored (*US*), colourful, colorful (*US*).
Polichinela *nm* Punch.
polideportivo *nm* sports centre, sports center (*US*), sports complex.
poliedro *nm* polyhedron.
poliéster *nm* polyester.
polietileno *nm* polythene, polyethylene (*US*).
polifacético *adj* (*persona, talento*) many-sided, versatile.
polifonía *nf* polyphony.
polifónico *adj* polyphonic.
poligamia *nf* polygamy.
polígamo 1 *adj* polygamous. **2** *nm* polygamist.
poligloto/a, polígloto/a *adj, nm/f* polyglot.
polígono *nm* (**a**) (*Mat*) polygon. (**b**) (*solar*) site (for development), building lot; (*zona*) area; (*unidad vecinal*) housing estate; **~ industrial** industrial estate.
polilla *nf* moth; (*esp*) clothes moth; (*oruga*) destructive larva; (*de los libros*) bookworm.
polimerización *nf* (*Quím*) polymerization.
polimorfismo *nm* polymorphism.
polimorfo *adj* polymorphic.
Polinesia *nf* Polynesia.
polinesio/a *adj, nm/f* Polynesian.
polinización *nf* (*Bot*) pollination; **~ cruzada** cross-pollination.
polinizar [1f] *vt* to pollinate.
polio *nf* (*Med*) polio.
poliomielitis *nf* (*Med: parálisis infantil*) poliomyelitis.
pólipo *nm* polyp, polypus.
polisemia *nf* polysemy.
polisémico *adj* polysemic.
polisílabo 1 *adj* polysyllabic. **2** *nm* polysyllable.
politeísmo *nm* polytheism.
política *nf* (**a**) (*Pol*) politics; **mezclarse en (la) ~** to go in for *o* get mixed up in politics. (**b**) (*programa*) policy; **~ agraria/económica/exterior/de ingresos y precios/monetaria** agricultural/economic/foreign/prices and incomes/monetary policy.
politicastro *nm* (*pey*) politician.
político/a 1 *adj* (**a**) (*Pol*) political. (**b**) (*gen*) politic; (*diplomático*) tactful; (*cortés*) polite, well-mannered. (**c**) (*pariente*) in-law; **padre ~** father-in-law; **es tío ~ mío** he's an uncle of mine by marriage; **familia ~a** relatives by marriage, in-laws. **2** *nm/f* politician.
politiquear [1a] *vi* to play at *o* dabble in politics.
politiqueo *nm*, **politiquería** *nf* (*pey*) party politics, the political game; (*intriga política*) political gossip.
politiquero/a *nm/f* (*pey*) politician; (*intrigante*) political intriguer.
politizar [1f] *vt* to politicize.
polivalente *adj* (*Quím, Med*) polyvalent.
póliza *nf* (**a**) certificate, voucher; (*Fin*) insurance certificate; **~ de seguro(s)** insurance policy; **pagar una ~** to pay out on an insurance policy. (**b**) (*impuesto*) tax *o* fiscal stamp.
polizón *nm* (*Aer, Náut etc*) stowaway; **viajar de ~** to stow away (*en* on).
polo[1] *nm* (**a**) (*Geog*) pole; **P~ Norte/Sur** North/South Pole; **~ magnético** magnetic pole, magnetic north; **de ~ a ~** from pole to pole.
(**b**) (*Elec*) pole; (*borne*) terminal; (*de enchufe*) pin, point; **~ negativo/positivo** negative/positive pole; **una clavija de 4 ~s** a 4-pin plug.
(**c**) (*fig: centro*) **~ de atracción** centre *o* (*US*) center of attraction; **los dos generales son ~s opuestos** the two generals are at opposite extremes; **esto es el ~ opuesto de lo que dijo antes** this is the exact opposite of what he said before.
(**d**) **~ de desarrollo** *o* **de promoción** (*Com*) development area.
(**e**) (*helado*) iced lolly, Popsicle (*US*) ®.
polo[2] *nm* (*Dep*) polo; **~ acuático** water polo.
polo[3] *nm* (*prenda*) polo-neck(ed sweater).
pololear [1a] *vi* (*And, Chi: fam*) to go out (*con* with), date (*fam*).
pololito *nm* (*Chi fam*) odd *o* casual job.
pololo/a (*Chi*) **1** *nm* (*insecto*) moth. **2** *nm/f* (*fam*) steady boy-/girlfriend.
polonesa *nf* polonaise.
Polonia *nf* Poland.
poltrón *adj* idle, lazy.
poltrona *nf* (**a**) (*tumbona*) reclining *o* easy chair. (**b**) (*fam*) cushy number (*fam*), soft job.
polución *nf* (*contaminación*) pollution; **~ ambiental** air pollution; **~ nocturna** nocturnal emission, wet dream.
polvareda *nf* (**a**) (*polvo*) cloud of dust. (**b**) (*fig: jaleo*) fuss, rumpus (*fam*); **levantar una ~** to create a storm, cause a rumpus.
polvera *nf* powder compact, vanity case.
polvillo *nm* (*LAm Agr*) blight.
polvo *nm* (**a**) (*gen*) dust; **lleno de ~** dusty; **quitar el ~ de** *o* **a un mueble** to dust a piece of furniture; **hacer algo ~** (*fam*) to smash sth, ruin sth; **hacer ~ a algn** (*fam*) to shatter sb; (*: en discusión*) to flatten sb, crush sb; (*: agotar*) to wear sb out; **estoy hecho ~** (*fam: deprimido*) I feel really down; (*cansado*) I'm worn out; **el libro/coche está hecho ~** the book/car is falling to pieces; **hacer morder el ~ a** to humiliate, crush; **limpio de ~ y paja**

free from all charges.

(**b**) (*Quím, Culin, Med*) powder; **~s** face powder; **en ~** powdered; **leche en ~** powdered milk; **~s de picapica** itching powder; **~s de talco** talcum powder.

(**c**) (*porción*) pinch; **un ~ de rapé** a pinch of snuff.

(**d**) (*fam!*) screw *(fam!)*, shag *(fam!)*; **echar un ~** (*fam!*) to have a screw *(fam!)* shag *(fam!)*.

pólvora *nf* (**a**) (*explosivo*) gunpowder; **~ de algodón** guncotton; **no ha descubierto** *o* **inventado la ~** he'll never set the world on fire; **propagarse como la ~** to spread like wildfire. (**b**) (*fuegos artificiales*) fireworks.

polvoriento *adj* (*superficie*) dusty.

polvorín *nm* (*Mil*) arsenal; (*fig*) powder keg; (*pólvora*) fine powder.

polvorosa *adj*: **poner pies en ~** (*fam*) to beat it *(fam)*.

polvoso *adj* (*LAm*) dusty.

polla *nf* (**a**) (*Orn*) pullet; (*polluelo*) chick; **~ de agua** moorhen. (**b**) (*LAm*) stakes, pool. (**c**) (*Anat fam!*) prick *(fam!)*; **qué duquesa ni que ~s en vinagre!** duchess my arse! *(fam!)*.

pollada *nf* (*Orn*) brood.

pollastro, **pollastrón** *nm* (*fam*) sly fellow.

pollera *nf* (**a**) (*criadero*) hencoop, chicken run; (*cesto*) basket for chickens. (**b**) (*LAm*) skirt, overskirt; *V tb* **pollero**.

pollería *nf* poulterer's (shop).

pollero/a *nm/f* (**a**) chicken farmer, poulterer. (**b**) (*LAm*) gambler. (**c**) (*Méx fam*) guide for illegal immigrants *(to USA)*.

pollita *nf* (*fam*) bird *(fam)*, chick *(fam)*.

pollito *nm* (**a**) (*Orn*) chick. (**b**) (*fam*) = **pollo (b)**.

pollo *nm* (**a**) (*Orn*) chicken; (*ave tierna*) chick, young bird; (*Culin*) chicken; **~ asado** roast chicken; **~ rostizado** (*LAm*) roast chicken; (*Pol*) *torture where the victim is suspended from a pole o spit*. (**b**) (*fam: joven*) young man; (*señorito*) elegant youth, playboy; **¿quién es ese ~?** who is that chap? *(fam)*. (**c**) (*Méx fam*) *would-be immigrant to USA (from Mexico)*.

polluelo *nm* chick.

pomada *nf* cream, ointment.

pomar *nm* apple orchard.

pomelo *nm* grapefruit.

pómez *nf*: **piedra ~** pumice (stone).

pomo *nm* (**a**) (*Bot*) pome, fruit with pips. (**b**) (*frasco*) scent bottle. (**c**) (*de espada*) pommel; (*de puerta*) round knob, handle.

pompa *nf* (**a**) (*burbuja*) bubble; **~ de jabón** soap bubble. (**b**) (*Náut*) pump. (**c**) (*fausto*) pomp, splendour, splendor *(US)*; (*ostentación*) show, display; (*boato*) pageant, pageantry; **~s fúnebres** funeral *sg*; **P~s fúnebres'** 'Undertaker', 'Funeral parlour *o (US)* parlor'.

pompis *nm inv* (*fam*) bottom, behind *(fam)*.

pomposidad *nf* (*esplendor*) splendour, splendor *(US)*, magnificence; (*magnificencia*) majesty; (*pey: vano*) pomposity.

pomposo *adj* splendid, magnificent; (*majestuoso*) majestic; (*pey*) pompous.

pómulo *nm* (*hueso*) cheekbone; (*fig: mejilla*) cheek.

ponchada[1] *nf* (*LAm*) a ponchoful of; (*mucho*) large quantity, large amount; **costó una ~** it cost a bomb *(fam)*.

ponchada[2], **ponchadura** *nf* (*Méx Aut*) puncture.

ponchar [1a] *vt* (*Méx: neumático*) to puncture.

ponche *nm* punch.

ponchera *nf* punch bowl.

poncho[1] *adj* (*perezoso*) lazy, indolent; (*tranquilo*) quiet, peaceable.

poncho[2] *nm* (*ropa*) cape, poncho; (*manta*) blanket; **donde el diablo perdió el ~** (*CSur fam*) in a godforsaken place, at the back of beyond *(fam)*.

ponchura *nf* (*Ven*) wash basin.

ponderación *nf* (**a**) (*contrapeso*) weighing, consideration; (*cuidado*) deliberation. (**b**) (*exageración*) high praise. (**c**) (*peso*) weighting. (**d**) (*equilibrio*) steadiness.

ponderado *adj* (*equilibrado*) steady, balanced.

ponderar [1a] *vt* (**a**) (*considerar*) to weigh up, consider. (**b**) (*alabar*) to praise highly, speak in praise of. (**c**) (*Estadística*) to weight.

ponedero *nm* (*nidal*) nest, nesting box.

ponedora *adj*: **gallina ~** laying hen; **ser buena ~** to be a good layer.

ponencia *nf* (*exposición*) (learned) paper, communication; (*informe*) report.

ponente *nmf* speaker *(at a conference)*, person giving a paper.

poner [2q] (*pp* **puesto**) **1** *vt* (**a**) (*gen*) to put; (*colocar*) to place, set; (*ropa*) to put on; (*kilos*) to put on, gain; (*cuidado*) to take (*en* in); (*objeción*) to raise; (*la mesa*) to lay, set; (*vitrina*) to dress, arrange; (*énfasis*) to place (*en* on); (*acento, voz rara*) to put on; **han puesto un tren especial** they've laid on a special train; **ponlo en su sitio** put it back; **¡no pongas esa cara!** don't look at me like that!; **~ algo a secar** to put sth (out) to dry; **~ algo como ejemplo** to give sth as an example; **~ a algn por testigo** to cite sb as a witness; **~ algo en duda** to cast doubt on sth; **~ algo aparte** to put sth aside *o* on one side.

(**b**) (*huevos*) to lay.

(**c**) (*reloj*) to adjust, set (right); **~ el despertador** to set the alarm clock.

(**d**) (*conectar: radio, televisión, calefacción*) to switch on, turn on; (*disco*) to put on, play; **ponlo más alto** turn it up.

(**e**) (*carta, telegrama*) to send (*a* to).

(**f**) (*problema*) to set; (*impuesto*) to impose (*a* on); **nos han puesto una multa** they gave us a fine; **nos pone mucho trabajo** he gives us a lot of work.

(**g**) (*tienda*) to open, set up; (*casa*) to equip; **han puesto la casa con todo lujo** they have fitted the house out most luxuriously.

(**h**) (*instalar: teléfono, calefacción*) to install, put in; **queremos ~ moqueta** we want to get a carpet fitted.

(**i**) (*dinero*) to contribute, give; (*en juego de azar*) to stake; (*Fin*) to put, invest; **todos pusimos 1000 pts para el regalo** we all put in 1000 pesetas towards the present; **yo pongo el dinero pero ella escoge** I put up the money but she chooses.

(**j**) (*nombre*) to give; **¿qué nombre le van a ~?** what are they going to call him?

(**k**) (*añadir*) to add; **pongo 3 más para llegar a 100** I'll add 3 more to make it 100.

(**l**) (*Teat*) to put on, do; (*película*) to show; (*proyectar*) to screen; **¿qué ponen en el cine?** what's on at the cinema?

(**m**) (*suponer*) to suppose; **pongamos 120** let's say 120, let's put it at 120; **pongamos que ...** let us suppose that ....

(**n**) (*Telec: conectar*) **~ a X con Y** to connect X to Y, give X a line to Y; **póngame con el conserje** put me through to the porter; **le pongo en seguida** I'm trying to connect you.

(**o**) (*estar escrito*) to say; **¿qué pone aquí?** what does it say here?

(**p**) **~ a P bien con Q** to make things up between P and Q; **~ a Z mal con A** to make Z fall out with A.

(**q**) (+ *adj, adv: volver*) to make, turn; **si añades eso lo pones azul** if you add that you turn it blue; **la has puesto colorada** now you've made her blush; **para no ~le de mal humor** so as not to make him cross; **¡cómo te han puesto!** (*te han manchado*) look at the mess of you!; (*te han pegado*) they've given you a right thumping!; (*te han criticado*) they fairly laid into you!; (*te han alabado*) they thought the world of you!

(**r**) **~ a algn a hacer algo** to set sb to do sth, start sb doing sth.

(**s**) **puso a su hija de sirvienta** she got her daughter a job as a servant; **puso a sus hijos a trabajar** she sent her children out to work.

2 *vi* (*Orn*) to lay, lay eggs.

3 ponerse *vr* (**a**) to put o.s., place o.s.; **se ponía debajo de la ventana** he used to stand under the window; **~ cómodo** to make o.s. comfortable.

(**b**) **~ un traje** to put a suit on; **no sé qué ponerme** I don't know what to wear.

(**c**) (*sol*) to set.

(**d**) (+ *adj, adv*) to turn, become; **~ enfermo/gordo/triste** to get ill/fat/sad; **en el agua se pone verde** it turns green in the water; **¡no te pongas así!** don't be like that!; **se puso hecho una furia** he was raging.

(**e**) (*llenarse*) **~ de barro** to get covered in mud; **nos hemos puesto bien de comida** we had a real big feed.

(**f**) **~ al teléfono** to go (on) to the phone; **dile que se ponga** tell him to come to the phone.

(**g**) (*empezar*) **~ a hacer algo** to begin to do sth, start doing sth, set about doing sth; **se pusieron a gritar** they started shouting; **se va a ~ a llover** it's going to start raining.

(**h**) **~ a bien/mal con algn** to make up/fall out.

(**i**) **~ de conserje** to take a job as a porter.

(**j**) **~ delante** (*estorbar*) to get in the way; (*intervenir*) to intercede, intervene; (*dificultad*) to come up; **destruye al que se le pone delante** he destroys anyone who gets in his way.

(**k**) (*llegar*) **~ en** to get to, arrive at; **se puso en Madrid en 2 horas** he reached Madrid in 2 hours.

(**l**) **se me pone que ...** (*LAm*) it seems to me that ....

poney ['poni] *nm* (*pl* **~s** ['ponis]) pony.

pongo[1] *nm* orang-outang.

pongo[2] *nm* (*And*) (unpaid) Indian servant.

pongueaje *nm* (*And, CSur: esp Hist*) *domestic service which Indian tenants are obliged to give free.*

poni *nm* pony.

poniente 1 *adj* west, western. **2** *nm* (**a**) (*oeste*) west. (**b**) (*céfiro*) west wind.

p.° n.° *nm abr de* **peso neto** nt. wt.

pontazgo *nm* toll.

pontevedrés/esa (*Esp*) **1** *adj* of *o* from Pontevedra. **2** *nm/f* native *o* inhabitant of Pontevedra.

pontificado *nm* papacy, pontificate.

pontificar [1g] *vi* (*lit, fig*) to pontificate.

pontífice *nm* pope, pontiff; **el Sumo P~** His Holiness the Pope.

pontificio *adj* papal, pontifical.

pontón *nm* (**a**) (*Náut*) pontoon; (*Aer: de hidroavión*) float. (**b**) **puente de ~es** pontoon bridge. (**c**) (*Náut*) hulk.

ponzoña *nf* (*tóxico*) poison, venom; (*fig: ideas perjudiciales*) poison.

ponzoñoso *adj* (*ataque*) venomous; (*propaganda*) poisonous; (*costumbre, idea*) harmful.

pop *adj, nm* (*Mús*) pop.

popa *nf* stern; **a ~** astern, abaft; **de proa a ~** fore and aft, from stem to stern.

popelín *nm*, **popelina** *nf* poplin.

popof(f) *adj inv* (*Méx fam*) posh (*fam*), society *atr*.

popote *nm* (*Méx*) drinking straw.

populachero *adj* (*plebeyo*) common, vulgar; (*chabacano*) cheap; (*discurso, política*) rabblerousing; (*político*) demagogic.

populacho *nm* populace, plebs *pl*, mob.

popular *adj* (*gen*) popular; (*habla*) colloquial; (*cultura*) of the people, folk *atr*.

popularidad *nf* popularity.

popularismo *nm* colloquial word *o* phrase.

popularizar [1f] **1** *vt* to popularize. **2 popularizarse** *vr* to become popular.

populismo *nm* populism.

populista *adj, nmf* populist.

populoso *adj* populous.

popurrí *nm* potpourri.

poquedad *nf* (**a**) (*escasez*) scantiness; (*pequeñez*) smallness. (**b**) (*una ~*) small thing; (*nimiedad*) trifle. (**c**) (*timidez*) timidity.

póquer *nm* (*Naipes*) poker.

poquísimo *adj* (**a**) (*sg*) very little; (*casi nada*) hardly any, almost no; **con ~ dinero** with very little money. (**b**) (*pl*) **~s** very few, terribly few.

poquito *nm* (**a**) **un ~** a little bit (*de* of); (*adv*) a little, a bit. (**b**) **a ~s** bit by bit; **¡~ a poco!** gently!, easy there!

por *prep* (**a**) (+ *infin: para*) in order to; **~ no llegar tarde** so as not to arrive late; **lo hizo ~ complacerle** he did it to please her; **hablar ~ hablar** to talk just for talking's sake.

(**b**) (*objetivo*) for; **luchar ~ la patria** to fight for one's country; **trabajar ~ dinero** to work for money; **su amor ~ la pintura** his love of painting; **hazlo ~ mí** do it for my sake.

(**c**) (*causa*) out of, because of; **fue ~ necesidad** it was out of necessity; **~ temor** out of fear, from fear; **~ temor a** for fear of; **lo hago ~ gusto** I do it because I like to; **no se realizó ~ escasez de fondos** it was not put into effect because of lack of money; **no aprobó ~ no haber estudiado** he didn't pass because he hadn't studied; **se hundió ~ mal construido** it collapsed because it was badly built; **le expulsaron ~ revoltoso** they expelled him as a troublemaker; **lo dejó ~ imposible** he gave it up as (being) impossible.

(**d**) (*evidencia*) **~ lo que dicen** judging by *o* from what they say; **~ la cara que pone no debe de gustarle** from the way he looks I don't think he likes it.

(**e**) (*en cuanto a*) **~ mí, que se vaya** so far as I'm concerned *o* for myself *o* for my part he can go.

(**f**) (*medio*) by; **~ correo** by post, through the post; **~ mar** by sea; **lo obtuve ~ un amigo** I got it through a friend.

(**g**) (*agente*) by; **hecho ~ él** done by him; **'dirigido ~'** 'directed by'.

(**h**) (*modo*) in, by; (*según*) according to; **~ centenares** by the hundred; **~ orden** in order; **están dispuestos ~ tamaños** they are arranged according to size *o* by sizes; **punto ~ punto** point by point; **día ~ día** day by day; **buscaron casa ~ casa** they searched house by house.

(**i**) (*lugar*) by, by way of; (*a través de*) through; (*a lo largo de*) along; **se va ~ ahí** we have to go that way; **¿~ dónde?** which way?; **ir a Bilbao ~ Santander** to go to Bilbao via Santander; **~ el lado izquierdo** on *o* along the left side; **cruzar la frontera ~ Canfranc** to cross the frontier at Canfranc; **~ la calle** along the street; **~ todas partes** all over the place; **~ todo el país** throughout the country; **pasar ~ Madrid** to pass through Madrid; **pasearse ~ el parque** to stroll through the park.

(**j**) (*tiempo*) **~ la mañana** in the morning; (*durante*) during the morning; **no sale ~ la noche** he doesn't go out at night.

(**k**) (*futuro*) for; **se quedarán ~ 15 días** they will stay for a fortnight; **será ~ poco tiempo** it won't be for long.

(**l**) (*aproximación*) **está ~ el norte** it's somewhere up north; **busca ~ ahí** look over there; **aquello ocurrió ~ abril** it happened around April.

(**m**) (*a cambio de*) for, in exchange for; **te doy éste ~ aquél** I'll swap you this one for that one; **lo vendí ~ 15 dólares** I sold it for 15 dollars; **me dieron 13 francos ~ una libra** they gave me 13 francs for a pound.

(**n**) (*sustitución*) **hoy doy yo la clase ~ él** today I'm giving the class for him.

(**o**) (*representación*) **hablo ~ todos** I speak on behalf of *o* in the name of us all; **vino ~ su jefe** he came instead of *o* in place of his boss; **interceder ~ algn** to intercede on sb's behalf; **diputado ~ Madrid** MP for Madrid.

(**p**) (*distribución*) **10 dólares ~ hora** 10 dollars an hour; **80 (kms) ~ hora** 80 (km) per hour; **revoluciones ~ minuto** revolutions per minute; **tres dólares ~ persona** three dollars each.

(**q**) (*Mat*) **5 ~ 3, 15** 5 times 3 are 15.

(**r**) (*como*) **le dan ~ muerto** they have given him up for dead; **le tienen ~ tonto** they think he's daft.

(**s**) ~ **(muy) difícil que sea** however hard it is *o* may be; ~ **mucho que lo quisieran** however much they would like to; ~ **más que lo intente** no matter how *o* however hard I try.

(**t**) **ir a ~ algo** (*Esp fam*) to go for sth, go and fetch sth; **voy a ~ él** (*buscarle*) I'm going to find him; (*atacarle*) I'm going to get him; **¡a ~ ellos!** after them!, get them!

(**u**) ~ **qué** why; **¿~ qué?** why?; **¿~?** (*fam*) why (do you ask)?

porcelana *nf* porcelain; (*loza*) china(ware).

porcentaje *nm* percentage; (*proporción*) proportion; **el ~ de defunciones** the death rate; **a ~** on a percentage basis.

porcentual *adj* percentage *atr*.

porcino *adj* pig *atr*; **ganado ~** pigs *pl*.

porción *nf* portion; (*parte*) part, share; (*en recetas*) quantity, amount; (*de chocolate*) piece.

porche *nm* (**a**) (*de tiendas, alrededor de una plaza*) arcade. (**b**) (*de casa*) porch.

pordiosear [1a] *vi* (*Lit, fig*) to beg.

pordiosero/a *nm/f* beggar.

porfía *nf* (**a**) (*persistencia*) persistence; (*terquedad*) obstinacy, stubbornness. (**b**) (*disputa*) dispute; (*contienda*) continuous struggle *o* competition. (**c**) **a ~** in competition.

porfiado 1 *adj* (*insistente*) persistent; (*terco*) obstinate, stubborn. **2** *nm* (*LAm: títere*) doll, mannikin, dummy.

porfiar [1c] *vi* to persist (*en* in); (*disputar con obstinación*) to argue stubbornly.

pormenor *nm* detail, particular.

pormenorizar [1f] **1** *vt* (*detallar*) to (set out in) detail; (*particularizar*) to describe in detail. **2** *vi* (*entrar en detalles*) to go into detail.

porno (*fam*) **1** *adj inv* porno (*fam*). **2** *nm* porn; ~ **blando/duro** soft/hard porn.

pornografía *nf* pornography.

pornográfico *adj* pornographic.

poro[1] *nm* (*Anat*) pore.

poro[2] *nm* (*LAm*) leek.

porongo *nm* (*LAm*) gourd, calabash.

porosidad *nf* porousness, porosity.

poroso *adj* porous.

porotal *nm* (*LAm*) beanfield, bean patch.

poroto *nm* (**a**) (*And, CSur: judía*) bean; ~ **verde** green *o* runner bean; **~s** (*fam*) grub (*fam*). (**b**) (*CSur: Dep, tb fig*) point; **anotar un ~** to win a point; **no valer un ~** (*fam*) to be worthless. (**c**) (*CSur fam*) kid (*fam*), child.

porque *conj* (**a**) (+ *indic*) because, since, for. (**b**) (+ *subjun*) so that, in order that; ~ **sí** because I feel like it.

porqué *nm* (*motivo*) reason (*de* for), cause (*de* of); **el ~ de la revolución** the factors that underlie the revolution; **no tengo ~ ir** there's no reason I should go.

porquería *nf* (**a**) (*sustancia*) filth, muck; **me lo devolvieron cubierto de ~** they gave it back to me filthy all over; **estar hecho una ~** to be covered in muck.

(**b**) (*cualidad*) nastiness; (*grosería*) indecency.

(**c**) (*objetos*) trifle; **le regalaron alguna ~** they gave her some worthless present; **lo vendieron por una ~** they sold it for next to nothing.

(**d**) (*acción: engaño*) dirty trick; (*: trastada*) mean action; (*: indecentada*) indecent act; **hacer ~s** to be a dirty pig.

(**e**) (*mala comida*) awful food; (*fam: golosina*) rubbish.

(**f**) (*basura*) rubbish; **la novela es una ~** the novel is just rubbish; **de ~** (*LAm fam: condenado*) lousy (*fam*).

porqueriza *nf* pigsty.

porquerizo *nm* pigman.

porra *nf* (**a**) (*palo*) stick, club; (*cachiporra*) truncheon, billyclub (*US*); (*Culin*) large club-shaped fritter; (*fam: nariz*) conk (*fam*). (**b**) (*locuciones*) **¡~s!** bother!, dash it!; (*no hay tal*) rubbish!; **¡una ~!** no way! (*fam*); **mandar a algn a la ~** (*fam*) to send sb packing; **¡vete a la ~!** go to blazes!; **¡qué coche ni que ~s!** car my foot! (**c**) (*CAm, Méx*) political gang; (*Teat*) claque.

porrada *nf* (**a**) (*porrazo*) thump, blow. (**b**) pile, heap, lot; **una ~ de** a whole heap of, a lot of.

porrazo *nm* (*golpe*) blow; (*caída*) bump; **darse un ~ con** *o* **contra algo** to bump o.s. with *o* on sth; **de golpe y ~** suddenly.

porreta *nf*: **en ~ (s)** (*fam*) stark naked.

porrillo: **a ~** *adv* (*fam*) by the ton.

porro *nm* (*Esp fam*) joint (*fam*).

porrón *nm* wine jug.

porrudo *adj* (*Arg*) long-haired.

porsiacaso *nm* (*Arg, Ven: mochila*) knapsack.

port. *abr de* **portugués**.

portaaviones *nm inv* aircraft carrier.

portabusto(s) *nm* (*Méx: sostén*) bra.

portacargas *nm inv* carrier.

portada *nf* (**a**) (*Arquit*) main front; (*fachada*) façade. (**b**) (*Tip: primera plana*) frontispiece, title page; (*de revista*) cover; (*de disco*) sleeve.

portador(a) *nm/f* carrier, bearer; (*Com, Fin*) bearer, payee; ~ **de gérmenes** germ carrier; **el ~ de esta carta** the bearer of this letter.

portaequipajes *nm inv* (*Aut*) boot, trunk (*US*); (*portamaletas*) luggage rack, grid.

portaestandarte *nm* (*Mil*) standard bearer.

portafolio(s) *nmsg* (*esp LAm*) briefcase.

portafusil *nm* rifle sling.

portal *nm* (**a**) (*zaguán*) vestibule, hall. (**b**) (*pórtico*) porch, doorway; (*puerta principal*) street door; **~es** arcade *sg*. (**c**) (*Rel: nacimiento*) ~ **de Belén** Nativity scene, crèche.

portalámparas *nm inv* lampholder, lamp socket.

portaligas *nm inv* suspender *o* (*US*) garter belt.

portalón *nm* (**a**) (*Arquit*) large doorway *o* entrance. (**b**) (*Náut: puerta*) gangway.

portamaletas *nm inv* (**a**) (*Aut*) luggage rack. (**b**) (*Chi Aut*) boot, trunk (*US*).

portaminas *nm inv* propelling pencil.

portaobjeto(s) *nm inv* slide.

portaplumas *nm inv* penholder.

portar [1a] **1** *vt* to carry, bear. **2 portarse** *vr* (**a**) (*conducirse*) to behave, conduct o.s.; ~ **mal** to misbehave, behave badly; **se portó muy bien conmigo** he treated me very well. (**b**) (*distinguirse*) to show up well, come through creditably. (**c**) (*LAm*) to behave well.

portarretratos *nm inv* photograph frame.

portátil 1 *adj* portable. **2** *nm* portable (computer).

portaviandas *nm inv* (*fiambrera*) lunch tin, dinner pail (*US*).

portavoz 1 *nmf* spokesman, spokesperson. **2** *nm* (*periódico etc*) mouthpiece.

portazo *nm* slam; **dar un ~** to slam the door.

porte *nm* (**a**) (*Com*) carriage, transport; (*costos*) carriage, transport charges; (*Correos*) postage; ~ **debido** (*Com*) freight C.O.D.; ~ **pagado** (*Com*) carriage paid; (*Correos*) postpaid. (**b**) (*esp Náut: tonelaje*) capacity. (**c**) (*presencia*) air, appearance; **de ~ distinguido** with a distinguished air.

porteador(a) *nm/f* carrier; (*en la caza*) bearer; (*alpinismo*) porter.

portear [1a] *vt* (*Com*) to carry, transport.

portento *nm* (*prodigio*) marvel, wonder; **es un ~ de belleza** she is extraordinarily beautiful.

portentoso *adj* marvellous, marvelous (*US*), extraordinary.

porteño/a 1 *adj* of *o* from Buenos Aires. **2** *nm/f* native *o* inhabitant of Buenos Aires.

portería *nf* (**a**) porter's lodge *o* office. (**b**) (*Dep: meta*) goal.

portero/a 1 *nm/f* (**a**) (*en vivienda*) porter, janitor, caretaker; (*en edificio público*) doorman. (**b**) (*Dep*) goal-

keeper. **2** *nm*: ~ **automático** entry phone.
portezuela *nf* little door; (*de vehículo*) door.
pórtico *nm* (**a**) (*porche*) portico, porch. (**b**) (*atrio*) arcade.
portillo *nm* (**a**) (*abertura*) gap, opening; (*postigo*) wicket, wicket gate; (*puerta falsa*) side entrance. (**b**) (*fig: punto débil*) weak spot, vulnerable point; (*para solución*) opening.
portón *nm* large door, main door; (*LAm*) gate.
portorriqueño/a *adj, nm/f* Puerto Rican.
portuario *adj* (*del puerto*) port *atr*, harbour *atr*, harbor *atr (US)*; (*del muelle*) dock *atr*; **trabajador** ~ docker.
Portugal *nm* Portugal.
portugués/esa 1 *adj, nm/f* Portuguese. **2** *nm* (*Ling*) Portuguese.
porvenir *nm* future; **en el** *o* **lo** ~ in the future; **le espera un brillante** ~ a brilliant future awaits him.
pos[1]: **en** ~ **de** *prep* after, in pursuit of; **ir en** ~ **de** to chase (after), pursue.
pos[2] (*esp LAm fam*) = **pues**.
posada *nf* (**a**) (*hospedaje*) shelter, lodging; **dar** ~ **a** to give shelter to, take in. (**b**) (*mesón*) inn; (*pensión*) lodging house. (**c**) (*morada*) house, dwelling.
posaderas *nfpl* (*fam*) backside, buttocks.
posadero/a *nm/f* innkeeper.
posar 1a **1** *vt* (*una carga*) to lay down, put down; (*la mano*) to place, put gently; ~ **los ojos en** to glance briefly at. **2** *vi* (*Arte: modelar*) to sit, pose. **3 posarse** *vr* (**a**) (*pájaro, insecto*) to alight; (*pájaro*) to perch, sit; (*avión*) to land. (**b**) (*polvo, líquidos*) to settle.
posavasos *nm inv* dripmat, mat, coaster *(US)*.
posbélico *adj* post-war *atr*.
posdata *nf* postscript.
pose *nf* (**a**) (*Arte, Cine, Fot*) pose. (**b**) (*fig: actitud*) attitude. (**c**) (*fig: afectación*) pose.
poseedor(a) *nm/f* owner, possessor; (*de un puesto, récord*) holder.
poseer 2e *vt* (*gen: tener*) to possess, own; (*ventaja*) to have, enjoy; (*récord*) to hold.
poseído/a 1 *adj* (**a**) possessed (*por* by); (*fig: enloquecido*) maddened, crazed. (**b**) **estar muy** ~ **de** to be very vain about, have an excessively high opinion of. **2** *nm/f*: **gritar como un** ~ to shout like one possessed.
posesión *nf* (**a**) (*gen*) possession; (*de un puesto*) tenure, occupation; **él está en** ~ **de las cartas** he is in possession of the letters; **está en** ~ **del récord** he holds the record; **tomar** ~ to take over, enter upon office; **tomar** ~ **de** to take possession of, take over. (**b**) (*una* ~) possession; (*propiedad*) property; (*finca*) piece of property, estate. (**c**) (*Chi Agr*) tenant's house and land.
posesionar 1a **1** *vt*: ~ **a algn de algo** to hand sth over to sb. **2 posesionarse** *vr*: ~ **de** (*adueñarse*) to take possession of, take over.
posesivo *adj, nm* possessive.
poseso/a 1 *adj* = **poseído 1 (a)**. **2** *nm/f* = **poseído 2**.
posgrado *nm*: **curso de** ~ postgraduate course.
posguerra *nf* postwar period; **los años de la** ~ the postwar years.
posibilidad *nf* possibility; (*oportunidad*) chance; **no existe** ~ **alguna de que venga** there is no possibility of his coming; **tiene pocas** ~**es de ganar** he hasn't much chance of winning; **este chico tiene** ~**es** he's got potential; **vivir por encima de sus** ~**es** to live above one's means.
posibilitar 1a *vt* to make possible; (*hacer realizable*) to make feasible.
posible 1 *adj* possible; (*realizable*) feasible; **una** ~ **tragedia** a possible tragedy; **todas las concesiones** ~**s** all possible concessions; **a ser** ~ if possible; **en lo** ~ as far as possible; **lo antes** ~ as quickly as possible; **hacer lo** ~ to do all that one can (*para o por hacer algo* to do sth); **es** ~ **que vaya** it is possible (that) he'll go, perhaps he'll go; **¿es** ~**?** surely not?; **¿será** ~ **que haya venido?** can he really have come after all?; **¿será** ~ **que no haya venido?** surely he has come, hasn't he?; **si es** ~ if possible; **si me es** ~ if I possibly can; **dentro de lo** ~ as far as (it is) possible.
2 *nm*: ~**s** means.
posiblemente *adv* possibly.
posición *nf* (**a**) (*gen*) position; (*categoría*) status. (**b**) (*Dep*) position; (*en competición, liga*) place, position; **terminar en primera** ~ to finish first.
posimpresionismo *nm* post-impressionism.
posimpresionista *adj, nmf* post-impressionist.
posindustrial *adj* post-industrial.
positivado *nm* (*Fot*) printing.
positivar 1a *vt* (*Fot*) to print.
positivismo *nm* positivism.
positivista *adj, nmf* positivist.
positivo 1 *adj* (*gen*) positive; (*Mat*) positive, plus; (*idea*) constructive. **2** *nm* (**a**) (*Ling*) positive. (**b**) (*Fot*) positive, print.
posmoderno *adj* postmodern.
posnatal *adj* postnatal.
poso *nm* (*sedimento*) sediment, deposit; (*de vino, café etc*) dregs *pl*; (*fig: huella*) trace.
posología *nf* (*Med*) dosage.
posoperatorio 1 *adj* post-operative. **2** *nm* post-operative period, period of recovery after an operation.
posparto 1 *adj* postnatal. **2** *nm* postnatal period.
posponer 2q *vt* (**a**) ~ **A a B** to put A behind *o* below B. (**b**) (*aplazar*) to postpone.
pos(t)... *pref* post....
posta *nf* (*caballos*) relay, team; (*tramo*) stage; (*parada*) staging post; (*Chi Med*) First Aid Post *o* Station; **a** ~ on purpose, deliberately.
postal 1 *adj* postal; **giro** ~ postal order. **2** *nf* postcard.
postdata *nf* postscript.
poste *nm* post, pole; (*columna*) pillar; (*estaca*) stake; (*Dep*) goal, post, upright; ~ **de cerca/indicador/de llegada** fencing/sign-/winning post; ~ **telegráfico** telegraph pole.
póster *nm* poster.
postergación *nf* (**a**) (*relegación*) passing over, ignoring. (**b**) (*retraso*) delaying; (*aplazamiento*) deferment.
postergar 1h *vt* (**a**) (*persona*) to pass over, disregard; (*: posponer*) to ignore the seniority *o* better claim of. (**b**) (*esp LAm: retrasar*) to delay; (*aplazar*) to defer, postpone.
posteridad *nf* posterity.
posterior *adj* (**a**) (*lugar*) back, rear; (*máquina*) rear-mounted. (**b**) (*en orden*) later, following. (**c**) (*tiempo*) later, subsequent; **ser** ~ **a** to be later than.
posteriori: **a** ~ *adv* a posteriori; (*comprender etc*) with (the benefit) of hindsight.
posterioridad *nf*: **con** ~ later, subsequently; **con** ~ **a** subsequent to, later than.
postgraduado/a *adj, nm/f* postgraduate.
postguerra *nf* = **posguerra**.
postigo *nm* (**a**) (*puerta chica en otra mayor*) wicket (gate). (**b**) (*contraventana*) shutter.
postín *nm* (*fam*) (**a**) (*lujo*) elegance, poshness *(fam)*; **de** ~ posh *(fam)*, swanky *(fam)*. (**b**) (*fam: fachenda*) swank *(fam)*; **darse** ~ to show off, swank *(fam)*.
postizo 1 *adj* (*gen*) false, artificial; (*dientes*) false; (*cuello de camisa*) detachable; (*sonrisa*) false, phoney. **2** *nm* (*añadido de pelo*) switch, hairpiece.
postnatal *adj* postnatal.
postor *nm* (*licitador*) bidder; **mejor** ~ highest bidder.
postración *nf* prostration.
postrado *adj* prostrate; ~ **por el dolor** prostrate with grief.
postrar 1a **1** *vt* (*Med: debilitar*) to weaken, prostrate. **2 postrarse** *vr* to prostrate o.s.
postre 1 *nm* sweet course, dessert; **¿qué hay de** ~**?** what is there for dessert?; **para** ~ (*fam*) to crown it all, on top

of all that; **llegar a los ~s** (*fig*) to come too late. **2** *nf*: **a la ~** in the end, when all is said and done.

postrero *adj* (*before nm sing* **postrer**) last; (*que se queda detrás*) rear, hindmost.

postrimerías *nfpl* final stages, closing stages; **en las ~ del siglo** in the last few years of the century.

postulado *nm* postulate.

postulante *nmf* petitioner; (*Rel: aspirante*) candidate; (*LAm*) applicant.

postular [1a] **1** *vt* (**a**) (*teoría etc*) to postulate. (**b**) (*pedir*) to seek, demand; (*solicitar*) to petition for; (*pretender*) to claim; **en el artículo postula la reforma de ...** in the article he sets out demands for the reform of .... (**c**) (*colectar*) to collect (for charity). (**d**) (*LAm: candidato*) to nominate. **2** *vi* (*LAm*) to apply.

póstumo *adj* posthumous.

postura *nf* (**a**) (*del cuerpo*) posture, position; (*actitud*) stance. (**b**) (*fig: actitud*) attitude, stand; **adoptar una ~ poco razonable** to take an unreasonable attitude; **tomar ~** to adopt a stance. (**c**) (*en una subasta*) bid; (*juego de azar*) bet, stake.

post-venta *adj* (*Com*) after-sales; **servicio** *o* **asistencia de ~** after-sales service.

pota *nf*: **echar la(s) ~(s)** (*fam*) to puke (*fam*), throw up.

potabilizar [1f] *vt*: **~ el agua** to make the water drinkable.

potable *adj* (**a**) drinkable; **agua ~** drinking water. (**b**) (*fam: aceptable*) good enough, passable.

potaje *nm* (**a**) (*Culin*) vegetable stew. (**b**) (*fig: mezcla*) mixture; (*revoltijo*) jumble.

potasa *nf* potash.

potasio *nm* potassium.

pote *nm* pot; (*Farm, tarro*) jar; (*jarra*) jug; (*vaso pequeño*) glass; (*Ven: bote*) tin, can; **~ gallego** (*Culin*) Galician stew.

potear [1a] *vi* (*fam*) to have a few drinks.

potencia *nf* (**a**) (*gen, tb Mat, Pol*) power; (*fuerza*) potency; **las grandes ~s** the great powers; **~ muscular** muscular power, muscular strength. (**b**) (*Mec*) power; (*capacidad*) capacity; **~ (en caballos)** horsepower; **~ real** effective power. (**c**) (*Rel: tb* **~ del alma**) faculty. (**d**) **en ~** potential, in the making.

potenciación *nf* = **potenciamiento**.

potencial 1 *adj* potential. **2** *nm* (**a**) potential. (**b**) (*Ling*) conditional.

potenciamiento *nm* (*V vt*) favouring, favoring (*US*), fostering, promotion; development; strengthening, boosting, reinforcement.

potenciar [1b] *vt* (*promover*) to favour, favor (*US*), foster; (*desarrollar*) to develop; (*mejorar*) to improve; (*Inform*) to upgrade; (*fortalecer*) to strengthen, boost.

potentado/a *nm/f* potentate; (*fig: opulento*) tycoon.

potente *adj* (**a**) (*poderoso*) powerful. (**b**) (*fam: grande*) big, mighty; **un grito ~** a great yell.

poteo *nm*: **ir de ~** (*fam*) to go for a few drinks.

potestad *nf* (*dominio*) authority, jurisdiction; **patria ~** paternal authority.

potestativo *adj* (*Jur*) optional.

potingue *nm* (*fam pey*) concoction, brew; (*crema*) face cream.

potito *nm* (*Esp*) (jar of) baby food.

poto *nm* (*And, CSur: fam*) backside, bottom; (*fondo*) lower end.

potosí *nm* fortune; **cuesta un ~** it costs the earth; **vale un ~** it's worth a fortune.

potra *nf* (**a**) (*Zool*) filly. (**b**) (*fam: suerte*) luck, jam (*fam*); **de ~** luckily, by luck; **tener ~** to be jammy (*fam*).

potranca *nf* filly, young mare.

potrero *nm* (*LAm: de ganado*) cattle ranch.

potrillo *nm* (**a**) (*caballo*) colt. (**b**) (*Chi: copa*) tall glass.

potro *nm* (**a**) (*Zool*) colt. (**b**) (*Dep*) (vaulting) horse. (**c**) (*de tortura*) rack. (**d**) (*LAm Med*) hernia, tumour, tumor (*US*).

poyo *nm* stone bench.

poza *nf* (*charca*) puddle, pool; (*remanso: de río*) backwater.

pozo *nm* (**a**) (*gen*) well; **~ artesiano** artesian well; **~ negro** cesspool; **~ de petróleo, ~ ciego** oil well; **~ séptico** septic tank. (**b**) (*de un río*) deep pool. (**c**) (*Min*) shaft. (**d**) (*fig*) **ser un ~ de ciencia** to be deeply learned; **ser un ~ sin fondo** to be a bottomless pit. (**e**) (*LAm Astron*) black hole.

PP 1 *abr de* **Padres** Frs. **2** *nm abr* (*Pol*) *de* **Partido Popular**.

pp *abr de* **porte pagado** CP, c/p.

p.p. (*Jur*) *abr de* **por poder** p.p.

PPM *nm abr* (*Esp*) *de* **Patronato de Protección de la Mujer**.

ppm *nfpl abr de* **partes por millón** ppm.

p.p.m. *abr de* **palabras por minuto** wpm.

PR *nm abr de* **Puerto Rico**.

práctica *nf* (**a**) (*gen*) practice; (*método*) method; (*destreza*) skill; **en la ~** in practice; **~s restrictivas (de la competencia)** restrictive practices; **aprender con la ~** to learn by practice; **poner algo en ~** to put sth into practice. (**b**) (*entrenamiento*) **~s** practice, training; **~s de tiro** target practice; **hacer ~s** to do one's training; **período de ~s** (practical) training period.

practicable *adj* (**a**) practicable; (*factible*) workable, feasible. (**b**) (*camino etc*) passable, usable.

prácticamente *adv* practically; **está ~ terminado** it's practically finished, it's almost finished.

practicante 1 *adj* (*Rel*) practising, practicing (*US*). **2** *nmf* practitioner; (*Med*) medical *o* doctor's assistant.

practicar [1g] **1** *vt* (**a**) (*habilidad, virtud*) to practise, practice (*US*), exercise. (**b**) (*actividad*) to practise; (*Dep*) to go in for, play; (*profesión*) to practise; **~ el francés con su profesor** to practise one's French with one's teacher. (**c**) (*ejecutar*) to perform, carry out. (**d**) (*hoyo*) to cut, make; (*barrenar*) to bore, drill. **2** *vi* (*en un deporte, juego etc*) to practise, practice (*US*); (*en una profesión*) to do one's training *o* practice.

práctico 1 *adj* (**a**) (*gen*) practical; (*herramienta*) handy; (*casa*) convenient; (*ropa*) sensible, practical; **no resultó ser muy ~** it turned out to be not very practical. (**b**) (*estudio, formación*) practical. **2** *nm* (*Náut*) pilot.

pradera *nf* (*prado*) meadow, meadowland; (*de EEUU etc*) prairie; **unas extensas ~s** extensive grasslands.

prado *nm* (*campo*) meadow, field; (*pastizal*) pasture; (*LAm: césped*) grass, lawn.

Praga *nf* Prague.

pragmático *adj* pragmatic.

pragmatismo *nm* pragmatism.

preacuerdo *nm* preliminary agreement.

preámbulo *nm* (**a**) (*de libro, discurso*) preamble, introduction. (**b**) (*rodeo*) evasive talk; **andarse con ~s** to beat about the bush, avoid the issue; **gastar ~s** to beat about the bush; **sin más ~s** without further ado.

preaviso *nm* forewarning, early warning.

prebélico *adj* prewar.

prebenda *nf* (**a**) (*Rel: renta*) prebend. (**b**) (*oficio*) sinecure, soft job.

preboste *nm* provost.

precalentamiento *nm* warm up, warming up.

precalentar [1j] *vt* to preheat; (*Dep*) to warm up.

precandidato *nm* (*esp Méx Pol*) *official shortlisted Presidential candidate.*

precariedad *nf* precariousness.

precario *adj* precarious.

precaución *nf* (**a**) (*acto*) precaution; (*prevención*) preventive measure; **tomar ~es** to take precautions. (**b**) (*cualidad*) foresight; **ir con ~** to go cautiously; **lo hicimos por ~** we did it to be on the safe side.

precaver [2a] **1** *vt* (*prevenir*) to try to prevent; (*anticipar*) to forestall; (*evitar*) to stave off. **2 precaverse** *vr* to be on one's guard (*contra* against).

precavido *adj* (*prudente*) cautious, wary.

precedencia *nf* precedence; (*prioridad*) priority; (*pree-*

minencia) greater importance, superiority.

precedente 1 *adj* (*anterior*) preceding, foregoing; (*primero*) former; **cada uno mejor que el** ~ each one better than the one before. **2** *nm* (*antecedente*) precedent; **sin ~(s)** unprecedented; **establecer** *o* **sentar un** ~ to establish *o* set a precedent; **y sin que sirva de** ~ don't take that as the rule now.

preceder 2a **1** *vt* (**a**) ~ **a** (*anteceder*) to precede, go before; **el título precede al nombre** the title goes before the name. (**b**) ~ **a** (*fig*) to have priority over; (*tener primacía*) to take precedence over. **2** *vi* to precede; **todo lo que precede** all the preceding (part).

preceptivo *adj* compulsory, obligatory, mandatory.

precepto *nm* precept; (*mandato*) order, rule; **de** ~ (*Rel*) obligatory.

preceptor/a *nm/f* (*maestro*) teacher; (*: particular*) tutor.

preces *nfpl* (*Rel: oraciones*) prayers, supplications.

preciado *adj* esteemed, valuable.

preciarse 1b *vr* (*jactarse*) to boast; ~ **de algo** to pride o.s. on sth; ~ **de hacer algo** to boast of doing sth.

precintado 1 *adj* (pre)sealed; (*Com*) prepackaged; (*calle etc*) sealed off. **2** *nm* sealing; (*Com*) prepackaging.

precintar 1a *vt* (*Com etc*) to seal; (*fig*) to seal off.

precinto *nm* seal.

precio *nm* (*gen*) price; (*costo*) cost; (*valor*) value; (*de un viaje*) fare; (*en hotel*) rate, charge; ~ **de compra/al contado/en fábrica/de venta/de oportunidad** *u* **ocasión** purchase/cash/ex works/sale/bargain price; ~ **de venta al público,** ~ **de venta recomendado** (recommended) retail price; ~ **de entrega inmediata/oferta/salida** spot/offer/minimum price; ~ **unitario** unit price; ~ **al detalle** *o* **al por menor** retail price; ~ **al detallista** wholesale price; **a cualquier** ~ whatever the cost; **a** ~ **de coste** *o* **cobertura** at cost price; **a** ~ **de saldo** at a knockdown price; **a** *o* **por un** ~ **simbólico** for a nominal *o* token sum; **'no importa** ~**'** 'cost no object'; **poner** *o* **señalar** ~ **a la cabeza de algn** to put a price on sb's head; **no tener** ~ (*fig*) to be priceless.

preciosidad *nf* (**a**) preciousness; (*valor*) value, worth. (**b**) (*pey*) preciosity. (**c**) (*fam*) beautiful thing; **es una** ~ it's lovely, it's really beautiful; **¡oye,** ~**!** hey, beautiful!

preciosismo *nm* (*Lit*) preciosity.

preciosista (*Lit etc*) **1** *adj* precious, affected. **2** *nmf* affected writer.

precioso *adj* (**a**) (*excelente*) precious; (*valioso*) valuable. (**b**) (*hermoso*) lovely, beautiful; (*primoroso*) charming; **tienen un niño** ~ they have a lovely child; **¿verdad que es** ~**?** isn't it lovely?

preciosura *nf* = **preciosidad (c)**.

precipicio *nm* (**a**) cliff, precipice. (**b**) (*fig: abismo*) chasm, abyss.

precipitación *nf* (**a**) (*prisa*) haste; (*imprudencia*) rashness; **con** ~ hastily, precipitately. (**b**) (*Met*) rainfall. (**c**) (*Quím*) precipitation.

precipitadamente *adv* (*V adj*) headlong; hastily, suddenly; rashly, precipitately.

precipitado 1 *adj* (*huida etc*) headlong; (*partida*) hasty, sudden; (*conducta*) hasty, rash. **2** *nm* (*Quím*) precipitate.

precipitar 1a **1** *vt* (**a**) (*arrojar*) to hurl *o* cast down, throw (*desde* from).

(**b**) (*apresurar*) to hasten; (*acelerar*) to precipitate; **no precipitemos los acontecimientos** let's not jump the gun *(fam)*.

(**c**) (*Quím*) to precipitate.

2 precipitarse *vr* (**a**) (*arrojarse*) to throw o.s., hurl o.s. (*desde* from); (*lanzarse*) to launch o.s.; ~ **sobre** (*pájaro*) to swoop on, pounce on; ~ **sobre algn** to hurl o.s. on sb.

(**b**) (*correr*) to rush, dash; ~ **a hacer algo** to rush to do sth; ~ **hacia un sitio** to rush towards a place.

(**c**) (*actuar sin reflexión*) to act rashly; **no te precipites** take it easy.

precisado *adj*: **verse** ~ **a hacer algo** to be obliged to do sth.

precisamente *adv* (**a**) (*con precisión*) precisely, in a precise way. (**b**) (*exactamente*) precisely, exactly; **¡~!** exactly!, precisely!, just so!; ~ **por eso** for that very reason, precisely because of that; ~ **fue él quien lo dijo** as a matter of fact he said it; ~ **estamos hablando de eso** we are just talking about that; **yo no soy un experto** ~ I'm not exactly an expert; **no es eso** ~ it's not really that.

precisar 1a **1** *vt* (**a**) (*necesitar*) to need, require; **no precisa lavado** it needs no washing; **no precisamos que el candidato tenga experiencia** we do not insist that the candidate should be experienced. (**b**) (*definir*) to determine exactly, fix; (*señalar*) to pinpoint, put one's finger on; (*detalles*) to specify; **hay algo raro que no puedo** ~ there is something odd which I cannot put my finger on. **2** *vi* (*ser imprescindible*) to be necessary; (*ser urgente*) to be urgent; ~ **de algo** to need sth.

precisión *nf* (**a**) (*gen*) precision; (*exactitud*) preciseness, accuracy; **instrumento de** ~ precision instrument. (**b**) (*necesidad*) need, necessity; **tener** ~ **de algo** to need sth. (**c**) (*Méx*) urgency.

preciso *adj* (**a**) (*gen*) precise; (*exacto*) exact, accurate; **una descripción ~a** a precise description. (**b**) **en aquel** ~ **momento** at that precise *o* very moment. (**c**) (*indispensable*) necessary, essential; **las cualidades ~as** the requisite qualities; **es** ~ **que lo hagas** you must do it. (**d**) (*estilo, lenguaje*) concise.

preclaro *adj* (*Lit*) illustrious.

precocidad *nf* precociousness, precocity; (*Bot etc*) earliness.

precocinar 1a *vt* to precook.

precolombino *adj* pre-Columbian; **la América ~a** America before Columbus.

preconcebido *adj* preconceived; **idea ~a** preconception.

preconcepción *nf* preconception.

preconciliar *adj* preconciliar, before Vatican II.

preconizar 1f *vt* to advocate.

precontrato *nm* pre-contract.

precoz *adj* (*prematuro*) precocious; (*anticipado*) forward; (*calvicie etc*) premature; (*Bot etc*) early.

precozmente *adv* (*V adj*) precociously; prematurely; early.

precursor(a) *nm/f* predecessor, forerunner.

predecesor(a) *nm/f* predecessor.

predecir 3o *vt* to predict, forecast.

predestinación *nf* predestination.

predestinado *adj* predestined; **estar** ~ **a hacer algo** to be predestined to do sth.

predestinar 1a *vt* to predestine.

predeterminar 1a *vt* to predetermine.

prédica *nf* sermon; ~**s** preaching *(tb fig)*.

predicación *nf* preaching.

predicado *nm* predicate.

predicador *nm* (*Rel*) preacher.

predicamento *nm* (**a**) (*dignidad*) standing, prestige. (**b**) (*LAm: situación difícil*) predicament.

predicar 1g *vt, vi* to preach.

predicativo *adj* predicative.

predicción *nf* prediction; (*pronóstico*) forecast; ~ **del tiempo** weather forecast(ing).

predilección *nf* predilection; **tener** ~ **por** to have a predilection for; **~es y aversiones** likes and dislikes.

predilecto *adj* favourite, favorite *(US)*.

predio *nm* property, estate; ~ **rústico/urbano** country/town property.

predisponer 2q *vt* to predispose; (*pey*) to prejudice, bias (*contra* against).

predisposición *nf* (*tendencia*) inclination; (*prejuicio*) prejudice, bias (*contra* against); (*Med*) tendency (*a* to).

predispuesto *adj* predisposed; **ser** ~ **a los catarros** to have a tendency to get colds; **estar ~ contra algn** to be prejudiced against sb.

predominante *adj* predominant; (*mayor*) major; (*preponderante*) prevailing; (*Com: interés*) controlling.

predominar 1a *vi* (*dominar*) to predominate; (*prevalecer*) to prevail.

predominio *nm* predominance; (*preponderancia*) prevalence; (*influencia*) influence; (*superioridad*) superiority.

preeminencia *nf* pre-eminence, superiority.

preeminente *adj* pre-eminent, superior.

preenfriar 1c *vt* to precool.

pre(e)scoger 2c *vt* (*jugadores*) to seed.

preescolar 1 *adj* preschool; **educación ~** preschool education, nursery education. **2** *nm* (*escuela*) nursery-school.

preestreno *nm* preview, press view.

preexistente *adj* pre-existing.

prefabricado *adj* prefabricated.

prefabricar 1g *vt* to prefabricate.

prefacio *nm* (*prólogo*) preface, foreword.

prefecto *nm* prefect.

prefectura *nf* prefecture.

preferencia *nf* preference; **de ~** for preference, preferably; **localidad de ~** reserved seat; **tratamiento de ~** preferential treatment; (*predilección*) **mostrar ~ por** to show preference to.

preferente *adj* (**a**) preferred; (*preferible*) preferable. (**b**) (*Fin: acción*) preference *atr*; (*trato*) preferential; (*derecho*) prior.

preferentemente *adv* preferably.

preferible *adj* preferable (*a* to).

preferido *adj* favourite, favorite *(US)*.

preferir 3i *vt* to prefer; **~ el té al café** to prefer tea to coffee; **¿cuál prefieres?** which do you prefer?; **prefiero ir a pie** I prefer to walk, I'd rather go on foot.

prefigurar 1a *vt* to foreshadow, prefigure.

prefijar 1a *vt* (**a**) (*determinar*) to fix beforehand, prearrange. (**b**) (*Ling*) to prefix (*a* to).

prefijo *nm* (*Ling*) prefix; (*Telec*) (dialling) code, area code *(US)*.

pregón *nm* (*proclama*) proclamation, announcement *(by town crier)*; (*Com*) street/vendor's cry; **~ de las fiestas** speech about the forthcoming festival.

pregonar 1a *vt* to proclaim, announce; (*un secreto*) to disclose, reveal; (*mercancía*) to hawk; (*méritos*) to praise publicly, proclaim (for all to hear).

pregonero *nm* town crier.

pregrabar 1a *vt* to pre-record.

preguerra *nf* prewar period.

pregunta *nf* question; **~ capciosa** catch *o* loaded question; **~ retórica** rhetorical question; **contestar a una ~** to answer a question; **hacer una ~** to ask *o* put a question.

preguntar 1a **1** *vt* (*gen*) to ask; (*interrogar*) to question, interrogate; **~ algo a algn** to ask sb sth; **~ si** to ask if *o* whether. **2** *vi* (*indagar*) to ask, inquire; **~ por algn** to ask *o* inquire for sb; **~ por la salud de algn** to ask after sb's health. **3 preguntarse** *vr* to wonder; **me pregunto si vale la pena** I wonder if it's worthwhile.

preguntón *adj* (*fam*) inquisitive.

prehistoria *nf* prehistory.

prehistórico *adj* prehistoric.

preignición *nf* (*Mec*) pre-ignition.

prejuicio *nm* (**a**) (*acto*) prejudgement. (**b**) (*parcialidad*) prejudice, bias (*contra* against); (*idea preconcebida*) preconception.

prejuzgar 1h *vt* (*predisponer*) to prejudge.

prelado *nm* (*Rel*) prelate.

preliminar *adj, nm* preliminary.

preludiar 1b **1** *vt* (*anunciar*) to announce, herald; (*introducir*) to introduce; (*iniciar*) to start off. **2** *vi* (*Mús: afinar*) to tune up, play a few scales.

preludio *nm* (**a**) (*Mús, fig*) prelude (*de* to). (**b**) (*Mús: ensayo*) tuning up, practice note.

premamá *adj*: **vestido (de) ~** maternity dress.

prematrimonial *adj* premarital.

prematuro *adj* premature.

premeditación *nf* premeditation; **con ~** with premeditation, deliberately.

premeditadamente *adv* with premeditation, deliberately.

premeditado *adj* premeditated, deliberate; (*negligencia*) wilful; (*insulto etc*) calculated.

premeditar 1a *vt* to premeditate; (*reflexionar*) to plan, think out (in advance).

premenstrual *adj* premenstrual.

premiado/a 1 *adj* (*novela etc*) prize *atr*, prizewinning. **2** *nm/f* prizewinner.

premiar 1b *vt* (*recompensar*) to reward (*con* with); (*dar un premio a*) to give a prize to, make an award to; **salir premiado** to win a prize.

premier [pre'mjer] *nmf* prime minister, premier.

premio *nm* (**a**) (*recompensa*) reward, recompense; **como ~ a sus servicios** as a reward for his services. (**b**) (*en competición*) prize; (*galardón*) award; **~ de consolación** consolation prize; **~ gordo** first prize. (**c**) (*Com, Fin: prima*) premium.

premisa *nf* premise.

premonición *nf* premonition.

premonitorio *adj* indicative, warning.

premura *nf* (**a**) (*aprieto*) pressure; **con ~ de tiempo** under pressure of time; **debido a ~ de espacio** because of pressure on space. (**b**) (*prisa*) haste, urgency.

prenatal *adj* antenatal, prenatal.

prenda *nf* (**a**) (*garantía*) pledge; (*fig: señal*) pledge, token; **dejar algo en ~** to pawn sth; **en ~ de** as a pledge *o* token of; **no soltar ~** to give nothing away, give no chance *o* opening. (**b**) (*ropa: tb* **~ de vestir**) garment, article of clothing. (**c**) **~s** (*fig: cualidades*) talents, gifts; **buenas ~s** good qualities. (**d**) **~s** (*juego*) forfeits. (**e**) (*fam*) darling!, my treasure!

prendar 1a **1** *vt* to captivate, enchant; (*ganar la voluntad*) to win over; **volvió prendado de la ciudad** he came back enchanted with the town. **2 prendarse** *vr*: **~ de** (*aficionarse*) to be captivated by, be enchanted with; **~ de algn** (*Lit*) to fall in love with sb.

prendedor *nm* clasp, brooch, broach *(US)*.

prender 2a **1** *vt* (**a**) (*persona: capturar*) to catch, capture; (*detener*) to arrest.

(**b**) (*Cos: sujetar*) to fasten; (*con alfiler*) to pin, attach (*en* to); (*atar*) to tie, do up; **~ el pelo con horquillas** to fix one's hair with grips.

(**c**) (*esp LAm: fuego, horno, vela*) to light; (*cerilla*) to strike; (*luz*) to switch on.

2 *vi* (**a**) to catch, stick; (*arraigar*) to grip.

(**b**) (*fuego*) to catch; (*planta*) to take, take root; **sus ideas prendieron fácilmente en la juventud** his ideas soon caught on easily with the young.

3 prenderse *vr* (*encenderse*) to catch fire.

prendido *adj*: **quedar ~** to be caught (fast), be stuck; (*fig*) to be captivated.

prensa *nf* (**a**) (*Mec*) press; (*Tip*) printing press; (*de raqueta*) press, frame; **~ hidráulica/rotativa** hydraulic/rotary press; **dar algo a la ~** to publish sth; **entrar en ~** to go to press. (**b**) (*fig*) **la ~** the press; **la ~ amarilla** the gutter press; **~ del corazón** *periodicals specializing in real-life romance stories*; **leer la ~** to read the papers; **tener mala ~** to have *o* get a bad press.

prensado *nm* pressing.

prensador *nm* press, pressing machine; **~ de paja** straw baler.

prensar 1a *vt* to press.

prensil *adj* prehensile.

preñado *adj* (**a**) (*mujer, Zool*) pregnant. (**b**) (*fig*) **~ de** pregnant with, full of; **una situación ~a de peligros** a situation fraught with dangers.

preñar [1a] *vt* to get pregnant; (*Zool*) to impregnate, fertilize; (*fig*) to fill.
preñez *nf* pregnancy.
preocupación *nf* (*inquietud*) worry, anxiety, concern.
preocupado *adj* worried, anxious, concerned.
preocupante *adj* worrying, disturbing.
preocupar [1a] **1** *vt* (*inquietar*) to worry, preoccupy; **esto me preocupa muchísimo** this worries me greatly; **no le preocupa el qué dirán** public opinion doesn't bother him. **2 preocuparse** *vr* (**a**) to worry, care (*de, por* about); (*ocuparse*) to concern o.s. (*de* about); **¡no se preocupe!** don't worry!; **no te preocupes por eso** don't worry about that. (**b**) **tú preocúpate de que todo esté listo** you ensure that *o* see to it that everything is ready. (**c**) ~ **de algo** to give special attention to sth.
preolímpico *adj*: **torneo** ~ Olympic qualifying tournament.
preparación *nf* (**a**) (*acto*) preparation; **estar en** ~ to be in preparation. (**b**) (*estado*) preparedness, readiness; ~ **militar** military preparedness. (**c**) (*formación*) training (*tb Dep*); **le falta** ~ he lacks training. (**d**) (*competencia*) competence. (**e**) (*Farm*) preparation.
preparado 1 *adj* (**a**) prepared (*para* for); (*Culin*) ready to serve, ready cooked; **¡~s, listos, ya!** ready, steady *o* (*US*) set, go! (**b**) (*competente*) competent, able; (*con título*) qualified. **2** *nm* (*Farm*) preparation.
preparador(a) *nm/f* (*Dep*) trainer, coach.
preparar [1a] **1** *vt* (**a**) (*disponer*) to prepare, get ready; (*Téc*) to prepare, process. (**b**) (*enseñar*) to teach; (*entrenar*) to train, coach. **2 prepararse** *vr* (**a**) (*disponerse*) to prepare o.s., get ready; ~ **a** *o* **para hacer algo** to prepare to *o* get ready to do sth. (**b**) (*problemas, tormenta*) to be brewing.
preparativo 1 *adj* preparatory, preliminary. **2** *nm*: **~s** preparations; (*disposiciones*) preliminaries; **hacer sus ~s** to make one's preparations (*para hacer* to do).
preparatorio *adj* preparatory.
preponderancia *nf* preponderance.
preponderante *adj* preponderant.
preponderar [1a] *vi* (*predominar*) to preponderate; (*prevalecer*) to dominate, prevail.
preposición *nf* preposition.
preposicional *adj* prepositional.
prepotencia *nf* power, dominance, superiority; (*pey*) abuse of power; (*esp LAm: soberbia*) arrogance.
prepotente *adj* powerful, supreme; (*pey*) giving to abusing power; (*esp LAm: soberbio*) arrogant; **actitud** ~ violent attitude.
prepucio *nm* foreskin, prepuce.
prerrequisito *nm* prerequisite.
prerrogativa *nf* prerogative, privilege.
prerrománico *adj* pre-romanesque.
presa *nf* (**a**) (*acto*) capture, seizure; **hacer** ~ to seize; **el fuego hizo ~ en la cortina** the fire caught the curtain. (**b**) (*objeto*) capture, catch; (*Mil: botín*) spoils *pl*, booty; (*Náut*) prize; (*Zool*) prey, catch; **ave de** ~ bird of prey; **ser ~ de** (*fig*) to be a prey to. (**c**) (*en un río*) dam; (*: represa*) weir, barrage. (**d**) (*esp LAm*) piece of food; (*: de carne*) piece (of meat).
presagiar [1b] *vt* to betoken, forebode.
presagio *nm* omen, portent.
presbicia *nf* long-sightedness.
presbiteriano/a *adj, nm/f* Presbyterian.
presbiterio *nm* (*Rel*) presbytery, chancel.
prescindible *adj* dispensable; **y cosas fácilmente ~s** and things we can easily do without.
prescindir [3a] *vi*: ~ **de** to do *o* go without; (*pasar por alto*) to dispense with; (*desatender*) to disregard; (*omitir*) to omit, overlook; **han prescindido del coche** they've given up their car; **no podemos ~ de él** we can't manage without him.
prescribir [3a] *vt* to prescribe.
prescripción *nf* prescription; ~ **facultativa** medical prescription; **por ~ facultativa** on the doctor's orders.
prescrito *adj* prescribed.
preselección *nf* (*Dep*) seeding; (*: personas*) squad; (*de candidatos*) shortlist(ing).
preseleccionar [1a] *vt* (*Dep*) to seed; (*candidatos*) to shortlist.
presencia *nf* (*gen*) presence; ~ **de ánimo** presence of mind; **en ~ de** in the presence of; **tener buena** ~ to look presentable.
presencial *adj*: **testigo** ~ eyewitness.
presenciar [1b] *vt* to be present at; (*asistir a*) to attend; (*ver*) to see, witness.
presentable *adj* presentable.
presentación *nf* (**a**) (*gen*) presentation; (*de pruebas, informe*) submission; (*de nuevo producto*) launch, presentation; (*de persona*) introduction; ~ **en sociedad** coming out, début. (**b**) (*LAm: memorial*) petition.
presentador(a) *nm/f* presenter, host, hostess.
presentar [1a] **1** *vt* (**a**) (*gen*) to present; (*ofrecer*) to offer; (*mostrar*) to show; (*armas, disculpa*) to present; (*dimisión*) to tender; (*moción, candidato*) to propose, put forward; (*pruebas, informe*) to submit; (*nuevo producto*) to launch, introduce; (*TV*) to present, host, compère; ~ **sus respetos** to pay one's respects; **presenta señales de deterioro** it shows signs of wear; ~ **batalla** to offer resistance.
(**b**) (*persona*) to introduce; **le presento a mi hermana** may I introduce my sister (to you)?; **ser presentada en sociedad** to come out, make one's début.
(**c**) (*Com*) ~ **al cobro** *o* **al pago** to present for payment.
2 presentarse *vr* (**a**) (*comparecer*) to present o.s.; (*aparecer*) to appear (unexpectedly), turn up; ~ **a la policía** to report to the police; (*delicuente*) to give o.s. up to the police; **se presentó en un estado lamentable** he turned up in a dreadful state.
(**b**) (*hacerse conocer*) to introduce o.s. (*a* to).
(**c**) (*candidato*) to run, stand; ~ **a** (*puesto*) to apply for; (*examen*) to sit (for).
(**d**) (*oportunidad*) to present itself; **se presentó un caso singular** a strange case came up.
presente 1 *adj* (**a**) (*persona*) present; **¡~!** present!, here!; **los ~s** those present; **los señores aquí ~s** the gentlemen here present; **estar ~ en** to be present at; **mejorando lo** ~ present company excepted. (**b**) **la ~ carta, la** ~ this letter; **le comunico por la** ~ I hereby inform you. (**c**) (*tiempo*) present; **hacer** ~ to state, declare; **tener** ~ to bear in mind; **ten muy ~ que ...** understand clearly that .... **2** *nm* (**a**) present; **al** ~ at present; **hasta el** ~ up to the present. (**b**) (*Ling*) present (tense). (**c**) (*regalo*) gift.
presentimiento *nm* (*corazonada*) premonition, presentiment; (*vislumbre*) foreboding.
presentir [3i] *vt* to have a premonition of.
preservación *nf* protection, preservation.
preservar [1a] *vt* (**a**) (*proteger*) to protect, preserve (*contra, de* against, from). (**b**) (*LAm: conservar*) to keep, preserve.
preservativo *nm* contraceptive sheath, condom.
presidencia *nf* (*de nación*) presidency; (*de comité*) chairmanship; **ocupar la** ~ to preside, be in *o* take the chair.
presidencial *adj* presidential.
presidente/a *nmf* (*de país, asociación*) president; (*de comité, reunión*) chairman, chairwoman, chairperson; (*Pol Esp: tb* **P~ del Gobierno**) prime minister; (*: de la cámara*) speaker; (*Jur*) presiding magistrate; **candidato a** ~ presidential candidate.
presidiario/a *nm/f* convict.
presidio *nm* (**a**) prison, penitentiary. (**b**) (*Pol*) praesidium.
presidir [3a] **1** *vt* (**a**) (*gobernar*) to preside at *o* over; (*dirigir*) to take the chair at. (**b**) (*fig: dominar*) to dominate, rule. **2** *vi* to preside; (*dirigir*) to take the chair.
presilla *nf* (**a**) (*para cerrar*) fastener, clip. (**b**) (*lazo*)

loop. **(c)** *(LAm Mil)* shoulder badge, flash, epaulette.

presión *nf* **(a)** *(gen)* pressure; *(con la mano etc)* press, squeeze; *(Met, Fís, Téc)* pressure; *(explosión)* blast; **~ arterial** *o* **sanguínea** blood pressure; **~ atmosférica** atmospheric pressure; **a ~** *(Téc)* pressure *atr*; **hacer ~** to press *(sobre* on). **(b)** *(fig)* pressure; **ejercer** *o* **hacer ~ para que se haga algo** to press for sth to be done; *(Pol)* to lobby for sth to be done; **hay ~ dentro del partido** there are pressures within the party.

presionar [1a] **1** *vt* **(a)** *(botón)* to press. **(b)** *(fig: ejercer presión)* to press, put pressure on; **el ministro, presionado por los fabricantes, accedió** the minister, under pressure from the manufacturers, agreed. **2** *vi* to press; **~ para** *o* **por** to press for.

preso/a 1 *adj*: **llevar ~ a algn** to take sb away under arrest; **estar ~ del pánico** to be panic-stricken. **2** *nm/f* *(prisionero)* convict, prisoner; **~ político** political prisoner; **~ preventivo** remand prisoner.

prestación *nf* **(a)** *(aportación)* lending, loan; *(subsidio)* benefit, payment; **~ de ayuda** aid; **~ de desempleo** unemployment benefit; **~ personal** obligatory service; **~ social sustitutoria** (community) service for conscientious objectors. **(b) ~ de juramento** oath-taking, swearing. **(c)** *(Inform)* capability. **(d)** *(de coche etc)* feature, performance qualities.

prestado *adj*: **dejar algo ~** to lend sth; **eso está ~** that is on loan; **pedir ~ algo** to borrow sth; **vivir de ~** to live at sb else's expense, live on what one can borrow.

prestamista *nmf* moneylender; **~ bancario** bank loan.

préstamo *nm* **(a)** *(acto)* loan, lending, borrowing. **(b)** *(empréstito)* loan; **~ hipotecario** mortgage (loan); **~ para la vivienda** home loan; **~ personal** personal loan. **(c)** *(Ling)* loanword.

prestancia *nf* *(distinción)* excellence; *(gallardía)* elegance, dignity.

prestar [1a] **1** *vt* **(a)** *(dinero, objeto)* to lend, loan.
(b) *(ayuda, apoyo)* to give; *(atención)* to pay *(a* to); *(servicio)* to do, render.
(c) *(juramento)* to take, swear.
(d) *(LAm: pedir prestado)* to borrow *(a* from).
2 *vi* *(extenderse)* to give, stretch.
3 prestarse *vr* **(a)** *(avenirse)* **no se presta a esas maniobras** he does not lend himself to manoeuvres *o* *(US)* maneuvers of that kind; **la situación se presta a muchas interpretaciones** the situation lends itself to many interpretations.
(b) *(ofrecerse)* to offer *o* volunteer *(a hacer algo* to do sth).

prestatario/a *nm/f* borrower.

presteza *nf* *(ligereza)* speed, promptness; *(prontitud)* alacrity; **con ~** promptly, with alacrity.

prestidigitación *nf* conjuring, sleight of hand.

prestidigitador(a) *nm/f* conjurer.

prestigiar [1b] *vt* to give prestige to; *(dar fama)* to make famous, honour *(con* with), honor *(US)*.

prestigio *nm* *(fama)* prestige; *(reputación)* face; *(renombre)* good name; **de ~** prestigious.

prestigioso *adj* *(respetable)* worthy; *(renombrado)* prestigious.

presto 1 *adj* **(a)** *(rápido)* quick, prompt. **(b)** *(listo)* ready *(para* for). **(c)** *(Mús)* presto. **2** *adv* *(rápidamente)* quickly; *(en seguida)* right away.

presumible *adj* presumable; **es ~** it is to be presumed.

presumido *adj* conceited; *(que se arregla mucho)* vain.

presumir [3a] **1** *vt* **(a)** *(suponer)* to presume, surmise; **~ que ...** to presume that ..., guess that .... **(b)** *(Arg, Bol)* to court. **2** *vi* **(a) según cabe ~** as may be presumed, presumably; **es de ~ que** presumably, supposedly. **(b)** *(envanecerse)* to be conceited; *(vanagloriarse)* to give o.s. airs, show off; **para ~ ante las amistades** in order to show off before one's friends; **no presumas tanto** don't be so conceited; **~ de listo** to think o.s. very smart.

presunción *nf* **(a)** *(conjetura)* supposition, presumption; *(sospecha)* suspicion. **(b)** *(vanidad)* conceit.

presuntamente *adv* supposedly.

presunto *adj* *(supuesto)* supposed, presumed; *(llamado)* so-called; *(heredero)* presumptive; **el ~ asesino** the alleged murderer; **X, ~ implicado en ...** X, allegedly involved in ...; **estos ~s expertos** these so-called experts.

presuntuoso *adj* *(vano)* conceited, presumptuous.

presuponer [2q] *vt* to presuppose.

presupuestar [1a] *vt* *(Fin)* to budget for; *(gastos, ingresos)* to reckon up, estimate for.

presupuestario *adj* *(Fin)* budgetary, budget *atr*.

presupuesto *nm* *(Fin)* budget; *(para un trabajo o plan)* estimate.

presuroso *adj* *(ligero)* quick, speedy; *(pronto)* hasty; *(paso etc)* light, quick.

pretecnología *nf* *(Escol)* practical subjects, technical courses.

pretencioso *adj* **(a)** *(vanidoso)* pretentious, presumptuous. **(b)** *(LAm: presumido)* vain, stuck-up *(fam)*.

pretender [2a] *vt* **(a)** *(intentar)* **~ hacer algo** to try to *o* seek to *o* endeavour *o (US)* endeavor to do sth; **pretendió convencerme** he sought to convince me; **¿qué pretende Ud decir con eso?** what do you mean by that?; **no pretendo ser feliz** it's not happiness I'm after.
(b) *(afirmar)* to claim; **~ ser rico** to claim to be rich, profess to be rich; **pretende que el coche le atropelló** he alleges that the car knocked him down.
(c) *(aspirar a)* to seek, try for; *(puesto)* to apply for; *(honor)* to aspire to; *(objetivo)* to aim at, try to achieve; **¿qué pretende Ud?** what are you after?, what do you hope to achieve?
(d) ~ que + *subjun* to expect, suggest; **él pretende que yo le escriba** he wants me to write to him; **¿cómo pretende Ud que lo compre yo?** how do you expect me to buy it?
(e) *(mujer)* to woo, court.

pretendido *adj* *(presunto)* supposed, alleged.

pretendiente 1 *nm* *(de una mujer)* suitor; *(al trono)* pretender. **2** *nmf* *(aspirante)* claimant; *(a cargo)* candidate, applicant *(a* for).

pretensión *nf* **(a)** *(derecho)* claim. **(b)** *(propósito)* aim; *(aspiración)* aspiration. **(c)** *(aspiraciones)* pretension; *(expectativas)* expectations; **tener ~es de** to have pretensions to; **tener pocas ~es** to have low expectations; **tiene la ~ de que le acompañe yo** he expects me to go with him. **(d)** *(LAm: vanidad)* vanity.

pretérito 1 *adj* **(a)** *(Ling)* past. **(b)** *(fig)* past, former; **las glorias ~as del país** the country's former glories. **2** *nm* *(Ling: tb* **~ indefinido***)* preterite, past historic; **~ perfecto/imperfecto** perfect/imperfect.

pretextar [1a] *vt* to plead, use as an excuse; **~ que ...** to plead *o* allege that ....

pretexto *nm* pretext; *(disculpa)* excuse, plea; **bajo ningún ~** under no circumstances; **con el ~ de que ...** on the pretext that ....

pretil *nm* *(valla)* parapet; *(baranda)* handrail, railing.

prevalecer [2d] *vi* **(a)** *(imponerse)* to prevail *(sobre* against, over); *(triunfar)* to triumph; *(vencer)* to come to dominate. **(b)** *(Bot: arraigar)* to take root and grow.

prevaleciente *adj* prevailing, dominant.

prevalerse [2q] *vr* *(valerse)* **~ de** to avail o.s. of; *(aprovecharse)* to take advantage of.

prevaricación *nf* *(Jur)* perversion of the course of justice.

prevaricar [1g] *vi* to pervert the course of justice.

prevención *nf* **(a)** *(preparativo)* preparation; *(estado)* readiness. **(b)** *(de accidente, enfermedad etc)* prevention; **en ~ de** as a guard against; **medidas de ~** emergency measures, contingency plans. **(c)** *(medida)* precautionary measure; **hemos tomado ciertas ~es** we have taken certain precautions. **(d)** *(prejuicio)* prejudice; **tener ~ contra algn** to be prejudiced against sb. **(e)** *(puesto)* police station.

prevenido *adj* (**a**) (*cuidadoso*) **ser** ~ to be cautious. (**b**) **estar** ~ (*preparado*) to be ready; (*advertido*) to be forewarned, be on one's guard (*contra* against); **hombre ~ vale por dos** (*Prov*) forewarned is forearmed.

prevenir 3r **1** *vt* (**a**) (*preparar*) to prepare, get ready (*para* for).

(**b**) (*evitar*) to prevent; **hay accidentes que no se pueden** ~ some accidents cannot be prevented; **más vale ~ (que curar)** prevention is better than cure.

(**c**) (*advertir*) ~ **a algn** to warn sb *o* put sb on his guard (*contra, de* against, about); **pudieron ~le a tiempo** they were able to warn him in time.

(**d**) (*predisponer*) to prejudice, bias (*a favor de, en contra de* in favour of, against).

2 prevenirse *vr* to get ready, prepare; ~ **contra** to take precautions against.

preventivo *adj* preventive, precautionary; (*Med*) preventive.

prever 2u *vt* (**a**) (*ver con anticipación*) to foresee. (**b**) (*planear con anticipación*) to anticipate, envisage; (*proyectar*) to plan; (*tener en cuenta*) to make allowances for; **la elección está prevista para ...** the election is planned for ...; **no teníamos previsto nada para eso** we had not made any allowance for that; ~ **que** to anticipate *o* expect that. (**c**) (*establecer*) to provide for, establish; **la ley prevé que ...** the law provides *o* establishes that ....

previamente *adv* previously.

previo 1 *adj* previous, prior; (*examen*) preliminary; **autorización ~a** prior authorization *o* permission. **2** *prep* after, following; ~ **acuerdo de los otros** subject to the agreement of the others; ~ **pago de los derechos** on payment of the fees.

previsible *adj* foreseeable.

previsión *nf* (**a**) (*cualidad*) foresight, far-sightedness; (*prudencia*) caution. (**b**) (*acto*) precaution, precautionary measure; **en ~ de** as a precaution against. (**c**) (*pronóstico*) forecast; ~ **del tiempo** weather forecast(ing). (**d**) (*Chi*) ≈ pension fund.

previsor *adj* (*precavido*) far-sighted; (*prudente*) thoughtful.

previsto *adj* (*hora*) agreed; (*resultados*) predicted, anticipated; **según lo** ~ as planned, according to schedule.

PRI *nm abr* (*Méx Pol*) *de* **Partido Revolucionario Institucional**.

pribar 1a *vt, vi* (*fam*) = **privar**[2].

prieto *adj* (**a**) (*oscuro*) blackish, dark; (*esp Méx*) dark, swarthy; (*: mujer*) brunette. (**b**) (*apretado*) tight, compressed; **de carnes ~as** firm-bodied.

priísta (*Méx Pol*) **1** *adj* of *o* pertaining to the PRI party. **2** *nmf* supporter of the PRI party.

prima[1] *nf* (*de sueldo*) bonus; (*de seguro*) premium; (*a la exportación*) subsidy; ~ **de incentivo,** ~ **a la** *o* **de producción** incentive bonus; ~ **de peligrosidad,** ~ **por trabajos peligrosos** danger money.

primacía *nf* (**a**) (*superioridad*) primacy, first place; (*supremacia*) supremacy; **tener la ~ entre** to be supreme among. (**b**) (*Rel*) primacy.

primada *nf* (*fam: estupidez*) piece of stupidity; (*error*) silly mistake.

primado *nm* (*Rel*) primate.

primadon(n)a *nf* (*de ópera*) prima donna.

primar 1a *vi* (*tener primacía*) to occupy first place, be supreme; (*prevalecer*) ~ **sobre** to have priority *o* take precedence over.

primario *adj* primary; **escuela ~a** primary school.

primate *nm* (**a**) (*Zool*) primate. (**b**) (*prócer*) outstanding figure.

primavera *nf* (**a**) (*estación*) spring, springtime. (**b**) (*Orn*) blue tit. (**c**) (*Bot*) primrose.

primaveral *adj* spring *atr*, springlike.

primer *adj V* **primero**.

primera[1] *nf* (**a**) (*Aut etc*) first gear, bottom gear. (**b**) (*tren*) first class; **viajar en** ~ to travel first. (**c**) (*excelente*) **de** ~ first-class/-rate; **hotel de** ~ first-class hotel; **comer de** ~ to eat really well, have a first-class meal. (**d**) **de buenas a ~s** suddenly. (**e**) **a la(s) ~(s) de cambio** (*fig*) first, firstly.

primerizo/a 1 *adj* green, inexperienced. **2** *nm/f* beginner; **una ~a** woman who bears her first child.

primero/a[2] **1** *adj* (*before nm sing* **primer**) (**a**) (*que precede*) first; (*anterior*) former; (*página*) first, front; **en los ~s años del siglo** in the early years of the century; **~a dama** (*Teat*) leading lady; **a ~a hora de la mañana** first thing in the morning.

(**b**) (*primordial*) first; (*principal*) prime; (*básico*) fundamental; **lo ~ es que** the fundamental thing is that; **lo ~ es lo ~** first things first; **es nuestro primer deber** it is our first duty.

2 *nm/f* first; **llegar el** ~ to arrive first; **ser el ~ de la clase** to be first in the class; **ser el ~ en hacer algo** to be the first to do sth; *V tb* **primera**.

3 *nm*: **a ~s de junio** at the beginning of June.

4 *adv* (**a**) (*primeramente*) first.

(**b**) (*antes*) rather, sooner; ~ **se quedará en casa que pedir permiso para salir** she'd rather stay at home than have to ask for permission to go out.

primicia *nf* (**a**) (*novedad*) novelty; (*estreno*) first appearance; ~ **informativa** scoop. (**b**) **~s** (*lit, fig*) first fruits.

primigenio *adj* primitive, original.

primitiva *nf*: **la** ~ (*fam*) = **lotería primitiva**.

primitivo *adj* (**a**) (*primario*) early; (*original*) first, original; **el texto** ~ the original text; **quedan 200 de los ~s 850** there remain 200 from the original 850; **devolver algo a su estado** ~ to restore sth to its original state. (**b**) (*Fin: acción*) ordinary. (**c**) (*Hist*) primitive; (*salvaje*) uncivilized; **en condiciones ~as** in primitive conditions.

primo/a[2] **1** *adj* (**a**) (*Mat*) prime. (**b**) (*materia*) raw. **2** *nm/f* (**a**) (*pariente*) cousin; ~ **carnal** *o* **hermano** first cousin; **ser ~s hermanos** (*fig*) to be extraordinarily alike. (**b**) (*fam: cándido*) fool; (*: incauto*) dupe, sucker (*fam*); **hacer el** ~ to be taken for a sucker (*fam*).

primogénito/a *adj, nm/f* first-born.

primogenitura *nf* (*gen*) primogeniture; (*patrimonio*) birthright.

primor *nm* (**a**) (*delicadeza*) exquisiteness, beauty; (*elegancia*) elegance. (**b**) (*maestría*) care, skill; **hecho con** ~ done most skilfully *o (US)* skillfully, delicately made. (**c**) (*hermosura*) fine *o* lovely thing; **cose que es un** ~ she sews beautifully; **hijos que son un** ~ delightful *o* charming children.

primordial *adj* fundamental, essential; **esto es** ~ this is top priority; **es de interés** ~ it is of fundamental concern; **es ~ saberlo** it is essential to know it.

primoroso *adj* (*delicado*) exquisite, fine; (*esmerado*) neat, skilful, skillful *(US)*.

prímula *nf* primrose.

princesa *nf* princess.

principado *nm* principality.

principal 1 *adj* (**a**) (*más importante*) principal, main; (*más destacado*) foremost; (*piso*) first, second *(US)*; **lo ~ es ...** the main thing is to .... (**b**) (*persona: distinguida*) illustrious. **2** *nm* (**a**) (*persona*) head, chief, principal. (**b**) (*Fin*) principal, capital. (**c**) (*Teat*) dress circle. (**d**) (*piso*) first floor, second floor *(US)*.

príncipe *nm* (**a**) prince; ~ **azul** Prince Charming; ~ **consorte** prince consort; ~ **heredero** crown prince; ~ **de Gales** Prince of Wales. (**b**) **edición** ~ first edition.

principesco *adj* princely.

principiante/a 1 *adj* (*aprendiz*) who is beginning; (*novato*) novice; (*inexperto*) inexperienced, green. **2** *nm/f* beginner, novice.

principiar 1b *vt, vi* to begin; ~ **a hacer algo** to begin to do sth, begin doing sth; ~ **con** to begin with.

principio *nm* (**a**) (*comienzo*) beginning; (*origen*) origin; (*inicio*) early stage; **al** ~ at first, in the beginning; **a ~s**

de at the beginning of; **a ~s del verano** at the beginning of the summer; **desde el ~** from the first; **en un ~** at first; **dar ~ a** to start off; **tener ~ en** to start from.

(**b**) **~s** rudiments; **'P~s de física'** 'Introduction to Physics'.

(**c**) (*moral*) principle; **persona de ~s** man of principles; **en ~** in principle; **por ~** on principle; **sin ~s** unprincipled.

(**d**) (*Fil*) principle.

(**e**) (*Quím*) element, constituent.

(**f**) (*Culin*) entrée.

pringado/a *nm/f* (*fam*) (**a**) (*víctima*) (innocent) victim; (*sin suerte*) unlucky person; (*infeliz*) poor devil; **el ~ del grupo** the odd man out, the loser. (**b**) (*tonto*) fool, idiot; **¡no seas ~!** don't be an idiot!

pringar [1h] **1** *vt* (**a**) (*Culin: pan*) to dip, dunk; (*asado*) to baste; **~ el pan en la sopa** to dip one's bread in the soup.

(**b**) (*ensuciar*) to dirty, soil (with grease); (*rociar*) to splash grease *o* fat on.

(**c**) (*fam: meter*) **~ a algn en un asunto** to involve sb in a matter.

(**d**) (*fam*) **~la** (*meter la pata*) to drop a brick (*fam*), make a boob (*fam*) **~las** (*morir*) to kick it (*fam*).

2 *vi* (**a**) (*fam: perder*) to come a cropper (*fam*); **hemos pringado** we're done for.

(**b**) (*Mil etc: trabajar*) to sweat one's guts out (*fam*).

(**c**) **~ en** to dabble in.

(**d**) (*fam: morir*) to kick it (*fam*).

3 pringarse *vr* (**a**) to get covered (*con, de* with, in).

(**b**) (*fam: involucrarse*) to get mixed up (*en* in).

(**c**) (*fam: comprometerse*) to get one's fingers burnt; **o nos pringamos todos, o ninguno** either we all carry the can or none of us does (*fam*).

pringoso *adj* greasy.

pringue *nm o nf* (**a**) (*grasa*) grease, dripping. (**b**) (*mancha*) grease stain; (*suciedad*) dirty object. (**c**) (*fam: molestia*) nuisance; **es un ~ tener que** ... it's a bind having to ... (*fam*).

prior *nm* (*Rel: prelado*) prior, rector.

priora *nf* prioress.

priorato *nm* (*Rel*) priory.

priori: **a ~** *adv* a priori; (*juzgar*) in advance.

prioridad *nf* (*precedencia*) priority; (*superioridad*) seniority; (*Aut*) right of way; **tener ~** to have priority (*sobre* over); (*Aut*) to have the right of way.

prioritario *adj* priority *atr*; (*Inform*) foreground *atr*; **un proyecto de carácter ~** a plan with top priority.

prisa *nf* (*prontitud*) hurry, haste; (*rapidez*) speed; (*premura*) urgency; **a** *o* **de ~** quickly, hurriedly; **a toda ~** as quickly as possible; **correr ~** to be urgent; **¿te corre ~?** are you in a hurry?; **¿corren ~ estas cartas?** (*Esp*) are these letters urgent?, is there any hurry for these letters?; **dar** *o* **meter ~ a algn** to make sb get a move on; **darse ~** to hurry (up); **¡date ~!** hurry (up)!; **tener ~** to be in a hurry.

prisión *nf* (**a**) (*cárcel*) prison. (**b**) (*encierro*) imprisonment; **~ mayor** sentence of more than six years and a day; **~ menor** sentence of less than six years and a day; **cinco años de ~** five years' imprisonment.

prisionero/a *nm/f* prisoner; **~ de guerra** prisoner of war; **hacer ~ a algn** to take sb prisoner.

prisma *nm* (**a**) prism. (**b**) (*fig*) point of view, angle; **bajo** *o* **desde el ~ de** from the point of view of.

prismático 1 *adj* prismatic. **2** *nm*: **~s** binoculars, field glasses.

prístino *adj* pristine, original.

priva *nf*: **la ~** (*Esp fam*) the booze (*fam*), the drink.

privacidad *nf* privacy.

privación *nf* (**a**) (*acto*) deprivation, deprival; **sufrir ~ de libertad** to suffer loss of liberty. (**b**) (*carencia*) deprivation; (*miseria*) want, privation; **~es** hardships, privations.

privadamente *adv* privately.

privado 1 *adj* (*particular*) private, personal; **'~ y confidencial'** 'private and confidential'. **2** *nm* (**a**) (*Pol: favorito*) favourite, favorite (*US*), protégé; (*Hist*) royal favourite. (**b**) **en ~** privately, in private.

privar[1] [1a] **1** *vt* (**a**) (*despojar*) **~ a algn de algo** to deprive sb of sth, take sth away from sb; **~ a algn del conocimiento** to render sb unconscious.

(**b**) (*prohibir*) **~ a algn de hacer algo** to forbid sb to do sth, prevent sb from doing sth; **lo cual me privó de verlos** which prevented me from seeing them.

2 *vi* (**a**) (*fam: gustar mucho*) **las motos me privan** I'm mad about motorbikes.

(**b**) (*fam: estar en boga*) to be in fashion, be the thing.

3 privarse *vr*: **~ de** (*abstenerse*) to deprive o.s. of; (*renunciar*) to give up, forgo; **no se privan de nada** they don't want for anything.

privar[2] [1a] *vt, vi* (*fam*) to booze (*fam*), drink.

privativo *adj* exclusive; **~ de** exclusive to; **esa función es ~a del presidente** that function is the president's alone.

privatización *nf* privatization.

privatizar [1f] *vt* to privatize.

privilegiado/a 1 *adj* (*gen*) privileged; (*memoria*) exceptionally good. **2** *nm/f* (*afortunado*) privileged person.

privilegiar [1b] *vt* to grant a privilege to; (*favorecer*) to favour, favor (*US*).

privilegio *nm* (*prerrogativa*) privilege; (*inmunidad*) immunity, exemption; (*Jur*) sole right; **~ fiscal** (*exoneración*) tax concession.

pro 1 *nm o nf* (*provecho*) profit, advantage; **hombre de ~** worthy man; **los ~s y los contras** the pros and the cons; **en ~ de** for, on behalf of. **2** *prep* (*en favor de*) for, on behalf of; **asociación ~ ciegos** association for (aid to) the blind.

pro- *pref* pro-; **~soviético** pro-Soviet.

proa *nf* (*Náut*) bow, prow; (*Aer*) nose; **de ~** bow *atr*, fore; **en la ~** in the bows; **poner la ~ a** (*Náut*) to head for, set a course for; (*fig*) to aim at.

probabilidad *nf* (**a**) likelihood; **según toda ~** in all probability. (**b**) (*perspectiva*) chance, prospect; **~es** chances; **~es de vida** expectation of life; **hay pocas ~es de que venga** there is little prospect of his coming; **apenas tiene ~es** he hasn't much chance.

probable *adj* probable, likely; **es ~ que** + *subjun* it is probable *o* likely that; **es ~ que no venga** he probably won't come.

probablemente *adv* probably.

probador *nm* (*en una tienda*) fitting room.

probanza *nf* (*Jur*) proof, evidence.

probar [1l] **1** *vt* (**a**) (*evidenciar: un hecho*) to prove; (*demostrar*) to show, demonstrate; **~ que** to prove that.

(**b**) (*aparato, arma*) to test, try (out); (*ropa*) to try on.

(**c**) (*comida*) to try, taste; **prueba un poco de esto** try a bit of this; **no han probado nunca un buen jerez** they have never tasted a good sherry; **no lo pruebo nunca** I never touch it.

2 *vi* (**a**) (*intentar*) to try; **¿probamos?** shall we try?, shall we have a go?; **~ no cuesta nada** there's no harm in trying; **~ a hacer algo** to try to do sth.

(**b**) **~ de = 1 (c)**.

(**c**) (*sentar*) to suit; **no me prueba (bien) el café** coffee doesn't agree with me.

3 probarse *vr*: **~ un traje** to try a suit on.

probeta *nf* test tube; **niño ~** test-tube baby.

probidad *nf* integrity.

problema *nm* (*gen, Mat*) problem; **el ~ del paro** the problem of unemployment; **no quiero ~s** I don't want any trouble.

problemática *nf* problems, questions.

problemático *adj* problematic.

probóscide *nf* proboscis.

procacidad *nf* (**a**) (*desvergüenza*) insolence; (*descaro*) brazenness. (**b**) (*indecoro*) indecency.

procaz *adj* (**a**) (*atrevido*) insolent, impudent; (*descarado*) brazen. (**b**) (*indecoroso*) indecent.

procedencia *nf* (**a**) (*principio*) source, origin; (*lugar de salida*) point of departure; (*Náut*) port of origin. (**b**) (*Jur*) propriety.

procedente *adj* (**a**) (*que proviene de*) ~ **de** coming from, originating in. (**b**) (*razonable*) reasonable; (*apropiado*) proper, fitting; (*Jur*) proper; (*bien establecido*) duly established.

proceder 2a **1** *vi* (**a**) (*pasar*) to proceed; ~ **a una elección** to proceed to an election; ~ **contra algn** (*Jur*) to take proceedings against sb.

(**b**) (*provenir*) ~ **de** to come from, originate in; **todo esto procede de su negativa** all this springs from his refusal; **de donde procede que ...** (from) whence it happens that ....

(**c**) (*obrar*) to act; (*conducirse*) to proceed, behave; **ha procedido precipitadamente** he has acted hastily.

(**d**) (*ser conforme*) to be right (and proper), be fitting; **no procede obrar así** it is not right to act like that; **táchese lo que no proceda** cross out what does not apply; **luego, si procede, ...** then, if appropriate, ...

2 *nm* (*línea de acción*) course of action; (*conducta*) behaviour, behavior *(US)*.

procedimiento *nm* (*gen*) procedure; (*sistema*) process; (*método*) means; (*Jur: trámite*) proceedings; **un ~ para abaratar el producto** a method of making the product cheaper; **por un ~ deductivo** by a deductive process.

proceloso *adj* (*Lit*) stormy, tempestuous.

prócer *nm* (*persona eminente*) worthy, notable; (*magnate*) important person; (*esp LAm: Pol*) famous son *o* citizen; (*: líder*) leader.

procesado[1] **1** *adj* (*alimento*) processed. **2** *nm* (*Téc*) processing.

procesado[2]/a *adj, nm/f* accused.

procesador *nm* processor; ~ **de datos/textos** data/ word processor.

procesal *adj* (*Jur: costas etc*) legal; (*derecho*) procedural.

procesamiento *nm* (**a**) (*Jur*) prosecution. (**b**) ~ **de datos** (*Inform*) data processing.

procesar 1a *vt* (**a**) (*enjuiciar*) to put on trial, prosecute; (*demandar*) to sue, bring an action against. (**b**) (*Téc, Inform*) to process.

procesión *nf* (*Rel*) procession; **la ~ va por dentro** he keeps his troubles to himself; (*fam: hilera*) **una ~ de mendigos/hormigas** never-ending stream of beggars/ants.

proceso *nm* (**a**) (*desarrollo, tb Anat, Quím*) process; ~ **mental** mental process; ~ **de una enfermedad** course *o* progress of a disease. (**b**) (*transcurso*) lapse of time; **en el ~ de un mes** in the course of a month. (**c**) (*Jur: juicio*) trial; (*: pleito*) lawsuit; ~ **verbal** record; **abrir** *o* **entablar** ~ to bring a suit (*a* against). (**d**) (*Inform*) processing; ~ **de datos/textos** data/word processing; ~ **(electrónico) de datos** (electronic) data processing.

proclama *nf* (**a**) (*publicación oficial*) proclamation. (**b**) ~**s** (*Rel: amonestaciones*) banns.

proclamación *nf* proclamation.

proclamar 1a **1** *vt* (*publicar*) to proclaim; ~ **algo a las cuatro vientos** to shout sth from the rooftops. **2 proclamarse** *vr*: ~ **rey** to proclaim o.s. king.

proclive *adj* inclined, prone (*a* to).

procónsul *nm* proconsul.

procreación *nf* procreation, breeding.

procrear 1a *vt, vi* (*generar*) to procreate, breed.

procura *nf*: **andar en ~ de algo** (*esp LAm*) to be trying to get sth.

procurador(a) *nm/f* (*Jur: abogado*) attorney, solicitor; (*: apoderado*) proxy; (*tb* ~ **en Cortes**: *Pol Hist*) deputy, member of (the Spanish) parliament; (*: actualmente*) member of (some) regional parliament.

procurar 1a **1** *vt* (**a**) (*intentar*) ~ **hacer algo** to try to do sth, endeavour *o (US)* endeavor to do sth; **procura conservar la calma** do try to keep calm; **procura que no te vean** don't let them see you.

(**b**) (*conseguir*) to get; (*asegurar*) to secure; (*producir*) to yield; ~ **un puesto a algn** to get sb a job; **esto nos procurará grandes beneficios** this will bring us great benefits.

(**c**) (*lograr*) ~ **hacer algo** to manage to do sth, succeed in doing sth; **por fin procuró dominarse** eventually he managed to control himself.

2 procurarse *vr*: ~ **algo** to secure sth for o.s.

prodigalidad *nf* (**a**) (*abundancia*) bounty, richness. (**b**) (*liberalidad*) lavishness, generosity. (**c**) (*derroche*) prodigality; (*despilfarro*) wastefulness.

prodigar 1h **1** *vt* (*disipar*) to lavish, give lavishly; (*despilfarrar*) to squander; **prodiga las alabanzas** he is lavish in his praise (*a* of); **nos prodigó sus atenciones** he was very generous in his kindnesses to us. **2 prodigarse** *vr* to be generous with what one has; (*dejarse ver*) to show o.s.

prodigio *nm* (*portento*) prodigy; (*maravilla*) wonder; **niño ~** child prodigy.

prodigiosamente *adv* prodigiously, marvellously, marvelously *(US)*.

prodigioso *adj* prodigious, marvellous, marvelous *(US)*.

pródigo/a **1** *adj* (**a**) (*exuberante*) bountiful; (*fértil*) productive; ~ **en** rich in, generous with; **la ~a naturaleza** bountiful nature. (**b**) (*liberal*) lavish, generous (*de* with); **ser ~ de sus talentos** to be generous in offering one's talents. (**c**) (*malgastador*) prodigal, wasteful; **hijo ~** prodigal son. **2** *nm/f* (*manirroto*) spendthrift, prodigal.

producción *nf* (**a**) (*gen*) production; (*producto*) output, yield; ~ **en cadena** production-line assembly; ~ **en serie** mass production. (**b**) (*objeto*) product; (*Cine*) production.

producir 3n **1** *vt* (*gen, Cine*) to produce; (*hacer*) to make; (*rendir*) to yield; (*motivar*) to cause, generate; (*un cambio*) to bring about; (*impresión*) to give; (*Fin: interés*) to bear; **le produjo gran tristeza** it caused her much sadness; **¿qué impresión le produce?** how does it impress you?; ~ **en serie** to mass-produce.

2 producirse *vr* (**a**) (*fabricarse*) to be produced, be made.

(**b**) (*un cambio*) to come about; (*dificultad, crisis*) to arise; (*accidente*) to take place; (*motín*) to break out; **en ese momento se produjo una explosión** at that moment there was an explosion; **a no ser que se produzca un cambio** unless there is a change.

productividad *nf* productivity.

productivo *adj* productive; (*negocio*) profitable.

producto *nm* (*gen: resultado: tb Mat*) product; (*Fin: beneficio*) yield, profit; (*: utilidad*) proceeds, revenue; ~**s** products; (*Agr*) produce; ~**s agrícolas** agricultural *o* farm produce; ~ **alimenticio** foodstuff; ~**s básicos** commodities; ~**s de belleza** beauty products; ~ **interno bruto** gross domestic product; ~ **lácteo** dairy product; ~ **nacional bruto** gross national product; ~**s de marca** branded goods; ~ **secundario** byproduct.

productor(a)[1] **1** *adj* (*que rinde*) productive, producing; **nación ~a** producer nation. **2** *nm/f* (*gen, Cine*) producer.

productora[2] *nf* (*Cine*) production company.

proemio *nm* preface, introduction.

proeza *nf* (**a**) (*hazaña*) exploit, feat, heroic deed. (**b**) (*LAm: ínfula*) boast.

Prof. *abr de* **profesor** Prof.

profanación *nf* desecration.

profanar 1a *vt* (*violar*) to desecrate, profane; (*deshonrar*) to defile; ~ **la memoria de algn** to blacken the memory of sb.

profano/a **1** *adj* (**a**) (*laico*) profane, secular. (**b**) (*irres-*

petuoso) irreverent. (**c**) (*ignorante*) lay, uninitiated. (**d**) (*deshonesto*) indecent, immodest. **2** *nm/f* (*inexperto*) layman, laywoman; **soy ~ en la materia** I don't know anything about the subject.

profecía *nf* prophecy.

proferir 3i *vt* (*palabra, sonido*) to utter; (*insinuación*) to drop, throw out; (*insulto*) to hurl, let fly (*contra* at); (*maldición*) to utter.

profesar 1a **1** *vt* (**a**) (*religión*) to profess; (*admiración, creencia*) to profess, declare. (**b**) (*ejercer*) to practise, practice *(US)*. **2** *vi* (*Rel*) to take vows.

profesión *nf* (**a**) (*de fe etc*) profession, declaration; (*confesión*) avowal; (*Rel*) taking of vows. (**b**) (*carrera*) profession; (*vocación*) calling, vocation; **abogado de ~, de ~ abogado** a lawyer by profession; **~ liberal** liberal profession.

profesional 1 *adj* professional; **no ~** non-professional. **2** *nmf* professional.

profesionalidad *nf* (*de asunto*) professional nature; (*actitud*) professionalism, professional attitude.

profesionalismo *nm* professionalism.

profesionalización *nf*: **ingresar en la ~** to become a professional.

profesionalizar 1f **1** *vt* to professionalize, make more professional. **2 profesionalizarse** *vr* to become *o* turn professional.

profesionalmente *adv* professionally.

profesionista *nmf* (*Méx*) professional.

profesor(a) *nm/f* (**a**) (*gen*) teacher; (*instructor*) instructor; **~ de natación** swimming instructor; **~ de piano** piano teacher. (**b**) (*Escol: gen*) teacher; **~ (de instituto)** schoolmaster, schoolmistress; **~ de biología** biology teacher. (**c**) (*Univ*) lecturer, professor *(US)*; **~ adjunto** assistant lecturer, associate professor *(US)*; **~ agregado** assistant professor *(US)*; **se reunieron los ~es** the staff *o (US)* faculty met.

profesorado *nm* (**a**) (*profesión*) teaching profession; (*enseñanza*) teaching, lecturing. (**b**) (*cuerpo*) teaching staff, faculty *(US)*.

profeta *nm* prophet.

profético *adj* prophetic.

profetisa *nf* prophetess.

profetizar 1f *vt, vi* (*predecir*) to prophesy; (*fig*) to guess, conjecture.

profiláctico 1 *adj* prophylactic. **2** *nm* (*condón*) condom.

profilaxis *nf* prophylaxis.

prófugo *nm* (*fugitivo*) fugitive; (*Mil: desertor*) deserter; **~ de la justicia** fugitive from justice.

profundamente *adv* deeply, profoundly; (*dormir*) deeply, soundly.

profundidad *nf* (*hondura*) depth; (*Mat*) depth, height; (*fig*) depth, profundity; **~ de campo** (*Fot*) field depth; **la poca ~ del río** the shallowness of the river; **las ~es del océano** the depths of the ocean; **tener una ~ de 30 cm** to be 30 cm deep; **¿qué ~ tiene?** how deep is it?; **investigación en ~** in-depth investigation.

profundizar 1f **1** *vt* (**a**) (*ahondar*) to deepen, make deeper. (**b**) (*fig: un asunto*) to study in depth, go deeply into; (*misterio*) to fathom, get to the bottom of. **2** *vi* (**a**) (*penetrar*) **~ en** to penetrate into, enter. (**b**) **~ en** (*fig*) = **1 (b)**.

profundo *adj* (**a**) (*hondo*) deep; **poco ~** shallow. (**b**) (*fig: reverencia*) low; (*suspiro, voz, respiración*) deep; (*nota*) low, deep; (*sueño*) deep, sound; (*oscuridad*) deep; (*impresión*) deep; (*misterio, pensador*) profound; **conocedor ~ del arte** expert in the art; **en lo ~ del alma** in the depths of one's soul.

profusamente *adv* (*V adj*) profusely; lavishly, extravagantly.

profusión *nf* (*abundancia*) profusion; (*prodigalidad*) wealth, extravagance.

profuso *adj* (*abundante*) profuse; (*extravagante*) lavish, extravagant.

progenie *nf* (**a**) (*casta*) progeny, offspring *(familia)* brood. (**b**) family, lineage.

progenitor *nm* (*antepasado*) ancestor; (*padre*) father; **~es** (*hum*) parents.

programa *nm* (*gen*) programme, program *(US)*; (*plan*) plan; (*Inform*) program; **~ coloquio** chat show; **~ concurso** game show; **~ continuo** (*Cine*) continuous showing; **~ de estudios** curriculum, syllabus; **~ verificador de ortografía** spell checker.

programable *adj* that can be programmed, programmable.

programación *nf* (*Inform*) programming, programing *(US)*; (*Rad, TV*) programme planning, program planning *(US)*; (*en periódico*) programme guide, viewing guide; **ha habido ciertos cambios en la ~** there have been a few changes to the schedule.

programado *adj* programmed, programed *(US)*; (*visita etc*) planned.

programador(a) *nm/f* (computer) programmer.

programar 1a *vt* (*Inform*) to program; (*video etc*) to programme, program *(US)*; (*vacaciones*) to plan; (*TV, Rad*) to schedule.

progre (*fam*) **1** *adj* leftish, liberal. **2** *nmf* lefty *(fam)*, liberal.

progresar 1a *vi* (*adelantar*) to progress, make progress.

progresía *nf* (**a**) (*actitud etc*) leftish outlook; (*pey*) liberal outlook. (**b**) **la ~** (*personas*) the lefties *(fam)*, the liberals.

progresión *nf* progression; **~ aritmética/geométrica** arithmetic/geometric progression.

progresista *adj, nmf* (*Pol*) progressive.

progresivamente *adv* progressively.

progresivo *adj* progressive.

progreso *nm* (*mejora*) progress; (*avance*) advance; **~s** progress *sg*; **hacer ~s** to progress, make progress, advance.

prohibición *nf* (*privación*) prohibition (*de* of); (*impedimento*) ban (*de* on); (*retención: de bienes*) embargo (*de* on); **levantar la ~ de** to remove the ban on, lift the embargo on.

prohibicionismo *nm* prohibitionism.

prohibicionista *adj, nmf* prohibitionist.

prohibir 3a **1** *vt* (*vedar*) to forbid; (*impedir*) to ban; **~ una droga** to prohibit *o* ban a drug; **~ a algn hacer algo** to forbid sb to do sth; **'prohibido fumar'** 'no smoking'; **'queda terminantemente prohibido entrar'** 'entry strictly forbidden'. **2 prohibirse** *vr*: **'se prohíbe fumar'** 'no smoking'.

prohibitivo *adj* prohibitive.

prohijar 1a *vt* (*tb fig*) to adopt.

prohombre *nm* (*dirigente*) outstanding man, leader.

prójima *nf* (*fam*) (**a**) loose woman. (**b**) **la ~** my old woman *(fam)*, the wife *(fam)*.

prójimo *nm* (**a**) (*semejante*) fellow man; **amar al ~** to love one's neighbour *o (US)* neighbor. (**b**) (*fam: tío*) so-and-so *(fam)*, creature.

prolapso *nm* (*Med*) prolapse.

prole *nf* (*descendencia*) offspring; (*pey, hum*) brood, spawn; **padre de numerosa ~** father of a large family.

prolegómeno *nm* (*tb fig*) preface, introduction.

proletariado *nm* proletariat.

proletario/a 1 *adj* proletarian. **2** *nm/f* proletarian.

proliferación *nf* proliferation; **tratado de no ~ (de armas nucleares)** non-proliferation treaty (for nuclear weapons).

proliferar 1a *vi* to proliferate.

prolífico *adj* prolific (*en* of).

prolijidad *nf* (*gen*) prolixity, long-windedness; (*pesadez*) tediousness; (*mucho esmero*) excess of detail.

prolijo *adj* (**a**) (*extenso*) prolix, long-winded; (*pesado*) tedious; (*muy meticuloso*) excessively meticulous. (**b**)

(*Arg: pulcro*) smart, neat.
prologar [1h] *vt* to preface, write an introduction to.
prólogo *nm* (**a**) prologue (*de* to), prolog (*US*); (*preámbulo*) preface, introduction; **un texto con ~ y notas de X** a text edited by X. (**b**) (*fig: principio*) prelude (*de* to).
prolongación *nf* (**a**) (*acto*) prolongation, extension. (**b**) (*de carretera etc*) extension; **por la ~ de la Castellana** along the new part of the Castellana.
prolongado *adj* (*sobre, habitación etc*) long; (*reunión, estadía*) lengthy.
prolongar [1h] **1** *vt* (*alargar*) to prolong, extend; (*Mat: línea*) to produce; (*tubo etc*) to make longer, extend; (*reunión*) to prolong. **2 prolongarse** *vr* (*alargarse*) to extend, go on; **la carretera se prolonga más allá del bosque** the road goes on beyond the wood; **la sesión se prolongó bastante** the meeting went on long enough.
prom. *abr de* **promedio** av.
promediar [1b] *vt* (**a**) (*objeto*) to divide into two halves. (**b**) (*Mat etc*) to work out the average of, average (out). (**c**) (*tener promedio de*) to average; **la producción promedia 100 barriles diarios** production averages 100 barrels a day.
promedio *nm* average; **el ~ de asistencia diaria** the average daily attendance; **el ~ es de 35 por 100** the average is 35%.
promesa 1 *nf* (**a**) (*ofrecimiento*) promise; (*compromiso*) pledge; **~ de matrimonio** promise of marriage; **faltar a una ~** to break a promise. (**b**) (*persona*) **la joven ~ del deporte español** the bright hope of Spanish sport. **2** *atr*: **jugador ~** promising player.
prometedor *adj* promising.
prometer [2a] **1** *vt* (*ofrecer*) to promise; (*comprometer*) to pledge; **~ hacer algo** to promise to do sth; **te lo prometo** I promise; **esto promete ser interesante** this promises to be interesting. **2** *vi* (*tener porvenir*) to have *o* show promise; **es un jugador que promete** he's a promising player. **3 prometerse** *vr* (**a**) **~ algo** to expect sth, promise o.s. sth; **prometérselas muy felices** to have high hopes. (**b**) (*novios*) to get engaged.
prometido/a 1 *adj* (**a**) (*ofrecido*) promised; **lo ~ es deuda** a promise is a promise, you can't break a promise. (**b**) (*persona*) engaged; **estar ~ con** to be engaged to. **2** *nm/f* (*novio/a*) fiancé(e).
prominencia *nf* (**a**) (*elevación*) protuberance; (*hinchazón*) swelling; (*en el suelo*) rise. (**b**) (*esp LAm: fig: importancia*) prominence.
prominente *adj* (**a**) (*protuberante*) prominent, that sticks out. (**b**) (*fig: importante*) prominent.
promiscuidad *nf* (**a**) (*mezcla*) mixture, confusion. (**b**) (*sexual*) promiscuity.
promiscuo *adj* (**a**) (*revuelto*) mixed (up), in disorder; (*multitud, reunión*) motley. (**b**) (*persona*) promiscuous.
promoción *nf* (**a**) (*ascenso*) promotion, advancement; (*profesional*) promotion. (**b**) (*Com: de producto, oferta*) promotion; **~ por correspondencia directa** direct mail advertising; **~ de ventas** sales promotion *o* drive. (**c**) (*año*) class, year; **la ~ de 1975** the 1975 class.
promocionar [1a] *vt* (*Com*) to promote; (*persona*) to give rapid promotion to, advance rapidly.
promontorio *nm* (*altura*) promontory; (*punta*) headland.
promotor(a) *nm/f* (*gen*) promoter; (*iniciador*) pioneer; (*suscitador*) instigator; **~ de ventas** sales promoter; **el ~ de los disturbios** the instigator of the rioting.
promover [2h] *vt* (**a**) (*un proceso etc*) to promote, advance; (*acción*) to begin, set in motion; (*juicio*) to bring. (**b**) (*escándalo*) to cause; (*motín*) to instigate, stir up. (**c**) (*ascender: persona, equipo*) to promote (*a* to).
promulgación *nf* promulgation; (*de ley*) enactment.
promulgar [1h] *vt* (*publicar*) to promulgate; (*ley*) to enact.
pronombre *nm* pronoun; **~ personal/posesivo/reflexivo** personal/possessive/reflexive pronoun.
pronominal *adj* pronominal.
pronosticador *nm* (*gen: que predice*) forecaster; (*Carreras*) tipster.
pronosticar [1g] *vt* to predict, forecast.
pronóstico *nm* (**a**) (*presagio*) prediction, forecast; (*profecía*) omen; **~ del tiempo** weather forecast; **~s para el año nuevo** predictions for the new year. (**b**) (*Med: diagnóstico*) prognosis; **de ~ leve** slight, not serious; **de ~ reservado** of uncertain gravity, of unknown extent, possibly serious.
prontico *adv* (*Col*), **prontito** *adv* (*fam*) very soon.
prontitud *nf* (**a**) (*presteza*) quickness, promptness. (**b**) (*viveza*) quickness, sharpness.
pronto 1 *adj* (**a**) (*dispuesto*) ready; **estar ~ para hacer algo** to be ready to do sth.
(**b**) (*respuesta etc: rápido*) prompt, quick; (*esp Com*) early; (*servicio*) quick.
2 *adv* (**a**) (*aprisa*) quickly, speedily; (*de inmediato*) at once, right away; **lo más ~ posible** as soon as possible; **tan ~ como** as soon as; **tan ~ ríe como llora** he no sooner laughs than he cries; **¡~!** hurry!, quick!, get on with it!; **de ~** suddenly, unexpectedly; **¡hasta ~!** see you soon!; **por de** *o* **lo ~** (*mientras tanto*) meanwhile; (*por ahora*) for the present; (*al menos*) at least.
(**b**) (*temprano*) early; **levantarse ~** to get up early; **todavía es ~ para decidir si ...** it's early days yet to decide whether to ....
3 *nm* (*impulso*) urge, strong impulse; (*de ira*) fit; (*ocurrencia*) wisecrack; **tener ~s de enojo** to be quick-tempered; **tener un ~** to have a quick temper.
pronunciación *nf* pronunciation.
pronunciado *adj* (*marcado*) pronounced, strong; (*curva etc*) sharp; (*facciones*) marked, noticeable.
pronunciamiento *nm* insurrection, military rising.
pronunciar [1b] **1** *vt* (**a**) (*Ling*) to pronounce; (*articular*) to make, utter.
(**b**) (*discurso*) to make, deliver; **~ palabras de elogio para ...** to say a few words of tribute to ....
(**c**) (*Jur: sentencia*) to pass, pronounce.
2 pronunciarse *vr* (**a**) to be pronounced; **ese sonido se pronuncia más abierto** that sound is pronounced more openly.
(**b**) (*expresarse*) to declare o.s., state one's opinion; **~ a favor de** to declare o.s. in favour *o* (*US*) favor of; **~ sobre** to pronounce on, make a pronouncement about.
(**c**) (*Pol, Mil: rebelarse*) to revolt, rise.
propagación *nf* (*multiplicación*) propagation; (*fig: difusión*) spread(ing), dissemination.
propaganda *nf* (**a**) (*Pol etc*) propaganda. (**b**) (*Com: publicidad*) advertising; **hacer ~ de un producto** to advertise a product. (**c**) (*panfletos etc*) leaflets *pl*.
propagandista *nmf* propagandist.
propagandístico *adj* propaganda *atr*; (*Com*) advertising *atr*.
propagar [1h] **1** *vt* (*Bio: reproducir*) to propagate; (*fig: difundir*) to spread, disseminate. **2 propagarse** *vr* (*Bio*) to propagate; (*fig*) to spread, be disseminated.
propalar [1a] *vt* (*divulgar*) to divulge, disclose; (*publicar*) to publish an account of.
propano *nm* propane.
propasarse [1a] *vr* (*excederse*) to go too far, overstep the bounds; (*sexualmente*) to take liberties.
propender [2a] *vi* (*inclinarse*) **~ a** to tend towards, incline to; **~ a hacer algo** to tend to do sth, have a tendency to do sth.
propensión *nf* inclination, tendency (*a* to); (*Med*) tendency.
propenso *adj* (*que tiende*) **~ a** inclined to; (*predispuesto*) prone to, subject to; (*Med*) prone to; **ser ~ a hacer algo** to be inclined to do sth, have a tendency to do sth.
propiamente *adv* really, exactly; *V* **dicho**.
propiciar [1b] *vt* (**a**) (*atraer*) to propitiate, win over. (**b**) (*favorecer*) to favour, favor (*US*); (*provocar*) to cause,

give rise to; **tal secreto propicia muchas conjeturas** such secrecy causes a lot of speculation.

propiciatorio *adj* propitiatory; **víctima ~a** scapegoat.

propicio *adj* (*gen*) propitious, auspicious; (*momento etc*) favourable, favorable *(US)*; (*persona*) kind, well-disposed.

propiedad *nf* (**a**) (*pertenencia*) possession, ownership; **ceder algo a algn en ~** to transfer to sb the full rights over sth; **ser de la ~ de** to be the property of, belong to; **tener una plaza en ~** to have tenure.

(**b**) (*objeto etc*) property; **~ particular** private property; **~ privada/pública** (*Com*) private/public ownership; **una ~** a property, a piece of property.

(**c**) (*Quím, Med*) property; (*fig*) property, attribute.

(**d**) (*cualidad*) propriety; (*conveniencia*) suitability, appositeness; **discutir la ~ de una palabra** to discuss the appropriateness of a word; **hablar con ~** to speak properly.

(**e**) (*exactitud*) accuracy; **lo reproduce con toda ~** he reproduces it faithfully.

(**f**) (*Com etc: derechos*) right(s); **~ industrial** patent rights; **~ intelectual** *o* **literaria** copyright.

propietario/a 1 *adj* proprietary. **2** *nm/f* owner, proprietor; (*Agr etc*) landowner.

propina *nf* tip, gratuity; (*de los niños*) pocket money; **dar algo de ~** to give sth extra; **con dos más de ~** (*fig*) with two more into the bargain.

propinar [1a] *vt* (*golpe*) to strike; (*azotes*) to give; **le propinó una buena paliza** he gave him a good thrashing.

propio *adj* (**a**) (*de uno*) own, of one's own; **con su ~a mano** with his own hand; **lo vi con mis ~s ojos** I saw it with my own eyes; **lo hizo en beneficio ~** he did it for his own good; **tienen casa ~a** they have a house of their own.

(**b**) (*particular*) peculiar (*de* to), characteristic (*de* of), typical (*de* of); **una bebida ~a del país** a drink typical of the country; **eso es muy ~ de él** that's just like him; **tiene un olor muy ~** it has a smell of its own.

(**c**) (*debido*) proper; (*adecuado*) suitable, fitting (*para* for); **con los honores que le son ~s** with the honours *o* *(US)* honors which are due to him; **ese bikini no es ~ para esta playa** that bikini is not suitable for this beach.

(**d**) (*mismo*) self-same, very; **sus ~as palabras** his very words; **me lo dijo el ~ ministro** the minister himself told me so.

(**e**) (*sentido: verdadero*) proper, true; (*fundamental*) basic.

(**f**) (*esp Méx, CAm*) **'con su permiso' - '~'** 'excuse me' - 'certainly'.

proponente *nmf* proposer.

proponer [2q] (*pp* **propuesto**) **1** *vt* (*idea, proyecto etc*) to propose, put forward; (*teoría*) to propound; (*problema*) to pose; (*moción*) to propose; (*candidato*) to propose, nominate; **~ a algn para una beca** to propose sb for a scholarship; **le propuse que fuéramos juntos** I proposed to him that we should go together. **2 proponerse** *vr* (*determinarse*) **~ hacer algo** to plan *o* intend to do sth; **te has propuesto hacerme perder el tren** you set out deliberately to make me miss the train.

proporción *nf* (*gen*) proportion; (*Mat*) ratio; (*relación*) relationship; (*razón, porcentaje*) rate; **~es** proportions; (*fig: extensión*) dimensions; (*tamaño*) size, scope; **la ~ entre azules y verdes** the proportion of blues to greens; **en ~ con** in proportion to; **en una ~ de 5 a 1** in a ratio of 5 to 1; **esto no guarda ~ con lo otro** this is out of proportion to the rest; **una máquina de gigantescas ~es** a machine of huge proportions *o* size; **se desconocen las ~es del desastre** the size *o* extent *o* scope of the disaster is unknown.

proporcionadamente *adv* proportionately, in proportion.

proporcionado *adj* (**a**) (*que guarda relación*) proportionate (*a* to). (**b**) (*adecuado*) medium, just right; **de tamaño ~** of the right size. (**c**) **bien ~** well-proportioned; (*talle*) shapely, of pleasing shape.

proporcional *adj* proportional (*a* to).

proporcionalmente *adv* proportionally.

proporcionar [1a] *vt* (**a**) (*facilitar*) to supply, provide; (*fig: prestar*) to lend; **~ dinero a algn** to supply sb with money; **esto le proporciona una renta anual de ...** this brings him in a yearly income of .... (**b**) (*adaptar*) to adjust, adapt (*a* to).

proposición *nf* proposition; (*oferta*) proposal; **hacer ~es deshonestas** to make indecent suggestions.

propósito *nm* (*intención*) purpose; (*objeto*) aim, objective; **buenos ~s** good intentions; (*para el Año Nuevo, futuro*) resolutions; **¿cuál es su ~?** what is his aim?; **nuestro ~ es de hacerlo** our aim is to do it; **hacer(se) el ~ de hacer** to set o.s. the aim of doing; **a ~** (*adj*) appropriate, suitable (*para* for); (*comentario*) relevant; **a ~** (*adv*) intentionally, on purpose; (*por cierto*) by the way, incidentally; **a ~ de** about, with regard to; **y a ~ de los toros** and talking of bulls; **de ~** on purpose, deliberately; **fuera de ~** off the point, out of place; **sin ~ fijo** aimless(ly), pointless(ly).

propuesta *nf* proposal; **a ~ de** at the proposal *o* suggestion of.

propuesto *pp de* **proponer**.

propugnar [1a] *vt* (*proponer*) to advocate, propose, suggest; (*apoyar*) to defend, support.

propulsar [1a] *vt* (**a**) (*Mec: impeler*) to drive, propel. (**b**) (*fig: impulsar*) to promote, encourage.

propulsión *nf* propulsion; **~ a chorro, ~ por reacción** jet propulsion; **con ~ a chorro** jet-propelled.

propulsor(a) 1 *nm* (*Téc*) propellent, fuel. **2** *nm/f* (*persona*) promoter.

prorrata *nf* (*porción*) share, quota, prorate *(US)*; **a ~** proportionately, pro rata.

prorratear [1a] *vt* (*dividir*) to share out, distribute proportionately, to prorate *(US)*.

prórroga *nf* (*Mil*) deferment; (*Com*) extension; (*Jur*) stay (of execution), respite; (*Dep*) extra time.

prorrogable *adj* which can be extended.

prorrogar [1h] *vt* (*sesión*) to prorogue, adjourn; (*período*) to extend; (*Mil*) to defer; (*Jur*) to grant a stay of execution to; (*decisión*) to defer, postpone; **prorrogamos una semana las vacaciones** we extended our holiday by a week.

prorrumpir [3a] *vi* to burst forth, break out; **~ en gritos** to start shouting; **~ en lágrimas** to burst into tears.

prosa *nf* (**a**) (*Lit*) prose. (**b**) (*fig: lo prosaico*) prosaic nature, tedium; **la ~ de la vida** the ordinariness of life. (**c**) (*fam: verborrea*) verbiage.

prosaico *adj* prosaic; (*monótono*) tedious, monotonous; (*vulgar*) ordinary.

prosaísmo *nm* (*fig: trivialidad*) prosaic nature; (*insulsez*) tediousness, monotony; (*vulgaridad*) ordinariness.

prosapia *nf* (*alcurnia*) lineage, ancestry.

proscenio *nm* (*Teat*) proscenium.

proscribir [3a] *vt* (*gen*) to prohibit, ban; (*partido*) to proscribe; (*criminal*) to outlaw; (*desterrar*) to banish; (*asunto*) to ban; **~ un tema de su conversación** to banish a topic from one's conversation.

proscripción *nf* (*V vt*) prohibition (*de* of), ban (*de* on); proscription; outlawing; banishment.

proscrito/a 1 *adj* (*prohibido*) banned; (*desterrado*) outlawed, proscribed; **un libro ~** a banned book. **2** *nm/f* (*exiliado*) exile; (*bandido*) outlaw.

prosecución *nf* (*proseguimiento*) continuation.

proseguir [3d, 3k] **1** *vt* (*seguir*) to continue, carry on; (*demanda*) to go on with, press; (*investigación, estudio*) to pursue. **2** *vi* (**a**) **~ en** *o* **con una actitud** to continue in one's attitude. (**b**) (*condición etc*) to continue, go on; **prosiguió con el cuento** he went on with the story; **¡pro-**

sigue! continue!; **prosigue el mal tiempo** the bad weather continues.
proselitismo *nm* proselytism.
proselitista *adj* proselytizing.
prosélito/a *nm/f* proselyte.
prosificar [1g] *vt* (*Lit*) to write a prose version of.
prosista *nmf* (*escritor*) prose writer.
prosodia *nf* prosody.
prosopopeya *nf* (**a**) (*Lit*) personification. (**b**) (*fig*) pomposity, affectation.
prospección *nf* (*exploración*) exploration; (*Mil: reconocimiento*) prospecting (*de* for); ~ **de petróleo** prospecting for oil.
prospecto *nm* prospectus; (*Com: folleto*) leaflet, sheet of instructions; (*de medicamento*) directions (for use).
prosperar [1a] *vi* (*idea etc*) to prosper, thrive.
prosperidad *nf* (*progreso*) prosperity; (*buen éxito*) success; **en época de** ~ in a period of prosperity, in good times.
próspero *adj* (**a**) (*rico*) prosperous, thriving; (*: venturoso*) successful; **¡~ Año Nuevo!** happy New Year! (**b**) **con ~a fortuna** with good luck.
próstata *nf* prostate.
prosternarse [1a] *vr* (*postrarse*) to prostrate o.s.; (*humillarse*) to bow low.
prostíbulo *nm* brothel.
prostitución *nf* prostitution.
prostituir [3g] **1** *vt* (*persona, fig*) to prostitute. **2 prostituirse** *vr* (**a**) to take up prostitution, become a prostitute. (**b**) (*fig*) to prostitute o.s.
prostituta *nf* prostitute; ~ **callejera** streetwalker.
prostituto *nm* male prostitute.
protagonismo *nm* (**a**) (*papel*) leading role; (*liderazgo*) leadership. (**b**) (*importancia*) prominence; (*iniciativa*) initiative; (*en sociedad*) taking an active part, being socially active; **afán de** ~ urge to be in the limelight; **tuvo poco** ~ he made little showing; **el tema adquiere gran** ~ **en este texto** the theme becomes a major one in this text.
protagonista **1** *adj* important, leading, influential. **2** *nmf* (*gen*) protagonist; (*Lit, Cine*) main character, hero, heroine; **el** ~ **de la tragedia** the lead(ing role) in the tragedy.
protagonizar [1f] *vt* (**a**) (*Cine, Teat etc*) to take the chief role in, play the lead in; **una película protagonizada por Greta Garbo** a film starring Greta Garbo. (**b**) (*proceso, rebelión*) to lead; (*manifestación*) to stage; (*accidente*) to figure in, be concerned in.
protección *nf* (*gen*) protection; ~ **civil** civil defence *o* (*US*) defense.
proteccionismo *nm* protectionism.
proteccionista **1** *adj* (*medida*) protectionist; (*tarifa*) protective. **2** *nmf* protectionist.
protector(a) **1** *adj* (**a**) (*gen*) protecting; **crema ~a** barrier cream. (**b**) (*tono*) patronizing. **2** *nm/f* (*defensor*) protector; (*Lit: bienhechor*) patron; (*de la tradición*) guardian; **El P~** (*LAm: Hist Pol*) the Protector. **3** *nm* (**a**) (*Boxeo*) gum shield. (**b**) ~ **solar** suntan oil.
protectorado *nm* protectorate.
proteger [2c] *vt* (*resguardar*) to protect (*contra, de* against, from); (*escudar*) to shield; (*defender*) to defend; (*patrocinar*) to act as patron to; ~ **contra grabación** *o* **escritura** (*Inform*) to write-protect.
protegido/a **1** *adj*: **especie ~a** protected species. **2** *nm/f* protégé, protégée.
proteína *nf* protein.
proteínico *adj* protein *atr*; **contenido** ~ protein content.
prótesis *nf* (*Med*) prosthesis.
protesta *nf* (*reclamación*) protest; (*objeción*) **bajo** ~ under protest.
protestante *nmf* Protestant.
protestantismo *nm* Protestantism.
protestar [1a] **1** *vt* (*Fin*) **cheque protestado por falta de fondos** cheque *o* (*US*) check referred to drawer. **2** *vi* (*quejarse*) to protest (*contra, de, de que* about, against, that); (*objetar*) to object, remonstrate; **¡protesto, Su Señoría!** (*Jur*) objection, Your Honour *o* (*US*) Honor!; **¡siempre protestando!** always complaining!
protestón (*fam pey*) **1** *adj* given to protesting, perpetually moaning. **2** *nm/f* perpetual moaner, permanent protester.
protocolario *adj* (**a**) required by protocol. (**b**) (*fig: ceremonial*) formal.
protocolo *nm* (**a**) (*Pol, Inform*) protocol. (**b**) (*fig: reglas ceremoniales*) protocol, convention. (**c**) (*fig: formalismo*) **sin ~s** informal(ly), without formalities.
protón *nm* proton.
prototipo *nm* (*arquetipo*) prototype; (*fig: ideal*) model.
protuberancia *nf* protuberance.
prov. *abr de* **provincia** prov.
provecto *adj*: **de edad ~a** elderly.
provecho *nm* (*ventaja*) advantage, benefit; (*Fin: ganancia*) profit; **de** ~ (*negocio*) profitable; (*actividad*) useful; (*persona*) worthy, honest; **¡buen ~!** ¡enjoy your meal!; **en** ~ **de** to the benefit of; **en** ~ **propio** for one's own profit; **ese alimento no le hace** ~ **a algn** that food(stuff) doesn't do one any good; **sacar** ~ **de algo** to benefit from sth, profit by *o* from sth.
provechoso *adj* (*ventajoso*) advantageous; (*beneficioso*) beneficial, useful; (*Fin: lucrativo*) profitable.
proveedor(a) *nm/f* (*abastecedor*) supplier, purveyor; (*distribuidor*) dealer; **consulte a su** ~ **habitual** consult your usual dealer.
proveer [2a] **1** *vt* (**a**) (*suministrar*) to supply, furnish (*de* with). (**b**) (*prevenir*) to provide, get ready; ~ **todo lo necesario** to provide all that is necessary (*para* for). (**c**) (*vacante*) to fill. (**d**) (*negocio*) to transact, dispatch. (**e**) (*Jur*) to decree. **2** *vi*: ~ **a** to provide for; ~ **a las necesidades de algn** to provide for sb's wants. **3 proveerse** *vr* (*abastecerse*) ~ **de** to provide o.s. with.
provenir [3r] *vi*: ~ **de** to come from, stem from; **esto proviene de no haberlo curado antes** this comes from *o* is due to not having treated it earlier.
Provenza *nf* Provence.
provenzal **1** *adj* Provençal. **2** *nm/f* Provençal. **3** *nm* (*Ling*) Provençal.
proverbial *adj* (*Lit, fig*) proverbial.
proverbio *nm* proverb.
providencia *nf* (**a**) (*cualidad*) foresight; (*prevención*) forethought, providence; **(Divina) P~** (Divine) Providence. (**b**) (*precauciones*) **~s** measures, steps. (**c**) (*Jur*) ruling, decision.
providencial *adj* providential.
providencialmente *adj* providentially.
provincia *nf* province; (*Esp Admin*) ≈ county, ≈ region (*Scot*); **un pueblo de ~(s)** a country town; **la vida en** ~ provincial life.
provincial(a) **1** *adj* provincial, ≈ county *atr*, ≈ regional (*Scot*). **2** *nm/f* (*Rel*) provincial.
provincialismo *nm* provincialism; (*Ling*) dialect(al) word *o* phrase *etc*.
provinciano/a **1** *adj* (*gen, tb pey*) provincial; (*rural*) country *atr*. **2** *nm/f* provincial country dweller.
provisión *nf* (**a**) (*acto*) provision. (**b**) (*abastecimiento*) provision, supply; **~es** provisions, supplies, stores. (**c**) (*Fin*) ~ **de fondos** financial cover; **cheque sin** ~ bad cheque *o* (*US*) check. (**d**) (*previsión*) precautionary measure, step.
provisional *adj* provisional.
provisionalidad *nf* provisional nature, temporary character.
provisionalmente *adv* provisionally.
provisorio *adj* (*esp LAm: interino*) provisional.
provisto *adv*: ~ **de** provided *o* supplied with; (*que tiene*) having, possessing; (*automóvil, máquina*) equipped

with.

provocación *nf* provocation.

provocador(a) 1 *adj* provocative, provoking. **2** *nm/f* trouble-maker.

provocar [1g] *vt* (**a**) (*persona*) to provoke; (*excitar*) to rouse, stir up (to anger); (*tentar*) to tempt, invite; **¡no me provoques!** don't start me! (**b**) (*cambio*) to bring about, lead to; (*proceso*) to promote; (*protesta, explosión*) to cause, spark off; (*parto*) to induce, bring on; ~ **risa a algn** to make sb laugh; **incendio provocado** arson. (**c**) (*sexualmente*) to rouse, stimulate (sexually). (**d**) (*LAm: gustar, apetecer*) **me provoca comer** I feel like eating; **¿te provoca un café?** would you like a coffee?

provocativo *adj* (**a**) provocative, provoking. (**b**) (*mujer*) provocative; (*vestido*) daring, immodest; (*risa, gesto*) inviting.

proxeneta *nmf* pimp, procurer.

proxenetismo *nm* procuring.

próximamente *adv* shortly, soon.

proximidad *nf* nearness, closeness; **en las ~es de Madrid** in the vicinity of Madrid.

próximo *adj* (**a**) (*cercano*) near, close; (*vecino*) neighbouring, neighboring *(US)*; (*pariente*) close; **en fecha ~a** soon, at an early date; **estar ~ a** to be close to, be near; **estar ~ a hacer algo** to be on the point of doing sth, be about to do sth. (**b**) (*siguiente, anterior*) next; **el mes ~** next month; **el ~ 5 de junio** on 5th June next; **se bajarán en la ~a parada** they will get off at the next stop.

proyección *nf* (**a**) (*gen*) projection. (**b**) (*Cine etc*) showing; **el tiempo de ~ es de 35 minutos** the film runs for 35 minutes. (**c**) (*Cine, Fot*) slide, transparency. (**d**) (*fig: influencia*) hold, influence; **la ~ de los periódicos sobre la sociedad** the influence which newspapers have on society.

proyectable *adj*: **asiento ~** (*Aer*) ejector seat.

proyectar [1a] *vt* (**a**) (*objeto*) to hurl, throw; (*luz*) to cast, project; (*chorro, líquido*) to send out; (*dirigir*) to direct (*hacia* at); (*sombra*) to cast. (**b**) (*Cine, Fot*) to project, screen. (**c**) (*Mat*) to project. (**d**) (*Arquit*) to plan; (*Mec*) to design; **está proyectado para ...** it is designed to .... (**e**) (*planear*) ~ **hacer** to plan to do.

proyectil *nm* projectile, missile; (*Mil: de arma*) shell; (*con cohete*) missile; ~ **balístico intercontinental** intercontinental ballistic missile; ~ **(tele)dirigido** guided missile; ~ **de iluminación** flare, rocket.

proyectista *nmf* planner; (*Aer, Aut, Téc etc*) designer; (*delineante*) draughtsman, draftsman *(US)*.

proyecto *nm* (**a**) (*Téc*) plan, design; (*idea*) project. (**b**) (*fig: intención*) plan; (*designio*) scheme, project; ~ **piloto** pilot scheme; **tener ~s para** to have plans for; **tener algo en ~** to be planning sth. (**c**) (*Fin*) detailed estimate. (**d**) (*Pol*) ~ **de ley** bill.

proyector *nm* (**a**) (*Cine*) projector; ~ **de diapositivas** slide projector. (**b**) (*Mil: reflector*) searchlight; (*Teat*) spotlight.

prudencia *nf* (*cordura*) wisdom; (*cuidado*) care; (*sensatez*) sound judgment.

prudencial *adj* (**a**) (*adecuado*) prudential; (*sensato*) sensible; **tras un interval ~** after a decent interval, after a reasonable time. (**b**) (*cantidad, distancia etc*) roughly correct.

prudente *adj* (*sensato*) sensible, wise; (*conductor*) careful; (*decisión etc*) sensible, sound.

prueba *nf* (**a**) (*gen, tb Mat*) proof; (*Jur*) proof, evidence; **~s** (*Jur*) documents; ~ **documental** documentary evidence; ~ **indiciaria** circumstantial proof; ~ **palpable** clear proof; **a las ~s me remito** the proof of the pudding is in the eating, the event will show; **en ~ de** in proof of; **en ~ de lo cual** in proof whereof; **¿tiene Ud ~ de ello?** can you prove it?, do you have proof?

(**b**) (*fig: indicio*) proof, sign; **es ~ de que tiene buena salud** that shows he's in good health.

(**c**) (*Téc etc*) test, trial; (*Quím etc*) experiment; (*Escol, Univ*) test; (*Cine: de actor*) screentest; **~s** (*Aer, Aut, Náut*) trials; ~ **de acceso** entrance test; ~ **de capacitación** (*Com*) proficiency test; ~ **de(l) embarazo** pregnancy test; ~ **de fuego** (*fig*) acid test; ~ **de inteligencia** intelligence test; ~ **nuclear** nuclear test; ~ **de selectividad** entrance examimation; **a ~** (*Téc, Com*) on trial; **haz la ~** try it; **a ~ de agua/bala/ladrones/lluvia/ruidos** waterproof/bulletproof/burglarproof/rainproof/soundproof; **a toda ~** foolproof; **poner** *o* **someter a ~** to put to the test, try out; **poner a ~ la paciencia de algn** to try sb's patience; **período de ~** probationary period.

(**d**) (*de comida*) testing, sampling.

(**e**) (*Cos*) fitting, trying on.

(**f**) (*Tip*) **~s** proofs; **primeras ~s** first proofs, galleys; **~s de planas** page proofs.

(**g**) (*Fot*) proof, print.

(**h**) (*Dep*) event; **~s** trials; ~ **clasificatoria** *o* **eliminatoria** heat; ~ **contra reloj** time trial; ~ **de resistencia** endurance test; ~ **de vallas** hurdles (race).

(**i**) (*LAm*) circus act.

pruebista *nmf* (*LAm*) acrobat, contortionist.

prurito *nm* (**a**) (*Med: picazón*) itch. (**b**) (*fig: anhelo*) itch, urge (to perfectionism); **tener el ~ de hacer algo** to have the urge to do sth; **por un ~ de exactitud** out of an excessive desire for accuracy.

Prusia *nf* Prussia.

prusiano/a *adj, nm/f* Prussian.

PS *nm abr* (*Pol gen*) *de* **Partido Socialista**.

psicoanálisis *nm* (*Med*) psychoanalysis.

psicoanalista *nmf* psychoanalyst.

psicoanalítico *adj* psychoanalytic(al).

psicoanalizar [1f] *vt* to psychoanalyse.

psicodélico *adj* psychedelic.

psicolingüística *nf* psycholinguistics.

psicología *nf* psychology.

psicológico *adj* psychological.

psicólogo/a *nm/f* psychologist.

psicomotricidad *nf* psychomotor activity.

psiconeurosis *nf inv* psychoneurosis.

psicópata *nmf* psychopath.

psicopatología *nf* psychopathology.

psicosis *nf inv* psychosis.

psicosomático *adj* psychosomatic.

psicotécnico *adj*: **test ~, prueba ~a** response test.

psicoterapeuta *nmf* psychotherapist.

psicoterapia *nf* psychotherapy.

psicótico/a 1 *adj* psychotic. **2** *nm/f* psychotic.

psicotrópico *adj* psychotropic, psychoactive.

psique *nf* psyche.

psiquiatra *nmf* psychiatrist.

psiquiatría *nf* psychiatry.

psiquiátrico 1 *adj* psychiatric. **2** *nm* mental hospital.

psíquico *adj* psychic(al).

PSOE *nm abr* (*Esp Pol*) *de* **Partido Socialista Obrero Español**.

PSS *nf abr de* **prestación social sustitutoria**.

Pta. *abr* (*Geog*) *de* **Punta** Pt.

pta *abr* (**a**) (*Fin*) *de* **peseta**. (**b**) *de* **presidenta**.

ptas *abr de* **pesetas**.

pte *abr de* **presidente**.

ptmo. *abr* (*Com*) *de* **préstamo**.

pts. *abr de* **pesetas**.

púa *nf* sharp point; (*Bot, Zool*) prickle, spine; (*de erizo*) quill; (*de peine*) tooth; (*de tenedor*) prong, tine; (*de alambre*) barb; (*LAm: de gallo de pelea*) spur; (*Mús*) plectrum.

puazo *nm* (*Arg fam: puñalada*) slash.

púber 1 *adj* adolescent. **2** *nm/f* adolescent child, child approaching puberty.

pubertad *nf* puberty.

pubescente *adj* pubescent.

púbico *adj* pubic.

pubis *nm inv* (*Anat*) pubis.
publicación *nf* publication.
públicamente *adv* publicly.
publicar [1g] *vt* (*gen*) to publish; (*difundir*) to publicize; (*divulgar: secreto etc*) to make public, divulge.
publicidad *nf* (**a**) (*notoriedad*) publicity; **dar ~ a** to publicize, give publicity to. (**b**) (*Com: propaganda*) advertising; **~ gráfica** display advertising; **~ de lanzamiento** advertising campaign to launch a product; **hacer ~ de** to advertise; **~ en el punto de venta** point-of-sale advertising.
publicista *nmf* publicist.
publicitario/a 1 *adj* advertising *atr*; **campaña ~a** advertising campaign. **2** *nm/f* advertising agent.
público 1 *adj* public; **hacer ~** to publish, make public; (*difundir*) to disclose. **2** *nm* (*concurrencia*) public; (*Mús, Teat etc*) audience; (*Dep*) spectators *pl*, crowd; (*restaurantes etc*) clients *pl*, clientele, patrons *pl*; (*de periódico*) readers *pl*, readership; **~ objetivo** (*Com*) target audience; **hay poco ~** there aren't many people; **hubo un ~ de 800** there was a crowd *o* an audience of 800; **el gran ~** the general public; **en ~** in public.
publirreportaje *nm* advertising feature.
pucará *nf* (*Arg, And: Hist: fortaleza*) Indian fortress; (*: tumba*) Indian burial mound.
pucelano/a 1 of *o* from Valladolid. **2** *nm/f* native *o* inhabitant of Valladolid.
pucha[1] *nf* (*Cu*) bouquet.
pucha[2] *nf* (**a**) (*LAm euf*) = **puta**. (**b**) **¡(la) ~!** well I'm damned!
pucherazo *nm* (*fam: fraude*) electoral fiddle (*fam*); **dar ~** to rig an election, fiddle the votes (*fam*).
puchero *nm* (**a**) (*Culin: olla*) cooking pot. (**b**) (*Culin: guiso*) stew; (*fig*) daily bread; **apenas gana para el ~** he hardly earns enough to live on. (**c**) (*fam: mueca*) pout; **hacer ~s** to pout, screw up one's face.
puches *nmpl* (*gachas*) porridge *sg*, gruel *sg*.
pucho *nm* (**a**) (*CSur: colilla*) fag end, cigar stub. (**b**) (*LAm*) scrap; (*Cos*) remnant; (*Fin*) coppers *pl*, small change; (*fig*) trifle, mere nothing; **a ~s** in dribs and drabs.
pudendo 1 *adj*: **partes ~as** private parts. **2** *nm* penis.
pudibundez *nf* (*afectación*) false modesty; (*remilgos*) excess of modesty.
pudibundo *adj* bashful, modest; (*muy remilgado*) overshy; (*about sex*) excessively modest; (*melindroso*) prudish.
púdico *adj* (*recatado*) modest; (*casto*) chaste.
pudiente *adj* (*opulento*) wealthy, well-to-do; (*poderoso*) powerful, influential.
pudín *nm* pudding.
pudor *nm* (**a**) (*recato*) modesty; (*vergüenza*) (sense of) shame; **con ~** modestly, discreetly. (**b**) (*castidad*) chastity, virtue; **atentado al ~** indecent assault.
pudoroso *adj* (**a**) (*modesto*) modest. (**b**) (*casto*) chaste, virtuous.
pudridero *nm* rubbish heap, midden.
pudrir [3a] **1** *vt* (**a**) (*descomponer*) to rot. (**b**) (*fam: molestar*) to upset, vex. **2 pudrirse** *vr* (**a**) (*corromperse*) to rot, decay; (*descomponerse*) to rot away. (**b**) (*fig*) to rot, languish; **mientras se pudría en la cárcel** while he was languishing in jail; **te vas a ~ de aburrimiento** you'll die of boredom; **¡que se pudra!** let him rot!
pueblada *nf* (*LAm fam: motín*) riot; (*: revuelta*) revolt, uprising.
pueblerino/a 1 *adj* small-town *atr*; (*persona*) rustic, provincial. **2** *nm/f* (*aldeano*) rustic, country person; (*pey*) country bumpkin (*fam*), hick (*US fam*).
pueblito *nm* (*LAm*) little town *o* village.
pueblo *nm* (**a**) (*Pol*) people, nation; **~ elegido** chosen people; **el ~ español** the Spanish people; **la voluntad del ~** the nation's will; **hacer un llamamiento al ~** to call on the nation. (**b**) (*plebe*) common people, lower orders. (**c**) (*aldea*) village; (*población pequeña*) small town, country town; **~ joven** (*Per*) shanty town; **ser de ~** to be a country bumpkin (*fam*) *o* (*US fam*) hick.
puente 1 *nm* (**a**) (*gen, fig*) bridge; **~ aéreo** shuttle service; (*en crisis*) airlift; **~ de pontones/colgante/giratorio** pontoon/suspension/swing bridge; **~ levadizo** drawbridge; **~ para peatones** footbridge; **tender un ~, tender ~s** (*fig: transigir*) to offer a compromise, go partway to meet sb's wishes.
(**b**) (*de gafas, entre dientes, Elec*) bridge.
(**c**) (*Náut: tb* **~ de mando**) bridge; (*cubierta*) deck.
(**d**) (*entre fiestas*) long weekend; **hacer ~** to take a long weekend, *take extra days off work between 2 public holidays.*
2 *adj*: **crédito** *o* **préstamo ~** bridging loan; **curso ~** intermediate course (*between 2 degrees*).
puerco/a 1 *nm/f* (**a**) (*cerdo*) pig, hog (*US*); (*hembra*) sow; **~ espín** porcupine. (**b**) (*fam: sinvergüenza*) pig; (*: canalla*) swine (*fam*), rotter (*fam*). **2** *adj* (**a**) (*asqueroso*) dirty, filthy. (**b**) (*repugnante*) nasty, disgusting; (*grosero*) coarse. (**c**) (*mezquino*) rotten (*fam*), mean.
puericultor(a) *nm/f*: **médico ~** paediatrician, pediatrician (*US*).
puericultura *nf* paediatrics, pediatrics (*US*).
pueril *adj* (**a**) (*gen*) childish; **edad ~** childhood. (**b**) (*pey*) puerile, childish.
puerilidad *nf* (*niñería*) puerility, childishness.
puerperal *adj* puerperal.
puerro *nm* (*Culin*) leek.
puerta *nf* (*gen*) door; (*grande*) gate; (*abertura*) doorway; (*fig*) gateway (*de* to); (*Aer*) gate; (*Inform*) port, gate; (*Dep*) goal; **~ corredera/giratoria/principal/trasera** *o* **de servicio** sliding/swing/front/back door; **~ (de transmisión en) paralelo/serie** (*Inform*) parallel/serial port; **a ~ cerrada** behind closed doors; **a las ~s de la muerte** at death's door; **estar a las ~s de algo** to be on the verge of sth; **tenemos la guerra a las ~s** war is upon us; **coche de 2 ~s** 2-door car; **de ~s adentro** behind closed doors; **lo que pasa de ~s afuera** (*fuera de casa*) what happens on the other side of one's door; (*en el extranjero*) what happens abroad; **de ~ en ~** from door to door; **abrir la ~ a** (*fig*) to open the door to; **cerrarle todas las ~s a algn** to close off all avenues to sb; **entrar por la ~ grande** to make a grand entrance; **estar en ~s** to be imminent; **franquear las ~s a algn** to welcome sb in; **querer poner ~s al campo** to try to stem the tide; **tomar la ~** (*fam*) to leave, get out.
puerto *nm* (**a**) (*gen*) port, harbour, harbor (*US*); (*de mar*) seaport; **~ comercial/franco/de origen/pesquero** trading/free/home/fishing port; **~ deportivo** yachting harbour, marina; **entrar a** *o* **tomar ~** to enter (into) port. (**b**) (*fig: refugio*) haven, refuge; **llegar a ~** to get over a difficulty, come through safely. (**c**) (*tb* **~ de montaña**) pass. (**d**) (*Inform*) gate, port.
Puerto Rico *nm* Puerto Rico.
puertorriqueño/a *adj, nm/f* Puerto Rican.
pues 1 *adv* (**a**) (*entonces*) then; (*bueno*) well, well then; (*así que*) so; **~ no voy** well I'm not going; **¿no vas con ella, ~?** aren't you going with her after all?; **llegó, ~, con 2 horas de retraso** so he arrived 2 hours late; **~ sí** well, yes; (*naturalmente*) certainly; **~ no** well, no; (*de ningún modo*) not at all; **¡~ qué!** come now!, what else did you expect!; **¿~?** so?, well? (**b**) (*duda*) **~ no sé** well I don't know.
2 *conj* (*porque*) since, for; **cómpralo, ~ lo necesitas** buy it, since you need it; **nos marchamos, ~ no había más remedio** we went, since there was no alternative.
puesta *nf* (**a**) (*acto*) **~ en antena** (*TV*) showing, screening; **~ a cero** (*Inform*) reset; **~ al día** updating; **~ de largo** (*fig*) coming-out (in society); **~ en libertad** freeing, release; **~ en marcha** (*acto*) starting; (*dispositivo*) self-starter; **~ en práctica** putting into effect, implementation; **~ a punto** fine tuning; **~ en escena** staging.

(**b**) (*Astron*) setting; ~ **del sol** sunset. (**c**) (*de huevos*) egg-laying; **una ~ anual de 300 huevos** an annual lay *o* output of 300 eggs.

puestero/a *nm/f* (**a**) (*esp LAm*) stallholder, market vendor. (**b**) (*CSur Agr*) ranch caretaker and tenant farmer.

puesto 1 *pp de* **poner**.

2 *adj* (**a**) **con el sombrero ~** with one's hat on, wearing a hat; **una mesa ~a para 9** a table laid for 9.

(**b**) **bien** *o* **muy ~** well dressed, smartly turned out; **ir ~** (*fam: drogado*) to be high *(fam)*; (*: borracho*) to be steaming *(fam)*, be soused *(US fam)*.

(**c**) **no está muy ~ en este tema** he's not very well up in these matters.

3 *nm* (**a**) (*lugar*) place; (*posición*) position; **~ de honor** leading position; **ocupa el tercer ~ en la liga** it is in third place in the league; **ceder el ~ a algn** to give up one's place to sb; **sabe estar en su ~** he knows his place.

(**b**) (*cargo*) post, position, job; **tiene un ~ de conserje** he has a post as a porter; **se creerán 200 ~s de trabajo** 200 new jobs will be created.

(**c**) (*Mil*) post; **~ de escucha/de socorro** listening/first aid post; **~ fronterizo** border post; **~ de observación** observation post; **~ de policía** police station.

(**d**) (*Caza*) stand, place.

(**e**) (*Com: de mercado*) stall; (*en una exhibición*) stand, booth; (*quiosco*) kiosk; **~ callejero** street stall; **~ de periódicos** newspaper stand.

(**f**) (*CSur*) *land and house held by ranch caretaker*.

4: **~ que** *conj* (*pues*) since, as.

puf[1] *interj* ugh!

puf[2] *nm* (*pl* **~s**) pouffe.

pufo *nm* (*fam*) (**a**) (*trampa*) trick, swindle; **dar el ~ a algn** to swindle sb. (**b**) (*deuda*) debt.

púgil *nm* (*boxeador*) boxer.

pugilato *nm* (*boxeo*) boxing; (*fig: disputa*) conflict.

pugilista *nm* boxer.

pugilístico *adj* boxing *atr*.

pugna *nf* struggle, conflict; **entrar** *o* **estar en ~ con** to clash with.

pugnar [1a] *vi* (**a**) (*luchar*) to fight (*por* for). (**b**) (*batallar*) to struggle, strive (*por hacer algo* to do sth).

puja *nf* (*en una subasta*) bid.

pujante *adj* (*fuerte*) strong, vigorous; (*potente*) powerful; (*enérgico*) forceful.

pujanza *nf* (*fuerza*) strength, vigour, vigor *(US)*; (*poder*) power; (*vigor*) forcefulness, drive.

pujar [1a] *vi* (**a**) (*en subasta*) to bid, bid up; (*Naipes*) to bid. (**b**) (*esforzarse*) to struggle, strain; **~ por hacer algo** to struggle to do sth; **~ para adentro** (*Méx fam*) to grin and bear it.

pulcritud *nf* (*esmero*) neatness, tidiness; (*delicadeza*) exquisiteness, delicacy.

pulcro *adj* (*aseado*) neat, tidy; (*elegante*) smartly dressed; (*estilo*) exquisite; (*delicado*) dainty, delicate.

pulga *nf* (**a**) (*insecto*) flea. (**b**) (*locuciones*) **buscar las ~s a algn** (*fam*) to tease sb, needle sb *(fam)*; **tener malas ~s** to be short-tempered.

pulgada *nf* (*medida*) inch.

pulgar *nm* thumb.

Pulgarcito *nm* Tom Thumb.

pulgón *nm* plant louse.

pulgoso *adj*, **pulguiento** *adj* (*And*) full of fleas, verminous.

pulido *adj* (*pulcro*) neat, tidy; (*esmerado*) careful; (*pulimentado*) polished; (*refinado*) refined; (*melindroso*) affected, finicky.

pulidor(a) 1 *nm/f* polisher. **2** *nf* polishing machine.

pulimentar [1a] *vt* (*pulir*) to polish; (*dar lustre a*) to put a gloss on; (*alisar*) to smooth.

pulimento *nm* (**a**) (*acto*) polish; (*brillo*) gloss. (**b**) (*sustancia*) polish.

pulir [3a] **1** *vt* (**a**) (*gen*) to polish; (*dar lustre a*) to put a gloss *o* shine on. (**b**) (*alisar*) to smooth; (*ultimar*) to finish (off). (**c**) (*fig: perfeccionar*) to polish up, touch up; (*persona: civilizar*) to polish up. (**d**) (*fam: birlar*) to pinch *(fam)*; (*vender*) to sell, flog *(fam)*. **2 pulirse** *vr* (*fig: refinarse*) to acquire polish; (*acicalarse*) to spruce o.s. up.

pulmón *nm* lung; **~ de acero** iron lung; **a pleno ~** (*respirar*) deeply; (*gritar*) at the top of one's voice.

pulmonar *adj* pulmonary, lung *atr*.

pulmonía *nf* pneumonia; **~ doble** double pneumonia.

pulóver *nm* pullover.

pulpa *nf* (*gen*) pulp; (*pasta blanda*) soft mass; (*de fruta, planta*) flesh, soft part; (*LAm*) boneless meat, fillet; **~ de madera/papel** wood/paper pulp.

pulpejo *nm* fleshy *o* soft part.

pulpería *nf* (*LAm: tienda*) general *o* food store; (*: taberna*) bar, tavern.

pulpero *nm* (*LAm: tendero*) storekeeper, grocer; (*: tabernero*) tavern-keeper.

púlpito *nm* pulpit.

pulpo *nm* octopus.

pulposo *adj* (*gen*) pulpy; (*carnoso*) soft, fleshy.

pulque *nm* (*Méx: bebida alcohólica*) pulque.

pulquear [1a] (*Méx*) **1** *vi* to drink pulque. **2 pulquearse** *vr* to get drunk on pulque.

pulquería *nf* (*Méx*) bar, tavern.

pulquérrimo *adj superl de* **pulcro**.

pulsación *nf* (**a**) (*latido*) beat, pulsation; (*Anat*) throb(bing), beat(ing). (**b**) (*en máquina de escribir*) tap; (*de pianista, mecanógrafo*) touch; **hace 200 ~es por minuto** she does 200 keystrokes a minute; **~ (de una tecla)** (*Tip, Inform*) keystroke.

pulsador *nm* (*botón*) button, push-button; (*Elec: interruptor*) switch.

pulsar [1a] *vt* (**a**) (*tecla*) to strike, touch, tap; (*botón*) to press; (*Mús*) to play. (**b**) (*fig: opinión*) to sound out, explore.

pulsera *nf* wristlet, bracelet; **~ para reloj** watch strap; **reloj de ~** wristwatch.

pulso *nm* (**a**) (*Anat*) pulse; **tomar el ~ a algn** to take *o* feel sb's pulse; **tomar el ~ a la opinión** to sound out opinion.

(**b**) (*firmeza*) steady hand; **a ~** with the strength of the hand; (*con esfuerzo*) by sheer hard work; (*solo*) unaided, all alone; (*con dificultad*) the hard way; **dibujo (hecho) a ~** freehand drawing; **echar un ~** to arm-wrestle; **levantar una silla a ~** to lift a chair with one hand.

(**c**) (*fig: tiento*) tact, good sense; **con mucho ~** very sensibly, with great tact.

(**d**) (*Col: pulsera*) bracelet; (*: reloj*) wristwatch.

pulular [1a] *vi* to swarm; **aquí pululan los mosquitos** this place is teeming with mosquitoes.

pulverización *nf* (**a**) (*de sólidos*) pulverization. (**b**) (*de perfume, insecticida*) spraying.

pulverizador *nm* spray, spray gun; **~ nasal** inhaler.

pulverizar [1f] *vt* (**a**) (*sustancia*) to pulverize; (*reducir a polvo*) to powder, convert into powder. (**b**) (*líquido*) to spray. (**c**) (*fig: enemigo, ciudad*) to pulverize, smash.

pulla *nf* (*injuria*) cutting *o* wounding remark; (*mofa*) taunt; (*indirecta*) dig.

pullman *nm* (**a**) (*And, CSur: Ferro*) sleeping car. (**b**) (*Chi*) long-distance bus.

pum *interj* bang!

puma *nm* (*Zool*) puma.

puna *nf* (*And*) (**a**) high Andean plateau; (*páramo*) bleak upland. (**b**) (*Med: soroche*) mountain sickness.

punción *nf* (*Med*) puncture.

punch *nm* (*LAm*) (**a**) (*puñetazo*) punch. (**b**) (*fig: empuje*) strength, punch.

punching ['punʃin] *nm* (*saco de arena*) punchball.

pundonor *nm* (*dignidad*) self-respect, amour propre; (*honra*) honour, honor *(US)*.

pundonoroso *adj* (*honrado*) honourable, honorable

(US); *(puntilloso)* punctilious, scrupulous.

punible *adj* punishable.

púnico *adj, nm (Ling)* Punic.

punitivo *adj* punitive.

punki(e) *adj, nmf* punk.

punta 1 *nf* **(a)** *(extremo)* end; *(extremo punzante)* point, sharp end; *(de madera)* thin end; *(Geog)* point; *(promontorio)* headland; ~ **de lanza** spearhead; **la ~ de los dedos** fingertips; **la ~ del iceberg** *(fig)* the tip of the iceberg; **la ~ de la lengua** the tip of one's tongue; **tener algo en la ~ de la lengua** to have sth on the tip of one's tongue; **cortarse las ~s (del pelo)** to have one's hair trimmed; **a ~ de pistola** at gunpoint; **de ~** on end, endways; **de ~ a ~** from one end to the other; **estar de ~ con algn** to be at odds with sb; **ir de ~ en blanco** to be all dressed up to the nines; **sacar ~ a** to sharpen; **sacar ~ a todo** *(fig)* to read too much into everything; **se le pusieron los pelos de ~** her hair stood on end; **estoy hasta la ~ de los pelos con él** I'm utterly fed up with him; **había gente a ~ pala** *(fam)* there were tons of people *(fam)*.

(b) *(pequeña cantidad)* bit, little; *(fig)* touch, trace; *(dejo)* tinge; **una ~ de sal** a pinch of salt; **tiene ~ de loco** he has a streak of madness; **tiene sus ~s de filósofo** there's a little of the philosopher about him.

(c) *(Téc: clavo)* small nail.

(d) *(colilla)* stub, butt.

(e) *(Cu)* leaf of best tobacco.

(f) *(Méx)* sharp weapon.

(g) *(LAm: grupo)* group, gathering; *(: cantidad)* lot; **una ~ de** a lot of, a bunch of.

(h) *(Bol)* eight-hour shift of work.

2 *atr*: **horas ~** peak *o* rush hours; **tecnología ~** latest technology, leading edge technology; **velocidad ~** maximum *o* top speed.

puntada *nf* **(a)** *(Cos)* stitch; **~ invisible** invisible mending; **no ha dado ~** *(fig)* he hasn't done a stroke. **(b)** *(fam: insinuación)* hint. **(c)** *(Med: punzada)* stitch, sharp pain.

puntaje *nm (LAm)* score.

puntal *nm* **(a)** *(Arquit)* prop, support; *(Agr)* prop; *(Téc)* strut, crosspiece; *(montante)* stanchion. **(b)** *(fig: apoyo)* support; *(soporte)* chief supporter. **(c)** *(LAm)* snack.

puntapié *nm* kick; **echar a algn a ~s** to kick sb out; **pegar un ~ a algn** to give sb a kick.

puntazo *nm* **(a)** *(Taur: con el cuerno)* jab; *(LAm)* jab, poke. **(b)** *(fam)* **fue un ~** it went down really well *(fam)*.

punteado 1 *adj* *(moteado)* dotted, covered with dots; *(pintura: grabado con puntos)* stippled; *(diseño)* of dots. **2** *nm* **(a)** *(V adj)* series of dots, stippling. **(b)** *(Mús)* twang, plucking.

puntear [1a] *vt* **(a)** *(motear)* to dot, cover *o* mark with dots; *(pintar etc con puntos)* to stipple. **(b)** *(Mús)* to pluck; *(tañer)* to twang. **(c)** *(CSur: tierra)* to fork over. **(d)** *(LAm: desfile)* to head, lead.

puntera *nf (punta)* toe; *(refuerzo)* toecap.

puntería *nf* **(a)** *(el apuntar)* aim, aiming; **enmendar** *o* **rectificar la ~** to correct one's aim. **(b)** *(fig: destreza)* marksmanship; **tener buena/mala ~** to be a good/bad shot.

puntero 1 *adj (primero)* top, leading; **más ~** outstanding; **equipo ~** top club. **2** *nm* **(a)** *(señal, Inform)* pointer. **(b)** *(cincel)* stonecutter's chisel. **(c)** *(LAm)* leading team; *(de rebano)* leading animal; *(de desfile)* leader.

puntiagudo *adj* sharp, sharp-pointed.

puntilla *nf* **(a)** *(Cos)* lace edging. **(b)** *(Taur)* short dagger; **dar la ~** to finish off the bull; **dar la ~ a algo/algn** *(fig)* to finish sth/sb off; **aquello fue la ~** that was the last straw. **(c) de ~s** on tiptoe; **andar de ~s** to walk on tiptoe.

puntillismo *nm (Arte)* pointillism.

puntillo *nm (punto de honor)* exaggerated sense of honour *o (US)* honor.

puntilloso *adj (pundonoroso)* punctilious; *(susceptible)* touchy, sensitive.

punto *nm* **(a)** *(en un diseño)* dot, spot; *(en plumaje)* spot, speckle; *(Naipes, dominó)* spot, pip; *(en la i)* dot; **~ negro** *(en la cara)* blackhead; **línea de ~s** dotted line; **poner los ~s sobre las íes** to dot the i's and cross the t's.

(b) *(Tip)* point; **~ final** full stop, period *(US)*; **dos ~s** colon; **~ y coma** semicolon; **~s suspensivos** dots, suspension points; **~ acápite** *(LAm)* full stop, new paragraph; **'~ y aparte'** *(en dictado)* 'new paragraph'; **~ y seguido** full stop; **sin faltar ~ ni coma** accurately; **¡lo digo yo y ~!** I'm telling you so and that's all about it!

(c) *(tanto)* point; *(en un examen)* mark; *(en Bolsa)* point; **con 8 ~s a favor y 3 en contra** with 8 points for and 3 against; **ganar** *o* **vencer por ~s** to win on points; **perder (muchos) ~s** *(fig)* to lose brownie points *(fam)*.

(d) *(en discusión)* point; *(tema)* item, question; **contestar ~ por ~** to answer point by point; **~ capital** crucial point; *(lo esencial)* crux; **~s de consulta** terms of reference; **~s a tratar** matters to be discussed, agenda.

(e) *(Mús)* pitch.

(f) *(Cos)* stitch; *(de tela)* mesh; *(de media)* ladder, run; *(Med)* stitch; **~ del derecho** plain knitting; **~ de media** plain knitting; **~ del revés** purl; **hacer ~** to knit; **falda de ~** knitted skirt; **chaqueta de ~** cardigan.

(g) *(de lugar)* spot, place; *(Geog)* point; *(Mat)* point; *(de proceso)* point, stage; *(en el tiempo)* point, moment; **~ de apoyo** fulcrum; **~ cardinal** cardinal point; **~ clave de las defensas** key point in the defences *o (US)* defenses; **~ de congelación/fusión** freezing/melting point; **~ de contacto** point of contact; **~ crítico** critical point; **~ culminante** culminating moment; **llegar a su ~ culminante** to reach its climax; *(a lo más alto)* to reach its peak; **~ débil** *o* **flaco** weak spot; **~ de encuentro** meeting point; **estar en el ~ de mira de algn** to be in sb's sights; **~ muerto** *(Mec)* dead centre, dead center *(US)*; *(Aut etc)* neutral (gear); *(fig: estancamiento)* deadlock, stalemate; **las negociaciones están en un ~ muerto** the negotiations are deadlocked, there is stalemate in the talks; **~ negro** *(Aut)* (accident) black spot; **~ neurálgico** *(Anat)* nerve centre *o (US)* center; *(fig)* key point; **~ de partida/de referencia** starting/reference point; **~ de no** *o* **sin retorno** point of no return; **~ de venta** point of sale; **~ de veraneo** summer resort, holiday resort; **~ de vista** point of view, viewpoint; **él lo mira desde otro ~ de vista** he looks at it from another point of view.

(h) *(locuciones + prep)* **a ~** ready; **con sus cámaras a ~ para disparar** with their cameras ready to shoot; **llegar a ~** to come just at the right moment; **saber algo a ~ fijo** to know sth for sure; **al ~** at once, instantly; **a ~ de caramelo** *(fig)* just ripe; **está a ~** it's ready; **estar a ~ de hacer algo** to be on the point of doing sth, be about to do sth; **estuve a ~ de llamarte** I almost called you; **poner un motor a ~** to tune an engine; **de todo ~** completely, absolutely; **a las 7 en ~** at 7 sharp, at 7 on the dot; **ha llegado en ~** he arrived right on time; **estar en su ~** *(Culin)* to be done to a turn; *(fruta)* to be just ripe; **el arroz está en su ~** the rice is just right; **pongamos las cosas en su ~** let's be absolutely clear about this; **hasta el ~ de hacer algo** to the extent of doing sth; **hasta cierto ~** up to a point, to some extent; **hasta tal ~ que** to such an extent that; **la tensión había llegado a tal ~ que ...** the tension had reached such a pitch that ....

(i) *(fam)* **¡vaya un ~!, ¡está hecho un ~ filipino!** he's a right rogue! *(fam)*.

(j) *(fam)* **cogerle** *o* **pillarle el ~ a algn** to suss sb out; **coger** *o* **ligar** *o* **pillar un buen ~** *(con alcohol)* to get well-oiled *(fam)*; *(con drogas)* to get high *(fam)*; **si me da el ~, voy** if I take the notion, I'll go; **si le da el ~ es capaz de cualquier cosa** if he takes it into his head he can do anything.

puntuable *adj*: **una prueba ~ para el campeonato** a race which counts towards *o* scores in the championship.

puntuación *nf* **(a)** *(Ling, Tip)* punctuation. **(b)** *(acto:*

Escol) marking; (*: Dep*) scoring; **sistema de ~** system of scoring. (**c**) (*Escol: puntos*) mark(s); (*grado: Dep*) score.

puntual *adj* (**a**) (*persona, llegada*) punctual. (**b**) (*informe*) reliable; (*exacto*) precise; (*cálculo*) exact, accurate. (**c**) (*concreto*) specific, precise.

puntualidad *nf* punctuality.

puntualizar [1f] *vt* (*precisar*) to fix, specify; (*determinar*) to settle, determine.

puntualmente *adv* punctually.

puntuar [1c] **1** *vt* (**a**) (*Ling, Tip*) to punctuate. (**b**) (*examen*) to mark. **2** *vi* (*Dep*) to score, count; **eso no puntúa** that doesn't count.

puntudo *adj* (*LAm: puntiagudo*) sharp.

punzada *nf* (**a**) (*puntura*) prick, jab. (**b**) (*Med*) stitch; (*dolor*) twinge (of pain), shooting pain. (**c**) (*fig: aflicción*) pang, twinge (of regret *etc*).

punzante *adj* (**a**) (*dolor*) shooting, sharp. (**b**) (*instrumento*) sharp. (**c**) (*fig: comentario*) biting, caustic.

punzar [1f] *vt* (**a**) (*pinchar*) to puncture, prick, pierce; (*Téc*) to punch; (*perforar*) to perforate. (**b**) (*fig: pesar*) to hurt, grieve; **le punzan remordimientos** he feels pangs of regret, his conscience pricks him.

punzó *adj* (*And, CSur*) bright red.

punzón *nm* (*Téc*) punch; (*buril*) graver, burin; (*Tip*) bodkin.

puñado *nm* (*lit, fig*) handful; **a ~s** by handfuls, in plenty; **me mola un ~** (*fam*) I like it a lot.

puñal *nm* dagger; **poner el ~ al pecho a algn** (*fig*) to put sb on the spot.

puñalada *nf* (**a**) (*herida*) stab, thrust; **coser a ~s** to stab repeatedly. (**b**) (*fig*) stab, grievous blow; **~ trapera** stab in the back.

puñeta (*fam!*) **1** *nf* (**a**) (*enojo*) **¡no me vengas con ~s!** give me peace!, stop your whining!; **¡qué coche ni que ~s!** car my arse! (*fam!*); **tengo un catarro de la ~** I've got a hellish cold (*fam!*); **¡vete a hacer ~s!** get stuffed! (*fam!*), fuck off! (*fam!*). (**b**) **hacer la ~ a algn** to screw sb around (*fam!*). **2** *interj*: **¡~s!, ¡qué ~s!** (*enojo*) shit! (*fam*), hell!; (*asombro*) bugger me! (*fam!*), well I'm damned!

puñetazo *nm* punch; **a ~s** with (blows of) one's fists; **dar a algn de ~s** to punch sb.

puñetero *adj* (*fam: gen*) wretched; (*maldito*) damned; (*despreciable*) rotten.

puño *nm* (**a**) (*Anat*) fist; **~ de hierro** knuckle-duster; **con el** *o* **a ~ cerrado** with one's clenched fist; **comerse los ~s** to be starving; **como un ~** (*casa etc*) tiny, very small; (*verdad*) obvious; (*palpable*) tangible, visible; **mentiras como ~s** whopping great lies (*fam*); **de ~ y letra del poeta** in the poet's own handwriting; **tener a algn (metido) en un ~** to have sb under one's thumb.

(**b**) (*Cos*) cuff.

(**c**) (*de espada*) hilt; (*de herramienta*) handle, haft, grip; (*de velero*) handle.

(**d**) (*fig*) **~s** strength *sg*; (*fuerza bruta*) brute force; **ganar algo con los ~s** to get sth by sheer hard work.

pupa *nf* (*fam*) (**a**) (*Med*) cold sore. (**b**) (*palabra de niños*) sore, pain; **hacerse ~** to get hurt.

pupila[1] *nf* (**a**) (*Anat*) pupil. (**b**) (*Arg fam*) prostitute, whore.

pupilo/a[2] *nm/f* (**a**) (*en un orfelinato*) inmate; (*pensionista*) boarder. (**b**) (*Jur*) ward.

pupitre *nm* desk.

pupusa *nf* (*CAm Culin*) stuffed tortilla.

puquío *nm* (*LAm*) spring, fountain.

puramente *adv* purely, simply.

purasangre *nmf* thoroughbred.

puré *nm* (*Culin*) purée, (thick) soup; **~ de patatas** mashed potatoes; **~ de tomate** tomato purée; **~ de verduras** thick vegetable soup; **estar hecho ~** (*fig*) to be knackered (*fam*).

pureta (*fam*) **1** *adj* old. **2** *nmf* (**a**) (*viejo*) old crock *o* geezer (*fam*). (**b**) (*carca*) old square (*fam*).

pureza *nf* purity.

purga *nf* (**a**) (*Med*) purge, purgative. (**b**) (*Pol: depuración*) purge. (**c**) (*Mec: drenaje*) venting, draining; **válvula de ~** vent.

purgación *nf* (**a**) (*acción*) purging. (**b**) **tener ~es** (*Med fam*) to have the clap (*fam*).

purgante *nm* (*laxante*) purgative.

purgar [1h] **1** *vt* (**a**) (*gen*) to purge, cleanse (*de* of); (*Mec: drenar*) to vent, drain, air; (*Pol: depurar*) to purge, liquidate. (**b**) (*purificar*) to purify, refine. (**c**) (*Med: laxar*) to purge, administer a purgative to. (**d**) (*fig: pecado*) to purge, expiate. **2 purgarse** *vr* (**a**) (*Med*) to take a purge. (**b**) (*fig*) **~ de** to purge o.s. of.

purgativo *adj* (*laxante*) purgative.

purgatorio *nm* purgatory; **¡fue un ~!** it was purgatory!

puridad *nf* (*Lit*) **en ~** plainly, directly; (*estrictamente*) strictly, in the strict sense.

purificación *nf* purification.

purificador *nm*: **~ de agua** water filter; **~ de aire** air purifier, air filter.

purificar [1g] *vt* (*depurar*) to purify; (*limpiar*) to cleanse; (*Téc: refinar*) to purify, refine.

Purísima *adj superl*: **la ~** the Virgin.

purismo *nm* purism.

purista *nmf* purist.

puritanismo *nm* puritanism.

puritano/a 1 *adj* (*actitud*) puritanical; (*religión, tradición*) puritan. **2** *nm/f* puritan.

puro 1 *adj* (**a**) (*sustancia, color, lenguaje*) pure; (*depurado*) unadulterated; (*oro*) solid; (*cielo*) clear. (**b**) (*fig*) pure, simple; (*verdad*) plain; **de ~ aburrimiento** out of sheer boredom; **por ~a casualidad** by sheer chance. (**c**) (*moral*) pure, virtuous, chaste. (**d**) (*LAm: uno solo*) only, just; **me queda una ~a porción** I have just one portion left. **2** *adv*: **de ~ bobo** out of sheer stupidity; **no se le ve el color de ~ sucio** it's so dirty you can't tell what colour *o* (*US*) color it is. **3** *nm* cigar.

púrpura *nf* purple.

purpurado *nm* cardinal.

purpurar [1a] *vt* to dye purple.

purpurina *nf* metallic paint (*gold, silver etc*).

purrela *nf* bad wine, cheap wine.

pus *nm* (*Med*) pus.

pusilánime *adj* fainthearted, pusillanimous.

pústula *nf* pustule, pimple.

puta 1 *nf* (**a**) whore, prostitute; **~ callejera** streetwalker; **casa de ~s** brothel; **ir de ~s** to go whoring. (**b**) (*Naipes*) jack. **2** *adj inv* (*fam*) bloody (*fam*), bloody awful (*fam*); **¡ni ~ idea!** I've no bloody idea! (*fam*); **de ~ madre** terrific (*fam*), smashing (*fam*); **pasarlas ~s** to have a shitty time (*fam*).

putada *nf* (*fam*) dirty trick; **¡qué ~!** what a bloody shame! (*fam*).

putañear [1a] *vi* to go whoring.

putativo *adj* (*padre, hermano*) putative, supposed.

puteada *nf* (*LAm*) shower of gross insults.

putear [1a] **1** *vi* (**a**) = **putañear**. (**b**) (*fastidiar*) to bugger about (*fam*), muck around. (**c**) (*perjudicar*) to kick around, abuse, misuse; **estar puteado** to get fed up (to the teeth) (*fam*). **2** *vt* (*CSur fam*) to insult.

putería *nf* (**a**) (*prostitución*) prostitution, whoring. (**b**) (*prostitutas*) gathering of prostitutes; (*prostíbulo*) brothel. (**c**) (*fam*) womanly wile(s).

puto (*fam*) **1** *adj* bloody (*fam*), bloody awful (*fam*). **2** *nm* (*prostituto*) male prostitute.

putrefacción *nf* (**a**) (*acto*) rotting, putrefaction; (*descomposición*) decay. (**b**) (*pudrición*) rot, rottenness; **~ fungoide** dry rot; **sujeto a ~** (*alimentos*) perishable.

putrefacto *adj* (*podrido*) rotten, putrid; (*descompuesto*) decayed.

putrescente *adj* rotting, putrefying.

pútrido *adj* putrid, rotten.

puya *nf* (*punta acerada*) goad, pointed stick; (*Taur*)

point of the picador's lance.
puyar [1a] *vt* (**a**) (*LAm*) to jab, prick. (**b**) (*Col fam*) to upset, needle *(fam)*.
puyon *nm* (*espolón*) cock's spur; (*puya*) sharp point; (*espina*) thorn.
PVP *nm abr de* **precio de venta al público** RRP.
PYME *nf abr de* **Pequeña y Mediana Empresa.**
PYRESA *nf abr de* **Prensa y Radio Española, Sociedad Anónima.**

Q,q [ku] *nf* (*letra*) Q, q.
Qatar *nm* Qatar.
q.b.s.m. *abr de* **que besa su mano** *courtesy formula.*
q.D.g. *abr de* **que Dios guarde** *courtesy formula.*
QED *abr de* **quod erat demonstrandum** QED.
q.e.g.e. *abr de* **que en gloria esté** ≈ RIP.
q.e.p.d. *abr de* **que en paz descanse** RIP.
q.e.s.m. *abr de* **que estrecha su mano** *courtesy formula.*
QH *nf abr de* **quiniela hípica** .
qm *abr de* **quintal(es) métrico(s).**
qts *abr de* **quilates** c.
que[1] **1** *pron relativo* (**a**) (*suj: individuo*) who, that; (*obj directo*) whom, that; **la joven ~ invité** the girl (whom) I invited. (**b**) (*suj: cosa*) that, which; **el coche ~ compré** the car (that *o* which) I bought; **la cama en ~ pasé la noche** the bed in which I spent the night, the bed I spent the night in; **el día ~ ella nació** the day (when) she was born. **2** *pron relativo* (*con artículo*) *V* **el**[3]; **lo**[4].
que[2] *conj* (**a**) (*con vb, adv*) that; **creo ~ va a venir** I think (that) he will come; **¡~ sí!** yes!; **claro ~ sí** of course; **decir ~ sí** to say yes; **estoy seguro de ~ lloverá** I am sure (that) it will rain; **¿~ no estabas allí?** (are you telling me) you weren't there?; **eso de ~ no lo sabía es un cuento** all that about him knowing nothing is pure fiction.
(**b**) (*antes de subjun*) that; **esperar ~ algn haga algo** to hope that sb will do sth; **no digo ~ sea un traidor** I'm not saying (that) he's a traitor; **quieren ~ les esperes** they want you to wait for them; **¡~ lo haga él!** let him do it!, get him to do it!; **¡~ entre!** send him in!; **¡~ venga pronto!** let's hope he comes soon!; **¡~ os guste la película!** enjoy the film!
(**c**) **el ~** + *subjun* the fact that; **el ~ viva en Vitoria no es ningún problema** the fact that he lives in Vitoria presents no problems.
(**d**) (*resultado*) that; **soplaba tan fuerte ~ no podíamos salir** it was blowing so hard (that) we couldn't go out.
(**e**) (*locuciones*) **siguió toca ~ toca** he kept on playing; **estuvieron habla ~ habla toda la noche** they talked and talked all night; **tiene un rostro ~ para qué** what a cheek he's got.
(**f**) (*apócope de ya o porque*) for, since, because; **no lo derroches, ~ es muy caro** don't waste it, it's very expensive; **he venido un poco pronto ~ está lloviendo** I came a bit early because it's raining; **¡vamos, ~ cierro!** come on now, I'm closing!; **¡cuidado, ~ nos vamos!** hold tight, we're off!
(**g**) (*comparaciones*) than; **menos/más ~** less/more than; **más ~ nada** more than anything; **yo ~ tú** in your place, if I were you; **prefiero el mar ~ no la montaña** I prefer the seaside to the hills.
qué 1 *pron interrog* (**a**) **¿~?** what?; **¿~ has dicho?** what did you say?; **¡~ hubo!, ¡quehúbole!** (*esp Méx, Chi: fam*) hi!, how are things?; **no sé ~ quiere decir** I don't know what it means; **¿y a mí ~?** so what?, what has that got to do with me?; **¿y ~?** so what?, well?; **¿~ es de tu hermano?** how's your brother these days?; **¿~ más?** what else?; (*en tienda etc*) anything else?; **¿~ tal (estás)?** how are you?; **¿~ tal el trabajo?** how's work?; **¿~ tan grande es?** (*LAm*) how big is it?; **¿~ tanto?** (*LAm: ¿cuánto?*) how much?; **¿~ tanto lo quiere?** (*LAm*) how much do you love him?; **¿para ~?** for what reason?, why?; **¿por ~?** why?; **sin ~ ni para ~** without rhyme or reason.
(**b**) (*exclamativas*) **¡~ día más espléndido!** what a glorious day!; **¡~ bien!** (*bravo*) well done!; (*ojalá*) now that really would be something!; (*iró*) a lot of good that would do!; **¡~ bonito!** isn't it pretty!; **¡~ va!** no way!; **¡~ asco!** how revolting!; **¡~ susto!** what a scare!; **¡~ de gente había!** what a lot of people there were!
2 *adj*: **¿~ libro?** what book?; **¿~ edad tiene?** what age is he?, how old is he?; **¿a ~ velocidad?** how fast?; **¿de ~ tamaño es?** what size is it?, how big is it?; **dime ~ libro buscas** tell me which book you are looking for.
quebracho *nm* quebracho (tree).
quebrada *nf* (**a**) (*hondonada*) ravine. (**b**) (*LAm: arroyo*) brook, mountain stream.
quebradero *nm*: **~ de cabeza** headache, worry.
quebradizo *adj* (**a**) (*gen*) fragile, brittle. (**b**) (*Med*) sickly, frail.
quebrado 1 *adj* (**a**) (*gen*) broken; (*terreno*) rough, uneven. (**b**) (*color*) pale. (**c**) (*Med*) ruptured. (**d**) (*Fin*) bankrupt. **2** *nm* (**a**) (*Mat*) fraction. (**b**) (*Fin*) bankrupt; **~ rehabilitado/no rehabilitado** discharged/undischarged bankrupt.
quebradura *nf* (**a**) (*grieta*) fissure, crack. (**b**) (*Geog*) = **quebrada (a).** (**c**) (*Med*) rupture.
quebrantadura *nf*, **quebrantamiento** *nm* (**a**) (*acción*) breaking; (*de ley*) violation. (**b**) (*estado*) exhaustion.
quebrantar [1a] **1** *vt* (**a**) (*gen*) to break; (*resquebrajar*) to crack. (**b**) (*resistencia etc*) to weaken; (*salud*) to shatter, destroy. (**c**) (*color*) to tone down. (**d**) (*LAm: caballo*) to break in. **2 quebrantarse** *vr* (*individuo*) to be broken (in health *etc*).
quebranto *nm* (**a**) (*gen*) damage, harm; (*pérdida*) severe loss. (**b**) (*agotamiento*) exhaustion; (*depresión*) depression. (**c**) (*aflicción*) sorrow, affliction.
quebrar [1j] **1** *vt* (**a**) (*gen*) to break, smash. (**b**) (*doblar*) to bend; (*torcer*) to twist. (**c**) (*proceso*) to interrupt. (**d**) = **quebrantar 1 (b), (d).** (**e**) (*Méx fam*) to bump off *(fam)*. **2** *vi* (**a**) (*Fin*) to fail, go bankrupt. (**b**) (*debilitarse*) to weaken. **3 quebrarse** *vr* (**a**) to break, get broken. (**b**) (*Med*) to be ruptured.
quechua 1 *adj* Quechua, Quechuan. **2** *nmf* Quechua(n) Indian. **3** *nm* (*Ling*) Quechua.
queda *nf* (*tb* **toque de ~**) curfew.
quedar [1a] **1** *vi* (**a**) (*gen: permanecer*) to stay, remain; **quedaron allí una semana** they stayed there a week.
(**b**) (*+ prep, adj: resultar*) to remain, be; **~ asombrado** to be amazed; **~ inmóvil** to remain *o* be *o* stand motionless; (*Aut etc*) to remain stationary; **~ de pie** to remain standing; **~ ciego** to go blind; **ha quedado sin hacer** nothing was done about it; **el proyecto quedó sin realizar** the plan was never carried out; **la cosa queda así** there the matter rests; **quedó el penúltimo** he came in second last.
(**c**) (*ropa: ser la talla*) to fit; (*: sentar*) to suit; **me queda**

pequeño it's too small for me; **¿qué tal te queda el vestido?** how does the dress fit you?; **te queda bien** it suits you; **no queda bien así/aquí** it doesn't look right like that/here.

(**d**) (*persona*) ~ **bien** to come off well; ~ **bien con algn** to give a good impression; **por ~ bien** (so as) to make a good impression; ~ **mal** to do badly, come off badly; ~ **mal con algn** to be in the bad books with sb; **por no ~ mal** so as not to cause any offence *o (US)* offense; **ha quedado como un canalla** he showed himself to be a rotter, he was shown up as the rotter he is; **ha quedado en ridículo** he was totally shown up.

(**e**) (*sitio*) to be; **eso queda muy lejos** that's a long way (away); **queda un poco más al oeste** it is *o* lies a little further west; **queda por aquí** it's around here somewhere; **queda hacia la derecha** it's over to the right; **queda a 6 kms de aquí** it's 6 kms from here.

(**f**) (*sobrar*) to remain, be left; **quedan 6** there are 6 left; **me quedan 6** I have 6 left; **nos queda poco dinero** we haven't much money left; **no quedan más que escombros** there is nothing left but rubble; **no me queda más remedio** I have no alternative (left).

(**g**) (*faltar*) **quedan pocos días para la fiesta** the party is only a few days away; **nos quedan 12 kms para llegar al pueblo** there are still 12 kms to go to the village; **la cosa quedó en nada** it all came to nothing.

(**h**) (*acordar*) ~ **en** *o* (*LAm*) **de hacer algo** to agree *o* arrange to do sth; ~ **en que** to agree that; **¿en qué quedamos?** what shall we do then?, what's it to be then?; **quedamos en vernos mañana** we arranged to meet tomorrow.

(**i**) ~ **en** to turn out to be, end up as; **todo ese trabajo quedó en nada** all that work came to nothing.

(**j**) ~ **con algn** to arrange to meet sb, make *o* fix a date with sb; **hemos quedado en la puerta del cine** we arranged to meet at the cinema door; **¿quedamos a las cuatro?** shall we meet at four?

(**k**) ~ **por hacer** to remain *o* be still to be done; **eso queda todavía por estudiar** that remains to be studied.

(**l**) ~ **a deber algo** to owe sth.

(**m**) (+ *ger*) ~ **haciendo algo** to be doing sth, go on doing sth; **él quedaba trabajando** he went on working.

2 quedarse *vr* (**a**) ~ **atrás** to stay *o* remain behind; (*atrasarse*) to fall behind; ~ **en una pensión** to stay *o* put up at a boarding house; **se me ha quedado pequeña esta camisa** I've outgrown this shirt; ~ **sin** to find o.s. out of; **nos hemos quedado sin café** we've run out of coffee; *V tb* **1 (a)**, **(b)**.

(**b**) (*viento etc*) to fall calm.

(**c**) ~ **con** (*gen*) to keep, hold on to; (*adquirir*) to acquire, get hold of; (*preferir*) to take, prefer; **se quedó con mi pluma** he walked off with my pen; **quédese con la vuelta** keep the change; ~ **con hambre** to be still hungry; ~ **con las ganas de hacer algo** to be dying to do sth; **entre A y B, me quedo con B** if I have to choose between A and B, I'll take B.

(**d**) ~ **con algn** (*fam: engañar*) to take sb in; (*: estafar*) to swindle *o* cheat sb.

(**e**) (*locuciones*) **no se queda con la cólera dentro** he can't control his anger; ~ **algo en nada** to come to nothing; ~ **tan ancho** to be neither up nor down; **no se quedó en menos** he was not to be outdone.

(**f**) (+ *ger*) ~ **haciendo algo** to keep *o* go on doing sth; **se nos quedó mirando asombrado** he stood *etc* looking at us in amazement.

(**g**) **está muy mayor, no se le quedan las cosas** he's really old now, he can't remember things; **se me quedó grabado** it stuck in my mind.

quedo 1 *adj* (**a**) still. (**b**) (*voz*) quiet, gentle; (*paso*) soft. **2** *adv* softly, gently; **¡~!** careful now!

quehacer *nm* job, task; **~es (domésticos)** household jobs, chores; **tener mucho** ~ to have a lot to do.

queja *nf* (**a**) (*gen*) complaint; (*protesta*) protest; **una ~ infundada** an unjustified complaint; **presentar una** ~ to make *o* file a complaint; **tener ~ de algn** to have a complaint to make about sb. (**b**) (*gemido*) moan, groan; **~ de dolor** groan of pain.

quejarse [1a] *vr* (**a**) (*gen*) to complain (*de* about, of); (*refunfuñar*) to grumble (*de* about, at); (*protestar*) to protest (*de* about, at); **~ de que ...** to complain (about the fact) that ...; ~ **de vicio** (*fam*) to be always complaining. (**b**) (*gemir*) to moan, groan.

quéjica 1 *adj* grumpy, complaining. **2** *nmf* grumbler.

quejido *nm* moan, groan; **dar ~s** to moan, groan.

quejón/ona (*fam*) **1** *adj* grumbling, complaining. **2** *nm/f* grumbler, constant complainer.

quejoso *adj* (*gen*) complaining; (*enfadado*) annoyed.

quejumbroso *adj* whinging (*fam*).

quelite *nm* (*CAm, Méx: verduras*) any green vegetable.

quema *nf* (**a**) (*gen*) fire; (*combustión*) burning, combustion. (**b**) (*Arg*) rubbish dump. (**c**) (*LAm Agr*) burning-off. (**d**) (*Méx fig*) danger.

quemado *adj* (**a**) (*gen*) burned, burnt; **esto sabe a ~** this tastes burnt. (**b**) (*persona: agotado*) burned out, finished. (**c**) (*Arg, Méx*) very dark. (**d**) (*irritado*) annoyed. (**e**) (*personaje público*) out of favour *o (US)* favor, in disgrace.

quemador *nm* burner.

quemadura *nf* (**a**) (*gen*) burn; (*con líquido*) scald; (*de sol*) sunburn; (*de fusible*) blow-out; ~ **de primer grado** first-degree burn. (**b**) (*Bot: gen*) cold blight; (*: tizón*) smut.

quemar [1a] **1** *vt* (**a**) (*gen*) to burn; (*combustible*) to burn up; (*con líquido*) to scald; (*fusible*) to blow.

(**b**) (*Bot: suj: frío*) to wither, burn.

(**c**) (*fig: fortuna*) to squander; (*Com: precios*) to slash, cut.

(**d**) (*fastidiar*) to annoy, upset; **estar quemado con** *o* **por algo** to be sick and tired of sth.

(**e**) (*agotar, cansar*) to burn out, destroy.

(**f**) (*Cu, Méx: estafar*) to swindle.

2 *vi* to be burning hot; **esto está que quema** it's burning hot; (*líquido*) it's scalding hot.

3 quemarse *vr* (**a**) to burn o.s.; (*consumirse*) to burn (up *o* away); (*ropa etc*) to get scorched; (*con el sol*) to get sunburnt; ~ **con la sopa** to burn one's mouth on the soup; **¡que me quemo!** (*fig*) I'm scorching!

(**b**) (*en juego*) **¡que te quemas!** you are getting warm!

(**c**) (*fig: agotarse*) to burn o.s. out, exhaust o.s.

quemarropa: **a** ~ *adv* point-blank.

quemazón *nf* (**a**) (*gen*) burn; (*acción*) burning. (**b**) (*calor intenso*) intense heat. (**c**) (*picazón*) itch. (**d**) (*dicho*) cutting remark. (**e**) (*fig: resentimiento*) pique, resentment.

quemón *nm* (*Méx fam: chasco*) disappointment, let-down.

quena *nf* (*And, CSur*) Indian flute.

quepi(s), **quepí(s)** *nmsg* (*esp LAm: Mil*) round (military) cap.

quepo *etc V* **caber**.

queque *nm* (*LAm*) cake (*of various kinds*).

querella *nf* (**a**) (*queja*) complaint. (**b**) (*Jur: acusación*) charge, accusation; (*: proceso*) suit, case. (**c**) (*controversia*) dispute, controversy.

querellado/a *nm/f* defendant.

querellante *nmf* (*Jur*) plaintiff.

querencia *nf* (*Zool*) homing instinct; (*fig*) homesickness.

querendón/ona (*LAm fam*) **1** *adj* affectionate, loving. **2** *nm/f* loving *o* affectionate person.

querer [2t] **1** *vt, vi* (**a**) to want, wish (for); **¿cuál quieres?** which one do you want?; **¿qué más quieres?** what more *o* else do you want?; **¡qué más quisiera yo!** would that I could!, my wishes entirely!; **¿quiere un café?** would you like some coffee?; **¿cuánto quieren por el coche?** what are they asking for the car?; **como Ud quiera** as you wish, as you please; **como quien no quiere la cosa** offhandedly; **ven cuando quieras** come when you like; **quiera o no, quiera que no** willy-nilly, whether he *etc* likes it or not; **lo hizo queriendo** *(fam)* he did it deliberately; **lo hizo sin ~** he didn't mean to do it, he did it inadvertently; **~ es poder** where there's a will there's a way.

(**b**) (*amar*) to love; (*tener cariño a*) to like; **~ bien a algn** to be fond of sb; **~ mal a algn** to dislike sb; **en la oficina le quieren mucho** he is well liked at the office; **hace tiempo que te quiero** I've been in love with you for a long time; **hacerse ~ por algn** to endear o.s. to sb; **¡por lo que más quieras!** by all that's sacred!

(**c**) (*con vb dependiente*) **~ hacer algo** to want *o* wish to do sth; **~ que algn haga algo** to want sb to do sth; **~ decir** to mean; **¿qué quieres decir?** what do you mean?; **¿quiere abrir la ventana?** would you mind opening the window?; **¿qué quieres que te diga?** how should I put it?, what can I say?; **¿qué quieres que le haga?** that's the way it is, I'm afraid; **la tradición quiere que ...** tradition has it that ...; **éste quiere que le rompan la cabeza** *(fam)* this guy is asking *o* looking for a thump on the head.

(**d**) (*voluntad*) **¡no quiero!** I won't!, I refuse!; **(sí,) quiero** I will; **lo hago porque quiero** I do it because I want to; **pero no quiso** but he refused.

(**e**) (*requerir*) to need, demand; **el traje quiere un sombrero ancho** that dress needs a big hat to go with it; **¿para qué me querrá?** I wonder what he wants me for?

(**f**) (*impers*) **quería amanecer** dawn was about to break; **quiere llover** it's trying to rain.

(**g**) **como quiera, donde quiera** *V* **comoquiera, dondequiera.**

2 *nm* love, affection; **cosas del ~** matters of the heart.

querida[1] *nf* (*amante*) mistress.

querido/a[2] **1** *adj* dear, darling; (*en cartas*) dear; **nuestra ~a patria** our beloved country. **2** *nm/f* darling; **¡sí, ~!** yes, darling!

querosén, querosene *nm* (*LAm*), **queroseno** *nm* kerosene, paraffin.

querubín *nm* cherub.

quesadilla *nf* (**a**) (*pastel*) cheesecake. (**b**) (*LAm*) pasty, folded tortilla.

quesera[1] *nf* cheese dish; *V tb* **quesero.**

quesería *nf* (*tienda*) dairy; (*fábrica*) cheese factory.

quesero/a[2] **1** *adj*: **la industria ~a** the cheese industry. **2** *nm/f* cheesemaker.

queso *nm* cheese; **~ crema** cream cheese; **~ rallado** grated cheese; **dárselas con ~ a algn** *(fam)* to take sb in.

quetzal *nm monetary unit of Guatemala.*

quevedos *nmpl* pince-nez.

quiá *interj* never!, not on your life!

quicio *nm* hinge; **estar fuera de ~** (*fig*) to be out of joint; **sacar a algn de ~** to drive sb up the wall *(fam)*; **estas cosas me sacan de ~** these things make me see red.

quico *nm*: **ponerse como el ~** (*Esp fam: comer mucho*) to stuff o.s.

quiche *nm* quiche.

quichua 1 *adj* Quechua, Quechuan. **2** *nmf* Quechua(n) Indian. **3** *nm* (*Ling*) Quechua.

quichuista *nmf* Quechua specialist.

quid *nm* gist, crux; **dar en el ~** to hit the nail on the head.

quídam *nm* (**a**) somebody (or other). (**b**) (*don nadie*) nobody.

quiebra *nf* (**a**) (*gen*) break; (*grieta*) crack, fissure. (**b**) (*Fin*) bankruptcy; (*Econ*) slump, crash; (*fig*) failure; **es una cosa que no tiene ~** it just can't go wrong, it's a cinch *(fam)*.

quiebro *nm* (**a**) (*Taur etc*) dodge, swerve; **dar el ~ a algn** (*fig*) to dodge sb. (**b**) (*Mús*) grace note(s), trill.

quien *pron relativo* (**a**) (*suj*) who; (*complemento*) whom; **la señorita con ~ hablaba** the young lady to whom I was talking, the young lady I was taking to; **las personas con ~es estabas** the people you were with.

(**b**) (*indef*) **~ dice eso es tonto** whoever says that is a fool; **~ lo sepa, que lo diga** let whoever knows it speak up about it; **contestó como ~ no quería** he answered as if he was reluctant to; **hay ~ no lo acepta** there are some who do not accept it; **no hay ~ lo aguante** nobody can stand him.

(**c**) **~ más, ~ menos tiene sus problemas** everybody has problems.

quién *pron interrog* (*suj*) who; (*complemento*) whom; **¿~ es?** who is it?; (*a la puerta*) who's there?; (*Telec*) who's calling?; **¿Q~ es Q~?** 'Who's Who?'; **¿a ~ se lo diste?** who did you give it to?; **¿a ~ le toca?** whose turn is it?; **¿con ~ estabas anoche?** who were you with last night?; **¿de ~ es la bufanda esa?** whose scarf is that?; **no sé ~ lo dijo primero** I don't know who said it first.

quienquiera *pron indef* (*pl* **quienesquiera**) whoever; **le cazaremos ~ que sea** we'll catch him whoever he is.

quietismo *nm* quietism.

quieto *adj* (**a**) (*gen*) still; (*inmóvil*) motionless; **¡~!** (*al perro*) down boy!; **¡estáte ~!** keep still! (**b**) (*carácter*) calm, placid.

quietud *nf* (*gen*) stillness; (*calma*) calm.

quijada *nf* jaw(bone).

quijotada *nf* quixotic act.

quijote *nm* quixotic person, dreamer; **Don Q~** Don Quixote.

quijotesco *adj* quixotic.

quil. *abr de* **quilates** c.

quilatar [1a] *vt* = **aquilatar**.

quilate *nm* carat.

quilco *nm* (*Chi*) large basket.

quiligua *nf* (*Méx*) large basket.

quilo *nm* kilo(gramme *o (US)* gram).

quilo... *pref* = **kilo...**.

quilombo *nm* (*And, CSur*) (**a**) (*burdel*) brothel. (**b**) (*choza*) rustic hut, shack. (**c**) (*fam: desorden*) row; (*: lío*) mess.

quiltro *nm* (*Chi fam*) mongrel.

quilla *nf* keel; **dar de ~** to keel over.

quillango *nm* (*CSur*) blanket of furs.

quimera *nf* (**a**) (*alucinación*) hallucination; (*sueño*) pipe dream. (**b**) (*sospecha*) unfounded suspicion; **tener la ~ de que ...** to suspect quite wrongly that ....

quimérico *adj* fantastic, fanciful.

quimerizar [1f] *vi* to indulge in fantasy *o* pipe dreams.

química[1] *nf* chemistry.

químico/a[2] **1** *adj* chemical. **2** *nm/f* chemist.

quimioterapia *nf* chemotherapy.

quimono *nm* kimono.

quina *nf* quinine, Peruvian bark.

quinaquina *nf* (*Med*) quinine, cinchona bark.

quincalla *nf* hardware, ironmongery.

quincallería *nf* ironmonger's (shop), hardware store *(US)*.

quincallero *nm* ironmonger, hardware dealer *(US)*.

quince 1 *adj* fifteen; (*fecha*) fifteenth; **~ días** a fortnight; **dar ~ y raya a algn** to be able to beat sb with one hand tied behind one's back; *V tb* **seis. 2** *nm* fifteen.

quinceañero/a 1 *adj* fifteen-year-old; (*frec*) teenage. **2** *nm/f* fifteen-year-old; (*frec*) teenager.

quincena *nf* fortnight.

quincenal *adj* fortnightly.

quincuagésimo *adj* fiftieth; *V tb* **sexto 1**.

quincho *nm* (*And, CSur*) mud hut.

quingentésimo *adj* five-hundredth; *V tb* **sexto**.

quingos *nmpl* (*And*) zigzag *sg*.

quiniela *nf* pools coupon; **~s** football pool(s); **~ hípica** horse-racing totalizator.

quinielista *nmf* pools punter.

quinielístico *adj* pools *atr*; **peña ~a** pools syndicate.

quinientos/as *adj, nmpl/nfpl* five hundred; *V tb* **seiscientos.**

quinina *nf* quinine.

quino *nm* (*LAm*) cinchona (tree).

quinqué *nm* (**a**) oil lamp. (**b**) (*fam*) shrewdness; **tener**

mucho ~ to know what the score is.
quinquenal *adj* quinquennial; **plan** ~ five-year plan.
quinquenio *nm* quinquennium, five-year period.
quinqui *nm* (*fam*) gangster.
quinta *nf* (**a**) (*casa de campo*) villa, country house; (*LAm: chalet*) house. (**b**) (*Mil*) draft, call-up; **ser de la (misma)** ~ **de algn** to be the same age as sb. (**c**) (*Mús*) fifth.
quintaescencia *nf* quintessence.
quintal *nm* (*Castilla: peso*) ≈ 46 kg; ~ **métrico** ≈ 100 kg.
quintar [1a] *vt* (*Mil*) to call up, conscript, draft *(US)*.
quintero *nm* (*gen*) farmer; (*bracero*) farmhand, labourer, laborer *(US)*.
quinteto *nm* quintet(te).
Quintín *nm*: **se armó la de San** ~ (*fam*) all hell broke loose *(fam)*.
quinto 1 *adj* fifth; *V tb* **sexto**. **2** *nm* (**a**) (*Mat*) fifth. (**b**) (*fam: Mil*) conscript, national serviceman.
quíntral *nm* (*And, CSur: Zool*) armadillo; (*: Mús*) ten-stringed guitar.
quíntuplo 1 *adj* quintuple, fivefold. **2** *nm* quintuple; **X es el** ~ **de Y** X is five times the size of Y.
quiosco *nm* (*Com*) kiosk, stand, stall; (*pabellón*) summerhouse, pavilion; ~ **de música** bandstand; ~ **de periódicos** news-stand.
quiosquero/a *nm/f* proprietor of a news-stand, newspaper seller.
quipo(s), quipu(s) *nm(pl)* (*And Hist*) *Inca system of recording information using knotted strings*.
quiquiriquí *nm* cock-a-doodle-doo.
quirófano *nm* operating theatre *o (US)* room.
quiromancia *nf* palmistry.
quiromántico/a *nm/f* palmist.
quiropedia *nf* chiropody.
quiropodista *nmf* chiropodist.
quiropráctia *nf* osteopathy.
quirúrgico *adj* surgical.
quise *etc V* **querer**.
quisque *pron* (*fam*); **cada** *o* **todo** ~ (absolutely) everyone; **ni** ~ not a living soul.
quisquilla *nf* (**a**) (*nimiedad*) trifle, triviality. (**b**) (*Zool*) shrimp.
quisquilloso *adj* (**a**) (*gen*) touchy, oversensitive; (*perfeccionista*) pernickety. (**b**) (*preocupado por nimiedades*) quibbling, hair-splitting.
quiste *nm* cyst.
quita *nf*: **de** ~ **y pon** *V* **quitapón**.
quitaesmalte *nm inv* nail-polish remover.
quitaipón = **quitapón**.
quitamanchas *nm inv* (**a**) (*producto*) stain remover. (**b**) (*oficio*) dry cleaner.
quitanieves *nm inv* snowplough, snowplow *(US)*.
quitapiedras *nm inv* (*Ferro*) cowcatcher.
quitapón: **de** ~ *adj* detachable, removable.
quitar [1a] **1** *vt* (**a**) (*gen*) to take away, remove; (*ropa etc*) to take off; (*mancha*) to remove, get rid of; (*piel de fruta, pollo*) to take off; (*dolor etc*) to relieve, stop, kill; (*felicidad*) to destroy; (*vida*) to take; (*Mec etc*) to remove, take out *o* off; (*preocupaciones*) to save, prevent; (*valor etc*) to reduce; (*robar*) to remove, steal; **quitando el postre comimos bien** apart *o* aside from the dessert we had a good meal; ~ **extensión a un campo** to reduce the size of a field; ~ **importancia a** to diminish the importance of; **quita eso de allí** get that away from there; **me quita mucho tiempo** it takes up a lot of my time; ~ **el sitio a algn** to steal sb's place; **le quitaron la cartera en el tren** he had his wallet stolen on the train; **no ~le ojo a algn** to keep a close eye on sb; **el café me quita el sueño** coffee stops me sleeping; ~ **el hambre** to get a good feed; ~ **la sed** to quench one's thirst; **me quitó las ganas de comer** it took my appetite away; ~ **la mesa** to clear the table; ~ **de en medio a algn** to get rid of sb.
(**b**) (*golpe*) to ward off.
(**c**) ~ **a algn de hacer algo** to stop *o* prevent sb (from) doing sth; **eso no quita para que me ayudes** that doesn't stop you helping me.
2 *vi* (**a**) **¡quita!, ¡quita de ahí!** get away!
(**b**) **ni quito ni pongo** I'm neutral, I'm not saying one thing or the other.
3 quitarse *vr* (**a**) to withdraw (*de* from); **¡quítate de mi vista!** get out of my sight!; **esa mancha de vino no se quita** that wine stain won't come off *o* out.
(**b**) ~ **algo de encima** to get rid of sth; ~ **la barba** to shave; ~ **una muela** to get a tooth out; ~ **la ropa** to take off one's clothing; ~ **años** to get younger looking; **se me quitan las ganas de ir** I can't be bothered going now.
(**c**) ~ **de un vicio** to give up a habit; ~ **del tabaco** to give up smoking.
quitasol *nm* sunshade, parasol.
quitasueño *nm* (*fig*) worry, problem.
quite *nm* (**a**) (*acción*) removal. (**b**) (*movimiento*) dodge, sidestep; (*Taur*) distracting manoeuvre *o (US)* maneuver; **estar al** ~ to be ready to go to sb's aid; **esto no tiene** ~ there's no help for it.
quiteño/a 1 *adj* of *o* from Quito. **2** *nm/f* native *o* inhabitant of Quito.
quizá(s) *adv* perhaps, maybe; **¿vienes o no? -** ~ are you coming? - perhaps; ~ **llegue mañana, si tenemos suerte** if we're lucky it may arrive tomorrow *o* perhaps it will arrive tomorrow; ~ **no** maybe not.
quórum ['kworum] *nm* (*pl* **~s** ['kworum]) quorum; **constituir** ~ to make up a quorum.

R

R, r ['ere] *nf* (*letra*) R, r.
R. *abr* (**a**) (*Rel*) *de* **Reverendo** Rev(d). (**b**) *de* **Real**. (**c**) *de* **Rey; Reina** R. (**d**) *de* **remite; remitente**. (**e**) *de* **respuesta**. (**f**) *de* **río** R.
rabadilla *nf* (*Anat*) coccyx; (*Culin: de pollo*) parson's nose *(fam)*, rear *(fam)*, tail *(fam)*.
rábano *nm* radish; ~ **picante** horseradish; **¡un ~!** (*fam*) get away!; **me importa un** ~ I don't care two hoots; **tomar el** ~ **por las hojas** to get hold of the wrong end of the stick.
rabear [1a] *vi* (*perro*) to wag its tail.
rabí *nm* (*ante un nombre*) rabbi.
rabia *nf* (**a**) (*Med*) rabies. (**b**) (*fig*) fury, anger; **¡qué ~!** isn't it infuriating!; (*pena*) what a pity!; **me da** ~ it maddens *o* infuriates me; **tener** ~ **a algn** to have a grudge against sb, have it in for sb; **tomar** ~ **a** to take a dislike to.
rabiar [1b] *vi* (**a**) (*Med*) to have rabies. (**b**) (*sufrir*) to suffer terribly, be in great pain; **estaba rabiando de dolor de muelas** she had raging toothache. (**c**) (*encolerizarse*) to be furious; **hacer** ~ **a algn** to make sb furious; **está que rabia** he's hopping mad, he's furious; **¡para que rabies!** so there! (**d**) ~ **por algo** to long for sth, be dying for sth; ~ **por hacer algo** to be dying to do sth. (**e**) **me gusta a** ~

(*fam*) I just love it.
rabieta *nf* (*fam*) fit of temper.
rabillo *nm* (**a**) (*Bot*) leaf stalk. (**b**) **mirar por el ~ del ojo** to look out of the corner of one's eye.
rabino *nm* rabbi; **gran ~** chief rabbi.
rabión *nm* (*tb* **~es**) rapids.
rabiosamente *adv* (*V adj (b)*) furiously; terribly; violently; rabidly.
rabioso *adj* (**a**) (*Med*) rabid, suffering from rabies. (**b**) (*fig*) furious; (*dolor*) terrible, violent; (*aficionado*) rabid. (**c**) **de ~a actualidad** highly topical.
rabo *nm* tail; **~ de buey** oxtail; **con el ~ entre las piernas** crestfallen, dejected; **queda el ~ por desollar** we've still got the most difficult part to do.
rabón *adj* short-tailed.
rabona *nf*: **hacer ~** (*CSur*) to play truant, skip school; (*Univ*) to cut *o* skip lectures.
rabonear [1a] *vi* (*CSur*) to play truant.
racanear [1a] *vi* (*fam*) to slack; (*con dinero*) to be stingy.
rácano 1 *adj* (**a**) (*vago*) bone-idle. (**b**) (*tacaño*) stingy, mean. **2** (**a**) *nm* (*fam*) slacker, idler; **hacer el ~** to slack. (**b**) (*tacaño*) mean devil, scrooge (*fam*).
RACE *nm abr de* **Real Automóvil Club de España** ≈ RAC, ≈ AA, ≈ AAA (*US*).
racial *adj* racial, race *atr*; **odio ~** race hatred; **disturbios ~es** race riots.
racimo *nm* bunch, cluster.
raciocinar [1a] *vi* to reason.
raciocinio *nm* (**a**) (*facultad*) reason. (**b**) (*razonamiento*) reasoning.
ración *nf* (*proporción*) ratio; (*porción*) portion, helping; **una ~ de jamón** a portion of ham; **~es** (*Mil*) rations.
racional *adj* (*gen*) rational; (*razonable*) reasonable, sensible.
racionalidad *nf* rationality.
racionalismo *nm* rationalism.
racionalista *adj*, *nm/f* rationalist.
racionalización *nf* rationalization.
racionalizar [1f] *vt* to rationalize.
racionalmente *adv* rationally, reasonably, sensibly.
racionamiento *nm* rationing.
racionar [1a] *vt* (*limitar*) to ration; (*distribuir*) to ration out, share out.
racismo *nm* racialism, racism.
racista *adj*, *nmf* racialist, racist.
racha *nf* (**a**) (*Met*) gust of wind. (**b**) (*fig: serie*) string, series; **buena ~** stroke of luck; **mala ~** piece of bad luck; **a ~s** by fits and starts.
racheado *adj* (*viento*) gusty, squally.
radar *nm* radar.
radiación *nf* (**a**) (*Fís*) radiation. (**b**) (*Rad*) broadcasting.
radiactividad *nf* radioactivity.
radiactivo *adj* radioactive.
radiado *adj* (*Rad*) radio *atr*, broadcast; **en una interviú ~a** in a radio interview.
radiador *nm* radiator.
radial *adj* (**a**) (*Mec etc*) radial. (**b**) (*LAm*) radio *atr*, broadcasting *atr*.
radiante *adj* (*Fís*, *fig*) radiant; **estaba ~** she was radiant (*de* with).
radiar [1b] *vt* (**a**) (*Fís etc*) to radiate. (**b**) (*Rad*) to broadcast. (**c**) (*Med*) to treat with X-rays.
radical 1 *adj*, *nmf* radical. **2** *nm* (*Ling*) root; (*Mat*) square-root sign.
radicalismo *nm* radicalism.
radicalizar [1f] **1** *vt* to radicalize. **2 radicalizarse** *vr* (**a**) (*Pol*) to be radicalized, become more radical. (**b**) (*situación etc*) to worsen, deteriorate.
radicalmente *adv* radically.
radicar [1g] **1** *vi* (**a**) (*Bot*, *fig*) to take root. (**b**) (*estar*) to be, be situated, lie. (**c**) (*dificultad, problema*) **~ en** to lie in. **2 radicarse** *vr* to establish o.s., put down one's roots (*en* in).
radio[1] *nm* (**a**) (*Mat*) radius; **~ de acción** sphere of jurisdiction, extent of one's authority; (*Aer*) range; **un avión de largo ~ de acción** a long-range aircraft; **~ de giro** turning circle; **en un ~ de 10km** within a radius of 10km. (**b**) (*de rueda*) spoke. (**c**) (*Quím*) radium. (**d**) (*LAm*) = **radio**[2].
radio[2] *nf* (**a**) (*gen*) radio, wireless; **~ macuto** (*fam*) the grapevine (*fam*); **por ~** by radio, on *o* over the radio. (**b**) (*aparato*) radio (set), wireless (set).
radio... *pref* radio....
radioactivo *adj* = **radiactivo**.
radioaficionado/a *nm/f* radio ham (*fam*), amateur radio enthusiast.
radiobúsqueda *nf* radiopaging.
radiocasete *nm o f* radiocassette (player).
radiodespertador *nm* clock radio.
radiodifusión *nf* broadcasting.
radiodifusora *nf* (*LAm*) radio station, transmitter.
radioemisora *nf* radio station, transmitter.
radiofónico *adj* radio *atr*.
radiografía *nf* (**a**) (*técnica*) radiography, Xray photography. (**b**) (*una ~*) radiograph, X-ray photograph *o* picture.
radiografiar [1c] *vt* (*Med*) to X-ray.
radiográfico *adj* X-ray *atr*.
radiograma *nm* wireless message.
radiola *nf* (*Per*) jukebox.
radiología *nf* radiology.
radiólogo *nm* radiologist.
radiomensajería *nf* radiopaging.
radionovela *nf* radio series.
radiooperador(a) *nm/f* radio operator, wireless operator.
radiorreceptor *nm* radio (set), wireless (set), receiver.
radioso *adj* (*LAm*) radiant.
radioteléfono *nm* radiotelephone.
radiotelegrafista *nmf* radio operator, wireless operator.
radiotelescopio *nm* radiotelescope.
radioterapia *nf* radiotherapy.
radioyente *nmf* listener.
RAE *nf abr* (*Esp*) *de* **Real Academia Española**.
raedura *nf* scrape, scraping.
raer [2y] **1** *vt* to scrape; (*quitar*) to scrape off. **2 raerse** *vr* to chafe; (*paño*) to fray.
ráfaga *nf* (**a**) (*Met*) gust, squall. (**b**) (*de tiros*) burst. (**c**) (*relámpago*) flash; **dar ~s de luces a** to flash one's headlights at.
rafia *nf* raffia.
RAH *nf abr* (*Esp*) *de* **Real Academia de la Historia**.
raicear [1a] *vi* (*LAm*) to take root.
raid [raid] *nm* (*pl* **~s** [raid]) (**a**) (*gen*) raid. (**b**) (*Aer*) long-distance flight; (*Aut*) rally drive. (**c**) (*esp Méx Aut*) lift.
raído *adj* (**a**) (*paño*) frayed, threadbare; (*ropa, persona*) shabby. (**b**) (*fig*) shameless.
rail, raíl *nm* rail.
raíz *nf* (**a**) (*gen*) root; **arrancar algo de ~** to root sth out completely; **cortar un peligro de ~** to nip a danger in the bud; **echar raíces** to take root. (**b**) **~ cuadrada** (*Mat*) square root. (**c**) (*fig*) root, origin; **a ~ de** (*después de*) immediately after, immediately following; (*a causa de*) as a result of.
rajá *nm* rajah.
raja *nf* (**a**) (*hendedura*) slit, split; (*grieta*) crack. (**b**) (*pedazo*) sliver, splinter; (*de limón etc*) slice.
rajado *nm* (*fam*) (**a**) (*canalla*) swine (*fam*). (**b**) (*cobarde*) coward, chicken (*fam*).
rajadura *nf* = **raja (a)**.
rajar [1a] **1** *vt* (**a**) to split, crack; (*fruta etc*) to slice; (*tronco etc*) to chop up, split; (*fam: persona*) to stab. (**b**) (*LAm: calumniar*) to slander, run down. **2** *vi* (*fam: hablar*) to chatter, talk a lot; (*: jactarse*) to brag. **3 rajarse** *vr* (**a**) to split, crack. (**b**) (*fam: desistir de*) to back out (*de* of), quit; (*acobardarse*) to get cold feet; (*faltar a su palabra*)

to go back on one's word; **¡me rajé!** (*LAm*) that's enough for me!, I'm quitting! **(c)** (*LAm: huir*) to run away.
rajatabla: **a** ~ *adv* (*estrictamente*) strictly, rigorously; (*exactamente*) exactly; **cumplir las órdenes a** ~ to carry out one's orders to the letter.
rajuñar [1a] *vt* (*Arg fam*) = **rasguñar**.
RAL *nf abr de* **red de área local** LAN.
ralea *nf* (*pey*) kind, sort; **de esa** ~ of that ilk; **gente de baja** ~ riffraff.
ralenti *nm* **(a)** (*Cine*) slow motion; **al** ~ in slow motion. **(b)** (*Aut*) neutral; **estar al** ~ to be ticking over.
ralo *adj* thin, sparse.
rallado *adj* grated.
rallador *nm* grater.
rallar [1a] *vt* **(a)** (*Culin*) to grate. **(b)** (*molestar*) to annoy, needle (*fam*).
rallo *nm* (*Culin*) grater; (*Téc*) file, rasp.
rally(e) *nm* (*Aut*) rally.
rama *nf* branch; **en** ~ (*algodón, seda*) raw; **andarse** *o* **irse por las ~s** (*fig fam*) to beat about the bush.
ramada *nf* (*LAm*) shelter *o* covering made of branches.
ramaje *nm* branches *pl*, foliage.
ramal *nm* **(a)** (*de soga*) strand (of a rope); (*de caballo*) halter. **(b)** (*Aut*) branch (road); (*Ferro*) branch line.
ramalazo *nm* (*fig: de depresión, de locura*) fit; **me dio un ~ de dolor** I felt a sudden stab of pain.
rambla *nf* avenue.
ramera *nf* whore.
ramificación *nf* ramification.
ramificarse [1g] *vr* to ramify.
ramillete *nm* **(a)** bouquet, bunch; (*Bot*) cluster. **(b)** (*fig*) choice bunch, select group.
ramo *nm* **(a)** (*de flores*) bouquet, bunch. **(b)** (*Com: sector*) field, section, department; **es del ~ de la alimentación** he's in the food business. **(c)** (*Med: tb* **~s**) **tiene ~s de loco** he has a streak of madness.
rampa *nf* ramp, incline; ~ **de lanzamiento** launching ramp.
rampla *nf* (*Chi Aut*) (truck) trailer.
ramplón *adj* common, coarse.
ramplonería *nf* commonness, coarseness.
rana *nf* frog; **pero salió** ~ (*fam*) but he turned out badly, but he was a big disappointment; **cuando las ~s críen pelo** when pigs (learn to) fly.
rancidez, **ranciedad** *nf* **(a)** age, mellowness; (*pey*) rankness, rancidness. **(b)** (*fig*) great age, antiquity; (*: pey*) antiquatedness.
rancio **1** *adj* **(a)** (*vino*) old, mellow; (*pey: comestibles*) stale, rancid. **(b)** (*fig*) ancient; (*: pey*) antiquated, old-fashioned. **2** *nm* = **rancidez**.
ranchada *nf* (*LAm*) shed, improvised hut.
ranchear [1a] *vi* (*LAm*) to build a camp.
ranchera[1] *nf* (*Méx Mús*) popular song.
ranchería *nf* (*LAm*) **(a)** (*para trabajadores*) labourers' *o* (*US*) laborers' quarters. **(b)** = **rancherío**.
rancherío *nm* (*LAm*) settlement.
ranchero/a[2] **1** *adj* (*Méx*) uncouth. **2** *nm* **(a)** (*LAm: jefe de rancho*) rancher, farmer. **(b)** (*cocinero*) mess cook. **3** *nm/f* (*Méx*) peasant, country person.
ranchitos *nmpl* (*Ven*) shanty town.
rancho *nm* **(a)** (*choza*) hut, thatched hut; (*LAm: casa de campo*) country house, villa. **(b)** (*Náut*) crew's quarters. **(c)** (*Méx: granja*) ranch, small farm. **(d)** (*de gitanos etc*) camp, settlement. **(e)** (*Mil etc*) mess, communal meal; (*pey*) bad food, grub; **hacer** ~ to make room; **hacer ~ aparte** to set up on one's own, go one's own way.
ranfla *nf* (*LAm*) ramp, incline.
rango *nm* **(a)** rank; (*prestigio*) standing, status; **de alto** ~ of high standing, of some status. **(b)** (*LAm: lujo*) luxury.
rangoso *adj* (*LAm*) generous.
ránking ['raŋkin] *nm* (*pl* **~s** ['raŋkin]) ranking, ranking list *o* order.
ranura *nf* (*hendedura*) groove; (*para monedas*) slot; ~ **de expansión** (*Inform*) expansion slot.
rap *nm* rap (music); **hacer** ~ to rap.
rapacidad *nf* rapacity, greed.
rapapolvo *nm* ticking-off; **echar un ~ a algn** to give sb a ticking-off, tick sb off.
rapar [1a] *vt* (*afeitar*) to shave; (*pelar*) to crop, cut very close.
rapaz[1] **1** *adj* (*avido*) rapacious, greedy; (*inclinado al robo*) thieving; (*Zool*) predatory; (*Orn*) of prey. **2** *nf* (*Zool*) predatory animal; (*Orn*) bird of prey.
rapaz[2]**(a)** *nm/f* (*Esp*) boy/girl, lad/lass.
rape[1] *nm* **(a)** (*de barba*) quick shave; (*de pelo*) rough haircut; **al** ~ cut close. **(b)** (*fam*) ticking-off.
rape[2] *nm* (*Zool*) anglerfish.
rapé *nm* snuff.
rápidamente *adv* fast, quickly.
rapidez *nf* rapidity, speed.
rápido **1** *adj* fast, quick. **2** *adv* (*fam*) quickly. **3** *nm* **(a)** (*Ferro*) express. **(b)** **~s** rapids.
rapiña *nf* robbery (with violence); *V* **ave**.
raposa *nf* fox; (*tb fig*) vixen.
raposo *nm* fox.
rap(p)el *nm* abseiling.
rap(p)elar [1a] *vi* to abseil (down *etc*).
raptar [1a] *vt* (*secuestrar*) to kidnap, abduct; (*llevar*) to carry off.
rapto *nm* **(a)** (*secuestro*) kidnapping, kidnaping (*US*), abduction; (*acto de llevar*) carrying-off. **(b)** (*impulso*) sudden impulse; **en un ~ de celos** in a sudden fit of jealousy. **(c)** (*éxtasis*) ecstasy, rapture.
raptor *nm* kidnapper.
raqueta *nf* racket; (*de ping pong*) bat; ~ **de nieve** snowshoe.
raquítico *adj* **(a)** (*Med*) rachitic; (*árbol etc*) weak, stunted. **(b)** (*fig*) small, inadequate, miserly.
raramente *adv* rarely, seldom.
rareza *nf* **(a)** (*calidad*) rarity. **(b)** (*objeto*) rarity. **(c)** (*fig*) oddity, peculiarity; **tiene sus ~s** he has his peculiarities, he has his little ways.
raro *adj* **(a)** (*poco común*) rare, uncommon; **son ~s los que saben hacerlo** very few people know how to do it; **con alguna ~a excepción** with rare exceptions; **~a (es la) vez** very occasionally. **(b)** (*extraño*) odd, strange; (*notable*) notable, remarkable; **es ~ que** it is odd that, it is strange that; **¡qué ~!** how (very) odd!; **¡qué cosa más ~a!** how strange!, most odd!; **es un hombre muy** ~ he's a very odd man. **(c)** (*Fís*) rare, rarefied.
ras *nm* levelness, evenness; **a ~ de** level with, flush with; **volar a ~ de tierra** to fly (almost) at ground level.
rasante **1** *adj* low; **tiro** ~ low shot; **vuelo** ~ low-level flight. **2** *nm* slope; **cambio de** ~ (*Aut*) brow of a hill.
rasar [1a] *vt* (*casi tocar*) to skim, graze; **la bala pasó rasando su sombrero** the bullet grazed his hat.
rascacielos *nm inv* skyscraper.
rascadera *nf*, **rascador** *nm* scraper.
rascaespalda *nf* backscratcher.
rascar [1g] **1** *vt* to scrape, rasp; (*quitar*) to scrape off; (*con uñas etc*) to scratch. **2** *vi* (*LAm*) to itch. **3 rascarse** *vr* **(a)** to scratch (o.s.). **(b)** (*LAm*) to get drunk.
rasco *adj* (*Chi fam*) common, ordinary.
RASD *nf abr de* **República Árabe Saharaui Democrática**.
rasero *nm* strickle; **medir dos cosas con el mismo** ~ to treat two things alike.
rasgado *adj* **(a)** (*ventana*) wide; (*ojos*) almondshaped; (*boca*) wide, big. **(b)** (*LAm*) outspoken.
rasgadura *nf* tear, rip.
rasgar [1h] *vt* **(a)** to tear, rip; (*papel*) to tear up, tear to pieces. **(b)** = **rasguear**.
rasgo *nm* **(a)** (*con pluma*) stroke, flourish; **a grandes ~s** (*fig*) with broad strokes, in outline. **(b)** **~s** (*Anat*) features; **de ~s enérgicos** of energetic appearance. **(c)** (*fig*)

characteristic, feature; **~s característicos** typical features; **~s distintivos** distinctive features. **(d)** *(acto)* ~ **de generosidad** generous deed; *(acción noble)* noble gesture; ~ **de ingenio** flash of wit, stroke of genius. **(e)** *(LAm: acequia)* irrigation channel; *(: terreno)* plot (of land).

rasgón *nm* tear, rent.

rasguear [1a] *vt (Mús)* to strum.

rasguñar [1a] *vt* to scratch.

rasguño *nm* scratch; **salir sin un** ~ to come out (of it) without a scratch.

raso 1 *adj* **(a)** *(llano)* flat, level; *(campo)* clear, open; *(liso)* smooth; *(asiento)* backless. **(b)** *(cielo)* clear; **está** ~ the sky is clear. **(c)** *(pelota, vuelo etc)* very low, almost at ground level. **(d) soldado** ~ private. **2** *adv*: **tirar** ~ *(Dep)* to shoot low. **3** *nm* **(a)** *(Cos)* satin. **(b)** *(campo: llano)* flat country; *(: abierto)* open country; **al** ~ in the open.

raspa *nf* **(a)** *(Bot: de cebada)* beard. **(b)** *(de pez)* fishbone; *(esp)* backbone. **(c)** *(fam: persona irritable)* sharp-tongued person. **(d)** *(fam: persona delgada)* beanpole *(fam)*.

raspado *nm (Med)* scrape, scraping.

raspador *nm (herramienta)* scraper, rasp.

raspadura *nf* **(a)** *(acto)* scrape, scraping, rasping. **(b) ~s** *(de papel)* scrapings; *(de hierro)* filings. **(c)** *(raya)* scratch, mark; *(borradura)* erasure. **(d)** *(LAm)* brown sugar (scrapings).

raspar [1a] **1** *vt* **(a)** *(gen)* to scrape; *(limar)* to rasp, file; *(alisar)* to smooth (down); *(quitar)* to scrape off; *(arañar)* to scratch, graze; *(borrar)* to erase. **(b) este vino raspa la garganta** this wine is rough on the throat. **(c)** *(fam)* to pinch *(fam)*, swipe *(fam)*. **(d)** *(LAm fam)* to scold. **2** *vi* **(a)** *(manos etc)* to be rough. **(b)** *(vino)* to be sharp, have a rough taste. **(c)** *(LAm fam)* to leave, go off.

raspear [1a] *vt (LAm fam)* to tick off *(fam)*.

raspón *nm* **(a)** scratch, graze; *(LAm: abrasión)* abrasion. **(b)** *(LAm fam: regaño: reprensión)* scolding. **(c)** *(Col: sombrero)* straw hat.

rasposo *adj* **(a)** *(sabor)* sharp-tasting, rough. **(b)** *(LAm fam: tacaño)* stingy *(fam)*.

rasqueta *nf (CSur)* horse brush, currycomb.

rasquetear [1a] *vt (CSur: caballo)* to brush down.

rasquiña *nf (LAm)* itch.

rastacuero/a *adj, nm/f (LAm fam)* nouveau riche.

rastra *nf* **(a)** *(Agr)* rake; *(grada)* harrow. **(b)** *(huella)* trail, track. **(c)** *(Pesca)* trawl; **pescar a la** ~ to trawl. **(d)** *(CSur)* metal ornament on gaucho's belt. **(e)** *(fig)* unpleasant consequence, disagreeable result. **(f)** *(ristra)* string. **(g) a ~s** by dragging, by pulling; *(fig)* unwillingly; **andar a ~s** *(fig)* to have a difficult time of it, suffer hardships; **avanzar a ~s** to crawl (along), drag o.s. along; **llevar algo a ~s** to pull sth along; **llevar un problema a ~s** to be dogged by a problem.

rastreador *nm* **(a)** tracker. **(b)** *(Náut: tb* **barco** ~*)* trawler; ~ **de minas** minesweeper.

rastrear [1a] **1** *vt* **(a)** *(seguir)* to track, trail; *(descubrir)* to track down, trace; ~ **el monte** to comb the woods. **(b)** *(arrastrar)* to dredge *o* drag (up); *(Pesca)* to trawl; *(minas)* to sweep; *(río)* to drag. **2** *vi* **(a)** *(Agr)* to rake, harrow. **(b)** *(Pesca)* to trawl. **(c)** *(Aer)* to skim the ground, fly very low.

rastreo *nm* **(a)** *(en agua)* dredging, dragging; *(Pesca)* trawling. **(b)** *(de satélite)* tracking.

rastrero *adj* **(a)** *(Zool)* creeping, crawling; *(Bot)* creeping. **(b)** *(vestido etc)* trailing; *(vuelo)* very low. **(c)** *(fig: conducta)* mean, despicable; *(: persona)* cringing.

rastrillar [1a] *vt* **(a)** *(Agr)* to rake; *(recoger)* to rake up. **(b)** *(LAm: fusil)* to fire; *(: fósforo)* to strike.

rastrillo *nm* **(a)** *(Agr etc)* rake. **(b)** *(Mil)* portcullis. **(c)** *(Méx)* (safety) razor.

rastro *nm* **(a)** *(Agr etc)* rake. **(b)** *(huella)* track, trail; *(pista)* scent; *(de cohete etc)* track, course; *(del vendaval)* path; **perder el** ~ to lose the scent; **seguir el** ~ **a** *o* **de algn** to follow sb's trail. **(c)** *(fig)* trace, sign; **desaparecer sin dejar** ~ to vanish without trace; **no quedaba ni** ~ **de ello** not a trace of it was to be seen. **(d) el R~** *fleamarket in Madrid.*

rastrojo *nm* **(a)** *(de campo)* stubble. **(b) ~s** waste, remains, left-overs.

rasurado *nm* shave.

rasuradora *nf (Méx)* electric shaver *o* razor.

rasurar [1a] **1** *vt* **(a)** to shave. **(b)** *(Téc)* to scrape. **2 rasurarse** *vr* to shave.

rata 1 *nf* rat. **2** *nm (tacaño: fam)* mean devil, scrooge *(fam)*.

ratear [1a] **1** *vt* to steal, pilfer. **2** *vi* to crawl, creep (along).

ratería *nf (robo)* petty larceny, small-time thieving; *(cualidad)* crookedness, dishonesty.

ratero/a 1 *adj* thievish, light-fingered; *(fig)* despicable. **2** *nm/f (ladrón)* (small-time) thief; *(carterista)* pickpocket.

raticida *nm* rat poison.

ratificación *nf* ratification.

ratificar [1g] *vt* to ratify; *(noticia etc)* to confirm; *(opinión)* to support.

rato *nm* **(a)** (short) time, while; *(período)* spell, period; **un** ~ a while, a time; **un buen** *o* **largo** ~ a long time, a good while; **~s libres** *o* **de ocio** leisure, spare *o* free time; **a ~s** at times, from time to time; **a ~s perdidos** at *o* in odd moments; **al poco** ~ shortly after; **dentro de un** ~ in a little while; **de a ~s** *(Arg)* from time to time; **¡hasta cada** *(LAm: fam)* *u* **otro** ~**!** so long!, I'll see you; **pasar un buen** ~ to have a good time; **pasar un mal** ~ to have a bad time of it, have a rough time; **pasar el** ~ to while away the time; **hay para** ~ there's still a long way to go; **¿vas a tardar mucho** ~**?** will you be long?

(b) *(fam)* **es un** ~ **difícil** it's a bit tricky; **sabe un** ~ **de matemáticas** she knows a heck of a lot of maths *(fam)*.

ratón *nm (gen, tb Inform)* mouse; ~ **de archivo** *o* **de biblioteca** bookworm.

ratonera *nf* **(a)** *(trampa)* mousetrap. **(b)** *(agujero)* mousehole. **(c)** *(And, CSur: fam)* hovel, slum.

ratonero *nm* buzzard.

RAU *nf abr de* **República Árabe Unida**.

raudal *nm* **(a)** torrent, flood. **(b)** *(fig)* plenty, abundance; **a ~es** in abundance, in great numbers; **entrar a ~es** to pour in, come flooding in.

raudo *adj (rápido)* swift; *(precipitado)* rushing, impetuous.

raya[1] *nf* **(a)** *(gen)* line; *(en piedra etc)* scratch, mark; *(en tela, diseño)* stripe, pinstripe; ~ **de puntos** dotted line; **a ~s** striped. **(b)** *(en el pelo)* parting; *(en el pantalón)* crease; **hacerse la** ~ to part one's hair. **(c)** *(límite)* line, limit; *(Dep)* line, mark; **hacer** ~ *(lit, fig)* to mark off; **pasarse de la** ~ to overstep the mark, go too far; **poner a** ~ to check, hold back; **tener a** ~ to keep off, keep at bay; *(controlar)* keep in check, control. **(d)** *(Tip)* line, dash; *(Telec)* dash.

raya[2] *nf (pez)* ray, skate.

rayado 1 *adj (papel)* ruled, lined; *(cheque)* crossed; *(tela, diseño)* striped; *(disco)* scratched. **2** *nm* stripes, striped pattern.

rayano *adj*: ~ **en** bordering on.

rayar [1a] **1** *vt* **(a)** *(papel)* to line, draw lines on; *(cheque)* to cross; *(pintura etc)* to scratch, mark; *(texto)* to underline, underscore; *(tachar)* to cross out; *(en diseño)* to stripe, streak; *(disco)* to scratch.

(b) *(caballo)* to spur on.

2 *vi* **(a)** ~ **con** to be next to, be adjacent to.

(b) *(fig)* ~ **en** to border on, verge on; **esto raya en lo increíble** this verges on the incredible; **raya en los cincuenta** he's pushing fifty *(fam)*.

(c) *(arañar)* to scratch, make scratches; **este producto no raya al fregar** this product cleans without scratching.

(**d**) **al ~ el alba** at break of day, at first light.

3 rayarse *vr* to get scratched.

rayo *nm* (**a**) ray, beam; **~ láser** laser beam; **~ de luna** moonbeam; **~ de sol** *o* **solar** sunbeam, ray of sunlight; **~s catódicos** cathode rays; **~s cósmicos** cosmic rays; **~s gamma** gamma rays; **~s infrarrojos** infrared rays; **~s luminosos** light rays; **~s ultravioleta** ultraviolet rays; **~s X** X-rays.

(**b**) (*Téc*) spoke.

(**c**) (*Met*) lightning, flash of lightning; **cayó un ~ en la torre** the tower was struck by lightning; **huele/sabe a ~s** (*fam*) it smells/tastes awful; **como un ~** like lightning, like a shot; **la noticia le sentó como un ~** the news hit him like a bombshell; **entrar/salir como un ~** to dash in/out; **pasar como un ~** to rush past, flash past; **echar ~s** to rage, fume; **¡que le parta un ~!** (*fam*) damn him!

(**d**) (*fig: persona*) fast worker; **es un ~** he's like lightning.

rayón *nm* rayon.

rayuela *nf* pitch-and-toss; (*Arg*) hopscotch.

raza[1] *nf* (*gen*) race; (*de animal*) breed, strain; (*estirpe*) stock; **~ humana** human race; **de (pura) ~** (*caballo*) thoroughbred; (*perro etc*) pedigree.

raza[2] *nf* (*Per fam: descaro*) cheek *(fam)*.

razón *nf* (**a**) (*facultad*) reason; **entrar en ~** to see sense, listen to reason; **perder la ~** to go out of one's mind; **tener uso de ~** to have the power of reason.

(**b**) (*lo correcto*) right, rightness; **con ~ o sin ella** rightly or wrongly; **dar la ~ a algn** to agree that sb is right; **quitar la ~ a algn** to say sb is wrong; **tener ~** to be right; **no tener ~** to be wrong.

(**c**) (*motivo*) reason, motive; **'~: Princesa 4'** 'for further details, apply to 4 Princesa Street'; **~ le sobra** she's only too right; **¿cuál es la ~?** what is the reason?; **la ~ por qué** the reason why; **~ de más** all the more reason (*para hacer algo* to do sth); **~ de ser** raison d'être; **con ~** with good reason; **¡con ~!** naturally!; **en ~ de** with regard to; **dar ~ de** to give an account of, report on; **dar ~ de sí** to give an account of o.s.; **tener ~ para hacer algo** to have cause to do sth.

(**d**) (*Com*) **~ social** trade name, firm's name.

(**e**) (*fam*) message; **mandar a algn ~ de que haga algo** to send sb a message telling him to do sth.

(**f**) (*Mat*) ratio, proportion; **a ~ de** at the rate of; **a ~ de 5 a 7** in the ratio of 5 to 7; **a ~ de 8 por persona** at the rate of 8 per head; **en ~ directa con** in direct ratio to.

razonable *adj* reasonable.

razonablemente *adv* reasonably.

razonado *adj* reasoned; (*cuenta*) itemized, detailed.

razonamiento *nm* reasoning.

razonar [1a] **1** *vt* (*argumentar*) to reason, argue; (*cuenta*) to itemize. **2** *vi* (**a**) (*argumentar*) to reason, argue. (**b**) (*hablar*) to talk (together).

rbdo. *abr* (*Com*) *de* **recibido** recd.

RCE *nf abr* (*Rad*) *de* **Radio Cadena Española**.

RCN *nf abr* (*Méx, Col*) *de* **Radio Cadena Nacional**.

RD *nm abr de* **Real Decreto**.

RDA *nf abr* (*Hist*) *de* **República Democrática Alemana** GDR.

Rdo. *abr de* **Reverendo** Rev(d).

re *nm* (*Mús*) D; **~ mayor** D major.

re... (**a**) *pref* re.... (**b**) *pref intensivo* (*esp LAm*) very; **~frío** very cold.

reabastecer [2d] **1** *vt* (*vehículo: de combustible, de gasolina*) to refuel. **2 reabastecerse** *vr* to refuel.

reabastecimiento *nm* refuelling, refueling *(US)*.

reabrir [3a] **1** *vt* to reopen. **2 reabrirse** *vr* to reopen.

reacción *nf* (**a**) (*gen*) reaction (*a, ante* to), response (*a* to); **~ en cadena** chain reaction. (**b**) (*Téc*) **avión a** *o* **de ~** jet plane; **propulsión por ~** jet propulsion.

reaccionar [1a] *vi* to react (*a, ante* to) (*contra* against) (*sobre* on) (*responder*) to respond (*a* to); **¿cómo reaccionó?** how did she react?

reaccionario/a *adj, nm/f* reactionary.

reacio *adj* stubborn; **ser** *o* **estar ~ a** to be opposed to, resist (the idea of); **ser ~ a hacer algo** to be unwilling to do sth.

reacondicionar [1a] *vt* to recondition.

reactor *nm* (**a**) (*Fís*) reactor; **~ nuclear** nuclear reactor; **~ generador** *o* **reproductor** breeder reactor. (**b**) (*Aer: motor*) jet engine; (*: avión*) jet plane.

readaptación *nf*: **~ profesional** industrial retraining.

readmisión *nf* readmission.

readmitir [3a] *vt* to readmit.

readquirir [3i] *vt* to recover.

reafirmación *nf* reaffirmation.

reafirmar [1a] *vt* to reaffirm.

reagrupación *nf* regrouping.

reagrupar [1a] **1** *vt* to regroup. **2 reagruparse** *vr* to regroup.

reajustar [1a] **1** *vt* to readjust. **2 reajustarse** *vr* to readjust.

reajuste *nm* (*gen*) readjustment; **~ doloroso** agonizing reappraisal; **~ ministerial** cabinet reshuffle; **~ de precios** (*euf*) rise in prices, price increase; **~ salarial** wage increase.

real[1] *adj* (*verdadero*) real.

real[2] **1** *adj* (**a**) (*perteneciente al rey*) royal. (**b**) (*fig*) royal; (*espléndido*) grand, splendid. **2** *nm* (**a**) (*Hist*) army camp; (*de feria*) fairground. (**b**) (*Hist: Fin*) *coin of 25 céntimos, one quarter of a peseta*; **no tiene un ~** (*fam*) he hasn't a bean *(fam)*.

realce *nm* (**a**) (*Téc*) embossing. (**b**) (*Arte*) highlight. (**c**) (*fig: esplendor*) lustre, luster *(US)*, splendour, splendor *(US)*; (*importancia*) importance, significance, enhancement; **dar ~ a** to add lustre to, enhance the splendour of; (*destacar*) to highlight; **poner de ~** to emphasize.

realengo *adj* (*LAm: animal*) ownerless.

realeza *nf* royalty.

realidad *nf* reality; (*verdad*) truth; **la ~ de la política** the realities of politics; **en ~** in fact, actually; **la ~ es que ...** the fact of the matter is that ....

realismo *nm* realism.

realista 1 *adj* realistic. **2** *nmf* realist.

realizable *adj* (**a**) (*propósito*) attainable; (*proyecto*) practical, feasible. (**b**) (*activo*) realizable.

realización *nf* (**a**) (*gen*) realization; (*cumplimiento*) fulfilment, fulfillment *(US)*, carrying out; (*consecución*) achievement. (**b**) (*Fin*) realization; (*venta*) sale, selling-off; **~ de plusvalías** profit-taking.

realizador *nm* (*TV etc*) producer.

realizar [1f] **1** *vt* (**a**) (*propósito*) to achieve, realize; (*promesa*) to fulfil, fulfill *(US)*, carry out; (*proyecto*) to carry out, put into effect. (**b**) (*viaje, compra*) to make; (*visita*) to carry out. (**c**) (*Fin: activo*) to realize; (*: existencias*) to sell off, sell up; (*: ganancias*) to take. **2 realizarse** *vr* (**a**) (*sueño*) to come true; (*esperanzas*) to materialize; (*proyecto*) to be carried out. (**b**) (*persona*) to fulfil o.s., fulfill o.s. *(US)*; **~ como persona** to fulfil one's aims in life.

realmente *adv* really; (*de hecho*) in fact, actually.

realquilado/a 1 *adj* sublet. **2** *nm/f* sublessee.

realquilar [1a] *vt* (*subarrendar*) to sublet; (*alquilar de nuevo*) to relet.

reanimación *nf* (*tb fig*) revival.

reanimar [1a] **1** *vt* (**a**) to revive. (**b**) (*fig*) to revive, encourage. **2 reanimarse** *vr* to revive.

reanudar [1a] *vt* to renew; (*historia, viaje*) to resume.

reaparecer [2d] *vi* to reappear; (*volver*) to return.

reaparición *nf* reappearance; (*vuelta*) return.

reapertura *nf* reopening.

reaprovisionar [1a] *vt* to replenish, restock.

rearmar [1a] **1** *vt* to rearm. **2 rearmarse** *vr* to rearm.

rearme *nm* rearmament.

reasegurar 1a *vt* to reinsure.
reasumir 3a *vt* to resume, reassume.
rebaja *nf* lowering, reduction; (*Com*) discount, rebate; (*en saldo*) reduction; **las ~s** the sales; **'grandes ~s'** 'big reductions', 'sale'; **hacer una ~ de 500 ptas** to give a 500 peseta discount.
rebajar 1a **1** *vt* (**a**) (*terreno*) to lower (the level of). (**b**) (*precio*) to reduce, lower, cut (down); (*valor*) to detract from, reduce; **~ el precio a algn en un 5 por 100** to give sb a discount of 5%, knock 5% off the price for sb. (**c**) (*intensidad*) to lessen, diminish; (*color*) to tone down. (**d**) (*tb* **~ de categoría:** *persona*) to demote. **2 rebajarse** *vr*: **~ ante algn** to bow before sb; **~ a hacer algo** to humble o.s. sufficiently to do sth; (*pey*) to stoop to doing sth.
rebanada *nf* slice.
rebanar 1a *vt* (*pan*) to slice, cut in slices; (*árbol*) to slice through, slice down; (*fam: pierna*) to slice off.
rebañar 1a *vt* (**a**) (*restos*) to scrape up, scrape together; **~ la salsa (del plato) con pan** to wipe the sauce up (from the plate) with bread; **~ el plato del arroz** to scrape a dish clean of rice. (**b**) (*apropiarse de*) **~ una tienda de joyas** (*fig*) to clear a shop of jewellery.
rebaño *nm* flock, herd; (*fig*) flock.
rebasar 1a *vt* (*tb vi: tb* **~ de**) (*gen*) to pass; (*en cualidad, cantidad*) to exceed, surpass; (*esp Méx Aut*) to overtake, pass; (*Naút*) to sail past; (*agua*) to overflow, rise higher than; **han rebasado ya los límites razonables** they have already gone beyond all reasonable limits; **la cifra no rebasa de mil** the number does not exceed a thousand.
rebatir 3a *vt* (**a**) (*ataque*) to repel. (**b**) (*argumento*) to reject, refute; (*sugerencia*) to reject.
rebato *nm* alarm; (*Mil*) surprise attack; **llamar** *o* **tocar a ~** (*lit, fig*) to sound the alarm.
rebautizar 1f *vt* to rechristen.
rebeca *nf* cardigan.
rebelarse 1a *vr* to revolt, rebel; **~ contra** (*fig*) to rebel against.
rebelde 1 *adj* (**a**) (*gen*) rebellious; **el gobierno ~** the rebel government; **ser ~ a** (*fig*) to be in revolt against, rebel against. (**b**) (*niño*) unruly; (*enfermedad*) persistent, hard to cure; (*mancha*) stubborn; (*pelo*) wild. **2** *nmf* (**a**) (*Mil, Pol*) rebel. (**b**) (*Jur*) defaulter.
rebeldía *nf* (**a**) rebelliousness; (*desafío*) defiance, disobedience; **estar en plena ~** to be in open revolt. (**b**) (*Jur*) default; **caer en ~** to be in default; **fue juzgado en ~** he was judged by *o* in default.
rebelión *nf* revolt, rebellion.
rebenque *nm* (*LAm*) whip, riding crop.
rebenqueada *nf* (*LAm*) lashing, whipping.
reblandecer 2d *vt* to soften.
reblandecimiento *nm* softening; **~ cerebral** softening of the brain.
rebobinado *nm* rewind(ing).
rebobinar 1a *vt* to rewind.
reborde *nm* ledge.
rebosante *adj*: **~ de** (*lit, fig*) brimming with, overflowing with.
rebosar 1a **1** *vi* (**a**) (*líquido, recipiente*) to overflow; **llenar una sala a ~** to fill a room to overflowing. (**b**) (*abundar*) to abound, be plentiful; **allí rebosa el mineral** a lot of the mineral is found there. (**c**) **~ de** *o* **en** to overflow with, be brimming with; **~ de salud** to be bursting *o* brimming with health. **2** *vt* to abound in; **su rostro rebosaba salud** he was the picture of health.
rebotar 1a **1** *vt* (**a**) (*pelota*) to bounce. (**b**) (*persona*) to annoy. **2** *vi* (*pelota*) to bounce; (*bala*) to ricochet (*de* off), glance (*de* off); **~ de** to bounce, rebound off.
rebote *nm* bounce, rebound; **de ~** on the rebound; (*fig*) indirectly.
rebozado *adj* (*Culin*) fried in batter *o* breadcrumbs *o* flour.
rebozar 1f **1** *vt* (**a**) (*Culin*) to roll in batter *o* breadcrumbs; (*: freír*) to fry in batter *etc*. (**b**) (*cubrir el rostro*) to muffle up, wrap up. **2 rebozarse** *vr* to muffle (o.s.) up.
rebozo *nm* (**a**) (*mantilla*) muffler, wrap; (*LAm*) shawl. (**b**) (*fig*) dissimulation; **de ~** secretly; **sin ~** openly, frankly.
rebrotar 1a *vi* to break out again, reappear.
rebujo *nm* (*maraña*) mass, knot, tangle, ball.
rebullirse 3a *vr* to stir, begin to move.
rebuscado *adj* (*estilo*) affected; (*palabra*) recherché.
rebuscar 1g **1** *vt* (**a**) (*objeto*) to search carefully for; (*Agr*) to glean. (**b**) (*lugar*) to search carefully. **2** *vi* to search carefully; (*Agr*) to glean.
rebuznar 1a *vi* to bray.
rebuzno *nm* bray(ing).
recabar 1a *vt* (*obtener*) to manage to get; (*solicitar*) to ask for, apply for; **~ fondos** to collect money.
recadero *nm* messenger.
recado *nm* (**a**) message; (*regalo*) gift, small present; **chico de los ~s** message boy; **coger** *o* **tomar un ~** (*Telec etc*) to take a message; **dejar ~** to leave a message; **enviar a algn a un ~** to send sb on an errand; **mandar ~** to send word; **salir a (hacer) un ~** to go out on an errand. (**b**) (*provisión*) provisions, daily shopping. (**c**) (*LAm: montura*) saddle and trappings.
recaer 2n *vi* (**a**) (*Med*) to suffer a relapse. (**b**) (*criminal etc*) to fall back, relapse (*en* into). (**c**) **~ en** *o* **sobre** to fall on, fall to; (*premio*) to go to; **las sospechas recayeron sobre el conserje** suspicion fell on the porter; **este peso recaerá más sobre los pobres** this burden will bear most heavily on the poor. (**d**) (*Arquit*) **~ a** to look out on, look over.
recaída *nf* relapse (*en* into).
recalcar 1g **1** *vt* (*subrayar*) to stress, emphasize; **~ algo a algn** to insist on sth to sb; **~ a algn que ...** to tell sb emphatically that ...; **~ cada sílaba** to stress every syllable. **2** *vi* (**a**) (*Náut*) to list, heel. (**b**) (*esp LAm*) to end up (*en* at, in).
recalcitrante *adj* recalcitrant.
recalentamiento *nm* overheating; **~ del planeta** global warming.
recalentar 1j **1** *vt* (**a**) (*demasiado*) to overheat. (**b**) (*comida*) to warm up, reheat. **2 recalentarse** *vr* to get too hot.
recámara *nf* (**a**) (*cuarto*) side room; (*esp Méx*) bedroom. (**b**) (*de fusil*) breech, chamber.
recamarera *nf* (*esp Méx: criada*) chambermaid, maid.
recambio *nm* spare; (*de pluma*) refill; **piezas de ~** spares, spare parts; **neumático de ~** spare tyre *o* (*US*) tire.
recapacitar 1a **1** *vt* to think over, reflect on. **2** *vi* to think things over, reflect.
recapitulación *nf* recapitulation, summing-up.
recapitular 1a *vt, vi* to recapitulate, sum up.
recargable *adj* rechargeable.
recargado *adj* overloaded; (*estilo, diseño*) overelaborate.
recargar 1h *vt* (**a**) (*cargar demasiado*) to overload. (**b**) (*Fin*) to put an additional charge on, increase (the price of/the tax on *etc*). (**c**) (*Téc*) to reload, recharge; (*batería*) to recharge. (**d**) (*fig*) to overload (*de* with); **~ a algn de trabajo** to overload sb with work. (**e**) (*discurso, decoración*) to overdo.
recargo *nm* (**a**) (*carga nueva*) new burden; (*aumento de carga*) extra load, additional load. (**b**) (*Fin*) extra charge, surcharge; (*aumento*) increase.
recatado *adj* (**a**) (*modesto*) modest, shy. (**b**) (*prudente*) cautious, circumspect.
recatar 1a **1** *vt* to hide. **2 recatarse** *vr* (**a**) to hide o.s. away (*de* from). (**b**) (*ser prudente*) to be cautious; (*vacilar*) to hesitate.
recato *nm* (**a**) (*modestia*) modesty, shyness. (**b**) (*cautela*) caution, circumspection; (*reserva*) reserve, restraint; **sin ~** openly, unreservedly.

recauchado *nm*, **recauchaje** *nm* (*Chi*) retreading.
recauchutado *nm* (**a**) (*neumático*) retread. (**b**) (*proceso*) retreading, remoulding, remolding *(US)*.
recauchutar [1a] *vt* (*neumático*) to retread, remould, remold *(US)*.
recaudación *nf* (**a**) (*acción*) collection. (**b**) (*cantidad*) takings *pl*, income; (*Dep*) gate, gate money. (**c**) (*oficina*) tax office.
recaudador *nm*: ~ **de contribuciones** tax collector.
recaudar [1a] *vt* to collect.
recaudo *nm* (**a**) (*Fin*) collection. (**b**) (*cuidado*) care, protection; (*precaución*) precaution; **estar a buen** ~ to be in safekeeping; **poner algo a buen** ~ to put sth in a safe place.
recelar [1a] **1** *vt*: ~ **que** ... to suspect that ..., fear that .... **2** *vi*: ~ **de** to suspect, fear; ~ **de hacer algo** to be afraid of doing sth.
recelo *nm* (*suspicacia*) suspicion; (*temor*) fear, apprehension; (*desconfianza*) distrust, mistrust.
receloso *adj* suspicious, distrustful; (*temoroso*) apprehensive.
recensión *nf* review.
recepción *nf* (*gen*) reception; (*admisión*) admission.
recepcionista *nmf* (hotel) receptionist.
receptáculo *nm* receptacle.
receptividad *nf* receptivity.
receptivo *adj* receptive.
receptor *nm* receiver; ~ **de control** (*TV*) monitor; ~ **de televisión** television set; **descolgar el** ~ (*Telec*) to pick up the receiver.
recesión *nf* (*Com, Fin*) recession.
recesivo *adj* (*Bio*) recessive; (*Econ*) recession *atr*, recessionary.
receso *nm* recess.
receta *nf* (*Culin*) recipe (*de* for); (*Med*) prescription; **'con ~ médica'** 'by prescription only'.
recetar [1a] *vt* to prescribe.
recibí *nm* 'received with thanks'.
recibidor[1] *nm* (*de casa*) entrance hall.
recibidor[2]**(a)** *nm/f* receiver, recipient.
recibimiento *nm* reception, welcome.
recibir [3a] **1** *vt* (**a**) (*gen*) to receive.

(**b**) (*acoger*) to welcome; (*salir al encuentro*) to go and meet; ~ **a algn con los brazos abiertos** to welcome sb with open arms; **lo recibió el ministro** the minister received him *o* granted him an interview; ~ **una sorpresa** to get a surprise; **la oferta fue mal recibida** the offer was badly received; **reciba un saludo de** ... (*en carta*) Yours sincerely ....

2 *vi* to entertain; **reciben mucho en casa** they entertain at home a good deal; **la baronesa recibe los lunes** the baroness receives visitors on Mondays.

3 recibirse *vr*: ~ **de** (*LAm*) to qualify as; ~ **de doctor** to take one's doctorate, receive one's doctor's degree; *V* **abogado**.
recibo *nm* receipt; **acusar** ~ to acknowledge receipt (*de* of); **estar de** ~ (*persona*) to be at home (to callers).
reciclado 1 *adj* recycled. **2** *nm* recycling.
reciclaje, **reciclamiento** *nm* (*V vt*) recycling; retraining; modification, adjustment.
reciclar [1a] **1** *vt* (*Téc*) to recycle; (*persona*) to retrain; (*plan*) to modify, adjust. **2 reciclarse** *vr* (*fig*) to retrain.
recidiva *nf* (*Med*) relapse.
reciedumbre *nf* strength; (*vigor*) vigour, vigor *(US)*.
recién *adv* (**a**) newly, recently *(+ pp)*; ~ **casado** newlywed, just married; **los** ~ **casados** the newly-weds. (**b**) (*LAm*) just, recently; ~ **llegó** he has just arrived, he arrived recently; ~ **se acordó** he has just remembered it; ~ **ahora** right now, this very moment; ~ **aquí** right here, just here.
recién llegado/a 1 *adj* newly arrived. **2** *nm/f* newcomer, new person; (*en reunión*) latecomer.
recién nacido/a 1 *adj* newborn. **2** *nm/f* newborn child.
reciente *adj* recent; (*pan*) fresh, newly-made.
recientemente *adv* recently.
recinto *nm* (*gen*) enclosure; (*área*) area, place; ~ **ferial** trades fair, pavilion.
recio 1 *adj* (**a**) (*gen*) strong, tough; (*prueba etc*) tough, demanding, severe. (**b**) (*voz*) loud. (**c**) (*tiempo*) harsh, severe. (**d**) **en lo más** ~ **del combate** in the thick of the fight; **en lo más ~ del invierno** in the depths of winter. **2** *adv* (*V adj a, b*) strongly; loudly; (*golpear*) hard.
recipiente *nm* (**a**) (*persona*) recipient. (**b**) (*vaso*) container.
recíprocamente *adv* reciprocally, mutually.
reciprocar [1g] *vt* to reciprocate.
recíproco *adj* reciprocal; **a la ~a** vice versa; **estar a la ~a** to be ready to respond.
recitación *nf* recitation.
recital *nm* (*Mús*) recital; (*Lit*) reading; ~ **de poesías** poetry reading.
recitar [1a] *vt* to recite.
recitativo *nm* recitative.
reclamable *adj* reclaimable.
reclamación *nf* (**a**) claim, demand; ~ **salarial** wage claim. (**b**) (*queja*) complaint, protest; **formular** *o* **presentar una** ~ to make *o* lodge a complaint.
reclamar [1a] **1** *vt* (**a**) to claim, demand (*de* from); ~ **algo para sí** to claim sth for o.s.; ~ **su porción de la herencia** to claim one's share of the estate; **esto reclama toda nuestra atención** this demands our full attention. (**b**) ~ **a algn ante los tribunales** to take sb to court, file a suit against sb. **2** *vi*: ~ **contra** to complain about; ~ **contra una sentencia** (*Jur*) to appeal against a sentence.
reclame *nm o nf* (*LAm*) advertisement.
reclamo *nm* (**a**) (*llamada*) call; **acudir al** ~ to answer the call. (**b**) (*Tip*) catchword; (*anuncio*) advertisement; (*tentación*) attraction. (**c**) (*LAm*) complaint, protest.
reclinable *adj*: **asiento** ~ reclining seat.
reclinar [1a] **1** *vt* to lean, recline (*contra* against) (*sobre* on). **2 reclinarse** *vr* to lean back.
recluir [3g] **1** *vt* to shut away; (*Jur*) to imprison. **2 recluirse** *vr* to shut o.s. away.
reclusión *nf* (**a**) seclusion; (*Jur*) imprisonment, confinement; ~ **perpetua** life imprisonment. (**b**) (*lugar*) prison.
recluso/a 1 *adj* imprisoned; **población ~a** prison population. **2** *nm/f* (**a**) (*solitario*) recluse. (**b**) (*Jur*) inmate (of a prison), prisoner.
reclusorio *nm* (*esp Méx*) prison.
recluta 1 *nf* recruitment. **2** *nmf* recruit.
reclutamiento *nm* recruitment.
reclutar [1a] *vt* (**a**) to recruit. (**b**) (*Arg: ganado*) to round up.
recobrar [1a] **1** *vt* (*salud, dinero*) to recover, get back; (*ciudad*) to recapture; ~ **conocimiento** to regain consciousness. **2 recobrarse** *vr* (**a**) (*Med*) to recover, convalesce; (*volver en sí*) to come to, regain consciousness. (**b**) (*fig*) to collect o.s.
recocer [2b, 2h] *vt* (*calentar*) to warm *o* heat up; (*cocer demasiado*) to overcook.
recogepelotas *nmf inv* ball boy/girl.
recoger [2c] **1** *vt* (**a**) (*gen*) to collect; (*levantar*) to pick up; (*juntar*) to gather (up), gather together; (*correo, basura*) to collect, pick up.

(**b**) (*dinero*) to collect.

(**c**) (*Agr*) to harvest; (*fruta*) to pick; (*fig*) to get as one's reward; **no recogió más que censuras** all he got was criticism.

(**d**) (*ordenar*) to clear up *o* away; ~ **la mesa** to clear (away) the table; **recoge tus cosas** get your things together.

(**e**) (*vela*) to take in.

(**f**) (*ir a buscar*) to get, come for; (*ir en coche*) to pick up;

te vendremos a ~ a las 8 we'll come for you at 8 o'clock; **me recogieron en la estación** they picked me up at the station.

(**g**) (*dar asilo*) to take in, shelter.

2 recogerse *vr* (**a**) to withdraw, retire; (*a casa*) to go home; (*acostarse*) to go to bed.

(**b**) to take in; (*falda*) to roll up, lift; (*mangas*) to roll up; **~ el pelo** to put one's hair up.

recogida *nf* (*Agr*) harvest; (*de correo*) collection; **~ de datos** (*Inform*) data capture; **~ de equipajes** (*Aer*) baggage reclaim; **recogida de ~** refuse *o* (*US*) garbage collection; **hay 6 ~s diarias** there are 6 collections daily.

recogido *adj* (**a**) (*vida*) quiet; (*lugar*) secluded; (*persona*) modest, retiring; **ella vive muy ~a** she lives very quietly. (**b**) (*pequeño*) small.

recogimiento *nm* (**a**) (*gen*) collection. (**b**) (*Agr*) harvesting; (*retiro*) withdrawal, retirement. (**c**) (*estado*) absorption, concentration; **vivir con ~** to live in peace and quiet.

recolección *nf* (**a**) (*gen*) collection; (*Agr*) harvesting; (*: época*) harvest time. (**b**) (*compilación*) compilation; (*resumen*) summary.

recolector(a) *nm/f* (*Agr*) picker; (*Lit etc*) collector.

recoleto *adj* (*persona*) quiet, retiring; (*calle*) peaceful, quiet; (*aislado*) isolated.

recomendable *adj* recommendable; **poco ~** inadvisable.

recomendación *nf* (**a**) recommendation; (*sugerencia*) suggestion. (**b**) (*elogio*) praise. (**c**) (*escrito*) reference, testimonial; **carta de ~** letter of introduction (*para* to); **tiene muchas ~es** he is strongly recommended.

recomendar [1j] *vt* (**a**) to recommend; (*sugerir*) to suggest; (*aconsejar*) to advise; **~ a algn que haga algo** to recommend *o* advise sb to do sth; **se lo recomiendo** I recommend it to you. (**b**) (*confiar*) to entrust, confide (*a* to). (**c**) (*elogiar*) to praise.

recomenzar [1j] *vt, vi* to begin again, recommence.

recomerse [2a] *vr* to bear a secret grudge, harbour *o* (*US*) harbor resentment.

recompensa *nf* recompense, reward; (*compensación*) compensation (*de una pérdida* for a loss); **como** *o* **en ~ por** in return for, as a reward for.

recompensar [1a] *vt* to reward, recompense (*por* for); (*compensar*) to compensate (*algo* for sth); **'se recompensará'** 'reward offered'.

recomponer [2q] **1** *vt* (*Téc*) to mend, repair; (*Tip*) to reset. **2 recomponerse** *vr* (*fam*) to get dolled up (*fam*); **~ el peinado** to fix one's hair.

reconcentrar [1a] **1** *vt* (*concentrar*) to concentrate (*en* on), devote (*en* to); (*juntar*) to bring together; (*disimular*) to hide. **2 reconcentrarse** *vr* to concentrate hard, become totally absorbed.

reconciliable *adj* reconcilable.

reconciliación *nf* reconciliation.

reconciliar [1b] **1** *vt* to reconcile. **2 reconciliarse** *vr* to become *o* be reconciled.

reconcomerse [2a] *vr* = **recomerse**.

reconcomio *nm* (*rencor*) grudge, resentment.

recóndito *adj* recondite; **en lo más ~ de** in the depths of; **en lo más ~ del corazón** in one's heart of hearts.

reconducir [3n] *vt* to take back, bring back (*a* to).

reconfortante *adj* (*V vt*) comforting; cheering; heart-warming.

reconfortar [1a] **1** *vt* to comfort; (*animar*) to cheer, encourage. **2 reconfortarse** *vr*: **~ con** to fortify o.s. with.

reconocer [2d] *vt* (**a**) (*gen*) to recognize.

(**b**) **~ por** (*distinguir*) to know *o* recognize by; **se le reconoce por el pelo** you can recognize him by his hair.

(**c**) (*aceptar*) to recognize as; **no le reconocieron como jefe** they did not recognize *o* accept him as their leader; **reconoció al niño por suyo** he recognized the child as his.

(**d**) (*admitir*) to recognize, admit; **~ los hechos** to face the facts; **hay que ~ que no es normal** one must admit that it isn't normal; **por fin reconocieron abiertamente que era falso** eventually they openly admitted that it was untrue.

(**e**) (*servicio*) to be grateful for.

(**f**) (*registrar*) to search; (*Med*) to examine.

reconocible *adj* recognizable.

reconocido *adj* (**a**) (*jefe etc*) recognized, accepted. (**b**) **estar** *o* **quedar ~** to be grateful.

reconocimiento *nm* (**a**) (*gen*) recognition; (*gratitud*) gratitude; **en ~ a, como ~ por** out of gratitude for. (**b**) (*registro*) search(ing); (*inspección*) inspection, examination; (*Mil*) reconnaissance; (*Med*) examination, checkup; **~ óptico de caracteres** (*Inform*) optical character recognition; **~ de la voz** (*Inform*) speech recognition; **vuelo de ~** reconnaissance flight.

reconquista *nf* reconquest, recapture; **la R~** the Reconquest (of Spain).

reconquistar [1a] *vt* (**a**) (*Mil: terreno*) to reconquer; (*: ciudad*) to recapture (*a* from). (**b**) (*fig*) to recover, win back.

reconsiderar [1a] *vt* to reconsider.

reconstituir [3g] *vt* to reconstitute, reform.

reconstituyente *nm* tonic.

reconstrucción *nf* reconstruction; (*Pol*) reshuffle.

reconstruir [3g] *vt* to reconstruct; (*Pol*) to reshuffle.

recontar [1l] *vt* (**a**) (*cantidad*) to recount, count again. (**b**) (*cuento*) to retell, tell again.

reconvenir [3r] *vt* (*reprender*) to reprimand.

reconversión *nf* (*tb* **~ industrial**) modernization; **~ profesional** industrial retraining.

reconvertir [3i] *vt* to reconvert (*en* to); (*restructurar*) to restructure, reorganize; (*euf: industria*) to rationalize.

recopilación *nf* (*resumen*) summary; (*compilación*) compilation.

recopilar [1a] *vt* to compile.

record, récord [re'kor, 'rekor] **1** *adj inv* record; **cifras ~** record quantities; **en un tiempo ~** in a record time. **2** *nm* (*pl* **~s** [re'kor, 'rekor]) record; **batir el ~** to break the record.

recordación *nf* recollection; **digno de ~** memorable.

recordar[1] [1l] **1** *vt* (**a**) (*acordarse de*) to remember; **no lo recuerdo** I don't remember it.

(**b**) (*traer a la memoria*) to recall, bring to mind; **esto recuerda aquella escena de la película** this recalls that scene in the film; **la frase recuerda a García Lorca** the phrase is reminiscent of Lorca.

(**c**) (*acordar a otro*) to remind; **~ algo a algn** to remind sb of sth; **~ a algn que haga algo** to remind sb to do sth; **recuérdale que me debe 5 dólares** remind him that he owes me 5 dollars.

(**d**) (*LAm fam*) to awaken.

2 *vi* to remember; **no recuerdo** I don't remember; **que yo recuerde** as far as I can remember; **creo ~, si mal no recuerdo** if my memory serves me right; *V* **desde 2**.

3 recordarse *vr* (**a**) **~ que ...** to remind o.s. that ....

(**b**) (*LAm fam*) to wake up.

recordar[2] [1l] *vt* (*LAm: voz*) to record.

recordatorio *nm* (**a**) (*gen*) reminder. (**b**) (*tarjeta*) in memoriam card.

recorrer [2a] *vt* (**a**) (*gen*) to go over; (*país*) to cross, travel through; (*distancia*) to travel, do; **~ una ciudad a pie** to walk round a city; **~ un escrito** to run one's eye over *o* look through a document; **en 14 días los Jones han recorrido media Europa** the Joneses have done half of Europe in a fortnight. (**b**) (*registrar*) to search.

recorrido *nm* run, journey; (*ruta*) route, course; (*distancia*) distance covered; (*de golf etc*) round; **el ~ del primer día fue de 450 km** the first day's run was 450 kms; **un ~ en 5 bajo par** a round in 5 under par; **un ~ sin penalizaciones** a clear round; **~ de aterrizaje** (*Aer*) landing run.

recortable *nm* cut-out.
recortado *adj* uneven, irregular.
recortar [1a] **1** *vt* (**a**) (*exceso*) to cut away *o* off; (*el pelo*) to trim; (*figura*) to cut out. (**b**) (*dibujar*) to draw in outline. (**c**) (*fig*) to cut out, remove. **2 recortarse** *vr* to stand out, be silhouetted (*en, sobre* against).
recorte *nm* (**a**) (*acción*) cutting, trimming; (*del pelo*) trim; ~ **en los salarios** cut in salaries. (**b**) (*papel*) cutout. (**c**) ~**s** trimmings, clippings; ~**s de periódico** newspaper cuttings; **álbum de** ~**s** scrapbook.
recoser [2a] *vt* to patch up, darn.
recosido *nm* patch, darn.
recostado *adj* reclining; **estar** ~ to be lying down.
recostar [1l] **1** *vt* to lean (*en* on). **2 recostarse** *vr* (**a**) to recline, lie back; (*acostarse*) to lie down. (**b**) (*fig*) to have a short rest.
recoveco *nm* (**a**) (*de calle etc*) turn, bend. (**b**) (*en casa*) nook, odd corner. (**c**) (*fig: complejidades*) ~**s** ins and outs.
recreación *nf* (**a**) recreation. (**b**) = **recreo**.
recrear [1a] **1** *vt* (**a**) (*crear de nuevo*) to recreate. (**b**) (*divertir*) to amuse, entertain. **2 recrearse** *vr* to enjoy o.s.
recreativo *adj* recreational.
recreo *nm* recreation; (*Escol*) break, playtime, recess *(US)*.
recriminación *nf* recrimination.
recriminar [1a] **1** *vt* to reproach. **2** *vi* to recriminate. **3 recriminarse** *vr* to reproach each other.
recrudecer [2d] *vt, vi*, **recrudecerse** *vr* to worsen.
recrudecimiento *nm*, **recrudescencia** *nf* new outbreak, upsurge.
recta *nf* straight line; ~ **de llegada** *o* **final** home straight.
rectal *adj* rectal.
rectángulo 1 *adj* rectangular, oblong; (*triángulo*) right-angled. **2** *nm* rectangle, oblong.
rectificable *adj* rectifiable; **fácilmente** ~ easily rectified.
rectificación *nf* correction; **publicar una** ~ to publish a correction.
rectificar [1g] **1** *vt* (**a**) to rectify; (*corregir*) to correct. (**b**) (*enderezar*) to straighten (out). **2** *vi* to correct o.s.; **'no, eran 4' rectificó** 'no,' he said, correcting himself, 'there were 4.'
rectilíneo *adj* straight.
rectitud *nf* (**a**) straightness. (**b**) (*fig*) rectitude.
recto 1 *adj* (**a**) (*derecho*) straight; (*vertical*) upright; **ángulo** ~ right angle; **la flecha fue** ~**a al blanco** the arrow went straight to the target; **siga todo** ~ go straight on. (**b**) (*persona: honrado*) honest, upright; (*: estricto*) strict; (*juez*) fair, impartial; (*juicio*) sound. (**c**) (*fig: sentido*) literal, proper; **en el sentido** ~ **de la palabra** in the proper sense of the word. **2** *nm* (*Anat*) rectum.
rector 1 *adj* governing; **una figura** ~**a** an outstanding *o* leading figure. **2** *nm* (**a**) head, chief. (**b**) (*Univ*) ≈ vice-chancellor, principal, president *(US)*.
rectorado *nm* (*cargo*) vice-chancellorship, principalship, presidency *(US)*; (*oficina*) vice-chancellor's *o* principal's office.
rectoría *nf* (**a**) = **rectorado**. (**b**) (*Rel*) rectory.
recua *nf* mule train, train of pack animals; **una** ~ **de chiquillos** a bunch of kids.
recuadro *nm* (*Tip*) inset; (*Esp: de formulario*) box.
recubrir [3a] (*pp* **recubierto**) *vt* to cover (*con, de* with); (*pintar*) to coat (*con, de* with).
recuento *nm* recount; (*inventario*) inventory; **hacer el** ~ **de** to count up, reckon up.
recuerdo *nm* (**a**) (*memoria*) memory; **contar los** ~**s** to reminisce; **guardar un feliz** ~ **de algn** to have happy memories of sb. (**b**) (*regalo*) souvenir, memento; **'R~ de Mallorca'** 'A present from Majorca'; **toma esto como** ~ take this as a keepsake. (**c**) ~**s** regards; **¡~s a tu madre!** give my regards to your mother.
recular [1a] *vi* (**a**) (*animal, vehículo*) to go back; (*fusil*) to recoil; (*ejército*) to fall back, retreat. (**b**) (*fig*) to back down.
reculón *nm*: **andar a** ~**es** to go backwards.
recuperable *adj* recoverable.
recuperación *nf* recovery; ~ **de datos/información** (*Inform*) data/information retrieval.
recuperar [1a] **1** *vt* (**a**) to recover, recuperate; (*tiempo perdido*) to make up; (*Inform*) to retrieve; (*pérdida*) to recoup; (*fuerzas*) to restore; (*conocimiento*) to regain. (**b**) (*Escol: clases*) to take again, retake. **2 recuperarse** *vr* (*Med etc*) to recover, recuperate.
recurrente *adj* recurrent.
recurrir [3a] *vi* (**a**) ~ **a** to resort to; (*persona*) to turn to. (**b**) (*Jur*) to appeal (*a* to) (*contra* against).
recurso *nm* (**a**) resort; (*medio*) means; **como último** ~ as a last resort. (**b**) ~**s** (*Fin etc*) resources; ~**s económicos** economic resources; ~**s naturales** natural resources. (**c**) (*Jur*) appeal.
recusable *adj* objectionable.
recusar [1a] *vt* (**a**) to reject, refuse. (**b**) (*Jur*) to challenge (the authority of).
rechazar [1f] *vt* (**a**) (*persona*) to push back *o* away; (*ataque*) to repel, beat off; (*enemigo*) to drive back. (**b**) (*idea*) to reject; (*oferta*) to turn down; (*tentación*) to resist.
rechazo *nm* (*negativa*) refusal; (*Med*) rejection; (*rebote*) bounce, rebound; (*de fusil*) recoil; (*fig*) rebuff; **de** ~ on the rebound; (*fig*) in consequence, as a result.
rechifla *nf* (**a**) (*V vt*) whistling, booing. (**b**) (*fig*) mockery.
rechiflar [1a] **1** *vt* to whistle at, boo. **2** *vi* to whistle, boo.
rechinamiento *nm* (*V vi (a)*) creak(ing); clank(ing); clatter(ing); grating; hum(ming), whirr(ing); grinding, gnashing.
rechinar [1a] *vi* (**a**) (*gen*) to creak; (*máquina*) to clank, clatter; (*metal seco*) to grate; (*motor*) to hum, whirr; (*dientes*) to grind, gnash; **hacer** ~ **los dientes** to grind *o* gnash one's teeth. (**b**) (*fig*) to do sth grudgingly.
rechoncho *adj* thickset, stocky.
rechupete: **de** ~ **1** *adj* splendid, jolly good *(fam)*; (*comida*) delicious, scrumptious *(fam)*. **2** *adv* splendidly, jolly well *(fam)*; **pasarlo de** ~ to have a fine time.
red *nf* (**a**) (*para pescar*) net; (*del pelo*) hairnet; (*malla*) mesh; (*enrejado*) grille; ~ **de alambre** wire mesh, wire netting.
(**b**) (*fig*) network, system; (*Elec, de agua*) mains, main *(US)*, supply system; (*de tiendas*) chain; ~ **de emisoras** radio network; ~ **de espionaje** spy network; ~ **ferroviaria** railway network *o* system; ~ **informática** network; ~ **(de área) local** (*Inform*) local (area) network; **estar conectado con la** ~ to be connected to the mains.
(**c**) (*fig: trampa*) snare, trap; **caer en la** ~ to fall into the trap; **tender una** ~ **para algn** to set a trap for sb.
redacción *nf* (**a**) (*acción*) writing; (*Escol*) essay, composition. (**b**) (*oficina*) newspaper office; (*personas*) editorial staff.
redactar [1a] *vt* (**a**) to draft, draw up; **una carta mal redactada** a badly-worded letter. (**b**) (*periódico*) to edit.
redactor(a) *nm/f* (**a**) writer, drafter. (**b**) (*en periódico*) editor.
redada *nf* cast, throw; (*fig*) catch, haul; (*por policía*) raid.
redaños *nmpl* guts *(fam)*, pluck.
redecilla *nf* hairnet.
redención *nf* redemption; (*Jur*) reduction in sentence.
redentor 1 *adj* redeeming. **2** *nm* redeemer.
redescubrir [3a] (*pp* **redescubierto**) *vt* to rediscover.
redicho *adj* (*fam*) affected.
redil *nm* sheepfold.
redimir [3a] *vt* to redeem; (*cautivo*) to ransom.
redistribución *nf* redistribution.
rédito *nm* interest, return.
redoblado *adj* (**a**) (*Mec*) reinforced; (*persona*) stocky,

thickset. (**b**) (*paso*) double-quick. (**c**) (*fuerzas*) reinforced; **volvió al ataque con fuerzas ~as** he went back on the attack with renewed strength.

redoblar [1a] **1** *vt* (**a**) (*aumentar*) to redouble. (**b**) (*plegar*) to bend back. **2** *vi* (*Mús*) to play a roll on the drum; (*trueno*) to roll, rumble.

redoble *nm* (*Mús*) drumroll, drumbeat; (*de trueno*) roll, rumble.

redomado *adj* sly, artful.

redomón *adj* (*LAm: caballo*) half-trained, not fully broken-in.

redonda *nf* (**a**) (*Mús*) semibreve. (**b**) **en muchas millas a la ~** for many miles round about; **se olía a un kilómetro a la ~** you could smell it a mile off.

redondear [1a] **1** *vt* (**a**) (*lit, tb negocio*) to round off. (**b**) (*cifra*) to round up. **2 redondearse** *vr* (*enriquecerse*) to become wealthy.

redondel *nm* (*círculo*) ring, circle; (*Taur*) bullring, arena.

redondez *nf* roundness; **en toda la ~ de la tierra** in the whole wide world.

redondo *adj* (**a**) (*gen*) round(ed); **3 metros en ~** 3 m round; **¿cuánto tiene en ~?** how far is it round?; **caer ~** to fall in a heap; **girar en ~** to turn right round; **rehusar en ~** to give a flat refusal, refuse flatly; **en números ~s** in round numbers *o* figures. (**b**) (*fam: completo*) complete, finished; **todo le ha salido ~** it all went well for him; **será un negocio ~** it will be a really good deal. (**c**) (*negativa etc*) straight, flat.

reducción *nf* (**a**) reduction. (**b**) (*Med*) setting; **~ de precios** (*Com*) price-cutting.

reducido *adj* (**a**) (*gen*) reduced; (*limitado*) limited; (*pequeño*) small. (**b**) **quedar ~ a** to be reduced to.

reducir [3n] **1** *vt* (**a**) (*gen*) to reduce.
(**b**) (*Mat*) to reduce (*a* to), convert (*a* into); **~ las millas a kilómetros** to convert miles into kilometres *o (US)* kilometers; **~ los dólares a pesetas** to change dollars into pesetas; **todo lo reduce a cosas materiales** he reduces everything to material terms.
(**c**) (*someter*) to bring under control; **~ a algn al silencio** to reduce sb to silence; **~ a algn a la obediencia** to bring sb to heel.
(**d**) (*Med*) to set.
2 reducirse *vr* (**a**) to diminish, be reduced (*a* to).
(**b**) (*Fin*) to economize.
(**c**) (*fig*) **~ a** to come down to, amount to no more than; **el escándalo se redujo a un simple chisme** the scandal amounted to nothing more than a piece of gossip; **~ a hacer algo** to find o.s. reduced to doing sth.

reducto *nm* (*Mil y fig*) redoubt; **el último ~ de** the last redoubt of.

redundancia *nf* redundancy; **valga la ~** forgive the repetition.

redundar [1a] *vi*: **~ en beneficio de** to be to the advantage of.

reduplicar [1g] *vt* to reduplicate; (*esfuerzo etc*) to redouble.

reedición *nf* reissue, reprint(ing).

reedificar [1g] *vt* to rebuild.

reeditar [1a] *vt* to reissue, republish.

reeducación *nf*: **~ profesional** industrial retraining.

reelección *nf* re-election.

reelegir [3c, 3k] *vt* to re-elect.

reembolsable *adj* (*Com*) redeemable, refundable.

reembolsar [1a] **1** *vt* (*persona*) to reimburse; (*dinero*) to repay, pay back; (*depósito*) to refund, return. **2 reembolsarse** *vr* to reimburse o.s.

reembolso *nm* reimbursement; (*de depósito*) refund; **~ fiscal** tax rebate; **enviar algo contra ~** to send sth cash on delivery.

reemplazable *adj* replaceable.

reemplazar [1f] *vt* (*gen*) to replace (*con* with; *por* by).

reemplazo *nm* (**a**) replacement. (**b**) (*Mil*) call-up; (*: grupo*) reserve.

reencarnación *nf* reincarnation.

reencarnar [1a] **1** *vt* to reincarnate. **2** *vi* to be reincarnated.

reengancharse [1a] *vr* to re-enlist.

reestreno *nm* (*Teat*) revival; (*Cine*) reissue.

reestructurar [1a] *vt* to restructure, reorganize.

reevaluar [1e] *vt* to reappraise.

reexaminar [1a] *vt* to re-examine.

reexpedir [3k] *vt* (*a nuevo domicilio*) to forward; (*a diferente dirección*) to redirect; (*al remitente*) to return.

reexportación *nf* (*Com*) re-export.

reexportar [1a] *vt* (*Com*) to re-export.

REF *nm abr* (*Esp Econ*) *de* **Régimen Económico Fiscal**.

Ref.ª *abr de* **referencia** ref.

refacción *nf* (*LAm*) repair(s).

refaccionar [1a] *vt* (*LAm*) to repair.

refajo *nm* (*enagua*) flannel underskirt; (*falda*) short skirt.

refectorio *nm* refectory.

referencia *nf* (**a**) (*gen*) reference; **con ~ a** with reference to; **hacer ~ a** to refer *o* allude to; **~ comercial** trade reference. (**b**) (*informe*) account, report; **una ~ completa del suceso** a complete account of what took place; **me han dado buenas ~s de ella** I received good reports about her.

referéndum *nm* (*pl* **~s**) referendum.

referente *adj*: **~ a** relating to, about, concerning.

referir [3i] **1** *vt* (**a**) (*contar*) to tell, recount; **~ que ...** to say that ..., tell how ....
(**b**) **~ al lector a un apéndice** to refer the reader to an appendix.
(**c**) (*relacionar*) to refer, relate; **todo lo refiere a su teoría favorita** he refers *o* relates everything to his favourite *o (US)* favorite theory; **han referido el cuadro al siglo XVII** they have dated the picture to the 17th century.
(**d**) **~ a** (*Fin*) to convert into.
2 referirse *vr*: **~ a** to refer to; **me refiero a lo de anoche** I refer to what happened last night; **por lo que se refiere a eso** as for that, as regards that.

refilón: **de ~** *adv* obliquely, slantingly; **mirar a algn de ~** to look out of the corner of one's eye at sb.

refinado 1 *adj* refined. **2** *nm* refining.

refinador *nm* refiner.

refinamiento *nm* refinement; **con todos los ~s modernos** with all the modern refinements.

refinar [1a] *vt* to refine; (*fig: sistema*) to refine, perfect; (*: estilo*) to polish.

refinería *nf* refinery.

reflector *nm* (**a**) reflector; **~ posterior** (*Aut*) rear reflector. (**b**) (*Elec*) spotlight; (*Aer, Mil*) searchlight.

reflejar [1a] **1** *vt* (**a**) to reflect. (**b**) (*fig*) to reflect, show. **2 reflejarse** *vr* to be reflected.

reflejo 1 *adj* (**a**) (*luz*) reflected. (**b**) (*movimiento*) reflex. (**c**) (*verbo*) reflexive. **2** *nm* (**a**) (*lit, fig*) reflection; **mirar su ~ en el agua** to look at one's reflection in the water. (**b**) (*Anat*) reflex; (*: acción*) reflex action; **perder ~s** (*fig*) to lose one's touch; **tener buenos ~s** to have good reflexes. (**c**) (*brillo*) **~s** gleam *sg*, glint *sg*; **tiene ~s metálicos** it has a metallic glint. (**d**) (*en el pelo*) **~s** streaks; **tiene el pelo castaño con ~s rubios** she has chestnut hair with blond streaks.

reflexión *nf* reflection.

reflexionar [1a] **1** *vt* to reflect on, think about *o* over. **2** *vi* to reflect (*sobre* on); (*antes de obrar*) to think, pause; **¡reflexione!** you think it over!, think for a moment!

reflexivo *adj* (**a**) (*verbo*) reflexive. (**b**) (*persona*) thoughtful, reflective.

refluir [3g] *vi* to flow back.

reflujo *nm* ebb, ebb tide.

refocilar [1a] **1** *vt* to give great pleasure to. **2** *vi* (*And: rayo*) to flash. **3 refocilarse** *vr* to revel (*con, en* in).

refocilo *nm* (*And fam: relámpago*) lightning.

reforma *nf* (**a**) reform; (*acción*) reformation; (*mejora*) improvement; **R~** (*Rel*) Reformation; **~ agraria/educativa** land/education reform. (**b**) (*Arquit*) **~s** alterations, repairs; **'cerrado por ~s'** 'closed for repairs'.
reformación *nf* reform, reformation.
reformado *adj* reformed.
reformador(a) *nm/f* reformer.
reformar 1a **1** *vt* (**a**) (*gen*) to reform; (*modificar*) to change, alter; (*reorganizar*) to reorganize; (*corregir*) to correct, put right; (*texto*) to revise. (**b**) (*Arquit*) to alter, repair; (*mejorar*) to improve. **2 reformarse** *vr* to reform, mend one's ways.
reformatorio *nm* reformatory; **~ de menores** remand home, reform school (*US*).
reformismo *nm* reforming policy *o* attitude.
reformista *nmf* reformist, reformer.
reforzamiento *nm* reinforcement, strengthening.
reforzar 1f, 1l *vt* (**a**) to reinforce. (**b**) (*fig: resistencia*) to strengthen, buttress, bolster up.
refracción *nf* refraction.
refractario *adj* (**a**) (*Téc*) fireproof, heat-resistant; (*Culin*) ovenproof. (**b**) (*rebelde*) stubborn; **ser ~ a una reforma** to resist *o* be opposed to a reform.
refractor *nm* refractor.
refrán *nm* proverb, saying; **como dice el ~** as the saying goes.
refranero *nm* collection of proverbs.
refregar 1h, 1j *vt* (**a**) (*frotar*) to rub (hard); (*limpiar*) to scrub. (**b**) (*fig*) **~ algo a algn** to rub sth in to sb, drive sth home to sb.
refrenar 1a *vt* (**a**) (*caballo*) to rein back. (**b**) (*fig*) to restrain, hold in check.
refrendar 1a *vt* (*firmar*) to endorse, countersign; (*aprobar*) to give one's approval to; (*pasaporte*) to stamp.
refrescante *adj* refreshing, cooling.
refrescar 1g **1** *vt* (**a**) (*gen*) to refresh; (*enfriar*) to cool (down). (**b**) (*conocimiento*) to brush up, polish up; **~ la memoria** to refresh one's memory. **2** *vi* (**a**) (*Met*) to get cooler, cool down. (**b**) (*bebida*) to be refreshing. **3 refrescarse** *vr* (**a**) (*tomar el aire*) to go out for a breath of fresh air. (**b**) (*lavarse*) to freshen (o.s) up. (**c**) (*beber*) to have a drink.
refresco *nm* cool drink, soft drink; **~s** refreshments.
refresquería *nf* (*LAm*) refreshment stall.
refriega *nf* scuffle.
refrigeración *nf* refrigeration; (*Mec*) cooling; (*de casa*) air conditioning.
refrigerado *adj* cooled; (*sala*) air-conditioned; **~ por agua** water-cooled; **~ por aire** air-cooled.
refrigerador *nm* refrigerator; (*en casa*) fridge.
refrigeradora *nf* (*LAm*) refrigerator.
refrigerar 1a *vt* (*gen*) to cool; (*Téc*) to refrigerate; (*Mec*) to cool; (*sala*) to air-condition.
refucilo *nm* (*And, Chi*) lightning.
refuerzo *nm* (*gen*) reinforcement; (*Téc*) support; **~s** (*Mil*) reinforcements.
refugiado/a *adj, nm/f* refugee.
refugiarse 1b *vr* to take refuge; (*cobijarse*) to shelter (*en* in); (*esconderse*) to go into hiding; **~ en un país vecino** to flee to a neighbouring *o* (*US*) neighboring country.
refugio *nm* (*gen*) refuge, shelter; (*asilo*) asylum; (*Rel*) sanctuary; **acogerse a un ~** to take refuge, shelter (*en* in); **~ alpino** *o* **de montaña** mountain hut; **~ antiaéreo/atómico** *o* **nuclear** air-raid/fallout shelter; **~ subterráneo** (*Mil*) underground shelter, dugout.
refulgencia *nf* brilliance, refulgence.
refulgente *adj* brilliant, refulgent.
refulgir 3c *vi* to shine (brightly).
refundición *nf* (**a**) (*Téc*) recasting. (**b**) (*Lit*) new version, adaptation.
refundir 3a *vt* (**a**) (*Téc*) to recast. (**b**) (*Lit etc*) to adapt, rewrite.
refunfuñar 1a *vi* to growl, grunt; (*quejarse*) to grumble.
refunfuñón/ona (*fam*) **1** *adj* grumpy. **2** *nm/f* grouch (*fam*).
refusilo *nm* (*And, Chi*) lightning.
refutable *adj* refutable.
refutación *nf* refutation.
refutar 1a *vt* to refute.
regadera *nf* (**a**) watering can. (**b**) (*Méx*) shower. (**c**) (*fam*); **estar como una ~** to be crazy.
regadío *nm*: **de ~** irrigated; (*tb* **tierra de ~**) irrigated land; **cultivo de ~** crop that grows on irrigated land.
regaladamente *adv* (*vivir*) in luxury; **comer ~** to eat extremely well.
regalado *adj* (**a**) (*de lujo*) of luxury; (*cómodo*) comfortable, pleasant; (*pey*) soft. (**b**) (*gratis*) free, given away; **me lo dio medio ~** he gave it to me for a song; **no lo quiero ni ~** I wouldn't have it at any price.
regalar 1a **1** *vt* (**a**) to give (as a present); (*entregar*) to give away; **~ algo a algn** to give sb sth, make sb a present of sth; **están regalando plumas** they're giving pens away. (**b**) (*persona*) to flatter; (*pey*) to indulge, pamper; **~ a algn con un banquete** to entertain sb to a dinner; **le regalaron con toda clase de atenciones** they lavished attentions on him. **2 regalarse** *vr* to indulge *o* pamper o.s.
regalía *nf* (**a**) **~s** (*Hist*) royal prerogatives. (**b**) (*fig*) privilege, prerogative. (**c**) (*esp LAm: regalo*) gift, present; (*: tb* **~s**: *Com: plus*) bonus.
regaliz *nm* liquorice, licorice.
regalo *nm* (**a**) (*obsequio*) gift, present; **~ de boda** wedding present; **entrada de ~** complimentary ticket. (**b**) (*fig*) pleasure; (*de comida*) treat, delicacy; **es un ~ para el oído** it's a treat to listen to; **un ~ del cielo** a godsend. (**c**) (*comodidad*) luxury, comfort.
regalón *adj* (**a**) (*mimado*) spoiled, pampered; (*persona*) comfort-loving. (**b**) (*vida*) of luxury, comfortable; (*pey*) soft, easy.
regalonear 1a *vt* (*CSur: mimar*) to spoil, pamper.
regañadientes: **a ~** *adv* unwillingly, reluctantly.
regañado *adj*: **estar ~ con algn** to be at odds with sb.
regañar 1a **1** *vt* to scold, tell off. **2** *vi* (**a**) (*persona*) to grumble, grouse (*fam*). (**b**) (*dos personas*) to fall out, quarrel.
regañón *adj* grumbling; (*mujer*) nagging.
regar 1h, 1j *vt* (**a**) (*gen*) to water; (*irrigar*) to irrigate; (*la calle*) to spray, hose down; **~ la garganta** to spray one's throat. (**b**) (*Geog: río*) to water. (**c**) (*fig*) to sprinkle, scatter; **iba regando monedas** he was dropping money all over the place.
regata[1] *nf* (*Agr*) irrigation channel.
regata[2] *nf* (*Náut*) race.
regate *nm* (**a**) swerve, dodge; (*Dep*) dribble. (**b**) (*fig*) dodge, ruse.
regatear[1] 1a *vi* (*Náut*) to race.
regatear[2] 1a **1** *vt* (**a**) (*Com: objeto*) to haggle over, bargain over. (**b**) (*economizar*) to be mean with, economize on; **aquí regatean el vino** they are mean with their wine here; **no hemos regateado esfuerzos para terminarlo** we have spared no effort to finish it. (**c**) (*fig*) to deny, refuse to allow; **no le regateo buenas cualidades** I don't deny his good qualities. **2** *vi* (**a**) (*Com*) to haggle, bargain; (*fig*) to bicker. (**b**) (*esquivar*) to swerve, dodge; (*Dep*) to dribble.
regateo *nm* (*V vi*) (**a**) haggling, bargaining. (**b**) (*Dep*) dribbling.
regazo *nm* lap.
regencia *nf* regency.
regeneración *nf* regeneration.
regenerar 1a *vt* to regenerate.
regenta *nf* the wife of the regent.
regentar 1a *vt* (**a**) (*cátedra*) to occupy, hold; (*puesto*) to hold temporarily; (*fig: dirigir*) to guide, preside over; (*: negocio*) to be in charge of. (**b**) (*fam*) to domineer, boss.
regente 1 *adj* (**a**) (*príncipe*) regent. (**b**) (*director*) man-

aging. **2** *nmf* (**a**) (*Pol*) regent. (**b**) (*de fábrica*) manager. **3** *nm* (*Méx Admin*) mayor.
regiamente *adv* regally.
regicida *nmf* (*persona*) regicide.
regicidio *nm* (*acto*) regicide.
régimen *nm* (*pl* **regímenes**) (**a**) (*Pol*) régime; (*reinado*) rule; **antiguo ~** ancien régime; **bajo el ~ del dictador** under the dictator's régime *o* rule. (**b**) (*Med*) diet; **estar a ~** to be on a diet; **poner a algn a ~** to put sb on a diet. (**c**) (*reglas*) (set of) rules; (*manera de vivir*) way of life; **prisión de ~ abierto** open prison; **he cambiado de ~ (de vida)** I have changed my whole way of life.
regimiento *nm* (**a**) administration, government. (**b**) (*Mil*) regiment. (**c**) (*LAm fam: gentío*) mass, crowd.
regio 1 *adj* (**a**) royal, regal. (**b**) (*fig: suntuoso*) splendid, majestic. (**c**) (*And, CSur: fam*) great, terrific *(fam)*. **2** *interj* (*LAm fam*) great!, fine!
regiomontano/a 1 *adj* of *o* from Monterrey. **2** *nm/f* native *o* inhabitant of Monterrey.
región *nf* (*gen*) region; (*área*) area, part.
regional *adj* regional.
regionalismo *nm* regionalism.
regionalista *adj, nmf* regionalist.
regir 3c, 3k **1** *vt* (**a**) (*país*) to rule, govern; (*colegio*) to run, be in charge of; (*empresa*) to manage, run.
(**b**) (*Econ, Jur, Ling*) to govern; **los factores que rigen los cambios del mercado** the factors which govern *o* control changes in the market.
2 *vi* (**a**) (*Jur: estar en vigor*) to be in operation, apply; (*precio*) to be in force; (*condición*) to prevail, obtain; **esa ley ya no rige** that law no longer applies; **el mes que rige** the present *o* current month; **cuando estas condiciones ya no rijan** when these conditions no longer obtain.
(**b**) (*fam*) **no ~** to have a screw loose *(fam)*, be not all there *(fam)*.
3 regirse *vr*: **~ por** to be ruled *o* guided by, go by.
registrado *adj* registered; (*Méx Correos: certificado*) registered.
registrador *nm* (*Admin*) registrar.
registrar 1a **1** *vt* (**a**) (*buscar*) to search; (*: en cajón*) to look through; (*inspeccionar*) to inspect; **lo hemos registrado todo de arriba abajo** we have searched the whole place from top to bottom.
(**b**) (*anotar*) to register, record.
(**c**) (*Mús*) to record; **~ la voz en una cinta** to record one's voice on tape.
2 registrarse *vr* to register; (*ocurrir*) to happen; **se han registrado algunos casos de tifus** a few cases of typhus have been reported; **el cambio que se ha registrado en su actitud** the change which has occurred in his attitude.
registro *nm* (**a**) (*acción*) registration, recording.
(**b**) (*libro*) register; (*Inform*) record; **~ de casamientos/de defunciones** register of marriages/of deaths; **~ electoral** voting register, electoral roll; **~ de entradas/salidas** visitors book; **~ de nacimientos** register of births; **firmar el ~** to sign the register.
(**c**) (*lista*) list, record; **~ de erratas** list of errata.
(**d**) (*entrada*) entry (in a register).
(**e**) (*oficina*) registry, record office; **~ civil** ≈ registry office, ≈ county clerk's office *(US)*; **~ de patentes y marcas** patents office; **~ de la propiedad** land registry (office).
(**f**) (*búsqueda*) search; (*inspección*) survey, inspection; **~ domiciliario** house search; **~ policíaco** police search; **practicar un ~** to make a search (*en* of).
(**g**) (*Mús: grabación*) recording; **es un buen ~ de la sinfonía** it is a good recording of the symphony.
(**h**) (*Mús: timbre*) register; (*: del órgano*) stop; (*: del piano*) pedal; **tocar todos los ~s** (*fig*) to pull out all the stops.
(**i**) (*Téc*) manhole.
regla *nf* (**a**) (*instrumento*) ruler; **~ de cálculo** slide rule; **~ (en) T** T-square.
(**b**) (*gen*) rule; (*ley*) rule, regulation; (*~científica*) law, principle; **~s del juego** rules of the game; **~s de la circulación** traffic regulations; **~s de oro** golden rules; **~s para utilizar una máquina** instructions for the use of a machine; **no hay ~ sin excepción** every rule has its exception; **en ~** in order; **es un español en toda ~** he's a real Spaniard, he's a Spaniard through and through; **hacer algo en toda ~** to do sth properly; **poner algo en ~** to put sth straight; **saber las cuatro ~s** to know the four R's; **no tenía los papeles en ~** his papers were not in order; **por ~ general** generally, as a rule; **salir de ~** to overstep the mark.
(**c**) (*menstruación*) period.
(**d**) (*fig*) moderation, restraint; **comer con ~** to eat in moderation.
reglamentación *nf* (**a**) (*acción*) regulation. (**b**) (*reglas*) rules *pl*, regulations *pl*.
reglamentar 1a *vt* to regulate.
reglamentario *adj* regulation *atr*, set; (*estatuario*) statutory; (*apropiado*) proper, due; **en el traje ~** in the regulation dress; **en la forma ~a** in the properly established way.
reglamento *nm* (*reglas*) rules *pl*, regulations *pl*; (*municipal*) by-law; (*de profesión*) code of conduct; **~ de aduana** customs regulations; **~ del tráfico** highway code; **pistola de ~** standard issue pistol.
reglar 1a *vt* (**a**) (*papel*) to rule. (**b**) (*acciones*) to regulate.
regleta *nf* (*Tip*) space.
regocijado *adj* jolly, cheerful.
regocijar 1a **1** *vt* to gladden, cheer (up); **un chiste que regocijó a todos** a joke which made everyone laugh; **la noticia regocijó a la familia** the news delighted the family, the news filled the family with joy. **2 regocijarse** *vr* (**a**) (*alegrarse*) to rejoice, be glad (*de, por* about, at). (**b**) (*reírse*) to laugh; **~ con un chiste** to laugh at a joke. (**c**) (*pasarlo bien*) to have a good time. (**d**) (*pey*) to exult; **~ por la mala suerte de otro** to delight in somebody else's misfortune.
regocijo *nm* (**a**) joy, happiness. (**b**) (*pey*) gloating (*por* over). (**c**) **~s** festivities, celebrations; **~s navideños** Christmas festivities; **~s públicos** public rejoicings.
regodearse 1a *vr* (**a**) (*bromear*) to joke, have fun. (**b**) (*deleitarse*) to be glad *o* delighted; (*pey*) **~ con** *o* **en** to gloat over. (**c**) (*LAm fam*) to be fussy, be hard to please.
regodeo *nm* (**a**) (*broma*) joking. (**b**) (*deleite*) delight; (*pey*) perverse pleasure.
regordete *adj* (*persona*) chubby, plump; (*manos etc*) fat.
regresar 1a **1** *vt* (*LAm*) to give back, return. **2** *vi* (*venir*) to return, come back; (*irse*) to return, go back. **3 regresarse** *vr* (*LAm*) **2**.
regresión *nf* regression; (*fig*) retreat; (*revés*) backward step; (*caída*) fall, decrease.
regresivo *adj* (*movimiento*) backward; (*fig*) regressive, backward; (*descendente*) downward.
regreso *nm* return; **viaje de ~** return trip, homeward journey; **emprender el ~ a** to return to, come back to; **estar de ~** to be back, be home.
regto. *abr de* **regimiento** Regt., Rgt.
reguero *nm* (**a**) (*Agr*) irrigation ditch. (**b**) (*señal*) track; (*de sangre*) trickle; (*de humo*) trail; **propagarse como un ~ de pólvora** to spread like wildfire.
regulable *adj* adjustable.
regulación *nf* regulation; (*Mec*) adjustment; (*control*) control; **~ de empleo** dismissal, redundancy; **~ de la natalidad** birth control; **~ del tráfico** traffic control; **~ del volumen sonoro** (*Rad*) volume control.
regulador *nm* (*Mec*) regulator, throttle; (*Rad etc*) control, button; **~ de intensidad** dimmer (switch); **~ del volumen sonoro** volume control.
regular 1 *adj* (**a**) (*gen*) regular; (*normal*) normal, usual; (*común*) ordinary; (*organizado*) orderly, well-

organized; **a intervalos ~es** at regular intervals; **tiene un latido ~** it has a regular beat.
(**b**) (*mediano*) medium, average; (*pey*) so-so, not too bad; **es una novela ~** it's an average sort of novel; **de tamaño ~** medium-sized, fair-sized; **¿qué tal la fiesta? – ~** what was the party like? – it was OK. *o* all right *o* not too bad.
(**c**) **por lo ~** as a rule, generally.
2 *adv* (*fam*); **estar ~** to be all right, be so-so; **¿qué tal estás? – ~** how are you? – so-so *o* all right *o* can't complain.
3 [1a] *vt* (**a**) to regulate, control; (*suj: ley*) to govern; (*tráfico, precio*) to control.
(**b**) (*Mec*) to adjust, regulate; (*reloj*) to put right.
regularidad *nf* regularity; **con ~** regularly.
regularización *nf* regularization.
regularizar [1f] *vt* to regularize.
regularmente *adv* regularly.
regurgitación *nf* regurgitation.
regurgitar [1a] *vt* to regurgitate.
regusto *nm* aftertaste.
rehabilitación *nf* (**a**) rehabilitation; (*en cargo*) reinstatement. (**b**) (*Arquit*) restoration; (*Mec*) overhaul.
rehabilitar [1a] *vt* (**a**) to rehabilitate; (*en cargo*) to reinstate. (**b**) (*Arquit*) to restore, renovate; (*Mec*) to overhaul.
rehacer [2r] **1** *vt* (**a**) (*volver a hacer*) to redo, do again; (*repetir*) to repeat. (**b**) (*recrear*) to remake; (*reparar*) to mend, repair; (*renovar*) to renew, do up. **2 rehacerse** *vr* (*Med*) to recover; **~ de** to get over, recover from.
rehén *nm* hostage.
rehilete *nm* (**a**) (*flecha*) dart. (**b**) (*Dep: volante*) shuttlecock.
rehogar [1h] *vt* (*Culin*) to sauté, toss in oil.
rehuir [3g] *vt* to shun, avoid.
rehusar [1a] *vt, vi* to refuse; **~ hacer algo** to refuse to do sth.
reimplantar [1a] *vt* to re-establish, reintroduce.
reimpresión *nf* reprint(ing).
reimprimir [3a] *vt* to reprint.
reina 1 *nf* (*tb Ajedrez*) queen; **~ de belleza** beauty queen; **~ de la fiesta** carnival queen; **~ madre** queen mother. **2** *atr*: **la prueba ~** the main event.
reinado *nm* reign; **bajo el ~ de** in the reign of.
reinante *adj* (**a**) (*Lit*) reigning. (**b**) (*fig*) prevailing.
reinar [1a] *vi* (**a**) (*Pol*) to reign, rule. (**b**) (*fig*) to reign; (*: prevalecer*) to prevail, be general; **reinan las bajas temperaturas** there are low temperatures everywhere; **reina una confusión total** total confusion reigns; **entre la población reinaba el descontento** there was widespread discontent among the population.
reincidencia *nf* relapse (*en* into).
reincidente *nmf* recidivist, persistent offender.
reincidir [3a] *vi* to relapse (*en* into); (*criminal*) to repeat an offence *o (US)* offense.
reincorporarse [1a] *vr*: **~ a** to rejoin.
reingresar [1a] *vi*: **~ en** to re-enter.
reinicializar [1a] *vt* (*Inform*) to reset, reboot.
reino *nm* kingdom; **el R~ Unido** the United Kingdom.
reinstalar [1a] *vt* to reinstall; (*persona*) to reinstate.
reintegración *nf* (**a**) (*a cargo*) reinstatement (*a* in). (**b**) (*Fin*) refund, repayment. (**c**) (*vuelta*) return (*a* to).
reintegrar [1a] **1** *vt* (**a**) to reintegrate. (**b**) (*persona*) to reinstate (*a* in). (**c**) (*Fin*) **~ a algn una cantidad** to refund *o* pay back a sum to sb; **le han reintegrado todos sus gastos** he has been reimbursed in full for all his expenses. (**d**) (*dinero*) to pay back. (**e**) (*documento*) to attach a fiscal stamp to. **2 reintegrarse** *vr*: **~ a** to return to.
reintegro *nm* (**a**) refund, reimbursement; (*en banco*) withdrawal. (**b**) (*de lotería*) return of one's stake.
reinversión *nf* reinvestment.
reinvertir [3i] *vt* to reinvest.
reír [3l] **1** *vt* to laugh at; **todos le ríen los chistes** everybody laughs at his jokes.
2 *vi* to laugh; **el que ríe el último, ríe más fuerte** *o* **mejor** he who laughs last laughs longest; **no me hagas ~** (*iró*) don't make me laugh; *V* **echar 2 (b)**.
3 reírse *vr* (**a**) to laugh (*con, de* about, at, over); **~ con algn** to laugh at sb's jokes; **~ de algn** to laugh at sb, make fun of sb; **todos se ríen con sus chistes** everybody laughs at his jokes; **¿se ríe Ud de mí?** are you laughing at me?; **¡déjeme que me ría!** that's a good one! (**b**) (*fam*) to tear, come apart; **la chaqueta se me ríe por los codos** my jacket is getting very worn at the elbows.
reiteradamente *adv* repeatedly.
reiterado *adj* repeated.
reiterar [1a] *vt* to reiterate, reaffirm; (*repetir*) to repeat.
reiterativo *adj* reiterative; (*pey*) repetitive, repetitious.
reivindicación *nf* (**a**) (*demanda*) claim (*de* to). (**b**) (*de reputación*) vindication. (**c**) (*Jur*) recovery.
reivindicar [1g] *vt* (**a**) (*reclamar*) to claim (the right to), claim as of right; **~ un atentado** to claim responsibility for an attack. (**b**) (*reputación*) to vindicate; (*restaurar*) to restore. (**c**) (*Jur*) to recover.
reja *nf* (**a**) grating, grid; (*de ventana*) bars, grille; **estar entre ~s** to be behind bars. (**b**) (*Agr*) **~ del arado** ploughshare, plowshare *(US)*.
rejado *nm* grille, grating.
rejego *adj* (*Méx fam: persona: rebelde*) wild, rebellious.
rejilla *nf* (**a**) grating, grille; (*Rad*) grille; (*de equipaje*) luggage rack; (*de horno*) gridiron; (*de ventilador*) vent; (*muebles*) wickerwork; **silla de ~** wicker chair. (**b**) (*braserillo*) small stove, footwarmer.
rejo *nm* (**a**) (*punta*) spike, sharp point. (**b**) (*LAm: látigo*) whip; (*: soga*) cattle rope.
rejón *nm* pointed iron bar, spike; (*Taur*) lance.
rejoneador(a) *nm/f* (*Taur*) *mounted bullfighter who uses the lance.*
rejonear [1a] (*Taur*) **1** *vt* to wound the bull with the lance. **2** *vi* to fight the bull on horseback with the lance.
rejuvenecer [2d] **1** *vt* to rejuvenate. **2 rejuvenecerse** *vr* to be rejuvenated, become young again.
relación *nf* (**a**) relation, relationship (*con* to, with); **la ~ entre X y Z** the relationship between X and Z; **con** *o* **en ~ a** in relation to, compared with; **un aumento del 3 por ciento con ~ al año anterior** an increase of 3% over the previous year.
(**b**) **~es** relations, relationship; **~es (amorosas)** courting, courtship; **~es formales** engagement; **~es ilícitas** illicit sexual relations; **llevan varios meses de ~es** they've been going out for some months; **A está en** *o* **tiene ~es con B** A and B are going out together; **sus ~es con el jefe** his relations with the boss; **buenas ~es** good relations; **tener buena ~ calidad/precio** (*Com*) to be good value for money; **~es carnales** sexual relations; **~es comerciales** business connections, trade relations; **~ costo-efectivo** *o* **costo-rendimiento** (*Com*) cost-effectiveness; **~es empresariales** industrial relations; **~es humanas** human relations; (*como departamento, profesión*) personnel management; **~es públicas** public relations; **estar en buenas ~es con** to be on good terms with; **mantener ~es con** to keep in touch with; **romper las ~es con** to break off relations with.
(**c**) **~es** (*personas conocidas*) acquaintances; (*enchufes*) influential friends, connections; **para eso conviene tener ~es** for that it helps to have contacts.
(**d**) (*Mat*) ratio; **en una ~ de 7 a 2** in a ratio of 7 to 2; **~ real de intercambio** terms of trade; **no guardar ~ alguna con** to bear no relation whatsoever to.
(**e**) (*narración*) account, report; (*Teat*) long speech; **hizo una larga ~ de su viaje** he gave a lengthy account of his trip.
(**f**) (*lista*) list.
relacionado *adj* (**a**) related; **un tema ~ con Lorca** a subject that has to do with Lorca; **A está íntimamente ~ con B** A is closely connected with B. (**b**) **una persona ~a**

(*LAm*) *o* **bien ~a** a well-connected person.

relacionar 1a **1** *vt* to relate (*con* to), connect (*con* with). **2 relacionarse** *vr* (**a**) **es hombre que se relaciona** (*LAm*) he's a man with (powerful) connections. (**b**) (*dos cosas*) to be connected, be related. (**c**) ~ **con algn** to get to know sb. (**d**) **en lo que se relaciona a** as for, with regard to.

relajación *nf* (**a**) relaxation; (*disminución*) slackening, loosening. (**b**) (*Med*) hernia, rupture. (**c**) (*fig: moral*) laxity, looseness.

relajado *adj* (**a**) relaxed; (*vida*) dissolute, loose. (**b**) (*Med*) ruptured.

relajante 1 *adj* (*gen*) relaxing; (*Med*) sedative. **2** *nm* sedative.

relajar 1a **1** *vt* (**a**) (*gen*) to relax; (*aflojar*) to slacken, loosen. (**b**) (*fig: moralmente*) to weaken, corrupt. **2 relajarse** *vr* (**a**) (*V vt (a)*) to relax; to slacken off, loosen. (**b**) (*Med*) ~ **un tobillo** to sprain one's ankle; ~ **un órgano** to rupture an organ.

relajo *nm* (*esp LAm*) (**a**) (*acción inmoral*) immoral act. (**b**) (*ruido*) row, din. (**c**) (*burla*) rude joke; (*escarnio*) derision; **echar algo a** ~ to make fun of sth; **¡que ~!** (*fam*) what a row *o* mess! (**d**) (*fam: relajación*) relaxation; (*: descanso*) rest, break.

relamer 2a **1** *vt* to lick repeatedly. **2 relamerse** *vr* (**a**) (*tb* ~ **los labios**) to lick one's lips. (**b**) (*fig*) ~ **con algo** to relish the prospect of sth; (*pey*) to gloat over the prospect of sth. (**c**) (*gloriarse*) to brag.

relamido *adj* (*afectado*) affected; (*pulcro*) overdressed.

relámpago 1 *nm* (flash of) lightning; (*fig*) flash; ~ **difuso** sheet lightning; **como un** ~ as quick as lightning, in a flash. **2** *adj* lightning; **guerra** ~ blitzkrieg; **visita/viaje** ~ lightning visit/trip.

relampaguear 1a *vi* to flash; **relampagueó toda la noche** there was lightning all night.

relanzar 1f *vt* (**a**) (*plan etc*) to relaunch. (**b**) (*ataque*) to repel, repulse.

relatar 1a *vt* to relate, tell.

relativamente *adv* relatively.

relativizar 1f *vt* to play down, (seek to) diminish the importance of.

relativo *adj* relative; **en lo ~ a** concerning.

relato *nm* (*narración*) story, tale; (*informe*) account, report.

relax [re'las] *nm* (*Esp*) (**a**) (*sosiego*) (state of) relaxation; (*descanso*) rest, break. (**b**) (*euf*) sexual services; **'R~'** (*anuncio*) 'Massage'.

relegación *nf* (**a**) relegation. (**b**) (*Hist*) exile, banishment.

relegar 1h *vt* (**a**) to relegate; ~ **algo al olvido** to banish sth from one's mind. (**b**) (*Hist*) to exile, banish.

relente *nm* night dew.

relevante *adj* outstanding.

relevar 1a *vt* to relieve; ~ **a algn de una obligación** to relieve sb of a duty, free sb from an obligation; ~ **a algn de hacer algo** to free sb from the obligation to do sth; ~ **a algn de un cargo** to relieve sb of his post; **ser relevado de su mando** to be relieved of one's command; ~ **la guardia** to relieve the guard.

relevo *nm* (**a**) relief, change. (**b**) (*Dep*) **~s** relay (race); **100 metros ~s** 100 m relay.

relicario *nm* (**a**) (*Ecl*) shrine, reliquary. (**b**) (*medallón*) locket.

relieve *nm* (**a**) (*Arte, Téc*) relief; **alto** ~ high relief; **bajo** ~ bas-relief. (**b**) (*importancia*) importance, prominence; **un personaje de** ~ an important man; **dar ~ a** to give prominence to, bring out; **poner algo de** ~ to emphasize (the importance of) sth.

religión *nf* religion; (*piedad*) religiousness, piety; **entrar en** ~ to take vows, enter a religious order.

religiosa *nf* nun.

religiosamente *adv* religiously.

religiosidad *nf* piety; (*fig*) religiousness.

religioso 1 *adj* religious. **2** *nm* monk.

relinchar 1a *vi* to neigh, snort.

reliquia *nf* (**a**) relic; **~s** relics, remains; (*vestigios*) traces, vestiges; ~ **de familia** heirloom, family treasure. (**b**) (*Med*) **~s** after-effects.

reloj [re'lo] *nm* clock; (*de pulsera*) watch; (*Téc*) clock, meter; ~ **de arena** sandglass; ~ **automático** timer, timing mechanism; ~ **de caja** *o* **de pie** grandfather clock; ~ **despertador** alarm clock; ~ **de estacionamiento** parking meter; ~ **de pulsera** wristwatch; ~ **registrador** time clock; ~ **de sol** sundial; **como un** ~ like clockwork; **contra (el)** ~ against the clock.

relojería *nf* (**a**) (*arte*) watchmaking, clockmaking. (**b**) (*tienda*) watchmaker's (shop). (**c**) (*tb* **aparato de** ~) clockwork; **bomba de** ~ time bomb; **mecanismo de** ~ timing device.

relojero *nm* watchmaker, clockmaker.

reluciente *adj* (**a**) shining, brilliant; (*joyas*) glittering, sparkling. (**b**) (*persona*) healthy-looking.

relucir 3f *vi* (**a**) to shine; (*joyas*) to glitter, sparkle. (**b**) **sacar algo a** ~ (*tema*) to bring sth up, mention sth.

relumbrante *adj* brillant, dazzling; (*deslumbrante*) glaring.

relumbrar 1a *vi* to dazzle; (*deslumbrar*) to glare.

relumbrón *nm* (**a**) flash. (**b**) (*fig*) flashiness, ostentation; **joyas de** ~ flashy jewellery *o (US)* jewelry; **vestirse de** ~ to dress ostentatiously.

rellano *nm* (*Arquit*) landing.

rellena *nf* (*Col, Méx: morcilla*) black pudding.

rellenable *adj* refillable, reusable.

rellenar 1a *vt* (**a**) (*volver a llenar*) to refill, replenish; (*Aer etc*) to refuel. (**b**) (*llenar*) to fill up; (*Culin*) to stuff (*de* with); (*Cos*) to pad; (*formulario etc*) to fill in *o* out.

relleno 1 *adj* (*hinchado*) packed, stuffed (*de* with); (*lleno*) full up (*de* of); (*Culin*) stuffed. **2** *nm* filling; (*Arquit*) plaster filling; (*Culin*) stuffing; (*Cos*) padding; (*Mec*) packing; **frases** *etc* ~ **de** padding, stuffing.

remachar 1a *vt* (**a**) (*Téc: metales*) to rivet. (**b**) (*fig*) to hammer home, stress.

remache *nm* (**a**) (*Téc*) rivet. (**b**) (*acción*) riveting.

remaduro *adj* (*LAm*) overripe.

remanente 1 *adj* remaining; (*Com*) surplus. **2** *nm* remainder; (*Com, Fin*) balance; (*de producto*) surplus.

remanso *nm* (**a**) (*en río*) pool. (**b**) (*fig*) quiet place; **un ~ de paz** an oasis of peace.

remar 1a *vi* (**a**) to row. (**b**) (*fig*) to toil, struggle.

remarcable *adj* (*esp LAm*) remarkable.

remarcar 1g (*esp LAm*) *vt* to notice, observe; (*señalar*) to point out; (*subrayar*) to emphasize, underline.

rematadamente *adv* terribly, hopelessly; **es ~ tonto** he's utterly stupid.

rematado *adj* hopeless, complete; **es un loco** ~ he's a raving lunatic.

rematar 1a **1** *vt* (**a**) (*gen*) to finish off; (*animal*) to shoot dead, kill instantly.

(**b**) (*fig: trabajo etc*) to finish off, bring to a conclusion; (*Cos*) to cast off.

(**c**) (*Com*) to sell off cheap (to clear).

(**d**) (*LAm: comprar*) to buy at an auction; (*: vender*) to sell at auction.

2 *vi* (**a**) to end, finish off; **rematé con un par de chistes** he finished with a couple of jokes.

(**b**) ~ **en** to end in, come to; **fue una broma que remató en tragedia** it was a joke which ended in tragedy.

(**c**) (*Dep*) to shoot; ~ **de cabeza** to head the ball.

remate *nm* (**a**) (*acción*) finishing (off); (*matanza*) killing off. (**b**) (*cabo*) end; (*punta*) tip, point; (*Arquit*) top. (**c**) (*fig*) finishing touch; **para** ~ to crown it all, on top of all that; **como** ~ finally, as a finishing touch; **poner ~ a** to cap; **de ~ = rematado.** (**d**) (*Com: postura*) highest bid; (*: venta*) sell-off; (*: en subasta*) sale (by auction); (*esp LAm*) auction.

remecer 2d **1** *vt* (*LAm*) to shake; (*agitar*) to wave. **2**

remecerse *vr* to rock, swing (to and fro).
remedar [1a] *vt* to imitate, copy; (*pey*) to ape; (*para burlarse*) to ape, mimic.
remediable *adj* that can be remedied; **fácilmente** ~ easy to remedy, easily remedied.
remediar [1b] *vt* (**a**) (*gen*) to remedy; (*subsanar*) to make good, repair; (*compensar*) to make up for; (*corregir*) to correct, put right; **llorando no remedias nada** you won't do any good by crying; **a ver si lo remediamos** let's see if we can do anything about it. (**b**) (*necesidades*) to meet, help with; (*persona*) to help (out); (*persona en peligro*) to help, save. (**c**) (*evitar*) to avoid, prevent; **sin poder ~lo** without being able to prevent it.
remedio *nm* (**a**) (*gen*) remedy (*contra* against); (*ayuda*) help; ~ **casero** ordinary remedy, simple domestic remedy; ~ **heroico** drastic action; **como último** ~ as a last resort; **sin** ~ (*adj*) inevitable; (*adv*) inevitably; **no se podía encontrar ni para un** ~ it couldn't be had for love nor money; **¡ni por un ~!** not on your life!; **no hay más** ~ there's no alternative; **¡si no hay más ~, iré!** well, if I have to, I'll go!; **no hay más ~ que operarle** the only thing is to operate on him; **(él) no tiene** ~ he's hopeless, he's past redemption; **no tener más ~ que ir** to have no alternative but to go; **poner ~ a un abuso** to correct an abuse.
(**b**) (*alivio*) relief, help; **buscar ~ en su aflicción** to look for some relief in one's distress.
remedo *nm* imitation, copy; (*pey*) parody.
rememorar [1a] *vt* (*Lit*) to remember, recall.
remendar [1j] *vt* (**a**) (*ropa*) to darn, mend, repair; (*con parche*) to patch. (**b**) (*fig*) to correct.
remendón *adj*: **zapatero** ~ cobbler.
remera *nf* (*Arg: camiseta*) T-shirt.
remesa *nf* remittance; (*Com*) shipment.
remesar [1a] *vt* (*dinero*) to remit, send; (*bienes*) to send, ship.
remeter [2a] *vr* to put back; (*camisa*) to tuck in.
remezón *nm* (*LAm*) earth tremor, slight earthquake.
remiendo *nm* (**a**) mending, repairing; (*con parche*) patching. (**b**) (*gen*) mend, darn; (*parche*) patch; **echar un ~ a** to darn; (*poner un parche*) to patch, put a patch on. (**c**) (*fig*) correction.
remilgado *adj* prudish, prim; (*afectado*) affected.
remilgo *nm* (**a**) prudery, primness; (*afectación*) affectation. (**b**) (*mueca*) smirk; **él no hace ~s a ninguna clase de trabajo** he won't turn up his nose at any kind of work.
reminiscencia *nf* reminiscence.
remirado *adj* (*prudente*) cautious, circumspect, careful; (*pey*) overcautious.
remise *nm*: **auto de** ~ (*Arg*) hire car.
remisión *nf* (**a**) sending; (*esp LAm: Com*) shipment, consignment. (**b**) (*al lector*) reference (*a* to). (**c**) (*aplazamiento*) postponement. (**d**) (*disminución: tb Med*) remission. (**e**) (*Rel*) forgiveness, remission.
remiso *adj* (**a**) slack, slow; **estar** *o* **mostrarse ~ a hacer algo** to be reluctant to do sth, be unwilling to do sth. (**b**) (*movimiento*) slow, sluggish.
remisor(a) *nm/f* (*LAm Com*) sender.
remite *nm* name and address of sender *(written on back of envelope)*.
remitente *nmf* (*Correos*) sender.
remitir [3a] **1** *vt* (**a**) (*gen*) to send; (*dinero*) to remit; (*Com*) to send, ship. (**b**) (*lector*) to refer (*a* to). (**c**) (*aplazar*) to postpone. (**d**) ~ **una decisión a algn** to leave a decision to sb. (**e**) (*Rel*) to forgive, pardon. **2** *vi* (*disminuir*) to slacken, let up.
remo *nm* (**a**) oar; **andar al** ~ (*fig*) to be hard at it; **cruzar un río a** ~ to row across a river; **pasaron los cañones a** ~ they rowed the guns across. (**b**) (*Dep*) rowing; **practicar el** ~ to row. (**c**) (*Anat fam*) limb. (**d**) (*fig*) toils, hardships.
remoción *nf* (*esp LAm*) removal; (*: cese*) dismissal.
remodelación *nf* remodelling, remodeling *(US)*; (*renovación*) refurbishment; (*Aut*) restyling; (*Pol*) reshuffle, restructuring; ~ **ministerial** cabinet reshuffle.
remodelar [1a] *vt* to remodel; (*Pol*) to reshuffle, restructure.
remojar [1a] *vt* (**a**) to steep, soak (*en* in); (*galleta*) to dip (*en* in, into); (*mojar*) to soak, drench (*con* with). (**b**) (*fam*) to celebrate with a drink.
remojo *nm* (**a**) (*V vt a*) steeping, soaking; dipping; soaking, drenching; **dejar la ropa en** ~ to leave clothes to soak; **poner algo a** ~ to leave sth to soak. (**b**) (*LAm: regalo*) gift, present; (*: propina*) tip.
remojón *nm* soaking, drenching; **darse un** ~ (*fam*) to go in for a dip.
remolacha *nf* beet(root); ~ **azucarera** sugar beet.
remolcador *nm* (*Náut*) tug; (*Aut*) breakdown lorry, tow truck *(US)*.
remolcar [1g] *vt* to tow.
remoler [2h] **1** *vt* (*LAm fam*) to annoy, bug *(fam)*. **2** *vi* (*CSur, And: fam*) to live it up *(fam)*.
remolinar(se) [1a], **remolinear(se)** [1a] = **arremolinarse**.
remolino *nm* (**a**) (*gen*) whirl; (*en río*) whirlpool; (*viento*) whirlwind. (**b**) (*de pelo*) tuft, cow's lick. (**c**) (*de gente*) crowd. (**d**) (*fig*) commotion.
remolón/ona **1** *adj* lazy. **2** *nm/f* slacker, shirker.
remolonear [1a] *vi* to slack, shirk.
remolque *nm* (**a**) (*acción*) towing; **a** ~ on tow, being towed; **llevar un coche a** ~ to tow a car; **lo hizo a** ~ (*fig*) he did it reluctantly; **dar ~ a** to tow. (**b**) (*cabo*) towrope.
remontar [1a] **1** *vt* (**a**) to mend, repair. (**b**) (*río*) to go up. (**c**) (*obstáculo*) to negotiate, get over. **2 remontarse** *vr* (**a**) to rise, soar. (**b**) (*Fin*) ~ **a** to amount to. (**c**) (*en tiempo*) ~ **a** to go back to; **este texto se remonta al siglo XI** this text dates from *o* back to the 11th century.
remoquete *nm* (*apodo*) nickname.
rémora *nf* hindrance.
remorder [2h] **1** *vt* to disturb, distress; (*conciencia*) to prick; **me remuerde el haberle tratado así** it is preying on my mind that I treated him like that. **2 remorderse** *vr* to suffer *o* show remorse.
remordimiento *nm* (*tb* **~s**) remorse, regret; **tener ~s** to feel remorse, suffer pangs of conscience.
remotamente *adv* vaguely.
remoto *adj* remote; **¡ni por lo más ~!** not on your life!
remover [2h] *vt* (**a**) to stir; (*tierra*) to turn over, dig up; (*objetos*) to move round; (*ensalada*) to toss; (*humores*) to disturb, upset; ~ **el pasado** to stir up the past; ~ **un asunto** to go into a matter. (**b**) (*apartar*) to remove. (**c**) (*esp LAm: cesar*) to dismiss.
remozar [1f] *vt* to rejuvenate; (*fig*) to brighten up, polish up.
remplazar *etc* = **reemplazar** *etc.*
remuneración *nf* remuneration.
remunerado *adj*: **trabajo mal** ~ badly-paid job.
remunerar [1a] *vt* to remunerate; (*premiar*) to reward.
renacentista *adj* Renaissance *atr*.
renacer [2d] *vi* (**a**) to be reborn; (*Bot*) to appear again, come up again. (**b**) (*fig*) to revive; **hacer** ~ to revive; **sentían ~ la esperanza** they felt new hope.
renaciente *adj* renascent.
renacimiento *nm* rebirth, revival; **R~** Renaissance.
renacuajo *nm* (**a**) (*Zool*) tadpole. (**b**) (*fam*) shrimp; (*pey*) runt, little squirt *(fam)*.
renal *adj* renal, kidney *atr*.
Renania *nf* Rhineland.
rencilla *nf* (*disputa*) quarrel; **~s** arguments, bickering *sg*.
rencilloso *adj* quarrelsome.
renco *adj* lame.
rencor *nm* (*amargura*) rancour, rancor *(US)*, bitterness; (*resentimiento*) ill feeling, resentment; (*malicia*) spitefulness; **guardar** ~ to bear malice, have a grudge (*a*

against).
rencoroso *adj* (**a**) (*ser*) spiteful, nasty. (**b**) (*estar*) resentful, bitter.
rendición *nf* (**a**) (*Mil*) surrender. (**b**) (*Fin*) yield, profit(s).
rendido *adj* (*sumiso*) submissive; (*cansado*) wornout; (*enamorado*) devoted.
rendidor *adj* (*LAm*) highly productive *o* profitable.
rendija *nf* (**a**) (*hendedura*) crack, cleft; (*abertura*) aperture. (**b**) (*fig*) rift, split. (**c**) (*en ley etc*) loophole.
rendimiento *nm* (**a**) (*Mec*) efficiency, performance; (*de una máquina*) output. (**b**) (*Fin*) yield, profit(s). (**c**) (*sumisión*) submissiveness; (*devoción*) devotion. (**d**) (*agotamiento*) exhaustion.
rendir 3k **1** *vt* (**a**) (*vencer*) to defeat, conquer.
(**b**) (*producir*) to produce; (*dar utilidad*) to yield.
(**c**) (*cansar*) to exhaust, tire out; **le rindió el sueño** he was overcome by sleep.
(**d**) (*dominar*) to dominate.
(**e**) (*devolver*) to give back, return; (*Mil: ciudad*) to surrender; (*: la guardia*) to hand over.
(**f**) ~ **homenaje a** to pay tribute to; ~ **las gracias** to give thanks; ~ **culto a** to worship.
2 *vi* (**a**) to yield, produce; **el negocio no rinde** the business doesn't pay; **la finca rinde para mantener a 8 familias** the estate produces enough to keep 8 families.
(**b**) (*dar resultados*) to give good results; (*arroz*) to swell up.
3 rendirse *vr* (**a**) (*ceder*) to yield (*a* to); (*Mil*) to surrender; (*entregarse*) to give o.s. up; ~ **a la razón** to yield to reason; **¡me rindo!** I give in!
(**b**) (*cansarse*) to wear o.s. out.
renegado/a *adj, nm/f* renegade.
renegar 1h, 1j **1** *vt* (**a**) (*negar*) to deny vigorously, deny repeatedly. (**b**) (*detestar*) to abhor, detest. **2** *vi* (**a**) (*apostatar*) to go over to the other side. (**b**) ~ **de** (*renunciar*) to renounce, give up; ~ **de su familia** to disown one's family; **reniego de ti** I want nothing more to do with you. (**c**) ~ **de** (*detestar*) to abhor, detest. (**d**) (*blasfemar: fam*) to curse, swear; (*: Rel*) to blaspheme. (**e**) (*quejarse*) to protest, complain (*de* about, at).
renegrido *adj* very black *o* dark.
RENFE, **Renfe** *nf abr* (*Ferro*) *de* **Red Nacional de los Ferrocarriles Españoles** ≈ BR (*Brit*).
renglón *nm* (**a**) line (of writing); **a ~ seguido** in the very next line; (*fig*) immediately after; **escribir unos ~es** to write a few lines *o* words; **leer entre ~es** to read between the lines. (**b**) (*Com*) item of expenditure.
renguear 1a *vi* (*LAm*) to limp, hobble.
renguera *nf* (*LAm*) limp, limping.
reniego *nm* (**a**) (*juramento*) curse, oath; (*Rel*) blasphemy. (**b**) (*queja*) grumble, complaint.
reno *nm* reindeer.
renombrado *adj* renowned, famous.
renombrar 1a *vt* (*Inform*) to rename.
renombre *nm* (*fama*) renown, fame; **de ~** renowned, famous.
renovable *adj* renewable.
renovación *nf* (**a**) renewal; ~ **espiritual** spiritual renewal. (**b**) (*Arquit*) renovation. (**c**) (*Pol*) reorganization, transformation.
renovado *adj* renewed, redoubled; **con ~a energía** with renewed energy.
renovar 1l *vt* (**a**) (*gen*) to renew. (**b**) (*Arquit*) to renovate; (*sala*) to redecorate. (**c**) (*Pol*) to reorganize, transform.
renquear 1a *vi* (**a**) to limp, hobble. (**b**) (*fam*) to get along, manage with difficulty.
renta *nf* (**a**) (*ingresos*) income; (*ganancia*) interest, return; **política de ~s** incomes *o (US)* income policy; ~ **gravable** *o* **imponible** taxable income; ~ **nacional/bruta nacional** national/gross national income; ~ **no salarial** unearned income; **~s públicas** revenue; ~ **sobre el terreno** ground rent; ~ **del trabajo** earned income; ~ **vitalicia** annuity; **tiene ~s particulares** she has a private income; **vivir de (las) ~s** to live on one's private income.
(**b**) (*deuda*) public debt, national debt.
(**c**) (*esp LAm: alquiler*) rent.
rentabilidad *nf* profitability.
rentabilizar 1f *vt* to make (more) profitable; (*sacar provecho de*) to exploit to the full; (*pey*) cash in on.
rentable *adj* profitable; **no ~** unprofitable; **la línea ya no es ~** the line is no longer economic (to run).
rentar 1a *vt* (**a**) (*Com*) to produce, yield. (**b**) (*LAm*) to let, rent out; **'rento casa'** 'house to let'.
rentista *nmf* (**a**) (*accionista*) stockholder; (*que vive de sus rentas*) rentier. (**b**) (*especialista*) financial expert.
renuencia *nf* (**a**) (*de persona*) unwillingness, reluctance. (**b**) (*de materia*) awkwardness.
renuente *adj* (**a**) (*persona*) unwilling, reluctant. (**b**) (*materia*) awkward, difficult.
renuncia *nf* renunciation; (*de empleado*) resignation.
renunciar 1b *vt* (*tb* ~ **a**: *derecho*) to renounce (*en* in favour of), surrender; (*plan, vicio*) to give up; (*puesto, responsabilidad*) to resign; (*tabaco etc*) to give up; ~ **a hacer algo** to give up doing sth.
reñido *adj* (**a**) bitter; **un partido ~** a hard-fought game; **en lo más ~ de la batalla** in the thick of the fight. (**b**) **estar ~ con algn** to be on bad terms with sb; **está ~ con su familia** he has fallen out with his family.
reñir 3h, 3k **1** *vt* (**a**) (*regañar*) to scold; (*reprender*) to tell off, reprimand (*por* for). (**b**) (*batalla*) to fight, wage. **2** *vi* (*disputar*) to quarrel, fall out (*con* with); (*pelear*) to fight, come to blows; **ha reñido con su novio** she's fallen out with her boyfriend; **se pasan la vida riñendo** they spend their whole time quarrelling *o (US)* quarreling; **riñeron por cuestión de dinero** they quarrelled *o (US)* quarreled about *o* over money.
reo *nmf* culprit, offender; (*Jur*) accused, defendant; ~ **de muerte** person under sentence of death.
reoca *nf*: **es la ~** (*Esp fam: bueno*) it's the tops *(fam)*; (*: malo*) it's the pits *(fam)*.
reojo: **de ~** *adv*: **mirar a algn de ~** to look at sb out of the corner of one's eye; (*con recelo*) to look askance at sb.
reorganización *nf* reorganization.
reorganizar 1f *vt* to reorganize.
reorientación *nf* (*V vt*) reorientation; readjustment.
reorientar 1a *vt* to reorientate; (*reajustar*) to readjust.
Rep *abr de* **República** Rep.
repanchigarse 1h *vr*, **repantigarse** 1h *vr* to lounge, sprawl, loll (back).
reparable *adj* repairable.
reparación *nf* (**a**) (*acción*) repairing, mending. (**b**) (*Téc*) repair; **'~es en el acto'** 'repairs while you wait'; **efectuar ~es en** to carry out repairs to. (**c**) (*fig*) amends, reparation.
reparar 1a **1** *vt* (**a**) (*Téc*) to repair, mend, fix.
(**b**) (*energías etc*) to repair, restore.
(**c**) (*ofensa*) to make amends for; (*suerte*) to retrieve; (*daño, pérdida*) to make good.
(**d**) (*golpe*) to parry.
(**e**) (*observar*) to observe, notice.
2 *vi* (**a**) ~ **en** (*darse cuenta de*) to observe, notice; **no reparó en la diferencia** he didn't notice the difference; **sin ~ en que ya no funcionaba** without noticing it didn't work any more.
(**b**) ~ **en** (*poner atención en*) to pay attention to, take heed of; (*considerar*) to consider; **no ~ en las dificultades** to take no heed of the difficulties; **repara en lo que vas a hacer** reflect on what you are going to do; **sin ~ en los gastos** regardless of the cost; **no ~ en nada** to stop at nothing.
(**c**) (*LAm: caballo*) to rear, buck.
3 repararse *vr* to restrain o.s.
reparo *nm* (**a**) (*Téc*) repair; (*Arquit*) restoration. (**b**) (*escrúpulo*) scruple, qualm; **no tuvo ~ en hacerlo** he did

not hesitate to do it. **(c)** *(objeción)* observation; *(crítica)* criticism; *(duda)* doubt; **poner ~s** to raise objections *(a* to); *(criticar)* to criticize, express one's doubts; *(pey)* to find fault *(a* with).

repartición *nf* **(a)** distribution; *(división)* sharing out, division. **(b)** *(CSur Admin)* government department.

repartida *nf (LAm)* = **repartición (a)**.

repartidor *nm* distributor; **~ de leche** milkman; **~ de periódicos** paperboy.

repartija *nf (LAm pey)* (rough) share-out, carve-up *(fam)*.

repartir [3a] **1** *vt (dividir entre varios)* to divide (up), share (out); *(distribuir)* to distribute, give out; *(país)* to partition; *(libros)* to give out, hand out; *(comida)* to serve out; *(correo)* to deliver; *(naipes)* to deal; *(golpes)* to deliver, dish out *(fam)*; **el premio está muy repartido** the prize is shared among many. **2 repartirse** *vr* to be distributed, be shared out.

reparto *nm* **(a)** *(gen)* distribution; *(división)* sharing out, division; *(de correo, Com)* delivery; *(Teat)* cast(ing); **'~ a domicilio'** 'home delivery service'. **(b)** *(LAm: solar)* building site; *(: barrio)* suburb.

repasador *nm (CSur)* dishcloth.

repasar [1a] *vt* **(a)** *(lugar)* to pass (by) again. **(b) ~ la plancha por una prenda** to give a garment another iron. **(c)** *(Cos)* to sew (up). **(d)** *(Mec)* to check, overhaul. **(e)** *(cuenta)* to check; *(texto, lección)* to revise; *(apuntes)* to go over again.

repaso *nm* review, revision; *(inspección)* check; *(Cos)* mending; *(Mec)* checkup, overhaul; *(lectura)* rapid reading, quick rereading; **~ general** general overhaul; **curso de ~** refresher course; **dar un ~ a una lección** to revise a lesson; **los técnicos daban el último ~ al cohete** the technicians were giving the rocket a final check.

repatear [1a] *vt*: **ese tío me repatea** *(Esp fam)* that guy gets on my wick *o* turns me right off *(fam)*.

repatriación *nf* repatriation.

repatriado/a 1 *adj* repatriated. **2** *nm/f* repatriate, repatriated person.

repatriar [1b] **1** *vt* to repatriate; *(criminal)* to deport. **2 repatriarse** *vr* to return home, go back to one's own country.

repecho *nm* sharp gradient, steep slope; **a ~** uphill.

repelencia *nf (esp LAm)* revulsion, disgust.

repelente *adj* **(a)** repellent, repulsive. **(b)** *(fam: persona)* annoying.

repeler [2a] **1** *vt* **(a)** *(enemigo)* to repel, drive back; *(persona)* to push away. **(b) el material repele el agua** the material is waterproof *o* water-resistant. **(c)** *(idea, oferta)* to reject. **(d)** *(fig)* to repel, disgust. **2 repelerse** *vr*: **los dos se repelen** the two are (mutually) incompatible.

repelús *nm (fam)* inexplicable fear; **me da ~** it gives me the willies *o* shivers *(fam)*.

repensar [1j] *vt* to rethink, reconsider.

repente *nm* **(a)** sudden movement, start; *(fig)* sudden impulse; **~ de ira** fit of anger. **(b) de ~** *(de pronto)* suddenly; *(sin preparación)* unexpectedly.

repentinamente *adv*: **torcer ~** to turn sharply, make a sharp turn; *V tb* **repente (b)**.

repentino *adj (súbito)* sudden; *(imprevisto)* unexpected.

repentizar [1f] *vi (Mús)* to sight-read.

repera *nf*: **es la ~** *(fam)* it's the tops *(fam)*.

repercusión *nf (lit, fig)* repercussion; **de amplia** *o* **de ancha ~** far-reaching, of profound effects; **tener ~(es) en** to have repercussions on.

repercutir [3a] **1** *vi* **(a)** *(objeto)* to rebound, bounce off; *(sonido)* to echo. **(b)** *(fig)* **~ en** to have repercussions on, have effects on. **2 repercutirse** *vr* to reverberate.

repertorio *nm* **(a)** *(lista)* list, index. **(b)** *(Teat)* repertoire.

repesca *nf (Univ)* repeat (exam).

repetición *nf* **(a)** repetition; *(reaparición)* recurrence. **(b)** *(Teat)* encore. **(c) fusil de ~** repeater rifle.

repetidamente *adv* repeatedly.

repetido *adj* repeated; *(numeroso)* numerous; **el tan ~ aviso** the oft-repeated warning; **~as veces** repeatedly, over and over again; **en ~as ocasiones** on countless ocassions.

repetidor *nm (Rad, TV)* booster (station).

repetir [3k] **1** *vt (gen)* to repeat; *(redecir)* to say again; *(rehacer)* to do again; *(Teat)* to give as an encore, sing *etc* again; **le repito que es imposible** I repeat that it is impossible; **los niños repiten lo que hacen las personas mayores** children imitate adults; **las cebollas me repiten** onions repeat on me. **2** *vi (comiendo)* to have a second helping; **el pepino repite mucho** cucumber keeps repeating on you. **3 repetirse** *vr* **(a)** to repeat o.s. **(b)** *(suceso)* to recur.

repicar [1g] **1** *vt* **(a)** *(carne)* to chop up finely. **(b)** *(campanas)* to ring. **(c)** *(fam)* **~ gordo un acontecimiento** to celebrate an event in style. **2 repicarse** *vr* to boast *(de* about, of).

repintar [1a] **1** *vt* to repaint. **2 repintarse** *vr* to pile the make-up on.

repipi *adj (afectado)* affected; *(esnob)* posh, la-di-dah, stuck-up *(fam)*; **es una niña ~** she's a little madam.

repique *nm* **(a)** *(Mús)* peal(ing), ringing. **(b)** *(fam)* tiff, squabble.

repiquetear [1a] **1** *vt* **(a)** *(campanas)* to peal joyfully, ring merrily. **(b)** *(tambor)* to tap, beat rapidly. **2** *vi* **(a)** *(Mús)* to peal out, ring. **(b)** *(máquina)* to clatter. **3 repiquetearse** *vr (fam)* to squabble.

repiqueteo *nm (V repiquetear)* peal(ing), tapping; clatter.

repisa *nf* ledge, shelf; **~ de chimenea** mantelpiece; **~ de ventana** windowsill.

replantear [1a] **1** *vt (cuestión)* to raise again, reopen. **2 replantearse** *vr* to reconsider; **me lo estoy replanteando** I'm thinking it over again.

replegable *adj* folding, that folds (up).

replegar [1h, 1j] **1** *vt (plegar)* to fold over; *(: de nuevo)* to fold again, refold. **2 replegarse** *vr (Mil)* to withdraw, fall back.

repleto *adj* **(a)** replete, full up; **~ de** filled with, crammed with; **el cuarto estaba ~ de gente** the room was jammed with people. **(b) estar ~** to be full up *(with food)*. **(c)** *(aspecto)* well-fed.

réplica *nf* **(a)** *(respuesta)* answer; **derecho de ~** right of reply; **~s** backchat *sg*. **(b)** *(Arte)* replica, copy.

replicar [1g] *vi* to answer, retort; *(objetar)* to argue, answer back; **¡no repliques!** don't answer back!, I don't want any backchat!

replicón *adj (fam)* argumentative; *(descarado)* cheeky.

repliegue *nm* **(a)** fold, crease. **(b)** *(Mil)* withdrawal, retirement.

repoblación *nf (gente)* repopulation, repeopling; **~ forestal** (re)afforestation.

repoblar [1l] *vt (país)* to repopulate; *(río)* to restock; *(Bot)* to plant trees on.

repollo *nm* cabbage.

reponer [2q] *(pp* **repuesto) 1** *vt* **(a)** to replace, put back; *(persona)* to reinstate; *(surtido)* to replenish. **(b)** *(Teat)* to revive, put on again; *(TV)* to repeat. **(c)** *(replicar)* to reply. **2 reponerse** *vr (recuperarse)* to recover; **~ de** to recover from, get over.

reportaje *nm* report, article; **~ gráfico** illustrated report.

reportar [1a] **1** *vt* **(a)** *(traer)* to bring, carry; **esto le habrá reportado algún beneficio** this will have brought him some benefit; **la cosa no le reportó sino disgustos** the affair brought him nothing but trouble. **(b)** *(conseguir)* to obtain. **(c)** *(fig)* to check, restrain. **(d)** *(LAm)* to report. **2 reportarse** *vr* **(a)** *(contenerse)* to control o.s.; *(calmarse)* to calm down; **¡repórtate!** control yourself! **(b)**

(*Méx: presentarse*) to turn up.
reporte *nm* (*esp CAm, Méx*) report, piece of news.
reportear [1a] *vt* (*LAm: entrevistar*) to interview; (*fotografiar*) to photograph (for the press).
repórter *nm*, **reportero/a** *nm/f* reporter.
reposacabezas *nm inv* headrest.
reposado *adj* (*tranquilo*) quiet; (*descansado*) gentle, restful; (*lento*) unhurried, calm.
reposapiés *nm inv* footrest.
reposaplatos *nm inv* table mat.
reposar [1a] **1** *vt*: ~ **la comida** to let one's meal go down, settle one's stomach. **2** *vi* to rest, repose; (*dormir*) to sleep; (*muerto*) to lie, rest; **dejar** ~ (*Culin*) to leave to settle. **3 reposarse** *vr* (*líquido*) to settle.
reposera *nf* (*CSur*) canvas (deck) chair.
reposición *nf* (**a**) replacement. (**b**) (*Fin*) reinvestment. (**c**) (*Teat*) revival; (*TV*) repeat.
repositorio *nm* repository.
reposo *nm* rest, repose; ~ **absoluto** (*Med*) complete rest.
repostada *nf* (*LAm*) rude reply, sharp answer.
repostar [1a] **1** *vt* (*surtido*) to replenish, renew; ~ **combustible** *o* **gasolina** (*Aer*) to refuel; (*Aut*) to fill up (with petrol). **2** *vi* to refuel. **3 repostarse** *vr* to replenish stocks, take on supplies; ~ **de combustible** to refuel.
repostería *nf* (**a**) (*tienda*) confectioner's (shop), cake shop. (**b**) (*arte*) confectionery. (**c**) (*depósito*) larder, pantry.
repostero/a **1** *nm/f* confectioner, pastrycook. **2** *nm* (*And, Chi: despensa*) pantry, larder.
reprender [2a] *vt* to reprimand, tell off; (*niño*) to scold; ~ **algo a algn** to criticize sb over sth.
reprensión *nf* (*V reprender*) reprimand, telling-off; scolding.
represa *nf* (**a**) dam; (*lago artificial*) lake, pool; ~ **de molino** millpond. (**b**) (*fig*) check, stoppage.
represalia *nf* reprisal; **como** ~ **por** as a reprisal for; **tomar ~s** to take reprisals, retaliate (*contra* against).
represar [1a] *vt* (**a**) (*Náut*) to recapture. (**b**) (*Pol*) to repress; (*detener*) to check, put a stop to; (*contener*) to restrain. (**c**) (*agua*) to dam (up); (*fig*) to stem.
representación *nf* (**a**) (*gen*) representation; ~ **proporcional** proportional representation; **en** ~ **de** representing; **por** ~ by proxy. (**b**) (*Teat*) performance; (*del actor*) playing, acting; **una serie de 350 ~es** a run of 350 performances. (**c**) (*fig*) importance, standing; **hombre de** ~ man of some standing. (**d**) (*Com*) **tener la** ~ **exclusiva de un producto** to be sole agent for a product. (**e**) (*Inform*) ~ **visual** display.
representante *nmf* (**a**) (*Pol*) representative; (*Com*) agent, representative. (**b**) (*Teat*) performer, actor/actress.
representar [1a] **1** *vt* (**a**) (*gen*) to represent; (*a otra persona*) to act for; (*simbolizar*) to stand for, symbolize.
(**b**) (*Teat: obra*) to perform, put on; (*: papel*) to act, play.
(**c**) (*edad*) to look; **representa unos 55 años** he looks about 55; **ella no representa los años que tiene** she doesn't look her age.
(**d**) (*detalles*) to state, explain; ~ **una dificultad a algn** to explain a snag to sb.
(**e**) (*significar*) to mean; **tal acto representaría la guerra** such an act would mean war.
(**f**) (*implicar*) to represent, stand for; **representa mucho esfuerzo** it means a lot of effort.
2 representarse *vr*: ~ **una escena** to imagine *o* picture a scene; ~ **una solución** to envisage a solution; **se me representa la cara que pondrá** I can just imagine what a face he'll pull.
representativo *adj* representative.
represión *nf* repression; (*supresión*) suppression.
represivo, **represor** *adj* repressive.
reprimenda *nf* reprimand, rebuke.
reprimido *adj* repressed.
reprimir [3a] **1** *vt* to repress; (*suprimir*) to suppress; (*refrenar*) to curb, check. **2 reprimirse** *vr*: ~ **de hacer algo** to stop o.s. from doing sth.
reprise *nf* (*esp LAm Teat*) revival.
reprobable *adj* blameworthy, to be condemned.
reprobación *nf* reproval, reprobation; (*culpa*) blame; (*condenación*) condemnation; **escrito en** ~ **de ...** written in condemnation of ....
reprobador *adj* reproving, disapproving.
reprobar [1l] *vt* (**a**) to reprove, condemn; (*culpar*) to blame; (*reprochar*) to reproach. (**b**) (*LAm Escol: suspender*) to fail.
réprobo *adj* (*Rel*) damned.
reprochar [1a] **1** *vt* to reproach; (*censurar*) to condemn, censure; ~ **algo a algn** to reproach sb for sth. **2 reprocharse** *vr* to reproach o.s.
reproche *nm* reproach (*a* for); **es un** ~ **a su honradez** it is a reflection on his honesty; **nos miró con** ~ he looked at us reproachfully.
reproducción *nf* reproduction.
reproducir [3n] **1** *vt* to reproduce; (*Bio*) to reproduce, breed. **2 reproducirse** *vr* (**a**) to reproduce; (*Bio*) to breed. (**b**) (*condiciones*) to be reproduced; (*suceso*) to happen again, recur.
reproductor *adj* reproductive.
reptar [1a] *vi* to creep, crawl.
reptil **1** *adj* reptilian. **2** *nm* reptile.
república *nf* republic; ~ **bananera** banana republic; **R~ Dominicana** Dominican Republic; **R~ Arabe Unida** United Arab Republic.
republicanismo *nm* republicanism.
republicano/a *adj*, *nm/f* republican.
repudiación *nf* repudiation.
repudiar [1b] *vt* (*violencia*) to repudiate; (*desconocer*) to disown; (*renunciar*) to renounce.
repudio *nm* repudiation.
repudrir [3a] **1** *vt* (**a**) to rot. (**b**) (*fig*) to gnaw at, eat up. **2 repudrirse** *vr* to eat one's heart out, pine away.
repuesto **1** *pp de* **reponer**. **2** *nm* (**a**) (*provisión*) stock, store; (*abastecimiento*) supply. (**b**) (*reemplazo*) replacement; (*de pluma*) refill. (**c**) (*Aut, Mec*) spare (part); **rueda de** ~ spare wheel; **y llevamos otro de** ~ and we have another as a spare *o* in reserve.
repugnancia *nf* (**a**) disgust, repugnance; (*aversión*) aversion (*hacia, por* to). (**b**) (*desgana*) reluctance; **lo hizo con** ~ he was loathe to do it.
repugnante *adj* disgusting, revolting.
repugnar [1a] **1** *vt* (**a**) (*causar repugnancia*) to disgust, revolt; **ese olor me repugna** that smell revolts me; **me repugna tener que mirarlo** I hate having to watch it. (**b**) (*odiar*) to hate, loathe; **siempre ha repugnado el engaño** he's always hated deceit. **2** *vi* to be disgusting, be revolting. **3 repugnarse** *vr* to conflict, be in opposition; (*contradecirse*) to contradict each other; **las dos teorías se repugnan** the two theories contradict each other.
repujado *adj* (*cuero, metal*) embossed.
repujar [1a] *vt* to emboss, work in relief.
repulido *adj* (**a**) polished. (**b**) (*fig*) dressed up, dolled up.
repulir [3a] **1** *vt* (**a**) to polish up. (**b**) (*fig*) to dress up. **2 repulirse** *vr* (*fig*) to dress up, get dolled up.
repulsa *nf* (*de oferta, persona*) rebuff; (*censura*) condemnation.
repulsión *nf* (**a**) = **repulsa**. (**b**) (*aversión*) repulsion, disgust. (**c**) (*Fís*) repulsion.
repulsivo *adj* disgusting, revolting.
repuntar [1a] **1** *vt* (*LAm: ganado*) to round up. **2** *vi* (**a**) (*marea*) to turn. (**b**) (*LAm: manifestarse*) to begin to show. (**c**) (*LAm: río*) to rise suddenly. **3 repuntarse** *vr* (**a**) (*vino*) to begin to sour, turn. (**b**) (*persona*) to get cross *o* annoyed. (**c**) (*dos personas*) to fall out, have a tiff.
repunte *nm* (*And Fin*) rise in share prices.
reputación *nf* reputation.

reputado *adj* (*tb* **muy ~**) highly reputed, reputable.
reputar [1a] *vt* to repute; (*estimar*) to esteem; (*considerar*) to deem, consider; **~ a algn de** *o* **por inteligente** to consider sb intelligent; **le reputan no apto para el cargo** they think him unsuitable for the post; **una colección reputada en mucho** a highly esteemed collection.
requebrar [1j] *vt* to flatter, compliment; (*flirtear*) to flirt with.
requemado *adj* (*V requemar*) scorched; parched; tanned.
requemar [1a] **1** *vt* (**a**) (*quemar*) to scorch; (*secar*) to parch, dry up; (*broncear*) to tan; (*Culin*) to overdo, burn; (*la lengua*) to burn, sting. (**b**) (*sangre*) to inflame. **2 requemarse** *vr* (**a**) (*V vt*) to scorch; to parch, dry up; to tan; to overdo, burn; to burn, sting; to inflame. (**b**) (*fig*) to harbour *o (US)* harbor resentment.
requerimiento *nm* (**a**) (*pedido*) request; (*demanda*) demand; (*llamada*) summons (*tb Jur*). (**b**) (*notificación*) notification.
requerir [3i] **1** *vt* (**a**) (*necesitar*) to need, require; **esto requiere cierto cuidado** this requires some care.
(**b**) (*pedir*) to request, ask, invite; **~ a algn que haga algo** to ask sb to do sth.
(**c**) (*ordenar*) to send for, call for; (*llamar a alguien*) to send for, summon; **el ministro requirió los documentos** the minister sent for his papers; **el ministro le requirió para que lo explicara** the minister summoned him to explain it.
(**d**) (*tb* **~ de amores:** *requebrar*) to court, woo.
2 *vi*: **~ de** (*esp LAm*) to need, require.
requesón *nm* cottage cheese.
requete... *pref* (*fam*) extremely ...; **una chica ~guapa** an exceptionally nice-looking girl.
requeté *nm* (*Hist*) Carlist militiaman.
requiebro *nm* (*piropo*) compliment, flirtatious remark.
réquiem *nm* (*pl* **~s**) requiem.
requintar [1a] *vt* (*LAm: apretar*) to tighten.
requisa *nf* (**a**) (*inspección*) survey, inspection. (**b**) (*Mil*) requisition. (**c**) (*esp LAm: confiscación*) seizure, confiscation.
requisar [1a] *vt* (**a**) (*Mil*) to requisition. (**b**) (*esp LAm: confiscar*) to seize, confiscate. (**c**) (*esp LAm: registrar*) to search.
requisición *nf* (**a**) (*Mil*) requisition. (**b**) (*LAm*) seizure, confiscation.
requisito *nm* requirement, requisite; **~ previo** prerequisite; **cumplir los ~s** to fulfil *o (US)* fulfill the requirements; **cumplir los ~s para un cargo** to have the essential qualifications for a post.
requisitoria *nf* (*Jur*) summons.
res *nf* beast, animal.
resabiado *adj* (*persona*) knowing, crafty; (*caballo*) vicious.
resabiarse [1b] *vr* to acquire a bad habit, get into evil ways.
resabido *adj* (**a**) well known; **lo tengo sabido y ~** of course I know all that perfectly well. (**b**) (*persona*) pretentious, pedantic.
resabio *nm* (**a**) (*gusto malo*) unpleasant aftertaste; **tener ~s de** (*fig*) to smack of. (**b**) (*mala costumbre*) bad habit, vice.
resaca *nf* (**a**) (*Náut*) undertow, undercurrent. (**b**) (*de borrachera*) hangover. (**c**) (*reacción*) reaction, backlash; **la ~ blanca** the white backlash. (**d**) (*LAm fam: aguardiente*) high-quality liquor.
resacar [1g] *vt* (*LAm*) to distil, distill *(US)*.
resacoso *adj* (*fam*) hung-over *(fam)*.
resalado *adj* lively.
resaltar [1a] *vi* (**a**) to jut out, stick out, project. (**b**) (*fig*) to stand out; **resalta mucho su belleza** she is outstandingly beautiful.
resalte, **resalto** *nm* projection.
resarcimiento *nm* (*pago*) repayment; (*compensación*) indemnification, compensation.
resarcir [3b] **1** *vt* (*pagar*) to repay; (*compensar*) to indemnify, compensate; **~ a algn de una cantidad** to repay sb a sum; **~ a algn de una pérdida** to compensate sb for a loss. **2 resarcirse** *vr*: **~ de** to make up for.
resbalada *nf* (*LAm: resbalón*) slip.
resbaladizo *adj* slippery.
resbalar [1a] *vi*, **resbalarse** *vr* (**a**) (*deslizar*) to slide, slither (*por* along, down); (*involuntariamente*) to slip (up) (*en, sobre* on); (*Aut*) to skid; **el embrague resbala** the clutch is slipping; **le resbalaban las lágrimas por las mejillas** tears were trickling down her cheeks. (**b**) (*fig*) to slip up, make a slip. (**c**) (*fam*) **me resbala** it leaves me cold; **las críticas le resbalan** criticism runs off him like water off a duck's back.
resbalón *nm* (**a**) (*acción*) slip; (*deslizamiento*) slide, slither; (*Aut*) skid. (**b**) (*fig*) slip, error; **dar un ~** to slip up.
resbaloso *adj* (*LAm*) slippery.
rescatar [1a] *vt* (**a**) (*cautivo*) to ransom; (*pueblo*) to recapture, recover. (**b**) (*salvar*) to save, rescue. (**c**) (*posesiones*) to get back, recover. (**d**) (*tiempo perdido*) to make up. (**e**) (*terreno*) to reclaim. (**f**) (*LAm Com*) to resell, act as a middleman for.
rescate *nm* (**a**) (*V rescatar*) ransom; recapture, recovery. (**b**) (*Com*) redemption. (**c**) (*salvación*) rescue; **operaciones de ~** rescue operations; **acudir al ~ de** to go to the rescue of. (**d**) (*dinero*) ransom.
rescindible *adj*: **contrato ~ por ambas partes** a contract that can be cancelled *o (US)* canceled by either side.
rescindir [3a] *vt* (*contrato*) to annul, rescind.
rescisión *nf* cancellation.
rescoldo *nm* (**a**) embers *pl* hot ashes *pl*. (**b**) (*fig*) doubt, scruple.
resecar[1] [1g] **1** *vt* (*secar*) to dry off, dry thoroughly; (*quemar*) to parch, scorch. **2 resecarse** *vr* to dry up.
resecar[2] [1g] *vt* (*Med: remover*) to cut out, remove; (*: amputar*) to amputate.
resección *nf* (*Med*) resection.
reseco *adj* (**a**) very dry, too dry; (*desecado*) parched. (**b**) (*fig*) skinny, lean.
resentido *adj* resentful; (*amargo*) bitter; **es un ~** he's bitter, he feels hard done by.
resentimiento *nm* resentment; (*amargura*) bitterness.
resentirse [3i] *vr* (**a**) **~ con** *o* **por algo** to resent sth, feel bitter about sth. (**b**) (*debilitarse*) to be weakened, suffer; **con los años se resintió su salud** his health suffered *o* was affected over the years; **los cimientos se resintieron con el terremoto** the foundations were weakened by the earthquake. (**c**) **~ de** (*defecto*) to suffer from, labour *o (US)* labor under; (*consecuencias*) to feel the effects of; **me resiento todavía del golpe** I can still feel the effects of the injury.
reseña *nf* (**a**) outline, account; (*Lit*) review; (*Dep*) report (*de* on), account (*de* of). (**b**) (*descripción*) brief description.
reseñable *adj* (*destacado*) noteworthy, notable; (*digno de mencionar*) worth mentioning.
reseñar [1a] *vt* (*describir*) to describe; (*escribir*) to write up, write a brief account of; (*Lit*) to review; (*Dep*) to report on.
resero *nm* (*LAm*) cowboy, herdsman.
reserva **1** *nf* (**a**) (*gen*) reserve; (*Com*) reserve, stock; (*Mil*) reserve(s).
(**b**) (*en hotel, teatro etc*) reservation, booking; **la ~ de asientos no se paga** there is no charge for reserving seats; **~ de caja** *o* **en efectivo** *o* **en metálico** cash reserves; **~s de oro** gold reserves; **~s del Estado** government stock; **de ~** spare, reserve *atr*, emergency *atr*; **tener algo de ~** to have sth in reserve.
(**c**) (*discreción*) discretion, reticence; (*pey*) coldness, distance.
(**d**) (*cautela*) reservation; **con ciertas ~s** with certain

reservations; **sin ~(s)** unreservedly; **~ de indios** Indian reservation; **~ natural** natural reserve.

(**e**) (*secreto*) privacy; **con ~** in confidence; **escribir con la mayor ~** to write in the strictest confidence; **'absoluta ~'** 'strictest confidence'.

(**f**) **a ~ de que** ... unless ..., unless it should turn out that ....

2 *nmf* (*Dep*) reserve.

reservadamente *adv* confidentially, privately.

reservado 1 *adj* (*gen*) reserved; (*discreto*) discreet, reticent; (*pey*) cold, distant; (*confidencial*) confidential, private. **2** *nm* (*en restaurante*) private room; (*Ferro*) reserved compartment.

reservar [1a] **1** *vt* (*gen*) to reserve; (*guardar*) to keep (in reserve), set aside; (*asientos*) to reserve, book; **~ en exceso** to overbook; **lo reserva para el final** he's keeping it till last; **ha reservado lo mejor para sí** he has kept the best part for himself.

2 reservarse *vr* (**a**) to save o.s. (*para* for); **no bebo porque me reservo para más tarde** I'm not drinking because I'm saving myself for later on.

(**b**) (*encubrir*) to conceal; (*callar*) to keep to o.s.; **prefiero ~me los detalles** I prefer to keep the details to myself.

reservista *nm* reservist.

resfriado 1 *adj* (**a**) (*Arg fam*) indiscreet. (**b**) **estar ~** to have a cold. **2** *nm* cold; **coger un ~** to catch a cold.

resfriar [1c] **1** *vt* (*Med*) **~ a algn** to give sb a cold. **2 resfriarse** *vr* (**a**) (*Med*) to catch (a) cold. (**b**) (*fig*) to cool off.

resfrío *nm* (*LAm Med*) cold.

resguardar [1a] **1** *vt* to protect, shield (*de* from). **2 resguardarse** *vr* to defend *o* protect o.s.

resguardo *nm* (**a**) (*protección*) defence, defense *(US)*, protection; **servir de ~ a algn** to protect sb. (**b**) (*Com*) voucher, certificate; (*garantía*) guarantee; (*recibo*) slip, receipt; **~ de consigna** cloakroom check.

residencia *nf* residence; (*Univ*) hall of residence, hostel; **~ para ancianos** *o* **jubilados** rest home, old folk's home; **~ sanitaria** hospital.

residencial 1 *adj* residential. **2** *nf* (*And, CSur*) boarding house, small hotel.

residenciar [1b] *vt* to investigate.

residente *adj, nmf* resident; **no ~** non-resident.

residir [3a] *vi* (**a**) to reside, live. (**b**) (*fig*) **~ en** to reside in, lie in; (*consistir en*) to consist in; **la autoridad reside en el gobernador** authority rests with the governor; **la dificultad reside en que** ... the difficulty lies in the fact that ....

residual *adj* residual, residuary; **aguas ~es** sewage.

residuo *nm* residue; (*Mat*) remainder; (*Quím*) residuum; **~s atmosféricos** fallout; **~s nucleares** nuclear waste; **~s tóxicos** toxic waste.

resignación *nf* resignation.

resignadamente *adv* resignedly, with resignation.

resignado *adj* resigned.

resignar [1a] **1** *vt* to resign. **2 resignarse** *vr* to resign o.s. (*a, con* to); **~ a hacer algo** to resign o.s. to doing sth.

resina *nf* resin.

resinoso *adj* resinous.

resistencia *nf* (**a**) (*gen*) resistance; **la R~** (*Pol*) the Resistance; **~ a la enfermedad** resistance to disease; **~ pasiva** passive resistance; **oponer ~ a** to resist, oppose. (**b**) (*del cuerpo*) endurance, stamina; (*fuerza*) strength; (*dureza*) strength, toughness; **carrera de ~** long-distance race; **el maratón es una prueba de ~** the marathon is a test of endurance; **los alpinistas necesitan mucha ~** mountaineers need lots of stamina *o* need to be very fit. (**c**) (*oposición*) opposition.

resistente *adj* (*gen*) resistant (*a* to); (*tela*) strong, tough; (*ropa*) hard-wearing; (*Bot*) hardy; **~ al calor** resistant to heat, heat-resistant; **hacerse ~** (*Med*) to build up a resistance (*a* to).

resistir [3a] **1** *vt* (**a**) (*peso*) to bear, support; (*presión*) to bear, withstand.

(**b**) (*ataque, tentación*) to resist; **resisto todo menos la tentación** I can resist anything but temptation.

(**c**) (*tolerar*) to put up with, endure; **no puedo ~ este frío** I can't bear *o* stand this cold; **no lo resisto un momento más** I'm not putting up with this a moment longer.

(**d**) **~le la mirada a algn** to stare sb out.

2 *vi* (**a**) (*gen*) to resist; (*luchar*) to struggle; (*combatir*) to put up a fight, fight back.

(**b**) (*durar*) to last, hold out; **el coche resiste todavía** the car is still going; **el equipo no puede ~ mucho tiempo más** the team can't last out much longer; **¿resistirá la silla?** will the chair stick it?

3 resistirse *vr* (**a**) = **2** (**a**).

(**b**) **~ a hacer algo** to refuse to do sth, resist doing sth; **no me resisto a citar algunos versos** I can't resist quoting a few lines; **me resisto a creerlo** I refuse to believe it.

(**c**) **se me resiste la química** I'm not very good at chemistry.

resol *nm* glare of the sun.

resolana *nf* (*LAm: resol*) glare of the sun; (*sitio*) sunspot.

resolución *nf* (**a**) (*decisión*) decision; **~ fatal** decision to take one's own life; **tomar una ~** to take a decision. (**b**) (*de un problema: acción*) solving; (*: respuesta*) solution; **el problema no tiene ~** there is no solution to the problem. (**c**) (*Pol*) resolution; (*moción*) motion; **~ judicial** legal ruling. (**d**) (*determinación*) resolve, determination; **obrar con ~** to act with determination, act boldly. (**e**) **en ~** in a word, in short, to sum up. (**f**) (*Inform*) **alta ~** high resolution.

resoluto *adj* = **resuelto 2**.

resolver [2h] (*pp* **resuelto**) **1** *vt* (*problema*) to solve, resolve; (*duda*) to settle; (*asunto*) to decide, settle.

2 *vi* (**a**) to resolve, decide; **~ a favor de algn** to resolve in sb's favour *o (US)* favor.

(**b**) **~ hacer algo** to resolve to do sth.

3 resolverse *vr* (**a**) (*problema*) to resolve itself, work out.

(**b**) **~ en** to be transformed into; **todo se resolvió en una riña más** in the end it came down to one more quarrel.

(**c**) (*decidir*) to decide, make up one's mind; **~ a hacer algo** to resolve to do sth; **~ por algo** to decide on sth; **hay que ~ por el uno o el otro** you'll have to make up your mind one way or the other.

resollar [1l] *vi* (**a**) (*respirar*) to breathe noisily; (*jadear*) to puff and blow. (**b**) (*fig*) **escuchar sin ~** to listen without saying a word in reply; **hace tiempo que no resuella** it's a long time since we heard from him.

resonancia *nf* (**a**) resonance; (*eco*) echo. (**b**) (*fig*) wide importance, widespread effect; **tener ~** to have repercussions, have a considerable effect.

resonante *adj* (**a**) resonant; (*sonoro*) ringing, resounding. (**b**) (*fig: éxito*) tremendous, resounding.

resonar [1l] *vi* to resound, ring (*de* with).

resondrar [1a] *vt* (*And, CSur: fam: regañar*) to tell off, tick off *(fam)*.

resoplar [1a] *vi* (**a**) (*con ira*) to snort. (**b**) (*por cansancio*) to puff.

resoplido *nm* (**a**) (*respiración*) noisy breathing; (*jadeo*) puff, puffing; (*con ira*) snort; **dar ~s** to breathe heavily, puff; (*motor*) to chug, puff. (**b**) (*fig*) sharp answer.

resorte *nm* (**a**) spring. (**b**) (*elasticidad*) elasticity. (**c**) (*fig: medio*) means, expedient; (*: enchufe*) contact; (*: influencia*) influence; **tocar ~s** to pull strings. (**d**) (*gomita*) elastic band. (**e**) (*LAm: incumbencia*) concern; (*: fig*) province; **no es de mi ~** (*LAm fam*) it's not my concern *o* province.

respaldar [1a] **1** *vt* (**a**) (*fig*) to back, support; (*Inform*) to support. (**b**) (*garantizar*) to ensure, guarantee. **2 res-**

paldarse *vr* (**a**) to lean back, sprawl (*contra* against) (*en* on). (**b**) (*fig*) ~ **con** *o* **en** to take one's stand on.

respaldo *nm* (**a**) (*de silla*) back; (*de cama*) head. (**b**) (*de documento*) back; **firmar al** *o* **en el** ~ to sign on the back. (**c**) (*fig*) support, backing; (*LAm: ayuda*) help; (*: garantía*) guarantee.

respectar [1a] *vt* to concern, relate to; **por lo que respecta a** as for, with regard to.

respectivamente *adv* respectively.

respectivo 1 *adj* respective. **2** *prep*: **en lo ~ a** as regards, with regard to.

respecto *nm*: **al ~** on this matter; **a ese ~** in that respect; **no sé nada al ~** I know nothing about it; **(con) ~ a, ~ de** with regard to, in relation to.

respetabilidad *nf* respectability.

respetable *adj* respectable.

respetar [1a] *vt* to respect; **hacerse ~** to win respect.

respeto *nm* (**a**) respect, regard; (*consideración*) consideration; **~ a la opinión ajena** respect for somebody else's opinion; **~ de sí mismo** selfrespect; **por ~ a** out of consideration for; **¡un ~!** show some respect!; **faltar al ~** to be disrespectful (*a* to); **perder el ~ a** to lose respect for. (**b**) (*miedo*) fear, wariness; **volar me impone mucho ~** I'm very wary of flying. (**c**) **~s** respects; **presentar sus ~s a** to pay one's respects to.

respetuoso *adj* respectful.

réspice *nm* (**a**) (*respuesta*) sharp answer, curt reply. (**b**) (*reprensión*) severe reprimand.

respingar [1h] *vi* (*vestido*) to ride up, curl up.

respingo *nm* (**a**) start, jump; **dar un ~** to start, jump. (**b**) (*fig*) gesture of disgust.

respingón *adj* (*nariz*) turned-up.

respiración *nf* (**a**) breathing; (*Med*) respiration; (*aliento*) breath; **~ artificial** *o* **mecánica** artificial respiration; **~ boca a boca** kiss of life, mouth-to-mouth resuscitation; **contener la ~** to hold one's breath; **llegar sin ~** to arrive exhausted; **sus arriesgados saltos cortaban la ~** her dangerous jumps took your breath away. (**b**) (*ventilación*) ventilation.

respiradero *nm* (**a**) (*Téc*) vent, valve. (**b**) (*fig*) respite, breathing space.

respirar [1a] **1** *vt* (**a**) to breathe; (*inhalar*) to breathe in, inhale.

(**b**) (*fig*) to breathe easy, relax; **respira confianza** (*fig*) he oozes confidence; **¡ya puedo ~!** I can relax now!

2 *vi* (**a**) (*gen*) to breathe; **~ con dificultad** to breathe with difficulty, gasp for breath; **sin ~** without a break, without respite; **paramos durante 5 minutos para ~** we stopped for 5 minutes to get our breath back; **no dejar ~ a algn** to keep on at sb; **no ~** (*fig*) to say absolutely nothing; **estuvo escuchándole sin ~** he listened to him in complete silence; **los niños le miraban sin ~** the children watched him with bated breath.

(**b**) (*sala*) to be ventilated.

respiratorio *adj* respiratory.

respiro *nm* (**a**) breathing. (**b**) (*fig*) respite, breathing space; (*descanso*) rest; (*Com*) extension of time, period of grace; (*Jur*) suspension; **tomarse un ~** to take a breather *o* break.

resplandecer [2d] *vi* to shine; (*joyas*) to gleam, glitter; **~ de felicidad** to shine with happiness.

resplandeciente *adj* (**a**) shining; (*joyas*) gleaming, glittering. (**b**) (*fig*) radiant (*de* with).

resplandor *nm* brilliance, brightness; (*de joyas*) gleam, glitter.

responder [2a] **1** *vt* to answer, reply to.

2 *vi* (**a**) (*contestar*) to answer, reply; **~ a una pregunta** to answer a question.

(**b**) (*fig*) to reply, respond; **pero él responde con injurias** but he answers with insults.

(**c**) (*replicar*) to answer back.

(**d**) **~ a** (*situación, tratamiento*) to respond to; **la cápsula no responde a los mandos** the capsule is not obeying the controls; **pero no respondió al tratamiento** but he did not respond to the treatment.

(**e**) (*corresponder*) to correspond (*a* to); **~ a una descripción** to fit a description; **la obra no responde al título** the book is not what the title implies.

(**f**) **~ de** (*ser responsable*) to be responsible for, answer for; **yo no respondo de lo que hagan mis colegas** I am not responsible for what my colleagues may do; **yo no respondo de él** I cannot answer for him; **en estas circunstancias ¿quién responde?** who is responsible in these circumstances?

(**g**) **~ por algn** to vouch for sb.

respondón *adj* cheeky, mouthy (*US*).

responsabilidad *nf* responsibility; (*Jur*) liability; **~ ilimitada** (*Com*) unlimited liability; **~ solidaria** joint responsibility; **bajo mi ~** on my responsibility.

responsabilizar [1f] **1** *vt* (**a**) (*culpar*) to blame, hold responsible. (**b**) **~ a algn** to make sb responsible, put sb in charge. **2 responsabilizarse** *vr* to make o.s. responsible, take charge; **~ de un atentado** to claim responsibility for an attack.

responsable *adj* (**a**) responsible (*de* for); **la persona ~** the person in charge; **la policía busca a los ~s** the police are looking for the culprits; **hacer a algn ~** to hold sb responsible (*de* for); **hacerse ~ de algo** to assume responsibility for sth; **no me hago ~ de lo que pueda pasar** I take no responsibility for what may happen. (**b**) (*ante otro*) accountable, answerable; **ser ~ ante algn de algo** to be answerable to sb for sth.

responso *nm* (*Rel*) prayer for the dead.

responsorio *nm* (*Rel*) response.

respuesta *nf* answer, reply; (*reacción*) response.

resquebra(ja)dura *nf* crack, split.

resquebrajar [1a] **1** *vt* to crack, split. **2 resquebrajarse** *vr* to crack, split.

resquemor *nm* (*fig*) resentment, bitterness.

resquicio *nm* (**a**) (*abertura*) chink, crack. (**b**) (*fig*) chance, possibility; **un ~ de esperanza** a glimmer of hope. (**c**) (*LAm: vestigio*) sign, trace.

resta *nf* (*sustracción*) subtraction.

restablecer [2d] **1** *vt* to re-establish; (*orden*) to restore. **2 restablecerse** *vr* (*Med*) to recover.

restablecimiento *nm* re-establishment; (*restauración*) restoration; (*Med*) recovery.

restallar [1a] *vi* (*látigo*) to crack; (*papel*) to crackle; (*lengua*) to click.

restallido *nm* (*V restallar*) crack; crackle; click.

restante *adj* remaining; **lo ~** the rest, the remainder; **los ~s** the rest, those that are left (over).

restar [1a] **1** *vt* (**a**) to take away, reduce; (*descontar*) to deduct; (*Mat*) to take away, subtract (*de* from); **~ autoridad a algn** to take away authority from sb; **le restó importancia** he did not give it much importance. (**b**) (*Dep: pelota*) to return. **2** *vi* to remain, be left; **restan 3 días para terminarse el plazo** there are 3 days left before the period expires.

restauración *nf* restoration.

restaurador(a) 1 *nm/f* (*persona*) restorer. **2** *nm*: **~ de cabello** hair restorer.

restaurán [resto'ran], **restaurante** *nm* restaurant.

restaurar [1a] *vt* (*tb Inform*) to restore.

restitución *nf* return; (*restauración*) restoration.

restituir [3g] **1** *vt* (**a**) (*devolver*) to return, give back (*a* to). (**b**) (*restablecer*) to restore. (**c**) (*Arquit*) to restore. **2 restituirse** *vr*: **~ a** to return to, go back to.

resto *nm* (**a**) rest, remainder; (*Mat*) remainder; **~s** remains; (*Culin*) leftovers, scraps; **~s humanos** human remains; **~s mortales** mortal remains. (**b**) (*Dep: de pelota*) return (of a ball); (*: persona*) receiver. (**c**) (*en el juego*) stake; **echar el ~** (*fam*) to stake all one's money; (*fig*) to go all out; **echar el ~ por hacer algo** to do one's utmost to do sth.

restorán *nm* (*LAm*) restaurant.

restregar [1h, 1j] *vt* (*con bruza*) to scrub; (*con trapo*) to rub (hard).

restricción *nf* restriction; (*limitación*) limitation; ~ **mental** mental reservations; ~**es eléctricas** electricity cuts; **sin ~ de** without restrictions as to; **hablar sin ~es** to talk freely.

restrictivo *adj* restrictive.

restringido *adj* restricted, limited.

restringir [3c] *vt* to restrict, limit (*a* to).

resucitación *nf* resuscitation.

resucitar [1a] **1** *vt* (**a**) to resuscitate, revive. (**b**) (*fig*) to revive; (*ley*) to resurrect. **2** *vi* (**a**) to revive, return to life. (**b**) (*fig*) to be resuscitated *o* resurrected.

resuelto 1 *pp de* **resolver**. **2** *adj* resolute, resolved, determined; (*audaz*) bold; (*firme*) steadfast; **estar ~ a algo** to be set on sth; **estar ~ a hacer algo** to be determined to do sth.

resuello *nm* (**a**) (*aliento*) breath; (*respiración*) breathing; **corto de ~** short of breath; **sin ~** out of puff. (**b**) (*jadeo*) puff; (*respiración ruidosa*) wheeze. (**c**) **meter a algn el ~ en el cuerpo** to put the wind up sb.

resulta *nf* result; **de ~s de** as a result of.

resultado *nm* result; (*conclusión*) outcome, sequel; (*efecto*) effect; **~s** (*Inform*) output; **dar ~** to produce results.

resultante *adj* resultant, consequential.

resultar [1a] *vi* (**a**) (*ser*) to be; (*llegar a ser*) to prove *o* turn out (to be); **si resulta (ser) verdadero** if it proves (to be) true; **el conductor resultó muerto** the driver was killed; **resultó (ser) el padre de mi amigo** he turned out to be my friend's father; **la casa nos resulta muy pequeña** we find the house very small; **resulta difícil decidir si ...** it is difficult to decide whether ...; **me está resultando fácil** I'm finding it easy; **resulta que ...** (*por consecuencia*) it follows that ...; (*parece que*) it seems that ...; **ahora resulta que no vamos** now it turns out that we're not going.
(**b**) **~ de** to result from; (*derivarse de*) to stem from; **~ en** to result in, produce; **de ese negocio resultaron 4 más** that deal led to four others.
(**c**) (*seguir*) to ensue; **con lo que después resultó** with what ensued, with what happened in consequence.
(**d**) (*salir bien*) to turn out well; **no resultó** it didn't work; **aquello no resultó muy bien** that didn't work out very well.
(**e**) (*Fin*) to cost, work out at, amount to; **la serie completa nos resultó en 50 dólares** the complete set cost us 50 dollars; **con unos y otros resultan a 80 pesetas** all together they amount to 80 pesetas.
(**f**) (*fam*) **~ hacer algo** to be best to do sth, be wise to do sth; **no resulta dejar el coche fuera** it's best not to leave the car outside.
(**g**) (*fam: agradar*) to look well; **esa corbata no resulta con ese traje** that tie doesn't go with the suit.

resultón *adj* (*fam*) (**a**) (*agradable*) pleasing; (*impresionante*) impressive, that makes a good impression. (**b**) (*hombre, mujer*) attractive (to the opposite sex).

resumen *nm* summary, résumé; **en ~** to sum up; (*brevemente*) in short.

resumidero *nm* (*LAm*) = **sumidero**.

resumir [3a] **1** *vt* (*recapitular*) to sum up; (*condensar*) to summarize; (*cortar*) to abridge, shorten. **2 resumirse** *vr* (**a**) **la situación se resume en pocas palabras** the situation can be summed up in a few words. (**b**) (*asunto*) **~ en** to boil *o* come down to.

resurgimiento *nm* resurgence; (*fig*) revival.

resurgir [3c] *vi* (**a**) (*reaparecer*) to reappear, revive; (*resucitar*) to be resurrected. (**b**) (*fig*) to pick up again; (*Med*) to recover.

resurrección *nf* resurrection.

retablo *nm* altarpiece.

retacarse [1g] *vr* (*LAm*) to refuse to budge.

retacear [1a] *vt* (*And, CSur: dar*) to give (back) grudgingly.

retacón *adj* (*And, CSur: fam*) short, squat.

retachar [1a] *vt, vi* (*LAm*) to bounce.

retador(a) *nm/f* (*Dep*) challenger.

retaguardia *nf* rearguard; **estar** *o* **ir a** *o* **en ~** to bring up the rear; **3 millas a ~** 3 miles to the rear, 3 miles further back.

retahíla *nf* string, series; (*de injurias*) volley, stream.

retal *nm* remnant, piece left over.

retaliación *nf* (*LAm*) retaliation.

retama *nf* (*Bot*), **retamo** *nm* (*LAm Bot*) broom.

retar [1a] *vt* (**a**) (*desafiar*) to challenge. (**b**) (*Arg fam: regañar*) to tell off, tick off (*fam*).

retardado *adj*: **bomba de efecto ~** time bomb.

retardar [1a] *vt* to slow down, slow up; (*marcha*) to hold up; (*tren*) to delay, make late.

retardo *nm* delay.

retazo *nm* bit, piece; **~s** snippets, bits and pieces; **a ~s** in bits.

RETD *nf abr* (*Esp Telec*) *de* **Red Especial de Transmisión de Datos**.

rete... *pref* (*esp LAm*) very, extremely; **~bién** very well; **una persona ~fina** a terribly refined person (*fam*).

retemblar [1j] *vi* to shudder, shake (*de* at, with).

retemplar [1a] *vt* (*And, CAm, CSur*) to cheer up, revive.

retén *nm* (**a**) (*Téc*) stop, catch. (**b**) (*reserva*) reserve, store; **tener algo de ~** to have sth in reserve. (**c**) (*Mil*) reserves *pl*, reinforcements *pl*. (**d**) (*LAm: de policía*) (police) roadblock.

retención *nf* (*gen*) retention; (*Fin*) deduction, part (of pay *etc*) withheld; **~ fiscal** retention for tax purposes.

retener [2k] *vt* (*gen*) to retain; (*detener*) to keep (back), hold back; (*Fin*) to deduct; (*guardar*) to keep, hold on to; (*atención*) to hold; (*datos*) to withhold; **~ a algn preso** to keep sb in detention.

retenida *nf* guy-rope.

retentiva *nf* memory, capacity for remembering.

reticencia *nf* (**a**) (*sugerencia*) insinuation, (malevolent) suggestion. (**b**) (*engaño*) half-truth, misleading statement. (**c**) (*reserva*) reticence, reserve. (**d**) (*renuencia*) unwillingness, reluctance.

reticente *adj* (**a**) (*insinuador*) insinuating. (**b**) (*engañoso*) deceptive, misleading. (**c**) reticent, reserved. (**d**) (*desinclinado*) unwilling, reluctant; **se mostró ~ a aceptar** she was unwilling *o* reluctant to accept.

retina *nf* retina.

retintín *nm* (**a**) tinkle, tinkling; (*de llaves*) jingle, jangle; (*en el oído*) ringing. (**b**) (*fig*) sarcastic tone; **decir algo con ~** to say sth sarcastically.

retinto *adj* (*esp LAm: tez*) very dark.

retirada *nf* (**a**) (*Mil*) retreat, withdrawal; **batirse en ~**, **emprender la ~** to retreat. (**b**) (*de dinero, embajador*) withdrawal. (**c**) (*refugio*) safe place, place of refuge.

retirado *adj* (**a**) (*vida*) quiet; (*lugar*) remote, secluded. (**b**) (*jubilado*) retired.

retirar [1a] **1** *vt* (**a**) (*gen*) to withdraw; (*quitar*) to take away, remove; (*mover*) to move away *o* back; (*la mano*) to draw back; (*jubilar*) to retire, pension off.
(**b**) (*dinero*) to take out, withdraw; (*Aut: carnet*) to suspend, confiscate.
(**c**) (*de circulación: moneda*) to withdraw (from circulation); (*permiso*) to cancel; (*Aut*) to suspend, confiscate, take away.
(**d**) (*jubilar*) to retire, pension off.
2 retirarse *vr* (**a**) (*moverse*) to move back, move away (*de* from); (*Mil*) to retreat, withdraw; **~ ante un peligro** to shrink back from a danger.
(**b**) (*Dep*) to retire.
(**c**) (*apartarse*) to withdraw from active life; (*jubilarse*) to retire (*de* from); **se retiró a vivir a Mallorca** he retired to Majorca; **cuando me retire de los negocios** when I retire from business.
(**d**) (*después de cenar*) to retire (to one's room *o* to bed), go off to bed.

(**e**) (*al teléfono*) to hang up; **¡no se retire!** hold the line!

retiro *nm* (**a**) (*acción: gen*) withdrawal; (*jubilación, tb Dep*) retirement. (**b**) (*situación*) retirement; **un oficial en** ~ a retired officer. (**c**) (*Fin*) retirement pay, pension. (**d**) (*lugar*) quiet place, secluded spot; (*apartamiento*) seclusion; **vivir en el** ~ to live in seclusion. (**e**) (*Rel*) retreat.

reto *nm* (*desafío*) challenge; (*amenaza*) threat.

retobado *adj* (*LAm: salvaje*) wild; (*: taimado*) sly, crafty.

retobar [1a] (*And, CSur*) *vt* (*forrar*) to line with leather *o* sacking *u* oilcloth; (*cubrir*) to cover with leather *etc.*

retobo *nm* (*LAm: forro*) lining; (*: cubierta*) covering.

retocar [1g] *vt* (**a**) (*dibujo, foto*) to touch up. (**b**) (*grabación*) to play back.

retomar [1a] *vt* to take up again.

retoñar [1a] *vt* (**a**) (*Bot*) to sprout, shoot. (**b**) (*fig*) to reappear, recur.

retoño *nm* (**a**) (*Bot*) sprout, shoot. (**b**) (*fam*) kid.

retoque *nm* (*acción*) touching-up; (*último trazo*) finishing touch.

retorcer [2d, 2h] **1** *vt* (**a**) (*gen*) to twist; (*manos, lavado*) to wring; ~**le el pescuezo a algn** (*fam*) to wring sb's neck (*fam*). (**b**) (*fig: argumento*) to turn, twist. **2 retorcerse** *vr* (**a**) (*cordel*) to get into knots. (**b**) (*persona*) to writhe, squirm; ~ **de dolor** to writhe in *o* squirm with pain; ~ **de risa** to double up with laughter.

retorcido *adj* (**a**) (*estilo*) involved. (**b**) (*método, persona, mente*) crafty, devious.

retorcimiento *nm* (*V vt*) twisting; wringing; (*fig*) craftiness, deviousness.

retórica *nf* (**a**) rhetoric; (*pey*) affectedness. (**b**) ~**s** (*fam*) hot air, mere words.

retóricamente *adv* rhetorically.

retórico *adj* rhetorical; (*pey*) affected, windy.

retornable *adj* returnable; **envase no** ~ non-returnable empty.

retornar [1a] **1** *vt* (**a**) (*devolver*) to return, give back. (**b**) (*reponer*) to replace, return to its place. (**c**) (*mover*) to move back. **2** *vi* (*venir*) to return, come back; (*irse*) to return, go back.

retorno *nm* return; (*recompensa*) reward; ~ **terrestre** (*Elec*) earth wire, ground wire (*US*); ~ **del carro** (*Inform, Tip*) carriage return; ~ **del carro automático** (*Inform*) wordwrap, word wraparound.

retorsión *nf* (*V vt*) twisting, wringing.

retortero *nm*: **andar al** ~ to bustle about, have heaps of things to do; **andar al** ~ **por algo** to crave for sth; **andar al** ~ **por algn** to be madly in love with sb; **llevar** *o* **traer a algn al** ~ to have sb under one's thumb.

retortijón *nm* rapid twist; ~ **de tripas** stomach cramp.

retostar [1l] *vt* to burn, overcook.

retozar [1f] *vi* to romp, frolic, frisk about.

retozón *adj* (**a**) playful, frisky. (**b**) (*risa*) bubbling.

retracción *nf* retraction.

retractable *adj* retractable.

retractar [1a] **1** *vt* to retract, withdraw. **2 retractarse** *vr* to retract, recant; **me retracto** I take that back.

retraer [2o] **1** *vt* (*uñas*) to draw in, retract. **2 retraerse** *vr* to withdraw, retire (*de* from); ~ **a** to take refuge in; ~ **de** (*fig*) to withdraw from; (*evitar*) to avoid, shun.

retraído *adj* shy, reserved; (*frío*) aloof, unsociable.

retraimiento *nm* (**a**) (*acción*) withdrawal, retirement; (*aislamiento*) seclusion. (**b**) (*cualidad*) shyness, reserve; (*frialdad*) aloofness.

retransmisión *nf* repeat (broadcast), rebroadcast; ~ **en diferido/directo** delayed/live transmission.

retransmitir [3a] *vt* (*recado*) to relay, pass on; (*Rad, TV*) to repeat, retransmit; (*: en vivo*) to broadcast live.

retrasado/a 1 *adj* (**a**) late; (*atrasado*) behind; **estar** ~ (*persona, industria*) to be *o* lag behind; **está** ~ **en química** he is behind in chemistry, he has a lot to make up in chemistry; **vamos** ~**s en la producción** we lag behind in production; **estar** ~ **en los pagos** to be behind in one's payments, be in arrears. (**b**) **estar** ~ (*reloj*) to be slow; **tengo el reloj 8 minutos** ~ my watch is 8 minutes slow. (**c**) (*país*) backward, underdeveloped; (*ideas, estilo*) outdated, outmoded; **tengo trabajo** ~ I am behind in my work. (**d**) (*Med*) mentally retarded.
2 *nm/f* (*tb* ~ **mental**) mentally retarded person.

retrasar [1a] **1** *vt* (**a**) (*demorar*) to delay, put off, postpone; (*retardar*) to slow down, hold up. (**b**) (*reloj*) to put back. **2** *vi*, **retrasarse** *vr* (*reloj*) to be slow; (*persona, tren*) to be late, be behind time; (*en los estudios*) to lag behind; (*producción*) to decline, fall off.

retraso *nm* (**a**) (*demora*) delay; (*diferencia*) time lag; (*lentitud*) slowness; (*tardanza*) lateness; **ir con** ~ to be running late; **llegar con** ~ to be late, arrive late; **llegar con 25 minutos de** ~ to be 25 minutes late; **llevo un** ~ **de 6 semanas** I'm 6 weeks behind (with my work *etc*). (**b**) (*de país*) backwardness, underdevelopment. (**c**) (*Med*) ~ **mental** mental deficiency. (**d**) ~**s** (*Fin*) arrears; (*deudas*) deficit, debts.

retratar [1a] **1** *vt* (**a**) to portray; (*Arte*) to paint the portrait of; (*Fot*) to photograph, take a picture of; **hacerse** ~ to have one's portrait painted. (**b**) (*fig*) to portray, depict, describe. **2 retratarse** *vr* to have one's picture painted; (*Fot*) to have one's photograph taken.

retratista *nmf* (*Arte*) (portrait) painter; (*Fot*) photographer.

retrato *nm* (**a**) (*Arte*) portrait; (*Fot*) photograph, portrait. (**b**) (*descripción*) portrayal, depiction, description. (**c**) (*semejanza*) likeness; **ser el vivo** ~ **de** to be the very image of.

retrato-robot *nm* identikit picture.

retreta *nf* (**a**) (*Mil*) retreat. (**b**) (*LAm: concierto*) open-air band concert.

retrete *nm* lavatory.

retribución *nf* (*pago*) pay, payment; (*recompensa*) reward; (*compensación*) compensation.

retribuido *adj* (*trabajo*) paid; (*puesto*) salaried; **un puesto mal** ~ a badly-paid post.

retribuir [3g] *vt* (**a**) (*pagar*) to pay; (*recompensar*) to reward; (*compensar*) to compensate. (**b**) (*LAm: favor etc*) to repay, return.

retro (*fam*) **1** *adj inv* (*moda etc*) backward-looking; (*Pol*) reactionary. **2** *nm* (*Pol*) reactionary.

retro... *pref* retro....

retroactivo *adj* retroactive, retrospective; **dar efecto** ~ **a un pago** to backdate a payment.

retroalimentación *nf* (*tb Inform*) feedback.

retroalimentar [1a] *vt* to feed back.

retroceder [2a] *vi* (**a**) to move *o* go back(wards); (*retirarse*) to draw back, stand back; (*volver atrás*) to turn back; (*Mil*) to fall back, retreat; (*rifle*) to recoil; (*aguas*) to go down; **retrocedió unos pasos** he went back a few steps; **la policía hizo** ~ **a la multitud** the police forced the crowd back. (**b**) (*fig*) to back down; **no** ~ to stand firm.

retroceso *nm* (**a**) (*V retroceder*) backward movement; drawing back; turning back; retreat; recoil. (**b**) (*Com*) recession, depression. (**c**) (*Med*) new outbreak.

retrógrado *adj* retrograde, retrogressive; (*Pol*) reactionary.

retropropulsión *nf* (*Aer*) jet propulsion.

retrospección *nf* retrospection.

retrospectiva *nf* (**a**) (*Arte*) retrospective (exhibition). (**b**) **en** ~ with hindsight.

retrospectivamente *adv* retrospectively; (*considerar*) in retrospect.

retrospectivo *adj* retrospective; **escena** ~**a** flashback; **mirada** ~**a** backward glance, look back (*a* at).

retrovisor *nm* (*tb* **espejo** ~) driving mirror, rearview mirror.

retrucar [1g] *vi* (*CSur: replicar*) to retort sharply.

retruécano *nm* pun, play on words.
retruque *nm* (*And, CSur*) sharp retort, brusque reply.
retumbante *adj* booming, rumbling; (*sonoro*) resounding.
retumbar [1a] *vi* (*fusiles*) to boom, thunder; (*voz, pasos*) to echo, resound; (*continuamente*) to reverberate; **la cascada retumbaba a lo lejos** the waterfall boomed *o* roared in the distance; **la caverna retumbaba con nuestros pasos** the cave echoed with our steps; **sus palabras retumban en mi cabeza** his words are still reverberating in my mind.
retumbo *nm* (*V retumbar*) boom, thunder; echo; reverberation.
reuma, reúma *nm* rheumatism.
reumático *adj* rheumatic.
reumatismo *nm* rheumatism.
reunión *nf* (**a**) (*asamblea*) meeting; (*fiesta*) party; (*encuentro*) reunion; ~ **en la cumbre** summit meeting; ~ **plenaria** plenary session; ~ **de ventas** (*Com*) sales meeting. (**b**) (*grupo*) group, gathering.
reunir [3a] **1** *vt* (**a**) (*juntar*) to reunite, join (together).
(**b**) (*recolectar*) to collect, gather (together), get together; **la producción de los demás países reunidos no alcanzará al nuestro** the production of the other countries put together will not come up to ours.
(**c**) (*personas*) to bring *o* get together; **reunió a sus amigos para discutirlo** he got his friends together to talk it over; **el jefe está reunido con el director** (*fam*) the boss is in a meeting with his director.
(**d**) (*cualidades*) to combine; **la casa no reúne las condiciones** the house doesn't match up to requirements; **creo ~ todos los requisitos** I think I meet all the necessary requirements.
2 reunirse *vr* (**a**) (*gen*) to join together; (*de nuevo*) to reunite.
(**b**) (*personas: en asamblea*) to meet, gather; (*: en casa*) to get together; ~ **para hacer algo** to get together to do sth; ~ **con algn para una excursión** to join sb for an outing.
reválida *nf* (*Hist Escol*) final examination.
revalidar [1a] *vt* (*ratificar*) to confirm, ratify; ~ **un título** (*Dep*) to regain a title.
revalorar [1a] *vt*, **revalorizar** [1f] *vt* to revalue; (*Fin*) to reassess.
revalor(iz)ación *nf* revaluation; (*Fin*) reassessment.
revaluación *nf* revaluation.
revancha *nf* (**a**) revenge; **tomarse la** ~ to get one's revenge, get one's own back. (**b**) (*Dep*) return match; (*Boxeo*) return fight.
revelación *nf* revelation; (*de un secreto*) disclosure; **fue una ~ para mí** it was a revelation to me; **el coche ~ de 1998** the surprise car of 1998.
revelado *nm* (*Fot*) developing.
revelador 1 *adj* revealing; (*incriminador*) telltale. **2** *nm* (*Fot*) developer.
revelar [1a] *vt* (**a**) to reveal; (*un secreto*) to disclose; (*mostrar*) to show; (*delatar*) to give away. (**b**) (*Fot*) to develop.
revendedor(a) *nm/f* retailer; (*pey*) speculator; ~ **de entradas** ticket tout.
revender [2a] *vt* to retail; (*pey*) to speculate in; (*entradas*) to tout, resell.
revenirse [3r] *vr* (**a**) (*pan, galletas, fritos*) to go off; (*vino*) to sour, turn. (**b**) (*pintura, escayola*) to dry out.
reventa *nf* resale; (*especulación*) speculation; (*de entradas*) touting.
reventador(a) *nm/f* troublemaker, heckler.
reventar [1j] **1** *vt* (**a**) (*gen*) to burst; (*explotar*) to explode; (*romper*) to break, smash; **tengo una cubierta reventada** I've got a puncture *o* a burst *o* flat tyre *o* (*US*) tire.
(**b**) (*caballo*) to flog; (*persona*) to work to death.
(**c**) (*fam: plan*) to sink, ruin; (*obra*) to hiss off the stage; (*asamblea*) to disturb, break up.
(**d**) (*fam: causar perjuicio*) to do serious harm to.
(**e**) (*fam: molestar*) to annoy, rile (*fam*); **me revienta tener que ponérmelo** I hate having to wear it; **me revienta de aburrimiento** it bores me to tears.
2 *vi* (**a**) (*V vt (a)*) to burst; to explode; to break, smash.
(**b**) (*ola*) to break.
(**c**) ~ **de** (*fig*) to be bursting with; ~ **de indignación** to be bursting with indignation; **casi reventaba de ira** he almost exploded with anger; ~ **de risa** to burst out laughing, split one's sides; **reventaba por ver lo que pasaba** he was dying *o* bursting to see what was going on.
3 reventarse *vr* (**a**) (*V vt (a)*) to burst; to explode; to break, smash.
(**b**) (*caballo*) to die of exhaustion.
(**c**) (*fam*) **se revienta trabajando** he's killing himself with work, he's working his guts out.
reventón *nm* (**a**) burst, bursting; (*explosión*) explosion; (*Aut*) blow-out, flat (*US*); **dar un** ~ to burst, explode. (**b**) (*fatiga*) toil, slog; **darse** *o* **pegarse un** ~ to slog, sweat one's guts out (*para hacer algo* to do sth). (**c**) (*CSur fam: estallido*) outburst, explosion.
rever [2v] (*pp* **revisto**) *vt* (**a**) to see again, look at again. (**b**) (*Jur: sentencia*) to review; (*: pleito*) to retry.
reverberación *nf* reverberation.
reverberar [1a] *vi* (**a**) (*luz*) to play, be reflected; (*superficie*) to shimmer, shine; (*nieve*) to glare; **la luz reverberaba en el agua** the light played *o* danced on the water; **la luz del farol reverberaba en la calle** the lamplight was reflected on the street. (**b**) (*sonido*) to reverberate.
reverbero *nm* (**a**) (*de luz*) play, reflection; (*de superficie*) shimmer, shine; (*de nieve*) glare. (**b**) (*reverberación*) reverberation. (**c**) (*reflector*) reflector. (**d**) (*LAm: cocinilla*) small spirit stove.
reverdecer [2d] *vi* (**a**) (*Bot*) to grow green again. (**b**) (*fig*) to come to life again, revive.
reverencia *nf* (**a**) reverence. (**b**) (*inclinación*) bow; **hacer una** ~ to bow. (**c**) **R~** (*tb* **Su R~, Vuestra R~**) Your Reverence.
reverenciar [1b] *vt* to revere, venerate.
reverendo *adj* (**a**) respected, revered. (**b**) (*Rel*) reverend; **el ~ padre X** Reverend Father X. (**c**) (*fam*) solemn. (**d**) (*LAm fam*) big, awful; **un ~ imbécil** an awful idiot.
reverente *adj* reverent.
reversible *adj* reversible.
reverso *nm* back, other side; (*contrahaz*) wrong side; (*de moneda*) reverse; **el ~ de la medalla** (*fig*) the other side of the coin.
revertir [3i] *vi* (**a**) to revert (*a* to); ~ **a su estado primitivo** to revert to its original state. (**b**) ~ **en** to end up as. (**c**) ~ **en beneficio de** to be to the advantage of; ~ **en perjuicio de** to be to the detriment of.
revés *nm* (**a**) back; (*contrahaz*) other side, wrong side.
(**b**) (*golpe*) (backhand) slap; (*Dep*) backhand.
(**c**) (*fig*) reverse, setback; **sufrir un** ~ to suffer a setback; **los ~es de la fortuna** the blows of fate.
(**d**) **al** ~ the wrong *o* other way round; (*de arriba abajo*) upside down; (*vestido*) inside out; **y al** ~ and vice versa; **entender algo al** ~ to get hold of the wrong end of the stick; **todo nos salió al** ~ it all turned out wrong for us; **al ~ de lo que se cree** contrary to what is believed; **volver algo del** ~ to turn sth round (the other way); (*vestido*) to turn sth inside out.
revestimiento *nm* (*Téc*) coating, covering; (*forro*) lining.
revestir [3k] **1** *vt* (**a**) (*ponerse*) to put on; (*llevar*) to wear.
(**b**) (*Téc*) to coat, cover (*de* with); (*bolsa*) to line (*de* with).
(**c**) (*fig*) to cloak, disguise (*de* in); (*persona*) to invest (*con, de* with); (*cuento*) to adorn (*de* with); **revistió su acto de generosidad** he gave his action an appearance of generosity.
(**d**) (*cualidad*) to have, possess; **el acto revestía gran**

solemnidad the ceremony had great dignity.

2 revestirse *vr* (**a**) (*Rel*) to put on one's vestments. (**b**) (*ponerse*) to put on; **los árboles se revisten de hojas** the trees are coming into leaf.

(**c**) (*fig*) ~ **con** *o* **de** (*autoridad*) to be invested with, have; (*cualidad*) to arm o.s. with; **se revistió de valor y fue a hablarle** he summoned all his courage and went to speak to her.

(**d**) (*fig: imbuirse*) to get carried away.

reviejo *adj* very old.

revisación *nf* (*CSur Med*) medical examination.

revisar [1a] *vt* (**a**) (*texto*) to revise, look over, go through; (*edición*) to revise; (*cuenta*) to check; (*Fin*) to audit; (*Jur*) to review; (*teoría*) to reexamine, review. (**b**) (*Mil*) to review. (**c**) (*Mec*) to check, overhaul.

revisión *nf* (*V revisar*) revision; check, checking; re-examination, review; ~ **aduanera** customs inspection; ~ **de cuentas** audit; ~ **salarial** wage review.

revisionismo *nm* revisionism.

revisionista *adj, nmf* revisionist.

revisor *nm* inspector; (*Ferro*) ticket collector, inspector; ~ **de cuentas** auditor.

revista *nf* (**a**) (*inspección*) inspection; **pasar ~ a algo** to review *o* re-examine sth. (**b**) (*Mil*) review, inspection; **pasar ~ a** to review, inspect. (**c**) (*periódico*) review, journal, magazine; ~ **cómica** comic; ~ **del corazón** magazine of real-life romance stories; ~ **juvenil** teenage magazine; ~ **literaria** literary review; ~ **para mujeres** women's magazine. (**d**) (*Lit*) section, page; ~ **de libros** literary page; ~ **de toros** bullfighting page. (**e**) (*Teat*) variety show.

revistar [1a] *vt* to review, inspect.

revistero *nm* (*mueble*) magazine rack.

revisto *pp de* **rever**.

revitalizante *adj* revitalizing, invigorating.

revitalizar [1f] *vt* to revitalize.

revival 1 *nm* (*Mús etc*) revival. **2** *atr*: **canción** ~ revived hit song, hit song from the past.

revivificar [1g] *vt* to revitalize.

revivir [3a] **1** *vt* to revive; (*vivir de nuevo*) to relive, live again; (*recordar*) to revive memories of. **2** *vi* to revive, be revived; (*renacer*) to come to life again; **hacer ~ = 1**.

revocación *nf* revocation, repeal; (*decisión contraria*) reversal.

revocar [1g] *vt* (**a**) (*decisión*) to revoke, repeal; (*orden*) to cancel. (**b**) (*humo*) to blow back. (**c**) (*Arquit*) to plaster.

revoco *nm* (**a**) = **revocación**. (**b**) = **revoque**.

revolcar [1g, 1l] **1** *vt* (**a**) (*persona*) to knock down, knock over. (**b**) (*fam: adversario*) to wipe the floor with (*fam*). (**c**) (*humillar*) to bring down, deflate. **2 revolcarse** *vr* (**a**) to roll about; ~ **de dolor** to writhe around in pain; ~ **en el vicio** to wallow in vice. (**b**) (*obstinarse*) to dig one's heels in.

revolcón *nm* (*fam*) fall, tumble; (*Fin*) slump.

revolear [1a] *vt* (*CSur: lazo*) to twirl, spin.

revolotear [1a] *vi* to flutter, fly about.

revoloteo *nm* fluttering.

revoltijo, revoltillo *nm* (*confusión*) jumble, confusion; (*desorden*) mess; ~ **de huevos** scrambled eggs.

revoltoso 1 *adj* rebellious, unruly; (*niño*) naughty, unruly. **2** *nm* (*Pol: rebelde*) rebel; (*alborotador*) trouble-maker, agitator.

revoltura *nf* (**a**) (*LAm: confusión*) confusion, jumble. (**b**) (*Méx: mezcla*) mixture.

revolución *nf* (**a**) (*Téc*) revolution; **~es por minuto** revolutions per minute. (**b**) (*Pol etc*) revolution.

revolucionar [1a] *vt* (**a**) (*una industria*) to revolutionize. (**b**) (*Pol*) to stir up, sow discontent among.

revolucionario/a *adj, nm/f* revolutionary.

revolver [2h] (*pp* **revuelto**) **1** *vt* (**a**) (*mover*) to move about; (*poner al revés*) to turn over *o* round *o* upside down; (*agitar*) to shake; (*líquido*) to stir; (*papeles*) to look through.

(**b**) (*desordenar*) to mix up, mess up; **han revuelto toda la casa** they've turned the whole house upside down.

(**c**) (*asunto*) to go into, inquire into, investigate.

(**d**) (*Pol*) to stir up, cause unrest among; (*persona*) to provoke, rouse to anger.

(**e**) ~ **los ojos** to roll one's eyes; ~ **el estómago** to turn one's stomach.

2 *vi*: ~ **en** to go through, rummage (about) in.

3 revolverse *vr* (**a**) (*volver*) to turn (right) round; (*en cama*) to toss and turn; (*de dolor*) to writhe, squirm; (*Astron*) to revolve; ~ **al enemigo** to turn to face the enemy.

(**b**) (*fig*) ~ **contra algn** to turn on *o* against sb.

(**c**) (*sedimento*) to be stirred up; (*líquido*) to become cloudy.

(**d**) (*Met*) to break, turn stormy.

revólver *nm* revolver.

revoque *nm* (*Arquit*) plaster.

revuelco *nm* fall, tumble.

revuelo *nm* (**a**) (*de aves*) flutter(ing). (**b**) (*conmoción*) stir, commotion; **armar** *o* **levantar un gran** ~ to cause a great stir.

revuelta *nf* (**a**) (*curva*) bend, turn. (**b**) (*agitación*) commotion, disturbance; (*Pol*) disturbance, riot.

revuelto 1 *pp de* **revolver**.

2 *adj* (**a**) (*objetos*) mixed up, in disorder; (*huevos*) scrambled; (*agua*) cloudy, muddy; (*mar*) rough; (*tiempo*) unsettled; **todo estaba** ~ everything was in disorder *o* upside down; **los tiempos están ~s** these are troubled times.

(**b**) (*inquieto*) restless, discontented; (*travieso*) mischievous, naughty; (*revoltoso*) rebellious, mutinous; **la gente está ~a por tales abusos** people are up in arms about scandals like this.

(**c**) (*asunto*) complicated, involved.

3 *nm* (**a**) (*Culin*) ~ **de gambas** mixed dish of prawns and vegetables.

(**b**) (*LAm*) mixed egg and vegetable dish.

revulsivo *nm* (*fig*) nasty but salutary shock.

rey 1 *nm* (**a**) king; **los R~es** the King and Queen; **a ~ muerto ~ puesto** off with the old, on with the new. (**b**) (*Rel*) **los R~es (Magos)** the Magi, the Three Wise Men; (*fecha*) Twelfth Night, Epiphany. **2** *atr*: **el fútbol es el deporte** ~ football is the top sport.

reyerta *nf* quarrel.

reyezuelo *nm* petty king, kinglet.

rezaga *nf* (*LAm*) = **zaga**.

rezagado/a 1 *adj*: **quedar** ~ to be left behind; (*estar retrasado*) to be late, be behind. **2** *nm/f* latecomer; (*Mil*) straggler.

rezagar [1h] **1** *vt* (*dejar atrás*) to leave behind; (*retrasar*) to delay, postpone. **2 rezagarse** *vr* (*atrasarse*) to fall behind; **nos rezagamos en la producción** we are falling behind in production.

rezar [1f] *vi* (**a**) (*Rel*) to pray (*a* to). (**b**) (*texto*) to read, go; **el anuncio reza así** the notice reads as follows. (**c**) (*fam*) ~ **con** to concern, have to do with; **eso no reza conmigo** that has nothing to do with me.

rezo *nm* (**a**) (*oración*) prayer(s). (**b**) (*acto, gen*) praying.

rezongar [1h] **1** *vt* (*LAm: regañar*) to scold. **2** *vi* (*gruñir*) to grumble; (*murmurar*) to mutter; (*refunfuñar*) to growl.

rezumar [1a] **1** *vt* to ooze, exude. **2** *vi* (**a**) (*contenido*) to ooze (out), seep, leak (out); (*recipiente*) to ooze, leak. (**b**) (*fig*) to ooze; **le rezuma el orgullo** he oozes pride; **le rezuma el entusiasmo** he is bursting with enthusiasm. **3 rezumarse** *vr* (**a**) = **2 (a)**. (**b**) (*fig*) to leak out, become known.

RFA *nf abr de* **República Federal Alemana** FRG.

RFE *nf abr de* **Revista de Filología Española**.

Rh *abr de* **Rhesus** Rh.

ría *nf* estuary; **R~s Altas/Bajas** northern/southern coast of Galicia.

riachuelo *nm* brook, stream.
riada *nf* flood.
ribera *nf* (*de río, lago*) bank; (*del mar*) beach, shore; (*área*) riverside.
ribereño/a 1 *adj* riverside *atr*; (*costero*) coastal. **2** *nm/f* person who lives near a river, riverside dweller.
ribete *nm* (**a**) (*Cos*) border. (**b**) (*fig*) addition, adornment. (**c**) ~**s** (*fig: elementos*) touch, quality; **tiene sus ~s de pintor** he's got a bit of the painter about him.
ribetear [1a] *vt* to edge, border, trim (*de* with).
ricamente *adv* (**a**) (*lujosamente*) richly. (**b**) (*fig*) **muy ~, tan ~** very well; **comeremos tan ~** we'll have a really good meal; **viven muy ~ sin él** they manage perfectly well without him.
ricino *nm*: **aceite de ~** castor oil.
rico/a 1 *adj* (**a**) (*gen*) rich; (*adinerado*) wealthy.
(**b**) (*suelo*) rich; **~ de** *o* **en** rich in.
(**c**) (*valioso*) valuable, precious; (*lujoso*) luxurious, sumptuous, valuable; (*tela*) fine-quality, rich.
(**d**) (*sabroso*) delicious, tasty; **estos pasteles son tan ~s** these cakes are delicious.
(**e**) (*bonito*) cute, lovely; **¡oye, ~!** (*fam*) hey, watch it! (*fam*); **¡que no, ~!** (*Esp*) no way, mate! (*fam*); **¡qué ~ es el pequeño!** isn't he a lovely baby!; **está muy ~a la tía** (*fam*) she's a bit of all right (*fam*).
2 *nm/f* rich person; **nuevo ~** nouveau riche.
rictus *nm* sneer, grin; **~ de dolor** wince of pain; **~ de amargura** bitter smile.
ricura *nf* (*fam*) **¡qué ~ de pastel!** isn't this cake lovely?; **¡qué ~ de criatura!** what a lovely baby!
ridiculez *nf* absurdity.
ridiculizar [1f] *vt* to ridicule, deride; **~ a sus adversarios** to make one's opponents look silly.
ridículo 1 *adj* ridiculous, absurd, ludicrous. **2** *nm* (**a**) **hacer el ~** to make o.s. ridiculous. (**b**) ridicule; **exponerse al ~** to lay o.s. open to ridicule; **poner a algn en ~** to ridicule *o* make a fool of sb; **ponerse en ~** to make a fool of o.s.
riego *nm* (**a**) (*aspersión*) watering; (*irrigación*) irrigation; **la política del ~** irrigation policy. (**b**) (*Anat*) **~ sanguíneo** blood flow *o* circulation.
riel *nm* (*Ferro*) rail; **~es** rails, track.
rienda *nf* rein; (*fig*) restraint, moderating influence; **a ~ suelta** at top speed; (*fig*) without the least restraint; **aflojar las ~s** to let up; **dar ~ suelta a** to give free rein to; **dar ~ suelta al llanto** to weep uncontrollably; **dar ~ suelta a algn** to give sb a free hand; **empuñar las ~s** to take charge; **llevar las ~s** to be in charge, be in control; **soltar las ~s** to let go.
riesgo *nm* risk, danger; **~ para la salud** health hazard; **a ~ de** at the risk of; **seguro a** *o* **contra todo ~** comprehensive insurance; **grupos de ~** groups at risk; **correr ~ de hacer algo** to run the risk of doing sth, be in danger of doing sth.
riesgoso *adj* (*LAm*) risky, dangerous.
Rif *nm* Rif(f).
rifa *nf* (*lotería*) raffle.
rifar [1a] **1** *vt* to raffle; **~ algo con fines benéficos** to raffle sth for charity. **2** *vi* to quarrel, fight. **3 rifarse** *vr* (*fam*) **~ algo** to quarrel over *o* fight for sth.
rifeño/a 1 *adj* of *o* from Rif(f). **2** *nm/f* native *o* inhabitant of Rif(f).
rifle *nm* rifle.
rigidez *nf* (**a**) rigidity, stiffness; **~ cadavérica** rigor mortis. (**b**) (*fig*) rigidity; (*inflexibilidad*) inflexibility. (**c**) (*fig: de profesor*) strictness, harshness.
rígido *adj* (**a**) rigid, stiff; **quedarse ~** to go rigid; (*aterirse*) to get stiff (with cold). (**b**) (*fig: actitud*) rigid, inflexible, unadaptable. (**c**) (*fig: moralmente*) strict, harsh. (**d**) (*cara*) wooden, expressionless.
rigor *nm* (**a**) (*severidad*) severity, harshness; (*dureza*) toughness.
(**b**) (*Met*) harshness, severity; **el ~ del verano** the hottest part of the summer; **los ~es del clima** the rigours *o* (*US*) rigors of the climate.
(**c**) (*exactitud*) rigour, rigor (*US*); (*meticulosidad*) accuracy, meticulousness; **con todo ~ científico** with scientific precision; **una edición hecha con el mayor ~ crítico** an edition produced with absolute meticulousness.
(**d**) **ser de ~** to be de rigueur, be absolutely essential; **después de los saludos de ~** after the inevitable greetings; **en ~** strictly speaking.
rigurosamente *adv* (**a**) (*severamente*) severely, harshly; (*estrictamente*) strictly. (**b**) (*con precisión*) rigorously; (*con exactitud*) accurately, meticulously. (**c**) **eso no es ~ exacto** that is not strictly accurate, that is not wholly true.
rigurosidad *nf* rigour, rigor (*US*), harshness, severity.
riguroso *adj* (**a**) (*actitud, disciplina*) severe, harsh; (*aplicación*) strict; (*medida*) severe, tough; **su tratamiento ~ de los empleados** his harsh treatment of the employees. (**b**) (*Met*) harsh, severe; (*extremo*) extreme. (**c**) (*método, estudio*) rigorous; (*meticuloso*) meticulous. (**d**) (*Lit*) cruel; **los hados ~s** the cruel fates.
rija *nf* quarrel, fight.
rijoso *adj* (*sensible*) sensitive, susceptible; (*peleador*) quarrelsome.
rima *nf* (**a**) rhyme; **~ imperfecta** assonance, half rhyme; **~ perfecta** full rhyme. (**b**) **~s** verse, poetry.
rimar [1a] *vt, vi* to rhyme (*con* with).
rimbombante *adj* (**a**) resounding, echoing. (**b**) (*pomposo*) pompous, bombastic. (**c**) (*ostentoso*) showy, flashy.
rímel *nm* (*en pestañas*) mascara.
rimero *nm* stack, pile, heap.
Rin *nm* Rhine.
rin *nm* (**a**) (*Méx Aut*) rim of wheel/tyre *o* (*US*) tire. (**b**) (*Per Telec*) metal (phone) token.
rincón *nm* (**a**) corner (*inside*). (**b**) (*fig*) corner, nook; (*: retiro*) retreat; **en un ~ de mi mente** somewhere in the back of my mind. (**c**) (*esp LAm: terreno*) patch of ground.
rinconada *nf* corner.
rinconera *nf* (*mueble*) corner-piece (of furniture).
ring *nm* (*esp LAm*) (boxing) ring.
ringla *nf*, **ringle** *nm*, **ringlera** *nf* row, line.
ringlete (*And, CSur*) **1** *adj* fidgety (*fam*), restless. **2** *nmf* fidget (*fam*), restless peson.
ringletear [1a] *vi* (*CSur*) to fidget.
ringorrango *nm* (**a**) (*en escritura*) flourish. (**b**) **~s** (*adornos*) frills, buttons and bows, useless adornments.
rinitis *nf*: **~ alérgica** hay fever.
rinoceronte *nm* rhinoceros.
riña *nf* (*discusión*) quarrel, argument; (*pelea*) fight, brawl; **~ de gallos** cockfight.
riñón *nm* (**a**) (*Anat*) kidney; (*más general*) lower part of the back; **tener el ~ bien cubierto** (*fam*) to be well off; **me costó un ~** (*fam*) it cost me a fortune. (**b**) (*fig*) heart, core; **aquí en el ~ de Castilla** here in the very heart of Castile.
río *nm* river; (*fig*) stream, torrent; **~ abajo/arriba** downstream/upstream; **es un ~ de oro** it's a gold mine; **a ~ revuelto, ganancia de pescadores** it's an ill wind that blows nobody any good; **cuando el ~ suena, agua lleva** there's no smoke without fire.
Río de Janeiro *nm* Rio de Janeiro.
Río de la Plata *nm* River Plate.
Rioja *nf*: **La ~** La Rioja.
rioja *nm* (*vino*) wine (*from La Rioja*).
riojano/a 1 *adj* of *o* from La Rioja. **2** *nm/f* native *o* inhabitant of La Rioja.
rioplatense 1 *adj* of *o* from the River Plate region. **2** *nmf* native *o* inhabitant of the River Plate region.
ripio *nm* (**a**) (*residuo*) refuse, waste; (*cascotes*) rubble, debris *sg*; (*Chi*) gravel. (**b**) (*fig: palabras inútiles*) pad-

ding, empty words; (*poesía*) trite verse; **no perder** ~ not to miss a trick.
riqueza *nf* (**a**) wealth, riches; **vivir en la** ~ to live in luxury. (**b**) (*cualidad*) richness.
risa *nf* (*una* ~) laugh; (*gen: tb* ~**s**) laughter; **no es cosa de** ~ it's no laughing matter; **¡qué** ~**!** what a laugh!; **el libro es una verdadera** ~ the book is a laugh from start to finish; **estallar en** ~**s** to burst out laughing; **mondarse** *o* **morirse de** ~ to split one's sides laughing, die laughing; **estar algo muerto de** ~ to be just lying there; **tomar algo a** ~ to laugh sth off.
risco *nm* cliff, crag.
riscoso *adj* steep.
risible *adj* ludicrous, laughable.
risión *nf* derision, mockery; **ser un objeto de** ~ to be a laughing-stock.
risotada *nf* guffaw, loud laugh.
ríspido *adj* (*esp LAm*) rough, coarse.
ristra *nf* string.
ristre *nm*: **en** ~ at the ready, all set; *V* **lanza 1**.
risueño *adj* (**a**) (*cara*) smiling; **muy** ~ with a big smile. (**b**) (*temperamento*) cheerful; (*paisaje*) pleasant. (**c**) (*favorable*) favourable, favorable *(US)*.
RITD *nf abr* (*Telec*) *de* **Red Iberoamericana de Transmisión de Datos**.
rítmico *adj* rhythmic(al).
ritmo *nm* (**a**) (*Mús*) rhythm. (**b**) (*fig*) rhythm; (*paso*) rate, pace; (*velocidad*) speed; ~ **cardíaco** pulse-rate; ~ **de crecimiento** rate of growth; ~ **de vida** pace of life; (*estilo de vida*) lifestyle; **trabajar a** ~ **lento** to go slow.
rito *nm* rite, ceremony; ~ **de iniciación** initiation rite; (*fig*) rite of passage.
ritual 1 *adj* ritual. **2** *nm* ritual; **de** ~ ritual, customary.
ritualismo *nm* ritualism.
ritualizado *adj* ritualized; (*fig*) familiar; (*fijo*) stereotyped, fixed.
rival 1 *adj* rival, competing. **2** *nmf* rival, competitor.
rivalidad *nf* rivalry, competition.
rivalizar [1f] *vi* to compete, contend; ~ **con** to rival, compete with; **los dos rivalizan en habilidad** they rival each other in skill.
rizado *adj* (*pelo*) curly; (*superficie*) ridged; (*terreno*) undulating.
rizador *nm* curling iron, hair-curler.
rizar [1f] **1** *vt* (*pelo*) to curl; (*el mar*) to ripple, ruffle. **2 rizarse** *vr* (*agua*) to ripple.
rizo[1] **1** *adj* curly. **2** *nm* (**a**) curl; (*de superficie*) ridge; (*en agua*) ripple. (**b**) (*Aer*) loop; **hacer** *o* **rizar el** ~ to loop the loop; **rizar el** ~ (*fig*) to split hairs.
rizo[2] *nm* (*Náut*) reef.
R.M. *abr de* **Reverenda Madre**.
Rmo./a *abr de* **Reverendísimo/a** Rt. Rev.
RNE *nf abr de* **Radio Nacional de España**.
R.O. *abr de* **Real Orden**.
robar [1a] *vt* (**a**) to rob; (*objeto*) to steal (*a* from); (*casa*) to break into, burgle; ~ **algo a algn** to steal sth from sb. (**b**) (*secuestrar*) to kidnap, abduct. (**c**) (*fig: atención*) to steal, capture; (*: paciencia*) to exhaust; (*vida*) to take; ~ **el corazón a algn** to steal sb's heart; **tuve que** ~ **3 horas al sueño** I had to use up 3 hours when I should have been sleeping. (**d**) (*río*) to carry away. (**e**) (*naipes*) to take (from the pile).
roble *nm* oak (tree); **de** ~ oak *atr*; **de** ~ **macizo** of solid oak.
roblón *nm* rivet.
roblonar [1a] *vt* to rivet.
robo *nm* (**a**) (*un* ~) theft; (*gen*) robbery, theft; ~ **a mano armada** armed robbery; ~ **con allanamiento** *o* **escalamiento** burglary; **¡esto es un** ~**!** this is sheer robbery! (**b**) (*cosa robada*) stolen article, stolen goods.
robot [ro'ßo] *nm* (*pl* ~**s** [ro'ßo]) (**a**) robot. (**b**) (*fig*) puppet, tool.
robótica *nf* robotics *sg*.
robotizar [1f] *vt* to automate; (*fig*) to turn into a robot.
robustecer [2d] **1** *vt* to strengthen. **2 robustecerse** *vr* to grow stronger.
robustez *nf* strength, toughness.
robusto *adj* strong, tough, robust.
ROC *nm abr de* **Reconocimiento Óptico de Caracteres** OCR.
Roca *nf*: **la** ~ the Rock (of Gibraltar).
roca *nf* rock.
rocalla *nf* pebbles.
rocambolesco *adj* (*raro*) odd, bizarre; (*estilo*) ornate, over-elaborate.
roce *nm* (**a**) (*acción*) rub, rubbing; (*Téc*) friction. (**b**) (*caricia*) brush; (*en la piel*) graze. (**c**) (*fam*) close contact; (*familiaridad*) familiarity; (*disgusto*) brush; **tuvo algún** ~ **con la autoridad** he had a few brushes with the law.
rociada *nf* (**a**) shower, spray; (*en bebida*) dash, splash; (*Agr*) spray. (**b**) (*fig: de piedras*) shower; (*de balas*) hail; (*de injurias*) hail, stream.
rociar [1c] **1** *vt* (**a**) to sprinkle, spray (*de* with). (**b**) ~ **el plato con un vino de la tierra** to wash down the dish with a local wine. **2** *vi*: **empieza a** ~ the dew is beginning to fall; **rocía esta mañana** there is a dew this morning.
rocín *nm* (*caballo*) hack, nag.
rocío *nm* dew; (*llovizna*) light drizzle.
rockero/a 1 *adj* rock *atr*; **es muy** ~ he's a real rock fan. **2** *nm/f* (*cantante*) rock singer; (*músico*) rock musician; (*aficionado*) rock fan.
rococó *adj, nm* rococo.
rocoso *adj* rocky.
rocote, rocoto *nm* (*LAm*) large pepper, large chili.
rochabús *nm* (*Per fam*) (police) water cannon truck.
rodada *nf* rut, wheel track.
rodado *adj* (**a**) (*tráfico*) wheeled, on wheels. (**b**) (*piedra*) rounded; **canto** ~ boulder; **salir** *o* **venir** ~ to go smoothly. (**c**) (*fig: experimentado*) experienced.
rodadura *nf* (*tb* **banda de** ~: *de neumático*) tread.
rodaja *nf* (*raja*) slice; **limón en** ~**s** sliced lemon.
rodaje *nm* (**a**) (*Téc*) wheels, set of wheels. (**b**) (*Cine*) shooting, filming. (**c**) (*Aut*) running-in, breaking in *(US)*; **'en** ~**'** 'running in'. (**d**) (*fig*) **período de** ~ initial phase.
rodamiento *nm* (**a**) ~ **a** *o* **de bolas** ball bearing. (**b**) (*tb* **banda de** ~: *de neumático*) tread.
Ródano *nm* Rhône.
rodante *adj* rolling.
rodapié *nm* skirting board.
rodar [1m] **1** *vt* (**a**) (*vehículo*) to wheel (along); (*objeto*) to roll (along).
(**b**) (*viajar por*) to travel, go over; **ha rodado medio mundo** he's been over half the world.
(**c**) (*coche nuevo*) to run in.
(**d**) (*Cine*) to shoot, film.
2 *vi* (**a**) to roll (*por* along, down, over *etc*); (*coche*) to go, run; ~ **escaleras abajo/por la escalera** to fall *o* roll downstairs; **echarlo todo a** ~ (*fig*) to mess it all up.
(**b**) (*girar*) to go round, turn, rotate.
(**c**) **andar** *o* **ir rodando** to move about (from place to place), drift; **no hace más que** ~ he just drifts *o* floats about; **me han hecho ir rodando de acá para allá** they kept shunting me about from place to place; **tienen al niño rodando de guardería en guardería** they keep shifting the kid about from nursery to nursery.
(**d**) (*fig*) to be still going, still exist; **ese modelo rueda todavía por el mundo** that model is still about.
(**e**) ~ **por algn** to be at sb's beck and call.
(**f**) (*Cine*) to shoot, film; **llevamos 2 meses rodando en Méjico** we've spent 2 months filming in Mexico.
(**g**) (*Méx, Arg: caballo*) to stumble, fall forwards.
Rodas *nf* Rhodes.
rodear [1a] **1** *vt* (**a**) to surround (*de* by, with); (*encerrar*) to encircle, enclose; **los soldados rodearon el edificio**

the soldiers surrounded the building; **le rodeó el cuello con los brazos** she threw her arms round his neck. (**b**) (*LAm: ganado*) to round up. **2** *vi* (**a**) to go round, go by an indirect route. (**b**) (*fig*) to beat about the bush. **3 rodearse** *vr*: ~ **de** to surround o.s. with.

rodeo *nm* (**a**) (*ruta indirecta*) long way round, roundabout way; (*desvío*) detour; **dar un** ~ to make a detour. (**b**) (*fig: escape*) dodge. (**c**) (*en discurso*) circumlocution; (*evasión*) evasion; **no andarse con ~s, dejarse de ~s** to talk straight, stop beating about the bush; **hablar sin ~s** to speak out plainly. (**d**) (*LAm*) roundup, rodeo.

rodilla *nf* (*Anat*) knee; **de ~s** kneeling; **doblar** *o* **hincar la** ~ to kneel down; (*fig*) to bow, humble o.s.; **estar de ~s** to kneel, be kneeling (down); **hincarse de** *o* **ponerse de ~s** to kneel (down); **poner de ~s a un país** to bring a country to its knees.

rodillera *nf* (*protección*) knee guard; (*remiendo*) knee-pad, patch on the knee.

rodillo *nm* roller; (*Culin*) rolling pin; ~ **de vapor** steamroller.

rododendro *nm* rhododendron.

roedor 1 *adj* gnawing. **2** *nm* rodent.

roer [2z] *vt* (**a**) to gnaw; (*mordiscar*) to nibble at. (**b**) (*corroer*) to corrode, eat away. (**c**) (*conciencia*) to nag, torment.

rogar [1h, 1l] **1** *vt* (**a**) (*suplicar*) to beg, plead with; (*pedir*) to ask for, beg for; ~ **a algn hacer algo** to ask *o* beg sb to do sth; ~ **que ...** + *subjun* to ask that ...; **ruegue a este señor que nos deje en paz** please ask this gentleman to leave us alone. (**b**) (*Rel*) to pray. **2** *vi* (**a**) to beg, plead; **hacerse (de)** ~ to have to be coaxed; **no se hace (de)** ~ he doesn't have to be asked twice. (**b**) (*Rel*) to pray. **3 rogarse** *vr*: **'se ruega no fumar'** 'please do not smoke'.

rojear [1a] *vi* to redden, turn red.

rojete *nm* rouge.

rojigualdo *adj* red-and-yellow *(colours of the Spanish flag)*.

rojizo *adj* reddish.

rojo 1 *adj* red; ~ **cereza** cherry red; **ponerse** ~ to turn red, blush; **ponerse ~ de ira** to be raging mad. **2** *nm* (**a**) red (colour *o (US)* color); **calentar al ~ vivo** to make red-hot; **la atmósfera está al ~ vivo** the atmosphere is electric; **la emoción está al ~ vivo** excitement is at fever pitch; **un semáforo en** ~ a red light. (**b**) ~ **de labios** rouge, lipstick. (**c**) (*Pol*) red.

rol *nm* (**a**) (*lista*) list, roll; (*catálogo*) catalogue, catalog *(US)*; (*Náut*) muster. (**b**) (*esp LAm: Teat*) role, part; (*fig*) role.

rollazo (*fam*) **1** *adj* dead boring *(fam)*. **2** *nm* deadly bore *(fam)*.

rollista *nmf* (*fam: pesado*) bore; (*: mentiroso*) liar.

rollizo *adj* (**a**) (*redondo*) round; (*cilíndrico*) cylindrical. (**b**) (*rechoncho*) plump.

rollo 1 *adj* (*fam*) boring, tedious.

2 *nm* (**a**) (*gen*) roll; (*de cuerda*) coil; (*Hist*) scroll; **en** ~ rolled, rolled up.

(**b**) (*madera*) log.

(**c**) (*fam*) bore; (*discurso*) boring speech; **la conferencia fue un** ~ the lecture was a big drag *(fam)*; **iba a soltarnos un** ~ he was about to start off on a lengthy explanation; **cortar el** ~ to stop the flow (of talk *etc*).

(**d**) (*Esp fam: asunto*) thing, affair; (*: actividad*) activity; **montarse el** ~ to organize one's life-style; **¡qué ~ más pobre!** what awful rubbish!; **no sabemos de qué va el** ~ we're not in the picture *(fam)*, we don't know what the score is *(fam)*; **tirarse el** ~ to shoot a line *(fam)*.

(**e**) (*Esp: fam: ambiente*) ambience, atmosphere; **el ~ madrileño** the Madrid scene *(fam)*; **me va el** ~ I like this scene *(fam)*; **tener un buen ~ con algn** to have a good thing going with sb *(fam)*.

Roma *nf* Rome; ~ **no se construyó en un día** Rome was not built in a day; **por todas partes se va a ~, todos los caminos llevan a** ~ all roads lead to Rome; **revolver ~ con Santiago** to leave no stone unturned.

romadizo *nm* (*resfriado*) head cold; (*catarro*) catarrh.

romance 1 *adj* (*idioma*) Romance. **2** *nm* (**a**) (*gen*) Romance language; (*idioma castellano*) Spanish (language); **hablar en** ~ (*fig*) to speak plainly. (**b**) (*Lit*) ballad. (**c**) (*fam: amorío*) romance, love-affair.

romancero *nm* collection of ballads.

romaní *adj, nm/f* Romany, gipsy, gypsy.

Romania *nf* Romance countries, Romance-speaking regions.

románico *adj* (**a**) (*idioma*) Romance. (**b**) (*Arte, Arquit*) Romanesque.

romano/a *adj, nm/f* Roman.

romanticismo *nm* romanticism.

romántico/a *adj, nm/f* romantic.

rombo *nm* rhombus; (*en diseño etc*) diamond (shape).

romería *nf* (**a**) (*Rel*) pilgrimage; **ir en** ~ to go on a pilgrimage. (**b**) (*excursión*) trip, excursion; (*fiesta*) open-air dance.

romero[1] *nm/f* pilgrim.

romero[2] *nm* (*Bot*) rosemary.

romo *adj* (**a**) blunt. (**b**) (*fig*) dull, lifeless.

rompecabezas *nm inv* (**a**) puzzle; (*acertijo*) riddle; (*juego*) jigsaw (puzzle). (**b**) (*fig*) puzzle; (*problema*) problem, headache.

rompecorazones *nmf inv* heartbreaker.

rompehielos *nm inv* icebreaker.

rompehuelgas *nm inv* strikebreaker, blackleg.

rompeolas *nm inv* breakwater.

romper [2a] (*pp* **roto**) **1** *vt* (**a**) (*gen*) to break; (*hacer pedazos*) to smash, shatter; (*barrera, cerca etc*) to break down, break through; (*cuerda etc*) to snap, break; (*papel*) to tear *o* rip (up); ~ **el hielo** (*fig*) to break the ice.

(**b**) (*gastar*) to wear out.

(**c**) (*roturar*) to break (up), plough, plow *(US)*.

(**d**) (*continuidad, silencio*) to break.

(**e**) (*contrato, pacto*) to break; (*relaciones*) to break off.

(**f**) ~ **el fuego** to open fire; ~ **filas** to break ranks, fall out; ~ **las hostilidades** to start hostilities.

(**g**) (*fam*) **~le la cabeza** *o* **cara a algn** to smash sb's face in *(fam)*.

2 *vi* (**a**) (*olas*) to break.

(**b**) (*guerra*) to break out.

(**c**) (*diente, sol*) to break through, appear; (*día*) to break; ~ **entre** to burst one's way through; ~ **por** to break through.

(**d**) ~ **a hacer algo** to start (suddenly) to do sth; ~ **a llorar** to burst into tears; **luego rompió a hacer calor** then it suddenly began to get hot.

(**e**) ~ **en llanto** to burst into tears.

(**f**) ~ **con algn** to finish with sb; **ha roto con su novio** she has broken up with her fiancé; ~ **con algo** to break with sth; **ha roto con la tradición** he has broken with tradition.

(**g**) **de rompe y rasga** full of self-confidence.

3 romperse *vr* (*V vt*) to break, smash; to snap; to tear, rip; to wear out; ~ **un brazo** to break an arm.

rompiente *nm* (**a**) reef, shoal. (**b**) **~s** breakers, surf.

rompimiento *nm* (**a**) (*V romper 1 (a)*) breaking; smashing, shattering; tearing. (**b**) (*abertura*) opening; (*quiebra*) crack. (**c**) (*acto: fig*) break (*con* with); ~ **de relaciones** breaking-off of relations. (**d**) ~ **de hostilidades** outbreak of hostilities.

romplón: **de** ~ *adv* (*LAm*) suddenly, unexpectedly.

ron *nm* rum.

roncar [1g] *vi* (**a**) (*cuando se duerme*) to snore. (**b**) (*ciervo, mar*) to roar.

roncear [1a] **1** *vt* (**a**) to pester, keep on at. (**b**) (*LAm: espiar*) to keep watch on, spy on. **2** *vi* to work unwillingly.

ronco *adj* (*persona*) hoarse; (*voz*) husky; (*sonido*) harsh, raucous.

roncha *nf* (*cardenal*) bruise; (*hinchazón*) swelling.

Ronda *nf* Ronda.
ronda *nf* **(a)** *(Hist)* night patrol *o* watch; *(de guardia)* beat; *(personas)* watch, patrol, guard; **ir de ~** to do one's round. **(b)** *(Mús)* group of serenaders. **(c)** *(de bebidas)* round; **pagar una ~** to pay for a round. **(d)** *(de cartas)* hand, game; *(en concurso)* round; *(de negociaciones, elecciones)* round, series. **(e)** *(en población)* ring road.
rondar 1a **1** *vt* **(a)** *(Mil)* to patrol; *(inspeccionar)* to do the rounds of; *(fig)* to haunt, hang about; **~ la calle a una joven** to hang about the street where a girl lives; **sospechan de un hombre que rondaba por alí** they suspect a man who was prowling around there.
(b) *(a una persona)* to hang round; *(molestar)* to harass, pester; *(a una chica)* to court.
(c) *(la luz: suj: mariposa)* to flutter round, fly about.
(d) *(fig)* **me está rondando un catarro** I've got a cold hanging over me.
(e) **el precio ronda los mil dólares** the price is nearly a thousand dollars.
2 *vi* *(policía)* to (go on) patrol, do the rounds; *(fig)* to prowl round; *(en la calle)* to roam the streets after dark; *(Mús)* to go serenading.
rondeño/a **1** *adj* of *o* from Ronda. **2** *nm/f* native *o* inhabitant of Ronda.
rondín[1] *nm* *(And, CSur: vigilante)* night watchman.
rondín[2] *nm* *(And Mús: armónica)* harmonica.
rondón: **de ~** *adv* unexpectedly; **entrar de ~** to rush in.
ronquear 1a *vi* to be hoarse.
ronquedad, **ronquera** *nf* hoarseness.
ronquido *nm* snore, snoring; *(fig)* roar(ing).
ronronear 1a *vi* to purr.
ronroneo *nm* purr.
ronzal *nm* halter.
ronzar 1f *vt, vi* to munch, crunch.
roña **1** *nf* **(a)** *(Vet)* mange. **(b)** *(mugre)* dirt, grime; *(en metal)* rust. **(c)** *(tacañería)* meanness, stinginess. **2** *nmf* *(fam)* mean person, scrooge *(fam)*.
roñería *nf* meanness, stinginess.
roñica *nmf* *(fam)* skinflint.
roñoso *adj* **(a)** *(tacaño)* mean, stingy. **(b)** *(mugriento)* dirty, filthy. **(c)** *(inútil)* useless.
ropa *nf* clothes, clothing; *(vestido)* dress; **~ blanca** linen; **~ de cama** bedclothes; **~ interior** underwear; **~ lavada** *o* **por lavar** washing; **~ planchada** ironing; **~ sucia** dirty clothes, washing; **~ usada** secondhand clothes; **a quema ~** pointblank; **hay ~ tendida** the walls have ears; **guardar la ~** to speak cautiously; **no tocar la ~ a algn** not to touch a hair of sb's head, keep one's hands off sb.
ropaje *nm* gown, robes *pl*; **~s** *(Rel)* vestments *pl*.
ropavejero *nm* old-clothes dealer.
ropería *nf* **(a)** *(tienda)* clothes shop. **(b)** *(comercio)* clothing trade.
ropero **1** *adj* for clothes, clothes *atr*; **armario ~** wardrobe, clothes cupboard. **2** *nm* linen cupboard; *(guardarropa)* wardrobe.
roque[1] *nm* *(Ajedrez)* rook, castle.
roque[2] *adj*: **quedarse ~** *(fam)* to fall asleep.
roquedal *nm* rocky place.
rosa **1** *nf* **(a)** *(Bot)* rose; **palo ~** rosewood; **no hay ~ sin espinas** there's no rose without a thorn; **estar como una ~** to feel as fresh as a daisy. **(b)** **de ~, color de ~** pink; *(fig)* rosy; **vestidos color de ~** pink dresses. **(c)** *(Anat)* (red) birthmark. **(d)** **~ náutica** *o* **de los vientos** compass (card), compass rose. **2** *adj* pink; **Zona R~** *(Méx: barrio)* elegant (tourist) quarter of Mexico City.
rosado **1** *adj* pink. **2** *nm* *(vino)* rosé.
rosal *nm* rose bush, rose tree; **~ silvestre** wild rose.
rosaleda *nf* rose bed, rose garden.
rosario *nm* **(a)** *(Rel)* rosary; *(sarta)* rosary beads; **acabar como el ~ de la aurora** *o* **del alba** to end up in confusion, end with everybody falling out; **rezar el ~** to say the rosary. **(b)** *(fig: serie)* string, series; **un ~ de maldiciones** a string of curses.
rosbif *nm* roast beef.
rosca *nf* **(a)** *(de humo)* ring, spiral; *(Culin)* ringshaped roll/pastry, ≈ doughnut; **estaba hecho una ~** he was all curled up in a ball; **no comerse un ~** *V* **rosco (a)**. **(b)** *(de tornillo)* thread; **hacer la ~ a algn** *(fam)* to suck *o* *(US)* kiss up to sb *(fam)*; **pasarse de ~** *(fig)* to go too far, overdo it. **(c)** *(And Pol)* ruling clique, oligarchy.
rosco *nm* **(a)** *(Culin)* ringshaped roll/pastry, ≈ doughnut; **no comerse un ~** *(fam: no ligar)* to get absolutely nowhere *(con* with). **(b)** *(fam: Univ)* zero, nought.
roscón *nm* *(tb* **~ de Reyes**) ring-shaped cake *(eaten on the 6th January)*.
roseta *nf* **(a)** *(Bot)* small rose. **(b)** *(Dep)* rosette. **(c)** **~s** *(de maíz)* popcorn.
rosetón *nm* **(a)** *(Arquit)* rose window. **(b)** *(Dep)* rosette. **(c)** *(Aut)* cloverleaf (junction).
rosita *nf* **(a)** *(Bot)* small rose. **(b)** **de ~** *(Méx)* without effort; **andar de ~** *(LAm)* to be out of work.
rosquete *adj, nm* *(And fam!)* queer *(fam!)*, poof *(fam!)*.
rosquetón/ona *(Per fam)* **1** *adj* effeminate. **2** *nm/f* queer *(fam!)*.
rosquilla *nf* **(a)** *(de humo)* ring. **(b)** *(Culin)* ring-shaped pastry, doughnut; **venderse como ~s** to sell like hot cakes. **(c)** *(larva)* small caterpillar.
rosticería *nf* *(Méx, Chi)* roast chicken shop.
rostizado *adj*: **pollo ~** *(Méx)* roast chicken.
rostro *nm* *(semblante)* countenance; *(cara)* face.
rostropálido/a *nm/f* paleface.
rotación *nf* rotation; *(revolución)* turn, revolution; *(de producción)* turnover; **~ de cultivos** rotation of crops.
rotaje *nm* *(Chi fam)* plebs *pl* *(fam)*.
rotarianismo *nm* *(esp LAm)* Rotarianism.
rotario *adj, nm* *(esp LAm)* Rotarian.
rotativo **1** *adj* rotary, revolving. **2** *nm* newspaper.
rotería *nf* *(LAm)* common people *pl*, plebs *pl* *(fam)*.
rotisería *nf* *(Csur)* delicatessen.
roto **1** *pp de* **romper**. **2** *adj* **(a)** broken; *(en pedazos)* smashed; *(vestido)* torn; *(vida)* shattered, destroyed; **estar ~ (de cansancio)** to be exhausted. **(b)** *(fig)* debauched, dissipated. **(c)** *(And, Chi: fam)* common, low-class. **3** *nm* **(a)** *(en vestido)* hole, torn piece. **(b)** *(LAm fam)* Chilean (person); *(Chi: pobre)* low-class person.
rotonda *nf* **(a)** *(Arquit)* rotunda, circular gallery. **(b)** *(CSur, Méx: Aut)* roundabout, traffic circle *(US)*.
rotor *nm* rotor.
rotoso *adj* *(LAm fam)* ragged, shabby.
rótula *nf* **(a)** *(Anat)* kneecap. **(b)** *(Mec)* ball-and-socket joint.
rotulador *nm* felt tip pen.
rotular 1a *vt* *(objeto)* to label, put a label *o* ticket on; *(carta, documento)* to head, entitle.
rotulista *nmf* sign painter.
rótulo *nm* *(etiqueta)* label, ticket; *(título)* heading, title; *(letrero)* sign, notice; *(cartel)* placard, poster.
rotundo *adj* **(a)** *(redondo)* round. **(b)** *(negativa)* flat, forthright; **me dio un 'sí' ~** he gave me an emphatic 'yes'. **(c)** *(estilo)* expressive.
rotura *nf* = **rompimiento (a)**.
roturar 1a *vt* *(Agr)* to break up, plough, plow *(US)*.
rozado *adj* worn, grazed.
rozadura *nf* abrasion, graze.
rozagante *adj* **(a)** showy; *(llamativo)* striking. **(b)** *(fig)* proud.
rozamiento *nm* rubbing, chafing; *(Mec)* friction.
rozar 1f **1** *vt* **(a)** *(frotar)* to rub (on), rub against; *(raer)* to scrape (on); *(Mec)* to grate on; *(Med)* to chafe, graze; *(tocar ligeramente)* to graze, shave, skim; **~ a algn al pasar** to brush past sb.
(b) *(arrugar)* to rumple, crumple; *(ensuciar)* to dirty.
(c) *(fig)* to touch on, border on; **es cuestión que roza la política** it's partly a political question.
(d) *(Arquit)* to make a groove *o* hollow in.
(e) *(Agr: hierba)* to graze; *(: terreno)* to clear.

2 *vi*: ~ **con** (*fig*) = **1 (c)**.

3 rozarse *vr* (**a**) to rub (together); ~ **los puños** to graze one's knuckles.

(**b**) (*tropezarse*) to trip over one's own feet.

(**c**) (*fam: tratarse*); ~ **con** to hobnob with, rub shoulders with.

(**d**) (*al hablar*) to get tongue-tied.

R.P. *abr* (**a**) *de* **Reverendo Padre**. (**b**) *de* **Relaciones Públicas** PR.

r.p.m. *nfpl abr de* **revoluciones por minuto** rpm.

RRPP *nfpl abr de* **relaciones públicas** PR.

Rte. *abr* (*Correos*) *de* **remite**; **remitente**.

RTVE *nf abr de* **Radiotelevisión Española**.

ruana *nf* (*And, Carib*) (peasant) poncho, ruana.

ruanetas *nmf inv* (*Col*) peasant.

rubéola *nf* German measles.

rubí *nm* ruby; (*de reloj*) jewel.

rubia *nf* (**a**) (*gen*) blonde; ~ **oxigenada** *o* **de bote** peroxide blonde; ~ **platino** platinum blonde. (**b**) (*Fin: fam*) one peseta.

rubiales *nmf inv* (*fam*) blond(e), fair-haired person.

rubicundo *adj* ruddy.

rubio *adj* (**a**) (*persona*) fair-haired, blond(e); (*animal*) light-coloured, light-colored *(US)*, golden. (**b**) **tabaco** ~ Virginia tobacco.

rublo *nm* rouble.

rubor *nm* (**a**) bright red. (**b**) (*en cara*) blush, flush; **causar** ~ **a algn** to make sb blush. (**c**) (*fig*) bashfulness.

ruborizarse [1f] *vr* to blush, redden (*de* at).

ruboroso *adj* (**a**) **ser** ~ to blush easily. (**b**) **estar** ~ to blush, be blushing; (*fig*) to feel bashful.

rúbrica *nf* (**a**) (*señal*) red mark. (**b**) (*de la firma*) flourish. (**c**) (*título*) title, heading; **bajo la** ~ **de** under the heading of. (**d**) **de** ~ customary, usual.

rubricar [1g] *vt* (*firmar*) to sign with a flourish; (*concluir*) to sign and seal.

rubro *nm* (**a**) (*LAm*) heading, title. (**b**) (*LAm*) ~ **social** trading *o* firm's name.

ruca *nf* (*CSur: cabina*) (Indian) hut, cabin.

rucio 1 *adj* (*caballo*) grey, gray *(US)*; (*persona*) grey-haired; (*Chi fam*) fair, blond(e). **2** *nm* (*caballo*) grey (horse); (*Chi fam*) blond(e) (person).

ruco *adj* (*LAm*) worn-out, useless.

rudeza *nf* (**a**) (*sencillez*) simplicity; (*pey*) coarseness. (**b**) (*estupidez*) ~ **de entendimiento** stupidity.

rudimental, **rudimentario** *adj* rudimentary.

rudimento *nm* rudiment.

rudo *adj* (**a**) (*madera*) rough; (*sin pulir*) unpolished. (**b**) (*Mec: pieza*) stiff. (**c**) (*persona: sencilla*) simple; (*: vulgar*) common. (**d**) (*golpe*) hard; **fue un** ~ **golpe para mí** it was a serious blow to me. (**e**) (*estúpido*) simple, stupid.

rueda *nf* (**a**) (*gen*) wheel; ~**s de aterrizaje** (*Aer*) landing wheels; ~ **de atrás** rear *o* back wheel; ~ **delantera** front wheel; ~ **dentada** cog; ~ **de la fortuna** wheel of fortune; ~ **impresora** (*Inform*) print wheel; ~ **libre** freewheel; ~ **de molino** millwheel; ~ **de recambio** spare wheel; **ir sobre** ~**s** (*fam*) to go smoothly. (**b**) (*círculo*) circle, ring; **en** ~ in a ring; ~ **de prensa** press conference; ~ **de reconocimiento** identification parade. (**c**) (*rodaja*) slice, round. (**d**) (*en torneo*) round.

ruedo *nm* (**a**) (*rotación*) turn, rotation. (**b**) (*contorno*) edge, border; (*circunferencia*) circumference; (*de vestido*) hem. (**c**) (*Taur*) bullring, arena. (**d**) (*esterilla*) (round) mat.

ruego *nm* request; **a** ~ **de** at the request of; **accediendo a los** ~**s de** in response to the requests of; **'~s y preguntas'** (*en una conferencia*) 'any other business'.

rufián *nm* (**a**) (*traficante*) pimp. (**b**) (*gamberro*) hooligan.

rufo *adj* red-haired.

rugby ['rugbi] *nm* rugby.

rugido *nm* roar; ~ **de dolor** howl of pain.

rugir [3c] *vi* (*gen*) to roar; (*toro*) to bellow; (*tormenta, viento*) to roar, howl, rage; (*estómago*) to rumble; ~ **de dolor** to roar *o* howl with pain.

rugoso *adj* (*arrugado*) wrinkled, creased; (*desigual*) ridged; (*áspero*) rough.

ruido *nm* (**a**) (*gen*) noise; (*sonido*) sound; (*alboroto*) racket, row; ~ **de fondo** background noise; **sin** ~ quietly; **no hagas** ~ don't make a sound; **mucho** ~ **y pocas nueces** much ado about nothing. (**b**) (*escándalo*) commotion, fuss; (*grito*) outcry; **hacer** *o* **meter** ~ to cause a stir; **quitarse de** ~**s** to keep out of trouble.

ruidoso *adj* (**a**) noisy, loud. (**b**) (*fig*) sensational.

ruin *adj* (**a**) (*gen*) contemptible, mean. (**b**) (*tacaño*) mean, stingy. (**c**) (*pequeño*) small, weak. (**d**) (*animal*) vicious.

ruina *nf* (**a**) (*gen*) ruin; ~**s** ruins, remains; **estar hecho una** ~ to be a wreck. (**b**) (*colapso*) collapse; **amenazar** ~ to threaten to collapse, be about to fall down. (**c**) (*fig*) ruin, destruction; (*de imperio*) fall, decline; (*de persona*) ruin, downfall; **será mi** ~ it will be the ruin of me; **la empresa le llevó a la** ~ the venture ruined him (financially).

ruindad *nf* (**a**) (*cualidad*) meanness, lowness. (**b**) (*acción*) low *o* mean act.

ruinoso *adj* (**a**) ruinous; (*destartalado*) tumbledown. (**b**) (*Fin*) ruinous, disastrous.

ruiseñor *nm* nightingale.

ruleta *nf* roulette; ~ **rusa** Russian roulette.

ruletear [1a] *vi* (*CAm, Méx*) to drive a taxi *o* cab.

ruleteo *nm* (*CAm, Méx*) taxi *o* cab driving.

ruletero *nm* (*CAm, Méx*) taxi *o* cab driver.

rulo *nm* (**a**) (*rodillo*) roller. (**b**) (*de pelo*) curler. (**c**) (*And, CSur: rizo*) natural curl.

rulota *nf* caravan, trailer *(US)*.

ruma *nf* (*LAm*) heap, pile.

Rumania, **Rumanía** *nf* Romania.

rumano/a 1 *adj, nm/f* Rumanian. **2** *nm* (*Ling*) Rumanian.

rumba *nf* (**a**) (*Mús*) rumba. (**b**) (*LAm: fiesta*) party, celebration.

rumbear [1a] *vi* (**a**) (*LAm Mús*) to dance the rumba. (**b**) (*LAm: seguir*) to follow a direction. (**c**) (*Cu fam: ir de rumba*) to have a party.

rumbo *nm* (**a**) (*camino*) route, direction; (*ángulo de dirección*) course, bearing; **con** ~ **a** in the direction of; **ir con** ~ **a** to be heading for; (*Náut*) to be bound for; **corregir el** ~ to correct one's course; **ir al** ~ to find one's way by guesswork; **perder el** ~ (*Aer, Náut*) to go off course; **poner** ~ **a** *o* **hacia** (*gen, Náut*) to set a course for.

(**b**) (*fig*) course of events; (*conducta*) line of conduct; ~ **nuevo** new departure; **tomar** ~ **nuevo** to change one's approach; **los acontecimientos vienen tomando un** ~ **sensacional** events are taking a sensational turn.

(**c**) (*fig: generosidad*) generosity, lavishness; (*: pompa*) showiness, pomp; **viajar con** ~ to travel in style.

(**d**) (*LAm: fiesta*) party.

rumboso *adj* (*generoso*) generous; (*espléndido*) big, splendid.

rumiante *adj, nm* ruminant.

rumiar [1b] **1** *vt* (**a**) to chew. (**b**) (*fig: masticar*) to chew over; (*ponderar*) to ponder (over). **2** *vi* (**a**) (*vaca*) to chew the cud. (**b**) (*fig*) to ruminate, ponder.

rumor *nm* (**a**) (*murmuración*) murmur; (*ruido sordo*) low sound; (*de voces*) buzz. (**b**) (*fig*) rumour, rumor *(US)*; **circula un** ~ **de que** ... there's a rumour going round that ....

rumorearse [1a] *vr*: **se rumorea que** it is rumoured *o* *(US)* rumored that.

rumoreo *nm* murmur(ing).

rumoroso *adj* full of sounds; (*arroyo*) murmuring, musical.

runa[1] *nf* rune.

runa[2] *nm* (*And, CSur*) Indian (man).

runa simi *nm* (*And Ling*) Quechua (language).
runfla *nm* (*LAm fam: montón*) lot, heap; (*: multitud*) crowd.
runrún *nm* (**a**) sound of voices, murmur. (**b**) (*fig*) rumour, rumor *(US)*, buzz *(fam)*. (**c**) (*de una máquina*) whirr.
runrunearse [1a] *vr*: **se runrunea que** ... it is rumoured *o* *(US)* rumored that ....
runruneo *nm* = **runrún (a)**.
rupestre *adj* rock *atr*; **pintura ~** cave painting; **planta ~** rock plant.
ruptura *nf* rupture; (*disputa*) split; (*de contrato*) breaking; (*de relaciones*) breaking-off.
rural 1 *adj* rural, country *atr*. **2** *nf* (*Arg Aut*) station wagon, estate car.
Rusia *nf* Russia; **~ Soviética** Soviet Russia.
ruso/a 1 *adj, nm/f* Russian; (*Arg fam*) Jew. **2** *nm* (*Ling*) Russian.
rústica[1] *nf*: **libro en ~** paperback (book); **edición (en) ~** paperback edition.
rústico/a[2] **1** *adj* (**a**) rustic, rural, country *atr*. (**b**) (*pey*) coarse, uncouth. **2** *nm/f* peasant, yokel.
ruta *nf* route; (*fig*) course (of action).
rutilante *adj* (*Lit*) shining, sparkling, glowing.
rutilar [1a] *vi* to shine, sparkle.
rutina *nf* (*gen*) routine; **~ diaria** daily routine; **por ~** as a matter of routine; (*fig*) from force of habit.
rutinario *adj* (**a**) routine; (*ordinario*) ordinary, everyday. (**b**) (*persona*) ordinary; (*sin imaginación*) unimaginative.
Rvdo. *abr de* **Reverendo** Rev(d).

S

S, s ['ese] *nf* (*letra*) S, s.
S *abr* (**a**) *de* **sur** S. (**b**) (*Rel*) *de* **San**; **Santa**; **Santo** St. (**c**) *de* **septiembre** Sept. (**d**) (*Cine: película*) *de* **película porno**. (**e**) *de* **sobresaliente** v.g.
s. *abr* (**a**) *de* **siglo** c. (**b**) *de* **siguiente** foll.
s/ *abr* (*Com*) *de* **su(s)** yr.
S.ª *abr de* **Sierra** Mts.
S.A. *abr* (**a**) (*Com*) *de* **Sociedad Anónima** Ltd, plc, Corp *(US)*, Inc *(US)*. (**b**) *de* **Su Alteza** H.H.
sáb. *abr de* **sábado** Sat.
sábado *nm* (**a**) Saturday; (*de los judíos*) Sabbath; **S~ de Gloria** *o* **Santo** Easter Saturday; **del ~ en ocho días** Saturday week, a week on Saturday, the Saturday after next; **el ~ pasado/próximo** *o* **que viene** last/this *o* next Saturday; **el ~ por la mañana** (on) Saturday morning; **la noche del ~** Saturday night; **un ~ sí y otro no, cada dos ~s** every other *o* second Saturday; **no va al colegio los ~s** he doesn't go to school on Saturdays; **vendrá el ~ (25 de marzo)** he will come on Saturday (March 25th).
(**b**) (*fig*) **hacer ~** to do the weekly clean.
sabana *nf* savannah.
sábana *nf* (**a**) sheet; (*Rel*) altar cloth; **~ de agua** (*fig*) sheet of rain; **se le pegan las ~s** he oversleeps. (**b**) (*fam*) *1000 peseta note*.
sabandija *nf* (**a**) (*bicho*) bug, creepy-crawly *(fam)*; **~s** vermin *sg*. (**b**) (*fig*) wretch, louse.
sabanilla *nf* (*Rel*) altar cloth.
sabañón *nm* chilblain.
sabático *adj* (*Rel, Univ*) sabbatical.
sabelotodo *nm inv* (*fam*) know-all.
saber [2m] **1** *vt, vi* (**a**) (*conocer*) to know; **~ de** to know about, be aware of; **lo sé** I know; **sin ~lo yo** without my knowledge; **'no sabe, no contesta'** 'don't knows'; **hacer ~** to inform, let know.
(**b**) (*tener capacidad de*) **¿sabes ruso?** do *o* can you speak Russian?; **~ hacer algo** to know how to do sth; **sé conducir** I can drive, I know how to drive.
(**c**) (*tener noticia de*) to find out, hear; **cuando lo supe** when I heard *o* found out about it; **desde hace 6 meses no sabemos nada de él** we haven't heard from him for 6 months.
(**d**) (+ *infin: movimiento*) **¿sabes ir?** do you know the way?; **no sabe todavía andar por la ciudad** he still doesn't know his way about the town.
(**e**) (*locuciones*) **a ~** namely, i.e.; **a ~ si realmente lo compró** I wonder whether he really did buy it; **¡de haberlo sabido!** if only I'd known!; **¡yo qué sé!, ¡qué sé yo!** how should I know!, search me! *(fam)*; **tú sabrás (lo que haces)** I suppose you know (what you're doing); **¡no lo sabes bien!** (*fam*) not half! *(fam)*; **¡quién sabe!** who knows!; **que yo sepa** as far as I know; **¡si lo sabré yo!** as if I'd know!, it's no good asking me!; **ya lo sabía yo** I thought as much; **un no sé qué** a certain something; **nos sirvió no sé qué vino** he gave us some wine or other; **¿tú qué sabes?** what do you know about it?; **para que lo sepas** just so you know; **vete (tú)** *o* (*LAm*) **anda a ~** your guess is as good as mine; **¿sabe?** (*fam*) you know?, you know what I mean?
(**f**) (*LAm*) **~ hacer** to be in the habit of doing; **no sabe venir por aquí** he doesn't usually come this way.
2 *vi*: **~ a** to taste of; (*fig*) to smack of; **esto sabe a queso** this tastes of cheese; **esto sabe mal** *o* **a demonio(s)** this tastes awful; **le sabe mal que otro la saque a bailar** it upsets him that anybody else should ask her to dance.
3 saberse *vr* (**a**) **ya se sabe que** ... it is known that ..., we know that ...; **no se sabe** nobody knows; **¿se puede ~ si ... ?** can you tell me if *o* whether ... ?; **eso ya me lo sabía yo** I already knew that.
(**b**) **se supo que** ... it was learnt *o* discovered that ...; **por fin se supo el secreto** finally the secret was revealed.
4 *nm* knowledge, learning; **según mi leal ~ y entender** to the best of my knowledge.
sabiamente *adv* (**a**) (*eruditamente*) learnedly, expertly. (**b**) (*prudentemente*) wisely, sensibly.
sabidillo/a *nm/f* (*fam*) know-all.
sabido 1 *pp de* **saber**; **es ~ que** it is well known that; **como es ~** as we all know. **2** *adj* (**a**) (*consabido*) well-known, familiar. (**b**) (*iró*) knowledgeable, learned.
sabiduría *nf* (*gen*) wisdom; (*instrucción*) learning; **~ popular** folklore.
sabiendas: **a ~** *adv* (*sabiendo*) knowingly; (*a propósito*) deliberately; **a ~ de que** ... knowing full well that ....
sabihondo/a *adj, nm/f* know-all, know-it-all *(US)*.
sabio/a 1 *adj* (**a**) (*persona: docto*) learned, expert; (*: iró*) know-all. (**b**) (*persona: al actuar*) wise, sensible. (**c**) (*acción, decisión*) wise, sensible. (**d**) (*animal*) trained. **2** *nm/f* (*docto*) learned man/woman; (*experto*) scholar, expert.
sablazo *nm* (**a**) (*herida*) sword wound. (**b**) (*fam*) sponging *(fam)*; **dar** *o* **pegar un ~ a algn** to touch sb for a loan *(fam)*. (**c**) **la cuenta fue un ~** (*fam*) the bill was astronomical.
sable *nm* sabre, cutlass.

sablear [1a] *vi* (*fam*) to touch for a loan (*fam*); ~ **dinero a algn** to scrounge money off sb (*fam*).
sablista *nmf* (*fam*) sponger (*fam*).
sabor *nm* taste, flavour, flavor (*US*); (*fig*) flavour; ~ **local** local colour *o* (*US*) color; **con ~ a queso** cheese-flavoured; **sin** ~ (*lit*) tasteless; (*fig*) insipid; **le deja a uno mal ~ de boca** (*fig*) it leaves a nasty taste in the mouth.
saborcillo *nm* slight taste.
saborear [1a] *vt* (**a**) (*comida*) to taste, savour, savor (*US*). (**b**) (*dar sabor*) to flavour, flavor (*US*), add a flavour to. (**c**) (*fig*) to relish.
sabotaje *nm* sabotage.
saboteador(a) *nm/f* saboteur.
sabotear [1a] *vt* (*lit, fig*) to sabotage.
sabré *etc V* **saber**.
sabroso *adj* (**a**) (*comida*) tasty; (*salado*) slightly salty. (**b**) (*libro*) solid, meaty; (*oferta*) substantial; (*sueldo*) hefty, juicy (*fam*). (**c**) (*broma, historia*) racy, daring. (**d**) (*And, Carib, Méx: ameno*) pleasant.
sabueso *nm* (**a**) (*Zool*) bloodhound. (**b**) (*fig*) sleuth.
saca[1] *nf* big sack; ~ **de correo(s)** mailbag.
saca[2] *nf* (*acción*) taking out, withdrawal; (*Com*) export; **estar de** ~ (*Com*) to be on sale.
sacabocados *nm inv* (*Téc*) punch.
sacaclavos *nm inv* nail-puller, pincers *pl*.
sacacorchos *nm inv* corkscrew.
sacacuartos *nm inv* = **sacadineros**.
sacadineros *nm inv* (**a**) (*baratija*) cheap trinket. (**b**) (*diversión*) money-wasting spectacle, worthless side-show *etc*; (*truco criminal*) small-time racket. (**c**) (*persona*) cheat.
sacamuelas *nmf inv* (*hum: dentista*) tooth-puller.
sacapuntas *nm inv* pencil sharpener.
sacar [1g] **1** *vt* (**a**) (*diente, algo del bolsillo*) to take out; (*arma*) to draw; (*dinero: de cuenta*) to draw out, withdraw; (*mancha*) to get out *o* off; ~ **a algn de casa** to get sb out of the house; ~ **a bailar a algn** to take sb out dancing.
(**b**) (*fig: extraer*) to get (out); ~ **una información a algn** to get information out of sb; **los datos están sacados de 2 libros** the data is taken from 2 books; **¿de dónde has sacado esa idea?** where did you get that idea?; **no conseguirán ~le nada** they'll get nothing out of him; **lo que se saca de todo esto es que** what I gather from all this is that; ~ **a algn de sí** to infuriate sb.
(**c**) (*Dep: Tenis*) to serve; (*: Ftbl*) to throw in.
(**d**) (*parte del cuerpo*) ~ **la barbilla** to stick one's chin out; ~ **la lengua** to put one's tongue out; ~ **la mano** (*Aut etc*) to put one's hand out.
(**e**) (*ropa: esp LAm*) to take off.
(**f**) (*entradas, carnet*) to get.
(**g**) (*solución*) to reach; (*conclusión*) to draw.
(**h**) (*producir: producto*) to make; (*: modelo nuevo*) to bring out; (*: moda*) to create; (*: libro*) to bring out, publish; **aquí sacan 200 coches diarios** they make 200 cars a day here; **a este propósito han sacado unos versos** they've made up some verses about this.
(**i**) (*foto*) to take; (*copia*) to make, have made; **saca buen retrato** he takes a good photo; **te voy a ~ una foto** I'll take a photo *o* snap of you.
(**j**) (*obtener: legado, puesto*) to get; (*: ganancia*) to make; **sacó el premio gordo** he got *o* won the big prize; **así no vas a ~ nada** you won't get anything that way; **siempre saca notas buenas** he always gets good marks; **sacó un buen número para la lotería** he drew a good number for the lottery; **han sacado 35 diputados** they have got 35 members elected; ~ **algo en limpio** *o* **claro** to get sth clear; ~ **provecho a algo** to get some benefit from sth.
(**k**) (*demostrar*) to show; **en esto sacó por fin su habilidad** in this he finally showed *o* demonstrated his skill; ~ **faltas a algn** to point out sb's defects.
(**l**) ~ **brillo a** to polish; ~ **los colores a algn** to make sb blush.
(**m**) (*mencionar*) to mention, put; **le han sacado en el periódico** they've put him in the paper; **no me saques ahora eso** don't start on about that now; ~ **algo a relucir** to bring sth up, harp on about sth.
(**n**) (*fam*) **le saca 10 cm a su hermano** he is 10 cm taller than his brother.
(**o**) ~ **adelante** (*niño*) to bring up successfully; (*negocio*) to be successful in.
(**p**) (*Cos: prenda de vestir*) to let out.
2 sacarse *vr* (**a**) (*esp LAm*) ~ **la ropa** to take off one's clothes.
(**b**) ~ **una foto** to get one's photo taken.
sacarina *nf* saccharin(e).
sacerdocio *nm* priesthood.
sacerdotal *adj* priestly.
sacerdote *nm* priest; ~ **obrero** worker priest; **sumo** ~ high priest.
sacerdotisa *nf* priestess.
saciado *adj*: ~ **de** (*fig*) steeped *o* saturated in.
saciar [1b] **1** *vt* (*hambre etc*) to satiate; (*sed*) to quench; (*fig: deseos etc*) to satisfy; (*ambición*) to fulfil, fulfill (*US*), more than satisfy. **2 saciarse** *vr* (*fig*) to be satisfied (*con, de* with).
saciedad *nf* satiation, satiety; **hasta la** ~ (*comer*) one's fill; (*repetir*) ad nauseam.
saco[1] *nm* (**a**) (*costal*) bag, sack; (*Mil*) kitbag; (*contenido*) bagful; ~ **de arena** (*Mil*) sandbag; (*Dep*) punchball; ~ **de dormir** sleeping bag; **a ~s** (*fig*) by the ton; **caer en ~ roto** to fall on deaf ears; **lo tenemos en el** ~ (*fam*) we've got it in the bag (*fam*). (**b**) (*Anat*) sac. (**c**) (*fam*); **es un ~ de picardías** he's full of tricks; **ser un ~ sin fondo** to spend money like water. (**d**) (*LAm: chaqueta*) jacket.
saco[2] *nm* (*Mil*) sack; **entrar a ~ en** to sack.
sacralizar [1f] *vt* (*hum*) to consecrate, canonize; (*aprobar*) to give official approval to.
sacramental *adj* (*Rel*) sacramental; (*palabras*) ritual.
sacramentar [1a] *vt* to administer the last sacraments to.
sacramento *nm* sacrament; **el Santísimo S~** the Blessed Sacrament; **recibir los ~s** to receive the last sacraments.
sacrificar [1g] **1** *vt* (**a**) (*Rel, fig*) to sacrifice (*a* to). (**b**) (*animal*) to slaughter; (*perro etc*) to put to sleep. **2 sacrificarse** *vr* to sacrifice o.s.
sacrificio *nm* (**a**) (*Rel, fig*) sacrifice. (**b**) (*de animal*) slaughter(ing).
sacrilegio *nm* sacrilege.
sacrílego *adj* sacrilegious.
sacristán *nm* verger, sacrist(an).
sacristía *nf* vestry, sacristy.
sacro *adj* sacred, holy.
sacrosanto *adj* sacrosanct.
sacudida *nf* (**a**) (*agitación*) shake, shaking; (*movimiento brusco*) jerk; (*de terremoto*) shock; (*de explosión*) blast; (*de cabeza*) toss; ~ **eléctrica** electric shock; **dar una ~ a una alfombra** to beat a carpet; **avanzar dando ~s** to bump *o* jolt along. (**b**) (*fig*) violent change; (*Pol etc*) upheaval; **hay que darle una** ~ he needs a jolt.
sacudir [3a] **1** *vt* (**a**) (*gen*) to shake; (*ala*) to flap; (*alfombra*) to beat. (**b**) (*quitar: tierra*) to shake off; (*cuerda*) to jerk, tug; (*pasajero, vehículo*) to jolt; (*cabeza*) to shake. (**c**) (*fig*) to shake; ~ **a algn de su depresión** to shake sb out of his depression; ~ **los nervios a algn** to shatter sb's nerves. (**d**) (*fam*) ~ **a algn** to belt sb (*fam*). **2 sacudirse** *vr* to shake (o.s.); ~ **(de) un peso** to shake off a burden; **por fin se la han sacudido** they've finally got rid of him.
sacudón *nm* (*LAm*) violent shake.
S.A. de C.V. *abr* (*Méx*) *de* **Sociedad Anónima de Capital Variable** Ltd, plc, Corp (*US*), Inc (*US*).
sádico/a 1 *adj* sadistic. **2** *nm/f* sadist.
sadismo *nm* sadism.
sadista *nmf* sadist.
sadomasoquista 1 *adj* sadomasochistic. **2** *nmf*

sadomasochist.
saeta *nf* (**a**) (*Mil*) arrow, dart. (**b**) (*de reloj*) hand; (*de brújula*) magnetic needle. (**c**) (*Mús*) *sacred song in flamenco style.*
safado *adj* (**a**) (*LAm fam*) mad, crazy. (**b**) (*Arg fam: despejado*) cute *(fam)*, alert, bright.
safari *nm* safari; **estar de** ~ to be on safari.
saga *nf* saga.
sagacidad *nf* (*astucia*) shrewdness, cleverness; (*perspicacia*) sagacity.
sagaz *adj* (*astuto*) shrewd, clever; (*perspicaz*) sagacious.
Sagitario *nm* Sagittarius.
sagrado *adj* sacred, holy.
sagrario *nm* shrine.
sagú *nm* sago.
Sahara, **Sáhara** ['saxara] *nm* Sahara.
saharaui 1 *adj* Saharan. **2** *nmf* native *o* inhabitant of the Sahara.
S.A.I. *abr de* **Su Alteza Imperial**.
saín *nm* animal fat.
sainete *nm* (*Teat*) one-act farce *o* comedy.
sajar [1a] *vt* (*Med*) to cut open, lance.
sajón/ona *adj, nm/f* Saxon.
Sajonia *nf* Saxony.
sal[1] *nf* (**a**) salt; ~**es (aromáticas)** smelling salts; ~**es de baño** bath salts; ~ **de cocina** *o* **gorda** kitchen *o* cooking salt; ~ **de fruta(s)** fruit salts; ~ **de mesa** table salt. (**b**) (*gracia*) wit; (*encanto*) charm; ~ **de la tierra** salt of the earth; **tiene mucha** ~ he's very amusing.
sal[2] *V* **salir**.
sala *nf* (**a**) en casa; (*tb* ~ **de estar**) living *o* sitting room, lounge; (*cuarto grande*) large room; (*de castillo*) hall.
(**b**) (*Teat*) house, auditorium; (*Jur*) court; (*Med*) ward; ~ **de conciertos/conferencias** concert/lecture hall; ~ **de fiestas** night club; ~ **de embarque** *o* **salidas** departure lounge; ~ **de espera** (*Med, Ferro*) waiting room; (*Aer*) departure lounge; ~ **de juntas** (*Com*) boardroom; ~ **justicia** law court; ~ **de operaciones** operating theatre *o* *(US)* room; ~ **de prensa** press room; ~ **X** adult cinema; **deporte en** ~ indoor sport.
saladar *nm* salt marsh.
salado *adj* (**a**) (*Culin*) salty; (*agua*) salt *atr*; **muy** ~ strongly salted. (**b**) (*gracioso*) amusing; (*vivo*) lively; (*atractivo*) charming; **¡qué ~!** how amusing!; (*iro*) very droll! (**c**) (*LAm: desgraciado*) unlucky, unfortunate. (**d**) (*CSur fam: caro*) expensive.
Salamanca *nf* Salamanca.
salamandra *nf* salamander.
salamanquesa *nf* lizard, gecko.
salame, **salami** *nm* salami.
salar[1] *nm* (*And, CSur: yacimiento*) salt pan.
salar[2] [1a] *vt* (**a**) (*Culin*) to put salt in; (*: para conservar*) to salt. (**b**) (*LAm: arruinar*) to ruin, spoil.
salarial *adj* wage *atr*; **reclamación** ~ wage claim.
salario *nm* wage(s) *pl*, pay, salary; ~ **mínimo interprofesional** guaranteed minimum wage.
salaz *adj* salacious, prurient.
salazón *nf* (**a**) (*acto*) salting. (**b**) (*carne*) salted meat; (*pescado*) salted fish.
salchicha *nf* pork sausage.
salchichería *nf* pork butcher's (shop).
salchichón *nm* (salami-type) sausage.
saldar [1a] *vt* (**a**) (*cuenta*) to pay; (*deuda*) to pay off. (**b**) (*diferencias*) to settle. (**c**) (*existencias*) to sell off.
saldo *nm* (**a**) (*pago*) settlement, payment. (**b**) (*en banco, tb fig*) balance; ~ **acreedor/deudor** *o* **pasivo** credit/debit balance; ~ **anterior** balance brought forward; ~ **de banco** *o* **de cuentas** bank statement; **el ~ es a su favor** (*fig*) the balance is in his favour *o (US)* favor. (**c**) (*liquidación*) sale. (**d**) ~**s** remnant(s), leftover(s).
saledizo 1 *adj* projecting. **2** *nm* projection, overhang; **en** ~ projecting, overhanging.
salero *nm* (**a**) (*Culin*) saltcellar, salt shaker *(US)*. (**b**) (*ingenio*) wit; (*encanto*) charm.
saleroso *adj* (*fam*) = **salado (b)**.
salida *nf* (**a**) (*acto: de persona*) leaving, exit; (*Aer, Ferro*) departure; (*de gas*) leak; (*Dep*) start; **'S~s'** 'Departures'; ~ **del sol** sunrise; **precio de** ~ starting price; **a la ~ del teatro** after the theatre *o (US)* theater, on leaving the theatre; **después de la ~ del tren** after the train left; **dar la** ~ (*Dep*) to give the starting signal; **tomar la** ~ (*Dep*) to start.
(**b**) (*lugar*) exit, way out; (*en aeropuerto*) gate; ~ **de artistas** (*Teat*) stage door; ~ **de emergencia/de incendios** emergency exit/fire escape; **la sala tiene ~ al jardín** the living room opens on to the garden; **el país no tiene ~ al mar** the country doesn't have an outlet to the sea.
(**c**) (*solución*) way out; (*oportunidad*) opening; (*resultado*) outcome; **no hay** ~ there's no way out of it; **no tenemos otra** ~ we have no option.
(**d**) (*Com: venta*) sale; (*: producción*) output; (*: mercado*) sales outlet; (*: publicación*) publication; (*: dinero gastado*) outlay; ~ **impresa** (*Inform*) hard copy; **tener una ~ difícil** to be a hard sell.
(**e**) (*en el habla: réplica*) repartee; (*: ocurrencia*) joke; ~ **de tono** silly remark; **tener ~s** to be witty; **tiene ~ para todo** he has an answer for everything.
(**f**) (*Mil*) sally, sortie.
(**g**) (*Naipes*) lead.
salido 1 *pp de* **salir**. **2** *adj* (**a**) (*rasgos*) prominent; (*ojos*) bulging. (**b**) (*Esp fam: cachondo*) randy *(fam)*, horny *(US fam)*; **estar ~a** (*Zool*) to be on heat.
salidor *adj* (*LAm*) fond of going out a lot.
saliente 1 *adj* (**a**) (*Arquit*) projecting; (*rasgo*) prominent. (**b**) (*importante*) salient. (**c**) (*sol*) rising. **2** *nm* projection; (*Mil*) salient.
salina *nf* salt mine; ~**s** saltworks.
salindad *nf* salinity.
salino *adj* saline.
salir [3q] **1** *vi* (**a**) (*persona: de casa, cuarto etc*) to come *o* go out (*de* of); (*: partir*) to leave; (*: Teat*) to enter, come on; **Juan ha salido** John has gone out, John is out; **salimos a la calle** we went out into the street; ~ **de** (*Inform*) to exit, quit; ~ **de paseo** to go out for a walk; ~ **de viaje** to go away on holiday; **salimos de Madrid a las 8** we left Madrid at 8 o'clock; **salió corriendo (del cuarto)** he ran out (of the room); ~ **de un apuro** to get out of a jam; **por fin salió de pobre** he finally left poverty behind him; **de esta no salimos** (*fam*) we're in a right pickle here *(fam)*.
(**b**) (*transportes*) to leave, depart; (*Náut*) to sail; **el tren sale cada 2 horas** the train runs every 2 hours.
(**c**) (*conducir*) **esta calle sale a la plaza** this street comes out in *o* leads to the square.
(**d**) ~ **con algn** to go out with sb.
(**e**) **salieron en los periódicos** they appeared *o* were in the (news)papers; **el libro saldrá el mes que viene** the book is coming out next month; **le salió la satisfacción a la cara** satisfaction showed in his face.
(**f**) (*surgir*) to come up; **cuando salga la ocasión** when the opportunity comes up *o* arises; **le ha salido novio** she's got herself a boyfriend; **¡ya salió aquello!** so that was it!, so now we know!
(**g**) (*planta*) to come up; (*pelo*) to grow; (*diente*) to come through.
(**h**) (*mancha*) to come out *o* off.
(**i**) (*resultar*) to turn out; **salió muy trabajadora** she turned out to be very hard-working; **salga lo que salga** come what may; **este crucigrama no me sale** this crossword won't work out; **no me sale su apellido** I can't think of his name; **salió caro** it worked out expensive; **la prueba salió positiva** the test proved positive; **me salió por** *o* **a 1.000 pesos** it cost me 1000 pesos; **la foto me salió bien** the photo came out well; **la fiesta salió mal** the party was a failure; **salí bien en el examen** I passed the exam; **salió alcalde por 3 votos** he was elected mayor by

3 votes.

(**j**) (*proceder*) to come from; **el aceite sale de la aceituna** you get oil from an olive.

(**k**) (*persona: Dep*) to start; (*: Naipes*) to lead.

(**l**) (*Fin*) ~ **a los gastos de algn** to meet *o* pay sb's expenses; ~ **por** to back.

(**m**) **y ahora sale con esto** (*decir*) and now he comes out with this.

(**n**) (*locuciones*) ~ **adelante** to do well; ~ **ganando** to come out ahead; ~ **perdiendo** to lose out; **sale a su padre** he's like his father; **cuando hubo problemas, salió por mí** when there were problems she stuck up for me.

2 salirse *vr* (**a**) (*animal*) to escape (*de* from), get out (*de* of); (*aire, líquido*) to leak (out); (*río*) to overflow.

(**b**) ~ **de la carretera** to go off the road; ~ **de la vía** to jump the rails.

(**c**) (*exceder*) ~ **de costumbre** to break with custom; ~ **de lo normal** to go beyond what is normal; ~ **de los límites** to go beyond the limits.

(**d**) (*locuciones*) ~ **del tema** to get off the point; ~ **de madre** (*fig*) to lose self-control; ~ **con la suya** to get one's own way.

salitre *nm* saltpetre, saltpeter *(US)*, nitre; (*Chi: nitrato de Chile*) Chilean nitrate.

saliva *nf* saliva, spit; **gastar** ~ (*fig*) to waste one's breath (*en* on); **tragar** ~ to swallow one's feelings.

salivación *nf* salivation.

salivadera *nf* spittoon, cuspidor *(US)*.

salivar [1a] *vi* to salivate; (*esp LAm*) to spit.

salivazo *nm* gobbet of spit; **arrojar un** ~ to spit.

salmantino/a *adj, nm/f* Salamancan.

salmo *nm* psalm.

salmodia *nf* (**a**) (*Rel*) psalmody. (**b**) (*fig fam*) drone.

salmodiar [1b] *vi* (**a**) to sing psalms. (**b**) (*fig fam*) to drone.

salmón *nm* salmon.

salmonete *nm* red mullet.

salmuera *nf* pickle, brine.

salobre *adj* (*agua*) salt *atr*.

salón *nm* (*de casa*) living-room, lounge; (*Lit*) salon; (*Náut*) saloon; (*Chi Ferro*) first class; ~ **de actos** assembly room; ~ **del automóvil** motor show; ~ **de baile** ballroom; ~ **de belleza/masaje** beauty/massage parlour *o (US)* parlor; ~ **de demostraciones** showroom; ~ **náutico** boat show; ~ **de pintura** art gallery; ~ **de sesiones** assembly hall.

salpicadera *nf* (*Méx Aut: guardabarro*) mudguard, fender *(US)*.

salpicadero *nm* dashboard.

salpicado *adj*: ~ **de** splashed *o* spattered with; **un diseño** ~ **de puntos rojos a** pattern with red dotted about in it; **una llanura ~a de granjas** a plain with farms dotted about on it, a plain dotted with farms.

salpicadura *nf* (**a**) (*acto*) splashing. (**b**) (*mancha*) splash. (**c**) (*fig*) sprinkling.

salpicar [1g] *vt* (**a**) (*de barro, pintura*) to splash (*de* with); (*de agua*) to sprinkle (*de* with); (*tela*) to dot, fleck (*de* with); ~ **un coche de barro** to splash a car with mud, splash mud over a car; ~ **agua sobre el suelo** to sprinkle water on the floor; **este asunto salpica al gobierno** the government has got egg on its face over this affair. (**b**) (*conversación, discurso*) to sprinkle (*de* with).

salpicón *nm* (**a**) = **salpicadura** (**a**). (**b**) (*Culin*) salmagundi; ~ **de marisco(s)** seafood cocktail.

salpimentar [1a] *vt* (**a**) (*Culin*) to season, add salt and pepper to. (**b**) (*fig*) to spice (*de* with).

salpullido *nm* (**a**) (*Med*) rash, skin disease. (**b**) (*fig*) problem, tricky situation.

salsa[1] *nf* (**a**) (*gen*) sauce; (*de carne*) gravy; (*para ensalada*) dressing; ~ **blanca** white sauce; ~ **mayonesa** mayonnaise; ~ **de tomate** tomato sauce, ketchup. (**b**) (*fig*) spice; **es la** ~ **de la vida** it's the spice of life; **estar en su** ~ (*fig*) to be in one's element.

salsa[2] *nf* (*Mús*) salsa.

salsera *nf* sauce boat.

salsero *adj* (*Mús*) salsa-loving; **ritmo** ~ salsa rhythm.

saltado *adj* (**a**) (*loza*) chipped, damaged. (**b**) (*ojos*) bulging.

saltador(a) **1** *nm/f* (*Dep*) jumper; ~ **de altura/longitud** high/long jumper; ~ **de pértiga** pole vaulter. **2** *nm* (*comba*) skipping rope.

saltadura *nf* (*defecto*) chip.

saltamontes *nm inv* grasshopper.

saltar [1a] **1** *vt* (**a**) (*muro, obstáculo*) to jump (over), leap (over).

(**b**) (*arrancar*) to pull off; **le saltó 3 dientes** he knocked out 3 of his teeth.

(**c**) (*omitir: comida*) to skip; (*: párrafo*) to miss *o* leave out.

(**d**) (*con explosivos*) to blow up.

2 *vi* (**a**) (*persona: gen*) to jump (*a, por, por encima de* on to, into, over); (*dar saltitos*) to hop, skip; ~ **al agua** to jump *o* dive into the water; ~ **de la cama** to leap out of bed; ~ **de alegría** to jump with *o* for joy; ~ **en paracaídas** to (parachute) jump, come down by parachute; ~ **por una ventana** to jump out of a window; ~ **sobre algn** to pounce on sb.

(**b**) (*pelota*) to bounce; (*líquido*) to spurt up; **el aceite salta** oil spits; **saltan chispas** sparks are flying; **salta a la vista** it's obvious, it hits you in the eye; **estar a la que salta** to watch out for an opportunity, look for an opening.

(**c**) (*desprenderse: botón, pieza*) to come off; (*corcho*) to pop out; (*astilla*) to fly off; (*resorte*) to break.

(**d**) (*estallar: cristal*) to smash; (*explosivo*) to explode, burst; **saltó en pedazos** it smashed into bits; **hacer** ~ **un edificio** to blow a building up; **hacer** ~ **la banca** to break the bank.

(**e**) (*fig: de ira*) to explode, blow up.

(**f**) ~ **con una patochada** to come out with a ridiculous *o* foolish remark.

(**g**) ~ **de una cosa a otra** (*en discurso*) to skip from one thing to another; ~ **del último puesto al primero** to jump from last place to first.

3 saltarse *vr* (**a**) (*omitir*) to skip, miss; ~ **un párrafo** to skip a paragraph; **me he saltado dos renglones** I've left out a couple of lines.

(**b**) (*no hacer caso de*) ~ **un semáforo** to jump *o* shoot the lights; ~ **todas las reglas** to break all the rules.

(**c**) (*pieza*) to come off, fly off; **se me saltaron las lágrimas** I burst out crying.

saltarín/ina **1** *adj* (*inquieto*) restless; (*pey*) unstable. **2** *nm/f* dancer.

salteado *adj* (**a**) (*discontinuo*) irregular. (**b**) (*Culin*) sauté(ed).

salteador *nm* (*tb* ~ **de caminos**) highwayman.

saltear [1a] *vt* (**a**) (*atracar*) to hold up; (*robar*) to rob. (**b**) (*Culin*) to sauté. (**c**) (*hacer discontinuamente: al trabajar*) to do in fits and starts; (*al leer*) to skip (over).

salterio *nm* (*Rel*) psalter; (*en Biblia*) Book of Psalms.

saltimbanqui *nm* acrobat.

salto *nm* (**a**) (*acción: gen*) jump; (*: grande*) leap; ~ **a ciegas** leap in the dark; **a ~s** (*lit*) by jumping; (*fig*) by fits and starts; **avanzar a ~s** to jump along; **de un** ~ at one bound; **subió/bajó de un** ~ he jumped up/down; **en un** ~ (*fig*) in a jiffy *(fam)*; ~ **de línea** (*Inform*) line feed; **dar** *o* **pegar un** ~ to jump (with fright); **a** ~ **de mata** (*vivir*) from hand to mouth; (*escapar*) headlong; (*hacer*) thoughtlessly.

(**b**) (*Dep: acción*) jump; (*: al agua*) dive; ~ **de altura** high jump; ~ **de ángel** swallow dive; ~ **a la** *o* **con garrocha**, ~ **con** *o* **de pértiga** pole vault; ~ **de longitud** long jump; ~ **mortal** somersault; ~ **de trampolín** springboard dive.

(**c**) (*diferencia, omisión*) gap; **aquí hay un** ~ **de 50 versos** there is a gap here of 50 lines; **de él al otro hermano**

hay un ~ de 9 años there is a gap of 9 years between him and the other brother.
(**d**) ~ **de agua** (*Geog*) waterfall, cascade; (*Téc*) chute.
(**e**) ~ **de cama** negligé.
(**f**) (*fig*) ~ **a la fama** springboard to fame.
saltón **1** *adj* (*ojos*) bulging; (*dientes*) protruding. **2** *nm* grasshopper.
salubre *adj* healthy, salubrious.
salubridad *nf* (**a**) (*calidad*) healthiness. (**b**) (*estadísticas*) health statistics.
salud *nf* (**a**) (*Med*) health; ~ **mental** mental health *o* well-being; **estar bien/mal de** ~ to be in good/bad health; **mejorar de** ~ to get better. (**b**) (*bienestar*) welfare, well-being. (**c**) **¡a su ~!, ¡~ (y pesetas)!** cheers!, good health!; **beber a la ~ de** to drink to the health of.
saludable *adj* (**a**) (*Med*) healthy. (**b**) (*provechoso*) good, beneficial; **un aviso** ~ a salutary warning.
saludar 1a *vt* (**a**) (*gen*) to greet; **ir a ~ a algn** to drop in to see sb; **salude de mi parte a X** give my regards to X; **no ~ a algn** to cut sb. (**b**) (*en carta*) **le saluda atentamente** yours faithfully. (**c**) (*Mil*) to salute; (*noticia, suceso*) to hail, welcome.
saludo *nm* (**a**) greeting; (*reverencia*) bow; **un ~ *o* ~s a X** (give my) regards to X. (**b**) (*en carta*) ~**s** best wishes; **un ~ afectuoso *o* cordial** yours sincerely, yours truly *(US)*. (**c**) (*Mil*) salute.
salutación *nf* greeting, salutation.
salva *nf* (**a**) (*Mil*) salute, salvo; (*de aplausos*) storm. (**b**) (*saludo*) greeting.
salvación *nf* (**a**) (*rescate*) rescue (*de* from). (**b**) (*fig, Rel*) salvation.
salvado *nm* bran.
Salvador *nm*: **El** ~ (*Geog*) El Salvador.
salvador *nm* rescuer, saviour, savior *(US)*; **el S~** the Saviour.
salvadoreño/a *adj, nm/f* Salvadoran.
salvaguarda *nf* (*fig*) safeguard.
salvaguardar 1a *vt* to safeguard.
salvaguardia *nf* (*fig*) safeguard.
salvajada *nf* savage deed, atrocity.
salvaje **1** *adj* (**a**) (*Bot, Zool etc*) wild; (*tierra*) uncultivated. (**b**) (*pueblo, tribu*) savage. **2** *nmf* (*lit, fig*) savage.
salvajismo *nm* savagery.
salvamenteles *nm inv* table mat.
salvamento *nm* (*acción*) rescue; (*de naufragio*) salvage; ~ **y socorrismo** life-saving; **de** ~ life-saving *atr*, rescue *atr*.
salvaplatos *nm inv* tablemat.
salvar 1a **1** *vt* (**a**) (*gen*) to save; (*rescatar*) to rescue (*de* from); (*barco*) to salvage; **me salvó la vida** he saved my life. (**b**) (*montañas, río*) to cross; (*arroyo*) to jump across; (*dificultad*) to get round. (**c**) (*distancia*) to cover, do; **el tren salva la distancia en 2 horas** the train covers the distance in 2 hours. (**d**) (*excluir*) to except, exclude. **2 salvarse** *vr* (**a**) to save o.s., escape (*de* from); **¡sálvese quien pueda!** every man for himself! (**b**) (*Rel*) to save one's soul.
salvavidas **1** *nm inv* lifebelt. **2** *adj inv* life-saving *atr*; **bote** ~ lifeboat; **cinturón** ~ lifebelt.
salvedad *nf* reservation, qualification; **con la ~ de que** ... with the proviso that ....
salvia *nf* (*Bot*) sage.
salvo **1** *adj* safe; *V* **sano (c)**. **2** *prep* except (for), save; ~ **aquellos que ya contamos** except for those we have already counted; ~ **error u omisión** (*Com*) errors and omissions excepted. **3** *adv*: **a** ~ out of danger; **a ~ de** safe from; **dejar a** ~ to leave out of it, make an exception of; **ponerse a** ~ to reach safety. **4** *conj*: **~ que, ~ si** unless; **iré ~ que me avises al contrario** I'll go unless you tell me not to.
salvoconducto *nm* safe-conduct.
samaritano/a *nm/f* Samaritan; **buen** ~ good Samaritan.
samba *nf* samba.
sambenito *nm* (*fig*) dishonour, dishonor *(US)*; **le colgaron el ~ de cobarde** they branded him a coward.
sambo/a *nm/f offspring of black person and (American) Indian.*
sambumbia *nf* (*CAm, Carib, Méx: bebida*) fruit drink.
samotana *nf* (*CAm fam*) row, uproar.
samovar *nm* samovar.
San *nm* (*apócope de* **santo**) saint; ~ **Juan** Saint John; *V* **lunes**.
sanable *adj* curable.
sanalotodo *nm inv* cure-all.
sanar 1a **1** *vt* (*herida*) to heal; (*persona*) to cure (*de* of). **2** *vi* (*herida*) to heal; (*persona*) to recover.
sanatorio *nm* sanatorium; (*clínica*) nursing home.
sanción *nf* (*gen*) sanction.
sancionar 1a *vt* (*gen*) to sanction; (*castigar*) to penalize.
sancochar 1a *vt* (*LAm*) to parboil.
sancocho *nm* (*LAm*) stew (of meat, yucca *etc*).
sandalia *nf* sandal.
sándalo *nm* sandal, sandalwood.
sandez *nf* (**a**) (*cualidad*) foolishness. (**b**) (*acción*) stupid thing; **decir sandeces** to talk nonsense.
sandía[1] *nf* watermelon.
sandinista *adj, nmf* (*Nic Pol*) Sandinista.
sandío/a[2] **1** *adj* foolish, silly. **2** *nm/f* fool.
sánduche *nm* (*LAm*) sandwich.
sandunga *nf* (**a**) (*fam: encanto*) charm; (*: gracia*) wit. (**b**) (*LAm: juerga*) binge (*fam*), celebration.
sandunguero *adj* (*V nf*) charming; witty.
sandwich [saŋ'gwɪtʃ, sam'bɪtʃ] *nm* (*pl* ~**s** *o* ~**es**) sandwich.
sandwichería *nf* (*esp LAm*) sandwich bar.
saneamiento *nm* (**a**) (*de terreno*) drainage; (*de casa*) sanitation. (**b**) (*fig*) cleaning-up.
sanear 1a *vt* (**a**) (*terreno*) to drain; (*Téc*) to install drainage in. (**b**) (*daño*) to remedy; (*abuso*) to end. (**c**) (*Econ*) to reorganize.
sanfasón, **sanfazón** *nf* (*LAm fam: desfachatez*) cheek (*fam*).
sanforizar 1f *vt* to sanforize ®.
sangradura *nf* (**a**) (*Med: incisión*) cut made into a vein; (*sangría*) bleeding, blood-letting. (**b**) (*Agr*) drainage channel.
sangrante *adj* (*herida*) bleeding; (*fig*) flagrant.
sangrar 1a **1** *vt* (**a**) (*Med*) to bleed. (**b**) (*terreno*) to drain; (*agua*) to drain off; (*árbol, tubería*) to tap. (**c**) (*Tip, Inform*) to indent. (**d**) (*fam*) to filch. **2** *vi* (**a**) (*lit, fig*) to bleed. (**b**) (*fig*) **estar sangrando** to be still fresh; **aún sangra la humillación** the humiliation still rankles.
sangre *nf* (**a**) (*lit, fig*) blood; ~ **azul** blue blood; ~ **fría** sangfroid; (*pey*) callousness; **a ~ fría** in cold blood, callously; **mala** ~ bad blood; **pura** ~ thoroughbred; **a** ~ by animal power; **a ~ caliente** in the heat of the moment; **a ~ y fuego** by fire and sword.
(**b**) **le bulle la ~ (en las venas)** he is hot-blooded; **chupar la ~ a algn** (*fig*) to exploit sb; **dar su** ~ to give one's blood; **echar** ~ to bleed (*de* from); **encender la ~ a algn** to make sb's blood boil; **freír la ~ a algn** (*fam*) to rile *o* needle sb (*fam*); **se me heló la** ~ my blood froze, my blood ran cold; **llegar a la** ~ to come to blows; **no llegó la ~ al río** it wasn't too serious; **sudar** ~ to sweat blood; **tener la ~ gorda *o* de horchata, no tener ~ en las venas** to be unemotional; **tiene mala** ~ he's bloodyminded (*fam*).
sangría *nf* (**a**) (*Med*) bleeding, bloodletting; (*fig*) outflow, drain. (**b**) (*Agr*) irrigation channel. (**c**) (*de alto horno*) tapping. (**d**) (*Culin*) sangria. (**e**) (*Tip, Inform*) indentation.
sangriento *adj* (**a**) (*herida*) bleeding; (*arma, manos*) bloody, bloodstained. (**b**) (*batalla*) bloody; (*injusticia*) flagrant; (*broma*) cruel.
sangriligero, **sangriliviano** *adj* (*LAm fam*) pleasant, congenial.

sangripesado *adj* (*LAm fam*), **sangrón** *adj* (*Cu, Méx: fam*), **sangruno** *adj* unpleasant, nasty.

sánguche, **sanguchito** *nm* (*LAm*) sandwich.

sanguijuela *nf* (*lit, fig*) leech.

sanguinario *adj* bloodthirsty, cruel.

sanguíneo *adj* (*Anat*) blood *atr*; **vaso** ~ blood vessel.

sanguinolento *adj* (**a**) (*que echa sangre*) bleeding; (*manchado de sangre*) bloodstained; (*ojos*) bloodshot. (**b**) (*Culin*) underdone, rare. (**c**) (*fig*) blood-red.

sanidad *nf* (**a**) (*gen*) health. (**b**) (*Admin*) (public) health; **Ministerio de S~** Ministry of Health; **inspector de ~** sanitary inspector.

sanitario 1 *adj* (*condiciones*) sanitary; (*centro, medidas*) health *atr*. **2** *nm*: **~s** bathroom fittings; (*Méx*) toilets, washroom *(US)*.

San Marino *nm* San Marino.

sano *adj* (**a**) (*clima, dieta, persona*) healthy; (*órgano*) sound; **cortar por lo ~** to take extreme measures, go right to the root of the problem. (**b**) (*comida*) wholesome. (**c**) (*objeto: entero*) whole, intact; **~ y salvo** safe and sound; **no ha quedado plato ~ en toda la casa** there wasn't a plate in the house left unbroken. (**d**) (*sin vicios*) healthy; (*enseñanza, idea*) sound.

sánscrito *adj, nm* Sanskrit.

sanseacabó *interj*: **y ~** (*fam*) and that's the end of it.

Sansón *nm* Samson; **es un ~** he's tremendously strong.

santamente *adv*: **vivir ~** to live a saintly life.

santanderino/a (*Esp*) **1** *adj* of *o* from Santander. **2** *nm/f* native *o* inhabitant of Santander.

santateresa *nf* (*insecto*) praying mantis.

santería *nf* (**a**) (*Cu*) *shop selling religious images, prints etc*; (*: brujería*) witchcraft. (**b**) (*fam*) = **santidad**. (**c**) (*Carib Rel*) *religion of African origin.*

santero *nm* (*Carib*) *maker or seller of religious images, prints etc.*

Santiago *nm* St James; **~ de Compostela** St James of Compostella.

santiagués/esa 1 *adj* of *o* from Santiago. **2** *nm/f* native *o* inhabitant of Santiago.

santiaguino/a 1 *adj* of *o* from Santiago de Chile. **2** *nm/f* native *o* inhabitant of Santiago de Chile.

santiamén *nm*: **en un ~** in no time at all.

santidad *nf* (*de lugar*) holiness, sanctity; (*de persona*) saintliness; **su S~** His Holiness.

santificar [1g] *vt* to sanctify; (*lugar*) to consecrate; (*fiesta*) to keep.

santiguar [1i] **1** *vt* (**a**) (*bendecir*) to make the sign of the cross over, bless. (**b**) (*fam*) to slap, hit. **2 santiguarse** *vr* (**a**) (*persignarse*) to cross o.s. (**b**) (*fam*) to make a great fuss.

santísimo 1 *adj superl* (most) holy. **2** *nm*: **el S~** the Holy Sacrament.

santo/a 1 *adj* (**a**) (*gen*) holy; (*tierra*) consecrated; (*persona*) saintly.

(**b**) (*fam*) blessed; **hacer su ~a voluntad** to do as one jolly well pleases; **todo el ~ día** the whole blessed day.

2 *nm/f* (**a**) (*Rel*) saint; **~ patrón** *o* **titular** patron saint; **S~ Domingo** (*Geog*) Santo Domingo, Dominican Republic; **S~ Tomás** St Thomas.

(**b**) (*locuciones*) **¿a ~ de qué?** why on earth?; **¡por todos los ~s!** for pity's sake!; **no es ~ de mi devoción** he's not my cup of tea *(fam)*; **desnudar a un ~ para vestir otro** to rob Peter to pay Paul; **se le fue el ~ al cielo** he forgot what he was about to say; **fue llegar y besar el ~** it was as easy as pie; **llegar y besar el ~** to pull it off at the first attempt; **quedarse para vestir ~s** to be left on the shelf.

(**c**) (*fig: persona*) saint; **es un ~** he's a saint.

(**d**) (*onomástica*) saint's day; **mañana es mi ~** tomorrow is my name day *o* saint's day.

(**e**) (*en libro*) picture.

(**f**) **~ y seña** (*Mil*) password.

santoral *nm* calendar of saints' days.

santuario *nm* sanctuary, shrine.

santurrón/ona 1 *adj* (*mojigato*) sanctimonious; (*hipócrita*) hypocritical. **2** *nm/f* sanctimonious person; hypocrite.

saña *nf* (*furor*) rage; (*crueldad*) cruelty; **con ~** viciously.

sapaneco *adj* (*CAm*) plump, chubby.

sapo *nm* (*Zool*) toad; **echar ~s y culebras** to swear black and blue.

saporro *adj* (*And, CAm*) short and chubby.

saque 1 *nm* (**a**) (*Tenis*) service, serve; (*Rugby*) line-out; **~ de banda** (*Ftbl*) throw-in; **~ de castigo** penalty kick; **~ de esquina** corner kick; **~ inicial** kick-off; **~ de portería** *o* **de puerta** goal-kick. (**b**) **tener buen ~** to eat heartily. **2** *nmf* (*Tenis*) server.

saqueador(a) *nm/f* looter.

saquear [1a] *vt* (*Mil: pueblo*) to sack; (*robar*) to loot, plunder, pillage; (*fig*) to ransack.

saqueo *nm* (*V vt*) sacking; looting, plundering; (*fig*) ransacking.

saquito *nm* small bag.

S.A.R. *abr de* **Su Alteza Real** H.R.H.

sarampión *nm* measles.

sarao *nm* (**a**) (*fiesta*) soirée, evening party. (**b**) (*fam: lío*) fuss, to-do *(fam)*.

sarape *nm* (*Méx*) blanket.

sarasa *nm* (*fam*) pansy *(fam)*, fairy *(fam)*.

sarcasmo *nm* sarcasm.

sarcástico *adj* sarcastic.

sarcófago *nm* sarcophagus.

sardana *nf Catalan dance and music.*

sardina *nf* sardine; **como ~s en lata** packed like sardines.

sardinero *adj* sardine *atr*.

sardo/a *adj, nm/f* Sardinian.

sardónico *adj* sardonic, sarcastic.

sargazo *nm* (*alga*) seaweed.

sargento *nm* sergeant; (*pey, fam*) bossy person.

sargo *nm* bream.

sari *nm* sari.

sarmentoso *adj* (**a**) (*planta*) twining, climbing. (**b**) (*manos*) gnarled.

sarmiento *nm* vine shoot.

sarna *nf* itch, scabies; (*Vet*) mange.

sarniento *adj*, **sarnoso** *adj* (**a**) itchy; (*Vet*) mangy. (**b**) (*fig*) weak. (**c**) (*And, CSur: fam: despreciable*) lousy *(fam)*, contemptible.

sarpullido *nm* (**a**) (*Med*) rash. (**b**) (*de pulga*) fleabite.

sarraceno/a *adj, nm/f* Saracen.

sarro *nm* (**a**) (*gen*) deposit; (*en dientes*) tartar; (*en caldera, lengua*) fur. (**b**) (*Bot*) rust.

sarta *nf* (*lit, fig*) string; **una ~ de mentiras** a pack of lies.

sartén *nf o nm en (LAm)* frying pan; **tener la ~ por el mango** to rule the roost.

sastra *nf* seamstress.

sastre 1 *nm* tailor. **2** *atr*: **traje ~** tailor-made suit.

sastrería *nf* (**a**) (*oficio*) tailor's trade. (**b**) (*tienda*) tailor's (shop).

Satán, **Satanás** *nm* Satan.

satánico *adj* satanic; (*fig*) fiendish.

satélite 1 *nm* (*gen*) satellite; **~ artificial** artificial satellite; **~ de comunicaciones** communications satellite; **transmisión vía ~** satellite broadcasting. **2** *atr* satellite; **país ~** satellite country.

satén *nm* sateen.

satín *nm* (*LAm*) sateen, satin.

satinado 1 *adj* glossy, shiny. **2** *nm* gloss, shine.

satinar [1a] *vt* to gloss, make glossy.

sátira *nf* satire.

satírico *adj* satiric(al).

satirizar [1f] *vt* to satirize.

sátiro *nm* (*Lit*) satyr; (*fig*) sex maniac.

satisfacción *nf* (**a**) (*gen*) satisfaction; **a ~ de** to the satisfaction of; **con ~ de todos** to everyone's satisfaction; **pedir una ~ a algn** to demand satisfaction from sb. (**b**) ~

de sí mismo self-satisfaction, smugness.
satisfacer 2r **1** *vt* **(a)** *(gen)* to satisfy; *(gastos, demanda)* to meet; *(deuda)* to pay; *(Com: letra de cambio)* to honour, honor *(US)*. **(b)** *(culpa)* to expiate; *(pérdida)* to make good. **2 satisfacerse** *vr* **(a)** *(contentarse)* to satisfy o.s., be satisfied. **(b)** *(vengarse)* to take revenge.
satisfactorio *adj* satisfactory.
satisfecho *adj* **(a)** *(gen)* satisfied; *(contento)* content(ed); **darse por ~ con algo** to declare o.s. satisfied with sth; **dejar ~s a todos** to satisfy everybody; **quedarse ~** *(de comida)* to be full. **(b)** *(tb* **~ consigo** *o* **de sí mismo**) self-satisfied, smug.
saturación *nf* saturation.
saturar 1a *vt* to saturate; **~ el mercado** to flood the market; **estos aeropuertos son los más saturados** those airports are the most crowded *o* overused; **¡estoy saturado de tanta televisión!** I can't take any more television!
Saturno *nm* Saturn.
sauce *nm* willow; **~ llorón** weeping willow.
saúco *nm (Bot)* elder.
saudí, saudita *adj, nmf* Saudi.
sauna *nf* sauna.
saurio *nm* saurian.
savia *nf* sap.
saxo/a 1 *nm* sax. **2** *nm/f* saxist.
saxofón/ona 1 *nm (instrumento)* saxophone. **2** *nm/f (músico)* saxophonist.
saxofonista *nmf* saxophonist.
saya *nf (falda)* skirt; *(enagua)* petticoat.
sayal *nm* sackcloth.
sayo *nm* smock, tunic.
sazón[1] *nf* **(a)** *(de fruta)* ripeness, maturity; **en ~** *(fruta)* ripe, ready (to eat); *(fig: adv)* opportunely; **fuera de ~** *(fruta)* out of season; *(fig: adv)* inopportunely. **(b) a la ~** then, at that time. **(c)** *(sabor)* flavour, flavor *(US)*.
sazón[2]**/ona** *adj (And, CAm, Méx)* ripe.
sazonado *adj* **(a)** *(fruta)* ripe; *(plato)* tasty. **(b) ~ de** seasoned *o* flavoured *o (US)* flavored with. **(c)** *(fig)* witty.
sazonar 1a **1** *vt* **(a)** *(fruta)* to ripen. **(b)** *(Culin)* to season *(de* with). **2** *vi* to ripen.
s/c *abr* **(a)** *(Com) de* **su casa**. **(b)** *(Com) de* **su cuenta**.
scalextric *nm* **(a)** ® model railway set. **(b)** *(Aut)* complicated traffic interchange, spaghetti junction *(fam)*.
scotch *nm (Méx)* adhesive tape.
scruchante *nm (Arg fam)* burglar, housebreaker.
schop *nm (CSur: cerveza)* (draught *o (US)* draft) beer, pint *(Brit fam)*.
schopería *nf (CSur: cervecería)* beer bar.
SD *nf abr* **(a)** *(Pol) de* **Social Democracia**. **(b)** *de* **Solidaridad Democrática**.
Sdo. *abr (Com) de* **Saldo**.
SE *abr de* **sudeste** SE.
S.E. *abr de* **Su Excelencia** H.E.
se[1] *pron reflexivo* **(a)** *(sg: m)* himself; *(: f)* herself; *(: de cosa)* itself; *(: de Ud)* yourself; *(pl)* themselves; *(: de Uds)* yourselves; *(indefinido)* oneself; **~ está lavando, está lavándo~** he's washing (himself); **~ tiraron al suelo** they threw themselves to the ground; **mirar~** to look at oneself; **vestir~** to get dressed.
(b) *(recíproco)* each other, one another; **~ ayudan** they help each other; **~ miraron (el uno al otro)** they looked at one another; **no ~ hablan** they are not on speaking terms.
(c) *(con verbo intransitivo)* **~ durmió** he fell asleep; **~ enfadó** he got annoyed; **~ marchó** he left.
(d) *(objeto indirecto)* **~ ha comprado un sombrero** she has bought herself a hat, she has bought a hat for herself; **~ rompió la pierna** he broke his leg; **han jurado no cortar~ la barba** they have sworn not to cut their beards.
(e) *(enfático)* **~ comió un pastel** he ate a cake; **no ~ esperaba eso** he didn't expect that.
(f) *(uso impersonal)* **~ compró hace 3 años** it was bought 3 years ago; **no ~ sabe por qué** it is not known *o* people don't know why; **en esa parte ~ habla galés** in that area Welsh is spoken, in that area people speak Welsh; **en ese hotel ~ come realmente bien** the food is really good in that hotel, you eat *o* one eats really well in that hotel; **~ avisa a los interesados que ...** those concerned are informed that ...; **'vénde~ coche'** 'car for sale'.
se[2] *pron pers (de le, les)* **~ lo arrancó** he snatched it from her; **voy a dárselo** I'll give it to him; **~ lo buscaré** I'll look for it for you; **ya ~ lo dije** I (already) told him.
sé *V* **saber; ser.**
SEA *nm abr (Esp) de* **Servicio de Extensión Agraria.**
SEAT, Seat *nf abr (Esp Com) de* **Sociedad Española de Automóviles de Turismo.**
sebáceo *adj* sebaceous.
sebo *nm* **(a)** *(grasa)* grease, fat; *(para velas)* tallow; *(Culin)* suet. **(b)** *(gordura)* fat; *(mugre)* grime.
seboso *adj (gen)* greasy; *(mugriento)* grimy.
Sec. *abr de* **Secretario** Sec.
seca *nf (Met)* dry season.
secadero *nm* drying place.
secado *nm* drying; **~ a mano** blow-dry.
secador *nm* drier; **~ de pelo** hair-drier; **~ centrífugo** spin-drier.
secadora *nf* tumble-dryer; **~ centrífuga** spin-drier.
secamente *adv* brusquely, sharply, curtly.
secano *nm (Agr: tb* **tierra de ~**) dry land *o* region; *(no regado)* unirrigated land; **cultivo de ~** dry farming.
secante[1] **1** *adj* **(a) papel ~** blotting paper. **(b)** *(And, CSur: fam: latoso)* annoying. **2** *nm* blotting paper, blotter.
secante[2] *nf (Mat)* secant.
secar 1g **1** *vt* *(ropa, lágrimas)* to dry; *(superficie)* to wipe dry; *(frente, suelo)* to mop; *(líquido)* to mop up; *(tinta)* to blot; *(planta)* to dry up; **~ los platos** to wipe *o* dry up, do the wiping *o* drying up. **2 secarse** *vr* **(a)** *(lavado)* to dry (off); *(persona)* to dry o.s., get dry; *(planta)* to dry up, wither; *(líquido, río)* to dry up. **(b)** *(herida)* to heal up. **(c)** *(fam: persona)* to get thin.
sección *nf* **(a)** *(gen)* section; *(tb* **~ transversal**) cross-section; **~ deportiva** *(en periódico)* sports page. **(b)** *(de almacén, oficina)* department.
seccionar 1a *vt* to divide up, divide into sections.
secesión *nf* secession.
seco *adj* **(a)** *(gen, fig)* dry; *(fruta)* dried; *(planta)* dried up; *(vino etc)* dry; **dejar a algn ~** *(matar)* to bump sb off *(fam)*; *(fig)* to dumbfound sb; **estar en ~** *(Náut, fig)* to be high and dry.
(b) *(persona: flaco)* thin, skinny.
(c) *(antipático)* disagreeable; *(brusco)* blunt; *(contestación)* curt; *(estilo)* plain.
(d) *(golpe, ruido)* dull.
(e) vivir a pan ~ to live on bread alone.
(f) a ~as just; **habrá pan a ~as** there will be just bread; **se llama Rodríguez a ~as** he is called plain Rodríguez, he is just called Rodríguez.
(g) frenar en ~ to brake sharply; **parar en ~** to stop dead *o* suddenly.
secoya *nf* redwood, sequoia.
secreción *nf* secretion.
secreta *nf (fam)* secret police.
secretamente *adv* secretly.
secretar 1a *vt* to secrete.
secretaría *nf (Admin)* secretariat; *(oficina)* secretary's office; *(cargo)* secretaryship; **S~** *(Méx Pol: Ministerio)* Ministry.
secretariado *nm* **(a)** *(oficina)* secretariat; *(cargo)* secretaryship. **(b)** *(curso)* secretarial course; *(profesión)* profession of secretary.
secretario/a *nm/f* secretary; **~ adjunto** assistant secretary; **~ de Estado** *(Esp)* junior minister; **~ general**

general secretary; (*Pol*) secretary-general; ~ **municipal** town clerk; ~ **de prensa** press secretary.
secretear [1a] *vi* to talk confidentially.
secreter *nm* writing desk.
secretismo *nm* (excessive) secrecy.
secreto 1 *adj* (**a**) (*gen*) secret; (*información*) confidential, classified; **todo es de lo más** ~ it's all highly secret. (**b**) (*persona*) secretive. **2** *nm* (**a**) (*un* ~) secret; ~ **de confesión** confessional secret; ~ **de estado/de fabricación** state/industrial secret; ~ **a voces** open secret; **debido al** ~ **sumarial** *o* **del sumario** because the matter is sub judice; **estar en el** ~ to be in on the secret; **guardar un** ~ to keep a secret. (**b**) (*reserva*) secrecy; **con mucho** ~ in great secrecy; **en** ~ in secret, secretly.
secta *nf* sect.
sectario/a 1 *adj* sectarian; **no** ~ non-sectarian, non-denominational. **2** *nm/f* follower; (*Rel*) sectarian.
sector *nm* (*gen, Econ, Geom*) sector; (*de opinión*) section; (*de ciudad*) area, sector; ~ **privado/público** (*Econ*) private/public sector.
sectorial *adj* relating to a particular sector *o* industry *etc.*
secuaz *nmf* (*partidario*) supporter; (*pey*) henchman.
secuela *nf* consequence.
secuencia *nf* (*gen*) sequence.
secuestrador(a) *nm/f* kidnapper; (*de avión*) hijacker.
secuestrar [1a] *vt* (**a**) (*persona*) to kidnap; (*avión*) to hijack. (**b**) (*Jur*) to seize, confiscate.
secuestro *nm* (*V vt*) kidnapping, kidnaping *(US)*; hijacking; seizure, confiscation.
secular *adj* (**a**) (*Rel*) secular, lay. (**b**) (*fig*) age-old, ancient; **una tradición** ~ an age-old tradition.
secularizar [1f] *vt* to secularize.
secundar [1a] *vt* to second, help, support; (*huelga*) to take part in, join.
secundario *adj* (*gen*) secondary; (*carretera, efectos*) side *atr*; (*Inform*) background *atr*; **actor** ~ supporting actor.
sed *nf* (**a**) thirst; ~ **insaciable** unquenchable thirst; **apagar la** ~ to quench one's thirst; **tener (mucha)** ~ to be (very) thirsty. (**b**) (*fig*) thirst, craving (*de* for); **tener** ~ **de** (*fig*) to thirst *o* crave for.
seda *nf* (**a**) silk; ~ **hilada/en rama** spun/raw silk; **como una** ~ (*adj*) as smooth as silk; (*persona*) very meek; (*adv*) smoothly; **de** ~ silk *atr*. (**b**) (*Zool*) bristle.
sedal *nm* fishing line.
sedán *nm* (*Aut*) sedan *(US)*.
sedante *adj, nm* sedative.
sedar [1a] *vt* to sedate.
sedativo *adj* sedative.
sede *nf* (**a**) (*de gobierno*) seat; (*de organización*) headquarters *pl*, central office; ~ **social** head *o* central office. (**b**) (*Rel*) see; **Santa S**~ Holy See.
sedentario *adj* sedentary.
sedentarismo *nm* (**a**) sedentary nature. (**b**) (*Med*) sedentary lifestyle.
sedería *nf* (*comercio*) silk trade; (*géneros*) silk goods *pl*; (*tienda*) silk shop.
sedero/a 1 *adj* silk *atr*. **2** *nm/f* silk dealer.
SEDIC *nf abr de* **Sociedad Española de Documentación e Información Científica**.
sedicente *adj* self-styled, would-be.
sedición *nf* sedition.
sedicioso/a 1 *adj* seditious. **2** *nm/f* (*lit, fig*) rebel.
sediento *adj* (*persona: lit, fig*) thirsty; (*campos*) parched; ~ **de poder** power-hungry.
sedimentación *nf* sedimentation.
sedimentar [1a] **1** *vt* (*lit*) to deposit; (*fig*) to settle, calm. **2 sedimentarse** *vr* to settle; (*fig*) to calm *o* settle down.
sedimentario *adj* sedimentary.
sedimento *nm* sediment, deposit.
sedoso *adj* silky, silken.
seducción *nf* (**a**) (*acción*) seduction. (**b**) (*encanto*) seductiveness.
seducir [3n] **1** *vt* (*lit, fig*) to seduce; (*cautivar*) to charm, captivate; **la teoría ha seducido a muchos** the theory has attracted many people; **no me seduce la idea** I'm not taken with the idea. **2** *vi* to be charming.
seductivo *adj* = **seductor 1**.
seductor(a) 1 *adj* seductive; (*idea*) tempting. **2** *nm/f* seducer/seductress.
Sefarad *nf* (*historia de los judíos*) Spain; (*fig*) homeland.
sefardí, sefardita 1 *adj* Sephardic. **2** *nmf* Sephardic Jew(ess); ~**es** Sephardim.
segadera *nf* sickle.
segador(a)[1] *nm/f* (*persona*) harvester, reaper.
segadora[2] *nf* (*Mec*) mower, reaper; ~ **de césped** lawnmower.
segadora-trilladora *nf* combine harvester.
segar [1h, 1j] *vt* (**a**) (*mies*) to reap, cut; (*hierba*) to mow, cut. (**b**) (*fig: persona*) to cut off; (*: esperanzas*) to ruin; ~ **la juventud de algn** to cut sb off in his prime.
seglar 1 *adj* secular, lay. **2** *nmf* layman, laywoman; **los** ~**es** the laity.
segmentación *nf* segmentation.
segmentar [1a] *vt* to segment, cut into segments.
segmento *nm* segment; ~ **de émbolo** piston ring.
segoviano/a 1 *adj* of *o* from Segovia. **2** *nm/f* native *o* inhabitant of Segovia.
segregación *nf* (**a**) segregation; ~ **racial** racial segregation, apartheid. (**b**) (*Anat*) secretion.
segregacionista *nmf* segregationist, supporter of apartheid.
segregar [1h] *vt* (**a**) to segregate. (**b**) (*Anat*) to secrete.
seguida *nf*: **de** ~ (*sin parar*) without a break; (*inmediatamente*) at once; **en** ~ at once, right away; **en** ~ **termino** I've nearly finished, I shan't be long now; **en** ~ **voy** I'll be right there.
seguidamente *adv* (*inmediatamente después*) immediately after, next; ~ **le ofrecemos** ... (*TV*) (and) next ...; **dijo** ~ **que** ... he went on at once to say that ....
seguido 1 *adj* (**a**) (*línea*) continuous, unbroken. (**b**) ~**s** consecutive, successive; **5 días** ~**s** 5 days running *o* in a row. **2** *adv* (**a**) (*directo*) straight; **vaya todo** ~ just keep straight on. (**b**) (*detrás*) after; **ese coche iba primero y** ~ **el mio** that car was in front and mine was immediately behind it. (**c**) (*LAm*) often.
seguidor(a) *nm/f* follower; (*Dep*) fan *(fam)*, supporter.
seguimiento *nm* (**a**) (*persecución*) pursuit; (*continuación*) continuation; (*Med*) monitoring; (*TV*) report, follow-up; **estación de** ~ tracking station; **ir en** ~ **de** to chase (after). (**b**) **el** ~ **de la huelga** the support for the strike.
seguir [3d, 3k] **1** *vt* (**a**) (*ir detrás de*) to follow; **nos están siguiendo** we're being followed; **me sigue como un perrito (faldero)** he's always tramping at my heels.
(**b**) (*presa*) to chase, pursue; (*indicio*) to follow up.
(**c**) (*observar*) to follow; (*satélite*) to track; (*Med, Téc*) to monitor; **la seguía con la mirada** his eyes followed her; ~ **los acontecimientos de cerca** to monitor events closely.
(**d**) (*consejo, instrucciones*) to follow; **siga la flecha** follow the arrow.
(**e**) (*doctrina, líder*) to follow; ~ **los pasos de algn** to follow in sb's footsteps; **sigue la tradición de la familia** he follows in the family tradition.
(**f**) (*rumbo, dirección*) to follow; ~ **su camino** (*lit*) to continue on one's way; **la enfermedad sigue su curso** the illness is taking *o* running its course.
(**g**) (*Educ: curso*) to follow, take.
(**h**) ~ **a** (*ocurrir después*) to follow on from; **a la conferencia siguió una discusión** the lecture was followed by a discussion.
2 *vi* (**a**) (*venir después*) to follow (on), come next *o* after; **y los que siguen** and the next ones; **como sigue** as

follows.

(**b**) (*continuar*) to continue, go on; **¡siga!** go on!; (*LAm: pase*) come in; **sigue** (*en carta*) P.T.O.; (*en libro*) (to be) continued; **la carretera sigue hasta el pueblo** the road goes on as far as the town; ~ **adelante** (*en un trabajo*) to go on, carry on; (*en un camino*) to go straight on; (*Aut*) to go straight ahead; **siga por la carretera hasta el cruce** follow the road up to the crossroads; ~ **por este camino** to carry on along this path.

(**c**) (*en un estado*) to be still, go on being; **sigue enfermo** he's still ill; **sigue en Caracas** she's still in Caracas; **si el tiempo sigue bueno** if the weather continues fine; **sigue casado** he's still married; **siguió sentado** he stayed sitting down, he remained seated; **sigo sin comprender** I still don't understand; **¿cómo sigue?** how is he?; **que siga Ud bien** keep well, look after yourself.

(**d**) (+ *ger*) ~ **haciendo algo** to go on doing sth, keep on doing sth; **sigue lloviendo** it's still raining; **siguió mirándola** he went on looking at her.

3 seguirse *vr* (**a**) (*venir después*) to follow; **después de aquello se siguió una época tranquila** after that there followed a quiet period.

(**b**) (*deducirse*) to follow, ensue; **de esto se sigue que ...** it follows that ....

según 1 *adv* (*fam*) it (all) depends; ~ **y como,** ~ **y conforme** it all depends; **¿lo vas a comprar?** – ~ are you going to buy it? – it all depends.

2 *prep* (**a**) (*de acuerdo con*) according to; ~ **el jefe** according to the boss; ~ **este mapa** according to this map; **obrar** ~ **las instrucciones** to act in accordance with one's instructions; ~ **lo que dice** from what he says, going by what he says; ~ **parece** seemingly, apparently.

(**b**) (*depende de*) depending on; ~ **tus circunstancias** depending on your circumstances; ~ **el dinero que tengamos** depending on what money we have.

3 *conj* (**a**) (*depende de*) depending on; ~ **esté el tiempo,** depending on the weather; ~ **(como) me encuentre** depending on how I feel; ~ **(que) vengan 3 ó 4** depending on whether 3 or 4 come.

(**b**) (*manera*) as; **está** ~ **lo dejaste** it's just as you left it; **¡cómo vamos a salir,** ~ **llueve!** how can we go out with it raining like that!; ~ **están las cosas, es mejor no intervenir** the way things are, you are better not getting involved; ~ **se entra, a la izquierda** to the left as you go in.

(**c**) (*simultaneidad*) as; **le ví** ~ **salía** I saw him as I was going out; ~ **íbamos entrando nos daban la información** they gave us the data as we went in.

segunda[1] *nf* (**a**) (*Aut*) second gear; (*Ferro*) second class; **viajar en** ~ to travel second class. (**b**) (*Mús*) second. (**c**) ~**s** (*sentido*) double meaning; **lo dijo con ~s** he really meant sth else when he said it; *V tb* **segundo**.

segundero *nm* second hand *(de reloj)*.

segundo/a[2] **1** *adj* second; (*enseñanza*) secondary; (*intención*) double; **en** ~ **lugar** (*clasificación*) in second place; (*en discurso*) secondly; *V tb* **sexto 1**. **2** *nm/f* (*gen*) second; (*Admin, Mil*) second in command; ~ **de a bordo** (*Náut*) first mate. **3** *nm* (**a**) (*medida de tiempo*) second. (**b**) (*piso*) second floor.

segundón *nm* second son, younger son.

seguramente *adv* (**a**) (*con certeza*) for sure, with certainty. (**b**) (*muy probablemente*) surely; ~ **tendrán otro** they must have another; **¿lo va a comprar?** - ~ is he going to buy it? - I should think so. (**c**) (*probablemente*) probably; ~ **llegarán mañana** they'll probably arrive tomorrow.

seguridad *nf* (**a**) (*ausencia de peligro*) safety; (*Mil, Pol, sensación interna*) security; ~ **vial** *o* **en la carretera** road safety; ~ **ciudadana** law and order; **S~ Social** ≈ Social Security; (*Med*) National Health Service; (*contribución*) national insurance; **cinturón de** ~ safety belt; **consejo/empresa de** ~ security council/firm; **con la mayor** ~ with *o* in complete safety; **medidas de** ~ (*contra incendios*) safety measures; (*contra atentados etc*) security measures; **para mayor** ~ to be on the safe side, for safety's sake.

(**b**) (*certidumbre*) certainty; **con toda** ~ with complete certainty; **hablar con** ~ to speak with conviction; **no lo sabemos con** ~ we don't know for sure; **tener la** ~ **de que** ... to be sure that ....

(**c**) (*tb* ~ **en sí mismo**) (self-)confidence.

(**d**) (*fiabilidad*) reliability.

(**e**) (*Jur*) security, surety.

seguro 1 *adj* (**a**) (*sin peligro*) safe; (*sitio*) safe, secure; **un puerto** ~ a safe harbour *o (US)* harbor; **un trabajo** ~ a secure job; **está más** ~ **en el banco** it's safer in the bank; **contigo me siento** ~ I feel secure with you.

(**b**) (*resultado etc*) sure, certain; (*inevitable*) bound to come, certain to happen; **ir a una muerte ~a** to go to certain death; **es** ~ **que** ... it is certain that ...; ~ **que llueve mañana** it's sure to rain tomorrow; ~ **que viene** he's sure to come.

(**c**) (*persona: cierto*) sure, certain; **¿estás ~?** are you sure?; **estar** ~ **de que** to be sure that.

(**d**) **estar** ~ **de sí mismo** to be (self-)confident; **no estés tan** ~ **de que vas a ganar** don't be so confident you're going to win.

(**e**) (*de fiar: persona*) trustworthy; (*: coche, fuente, informaciones*) reliable; (*métodos*) sure.

(**f**) (*firme: objeto, fecha*) firm; **el puente no es muy** ~ the bridge is not very safe.

2 *adv* (**a**) for sure; **todavía no lo ha dicho** ~ he still hasn't said for sure.

(**b**) **¡~!** sure!, I'm sure it is!

3 *nm* (**a**) (*dispositivo*) safety device; (*de cerradura*) tumbler; (*de arma*) safety catch; (*CAm, Méx: imperdible*) safety pin.

(**b**) (*fig*) **a buen** *o* **de** ~ surely; **sobre** ~ safely, without risk; **ir sobre** ~ to be on safe ground.

(**c**) (*Com, Fin*) insurance; **S~ de Enfermedad** ≈ Health Insurance; ~ **de incendios** fire insurance; ~ **social** national insurance; ~ **contra accidentes/incendios** accident/fire insurance; ~ **dotal con beneficios** with-profits endowment assurance, interest-bearing endowment insurance *(US)*; ~ **márítimo** marine insurance; ~ **mixto** endowment assurance *o (US)* insurance; ~ **temporal** term insurance; ~ **a todo riesgo/contra terceros** fully comprehensive/third-party insurance; ~ **de vida** life assurance *o (US)* insurance.

seis 1 *adj cardinal inv* six; ~ **mil** six thousand; **tiene** ~ **años** she is six (years old); **un niño de** ~ **años** a six-year-old (child), a child of six; **son las** ~ it's six o'clock; **son las cinco menos** ~ it's six minutes to five; **nos fuimos los** ~ **al cine** all six of us went to the cinema; **somos** ~ **para comer** there are six of us for dinner; **unos** ~ about six.

2 *adj ordinal inv* sixth, six; **el día** ~ the sixth; **en la página** ~ on page six.

3 *nm inv* six; **dos más cuatro son** ~ two and *o* plus four are six; **hoy es** ~ today is the sixth; **llega el** ~ **de agosto** he arrives on the sixth of August *o* August the sixth; **vive en el** ~ he lives at number six; **el** ~ **de corazones** the six of hearts.

seiscientos/as 1 *adj* six hundred; ~ **soldados** six hundred soldiers; **~as botellas** six hundred bottles; **~as treinta y dos pesetas** six hundred and thirty-two pesetas. **2** *nmpl, nfpl* six hundred; **el año** ~ the year six hundred; ~ **cuarenta** six hundred and forty; **¿cuántas habitaciones tiene el hotel? - ~as** how many rooms does the hotel have? - six hundred. **3** *nm* (*fam: Aut*) 600cc car.

seísmo *nm* earthquake.

SEL *nf abr de* **Sociedad Española de Lingüística**.

selección *nf* (*gen*) selection; ~ **biológica** *o* **natural** natural selection; ~ **múltiple** multiple choice; ~ **nacional** (*Dep*) national team *o* side.

seleccionador(a) *nm/f* (*Dep*) selector.

seleccionar [1a] *vt* (*gen*) to select.
selectividad *nf* (**a**) selectivity. (**b**) (*Univ*) entrance examination.
selectivo *adj* selective.
selecto *adj* (*vino, producto*) select; (*club*) exclusive; (*obras literarias*) selected.
selector *nm* (*Téc*) selector.
self-service *nm* self-service restaurant.
seltz [selθ, sel] *n*: **agua (de)** ~ seltzer (water).
selva *nf* (*bosque*) forest; (*jungla*) jungle; **S~ Negra** Black Forest; ~ **tropical** (tropical) rainforest.
selvático *adj* (**a**) (*de la selva*) woodland *atr*; (*de la jungla*) jungle *atr*; (*fig*) rustic. (**b**) (*Bot*) wild.
sellado 1 *adj* (*V vt*) sealed; stamped. **2** *nm* (*V vt*) sealing; stamping.
sellar [1a] *vt* (**a**) (*documento oficial*) to seal; (*pasaporte, visado*) to stamp. (**b**) (*marcar*) to brand; (*cerrar: pacto, labios*) to seal; (*urna, entrada*) to seal up.
sello *nm* (**a**) (*personal, de rey etc*) seal; (*administrativo*) (official etc) stamp; ~ **real** royal seal; ~ **de caucho** *o* **de goma** rubber stamp. (**b**) (*señal*) stamp; (*Com*) brand; (*Mús: tb* ~ **discográfico**) record label; ~**s de prima** (*Com*) trading stamps; **lleva el** ~ **de esta oficina** it carries the stamp of this office. (**c**) (*Correos*) stamp; ~ **aéreo/de correo** airmail/postage stamp. (**d**) (*Med*) capsule, pill. (**e**) (*fig: tb* ~ **distintivo**) hallmark, stamp.
sem *abr de* **semana** wk.
S.Em.ª *abr de* **Su Eminencia** H.E.
semáforo *nm* (*Náut*) semaphore; (*Ferro*) signal; (*Aut*) traffic lights.
semana *nf* week; (*salario*) week's wages *pl*; ~ **inglesa** working *o (US)* work week of 5 days; ~ **laboral** working week; **S~ Santa** Holy Week; **entre** ~ during the week; **días entre** ~ weekdays; **vuelo de entre** ~ midweek flight.
semanal *adj* weekly.
semanalmente *adv* weekly, each week.
semanario 1 *adj* weekly. **2** *nm* weekly (magazine).
semanero/a *nm/f* (*LAm*) weekly-paid worker.
semántica *nf* semantics.
semántico *adj* semantic.
semblante *nm* (*lit*) face; (*fig*) look; **alterar el** ~ **a algn** to upset sb; **componer el** ~ to regain one's composure; **mudar de** ~ to change colour *o (US)* color.
semblantear [1a] *vt* (*CAm, CSur, Méx: mirar a la cara*) to look straight in the face, scrutinise sb's face.
semblanza *nf* biographical sketch.
sembrado *nm* sown field.
sembrador(a)[1] *nm/f* sower.
sembradora[2] *nf* (*Mec*) seed drill.
sembradura *nf* sowing.
sembrar [1j] *vt* (**a**) (*Agr*) to sow (*de* with); ~ **un campo de nabos** to sow *o* plant a field with turnips. (**b**) (*objetos*) to scatter, spread; (*superficie*) to strew (*de* with); (*noticia*) to spread; (*minas*) to lay; ~ **la discordia** to sow discord; **el que siembra recoge** one reaps what one has sown.
sembrío *nm* (*LAm*) sown field.
semejante 1 *adj* (**a**) (*parecido*) similar; **ser** ~**s** to be alike *o* similar *o* the same; **es** ~ **a ella en el carácter** she is like her in character; **son muy** ~**s** they are very much alike. (**b**) (*Mat*) similar. (**c**) (*tal*) such; **nunca hizo cosa** ~ he never did such a thing *o* anything of the kind; **¿se ha visto frescura** ~**?** did you ever see such cheek? **2** *nm* (*prójimo*) fellow man *o* creature; **nuestros** ~**s** our fellow men.
semejanza *nf* similarity, resemblance; **a** ~ **de** like, as; **tener** ~ **con** to look like, resemble.
semejar [1a] **1** *vi* (*parecerse a*) to look like, resemble. **2 semejarse** *vr* to look alike, resemble each other; ~ **a** to look like, resemble.
semen *nm* semen.
semental 1 *adj* stud *atr*, breeding *atr*. **2** *nm* stallion, sire.
sementera *nf* (**a**) (*acto*) sowing. (**b**) (*temporada*) seed-time. (**c**) (*tierra*) sown land. (**d**) (*fig*) hotbed (*de* of), breeding ground (*de* for).
semestral *adj* half-yearly, biannual.
semestre *nm* (**a**) period of six months; (*US Univ*) semester. (**b**) (*Fin*) half-yearly payment.
semi... *pref* semi..., half-....
semicircular *adj* semicircular.
semicírculo *nm* semicircle.
semiconductor *nm* semiconductor.
semiconsciente *adj* semiconscious, halfconscious.
semicorchea *nf* semiquaver.
semicualificado *adj* semiskilled.
semidesierto *adj* half-empty.
semidesnatado *adj* semi-skimmed.
semidiós *nm* demigod.
semifinal *nf* semifinal.
semifinalista *nmf* semifinalist.
semifondo *nm* (*Dep*) middle-distance race.
semiinconsciente *adj* semiconscious.
semilla *nf* (**a**) (*Bot*) seed; ~ **de césped** grass seed. (**b**) (*fig*) seed, source; **la** ~ **de la discordia** the seed of unrest.
semillero *nm* (**a**) (*lit*) seedbed, nursery. (**b**) (*fig*) hotbed (*de* of), breeding ground (*de* for); **un** ~ **de delincuencia** a hotbed of crime.
semimedio *nm* (*Boxeo*) welterweight.
seminal *adj* seminal.
seminario *nm* (**a**) (*Rel*) seminary. (**b**) (*Univ*) seminar.
seminarista *nm* seminarist.
semiología *nf* semiology.
semiótica *nf* semiotics.
semiótico *adj* semiotic.
semi-seco *nm* medium-dry.
semisótano *nm* semibasement.
semita 1 *adj* Semitic. **2** *nmf* Semite.
semítico *adj* Semitic.
semitono *nm* semitone.
sémola *nf* semolina.
sempiterno *adj* (*lit*) eternal; (*fig*) never-ending.
Sena *nm* Seine.
senado *nm* senate; (*fig*) assembly, gathering.
senador(a) *nm/f* senator.
senatorial *adj* senatorial.
sencillamente *adv* simply; **es** ~ **imposible** it's simply impossible.
sencillez *nf* (**a**) (*gen*) simplicity. (**b**) (*de problema*) straightforwardness. (**c**) (*de persona*) naturalness, lack of sophistication; (*pey*) simplicity.
sencillo 1 *adj* (**a**) (*gen*) simple, plain; (*costumbre, estilo, ropa etc*) simple. (**b**) (*asunto, problema*) easy, straightforward; **es muy** ~ it's very simple. (**c**) (*persona*) natural, unaffected; (*pey*) simple. (**d**) (*billete*) single. **2** *nm* (**a**) (*disco*) single. (**b**) (*LAm*) small change.
senda *nf* path, track; (*fig*) path.
senderismo *nm* trekking, hill walking.
senderista[1] *nmf* (*Dep*) trekker, hill walker.
senderista[2] (*Per Pol*) **1** *adj* of *o* pertaining to the Sendero Luminoso guerrilla movement. **2** *nmf* member of Sendero Luminoso.
sendero *nm* path, track; **S~ Luminoso** (*Per Pol*) Shining Path guerrilla movement.
sendos *adj pl*: **les dio** ~ **golpes** he hit both of them, he gave each of them a blow; **recibieron** ~**s regalos** each one received a present.
senectud *nf* old age.
Senegal *nm*: **El** ~ Senegal.
senegalés/esa *adj, nm/f* Senegalese.
senil *adj* senile.
senilidad *nf* senility.
seno[1] *nm* (**a**) (*Anat*) bosom, bust; ~**s** breasts; ~ **frontal** sinus; ~ **materno** womb; (*fig*) bosom; **morir en el** ~ **de la familia** to die in the bosom of one's family; **lo escondió en su** ~ she put it down the front of her dress. (**b**) (*hueco*) hollow, cavity; (*Náut*) trough. (**c**) (*Geog: ense-*

nada) small bay; (*: golfo*) gulf. (**d**) (*fig*) refuge, haven.
seno² *nm* (*Mat*) sine.
SENPA *nm abr* (*Esp*) *de* **Servicio Nacional de Productos Agrarios.**
sensación *nf* (**a**) sensation, feeling; **una ~ de placer** a feeling of pleasure; **tengo la ~ de que ...** I have a feeling that .... (**b**) (*fig*) sensation; **causar** *o* **hacer ~** to cause a sensation.
sensacional *adj* sensational.
sensacionalismo *nm* sensationalism.
sensacionalista *adj* sensationalist.
sensatamente *adv* sensibly.
sensatez *nf* good sense; **con ~** sensibly.
sensato *adj* sensible.
sensibilidad *nf* sensitivity (*a* to), sensibility; **~ artística** artistic feeling, sensitivity to art.
sensibilización *nf* sensitizing.
sensibilizado *adj* sensitized; (*Fot*) sensitive.
sensibilizar [1f] *vt* to sensitize; (*concienciar*) to sensitize, raise awareness of; **~ la opinión pública** to inform public opinion.
sensible *adj* (**a**) (*ser viviente*) feeling, sentient; (*que reacciona*) sensitive (*a* to); (*Med*) tender, sore; (*Fot*) sensitive; **un aparato muy ~** a very sensitive *o* delicate piece of apparatus; **una placa ~ a la luz** a plate sensitive to light. (**b**) (*carácter*) sensitive (*a* to), responsive (*a* to). (**c**) (*cambio, diferencia*) appreciable, noticeable; (*pérdida*) considerable; **una ~ mejoría** a noticeable improvement. (**d**) **~ de** capable of.
sensiblemente *adv* perceptibly, appreciably, noticeably.
sensiblería *nf* sentimentality.
sensiblero *adj* sentimental, slushy *(fam)*.
sensitivo *adj* (**a**) (*sentidos*) sense *atr*. (**b**) (*animal etc*) sentient, capable of feeling.
sensor *nm* sensor.
sensorial *adj*, **sensorio** *adj* sensory.
sensual *adj* sensual, sensuous.
sensualidad *nf* sensuality, sensuousness.
sentada *nf* (**a**) sitting; **de** *o* **en una ~** at one sitting. (**b**) (*Pol etc*) sit-down, sit-in.
sentadera *nf* (*LAm*) seat *(of a chair etc)*.
sentado *adj* (**a**) **estar ~** to be sitting (down), be seated. (**b**) (*fig*) settled, established; **dar algo por ~** to take sth for granted; **dejar algo ~** to establish sth firmly. (**c**) (*carácter*) solid, steady.
sentar [1j] **1** *vt* (**a**) (*persona*) to sit, seat.
(**b**) (*objeto*) to place (firmly), settle (in its place); **~ las costuras** to press the seams.
(**c**) (*base*) to lay, establish; (*precedente*) to set.
2 *vi* (**a**) (*ropa etc*) to suit; **ese peinado le sienta horriblemente** that hairstyle doesn't suit her at all.
(**b**) **~ bien/mal a** (*comida*) to agree/disagree with; **unas vacaciones le sentarían bien** he could do with a holiday.
(**c**) (*fig*) **~ bien/mal** to go down well/badly; **le ha sentado mal que lo hayas hecho tú** he didn't like your doing it; **a mí me sienta como un tiro** (*fam*) it suits me like a hole in the head *(fam)*.
3 sentarse *vr* (**a**) (*persona*) to sit, sit down, seat o.s. *(frm)*; **¡siéntese!** (do) sit down, take a seat.
(**b**) (*impurezas: en líquido*) to settle.
(**c**) (*tiempo etc*) to settle (down), clear up.
sentencia *nf* (**a**) (*Jur*) sentence; (*fig*) decision, ruling; (*opinión*) opinion; **~ de muerte** death sentence; **dictar** *o* **pronunciar ~** to pronounce sentence. (**b**) (*Lit*) maxim, saying.
sentenciar [1b] **1** *vt* (*Jur*) to sentence (*a* to). **2** *vi* to pronounce, give one's opinion.
sentencioso *adj* (**a**) (*refrán*) pithy. (**b**) (*lenguaje*) sententious; (*carácter*) dogmatic.
sentidamente *adv* (**a**) (*con pesar*) regretfully. (**b**) (*sinceramente*) sincerely, with great feeling.
sentido 1 *adj* (**a**) (*lamentable*) regrettable; **una pérdida muy ~a** a deeply felt *o* most regrettable loss.
(**b**) **le doy mi más ~ pésame** I send my deepest sympathy.
(**c**) (*carácter*) sensitive, tender.
(**d**) (*Méx*) hurt, offended.
2 *nm* (**a**) (*gen*) sense; **los cinco ~s** the five senses; **~ del olfato/del humor** sense of smell/humour *o (US)* humor; **~ de la orientación** sense of direction; **no tiene ~ del ritmo** he has no sense of rhythm; **sexto ~** sixth sense; **sin ~** senseless, unconscious; **aguzar el ~** to prick up one's ears; **perder/recobrar el ~** to lose/regain consciousness; **quitar el ~ a algn** to take sb's breath away.
(**b**) (*juicio*) sense; (*criterio*) discernment, judgment; **buen ~** good sense; **~ común** common sense.
(**c**) (*significado*) sense, meaning; **doble ~** double meaning; **en el buen ~ de la palabra** in the best sense of the word; **en cierto ~** in a sense; **en este ~** in this respect; **en tal ~** to this effect; **en el ~ de que ...** to the effect that ...; **sin ~** meaningless; **cobrar ~** to begin to make sense; **tener ~** to make sense; **no tiene ~ que lo haga él** it makes no sense for him to do it; **la vida no tiene ~ para él** life has no meaning for him.
(**d**) (*movimiento*) direction, way; **'~ único'** 'one way (street)'; **en ~ contrario** *o* **opuesto** in the opposite direction; **en el ~ de las agujas** clockwise; **en ~ contrario al de las agujas** anticlockwise.
sentimental *adj* (**a**) sentimental; (*mirada*) soulful. (**b**) (*asunto, vida etc*) love *atr*; **aventura ~** love affair.
sentimentalismo *nm* sentimentality.
sentimentalmente *adv* romantically.
sentimentaloide *adj* (*fam*) sugary, over-sentimental.
sentimiento *nm* (**a**) (*emoción*) feeling, emotion; **un ~ de insatisfacción** a feeling of dissatisfaction; **buenos ~s** fellow-feeling; **herir los ~s de algn** to hurt sb's feelings. (**b**) (*pesar*) regret, sorrow; **con profundo ~** with profound regret.
sentina *nf* (*Náut*) bilge.
sentir [3i] **1** *vt* (**a**) (*gen*) to feel; (*percibir*) to perceive, sense; (*esp LAm: oír*) to hear; (*emoción*) to feel, be aware of; (*música etc*) to have a feeling for; **~ un dolor** to feel a pain; **~ los efectos del alcohol** to feel the effects of alcohol; **~ ganas de hacer algo** to feel an urge to do sth; **~ amor/pena por algn** to feel love/pity for sb; **dejarse** *o* **hacerse ~** to make itself felt; **sentía la presencia de algn en la oscuridad** he sensed sb's presence in the darkness.
(**b**) (*lamentar*) to regret, be sorry for; **lo siento** I'm sorry; **¡lo siento muchísimo!, ¡cuánto lo siento!** I'm very sorry!; **sintió profundamente esa pérdida** he felt that loss deeply; **~ que ...** to regret *o* be sorry that ...; **siento molestarle** I'm sorry to bother you.
2 *vi* to feel; **ni oía ni sentía** he could neither hear nor feel anything; **sin ~** without noticing.
3 sentirse *vr* (**a**) to feel; **¿cómo te sientes?** how do you feel?; **~ herido** (*fig*) to feel hurt; **~ mal(o)** to feel ill *o* bad; **~ como en su casa** to feel at home; **no me siento con ánimos** *o* **con fuerza para ello** I don't feel up to it.
(**b**) (*LAm: enfadarse*) to get angry; **~ con algn** to fall out with sb.
4 *nm* opinion, judgment; **el ~ popular** popular opinion.
seña *nf* (**a**) (*particularidad*) (distinguishing) mark; **~s** description *sg*; **~s personales** personal description *sg*. (**b**) (*gesto, indicio*) sign; **por las ~s** so it seems; **por más ~s** moreover, and what's more; **hablar por ~s** to talk by signs, communicate by means of signs; **hacer una ~ a algn** to make a sign to sb; **hacer una ~ a algn para** *o* **de que venga** to signal to sb to come. (**c**) (*Correos*) **~s** address *sg*.
señal *nf* (**a**) (*gen*) sign; (*síntoma*) symptom; (*indicio*) indication; **en ~ de** as a token *o* sign of; **es buena ~** it's a good sign; **dar ~es de** to show signs of; **hacer la ~ de la**

cruz to make the sign of the Cross; **hacer ~es de humo** to send up smoke signals.

(**b**) (*Com, Fin*) token payment, deposit.

(**c**) (*con la mano*) sign, signal; **dar la ~ de** *o* **para** to give the signal for.

(**d**) (*seña*) mark; (*vestigio*) trace, vestige; (*Med*) scar, mark; (*Geog*) landmark; **sin la menor ~ de** without the least trace of.

(**e**) (*Ferro*) signal; (*Aut*) sign; **~ de tráfico** traffic sign *o* signal; **~ de peligro** warning sign; **~ de preferencia** right of way sign; **~ vertical** road sign.

(**f**) (*Rad*) signal; **~ horaria** time signal.

(**g**) (*Telec*) signal, tone; **~ de llamada** ringing *o (US)* ring tone; **~ para marcar** dialling *o (US)* dialing tone; **~ de ocupado** engaged tone, busy signal *(US)*.

señalado *adj* (**a**) **estar ~ como** to be known to be. (**b**) **dejar ~ a algn** to scar sb permanently. (**c**) (*día*) special; (*persona*) distinguished; (*pey*) notorious.

señalar [1a] **1** *vt* (**a**) to mark; (*significar*) to denote; **señalan la llegada de la primavera** they announce the arrival of spring; **eso señaló el principio del descenso** that marked the start of the decline.

(**b**) (*papel*) to mark; (*Med: dejar cicatriz*) to scar, leave a scar on; (*ganado*) to brand.

(**c**) (*carretera*) to put up signs on.

(**d**) (*con el dedo*) to point to, indicate; (*fig*) to show, indicate; (*aguja de reloj*) to show, point to, say; **tuve que ~le varios errores** I had to point out several mistakes to him.

(**e**) (*referirse a*) to allude to; (*pey*) to criticize.

(**f**) (*fecha, precio*) to fix, settle; (*tarea*) to set; (*persona*) to appoint.

2 señalarse *vr* to make one's mark (*como* as), distinguish o.s. (*por* by, by reason of).

señalización *nf* (*acto*) signposting, signing *(US)*; (*conjunto de señales*) system of signs, signal code; **~ vertical** (system of) roadsigns.

señalizar [1f] *vt* (*carretera*) to put up signs on; (*ruta*) to signpost.

señero *adj* (*sin par*) unequalled, unequaled *(US)*, outstanding.

señor 1 *adj* (*fam*) (**a**) lordly; **un coche muy ~** a really lordly car.

(**b**) real, really big; **eso es un ~ melón** that's some melon; **fue una ~a herida** it was a real big wound *(fam)*.

2 *nm* (**a**) man; (*caballero*) gentleman; **le espera un ~** there's a gentleman waiting to see you; **es todo un ~** he's a real gentleman.

(**b**) (*de bienes*) owner; (*fig*) master; **el ~ de la casa** the master of the household.

(**c**) (*con nombre y/o apellido*) Mister; **es para el S~ Meléndez** it's for Mr Meléndez; **los ~es González** Mr and Mrs González; **S~ Don Jacinto Benavente** (*en sobre*) Mr J. Benavente, J. Benavente Esq.

(**d**) (*con cargos profesionales*) **el ~ alcalde/cura/presidente** the mayor/priest/president.

(**e**) (*hablando directamente*) sir; **~es** (*discurso*) gentlemen; **¡mire Ud, ~!** look here!; **¡oiga Ud, ~!** I say!; **~ alcalde** Mr Mayor; **~ director** (*de periódico*) Dear Sir; **~ juez** my Lord; **~ presidente** Mr Chairman *o* President; **¡no ~!** (*fig*) never!, absolutely not!; **¡sí ~!** (*fig*) yes indeed!, it certainly does!; **pues sí ~** well, that's how it is.

(**f**) (*Com*) **muy ~ mío** Dear Sir; **muy ~es nuestros** Dear Sirs.

(**g**) (*Hist*) noble, lord; **~ feudal** feudal lord, lord of the manor; **~ de la guerra** warlord.

(**h**) (*Rel*) **El S~** The Lord; **Nuestro S~** Our Lord; **recibir al S~** to take communion.

señora *nf* (**a**) lady; **~ de compañía** companion; **le espera una ~** there's a lady waiting to see you. (**b**) (*de bienes*) owner, mistress; **¿está la ~?** is the mistress in? (**c**) (*frm: esposa*) wife; **mi ~** my wife; **el jefe y su ~** the boss and his wife; **la ~ de Smith** Mrs Smith. (**d**) (*hablando directamente*) madam; **¡~s y señores!** ladies and gentlemen!; **sí, ~** yes, madam; **¡oiga Ud, ~!** I say! (**e**) (*Com*) **muy ~ mía** Dear Madam. (**f**) (*Rel*) **Nuestra S~** Our Lady, the Virgin (Mary).

señorear [1a] *vt* (**a**) (*gobernar*) to rule; (*fig pey*) to domineer, lord it over. (**b**) (*edificio*) to dominate, tower over.

señoría *nf*: **su** *o* **vuestra S~** your *o* his lordship/ladyship.

señorial *adj* noble, majestic, stately.

señorío *nm* (**a**) (*Hist*) manor, feudal estate. (**b**) (*fig*) rule, dominion (*sobre* over). (**c**) (*cualidad*) majesty, stateliness.

señorita *nf* (**a**) young lady. (**b**) (*con nombre y/o apellido*) Miss; **~ Pérez** Miss Pérez. (**c**) (*hablando directamente*) **¿qué busca Ud, ~?** what are you looking for? (**d**) (*fam: maestra*) (school)teacher; (*en oración directa*) Miss.

señorito 1 *nm* (**a**) young gentleman; (*lenguaje de criados*) master, young master. (**b**) (*pey*) rich kid *(fam)*. **2** *adj* (*pey*) high and mighty *(fam)*.

señorón/ona *nm/f* (*fam*) big shot *(fam)*.

señuelo *nm* (**a**) (*lit*) decoy. (**b**) (*fig*) bait, lure.

seo *nf* cathedral.

sep. *abr de* **septiembre** Sept.

separable *adj* separable; (*Mec*) detachable, removable.

separación *nf* (**a**) (*gen*) separation; (*Mec*) removal; (*de un cargo*) removal, dismissal (*de* from); **~ conjugal, ~ (del matrimonio)** legal separation; **~ de bienes** division of property *(between ex-spouses)*; **~ racial** racial segregation, apartheid. (**b**) (*distancia*) gap, distance.

separado *adj* separate; (*Mec*) detached; (*esposo*) separated; **está ~ de su mujer** he is separated from his wife; **por ~** separately; (*uno por uno*) individually; (*Correos*) under separate cover.

separador *nm* (*Inform*) delimiter.

separar [1a] **1** *vt* (**a**) (*objeto*) to separate (*de* from); **separa la silla de la mesa** move the chair away from the table.

(**b**) (*luchadores*) to separate, pull apart; (*palabras*) to divide; (*conexión*) to sever, cut; (*letras*) to sort (out); **saber ~ las buenas de las malas** to know how to separate *o* tell the good ones from the bad; **los negocios le separan de su familia** business keeps him away from his family.

(**c**) (*Mec: pieza*) to detach, remove (*de* from).

(**d**) (*persona: de un cargo*) to remove, dismiss.

2 separarse *vr* (**a**) (*fragmento*) to detach itself (*de* from); (*pedazos*) to come apart; (*Pol*) to secede.

(**b**) (*persona*) to leave, go away; (*dos personas*) to part; **~ de una persona** to go away from sb; **~ de un grupo** to leave *o* part company with a group; **no quiere ~ de sus libros** he doesn't want to part with his books; **se ha separado de todos sus amigos** he has cut himself off from all his friends.

(**c**) (*matrimonio*) to separate, split up; **se ha separado de su mujer** he has left his wife.

separata *nf* offprint.

separatismo *nm* (*Pol*) separatism.

separatista *adj, nmf* separatist.

separo *nm* (*Méx: celda*) cell.

sepelio *nm* burial, interment.

sepia 1 *adj, nm inv* (*color*) sepia. **2** *nf* (*pez*) cuttlefish.

SEPLA *nm abr de* **Sindicato Español de Pilotos de Líneas Aéreas** BALPA.

sept. *abr de* **septiembre** Sept.

septentrión *nm* north.

septentrional *adj* north, northern.

septicemia *nf* septicaemia, septicemia *(US)*.

séptico *adj* septic.

se(p)tiembre *nm* September; **llegará el (día) 11 de ~** he will arrive on the 11th of September *o* on September the 11th; **en ~** in September; **en ~ del año pasado/que viene** last/next September; **a mediados de ~** in mid-September; **estamos a tres de ~** it's the third of September; **todos los años, en ~** every September.

sé(p)timo *adj, nm* seventh; *V tb* **sexto**.
septuagenario/a **1** *adj* septuagenarian, seventy-year-old. **2** *nm/f* septuagenarian, person in his/her seventies.
septuagésimo *adj, nm* seventieth.
sepulcral *adj* sepulchral; (*fig*) gloomy, dismal; **silencio** ~ deadly silence.
sepulcro *nm* (*esp Biblia*) tomb, grave, sepulchre, sepulcher *(US)*.
sepultar [1a] *vt* (**a**) (*lit, fig*) to bury; (*Min*) to trap, entomb; **quedaron sepultados bajo la roca** they were buried under the rock. (**b**) (*ocultar*) to hide away, conceal.
sepultura *nf* (**a**) (*acción*) burial; **dar ~ a** to bury; **recibir ~** to be buried. (**b**) (*tumba*) grave, tomb.
sepulturero *nm* gravedigger.
sequedad *nf* (*gen*) (**a**) dryness. (**b**) (*de contestación*) brusqueness; (*de estilo*) plainness.
sequía *nf* drought.
séquito *nm* (**a**) (*de rey, presidente*) retinue, entourage. (**b**) (*Pol*) group of supporters. (**c**) (*de sucesos*) train, aftermath; **con todo un ~ de calamidades** with a whole train of disasters.
SER *nf abr* (*Esp*) *de* **Sociedad Española de Radiodifusión**.
ser [2v] **1** *vi* (**a**) (*gen: absoluto, de carácter, identidad etc*) to be; **~ o no ~** to be or not to be; **es difícil** it's difficult; **él es pesimista** he's a pessimist; **soy ingeniero** I'm an engineer; **soy yo** it's me; **¡soy Pedro!** (*Telec*) Peter here, Peter speaking; **somos seis** there are six of us; **¿quién es?** who is it?, who's there?; (*Telec*) who's calling?; **es él quien debiera hacerlo** he's the one who should do it *o* ought to do it; **¿qué ha sido eso?** what happened?, what's going on?
(**b**) (*origen*) **~ de** to be from, come from; **ella es de Calatayud** she's from Calatayud; **estas naranjas son de España** these oranges come from Spain; **¿de dónde es Ud?** where are you from?
(**c**) (*sustancia*) **~ de** to be (made) of; **es de piedra** it is (made) of stone.
(**d**) (*posesión*) **~ de** to belong to; **éste es suyo** this is his; **el parque es del municipio** the park belongs to the town; **esta tapa es de otra caja** this lid belongs to another box; **¿de quién es este lápiz?** whose pencil is this?, who does this pencil belong to?
(**e**) (*destino*) **¿qué será de mí?** what will become of me?; **¿qué ha sido de él?** what has become of him?; **el trofeo fue para Alvarez** the trophy went to Alvarez; **después él fue ministro** he later became a minister.
(**f**) (*adecuación, finalidad*) **esas finuras no son para mí** those niceties are not for me; **ese coche no es para correr mucho** that car isn't made to go very fast; **esa manera de hablar no es de una dama** one does not expect to hear a lady say such things; **este cuchillo es para cortar pan** this knife is for cutting bread.
(**g**) (*horas del día, fecha, tiempo*) **es la una** it is one o'clock; **son las 7** it is 7 o'clock; **serán las 8** it would *o* must be about 8 o'clock; **hoy es 4** today is the fourth; **es verano** it's summer.
(**h**) (*costar*) to be; **¿cuánto es?** how much is it?
(**i**) (*uso especial del futuro: hipótesis*) **¿será posible?** is it possible?, can it really be so?; **¡serás burro!** can you really be so stupid!; **serán delincuentes** they must be criminals.
(**j**) (*~de + infin*) **es de esperar que ...** it is to be hoped that ..., I *etc* hope that ...; **era de ver** it was worth seeing, you ought to have seen it.
(**k**) (*modismos: indic*) **es más ...** furthermore ...; **siendo así que** since; **érase que se era, érase una vez** once upon a time; **a no ~ por** but for, were it not for; **a no ~ que** unless; **es que no pude** but I couldn't; **es que no quiero** but I don't want to; **¿cómo es que ...?** how is it that ...?; **¡cómo ha de ~!** what else do you expect!; **con ~ ella su madre** given that she is his mother; **de no ~ esto así** if it were not so; **de no ~ por él** had it not been for him.
(**l**) (*modismos: subjun*) **¡sea!** agreed!, all right!; **o sea** that is to say, or rather; **sea ... sea** either ... or, whether ... or whether; **sea lo que sea** *o* **fuere** be that as it may; **no sea que** lest, for fear that; **hable con algún abogado que no sea Pérez** consult any lawyer you like except Pérez.
2 *vb aux* (*formas pasivas*) **fue construido** it was built; **ha sido asaltada una joyería** there has been a raid on a jeweller's *o (US)* jeweler's; **será fusilado** he will be shot; **está siendo estudiado** it is being examined.
3 *nm* being, essence; **~ humano** human being; **S~ Supremo** Supreme Being; **~ vivo** living creature *o* organism; **en lo más íntimo de su ~** deep within himself.
sera *nf* pannier, basket.
seráfico *adj* angelic, seraphic.
Serbia *nf* Serbia.
serbio/a **1** *adj* Serbian. **2** *nm/f* Serb.
serenamente *adv* (**a**) (*con calma*) calmly, serenely. (**b**) (*tranquilamente*) peacefully, quietly.
serenar [1a] **1** *vt* (*frm*) to calm; (*fig*) to quieten, pacify. **2** **serenarse** *vr* (**a**) (*persona*) to calm down. (**b**) (*mar*) to grow calm; (*tiempo*) to clear up.
serenata *nf* serenade.
serenidad *nf* (**a**) (*calma*) calmness, serenity. (**b**) (*tranquilidad*) peacefulness, quietness.
sereno **1** *adj* (**a**) (*persona*) calm, unruffled. (**b**) (*tiempo*) settled, fine; (*cielo: sin nubes*) cloudless, clear. (**c**) (*ambiente*) calm, quiet. (**d**) (*fam*) **estar ~** to be sober. **2** *nm* (**a**) (*humedad*) night dew; **dormir al ~** to sleep out in the open. (**b**) (*vigilante*) night watchman.
serial *nm* serial; **~ radiofónico** radio serial.
seriamente *adv* seriously.
seriar [1b] *vt* (**a**) (*poner en serie*) to arrange in series, arrange serially. (**b**) (*TV etc*) to make a serial of, serialize.
sericultura *nf* silk-raising, sericulture.
serie *nf* (*TV, Bio, Mat*) series; (*gen: conjunto: de sellos etc*) set; (*de inyecciones*) course; **una ~ inacabable de** an endless series of; **en ~** (*Elec*) in series; **interface/impresora en ~** (*Inform*) serial interface/printer; **fabricación en ~** mass production; **fabricar en ~** to mass-produce; **casas construidas en ~** mass-produced *o* prefabricated houses; **fuera de ~** out of order *o* sequence; (*fig*) special, out of the ordinary; **artículos fuera de ~** (*Com*) goods left over, remainders; **modelo de ~** (*Aut etc*) standard model.
seriedad *nf* (**a**) (*calidad personal*) seriousness; **hablar con ~** to speak seriously *o* in earnest. (**b**) (*responsabilidad*) (sense of) responsibility; **falta de ~** frivolity, irresponsibility. (**c**) (*fiabilidad*) reliability, trustworthiness. (**d**) (*de enfermedad, crisis, problema*) seriousness.
serigrafía *nf* silk-screen printing, screen process; **una ~** a silk-screen print.
serigrafista *nmf* silkscreen printer.
serio *adj* (**a**) (*gen*) serious; (*expresión*) solemn; **ponerse ~** to look serious, adopt a solemn expression; **se quedó mirándome muy ~** he looked at me very seriously, he stared gravely at me.
(**b**) (*persona, actitud: formal*) dignified; (*: decente*) proper; (*: responsable*) responsible; **un traje ~** a formal suit; **poco ~** undignified, frivolous; **es una persona poco ~a** he's an irresponsible sort.
(**c**) (*fiable*) reliable, trustworthy; **poco ~** unreliable; **es una casa ~a** it's a reliable firm.
(**d**) (*crisis, enfermedad, pérdida*) grave, serious.
(**e**) **en ~** seriously; **hablo en ~** I'm serious; **¿lo dices en ~?** do you really mean it?; **tomar un asunto en ~** to take a matter seriously.
sermón *nm* (*Rel, tb fam*) sermon.
sermonear [1a] (*fam*) **1** *vt* to lecture, read a lecture to. **2** *vi* to sermonize.
sermoneo *nm* (*fam*) lecture, sermon.
seropositivo *adj* seropositive.

serpear [1a] *vi*, **serpentear** [1a] *vi* (**a**) (*Zool*) to wriggle, creep. (**b**) (*camino*) to wind, twist and turn; (*río*) to meander.

serpenteo *nm* (**a**) (*Zool*) wriggling, creeping. (**b**) (*de camino*) winding, twisting; (*de río*) meandering.

serpentina *nf* (**a**) (*Min*) serpentine. (**b**) (*papel*) streamer.

serpiente *nf* snake, serpent; ~ **de cascabel** rattlesnake; ~ **pitón** python.

serrado *adj* serrated, toothed.

serraduras *nfpl* sawdust *sg*.

serrallo *nm* harem.

serranía *nf* mountainous area, hilly country.

serrano/a 1 *adj* (*Geog*) highland *atr*, hill *atr*, mountain *atr*. **2** *nm/f* highlander.

serrar [1j] *vt* to saw off *o* up.

serrería *nf* sawmill.

serrín *nm* sawdust.

serruchar [1a] *vt* (*esp LAm*) to saw off *o* up.

serrucho *nm* saw, handsaw.

Servia *nf etc* = **Serbia** *etc*.

servible *adj* serviceable, usable.

servicial *adj* helpful, obliging.

servicio *nm* (**a**) (*gen*) service; **a su** ~ at your service; **estar al** ~ **de** to be in the service of; **estar de** ~ to be serviceable *o* in service; **entrar en** ~ to come into service *o* operation; **hacer un** ~ **para algn** to do sb a service; **hacer un flaco** ~ **a algn** to do sb a bad turn.

(**b**) (*Mil etc*) service; ~ **activo** active service; ~ **militar** military service; **apto para el** ~ fit for military service; **en condiciones de** ~ operational; **estar de** ~ to be on duty; **estar fuera de** ~ to be off duty; **prestar** ~ to serve, see service (*de* as).

(**c**) ~ **aduanero** *o* **de aduana** customs service; ~ **de atención** *o* **post-venta** after-sales service; ~ **de contra-espionaje** secret service; ~ **doméstico** domestic service *o* help; (*personas*) servants; ~ **a domicilio** home delivery service; **'~ a domicilio'** 'we deliver'; ~ **de información** (*Mil*) intelligence service; ~ **médico** medical service; **~s mínimos** essential services *(maintained during strike)*, skeleton services; **~s públicos** public services; ~ **secreto** secret service; ~ **social sustitutorio** community service in place of military service; **~s sociales** social services, welfare work; ~ **de transportes** transport service.

(**d**) (*Culin etc*) service, set; ~ **de café** coffee set; ~ **de mesa** set of dishes.

(**e**) (*cuarto de baño*) toilet; **'~s'** 'Toilets', 'Restroom' *(US)*.

(**f**) (*Rel*) service.

(**g**) (*hotel etc*) service; ~ **incluido** service charge included.

(**h**) (*Tenis etc*) serve, service.

servidor(a) *nm/f* (**a**) servant; **un** ~ (*el que habla o escribe*) your humble servant; **¡~ de Ud!** at your service! (**b**) (*Escol*) **¡~!** present! (**c**) (*en cartas*) **su seguro** ~ yours faithfully, yours truly *(US)*.

servidumbre *nf* (**a**) servitude; ~ **de la gleba** serfdom. (**b**) (*fig*) compulsion. (**c**) (*Jur*) obligation, servitude. (**d**) (*personal de servicio*) servants, staff.

servil *adj* (**a**) slave (*atr*); serf's; (*trabajo*) menial. (**b**) (*actitud*) servile, grovelling, groveling *(US)*; (*imitación*) slavish.

servilismo *nm* servility.

servilleta *nf* serviette, napkin.

servilletero *nm* serviette ring.

servir [3k] **1** *vt* (**a**) (*gen*) to serve; ~ **a Dios** to serve God; ~ **a la patria** to serve one's country; **¿en qué puedo ~le?** how can I help you?; **para ~le, para ~ a Ud** at your service.

(**b**) (*en restaurante: cliente, mesa*) to wait on, serve; (*comida, bebida*) to serve; (*en bar, tienda*) to serve; **¿a qué hora sirven el desayuno?** what time is breakfast (served)?; **¿ya le sirven, señora?** are you being attended to, madam?

(**c**) (*en casa: comida*) to serve out *o* up; ~ **patatas a algn** to serve sb with potatoes, help sb to potatoes; **la cena está servida** dinner is served; ~ **vino a algn** to pour out wine for sb.

(**d**) (*pedido*) to attend to, fill.

(**e**) (*Tenis etc*) to serve.

2 *vi* (**a**) (*gen*) to serve.

(**b**) (*trabajar como criado*) to be a servant.

(**c**) (*camarero*) to serve, wait (*en* at, on).

(**d**) (*ser útil*) to be of use, be useful; **eso no sirve** that's no good, that won't do; ~ **para** to be good for, be used for; **¿para qué sirve?** what is it for?; **ya no me sirve** I have no further use for it, it's no use to me now; **no sirve para nada** it's no use at all; **él no sirve para nada** he's a dead loss; **yo no serviría para futbolista** I would be no good as a football player, I'd never make a footballer.

(**e**) ~ **de** to do as, act as; **el pañuelo (me) sirve de sombrero** my handkerchief does me as a hat; **le sirvió de advertencia** it served as a warning to him; **¿de qué sirve lamentarse?** what's the use of being sorry?

(**f**) (*Dep*) to serve.

(**g**) ~ **del palo** (*Naipes*) to follow suit.

3 servirse *vr* (**a**) (*obj: comida*) to serve *o* help o.s.; **se sirvió patatas** he helped himself to potatoes; **se sirvió café** he poured himself some coffee; **¡sírvete más!** have some more!

(**b**) ~ **de algo** to make use of sth, put sth to use; **se sirvió de su amistad con el jefe** he took advantage of his friendship with the boss.

(**c**) ~ **hacer algo** to be kind enough to do sth; **sírvase pasarse por aquí mañana** kindly come by here tomorrow.

servo *nm* servo.

servo... *pref* servo....

servodirección *nf* power steering.

servofrenos *nmpl* power-assisted brakes.

servomecanismo *nm* servo(mechanism).

sésamo *nm* sesame; **¡ábrete ~!** open sesame!

sesear [1a] *vt* to pronounce c (before e, i) and z as s *(a feature of Andalusian and much LAm pronunciation)*.

sesenta *adj*, *nm* sixty; (*ordinal*) sixtieth; **los (años)** ~ the sixties; *V tb* **seis**.

sesentón/ona 1 *adj* sixty-year-old, sixtyish. **2** *nm/f* person of about sixty.

seseo *nm* (*esp sur de España, Canarias y LAm*) pronunciation of c (before e, i) and of z as s.

sesera *nf* (*fam*) brains *pl*, intelligence.

sesgar [1h] *vt* (**a**) to slant, place obliquely. (**b**) (*Cos*) to cut on the bias; (*Téc*) to bevel. (**c**) (*fig: vida etc*) to cut short.

sesgo *nm* (**a**) slant; (*Cos*) bias; (*Téc*) bevel; **estar al** ~ to be aslant *o* awry; **cortar algo al** ~ to cut sth on the bias. (**b**) (*fig*) direction; **ha tomado otro** ~ it has taken a new turn.

sesión *nf* (**a**) (*Admin*) session, sitting, meeting; ~ **secreta** secret session; **abrir/levantar la** ~ to open/close *o* adjourn the meeting. (**b**) (*para retrato*) sitting; (*para tratamiento médico*) session; ~ **de espiritismo** séance; ~ **de lectura de poesías** poetry reading. (**c**) (*Cine*) showing; ~ **continua** continuous showing; **la segunda** ~ the second house.

seso *nm* (**a**) (*Anat*) brain; **~s** (*Culin*) brains. (**b**) (*fig*) brains, sense, intelligence; **calentarse** *o* **devanarse los ~s** to rack one's brains; **perder el** ~ to go off one's head (*por* over); **eso le tiene sorbido el** ~ he's crazy about it.

sestear [1a] *vi* to take a siesta, have a nap.

sesteo *nm* siesta, nap.

sesudo *adj* (**a**) (*sensato*) sensible, wise. (**b**) (*inteligente*) brainy.

set *nm* (*pl* **set** *o* **~s**) (*Tenis*) set.

set. *abr de* **setiembre** Sept.

seta *nf* mushroom; ~ **venenosa** toadstool.

setecientos/as *adj, nmpl, nfpl* seven hundred; *V tb* **seiscientos**.
setenta *adj, nm* seventy; (*ordinal*) seventieth; **los (años)** ~ the seventies; *V tb* **seis**.
setentón/ona 1 *adj* seventy-year-old, seventyish. **2** *nm/f* person of about seventy.
setiembre *nm* = **se(p)tiembre**.
seto *nm* fence; ~ **vivo** hedge.
SEU *nm abr* (*Hist*) *de* **Sindicato Español Universitario**.
seudo... *pref* pseudo....
seudónimo 1 *adj* pseudonymous. **2** *nm* pseudonym; (*nombre artístico*) pen name.
Seúl *nm* Seoul.
s.e.u.o. *abr de* **salvo error u omisión** E.&O.E.
severamente *adv* (*V adj*) severely, harshly; strictly, severely; grimly, sternly.
severidad *nf* (*gen*) severity, harshness; (*rigor*) strictness; (*dureza*) stringency; (*austeridad*) grimness, sternness.
severo *adj* (**a**) (*persona*) severe, harsh; (*disciplina*) strict; (*castigo, crítica*) harsh; (*estipulaciones*) stringent; **ser ~ con algn** to treat sb harshly. (**b**) (*invierno*) severe, hard; (*frío*) bitter. (**c**) (*vestido, moda, actitud*) severe; (*austero*) grim, stern.
Sevilla *nf* Seville.
sevillano/a *adj, nm/f* Sevillian.
sexagenario/a 1 *adj* sixty-year-old. **2** *nm/f* person in his/her sixties.
sexagésimo *adj, nm* sixtieth; *V tb* **sexto 1**.
sexenio *nm* (*esp Méx Pol*) 6-year Presidential term of office.
sexi = **sexy**.
sexismo *nm* sexism.
sexista *adj, nmf* sexist.
sexo *nm* sex; **el bello** ~ the fair sex; **el ~ débil** the gentle sex; **el ~ femenino/masculino** the female/male sex; **de ambos ~s** of both sexes; **sin** ~ sexless; **hablar del ~ de los ángeles** to talk in a pointless way, indulge in pointless discussion.
sexología *nf* sexology.
sexólogo/a *nm/f* sexologist.
sexta *nf* (*Mús*) sixth.
sextante *nm* sextant.
sexteto *nm* sextet(te).
sexto 1 *adj* sixth; **Juan** ~ John the sixth; **en el ~ piso** on the sixth floor; **en ~ lugar** in sixth place, sixth; **vigésimo** ~ twenty-sixth; **una ~a parte** a sixth. **2** *nm* (*parte*) sixth; **dos ~s** two sixths.
sexual *adj* sexual, sex *atr*; **vida** ~ sex life.
sexualidad *nf* sexuality.
sexualmente *adv* sexually.
sexy *adj* full of sex-appeal.
s/f *abr* (*Com*) *de* **su favor** your favour *o* (*US*) favor.
s.f. *abr de* **sin fecha** n.d.
SGAE *nf abr de* **Sociedad General de Autores de España**.
SGEL *nf abr de* **Sociedad Española General de Librería**.
SGR *nf abr de* **sociedad de garantía recíproca**.
sgte(s). *abr de* **siguiente(s)** foll.
shock [ʃok] *nm* (*pl* **shock** *o* **~s** [ʃok]) shock.
shorts [ʃors] *nmpl* shorts.
show [tʃo, ʃou] *nm* (**a**) (*Teat etc*) show. (**b**) (*fam: jaleo*) fuss, bother; **menudo ~ hizo** (*Esp*) he made a great song-and-dance about it.
si[1] *conj* (**a**) (*hipotético, condicional*) if; **~ lo quieres te lo doy** if you want it I'll give it to you; **~ tuviera dinero lo compraría** if I had money I would buy it; **~ me lo hubiese pedido se lo habría** *o* **hubiera dado** if he had asked me for it I would have given it to him; **~ lo sé no te lo digo** (*fam*) if I had known I wouldn't have told you; **~ no** if not, otherwise, or else; **vete, ~ no vas a llegar tarde** go, or else you'll be late; **llevo el paraguas por ~ (acaso) llueve** I've got my umbrella (just) in case it rains; **y ¿~ nos lo roban?** what if it gets stolen?

(**b**) (*en pregunta indirecta*) if, whether; **me pregunto ~ vale la pena** I wonder whether *o* if it's worth the trouble; **no sé ~ hacerlo o no** I don't know whether to do it or not; **no sabía ~ habías venido en avión o en tren** I didn't know whether you'd come by plane or (by) train; **que ~ lavar los platos, que ~ limpiar el suelo, que ~ ...** what with washing up and sweeping the floor and ....

(**c**) (*deseo*) **¡~ fuera verdad!** if only it were true!; **¡~ viniese pronto!** I wish he'd come!; (*protesta*) **¡~ no sabía que estabas allí!** but I didn't know you were there!; **¡~ (es que) acabo de llamar!** but I've only just phoned you!; **¡~ no está!** but it isn't there!; (*sorpresa*) **¡~ es el cartero!** why, it's the postman!
si[2] *nm* (*Mús*) B; **~ mayor** B major.
sí[1] **1** *adv* (**a**) yes; **él no quiere pero yo** ~ he doesn't want to but I do; **creo que** ~ I think so; **¡que ~, hombre!** I tell you it is! *etc*; **porque** ~ because that's the way it is; (*porque lo digo yo*) because I say so; **lo hizo porque** ~ he did it because he just felt like doing it; (*pey*) he did it out of sheer cussedness; **una semana ~ y otra no** alternate weeks, every other week.

(**b**) (*con énfasis*) **ella ~ vendrá** she will certainly come, she is sure to come; **¡~ que lo es!** I'll say it is!; **¡eso ~ que no!** never!, not on your life!

2 *nm* consent, agreement; **dar el** ~ to say yes, agree; (*mujer*) to accept a proposal of marriage; **todavía no tengo el** ~ I have not yet received his consent.
sí[2] *pron reflexivo* (**a**) (*con preposiciones: msg*) himself; (*fsg*) herself; (*de un objeto*) itself; (*de Ud*) yourself; (*uso impersonal*) oneself; (*pl*) themselves; (*de Uds*) yourselves; **~ mismo/a** himself/herself *etc*; **lo quieren todo para** ~ they want the whole lot for themselves; **no lo podrá hacer por ~ solo** he won't be able to do it by himself; **conviene guardarlo para** ~ it's best to keep it to oneself; **se ríe de ~ misma** she laughs at herself.

(**b**) (*recíproco*) each other; **cambiaron una mirada entre** ~ they gave each other a look.

(**c**) (*modismos*) **de por** ~ in itself; (*individualmente*) separately, individually; **el problema es bastante difícil de por** ~ the problem is difficult enough in itself; **estar en** ~ to be in one's right mind; **pensar entre** *o* **para** ~ to think to oneself; **estar fuera de** ~ to be beside oneself.
Siam *nm* Siam.
siamés/esa *adj, nm/f* Siamese.
sibarita 1 *adj* sybaritic, luxury-loving. **2** *nmf* sybarite, lover of luxury.
sibaritismo *nm* sybaritism, love of luxury.
Siberia *nf* Siberia.
siberiano/a *adj, nm/f* Siberian.
sibila *nf* sibyl.
sibilante *adj, nf* sibilant.
sibilino *adj* sibylline.
sicario *nm* (*asesino a sueldo*) hired killer, hitman (*fam*).
Sicilia *nf* Sicily.
siciliano/a 1 *adj, nm/f* Sicilian. **2** *nm* (*dialecto*) Sicilian.
sico... *pref* = **psico...**.
sicómoro *nm* sycamore.
SIDA, sida *nm abr de* **síndrome de inmunodeficiencia adquirida** AIDS; **~ declarado** full-blown AIDS.
sidecar *nm* sidecar.
sideral *adj* astral; (*Astron*) space *atr*.
siderometalúrgico *adj* iron and steel *atr*.
siderurgia *nf* iron and steel industry.
siderúrgica *nf* iron and steel works.
siderúrgico *adj* iron and steel *atr*.
sidra *nf* cider.
sidrería *nf* cider bar.
siega *nf* (**a**) (*cosechar*) reaping, harvesting; (*segar*) mowing. (**b**) (*época*) harvest (time).
siembra *nf* (**a**) sowing; **patata de** ~ seed potato. (**b**) (*época*) sowing time.
siempre 1 *adv* (**a**) always; **~ está lloviendo** it's always

raining; **como** ~ as usual, as always; **la hora de** ~ the usual time; **somos amigos de** ~ we're old friends; **lo de** ~ (*en bar etc*) the usual; **es la historia de** ~**, es lo de** ~ it's the same old story; **lo vienen haciendo así desde** ~ they've always done it this way; **para** *o* **por** ~ for ever; **por** ~ **jamás** for ever and ever.

(**b**) (*en todo caso*) always; ~ **puedes decir que no lo sabías** you can always say you didn't know.

(**c**) (*LAm fam: a pesar de todo*) still, in spite of everything, really; **¿~ se va mañana?** are you still going tomorrow?

2 *conj* (**a**) ~ **que** (*cada vez que: usu + indic*) whenever, every time (that); ~ **que salgo llueve** every time I go out it rains; **voy** ~ **que puedo** I go whenever I can.

(**b**) ~ **que** (*a condición de que: + subjun: tb* ~ **y cuando** ...) provided that ..., as long as ...; ~ **que él esté de acuerdo** provided he agrees.

sien *nf* (*Anat*) temple.

siena 1 *adj, nm inv* (*color*) sienna. **2** *nf* sienna.

sierpe *nf* snake, serpent.

sierra *nf* (**a**) (*Téc*) saw; ~ **para metales** hacksaw; ~ **de calados** fretsaw; ~ **mécanica** power saw; ~ **de vaivén** jigsaw. (**b**) (*Geog*) mountain range, sierra; **la** ~ (*zona*) the hills, the mountains.

Sierra Leona *nf* Sierra Leone.

siervo/a *nm/f* slave; ~ **de la gleba** serf.

siesta *nf* (**a**) (*hora del día*) hottest part of the day, afternoon heat. (**b**) siesta, nap; **dormir la** *o* **echarse una** ~ to have an afternoon nap.

siete 1 *adj* seven; (*fecha*) seventh; **hablar más que** ~ to talk nineteen to the dozen. **2** *nm* seven; *V tb* **seis**. **3** *interj* (*LAm fam*) **¡la gran** ~! wow! (*fam*), hell! (*fam*); **de la gran** ~ (*como adj: tremendo*) terrible (*fam*), tremendous (*fam*); **hijo de la gran** ~ bastard (*fam!*), son of a bitch (*US fam!*).

sietemesino/a 1 *adj* (*niño*) premature. **2** *nm/f* premature baby.

sífilis *nf* syphilis.

sifilítico/a *adj, nm/f* syphilitic.

sifón *nm* (**a**) (*Téc*) trap, U-bend. (**b**) (*de agua*) siphon (of soda water); **whisky con** ~ whisky and soda.

sig. *abr de* **siguiente** f.

sigilo *nm* secrecy; (*discreción*) discretion; (*pey*) stealth; ~ **sacramental** secrecy of the confessional; **con mucho** ~ with great secrecy.

sigilosamente *adv* (*V adj*) secretly; discreetly; (*pey*) stealthily, slyly.

sigiloso *adj* secret; (*discreto*) discreet; (*pey*) stealthy.

sigla *nf* (*símbolo*) symbol; ~**s** (*pronunciadas como una palabra*) acronym; (*pronunciadas individualmente*) abbreviation.

siglo *nm* (**a**) century; **S~ de las Luces** Age of Enlightenment; ~ **de oro** (*Mitología*) golden age; **S~ de Oro** (*Lit*) Golden Age. (**b**) (*fig*) age(s); **hace un** ~ *o* **hace** ~**s que no le veo** I haven't seen him for ages. (**c**) (*Rel*) **el** ~ the world; **por los** ~**s de los** ~**s** world without end, for ever and ever; **retirarse del** ~ to withdraw from the world, become a monk.

signatario *adj, nm* signatory.

signatura *nf* (**a**) (*Mús, Tip*) signature. (**b**) (*de biblioteca*) catalogue *o* (*US*) catalog number, press mark.

significación *nf* significance; (*sentido*) meaning.

significado *nm* (*importancia*) significance; (*de palabra*) meaning; **de** ~ **dudoso** a word of uncertain meaning.

significante 1 *adj* (*esp LAm*) significant. **2** *nm* (*Ling*) signifier.

significar [1g] **1** *vt* (**a**) (*lit, fig*) to mean, signify; **¿qué significa 'nabo'?** what does 'nabo' mean?; **significará la ruina de la sociedad** it will mean *o* signify the ruin of the company; **él no significa nada para mí** he means nothing to me. (**b**) (*expresar*) to make known, express (*a* to); **le significó la condolencia de la familia** he expressed *o* conveyed the family's sympathy. **2 significarse** *vr* (*distinguirse*) to become known *o* famous (*como* as).

significativamente *adv* (*V adj*) significantly; meaningfully.

significativo *adj* significant; (*mirada*) meaningful; **es** ~ **que** ... it is significant that ....

signo *nm* (**a**) (*gen*) sign; (*Mat*) sign, symbol; (*de analfabeto*) mark; ~ **de admiración** exclamation mark; ~ **de la cruz** sign of the Cross; ~ **igual** equals sign; ~ **de interrogación** question mark; ~ **(de) más** *o* **de sumar/(de) menos** plus/minus sign; ~**s de puntuación** punctuation marks; ~ **de la victoria** victory sign, V-sign; ~ **del zodíaco** sign of the zodiac. (**b**) (*fig: tendencia*) tendency; **una situación de** ~ **alentador** an encouraging situation.

sigo *etc V* **seguir**.

sigs. *abr de* **siguientes** ff.

siguiente *adj* following; (*próximo*) next; **dijo lo** ~ he said the following; **¡que pase el** ~**!** next please!; **el** *o* **al día** ~ the following *o* next day.

sij *adj, nmf* (*pl* ~**s**) Sikh.

sílaba *nf* syllable.

silabear [1a] *vt* (*palabra: dividir en sílabas*) to divide into syllables; (*: pronunciar*) to pronounce syllable by syllable.

silabeo *nm* division into syllables.

silábico *adj* syllabic.

silba *nf* hissing, catcalls *pl*; **armar** *o* **dar una** ~ **(a)** to hiss.

silbar [1a] **1** *vt* (**a**) (*melodía*) to whistle; (*silbato*) to blow. (**b**) (*comedia, orador*) to hiss. **2** *vi* (**a**) (*gen*) to whistle; (*Anat*) to wheeze. (**b**) (*Teat*) to hiss, boo.

silbato *nm* whistle.

silbido *nm*, **silbo** *nm* whistle, whistling; (*abucheo*) hiss; (*resuello*) wheeze; (*zumbido*) hum; ~ **de oídos** ringing in the ears.

silenciador *nm* silencer.

silenciar [1b] *vt* (**a**) (*suceso*) to hush up; (*hecho*) to keep silent about. (**b**) (*persona*) to silence. (**c**) (*Téc*) to silence.

silencio *nm* (**a**) silence; (*tranquilidad*) quiet, hush; **¡~!** silence!, quiet!; **en** ~ in silence; **en el** ~ **más absoluto** in dead silence; **guardar** ~ to keep silent, say nothing (*sobre* about); **había un** ~ **sepulcral** it was as quiet as the grave; **imponer** ~ **a algn** to make sb be quiet; **mantener el** ~ **radiofónico** to keep radio silence; **pasar algo en** ~ to pass over sth in silence; **reducir al** ~ (*persona*) to silence, reduce to silence; (*artillería*) to silence. (**b**) (*Mús*) rest.

silenciosamente *adv* (*V adj*) silently, quietly; soundlessly; noiselessly.

silencioso *adj* silent, quiet; (*sin ruido*) soundless; (*máquina*) silent, noiseless.

sílex *nm* silex, flint.

sílfide *nf* sylph.

silfo *nm* sylph.

silicato *nm* silicate.

sílice *nf* silica.

silicio *nm* silicon.

silicona *nf* silicone.

silicosis *nf* silicosis.

silo *nm* (*Agr*) silo.

silogismo *nm* syllogism.

silueta *nf* silhouette; (*de edificio*) outline; (*de ciudad*) skyline; (*de persona*) figure; (*Arte*) silhouette, outline drawing.

silvestre *adj* (*Bot*) wild; (*fig*) rustic, rural.

silvicultura *nf* forestry.

silla *nf* (**a**) seat, chair; ~ **alta** high chair; ~ **eléctrica** electric chair; ~ **giratoria** swivel chair; ~ **plegable** *o* **de tijera** folding chair *o* stool; ~ **de ruedas** wheelchair; **calentar la** ~ to stay too long, outstay one's welcome. (**b**) (*tb* ~ **de montar**) saddle.

sillar *nm* block of stone, ashlar.

sillería *nf* (**a**) (*asientos*) chairs *pl*, set of chairs; (*Rel*) choir stalls *pl*. (**b**) (*taller*) chairmaker's workshop.

silleta *nf* (*LAm: silla*) seat, chair.

sillín *nm* saddle.
sillita *nf* small chair; ~ **de niño** pushchair.
sillón *nm* (**a**) armchair; (*butaca*) easy chair; (*LAm*) rocking chair; ~ **orejero** *o* **de orejas** wing chair; ~ **de hamaca** (*LAm*) rocking chair. (**b**) (*de montar*) sidesaddle.
SIM *nm abr* (*Esp*) *de* **Servicio de Investigación Militar**.
sima *nf* abyss, chasm.
simbiosis *nf* symbiosis.
simbiótico *adj* symbiotic.
simbólicamente *adv* symbolically.
simbólico *adj* symbolic(al); (*pago, huelga*) token.
simbolismo *nm* symbolism.
simbolista *adj, nmf* symbolist.
simbolizar [1f] *vt* (*gen*) to symbolize; (*representar*) to represent, stand for; (*ser ejemplo de*) to typify.
símbolo *nm* symbol; ~ **gráfico** (*Inform*) icon; ~ **de prestigio** status symbol.
simetría *nf* symmetry; (*fig*) harmony.
simétrico *adj* symmetrical; (*fig*) harmonious.
simiente *nf* seed.
simiesco *adj* simian.
símil 1 *adj* similar. **2** *nm* comparison; (*Lit*) simile.
similar *adj* similar.
similitud *nf* similarity, resemblance.
simio *nm* ape.
simpatía *nf* (**a**) (*gen*) liking; (*cariño*) affection; ~ **hacia** *o* **por** liking for; ~**s y antipatías** likes and dislikes; **coger ~ a algn** to take a liking to sb; **ganarse la ~ de todos** to win everybody's affection; **tener ~ a** to like; **no le tenemos ~ en absoluto** we don't like him at all; **no tiene ~s en el colegio** nobody at school likes him.
(**b**) (*de ambiente*) friendliness, warmth; (*de persona, lugar*) charm, attractiveness; **la famosa ~ andaluza** that well-known Andalusian charm.
(**c**) (*solidaridad*) solidarity, sympathy; **mostrar su ~ por** to show one's support for.
(**d**) (*compasión*) sympathy, compassion.
simpático *adj* (*persona*) nice, likeable; (*: agradable*) friendly; (*: encantador*) charming, attractive; **no le hemos caído muy ~s** she didn't much take to us; **siempre procura hacerse el ~** he's always trying to ingratiate himself; **me es ~ ese muchacho** I like that lad.
simpatizante *nmf* sympathizer (*de* with).
simpatizar [1f] *vi* (**a**) (*dos personas*) to get on (well together); **pronto simpatizaron** they soon became friends. (**b**) ~ **con algn** to get on well with *o* take to sb.
simple 1 *adj* (**a**) (*gen, Ling, Quím*) simple; (*sin adornos*) plain, uncomplicated, unadorned; (*Bot*) single; (*método*) simple, easy, straightforward.
(**b**) (*seguido de sustantivo*) mere; (*absoluto*) pure, sheer; (*corriente*) ordinary; **por ~ descuido** through sheer *o* pure carelessness; **es un ~ abogado** he's simply a solicitor; **un ~ soldado** an ordinary soldier; **somos ~s aficionados** we're just amateurs.
(**c**) (*persona*) simple(-minded); (*crédulo*) gullible; (*pey: de pocas luces*) foolish, silly.
2 *nmf* (*persona*) simpleton.
3 *nmpl*: ~**s** (*Tenis*) singles.
simplemente *adv* (*V adj*) simply, merely; purely.
simpleza *nf* (**a**) (*cualidad mental*) simpleness, simple-mindedness; (*credulidad*) gullibility; (*pey: necedad*) foolishness. (**b**) (*una ~*) silly thing (to do *etc*); ~**s** nonsense *sg*. (**c**) (*fig*) trifle, small thing.
simplicidad *nf* (*gen*) simplicity, simpleness.
simplificación *nf* simplification.
simplificar [1g] *vt* to simplify.
simplista *adj* (*pey*) simplistic.
simplón/ona 1 *adj* simple, gullible. **2** *nm/f* simple soul, gullible person.
simplote = **simplón**.
simposio *nm* symposium.
simulación *nf* simulation; (*ficción*) make-believe; (*pey*) pretence, pretense (*US*).
simulacro *nm* (*apariencia*) semblance; (*fingimiento*) sham, pretence, pretense (*US*); **un ~ de ataque** a mock attack; **un ~ de combate** a sham fight.
simulador *nm*: ~ **de vuelo** flight simulator.
simular [1a] *vt* to simulate; (*fingir*) to feign, sham.
simultáneamente *adv* simultaneously.
simultanear [1a] *vt*: ~ **dos cosas** to do two things simultaneously; ~ **A con B** to fit in A and B at the same time, combine A with B.
simultáneo *adj* simultaneous.
simún *nm* simoom.
sin 1 *prep* (**a**) (*gen*) without; ~ **nosotros** without us; **costó 5 dólares ~ los gastos de envío** it cost 5 dollars not counting postage and packing; **salió ~ sombrero** he went out hatless *o* without a hat; **me he quedado ~ cerillas** I've run out of matches; ~ **protección contra el sol** with no protection against the sun.
(**b**) (+ *vb*) ~ **hacer** without doing; ~ **verlo** without seeing it; ~ **verlo yo** without my seeing it; **las 2 y el padre ~ venir** 2 o'clock and father hasn't come home yet; **nos despedimos, no ~ antes recordarles que** ... (*TV etc*) before saying goodnight we'd like to remind you that ...; **platos ~ lavar** unwashed dishes; **recibos ~ pagar** unpaid bills.
2: ~ **que** *conj* without; ~ **que lo sepa él** without his knowing; **entraron ~ que nadie les observara** they came in without anyone seeing them.
sinagoga *nf* synagogue.
Sinaí *nm* Sinai.
sinalefa *nf* elision.
sinapismo *nm* (*Med*) mustard plaster.
sinceramente *adv* sincerely.
sincerarse [1a] *vr* (*justificarse*) to vindicate o.s.; (*decir la verdad*) to tell the truth, be honest; ~ **a** *o* **con** to open one's heart to.
sinceridad *nf* sincerity; **con toda ~** in all sincerity.
sincero *adj* (*gen*) sincere; (*persona*) genuine; (*opinión*) frank; (*felicitaciones*) heartfelt.
síncopa *nf* (*Ling*) syncope; (*Mús*) syncopation.
sincopar [1a] *vt* to syncopate.
síncope *nm* (*Ling*) syncope; (*desmayo*) blackout.
sincronía *nf* synchrony.
sincrónico *adj* (*Téc*) synchronized; (*sucesos*) simultaneous.
sincronización *nf* synchronization.
sincronizar [1f] *vt* to synchronize (*con* with).
sindicación *nf* (*de obreros*) unionization; (*Prensa*) syndication.
sindical *adj* (trade-)union *atr*; (*Pol*) syndical.
sindicalismo *nm* trade(s) unionism; (*Pol*) syndicalism.
sindicalista 1 *adj* (trade-)union *atr*; (*Pol*) syndicalist. **2** *nmf* trade(s) unionist; (*Pol*) syndicalist.
sindicar [1g] **1** *vt* (*obreros*) to unionize, form into a trade(s) union. **2 sindicarse** *vr* (*obrero*) to join a union; (*obreros*) to form themselves into a union.
sindicato *nm* (**a**) (*de negociantes*) syndicate. (**b**) (*de trabajadores*) trade(s) union, labor union (*US*).
síndico *nm* trustee; (*Jur*) (official) receiver.
síndrome *nm* syndrome; ~ **de abstinencia** withdrawal symptoms; ~ **premenstrual** premenstrual tension; ~ **tóxico** poisoning.
sinecura *nf* sinecure.
sinfín *nm* = **sinnúmero**.
sinfonía *nf* symphony.
sinfónico *adj* symphonic; **orquesta ~a** symphony orchestra.
Singapur *nm* Singapore.
singladura *nf* (*Náut: recorrido*) day's run; (*: día*) nautical day; (*fig, Pol etc*) course, direction.
single *nm* (*Mús*) single.
singular 1 *adj* (**a**) (*Ling*) singular. (**b**) **combate ~** single combat. (**c**) (*destacado*) outstanding, exceptional; (*pey:*

raro) singular, odd. **2** *nm* (*Ling*) singular; **en ~** in the singular; (*fig*) in particular.
singularidad *nf* singularity, peculiarity.
singularizar [1f] **1** *vt* to single out. **2 singularizarse** *vr* (*distinguirse*) to distinguish o.s., stand out, excel; (*llamar la atención*) to be conspicuous.
siniestrado/a 1 *adj* damaged, wrecked, crashed; **la zona ~a** the affected area, the disaster zone. **2** *nm/f* victim.
siniestro 1 *adj* (**a**) (*poet: izquierdo*) left. (**b**) (*fig: funesto*) sinister; (*: maligno*) evil, malign. (**c**) (*nefasto*) fateful, disastrous. **2** *nm* natural disaster, calamity; (*accidente*) accident; **~ marítimo** shipwreck, disaster at sea; **~ total** (*Fin*) total loss *o* write-off.
sinnúmero *nm*: **un ~ de** no end of, countless.
sino[1] *nm* fate, destiny.
sino[2] *conj* (**a**) but; **no son 8 ~ 9** there are not 8 but 9; **no lo hace sólo para sí ~ para todos** he's not doing it only for himself but for everybody; **no sólo ..., ~ ...** not only ..., but .... (**b**) (*salvo*) except, save; (*únicamente*) only; **¿quién ~ él se habría atrevido?** only he would have dared!; **no te pido ~ una cosa** I ask only *o* but one thing of you.
sino... *pref* Chinese ..., Sino....
sínodo *nm* synod.
sinonimia *nf* synonymy.
sinónimo 1 *adj* synonymous (*de* with). **2** *nm* synonym.
sinopsis *nf inv* synopsis.
sinóptico *adj* synoptic(al); **cuadro ~** diagram, chart.
sinrazón *nf* wrong, injustice.
sinsabor *nm* (**a**) (*disgusto*) trouble, unpleasantness. (**b**) (*dolor*) sorrow; (*preocupación*) uneasiness, worry.
sinsentido *nm* absurdity.
sinsonte *nm* (*CAm, Méx*) mockingbird.
sintáctico *adj* syntactic(al).
sintagma *nm* syntagma, syntagm.
sintaxis *nf* syntax.
síntesis *nf inv* synthesis.
sintético *adj* synthetic.
sintetizador *nm* (*Mús*) synthesizer.
sintetizar [1f] *vt* to synthesize; (*fig*) to summarize.
sintoísmo *nm* Shintoism.
síntoma *nm* (*Med, fig*) symptom; (*señal*) sign, indication.
sintomático *adj* symptomatic.
sintonía *nf* (**a**) (*Rad*) tuning. (**b**) (*Mús, Rad: melodía*) signature tune. (**c**) (*entre personas*) harmony; **estar en ~ con** to be in tune with.
sintonización *nf* (*Rad*) tuning.
sintonizador *nm* (*Rad*) tuner.
sintonizar [1f] **1** *vt* (*Rad: estación, emisión*) to tune (in) to, pick up. **2** *vi* (*fig*) **~ con** to be in tune with, be on the same wavelength as.
sinuosidad *nf* (**a**) (*gen*) sinuosity. (**b**) (*curva*) bend, curve; **las ~es del camino** the windings of the road. (**c**) (*fig*) deviousness.
sinuoso *adj* (**a**) (*camino*) winding, sinuous; (*línea, raya*) wavy; (*rumbo*) devious. (**b**) (*persona, actitud*) devious.
sinusitis *nf* sinusitis.
sinvergüencería *nf* (*acción*) dirty trick *(fam)*; (*descaro*) shamelessness.
sinvergüenza 1 *adj* (*pillo*) rotten; (*descarado*) brazen, shameless. **2** *nmf* (**a**) (*pillo*) scoundrel, rogue; **¡~!** (*hum*) you villain! (**b**) (*insolente*) cheeky devil.
sinvergüenzada *nf* (*LAm fam*) rotten thing (to do) *(fam)*.
Sión *nm* Zion.
sionismo *nm* Zionism.
sionista *adj, nmf* Zionist.
siqu... *etc pref V* **psiqu...** *etc.*
siquiera 1 *adv* (**a**) (*al menos*) at least; **una vez ~** once at least, just once; **deja ~ trabajar a los demás** at least let the others work. (**b**) **ni ~** not even, not so much as; **ella ni me miró ~, ella ni ~ me miró** she didn't even look at me. **2** *conj* even if, even though; **ven ~ sea por pocos días** do come even if it's only for a few days.
sirena *nf* (**a**) (*Mitología*) siren, mermaid. (**b**) (*bocina*) siren, hooter; **~ de buque** ship's siren; **~ de niebla** foghorn.
sirga *nf* (*Náut*) towrope.
Siria *nf* Syria.
sirimiri *nm* drizzle.
sirio/a *adj, nm/f* Syrian.
siroco *nm* sirocco.
sirviente/a *nmf* servant.
sisa *nf* (**a**) petty theft; **~s** pilfering, petty thieving. (**b**) (*Cos*) dart; (*para la manga*) armhole.
sisal *nm* sisal.
sisar [1a] *vt* (**a**) (*robar*) to thieve, pilfer; (*engañar*) to cheat. (**b**) (*Cos*) to take in.
sisear [1a] *vt, vi* to hiss.
siseo *nm* hiss(ing).
sísmico *adj* seismic.
sismo *nm* (*esp LAm*) = **seísmo**.
sismógrafo *nm* seismograph.
sismología *nf* seismology.
sisón[1]**/ona 1** *adj* thieving, light-fingered. **2** *nm/f* petty thief.
sisón[2] *nm* (*Orn*) little bustard.
sistema *nm* system; (*método*) method; **~ binario** (*Inform*) binary system; **~ de alerta inmediata** early-warning system; **~ experto** expert system; **~ de fondo fijo** (*Com*) imprest system; **~ impositivo** *o* **tributario** taxation, tax system; **~ inmunitario** *o* **inmunológico** immune system; **~ de lógica compartida** (*Inform*) shared logic system; **~ métrico** metric system; **S~ Monetario Europeo** European Monetary System; **~ montañoso** mountain range; **~ nervioso** nervous system; **~ operativo (en disco)** (disk) operating system; **~ pedagógico** educational system; **~ rastreador** (*investigaciones espaciales*) tracking system; **trabajar con ~** to work systematically *o* methodically; **yo por ~ lo hago así** I make it a rule to do it this way.
sistematicidad *nf* systematic nature.
sistemático *adj* systematic.
sistematizar [1f] *vt* to systematize.
sitiador(a) *nm/f* besieger.
sitiar [1b] *vt* (*asediar*) to besiege, lay siege to; (*fig*) to surround, hem in.
sitio *nm* (**a**) (*gen*) place; **en cualquier ~** anywhere; **en ningún ~** nowhere; **en todos los ~s** everywhere, all over; **es un ~ muy pintoresco** it's a very picturesque spot; **cambiar de ~** to shift, move; **cambiar de ~ con algn** to change places with sb; **poner a algn en su ~** (*fig*) to put sb firmly in his place; **quedarse en el ~** to die instantly, die on the spot.
(**b**) (*espacio*) room, space; **¿hay ~?** is there any room?; **hay ~ de sobra** there's plenty of room; **hacer ~** to make room (*a algn* for sb).
(**c**) (*Mil*) siege; **en estado de ~** under martial law; **poner ~ a** to besiege.
sito *adj* situated, located (*en* at, in).
situ: **in ~** *adv* on the spot.
situación *nf* (*gen*) situation; (*en la sociedad*) position, standing; **~ económica** financial position; **estar en ~ de hacerlo** to be in a position to do it.
situado *adj* (**a**) situated, placed. (**b**) (*Fin*) **estar (bien) ~** to be financially secure.
situar [1e] **1** *vt* (**a**) to place, set; (*edificio*) to locate, site; (*Mil*) to post; **esto le sitúa entre los mejores** this places him among the best. (**b**) (*dinero: invertir*) to place, invest; (*: depositar en banco*) to bank; (*: destinar*) to assign; **~ una pensión para algn** to settle an income on sb; **~ fondos en el extranjero** to place money in accounts abroad. **2 situarse** *vr* to establish o.s., do well for o.s.

siútico *adj* (*Chi fam: cursi*) pretentious, affected.
skay [es'kai] *nm* imitation leather.
S.L. *abr* (**a**) (*Com*) *de* **Sociedad Limitada** Ltd, Corp. *(US)*. (**b**) *de* **Sus Labores** *V* **labor (a)**.
slalom [ez'lalom] *nm* slalom; ~ **gigante** giant slalom.
slam [ezlam] *nm* (*Bridge*) slam; **gran** ~ grand slam; **pequeño** ~ little slam.
slip [ezlip] *nm* (*pl* **~s** [ezlip]) briefs, pants; (*bañador*) bathing trunks.
s.l. ni f. *abr* (*Tip*) *de* **sin lugar ni fecha** n.p. or d.
slogan [ez'loγan] *nm* (*pl* **~s** *o* **~es** [ez'loγan]) slogan.
S.M. *abr* (**a**) (*Esp Rel*) *de* **Sociedad Marianista**. (**b**) *de* **Su Majestad** HM.
SME *nm abr de* **Sistema Monetario Europeo** EMS.
SMI *nm abr de* **salario mínimo interprofesional**.
smoking [ez'mokin] *nm* (*pl* **~s** [ez'mokin]) dinner jacket, tuxedo *(US)*.
s/n *abr de* **sin número**.
snack [ez'nak] *nm* (*pl* **~s** [ez'nak]) snack.
s.n.m. *abr de* **sobre el nivel del mar**.
snob *etc* [ez'noβ] *V* **esnob** *etc*.
SO *abr de* **suroeste** SW.
so[1] *interj* whoa!
so[2] *interj*: **¡~ burro!** you idiot!, you great oaf!
so[3] *V* **pena (d); pretexto**.
s/o (*Com*) *abr de* **su orden**.
soba *nf* (*fam*) (**a**) (*de tela, persona*) fingering. (**b**) (*paliza*) hiding; **dar una ~ a algn** to wallop sb *(fam)*.
sobaco *nm* (*Anat*) armpit; (*Cos*) armhole.
sobado *adj* (**a**) (*ropa*) worn, shabby; (*arrugado*) crumpled; (*libro: manoseado*) well-thumbed, dog-eared. (**b**) (*tema*) well-worn. (**c**) (*Culin: masa*) short, crumbly *(US)*.
sobajar [1a] *vt* (**a**) = **sobajear**. (**b**) (*And, Méx*) to humiliate.
sobajear [1a] *vt* (*manosear*) to handle.
sobaquera *nf* (**a**) (*Cos*) armhole. (**b**) (*fam: mancha*) stain.
sobaquina *nf* (*fam*) underarm odour *o (US)* odor.
sobar [1a] **1** *vt* (**a**) (*tela*) to finger, dirty (with one's fingers); (*ropa*) to rumple, mess up; (*masa*) to knead. (**b**) (*fam: acariciar*) to fondle; (*pey*) to finger, paw. (**c**) (*LAm: componerse: huesos*) to set. (**d**) (*fam: pegar*) to wallop. (**e**) (*fam: molestar*) to pester. **2** *vi* to kip *(fam)*, sleep. **3 sobarse** *vr* (*fam: enamorados*) to pet, snog *(fam)*.
soberanamente *adv* (*fig*) supremely.
soberanía *nf* sovereignty.
soberano/a 1 *adj* (**a**) (*Pol etc*) sovereign. (**b**) (*supremo*) supreme. (**c**) (*fam*) real, really big; **una ~a paliza** a real walloping. **2** *nm/f* sovereign; **los ~s** the king and queen, the royal couple.
soberbia *nf* (**a**) (*orgullo*) pride; (*altanería*) haughtiness, arrogance. (**b**) (*fig*) magnificence, pomp. (**c**) (*ira*) anger.
soberbio *adj* (**a**) (*orgulloso*) proud; (*altanero*) haughty, arrogant. (**b**) (*fig*) magnificent, grand; **¡~!** splendid! (**c**) (*enojado*) angry; (*malhumorado*) irritable. (**d**) (*fam*) = **soberano 1 (c)**.
sobeta *adj inv*: **estar** *o* **quedarse** ~ (*fam*) to be kipping *(fam)*.
sobón *adj* (*fig fam*) fresh; **¡no seas ~!** get your hands off me!, stop pawing me! *(fam)*.
sobornar [1a] *vt* (*gen*) to bribe; (*hum: engatusar*) to get round.
soborno *nm* (*un* ~) bribe; (*el* ~) bribery, graft.
sobra *nf* (**a**) (*excedente*) excess, surplus; **~s** leavings, leftovers, scraps; (*Cos*) remnants. (**b**) **de** ~ spare, surplus, extra; **aquí tengo de** ~ I've more than enough here; **tengo tiempo de** ~ I've got plenty of time; **tuvo motivos de** ~ he had plenty of justification; **lo sé de** ~ I know it only too well; **aquí estoy de** ~ I'm not needed here.
sobradamente *adv* amply; (*saber*) only too well; **con eso queda ~ satisfecho** with that he is more than fully satisfied.
sobrado 1 *adj* (**a**) (*más que suficiente*) more than enough; (*superfluo*) superfluous, excessive; (*sobreabundante*) superabundant; **hay tiempo** ~ there's plenty of time; **tuvo razón ~a** he was amply justified; **~as veces** repeatedly. (**b**) **estar ~ de algo** to have more than enough of sth. (**c**) (*acaudalado*) wealthy. **2** *adv* too, exceedingly. **3** *nm* (*desván*) attic, garret.
sobrante 1 *adj* (*que sobra*) spare; (*que queda*) remaining; (*obrero*) redundant. **2** *nm* (**a**) surplus, remainder; (*Com, Fin*) surplus; (*saldo activo*) balance in hand. (**b**) **~s** odds and ends.
sobrar [1a] *vi* (*quedar de más*) to remain, be left (over); (*ser más que suficiente*) to be more than enough; (*ser superfluo*) to be superfluous; **por este lado sobra** there's too much on this side; **sobra uno** there's one too many, there's one left; **todo lo que has dicho sobra** all that you've said is quite unnecessary; **nos sobra tiempo** we have plenty of time; **al terminar me sobraba medio metro** I had half a metre *o (US)* meter left over when I finished; **veo que aquí sobro** I see that I'm not needed here; **más vale que sobre que no que falte** better too much than too little.
sobrasada *nf* Majorcan sausage.
sobre[1] *nm* (**a**) envelope; ~ **de paga** pay packet. (**b**) (*fam*) kip *(fam)*, bed; **meterse en el ~** to hit the sack *(fam)*.
sobre[2] *prep* (**a**) (*lugar*) on, upon; (*encima*) on top of, over, above; **está ~ la mesa** it's on the table; **volamos ~ Cádiz** we're flying over Cadiz; **prestar juramento ~ la Biblia** to swear on the Bible.
(**b**) (*cantidades*) over (and above); (*además de*) in addition to, besides; **un aumento ~ el año anterior** an increase over last year; **10 dólares ~ lo estipulado** 10 dollars over and above what was agreed; **crimen ~ crimen** crime upon crime.
(**c**) **estar ~ algn** (*fig: acosar*) to keep on at sb; (*: vigilar*) to keep constant watch over sb.
(**d**) (*Fin*) on; **un préstamo ~ una propiedad** a loan on a property; **un impuesto ~ algo** a tax on sth.
(**e**) (*alrededor de*) about; ~ **las 6** at about 6 o'clock; **ocupa ~ 20 páginas** it fills about 20 pages.
(**f**) (*porcentaje*) in, out of; **3 ~ 100** 3 in a 100, 3 out of every 100.
(**g**) (*tema*) about, on; **un libro ~ Tirso** a book about Tirso; **hablar ~ algo** to talk about sth.
sobre... *pref* super..., over....
sobreabundancia *nf* superabundance, overabundance.
sobrealimentado *adj* (*Mec*) supercharged.
sobrealimentador *nm* supercharger.
sobrealimentar [1a] *vt* (**a**) (*persona etc*) to overfeed. (**b**) (*Mec*) to supercharge.
sobreañadir [3a] *vt* to give in addition, add (as a bonus).
sobrecalentar [1j] *vt* to overheat.
sobrecama *nm* bedspread.
sobrecapitalizar [1f] *vt* to overcapitalize.
sobrecarga *nf* (**a**) (*peso excesivo*) overload; (*fig*) new burden. (**b**) (*Com*) surcharge; (*Correos*) overprint(ing); ~ **de importación** import surcharge.
sobrecargar [1h] *vt* (**a**) (*camión*) to overload; (*Elec*) to overload; (*persona*) to weigh down, overburden. (**b**) (*Com*) to surcharge.
sobrecargo *nm* (*Náut*) purser.
sobrecito *nm* sachet.
sobrecoger [2c] **1** *vt* (*sobresaltar*) to startle, take by surprise; (*asustar*) to scare, frighten. **2 sobrecogerse** *vr* (**a**) (*V vt*) to be startled, start (*a, de* at, with), to get scared, be frightened. (**b**) (*quedar impresionado*) to be overawed (*de* by); ~ **de emoción** to be overcome with emotion.
sobrecubierta *nf* outer cover; (*de libro*) jacket.
sobredicho *adj* aforementioned.

sobredorar [1a] *vt* to gild; *(fig)* to gloss over.
sobredosis *nf inv* overdose.
sobre(e)ntender [2g] **1** *vt* to understand; *(adivinar)* to deduce, infer. **2 sobre(e)ntenderse** *vr*: **sobre(e)ntiende que** ... it is implied that ..., one infers that ....
sobre(e)scribir [3a] *vt (Inform)* to overwrite.
sobre(e)stimar [1a] *vt* to overestimate.
sobre(e)xcitar [1a] **1** *vt* to overexcite. **2 sobre(e)xcitarse** *vr* to get overexcited.
sobre(e)xponer [2q] *vt* to overexpose.
sobre(e)xposición *nf (Fot)* overexposure.
sobregiro *nm* overdraft.
sobrehumano *adj* superhuman.
sobreimprimir [3a] *vt (Correos)* to overprint.
sobrellevar [1a] *vt (peso)* to carry, help to carry; *(: de otro)* to ease; *(desgracia etc)* to bear, endure; *(faltas ajenas)* to be tolerant towards.
sobremanera *adv* exceedingly.
sobremarcha *nf (Aut)* overdrive.
sobremesa *nf* (**a**) *(después de comer)* sitting on after a meal; **charla de** ~ after-dinner speech; **conversación de** ~ table talk; **programa de** ~ *(TV)* afternoon programme *o (US)* program; **un cigarro de** ~ an after-dinner cigar; **hablaremos de eso de** ~ we'll talk about that after dinner. (**b**) **lámpara de** ~ table lamp; **ordenador de** ~ desktop computer.
sobremodo *adv* very much, enormously.
sobrenatural *adj* supernatural; *(misterioso)* weird, unearthly; **lo** ~ the supernatural; **ciencias ~es** occult sciences; **vida** ~ life after death.
sobrenombre *nm* nickname.
sobrentender *etc V* **sobre(e)ntender** *etc.*
sobrepaga *nf* extra pay, bonus.
sobreparto *nm* confinement *(after childbirth)*; **dolores de** ~ afterpains.
sobrepasar [1a] *vt (gen)* to exceed; *(esperanzas)* to surpass; *(rival, récord)* to beat; *(Aer: pista de aterrizaje)* to overshoot.
sobrepelliz *nf* surplice.
sobrepeso *nm* extra load; *(de paquete, persona)* excess weight, overweight.
sobrepoblación *nf* overcrowding.
sobreponer [2q] *(pp* **sobrepuesto**) **1** *vt* (**a**) to put on top *(en* of), superimpose *(en* on), add *(en* to). (**b**) ~ **A a B** to give A preference over B. **2 sobreponerse** *vr* (**a**) *(recobrar la calma)* to master o.s., pull o.s. together; *(vencer dificultades)* to win through. (**b**) ~ **a una enfermedad** to pull through an illness; ~ **a un enemigo** to overcome an enemy; ~ **a un susto** to get over a fright.
sobreprecio *nm* surcharge; *(aumento de precio)* increase in price.
sobreprima *nf (Com)* extra premium.
sobreproducción *nf* overproduction.
sobrepuesto 1 *pp de* **sobreponer**. **2** *adj* superimposed.
sobrepujar [1a] *vt* to excel, surpass; *(en subasta)* to outbid.
sobrero *adj* extra, spare.
sobresaliente 1 *adj* (**a**) *(Arquit)* projecting, overhanging. (**b**) *(fig)* outstanding, excellent; *(Univ etc)* first class. **2** *nmf (Teat)* understudy. **3** *nm (Univ etc)* first class (mark), distinction.
sobresalir [3q] *vi* (**a**) to project, jut out; *(salirse de la línea)* to stick out. (**b**) *(fig)* to stand out, excel.
sobresaltar [1a] **1** *vt* to startle, frighten. **2 sobresaltarse** *vr* to start, be startled *(con, de* at).
sobresalto *nm (sorpresa)* start; *(susto)* scare; *(conmoción)* sudden shock.
sobresanar [1a] *vi (Med)* to heal superficially.
sobreseer [2e] *vt*: ~ **una causa** *(Jur)* to stop a case.
sobreseimiento *nm* stay.
sobresello *nm* double seal.
sobrestadía *nf (Com)* demurrage.
sobrestante *nm (capataz)* foreman, overseer; *(gerente)* site manager.
sobresueldo *nm* bonus, extra pay.
sobretasa *nf* surcharge.
sobretiro *nm (Méx)* offprint.
sobretodo *nm* overcoat.
sobrevaloración *nf* overvaluation; *(fig)* overrating.
sobrevalorar [1a] *vt* to overvalue; *(fig)* to overrate.
sobrevenir [3r] *vi* to happen (unexpectedly), come up; *(resultar)* to follow, ensue.
sobreviviente = **superviviente**.
sobrevivir [3a] *vi* to survive; ~ **a** *(accidente)* to survive; *(persona)* to survive, outlive; *(durar más tiempo que)* to outlast.
sobrevolar [1l] *vt* to fly over.
sobriedad *nf (gen)* soberness; *(moderación)* moderation, restraint; *(tranquilidad)* quietness; *(sencillez)* plainness.
sobrino/a *nm/f* nephew/niece.
sobrio *adj (gen)* sober; *(moderado)* moderate, restrained; *(color)* quiet; *(moda)* plain, sober; ~ **en la bebida** temperate in one's drinking habits; **ser** ~ **de palabras** to speak with restraint.
socaire *nm (Náut)* lee; **al** ~ to leeward; **al** ~ **de** *(fig: al abrigo de)* enjoying the protection of; *(: so pretexto de)* using as an excuse; **estar** *o* **ponerse al** ~ *(fig)* to shirk.
socapa *nf*: **a** ~ surreptitiously.
socarrón *adj* (**a**) *(irónico)* sarcastic, ironical; *(humor)* sly. (**b**) *(taimado)* crafty, cunning.
socarronería *nf* (**a**) *(sarcasmo)* sarcasm, irony; *(malicia)* sly humour *o (US)* humor. (**b**) *(astucia)* craftiness, cunning.
socavar [1a] *vt* (**a**) *(gen)* to undermine; *(excavar)* to dig under; *(suj: agua)* to hollow out. (**b**) *(fig)* to sap, undermine.
socavón *nm* (**a**) *(Min)* gallery, tunnel; *(hueco)* hollow; *(en la calle)* hole. (**b**) *(Arquit)* subsidence.
sociabilidad *nf (V adj)* sociability; gregariousness; conviviality.
sociable *adj (persona)* sociable, friendly; *(animal)* social, gregarious; *(reunión, fiesta)* convivial.
social *adj* (**a**) *(gen)* social. (**b**) *(Com, Fin)* company *atr*, company's.
socialdemócrata 1 *adj* social democrat, social-democratic. **2** *nmf* social democrat.
socialismo *nm* socialism.
socialista 1 *adj* socialist(ic). **2** *nmf* socialist.
socialización *nf* socialization; *(nacionalización)* nationalization.
socializar [1f] *vt* to socialize; *(nacionalizar)* to nationalize.
socialmente *adv* socially.
sociedad *nf* (**a**) *(gen)* society; **la** ~ **actual** contemporary society; **la** ~ **opulenta** the affluent society; **la** ~ **de consumo** the consumer society.
(**b**) *(asociación)* society, association; ~ **científica** *o* **docta** learned society; ~ **gastronómica** dining club; ~ **inmobilaria** building society; **S~ de Jesús** Society of Jesus; **S~ de Naciones** League of Nations; ~ **secreta** secret society; ~ **de socorro mutuo** friendly *o* provident society.
(**c**) *(Com, Fin)* company; *(de socios)* partnership; ~ **anónima** limited liability company, corporation; **S~ Anónima** *(abr SA)* Limited, Incorporated *(US)*; ~ **de beneficencia** friendly society, benefit association *(US)*; ~ **de cartera** *o* **control** holding company; ~ **comanditaria** *o* **de comandita** limited partnership; ~ **conjunta** *(Com)* joint venture; ~ **limitada** (private) limited company, corporation *(US)*; ~ **mercantil** trading company.
(**d**) **alta** *o* **buena** ~ (high) society; **notas de** ~ gossip column, column of society news.
socio/a *nm/f* (**a**) *(gen)* associate; *(de club)* member; *(de sociedad docta)* fellow; ~ **honorario** *o* **de honor** honorary member; ~ **numerario** *o* **de número** full member. (**b**)

(*Com, Fin*) partner; ~ **activo** active partner; ~ **capitalista** *o* **comanditario** sleeping partner, silent partner (*US*). (**c**) (*fam*) buddy, mate (*fam*).
socioeconómico *adj* socioeconomic.
sociolingüística *nf* sociolinguistics.
sociología *nf* sociology.
sociológico *adj* sociological.
sociólogo/a *nm/f* sociologist.
soconusco *nm* fine chocolate.
socorrer [2a] *vt* (*persona*) to help; (*necesidades*) to meet; (*ciudad sitiada*) to relieve; (*expedición*) to bring aid to.
socorrido *adj* (**a**) (*tienda*) well-stocked. (**b**) (*objeto: útil*) handy. (**c**) (*persona*) helpful, obliging. (**d**) (*trillado*) hackneyed, well-worn.
socorrismo *nm* life-saving.
socorrista *nmf* lifeguard, life-saver.
socorro *nm* (*gen*) help, aid, assistance; (*alivio*) relief; ¡~! help!; ~**s mutuos** mutual aid; **trabajos de** ~ relief *o* rescue work.
socrático *adj* Socratic.
soda *nf* (**a**) (*Quím*) soda. (**b**) (*bebida*) soda water.
sodio *nm* sodium.
sodomía *nf* sodomy.
sodomita *nmf* sodomite.
SOE *nm abr* (*Esp*) *de* **Seguro Obligatorio de Enfermedad**.
soez *adj* dirty, obscene.
sofá *nm* sofa, settee.
sofá-cama, **sofá-nido** *nm* studio couch, sofa bed.
Sofía *nf* Sofia.
sofisma *nm* sophism.
sofisticación *nf* sophistication; (*pey*) affectation.
sofisticado *adj* sophisticated; (*pey*) affected.
soflama *nf* (**a**) (*fuego*) flicker. (**b**) (*sonrojo*) blush. (**c**) (*arenga*) fiery speech. (**d**) (*engaño*) deceit.
soflamar [1a] *vt* (**a**) to scorch; (*Culin*) to singe. (**b**) (*hacer sonrojar*) to shame, make blush. (**c**) (*fam: engañar*) to deceive.
sofocación *nf* (**a**) suffocation. (**b**) (*fig*) = **sofoco (b)**.
sofocado *adj*: **estar** ~ (*fig*) to be out of breath; (*ahogarse*) to feel stifled; (*abochornarse*) to be hot and bothered.
sofocante *adj* stifling, suffocating.
sofocar [1g] **1** *vt* (**a**) (*persona*) to suffocate, stifle. (**b**) (*incendio*) to smother, put out; (*rebelión*) to crush, put down; (*epidemia*) to stop. (**c**) (*fig*) ~ **a algn** (*hacer sonrojar*) to make sb blush, put sb to shame; (*azorar*) to embarrass sb; (*enojar*) to anger sb. **2 sofocarse** *vr* (**a**) (*ahogarse*) to suffocate, stifle; (*jadear*) to get out of breath; (*no poder respirar*) to choke. (**b**) (*sonrojarse*) to blush; (*enojarse*) to get angry, get upset.
sofoco *nm* (**a**) stifling sensation. (**b**) (*azoro*) embarrassment; (*ira*) anger, indignation. (**c**) **pasar un** ~ to have an embarrassing time.
sofocón *nm* (*fam*) shock, nasty blow; **llevarse un** ~ to have a sudden shock.
sofoquina *nf* (*fam*) (**a**) stifling heat. (**b**) = **sofocón**.
sofreír [3l] (*pp* **sofrito**) *vt* to fry lightly.
sofrito 1 *pp de* **sofreír**. **2** *nm* fried onion and tomato sauce.
soft(ware) ['sof(wer)] *nm* (*Inform*) software.
soga *nf* (*gen*) rope, cord; (*del verdugo*) hangman's rope; **estar con la** ~ **al cuello** to be in deep water; **hablar de la** ~ **en casa del ahorcado** to say something singularly inappropriate.
sogatira *nm* tug of war.
soja *nf* soya; **semilla de** ~ soya bean.
sojuzgar [1h] *vt* (*vencer*) to conquer; (*tiranizar*) to rule despotically.
sol[1] *nm* (**a**) (*gen*) sun; (*luz solar*) sunshine, sunlight; **de** ~ **a** ~ from dawn to dusk; ~ **naciente/poniente** rising/setting sun; **como un** ~ as bright as a new pin; **tostarse al** ~ to sit in the sun, sunbathe; **arrimarse al** ~ **que más calienta** to know which side one's bread is buttered; **hay** *o* **hace** ~ it is sunny, the sun is shining; **tomar el** ~ to sun o.s., sunbathe; **no dejar a algn ni a** ~ **ni a sombra** to pester sb; **un** ~ **y sombra** a glass of brandy and anisette. (**b**) (*fam*) **el niño es un** ~ he's a lovely child. (**c**) (*Per Fin*) former monetary unit of Peru.
sol[2] *nm* (*Mús*) G; ~ **mayor** G major.
solamente *adv* (*V sólo*) only; solely; just.
solana *nf* (*sitio*) sunny spot, suntrap; (*en casa*) sun lounge, solarium.
solanas *adj inv* (*fam*) alone, all on one's own.
solano *nm* east wind.
solapa *nf* (**a**) (*de chaqueta*) lapel; (*de sobre, libro, bolsillo*) flap. (**b**) (*fig*) pretext.
solapadamente *adv* slyly, in an underhand way, by underhand means.
solapado *adj* sly, underhand.
solapar [1a] **1** *vt* (**a**) (*cubrir parcialmente*) to overlap. (**b**) (*fig: encubrir*) to cover up, keep dark. **2** *vi* to overlap.
solar[1] *nm* (**a**) (*terreno*) lot, piece of ground, site; (*en obras*) building site. (**b**) (*casa solariega*) ancestral home, family seat; (*fig*) family, lineage.
solar[2] [1l] *vt* (*suelo*) to floor, tile; (*zapatos*) to sole.
solar[3] *adj* solar, sun *atr*.
solariego *adj* (**a**) **casa** ~**a** family seat, ancestral home. (**b**) (*Hist: ascendencia*) ancient and noble; (*títulos*) manorial.
solario, **solárium** *nm* solarium.
solateras *adj inv* (*fam*) alone, all on one's own.
solaz *nm* (*descanso*) recreation, relaxation; (*consuelo*) solace.
solazar [1f] **1** *vt* (*divertir*) to amuse, provide relaxation for; (*consolar*) to console. **2 solazarse** *vr* to enjoy o.s., relax.
solazo *nm* (*fam*) scorching sunshine.
soldada *nf* pay.
soldadera *nf* (*Méx Hist*) camp follower.
soldadesca *nf* (*pey*) army rabble.
soldadesco *adj* soldierly.
soldadito *nm*: ~ **de plomo** tin soldier.
soldado[1] *nmf* soldier; ~ **de infantería** infantryman; ~ **de marina** marine; ~ **de plomo** tin soldier; ~ **raso** private; **la tumba del S~ Desconocido** the tomb of the Unknown Warrior.
soldado[2] *adj* (*juntura*) welded; **totalmente** ~ welded throughout.
soldador(a) 1 *nm/f* (*persona*) welder. **2** *nm* (*Téc*) soldering iron.
soldadura *nf* (**a**) (*de materiales*) solder. (**b**) (*acción*) soldering, welding; ~ **autógena** welding. (**c**) (*juntura*) welded seam.
soldar [1l] **1** *vt* (**a**) (*Téc*) to solder, weld. (**b**) (*juntar*) to join, unite; (*dos piezas*) to weld together; (*disputa*) to patch up. **2 soldarse** *vr* (*huesos*) to knit (together).
soleado *adj* sunny.
solear [1a] *vt* (*dejar al sol*) to put in the sun; (*blanquear*) to bleach.
soledad *nf* (**a**) solitude; (*aislamiento*) loneliness. (**b**) (*lugar*) lonely place.
solemne *adj* (**a**) solemn; (*majestuoso*) impressive. (**b**) (*fam: mentira*) downright; (*tontería*) utter; (*error*) complete, terrible.
solemnemente *adv* (*V adj (a)*) solemnly; impressively.
solemnidad *nf* (**a**) solemnity; (*majestuosidad*) impressiveness; (*dignidad*) formality, dignity. (**b**) (*ceremonia*) solemn ceremony; ~**es** solemnities. (**c**) ~**es** (bureaucratic) formalities.
solemnizar [1f] *vt* to solemnize, celebrate.
soler [2h; defectivo] *vi*: ~ **hacer** to be in the habit of doing, be accustomed to do; **suele pasar por aquí** he usually comes this way; **solíamos ir todos los años** we used to go every year.
solera *nf* (**a**) (*punta*) prop, support; (*plinto*) plinth. (**b**)

(*de cuneta*) bottom. (**c**) (*tradición*) tradition; **éste es país de ~ celta** this is a country of basically Celtic character; **vino de ~** vintage wine; **es un barrio con ~** it is a typically Spanish *etc* quarter.
solfa *nf* (**a**) (*Mús*) solfa; (*: signos*) musical notation; (*fig*) music. (**b**) (*fam: paliza*) tanning (*fam*). (**c**) (*fam*) **poner a algn en ~** to make sb look ridiculous.
solfear [1a] *vt* (**a**) (*Mús*) to solfa. (**b**) (*fam: zurrar*) to tan (*fam*). (**c**) (*fam: echar una bronca*) to tick off (*fam*).
solfeo *nm* (**a**) (*Mús*) solfa, singing of scales, voice practice; **clase de ~** singing lesson. (**b**) (*fam: paliza*) thrashing; (*reprensión*) ticking-off (*fam*).
solicitación *nf* request; (*de votos*) canvassing.
solicitante *nmf* applicant.
solicitar [1a] *vt* (**a**) (*permiso*) to ask for, seek; (*visto bueno*) to seek; (*puesto*) to apply for; (*apoyo*) to canvass for; (*votos, opiniones*) to canvass; **~ algo a algn** to ask sb for sth. (**b**) (*atención, tb Fís*) to attract. (**c**) (*persona*) to pursue, try to attract; (*mujer*) to court; **está muy solicitado** he is in great demand.
solícito *adj* diligent, concerned (*por* about, for); (*cariñoso*) affectionate; (*marido, novio*) obliging.
solicitud *nf* (**a**) (*cualidad*) diligence, care; (*preocupación*) solicitude, concern; (*cariño*) affection. (**b**) (*petición*) request (*de* for); (*para un puesto*) application (*de* for); **a ~** on request; **~ de extradición** request for extradition; **presentar una ~** to make an application; **denegar** *o* **desestimar una ~** to reject an application.
solidaridad *nf* solidarity; **por ~ con** (*Pol etc*) out of solidarity with.
solidario *adj* (**a**) (*compromiso*) mutually binding, shared in common; (*participación*) joint, common; (*co-responsable*) jointly liable. (**b**) **hacerse ~ de** to declare one's solidarity with.
solidarizarse [1f] *vr*: **~ con** to affirm one's support for.
solidez *nf* solidity; (*dureza*) hardness.
solidificación *nf* solidification, hardening.
solidificar [1g] **1** *vt* to solidify, harden. **2 solidificarse** *vr* to solidify, harden.
sólido 1 *adj* (**a**) (*gen*) solid; (*duro*) hard. (**b**) (*Téc*) solidly made; (*bien construido*) well built; (*zapatos*) stout, strong; (*color*) fast. (**c**) (*fig*) solid, sound; (*fijo*) firm, stable; (*base, principio etc*) sound. **2** *nm* solid.
soliloquio *nm* soliloquy, monologue.
solista *nmf* soloist.
solitaria[1] *nf* tapeworm.
solitario/a[2] **1** *adj* (**a**) (*persona, vida*) lonely, solitary. (**b**) (*lugar*) lonely, desolate. **2** *nm/f* (*recluso*) recluse; (*ermitaño*) hermit. **3** *nm* (*Naipes, tb diamante*) solitaire; **en ~** alone, on one's own; **vuelta al mundo en ~** solo trip around the world; **tocar en ~** to play solo.
solito *adj*: **estar ~** (*fam*) to be all alone, be on one's own.
soliviantar [1a] *vt* (**a**) to stir up, rouse (to revolt). (**b**) (*enojar*) to anger; (*sacar de quicio*) to exasperate. (**c**) (*inquietar*) to worry. (**d**) (*hacer sentir ansias*) to fill with longing; **anda soliviantado con el proyecto** he has tremendous hopes for the scheme.
solo 1 *adj* (**a**) single, sole; (*único*) unique; (*singular*) **hay una ~a dificultad** there is just one difficulty; **su ~a preocupación es ganar dinero** his one concern is to make money; **no hubo ni una ~a objeción** there was not a single objection.
(**b**) (*solitario*) lonely; (*sin compañía*) alone, by oneself; (*café*) black; (*whisky*) straight, neat; **venir ~** to come alone; **dejar ~ a algn** to leave sb all alone; **me siento muy ~** I feel very lonely; **tendremos que comer pan ~** we shall have to eat plain bread; **lo hace como él ~** he does it as no one else can.
(**c**) **a ~as** alone, by oneself; **lo hizo a ~as** he did it (all) by himself.
(**d**) (*Mús*) solo.
2 *nm* (**a**) (*Mús*) solo; **un ~ para tenor** a tenor solo.
(**b**) (*Naipes*) solitaire, patience.
sólo *adv* (*gen*) only; (*exclusivamente*) solely, merely, just; **~ quiero verlo** I only *o* just wanted to see it; **es ~ un teniente** he's merely a lieutenant; **no ~ A sino también B** not only A but also B; **~ con apretar un botón** just by pressing a button; **me parece bien ~ que no tengo tiempo** that's fine, only *o* but I don't have the time; **ven aunque ~ sea para media hora** come even if it's just for half an hour; **tan ~** only, just.
solomillo *nm* sirloin.
solsticio *nm* solstice.
soltar [1l] **1** *vt* (**a**) (*dejar ir*) to let go of; (*dejar caer*) to drop; **soltó mi mano** he let go of my hand; **¡suéltenme!** let me go!
(**b**) (*nudo*) to untie, undo; (*aflojar: cinturón, cuerda*) to loosen; (*amarras*) to cast off; (*Aut: embrague, freno*) to release.
(**c**) (*preso*) to release, set free; (*animales*) to let loose *o* out.
(**d**) (*suspiro*) to heave; (*grito, secreto, estornudo*) to let out; (*verdad, injurias*) to come out with; (*noticia*) to break; **¡suéltalo ya!** out with it!, spit it out!; **~ una carcajada** to burst out laughing; **~ el dinero** to cough up the money (*fam*); **soltó un par de palabrotas** he came out with a couple of rude words, he let fly a couple of obscenities; **le volvió a ~ el mismo sermón** he read them the lecture all over again.
(**e**) (*golpe*) to land, deal.
2 soltarse *vr* (**a**) (*cordón, nudo etc*) to come undone *o* untied; (*animal*) to get *o* break loose; (*Mec: desprenderse*) to come off; **~ de las manos de algn** to escape from sb's clutches; **~ el pelo** to let one's hair down.
(**b**) (*desmandarse*) to lose control of o.s.; **~ a su gusto** to let off steam.
(**c**) (*adquirir habilidad*) to become expert; (*: en un idioma*) to become fluent.
soltera *nf* unmarried woman, spinster; **apellido de ~** maiden name.
soltería *nf* single *o* unmarried state; (*de hombre*) bachelorhood; (*de mujer*) spinsterhood.
soltero 1 *adj* unmarried; **madre ~a** unmarried *o* single mother. **2** *nm* bachelor.
solterón *nm* confirmed bachelor, old bachelor.
solterona *nf* spinster, maiden lady; (*pey*) old maid; **tía ~** maiden aunt.
soltura *nf* (**a**) (*de cuerda*) slackness; (*Mec*) looseness; (*de brazos, piernas*) agility, nimbleness. (**b**) (*al hablar etc*) fluency, ease; **habla árabe con ~** he speaks Arabic fluently.
solubilidad *nf* solubility.
soluble *adj* (**a**) (*Quím*) soluble; **~ en agua** soluble in water. (**b**) (*problema*) solvable, that can be solved.
solución *nf* (**a**) (*Quím*) solution. (**b**) (*de problema*) solution; (*explicación*) answer (*de* to). (**c**) (*Teat*) climax, dénouement. (**d**) **~ de continuidad** break in continuity, interruption.
solucionar [1a] *vt* to solve; (*decidir*) to resolve, settle.
solvencia *nf* (**a**) (*Fin*) solvency. (**b**) (*Fin: acción*) settlement, payment. (**c**) (*fig*) **~ moral** character; **de toda ~ moral** completely trustworthy; **fuentes de toda ~** completely reliable sources.
solventar [1a] *vt* (**a**) (*deuda*) to settle, pay. (**b**) (*dificultad*) to resolve; (*asunto*) to settle.
solvente 1 *adj* (**a**) solvent, free of debt. (**b**) (*fig*) reliable, trustworthy; (*fuente*) reliable. **2** *nm* (*Quím*) solvent.
sollo *nm* sturgeon.
sollozar [1f] *vi* to sob.
sollozo *nm* sob; **decir algo entre ~s** to sob sth.
somalí *adj, nmf* Somali.
Somalia *nf* Somalia.
somanta *nf* beating, thrashing.
somático *adj* somatic.
sombra *nf* (**a**) (*proyectada por un objeto*) shadow; (*protección*) shade; (*Arte*) shaded part, shaded area; **~ de**

ojos eyeshadow; **~s** shadows, darkness; **~s chinescas** shadow play *o* pantomime; **luz y ~** light and shade; **a la ~ de** in the shade of; *(fig)* under the protection of; *(pey)* under the cloak of; **estar a la ~** to be in the shade *(fam)*, to be in clink *(fam)*; **dar ~** to give shade, cast a shadow; **un árbol que da ~** a shady tree; **hacer ~** to cast a shadow; **hacer ~ a algn** *(fig)* to put sb in the shade; **no quiere que otros le hagan ~** he doesn't want to be overshadowed by anybody else; **no se fía ni de su ~** he doesn't even trust his shadow; **permanecer** *o* **quedarse en la ~** *(fig)* to stay in the background, remain on the sidelines; **gobierno en la ~** shadow cabinet.

(b) *(fig)* **~s** obscurity; *(ignorancia)* ignorance; *(pesimismo)* sombreness.

(c) *(fantasma)* shade, ghost.

(d) *(mancha)* dark patch, stain; *(fig)* stain, blot.

(e) *(vestigio)* shadow, sign; **sin ~ de avaricia** without a trace of greed; **sin ~ de duda** without a shadow of doubt; **no tiene ni ~ de talento** he hasn't the least bit of talent; **no es ni ~ de lo que era** he's a shadow of his former self; **ni por ~** not in the least bit.

(f) *(suerte)* luck; **tener buena ~** to be lucky; **¡qué mala ~!** how unlucky!

(g) tiene mucha ~ para contar chistes he's got a great talent for telling jokes; **tener buena ~** to be likeable, have lots of charm; **tener mala ~** to be a nasty piece of work.

(h) *(fam: persona)* shadow, tail *(fam)*.

sombreado 1 *adj* shady. **2** *nm* *(Arte)* shading.

sombrear [1a] *vt* *(gen)* to shade.

sombrerera *nf* **(a)** *(artesana)* milliner. **(b)** *(caja)* hatbox.

sombrerería *nf* **(a)** *(sombreros)* hats, millinery. **(b)** *(tienda)* hat shop; *(fábrica)* hat factory.

sombrerero *nm* *(artesano)* hatter, milliner.

sombrerete *nm* **(a)** little hat. **(b)** *(de seta)* cap. **(c)** *(Téc: de carburador)* bonnet; *(cubo de rueda)* cap; *(de chimenea)* cowl.

sombrero *nm* **(a)** hat; **~ de tres picos** cocked *o* three-cornered hat; **~ hongo** bowler (hat), derby *(US)*; **~ de copa** *o* *(LAm)* **de pelo** top hat; **~ flexible** soft hat, trilby; **~ de jipijapa** Panama hat; **~ de paja** straw hat; **~ tejano** stetson, ten-gallon hat. **(b)** *(Bot)* cap.

sombrilla *nf* parasol, sunshade; **me vale ~** *(Méx fam)* I couldn't care less *(fam)*.

sombrío *adj* **(a)** *(lugar)* shaded. **(b)** *(fig: lugar)* sombre, dismal; *(: persona)* gloomy; *(: perspectiva)* sombre.

someramente *adv* superficially.

somero *adj* *(lit)* shallow; *(fig)* superficial.

someter [2a] **1** *vt* **(a)** *(nación)* to conquer; *(persona)* to subject to one's will.

(b) ~ una decisión a lo que se resuelva en una reunión to make one's decision dependent on the outcome of a meeting; **~ su opinión a la de otros** to subordinate one's opinion to that of others.

(c) *(informe)* to present, submit *(a* to); **~ algo a la aprobación de algn** to submit sth for sb's approval; **~ algo a votacíon** to put sth to a vote.

(d) ~ algo a una autoridad to refer sth to an authority for decision.

(e) ~ a *(prueba)* to put *o* subject to; **~ una sustancia a la acción de un ácido** to subject a substance to the action of an acid; **~ a algn a interrogatorio** to interrogate sb, grill sb.

2 someterse *vr* **(a)** to give in, submit; **~ a la mayoría** to give way to the majority; **me someto a vuestra opinión** I'll bow to your opinion.

(b) ~ a una operación to undergo an operation; **~ a un tratamiento médico** to have medical treatment.

sometimiento *nm* **(a)** *(estado)* submission, subjection. **(b)** *(acción)* presentation, submission.

somier [so'mjer] *nm* *(pl* **~s** *o* **~es** [so'mjer]) spring mattress.

somnífero 1 *adj* sleep-inducing. **2** *nm* sleeping pill.

somnolencia *nf* sleepiness, drowsiness.

somnoliente *adj* sleepy, drowsy.

sompopo *nm* *(Sal)* yellow ant.

son *nm* **(a)** sound; *(sonido agradable)* pleasant sound; **al ~ de** to the sound of. **(b)** *(rumor)* rumour, rumor *(US)*. **(c)** *(estilo)* manner, style; **¿a qué ~?, ¿a ~ de qué?** why on earth?; **en ~ de** as, like; **en ~ de broma** as a joke; **en ~ de paz** in peace; *V* **bailar 2**.

sonado *adj* **(a)** *(comentado)* talked-of; *(famoso)* famous; *(sensacional)* sensational; **un suceso muy ~** a much-talked of event, an event which made a great stir. **(b) hacer una (que sea) ~a** *(fam)* to kick up a stink *(fam)*. **(c) estar ~** *(fam)* to be crazy; *(: Boxeo)* to be punch drunk.

sonaja *nf* little bell; **~s** rattle *sg*.

sonajero *nm* rattle.

sonambulismo *nm* sleepwalking.

sonambulista *nmf* sleepwalker, somnambulist.

sonar[1] [1l] **1** *vt* **(a)** *(campana, moneda)* to ring; *(trompeta)* to play, blow; *(sirena)* to blow.

(b) ~ (las narices) a un niño to blow a child's nose.

2 *vi* **(a)** to sound; *(Mús)* to play; *(campana, teléfono, timbre)* to ring; *(reloj)* to chime, strike; **le estaban sonando las tripas** his stomach was rumbling; **~ a cascado/a hueco** to sound cracked/hollow.

(b) *(Ling)* to be sounded, be pronounced; **la h de 'hombre' no suena** the h in 'hombre' is not pronounced *o* is silent.

(c) *(fig)* to sound; **esas palabras suenan extrañas** those words sound strange; **no me suena bien** it sounds all wrong to me; **así como suena** just like I'm telling you.

(d) *(mencionarse)* to be talked of; **es un nombre que suena** it's a name that's in the news.

(e) *(ser conocido)* to sound *o* seem familiar; **no me suena el nombre** the name doesn't ring a bell with me; **me suena ese coche** that car looks familiar.

3 sonarse *vr* *(tb* **~ las narices)** to blow one's nose.

sonar[2] *nm* sonar.

sonata *nf* sonata.

sonda *nf* **(a)** *(acción)* sounding. **(b)** *(Náut)* lead; *(Téc)* bore, drill; *(Med)* probe; **~ acústica** echo sounder; **~ espacial** space probe.

sond(e)ar [1a] *vt* *(Náut)* to sound, take soundings of; *(Med)* to probe; *(Téc)* to bore (into), drill; *(fig: terreno)* to explore; *(: misterio)* to delve into; *(persona, intenciones: ponerse en contacto con)* to sound out; **~ a la opinión pública** to test public opinion.

sondeo *nm* *(Med, Náut)* sounding; *(Téc: perforación)* drilling; *(encuesta)* poll, inquiry; *(Pol: contacto)* feeler, approach; **~ de audiencia** audience research; **~ de la opinión pública** Gallup Poll.

soneto *nm* sonnet.

sónico *adj* sonic, sound *atr*.

sonido *nm* sound.

soniquete *nm* = **sonsonete (b)**.

sonoridad *nf* sonority, sonorousness.

sonorización *nf* *(Cine)* soundtracking; *(de local)* amplification; *(Ling)* voicing.

sonorizar [1f] **1** *vt* *(Cine)* to add the sound track to; *(local)* to fit out with amplifiers; *(Ling)* to voice. **2 sonorizarse** *vr* *(Ling)* to voice, become voiced.

sonoro *adj* **(a)** *(voz)* rich; *(ruidoso)* loud, resonant; *(poesía)* sonorous; *(cueva)* echoing. **(b)** *(Ling)* voiced. **(c) banda ~a** sound track; **efectos ~s** sound effects.

sonreír [3l] **1** *vi* **(a)** to smile; **~ a algn** to smile at sb; **~ de un chiste** to smile at a joke; **~ forzadamente** to force a smile. **(b)** *(fig)* **le sonríe la fortuna** fortune smiles (up)on him. **2 sonreírse** *vr* to smile.

sonriente *adj* smiling.

sonrisa *nf* smile; **~ amarga/forzada** wry/forced smile; **no perder la ~** to keep smiling.

sonrojar [1a] **1** *vt*: **~ a algn** to make sb blush. **2 sonrojarse** *vr* to blush *(de* at).

sonrojo *nm* blush.

sonrosado *adj* rosy, pink.

sonsacar [1g] *vt* to wheedle, coax; ~ **a algn** to pump sb for information; ~ **un secreto a algn** to worm a secret out of sb.

sonsera, sonsería *nf (LAm fam)* = **zoncería**.

sonso *adj (LAm fam)* = **zonzo**.

sonsonete *nm* **(a)** *(golpecitos)* tap(ping). **(b)** *(voz monótona)* monotonous delivery, singsong (voice). **(c)** *(frase rimada)* jingle, rhyming phrase.

soñado *adj* **(a)** dreamed-of; **el hombre** ~ one's ideal man, Mr Right. **(b)** *(fam)* **hemos encontrado un sitio que ni** ~ we've found an absolutely perfect spot.

soñador(a) 1 *adj* dreamy. **2** *nm/f* dreamer.

soñar [1l] *vt, vi (lit, fig)* to dream; ~ **con algo** to dream of sth; **soñé contigo anoche** I dreamt about you last night; ~ **con viajar** to dream of travelling *o (US)* traveling; ~ **que** ... to dream that ...; ~ **despierto** to daydream; ~ **en voz alta** to talk in one's sleep; **¡ni ~lo!** *(fam)* not on your life!

soñolencia *nf* = **somnolencia**.

soñoliento *adj* sleepy, drowsy.

sopa *nf* **(a)** soup; ~ **de cebolla** onion soup; ~ **de fideos** noodle soup; ~ **juliana** vegetable soup; ~ **de sobre** packet soup; **comer** *o* **andar a** *o* **vivir a la** ~ **boba** to scrounge one's meals *(fam)*; **los encontramos hasta en la** ~ they're everywhere, they're ten a penny. **(b)** *(pan mojado)* sop; **~s de leche** bread and milk; **dar ~s con honda a algn** to be streets ahead of sb; **estar hecho una** ~ to be sopping wet. **(c)** ~ **de letras** word search (game).

sopapo *nm* punch (on the jaw), bash *(fam)*.

sopear [1a] *vt (LAm)* to soak.

sopera[1] *nf* soup tureen.

sopero/a[2] **1** *adj (plato, cuchara)* soup *atr*. **2** *nm* soup plate.

sopesar [1a] *vt* to try the weight of; *(fig)* to weigh up.

sopetón *nm* **(a)** punch. **(b) de** ~ suddenly, unexpectedly.

soplado 1 *adj (fam)* **estar** ~ to be tight. **2** *nm (tb* ~ **de vidrio**) glass blowing.

soplador *nm (de vidrio)* glass blower.

soplagaitas *nmf inv (fam)* idiot, twit *(fam)*.

soplamocos *nm inv (fam: puñetazo)* punch, slap.

soplapollas *nmf inv (fam)* berk *(fam)*, prick *(fam!)*.

soplar [1a] **1** *vt* **(a)** *(polvo)* to blow away *o* off; *(superficie, sopa, fuego)* to blow on; *(vela)* to blow out; *(globo)* to blow up; *(vidrio)* to blow.

(b) *(fig)* to inspire.

(c) ~ **(la respuesta) a algn** to whisper the answer to sb; ~ **a algn** *(ayudar a recordar)* to prompt sb.

(d) *(fam: delatar)* to split on *(fam)*.

(e) *(fam: birlar)* to pinch *(fam)*.

(f) *(fam: cobrar)* to charge, sting *(fam)*; **me han soplado 8 dólares** they stung me for 8 dollars.

(g) *(fam: golpe)* to deal, fetch.

2 *vi* **(a)** *(persona, viento)* to blow; **¡sopla!** well I'm blowed!

(b) *(fam: delatar)* to split *(fam)*, squeal *(fam)*.

(c) *(fam: beber)* to drink, booze.

3 soplarse *vr* **(a)** *(fam)* ~ **un pastel** to wolf (down) a cake; **se sopla un litro entero** he knocks back a whole litre *o (US)* liter *(fam)*.

(b) *(fam: delatar)* ~ **de algn** to split on sb *(fam)*, sneak on sb.

soplete *nm* blowlamp, blowtorch *(US)*; ~ **oxiacetilénico** oxyacetylene burner; ~ **soldador** welding torch.

soplido *nm* strong puff, blast.

soplo *nm* **(a)** *(con la boca)* blow, puff; *(de viento)* puff, gust; *(Téc)* blast; **la semana pasó como** *o* **en un** ~ the week sped by, the week was over in no time. **(b)** *(fam)* tip(-off); **dar el** ~ to squeal *(fam)*. **(c)** ~ **cardíaco** *o* **al corazón** heart murmur.

soplón/ona *nm/f (fam: chismoso)* telltale, sneak *(fam)*; *(: de policía)* informer, grass *(fam)*.

soponcio *nm (fam)* fit.

sopor *nm (Med)* drowsiness; *(letargo)* torpor.

soporífero *adj* sleep-inducing; *(fig)* soporific.

soportable *adj* bearable.

soportal *nm* **(a)** *(de casa)* porch, portico. **(b) ~es** arcade *sg*.

soportar [1a] *vt* **(a)** *(Arquit)* to bear, hold up; *(presión)* to resist, withstand. **(b)** *(fig)* to stand, put up with.

soporte *nm* **(a)** *(gen)* support; *(pedestal)* base, stand; *(de repisa)* bracket. **(b)** *(fig)* pillar, support. **(c)** *(Inform)* medium; ~ **físico/lógico** hardware/software.

soprano *nmf* soprano.

soquetes *nmpl (LAm)* ankle socks.

sor *nf (con un nombre)* Sister; **S~ María** Sister Mary.

sorber [2a] *vt* **(a)** *(con los labios)* to sip; *(chupar)* to suck up; ~ **por una paja** to drink through a straw. **(b)** *(suj: esponja)* to suck up; *(: papel secante)* to dry up; *(palabras)* to drink in.

sorbete *nm* sherbet; *(polo helado)* water ice.

sorbito *nm* sip.

sorbo *nm* sip; *(trago)* gulp, swallow; **un** ~ **de té** a sip of tea; **beber a ~s** to sip; **de un** ~ in one gulp.

sordera *nf* deafness.

sordidez *nf* **(a)** dirt(iness), squalor. **(b)** *(mezquindad)* meanness.

sórdido *adj* **(a)** *(sucio)* dirty, squalid. **(b)** *(mezquino)* mean.

sordina *nf* **(a)** *(Mús)* mute. **(b) con** ~ on the quiet, surreptitiously.

sordo/a 1 *adj* **(a)** *(persona)* deaf; ~ **como una tapia** as deaf as a post; **quedarse** ~ to go deaf. **(b)** *(ruido)* dull, muffled; *(dolor)* dull; *(Ling)* voiceless; *(emociones)* suppressed. **2** *nm/f* deaf person; **hacerse el** ~ to pretend not to hear, turn a deaf ear.

sordomudez *nf* condition of being deaf and dumb.

sordomudo/a 1 *adj* deaf and dumb. **2** *nm/f* deafmute.

sorgo *nm* sorghum.

soriano/a *(Esp)* **1** *adj* of *o* from Soria. **2** *nm/f* native *o* inhabitant of Soria.

soriasis *nf* psoriasis.

Sorlinga: **Islas** ~ *nfpl* Scilly Isles.

sorna *nf (malicia)* slyness; *(tono burlón)* sarcastic tone; **con** ~ slyly, mockingly.

sorocharse [1a] *vr (LAm)* = **asorocharse**.

soroche *nm (LAm)* mountain sickness, altitude sickness.

sorprendente *adj* surprising; *(asombroso)* amazing.

sorprender [2a] **1** *vt* **(a)** to surprise; *(asombrar)* to amaze; *(sobresaltar)* to startle; **no me sorprendería que** ... I wouldn't be surprised if .... **(b)** *(Mil etc)* to surprise; *(coger desprevenido)* to catch unawares; *(conversación)* to overhear; *(secreto)* to find out, discover; *(escondrijo)* to come across; **le sorprendieron robando** they caught him stealing. **2** *vi* to be surprising. **3 sorprenderse** *vr* to be surprised *(de* at), be amazed *(de* at).

sorpresa 1 *nf* **(a)** *(gen)* surprise; *(asombro)* amazement; **causar** *o* **producir** ~ **a** to surprise; **con gran** ~ **mía, para mí** ~ much to my surprise; **¡qué ~!, ¡vaya ~!** what a surprise!; **coger a algn de** *o* **por** ~ to take sb by surprise. **(b)** *(Mil)* surprise attack. **2** *atr* surprise *atr*; **ataque** ~ surprise attack; **resultado** ~ surprise result; **sobre** ~ mystery envelope; **visita** ~ unannounced visit.

sorpresivo *adj (esp LAm)* surprising; *(imprevisto)* sudden, unexpected.

sortear [1a] **1** *vt* **(a)** to decide by lot; *(rifar)* to raffle (for charity); *(Dep: lados)* to toss up for.

(b) *(obstáculo)* to dodge, avoid; *(salvar)* to get round; *(regatear)* to manage to miss, swerve past; **el esquiador sorteó las banderas con habilidad** the skier swerved skilfully *o (US)* skillfully round the flags; **aquí hay que ~ el tráfico** one has to dodge the traffic here.

(c) *(dificultad)* to avoid, get round; *(pregunta)* to handle, deal with (skilfully *o (US)* skillfully).

2 *vi* to draw lots; *(jugar a cara o cruz)* to toss, toss up.

sorteo *nm* (*en lotería*) draw; (*rifa*) raffle; (*Dep*) toss; **se realizará esto mediante** ~ it shall be determined by lot.
sortija *nf* (**a**) ring. (**b**) (*bucle*) curl, ringlet.
sortilegio *nm* (**a**) (*hechicería*) sorcery. (**b**) (*un ~: hechizo*) spell, charm. (**c**) (*fig: encanto*) charm.
sosa *nf* soda; ~ **cáustica** caustic soda.
sosaina (*fam*) **1** *adj* dull, boring. **2** *nmf* dull person, bore.
sosegado *adj* (**a**) (*tranquilo*) calm, peaceful; (*apacible*) gentle. (**b**) (*persona*) calm, steady.
sosegar [1h, 1j] **1** *vt* (*calmar*) to calm, quieten; (*arrullar*) to lull; (*ánimo*) to reassure; (*dudas, aprensiones*) to allay. **2 sosegarse** *vr* (*calmarse*) to calm down, become calm; (*aquietarse*) to quieten down.
soseras *adj* (*fam*) = **soso (b)**.
sosería *nf* (**a**) (*insulsez*) insipidness. (**b**) (*monotonía*) dullness; (*aburrimiento*) flatness; **es una** ~ it's boring, it's terribly dull.
sosia *nm* (*persona idéntica*) double.
sosiego *nm* (*gen*) calm(ness); (*quietud*) peacefulness.
soslayar [1a] *vt* (**a**) (*poner ladeado*) to put sideways, place obliquely. (**b**) (*dificultad*) to get round; (*pregunta*) to dodge, sidestep; (*encuentro*) to avoid.
soslayo: **al** *o* **de** ~ *adv* obliquely, sideways; **mirada de** ~ sidelong glance; **mirar de** ~ to look out of the corner of one's eye (at); (*fig*) to look askance (at).
soso *adj* (**a**) (*Culin: insípido*) tasteless, insipid; (*: sin sal*) unsalted; (*: sin azúcar*) unsweetened. (**b**) (*fig*) dull, uninteresting.
sospecha *nf* (*gen*) suspicion.
sospechar [1a] **1** *vt* to suspect. **2** *vi*: ~ **de** to suspect, be suspicious of.
sospechosamente *adv* suspiciously.
sospechoso/a 1 *adj* (*dudoso*) suspicious; (*bajo sospecha*) suspect; **todos son ~s** everybody is under suspicion. **2** *nm/f* suspect.
sostén *nm* (**a**) (*Arquit*) support, prop. (**b**) (*prenda femenina*) brassiere, bra. (**c**) (*alimento*) sustenance, food. (**d**) (*apoyo*) support, mainstay.
sostener [2k] **1** *vt* (**a**) (*Arquit*) to hold up, support; (*carga*) to carry; (*peso*) to bear; (*suj: persona*) to hold up, hold on to; **la cinta le sostiene el pelo** the ribbon keeps her hair in place.
(**b**) (*persona*) to support, back; (*: ayudar*) to help.
(**c**) (*con alimentos*) to sustain, keep going.
(**d**) (*Mús*) to hold.
(**e**) (*fig: acusación*) to maintain; (*: opinión, promesa*) to stand by; (*: teoría*) to maintain; (*: presión*) to keep up, sustain; (*: resistencia*) to strengthen, bolster up; ~ **que** ... to maintain *o* hold that ....
(**f**) (*puesto, velocidad, lucha*) to keep up, maintain.
(**g**) (*Fin*) to maintain, pay for; (*: gastos*) to meet, defray.
(**h**) ~ **la mirada de algn** to look sb in the eye without flinching.
2 sostenerse *vr* (**a**) to hold o.s. up; (*mantenerse en pie*) to stand up; **apenas podía** ~ he could hardly stand.
(**b**) (*ganarse la vida*) to support o.s.; (*continuar*) to keep (o.s.) going; (*resistir*) to last out; ~ **en el poder** to stay in power.
(**c**) (*continuar*) to continue, remain.
sostenido 1 *adj* (**a**) (*gen*) continuous; (*esfuerzo*) sustained; (*de larga duración*) prolonged. (**b**) (*Mús*) sharp. **2** *nm* (*Mús*) sharp.
sostenimiento *nm* (**a**) (*apoyo*) support; (*mantenimiento*) maintenance. (**b**) (*Fin*) maintenance; (*con alimentos*) sustenance.
sota *nf* (*Naipes*) jack, knave.
sotabanco *nm* attic, garret.
sotabarba *nf* double chin, jowl.
sotana *nf* (**a**) (*Rel*) cassock, soutane. (**b**) (*fam: paliza*) hiding.
sótano *nm* basement; (*bodega*) cellar; (*en banco*) vault.
Sotavento: **Islas** ~ *nfpl* Leeward Isles.
sotavento *nm* (*Náut*) lee, leeward; **a** ~ to leeward; **de** ~ leeward *atr*.
sotechado *nm* shed.
soterrado *adj* (*fig*) buried, hidden.
soterrar [1j] *vt* to bury; (*fig: esconder*) to hide away.
soto *nm* (*matorral*) thicket; (*arboleda*) grove, copse.
sotobosque *nm* undergrowth.
soufflé [sufle] *nm* (*Culin*) soufflé.
soviet *nm* soviet.
soviético/a 1 *adj* Soviet *atr*. **2** *nm/f*: **los ~s** the Soviets, the Russians.
soya *nf* (*LAm*) soya bean.
S.P. *nm abr* (**a**) (*Rel*) *de* **Santo Padre**. (**b**) (*Esp Aut*) *de* **Servicio Público**. (**c**) (*Admin*) *de* **Servicio Postal**.
spárring [es'parin] *nm* sparring partner.
SPM *nm abr de* **síndrome premenstrual** PMS.
sponsor [espon'sor] *nm* (*pl* **~s** [espon'sor]) sponsor.
sport [es'por] *nm* sport; **chaqueta (de)** ~ sports jacket *o* (*US*) coat; **ropa de** ~ casual wear; **vestido de** ~ dressed casually.
spot [es'pot] *nm* (*pl* **~s**) ~ **publicitario** (*TV*) commercial, ad (*fam*).
spray [es'prai] *nm* (*pl* **~s**) spray, aerosol.
sprint *etc* [es'prin] *nm* = **esprint** *etc*.
squash [es'kwas] *nm* squash.
Sr. *abr de* **Señor** Mr.
Sra. *abr de* **Señora** Mrs.
S.R.C. *abr de* **se ruega contestación** RSVP.
Sres. *abr de* **Señores** Messrs.
Sri Lanka *nm* Sri Lanka.
Srio./a *abr de* **Secretario/a** Sec.
Srs. *abr de* **Señores** Messrs.
Srta. *abr de* **Señorita** Miss.
SS *abr de* **Santos/as** SS.
S.S. *abr* (**a**) (*Rel*) *de* **Su Santidad** H.H. (**b**) *de* **Seguridad Social**. (**c**) *de* **Su Señoría**.
ss. *abr de* **siguientes** foll.
s.s. *abr de* **seguro servidor** *courtesy formula*.
SSE *abr de* **sudsudeste** SSE.
SSI *nm abr de* **Servicio Social Internacional** ISS.
SS.MM. *abr de* **Sus Majestades**.
SSO *abr de* **sudsudoeste** SSW.
SSS *nm abr de* **servicio social sustitutorio**.
s.s.s. *abr de* **su seguro servidor** *courtesy formula*.
Sta *abr de* **Santa** St, S.
stand [es'tan] *nm* (*pl* **~s** [es'tan]) stand.
stándard *etc* [es'tandar] = **estándar** *etc*.
standing [es'tandin] *nm* standing; **de alto** ~ high-class, high-ranking; (*piso etc*) luxury, top quality.
stárter [es'tarter] *nm* (*Aut*) choke; (*: LAm*) self-starter, starting motor.
statu quo *nm* status quo.
status [es'tatus] *nm inv* status.
Sto. *abr de* **Santo** St.
stock [es'tok] *nm* (*pl* **~s** [es'tok]) (*Com*) stock, supply.
stop [es'top] *nm* (*Aut*) stop sign, halt sign.
su *adj pos* (**a**) (*sg: de él*) his; (*: de ella*) her; (*: neutro*) its; (*: impersonal*) one's; **vino María con** ~ **padre** Mary came with her father; **el chico perdió** ~ **juguete** the boy lost his toy. (**b**) (*de Ud, Uds*) your; (*LAm: de tí, vosotros*) your; **dígame** ~ **número de teléfono** give me your telephone number.
suave *adj* (**a**) (*superficie*) smooth, even; (*piel, pasta etc*) smooth. (**b**) (*color, movimiento, reprimenda*) gentle; (*brisa*) soft, mild; (*clima*) mild; (*trabajo*) easy; (*operación mecánica*) smooth, easy; (*melodía, voz*) soft, sweet; (*ruido*) soft, gentle; (*olor*) sweet; (*sabor*) mild. (**c**) (*persona, personalidad*) gentle, meek; **estuvo muy** ~ **conmigo** he was very sweet to me, he behaved very nicely to me. (**d**) (*Chi, Méx: fam: grande*) big, huge.
suavemente *adv* (*V adj*) smoothly; gently; softly, sweetly.

suavidad *nf* (*gen*) smoothness, evenness; (*docilidad*) gentleness; (*mansedumbre*) softness, mildness; (*dulzura*) sweetness.
suavizante *nm* (*para ropa*) (fabric) softener; (*para pelo*) conditioner.
suavizar [1f] **1** *vt* (**a**) to smooth out *o* down; (*ablandar*) to soften; (*pasta: quitar grumos*) to make smoother; (*navaja*) to strop; (*pendiente*) to ease, make more gentle; (*colores*) to tone down; (*tono*) to soften. (**b**) (*persona*) to soften; (*carácter*) to mellow; (*dureza, aspereza*) to temper. **2 suavizarse** *vr* (*gen*) to soften.
sub... *pref* sub..., under...; **~empleo** underemployment; **~privilegiado** underprivileged; **~estimar** to underestimate.
subacuático *adj* underwater.
subalimentación *nf* underfeeding, undernourishment.
subalimentado *adj* underfed, undernourished.
subalterno/a 1 *adj* (*importancia*) secondary; (*personal*) minor, auxiliary. **2** *nm/f* subordinate.
subarrendar [1j] *vt* to sublet, sublease.
subarrendatario/a *nm/f* subtenant.
subarriendo *nm* subtenancy, sublease *(US)*.
subasta *nf* (**a**) auction, sale by auction; (*contrato de obras*) tender(ing); **~ a la rebaja** Dutch auction; **poner en** *o* **sacar a pública ~** to put up for auction, sell at auction. (**b**) (*Naipes*) auction.
subastador(a) *nm/f* auctioneer.
subastar [1a] *vt* to auction, auction off, sell at auction.
subcampeón/ona *nm/f* runner-up.
subcomisión *nf* subcommittee.
subconsciencia *nf* subconcious.
subconsciente 1 *adj* subconscious. **2** *nm*: **el ~** the subconscious; **en el ~** in the subconscious.
subcontinente *nm* subcontinent.
subcontrata *nf* subcontract.
subcontratar [1a] *vt* (*Com*) to subcontract.
subcontratista *nmf* subcontractor.
subcontrato *nm* subcontract.
subcutáneo *adj* subcutaneous.
subdesarrollado *adj* underdeveloped.
subdesarrollo *nm* underdevelopment.
subdirector(a) *nm/f* subdirector, assistant *o* deputy manager.
subdirectorio *nm* (*Inform*) subdirectory.
súbdito/a *adj, nm/f* subject.
subdividir [3a] **1** *vt* to subdivide. **2 subdividirse** *vr* to subdivide.
subdivisión *nf* subdivision.
subempleado *adj* underemployed.
subempleo *nm* underemployment.
subespecie *nf* subspecies.
subestimación *nf* underestimation.
subestimar [1a] *vt* (*capacidad, enemigo*) to underestimate, underrate; (*objeto, propiedad*) to undervalue.
subexposición *nf* under-exposure.
subexpuesto *adj* (*Fot*) underexposed.
subfusil *nm* automatic rifle.
subgénero *nm* (*Lit*) minor genre.
subida *nf* (**a**) (*de montaña etc*) climb, ascent; **una ~ en globo** a balloon ascent. (**b**) (*de precio, cantidad*) rise, increase (*de* in); (*en escalafón*) promotion (*a* to). (**c**) (*pendiente*) slope, hill; (*nombre de calle*) rise, hill. (**d**) (*fam: de drogas*) high *(fam)*.
subido *adj* (**a**) (*precio*) high. (**b**) (*color*) bright, intense; (*olor*) strong.
subíndice *nm* (*Inform, Tip*) subscript.
subinquilino/a *nm/f* subtenant.
subir [3a] **1** *vt* (**a**) (*objeto*) to raise, lift up; (*llevar arriba: maletas, muebles*) to take up; (*cabeza*) to raise; (*calcetines, pantalones, persianas*) to pull up; **que me suban el equipaje** please see that my luggage is brought *o* taken up.
(**b**) (*calle, cuesta*) to go up; (*escalera, montaña*) to climb.
(**c**) (*persona: en el escalafón*) to promote (*a* to).
(**d**) (*Arquit*) to build, put up; **~ una pared** to build a wall.
(**e**) (*precio, salario*) to raise, put up, increase; (*artículo en venta*) to put up the price of.
(**f**) (*volumen, TV, Rad*) to turn up.
(**g**) (*Mús*) to raise the pitch of.
2 *vi* (**a**) (*gen*) to go up, come up; **~ a un caballo** to mount a horse; **~ a un autobús/avión/tren** to get on a bus/plane/train; **~ a un coche** to get in(to) a car; **le subieron los colores a la cara** she blushed.
(**b**) (*río, marea, mercurio*) to rise.
(**c**) (*Fin*) **~ a** to amount to.
(**d**) (*en el escalafón*) to be promoted (*a* to), rise, move up.
(**e**) (*precio, valor*) to rise, increase, go up; (*fiebre*) to get worse; **~ de tono** to get louder.
3 subirse *vr* (**a**) (*a un árbol, tejado etc*) to get up, climb (*a* on to); **~ a un coche** to get in(to) a car.
(**b**) **~ los calcetines/pantalones** to pull up one's socks/trousers; **~ la cremallera (de algo)** to zip (sth) up.
(**c**) **el vino/el dinero se le ha subido a la cabeza** the wine/money has gone to his head.
súbitamente *adv* (*V adj*) suddenly; unexpectedly.
súbito 1 *adj* (**a**) (*repentino*) sudden; (*imprevisto*) unexpected. (**b**) (*fam: precipitado*) hasty, rash. (**c**) (*fam: irritable*) irritable. **2** *adv* (*tb* **de ~**) suddenly, unexpectedly.
subjetivamente *adv* subjectively.
subjetivar [1a] *vt*, **subjetivizar** [1f] *vt* to subjectivize, perceive in subjective terms.
subjetividad *nf* subjectivity.
subjetivismo *nm* subjectivism.
subjetivo *adj* subjective.
subjuntivo *nm* subjunctive (mood).
sublevación *nf* revolt, rising.
sublevar [1a] **1** *vt* (**a**) to rouse to revolt. (**b**) (*indignar*) to infuriate. **2 sublevarse** *vr* to revolt, rise.
sublimación *nf* sublimation.
sublimado *nm* (*Quím*) sublimate.
sublimar [1a] *vt* (**a**) (*persona*) to exalt, praise. (**b**) (*deseos etc*) to sublimate. (**c**) (*Quím*) to sublimate.
sublime *adj* sublime; (*noble*) noble, grand; **lo ~** the sublime.
subliminal *adj* subliminal.
submarinismo *nm* underwater exploration, diving; (*pesca*) underwater fishing.
submarinista *nmf* underwater fisherman, diver.
submarino 1 *adj* underwater, submarine; **pesca ~a** underwater fishing. **2** *nm* submarine.
submundo *nm* underworld.
subnormal 1 *adj* (*Med*) subnormal, mentally handicapped; (*fam pey*) nuts *(fam)*, mental *(fam)*. **2** *nmf* (*Med*) subnormal person, mentally handicapped person; (*fam pey*) nutcase *(fam)*, blockhead *(fam)*.
subnormalidad *nf* subnormality, mental handicap.
suboficial *nm* non-commissioned officer.
subordinación *nf* subordination.
subordinado/a *adj, nm/f* subordinate.
subordinar [1a] **1** *vt* to subordinate. **2 subordinarse** *vr*: **~ a** to subordinate o.s. to.
subproducto *nm* by-product.
subrayado 1 *adj* underlined. **2** *nm* underlining.
subrayar [1a] *vt* (**a**) to underline. (**b**) (*recalcar*) to underline, emphasize.
subrepticio *adj* surreptitious.
subrogante *adj* (*Chi: interino*) acting.
subrogar [1h, 1l] *vt* to substitute (for), replace (with).
subrutina *nf* (*Inform*) subroutine.
subsanable *adj* (*perdonable*) excusable; (*reparable*) repairable; **un error fácilmente ~** an error which is easily rectified.

subsanar [1a] *vt* (*falta*) to overlook, excuse; (*perjuicio, defecto*) to repair, make good; (*error*) to rectify, put right; (*deficiencia*) to make up for; (*dificultad, obstáculo*) to get round, overcome.
subscribir *etc* = **suscribir** *etc.*
subsecretaría *nf* undersecretaryship.
subsecretario/a *nm/f* undersecretary, assistant secretary.
subsecuente *adj* subsequent.
subsidiario *adj* subsidiary.
subsidio *nm* (*gen*) subsidy, grant; (*ayuda financiera*) aid; ~ **de desempleo** *o* **de paro** unemployment benefit *o* compensation *(US)*; ~ **de enfermedad** sick benefit *o* pay; ~ **de exportación** export subsidy; ~ **familiar** family allowance; ~ **de huelga** strike pay; ~ **de natalidad** maternity benefit; ~ **de vejez** old age pension.
subsiguiente *adj* subsequent.
subsistencia *nf* subsistence; (*sustento*) sustenance.
subsistente *adj* (*que dura mucho*) lasting, enduring; (*aún existente*) surviving.
subsistir [3a] *vi* (*malvivir*) to subsist, live (*con, de* on); (*perdurar*) to survive, endure.
subst... *pref* = **sust...**.
substituir *etc* = **sustituir** *etc.*
subsuelo *nm* subsoil.
subte *nm* (*Arg fam*) underground (railway), tube *(Brit fam)*, subway *(US)*.
subteniente *nm* sub-lieutentant, second lieutenant.
subterfugio *nm* subterfuge.
subterráneo 1 *adj* underground, subterranean. **2** *nm* (**a**) (*túnel*) underground passage; (*almacén bajo tierra*) underground store, cellar. (**b**) (*Arg*) underground (railway), tube *(Brit fam)*, subway *(US)*.
subtitular [1a] *vt* to subtitle.
subtítulo *nm* subtitle, subheading.
subtropical *adj* subtropical.
suburbano 1 *adj* suburban. **2** *nm* (*tren*) suburban train.
suburbio *nm* (**a**) (*afueras*) suburb, outlying area. (**b**) (*barrio bajo*) slum quarter, shantytown.
subvención *nf* subsidy, subvention, grant; ~ **estatal** state subsidy; ~ **para la inversión** (*Com*) investment grant; ~**es agrícolas** agricultural subsidies.
subvencionar [1a] *vt* to subsidize, aid.
subvenir [3r] *vi*: ~ **a** (*gastos: sufragar*) to meet, defray; (*necesidades*) to provide for.
subversión *nf* (**a**) (*gen*) subversion. (**b**) (*una* ~) revolution; **la ~ del orden establecido** the overthrow of the established order.
subversivo *adj* subversive.
subvertir [3i] *vi* (*gen*) to subvert; (*derrocar*) to overthrow.
subyacente *adj* underlying.
subyacer [2x] *vt* to underlie.
subyugación *nf* subjugation.
subyugar [1h] *vt* (**a**) (*país*) to subjugate, subdue; (*enemigo*) to overpower; (*voluntad*) to dominate, gain control over. (**b**) (*fig: hechizar*) to captivate, charm.
succión *nf* suction.
succionar [1a] *vt* (*sorber*) to suck; (*Téc*) to absorb, soak up.
sucedáneo 1 *adj* substitute, ersatz. **2** *nm* substitute (food).
suceder [2a] **1** *vi* (**a**) (*pasar*) to happen; **pues sucede que no vamos** well it happens we're not going; **no le había sucedido eso nunca** that had never happened to him before; **suceda lo que suceda** come what may, whatever happens; **¿qué sucede?** what's going on?; **lo que sucede es que** ... the fact *o* the trouble is that ...; **llevar algo por lo que pueda** ~ to take sth just in case.
(**b**) (*seguir*) to succeed, follow; ~ **a algn en un puesto** to succeed sb in a post; ~ **al trono** to succeed to the throne; **al otoño sucede el invierno** winter follows autumn.
2 sucederse *vr* to follow one another.
sucesión *nf* (**a**) (*gen*) succession (*a* to); (*secuencia*) sequence, series; **en la línea de ~ al trono** in line of succession to the throne. (**b**) (*herencia*) inheritance; (*bienes, fortuna*) estate; **derechos de** ~ death duty. (**c**) (*hijos*) issue, offspring; **morir sin** ~ to die without issue.
sucesivamente *adv* successively, in succession; **y así** ~ and so on.
sucesivo *adj* (*subsiguiente*) successive, following; (*consecutivo*) consecutive; **3 días ~s** 3 days running, 3 successive days; **en lo** ~ henceforth, in future; (*desde entonces*) thereafter, thenceforth.
suceso *nm* (*acontecimiento*) event, happening; (*incidente*) incident; **sección de ~s** (*Prensa*) (section of) accident and crime reports.
sucesor(a) *nm/f* successor; (*heredero*) heir/heiress.
suciedad *nf* (**a**) (*mugre*) dirt, filth, grime; (*basura*) dirtiness. (**b**) (*vileza*) vileness, meanness; (*obscenidad*) obscenity; (*injusticia*) unfairness. (**c**) (*una* ~) dirty act; (*comentario grosero*) filthy remark.
sucintamente *adv* succinctly, concisely, briefly.
sucinto *adj* succinct, concise, brief.
sucio 1 *adj* (**a**) (*gen*) dirty; (*mugriento*) grimy; (*manchado*) grubby, soiled; (*color*) dirty; (*borroso*) blurred, smudged; (*bosquejo*) rough, messy; (*lengua*) coated, furred; **hazlo primero en** ~ make a rough draft first. (**b**) (*conducta*) vile, despicable; (*acto, palabra*) dirty, filthy; (*jugada*) foul, dirty; (*táctica*) unfair; (*negocio*) shady. (**c**) (*conciencia*) bad. **2** *adv*: **jugar** ~ to play unfairly, play dirty.
sucre *nm standard monetary unit of Ecuador.*
sucrosa *nf* sucrose.
suculento *adj* (*sabroso*) tasty, rich; (*jugoso*) succulent, luscious, juicy.
sucumbir [3a] *vi* to succumb (*a* to).
sucursal *nf* (*oficina local*) branch, branch office; (*filial*) subsidiary.
sud *nm* (*esp LAm*) south.
sudaca *adj, nmf* (*pey fam*) South American.
sudadera *nf* sweatshirt.
sudado *nm* (*Per*) stew.
Sudáfrica *nf* South Africa.
sudafricano/a *adj, nm/f* South African.
Sudamérica *nf* South America.
sudamericano/a *adj, nm/f* South American.
Sudán *nm* Sudan.
sudanés/esa *adj, nm/f* Sudanese.
sudar [1a] **1** *vt* (**a**) (*gen*) to sweat; ~ **la gota gorda** to sweat buckets *(fam)*; (*fig*) to sweat it out; *V* **sangre (b)**. (**b**) (*Bot: despedir*) to ooze, give out, give off; (*recipiente*) to ooze; (*pared*) to sweat. (**c**) (*prenda*) to make sweaty. (**d**) ~**lo** (*fam*) to sweat it out; ~ **un aumento de sueldo** to sweat for a rise in pay. **2** *vi* to sweat; **hacer ~ a algn** (*fig*) to make sb sweat.
sudario *nm* shroud.
sudeste = **sureste**.
sudista 1 *adj* southern. **2** *nmf* Southerner.
sudoeste = **suroeste**.
sudón *adj* (*LAm fam*) sweaty.
sudor *nm* sweat; (*fig: tb* ~**es**: *trabajo duro*) toil *sg*, labour *sg*, labor *sg (US)*; **con el ~ de su frente** by the sweat of one's brow; **estar bañado en** ~ to be dripping with sweat.
sudoración *nf* sweating.
sudoroso *adj* sweaty, sweating; (*cubierto de sudor*) covered with sweat; **trabajo** ~ thirsty work.
Suecia *nf* Sweden.
sueco/a 1 *adj* Swedish. **2** *nm/f* Swede; **hacerse el** ~ (*fam*) to pretend not to hear *o* understand. **3** *nm* (*idioma*) Swedish.
suegro/a *nm/f* father-in-law/mother-in-law; **los ~s** one's in-laws.
suela *nf* (*de zapato*) sole; (*trozo de cuero*) piece of strong

leather; (*Téc*) tap washer; **media** ~ half sole; (*fig: remiendo*) patch, botch; (*: solución provisional*) temporary remedy; **A no le llega a la ~ del zapato a B** A can't hold a candle to B; **un pícaro de siete ~s** a proper rogue.

suelazo *nm* (*LAm*) heavy fall, nasty bump.

sueldo *nm* (*gen*) pay; (*mensual*) salary; (*semanal*) wages; ~ **de hambre** starvation wages; **asesino a** ~ hired assassin, contract killer; **estar a** ~ to be on a salary, earn a salary.

suelo *nm* (**a**) (*tierra*) ground; (*superficie*) surface; ~ **natal** *o* **patrio** native land, native soil; **arrastrar** *o* **poner** *o* **tirar por los ~s** to speak ill of; **caer al** ~ to fall to the ground; **echar al** ~ (*edificio*) to demolish; (*esperanzas*) to dash; (*plan*) to ruin; **echarse al** ~ (*tirarse al* ~) to hurl o.s. to the ground; (*arrodillarse*) to fall on one's knees; **los precios están por los ~s** prices are at rock bottom; **tengo el ánimo por el** ~ I feel really low; **venirse al** ~ (*fig*) to fail, collapse, be ruined.

(**b**) (*interior: de cuarto*) floor, flooring.

(**c**) (*terreno*) soil, land; (*para contribución*) land; ~ **edificable** land with planning permission; ~ **vegetal** topsoil.

(**d**) (*de vasija etc*) bottom.

suelto 1 *adj* (**a**) (*gen*) loose; (*libre*) free; (*criminal*) released, out; (*desatado: cordones*) undone, untied; (*sin trabas*) unhampered; **el libro tiene dos hojas ~as** the book has two pages loose; **dinero** ~ loose change; **el bandido anda** ~ the bandit's on the loose; **iba con el ~ suelto** she had her hair down.

(**b**) (*prenda de vestir*) loose(-fitting); (*flojo: tornillo etc*) slack, loose; (*vientre*) loose; **el arroz tiene que quedar** ~ rice shouldn't stick together.

(**c**) ~ **de lengua** (*parlanchín*) talkative; (*respondón*) cheeky; (*soplón*) blabbing; (*obsceno*) foul-mouthed.

(**d**) (*separado: trozo, pieza etc*) separate, detached; (*aislado*) isolated; (*número de periódico etc*) odd; (*desparejado: calcetín etc*) odd; (*solo*) single; (*Com: no envasado*) (in) bulk, loose; **no se venden ~s** they are not sold singly *o* separately.

(**e**) (*fig: movimiento*) free, easy; (*: ágil*) quick; (*: estilo*) fluent; (*: conversación*) easy(-flowing); **está muy ~ en inglés** he is very good at *o* fluent in English.

2 *nm* (**a**) (*cambio*) loose *o* small change.

(**b**) (*artículo*) item, short article *o* report.

sueñera *nf* (*LAm*) drowsiness, sleepiness.

sueño *nm* (**a**) sleep; ~ **eterno** eternal rest; ~ **invernal** (*Zool*) winter sleep; ~ **pesado** *o* **profundo** deep *o* heavy sleep; **coger** *o* **conciliar el** ~ to get to sleep; **echarse un** ~ to have a nap; **perder el ~ por algo** to lose sleep over sth; **tengo ~ atrasado** I haven't had much sleep lately; **tener el ~ ligero/pesado** *o* **profundo** to be a light/heavy sleeper.

(**b**) (*somnolencia*) sleepiness, drowsiness; **caerse de** ~ to be so sleepy one can hardly stand; **espantar el** ~ to struggle to keep awake; **tener** ~ to be sleepy.

(**c**) (*lo soñado: tb fig*) dream; **¡ni en ~s!, ¡ni por ~!** not on your life!; **es su ~ dorado** it's his great dream; **vive en un mundo de ~s** she lives in a dream world.

suero *nm* (**a**) (*Med*) serum. (**b**) (*de leche*) whey; ~ **de la leche** buttermilk.

suerte *nf* (**a**) (*destino*) fate, destiny; (*azar*) chance, fortune; **dejar a algn a su** ~ to abandon sb to his fate; **quiso la ~ que** as luck *o* fate would have it; **tentar a la** ~ to tempt fate; **unirse a la ~ de algn** to make common cause with sb.

(**b**) (*elección*) lot; **caber** *o* **caer en ~ a algn** to fall to sb('s lot); **no me cupo tal** ~ I had no such luck; **lo echaron a ~s** they drew lots *o* tossed up for it; **la ~ está echada** the die is cast.

(**c**) (*fortuna*) luck; **buena** ~ (good) luck; **¡buena ~!** good luck!; **mala** ~ bad *o* hard luck; **¡qué mala ~!** how unlucky!; **hombre de** ~ lucky man; **por** ~ luckily, fortunately; **dar** *o* **traer** ~ to bring luck; **estar de** ~ to be in luck; **probar** ~ to try one's luck; **tener** ~ to be lucky; **¡que tengas ~!** good luck!, and the best of luck!; **tuvo la ~ de que** ... he was lucky that ...; **trae mala** ~ it's unlucky.

(**d**) (*condición*) lot, condition; **mejorar de** ~ to improve one's lot.

(**e**) (*especie*) sort, kind; **es una ~ de** it is a kind of; **de otra** ~ otherwise, if not; **de ~ que** ... in such a way that ..., so that ....

suertero *adj* (*LAm*), **suertudo** *adj* lucky.

suestada *nf* (*Arg*) southeast wind.

sueste *nm* (*Náut etc: sombrero*) sou'wester.

suéter *nm* sweater.

Suez *nm* Suez; **Canal de** ~ Suez Canal.

suficiencia *nf* (**a**) (*cabida*) sufficiency; (*adecuación*) adequacy; **con** ~ sufficiently, adequately. (**b**) (*competencia*) competence; (*idoneidad*) suitability; (*aptitud*) adequacy; (*capacidad*) capacity. (**c**) (*pey: engreimiento*) self-importance; (*: superioridad*) superiority; (*: satisfacción de sí mismo*) smugness, self-satisfaction, complacency.

suficiente 1 *adj* (**a**) (*bastante*) enough, sufficient (*para* for); (*adecuado*) adequate. (**b**) (*persona: capaz*) competent; (*: idóneo*) suitable, fit. (**c**) (*pey: engreído*) self-important; (*: desdeñoso*) condescending; (*: satisfecho de sí mismo*) smug, self-satisfied, complacent. **2** *nm* (*Escol*) ≈ C, pass mark.

suficientemente *adv* sufficiently, adequately; ~ **bueno** good enough.

sufijo *nm* suffix.

sufragar [1h] **1** *vt* (**a**) (*ayudar*) to help, support. (**b**) (*gastos*) to meet, defray; (*proyecto*) to pay for, defray the costs of. **2** *vi* (*LAm*) to vote (*por* for).

sufragio *nm* (**a**) (*voto*) vote. (**b**) (*derecho de votar*) suffrage; ~ **universal** universal suffrage. (**c**) (*apoyo*) help, aid.

sufragista 1 *adj*, *nm* suffragist. **2** *nf* suffragette.

sufrido *adj* (**a**) (*de carácter fuerte*) tough; (*paciente*) long-suffering, patient. (**b**) (*tela*) hard wearing, tough; (*color*) that does not show the dirt, that wears well. (**c**) (*marido*) complaisant.

sufrimiento *nm* (**a**) (*estado*) suffering; (*desgracia*) misery, wretchedness. (**b**) (*cualidad: resistencia*) toughness; (*: paciencia*) patience.

sufrir [3a] **1** *vt* (**a**) (*gen, consecuencias*) to suffer; (*accidente, ataque*) to have, suffer; (*cambio*) to undergo, experience; (*pérdida*) to suffer, sustain; (*intervención quirúrgica*) to have, undergo. (**b**) (*tolerar*) to bear, put up with; **A no le sufre a B** A can't stand B. (**c**) (*objeto: sostener*) to hold up, support. **2** *vi* to suffer; ~ **de** to suffer from *o* with; **sufre de reumatismo** she suffers from *o* with rheumatism.

sugerencia *nf* suggestion.

sugerente *adj* rich in ideas, thought-provoking; (*mirada, gesto*) suggestive.

sugerir [3i] *vt* to suggest; (*insinuar*) to hint (at); (*idea: incitar*) to prompt.

sugestión *nf* (**a**) suggestion; (*insinuación*) hint; (*estímulo*) prompting, stimulus. (**b**) (*autosugestión*) autosuggestion. (**c**) (*poder*) hypnotic power, power to influence others.

sugestionable *adj* impressionable; (*que se deja influenciar*) readily influenced.

sugestionar [1a] **1** *vt* (*influenciar*) to influence, dominate the will of. **2 sugestionarse** *vr* to indulge in auto-suggestion; ~ **con algo** to talk o.s. into sth.

sugestivo *adj* (**a**) (*que invita a pensar*) stimulating, thought-provoking. (**b**) (*atractivo*) attractive; (*encantador*) fascinating.

suicida 1 *adj* suicidal; **comando** ~ suicide squad; **conductor** ~ suicidal driver. **2** *nmf* suicidal case; (*muerto*) suicide; **es un ~ conduciendo** he's a maniac behind the wheel.

suicidarse 1a *vr* to commit suicide, kill o.s.
suicidio *nm* (*acto*) suicide.
suich(e) *nm* (*esp Méx: switch: Aut*) starter (button).
suite [swit] *nf* (*en hotel, tb Mús*) suite.
Suiza *nf* Switzerland.
suizo¹/a *adj, nm/f* Swiss.
suizo² *nm* sugared bun.
sujeción *nf* (**a**) (*estado*) subjection. (**b**) (*acción: cierre*) fastening; (*acto de apoderarse de*) seizure; (*fig*) subjection (*a* to); **con ~ a** subject to.
sujetador *nm* (*prenda femenina*) brassiere, bra; (*para pelo*) clip, pin, grip; (*de papeles*) clip.
sujetapapeles *nm inv* paper clip.
sujetar 1a **1** *vt* (**a**) (*dominar: nación*) to subdue, conquer; (*fig*) to restrain, hold *o* keep down; (*subordinar*) to subordinate.
(**b**) (*agarrar*) to seize, clutch; (*sostener*) to hold; (*: fuertemente*) to hold *o* tie tight(ly); (*a la fuerza: persona*) to hold down.
(**c**) (*fijar*) to attach, secure; (*pelo etc*) to keep *o* hold in place; (*papeles etc*) to fasten together; (*suj: hijos, quehaceres: ama de casa*) to tie down; **~ con clavos** to nail (down); **~ con grapas** to staple.
2 sujetarse *vr* to hold *o* hang on; (*pantalones*) to stay up; **~ a** (*someterse*) to subject o.s. to; (*reglas*) to abide by; (*circunstancias*) to act in accordance with; (*autoridad*) to submit to; **~ a hacer algo** to agree to do sth.
sujeto 1 *adj* (**a**) (*fijo*) fastened, secure; (*firme*) firm; (*ajustado*) tight; **bien ~** securely fastened. (**b**) **~ a** subject to; (*propenso a*) liable to; **~ a la aprobación de** subject to the approval of; **~ a cambios** liable to changes. **2** *nm* (**a**) (*Ling*) subject. (**b**) (*individuo*) individual; (*Med etc: caso*) subject, case; (*fam: tipo*) fellow, character (*fam*), chap (*fam*).
sulfamida *nf* sulphonamide.
sulfato *nm* sulphate.
sulfurar 1a **1** *vt* (**a**) (*Quím*) to sulphurate. (**b**) (*fam: sacar de quicio*) to annoy, rile (*fam*). **2 sulfurarse** *vr* (*fam: enojarse*) to get riled (*fam*), see red, blow up (*fam*).
sulfúreo *adj* sulphurous.
sulfúrico *adj* sulphuric, sulfuric (*US*).
sulfuro *nm* sulphide.
sulfuroso *adj* sulphurous.
sultán/ana *nm/f* sultan/sultana.
sultanato *nm* sultanate.
suma *nf* (**a**) (*Mat: acción*) adding (up), addition; (*cantidad*) total, sum; (*dinero*) sum; **~ global** lump sum; **~ y sigue** (*Com*) carry forward. (**b**) (*resumen*) summary; (*lo esencial*) essence; **en ~** in short.
sumador *nm* (*Inform*) adder.
sumadora *nf* adding machine.
sumamente *adv* extremely, exceedingly, highly.
sumar 1a **1** *vt* (**a**) (*Mat*) to add (up), total; (*resumir*) to summarize, sum up; **'suma y sigue'** (*Contabilidad*) 'carried forward'. (**b**) **la cuenta suma 6 dólares** the bill adds up to 6 dollars. **2** *vi* to add up. **3 sumarse** *vr*: **~ a un partido** to join a party; **~ a una protesta** to join in a protest.
sumarial *adj* summary.
sumario 1 *adj* (*breve*) brief, concise; (*Jur*) summary. **2** *nm* (**a**) (*resumen*) summary; (*en revista*) contents. (**b**) (*Jur: acusación*) indictment.
sumarísimo *adj* (*Jur*) summary.
Sumatra *nf* Sumatra.
sumergible 1 *adj* submersible; (*reloj*) waterproof. **2** *nm* submarine.
sumergido *adj* submerged, sunken; **economía ~a** black economy.
sumergir 3c **1** *vt* (**a**) to submerge; (*hundir*) to sink; (*bañar*) to immerse, dip, plunge (*en* in). (**b**) (*fig*) to plunge (*en* into). **2 sumergirse** *vr* (**a**) (*hundirse*) to sink beneath the surface; (*bucear*) to dive. (**b**) (*fig*) **~ en** to become absorbed in.
sumersión *nf* submersion.
sumidero *nm* (*cloaca*) drain, sewer; (*fregadero*) sink; (*Téc*) sump; (*fig*) drain.
suministrador(a) *nm/f* supplier.
suministrar 1a *vt* (*géneros, información*) to supply, provide; (*persona*) to supply; **me ha suministrado muchos datos** he has given me a lot of data, he has supplied me with a lot of information.
suministro *nm* supply; (*acción*) supplying, provision; **~s** (*Mil*) supplies; **~s de combustible** fuel supply.
sumir 3a **1** *vt* (**a**) (*hundir*) to sink, plunge; (*fig: suj: mar, olas*) to swallow up, suck down. (**b**) (*fig*) to plunge (*en* into); **el desastre lo sumió en la tristeza** the disaster plunged him into sadness. **2 sumirse** *vr* (**a**) (*objeto*) to sink; (*agua: escaparse*) to run away. (**b**) **~ en el estudio** to become absorbed in one's work; **~ en la duda** to plunge into doubt.
sumisión *nf* (**a**) (*acción*) submission. (**b**) (*docilidad*) submissiveness, docility.
sumiso *adj* (*gen*) submissive, docile; (*que no se resiste*) unresisting; (*que no se queja*) uncomplaining.
súmmum *nm* (*fig*) height.
sumo¹ *adj* (**a**) great, extreme, supreme; **con ~a dificultad** with the greatest difficulty; **con ~a indiferencia** with supreme indifference. (**b**) (*rango*) high, highest; **~ sacerdote** high priest; **la ~a autoridad** the supreme authority. (**c**) **a lo ~** at most.
sumo² *nm* sumo (wrestling).
suní, sunita *adj, nmf* Sunni.
suntuosidad *nf* sumptuousness, magnificence; (*prodigalidad*) lavishness.
suntuoso *adj* sumptuous, magnificent; (*lujoso*) lavish, rich.
sup. *abr de* **superior** sup.
supeditar 1a **1** *vt* (**a**) to subordinate (*a* to). (**b**) (*sojuzgar*) to subdue; (*oprimir*) to oppress, crush. **2 supeditarse** *vr*: **~ a** to make o.s. subordinate to; (*ceder*) to give way to.
súper (*fam*) **1** *adj* super (*fam*). **2** *nm* supermarket. **3** *nf* (*Aut*) four-star petrol.
super... *pref* super..., over...; **~caro** (*fam*) extortionate; **~famoso** really famous.
superable *adj* (*dificultad*) surmountable, that can be overcome; (*tarea*) that can be performed.
superabundancia *nf* superabundance.
superabundante *adj* superabundant.
superación *nf* (**a**) (*acto*) overcoming, surmounting. (**b**) (*mejora*) improvement.
superar 1a **1** *vt* (**a**) (*rival*) to surpass, excel (*in* en); (*adversario*) to overcome; (*lo esperado*) to exceed, do better than; (*límites*) to go beyond, transcend; (*marca, récord*) to break; **las escenas superan a toda imaginación** the scenes surpass one's imagination; **~ a algn en brillantez** to outshine sb; **superó 2 veces la marca** he twice broke the record.
(**b**) (*dificultad*) to overcome, surmount; (*tarea*) to perform, carry out.
(**c**) (*etapa: dejar atrás*) to get past, emerge from; **ya hemos superado lo peor** we're over the worst now.
2 superarse *vr* to do extremely well, excel o.s.
superávit *nm* (*pl* **~s**) surplus.
supercarburante *nm* high-grade fuel.
superconductividad *nf* superconductivity.
superconductor 1 *adj* superconductive. **2** *nm* superconductor.
superconsumo *nm* overconsumption.
supercopa *nf* cup-winners' cup.
supercotizado *adj* in very great demand.
superchería *nf* fraud, trick, swindle.
superdirecta *nf* (*Aut*) overdrive.
superdotado/a 1 *adj* extremely gifted. **2** *nm/f* extremely gifted person.
superestructura *nf* superstructure.

superficial *adj* (**a**) (*medidas*) surface *atr*, of the surface; (*herida*) superficial, skin *atr*. (**b**) (*mirada, interés*) superficial; (*breve*) brief, perfunctory; (*carácter*) shallow; (*frívolo*) facile.

superficialidad *nf* superficiality; (*frivolidad*) shallowness.

superficialmente *adv* superficially.

superficie *nf* (**a**) (*gen*) surface; (*exterior*) outside; ~ **inferior** lower surface, underside; ~ **de rodadura** (*Aut*) tread; **ruta de** ~ surface route, land/sea route. (**b**) (*medidas*) area; **en una extensa** ~ over a wide area. (**c**) (*aspecto externo*) surface, outward appearance.

superfino *adj* superfine.

superfluidad *nf* superfluity.

superfluo *adj* superfluous.

superhombre *nm* superman.

superíndice *nf* (*Inform, Tip*) superscript.

superintendencia *nf* supervision.

superintendente *nmf* supervisor, superintendent; (*capataz*) overseer; ~ **de división** sectional head.

superior 1 *adj* (**a**) (*posición: más alto*) upper; (*el más alto*) uppermost, top; (*: más elevado*) higher; (*clase social*) upper; (*estudios*) advanced, higher; **labio** ~ upper lip; **el piso** ~ **al mío** on the floor above mine; **un estudio de nivel** ~ **a los existentes** a study on a higher plane than the present ones.

(**b**) (*calidad*) superior, better.

(**c**) (*cantidad*) higher, greater, larger; **cualquier número** ~ **a 12** any number above *o* higher than 12.

(**d**) (*actitud*) superior.

2 *nm* superior; **mis ~es** my superiors, those above me (in rank); (*fig*) my betters.

superiora *nf* mother superior.

superioridad *nf* superiority; **con aire de** ~ condescendingly, patronizingly.

superlativo *adj, nm* superlative.

superlujo *nm*: **hotel de** ~ super-luxury hotel.

supermercado *nm* supermarket.

supernumerario *adj, nm* supernumerary.

superpetrolero *nm* supertanker.

superpoblación *nf* overpopulation, excess of population; (*congestionamiento*) overcrowding.

superpoblado *adj* (*país, región*) overpopulated; (*barrio*) overcrowded, congested.

superponer [2q] *vt* (**a**) to superimpose, put on top; (*Inform*) to overstrike. (**b**) ~ **una cosa a otra** (*fig*) to give preference to one thing over another, put one thing before another.

superposición *nf* superposition.

superpotencia *nf* superpower, great power.

superproducción *nf* overproduction.

superprotector *adj* over-protective.

supersecreto *adj* top secret.

supersensible *adj* ultra-sensitive.

supersónico *adj* supersonic.

superstición *nf* superstition.

supersticioso *adj* superstitious.

supertalla *nf* (*Cos*) outsize.

supervalorar [1a] *vt* to overvalue, overstate.

superventas *nm inv* (*fam*) best seller; **lista de** ~ (*Mús*) charts.

supervigilancia *nf* (*LAm*) supervision.

supervisar [1a] *vt* to supervise.

supervisión *nf* supervision.

supervisor(a) *nm/f* supervisor.

superviviencia *nf* survival; ~ **de los más aptos,** ~ **de los mejor dotados** survival of the fittest.

superviviente 1 *adj* surviving. **2** *nmf* survivor.

supino *adj* supine.

suplantación *nf* supplanting; (*acto de hacerse pasar por otro*) impersonation.

suplantar [1a] *vt* to supplant; (*hacerse pasar por otro*) to take the place of (fraudulently), impersonate.

suplementario *adj* (*gen*) supplementary; (*precio*) extra, additional; **empleo** *o* **negocio** ~ sideline; **tren** ~ extra *o* relief train.

suplemento *nm* (**a**) (*gen*) supplement; (*Ferro*) excess fare. (**b**) (*revista etc*) supplement; ~ **dominical** Sunday supplement.

suplencia *nf* substitution, replacement; (*etapa*) period during which one deputizes *etc*.

suplente 1 *adj* substitute, deputy; (*disponible*) reserve; **maestro** ~ supply teacher. **2** *nmf* (*sustituto*) substitute, deputy; (*reemplazo*) replacement; (*Dep*) reserve; (*Teat*) understudy.

supletorio 1 *adj* supplementary; (*adicional*) extra, reserve; (*provisional*) stopgap *atr*; **cama ~a** spare bed. **2** *nm* (*Telec*) extension.

súplica *nf* (*ruego*) request; (*petición*) supplication; (*Jur: instancia*) petition; **~s** entreaties, pleading.

suplicante 1 *adj* (*tono de voz*) imploring, pleading. **2** *nmf* petitioner, supplicant.

suplicar [1g] *vt* (**a**) (*cosa*) to beg (for), plead for, implore. (**b**) (*persona*) to beg, plead with, implore; ~ **a algn no hacer algo** to implore sb not to do sth. (**c**) (*Jur*) to appeal to, petition (*de* against).

suplicio *nm* (**a**) (*tortura*) torture; (*Hist: ejecución*) punishment, execution. (**b**) (*fig: tormento*) torment, torture; (*: emoción*) anguish; (*: experiencia penosa*) ordeal.

suplir [3a] *vt* (**a**) (*necesidad, omisión*) to supply; (*falta*) to make good, make up for; (*palabra que falta*) to supply, understand. (**b**) (*sustituir*) to replace, substitute; ~ **A con B** to replace A by B, substitute B for A; **suple en el equipo al portero lesionado** he's replacing the injured goalkeeper in the team.

suponer [2q] (*pp* **supuesto**) **1** *vt* (**a**) to suppose, assume; **supongamos que** ... let us suppose *o* assume that ...; **supongo que sí** I suppose so; **era de** ~ **que** ... it was to be expected that ....

(**b**) (*imaginarse*) to think, imagine; (*adivinar*) to guess; **es un** ~ of course that's just guesswork.

(**c**) (*atribuir*) to attribute, credit (with); **le supongo unos 60 años** I guess him to be about 60; **se le supone una gran antigüedad** it is thought to be ancient.

(**d**) (*significar*) to mean; (*acarrear*) to involve, entail; **el traslado le supone grandes gastos** the move involves a lot of expense for him; **tal distancia no supone nada yendo en coche** that distance doesn't amount to anything in a car; **esa cantidad supone mucho para ellos** that amount means a lot to them.

2 suponerse *vr*: ~ **algo** to suppose sth; **me supongo que no irá** I suppose he won't go; **ya me lo suponía** I thought *o* guessed as much.

suposición *nf* supposition, assumption.

supositorio *nm* suppository.

supra... *pref* supra....

supranacional *adj* supranational.

supremacía *nf* supremacy.

supremo *adj* supreme; **jefe** ~ commander-in-chief, supreme commander.

supresión *nf* suppression; (*abolición*) abolition; (*eliminación*) elimination; (*anulación*) cancellation; (*acto de borrar*) deletion; (*acto de prohibir*) banning.

supresivo *adj* suppressive.

supresor *nm* (*Elec*) suppressor.

suprimir [3a] *vt* (*rebelión, crítica*) to suppress; (*costumbre, derecho, institución*) to abolish; (*dificultad, obstáculo*) to remove, eliminate; (*restricción*) to cancel, lift; (*detalle, trozo de texto*) to delete, cut out, omit; (*libro etc*) to suppress, ban; ~ **la grasa de la dieta** to cut out fat from one's diet.

supuestamente *adv* supposedly.

supuesto 1 *pp de* **suponer. 2** *adj* (**a**) (*aparente*) supposed, ostensible; (*pretendido*) self-styled; **el** ~ **jefe del movimiento** the self-styled leader of the movement; **bajo un nombre** ~ under an assumed name. (**b**) **dar por**

~ algo to take sth for granted; **¡por ~!** of course!, naturally! **3** *nm* assumption, hypothesis; ~ **previo** prior assumption; **en el ~ de que ...** on the assumption that ....
supuración *nf* suppuration.
supurar [1a] *vi* to suppurate, fester.
sur 1 *adj* south, southern; (*rumbo*) southerly. **2** *nm* (**a**) south; **al ~ de León** to the south of Leon; **las ciudades del ~** the southern cities, the cities of the south. (**b**) (*viento*) south wind.
Suráfrica *nf* = **Sudáfrica**.
surafricano = **sudafricano**.
Suramérica *nf* = **Sudamérica**.
suramericano = **sudamericano**.
surazo *nm* (*And, CSur*) strong southerly wind.
surcar [1g] *vt* (**a**) (*tierra*) to plough (through), plow (through) (*US*), furrow; (*superficie: hacer estrías*) to score, groove; (*: rayar*) to make lines across; **una superficie surcada de ...** a surface lined *o* criss-crossed with .... (**b**) (*agua, olas, aire*) to cut through, cleave; **los barcos que surcan los mares** (*Lit*) the ships which ply the seas.
surco *nm* (*Agr*) furrow; (*carril*) rut, track; (*en metal*) groove, score; (*en disco*) groove; (*Anat*) wrinkle; (*en agua: estela*) track, wake.
surcoreano/a *adj, nm/f* South Korean.
sureño/a 1 *adj* southern. **2** *nm/f* southerner.
sureste 1 *adj* south-east, south-eastern; (*rumbo, viento*) south-easterly. **2** *nm* south-east.
surf *nm* surfing; ~ **a vela** windsurfing.
surfista *nmf* surfer.
surgir [3c] *vi* (*aparecer*) to arise, emerge, appear; (*líquido: brotar*) to spout (out), spurt (up); (*barco etc: en niebla*) to loom up; (*persona*) to appear unexpectedly; (*dificultad*) to arise, come up, crop up; **han surgido varios problemas** several problems have arisen.
suroeste 1 *adj* south-west, south-western; (*rumbo*) south-westerly. **2** *nm* (**a**) south-west. (**b**) (*viento*) south-west wind.
surrealismo *nm* surrealism.
surrealista *adj, nmf* surrealist.
surtido 1 *adj* (**a**) mixed, assorted, varied. (**b**) **estar bien ~ de** to be well supplied with, have good stocks of. **2** *nm* (*selección*) selection, assortment, range; (*existencias*) supply, stock.
surtidor *nm* (**a**) (*chorro*) jet, spout; (*fuente*) fountain. (**b**) ~ **de gasolina** petrol *o* (*US*) gas pump.
surtir [3a] **1** *vt* (**a**) to supply, furnish, provide; ~ **el mercado** to supply the market; ~ **un pedido** to fill an order. (**b**) (*efecto*) to have, produce. **2** *vi* (*brotar*) to spout, spurt (up), rise. **3 surtirse** *vr*: ~ **de** to provide o.s. with.
survietnamita *adj, nmf* South Vietnamese.
susceptibilidad *nf* susceptibility (*a* to); (*sensibilidad*) sensitivity; (*delicadeza*) touchiness.
susceptible *adj* (**a**) ~ **de** capable of; ~ **de mejora(r)** capable of improvement; ~ **de sufrir daño** liable to suffer damage. (**b**) (*gen: persona*) susceptible; (*sensible*) sensitive; (*delicado*) touchy; (*impresionable*) impressionable.
suscitar [1a] *vt* (*rebelión*) to stir up; (*escándalo, conflicto*) to cause, provoke; (*discusión*) to start; (*duda, problema*) to raise; (*interés, sospechas*) to arouse.
suscribir [3a] (*pp* **suscrito**) **1** *vt* (**a**) (*contrato, memoria*) to sign; (*promesa*) to make. (**b**) (*opinión*) to subscribe to, endorse. (**c**) (*Com: acciones*) to take out an option on. (**d**) ~ **a algn a una revista a** to take out a subscription to a journal for sb. **2 suscribirse** *vr* to subscribe (*a* to, for); ~ **a una revista** to take out a subscription for a magazine *o* journal.
suscripción *nf* subscription; **abrir una ~** to take out a subscription; **cerrar su ~** to cancel one's subscription.
suscriptor(a) *nm/f* subscriber.
suscrito *pp de* **suscribir**; ~ **en exceso** oversubscribed.
susodicho *adj* above-mentioned.
suspender [2a] *vt* (**a**) (*objeto*) to hang, hang up, suspend (*de* from, on).
(**b**) (*pago, trabajo*) to stop, suspend; (*reunión, sesión*) to adjourn; (*línea, servicio*) to discontinue; (*procedimiento*) to interrupt; ~ **hasta más tarde** to put off till later, postpone for a time; ~ **a algn de empleo y sueldo** to suspend sb (from work) without pay; ~ **la emisión de un programa** (*TV*) to cancel the showing of a programme *o* (*US*) program.
(**c**) (*Escol: candidato, asignatura*) to fail; **lo han suspendido en química** he's failed Chemistry.
suspense *nm* suspense; **novela/película ~** thriller.
suspensión *nf* (**a**) (*acción*) hanging (up), suspension. (**b**) (*Aut, Mec*) suspension. (**c**) (*fig*) stoppage, suspension; (*de sesión*) adjournment; (*aplazamiento*) postponement; (*de servicios*) removal; (*Jur*) stay; ~ **de empleo y sueldo** suspension without pay; ~ **de hostilidades** cessation of hostilities; ~ **de pagos** suspension of payments.
suspensivo *adj*: **puntos ~s** dots, suspension points.
suspenso 1 *adj* (**a**) hanging, suspended, hung (*de* from). (**b**) (*Escol: candidato*) failed. (**c**) (*fig*) **estar** *o* **quedarse ~** to be astonished, be amazed. **2** *nm* (**a**) (*Escol: asignatura*) fail, failure. (**b**) **estar en** *o* **quedar en ~** to be in suspense, be pending; (*Jur*) to be suspended, be in abeyance; (*causa*) to stand over, be postponed.
suspensores *nmpl* (**a**) (*LAm*) braces, suspenders (*US*). (**b**) (*Per Dep*) athletic support, jockstrap (*fam*).
suspensorio 1 *adj* suspensory. **2** *nm* jockstrap; (*Med*) suspensory (bandage).
suspicacia *nf* suspicion, mistrust.
suspicaz *adj* suspicious, distrustful.
suspirar [1a] *vi* to sigh; ~ **por** (*fig*) to long for.
suspiro *nm* (*lit, fig*) sigh; (*respiro*) sigh, breath; ~ **de alivio** sigh of relief; **exhalar el último ~** to breathe one's last.
sustancia *nf* substance; (*esencia*) essence; (*materia*) matter; **en ~** in substance, in essence; **sin ~** lacking in substance, shallow.
sustancial *adj* substancial; (*esencial*) essential, vital, fundamental.
sustancioso *adj* (*discurso*) solid; (*comida*) solid; (*nutritivo*) nourishing; (*ganancias*) healthy, fat (*pey*).
sustantivo 1 *adj* substantive; (*Ling*) substantival, noun *atr*. **2** *nm* noun, substantive.
sustentación *nf* sustenance; (*apoyo*) support; (*Aer*) lift.
sustentar [1a] **1** *vt* (**a**) (*objeto*) to hold up, support, bear (the weight of). (**b**) (*suj: alimento*) to sustain, nourish. (**c**) (*fig: esperanzas*) to sustain, keep going, buoy up. (**d**) (*idea, teoría*) to maintain, uphold. **2 sustentarse** *vr*: ~ **con** to sustain o.s. with, subsist on.
sustento *nm* (*apoyo*) support; (*alimento*) sustenance, food; (*manutención*) maintenance; (*fig*) livelihood; **ganarse el ~** to earn one's living, earn a livelihood.
sustitución *nf* substitution (*por* for), replacement (*por* by).
sustituir [3g] *vt* (**a**) (*poner en lugar de*) to substitute, replace; ~ **A por B** to substitute B for A, replace A by *o* with B; **le quieren ~** they want him replaced. (**b**) ~ **a** (*tomar el lugar de*) to replace; (*temporalmente*) to substitute for, stand in for; **los sellos azules sustituyen a los verdes** the blue stamps are replacing the green ones; **me sustituirá mientras estoy fuera** he'll take my place while I'm away.
sustitutivo 1 *adj* substitute. **2** *nm* substitute (*de* for).
sustituto/a *nm/f* substitute, replacement; (*temporal*) stand-in.
sustitutorio *adj* substitute, replacement *atr*.
susto *nm* fright, scare; **¡qué ~!** what a scare!; **dar un ~ a algn** to give sb a fright; **darse** *o* **pegarse un ~** (*fam*) to have a fright, get scared (*US*); **este año no ganamos para ~s** (*fam*) it's been one setback after another this

year.

sustracción *nf* (**a**) (*acto*) removal; (*Mat*) subtraction, taking away; (*deducción*) deduction; (*extracción*) extraction. (**b**) (*hurto*) theft.

sustraer [2p] **1** *vt* to remove, take away; (*Mat*) to subtract, take away; (*deducir*) to deduct; (*extraer*) to extract. **2 sustraerse** *vr*: ~ **a** (*evitar*) to avoid; (*tentación*) to resist; (*apartarse de*) to withdraw from, contract out of.

sustrato *nm* substratum.

susurrante *adj* (*V vi*) whispering; murmuring; rustling.

susurrar [1a] **1** *vt* to whisper. **2** *vi* (**a**) (*persona*) to whisper; ~ **al oído de algn** to whisper to sb, whisper in sb's ear. (**b**) (*fig: viento*) to whisper; (*arroyo*) to murmur; (*hojas*) to rustle.

susurro *nm* (**a**) (*lit, fig*) whisper. (**b**) (*murmullo*) murmur; (*de hojas*) rustle.

sutil *adj* (**a**) (*hilo, hebra*) fine, delicate, tenuous; (*tela*) thin, light; (*atmósfera*) thin; (*olor*) delicate; (*brisa*) gentle. (**b**) (*diferencia*) fine, subtle. (**c**) (*inteligencia, persona*) sharp, keen; (*comentario*) subtle.

sutileza *nf* (**a**) (*delicadeza*) fineness, delicacy; (*delgadez*) thinness; (*de argumento, estilo etc*) subtlety, subtleness; (*agudeza*) sharpness, keenness. (**b**) (*una* ~) subtlety; (*pey: maña*) artifice, artful deceit.

sutilizar [1f] **1** *vt* (**a**) (*objeto: reducir*) to thin down, fine down; (*fig: pulir*) to polish, perfect; (*: limar, mejorar*) to refine (upon). (**b**) (*pey*) to quibble about, split hairs about. **2** *vi* (*pey: pararse en cosas nimias*) to quibble, split hairs.

sutura *nf* suture.

suturar [1a] *vt* to suture; (*juntar con puntos*) to stitch.

suyo/a 1 *pron* (*con art o después del vb ser: de él*) his; (*: de ella*) hers; (*: de Ud, Uds*) yours; (*: de animal, cosa*) its (own); (*: de uno mismo*) one's own; (*: de ellos, ellas*) theirs; **este libro es (el)** ~ this book is his/hers *etc*; **¿es ~ esto?** is this yours?; **la culpa es ~a** the fault is his/hers *etc*, it's his/her *etc* fault; **lo** ~ (what is) his; (*su parte*) his share, what he deserves; **los ~s** (*familia*) one's family *o* relations; (*partidarios*) one's own people *o* supporters; (*fin de carta*) ~ **afectísimo** yours faithfully *o* sincerely, yours truly *(US)*.

2 *adj* (*después de un n: de él*) his, of his; (*: de ella*) her, of hers; (*: de Ud, Uds*) your, of yours; (*: de animal, cosa*) of its own; (*: de uno mismo*) of one's own; (*: de ellos, ellas*) their, of theirs; **no es amigo** ~ he is no friend of hers; **no es culpa ~a** it's not his/her *etc* fault, it's no fault of his/hers *etc*; **varios libros ~s** several books of theirs, several of their books.

3 *adj, pron* (*locuciones*) **de** ~ in itself, intrinsically; (*solo*) on its own; **eso es muy** ~ that's just like him, that's typical of him; **aguantar lo** ~ to do one's share; (*fam: mucho*) to put up with a lot; **hizo ~as mis palabras** he echoed my words; **hacer de las ~as** to get up to one's old tricks; **ir a la ~a, ir a lo** ~ to go one's own way; (*pey*) to act selfishly, think only of o.s.; **él pesa lo** ~ he's really heavy, he's a fair weight; **salirse con la ~a** to get one's way; (*en una discusión*) to carry one's point; **valorar lo** ~ to be worth one's keep; **cada cual a lo** ~ it's best to mind one's own business.

svástica *nf* swastika.

switch *nm* (*esp Méx*) switch; (*: Aut*) starter (button).

T

T, t [te] *nf* (*letra*) T, t.

t. *abr de* **tomo(s)** vol(s).

TA *nf abr de* **traducción automática** AT.

taba *nf* (*Anat*) ankle bone; (*juego*) jacks.

tabacal *nm* tobacco plantation.

Tabacalera *nf Spanish state tobacco monopoly*.

tabacalero/a 1 *adj* tobacco *atr*. **2** *nm/f* (*vendedor*) tobacconist; (*cultivador*) tobacco grower.

tabaco 1 *nm* tobacco; (*cigarros*) cigarettes *pl*; (*LAm: puro*) cigar; (*Bot*) tobacco plant; ~ **negro/rubio** dark/Virgina tobacco; ~ **de pipa** pipe tobacco; ~ **picado** shag, cut tobacco; **¿tienes ~?** have you any cigarettes?; **se me acabó el** ~ I ran out of cigarettes. **2** *adj* (*esp LAm*) dusty brown.

tabalear [1a] *vi* (*con los dedos*) to drum (with one's fingers), tap.

tabaleo *nm* drumming, tapping.

tábano *nm* horsefly.

tabaquera[1] *nf* (*caja*) tobacco jar; (*bolsa*) tobacco pouch; *V tb* **tabaquero**.

tabaquería *nf* (*LAm*) tobacco *o* cigar factory.

tabaquero/a[2] **1** *adj* tobacco *atr*. **2** *nm/f* tobacconist; (*comerciante*) tobacco merchant.

tabaquismo *nm* addiction to tobacco, tobacco habit.

tabarra *nf* (*fam*) nuisance, bore; **dar la** ~ to be a pain in the neck *(fam)*.

tabasco® *nm* Tabasco ®.

taberna *nf* bar, pub; (*Hist*) tavern.

tabernáculo *nm* tabernacle.

tabernero/a *nm/f* (*dueño*) landlord/landlady; (*camarero*) barman/barmaid.

tabicar [1g] **1** *vt* (*puerta*) to wall up; (*dividir con tabique*) to partition off. **2 tabicarse** *vr* (*nariz*) to get stopped up.

tabique *nm* partition (wall).

tabla *nf* (**a**) (*de madera*) plank; (*estante*) shelf; (*de piedra*) slab; (*Arte*) panel; ~ **de lavar/de planchar** washboard/ironing board; ~ **de surf** surfboard; ~ **de quesos** cheeseboard; **hacer ~ rasa** to make a clean sweep; **hacer ~ rasa de** (*pey*) to disregard (arbitrarily).

(**b**) (*Taur*) **~s** barrier *sg*.

(**c**) (*Teat*) **~s** stage *sg*; **salir a las ~s** to go on the stage; **tener (muchas) ~s** (*fig*) to be an old hand, be an expert.

(**d**) (*Ajedrez*) **~s** draw; (*fig*) stalemate; **hacer ~s, quedar en ~s** to draw, reach a drawn position; (*fig*) to reach stalemate.

(**e**) (*Agr*) plot, patch.

(**f**) (*de falda*) box pleat.

(**g**) (*lista*) list; (*Mat*) table; (*de libro*) index; (*Inform*) array; ~ **de consulta** (*Inform*) lookup table; ~ **de ejercicios** *o* **de gimnasia** exercise routine, set of exercises; ~ **de materias** table of contents; ~ **de multiplicar** multiplication table.

tablado *nm* (*suelo*) plank floor; (*plataforma*) platform; (*Teat*) stage.

tablaje *nm*, **tablazón** *nf* planks *pl*, planking.

tablao *nm* flamenco show; (*plataforma*) dance-floor *(for flamenco dancing)*.

tablear [1a] *vt* (**a**) (*madera*) to cut into planks. (**b**) (*terreno*) to divide up into plots. (**c**) (*Cos*) to pleat.

tablero *nm* (**a**) (*gen*) board; (*Escol*) blackboard; (*Elec*) switchboard; ~ **de ajedrez** chessboard; ~ **de anuncios**

notice board, bulletin board *(US)*; ~ **de dibujo** drawing board; ~ **de gráficos** *(Inform)* graph pad; ~ **de instrumentos** instrument panel; *(Aut)* dashboard. **(b)** *(Agr)* bed(s), plot(s).

tableta *nf* **(a)** *(de madera)* block. **(b)** *(Med)* tablet; *(de chocolate)* bar, slab.

tabletear 1a *vi* to rattle.

tableteo *nm* rattle.

tablilla *nf* small board; *(Med)* splint.

tablón *nm* **(a)** plank, beam; ~ **de anuncios** notice board, bulletin board *(US)*. **(b)** *(fam)* **coger** *o* **pillar un** ~ to get plastered *(fam)*.

tabú *adj inv, nm* *(pl* **~s** *o* **~es**) taboo.

tabulación *nf* *(Inform)* tab(bing).

tabulador *nm* *(Inform)* tab.

tabular 1 1a *vt* to tabulate; *(Inform)* to tab. **2** *adj* tabular.

taburete *nm* stool.

tacana *nf* *(And, CSur)* cultivated hillside terrace.

tacañería *nf* meanness, stinginess.

tacaño *adj* *(avaro)* mean, stingy.

tacatá, tacataca *nm* *(fam)* baby-walker.

tácitamente *adv* tacitly.

tácito *adj* tacit; *(acuerdo)* unspoken; *(ley)* unwritten; *(Ling)* understood.

taciturnidad *nf* *(V adj)* taciturnity; sullenness.

taciturno *adj* taciturn; *(malhumorado)* sullen.

taco *nm* **(a)** *(para fusil etc)* wad(ding); *(tarugo)* stopper, plug. **(b)** *(de bota de fútbol)* stud; *(LAm)* heel. **(c)** *(para escribir)* pad; *(de billetes, cupones)* book; ~ **de papel** writing pad. **(d)** *(Billar)* cue. **(e)** *(de jamón, queso)* cube. **(f)** *(fam: palabrota)* rude word, swearword; **soltar un** ~ to swear. **(g)** *(fam: lío)* mess; **armarse** *o* **hacerse un** ~ to get into a mess. **(h)** *(fam: año)* year; **tener 16 ~s** to be 16 (years old). **(i)** *(Méx Culin)* taco, filled rolled tortilla. **(j)** *(Chi fam: atasco)* traffic jam.

tacógrafo *nm* *(Com)* tacograph.

tacón *nm* heel; ~ **(de) aguja** stiletto heel; **~es altos** high heels; **zapatos de** ~ high-heeled shoes.

taconazo *nm* *(patada)* kick with one's heel; **~s** *(Mil)* heel-clicking; **entró y dio un** ~ he came in and clicked his heels.

taconear 1a *vi* *(dar golpecitos)* to tap with one's heels; *(Mil, al andar)* to click one's heels.

taconeo *nm* *(V vb)* tapping with one's heels; *(Mil)* heel-clicking.

táctica *nf* tactics *pl*; *(jugada)* move; *(: fig)* gambit; **una nueva** ~ a new tactic.

táctico 1 *adj* tactical. **2** *nm* tactician.

táctil *adj* tactile.

tacto *nm* **(a)** *(gen)* touch; *(sentido)* (sense of) touch; **ser áspero al** ~ to be rough to the touch. **(b)** *(fig)* tact; **tener** ~ to be tactful.

tacha[1] *nf* *(Téc)* large tack.

tacha[2] *nf* *(gen)* flaw; *(mancha)* blemish; *(defecto)* defect; **sin** ~ flawless; **poner** ~ **a** to find fault with.

tachadura *nf* erasure; *(corrección)* correction.

tachar 1a *vt* **(a)** *(gen)* to cross out; *(corregir)* to correct. **(b)** ~ **a algn de** ... to accuse sb of ...; ~ **a algn de incapaz** to accuse sb of being incompetent.

tacho *(LAm)* *nm* *(cubo)* bucket, pail; *(vasija)* pan; *(para azúcar)* sugar pan; ~ **de la basura** *(And, CSur)* dustbin, rubbish bin, trash *o* garbage can *(US)*.

tachón[1] *nm* **(a)** *(Téc)* ornamental stud. **(b)** *(Cos)* trimming.

tachón[2] *nm* erasure; *(tachadura)* crossing-out.

tachonar 1a *vt* *(Téc, tb fig)* to stud; *(adornar con clavos)* to adorn with studs; **tachonado de estrellas** star-studded, star-spangled.

tachuela *nf* **(a)** *(clavo)* tack, tin tack. **(b)** *(LAm: recipiente)* metal pan; *(: cazo)* dipper. **(c)** *(LAm fam: persona)* short stocky person.

Tadjikstán *nm*, **Tadjikia** *nf* Tajikistan.

TAE *nf abr de* **tasa anual efectiva** *o* **equivalente** APR.

tafetán *nm* **(a)** taffeta. **(b)** **~es** *(fig)* flags; *(fam)* frills.

tafilete *nm* morocco leather.

tagalo/a 1 *adj, nm/f* Tagalog. **2** *nm* *(Ling)* Tagalog.

tagarote *nm* *(CAm fam)* big shot *(fam)*.

Tahití *nm* Tahiti.

tahona *nf* *(tienda)* bakery; *(molino)* flourmill.

tahonero/a *nm/f* baker.

tahur *nm* gambler; *(pey)* cardsharper, cheat.

taiga *nf* taiga.

tailandés/esa 1 *adj, nm/f* Thai. **2** *nm* *(idioma)* Thai.

Tailandia *nf* Thailand.

taimado *adj* sly, crafty.

taita *nm* *(And, CSur: fam: papá)* father, dad(dy) *(fam)*; *(tío)* uncle.

tajada *nf* **(a)** *(Culin)* slice. **(b)** *(fam)* rake-off; **sacar** ~ to get one's share, take one's cut. **(c)** *(tajo)* cut, slash; **¡te haré ~s!** I'll cut you up! **(d)** **coger** *o* **pillar una** ~ *(fam)* to get plastered *(fam)*.

tajamar *nm* *(Náut)* stem; *(de puente)* cutwater.

tajante *adj* **(a)** *(herramienta)* sharp, cutting. **(b)** *(fig)* incisive; *(negativa)* emphatic; *(crítica)* sharp; **contestó con un 'no'** ~ he answered with an emphatic 'no'; **es una persona** ~ he's an incisive person.

tajantemente *adv* *(fig)* sharply, emphatically; **me niego** ~ I absolutely refuse.

tajar 1a *vt* to cut, slice, chop.

tajear 1a *vt* *(LAm fam)* to cut up, chop, slash.

Tajo *nm* Tagus.

tajo *nm* **(a)** cut, slash; **darse un** ~ **en el brazo** to cut one's arm. **(b)** *(Geog)* cut, cleft; *(escarpa)* steep cliff. **(c)** *(sitio)* working area; *(fam: tarea)* job. **(d)** *(Culin)* chopping block; *(del verdugo)* executioner's block. **(e)** *(taburete)* small three-legged stool.

tal 1 *adj* **(a)** *(ya mencionado)* such; ~ **cosa** such a thing; **~es cosas** such things; ~ **día hace 10 años** on the same day 10 years ago; **el** ~ **cura** this priest (we were talking about); *(pey)* this priest person.

(b) *(admiración o pey)* such; **con** ~ **atrevimiento** with such boldness; **con un resultado** ~ with such a result.

(c) *(indeterminado)* ~ **día, a** ~ **hora** such and such a day, at such and such a time; **un** ~ **García** a man called García.

2 *pron* **(a)** *(persona)* such a one, someone; *(cosa)* such a thing, something; **el** ~ this man *etc* I mentioned; **una** ~ *(euf)* a prostitute; **no haré** ~ I won't do anything of the sort; ~ **como** such as; ~ **como es** such as it is; **y como ~, tiene que pagar** and as such, he has to pay; **vive en** ~ **o cual hotel** he lives in such-and-such a hotel; **son** ~ **para cual** they're two of a kind.

(b) *(indeterminación)* **en la calle de** ~ in such-and-such a street; **hablábamos de que si ~ que si cual** we were talking about this, that and the other; **fuimos al cine y** ~ we went to the pictures and stuff; **había pinchos, bebidas y** ~ there were snacks and drinks and things.

3 *adv* **(a)** so, in such a way; ~ **como** just as; **estaba** ~ **como lo dejé** it was just as I had left it; ~ **cual** *(adv)* just as it is; ~ **la madre, cual la hija** like mother, like daughter.

(b) **¿qué ~?** how goes it?, how's things?; **¿qué** ~ **el partido?** what was the game like?, how did the game go?; **¿qué** ~ **tu tío?** how's your uncle?; **¿qué** ~ **es?** what's she like?; **¿qué** ~ **estás?** how are you?; **¿qué** ~ **si lo compramos?** how about buying it?, suppose we buy it?; *V* **cual 3**.

4 *conj*: **con** ~ **de** as long as; **hace lo que sea con** ~ **de llamar la atención** he does anything to attract attention; **con** ~ **de que** provided (that), as long as; **con** ~ **de que no me engañes** as long as you don't deceive me.

tala *nf* *(de árboles)* tree felling, wood cutting; *(fig: destrucción)* havoc.

taladradora *nf* drill; ~ **neumática** pneumatic drill, jackhammer *(US)*.

taladrar [1a] *vt* (**a**) to bore, drill; (*perforar*) to punch. (**b**) (*fig: suj: ruido*) to pierce; **un ruido que taladra los oídos** an ear-splitting noise.
taladro *nm* (**a**) drill; ~ **neumático** pneumatic drill. (**b**) (*agujero*) drill hole.
talaje *nm* (**a**) (*LAm: pasto*) pasture. (**b**) (*CSur, Méx: pastoreo*) grazing, pasturage.
tálamo *nm* marriage bed.
talante *nm* (**a**) (*humor*) mood; (*voluntad*) will; **estar de buen** ~ to be in a good mood; **hacer algo de buen** ~ to do sth willingly; **recibir a algn de buen** ~ to give sb a warm welcome; **responder de mal** ~ to answer bad-temperedly. (**b**) (*apariencia*) look, appearance.
talar [1a] *vt* (**a**) (*árbol*) to fell, cut down. (**b**) (*fig: devastar*) to lay waste, devastate.
talco *nm* (*Quím*) talc; (*tb* **polvos de** ~) talcum powder.
talega *nf* (**a**) (*bolsa*) sack, bag. (**b**) ~**s** (*fig*) money *sg*.
talegada *nf*, **talegazo** *nm* heavy fall.
talego *nm* (**a**) (*saco*) long sack. (**b**) (*fam: persona*) fat person. (**c**) (*fam: cárcel*) nick (*fam*), jail. (**d**) (*Esp fam*) 1000 pesetas; **medio** ~ 500 pesetas.
taleguilla *nf* bullfighter's breeches *pl*.
talento *nm* talent; (*don*) ability, gift.
talentoso *adj* talented, gifted.
talero *nm* (*CSur*) whip.
Talgo *nm abr* (*Esp Ferro*) *de* **tren articulado ligero Goicoechea-Oriol**.
talidomida *nm* thalidomide.
talión *nm*: **la ley del** ~ an eye for an eye.
talismán *nm* talisman.
talmente *adv* (*fam: tan*) so; (*: exactamente*) exactly, literally; **la casa es** ~ **una pocilga** the house is literally a pigsty.
Talmud *nm* Talmud.
talmúdico *adj* Talmudic.
talón *nm* (**a**) (*Anat, de calcetín etc*) heel; ~ **de Aquiles** Achilles heel; **pisar los ~es a algn** to be on sb's heels. (**b**) (*Aut*) flange; (*de llanta*) rim. (**c**) (*Com*) stub, counterfoil; (*Ferro*) luggage receipt; (*cheque*) cheque, check (*US*); ~ **en blanco** blank cheque; ~ **sin fondos** bad cheque; ~ **al portador** bearer cheque, cheque payable to the bearer.
talonario *nm* (*tb* **libro** ~: *de recibos*) receipt book; (*: de billetes*) book of tickets; (*de cheques*) cheque book, check book (*US*).
talonear [1a] **1** *vt* (*LAm: caballo*) to spur along. **2** *vi* (*caminar rápidamente*) to walk briskly; (*con prisa*) to hurry along.
talla *nf* (**a**) (*Arte: obra de* ~) carving; (*: escultura*) sculpture; (*: grabado*) engraving. (**b**) (*de persona: altura*) height; (*estatura*) stature; (*fig*) stature; (*de ropa*) size, fitting; **camisas de todas las ~s** shirts in all sizes; **tener poca** ~ to be short; **dar la** ~ (*fig*) to set the standard; **no dio la** ~ he didn't measure up (to the task), he wasn't up to it.
tallado 1 *adj* (*madera*) carved; (*piedra*) sculpted; (*metales*) engraved. **2** *nm* (*en madera*) carving; (*en piedra*) sculpting; (*grabado*) engraving.
tallador(a) *nm/f* (**a**) (*en madera*) carver. (**b**) (*LAm Naipes*) dealer, banker.
tallar[1] [1a] **1** *vt* (**a**) (*madera*) to carve; (*piedra*) to sculpt; (*metales*) to engrave; (*joyas*) to cut. (**b**) (*medir*) to measure (the height of). (**c**) (*Naipes*) to deal. **2** *vi* (*Naipes*) to deal.
tallar[2] [1a] *vi* (*CSur fam*) to chat, gossip.
tallarín *nm* noodle.
talle *nm* (**a**) (*cintura*) waist. (**b**) (*para ropa*) waist and chest measurements *pl*, size. (**c**) (*tipo: de mujer*) figure; (*: de hombre*) build; **de** ~ **esbelto** with a slim figure.
taller *nm* (*Téc, Teat*) workshop; (*fábrica*) factory; (*Aut*) garage, repair shop; (*Arte*) studio; ~ **de coches** car repair shop, garage (for repairs); ~ **de reparaciones** repair shop; ~ **de trabajo** (*en congreso etc*) workshop; ~**es agremiados** closed shop; ~**es gráficos** printing works.
tallista *nmf* = **tallador(a)** (**a**).
tallo *nm* (*gen*) stem, stalk; (*de hierba*) blade, shoot.
talludito *adj* (*fam*) grown-up; **el actor es** ~ **ya para este papel** the actor is getting on a bit now for this rôle.
talludo *adj* (*Bot*) tall; (*persona*) lanky; (*: fig*) grown-up.
tamal *nm* (*LAm*) (**a**) (*Culin*) tamale. (**b**) (*trampa*) trick, fraud; **hacer un** ~ to set a trap.
tamalero *nm* (*fabricante*) tamale maker; (*vendedor*) tamale seller.
tamaño 1 *adj* (*tan grande*) so big a, such a big; (*tan pequeño*) so small a, such a small; **parece absurdo que cometiera** ~ **error** it seems absurd that he should make such a mistake. **2** *nm* size; ~ **de bolsillo** pocket-size; **una foto** ~ **carnet** a passport-size photo; ~ **familiar** family-size; ~ **gigante** king-size; **de** ~ **natural** full-size, life-size; **¿de qué** ~ **es?** what size is it?, how big is it?
tamarindo *nm* (*Bot*) tamarind.
tambaleante *adj* (*persona: al andar*) staggering; (*mueble*) wobbly; (*paso*) unsteady; (*vehículo*) swaying.
tambalear [1a] **1** *vt* to shake, rock. **2 tambalearse** *vr* (*persona*) to stagger; (*mueble*) to wobble; (*Aut*) to sway; (*fig: poder, gobierno*) to be rocking; **ir tambaleándose** to stagger along.
tambero *nm* (*And Hist*) innkeeper.
también *adv* also, as well, too; **¿Ud ~?** you too?; **y bebe** ~ and he drinks as well; **no sólo A sino** ~ **B** not only A but also B; **estoy cansado - yo** ~ I'm tired - so am I *o* me too; **'me gustó' - 'a mí ~'** 'I liked it' - 'so did I'.
tambo *nm* (**a**) (*And Hist*) wayside inn. (**b**) (*And, CSur*) (small) dairy (farm).
tambocha *nf* (*Col*) highly poisonous ant.
tambor *nm* (**a**) (*Arquit, Mús, Téc*) drum; (*de lavadora*) drum; ~ **del freno** brake drum; ~ **del oído** eardrum. (**b**) (*de detergente*) large packet. (**c**) (*Mús: persona*) drummer; ~ **mayor** drum major. (**d**) ~ **magnético** (*Inform*) magnetic drum.
tamboril *nm* small drum.
tamborilear [1a] *vi* (*Mús*) to drum; (*con los dedos*) to drum with one's fingers; (*lluvia*) to patter.
tamborileo *nm* (*V vi*) drumming; patter(ing).
tamborilero/a *nm/f* drummer.
Támesis *nm* Thames.
tamiz *nm* sieve; **pasar por el** ~ (*fig*) to go through with a fine-tooth comb, scrutinize.
tamizar [1f] *vt* to sieve, sift; (*fig*) to go through with a fine-tooth comb, scrutinize.
támpax® *nm* (*pl* **támpax**) Tampax ®, tampon.
tampoco *adv* neither, not ... either, nor; ~ **lo sabe él** he doesn't know either, neither does he know, nor does he know; **yo no lo compré** ~ I didn't buy one either; **'yo no voy' - 'yo ~'** 'I'm not going' - 'nor *o* neither am I'; **'yo no fui' -'yo ~'** 'I didn't go' -'nor *o* neither did I'.
tampón *nm* (*Med*) tampon; (*para entintar*) ink pad.
tan *adv* (**a**) so; ~ **rápido** so fast; **no te esperaba** ~ **pronto** I wasn't expecting you so soon; **¿para qué quieres un coche** ~ **grande?** what do you want such a big car for?; **¡qué regalo** ~ **bonito!** what a beautiful present!; **estaba** ~ **cansado que me quedé dormido** I was so tired I fell asleep; **no es una idea** ~ **buena** it's not such a good idea; **¡que cosa** ~ **rara!** how strange! (**b**) (*comparación*) ~ **es así que** so much so that; **A es** ~ **feo como B** A is as ugly as B. (**c**) ~ **siquiera** = **siquiera 1**.
tanatorio *nm* (*público*) mortuary; (*privado*) funeral parlour *o* (*US*) parlor.
tanda *nf* (**a**) (*grupo: de cosas, personas*) batch; (*de golpes, penalties*) series; (*huevos etc*) layer; (*de inyecciones*) course; **por ~s** in batches. (**b**) (*turno de trabajo, tb personas*) shift; ~ **de noche** nightshift. (**c**) (*Billar*) game; (*Béisbol*) innings. (**d**) (*LAm: espectáculo*) part of a show; (*CSur Teat etc*) early performance.
tándem *nm* tandem; (*Pol*) duo, team; **en** ~ (*Elec*) tandem.

tanga *nm* G-string.
tangana *nf* (*Per*) large oar.
tangencial *adj* tangential; (*fig*) oblique.
tangente *nf* tangent; **salirse por la ~** (*hacer una digresión*) to go off at a tangent; (*esquivar una pregunta*) to give an evasive answer.
Tánger *nm* Tangier(s).
tangerino/a 1 *adj* of *o* from Tangier(s). **2** *nm/f* native *o* inhabitant of Tangier(s).
tangibilidad *nf* tangibility.
tangible *adj* tangible, concrete.
tango *nm* tango.
tanguear [1a] *vi* (*LAm*) to tango.
tanguista *nmf* tango dancer.
tánico *adj* tannic; **ácido ~** tannic acid.
tanino *nm* tannin.
tano *nm* (*CSur pey*) Italian, Wop (*fam! pey*).
tanque *nm* (*depósito*) tank, reservoir; (*Mil*) tank; (*Aut*) tanker, tanker lorry.
tanqueta *nf* small tank, armoured *o* (*US*) armored car.
tantán *nm* tomtom.
tantarán, tantarantán *nm* (*de tambor*) drumbeat.
tanteador(a) 1 *nm* (*marcador*) scoreboard. **2** *nm/f* (*persona*) scorer.
tantear [1a] **1** *vt* **(a)** (*calcular aproximadamente*) to reckon (up), work out roughly; (*medir: tela*) to take the measure of; (*considerar*) to weigh up, consider. **(b)** (*probar*) to test; (*intenciones*) to sound out; **~ el terreno** (*fig*) to test the water, get the lie of the land. **(c)** (*Dep*) to keep the score of. **2** *vi* **(a)** (*Dep*) to score, keep (the) score. **(b)** (*LAm: ir a tientas*) to grope, feel one's way.
tanteo *nm* **(a)** (*cálculo*) reckoning; (*consideración*) weighing up; **por ~** by guesswork. **(b)** (*prueba*) test(ing), trial; (*de situación*) sounding. **(c)** (*Dep*) scoring.
tantico *nm*: **un ~** (*esp LAm fam*) (quite) a bit; **es un ~ difícil** it's a bit awkward (*fam*).
tantísimo *adj superl* so much; **~s** so many; **había ~a gente** there was such a crowd.
tantito/a 1 *adj* (*Méx fam*) a little; **~ pulque** a little pulque. **2** *nm* = **tantico. 3** *adv* (*Méx fam*) a little; **~ antes** a little before.
tanto 1 *adj* **(a)** so much; (*en comparaciones*) as much; **~s** so many; (*en comparaciones*) as many; **no comas ~ pan** don't eat so much bread; **tiene ~ dinero como yo** he has as much money as I have; **tiene ~ dinero que no sabe qué hacer con él** he has so much money he doesn't know what to do with it; **hubo ~a manzana** there were so many apples; **hay otros ~s candidatos** there are as many more candidates; **~ gusto** how do you do?, pleased to meet you.
(b) (*indeterminación*) **40 y ~s** 40-odd; **tiene 30 y ~s años** he's thirty-something.
2 *adv* (*duración*) so much; (*en comparaciones*) as much; (*frecuencia*) so often; **permanecer ~** to stay so long; **trabajar ~** to work so hard; **estoy cansada de ~ andar** I'm tired after all this walking; **venir ~** to come so often; **¡cuesta ~!** it's so expensive!; **no es para ~** it's not as bad as all that; **él gasta ~ como yo** he spends as much as I do *o* as me; **~ mejor/peor** all *o* so much the better/worse (*para* for); **¡y ~!** and how!, I'll say it is!; **~ es así que** so much so that; **~ A como B** both A and B; **~ como eso ...** I don't think it's as much as that, I think you're exaggerating; **~ si viene como si no viene** whether he comes or not; **entre** *o* **mientras ~** meanwhile; **por lo ~** so, therefore; **Flor es joven, José no ~** Flor is young, José isn't quite; **no le tengo ni ~ así de lástima** I haven't a scrap of pity for him.
3 *conj*: **en ~ que** (*mientras que*) while; (*hasta que*) until.
4 *nm* **(a)** (*Com, Fin*) certain amount, so much; **~ alzado** agreed price; **(un) ~ por palabra** so much a word; **~ por ciento** percentage.
(b) (*en juegos*) point; (*Ftbl*) goal; **~ en contra/a favor** point against/for; **apuntar los ~s** to keep score; **apuntarse un ~** to score a point.
(c) estar al ~ to be up to date; **estar al ~ de los acontecimientos** to be fully abreast of events; **poner a algn al ~** to put sb in the picture (*de* about).
(d) un ~ (*adv*) rather, somewhat; **estoy un ~ cansado** I'm rather tired; **es un ~ difícil** it's a bit awkward.
5 *pron* so much; **~s** so many; **a ~s de marzo** on such and such a day in March; **uno de ~s** one of many, nothing special; **a las ~as de la madrugada** at some time in the small hours.
Tanzanía *nf* Tanzania.
tañer [2f] *vt* (*Mús*) to play; (*campana*) to ring.
tañido *nm* (*Mús*) sound; (*de campana*) ringing.
T/año *abr de* **toneladas por año.**
TAO *nf abr de* **traducción asistida por ordenador** CAT.
tapa *nf* **(a)** (*de caja, olla*) lid; (*de botella*) top; (*de libro*) cover; (*de zapato*) heelplate; **libro de ~s duras** hardback; **levantarse la ~ de los sesos** to blow one's brains out. **(b)** (*comida*) snack.
tapabarro *nm* (*CSur Aut*) mudguard, fender (*US*).
tapaboca *nf*, **tapabocas** *nm inv* muffler.
tapacubos *nm inv* hub cap.
tapadera *nf* **(a)** lid, cover. **(b)** (*fig: de organización*) cover, front (organization) (*de* for); (*de espía*) cover.
tapadillo: **de ~** *adv* secretly, stealthily.
tapado[1] *nm* (*LAm: abrigo de mujer*) woman's (top)coat.
tapado[2]**/a** *nm/f* (*Méx Pol: candidato oficial*) official PRI Presidential election candidate.
tapar [1a] **1** *vt* **(a)** (*gen*) to cover (*con* with); (*con tapadera*) to put the lid on; (*botella*) to put the cap on; (*con ropa, en cama*) to wrap up; (*cara*) to cover up, hide; (*tubo, conducto*) to stop (up), block (up); (*agujero*) to plug; (*Arquit*) to wall up; (*LAm: diente*) to fill; **el árbol tapa el sol a la nena** the tree keeps the sunlight off the baby; **el muro nos tapaba el viento** the wall protected us from the wind.
(b) (*encubrir: hecho*) to cover up, conceal; (*: fugitivo*) to hide.
2 taparse *vr* **(a)** to cover o.s. up; (*contra el frío*) to wrap (o.s.) up; (*esp*) to wrap up warmly (in bed).
(b) ~ los oídos/ojos to cover one's ears/eyes.
taparrabo *nm*, **taparrabos** *nm inv* loincloth.
tapatío/a *nm/f* (*Méx*) native *o* inhabitant of Guadalajara.
tapeo *nm*: **ir de ~** (*Esp fam*) to go round the bars (*eating snacks*).
tapera *nf* (*LAm*) **(a)** (*casa*) ruined house; (*fig*) hovel. **(b)** (*pueblo*) abandoned village.
tapete *nm* table cover; (*alfombrita*) rug; **~ verde** (*Naipes*) card table; **estar sobre el ~** (*fig*) to be under discussion; **poner un asunto sobre el ~** to put a matter up for discussion.
tapia *nf* (*de adobe*) mud *o* adobe wall; (*de jardín*) garden wall.
tapiar [1b] *vt* to wall in; (*puerta, ventana*) to block up *o* off.
tapicería *nf* **(a)** (*fabricación*) tapestry making; (*tapiz*) tapestry; (*tapices*) tapestries *pl*. **(b)** (*de coche, muebles*) upholstery.
tapicero/a *nm/f* (*de muebles*) upholsterer.
tapioca *nf* tapioca.
tapir *nm* tapir.
tapisca *nf* (*CAm, Méx*) maize harvest, corn harvest (*US*).
tapiscar [1g] *vt* (*CAm, Méx*) to harvest.
tapiz *nm* tapestry.
tapizado *nm* (*de pared*) tapestries *pl*; (*de coche, mueble*) upholstery.
tapizar [1f] *vt* **(a)** (*pared*) to hang with tapestries; (*muebles*) to upholster, cover; (*suelo*) to carpet. **(b)** (*fig*) to carpet (*con, de* with).
tapón *nm* **(a)** (*de botella*) cap, top; (*corcho*) cork; (*Téc*)

plug; (*para el oído*) earplug; (*Med*) tampon; (*baloncesto*) block; ~ **de rosca** screw top. (**b**) (*fam*) chubby person. (**c**) (*Aut*) traffic jam.

taponar 1a **1** *vt* (*botella*) to cork, put the cap on; (*tubería, conducto*) to block; (*Dep*) to block, stop; (*Med*) to tampon. **2 taponarse** *vr* (*nariz, oídos*) to get blocked up; ~ **los oídos** to stop up one's ears.

taponazo *nm* (*de tapón*) pop.

tapujarse 1a *vr* (*fam*) to muffle o.s. up.

tapujo *nm* (*fam: engaño*) deceit, dodge; (*: secreto*) secrecy; **sin ~s** honestly.

taquear 1a **1** *vt* (*LAm: llenar*) to fill right up; (*un arma*) to load through barrel and ram. **2** *vi* (**a**) (*LAm*) to play billiards *o (US)* pool. (**b**) (*Méx: comer tacos*) to have a snack of tacos.

taquería *nf* (*Méx*) taco stall *o* bar.

taquicardia *nf* abnormally rapid heartbeat, tachycardia.

taquigrafía *nf* shorthand, stenography.

taquigráficamente *adv* in shorthand.

taquigráfico *adj* shorthand *atr*.

taquígrafo/a *nm/f* shorthand writer, stenographer.

taquilla *nf* (**a**) (*en estación etc*) booking office, ticket office; (*de teatro*) box office. (**b**) (*recaudación: Teat*) takings, take *(US)*; (*: Dep*) gate money. (**c**) (*armario*) locker.

taquillero/a 1 *adj*: **ser ~** to be good (for the) box office; **función ~a** box-office success. **2** *nm/f* (ticket) clerk.

taquimecanografía *nf* shorthand typing.

taquimecanógrafo/a *nm/f* shorthand typist.

tara *nf* (**a**) (*Com*) tare. (**b**) (*fig*) defect, blemish.

taracea *nf* inlay.

taracear 1a *vt* to inlay.

tarado/a 1 *adj* (**a**) (*Com*) defective, imperfect. (**b**) (*persona: mutilado*) physically impaired, crippled. (**c**) (*esp LAm fam: idiota*) stupid; (*: loco*) crazy, nuts *(fam)*. **2** *nm/f* (*LAm fam: idiota*) idiot, cretin.

tarambana(s) *nmf* (*casquivano*) harum-scarum, fly-by-night; (*estrafalario*) crackpot *(fam)*.

taranta *nf* (*LAm: locura*) mental disturbance, madness.

tarantela *nf* tarantella.

tarántula *nf* tarantula.

tarar 1a *vt* (*Com*) to tare.

tararear 1a *vt, vi* to hum.

tararí (*fam*) **1** *adj* (*Esp*) crazy. **2** *interj* no way!, you must be joking!

tardanza *nf* (*demora*) delay.

tardar 1a **1** *vi* (**a**) (*tomar mucho tiempo*) to take a long time, be long; (*llegar tarde*) to be late; **¡no tardes!** don't be long; **a más ~** at the latest; **aquí tardan mucho** they are very slow here, they take a long time here; **tardamos 3 horas de A a B** we took 3 hours (to get) from A to B; **sin ~** without delay; **¿cuánto se tarda?** how long does it take?

(**b**) **~ en hacer algo** to be slow to do sth, take a long time to do sth; **tardó en llegar** it was late in arriving; **tardó mucho en repararlo** he took a long time to repair it; **no tarde Ud en informarme** tell me at once; **el público no tardó en reaccionar** the spectators were not slow to react.

2 tardarse *vr* (*Méx fam*) to be long, take a long time; **no me tardo** I won't be *o* take long.

tarde 1 *adv* (*gen*) late; **ya es ~ para quejarse** it's too late to complain now; **un poco más ~** a little later; **de ~ en ~** from time to time; **~ o temprano** sooner or later; **se hace ~** it's getting late; **llegar ~** to be late, arrive late. **2** *nf* (*primeras horas*) afternoon; (*últimas horas*) evening; **¡buenas ~s!** good afternoon!; (*de noche*) good evening!; **por la ~** in the afternoon; (*después*) in the evening; **a las 7 de la ~** at 7 in the evening; **función de (la) ~** matinée.

tardío *adj* (*gen*) late; (*atrasado*) overdue; (*fruta, patata etc*) late.

tardo *adj* (**a**) (*lento*) slow, sluggish. (**b**) (*torpe*) dull, dense; **~ de oído** hard of hearing.

tarea *nf* (*gen*) job, task; (*faena*) chore; **todavía me queda mucha ~** I've still got a lot left to do; **es una ~ poco grata** it's a thankless task.

tarifa *nf* (*precio*) tariff; (*Elec, Telec: de anuncios, hotel*) rate; (*lista de precios*) price list; (*Transportes*) fare; **~ de agua** water rate; **~ de destajo** piece rate; **~ doble** double time; **~ nocturna** (*Telec*) cheap rate; **~ turística** tourist class, tourist rates.

tarifar 1a *vt* to price.

tarima *nf* (*plataforma*) platform; (*estrado*) dais; (*banquillo*) bench.

tarjar 1a *vt* (*And, CSur: tachar*) to cross out.

tarjeta *nf* card; **~ amarilla/roja** (*Dep*) yellow/red card; **~ de circuitos** (*Inform*) circuit board; **~ comercial/dinero** (*Com*) calling/cash card; **~ de crédito/de Navidad** credit/Christmas card; **~ de embarque** boarding pass; **~ gráfica/de multifunción** (*Inform*) graphics/multiplication card; **~ perforada** punched card; **~ postal** postcard; **~ verde** (*Méx: visado de residente en EEUU*) Green Card *(US)*; **~ de visita** visiting *o* calling card.

tarot *nm* tarot.

tarraconense 1 *adj* of *o* from Tarragona. **2** *nmf* native *o* inhabitant of Tarragona.

Tarragona *nf* Tarragona.

tarrina *nf* pot, jar; (*de helado*) tub.

tarro *nm* (**a**) (*de vidrio, porcelana etc*) pot, jar. (**b**) (*fam: cabeza*) nut *(fam)*; **comer el ~ a algn** (*engañar*) to put one over on sb *(fam)*; (*lavar el cerebro*) to brainwash sb; **comerse el ~** (*Esp*) to rack one's brains. (**c**) (*esp LAm: lata*) tin, can.

tarso *nm* tarsus.

tarta *nf* (**a**) (*pastel*) cake; (*torta*) tart; **~ de cumpleaños** birthday cake; **repartir la ~** (*fig*) to divide up the cake. (**b**) (*Inform*) pie chart.

tartaja (*fam*) **1** *adj inv* stammering, tongue-tied. **2** *nmf inv* stammerer.

tartajear 1a *vt* to stammer.

tartajeo *nm* stammer(ing).

tartajoso/a *adj, nm/f* = **tartaja**.

tartamudear 1a *vi* to stutter, stammer.

tartamudeo *nm* stutter(ing), stammer(ing).

tartamudez *nf* stutter, stammer.

tartamudo/a 1 *adj* stuttering, stammering. **2** *nm/f* stutterer, stammerer.

tartán *nm* tartan.

tartana *nf* (**a**) trap, light carriage. (**b**) (*fam*) banger *(fam)*, clunker *(US fam)*.

tartárico *adj* tartaric; **ácido ~** tartaric acid.

tártaro[1] *nm* (*Quím*) tartar.

tártaro[2] *adj, nm/f* Tartar.

tartera *nf* cake-tin; (*fiambrera*) lunch box.

tarugo 1 *adj* stupid. **2** *nm* (*pedazo de madera*) lump, chunk; (*pan*) chunk of stale bread; (*fam: imbécil*) chump *(fam)*, blockhead *(fam)*.

tarumba *adj* (*fam*): **volver ~ a algn** to confuse sb; **volverse ~** to get all mixed up, get completely bewildered; **esa chica me tiene ~** I'm crazy about that girl.

tasa *nf* (**a**) (*valoración*) valuation, appraisal *(US)*; (*estimación*) estimate. (**b**) (*medida, regla*) measure, standard; **sin ~** boundless, limitless. (**c**) (*precio, tipo*) standard rate; **~ de aeropuerto** airport tax; **~s académicas** tuition fees. (**d**) (*índice*) rate; **~ básica** (*Com*) basic rate; **~ de crecimiento** growth rate; **~ de mortalidad/natalidad** death/birth rate; **~ de rendimiento** (*Com*) rate of return; **de cero ~** (*Com*) zero-rated.

tasación *nf* (*evaluación*) assessment; (*valoración*) appraisal; **~ pericial** expert valuation.

tasador(a) *nm/f* valuer, appraiser *(US)*.

tasajear 1a *vt* (*LAm*) to cut, slash.

tasar 1a *vt* (**a**) (*objeto: fijar un precio*) to fix a price for; (*regular*) to regulate. (**b**) (*valorar*) to value.

tasca *nf* (*taberna*) pub, bar; **ir de ~s** to go on a pub crawl *(fam)*.
Tasmania *nf* Tasmania.
tata[1] *nf* (*fam: niñera*) nanny, maid.
tatarabuelo/a *nm/f* great-great-grandfather/-mother; **los ~s** one's great-great-grandparents.
tataranieto/a *nm/f* great-great-grandson/-daughter; **los ~s** one's great-great-grandchildren.
tate *interj* (*sorpresa*) gosh!, crumbs!; (*dándose cuenta*) so that's it!; (*aviso*) look out!
tato/a[2] (*fam*) **1** *nm/f* (elder) brother/sister. **2** *nm* (*LAm: fam*) dad(dy) *(fam)*, pop *(US fam)*, father.
tatuaje *nm* **(a)** (*dibujo*) tattoo. **(b)** (*acto*) tattooing.
tatuar 1d *vt* to tattoo.
taumaturgo *nm* miracle worker.
taurino *adj* bullfighting *atr*; **el mundo ~** the bullfighting business.
Tauro *nm* Taurus.
tauromaquia *nf* (art of) bullfighting, tauromachy.
tauromáquico *adj* bullfighting *atr*.
tautología *nf* tautology.
tautológico *adj* tautological.
TAV *nm abr de* **tren de alta velocidad** HVT.
taxativamente *adv* in a restricted sense, specifically; (*tajantemente*) sharply, emphatically.
taxativo *adj* (*restringido*) limited, restricted; (*sentido*) specific; (*tajante*) sharp, emphatic.
taxi *nm* taxi, cab, taxi cab.
taxidermia *nf* taxidermy.
taxidermista *nmf* taxidermist.
taximetrero/a (*Arg*) *nm/f*, **taxímetrista** *nmf* (*Arg: taxista*) taxi *o (US)* cab driver.
taxímetro *nm* (*dispositivo*) taximeter; (*Arg*) taxi.
taxista *nm/f* taxi *o (US)* cab driver.
taxonomía *nf* taxonomy.
taxonomista *nmf* taxonomist.
taza *nf* **(a)** cup; (*contenido*) cupful; **~ de café** cup of coffee; (*recipiente*) coffee cup. **(b)** (*de fuente*) basin, bowl; (*de retrete*) pan, bowl.
tazón *nm* mug; (*cuenco*) bowl.
TBC *nm abr de* **tren de bandas en caliente**.
TC *nm abr de* **Tribunal Constitucional**.
TCI *nm abr de* **Tablero de Circuito Impreso**.
TDV *nf abr de* **tabla deslizadora a vela**.
te[1] *nf* name of the letter t.
te[2] *pron pers* **(a)** (*acusativo*) you; **~ vi** I saw you. **(b)** (*dativo*) (to) you; **~ he traído esto** I've brought you this; **¿~ duele mucho el brazo?** does your arm hurt much? **(c)** (*reflexivo*) (to) yourself; **~ vas a caer** you'll fall; **~ equivocas** you're wrong; **¡cálmate!** calm yourself!, calm down!
té *nm* (*planta, bebida*) tea; (*reunión*) tea party.
tea *nf* (*antorcha*) torch.
teatral *adj* **(a)** (*grupo etc*) theatre *atr*, theater *atr (US)*; (*dramático*) dramatic; **obra ~** dramatic work. **(b)** (*fig*) theatrical; (*dramático*) dramatic; (*pey: exagerado*) histrionic.
teatralidad *nf* (*drama*) drama; (*pey: histrionismo*) histrionics, staginess.
teatralmente *adv* (*fig*) theatrically.
teatro *nm* **(a)** (*gen*) theatre, theater *(US)*; **el ~** (*como profesión*) the theatre, the stage, acting; **~ del absurdo** theatre of the absurd; **~ de aficionados** amateur theatre; **~ de variedades** variety theatre, music hall, vaudeville theater *(US)*.
(b) (*Lit: género*) drama; (*obras de ~*) plays *pl*; **el ~ de Cervantes** Cervantes's plays; **~ del siglo XVIII** 18th century drama.
(c) (*Mil*) theatre; **~ de guerra** *o* **de operaciones** theatre of war, front.
(d) (*fig*) **hacer ~** to make a fuss; (*exagerar*) to exaggerate; **él tiene mucho ~** he's terribly dramatic.
tebeo *nm* (children's) comic, comic book *(US)*; **eso está más visto que el ~** that's old hat.
TEC *nfpl abr de* **toneladas equivalentes de carbón**.
tecito *nm* (*esp LAm*) cup of tea.
tecla *nf* (*Inform, Mús, Tip*) key; **dar en la ~** (*fam*) to get it right; **no le queda ninguna otra ~ por tocar** there's nothing else left for him to try; **~ de anulación/borrar** cancel/delete key; **~ de control/edición** control/edit key; **~ con flecha** arrow key; **~ programable** user-defined key; **~ de retorno/tabulación** return/tab key; **~ de cursor** cursor key.
teclado *nm* (*tb Inform*) keyboard, keys *pl*; **~ numérico** (*Inform*) numeric keypad.
teclear 1a **1** *vt* (*Inform*) to key (in), type in, keyboard. **2** *vi* **(a)** (*mecanógrafa*) to type, key; (*en el piano*) to play. **(b)** (*fam: con los dedos*) to drum, tap. **(c)** (*And, CSur: fam: andar muy mal*); **ando tecleando** I'm doing very badly.
tecleo *nm* **(a)** (*Mús*) playing; (*de guitarra*) strumming. **(b)** (*fam: con los dedos*) drumming, tapping.
teclista *nmf* (*Inform*) keyboard operator, key-puncher.
técnica[1] *nf* technique; (*método*) method; (*destreza*) skill.
tecnicidad *nf* technicality.
tecnicismo *nm* **(a)** (*carácter técnico*) technical nature. **(b)** (*Ling*) technical term, technicality.
técnico/a[2] **1** *adj* technical. **2** *nm/f* technician; **~ de mantenimiento** maintenance engineer; **~ de sonido** sound engineer; **~ de televisión** television engineer *o* repairman.
tecnicolor ® *nm* Technicolor ®; **en ~** in Technicolor.
tecnócrata *nmf* technocrat.
tecnología *nf* technology; **alta ~** high technology, advanced tecnology; **~ de la información** information technology; **~ punta** leading-edge technology.
tecnológico *adj* technological.
tecnólogo/a *nm/f* technologist.
tecolote *nm* **(a)** (*CAm, Méx: búho*) owl. **(b)** (*Méx fam: policía*) policeman, cop *(fam)*.
tecomate *nm* (*CAm, Méx*) narrow-necked gourd, liquid container.
techado *nm* roof; (*cubierta*) covering; **bajo ~** under cover, indoors.
techar 1a *vt* to roof (in *o* over).
techo *nm* **(a)** (*interior*) ceiling; (*exterior, Aut*) roof; **bajo ~** under cover, indoors; **bajo el mismo ~** under the same roof; **sin ~** (*persona*) homeless. **(b)** (*Aer*) ceiling. **(c)** (*fig*) limit, ceiling, upper limit; (*Fin*) ceiling; **ha tocado ~** it has reached its ceiling *o* limit.
techumbre *nf* roof.
tedio *nm* boredom, tedium; **me produce ~** it just depresses me.
tedioso *adj* boring, tedious.
Teherán *nm* Teheran.
teísmo *nm* theism.
teísta **1** *adj* theistic. **2** *nmf* theist.
teja[1] *nf* tile; **pagar a toca ~** to pay on the nail; **de ~s abajo** in this world, in the natural way of things; **de ~s arriba** in the next world.
teja[2] *nf* lime (tree).
tejado *nm* (tiled) roof.
tejano/a **1** *adj, nm/f* Texan. **2** *nm*: **~s** jeans.
tejar 1a *vt* to tile; **~ un techo** to tile a roof.
Tejas *nm* Texas.
tejedor(a) *nm/f* weaver.
tejemaneje *nm* (*fam*) **(a)** (*actividad*) bustle; (*bulla*) fuss; **se trae un tremendo ~** he's making a tremendous to-do. **(b)** (*intriga*) intrigue.
tejer 2a **1** *vt* **(a)** (*Cos*) to weave; (*tela de araña*) to spin; (*hacer punto*) to knit. **(b)** (*fig: un complot*) to weave; (*una mentira*) to fabricate. **2** *vi*: **~ y destejer** to chop and change, do and undo *(US)*.
tejido *nm* **(a)** (*tela*) material, fabric; **~s** textiles; **~ de punto** knitting. **(b)** weave; (*textura*) texture. **(c)** (*Anat*) tissue.

tejo[1] *nm* (**a**) (*aro*) ring, quoit; **echar** *o* **tirar los ~s** (*fig fam*) to make a play for somebody. (**b**) (*juego*) hopscotch.
tejo[2] *nm* (*Bot*) yew (tree).
tejón *nm* badger.
tel. *abr de* **teléfono** tel.
tela *nf* (**a**) (*gen*) cloth, fabric; **~ metálica** wire netting; **~ de saco** sackcloth; **en ~** (*libro*) clothbound.
(**b**) (*Arte: lienzo*) canvas, painting.
(**c**) web; **~ de araña** spider's web, cobweb.
(**d**) (*en líquido*) skin, film.
(**e**) (*fig: materia*) subject, matter; **hay ~ para rato** there's lots to talk about; (*un trabajo*) it's a long job; (*un problema*) it's a tricky business; **el asunto trae mucha ~** it's a complicated matter; **tiene ~** (*fam*) there's a lot to it.
(**f**) (*Fin fam*) dough (*fam*), money.
(**g**) **poner en ~ de juicio** to (call in) question, cast doubt on.
telar *nm* loom; **~es** textile mill *sg*.
telaraña *nf* cobweb, spider's web.
tele *nf* (*fam*) telly (*fam*), TV.
telecabina *nf* cable-car.
telecomedia *nf* TV comedy show.
telecompra *nf* tele-shopping.
telecomunicación *nf* telecommunication.
telecontrol *nm* remote control.
telediario *nm* television news bulletin.
teledifusión *nf* telecast.
teledirigido *adj* remote-controlled, radiocontrolled.
telef. *abr de* **teléfono** tel.
teleférico *nm* cable railway, cableway, aerial tramway (*US*).
telefilm, **telefilme** *nm* TV film.
telefonazo *nm* (*fam*) telephone call; **te daré un ~** I'll give you a ring, I'll call you up.
telefonear [1a] *vt, vi* to telephone, phone (up).
Telefónica *nf*: **la ~** *Spanish national telephone company*.
telefónico *adj* telephonic, telephone *atr*; **llamada ~a** telephone call.
telefonista *nmf* (telephone) operator, telephonist.
teléfono *nm* telephone, phone; (*número*) telephone number; **~ de la esperanza** helpline; **~ inalámbrico** *o* **sin hilos** cordless telephone; **~ móvil** mobile (tele)phone; **~ móvil (de coche)** car phone; **el ~ rojo** (*Pol*) the hot line; **está hablando por ~** he's on the phone; **llamar a algn por ~** to phone sb (up), ring sb up; **te llaman al ~** you're wanted on the phone; **¿tienes ~?** are you on the phone?; **¿cuál es tu ~?** what's your phone number?
telegrafía *nf* telegraphy.
telegrafiar [1c] *vt, vi* to telegraph.
telegráfico *adj* telegraphic, telegraph *atr*.
telegrafista *nmf* telegraphist.
telégrafo *nm* telegraph.
telegrama *nm* telegram; **poner un ~ a algn** to send sb a telegram.
telele *nm* (*fam*) fit; **le dió un ~** he had a fit.
telemando *nm* remote control.
telemática *nf* data transmission, telematics *pl*.
telemático *adj* telematic.
telémetro *nm* rangefinder.
telenovela *nf* soap (opera).
teleobjetivo *nm* telephoto lens, zoom-lens.
teleología *nf* teleology.
telepatía *nf* telepathy.
telepático *adj* telepathic.
telequinesia *nf* telekinesis.
telescópico *adj* telescopic.
telescopio *nm* telescope.
telesilla *nf* chair lift.
telespectador(a) *nm/f* viewer.
telesquí *nm* ski lift.
teletexto *nm* teletext.
teletipo *nm* teletype, teleprinter.
televendedor(a) *nm/f* telesales person.
televenta(s) *nf(pl)* telesales.
televidente *nmf* viewer.
televisar [1a] *vt* to televise.
televisión *nf* television; **~ en color** colour *o* (*US*) color television; **~ por cable/satélite** cable/satellite television; **ver la ~** to watch television.
televisivo *adj* (**a**) television *atr*; **serie ~a** television series. (**b**) (*de interés ~*) televisual; (*persona*) telegenic.
televisor *nm* television set.
télex *nm* telex.
telón *nm* (*Teat*) curtain; **~ de acero** (*Pol*) iron curtain; **~ de fondo** (*Teat, fig*) backdrop.
telonero/a *nm/f* (*Teat*) first turn, curtain-raiser; (*Mús*) support band *o* act.
telúrico *adj* terrestrial; (*fig: de la tierra*) earthy.
tema *nm* (**a**) (*gen*) theme; (*materia*) subject; (*Mús*) theme; (*motivo*) motif; (*Arte*) subject; **~ de actualidad** current issue; **~s de actualidad** current affairs; **~ de conversación** talking point; **cada loco con su ~** everyone's got their own axe *o* (*US*) ax to grind. (**b**) (*Ling*) stem.
temario *nm* (*Univ*) set of themes; (*oposiciones*) (set of) topics; (*de una conferencia*) agenda.
temática[1] *nf* (*conjunto de temas*) theme, subject; (*de obra, película*) subject matter.
temático/a[2] *adj* (**a**) thematic. (**b**) (*Ling*) stem *atr*.
tembladera *nf* (*fam*) violent shaking.
temblar [1j] *vi* (**a**) (*persona: de miedo*) to tremble, shake; (*: de frío*) to shiver; (*edificio*) to shake, shudder; (*tierra*) to shake; **~ ante la escena** to shudder at the sight; **dejar una botella temblando** to use most of a bottle, make a bottle look pretty silly. (**b**) (*fig*) **tiemblo de pensar en lo que pueda ocurrir** I shudder to think what may happen; **~ por su vida** to fear for one's life.
tembleque *nm* (*fam*) violent shaking, shaking fit; **le entró un ~** he got the shakes.
temblón *adj* (*persona*) trembling, shaking.
temblor *nm* trembling, shaking; (*esp LAm*) earth tremor; (*tb* **~ de tierra**) earthquake.
tembloroso *adj* (*persona*) trembling, tremulous; **con voz ~a** in a shaky voice, in a tremulous tone.
temer [2a] **1** *vt* (**a**) to fear, be afraid of; **~ hacer algo** to fear to do sth; **~ a Dios** to fear God. (**b**) (*fig*) **teme que no vaya a volver** she's afraid he won't come back. **2** *vi* to be afraid; **no temas** don't be afraid; (*fig*) don't worry; **~ por la seguridad de algn** to fear for sb's safety. **3 temerse** *vr*: **~ algo** to be afraid of sth, fear sth; **me lo temía** I feared as much; **mucho me temo que ya no lo encontrarás** I very much doubt you'll find it now.
temerario *adj* (*persona, acto*) rash; (*: audaz*) bold; (*juicio: apresurado*) hasty.
temeridad *nf* (**a**) (*imprudencia*) rashness; (*audacia*) boldness; (*prisa*) hastiness. (**b**) (*acto*) rash act.
temeroso *adj* (**a**) (*tímido*) timid; (*miedoso*) fearful. (**b**) **~ de Dios** God-fearing.
temible *adj* fearsome, frightful.
temor *nm* fear; (*sospecha*) suspicion; (*recelo*) mistrust; **~ a** fear of; **por ~** from fear; **por ~ a** for fear of; **sin ~ a** fearless of.
témpano *nm* (*tb* **~ de hielo**) ice floe; **como un ~** as cold as ice, ice-cold; **quedarse como un ~** (*fam*) to be chilled to the bone.
temperamental *adj* temperamental.
temperamento *nm* (*manera de ser*) temperament, nature; **tener ~** to be temperamental.
temperancia *nf* temperance; (*moderación*) moderation.
temperar [1a] **1** *vt* (*moderar*) to temper, moderate; (*calmar*) to calm. **2** *vi* (*LAm: veranear*) to spend the summer, have a change of climate.
temperatura *nf* temperature; **a ~ (de) ambiente** at

room temperature.
tempestad *nf* (*Met*) storm; ~ **de arena** sandstorm; ~ **de nieve** snowstorm; ~ **en un vaso de agua** storm in a teacup, tempest in a teapot *(US)*; **levantar una ~ de protestas** to raise a storm of protest.
tempestuoso *adj* stormy.
templado *adj* (**a**) (*moderado*) moderate, restrained; **nervios ~s** steady nerves. (**b**) (*agua*) lukewarm; (*clima*) mild, temperate; (*Geog: zona*) temperate. (**c**) (*Mús*) in tune, well-tuned. (**d**) (*valiente*) brave, courageous.
templanza *nf* (**a**) (*moderación*) moderation, restraint. (**b**) (*Met*) mildness.
templar 1a **1** *vt* (**a**) (*gen*) to temper; (*moderar*) to moderate; (*cólera*) to restrain, control; (*clima*) to make mild; (*calor*) to reduce; (*algo caliente*) to cool down; (*Quím: solución*) to dilute. (**b**) (*calentar: cuarto, agua*) to warm up. (**c**) (*Mús*) to tune (up). (**d**) (*acero*) to temper. (**e**) (*Arte: colores*) to blend. **2 templarse** *vr* (**a**) (*persona*) to be moderate; (*contenerse*) to be restrained. (**b**) (*agua, ambiente*) to warm up, get warm.
templario *nm* Templar.
temple *nm* (**a**) (*Téc: metal, vidrio*) temper. (**b**) (*Mús*) tuning. (**c**) (*humor*) mood; **estar de mal ~** to be in a bad mood. (**d**) (*coraje*) courage. (**e**) (*pintura*) distemper; (*Arte*) tempera; **pintar al ~** to distemper.
templete *nm* (**a**) pavilion. (**b**) (*Rel: en iglesia*) shrine.
templo *nm* temple; (*iglesia*) church; (*capilla*) chapel; ~ **metodista** Methodist chapel; ~ **protestante** Protestant church; **como un ~** (*fam*) huge, tremendous; **una verdad como un ~** a glaring truth.
tempo *nm* tempo.
temporada *nf* time; (*Met*) period; (*período*) spell; (*del año, social, Dep*) season; ~ **alta/baja** high/low season; ~ **de fútbol/de ópera** football/opera season; ~ **de exámenes** examination period; ~ **de lluvias** rainy spell; **en plena ~** at the height of the season; **de fuera de ~** off-season; **por ~s** on and off.
temporal 1 *adj* (**a**) (*provisional*) temporary; (*trabajo*) temporary, casual. (**b**) (*Rel*) temporal; **poder ~** temporal power. **2** *nm* (*tormenta*) storm; **capear el ~** (*fig*) to weather the storm, ride out the storm.
temporalmente *adv* temporarily.
temporario *adj* (*LAm: provisional*) temporary.
temporero/a 1 *adj* (*obrero*) temporary, casual; (*por estaciones*) seasonal. **2** *nm/f* casual worker; (*por estaciones*) seasonal worker.
temporizar 1f *vi* to temporize.
tempranear 1a *vi* (*LAm*) to get up early.
tempranero *adj* (**a**) (*fruta*) early. (**b**) (*persona*) early-rising.
temprano 1 *adj* (**a**) (*fruta*) early. (**b**) (*años*) youthful; (*obra, período*) early. **2** *adv* early; (*demasiado ~*) too early, too soon.
tenacidad *nf* (**a**) tenacity. (**b**) (*empeño*) persistence; (*terquedad*) stubbornness.
tenacillas *nfpl* (*para azúcar*) sugar tongs; (*para cabello*) curling tongs, curling iron *sg* (*US*); (*Med*) tweezers, forceps.
tenaz *adj* (*persona*) tenacious; (*mancha*) stubborn, hard to remove; (*dolor*) persistent; (*creencia, resistencia*) stubborn.
tenazas *nf* (*Téc*) pliers, pincers; (*para el fuego*) (fire) tongs; **unas ~s** a pair of pliers.
tenca *nf* (*pez*) tench.
tendal *nm* (*LAm fam: un montón de cosas*) heap, lot; (*: cosas desparramadas*) lot of scattered objects; (*: confusión*) confusion; **un ~ de** a lot of, a whole heap of.
tendalada *nf* (*LAm fam*) a lot of (scattered) objects *o* people; **una ~ de** (*fam*) a lot of, loads of (*fam*).
tendedero *nm* (*para tender ropa: lugar*) drying place; (*: cuerda*) clothesline.
tendencia *nf* (*curso, dirección*) tendency, trend; (*propensión*) inclination; ~ **imperante** dominant trend, prevailing tendency; **~s del mercado** (*Fin*) run *sg* of the market; **tener ~ a hacer algo** to have a tendency *o* tend *o* be inclined to do sth.
tendenciosidad *nf* tendentiousness.
tendencioso *adj* tendentious.
tendente *adj*: **una medida ~ a hacer algo** a measure designed to do sth.
tender 2g **1** *vt* (**a**) (*estirar*) to stretch; (*desplegar*) to spread (out); (*mantel*) to spread; **tendieron el cadáver sobre el suelo** they laid the corpse out on the floor.
(**b**) (*ropa*) to hang out; (*cuerda*) to hang (*de* from); (*mano*) to stretch out, reach out; (*puente, ferrocarril*) to build; (*cable, vía*) to lay.
(**c**) (*trampa*) to set (*a* for).
(**d**) (*LAm*) ~ **la cama** to make the bed; ~ **la mesa** to lay the table.
2 *vi*: ~ **a** to tend to, have a tendency towards; ~ **a hacer algo** to tend to do sth; **el color tiende a verde** the colour *o* (*US*) color tends towards green; **ella tiende al pesimismo** she has a tendency to be pessimistic.
3 tenderse *vr* (**a**) (*acostarse*) to lie down; (*estirarse*) to stretch (o.s.) out.
(**b**) (*caballo*) to run at full gallop.
tenderete *nm* (*puesto de mercado*) market stall.
tendero/a *nm/f* shopkeeper.
tendido 1 *adj* (**a**) (*persona*) lying down; (*plano*) flat. (**b**) (*galope*) fast, flat out. **2** *nm* (**a**) (*ropa lavada*) washing. (**b**) (*Taur*) front rows of seats. (**c**) (*de cable, vía*) laying; ~ **eléctrico** overhead cables *pl o* lines *pl*.
tendón *nm* tendon, sinew.
tenebrosidad *nf* (**a**) (*poet: oscuridad*) darkness, gloom(iness). (**b**) (*fig: lo sombrío*) gloominess, blackness. (**c**) (*fig: lo siniestro*) sinister nature, shadiness.
tenebroso *adj* (**a**) (*oscuro*) dark; (*sombrío*) gloomy, dismal. (**b**) (*fig: perspectiva*) gloomy, dim, black. (**c**) (*pey: complot*) sinister; (*pasado*) shady.
tenedor(a) 1 *nm/f* (*Com, Fin*) holder, bearer; ~ **de acciones** shareholder; ~ **de libros** book-keeper; ~ **de póliza** policyholder. **2** *nm* (*de mesa*) fork.
teneduría *nf*: ~ **de libros** book-keeping.
tenencia *nf* (**a**) tenancy, occupancy; (*de oficina*) tenure; (*de propiedad*) possession; ~ **asegurada** security of tenure; ~ **ilícita de armas** illegal possession of weapons. (**b**) (*cargo político*) mayorship; (*período*) period of office as mayor. (**c**) (*Mil*) lieutenancy.
tener 2k **1** *vt* (**a**) (*gen*) to have (got); (*poseer*) to own; ~ **dinero** to have money; **hemos tenido muchas dificultades** we have had a lot of difficulties; **¿tienes un boli?** have you got a pen?; **va a ~ un niño** she's going to have a baby; **de bueno no tiene nada** there's nothing good about it; *V* **particular; suerte (c)**.
(**b**) (*edad*) ~ **7 años** to be 7 (years old).
(**c**) (*medida*) ~ **5 cm de ancho** to be 5 cm wide; *V* **largo 2 (a)**.
(**d**) (*sostener*) to hold (on to); **ten esto** hold on to this; **¡ten!, ¡tenga!, ¡aquí tiene!** here you are!; **lo tenía en la mano** he was holding it in his hand.
(**e**) (*contener*) to hold, contain; **una caja para ~ el dinero** a box to keep *o* put the money in.
(**f**) (*sentimientos*) to have; **le tengo mucho cariño** I'm very fond of him.
(**g**) (*sensación*) ~ **hambre/sed/calor/frío** to be hungry/thirsty/hot/cold; **¿qué tienes?** what's the matter with you?
(**h**) (*pensar, considerar*) to think, consider; ~ **a bien hacer algo** to see fit to do sth; ~ **a algn en más/menos** to think all the more/less of sb; ~ **a algn por +** *adj* to consider sb to be + *adj*; **le tengo por poco honrado** I consider him to be rather dishonest; **ten por seguro que ...** rest assured that ....
(**i**) (+ *adj*) **procura ~ contentos a todos** he tries to keep everybody happy; *V* **cuidado (b); frito**.
(**j**) (*algo que + infin*) **tengo trabajo que hacer** I have

work to do.

(**k**) (+ *que* + *infin*) ~ **que hacer algo** to have to do sth; **tengo que comprarlo** I have to *o* I must buy it; **tiene que ser así** it has to be this way; **¡tú tenías que ser!** it would be you!, it had to be you!

(**l**) (+ *pp*) **tenía el sombrero puesto** he had his hat on; **nos tenían preparada una sorpresa** they had prepared a surprise for us; **tenía pensado llamarte** I had been thinking of phoning you.

(**m**) (*modismos*) **¡ahí lo tienes!** there you are!, there you have it!; **¿(conque) ésas tenemos?** so that's the game, is it!; **no ~las todas consigo** (*dudar*) to be dubious *o* unsure; (*desconfiar*) to be uneasy, be wary; **~lo fácil/difícil** to have it easy/hard.

(**n**) (*esp Méx*) **tienen 3 meses de no cobrar** they haven't been paid for 3 months.

2 tenerse *vr* (**a**) (*tb* ~ **en pie**) to stand (up); ~ **firme** to stand upright; (*fig*) to stand firm; **no (poder) ~ (en pie)** to be all in, be tired out.

(**b**) ~ **sobre algo** to lean on sth.

(**c**) (*fig: controlarse*) to control o.s.

(**d**) (*considerarse*) ~ **por** to consider o.s. to be, think o.s.; **se tiene por muy listo** he thinks himself very clever.

Tenerife *nm* Tenerife.

tenga, tengo *etc V* **tener**.

tenia *nf* tapeworm.

tenida *nf* (*CSur: traje*) suit, outfit; (*uniforme*) uniform.

teniente *nmf* (**a**) lieutenant; ~ **coronel** lieutenant-colonel; ~ **general** lieutenant-general. (**b**) ~ **de alcalde** deputy mayor.

tenis *nm* tennis; ~ **de mesa** table tennis.

tenista *nmf* tennis player.

tenor[1] *nm* (*Mús*) tenor.

tenor[2] *nm* tenor; (*sentido*) meaning, sense; **el ~ de esta declaración** the sense of this statement; **a este ~** in this fashion; **a ~ de** in accordance with.

tenorio *nm* (*fam*) ladykiller, Don Juan.

tensar [1a] *vt* to tauten; (*arco*) to draw.

tensión *nf* (**a**) (*física*) tension, tautness; (*Mec*) stress; ~ **superficial** surface tension.

(**b**) (*de gas etc*) pressure.

(**c**) (*Elec: voltaje*) voltage, tension; **alta ~** high tension; **cable de alta ~** high-tension cable.

(**d**) (*Anat*) ~ **arterial** blood pressure; **tener la ~ alta** to have high blood pressure; **tomarse la ~** to have one's blood pressure taken.

(**e**) (*Med*) tension; (*estrés*) strain, stress; ~ **nerviosa** nervous strain; **estar en ~** to be under strain; **con los músculos en ~** with one's muscles all tensed up.

(**f**) (*fig*) tension, tenseness; ~ **racial** racial tension.

tenso *adj* (**a**) (*tirante*) tense, taut. (**b**) (*fig: situación*) tense; (*relaciones*) strained; **es una situación muy ~a** it is a very tense situation.

tensor *nm* (*Téc*) guy, strut; (*Anat*) tensor.

tentación *nf* (**a**) (*atractivo*) temptation; **resistir (a) la ~** to resist temptation. (**b**) (*fam: objetos*) tempting thing; **las gambas son mi ~** I can't resist prawns.

tentáculo *nm* (*Zool*) tentacle.

tentador(a) 1 *adj* tempting. **2** *nm/f* tempter/temptress.

tentar [1k] *vt* (**a**) (*tocar, sentir*) to touch, feel; (*Med*) to probe; **ir tentando el camino** to feel one's way. (**b**) (*probar*) to test, try (out). (**c**) (*Rel, tb seducir etc*) to tempt; (*atraer*) to attract; **me tentó con una copita de anís** she tempted me with a glass of anisette; **no me tienta nada la idea** the idea doesn't attract me at all; ~ **a algn a hacer algo** to tempt sb to do sth.

tentativa *nf* (*intento*) attempt; (*Jur*) criminal attempt; ~ **de asesinato** attempted murder.

tentempié *nm* (*fam*) snack, bite.

tenue *adj* (**a**) (*tela, velo*) thin, fine. (**b**) (*aire*) thin; (*línea*) faint; (*sonido*) faint.

teñido *nm* dying.

teñir [3h, 3k] **1** *vt* (**a**) to dye; (*colorar*) to tinge, colour, color (*US*); ~ **una prenda de azul** to dye a garment blue. (**b**) (*fig: matizar*) to tinge (*de* with); **un poema teñido de añoranza** a poem tinged with longing. **2 teñirse** *vr* (**a**) ~ **de** (*líquido etc*) to turn. (**b**) ~ **el pelo** to dye one's hair.

teocali, teocalli *nm* (*Méx Hist: templo antiguo*) ancient Mexican temple.

teocracia *nf* theocracy.

teocrático *adj* theocratic.

teología *nf* theology.

teológico *adj* theological.

teólogo/a *nm/f* theologian, theologist.

teorema *nm* theorem.

teoría *nf* theory; ~ **atómica** atomic theory; ~ **cuántica** quantum theory; **en ~** in theory, theoretically.

teóricamente *adv* theoretically, in theory.

teórico/a 1 *adj* theoretic(al). **2** *nm/f* theoretician.

teorización *nf* theorizing.

teorizar [1f] *vi* to theorize.

teosofía *nf* theosophy.

tequila *nf* tequila.

TER *nm abr de* **Tren Español Rápido**.

terapeuta *nmf* therapist.

terapéutica *nf* therapeutics *sg*.

terapéutico *adj* therapeutic(al).

terapia *nf* therapy; ~ **de grupo** group therapy; ~ **laboral** *u* **ocupacional** occupational therapy.

tercamente *adv* stubbornly.

tercer *V* **tercero**.

tercera[1] *nf* (**a**) (*Mús*) third. (**b**) (*Aut*) third (gear). (**c**) (*clase*) third class; *V tb* **tercero**.

tercería *nf* (*arbitración*) mediation, arbitration; (*pey: de los alcahuetes*) pimping.

tercermundista *adj* third-world *atr*; (*pey, fig*) underdeveloped.

tercero/a[2] **1** *adj* (*before nm sing* **tercer**) third; **T~ Mundo** Third World; **la ~a vez** the third time; **a la ~a va la vencida** third time lucky; *V tb* **sexto 1**. **2** *nm* (**a**) (*árbitro*) mediator, arbitrator; (*Jur*) third party. (**b**) (*piso*) third floor.

terceto *nm* (**a**) (*Mús*) trio. (**b**) (*Lit*) triplet.

terciado *adj* (**a**) **azúcar ~a** brown sugar. (**b**) **llevar algo ~** to wear sth crosswise *o* across one's chest *etc*; **con el sombrero ~** with his hat at a rakish angle. (**c**) **está ~ ya** a third of it has gone *o* been used already.

terciar [1b] **1** *vt* (**a**) (*Mat: dividir en tres*) to divide into three. (**b**) (*inclinar*) to slant; (*banda*) to wear (diagonally) across one's chest; (*sombrero*) to tilt. **2** *vi* (*mediar*) to mediate; (*participar*) ~ **en** to take part in, join in; ~ **entre dos rivales** to mediate between two rivals. **3 terciarse** *vr*: **si se tercia, él también sabe hacerlo** on occasion he knows how to do it too, in the right circumstances he can manage too.

terciario *adj* tertiary.

tercio *nm* (**a**) third; **dos ~s** two thirds. (**b**) (*Taur: etapa*) stage, part (of the bullfight). (**c**) (*Mil, Hist*) regiment, corps.

terciopelo *nm* velvet.

terco *adj* obstinate, stubborn; ~ **como una mula** as stubborn as a mule.

tergal® *nm* Terylene ®.

tergiversación *nf* (*falsificación*) distortion, misrepresentation.

tergiversar [1a] *vt* to distort; (*torcer el sentido*) twist (the sense of), misrepresent.

termal *adj* thermal.

termas *nfpl* hot springs/baths.

termes *nm inv* termite.

térmico *adj* thermic, heat *atr*; (*corriente*) thermal.

terminación *nf* (**a**) (*gen*) ending. (**b**) (*conclusión*) conclusion. (**c**) (*Ling*) ending.

terminado *nm* (*Téc*) finish(ing).

terminal 1 *adj* (*final*) terminal. **2** *nm* (*Elec*) terminal. **3** *nf* (*Inform, Náut, Ferro*) terminal.
terminante *adj* final; (*definitivo*) definitive; (*decisión*) final; (*respuesta*) categorical, conclusive; (*negativa*) flat, forthright; (*prohibición*) strict.
terminantemente *adv* (*V adj*) finally, decisively, definitively; categorically, conclusively; flatly; strictly; **queda ~ prohibido ... +** *infin* it is strictly forbidden to ... + *infin*.
terminar [1a] **1** *vt* to end; (*concluir*) to conclude; (*acabar*) to finish.
2 *vi* (**a**) (*objeto*) to end, finish; **termina en punta** it ends in a point; **termina en vocal** it ends in *o* with a vowel; **esto va a ~ en tragedia** this will end in tragedy.
(**b**) to end (up), finish; **al ~ el acto** at the end of the ceremony; **~ de hacer algo** to finish doing sth; **cuando termine de hablar** when he finishes speaking; **terminaba de salir del baño** she had just got out of the bath; **~ por hacer algo** to end (up) by doing sth; **terminó marchándose enfadado** he ended up (by) going off in a huff; **terminó diciendo que ...** he ended by saying that ....
3 terminarse *vr* (**a**) (*obra, acto etc*) to end, come to an end.
(**b**) (*provisiones etc*) to run out; **se nos ha terminado el vino** we've run out of wine.
término *nm* (**a**) (*fin*) end, conclusion; **dar ~ a** to finish off, conclude; **llevar a feliz ~** to carry through to a happy conclusion; **poner ~ a** to put an end to.
(**b**) (*Ferro*) terminus.
(**c**) (*Mat, Fil*) term; **~ medio** average; **por ~ medio** on the average; **en último ~** as a last resort, if there is no other way out.
(**d**) (*Pol*) area, district; **~ municipal** township.
(**e**) (*plazo*) term, period; **en el ~ de 10 días** within a period of 10 days.
(**f**) (*en discusión*) point; **invertir los ~s** to stand an argument on its head; (*fig*) to switch things round completely.
(**g**) (*Ling*) term; **según los ~s del contrato** according to the terms of the contract; **en ~s generales** generally speaking.
(**h**) **estar en buenos ~s con algn** to be on good terms with sb.
terminología *nf* terminology.
terminológico *adj* terminological.
termita *nf*, **termite** *nm* termite.
termo *nm* thermos flask.
termo... *pref* thermo....
termoaislante *adj* heat-insulating.
termodinámica *nf* thermodynamics *sg*.
termodinámico *adj* thermodynamic.
termoeléctrico *adj* thermoelectric.
termómetro *nm* thermometer.
termonuclear *adj* thermonuclear.
termostato *nm* thermostat.
terna *nf* list of three candidates *(among whom a final choice is made)*, shortlist.
ternario *adj* ternary.
ternera[1] *nf* (*Culin*) veal.
ternero/a[2] *nm/f* (*Agr*) calf.
terneza *nf* (**a**) (*ternura*) tenderness. (**b**) (*fam: palabras*); **~s** sweet nothings.
ternilla *nf* gristle; (*cartílago*) cartilage.
terno *nm* set *o* group of three; (*traje*) three-piece suit; (*LAm*) (any) suit.
ternura *nf* (**a**) tenderness; (*cariño*) affection. (**b**) (*fam: palabra*) endearment.
terquedad *nf* obstinacy, stubbornness.
terracota *nf* terracotta.
terrado *nm* (**a**) flat roof. (**b**) (*fam: cabeza*) nut *(fam)*, bonce *(fam)*.
terral *nm* (*LAm: polvareda*) cloud of dust.
Terranova *nf* Newfoundland.
terraplén *nm* (**a**) (*Ferro*) embankment; (*Agr*) terrace; (*Mil*) rampart, bank. (**b**) (*cuesta*) slope.
terráqueo *adj*: **globo ~** globe.
terrateniente *nmf* landowner.
terraza *nf* (**a**) (*Arquit: techo*) flat roof; (*balcón*) balcony; (*azotea*) terrace. (**b**) (*Agr*) terrace. (**c**) (*jardín*) flowerbed. (**d**) (*café*) pavement café.
terrazo *nm* terrazzo.
terremoto *nm* earthquake.
terrenal *adj* worldly.
terreno 1 *adj* (*de la tierra*) earthly, worldly.
2 *nm* (**a**) (*gen*) terrain; (*tierra, suelo*) earth, ground; (*Agr*) land; **los accidentes del ~** the characteristics of the terrain; **~ abonado para el vicio** hotbed of vice, breeding ground of vice; **en todos los ~s** in any place you care to name; **sobre el ~** on the spot; **resolveremos el problema sobre el ~** we will solve the problem as we go along; **ceder/perder ~** to give/lose ground (*a, ante* to); **ganar ~** to gain ground; **medir el ~** (*fig*) to see how the land lies; **preparar el ~** (*fig*) to pave the way (*a* for).
(**b**) (*un ~*) piece of land/ground; (*para construcción*) plot, site; (*Agr*) plot, field; (*Dep*) field, pitch, ground; **~ de juego** (*Dep*) field of play, pitch; **~ de pasto** pasture; **~s protegidos** conservation area.
(**c**) (*fig: campo de actividad*) field, sphere; **en el ~ de la química** in the field of chemistry.
terrestre *adj* (*gen*) terrestrial; (*de la tierra*) earthly; (*ruta*) land *atr*, overland; (*ejército*) ground *atr*.
terrible *adj* terrible, awful.
terriblemente *adv* terribly, awfully.
terrícola *nmf* earthling.
territorial *adj* territorial.
territorio *nm* territory; **~ bajo mandato** mandated territory.
terrón *nm* (**a**) (*Geol*) clod, lump. (**b**) (*de harina, azúcar*) lump; **azúcar en ~es** lump sugar. (**c**) (*Agr*) field, patch (of land).
terror *nm* terror; **película de ~** horror film.
terrorífico *adj* terrifying, frightening.
terrorismo *nm* terrorism.
terrorista *adj, nmf* terrorist.
terroso *adj* earthy.
terruño *nm* (*parcela de tierra*) plot, piece of ground; (*fig: tierra nativa*) native soil; **apego al ~** attachment to one's native soil.
terso *adj* (**a**) (*liso*) smooth; (*que brilla*) shining; **piel ~a** smooth skin. (**b**) (*estilo*) polished.
tersura *nf* (*suavidad*) smoothness; (*brillo*) shine.
tertulia *nf* (*reunión*) social gathering; (*en café*) group; **~ literaria** literary circle *o* gathering; **estar de ~** to talk, sit around talking; **hacer ~** to get together, meet informally and talk.
Teruel *nm* Teruel.
tesela *nf* tessera.
Teseo *nm* Theseus.
tesina *nf* (*Univ*) minor thesis, dissertation.
tesis *nf inv* thesis.
tesitura *nf* attitude, frame of mind.
tesón *nm* tenacity, persistence; **resistir con ~** to resist firmly, resist staunchly.
tesorería *nf* (*cargo*) treasurership, office of treasurer.
tesorero/a *nm/f* treasurer.
tesoro *nm* (**a**) treasure; **~ escondido** buried treasure; **valer un ~** to be worth a fortune. (**b**) (*Fin, Pol etc*) treasury; **T~ público** Exchequer, Treasury. (**c**) (*Lit*) thesaurus. (**d**) (*fig*) treasure; **¡sí, ~!** yes, my darling!; **tenemos una cocinera que es todo un ~** we have a real gem of a cook.
test [tes] *nm* (*pl* **~s** [tes]) test; **~ de embarazo** pregnancy test.
testa *nf* head; **~ coronada** crowned head.
testador(a) *nm/f* testator/testatrix.
testaferro *nm* front man.

testamentario/a **1** *adj* testamentary. **2** *nm/f* executor/executrix.

testamento *nm* (**a**) will, testament; **hacer** ~ to make one's will. (**b**) **Antiguo T~** Old Testament; **Nuevo T~** New Testament.

testar 1a *vi* to make a will.

testarada *nf*, **testarazo** *nm* (*fam*) bump on the head; **darse una** ~ to bump one's head.

testarudez *nf* stubbornness, pigheadedness.

testarudo *adj* stubborn, pigheaded.

testes *nmpl* testes.

testículo *nm* testicle.

testificar 1g **1** *vt* (**a**) (*atestiguar*) to attest; (*dar testimonio*) to testify to, give evidence of. (**b**) (*fig: atestiguar*) to attest, testify to. **2** *vi* (*dar testimonio*) to testify, give evidence; ~ **de** (*atestiguar*) to attest; (*dar testimonio*) to testify to, give evidence of.

testigo **1** *nmf* (*Jur*) witness; ~ **de cargo** witness for the prosecution; ~ **de descargo** witness for the defence *o* (*US*) defense; ~ **ocular** *o* **presencial** eyewitness; **poner a algn por** ~ to cite sb as a witness. **2** *nm* (*Dep*) baton.

testimonial *adj* token, nominal.

testimoniar 1b *vi* (*testificar*) to testify to, bear witness to; (*fig: mostrar*) to show.

testimonio *nm* (*Jur: deposición*) testimony, evidence; (*: afidávit*) affidavit; **falso** ~ perjured evidence; **dar** ~ to testify (*de* to), give evidence (*de* of); **en** ~ **de mi afecto** as a token *o* mark of my affection.

testosterona *nf* testosterone.

testuz *nm* (*frente*) forehead; (*nuca*) nape (of the neck).

teta *nf* (*de botella*) teat, nipple (*US*); (*fam*) breast; (*fam!*) tit (*fam!*), boob (*fam!*); **dar (la)** ~ **a** to suckle, breast-feed; **quitar la** ~ **a** to wean; **niño de** ~ baby at the breast.

tétanos *nm* tetanus.

tete *nm* (*CSur fam: lío*) mess, trouble.

tetera[1] *nf* teapot.

tetera[2] *nf* (*Méx: biberón*) feeding bottle.

tetilla *nf* (**a**) (*Anat: de hombre*) nipple. (**b**) (*de biberón*) rubber teat, nipple (*US*).

tetina *nf* teat.

tetona *adj* (*fam*) busty (*fam*).

tetraedro *nm* tetrahedron.

tétrico *adj* (*pensamiento*) gloomy, dismal; (*humor*) pessimistic; (*luz*) dim.

tetuda *adj* (*fam*) busty (*fam*).

teutón/ona **1** *adj* Teutonic. **2** *nm/f* Teuton.

teutónico *adj* Teutonic.

textil **1** *adj* textile. **2** *nm*: ~**es** textiles.

texto *nm* text; **libro de** ~ textbook.

textual *adj* (**a**) (*Lit*) textual. (**b**) (*fig: exacto*) exact; (*literal*) literal; **son sus palabras** ~**es** those are his exact words.

textualmente *adv* (**a**) (*Lit*) textually. (**b**) (*fig: exactamente*) exactly; (*literalmente*) literally; **dice** ~ **que ...** he says (and I quote) that ....

textura *nf* texture.

tez *nf* complexion.

tezontle *nm* (*Méx*) volcanic rock (*for building*).

Tfno., **tfno.** *abr de* **teléfono** tel.

TGV *nm abr de* **tren de gran velocidad** APT.

ti *pron pers* (*después de prep*) you; (*reflexivo*) yourself; **es para** ~ it's for you; **¿lo has comprado para** ~? did you buy it for yourself?

tía *nf* (**a**) aunt; ~ **abuela** great-aunt; **¡no hay tu** ~**!** (*fam*) nothing doing! (**b**) (*fam: mujer*) woman; (*chica*) bird (*fam*), chick (*fam*), girl; ~ **buena** cracker (*fam*), stunner (*fam*); **¡~ buena!** hi, gorgeous!; **las** ~**s piensan así** that's the way women think.

tianguis *nm* (*CAm, Méx*) (open-air) market.

TIAR *nm abr de* **Tratado Interamericano de Asistencia Recíproca**.

tiara *nf* tiara.

tiarrón *nm* (*fam*) big guy (*fam*), huge fellow.

tiarrona *nf* (*fam*) big girl.

Tíber *nm* Tiber.

Tibet *nm*: **El** ~ Tibet.

tibetano/a **1** *adj, nm/f* Tibetan. **2** *nm* (*Ling*) Tibetan.

tibia *nf* tibia.

tibieza *nf* (**a**) (*de líquidos*) lukewarmness, tepidness. (**b**) (*fig*) coolness.

tibio *adj* (**a**) (*agua*) lukewarm, tepid. (**b**) (*fig: persona, creencia*) lukewarm; (*recibimiento*) cool. (**c**) **poner** ~ **a algn** (*fam*) to hurl abuse at sb; (*indirectamente*) to say dreadful things about sb.

tiburón *nm* (*lit, fig*) shark.

tic *nm* (*pl* ~**s**) (**a**) click; (*de reloj*) tick(tock). (**b**) (*Med*) tic. (**c**) (*fig: costumbre*) habit.

tícket ['tike] *nm* (*pl* ~**s** ['tike]) ticket.

tico/a *adj, nm/f* (*CAm fam*) Costa Rican.

tictac *nm* (*de reloj*) tick, ticktock; **hacer** ~ to tick, go ticktock.

tiempo *nm* (**a**) (*gen*) time; ~ **libre** spare time, free time; ~ **muerto** (*Dep*) time-out; (*fig*) breather, time-out; **a** ~ in time; (*temprano*) early; **a un** ~, **al mismo** ~ at the same time; **a su debido** ~ in due course; **al poco** ~ soon after; **al (mismo)** ~ **que** at the (same) time as; **a** ~ **completo/parcial** full-time/part-time; **cada cierto** ~ every so often; **con** ~ in time, in good time; **con el** ~ eventually; **¡cuánto** ~ **sin verte!** long time no see!; **¿cuánto** ~ **se va a quedar?** how long is he staying for?; **de un** *o* **algún** ~ **a esta parte** for some time past; **andando el** ~ in due course, in time; **el** ~ **apremia** time presses; **dale** ~ give him time; **no me da** ~ **a terminar** I have no time to finish; **dar** ~ **al** ~ to let matters take their course; **demasiado** ~ too long; **no puede quedarse más** ~ he can't stay any longer; **el** ~ **es oro** time is precious; **el** ~ **dirá** time will tell; **ganar** ~ to save time; **hacer** ~ to while away the time, kill time; **matar el** ~ to kill time; **hace mucho** ~ a long time ago; **perder el** ~ to waste time; **sin perder** ~ without delay; **sacar** ~ **para hacer algo** to take time out to do sth; **tener** ~ **para** to have time for; **tómate el** ~ **que quieras** take as long as you want.

(**b**) (*limitado, específico*) time; (*período*) period; (*época*) age; ~**s modernos** modern times; **a través de los** ~**s** through the ages; **en** ~ **de los griegos** in the time of the Greeks; **en mis** ~**s** in my day; **en los buenos** ~**s** in the good old days; **en otros** ~**s** formerly; **en los últimos** ~**s** recently, lately, in recent times; ~ **de sequía** period of drought; **hay que ir con los** ~**s** one must keep abreast of the times.

(**c**) (*de persona: edad*) age; **¿cuánto** *o* **qué** ~ **tiene el pequeño?** how old is the child?

(**d**) (*Dep*) half; **primer** ~ first half.

(**e**) (*Mús*) tempo, time; (*: de sinfonía etc*) movement.

(**f**) (*Ling*) tense; ~ **compuesto** compound tense; **en** ~ **presente** in the present tense.

(**g**) (*Met*) weather; **hace buen/mal** ~ the weather is fine/bad; **a mal** ~**, buena cara** one must make the best of a bad job.

(**h**) (*Inform*) time; ~ **compartido** time sharing; ~ **de ejecución** run time; **en** ~ **real** real time.

(**i**) (*Com*) time; ~ **de paro/preferencial/real** idle/prime/real time; ~ **inactivo** downtime.

tienda *nf* (**a**) (*Com*) shop, store; ~ **de comestibles** *o* **ultramarinos** grocer's (shop), grocery (*US*); **ir de** ~**s** to go shopping; **poner** ~ to set up shop. (**b**) (*Náut*) awning; ~ **de campaña** tent; ~ **de oxígeno** oxygen tent.

tienta *nf*: **a** ~**s** gropingly, blindly; **andar a** ~**s** to feel one's way.

tiento *nm* (**a**) (*sentido*) feel(ing), touch; **echar un** ~ **a una chica** to make a pass at a girl. (**b**) (*fig fam: tacto*) tact; **ir con** ~ to go carefully. (**c**) (*Arte: pulso*) steadiness of hand, steady hand. (**d**) (*fam: trago*) swig (*fam*); **dar un** ~ to take a swig (*a* from).

tiernamente *adv* tenderly.

tierno *adj* (*gen*) tender; (*blando*) soft.
tierra *nf* (**a**) (*Astron: el mundo*) earth, world.
(**b**) (*superficie*) land; ~ **firme** dry land; ~ **de nadie** no-man's-land; ~ **quemada** scorched earth; ~ **adentro** inland; **por** ~ by land, overland; **¡~ a la vista!** land ahoy!; **echar a** ~ to demolish, pull down; **echar** *o* **tirar algo por** ~ to ruin sth, upset sth; **poner ~ por medio** to get out quick, get as far away as possible; **tocar** ~ (*Aer*) to touch down; **tomar** ~ (*Aer*) to land, come down; (*Náut*) to reach port.
(**c**) (*Geol etc*) land, soil, earth, ground; ~ **batida** (*Dep*) clay (court); ~ **vegetal** topsoil; **un saco de** ~ a bagful of soil; **echar ~ a un asunto** to hush an affair up.
(**d**) (*Agr*) land; **~s** lands; (*finca*) estate(s); ~ **baldía** wasteland.
(**e**) (*Pol etc*) country; **su** ~ (*país*) one's own country; (*región*) one's own region; ~ **natal/prometida** native/promised land; **no es de estas ~s** he's not from these parts.
(**f**) (*Elec*) earth, ground *(US)*; **conectar un aparato a** ~ to earth *o (US)* ground a piece of equipment.
(**g**) (*LAm*) dust.
tierra-aire *atr*: **misil** ~ surface-to-air missile.
tierral *nm* (*LAm*) = **terral**.
Tierra Santa *nf* Holy Land.
tierra-tierra *atr*: **misil** ~ surface-to-surface missile.
tieso *adj* (**a**) stiff; (*rígido*) rigid; (*erguido*) erect; (*tenso*) taut; **con las orejas ~as** with its ears erect; **dejar ~ a algn** (*fam, fig*) to do sb in *(fam)*; **quedarse** ~ (*fig: de frío*) to be frozen stiff. (**b**) (*fig: sano*) fit; **le encontré muy ~ a pesar de su enfermedad** I found him very fit in spite of his illness. (**c**) (*fig: conducta*) stiff; (*: actitud*) rigid; **me recibió muy** ~ he received me very coldly. (**d**) (*fam: orgulloso*) proud; (*: presumido*) conceited, stuck-up *(fam)*; (*: pagado de sí mismo*) smug.
tiesto *nm* (*maceta*) flowerpot.
tiesura *nf* (**a**) (*rigidez*) stiffness, rigidity. (**b**) (*fam: presunción*) conceit.
tifoidea *nf* (*tb* **fiebre** ~) typhoid.
tifón *nm* (**a**) (*huracán*) typhoon. (**b**) (*tromba*) waterspout.
tifus *nm* (*Med*) typhus; ~ **exantemático** spotted fever; ~ **icteroides** yellow fever.
tigre *nm* (**a**) tiger; (*LAm*) jaguar. (**b**) (*fam: wáter*) bog *(fam)*, loo *(fam)*; **esto huele a** ~ this pongs *(fam)*, this smells awful.
tigresa *nf* tigress; (*fig: mujer cruel*) shrew; (*: mujer fatal*) vamp *(fam)*.
Tigris *nm* Tigris.
tijera *nf* (**a**) (*tb* **~s**) scissors *pl*; (*para jardín*) shears *pl*; **unas ~s** a pair of shears. (**b**) **de** ~ folding; **escalera de** ~ steps, step-ladder; **silla de** ~ folding chair.
tijereta *nf* (**a**) (*insecto*) earwig. (**b**) (*Bot*) vine tendril.
tijeretada *nf*, **tijeretazo** *nm* snip, snick, small cut.
tila *nf* (**a**) (*Bot*) lime tree. (**b**) (*Culin*) lime flower tea. (**c**) **¡que te den ~!** (*fam*) give me a break! *(fam)*.
tildar [1a] *vt*: **~ a algn de** *adj* to brand sb as (being) + *adj*.
tilde *gen nf* (**a**) accent (´), tilde (~). (**b**) (*mancha*) blemish; (*defecto*) defect.
tiliches *nmpl* (*CAm, Méx: fam*) belongings, junk *sg*.
tilín *nm* (**a**) tinkle, ting-a-ling. (**b**) (*fam*) **me hace** ~ I fancy him.
tilo *nm* (**a**) (*Bot*) lime tree. (**b**) (*LAm*) = **tila (b)**.
timador(a) *nm/f* (*estafador*) swindler, trickster.
timar [1a] *vt* (**a**) (*propiedad*) to steal. (**b**) (*persona*) to con *(fam)*; **¡me han timado!** I've been conned *(fam)*.
timba *nf* (**a**) (*en juego de azar*) hand. (**b**) (*garito*) gambling den.
timbal *nm* (*Mús*) small drum, kettledrum.
timbero *adj* (*CSur fam*) gambler.
timbrar [1a] *vt* (**a**) to stamp; (*sellar*) to seal. (**b**) (*carta*) to postmark.
timbrazo *nm* ring; **dar un** ~ to ring the bell.
timbre *nm* (**a**) (*Com, Fin*) fiscal stamp, revenue stamp; (*sello*) seal; (*Fin*) stamp duty, revenue stamp *(US)*; (*Méx*) (postage) stamp. (**b**) (*Elec*) bell; ~ **de alarma** alarm bell; **tocar el** ~ to ring the bell. (**c**) (*Mús etc*) timbre; ~ **nasal** (*Ling*) nasal timbre, twang.
tímidamente *adv* timidly, shyly.
timidez *nf* timidity, shyness.
tímido *adj* timid, shy.
timo *nm* (*estafa*) swindle, con(fidence) trick; (*engaño*) hoax; **dar un ~ a algn** to swindle sb; (*engañar*) to hoax sb; **¡eso es un ~!** that's a rip-off! *(fam)*.
timón *nm* (**a**) (*Aer, Náut*) rudder; (*mando, control*) helm; ~ **de dirección** (*Aer*) rudder; ~ **de profundidad** (*Aer*) elevator; **poner el ~ a babor** to turn to port. (**b**) (*fig*) helm; **coger el** ~ to take the helm, take charge.
timonel *nm* (*Náut*) steersman, helmsman.
timorato *adj* (**a**) (*tímido*) timorous, small-minded. (**b**) (*que teme a Dios*) God-fearing; (*pey: mojigato*) sanctimonious.
tímpano *nm* (**a**) (*Anat*) tympanum, eardrum. (**b**) (*Arquit*) tympanum. (**c**) (*Mús*) small drum, kettledrum; **~s** (*en orquesta*) tympani.
tina *nf* (*recipiente*) tub; (*para bañarse*) bathtub; ~ **de lavar** washtub.
tinaco *nm* (*Méx*) water tank.
tinaja *nf* large earthen jar.
tincar [1g] *vi*: **me tinca que** ... (*Chi fam*) it seems to me that ..., I think that ....
tinerfeño/a 1 *adj* of *o* from Tenerife. **2** *nm/f* native *o* inhabitant of Tenerife.
tinglado *nm* (**a**) (*tablado*) platform; (*cobertizo*) shed. (**b**) (*fig*) set-up; **conocer el** ~ to know the score *(fam)*. (**c**) (*fig: intriga*) plot, intrigue; **armar un** ~ to lay a plot. (**d**) (*follón*) mess.
tinieblas *nfpl* (**a**) (*oscuridad*) dark(ness) *sg*; (*sombras*) shadows; (*tenebrosidad*) gloom *sg*. (**b**) (*fig: confusión*) confusion *sg*; (*: ignorancia*) ignorance *sg*; **estamos en ~ sobre sus proyectos** we are in the dark about his plans.
tino *nm* (**a**) (*habilidad*) skill, knack, feel; (*conjeturas*) (good) guesswork; (*Mil: puntería*) (accurate) aim; **coger el** ~ to get the feel *o* hang of it. (**b**) (*fig: tacto*) tact; (*perspicacia*) insight; **sin** ~ foolishly; **obrar con mucho** ~ to act wisely; **perder el** ~ to act foolishly. (**c**) (*fig: moderación*) moderation; **sin** ~ immoderately.
tinta *nf* (**a**) (*Tip etc*) ink; ~ **china** Indian ink; ~ **de imprenta** printing ink; ~ **invisible** *o* **simpática** invisible ink; **con** ~ in ink; **sudar** ~ (*fam*) to slog, slave; **saber algo de buena** ~ to know sth on good authority. (**b**) (*Téc*) dye. (**c**) (*de pulpo*) ink. (**d**) (*Arte*) colour, color *(US)*; **~s** (*fig*) shades; **media** ~ half-tone; **medias ~s** (*fig*) half measures; **cargar las ~s** to exaggerate.
tinte *nm* (**a**) (*acto*) dyeing. (**b**) (*Quím*) dye. (**c**) (*fig*) tinge, colouring, coloring *(US)*; **sin el menor ~ político** devoid of all political character. (**d**) (*Com*) dry cleaner's. (**e**) (*fig: barniz*) veneer, gloss; **tiene cierto ~ de hombre de mundo** he has a slight touch of the man of the world about him.
tintero *nm* inkpot, inkwell; **lo dejó en el ~, se le quedó en el** ~ (*olvidar*) he clean forgot about it; (*no decir*) he left it unsaid.
tinto 1 *adj* (**a**) (*teñido*) dyed; (*manchado*) stained; ~ **en sangre** stained with blood. (**b**) (*vino*) red. **2** *nm* (**a**) (*vino*) red wine. (**b**) (*Col*) black coffee.
tintorera[1] *nf* (*pez*) shark.
tintorería *nf* (**a**) (*Arte*) dyeing. (**b**) (*Com*) dry cleaner's.
tintorero/a[2] *nm/f* (*que tiñe*) dyer; (*Com*) dry cleaner.
tintorro *nm* (*fam*) plonk *(fam)*, cheap red wine.
tintura *nf* (**a**) (*acto*) dyeing. (**b**) (*Quím*) dye; (*Farm*) tincture; ~ **de tornasol** litmus; ~ **de yodo** iodine.
tiña *nf* (**a**) (*Med*) ringworm. (**b**) (*fig: pobreza*) poverty. (**c**) (*fig: tacañería*) meanness.
tiñoso *adj* (**a**) (*Med*) scabby. (**b**) (*fig: pobre*) poor. (**c**) (*fig: tacaño*) mean.

tío *nm* (**a**) uncle; ~ **abuelo** great-uncle; **T~ Sam** Uncle Sam; **mis ~s** my uncle(s) and aunt(s). (**b**) (*título*) **ha muerto el ~ Francisco** Francis has died. (**c**) (*fam*) bloke (*fam*), guy (*fam*); **¿quién es ese ~?** who's that guy?; ~ **bueno** cracking guy (*fam*).

tiovivo *nm* roundabout, merry-go-round.

tipa *nf* (**a**) (*fam*) chick (*fam*), dame (*fam*). (**b**) (*esp LAm fam*) bitch (*fam*), cow (*fam!*).

tipejo/a *nm/f* oddball (*fam*), queer fish (*fam*).

típicamente *adv* typically; (*característicamente*) characteristically.

típico *adj* (**a**) typical; (*característico*) characteristic; **es muy ~ de él** it's typical of him; **¡lo ~!** typical! (**b**) (*costumbre*) typical; (*pintoresco*) full of local colour *o* (*US*) color; (*tradicional*) traditional; **es la taberna más ~a de la ciudad** it's the most picturesque pub in town; **es un peinado ~** it is a traditional hairdo; **no hay que perderse tan ~a fiesta** you shouldn't miss a festivity which is so full of local colour.

tipificar [1g] *vt* (**a**) to typify. (**b**) (*clasificar*) to class, consider (*como* as).

tipismo *nm* (*color*) local colour, local color (*US*); (*interés folklórico*) picturesqueness.

tiple 1 *nm* (**a**) (*Mús*) treble, boy soprano. (**b**) (*voz*) soprano. **2** *nf* (*cantante*) soprano.

tipo *nm* (**a**) (*gen*) type; (*norma*) norm; (*patrón*) pattern; **un sombrero ~ Bogart** a Bogart-style hat, a hat like Bogart's.

(**b**) (*clase*) type, kind; **un nuevo ~ de bicicleta** a new kind of bicycle.

(**c**) (*Lit: personaje*) type, character.

(**d**) (*fam*) fellow, bloke (*fam*), guy (*US*); (*fam*) **dos ~s sospechosos** two suspicious characters.

(**e**) (*Com, Fin*) rate; ~ **bancario/de cambio** bank/exchange rate; ~ **base/a término** base/forward rate; ~ **de interés/de interés vigente** interest/standard rate.

(**f**) (*Anat: de hombre*) build; (*: de mujer*) figure; **él tiene buen ~** he's well built; **ella tiene buen ~** she has a good figure; **aguantar** *o* **mantener el ~** to hold out; **jugarse el ~** to risk one's neck.

(**g**) **~s** (*Tip*) type *sg*; ~ **de datos** (*Inform*) data type; ~ **de letra** (*Inform, Tip*) typeface; ~ **gótico** Gothic type, black letter; ~ **menudo** small print.

tipografía *nf* (**a**) typography; (*Arte*) printing. (**b**) (*lugar*) printing works *o* press.

tipográfico *adj* typographical, printing *atr*.

tipógrafo/a *nm/f* typographer, printer.

típula *nf* cranefly, daddy-long-legs.

tíque(t) ['tike] *nm* (*pl* **~s** ['tike]) ticket.

tiquismiquis (*fam*) **1** (*nmpl*) (**a**) (*escrúpulos*) silly scruples; (*detalles*) fussy details; (*quejas*) silly objections. (**b**) (*cortesías*) affected courtesies, bowing and scraping. (**c**) (*riñas*) bickering *sg*, squabbles. (**d**) (*molestias*) minor irritations, pinpricks. **2** *nmf* fusspot.

tira[1] 1 *nf* (**a**) (*de tela, papel*) strip; ~ **cómica** comic strip. (**b**) **la ~ de** (*fam*) lots of, masses of; **estoy desde hace la ~ de tiempo** I've been here for absolute ages; **es fue hace la ~** that was ages ago. **2** *nm*: ~ **y afloja** (*cautela*) caution; (*fig*) tug-of-war; (*concesiones*) give and take; **3 horas de ~** 3 hours of touch and go.

tira[2] 1 *nf* (*CAm, Méx: fam*) police, cops (*fam*). **2** *nm* (*CSur fam*) (plainclothes) cop (*fam*), detective.

tirabuzón *nm* (**a**) (*rizo*) curl. (**b**) (*sacacorchos*) corkscrew.

tirachinas *nm inv* catapult.

tirada *nf* (**a**) (*acto*) throw. (**b**) (*distancia*) distance; (*tramo*) stretch; (*Cos*) length; (*fig*) series; (*Lit*) stanza; **de una ~** at one go, in a stretch; **lo recitó todo de una ~** he recited the whole lot straight off; **de B a C hay una ~ de 18kms** from B to C there is a stretch of 18 kms. (**c**) (*Tip: acto*) printing, edition; (*cantidad*) print run; ~ **aparte** offprint.

tiradero(s) *nm(pl)* (*Méx: vertedero*) rubbish *o* (*US*) garbage tip.

tirado *adj* (**a**) **estar ~** (*persona, cosa*) to be lying about *o* around. (**b**) (*fam*) **estar ~** (*Com*) to be dirt-cheap; (*tarea etc*) to be very simple; **esa asignatura está ~a** that subject is dead easy (*fam*). (**c**) **dejar ~ a algn** to leave sb in the lurch.

tirador(a) 1 *nm/f* (*persona*) marksman, shooter; **es un buen ~** he's a good shot. **2** *nm* (**a**) (*de cajón*) handle; (*de puerta*) knob. (**b**) (*cordón*) bellrope, bell pull.

tiradores *nmpl* (*CSur: tirantes*) braces, suspenders (*US*).

tiraje *nm* (*Tip: impresión*) printing; (*cantidad*) print run.

tiralíneas *nm inv* drawing-pen, ruling pen.

tiranía *nf* tyranny.

tiránicamente *adv* tyrannically.

tiránico *adj* tyrannical; (*amor*) possessive; (*atracción*) irresistible.

tiranizar [1f] *vt* to tyrannize; (*gobernar*) to rule despotically; (*dominar*) to domineer.

tirano/a 1 *adj* (*tiránico*) tyrannical, despotic; (*dominante*) domineering. **2** *nm/f* tyrant, despot.

tirante 1 *adj* (**a**) (*soga*) tight, taut. (**b**) (*relaciones, situaciones: tenso*) tense, strained; **estamos algo ~s** things are rather strained between us. **2** *nm* (**a**) (*Arquit*) crosspiece; (*Mec*) strut. (**b**) (*de vestido*) shoulder strap; **~s** (*de pantalones*) braces, suspenders (*US*).

tirantez *nf* (**a**) (*Téc etc*) tightness, tension. (**b**) (*fig: tensión*) tension, strain.

tirar [1a] **1** *vt* (**a**) (*gen*) to throw; (*lanzar*) to hurl; (*accidentalmente*) to drop; (*volcar*) to knock over; (*edificio*) to pull down; (*tiro*) to fire, shoot; (*cohete*) to launch; (*bomba*) to drop; **me tiró un beso** she blew me a kiss.

(**b**) (*basura*) to throw away; (*fortuna*) to squander; **hay que ~ los podridos** the rotten ones ought to be thrown out; **has tirado el dinero comprando eso** you've wasted your money buying that.

(**c**) (*Tip: imprimir*) to print, run off.

(**d**) (*foto*) to take.

2 *vi* (**a**) (*Mil etc*) to shoot (*a* at), fire (*a* at, on); ~ **a matar** to shoot to kill; ~ **al blanco** to aim; **¡no tires!** don't shoot! (**b**) ~ **de** to pull, tug; (*soga*) to pull (on), tug (at); (*sacar: espada*) to draw; ~ **de la manga a algn** to tug at sb's sleeve; **tiramos de diccionario y lo traducimos en un minuto** (*fam*) we get hold of a dictionary and we can translate it in a minute.

(**c**) (*imán*) to attract; (*fig, fam: atraer*) to draw; (*interesar*) to appeal; **no le tira el estudio** study does not attract him.

(**d**) (*fam: arreglárselas*); **ir tirando** to get along, manage; **vamos tirando** we manage, we keep going; **podemos ~ con menos dinero** we can get by on less money.

(**e**) (*motor*) to pull; **esta moto no tira** there's no life in this motorbike.

(**f**) (*fam: durar*) to last; **esos zapatos tirarán todavía otro invierno** those shoes will last another winter yet.

(**g**) (*fam: ir*) to go; **¡tira (adelante)!** get on with it!; ~ **a la derecha** to turn right.

(**h**) ~ **a** (*tender a/hacia*) to tend to, tend towards; ~ **a rojo** to have some red in it; ~ **a viejo** to be getting old; ~ **a su padre** to take after one's father; **él tira más bien a cuidadoso** he's on the careful side; ~ **para médico** to be attracted towards a career in medicine.

(**i**) ~ **a** (*propósito*) to aim at being; ~ **a hacer algo** to aim to do sth.

(**j**) (*Dep: con balón etc*) to shoot; (*con fichas, cartas etc*) to go, play; **tira tú ahora** it's your go now.

(**k**) **a todo ~** at the most; **llegará el martes a todo ~** he'll arrive on Tuesday at the latest.

(**l**) (*ropa*) to be too tight; **me tira de sisa** it's tight round my armpits.

(**m**) (*chimenea*) to draw, pull.

3 tirarse *vr* (**a**) to throw o.s.; ~ **al agua** to dive *o*

plunge into the water; ~ **al suelo** to throw o.s. to the ground; ~ **en paracaídas** to parachute (down); (*en emergencia*) to bale out; ~ **en la cama** to lie down in bed.
(**b**) (*fam: pasar*) to spend; **se tiró dos horas arreglándolo** he spent two hours fixing it.
(**c**) ~ **a algn** (*fam!*) to screw sb (*fam!*), lay sb (*fam*).
tirita *nf* (sticking) plaster, bandaid (*US*) ®.
tiritar [1a] *vi* (**a**) (*de frío, miedo*) to shiver (*de* with). (**b**) (*fam*) **dejaron el pastel tiritando** they almost finished the cake off.
tiritón *nm* shiver.
tiritona *nf* shivering (fit).
tiro *nm* (**a**) (*lanzamiento*) throw.
(**b**) (*Mil: de pistola etc*) shot; (*ruido*) report; (*de una bala*) impact of a shot, hit; (*señal*) bullet mark; ~**s** shooting, firing; ~ **con arco** archery; ~ **al blanco** target practice; ~ **al** *o* **de pichón** clay pigeon shooting; ~ **al plato** trap shooting; ~ **de gracia** coup de grâce; **se oyó un** ~ a shot was heard; **se pegó un** ~ he shot himself; **le salió el** ~ **por la culata** it backfired on him; **no lo haría ni a** ~**s** I wouldn't do it for love nor money; **esperar a ver por dónde van los** ~**s** to wait and see which way the wind is blowing; **matar a algn a** ~**s** to shoot sb (dead); **me sienta como un** ~ (*obligación*) I need it like a hole in the head (*fam*); (*ropa, peinado*) it doesn't suit me at all; (*comida*) it really doesn't agree with me; (*crítica, hecho*) it's really annoying.
(**c**) (*Dep*) shot; (*Tenis, Golf*) drive; ~ **a gol** shot at goal; ~ **de revés** backhand drive.
(**d**) (*Mil: alcance*) range; **a** ~ within range; **a** ~ **de fusil** within gunshot; **a** ~ **de piedra** within a stone's throw; **si se pone a** ~ (*fig*) if it comes my way.
(**e**) (*de animales*) team of horses *etc*; **caballo de** ~ cart-horse.
(**f**) (*Cos: de pantalón*) body rise; **de** ~**s largos** all dressed up.
(**g**) (*Arquit*) flight of stairs.
(**h**) (*de chimenea*) draught, draft (*US*); (*Min: pozo*) shaft; ~ **de mina** mineshaft.
(**i**) (*Méx fam: éxito*) hit (*fam*), success.
(**j**) (*LAm: locuciones*); **al** ~ (*esp Chi fam*) at once, right away; **de a** ~ completely.
tiroides *adj, nm o nf inv* thyroid.
Tirol *nm*: **El** ~ the Tyrol.
tirolés/esa *adj, nm/f* Tyrolean.
tirón *nm* (**a**) (*en una cuerda etc*) pull, tug; (*sacudida*) sudden jerk; (*de bolso*) bag-snatching; **dar el** ~ to bag-snatch; **dar un** ~ **a** to pull at, tug at; **dar un** ~ **de orejas a algn** to pull sb's ear; **me lo arrancó de un** ~ she suddenly jerked it away from me. (**b**) **de un** ~ all at once; (*de una vez*) in one go; **leyó la novela de un** ~ he read the novel straight through; **se lo bebió de un** ~ he drank it down in one go; **trabajan 10 horas de un** ~ they work 10 hours at a stretch.
tironear [1a] *vt* (*esp LAm*) = **tirar 2 (b)**.
tirotear [1a] **1** *vt* (*con pistola etc*) to shoot at, fire on. **2 tirotearse** *vr* to exchange shots.
tiroteo *nm* (*acción de tirotear*) shooting, exchange of shots; (*escaramuza*) skirmish.
Tirreno *adj*: **Mar** ~ Tyrrhenian Sea.
tirria *nf* (*fam*) dislike; **tener** ~ **a** to dislike, have a grudge against.
tisana *nf* tisane, infusion.
tísico/a 1 *adj* consumptive, tubercular. **2** *nm/f* consumptive.
tisis *nf* consumption, tuberculosis.
tisú *nm* lamé, tissue.
tít. *abr de* **título**.
titán *nm* Titan.
titánico *adj* titanic.
titanio *nm* titanium.
títere *nm* (**a**) puppet; ~**s** (*espectáculo*) puppet show; **no dejar** ~ **con cabeza** to turn everything upside down; (*criticar a todos*) to spare no one. (**b**) (*fig: persona etc*) puppet; **gobierno** ~ puppet government.
titi *nf* (*fam*) bird (*fam*), chick (*fam*).
tití *nm* (*LAm*) capuchin (monkey).
titilar [1a] *vi* (*párpado etc*) to flutter, tremble; (*luz, estrella*) to twinkle.
titipuchal *nm* (*Méx fam*) (noisy) crowd.
titiritero *nm* (*que maneja los títeres*) puppeteer; (*acróbata*) acrobat; (*malabarista*) juggler.
titubeante *adj* (**a**) (*tambaleante*) tottery; (*inestable*) unstable, shaky. (**b**) (*que farfulla*) stammering. (**c**) (*que duda*) hesitant.
titubear [1a] *vi* (**a**) (*oscilar*) to totter; (*tambalear*) to stagger, be unsteady. (**b**) (*Ling: tartamudear*) to stammer. (**c**) (*vacilar*) to hesitate; **no** ~ **en hacer algo** not to hesitate to do sth.
titubeo *nm* (**a**) (*al andar: oscilar*) tottering; (*: tambalear*) staggering. (**b**) (*el farfullar*) stammering. (**c**) (*vacilación*) hesitation; **proceder sin** ~**s** to act without hesitation.
titulación *nf* (*Univ*) degrees and diplomas.
titulado/a 1 *adj* (**a**) (*libro etc*) entitled; **una obra** ~**a 'Sotileza'** a book entitled 'Sotileza'. (**b**) (*persona: Univ*) with a degree, having a degree, qualified; ~ **en ingeniería** with a degree in engineering. **2** *nm/f* (*Univ*) graduate.
titular 1 *adj* (*persona*) titular, official. **2** *nm* (*Tip*) headline. **3** *nmf* (*de puesto*) occupant; (*Rel*) incumbent; (*de pasaporte etc*) holder. **4** *vt* [1a] (*libro etc*) to title, entitle, call. **5 titularse** *vr* (**a**) (*libro, película*) to be entitled, be called; **¿cómo se titula la película?** what's the film called? (**b**) (*Univ*) to graduate.
título *nm* (**a**) (*gen*) title; (*Jur*) heading; (*artículo*) article; (*en presupuesto*) item; (*Tip*) title; (*en periódico*) headline; **a** ~ **de** by way of; (*en calidad de*) in the capacity of; **a** ~ **de curiosidad** as a matter of interest.
(**b**) (*de persona*) title; ~ **de nobleza** title of nobility.
(**c**) (*fig: nobleza etc*) titled person; **casarse con un** ~ to marry into the nobility.
(**d**) (*calificación profesional*) professional qualification; (*diploma*) diploma, certificate; (*Univ*) degree; (*fig: calificación*) qualification; ~**s** qualifications; ~ **universitario** university degree.
(**e**) (*cualidad*) quality; **no es precisamente un** ~ **de gloria para él** it is not exactly a quality on which he can pride himself.
(**f**) (*Jur*) title; ~ **de propiedad** title deed.
(**g**) (*Fin: bono*) bond; ~ **al portador** bearer bond; ~ **de renta fija** fixed interest security; ~ **de renta variable** variable yield security.
(**h**) (*fig: derecho*) right; **con justo** ~ rightly; **tener** ~ **de hacer algo** to be entitled to do sth.
tiza *nf* chalk; **una** ~ a piece of chalk.
tiznado/a *nm/f* (*CAm, Méx: fam!*) bastard (*fam!*), son of a bitch (*US fam!*).
tiznar [1a] **1** *vt* (*ennegrecer*) to blacken; (*manchar*) to smudge, stain. **2 tiznarse** *vr* (**a**) ~ **la cara con hollín** to blacken one's face with soot. (**b**) (*mancharse*) to get smudged.
tizne *nm* (*hollín*) soot; (*suciedad*) smut.
tiznón *nm* (*de hollín*) speck of soot; (*mancha*) smudge.
tizón *nm* (**a**) (*madera*) burning piece of wood, brand. (**b**) (*Bot*) smut.
tlapalería *nf* (*Méx: ferretería*) ironmonger's shop (*Brit*), hardware store.
tlascal *nm* (*Méx*) tortilla.
T.m., Tm, tm *abr de* **tonelada(s) métrica(s)**.
TNT *nm abr de* **trinitrotolueno** TNT.
toalla *nf* towel; ~ **de baño** bath towel; **arrojar** *o* **tirar la** ~ to throw in the towel.
toallero *nm* towel-rail.
tobera *nf* nozzle.
tobillera *nf* ankle support.

tobillo *nm* ankle.
tobogán *nm* (**a**) (*para nieve*) toboggan. (**b**) (*para niños etc*) slide; (*en piscina*) chute, slide.
toca *nf* headdress.
tocadiscos *nm inv* record player, phonograph *(US)*.
tocado[1] *adj* (**a**) (*fruta, carne etc*) bad, rotten; **estar ~ de la cabeza** to be weak in the head. (**b**) **una creencia ~a de heterodoxia** a somewhat unorthodox belief.
tocado[2] **1** *adj*: **~ con un sombrero** wearing a hat. **2** *nm* (**a**) (*prenda*) headdress. (**b**) (*peinado*) coiffure, hairdo. (**c**) (*arreglo*) toilet.
tocador *nm* (**a**) (*meuble*) dressing table; **jabón de ~** toilet soap. (**b**) (*cuarto*) boudoir, dressing room; **~ de señoras** ladies' room.
tocante: **~ a** *prep* with regard to, about; **en lo ~ a** so far as concerns, as for.
tocar 1g **1** *vt* (**a**) (*gen*) to touch; (*sentir*) to feel; **¡no me toques!** don't touch me!; **no toques la mercancía** don't handle the goods; **~ las cosas de cerca** to experience things for o.s.; **~ madera** (*fig*) to touch wood.
(**b**) (*dos objetos*) to touch, be touching; (*con la mano*) to handle; **la mesa toca la pared** the table touches the wall.
(**c**) (*Mús*) to play; (*campana*) to ring; (*tambor*) to beat; (*trompeta*) to blow; (*disco*) to play; (*hora del día*) to chime, strike; **~ la bocina** to blow the horn; **~ la retirada** to sound the retreat.
(**d**) (*Arte: modificar*) to touch up.
(**e**) (*conmover*) to touch; **~ el corazón de algn** to touch sb's heart.
(**f**) (*obstáculo*) to hit, run into; (*Náut*) to go aground on.
(**g**) (*tema*) to refer to, touch on.
(**h**) (*fam: estar emparentado*) to be related to; **X no le toca para nada a Y** X is not related at all to Y.
(**i**) (*afectar*) to concern, affect; **ello me toca de cerca** it concerns me intimately; **por lo que a mí me toca** so far as I am concerned.
2 *vi* (**a**) **~ a una puerta** to knock on *o* at a door.
(**b**) **tocan a misa** they are ringing the bell for mass; **~ a muerto** to toll for the dead.
(**c**) **~le a algn** to fall to sb's lot; **les tocó un dólar a cada algn** each one got a dollar as his share; **te toca jugar** it's your turn (to play), it's your go; **¿a quién le toca?** whose turn is it?; **nos toca pagar a nosotros** it's our turn to pay; **siempre me toca fregar a mí** I'm the one who's always to do the dishes.
(**d**) (*impersonal*) **no toca hacerlo hasta el mes que viene** it's not due to be done until next month.
(**e**) **~ con** (*chocar*) to touch; **~ en** (*Náut*) to call at; (*bordear*) to be close to, border on; **el barco no toca en Barcelona** the ship does not call at Barcelona; **esto toca en lo absurdo** this is bordering on the absurd; **~ a su fin** to be close to its *o* the end.
3 tocarse *vr* to touch o.s.; (*dos cosas*) to touch each other.
tocata[1] *nm* record player.
tocata[2] *nf* (*Mús*) toccata.
tocateja: **a ~** *adv* on the nail.
tocayo/a *nm/f* (**a**) namesake. (**b**) (*amigo*) friend.
tocineta *nf* (*Col*) bacon.
tocinillo *nm*: **~ de cielo** pudding made with egg yolk and syrup.
tocino *nm* (**a**) salted fresh lard; (*tb* **~ de panceta**) bacon; **~ entreverado** streaky bacon. (**b**) **~ de cielo = tocinillo de cielo**.
tocología *nf* obstetrics.
tocón[1] *nm* (*Bot*) stump.
tocón[2]**/ona** *nm/f* (*fam*) groper *(fam)*; **es un ~** he's got wandering hands *(fam)*.
tocuyo *nm* (*And, CSur*) coarse cotton cloth.
tocho *nm* (*fam*) big fat book, tome.
todavía *adv* still, yet; **~ no** not yet; **~ en 1970** as late as 1970; **~ no lo ha encontrado** he still has not found it; **está nevando ~** it is still snowing.
toditito, todito *adj* (*LAm fam: todo*) (absolutely) all.
todo 1 *adj* (**a**) (*gen*) all; (*cada*) every; (*entero*) whole; **lo sabe ~ Madrid** all Madrid knows it; **~ el bosque** the whole wood; **el universo ~** the whole universe; **a ~a velocidad** at full speed; **a *o* con ~a prisa** in all haste, with all speed; **en ~a España** all over *o* throughout Spain; **~s vosotros** all of you; **~as las semanas** every week; **~s los que quieran ...** all (those) who want to ...; **~ lo que Ud necesite** whatever you need; **de ~as ~as** (*fam*) the whole lot, all of them; **de ~as formas, inténtalo** in any case, try it; *V* **cuanto 1** *etc.*
(**b**) (*neg*) **en ~ el día** not once all day; **no he dormido en ~a la noche** I haven't slept all night.
(**c**) (*locuciones*) **es ~ un hombre** he's every inch a man; **es ~ un héroe** he's a real hero; **soy ~ oídos** I'm all ears; **a ~ esto** (*entretanto*) meanwhile; (*a propósito*) by the way; **¡~a la vida!** (*LAm fam*) yes, indeed!
2 *adv* (**a**) (*completamente*) all, completely; **estaba ~ rendido** he was completely worn out; **lleva un vestido ~ roto** she's wearing a dress that's all torn.
(**b**) **puede ser ~ lo sencillo que Ud quiera** it can be as simple as you wish; *V* **más 1 (j)** *etc.*
3 *conj*: **con ~ (y eso), (***LAm***) con ~ y** in spite of; **el coche, con ~ y ser nuevo ...** the car, in spite of being new ....
4 *nm, pron* (**a**) all, everything; **~s/~as** (*personas*) everybody; (*cosas*) all (of them); **el ~** the whole; **en un ~** as a whole; **~ lo sabemos** we know everything; **~ o nada** all or nothing; **ser el ~** (*fam: persona*) to run the show, dominate everything; **y ~** and so on, and all, and what not; **tienen un coche nuevo y ~** they have a new car and everything; *V* **jugarse 3**.
(**b**) (*frases con prep*) **ante ~** first of all, in the first place; **a pesar de ~** even so, in spite of everything; **con ~** (*sin embargo*) still, however; **le llamaron de ~** they called him for everything; **nos pasó de ~** everything possible happened to us; **del ~** wholly, completely; **no es del ~ verdad** it is not entirely true; **no es del ~ malo** it is not wholly bad; **después de ~** after all; **estar en ~** to be on the ball *(fam)*; **sobre ~** (*especialmente*) especially; (*en primer lugar*) above all.
todopoderoso *adj* almighty; (*Rel*) **el T~** the Almighty.
todoterreno *nm* (*tb* **coche ~, vehículo ~**) four-wheel drive vehicle, all-terrain vehicle.
toga *nf* (*Hist*) toga; (*Jur, Univ*) robe.
Togo *nm* Togo.
Tokio *nm* Tokyo.
tolda *nf* (**a**) (*LAm*) canvas. (**b**) (*LAm: tienda de campaña*) tent.
toldo *nm* (*en la playa*) sunshade; (*entolado*) marquee.
tole *nm* (*fam*) (**a**) (*disturbio*) commotion; (*protesta*) outcry; **levantar el ~** to kick up a fuss. (**b**) **coger *o* tomar el ~** to get out.
toledano/a 1 *adj* Toledan, of *o* from Toledo. **2** *nm/f* Toledan, native *o* inhabitant of Toledo.
tolerable *adj* tolerable.
tolerancia *nf* tolerance; (*de ideas etc*) toleration.
tolerante *adj* tolerant.
tolerar 1a *vt* to tolerate; (*aguantar*) to bear; **no se puede ~ esto** this cannot be tolerated; **no tolera que digan eso** he won't allow them to say that; **su madre le tolera demasiado** his mother lets him get away with too much; **su estómago no tolera los huevos** eggs don't agree with him; **película tolerada para menores** a film suitable for children.
toletole *nm* (*And, CSur: alboroto*) row, uproar.
tolondro *nm* (*Med: chichón*) bump.
tolvanera *nf* dustcloud.
toma *nf* (**a**) (*gen*) taking; **~ de conciencia** realization, awareness; (*el darse cuenta*) realization; **~ de declaración** taking of evidence; **~ de posesión** (*por presidente*) taking up office; **~ de tierra** (*Aer*) landing. (**b**) (*Mil: captura*) capture. (**c**) (*cantidad*) amount; (*Med*) dose; (*de*

bebé) feed. (**d**) (*Téc: de agua etc*) inlet, outlet; (*Elec: enchufe*) plug, socket; ~ **de corriente** power point, plug; ~ **de tierra** earth wire, ground wire *(US)*. (**e**) (*Cine, TV*) shot; ~ **directa** live shot.

tomado *adj* (**a**) (*voz*) hoarse. (**b**) **estar** ~ (*LAm fam: borracho*) to be drunk.

tomador 1 *adj* (*LAm fam: borracho*) drunken. **2** *nm* (**a**) (*Com*) drawee. (**b**) (*LAm fam: borracho*) drunkard.

tomadura *nf* (**a**) = **toma (a)**. (**b**) ~ **de pelo** (*burla*) hoax.

tomar [1a] **1** *vt* (**a**) (*gen*) to take; (*armas, pluma etc*) to take up; (*actitud*) to adopt; (*aspecto, costumbre*) to take on, adopt; (*nombre*) to take, adopt; **¡toma!** here (you are)!; ~ **a algn por loco** to think sb mad; **¿por quién me toma Ud?** who do you think I am?; ~ **algo sobre sí** to take something upon o.s.; *V* **mal 4 (b); serio**.

(**b**) (*Mil: capturar*) to take, capture.

(**c**) (*Culin*) to eat, drink; ~ **el pecho** to feed at the breast; **tomamos unas cervezas** we had a few beers; **¿qué quieres ~?** what will you have?, what would you like?

(**d**) (*tren etc*) to take.

(**e**) (*Cine, Fot, TV*) to take; ~ **una foto de** to take a photo of.

(**f**) (*notas*) to take; (*discurso etc*) to take down; ~ **por escrito** to write down.

(**g**) (*cariño, aversión etc*) to acquire; *V* **cariño (a)**.

(**h**) **~la con algn** to have it in for sb *(fam)*.

(**i**) ~ **asiento** to sit down, be seated; ~ **el aire** to get some fresh air; ~ **el sol** to sunbathe; ~ **tierra** to land; ~ **las de Villadiego** to shift it *(fam)*.

2 *vi* (**a**) (*Bot: planta*) to take (root); (*: injerto*) to take.

(**b**) ~ **a la derecha** to turn right.

(**c**) (*LAm: beber*) to drink; **estaba tomando en varios bares** he was drinking in a number of bars.

(**d**) (*fam*) **tomó y se fue** (*esp LAm*) off he went, he upped and went.

(**e**) **toma y daca** give and take; **más vale un ~ que dos te daré** a bird in the hand is worth two in the bush.

(**f**) **¡toma!** (*sorpresa*) well!

3 tomarse *vr* (**a**) to take; ~ **la venganza por su mano** to take vengeance with one's own hands; **no te lo tomes así** don't take it that way; **se tomó 13 cervezas** he drank 13 beers.

(**b**) (*creerse*) ~ **por** to think o.s.; **¿por quién se toma aquel ministro?** who does that minister think he is?

(**c**) ~ **(de orín)** to get rusty.

tomatal *nm* (*lugar de cultivo*) tomato bed *o* field.

tomate *nm* (**a**) tomato; (*fig*) **ponerse como un** ~ to turn as red as a beetroot. (**b**) (*fam: jaleo*) fuss, row; (*: pega*) snag, difficulty; **al final de la noche hubo** ~ there was a fight at the end of the night. (**c**) (*fam: agujero, esp en medias*) hole, tear.

tomatera[1] *nf* tomato plant.

tomatero/a[2] *nm/f* (*cultivador*) tomato grower; (*comerciante*) tomato dealer.

tomavistas *nm inv* movie camera.

tómbola *nf* tombola.

tomillo *nm* thyme; ~ **salsero** savory.

tomo[1] *nm* volume; **en 3 ~s** in 3 volumes.

tomo[2] *nm*: **de ~ y lomo** utter, out-and-out.

ton *nm*: **sin ~ ni son** for no particular reason; (*fig*) without rhyme or reason.

tonada *nf* (**a**) tune; (*canción*) song. (**b**) (*LAm: acento*) accent.

tonadilla *nf* little tune, ditty.

tonal *adj* tonal.

tonalidad *nf* (**a**) (*Mús*) tonality; (*Rad*) tone; ~ **menor** minor key. (**b**) (*Arte*) shade; **una bella ~ de verde** a beautiful shade of green.

tonel *nm* (**a**) barrel. (**b**) (*fam: persona*) fat lump.

tonelada *nf* ton; ~ **métrica** metric ton.

tonelaje *nm* tonnage.

tonelero *nm* cooper.

tongo[1] *nm* (*Dep: trampa*) fixing; **¡hay ~!** it's been fixed!

tongo[2] *nm* (*And, Chi: bombín*) Indian woman's hat.

tónica *nf* (**a**) (*Mús: nota*) tonic; (*fig*) **es una de las ~s del estilo moderno** it is one of the keynotes of the modern style. (**b**) (*bebida*) tonic (water).

tónico 1 *adj* (**a**) (*Mús: nota*) tonic; (*Ling: sílaba*) tonic *atr*, stressed. (**b**) (*Med: estimulante*) tonic, stimulating. **2** *nm* (*Med*) tonic.

tonificador, **tonificante** *adj* invigorating, stimulating.

tonillo *nm* (*mofador*) sarcastic tone, mocking undertone.

tono *nm* (**a**) (*Mús*) tone, key; (*: altura*) pitch; ~ **mayor** major key; ~ **menor** minor key; **estar a** ~ to be in key; **estar a ~ con** to be in tune with.

(**b**) (*de voz etc*) tone; (*Telec*) ~ **de marcar** dialling *o (US)* dial tone; ~ **de voz** tone of voice; **bajar el** ~ to lower one's voice; **cambiar el** *o* **de** ~ to change one's tune; **la discusión tomó un ~ áspero** the discussion took on a harsh tone.

(**c**) (*social etc*) tone; **buen** ~ good tone; **una familia de** ~ a good family; **de buen** ~ elegant; **de mal** ~ common; **fuera de** ~ inappropriate; **darse** ~ to put on airs; **ponerse a** ~ (*fam: en la onda*) to get with it *(fam)*.

(**d**) (*Mús*) tuning fork.

(**e**) (*Anat, Med*) tone.

(**f**) (*color*) shade, hue; ~ **pastel** pastel shade.

tonsura *nf* tonsure.

tonsurar [1a] *vt* (*lana*) to clip, shear; (*Rel*) to tonsure.

tontada *nf* = **tontería (b)**.

tontamente *adv* foolishly, stupidly.

tontear [1a] *vi* (*fam*) (**a**) to fool about, act the fool. (**b**) (*enamorados*) to flirt.

tontería *nf* (**a**) (*cualidad*) silliness, foolishness. (**b**) (*una ~: cosa*) silly thing; (*: acto*) foolish act; **~s** nonsense *sg*; **¡déjate de ~s!** stop that nonsense!; **dejémonos de ~s** let's be serious; **hacer una** ~ to do something silly. (**c**) (*fig: bagatela*) triviality.

tonto/a 1 *adj* (**a**) silly, foolish; (*Med*) imbecile; **¡qué ~ soy!** how silly of me!; **¡no seas ~!** don't be silly!; **es lo bastante ~ como para hacerlo** he's fool enough to do it; **dejar a algn** ~ to dumbfound sb. (**b**) **a ~as y a locas** anyhow; **lo hace a ~as y a locas** he does it just anyhow. **2** *nm/f* fool, idiot; (*Med*) imbecile; **¡~!** you idiot!; ~ **del bote** *o* **de capirote** utter fool; **hacer(se) el** ~ to act the fool.

topacio *nm* topaz.

topadora *nf* (*CSur, Méx: buldózer*) bulldozer.

topar [1a] **1** *vi* (**a**) ~ **con** (*persona: encontrarse con*) to run into, bump into; (*objeto: encontrar*) to find, come across; **topé con él hoy en el bar** I bumped into him in the bar today. (**b**) (*chocar*) ~ **contra** to run into, hit; ~ **con un obstáculo** to run into an obstacle. **2 toparse** *vr V tb* **1 (b)**.

tope[1] **1** *adj* (**a**) (*máximo*) top, maximum; **fecha** ~ closing date; **precio** ~ top price; **sueldo** ~ maximum salary. (**b**) (*fam*) great, super *(fam)*. **2** *nm* (**a**) end; (*límite*) limit; (*Náut*) masthead; **al** ~ end to end; **hasta el** ~ to the limit; **voy a estar a** ~ I'm going to be up to my eyes in it; **estar hasta los ~s** (*Náut*) to be overloaded; **estoy hasta los ~s** I'm utterly fed up; **trabajar a** ~ to work flat out; **vivir a** ~ to live life to the full. (**b**) (*Náut: persona*) lookout.

tope[2] *nm* (**a**) (*golpe*) bump, knock. (**b**) (*fig: riña*) quarrel; (*: pelea*) scuffle. (**c**) (*Mec etc*) stop, check; (*Ferro*) buffer; (*Aut*) bumper; (*de puerta*) doorstop, wedge; (*de revólver*) catch; (*Méx: en calle*) speed bump *o* hump. (**d**) (*fig: dificultad*) snag; **ahí está el** ~ that's just the trouble.

topera *nf* molehill.

topetada *nf* butt, bump, bang, collision.

topetazo *nm* = **topetada**.

tópico 1 *adj* (**a**) (*Med*) local; **de uso** ~ for external application. (**b**) (*trillado*) commonplace, trite. **2** *nm* (**a**) (*lugar común*) commonplace, cliché. (**b**) (*LAm: tema*) topic, subject.

topo *nm* (**a**) (*Zool*) mole. (**b**) (*fig: torpe*) blunderer.
topografía *nf* topography.
topográfico *adj* topographic(al).
topógrafo/a *nm/f* topographer; (*agrimensor*) surveyor.
toponimia *nf* (**a**) place names *pl.* (**b**) (*estudio*) study of place names.
topónimo *nm* place name.
toque *nm* (**a**) (*acto*) touch; **dar los primeros ~s a** to make a start on; **dar el último ~ a** to put the finishing touch to. (**b**) (*Arte: de color etc*) touch. (**c**) (*de campana*) chime, ring; (*de tambor*) beat; (*de sirena*) hoot; (*Mil*) bugle call; **~ de diana** reveille; **~ de difuntos** knell; **~ de oración** call to prayer; **~ de queda** curfew. (**d**) (*quid*) crux, essence; **ahí está el ~** that's the crux of the matter. (**e**) **dar un ~ a algn** (*fam: llamar*) to give sb a ring; (*llamar la atención*) to pull sb up; (*consultar*) to sound sb out.
toquetear 1a *vt* (**a**) (*manosear*) to touch repeatedly, handle. (**b**) (*Mús*) to play idly. (**c**) (*acariciar*) to fondle *(fam)*, touch up *(fam)*.
toqueteo *nm* fondling *(fam)*, touching up *(fam)*.
toquilla *nf* headscarf; (*chal*) knitted shawl.
torácico *adj* thoracic.
tórax *nm* thorax.
torbellino *nm* (**a**) (*viento*) whirlwind; (*polvo*) dust cloud. (**b**) (*cosas*) whirl. (**c**) (*persona*) whirlwind.
torcedor *nm* (**a**) (*Téc*) spindle. (**b**) (*fig: angustia*) torment.
torcedura *nf* twist(ing); (*Med*) sprain.
torcer 2b, 2h **1** *vt* (**a**) (*gen*) to twist; (*doblar*) to bend; (*madera*) to warp; (*miembro*) to twist; (*músculo*) to strain; (*tobillo*) to sprain; **~ el gesto** to scowl.
(**b**) (*ropa, manos, cuello*) to wring; (*soga etc*) to plait.
(**c**) (*fig: eventos*) to influence; (*: voluntad*) to bend; (*: pensamientos*) to turn (*de* from); (*: persona*) to dissuade.
(**d**) (*pey: justicia*) to pervert; (*: persona*) to corrupt.
(**e**) (*sentido*) to distort.
2 *vi* (*camino*) to turn; **el coche torció a la izquierda** the car turned left.
3 torcerse *vr* (**a**) (*gen*) to twist; (*doblar*) to bend.
(**b**) **~ un pie** to twist one's foot; (*ir por mal camino*) to go astray, be perverted; (*proyecto etc*) to go all wrong.
torcido *adj* (**a**) (*gen*) twisted; (*camino etc*) crooked; **el cuadro está ~** the picture is not straight. (**b**) (*fig: taimado*) devious.
torcijón *nm* (**a**) sudden twist. (**b**) = **retortijón**.
torcimiento *nm* = **torcedura**.
tordo *nm* (*Orn*) thrush.
torear 1a **1** *vt* (**a**) (*toro*) to fight. (**b**) (*fig: evadir*) to dodge. (**c**) (*burlarse*) to tease; (*confundir*) to confuse; **¡a mí no me torea nadie!** you don't mess around with me! **2** *vi* (*Taur*) to fight (bulls); **el muchacho quiere ~** the boy wants to be a bullfighter.
toreo *nm* (art of) bullfighting.
torera[1] *nf* (*chaqueta*) short tight jacket; **saltarse una ley a la ~** to flout a law.
torería *nf* (class of) bullfighters *pl*; (*mundo del toreo*) bullfighting world.
torero/a[2] *nm/f* bullfighter.
torete *nm* (**a**) (*toro pequeño*) small bull. (**b**) (*niño*) strong child.
toril *nm* bullpen.
tormenta *nf* (**a**) (*Met*) storm; **~ de arena** sandstorm. (**b**) (*fig: discusión etc*) storm; (*: trastorno*) upheaval; **~ en un vaso de agua** storm in a teacup.
tormento *nm* (*tortura*) torture; (*angustia*) anguish; **dar ~ a** to torment.
tormentoso *adj* stormy.
torna *nf* (**a**) (*vuelta*) return. (**b**) **se han vuelto las ~s** now the boot's on the other foot.
tornada *nf* (*vuelta*) return.
tornadizo/a *adj* (*cambiadizo*) changeable; (*caprichoso*) fickle.
tornado *nm* tornado.
tornar 1a **1** *vt* (**a**) (*devolver*) to give back. (**b**) (*cambiar*) to change, alter. **2** *vi* (**a**) (*volver*) to return. (**b**) **~ a hacer algo** to do sth again. (**c**) **~ en sí** to regain consciousness, come to. **3 tornarse** *vr* (**a**) (*regresar*) to return. (**b**) (*volverse*) to become.
tornasol *nm* (**a**) (*Bot*) sunflower. (**b**) (*Quím: materia colorante*) litmus; **papel de ~** litmus paper.
tornasolado *adj* iridescent, sheeny; (*tela*) shot.
tornasolar 1a **1** *vt* (*volver iridescente*) to make iridescent. **2 tornasolarse** *vr* to be *o* become iridescent.
tornavía *nf* (*Ferro*) turntable.
torneado 1 *adj* (**a**) (*Téc*) turned (on a lathe). (**b**) (*brazo etc*) shapely, delicately curved. **2** *nm* turning.
tornear 1a *vt* to turn (on a lathe).
torneo *nm* tournament, competition; (*justa*) joust; **~ de tenis** tennis tournament.
tornero/a *nm/f* (*Mec: persona*) machinist, turner.
tornillo *nm* (*Téc*) screw; **~ de banco** vice, vise *(US)*, clamp; **apretar los ~s a algn** to apply pressure on sb; **le falta un ~** *(fam)* he has a screw loose *(fam)*.
torniquete *nm* (**a**) (*barra giratoria*) turnstile. (**b**) (*Med*) tourniquet.
torno *nm* (**a**) (*Téc: para levantar pesos*) winch. (**b**) (*Téc*) lathe; **~ de banco** vice, vise *(US)*, clamp; **labrar a ~** to turn on the lathe; **~ de alfarero** potter's wheel. (**c**) (*de río*) bend. (**d**) **en ~ a** round, about; **se reunieron en ~ suyo** they gathered round him; **en ~ a este tema** about this subject.
toro *nm* (**a**) (*Zool*) bull; **~ bravo** *o* **de lidia** fighting bull; **coger el ~ por los cuernos** to take the bull by the horns; **pillar el ~ a algn** to get sb into a corner. (**b**) (*fig: hombre*) strong man, he-man *(fam)*, tough guy *(fam)*. (**c**) (*corrida*) **los ~s** bullfight *sg*; (*toreo*) bullfighting; **ir a los ~s** to go to the bullfight; **ver los ~s desde la barrera** to stand in the sidelines.
toronja *nf* grapefruit.
toronjo *nm* grapefruit tree.
torpe *adj* (**a**) (*persona: poco ágil*) clumsy, awkward, ungainly; (*movimiento*) sluggish. (**b**) (*persona: lerdo*) dense, dim.
torpedear 1a *vt* to torpedo.
torpedo *nm* torpedo.
torpemente *adv* (**a**) (*sin destreza*) clumsily, awkwardly. (**b**) (*lentamente*) slowly.
torpeza *nf* (**a**) (*falta de destreza*) clumsiness, awkwardness. (**b**) (*necedad*) denseness, dimness. (**c**) (*error*) mistake; (*falta de tacto*) lack of tact; **fue una ~ de parte mía decírselo** it was tactless of me to tell him.
torrar 1a *vt* (*Culin*) to toast, roast.
torre *nf* (**a**) (*Arquit etc*) tower; (*Rad etc*) mast, tower; (*de electricidad*) pylon; **~ de alta tensión** *o* **de conducción eléctrica** electricity pylon; **~ de marfil** ivory tower. (**b**) (*Ajedrez*) rook, castle. (**c**) (*Aer, Mil, Náut*) turret; (*Mil*) watchtower; **~ de mando** (*de submarino*) conning tower.
torrefacción *nf* toasting, roasting.
torrefacto *adj* high roast.
torrencial *adj* torrential.
torrente *nm* (**a**) (*río*) rushing stream, torrent; **llover a ~s** to rain cats and dogs. (**b**) (*Anat: tb* **~ de sangre**) bloodstream. (**c**) (*de palabras etc*) flood.
torrentoso *adj* (*LAm*) torrential, rushing.
torreón *nm* tower; (*Arquit*) turret.
torrero *nm* lighthouse keeper.
torreta *nf* (*Aer, Mil, Náut*) turret; (*de submarino*) conning-tower.
tórrido *adj* torrid.
torrija *nf slice of fried bread covered with sugar*.
torsión *nf* (*Mec*) torsion.
torso *nm* (*Anat*) torso; (*Arte*) head and shoulders.
torta *nf* (**a**) (*pastel*) cake, tart; **eso es ~s y pan pintado** it's

child's play; **no entendió ni** ~ he didn't understand a word of it; **nos queda la** ~ (*fig*) there's a lot left over. (**b**) (*fam: bofetada*) thump; (*: caída*) fall; **liarse a** ~**s** to get involved in a punch-up. (**c**) (*CAm, Méx*) ~ **de huevos** omelet(te).

tortazo *nm* (*fam: bofetada*) slap; (*: golpe*) thump; **pegarse un** ~ to get hurt, come a cropper (*fam*).

torticolis, tortícolis *nm o nf* stiff neck, wry neck; **me levanté con** ~ I got up with a crick in my neck.

tortilla *nf* (**a**) omelet(te); ~ **española** Spanish omelette; **se ha cambiado** *o* **vuelto la** ~ now it's a totally different story; **hacer algo una** ~ to smash sth up. (**b**) (*CAm, Méx*) flat maize pancake, tortilla.

tortillera *nf* (**a**) (*CAm, Méx: vendedora*) seller of maize pancakes. (**b**) (*fam!*) lesbian.

tórtola *nf* turtledove.

tortuga *nf* tortoise; ~ **marina** turtle.

tortuoso *adj* (*camino*) winding, full of bends.

tortura *nf* (*lit, fig*) torture.

torturar [1a] *vt* to torture.

torvo *adj* grim, fierce; **una mirada** ~**a** a fierce look.

torzal *nm* (*hilo de seda etc*) cord, twist; (*CSur: lazo*) plaited rope, lasso.

tos *nf* cough; (*acción*) coughing; ~ **convulsa** (*CSur, Méx*) *o* **ferina** whooping cough.

toscamente *adv* coarsely, roughly.

Toscana *nf*: **La** ~ Tuscany.

toscano/a 1 *adj, nm/f* Tuscan. **2** *nm* (*Ling*) Tuscan, Italian.

tosco *adj* coarse, rough.

toser [2a] **1** *vt* (*fig*) **no hay quien le tosa** he's in a class by himself. **2** *vi* to cough.

tosquedad *nf* coarseness, roughness.

tostada *nf* piece of toast; ~**s** toast *sg*.

tostado *adj* (**a**) (*Culin*) toasted. (**b**) (*color*) dark brown, ochre; (*persona*) tanned, sunburnt.

tostador *nm* (*de café*) roaster; ~ **de pan** electric toaster.

tostadora *nf* (*Culin*) toaster.

tostar [1l] **1** *vt* (**a**) (*pan etc*) to toast; (*café*) to roast; (*Culin*) to brown. (**b**) (*persona*) to tan. **2 tostarse** *vr* (*tb* ~ **al sol**) to tan, get brown.

tostón *nm* (**a**) (*Culin*) crouton. (**b**) (*fam: lata*) bore; **dar el** ~ to be a bore.

total 1 *adj* (**a**) (*gen*) total; (*completo*) complete; (*anestésico*) general; **una revisión** ~ **de su teoría** a complete revision of his theory; **una calamidad** ~ a total disaster.

(**b**) (*fam: excelente*) smashing, brilliant; **es un libro** ~ it's a super book.

2 *adv* in short; (*entonces*) so; ~ **que** to cut a long story short; ~ **que no fuimos** so we didn't go after all; ~**, que vas a hacer lo que quieras** basically then you're going to do as you please; ~**, ¿qué más te da?** at the end of the day, what do you care?

3 *nm* (*Mat: suma*) total, sum; (*totalidad*) whole; **el** ~ **de la población** the whole (of the) population; **en** ~ in all.

totalidad *nf* totality, whole; **en su** ~ in its entirety; **la** ~ **de los obreros** all the workers; **la** ~ **de la población** the whole (of the) population.

totalitario *adj* totalitarian.

totalitarismo *nm* totalitarianism.

totalizar [1f] **1** *vt* (*sumar*) to totalize, add up. **2** *vi* (*ascender a*) to add up to.

totalmente *adv* totally, completely.

tótem *nm* (*pl* ~**s**) totem.

totopo, totoposte *nm* (*CAm, Méx*) crisp tortilla.

totora *nf* (*And Bot*) large reed.

totumo *nm* (*LAm*) calabash tree.

touroperador(a) *nm/f* tour operator.

toxicidad *nf* toxicity, poisonous nature.

tóxico 1 *adj* toxic. **2** *nm* poison.

toxicología *nf* toxicology.

toxicómano/a 1 *adj* addicted to drugs. **2** *nm/f* drug addict.

toxina *nf* toxin.

tozudez *nf* obstinacy.

tozudo *adj* obstinate, stubborn.

traba *nf* (**a**) (*gen: unión*) bond, tie; (*Mec*) lock; (*grillo*) fetter, shackle. (**b**) (*fig: vínculo*) bond, tie; (*pey: estorbo*) obstacle; ~**s** shackles; **desembarazado de** ~**s** unrestrained; **poner** ~**s a** to restrain, obstruct; **ponerse** ~**s** to place restrictions on o.s.

trabacuenta *nm* mistake.

trabado *adj* (**a**) (*discurso*) coherent. (**b**) (*fig: fuerte*) tough. (**c**) (*LAm: al hablar*) stammering.

trabajado *adj* (**a**) (*persona: cansado*) worn out. (**b**) (*elaborado*) carefully worked; **bien** ~ well made, elaborately fashioned.

trabajador(a) 1 *adj* hard-working. **2** *nm/f* worker, labourer, laborer (*US*); (*Pol*) worker; ~ **autónomo** *o* **por cuenta propia** self-employed person, freelance; ~ **portuario** docker.

trabajar [1a] **1** *vt* (**a**) (*gen*) to work; (*tierra*) to till; (*masa*) to knead.

(**b**) (*estudiar*) to work on; (*un detalle*) to give special attention to; (*un proyecto*) to pursue; **es mi colega quien trabaja ese género** it is my colleague who handles that line; **el pintor ha trabajado muy bien los árboles** the painter has taken special care over the trees.

(**c**) (*caballo*) to train.

(**d**) (*persona: convencer*) to work on, persuade; **trabaja a su tía para sacarle los ahorros** he's working on his aunt in order to get hold of her savings.

2 *vi* (**a**) to work (*de* as; *en* in, at); ~ **mucho** to work hard; ~ **más** to work harder; ~ **como un esclavo** to work like a slave; ~ **a ritmo lento** to go slow; ~ **por hacer algo** to strive to do sth; ~ **por horas** to work by the hour; **hacer** ~ (*dinero*) to put to good use.

(**b**) (*fig*) ~ **con algn para que haga algo** to work on sb to do sth, persuade sb to do sth.

(**c**) (*fig: proceso, tiempo etc*) to work; **el tiempo trabaja a nuestro favor** time is working for us.

(**d**) (*fig: tierra, árbol etc*) to bear, yield.

trabajo *nm* (**a**) (*gen*) work; (*Mec*) work; (*un* ~) job, task; (*Arte, Lit*) work; ~ **de campo** fieldwork; ~ **de chinos** hard slog; ~ **a destajo** piecework; ~ **a domicilio** work at home, outwork; ~ **eventual** casual work; ~ **fijo** permanent job; ~**s forzados** hard labour *o (US)* labor *sg*; ~ **intelectual** brainwork; ~ **manual** manual labour *o (US)* labor; ~**s manuales** (*Escol etc*) handicraft; ~ **de media jornada** part-time job; ~ **por turno** shift work; **los sin** ~ the unemployed; **estar sin** ~ to be unemployed; **hacer** ~ **lento** to go slow.

(**b**) (*fig: esfuerzo*) effort, labour, labor (*US*); (*dificultad*) trouble; ~**s** troubles, difficulties; **ahorrarse el** ~ to save o.s. the trouble; **tomarse el** ~ **de hacer algo** to take the trouble to do sth; **le cuesta** ~ **hacerlo** he finds it hard to do; **dar** ~ to cause trouble.

trabajosamente *adv* laboriously; (*dolorosamente*) painfully.

trabajoso *adj* (*difícil*) hard, laborious; (*doloroso*) painful.

trabalenguas *nm inv* tongue twister.

trabar [1a] **1** *vt* (**a**) (*juntar*) to join; (*unir*) to unite; (*enlazar*) to link.

(**b**) (*agarrar*) to seize; (*encadenar*) to fetter; (*Mec*) to jam; (*caballo*) to hobble.

(**c**) (*Culin etc*) to thicken.

(**d**) (*fig: conversación, debate*) to start (up); (*batalla*) to join, engage in; (*amistad*) to strike up.

(**e**) (*fig: impedir*) to impede; (*: obstruir*) to obstruct.

2 *vi* (*planta*) to take; (*ancla etc*) to grip.

3 trabarse *vr* (**a**) (*con soga etc*) to get tangled up; (*un mecanismo*) to jam; **se le traba la lengua** he gets tongue-tied, he stammers.

(**b**) (*tartamudear*) to get tongue-tied, stammer.

trabazón *nf* (**a**) (*Téc*) joining; (*ensambladura*) assembly; (*fig: enlace*) bond, connection. (**b**) (*coherencia*) coherence.

trabilla *nf* (*tira*) small strap; (*broche*) clasp; (*de cinturón*) belt loop.

trabucar 1g **1** *vt* (*confundir*) to confuse; (*desordenar*) to mix up. **2 trabucarse** *vr* (*confundirse*) to get all mixed up.

trabuco *nm* blunderbuss.

tracalada *nf* (*LAm*) crowd; (*muchedumbre*) mass; **una ~ de** a lot of.

tracción *nf* traction; (*Mec*) drive; **~ integral** *o* **total** four-wheel drive; **~ trasera** rearwheel drive.

tracoma *nm* trachoma.

tractor *nm* tractor; **~ de oruga** caterpillar tractor.

trad. *abr de* **traducido** trans.

tradición *nf* tradition.

tradicional *adj* traditional.

tradicionalista *adj, nmf* traditionalist.

tradicionalmente *adv* traditionally.

traducción *nf* translation (*a* into; *de* from).

traducible *adj* translatable.

traducir 3f **1** *vt* to translate (*a* into; *de* from). **2 traducirse** *vr*: **~ en** (*fig*) to entail, result in.

traductor(a) *nm/f* translator; **~ jurado** official translator.

traer 2o **1** *vt* (**a**) to bring; **¡trae!, ¡traiga!** hand it over!, give it here!; **¿has traído el dinero?** have you brought the money?
(**b**) (*ropa etc*) to wear; (*objeto: llevar encima*) to carry.
(**c**) (*fig: causar*) to bring (about), cause; (*consecuencias*) to bring, have; **~ consigo** to involve, entail.
(**d**) (*suj: periódico etc*) to carry, have, print; **este periódico no trae nada sobre el asunto** this newspaper doesn't carry anything about the matter.
(**e**) (+ *adj*) **la ausencia de noticias me trae muy inquieto** the lack of news is making me very anxious; **~ de cabeza a algn** to upset sb, bother sb; *V* **loco 1 (a)**.
(**f**) (*modismos*) **~ a mal a algn** (*maltratar*) to maltreat sb; (*molestar*) to pester sb; **~ y llevar a algn** (*chismear*) to gossip about sb; (*molestar*) to pester sb.
2 traerse *vr* (**a**) **~ algo entre manos** to be up to sth; **estoy seguro de que los dos se traen algún manejo sucio** I'm sure the two of them are up to something shady.
(**b**) **~las** to be annoying; **es un problema que se las trae** it's a difficult problem; **tiene un padre que se las trae** she has an excessively strict father.

trafagar 1h *vi* (*trajinar*) to bustle about.

tráfago *nm* (*vaivén*) bustle, hustle.

traficante *nmf* trader, dealer (*en* in); **~ de armas** arms dealer; **~ de drogas** (drug) pusher.

traficar 1g *vi* (**a**) to trade, deal (*con* with; *en* in) (*pey*) to traffic (*en* in). (**b**) (*pey*) **~ con** to deal illegally in. (**c**) (*fig: viajar*) to keep on the go.

tráfico *nm* (**a**) (*Com*) trade, business; (*pey: ilegal*) traffic (*en* in); **~ de influencias** peddling of political favours *o* (*US*) favors; **~ en narcóticos** drug traffic. (**b**) (*Aut, Ferro etc*) traffic; **~ por ferrocarril** rail traffic; **~ rodado** road *o* vehicular traffic.

tragaderas *nfpl* (**a**) (*garganta*) throat *sg*, gullet *sg*. (**b**) (*fig: credulidad*) gullibility *sg*; (*: tolerancia*) tolerance *sg*; **tener buenas ~** (*crédulo*) to be gullible.

tragador(a) *nm/f* (*glotón*) glutton.

tragaldabas *nmf inv* (*fam*) glutton, pig.

tragaluz *nm* skylight.

traganíqueles *nm inv* (*CAm fam*) = **tragaperras**.

tragantón *adj* (*fam*) greedy, gluttonous.

tragantona *nf* (*fam*) (**a**) (*fam: comilona*) slap-up meal. (**b**) (*trago*) gulp.

tragaperras *nm inv* slot machine.

tragar 1h **1** *vt* (**a**) (*gen: comer o beber*) to swallow; (*: rápidamente*) to gulp down.
(**b**) (*suj: tierra etc*) to absorb, soak up.
(**c**) (*insultos, reprimenda*) to have to listen to *o* put up with; (*creer*) to swallow, fall for.
(**d**) (*persona*) **no le puedo ~** I can't stand him.
(**e**) (*disimular*) to hide, cover up.
(**f**) (*consumir*) to eat up, go through.
2 tragarse *vr* (**a**) (*comer o beber*) to swallow; **se lo tragó entero** he swallowed it whole.
(**b**) (*tierra*) to absorb, soak up; (*mar, abismo*) to swallow up, engulf; (*obj: ahorros*) to use up.
(**c**) (*obj: un cuento*) to swallow; **se tragará todo lo que se le diga** he'll swallow whatever he's told.
(**d**) (*fingir*) **se tragó el orgullo** he swallowed his pride.

tragedia *nf* tragedy.

trágicamente *adv* tragically.

trágico 1 *adj* tragic(al); **lo ~ es que** the tragedy of it is that. **2** *nm* tragedian.

tragicomedia *nf* tragicomedy.

tragicómico *adj* tragicomic.

trago *nm* (**a**) (*bebida*) drink; (*bocado*) mouthful; (*fam*) swig; **beber algo de un ~** to drink sth at a gulp; **echar un ~** to have a drink. (**b**) (*acción*) drink, drinking; (*LAm: licor*) hard liquor; **¡dame un ~!** give me a drink! (**c**) (*fig*) **mal ~, ~ amargo** hard time; **fue un ~ amargo** it was a cruel blow.

tragón *adj* greedy, gluttonous.

traición *nf* (*perfidia*) treachery; (*Jur*) treason; (*una ~*) betrayal, (act of) treason; **alta ~** high treason; **hacer ~ a algn** to betray sb; **matar a algn a ~** to kill sb treacherously.

traicionar 1a *vt* (*lit, fig*) to betray.

traicionero *adj* treacherous.

traída *nf* carrying, bringing; **~ de aguas** water supply.

traído *adj* (**a**) (*desgastado*) worn, threadbare. (**b**) (*fig*) **~ y llevado** well-worn.

traidor(a) 1 *adj* (*persona*) treacherous; (*acto*) treasonable. **2** *nm/f* traitor/traitress.

traidoramente *adv* treacherously, traitorously.

traiga *etc V* **traer**.

tráiler *nm* (**a**) (*Cine*) trailer. (**b**) (*Aut: caravana*) caravan, trailer (*US*); (*de camión*) trailer (unit).

trainera *nf* small fishing boat.

traje[1] *V* **traer**.

traje[2] *nm* (*~típico*) dress, costume; (*de hombre*) suit; (*de mujer*) dress; **~ de baño** bathing costume, swimming costume; **un policía en ~ de calle** a policeman in plain clothes; **~ de campaña** battledress; **~ de chaqueta** (*de mujer*) suit; **~ de etiqueta** dress suit; **~ hecho a la medida** made-to-measure suit; **~ de luces** bullfighter's costume; **~ de noche** evening dress; **~ de paisano** (*Esp*) civilian clothes.

trajeado *adj*: **ir bien ~** to be well dressed, be well turned out.

trajear 1a *vt* (*vestir*) to clothe, dress (*de* in).

traje-pantalón *nm* (*pl* **trajes-pantalón**) trouser suit.

trajín *nm* (**a**) (*transporte*) haulage, transport. (**b**) (*fam: ajetreo*) coming and going.

trajinar 1a **1** *vt* (*transportar*) to carry, transport. **2** *vi* (*ajetrearse*) to bustle about.

trajinería *nf* (*transporte*) carriage, haulage.

trama *nf* (**a**) (*Téc: de un tejido*) weft, woof. (**b**) (*fig: enlace*) connection, link. (**c**) (*fig: conjura*) plot; (*Lit*) plot.

tramar 1a **1** *vt* (**a**) (*tejer*) to weave. (**b**) (*fig: enredo*) to plan, plot; **¿qué estarán tramando?** I wonder what they're up to? **2 tramarse** *vr* (*fig*) **algo se está tramando** there's something going on.

tramitación *nf* (*transacción*) transaction; (*negociación*) negotiation; (*procedimiento*) procedure.

tramitar 1a *vt* (*despachar*) to transact; (*negociar*) to negotiate, deal with.

trámite *nm* (*fase de negociación etc*) step, stage; (*transacción*) transaction; (*procedimientos*) **~s** procedure *sg*; (*Jur*) proceedings; **~s de costumbre** usual channels; **~s**

oficiales official channels; **para acortar los ~s lo hacemos así** so as to get it quickly through the procedure we do it this way; **en ~** in hand.
tramo *nm* (**a**) (*de carretera*) section, stretch; (*de puente*) span; (*de escalera*) flight. (**b**) (*terreno*) plot.
tramontana *nf* (**a**) (*viento del norte*) north wind. (**b**) (*soberbia*) pride.
tramoya *nf* (**a**) (*Teat*) piece of stage machinery. (**b**) (*enredo*) plot, scheme.
tramoyista *nmf* (**a**) (*Teat*) stagehand. (**b**) (*fig: estafador*) swindler, trickster.
trampa *nf* (**a**) (*puerta en suelo*) trapdoor; (*de mostrador*) hatch. (**b**) trap; (*Caza etc*) snare; (*Golf*) bunker; **~ explosiva** (*Mil*) booby trap; **caer en la ~** to fall into the trap; **hay ~** there's a catch in it; **esto es sin ~ ni cartón** this is the real thing. (**c**) (*juego de manos*) conjuring trick. (**d**) (*fig: estafa*) swindle, fraud; (*fam*) fiddle, hoax; **hacer ~s** to cheat; **tener ~s** to have all the dodges *(fam)*.
trampear 1a **1** *vt* (*en el juego*) to cheat, swindle. **2** *vi* (*hacer trampa*) to cheat.
trampilla *nf* (*escotilla*) trap, hatchway.
trampolín *nm* (*en piscina*) springboard, diving board; (*Dep*) trampoline; (*fig*) springboard.
tramposo/a **1** *adj* (*petardista*) crooked, tricky. **2** *nm/f* (*en el juego*) cheat.
tranca *nf* (**a**) (*garrote*) cudgel, club. (**b**) (*de puerta, ventana*) bar. (**c**) (*fam: borrachera*) binge; **tener una ~** (*esp LAm*) to be drunk. (**d**) **a ~s y barrancas** with great difficulty.
trancada *nf* (*paso*) stride; **en dos ~s** (*fig*) in a couple of ticks.
trancar 1g **1** *vt* (*puerta, ventana*) to bar. **2** *vi* (*al caminar*) to stride along. **3 trancarse** *vr* (*LAm: estar estreñido*) to be constipated.
trancazo *nm* (*golpe*) blow.
trance *nm* (**a**) (*momento difícil*) (difficult) moment *o* juncture; **~ mortal, último ~** last moments, dying moments; **a todo ~** at all costs; **estar en ~ de muerte** to be at death's door; **estar en ~ de hacer algo** to be on the point of doing sth. (**b**) (*de hipnotizado*) hypnotic state; (*del medium etc*) trance.
tranco *nm* (**a**) (*paso*) stride, big step; **a ~s** (*fam: rápidamente*) hastily; **andar a ~s** to walk with long strides; **en dos ~s** in a couple of ticks. (**b**) (*Arquit*) threshold.
trancón *nm* (*Col Aut*) traffic jam.
tranquilamente *adv* (*con calma*) calmly; (*pacíficamente*) peacefully.
tranquilidad *nf* calmness, tranquillity; **dijo con toda ~** he said calmly; **perder la ~** to lose patience.
tranquilizador *adj* (*música*) soothing; (*hecho*) reassuring.
tranquilizante **1** *adj* = **tranquilizador**. **2** *nm* (*Med*) tranquillizer.
tranquilizar 1f **1** *vt* to calm; (*mente*) to reassure; (*persona*) to calm down. **2 tranquilizarse** *vr* (*calmarse*) to calm down; **¡tranquilícese!** calm yourself!
tranquilo *adj* (*mar, carácter*) calm; (*sitio*) quiet, peaceful; **una tarde ~a** a quiet afternoon; **¡~!** easy does it!; **¡tú, ~!** calm down!, take it easy!; **dejar a algn ~** to leave sb alone; **ir con la conciencia ~a** to go with a clear conscience; **se quedó tan ~** he didn't bat an eyelid.
tranquilla *nf* (**a**) (*pasador*) latch, pin. (**b**) (*en conversación*) trap, catch.
tranquillo *nm* (*fam*) knack; **coger el ~ a algo** to get the hang *o* knack of sth.
Trans. *abr* (*Com*) *de* **transferencia**.
transacción *nf* (**a**) (*Com*) transaction; (*negocio*) deal; **~ comercial** business deal. (**b**) (*acuerdo*) compromise.
transar 1a *vi* (*LAm*) = **transigir**.
transatlántico **1** *adj* transatlantic. **2** *nm* (*Náut*) (ocean) liner.
transbordador *nm* (*Náut*) ferry.
transbordar 1a **1** *vt* to transfer; (*Náut*) to transship. **2** *vi*, **transbordarse** *vr* (*Ferro*) to change.
transbordo *nm* (**a**) (*Náut*) ferrying. (**b**) (*Ferro etc*) change; **hacer ~** to change (*en* at).
transcribir 3a (*pp* **transcrito**) *vt* to transcribe.
transcripción *nf* transcription.
transcrito *pp de* **transcribir**.
transcurrir 3a *vt* (**a**) (*tiempo*) to pass, elapse; **han transcurrido 7 años** 7 years have passed. (**b**) (*evento*) to be, turn out; **la tarde transcurrió aburrida** the evening was boring.
transcurso *nm* passing, lapse, course; **~ del tiempo** course *o* passing of time; **en el ~ de 8 días** in the course of a week, in the space of a week.
transeúnte **1** *adj* (*que reside transitoriamente*) transient, transitory. **2** *nmf* (*en la calle*) passer-by; (*euf: mendigo*) vagrant.
transexual *adj*, *nmf* transsexual.
transferencia *nf* transference; (*Jur, Dep*) transfer; **~ bancaria** banker's order; **~ de crédito** credit transfer.
transferible *adj* transferable.
transferir 3i *vt* (**a**) (*gen*) to transfer. (**b**) (*aplazar*) to postpone.
transfiguración *nf* transfiguration.
transfigurar 1a *vt* to transfigure (*en* into).
transformable *adj* transformable; (*Aut*) convertible.
transformación *nf* transformation (*en* into); (*cambio*) change; (*Rugby*) conversion.
transformador *nm* (*Elec*) transformer.
transformar 1a *vt* to transform (*en* into); (*cambiar*) to change.
transformismo *nm* (*Bio*) evolution, transmutation.
transformista *nmf* quick-change artist(e).
transfundir 3a *vt* (**a**) (*líquidos*) to transfuse. (**b**) (*noticias*) to tell, spread.
transfusión *nf* transfusion; **~ sanguínea** *o* **de sangre** blood transfusion.
transgredir 3a *vt*, *vi* to transgress.
transgresión *nf* transgression.
transgresor(a) *nm/f* transgressor.
transición *nf* transition (*a* to; *de* from); **período de ~** transitional period; **la ~** (*Esp Pol*) the transition *(to democracy after Franco's death (1975))*.
transicional *adj* transitional.
transido *adj* overcome; **~ de angustia** beset with anxiety; **~ de dolor** racked with pain; **~ de frío** frozen to the marrow.
transigencia *nf* (**a**) (*compromiso*) compromise. (**b**) (*actitud*) spirit of compromise.
transigente *adj* compromising; (*tolerante*) tolerant.
transigir 3c *vi* (*llegar a un acuerdo*) to compromise (*con* with; *en cuanto a* on, about); (*ceder*) to give way, make concessions; **~ en hacer algo** to agree to do sth; **yo no transijo con tales abusos** I cannot tolerate such abuses.
Transilvania *nf* Transylvania.
transistor *nm* transistor.
transistorizado *adj* transistorized.
transitable *adj* (*camino*) passable.
transitar 1a *vi* to go, travel; **calle transitada** busy street; **~ por** to go along, pass along.
transitivo *adj* transitive.
tránsito *nm* (**a**) (*acto*) transit, passage, movement; **'se prohíbe el ~'** 'no thoroughfare'; **estar de ~** to be in transit, be passing through. (**b**) (*Aut etc*) movement, traffic; **calle de mucho ~** busy street; **horas de máximo ~** rush hours. (**c**) (*de puesto*) transfer. (**d**) (*Rel*) passing, death.
transitorio *adj* (*pasajero*) transitory; (*provisional*) provisional, temporary; (*período*) transitional.
translúcido *adj* translucent.
transmigración *nf* migration, transmigration.
transmigrar 1a *vi* to migrate, transmigrate.
transmisible *adj* transmissible.
transmisión *nf* (**a**) (*acto*) transmission; (*Jur etc*) transfer; **~ de dominio** transfer of ownership. (**b**) (*Mec*)

transmission. (**c**) (*Elec*) transmission; (*Rad, TV*) transmission, broadcast(ing); ~ **en circuito** hookup; ~ **en diferido** recorded programme *o (US)* program; ~ **exterior** outside broadcast. (**d**) ~**es** (*Mil*) signals (corps). (**e**) (*Inform*) ~ **de datos** data transmission.

transmisor 1 *adj* transmitting; **aparato ~, estación ~a** transmitter. **2** *nm* transmitter.

transmisora *nf* (*estación*) transmitter.

transmitir 3a *vt, vi* to transmit (*a* to); (*Rad, TV*) to transmit, broadcast; (*bienes, saludos, recados*) to pass on; (*Jur*) to transfer (*a* to); (*enfermedad*) to give, pass on.

transmutación *nf* transmutation.

transmutar 1a *vt* to transmute (*en* into).

transparencia *nf* (**a**) transparency; (*claridad*) clarity, clearness. (**b**) (*Fot*) slide, transparency.

transparentar 1a **1** *vt* (*dejar ver*) to reveal, allow to be seen; (*emoción*) to reveal, betray. **2** *vi* (*ser transparente*) to be transparent; (*dejarse ver*) to show through. **3 transparentarse** *vr* (**a**) (*vidrio, agua etc*) to be transparent, be clear; (*objeto etc*) to show through. (**b**) (*fig*) to show clearly; **se transparentaba su verdadera intención** his real intention became plain.

transparente 1 *adj* transparent; (*aire*) clear; (*fig*) transparent, clear. **2** *nm* (*pantalla*) blind, shade.

transpiración *nf* (*sudor*) perspiration; (*Bot*) transpiration.

transpirar 1a *vi* (**a**) (*sudar*) to perspire; (*Bot*) to transpire. (**b**) (*fig: revelarse*) to transpire, become known.

transpirenaico, transpireneo *adj* (*ruta etc*) trans-Pyrenean.

transponer 2q (*pp* **transpuesto**) **1** *vt* (**a**) to transpose; (*mudar de sitio*) to switch over, move about. (**b**) (*trasplantar*) to transplant. **2** *vi* (*desaparecer*) to disappear from view; (*ir más allá*) to go beyond; (*el sol*) to go down. **3 transponerse** *vr* (**a**) (*de lugar*) to change places. (**b**) (*esconderse*) to hide (behind) sth; (*el sol*) to go down. (**c**) (*dormirse*) to doze (off).

transportable *adj* transportable; **fácilmente** ~ easily carried.

transportador *nm* (**a**) (*Mec*) conveyor, transporter; ~ **de correa** belt conveyor. (**b**) (*Mat*) protractor.

transportar 1a **1** *vt* (**a**) to transport; (*llevar*) to carry; (*Náut*) to ship; (*Elec: corriente*) to transmit; **el avión podrá ~ 100 pasajeros** the plane will be able to carry 100 passengers. (**b**) (*Mús*) to transpose. **2 transportarse** *vr* (*fig: de alegría etc*) to get carried away, be enraptured.

transporte *nm* (**a**) (*acto*) transport; (*Com*) haulage, carriage; ~ **por carretera** road transport; ~ **escolar** school buses; **Ministerio de T~s** Ministry of Transport, Department of Transportation *(US)*. (**b**) (*Náut*) transport, troopship.

transportista *nm* (*Aer etc*) carrier; (*Aut*) haulier, haulage contractor.

transposición *nf* (*tb Mús*) transposition.

transpuesto *pp de* **transponer**.

transversal 1 *adj* transverse, cross; **calle** ~ cross street. **2** *nf* cross street.

transversalmente *adv* obliquely.

transverso *adj* = **transversal 1**.

transvestido/a *adj, nm/f* transvestite.

tranvía *nm* (tram)car, streetcar *(US)*; (*sistema*) tramway.

trapacear 1a *vi* (*fam*) to cheat, be on the fiddle.

trapacería *nf* (*fam: trampa*) racket, fiddle.

trapacero 1 *adj* (*tramposo*) dishonest, swindling. **2** *nm* (*pillo*) cheat, swindler.

trapajoso *adj* (*andrajoso*) shabby, ragged.

trápala 1 *nf* (**a**) (*de caballo*) clatter, clip-clop. (**b**) (*fam: jaleo*) row, uproar; (*: embuste*) swindle, trick. **2** *nmf* (**a**) (*fam: hablador*) chatterbox. (**b**) (*fam: embustero*) swindler, cheat.

trapatiesta *nf* (*fam: jaleo*) commotion, uproar; (*: pelea*) fight, brawl.

trapeador *nm* (*LAm*) floor mop.

trapear 1a *vt* (*LAm: el suelo*) to mop.

trapecio *nm* trapeze; (*Mat*) trapezium.

trapecista *nmf* trapeze artist(e).

trapería *nf* (**a**) (*trapos*) rags. (**b**) (*tienda*) old clothes shop.

trapero *nm* ragman.

trapezoide *nm* trapezoid.

trapiche *nm* (*para aceite de olivo*) olive-oil press; (*para azúcar*) sugar mill.

trapichear 1a *vi* (*fam: hacer trampa*) to be on the fiddle; (*tramar*) to plot, scheme.

trapicheos *nmpl* (*fam: trampas*) fiddles, shady dealing *sg*; (*conjuras*) plots, schemes.

trapichero *nm* (*trabajador*) sugar-mill worker.

trapío *nm* (*fig, fam*) charm; (*garbo*) elegance.

trapisonda *nf* (**a**) (*pelea*) row, brawl. (**b**) (*fam: trampa*) swindle, fiddle.

trapisondear 1a *vi* (*enredar*) to scheme, plot, intrigue (*fam*); (*hacer trampa*) to fiddle, wangle.

trapito *nm* rag; ~**s** (*fam: ropa*) clothes.

trapo *nm* (**a**) rag; **dejar a algn hecho un ~, poner a algn como un** ~ to give sb a dressing-down; (*en discusión*) to flatten sb.

(**b**) (*tb* ~ **del polvo**) duster; (*de limpiar*) rag, cleaning cloth; **pasar un ~ por algo** to give sth a wipe over *o* down.

(**c**) (*Taur fam*) cape.

(**d**) (*fam: de mujer*); ~**s** clothes, dresses; **gasta una barbaridad en ~s** she spends an awful lot on clothes; **sacar los ~s (a relucir)** to bring the skeletons out of the cupboard.

(**e**) (*Náut: vela*) canvas, sails *pl*; **a todo** ~ under full sail; (*muy rápido*) at full speed, flat out; **llorar** *etc* **a todo** ~ to cry *etc* uncontrollably.

(**f**) **soltar el** ~ (*llorar*) to burst into tears; (*reír*) to burst out laughing.

tráquea *nf* trachea, windpipe.

tras 1 *prep* (**a**) (*espacio*) behind; (*después de*) after; **día ~ día** day after day; **uno ~ otro** one after the other; (*en pos de*) **andar** *o* **estar ~ algo** to be looking for sth. (**b**) ~ **de hacer algo** besides doing sth, in addition to doing sth. **2** *nm* (*fam: trasero*) bottom, backside.

tras... *pref V* **trans...**.

trasbocar 1g *vt, vi* (*And, CSur: fam: vomitar*) to vomit.

trascendencia *nf* (**a**) (*importancia*) importance, significance; (*consecuencias*) implications, consequences; **discusión sin** ~ discussion of no particular significance. (**b**) (*Fil*) transcendence.

trascendental *adj* (**a**) (*importante*) important, significant; (*efecto*) far-reaching. (**b**) (*Fil*) transcendental.

trascendente *adj* = **trascendental**.

trascender 2g *vi* (**a**) (*oler*) to smell (*a* of); (*heder*) to reek (*a* of); **el olor de la cocina trascendía hasta nosotros** the kitchen smell reached as far as us.

(**b**) (*fig: sugerir*) **en su novela todo trasciende a romanticismo** everything in his novel smacks of romanticism.

(**c**) (*noticias*) to come out, leak out; ~ **a** to become known to, spread to; **por fin ha trascendido la noticia** the news has come out at last.

(**d**) (*eventos, sentimientos*) to spread, have a wide effect; ~ **a** to reach, have an effect on; **su influencia trasciende a los países más remotos** his influence extends to the most remote countries; ~ **de** to go beyond (the limits of).

trasegar 1h, 1j *vt* (**a**) (*cambiar de sitio*) to move about, switch round; (*vino*) to decant. (**b**) (*trastornar*) to mix up.

trasero 1 *adj* (*gen*) back, rear; **rueda ~a** back wheel, rear wheel. **2** *nm* (*Anat*) bottom, buttocks *pl*; (*Zool*) hindquarters *pl*, rump.

trasfondo *nm* background; (*de crítica etc*) undertone.

trasgo *nm* (*duende*) goblin, imp.

trashumación *nf* (*migración*) seasonal migration.

trashumante *adj* (*animales*) migrating; (*tribu etc*) nomadic.

trashumar [1a] *vi* (*emigrar*) to make the seasonal migration; (*fig*) to move to new pastures.

trasiego *nm* (**a**) (*cambiar de sitio*) move, switch; (*de vino*) decanting. (**b**) (*trastorno*) upset.

traslación *nf* (**a**) (*Astron*) movement, passage. (**b**) (*copiar*) copy(ing). (**c**) (*metáfora*) metaphor.

trasladar [1a] **1** *vt* (**a**) (*mudar*) to move; (*quitar*) to remove; (*persona*) to move, transfer (*a* to). (**b**) (*evento*) to postpone (*a* until); (*reunión*) to adjourn (*a* to). (**c**) (*documento*) to copy. (**d**) (*sentimientos*) to express; ~ **su pensamiento al papel** to put one's thoughts on paper. (**e**) (*idioma*) to translate (*a* into). **2 trasladarse** *vr* (*irse*) to go; (*mudarse*) to move (*a* to); ~ **a otro puesto** to move to a new job.

traslado *nm* (**a**) (*mudanza*) move; (*cambio de residencia*) removal; (*de persona*) transfer; ~ **de bloque** (*Inform*) block move, cut-and-paste. (**b**) (*copia*) copy; (*Jur*) notification; **dar ~ a algn de una orden** to give sb a copy of an order.

traslucir [3f] **1** *vt* (*mostrar*) to show; (*revelar*) to reveal, betray; (*sugerir*) **dejar ~ algo** to suggest sth. **2 traslucirse** *vr* (**a**) to be transparent. (**b**) (*fig: inferirse*) to reveal itself, be revealed; (*ser obvio*) to be plain to see; **en su cara se traslucía cierto pesimismo** a certain pessimism was revealed in his expression.

traslumbrar [1a] *vt* to dazzle.

trasluz *nm* (**a**) (*luz difusa*) diffused light; (*luz reflejada*) reflected light, gleam. (**b**) **mirar algo al ~** to look at sth against the light.

trasmano (**a**) **a ~** *adv* (*fuera de alcance*) out of reach; (*fig: apartado*) out of the way. (**b**) (*And*) **por ~** *adv* (*secretamente*) secretly.

trasminarse [1a] *vr* (*pasar a través*) to filter *o* pass through.

trasnochada *nf* (**a**) (*vigilia*) vigil, watch; (*sin dormir*) sleepless night. (**b**) (*Mil*) night attack. (**c**) (*noche anterior*) last night, the night before.

trasnochado *adj* (**a**) (*comida*) stale, old; (*fig: obsoleto*) obsolete, ancient. (**b**) (*persona: ojeroso*) haggard, run-down.

trasnochador 1 *adj* given to staying up late. **2** *nm* (*fig*) night bird.

trasnochar [1a] **1** *vt* (*un problema*) to sleep on. **2** *vi* (*acostarse tarde*) to stay up late; (*fig*) to have a night on the tiles. **3 trasnocharse** *vr* (*Méx fam*) = **2**.

traspapelar [1a] **1** *vt* (*papeles*) to lose, mislay. **2 traspapelarse** *vr* to get mislaid.

traspasar [1a] *vt* (**a**) (*penetrar*) to pierce, go through; **la bala le traspasó el pulmón** the bullet pierced his lung; ~ **a algn con una espada** to run sb through with a sword.

(**b**) (*fig: suj: dolor etc*) to pierce, to pain; **un ruido que traspasa el oído** a noise which pierces your ear; **el grito me traspasó** the yell went right through me; **la escena me traspasó el corazón** the scene pierced me to the core.

(**c**) (*calle etc*) to cross over.

(**d**) (*límites*) to go beyond, overstep; **esto traspasa los límites de lo tolerable** this goes beyond the limits of what is tolerable.

(**e**) (*Jur*) to break, infringe.

(**f**) (*propiedad etc: transferir*) to transfer; (*: vender*) to sell, make over; (*Jur*) to convey; **'traspaso negocio'** 'business for sale'.

traspaso *nm* (**a**) (*venta*) transfer, sale; (*Jur*) conveyance. (**b**) (*propiedad, bienes*) property transferred, goods *etc* sold.

traspatio *nm* (*LAm*) backyard.

traspié *nm* (**a**) (*tropezón*) trip, stumble; **dar un ~** to trip, stumble. (**b**) (*fig: patochada*) blunder.

trasplantar [1a] **1** *vt* (*Bot, Med*) to transplant. **2 trasplantarse** *vr* (*emigrar*) to emigrate.

trasplante *nm* (**a**) (*Bot*) transplanting. (**b**) (*Med*) transplant.

trasquilar [1a] *vt* (*oveja*) to shear, clip; (*pelo, persona*) to crop.

trastabillar [1a] *vi* (*esp LAm: dar tropezones*) to stagger, stumble.

trastada *nf* (*fam*) dirty trick; (*travesura*) prank; (*broma pesada*) practical joke; **hacer una ~ a algn** to play a dirty trick on sb.

trastazo *nm* bump, bang, thump; **darse** *o* **pegarse un ~** to come a cropper *(fam)*.

traste *nm* (**a**) (*Mús: de guitarra*) fret. (**b**) **dar al ~ con algo** to spoil sth, mess sth up; **dar al ~ con una fortuna** to squander a fortune; **dar al ~ con los planes** to ruin one's plans; **ir al ~** to fall through, be ruined. (**c**) (*Arg fam*) bottom, bum *(fam)*, ass *(US fam)*.

trastear [1a] **1** *vt* (**a**) (*Mús: tocar*) to play (well). (**b**) (*objetos*) to move around; (*: revolver*) to disarrange. (**c**) (*Taur*) to play with the cape. (**d**) (*fig: persona*) to twist around one's little finger. **2** *vi* (*hurgar*) ~ **con** *o* **en** to rummage among.

trastero *nm* lumber room, storage room *(US)*.

trastienda *nf* (**a**) (*de tienda*) back room; **obtener algo por la ~** to get sth under the counter. (**b**) (*fam: astucia*) cunning; **tiene mucha ~** he's a sharp one.

trasto *nm* (**a**) (*mueble*) piece of furniture; (*utensilio*) utensil; (*pey: cosa inútil*) piece of junk; **tirarse los ~s a la cabeza** to have a blazing row. (**b**) (*Teat*) **~s** scenery *sg*. (**c**) (*fam: equipo*) **~s** gear *sg*, tackle *sg*; **~s de matar** weapons; **~s de pescar** fishing tackle *sg*; **liar los ~s** to pack up and go. (**d**) (*fam: niño*) little rascal.

trastocar [1g, 1l] *vt* (*fam*) = **trastrocar**.

trastornado *adj* (*persona*) mad, crazy.

trastornar [1a] **1** *vt* (**a**) (*volcar*) to overturn, upset; (*objetos*) to mix up, turn upside down; (*orden*) to disturb. (**b**) (*fig: ideas etc*) to confuse; (*inquietar*) to upset, trouble. (**c**) (*fig: la mente*) to unhinge; (*: persona*) to drive crazy; **esa chica le ha trastornado** that girl is driving him crazy. **2 trastornarse** *vr* (**a**) (*proyectos*) to fall through, be ruined. (**b**) (*persona*) to go crazy, go out of one's mind.

trastorno *nm* (**a**) (*acto de volcar*) overturning, upsetting; (*confusión*) mixing up. (**b**) (*fig: mental*) confusion; (*Pol*) disturbance, upheaval; **los ~s políticos** the political disturbances. (**c**) (*Med*) upset; ~ **estomacal** stomach upset. (**d**) ~ **mental** mental disorder, breakdown.

trastrocar [1g, 1l] *vt* (**a**) (*objetos*) to switch over, change round; (*orden*) to reverse. (**b**) (*palabras*) to change, transform.

trastrueque *nm* (**a**) (*cambio de orden*) switch, reversal. (**b**) (*transformación*) change.

trasudar [1a] *vi* (*atleta*) to sweat lightly; (*cosa*) to seep.

trasuntar [1a] *vt* (**a**) (*copiar*) to copy. (**b**) (*resumir*) to summarize.

trasunto *nm* (**a**) (*copia*) copy, transcription. (**b**) (*fig: semejanza*) image, likeness; **fiel ~** exact likeness; **esto es un ~ en menor escala de lo que ocurrió** this is a repetition on a smaller scale of what happened.

trasvasar [1a] *vt* (*vino etc*) to pour into another container, transfer; (*río*) to divert.

trasvase *nm* pouring; (*de río*) diversion.

trata *nf* (*tb* ~ **de esclavos** *o* **de negros**) slave trade; ~ **de blancas** white slave trade.

tratable *adj* (*amable*) friendly, sociable.

tratadista *nmf* writer (of a treatise); (*de ensayos*) essayist.

tratado *nm* (**a**) (*Com*) agreement; (*Pol*) treaty, pact; ~ **de paz** peace treaty. (**b**) (*Lit*) treatise; **un ~ de física** a treatise on physics.

tratamiento *nm* (**a**) (*gen*) treatment; (*Téc*) processing; (*de problema*) handling; ~ **de datos/de gráficos/por lotes** (*Inform*) data/graphics/batch processing; ~ **médico** medical treatment; ~ **con rayos X** X-ray treatment. (**b**) (*título*) title, style (of address); ~ **de tú** familiar address.

tratante *nmf* (*negociante*) dealer, trader (*en* in).

tratar 1a **1** *vt* (**a**) (*gen*) to treat, handle; **la tratan muy bien** they treat her well; ~ **a algn a patadas** to kick sb around; **hay que** ~ **el asunto con cuidado** the matter should be handled carefully; ~ **a algn con un nuevo fármaco** (*Quím, Med*) to treat sb with a new drug; ~ **a algn de loco** to treat sb like a madman.

(**b**) (*personas*) ~ **a algn** to have dealings with sb.

(**c**) ~ **a algn de tú** to address sb as 'tú'; **¿cómo le hemos de ~?** how should we address him?

(**d**) (*Inform, Téc*) to process.

(**e**) (*acuerdo, paz etc*) to negotiate.

2 *vi* (**a**) ~ **de** (*un libro*) to deal with, be about; (*personas*) to talk about, discuss; **este libro trata de las leyendas épicas** this book is about the epic legends.

(**b**) ~ **con** (*tema*) to have to do with, deal with; (*persona*) to know, have contacts with; (*enemigo*) to negotiate with; **el geólogo trata con rocas** the geologist deals with rocks; **no tratamos con traidores** we don't deal with traitors.

(**c**) ~ **de hacer algo** to try to do sth, endeavour *o (US)* endeavor to do sth.

(**d**) (*Com*) ~ **en** to deal in.

3 tratarse *vr* (**a**) (*cuidarse*) ~ **bien** to look after o.s.; **ahora se trata con mucho cuidado** he looks after himself very carefully now.

(**b**) (*dos personas*) to treat each other.

(**c**) **se tratan de usted** they address each other as 'usted'; **¿cómo nos hemos de tratar?** how should we address each other?

(**d**) ~ **con algn** to have to do with sb.

(**e**) (*acerca de*) **se trata de la nueva piscina** it's about the new pool; **se trata de aplazarlo un mes** it's a question of putting it off for a month; **¿de qué se trata?** what's it about?; (*¿cuál es el problema?*) what's up?, what's the trouble?

tratativas *nfpl* (*CSur: trámites*) negotiations, steps.

trato *nm* (**a**) (*entre personas*) intercourse, dealings; (*relación*) relationship; ~ **sexual** sexual intercourse; **entrar en ~s con algn** to enter into relations *o* negotiations with sb; **romper el** ~ **con algn** to break off relations with sb.

(**b**) **~s** (*de personas*) treatment; **malos ~s** ill treatment, rough treatment.

(**c**) (*conducta*) manner, behaviour, behavior *(US)*; **de fácil** ~ easy to get on with; **de** ~ **agradable** pleasant.

(**d**) (*Com, Jur*) contract; (*fig*) deal; **~s** dealings; ~ **equitativo** fair deal; **¡~ hecho!** it's a deal!; **cerrar un** ~ to do a deal.

(**e**) (*Ling*) title, style of address; **dar a algn el** ~ **debido** to give sb his proper title.

trauma *nm* trauma.

traumático *adj* traumatic.

traumatismo *nm* traumatism.

traumatizante *adj* traumatic.

traumatizar 1f *vt* (*Med, Psic*) to traumatize; (*fig*) to shock, affect profoundly.

traumatólogo/a *nm/f* traumatologist.

través 1 *nm* (**a**) (*Arquit: viga*) crossbeam. (**b**) (*inclinación*) slant. (**c**) (*fig: contratiempo*) reverse. **2** *adv*: **al** ~ across, crossways; **de** ~ across; (*de lado*) sideways; **hubo que introducirlo de** ~ it had to be squeezed in sideways; **mirar de** ~ to squint; **mirar a algn de** ~ to look sideways at sb; (*fig*) to look askance at sb. **3** *prep*: **a ~ de, al ~ de** across; (*por medio de*) through; **un árbol caído a ~ de los carriles** a tree fallen across the lines; **lo sé a ~ de un amigo** I know about it through a friend.

travesaño *nm* (*Arquit*) crossbeam; (*Dep*) crossbar.

travesía *nf* (**a**) (*vía*) crossroad, crossway. (**b**) (*viaje*) journey; (*Náut, Aer*) crossing. (**c**) (*Náut: viento*) crosswind.

travesura *nf* prank, lark; **son ~s de niños** they're just childish pranks.

traviesa *nf* (**a**) (*Arquit: viga*) crossbeam. (**b**) (*Ferro*) sleeper. (**c**) (*Min*) cross gallery. (**d**) **a campo** ~ cross-country.

travieso *adj* (*niño*) naughty, mischievous.

trayecto *nm* (**a**) (*camino*) road, way; (*etapa*) stretch; **destrozó un** ~ **de various kilómetros** it destroyed a stretch several km long; **final del** ~ end of the line; **recorrer un** ~ to cover a distance. (**b**) (*viaje*) journey; (*de bala*) trajectory; **comeremos durante el** ~ we'll eat on the journey.

trayectoria *nf* (**a**) (*camino*) trajectory, path. (**b**) (*fig: desarrollo*) development, path; **la** ~ **actual del partido** the party's present line; ~ **profesional** career.

traza *nf* (**a**) (*Arquit, Téc*) plan, design. (**b**) (*de persona*) appearance; **por** *o* **según las ~s** judging by appearances; **llevar buena** ~ to look well. (**c**) (*medio*) means *pl*; (*pey: engaño*) trick; **darse** ~ to find a way. (**d**) (*habilidad*) skill, ability; **tener (buena)** ~ **para hacer algo** to be skilful *o (US)* skillful at doing sth. (**e**) (*Inform*) trace.

trazado *nm* (**a**) (*Arquit, Téc*) plan, design; (*disposición*) layout; (*esbozo*) sketch; (*de carretera etc*) line, route. (**b**) (*fig: apariencia*) appearance.

trazador(a) 1 *adj* (*Mil, Fís*) tracer *atr*; **bala ~a** tracer bullet. **2** *nm/f* (*persona*) planner, designer.

trazar 1f *vt* (**a**) (*Arquit, Téc*) to plan, design; (*disponer*) to lay out; (*dibujar*) to draw; (*Arte: esbozar*) to sketch; (*fronteras*) to mark out; (*itinerario: hacer*) to plot; (*: seguir*) to follow. (**b**) (*fig: desarrollo, política etc*) to lay down, mark out. (**c**) (*explicar*) to outline.

trazo *nm* (**a**) (*línea*) line, stroke; ~ **de lápiz** pencil mark. (**b**) (*esbozo*) sketch, outline; **~s** (*de cara*) lines, features; **de ~s enérgicos** vigorouslooking.

TRB *nfpl abr de* **toneladas de registro bruto** GRT.

TRC *nm abr de* **tubo de rayos catódicos** CRT.

trebejos *nmpl* (**a**) (*utensilios*) equipment *sg*, things; ~ **de cocina** kitchen utensils. (**b**) (*Ajedrez*) chessmen.

trébol *nm* (**a**) (*Bot*) clover. (**b**) (*Arquit*) trefoil. (**c**) (*Naipes*) **~es** clubs.

trece *adj* thirteen; (*fecha*) thirteenth; **estar en sus** ~ to stand firm; *V* **seis**.

treceavo *nm* a thirteenth part; *V* **mes (b)**.

trecho *nm* (**a**) (*tramo*) stretch; (*distancia*) way, distance; (*tiempo*) while; **andar un buen** ~ to walk a good way; **a ~s** (*en parte*) in parts; (*cada tanto*) intermittently; **de** ~ **en** ~ every so often. (**b**) (*Agr: parcela*) plot, patch. (**c**) (*fam: pedazo*) bit, part; **queda un buen** ~ **que hacer** there's still quite a bit to do.

tregua *nf* (**a**) (*Mil*) truce. (**b**) (*fig: descanso*) lull, respite; **sin** ~ without respite; **no dar** ~ to give no respite.

treinta *adj* thirty; (*fecha*) thirtieth; *V tb* **seis**.

treintena *nf* (about) thirty.

tremebundo *adj* (*terrible*) terrible; (*amenazador*) threatening.

tremendamente *adv* (*fam*) tremendously.

tremendo *adj* (**a**) (*terrible*) terrible, frightful. (**b**) (*imponente*) imposing, awesome. (**c**) (*fam: grandísimo etc*) tremendous; (*: imponente*) awful; **le dio una ~a paliza** he gave him a tremendous beating. (**d**) (*fam: persona*) entertaining; **es ~, ¿eh?** isn't he a scream? (*fam*), isn't he great? (**e**) **tomarse algo a la ~a** to make a great fuss about sth.

trementina *nf* turpentine.

tremolar 1a **1** *vt* (*bandera*) to wave. **2** *vi* to wave, flutter.

trémulamente *adv* tremulously; (*decir*) quaveringly; (*tímidamente*) timidly.

trémulo *adj* tremulous; (*voz*) quavering; (*luz*) flickering.

tren *nm* (a) (*Ferro*) train; ~ **directo/expreso/(de) mercancías/de pasajeros/suplementario** through/night/goods *o* freight/passenger/relief train; ~ **de largo recorrido** long-distance train; **cambiar de** ~ to change trains; **coger el** ~ **en marcha** (*fig*) to climb *o* jump on the bandwagon; **está como para parar un** ~ (*Esp fam*) (s)he's hot stuff (*fam*), (s)he's a bit of alright (*fam*); **tenemos libros para parar un** ~ (*fam*) we have stacks of books (*fam*); **perder el** ~ (*fig*) to miss the boat; **tomar un** ~ to catch a train; **ir en** ~ to go by train.
(b) (*bagaje*) luggage; (*equipo*) equipment.
(c) (*Mec*) set (*of gears, wheel etc*); ~ **de aterrizaje** (*Aer*) undercarriage, landing gear.
(d) (*Mil*) convoy.
(e) ~ **de vida** way of life; **vivir a todo** ~ to live in style.
(f) (*velocidad*) speed; **a fuerte** ~ fast.

trena *nf* (*fam: cárcel*) clink.

trenca *nf* duffle-coat.

trencilla *nf*, **trencillo** *nm* braid.

Trento *nm* Trent; **Concilio de** ~ Council of Trent.

trenza *nf* (a) (*de cabello*) plait, braid (*US*), pigtail; (*Cos*) braid; ~ **postiza** hairpiece. (b) (*LAm: de cebollas*) string.

trenzado 1 *adj* (*cabello*) plaited; (*Cos*) braided; (*entrelazado*) intertwined. **2** *nm* plait.

trenzar [1f] **1** *vt* (*cabello*) to plait, braid (*US*); (*Cos*) to braid; (*hilo*) to weave. **2 trenzarse** *vr* (*LAm fam*) to come to blows; ~ **en una discusión** to get involved in an argument.

trepa[1] **1** *nf* (a) (*subida*) climb, climbing. (b) (*voltereta*) somersault. (c) (*ardid*) trick, ruse. **2** *nmf* (*fam: arribista*) social climber.

trepa[2] *nf* (a) (*Téc: taladrar*) drilling. (b) (*Cos: guarnición*) trimming. (c) (*de madera*) grain.

trepador 1 *adj* (*planta*) climbing, rambling. **2** *nm* (*Bot*) climber, rambler.

trepar[1] [1a] *vt, vi* to climb (*a* up); (*roca, montaña*) to scale; (*Bot*) to climb (*por* up); ~ **a un árbol** to climb (up) a tree.

trepar[2] [1a] *vt* (a) (*Téc: taladrar*) to drill, bore. (b) (*Cos*) to trim.

trepidación *nf* vibration.

trepidante *adj* shaking, vibrating; (*fig*) shattering; (*ritmo*) frantic.

trepidar [1a] *vi* (a) (*temblar*) to shake, vibrate. (b) (*LAm: vacilar*) to hesitate, waver.

tres 1 *adj* three; (*fecha*) third; **las** ~ three o'clock; **de** ~ **al cuarto** cheap, poor quality; **ni a la de** ~ on no account, not by a long shot. **2** *nm* three; *V tb* **seis**.

trescientos/as *adj*, *nmpl/nfpl* three hundred; *V tb* **seiscientos**.

tresillo *nm* (a) (*de muebles*) three-piece suite. (b) (*Mús*) triplet.

treta *nf* (a) (*Esgrima*) feint. (b) (*fig: ardid*) trick, ruse.

tri... *pref* tri..., three-.

tríada *nf* triad.

trial *nm* (*Dep*) trial.

triangular 1 *adj* triangular. **2** [1a] *vt* to triangulate.

triángulo *nm* (*Mat, Mús*) triangle.

triates *nmpl* (*Méx: trillizos*) triplets.

tribal *adj* tribal.

tribu *nf* tribe.

tribulación *nf* tribulation.

tribuna *nf* (a) (*de orador*) platform, rostrum. (b) (*Dep etc*) stand, grandstand; ~ **de la prensa** press box. (c) (*Rel*) gallery; ~ **del órgano** organ loft. (d) (*Jur*) ~ **del acusado** dock; ~ **del jurado** jury box.

tribunal *nm* (a) (*Jur*) court; (*: personas*) court, bench; **T~ de Justicia de las Comunidades Europeas** European Court of Justice; ~ **juvenil**, ~ **(tutelar) de menores** juvenile court; **T~ Supremo** High Court, Supreme Court (*US*); **en pleno** ~ in open court; **llevar a algn ante los ~es** to take sb to court. (b) (*Pol, comisión investigadora*) tribunal. (c) (*Univ: examinadores*) board of examiners. (d) (*fig*) tribunal; (*foro*) forum; **el** ~ **de la opinión pública** the forum of public opinion.

tribuno *nm* tribune.

tributación *nf* (a) (*pago*) payment. (b) (*impuesto*) taxation.

tributar [1a] *vt* (*lit, fig*) to pay.

tributario 1 *adj* (a) (*Geog, Pol*) tributary *atr*. (b) (*Fin*) tax, taxation *atr*; **sistema** ~ tax system. **2** *nm* tributary.

tributo *nm* (a) tribute. (b) (*Fin: impuesto*) tax.

tricentésimo *adj* three hundredth.

triciclo *nm* tricycle.

tricolor 1 *adj* tricolour, tricolor (*US*), three-coloured, three-colored (*US*); **bandera** ~ tricolour. **2** *nm* tricolour.

tricornio *nm* three-cornered hat.

tricota *nf* (*LAm*) heavy knitted sweater.

tricotar [1a] *vti* to knit.

tricotosa *nf* knitting-machine.

tridente *nm* trident.

tridimensional *adj* three-dimensional.

trienio *nm* (a) period of three years. (b) (*pago*) *monthly bonus for each three-year period worked with the same employer*.

trifulca *nf* (*fam*) row.

trigal *nm* wheat field.

trigésimo *adj* thirtieth; *V tb* **sexto 1**.

trigo *nm* (a) (*Bot*) wheat; ~ **sarraceno** buckwheat; **de** ~ **entero** wholemeal; **no es** ~ **limpio** (*fig*) he's dishonest. (b) ~**s** wheat *sg*, wheat field(s); **meterse en ~s ajenos** to meddle in somebody else's affairs.

trigonometría *nf* trigonometry.

trigonométrico *adj* trigonometric(al).

trigueño *adj* (*cabello*) dark blond; (*rostro*) olive-skinned; (*LAm: euf*) dark-skinned, coloured, colored (*US*).

triguero 1 *adj* wheat *atr*. **2** *nm* (*comerciante*) corn merchant.

trilátero *adj* trilateral, three-sided.

trilogía *nf* trilogy.

trilla *nf* (*Agr*) threshing.

trillado *adj* (a) (*Agr*) threshed. (b) (*fig: camino*) beaten, well-trodden. (c) (*fig: tema*) well-worn.

trilladora *nf* threshing machine.

trillar [1a] *vt* (*Agr*) to thresh.

trillizos/as *nmpl/nfpl* triplets.

trillo *nm* threshing machine.

trimestral *adj* quarterly, three-monthly; (*Univ*) term *atr*.

trimestre *nm* (a) (*período*) quarter, period of three months; (*Univ*) term. (b) (*Fin*) quarterly payment.

trinar [1a] *vi* (*Mús*) to trill; (*Orn*) to sing, warble; **está que trina** (*fam*) he's hopping mad.

trincar[1] [1g] *vt* (a) (*atar*) to tie up, bind; (*Naút*) to lash. (b) (*inmovilizar*) to pinion, hold by the arms. (c) (*fam: detener*) to nick (*fam*), lift (*fam*).

trincar[2] [1g] *vi* (*romper*) to break up; (*tajar*) to chop up.

trincar[3] [1g] *vti* (*beber*) to drink.

trinchador *nm* carving knife.

trinchante *nm* (*para cortar carne*) carving knife; (*tenedor*) meat fork.

trinchar [1a] *vt* (*cortar*) to carve, cut up.

trinche *nm* (*LAm: tenedor*) fork.

trinchera *nf* (a) (*zanja*) ditch; (*Mil*) trench; (*Ferro*) cutting; **guerra de ~s** trench warfare. (b) (*abrigo*) trench coat.

trineo *nm* (*pequeño*) sledge, sled (*US*); (*grande*) sleigh; ~ **de perros** dog sleigh.

Trinidad *nf* (a) (*Rel*) Trinity; **t~** (*fig*) trio. (b) (*Geog*) Trinidad.

trino *nm* (*Orn*) warble, trill; (*Mús*) trill.

trinquete[1] *nm* (*Mec*) pawl; (*de rueda dentada*) ratchet.

trinquete[2] *nm* (a) (*Náut: palo*) foremast; (*: vela*) foresail. (b) (*Dep*) pelota court.

trío *nm* trio.

tripa *nf* (**a**) (*Anat*) intestine, gut; ~**s** (*Anat*) guts, insides, innards *(fam)*; (*Culin*) tripe *sg*; **me duelen las ~s** I have a stomach ache; **echar las ~s** to retch, vomit violently; **hacer de ~s corazón** to pluck up courage; **quitar las ~s a un pez** to gut a fish; **revolver las ~s algn** (*fig*) to turn sb's stomach; **¡te sacaré las ~s!** I'll rip you apart!

(**b**) (*fig, fam*) belly, tummy; **tener mucha** ~ to be fat, be paunchy.

(**c**) (*de fruta*) core.

(**d**) (*Mec fam*) ~**s** innards *(fam)*, works; (*piezas*) parts; **sacar las ~s de un reloj** to take out the works of a watch.

(**e**) (*de vasija*) belly, bulge.

tripartito *adj* tripartite.

triple 1 *adj* triple; (*tres veces*) threefold. **2** *nm* triple; **es el ~ de lo que era** it is three times what *o* as big as it was.

triplicado *adj* triplicate; **por** ~ in triplicate.

triplicar [1g] *vt*, **triplicarse** *vr* to treble, triple.

trípode *nm* tripod.

Trípoli *nm* Tripoli.

tríptico *nm* (*Arte*) triptych; (*documento*) threepart document.

tripulación *nf* crew.

tripulado *adj*: **vuelo** ~ manned flight.

tripulante *nm* (*de barco, avión*) crew member.

tripular [1a] *vt* (**a**) (*barco, avión*) to man. (**b**) (*Aut etc*) to drive.

triquiñuela *nf* (*truco*) trick, dodge; **saber las ~s del oficio** to know the tricks of the trade.

triquitraque *nm* string of fire-crackers.

tris *nm* (**a**) (*estallido*) crack; (*al rasgarse*) rip. (**b**) **en un** ~ in a trice; **estar en un ~ de hacer algo** to be within an inch of doing sth.

trisca *nf* (**a**) (*crujido*) crunch. (**b**) (*bulla*) uproar; (*fam*) rumpus, row.

triscar [1g] *vt* (**a**) (*enredar*) to mix, mingle. (**b**) (*una sierra*) to set.

trisemanal *adj* triweekly.

triste 1 *adj* (**a**) (*persona*) sad; (*desgraciado*) miserable; (*carácter*) gloomy, melancholy; (*apariencia*) sad-looking; **poner ~ a algn** to make sb sad *o* unhappy; **ponerse** ~ to become sad.

(**b**) (*noticias, canción etc*) sad; (*paisaje*) dismal, desolate; (*cuarto*) gloomy.

(**c**) (*fig: situación, persona*) sorry, sad; **hizo un ~ papel** he cut a sorry figure; **la ~ verdad es que ...** the sorry truth is that ...; **es ~ verle así** it is sad to see him like that.

(**d**) (*fam: flor*) withered.

(**e**) (*fam: desgraciado*) miserable; (*desdichado*) wretched; (*único*) single; **no queda sino un ~ penique** there's just one miserable penny left; **su padre es un ~ vigilante** his father is just a poor old watchman.

(**f**) (*LAm: pobre*) poor, wretched.

2 *nm* (*LAm: canción*) sad love song.

tristemente *adv* sadly; (*con pena*) miserably; **el ~ famoso lugar** the place which enjoys a sorry fame.

tristeza *nf* (**a**) (*de persona etc*) sadness; (*pena*) misery; (*melancolía*) melancholy. (**b**) (*de lugar*) desolation, dreariness. (**c**) ~**s** (*fam*) sad news, unhappy events.

tristón *adj* sad, downhearted.

tritón *nm* (*Zool*) newt.

trituradora *nf* (*Mec*) grinder, crushing machine.

triturar [1a] *vi* to grind.

triunfador(a) 1 *adj* triumphant; (*ganador*) winning. **2** *nm/f* winner.

triunfal *adj* (**a**) (*arco*) triumphal. (**b**) (*grito etc*) triumphant.

triunfalismo *nm* (*de país*) jingoism; (*de persona*) smugness.

triunfalista *adj* (*país*) jingoistic; (*persona*) smug.

triunfante *adj* (**a**) triumphant; (*ganador*) winning; **salir** ~ to come out the winner. (**b**) (*jubiloso*) jubilant.

triunfar [1a] *vi* (**a**) to triumph (*de, sobre* over); (*ganar*) to win; ~ **en la vida** to succeed in life; ~ **en un concurso** to win a competition. (**b**) (*Naipes: jugador*) to trump (in), play a trump. (**c**) (*Naipes*) to be trumps; **triunfan corazones** hearts are trumps.

triunfo *nm* (**a**) triumph; (*victoria*) win, victory; **ha sido un verdadero** ~ it has been a real triumph. (**b**) (*éxito*) hit, success. (**c**) (*Naipes*) trump; **6 sin ~s** 6 no-trumps; **palo del** ~ trump suit.

triunvirato *nm* triumvirate.

trivial *adj* trivial, trite.

trivialidad *nf* (**a**) (*cualidad*) triviality. (**b**) (*una* ~) trivial matter; (*dicho*) trite remark; ~**es** trivia.

trivializar [1f] *vt* to minimize (the importance of), play down.

trivialmente *adv* trivially.

triza *nf* bit, shred; **hacer algo ~s** to tear sth to shreds; **los críticos hicieron ~s la obra** the critics pulled the play to pieces; **estar hecho ~s** to be shattered *(fam)*.

trizar [1f] *vt* (*hacer pedazos*) to smash to bits; (*romper*) to tear to shreds.

trocar [1g, 1l] **1** *vt* (**a**) (*canjear*) to exchange, barter (*por* for). (**b**) (*cambiar*) to change (*con, por* for); (*palabra*) to exchange (*con* with); (*mezclar: confundir*) to mix up, confuse. **2 trocarse** *vr* (*transformarse*) to change (*en* into); (*confundirse*) to get mixed up.

trocear [1a] *vt* to cut up, cut into pieces.

trocha *nf* (*LAm Ferro*) gauge.

troche: **a ~ y moche, a trochemoche** *adv* (*correr etc*) helter-skelter, pell-mell; (*desparramar*) all over the place; (*distribuir*) haphazardly.

trofeo *nm* trophy.

troglodita *nmf* (**a**) (*que vive en cuevas*) cave dweller, troglodyte. (**b**) (*fig: bruto*) brute, coarse person.

trola *nf* (*fam*) fib, lie.

trolebús *nm* trolley bus.

trolero *nm* (*fam: mentiroso*) fibber, liar.

tromba *nf* whirlwind; ~ **marina** waterspout; ~ **terrestre** whirlwind; ~ **de agua** violent downpour.

trombón *nm* (*Mús*) (**a**) (*instrumento*) trombone. (**b**) (*músico*) trombonist.

trombosis *nf* thrombosis.

trompa 1 *nf* (**a**) (*Mús*) horn; ~ **de caza** hunting horn. (**b**) (*juguete*) spinning top. (**c**) (*de insecto*) proboscis; (*Zool*) trunk; (*fam: hocico*) snout. (**d**) (*Anat*) tube, duct; ~ **de Falopio** Fallopian tube. (**e**) (*Met*) = **tromba**. **2** *nm* (*Mús*) horn player.

trompada *nf*, **trompazo** *nm* (**a**) (*choque*) bump, bang. (**b**) (*puñetazo*) punch.

trompear [1a] **1** *vt* (*LAm: pegar*) to punch, thump. **2** *vi* (**a**) (*un trompo*) to spin a top. (**b**) = **3**. **3 trompearse** *vr* to fight.

trompeta 1 *nf* (*Mús*) trumpet; (*corneta*) bugle. **2** *nm* (*Mús*) trumpeter, bugler.

trompetazo *nm* (*Mús*) trumpet blast.

trompetilla *nf* (*tb* ~ **acústica**) ear trumpet.

trompetista *nm* trumpet player.

trompicar [1g] **1** *vt* (*tropezar*) to trip up. **2** *vi* (*tropezarse*) to trip up a lot.

trompicón *nm* (*tropiezo*) stumble, trip; **a ~es** in fits and starts.

trompo *nm* spinning top; ~ **de música** humming top; **ponerse como un** ~ (*fam*) to stuff o.s.

tronado *adj* (**a**) (*viejo*) old, useless. (**b**) (*fam*) **estar** ~ to be ruined.

tronadura *nf* (*Chi Min*) blasting.

tronar [1l] **1** *vt* (*CAm, Méx: fam: fusilar*) to shoot, execute. **2** *vi* (**a**) (*Met*) to thunder; (*cañones etc*) to boom; **por lo que pueda** ~ just in case, to be on the safe side. (**b**) (*fig: enfurecerse*) to rave, rage; ~ **contra** to spout forth against, thunder against.

troncal *adj*: **línea** ~ main (trunk) line.

troncar [1g] *vt* = **truncar**.

tronco *nm* (**a**) (*Bot: de árbol*) trunk; (*tallo*) stem; **estar**

hecho un ~ to be sound asleep. (**b**) (*Anat*) trunk. (**c**) (*fam: hombre*) bloke (*fam*), guy (*fam*); (*en oración directa*) mate (*fam*), pal (*fam*); **'oye, ~'** 'hey, man' (*fam*). (**d**) (*Ferro*) main (trunk) line. (**e**) (*estirpe*) stock.
troncha *nf* (*LAm fam: tajada*) slice; (*: pedazo*) piece.
tronchante *adj* (*fam*) hilarious.
tronchar [1a] **1** *vt* (**a**) (*talar*) to fell, chop down. (**b**) (*fig: vida*) to cut short; (*: esperanzas*) to shatter. **2 troncharse** *vr*: **~ de risa** to split one's sides with laughter.
troncho *nm* (*Bot*) stem, stalk (of cabbage *etc*).
tronera *nf* (**a**) (*Mil: aspillera*) loophole; (*Arquit*) small window. (**b**) (*Billar*) pocket.
trono *nm* throne; (*fig: corona*) crown; **heredar el ~** to inherit the crown; **subir al ~** to ascend the throne.
tropa *nf* (**a**) troop; (*multitud*) crowd; (*pey*) mob. (**b**) (*Mil*) **~s** troops; **~s de asalto** storm troops. (**c**) (*Mil*) men; (*soldados rasos*) ranks.
tropear [1a] *vt* (*Arg Agr*) to herd.
tropecientos *adj pl* (*fam*) umpteen (*fam*).
tropel *nm* (**a**) (*gentío*) mob. (**b**) (*revoltijo*) mess. (**c**) (*prisa*) rush, haste; **acudir** *etc* **en ~** to come *etc* in a mad rush.
tropero *nm* (*Arg Agr*) cowboy, cattle drover.
tropezar [1f, 1j] **1** *vt* (*persona*) to bump into; (*objeto*) to run across. **2** *vi* (**a**) to trip, stumble (*con, contra, en* on, over); **~ con** to run into, run up against. (**b**) (*fig*) **~ con algn** to bump into sb; **~ con algo** to run across sth. (**c**) (*fig*) **~ con una dificultad** to run into a difficulty. (**d**) (*cometer un error*) to slip up. **3 tropezarse** *vr* (*dos personas*) to run into each other.
tropezón *nm* (**a**) (*traspié*) trip, stumble; **dar un ~** to trip; **proceder a ~es** to proceed by fits and starts. (**b**) (*equivocación*) slip. (**c**) (*Culin: tb* **~es**) small piece of food (*added to soup*).
tropical *adj* tropical.
trópico *nm* tropic; **~s** tropics; **~ de Cáncer/de Capricornio** Tropic of Cancer/Capricorn.
tropiezo *nm* (**a**) (*desliz*) slip; (*falta*) moral lapse. (**b**) (*revés*) setback. (**c**) (*obstáculo*) obstacle. (**d**) (*disputa*) argument.
tropo *nm* (*Lit*) trope; (*figura*) figure of speech.
troquel *nm* (*Téc*) die.
trotamundos *nm inv* globetrotter.
trotar [1a] *vi* (**a**) to trot. (**b**) (*fam: viajar*) to travel about.
trote *nm* (**a**) trot; **ir al ~** to (go at a) trot; **irse al ~** to go off in a hurry. (**b**) (*fam: viajar*) travelling, traveling (*US*); (*ir y venir*) bustle; **yo ya no estoy para estos ~s** I can't go chasing around like I used to any more. (**c**) **de mucho ~** hard-wearing.
trovador *nm* troubadour.
Troya *nf* Troy; **¡aquí fue ~!** you should have heard the fuss!
trozo *nm* (**a**) (*pedazo*) piece; **a ~s** in bits. (**b**) (*Lit, Mús*) passage; **~s escogidos** selected passages.
trucaje *nm* (*Cine*) trick photography.
trucar [1g] *vt* (*fam: resultado*) to fix, rig.
truco *nm* (**a**) (*engaño*) trick; (*habilidad*) knack; (*Cine*) trick effect *o* photography; **~ de naipes** card trick; **~ publicitario** advertising gimmick; **coger el ~** to get the knack, get the hang of it, catch on. (**b**) (*Billar*) **~s** billiards *sg*, pool *sg*.
truculento *adj* (*horroroso*) horrifying; (*extravagante*) extravagant.
trucha *nf* trout; **~ arco iris** rainbow trout.
trueco *nm* = **trueque**.
trueno *nm* (*gen*) thunder; (*un ~*) thunderclap; (*de pistola*) bang.
trueque *nm* (*cambio*) exchange; (*Com*) barter; **a ~ de** in exchange for; **aun a ~ de perderlo** even at the cost of losing it.
trufa *nf* (**a**) (*Bot*) truffle. (**b**) (*fam: mentira*) fib.
trufado *adj* stuffed with truffles.
truhán *nm* (*pillo*) rogue; (*estafador*) swindler.
truhanería *nf* (*picardía*) roguery, swindling.
truhanesco *adj* dishonest.
truísmo *nm* truism.
trulla *nf* (**a**) (*disturbio*) commotion; (*ruido*) noise. (**b**) (*multitud*) crowd.
truncado *adj* (*reducido*) truncated; (*incompleto*) incomplete.
truncar [1g] *vt* (**a**) (*acortar*) to truncate; (*texto: suprimir*) to cut off; (*sentido: cambiar*) to affect. (**b**) (*fig: carrera, vida*) to cut short; (*: proyectos*) to ruin; (*: desarrollo*) to stunt.
trusa(s) *nf(pl)* (*And, Méx*) underpants, shorts (*US*); (*: bragas*) panties.
trust [trus] *nm* (*pl* **~s** [trus]) (*Fin*) trust, cartel.
Tte. *abr de* **teniente** Lieut, Lt.
TU *nm abr de* **tiempo universal** U.T.
tu *adj pos* your.
tú *pron pers* you; **tratar a algn de ~** to treat sb on equal terms.
tubérculo *nm* (**a**) (*Bot*) tuber; (*patata*) potato. (**b**) (*Anat, Med etc*) tubercle.
tuberculosis *nf* tuberculosis.
tubería *nf* (*conjunto de tubos*) pipes *pl*, piping; (*conducto*) pipeline.
tubo *nm* (**a**) pipe; (*Anat, TV etc*) tube; **~ capilar** capillary; **~ de desagüe** drainpipe, waste pipe; **~ digestivo** alimentary canal; **~ de ensayo** test tube; **~ de escape** exhaust (pipe); **~ fluorescente** fluorescent tube; **~ de radio** wireless valve, tube (*US*). (**b**) (*fam*) **por un ~** loads (*fam*); **gastó por un ~** he spent a packet (*fam*).
tubular *adj* tubular.
tucán, tucano *nm* (*LAm*) toucan.
tuco[1] *adj* (*LAm: manco*) lacking a finger *o* hand.
tuco[2] *nm* (*CSur*) pasta sauce.
tuerca *nf* (*Téc*) nut; **~ mariposa** wingnut.
tuerto/a 1 *adj* (*con un ojo*) blind in one eye; (*ciego en un ojo*) one-eyed. **2** *nm/f* (*persona*) one-eyed man *o* woman, person who is blind in one eye.
tuétano *nm* (**a**) (*Anat: médula*) marrow; (*Bot*) pith; **hasta los ~s** through and through, utterly; **enamorado hasta los ~s** head over heels in love. (**b**) (*fig: sustancia*) core, essence.
tufarada *nf* (*olor*) bad smell; (*racha de aire*) gust.
tufo[1] *nm* (**a**) (*emanación*) vapour, vapor (*US*), gas. (**b**) (*pey: hedor*) bad smell, stink; (*de cuarto*) fug; **se le subió el ~ a las narices** (*fig*) he got very cross.
tufo[2] *nm* (*rizo*) curl.
tugurio *nm* slum.
tulipa *nf* lampshade.
tulipán *nm* tulip.
tullido/a 1 *adj* (*lisiado*) crippled; (*paralizado*) paralysed. **2** *nm/f* cripple.
tullir [3h] *vt* (**a**) (*lisiar*) to cripple, maim; (*paralizar*) to paralyse. (**b**) (*fig: desgastar*) to wear out.
tumba[1] *nf* (*sepultura*) tomb, grave; **ser (como) una ~** (*fam*) to keep one's mouth shut, not breathe a word to anyone.
tumba[2] *nf* (*LAm: de árboles*) felling of timber.
tumbar [1a] **1** *vt* (**a**) (*derribar*) to knock down, knock over; **lo tumbaron a golpes** they punched him to the ground; **un olor que tumba** (*fam*) an overpowering smell.
(**b**) (*impresionar*) to amaze, overwhelm; **su presunción tumbó a todos** his conceit amazed everybody.
(**c**) (*fam: Univ*) to fail, flunk (*US*).
(**d**) (*LAm: árboles*) to fell; (*: tierra*) to clear.
2 *vi* (**a**) (*caerse*) to fall down.
(**b**) (*Náut*) to capsize.
(**c**) (*fam*) **el espectáculo me dejó tumbado** the sight overwhelmed me.
3 tumbarse *vr* (*acostarse*) to lie down; (*estirarse*) to stretch out.
tumbo *nm* (*caída*) fall, tumble; (*sacudida*) shake; **dar un**

~ to fall, shake; **dando ~s** (*fig*) with all sorts of difficulties, despite the upsets.
tumbón *adj* (*fam: perezoso*) lazy, bone idle.
tumbona *nf* (*butaca*) easy chair; (*de playa*) deckchair, beach chair *(US)*.
tumefacción *nf* swelling.
tumefacto *adj* swollen.
tumido *adj* swollen.
tumor *nm* tumour, tumor *(US)*, growth; ~ **maligno** malignant growth.
túmulo *nm* tumulus, burial mound.
tumulto *nm* turmoil, tumult; (*Pol: motín*) riot; ~ **popular** popular rising.
tumultuosamente *adv* tumultuously; (*pey*) riotously.
tumultuoso *adj* tumultuous; (*pey*) riotous, disorderly.
tuna[1] *nf* (*Bot*) prickly pear.
tuna[2] *nf* (*estudiantina*) student music group *(guitarists and singers)*.
tunantada *nf* (*engaño*) dirty trick.
tunante *nm* (*pillo*) rogue, villain; ¡~! you villain!
tunantería *nf* (**a**) (*vileza*) villainy. (**b**) (*una ~*) dirty trick.
tunda[1] *nf* (*esquileo*) shearing.
tunda[2] *nf* (**a**) (*golpeo*) beating, thrashing. (**b**) **darse una ~** to wear o.s. out.
tundir [3a] *vt* (**a**) (*golpear*) to beat, thrash. (**b**) (*fig*) to tire out.
tundra *nf* tundra.
tunecino/a *adj, nm/f* Tunisian.
túnel *nm* tunnel.
Túnez *nm* (*ciudad*) Tunis; (*país*) Tunisia.
tungsteno *nm* tungsten.
túnica *nf* (**a**) tunic; (*vestido largo*) long dress. (**b**) (*Anat, Bot*) tunic.
Tunicia *nf* Tunisia.
tuno/a[3] **1** *nm/f* (*pícaro*) rogue; **el muy ~** the old rogue. **2** *nm* (*Mús*) member of a student music group; *V* **tuna**[2].
tuntún: **al (buen) ~** *adv* thoughtlessly, any old how.
tupamaro/a (*CSur: Hist, Pol*) **1** *adj* urban guerrilla *atr*. **2** *nm/f* urban guerrilla.
tupé *nm* toupée.
tupí (*esp Par*) = **tupí-guaraní**.
tupición *nf* (*LAm: obstrucción*) blockage, obstruction; (*: multitud*) dense crowd.
tupido *adj* (**a**) (*denso*) thick; (*impenetrable*) impenetrable. (**b**) (*esp LAm: obstruido*) blocked up, obstructed. (**c**) (*fig: torpe*) dim.
tupí-guaraní (*esp Par*) **1** *adj* Tupi-Guarani. **2** *nmf* Tupi-Guarani (Indian). **3** *nm* (*Ling*) Tupi-Guarani.
turba[1] *nf* (*combustible*) turf.
turba[2] *nf* (*muchedumbre*) crowd; (*pey: gentío*) mob; (*: chusma*) rabble.
turbación *nf* (**a**) (*trastorno*) disturbance. (**b**) (*inquietud*) alarm; (*vergüenza*) embarrassment; (*perplejidad*) bewilderment, confusion.
turbado *adj* (*preocupado*) worried, upset; (*avergonzado*) embarrassed; (*perplejo*) bewildered.
turbante *nm* turban.
turbar [1a] **1** *vt* (**a**) (*gen*) to disturb. (**b**) (*persona: inquietar*) to worry, alarm; (*: alterar*) to upset; (*: azorar*) to embarrass; (*aturdir*) to bewilder. (**c**) (*agua etc*) to stir up. **2 turbarse** *vr* (*preocuparse*) to be disturbed, get worried; (*azorarse*) to get embarrassed; (*confundirse*) to be bewildered, get confused.
turbiedad *nf* (**a**) (*de líquidos*) cloudiness. (**b**) (*opacidad*) opacity; (*confusión*) confusion. (**c**) (*turbulencia*) turbulence.
turbina *nf* turbine; ~ **de gas** gas turbine.
turbio 1 *adj* (**a**) (*agua etc*) cloudy. (**b**) (*vista*) dim, blurred; (*tema etc*) unclear, confused. (**c**) (*fig: período*) turbulent; (*: negocio*) shady. **2** *adv*: **ver ~** not to see clearly.
turbión *nm* (**a**) (*Met: aguacero*) heavy shower, downpour. (**b**) (*fig: de balas*) hail.
turbulencia *nf* (**a**) (*desórden*) turbulence. (**b**) (*inquietud*) restlessness; (*rebeldía*) rebelliousness. (**c**) (*Met*) turbulence.
turbulento *adj* (**a**) (*río etc*) turbulent; (*período*) troubled, turbulent; (*reunión*) stormy. (**b**) (*carácter*) restless, rebellious; (*: de niño*) unruly; (*ejército*) mutinous.
turco/a 1 *adj* Turkish. **2** *nm/f* (**a**) Turk. (**b**) (*And, CSur: pey*) immigrant from the Middle East. **3** *nm* (*Ling*) Turkish.
turgencia *nf* turgidity.
turgente, túrgido *adj* (*hinchado*) turgid, swollen.
Turín *nm* Turin.
turismo *nm* tourism; (*en excursión*) sightseeing; (*industria*) tourist trade; **hacer ~** to go travelling *o (US)* traveling (abroad); **el ~ constituye su mayor industria** the tourist trade is their biggest industry.
turista *nmf* tourist; (*vacacionista*) holidaymaker, vacationer *(US)*.
turístico *adj* tourist *atr*.
turistizado *adj* touristy.
turma *nf* (**a**) (*Anat*) testicle. (**b**) (*Bot*) truffle.
Turmenistán *nm* Turmenistan.
turnar [1a] *vi*, **turnarse** *vr* to take (it in) turns; **ellos se turnan para usarlo** they take it in turns to use it.
turné *nm* tour, trip.
turno *nm* (**a**) (*lista*) rota; (*de prioridad*) order. (**b**) turn; (*trabajo*) shift; (*juegos etc*) turn, go; **~ de día/de noche** day/night shift; **por ~(s)** in/by turn(s); **trabajar por ~s** to work shifts; **es su ~** it's his turn (next); **esperar su ~** to take one's turn; **estar de ~** to be on duty; **estuvo con su querida de ~** he was with his lover of the moment.
turolense 1 *adj* of *o* from Teruel. **2** *nmf* native *o* inhabitant of Teruel.
turón *nm* polecat.
turquesa *nf* turquoise.
turquesco *adj* Turkish.
turquí *adj*: **color ~** indigo, deep blue.
Turquía *nf* Turkey.
turrón *nm* (**a**) (*dulce*) nougat. (**b**) (*fam: cargo fácil en gobierno*) cushy job.
turulato *adj* (*fam*) stunned, flabbergasted.
tus *nm*: **sin decir ~ ni mus** without saying a word.
tusa *nf* (**a**) (*And, CAm, Carib: mazorca de maíz*) corn husk. (**b**) (*CSur: crin*) horse's mane.
tute *nm card game similar to bezique*; **darse un ~** to work extra hard, make a special effort.
tutear [1a] **1** *vt*: **~ a algn** to address sb as 'tú'. **2 tutearse** *vr*: **se tutean desde siempre** they have always addressed each other as 'tú' *o* been on familiar terms.
tutela *nf* (*Jur*) guardianship; (*fig: protección*) tutelage; **bajo ~** in ward; **estar bajo la ~ de** (*fig*) to be under the protection of.
tutelaje *nm* (*LAm*) = **tutela**.
tutelar 1 *adj* tutelary; **ángel ~** guardian angel. **2** [1a] *vt* (*proteger*) to protect.
tuteo *nm* use of (the familiar) 'tú'.
tutiplé(n): **a ~** *adv* (*dar etc*) freely; (*comer etc*) hugely, to excess.
tutor(a) *nm/f* (*Jur*) guardian; (*Univ*) tutor; **~ de curso** form master/mistress.
tutoría *nf* guardianship.
tutú *nm* (*de bailarina*) tutu.
tuve *etc V* **tener**.
tuyo *adj, pron* yours, of yours; (*Rel*) thy, of thine; **es ~, es el ~** it is yours; **lo ~** (what is) yours; **cualquier amigo ~** any friend of yours; **los ~s** your people/relations/family.
TV *nf abr de* **televisión** TV.
TVE *nf abr de* **Televisión Española**.
tweed [twi] *nm* tweed.
txistu *nm* (Basque) flute.
txistulari *nm* (Basque) flute player.

U

U[1], **u** [u] *nf* (*letra*) U, u; **doble** ~ (*Méx*) W; **curva en** ~ hairpin bend.
U[2] *abr de* **Universidad** Univ., U.
u *conj* (*used instead of o before o-, ho-*) or; **siete** ~ **ocho** seven or eight.
UAM *nf abr* (*Esp*) *de* **Universidad Autónoma de Madrid**.
ubérrimo *adj* (*tierra etc*) exceptionally fertile.
ubicación *nf* (*esp LAm*) situation, location; (*: empleo*) job, position.
ubicado *adj* (*esp LAm*) situated, located; (*: empleado*) working.
ubicar 1g (*esp LAm*) **1** *vt* to place, locate; **me puedes** ~ **por la tarde** you'll be able to get hold of me in the afternoon. **2** *vi* to be situated *o* located. **3 ubicarse** *vr* (**a**) = 2. (**b**) (*LAm fam: colocarse*) to get a job.
ubicuidad *nf* ubiquity; **el don de la** ~ the gift for being everywhere at once.
ubicuo *adj* ubiquitous.
ubre *nf* udder.
ubrera *nf* (*Med*) thrush.
UBS *abr* (*Esp*) *de* **Unidades Básicas de Salud**.
UCD *nf abr* (*Pol*) *de* **Unión de Centro Democrático**.
UCE *nf abr* (**a**) (*Fin*) *de* **Unidad de Cuenta Europea** ECU. (**b**) *de* **Unión de Consumidores de España**.
ucedista 1 *adj*: **política** ~ policy of UCD, UCD policy. **2** *nmf* member of UCD.
UCI *nf abr de* **Unidad de Cuidados Intensivos** ICU.
UCM *nf abr de* **Universidad Complutense de Madrid**.
UCP *nf abr de* **unidad central de proceso** CPU.
Ucrania *nf* Ukraine.
ucraniano/a *adj, nm/f* Ukrainian.
Ud, Uds *pron pers V* **usted**.
UDV *nf abr de* **unidad de despliegue visual** VDU.
UEFA *nf de* **Unión Europea de Asociaciones de Fútbol** UEFA.
UEI *nf abr de* **Unidad Especial de Intervención** .
UEM *nf abr de* **unión económica y monetaria** EMU.
UEP *nf abr de* **Unión Europea de Pagos** EPU.
UEPS *abr de* **último en entrar, primero en salir** LIFO.
UER *nf abr de* **Unión Europea de Radiodifusión** EBU.
uf *interj* (*cansancio*) phew!; (*repugnancia*) ugh!
ufanarse 1a *vr* (*gen*) to boast; (*engreírse*) to be vain, be conceited; ~ **con** *o* **de** to boast of, pride o.s. on.
ufanía *nf* (**a**) pride. (**b**) (*Bot*) = **lozanía (a)**.
ufano *adj* (**a**) (*gen*) proud; (*alegre*) cheerful; (*autosatisfecho*) smug; **iba muy** ~ **en el nuevo coche** he was going along so proudly in his new car. (**b**) (*Bot*) = **lozano (a)**.
ufología *nf* study of unidentified flying objects, ufology.
Uganda *nf* Uganda.
ugetista 1 *adj*: **política** ~ policy of the UGT, UGT policy. **2** *nmf* member of the UGT.
UGT *nf abr* (*Esp*) *de* **Unión General de Trabajadores**.
UIT *nf abr de* **Unión Internacional para las Telecomunicaciones** ITU.
ujier *nm* usher.
újule *interj* (*Méx*) huh!, phew!, wow!
úlcera *nf* (**a**) (*Med*) ulcer, sore; ~ **de decúbito** bedsore. (**b**) (*Bot*) rot.
ulceración *nf* ulceration.
ulcerar 1a **1** *vt* to make sore, ulcerate. **2 ulcerarse** *vr* to ulcerate.
ulceroso *adj* (*gen*) ulcerous; (*fig*) festering.
ulpo *nm* (*Chi, Per*) maize gruel.
ultarrojo *adj* = **infrarrojo**.
ulterior *adj* (**a**) (*sitio*) farther, further. (**b**) (*tiempo*) later, subsequent.
ulteriormente *adv* later, subsequently.
ultimación *nf* completion, conclusion.
últimamente *adv* (*recientemente*) recently, lately; **no lo he visto** ~ I haven't seen him lately.
ultimar 1a *vt* (**a**) (*gen*) to finish, conclude; (*detalles etc*) to finalize. (**b**) (*LAm: matar*) to kill, murder.
ultimátum *nm* (*pl* ~**s**) ultimatum.
último *adj* (**a**) (*final*) last; (*más reciente*) latest, most recent; (*de dos*) latter; **éste** ~, **éstos** ~**s** the latter; **el** ~ **día del mes** the last day of the month; **a** ~**s del mes** towards the end of the month; **las** ~**as noticias** the latest news; **en estos** ~**s años** in recent years, in the last few years; **estar a lo** ~ **de** to be nearly at the end of, have nearly finished; **estar en las** ~**as** (*fam*) to be about to kick the bucket (*fam*); (*pobrísimo*) to be down and out, be on one's last legs; **llegó el** ~ he arrived last; **ser el** ~ **en hacer algo** to be the last to do sth; **ahora** ~ (*Chi*) lately; **por** ~ lastly, finally; **por** ~**a vez** for the last time.
(**b**) (*sitio: gen*) furthest, most remote; (*fila*) back; (*piso*) top; **en el** ~ **rincón del país** in the furthest corner of the country; **el equipo en** ~**a posición** the team in the lowest position, the bottom team.
(**c**) (*fig*) final, extreme; **la** ~**a solución** the final solution; **el** ~ **remedio** the ultimate remedy; **en** ~ **caso** as a last resort.
(**d**) (*Com: precio*) lowest, bottom.
(**e**) (*fam*) **vestido a la** ~**a** dressed in the latest style; **tienen un coche que es lo** ~ they have the very latest thing in cars; **¡es lo** ~**!** it's the greatest! (*fam*); (*de fastidio*) this is the end!
ultra 1 *pref* ultra..., extra.... **2** *adj inv* extreme right-wing. **3** *nmf* neo-fascist.
ultracongelado *adj* (*Esp*) (deep-)frozen.
ultracorto *adj* ultra-short.
ultraderecha *nf* (*Pol*) extreme right(-wing).
ultrajador, ultrajante *adj* (*gen*) outrageous; (*ofensivo*) offensive.
ultrajar 1a *vt* (*gen*) to outrage; (*ofender*) to offend; (*injuriar*) to insult, abuse.
ultraje *nm* (*gen*) outrage; (*injuria*) insult.
ultramar *nm* abroad, overseas (countries), foreign parts; **de** *o* **en** ~ overseas; **los países de** ~ the overseas countries; **productos venidos de** ~ goods from abroad.
ultramarino 1 *adj* overseas, foreign. **2** *nm* (**a**) ~**s** (*comestibles*) groceries, foodstuffs. (**b**) **tienda de** ~**s, un** ~**s** (*fam*) a grocer's (shop), a grocery (*US*).
ultramoderno *adj* ultramodern.
ultranza *adv* (**a**) **luchar a** ~ to fight to the death; **lo quiere hacer a** ~ he wants to do it at all costs; **paz a** ~ peace at any price. (**b**) **a** ~ (*Pol etc*) out-and-out, extreme; **un nacionalista a** ~ a rabid nationalist.
ultrasónico *adj* ultrasonic.
ultratumba *nf*: **la vida de** ~ the next life; **una voz de** ~ a ghostly voice.
ultravioleta *adj inv* ultraviolet; **rayos** ~ ultraviolet rays.
ulular 1a *vi* (*gen*) to howl, shriek; (*búho*) to hoot, screech.
ululato *nm* (*gen*) howl, shriek; (*de búho*) hoot, screech.

umbilical *adj*: **cordón** ~ umbilical cord.
umbral *nm* (**a**) (*gen*) threshold; **en los ~es de la muerte** at death's door; **pasar el ~ de algn** to set foot in sb's house. (**b**) (*fig*) first step, beginning; **~ de rentabilidad** (*Com*) break-even point; **estar en los ~es de** to be on the threshold *o* verge of; **eso está en los ~es de lo imposible** that borders on the impossible.
umbrío, **umbroso** *adj* shady.
UMI *nf abr de* **unidad de medicina intensiva** ICU.
un(a) **1** *art indef* (a) a; (*antes de vocales y h muda*) an. (**b**) **~os/as** (*adj pl: algunos*) some; (*pocos*) a few; (*más o menos*) about, around. **2** *adj* one; **la ~a** one o'clock.
U.N.A.M. *nf abr de* **Universidad Nacional Autónoma de México**.
unánime *adj* unanimous.
unanimidad *nf* unanimity; **por** ~ unanimously.
unción *nf* (**a**) (*Med*) anointing. (**b**) (*Ecl y fig*) unction.
uncir [3b] *vt* to yoke.
undécimo *adj, nm* eleventh; *V tb* **sexto 1**.
UNED *nf abr* (*Esp Escol*) *de* **Universidad Nacional de Educación a Distancia** ≈ OU.
ungir [3c] *vt* (**a**) (*Med*) to put ointment on, rub with ointment. (**b**) (*Rel*) to anoint.
ungüento *nm* ointment, unguent; (*fig*) salve, balm.
uni... *pref* uni..., one-..., single-....
únicamente *adv* only, solely.
unicelular *adj* unicellular, single-cell.
unicidad *nf* uniqueness.
único *adj* (**a**) (*gen*) only, sole; (*fig*) unique; **hijo** ~ only child; **sistema de partido** ~ one-party *o* single-party system; **la ~a dificultad es que** ... the only difficulty is that ...; **fue el ~ sobreviviente** he was the sole survivor; **es el ~ ejemplar que existe** it is the only copy in existence; **este ejemplar es** ~ this specimen is unique. (**b**) (*fig*) unique; (*poco común*) unusual, extraordinary.
unicornio *nm* unicorn.
unidad *nf* (**a**) (*gen*) unity. (**b**) (*Com etc*) unit; **~ de cola** (*Aer*) tail unit; **~ militar** military unit; **~ móvil** (*TV*) mobile unit; **~ de vigilancia intensiva** intensive care unit. (**c**) (*Inform*) **~ central** mainframe computer; **~ periférica** peripheral device; **~ de control** control unit.
unidireccional *adj*: **calle** ~ one-way street.
unido *adj* (**a**) joined (*por* by), linked (*por* by). (**b**) (*fig*) united; **mantenerse ~s** to remain united, keep *o* stick together.
unifamiliar *adj* single-family *atr*.
unificación *nf* unification.
unificar [1g] *vt* to unite, unify.
uniformado **1** *adj* uniformed. **2** *nm* man in uniform; (*esp*) policeman.
uniformar [1a] *vt* (*gen*) to make uniform; (*Téc etc*) to standardize.
uniforme **1** *adj* (*gen*) uniform; (*superficie etc*) level, even, smooth; (*velocidad*) steady. **2** *nm* uniform.
uniformidad *nf* (*gen*) uniformity; (*de acabado*) evenness, smoothness; (*de velocidad*) steadiness.
unilateral *adj* unilateral, one-sided.
unión *nf* (**a**) (*acto*) union, uniting; **la ~ hace la fuerza** united we stand. (**b**) (*cualidad*) unity; (*solidaridad*) closeness, togetherness. (**c**) (*Com, Pol etc*) union; (*Jur*) union, marriage; **en ~ con** (together) with, accompanied by; **~ aduanera** customs union; **U~ General de Trabajadores** (*Esp*) Socialist Union Confederation. (**d**) (*Mec*) joint, union; **punto de** ~ junction (*entre* between).
unir [3a] **1** *vt* (**a**) (*gen*) to join, unite; (*atar*) to tie together; (*Com*) to merge, join; (*esfuerzos*) to pool; (*cualidades*) to combine (*a* with); **les une una fuerte simpatía** they are bound by a strong affection; **está muy unida a su madre** he's very close to his mother; **la autopista une las dos poblaciones** the motorway links the two towns.
(**b**) (*líquidos*) to mix; (*masa etc*) to mix thoroughly, beat (up).
2 *vi* (*ingredientes*) to mix well.
3 unirse *vr* (**a**) (*dos individuos etc*) to join together, unite; (*Com: empresas*) to merge, combine; **~ en matrimonio** to marry.
(**b**) **~ a** to join; **~ con** to unite with, merge with.
(**c**) (*ingredientes*) to mix well.
unisex *adj inv* unisex.
unísono *adj*: **al** ~ on the same tone; (*fig*) in unison, with one voice; **al ~ con** (*fig*) in tune *o* harmony with.
unitario/a **1** *adj* unitary; (*Rel*) Unitarian. **2** *nm/f* (**a**) (*Arg: Hist Pol*) centralist. (**b**) (*Rel*) Unitarian.
universal *adj* (*gen*) universal; (*mundial*) world(-wide); **historia** ~ world history; **de fama** ~ internationally famous.
universalidad *nf* universality.
universalizar [1f] *vt* to universalize.
universidad *nf* university; **U~ a Distancia** ≈ Open University (*Brit*); **~ laboral** polytechnic, poly (*fam*).
universitario/a **1** *adj* (*gen*) university *atr*. **2** *nm/f* (*profesor*) lecturer; (*estudiante*) (university) student.
universo *nm* (*gen*) universe; (*mundo*) world.
uno/a **1** *adj* (**a**) (*gen*) one; (*idéntico*) one and the same, identical; **es todo ~, es ~ y lo mismo** it's all one, it's all the same; **la verdad es ~a** truth is one and indivisible.
(**b**) (*primero*) first; **planta** ~ first floor; **el ~ de mayo** the first of May; **¡a la ~a, a las dos, a las tres!** (*en subasta*) going, going, gone!; (*Dep*) ready, steady, go!
(**c**) **~s (cuantos)** some, a few; (*más o menos*) about; **~s 80 dólares** about 80 dollars.
(**d**) **¡se dió ~ golpe!** (*enfático*) what a bang he gave himself!; **¡había ~a gente!** (*pey*) what a shower! (*fam*).
2 *pron* (**a**) one; (*alguien*) somebody; **~ mismo** oneself; **~s que estaban allí protestaron** some (people) who were there protested; **es mejor hacerlo ~ mismo** it's better to do it oneself.
(**b**) **cada** ~ each one, every one; **cada ~ a lo suyo** everyone should mind his own business; **había 3 manzanas para cada** ~ there were 3 apples each.
(**c**) (*suj indef*) one, you; **~ nunca sabe qué hacer** one never knows what to do.
(**d**) **~(s) a otro(s)** each other, one another; **se detestan ~s a otros** they hate each other; **se miraban fijamente el ~ al otro** they stared at each other.
(**e**) (*locuciones*) **~ a ~, ~ por ~, de ~ en ~** one by one; **a ~a** all together; **juntarlo todo en** ~ to put it all together; **más de** ~ quite a few, a good few; **~a de dos** either one thing or the other; **~ con otro salen a 3 dólares** on an average they work out at 3 dollars each; **~ tras otro** one after the other; **~ y otro** both; **~ y otros** all of them; **es ~ de tantos** he's *etc* nothing special; **lo ~ por lo otro** it comes to the same thing; **no dar ~a** not to give a damn (*fam*); **¡había ~a de gente!** what a crowd there was!; **hacerle ~a a algn** to play a stinker on sb (*fam*).
untadura *nf* (**a**) (*acto: gen*) smearing, rubbing; (*: engrase*) greasing. (**b**) (*Med*) ointment; (*Mec etc*) grease, oil. (**c**) (*mancha*) mark, smear.
untar [1a] **1** *vt* (**a**) to smear, rub (*con, de* with); (*Med*) to anoint, rub (*con, de* with); (*Mec etc*) to grease, oil; **~ su pan en la salsa** to dip *o* soak one's bread in the gravy; **~ el pan con mantequilla** to spread butter on one's bread. (**b**) (*fam: sobornar*) to bribe, grease the palm of. **2 untarse** *vr* (**a**) **~ con** *o* **de** to smear o.s. with. (**b**) (*fam*) to have sticky fingers (*fam*).
unto *nm* (*Med*) ointment; (*grasa*) grease, animal fat.
untuosidad *nf* greasiness, oiliness.
untuoso *adj* greasy, oily.
uña *nf* (**a**) (*Anat*) nail, fingernail; (*del pie*) toenail; (*Zool etc*) claw; **ser ~ y carne** to be inseparable; **largo de ~s** light-fingered (*fam*); **estar de ~s con algn** to be at daggers drawn with sb; **caer en las ~s de algn** to fall into sb's clutches; **defender algo con ~s y dientes** to defend sth tooth and nail; **se dejó las ~s en ese trabajo** he wore his fingers to the bone at that job; **enseñar** *o* **mostrar** *o*

sacar las ~s to show one's claws; **hacerse las ~s** to have one's nails done, do one's nails.
(**b**) (*pezuña*) hoof; **escapar a ~ de caballo** to ride off at full speed.
(**c**) (*del alacrán*) sting.
(**d**) (*Téc*) claw, nail puller *(US)*.
uñada *nf* scratch.
uñarada *nf* = **uñada**.
uñero *nm* ingrowing toenail.
uñeta *nf* (*Chi Mús*) plectrum.
uñetas *nmf inv* (*LAm fam*) thief.
uñilargo *nm*, **uñón** *nm* (*Per*) thief.
UOE *nf abr* (*Esp Mil*) *de* **Unidad de Operaciones Especiales**.
UPA *nf abr de* **Unión Panamericana** PAU.
upa *interj* up, up!
UPAE *nf abr de* **Unión Postal de las Américas y España**.
upar [1a] *vt* = **aupar**.
UPC *nm abr de* **Unidad de Procesamiento Central** CPU.
uperización *nf* UHT treatment.
uperizado *adj*: **leche ~a** UHT milk.
UPU *nf abr de* **Unión Postal Universal** UPU.
Urales *nmpl* (*tb* **Montes ~**) Urals.
uralita *nf* corrugated iron.
uranio *nm* uranium.
Urano *nm* Uranus.
urbanidad *nf* courtesy, politeness.
urbanismo *nm* town planning.
urbanista *nmf* town planner.
urbanístico *adj* (*problemas*) town-planning *atr*; (*plan, entorno*) urban, city *atr*.
urbanización *nf* (*gen*) urbanization; (*colonia, barrio*) estate, housing scheme, housing development *(US)*.
urbanizado *adj* built-up.
urbanizar [1f] *vt* (**a**) (*terreno*) to develop, build on, urbanize. (**b**) (*individuo*) to civilize.
urbano *adj* (**a**) (*de la ciudad*) urban, town *atr*, city *atr*. (**b**) courteous, polite.
urbe *nf* large city, metropolis.
urdimbre *nf* (**a**) (*de tela*) warp. (**b**) (*fig*) scheme, intrigue.
urdir [3a] *vt* (**a**) (*tela*) to warp. (**b**) (*fig*) to plot.
urdu *nm* (*Ling*) Urdu.
urea *nf* urea.
urente *adj* (*Med etc*) burning, stinging.
uréter *nm* ureter.
uretra *nf* urethra.
urgencia *nf* (**a**) (*gen*) urgency; **con toda ~** with the utmost urgency, posthaste; **de ~** urgent, pressing; **pedir algo con ~** to press for sth. (**b**) (*emergencia*) emergency; **medida de ~** emergency measure; **salida de ~** emergency exit.
urgente *adj* (*gen*) urgent; **carta ~** special delivery letter; **pedido ~** rush order.
urgentemente *adv* urgently.
urgir [3c] *vi* to be urgent *o* pressing; **urge el dinero** the money is urgently needed; **el tiempo urge** time presses *o* is short; **me urge terminarlo** I must finish it as soon as I can; **me urge partir** I have to leave at once.
úrico *adj* uric.
urinario *nm* urinal, public lavatory, comfort station *(US)*.
urna *nf* (*gen*) urn; (*de cristal*) glass case; (*Pol etc: tb* **~ electoral**) ballot box; **acudir a las ~s** (*fig*) to vote.
urogallo *nm* capercaillie.
urología *nf* urology.
urólogo/a *nm/f* urologist.
urraca *nf* magpie.
URSS *nf abr* (*Hist*) *de* **Unión de Repúblicas Socialistas Soviéticas** USSR.
ursulina *nf* (**a**) (*Rel*) Ursuline nun. (**b**) (*Esp fam*) goody-goody *(fam)*.
urticaria *nf* urticaria, nettlerash.
urubú *nm* (*CSur*) vulture, buzzard *(US)*.
Uruguay *nm* Uruguay.
uruguayo/a *adj, nm/f* Uruguayan.
USA *atr* United States *atr*, American; **dos aviones ~** two US planes.
usado *adj* (*sello etc*) used; (*ropa*) worn; **muy ~** worn out, shabby.
usanza *nf* usage, custom; **a ~ india, a ~ de los indios** according to the custom of the Indians.
usar [1a] **1** *vt* (**a**) (*gen*) to use, make use of; (*ropa*) to wear; **sin ~** unused; **de ~ y tirar** disposable. (**b**) **~ hacer algo** to be in the habit of doing sth. **2** *vi*: **~ de** to use, make use of. **3 usarse** *vr* to be used, be in use; (*ropa*) to be worn, be in fashion.
Usbekia *nf*, **Usbiekistán** *nm* Uzbekistan.
usina *nf* (*LAm*) factory, plant; (*CSur: de electricidad*) power plant.
uslero *nm* (*Chi*) rolling pin.
USO *nf abr* (*Esp*) *de* **Unión Sindical Obrera**.
uso *nm* (**a**) use; **objeto de ~ personal** article for personal use; **desde que tuvo ~ de razón** since he reached the age of reason; **de ~ externo** (*Med*) for external application; **estar en buen ~** to be in good condition; **estar en el ~ de la palabra** to be speaking, have the floor; **hacer ~ de** to make use of.
(**b**) (*Mec etc*) wear; **~ y desgaste** wear and tear; **deteriorado por el ~** worn.
(**c**) (*usanza*) custom, usage; **es un ~ muy antiguo** it is a very ancient custom; **al ~** as is customary, in keeping with custom; **un hombre al ~** an ordinary man; **al ~ de** in the style of, in the fashion of.
usted *pron pers* (*sg: abr Ud o Vd: frm*) you *sg*; **~es** (*pl: abr Uds o Vds: frm*) you *pl*; (*LAm: frm y fam*) you *pl*; **el coche de ~** your car; **mi coche y el de ~** my car and yours; **para ~** for you; **sin ~** without you; **¡a ~!** (*dando gracias*) thank you!
usual *adj* usual, customary.
usuario/a *nm/f* user; **~ de la vía pública** road use; **~ final** (*Inform*) end-user.
usufructo *nm* use; **~ vitalicio** life interest (*de* in).
usura *nf* (*gen*) usury, loan-sharking *(fam)*.
usurario *adj* usurious, extortionate.
usurero *nm* usurer, loan shark *(fam)*.
usurpación *nf* usurpation, illegal taking; (*fig*) encroachment (*de* upon).
usurpador(a) *nm/f* usurper.
usurpar [1a] *vt* to usurp.
usuta *nf* (*Arg, Per*) = **ojota (a)**.
utensilio *nm* (*gen*) tool, implement; (*Culin*) utensil; **~s de cirujano** surgeon's instruments.
uterino *adj* uterine.
útero *nm* womb, uterus.
útil 1 *adj* (**a**) (*gen*) useful; (*servible*) usable, serviceable; **el coche es viejo pero todavía está ~** the car is old but it is still serviceable; **es muy ~ tenerlo aquí cerca** it's very handy having it here close by; **¿en qué puedo serle ~?** can I help you? (**b**) **día ~** working day, weekday. (**c**) (*Mil*) **~ para el servicio** fit for military service; (*Mec*) operational. **2** *nm*: **~es** tools, equipment *sg*; **~es de labranza** agricultural implements.
utilería *nf* (*esp LAm: Teat*) props.
utilidad *nf* (**a**) (*gen*) usefulness, utility; (*provecho*) benefit; **sacarle la máxima ~ de algo** to use sth to the full. (**b**) (*Com, Fin etc*) profit; **~es** profits, earning; **~es líquidas** net profits.
utilitario 1 *adj* (**a**) utilitarian. (**b**) (*vehículo etc*) utility *atr*. **2** *nm* (*Inform*) utility.
utilizable *adj* (*gen*) usable; (*disponible*) fit for use, ready to use; (*Téc: desperdicios*) reclaimable.
utilización *nf* use, utilization; (*Téc*) reclamation.
utilizar [1f] *vt* to use, make use of, utilize; (*explotar: recursos*) to harness; (*Téc: desperdicios*) to reclaim.
utillaje *nm* (set of) tools, equipment.

utopía, utopia *nf* Utopia.
utópico *adj* Utopian.
utopista *adj, nmf* Utopian.
UV, UVA[1] *abr de* **ultravioleta** UV.
UVA[2] *nf abr de* **unidad vecinal de absorción.**
uva *nf* grape; ~ **blanca/negra** green/black grape; ~ **de Corinto** currant; ~ **pasa** raisin; **de ~s a peras** once in a blue moon; **estar de mala** ~ (*Esp fam*) to be in a bad mood; **estar hecho una** ~ to be drunk as a lord; **tiene muy mala** ~ **ése** he's a right bad one, him.
uve *nf* (**a**) (name of the letter) V; **en forma de** ~ V-shaped; **escote en** ~ V-neck. (**b**) ~ **doble, doble** ~ *name of the letter* W.
UVI *nf abr de* **unidad de vigilancia intensiva** ICU.
uxoricida *nm* wife-killer.
uxoricidio *nm* wife-murder.

V[1], **v** ['ußе, (*LAm*) be'korta] *nf* (*letra*) V, v; **ve corta** (*LAm fam*) (the letter) v; ~ **doble** (*Esp*), **doble** ~ (*LAm*) (the letter) w; **en (forma de) V** v-shaped.
V[2] *abr de* **Véase** V.
V. *abr* (**a**) *de* **Usted.** (**b**) *de* **Visto** OK.
v. *abr* (**a**) (*Elec*) *de* **voltio(s)** v. (**b**) (*Elec*) *de* **vatio** w. (**c**) *de* **ver, véase** v. (**d**) (*Lit*) *de* **verso** v.
V.A. *abr de* **Vuestra Alteza.**
va *etc V* **ir.**
vaca *nf* (**a**) cow; ~ **lechera** dairy cow; ~ **marina** sea cow; ~ **de San Antón** ladybird; **~s flacas/gordas** (*fig*) bad/good times. (**b**) (*Culin*) beef; (*cuero*) cowhide.
vacaciones *nfpl* holiday(s), vacation *sg* (*US*); ~ **escolares** school holidays; ~ **pagadas** *o* **retribuidas** holidays with pay; **estar/irse** *o* **marcharse de** ~ to be/go (away) on holiday.
vacante 1 *adj* (*gen*) vacant; (*silla etc*) empty, unoccupied; (*puesto*) unfilled. **2** *nf* vacancy, place; **hay una** ~ **en la oficina** there is a vacancy in the office.
vacar 1g *vi* to fall *o* become vacant; (*puesto*) to remain unfilled.
vaciadero *nm* (**a**) (*conducto*) drain. (**b**) (*tiradero*) rubbish tip.
vaciado 1 *adj* (*estatua etc*) cast in a mould *o* (*US*) mold; (*útiles*) hollow-ground. **2** *nm* (**a**) cast, mould(ing), mold(ing) (*US*); ~ **de yeso** plaster cast. (**b**) (*acto de vaciar*) hollowing out. (**c**) (*de cuchillo*) sharpening. (**d**) (*Aer*) ~ **rápido** jettisoning.
vaciar 1c **1** *vt* (**a**) (*recipiente, contenido*) to empty (out); (*vaso etc*) to drain; (*líquido*) to pour (away); (*beber*) to drink up; (*Aer etc*) to jettison; (*Inform*) to dump. (**b**) (*madera, piedra*) to hollow out; (*estatua etc*) to cast. (**c**) (*cuchillo*) to sharpen. **2** *vi* (*río*) to flow (*en* into). **3 vaciarse** *vr* to empty.
vaciedad *nf* (**a**) emptiness. (**b**) (*fig*) silliness, (piece of) nonsense.
vacilación *nf* hesitation.
vacilada *nf* (**a**) (*esp CAm, Méx: fam: broma*) mickey-taking (*fam*); **de** ~ as a joke. (**b**) (*Méx fam: borrachera*) binge (*fam*).
vacilante *adj* (**a**) (*mano, paso*) unsteady; (*voz*) faltering; (*memoria*) uncertain. (**b**) (*luz*) flickering. (**c**) (*fig: inseguro*) hesitant; (*: indeciso*) indecisive.
vacilar 1a **1** *vt* (*fam*) (**a**) (*burlarse de*) to take the mickey out of (*fam*).
(**b**) to mess about; **¡no me vaciles!** stop messing me about!
2 *vi* (**a**) (*mueble etc*) to be unsteady; (*persona*) to totter; (*: al hablar*) to falter; (*memoria*) to fail.
(**b**) (*luz*) to flicker.
(**c**) (*fig: hesitar*) to hesitate; (*: ser indeciso*) to vacillate; **sin** ~ unhesitatingly; ~ **en hacer algo** to hesitate to do sth; (*esperar*) to hold back from doing sth.
(**d**) (*fig*) ~ **entre** to vary between.
(**e**) ~ **con algn** (*fam: guasearse*) to tease sb, take the mickey out of sb (*fam*).
(**f**) (*Méx fam*) to have fun.
vacile *nm* (*fam: guasa*) teasing, amusing talk; **estar de** ~ to chat, indulge in teasing talk.
vacilón/ona 1 *nm/f* (**a**) tease, joker. (**b**) (*CAm, Méx: juerguista*) party-goer, reveller. **2** *nm* (*juerga*) party.
vacío 1 *adj* (**a**) (*gen*) empty; (*puesto, casa etc*) vacant, unoccupied; **irse con las manos ~as** to leave empty-handed.
(**b**) (*fig: esfuerzo*) vain; (*: charla etc*) light, superficial; (*: promesa*) hollow.
(**c**) (*fig: vanidoso*) vain.
2 *nm* (*gen*) emptiness, void; (*Fís*) vacuum; (*un* ~) (empty) space, gap; (*Anat*) side, flank, ribs; ~ **político** political vacuum; **en** ~ in a vacuum, in vacuo; **envasado al** ~ vacuum-packed; **el libro llenará un** ~ the book will fill a gap; **el camión volvió de** ~ the lorry came back empty; **caer en el** ~ (*fig*) to fall on deaf ears; **dar un golpe en** ~ to miss, fail to connect; **hacer el** ~ **a algn** to send sb to Coventry; **marchar en** ~ (*Mec*) to tick over; **sentir un** ~ to feel a hollow; **tener el estómago** ~ to have an empty stomach.
vacuidad *nf* (**a**) emptiness. (**b**) (*fig*) superficiality.
vacuna *nf* (**a**) (*sustancia*) vaccine. (**b**) (*esp LAm*) vaccination; **ponerle una** ~ **a algn** to vaccinate sb.
vacunación *nf* vaccination.
vacunar 1a **1** *vt* to vaccinate (*contra* against). **2 vacunarse** *vr* to get vaccinated.
vacuno *adj* bovine, cow *atr*; **ganado** ~ cattle.
vacuo *adj* (**a**) empty. (**b**) (*fig*) vacuous.
vadeable *adj* (**a**) (*lit*) fordable, which can be forded. (**b**) (*fig*) not impossible, not insuperable.
vadear 1a **1** *vt* (**a**) (*río: atravesar*) to ford; (*: a pie*) to wade across; (*agua*) to wade through. (**b**) (*fig: dificultad*) to surmount, get round; (*: persona*) to sound out. **2** *vi* to wade.
vado *nf* (**a**) (*de río etc*) ford. (**b**) (*Aut: Esp*) garage entrance; **'~ permanente'** 'Garage Entrance', 'Keep Clear'. (**c**) (*fig: salida*) way out, solution; **no hallar** ~ to see no way out, find no solution. (**d**) (*fig: descanso*) respite.
vagabundear 1a *vi* (*andar sin rumbo*) to wander, roam; (*pey: ser vago*) to be a tramp *o* (*US*) bum; (*: gandulear*) to loaf.
vagabundeo *nm* (*V vi*) wandering; vagrancy; loafing.
vagabundo/a 1 *adj* wandering; (*perro*) stray. **2** *nm/f* (*errante*) wanderer, rover; (*pey*) vagrant; (*pordiosero*) tramp, bum (*US*).
vagancia *nf* (*pereza*) idleness, laziness; (*ser vago*) vagrancy.
vagante *adj* (**a**) (*sin rumbo*) wandering; (*vago*) vagrant. (**b**) (*Mec: suelto*) free, loose.
vagar 1h *vi* (*gen*) to wander (about), roam; (*rondar*) to prowl about; (*pasear*) to saunter up and down, wander about the streets; (*flojear, gandulear*) to idle, loaf.

vagido *nm* (baby's) cry, wail.
vagina *nf* vagina.
vaginal *adj* vaginal.
vago 1 *adj* (**a**) (*gen*) vague; (*Arte, Fot*) blurred, ill-defined. (**b**) (*errante*) roving, wandering. (**c**) (*persona*) lazy. **2** *nm* (**a**) (*vagabundo*) tramp, vagrant, bum *(US)*. (**b**) (*holgazán*) lazybones *(fam)*, idler.
vagón *nm* (*Ferro: de pasajeros*) coach, carriage, passenger car *(US)*; (*: de mercancías*) (goods *o* freight) van *o* wagon; ~ **cama** sleeping-car; ~ **cisterna** tanker; ~ **de ganado** cattle truck; ~ **de primera/segunda** first-/second-class carriage; ~ **restaurante** dining car.
vagonada *nf* truckload, wagonload.
vagoneta *nf* light truck.
vaguada *nf* watercourse, stream bed.
vaguear 1a *vi* to laze around.
vaguedad *nf* (**a**) (*lo vago*) vagueness. (**b**) (*una* ~) vague remark; **hablar sin ~es** to get straight to the point.
vaguería *nf* (*pereza*) laziness, slackness.
vaharada *nf* (*soplo*) puff; (*olor*) smell.
vahído *nm* dizzy spell.
vaho *nm* (**a**) (*vapor*) vapour, vapor *(US)*, steam; (*en cristal etc*) mist, condensation; (*Quím*) fumes; (*aliento*) breath; (*olor*) smell. (**b**) **~s** (*Med*) inhalation *sg*.
vaina 1 *nf* (**a**) (*Mil etc*) sheath, scabbard; (*de útil*) sheath, case. (**b**) (*Bot: de garbanzo*) pod; (*: de nuez etc*) husk, shell. (**c**) (*LAm fam: molestia*) nuisance, bore; (*: cosa*) thing; **¡qué ~!** what a nuisance! **2** *nmf* (*fam*) twit *(fam)*, nitwit *(fam)*.
vainica *nf* (*Cos*) hemstitch.
vainilla *nf* vanilla.
vainita *nf* (*LAm*) green bean.
vais *V* **ir**.
vaivén *nm* (**a**) (*balanceo*) swaying; (*acción de mecerse*) rocking; (*ir y venir*) to-ing and fro-ing; (*de pistón etc*) backwards and forwards motion. (**b**) (*tráfico, circulación*) comings and goings. (**c**) (*fig: de la suerte*) change of fortune; **~es** ups and downs. (**d**) (*fig: Pol etc*) swing (of opinion).
vajilla *nf* (*gen*) crockery, dishes; (*una* ~) service, set of dishes; ~ **de oro** gold plate; ~ **de porcelana** chinaware; **lavar la** ~ to wash up.
valdré *etc V* **valer**.
vale[1] *nm* (*gen*) IOU; (*recibo*) receipt; (*cuenta*) bill, check *(US)*; (*cupón*) voucher, chit; ~ **de correo** *o* **postal** money order; ~ **de regalo** gift voucher, gift certificate *(US)*; **dar el** ~ (*fig*) to give the go-ahead.
vale[2] *interj* (*Esp fam*) OK, sure; *V tb* **valer 3**.
vale[3] *nm* (*LAm: amigo*) pal *(fam)*, chum, buddy *(US)*.
valedero *adj* valid; (*Jur*) binding; ~ **para 6 meses** valid for 6 months.
valedor(a) *nm/f* (**a**) protector. (**b**) (*LAm*) = **vale**[3].
valemadrista (*Méx fam*) **1** *adj* (*apático*) indifferent; (*cínico*) cynical. **2** *nmf* (*apático*) indifferent person; (*cínico*) cynic.
Valencia *nf* Valencia.
valencia *nf* (*Quím*) valency.
valenciana[1] *nf* (*Méx*) trouser turn-up *o (US)* cuff.
valenciano/a[2] *adj, nm/f* Valencian.
valentía *nf* (**a**) (*valor*) bravery, courage. (**b**) (*jactancia*) boastfulness. (**c**) (*acto de valor: una* ~) brave deed, heroic exploit. (**d**) (*pretensión: una* ~) boast.
valentón/ona 1 *adj* (*gen*) boastful; (*jactancioso*) blustering; (*arrogante*) arrogant. **2** *nm/f* braggart.
valentonada *nf* boast, brag.
valer 2p **1** *vt* (**a**) (*proteger*) to protect, assist; (*servir*) to serve (a purpose); (*ayudar*) to help, avail; **¡válgame (Dios)!** God help me!; **no le vale ser hijo del ministro** it's of no help to him being the minister's son.
(**b**) (*Mat: ser igual a*) to equal; (*: sumar*) to amount *o* come to.
(**c**) (*fig: gen*) to cause; (*: ganar*) to earn, gain; (*: costar*) to cost; **el asunto le valió muchos disgustos** the affair caused him lots of trouble.
2 *vt, vi* (**a**) (*Com, Fin*) to be worth; (*costar*) to cost, be priced *o* valued at; (*ser valioso*) to be valuable; (*representar*) to be equivalent to, represent; **este libro vale 5 dólares** this book costs 5 dollars; **ésas valen 200 pesetas el kilo** those are 200 pesetas a kilo; **¿cuánto vale?** how much is it?; **¿vale mucho?** is it valuable?, is it worth a lot?; **4 fichas azules valen por una negra** 4 blue counters are worth one black one.
(**b**) (*fig: tener valor*) to be worth; **no vale nada** (*gen*) it's no good (*para* for); (*mercancía*) it's worthless; (*argumento*) it's no use; **no vale gran cosa** it's not up to much, it's not much good; **vale la pena** it's worth it, it's worth the trouble; **no vale la pena hacerlo** it's not worth doing it.
(**c**) (*ser preferible*) **más vale así** it's better this way; **más vale tarde que nunca** better late than never; **más vale no hacerlo** it's better not to do it; **más vale que me vaya** I had better go; **me vale madre** *o* **sombrilla** (*Méx fam*) I couldn't care less *(fam)*.
3 *vi* (**a**) (*servir*) to be of use, be useful; (*bastar*) to do, be enough; **es viejo, pero vale para la lluvia** it's old, but it's good for the rain; **me vale la ropa de mi hermana** my sister's clothes do me.
(**b**) (*ser válido*) to be valid; (*Fin*) to be legal tender; (*Dep etc*) to count, be permitted; **¿vale?** (*fam*) all right?, OK? *(fam)*; **¡vale!** (*Esp fam: de acuerdo*) right!, OK! *(fam)*; (*¡basta!*) that'll do!; **¡eso no vale!** that doesn't count!; (*no se permite*) that's not allowed!, you can't do that!; **no vale empujar** pushing's not allowed; **¡no hay 'querido' que valga!** it's no good saying 'darling' to me!, you can cut out the 'darling'; **no valen las excusas** excuses are to no avail.
(**c**) (*fig: persona*) to be good; **el chico no vale para el cargo** the boy is not suitable *o* right for the job; **no vale para nada** he's no good, he's a dead loss.
(**d**) **hacer ~ su derecho** to assert one's right(s); **hacer ~ sus argumentos** to make one's arguments felt.
(**e**) **hacerse ~** to make o.s. count, gain recognition; **tienes que hacerte ~** you must get recognition.
(**f**) **es un hombre hombre, valga la redundancia** he's what you call a real man, if you excuse the repetition.
4 valerse *vr* (**a**) ~ **de** (*utilizar*) to use, make use of; (*aprovecharse de*) to take advantage of; (*derecho*) to exercise.
(**b**) ~ **por sí mismo** to help *o* manage by o.s.
valeroso *adj* brave, valiant.
valga *etc V* **valer**.
valía *nf* (**a**) (*gen*) worth, value; **de gran ~** (*objeto*) very valuable; (*persona*) worthy. (**b**) (*fig*) influence.
validación *nf* validation.
validar 1a *vt* to validate, give effect to; (*Pol etc*) to ratify.
validez *nf* validity; **dar ~ a** to validate; (*Pol etc*) to ratify.
valido *nm* (*Hist*) (royal) favourite *o (US)* favorite.
válido *adj* (**a**) valid (*hasta* until) (*para* for). (**b**) (*Med: fuerte*) strong, robust; (*: sano*) fit.
valiente 1 *adj* (**a**) (*corajudo*) brave, valiant; (*audaz*) bold. (**b**) (*pretencioso*) boastful. (**c**) (*fig*) fine, excellent; (*con ironía*) fine, wonderful; **¡~ amigo!** a fine friend you are! **2** *nm/f* brave man/woman.
valija *nf* (**a**) (*esp LAm: maleta*) (suit)case. (**b**) (*Correos*) mailbag; (*fig*) mail, post; ~ **diplomática** diplomatic bag *o (US)* pouch.
valioso *adj* (**a**) (*de valor*) valuable; (*útil*) useful, beneficial. (**b**) (*rico*) wealthy.
valor *nm* (**a**) (*gen*) value, worth; (*precio*) price; (*moneda etc*) value, denomination; **objetos de ~** valuables; **sin ~** worthless; ~ **adquisitivo** *o* **de compra** purchasing power; ~ **alimenticio/nominal/sentimental** food/nominal/sentimental value; ~ **comercial** *o* **de mercado** commercial *o* market value; ~ **según balance/desglosado/intrínseco/a la par** book/break-up/intrinsic/par value; ~ **de escasez/de rescate/de**

sustitución scarcity/surrender/replacement value; **dar ~ a** to attach importance to; **quitar ~ a** to minimise the importance of.

(**b**) (*fig*) great name *o* figure.

(**c**) **~es** (*Com, Fin*) securities, bonds; (*acciones*) stocks; (*morales, sociales*) values; **escala de ~es** scale of values; **~es en cartera, ~es habidos** investments.

(**d**) (*coraje*) bravery, courage, valour, valor *(US)*; **armarse de ~** to gather up one's courage.

(**e**) (*fam: cara*) nerve, cheek *(fam)*; **¡qué ~!** of all the cheek! *(fam)*.

valoración *nf* valuation; (*estimación*) assessment, appraisal.

valorar 1a *vt*, **valorizar** 1f *vt* to value (*en* at); (*tasar*) to price; (*esp fig*) to assess, appraise.

vals *nm inv* waltz.

valuar 1e *vt* = **valorar**.

valva *nf* (*Bot, Zool*) valve.

válvula *nf* (*Mec etc*) valve; **~ de admisión/de escape/de seguridad** inlet/exhaust/safety valve.

valla *nf* (**a**) fence; (*Mil*) barricade; (*Dep*) hurdle; **~ publicitaria** hoarding, billboard *(US)*; **las 100 ~s** the 100 metre hurdles. (**b**) (*fig*) barrier; (*: límite*) limit; (*: estorbo*) obstacle; **romper las ~s** to disregard the social conventions.

valladar *nm* (**a**) = **valla (a)**. (**b**) (*fig*) defence, defense *(US)*, barrier.

vallado *nm* (**a**) = **valla (a)**. (**b**) rampart.

Valladolid *nm* Valladolid.

vallar 1a *vt* to fence in, enclose.

valle *nm* valley, vale; **~ de lágrimas** vale of tears.

vallisoletano 1 *adj* of *o* from Valladolid. **2** *nm/f* native *o* inhabitant of Valladolid.

vamos *V* **ir**.

vampiresa *nf* (*Cine*) vamp, femme fatale.

vampiro *nm* (**a**) (*Zool*) vampire. (**b**) (*fig*) vampire, bloodsucker.

van *V* **ir**.

vanagloriarse 1b *vr* to boast (*de* of); **~ de hacer algo** to boast of doing sth, boast of being able to do sth.

vandálico *adj* (*fig*) loutish, destructive.

vandalismo *nm* vandalism.

vándalo/a *nm/f* vandal.

vanguardia *nf* (*Mil, fig*) vanguard, van; **de ~** (*Arte*) avant-garde; (*Pol*) vanguard; (*fig*) **estar en** *o* **ir a la ~ de** to be in the forefront of.

vanguardismo *nm* (*Arte, Lit etc*) avant-garde movement; (*estilo*) ultramodern manner, revolutionary style.

vanguardista *adj* (*moda etc*) avant-garde.

vanidad *nf* (**a**) (*irrealidad*) unreality; (*sin base*) groundlessness; (*inutilidad*) uselessness, futility. (**b**) (*presunción*) vanity; **por pura ~** out of sheer vanity. (**c**) **~es** vanities.

vanidoso *adj* vain, conceited.

vano 1 *adj* (**a**) (*irreal*) unreal, imaginary, vain; (*temor*) idle; (*sospecha*) groundless. (**b**) (*inútil*) vain, useless; (*ocioso*) idle; **en ~** in vain. (**c**) (*poco profundo*) shallow; (*frívolo*) frivolous; (*vacío*) empty, pointless; (*adorno*) silly. **2** *nm* (*Arquit*) space, opening.

vapor *nm* (**a**) vapour, vapor *(US)*; (*Téc: de agua*) steam; (*: de gas*) fumes; (*Met*) mist; **~ de agua** water vapour; **al ~** (*lit*) by steam; (*fig*) very fast; **cocer un plato al ~** to steam a dish; **a todo ~** (*Náut, fig*) at full steam; **de ~** steam *atr*; **acumular ~** to get steam up; **echar ~** to (give off) steam. (**b**) (*Náut*) steamship; **~ correo** mail-boat; **~ de ruedas/volandero** paddle/tramp steamer. (**c**) (*Med*) vertigo; **~es** vapours, vapors *(US)*, hysteria *sg*.

vaporizador *nm* (*perfume etc*) spray; (*para agua*) vaporizer.

vaporizar 1f **1** *vt* (*gen: agua*) to vaporize; (*perfume etc*) to spray. **2 vaporizarse** *vr* to vaporize.

vaporoso *adj* (**a**) (*nublado etc*) misty; (*lleno de vapor*) steamy, steaming. (**b**) (*tela*) light, airy, diaphanous.

vapulear 1a *vt* (**a**) (*alfombra*) to beat; (*persona*) to beat; (*azotar*) to beat up, thrash. (**b**) (*fig: regañar*) to slate.

vapuleo *nm* (*V vt*) (**a**) beating, thrashing. (**b**) slating.

vaquería *nf* (**a**) (*lechería*) dairy. (**b**) (*LAm: arte del vaquero*) craft of the cowboy.

vaqueriza *nf* (*establo*) cowshed; (*corral*) cattle yard.

vaquerizo 1 *adj* cattle *atr*. **2** *nm* cowman.

vaquero 1 *adj* cattle *atr*. **2** *nm* (**a**) cowman; (*US, LAm*) cowboy. (**b**) **~s** (*pantalones*) jeans.

vaqueta *nf* (**a**) (*cuero*) cowhide, leather. (**b**) (*para afilar*) razor strop.

vaquilla *nf* (*ternera*) heifer; **~s** (*reses*) young calves; (*fiesta: tb* **corrida de ~s**) bullfight with young bulls.

vara *nf* (**a**) (*palo*) stick, pole; (*Mec*) rod, bar; (*de carroza*) shaft; (*Bot*) branch; (*: de flor*) central stem; **~ mágica** magic wand; **~ de medir** yardstick; **~ de pescar** fishing rod.

(**b**) (*Pol etc: insignia*) wand *o* staff of office; **~ alta** authority; (*peso*) influence; **doblar la ~ de la justicia** to pervert justice; **empuñar la ~** to take (up) office.

(**c**) (*esp LAm Mat*) ≈ yard *(= .836 m, = 2.8 feet)*.

(**d**) (*Taur: lanza*) lance, pike; **poner ~s al toro** to wound the bull with a lance.

(**e**) **dar la ~** (*fam*) to annoy, bother.

varada *nf* (*Náut*) beaching.

varadero *nm* (*astillero*) dry dock.

varado *adj* (**a**) (*Náut*) stranded; **estar ~** to be aground. (**b**) (*LAm*) **estar ~** to be broke *(fam)*.

varal *nm* (*palo*) long pole; (*de carroza*) shaft; (*Teat*) batten.

varapalo *nm* (**a**) long pole. (**b**) (*golpe*) blow with a stick; (*paliza*) beating. (**c**) (*fig: regañada*) dressing-down. (**d**) (*fig: disgusto*) disappointment, blow.

varar 1a **1** *vt* to beach, run aground. **2** *vi*, **vararse** *vr* (**a**) (*Náut*) to be beached, run aground. (**b**) (*fig*) to get stuck *o* bogged down.

varear 1a *vt* (*persona*) to beat, hit; (*frutas*) to knock down (with poles); (*alfombra etc*) to beat; (*Taur*) to prick with a lance, goad.

variable 1 *adj* variable, changeable; (*Mat, Inform*) variable. **2** *nf* (*Mat, Inform*) variable.

variación *nf* (*gen*) variation; (*Met*) change; **sin ~** unchanged.

variado *adj* (*gen*) varied; (*diverso*) mixed; (*surtido*) assorted; (*superficie, color*) variegated.

variante 1 *adj* variant. **2** *nf* (*alternativa*) alternative.

variar 1c **1** *vt* (*cambiar*) to change, alter; (*poner variedad*) to vary; (*modificar*) to modify; (*de posición*) to change round. **2** *vi* (*ser diferente*) to vary; (*cambiar*) to change; **~ de** to differ from; **~ de opinión** to change one's mind; **varía de 3 a 8** it ranges from 3 to 8.

varicela *nf* chickenpox.

varices *nfpl* varicose veins.

varicoso *adj* (*pierna etc*) varicose.

variedad *nf* (**a**) (*gen*) variety; (*modificación*) variation. (**b**) (*Teat*) **(teatro de) ~es** variety, music hall, vaudeville *(US)*.

varilla *nf* (*palito*) (thin) stick; (*Bot*) twig, wand; (*Mec*) rod, bar; (*eslabón*) link; (*de faja, abanico, paraguas*) rib; (*Anat*) jawbone; (*Aut*) dipstick; **~ mágica** *o* **de las virtudes** magic wand; **~ de zahorí** divining rod.

varillaje *nm* (*de abanico, paraguas*) ribs.

vario *adj* (**a**) varied; (*color*) variegated, motley. (**b**) (*cambiable*) varying, changeable; (*persona: inconstante*) fickle. (**c**) **~s** (*muchos*) several, a number of; (*unos*) some; **hay ~as posibilidades** there are several *o* various possibilities; **~s piensan que** some (people) think that; **asuntos ~s** (any) other business.

variopinto *adj* many-coloured, many-colored *(US)*, colourful, colorful *(US)*; **~s** (*fig*) diverse, miscellaneous.

varita *nf* wand; **~ mágica** *o* **de las virtudes** magic wand.

varón 1 *adj* male; **hijo ~** son. **2** *nm* (*sexo*) man, male;

(*hombre*) adult male; (*fig*) great man; **tuvo 4 hijos, todos ~es** she had 4 children, all boys.
varonil *adj* (**a**) (*viril*) manly, virile. (**b**) (*Bio*) male. (**c**) (*pey: mujer*) mannish.
Varsovia *nf* Warsaw.
vas *etc V* **ir**.
vasallaje *nm* (*Hist*) vassalage; (*fig*) subjection, serfdom.
vasallo *nm* vassal.
vasco/a **1** *adj, nm/f* Basque. **2** *nm* (*Ling*) Basque.
vascofrancés/esa **1** *adj*: **País V~** French Basque Country. **2** *nm/f* French Basque.
Vascongadas *nfpl*: **las ~** the Basque Provinces.
vascuence *nm* (*Ling*) Basque.
vasectomía *nf* vasectomy.
vaselina *nf* Vaseline ®, petroleum jelly.
vasija *nf* (*Culin*) pot, dish.
vaso *nm* (**a**) (*gen*) glass; (*para flores*) vase; **~ de vino** glass of wine; **~ para vino** wineglass; **ahogarse en un ~ de agua** (*fig*) to make a mountain out of a molehill. (**b**) (*cantidad*) glass(ful). (**c**) (*Anat*) vessel; (*: canal*) duct; **~ sanguíneo** blood vessel. (**d**) (*Náut: barco*) boat, ship; (*: casco*) hull.
vástago *nm* (**a**) (*Bot*) shoot, sprout. (**b**) (*Mec*) rod; **~ de émbolo** piston rod. (**c**) (*fig*) offspring, descendant.
vastedad *nf* vastness, immensity.
vasto *adj* vast, huge.
vate *nm* (**a**) (*Hist*) seer, prophet. (**b**) (*Lit*) poet, bard.
váter *nm* lavatory, W.C., restroom *(US)*.
Vaticano *nm* Vatican; **la Ciudad del ~** Vatican City.
vaticano *adj* Vatican; (*papal*) papal.
vaticinar [1a] *vt* to prophesy, predict.
vaticinio *nm* prophecy, prediction.
vatio *nm* watt.
vaya *etc V* **ir**.
VCL *nm abr de* **visualizador cristal líquido** LCD.
Vda. de *abr de* **viuda de**.
Vd(s) *abr de* **usted(es)**.
V.E. *abr de* **Vuestra Excelencia**.
ve *etc V* **ir; ver**.
vecinal *adj* (*camino etc*) local; (*impuesto*) local, municipal.
vecindad *nf* (**a**) (*barrio*) neighbourhood, neighborhood *(US)*; (*cercanía*) vicinity. (**b**) (*los vecinos*) neighbours, neighbors *(US)*, neighbourhood; (*habitantes*) residents. (**c**) (*Jur etc*) residence, abode.
vecindario *nm* (*barrio*) neighbourhood, neighborhood *(US)*; (*población*) population, residents.
vecino/a **1** *adj* (**a**) (*gen*) neighbouring, neighboring *(US)*, adjacent; (*cerca*) near, nearby; **vive en el edificio ~** he lives in the next house; **somos ~s** we live next door to one another. (**b**) (*fig: parecido*) alike, similar; **~ a** like, similar to. **2** *nm/f* (**a**) (*gen*) neighbour, neighbor *(US)*. (**b**) (*habitante*) resident; **asociación de ~s** residents' association; **una ~a de la calle X** a resident in X street.
veda *nf* (**a**) (*prohibición*) prohibition. (**b**) (*temporada*) close *o (US)* closed season.
vedado *nm* private preserve; **~ de caza** game preserve; **cazar/pescar en ~** to poach.
vedar [1a] *vt* (*prohibir*) to prohibit, ban; (*impedir*) to stop, prevent; (*idea, plan etc*) to veto; **~ a algn hacer algo** to forbid sb to do sth, to stop sb doing sth.
vedette [be'ðet] *nf* (*Teat, Cine*) star(let).
vega *nf* fertile plain *o* valley.
vegetación *nf* (**a**) vegetation. (**b**) (*Med*) **~es adenoideas** adenoids.
vegetal **1** *adj* (*gen*) vegetable, plant *atr*. **2** *nm* (*gen*) plant, vegetable; **~es** (*legumbres*) vegetables.
vegetar [1a] *vi* (**a**) (*Bot*) to grow. (**b**) (*fig: persona*) to vegetate; (*: negocio*) to stagnate.
vegetarianismo *nm* vegetarianism.
vegetariano/a *adj, nm/f* vegetarian.
vegetativo *adj* vegetative.
vehemencia *nf* (*insistencia*) vehemence; (*pasión, fervor*) passion; (*violencia*) violence.
vehemente *adj* (*insistente*) vehement; (*apasionado*) passionate; (*fuerte*) strong; (*violento*) violent.
vehículo *nm* (*gen*) vehicle; **~ carretero** road vehicle; **~ automóvil** *o* **de motor** motor vehicle; **~ espacial** spacecraft; **~ utilitario** commercial vehicle.
veinte *adj, nm* twenty; (*orden, fecha*) twentieth; **el siglo ~** the twentieth century; *V tb* **seis**.
veintena *nf*: **una ~** twenty, about twenty, a score.
vejación *nf*, **vejamen** *nm* (*preocupación*) vexation; (*humillación*) humiliation; (*maltrato*) ill-treatment.
vejar [1a] *vt* (*molestar*) to vex, annoy; (*humillar*) to humiliate; (*atormentar*) to harass.
vejatorio *adj* (*molesto*) annoying; (*humillante*) humiliating; (*comentarios*) hurtful, offensive.
vejestorio *nm* (*pey*) old dodderer *o* crock *(fam)*.
vejete *nm* (*fam*) old boy *(fam)*.
vejez *nf* old age; **¡a la ~, viruelas!** fancy that happening at his *etc* age!
vejiga *nf* (**a**) (*Anat*) bladder; **~ de la bilis** gallbladder. (**b**) (*Med, en pintura etc*) blister.
vela[1] *nf* (**a**) (*estar despierto*) wakefulness; (*no poder dormir*) sleeplessness; **estar en ~** to be unable to get to sleep; **pasar la noche en ~** to have a sleepless night. (**b**) (*vigilia*) vigil; (*trabajo nocturno*) night work; (*Mil*) (period of) sentry duty. (**c**) (*de cera*) candle; **~ de sebo** tallow candle; (*fig*) **¿quién te dio ~ en este entierro?** who asked you to butt in?; **quedarse a dos ~s** (*fig*) to be in the dark. (**d**) (*Taur: fam*) horn. (**e**) (*fam: moco*) snot *(fam)*. (**f**) (*LAm: entierro*) funeral wake *o* vigil.
vela[2] *nf* (*Náut*) sail; **~ mayor** mainsail; **a toda ~** (*lit*) under full sail; (*fig*) vigorously; **barco de ~** sailing ship; **darse** *o* **hacerse a la ~** to set sail; **estar a dos ~s** (*fam*) to be broke *o (fam)* skint; **arriar** *o* **recoger ~s** (*fig*) to back down.
velación *nf* wake, vigil.
velada *nm* (evening) party, soirée; **~ musical** musical evening.
velado *adj* (*gen, tb fig*) veiled; (*Fot*) fogged, blurred; (*sonido*) muffled.
velador *nm* (**a**) (*vigilante*) watchman, caretaker. (**b**) (*para velas*) candlestick. (**c**) (*mesa*) pedestal table; (*LAm*) night table.
veladora *nf* (*Méx*) table *o* bedside lamp; (*: vela*) candle.
velamen *nm* sails, canvas.
velar[1] [1a] **1** *vt* (*vigilar*) to watch, keep watch over; (*acompañar*) to sit up with. **2** *vi* (**a**) (*no dormir*) to stay awake, go without sleep; (*trabajar de noche*) to work late, do night duty; (*vigilar*) to keep watch. (**b**) **~ por** (*cuidar*) to watch over, look after; (*proteger*) to guard, protect; **~ por que se haga algo** to see to it that sth is done.
velar[2] [1a] **1** *vt* (**a**) (*cubrir*) to veil. (**b**) (*fig: ocultar*) to shroud, hide. (**c**) (*Fot*) to fog, blur. **2** **velarse** *vr* (**a**) to hide itself. (**b**) (*Fot*) to fog, blur.
velatorio *nm* (funeral) wake.
veleidad *nf* (**a**) (*característica*) fickleness. (**b**) (*una ~*) whim.
veleidoso *adj* fickle, capricious.
velero **1** *adj* (*barco*) manoeuvrable, maneuverable *(US)*. **2** *nm* (**a**) (*Náut: grande*) sailing ship; (*: pequeño*) sailboat. (**b**) (*Aer*) glider.
veleta **1** *nf* (**a**) (*de edificio*) weather vane *o* cock. (**b**) (*Pesca*) float. **2** *nmf* fickle person.
velís, veliz *nm* (*Méx*) valise, suitcase; **velises, velices** cases, luggage *sg*.
velo *nm* (**a**) (*gen*) veil; **tomar el ~** to take the veil; **corramos un tupido ~ sobre esto** let us draw a discreet veil over this. (**b**) (*fig: cobertura*) veil, light covering; (*Fot*) fog. (**c**) (*fig: pretexto*) pretext. (**d**) (*fig: confusión*) confusion. (**e**) (*Anat*) **~ de paladar** soft palate, velum.
velocidad *nf* (**a**) (*gen*) speed; (*Téc*) rate, pace, velocity; (*fig*) swiftness; **de alta ~** high-speed; **~ de crucero/**

máxima cruising/maximum *o* top speed; ~ **adquirida** momentum; ~ **máxima de impresión** (*Inform*) maximum print speed; **a gran/toda** ~ at high/full speed; **¿a qué ~?** how fast?; **¿a qué ~ ibas?** what speed were you doing?; **cobrar** ~ to pick up *o* gather speed; **moderar la** ~ to slow down; **exceder la ~ permitida** to speed, exceed the speed limit.

(**b**) (*Mec*) gear, speed; **primera/segunda/cuarta** ~ bottom *o* first/second/top gear; **meter la segunda** ~ to change into second gear.

velocímetro *nm* speedometer.

velocípedo *nm* velocipede.

velódromo *nm* cycle track.

velomotor *nm* moped.

velorio *nm* (**a**) (*fiesta*) party, celebration; (*LAm*) dull party, flat affair. (**b**) (*esp LAm: velatorio*) funeral wake, vigil for dead person.

veloz *adj* fast, swift.

vello *nm* (*Anat*) fuzz, soft hair; (*Bot*) down; (*en frutas*) bloom.

vellón *nm* (*lana*) fleece; (*piel*) sheepskin.

velloso *adj* downy, fuzzy.

velludo 1 *adj* hairy, shaggy. **2** *nm* plush, velvet.

vena *nf* (**a**) (*Anat*) vein; ~ **yugular** jugular vein. (**b**) (*Min*) vein, seam, lode. (**c**) (*en piedra, madera*) grain. (**d**) (*Bot*) vein, rib. (**e**) (*fig*) vein, disposition; ~ **de locura** streak of madness; (*manía*) oddity, mania; **le dio en la ~ por (hacer) eso** he took a notion to do that, the mood took him to do that; **estar de** *o* **en** ~ (*tener ganas*) to be in the vein *o* mood (*para* for); (*en forma*) to be in good form. (**f**) (*fig: talento*) talent, promise; **tiene ~ de pintor** he has the makings of a painter.

venablo *nm* javelin, dart; **echar ~s** (*fig*) to burst out angrily.

venado *nm* (**a**) (*ciervo*) deer, stag. (**b**) (*Culin*) venison.

venal[1] *adj* (*Anat*) venous.

venal[2] *adj* (**a**) (*Com*) commercial. (**b**) (*pey*) venal, corrupt.

venalidad *nf* venality, corruptness.

vencedor(a) 1 *adj* (*ganador*) winning; (*triunfante*) victorious; (*conquistador*) conquering. **2** *nm/f* winner, victor; (*conquistador*) conqueror.

vencejo *nm* (*Orn*) swift.

vencer [2b] **1** *vt* (**a**) (*gen: derrotar*) to defeat, beat; (*conquistar*) to conquer; (*rival*) to outdo; (*dominar*) to master, control; (*resistir*) to overcome; **por fin le venció el sueño** finally sleep overcame him; **dejarse** ~ to yield, give in.

(**b**) (*sobreponerse a: dificultad*) to overcome, get round.

(**c**) (*romper: soporte etc*) to break (down), snap.

(**d**) (*cuesta etc*) to get to the top of.

2 *vi* (**a**) (*gen*) to win (through), succeed; **¡venceremos!** we shall win *o* overcome!

(**b**) (*Com etc: plazo*) to expire; (*pago etc*) to fall due; (*bono*) to mature; (*póliza etc*) to become invalid; **tiempo vencido** time up; **esta póliza está vencida** this policy has expired.

3 vencerse *vr* (**a**) (*dominarse*) to control o.s.

(**b**) (*soporte etc*) to break, snap, collapse (under the weight); (*CSur*) to break down, get worn out.

vencido/a 1 *adj* (**a**) beaten, defeated; (*Dep*) losing; **darse por** ~ to give up; **ir de** ~ to be all in, be on one's last legs; **la enfermedad va de ~a** the illness is past its worst. (**b**) (*Com etc*) mature, due, payable. **2** *nm/f* (*Dep etc*) loser. **3** *adv*: **pagar** ~ to pay in arrears; **le pagan por meses ~s** he is paid at the end of the month.

vencimiento *nm* (**a**) (*bajo peso*) breaking, snapping. (**b**) (*Com: plazo*) expiration; (*: de deuda*) maturity; **al** *o* **a su** ~ when it matures *o* falls due.

venda *nf* bandage; ~ **elástica** elastic bandage.

vendaje *nm* (*Med*) dressing, bandage; ~ **provisional** first-aid bandage.

vendar [1a] *vt* (**a**) (*herida*) to bandage, dress; (*ojos etc*) to cover, blindfold. (**b**) (*fig: enceguecer*) to blind; ~ **los ojos a algn** to hoodwink sb.

vendaval *nm* gale, hurricane; (*fig*) storm.

vendedor(a) *nm/f* (*gen*) seller, vendor; (*en tienda*) shop *o* sales assistant; (*minorista*) retailer; ~ **ambulante** hawker, pedlar, peddler (*US*); ~ **a domicilio** door-to-door salesman.

vender [2a] **1** *vt* (**a**) (*gen*) to sell; (*comerciar*) to market; (*pey*) to sell (improperly); ~ **al contado/al por mayor/al por menor** to sell for cash/wholesale/retail; ~ **a plazos** to sell on credit; **estar sin** ~ to remain unsold.

(**b**) (*fig: traicionar*) to sell out, betray.

2 venderse *vr* (**a**) to be sold, be on sale; ~ **a** *o* **por** to sell at *o* for; **este artículo se vende muy bien** this article is selling very well; **'se vende'** 'for sale'; **'se vende coche'** 'car for sale'; **'no se vende'** 'not for sale'.

(**b**) (*fig*) ~ **caro** to play hard to get.

(**c**) (*fig*) to give o.s. away.

vendible *adj* saleable; (*Com*) marketable.

vendido *adj*: **ir** *o* **estar ~ a algo/algn** (*fam*) to be at the mercy of sth/sb.

vendimia *nf* (**a**) grape *o* wine harvest; **la ~ de 1973** the 1973 vintage. (**b**) (*fig*) big profit, killing.

vendimiador(a) *nm/f* vintager.

vendimiar [1b] *vt* (**a**) (*uvas*) to harvest, pick, gather. (**b**) (*fig*) to take a profit from.

vendré *etc V* **venir**.

Venecia *nf* Venice.

veneciano/a *adj, nm/f* Venetian.

veneno *nm* (*gen*) poison; (*de serpiente*) venom.

venenoso *adj* poisonous, venomous.

venera *nf* scallop.

venerable *adj* venerable.

veneración *nf* veneration.

venerar [1a] *vt* to venerate, revere.

venéreo *adj*: **enfermedad ~a** venereal disease.

venero *nm* (**a**) (*Min*) lode, seam. (**b**) (*fuente*) spring. (**c**) (*fig*) source, origin; ~ **de datos** mine of information.

venezolano/a *adj, nm/f* Venezuelan.

Venezuela *nf* Venezuela.

venga *etc V* **venir**.

vengador(a) 1 *adj* avenging. **2** *nm/f* avenger.

venganza *nf* vengeance, revenge; (*desquite*) retaliation; **tomar ~ en algn** to take revenge on sb.

vengar [1h] **1** *vt* to avenge. **2 vengarse** *vr* to take revenge (*de una ofensa* for an offence) (*de algn, en algn* on sb).

vengativo *adj* (*persona*) vengeful, vindictive; (*acto*) retaliatory.

vengo *etc V* **venir**.

venia *nf* (**a**) (*perdón*) pardon. (**b**) (*permiso*) permission, consent; **con su** ~ by your leave, with your permission.

venial *adj* venial.

venialidad *nf* veniality, minor nature.

venida *nf* (*gen*) coming; (*llegada*) arrival; (*vuelta*) return.

venidero *adj* coming, future; **los ~s** posterity; **en lo** ~ in (the) future.

venir [3r] **1** *vi* (**a**) (*gen*) to come (*a* to; *de* from); (*llegar*) to arrive; **¡ven!, ¡venga!** come along!; **¡ven acá!** come (over) here!; **¡ahora vengo!** I'll be right back!; **el texto viene en castellano** the text is (written) in Spanish; ~ **por** to come for; **no me vengas con historias** don't come telling tales to me; **hacer ~ a algn** to summon *o* call for sb; **hicieron ~ al médico** they called (out) *o* sent for the doctor.

(**b**) (*acontecimiento*) to come, happen; **le vinieron muchos problemas** she got a lot of problems; **las desgracias nunca vienen solas** it never rains but it pours; **venga lo que venga** come what may; **lo veía** ~ (*fig*) I could see it coming; **(estar a) verlas** ~ to wait and see what happens, sit on the fence; ~ **rodado** to go smoothly.

(c) (*tiempo*) **que viene** next; **el mes que viene** next month; **las generaciones por** ~ future generations, generations to come.

(d) (*provenir*) to come; ~ **de** to come *o* proceed from; **de ahí viene que ...** and so it is *o* follows that ...; **la fortuna le viene de su padre** his fortune comes from his father.

(e) (*fig: sentimientos etc*) to come; **le vino la idea de salir** he had the idea of going out; **como le venga en gana** just as you wish; **me vinieron ganas de llorar** I felt like crying.

(f) (*estar*) to be (on); **viene en la página 47** it's on page 47.

(g) ~ **a hacer algo** to serve to do sth; **viene a cumplir lo que habíamos empezado** it helps to finish off what we had begun; ~ **a menos** (*persona*) to lose status, come down in the world; (*empresa*) to go downhill; ~ **a dar** *o* **parar (en)** to end up (in).

(h) **viene a ser 84 en total** it comes *o* amounts to 84 in all; **viene a ser más difícil que nunca** it's turning out to be more difficult than ever; **viene a ser lo mismo** it amounts to the same thing.

(i) ~ **bien** to come just right; (*ropa, gusto*) to suit, be suitable; (*talla*) to fit; **eso vendrá bien para el invierno** that will come in handy for the winter; **me vendría bien una copita** I could do with a drink; **hoy no me viene bien quedar** it's not convenient for me to meet up today; **el abrigo te viene algo pequeño** the coat is rather small on you; **te viene estrecho en la espalda** it's too tight round your shoulders; ~ **mal** to come awkwardly, be inconvenient (*a* for); ~ **ancho a algn** (*vestido*) to be too wide for sb; (*fig*) to be too much for sb; ~ **al pelo** (*oportuno*) to suit just fine; ~ **de perlas** *o* **perillas** to suit down to the ground.

(j) (*locuciones*) **¿a qué viene esto?** what's the point of that?; **eso no viene a cuenta** that's irrelevant; **¡venga!** (*fam*) come on!; **¡venga ya!** (*fam*) come off it! (*fam*); **¡venga la pluma esa!** let's have (a look at) that pen!; **¡venga una canción!** let's have a song!; **y ella venga a mirarme** she kept on staring at me.

(k) (*en tiempos contínuos*) **venían andando desde mediodía** they had been walking since midday; **viene gastando mucho** she has been spending a lot; **eso vengo diciendo** that's what I've been saying all along.

(l) (+ *pp*) **vengo cansado** I'm tired; **venía hecho polvo** he was worn out.

2 venirse *vr* (a) (*gen*) to come *o* go back; (*vino*) to ferment; (*Culin: masa*) to prove.

(b) ~ **abajo** *o* **al suelo** (*caer*) to fall down, collapse; (*fig*) to fail.

(c) **parece que todo se nos viene encima a la vez** everything seems to be happening to us all at once; **cualquier cosita se le viene encima** any little thing gets him down.

(d) **lo que se ha venido en llamar ...** what we have come to call ....

venoso *adj* (a) (*sangre*) venous. (b) (*hoja etc*) veined.

venta *nf* (a) (*Com*) sale; (*comercio*) selling; (*oferta*) marketing; ~ **por balance/de liquidación** stocktaking/clearance sale; ~ **por correo** mail-order selling; ~ **a domicilio** door-to-door selling; ~ **al contado/al por mayor/al por menor** *o* **al detalle** cash sale/wholesale/retail; ~ **a plazos** hire purchase, purchase on the installment plan (*US*); **~s por teléfono/a término** telephone/forward sales; **precio de** ~ sale price; **poner algo a la** ~ to put sth on *o* up for sale, market sth; **estar de** *o* **en** ~ to be (up) for sale *o* on the market.

(b) (*posada*) country inn.

ventada *nf* gust of wind.

ventaja *nf* (a) (*gen*) advantage; (*en las apuestas*) odds; **me dio una** ~ **de 4 metros** he gave me 4 m start; **llevar la** ~ (*en carrera*) to be leading *o* ahead; **llevar (la)** ~ **a** to have the advantage over; **sacar** ~ **de** (*aprovechar*) to derive profit from; (*pey*) to use to one's own advantage.

(b) (*Fin*) profit, gain. (c) **~s** (*empleo*) extras, perks (*fam*); **~s supletorias** fringe benefits.

ventajista 1 *adj* unscrupulous. **2** *nm/f* (*pey*) opportunist.

ventajoso *adj* advantageous; (*Fin*) profitable.

ventana *nf* window; ~ **aislante, doble** ~ double-glazed window; ~ **de guillotina/vidriera** sash/picture window; ~ **de la nariz** nostril; **tirar algo por la** ~ (*lit*) to throw sth out of the window; (*fig*) to throw sth away.

ventanal *nm* large window.

ventanilla *nf* (a) small window; (*Teat, Aut, Inform*) window. (b) (*Anat: tb* ~ **de la nariz**) nostril.

ventanillo *nm* small window.

ventarrón *nm* (*viento*) gale, violent wind; (*ráfaga*) blast.

ventear [1a] **1** *vt* (a) (*perro*) to sniff. (b) (*ropa*) to air, put out to dry. (c) (*LAm: animal*) to brand. (d) (*LAm: airear*) to fan. **2** *vi* (*curiosear*) to snoop, pry. **3 ventearse** *vr* (a) (*henderse*) to split. (b) (*Anat*) to break wind.

ventero/a *nm/f* innkeeper.

ventilación *nf* (a) (*gen*) ventilation; **sin** ~ unventilated. (b) (*corriente*) draught, draft (*US*), air. (c) (*abertura*) opening for ventilation. (d) (*fig*) airing.

ventilado *adj* draughty, drafty (*US*), breezy.

ventilador *nm* ventilator; (*Mec: eléctrico*) fan.

ventilar [1a] **1** *vt* (a) (*cuarto etc*) to ventilate. (b) (*ropa*) to air, put out to dry. (c) (*fig: asunto*) to air, discuss. (d) (*fig: secreto*) to make public, reveal. **2 ventilarse** *vr* (a) (*V vt*) to ventilate; to air; to discuss; to be revealed. (b) (*persona*) to get some air. (c) (*fam: matar*) ~ **a algn** to do sb in (*fam*).

ventisca *nf* blizzard, snowstorm.

ventiscar [1g] *vi*, **ventisquear** [1a] *vi* (*nevar*) to blow a blizzard; (*nieve*) to drift.

ventisquero *nm* (a) (*tormenta*) blizzard. (b) (*montículo*) snowdrift.

ventolada *nf* (*LAm*) strong wind, gale.

ventolera *nf* (a) (*ráfaga*) gust of wind, blast. (b) (*juguete*) windmill. (c) (*fig: idea*) whim, wild idea; **le dio la** ~ **de comprarlo** he had a sudden notion to buy it.

ventolina *nf* (*LAm*) sudden gust of wind.

ventosa *nf* (a) (*agujero*) vent, airhole. (b) (*Zool*) sucker. (c) (*Med*) cupping glass. (d) (*Téc*) suction pad.

ventosear [1a] *vi* to break wind.

ventosidad *nf* wind, flatulence.

ventoso *adj* (a) windy. (b) (*Anat*) flatulent.

ventrículo *nm* ventricle.

ventrílocuo/a *nm/f* ventriloquist.

ventrudo *adj* fat, potbellied.

ventura *nf* luck, (good) fortune; **mala** ~ ill luck; **por su mala** ~ as ill luck would have it; **a la** ~ at random; **por** ~ (*suerte*) fortunately; (*casualidad*) by (any) chance; **echar la buena** ~ **a algn** to tell sb's fortune; ~ **te dé Dios** I wish you luck; **probar** ~ to try one's luck.

venturero *adj* (*Méx: cosecha*) out of season; (*trabajo etc*) temporary, casual.

venturoso *adj* (*afortunado*) lucky; (*exitoso*) successful.

Venus 1 *nf* Venus. **2** *nm* (*Astron*) Venus.

venus *nf* (*mujer*) goddess.

ver [2u] (*pp* **visto**) **1** *vt, vi* (a) (*gen*) to see; ~ **la televisión/un programa** to watch television/a programme; **la vi bajar la escalera** I saw her come downstairs; **lo he visto hacer muchas veces** I have often seen it done; **no lo veo** I can't see it; **te veo muy triste** you look really sad; ~ **es creer** seeing is believing; ~ **y callar** it's best to keep one's mouth shut about this; **ir a** ~ **a algn** to go to *o* go and see sb; **voy a** ~ I'll go and see; **¡a ~!** let's see!, show me!; **¿a ~?** what's all this?; **a** ~ **qué está pasando** let's see what's happening; **es de** ~ it's worth seeing; **eso está por** ~ that remains to be seen; **ya verás como ...** I bet ...; **¡verás!** you'll see!; **ya ves** well, you see; **ya veremos** we'll see (about that).

(b) (*entender*) to see, understand; **¿ves?** do you see?,

(do you) get it?; **ya veo** I can see that; **¿no ves que ...?** don't you see that ...?; **según voy viendo** as I am now beginning to see; **no veo muy claro para qué lo quiere** I don't really see what he wants it for; **a mi modo de ver** in my view; **por lo que veo** apparently.

(**c**) (*examinar*) to look into, examine; **lo veremos** we'll look into it.

(**d**) (*Jur*) to try, hear.

(**e**) ~ **de hacer algo** to see about doing sth.

(**f**) (*locuciones*) **hasta más** ~ au revoir; **¡a ~!** (*claro*) naturally!, of course!; (*tono imperativo*) right!, now then!; **¡a ~ qué pasa!** (*fam*) just you dare!; **a ~ si** I wonder if; **a ~ si acabas pronto** I hope you can finish this off quickly; **¡a ~ si te crees que no lo sé!** surely you don't think I don't know about it!; **¡para que veas!** so there!; **si te he visto no me acuerdo** they *etc* just don't want to know; **(me) lo estoy viendo de almirante** I can just imagine him as an admiral; **lo estaba viendo, lo veía venir** it's just what I expected, I could see this coming; **parece que lo estoy viendo** I can picture it quite clearly; **dejarse** ~ (*efecto etc*) to show; (*persona*) to show up; **no dejarse** ~ (*lit*) to keep away; (*fig*) to lie low; **echar de ~ algo** to notice sth; **¡hay que ~!** it just goes to show!; **¡hay que ~ lo que ha cambiado!** you wouldn't believe how much she's changed!; **hacer ~ que** to point out *o* prove that; **no le puedo ~** I hate the sight of him; **tener que ~ con** to concern, have to do with; **A no tiene nada que ~ con B** A has nothing to do with B; **tener que ~ en** to have a hand in; **vamos a ~** let's see, let me see; **¿por qué no lo compraste, vamos a ~?** why didn't you buy it, I'd like to know?; **tengo un hambre que no veo** (*fam*) I'm SO hungry!; **hay un ruido que no veas** (*fam*) there's a hell of a racket! (*fam*).

(**g**) (*LAm: locuciones*) **¡nos estamos viendo!, ¡nos vemos!** see you (later)!, ciao (*fam*); **eso está** *o* **queda en veremos** (*fam*) that's still to be decided; **¡nada que ~!** (*fam*) that's got nothing to do with it; **¡viera(n)** *o* **hubieran visto qué casa!** (*Méx fam*) if only you'd seen the house!, what a house!

2 verse *vr* (**a**) (*dos personas*) to see each other, to meet; ~ **con algn** to see sb, have a talk *o* an interview with sb; **vérselas con algn** to confront *o* have it out with sb.

(**b**) (*una persona etc*) to see *o* imagine o.s.; (*ser visto*) to be seen; (*LAm fam: parecer*) to look; **te ves divina** (*LAm fam*) you look wonderful; **véase la página 9** see page 9; **se le veía mucho en el parque** he used to be seen a lot in the park; **es digno de** *o* **merece ~** it's worth seeing; **se ve que sí** so it seems, apparently; **ya se ve** naturally; **ya se ve que ...** it is obvious that ...; **¿cuándo se vio nada igual?** when did you hear of anything like this?; **eso ya se verá** that remains to be seen; **¡habráse visto!** did you ever! (*fam*), of all the cheek!; **me las ví y me las deseé para hacerlo** (*fam*) it was a real sweat, but I did it (*fam*).

(**c**) (*estar*) to find o.s., be; ~ **en un apuro** to be in a jam.

3 *nm* (**a**) looks *pl*; appearance; **de buen** ~ good-looking; **no tiene mal** ~ he's not bad-looking.

(**b**) **a mi** ~ in my view, as I see it.

vera *nf* (*gen*) edge, verge; (*de río*) bank; **a la ~ de** near, next to; **se sentó a mi** ~ he sat down beside me.

veracidad *nf* truthfulness, veracity.

veranda *nf* veranda(h).

veraneante *nmf* holidaymaker, (summer) vacationer (*US*).

veranear [1a] *vi* to spend the summer (holiday), holiday.

veraneo *nm* summer holiday; **lugar de** ~ summer *o* holiday resort; **estar de** ~ to be away on (one's summer) holiday.

veraniego *adj* (**a**) summer; (*atr*). (**b**) (*fig*) trivial.

veranillo *nm*: ~ **de San Martín** Indian summer.

verano *nm* summer.

veras *nfpl* (**a**) (*verdad*) truth, reality; (*lo serio*) serious things; (*datos*) hard facts. (**b**) **de** ~ (*de verdad*) really, truly; (*sinceramente*) sincerely; **¿de ~?** really?, indeed?, is that so?; **lo siento de** ~ I am truly sorry; **esto va de** ~ this is serious.

veraz *adj* truthful.

verbal *adj* (*gen*) verbal; (*mensaje etc*) oral.

verbalizar [1f] *vt* to verbalize, express.

verbena *nf* (**a**) (*fiesta*) fair; (*de santo*) open-air celebration on the eve of a saint's day; (*baile*) open-air dance. (**b**) (*Bot*) verbena.

verbenero *adj* of *o* relating to a *verbena*; **persona ~a** party animal (*fam*); **alegría ~a** fun of the fair.

verbigracia *adv* for example.

verbo *nm* (**a**) (*Ling*) verb. (**b**) (*Lit*) language, diction, style. (**c**) **el V~** (*Rel*) the Word.

verborrea *nf* verbosity, verbal diarrhoea *o* (*US*) diarrhea (*fam*).

verbosidad *nf* verbosity, wordiness.

verboso *adj* verbose, wordy.

verdad *nf* (**a**) (*gen*) truth; (*veracidad*) truthfulness, reliability; **la pura ~, la ~ lisa y llana** the plain truth; **de** ~ (*adj*) real, proper; (*adv*) really, properly; **son balas de** ~ they're real bullets; **la quiero de** ~ I really love her; **a decir** ~ to tell the truth; **¿de ~?** really?; **¿de ~ crees que ...?** do you really *o* honestly think ...?; **de ~ que no me importa ir** I don't mind going, honestly; **en** ~ really, truly; **pues, la ~, no sé** well, the truth is I don't know; **decir la** ~ to tell the truth; **la ~ sea dicha** truth to tell, in all truth; **a decir ~ ...** to tell the truth ...; **la ~ es que no me gusta mucho** to tell the truth I don't really like it; **faltar a la** ~ to lie, be untruthful; **hay una parte de ~ en esto** there is some truth in this.

(**b**) **es** ~ (*es cierto*) it is true, it is so; (*de confesión*) yes; (*temo que sí*) I'm afraid so; **eso no es** ~ that is not true; **es ~ que ...** it is true that ...; **¿es ~ que ...?** is it true that ...?; **bien es ~ que ...** it is of course true that ..., it is certainly true that ...; **si bien es ~ que** even though; **¿~ que si fuimos?** we went, didn't we?, we did go, didn't we?; **¿~?, ¿no es ~?** isn't it?, aren't you?, don't you? *etc*, isn't that so?; **hace frío ¿~?** it's cold, isn't it?; **no nos gustó ¿~?** we didn't like it, did we?

(**c**) **una ~ de Pero Grullo** a platitude, a truism; **una ~ a medias** a half-truth; **es una ~ como un puño** it's as plain as can be; **decir cuatro ~es a algn** to tell sb a few home truths.

verdaderamente *adv* really, indeed, truly; **~, no sé** I really don't know.

verdadero *adj* (**a**) (*gen*) true, truthful; (*versión etc*) reliable, trustworthy. (**b**) (*persona*) truthful. (**c**) (*fig*) true, real; **es un ~ héroe** he's a real hero; **fue un ~ desastre** it was a veritable disaster; **es un ~ amigo** he's a true friend.

verde 1 *adj* (**a**) (*tb fig*) green.

(**b**) (*fruta etc*) green, unripe; (*planta*) green; (*legumbres*) green, fresh; (*madera*) unseasoned; (*fig: plan etc*) premature; **¡están ~s!** sour grapes! (**c**) (*fig: persona*) **viejo** ~ randy *o* dirty old man.

(**d**) (*fig: chiste etc*) blue, smutty, dirty.

(**e**) (*fig*) **poner ~ a algn** (*fam*) to give sb a dressing down.

2 *nm* (**a**) (*color*) green, green colour, green color (*US*). (**b**) (*Bot*) greenery; (*de árboles etc*) foliage.

(**c**) (*CSur: té*) maté.

3 *nmf* (*Pol*) Green; **los V~s** the Greens, the Green Party.

verdear [1a] *vi* (**a**) (*tener color*) to look green, be greenish. (**b**) (*volverse*) to turn *o* grow green.

verdecer [2d] *vi* (*objeto*) to turn *o* grow green; (*persona*) to go green.

verde-oliva *adj inv* olive green.

verderón *nm* (*Orn*) greenfinch.

verdín *nm* (**a**) (*color*) bright green. (**b**) (*Bot*) verdigris.

verdinegro *adj* dark green.

verdino *adj* bright green.

verdor *nm* (**a**) (*color*) greenness; (*Bot*) verdure. (**b**) (*fig*)

~**(es)** youthful vigour *o (US)* vigor.
verdoso *adj* greenish.
verdugo *nm* **(a)** *(ejecutor)* executioner. **(b)** *(fig: tirano)* cruel master, tyrant. **(c)** *(látigo)* lash. **(d)** *(moretón)* welt. **(e)** *(Bot)* shoot.
verdulera[1] *nf (pey)* fishwife.
verdulería *nf* greengrocer's (shop).
verdulero/a[2] *nm/f* greengrocer, vegetable merchant *(US)*.
verdura *nf* **(a)** greenness; *(Bot)* greenery. **(b)** ~**s** *(Culin)* greens, green vegetables.
vereda *nf* **(a)** path, lane; **entrar en** ~ *(persona)* to toe the line; **meter en** ~ **a algn** to bring sb into line. **(b)** *(LAm)* pavement, sidewalk *(US)*.
veredicto *nm* verdict; ~ **de culpabilidad** verdict of guilty.
verga *nf* **(a)** *(vara)* rod, stick; *(Náut)* yard(arm). **(b)** *(Anat, Zool)* penis.
vergel *nm (Lit: jardín)* garden; *(huerto)* orchard.
vergonzante *adj* **(a)** *(que tiene vergüenza)* shamefaced. **(b)** *(que produce vergüenza)* shameful.
vergonzoso *adj* **(a)** *(persona)* bashful, shy. **(b)** *(acto etc)* shameful, shocking; **es** ~ **que** ... it is disgraceful that ....
vergüenza *nf* **(a)** *(sentimiento)* shame, sense *o* feelings of shame; **perder la** ~ to lose all sense of shame; **sacar a algn a la** ~ to hold sb up to shame; **tener** ~ to be ashamed; **tener** ~ **de hacer algo** to be ashamed to do sth; **¡qué poca** ~ **tienes!** you've got no shame!, you should be ashamed!
(b) *(timidez)* bashfulness, shyness; **me da** ~ **decírselo** I feel too shy *o* it embarrasses me to tell him; **sentir** ~ **ajena** to feel embarrassed on somebody else's account.
(c) *(escándalo)* disgrace; **¡qué** ~**!** *(de situación)* what a disgrace! *o* scandal!; *(a persona)* shame on you!
(d) ~**s** *(fam)* naughty bits; **con las** ~**s al aire** *(fig)* fully exposed.
vericueto *nm* rough track; **sin** ~**s** straight to the point.
verídico *adj* truthful.
verificable *adj* verifiable.
verificación *nf* **(a)** *(inspección)* inspection; *(Mec)* testing; *(de resultados etc)* verification; ~ **médica** checkup. **(b)** *(realización)* fulfilment, fulfillment *(US)*.
verificar [1a] **1** *vt* **(a)** *(Mec)* to inspect, test; *(resultados etc)* to check (up on); *(hechos)* to verify, establish; *(testamento)* to prove. **(b)** *(realizar: inspección)* to carry out; *(: ceremonia)* to perform; *(: elección)* to hold. **2 verificarse** *vr* **(a)** *(acontecimiento)* to occur, happen; *(mítin etc)* to be held, take place. **(b)** *(profecía etc)* to come *o* prove true, be realized.
verismo *nm* realism, truthfulness.
verja *nf* iron gate; *(cerca)* railing(s); *(rejado)* grating, grille.
vermicida *nm* vermicide.
vermut [ber'mu] *nm (pl* ~**s** [ber'mus]) **(a)** vermouth. **(b)** *(And, CSur: Cine)* (early evening) cinema matinee.
vernáculo *adj* vernacular; **lengua** ~**a** vernacular.
verosímil *adj* *(probable)* likely, probable; *(creíble)* credible.
verosimilitud *nf* likeliness, probability.
verraco *nm* boar, male pig.
verruga *nf (Anat, Bot)* wart.
versado *adj*: ~ **en** versed *o* expert in.
versalitas *nfpl (Tip)* small capitals.
Versalles *nm* Versailles.
versar [1a] *vi* **(a)** *(girar)* to go round, turn. **(b)** ~ **sobre** to deal with, be about.
versátil *adj* **(a)** *(Anat etc)* mobile, loose. **(b)** *(fig)* versatile. **(c)** *(fig pey)* fickle.
versatilidad *nf* **(a)** *(Anat etc)* mobility. **(b)** *(fig)* versatility. **(c)** *(fig pey)* fickleness.
versículo *nm (Rel)* verse.
versificación *nf* versification.
versificar [1g] *vt* to versify, put into verse.
versión *nf (gen)* version; *(traducción)* translation; **película en** ~ **original** original version; **película en** ~ **española** Spanish-language version.
versionar [1a] *vt (adaptar)* to adapt, make a new version of; *(Mús)* to adapt, record a version of.
verso *nm* **(a)** *(gen)* verse; ~ **libre/suelto** free/blank verse; **hacer** ~**s** to write poetry. **(b)** *(un ~)* line of poetry.
vers.° *abr (Rel) de* **versículo** v.
vértebra *nf* vertebra.
vertebrado *adj, nm* vertebrate.
vertebral *adj* vertebral; **columna** ~ spine.
vertedero *nm* **(a)** *(de basura)* rubbish dump, tip. **(b)** = **vertedor**.
vertedor *nm (salida)* overflow, drain, outlet.
verter [2g] **1** *vt* **(a)** *(contenido)* to pour *o* empty (out); *(sin querer)* to spill; *(luz, sangre)* to shed; *(basura)* to dump, tip. **(b)** *(recipiente)* to empty (out); *(: sin querer)* to upset. **(c)** *(Ling)* to translate *(a* into). **2** *vi (río)* to flow, run *(a* into); *(declive etc)* to fall *(a* towards).
vertical 1 *adj (gen)* vertical; *(postura, piano etc)* upright. **2** *nf* vertical.
vértice *nm* **(a)** apex. **(b)** *(Anat)* crown of the head.
vertiente *nf* **(a)** slope. **(b)** *(LAm)* spring, fountain.
vertiginoso *adj* **(a)** giddy, dizzy. **(b)** *(fig: velocidad)* dizzy; *(: alza etc)* very rapid.
vértigo *nm* **(a)** *(Med)* giddiness, dizziness, vertigo; *(: ataque)* dizzy spell; **bajar así me da** ~ going down like that makes me dizzy. **(b)** *(fig: locura)* fit of madness, aberration; *(: actividad)* intense activity. **(c) de** ~ *(fam: velocidad)* giddy; *(: talento)* fantastic.
vesícula *nf* vesicle; ~ **biliar** gall-bladder.
vespa *nf* Vespa, motor scooter.
vespertino *adj* evening *atr*; **(periódico)** ~ evening newspaper.
vespino *nm* small motorcycle.
vesr(r)e *nm (Arg fam)* back slang.
vestíbulo *nm (de casa, hotel etc)* vestibule, lobby, hall; *(Teat)* foyer.
vestido *nm* **(a)** *(gen)* dress, costume, clothes, clothing. **(b)** *(un ~)* dress, frock; *(: traje)* costume, suit.
vestidor *nm* dressing room.
vestigio *nm* vestige, trace; ~**s** remains, relics.
vestimenta *nf* **(a)** *(ropas)* clothing; *(pey)* gear. **(b)** *(Rel)* ~**s** vestments.
vestir [3k] **1** *vt* **(a)** *(gen)* to dress *(de* in), clothe *(de* in, with); *(cubrir)* to clothe, cover *(de* in, with); **estar vestido de** *(gen)* to be dressed *o* clad in; *(como disfraz)* to be dressed as.
(b) *(llevar)* to wear; **vestía traje azul** he was wearing a blue suit.
(c) *(pagar la ropa de)* to clothe, pay for the clothing of.
(d) *(suj: sastre etc)* to dress, make clothes for.
(e) *(idea etc)* to express *(de* in); *(defecto etc)* to conceal.
2 *vi* **(a)** to dress; ~ **bien** to dress well; ~ **de negro** to dress in *o* wear black.
(b) *(sentar bien)* to look well, be right (for an occasion); **traje de (mucho)** ~ *(formal)* formal suit; *(demasiado formal)* suit that is too dressy.
3 vestirse *vr* **(a)** *(ponerse ropa)* to dress o.s., get dressed, put on one's clothes; *(cubrirse)* to be covered *(de* in); ~ **de azul** to wear blue, dress in blue; **ella se viste en París** she buys her clothes in Paris.
(b) *(fig)* ~ **de cierta actitud** to adopt a certain attitude; ~ **de severidad** to adopt a severe tone.
vestón *nm (Chi)* jacket, coat.
vestuario *nm* **(a)** clothes, wardrobe; *(Teat)* wardrobe, costumes; *(Mil)* uniform. **(b)** *(Teat: cuarto: para actores)* dressing room; *(: para público)* cloakroom; *(Dep: cuarto)* changing room; *(: edificio)* pavilion.
Vesubio *nm* Vesuvius.
veta *nf (Min)* seam, vein; *(de madera)* grain; *(en piedra, carne)* streak.
vetar [1a] *vt* to veto.

veterano *adj, nm* veteran.
veterinaria *nf* veterinary medicine *o* science.
veterinario *nm* veterinary surgeon, vet *(fam)*, veterinarian *(US)*.
veto *nm* veto; **poner (su) ~ a** to veto.
vetusto *adj* very old, ancient.
vez *nf* (**a**) time, occasion; **aquella ~** that time; **a veces** at times; **a la ~ (que)** at the same time (as); **alguna ~, algunas veces** sometimes; **¿has estado alguna ~ en ...?** have you ever been to ...?; **alguna que otra ~** occasionally, now and again; **cada ~** every time, each time that; **cada ~ que** whenever; **cada ~ más** increasingly, more and more; **cada ~ más lento** slower and slower; **cada ~ menos** less and less; **cada ~ peor** worse and worse; **contadas veces** seldom; **¿cuántas veces?** how often?, how many times?; **de ~ en cuando** now and again, from time to time, occasionally; **las más de las veces** mostly, in most cases; **muchas veces** often; **otra ~** again; **pocas veces** seldom, rarely; **por esta ~** this time, this once; **rara ~** seldom, rarely; **repetidas veces** repeatedly, over and over again; **tal ~** perhaps; **toda ~ que** since; **varias veces** several times.
(**b**) (*con número*) **una ~** once, **una ~ que** once; **una y otra ~** repeatedly; **érase una ~** once upon a time (there was); **había una ~ una princesa** there was once a princess; **de una ~** in one go, all at once; **¡acabemos de una ~!** let's get it over (with)!; **¡dilo de una ~!** just say it!; **de una ~ para siempre** once and for all, for good; **una y otra ~** time and (time) again; **dos veces** twice; **con una velocidad dos veces superior a la del sonido** at twice the speed of sound; **tres veces** three times; **cien veces** (*fig*) hundreds *o* lots of times; **por enésima/primera/última ~** for the umpteenth *(fam)*/first/last time.
(**c**) (*Mat*) **7 veces 9** 7 times 9.
(**d**) (*turno*) turn, go; **a su ~** in his turn; **en ~ de** instead of; **ceder la ~** to give up one's turn; (*en cola etc*) to give up one's place; **hacer las veces de** (*sustituir a*) to take the place of, stand in for; (*oficiar*) to serve *o* do duty as.
v.g., v.gr. *abr de* **verbigracia** viz.
vía 1 *nf* (**a**) (*calle*) road; (*Náut etc*) route; (*en autopista*) lane; (*Quím*) process; (*Rel etc*) way; **por ~ aérea** (*viaje*) by air; (*correos*) (by) airmail; **abrirse una ~ de agua** to spring a leak; **~ de circunvalación** bypass, ring road; **~ de escape** escape route, way out; **~ férrea** railway; **~ fluvial** waterway; **V~ Láctea** Milky Way; **¡~ libre!** make way!; **dar ~ libre a** to give the go-ahead to; **por ~ marítima** by sea; **~ pública** public highway *o* thoroughfare; **por ~ terrestre** (*viaje*) overland, by land; (*correos*) by surface mail; **~ única** one-way street; **por ~** (*lit*) via, by way of, through; (*fig*) by way of, as.
(**b**) (*Ferro: rieles*) track, line; (*: ancho*) gauge; **~ ancha/estrecha/normal** broad/narrow/standard gauge; **~ muerta** siding; **~ única/doble** single/double track; **el tren está en la ~ 8** the train is (standing) at platform 8.
(**c**) (*Anat*) passage, tube; **~s digestivas** digestive tract *sg*; **por ~ bucal** through the *o* by mouth, orally; **por ~ interna** (*Med*) internally.
(**d**) (*Jur, Pol etc*) way, means; **~ judicial** process of law, legal means; **por ~ oficial** through official channels.
(**e**) **en ~s de** in (the) process of, on the way to; **un país en ~s de desarrollo** a developing country; **una especie en ~s de extinción** an endangered species, a species on the verge of extinction.
2 *prep* (*Ferro etc*) via, by way of, through.
viabilidad *nf* (*V adj*) viability; feasibility.
viable *adj* (*Com etc*) viable; (*plan etc*) feasible.
viacrucis *nf* Way of the Cross; (*fig*) load of disasters, heap of troubles.
viaducto *nm* viaduct.
viajante *nmf*: **~ (de comercio)** commercial traveller, traveling salesman *(US)*.
viajar [1a] *vi* to travel, journey; **~ en coche/autobús** to go by car/bus; **~ por** to travel around, tour.
viaje *nm* (**a**) journey; (*excursión*) trip; (*gira*) tour; (*Náut*) voyage; **el ~, los ~s** (*gen*) travel; **~ en coche** ride, trip by car; **~ en barco** boat trip; **~ de fin de curso** end-of-year trip; **~ de ida** outward journey; **~ de ida y vuelta, (LAm) ~ redondo** round *o* return trip; **~ de negocios** business trip; **~ de novios** honeymoon; **~ de recreo** pleasure trip; **¡buen** *o* **feliz ~!** bon voyage!; **estar de ~** to be travelling *o* *(US)* traveling *o* on a trip.
(**b**) (*Com etc: carga*) load; **un ~ de leña** a load of wood.
(**c**) (*fam: droga*) trip *(fam)*.
viajero/a 1 *adj* travelling, traveling *(US)*; (*Zool*) migratory. **2** *nm/f* (*gen*) traveller, traveler *(US)*; (*Ferro etc*) passenger; **¡señores ~s, al tren!** will passengers kindly board the train!
vial *adj* road *atr*; (*de la circulación*) traffic *atr*.
vianda *nf* (*tb* **~s**) food.
viandante *nmf* (*peatón*) pedestrian; (*paseante*) passer-by; (*viajero*) traveller, traveler *(US)*, wayfarer.
viaraza *nf* (*LAm*) fit of anger; (*: idea*) bright idea; **estar con la ~** to be in a bad mood.
viáticos *nmpl* travelling *o (US)* traveling expenses.
víbora *nf* viper.
vibración *nf* (**a**) vibration. (**b**) (*Ling*) roll, trill.
vibrador *nm* vibrator.
vibrante *adj* (**a**) vibrant, vibrating. (**b**) (*Ling*) rolled, trilled. (**c**) (*voz etc*) ringing.
vibrar [1a] **1** *vt* (**a**) to vibrate. (**b**) (*Ling*) to roll, trill. **2** *vi* (*gen*) to vibrate; (*pulsar*) to throb, beat, pulsate.
vicario *nm* (*Rel*) curate; **~ general** vicar general.
vice... *pref* vice....
vicealmirante *nm* vice-admiral.
vicecónsul *nm* vice-consul.
vicegerente *nm* assistant manager.
vicepresidente/a *nm/f* (*Pol*) vice-president; (*de comité etc*) vice-chairman.
viceversa *adv* vice versa.
viciado *adj* (**a**) (*aire*) foul. (**b**) (*corrompido*) corrupt. (**c**) (*comida*) contaminated.
viciar [1b] **1** *vt* (**a**) (*corromper*) to corrupt, pervert. (**b**) (*Jur*) to nullify. (**c**) (*texto*) to corrupt. (**d**) (*comida, drogas*) to adulterate; (*aire*) to pollute. (**e**) (*objeto*) to bend, twist; (*madera*) to warp. **2 viciarse** *vr* (**a**) (*corromperse*) to take to vice, become corrupted. (**b**) (*objeto*) to warp. (**c**) (*comida etc*) to be(come) contaminated. (**d**) (*aire, agua*) to be(come) polluted.
vicio *nm* (**a**) (*gen*) vice. (**b**) (*mala costumbre*) bad habit, vice; **no le podemos quitar el ~** we can't get him out of the habit; **de** *o* **por ~** out of sheer habit; **quejarse de ~** to complain for no reason at all. (**c**) (*defecto*) defect, blemish; (*Jur*) error; (*Ling*) mistake. (**d**) (*de superficie etc*) warp. (**e**) **de ~** (*fam*) great, super *(fam)*.
viciosidad *nf* viciousness.
vicioso/a 1 *adj* (**a**) (*cruel*) vicious; (*depravado*) depraved; (*mimado*) spoiled. (**b**) (*Mec etc*) faulty, defective. (**c**) (*Bot*) rank. **2** *nm/f* (**a**) vicious *o* depraved person. (**b**) (*adicto*) addict.
vicisitud *nf* vicissitude.
víctima *nf* victim; (*Zool etc*) prey; (*de accidente etc*) casualty; **hay pocas ~s mortales** there are not many dead.
victimar [1a] *vt* (*LAm*) to kill.
victimario *nm* (*LAm*) killer, murderer.
victoria *nf* (*gen*) victory; (*triunfo*) triumph; (*Dep*) win.
victorioso *adj* victorious.
victrola *nf* (*LAm*) gramophone, phonograph *(US)*.
vicuña *nf* vicuna.
vid *nf* vine.
vid. *abr de* **vide, ver** v.
vida *nf* (**a**) (*gen*) life; (*modo de vivir*) way of life; (*años de vida*) life span, lifetime; (*profesión etc*) livelihood; **coste de la ~** cost of living; **nivel de ~** standard of living; **así es la ~** that's life; **¿qué es de tu ~?** what's new?; **¡esto es ~!** this is the life *o* living!
(**b**) (*locuciones con prep*) **operación a ~ o muerte** life or

death operation; **¡hermana de mi ~!** my dear sister!; **de por ~** for life; **un amigo de toda la ~** a lifelong friend; **en ~** during his *etc* lifetime; **en la/mi ~** (*neg*) never (in my life); **entre ~ y muerte** at death's door.

(**c**) (*locuciones con adj etc*) **~ airada** criminal life; **de ~ airada** loose-living, immoral; **la ~ cotidiana** everyday life; **doble/mala ~** double/dissolute life; **~ eterna/íntima** *o* **privada/sentimental** eternal/private/love life; **mujer de ~ alegre, mujer de mala ~** loose woman; **~ y milagros de algn** full details about sb; **la otra ~** the next life; **~ perra** dog's life, wretched life.

(**d**) (*locuciones con vb*) **estar con ~** to be still alive; **amargar la ~ a algn** to make sb's life a misery; **complicarse la ~** to make life difficult for o.s.; **le costó la ~** he paid with his life; **¡no me cuentes tu ~!** I don't want your life story!; **darse buena ~** to live well *o* in style, do o.s. proud *(fam)*; **dar la ~** to sacrifice one's life; **escapar con ~** to escape alive; **ganarse la ~** to make *o* earn one's living; **hacer ~ marital** to live together (as man and wife); **le va la ~ en esto** his life depends on it; **meterse en ~s ajenas** to pry; **pasar a mejor ~** (*euf*) to pass away; **se pasa la ~ quejándose** he's forever whining; **pegarse la gran ~, pegarse la ~ padre** to live it up *(fam)*, live the life of Riley *(fam)*; **perder la ~** to lose one's life; **quitar la ~ a algn** to take sb's life; **quitarse la ~** to take one's own life; **tener siete ~s como los gatos** (*hum*) to have nine lives; **vender cara la ~** to sell one's life dearly.

(**e**) (*de ojos etc*) liveliness; **lleno de ~** full of life, lively.

(**f**) (*saludo cariñoso*) **¡~!, ¡~ mía!** my love! (**g**) (*euf*) prostitution; **una mujer de la ~** a prostitute, a woman on the game.

vidente 1 *adj* sighted, able to see. **2** *nmf* (**a**) (*no ciego*) sighted person, person who can see. (**b**) (*profeta*) seer, prophet; (*clarividente*) clairvoyant(e).

vídeo *nm* video; (*aparato*) video (recorder); **~ compuesto/inverso** (*Inform*) composite/reverse video; **~ doméstico** home video; **cinta de ~** videotape; **película de ~** videofilm; **registrar** *o* **grabar en ~** to record, (video)tape.

videoaficionado/a *nm/f* video fan.

videocámara *nf* video camera.

videocassette *nf* video cassette.

videocinta *nf* videotape.

videoclip *nm* (*pl* **~s**) videoclip, video.

videoclub *nm* (*pl* **~(e)s**) video club.

videodisco *nm* video disc *o (US)* disk.

videograbación *nf* (*acto*) (video)taping; (*programa registrado*) recording.

videograbadora *nf* video cassette recorder.

videojuego *nm* video game.

videoteca *nf* video(tape) library.

vidorra *nf (fam)* good life, easy life; **pegarse la ~** to live it up *(fam)*.

vidorria *nf* (**a**) (*Arg fam*) easy life. (**b**) (*And, Carib*) miserable life.

vidriado 1 *adj* glazed. **2** *nm* (**a**) (*barniz*) glaze. (**b**) (*loza*) glazed earthenware.

vidriar [1b] **1** *vt* to glaze. **2 vidriarse** *vr* (*objeto*) to become glazed; (*ojos*) to glaze over.

vidriera *nf* (**a**) **~ (de colores)** stained glass window; **(puerta) ~** glass door *o* partition. (**b**) (*LAm*) shop window.

vidriería *nf* (**a**) (*fábrica*) glassworks. (**b**) (*objetos*) glassware.

vidriero *nm* glazier.

vidrio *nm* glass; (*esp LAm: ventana etc*) window; **~ cilindrado/de colores/deslustrado/inastillable/tallado** plate/stained/frosted *o* ground/splinterproof/cut glass; **bajo ~** under glass; **pagar los ~s rotos** *(fam)* to carry the can *(fam)*.

vidrioso *adj* (**a**) (*gen*) glassy; (*frágil*) brittle, fragile. (**b**) (*ojo*) glassy; (*expresión*) glazed; (*superficie*) slippery. (**c**) (*persona*) touchy. (**d**) (*asunto*) delicate.

vieira *nf* scallop.

viejito/a *nm/f* (*LAm fam*) old person; (*: amigo*) friend.

viejo/a 1 *adj* (*gen*) old; **hacerse** *o* **ponerse ~** to grow *o* get old; **ropa ~a** old *o* second-hand clothes. **2** *nm/f* (**a**) old man/woman; **los ~s** the old; *V* **verde 1 (c)**. (**b**) (*LAm fam*) **mi ~/~a** (*en oración indirecta: pareja*) my old man/woman *(fam)*; (*: padres*) my old man/dear *(fam)*; (*en oración directa: pareja*) darling; (*como interj*) mate *(fam)*, pal *(fam)*; **mis ~s** (*esp LAm: padres*) my parents, my old folk *(fam)*; **las ~as** (*chicas*) birds *(fam)*, dames *o* chicks *(US)*.

Viena *nf* Vienna.

vienes *etc V* **venir**.

vienés/esa *adj, nm/f* Viennese.

viento *nm* (**a**) (*gen*) wind; (*ligero*) breeze; **corre** *o* **hay** *o* **hace** *o* **sopla (mucho) ~** it is (very) windy; **~ ascendente** (*Aer*) up-current; **~ de cola/de costado/contrario** tailwind/crosswind/headwind; **~ de la hélice** slipstream; **~ en popa** following wind; **ir ~ en popa** to go splendidly, go great guns *(fam)*; (*negocio*) to prosper; **estar lleno de ~** to be empty; **beber los ~s por algn** to be crazy about sb; **correr malos ~s para algo** to be the wrong moment for sth; **echar a algn con ~ fresco** *(fam)* to chuck sb out; **gritar algo a los cuatro ~s** to shout sth from the rooftops; **contra ~ y marea** at all costs, come what may.

(**b**) (*Anat*) wind, flatulence.

(**c**) (*Mús*) wind (instruments).

(**d**) (*Caza*) scent.

(**e**) (*de perro*) sense of smell.

(**f**) (*fig*) conceit.

(**g**) (*Camping*) guy-rope.

vientre *nm* (**a**) (*Anat: estómago*) belly; (*matriz*) womb; **bajo ~** lower abdomen. (**b**) (*intestino*) bowels *pl*; **hacer de ~** to have a movement of the bowels. (**c**) (*de animal muerto*) guts. (**d**) (*Zool*) foetus. (**e**) (*de recipiente*) belly.

vier. *abr de* **viernes** Fri.

viernes *nm inv* Friday; **V~ Santo** Good Friday; *V tb* **sábado**.

Vietnam *nm* Vietnam.

vietnamita *adj, nmf* Vietnamese.

viga *nf* (*madera*) balk, timber; (*Arquit: de madera*) beam, rafter; (*: de metal*) girder.

vigencia *nf* validity, applicability; (*de contrato etc*) term, life; **entrar en ~** to come into force *o* effect; **estar en ~** to be in force; **tener ~** to be valid, apply.

vigente *adj* valid, applicable, in force.

vigésimo *adj, nm* twentieth; *V tb* **sexto 1**.

vigía 1 *nm* look-out, watchman; **los ~s** (*Náut*) the watch. **2** *nf* (**a**) (*Mil etc*) watchtower. (**b**) (*Geog*) reef.

vigilancia *nf* vigilance, watchfulness; **burlar la ~ de algn** to escape sb's vigilance; **sometido a ~** under surveillance.

vigilante 1 *adj* vigilant. **2** *nm* (**a**) watchman, caretaker; (*en cárcel*) warder, guard *(US)*; (*en tienda*) store detective; (*de museo*) keeper; **~ jurado** security guard; **~ de noche** *o* **nocturno** night watchman. (**b**) (*CSur*) policeman.

vigilar [1a] **1** *vt* to watch (over); (*cuidar*) to look after, keep an eye on; (*presos etc*) to guard; (*máquinas*) to tend; (*frontera etc*) to guard, police, patrol; (*trabajo*) to supervise; **vigila el arroz para que no se pegue** keep your eye on the rice to make sure it doesn't stick. **2** *vi* to be vigilant *o* watchful; (*Náut*) to keep watch; **~ por** *o* **sobre** to watch over.

vigilia *nf* (**a**) wakefulness; (*vigilancia*) watchfulness; **pasar la noche de ~** to stay awake all night. (**b**) (*trabajo*) night *o* late work; (*estudio*) nighttime study. (**c**) (*Rel*) vigil; (*comida*) fast; (*víspera*) eve; **día de ~** day of abstinence.

vigor *nm* (**a**) (*fuerza*) vigour, vigor *(US)*; **con ~** vigorously *(US)*. (**b**) = **vigencia**.

vigorizador, **vigorizante** *adj* (*gen*) invigorating; (*medicina*) tonic.

vigorizar [1f] *vt* to invigorate; (*animar, alentar*) to encourage, stimulate; (*revitalizar*) to revitalize.
vigoroso *adj* (*gen*) vigorous; (*fuerte*) strong; (*esfuerzo*) strenuous; (*niño*) sturdy.
vigueta *nf* joist, small beam.
VIH *nm abr de* **virus de la inmunodeficiencia humana** HIV; ~ **positivo** HIV positive.
vikingo/a *nm/f* Viking.
vil *adj* (*persona*) low, villainous; (*acto*) vile, rotten; (*conducta*) despicable, mean.
vileza *nf* (**a**) vileness, foulness; (*carácter*) meanness. (**b**) (*una* ~) vile act, base deed.
vilipendiar [1a] *vt* (**a**) (*denunciar*) to vilify, revile. (**b**) (*despreciar*) to despise, scorn.
vilipendio *nm* (**a**) (*denuncia*) vilification, abuse. (**b**) (*desprecio*) contempt, scorn; (*humillación*) humiliation.
vilo *adv* (**a**) **en** ~ (up) in the air; (*suspenso*) suspended. (**b**) **en** ~ (*fig*) on tenterhooks; **estar** *o* **quedar en** ~ to be left in suspense; **tener a algn en** ~ to keep sb in suspense, keep sb waiting.
vilote *nm* (*LAm*) coward.
villa *nf* (**a**) (*casa*) villa. (**b**) (*pueblo*) small town; (*Pol*) borough, municipality; **la V~** (*esp*) Madrid; ~ **miseria** (*Arg*) shantytown.
Villadiego *nm*: **tomar las de** ~ (*fam*) to beat it quick (*fam*).
villancico *nm* (Christmas) carol.
villano/a **1** *adj* (*Hist*) peasant *atr*; (*rústico*) rustic. **2** *nm/f* (*Hist*) serf; (*esp fig*) peasant.
villorrio *nm* one-horse town, dump (*fam*); (*LAm*) shantytown.
vinagre *nm* vinegar.
vinagrera *nf* (**a**) vinegar bottle; ~**s** cruet stand. (**b**) (*LAm*) heartburn.
vinagreta *nf* French dressing, oil and vinegar dressing.
vinagroso *adj* (**a**) vinegary. (**b**) (*fig*) bad-tempered.
vinatería *nf* (**a**) (*tienda*) wine shop. (**b**) (*comercio*) wine trade.
vinatero *nm* wine merchant, vintner.
vinculación *nf* (**a**) linking; (*fig*) bond, link, connection. (**b**) (*Jur*) entail.
vinculante *adj* (*fallo*) binding (*para* on).
vincular [1a] **1** *vt* (**a**) to link, bind (*a* to); ~ **sus esperanzas a** to base one's hopes on; **están estrechamente vinculados entre sí** they are closely bound together. (**b**) (*Jur*) to entail. **2** **vincularse** *vr* to be linked *o* tied (*a* to).
vínculo *nm* (**a**) link, bond; ~ **de parentesco** family ties. (**b**) (*Jur*) entail.
vincha *nf* (*And, CSur*) hairband, headband.
vindicación *nf* (*gen*) vindication; (*venganza*) revenge.
vindicar [1g] **1** *vt* (**a**) (*vengar*) to avenge. (**b**) (*reivindicar*) to vindicate. **2** **vindicarse** *vr* (**a**) to avenge o.s. (**b**) to vindicate o.s.
vine *etc V* **venir**.
vinería *nf* (*LAm*) wineshop.
vinícola *adj* (*industria*) wine *atr*; (*región*) winegrowing *atr*.
vinicultor *nm* wine grower.
vinicultura *nf* wine growing *o* production.
vinilo *nm* vinyl.
vino *nm* wine; ~ **añejo** *o* **de solera/generoso/de pasto/seco/tinto** vintage/full-bodied/ordinary/dry/red wine; ~ **del año** new wine; ~ **de la casa** house wine; ~ **espumoso** *o* **de aguja** sparkling wine; ~ **de Jerez** sherry; ~ **de Oporto** port (wine); ~ **peleón** cheap wine, plonk (*fam*); ~ **de reserva** reserve; ~ **de solera** vintage wine; **dormir el** ~ to sleep off a hangover.
viña *nf* (*planta*) vine; (*lugar*) vineyard.
viñatero *nm* vine *o* wine grower.
viñedo *nm* vineyard.
viola *nf* (**a**) (*Bot*) viola. (**b**) (*Mús*) viola.
violáceo *adj* violet.
violación *nf* (**a**) violation. (**b**) (*sexual*) rape. (**c**) (*Jur*) offence, offense (*US*), infringement; ~ **de domicilio** forced entry.
violado *adj, nm* violet.
violador(a) **1** *nm* rapist. **2** *nm/f* violator, offender (*de* against).
violar [1a] *vt* (**a**) (*territorio etc*) to violate. (**b**) (*persona*) to rape. (**c**) (*Jur etc*) to break, offend against.
violencia *nf* (*gen*) violence; (*fuerza*) force; (*Jur*) assault; (*Pol*) rule by force; **no** ~ non-violence; **hacer algo con** ~ to do sth violently; **hacer** ~ **a** = **violentar (b)**. (**b**) (*fig*) **si eso te causa** ~ if that makes you feel awkward; **estar con** ~ to be *o* feel awkward. (**c**) (*Col: Hist Pol*) **la V~** *long period of civil disturbance from 1948-*.
violentar [1a] **1** *vt* (**a**) (*puerta etc*) to force; (*rama etc*) to bend; (*casa*) to break into. (**b**) (*persona*) to force, persuade forcibly; (*Jur*) to assault. (**c**) (*fig: principio*) to violate; (*: sentido*) to distort. **2** **violentarse** *vr* to force o.s.
violentismo *nm* (*Chi*) social agitation.
violentista (*Chi Pol*) **1** *adj* subversive. **2** *nmf* subversive, supporter of social unrest.
violento *adj* (**a**) (*gen*) violent; (*esfuerzo*) furious; (*Dep*) tough; (*pey*) rough; **mostrarse** ~ to turn violent. (**b**) (*postura*) awkward; (*acto*) unnatural; **me es muy** ~ it goes against the grain with me. (**c**) (*situación*) embarrassing, awkward. (**d**) (*estado*) embarrassed, awkward.
violeta *adj inv, nf* violet.
violín *nm* (**a**) (*instrumento*) violin. (**b**) (*músico*) violinist. (**c**) (*Méx fam*) **de** ~ gratis, free. (**d**) (*LAm*) **embolsar el** ~ to get egg on one's face (*fam*).
violinista *nmf* violinist, fiddler (*fam*).
violón *nm* double bass; **tocar el** ~ (*fam*) to talk rot.
violoncelista *nmf* cellist.
violoncelo *nm* cello.
vira *nf* (*Mil etc*) dart; (*de zapato*) welt.
Viracocha *nm* (**a**) (*And, CSur: Hist*) Inca god. (**b**) (*And fam: Hist: título*) white person.
virago *nf* mannish woman.
viraje *nm* (**a**) (*Náut*) tack; (*de coche etc*) turn; (*en carretera etc*) bend, curve; ~ **en horquilla** hairpin bend. (**b**) (*Pol*) abrupt switch, volte-face; (*de votos*) swing.
virar [1a] **1** *vt* (**a**) (*Náut*) to put about, turn. (**b**) (*Fot etc*) to tone. (**c**) (*LAm: dar vuelta*) to turn (round). **2** *vi* (**a**) to change direction, turn; (*Náut*) to tack; (*vehículo*) to turn; (*: con violencia*) to swerve; ~ **en redondo** to turn completely round. (**b**) (*cambiar de parecer*) to change one's views; (*el voto*) to swing; **el país ha virado a la derecha** the country has swung (to the) right.
virgen **1** *adj* virgin; (*cinta*) blank; (*película*) unexposed. **2** *nmf* virgin; (*Rel*) **la Santísima V~** the Blessed Virgin; **es un viva la V~** (*fam*) he doesn't give a damn, he doesn't care one bit.
Vírgenes *nfpl*: **Islas** ~ Virgin Isles *o* Islands.
virginal *adj* virginal.
virginidad *nf* virginity.
Virgo *nm* Virgo.
virguería *nf* (**a**) (*adorno*) silly adornment, frill. (**b**) (*fig*) wonder, marvel; **hacer ~s** (*fig*) to work wonders.
virguero *adj* (*fam*) (**a**) (*bueno*) super (*fam*), smashing (*fam*). (**b**) (*elegante*) smart, nattily dressed. (**c**) (*hábil*) clever, smart.
vírico *adj* viral, virus *atr*.
viril *adj* virile; **la edad** ~ the prime of life.
virilidad *nf* virility, manhood.
virola *nf* (**a**) metal tip, ferrule; (*de herramienta*) collar. (**b**) (*CSur, Méx*) silver ring.
virolento *adj* pockmarked.
virología *nf* virology.
virote *nm* (**a**) (*flecha*) arrow. (**b**) (*Méx fam*) bread roll. (**c**) (*fam*) hooray Henry (*fam*); (*: serio*) stuffed shirt (*fam*).

virreinato *nm* viceroyalty.
virrey *nm* viceroy.
virtual *adj* (**a**) (*real*) virtual. (**b**) (*en potencia*) potential. (**c**) (*Fís*) apparent.
virtud *nf* (**a**) (*calidad*) virtue. (**b**) (*capacidad*) ability, power; **en ~ de** by virtue of, by reason of; **tener la ~ de** ... + *infin* to have the virtue of ... + *ger*, have the power to ... + *infin*.
virtuosismo *nm* virtuosity.
virtuoso/a 1 *adj* virtuous. **2** *nm/f* virtuoso.
viruela *nf* (**a**) smallpox. (**b**) **~s** pockmarks; **~s locas** chickenpox; **picado de ~s** pockmarked.
virulé: **a la ~** *adj* (*estropeado*) damaged; (*torcido*) bent, twisted.
virulencia *nf* virulence.
virulento *adj* virulent.
virus *nm inv* virus; **enfermedad por ~** virus disease.
viruta *nf* wood *o* metal shaving.
vis *nf*: **~ cómica** sense of humour *o (US)* humor; **tener ~ cómica** to be witty.
visa *nf* (*LAm*), **visado** *nm* visa; **~ de permanencia** residence permit; **~ de tránsito** transit visa.
visaje *nm* (wry) face, grimace; **hacer ~s** to pull *o* make faces.
visar [1a] *vt* (**a**) (*pasaporte*) to visa. (**b**) (*documento*) to endorse.
visceral *adj* (*odio*) intense, deep-rooted; **aversión/reacción ~** gut aversion/reaction.
vísceras *nfpl* viscera, entrails; (*fig*) guts.
viscosa *nf* viscose.
viscosidad *nf* (**a**) (*cualidad*) viscosity. (**b**) (*Bot, Zool*) slime.
viscoso *adj* viscous, sticky; (*líquido*) thick, stiff; (*secreción*) slimy.
visera *nf* (*Mil*) visor; (*de gorra*) peak; (*de yoquey, jugador etc*) eyeshade.
visibilidad *nf* visibility; **~ cero** zero visibility.
visible *adj* (**a**) visible. (**b**) (*fig: claro*) clear, plain; (*: obvio*) evident, obvious. (**c**) (*persona vestida*) decent, presentable.
visiblemente *adv* (**a**) (*lit*) visibly. (**b**) (*fig*) clearly, evidently.
visillo *nm* lace curtain.
visión *nf* (**a**) (*Anat*) vision, (eye)sight; **perder la ~ de un ojo** to lose the sight in *o* of one eye. (**b**) (*Rel etc*) vision; (*fantasía*) fantasy; (*ilusión*) illusion; **ver ~es** to see *o* be seeing things, suffer delusions. (**c**) (*vista*) view; **~ de conjunto** complete picture. (**d**) (*punto de vista*) (point of) view; **su ~ del problema** his view of the problem. (**e**) (*pey*) scarecrow, fright *(fam)*; **ella iba hecha una ~** she looked a real sight *(fam)*.
visionadora *nf* (*Fot*) viewer.
visionar [1a] *vt* (*TV*) to view, see; (*: por adelantado*) to preview.
visionario/a 1 *adj* (**a**) visionary. (**b**) (*pey*) deluded. **2** *nm/f* (**a**) visionary. (**b**) (*pey*) deluded person; (*loco*) lunatic.
visita *nf* (**a**) visit; (*breve*) call; (*en la Aduana*) search; (*Jur*) **derecho de ~** right of search; **horas/tarjeta de ~** visiting hours/card; **~ de cortesía/de cumplido/de despedida** courtesy/formal/farewell visit; **~ relámpago** flying visit; **~ de médico** (*fam*) brief call; **estar de ~ en** to be on a visit to; **hacer/devolver una ~** to pay/return a visit; **ir de ~** to go visiting. (**b**) (*persona*) visitor, caller; **'no se admiten ~s'** 'no visitors allowed'.
visitador(a) *nm/f* (**a**) (*visitante*) frequent visitor. (**b**) (*inspector*) inspector.
visitante 1 *adj* visiting. **2** *nmf* visitor.
visitar [1a] **1** *vt* to visit; (*a algn*) to call on, go and see; (*investigar*) to inspect. **2 visitarse** *vr* (**a**) (*pareja*) to visit each other. (**b**) (*Med*) to ask the doctor to call.
vislumbrar [1a] *vt* to glimpse, catch a glimpse of; (*solución etc*) to begin to see.
vislumbre *nf* (**a**) glimpse. (**b**) (*brillo*) gleam. (**c**) (*fig: posibilidad*) glimmer, slight possibility; (*: conjectura*) conjecture; **tener ~s de** to get an inkling of.
viso *nm* (**a**) (*de metal*) gleam, glint. (**b**) (*de tela*) **~s** sheen, gloss; **a *o* de dos ~s** (*fig*) with a double purpose, two-edged; **hacer ~s** to shimmer. (**c**) (*fig: aspecto*) appearance; **hay un ~ de verdad en esto** there is an element of truth in this; **tenía ~s de nunca acabar** it seemed that it was never going to finish. (**d**) (*ropa*) slip. (**e**) **ser persona de ~** to be a somebody, be important.
visón *nm* mink.
visor *nm* (**a**) (*Aer*) bombsight. (**b**) (*Fot*) viewfinder.
víspera *nf* eve, day *o* evening before; **~ de Navidad** Christmas Eve; **la ~ de, en ~s de** on the eve of; **estar en ~s de hacer algo** to be on the point *o* verge of doing sth.
vista 1 *nf* (**a**) (*Anat*) sight, eyesight, vision; (*mirada*) look, gaze, glance; **~ de águila *o* de lince** very keen sight, eagle eye; **~ cansada** eyestrain; **observar algo a ~ de pájaro** to get a bird's-eye view of sth; **tener buena/mala ~** to have good/bad eyesight.
(**b**) (*gen: locuciones con prep*) **a primera ~** at first sight, on the face of it; **a simple ~** with *o* to the naked eye; **a la ~** in sight *o* view; **la parte que quedaba a la ~** the part that was visible *o* uncovered; **no tengo ningún proyecto a la ~** I have no plans in sight; **no es muy agradable a la ~** it's not a pretty sight; **estar a la ~ de** to be within sight of; **a la ~ de todos** openly, for all to see; **a la ~ de tal espectáculo** at the sight of such a scene; **a la ~ de sus informes** in the light of his reports; **con la ~ puesta en** with one's eyes fixed on; **conocer a algn de ~** to know sb by sight; **en ~ de** (*fig*) in view of; **en ~ de que** ... in view of the fact that ...; **¡hasta la ~!** see you!, so long!; **hasta donde alcanza la ~** as far as the eye can see.
(**c**) (*locuciones con vb*) **aguzar la ~** to look sharp; **alzar la ~** to look up; **apartar la ~** (*lit*) to look away; (*fig*) to turn a blind eye (*de* to); **no apartar la ~ de** to keep one's eyes glued to; **bajar la ~** to look down; **fijar *o* clavar la ~ en** to stare at; **dirigir la ~ a** to look at *o* towards; **hacer la ~ gorda** to turn a blind eye; **se me nubló la ~** my eyes clouded over; **pasar la ~ por** to look over; **perder algo de ~** to lose sight of sth; **no perder a algn de ~** to keep sb in sight; **poner algo a la ~** to put sth on view; **¡quítate de mi ~!** get out of my sight!; **salta a la ~** it hits you in the eye; **salta a la ~ que** ... it's so obvious that ...; **torcer la ~** to squint; **volver la ~** to look away; **volver la ~ atrás** to look back.
(**d**) (*Com*) **a la ~** at *o* on sight; **a 30 días ~** (*Com*) thirty days after sight; **a 5 años ~** 5 years from then.
(**e**) (*de objeto etc*) appearance, looks; **a la ~, no son pobres** from what one can see, they're not poor.
(**f**) (*fig: perspicacia*) foresight; (*: intención*) intention; **con ~s a** with a view to; **ha tenido mucha ~** he was very far-sighted.
(**g**) (*Geog etc*) view, vista, panorama; **la ~ desde el castillo** the view from the castle; **con ~s a la montaña** with views across to the mountains; **con ~s al mar** overlooking the sea; **con ~s al oeste** facing west.
(**h**) (*Fot etc*) view.
(**i**) (*Jur*) hearing; **~ oral** first hearing.
2 *nm* customs inspector.
vistazo *nm* look, glance; **de un ~** at a glance; **echar *o* pegar un ~ a** (*fam*) to glance at, have a (quick) look at.
visto[1] *V* **vestir**.
visto[2] **1** *pp de* **ver**.
2 *adj* (**a**) **~ todo esto** in view of all this; **por lo ~** apparently; **ni ~ ni oído** like lightning; **cosa nunca ~** a something unheard-of; **fue ~ y no ~** it was a case of now you see it *etc* now you don't.
(**b**) **está muy ~** it is very common; (*pey*) it's ancient *(fam)*.
(**c**) **está ~ que** it is clear that; **estaba ~** it had to be.
(**d**) **lo que está bien ~** what is socially acceptable; **eso está muy mal ~** that's not done.

3: ~ **que ...** *conj* seeing that ....
4: ~ **bueno** *nm* O.K. *(fam)*, go-ahead *(fam)*; **dar el ~ bueno a algo** to give sth the O.K. *(fam) o* go-ahead.
vistosidad *nf* showiness, colourfulness, colorfulness *(US)*; *(pey)* gaudiness.
vistoso *adj (ropa)* bright, colourful, colorful *(US)*; *(pey)* gaudy.
visual 1 *adj* visual; **campo** ~ field of vision. **2** *nf* **(a)** line of sight. **(b)** *(fam: vistazo)* look, glance.
visualización *nf (Inform)* display.
visualizador *nm (Inform)* display screen, VDU.
visualizar [1f] *vt* **(a)** *(imaginarse)* to visualize. **(b)** *(Inform)* to display.
vital *adj* **(a)** life *atr*; **espacio** ~ living space; **fuerza** ~ life force. **(b)** *(Anat etc)* vital; *(fig)* essential, fundamental.
vitalicio *adj* life *atr*; **cargo** ~ post held for life; **pension ~a** life pension.
vitalidad *nf* vitality.
vitalizador *adj*: **acción ~a, efecto** ~ revitalizing effect.
vitalizante *adj* revitalizing.
vitamina *nf* vitamin.
vitaminado *adj* with added vitamins.
vitamínico *adj* vitamin *atr*.
vitela *nf* vellum.
vitícola *adj (industria)* grape *atr*, vine *atr*; *(región)* grape- *o* vine-producing.
viticultor *nm* vine grower.
viticultura *nf* vine growing.
vitola *nf* **(a)** cigar band. **(b)** *(fig)* appearance; *(Mec)* calibrator.
vítor 1 *interj* hurrah! **2** *nm* cheer; **dar ~es a** to cheer (on).
vitorear [1a] *vt* to cheer, acclaim.
Vitoria *nf* Vitoria.
vitoriano/a 1 *adj* of *o* from Vitoria. **2** *nm/f* native *o* inhabitant of Vitoria.
vítreo *adj* glassy, vitreous.
vitrificar [1g] **1** *vt* to virtrify. **2 vitrificarse** *vr* to vitrify.
vitrina *nf* **(a)** *(de tienda)* glass case, showcase; *(en casa)* display cabinet. **(b)** *(LAm)* shop window.
vitrola *nf (LAm)* gramophone, phonograph *(US)*.
vitualla(s) *nf(pl)* provisions *pl*, victuals *pl*.
vituperación *nf* condemnation.
vituperar [1a] *vt* to condemn, censure.
vituperio *nm* **(a)** *(condena)* condemnation; *(reproche)* censure; *(injuria)* insult; **~s** abuse *sg*, insults. **(b)** *(deshonra)* shame, disgrace.
viudedad *nf* **(a)** widow(er)hood. **(b)** *(Fin)* widow's pension.
viudez *nf* widow(er)hood.
viudo/a 1 *adj* widowed; **estar ~a** *(fam)* to be a grass widow. **2** *nm/f (hombre)* widower; *(mujer)* widow.
viva *nm* cheer; **prorrumpir en ~s** to burst out cheering.
vivacidad *nf* vigour, vigor *(US)*; *(personalidad)* liveliness, vivacity; *(inteligencia)* sharpness.
vivales *nm inv (fam)* wide boy *(fam)*, smooth operator.
vivamente *adv* in lively fashion; *(descripción etc)* vividly; *(protesta)* sharply, strongly; *(emoción)* acutely, intensely; **lo siento** ~ I am deeply sorry.
vivaquear [1a] *vi* to bivouac.
vivar[1] *nm* **(a)** *(Zool)* warren. **(b)** *(para peces)* fishpond; *(industrial)* fish farm.
vivar[2] [1a] *vt (LAm: vitorear)* to cheer.
vivaracho *adj (vivo)* jaunty, lively; *(vivaz)* vivacious; *(ojos)* bright.
vivaz *adj* **(a)** *(duradero)* enduring, lasting; *(Bot)* perennial. **(b)** *(vigoroso)* vigorous. **(c)** *(vivo)* lively.
vivencia *nf (tb ~s)* experience, knowledge gained from experience.
vivencial *adj* existential.
víveres *nmpl* provisions; *(esp Mil)* stores, supplies.
vivero *nm* **(a)** *(Hort etc)* nursery. **(b)** *(para peces)* fishpond; *(: Com)* fish farm; *(Zool)* vivarium; ~ **de ostras** oyster bed. **(c)** *(fig)* hotbed, breeding ground.
viveza *nf (de ritmo etc)* liveliness; *(de imagen)* vividness; *(de luz)* brightness; *(de mente)* sharpness; *(de sensación)* intensity, acuteness; **contestar con** ~ to answer sharply.
vivido *adj* true (life).
vívido *adj* vivid, graphic.
vividor(a) 1 *adj (pey)* opportunistic. **2** *nm (aprovechado)* hustler. **3** *nm/f* opportunist.
vivienda *nf* **(a)** housing; **escasez de ~s** housing shortage. **(b)** *(una ~)* house, dwelling; *(piso)* flat, apartment *(US)*; ~ **de protección oficial** ≈ council house *o* flat; ~ **de renta limitada** ≈ council housing, ≈ public housing *(US)*.
viviente *adj* living; **los ~s** the living.
vivificador, vivificante *adj* life-giving; *(fig)* revitalizing.
vivificar [1g] *vt* **(a)** to give life to. **(b)** *(fig)* to revitalize, bring new life to.
vivíparo *adj* viviparous.
vivir [3a] **1** *vt (experimentar)* to live *o* go through; **los que hemos vivido la guerra** those of us who lived through the war.
2 *vi* **(a)** *(gen)* to live *(en* at, in); *(ser vivo)* to be alive; ~ **bien/mal** to live well/badly; ~ **para ver** to live and learn; **¡viva!** hurray!; **¡viva el rey!** long live the king!; **¿quién vive?** *(Mil)* who goes there?; **viven juntos** they live together; **dar el quién vive a algn** to challenge sb; **saber** ~ to enjoy life to the full; **no dejar ~ a algn** to harass sb; **no le dejan ~ los celos** she is eaten up with jealousy.
(b) *(Fin)* to live *(de* by, off, on); **no tienen con que** ~ they haven't enough to live on; **ganar lo justo para** ~ to earn a bare living; ~ **al día** to live from day to day.
(c) *(fig: durar)* to last (out).
3 *nm* (way of) life; **de mal** ~ loose-living; *(delincuente)* criminal.
vivisección *nf* vivisection.
vivito *adj*: **estar ~ y coleando** to be alive and kicking.
vivo 1 *adj* **(a)** living, alive; *(piel etc)* raw; *(lengua)* modern, living; **los venden ~s** they sell them alive; **tenía la piel en carne ~a** his skin was pure raw; **me dio en lo más ~** it cut me to the quick.
(b) *(fig: gen)* lively; *(: descripción etc)* vivid, graphic; *(: movimiento)* quick; *(: color)* bright; *(: protesta etc)* strong; *(: sensación)* acute; *(: genio)* sharp, keen; *(inteligencia)* sharp, keen, acute; *(ingenio)* ready; *(imaginación)* lively; **¡~!** hurry up!; **a ~a voz** out loud; **describir algo al** *o* **a lo** ~ to describe sth very realistically; **le quitó la muela a lo** ~ he just pulled the tooth clean out; **ser la ~a imagen** *o* **el** ~ **retrato de algn** to be the spitting image of sb.
(c) *(persona)* clever; *(pey)* sharp; **es un** ~ he's a sharp *o* sly customer.
(d) *(TV etc)* **en** ~ live; **una transmisión en** ~ **desde** a broadcast live from.
2 *nm (Cos)* edging, border.
vizacha *nf (LAm Zool)* viscacha.
vizcaíno/a *adj, nm/f* Biscayan.
Vizcaya *nf* Biscay; **el Golfo de** ~ the Bay of Biscay.
V.M. *abr de* **Vuestra Majestad**.
V.O. *nf abr (Cine) de* **versión original**.
V°.B° *abr de* **visto bueno** O.K.
vocablo *nm* word; **jugar del** ~ to make a pun.
vocabulario *nm* vocabulary, word list.
vocación *nf* vocation, calling; **errar la** ~ to miss one's vocation; **tener ~ por** to have a vocation for.
vocacional *adj* vocational.
vocal 1 *adj* vocal. **2** *nm/f* member (of a committee *etc*); *(director)* director, member of the board of directors. **3** *nf (Ling)* vowel.
vocalista *nmf* vocalist, singer.
vocalizar [1f] *vt* to vocalize.

voceador 1 *adj* loud, loud-mouthed, vociferous. **2** *nm* **(a)** town crier. **(b)** *(LAm)* newsvendor, newspaper seller.
vocear [1a] **1** *vt* **(a)** *(mercancías)* to cry. **(b)** to call loudly to, shout to; *(dar vivas)* to cheer. **(c)** *(secreto etc)* to shout to all and sundry; *(fig)* to proclaim. **(d)** *(fam: jactarse)* to boast about. **2** *vi* to yell, bawl.
vocería *nf*, **vocerío** *nm* *(griterío)* shouting, yelling; *(escándalo)* hullabaloo *(fam)*.
vocero/a *nm/f* *(esp LAm)* spokesman/-woman, spokesperson.
vociferación *nf* shouting.
vociferar [1a] **1** *vt* **(a)** *(gritar)* to shout, vociferate. **(b)** *(jactarse)* to proclaim boastfully. **2** *vi* to yell.
vocinglería *nf* *(gritería)* shouting; *(escándalo)* hubbub, uproar.
vocinglero *adj* loud-mouthed.
vodevil *nm* music hall, variety, vaudeville *(US)*.
vodka *nm* vodka.
vodú *nm* *(LAm)* voodoo.
volada *nf* *(vuelo)* short *o* single flight.
voladizo *adj* *(Arquit)* projecting.
volado 1 *adj* **(a)** *(Tip)* superior, raised. **(b)** *(fam)* **estar ~** *(loco)* to be crazy *(fam)*; *(intranquilo)* to be worried. **(c)** *(Arg, Méx)* projecting. **(d)** *(LAm)* **~ de genio** quick-tempered. **2** *nm* **(a)** *(Méx: juego)* game of heads or tails. **(b)** *(Méx: incidente)* incident.
volador 1 *adj* **(a)** flying. **(b)** *(fig)* fleeting. **2** *nm* **(a)** *(pez)* flying fish. **(b)** *(cohete)* rocket.
voladura *nf* blowing up, demolition; *(Min etc)* blasting.
volandas *adv* **(a) en ~** in *o* through the air. **(b) en ~** *(fig)* swiftly, as if on wings.
volandera *nf* **(a)** *(piedra)* millstone, grindstone. **(b)** *(Mec)* washer. **(c)** *(mentira)* fib.
volandero *adj* **(a)** loose, shifting. **(b)** *(al azar)* random. **(c)** *(Orn)* fledged, ready to fly; *(persona)* restless.
volantazo *nm* *(Aut)* sharp turn.
volante 1 *adj* **(a)** flying; **escuadrón ~** flying squad; **platillo ~** flying saucer; **hoja ~** leaflet, (hand)bill *(US)*. **(b)** *(fig: inquieto)* unsettled. **2** *nm* **(a)** *(Téc)* flywheel; *(: de reloj)* balance. **(b)** *(Aut)* steering wheel; **ir al ~** to be at the wheel, be driving. **(c)** *(nota)* note; **un ~ para el especialista** *(Med)* a referral to a specialist. **(d)** *(Dep)* shuttlecock; **(juego del) ~** badminton. **(e)** *(Cos)* flounce.
volantín 1 *adj* loose. **2** *nm* **(a)** fishing line. **(b)** *(LAm)* kite.
volantista *nm* (racing) driver.
volantón *nm* fledgling.
volapié *nm* *(Taur)* wounding thrust; **a ~** *(ave)* half walking and half flying.
volar [1l] **1** *vt* **(a)** *(edificio etc)* to blow up, demolish (with explosive); *(Min)* to blast; *(caja fuerte)* to blow open.
(b) *(caza)* to flush (out).
(c) *(fam: irritar)* to irritate; *(: hurtar)* to pinch *(fam)*.
(d) *(Chi, Méx: fam: robar)* to pinch *(fam)*, nick *(fam)*.
2 *vi* **(a)** *(gen)* to fly; *(irse a vuelo)* to fly away *o* off; **~ a solas** to fly solo; **echar a ~ una noticia** to spread a piece of news; **echarse a ~** *(fig)* to leave the parental home; **¡cómo vuela el tiempo!** how time flies!
(b) *(fig: correr)* to rush, hurry; *(coche etc)* to hurtle (along/past *etc*); **¡volando!** get a move on!; **voy volando** I must dash; **prepárame volando la cena** get my supper ready doublequick, please; **~ a hacer algo** to fly to do sth.
(c) *(fam)* to disappear, vanish; **ha volado mi tabaco** my cigarettes have walked *(fam)*.
3 volarse *vr* **(a)** to fly away.
(b) *(LAm)* to lose one's temper, blow up *(fam)*.
volátil *adj* **(a)** volatile. **(b)** *(fig)* changeable.
volatilidad *nf* volatility.
volatilizar [1f] **1** *vt* **(a)** to volatilize, vaporize. **(b)** *(fig)* to spirit away. **2 volatilizarse** *vr* **(a)** to volatilize, vaporize. **(b)** *(fig)* to vanish into thin air.
volatín *nm* **(a)** acrobatics, tightrope walking. **(b)** = **volatinero**.
volatinero/a *nm/f* acrobat, tightrope walker.
volcán *nm* volcano; **estar sobre un ~** to be sitting on top of a powder keg.
volcánico *adj* volcanic; *(fig)* violent.
volcar [1g, 1l] **1** *vt* *(tirar: vaso etc)* to upset, overturn, tip *o* knock over; *(: contenido)* to empty *o* tip out. **2** *vi* *(coche etc)* to overturn. **3 volcarse** *vr* **(a)** *(recipiente)* to be upset, get overturned; *(coche etc)* to overturn; *(barco)* to capsize. **(b)** *(fig)* to bend over backwards *(fam)*; **~ para** *o* **por conseguir algo** to do one's utmost to get sth.
volea *nf* volley; **media ~** half-volley.
volear [1a] *vt, vi* to volley.
voleibol *nm* volleyball.
voleo *nm* **(a)** volley; **de un ~, del primer ~** quickly; **a(l) ~** haphazardly; *(Dep)* on the volley. **(b)** *(fam: golpe)* punch.
volframio *nm* wolfram.
Volga *nm* Volga.
volición *nf* volition.
volquete *nm* dumper, dump truck *(US)*.
voltaje *nm* voltage.
volteada *nf* *(CSur)* roundup.
volteador(a) *nm/f* acrobat.
voltear [1a] **1** *vt* **(a)** to turn over, turn upside down; *(en el aire)* to toss up; *(dar la vuelta)* to turn round; *(esp CSur, Méx: volcar)* to knock *o* over; **~ la espalda** *etc* *(LAm)* to turn one's back *etc*; *(golpear)* to knock down.
(b) *(campanas)* to peal.
(c) *(Culin etc)* to toss.
2 *vi* to roll over; *(Teat etc)* to somersault; **~ a la derecha** *etc* *(LAm)* to turn right *etc*; **~ a hacer algo** *(LAm)* to do sth again; **volteó a decirlo** he said it again.
3 voltearse *vr* *(LAm)* **(a)** *(dar la vuelta)* to turn round; *(: Pol: cambiar de lado)* to change one's allegiance.
(b) *(volcarse)* to overturn, tip over.
voltereta *nf* somersault; **~ sobre las manos** handspring; **~ lateral** cartwheel.
voltímetro *nm* voltmeter.
voltio *nm* volt.
volubilidad *nf* fickleness, changeableness.
voluble *adj* *(persona)* fickle, changeable.
volumen *nm* **(a)** volume; *(tamaño)* size; *(gran tamaño)* bulk(iness); **en ~** (in) bulk; **~ de negocios** turnover; **bajar el ~** to turn down the volume; **poner la radio a todo ~** to turn the radio up full. **(b)** *(Tip)* volume.
voluminoso *adj* voluminous; *(paquete etc)* bulky.
voluntad *nf* **(a)** *(gen)* will; *(resolución)* willpower; *(volición)* volition; *(deseo)* wish, desire; **buena ~** goodwill; *(intención)* good *o* honest intention; **mala ~** ill will, malice; *(intención)* evil intent; **última ~** *(gen)* last wish; *(Jur)* last will and testament; **~ débil/divina/férrea** weak/divine/iron will; **~ popular** will of the people; **a ~** at will; *(cantidad)* as much as one likes; **se abre a ~** it opens at will; **es una chica con mucha ~** she's a very strong-minded girl; **por causas ajenas a mi ~** for reasons beyond my control; **por ~ propia** of one's own volition *o* free will; **cada uno da la ~ para contribuir al regalo** everyone is free to contribute what they want towards the present; **no lo dije con ~ de ofenderle** I did not say so with any wish to offend you; **hacer su santa ~** to do exactly as one pleases, have one's own way at all costs; **hágase Tu ~** *(Rel)* Thy will be done; **ganar(se) la ~ de algn** *(convencer)* to win sb over; *(someter)* to dominate sb's will; **no tener ~ propia** to have no will of one's own; **no tiene ~ para dejar de beber** he hasn't the willpower to give up drinking.
(b) *(fam)* fondness, affection.
voluntario/a 1 *adj* **(a)** voluntary. **(b)** *(Mil)* volunteer. **2** *nm/f* volunteer.
voluntarioso *adj* **(a)** *(terco)* headstrong, wilful, willful

(*US*). (**b**) (*dedicado*) dedicated.

voluptuosidad *nf* voluptuousness, sensuality.

voluptuoso/a 1 *adj* voluptuous, sensual. **2** *nm/f* voluptuary, sensualist.

voluta *nf* (**a**) (*Arquit*) scroll, volute. (**b**) (*de humo*) spiral, column.

volver 2h (*pp* **vuelto**) **1** *vt* (**a**) (*gen*) to turn; (*boca abajo*) to turn over; (*voltear*) to turn upside down; (*de atrás a delante*) to turn back to front; (*de dentro a fuera*) to turn inside out; (*ojos*) to turn (*a* on, towards), cast (*a* on); (*arma*) to aim (*a* at), turn (*a* on); ~ **la esquina** to go round *o* turn the corner; ~ **la espalda** to turn away; ~ **la espalda a algn** to cold-shoulder sb; **me volvió la espalda** he turned his back on me; ~ **la vista atrás** to look back.
(**b**) (*página*) to turn (over); (*puerta etc: abrir*) to push *o* swing open; (*: cerrar*) to close, pull *o* swing to.
(**c**) (*manga*) to roll up.
(**d**) (*fam*) to return, give *o* send back; (*visita*) to repay, return; ~ **algo a su lugar** to put sth back (in its place); ~ **bien por mal** to return good for evil.
(**e**) (*cambiar*) to change; (*transformar*) to transform; (+ *adj*) to turn, make; ~ **la casa a su estado original** to restore the house to its original state; **esto le vuelve furioso** this makes him mad; ~ **loco a algn** to drive sb mad; **el sol lo vuelve rojo** the sun turns ít red.
2 *vi* (**a**) (*camino etc*) to turn (*a* to).
(**b**) (*regresar*) to return, come *o* go back (*a* to; *de* from); ~ **atrás** to go *o* turn back; **volvió muy cansado** he got back tired out; ~ **a una costumbre** to revert to a habit; ~ **a empezar** to start (over) again; ~ **a hacer algo** to do sth again; **he vuelto a salir con ella** I've started going out with her again.
(**c**) ~ **en sí** to come to *o* round, regain consciousness.
3 volverse *vr* (**a**) (*persona*) to turn round; (*página*) to turn over; (*boca abajo*) to turn upside down; (*de dentro a fuera*) to turn inside out; **se le volvió el paraguas** his umbrella turned inside out; **se volvió a mí** he turned to me; **se volvió para mirarlo** he turned (round) to look at it; ~ **atrás** (*fig: memoria etc*) to look back; (*: desdecirse*) to back down; ~ **contra algn** to turn on sb.
(**b**) to return, go back; **vuélvete a buscarlo** go back and look for it.
(**c**) (+ *adj*) to turn, become; **en el ácido se vuelve más oscuro** it turns darker in the acid; ~ **loco** to go mad.
(**d**) (*leche etc*) to go off, turn sour.

vomitar 1a **1** *vt* (**a**) to vomit, bring *o* throw up; ~ **sangre** to spit blood. (**b**) (*fig: humo etc*) to belch (forth); (*lava, injurias*) to hurl out (*contra* at). (**c**) (*secreto*) to tell reluctantly. **2** *vi* (**a**) to vomit, be sick. (**b**) (*fig*) **eso me da ganas de** ~ that makes me sick, that makes me want to puke (*fam*).

vomitivo *nm* (*Med*) emetic; (*fig*) disgusting.

vómito *nm* (**a**) (*acto*) vomiting, being sick; ~ **de sangre** spitting of blood. (**b**) (*resultado*) vomit. (**c**) (*LAm*) ~ **negro** yellow fever.

vomitona *nf* (*fam*) bad (sick) turn.

VOR *nm abr de* **valor objetivo de referencia**.

voracidad *nf* voracity.

vorágine *nf* whirlpool, vortex; (*fig*) maelstrom.

voraz *adj* (**a**) voracious, ravenous; (*pey*) greedy. (**b**) (*fuego*) raging, fierce.

vórtice *nm* (**a**) whirlpool, vortex. (**b**) (*Met*) cyclone, hurricane.

vos *pron pers pl* (*esp CSur fam*) you *sg*.

vosear 1a *vt* (*esp CSur fam*) to address as 'vos'.

voseo *nm* (*esp CSur fam*) addressing a person as 'vos', familiar usage.

Vosgos *nmpl* Vosges.

vosotros/as *pron pers pl* (**a**) (*suj*) you. (**b**) (*siguiendo prep*) you; (*reflexivo*) yourselves; **¿es de ~?** is it yours?; **entre** ~ among yourselves; **¿no pedís nada para ~?** are you not asking anything for yourselves?

votación *nf* (*acto*) voting; (*votos*) ballot, vote; ~ **a mano alzada** show of hands; **por ~ popular** by popular vote; **por ~ secreta** by secret ballot; **someter algo a** ~ to put sth to the vote; ~ **por poder** voting by proxy.

votante *nmf* voter.

votar 1a **1** *vt* (**a**) (*Pol: partido etc*) to vote for; (*proyecto: aprobar*) to pass. (**b**) (*Rel*) to vow, promise (*a* to). **2** *vi* (**a**) (*Pol etc*) to vote (*por* for). (**b**) (*Rel*) to (take a) vow.

voto *nm* (**a**) (*Pol etc*) vote; ~ **en blanco** blank vote; ~ **bloque/grupo** block/card vote; ~ **decisivo/secreto** casting/secret vote; ~ **de gracias/de censura/de (des)confianza** vote of thanks/censure/(no) confidence; ~ **nulo** spoiled ballot-paper; **dar su** ~ to cast one's vote (*a* for); **emitir su** ~ (*votar*) to cast one's vote; (*fig*) to give one's opinion; **hubo 13 ~s a favor y 11 en contra** there were 13 votes for and 11 against.
(**b**) (*Rel: promesa*) vow; (*: ofrenda*) ex voto; ~ **de castidad/obediencia/pobreza/silencio** vow of chastity/obedience/poverty/silence.
(**c**) (*juramento*) oath, curse.
(**d**) **~s** (good) wishes; **hacer ~s por el restablecimiento de algn** to wish sb a quick recovery.

vox *nf*: **ser ~ populi** to become common knowledge.

voy *etc V* **ir**.

vóytelas *interj* (*Méx*) wow! (*fam*).

voz *nf* (**a**) voice; ~ **en off** voice-over; **la ~ de la conciencia** the voice *o* promptings of conscience; **la ~ del pueblo** the voice of the people; **a una** ~ unanimously; **a media** ~ (*en ~ baja*) in a low voice; (*pey*) under one's breath; **a ~ en cuello** *o* **en grito** at the top of one's voice; **de viva** ~ orally; **en ~ alta** loud(ly), in a loud voice; **en ~ baja** in a low voice *o* whisper; **aclararse la** ~ to clear one's throat; **alzar** *o* **levantar la** ~ to raise one's voice; **tener la ~ tomada** to be hoarse.
(**b**) (*de trueno etc*) noise.
(**c**) (*Mús: tono*) sound; (*: de cantante*) voice, part; **canción a cuatro voces** song for four voices, four-part song; **cantar a dos voces** to sing a duet; ~ **cantante** leading part; **llevar la ~ cantante** (*fig*) to be the boss.
(**d**) (*grito*) shout, yell; **voces** shouts, shouting, yelling; ~ **de mando** (*Mil*) command; **dar** *o* **pegar voces** to shout *o* call out, yell; **dale una** ~ give him a shout; **dar la ~ de alarma** to sound the alarm; **dar cuatro voces** to make a great fuss; **discutir a voces** to argue noisily; **llamar a algn a voces** to shout to sb; **está pidiendo a voces que se remedie** it's crying out to heaven to be put right.
(**e**) (*en el juego*) call.
(**f**) (*fig*) rumour, rumor (*US*); ~ **común** hearsay, gossip; **corre la ~ de que ...** the word is that ....
(**g**) (*Pol etc*) voice, say, vote; **asistir con ~ y voto** to be present as a full member; **tener ~ y voto** to be a full member; (*fig*) to have a say.
(**h**) (*Ling: vocablo*) word.
(**i**) (*Ling: forma*) voice; ~ **activa/pasiva** active/passive voice.

vozarrón *nm* booming voice.

VP *nmf abr de* **Vice-Presidente** V.P.

VPO *nfpl abr de* **viviendas de protección oficial**.

vro./a *pron pos abr de* **vuestro/a**.

vs *abr de* **versus** vs.

vto. *abr* (*Com*) *de* **vencimiento**.

vudú *nm* voodoo.

vuelapluma: **a ~** *adv* quickly, without much thought.

vuelco *nm* (**a**) upset, spill; **dar un** ~ to overturn; (*barco*) to capsize. (**b**) **mi corazón dio un** ~ my heart missed a beat. (**c**) (*fig*) collapse, catastrophe.

vuelillo *nm* lace, frill.

vuelo[1] *V* **volar**.

vuelo[2] *nm* (**a**) flight; ~ **a ciegas** blind flying; ~ **de ensayo/espacial/a solas/sin etapas** *o* **escalas** test/space/solo/non-stop flight; ~ **nacional/regular** domestic/scheduled flight; ~ **en picado** dive; ~ **libre** hang-gliding; **alzar** *o* **levantar el** ~ to take flight; (*fig*) to dash off; (*adolescente*) to spread one's wings; **remontar el** ~ to soar (up);

tomar ~ to grow, develop; **de** *o* **en un** ~ (*fig*) rapidly.

(**b**) **cazar** *o* **coger algo al** ~ to catch sth in flight; (*fig*) to overhear sth in passing; **tirar al** ~ to shoot at a bird on the wing; **pescarlas** *o* **pillarlas al** ~ (*fig*) to catch on immediately.

(**c**) **~s** (*Orn*) flight feathers; (*: ala*) wing, wings; **de altos ~s** (*fig: plan*) grandiose; (*: persona*) ambitious; **cortar los ~s a algn** to clip sb's wings.

(**d**) (*Cos: puño*) lace, frill; (*de falda etc*) loose part; **el ~ de la falda** the spread *o* swirl of the skirt; **falda de mucho** ~ full *o* wide skirt.

vuelta *nf* (**a**) (*giro*) turn; (*Mec etc*) revolution; **~ atrás** backward step; **¡media ~!** (*Mil*) about turn!; **~ en redondo** complete turn; **andar a ~s con** to be engaged in; **dar la** ~ (*coche*) to turn over; **dar la ~ a** (*página*) to turn; (*disco etc*) to turn *o (fam)* flip over; **date la** ~ turn round; (*estando tumbado*) turn over; **dar una ~ de campana** to overturn, somersault; **dar media** ~ (*Mil*) to face about; (*Aut*) to do a U-turn *(fam)*, to about turn, walk out; **dar ~ a** (*llave*) to turn; **dar la ~ a la tortilla** (*fig*) to change things completely; **dar ~s** to turn, revolve, go round; (*cabeza*) to spin, swim; (*en cama*) to toss and turn; **dar ~s alrededor de un eje** to spin round an axis; **dar ~s a** (*manivela*) to wind, crank; (*llave*) to turn; (*idea etc*) to think over; **dar ~s a un asunto** to think a matter over, turn a matter over in one's mind; **le estás dando demasiadas ~s** you're worrying too much about it; **no hay que darle ~s** that's the way it is; **te da cien ~s** (*fam*) he's different class to you; **poner a algn de ~ y media** (*fam*) to give sb a dressing-down.

(**b**) (*rodeo: en carrera*) lap, circuit; **~ ciclista** cycle tour; **la ~ ciclista a España** the tour of Spain; **la ~ al mundo** round-the-world trip; **dar la ~ al mundo** to go round the world; **dar la ~ al ruedo** (*Taur*) to go round the ring; **he tenido que dar muchas ~s para encontrarlo** I had to hunt high and low to find it.

(**c**) (*fig: cambio*) turn, change; (*pey*) volte-face, reversal; **las ~s de la vida** the ups and downs of life; **dar la** *o* **una** ~ to change right round.

(**d**) (*de río, camino etc*) bend, curve; (*Aut*) **a la ~ de la esquina** round the corner; **dar ~s** to twist and turn.

(**e**) (*de cuerda*) loop; **~ de cabo** (*Náut*) hitch.

(**f**) (*de elección, torneo etc*) round; **la segunda ~ de la liga** the second half of the league programme.

(**g**) (*al hacer punto*) row.

(**h**) (*de papel, tela*) back, reverse; (*de disco etc*) flip *o* B side; **a la** ~ on the next page, overleaf; **lo escribió a la ~ del sobre** he wrote it on the back of the envelope; **buscar las ~s a algn** to try to catch sb out; **no tiene ~ de hoja** there are no two ways about it.

(**i**) (*Cos: de pantalón*) turn-up, cuff *(US)*.

(**j**) (*regreso*) return; (*Ferro etc*) return *o* homeward journey; **a ~ de correo** by return (of post); **a la** ~ on one's return; **lo haré a la** ~ I'll do it when I get back; **de ~ al trabajo** back to work; **estar de** ~ to be back, be home (again); (*fig*) to have no illusions, know from experience; **el público está de ~ de todo** the public has seen it all before; **¡hasta la ~!** au revoir!, goodbye for now!; **envase sin** ~ non-returnable bottle *etc*.

(**k**) (*Fin: tb* **~s**) change; **quédese con la** ~ keep the change.

(**l**) (*paseo*) stroll, walk; **dar una** ~ (*a pie*) to take a stroll, go for a walk; **dar una ~ en coche** to go for a ride *o (fam)* spin; **me voy a dar una** ~ I'm going out; **date una ~ por la zona** go for a walk around.

vueltita *nf* (*LAm fam*) (little) walk *o* drive.

vuelto 1 *pp de* **volver**. **2** *nm* (*LAm*) = **vuelta (k)**.

vuestro 1 *adj pos* your; (*después de n*) of yours; **una idea ~a** an idea of yours, one of your ideas; **lo** ~ (what is) yours, what belongs to you. **2** *pron pos* yours, of yours; **es el** ~ it is yours; **un amigo** ~ a friend of yours; **ahora es la ~a** your time *o* chance has come.

vulcanizar [1f] *vt* to vulcanize.

vulgar *adj* (**a**) (*común*) common, ordinary; (*pey: gusto etc*) vulgar. (**b**) (*persona*) ordinary, common; (*: ordinario*) coarse. (**c**) (*común y corriente*) ordinary, everyday; (*tranquilo*) humdrum; (*trillado*) banal, trivial.

vulgaridad *nf* (**a**) (*cualidad: gen*) ordinariness, commonness; (*rudeza*) coarseness; (*estupidez*) banality. (**b**) (*de acto*) vulgarity; (*frase*) coarse expression. (**c**) **~es** banalities, platitudes.

vulgarismo *nm* popular form of a word, vulgarism.

vulgarización *nf* popularization; **obra de** ~ popular work.

vulgarizar [1f] *vt* to popularize.

vulgarmente *adv* commonly; (*pey*) vulgarly; **A, llamado ~ B** A, popularly known as B.

Vulgata *nf* Vulgate.

vulgo 1 *nm* common people; (*pey*) mob, lower orders. **2** *adv*: **el mingitorio, ~ 'meadero'** the urinal, commonly *o* popularly known as the 'bog'.

vulnerabilidad *nf* vulnerability.

vulnerable *adj* vulnerable (*de* to).

vulnerar [1a] *vt* (**a**) (*fama*) to damage; (*derechos*) to interfere with. (**b**) (*Jur, Com*) to violate, break.

vulva *nf* vulva.

W, w ['uβe 'doβle, (*LAm*) 'doβle be] *nf* (*letra*) W, w.

wachimán *nm* (*LAm*) = **guachimán**.

walki-talki *nm* walkie-talkie.

Walkman® *nm* Walkman ®.

wáter ['bater] *nm* lavatory.

wélter ['belter] *nm* welterweight.

western *nm* western.

whisk(e)y ['wiski, 'gwiski] *nm* whisk(e)y.

Winchester *nm* (*Inform*) **disco** ~ Winchester disk.

windsurf ['winsurf] *nm* windsurfing.

windsurfista [winsur'fista] *nmf* windsurfer.

wolfram ['bolfram], **wolframio** [bol'framjo] *nm* wolfram.

X, x ['ekis] *nf* (*letra*) X, x.
XDG *nf abr* (*Esp Pol*) *de* **Xunta Democrática de Galicia**.
xenofobia *nf* xenophobia.
xenón *nm* xenon.
xerocopia *nf* photocopy.
xerocopiar [1b] *vt* to photocopy.
xerografía *nf* xerography.
xerografiar [1b] *vt* xerograph.
xilófono *nm* xylophone.
xilografía *nf* wood engraving.
Xunta *nf Galician autonomous government.*

Y, y [i'ɣrjeɣa] *nf* (*letra*) Y, y.
y *conj* (**a**) and; **¿~ eso?** why?, how so?; **¿~ los demás?** what about the others? (**b**) (*esp Arg fam: como muletilla, no traduce*); **~ bueno** good; **estuvo llora ~ llora** (*LAm*) he went on crying and crying.
ya 1 *adv* (**a**) (*con acción terminada*) already; **lo hemos visto ~** we've seen it already; **~ han dado las 10** it's past 10 already; **~ en el siglo X** as early as the 10th century; **~ hay demasiados coches** there are too many cars now; **~ está aquí** he's here already; **~ me lo suponía** I thought as much.
(**b**) (*con verbo en futuro*) **~ veremos** we'll see about that; **~ iré cuando pueda** I'll try and make it when I can; **~ lo arreglarán** it'll get fixed sometime; **~ te llegará el turno** your time will come.
(**c**) (*con verbo en presente*) **~ es la hora** time's up; **~ es hora de irnos** it's time for us to go now; **~ viene el autobús** here's the bus (now); **~ puedes irte** you can go now.
(**d**) (*sorpresa*) **¿~ te vas?** are you leaving already?
(**e**) (*ahora: fam*) **lo quiero ~** I want it (right) now; **~ mismo** (*esp CSur fam: en seguida*) at once; (*: claro*) of course, naturally; **desde ~** (*Esp*) from now.
(**f**) (*enfático*) **~ entiendo** I see, I get it; **¡~ era hora!** about time too!; **¡~ está!** done!; **¡~ está bien!** that's (quite) enough!; **¡~ lo sé!** I know!; **¡~ puede ir preparando el dinero!** you'd better get the money ready!; **¡cállate ~!** oh, shut up!; **¡que ~ es decir!** and that's saying something!
(**g**) (*como interj: lo sé*) I know; (*comprendo*) I understand; (*recuerdo*) of course!, that's it!, now I remember!; (*por fin*) at last!; **~, pero ...** yes, but ...; **¡~,~ ...!** (*iró*) yes, yes ...!, oh, yes ...!
(**h**) **~ no** not any more, no longer; **~ no quiero más** I don't want any more; **~ no vive aquí** he doesn't live here any more; **~ no lo volverás a ver** you won't see it any more; *V tb* **estar 1 (o)**.
2 *conj* (**a**) **~ por una cosa, ~ por otra** now for one thing, now for another; **~ dice que sí, ~ dice que no** first he says yes, then he says no; **~ te vayas, ~ te quedes, me es igual** whether you go or stay is all the same to me.
(**b**) **no ~** not only; **no ~ aquí, sino en todas partes** not only here, but everywhere.
(**c**) **~ que** as, since; **~ que no viene** since she's not coming.
yacaré *nm* (*LAm*) alligator.
yacer [2x] *vi* to lie; **aquí yace X** here lies X; **~ con** to sleep with.
yacija *nf* (*cama*) bed; (*mala ~*) rough bed.
yacimiento *nm* bed, deposit; **~ petrolífero** oilfield.
yagua *nf* (*Ven*) royal palm.
yaguré *nm* (*LAm*) skunk.
Yakarta *nf* Jakarta.
yámbico *adj* iambic.
yanacona *nm* (*And, CSur: Hist*) personal Indian servant.
yanqui (*fam*) **1** *adj* Yankee. **2** *nmf* Yank (*fam*), Yankee (*fam*).
yanquilandia *nf* (*LAm pey*) USA.
yantar (*Lit, hum*) [1a] **1** *vt* to eat. **2** *vi* to have lunch. **3** *nm* food.
yapa *nf* (*LAm fam: plus*) extra (bit), bonus; (*propina*) tip; **dar algo de ~** to add a bit, give sth as a bonus.
yapar [1a] *vt* (*LAm: dar*) to add a bit, give as a bonus.
yarará *nm* (*And, CSur*) rattlesnake.
yaraví *nm* (*And, Arg*) plaintive Indian song.
yarda *nf* yard.
yate *nm* yacht.
yaya[1] *nf* (*fam*) nan, nana.
yaya[2] *nm* (*LAm*) (slight) wound; (*cicatriz*) scar.
yedra *nf* ivy.
yegua *nf* (**a**) (*animal*) mare. (**b**) (*And, CSur: fam pey*) old bag (*fam*); (*: puta*) whore (*fam!*).
yeguada *nf* (**a**) herd of horses. (**b**) (*CAm, Carib: burrada*) piece of stupidity, foolish act.
yelmo *nm* helmet.
yema *nf* (**a**) (*del huevo*) yolk. (**b**) (*Bot*) leaf bud. (**c**) (*Anat*) **~ del dedo** fingertip. (**d**) (*Culin*) egg yolk and sugar dessert. (**e**) (*lo mejor*) best part; (*dificultad*) snag; (*medio*) middle; **dar en la ~** to hit the nail on the head; **en la ~ del invierno** in the middle of winter.
Yemen *nm*: **el ~** the Yemen.
yemení *adj, nmf* yemeni.
yen *nm* (*pl* **~s** *o* **~es**) yen.
yerba *nf* (**a**) = **hierba**. (**b**) (*tb* **~ (de) mate**) maté.
yerbatero/a (*LAm*) **1** *adj* of *o* pertaining to maté. **2** *nm/f* (*curandero*) maté dealer.
yerbera *nf* (*CSur: vasija*) maté (leaves) container.
yermo 1 *adj* (*inhabitado*) uninhabited; (*estéril*) waste, uncultivated. **2** *nm* waste land.
yerna *nf* (*And, Carib: fam*) daughter-in-law.
yerno *nm* son-in-law.
yerro *nm* error, mistake.
yerto *adj* stiff, rigid; **~ de frío** stiff with cold.
yesca *nf* tinder.

yesería *nf* plastering, plasterwork.
yesero *nm* plasterer.
yeso *nm* (**a**) (*Geol*) gypsum. (**b**) (*Arquit*) plaster; ~ **mate** plaster of Paris; **dar de ~ a una pared** to plaster a wall. (**c**) (*Arte*) plaster cast. (**d**) (*Escol*) chalk.
yesquero *nm* (*esp LAm*) cigarette lighter.
yeta *nf* (*LAm fam*) bad luck.
yeti *nm* yeti.
ye-yé *adj* (*Hist*) groovy *(fam)*, trendy.
yíd(d)ish *nm* Yiddish.
yihad *nm* jehad.
yip *nm* (*esp LAm*) jeep.
yo *pron pers* (**a**) I; **soy** ~ it's me, it is I; ~ **de ti/Ud** if I were you; **¿quién lo dijo? - ~ no** who said that? - not me; ~ **no soy de los que exageran** I'm not one to exaggerate. (**b**) (*Psic*) **el** ~ the self, the ego.
yodo *nm* iodine.
yoga *nm* yoga.
yogui *nm* yogi.
yogur *nm* yogurt.
yogurtera *nf* (**a**) yoghurt-maker. (**b**) (*Esp fam*) police-car, squad-car.
yuca *nf* yucca; (*LAm*) manioc root, cassava.
yugo *nm* (*lit, fig*) yoke; ~ **del matrimonio** marriage tie; **sacudir el** ~ (*fig*) to throw off the yoke.
Yugo(e)slavia *nf* Yugoslavia, Jugoslavia.
yugo(e)slavo/a 1 *adj* Yugoslavian, Jugoslavian. **2** *nm/f* Yugoslav, Jugoslav.
yugular *adj* jugular.
yungas *nfpl* (*And, CSur: Geog*) *hot tropical valleys.*
yungla *nf* jungle.
yunque *nm* (**a**) anvil. (**b**) (*persona: paciente*) stoical person; (*: trabajador*) tireless worker; **hacer** *o* **servir de** ~ to have to put up with hardships *o* abuse *etc.*
yunta *nf* (**a**) (*de bueyes*) yoke, team (of oxen). (**b**) (*esp LAm*) **~s** couple, pair; (*botones*) cufflinks.
yuntero *nm* ploughman, plowman *(US)*.
yute *nm* jute.
yuxtaponer [2q] *vt* to juxtapose.
yuxtaposición *nf* juxtaposition.
yuyo (*LAm*) *nm* (*planta silvestre*) weed; (*planta medicinal*) medicinal plant, herb; (*condimento*) herb flavouring *o (US)* flavoring.

Z

Z, z [θeta, (*esp LAm*) seta] *nf* (*letra*) Z, z.
ZAC *nf abr de* **zona de atmósfera contaminada**.
zacate *nm* (*CAm, Méx*) straw, thatch.
zafacoca *nf* (*LAm fam*) row, quarrel.
zafacón *nm* (*Ant, Carib*) waste paper basket, waste basket *(US)*.
zafado *adj* (*LAm fam*) (**a**) (*loco*) mad, crazy. (**b**) (*despejado*) cute *(fam)*, alert, bright.
zafadura *nf* (*LAm*) dislocation, sprain.
zafar [1a] **1** *vt* (**a**) (*soltar*) to loosen, untie. (**b**) (*barco*) to lighten; (*superficie*) to clear, free. **2 zafarse** *vr* (**a**) (*escaparse*) to escape, run away; (*soltarse*) to break loose; (*ocultarse*) to hide o.s. away. (**b**) (*Téc*) to slip off, come off. (**c**) ~ **de** (*persona*) to get away from; (*trabajo*) to get out of, dodge; (*dificultad*) to get round. (**d**) (*LAm*); ~ **un brazo** *etc* to dislocate one's arm *etc*.
zafarrancho *nm* (**a**) (*Náut*) clearing for action; ~ **de combate** call to action stations. (**b**) (*fig*) havoc, destruction; **hacer un** ~ to cause havoc. (**c**) (*fam: riña*) quarrel, row.
zafio *adj* coarse, uncouth.
zafiro *nm* sapphire.
zafra[1] *nf* oil jar, oil container.
zafra[2] *nf* (*esp LAm: cosecha*) sugar harvest; (*LAm: fabricación*) sugar making.
zaga *nf* rear; **a la ~, en** ~ behind, in the rear; **dejar en** ~ to leave behind, outstrip; **no le va a la ~ a nadie** he is second to none.
zagal(a) *nm/f* boy, lad/girl, lass; (*Agr*) shepherd/shepherdess.
zagual *nm* paddle.
zaguán *nm* hallway, entry.
zaguero *adj* (**a**) rear; (*atr*) back *atr*; **equipo** ~ bottom team. (**b**) (*fig*) slow, laggard.
zahareño *adj* (*salvaje*) wild; (*arisco*) unsociable.
zaherir [3i] *vt* (*criticar*) to criticize sharply *o* sarcastically, attack; (*herir*) to wound, mortify; ~ **a algn con algo** to cast sth up at sb.
zahiriente *adj* wounding, mortifying.
zahorí *nm* clairvoyant.
zahurda *nf* pigsty.
zaino[1] *adj* (*color: de caballo*) chestnut; (*: de vaca*) black.
zaino[2] *adj* (*pérfido*) treacherous; (*animal*) vicious; **mirar a lo** *o* **de** ~ to look sideways, look shiftily.
Zaire *nm* Zaire.
zalagarda *nf* (**a**) (*Mil*) ambush, trap; (*Caza*) trap. (**b**) (*alboroto*) row, din.
zalamería *nf* flattery.
zalamero 1 *adj* flattering; (*relamido*) suave; (*pey*) slimy. **2** *nm* flatterer; (*pey*) slimeball *(fam)*.
zalea *nf* sheepskin.
zalema *nf* salaam, deep bow; **~s** bowing and scraping, flattering courtesies.
zamacuco/a *nm/f* crafty person.
zamarra *nf* (*piel*) sheepskin; (*chaqueta*) sheepskin jacket, fur jacket.
zamarrear [1a] *vt* (**a**) (*sacudir*) to shake. (**b**) (*fam*) to shove around.
zamba[1] *nf* Argentinian handkerchief dance.
Zambeze *nm* Zambesi.
Zambia *nf* Zambia.
zambo/a[2] 1 *adj* (*fam*) knock-kneed. **2** *nm/f* (**a**) (*LAm*) half-breed (*of Negro and Indian parentage*). (**b**) (*And, Chi*) mulatto.
zambomba *nf* (**a**) (*tambor*) *kind of rustic drum.* (**b**) (*fam*) ¡~! phew!
zambombazo *nm* (**a**) (*estallido*) bang, explosion. (**b**) (*golpe*) blow, punch.
zambra *nf* (**a**) (*baile*) gipsy *o (US)* gypsy dance. (**b**) (*fam: alboroto*) uproar.
zambullida *nf* dive, plunge.
zambullir [3h] **1** *vt* (*en el agua*) to dip, plunge (*en* into); (*debajo del agua*) to duck (*en* under). **2 zambullirse** *vr* (**a**) (*en el agua*) to dive, plunge (*en* into); (*debajo del agua*) to duck (*en* under). (**b**) (*ocultarse*) to hide, cover o.s. up.
Zamora *nf* Zamora.
zamorano/a 1 *adj* of *o* from Zamora. **2** *nm/f* native *o* inhabitant of Zamora.
zampabollos *nmf inv* (*glotón*) greedy pig, glutton.
zampar [1a] **1** *vt* (**a**) (*esconder*) to put away hurriedly (*en* in). (**b**) (*arrojar*) to hurl, dash (*en* against, to); **lo zampó**

en el suelo he dashed it to the floor. (**c**) (*comer*) to gobble. **2** *vi* to gobble, eat voraciously. **3 zamparse** *vr* (**a**) (*caerse*) to bump, crash. (**b**) (*en fiesta, reunión*) to gatecrash, go along uninvited. (**c**) ~ **en** to dart *o* shoot into; **pero se zampó en el cine** but he shot into the cinema. (**d**) ~ **algo** to tuck sth away *(fam)*; **se zampó 4 porciones enteras** he wolfed down 4 whole helpings.
zampón *adj* (*fam*) greedy.
zampoña *nf* shepherd's pipes, rustic flute.
zamuro *nm* (*Ven*) vulture, buzzard *(US)*.
zanahoria *nf* carrot.
zanca *nf* (**a**) (*Orn*) shank. (**b**) (*Anat hum*) shank.
zancada *nf* stride; **alejarse a grandes ~s** to stride away; **en dos ~s** (*fig*) very easily.
zancadilla *nf* (*para derribar a algn*) trip; (*trampa*) stratagem, trick; **echar la ~ a algn** to trip sb up; (*fig*) to put the skids under sb *(fam)*, scheme to get sb out.
zancadillear [1a] *vt* to trip (up); (*fig*) to undermine, put the skids under *(fam)*.
zancajear [1a] *vi* to rush around.
zancajo *nm* (**a**) (*Anat, Cos*) heel. (**b**) (*fam*) dwarf, runt.
zancarrón *nm* (**a**) (*de la pierna*) leg bone. (**b**) (*fam: viejo*) old bag of bones; (*: profesor*) poor teacher.
zanco *nm* stilt; **estar en ~s** (*fig*) to be high up.
zancudo 1 *adj* long-legged. **2** *nm* (*LAm*) mosquito.
zanganear [1a] *vi* (*gandulear*) to idle, loaf about.
zángano *nm* (*insecto*) drone; (*holgazán*) idler, slacker; (*pícaro*) rogue.
zangolotear [1a] **1** *vt* (*manosear*) to fiddle with; (*sacudir*) to shake. **2** *vi*, **zangolotearse** *vr* (**a**) (*ventana*) to rattle, shake. (**b**) (*persona*) to fidget.
zangolotino *adj*: **niño ~** big kid *(fam)*; (*tonto*) silly child.
zanja *nf* (*fosa*) ditch; (*hoyo*) pit; (*tumba*) grave; **abrir las ~s** (*Arquit*) to lay the foundations (*de* for).
zanjar [1a] *vt* (**a**) (*abrir una zanja*) to dig a trench in. (**b**) (*dificultad*) to get around, surmount; (*conflicto*) to resolve, clear up; (*discusión*) to settle.
Zanzíbar *nm* Zanzibar.
zapa *nf* (**a**) (*pala*) spade. (**b**) (*Mil*) sap, trench.
zapador *nm* sapper.
zapallo *nm* (*LAm: calabaza*) gourd, pumpkin.
zapallón *adj* (*And, CSur: fam*) chubby, fat.
zapapico *nm* pick, pickaxe, pickax *(US)*.
zapata *nf* (**a**) (*calzado*) half-boot. (**b**) (*Mec*) shoe; **~ de freno** brake shoe.
zapatazo *nm* (*golpe dado con zapato*) blow with a shoe; (*caída, ruido*) thud; **tratar a algn a ~s** (*fam*) to ride roughshod over sb.
zapateado *nm* tap dance.
zapatear [1a] **1** *vt* (*dar golpes en el suelo*) to tap with one's foot; (*patear*) to kick *(fam)*; (*maltratar*) to ill-treat, treat roughly. **2** *vi* to tap with one's feet; (*bailar*) to tap-dance.
zapatería *nf* (*oficio*) shoemaking; (*tienda*) shoeshop; (*fábrica*) shoe *o* footwear factory.
zapatero/a 1 *adj* (*legumbres*) hard, undercooked. **2** *nm/f* shoemaker; **~ remendón** *o* **de viejo** cobbler; **~, a tus zapatos** the cobbler should stick to his last.
zapatiesta *nf* (*fam*) set-to *(fam)*, shindy *(fam)*.
zapatilla *nf* (**a**) (*para casa*) slipper; (*Dep*) training shoe. (**b**) (*Mec*) washer, gasket.
zapato *nm* shoe; **~s de color** brown shoes; **~s de tacón** high-heeled shoes; **saber dónde aprieta el ~** to know the score *(fam)*.
zapatón *nm* (*LAm*) overshoe, galosh.
zape *interj* shoo!, scat!
zapote *nm* (*CAm, Méx*) sapote (tree *o* fruit).
zar *nm* tsar, czar.
zarabanda *nf* (**a**) (*Hist*) sarabande. (**b**) (*fig*) rush, whirl.
zaragate *nm* (*LAm fam*) rogue, rascal.
zaragatero (*fam*) **1** *adj* (*bullicioso*) rowdy, noisy; (*peleador*) quarrelsome. **2** *nm* rowdy, hooligan.
Zaragoza *nf* Saragossa.
zaragozano/a 1 *adj* of *o* from Saragossa. **2** *nm/f* native *o* inhabitant of Saragossa.
zaranda *nf* sieve.
zarandear [1a] *vt* (*cribar*) to sieve, sift; (*fam: sacudir*) to shake vigorously.
zarandeo *nm* (*V vt*) (**a**) sieving. (**b**) shaking.
zarandillo *nm* (*persona: enérgica*) active person; (*pey: inquieto*) restless individual; (*niño*) fidget.
zarcillo *nm* earring.
zarco *adj* light blue.
zarigüeya *nf* opossum, possum.
zarina *nf* tsarina.
zarpa *nf* (**a**) (*garra*) claw, paw; **echar la ~ a** to claw at, paw *(fam)*, to grab. (**b**) (*de barro*) splash of mud.
zarpar [1a] *vi* to weigh anchor, set sail.
zarpazo *nm* claw blow; (*golpazo*) thud; **dar un ~** to lash out.
zarrapastrón, **zarrapastroso** *adj* shabby, dirty.
zarza *nf* bramble, blackberry (bush).
zarzal *nm* bramble patch.
zarzamora *nf* blackberry.
zarzuela *nf* Spanish light opera.
zas *interj* bang!, crash!
zascandil *nm* (**a**) (*casquivano*) featherbrain; (*poco fiable*) unreliable person. (**b**) (*entrometido*) busybody.
zascandilear [1a] *vi* (*V nm*) (**a**) (*obrar sin dar resultado*) to buzz about uselessly, fuss a lot; to be scatty *(fam)*. (**b**) (*entrometerse*) to pry, meddle.
zenzontle *nm* (*CAm, Méx*) mockingbird.
zepelín *nm* zeppelin.
zeta 1 *nf* the (name of the) letter z. **2** *nm* (*Aut*) police-car, Z-car.
Zetlandia *nf*: **Islas de ~** Shetland Isles *o* Islands, Shetlands.
ZID *nf abr de* **zona industrializada en declive**.
zigzag *nm* zigzag (line *etc*); **relámpago en ~** forked lightning.
zigzaguear [1a] *vi* to zigzag.
Zimbabue, **Zimbabwe** *nm* Zimbabwe.
zinc *nm* zinc.
zíper *nm* (*Méx*) zip, zipper *(US)*.
zipizape *nm* (*fam*) set-to *(fam)*, rumpus *(fam)*; **armar un ~** to start a rumpus.
zócalo *nm* (**a**) (*Arquit: pedestal*) pedestal, base; (*de pared*) skirting board. (**b**) (*Méx: plaza*) main square.
zoco *adj* left-handed.
zodiaco, **zodíaco** *nm* zodiac.
zombi *nmf* zombie.
zona *nf* zone; (*área*) area; **~ de desastre** disaster area; **~ del dólar** dollar area; **~ edificada** built-up area; **~ desnuclearizada** nuclear-free zone; **~ de ensanche** development area; **~ de fomento** *o* **desarrollo** development area; **~ fronteriza** border area; **~ de pruebas** testing ground; **~ de tiendas** shopping centre *o (US)* center; **~ verde** green belt; (*parque*) park, green area.
zonal *adj* zonal.
zoncear [1a] *vi* (*LAm*) to behave stupidly.
zonchiche *nm* (*CAm, Méx*) buzzard.
zonda *nf* (*Arg*) hot northerly wind.
zonzo *adj* (*LAm*) silly, stupid.
zoo *nm* zoo.
zoo... *pref* zoo....
zoología *nf* zoology.
zoológico 1 *adj* zoological. **2** *nm* zoo.
zoólogo/a *nm/f* zoologist.
zoom [θum] *nm* (*objetivo*) zoom-lens; (*toma*) zoom shot.
zopenco/a (*fam*) **1** *adj* dull, stupid. **2** *nm/f* clot, nitwit.
zopilote *nm* (*CAm, Méx*) buzzard.
zopo *adj* crippled, maimed.
ZOPRE *nf abr de* **zona de promoción económica**.
zoquete *nm* (**a**) (*de madera*) block, piece. (**b**) (*de pan*) crust. (**c**) (*fam*) blockhead.

zorongo *nm* (*Mús*) *popular song and dance of Andalusia.*
zorra *nf* (**a**) (*animal*) fox; (*: hembra*) vixen. (**b**) (*fam*) whore, tart *(fam)*, hooker *(US)*; *V tb* **zorro**.
zorrera *nf* (**a**) (*madriguera*) foxhole; (*fig*) smoky room. (**b**) (*turbación*) worry, anxiety.
zorrería *nf* (**a**) (*astucia*) foxiness, craftiness. (**b**) (*una* ~) sly trick.
zorro 1 *adj* (**a**) foxy, crafty. (**b**) (*fam*) puñetero; **no tengo ni ~a idea** I haven't a bloody clue *(fam)*. **2** *nm* (**a**) (*Zool*) fox, dog fox. (**b**) (*piel*) fox fur, fox skin. (**c**) (*persona*) old fox, rascal; **estar hechos unos ~s** (*fam*) to be all in, be in an awful state.
zorzal *nm* (**a**) (*Orn*) thrush. (**b**) (*fig*) shrewd person.
zote (*fam*) **1** *adj* dim, stupid. **2** *nm/f* dimwit *(fam)*.
zozobra *nf* (*fig*) worry, anxiety.
zozobrar [1a] *vi* (**a**) (*Náut*) to be in danger; (*volcar*) to capsize, overturn; (*fundir*) to founder, sink. (**b**) (*fig: plan*) to fail, collapse; (*: negocio*) to be ruined. (**c**) (*fig: persona*) to be anxious, worry.
zueco *nm* clog, wooden shoe.
zulo *nm* (*de armas*) cache.
Zululandia *nf* Zululand.
zumba *nf* (**a**) teasing; **dar** *o* **hacer ~ a** to tease. (**b**) (*LAm fam*) beating.
zumbado *adj*; **estar ~** (*fam*) to be crazy, be off one's head.
zumbador *nm* buzzer.
zumbar [1a] **1** *vt* (**a**) (*burlar*) to tease. (**b**) (*golpear*) to hit. (**c**) (*LAm fam*) to throw, chuck; (*: golpear*) to beat, hit. **2** *vi* (**a**) (*insecta*) to buzz; (*máquina*) to hum, whirr; **me zumban los oídos** I have a buzzing in my ears. (**b**) (*fam*) to be very close; **no está en peligro ahora, pero le zumba** he's not actually in danger now, but it's not far away. **3 zumbarse** *vr*: **~ de** to tease, poke fun at.
zumbido *nm* (*de insecto*) buzz(ing), hum(ming), drone; (*máquina etc*) whirr(ing); **~ de oídos** buzzing *o* ringing in the ears.
zumbón 1 *adj* (*persona*) waggish, funny; (*tono etc*) teasing, bantering; (*pey*) sarcastic. **2** *nm/f* joker, tease.
zumo *nm* (**a**) juice; (*bebida*) juice, squash; **~ de naranja** orange squash. (**b**) (*ganancia*) profit.
ZUR *nf abr de* **zona de urgente reindustrialización**.
zurcido *nm* (**a**) (*acto*) darning, mending. (**b**) (*remiendo*) darn, mend, patch.
zurcir [3b] *vt* (**a**) (*coser*) to darn, sew up. (**b**) (*juntar*) to join, put together; (*mentiras*) to concoct, think up. (**c**) (*fam*); **¡que las zurzan!** to blazes with them!
zurdo/a 1 *adj* (*mano*) left; (*persona*) left-handed; **a ~as** with the left hand; (*fig*) the wrong way, clumsily; **no es ~** (*fig*) he's no fool. **2** *nm/f* left-handed person.
zuro *nm* cob, corncob.
zurra *nf* (*V vt*) dressing; tanning; walloping.
zurraposo *adj* full of dregs, muddy.
zurrar [1a] *vt* (**a**) (*Téc*) to dress, tan. (**b**) (*fam: pegar*) to wallop, tan; (*: aplastar*) to flatten. (**c**) (*fam: criticar*) to lash into.
zurriaga *nf* whip, lash.
zurriagazo *nm* (**a**) lash, stroke, cut. (**b**) (*fig: desgracia*) stroke of bad luck; (*: mal trato*) piece of unjust *o* harsh treatment.
zurriago *nm* whip, lash.
zurriburri *nm* (*fam*) (**a**) (*confusión*) turmoil, confusion. (**b**) (*persona despreciable*) worthless individual.
zurrón *nm* pouch, bag.
zutano/a *nm/f* (Mr *etc*) So-and-so; **si se casa fulano con ~a** if Mr X marries Miss Y.

A, a[1] [eɪ] **1** *n* **(a)** *(letter)* A, a *f*; **to know sth from A to Z** conocer algo de pe a pa; **to get from A to B** ir de A a B. **(b)** *(Mus)* **A** la *m*; **A major/minor** la mayor/menor; **A sharp/flat** la sostenido/bemol. **2** *cpd*: **A road** *n* ≈ carretera *f* nacional; **'A' shares** *npl* acciones *fpl* de clase A; **A-side** *n* cara *f* A.

a[2] [eɪ, ə] *indef art* **an**; *before vowel or silent h* [æn, ən, n] **(a)** un(a) *m/f*; **half an hour** media hora; **I haven't got a car** no tengo coche; **without saying a word** sin decir palabra; **a drink would be nice** me gustaría algo de beber; **he's a teacher** es maestro *or* profesor; **Glasgow, a Scottish city** Glasgow, una ciudad escocesa; **a woman hates violence** las mujeres odian la violencia.

(b) *(a certain)* un(a) tal; **a Mr Smith called to see you** vino a verte un tal señor Smith.

(c) *(each)* **2 apples a head** 2 manzanas por persona; **50 kilometres an hour** 50 kilómetros por hora; **3 times a month** 3 veces al mes.

A. *abbr of* **answer** R.

a. *abbr of* **acre.**

A1 ['eɪ'wʌn] *adj* de primera clase, de primera categoría; **to be ~ at Lloyd's** estar en excelentes condiciones; **to feel ~** estar muy bien.

A3 ['eɪ'θriː] *adj*: **~ size** *(paper)* papel *m* tamaño A3, doble folio *m*.

A4 ['eɪ'fɔː'] *adj*: **~ size** *(paper)* papel *m* tamaño A4, folio *m*.

AA *n abbr* **(a)** *of* **Automobile Association** ≈ RACE *m*. **(b)** *of* **Alcoholics Anonymous** A.A. **(c)** *of* **Associate in Arts** ≈ Profesor *m* numerario de letras. **(d)** *of* **anti-aircraft.**

AAA *n abbr* **(a)** *of* **Amateur Athletics Association** Asociación *f* de Atletismo Amateur. **(b)** *(US Aut) of* **American Automobile Association** ≈ RACE *m*.

AAF *n abbr of* **American Air Force.**

AAM *n abbr of* **air-to-air missile.**

AAUP *n abbr (US Univ) of* **American Association of University Professors.**

AB *abbr* **(a)** *(Naut) of* **able-bodied seaman. (b)** *(US Univ) of* **Bachelor of Arts** ≈ Lic. en Fil. y Let. **(c)** *(Canada) of* **Alberta.**

ABA *n abbr* **(a)** *of* **Amateur Boxing Association** Asociación *f* de Boxeo Amateur. **(b)** *of* **American Bankers Association. (c)** *of* **American Bar Association.**

aback [ə'bæk] *adv*: **to be taken ~** sorprenderse, quedarse desconcertado/a.

abacus ['æbəkəs] *n (pl* **~es** *or* **abaci** ['æbəsaɪ]) ábaco *m*.

abandon [ə'bændən] **1** *vt* **(a)** *(desert: car, ship, family)* abandonar, dejar. **(b)** *(give up: plan, attempt, hope)* renunciar a; *(game)* anular, cancelar; **to ~ o.s. to sth** entregarse *or* abandonarse a algo. **2** *n*: **with ~, in gay ~** en forma desenfrenada, sin inhibiciones.

abandoned [ə'bændənd] *adj* **(a)** *(house etc)* abandonado/a, desierto/a; *(child)* abandonado/a, desamparado/a. **(b)** *(unrestrained: manner)* desinhibido/a, desenfrenado/a.

abase [ə'beɪs] *vt (person)* humillar, rebajar; **to ~ o.s. (so far as to do ...)** rebajarse (hasta el punto de hacer ...).

abashed [ə'bæʃt] *adj (shy)* tímido/a, retraído/a; *(ashamed)* avergonzado/a, apenado/a *(LAm)*.

abate [ə'beɪt] *vi (anger, enthusiasm, pain)* disminuir; *(wind)* amainar; *(storm)* calmarse; *(fever)* bajar; *(flood)* retirarse, bajar; *(noise)* disminuir.

abatement [ə'beɪtmənt] *n (of pollution, noise)* disminución *f*, moderación *f*.

abattoir ['æbətwɑː'] *n* matadero *m*.

abbey ['æbɪ] *n* abadía *f*, monasterio *m*.

abbot ['æbət] *n* abad *m*.

abbreviate [ə'briːvɪeɪt] *vt* abreviar.

abbreviation [əˌbriːvɪ'eɪʃən] *n (short form)* abreviatura *f*.

ABC ['eɪbiː'siː] **1** *n* abecé *m*, abecedario *m*; *(fig)* abecé *m*; **~ of Politics** *(as title)* Introducción *f* a la política. **2** *n abbr* **(a)** *of* **Australian Broadcasting Commission. (b)** *of* **American Broadcasting Company.**

abdicate ['æbdɪkeɪt] **1** *vt (throne)* abdicar; *(responsibility)* renunciar a. **2** *vi* abdicar.

abdication [ˌæbdɪ'keɪʃən] *n* abdicación *f*.

abdomen ['æbdəmen, *(Med)* æb'dəʊmen] *n (Anat)* vientre *m*; *(of insect)* abdomen *m*.

abdominal [æb'dɒmɪnl] *adj* abdominal.

abduct [æb'dʌkt] *vt* raptar, secuestrar.

abduction [æb'dʌkʃən] *n* rapto *m*, secuestro *m*.

abductor [æb'dʌktə'] *n* secuestrador(a) *m/f*.

Aberdonian [ˌæbə'dəʊnɪən] **1** *adj* de Aberdeen. **2** *n* nativo/a *m/f or* habitante *mf* de Aberdeen.

aberrant [ə'berənt] *adj (Bio)* aberrante; *(behaviour)* anormal.

aberration [ˌæbe'reɪʃən] *n (gen)* aberración *f*; *(fig)* defecto *m*, error *m*; **mental ~** enajenación *f* mental.

abet [ə'bet] *vt see* **aid 2.**

abeyance [ə'beɪəns] *n*: **to be in/fall into ~** estar/caer en desuso.

abhor [əb'hɔː'] *vt* aborrecer, abominar.

abhorrence [əb'hɒrəns] *n* aborrecimiento *m*, repugnancia *f*.

abhorrent [əb'hɒrənt] *adj* aborrecible, detestable; **it's totally ~ to me** lo detesto totalmente.

abide [ə'baɪd] *(pt, pp* **abode** *or* **~d**) *vt (esp neg)* aguantar, soportar; **I can't ~ him** no le puedo ver, no lo soporto.

▸ **abide by** *vi + prep (rules)* atenerse a; *(promise)* cumplir con.

ability [ə'bɪlɪtɪ] *n* aptitud *f*, capacidad *f*; **abilities** talento *m*, dotes *fpl*; **to the best of my ~** lo mejor que pueda *or* sepa.

abject ['æbdʒekt] *adj (poverty)* miserable; *(contemptible)* vil, despreciable; *(apology)* rastrero/a.

abjure [əb'dʒʊə'] *vt* renunciar (a), abjurar.

ablaze [ə'bleɪz] *adv* en llamas, ardiendo; **the house was ~ with light** *(fig)* la casa resplandecía de luz.

able ['eɪbl] *adj (person)* capaz; *(piece of work)* sólido/a; **to be ~ (to do sth)** poder *or* saber (hacer algo); **the child isn't ~ to walk (yet)** el niño no sabe andar (todavía); **he's not ~ to walk** no puede andar.

able-bodied ['eɪbl'bɒdɪd] *adj* sano/a; **~ seaman** marinero *m* de primera.

ABM *n abbr of* **anti-ballistic missile.**

abnormal [æb'nɔːməl] *adj* anormal; *(shape)* irregular.

abnormality [ˌæbnɔː'mælɪtɪ] *n (condition)* anormalidad *f*; *(instance)* desviación *f*.

abnormally [æb'nɔːməlɪ] *adv* irregularmente; *(exceptionally)* de modo anormal, anormalmente.

aboard [ə'bɔːd] **1** *adv (Naut)* a bordo; **to go ~** embarcar, subir a bordo; **all ~!** *(Rail etc)* ¡viajeros, al tren! *etc.* **2** *prep*: **~ the ship** a bordo del barco; **~ the train** en el tren.

abode [ə'bəʊd] **1** *pt, pp of* **abide. 2** *n (old)* morada *f*, domicilio *m*; **of no fixed ~** *(Jur)* sin domicilio fijo.

abolish [ə'bɒlɪʃ] *vt* suprimir, abolir.

abolition [ˌæbəʊˈlɪʃən] *n* supresión *f*, abolición *f*.
A-bomb [ˈeɪbɒm] *n abbr of* **atom(ic) bomb**.
abominable [əˈbɒmɪnəbl] *adj* **(a)** (*detestable*) abominable, detestable. **(b)** (*unpleasant*) pésimo/a.
abominably [əˈbɒmɪnəblɪ] *adv* abominablemente, pésimamente; **to be ~ rude to sb** faltarle al respeto a algn descaradamente, ser terriblemente grosero con algn.
abomination [əˌbɒmɪˈneɪʃən] *n* (*feeling*) aversión *f*; (*detestable act, thing*) escándalo *m*.
aboriginal [ˌæbəˈrɪdʒənl] *adj* aborigen, indígena.
aborigine [ˌæbəˈrɪdʒɪnɪ] *n* aborigen *mf* australiano/a.
abort [əˈbɔːt] **1** *vi* (*Med*) abortar; (*Comput*) abandonar; (*fig*) fracasar, frustrarse. **2** *vt* (*see vi*) abortar, hacer abortar; abandonar; cancelar.
abortion [əˈbɔːʃən] *n* (*Med*) aborto *m*; **illegal ~** aborto ilegal; **to have an ~** abortar.
abortionist [əˈbɔːʃənɪst] *n* abortista *mf*, abortero/a *m/f*.
abortive [əˈbɔːtɪv] *adj* (*fig: attempt, plan*) fracasado/a, frustrado/a.
abound [əˈbaʊnd] *vi* (*exist in great quantity*) abundar; (*have in great quantity*) **to ~ in** *or* **with** estar lleno/a de, abundar en.
about [əˈbaʊt] **1** *adv* **(a)** (*place*) por todas partes; **to run ~** correr por todas partes; **to walk ~** andar de aquí para allá; **to look ~** mirar por todas partes; **to be ~ again** (*after illness*) estar recuperado, estar levantado; **we were ~ early** nos levantamos temprano; **is Mr Brown ~?** ¿está por aquí el Sr. Brown?; **there's a lot of measles ~** hay mucho sarampión; **it's the other way ~** (*lit*) está al revés; (*fig*) todo lo contrario.
(b) (*approximately*) más o menos, casi; **~ £20** unas 20 libras, 20 libras más o menos; **there were ~ 25 guests** había como 25 invitados *(esp LAm)*; **at ~ 2 o'clock** a eso de las dos, sobre las dos; **it's ~ 2 o'clock** son las dos, más o menos; **it's just ~ finished** está casi terminado; **that's ~ right** está bien, más o menos.
(c) to be ~ to do sth estar a punto de hacer algo; **I'm not ~ to do all that for nothing** no pienso hacer todo eso gratis.
2 *prep* **(a)** (*place*) alrededor de; **the fields ~ the house** los campos alrededor de la casa; **somewhere ~ here** por aquí cerca; **to wander ~ the town** deambular por la ciudad; **to do jobs ~ the house** (*housework*) hacer los quehaceres domésticos; **he looked ~ him** miró a su alrededor; **there's something ~ a soldier** los soldados tienen un no sé qué; **while you're ~ it ...** de paso ..., mientras lo haces ....
(b) (*relating to*) de, acerca de; **a book ~ travel** un libro de viajes; **do something ~ it!** ¡haz algo!; **how ~ me?** y yo, ¿qué?; **how ~ coming with us?** ¿por qué no vienes con nosotros?; **how ~ a drink?** ¿vamos a tomar una copa?; **what ~ it?** (*what do you say?*) ¿qué te parece?; (*what of it?*) ¿y qué?
about-turn [əˌbaʊtˈtɜːn] *n* (*Mil*) media vuelta *f*; (*fig*) cambio *m* radical de postura, giro *m* (brusco).
above [əˈbʌv] **1** *adv* (*overhead*) encima, arriba; (*higher*) arriba; (*higher status*) de más categoría; (*heaven*) del cielo, de lo alto; (*in text*) arriba, más arriba; **as I said ~** como ya he dicho, según dije ya; **seen from ~** visto desde encima *or* arriba; **orders from ~** órdenes de fuente superior *or* de arriba; **the flat ~** el piso de arriba.
2 *prep* **(a)** (por) encima de, arriba de *(LAm)*; **~ the clouds** encima de las nubes; **the Thames ~ London** el Támesis más arriba de Londres; **2000 metres ~ sea level** 2000 metros sobre el nivel del mar.
(b) (*fig*) **he is ~ me in rank** tiene una categoría *or* un rango superior a la mía *or* al mío; **I couldn't hear ~ the din** no podía oír con tanto ruido; **he's ~ that sort of thing** está muy por encima de esas cosas; **he's not ~ a bit of blackmail** es capaz hasta del chantaje; **it's ~ me** es demasiado complicado para mí; **to get ~ o.s.** pasarse (de listo).
(c) (*numbers*) más de, superior a; **she can't count ~ 10** no sabe contar más allá de 10.
aboveboard [əˈbʌvˈbɔːd] *adj* legítimo/a.
above-mentioned [əˈbʌvˈmenʃənd] *adj* sobredicho/a, susodicho/a.
above-named [əˈbʌvˈneɪmd] *adj* arriba mencionado/a.
Abp *abbr of* **Archbishop** Arz.
abrasion [əˈbreɪʒən] *n* (*injury*) abrasión *f*.
abrasive [əˈbreɪzɪv] **1** *adj* abrasivo/a. **2** *n* abrasivo *m*.
abreast [əˈbrest] *adv*: **to march 4 ~** marchar 4 de frente; **to come ~ of** llegar a la altura de; **to keep ~ of the news** mantenerse al día, estar al corriente.
abridge [əˈbrɪdʒ] *vt* (*book*) compendiar, resumir.
abridged [əˈbrɪdʒd] *adj* (*book*) compendiado/a, resumido/a.
abroad [əˈbrɔːd] *adv* (*in foreign parts*) en el extranjero; **to go ~** ir al extranjero; **there is a rumour ~ that ...** corre el rumor de que ...; **how did the news get ~?** ¿cómo se divulgó la noticia?
abrupt [əˈbrʌpt] *adj* (*sudden*) repentino/a, brusco/a; (*style*) cortado/a, lacónico/a; (*manner*) áspero/a, brusco/a.
abruptly [əˈbrʌptlɪ] *adv* (*suddenly*) repentinamente; (*steeply*) en fuerte pendiente; (*brusquely*) bruscamente.
ABS *n abbr of* **antilock braking system** sistema *m* de frenos ABS, ABS *m*.
abscess [ˈæbsɪs] *n* absceso *m*.
abscond [əbˈskɒnd] *vi* fugarse; (*with funds*) huir.
abseil [ˈæbsaɪl] *vi* (*also* **to ~ down**) hacer rappel, bajar en la cuerda.
abseiling [ˈæbsaɪlɪŋ] *n* rappel *m*.
absence [ˈæbsəns] *n* (*of person*) ausencia *f*; (*of thing*) falta *f*; **in the ~ of** (*person*) en ausencia de; (*thing*) a falta de; **~ of mind** distracción *f*, despiste *m*.
absent [ˈæbsənt] **1** *adj* (*person, thing*) ausente; (*fig*) distraído/a, despistado/a; **~ without leave** ausente sin permiso; **to be ~** faltar (*from* a). **2** [æbˈsent] *vt*: **to ~ o.s.** ausentarse (*from* de).
absentee [ˌæbsənˈtiː] **1** *n* (*from school, work*) ausente *mf*. **2** *cpd*: **~ ballot** *n* (*US*) voto *m* por correo; **~ landlord** *n* absentista *mf*; **~ rate** *n* nivel *m* de absentismo.
absenteeism [ˌæbsənˈtiːɪzəm] *n* absentismo *m*.
absently [ˈæbsəntlɪ] *adv* distraídamente.
absent-minded [ˈæbsəntˈmaɪndɪd] *adj* distraído/a, despistado/a.
absolute [ˈæbsəluːt] *adj* (*power, monarch*) absoluto/a; (*certainty, confidence etc*) completo/a; (*support*) incondicional, total; (*prohibition*) terminante; (*truth, proof*) incontrovertible; (*denial*) rotundo/a, categórico/a; **the man's an ~ idiot** es un puro imbécil, es completamente idiota; **~ monopoly** monopolio *m* total.
absolutely [ˈæbsəluːtlɪ] *adv* **(a)** (*wholly*) completamente, totalmente; **that is ~ untrue** eso es completamente falso. **(b)** (*fam: certainly*) desde luego, claro.
absolution [ˌæbsəˈluːʃən] *n* (*Rel*) absolución *f*.
absolve [əbˈzɒlv] *vt* (*free*) absolver (*from* de).
absorb [əbˈzɔːb] *vt* (*liquid, costs*) absorber; (*heat, sound, vibrations, radiation*) amortiguar; (*information*) asimilar; (*fig*) retener, asimilar; (*time, energy*) ocupar, absorber; **the business ~s most of his time** el negocio le lleva la mayor parte de su tiempo; **she was ~ed in a book** estaba absorta en un libro.
absorbent [əbˈzɔːbənt] *adj* absorbente; **~ cotton** (*US*) algodón *m* hidrófilo.
absorbing [əbˈzɔːbɪŋ] *adj* (*study etc*) absorbente.
absorption [əbˈzɔːpʃən] *n* (*fig, Comm*) absorción *f*.
abstain [əbˈsteɪn] *vi* (*not vote*) abstenerse; (*not drink*) abstenerse de las bebidas alcohólicas.
abstainer [əbˈsteɪnəʳ] *n* abstemio/a *m/f*.
abstemious [əbˈstiːmɪəs] *adj* (*person*) abstemio/a; (*meal*) sin alcohol.
abstention [əbˈstenʃən] *n* (*act*) abstención *f*; **there were 20 ~s** hubo 20 abstenciones.
abstinence [ˈæbstɪnəns] *n* abstinencia *f*.

abstract ['æbstrækt] **1** *adj* abstracto/a. **2** *n* (*summary*) resumen *m*, sumario *m*; (*work of art*) pintura *f* abstracta; **in the ~** en abstracto. **3** [æb'strækt] *vt* (*remove*) quitar; (*summarize*) resumir.

abstruse [æb'stru:s] *adj* recóndito/a, abstruso/a.

absurd [əb'sɜ:d] *adj* absurdo/a; (*foolish*) ridículo/a; **don't be ~!** ¡no digas tonterías!

absurdity [əb'sɜ:dɪtɪ] *n* **(a)** (*no pl*) absurdo *m*. **(b)** (*thing etc*) locura *f*, disparate *m*.

ABTA ['aebtə] *n abbr of* **Association of British Travel Agents** ≈ AEDAVE *f*.

abundance [ə'bʌndəns] *n* abundancia *f*; **in ~** en cantidad, en grandes cantidades.

abundant [ə'bʌndənt] *adj* abundante, abundoso/a (*LAm*); **a country ~ in minerals** un país rico en minerales.

abundantly [ə'bʌndəntlɪ] *adv*: **he made it ~ clear to me that ...** me hizo constar con toda claridad que ....

abuse [ə'bju:s] **1** *n* **(a)** (*insults*) insultos *mpl*, improperios *mpl*; **to heap ~ on sb** llenar a algn de injurias. **(b)** (*misuse, instance*) abuso *m*; **~ of trust/power** abuso de confianza/poder; **open to ~** abierto al abuso; **child ~** maltrato *m* de los hijos; **sexual ~** abuso *m* sexual. **2** [ə'bju:z] *vt* **(a)** (*revile*) insultar, injuriar. **(b)** (*misuse*) abusar de.

abusive [ə'bju:sɪv] *adj* (*insulting*) ofensivo/a, insultante; (*: language*) lleno/a de insultos, injurioso/a; **to become ~** empezar a soltar injurias.

abysmal [ə'bɪzməl] *adj* **(a)** (*very great: ignorance*) abismal, profundo/a; (*: poverty*) extremo/a. **(b)** (*very bad: result*) pésimo/a.

abyss [ə'bɪs] *n* abismo *m*, sima *f*; (*fig*) extremo *m*.

AC *n abbr* **(a)** (*Elec*) *of* **alternating current** C.A. **(b)** (*Brit Aer*) *of* **aircraftman. (c)** (*US Sport*) *of* **Athletic Club** C.A.

a/c *abbr* **(a)** *of* **account** c/, cta, c.ta. **(b)** *of* **account current** c/c.

academic [,ækə'demɪk] **1** *adj* (*Scol, Univ etc*) académico/a, universitario/a; (*intellectual*) intelectual; (*theoretical*) teórico/a; **~ advisor** (*US*) jefe *mf* de estudios; **~ freedom** libertad *f* de cátedra; **~ journal** revista *f* erudita; **~ year** (*Univ*) año académico *or* escolar; **it's of ~ interest only** sólo tiene interés académico. **2** *n* académico/a *m/f*, profesor(a) *m/f* universitario/a.

academy [ə'kædəmɪ] *n* (*of music etc*) conservatorio *m*; (*learned society*) academia *f*; **military ~** academia *f* militar.

ACAS ['eɪkæs] *n abbr* (*Brit*) *of* **Advisory, Conciliation and Arbitration Service** ≈ IMAC *m*.

acc. *abbr* **(a)** (*Fin*) *of* **account** c/, cta, c.ta. **(b)** (*Ling*) *of* **accusative**.

accede [æk'si:d] *vi*: **to ~ to** (*throne etc*) acceder a, subir a; (*request*) consentir en, acceder a.

accelerate [æk'seləreɪt] **1** *vt* acelerar, apresurar; **~d program** (*US Univ*) curso *m* intensivo. **2** *vi* (*Aut*) acelerar.

acceleration [æk,selə'reɪʃən] *n* (*Aut*) aceleración *f*.

accelerator [æk'seləreɪtə^r] *n* (*Aut*) acelerador *m*.

accent ['æksənt] *n* (*gen*) acento *m*; **to put the ~ on** (*fig*) subrayar (la importancia de), recalcar; **the minister put the ~ on exports** el ministro recalcó la importancia de la exportación.

accentuate [æk'sentjʊeɪt] *vt* (*syllable*) acentuar; (*need, difference etc*) recalcar, subrayar.

accept [ək'sept] *vt* **(a)** (*gen*) aceptar; (*offer, suggestion*) admitir, aceptar; (*theory, report*) aprobar; (*acknowledge*) admitir; (*person*) recibir, acoger, dar acogida a; **it is ~ed that ...** se reconoce que ...; **it's the ~ed thing** es lo establecido, es la norma. **(b)** (*Comm: cheque, orders*) aceptar.

acceptable [ək'septəbl] *adj* (*behaviour, plan, offer*) aceptable, admisible; (*gift*) grato; **tea is always ~** el té siempre agrada.

acceptance [ək'septəns] *n* (*act*) aceptación *f*; (*welcome*) aprobación *f*, acogida *f*; **to meet with general ~** tener una buena acogida general.

access ['ækses] **1** *n* acceso *m*, entrada *f*; (*Comput*) acceso; **the house has ~ onto the park** la casa tiene salida al parque; **to have/gain ~ to sb** tener/conseguir libre acceso a algn; **to gain ~ (to)** lograr entrar (en). **2** *vt* (*Comput: retrieve*) obtener información de; (*: store*) dar información a. **3** *cpd*: **~ code** *n* código *m* de acceso; **~ road** *n* vía *f* de acceso; **~ time** *n* tiempo *m* de acceso.

accessible [æk'sesəbl] *adj* (*place*) accesible; (*person, information*) asequible.

accession [æk'seʃən] *n* (*addition*) adquisición *f*; (*of king*) subida *f*, ascenso *m*.

accessory [æk'sesərɪ] *n* **(a) accessories** (*Aut etc*) accesorios *mpl*; (*outfit*) complementos *mpl*; **toilet accessories** artículos *mpl* de tocador. **(b)** (*Jur*) cómplice *mf* (*to* de).

accident ['æksɪdənt] **1** *n* (*harmful*) accidente *m*; (*unexpected*) casualidad *f*; **road ~** accidente de tránsito; **by ~** (*by chance*) por *or* de casualidad; (*unintentionally*) sin querer, involuntariamente; **~s will happen** son cosas que pasan; **to meet with** *or* **have an ~** tener *or* sufrir un accidente. **2** *cpd*: **(road) ~ figures** *or* **statistics** cifras *fpl or* estadísticas *fpl* de accidentes (en carretera); **~ insurance** *n* seguro *m* contra accidentes; **~ prevention** *n* prevención *f* de accidentes.

accidental [,æksɪ'dentl] *adj* (*by chance*) casual, fortuito/a; (*unintentional*) imprevisto/a; **~ death** muerte *f* por accidente.

accidentally [,æksɪ'dentəlɪ] *adv* (*by chance*) por casualidad; (*unintentionally*) sin querer, involuntariamente.

accident-prone ['æksɪdənt,prəʊn] *adj* susceptible a los accidentes.

acclaim [ə'kleɪm] **1** *vt* (*praise*) aclamar, alabar; (*applaud*) aplaudir, vitorear; (*proclaim*) aclamar. **2** *n* (*approval*) alabanza *f*, aclamación *f*; (*applause*) ovación *f*, aplausos *mpl*.

acclamation [,æklə'meɪʃən] *n* (*approval*) aclamación *f*; (*applause*) aplausos *mpl*, vítores *mpl*; **by ~** por aclamación.

acclimatize [ə'klaɪmətaɪz], (*US*) **acclimate** [ə'klaɪmət] *vt* aclimatar; **to ~ o.s.** aclimatarse.

accommodate [ə'kɒmədeɪt] *vt* **(a)** (*person*) alojar, hospedar; (*have room for*) tener cabida para. **(b)** (*wishes etc*) complacer. **(c)** (*differences*) acomodar, reconciliar.

accommodating [ə'kɒmədeɪtɪŋ] *adj* servicial, complaciente.

accommodation [ə,kɒmə'deɪʃən] **1** *n* (*US: also* **~s**: **place to live**) alojamiento *m*; (*space*) lugar *m*, cabida *f*; (*agreement*) acuerdo *m*; **'~ to let'** 'se alquilan habitaciones'; **have you any ~ available?** ¿tiene Ud habitaciones disponibles?; **seating ~** plazas *fpl*, asientos *mpl*; **there is ~ for 20 passengers** hay lugar para 20 pasajeros. **2** *cpd*: **~ address** *n* dirección *f* por donde algn pasa a recoger cartas; **~ bureau** *n* oficina *f* de hospedaje.

accompaniment [ə'kʌmpənɪmənt] *n* (*also Mus*) acompañamiento *m*.

accompanist [ə'kʌmpənɪst] *n* (*Mus*) acompañante/a *m/f*.

accompany [ə'kʌmpənɪ] *vt* (*gen*) acompañar; (*Mus*) acompañar (*on* a, con); **to ~ o.s. on the piano** acompañarse al piano.

accomplice [ə'kʌmplɪs] *n* cómplice *mf*.

accomplish [ə'kʌmplɪʃ] *vt* (*task, mission*) llevar a cabo; (*purpose, one's design*) realizar.

accomplished [ə'kʌmplɪʃt] *adj* (*pianist etc*) experto/a, consumado/a.

accomplishment [ə'kʌmplɪʃmənt] *n* (*fulfilment*) realización *f*; (*thing achieved*) logro *m*; **~s** (*skills*) talento *m*, dotes *fpl*.

accord [ə'kɔ:d] **1** *n* (*harmony*) acuerdo *m*; **of his/her own ~** espontáneamente, de motu propio; **with one ~** de *or* por común acuerdo; **to be in ~** estar de acuerdo (*with* con). **2** *vt* (*welcome, praise*) dar; (*honour*) conceder. **3** *vi*

concordar (*with* con).
accordance [əˈkɔːdəns] *n*: **in ~ with** conforme a, de acuerdo con.
according [əˈkɔːdɪŋ] *prep*: **~ to** según; **~ to him** ... según él ...; **it went ~ to plan** salió conforme a nuestros *etc* planes.
accordingly [əˈkɔːdɪŋlɪ] *adv* (**a**) (*correspondingly*) en forma correspondiente, de acuerdo con esto; **to act ~** actuar en la forma que corresponde. (**b**) (*therefore*) así pues, por consiguiente.
accordion [əˈkɔːdɪən] *n* acordeón *m*.
accost [əˈkɒst] *vt* abordar, dirigirse a.
account [əˈkaʊnt] **1** *n* (**a**) (*report*) informe *m*; **to keep an ~ of** (*events*) guardar relación de; (*amounts*) llevar cuentas de; **to bring sb to ~** pedirle cuentas a algn; **by all ~s** a decir de todos, según se dice; **to give a good ~ of oneself** causar buena impresión, cosechar éxitos; **to give an ~ of** dar cuenta de, informar sobre.
(**b**) (*consideration*) consideración *f*; (*importance*) importancia *f*; **on no ~** de ninguna manera, bajo ningún concepto; **on his ~** por él, en su nombre; **on ~ of** a causa de; **on that ~** por eso; **to take ~ of sth, take sth into ~** tener algo en cuenta; **to leave sth out of ~** no tomar algo en consideración; **to take no ~ of** no tomar en cuenta, desestimar, desatender.
(**c**) (*at shop*) cuenta *f*; (*invoice*) factura *f*; (*bank ~*) cuenta (bancaria); **~s** (*of company*) cuentas *fpl*; **to settle an ~** liquidar una cuenta; **to settle ~s (with)** (*fig*) ajustar cuentas (con); **to get £50 on ~** recibir £50 anticipadas; **to put £50 down on ~** cargar £50 a la cuenta; **to buy sth on ~** comprar algo a cuenta; **(is it) cash or ~?** ¿en metálico o a cuenta?; **~ payable** cuenta por pagar; **~ receivable** cuenta por cobrar; *see* **current; deposit; joint 1**.
2 *cpd*: **~ book** *n* libro *m* de cuentas; **~s department** *n* sección *f* de contabilidad; **'~ payee only'** 'únicamente en cuenta del beneficiario'.
▸ **account for** *vi + prep* (*explain*) explicar, justificar; (*give reckoning of: actions, expenditure*) dar cuenta de, responder de; (*destroy, kill*) acabar con; **that ~s for it** esa es la razón *or* la explicación; **there's no ~ing for tastes** sobre gustos no hay nada escrito; **everything is now ~ed for** todo está completo ya; **many are still not ~ed for** todavía no sabemos qué suerte han tenido muchos, seguimos ignorando lo que ha pasado a muchos.
accountable [əˈkaʊntəbl] *adj*: **to be ~ (for sth/to sb)** ser responsable (de algo/ante algn).
accountancy [əˈkaʊntənsɪ] *n* contabilidad *f*.
accountant [əˈkaʊntənt] *n* contable *mf*, contador(a) *m/f* (*LAm*); *see* **chartered**.
accounting [əˈkaʊntɪŋ] **1** *n* contabilidad *f*. **2** *cpd*: **~ period** *n* período *m* contable, ejercicio *m* financiero.
accoutrements [əˈkuːtrəmənts], (*US*) **accouterments** [əˈkuːtəmənts] *npl* equipo *msg*, avíos *mpl*.
accreditation [əˌkredɪˈteɪʃən] **1** *n* reconocimiento *m* (oficial). **2** *cpd*: **~ officer** *n* (*US Scol*) inspector(a) *m/f* de enseñanza.
accredited [əˈkredɪtɪd] *adj* (*source, supplier, agent*) autorizado/a.
accrue [əˈkruː] *vi* (*mount up*) aumentarse; (*interest*) acumularse; **to ~ to** corresponder a; **~d charges** gastos *mpl* vencidos; **~d interest** interés *m* acumulado.
acct *abbr of* **account** cta.
accumulate [əˈkjuːmjʊleɪt] **1** *vt* acumular, amontonar. **2** *vi* acumularse, amontonarse.
accumulation [əˌkjuːmjʊˈleɪʃən] *n* (*amassing*) acumulación *f*, acopio *m*; (*mass*) montón *m*.
accuracy [ˈækjʊrəsɪ] *n* precisión *f*, exactitud *f*.
accurate [ˈækjʊrɪt] *adj* (*number, observation etc*) preciso/a, exacto/a; (*copy*) fiel; (*answer*) correcto/a, acertado/a; (*shot*) certero/a; (*instrument, worker*) de precisión; **is that clock ~?** ¿marcha bien ese reloj?
accurately [ˈækjʊrɪtlɪ] *adv* (*correctly*) exactamente; (*faithfully*) fielmente.
accusation [ˌækjʊˈzeɪʃən] *n* (*charge*) acusación *f*, cargo *m*.
accusative [əˈkjuːzətɪv] *n* (*Ling*) acusativo *m*.
accuse [əˈkjuːz] *vt*: **to ~ sb (of)** acusar a algn (de).
accused [əˈkjuːzd] *n*: **the ~** (*Jur*) el/la acusado/a.
accusingly [əˈkjuːzɪŋlɪ] *adv* acusadoramente.
accustom [əˈkʌstəm] *vt*: **to ~ sb to sth/to doing sth** acostumbrar a algn a algo/a hacer algo; **to be ~ed to sth** estar acostumbrado a algo; **to get ~ed to sth/to doing sth** acostumbrarse a algo/a hacer algo.
AC/DC [ˌeɪsiːˈdiːsiː] **1** *n abbr of* **alternating current/direct current** corriente *f* alterna/corriente continua. **2** *adj*: **he's ~** (*fam*) es bisexual.
ACE *n abbr of* **American Council on Education**.
ace [eɪs] *n* (*Cards*) as *m*; (*fig: of sportsman etc*) as; **to be within an ~ of** estar a punto *or* a dos dedos de; **to keep an ~ up one's sleeve, to have an ~ in the hole** (*US fam*) guardar un triunfo en la mano, guardarse un as en la manga.
acetate [ˈæsɪteɪt] *n* acetato *m*.
acetone [ˈæsɪtəʊn] *n* acetona *f*.
ache [eɪk] **1** *n* (*pain*) dolor *m*; **full of ~s and pains** lleno de achaques *or* goteras. **2** *vi* (*hurt*) doler; (*yearn*) desear, suspirar (*for* por); **it makes my head ~** me da dolor de cabeza; **I'm aching all over** me duele todo; **I ~d to help** me moría por ayudar.
achieve [əˈtʃiːv] *vt* (*reach*) conseguir, alcanzar; (*complete*) llevar a cabo; (*accomplish*) realizar.
achievement [əˈtʃiːvmənt] *n* (*act*) realización *f*; (*thing achieved*) éxito *m*; **that's quite an ~** es todo un éxito, es toda una hazaña.
achiever [əˈtʃiːvə^r] *n* (*also* **high ~**) *persona que realiza su potencial or que llega muy alto.*
Achilles [əˈkɪliːz] *n*: **~' heel** talón *m* de Aquiles; **~' tendon** tendón *m* de Aquiles.
acid [ˈæsɪd] **1** *n* ácido *m*; (*fam: drug*) ácido *m* (*fam*). **2** *adj* (*Chem*) ácido/a; (*sour*) agrio/a; (*fig: wit, remark*) mordaz; **~ (house) music** música *f* acid; **~ rain** lluvia *f* ácida; **~ test** (*fig*) prueba *f* de fuego, prueba *f* decisiva.
acidity [əˈsɪdɪtɪ] *n* acidez *f*.
acknowledge [əkˈnɒlɪdʒ] *vt* reconocer; (*claim*) admitir; (*favour, gift*) agradecer, dar las gracias (por); (*letter*) acusar recibo de; (*greeting*) contestar a; **to ~ receipt of** acusar recibo de; **to ~ sb as leader** reconocer a algn como jefe; **to ~ defeat** darse por vencido.
acknowledgement [əkˈnɒlɪdʒmənt] *n* (*admission*) admisión *f*; (*recognition*) reconocimiento *m*; (*of letter etc*) acuse *m* de recibo; **in ~ of** en reconocimiento de, en agradecimiento a; **~s** (*in book*) menciones *fpl*.
ACLU *n abbr of* **American Civil Liberties Union**.
acme [ˈækmɪ] *n* colmo *m*, cima *f*.
acne [ˈæknɪ] *n* acné *f*.
acolyte [ˈækəʊlaɪt] *n* (*Rel*) acólito *m*; (*fig*) seguidor(a) *m/f*.
acorn [ˈeɪkɔːn] *n* bellota *f*.
acoustic [əˈkuːstɪk] *adj* acústico/a; **~ coupler** acoplador *m* acústico; **~ screen** panel *m* acústico.
acoustics [əˈkuːstɪks] **1** *n* (*Phys*) acústica *f*. **2** *npl* (*of hall etc*) condiciones *fpl* acústicas.
acquaint [əˈkweɪnt] *vt* (**a**) (*inform*) **to ~ sb with sth** informar a algn de *or* sobre algo; **to ~ o.s. with sth** informarse sobre algo. (**b**) (*know*) **to be ~ed** conocerse; **to be ~ed with** (*person*) (llegar a) conocer; (*fact*) saber; (*situation*) ponerse al tanto de.
acquaintance [əˈkweɪntəns] *n* (**a**) (*with person*) relación *f*; (*with subject etc*) conocimiento *m*; **to make sb's ~** conocer a algn; **it improves on ~** mejora a medida que lo vas conociendo; **on closer** *or* **further ~ it seems less attractive** al conocerlo mejor tiene menos atracción. (**b**) (*person*) conocido/a *m/f*; **we're just ~s** nos conocemos ligeramente nada más; **an ~ of mine** un conocido mío.
acquiesce [ˌækwɪˈes] *vi* (*agree*) consentir (*in* en), con-

formarse (*in* con).
acquiescence [ˌækwɪˈesns] *n* consentimiento *m*, conformidad *f*.
acquiescent [ˌækwɪˈesnt] *adj* condescendiente, conforme.
acquire [əˈkwaɪəʳ] *vt* (*possessions: get*) adquirir, obtener; (*: manage to get*) conseguir; (*language etc*) aprender; (*territory*) tomar posesión de; (*habit, reputation*) adquirir; **to ~ a name for honesty** crearse una reputación de honrado, ganarse una buena reputación; **to ~ a taste for** tomar gusto a, cobrar afición a.
acquired [əˈkwaɪəd] *adj* adquirido/a; **an ~ taste** un gusto adquirido.
acquisition [ˌækwɪˈzɪʃən] *n* adquisición *f*.
acquisitive [əˈkwɪzɪtɪv] *adj* codicioso/a; **the ~ society** la sociedad de consumo.
acquit [əˈkwɪt] *vt* (**a**) (*Jur*) **to ~ sb (of)** absolver *or* exculpar a algn (de). (**b**) **to ~ o.s. well** salir con éxito, defenderse bien.
acquittal [əˈkwɪtl] *n* absolución *f*, exculpación *f*.
acre [ˈeɪkəʳ] *n* acre *m (4047 metros cuadrados)*; **there are ~s of space for you to play in** (*fam*) hay la mar de espacio para que juguéis; **I've got ~s of weeds** (*fam*) tengo un montón de malas hierbas *(fam)*.
acrid [ˈækrɪd] *adj* (*smell, taste*) acre, punzante; (*fig*) áspero/a, mordaz.
Acrilan ® [ˈækrɪlæn] *n* acrilán *m* ®.
acrimonious [ˌækrɪˈməʊnɪəs] *adj* (*remark*) mordaz; (*argument*) reñido/a, amargo/a.
acrobat [ˈækrəbæt] *n* acróbata *mf*.
acrobatic [ˌækrəʊˈbætɪk] **1** *adj* acrobático/a. **2** *npl*: **~s** acrobacia *fsg*.
acronym [ˈækrənɪm] *n* sigla(s) *f(pl)*, acrónimo *m*.
across [əˈkrɒs] **1** *adv* (**a**) (*direction*) a través, al través; **to run/swim ~** atravesar corriendo/a nado.
(**b**) (*from one side to the other*) de una parte a otra, de un lado a otro; **to cut sth ~** cortar algo por (el) medio.
(**c**) (*measurement*) **the lake is 12 km ~** el lago tiene 12 km de ancho.
2 *prep* (**a**) (*from one side to other of*) a través de; **to go ~ a bridge** atravesar *or* cruzar un puente.
(**b**) (*on the other side of*) al otro lado de; **~ the street from our house** al otro lado de la calle enfrente de nuestra casa; **the lands ~ the sea** las tierras más allá del mar.
(**c**) (*crosswise over*) a través de.
across-the-board [əˈkrɒsðəˈbɔːd] **1** *adj* (*increase etc*) general, global. **2** *adv*: **across the board** en general, globalmente.
acrylic [əˈkrɪlɪk] *adj* acrílico; **~ fibre** fibra *f* acrílica.
ACT *n abbr of* **American College Test** *examen que se hace al término de los estudios secundarios*.
act [ækt] **1** *n* (**a**) (*deed*) acto *m*, acción *f*; **~ of God** fuerza *f* mayor; **an ~ of folly** una locura; **I was in the ~ of writing to him** precisamente le estaba escribiendo; **to catch sb in the ~** sorprender a algn en el acto; **A~s of the Apostles** Hechos *mpl* de los Apóstoles.
(**b**) (*Parl*) ley *f*, decreto *m*.
(**c**) (*Theat: division*) acto *m*; (*performance*) número *m*; (*fig: pretence*) cuento *m*, teatro *m*; **it's a hard ~ to follow** este número es tan bueno que será difícil repetirlo; **to get into** *or* **in on the ~** (*fam*) introducirse en el asunto, lograr tomar parte; **to get one's ~ together** (*fam*) organizarse, arreglárselas; **to put on an ~** (*fig*) fingir (el asco, el enojo *etc*).
2 *vt* (*play*) representar; (*part*) hacer el papel de; **to ~ the fool** (*fig*) hacer el tonto.
3 *vi* (**a**) (*perform: Theat*) hacer teatro; (*: Cine*) hacer cine; (*fig: pretend*) fingirse, fingir ser/estar; **he's only ~ing** lo está fingiendo (nada más); **to ~ ill** fingirse enfermo.
(**b**) (*function: thing*) funcionar, hacer (de), fungir (de) *(LAm)*; (*: drug*) actuar; (*: person*) trabajar; **~ing in my capacity as chairman** en mi calidad de presidente; **it ~s as a deterrent** sirve para disuadir *or* de disuasión; **to ~ for sb** representar a algn.
(**c**) (*behave*) obrar, comportarse; **he is ~ing strangely** se está comportando de una manera rara.
(**d**) (*take action*) obrar, tomar medidas; (*take effect*) surtir efecto, dar resultados; **now is the time to ~** hay que ponerse en acción ahora mismo; **he ~ed to stop it** tomó medidas para impedirlo; **he ~ed for the best** hizo lo que mejor le parecía; **to ~ on a suggestion** seguir una indicación.
▸ **act out** *vt + adv* realizar.
▸ **act up** *vi + adv (fam: person)* comportarse mal; (*: injury*) molestar, doler; (*: machine*) fallar, estropearse.
▸ **act (up)on** *vi + prep* (*advice*) seguir; (*order*) obedecer; (*affect*) afectar (a), obrar sobre, tener resultados en.
acting [ˈæktɪŋ] **1** *adj* interino/a, suplente. **2** *n* (*Theat: playing*) interpretación *f*, actuación *f*; (*: profession*) profesión *f* de actor, teatro *m*; **what was his ~ like?** ¿qué tal hizo el papel?; **she has done some ~** tiene alguna experiencia como actriz; **to go in for ~** hacerse actor.
action [ˈækʃən] **1** *n* (**a**) (*doing*) acción *f*, (*deed*) hecho *m*, obra *f*; (*movement*) marcha *f*; (*effect: of acid, drug etc*) efecto *m*; (*Mil*) acción; **to take ~** tomar medidas; **to put a plan into ~** poner un plan en acción *or* en marcha; **to be out of ~** (*Tech*) no funcionar, estar estropeado; (*person*) estar inactivo, quedar fuera del juego; **where's the ~ in this town?** ¿dónde hay vida en este lugar?; **a piece of the ~** (*fam: Comm*) una tajada *(fam)*; **killed in ~** (*Mil*) muerto en batalla; **~s speak louder than words** dicho sin hecho no trae provecho; **to go into ~** entrar en acción, empezar a funcionar; **to put out of ~** inutilizar, parar, destrozar; **the illness put him out of ~** la enfermedad le dejó fuera de combate; **to see ~** servir.
(**b**) (*Jur*) demanda *f*, proceso *m*; **to bring an ~ against sb** entablar demanda contra algn.
2 *cpd*: **~ replay** *n* (*TV*) repetición *f*.
activate [ˈæktɪveɪt] *vt* activar.
active [ˈæktɪv] *adj* (*gen*) activo/a; (*lively*) enérgico/a; (*life*) ajetreado/a; (*interest*) vivo/a; **to be ~ in politics** estar metido/a en política; **we are giving it ~ consideration** lo estamos estudiando en serio; **to take an ~ interest in** interesarse vivamente por; **to play an ~ part in** colaborar activamente en; **to be on ~ service** (*Mil*) estar en activo; **~ duty** (*US Mil*) servicio *m* activo; **~ file** (*Comput*) fichero *m* activo; **~ partner** (*Comm*) socio *m* activo; **~ (voice)** (*Ling*) (voz *f*) activa *f*.
actively [ˈæktɪvlɪ] *adv* activamente; **to be ~ involved in** estar implicado activamente en.
activist [ˈæktɪvɪst] *n* activista *mf*.
activity [ækˈtɪvɪtɪ] **1** *n* (*of person*) actividad *f*; (*of scene*) movimiento *m*, bullicio *m*; **social activities** vida *f* social, actividades *fpl* sociales. **2** *cpd*: **~ holiday** *n* vacaciones *fpl* activas.
actor [ˈæktəʳ] *n* actor *m*.
actress [ˈæktrɪs] *n* actriz *f*.
ACTT *n abbr* (*Brit*) *of* **Association of Cinematographic, Television and Allied Technicians** *sindicato*.
actual [ˈæktjʊəl] *adj* verdadero/a, real; **in ~ fact** en realidad; **what were his ~ words?** ¿qué es lo que dijo, concretamente?; **let's take an ~ case** tomemos un caso concreto; **there is no ~ contract** no hay contrato propiamente dicho.
actuality [ˌæktjʊˈælɪtɪ] *n* realidad *f*; **in ~** en realidad.
actually [ˈæktjʊəlɪ] *adv* (*really*) realmente, en realidad; (*even*) incluso, aún; **that's not true, ~** eso no es verdad, que digamos; **I wasn't ~ there** en realidad yo no estuve allí; **we ~ caught a fish!** ¡e incluso pescamos un pez!
actuary [ˈæktjʊərɪ] *n* actuario/a *m/f* de seguros.
actuate [ˈæktjʊeɪt] *vt* mover, impulsar; **~d by** movido por.
acumen [ˈækjʊmen] *n* perspicacia *f*.

acupuncture [ˈækjʊpʌŋktʃəʳ] *n* acupuntura *f*.
acute [əˈkjuːt] *adj* (*gen*) agudo/a; (*hearing etc*) fino/a; (*pain, anxiety, joy*) profundo/a, intenso/a; (*crisis, shortage*) grave; (*person, mind, comment*) perspicaz; **that was very ~ of you!** ¡has demostrado ser muy perspicaz!, ¡eres un lince!
acutely [əˈkjuːtlɪ] *adv* (*intensely*) intensamente; (*aware*) perfectamente; (*shrewdly*) perspicazmente; **I am ~ aware that ...** me doy cuenta cabal de que ....
AD 1 *adv abbr of* **Anno Domini** año *m* de Cristo, A. de C., después de Jesucristo, d. de J.C. **2** *n abbr* (*US Mil*) *of* **active duty**.
ad [æd] *n abbr* (*fam*) *of* **advertisement**.
a.d. *abbr of* **after date** a partir de la fecha.
Adam [ˈædəm] *n*: **~'s apple** *n* nuez *f* de la garganta; **I don't know him from ~** no le conozco en absoluto.
adamant [ˈædəmənt] *adj* (*fig*) firme, inflexible.
adapt [əˈdæpt] **1** *vt* (*machine*) ajustar, adaptar; (*building*) remodelar; (*text*) adaptar; **to ~ o.s. to sth** adaptarse *or* ajustarse a algo; **~ed for the screen** en versión para el cine. **2** *vi* adaptarse.
adaptability [əˌdæptəˈbɪlɪtɪ] *n* adaptabilidad *f*, capacidad *f* para acomodarse *or* ajustarse.
adaptable [əˈdæptəbl] *adj* (*vehicle etc*) ajustable, adaptable; (*person*) capaz de acomodarse, adaptable; **he's very ~** se adapta *or* se acomoda con facilidad a las circunstancias.
adaptation [ˌædæpˈteɪʃən] *n* (*Bio etc*) adaptación *f*; (*text*) versión *f*.
adapter, adaptor [əˈdæptəʳ] *n* (*gen*) adaptador *m*; (*Elec*) enchufe *m* múltiple.
ADC *n abbr* **(a)** *of* **aide-de-camp** edecán *m*. **(b)** (*US*) *of* **Aid to Dependent Children** .
add [æd] **1** *vt* (*Math*) sumar; (*gen*) añadir, agregar (*esp LAm*); **he ~ed that ...** añadió que ..., agregó que ...; **~ed to which ...** además ..., por si fuera poco ...; **to ~ insult to injury** para colmo de males. **2** *vi* (*count*) sumar.
▸ **add in** *vt + adv* añadir, incluir.
▸ **add on** *vt + adv* añadir, poner además; **we ~ed two rooms on** hicimos construir dos habitaciones más.
▸ **add to** *vi + prep* aumentar, acrecentar.
▸ **add together** *vt + adv* sumar.
▸ **add up 1** *vt + adv* (*figures*) sumar; (*advantages etc*) calcular. **2** *vi + adv* (*figures*) sumar; (*fig*) tener sentido; **to ~ up to 25** sumar 25, ascender a 25; **it all ~s up** es lógico, tiene sentido; **it's all beginning to ~ up** (*fig*) la cosa empieza a aclararse; **it doesn't ~ up to much** (*fig*) es poca cosa, no tiene gran importancia.
adder [ˈædəʳ] *n* víbora *f*.
addict [ˈædɪkt] *n* (*drugs etc*) adicto/a *m/f*; (*enthusiast*) entusiasta *mf*; **drug ~** drogadicto/a *m/f*; **a telly ~** (*fam*) un(a) teleadicto/a.
addicted [əˈdɪktɪd] *adj* (*lit*) adicto/a; (*fig*) aficionado/a; **to be ~ to sth** ser adicto a algo; **to become ~ to sth** (*drugs etc*) enviciarse con algo; (*pursuits etc*) aficionarse a algo.
addiction [əˈdɪkʃən] *n* afición *f*; (*negative*) vicio *m*; (*to drugs*) adicción *f*.
addictive [əˈdɪktɪv] *adj* que causa adicción.
Addis Ababa [ˈædɪsˈæbəbə] *n* Addis Abeba *m*.
addition [əˈdɪʃən] *n* (*act*) añadidura *f*; (*Math*) adición *f*, suma *f*; (*thing added*) adición, añadidura; **if my ~ is correct** si no me sale mal el cálculo; **an ~ to the family** un nuevo miembro de la familia; **in ~ (to)** además (de).
additional [əˈdɪʃənl] *adj* adicional, supletorio/a.
additive [ˈædɪtɪv] *n* aditivo *m*.
additive-free [ˈædɪtɪvˈfriː] *adj* sin aditivos.
address [əˈdres] **1** *n* **(a)** (*of house etc*) dirección *f*, señas *fpl*; (*on envelope*) sobrescrito *m*.
(b) (*speech*) discurso *m*; **election ~** discurso electoral; (*leaflet*) carta *f* de propaganda electoral.
(c) form of ~ tratamiento *m*.
(d) (*Comput*) dirección *f*; **absolute ~** dirección absoluta; **relative ~** dirección relativa.
2 *vt* **(a)** (*letter*) dirigir, poner la dirección en; (*direct: remarks etc*) dirigir; **this letter is wrongly ~ed** esta carta lleva la dirección equivocada; **please ~ your complaints to the manager** por favor *or* (*LAm*) se ruega, dirijan sus reclamaciones al director.
(b) (*person*) tratar (de); (*meeting*) pronunciar un discurso ante; **the judge ~ed the jury** el juez se dirigió al jurado; **to ~ sb as 'tú'** tratar a algn de 'tú', tutear a algn.
3 *cpd*: **~ book** *n* librito *m* de direcciones, agenda *f*.
Addressograph ® [əˈdresəʊgrɑːf] *n* máquina *f* de direcciones *or* para dirigir sobres.
Aden [ˈeɪdn] *n* Adén *m*; **Gulf of ~** Golfo *m* de Adén.
adenoids [ˈædɪnɔɪdz] *npl* vegetaciones *fpl* adenoideas.
adept [ˈædept] **1** *adj*: **~ in** *or* **at sth/at doing sth** experto/a en algo/en hacer algo. **2** *n* experto/a *m/f*, perito/a *m/f*; **to be an ~ at** ser maestro en.
adequate [ˈædɪkwɪt] *adj* (*sufficient*) suficiente; (*apt*) apropiado/a; **to feel ~ to a task** sentirse con fuerzas para una tarea.
adequately [ˈædɪkwɪtlɪ] *adv* (*see adj*) suficientemente; apropiadamente.
adhere [ədˈhɪəʳ] *vi* (*stick*) pegarse.
▸ **adhere to** *vi + prep* (*party, policy*) adherirse a; (*belief*) aferrarse a; (*promise*) cumplir con; (*rule*) observar.
adherence [ədˈhɪərəns] *n* adherencia *f*, adhesión *f* (*to* a); (*to a rule*) observancia *f*.
adherent [ədˈhɪərənt] *n* (*person*) partidario/a *m/f*.
adhesive [ədˈhiːzɪv] **1** *adj* adhesivo/a; **~ tape** cinta *f* adhesiva, celo *m*. **2** *n* adhesivo *m*, pegamento *m*.
ad hoc [ˌædˈhɒk] *adj* (*decision*) para el caso; (*committee etc*) formado/a con fines específicos.
ad infinitum [ˌædɪnfɪˈnaɪtəm] *adv* a lo infinito, hasta el infinito; **it just carries on ~** es inacabable, es cosa de nunca acabar.
adjacent [əˈdʒeɪsənt] *adj* contiguo/a; **~ to** contiguo a, pegado a.
adjective [ˈædʒektɪv] *n* adjetivo *m*.
adjoin [əˈdʒɔɪn] **1** *vt* estar contiguo a, lindar con. **2** *vi* estar contiguo, colindar.
adjoining [əˈdʒɔɪnɪŋ] *adj* contiguo/a, colindante.
adjourn [əˈdʒɜːn] **1** *vt* (*suspend*) suspender; (*postpone*) aplazar; (*court*) levantar; (*US: end*) terminar. **2** *vi* (*meeting*) aplazarse; (*Parl*) disolverse; **the court then ~ed** entonces el tribunal levantó la sesión; **they ~ed to the pub** (*fam*) se trasladaron al bar.
adjournment [əˈdʒɜːnmənt] *n* (*period*) suspensión *f*; (*postponement*) aplazamiento *m*.
Adjt. *abbr of* **adjutant**.
adjudicate [əˈdʒuːdɪkeɪt] *vt* (*contest*) juzgar, hacer de árbitro; (*claim*) decidir.
adjudication [əˌdʒuːdɪˈkeɪʃən] *n* adjudicación *f*.
adjudicator [əˈdʒuːdɪkeɪtəʳ] *n* juez *mf*, árbitro *mf*.
adjunct [ˈædʒʌŋkt] *n* adjunto/a *m/f*, accesorio/a *m/f*.
adjust [əˈdʒʌst] **1** *vt* (*gen*) ajustar; (*engine etc*) arreglar; (*height, speed etc*) cambiar, regular; **to ~ o.s. to** adaptarse a; **this chair can be ~ed** esta silla puede ser ajustada. **2** *vi*: **to ~ to** adaptarse a.
adjustable [əˈdʒʌstəbl] *adj* ajustable, regulable.
adjuster [əˈdʒʌstəʳ] *n see* **loss 2**.
adjustment [əˈdʒʌstmənt] *n* (*act*) regulación *f*, ajuste *m*; (*alteration*) modificación *f*, cambio *m*; (*Comm*) ajuste, reajuste *m*; **to make an ~ to one's plans** modificar sus proyectos.
adjutant [ˈædʒətənt] *n* ayudante *m*.
ad lib [ædˈlɪb] **1** *adv* (*continue, eat*) a voluntad, a discreción. **2** *adj* (*production, performance, speech*) improvisado/a. **3** *vt* (*music, words etc*) improvisar. **4** *vi* (*actor, speaker etc*) improvisar.
adman [ˈædmæn] *n* (*pl* **-men**) profesional *m* de la publicidad, publicista *m*.
admin [ˈædmɪn] *n abbr* (*Brit*) *of* **administration** admón.

administer [əd'mɪnɪstəʳ] *vt* (**a**) (*manage: company*) dirigir, administrar; (*: country*) gobernar. (**b**) (*dispense: medicine*) suministrar, dispensar; (*: justice, laws*) administrar, aplicar; **to ~ an oath to sb** tomar juramento a algn.
administration [əd,mɪnɪs'treɪʃən] *n* (**a**) (*see vb*) administración *f*; gobierno *m*. (**b**) (*governing body*) gobierno *m*, dirección *f*.
administrative [əd'mɪnɪstrətɪv] *adj* administrativo/a.
administrator [əd'mɪnɪstreɪtəʳ] *n* administrador(a) *m/f*.
admirable ['ædmərəbl] *adj* admirable, digno/a de admiración.
admiral ['ædmərəl] *n* almirante *m*.
Admiralty ['ædmərəltɪ] **1** *n* (*Brit*) Ministerio *m* de Marina, Almirantazgo *m*; **First Lord of the ~** Ministro *m* de Marina. **2** *cpd*: **a~ court** *n* (*US*) tribunal *m* marítimo.
admiration [,ædmə'reɪʃən] *n* admiración *f*.
admire [əd'maɪəʳ] *vt* (*gen*) admirar; (*express admiration for*) elogiar; **she was admiring herself in the mirror** se estaba admirando en el espejo.
admirer [əd'maɪərəʳ] *n* admirador(a) *m/f*; (*suitor*) enamorado *m*, pretendiente *m*.
admiring [əd'maɪərɪŋ] *adj* (*look etc*) admirativo/a, de admiración.
admissible [əd'mɪsəbl] *adj* admisible.
admission [əd'mɪʃən] *n* (**a**) (*entry*) ingreso *m*; (*price*) entrada *f*; **'~ free'** 'entrada gratis'; **'no ~'** 'se prohíbe la entrada'; **~s form** (*US Univ*) impreso *m* de matrícula; **~s office** (*US Univ*) secretaría *f*. (**b**) (*acknowledgement*) confesión *f*, reconocimiento *m*; **it would be an ~ of defeat** sería reconocer la derrota; **by his own ~** él mismo lo reconoce.
admit [əd'mɪt] *vt* (**a**) (*allow to enter: person*) dejar entrar, hacer pasar (*LAm*); (*: air, light*) dejar pasar, dejar entrar; (*hospital*) admitir; **children not ~ted** se prohíbe la entrada a los menores de edad; **this ticket ~s two** entrada para dos personas; **~ting office** (*US Med*) oficina *f* de ingresos. (**b**) (*acknowledge*) reconocer; (*: crime, error*) confesar; **it is hard, I ~** es difícil, lo reconozco.
▸ **admit of** *vi + prep* admitir, dar lugar a, permitir.
▸ **admit to** *vi + prep* (*crime*) confesarse culpable de; **she ~s to doing it** confiesa haberlo hecho.
admittance [əd'mɪtəns] *n* entrada *f*; **to gain ~** conseguir entrar; **'no ~'** 'se prohíbe la entrada', 'prohibida la entrada'.
admittedly [əd'mɪtɪdlɪ] *adv* la verdad es que, lo cierto es que.
admonish [əd'mɒnɪʃ] *vt* (*reprimand*) **to ~ sb (for)** reprender a algn (por), amonestar a algn (por).
ad nauseam [,æd'nɔːsɪæm] *adv* hasta el aburrimiento; **you've told me that ~** ya me lo has dicho mil veces.
ado [ə'duː] *n*: **without further ~** sin más (ni más); **much ~ about nothing** mucho ruido y pocas nueces.
adolescence [,ædəʊ'lesns] *n* adolescencia *f*.
adolescent [,ædəʊ'lesnt] *adj, n* adolescente *mf*.
adopt [ə'dɒpt] *vt* (*child*) adoptar; (*report*) aprobar; (*suggestion*) seguir, aceptar; (*candidate: for Parliament*) adoptar como candidato.
adoption [ə'dɒpʃən] *n* adopción *f*; **country of ~** patria *f* adoptiva.
adoptive [ə'dɒptɪv] *adj* adoptivo/a.
adorable [ə'dɔːrəbl] *adj* (*fam*) encantador(a), adorable.
adoration [,ædɔː'reɪʃən] *n* adoración *f*.
adore [ə'dɔːʳ] *vt* (*love*) adorar; **I ~ your new flat** (*fam*) me encanta tu nuevo piso.
adorn [ə'dɔːn] *vt* adornar, embellecer.
ADP *n abbr of* **Automatic Data Processing**.
adrenalin(e) [ə'drenəlɪn] *n* adrenalina *f*.
Adriatic (Sea) [,eɪdrɪ'ætɪk (siː)] *n* (Mar *m*) Adriático *m*.
adrift [ə'drɪft] *adv* (*esp Naut*) al garete, a la deriva; **to come ~** (*boat*) soltarse, irse a la deriva; (*wire, rope etc*) soltarse, desprenderse; **something has gone ~** algo ha fallado.
adroit [ə'drɔɪt] *adj* diestro/a, hábil.
ADT *n abbr* (*US*) *of* **Atlantic Daylight Time**.
adulation [,ædjʊ'leɪʃən] *n* adulación *f*.
adult ['ædʌlt] **1** *adj* (*person, animal*) adulto/a, mayor; **~ education** educación *f* para adultos. **2** *n* adulto/a *m/f*; **'~s only'** (*Cine*) 'autorizado para mayores de 18 años'.
adulterate [ə'dʌltəreɪt] *vt* adulterar.
adulterous [ə'dʌltərəs] *adj* adúltero/a.
adultery [ə'dʌltərɪ] *n* adulterio *m*.
ad val. *abbr of* **ad valorem** conforme a su valor.
advance [əd'vɑːns] **1** *n* (**a**) (*gen*) avance *m*; (*fig: progress*) progreso *m*, adelanto *m*; **to make ~s to sb** (*gen*) entrar en contacto con algn; (*amorously*) insinuarse con algn; **in ~** por adelantado, de antemano; **to arrive in ~ of sb** llegar antes que algn; **to book in ~** reservar con anticipación; **to let sb know a week in ~** avisar a algn con ocho días de anticipación; **to pay in ~** pagar por adelantado.
(**b**) (*loan*) anticipo *m*.
2 *vt* (**a**) (*move forward: time, date*) adelantar; (*Mil*) avanzar; (*further: plan, knowledge*) hacer avanzar; (*promote: interests*) promover, fomentar; (*person: in career*) ascender.
(**b**) (*put forward: idea*) proponer para la discusión; (*: suggestion*) hacer; (*: claim*) presentar.
(**c**) (*money*) pagar por anticipado; (*loan*) prestar.
3 *vi* (*move forward*) avanzar, adelantarse; (*Mil*) avanzar; (*science, technology*) progresar, adelantarse; (*person, pupil etc*) hacer progresos; (*in rank*) ascender; **to ~ on sb** (*threateningly*) acercarse a algn (en forma amenazante).
4 *cpd* (*copy of book etc*) pre-publicación; **~ booking** *n* reserva *f* anticipada; **~ freight** *n* (*Comm*) flete *m* pagado; **~ notice** *n* previo aviso *m*; **~ party** *n* avanzada *f*, brigada *f* móvil; **~ post** *n* puesto *m* de vanguardia; **~ warning** *n* = **~ notice**.
advanced [əd'vɑːnst] *adj* (*gen: ideas, civilization etc*) avanzado/a; (*student*) adelantado/a; (*study*) superior; **~ in years** entrado/a en años; **summer was well ~** el verano estaba llegando a su fin; **A~ Level** (*Brit Scol*) ≈ Curso *m* de Orientación Universitaria; **~ maths** matemáticas *fpl* avanzadas.
advantage [əd'vɑːntɪdʒ] *n* ventaja *f*; (*Tennis*) **~ González** ventaja González; **he has the ~ of youth** tiene la ventaja de ser joven; **the plan has many ~s** el proyecto tiene muchas ventajas; **it's to our ~** es ventajoso para nosotros; **to have an ~ over sb** llevar ventaja a algn; **to show sth off to best ~** hacer que algo se vea bajo la luz más favorable; **to take ~ of an opportunity** aprovechar una oportunidad; **to take ~ of sb** (*unfairly*) aprovecharse de algn, sacar partido de algn; (*sexually*) abusar de algn.
advantageous [,ædvən'teɪdʒəs] *adj* (*offer, position*) ventajoso/a, provechoso/a.
advent ['ædvənt] *n* (*arrival*) advenimiento *m*; (*Rel*) **A~** Adviento *m*.
adventure [əd'ventʃəʳ] **1** *n* aventura *f*; **the spirit of ~** el espíritu aventurero. **2** *cpd*: **~ story** *n* novela *f* de aventuras.
adventurous [əd'ventʃərəs] *adj* (*person, journey, style*) aventurero/a, emprendedor(a).
adverb ['ædvɜːb] *n* adverbio *m*.
adversary ['ædvəsərɪ] *n* adversario/a *m/f*, contrario/a *m/f*.
adverse ['ædvɜːs] *adj* (*criticism, decision, effect, wind*) adverso/a, contrario/a; (*conditions*) desfavorable; **to be ~ to** ser contrario a, estar en contra de.
adversely ['ædvɜːslɪ] *adv* desfavorablemente, negativamente; **to affect ~** perjudicar.
advert ['ædvɜːt] *n abbr of* **advertisement**.
advertise ['ædvətaɪz] **1** *vt* (*Comm etc*) anunciar. **2** *vi* hacer publicidad, hacer propaganda; (*in a paper*)

poner un anuncio; (*on TV*) hacer publicidad; **to ~ for** buscar por medio de anuncios.
advertisement [əd'vɜ:tɪsmənt] **1** *n* anuncio *m*; **it's not much of an ~ for the place** (*fam*) no dice mucho en favor de la ciudad *etc*. **2** *cpd*: **~ column** *n* columna *f* de anuncios, sección *f* de anuncios; **~ rates** *npl* tarifas *fpl* de anuncios.
advertiser ['ædvətaɪzə^r] *n* anunciante *mf*.
advertising ['ædvətaɪzɪŋ] **1** *n* publicidad *f*; (*advertisements collectively*) anuncios *mpl*; **my brother's in ~** mi hermano se dedica a la publicidad. **2** *cpd*: **~ agency** *n* agencia *f* de publicidad; **~ campaign** *n* campaña *f* publicitaria; **~ rates** *npl* tarifa *fsg* de anuncios.
advice [əd'vaɪs] **1** *n* consejo *m*; **a piece of ~** un consejo; **to ask for ~** pedir consejos, consultar; **to take sb's ~** seguir los consejos de algn; **to take legal/medical ~** consultar a un abogado/médico. **2** *cpd*: **~ note** *n* (*Brit*) nota *f* de aviso.
advisable [əd'vaɪzəbl] *adj* aconsejable, conveniente; **if you think it ~** si le parece bien.
advise [əd'vaɪz] *vt* (*counsel*) aconsejar; (*as paid adviser*) asesorar; **to ~ sb to do sth** aconsejar a algn que haga algo; **he ~s them on investment** les asesora en sus inversiones; **you would be well/ill ~d to go** deberías/no deberías ir, sería prudente/imprudente que fueras.
advisement [əd'vaizmənt] *n* (*US*) consulta *f*, deliberación *f*; **~ counseling** guía *f* vocacional.
adviser [əd'vaɪzə^r] *n* (*in business, politics etc*) asesor(a) *m/f*, consejero/a *m/f*.
advisory [əd'vaɪzərɪ] *adj* (*body*) consultivo/a; **in an ~ capacity** como asesor.
advocate ['ædvəkeɪt] **1** *vt* abogar por, ser partidario de. **2** ['ædvəkɪt] *n* defensor(a) *m/f*, partidario/a *m/f*; (*Scot Jur*) abogado/a *m/f*.
advt. *abbr of* **advertisement.**
AEA *n abbr* (**a**) (*Brit*) *of* **Atomic Energy Authority**. (**b**) *of* **Association of European Airlines** AAE *f*.
AEC *n abbr* (*US*) *of* **Atomic Energy Commission.**
Aegean Sea [i:'dʒi:ən si:] *n* Mar *m* Egeo.
aeon, (*US*) **eon** ['i:ən] *n* eón *m*; (*fig*) eternidad *f*.
aerate ['ɛəreɪt] *vt* (*liquid*) gasificar; (*blood*) oxigenar; **~d water** gaseosa *f*.
aerial ['ɛərɪəl] **1** *adj* aéreo/a; **~ ladder** (*US*) escalera *f* de bomberos; **~ photograph** aerofoto *f*, fotografía *f* aérea; **~ railway** funicular *m*. **2** *n* (*Brit Rad, TV*) antena *f*; **indoor ~** antena interior.
aerie ['eərɪ] *n* (*US*) = **eyrie.**
aero... ['ɛərəʊ] *pref* aero....
aerobatics [,ɛərəʊ'bætɪks] *npl* acrobacia *fsg* aérea.
aerobics [ɛə'rəʊbɪks] *npl* aerobic *msg*.
aerodrome ['ɛərədrəʊm] *n* (*esp Brit*) aeródromo *m*.
aerodynamics ['ɛərəʊdaɪ'næmɪks] *npl* aerodinámica *fsg*.
aerofoil ['ɛərəʊfɔɪl] *n* plano *m* aerodinámico.
aerogramme ['ɛərəʊgræm] *n* aerograma *m*.
aeronautics [,ɛərə'nɔ:tɪks] *npl* aeronáutica *fsg*.
aeroplane ['ɛərəpleɪn] *n* (*esp Brit*) avión *m*.
aerosol ['ɛərəsɒl] *n* (*can*) aerosol *m*, atomizador *m*.
aerospace ['ɛərəʊspeɪs] *adj*: **~ industry** industria *f* aeroespacial.
aesthetic(al), (*US*) **esthetic(al)** [i:s'θetɪk(əl)] *adj* estético/a.
aesthetics, (*US*) **esthetics** [i:s'θetɪks] *npl* estética *fsg*.
AEU *n abbr* (*Brit*) *of* **Amalgamated Engineering Union.**
a.f. *n abbr* (**a**) *of* **audio frequency.** (**b**) (*Comm*) *of* **advance freight.**
AFA *n abbr* (*Brit*) *of* **Amateur Football Association** Asociación *f* de Fútbol Amateur.
afar [ə'fɑ:^r] *adv* (*distance*) lejos; (*in the distance*) a lo lejos; **from ~** desde lejos.
AFB *n abbr* (*US Mil*) *of* **Air Force Base.**
AFC *n abbr* (**a**) (*Brit*) *of* **Amateur Football Club**. (**b**) (*Brit*) *of* **Association Football Club.** (**c**) *of* **automatic frequency control** control *m* automático de frecuencia.
AFDC *n abbr* (*US Admin*) *of* **Aid to Families with Dependent Children.**
affable ['æfəbl] *adj* (*person, mood*) afable.
affair [ə'fɛə^r] *n* (*gen*) asunto *m*; (*event*) acontecimiento *m*; (*love ~*) aventura *f* amorosa, lío *m*; **~s** (*business*) negocios *mpl*; **current ~s** actualidades *fpl*; **foreign ~s** asuntos exteriores; **~s of state** asuntos de estado; **it was an odd ~** fue una cosa rara; **it will be a big ~** será todo un acontecimiento; **the Watergate ~** el asunto (de) Watergate; **that's my ~** eso es asunto mío *or* cosa mía; **to put one's ~s in order** arreglar sus asuntos personales; **it's a bad state of ~s** hasta dónde hemos llegado; **to have an ~ with sb** andar en relaciones con algn.
affect [ə'fekt] *vt* (**a**) (*have an effect on*) afectar, influir en; (*concern*) afectar, tener que ver con; (*harm*) perjudicar; (*health*) afectar; **it did not ~ my decision** no influyó en mi decisión. (**b**) (*move emotionally*) conmover, afectar; **he seemed much ~ed** parecía emocionado.
affectation [,æfek'teɪʃən] *n* afectación *f*, falta *f* de naturalidad; **~s** afectación.
affected [ə'fektɪd] *adj* (*not natural*) afectado/a; (*pretentious*) cursi, pituco/a *(CSur)*, siútico/a *(Chi)*, huachafo/a *(Per)*.
affection [ə'fekʃən] *n* afecto *m*, cariño *m*.
affectionate [ə'fekʃənɪt] *adj* cariñoso/a, afectuoso/a; **your ~ nephew** (*formula in letter*) con abrazos de tu sobrino.
affectionately [ə'fekʃənɪtlɪ] *adv* afectuosamente, cariñosamente; **~ yours, yours ~** (*in letter*) un abrazo cariñoso.
affidavit [,æfɪ'deɪvɪt] *n* (*Jur*) declaración *f* jurada, afidávit *m*.
affiliated [ə'fɪlɪeɪtɪd] *adj* afiliado/a (*to, with* a); **~ company** empresa *f* filial *or* subsidiaria.
affiliation [ə,fɪlɪ'eɪʃən] *n* afiliación *f*.
affinity [ə'fɪnɪtɪ] *n* (*relationship*) afinidad *f*; (*liking*) simpatía *f*.
affirm [ə'fɜ:m] *vt* (*state*) afirmar; (*confirm*) confirmar.
affirmation [,æfə'meɪʃən] *n* afirmación *f*, aseveración *f*.
affirmative [ə'fɜ:mətɪv] *adj* afirmativo/a; **~ action** (*US Pol*) medidas *fpl* a favor de las minorías; **to answer in the ~** dar una respuesta afirmativa.
affix [ə'fɪks] *vt* (*signature etc*) poner, añadir; (*stamp*) poner, pegar.
afflict [ə'flɪkt] *vt* afligir.
affliction [ə'flɪkʃən] *n* (*suffering*) aflicción *f*, congoja *f*; (*bodily*) mal *m*; **it's a terrible ~** es una desgracia.
affluence ['æflʊəns] *n* (*wealth*) riqueza *f*, opulencia *f*.
affluent ['æflʊənt] *adj* acaudalado/a; **the ~ society** la sociedad opulenta.
afford [ə'fɔ:d] *vt* (**a**) (*pay for*) **we can ~ it** tenemos con que comprarlo, podemos permitírnoslo; **can we ~ it?** ¿podemos hacer este gasto?, ¿tenemos bastante dinero (para comprarlo *etc*)?
(**b**) (*spare, risk*) **I can't ~ the time** no tengo tiempo; **I can't ~ not to do it** no puedo permitirme el lujo de no hacerlo; **we can ~ to wait** nos podemos permitir esperar; **an opportunity you cannot ~ to miss** una ocasión que no es para desperdiciar; **can we ~ the risk?** ¿podemos arriesgarlo?
(**c**) (*frm: provide: opportunity*) proporcionar, dar.
affordable [ə'fɔ:dəbl] *adj* (*price*) razonable; (*purchase*) posible.
affray [ə'freɪ] *n* refriega *f*, reyerta *f*.
affront [ə'frʌnt] **1** *n* afrenta *f*, ofensa *f*. **2** *vt* ofender, afrentar; **to be ~ed** ofenderse.
Afghan ['æfgæn] *adj, n* afgano/a *m/f*.
Afghanistan [æf'gænɪstæn] *n* Afganistán *m*.
afield [ə'fi:ld] *adv*: **far ~** muy lejos; **further ~** más lejos.
AFL-CIO *n abbr of* **American Federation of Labor and Congress of Industrial Organizations** *confederación sindicalista.*

afloat [əˈfləʊt] *adv* a flote; **to keep ~** (*tb fig*) mantener(se) a flote.

afoot [əˈfʊt] *adv*: **there is something ~** algo se está tramando.

aforementioned [əˌfɔːˈmenʃənd], **aforesaid** [əˈfɔːsed] *adj* susodicho/a, mencionado/a.

afraid [əˈfreɪd] *adj* (**a**) (*frightened*) **to be ~** tener miedo; **to be ~ for sb** temer por algn; **to be ~ of** (*person*) temer a, tener miedo a; (*thing*) tener miedo de, temer; **to be ~ to do sth** tener miedo de hacer algo, temer hacer algo; **I was ~ to ask** me daba miedo preguntar. (**b**) (*sorry*) **I'm ~ he's out** lo siento, pero no está; **I'm ~ I have to go now** siento tener que irme ya; **I'm ~ so!** ¡lo siento, pero es así!, ¡me temo que sí!; **I'm ~ not** me temo que no.

afresh [əˈfreʃ] *adv* de nuevo, otra vez; **to start ~** volver a empezar.

Africa [ˈæfrɪkə] *n* África *f*.

African [ˈæfrɪkən] *adj, n* africano/a *m/f*.

African-American [ˌæfrɪkənəˈmerɪkən] *adj, n* afroamericano/a *m/f*.

Afrikaans [ˌæfrɪˈkɑːns] *n* africaans *m*.

Afrikaner [ˌæfrɪˈkɑːnəʳ] *adj, n* africánder *mf*.

Afro [ˈæfrəʊ] *adj*: **~ hairstyle** peinado *m* afro.

Afro- [ˈæfrəʊ] *pref* afro....

Afro-American [ˌæfrəʊəˈmerɪkən] *adj* afroamericano/a.

AFT *n abbr of* **American Federation of Teachers** *sindicato de profesores*.

aft [ɑːft] *adv* (*Naut*) en popa; **to go ~** ir a popa.

after [ˈɑːftəʳ] **1** *adv* (*~wards*) después.

2 *prep* (**a**) (*time, order*) después de; **soon ~ eating it** poco después de comerlo; **~ all** después de todo; **half ~ two** (*US*) las dos y media.

(**b**) (*place, order*) detrás de, tras; **day ~ day** día tras día; **one ~ the other** uno tras otro; **~ you!** ¡pase Ud!, ¡Ud primero!; **~ you with the salt** ¿me pasas la sal, por favor? (**c**) (*in pursuit*) detrás de, tras de; **he ran ~ me** corrió tras de mí; **the police are ~ him** la policía le está buscando; **what is he ~?** (*fam*) ¿qué pretende?

3 *conj* después de que, después que (*fam*); **we'll eat ~ you've gone** comeremos cuando te hayas ido; **we ate ~ they'd gone** comimos después de que ellos se marcharon; **I went out ~ I'd eaten** salí después de comer.

4 *npl*: **~s** (*Brit: fam*) postre *m*.

afterbirth [ˈɑːftəbɜːθ] *n* secundinas *fpl*.

aftercare [ˈɑːftəkɛəʳ] *n* (*Med*) asistencia *f* postoperatoria; (*of prisoners*) asistencia *f* (para ex-prisioneros).

after-effect [ˈɑːftərɪfekt] *n* consecuencia *f*; **~s** efectos *mpl* secundarios.

afterlife [ˈɑːftəlaɪf] *n* vida *f* de ultratumba.

aftermath [ˈɑːftəmæθ] *n* consecuencias *fpl*, resultados *mpl*.

afternoon [ˈɑːftəˈnuːn] *n* tarde *f*; **in the ~** por la tarde; **good ~!** ¡buenas tardes!

after-sales service [ˈɑːftəseɪlzˈsɜːvɪs] *n* servicio *m* de asistencia pos-venta.

aftershave (lotion) [ˈɑːftəʃeɪv(ˈləʊʃən)] *n* aftershave *m*, loción *f* para después del afeitado.

aftertaste [ˈɑːftəteɪst] *n* dejo *m*, resabio *m*.

afterthought [ˈɑːftəθɔːt] *n* ocurrencia *f* tardía, idea *f* adicional; **as an ~** por si acaso.

afterwards [ˈɑːftəwədz] *adv* después, más tarde; **soon ~** poco después, al poco rato (*LAm*).

A.G. *abbr of* **Attorney General**.

again [əˈgen] *adv* otra vez, de nuevo; (*often translated by*) volver a + *infin*; **try ~** vuelve a intentarlo; **he climbed up ~** volvió a subir; **would you do it all ~?** ¿lo volverías a hacer?; **come ~ soon** vuelve *or* (*LAm*) regresa pronto; **~ and ~** una y otra vez, vez tras vez; **never ~!** ¡nunca más!; **now and ~** de vez en cuando; **as much ~** otro tanto; **and ~, then ~ ...** (*on the other hand*) por otra parte ...; (*moreover*) además ....

against [əˈgenst] *prep* (**a**) (*in contact with*) contra; **to lean ~ sth** apoyarse contra algo. (**b**) (*in opposition to*) contra, en contra de; **he was ~ going** estaba en contra de ir; **what have you got ~ me?** ¿qué tiene Ud contra mí?; **it's ~ the law** la ley lo prohíbe, es ilegal; **to stand** *or* **run ~ sb** (*Pol*) presentarse en contra de algn. (**c**) (*in comparisons*) **(as) ~** contra, en contraste con. (**d**) **refund available ~ this voucher** se devuelve el precio al presentar este comprobante.

age [eɪdʒ] **1** *n* (**a**) (*gen*) edad *f*; (*old ~*) vejez *f*; **he is five years of ~** tiene cinco años; **when I was your ~** cuando tenía su edad; **she doesn't look her ~** no representa la edad que tiene; **at the ~ of** a la edad de; **to come of ~** llegar a la mayoría (de edad); **under ~** menor de edad; **~ of consent** edad núbil; *see* **middle**.

(**b**) (*period*) época *f*; **the Golden A~** el Siglo de Oro; **the Iron A~** la Edad de Hierro; *see* **middle**.

(**c**) (*fam: long time*) eternidad *f*; **we waited (for) ~s** esperamos una eternidad; **it's an ~ since I saw him** hace siglos que no le veo.

2 *vt* envejecer.

3 *vi* envejecer.

4 *cpd*: **~ bracket, ~ group** *n* grupo *m* de edad *or* por edades; **the 40 to 50 ~ group** el grupo de edad de 40 a 50; **~ limit** *n* edad *f* mínima *or* máxima.

aged [ˈeɪdʒɪd] **1** *adj* (**a**) (*old*) viejo/a, anciano/a. (**b**) [eɪdʒd] **~ 15** de 15 años (de edad). **2** [ˈeɪdʒɪd] *npl*: **the ~** los ancianos *mpl*.

ageless [ˈeɪdʒlɪs] *adj* (*eternal*) eterno/a; (*always young*) siempre joven.

agency [ˈeɪdʒənsɪ] *n* (**a**) (*office*) agencia *f*; (*of representative*) delegación *f*; (*Comm*) comisión *f*; **travel ~** agencia de viajes. (**b**) (*instrumentality*) **through the ~ of** por medio de.

agenda [əˈdʒendə] *n* orden *m* del día.

agent [ˈeɪdʒənt] *n* (*gen*) agente *mf*; (*representative*) representante *mf*, delegado/a *m/f*; (*Pol*) delegado; (*Comm*) agente comisionado/a; **to be sole ~ for** tener la representación exclusiva de; **as a free ~** por libre, por cuenta propia; **he is not a free ~** no puede actuar por cuenta propia.

age-old [ˈeɪdʒəʊld] *adj* multisecular, antiquísimo/a.

agglomeration [əˌglɒməˈreɪʃən] *n* aglomeración *f*.

aggravate [ˈægrəveɪt] *vt* agravar; (*annoy*) irritar, sacar de quicio.

aggravating [ˈægrəveɪtɪŋ] *adj* (*annoying*) molesto/a.

aggregate [ˈægrɪgɪt] *n* (*total*) conjunto *m*; **on ~** en conjunto.

aggression [əˈgreʃən] *n* agresión *f*.

aggressive [əˈgresɪv] *adj* (*attacking*) agresivo/a; (*energetic*) enérgico/a.

aggressor [əˈgresəʳ] *n* agresor(a) *m/f*.

aggrieved [əˈgriːvd] *adj* ofendido/a.

aghast [əˈgɑːst] *adj* horrorizado/a (*at* ante); **to be ~ at** quedarse pasmado ante.

agile [ˈædʒaɪl] *adj* ágil.

agility [əˈdʒɪlɪtɪ] *n* agilidad *f*.

agitate [ˈædʒɪteɪt] **1** *vt* (*perturb*) perturbar; (*shake*) agitar. **2** *vi* (*Pol*) **to ~ for/against** hacer campaña en pro/en contra de.

agitated [ˈædʒɪteɪtɪd] *adj* inquieto/a.

agitation [ˌædʒɪˈteɪʃən] *n* (*Pol etc*) agitación *f*; (*mental*) inquietud *f*, perturbación *f*.

agitator [ˈædʒɪteɪtəʳ] *n* (*Pol*) agitador(a) *m/f*.

AGM *n abbr of* **annual general meeting**.

agnostic [ægˈnɒstɪk] *n* agnóstico/a *m/f*.

ago [əˈgəʊ] *adv*: **a week ~** hace una semana; **long ~** hace mucho tiempo; **how long ~ was it?** ¿hace cuánto tiempo?, ¿cuánto tiempo hace?; **as long ~ as 1978** ya en 1978.

agog [əˈgɒg] *adj* emocionado/a, ansioso/a; **to be all ~ about** estar ansioso acerca de.

agonize [ˈægənaɪz] *vi* atormentarse; **to ~ over a decision** vacilar antes de tomar una decisión.

agony ['ægənɪ] **1** *n* (*pain*) dolor *m* agudo; (*: mental*) angustia *f*; **I was in ~** sufría dolores horrorosos; **to suffer agonies of doubt** estar atormentado por las dudas. **2** *cpd*: **~ aunt** *n* (*Brit*) columnista *f* del consultorio; **~ column** *n* consultorio *m* sentimental.

agoraphobia [ˌægərə'fəʊbɪə] *n* agorafobia *f*.

AGR *n abbr of* **Advanced Gas-Cooled Reactor** reactor *m* refrigerado por gas de tipo avanzado.

agree [ə'griː] **1** *vi* (**a**) (*be in agreement*) estar de acuerdo; **to ~ with sb** estar de acuerdo con algn, coincidir con algn; **to ~ on a plan** aprobar un proyecto; **don't you ~?** ¿no le parece?; **to ~ to differ** estar en desacuerdo amistoso.

(**b**) (*consent*) ponerse de acuerdo; **to ~ to sth** consentir en algo; **to ~ to do sth** consentir en hacer algo.

(**c**) (*be in harmony: things*) concordar; (*: persons: get on together*) congeniar; (*Ling*) concordar.

(**d**) (*food, climate*) sentar bien; **garlic doesn't ~ with me** el ajo no me sienta bien.

2 *vt* (**a**) **to ~ (that)** estar de acuerdo (en que); **it was ~d that ...** se acordó que ...; **are we all ~d?** ¿estamos todos de acuerdo?; **as ~d** según lo convenido; **~d!** ¡de acuerdo!, ¡conforme(s)!

(**b**) (*plan, statement etc*) aceptar, llegar a un acuerdo sobre; (*price etc*) convenir; **'salary to be ~d'** 'sueldo a convenir'.

agreeable [ə'griːəbl] *adj* (*pleasing*) agradable; (*person*) simpático/a; (*in agreement*) de acuerdo, conforme; **is that ~ to everybody?** ¿estamos todos de acuerdo?, ¿conformes todos?

agreement [ə'griːmənt] *n* (**a**) (*understanding*) acuerdo *m*, arreglo *m*; (*consent*) acuerdo; (*treaty etc*) acuerdo, pacto *m*; (*Comm*) contrato *m*; **by mutual ~** por acuerdo mutuo, de común acuerdo; **to come to an ~** llegar a un acuerdo. (**b**) (*shared opinion*) conformidad *f*; (*harmony*) concordancia *f*; **to be in ~ with** estar de acuerdo *or* conforme con; *see* **gentleman**.

agribusiness ['ægrɪˌbɪznɪs] *n* industria *f* agropecuaria.

agricultural [ˌægrɪ'kʌltʃərəl] *adj* agrícola; **~ college** escuela *f* de agricultura.

agriculture ['ægrɪkʌltʃə'] *n* agricultura *f*.

aground [ə'graʊnd] *adv*: **to run ~** (*Naut*) encallar.

AH *abbr of* **anno Hegirae, from the year of the Hegira** a.h.

ahead [ə'hed] *adv* (**a**) (*in space*) delante; **to be ~** llevar la ventaja; **to get ~** (*fig*) adelantar, hacer progresos; **to go ~** ir adelante; **go ~!** (*fig*) ¡adelante!; **to get ~ of sb** adelantarse a algn. (**b**) (*in time*) antes; (*to book, plan*) con anticipación; **to look ~** (*fig*) anticipar; **to plan ~** planificar por adelantado *or* con antelación; **to think ~** pensar en el futuro; **to be ~ of one's time** anticiparse a su época; *see* **straight 2(a)**.

ahoy [ə'hɔɪ] *interj*: **ship ~!** ¡barco a la vista!; **~ there!** ¡ah del barco!

AHQ *n abbr of* **Army Headquarters**.

AI *n abbr* (**a**) *of* **Amnesty International** AI *f*. (**b**) *of* **artificial insemination**. (**c**) (*Comput*) *of* **artificial intelligence** IA *f*.

AID *n abbr* (**a**) *of* **artificial insemination by donor**. (**b**) (*US*) *of* **Agency for International Development** AID *f*.

aid [eɪd] **1** *n* (*gen*) ayuda *f*; (*rescue*) socorro *m*; (*person*) asistente *mf*; **with the ~ of** con la ayuda de; **in ~ of** a beneficio de; **what's all this in ~ of?** (*fam*) ¿a qué viene todo esto?; **to come to the ~ of** acudir en ayuda *or* auxilio de; *see* **hearing; visual** *etc*. **2** *vt* (*gen*) ayudar; **to ~ and abet sb** (*Jur*) ser cómplice de algn. **3** *cpd*: **~ station** *n* (*US*) puesto *m* de socorro.

aide [eɪd] *n* (*Mil*) edecán *m*; (*Pol*) ayudante *mf*.

AIDS [eɪdz] **1** *n abbr of* **Acquired Immune Deficiency Syndrome** SIDA *m*, sida. **2** *cpd*: **~ clinic** *n* sidatorio *m*; **~ sufferer** *n* enfermo/a *m/f* del sida; **~ test** *n* test *m* anti-sida.

AIH *n abbr of* **artificial insemination by husband**.

ailing ['eɪlɪŋ] *adj* enfermo/a, achacoso/a; (*industry etc*) debilitado/a.

ailment ['eɪlmənt] *n* enfermedad *f*, achaque *m*.

aim [eɪm] **1** *n* (*of weapon*) puntería *f*; (*fig: purpose, object*) intención *f*, propósito *m*; **to have a good ~** tener buena puntería; **to miss one's ~** errar el tiro; **to take ~** apuntar (*at* a); **with the ~ of doing sth** con miras a hacer algo, con la intención de hacer algo; **his one ~ is to** + *infin* su único propósito es de + *infin*.

2 *vt* (*gun, camera*) apuntar (*at* a); (*blow*) asestar; (*fig: remark, criticism*) dirigir.

3 *vi*: **to ~ at** tirar a; (*objective*) aspirar a, pretender; **I ~ to finish it today** tengo la intención de *or* (*esp LAm*) pretendo terminarlo hoy.

aimless ['eɪmlɪs] *adj* sin objeto, sin propósito.

ain't [eɪnt] (*incorrect*) = **am not; is not; are not; has not; have not**.

air [ɛə'] **1** *n* (**a**) aire *m*; **in the open ~** al aire libre; **by ~** (*travel*) en avión; (*post*) por avión *or* vía aérea; **to get some fresh ~** tomar el fresco; **to clear the ~** (*fig*) aclarar las cosas; **hot ~** (*fig*) palabrería *f*; **there's something in the ~** (*fig*) se está tramando algo; **our plans are up in the ~** nuestros planes están en el aire; **to vanish into thin ~** (*fam*) desaparecer por completo.

(**b**) (*Rad, TV*) **to be on the ~** (*programme, station, person*) estar en el aire; **you're on the ~ now** estás en el aire; **to go on/off the ~** (*broadcaster, station*) comenzar/cerrar la emisión.

(**c**) (*appearance*) aspecto *m*, aire *m*; **with a guilty ~** de porte de culpabilidad; **he has an ~ of importance** tiene un aire de importancia; **to give o.s. ~s** darse tono *or* aires.

2 *vt* (*room, clothes, bed*) ventilar, airear; (*idea, grievance*) airear; (*views*) lucir, hacer alarde de.

3 *cpd*: **~ base** *n* base *f* aérea; **~ brake** *n* freno *m* neumático *or* de aire; **~ cargo** *n* carga *f* aérea; **~ express** *n* (*US*) avión *m* de carga; **~ force** *n* fuerzas *fpl* aéreas; **~ freight** *n* flete *m* aéreo *or* por avión; **~ gun** *n* pistola *f* de aire (comprimido); **~ hostess** *n* azafata *f*, aeromoza *f* (*LAm*), cabinera *f* (*Col*); **~ lane** *n* ruta *f* aérea; **~ letter** *n* carta *f* aérea; **~ miss** *n* air-miss *m*, aproximación *f* peligrosa entre dos aviones; **~ pocket** *n* bache *m* aéreo; **~ pressure** *n* presión *f* atmosférica; **~ raid** *n* ataque *m* aéreo; **~ rifle** *n* escopeta *f* de aire comprimido; **~ terminal** *n* terminal *f*; **~ traffic control** *n* control *m* de tránsito aéreo; **~ traffic controller** *n* controlador(a) *m/f* aéreo/a; **~ waybill** *n* hoja *f* de ruta aérea.

airborne ['ɛəbɔːn] *adj* (*Mil*) aerotransportado/a; (*aircraft*) volando, en el aire; **suddenly we were ~** de repente nos vimos en el aire.

air-conditioned ['ɛəkənˌdɪʃənd] *adj* (*room, hotel*) climatizado/a, con aire acondicionado.

air-conditioning ['ɛəkənˌdɪʃənɪŋ] *n* climatización *f*, acondicionamiento *m* de aire; **cinema with ~** cine *m* climatizado.

air-cooled ['ɛəkuːld] *adj* refrigerado/a por aire.

aircraft ['ɛəkrɑːft] **1** *n* (*pl inv*) avión *m*. **2** *cpd*: **~ carrier** *n* portaviones *m inv*.

aircraftman ['ɛəkrɑːftmən] *n* (*pl* **-men**) (*Brit*) cabo *m* segundo (de las fuerzas aéreas).

aircrew ['ɛəkruː] *n* tripulación *f* de avión.

airdrome ['ɛəˌdrəʊm] *n* (*US*) = **aerodrome**.

airdrop ['ɛədrɒp] *n* entrega *f* (de víveres *etc*) por paracaídas.

Airedale ['ɛədeɪl] *n* (*also* **~ dog**) perro *m* Airedale.

airfield ['ɛəfiːld] *n* campo *m* de aviación.

airfoil ['ɛəˌfɔɪl] *n* (*US*) = **aerofoil**.

airing ['ɛərɪŋ] **1** *n*: **to give sth an ~** (*linen, room etc*) ventilar algo; (*fig: ideas etc*) airear algo, someter algo a la discusión. **2** *cpd*: **~ cupboard** *n* armario *m* para oreo.

airless ['ɛəlɪs] *adj* (*room*) mal ventilado/a; (*day*) sin viento.

airlift ['ɛəlɪft] *n* puente *m* aéreo.

airline ['ɛəlaɪn] *n* línea *f* aérea.

airliner ['ɛəlaɪnə'] *n* avión *m* de pasajeros.

airlock ['ɛəlɒk] *n* (*in pipe*) esclusa *f* de aire.
airmail ['ɛəmeɪl] *n* correo *m* aéreo; **by ~** por vía aérea.
airplane ['ɛəpleɪn] *n* (*US*) = **aeroplane**.
airport ['ɛəpɔːt] *n* aeropuerto *m*.
air-sea ['ɛə'siː] *adj*: **~ rescue** rescate *m* aeronaval.
airship ['ɛəʃɪp] *n* aeronave *f*.
airsick ['ɛəsɪk] *adj* mareado/a (en avión).
airspace ['ɛəspeɪs] *n* espacio *m* aéreo.
airspeed ['ɛəspiːd] *n* velocidad *f* aérea.
airstrip ['ɛəstrɪp] *n* pista *f* de aterrizaje.
airtight ['ɛətaɪt] *adj* hermético/a.
airtime ['ɛəˌtaɪm] *n* (*Rad, TV*) tiempo *m* en antena.
air-to-air ['ɛətəˌɛəʳ] *adj*: **~ missile** misil *m* aire-aire.
air-to-surface ['ɛətəˌsɜːfɪs] *adj*: **~ missile** misil *m* aire-tierra.
airworthy ['ɛəwɜːðɪ] *adj* en condición de vuelo.
airy ['ɛərɪ] *adj* (*comp* **-ier**; *superl* **-iest**) (*open*) bien ventilado/a; (*remark: offhand*) dicho/a a la ligera; (*careless, light*) despreocupado/a.
aisle [aɪl] *n* (*Rel*) nave *f* (lateral); (*Theat*) pasillo *m*; **it had them rolling in the ~s** los tuvo muertos de (la) risa.
ajar [ə'dʒɑːʳ] *adv* entreabierto/a.
AK *abbr* (*US Post*) *of* **Alaska**.
aka *abbr of* **also known as** alias.
akimbo [ə'kɪmbəʊ] *adv*: **with arms ~** en jarras.
akin [ə'kɪn] *adj* parecido/a (*to* con), semejante (*to* a).
AL *abbr* (*US Post*) *of* **Alabama**.
ALA *n abbr of* **American Library Association**.
Ala. *abbr* (*US*) *of* **Alabama**.
alabaster ['æləbɑːstəʳ] *n* alabastro *m*.
à la carte [ælæ'kɑːt] *adv* a la carta.
alacrity [ə'lækrɪtɪ] *n*: **with ~** con presteza.
alarm [ə'lɑːm] **1** *n* (*warning, bell, fear*) alarma *f*; (*signal*) señal *f* de alarma; (*also* **~ clock**) despertador *m*; **to raise the ~** dar la alarma; **to cause ~** causar alarma; *see* **false**. **2** *vt* alarmar; **to be ~ed at** asustarse de. **3** *cpd* (*bell, system*) de alarma; **~ call** *n* voz *f* de alarma; **~ clock** *n* despertador *m*.
alarming [ə'lɑːmɪŋ] *adj* alarmante.
alarmist [ə'lɑːmɪst] *adj, n* alarmista *mf*.
Alas. *abbr* (*US*) *of* **Alaska**.
alas [ə'læs] *interj* ¡ay (de mí)!
Alaska [ə'læskə] *n* Alaska *f*.
Alaskan [ə'læskən] **1** *adj* de Alaska. **2** *n* nativo/a *m/f or* habitante *mf* de Alaska.
Albania [æl'beɪnɪə] *n* Albania *f*.
Albanian [æl'beɪnɪən] **1** *adj* albanés/esa. **2** *n* albanés/esa *m/f*; (*Ling*) albanés *m*.
albatross ['ælbətrɒs] *n* albatros *m*.
albeit [ɔːl'biːɪt] *conj* aunque.
albino [æl'biːnəʊ] *n* albino/a *m/f*.
Albion ['ælbɪən] *n* Albión *f*.
album ['ælbəm] *n* (*book*) álbum *m*; (*record*) elepé *m*; **autograph ~** álbum de autógrafos.
albumen ['ælbjʊmɪn] *n* (*Bot*) albumen *m*.
alchemy ['ælkɪmɪ] *n* alquimia *f*.
alcohol ['ælkəhɒl] *n* (*Chem, drink*) alcohol *m*; **I never touch ~** soy abstemio.
alcoholic [ˌælkə'hɒlɪk] *adj, n* alcohólico/a *m/f*.
alcoholism ['ælkəhɒlɪzəm] *n* alcoholismo *m*.
alcove ['ælkəʊv] *n* nicho *m*, hueco *m*.
Ald. *abbr of* **alderman**.
alderman ['ɔːldəmən] *n* (*pl* **-men**) concejal(a) *m/f* (de categoría superior).
ale [eɪl] *n* cerveza *f*; *see* **brown; pale**[1].
alert [ə'lɜːt] **1** *adj* (*acute*) alerta *inv*; (*wide-awake*) despierto/a, despabilado/a; (*expression*) vivo/a; (*guard*) vigilante, alerta; **they were ~** estaban alerta. **2** *n* alerta *f*; **to be on the ~** estar alerta. **3** *vt*: **to ~ sb to sth** poner a algn sobre aviso de algo, alertar a algn de algo.
Aleutian [ə'luːʃən] *adj*: **~ Islands** Islas *fpl* Aleutianas.
A-level ['eɪˌlevl] (*Brit Scol*) *n abbr of* **Advanced level** ≈ COU *m*.
Alexandria [ˌælɪg'zɑːndrɪə] *n* Alejandría *f*.
alfalfa [æl'fælfə] *n* alfalfa *f*.
alfresco [æl'freskəʊ] *adj, adv* al aire libre.
algae ['ældʒɪ] *npl* (*Bot*) alga *fsg*.
algebra ['ældʒɪbrə] *n* álgebra *f*.
Algeria [æl'dʒɪərɪə] *n* Argelia *f*.
Algerian [æl'dʒɪərɪən] *adj, n* argelino/a *m/f*.
Algiers [æl'dʒɪəz] *n* Argel *m*.
algorithm ['ælgəˌrɪðəm] *n* algoritmo *m*.
alias ['eɪlɪæs] **1** *n* alias *m*. **2** *adv*: **Smith ~ Stevens** Smith alias Stevens.
alibi ['ælɪbaɪ] *n* coartada *f*.
alien ['eɪlɪən] **1** *adj* (*of foreign country*) extranjero/a; (*very different*) **~ to** ajeno/a a. **2** *n* (*foreigner*) extranjero/a *m/f*; (*extraterrestrial*) ser *m* extraterrestre.
alienate ['eɪlɪəneɪt] *vt* (*offend*) ofender; (*Jur*) enajenar; **to ~ o.s. from sb** alejarse *or* apartarse de algn.
alienation [ˌeɪlɪə'neɪʃən] *n* (*estrangement, Phil*) enajenación *f*; (*of friend*) alejamiento *m*.
alight[1] [ə'laɪt] *adj*: **to be ~** (*fire*) estar ardiendo; (*light*) estar encendido/a *or* (*LAm*) prendido/a.
alight[2] [ə'laɪt] *vi* (*from vehicle*) bajar, apearse; (*bird*) posarse.
align [ə'laɪn] *vt* alinear; **to ~ o.s. with** ponerse del lado de.
alignment [ə'laɪnmənt] *n* (*Pol, Tech*) alineación *f*; **out of ~ (with)** fuera de alineación (con).
alike [ə'laɪk] **1** *pred adj* parecidos/as; **to be/look ~** parecerse; **you're all ~!** ¡sois todos iguales!, ¡todos son iguales! (*esp LAm*). **2** *adv* del mismo modo, igualmente; **men and women ~** tanto los hombres como las mujeres.
alimentary [ˌælɪ'mentərɪ] *adj* alimenticio/a; **~ canal** tubo *m* digestivo.
alimony ['ælɪmənɪ] *n* (*Jur*) alimentos *mpl*.
alive [ə'laɪv] *adj* (*living*) vivo/a; (*fig*) actual; (*: lively*) activo/a; (*: aware*) consciente; **to be ~** estar vivo; **it's good to be ~** ¡qué bueno es vivir!; **~ and kicking** vivito y coleando; **dead or ~** vivo o muerto; **he's the best footballer ~** es el mejor futbolista del mundo; **to bring a story ~** animar una narración; **to come ~** (*fig*) animarse; **to keep a memory ~** guardar fresco un recuerdo; **to keep a tradition ~** mantener viva una tradición; **look ~!** (*hurry*) ¡date prisa!, ¡apúrate! (*LAm*); **~ to** consciente de; **he's ~ to the danger** está consciente del peligro; **~ with** apestado/a de; (*insects etc*) lleno/a de, hormigueante en.
alkali ['ælkəlaɪ] *n* álcali *m*.
alkaline ['ælkəlaɪn] *adj* alcalino/a.
all [ɔːl] **1** *adj* todo/a, todos/as; **~ day** todo el día; **~ men** todos los hombres; **~ three** todos los tres; **~ the books on the shelf** todos los libros en el estante; **they ~ ...** todos ...; **for ~ their efforts** a pesar de sus esfuerzos; **and ~ that** y cosas así, y otras cosas por el estilo; **A~ Saints' Day** Día *m* de Todos los Santos (*1 noviembre*); **A~ Souls' Day** Día de (los) Difuntos (*2 noviembre*).

2 *pron* (*sg*) todo; (*pl*) todos *mpl*, todas *fpl*; **~ of it** todo; **~ of us** todos nosotros; **above ~** sobre todo; **after ~** con todo; **~ is lost** se acabó; **he ate it ~** lo comió todo; **is that ~?** ¿nada más?, ¿es todo?; **that's ~** eso es todo, nada más; **if it's at ~ possible** si hay la menor posibilidad; **not at ~** de ninguna manera; **not at ~!** (*answer to thanks*) de nada, no hay de qué; **I'm not at ~ tired** no estoy cansado en lo más mínimo *or* en absoluto; **~ in ~** con todo, total; **for ~ I know** que yo sepa; **for ~ his boasting** a pesar de toda su jactancia; **50 men in ~** 50 hombres en total; **most of ~** más que nada; **when ~ is said and done** en fin de cuentas.

3 *adv* completamente; **dressed ~ in black** vestido todo de negro; **it's ~ dirty** está todo sucio; **it's not as bad as ~ that** no está tan mal; **it's ~ too true** por desgracia es la misma verdad; **~ but** casi; **~ the better** tanto mejor; **the score is two ~** empatan a dos; **to be** *or* **feel ~ in** (*fam*) estar *or* quedar rendido; *see* **alone; over** *etc*.
Allah ['ælə] *n* Alá *m*.

all-around [ˈɔːləˈraʊnd] *adj* (*US*) = **all-round**.
allay [əˈleɪ] *vt* (*fears*) aquietar, calmar; (*pain*) aliviar.
all clear [ˈɔːlˈklɪə] *n* (*also* ~ **signal**) cese *m or* fin *m* de alarma; (*fig*) visto *m* bueno, luz *f* verde.
allegation [ˌæleˈgeɪʃən] *n* alegato *m*.
allege [əˈledʒ] *vt* declarar, afirmar; **he is ~d to be wealthy** se pretende *or* se dice que es rico.
alleged [əˈledʒd] *adj* (*fact, claim*) supuesto/a; (*criminal*) presunto/a.
allegedly [əˈledʒɪdlɪ] *adv* supuestamente, según se afirma.
allegiance [əˈliːdʒəns] *n* lealtad *f*; **to swear ~ to** rendir homenaje a.
allegory [ˈælɪgərɪ] *n* alegoría *f*.
allergic [əˈlɜːdʒɪk] *adj*: ~ **to** alérgico/a a.
allergy [ˈælədʒɪ] *n* alergia *f*.
alleviate [əˈliːvɪeɪt] *vt* aliviar.
alley [ˈælɪ] *n* (*between buildings*) callejón *m*, callejuela *f*; (*in garden*) paseo *m*; **blind ~** callejón sin salida.
all-fired [ˈɔːlfaɪərd] (*US fam*) **1** *adj* excesivo/a; **in an ~ hurry** con muchísima prisa. **2** *adv* a más no poder.
alliance [əˈlaɪəns] *n* alianza *f*.
alligator [ˈælɪgeɪtəʳ] *n* caimán *m*.
all-important [ˈɔːlɪmˈpɔːtənt] *adj* de primera *or* de suma importancia.
all-in [ˈɔːlɪn] *adj* (*price*) global; (*charge*) todo incluido; ~ **wrestling** lucha *f* libre.
alliteration [əˌlɪtəˈreɪʃən] *n* aliteración *f*.
all-night [ˈɔːlˈnaɪt] *adj* (*café, garage*) abierto/a toda la noche; (*vigil, party*) que dura toda la noche.
allocate [ˈæləʊkeɪt] *vt* (*allot*) asignar (*to* a); (*distribute*) repartir (*among* entre).
allocation [ˌæləʊˈkeɪʃən] *n* (*allotting: also Comput*) asignación *f*; (*apportioning*) reparto *m*; (*share, amount*) ración *f*, cuota *f*.
allot [əˈlɒt] *vt* (*task, share, time*) asignar (*to* a).
allotment [əˈlɒtmənt] *n* (*Brit: land*) parcela *f*.
all-out [ˈɔːlˈaʊt] **1** *adj* (*effort*) supremo/a; (*attack*) con máxima fuerza; (*strike*) general. **2** *adv* con todas las fuerzas.
allow [əˈlaʊ] *vt* (*permit*) permitir; (*make provision for*) dejar; (*grant: money*) conceder; (*: rations*) poner; (*admit: claim, appeal: Jur*) admitir; (*Sport: goal*) conceder; **to ~ sb to do sth** permitir *or* dejar a algn hacer algo, permitir *or* dejar que algn haga algo; **smoking is not ~ed** prohibido *or* se prohíbe fumar; **we must ~ 3 days for the journey** debemos dejar 3 días para el viaje; ~ **me!** ¡permítame!, ¡pase Ud! (*LAm*).
▸ **allow for** *vi + prep* tener en cuenta, tomar en consideración.
allowable [əˈlaʊəbl] *adj* (*expense*) deducible; ~ **against tax** desgravable.
allowance [əˈlaʊəns] *n* (*payment*) pensión *f*, subvención *f*; (*ration*) ración *f*; (*Tax*) desgravación *f*; (*discount*) descuento *m*, rebaja *f*; (*subsistence*) **family ~** subsidio *m* familiar; **to make ~(s) for sb** ser comprensivo/a con algn, disculpar a algn.
alloy [əˈlɔɪ] *n* aleación *f*.
all right [ˌɔːlˈraɪt] **1** *adj* **(a)** (*satisfactory*) **it's ~** todo está bien, todo va bien; **yes, that's ~** sí, de acuerdo *or* vale; **it's ~ with me** yo, de acuerdo, lo que es por mí, no hay problema; **it's ~** (*don't worry*) no te preocupes; **it's ~ for you!** a ti ¿qué te puede importar?; **is it ~ for me to go at 4?** ¿me da permiso para *or* puedo marcharme a las 4?; **are you ~ for Tuesday?** ¿estás libre *or* puedes jugar/venir *etc* el martes?; **she's a bit of ~** (*fam*) ¡está buenísima! (*fam*).
(b) (*safe, well*) **I'm/I feel ~ now** ya estoy bien; **she's ~ again now** está mejor, se ha repuesto ya; **it's ~, you can come out again now** está bien, puedes salir ya.
(c) (*prosperous*) **we're ~ for the rest of our lives** no tendremos problemas económicos en el resto de la vida.
2 *adv*: **I can see ~, thanks** veo bien, gracias; **you'll get your money back ~** se te devolverá tu dinero, eso es seguro; **You say I was wrong. A~, but ...** Dices que me equivoqué. Bien, pero ....
3 *interj* (*approval*) ¡bueno!, ¡muy bien!; (*agreement*) ¡de acuerdo!, ¡vale!, ¡okey!; (*that's enough*) ¡basta ya!, ¡ya está bien!, ¡ya estuvo bueno! (*LAm*); (*exasperation*) ¡se acabó!
all-round [ˈɔːlˈraʊnd] *adj* (*gen*) completo/a; (*view*) amplio/a.
all-rounder [ˈɔːlˈraʊndəʳ] *n* persona *f* que hace de todo.
allspice [ˈɔːlspaɪs] *n* pimienta *f* inglesa, pimienta *f* de Jamaica.
allude [əˈluːd] *vi*: **to ~ to** aludir a, referirse a.
allure [əˈljʊəʳ] *n* atractivo *m*, encanto *m*.
alluring [əˈljʊərɪŋ] *adj* atractivo/a, seductor(a).
allusion [əˈluːʒən] *n* referencia *f*, alusión *f*.
alluvial [əˈluːvɪəl] *adj* aluvial.
ally [ˈælaɪ] **1** *n* (*Pol, gen*) aliado/a *m/f*. **2** [əˈlaɪ] *vt*: **to ~ o.s. with** aliarse con, hacer alianza con.
almanac [ˈɔːlmənæk] *n* almanaque *m*.
almighty [ɔːlˈmaɪtɪ] **1** *adj* todopoderoso/a (*fam*); **he's an ~ fool if he believes that** ¡vaya tonto si cree eso!; **an ~ din** un ruido de los mil demonios. **2** *n*: **the A~** el Todopoderoso.
almond [ˈɑːmənd] *n* (*nut*) almendra *f*; (*tree*) almendro *m*.
almost [ˈɔːlməʊst] *adv* casi; **he ~ fell** por poco se cayó.
alms [ɑːmz] *npl* limosna *fsg*.
aloe [ˈæləʊ] *n* agave *f*.
aloft [əˈlɒft] *adv* (*above*) arriba; (*upwards*) hacia arriba; (*Naut*) en *or* a la arboladura.
alone [əˈləʊn] **1** *adj* solo/a; **to be ~** estar solo *or* a solas; **all ~** (completamente) solo; **am I ~ in thinking so?** ¿soy yo el único que piensa así?; **to go it ~** hacerlo solo; **leave me ~!** ¡déjame en paz!, ¡déjame estar! (*LAm*); **to leave** *or* **let sth ~** no tocar algo; **leave it ~!** ¡déjalo!, ¡no toques!; **leave well ~**, no te metas con eso; **let ~** sin hablar de; **he can't read, let ~ write** nada de escribir, ni siquiera sabe leer.
2 *adv* solamente, sólo, únicamente; **the travel ~ cost £600** sólo el viaje costó 600 libras; **you ~ can do it** sólo tú puedes hacerlo.
along [əˈlɒŋ] **1** *adv*: **she walked ~** siguió andando; **move ~ there!** ¡circulen, por favor!; **are you coming ~?** ¿tú vienes también?; **all ~** desde el principio; **bring him ~ if you like** tráelo, si quieres; **he came, ~ with his friend** él vino, junto con su amigo. **2** *prep* por, a lo largo de; **to walk ~ the street** andar por la calle; **the trees ~ the path** los árboles a lo largo del camino; **the shop is ~ here** la tienda está por aquí.
alongside [əˈlɒŋˈsaɪd] **1** *adv* (*Naut*) de costado; **to come ~** atracar. **2** *prep* al lado de; (*Naut*) al costado de; **they have to work ~ each other** tienen que trabajar juntos; **how can these systems work ~ each other?** ¿cómo estos sistemas pueden funcionar en colaboración?
aloof [əˈluːf] *adj* (*character, voice*) reservado/a; **to stand ~ (from)** mantenerse apartado (de).
aloofness [əˈluːfnɪs] *n* reserva *f*, frialdad *f*.
aloud [əˈlaʊd] *adv* en voz alta.
alphabet [ˈælfəbet] *n* alfabeto *m*.
alphabetical [ˌælfəˈbetɪkəl] *adj* alfabético/a; **in ~ order** por orden alfabético.
alphabetically [ˌælfəˈbetɪkəlɪ] *adv* alfabéticamente, en *or* por orden alfabético.
alphanumeric [ˌælfənjuːˈmerɪk] *adj* alfanumérico/a.
alpine [ˈælpaɪn] *adj* alpino/a.
Alps [ælps] *npl*: **the ~** los Alpes *mpl*.
already [ɔːlˈredɪ] *adv* ya; **is it finished ~?** ¿ya está terminado?; **that's enough ~!** (*US*) ¡basta!, ¡ya está bien!
alright [ˌɔːlˈraɪt] = **all right**.
Alsace [ˈælsæs] *n* Alsacia *f*.
Alsatian [ælˈseɪʃən] **1** *adj* alsaciano/a. **2** *n* alsaciano/a *m/f*; (*dog*) perro *m* lobo, (perro *m*) pastor *m* alemán.
also [ˈɔːlsəʊ] *adv* también.

also-ran ['ɔːlsəuræn] *n* (*Sport*) caballo *m* perdedor; (*fam: person*) nulidad *f*.
alt. *abbr of* **altitude** alt.
Alta. *abbr* (*Canada*) *of* **Alberta**.
altar ['ɒltəʳ] *n* altar *m*; **high ~** altar mayor.
alter ['ɒltəʳ] **1** *vt* (*change*) modificar, cambiar; (*opinion*) cambiar de; (*Sew*) retocar. **2** *vi* (*person, place*) cambiar.
alteration [,ɒltə'reɪʃən] *n* (*change*) modificación *f*, cambio *m*; **~s** (*Archit*) reformas *fpl*; (*Sew*) retoque *msg*; **to make ~s in sth** hacer modificaciones en algo.
altercation [,ɒltə'keɪʃən] *n* altercado *m*.
alternate [ɒl'tɜːnɪt] **1** *adj* (*alternating: layers*) alterno/a; **on ~ days** cada dos días, un día sí y otro no; (*US*) = **alternative 1**. **2** *n* (*US: Sport, at conference etc*) suplente *mf*. **3** ['ɒltɜːneɪt] *vi* alternar; **A ~s with B** A alterna con B; **to ~ between A and B** alternar entre A y B. **4** ['ɒltɜːneɪt] *vt* (*crops*) alternar.
alternately [ɒl'tɜːnɪtlɪ] *adv* alternativamente, por turno.
alternating ['ɒltɜːneɪtɪŋ] *adj* alterno/a; **~ current** corriente *f* alterna.
alternative [ɒl'tɜːnətɪv] **1** *adj* (*plan, route, medicine*) alternativo/a. **2** *n* alternativa *f*; **you have no ~ but to go** no tienes más remedio que ir; **there are several ~s** hay varias alternativas; **there is no ~** no hay otro remedio, no queda otra *(LAm)*.
alternatively [ɒl'tɜːnətɪvlɪ] *adv* por otra parte, en cambio.
alternator ['ɒltɜːneɪtəʳ] *n* (*Aut, Elec*) alternador *m*.
although [ɔːl'ðəu] *conj* aunque.
altitude ['æltɪtjuːd] **1** *n* altitud *f*, altura *f*; **at these ~s** a estas alturas *(lit)*. **2** *cpd*: **~ sickness** *n* mal *m* de altura, soroche *m (LAm)*.
alto ['æltəu] *n* (*instrument, male singer*) alto *m*; (*female singer*) contralto *f*.
altogether [,ɔːltə'geðəʳ] **1** *adv* (**a**) (*in all*) en total, en conjunto; **~ it was rather unpleasant** en suma *or* total fue muy desagradable; **how much is that ~?** ¿cuánto en total? (**b**) (*entirely*) completamente, del todo; **I'm not ~ sure** no estoy del todo seguro. **2** *n*: **in the ~** (*fam: naked*) en cueros.
altruism ['æltruɪzəm] *n* altruismo *m*.
altruistic [,æltru'ɪstɪk] *adj* altruista.
aluminium [,ælju'mɪnɪəm], (*US*) **aluminum** [ə'luːmɪnəm] *n* aluminio *m*.
always ['ɔːlweɪz] *adv* (*at all times, repeatedly*) siempre; **as ~** como siempre; **nearly ~** casi siempre; **he's ~ late** siempre llega tarde; **you can ~ go by train** también puedes ir en tren.
Alzheimer's disease ['ælts,haɪməzdɪziːz] *n* enfermedad *f* de Alzheimer.
AM *n abbr* (**a**) *of* **amplitude modulation** A.M. *f*. (**b**) (*US*) *of* **Artium Magister, Master of Arts**.
Am. *abbr* (**a**) *of* **America**. (**b**) *of* **American**.
am [æm] *1st pers sg present of* **be**.
a.m. *abbr of* **ante meridiem** a.m.
AMA *n abbr of* **American Medical Association**.
amalgam [ə'mælgəm] *n* amalgama *f*.
amalgamate [ə'mælgəmeɪt] **1** *vt* (*companies etc*) amalgamar. **2** *vi* amalgamarse.
amalgamation [ə,mælgə'meɪʃən] *n* amalgamación *f*; (*Comm*) fusión *f*.
amass [ə'mæs] *vt* (*wealth, information*) acumular, amontonar.
amateur ['æmətəʳ] **1** *n* amateur *mf*, aficionado/a *m/f*; (*pej*) chapucero/a *m/f*. **2** *adj* de aficionado; **~ dramatics** teatro *m* no profesional.
amateurish ['æmətərɪʃ] *adj* (*pej*) torpe, inexperto/a.
amaze [ə'meɪz] *vt* pasmar, asombrar; **to be ~d (at)** quedar pasmado (de).
amazement [ə'meɪzmənt] *n* sorpresa *f*, asombro *m*; **they looked on in ~** miraron asombrados.
amazing [ə'meɪzɪŋ] *adj* extraordinario/a, pasmoso/a.
amazingly [ə'meɪzɪŋlɪ] *adv* extraordinariamente; **~ enough** aunque parece mentira.
Amazon ['æməzən] **1** *n* (*Geog*) Amazonas *m*. **2** *cpd*: **~ basin** *n* cuenca *f* del Amazonas; **~ jungle** *n* selva *f* de Amazonas.
Amazonian [,æmə'zəunɪən] *adj* amazónico/a.
ambassador [æm'bæsədəʳ] *n* embajador(a) *m/f*.
amber ['æmbəʳ] **1** *n* ámbar *m*. **2** *adj* (*colour*) ambarino/a; (*traffic light*) amarillo/a.
ambidextrous [,æmbɪ'dekstrəs] *adj* ambidextro/a.
ambiguity [,æmbɪ'gjuɪtɪ] *n* (*quality*) ambigüedad *f*; (*of meaning*) doble sentido *m*.
ambiguous [æm'bɪgjuəs] *adj* (*remark, meaning*) ambiguo/a.
ambition [æm'bɪʃən] *n* ambición *f*; (*objective*) meta *f*; **he has no ~** no tiene ambición; **his ~ is to ...** ambiciona ...; **to achieve one's ~** realizar su ambición.
ambitious [æm'bɪʃəs] *adj* (*person*) ambicioso/a; (*plan etc*) grandioso/a; **to be ~ for one's children** poner esperanzas en los hijos; **he was ~ to be the boss** ambicionaba llegar a ser el jefe.
ambivalent [æm'bɪvələnt] *adj* ambivalente; (*pej*) equívoco/a.
amble ['æmbl] *vi* (*person*) deambular, andar sin prisa; **he ~d up to me** se me acercó a paso lento.
ambulance ['æmbjuləns] **1** *n* ambulancia *f*. **2** *cpd*: **~ driver, ~ man** *n* ambulanciero *m*.
ambush ['æmbuʃ] **1** *n* emboscada *f*; **to set an ~ for** tender una emboscada a; **to lie in ~** estar emboscado (*for* para coger). **2** *vt* coger *(Sp) or (LAm)* agarrar por sorpresa.
ameba [ə'miːbə] *n* (*US*) = **amoeba**.
amen ['ɑː'men] *interj* amén.
amenable [ə'miːnəbl] *adj* (*responsive*) susceptible, sensible (*to* a); **~ to reason** que se deja convencer; **~ to treatment** susceptible de ser curado, curable.
amend [ə'mend] *vt* (*law etc*) enmendar; (*correct*) corregir.
amendment [ə'mendmənt] *n* (*change in law etc*) enmienda *f*.
amends [ə'mendz] *npl*: **to make ~ (to sb) for sth** (*apologize*) dar satisfacción (a algn) por algo; (*compensate*) compensar (a algn) por algo.
amenity [ə'miːnɪtɪ] *n* (*pleasantness of district etc*) amenidad *f*; (*pleasant thing: gen pl*) **amenities** comodidades *fpl*; **a house with all amenities** una casa con todo confort.
America [ə'merɪkə] *n* América *f*; (*USA*) Estados *mpl* Unidos.
American [ə'merɪkən] **1** *adj* (*of USA*) norteamericano/a, estadounidense; (*continent*) americano/a; **~ Indian** amerindio/a *m/f*. **2** *n* norteamericano/a *m/f*, americano/a *m/f*.
Americanism [ə'merɪkənɪzəm] *n* americanismo *m*.
americanize [ə'merɪkənaɪz] *vt* americanizar.
Amerindian [,æmə'rɪndɪən] *adj, n* amerindio/a *m/f*.
amethyst ['æmɪθɪst] *n* amatista *f*.
Amex ['æmeks] *n abbr of* **American Stock Exchange**.
amiable ['eɪmɪəbl] *adj* amable, simpático/a.
amicable ['æmɪkəbl] *adj* amistoso/a, amigable.
amid(st) [ə'mɪd(st)] *prep* (*frm*) entre.
amiss [ə'mɪs] *adj, adv*: **there's something ~** pasa algo; **don't take it ~, will you?** no lo tomes a mal.
AMM *n abbr of* **antimissile missile**.
Amman [ə'mɑːn] *n* Ammán *m*.
ammo ['æməu] *n abbr* (*fam*) *of* **ammunition**.
ammonia [ə'məunɪə] *n* amonío *m*.
ammunition [,æmju'nɪʃən] **1** *n* municiones *fpl*; (*fig*) argumentos *mpl*. **2** *cpd*: **~ dump** *n* depósito *m* de municiones.
amnesia [æm'niːzɪə] *n* amnesia *f*.
amnesty ['æmnɪstɪ] *n* amnistía *f*; **to grant an ~ to** amnistiar (a), conceder la amnistía a.
amoeba, (*US*) **ameba** [ə'miːbə] *n* (*pl* **~s** *or* **amoebae**) amiba *f*.

amok [ə'mɒk] *adv*: **to run ~** enloquecerse, desbocarse.
among(st) [ə'mʌŋ(st)] *prep* entre, en medio de; **he is ~ those who ...** es de los que ...; **share it ~ yourselves** repártoslo entre vosotros.
amoral [eɪ'mɒrəl] *adj* amoral.
amorous ['æmərəs] *adj* (*person*) cariñoso/a; (*relationship*) amoroso/a.
amorphous [ə'mɔːfəs] *adj* amorfo/a.
amortization [əˌmɔːtɪ'zeɪʃən] *n* amortización *f*.
amount [ə'maʊnt] *n* (*gen: quantity*) cantidad *f*; (*of bill etc*) importe *m*, suma *f*; **in small ~s** en pequeñas cantidades; **the total ~** la totalidad, la cantidad total; (*of money*) la suma total; **a bill for the ~ of** una cuenta por (el) valor de; **any ~ of** cualquier cantidad de.
▸ **amount to** *vi + prep* sumar, ascender a; (*fig*) equivaler a, significar; **this ~s to a refusal** esto equivale a una negativa; **he'll never ~ to much** nunca dejará de ser una nulidad.
amp [æmp], **ampère** ['æmpɛəʳ] **1** *n* amperio *m*. **2** *cpd*: **a 13 ~ plug** un enchufe de 13 amperios.
ampersand ['æmpəsænd] *n* el signo & (*= and*).
amphetamine [æm'fetəmiːn] *n* anfetamina *f*.
amphibian [æm'fɪbɪən] *n* anfibio *m*.
amphibious [æm'fɪbɪəs] *adj* (*animal, vehicle*) anfibio/a.
amphitheatre, (*US*) **amphitheater** ['æmfɪˌθɪətəʳ] *n* (*outdoors*) anfiteatro *m*.
ample ['æmpl] *adj* (*comp* **~r**; *superl* **~st**) (*spacious*) amplio/a; (*abundant*) abundante; (*enough*) bastante.
amplifier ['æmplɪfaɪəʳ] *n* amplificador *m*.
amplify ['æmplɪfaɪ] *vt* (*sound*) amplificar; (*: also Rad*) aumentar; (*statement etc*) desarrollar.
amply ['æmplɪ] *adv* (*abundantly*) abundantemente; (*sufficiently*) bastante, suficientemente; **we were ~ justified** tuvimos plena razón.
ampoule, (*US*) **ampule** ['æmpuːl] *n* ampolla *f*.
amputate ['æmpjʊteɪt] *vt* amputar.
amputation [ˌæmpjʊ'teɪʃən] *n* amputación *f*.
Amsterdam [ˌæmstə'dæm] *n* Amsterdam *m*.
amt *abbr of* **amount** Impte.
amuck [ə'mʌk] *adv* = **amok**.
amuse [ə'mjuːz] *vt* (*cause mirth*) divertir; (*entertain*) distraer, entretener; **to be ~d at** divertirse con; **to keep sb ~d** entretener a algn; **to ~ o.s.** distraerse; **run along and ~ yourselves** marchaos y a pasarlo bien.
amusement [ə'mjuːzmənt] **1** *n* **(a)** (*laughter*) risa *f*; **much to my ~** con gran regocijo mío. **(b)** (*entertainment*) distracción *f*, diversión *f*; **~s** diversiones; **they do it for ~ only** para ellos es un pasatiempo nada más. **2** *cpd*: **~ arcade** *n* galería *f* de atracciones; **~ park** *n* parque *m* de atracciones.
amusing [ə'mjuːzɪŋ] *adj* (*funny*) gracioso/a, divertido/a; (*entertaining*) entretenido/a.
an [æn,ən, n] *indef art see* **a**.
ANA *n abbr* **(a)** *of* **American Newspaper Association**. **(b)** *of* **American Nurses' Association**.
anabolic [ænə'bɒlɪk] *adj*: **~ steroid** esteroide *m* anabolizante.
anachronism [ə'nækrənɪzəm] *n* (*instance*) anacronismo *m*.
anaemia, (*US*) **anemia** [ə'niːmɪə] *n* anemia *f*.
anaemic, (*US*) **anemic** [ə'niːmɪk] *adj* anémico/a; (*fig: weak*) débil.
anaerobic, (*US*) **anerobic** [ˌænɛə'rəʊbɪk] *adj* anaerobio/a.
anaesthetic, (*US*) **anesthetic** [ˌænɪs'θetɪk] *n* anestésico *m*; **local/general ~** anestesia *f* local/total.
anaesthetist, (*US*) **anesthetist** [æ'niːsθɪtɪst] *n* anestesista *mf*.
anaesthetize, (*US*) **anesthetize** [æ'niːsθɪtaɪz] *vt* anestesiar.
anagram ['ænəgræm] *n* anagrama *m*.
anal ['eɪnəl] *adj* anal.
analgesic [ˌænæl'dʒiːsɪk] *adj* analgésico/a.
analogous [ə'næləgəs] *adj* análogo/a (*to, with* a).
analogue, (*US*) **analog** ['ænəlɒg] **1** *n* análogo *m*. **2** *cpd*: **~ computer** *n* calculador *m* analógico.
analogy [ə'nælədʒɪ] *n* analogía *f*; (*similarity*) semejanza *f*; **to draw an ~ between** señalar una semejanza entre.
analyse, (*US*) **analyze** ['ænəlaɪz] *vt* analizar.
analysis [ə'nælɪsɪs] *n* (*pl* **analyses** [ə'nælisiːz]) análisis *m inv*; **in the last ~** a fin de cuentas.
analyst ['ænəlɪst] *n* analista *mf*.
analytic(al) [ˌænə'lɪtɪk(əl)] *adj* analítico/a.
analyze ['ænəlaɪz] *vt* (*US*) = **analyse**.
anarchist ['ænəkɪst] *n* anarquista *mf*.
anarchy ['ænəkɪ] *n* (*Pol*) anarquía *f*; (*fam*) desorden *m*.
anathema [ə'næθɪmə] *n* (*Rel*) anatema *m*; **he is ~ to me** no le puedo ver, para mí es inaguantable.
anatomical [ˌænə'tɒmɪkəl] *adj* anatómico/a.
anatomy [ə'nætəmɪ] *n* anatomía *f*.
ANC *n abbr of* **African National Congress** CNA *m*.
ancestor ['ænsɪstəʳ] *n* antepasado/a *m/f*.
ancestral [æn'sestrəl] *adj* ancestral; **~ home** casa *f* solariega.
ancestry ['ænsɪstrɪ] *n* (*lineage*) ascendencia *f*, linaje *m*; (*noble birth*) abolengo *m*.
anchor ['æŋkəʳ] **1** *n* ancla *f*, áncora *f* (*Lit*); (*fig*) seguridad *f*; (*: person*) pilar *mf*; **to drop/weigh ~** echar/levar anclas. **2** *vt* anclar; (*fig*) sujetar, afianzar. **3** *vi* anclar.
anchorman ['æŋkəmæn] *n* (*pl* **-men**) (*TV*) hombre *m* ancla; (*fig*) hombre clave.
anchovy ['æntʃəvɪ] *n* anchoa *f*.
ancient ['eɪnʃənt] *adj* (*old, classical*) antiguo/a; (*fam*) viejísimo/a; **~ monument** monumento *m* histórico; **~ Rome** la Roma antigua.
ancillary [æn'sɪlərɪ] *adj* (*staff, workers*) auxiliar.
and [ænd,ənd, nd, ən] *conj* y; (*before i-, hi- but not hie-*) e; **you ~ me** tú y yo; **French ~ English** franceses e ingleses; **one ~ a half** uno y medio; **better ~ better** cada vez mejor; **without shoes ~ socks** sin zapatos ni calcetines; **there are lawyers ~ lawyers!** hay abogados y abogados; **he talked ~ talked** habló sin parar *or (LAm)* cesar; **try ~ do it** trata de hacerlo; **wait ~ see** espera y verás; **come ~ see me** ven a verme.
Andalusia [ˌændə'luːzɪə] *n* Andalucía *f*.
Andalusian [ˌændə'luːzɪən] **1** *adj* andaluz(a). **2** *n* andaluz(a) *m/f*; (*Ling*) andaluz *m*.
Andean ['ændɪən] *adj* andino/a; **~ high plateau** altiplanicie *f*, altiplano *m (LAm)*.
Andes ['ændiːz] *npl*: **the ~** los Andes.
Andorra [ˌæn'dɔːrə] *n* Andorra *f*.
androgynous [æn'drɒdʒɪnəs] *adj* andrógino/a.
android ['ændrɔɪd] *n* androide *m*.
anecdote ['ænɪkdəʊt] *n* anécdota *f*.
anemia *etc* [ə'niːmɪə] (*US*) = **anaemia** *etc*.
anemone [ə'nemənɪ] *n* (*Bot*) anemone *f*; (*sea ~*) anémona *f*.
anerobic [ˌænɛə'rəʊbɪk] *adj* (*US*) = **anaerobic**.
anesthesiologist [ˌænɪsˌθiːzɪ'ɒlədʒɪst] *n* (*US*) anestesista *mf*.
anesthetic *etc* [ˌænɪs'θetɪk] (*US*) = **anaesthetic** *etc*.
anew [ə'njuː] *adv* (*poet*) de nuevo, otra vez.
angel ['eɪndʒəl] *n* ángel *m*; **he's an ~** (*fam*) es un ángel; *see* **guardian**.
angelic(al) [æn'dʒelɪk(əl)] *adj* angélico/a.
anger ['æŋgəʳ] **1** *n* cólera *f*, enojo *m (LAm)*; **red with ~** furioso/a, enfurecido/a; **to speak in ~** hablar indignado. **2** *vt* enojar, enfurecer.
angina [æn'dʒaɪnə] *n* (*Med: also* **~ pectoris**) angina *f* (de pecho).
angle[1] [æŋgl] *n* (*Math*) ángulo *m*; (*fig*) punto *m* de vista; **right ~** ángulo recto; **at an ~ of 80°** en un ángulo de 80 grados; **to look at sth from a different ~** (*fig*) enfocar algo desde otro punto de vista; **what's your ~ on this?** ¿tú qué opinas de esto?
angle[2] [æŋgl] *vi* (*for fish*) pescar con caña; **to ~ for** (*fig*) ir

a la caza de.
Anglepoise ® ['æŋglpɔɪz] *n* (*also* ~ **lamp**) lámpara *f* de estudio.
angler ['æŋglə'] *n* pescador(a) *m/f* (de caña).
Anglican ['æŋglɪkən] *adj, n* anglicano/a *m/f*.
anglicize ['æŋglɪsaɪz] *vt* dar forma inglesa a, anglificar.
angling ['æŋglɪŋ] *n* pesca *f* con caña.
Anglo- ['æŋgləʊ] *pref* anglo...; ~**Saxon** anglosajón/ona; ~**Spanish** angloespañol(a).
Angola [æŋ'gəʊlə] *n* Angola *f*.
Angolan [æŋ'gəʊlən] *adj, n* angoleño/a *m/f*.
angora [æŋ'gɔːrə] *n* angora *mf*.
angry ['æŋgrɪ] *adj* (*comp* **-ier**; *superl* **-iest**) (*person, voice*) enfadado/a, enojado/a *(LAm)*; (*letter*) airado/a; (*Med*) inflamado/a; (*sky*) tormentoso/a; **to be** ~ estar enfadado *or* enojado; **to get** ~ enfadarse, enojarse *(LAm)*; ~ **about** *or* **at sth** enfadado *or* enojado por algo; ~ **with sb** enfadado *or* enojado con algn; **you won't be ~, will you?** no te vayas a ofender; **this sort of thing makes me** ~ estas cosas me enfurecen.
angst [æŋst] *n* angustia *f*, congoja *f*.
anguish ['æŋgwɪʃ] *n* (*bodily*) tormentos *mpl*; (*mental*) angustia *f*.
anguished ['æŋgwɪʃt] *adj* angustiado/a, acongojado/a.
angular ['æŋgjʊlə'] *adj* angular; (*face etc*) anguloso/a.
animal ['ænɪməl] **1** *adj* animal. **2** *n* (*not plant*) animal *m*; (*quadruped*) bestia *f*. **3** *cpd*: ~ **rights movement** *n* movimiento *m* pro derechos de los animales.
animate ['ænɪmɪt] **1** *adj* vivo/a. **2** ['ænɪmeɪt] *vt* animar, estimular.
animated ['ænɪmeɪtɪd] *adj* vivo/a, vivaz; ~ **cartoon** dibujos *mpl* animados, caricaturas *fpl (LAm)*; **to become** ~ animarse.
animation [,ænɪ'meɪʃən] *n* (*liveliness*) vivacidad *f*, animación *f*.
animator ['ænɪmeɪtə'] *n* (*Cine*) animador(a) *m/f*.
animosity [,ænɪ'mɒsɪtɪ] *n* animosidad *f*, rencor *m*.
aniseed ['ænɪsiːd] *n* anís *m*.
Ankara ['æŋkərə] *n* Ankara *f*.
ankle ['æŋkl] **1** *n* tobillo *m*. **2** *cpd*: ~ **socks** *npl* calcetines *mpl*.
annals ['ænəlz] *npl* anales *mpl*.
annex [ə'neks] *vt* (*territory*) anexionar (*to* a).
annex(e) ['æneks] *n* (*building*) edificio *m* anexo; (*document*) anexo *m*.
annihilate [ə'naɪəleɪt] *vt* aniquilar.
annihilation [ə,naɪə'leɪʃən] *n* aniquilación *f*, aniquilamiento *m*.
anniversary [,ænɪ'vɜːsərɪ] *n* aniversario *m*; **wedding** ~ aniversario de bodas; **golden/silver wedding** ~ bodas *fpl* de oro/plata.
annotate ['ænəʊteɪt] *vt* comentar.
announce [ə'naʊns] *vt* (*gen*) anunciar; (*inform*) comunicar, hacer saber; (*declare*) declarar; (*in newspaper*) anunciar; **he ~d that he wasn't going** declaró que no iba; **we regret to ~ the death of** lamentamos tener que anunciar la muerte de.
announcement [ə'naʊnsmənt] *n* (*gen*) anuncio *m*; (*declaration*) declaración *f*; ~**s** (*in newspaper*) anuncios; **I'd like to make an** ~ tengo algo que anunciar.
announcer [ə'naʊnsə'] *n* (*Rad*) locutor(a) *m/f*.
annoy [ə'nɔɪ] *vt* fastidiar, molestar, fregar *(LAm fam)*, embromar *(LAm fam)*; **to be ~ed about** *or* **at sth** estar enfadado *or* molesto por algo; **to be ~ed with sb** estar enfadado *or* molesto con algn; **to get ~ed** enfadarse; **he's just trying to ~ you** quiere fastidiarte nada más.
annoyance [ə'nɔɪəns] *n* (*state*) irritación *f*, enojo *m (LAm)*; (*thing*) molestia *f*.
annoying [ə'nɔɪɪŋ] *adj* (*person, habit, noise*) molesto/a, fregado/a *(LAm fam)*, embromado/a *(LAm fam)*; **it's ~ to have to wait** es un fastidio tener que esperar.
annual ['ænjʊəl] **1** *adj* anual; ~ **general meeting** (*Brit*) junta *f* general (anual); ~ **income** ingresos *mpl* anuales; ~ **report** informe *m* anual. **2** *n* (*book*) anuario *m*; (*Bot*) (planta *f*) anual *m*.
annually ['ænjʊəlɪ] *adv* anualmente, cada año; **£500** ~ 500 libras al año.
annuity [ə'njuːɪtɪ] *n* renta *f* vitalicia.
annul [ə'nʌl] *vt* (*judgment, contract, marriage*) anular.
annulment [ə'nʌlmənt] *n* (*of marriage*) anulación *f*.
Annunciation [ə,nʌnsɪ'eɪʃən] *n* Anunciación *f*.
anode ['ænəʊd] *n* ánodo *m*.
anodyne ['ænəʊdaɪn] *adj* anodino/a.
anoint [ə'nɔɪnt] *vt* ungir (*with* de).
anomalous [ə'nɒmələs] *adj* anómalo/a.
anomaly [ə'nɒməlɪ] *n* anomalía *f*.
anon[1] [ə'nɒn] *adv*: **I'll see you** ~ nos veremos luego.
anon[2] [ə'nɒn] *abbr of* **anonymous**.
anonymity [,ænə'nɪmɪtɪ] *n* anonimato *m*; **to preserve one's** ~ conservar el anónimo.
anonymous [ə'nɒnɪməs] *adj* anónimo/a; **he wishes to remain** ~ quiere conservar el anonimato.
anonymously [ə'nɒnɪməslɪ] *adv* anónimamente; **the book came out** ~ salió el libro sin nombre de autor; **he gave £100** ~ dio 100 libras sin revelar su nombre.
anorak ['ænəræk] *n* anorak *m*.
anorexia [,ænə'reksɪə] *n* (*Med*) anorexia *f*; ~ **nervosa** anorexia nerviosa.
anorexic [,ænə'reksɪk] *adj, n* anoréxico/a *m/f*.
another [ə'nʌðə'] **1** *adj* (*additional*) otro/a; (*different*) distinto/a; ~ **one** otro; **would you like ~ beer?** ¿quieres otra cerveza?; **in ~ five years** en cinco años más; **without ~ word** sin decir otra palabra, sin más; **that's quite ~ matter** eso es otra cosa, eso es distinto; **he's ~ Shakespeare** es otro Shakespeare. **2** *pron* otro/a; **they love one** ~ (*2 persons*) se quieren uno a otro; (*more than 2*) se quieren unos a otros.
Ansaphone ® ['ɑːnsəfəʊn] *n* contestador *m* automático.
ANSI *n abbr of* **American National Standards Institute** *instituto de normas*.
answer ['ɑːnsə'] **1** *n* (**a**) (*reply*) respuesta *f*, contestación *f*; **in ~ to your question** en respuesta a su pregunta; **to know all the ~s** saberlo todo.
(**b**) (*solution*) solución *f*; (*Math etc*) resultado *m*; **there is no easy** ~ esto no se resuelve fácilmente.
(**c**) (*defence, reason*) **there must be an** ~ debe de haber una razón, debe de haber una explicación; **he has an ~ to everything** lo justifica todo.
2 *vt* (**a**) contestar a, responder a; **our prayers have been ~ed** nuestras súplicas han sido oídas; **to ~ the door** abrir la puerta, atender la puerta *(LAm)*; **to ~ the telephone** contestar el teléfono.
(**b**) (*fulfil: needs*) satisfacer; (*expectations*) corresponder a; (*purpose*) convenir para.
3 *vi* contestar, responder.
▸ **answer back** *vi + adv* replicar, ser respondón/ona.
▸ **answer for** *vi + prep* (*thing*) ser responsable de; (*person*) pagar por; (*truth of sth*) garantizar; **he's got a lot to ~ for** nos debe muchas explicaciones.
▸ **answer to** *vi + prep* (*name*) atender por; (*description*) corresponder a; **he ~s to the name of Smith** se llama Smith.
answerable ['ɑːnsərəbl] *adj* (**a**) (*responsible*) responsable; **to be ~ to sb for sth** ser responsable ante algn de algo. (**b**) (*question*) que tiene solución.
answer-back ['ɑːnsə,bæk] *n*: ~ **(code)** código *m* de respuesta.
answering ['ɑːnsərɪŋ] *cpd*: ~ **machine** *n* contestador *m* automático; ~ **service** *n* servicio *m* de contestación.
ant [ænt] *n* hormiga *f*.
ANTA *n abbr of* **American National Theater and Academy**.
antacid ['ænt'æsɪd] *n* antiácido *m*.
antagonism [æn'tægənɪzəm] *n* (*towards sb*) hostilidad *f*; (*between people*) rivalidad *f*, antagonismo *m*.
antagonist [æn'tægənɪst] *n* antagonista *mf*, adversa-

rio/a *m/f*.

antagonize [æn'tægənaɪz] *vt* provocar.

Antarctic [ænt'ɑːktɪk] **1** *adj* antártico/a; ~ **Circle/Ocean** círculo *m* Polar Antártico/Océano *m* Antártico. **2** *n*: **the** ~ el Antártico.

Antarctica [ænt'ɑːktɪkə] *n* Antártida *f*.

ante ['æntɪ] (*esp US*) *n*: **to raise** *or* **up the** ~ aumentar las apuestas.

ante... ['æntɪ] *pref* ante....

anteater ['ænt,iːtə'] *n* (*Zool*) oso *m* hormiguero.

antecedent [,æntɪ'siːdənt] *n*: ~**s** (*past history*) antecedentes *mpl*; (*ancestors*) antepasados *mpl*.

antedate ['æntɪ'deɪt] *vt* (**a**) (*precede*) preceder, ser anterior a. (**b**) (*cheque etc*) antedatar.

antelope ['æntɪləʊp] *n* antílope *m*.

antenatal ['æntɪ'neɪtl] *adj* antenatal; ~ **clinic** clínica *f* prenatal.

antenna [æn'tenə] *n* (*pl* **antennae** [æn'teniː]) (**a**) (*of insect, animal*) antena *f*. (**b**) (*TV: pl also* ~*s*) antena *f*.

anteroom ['æntɪrʊm] *n* antesala *f*.

anthem ['ænθəm] *n* (*Rel*) antífona *f*; *see* **national**.

anthill ['ænthɪl] *n* hormiguero *m*.

anthology [æn'θɒlədʒɪ] *n* antología *f*.

anthropoid ['ænθrəʊpɔɪd] *adj* antropoide.

anthropologist [,ænθrə'pɒlədʒɪst] *n* antropólogo/a *m/f*.

anthropology [,ænθrə'pɒlədʒɪ] *n* antropología *f*.

anti... ['æntɪ] **1** *pref* anti.... **2** *prep* (*fam*) en contra de.

anti-aircraft ['æntɪ'ɛəkrɑːft] *adj* (*gun*) antiaéreo/a.

anti-ballistic ['æntɪbə'lɪstɪk] *adj*: ~ **missile** misil *m* antibalístico.

antibiotic ['æntɪbaɪ'ɒtɪk] *n* antibiótico *m*.

antibody ['æntɪ,bɒdɪ] *n* anticuerpo *m*.

Antichrist ['æntɪkraɪst] *n* Anticristo *m*.

anticipate [æn'tɪsɪpeɪt] *vt* (**a**) (*expect: trouble, pleasure*) esperar, contar con; **this is worse than I** ~**d** esto es peor de lo que esperaba; **I** ~ **seeing him tomorrow** espero *or* cuento con verlo mañana; **as** ~**d** según se esperaba, como esperábamos. (**b**) (*forestall: person*) anticiparse a, adelantarse a; (*foresee: event*) prever; (*: question, objection, wishes*) anticipar.

anticipation [æn,tɪsɪ'peɪʃən] *n* (*expectation*) esperanza *f*; (*excitement*) ilusión *f*; **in** ~ (*ahead of time*) de antemano; **in** ~ **of a fine week** esperando una semana de buen tiempo; **thanking you in** ~ en espera de sus noticias, le saluda atentamente; **we waited in great** ~ esperábamos con gran ilusión.

anticlimax ['æntɪ'klaɪmæks] *n* decepción *f*; **the game came as an** ~ el partido no correspondió a las esperanzas.

anticlockwise ['æntɪ'klɒkwaɪz] *adv* en sentido contrario al de las agujas del reloj.

antics ['æntɪks] *npl* (*of clown etc*) payasadas *fpl*; (*of child, animal etc*) gracias *fpl*; (*pranks*) travesuras *fpl*; **he's up to his old** ~ **again** (*pej*) ha vuelto a hacer de las suyas.

anticyclone ['æntɪ'saɪkləʊn] *n* anticiclón *m*.

anti-dandruff [,æntɪ'dændrəf] *adj* anticaspa *inv*.

antidazzle ['æntɪ'dæzl] *adj* antideslumbrante.

antidepressant [,æntɪdɪ'presnt] *n* antidepresivo *m*.

antidote ['æntɪdəʊt] *n* (*Med*) antídoto *m*; (*fig*) remedio *m*.

antifreeze ['æntɪ'friːz] *n* anticongelante *m*.

anti-hero ['æntɪ,hɪərəʊ] *n* antihéroe *m*.

antihistamine [,æntɪ'hɪstəmɪn] *n* antihistamínico *m*.

anti-inflationary [,æntɪɪn'fleɪʃnərɪ] *adj* antiinflacionista.

Antilles [æn'tɪliːz] *npl* Antillas *fpl*.

antimatter ['æntɪ,mætə'] *n* antimateria *f*.

antinuclear ['æntɪ'njuːklɪə'] *adj* antinuclear.

antipathy [æn'tɪpəθɪ] *n* (*between people*) antipatía *f*; (*to person, thing*) aversión *f*.

antiperspirant [,æntɪ'pɜːspərənt] *n* antiperspirante *m*.

Antipodean [æn'tɪpədiːən] *adj* antípoda.

Antipodes [æn'tɪpədiːz] *npl*: **the** ~ las Antípodas.

antiquarian [,æntɪ'kwɛərɪən] **1** *adj* anticuario/a; ~ **bookseller** librero *m* especializado en libros antiguos; ~ **bookshop** librería *f* anticuaria. **2** *n* coleccionista *mf* de antigüedades; (*dealer*) anticuario/a *m/f*.

antiquated ['æntɪkweɪtɪd] *adj* (*pej*) anticuado/a.

antique [æn'tiːk] **1** *adj* (*furniture etc*) clásico/a, de época. **2** *n* antigüedad *f*. **3** *cpd*: ~ **dealer** *n* anticuario/a *m/f*; ~ **shop** *n* tienda *f* de antigüedades.

antiquity [æn'tɪkwɪtɪ] *n* (*age, ancient times*) antigüedad *f*; **antiquities** antigüedades *fpl*; **of great** ~ muy antiguo/a.

antiracist ['æntɪ'reɪsɪst] *adj, n* antirracista *mf*.

antiroll bar ['æntɪ'rəʊlbɑː'] *n* barra *f* estabilizadora *o* antivuelco.

antirust ['æntɪ'rʌst] *adj* antioxidante.

anti-semitic ['æntɪsɪ'mɪtɪk] *adj* antisemita.

anti-semitism ['æntɪ'semɪtɪzəm] *n* antisemitismo *m*.

antiseptic [,æntɪ'septɪk] **1** *adj* antiséptico/a. **2** *n* antiséptico *m*.

antisocial ['æntɪ'səʊʃəl] *adj* (*behaviour, tendency*) antisocial; (*unsociable*) insociable.

antiterrorist ['æntɪ'terərɪst] *adj* antiterrorista.

anti-theft [,æntɪ'θeft] *adj*: ~ **device** sistema *m* anti-robo.

antithesis [æn'tɪθɪsɪs] *n* (*pl* **antitheses** [æn'tɪθɪsiːz]) antítesis *f*.

anti-trust ['æntɪ'trʌst] *adj* antimonopolista; ~ **legislation** legislación *f* antimonopolios.

antivivisectionist ['æntɪ,vɪvɪ'sekʃənɪst] *n* antiviviseccionista *mf*.

antler ['æntlə'] *n* cuerna *f*; ~**s** cornamenta *fsg*.

antonym ['æntənɪm] *n* antónimo *m*.

Antwerp ['æntwɜːp] *n* Amberes *f*.

anus ['eɪnəs] *n* ano *m*.

anvil ['ænvɪl] *n* yunque *m*.

anxiety [æŋ'zaɪətɪ] *n* (**a**) (*concern*) inquietud *f*, preocupación *f*; (*fear etc*) ansia *f*, ansias, angustia *f*; **it is a great** ~ **to me** me preocupa mucho. (**b**) (*eagerness*) ansia *f*, anhelo *m*; ~ **to do sth** anhelo de hacer algo; **in his** ~ **to be gone he forgot his case** tanto ansiaba partir que olvidó su maleta.

anxious ['æŋkʃəs] *adj* (**a**) (*worried*) preocupado/a; (*distressed*) angustiado/a; **I'm very** ~ **about you** me tienes muy preocupado; **with an** ~ **glance** con una mirada llena de inquietud.

(**b**) (*causing worry*) **it was an** ~ **moment** fue un momento de ansiedad.

(**c**) (*eager*) deseoso/a; ~ **for sth/to do sth** deseoso de algo/de hacer algo; **he is** ~ **for success** ansía *or* ambiciona el éxito; **I'm not very** ~ **to go** tengo pocas ganas de ir; **she is** ~ **to see you before you go** se empeña en verte antes de que te vayas.

anxiously ['æŋkʃəslɪ] *adv* (*see adj*) con inquietud; con ansia.

any ['enɪ] **1** *adj* (**a**) (*in questions etc: before nmsg*) algún; (*: elsewhere*) alguno/a; **are there** ~ **tickets left?** ¿quedan entradas?; **have you** ~ **money?** ¿tienes dinero? (**b**) (*with negative: before nmsg*) ningún; (*: elsewhere*) ninguno/a; **I haven't** ~ **money** no tengo dinero; **I don't see** ~ **cows** no veo ninguna vaca; **without** ~ **regret** sin ningún sentimiento.

(**c**) (*no matter which*) cualquier, cualquiera; **at** ~ **moment** en cualquier momento; **wear** ~ **hat (you like)** ponte cualquier sombrero; **bring me** ~ **(old) book** tráeme un libro cualquiera.

(**d**) (*every*) cualquier; **in** ~ **case** de todos modos; ~ **farmer will tell you** te lo dirá cualquier agricultor.

2 *pron* (*in questions etc*) alguno/a; (*with negative*) ninguno/a; (*no matter which*) cualquiera; **have you got** ~? ¿tienes alguno?; **have** ~ **of them arrived?** ¿ha llegado alguno?; **I haven't got** ~ no tengo ninguno; **take** ~ **one you like** tome cualquiera; **few, if** ~ pocos, si es que alguno; **I haven't** ~ **(of them)** no tengo ninguno.

3 *adv* (*in questions etc*) algo; (*with negative*) nada; ~ **more** más; **would you like ~ more soup?** ¿quieres más sopa?; **don't wait ~ longer** no esperes más tiempo; (*esp US: fam*) **it doesn't help us ~** eso no nos ayuda para nada.

anybody ['enɪbɒdɪ] *pron* (**a**) (*in questions etc*) alguien, alguno/a; **did you see ~?** ¿vio a alguien? (**b**) (*negative*) nadie, ninguno/a; **I can't see ~** no veo a nadie. (**c**) (*no matter who*) cualquiera, cualquier persona; **~ will tell you the same** cualquiera te dirá lo mismo; **bring ~ you like** trae a quien quieras; **~ else would have laughed** cualquier otro se hubiera reído; **I'm not going to marry just ~** yo no me caso con cualquiera; **that's ~'s guess** (*fam*) ¡quién sabe!

anyhow ['enɪhaʊ] *adv* (**a**) (*at any rate*) de todas formas, de todos modos; **~, you're here** de todos modos, estás aquí; **I shall go ~** iré de todas maneras. (**b**) (*haphazard*) de cualquier modo; **he leaves things just ~** él deja las cosas de cualquier forma. (**c**) (*by the way*) **why are you going ~?** por cierto, ¿por qué te vas?

anyone ['enɪwʌn] *pron* = **anybody**.

anyplace ['enɪpleɪs] *pron* (*US fam*) = **anywhere**.

anything ['enɪθɪŋ] *pron* (**a**) (*in questions etc*) algo, alguna cosa; **are you doing ~ tonight?** ¿haces algo esta noche?; **~ else?** ¿algo más?; **if ~ it's much better** es mucho mejor si cabe; **it was ~ but pleasant** fue cualquier cosa menos agradable; **I'd give ~ to know** daría cualquier cosa por saberlo.
(**b**) (*negative*) nada; **can't ~ be done?** ¿no se puede hacer nada?; **we can't do ~ else** no podemos hacer otra cosa; **hardly ~** casi nada.
(**c**) (*no matter what*) cualquier cosa; **~ but that** todo menos eso; **they'll eat ~** comen de todo.

anyway ['enɪweɪ] *adv* = **anyhow (a) (c)**.

anywhere ['enɪwɛəʳ] *adv* (**a**) (*in questions etc: location*) (en) algún sitio; (*: direction*) a algún sitio; **do you see it ~?** ¿lo ve en algún sitio?; **~ else** algún otro sitio.
(**b**) (*negative*) en ninguna parte, a ninguna parte; **I'm not going ~** no voy a ninguna parte; **~ else** ninguna otra parte.
(**c**) (*no matter where*) dondequiera, en cualquier parte, donde sea, a cualquier parte; **~ in the world** en cualquier parte del mundo; **put the books down ~** pon los libros en cualquier parte *or* dondequiera *or* donde sea; **it's miles from ~** está en el quinto infierno *or* pino; **~ from 200 to 300** entre 200 y 300.

Anzac ['ænzæk] *n abbr of* **Australia-New Zealand Army Corps**.

A.O.(C.)B. *abbr of* **any other (competent) business** ruegos *mpl* y preguntas.

aorta [eɪ'ɔːtə] *n* aorta *f*.

AP *n abbr of* **Associated Press** *agencia de prensa*.

apart [ə'pɑːt] *adv* (**a**) (*in pieces*) **to fall ~** deshacerse, hacerse pedazos; **to take sth ~** desmontar algo.
(**b**) (*at a distance*) alejado/a; (*separate*) aparte, separado/a; **their birthdays are two days ~** sus cumpleaños se separan por dos días; **he stood ~ from the others** se mantuvo apartado de los otros; **they have lived ~ for 6 months** viven separados desde hace 6 meses; **to keep ~** separar, mantener aislado (*from* de); **I can't tell them ~** no puedo distinguir el uno del otro; **joking ~ ...** en serio ...; **these problems ~ ...** aparte de estos problemas ..., estos problemas aparte ...; **~ from** aparte (de); **~ from the fact that ...** aparte del hecho de que ....

apartheid [ə'pɑːteɪt] *n* apartheid *m*.

aparthotel [ə'pɑːthəʊ,tel] *n* apart(a)hotel *m*.

apartment [ə'pɑːtmənt] **1** *n* (*US: flat*) piso *m*, departamento *m (LAm)*. **2** *cpd*: **~ house** *n* (*US*) casa *f* de apartamentos.

apathetic [,æpə'θetɪk] *adj* apático/a, indiferente.

apathy ['æpəθɪ] *n* apatía *f*, indiferencia *f*.

APB *n abbr* (*US*) *of* **all points bulletin** *frase usada por la policía por 'descubrir y aprehender'*.

APC *n abbr of* **armo(u)red personnel carrier**.

ape [eɪp] **1** *n* (*esp anthropoid*) mono *m*; **to go ~** (*US fam*) volverse loco/a, enloquecer. **2** *vt* imitar, remedar.

Apennines ['æpɪnaɪnz] *npl* Apeninos *mpl*.

aperitif [ə'perɪ'tiːf] *n* aperitivo *m*.

aperture ['æpətʃjʊəʳ] *n* (*crack*) rendija *f*, resquicio *m*; (*Phot*) abertura *f*.

APEX ['eɪpeks] **1** *n abbr* (**a**) (*Brit*) *of* **Association of Professional, Executive, Clerical and Computer Staff** *sindicato*. (**b**) (*also apex*) *of* **Advance Purchase Excursion**. **2** *cpd*: **~ fare/ticket** *n* precio *m*/billete *m* APEX.

apex ['eɪpeks] *n* (*Math*) vértice *m*; (*fig*) cumbre *f*, cima *f*.

aphid ['eɪfɪd] *n* áfido *m*.

aphorism ['æfərɪzəm] *n* aforismo *m*.

aphrodisiac [,æfrəʊ'dɪzɪæk] **1** *adj* afrodisiaco/a. **2** *n* afrodisiaco *m*.

API *n abbr* (*US*) *of* **American Press Institute**.

apiece [ə'piːs] *adv* cada uno/a.

aplenty [ə'plentɪ] *adv*: **there was food ~** había comida abundante, había abundancia de comida.

aplomb [ə'plɒm] *n* aplomo *m*, confianza *f*; **with great ~** con gran serenidad.

APO *n abbr* (*US*) *of* **Army Post Office**.

Apocalypse [ə'pɒkəlɪps] *n* Apocalipsis *m*.

apocalyptic [ə,pɒkə'lɪptɪk] *adj* apocalíptico/a.

Apocrypha [ə'pɒkrɪfə] *npl* libros *mpl* apócrifos de la Biblia.

apocryphal [ə'pɒkrɪfəl] *adj* apócrifo/a.

apolitical [,eɪpə'lɪtɪkəl] *adj* apolítico/a.

apologetic [ə,pɒlə'dʒetɪk] *adj* (*look, remark*) de disculpa; **he was very ~ about it** estaba lleno de disculpas.

apologetically [ə,pɒlə'dʒetɪkəlɪ] *adv* con aire de disculpa.

apologize [ə'pɒlədʒaɪz] *vi* disculparse (*to sb for sth* con algn por algo); (*for absence etc*) presentar las excusas; **to ~ for sb** pedir perdón por algn; **there's no need to ~** no hay de qué disculparse.

apology [ə'pɒlədʒɪ] *n* disculpa *f*, excusa *f*; **an ~ for a stew** (*pej*) una birria de guisado; **I demand an ~** exijo que se disculpe; **to make** *or* **offer an ~** disculparse, presentar sus excusas (*for* por); **please accept my apologies** le ruego me disculpe; **there are apologies from Gerry and Jane** se han excusado Gerry and Jane.

apoplectic [,æpə'plektɪk] *adj* (*Med*) apoplético/a; (*fam: very angry*) furioso/a.

apoplexy ['æpəpleksɪ] *n* apoplejía *f*; **to have ~** (*fig*) reventar (de rabia).

apostle [ə'pɒsl] *n* (*Rel*) apóstol *m*.

apostolic [,æpəs'tɒlɪk] *adj* apostólico/a.

apostrophe [ə'pɒstrəfɪ] *n* (*Ling*) apóstrofo *m*.

apotheosis [ə,pɒθɪ'əʊsɪs] *n* (*pl* **apotheoses** [ə,pɒθɪ'əʊsiːz]) apoteosis *f*.

appal, (*US*) **appall** [ə'pɔːl] *vt* horrorizar, espantar; **I was ~led by the news** me horrorizó la noticia.

Appalachians [,æpə'leɪʃənz] *npl* Montes *mpl* Apalaches.

appalling [ə'pɔːlɪŋ] *adj* (*ignorance, conditions, destruction*) espantoso/a, horroroso/a; (*fam*) fatal; (*: taste etc*) pésimo/a.

apparatus [,æpə'reɪtəs] *n* (*Anat, Mech*) aparato *m*; (*set of instruments*) equipo *m*; (*system*) sistema *m*, aparato.

apparel [ə'pærəl] *n* atuendo *m*.

apparent [ə'pærənt] *adj* (*seeming*) aparente; (*clear*) claro/a, manifiesto/a; **to become ~** quedar claro; **more ~ than real** más aparente que real; **it is ~ that** está claro que.

apparently [ə'pærəntlɪ] *adv* por lo visto, según parece, dizque *(LAm fam)*.

apparition [,æpə'rɪʃən] *n* (*ghost*) aparecido *m*, fantasma *m*.

appeal [ə'piːl] **1** *n* (**a**) (*call*) llamamiento *m*, llamado *m (LAm)*; (*plea*) súplica *f*; **an ~ for funds** una solicitud de fondos; **an ~ for help** una petición de socorro; **he made**

an ~ for calm rogó la calma.
(**b**) (*Jur*) apelación *f*; **to lodge an ~** presentar una apelación, apelar; **right of ~** derecho *m* de apelación.
(**c**) (*attraction*) atractivo *m*, encanto *m*; **a book of general ~** un libro de interés general; *see* **sex**.
2 *vi* (**a**) (*call, beg*) **to ~ (to sb) for sth** suplicar *or* rogar algo (a algn); **to ~ for funds** solicitar fondos.
(**b**) (*Jur*) apelar; **to ~ against/to** apelar contra *or* de/a.
(**c**) (*attract*) atraer, llamar la atención a; **jazz does not ~ to me** el jazz no me gusta; **it ~s to the imagination** despierta la imaginación.
3 *cpd*: **~ court** *n* tribunal *m* de apelación; **~s procedure** *n* procedimiento *m* de apelación.

appealing [ə'pi:lɪŋ] *adj* (*moving*) conmovedor(a), emocionante; (*attractive*) atractivo/a.

appear [ə'pɪəʳ] *vi* (**a**) (*come into sight*) aparecer; **he ~ed from nowhere** apareció de la nada. (**b**) (*in public*) presentarse; (*Theat*) actuar; (*book etc*) publicarse, salir; **to ~ on TV** salir en TV; **she ~ed in 'Fuenteovejuna'** hizo un papel en 'Fuenteovejuna'. (**c**) (*Jur*) comparecer; **to ~ on a charge of murder** comparecer acusado de homicidio; **to ~ for** representar a. (**d**) (*seem*) parecer; **he ~s tired** parece cansado; **it ~s that** parece que; **so it would ~** según parece.

appearance [ə'pɪərəns] *n* (**a**) (*act*) aparición *f*; (*Jur*) comparencia *f*; (*Theat*) presentación *f*; (*of book etc*) publicación *f*; **to make one's first ~** hacer la primera aparición, debutar; **to put in an ~** hacer acto de presencia. (**b**) (*look*) apariencia *f*, aspecto *m*; **in ~** de aspecto; **~s can be deceptive** las apariencias engañan; **to all ~s** al parecer; **to keep up ~s** salvar las apariencias; **at first ~** a primera vista.

appease [ə'pi:z] *vt* (*pacify*) apaciguar, calmar; (*: anger*) aplacar; (*satisfy*) satisfacer; (*: hunger*) saciar; (*: curiosity*) satisfacer, saciar.

appeasement [ə'pi:zmənt] *n* (*Pol*) entreguismo *m*.

appellate [ə'pelɪt] *adj*: **~ court** (*US*) tribunal *m* de apelación.

append [ə'pend] (*frm*) *vt* (*add: signature*) añadir; (*attach*) adjuntar; (*Comput*) anexionar (al final).

appendage [ə'pendɪdʒ] *n* apéndice *m*, añadidura *f*.

appendicitis [ə,pendɪ'saɪtɪs] *n* apendicitis *f*; **acute ~** apendicitis aguda.

appendix [ə'pendɪks] *n* (*pl* **appendices** [ə'pendɪsi:z]) (*Anat, of book etc*) apéndice *m*; **to have one's ~ out** hacerse extirpar el apéndice.

appetite ['æpɪtaɪt] *n* apetito *m* (*for* para); (*fig*) deseo *m*, anhelo *m*; **to have a good ~** tener buen apetito.

appetizer ['æpɪtaɪzəʳ] *n* (*drink*) aperitivo *m*; (*food*) tapas *fpl (Sp)*, botanas *fpl (Mex)*, bocaditos *mpl (Per)*.

appetizing ['æpɪtaɪzɪŋ] *adj* apetitoso/a, apetecedor(a).

applaud [ə'plɔ:d] **1** *vt* aplaudir; (*fig*) celebrar. **2** *vi* aplaudir.

applause [ə'plɔ:z] *n* aplausos *mpl*; (*fig: approval*) aprobación *f*; (*: praise*) alabanza *f*.

apple ['æpl] **1** *n* (*fruit*) manzana *f*; **the ~ of one's eye** (*fam*) la niña de los ojos (de algn); **the Big A~** (*US*) Nueva York *f*. **2** *cpd*: **~ pie** *n* pastel *m* de manzana, pay *m* de manzana *(LAm)*; **~-pie** *adj*: **in ~-pie order** en perfecto orden; **~ tree** *n* manzano *m*.

applecart ['æplkɑ:t] *n*: **to upset the ~** echarlo todo a rodar, desbaratar los planes.

appliance [ə'plaɪəns] *n* aparato *m*; **electrical ~** (aparato) electrodoméstico *m*.

applicable [ə'plɪkəbl] *adj* aplicable, pertinente; **this law is also ~ to foreigners** esta ley se refiere también a los extranjeros; **a rule ~ to all** una regla que se extiende a todos.

applicant ['æplɪkənt] *n* (*for a post etc*) aspirante *mf*, candidato/a *m/f*; (*who makes a request*) solicitante *mf*; (*: Law*) suplicante *mf*.

application [,æplɪ'keɪʃən] **1** *n* (**a**) (*of ointment etc*) aplicación *f*; **for external ~ only** (*Med*) para uso externo. (**b**) (*request*) solicitud *f*, petición *f*; **details may be had on ~ to X** los detalles pueden obtenerse por solicitud a X. (**c**) (*diligence*) aplicación *f*; **he lacks ~** le falta aplicación. **2** *cpd*: **~ form** *n* solicitud *f*; **~s package** *n* (*Comput*) paquete *m* de programas de aplicación; **~(s) program** *n* programa *m* de aplicaciones; **~(s) software** *n* paquete *m* de aplicación *or* aplicaciones.

applied [ə'plaɪd] *adj* aplicado/a; **~ linguistics** lingüística *f* aplicada; **~ mathematics** matemáticas *fpl* aplicadas.

apply [ə'plaɪ] **1** *vt* (*ointment, paint, knowledge etc*) aplicar (*to* a); (*impose: rule, law*) emplear, recurrir a; (*brake*) aplicar; (*funds*) destinar; **to ~ pressure** ejercer presión, presionar; **to ~ one's mind to a problem** dedicarse a resolver un problema; **to ~ oneself to a task** dedicarse *or* aplicarse a una tarea; **to ~ a match to sth** prender fuego a algo con una cerilla.
2 *vi* (**a**) **to ~ (to)** (*be applicable*) aplicar (a), referirse (a); (*be relevant*) tener que ver (con); **the law applies to everybody** la ley es para todos.
(**b**) (*request*) solicitar; **to ~ for** pedir, solicitar; (*post*) solicitar, presentarse a; **to ~ to sb for sth** dirigirse a algn por algo.

appoint [ə'pɔɪnt] *vt* (**a**) (*nominate*) nombrar; **they ~ed him chairman** le nombraron presidente. (**b**) (*frm: time, place*) señalar, fijar; **at the ~ed time** a la hora señalada. (**c**) **a well-~ed house** una casa bien equipada.

appointment [ə'pɔɪntmənt] *n* (**a**) (*to a job*) nombramiento *m*; (*job*) puesto *m*, empleo *m*; **'~s (vacant)'** (*Press*) '(puestos) vacantes'. (**b**) (*engagement*) cita *f*, compromiso *m*; **I have an ~ at 10** tengo cita/compromiso a las 10; **by ~** por cita; **have you an ~?** (*to caller*) ¿tiene Ud cita?; **to keep an ~** acudir a una cita; **to make an ~ with sb** citarse con algn.

apportion [ə'pɔ:ʃən] *vt* (*food etc*) repartir, distribuir; (*blame*) asignar; **the blame is to be ~ened equally** todos tienen la culpa por partes iguales.

appraisal [ə'preɪzəl] *n* valoración *f*; (*fig*) estimación *f*, apreciación *f*.

appraise [ə'preɪz] *vt* (*value*) tasar, valorar; (*fig*) apreciar; (*: situation etc*) evaluar.

appreciable [ə'pri:ʃəbl] *adj* sensible; **an ~ difference** una diferencia apreciable; **an ~ sum** una cantidad importante.

appreciably [ə'pri:ʃəblɪ] *adv* sensiblemente, perceptiblemente.

appreciate [ə'pri:ʃɪeɪt] **1** *vt* (**a**) (*be grateful for*) apreciar, agradecer; **I ~d your help** agradecí tu ayuda. (**b**) (*value*) valorar, apreciar; **he does not ~ music** no aprecia la música; **I am not ~d here** no me aprecian aquí. (**c**) (*understand: problem, difference*) comprender; **yes, I ~ that** sí, lo comprendo. **2** *vi* (*property etc*) aumentar(se) en valor.

appreciation [ə,pri:ʃɪ'eɪʃən] *n* (**a**) (*understanding*) comprensión *f*; (*of art etc*) aprecio *m*; (*praise*) apreciación *f*, reconocimiento *m*; (*gratitude*) agradecimiento *m*; (*report*) aprecio *m*, informe *m*; (*obituary*) (nota *f*) necrológica *f*; (*Lit*) crítica *f*, comentario *m*; **he showed no ~ of my difficulties** no reconoció mis dificultades; **as a token of my ~** en señal de mi gratitud. (**b**) (*rise in value*) aumento *m* en valor.

appreciative [ə'pri:ʃɪətɪv] *adj* (*look, comment*) agradecido/a, apreciativo/a; (*audience*) atento/a; **he was very ~ of what I had done** mostró un profundo agradecimiento por lo que había hecho.

apprehend [,æprɪ'hend] (*frm*) *vt* (*arrest*) detener; (*understand*) comprender.

apprehension [,æprɪ'henʃən] *n* (*arrest*) detención *f*; (*fear*) aprensión *f*, temor *m*; **my chief ~ is that** mi temor principal es que.

apprehensive [,æprɪ'hensɪv] *adj* aprensivo/a, receloso/a.

apprentice [ə'prentɪs] **1** *n* (*learner*) aprendiz(a) *m/f*; (*beginner*) principiante *mf*. **2** *vt*: **to ~ to** colocar de apren-

diz con; **to be ~d to** estar de aprendiz con. **3** *cpd*: ~ **electrician** *n* aprendiz *m* de electricista.
apprenticeship [ə'prentɪʃɪp] *n* aprendizaje *m*; **to serve one's ~** hacer el aprendizaje.
apprise [ə'praɪz] *vt* (*frm*) **to ~ sb of sth** participar algo a algn; **I was never ~d of your decision** no se me comunicó nunca su decisión.
appro ['æprəʊ] *abbr* (*Comm*) *of* **approval**; **on ~** a prueba.
approach [ə'prəʊtʃ] **1** *vt* (**a**) (*come near*) acercarse a; (*fig: subject, problem, job*) abordar, considerar; (*in quality*) aproximarse a; (*in appearance*) parecerse a; **I ~ it with an open mind** lo considero imparcialmente; **he's ~ing 50** se acerca a los 50; **no other painter ~es him** (*fig*) no hay otro pintor que se le pueda comparar; **to ~ sb about sth** hablar con algn sobre algo.
(**b**) (*with request etc*) abordar, dirigirse a; **have you ~ed your bank manager?** ¿has hablado con tu gerente de banco?
2 *vi* acercarse; **the ~ing elections** las elecciones que se aproximan.
3 *n* (**a**) (*act*) acercamiento *m*; **at the ~ of night** a la entrada de la noche.
(**b**) (*to problem, subject*) enfoque *m*, planteamiento *m*; **a new ~ to maths** un nuevo enfoque sobre las matemáticas; **I don't like your ~ to this matter** no me gusta su modo de enfocar esta cuestión.
(**c**) (*access*) acceso *m*; (*road*) vía *f or* camino *m* de acceso; **~es** accesos; **the northern ~es of the city** las rutas norte de acceso a la ciudad.
(**d**) (*offer*) oferta *f*, propuesta *f*; (*proposal*) proposición *f*, propuesta; **to make ~es to sb** dirigirse a algn.
4 *cpd*: ~ **road** *n* vía *f* de acceso, entrada *f*.
approachable [ə'prəʊtʃəbl] *adj* (*person*) accesible, abordable.
approaching [ə'prəʊtʃɪŋ] *adj* próximo/a, venidero/a; (*car etc*) que se acerca *or* viene en dirección opuesta.
approbation [,æprə'beɪʃən] *n* (*approval*) aprobación *f*.
appropriate [ə'prəʊprɪɪt] **1** *adj* (*convenient*) oportuno/a, conveniente; (*apt*) apropiado/a, adecuado/a; (*authority*) competente; ~ **for,** ~ **to** apropiado para; **whichever seems more ~** el que sea más apropiado; **A, and where ~, B** A, y en su caso, B. **2** [ə'prəʊprɪeɪt] *vt* (*steal*) apropiarse de; (*set aside: funds*) asignar, destinar (*for* a).
appropriately [ə'prəʊprɪɪtlɪ] *adv* (*see adj*) convenientemente; en forma apropiada; ~ **dressed for the occasion** vestido como conviene para la ocasión.
appropriation [ə,prəʊprɪ'eɪʃən] **1** *n* (*allocation*) asignación *f*; (*Comm, Fin*) apropiación *f*. **2** *cpd*: ~ **account** *n* cuenta *f* de asignación.
approval [ə'pru:vəl] *n* (*consent*) consentimiento *m*; (*commendation*) aprobación *f*, visto bueno *m*; **on ~** a prueba; **to meet with sb's ~** obtener la aprobación de algn.
approve [ə'pru:v] *vt* (*plan etc*) aprobar, dar el visto bueno a; **~d school** (*Brit*) correccional *m*, reformatorio *m*.
► **approve of** *vi + prep* consentir en, aprobar; (*person*) tener un buen concepto de; **they don't ~ of me** no les caigo en gracia; **he doesn't ~ of smoking or drinking** está en contra del tabaco y del alcohol.
approving [ə'pru:vɪŋ] *adj* de aprobación, aprobatorio/a.
approvingly [ə'pru:vɪŋlɪ] *adv* con aprobación.
approx *abbr of* **approximately**.
approximate [ə'prɒksɪmɪt] **1** *adj* aproximado/a. **2** [ə'prɒksɪmeɪt] *vi*: **to ~ to** aproximarse a, acercarse a.
approximately [ə'prɒksɪmətlɪ] *adv* aproximadamente, más o menos, como (*esp LAm*); **the film lasts 3 hours ~** la película dura 3 horas poco más o menos, la película dura como 3 horas.
approximation [ə,prɒksɪ'meɪʃən] *n* aproximación *f*.
APR, apr *n abbr of* **annual(ized) percentage rate** TAE *f*.
Apr. *abbr of* **April** ab(r).
apricot ['eɪprɪkɒt] *n* (*fruit*) albaricoque *m*, damasco *m* (*LAm*).
April ['eɪprəl] **1** *n* abril *m*; *see* **July** *for usage*. **2** *cpd*: ~ **Fool!** ¡inocente!; ~ **Fools' Day** *n* día *m* de los inocentes.
apron ['eɪprən] **1** *n* delantal *m*; (*workman's*) mandil *m*; (*Aer*) pista *f*. **2** *cpd*: **he's tied to his mother's/wife's ~ strings** está pegado a las faldas de su madre/esposa.
apropos [,æprə'pəʊ] **1** *adv* a propósito. **2** *prep*: ~ **of** a propósito de. **3** *adj* oportuno/a.
apse [æps] *n* ábside *m*.
APT *n abbr* (*Brit*) *of* **Advanced Passenger Train** ≈ TGV *m*.
apt [æpt] *adj* (*comp* ~**er**; *superl* ~**est**) (**a**) (*to the point: remark*) acertado/a, oportuno/a; (*suitable*) apropiado/a; (*: description*) exacto/a, atinado/a. (**b**) (*liable*) **to be ~ to do sth** ser propenso/a a hacer algo; **he's ~ to be late** tiende a *or* suele llegar tarde; **I am ~ to be out on Mondays** los lunes suelo salir, por costumbre salgo los lunes; **we are ~ to forget that ...** nos olvidamos fácilmente de que .... (**c**) (*quick*) listo/a.
Apt. *abbr of* **apartment** Apto.
aptitude ['æptɪtju:d] **1** *n* (*ability*) capacidad *f*; (*tendency*) inclinación *f*. **2** *cpd*: ~ **test** *n* prueba *f* de aptitud.
aptly ['æptlɪ] *adv* (*see adj*) acertadamente; apropiadamente; exactamente.
aqualung ['ækwəlʌŋ] *n* escafandra *f* autónoma.
aquamarine [,ækwəmə'ri:n] *adj* (de color) verde mar.
aquarium [ə'kwɛərɪəm] *n* (*tank, building*) acuario *m*.
Aquarius [ə'kwɛərɪəs] *n* Acuario *m*.
aquatic [ə'kwætɪk] *adj* acuático/a.
aqueduct ['ækwɪdʌkt] *n* acueducto *m*.
aquiline ['ækwɪlaɪn] *adj*: **an ~ nose** una nariz aguileña *or* aquilina.
AR *abbr* (**a**) (*Comm*) *of* **account rendered** cuenta *f* girada. (**b**) (*for tax*) *of* **annual return** declaración *f* anual. (**c**) (*report*) *of* **annual return** informe *m* anual. (**d**) (*US Post*) *of* **Arkansas**.
ARA *n abbr* (*Brit*) *of* **Associate of the Royal Academy**.
Arab ['ærəb] **1** *adj* árabe. **2** *n* (*person*) árabe *mf*; (*horse*) caballo *m* árabe.
arabesque [,ærə'besk] *n* (*Ballet etc*) arabesco *m*.
Arabia [ə'reɪbɪə] *n* Arabia *f*.
Arabian [ə'reɪbɪən] *adj* árabe, arábigo/a; **the ~ Desert/Gulf** el desierto/golfo Arábigo; ~ **Sea** Mar *m* de Omán.
Arabic ['ærəbɪk] **1** *adj* árabe; ~ **numerals** numeración *f* arábiga. **2** *n* (*Ling*) árabe *m*.
arable ['ærəbl] *adj*: ~ **farming** agricultura *f*; ~ **land** tierra *f* de cultivo *or* cultivable.
Aragon ['ærəgən] *n* Aragón *m*.
Aragonese [,ærəgə'ni:z] **1** *adj* aragonés/esa. **2** *n* aragonés/esa *m/f*; (*Ling*) aragonés *m*.
ARAM *n abbr* (*Brit*) *of* **Associate of the Royal Academy of Music**.
Aramaic [,ærə'meɪɪk] *n* arameo *m*.
arbiter ['ɑ:bɪtə^r] *n* árbitro *m*.
arbitrary ['ɑ:bɪtrərɪ] *adj* (*not reasoned*) arbitrario/a; (*impulsive*) caprichoso/a.
arbitrate ['ɑ:bɪtreɪt] *vi* arbitrar (*between* entre).
arbitration [,ɑ:bɪ'treɪʃən] *n* arbitraje *m*; **they went to ~** recurrieron al arbitraje.
arbitrator ['ɑ:bɪtreɪtə^r] *n* árbitro *mf*.
arbour, (*US*) **arbor** ['ɑ:bə^r] *n* cenador *m*, pérgola *f*.
ARC *n abbr* (**a**) *of* **American Red Cross**. (**b**) (*Med*) *of* **AIDS-related complex**.
arc [ɑ:k] **1** *n* arco *m*. **2** *cpd*: ~ **lamp** *n* lámpara *f* de arco; (*in welding*) arco *m* voltaico; ~ **welding** *n* soldadura *f* por arco.
arcade [ɑ:'keɪd] *n* (*shopping ~*) pasaje *m*; (*round public square*) portales *mpl*; (*in building, church*) claustro *m*; (*Archit: arch*) bóveda *f*; (*passage*) arcada *f*.
arcane [ɑ:'keɪn] *adj* arcano/a.
arch[1] [ɑ:tʃ] **1** *n* (**a**) (*Archit*) arco *m*. (**b**) (*of foot*) arco *m* del pie; **fallen ~es** pies *mpl* planos. **2** *vt* (*back, body etc*) arquear; **to ~ one's eyebrows** arquear las cejas.

arch[2] [ɑːtʃ] *adj* (*great*) gran, grande; (*malicious: remark*) malicioso/a; **an ~ criminal** un super criminal.

archaeological, (*US*) **archeological** [ˌɑːkɪəˈlɒdʒɪkəl] *adj* arqueológico/a.

archaeologist, (*US*) **archeologist** [ˌɑːkɪˈɒlədʒɪst] *n* arqueólogo/a *m/f*.

archaeology, (*US*) **archeology** [ˌɑːkɪˈɒlədʒɪ] *n* arqueología *f*.

archaic [ɑːˈkeɪɪk] *adj* arcaico/a.

archangel [ˈɑːkˌeɪndʒəl] *n* arcángel *m*.

archbishop [ˈɑːtʃˈbɪʃəp] *n* arzobispo *m*; **the A~ of Canterbury** el Arzobispo de Canterbury.

archdiocese [ˈɑːtʃˈdaɪəsɪs] *n* archidiócesis *f*.

arched [ɑːtʃt] *adj* abovedado/a.

arch-enemy [ˈɑːtʃˈenɪmɪ] *n* archienemigo/a *m/f*.

archeology *etc* [ˌɑːkɪˈɒlədʒɪ] (*US*) = **archaeology** *etc*.

archer [ˈɑːtʃəʳ] *n* arquero *m*.

archery [ˈɑːtʃərɪ] *n* tiro *m* al arco.

archetypal [ɑːkɪˈtaɪpl] *adj* arquetípico/a.

archetype [ˈɑːkɪtaɪp] *n* (*original*) arquetipo *m*; (*epitome*) modelo *m*, ejemplo *m*.

archipelago [ˌɑːkɪˈpelɪgəʊ] *n* archipiélago *m*.

architect [ˈɑːkɪtekt] *n* arquitecto/a *m/f*; (*fig*) artífice *m*.

architectural [ˌɑːkɪˈtektʃərəl] *adj* arquitectónico/a.

architecture [ˈɑːkɪtektʃəʳ] *n* arquitectura *f*.

archive [ˈɑːkaɪv] **1** *n* (*gen, Comput*) archivo *m*. **2** *cpd*: **~ file** *n* fichero *m* archivado.

archway [ˈɑːtʃweɪ] *n* (*passage*) pasaje *m* abovedado; (*arch*) arco *m*, bóveda *f*.

ARCM *n abbr* (*Brit*) *of* **Associate of the Royal College of Music**.

arctic [ˈɑːktɪk] **1** *adj* ártico/a; (*fig*) glacial, helado/a; **A~ Circle/Ocean** Círculo *m* Polar/Océano *m* Ártico. **2** *n*: **the A~** el Ártico.

ARD *n abbr* (*US*) *of* **acute respiratory disease**.

ardent [ˈɑːdənt] *adj* (*supporter, lover*) apasionado/a; (*desire*) ardiente, vivo/a.

ardour, (*US*) **ardor** [ˈɑːdəʳ] *n* (*passion*) ardor *m*, pasión *f*; (*fervour*) fervor *m*.

arduous [ˈɑːdjʊəs] *adj* arduo/a; (*climb, journey*) penoso/a; (*task*) difícil.

are [ɑːʳ] *2nd pers sg, 1st, 2nd and 3rd pers pl of* **be**.

area [ˈɛərɪə] **1** *n* (**a**) (*extent*) área *f*, extensión *f*; (*surface*) superficie *f*. (**b**) (*region*) región *f*, zona *f*; **the London ~** la zona de Londres; **in the ~ of £5000** sobre las 5000 libras. (**c**) (*fig: of knowledge*) campo *m*, terreno *m*; (*: of responsibility etc*) área *f*, ámbito *m*. **2** *cpd*: **~ code** *n* (*US Telec*) prefijo *m*; **~ manager** *n* gerente *m* de zona; **~ office** *n* oficina *f* regional.

arena [əˈriːnə] *n* (*stadium*) estadio *m*; (*Bullfighting: building*) plaza *f*; (*: pit*) ruedo *m*; (*circus*) pista *f*; (*fig: stage*) palestra *f*; **the political ~** el ruedo político.

aren't [ɑːnt] = **are not**.

Argentina [ˌɑːdʒənˈtiːnə] *n* Argentina *f*.

Argentine [ˈɑːdʒəntaɪn] **1** *adj* argentino/a. **2** *n* argentino/a *m/f*; **the ~** la Argentina.

Argentinian [ˌɑːdʒənˈtɪnɪən] *adj, n* argentino/a *m/f*.

Argie [ˈɑːdʒɪ] *n* (*fam pej*) *see* **Argentine; Argentinian**.

argy-bargy [ˈɑːdʒɪˈbɑːdʒɪ] *n* (*Brit fam*) pelotera *f* (*fam*), altercado *m*.

arguable [ˈɑːgjʊəbl] *adj* discutible; **it is ~ whether ...** no está probado que ...; **it is ~ that ...** se puede decir que ....

arguably [ˈɑːgjʊəblɪ] *adv*: **he is ~ the best player in the world** se podría mantener que es el mejor jugador del mundo.

argue [ˈɑːgjuː] **1** *vi* (**a**) (*dispute*) discutir, pelear(se) (*LAm*); **to ~ about sth (with sb)** pelearse (con algn) por algo; **don't ~!** ¡no discutas!, ¡no alegues! (*LAm*).

(**b**) (*reason*) razonar, argumentar; **to ~ against** oponerse a; **to ~ for** abogar por.

2 *vt* (*debate: case, matter*) debatir, discutir; (*persuade*) persuadir; (*maintain*) mantener, sostener; **he ~d me into doing it** me convenció de que lo hiciera; **he ~d against doing it** se manifestó en contra de hacerlo; **he ~d that it couldn't be done** argumentó que no se podía hacer.

argument [ˈɑːgjʊmənt] *n* (**a**) (*reason*) argumento *m* (*for* en pro de; *against* en contra de); **I don't follow your ~** no le sigo su argumento; **to be open to ~** estar dispuesto a dejarse convencer. (**b**) (*quarrel*) discusión *f*, disputa *f*; *see* **sake**.

argumentative [ˌɑːgjʊˈmentətɪv] *adj* (*person*) discutidor(a).

aria [ˈɑːrɪə] *n* aria *f*.

ARIBA [əˈriːbə] *n abbr* (*Brit*) *of* **Associate of the Royal Institute of British Architects**.

arid [ˈærɪd] *adj* árido/a.

Aries [ˈɛəriːz] *n* Aries *m*.

arise [əˈraɪz] (*pt* **arose**; *pp* **arisen** [əˈrɪzn]) *vi* (**a**) (*occur*) presentarse; (*result from*) surgir; **difficulties have ~n** han surgido dificultades; **should the need ~** de ser necesario; **a storm arose** se levantó una tormenta; **the question does not ~** no hay tal problema, la cuestión no viene al caso; **there are problems arising from his attitude** surgen problemas a raíz de su actitud; **matters arising (from the last meeting)** asuntos pendientes (de la última reunión). (**b**) (*old: get up*) levantarse, alzarse.

aristocracy [ˌærɪsˈtɒkrəsɪ] *n* (*nobility*) aristocracia *f*.

aristocrat [ˈærɪstəkræt] *n* aristócrata *mf*.

aristocratic [ˌærɪstəˈkrætɪk] *adj* aristocrático/a.

arithmetic [əˈrɪθmətɪk] *n* aritmética *f*; **mental ~** cálculo *m* mental.

arithmetical [ˌærɪθˈmetɪkəl] *adj* aritmético/a.

Ariz. *abbr* (*US*) *of* **Arizona**.

Ark. *abbr* (*US*) *of* **Arkansas**.

ark [ɑːk] *n*: **Noah's A~** el Arca *f* de Noé; **it's out of the A~** viene del año de la nana.

arm [ɑːm] **1** *n* (**a**) (*Anat, of chair*) brazo *m*; **~ in ~** tomados del brazo; **with folded ~s** con los brazos cruzados; **with open ~s** (*fig*) con los brazos abiertos; **within ~'s reach** al alcance de la mano; **to chance one's ~** arriesgarse, aventurarse; **I'd give my right ~ to own it** daría todo lo que tengo por poseerlo; **to keep sb at ~'s length** (*fig*) mantener a algn a distancia; **to pay an ~ and a leg for sth** (*fam*) dar un ojo de la cara por algo; **to put one's ~ round sb** abrazar a algn; **to take sb in one's ~s** abrazar a algn; **to twist sb's ~** convencer a algn a la fuerza, presionar a algn.

(**b**) **~s** (*Mil*) armas *fpl*; (*coat of ~s*) escudo *m*; **to be up in ~s about** (*fig*) poner el grito en el cielo contra, protestar por.

2 *vt* (*person, ship*) armar; **to ~ o.s. with arguments** armarse de argumentos.

3 *cpd*: **~s dealer** *n* traficante *m* de armas; **the ~s race** *n* la carrera armamentística.

Armageddon [ˌɑːməˈgedn] *n* Armagedón *m*, lucha *f* suprema.

armaments [ˈɑːməmənts] *npl* (*weapons*) armamento *msg*; **the ~ industry** la industria de armamentos.

armband [ˈɑːmbænd] *n* brazalete *m*.

armchair [ˈɑːmtʃɛəʳ] *n* sillón *m*.

armed [ɑːmd] *adj* armado/a; **the ~ forces** las fuerzas armadas; **~ robbery** robo *m* a mano armada.

Armenia [ɑːˈmiːnɪə] *n* Armenia *f*.

Armenian [ɑːˈmiːnɪən] **1** *adj* armenio/a. **2** *n* armenio/a *m/f*; (*Ling*) armenio *m*.

armful [ˈɑːmfʊl] *n* brazada *f*.

armhole [ˈɑːmhəʊl] *n* sobaquera *f*, sisa *f*.

armistice [ˈɑːmɪstɪs] *n* armisticio *m*.

armour, (*US*) **armor** [ˈɑːməʳ] *n* (*Mil*) armadura *f*; (*steel plates*) blindaje *m*.

armoured, (*US*) **armored** [ˈɑːməd], **armour-plated**, (*US*) **armor-plated** [ˈɑːməˈpleɪtɪd] *adj* acorazado/a, blindado/a; **~ car** (carro *m*) blindado *m*.

armour-plating, (*US*) **armor-plating** [ˈɑːməˈpleɪtɪŋ] *n* blindaje *m*.

armoury, *(US)* **armory** ['ɑːməri] *n* armería *f*, arsenal *m*.
armpit ['ɑːmpɪt] *n* sobaco *m*, axila *f*; *(fig fam: unpleasant place)* cloaca *f*.
armrest ['ɑːmrest] *n* apoyo *m* para el brazo, apoyabrazos *m inv*; *(of chair)* brazo *m*.
arm-wrestling ['ɑːm,reslɪŋ] *n* lucha *f* a pulso.
army ['ɑːmɪ] *n (Mil, fig)* ejército *m*; **to join the ~** alistarse, engancharse.
aroma [ə'rəʊmə] *n* aroma *m*, olor *m*.
aromatic [,ærəʊ'mætɪk] *adj* aromático/a.
arose [ə'rəʊz] *pt of* **arise**.
around [ə'raʊnd] **1** *adv* **(a)** *(place)* alrededor, en los alrededores; **for miles ~** por millas a la redonda; **all ~** por todos lados; **he must be somewhere ~** debe estar por aquí; **she's been ~** *(fam)* ha viajado mucho, ha visto mucho mundo; *(pej)* sabe de la vida.
(b) *(approximately)* aproximadamente, alrededor de; **~ 50** 50 más o menos; **~ 2 o'clock** a eso de las 2; **he must be ~ 50** debe estar cerca de los 50.
2 *prep* alrededor de; **we're looking ~ for a house** estamos buscando casa; **it's just ~ the corner** está a la vuelta de la esquina; *see also* **about; round**.
arouse [ə'raʊz] *vt (awaken)* despertar; *(fig)* estimular, despertar.
ARP *npl abbr of* **air-raid precautions**.
arr. *abbr of* **arrives**.
arrange [ə'reɪndʒ] **1** *vt* **(a)** *(put into order: books, thoughts, furniture)* ordenar; *(: hair, flowers etc)* arreglar.
(b) *(Mus)* adaptar, hacer los arreglos de.
(c) *(decide on)* decidir; *(plan)* planear, fijar; **to ~ a time for** fijar una hora para; **everything is ~d** todo está arreglado; **it was ~d that ...** se quedó en que ...; **what did you ~ with him?** ¿qué organizaron con él?, ¿en qué quedaron con él?; **'to be ~d'** 'por determinar'.
2 *vi (agree, decide)* ponerse de acuerdo; **to ~ to do sth** quedar en hacer algo; **I ~d to meet him at the cafe** quedé en verlo en el café; **to ~ for sth/for sb to do sth** acordar algo/acordar que algn haga algo; **I have ~d for you to go** lo he arreglado para que vayas.
arrangement [ə'reɪndʒmənt] *n* **(a)** *(order)* orden *m*, arreglo *m*; *(act, Mus)* arreglo. **(b)** *(agreement)* acuerdo *m*; **to come to an ~ (with sb)** llegar a un acuerdo (con algn); **prices by ~** precios *mpl* a convenir. **(c)** *(plan)* plan *m*; **~s** *(plans)* planes; *(preparations)* preparativos *mpl*; **we must make ~s to help** debemos ver cómo podemos ayudar; **to make one's own ~s** obrar por cuenta propia; **if this ~ doesn't suit you** si no le conviene el arreglo.
array [ə'reɪ] *n (Mil)* formación *f*, orden *m*; *(collection)* serie *f*; *(Comput)* matriz *f*, tabla *f*; **in battle ~** en orden de batalla; **a fine ~ of hats** una buena colección de sombreros.
arrears [ə'rɪəz] *npl (of money)* atrasos *mpl*; *(of work)* trabajo *msg* atrasado; **to be in ~** estar atrasado/a; **to get into ~s** atrasarse en los pagos; **to pay one month in ~s** pagar con un mes de retraso.
arrest [ə'rest] **1** *n* detención *f*; **to be under ~** quedar detenido/a. **2** *vt (criminal)* detener; *(fig: attention)* atraer; *(halt: progress, decay etc)* detener, parar.
arresting [ə'restɪŋ] *adj* llamativo/a, que llama la atención.
arrival [ə'raɪvəl] *n* llegada *f*, arribo *m (esp LAm)*; **'A~s'** *(Aer)* 'Llegadas'; **Jim was the first ~ at the party** Jim fue el primero en llegar a la fiesta; **a new ~** un(a) recién llegado/a; *(baby)* un(a) recién nacido/a; **on ~** al llegar.
arrive [ə'raɪv] *vi* llegar, arribar *(esp LAm)*; *(succeed)* tener éxito, triunfar.
▸ **arrive at** *vi + prep* llegar a; **to ~ at a decision** llegar a una decisión.
arrogance ['ærəgəns] *n* arrogancia *f*, prepotencia *f (esp LAm)*.
arrogant ['ærəgənt] *adj* arrogante, altanero/a, prepotente *(esp LAm fam)*.
arrow ['ærəʊ] *n (weapon, sign)* flecha *f*.
arse [ɑːs] *(fam!) n* culo *m (fam)*; **he can't tell his ~ from his elbow** confunde el culo con las témporas *(fam)*; **get off your ~** ¡menearse!
arsehole ['ɑːsheʊl] *n (fam!)* gilipollas *m (fam)*, pendejo *m (LAm fam)*, huevón *m (CSur fam)*.
arsenal ['ɑːsɪnl] *n* arsenal *m*.
arsenic ['ɑːsnɪk] *n* arsénico *m*.
arson ['ɑːsn] *n* incendio *m* premeditado.
art [ɑːt] **1** *n* **(a)** *(painting etc)* arte *m*; **the ~s** las bellas artes; **work of ~** obra *f* de arte.
(b) *(skill)* habilidad *f*, destreza *f*; *(technique)* técnica *f*; *(knack)* maña *f*; *(gift)* don *m*, facilidad *f*.
(c) Faculty of A~s Facultad *f* de Filosofía y Letras; *see* **bachelor; fine[1] 1 (c)**.
2 *cpd*: **~s and crafts** *npl* artes *fpl* y oficios *mpl*; **~ college** *n* escuela *f* de Bellas Artes; **~ gallery** *n* museo *m* (de arte); **~ school** *n* escuela *f* de arte; **A~s Council** *n (Brit)* ≈ Consejería *f* de Cultura *(Sp)*.
artefact ['ɑːtɪfækt] *n* artefacto *m*.
arterial [ɑː'tɪərɪəl] *adj (blood)* arterial; *(road etc)* principal.
arteriosclerosis [ɑː'tɪərɪəʊsklɪə'rəʊsɪs] *n* arteriosclerosis *f*.
artery ['ɑːtərɪ] *n (Anat, road etc)* arteria *f*.
artesian [ɑː'tiːzɪən] *adj*: **~ well** pozo *m* artesiano.
artful ['ɑːtfʊl] *adj (cunning: person, trick)* mañoso/a, hábil, ladino/a *(esp LAm)*.
arthritic [ɑː'θrɪtɪk] *adj* artrítico/a.
arthritis [ɑː'θraɪtɪs] *n* artritis *f*.
artichoke ['ɑːtɪtʃəʊk] *n (globe ~)* alcachofa *f*, alcaucil *m*; *(Jerusalem ~)* aguaturma *f*, cotufa *f (LAm)*.
article ['ɑːtɪkl] **1** *n* **(a)** *(gen)* artículo *m*; *(physical thing)* objeto *m*, cosa *f*; **~s of clothing** prendas *fpl* de vestir. **(b)** *(in newspaper etc)* artículo *m*; **leading ~** editorial *m*. **(c)** *(Ling)* **definite/indefinite ~** artículo *m* definido/indefinido. **(d) ~s** *(Admin, Jur)* artículo *msg*, cláusula *fsg*; **~s of association** *(Comm)* estatutos *mpl* sociales, escritura *fsg* social. **2** *vt*: **to be ~d to** estar de aprendiz con, servir bajo contrato a; **~d clerk** pasante *m*.
articulate [ɑː'tɪkjʊlɪt] **1** *adj (speech, account)* claro/a; **he's not very ~** no se expresa con facilidad. **2** [ɑː'tɪkjʊleɪt] *vt* **(a)** *(pronounce)* articular, pronunciar. **(b) ~d lorry** camión *m* articulado.
articulation [ɑː,tɪkjʊ'leɪʃən] *n (act)* expresión *f*; *(manner)* articulación *f*.
artifact ['ɑːtɪfækt] *n (esp US)* = **artefact**.
artifice ['ɑːtɪfɪs] *n (cunning)* habilidad *f*, ingenio *m*; *(trick)* artificio *m*, ardid *m*.
artificial [,ɑːtɪ'fɪʃəl] *adj (synthetic: light)* artificial; *(: hair, limb)* postizo/a; *(fig, pej: smile etc)* afectado/a; **~ insemination** inseminación *f* artificial; **~ intelligence** inteligencia *f* artificial; **~ respiration** respiración *f* artificial.
artificially [,ɑːtɪ'fɪʃəlɪ] *adv (see adj)* artificialmente; afectadamente, con afectación.
artillery [ɑː'tɪlərɪ] *n (guns, troops etc)* artillería *f*.
artisan ['ɑːtɪzæn] *n* artesano/a *m/f*.
artist ['ɑːtɪst] *n* artista *mf*.
artiste [ɑː'tiːst] *n (Theat etc)* artista *mf* (de teatro *etc*); *(Mus)* intérprete *mf*.
artistic [ɑː'tɪstɪk] *adj (ability, design, temperament)* artístico/a; **to be ~** tener talento para el arte.
artistically [ɑː'tɪstɪkəlɪ] *adv* artísticamente; **to be ~ inclined** tener talento para el arte.
artistry ['ɑːtɪstrɪ] *n (skill)* arte *m*, habilidad *f*.
artless ['ɑːtlɪs] *adj (simple)* natural, sencillo/a; *(foolish)* ingenuo/a; *(clumsy)* torpe, patoso/a.
arty ['ɑːtɪ] *(fam) adj* cultureta; **she looks ~, she is ~-looking** tiene pinta de cultureta.
ARV *n abbr of* **American Revised Version** *versión norteamericana de la Biblia*.

AS *abbr* (*US*) (**a**) *of* **Associate in** *or of Science*. (**b**) (*Post*) *of* **American Samoa.**

as [æz, əz] *conj* (**a**) (*while*) mientras (que); (*when*) cuando; ~ **yet** hasta ahora; **we talked ~ we walked** hablábamos mientras andábamos; **he came in ~ I was leaving** entró cuando yo salía; ~ **from tomorrow/~ of yesterday** a partir de mañana/de ayer; ~ **a child, I often sang** de niño, cantaba a menudo.
(**b**) (*because*) como; ~ **he can't come** ... como él no puede venir ...; ~ **far ~ I know** que yo sepa.
(**c**) (*although*) aunque; **tired ~ he was, he went to the party** aunque estaba cansado, asistió a la fiesta.
(**d**) (*in comparisons: also adv*) ~ ... ~ tan ... como, tanto/a ... como; ~ **long** ~ mientras; ~ **soon** ~ tan pronto como; ~ **well** ~ tanto como; **twice ~ old** el doble de viejo; ~ **tall ~ him** tan alto como él; ~ **quickly ~ possible** lo más rápido posible; ~ **big ~ a house** grande como una casa; **you've got ~ much ~ she has** tienes tanto como ella.
(**e**) (*way, manner*) como; **do ~ you wish** haga lo que quiera, haga como quiera; **leave things ~ they are** deje las cosas como están; ~ **it is** tal como están las cosas; **you've got plenty ~ it is** tienes bastante ya; ~ **I've said before** ... como he dicho antes ...; **disguised ~ a nun** disfrazado de monja; **he succeeded ~ a politician** tuvo éxito como político.
(**f**) (*concerning*) en cuanto a, en lo que se refiere a, en lo tocante a; ~ **to that I can't say** en lo que a eso se refiere, no le sé decir; ~ **for the children, they were exhausted** en cuanto a los niños, estaban rendidos; ~ **far ~ I'm concerned** en lo que a mí se refiere; ~ **well** también.
(**g**) ~ **if**, ~ **though** como si; **he looked ~ if he was ill** parecía como si estuviera enfermo; *see* **be 1(a); same; so; soon (c); such 1.**

ASA *n abbr* (**a**) (*Brit*) *of* **Advertising Standards Authority** *organismo que fija las normas publicitarias*. (**b**) (*Brit*) *of* **Amateur Swimming Association.** (**c**) *of* **American Standards Association** *organismo que fija niveles de calidad de los productos*.

a.s.a.p. *adv abbr of* **as soon as possible** cuanto antes, lo más pronto posible.

asbestos [æz'bestəs] *n* amianto *m*, asbesto *m*.

asbestosis [,æzbes'təʊsɪs] *n* asbestosis *f*.

ascend [ə'send] **1** (*frm*) *vt* (*stairs*) subir; (*mountain*) subir a; (*throne*) ascender a, subir a. **2** *vi* (*rise*) subir, ascender; (*: in flight*) remontar; (*slope up*) elevarse.

ascendancy [ə'sendənsɪ] *n* ascendiente *m*, dominio *m*.

ascendant [ə'sendənt] *n*: **to be in the ~** estar en auge, ir ganando predominio.

Ascension [ə'senʃən] *cpd*: **A~ Day** *n* día *m* de la Ascención; ~ **Island** *n* Isla *f* Ascensión.

ascent [ə'sent] *n* (*act, way up*) subida *f*; (*in plane*) ascenso *m*; (*slope*) pendiente *f*, cuesta *f*.

ascertain [,æsə'teɪn] *vt* averiguar.

ascetic [ə'setɪk] **1** *adj* ascético/a. **2** *n* asceta *mf*.

asceticism [ə'setɪsɪzəm] *n* ascetismo *m*.

ASCII *n abbr* (*Comput*) *of* **American Standard Code for Information Interchange** *código estándar norteamericano para el intercambio de información*.

ascribe [ə'skraɪb] *vt*: **to ~ sth to sb/sth** atribuir algo a algn/algo.

ASCU *n abbr* (*US*) *of* **Association of State Colleges and Universities.**

ASE *n abbr of* **American Stock Exchange.**

ASEAN *n abbr of* **Association of South-East Asian Nations.**

aseptic [eɪ'septɪk] *adj* aséptico/a.

asexual [eɪ'seksjʊəl] *adj* asexual.

ASH [æʃ] *n abbr* (*Brit*) *of* **Action on Smoking and Health** *organización anti-tabaco*.

ash[1] [æʃ] *n* (*Bot*) fresno *m*.

ash[2] [æʃ] **1** *n* ceniza *f*. **2** *cpd*: **A~ Wednesday** *n* miércoles *m* de Ceniza.

ashamed [ə'ʃeɪmd] *adj* avergonzado/a, apenado/a (*LAm*); **to feel ~** tener *or* sentir vergüenza, apenarse (*LAm*); **I am ~ of you** me avergüenzo de ti; **I was ~ to ask for money** me daba vergüenza pedir dinero; **you ought to be ~ of yourself!** ¡debería darte vergüenza!, ¡no te da vergüenza!; **it's nothing to be ~ of** no hay por qué avergonzarse *or* apenarse.

ash-can ['æʃkæn] *n* (*US*) cubo *m or* (*LAm*) bote *m or* (*LAm*) tarro *m* de la basura.

ashen ['æʃn] *adj* ceniciento/a; (*pale*) pálido/a.

ashore [ə'ʃɔːʳ] *adv* en tierra; **to go/come ~** desembarcar; **to run ~** encallar.

ashtray ['æʃtreɪ] *n* cenicero *m*.

Asia ['eɪʃə] *n* Asia *f*; ~ **Minor** Asia Menor.

Asian ['eɪʃn] *adj, n* asiático/a *m/f*.

Asiatic [,eɪsɪ'ætɪk] *adj, n* asiático/a *m/f*.

aside [ə'saɪd] **1** *adv* a un lado; **to set** *or* **put sth ~** apartar algo; **to cast ~** desechar, echar a un lado; **to step ~** hacerse a un lado. **2** *prep*: ~ **from** (*as well as*) aparte de, además de; (*except for*) aparte de. **3** *n* (*Theat*) aparte *m*.

ask [ɑːsk] **1** *vt* (**a**) (*inquire*) preguntar; **to ~ about sth** preguntar acerca de algo; **to ~ sb a question** hacer una pregunta a algn; **don't ~ me!** (*fam*) ¡yo qué sé!, ¡qué sé yo! (*esp LAm*); **if you ~ me** ... para mí que ..., en mi opinión ....
(**b**) (*request*) pedir; **I ~ed him to come** le pedí que viniera; **to ~ sb a favour** pedir un favor a algn; **how much are they ~ing for the coat?** ¿cuánto piden por el abrigo?; **the ~ing price** el precio inicial; **that's ~ing a lot** eso es pedir demasiado *or* mucho pedir.
(**c**) (*invite*) invitar, convidar (*esp LAm*); **to ~ sb out** invitar a algn a salir.
2 *vi* (*inquire*) preguntar; (*request*) pedir; **it's yours for the ~ing** basta con pedir.

▸ **ask after** *vi* + *prep* preguntar por.

▸ **ask back** *vt* + *adv* (*for second visit*) volver a invitar; **to ~ sb back** (*on reciprocal visit*) invitar a algn a que devuelva la visita.

▸ **ask for** *vi* + *prep* (*person*) preguntar por, buscar; (*help, information, money*) solicitar, pedir; **it's just ~ing for trouble** es buscarse problemas; **he ~ed for it!** (*fig*) ¡él se lo ha buscado!

▸ **ask in** *vt* + *adv* invitar a entrar, invitar a pasar.

▸ **ask out** *vt* + *adv*: **they never ~ her out** no le invitan nunca a salir (con ellos).

askance [ə'skɑːns] *adv*: **to look ~ at sth/sb** mirar *or* ver algo/algn con recelo *or* desconfianza.

askew [ə'skjuː] **1** *adj* ladeado/a. **2** *adv* de lado.

asleep [ə'sliːp] *adj* (*not awake*) dormido/a; (*numb*) adormecido/a; **to be fast ~** estar profundamente dormido/a; **to fall ~** dormirse, quedarse dormido/a; **my foot's ~** se me ha quedado dormido el pie.

ASLEF ['æzlef] *n abbr* (*Brit*) *of* **Associated Society of Locomotive Engineers and Firemen** *sindicato*.

ASM *n abbr of* **air-to-surface missile.**

ASP *abbr of* **American Selling Price.**

asp [æsp] *n* áspid(e) *m*.

asparagus [əs'pærəgəs] *n* (*plant*) espárrago *m*; (*food*) espárragos *mpl*.

ASPCA *n abbr of* **American Society for the Prevention of Cruelty to Animals.**

aspect ['æspekt] *n* (**a**) (*of situation etc*) aspecto *m*; **to study all ~s of a question** estudiar un asunto bajo todos los aspectos. (**b**) (*of building etc*) **a house with a northerly ~** una casa orientada hacia el norte.

aspersions [əs'pɜːʃənz] *npl*: **to cast ~ on sb** difamar *or* calumniar a algn.

asphalt ['æsfælt] *n* asfalto *m*.

asphyxia [æs'fɪksɪə] *n* asfixia *f*.

asphyxiate [æs'fɪksɪeɪt] **1** *vt* asfixiar. **2** *vi* asfixiarse, morir asfixiado/a.

asphyxiation [æs,fɪksɪ'eɪʃən] *n* asfixia *f*.

aspic ['æspɪk] *n* gelatina *f* de carne *etc*.

aspirant ['æspɪrənt] *n* aspirante *mf*, candi-

dato/a *m/f* (*to* a).
aspiration [ˌæspəˈreɪʃən] *n* (*ambition*) aspiración *f*, ambición *f*; (*desire*) deseo *m*, anhelo *m*.
aspire [əsˈpaɪəʳ] *vi*: **to ~ to** aspirar a, anhelar.
aspirin [ˈæsprɪn] *n* (*substance, tablet*) aspirina *f*.
aspiring [əsˈpaɪərɪŋ] *adj* ambicioso/a.
ass[1] [æs] *n* (*Zool*) asno *m*, burro *m*; (*fig fam: fool*) burro/a *m/f*; **to make an ~ of o.s.** quedar en ridículo.
ass[2] [æs] (*US fam!*) *n* culo *m*; **kiss my ~!** ¡vete a la mierda! (*fam!*), ¡vete al carajo! (*esp LAm fam!*).
assail [əˈseɪl] *vt* (*frm: attack*) acometer, atacar; (*fig: with questions etc*) asaltar, abrumar; **doubts began to ~ him** le asaltaban las dudas.
assailant [əˈseɪlənt] *n* asaltador(a) *m/f*, agresor(a) *m/f*.
assassin [əˈsæsɪn] *n* asesino/a *m/f*.
assassinate [əˈsæsɪneɪt] *vt* asesinar.
assassination [əˌsæsɪˈneɪʃən] *n* asesinato *m*.
assault [əˈsɔːlt] **1** *n* (*Mil, fig*) asalto *m* (*on* sobre); (*Jur*) violencia *f*; **~ and battery** (*Jur*) lesiones *fpl*; **indecent ~** atentado *m* contra el pudor, estupro *m* (*LAm*). **2** *vt* asaltar, atacar; (*Jur*) asaltar, agredir; (*sexually*) violar. **3** *cpd*: **~ course** *n* pista *f* americana.
assemble [əˈsembl] **1** *vt* reunir, juntar; (*put together*) armar, montar. **2** *vi* reunirse, juntarse.
assembly [əˈsemblɪ] **1** *n* (*meeting*) reunión *f*, asamblea *f*; (*Pol: parliament*) parlamento *m*; (*Tech*) montaje *m*, ensamblaje *m*; **the right of ~** el derecho de reunión. **2** *cpd*: **~ language** *n* (*Comput*) lenguaje *m* ensamblador; **~ line production** *n* producción *f* en cadena; **~ plant** *n* planta *f* de montaje, maquiladora *f* (*Mex*).
assent [əˈsent] **1** *n* (*agreement*) asentimiento *m*, consentimiento *m*; (*approval*) aprobación *f*; **by common ~** por acuerdo común. **2** *vi* asentir (*to* a), consentir (*to* en).
assert [əˈsɜːt] *vt* (*declare*) afirmar, aseverar; (*insist on: rights*) hacer valer; **to ~ o.s.** imponerse.
assertion [əˈsɜːʃən] *n* afirmación *f*, aseveración *f*.
assertive [əˈsɜːtɪv] *adj* (*energetic*) enérgico/a; (*forceful*) agresivo/a; (*dogmatic*) perentorio/a.
assertiveness [əˈsɜːtɪvnɪs] *n* asertividad *f*.
assess [əˈses] *vt* (*price*) valorar, tasar; (*calculate*) calcular; (*tax*) gravar; (*damages*) fijar; (*fig: situation etc*) enjuiciar, valorar.
assessment [əˈsesmənt] *n* (*of worth, value*) valoración *f*, tasación *f*; (*tax*) gravamen *m*; (*judgment*) juicio *m*; **continuous ~** evaluación *f* continua.
assessor [əˈsesəʳ] *n* asesor(a) *m/f*; (*US: of taxes etc*) tasador(a) *m/f*; **~'s office** oficina *f* municipal.
asset [ˈæset] *n* (*useful quality*) ventaja *f*; **personal/real ~s** bienes *mpl* muebles/raíces; **~s** (*Comm: on accounts*) haberes *mpl*, activo *msg*; **~s and liabilities** activo *m* y pasivo *m*.
asset-stripping [ˈæsetˌstrɪpɪŋ] *n* (*Fin*) acaparamiento *m* de activos.
asshole [ˈæshəʊl] (*esp US fam!*) *n* culo *m* (*fam!*); (*person*) gilipollas *mf inv* (*fam!*).
assiduous [əˈsɪdjʊəs] *adj* asiduo/a.
assiduously [əˈsɪdjʊəslɪ] *adv* asiduamente.
assign [əˈsaɪn] *vt* (*allot: task etc*) asignar; (*attribute*) atribuir; (*Jur: property*) ceder; (*appoint*) **to ~ sb to** designar a algn para.
assignation [ˌæsɪgˈneɪʃən] *n* (*meeting: of lovers*) cita *f* secreta.
assignment [əˈsaɪnmənt] *n* (*mission*) misión *f*; (*task*) tarea *f*; (*Scol etc*) trabajo *m*.
assimilate [əˈsɪmɪleɪt] *vt* asimilar.
assimilation [əˌsɪmɪˈleɪʃən] *n* asimilación *f*.
assist [əˈsɪst] **1** *vt* (*help: person*) ayudar; **to ~ sb to do sth** ayudar a algn a hacer algo; **we ~ed him to his car** le ayudamos a llegar a su coche. **2** *vi* (*help*) **to ~ in sth/in doing sth** ayudar en algo/a hacer algo.
assistance [əˈsɪstəns] *n* ayuda *f*, auxilio *m*; **can I be of any ~?** ¿puedo ayudarle?, ¿le puedo servir en algo?; **to come to sb's ~** acudir en ayuda *or* auxilio de algn.
assistant [əˈsɪstənt] **1** *n* ayudante *mf*; (*language ~*) lector(a) *m/f*. **2** *cpd*: **~ director** *n* (*Theat*) subdirector(a) *m/f* de escena; *see* **shop**; **~ manager** *n* subdirector(a) *m/f*; **~ professor** *n* (*US*) profesor(a) *m/f* agregado/a; **~ secretary** *n* subsecretario/a *m/f*.
assizes [əˈsaɪzɪz] *npl* (*Brit*) sesiones *fpl* jurídicas (regionales).
assn *abbr of* **association**.
associate [əˈsəʊʃɪɪt] **1** *adj* (*company, member etc*) asociado/a; **~ director** subdirector(a); **~ professor** (*US*) profesor(a) *m/f* adjunto/a. **2** *n* (*colleague*) colega *mf*; (*member*) socio/a *m/f*. **3** [əˈsəʊʃɪeɪt] *vt* (*connect*) conectar, asociar; (*ideas*) relacionar; **to ~ o.s. with sth** (*identify, be connected*) relacionarse con algo; **I don't wish to be ~d with it** no quiero tener nada que ver con ello; **~d company** compañía *f* asociada. **4** [əˈsəʊʃɪeɪt] *vi*: **to ~ with** tratar con, frecuentar.
association [əˌsəʊsɪˈeɪʃən] *n* (**a**) (*act, partnership*) asociación *f*; (*organization*) sociedad *f*, asociación; **in ~ with** conjuntamente con. (**b**) (*connection*) conexión *f*; **~ of ideas** asociación *f* de ideas; **the name has unpleasant ~s** el nombre trae recuerdos desagradables.
assorted [əˈsɔːtɪd] *adj* surtido/a.
assortment [əˈsɔːtmənt] *n* (*mixture: Comm*) surtido *m*; **there was a strange ~ of guests** había una extraña mezcla de invitados.
asst *abbr of* **assistant**.
assuage [əˈsweɪdʒ] *vt* (*feelings, anger*) aliviar; (*pain*) calmar, aliviar; (*appetite*) satisfacer, saciar.
assume [əˈsjuːm] *vt* (**a**) (*suppose*) suponer; **we may therefore ~ that** así, es de suponer que; **assuming that ...** suponiendo que ..., en el supuesto de que .... (**b**) (*take on or over: power, control*) asumir; (*adopt: name*) adoptar; (*look of surprise*) afectar, adoptar; **(under) an ~d name** (bajo) (un) nombre falso.
assumption [əˈsʌmpʃən] *n* (**a**) (*supposition*) suposición *f*, supuesto *m*; **on the ~ that** suponiendo que, poniendo por caso que; **that's only an ~** es una susposición. (**b**) **the A~** (*Rel*) la Asunción.
assurance [əˈʃʊərəns] *n* (**a**) (*guarantee*) garantía *f*, promesa *f*; **I give you my ~ that** le puedo asegurar que. (**b**) (*confidence*) confianza *f*; (*self-confidence*) seguridad *f*, aplomo *m*; **he spoke with ~** habló con seguridad. (**c**) (*Brit: insurance*) seguro *m*.
assure [əˈʃʊəʳ] *vt* (*make certain: person*) asegurar; **I ~d him of my support** le aseguré mi apoyo; **success was ~d** el éxito estaba asegurado; **you may rest ~d that ..., let me ~ you that ...** tenga la seguridad de que ....
asswipe [ˈæswaɪp] *n* (*US fam!*) mamón *m* (*fam!*).
AST *n abbr* (*Canada*) *of* **Atlantic Standard Time**.
asterisk [ˈæstərɪsk] *n* asterisco *m*.
astern [əˈstɜːn] *adv* a popa.
asteroid [ˈæstərɔɪd] *n* asteroide *m*.
asthma [ˈæsmə] *n* asma *f*.
asthmatic [æsˈmætɪk] *adj* asmático/a.
astigmatism [æsˈtɪgmətɪzəm] *n* astigmatismo *m*.
ASTM *n abbr of* **American Society for Testing Materials**.
ASTMS *n abbr* (*Brit*) *of* **Association of Scientific, Technical and Managerial Staff** *sindicato*.
astonish [əˈstɒnɪʃ] *vt* asombrar, pasmar; **you ~ me!** (*iro*) ¡no me digas!, ¡vaya sorpresa!; **to be ~ed** asombrarse (*at* de).
astonishing [əˈstɒnɪʃɪŋ] *adj* (*achievement etc*) asombroso/a, pasmoso/a; **I find it ~ that ...** me asombra *or* pasma que ....
astonishingly [əˈstɒnɪʃɪŋlɪ] *adv* increíblemente, asombrosamente; **it was ~ easy** asombraba lo fácil que era, era asombrosamente fácil.
astonishment [əˈstɒnɪʃmənt] *n* asombro *m*; **to my ~** para mi gran sorpresa.
astound [əˈstaʊnd] *vt* asombrar, pasmar.
astounding [əˈstaʊndɪŋ] *adj* asombroso/a, pasmoso/a.

astral ['æstrəl] *adj* astral.
astray [ə'streɪ] *adv*: **to go** ~ extraviarse; (*fig: make a mistake*) equivocarse; (*morally*) ir por mal camino; **to lead sb** ~ (*fig*) llevar a algn por mal camino.
astride [ə'straɪd] *prep* (*horse, fence*) a horcajadas sobre.
astringent [əs'trɪndʒənt] **1** *adj* astringente. **2** *n* astringente *m*.
astro... [æstrəʊ] *pref* astro....
astrologer [əs'trɒlədʒəʳ] *n* astrólogo/a *m/f*.
astrology [əs'trɒlədʒɪ] *n* astrología *f*.
astronaut ['æstrənɔːt] *n* astronauta *mf*.
astronomer [əs'trɒnəməʳ] *n* astrónomo/a *m/f*.
astronomical [ˌæstrə'nɒmɪkəl] *adj* astronómico/a.
astronomy [əs'trɒnəmɪ] *n* astronomía *f*.
astrophysics ['æstrəʊ'fɪzɪks] *nsg* astrofísica *f*.
Astroturf ® ['æstrəʊtɜːf] *n* césped *m* artificial.
Asturian [æ'stʊərɪən] **1** *adj* asturiano/a. **2** *n* asturiano/a *m/f*; (*Ling*) asturiano *m*.
Asturias [æ'stʊərɪæs] *n* Asturias *f*.
astute [əs'tjuːt] *adj* (*person*) astuto/a, listo/a; (*mind, decision*) astuto/a.
asunder [ə'sʌndəʳ] *adv*: **to tear** ~ hacer pedazos, romper en dos.
ASV *n abbr* (*US*) *of* **American Standard Version** *traducción americana de la Biblia*.
asylum [ə'saɪləm] *n* (**a**) (*refuge*) asilo *m*; **to seek political** ~ pedir asilo político. (**b**) (*lunatic* ~) manicomio *m*.
asymmetric(al) [ˌeɪsɪ'metrɪk(əl)] *adj* asimétrico/a.
AT *n abbr of* **Automatic Translation** TA *f*.
at [æt] *prep* (**a**) (*position*) en; (*direction*) a; ~ **the top** en lo alto; (*of mountain*) en la cumbre; ~ **school** en la escuela, en el colegio; ~ **John's** en casa de Juan; ~ **table** en la mesa; **to stand** ~ **the door** estar de pie *or* (*LAm*) parado en la puerta; **to look** ~ **sth** mirar algo.
(**b**) (*time*) ~ **4 o'clock** a las cuatro; ~ **night** de noche; ~ **Christmas** por *or* en Navidades.
(**c**) (*rate*) a; ~ **50p a kilo** a 50p el kilo; ~ **50p each** (a) 50p cada uno; **two** ~ **a time** de dos en dos.
(**d**) (*activity*) **to be** ~ **work** estar trabajando; (*in the office*) estar en la oficina; **he's good** ~ **games** es fuerte en deportes; **while you're** ~ **it** (*fam: doing it*) de paso; (*by the way*) a propósito; **she's** ~ **it again** (*fam*) otra vez con las mismas.
(**e**) (*manner*) ~ **full speed** a toda velocidad; ~ **peace** en paz; **acting** ~ **its best** una actuación de antología; ~ **a run** corriendo, a la carrera.
(**f**) (*cause*) ~ **his suggestion** a sugerencia suya; **I was shocked/surprised** ~ **the news** me escandalizó/sorprendió la noticia.
ATC *n abbr* (*Brit*) *of* **Air Training Corps** *cuerpo militar para la formación de aviadores*.
ate [eɪt] *pt of* **eat**.
atheism ['eɪθɪɪzəm] *n* ateísmo *m*.
atheist ['eɪθɪɪst] *n* ateo/a *m/f*.
Athens ['æθɪnz] *n* Atenas *f*.
athlete ['æθliːt] *n* atleta *mf*; **~'s foot** (*Med*) pie *m* de atleta.
athletic [æθ'letɪk] **1** *adj* atlético/a; (*sporty*) deportista. **2** *nsg*: **~s** atletismo *m*.
Atlantic [ət'læntɪk] **1** *adj* atlántico/a. **2** *n*: **the** ~ **(Ocean)** el Océano Atlántico.
atlas ['ætləs] **1** *n* atlas *m*; (*road* ~) guía *f* de carreteras. **2** *cpd*: **the A~ Mountains** el Atlas.
ATM *n abbr of* **automated teller machine**.
atmosphere ['ætməsfɪəʳ] *n* (*air*) atmósfera *f*; (*fig*) ambiente *m*.
atmospheric [ˌætməs'ferɪk] **1** *adj* atmosférico/a; (*fig*) evocador(a). **2** *npl*: **~s** (*Rad*) perturbaciones *fpl* atmosféricas.
atoll ['ætɒl] *n* atolón *m*.
atom ['ætəm] **1** *n* átomo *m*; (*fig*) pizca *f*. **2** *cpd*: ~ **bomb** *n* bomba *f* atómica.
atomic [ə'tɒmɪk] *adj* atómico/a; ~ **bomb** bomba *f* atómica; ~ **energy** energía *f* nuclear.
atomizer ['ætəmaɪzəʳ] *n* atomizador *m*, pulverizador *m*.
atone [ə'təʊn] *vi*: **to** ~ **for** expiar.
atonement [ə'təʊnmənt] *n* expiación *f*.
ATP *n abbr of* **Association of Tennis Professionals**.
atrocious [ə'trəʊʃəs] *adj* atroz; (*fam*) fatal.
atrocity [ə'trɒsɪtɪ] *n* atrocidad *f*.
atrophy ['ætrəfɪ] **1** *n* (*Med*) atrofia *f*. **2** *vi* atrofiarse.
attach [ə'tætʃ] *vt* (**a**) (*fasten*) sujetar; (*stick*) pegar; (*tie*) atar, amarrar (*LAm*); (*with pin etc*) prender; (*join*) juntar; (*trailer etc*) acoplar; **the ~ed letter** la carta adjunta; **to become ~ed to sb** (*fig*) encariñarse con algn; **he's ~ed** (*fam: married etc*) no está libre; **to be ~ed to an embassy** estar agregado a una embajada; **he ~ed himself to us** se pegó a nosotros; *see* **string 1 (a)**. (**b**) (*attribute: importance, value*) dar, atribuir.
attaché [ə'tæʃeɪ] **1** *n* agregado/a *m/f*; **cultural** ~ agregado cultural. **2** *cpd*: ~ **case** *n* maletín *m*.
attachment [ə'tætʃmənt] *n* (**a**) (*device*) accesorio *m*, dispositivo *m*; (*fastener*) atadura *f*; (*assembly*) acoplamiento *m*. (**b**) (*affection*) cariño *m* (*to* por).
attack [ə'tæk] **1** *n* (**a**) (*Mil etc*) ataque *m*, asalto *m*; **surprise** ~ ataque por sorpresa; ~ **on sb's life** atentado *m* contra la vida de algn; **to be under** ~ ser atacado; **to launch an** ~ (*Mil, fig*) lanzar un ataque; **to leave o.s. open to** ~ dejarse expuesto/a a un ataque. (**b**) (*Med: gen*) ataque *m*; (*: fit*) acceso *m*, crisis *f*; *see* **heart 2**. **2** *vt* (*Med, Mil etc*) atacar; (*assault*) asaltar; (*tackle: job, problem*) enfrentarse con; (*criticize: opinion, theory*) criticar.
attacker [ə'tækəʳ] *n* asaltante *mf*; atracador(a) *m/f*.
attain [ə'teɪn] *vt* (*achieve*) lograr; (*reach*) alcanzar; (*get hold of*) conseguir; (*age, rank*) llegar a.
attainable [ə'teɪnəbl] *adj* alcanzable, realizable.
attainment [ə'teɪnmənt] *n* (*skill*) talento *m*.
attempt [ə'tempt] **1** *n* (*try*) intento *m*, tentativa *f*; **he made two ~s at it** lo intentó dos veces; **he made no** ~ **to help** ni siquiera intentó ayudar; **to make an** ~ **on sb's life** atentar contra la vida de algn. **2** *vt*: **to** ~ **to do sth** tratar de *or* intentar *or* (*esp LAm*) procurar hacer algo; **~ed murder** tentativa *f or* intento *m* de asesinato; **the pilot ~ed to land** el piloto trató de aterrizar.
attend [ə'tend] **1** *vt* (**a**) (*be present at: meeting, school etc*) asistir a; (*regularly: school, church*) ir a. (**b**) (*serve*) atender; (*wait upon*) servir; **~ed by 6 bridesmaids** acompañada por 6 damas de honor. **2** *vi* (*be present*) asistir; (*pay attention to*) prestar atención a, poner atención en (*LAm*).
▸ **attend to** *vi + prep* (**a**) prestar atención a, poner atención en (*LAm*); **to** ~ **to one's work** ocuparse de su trabajo. (**b**) (*give help to*) servir a; **to** ~ **to a customer** atender a un(a) cliente; **are you being ~ed to?** (*in shop*) ¿le atienden?
attendance [ə'tendəns] **1** *n* (*act*) asistencia *f* (*at* a); (*those present*) concurrencia *f*; **what was the** ~ **at the meeting?** ¿cuántos asistieron a la reunión?; **to be in** ~ asistir. **2** *cpd*: ~ **centre** *n* (*Brit*) centro *m or* prisión *f* de régimen abierto; ~ **officer** *n* (*Scol*) encargado/a *m/f* del control de asistencia; ~ **sheet** *n* lista *f* de clase.
attendant [ə'tendənt] **1** *adj* relacionado/a, concomitante; **the** ~ **difficulties** las dificultades intrínsecas. **2** *n* (*in car park, museum etc*) guarda *mf*, celador(a) *m/f*; (*Theat*) acomodador(a) *m/f*; (*at wedding etc*) acompañante *mf*.
attention [ə'tenʃən] **1** *n* (**a**) atención *f*; **to attract sb's** ~ llamar la atención de algn; **to call sb's** ~ **to sth** hacerle notar algo a algn; **it has come to my** ~ **that ...** me he enterado de que ...; **to pay** ~ **(to)** prestar atención (a); **he paid no** ~ no hizo caso; **for the** ~ **of Mr. Jones** a la atención del Sr. Jones.
(**b**) (*Mil*) ~! ¡firme(s)!; **to come to** ~ ponerse firme(s); **to stand at** ~ estar firme(s).
(**c**) **~s** cortesías *fpl*.

2 *cpd*: ~ **span** *n* capacidad *f* de concentración.
attentive [ə'tentɪv] *adj* (*heedful*) atento/a; (*polite*) cortés.
attentively [ə'tentɪvlɪ] *adv* (*see adj*) atentamente; cortésmente.
attest [ə'test] **1** *vt* atestiguar; (*signature*) legalizar; **to ~ that** ... atestiguar que .... **2** *vi*: **to ~ to** dar fe de, dar testimonio de.
attic ['ætɪk] *n* desván *m*, altillo *m (LAm)*, entretecho *m (LAm)*.
attire [ə'taɪə'] **1** (*frm*) *n* atavío *m*. **2** *vt* ataviar.
attitude ['ætɪtju:d] *n* (*gen*) actitud *f*; (*posture*) postura *f*; **what's your ~ to this?** ¿qué postura *or* actitud tomas ante esto?; ~ **of mind** disposición *f* de ánimo; **if that's your ~** si te pones en ese plan.
attorney [ə'tɜ:nɪ] *n* (*US: lawyer*) abogado/a *m/f*; (*representative*) apoderado/a *m/f*; **power of ~** procuración *f*, poderes *mpl*; **A~ General** Ministro/a *m/f* de Justicia; *see* **district**.
attract [ə'trækt] *vt* (*gen*) atraer; (*attention*) llamar; **to be ~ed to sb** sentirse atraído/a por algn.
attraction [ə'trækʃən] *n* (*power of ~*) atracción *f*; (*attractive feature*) atractivo *m*, encanto *m*; (*inducement*) aliciente *m*; **city life has no ~ for me** para mí la vida en la ciudad no tiene ningún encanto; **one of the ~s was a free car** uno de los alicientes fue un coche regalado.
attractive [ə'træktɪv] *adj* (*good-looking, pretty*) atractivo/a; (*interesting*) atrayente, interesante.
attractively [ə'træktɪvlɪ] *adv* atractivamente; ~ **dressed** vestido/a de modo atractivo.
attributable [ə'trɪbjʊtəbl] *adj*: ~ **to** atribuible a, imputable a.
attribute ['ætrɪbju:t] **1** *n* atributo *m*. **2** [ə'trɪbju:t] *vt* (*gen, Lit*) atribuir; (*accuse*) achacar.
attributive [ə'trɪbjʊtɪv] *adj* (*Ling*) atributivo/a.
attrition [ə'trɪʃən] *n* (*wearing away*) desgaste *m*; **war of ~** guerra *f* de desgaste.
attune [ə'tju:n] *vt*: **to be ~d to** (*fig*) estar en armonía con.
Atty Gen. *abbr of* **Attorney General**.
ATV *n abbr of* **all-terrain vehicle** vehículo *m* todo terreno.
atypical [ˌeɪ'tɪpɪkəl] *adj* atípico/a.
aubergine ['əʊbəʒi:n] *n* (*esp Brit*) berenjena *f*.
auburn ['ɔ:bən] *adj* (*hair*) color castaño rojizo.
auction ['ɔ:kʃən] **1** *n* subasta *f*, remate *m (LAm)*. **2** *vt* subastar, rematar *(LAm)*. **3** *cpd*: ~ **room** *n* sala *f* de subastas; ~ **sale** *n* subasta *f*, remate *m (LAm)*.
auctioneer [ˌɔ:kʃə'nɪə'] *n* subastador(a) *m/f*, rematador(a) *m/f*.
audacious [ɔ:'deɪʃəs] *adj* (*bold*) audaz, osado/a; (*impudent*) atrevido/a, descarado/a.
audacity [ɔ:'dæsɪtɪ] *n* (*boldness*) audacia *f*, osadía *f*; (*impudence*) atrevimiento *m*, descaro *m*.
audible ['ɔ:dɪbl] *adj* audible; **his voice was scarcely ~** apenas se podía oír su voz, su voz era apenas perceptible.
audibly ['ɔ:dɪblɪ] *adv* audiblemente.
audience ['ɔ:dɪəns] *n* (**a**) (*gathering*) público *m*; (*in theatre etc*) auditorio *m*; **there was a big ~** asistió un gran público; **TV ~s** telespectadores *mpl*. (**b**) (*interview*) audiencia *f*; **to grant sb an ~** recibir a algn en audiencia.
audio ['ɔ:dɪəu] *adj* de audio; ~ **frequency** audiofrecuencia *f*; ~ **system** sistema *m* audio, audiosistema *m*.
audio-visual [ˌɔ:dɪəʊ'vɪzjʊəl] *adj* audiovisual; ~ **aids** medios *mpl* audiovisuales.
audit ['ɔ:dɪt] **1** *n* intervención *f*, revisión *f* (de cuentas), auditoría *f*. **2** *vt* intervenir, revisar.
audition [ɔ:'dɪʃən] **1** *n* audición *f*. **2** *vi*: **he ~ed for the part** hizo una audición para el papel.
auditor ['ɔ:dɪtə'] *n* (**a**) (*Comm*) interventor(a) *m/f*, revisor(a) *m/f* (de cuentas). (**b**) (*US Univ*) estudiante *mf* libre.
auditorium [ˌɔ:dɪ'tɔ:rɪəm] *n* auditorio *m*, sala *f*.
AUEW *n abbr* (*Brit*) *of* **Amalgamated Union of Engineering Workers**.
Aug. *abbr of* **August** ag.
augment [ɔ:g'ment] *vt* aumentar.
au gratin [əʊ'grætɛ̃] *adj* (*Culin*) gratinado/a.
augur ['ɔ:gə'] **1** *vt* augurar, pronosticar; **it ~s no good** esto no nos promete nada bueno. **2** *vi*: **it ~s well/ill** es de buen/mal agüero.
August ['ɔ:gəst] *n* agosto *m*; *see* **July** *for usage*.
august [ɔ:'gʌst] *adj* (*frm*) augusto/a.
aunt [ɑ:nt] *n* (*also* **~ie**, **~y**: *fam*) tía *f*; **my ~ and uncle** mis tíos *mpl*.
au pair ['əʊ'pɛə] *n* au pair *mf*.
aura ['ɔ:rə] *n* (*gen*) aura *f*; (*Rel*) aureola *f*.
aural ['ɔ:rəl] *adj* del oído; ~ **exam** examen *m* de comprensión oral.
auspices ['ɔ:spɪsɪz] *npl*: **under the ~ of** bajo los auspicios de.
auspicious [ɔ:s'pɪʃəs] *adj* propicio/a, de buen augurio; **to make an ~ start** comenzar felizmente.
Aussie ['ɒzɪ] (*fam*) = **Australian**.
austere [ɒs'ti:ə'] *adj* (*person, manner, life*) austero/a, severo/a.
austerity [ɒs'terɪtɪ] *n* austeridad *f*.
Australasia [ˌɔ:strə'leɪzɪə] *n* Australasia *f*.
Australia [ɒs'treɪlɪə] *n* Australia *f*.
Australian [ɒs'treɪlɪən] *adj*, *n* australiano/a *m/f*.
Austria ['ɒstrɪə] *n* Austria *f*.
Austrian ['ɒstrɪən] *adj*, *n* austríaco/a *m/f*.
AUT *n abbr* (*Brit*) *of* **Association of University Teachers**.
authentic [ɔ:'θentɪk] *adj* auténtico/a.
authenticate [ɔ:'θentɪkeɪt] *vt* autenticar.
authenticity [ˌɔ:θen'tɪsɪtɪ] *n* autenticidad *f*.
author ['ɔ:θə'] *n* autor(a) *m/f*.
authoritarian [ˌɔ:θɒrɪ'tɛərɪən] *adj* autoritario/a.
authoritative [ɔ:'θɒrɪtətɪv] *adj* (*account*) muy completo/a; (*influential*) autorizado/a; (*person*) autoritario/a.
authority [ɔ:'θɒrɪtɪ] *n* (**a**) (*power*) autoridad *f*; **to be in ~ over** tener autoridad sobre; **to have ~ to do sth** tener autoridad *or* estar autorizado para hacer algo; **to give sb the ~ to do sth** autorizar a algn para que haga algo. (**b**) (*body*) autoridad *f*; **the authorities** las autoridades; *see* **local**. (**c**) (*expert*) autoridad *f*; **he's an ~ (on)** es una autoridad (en); **I have it on good ~ that** ... me ha dicho una fuente fidedigna *or* de máxima confianza que ....
authorization [ˌɔ:θəraɪ'zeɪʃən] *n* autorización *f*.
authorize ['ɔ:θəraɪz] *vt* (*empower*) autorizar; (*approve*) aprobar; **to ~ sb to do sth** autorizar a algn a que haga algo; **~d capital** (*Comm*) capital *m*.
autistic [ɔ:'tɪstɪk] *adj* autista.
auto ['ɔ:təʊ] *n* = **automobile**.
auto... ['ɔ:təʊ] *pref* auto....
autobank ['ɔ:təʊbæŋk] *n* cajero *m* automático.
autobiographical ['ɔ:təʊˌbaɪəʊ'græfɪkəl] *adj* autobiográfico/a.
autobiography [ˌɔ:təʊbaɪ'ɒgrəfɪ] *n* autobiografía *f*.
autocratic [ˌɔ:təʊ'krætɪk] *adj* autocrático/a.
autocue ['ɔ:təʊkju:] *n* (*Brit TV*) autocue *m*, chuleta *f (fam)*.
autograph ['ɔ:təgrɑ:f] **1** *n* (*signature*) autógrafo *m*. **2** *vt* (*book, photo*) dedicar; (*sign*) firmar.
automat ['ɔ:təmæt] *n* (**a**) (*Brit*) máquina *f* expendedora. (**b**) (*US*) restaurán *m or* restaurante *m* de autoservicio.
automata [ɔ:'tɒmətə] *npl of* **automaton**.
automated ['ɔ:təˌmeɪtɪd] *adj* automatizado/a; ~ **teller**, ~ **telling machine** cajero *m* automático.
automatic [ˌɔ:tə'mætɪk] **1** *adj* (*Tech, gen*) automático/a; **disqualification is ~** la descalificación es automática; ~ **data processing** proceso *m* automático de datos; ~ **pilot** piloto *m* automático; ~ **transmission** transmisión *f* automática. **2** *n* (*pistol*) pistola *f* automática; (*car*)

coche *m* automático; (*washing machine*) lavadora *f*.
automatically [ˌɔːtəˈmætɪkəlɪ] *adv* automáticamente.
automation [ˌɔːtəˈmeɪʃən] *n* automatización *f*.
automaton [ɔːˈtɒmətən] *n* (*pl* **automata** [ɔːˈtɒmətə]) autómata *m*.
automobile [ˈɔːtəməbiːl] *n* (*US*) coche *m*, auto *m* (*esp LAm*), carro *m* (*LAm*).
autonomous [ɔːˈtɒnəməs] *adj* autónomo/a.
autonomy [ɔːˈtɒnəmɪ] *n* autonomía *f*.
autopilot [ˈɔːtəʊpaɪlət] *n* (*also fig*) piloto *m* automático.
autopsy [ˈɔːtɒpsɪ] *n* autopsia *f*.
auto-teller [ˈɔːtəʊˌteləʳ] *n* cajero *m* automático.
autotimer [ˈɔːtəʊˌtaɪməʳ] *n* programador *m* automático.
autumn [ˈɔːtəm] *n* (*Brit*) otoño *m*.
autumnal [ɔːˈtʌmnəl] *adj* otoñal, de(l) otoño.
auxiliary [ɔːgˈzɪlɪərɪ] **1** *adj* auxiliar. **2** *n* (**a**) (*assistant*) ayudante *mf*; (*Mil*) **auxiliaries** tropas auxiliares. (**b**) (*verb*) auxiliar.
AV 1 *n abbr of* **Authorized Version** *traducción inglesa de la Biblia*. **2** *abbr of* **audio-visual**.
Av. *abbr of* **Avenue** Av., Avda.
av. *abbr of* **average** prom.
a.v., a/v *abbr of* **ad valorem** conforme a su valor.
avail [əˈveɪl] **1** *n*: **of no** ~ inútil; **to no** ~ en vano. **2** *vt*: **to** ~ **o.s. of** aprovechar(se de), valerse de.
availability [əˌveɪləˈbɪlɪtɪ] *n* disponibilidad *f*.
available [əˈveɪləbl] *adj* disponible; **to make sth** ~ **to sb** poner algo a la disposición de algn; **is the manager** ~? ¿está libre el gerente?; **are you** ~ **next Thursday?** ¿estás libre el jueves que viene?; **I'd like a seat on the first** ~ **flight** quiero una plaza en el primer vuelo que haya.
avalanche [ˈævəlɑːnʃ] *n* avalancha *f*.
avant-garde [ˈævɑːŋˈgɑːd] *adj* de vanguardia, de la nueva ola.
avarice [ˈævərɪs] *n* avaricia *f*.
avaricious [ˌævəˈrɪʃəs] *adj* avaro/a.
avdp. *abbr of* **avoirdupois**.
Ave. *abbr of* **avenue** Av., Avda.
avenge [əˈvendʒ] *vt* vengar; **to** ~ **o.s.** vengarse (*on sb* en algn).
avenue [ˈævənjuː] *n* (*road*) avenida *f*, paseo *m*; (*fig*) vía *f*, camino *m*.
average [ˈævərɪdʒ] **1** *adj* medio/a; (*middling*) mediano/a; (*pej*) regular, corriente; **the** ~ **man** el hombre común; **of** ~ **height** de estatura mediana. **2** *n* promedio *m*; **on** ~ (*usually*) por regla general; (*as a mean*) como promedio; **above** ~ superior al promedio. **3** *vt* (**a**) (*find the* ~ *of: also* ~ **out**) calcular el término medio de; (*reach an* ~ *of*) alcanzar un promedio de. (**b**) (*also* ~ **out at**) salir en un promedio de.
averse [əˈvɜːs] *adj* opuesto/a; **I'm not** ~ **to an occasional drink** no me opongo a tomar una copa de vez en cuando; **to be** ~ **to doing sth** tener pocas ganas de hacer algo, no estar dispuesto a hacer algo.
aversion [əˈvɜːʃən] *n* (*dislike*) aversión *f* (*for* hacia); (*hated thing*) cosa *f* aborrecida.
avert [əˈvɜːt] *vt* (*turn away: eyes, thoughts*) apartar (*from* de); (*prevent: accident, danger etc*) prevenir; (*parry: blows*) desviar, bloquear.
aviary [ˈeɪvɪərɪ] *n* pajarera *f*.
aviation [ˌeɪvɪˈeɪʃən] *n* aviación *f*.
avid [ˈævɪd] *adj* ávido/a (*for* de); **an** ~ **reader** un lector voraz.
avocado [ævəˈkɑːdəʊ] *n* (*pl* ~**s**) (*Brit: also* ~ **pear**) aguacate *m*, palta *f* (*And, CSur*).
avoid [əˈvɔɪd] *vt* (*obstacle*) evitar; (*person*) esquivar; (*argument etc*) evitar, eludir; (*danger*) salvarse de; **to** ~ **doing sth** evitar hacer algo; **to** ~ **sb's eye** evitar cambiar miradas con algn; **are you trying to** ~ **me?** ¿me estás esquivando?
avoidable [əˈvɔɪdəbl] *adj* evitable.
avoirdupois [ˌævədeˈpɔɪz] *n sistema de pesos usado en países de habla inglesa (1 libra = 16 onzas = 453,50 gramos).*
avow [əˈvaʊ] *vt* (*frm*) confesar, reconocer.
avowed [əˈvaʊd] *adj* declarado/a.
AVP *n abbr* (*US*) *of* **assistant vice-president**.
AWACS [eɪˈwæks] *n abbr of* **airborne warning and control system** AWACS *m*.
await [əˈweɪt] *vt* esperar, aguardar; **a long** ~**ed event** un acontecimiento largamente esperado; **a surprise** ~**s him** le espera una sorpresa; **we** ~ **your reply with interest** nos interesa mucho conocer su respuesta.
awake [əˈweɪk] (*vb: pt* **awoke** *or* ~**d**; *pp* **awoken** *or* ~**d**) **1** *adj* despierto/a; **to lie** ~ quedarse despierto; (*unable to sleep*) estar desvelado; **coffee keeps me** ~ el café me desvela; **to be** ~ **to** (*fig*) ser consciente de. **2** *vt* despertar; (*fig*) despertar, provocar; (*: memories*) despertar. **3** *vi* (*fig*) **to** ~ **(to sth)** darse cuenta (de algo).
awaken [əˈweɪkən] *vt, vi* = **awake 2, 3**.
awakening [əˈweɪknɪŋ] *n* despertar *m*; **he got a rude** ~ tuvo una sorpresa desagradable.
award [əˈwɔːd] **1** *n* (*prize*) premio *m*; (*medal*) condecoración *f*; (*Jur*) fallo *m*, sentencia *f*, (*act of awarding*) adjudicación *f*, concesión *f*; **pay** ~ adjudicación *f* de aumento de salarios. **2** *vt* (*prize, medal*) conceder, otorgar; (*damages*) adjudicar.
aware [əˈwɛəʳ] *adj*: **to be** ~ **(of)** ser consciente (de); **to become** ~ **of** enterarse de; **not that I am** ~ **of** que yo sepa, no; **I am fully** ~ **that** tengo plena conciencia de que; **politically** ~ (políticamente) consciente.
awareness [əˈwɛənɪs] *n* conciencia *f*, conocimiento *m*.
awash [əˈwɒʃ] *adj* inundado/a (*with* de).
away [əˈweɪ] *adv*: **far** ~, **a long way** ~ lejos; ~ **in the distance** a lo lejos; **go** ~! (*with 'Ud'*) ¡váyase!; (*with 'tú'*) ¡vete!, ¡lárgate!; **to be** ~ estar fuera, estar ausente; **I'm going** ~ me marcho (fuera); **it's 10 miles** ~ **(from here)** está a 10 millas (de aquí); **to turn** ~ volver la cara; **the snow melted** ~ la nieve se derritió; **to play** ~ (*Sport*) jugar fuera; **to talk** ~ seguir hablando.
awe [ɔː] **1** *n* (*fear*) pavor *m*; (*wonder*) asombro *m*; (*reverence*) temor *m* reverencial. **2** *vt* (*impress*) impresionar; (*frighten*) atemorizar.
awe-inspiring [ˈɔːɪnˌspaɪərɪŋ], **awesome** [ˈɔːsəm] *adj* impresionante.
awful [ˈɔːfəl] *adj* (*dreadful*) espantoso/a, terrible; **it's an** ~ **nuisance!** ¡qué molestia!; **how** ~! ¡qué horror!; **there were an** ~ **lot of people** había la mar de gente; **to feel** ~ sentirse molesto/a, estar sobrecogido/a.
awfully [ˈɔːflɪ] *adv* (*fam*) terriblemente; **I'm** ~ **sorry** lo siento muchísimo.
awkward [ˈɔːkwəd] *adj* (*difficult: problem, question*) difícil; (*situation, silence*) embarazoso/a, delicado/a; (*time*) inoportuno/a; (*shape*) incómodo/a; (*corner*) peligroso/a; (*clumsy: person, gesture*) torpe; (*phrasing*) poco elegante, torpe; **to make things** ~ **for sb** ponerle las cosas difíciles a algn; **it's** ~ **for me** no me conviene, no me viene bien; **he's being** ~ **about it** está poniendo inconvenientes; **he's an** ~ **customer** (*fam*) es un tipo difícil, es un sujeto de cuidado.
awl [ɔːl] *n* lezna *f*.
awning [ˈɔːnɪŋ] *n* (*Naut*) toldo *m*; (*over window, door*) marquesina *f*.
awoke [əˈwəʊk] *pt of* **awake**.
awoken [əˈwəʊkən] *pp of* **awake**.
AWOL [ˈeɪwɒl] *abbr* (*Mil*) *of* **absent without leave**.
axe, (*US*) **ax** [æks] **1** *n* hacha *f*; **to have an** ~ **to grind** (*fig*) tener un interés creado. **2** *vt* (*fig: prices, jobs*) reducir; (*: budget*) recortar; (*: person*) despedir.
axiom [ˈæksɪəm] *n* axioma *m*.
axiomatic [ˌæksɪəʊˈmætɪk] *adj* axiomático/a.
axis [ˈæksɪs] *n* (*pl* **axes** [ˈæksiːz]) (*Geom etc*) eje *m*.
axle [ˈæksl] *n* eje *m*, árbol *m*, flecha *f* (*Mex*); ~ **shaft** palier *m*.
ayatollah [aɪəˈtɒlə] *n* ayatolá *m*, ayatollah *m*.
ay(e) [eɪ] **1** *adv* sí. **2** *n* sí *m*; **there were 50** ~**s and 3 noes**

votaron 50 a favor y 3 en contra.
AYH *n abbr (US) of* **American Youth Hostels**.
Aymara [ˌaɪmə'rɑː] **1** *adj* aimará. **2** *n* aimará *mf*; *(Ling)* aimará *m*.
AZ *abbr (US Post) of* **Arizona**.
azalea [ə'zeɪlɪə] *n (Bot)* azalea *f*.
Azerbaijan [ˌæzəbaɪ'dʒɑːn] *n* Azerbaiyán *m*.
Azerbaijani [ˌæzəbaɪ'dʒɑːnɪ] *adj, n* azerbaiyaní *mf*.
Azores [ə'zɔːz] *npl* Azores *fpl*.
AZT *n abbr of* **azidothymidine** *medicina anti-sida*.
Aztec ['æztek] *adj, n* azteca *mf*.
azure ['eɪʒə'] *adj, n* celeste *m*.

B

B, b [biː] **1** *n* (**a**) *(letter)* B, b *f*, B *or (LAm)* b larga; **number 7b** *(in house numbers)* séptimo segunda. (**b**) *(Mus)* **B** si *m*; *see* **A** *for usage*. (**c**) *(Scol)* notable *m*. **2** *cpd*: **B road** *n* ≈ carretera *f* secundaria.
b. *abbr of* **born** n.
BA *n abbr (Univ) of* **Bachelor of Arts** ≈ Lic. en Fil. y Let.
BAA *n abbr of* **British Airports Authority**.
baa [bɑː] **1** *n* balido *m*. **2** *interj* ¡be! **3** *vi* balar.
babble ['bæbl] **1** *n (of voices)* parloteo *m*; *(of baby)* balbuceo *m*; *(of stream)* murmullo *m*; *(fam: small talk)* cháchara *f*. **2** *vi (person)* parlotear; *(: gossip)* cotillear; *(baby)* balbucear; *(stream)* murmurar.
babe [beɪb] *n (Lit, hum)* criatura *f*; *(US fam)* chica *f*; *(in direct address)* nena *f*.
baboon [bə'buːn] *n* babuino *m*.
baby ['beɪbɪ] **1** *n (infant)* bebé *mf*, bebe/a *m/f (Arg)*, guagua *mf (And, Chi)*; *(small child)* nene/a *m/f*, niño/a *m/f*; *(fam: term of affection)* cariño; **the ~ of the family** el benjamín; **don't be such a ~!** ¡no seas niño!; **the new system was his ~** *(fam)* el nuevo sistema fue obra *or* cosa suya; **I was left holding the ~** *(fam)* me tocó cargar con el muerto.
2 *cpd (for a ~)*, de niño; *(young)* de crío; *(small: car, piano)* pequeño/a; ~ **boom** *n* boom *m* de natalidad, boom de nacimientos; ~ **boy/girl** *n* nene/a *m/f*; ~ **carriage** *n (US)* cochecito *m* (de niño); ~ **grand** *n* piano *m* de media cola; ~ **seat** *n (Aut)* sillita *f or* asiento *m* de seguridad para niños; ~ **talk** *n* habla *f* infantil; ~ **tender** *n (US)* canguro *mf*; ~ **tooth** *n* diente *m* de leche.
baby-battering ['beɪbɪˌbætərɪŋ] *n* maltrato *m* de los hijos.
Baby-bouncer ® ['beɪbɪˌbaʊnsə'] *n* columpio *m* para bebés.
babygrow ['beɪbɪˌgrəʊ] *n* pijama *m* de una pieza.
babyhood ['beɪbɪhʊd] *n* primera infancia *f*.
babyish ['beɪbɪɪʃ] *adj* infantil.
Babylon ['bæbɪlən], **Babylonia** *n* [ˌbæbɪ'ləʊnɪə] Babilonia *f*.
baby-minder ['beɪbɪˌmaɪndə'] *n* niñera *f*.
baby-sit ['beɪbɪsɪt] *vi* hacer de canguro.
baby-sitter ['beɪbɪˌsɪtə'] *n* canguro *mf*.
baby-walker ['beɪbɪˌwɔːkə'] *n* tacataca *m (fam)*, tacatá *m (fam)*, andador *m*.
baccalaureate [ˌbækə'lɔːrɪɪt] *n* bachillerato *m*.
bachelor ['bætʃələ'] **1** *n* soltero *m*; **B~ of Arts/Science (B.A./B.Sc.)** *(Univ: degree)* licenciatura *f* en Filosofía y Letras/Ciencias; *(: person)* licenciado/a *m/f*. **2** *cpd*: ~ **flat** *n* piso *m or (LAm)* departamento *m* de soltero; ~ **girl** *n (US)* soltera *f*.
bacillus [bə'sɪləs] *n (pl* **bacilli** [bə'sɪlaɪ]) bacilo *m*.
back [bæk] **1** *n* (**a**) *(part of body)* espalda *f*; *(of animal)* lomo *m*; *(Sport)* defensa *mf*; **sitting ~ to ~** sentados espalda con espalda; **behind sb's ~** a espaldas de algn; **to break one's ~** deslomarse; **to break the ~ of a job** hacer lo más difícil de un trabajo; **to put one's ~ into doing sth** *(fam)* esforzarse a tope por hacer algo; **to have one's ~ to the wall** *(fig)* estar entre la espada y la pared; **to put** *or* **get sb's ~ up** *(fam)* poner negro *or* mosquear a algn; **to get off sb's ~** *(fam)* dejar a algn en paz; **I was glad to see the ~ of him** *(fam)* me alegró deshacerme de él.
(**b**) *(as opposed to front)* la parte de atrás; *(of cheque, envelope, hand)* dorso *m*; *(of head, hand)* revés *m*; *(of dress)* espalda *f*; *(of hall, room)* fondo *m*; *(of medal)* reverso *m*; *(of chair)* respaldo *m*; ~ **to front** al revés; **to have an idea at the ~ of one's mind** tener una ligera idea; **I know Naples like the ~ of my hand** conozco Nápoles como la palma de la mano; **at the ~ of beyond** *(fam)* en el quinto pino *or* infierno; **he's at the ~ of all this trouble** él es quien está detrás de todo este lío; **in ~ of the house** *(US)* detrás de la casa; **they keep the car round the ~** dejan el coche por detrás de la casa.
2 *cpd* (**a**) *(rear)* de atrás, posterior; *(: wheel, seat, door)* trasero/a; ~ **boiler** *n* caldera *f* pequeña *(detrás de una chimenea)*; ~ **burner** *n* hornillo *m* trasero; **to put sth on the ~ burner** *(fig)* dejar algo para después; ~ **cover** *n* contraportada *f*; ~ **door** *n* puerta *f* trasera; **by the ~ door** *(fig)* por enchufe; ~ **page** *n* contraportada *f*; ~ **pay** *n* atrasos *mpl*; **to take a ~ seat** *(fig)* pasar a segundo plano; ~ **seat driver** *n* pasajero/a *m/f* que siempre está dando consejos al conductor; ~ **tooth** *n* muela *f*.
(**b**) *(rent, issue, number: of magazine etc)* atrasado/a.
3 *adv* (**a**) *(again, returning)* **to go ~** volver, regresar; **when/at what time will you be ~?** ¿cuándo/a qué hora vuelves?; **30 km there and ~** 30 kilómetros ida y vuelta; **put it ~ on the shelf** vuelve a ponerlo en el estante.
(**b**) *(in distance)* atrás; **stand ~!** ¡atrás!; **~ and forth** de acá para allá; **~ from the road** apartado/a de la carretera.
(**c**) *(in time)* atrás; **some months ~** hace unos meses; **~ in the 12th century** allá en el siglo XII.
4 *vt* (**a**) *(car)* dar marcha atrás a; **to ~ into** entrar (en) marcha atrás en.
(**b**) *(support: plan, person)* apoyar; *(: financially)* financiar.
(**c**) *(bet on: horse)* apostar por.
5 *vi (move: person)* retroceder; *(in car)* dar marcha atrás; **she ~ed into me** retrocedió y chocó conmigo; *(in car)* dió marcha atrás y chocó conmigo.
► **back away** *vi + adv* retroceder *(from* ante) *(fig)* dar marcha atrás *(from* a).
► **back down** *vi + adv (fig)* volverse atrás, ceder.
► **back off** *vi + adv (stop exerting pressure)* dar marcha atrás; *(withdraw)* retirarse; **~ off!** ¡déjame en paz!
► **back on to** *vi + prep*: **the house ~s on to the golf course** por atrás la casa da al campo de golf.
► **back out** *vi + adv*: **to ~ out (of)** *(fig: of team)* retirarse (de); *(: of deal, duty)* volverse atrás (en).
► **back up 1** *vt + adv* (**a**) *(support: person)* apoyar, respaldar; *(confirm: claim, theory)* defender, secundar. (**b**) *(car)* dar marcha atrás a, hacer retroceder. (**c**) *(Comput)* hacer una copia de apoyo de. **2** *vi + adv* (**a**) *(in car)* dar marcha atrás. (**b**) *(US: be congested: gen)* taparse; *(: traffic)* embotellarse. (**c**) *(Comput)* hacer una copia de

apoyo.
backache ['bækeɪk] *n* dolor *m* de espalda.
backbencher ['bæk'bentʃəʳ] *n* (*Brit*) *diputado que no es ministro*.
backbiting ['bækbaɪtɪŋ] *n* murmuración *f*, chismes *mpl*.
backbone ['bækbəʊn] *n* espinazo *m*, columna *f* vertebral; (*fig: courage*) agallas *fpl*; (*: strength*) resistencia *f*; **the ~ of the organisation** el pilar de la organización.
back-breaking ['bækbreɪkɪŋ] *adj* deslomador(a), matador(a).
backchat ['bæktʃæt] *n* réplicas *fpl* (insolentes).
backcloth ['bækklɒθ] *n* (*Theat, fig*) telón *m* de fondo.
backcomb ['bækkəʊm] *vt* cardar.
backdate ['bæk'deɪt] *vt* (*cheque*) poner fecha anterior a, antedatar; (*pay rise*) dar efecto retroactivo a; **a pay rise ~d to April** un aumento salarial con efecto desde abril, un aumento retroactivo desde abril.
backdrop ['bækdrɒp] *n* = **backcloth**.
backer ['bækəʳ] *n* (*Comm: guarantor*) fiador(a) *m/f*; (*: financier*) promotor(a) *m/f*, patrocinador(a) *m/f*; (*Pol: supporter*) partidario/a *m/f*; (*one who bets*) apostante *mf*.
backfire ['bæk'faɪəʳ] *vi* (*Aut*) petardear; **their plan ~d** (*fig*) les salió el tiro por la culata.
backgammon ['bæk,gæmən] *n* backgammon *m*.
background ['bækgraʊnd] **1** *n* (**a**) (*of picture etc*) fondo *m*; (*fig*) ambiente *m*; **in the ~** al *or* en el fondo; (*fig*) en la sombra, en segundo plano; **on a red ~** sobre un fondo rojo. (**b**) (*of person: knowledge*) educación *f*, formación *f*; (*of problem, event*) antecedentes *mpl*; **she comes from a wealthy ~** ella es de familia rica. **2** *cpd*: **~ music** *n* música *f* de fondo; **~ noise** *n* ruido *m* de fondo; **~ reading** *n* lectura *f* de fondo, preparación *f*; **~ task** *n* (*Comput*) tarea *f* secundaria.
backhand ['bæk'hænd] **1** *adj* (*also* **~ed**) dado/a con la vuelta de la mano; (*fig*) irónico/a, equívoco/a; **~ drive, ~ shot, ~ stroke** revés *m*. **2** *n* (*Sport*) revés *m*.
backhander ['bæk'hændəʳ] *n* (*bribe*) soborno *m*, mordida *f* (*CAm, Mex*), coima *f* (*And, CSur*).
backing ['bækɪŋ] **1** *n* (**a**) (*support*) apoyo *m*; (*Comm*) respaldo *m* (financiero). (**b**) (*Mus*) acompañamiento *m*. (**c**) (*paper etc protecting the back*) soporte *m*. **2** *cpd*: **~ store** *n* (*Comput*) memoria *f* auxiliar.
backlash ['bæklæʃ] *n* (*fig*) reacción *f* en contra.
backlog ['bæklɒg] *n* (*of work*) trabajo *m* acumulado *or* atrasado; (*Comm: of orders*) reserva *f* de pedidos pendientes; **a ~ of cases** un montón de casos atrasados.
backpack ['bækpæk] *n* mochila *f*.
back-packing ['bæk,pækɪŋ] *n*: **to go ~** viajar de mochila.
back-pedal ['bæk'pedl] *vi* (*fig*) dar marcha atrás.
back-rest ['bækrest] *n* respaldo *m*.
backshift ['bækʃɪft] *n* (*Brit*) turno *m* de tarde.
backside ['bæk'saɪd] *n* (*fam*) trasero *m*.
backslash ['bækslæʃ] *n* barra *f* inversa.
backslide ['bæk'slaɪd] *vi* reincidir, recaer.
backspace [,bæk'speɪs] *vi* (*in typing*) retroceder.
backspin ['bækspɪn] *n* efecto *m* de retroceso.
backstage ['bæk'steɪdʒ] *adv* entre bastidores; **to go ~** ir a los camerinos.
back-street ['baekstri:t] *cpd* de barrio; **~ abortion** *n* aborto *m* clandestino; **~ abortionist** *n* abortista clandestino/a *m/f*.
backstroke ['bækstrəʊk] *n* espalda *f*.
backtalk ['bæktɔ:k] *n* (*US*) = **backchat**.
back-to-back ['bæktə'bæk] **1** *adj*: **~ credit** créditos *mpl* contiguos. **2** *adv*: **to sit ~** sentarse *or* estar sentados espalda con espalda.
backtrack ['bæktræk] *vi* volver pies atrás; (*fig*) volverse atrás, echarse atrás.
backup ['bækʌp] **1** *adj* (*train, plane*) suplementario/a; (*Comput: disk, file*) de reserva; **~ document** (*Comput*) copia *f* de seguridad; **~ lights** (*US*) luces *fpl* de marcha atrás. **2** *n* (*US: of traffic*) embotellamiento *m*; (*Comput: also* **~ file**) copia *f* preventiva *or* de reserva.
backward ['bækwəd] *adj* (**a**) (*motion, glance*) hacia atrás. (**b**) (*pupil, country*) atrasado/a. (**c**) (*reluctant: in doing sth*) tímido/a.
backward(s) ['bækwəd(z)] *adv* atrás, hacia atrás; **to walk/fall ~** andar/caer de espaldas; **to go ~ and forwards** ir y venir; **to bend over ~ to** (*fam*) hacer lo imposible por; **to know sth ~** (*fam*) conocer algo de pe a pa.
backwater ['bækwɔ:təʳ] *n* remanso *m*; (*fig*) lugar *m* atrasado.
backyard ['bæk'jɑ:d] *n* patio *m* trasero, traspatio *m* (*LAm*); **in your own ~** al lado de casa.
bacon ['beɪkən] *n* beicon *m*, panceta *f*; **to bring home the ~** (*fam: earn one's living*) ganarse el pan; **to save sb's ~** (*fam*) salvarle la vida a algn (*fig*).
bacteria [bæk'tɪərɪə] *npl* bacterias *fpl*.
bacterial [bæk'tɪərɪəl] *adj* bacteriano/a.
bacteriology [bæk,tɪərɪ'ɒlədʒɪ] *n* bacteriología *f*.
bad [bæd] **1** *adj* (*comp* **worse**; *superl* **worst**) (**a**) (*naughty, wicked*) malo/a; **you ~ boy!** ¡qué niño más malo eres!
(**b**) (*substandard: unfavourable: time, news, weather*) malo/a; (*serious: mistake, illness, cut*) grave; **he's ~ at tennis** juega mal al tenis; **smoking is ~ for you** fumar es malo *or* nocivo para tu salud; **I feel ~** me siento mal; **I feel ~ about it** (*regret*) lo lamento; (*guilty*) me sabe mal; **she's got a ~ cold** tiene un resfriado *or* (*LAm*) resfrío muy fuerte; **this is beginning to look ~** esto se está poniendo feo; **not ~** (*quite good*) bastante bueno, bastante bien; (*less enthusiastic*) regular; **that wouldn't be a ~ thing** eso no vendría mal; **that's too ~** (*sympathetic*) ¡qué lástima!, ¡qué pena!; (*indignant*) ¡peor para ti!; **it's too ~ of you** no te da vergüenza; **business is ~** el negocio va mal; **from ~ to worse** de mal en peor; **to have a ~ time of it** pasarlo mal; **to be in a ~ way** (*ill*) estar grave, estar mal; (*business etc*) ir mal.
(**c**) (*rotten: food*) podrido/a; (*: tooth*) picado/a; **a ~ smell** un olor a podrido, un mal olor; **to go ~** pasarse, estropearse; **~ blood** rencor *m*, hostilidad *f*.
(**d**) (*hurting: arm, back*) que duele; (*from injury*) malo/a.
2 *n* lo malo; **to be in ~ with sb** (*US*) estar de malas con algn.
baddie, baddy ['bædɪ] *n* (*fam: Cine: often hum*) malo *m*.
bad(e) [bæd] *pt of* **bid**.
badge [bædʒ] *n* divisa *f*, insignia *f*; (*metal ~*) placa *f*, chapa *f*.
badger ['bædʒəʳ] **1** *n* tejón *m*. **2** *vt* acosar, atormentar.
badly ['bædlɪ] *adv* mal; (*seriously*) gravemente; (*very much*) mucho, muchísimo; **~ made** mal hecho; **to treat sb ~** maltratar a algn; **to be ~ off** andar *or* estar mal de dinero; **he was ~ hurt** estaba gravemente herido; **he ~ needs help** le urge la ayuda, necesita ayuda urgentemente.
bad-mannered ['bæd'mænəd] *adj* sin educación, maleducado/a.
badminton ['bædmɪntən] *n* (juego *m* del) volante *m*, bádminton *m*.
badmouth ['bæd,maʊθ] *vt* (*US fam*) criticar, insultar.
badness ['bædnɪs] *n* (*wickedness*) maldad *f*.
bad-tempered ['bæd'tempəd] *adj* (*temporarily*) de mal humor; (*permanently*) de mal genio, de mal carácter.
BAe *abbr of* **British Aerospace** ≈ CASA *f*.
baffle ['bæfl] *vt* desconcertar, confundir.
baffling ['bæflɪŋ] *adj* (*gen*) incomprensible; (*crime*) de difícil solución.
bag [bæg] **1** *n* (**a**) saco *m*, bolsa *f*; (*hand~*) bolso *m*, cartera *f* (*LAm*); (*suitcase*) maleta *f*, valija *f* (*LAm*), veliz *m* (*Mex*); **to pack one's ~s** hacer las maletas *or* valijas; **the whole ~ of tricks** (*fam*) todo el rollo (*fam*); **it's in the ~** (*fam*) está en el bote, es cosa segura; **old ~** (*fam*) bruja *f* (*fam*), arpía *f*; **they threw him out ~ and baggage** le pusieron de patitas en la calle con todo lo suyo; **~s un-**

der the eyes ojeras *fpl*.
(**b**) ~**s of** (*fam: lots*) un montón de; **we've ~s of time** tenemos tiempo de sobra.
2 *vt* (*also* **to ~ up**) ensacar; (*Hunting*) cazar; (*fam*) birlar; **I ~s that** eso pa' mí.
3 *cpd*: ~ **snatcher** *n* ladrón *m* de bolsos.
bagatelle [ˌbægəˈtel] *n* bagatela *f*.
baggage [ˈbægɪdʒ] **1** *n* equipaje *m*. **2** *cpd*: ~ **(check) room** *n* (*US*) consigna *f*; ~ **handler** *n* despachador *m* de equipaje; ~ **reclaim** *n* recogida *f* de equipaje.
baggy [ˈbægɪ] *adj* (*comp* **-ier**; *superl* **-iest**) ancho/a.
Baghdad [ˌbægˈdæd] *n* Bagdad *m*.
bagpipes [ˈbægpaɪps] *npl* gaita *fsg*.
Bahamas [bəˈhɑːməz] *npl*: **the** ~ las (Islas) Bahamas.
Bahrain [bɑːˈreɪn] *n* Bahrein *m*.
bail[1] [beɪl] *n* (*Jur*) fianza *f*; **to stand ~ for sb** dar fianza por algn; **to be released on** ~ ser puesto en libertad bajo fianza.
▸ **bail out** *vt* + *adv* (*Jur*) obtener la libertad de algn bajo fianza; (*fig*) echar un cable a algn.
bail[2] [beɪl] *see* **bale out**.
bailiff [ˈbeɪlɪf] *n* (**a**) (*Jur*) alguacil *m*. (**b**) (*on estate*) administrador(a) *m/f*.
bait [beɪt] **1** *n* cebo *m*; (*fig*) anzuelo *m*, cebo, señuelo *m*; **he didn't rise to the** ~ (*fig*) no picó. **2** *vt* (*hook, trap*) cebar; (*torment: person, animal*) atormentar.
baize [beɪz] *n* bayeta *f*; **green** ~ tapete *m* verde.
bake [beɪk] *vt* cocer (al horno); **~d beans** judías *fpl* en salsa de tomate; **~d potatoes** patatas *fpl or (LAm)* papas *fpl* al horno.
baker [ˈbeɪkəʳ] **1** *n* panadero/a *m/f*; (*of cakes*) pastelero/a *m/f*. **2** *cpd*: **~'s (shop)** *n* panadería *f*; (*for cakes*) pastelería *f*; **~'s dozen** *n* docena *f* del fraile.
bakery [ˈbeɪkərɪ] *n* panadería *f*; (*for cakes*) pastelería *f*.
Bakewell tart [ˌbeɪkwəlˈtɑːt] *n tarta hecha a base de almendras, mermelada y azúcar en polvo*.
baking [ˈbeɪkɪŋ] **1** *n*: **she does the ~ on Monday** los lunes hace el pan. **2** *adj* (*fam: hot*) **it's ~ (hot) in here** esto es un horno. **3** *cpd*: ~ **dish** *n* fuente *f* para horno; ~ **chocolate** *n* (*US*) chocolate *m* fondant; ~ **powder** *n* levadura *f* en polvo; ~ **soda** *n* bicarbonato *m* de sosa; ~ **tin** *n* molde *m* (para horno).
balaclava [ˌbæləˈklɑːvə] *n* (*also* ~ **helmet**) pasamontañas *m inv*.
balance [ˈbæləns] **1** *n* (**a**) (*equilibrium*) equilibrio *m*; **to lose one's** ~ perder el equilibrio; **to throw sb off** ~ (*fig*) desconcertar a algn, confundir a algn; ~ **of power** equilibrio *m* de fuerzas; **to strike the right** ~ establecer el equilibrio justo; **on** ~ (*fig*) teniendo *or* tomando todo en cuenta.
(**b**) (*scales*) balanza *f*; **to hang in the** ~ (*fig*) estar en juego.
(**c**) (*Comm*) balance *m*; (*remainder*) resto *m*; ~ **carried forward** balance pasado a cuenta nueva; ~ **due** saldo *m* deudor; ~ **of payments/trade** balanza de pagos/comercio.
2 *vt* (**a**) equilibrar; (*Aut: wheel*) nivelar; (*fig: compare*) comparar, sopesar; (*make up for*) compensar; **the two things ~ each other out** las dos cosas se compensan la una con la otra; **this must be ~d against that** hay que sopesar esto contra aquello.
(**b**) (*Comm: account*) saldar; (*: budget*) nivelar; **to ~ the books** cerrar los libros, hacer balance.
3 *vi* (**a**) mantener el equilibrio, mantenerse en equilibrio.
(**b**) (*accounts*) cuadrar.
4 *cpd*: ~ **sheet** *n* balance *m*.
balanced [ˈbælənst] *adj* equilibrado/a.
balancing [ˈbælənsɪŋ] *n*: **to do a ~ act** (*fig*) hacer malabarismos (*between* con).
balcony [ˈbælkənɪ] *n* balcón *m*; (*covered, Theat*) galería *f*.
bald [bɔːld] *adj* (*comp* **~er**; *superl* **~est**) (*person, head*) calvo/a; (*: shaven*) pelado/a; (*tyre*) desgastado/a; (*fig: statement*) franco/a; (*style*) escueto/a; ~ **patch** claro *m*; **to go** ~ quedarse calvo.
balderdash [ˈbɔːldədæʃ] *n* tonterías *fpl*.
baldly [ˈbɔːldlɪ] *adv* (*fig: state*) francamente.
baldness [ˈbɔːldnɪs] *n* (*see adj*) calvicie *f*, desgaste *m*; franqueza *f*; lo escueto *m*.
baldy [ˈbɔːldɪ] *n* (*fam*) calvo *m*.
bale[1] [beɪl] *n* (*of cloth*) bala *f*; (*of hay*) paca *f*, fardo *m*.
bale[2] [beɪl] *see* **bale out**.
▸ **bale out 1** *vt* + *adv* (*Naut: water*) sacar (el agua); (*: ship*) sacar *or* achicar el agua de. **2** *vi* + *adv* (*Aer*) lanzarse *or* tirarse en paracaídas.
Balearic [ˌbælɪˈærɪk] *adj*: **the ~s, the ~ Islands** los Baleares, las Islas Baleares.
baleful [ˈbeɪlfʊl] *adj* (*sinister*) funesto/a, siniestro/a; (*Lit: sad*) triste.
balk [bɔːk] *vi*: **to ~ (at)** (*person*) resistirse a, rehusar; (*horse*) plantarse (ante).
Balkan [ˈbɔːlkən] **1** *adj* balcánico/a. **2** *n*: **the ~s** los Balcanes.
ball[1] [bɔːl] **1** *n* (*in game*) pelota *f*; (*sphere*) bola *f*; (*football*) balón *m*; (*wool*) ovillo *m*; (*of foot*) pulpejo *m*; (*Anat fam!*) cojón *m (fam!)*, huevo *m (fam!)*; **~s!** (*rubbish*) chorradas *fpl (fam)*, tonterías *fpl*; **behind the eight** ~ (*US fig*) en apuros; **to be on the** ~ (*fig*) estar al tanto, ser despabilado; **to play ~ (with sb)** (*lit*) jugar a la pelota (con algn); (*fig*) cooperar (con algn); **to roll o.s. up into a** ~ hacerse un ovillo; **to start/keep the ~ rolling** (*fig*) empezar/mantener (una conversación/un asunto); **the ~ is in your court** (*fig*) te toca a ti.
2 *cpd*: ~ **bearing** *n* cojinete *m* de bolas; ~ **game** *n* (*US*) partido *m* de béisbol; **this is a different ~ game** (*fig*) esto es otro cantar, esto es algo muy distinto; **it's a whole new ~ game** (*fig*) todo ha cambiado.
▸ **ball up** *vt* + *adv* (*fam!*) = **balls up**.
ball[2] [bɔːl] *n* (*dance*) baile *m* de etiqueta; **we had a** ~ (*fam*) lo pasamos en grande *(fam)*.
ballad [ˈbæləd] *n* balada *f*; (*Spanish*) romance *m*, corrido *m (Mex)*.
ballast [ˈbæləst] *n* lastre *m*.
ballboy [ˈbɔːlbɔɪ] *n* recogedor *m* de pelotas.
ballcock [ˈbɔːlkɒk] *n* llave *f* de bola *or* de flotador.
ballerina [ˌbæləˈriːnə] *n* bailarina *f* (de ballet).
ballet [ˈbæleɪ] **1** *n* ballet *m*. **2** *cpd*: ~ **dancer** *n* bailarín/ina *m/f* (de ballet).
ballgirl [ˈbɔːlgɜːl] *n* recogedora *f* de pelotas.
ballistic [bəˈlɪstɪk] *adj* balístico/a; ~ **missile** misil *m* balístico.
ballistics [bəˈlɪstɪks] *nsg* balística *f*.
balloon [bəˈluːn] **1** *n* globo *m*; (*in cartoons*) bocadillo *m*; **then the ~ went up** (*fam*) luego se armó la gorda *(fam)*; **that went down like a lead** ~ (*fam*) eso cayó como un jarro de agua fría *(fam)*. **2** *vi* (*injury*) hincharse (como un tomate); (*also* **to ~ out**: *sail*) hincharse como un globo; (*skirt*) inflarse.
balloonist [bəˈluːnɪst] *n* ascensionista *mf*, aeronauta *mf*.
ballot [ˈbælət] **1** *n* votación *f*; **on the first** ~ a la primera votación. **2** *vt*: **to ~ the members on a strike** invitar a los miembros a votar sobre la huelga, someter la huelga a votación entre los miembros. **3** *cpd*: ~ **box** *n* urna *f*; ~ **paper** *n* papeleta *f* (de voto).
ballpark [ˈbɔːlpɑːk] **1** *n* (*US*) estadio *m* de béisbol; **it's in the same** ~ está en la misma categoría. **2** *cpd*: ~ **figure**, ~ **number** *n* cifra *f* aproximada.
ballpoint (pen) [ˈbɔːlpɔɪnt(pen)] *n* bolígrafo *m*, birome *(CSur) m or f*,.
ballroom [ˈbɔːlrʊm] **1** *n* salón *m or* sala *f* de baile. **2** *cpd*: ~ **dancing** *n* baile *m* de salón.
▸ **balls up**, (*US*) **ball up** *vt* + *adv* (*Brit fam!*) estropear, joder *(fam!)*.
balls-up [ˈbɔːlzʌp] *n* (*Brit fam!*) lío *m*; **he made a ~ of the job** lo escoñó todo.
ball-up *n* (*US fam!*) = **balls-up**.

balm [bɑːm] *n* (*also fig*) bálsamo *m*.
balmy [ˈbɑːmɪ] *adj* (*comp* **-ier**; *superl* **-iest**) (**a**) (*breeze, air*) suave, cálido/a. (**b**) (*fam*) = **barmy**.
baloney [bəˈləʊnɪ] *n* (*fam*) chorradas *fpl* (*fam*).
BALPA [ˈbælpə] *n abbr of* **British Airline Pilots' Association** ≈ SEPLA *m*.
balsa [ˈbɔːlsə] *n* (*also* ~ **wood**) (madera *f* de) balsa *f*.
Baltic [ˈbɔːltɪk] **1** *adj* báltico/a. **2** *n*: **the ~ (Sea)** el Mar Báltico.
balustrade [ˌbæləsˈtreɪd] *n* balaustrada *f*, barandilla *f*.
bamboo [bæmˈbuː] **1** *n* (*cane, plant*) bambú *m*. **2** *cpd*: ~ **shoots** *n* brotes *mpl* de bambú.
bamboozle [bæmˈbuːzl] *vt* (*fam*) engatusar, embaucar.
ban [bæn] **1** *n* prohibición *f*; **to put a ~ on sth** proscribir *or* prohibir algo. **2** *vt* prohibir; **he was ~ned from the club** le echaron del club, le prohibieron la entrada en el club; **he was ~ned from driving** le retiraron el carnet de conducir.
banal [bəˈnɑːl] *adj* banal, trillado/a.
banality [bəˈnælɪtɪ] *n* banalidad *f*, trivialidad *f*.
banana [bəˈnɑːnə] **1** *n* (*fruit*) plátano *m*, banana *f* (*LAm*); (*tree*) plátano *m*, banano *m*; **to be ~s** (*fam*) estar chalado/a (*fam*); **to go ~s** (*fam*) perder la chaveta (*over* por). **2** *cpd*: ~ **republic** *n* república *f* bananera; ~ **skin** *n* piel *f* de plátano; (*fig*) problema *m* no previsto.
band [bænd] *n* (**a**) (*strip of material*) faja *f*, tira *f*; (*ribbon*) cinta *f*; (*edging*) franja *f*; (*ring*) anillo *m*, sortija *f* (*LAm*); (*stripe*) raya *f*; *see* **rubber**[2]. (**b**) (*Mus*) orquesta *f*, conjunto *m*; (*pop* ~) grupo *m*; (*brass* ~ *etc*) banda *f*. (**c**) (*group of people*) cuadrilla *f*, grupo; (*pej*) pandilla *f*. (**d**) (*Rad: wave~*) banda *f*.
▸ **band together** *vi* + *adv* juntarse, agruparse; (*pej*) apandillarse.
bandage [ˈbændɪdʒ] **1** *n* venda *f*. **2** *vt* (*also* **to ~ up**) vendar.
Band-Aid ® [ˈbændeɪd] *n* (*esp US*) tirita *f*, curita *f* (*LAm*).
bandan(n)a [bænˈdænə] *n* pañuelo *m*.
B & B *n abbr of* **bed and breakfast**.
bandit [ˈbændɪt] *n* bandido *m*; *see* **one-armed**.
bandsman [ˈbændzmən] *n* músico *m* (de banda).
bandstand [ˈbændstænd] *n* quiosco *m* de música.
bandwagon [ˈbændˌwægən] *n*: **to jump** *or* **climb on the ~** subirse al carro *or* al tren.
bandy[1] [ˈbændɪ] *vt* (*jokes, insults*) cambiar, intercambiar; **to ~ sb's name about** circular el nombre de algn.
bandy[2] [ˈbændɪ] *adj* (*also* **~-legged**) estevado/a.
bane [beɪn] *n*: **it's the ~ of my life** me amarga la vida.
bang[1] [bæŋ] **1** *n* (*noise: explosion*) estallido *m*; (*: door*) portazo *m*; (*: blow*) porrazo *m*, golpe *m*; **it went with a ~** (*fam*) fue todo un éxito.
2 *adv*: **to go ~** hacer ¡pum!, estallar; **~ in the middle** justo en (el) medio; **~ on!** ¡acertado!; **the answer was ~ on** (*Brit*) la respuesta era muy acertada; **~ on time** (*fam*) en punto; **~ went £10** adiós 10 libras.
3 *vt* (*strike*) golpear; (*slam: door*) dar un portazo; (*fam!: have sex with*) joder (*fam!*), coger (*LAm fam!*); **to ~ one's head (on sth)** dar con la cabeza (en algo); **to ~ the receiver down** colgar el teléfono con un golpe.
4 *vi* (*explode*) explotar, estallar; (*slam: door*) cerrarse de golpe; **to ~ at** *or* **on sth** dar golpes en algo; **to ~ into sth** chocar con algo, golpearse contra algo.
▸ **bang about, bang around** *vi* + *adv* moverse ruidosamente.
▸ **bang away** *vi* + *adv* (*guns*) disparar estrepitosamente; (*workman*) martillear; **she was ~ing away on the piano** aporreaba el piano.
▸ **bang out** *vt* + *adv* (*tune*) tocar ruidosamente.
▸ **bang together** *vt* + *adv* (*heads*) hacer chocar.
▸ **bang up** *vt* + *adv* (*fam: ruin*) estropear; (*: prisoner*) encerrar (en la celda).
bang[2] [bæŋ] *n* (*fringe: also* **~s**) flequillo *m*.
banger [ˈbæŋəʳ] (*Brit fam*) *n* (**a**) (*sausage*) salchicha *f*. (**b**) (*firework*) petardo *m*. (**c**) (*old car*) armatoste *m*, cacharro *m*.
Bangkok [bæŋˈkɒk] *n* Bangkok *m*.
Bangladesh [ˌbæŋgləˈdeʃ] *n* Bangladesh *m*.
Bangladeshi [ˌbæŋgləˈdeʃɪ] *adj*, *n* bangladesí *mf*.
bangle [ˈbæŋgl] *n* brazalete *m*, ajorca *f*.
banish [ˈbænɪʃ] *vt* expulsar, desterrar; (*fig: thought, fear*) desterrar, apartar (*from* de).
banishment [ˈbænɪʃmənt] *n* destierro *m*.
banisters [ˈbænɪstəz] *npl* barandilla *f*, pasamanos *m inv*.
banjo [ˈbændʒəʊ] *n* (*pl* **~es** *or* **~s**) (*US*) banjo *m*.
bank [bæŋk] **1** *n* (**a**) (*of river etc*) orilla *f*; (*of earth*) terraplén *m*; (*of clouds*) grupo *m*; (*of snow*) montón *m*; (*of phones*) equipo *m*, batería *f*.
(**b**) (*Fin*) banco *m*; (*games*) banca *f*; (*also* **savings ~**) caja *f* de ahorros; **to break the ~** hacer saltar *or* quebrar la banca.
(**c**) (*Aer*) inclinación *f* lateral.
2 *cpd*: ~ **account** *n* cuenta *f* de banco; ~ **balance** *n* saldo *m*; ~ **card** *n* tarjeta *f* bancaria; ~ **charges** *npl* comisión *f*; (*Brit*): ~ **clerk** *n* empleado/a *m/f* de banco; ~ **holiday** *n* fiesta *f*, día *m* festivo; ~ **rate** *n* tipo *m* de interés bancario; ~ **statement** *n* estado *m* de cuenta.
3 *vt* (*money*) depositar en un banco, ingresar; (*Aer*) ladear.
4 *vi* tener cuenta; (*Aer*) ladear.
▸ **bank on** *vi* + *prep* (*fam*) contar con.
bankbook [ˈbæŋkbʊk] *n* libreta *f* (de depósitos); (*in savings bank*) cartilla *f*.
banker [ˈbæŋkəʳ] *n* banquero/a *m/f*; **~'s card** tarjeta *f* bancaria; **~'s draft** letra *f* bancaria.
banking [ˈbæŋkɪŋ] **1** *n* banca *f*. **2** *cpd*: ~ **hours** *npl* horas *fpl* bancarias.
banknote [ˈbæŋknəʊt] *n* billete *m* de banco.
bankroll [ˈbæŋkrəʊl] (*US*) **1** *n* fortuna *f*. **2** *vt* financiar.
bankrupt [ˈbæŋkrʌpt] **1** *adj* quebrado/a, en quiebra, insolvente; (*fam: broke*) sin un duro (*Sp*), sin un peso (*LAm*); **to go ~** hacer bancarrota. **2** *n* quebrado/a *m/f*. **3** *vt* quebrar; (*fam*) arruinar.
bankruptcy [ˈbæŋkrəpsɪ] **1** *n* quiebra *f*, bancarrota *f*. **2** *cpd*: ~ **proceedings** *n* juicio *m* de insolvencia,.
banner [ˈbænəʳ] **1** *n* (*flag*) bandera *f*; (*placard*) pancarta *f*. **2** *cpd*: ~ **headlines** *npl* titulares *mpl* sensacionales.
bannisters [ˈbænɪstəz] *n* = **banisters**.
banns [bænz] *npl* amonestaciones *fpl*; **to put up the ~** correr las amonestaciones.
banquet [ˈbæŋkwɪt] *n* banquete *m*.
bantam [ˈbæntəm] *n* gallina *f* bántam.
bantamweight [ˈbæntəmweɪt] *n* (*Sport*) peso *m* gallo.
banter [ˈbæntəʳ] **1** *n* guasa *f*, bromas *fpl*. **2** *vi* bromear.
Bantu [ˌbænˈtuː] *adj n* bantú *mf*.
BAOR *n abbr of* **British Army of the Rhine**.
baptism [ˈbæptɪzəm] *n* (*in general*) bautismo *m*; (*ceremony*) bautizo *m*; **~ of fire** bautismo de fuego.
baptismal [bæpˈtɪzməl] *adj* bautismal.
Baptist [ˈbæptɪst] *n* baptista *mf*, bautista *mf*; **~ church** Iglesia *f* Bautista; **St John the ~** San Juan Bautista.
baptize [bæpˈtaɪz] *vt* bautizar.
bar[1] [bɑːʳ] **1** *n* (**a**) (*piece: of wood, metal etc*) barra *f*; (*of soap*) pastilla *f*; (*of chocolate*) tableta *f*; (*of electric fire*) resistencia *f*.
(**b**) (*of window, cage etc*) reja *f*; (*on door*) tranca *f*; **behind ~s** entre rejas; **to put sb behind ~s** encarcelar a algn.
(**c**) (*hindrance*) obstáculo *m* (*to* para); (*ban*) prohibición *f* (*on* de).
(**d**) (*pub*) bar *m*, cantina *f* (*esp LAm*); (*counter*) barra *f*, mostrador *m*.
(**e**) (*Jur: in court*) **the prisoner at the ~** el acusado/la acusada; **to be called** *or* (*US*) **admitted to the B~** recibirse de abogado/a, ingresar en la abogacía.
(**f**) (*Mus: measure, rhythm*) compás *m*.
2 *vt* (*obstruct: way*) obstruir; (*prevent*) impedir; (*exclude*) excluir; (*fasten: door, window*) atrancar; (*ban*)

prohibir.

3 *cpd*: ~ **chart** *n* cuadro *m* de barras; ~ **code** *n* código *m* de barras.

bar[2] [bɑ:ʳ] *prep* salvo, con excepción de; ~ **none** sin excepción.

barb [bɑ:b] *n* (*of arrow etc*) lengüeta *f*; (*fig*) dardo *m*.

Barbados [bɑ:'beɪdɒs] *n* Barbados *m*.

barbarian [bɑ:'bɛərɪən] *n* bárbaro/a *m/f*.

barbaric [bɑ:'bærɪk], **barbarous** ['bɑ:bərəs] *adj* bárbaro/a.

barbarity [bɑ:'bærɪtɪ] *n* barbaridad *f*.

Barbary ['bɑ:bərɪ] *n* Berbería *f*; ~ **ape** macaco *m*.

barbecue ['bɑ:bɪkju:] **1** *n* (*grill*) parrillada *f*, asado *m* (*LAm*); (*party*) barbacoa *f*; ~ **sauce** salsa *f* picante. **2** *vt* asar a la parrilla.

barbed wire ['bɑ:bd'waɪəʳ] *n* alambre *m* de púas.

barber ['bɑ:bəʳ] *n* peluquero *m*, barbero *m*; **at/to the ~'s (shop)** en/a la peluquería.

barbershop ['bɑ:bəʃɒp] *n* (*US*) barbería *f*.

barbiturate [bɑ:'bɪtjʊrɪt] *n* barbitúrico *m*.

Barcelona [ˌbɑ:sə'ləʊnə] *n* Barcelona *f*.

bard [bɑ:d] *n* (*old*) bardo *m*.

bare [bɛəʳ] **1** *adj* (*comp* ~**r**; *superl* ~**st**) **(a)** desnudo/a; (*head*) descubierto/a; (*landscape*) pelado/a; (*tree*) sin hojas; (*ground*) raso/a; (*room*) sin muebles; (*Elec: wire*) descubierto/a, sin protección; **with his ~ hands** sólo con las manos; **to lay ~** poner al descubierto.

(b) (*meagre: majority etc*) escaso/a; **the ~ minimum** lo justo, lo indispensable; **the ~ bones (of a matter)** los puntos esenciales, lo esencial; **the ~ essentials** las necesidades *fpl* básicas.

2 *vt* descubrir; (*teeth*) enseñar **to ~ one's head** descubrirse.

bareback ['bɛəbæk] *adv* a pelo, sin silla.

barefaced ['bɛəfeɪst] *adj* descarado/a.

barefoot(ed) ['bɛə'fʊt(ɪd)] *adj, adv* descalzo/a.

bareheaded ['bɛə'hedɪd] *adj* descubierto/a.

barelegged ['bɛə'legɪd] *adj* en pernetas.

barely ['bɛəlɪ] *adv* **(a)** (*scarcely*) apenas; **it was ~ enough** casi no bastaba. **(b) a ~ furnished room** un cuarto escasamente amueblado.

barf [bɑ:f] *vi* (*US fam*) arrojar (*fam*).

bargain ['bɑ:gɪn] **1** *n* **(a)** (*agreement*) pacto *m*; (*transaction*) negocio *m*, contrato *m*; **it's a ~!** ¡trato hecho!, ¡de acuerdo!; **into the ~** (*fig*) para colmo; **you drive a hard ~** sabes regatear; **to make** *or* **strike a ~** cerrar un trato. **(b)** (*cheap thing*) ganga *f*; **it's a real ~** es una verdadera ganga. **2** *cpd* de ocasión; ~ **basement**, ~ **counter** *n* sección *f* de rebajas; ~ **offer** *n* oferta *f* especial; ~ **price** *n* precio *m* de ganga; ~ **sale** *n* saldo *m*. **3** *vi* (*haggle*) regatear; (*deal*) negociar.

▸ **bargain for** *vi + prep* (*fam*): **I wasn't ~ing for that** yo no contaba con eso; **he got more than he ~ed for** resultó peor de lo que esperaba.

▸ **bargain on** *vi + prep*: **I wouldn't ~ on it** (*fam*) sería mejor no contar con eso.

bargain-hunter ['bɑ:gɪnˌhʌntəʳ] *n* cazador(a) *m/f* de rebajas.

bargain-hunting ['bɑ:gɪnˌhʌntɪŋ] *n*: **to go ~** ir de rebajas.

bargaining ['bɑ:gɪnɪŋ] **1** *n* negociación *f*, (*haggling*) regateo *m*. **2** *cpd*: ~ **power** *n* fuerza *f* en el negocio; ~ **table** *n* mesa *f* de negociaciones.

barge [bɑ:dʒ] **1** *n* barcaza *f*; (*ceremonial*) falúa *f*; (*charge*) carga *f*. **2** *cpd*: ~ **pole** *n*: **I wouldn't touch it with a ~ pole** (*fam*) no quiero saber nada de eso.

▸ **barge in** *vi + adv* (*enter*) irrumpir; (*interrupt*) meterse.

▸ **barge into** *vi + prep* (*knock*) chocar contra; (*enter*) irrumpir; (*interrupt*) interrumpir.

baritone ['bærɪtəʊn] *n* barítono *m*.

barium ['bɛərɪəm] **1** *n* bario *m*. **2** *cpd*: ~ **meal** *n* sulfato *m* de bario.

bark[1] [bɑ:k] *n* (*of tree*) corteza *f*.

bark[2] [bɑ:k] **1** *n* (*of dog*) ladrido *m*; **his ~ is worse than his bite** perro ladrador, poco mordedor. **2** *vi* ladrar (*at* a); **to be ~ing up the wrong tree** ir muy descaminado/a.

▸ **bark out** *vt + adv* (*order*) escupir, gritar.

barley ['bɑ:lɪ] **1** *n* cebada *f*. **2** *cpd*: ~ **sugar** *n* azúcar *m* cande; ~ **water** *n* (*esp Brit*) hordiate *m*.

barmaid ['bɑ:meɪd] *n* camarera *f*, moza *f* (*LAm*).

barman ['bɑ:mən] *n* (*pl* **-men**) bárman *m*, camarero *m*.

barmy ['bɑ:mɪ] *adj* (*comp* **-ier**; *superl* **-iest**) (*fam*) chalado/a, chiflado/a.

barn [bɑ:n] **1** *n* granero *m*; (*raised* ~) troje *f*; (*US*) cuadra *f*. **2** *cpd*: ~ **dance** *n* baile *m* campesino; ~ **owl** *n* lechuza *f*.

barnacle ['bɑ:nəkl] *n* percebe *m*.

barnstorm ['bɑ:nstɔ:m] *vi* (*US*) hacer una campaña electoral por el campo.

barnyard ['bɑ:njɑ:d] **1** *n* corral *m*. **2** *cpd*: ~ **fowls** *n* aves *fpl* de corral.

barometer [bə'rɒmɪtəʳ] *n* barómetro *m*.

baron ['bærən] *n* barón *m*; (*fig*) magnate *m*.

baroness ['bærənɪs] *n* baronesa *f*.

baronet ['bærənɪt] *n* baronet *m*.

baroque [bə'rɒk] *adj* barroco/a.

barrack ['bærək] *vt* (*fam*) abuchear.

barracks ['bærəks] *npl* cuartel *msg*; **confined to ~** arrestado en cuartel.

barracuda [ˌbærə'kju:də] *n* barracuda *f*.

barrage ['bærɑ:ʒ] *n* (*dam*) presa *f*; (*Mil*) cortina *f* de fuego; **a ~ of questions** una lluvia de preguntas.

barrel ['bærəl] **1** *n* (*gen*) barril *m*, tonel *m*; (*for rain*) tina *f*; (*of gun*) cañón *m*; (*Tech*) tambor *m*; **to have sb over a ~** (*fam*) tener a algn con el agua al cuello; **to scrape the (bottom of the) ~** rebañar las últimas migas. **2** *cpd*: ~ **organ** *n* organillo *m*.

barren ['bærən] *adj* (*soil*) árido/a; (*plant, woman*) estéril.

barrette [bə'ret] *n* (*US*) pasador *m* (para el pelo).

barricade [ˌbærɪ'keɪd] **1** *n* barricada *f*. **2** *vt* cerrar con barricadas.

barrier ['bærɪəʳ] **1** *n* barrera *f*, valla *f*; (*Rail: in station*) barrera; (*crash ~*) tope *m*; (*fig*) barrera, obstáculo *m*. **2** *cpd*: ~ **cream** *n* crema *f* protectora.

barring ['bɑ:rɪŋ] *prep see* **bar**[2].

barrister ['bærɪstəʳ] *n* (*Brit*) abogado/a *m/f*.

barroom ['bɑ:ˌrʊm] **1** *n* (*US*) bar *m*, taberna *f*. **2** *cpd*: ~ **brawl** *n* pendencia *f* de taberna.

barrow ['bærəʊ] *n* (*wheel~*) carretilla *f*; (*market stall*) carreta *f*.

barstool ['bɑ:ˌstu:l] *n* taburete *m* (de bar).

Bart [bɑ:t] *abbr* (*Brit*) *of* **Baronet**.

bartender ['bɑ:tendəʳ] *n* bárman *m*, camarero *m*.

barter ['bɑ:təʳ] **1** *n* trueque *m*. **2** *vt*: **to ~ sth (for sth)** trocar algo (por algo). **3** *vi*: **to ~ with sb (for sth)** negociar con algn (por algo).

base[1] [beɪs] **1** *n* (*gen*) base *f*; (*foot*) pie *m*; **to get to first ~** alcanzar la primera meta; **he's way off ~** (*US fam*) está totalmente equivocado. **2** *vt* (*troops*) **to ~ at** estacionar en; (*opinion, relationship*) **to ~ on** basar en, fundar en; **to be ~d on** basarse en, fundarse en; **the job is ~d in London** el trabajo tiene su base en Londres. **3** *cpd*: ~ **camp** *n* campo *m* base; ~ **coat** *n* (*of paint*) primera capa *f*; ~ **(lending) rate** *n* tipo *m* de interés base; ~ **line** *n* línea *f* de saque.

base[2] [beɪs] (*comp* ~**r**; *superl* ~**st**) *adj* (*action, motive*) vil, bajo/a; (*metal*) bajo/a de ley.

baseball ['beɪsbɔ:l] *n* béisbol *m*.

baseboard ['beɪsbɔ:d] *n* (*US*) rodapié *m*.

-based [beɪst] *adj suf*: **coffee~** basado/a en el café.

Basel ['bɑ:zəl] *n* Basilea *f*.

baseless ['beɪslɪs] *adj* infundado/a.

basement ['beɪsmənt] *n* sótano *m*.

bases[1] ['beɪsi:z] *npl of* **basis**.

bases[2] ['beɪsi:z] *npl of* **base**[1].
bash [bæʃ] *(fam)* **1** *n* golpe *m*, porrazo *m*; **I'll have a ~ (at it)** lo intentaré. **2** *vt* golpear.
► **bash in** *vt + adv (fam)* abollar; **to ~ sb's head in** romperle la crisma a algn.
► **bash on** *vi + adv (fam)* continuar (a pesar de todo); **~ on!** ¡adelante!
► **bash up** *vt + adv (fam: car)* estrellar.
bashful ['bæʃfʊl] *adj* tímido/a, vergonzoso/a, apenado/a *(LAm)*.
BASIC ['beɪsɪk] *n abbr (Comput) of* **Beginner's All-purpose Symbolic Instruction Code** BASIC *m*.
basic ['beɪsɪk] **1** *adj (fundamental: reason, problem)* básico/a, fundamental; *(rudimentary: knowledge)* elemental; *(salary)* báse. **2** *npl*: **the ~s** los fundamentos.
basically ['beɪsɪklɪ] *adv* fundamentalmente.
basil ['bæzl] *n* albahaca *f*.
basilica [bə'zɪlɪkə] *n* basílica *f*.
basin ['beɪsn] *n* palangana *f*; *(in bathroom)* lavabo *m*; *(Geog)* cuenca *f*.
basis ['beɪsɪs] *n (pl* **bases***) (foundation)* base *f*; **on the ~ of what you've said** en base a lo que ha dicho.
bask [bɑ:sk] *vi*: **to ~ in the sun** tomar el sol; **to ~ in sb's favour** disfrutar del favor de algn.
basket ['bɑ:skɪt] **1** *n* cesta *f*, canasta *f*; **~ of currencies** canasta *f* de divisas. **2** *cpd*: **~ case** *n (esp US)* caso *m* desahuciado; **~ chair** *n* silla *f* de mimbre.
basketball ['bɑ:skɪtbɔ:l] **1** *n* baloncesto *m*, básquet *m*; *(ball)* balón *m* de baloncesto *etc*, baloncestista *mf*. **2** *cpd*: **~ player** *n* jugador(a) *m/f* de baloncesto *etc*.
Basle [bɑ:l] *n* Basilea *f*.
Basque [bæsk] **1** *adj* vasco; **~ Country** País *m* Vasco, Euskadi *m*; **~ Provinces** las Vascongadas *fpl*,. **2** *n* **(a)** vasco/a *m/f*. **(b)** *(Ling)* vasco *m*, vascuence *m*, euskera *m*.
bass[1] [beɪs] *(Mus)* **1** *adj* bajo/a; **~ baritone** barítono *m* bajo; **~ drum** bombo *m*; **~ guitar** guitarra *f* baja. **2** *n (voice, singer)* bajo *m*.
bass[2] [bæs] *n (fish)* róbalo *m*.
basset ['bæsɪt] *n* perro *m* basset.
bassoon [bə'su:n] *n* bajón *m*, fagot *m*.
bastard ['bɑ:stəd] *n (old, lit)* bastardo/a *m/f*; *(fam pej)* cabrón/ona *m/f (fam!)*, hijo/a *m/f* de puta *(fam!)*, hijo *m* de la chingada *(Mex fam!)*; **you old ~!** *(fam)* ¡eh, hijoputa! *(fam!)*; **this job is a real ~** *(fam!)* esta faena es la monda *(fam)*.
baste [beɪst] *vt (Culin)* pringar; *(Sew)* hilvanar.
bastion ['bæstɪən] *n (also fig)* baluarte *m*.
BASW ['bæzw] *n abbr of* **British Association of Social Workers**.
bat[1] [bæt] *n (Zool)* murciélago *m*; **old ~** *(fam: old woman)* bruja *f (fam)*; **to have ~s in the belfry** *(fam)* estar chiflado/a; **to go like a ~ out of hell** *(fam)* ir a toda hostia *(fam)*.
bat[2] [bæt] **1** *n (ball games)* paleta *f*, pala *f*; *(cricket, baseball)* bate *m*; **off one's own ~** *(fam)* por cuenta propia; **right off the ~** *(US fam)* de repente. **2** *vi (Sport)* batear. **3** *vt*: **he didn't ~ an eyelid** *(fam)* ni pestañeó.
batch [bætʃ] **1** *n (of goods etc)* lote *m*, remesa *f*; *(of people)* grupo *m*; *(of bread)* hornada *f*; *(Comput)* lote *m*. **2** *cpd*: **~ file** *n (Comput)* fichero *m* BAT; **~ processing** *n* tratamiento *m* por lotes.
bated ['beɪtɪd] *adj*: **with ~ breath** sin respirar.
bath [bɑ:θ] **1** *n (pl* **~s** [bɑ:ðz]) **(a)** *(esp Brit: also* **~tub***)* bañera *f*, tina *f (LAm)*, bañadera *f (CSur)*; **to have a ~** darse un baño, bañarse. **(b)** *(Brit)* **~s** *(swimming ~s)* piscina *f*, alberca *f* pública *(Mex)*, pileta *f* (pública) *(CSur)*. **2** *cpd*: **~ cube** *n* cubo *m* de sales para el baño; **~ chair** *n* silla *f* de ruedas; **~ salts** *npl* sales *fpl* de baño; **~ sheet, ~ towel** *n* toalla *f* de baño. **3** *vt* bañar, dar un baño a. **4** *vi* bañarse.
bathe [beɪð] **1** *n* baño *m*; **to go for a ~** ir a bañarse. **2** *vt* **(a)** *(wound etc)* lavar. **(b)** *(US) see* **bath 2**. **3** *vi* **(a)** *(swim)* bañarse; **to go bathing** ir a bañarse. **(b)** *(US) see* **bath 3**.
bather ['beɪðə^r] *n* bañista *mf*.
bathing ['beɪðɪŋ] **1** *n* el bañarse; **'no ~'** prohibido bañarse. **2** *cpd*: **~ costume, ~ suit** *n* traje *m* de baño, bañador *m*; **~ trunks** *npl* bañador (de hombre).
bathmat ['bɑ:θmæt] *n* alfombra *f* de baño.
bathrobe ['bɑ:θrəʊb] *n* albornoz *m*.
bathroom ['bɑ:θrʊm] **1** *n* cuarto *m* de baño; *(euph)* baño *m*. **2** *cpd*: **~ fittings** *n* aparatos *mpl* sanitarios; **~ scales** *n* báscula *f* de baño.
bathtub ['bɑ:θtʌb] *n* bañera *f*, tina *f (LAm)*.
baton ['bætən] *n (Mus)* batuta *f*; *(Mil)* bastón *m*; *(of policeman)* porra *f*; *(in race)* testigo *m*.
battalion [bə'tælɪən] *n* batallón *m*.
batten ['bætn] *vt*: **to ~ down the hatches** *(also fig)* atrancar las escotillas.
batter[1] ['bætə^r] *n* mezcla *f* para rebozar; **in ~** rebozado/a.
batter[2] ['bætə^r] *vt (person)* apalear; *(wife, baby)* maltratar; *(subj: wind, waves)* azotar.
► **batter down** *vt + adv* derribar a golpes.
battered ['bætəd] *adj (hat)* estropeado/a; *(car)* abollado/a.
battering ['bætərɪŋ] *n (blows)* paliza *f*; *(Mil)* bombardeo *m*; **the ~ of the waves** el golpear de las olas; **he got a ~ from the critics** los críticos le pusieron como un trapo.
battering ram ['bætərɪŋræm] *n* ariete *m*.
battery ['bætərɪ] **1** *n (gen)* batería *f*; *(Elec: small: radio etc)* pila *f*; *(series)* serie *f*; *(of questions)* descarga *f*. **2** *cpd*: **~ charger** *n* cargador *m* de baterías; **~ farming** *n* cría *f* intensiva; **~ hen** *n* gallina *f* de criadero.
battle ['bætl] **1** *n (Mil)* batalla *f*; *(fig)* lucha *f*; **a ~ of wits** duelo *m* de inteligencias; **a ~ royal** una batalla campal; **a ~ of wills** una lucha de voluntades; **that's half the ~** *(fam)* ya hay medio camino andado; **to do ~** librar batalla *(with* con); **to fight a losing ~** *(fig)* luchar por una causa perdida. **2** *vi (fig)* **to ~ (for)** luchar (por), pelear (por) *(LAm)*; **to ~ against the wind** luchar contra el viento.
► **battle on** *vi + adv* seguir luchando.
battle-axe, *(US)* **battle-ax** ['bætlæks] *n* hacha *f* de combate; **old ~** *(fam)* arpía *f*.
battlefield ['bætlfi:ld], **battleground** ['bætlgraʊnd] *n* campo *m* de batalla.
battlements ['bætlmənts] *npl* almenas *fpl*.
battleship ['bætlʃɪp] *n* acorazado *m*.
Battn *abbr of* **battalion** Bón.
batty ['bætɪ] *adj (comp* **-ier**; *superl* **-iest***) (fam)* lelo/a.
bauble ['bɔ:bl] *n* chuchería *f*.
baud [bɔ:d] **1** *n (Comput)* baudio *m*. **2** *cpd*: **~ rate** *n* velocidad *f* (de transmisión) en baudios.
baulk [bɔ:lk] *vi see* **balk**.
bauxite ['bɔ:ksaɪt] *n* bauxita *f*.
Bavaria [bə'vɛərɪə] *n* Baviera *f*.
Bavarian [bə'vɛərɪən] *adj, n* bávaro/a *m/f*.
bawdy ['bɔ:dɪ] *adj (comp* **-ier**; *superl* **-iest***)* verde, colorado/a *(LAm)*.
bawl [bɔ:l] *vi (cry)* llorar a gritos; *(shout)* chillar.
► **bawl out** *vt + adv* **(a)** vocear, vociferar. **(b)** *(fam)* **to ~ sb out** echar una bronca a algn.
bay[1] [beɪ] *n (Geog)* bahía *f*; **the B~ of Biscay** el Golfo de Vizcaya.
bay[2] [beɪ] **1** *n (for parking)* área *f* de aparcamiento, parking *m*, estacionamiento *m (LAm)*; *(for loading)* área de carga. **2** *cpd*: **~ window** *n* ventana *f* saledíza.
bay[3] [beɪ] **1** *vi (hound)* aullar. **2** *n (bark)* aullido *m*; **at ~** acorralado/a; **to keep sb/sth at ~** *(fig)* mantener a raya a algn/algo.
bay[4] [beɪ] *adj (horse)* bayo/a.
bay leaf ['beɪli:f] *n (pl* **- leaves***)* (hoja *f* de) laurel *m*.
bayonet ['beɪənɪt] **1** *n* bayoneta *f*; **fixed ~** bayoneta calada. **2** *vt* herir *or* matar con la bayoneta.
bayou ['baɪju:] *n (US)* pantanos *mpl*.
bazaar [bə'zɑ:^r] *n* bazar *m*.

bazooka [bə'zu:kə] *n* bazuca *f*.
B.B. 1 *n abbr of* **Boys' Brigade** *organización parecida a los Boy Scouts*. **2** *cpd*: ~ **gun** *n* (*US*) *carabina de aire comprimido*.
B.B.A. *n abbr* (*US Univ*) *of* **Bachelor of Business Administration.**
BBB *n abbr* (*US*) *of* **Better Business Bureau.**
BBC *n abbr of* **British Broadcasting Corporation** la BBC.
BC 1 *adv abbr of* **Before Christ** a. de J.C. **2** *abbr* (*Canada*) *of* **British Columbia. 3** *n abbr* **(a)** (*Brit*) *of* **British Coal. (b)** (*Univ*) *of* **Bachelor of Commerce.**
BCG *n abbr of* **Bacillus Calmette-Guérin** BCG *m*.
BC-NET [ˌbi:si:'net] *n abbr of* **Business Cooperation Network** Red *f* de Cooperación de Empresas.
B.Com. *n abbr* (*Univ*) *of* **Bachelor of Commerce.**
B/D *abbr of* **bank draft.**
BD *n abbr* **(a)** (*Univ*) *of* **Bachelor of Divinity. (b)** (*Fin*) *of* **bills discounted** efectos *mpl* descontados.
BDS *n abbr* (*Univ*) *of* **Bachelor of Dental Surgery.**
B/E *abbr* **(a)** *of* **bill of exchange. (b)** *of* **Bank of England.**
be [bi:] (*pres* **am, is, are**; *pt* **was, were**; *pp* **been**) **1** *vi* **(a)** (*exist*) ser; **there is** hay; **is there anyone at home?** ¿hay alguien en casa?; **there was** había; **there were 3 of them** eran *or* (*LAm*) habían tres; ~ **that as it may** sea como fuere; **so** ~ **it** así sea; **let me** ~! ¡déjame en paz!; **how much was it?** ¿cuánto costó *or* valió *or* fue?

(b) (*place*) estar, quedar (*esp LAm*); **there's the church** allí está la iglesia; **here you are, (take it)** aquí tienes; **he won't** ~ **here tomorrow** no estará mañana; **Edinburgh is in Scotland** Edimburgo está en Escocia; **I've been to China** he estado en China; **it's on the table** está sobre *or* en la mesa; **there's a holiday on Monday** el lunes es fiesta; **we've been here for ages** estamos aquí desde hace mucho tiempo, llevamos siglos aquí; **don't** ~ **long!** ¡no tardes!; **my wife to** ~ mi futura esposa.

(c) (*state*) **she is bored** está aburrida; **she is boring** es aburrida; **he's happy** está alegre; **he's the cheerful sort** es un tipo alegre.

2 *copulative vb* **(a) he's a pianist** es pianista; **2 and 2 are 4** 2 y 2 son 4; **the book is in French** el libro está en francés; **I'm not Sue, I'm Mary** no soy Sue, soy Mary; **he's tall** es alto; **they're English** son ingleses; ~ **good!** ¡pórtate bien!

(b) (*health*) **how are you?** ¿cómo estás?; **I'm better now** ya estoy mejor.

(c) (*age*) **how old is she? – she's 9** ¿cuántos años tiene? – tiene 9 años.

(d) (*possession*) **she's his sister** es su hermana; **it's mine** es mío.

3 *impers vb* **(a) it is said that ...** dicen que ...; **it is possible that ...** es posible que ..., puede que ....

(b) (*time*) **it's 8 o'clock** son las 8; **it's the 3rd of May** es el 3 de mayo; **what's the date?** ¿qué fecha es?, ¿a qué día estamos?

(c) (*measurement*) **it's 5 km to the village** el pueblo está a 5 kilómetros.

(d) (*weather*) **it's hot/cold** hace calor/frío; **it's too hot** hace demasiado calor.

(e) (*emphatic*) **it's me** soy yo.

4 *aux vb* **(a)** (*with prp: forming continuous tense*) estar; **what are you doing?** ¿qué estás haciendo?; **he's always grumbling** siempre está quejándose; **they're coming tomorrow** vienen mañana; **I'll** ~ **seeing you** hasta luego, nos vemos (*esp LAm*); **I've been waiting for her** le he estado esperando.

(b) (*with pp: forming passives*) **he was killed in action** fue muerto en acción; **he was killed by robbers** le mataron los ladrones; **she was killed in a car crash** murió en un accidente de coche, resultó muerta en un accidente de coche (*frm*); **the box had been opened** la caja había sido abierta; **he was nowhere to** ~ **seen** no se le veía en ninguna parte; **what's to** ~ **done?** ¿qué podemos hacer?

(c) (*in tag questions*) **he's handsome, isn't he?** es guapo, ¿(no es) verdad? *or* ¿no? *or* ¿no es cierto?; **it was fun, wasn't it?** fue divertido, ¿verdad?; **he's back again, is he?** ha vuelto, ¿no?

(d) (*modal: command*) deber; (*: intention*) tener que; **you're to put on your shoes** tienes que ponerte los zapatos; **he's not to open it** que no lo abra; **the car is to** ~ **sold** el coche está de venta; **he was to have come yesterday** debía de haber venido ayer, tenía que venir ayer; (*obligation*) **he's to** ~ **congratulated on his work** debemos felicitarle por su obra; **am I to understand that ...?** ¿debo entender que ...?; (*condition*) **if it was** *or* **were to snow ...** si nevase ...; **if I were you ...** yo que tú ....

beach [bi:tʃ] **1** *n* playa *f*. **2** *cpd*: ~ **ball** *n* balón *m* de playa; ~ **buggy** *n* buggy *m*.
beach-chair ['bi:tʃˌtʃɛəʳ] *n* (*US*) tumbona *f*.
beachcomber ['bi:tʃˌkəʊməʳ] *n* raquero/a *m/f*.
beachhead ['bi:tʃhed] *n* cabeza *f* de playa.
beachwear ['bi:tʃwɛəʳ] *n* ropa *f* de playa.
beacon ['bi:kən] *n* faro *m*.
bead [bi:d] *n* cuenta *f*; (*of glass*) abalorio *m*; (*of dew, sweat*) gota *f*; ~**s** (*necklace*) collar *m*.
beady ['bi:dɪ] *adj*: ~ **eyes** ojos *mpl* pequeños y brillantes.
beak [bi:k] *n* (*of bird*) pico *m*; (*fam: nose*) nariz *f* (corva).
beaker ['bi:kəʳ] *n* jarra *f*, vaso *m*; (*Chem*) vaso de precipitación.
be-all ['bi:'ɔ:l] *n* (*also* ~ **and end-all**) único objeto *m*, única cosa *f* que importa; **he is the** ~ **of her life** él es lo único que le importa en la vida; **money is not the** ~ el dinero no es lo único que vale.
beam [bi:m] **1** *n* **(a)** (*Archit*) viga *f*, travesaño *m*; **broad in the** ~ (*fam*) ancho/a de caderas; **to be off** ~ (*fam*) estar despistado/a. **(b)** (*of light, laser*) rayo *m*; **to drive on full** *or* **main** ~ conducir con luz de carretera *or* con luces largas. **(c)** (*smile*) sonrisa *f* radiante. **(d)** (*Tech*) balancín *m*. **(e)** (*Sport*) barra *f* fija. **2** *vt* (*signal*) emitir. **3** *vi* (*smile*) sonreír satisfecho/a.
bean [bi:n] *n* (*gen*) judía *f*, alubia *f*; (*kidney*) frijol *m*, poroto *m* (*CSur*); (*broad, haricot*) haba *f*; (*green*) judía verde, ejote *m* (*Mex*), poroto verde (*CSur*); (*coffee*) grano *m*; ~ **curd** tofu *m*; **to be full of** ~**s** (*fam*) rebosar de vitalidad; **I haven't a** ~ (*fam*) no tengo un céntimo.
beanbag ['bi:nbæg] *n* (*for throwing*) *saquito que se usa para realizar ejercicios gimnásticos*; (*chair*) almohadón *m*, cojín *m*.
beanpole ['bi:npəʊl] *n* emparrado *m*; **he's a real** ~ (*fig fam*) está como un espárrago.
beanshoots ['bi:nʃu:ts], **beansprouts** ['bi:nspraʊts] *npl* (*Culin*) brotes *mpl* de soja.
bear[1] [bɛəʳ] **1** *n* oso/a *m/f*; (*Fin*) bajista *mf*; **to be like a** ~ **with a sore head** (*fam*) estar de malas. **2** *n*: ~ **cub** *n* osezno *m*; ~ **market** *n* (*Fin*) mercado *m* bajista.
bear[2] [bɛəʳ] (*pt* **bore**; *pp* **borne**) **1** *vt* **(a)** (*support: burden*) sostener; (*: cost*) pagar; (*news, message: bring*) traer; (*: take away*) llevar; (*signature, date*) llevar; (*resemblance, comparison*) tener; (*ill-will etc*) guardar; *see* **mind.**

(b) (*endure: pain*) soportar, aguantar; (*stand up to: inspection, examination*) resistir; **I can't** ~ **him** no le puedo ver, no lo soporto; **I can't** ~ **to look** no puedo mirar; **it doesn't** ~ **thinking about** da horror sólo pensarlo.

(c) (*produce: fruit*) dar; (*: young, child*) dar a luz a, parir; (*Fin: interest*) devengar; *see also* **born.**

2 *vi* **(a)** (*move*) **to** ~ **right/left** torcer *or* girar a la derecha/izquierda.

(b) to bring pressure to ~ **(on)** ejercer presión (sobre).

3 (*in posture, behaviour*) portarse.

▸ **bear down** *vi* + *adv* (*come closer*) **to** ~ **down (on)** avanzar (hacia), acercarse (a).
▸ **bear out** *vt* + *adv* corroborar, confirmar.
▸ **bear up** *vi* + *adv* (*withstand*) resistir; (*cheer up*) animarse.
▸ **bear with** *vi* + *prep* tener paciencia con.

bearable [ˈbɛərəbl] *adj* soportable.
beard [bɪəd] *n* barba *f*; **to have** *or* **wear a ~** llevar barba.
bearded [ˈbɪədɪd] *adj* (*gen*) de barba; (*hairy*) barbudo/a.
bearer [ˈbɛərəʳ] *n* portador(a) *m/f*.
bearing [ˈbɛərɪŋ] *n* (**a**) (*of person*) porte *m*. (**b**) (*relevance*) relación *f*; **this has no ~ on the matter** esto no tiene nada que ver con el asunto. (**c**) (*Mech*) cojinete *m*. (**d**) (*Navigation*) **to take a ~** marcarse; **to find/lose one's ~s** orientarse/desorientarse.
bearish [ˈbɛərɪʃ] *adj* pesimista; (*Fin*) (de tendencia) bajista.
beast [biːst] *n* bestia *f*; (*fam: person*) bestia *mf*, bruto *m*; **~ of burden** bestia de carga; **the king of the ~s** el rey de los animales; **it's a ~ of a job** (*fam*) es un trabajo de chinos.
beastly [ˈbiːstlɪ] (*fam*) *adj* espantoso/a, maldito/a.
beat [biːt] (*vb: pt* ~; *pp* **~en**) **1** *n* (**a**) golpe *m*; (*of drum*) redoble *m*; (*of heart*) latido *m*; (*Mus: rhythm*) ritmo *m*, compás *m*.
(**b**) (*of policeman*) ronda *f*.
2 *vt* (**a**) (*hit*) golpear; (*table, door*) dar golpes en; (*person: as punishment*) pegar; (*carpet*) sacudir; (*drum*) tocar; **to ~ sb to death** matar a algn a golpes; **the bird ~ its wings** el pájaro batió las alas; **to ~ time** (*Mus*) marcar el compás; **~ it!** (*fam*) ¡lárgate!
(**b**) (*defeat: team, army*) derrotar, vencer; (*: record*) batir; **he ~ Smith by 5 seconds** le ganó a Smith por 5 segundos; **to ~ sb hands down** (*Brit*) cascar a algn; **I ~ him to it** (*fam*) le gané; **coffee ~s tea any day** (*fam*) el café da mil vueltas al té; **that ~s everything!** (*fam*) ¡eso es el colmo!; **can you ~ that?** ¿has visto cosa igual?; **the problem has me ~(en)** (*fam*) el problema me tiene hecho un lío.
(**c**) (*Culin*) batir.
3 *vi* (*heart*) latir; (*drums*) redoblar; **to ~ on a door** dar golpes en una puerta; **the rain was ~ing against the windows** la lluvia azotaba las ventanas; **don't ~ about the bush** no andes por las ramas.
4 *pred adj* (*fam: tired*) rendido/a, molido/a.
5 *cpd*: **~ music** *n* (*Mus*) música *f* rock.
▸ **beat back** *vt + adv* rechazar.
▸ **beat down 1** *vt + adv* (*door*) derribar a golpes; (*price, seller*) hacer rebajar (el precio). **2** *vi + adv* (*rain*) llover a cántaros; (*sun*) caer de plomo.
▸ **beat off** *vt + adv* = **beat back**.
▸ **beat out** *vt + adv* (*flames*) apagar a palos *or* golpes; (*dent*) martillear; (*rhythm*) marcar.
▸ **beat up** *vt + adv* (*fam: person*) dar una paliza a.
beaten [ˈbiːtn] **1** *pp of* **beat**. **2** *adj* (*metal*) martillado/a; **off the ~ track** retirado, apartado.
beater [ˈbiːtəʳ] *n* (*Culin*) batidora *f*; (*carpet ~*) sacudidor *m*.
beatify [biːˈætɪfaɪ] *vt* beatificar.
beating [ˈbiːtɪŋ] *n* (**a**) (*punishment*) paliza *f*, golpiza *f* (*LAm*); (*blows*) golpes *mpl*. (**b**) (*defeat*) derrota *f*; **to take a ~** salir derrotado; **our team took a ~** a nuestro equipo le dieron una paliza; **that score will take some ~** será difícil superar ese total de puntos.
beatitude [biːˈætɪtjuːd] *n* beatitud *f*; **the B~s** las Bienaventuranzas.
beat-up [ˈbiːtʌp] *adj* (*fam*) estropeado/a, hecho/a polvo.
beaut [bjuːt] *n*: **it's a ~** (*fam*) es pistonudo, es de primera.
beautician [bjuːˈtɪʃən] *n* esteticista *mf*.
beautiful [ˈbjuːtɪfʊl] *adj* hermoso/a, bello/a, lindo/a (*esp LAm*); **what a ~ house!** ¡qué casa más preciosa!
beautifully [ˈbjuːtɪflɪ] *adv* (*wonderfully*) maravillosamente; (*precisely*) perfectamente.
beautify [ˈbjuːtɪfaɪ] *vt* embellecer.
beauty [ˈbjuːtɪ] **1** *n* (*quality*) belleza *f*, hermosura *f*; (*person, thing*) belleza, preciosidad *f*; **~ is in the eye of the beholder** la belleza está en el ojo; **the ~ of it is that ...** lo mejor de esto es que .... **2** *cpd*: **~ competition, ~ contest** *n* concurso *m* de belleza; **~ parlor** *n* (*US*) salón *m* de belleza; **~ queen** *n* reina *f* de la belleza; **~ salon** *n* salón *m* de belleza; **~ sleep** *n* (*hum*) primer sueño *m*; **~ spot** *n* (*on face*) lunar *m* postizo; (*in country*) sitio *m* pintoresco.
beaver [ˈbiːvəʳ] *n* castor *m*.
▸ **beaver away** *vi + adv* trabajar con empeño.
becalmed [bɪˈkɑːmd] *adj* encalmado/a.
became [bɪˈkeɪm] *pt of* **become**.
because [bɪˈkɒz] *conj* porque; **I came ~ you asked me to** vine porque me lo pediste; **~ of** por, a causa de, debido a; **I did it ~ of you** lo hice por ti.
beck[1] [bek] *n*: **to be at the ~ and call of** estar a disposición de, estar sometido/a a la voluntad de.
beck[2] [bek] *n* (*Brit*) arroyo *m*, riachuelo *m*.
beckon [ˈbekən] *vt, vi*: **to ~ to sb** llamar con señas; **he ~ed me in/over** me hizo señas para que entrara/me acercara.
become [bɪˈkʌm] (*pt* **became**; *pp* ~) **1** *vi* (*make oneself*) hacerse; (*turn into*) volverse, ponerse; **to ~ famous/a doctor** hacerse famoso/médico; **to ~ accustomed to sth** acostumbrarse a algo; **to ~ sad** ponerse triste; **to ~ old** hacerse *or* volverse viejo; **when he ~s 21** cuando cumpla los 21 años; **the building has ~ a cinema** el edificio se ha transformado en cine.
2 *vt impers*: **what has ~ of him?** ¿qué es de él?; **whatever can have ~ of that book?** ¿adónde se habrá metido aquel libro?
3 *vt* (*look nice on*) favorecer, sentar bien; (*befit*) convenir a; **that thought does not ~ you** ese pensamiento es indigno de ti.
becoming [bɪˈkʌmɪŋ] *adj* (*clothes*) favorecedor(a); (*conduct*) conveniente.
B.Ed. *n abbr* (*Univ*) *of* **Bachelor of Education**.
bed [bed] **1** *n* (**a**) cama *f*; **~ and breakfast (B. & B.)** (pensión con) cama y desayuno; **to go to ~** acostarse; **to go to ~ with sb** acostarse con algn; **to make the ~** hacer la cama; **I was in ~** estaba acostado; **could you give me a ~ for the night?** ¿me puede hospedar *or* alojar esta noche?; **to get out of ~ on the wrong side** levantarse con el pie izquierdo; **to put a child to ~** acostar a un niño; **to put a paper to ~** terminar la redacción de un número; **to stay in ~** (*ill*) guardar cama; (*lazy*) seguir en la cama; **to take to one's ~** irse a la cama, encamarse.
(**b**) (*of river*) cauce *m*, lecho *m*; (*of sea*) fondo *m*.
(**c**) (*flower ~*) macizo *m*, arriate *m*, cuadro *m*; (*vegetable ~*) arriate; (*oyster ~*) banco *m*, vivero *m*; **his life's not a ~ of roses** su vida no es un lecho de rosas.
(**d**) (*layer: of coal, ore*) estrato *m*, capa *f*; (*: in roadbuilding*) capa.
2 *cpd*: **~ bath** *n*: **they gave him a ~** le lavaron en la cama; **~ settee** *n* sofá-cama *m*.
▸ **bed down 1** *vi + adv* hacerse una cama. **2** *vt + prep* (*children*) acostar; (*animals*) hacer un lecho para.
▸ **bed out** *vt + adv* (*plants*) plantar en un macizo.
bedbug [ˈbedbʌg] *n* chinche *gen f*.
bedclothes [ˈbedkləʊðz] *npl* ropa *f* de cama.
bedding [ˈbedɪŋ] *n* ropa *f* de cama; (*for animal*) lecho *m*.
bedevil [bɪˈdevəl] *vt* (*spoil*) estropear; (*aggravate*) agravar; (*bewitch*) endemoniar, endiablar.
bedfellow [ˈbedfeləʊ] *n*: **they are strange ~s** (*fig*) forman una extraña pareja.
bedlam [ˈbedləm] *n* alboroto *m*.
bedpan [ˈbedpæn] *n* bacinilla *f* (de cama), cuña *f*.
bedraggled [bɪˈdrægld] *adj* (*dirty*) sucio/a; (*very dirty*) mugriento/a; (*wet*) mojado/a.
bedridden [ˈbedrɪdn] *adj* postrado/a en cama.
bedrock [ˈbedrɒk] *n* lecho *m* de roca; (*fig*) fondo *m* de la cuestión.
bedroom [ˈbedrʊm] **1** *n* dormitorio *m*, recámara *f* (*CAm, Mex*). **2** *cpd*: **~ farce** (*Theat*) farsa *f*, comedia *f* de alcoba; **~ slippers** *n* zapatillas *fpl*, pantuflas *fpl*; **~ suburb** *n* (*US*) ciudad *f* dormitorio.
Beds [beds] *n abbr* (*Brit*) *of* **Bedfordshire**.
bedside [ˈbedsaɪd] **1** *n* cabecera *f*. **2** *cpd*: **~ lamp** *n* lámpara *f* de noche; **~ manner** *n*: **to have a good ~ manner**

tener mucho tacto con los enfermos; ~ **table** *n* mesilla *f* de noche.
bedsit(ter) ['bed'sɪt(əʳ)], **bedsitting room** ['bed'sɪtɪŋrʊm] *n* habitación *f* con cama y cocina, estudio *m*.
bedsore ['bedsɔːʳ] *n* úlcera *f* de decúbito.
bedspread ['bedspred] *n* colcha *f*, cubrecama *m*.
bedtime ['bedtaɪm] **1** *n* hora *f* de acostarse; **it's past your** ~ ya debías estar acostado. **2** *cpd*: ~ **story** *n* cuento *m* (para dormir a un niño).
bed-wetting ['bedwetɪŋ] *n* enuresis *f*, incontinencia *f* nocturna.
bee [biː] *n* abeja *f*; **to have a ~ in one's bonnet (about sth)** tener una idea fija (de algo), darle a algn la vena (por algo); **he thinks he's the ~'s knees** (*fam*) se cree la mar de listo *or* de elegante *etc*.
Beeb [biːb] *n*: **the** ~ (*Brit fam*) la BBC.
beech [biːtʃ] *n* (*tree*) haya *f*; (*wood*) hayedo *m*.
beef [biːf] **1** *n* **(a)** carne *f* de vaca *or* (*LAm*) de res; **roast** ~ rosbif *m*, carne asada (*LAm*). **(b)** (*US fam*) queja *f*. **2** *cpd*: ~ **cattle** *n* ganado *m* vacuno; ~ **tea** *n* caldo *m* de carne (para enfermos).
beefburger ['biːfˌbɜːgəʳ] *n* hamburguesa *f*.
beefeater ['biːfˌiːtəʳ] *n* alabardero *m* de la Torre de Londres.
beefy ['biːfɪ] *adj* (*comp* **-ier**; *superl* **-iest**) (*fam*) fornido/a, corpulento/a.
beehive ['biːhaɪv] *n* colmena *f*.
beeline ['biːlaɪn] *n*: **to make a ~ for sb/sth** ir directo *or* derecho a algn/algo.
been [biːn] *pp of* **be**.
beeper ['biːpəʳ] *n* (*US*) localizador *m*, busca *m* (*fam*).
beer [bɪəʳ] **1** *n* cerveza *f*; **draught** ~ cerveza de barril; **light/dark** ~ cerveza clara *or* rubia/negra. **2** *cpd*: ~ **can** *n* bote *m or* lata *f* (de cerveza).
beeswax ['biːzwæks] *n* cera *f* de abejas.
beet [biːt] *n see* **beetroot**.
beetle ['biːtl] *n* escarabajo *m*.
beetroot ['biːtruːt] *n* remolacha *f*, betabel *m* (*Mex*), betarraga/beterraga *f* (*Chi*).
befall [bɪ'fɔːl] (*pt* **befell**; *pp* **~en**) *vt* acontecer.
befitting [bɪ'fɪtɪŋ] *adj* propio/a, apropiado/a.
before [bɪ'fɔːʳ] **1** *prep* (*in time, order, rank*) antes de; (*in place*) delante de; (*in the presence of*) ante; ~ **Christ** antes de Cristo; **the week ~ last** hace dos semanas; ~ **long** (*in future*) antes de poco; (*in past*) poco después; ~ **going, would you ...** antes de marcharte, quieres ...; **the question ~ us** el asunto que tenemos que discutir; **a new life lay ~ him** una vida nueva se abría ante él; **they were married ~ a judge** se casaron en presencia de un juez.
2 *adv* **(a)** (*time*) antes; **~, it used to be different** antes, todo era distinto.
(b) (*place, order*) delante, adelante; **the day** ~ el día anterior.
3 *conj* (*time*) antes de que; (*rather than*) antes que.
beforehand [bɪ'fɔːhænd] *adv* de antemano, con anticipación.
befriend [bɪ'frend] *vt* hacerse amigo a *or* de, ofrecer amistad a.
befuddled [bɪ'fʌdld] *adj* (*confused*) aturdido/a; (*stupefied, drunk*) atontado/a.
beg [beg] **1** *vt* (*entreat*) rogar, suplicar; (*subj: beggar: food, money*) pedir; **to ~ sb for sth** pedir algo a algn; **he ~ged me to help him** me suplicó que le ayudara; **I ~ to inform you** tengo el honor de informarle; **to ~ forgiveness** pedir perdón; **to ~ the question** ser una petición de principio. **2** *vi* (*beggar*) mendigar, pedir limosna; **to ~ (for)** pedir limosna, solicitar; **I ~ to differ** siento disentir; **it's going ~ging** (*fam*) nadie lo quiere.
▸ **beg off** *vi* + *adv* (*US*) pedir dispensa, escabullirse (*fam*).
began [bɪ'gæn] *pt of* **begin**.
beggar ['begəʳ] **1** *n* mendigo/a *m/f*, pordiosero/a *m/f*; **lucky ~!** (*fam*) ¡qué suerte tiene el tío/la tía!; **poor little ~!** (*fam*) ¡pobrecito!; **~s can't be choosers** a buen hambre no hay pan duro. **2** *vt* (*ruin*) arruinar; **it ~s description** es imposible describirlo.
begin [bɪ'gɪn] (*pt* **began**; *pp* **begun**) **1** *vt* empezar, comenzar; (*undertake*) emprender; (*discussion*) entablar; (*set in motion*) iniciar; **to ~ doing sth, to ~ to do sth** empezar a hacer algo; **it's ~ning to rain** está empezando a llover; **he ~s the day with a glass of orange juice** empieza el día con un zumo de naranja; **this skirt began life as an evening dress** esta falda empezó siendo un traje de noche; **it doesn't ~ to compare with ...** no puede ni compararse con ...; **I can't ~ to thank you** no encuentro palabras para agradecerle.
2 *vi* empezar, comenzar (*with sth* con algo); (*river, rumour, custom*) nacer; **the teacher began by writing on the board** el profesor empezó escribiendo en la pizarra; **let me ~ by saying ...** quiero comenzar diciendo ...; **to ~ with, I'd like to know ...** en primer lugar, quisiera saber ...; **to ~ with there were only two of us** al principio sólo éramos dos; **to ~ on sth** emprender algo; **~ning from Monday** a partir del lunes.
beginner [bɪ'gɪnəʳ] *n* principiante *mf*.
beginning [bɪ'gɪnɪŋ] *n* principio *m*, comienzo *m*; **at the ~ of the century** a principios de siglo; **right from the ~** desde el principio; **from ~ to end** de principio a fin, desde el principio hasta el final; **the ~ of the end** el principio del fin; **to make a ~** empezar; **Buddhism had its ~s ...** el budismo tuvo sus orígenes ....
begonia [bɪ'gəʊnɪə] *n* begonia *f*.
begrudge [bɪ'grʌdʒ] *vt*: **to ~ sb sth** (*envy*) envidiarle algo a algn; (*give reluctantly*) dar algo de mala gana a algn.
beguile [bɪ'gaɪl] *vt* (*enchant*) seducir.
beguiling [bɪ'gaɪlɪŋ] *adj* seductor(a), persuasivo/a.
begun [bɪ'gʌn] *pp of* **begin**.
behalf [bɪ'hɑːf] *n*: **on** *or* (*US*) **in ~ of** en nombre de, de parte de; **I interceded on his ~** intercedí por él; **don't worry on my ~** no te preocupes por mí.
behave [bɪ'heɪv] **1** *vi* portarse, comportarse. **2** *vr* portarse bien; ~ **yourself!** ¡compórtate!, ¡pórtate bien!
behaviour, (*US*) **behavior** [bɪ'heɪvjəʳ] *n* conducta *f*, comportamiento *m*; **to be on one's best ~** comportarse lo mejor posible.
behead [bɪ'hed] *vt* decapitar, descabezar.
beheld [bɪ'held] *pt, pp of* **behold**.
behest [bɪ'hest] *n*: **at his ~** por orden de él, a petición suya.
behind [bɪ'haɪnd] **1** *prep* (*to the rear of*) detrás de; **look ~ you!** ¡cuidado atrás!; **what's ~ all this?** (*fig*) ¿qué hay detrás de todo esto?; **we're ~ them in technology** (*fig*) nos dejan atrás en tecnología; **his family is ~ him** (*fig*) tiene el apoyo de su familia. **2** *adv* detrás, atrás; **to leave sth ~** olvidar algo; **to be ~ with the rent** tener atrasos de alquiler; **to be ~ with one's work** estar atrasado en el trabajo. **3** *n* (*fam*) trasero *m*.
behindhand [bɪ'haɪndhænd] *adv* atrasado, con retraso.
behold [bɪ'həʊld] (*pt, pp* **beheld**) *vt* (*old, poet*) contemplar.
beholden [bɪ'həʊldən] *adj*: **to be ~ to sb** tener obligaciones con algn.
behove [bɪ'həʊv], (*US*) **behoove** [bɪ'huːv] *vt impers* (*old, poet*) incumbir.
beige [beɪʒ] **1** *adj* (color de) beige. **2** *n* beige *m*.
Beijing ['beɪ'dʒɪŋ] *n* Pekín *m*.
being ['biːɪŋ] *n* (*existence*) existencia; (*creature*) ser *m*; **human ~** ser humano; **to come** *or* **be called** *or* **be brought into ~** nacer, empezar a existir.
Beirut [beɪ'ruːt] *n* Beirut *m*.
bejewelled, (*US*) **bejeweled** [bɪ'dʒuːəld] *adj* enjoyado/a.
belabour, (*US*) **belabor** [bɪ'leɪbəʳ] *vt* (*beat*) apalear; (*fig: with questions, insults*) atacar.
belated [bɪ'leɪtɪd] *adj* tardío/a, atrasado/a.

belatedly [bɪ'leɪtɪdlɪ] *adv* con retraso.
belch [beltʃ] **1** *n* eructo *m*. **2** *vi* eructar. **3** *vt* (*also* ~ **out**: *smoke, flames*) arrojar, vomitar.
beleaguered [bɪ'li:gəd] *adj* (*city*) asediado/a; (*fig: harassed*) atormentado/a, acosado/a.
belfry ['belfrɪ] *n* campanario *m*.
Belgian ['beldʒən] *adj, n* belga *mf*.
Belgium ['beldʒəm] *n* Bélgica *f*.
Belgrade [bel'greɪd] *n* Belgrado *m*.
belie [bɪ'laɪ] *vt* contradecir, desmentir.
belief [bɪ'li:f] *n* (*no pl: faith*) fe *f*; (*trust*) confianza *f*; (*tenet, doctrine*) creencia *f*; (*opinion*) opinión *f*; ~ **in God** fe en Dios; **it's beyond** ~ es increíble; **a man of strong ~s** un hombre de firmes convicciones; **it is my ~ that ...** estoy convencido/a de que ...; **I did it in the ~ that ...** lo hice creyendo que ....
believable [bɪ'li:vəbl] *adj* creíble, verosímil.
believe [bɪ'li:v] **1** *vt* (*gen*) creer; **I ~ so/not** creo que sí/no; **don't you ~ it!** ¡no te lo creas!; ~ **it or not, she bought it** parece mentira, lo compró; **it was hot, ~ (you) me** hacía calor, ¡y cómo!; **he is ~d to be abroad** se cree que está en el extranjero; **I couldn't ~ my eyes** no pude dar crédito a mis ojos. **2** *vi* creer; **to ~ in God** creer en Dios; **I don't ~ in corporal punishment** no soy partidario/a del castigo corporal; **I ~ so/not** creo que sí/no.
believer [bɪ'li:vəʳ] *n* (*Rel*) creyente *mf*, fiel *mf*; **to be a great ~ in ...** ser (muy) partidario/a de ....
belittle [bɪ'lɪtl] *vt* (*despise*) despreciar; (*minimize*) restar importancia a, minimizar.
Belize [be'li:z] *n* Belice *m*.
bell [bel] **1** *n* campana *f*; (*hand~*) campanilla *f*; (*door~, electric ~*) timbre *m*; (*of flower*) campanilla; **that rings a ~** (*fig*) eso me suena; **I'll give you a ~** (*Telec: fam*) te llamaré; **he was saved by the ~** (*fig*) se salvó por los pelos. **2** *cpd*: ~ **jar** *n* fanal *m*, campana *f* de cristal; ~ **pull** *n* campanilla *f*; ~ **push** *n* pulsador *m* de timbre; ~ **tower** *n* campanario *m*.
bell-bottomed ['bel'bɒtəmd] *adj* (*trousers*) acampanado/a.
bellboy ['belbɔɪ], (*US*) **bellhop** ['belhɒp] *n* botones *m inv*.
belle [bel] *n*: **the ~ of the ball** la reina del baile.
bellicose ['belɪkəʊs] *adj* (*person, disposition*) belicoso/a.
belligerent [bɪ'lɪdʒərənt] *adj* (*person, tone*) agresivo/a.
bellow ['beləʊ] **1** *n* (*of bull etc*) bramido *m*; (*of person*) rugido *m*. **2** *vi* (*animal*) bramar; (*person*) rugir. **3** *vt* (*also* ~ **out**: *order, song*) gritar.
bellows ['beləʊz] *npl* fuelle *msg*; **a pair of ~** un fuelle.
bell-ringer ['bel,rɪŋəʳ] *n* campanero/a *m/f*.
bell-shaped ['belʃeɪpt] *adj* acampanado/a.
belly ['belɪ] **1** *n* vientre *m*, barriga *f*, guata *f* (*Chi fam*); **to go ~ up** (*fam*) quebrar. **2** *cpd*: ~ **button** *n* ombligo *m*; ~ **dancer** *n* danzarina *f* del vientre; ~ **flop** *n* panzazo *m*; **to do a ~ flop** dar *or* darse un panzazo; ~ **landing** *n* aterrizaje *m* de panza; ~ **laugh** *n* carcajada *f* (grosera).
► **belly out** *vi +adv* hacer bolso, llenarse de viento.
bellyache ['belɪeɪk] **1** *n* dolor *m* de barriga. **2** *vi* (*fam: complain*) renegar, echar pestes (*at* de).
bellyful ['belɪful] *n*: **I've had a ~ (of)** estoy harto/a ya (de).
belong [bɪ'lɒŋ] *vi* (**a**) **to ~ to sb/sth** (*be the property of*) pertenecer a algn/algo; **who does this ~ to?** ¿a quién pertenece esto?, ¿de quién es esto?; **to ~ to a club** ser socio de un club. (**b**) (*have rightful place*) pertenecer; **it ~s on the shelf** su sitio es en el estante; **I feel I ~ here** aquí me siento en casa.
belongings [bɪ'lɒŋɪŋz] *npl* pertenencias *fpl*.
Belorussia [,bjeləʊ'rʌʃə] *n* Bielorrusia *f*.
beloved [bɪ'lʌvɪd] **1** *adj* querido/a. **2** *n* querido/a *m/f*, amado/a *m/f*.
below [bɪ'ləʊ] **1** *prep* debajo de, bajo; **temperatures ~ normal** temperaturas inferiores a las normales; **5 degrees ~ (zero)** 5 grados bajo cero. **2** *adv* abajo; (*in house*) **the floor ~** el piso de abajo; **see ~** véase abajo.
belt [belt] **1** *n* cinturón *m*; (*seat ~*) cinturón de seguridad; (*Tech: conveyor ~ etc*) correa *f*, cinta *f*; (*Geog: zone*) zona *f*; **industrial ~** cinturón industrial; **to tighten one's ~** (*fig*) apretarse el cinturón; **that was below the ~** (*fig*) esto fue un golpe bajo; **he has 3 novels under his ~** tiene 3 novelas en su haber. **2** *vt* (*thrash*) zurrar (con correa); **he ~ed me one** (*fam: slap/punch*) me dio una torta/un mamporro. **3** *vi*: **to ~ along** (*rush*) ir embalado/a; **to ~ off** salir pitando.
► **belt out** **1** *vt + adv* cantar/emitir *etc* a voz en grito. **2** *vi + adv* (*also* **to come ~ing out**) salir disparado.
► **belt up** *vi + adv* (**a**) (*Aut*) abrocharse el cinturón. (**b**) (*fam: be quiet*) cerrar la boca *or* el pico.
beltway ['beltweɪ] *n* (*US*) carretera *f* de circunvalación.
bemoan [bɪ'məʊn] *vt* lamentar.
bemused [bɪ'mju:zd] *adj* aturdido/a, confuso/a.
bench [bentʃ] *n* (*seat, work~*) banco *m*; (*Sport*) banquillo *m*; (*court*) tribunal *m*; **the B~** (*Jur*) la magistratura.
benchmark ['bentʃmɑ:k] **1** *n* cota *f*. **2** *cpd*: ~ **price** *n* precio *m* de referencia.
bend [bend] (*vb: pt, pp* **bent**) **1** *n* (*gen*) curva *f*; (*in pipe etc*) ángulo *m*; (*corner*) recodo *m*; **~s** (*Med*) apoplejía *f* por cambios bruscos de presión; **'dangerous ~'** 'curva peligrosa'; **he's round the ~!** (*fam*) ¡está chiflado!; **to go round the ~** (*fam*) volverse loco/a. **2** *vt* (*make curved: wire*) curvar, doblar; (*arm, knee*) doblar; (*incline: head*) inclinar; *see also* **bent**. **3** *vi* (*arm, knee*) doblarse; (*road, river*) torcerse; (*person*) inclinarse.
► **bend down** **1** *vt + adv* doblar hacia abajo; (*head*) inclinar. **2** *vi + adv* doblarse, inclinarse.
► **bend over** *vi + adv* inclinarse, agacharse, doblarse (*LAm*); *see also* **backwards**.
bender ['bendəʳ] *n*: **to go on a ~** (*fam*) ir de juerga, ir de borrachera.
beneath [bɪ'ni:θ] **1** *prep* debajo de, bajo; (*fig*) inferior a, por debajo de; **it is ~ him to do such a thing** hacer tal cosa sería indigno de él; **she married ~ her** se casó con un hombre de clase inferior; ~ **contempt** despreciable. **2** *adv* abajo, debajo.
benediction [,benɪ'dɪkʃən] *n* bendición *f*.
benefactor ['benɪfæktəʳ] *n* bienhechor(a) *m/f*, benefactor(a) *mf*.
benefactress ['benɪfæktrɪs] *n* bienhechora *f*, benefactora *f*.
beneficial [,benɪ'fɪʃəl] *adj* beneficioso/a.
beneficiary [,benɪ'fɪʃərɪ] *n* (*Jur*) beneficiario/a *m/f*.
benefit ['benɪfɪt] **1** *n* (**a**) beneficio *m*, provecho *m*; **for the ~ of one's health** en beneficio de la salud; **I'll try it on for your ~** lo probaré en tu honor; **without ~ of** sin la ayuda de; **to give sb the ~ of the doubt** dar a algn el beneficio de la duda; **to have the ~ of** tener la ventaja de.
(**b**) (*allowance*) subsidio *m*; (*also* **unemployment ~**) subsidio de paro.
2 *vi* beneficiar(se), sacar provecho.
3 *vt* beneficiar.
4 *cpd*: ~ **association** *n* (*esp US*) sociedad *f* de beneficiencia; ~ **match** *n* partido *m* homenaje; ~ **performance** *n* función *f* benéfica; ~ **society** *n* = ~ **association**.
Benelux ['benɪlʌks] *n* Benelux *m*.
benevolence [bɪ'nevələns] *n* benevolencia *f*.
benevolent [bɪ'nevələnt] *adj* benévolo/a; (*society*) de socorro mutuo; ~ **fund** fondos *mpl* benéficos.
B.Eng. *n abbr of* **Bachelor of Engineering**.
Bengal [beŋ'gɔ:l] **1** *n* Bengala *f*. **2** *cpd*: ~ **tiger** *n* tigre *m* de Bengala.
Bengali [beŋ'gɔ:lɪ] *n* (*Ling*) bengalí *m*.
benign [bɪ'naɪn] *adj* benigno/a.
bent [bent] **1** *pt, pp of* **bend**. **2** *adj* (**a**) (*wire, pipe*) doblado/a, torcido/a; (*pej fam: dishonest*) corrompido/a; (*fam!: homosexual*) invertido. (**b**) **to be ~ on sth** (*fig: determined*) estar resuelto a *or* empeñado en hacer

algo. 3 *n* (*aptitude*) inclinación *f*, facilidad *f*; **of an artistic ~** con una inclinación artística; **he has a ~ for annoying people** tiene una facilidad para molestar.

Benzedrine ® [ˈbenzɪdriːn] *n* benzedrina ® *f*.

bequeath [bɪˈkwiːð] *vt* legar.

bequest [bɪˈkwest] *n* legado *m*.

berate [bɪˈreɪt] *vt* regañar.

Berber [ˈbɜːbəʳ] *adj*, *n* bereber *m/f*.

bereaved [bɪˈriːvd] *adj* afligido/a.

bereavement [bɪˈriːvmənt] *n* (*loss*) pérdida *f*; (*mourning*) duelo *m*; (*sorrow*) aflicción *f*.

bereft [bɪˈreft] *adj*: **to be ~ of** (*not have to hand*) estar desprovisto/a de; (*not possess*) ser privado/a de; (*be robbed*) ser despojado/a de.

beret [ˈbereɪ] *n* boina *f*.

Bering Sea [ˈbeɪrɪŋˈsiː] *n* Mar *m* de Bering.

berk [bɜːk] *n* (*fam*) memo *m* (*fam*).

Berks [bɑːks] *n abbr* (*Brit*) *of* **Berkshire**.

Berlin [bɜːˈlɪn] **1** *n* Berlín; **East/West ~** Berlín Este/Oeste. **2** *cpd* berlinés/esa; **the ~ Wall** el Muro *m* de Berlín.

Berliner [bɜːˈlɪnəʳ] *n* berlinés/esa *m/f*.

berm [bɜːm] *n* (*US*) arcén *m*.

Bermuda [bɜːˈmjuːdə] **1** *n* Islas *fpl* Bermudas, las Bermudas. **2** *cpd*: **~ shorts** *npl* bermudas *mpl*; **~ Triangle** *n* Triángulo *m* de las Bermudas.

Bern [bɜːn] *n* Berna *f*.

berry [ˈberɪ] *n* baya *f*; **brown as a ~** morenísimo/a.

berserk [bəˈsɜːk] *adj*: **to go ~** perder los estribos, ponerse hecho una furia.

berth [bɜːθ] **1** *n* (*on ship, train: cabin*) camarote *m*; (*: bunk*) litera *f*; (*Naut: place at wharf*) amarradero *m*; **to give sb a wide ~** (*fig*) evitarle el encuentro a algn. **2** *vi* (*in harbour*) atracar.

beseech [bɪˈsiːtʃ] (*pt, pp* **besought**) *vt* suplicar.

beseeching [bɪˈsiːtʃɪŋ] *adj* suplicante.

beset [bɪˈset] (*pt, pp ~*) *vt* (*person*) acosar; **he was ~ with fears** le acosaron temores; **a policy ~ with dangers** una política plagada de peligros.

beside [bɪˈsaɪd] *prep* (*at the side of*) al lado de, junto a; (*near*) cerca de; (*compared with*) comparado con; **to be ~ o.s.** (*with anger*) estar fuera de sí; (*with joy*) estar loco de alegría; **that's ~ the point** no tiene nada que ver con el asunto, no viene al caso.

besides [bɪˈsaɪdz] **1** *prep* (*in addition to*) además de; (*apart from*) menos. **2** *adv* (*in addition*) además; (*anyway*) de todos modos, además.

besiege [bɪˈsiːdʒ] *vt* (*Mil, fig*) asediar; **we were ~d with inquiries** nos asediaron a preguntas.

besotted [bɪˈsɒtɪd] *adj* atontado/a; **he is ~ with her** anda loco por ella.

besought [bɪˈsɔːt] *pt, pp of* **beseech**.

bespattered [bɪˈspætəd] *adj* salpicado/a.

bespectacled [bɪˈspektɪkld] *adj* con gafas.

bespoke [bɪˈspəʊk] *adj* (*garment*) hecho/a a la medida; (*tailor*) que confecciona a la medida.

best [best] **1** *adj superl of* **good** el/la mejor; **to be ~** ser el/la mejor; **the ~ pupil in the class** el mejor alumno de la clase; **she wore her ~ dress** llevaba su mejor vestido; **my ~ friend** mi mejor amigo; **the ~ thing to do is ...** lo mejor que se puede hacer es ...; **for the ~ part of the year** durante la mayor parte del año; **to know what is ~ for sb** saber lo que más le conviene a algn; **'~ before 20 June'** consumir preferentemente antes del 20 de junio; **'~ before date'** fecha *f* de consumo preferente; **~ man** padrino *m* de boda.

2 *adv superl of* **well** mejor; **as ~ I could** lo mejor que pude; **you know ~** tú sabes mejor; **John came off ~** Juan salió ganando; **you had ~ leave now** lo mejor es que te vayas ahora.

3 *n* lo mejor; **the ~ of it is that** lo mejor del caso es que; **he deserves the ~** se merece lo mejor; **all the ~!** ¡que tengas suerte!; **at ~** en el mejor de los casos; **he wasn't at his ~** no estaba en plena forma; **at the ~ of times** en las mejores circunstancias; **I acted for the ~** lo hice con la mejor intención; **I try to think the ~ of him** procuro conservar mi buena opinión de él; **let's hope for the ~** esperemos lo mejor; **to the ~ of my knowledge** que yo sepa; **to the ~ of my ability** lo mejor que pueda; **to do one's ~** hacer todo lo posible; **to get the ~ of it** salir ganando; **to have the ~ of both worlds** tenerlo todo; **to look one's ~** tener un aspecto inmejorable; **to make the ~ of a bad job** sacar el mejor partido posible; **she can dance with the ~ of them** baila como el que más.

bestial [ˈbestɪəl] *adj* bestial.

bestow [bɪˈstəʊ] *vt* (*title, honour*) conferir (*on* a); (*affections*) ofrecer (*on* a).

bestseller [ˈbestˈseləʳ] *n* bestséller *m*, éxito *m* de ventas, éxito editorial.

best-selling [ˈbestˈselɪŋ] *adj*: **our ~ line** nuestro producto de mayor venta; **for years it was our ~ car** durante años fue el coche que más se vendió.

bet [bet] (*pt, pp ~*) **1** *vi* apostar (*on* a); **are you going? – you ~!** (*fam*) ¿vas a ir? – ¡hombre, claro! *or* (*LAm*) ¡cómo no!; **I'm not a ~ting man** no soy amante del juego; **don't ~ on it!, I wouldn't ~ on it!** eso no es tan seguro.

2 *vt* apostar; **I ~ you a fiver that ...** te apuesto 5 libras a que ...; **I ~ he doesn't come** (*fam*) ¡a que no viene!; **you can ~ your life that ...** (*fam*) ten por seguro que ....

3 *n* apuesta *f*; **a £5 ~** una apuesta de 5 libras; **it's a good ~ that he'll come** es casi seguro que vendrá; **it's a safe ~** (*fig*) es cosa segura.

betel [ˈbiːtəl] *n* betel *m*.

Bethlehem [ˈbeθlɪhem] *n* Belén *m*.

betray [bɪˈtreɪ] *vt* (**a**) (*person, country, friend*) traicionar; (*inform on*) delatar; **to ~ sb to the enemy** entregar a algn al enemigo; **his accent ~s him** su acento le traiciona. (**b**) (*reveal: secret*) revelar; (*: ignorance, fear*) demostrar, revelar.

betrayal [bɪˈtreɪəl] *n* traición *f*; **a ~ of trust** un abuso de confianza.

betrothal [bɪˈtrəʊðəl] *n* desposorios *mpl*.

betrothed [bɪˈtrəʊðd] *adj*, *n* (*liter, hum*) prometido/a *m/f*.

better [ˈbetəʳ] **1** *adj comp of* **good** mejor; **he is ~ than you** él es mejor que tú; (*Med*) **he's much ~** está mucho mejor; **that's ~!** ¡eso es!; **it couldn't be ~** no podría ser mejor; **it would be ~ to go now** será mejor irse ya; **he's no ~ than a thief** no es más que un ladrón; **to get ~** mejorar; **the sooner the ~** cuanto antes mejor; **it lasted the ~ part of a year** duró la mayor parte del año.

2 *adv comp of* **well** mejor; **~ and ~** cada vez mejor; **so much the ~, all the ~** tanto mejor; **he was all the ~ for it** le hizo mucho bien; **they are ~ off than we are** están mejor de dinero que nosotros; **you'd be ~ off staying where you are** te convendría más quedarte; **I had ~ go** tengo que marcharme, más vale que me vaya, mejor me vaya (*esp LAm*); **but he knew ~ than to ...** pero sabía que no se debía ...; **at his age he ought to know ~** a la edad que tiene debiera saberlo; **to think ~ of it** cambiar de parecer.

3 *n* el/la mejor; **it's a change for the ~** es una mejora; **for ~ or worse** para bien o mal; **to get the ~ of** (*beat*) vencer a, quedar por encima de; **my ~s** mis superiores.

4 *vt* mejorar; (*record, score*) superar; **to ~ o.s.** mejorar su posición.

betterment [ˈbetəmənt] *n* mejora *f*, mejoramiento *m*.

betting [ˈbetɪŋ] **1** *adj* aficionado al juego; **I'm not a ~ man** yo no juego. **2** *n* juego *m*. **3** *cpd*: **~ shop** *n* (*Brit*) casa *f* de apuestas; **~ slip** *n* (*Brit*) boleto *m* de apuestas.

between [bɪˈtwiːn] **1** *prep* (**a**) entre; **the shops are shut ~ 2 and 4 o'clock** las tiendas están cerradas de 2 a 4; **I sat (in) ~ John and Sue** me senté entre John y Sue; **it's ~ 5 and 6 metres long** mide entre 5 y 6 metros de largo.

(**b**) (*amongst*) entre; **we shared it ~ us** lo repartimos entre nosotros; **just ~ you and me, just ~ ourselves** entre nosotros; **we only had £5 ~ us** teníamos sólo 5 libras entre todos; **we did it ~ the 2 of us** lo hicimos entre los dos.

2 *adv* (*also* **in~** : *time*) mientras tanto; (*: place*) en medio, entre medio.

betwixt [bɪ'twɪkst] *adv*: **~ and between** entre lo uno y lo otro, entre las dos cosas.

bevel ['bevəl] **1** *adj* biselado/a. **2** *n* (*tool: also* **~ edge**) cartabón *m*, escuadra *f* falsa; (*surface*) bisel *m*. **3** *vt* biselar.

beverage ['bevərɪdʒ] *n* bebida *f*.

bevvy ['bevɪ] *n* (*fam*) trago *m* (*fam*).

bevy ['bevɪ] *n* (*of girls, women*) grupo *m*.

bewail [bɪ'weɪl] *vt* lamentar.

beware [bɪ'wɛəʳ] *vi*: **to ~ of sb/sth** tener cuidado con algn/algo; **~ of the dog!** ¡cuidado con el perro!; **~ of pickpockets!** ¡ojo con los carteristas!; **~ of imitations!** desconfíe de las imitaciones; **'~!'** ¡cuidado!

bewilder [bɪ'wɪldəʳ] *vt* desconcertar, dejar perplejo/a.

bewildering [bɪ'wɪldərɪŋ] *adj* desconcertante.

bewilderment [bɪ'wɪldəmənt] *n* perplejidad *f*, desconcierto *m*.

bewitch [bɪ'wɪtʃ] *vt* (*gen*) hechizar; (*seduce*) seducir; (*enchant*) encantar.

bewitching [bɪ'wɪtʃɪŋ] *adj* hechicero/a, encantador(a).

beyond [bɪ'jɒnd] **1** *prep* (*further than*) más allá de; (*on the other side of*) del otro lado de; (*exceeding*) superior a; (*outside*) fuera de; (*apart from*) además de; (*in time*) **~ 12 o'clock** pasadas las 12; **that job was ~ him** el trabajo fue demasiado para él *or* fue superior a sus fuerzas; **it's ~ me why ...** (*fam*) no alcanzo a ver por qué ...; **this is getting ~ me** se me está haciendo imposible esto; **it's ~ doubt that ...** no cabe duda de que ...; **it's ~ belief** es increíble; **that's ~ a joke** eso es el colmo.

2 *adv* más allá; *see also* **back**.

3 *n*: **the (great) ~** el más allá.

b/f *abbr of* **brought forward** suma *f* del anterior.

BFPO *n abbr* (*Brit Mil*) *of* **British Forces Post Office**.

b.h.p. *n abbr of* **brake horsepower**.

bi... [baɪ] *pref* bi....

biannual [baɪ'ænjʊəl] *adj* semestral.

bias ['baɪəs] **1** *n* (**a**) (*inclination*) **~ (towards)** (*person: favour*) predisposición *f* (hacia); (*newspaper: position*) tendencia *f* (hacia); (*prejudice*) **~ (against)** prejuicio *m* (en contra de); **a course with a practical ~** un curso orientado a la práctica; **a right-wing ~** una tendencia derechista.

(**b**) (*of material*) sesgo *m*, bies *m*; **to cut sth on the ~** cortar algo al sesgo *or* al bies.

2 *vt*: **to ~ for/against** influir *or* predisponer en pro/en contra de; **to be ~(s)ed in favour of** ser partidario/a de; **to be ~(s)ed against** tener prejuicio contra.

3 *cpd*: **~ binding** *n* (*Sew*) bies *m*, ribete *m* al bies.

biathlon [baɪ'æθlən] *n* biatlón *m*.

bib [bɪb] *n* (*for child*) babero *m*; (*on dungarees*) peto *m*; **in one's best ~ and tucker** acicalado/a.

Bible ['baɪbl] **1** *n* Biblia *f*. **2** *cpd*: **B~ Belt** *n* (*US*) *Estados del Sur ultraprotestantes;* **~ study** *n* estudio *m* de la Biblia; **~ thumper** *n* (*fam*) fanático/a *m/f* religioso/a, fundamentalista *mf*.

biblical ['bɪblɪkəl] *adj* bíblico/a.

bibliographic(al) [,bɪblɪəʊ'græfɪk(əl)] *adj* bibliográfico/a.

bibliography [,bɪblɪ'ɒgrəfɪ] *n* bibliografía *f*.

bicarbonate of soda [baɪ'kɑːbənɪtəv'səʊdə] *n* bicarbonato *m* de soda.

bicentenary [,baɪsen'tiːnərɪ], (*US*) **bicentennial** [baɪsen'tenɪəl] *n* bicentenario *m*.

biceps ['baɪseps] *n* bíceps *m*.

bicker ['bɪkəʳ] *vi* discutir, reñir.

bickering ['bɪkərɪŋ] *n* riñas *fpl*, altercados *mpl*.

bicycle ['baɪsɪkl] **1** *n* bicicleta *f*; **to ride a ~** ir en *or* montar bicicleta. **2** *cpd*: **~ clip** *n* pinza *f* para ir en bicicleta; **~ lane** *n* carril *m* para ciclistas; **~ pump** *n* bomba *f* de bicicleta.

bid [bɪd] **1** *n* (*gen*) oferta *f*; (*attempt*) tentativa *f*, intento *m*; (*Cards*) marca *f*; **to make a ~ for freedom/power** hacer un intento de conseguir la libertad/el poder.

2 *vt* (**a**) (*pt, pp* **~**) (*at auction etc*) pujar; **to ~ £10 for** ofrecer 10 libras por.

(**b**) (*pt* **bad(e)**; *pp* **~den**) (*old, poet: order*) mandar; **to ~ sb to do sth** mandar a algn hacer algo.

(**c**) (*pt* **bad(e)**; *pp* **~den**) **to ~ sb good morning** dar a algn los buenos días.

3 *vi* (*pt, pp* **~**) (*Cards*) marcar, declarar; **to ~ (for)** ofrecer (por), hacer una oferta (por); **to ~ against sb** pujar contra algn.

bidder ['bɪdəʳ] *n* (*at auction, Comm*) postor *m*; (*Cards*) declarante *mf*; **highest ~** (*at auction, Comm*) mejor postor; (*Cards*) mejor declarante.

bidding ['bɪdɪŋ] *n* (**a**) (*at auction*) ofertas *fpl*, puja *f*; (*Cards*) declaración *f*; **the ~ opened at £5** la primera puja fue de 5 libras. (**b**) **to do sb's ~** cumplir el mandato de algn.

bide [baɪd] *vt*: **to ~ one's time** esperar la hora propicia.

bidet ['biːdeɪ] *n* bidet *m*.

bidirectional [baɪdɪ'rekʃənl] *adj* bidireccional.

biennial [baɪ'enɪəl] **1** *adj* (*every 2 years*) bienal. **2** *n* (*plant*) planta *f* bienal.

bier [bɪəʳ] *n* andas *fpl* (para féretro).

biff [bɪf] (*fam*) **1** *n* bofetada *f*. **2** *vt* dar una bofetada a.

bifocal ['baɪ'fəʊkəl] **1** *adj* bifocal. **2** *npl*: **~s** lentes *fpl* bifocales.

big [bɪg] **1** *adj* (*comp* **~ger**; *superl* **~gest**) (**a**) (*in size, amount*) grande; (*important*) grande, importante; **to get ~** *or* **~ger** crecer; **my ~ brother** mi hermano mayor; **~ dipper** (*at fair*) montaña *f* rusa; **~ end** (*Aut*) cabeza *f* de biela; **~ toe** dedo *m* gordo del pie; **~ top** (*circus*) circo *m*; (*main tent*) tienda *f* principal; **~ wheel** (*at fair*) noria *f*.

(**b**) (*idioms*) **to make the ~ time** alcanzar el éxito; **to earn ~ money** ganar buen dinero; **~ business** gran negocio; **to have ~ ideas** hacerse ilusiones; **what's the ~ idea?** (*fam*) ¿a qué viene eso?; **to do things in a ~ way** (*fam*) hacer las cosas a lo grande; **he's too ~ for his boots** (*fam*) es muy creído, se las da de listo; **why don't you keep your ~ mouth shut!** (*fam*) ¡no seas bocazas!; **that's very ~ of you** eres muy amable; **that's ~ of you!** (*iro*) ¡qué amable!; **~ deal!** (*fam*) ¿y qué?; **~ game** caza *f* mayor; **~ noise, ~ shot** (*fam*) pez *m* gordo.

2 (*fam*) *adv*: **to talk ~** darse mucha importancia, fanfarronear; **to think ~** planear a lo grande.

bigamist ['bɪgəmɪst] *n* bígamo/a *m/f*.

bigamous ['bɪgəməs] *adj* bígamo/a.

bigamy ['bɪgəmɪ] *n* bigamia *f*.

big-boned [,bɪg'bəʊnd] *adj* de huesos grandes, huesudo/a.

biggish ['bɪgɪʃ] *adj* bastante grande.

bighead ['bɪghed] *n* (*fam*) creído/a *m/f*, engreído/a *m/f*.

big-headed ['bɪg'hedɪd] *adj* (*fam*) creído/a, engreído/a.

big-hearted ['bɪg'hɑːtɪd] *adj* generoso/a.

bigot ['bɪgət] *n* fanático/a *m/f*.

bigoted ['bɪgətɪd] *adj* fanático/a.

bigotry ['bɪgətrɪ] *n* fanatismo *m*.

bigwig ['bɪgwɪg] *n* (*fam*) pez *m* gordo.

bike [baɪk] (*fam*) **1** *n* bici *f*; (*motorcycle*) moto *f*; **to ride a ~** (*cycle*) ir en bici; (*motor~*) ir en moto; **on your ~!** ¡largo de aquí! (*fam*), ¡andando! (*fam*). **2** *cpd*: **~ rack** *n* (*US*) soporte *m* para bicicletas.

biker ['baɪkəʳ] *n* (*fam*) motorista *mf*.

bikini [bɪ'kiːnɪ] *n* bikini *m*.

bilateral [baɪ'lætərəl] *adj* bilateral.

bilberry ['bɪlbərɪ] *n* arándano *m*.

bile [baɪl] *n* (*Med*) bilis *f*.

bilge [bɪldʒ] *n* (**a**) (*Naut*) pantoque *m*; (*water*) aguas *fpl* de pantoque. (**b**) (*fam*) tonterías *fpl*.

bilingual [baɪˈlɪŋgwəl] *adj* bilingüe.
bilious [ˈbɪlɪəs] *adj* bilioso/a; ~ **attack** trastorno *m* cólico.
Bill [bɪl]: **the Old** ~ *(fam)* la pasma *(fam)*, la bofia *(fam)*.
bill[1] [bɪl] **1** *n* (*of bird*) pico *m*. **2** *vi*: **to** ~ **and coo** (*birds*) arrullar; (*fig: lovers*) arrullarse, hacerse arrumacos.
bill[2] [bɪl] **1** *n* (**a**) (*account*) cuenta *f*; **to pay the** ~ pagar la cuenta.
(**b**) (*Pol*) proyecto *m* de ley; ~ **of rights** declaración *f* de derechos.
(**c**) (*US: banknote*) billete *m*.
(**d**) (*notice*) cartel *m*; **stick no** ~**s** prohibido fijar carteles; **that fits the** ~ (*fig*) eso cumple los requisitos; ~ **of fare** carta *f*, menú *m*.
(**e**) (*Theat*) programa *m*; **to top the** ~ ser la estrella, encabezar el reparto.
(**f**) (*esp Comm, Fin: certificate*) factura *f*; ~ **of exchange** letra *f* de cambio; ~ **of lading** conocimiento *m* de embarque; ~ **of sale** escritura *f* de venta.
2 *vt* (**a**) (*Theat*) figurar en el programa.
(**b**) (*customer*) pasar la cuenta *or* la factura a.
billboard [ˈbɪlbɔːd] *n* cartelera *f*.
billet [ˈbɪlɪt] **1** *n* (*Mil*) alojamiento *m*. **2** *vt*: **to** ~ **sb (on sb)** alojar a algn (en casa de algn).
billfold [ˈbɪlfəʊld] *n* (*US*) billetero *m*, cartera *f*.
billhook [ˈbɪlhʊk] *n* podadera *f*, podón *m*.
billiard ball [ˈbɪlɪədˌbɔːl] *n* bola *f* de billar.
billiard cue [ˈbɪlɪədˌkjuː] *n* taco *m*.
billiards [ˈbɪlɪədz] *nsg* billar *m*.
billiard table [ˈbɪlɪədˌteɪbl] *n* mesa *f* de billar.
billing [ˈbɪlɪŋ] *n* (*Theat*): **to get top** ~ ser la atracción principal, encabezar el reparto.
billion [ˈbɪlɪən] *n* (*Brit*) billón *m*; (*US*) mil millones *mpl*.
billionaire [ˌbɪlɪəˈnɛəʳ] *n* billonario/a *m/f*.
billow [ˈbɪləʊ] *vi* (*smoke*) salir en nubes; (*sail*) ondear, ondular.
billposter [ˈbɪlˌpəʊstəʳ], **billsticker** [ˈbɪlˌstɪkəʳ] *n* cartelero *m*, pegador *m* de carteles.
billy [ˈbɪlɪ] *n* (*US: also* ~ **club**) porra *f*.
billycan [ˈbɪlɪˌkæn] *n* cazo *m*.
billy-goat [ˈbɪlɪgəʊt] *n* macho *m* cabrío.
BIM *n abbr of* **British Institute of Management**.
bimbo [ˈbɪmbəʊ] *n* (*fam*) tía *f* buena sin coco (*fam*); (*pej*) putilla *f* (*fam*).
bin [bɪn] **1** *n* (*for bread*) panera *f*; (*for coal*) carbonera *f*; (*rubbish* ~, *dust* ~) cubo *m* de la basura, balde *m or* bote *m or* (*LAm*) tarro *m* de la basura; (*litter* ~) papelera *f*. **2** *cpd*: ~ **liner** *n* bolsa *f* de la basura.
binary [ˈbaɪnərɪ] *adj* binario/a; ~ **code** código *m* binario; ~ **notation** notación *f* binaria; ~ **number** número *m* binario.
bind [baɪnd] (*pt, pp* **bound**) **1** *vt* (**a**) (*tie together*) atar; (*tie down, make fast*) sujetar; (*fig*) unir; **bound hand and foot** atado de pies y manos. (**b**) (*wound, arm etc*) vendar; (*bandage*) enrollar. (**c**) (*Sew: material, hem*) ribetear. (**d**) (*book*) encuadernar. (**e**) (*oblige*) **to** ~ **sb to sth** obligar a algn a cumplir con algo; **to** ~ **sb to do sth** obligar a algn a hacer algo. (**f**) (*Culin*) unir, trabar. **2** *n* (*fam: nuisance*) lata *f*.
▸ **bind over** *vt* + *adv* (*Jur*): **to** ~ **sb over to keep the peace** exigirle a algn legalmente que no reincida.
▸ **bind together** *vt* + *adv* (*lit*) atar; (*fig*) unir.
▸ **bind up** *vt* + *adv* (*wound*) vendar; **to be bound up in** (*work, research etc*) estar absorto/a en; **to be bound up with** (*person*) estar estrechamente ligado/a *or* vinculado/a a.
binder [ˈbaɪndəʳ] *n* (**a**) (*Agr*) agavilladora *f*. (**b**) (*file*) carpeta *f*.
binding [ˈbaɪndɪŋ] **1** *n* (**a**) (*of book*) encuadernación *f*. (**b**) (*Sew*) ribete *m*. (**c**) (*on skis*) ataduras *fpl*. **2** *adj* (*agreement, contract*) obligatorio/a, vinculante; **to be** ~ **on sb** ser obligatorio para algn.
bindweed [ˈbaɪndwiːd] *n* convólvulo *m*, enredadera *f*.
binge [bɪndʒ] *n* juerga *f* (*Sp*), parranda *f*.
bingo [ˈbɪŋgəʊ] **1** *n* bingo *m*. **2** *interj* ¡premio!
binoculars [bɪˈnɒkjʊləz] *npl* gemelos *mpl*, prismáticos *mpl*.
bio... [ˈbaɪəʊ] *pref* bio....
biochemist [ˈbaɪəʊˈkemɪst] *n* bioquímico/a *m/f*.
biochemistry [ˈbaɪəʊˈkemɪstrɪ] *n* bioquímica *f*.
biodegradable [ˌbaɪədɪˈgreɪdəbl] *adj* biodegradable.
biodiversity [ˌbaɪədaɪˈvɜːsɪtɪ] *n* biodiversidad *f*.
biographer [baɪˈɒgrəfəʳ] *n* biógrafo/a *m/f*.
biographical [ˌbaɪəʊˈgræfɪkəl] *adj* biográfico/a.
biography [baɪˈɒgrəfɪ] *n* biografía *f*.
biological [ˌbaɪəˈlɒdʒɪkəl] *adj* biológico/a; ~ **warfare** la guerra biológica.
biologist [baɪˈɒlədʒɪst] *n* biólogo/a *m/f*.
biology [baɪˈɒlədʒɪ] *n* biología *f*.
bionic [baɪˈɒnɪk] *adj* biónico/a.
biophysics [ˌbaɪəʊˈfɪzɪks] *nsg* biofísica *f*.
biopsy [ˈbaɪɒpsɪ] *n* biopsia *f*.
biorhythm [ˈbaɪəʊrɪðəm] *n* bioritmo *m*.
biotechnology [ˌbaɪəʊtekˈnɒlədʒɪ] *n* biotecnología *f*.
bipartisan [ˌbaɪˈpɑːtɪzæn] *adj* bipartidario/a.
bipartite [baɪˈpɑːtaɪt] *adj* bipartido/a; (*treaty etc*) bipartito/a.
biped [ˈbaɪped] *n* bípedo *m*.
biplane [ˈbaɪpleɪn] *n* biplano *m*.
birch [bɜːtʃ] **1** *n* (*tree, wood*) abedul *m*; (*for whipping*) vara *f*. **2** *vt* (*punish*) castigar con la vara.
bird [bɜːd] **1** *n* pájaro *m*; (*Zool*) ave *f*; (*Culin*) ave; (*Brit fam: girl*) chica *f*, pollita *f*, niña *f* (*LAm*); (*: girlfriend*) chica, amiguita *f*; ~ **of paradise** ave del paraíso; ~ **of prey** ave de rapiña; **early** ~ (*fig*) madrugador(a) *m/f*; **a little** ~ **told me** (*hum*) me lo dijo un pajarito; **the early** ~ **catches the worm** al que madruga, Dios le ayuda; **a** ~ **in the hand is worth two in the bush** más vale pájaro en mano que ciento volando; ~**s of a feather flock together** Dios los cría y ellos se juntan; **to kill two** ~**s with one stone** matar dos pájaros de un tiro.
2 *cpd*: ~ **sanctuary** *n* reserva *f* de pájaros; ~**'s-eye view** *n* vista *f* de pájaro.
birdbath [ˈbɜːdbɑːθ] *n* pila *f* para pájaros.
birdcage [ˈbɜːdkeɪdʒ] *n* jaula *f*; (*large: outdoor*) pajarera *f*.
birdseed [ˈbɜːdsiːd] *n* alpiste *m*.
bird-watcher [ˈbɜːdwɒtʃəʳ] *n* ornitólogo/a *m/f*.
bird-watching [ˈbɜːdˌwɒtʃɪŋ] *n* ornitología *f*, observación *f* de aves.
biretta [bɪˈretə] *n* birrete *m*.
Biro ® [ˈbaɪrəʊ] *n* bolígrafo *m*, birome *f* (*CSur*).
birth [bɜːθ] **1** *n* (*gen*) nacimiento *m*; (*Med*) parto *m*; (*fig*) nacimiento, surgimiento *m*; **at** ~ al nacer; **French by** ~ francés/esa de nacimiento; **place of** ~ lugar *m* de nacimiento; **to give** ~ **to** (*lit*) dar a luz a; (*fig*) dar origen a. **2** *cpd*: ~ **certificate** *n* partida *f* de nacimiento; ~ **control** *n* control *m* de la natalidad; ~ **rate** *n* tasa *f or* índice *m* de natalidad.
birthday [ˈbɜːθdeɪ] **1** *n* cumpleaños *m inv*. **2** *cpd* (*present, party, cake*) de cumpleaños.
birthmark [ˈbɜːθmɑːk] *n* marca *f* de nacimiento.
birthplace [ˈbɜːθpleɪs] *n* lugar *m* de nacimiento.
birthright [ˈbɜːθraɪt] *n* (*fig*) patrimonio *m*.
BIS *n abbr* (*US*) *of* **Bank of International Settlements** BIP *m*.
Biscay [ˈbɪskeɪ] *n* Vizcaya *f*.
biscuit [ˈbɪskɪt] *n* (*Brit*) galleta *f*, bizcocho *m* (*LAm*); (*US*) magdalena *f*; **that takes the** ~**!** (*fam*) ¡eso es el colmo!
bisect [baɪˈsekt] *vt* bisecar.
bisexual [ˈbaɪˈseksjʊəl] *adj n* bisexual *mf*.
bishop [ˈbɪʃəp] *n* obispo *m*; (*Chess*) alfil *m*.
bison [ˈbaɪsən] *n* (*pl* ~ *or* ~**s**) bisonte *m*.
bit[1] [bɪt] *n* (*tool*) barrena *f*, taladro *m*; (*of drill*) broca *f*; (*horse's*) freno *m*, bocado *m*; **to get the** ~ **between one's teeth** desbocarse, rebelarse.

bit[2] [bɪt] *n* (**a**) (*gen: piece*) trozo *m*, pedazo *m*; **a ~** (*small amount*) un poquito; **a ~ of** (*paper, wood*) un trozo de; (*wine, sunshine, peace*) un poco de; **a ~ too much** un poco de más; **a ~ too little** un poco de menos; **a ~ bigger/smaller** un poco más grande/pequeño; **a little ~ dearer** un poco más caro; **a good ~ cheaper** mucho más barato; **a ~ of news** una noticia; **a ~ of advice** un consejo; **they have a ~ of money** tienen dinero *or (LAm)* plata; **it was a ~ of a shock** fue un golpe bastante duro; **that's not a ~ of help** eso no ayuda en lo más mínimo; **are you tired? – not a ~!** ¿estás cansado? – ¡en absoluto!; **every ~ as good as** de ningún modo inferior a; **~ by ~** poco a poco; **it's a ~ much when ...** es intolerable cuando ...; **that's a ~ much!** ¡eso pasa de castaño oscuro!; **to come to ~s** (*break*) hacerse pedazos; (*be dismantled*) desmontarse; **in ~s (and pieces)** (*broken*) hecho/a pedazos; (*dismantled*) desmontado/a; **bring all your ~s and pieces** trae todas tus cosas *or* todos tus trastos; **to do one's ~** aportar su granito de arena; **when it comes to the ~** cuando llega la hora.

(**b**) (*short time*) **a ~** un rato; **wait a ~!** ¡espere un momento!, ¡un momento por favor!

(**c**) (*considerable sum*) **a ~** bastante.

(**d**) (*US: 12½ cents*) doce centavos y medio.

bit[3] [bɪt] *n* (*Comput*) bit *m*, bitio *m*, unidad *f* de información.

bit[4] [bɪt] *pt of* **bite**.

bitch [bɪtʃ] **1** *n* (**a**) (*of canines*) hembra *f*; (*of dog*) perra *f*. (**b**) (*fam: woman*) bruja *f*. **2** *vi* (*fam: complain*) gruñir, echar pestes (*at* de).

bitchy [ˈbɪtʃɪ] *adj* (*comp* **-ier**; *superl* **-iest**) (*fam*) maldiciente, malicioso/a; (*remark*) malintencionado/a, horrible.

bite [baɪt] (*vb: pt* **bit**; *pp* **bitten**) **1** *n* (**a**) (*act*) mordisco *m*; (*wound: of dog, snake etc*) mordedura *f*; (*of insect*) picadura *f*; **to take a ~ at** morder; **the dog took a ~ at him** el perro intentó morderle.

(**b**) (*of food*) bocado *m*; **do you fancy a ~ (to eat)?** ¿te apetece algo (de comer)? (**c**) (*Fishing*) **are you getting any ~s?** ¿están picando?

(**d**) (*fig*) mordacidad *f*, penetración *f*; **a speech with ~** un discurso tajante.

2 *vt* morder; (*subj: insect*) picar; **to ~ one's nails** comerse *or* morderse las uñas; **once bitten twice shy** (*fig*) el gato escaldado del agua fría huye; **it's the old story of biting the hand that feeds you** (*fig*) ya sabes 'cría cuervos (y te sacarán los ojos)'; **to ~ the dust** (*die*) morder el polvo; (*fail*) venirse abajo.

3 *vi* (**a**) (*dog etc*) morder; (*insect, fish*) picar.

(**b**) (*fig: cuts, inflation etc*) sentirse; **the strike is beginning to ~** la huelga empieza a hacer mella.

► **bite back 1** *vt + adv* (*words*) tragar, dejar sin decir. **2** *vi + adv of* **the dog bit back** el perro mordió a su vez.

► **bite into** *vi + prep* (*subj: person*) meter los dientes en; (*subj: acid*) corroer.

► **bite off** *vt + adv* arrancar con los dientes; **to ~ off more than one can chew** (*fig*) abarcar demasiado; **to ~ sb's head off** (*fig*) echarle una bronca a algn.

► **bite through** *vt + adv* romper con los dientes.

biting [ˈbaɪtɪŋ] *adj* (*cold, wind*) cortante; (*criticism etc*) mordaz.

bitten [ˈbɪtn] *pp of* **bite**.

bitter [ˈbɪtəʳ] **1** *adj* (**a**) (*taste*) amargo/a; **a ~ pill to swallow** (*fig*) una píldora amarga; **~ lemon** (*drink*) bíter lemon *m*. (**b**) (*icy: weather*) glacial. (**c**) (*hostile: enemy, hatred*) implacable; **~ struggle** lucha *f* enconada. (**d**) (*painful: disappointment*) amargo/a; **to the ~ end** hasta el final. (**e**) (*embittered: person*) amargado/a, resentido/a; **to feel ~ about sth** resentirse por algo. **2** *n* (*Brit: beer*) cerveza *f* amarga.

bitterly [ˈbɪtəlɪ] *adv* (*see adj c, d*) implacablemente; amargamente; (*weather*) **it's ~ cold** hace un frío glacial; **I was ~ disappointed** sufrí una terrible decepción.

bitterness [ˈbɪtənɪs] *n* (*gen*) amargura *f*, rencor *m*; (*of fruit etc*) acidez *f*.

bittersweet [ˈbɪtəswiːt] *adj* (*lit, fig*) agridulce.

bitty [ˈbɪtɪ] *adj* (**a**) (*comp* **-ier**; *superl* **-iest**) (*fam: disconnected*) deshilvanado/a. (**b**) (*US*) pequeñito/a.

bitumen [ˈbɪtjʊmɪn] *n* betún *m*.

bivouac [ˈbɪvʊæk] (*vb: pt, pp* **~ked**) **1** *n* vivaque *m*. **2** *vi* vivaquear.

bi-weekly [ˈbaɪˈwiːklɪ] **1** *adj* (*every 2 weeks*) quincenal; (*twice weekly*) bisemanal. **2** *adv* quincenalmente; bisemanalmente.

biz [bɪz] *n abbr* (*fam*) *of* **business**.

bizarre [bɪˈzɑːʳ] *adj* (*strange*) extraño/a, raro/a; (*dress*) estrafalario/a.

bk *abbr* (**a**) *of* **book** l., lib. (**b**) *of* **bank** Banco *m*, Bco.

B/L *abbr of* **bill of lading**.

BL *n abbr* (**a**) *of* **British Leyland**. (**b**) *of* **British Library**. (**c**) (*Univ*) *of* **Bachelor of Law(s)**.

blab [blæb] **1** *vt* (*also* **~ out**: *secret*) soltar. **2** *vi* (*chatter*) cotillear; (*to police etc*) soplar, cantar.

black [blæk] **1** *adj* (*comp* **~er**; *superl* **~est**) (**a**) negro/a; (*in darkness*) oscuro/a; (*with dirt*) sucio/a, negro; (*fig: gloomy: event, state of affairs*) negro, funesto/a; (*wicked: thought, deed*) ruin; **things look pretty ~** la perspectiva es bastante negra; **to give a ~ look** poner mala cara; **~ and blue** amoratado/a; **~ and white** blanco y negro; **in ~ and white** (*in writing*) por escrito; **to see everything in ~ and white** ver las cosas en blanco y negro; **as ~ as pitch** negro como la boca del lobo; **in the ~** (*Fin*) en el haber; **~ belt** (*Sport*) cinturón *m* negro; (*US: area*) zona *f* negra; **~ box (flight recorder)** (*Aer*) caja *f* negra; **~ coffee** café *m* solo; **~ comedy** comedia *f* negra; **B~ Death** peste *f* negra; **~ economy** economía *f* sumergida *or* negra; **~ eye** ojo *m* morado; **~ hole** (*Astron*) agujero *m* negro; **~ magic** magia *f* negra; **~ mark** (*fig*) mala nota *f*; **~ market** mercado *m* negro; **~ marketeer** estraperlista *mf*; **~ pepper** pimienta *f* negra; **~ pudding** morcilla *f*; **B~ Sea** Mar *m* Negro; **~ sheep** oveja *f* negra; **~ spot** (*on road*) punto *m* negro; (*blemish*) mancha *f*.

(**b**) (*person*) negro/a.

2 *n* (**a**) (*colour*) negro *m*, color *m* negro.

(**b**) (*person*) negro/a *m/f*.

3 *vt* (*Industry: goods, firm*) boicotear.

► **black out 1** *vt + adv* (*obliterate with ink etc*) suprimir; (*house*) apagar todas las luces (de). **2** *vi + adv* (*faint*) desmayarse.

blackball [ˈblækbɔːl] *vt* dar bola negra a.

blackberry [ˈblækbərɪ] *n* zarzamora *f*, mora *f*.

blackbird [ˈblækbɜːd] *n* mirlo *m*.

blackboard [ˈblækbɔːd] *n* pizarra *f*.

blackcurrant [blækˈkʌrənt] *n* grosella *f* negra.

blacken [ˈblækən] **1** *vi* ennegrecerse. **2** *vt* (**a**) ennegrecer. (**b**) (*fig: reputation*) manchar.

blackguard [ˈblægɑːd] *n* pillo *m*, canalla *m*.

blackhead [ˈblækhed] *n* espinilla *f*.

blackish [ˈblækɪʃ] *adj* negruzco/a.

blackjack [ˈblækdʒæk] *n* (*esp US*) (**a**) (*truncheon*) cachiporra *f* con puño flexible. (**b**) (*flag*) bandera *f* pirata. (**c**) (*Cards*) veintiuna *f*.

blackleg [ˈblækleg] *n* (*Brit*) esquirol *mf*.

blacklist [ˈblæklɪst] **1** *n* lista *f* negra. **2** *vt* poner en la lista negra.

blackmail [ˈblækmeɪl] **1** *n* chantaje *m*. **2** *vt* chantajear.

blackmailer [ˈblækmeɪləʳ] *n* chantajista *mf*.

blackness [ˈblæknɪs] *n* negrura *f*; (*darkness*) oscuridad *f*, tinieblas *fpl*.

blackout [ˈblækaʊt] *n* (**a**) (*gen*) apagón *m*. (**b**) (*Med*) desmayo *m*.

blackshirt [ˈblækʃɜːt] *n* camisa negra *mf*.

blacksmith [ˈblæksmɪθ] *n* herrero/a *m/f*.

blackthorn [ˈblækθɔːn] *n* endrino *m*.

bladder [ˈblædəʳ] *n* (*Anat*) vejiga *f*; (*of football etc*) cámara *f* de aire.

blade [bleɪd] *n* (*cutting edge: of knife, tool*) filo *m*; (*: of weapon, razor etc*) hoja *f*; (*: of skate*) cuchilla *f*; (*of propeller*) paleta *f*; (*of oar*) pala *f*; (*of grass etc*) brizna *f*; (*Aut: of wiper*) rasqueta *f*.

blame [bleɪm] **1** *n* culpa *f*; **to lay the ~ on sb** echar la culpa a algn. **2** *vt* (**a**) (*hold responsible*) culpar, echar la culpa a; **to ~ sb for sth** echar la culpa de algo a algn, culpar a algn de algo; **to be to ~ for** tener la culpa de; **you have only yourself to ~** la culpa la tienes tú. (**b**) (*reproach*) censurar; **and I don't ~ him** y lo comprendo perfectamente.

blameless ['bleɪmlɪs] *adj* (*innocent*) inocente; (*irreproachable*) intachable.

blameworthy ['bleɪmwɜːðɪ] *adj* censurable, culpable.

blanch [blɑːntʃ] **1** *vi* (*person*) palidecer. **2** *vt* (*Culin*) blanquear; (*boil*) escaldar; **~ed almonds** almendras *fpl* peladas.

blancmange [blə'mɒnʒ] *n* crema *f* (de vainilla *etc*).

bland [blænd] *adj* (*comp* **~er**; *superl* **~est**) (*people, actions: mild*) suave, afable; (*pej food*) soso/a.

blank [blæŋk] **1** *adj* (*paper, space etc*) en blanco; (*empty: expression etc*) inexpresivo/a; **a ~ look** una mirada vacía; **a look of ~ amazement** una mirada de profundo asombro; **my mind went ~** se me quedó la mente en blanco; **to give sb a ~ cheque** dar a algn un cheque en blanco; (*fig*) dar carta blanca a algn (*to* para); **~ cartridge** cartucho *m* de fogueo; **~ verse** verso *m* blanco *or* suelto.
2 *n* (*void*) vacío *m*; (*in form*) espacio *m* en blanco; **to draw a ~** (*fig*) no llegar a ninguna parte; **my mind was a complete ~** no pude recordar nada.

blanket ['blæŋkɪt] **1** *n* manta *f*, frazada *f* (*LAm*), cobija *f* (*LAm*); (*fig: of snow*) manto *m*; (*of smoke, fog*) capa *f*; **electric ~** manta eléctrica; **wet ~** (*fig*) aguafiestas *mf inv*. **2** *cpd* (*statement, agreement*) comprensivo/a, general; **to give ~ cover** asegurar a todo riesgo.

blankly ['blæŋklɪ] *adv*: **he looked at me ~** me miró sin comprender.

blare [blɛəʳ] **1** *n* estruendo *m*; (*of trumpet*) trompetazo *m*. **2** *vt* (*also* **~ out**) vociferar. **3** *vi* resonar.

blarney ['blɑːnɪ] *n* coba *f*, labia *f*.

blasé ['blɑːzeɪ] *adj* indiferente, hastiado/a; **he's totally ~ about everything** está de vuelta de todo.

blaspheme [blæs'fiːm] *vi* (*swear*) blasfemar.

blasphemer [blæs'fiːməʳ] *n* (*frm, Rel*) blasfemador(a) *m/f*, blasfemo/a *m/f*.

blasphemous ['blæsfɪməs] *adj* blasfemo/a.

blasphemy ['blæsfɪmɪ] *n* blasfemia *f*.

blast [blɑːst] **1** *n* (**a**) (*of air, steam, wind*) ráfaga *f*; **(at) full ~** (*fig*) a toda marcha.
(**b**) (*sound: of trumpet etc*) trompetazo *m*.
(**c**) (*shock wave: of explosion etc*) sacudida *f*, onda *f* expansiva; (*noise: of bomb*) explosión *f*; (*: gen*) estallido *m*.
(**d**) (*US fam*) fiesta *f*; **to have a ~** (*fam*) organizar una fiesta; **to get a ~ out of sth** (*fam*) pasárselo chachi con algo (*fam*).
2 *vt* (*tear apart: with explosives*) volar; (*by lightning*) derribar; (*fig: hopes, future*) arruinar.
3 *vi* (*also* **~ out**) sonar a todo volumen, resonar.
4 *interj* (*fam*) ¡maldito sea!; **~ it!** ¡maldición!
5 *cpd*: **~ furnace** *n* alto horno *m*.

▸ **blast off** *vi* + *adv* (*spacecraft etc*) despegar.

▸ **blast out** *vt* + *adv* (*radio message*) emitir a toda potencia; (*tune*) tocar *etc* a máximo volumen.

blasted ['blɑːstɪd] *adj* (*fam*) maldito/a.

blasting ['blɑːstɪŋ] *n* (*Tech*) voladura *f*.

blast-off ['blɑːstɒf] *n* (*of rockets*) despegue *m*.

blatant ['bleɪtənt] *adj* patente.

blatantly ['bleɪtəntlɪ] *adv* descaradamente.

blaze¹ [bleɪz] **1** *n* (**a**) (*fire: of buildings etc*) incendio *m*; (*glow: of fire, sun etc*) resplandor *m*; (*display*) derroche *m*; (*outburst*) arranque *m*; **a ~ of colour** un derroche de color; **in a ~ of publicity** bajo los focos de la publicidad. (**b**) (*fam*) **like ~s** hasta más no poder; **what the ~s ...?** ¿qué diablos ...?; **go to ~s!** ¡vete a la porra! (*fam*).
2 *vi* (*fire*) arder; (*sun*) brillar implacablemente, pegar; (*light*) resplandecer; (*eyes*) relucir; **to ~ with anger** echar chispas.

▸ **blaze away** *vi* + *adv* disparar continuamente.

▸ **blaze down** *vi* + *adv*: **the sun was blazing down** brillaba implacablemente el sol, el sol picaba muy fuerte.

▸ **blaze up** *vi* + *adv* encenderse; (*fig: of feelings*) estallar.

blaze² [bleɪz] **1** *n* (*on animal*) mancha *f* blanca; (*on tree*) señal *f*. **2** *vt* (*tree*) marcar; **to ~ a trail** (*also fig*) abrir camino.

blazer ['bleɪzəʳ] *n* (*jacket*) chaqueta *f* de sport, americana *f*, blazer *m*.

blazing ['bleɪzɪŋ] *adj* (*building etc*) ardiendo; (*fire*) llameante; (*sun*) abrasador(a), ardiente; (*light*) brillante; (*eyes*) chispeante; (*row, anger*) violento/a.

bleach [bliːtʃ] **1** *n* (*agent*) lejía *f*. **2** *vt* (*clothes*) blanquear; (*hair*) aclarar, decolorar.

bleachers ['bliːtʃəz] *npl* (*US*) gradas *fpl*.

bleak [bliːk] *adj* (*comp* **-er**; *superl* **-est**) (*landscape*) desolado/a, desierto/a; (*weather*) desapacible; (*smile*) triste; (*prospect, future*) poco prometedor(a).

bleary ['blɪərɪ] *adj* (*comp* **-ier**; *superl* **-iest**) (*with tears, sleep*) legañoso/a, lloroso/a; (*tired*) agotado/a.

bleary-eyed ['blɪərɪaɪd] *adj* con ojos legañosos *or* llorosos.

bleat [bliːt] **1** *n* balido *m*. **2** *vi* balar; (*fig, fam*) gimotear.

bleed [bliːd] (*pt, pp* **bled** [bled]) **1** *vi* (*from cut, wound*) sangrar; **his nose is ~ing** le sangra la nariz; **to ~ to death** morir desangrado/a; **my heart ~s for him** (*iro*) ¡qué pena me da! **2** *vt* (**a**) (*let blood*) sangrar. (**b**) (*brakes, radiator*) desaguar, sangrar. (**c**) (*fig*) desangrar.

bleeder ['bliːdəʳ] *n* (*Med fam*) hemofílico/a *m/f*; (*Brit fam*) cabrón *m*.

bleeding ['bliːdɪŋ] **1** *adj* (**a**) sangrante. (**b**) (*Brit fam*) condenado/a, puñetero/a. **2** *n* (*Med*) sangría *f*; (*blood loss*) desangramiento *m*, hemorragia *f*.

bleep [bliːp] **1** *n* (*Rad, TV*) pitido *m*. **2** *vi* (*transmitter*) emitir pitidos.

bleeper ['bliːpəʳ] *n* (*of doctor etc*) mensáfono *m*, busca *m*.

blemish ['blemɪʃ] **1** *n* (*on fruit*) mancha *f*; (*on complexion*) defecto *m*; (*fig: on reputation*) tacha *f*. **2** *vt* (*spoil*) estropear.

blench [blentʃ] *vi* (*flinch*) acobardarse; (*pale*) palidecer.

blend [blend] **1** *n* (*gen*) mezcla *f*. **2** *vt* (*teas, food etc*) mezclar; (*colours*) casar, combinar. **3** *vi* (*harmonize*) armonizar (*with* con); **to ~ in with** armonizarse con.

blender ['blendəʳ] *n* (*Culin*) licuadora *f*.

bless [bles] *vt* (*subj: God, priest*) bendecir; **God ~ you** ¡Dios te bendiga!; **God ~ the Pope!** ¡Dios guarde al Papa!; **~ you!** ¡qué cielo eres!; (*after sneezing*) ¡Jesús!; **I'm ~ed if I know** (*fam euph*) no tengo ni idea; **to ~ o.s.** santiguarse.

blessed ['blesɪd] *adj* (**a**) (*Rel: holy*) bendito/a, santo/a; **the B~ Virgin** la Santísima Virgen. (**b**) (*fam euph*) santo/a, dichoso/a; **where's that ~ book?** ¿dónde está ese dichoso libro?

blessing ['blesɪŋ] *n* (**a**) (*Rel*) bendición *f*. (**b**) (*advantage*) beneficio *m*; **to count one's ~s** agradecer lo que se tiene; **you can count your ~s that ...** debes alegrarte de que ...; **it's a ~ in disguise** no hay mal que por bien no venga; **it's a mixed ~** tiene su pro y su contra.

blew [bluː] *pt of* **blow²**.

blight [blaɪt] **1** *n* (*Bot: plants, cereals, fruit, trees*) roya *f*; (*fig*) plaga *f*. **2** *vt* (*Bot: wither*) marchitar; (*fig: spoil*) arruinar; (*: frustrate*) frustrar.

blighter ['blaɪtəʳ] *n* (*Brit fam*) tío *m*, sujeto *m*; **you ~!** (*hum*) ¡cacho cabrón!; **what a lucky ~!** !es un chorrón!

Blighty ['blaɪtɪ] *n* (*Brit Mil: fam*) Inglaterra *f*.

blimey ['blaɪmɪ] *interj* (*Brit fam*) ¡caray!

blind [blaɪnd] **1** *adj* (**a**) ciego/a; ~ **in one eye** tuerto/a; ~ **as a bat** (*fam*) más ciego que un topo; **to go** ~ quedarse ciego; ~ **alley** callejón *m* sin salida; ~ **corner** curva *f* sin visibilidad; ~ **date** cita *f* a ciegas; ~ **man's buff** gallina *f* ciega; ~ **spot** (*Aut*) ángulo *m* muerto; (*fig*) punto *m* flaco.
(**b**) (*fig: unnoticing*) **to be** ~ **to** ser inconsciente de, no ver; **to turn a** ~ **eye (to)** hacer la vista gorda (a); **he took not a** ~ **bit of notice** (*fam*) no hizo caso alguno.
(**c**) (*unthinking: guess, rage, panic*) ciego/a.
2 *n* (**a**) **the** ~ los ciegos; **it's a case of the** ~ **leading the** ~ es como un ciego guiando a otro ciego.
(**b**) (*shade*) persiana *f*; **Venetian** ~ persiana.
3 *adv* (*fly, land*) a ciegas; ~ **drunk** (*fam*) más borracho que una cuba.
4 *vt* dejar ciego, cegar; (*dazzle*) deslumbrar; (*fig: with hate, love*) cegar.

blinder [ˈblaɪndəʳ] *n* (**a**) **to play a** ~ **(of a match)** (*fam*) jugar maravillosamente. (**b**) ~**s** (*US: blinkers*) anteojeras *fpl*.

blindfold [ˈblaɪndfəʊld] **1** *adj* con los ojos vendados; **I could do it** ~ podría hacerlo con los ojos vendados. **2** *n* venda *f*. **3** *vt* vendar los ojos de.

blinding [ˈblaɪndɪŋ] *adj* (*light*) intenso/a, deslumbrante.

blindly [ˈblaɪndlɪ] *adv* (*also fig*) a ciegas.

blindness [ˈblaɪndnɪs] *n* ceguera *f*; (*also fig*) ceguera.

blink [blɪŋk] **1** *n* parpadeo *m*; **to be on the** ~ (*fam*) estar averiado/a. **2** *vt* (*eyes*) cerrar. **3** *vi* (*eyes*) parpadear, pestañear; (*light*) parpadear.

▸ **blink at** *vi + prep* (*ignore*) pasar por alto.

blinkered [ˈblɪŋkəd] *adj* (*fig*) de miras estrechas.

blinkers [ˈblɪŋkəz] *npl* anteojeras *fpl*; (*Aut*) intermitentes *mpl*, direccionales *mpl* (*Mex*).

blinking [ˈblɪŋkɪŋ] *adj* (*fam*) maldito/a.

blip [blɪp] *n* (**a**) = **bleep**. (**b**) (*fig*) irregularidad *f* momentánea.

bliss [blɪs] *n* (*Rel, happy state*) dicha *f*; **ignorance is** ~ (*Prov*) ojos que no ven, corazón que no siente.

blissful [ˈblɪsfʊl] *adj* (*happy*) dichoso/a; **in** ~ **ignorance** feliz en la ignorancia.

blissfully [ˈblɪsfəlɪ] *adv* (*sigh, lounge*) con felicidad; ~ **happy** sumamente feliz; ~ **ignorant** feliz en la ignorancia.

blister [ˈblɪstəʳ] **1** *n* ampolla *f*. **2** *vt* ampollar. **3** *vi* ampollarse.

blistering [ˈblɪstərɪŋ] *adj* (*heat etc*) abrasador(a).

blithe [blaɪð] *adj* alegre.

blithely [ˈblaɪðlɪ] *adv* (*continue, ignore*) alegremente.

blithering [ˈblɪðərɪŋ] *adj*: ~ **idiot** (*fam*) imbécil *mf*.

B.Lit(t) [ˌbiːˈlɪt] *n abbr* (*Univ*) *of* **Bachelor of Letters**.

blitz [blɪts] **1** *n* bombardeo *m*; (*fig fam*) **I'm going to have a** ~ **on ironing tomorrow** mañana voy a atacar la plancha; **the B**~ *el bombardeo alemán de Gran Bretaña en 1940 y 1941*. **2** *vt* bombardear.

blitzkrieg [ˈblɪtskriːg] *n* guerra *f* relámpago.

blizzard [ˈblɪzəd] *n* ventisca *f*.

BLM *n abbr* (*US*) *of* **Bureau of Land Management**.

bloated [ˈbləʊtɪd] *adj* (*stomach, face, also fig*) hinchado/a.

blob [blɒb] *n* (*drop: of ink etc*) gota *f*; (*stain*) mancha *f*; (*lump: of mud etc*) grumo *m*.

bloc [blɒk] *n* (*Pol*) bloque *m*.

block [blɒk] **1** *n* (**a**) (*lump, Comput*) bloque *m*; (*toy: also building* ~) cubo *m*; (*executioner's*) tajo *m*; (*of brake*) zapata *f*; **to knock sb's** ~ **off** (*fam*) romper la crisma a algn; **a chip off the old** ~ (*fam*) de tal palo tal astilla.
(**b**) (*building*) bloque *m*; (*esp US: group of buildings*) manzana *f*, cuadra *f* (*LAm*); ~ **of flats** bloque de pisos, edificio *m* de departamentos (*LAm*); **to walk around the** ~ dar la vuelta a la manzana *or* (*LAm*) cuadra; **3** ~**s from here** a 3 manzanas *or* (*LAm*) cuadras de aquí.
(**c**) (*section: of tickets, shares, stamps*) serie *f*.
(**d**) (*blockage: in pipe, Med*) bloqueo *m*; **mental** ~ bloqueo mental.
2 *vt* (*obstruct: road, gangway*) obstruir, cerrar, cortar; (*: procedure*) bloquear; (*: pipe*) obstruir; (*Sport*) parar, bloquear; (*Comput*) agrupar; **to** ~ **sb's way/view** cerrar el paso/ponerse en medio.
3 *cpd*: ~ **and tackle** *n* (*Tech*) aparejo *m* de poleas; ~ **booking** *n* reserva *f* en bloque; ~ **capitals** *or* **letters** *npl* mayúsculas *fpl*; ~ **release** *n* (*Brit Scol*) exención *f* por estudios; ~ **vote** *n* voto *m* por representación.

▸ **block out** *vt + adv* (*obscure: light*) tapar; (*obliterate: picture*) borrar.

▸ **block up** *vt + adv* (*obstruct: passage*) obstruir; (*pipe*) atascar; (*fill in: gap*) cerrar; **my nose is all** ~**ed up** tengo la nariz taponada.

blockade [blɒˈkeɪd] **1** *n* (*Mil*) bloqueo *m*. **2** *vt* bloquear.

blockage [ˈblɒkɪdʒ] *n* (*obstruction: Med*) obstrucción *f*; (*in pipe*) atasco *m*.

blockbuster [ˈblɒkˌbʌstəʳ] *n* (*Mil*) bomba *f* revientamanzanas; (*fig*) suceso *m etc* fulminante, bomba.

blockhead [ˈblɒkhed] *n* zopenco/a *m/f*; **you** ~! ¡imbécil!

bloke [bləʊk] *n* (*Brit fam*) tipo *m*, tío *m*, sujeto *m* (*LAm*).

blond(e) [blɒnd] *adj, n* rubio/a *m/f*, güero/a *m/f* (*CAm, Mex*), catire/a *m/f* (*And, Carib*).

blood [blʌd] **1** *n* sangre *f*; **to give** ~ dar sangre; **of royal** ~ de sangre real; **bad** ~ (*fig*) mala leche, mala sangre; **new** ~ gente *f* nueva; **in cold** ~ a sangre fría; ~ **is thicker than water** la sangre tira; **it's in his** ~ lo lleva en la sangre; **he's after my** ~ (*hum*) me tiene rabia; **my** ~ **ran cold** se me heló la sangre; **it makes my** ~ **boil** me saca de quicio; **it's like trying to get** ~ **out of a stone** es como sacar agua de las piedras.
2 *cpd*: ~ **bank** *n* banco *m* de sangre; ~ **bath** *n* carnicería *f*, baño *m* de sangre; ~ **brother** *n* hermano *m* de sangre; ~ **cell** *n* célula *f* sanguínea; ~ **clot** *n* coágulo *m* sanguíneo; ~ **donor** *n* donante *mf* de sangre; ~ **group** *n* grupo *m* sanguíneo; ~ **heat** *n* temperatura *f* del cuerpo; ~ **money** *n* dinero *m* manchado de sangre; ~ **orange** *n* naranja *f* sanguina; ~ **poisoning** *n* envenenamiento *m* de la sangre; ~ **pressure** *n* tensión *f* arterial; **high** ~ **pressure** hipertensión *f*; **low** ~ **pressure** tensión *f* baja; ~ **pudding** *n* morcilla *f*; ~ **red** *adj* de color rojo sangre, sanguíneo/a, sanguinolento/a; ~ **relation,** ~ **relative** *n* pariente/a *m/f* sanguíneo/a; ~ **sausage**; (*US*) *n* = ~ **pudding**; ~ **sports** *npl* caza *fsg*; ~ **test** *n* análisis *m* de sangre; ~ **transfusion** *n* transfusión *f* de sangre; ~ **type** *n* grupo *m* sanguíneo; ~ **vessel** *n* vaso *m* sanguíneo.

bloodcurdling [ˈblʌdˌkɜːdlɪŋ] *adj* espeluznante.

bloodhound [ˈblʌdhaʊnd] *n* sabueso *m*.

bloodless [ˈblʌdlɪs] *adj* (*pale*) exangüe; (*characterless*) soso/a; (*coup*) incruento/a.

bloodshed [ˈblʌdʃed] *n* efusión *f* de sangre.

bloodshot [ˈblʌdʃɒt] *adj* (*inflamed: eye*) inyectado/a de sangre.

bloodstain [ˈblʌdsteɪn] *n* mancha *f* de sangre.

bloodstained [ˈblʌdsteɪnd] *adj* manchado/a de sangre.

bloodstream [ˈblʌdstriːm] *n* corriente *f* sanguínea, sangre *f*.

bloodsucker [ˈblʌdsʌkəʳ] *n* (*fig*) sanguijuela *f*.

bloodthirsty [ˈblʌdθɜːstɪ] *adj* (*comp* **-ier**; *superl* **-iest**) sanguinario/a.

bloody [ˈblʌdɪ] **1** *adj* (*comp* **-ier**; *superl* **-iest**) (**a**) (*lit: bleeding*) sangrante; (*bloodstained: hands, dress*) manchado/a de sangre; (*cruel: battle etc*) sangriento/a. (**b**) (*Brit fam*) maldito/a, puñetero/a, fregado/a (*LAm fam*); **that's** ~ **awful!** ¡qué putada!; **I'm a** ~ **genius** ¡joder, qué genio soy! **2** *adv* (*Brit fam*) **that's no** ~ **good!** ¡eso no vale para nada, joder!; (*positive*) **he runs** ~ **fast** ¡corre la hostia!

bloody-minded [ˈblʌdɪˈmaɪndɪd] (*Brit fam*) *adj* (*stubborn*) terco/a, tozudo/a; (*: nasty*) con malas pulgas.

bloody-mindedness [ˈblʌdɪˈmaɪndɪdnɪs] (*Brit fam*) *n* (*see adj*) terquedad *f*, tozudez *f*; malas *fpl* pulgas.

bloom [blu:m] **1** *n (flower)* flor *f*; *(on fruit)* vello *m*, pelusa *f*; *(fig: on complexion)* rubor *m*; **in ~** en flor; **in full ~** en plena floración; **in the full ~ of youth** en la flor de la juventud. **2** *vi* florecer.
bloomer ['blu:mə^r] *n (fam)* plancha *f*.
bloomers ['blu:məz] *npl* bombachos *mpl*, pantaletas *fpl (LAm)*.
blooming ['blu:mɪŋ] **(a)** *adj* floreciente, lleno de salud. **(b)** *(euph fam)* = **bloody (b)**.
blooper ['blu:pə^r] *n (US fam)* metedura *f* de pata.
blossom ['blɒsəm] **1** *n (collective)* flores *fpl*; *(single)* flor *f*; **in ~** en flor. **2** *vi* florecer; *(fig)* florecer, llegar a su apogeo; **it ~ed into love** se transformó en amor.
blot [blɒt] **1** *n (of ink)* borrón *m*, mancha *f*; *(fig: on reputation etc)* tacha *f*, mancha; **the chimney is a ~ on the landscape** la chimenea afea el paisaje. **2** *vt* **(a)** *(spot: with ink)* manchar; **to ~ one's copybook** manchar su reputación. **(b)** *(dry: with blotter: ink, writing)* secar.
▸ **blot out** *vt + adv (lit)* borrar; *(fig: mist, fog)* ocultar; *(: memories)* borrar.
blotch [blɒtʃ] *n (of ink, colour)* mancha *f*; *(on skin)* erupción *f*.
blotchy ['blɒtʃɪ] *adj (comp* **-ier**; *superl* **-iest**) manchado/a, lleno/a de manchas.
blotter ['blɒtə^r] *n* secante *m*.
blotting paper ['blɒtɪŋ,peɪpə^r] *n* papel *m* secante.
blotto ['blɒtəʊ] *adj*: **to be ~** *(fam)* estar mamado *(fam)*.
blouse [blaʊz] *n* blusa *f*.
blouson ['blu:zɒn] *n* cazadora *f*.
blow[1] [bləʊ] *n* **(a)** *(hit)* golpe *m*; *(slap)* bofetada *f*; **a ~ with a hammer/fist/elbow** un martillazo/un puñetazo/un codazo; **at one ~** de un solo golpe; **a ~ by ~ account** una narración pormenorizada; **to strike a ~ for freedom** *(fig)* dar un paso más en favor de la libertad; **to come to ~s** *(lit, fig)* llegar a manos.
(b) *(fig: misfortune)* golpe *m*; **the news came as a great ~** la noticia fue un duro golpe; **to cushion** *or* **soften the ~** amortiguar el golpe; *(fig)* disminuir los efectos de un desastre *etc*.
blow[2] [bləʊ] *(pt* **blew**; *pp* **~n**) **1** *vt* **(a)** *(move by ~ing: of wind etc)* llevar; **to ~ sb a kiss** enviar *or* tirar un beso a algn.
(b) *(trumpet, whistle)* tocar, sonar; *(nose)* sonarse (la nariz); *(glass)* soplar; **to ~ one's own trumpet** darse bombo; **to ~ bubbles** *(soap)* hacer pompas; *(gum)* hacer globos.
(c) *(burn out, explode: fuse)* fundir, quemar; *(: safe etc)* volar; **to ~ money on sth** *(fam)* malgastar dinero en algo; **to ~ a secret** soltar un secreto; **to ~ one's top** reventar; **to ~ sb's mind** *(fam)* dejar alucinado/a a algn *(fam)*; **to ~ it** *(fam)* cagarla *(fam!)*; **~ this rain!** *(fam)* ¡dichosa sea esta lluvia!; **~ the expense!** ¡al cuerno el gasto!
2 *vi* **(a)** *(wind)* soplar; *(person)* jadear.
(b) *(move: with wind: leaves etc)* mover con el viento; **the door blew open/shut** se abrió/cerró la puerta con el viento.
(c) *(make sound: trumpet)* sonar.
(d) *(fuse etc)* fundirse, quemarse.
3 *n (of breath)* soplo *m*; *(of sound)* trompetazo *m*.
▸ **blow away 1** *vi + adv* llevarse. **2** *vt + adv* llevar; *(fam: kill)* cargarse a tiros a *(fam)*; *(: defeat)* cargarse a *(fam)*, hacer picadillo *(fam)*.
▸ **blow down** *vi + adv* derribarse.
▸ **blow in** *vi + adv (collapse)* derribarse; *(enter)* entrar de sopetón; **look who's ~n in!** *(fam)* ¡mira quién ha caído del cielo!
▸ **blow off** *vt + adv (gas)* dejar escapar; **to ~ off steam** desfogarse.
▸ **blow out 1** *vt + adv* **(a)** *(extinguish: candle)* apagar (con un soplo). **(b)** *(swell out: cheeks)* hinchar. **2** *vr*: **the next day the storm had ~n itself out** al día siguiente la tormenta se había calmado.
▸ **blow over 1** *vt + adv* derribar, tumbar. **2** *vi + adv (tree etc)* derribarse, tumbarse; *(storm)* calmarse; *(fig: dispute)* olvidarse.
▸ **blow up 1** *vt + adv (explode: bridge etc)* volar; *(burst: balloon)* reventar; *(inflate: tyre etc)* inflar, hinchar; *(enlarge: photo)* ampliar; *(: fig: an event etc)* exagerar. **2** *vi + adv (be exploded)* explotar; *(fig: row etc)* estallar; *(fig fam: in anger)* salir de sus casillas.
blow-dry ['bləʊ,draɪ] **1** *n (hairstyle)* **I'd like a cut and ~** quisiera un corte y secado a mano. **2** *vt (style)* secar a mano.
blower ['bləʊə^r] *n (fam)* teléfono *m*.
blowhole ['bləʊhəʊl] *n (of whale)* orificio *m* nasal.
blow job ['bləʊdʒɒb] *n (fam!)* mamada *f (fam!)*, francés *m (fam!)*.
blowlamp ['bləʊlæmp] *n* soplete *m*.
blown [bləʊn] *pp of* **blow**[2].
blowout ['bləʊaʊt] *n* **(a)** *(Aut: burst tyre)* reventón *m*, pinchazo *m*, ponchada *f (Mex)*, pinchadura *f (Mex)*. **(b)** *(Elec: of fuse)* quemadura *f*. **(c)** *(fam: big meal)* comilona *f*.
blowpipe ['bləʊpaɪp] *n (weapon)* cerbatana *f*.
blowsy ['blaʊzɪ] *adj* = **blowzy**.
blowtorch ['bləʊtɔ:tʃ] *n* soplete *m*.
blowy ['bləʊɪ] *adj (day)* ventoso/a.
blowzy ['blaʊzɪ] *adj (comp* **-ier**; *superl* **-iest**) *(woman)* desaliñado/a; *(red in face)* coloradote.
BLS *n abbr (US) of* **Bureau of Labor Statistics**.
blubber ['blʌbə^r] **1** *n (of whales)* grasa *f* de ballena. **2** *vi (weep)* lloriquear.
blue [blu:] **1** *adj* **(a)** azul; **~ with cold** amoratado/a de frío; **once in a ~ moon** de Pascuas a Ramos; **~ blood** sangre *f* azul; **~ cheese** queso *m* de pasta verde. **(b)** *(fam: obscene)* verde, colorado *(LAm)*. **(c)** *(fam: sad)* triste, deprimido/a; **to feel ~** estar tristón/ona, tener pena *(LAm)*.
2 *n* **(a)** *(colour)* azul *m*. **(b)** *(sky)* cielo *m*; **out of the ~** *(fig)* como cosa llovida del cielo. **(c) ~s** *(Mus)* blues *m*; *(feeling)* melancolía *f*, tristeza *f*, pena *f (LAm)*; **he's got the ~s** está triste, tiene pena *(LAm)*.
bluebell ['blu:bel] *n* campánula *f* azul.
blueberry ['blu:berɪ] *n (US)* arándano *m*.
blue-blooded ['blu:'blʌdɪd] *adj* de sangre azul.
bluebottle ['blu:,bɒtl] *n* moscarda *f*.
blue-collar ['blu:,kɒlə^r] *adj*: **~ workers** obreros *mpl*, trabajadores *mpl* manuales.
blue-eyed ['blu:,aɪd] *adj* de ojos azules; **~ boy** *(fig)* ojo *m* derecho, consentido/a *m/f*.
blueprint ['blu:prɪnt] *n (plan)* proyecto *m*, anteproyecto *m*; *(drawing)* cianotipo *m*.
bluff[1] [blʌf] *adj (person)* franco/a, directo/a.
bluff[2] [blʌf] *n (cliff)* risco *m*, peñasco *m*.
bluff[3] [blʌf] **1** *n (act of ~ing)* farol *m*, bluff *m*; **to call sb's ~** coger a algn en un renuncio. **2** *vt (deceive by pretending)* engañar, embaucar; **to ~ it out by ...** salvar la situación haciendo creer que .... **3** *vi* farolear, tirarse un farol.
blunder ['blʌndə^r] **1** *n* metedura *f* de pata, patinazo *m*, plancha *f*; **to make a ~** meter la pata, tirarse una plancha. **2** *vi* **(a)** *(err)* cometer un grave error. **(b)** *(move clumsily)* **to ~ about** andar a ciegas, andar a tontas y a locas; **to ~ into sb/sth** tropezar con algn/algo; **to ~ into sth** *(fig)* caer *or* meterse en algo; *(trap)* caer en algo.
blunderbuss ['blʌndəbʌs] *n* trabuco *m*.
blunt [blʌnt] **1** *adj* **(a)** *(not sharp: edge)* embotado/a, desafilado/a; *(: point)* despuntado/a. **(b)** *(outspoken)* directo/a, franco/a. **2** *vt* embotar, despuntar; *(fig)* debilitar, mitigar.
bluntly ['blʌntlɪ] *adv (speak)* francamente, directamente.
bluntness ['blʌntnɪs] *n* **(a)** *(of blade etc)* embotadura *f*. **(b)** *(outspokenness)* franqueza *f*.
blur [blɜ:^r] **1** *n (shape)* contorno *m* borroso; **everything is**

a ~ when I take off my glasses todo se vuelve borroso cuando me quito los lentes; (*fig*) **the memory is just a ~** el recuerdo está impreciso; **my mind was a ~** todo se volvió borroso en mi mente.

2 *vt* (**a**) (*obscure: writing*) borrar, enturbiar; (*: outline*) desdibujar; (*: sight*) oscurecer, empañar.

(**b**) (*fig: memory*) enturbiar; (*: judgment*) ofuscar.

3 *vi* (*be obscured*) desdibujarse, volverse borroso/a; **her eyes ~red with tears** las lágrimas le enturbiaban la vista.

blurb [blɜ:b] *n* propaganda *f*.

blurred [blɜ:d] *adj* borroso/a; **to be/become ~** estar/volverse borroso/a.

blurt [blɜ:t] *vt*: **to ~ out** (*secret*) dejar escapar; (*recount: whole story*) contar de buenas a primeras.

blush [blʌʃ] **1** *n* (**a**) rubor *m*, sonrojo *m*. (**b**) (*US: make-up*) colorete *m*. **2** *vi* ruborizarse (*with* de), sonrojarse (*with* de); **to make sb ~** hacer que algn se ponga rojo; **I ~ for you** siento vergüenza *or* pena por ti.

blusher [ˈblʌʃəʳ] *n* colorete *m*.

bluster [ˈblʌstəʳ] **1** *n* (*empty threats*) fanfarronadas *fpl*, bravatas *fpl*. **2** *vi* (*wind*) soplar con fuerza, bramar; (*fig: person*) echar bravatas, fanfarronear.

blustery [ˈblʌstərɪ] *adj* (*wind*) tempestuoso/a.

Blvd *abbr of* **boulevard** Blvr.

BM *n abbr* (**a**) *of* **British Museum**. (**b**) (*Univ*) *of* **Bachelor of Medicine**.

BMA *n abbr of* **British Medical Association**.

BMC *n abbr of* **British Medical Council**.

BMJ *n abbr of* **British Medical Journal**.

B-movie [ˈbi:ˌmu:vɪ] *n* (*Cine*) película *f* de la serie B.

B.Mus. *n abbr* (*Univ*) *of* **Bachelor of Music**.

BNFL *n abbr of* **British Nuclear Fuels Limited**.

BNP *n abbr* (*Pol*) *of* **British National Party** *partido político de la extrema derecha*.

BO *n abbr* (**a**) (*euph*) *of* **body odour**. (**b**) (*US*) *of* **box office**.

B/O *abbr* (*Fin*) *of* **brought over** suma *f* anterior.

boa [ˈbəʊə] *n* (**a**) (*snake: also* **~ constrictor**) boa *f*. (**b**) (*of feathers*) boa (de plumas).

boar [bɔ:ʳ] *n* (*male pig*) verraco *m*, cerdo *m*; **wild ~** jabalí *m*.

board [bɔ:d] **1** *n* (**a**) (*of wood*) tabla *f*, tablón *m*; (*for chess etc*) tablero *m*; (*ironing ~*) mesa *f*; (*notice ~*) tablón; (*Comput*) placa *f*, tarjeta *f*; **to go by the ~** (*fig: go wrong*) ir al traste; (*: be abandoned*) abandonarse; **above ~** (*fig: just*) legítimo/a; (*: in order*) en regla, legal; **to sweep the ~** ganárselas todas.

(**b**) (*provision of meals*) pensión *f*; **half ~** media pensión; **full ~** pensión completa; **~ and lodging** casa y comida.

(**c**) (*Naut, Aer*) **on ~** a bordo.

(**d**) (*group of officials*) junta *f*, consejo *m*; **the ~ of governors** (*Brit Scol*) el consejo (de un colegio, instituto etc); **a ~ of inquiry** una comisión investigadora.

(**e**) (*gas, water etc*) comisión *f*.

2 *vt* (**a**) (*ship, plane*) subir a bordo de, embarcarse en; (*enemy ship*) abordar; (*bus, train*) subir a.

(**b**) (*also* **~ up**: *cover with ~s*) entablar.

3 *vi*: **to ~ with** hospedarse en casa de.

4 *cpd*: **~ of directors** *n* consejo *m* de administración, junta *f* directiva; **~ game** *n* juego *m* de tablero; **~ meeting** *n* reunión *f* de la junta directiva.

▸ **board up** *vt + adv* (*door, window*) entablar.

boarder [ˈbɔ:dəʳ] *n* huésped(a) *m/f*; (*Scol*) interno/a *m/f*.

boarding card [ˈbɔ:dɪŋˌkɑ:d], **boarding pass** [ˈbɔ:dɪŋˌpɑ:s] *n* (*Aer*) tarjeta *f* de embarque.

boarding house [ˈbɔ:dɪŋhaʊs] *n* pensión *f*, casa *f* de huéspedes, residencial *f* (*CSur*).

boarding school [ˈbɔ:dɪŋsku:l] *n* internado *m*.

boardroom [ˈbɔ:drʊm] *n* sala *f* de juntas.

boardwalk [ˈbɔ:dwɔ:k] *n* (*US*) paseo *m* marítimo entablado.

boast [bəʊst] **1** *n*: **it is his ~ that** se jacta de que; **to be the ~ of** ser el orgullo de. **2** *vt* (*frm: pride o.s. on*) ostentar, jactarse de. **3** *vi* jactarse, presumir; **he ~s about his strength** presume de fuerte.

boaster [ˈbəʊstəʳ] *n* jactancioso/a *m/f*, fanfarrón/ona *m/f*.

boastful [ˈbəʊstfʊl] *adj* jactancioso/a, fanfarrón/ona.

boasting [ˈbəʊstɪŋ] *n* jactancia *f*, presunción *f*.

boat [bəʊt] **1** *n* (*gen*) barco *m*; (*small*) barca *f*; (*rowing ~*) barca, bote *m* (de remo); (*large ship*) buque *m*, navío *m*; **to go by ~** ir en barco; **we're all in the same ~** (*fig fam*) estamos todos en la misma situación; **to burn one's ~s** (*fig*) quemar las naves; **to miss the ~** (*fig*) perder el tren; **to push the ~ out** (*fam*) tirar la casa por la ventana; **to rock the ~** (*fig*) hacer olas. **2** *cpd*: **~ race** *n* regata *f*; **~ train** *n* tren *m* que enlaza con un barco.

boatbuilder [ˈbəʊtˌbɪldəʳ] *n* constructor *m* de barcos; **~'s (yard)** astillero *m*.

boater [ˈbəʊtəʳ] *n* (*hat*) canotié *m*.

boathouse [ˈbəʊthaʊs] *n* cobertizo *m* para botes.

boatload [ˈbəʊtləʊd] *n* barcada *f*.

boatswain [ˈbəʊsn] *n* contramaestre *mf*.

boatyard [ˈbəʊtjɑ:d] *n* astillero *m*.

Bob [bɒb] *n*: **~'s your uncle!** (*Brit fam*) ¡ya está!, ¡y se acabó!

bob[1] [bɒb] **1** *n* (*jerk: of head etc*) sacudida *f*, meneo *m*; (*curtsy*) reverencia *f*. **2** *vi* (*jerk: person*) menearse; (*: animal*) moverse, menearse; **to ~ about** (*in wind etc*) bailar; (*on water*) balancearse, mecerse; **to ~ (up and down)** subir y bajar.

▸ **bob up** *vi + adv* (*appear*) surgir, presentarse.

bob[2] [bɒb] *n* pelo *m* a lo garçon.

bob[3] [bɒb] *n* (*old Brit fam: shilling*) chelín *m*.

bobbin [ˈbɒbɪn] *n* carrete *m*, bobina *f*; (*Sew: of cotton*) canilla *f*.

bobble [ˈbɒbl] *n* (*ball: on hat*) borla *f*.

bobby [ˈbɒbɪ] *n* (*Brit fam*) poli *m*.

bobby pin [ˈbɒbɪˌpɪn] *n* (*US*) horquilla *f*, prendedor *m*.

bobcat [ˈbɒbkæt] *n* (*US*) lince *m*.

bobsleigh [ˈbɒbsleɪ] *n* bob *m*, trineo *m* de balancín.

bod [bɒd] *n* (*Brit fam*) tío *m*, individuo *m*.

bode [bəʊd] *vi*: **it ~s well/ill** es de buen/mal agüero.

bodice [ˈbɒdɪs] *n* (*of dress*) corpiño *m*, almilla *f*.

bodily [ˈbɒdɪlɪ] **1** *adj* corpóreo/a, corporal; **~ needs** necesidades *fpl* corporales. **2** *adv* en conjunto; **to lift sb ~** levantar a algn en peso; **actual/grievous ~ harm** (*Jur*) daños *mpl* personales/graves.

body [ˈbɒdɪ] **1** *n* (**a**) (*of person, animal*) cuerpo *m*, tronco *m*; (*dead ~*) cadáver *m*; **to keep ~ and soul together** ir tirando; **over my dead ~!** ¡ni soñando!, ¡ni pensarlo!

(**b**) (*Aut: also* **~work**) carrocería *f*; (*gen: external structure*) armazón *m*, casco *m*; (*core: of argument*) peso *m*, meollo *m*.

(**c**) (*mass, collection*) conjunto *m*; (*of people*) grupo *m*; (*organization*) organismo *m*, órgano *m*; (*of water*) masa *f*; **a large ~ of evidence** una recopilación importante de datos; **the student ~** la masa estudiantil; **in a ~** todos juntos, en masa.

(**d**) (*substance: of wine*) cuerpo *m*; (*: of hair*) volumen *m*, cuerpo.

(**e**) (*article of clothing*) = **~ stocking**.

2 *cpd*: **~ bag** *n* bolsa *f* para restos humanos; **~ blow** *n* golpe *m* duro; **~ building** *n* culturismo *m*; **~ count** *n* (*US*) número *m or* balance *m* de muertos; **~ language** *n* lenguaje *m* gestual, gestualidad *f*; **~ lotion** *n* loción *f* corporal; **~ mike** *n* (*fam*) micro *m* de solapa (*fam*); **~ odour,** (*US*) **~ odor** *n* olor *m* a sudor; **~ stocking, ~ suit** *n* body *m*, bodi *m*.

bodybuilder [ˈbɒdɪˌbɪldəʳ] *n* culturista *mf*.

bodyguard [ˈbɒdɪgɑ:d] *n* (*man*) guardaespaldas *m inv*, guarura *m* (*Mex*); (*men*) guardia *f* personal.

bodywork [ˈbɒdɪwɜ:k] *n* (*Aut*) carrocería *f*.

Boer War [ˈbəʊəˌwɔ:ʳ] *n* Guerra *f* Bóer, Guerra *f* del Transvaal.

B. of E. *n abbr of* **Bank of England**.
boffin ['bɒfɪn] *n* (*Brit*) científico/a *m/f*, inventor(a) *m/f*.
bog [bɒg] *n* pantano *m*, ciénaga *f*; (*Brit fam: toilet*) wáter *m*, baño *m (LAm)*.
▸ **bog down** *vt + adv*: **to get ~ged down (in)** quedar atascado/a (en), hundirse (en); (*fig*) empantanarse *or* atrancarse (en).
bogey ['bəʊgɪ] *n* (*goblin*) duende *m*, trasgo *m*; (*bugbear*) pesadilla *f*; **that is our ~ team** ése es un equipo gafe para nosotros.
bogeyman ['bəʊgɪˌmæn] *n* (*pl* **-men**) coco *m*.
boggle ['bɒgl] (*fam*) *vi*; **to ~ (at)** (*hesitate*) vacilar (ante); (*be afraid*) pasmarse (ante); **the mind ~s!** ¡alucino!
Bogotá [ˌbɒgəʊ'tɑː] *n* Bogotá *m*.
bogus ['bəʊgəs] *adj* (*fake*) falso/a, fraudulento/a; (*person*) fingido/a; (*of person's character*) artificial, afectado/a.
Bohemian [bəʊ'hiːmɪən] *adj n* bohemo/a *m/f*; (*fig*) bohemio/a *m/f*.
boil¹ [bɔɪl] *n* (*Med*) divieso *m*, furúnculo *m*.
boil² [bɔɪl] **1** *n*: **to bring to the** *or* (*US*) **a ~** calentar hasta que hierva; **to come to the** *or* (*US*) **a ~** comenzar a hervir, entrar en ebullición; **on the ~** hirviendo.
2 *vt* (**a**) (*liquid*) hervir.
(**b**) (*Culin: vegetables etc*) cocer; **(soft) ~ed egg** huevo *m* pasado por agua, huevo tibio *(LAm)*, huevo a la copa *(And, CSur)*; **hard ~ed egg** huevo duro *or* cocido.
3 *vi* (*water*) hervir; **the kettle is ~ing** el hervidor está hirviendo; **to ~ dry** dejar cocer hasta que se evapore toda el agua; **to ~ with rage** (*fig*) rabiar, estar a punto de reventar.
▸ **boil down** *vi + adv* (*fig*) **to ~ down to** reducirse a.
▸ **boil over** *vi + adv* irse, rebosar.
boiler ['bɔɪlə'] **1** *n* (*central heating*) caldera *f*; (*in ship, engine*) calderas *fpl*. **2** *cpd*: **~ house** *n* edificio *m* de calderas; **~ room** *n* sala *f* de calderas; **~ suit** *n* mono *m*, overol *m (LAm)*, mameluco *m (CSur)*.
boilermaker ['bɔɪləˌmeɪkə'] *n* calderero/a *m/f*.
boiling ['bɔɪlɪŋ] *adj* (*gen*) hirviendo; (*fig*) quemando; **a ~ hot day** un día de mucho calor; **~ point** punto *m* de ebullición.
boisterous ['bɔɪstərəs] *adj* (*person: unrestrained*) bullicioso/a; (*: exuberant*) exuberante; (*crowd, meeting etc*) alborotado/a, tumultuoso/a; (*in high spirits: party etc*) muy alegre, animadísimo/a.
bold [bəʊld] *adj* (*comp* **~er**; *superl* **~est**) (**a**) (*brave: person, attempt*) valiente, audaz. (**b**) (*child, remark: forward*) atrevido/a; (*: shameless*) descarado/a. (**c**) (*striking: colour, pattern*) llamativo/a; (*line, shape*) marcado/a; **~ type** (*Typ*) negrita *f*.
boldly ['bəʊldlɪ] *adv* (*speak, behave*) audazmente; (*pej*) atrevidamente, descaradamente.
boldness ['bəʊldnɪs] *n* (*daring*) audacia *f*; (*courage*) valor *m*; (*pej*) atrevimiento *m*, descaro *m*.
bolero [bə'lɛərəʊ] *n* bolero *m*.
Bolivia [bə'lɪvɪə] *n* Bolivia *f*.
Bolivian [bə'lɪvɪən] *adj n* boliviano/a *m/f*.
bollard ['bɒləd] *n* (*at roadside*) baliza *f*; (*Naut*) noray *m*, bolardo *m*.
bollocking ['bɒləkɪŋ] *n*: **to give sb a ~** (*fam*) poner a algn como un trapo *(fam)*.
bollocks ['bɒləks] (*Brit fam!*) *n* cojones *mpl (fam!)*; (*nonsense*) tonterías *fpl*, pavadas *fpl*.
Bolshevik ['bɒlʃəvɪk] *adj n* bolchevique *mf*.
Bolshevism ['bɒlʃəvɪzəm] *n* bolchevismo *m*.
Bolshevist ['bɒlʃəvɪst] *adj n* bolchevista *mf*.
bolshie, bolshy ['bɒlʃɪ] **1** *n* bolchevique *mf*. **2** *adj* (*Pol*) bolchevique; (*fig*) revoltoso/a, protestón/ona.
bolster ['bəʊlstə'] **1** *n* travesaño *m*, cabezal *m*. **2** *vt* (*fig: also* **~ up**) reforzar; (*morale etc*) levantar.
bolt [bəʊlt] **1** *n* (**a**) (*on door, gun*) cerrojo *m*; (*of lock*) pestillo *m*; (*Tech*) perno *m*, tornillo *m*; **he's shot his ~** (*fig*) ha quemado su último cartucho.
(**b**) (*dash*) salida *f* repentina; (*flight*) fuga *f*; **to make a ~ for it** (*dash out*) salir corriendo; (*flee*) fugarse.
(**c**) (*of lightning*) rayo *m*; **it came like a ~ from the blue** (*fig*) cayó como una bomba.
2 *adv*: **~ upright** rígido/a, erguido/a; **to sit ~ upright** incorporarse de golpe.
3 *vt* (**a**) (*door etc*) echar el cerrojo a; (*Tech*) sujetar con tornillos, empernar; **to ~ two things together** unir dos cosas con pernos.
(**b**) (*food: also* **~ down**) engullir, tragar *(LAm)*.
4 *vi* (*escape*) escaparse, huir; (*horse*) desbocarse; (*rush*) precipitarse fuera.
bomb [bɒm] **1** *n* bomba *f*; **it went like a ~** (*Brit fam*) resultó fenomenal, fue un éxito; **this car goes like a ~** (*Brit fam*) este coche corre a toda pastilla *or* hostia *(fam)*; **it costs a ~** (*Brit fam*) cuesta un ojo de la cara *(fam)*. **2** *vt* (*target*) bombardear. **3** *vi* (*US fam: fail*) **the show ~ed** el espectáculo fracasó. **4** *cpd*: **~ disposal expert** *n* experto *m* en desactivar bombas; **~ scare** *n* amenaza *f* de bomba; **~ site** *n* lugar *m* donde estalló una bomba.
▸ **bomb along** *vi + adv* ir como el demonio, ir a toda hostia *(fam)*.
bombard [bɒm'bɑːd] *vt* (*Mil*) bombardear (*with* con); (*fig*) **I was ~ed with questions** me acosaron *or* bombardearon a preguntas.
bombardment [bɒm'bɑːdmənt] *n* (*Mil*) bombardeo *m*.
bombastic [bɒm'bæstɪk] *adj* (*pompous: language, manner*) altisonante, rimbombante.
Bombay [bɒm'beɪ] **1** *n* Bombay *m*. **2** *cpd*: **~ duck** *n* (*Culin*) *pescado seco utilizado en la elaboración del curry*.
bomber ['bɒmə'] **1** *n* (**a**) (*aircraft*) bombardero *m*. (**b**) (*person*) alguien que pone bombas. **2** *cpd*: **~ jacket** *n* cazadora *f*, americana *f*.
bombing ['bɒmɪŋ] *n* bombardeo *m*.
bombshell ['bɒmʃel] *n* (*fig: of news etc*) bomba *f*.
bona fide ['bəʊnə'faɪdɪ] *adj* (*genuine*) auténtico/a; (*legal*) legal.
bonanza [bə'nænzə] *n* (*fig: in profits*) bonanza *f*.
bonce [bɒns] *n* (*fam*) coco *m (fam)*.
bond [bɒnd] **1** *n* (**a**) (*link*) lazo *m*, vínculo *m*; **his word is as good as his ~** es un hombre de palabra, es de fiar; **a ~ of friendship** un vínculo de amistad; *see* **marriage**. (**b**) **~s** (*chains etc*) cuerdas *fpl*, cadenas *fpl*. (**c**) (*Fin*) bono *m*; *see* **premium**. (**d**) (*Jur: bail*) fianza *f*. (**e**) (*Comm*) **in ~** en depósito bajo fianza. (**f**) (*adhesion*) unión *f*. **2** *vt* unir, pegar.
bonded ['bɒndɪd] *adj* unido/a, vinculado/a; (*Comm*) en aduana; **~ goods** mercancías *fpl* en depósito de aduanas; **~ warehouse** almacén *m* de aduanas, almacén de depósito.
bone [bəʊn] **1** *n* (*of human, animal etc*) hueso *m*; (*of fish*) espina *f*; **a ~ ring** un anillo de hueso; **~ of contention** manzana *f* de la discordia; **I feel it in my ~s** tengo una corazonada, me da en la nariz; **I have a ~ to pick with you** (*fam*) tenemos una cuenta que ajustar; **he made no ~s about it** no tuvo pelos en la lengua, no se anduvo con rodeos; **to work one's fingers to the ~** trabajar como un esclavo.
2 *vt* (*meat*) deshuesar; (*fish*) quitar las espinas a.
3 *cpd*: **~ china** *n* porcelana *f* fina; **~ meal** *n* harina *f* de huesos.
4 *adj*: **~ idle** (*fam*) gandul(a), holgazán/ana, flojo/a *(LAm)*.
bone-dry ['bəʊn'draɪ] *adj* (*fam*) completamente seco/a.
boner ['bəʊnə'] *n* (*US fam*) plancha *f*, patochada *f*; **to pull a ~** meter el cuezo.
bonfire ['bɒnfaɪə'] *n* (*for celebration*) hoguera *f*; (*for rubbish*) fogata *f*.
bonk ['bɒŋk] *vt, vi* (*fam*) follar *(fam!)*.
bonkers ['bɒŋkəz] *adj* (*Brit fam*) *of* **to be ~** estar chalado/a *(fam)*; **to go ~** chalarse *(fam)*.
Bonn [bɒn] *n* Bona *m*, Bonn *m*.

bonnet [ˈbɒnɪt] *n* (**a**) (*woman's*) gorra *f*; (*esp Scot: man's*) gorra escocesa; (*baby's*) gorro *m*. (**b**) (*Brit Aut*) capó *m*, cofre *m (Mex)*.

bonny [ˈbɒnɪ] *adj* (*comp* **-ier**; *superl* **-iest**) (*esp Scot: pretty*) bonito/a, hermoso/a, lindo/a *(esp LAm)*.

bonus [ˈbəʊnəs] **1** *n* (*on wages*) paga *f* extraordinaria, prima *f*, plus *m*; (*insurance etc*) prima, gratificación *f*; (*fig*) regalo *m*, bendición *f*. **2** *cpd*: ~ **scheme** *n* plan *m* de incentivos; ~ **shares**, ~ **stock** *n* (*US*) acciones *fpl* gratuitas.

bony [ˈbəʊnɪ] *adj* (*comp* **-ier**; *superl* **-iest**) (*having bones*) huesudo/a; (*like bone*) óseo/a; (*thin: person*) flaco/a, delgado/a; (*fish*) espinoso/a, lleno/a de espinas.

boo [bu:] **1** *n* rechifla *f*, abucheo *m*. **2** *interj* ¡uh! **3** *vt* (*actor, referee*) abuchear, silbar; **he was ~ed off the stage** la rechifla le obligó a abandonar el escenario.

boob [bu:b] *n* (*fam: mistake*) disparate *m*, sandez *f*; (*: breast*) teta *f*.

booboo [ˈbu:bu:] *n* (*US fam*) patochada *f*.

boobtube [ˈbu:btju:b] *n* (*US: TV set*) televisor *m*; (*sun top*) camiseta-tubo *f*.

booby prize [ˈbu:bɪpraɪz] *n* premio *m* al último.

booby trap [ˈbu:bɪtræp] *n* trampa *f*; (*Mil etc*) trampa explosiva, bomba *f* cazabobos.

book [bʊk] **1** *n* (*gen*) libro *m*; (*note~*) libreta *f*, cuaderno *m*; (*of tickets, cheques*) talonario *m*; (*volume*) tomo *m*; **the ~s** (*Comm*) las cuentas, la contabilidad; ~ **of matches** cerillas *fpl or* fósforos *mpl* de solapa; **to be in sb's bad ~s** quedar mal con algn; **to bring sb to** ~ pedirle cuentas a algn; **to throw the ~ at sb** echar un rapapolvo a algn; **by the** ~ según las reglas; **in my** ~ para mí, en mi opinión.

2 *vt* (**a**) (*reserve: ticket, seat, room*) reservar; (*artist etc*) contratar.

(**b**) (*fam: record name of: driver, player*) amonestar.

3 *vi* reservar.

4 *cpd*: ~ **token** *n* vale *m* para libros.

▸ **book in 1** *vi + adv* registrarse. **2** *vt + adv* (*person*) registrar (a).

▸ **book up** *vt + adv* (*for holiday etc*) hacer reserva de; **we're ~ed up for tonight** estamos completos para esta noche; **I'm fully ~ed up** (*fam*) ya tengo compromiso.

bookable [ˈbʊkəbl] *adj* (*seat etc*) *que se puede reservar (de antemano)*; (*Sport: offence*) sujeto a tarjeta amarilla.

bookbinder [ˈbʊkˌbaɪndəʳ] *n* encuadernador(a) *m/f*.

bookbinding [ˈbʊkˌbaɪndɪŋ] *n* encuadernación *f*.

bookcase [ˈbʊkkeɪs] *n* librería *f*, estantería *f*.

bookie [ˈbʊkɪ] *n* (*fam*) = **bookmaker**.

booking [ˈbʊkɪŋ] **1** *n* (*in hotel etc*) registro *m*; (*of artists*) contratación *f*. **2** *cpd*: ~ **clerk** *n* taquillero/a *m/f*; ~ **office** *n* (*Rail*) despacho *m* de billetes *or (LAm)* boletos; (*Theat*) taquilla *f*.

book-keeper [ˈbʊkˌki:pəʳ] *n* contable *mf*, contador(a) *m/f (LAm)*.

book-keeping [ˈbʊkˌki:pɪŋ] *n* contabilidad *f*.

booklet [ˈbʊklɪt] *n* folleto *m*.

bookmaker [ˈbʊkmeɪkəʳ] *n* corredor *m* de apuestas.

bookmark [ˈbʊkmɑ:k] *n* registro *m*, marcador *m* (de libros).

bookplate [ˈbʊkpleɪt] *n* ex libris *m*.

bookseller [ˈbʊkˌseləʳ] *n* librero/a *m/f*; **~'s** librería *f*.

bookshelf [ˈbʊkʃelf] *n* (*pl* **-shelves**) anaquel *m* para libros, estantería *f*.

bookshop [ˈbʊkʃɒp] *n* librería *f*.

bookstall [ˈbʊkstɔ:l] *n* quiosco *m* de libros.

bookstore [ˈbʊkstɔ:ʳ] *n* (*US*) librería *f*.

bookworm [ˈbʊkwɜ:m] *n* (*fig*) ratón/ona *m/f* de biblioteca, empollón/ona *m/f*.

boom[1] [bu:m] *n* (*Naut*) botalón *m*, botavara *f*; (*of crane*) aguilón *m*; (*across harbour*) barrera *f*; (*of microphone*) jirafa *f*.

boom[2] [bu:m] **1** *n* (*of guns*) estruendo *m*, estampido *m*; (*of thunder*) retumbo *m*, trueno *m*. **2** *vi* (*voice, radio, sea: also* ~ **out**) resonar, retumbar; (*gun*) hacer gran estruendo, retumbar. **3** *vt* (*also* ~ **out**) tronar.

boom[3] [bu:m] **1** *n* (*in an industry*) auge *m*, boom *m*; (*period of growth*) explosión *f*, expansión *f*; ~ **town** ciudad *f* beneficiaria del auge. **2** *vi* (*trade, town etc*) estar en auge.

boomerang [ˈbu:məræŋ] **1** *n* bumerang *m*. **2** *vi* (*fig: backfire*) ser contraproducente (*on* para).

boon [bu:n] *n* (*blessing*) beneficio *m*, adelanto *m*.

boor [bʊəʳ] *n* patán *m*, palurdo/a *m/f*.

boorish [ˈbʊərɪʃ] *adj* (*manners*) grosero/a.

boost [bu:st] **1** *n* (**a**) (*encouragement*) estímulo *m*, aliento *m*; **to give a ~ to** estimular, alentar. (**b**) (*upward thrust: to person*) empuje *m*, empujón *m*; (*: to rocket*) impulso *m*, propulsión *f*. **2** *vt* (*increase: sales, production*) aumentar, fomentar; (*: fig: confidence, hopes*) estimular; (*promote: product*) promover, hacer publicidad por; (*Elec: voltage*) elevar; (*radio signal*) potenciar; (*Space*) propulsar, lanzar.

booster [ˈbu:stəʳ] *n* (*encouragement*) apoyo *m*, refuerzo *m*; (*TV*) repetidor *m*; (*Elec*) elevador *m* de tensión; (*also* ~ **rocket**) cohete *m* secundario; (*Med*) dosis *f* de refuerzo.

boot [bu:t] **1** *n* (**a**) bota *f*; (*ankle ~*) borceguí *m*; **to give sb the** ~ (*fam*) despedir a algn, poner a algn en la calle. (**b**) (*Brit Aut*) maletero *m*, baúl *m (LAm)*, maletera *f (CSur)*, cajuela *f (Mex)*. (**c**) (*US Aut: also* **Denver** ~) cepo *m*. **2** *vt* (**a**) (*fam: kick*) dar un puntapié a; **to ~ out** (*fam*) poner de patitas en la calle. (**b**) (*Comput*) cebar, inicializar. **3** *vi* cebar, inicializar.

bootblack [ˈbu:tblæk] *n* limpiabotas *m*, bolero *m (Mex)*, embolador *m (Col)*.

bootee [bu:ˈti:] *n* (*baby's*) bota *m* de lana; (*woman's*) borceguí *m*.

booth [bu:ð] *n* (*at fair*) barraca *f*; (*Telec, voting ~*) cabina *f*.

booting-up [ˌbu:tɪŋˈʌp] *n* (*Comput*) operación *f* de cargo, iniciación *f*.

bootlace [ˈbu:tleɪs] *n* cordón *m*.

bootleg [ˈbu:tleg] *adj* (*illicit*) de contrabando.

bootlegger [ˈbu:tˌlegəʳ] *n* contrabandista *mf*.

boot-polish [ˈbu:tˌpɒlɪʃ] *n* betún *m*.

booty [ˈbu:tɪ] *n* botín *m*.

booze [bu:z] (*fam*) **1** *n* bebida *f*. **2** *vi* (*get drunk*) emborracharse; (*go out drinking*) beber *or (LAm)* tomar mucho.

boozer [ˈbu:zəʳ] *n* (*fam: person*) bebedor(a) *m/f*, tomador(a) *m/f (LAm)*; (*Brit fam: pub*) bar *m*.

booze-up [ˈbu:zˌʌp] *n* (*Brit fam*) bebezona *f*.

bop[1] [bɒp] (*Mus fam*) **1** *n* bop *m*. **2** *vi* bailar.

bop[2] [bɒp] *vt* (*esp US fam: hit*) cascar.

boracic [bəˈræsɪk] *adj* bórico/a.

bordello [bɔ:ˈdeləʊ] *n* (*US*) casa *f* de putas.

border [ˈbɔ:dəʳ] **1** *n* (**a**) (*edge: as decoration*) borde *m*, margen *m*; (*: as boundary*) límite *m*. (**b**) (*frontier*) frontera *f*. (**c**) (*in garden*) arriate *m*. **2** *vt* (*line, adjoin*) bordear, lindar con. **3** *cpd*: ~ **town** *n* pueblo *m* fronterizo.

▸ **border (up)on** *vi + prep* lindar con, limitar con; (*fig*) rayar en, aproximarse a.

borderland [ˈbɔ:dəlænd] *n* zona *f* fronteriza.

borderline [ˈbɔ:dəlaɪn] **1** *n* (*between districts*) límite *m*, línea *f* divisoria; **on the** ~ (*between classes*) a medio camino; (*exams etc*) en el límite. **2** *cpd*: ~ **case** *n* (*situation, thing, person*) caso *m* dudoso.

bore[1] [bɔ:ʳ] **1** *n* taladro *m*, barrena *f*; (*also* ~ **hole**) perforación *f*; (*diameter*) agujero *m*, barreno *m*; (*of gun*) calibre *m*; **a 12 ~ shotgun** una escopeta del calibre 12. **2** *vt* (*hole, tunnel*) taladrar, perforar. **3** *vi*: **to ~ for** hacer perforaciones en busca de.

bore[2] [bɔ:ʳ] **1** *n* (*person*) pesado/a *m/f*, pelmazo/a *m/f*; (*event*) lata *f*, bodrio *m*; **what a ~ he is!** ¡qué hombre más pesado!, ¡es más pesado que el plomo!; **it's such a** ~ es una lata, es un rollo. **2** *vt* aburrir, dar la lata a; **he's ~d**

to tears, he's ~d stiff está aburrido como una ostra, está muerto de aburrimiento.
bore[3] [bɔːʳ] *pt of* **bear**[2].
boredom [ˈbɔːdəm] *n* aburrimiento *m*.
boric [ˈbɔːrɪk] *adj*: **~ acid** ácido *m* bórico.
boring [ˈbɔːrɪŋ] *adj (tedious)* aburrido/a, pesado/a; **she's so ~** es tan pesada *or* aburrida.
born [bɔːn] *adj* **(a)** nacido/a; **to be ~** nacer; *(fig: idea)* surgir, originarse; **I was ~ in 1955** nací en 1955; **to be ~ again** renacer, volver a nacer; **he wasn't ~ yesterday!** *(fam)* ¡no es nada tonto! **(b)** *(actor, leader)* nato/a; **he is a ~ liar** es mentiroso por naturaleza.
born-again [ˈbɔːnəˌgen] *adj* renacido/a, vuelto/a a nacer.
borne [bɔːn] *pp of* **bear**[2].
Borneo [ˈbɔːnɪəʊ] *n* Borneo *m*.
borough [ˈbʌrə] *n* municipio *m*; *(in London, New York)* distrito *m*.
borrow [ˈbɒrəʊ] *vt*: **to ~ (from)** pedir (prestado) (a); *(idea etc)* adoptar (de), apropiarse (a); *(word)* tomar (de).
borrower [ˈbɒrəʊəʳ] *n (of money)* prestatario/a *m/f*; *(in library)* usuario/a *m/f*.
borrowing [ˈbɒrəʊɪŋ] **1** *n* préstamo(s) *m(pl)*. **2** *cpd*: **~ power(s)** *n(pl)* capacidad *f* de endeudamiento.
borstal [ˈbɔːstl] *n* reformatorio *m* de menores.
Bosnia Herzegovina [ˈbɒznɪəˌhɜːtsəgəʊviːnə] *n* Bosnia Herzegovina *f*.
bosom [ˈbʊzəm] *n (of woman)* seno *m*, pecho *m*; **in the ~ of the family** *(fig)* en el seno de la familia; **~ friend** amigo íntimo *or* entrañable.
boss [bɒs] **1** *n (gen)* jefe/a *m/f*; *(owner, employer)* patrón/ona *m/f*; *(manager)* gerente *mf*; *(of gang)* cerebro *m*. **2** *vt (also* **~ about** *or* **around**) mangonear, dar órdenes a.
boss-eyed [ˌbɒsˈaɪd] *adj* bizco/a.
bossy [ˈbɒsɪ] *adj (comp* **-ier**; *superl* **-iest**) *(person)* mandón/ona.
botanic(al) [bəˈtænɪk(əl)] *adj (gardens)* botánico/a.
botanist [ˈbɒtənɪst] *n* botánico/a *m/f*, botanista *mf*.
botany [ˈbɒtənɪ] *n* botánica *f*.
botch [bɒtʃ] **1** *n (of job)* chapuza *f*. **2** *vt (fam: also* **~ up**) chafullar, arruinar.
both [bəʊθ] **1** *adj* ambos/as, los/las dos; **~ (the) boys** los dos *or* ambos chicos. **2** *pron* ambos/as *m/f*, los/las dos *m/f*; **they were ~ there, ~ of them were there** estaban allí los dos. **3** *adv* a la vez; **~ you and I saw it** lo vimos tanto tú como yo, lo vimos los dos; **she was ~ laughing and crying** reía y lloraba a la vez.
bother [ˈbɒðəʳ] **1** *n (nuisance)* molestia *f*, lata *f*; *(trouble)* dificultad *f*, aprieto *m*; **it isn't any ~** no es ninguna molestia; **he had a spot of ~ with the police** tuvo problemas con la policía.
2 *vt (worry)* preocupar; *(annoy)* molestar, fastidiar; **I'm sorry to ~ you** perdona la molestia; **don't ~ me!** ¡no me molestes!, ¡no fastidies!, ¡no me friegues *or (LAm fam)* embromes!; **I can't be ~ed** *(fam)* me da pereza, no tengo ganas, me da flojera *(LAm)*; **to get ~ed** desconcertarse, ponerse nervioso/a; **his leg ~s him** le duele *or* le molesta la pierna.
3 *vi (take trouble)* tomarse la molestia *(to do* de hacer); **to ~ about** molestarse por, preocuparse por; **don't ~** no te molestes, no te preocupes; **he didn't even ~ to write** ni siquiera se dignó escribir.
4 *interj* ¡porras!
bothersome [ˈbɒðəsəm] *adj* molesto/a.
Botswana [bʊˈtswɑːnə] *n* Botsuana *f*.
bottle [ˈbɒtl] **1** *n* **(a)** *(gen)* botella *f*; *(empty)* envase *m*; *(baby's)* biberón *m*; **to hit the ~** *(fam)* darse a la bebida. **(b)** *(fam: courage)*: **it takes a lot of ~ to ...** hay que tener mucho valor para ...; **to lose one's ~** *(fam)* rajarse *(fam)*. **2** *cpd*: **~ bank** *n* banco *m* de botellas; **~ party** *n* fiesta *f* al que cada invitado lleva su botella. **3** *vt (wine)* embotellar; *(fruit)* envasar, enfrascar.
► **bottle out** *vi + adv (fam)* rajarse *(fam)*; **they ~d out of doing it** se rajaron y no lo hicieron.
► **bottle up** *vt + adv (emotion)* reprimir, contener.
bottle-feed [ˈbɒtlˌfiːd] *vt* criar con biberón.
bottle-green [ˈbɒtlˈgriːn] *adj* verde botella.
bottleneck [ˈbɒtlnek] *n (on road)* embotellamiento *m*, atasco *m*; *(fig)* obstáculo *m*.
bottle-opener [ˈbɒtlˌəʊpnəʳ] *n* abrebotellas *m inv*, destapador *m (LAm)*.
bottom [ˈbɒtəm] **1** *n (gen: of box, cup, sea, river)* fondo *m*; *(of stairs, page, mountain, tree)* pie *m*; *(of list, class)* último/a *m/f*; *(of foot)* planta *f*; *(shoe)* suela *f*; *(of chair)* asiento *m*; *(of ship)* quilla *f*, casco *m*; *(of person)* culo *m*, trasero *m*; **at the ~ (of)** *(page, hill, ladder)* al pie (de); *(road)* al fondo (de); **on the ~ (of)** *(shoe, case etc: underside)* en la parte inferior (de), en el fondo (de); *(sea, lake etc)* en el fondo (de); **at ~** en el fondo; **from the ~ of my heart** de todo corazón; **the ~ has fallen out of the market** se han derrumbado los precios; **to get to the ~ of sth** *(fig)* llegar al fondo de algo; **he's at the ~ of it** *(fig)* él está detrás de esto; **~s up!** *(fam)* ¡salud!; *see* **false**.
2 *adj (lowest)* más bajo/a; *(last)* último/a; **~ drawer** ajuar *m*; **~ gear** primera *f* (marcha); **~ half** parte *f* de abajo, mitad *f* inferior; **~ line** *(minimum)* mínimo *m* aceptable; *(essential point)* punto *m* fundamental.
► **bottom out** *vi + adv (figures etc)* tocar fondo.
bottomless [ˈbɒtəmlɪs] *adj (fig: pit)* sin fondo, insondable; *(: supply)* interminable.
bottommost [ˈbɒtəmməʊst] *adj* último/a del fondo.
botulism [ˈbɒtjʊlɪzəm] *n* botulismo *m*.
boudoir [ˈbuːdwɑːʳ] *n* tocador *m*.
bouffant [ˈbuːfɔːŋ] *adj (hairdo)* crepado/a.
bough [baʊ] *n* rama *f*.
bought [bɔːt] *pt, pp of* **buy**.
boulder [ˈbəʊldəʳ] *n* canto *m* rodado.
boulevard [ˈbuːləvɑːʳ] *n* bulevar *m*, zócalo *m (Mex)*.
bounce [baʊns] **1** *n (of ball)* (re)bote *m*; *(springiness: of hair, mattress)* elasticidad *f*; *(fig)* **he's got plenty of ~** tiene mucha energía. **2** *vt (ball)* hacer (re)botar; *(fam: cheque)* rechazar. **3** *vi (ball)* (re)botar; *(fam: cheque)* ser rechazado; *(person)* dar saltos; **to ~ back, come bouncing back** recuperarse (de repente); **he ~d in** *(fig)* irrumpió alegremente; **he ~d up out of his chair** se levantó de la silla de un salto.
► **bounce back** *vi + adv (fig: person)* recuperarse.
bouncer [ˈbaʊnsəʳ] *n (fam)* gorila *m*, matón *m (LAm)*.
bouncing [ˈbaʊnsɪŋ] *adj*: **~ baby** niño/a *m/f* lustroso/a *or* sanote.
bouncy [ˈbaʊnsɪ] *adj (comp* **-ier**; *superl* **-iest**) *(ball)* de mucho rebote; *(hair)* con mucho cuerpo; *(mattress)* mullido/a; *(person)* enérgico/a, dinámico/a.
-bound [-baʊnd] *adj*: **to be London~** ir rumbo a Londres; **the south~ carriageway** la autopista dirección sur.
bound[1] [baʊnd] **1** *n*: **~s** *(limits)* límite *m*; **out of ~s** zona *f* prohibida; **it is within the ~s of possibility** cabe dentro de lo posible; **his ambition knows no ~s** su ambición no tiene límite. **2** *vt (gen passive)* limitar, rodear.
bound[2] [baʊnd] **1** *n (jump)* salto *m*, brinco *m*; **in one ~** de un salto. **2** *vi (person, animal)* saltar, brincar *(esp LAm)*; *(ball)* (re)botar; **he ~ed out of bed** salió de la cama de un salto; **his heart ~ed with joy** *(fig)* su corazón daba brincos de alegría.
bound[3] [baʊnd] **1** *pt, pp of* **bind**. **2** *adj* **(a)** *(prisoner)* atado; **~ hand and foot** atado de pies y manos; *(fig)* **he's ~ up in his work** está muy entregado a su trabajo; **to be ~ up with sth** estar estrechamente ligado a algo. **(b) to be ~ to** *(sure)* estar seguro de, ser seguro que; **it's ~ to happen** tiene forzosamente que ocurrir. **(c)** *(obliged)* obligado/a; **he's ~ to do it** tiene que hacerlo; **I'm ~ to say that ...** me siento obligado a decir que ..., siento el deber de decir que ...; *see* **honour**.
bound[4] [baʊnd] *adj*: **~ for** *(train, person)* con destino a; *(ship, plane)* con rumbo a; **he's ~ for London** se dirige a

Londres; **California** ~ con destino a California, hacia California; *see* **homeward**.
boundary ['baʊndərɪ] *n* límite *m*.
bounder ['baʊndəʳ] *n* (*esp Brit fam*) sinvergüenza *m*, granuja *m*.
boundless ['baʊndlɪs] *adj* (*fig*) ilimitado/a, sin límite.
bountiful ['baʊntɪfʊl] *adj* (*person*) liberal, generoso/a; (*supply*) abundante.
bounty ['baʊntɪ] **1** *n* (*generosity*) generosidad *f*, liberalidad *f*; (*reward*) prima *f*. **2** *cpd*: ~ **hunter** *n* cazarecompensas *m inv*.
bouquet ['bʊkeɪ] *n* (*of flowers*) ramo *m*, ramillete *m*.
bourbon ['bʊəbən] **1** *n* Borbón *m*; (*US: also* ~ **whiskey**) whisky *m* americano, bourbon *m*. **2** *adj* borbónico/a.
bourgeois ['bʊəʒwɑː] *adj, n* (*gen pej*) burgués/esa *m/f*.
bourgeoisie [ˌbʊəʒwɑː'ziː] *n* burguesía *f*.
bout [baʊt] *n* (**a**) (*of illness*) ataque *m*; (*period: of work*) turno *m*, tanda *f*. (**b**) (*boxing match*) combate *m*, encuentro *m*.
boutique [buː'tiːk] *n* boutique *f*, tienda *f* de ropa.
bow[1] [bəʊ] **1** *n* (**a**) (*weapon, Mus*) arco *m*. (**b**) (*knot*) lazo *m*. **2** *cpd*: ~ **tie** *n* pajarita *f*.
bow[2] [baʊ] **1** *n* reverencia *f*; **to take a** ~ salir a recibir aplausos, salir a saludar. **2** *vt* (**a**) (*lower: head*) inclinar, bajar. (**b**) (*bend: back*) encorvar, doblar; (*: branches*) inclinar, doblar. **3** *vi*: **to** ~ **(to)** hacer una reverencia (a); (*fig: yield*) inclinarse *or* ceder (ante); **to** ~ **to the inevitable** resignarse a lo inevitable.
▸ **bow out** *vi + adv* (*fig*) retirarse, despedirse.
bow[3] [baʊ] *n* (*Naut: also* ~**s**) proa *f*; **on the port/starboard** ~ a babor *m*/estribor *m*.
bowdlerize ['baʊdləraɪz] *vt* (*book*) expurgar.
bowel ['baʊəl] *n* intestino *m*; ~**s** intestinos, vientre *msg*; **the** ~**s of the earth/ship** (*fig*) las entrañas de la tierra/del barco.
bower ['baʊəʳ] *n* emparrado *m*, enramada *f*.
bowl[1] [bəʊl] *n* (**a**) (*large cup*) tazón *m*, taza *f*; (*dish: for soup*) plato *m* sopero; (*: for washing up*) palangana *f*, barreño *m*; (*: for salad*) fuente *f*, ensaladera *f*; (*amount*) plato; (*hollow: of lavatory*) taza; (*: of spoon*) cuenco *m*; (*: of pipe*) cazoleta *f*. (**b**) (*US: stadium*) estadio *m*.
bowl[2] [bəʊl] **1** *n* (*ball*) bola *f*, bocha *f*; ~**s** (*game: Brit*) bolos *mpl*, bochas *fpl*; (*: US*) boliche *m*. **2** *vt* (*ball: esp in cricket*) tirar, lanzar. **3** *vi*: **to go** ~**ing** jugar a las bochas *or* al boliche.
▸ **bowl over** *vt + adv* tumbar, derribar; (*fig*) **the news** ~**ed him over** la noticia le desconcertó.
bow-legged ['bəʊˌlegɪd] *adj* (*person*) estevado/a, que tiene las piernas en arco.
bowler ['bəʊləʳ] *n* (**a**) (*in cricket*) lanzador *m*; (*US Sport*) jugador(a) *m/f* de bolos. (**b**) (*Brit: also* ~ **hat**) bombín *m*, sombrero hongo *m*.
bowling ['bəʊlɪŋ] **1** *n* (**a**) (*also* **tenpin** ~) bolos *mpl*, boliche *m*. (**b**) (*in cricket*) lanzamiento *m*. **2** *cpd*: ~ **alley** *n* bolera *f*; ~ **green** *n* campo *m* de bochas.
box[1] [bɒks] **1** *n* (**a**) (*gen*) caja *f*; (*large*) cajón *m*; (*chest etc*) arca *f*, cofre *m*; (*for money etc*) hucha *f*; (*for jewels etc*) estuche *m*; **cardboard** ~ caja de cartón; ~ **of matches** caja de cerillas. (**b**) (*in theatre, stadium*) palco *m*. **2** *cpd*: ~ **number** *n* apartado *m*, casilla *f* (de correo) (*LAm*); ~ **office** *n* taquilla *f*, boletería *f* (*LAm*).
▸ **box in** *vt + adv* (*car*) encajonar; (*bath*) tapar *or* cerrar con madera; **to feel** ~**ed in** sentirse encerrado.
box[2] [bɒks] **1** *n*: **a** ~ **on the ear** un cachete *m*. **2** *vt*: **to** ~ **sb's ears** dar un cachete *or* bofetear a algn. **3** *vi* boxear.
boxcar ['bɒksˌkɑːʳ] *n* (*US*) furgón *m*.
boxer ['bɒksəʳ] **1** *n* boxeador *m*; (*dog*) bóxer *mf*. **2** *cpd*: ~ **shorts** *npl* calzones *mpl*.
boxing ['bɒksɪŋ] **1** *n* boxeo *m*, box *m* (*LAm*). **2** *cpd*: **B**~ **Day** *n* (*Brit*) día *m* de San Esteban (26 de diciembre); ~ **gloves** *npl* guantes *mpl* de boxeo; ~ **match** *n* encuentro *m* de boxeo *or* (*LAm*) box; ~ **ring** *n* cuadrilátero *m*, ring *m*.
boxroom ['bɒksrʊm] *n* (*Brit*) trastero *m*.
boy [bɔɪ] *n* (*small*) niño *m*; (*young man*) muchacho *m*, chico *m*, joven *m* (*LAm*), lolo *m* (*Chi fam*); (*son*) hijo *m*; (*fam: fellow*) chico, hijo; ~**s will be** ~**s** ¡los hombres ya se sabe!, ¡son como niños!; **he's out with the** ~‿ salió con los amigos; **oh** ~! ¡vaya!, ¡caray!; *see* **old 3**.
boycott ['bɔɪkɒt] **1** *n* boicoteo *m*, boicot *m*. **2** *vt* (*firm, country*) boicotear.
boyfriend ['bɔɪfrend] *n* amigo *m*; (*fiancé etc*) novio *m*, pololo *m* (*Chi*).
boyhood ['bɔɪhʊd] *n* juventud *f*; (*as teenager*) adolescencia *f*.
boyish ['bɔɪɪʃ] *adj* (*appearance, manner*) juvenil.
BP *n abbr of* **British Petroleum**.
Bp *abbr of* **Bishop** ob.[po].
B/P, b/p *abbr* (*Comm*) *of* **bills payable**.
BPS *n abbr* (*Comput*) *of* **bits per second**.
B/R *abbr of* **bills receivable**.
BR *n abbr of* **British Rail** *ferrocarriles británicos*.
Br *abbr* (**a**) *of* **Brother** H., Hno. (**b**) *of* **British**.
bra [brɑː] *n* sostén *m*, sujetador *m*, corpiño *m* (*LAm*).
brace [breɪs] **1** *n* (**a**) (*Constr: strengthening piece*) abrazadera *f*, refuerzo *m*; (*dental*) corrector *m*, corrector *m*; (*tool*) berbiquí *m*; ~**s** (*Brit*) tirantes *mpl*, suspensores *mpl* (*LAm*); (*US: for teeth*) corrector *msg*; ~ **and bit** berbiquí y barrena. (**b**) (*pl inv: pair*) par *m*. **2** *vt* (*strengthen: building*) asegurar, reforzar; **to** ~ **o.s. for** prepararse para; **to** ~ **o.s. against** agarrarse a.
bracelet ['breɪslɪt] *n* pulsera *f*, brazalete *m*, pulso *m* (*LAm*).
bracing ['breɪsɪŋ] *adj* (*air*) tónico/a.
bracken ['brækən] *n* helecho *m*.
bracket ['brækɪt] **1** *n* (**a**) (*gen*) soporte *m*; (*support*) escuadra *f*. (**b**) (*in typing etc: usu pl: round*) paréntesis *mpl*; (*square*) corchetes *mpl*; **in** ~**s** entre paréntesis. (**c**) (*group*) clase *f*, categoría *f*; **income** ~ nivel *m* económico. **2** *vt* (*Typing*) poner entre paréntesis *or* corchetes; (*fig: also* ~ **together**) agrupar, poner juntos.
brackish ['brækɪʃ] *adj* (*water*) salobre.
brag [bræg] **1** *vi* fanfarronear, jactarse. **2** *n* fanfarronada *f*, bravata *f*.
braid [breɪd] **1** *n* (*on dress, uniform*) galón *m*; (*of hair*) trenza *f*. **2** *vt* (*hair*) trenzar, hacer trenzas en; (*material*) galonear.
Braille [breɪl] **1** *n* Braille *m*. **2** *cpd*: ~ **library** *n* biblioteca *f* Braille.
brain [breɪn] **1** *n* (**a**) (*Anat*) cerebro *m*; (*Culin*) ~**s** sesos *mpl*; **to blow one's** ~**s out** volarse la tapa de los sesos; **he's got that on the** ~ lo tiene metido en la cabeza. (**b**) (*fig fam: intelligence*) ~**s** inteligencia *f*, cabeza *f*; **he's got** ~**s** es muy listo; **he's the** ~**s of the family** es el listo de la familia; *see* **pick 2(c)**; **rack**[1]. **2** *vt* (*fam*) romper la crisma a. **3** *cpd*: ~ **tumour,** (*US*) ~ **tumor** *n* tumor *m* cerebral.
brainchild ['breɪntʃaɪld] *n* parto *m* del ingenio.
brain-dead ['breɪnˌded] *adj* (*Med*) clínicamente muerto/a; (*fam*) subnormal (*fam*), tarado/a (*fam*).
brainless ['breɪnlɪs] *adj* estúpido/a, tonto/a.
brainstorm ['breɪnstɔːm] *n* (**a**) (*fig*) ataque *m* de locura, frenesí *m*. (**b**) (*US*) = **brainwave**.
brainwash ['breɪnwɒʃ] *vt* lavar el cerebro a; **to** ~ **sb into doing sth** (*fig*) convencer a algn de hacer algo.
brainwashing ['breɪnˌwɒʃɪŋ] *n* lavado *m* de cerebro.
brainwave ['breɪnweɪv] *n* (*fam*) idea *f* luminosa, gran idea.
brainy ['breɪnɪ] *adj* (*comp* **-ier**; *superl* **-iest**) (*fam*) inteligente, listo/a.
braise [breɪz] *vt* (*Culin*) cocer a fuego lento.
brake [breɪk] **1** *n* freno *m*; **to put the** ~**s on** (*Aut*) frenar; (*fig*) poner freno a. **2** *vi* frenar. **3** *cpd*: ~ **fluid** *n* líquido *m* de frenos; ~ **horsepower** *n* potencia *f* al freno; ~ **light** *n* luz *f* de freno; ~ **pedal** *n* pedal *m* de freno.
braking ['breɪkɪŋ] **1** *n* frenar *m*. **2** *cpd*: ~ **distance** *n* dis-

tancia *f* de parada; ~ **power** *n* potencia *f* de freno.
bramble ['bræmbl] *n* zarza *f*.
bran [bræn] *n* salvado *m*.
branch [brɑːntʃ] **1** *n* (*gen*) rama *f*; (*Comm: of company, bank*) sucursal *f*, ramo *m*; (*in road, railway, pipe*) ramal *m*; (*of river*) brazo *m*. **2** *vi* (*road etc: also* ~ **off**) bifurcarse; **we ~ed off before reaching Madrid** salimos de la carretera antes de llegar a Madrid. **3** *cpd*: ~ **line** *n* ramal *m*, línea *f* secundaria; ~ **manager** *n* director(a) *m/f* de sucursal; ~ **office** *n* sucursal *f*.
▸ **branch out** *vi + adv* extenderse.
brand [brænd] **1** *n* (**a**) (*Comm*) marca *f* (de fábrica). (**b**) (*Agr*) marca *f*; (*: iron*) hierro *m* de marcar. **2** *vt* (*cattle*) marcar (con hierro candente); (*fig*) marcar; (*memory*) grabar; **to be ~ed as a liar** ser tildado de mentiroso. **3** *cpd*: ~ **name** *n* nombre *m* de marca.
brandish ['brændɪʃ] *vt* (*weapon*) blandir.
brand-new ['brænd'njuː] *adj* salido/a de fábrica.
brandy ['brændɪ] *n* coñac *m*, brandy *m*.
brash [bræʃ] *adj* (*comp* **~er**; *superl* **~est**) (**a**) (*impudent*) descarado/a, indiscreto/a. (**b**) (*crude: colour*) chillón/ona; (*: taste*) vulgar.
Brasilia [brə'zɪljə] *n* Brasilia *f*.
brass [brɑːs] **1** *n* latón *m*; **the** ~ (*Mus*) los cobres; (*Mil*) los jefazos; **to clean the ~es** pulir los bronces; **to be as bold as** ~ tener mucha cara. **2** *adj* (*made of* ~) (hecho/a) de latón; **to get down to ~ tacks** (*fam*) ir al grano. **3** *cpd*: ~ **band** *n* banda *f* de metal; ~ **knuckles** *npl* (*US*) nudilleras *fpl*.
brassiere ['bræsɪəʳ] *n* sujetador *m*, sostén *m*.
brassy ['brɑːsɪ] *adj* (*comp* **-ier**; *superl* **-iest**) (*harsh*) estridente; (*metallic*) metálico/a.
brat ['bræt] *n* (*fam, pej*) mocoso/a *m/f*.
bravado [brə'vɑːdəʊ] *n* envalentonamiento *m*, machada *f*.
brave [breɪv] **1** *adj* (*comp* **~r**; *superl* **~st**) (*person, deed*) valiente, valeroso/a. **2** *n* (*Indian*) guerrero *m* indio. **3** *vt* (*weather*) afrontar, hacer frente a; (*death etc*) desafiar.
▸ **brave out** *vt + adv*: **to ~ it out** afrontar *or* aguantar la situación.
bravery ['breɪvərɪ] *n* valentía *f*, valor *m*.
bravo ['brɑː'vəʊ] *interj* ¡bravo!, ¡olé!
brawl [brɔːl] **1** *n* pelea *f*, reyerta *f*. **2** *vi* pelear, pegarse.
brawn [brɔːn] *n* (*strength*) fuerza *f* muscular.
brawny ['brɔːnɪ] *adj* fornido/a.
bray [breɪ] **1** *n* (*of ass*) rebuzno *m*. **2** *vi* rebuznar.
brazen ['breɪzn] **1** *adj* descarado/a. **2** *vt*: **to ~ it out** echarle cara (a la situación).
brazier ['breɪzɪəʳ] *n* brasero *m*.
Brazil [brə'zɪl] **1** *n* (el) Brasil. **2** *cpd*: ~ **nut** *n* nuez *f* del Brasil.
Brazilian [brə'zɪlɪən] *adj, n* brasileño/a *m/f*.
breach [briːtʃ] **1** *n* (**a**) (*violation: of law etc*) violación *f*, infracción *f*; ~ **of confidence** *or* **faith** abuso *m* de confianza; ~ **of contract** incumplimiento *m* de contrato; ~ **of the peace** perturbación *f* del orden público. (**b**) (*gap: in wall, Mil*) brecha *f*. (**c**) (*estrangement*) ruptura *f*. **2** *vt* (*defences*) abrir brecha en.
bread [bred] *n* (**a**) pan *m*; **white/brown/rye/wholemeal** ~ pan blanco/integral *or* moreno/de centeno/integral; **to earn one's daily** ~ ganarse el pan; **the ~ and wine** (*Rel*) el pan y el vino; **to know which side one's ~ is buttered on** saber dónde aprieta el zapato; **to take the ~ out of sb's mouth** quitar el pan de la boca de algn; ~ **and butter** (*fam: living*) pan de cada día. (**b**) (*fam: money*) pasta *f* (*fam*), lana *f* (*LAm fam!*).
breadbasket ['bred,bɑːskɪt] *n* cesto *m* para el pan.
breadbin ['bredbɪn] *n* panera *f*.
breadboard ['bredbɔːd] *n* tabla *f* para cortar el pan; (*Comput*) circuito *m* experimental.
breadbox ['bredbɒks] *n* (*US*) = **breadbin**.
breadcrumb ['bredkrʌm] *n* miga *f*, migaja *f*; **~s** (*Culin*) pan *m* rallado; **fish in ~s** pescado *m* empanado.
breaded ['bredɪd] *adj* empanado/a.
breadfruit ['bredfruːt] *n* fruto *m* del pan; ~ **tree** árbol *m* del pan.
breadknife ['brednaɪf] *n* (*pl* **-knives**) cuchillo *m* para cortar el pan.
breadline ['bredlaɪn] *n*: **on the** ~ en la miseria.
breadth [bretθ] *n* (*width*) anchura *f*; (*fig*) amplitud *f*, alcance *m*; **to be 2 metres in** ~ tener 2 metros de ancho.
breadwinner ['bred,wɪnəʳ] *n* sostén *mf* de la familia.
break [breɪk] (*vb: pt* **broke**; *pp* **broken**) **1** *n* (**a**) (*gen*) ruptura *f*, rotura *f*; (*in bone*) fractura *f*; (*gap: in wall etc*) abertura *f*; (*Elec: in circuit*) corte *m*; (*fig: in relationship*) ruptura; **with a ~ in her voice** con la voz entrecortada; **a ~ in the clouds** un claro entre las nubes; **at ~ of day** al amanecer; **to make a ~ for it** (*fam*) tratar de evadirse; **a ~ in the weather** un cambio del tiempo.

(**b**) (*pause: in conversation*) interrupción *f*; (*: in journey*) descanso *m*; (*: stop*) parada *f*; (*holiday*) vacaciones *fpl*; (*rest*) decanso; (*tea* ~) descanso para tomar el té, once(s) *f(pl)* (*LAm*); (*Scol*) recreo *m*; **without a** ~ sin descanso *or* descansar; **to give sb a** ~ (*chance*) dar una oportunidad a algn; **to have** *or* **take a** ~ descansar.

(**c**) (*fam: chance*) oportunidad *f*, chance *m* (*LAm*); **lucky** ~ golpe *m* de suerte, racha *f* de buena suerte; **give me a ~!** ¡dame un respiro!, ¡déme chance! (*LAm*); (*impatient*) ¡déjame, anda!

2 *vt* (**a**) (*smash: glass etc*) romper, quebrar (*LAm*); (*surpass: record*) batir, superar; **to ~ one's back** quebrarse *or* romperse la espalda; **to ~ ranks** romper filas; **to ~ surface** (*submarine, diver*) emerger, salir a la superficie; **to ~ sb's heart** (*fig*) romperle *or* partirle el corazón a algn; **to ~ the ice** (*fig*) romper el hielo.

(**b**) (*fail to observe: law, rule*) violar, quebrantar; **he broke his word/promise** faltó a su palabra/promesa; **to ~ a date** faltar a una cita.

(**c**) (*weaken, destroy: resistance, spirits*) quebrantar, quebrar (*LAm*); (*: health*) quebrantar; (*: strike*) romper, quebrar (*LAm*); (*: habit*) perder, deshabituarse (de); **to ~ sb of a habit** quitarle una costumbre a algn; **to ~ sb** (*financially*) arruinar a algn.

(**d**) (*interrupt: silence, spell*) romper; (*: journey*) interrumpir; (*: electrical circuit*) cortar; (*soften: force*) mitigar, contener; (*: fall*) amortiguar.

(**e**) (*disclose: news*) comunicar.

3 *vi* (**a**) (*smash: window, glass*) romperse, quebrarse; (*: into pieces*) hacerse pedazos; (*be fractured: twig, chair*) romperse, partirse; (*: limb*) fracturarse; (*wave*) romper; (*fig: heart*) romperse, partirse; **to ~ even** salir sin ganar ni perder, cubrir los gastos; **let's ~ for lunch** vamos a hacer un descanso para ir a comer; **to ~ with sb** (*fig fam*) romper con algn.

(**b**) (*arrive: dawn, day*) apuntar, rayar, romper; (*: news*) darse a conocer; (*: storm*) estallar.

(**c**) (*give way: health, spirits*) quebrantarse; (*weather*) cambiar; (*boy's voice*) mudarse.
▸ **break away** *vi + adv* desprenderse, separarse; (*Ftbl etc*) escapar, despegarse.
▸ **break down 1** *vt + adv* (**a**) (*destroy: door etc*) echar abajo, derribar; (*: resistance*) vencer, acabar con; (*: suspicion*) disipar.

(**b**) (*analyse: figures*) analizar, desglosar; (*: substance*) descomponer, separar.

2 *vi + adv* (*machine*) estropearse, malograrse (*Per*), descomponerse (*LAm*); (*Aut*) averiarse, descomponerse (*LAm*); (*person: under pressure*) derrumbarse; (*: from emotion*) romper *or* echarse a llorar; (*health*) quebrantarse; (*talks etc*) fracasar.
▸ **break in 1** *vt + adv* (**a**) (*door*) forzar, echar abajo. (**b**) (*train: horse*) domar, amansar; (*: recruit*) acostumbrar (a), habituar (a). (**c**) (*shoes*) domar, acostumbrarse a. **2** *vi + adv* (**a**) (*burglar*) forzar la entrada, irrumpir. (**b**) (*interrupt: on conversation*) interrumpir, cortar.

► **break into** *vi + prep* **(a)** *(house)* entrar a robar en, allanar; *(safe)* forzar. **(b)** *(begin suddenly)* echar a, romper a.

► **break off 1** *vt + adv* *(piece etc)* partir; *(engagement, talks)* romper. **2** *vi + adv* **(a)** *(twig etc)* desprenderse. **(b)** *(stop)* interrumpirse, pararse.

► **break out** *vi + adv* **(a)** *(prisoners)* evadirse. **(b)** *(war, epidemic)* estallar; *(fighting, discussion)* desencadenarse; *(argument)* producirse; **he broke out in spots** le salieron granos.

► **break through 1** *vi + adv* *(sun)* salir. **2** *vi + prep* *(defences, barrier, crowd)* abrirse paso por, atravesar.

► **break up 1** *vt + adv* *(rocks etc)* hacer pedazos, deshacer; *(crowd)* dispersar, disolver; *(fight)* intervenir en. **2** *vi + adv* **(a)** *(ship)* hacerse pedazos; *(ice)* disolverse. **(b)** *(partnership)* deshacerse, disolverse; *(crowd, clouds)* dispersarse; **they broke up after 10 years of marriage** se separaron después de 10 años de matrimonio; **the school ~s up tomorrow** el curso termina mañana.

► **break with** *vi + prep* romper con.

breakable ['breɪkəbl] **1** *adj* *(brittle)* quebradizo/a; *(fragile)* frágil. **2** *n*: **~s** cosas *fpl* frágiles.

breakage ['breɪkɪdʒ] *n* *(act of breaking)* rotura *f*; *(thing broken)* destrozo *m*.

breakaway ['breɪkəweɪ] **1** *adj* *(group etc)* disidente. **2** *n* *(Sport)* escapada *f*.

break-dancing ['breɪk,dɑːnsɪŋ] *n* break *m*.

breakdown ['breɪkdaʊn] **1** *n* **(a)** *(failure)* fallo *m*, fracaso *m*; *(of talks)* ruptura *f*; *(Med)* colapso *m*, crisis *f* nerviosa; *(Aut, machines)* avería *f*. **(b)** *(of numbers etc)* análisis *m*, desglose *m*; *(Chem)* descomposición *f*. **2** *cpd*: **~ service** *n* asistencia *f* en la carretera; **~ truck, ~ van** *n* *(Brit Aut)* (camión *m*) grúa *f*.

breaker ['breɪkəʳ] *n* *(wave)* ola *f* grande.

breakeven [,breɪk'iːvən] *adj*: **~ point** punto *m* de indiferencia.

breakfast ['brekfəst] **1** *n* desayuno *m*. **2** *vi* desayunar. **3** *cpd*: **~ cereal** *n* cereales *mpl* para el desayuno; **~ time** *n* hora *f* del desayuno; **~ TV** *n* tele(visión) *f* matinal.

break-in ['breɪk,ɪn] *n* robo *m* con allanamiento de morada.

breaking ['breɪkɪŋ] **1** *n*: **~ and entering** *(Jur)* violación *f* de domicilio, allanamiento *m* de morada. **2** *adj*: **~ point** punto *m* de máxima tensión tolerable; *(fig: of person)* límite *m*.

breakneck ['breɪknek] *adj*: **at ~ speed** a mata caballo, a una velocidad vertiginosa.

break-out ['breɪkaʊt] *n* evasión *f*, fuga *f*.

breakthrough ['breɪkθruː] *n* *(in research etc)* adelanto *m*, progreso *m*; *(Mil)* avance *m*.

break-up ['breɪkʌp] *n* *(of partnership)* disolución *f*; *(of partners etc)* separación *f*.

breakwater ['breɪk,wɔːtəʳ] *n* rompeolas *m inv*.

breast [brest] **1** *n* *(chest)* pecho *m*; *(of woman)* pecho, seno *m*; *(Culin)* pechuga *f*; **to make a clean ~ of it** *(fig)* confesarlo todo, descargar la conciencia. **2** *vt* *(waves)* hacer cara a, arrostrar; *(finishing tape)* romper la cinta de meta con el pecho. **3** *cpd*: **~ pocket** *n* bolsillo *m* de pecho.

breastbone ['brestbəʊn] *n* esternón *m*.

breast-fed ['brestfed] *adj* criado/a a pecho.

breast-feed ['brestfiːd] *(pt, pp* **breast-fed**) *vt* amamantar, criar a los pechos.

breaststroke ['breststrəʊk] *n* braza *f* de pecho; **to swim** *or* **do the ~** nadar a la braza.

breath [breθ] *n* aliento *m*; *(act of breathing)* respiración *f*; *(fig: of wind etc)* soplo *m*; **bad ~** mal aliento; **a ~ of scandal** *(fig)* un rumor de escándalo; **in the same ~** al mismo tiempo; **out of ~** sin aliento, jadeante; **to get one's ~ back** recobrar el aliento; **under one's ~** en voz baja; **to go out for a ~ of air** salir a tomar el fresco; **to hold one's ~** contener la respiración; **to take a deep ~** respirar a fondo *or* profundamente; **it took my ~ away** me dejó pasmado.

breathalyse, *(US)* **breathalyze** ['breθəlaɪz] *vt* someter a la prueba del alcoholímetro *or* del alcohol.

Breathalyser, *(US)* **Breathalyzer** ® ['breθəlaɪzəʳ] *n* alcoholímetro *m*; **~ test** prueba *f* de alcoholemia.

breathe [briːð] **1** *vt* *(air)* respirar; **to ~ a sigh** suspirar, dar un suspiro; **he ~d alcohol all over me** cuando respiró, apestaba su aliento a alcohol; **I won't ~ a word** no diré nada *or* palabra; **to ~ new life into sth** *(fig)* dar nuevos ánimos a algo. **2** *vi* respirar; **now we can ~ again** *(fig)* ahora sí podemos respirar tranquilos.

► **breathe in** *vt + adv, vi + adv* aspirar.

► **breathe out** *vt + adv, vi + adv* espirar.

breather ['briːðəʳ] *n* *(fam: short rest)* respiro *m*; **take a ~** toma descanso.

breathing ['briːðɪŋ] *n* respiración *f*; **~ space** *(fig)* respiro *m*, pausa *f*.

breathless ['breθlɪs] *adj* *(exhausted)* jadeante; *(with excitement)* pasmado/a; **a ~ silence** un silencio intenso.

breathlessness ['breθlɪsnɪs] *n* falta *f* de aliento, dificultad *f* respiratoria.

breath-taking ['breθ,teɪkɪŋ] *adj* *(sight)* imponente, pasmoso/a.

bred [bred] *pt, pp of* **breed**.

-bred *adj suf* criado/a, educado/a; **well~** bien educado, formal.

breech [briːtʃ] *n* *(of gun)* recámara *f*.

breeches ['briːtʃɪz] *npl* calzones *mpl*; **riding ~** pantalones *mpl* de montar.

breed [briːd] *(vb: pt, pp* **bred**) **1** *n* *(lit, fig)* raza *f*, estirpe *f*. **2** *vt* criar; *(fig: hate, suspicion)* crear, engendrar. **3** *vi* *(animals)* reproducirse, procrear.

breeder ['briːdəʳ] *n* **(a)** *(person)* criador(a) *m/f*. **(b)** *(Phys: also* **~ reactor**) reactor *m*.

breeding ['briːdɪŋ] **1** *n* *(of stock)* cría *f*; *(of person: also good ~)* educación *f*, crianza *f*. **2** *cpd*: **~-ground** *n* tierra *f* de cría; *(fig)* caldo *m* de cultivo.

breeze [briːz] **1** *n* brisa *f*. **2** *vi*: **to ~ in** entrar como si nada.

breeze-block ['briːzblɒk] *n* *(Brit)* bovedilla *f*.

breezily ['briːzɪlɪ] *adv* jovialmente, despreocupadamente.

breezy ['briːzɪ] *adj* *(comp* **-ier**; *superl* **-iest**) *(day, weather)* ventoso/a; *(spot)* desprotegido/a del viento; *(person's manner)* animado/a, jovial.

Bren [bren] *n*: **~ gun** fusil *m* ametrallador.

Breton ['bretən] **1** *adj* bretón/ona. **2** *n* bretón/ona *m/f*; *(Ling)* bretón *m*.

breve [briːv] *n* *(Mus, Typ)* breve *f*.

breviary ['briːvɪərɪ] *n* *(Rel)* breviario *m*.

brevity ['brevɪtɪ] *n* *(shortness)* brevedad *f*; *(conciseness)* concisión *f*.

brew [bruː] **1** *n* *(of beer)* elaboración *f*; *(of tea, herbs)* infusión *f*. **2** *vt* *(beer)* elaborar; *(tea)* hacer, preparar; *(fig: scheme, mischief)* tramar. **3** *vi* *(beer)* elaborarse; *(tea)* hacerse; *(fig: storm)* amenazar; *(: plot)* tramarse; **there's trouble ~ing** algo se está tramando.

brewer ['bruːəʳ] *n* cervecero *m*.

brewery ['bruːərɪ] *n* fábrica *f* de cerveza, cervecería *f*.

briar ['braɪəʳ] *n* **(a)** *(thorny bush)* zarza *f*. **(b)** *(wild rose)* escaramujo *m*, rosa *f* silvestre.

bribe [braɪb] **1** *n* soborno *m*, mordida *f (CAm, Mex)*, coima *f (And, CSur)*. **2** *vt* sobornar.

bribery ['braɪbərɪ] *n* soborno *m*, mordida *f (CAm, Mex)*, coima *f (And, CSur)*.

bric-a-brac ['brɪkəbræk] *n* *(no pl)* baratijas *fpl*.

brick [brɪk] *n* ladrillo *m*, tabique *m (Mex)*; *(toy)* **~s** cubos *mpl*; **he came down on me like a ton of ~s** *(fig)* me echó una bronca fenomenal; *(fam)*; **to drop a ~** meter la pata *(fam)* tirarse una plancha *(Sp fam)*; **to beat one's head against a ~ wall** esforzarse en balde.

► **brick in, brick up** *vt + adv* *(window etc)* tapar con ladrillos *or (Mex)* tabiques.

brickie ['brɪkɪ] *n (fam)* albañil *mf.*
bricklayer ['brɪkleɪəʳ] *n* albañil *mf.*
brickwork ['brɪkwɜ:k] *n* enladrillado *m*, ladrillos *mpl.*
bridal ['braɪdl] *adj* nupcial.
bride [braɪd] *n* novia *f*; **the ~ and groom** los novios.
bridegroom ['braɪdgrʊm] *n* novio *m.*
bridesmaid ['braɪdzmeɪd] *n* dama *f* de honor.
bridge¹ [brɪdʒ] **1** *n (gen)* puente *m*; *(Naut)* puente de mando; *(of nose)* caballete *m*; **to burn one's ~s** quemar las naves; **we'll cross that ~ when we come to it** nos enfrentaremos con ese problema en su momento. **2** *vt* tender un puente sobre; **to ~ a gap** *(fig)* llenar un vacío.
bridge² [brɪdʒ] *n (Cards)* bridge *m.*
bridgehead ['brɪdʒhed] *n (Mil)* cabeza *f* de puente.
bridging-loan ['brɪdʒɪŋ,ləʊn] *n* crédito *m* puente.
bridle ['braɪdl] **1** *n* brida *f*, freno *m*. **2** *vt* frenar, detener. **3** *vi* picarse, ofenderse *(at* por). **4** *cpd*: ~ **path** *n* camino *m* de herradura.
brief [bri:f] **1** *adj (comp* ~**er**; *superl* ~**est**) *(short: visit, period)* breve, corto/a; *(fleeting: glimpse, moment)* breve, fugaz; *(concise: speech etc)* conciso/a; **please be ~** sea breve, por favor; **in ~** en resumen. **2** *n* **(a)** *(Jur)* escrito *m*. **(b)** ~**s** *(man's)* calzoncillos *mpl*, slip *m*; *(woman's)* bragas *fpl*. **3** *vt (Jur, Mil)* dar instrucciones a.
briefcase ['bri:fkeɪs] *n* cartera *f*, portafolio(s) *m inv.*
briefing ['bri:fɪŋ] *n (meeting)* sesión *f* informativa; *(written)* informe *m.*
briefly ['bri:flɪ] *adv (speak, reply)* brevemente, en pocas palabras.
brier ['braɪəʳ] *n* = **briar**.
Brig. *abbr of* **Brigadier**.
brigade [brɪ'geɪd] *n* brigada *f.*
brigadier [,brɪgə'dɪəʳ] *n* general *m* de brigada.
bright [braɪt] *adj (comp* ~**er**; *superl* ~**est**) **(a)** *(gen)* claro/a; *(sunny: day)* de sol; *(light, sun, reflection)* brillante, luminoso/a; *(surface)* resplandeciente; *(colour)* fuerte, vivo/a; ~ **intervals** *(Met)* claros *mpl*; ~ **red** rojo fuerte. **(b)** *(cheerful: person)* alegre, animado/a; *(: expression)* radiante, feliz; *(: future)* prometedor(a); ~ **and early** tempranito; **as ~ as a button** más listo/a que el hambre. **(c)** *(clever: person)* listo/a, inteligente; *(: idea)* luminoso/a.
brighten ['braɪtn] **1** *vt (also* ~ **up) (a)** aclarar; *(TV)* dar brillo. **(b)** *(house)* alegrar, llenar de color; *(situation)* mejorar. **2** *vi (also* ~ **up**: *person)* animarse, alegrarse; *(eyes)* iluminarse, brillar; *(weather)* despejarse.
brightly ['braɪtlɪ] *adv (smile)* alegremente, con ánimo; *(shine)* brillantemente.
brightness ['braɪtnɪs] **1** *n (see adj)* **(a)** claridad *f*; luminosidad *f*; resplandor *m*. **(b)** alegría *f*, ánimo *m*; felicidad *f*; promesa *f*. **(c)** inteligencia *f*. **2** *cpd*: ~ **control** *n* botón *m* de ajuste del brillo.
brill¹ [brɪl] *n* rodaballo *m* menor.
brill² [brɪl] *adj (fam)* guay *(fam).*
brilliance ['brɪljəns] *n (of light, colour)* brillo *m*, brillantez *f*; *(fig: of person)* inteligencia *f.*
brilliant ['brɪljənt] *adj* **(a)** *(sunshine)* brillante, resplandeciente. **(b)** *(fig: idea)* brillante; *(: person)* brillante, sobresaliente; **the party was a ~ success** la fiesta fue un gran éxito.
brilliantine [,brɪljən'ti:n] *n* brillantina *f.*
Brillo pad ® ['brɪləʊ,pæd] *n* estropajo *m* de aluminio.
brim [brɪm] **1** *n (of cup)* borde *m*; *(of hat)* ala *f*. **2** *vi (also* ~ **over)** rebosar, desbordarse.
brimful ['brɪm'fʊl] *adj* lleno/a hasta el borde; ~ **of confidence** *(fig)* lleno *or* rebosante de confianza.
brimstone ['brɪmstəʊn] *n* azufre *m.*
brine [braɪn] *n* salmuera *f*; *(fig)* mar *m or f.*
bring [brɪŋ] *(pt, pp* **brought)** *vt (gen)* traer; **to ~ influence/pressure to bear (on)** ejercer influencia/presión (sobre); **to ~ the negotiations to an end** llevar las negociaciones a su fin; **to ~ to light** sacar a luz; **to ~ sth to an end** terminar con algo; **to ~ problems on o.s.** buscarse uno mismo los problemas; **to ~ a good price** alcanzar un precio alto, ser muy cotizado/a; **to ~ o.s. to do sth** obligarse *or* forzarse a hacer algo; *see* **action**; **you ~ nothing but trouble** no haces más que causar molestias; **it brought tears to her eyes** con esto se le llenaron los ojos de lágrimas.
▸ **bring about** *vt + adv* **(a)** *(change)* dar lugar a; *(crisis, death, war)* ocasionar, producir. **(b)** *(boat)* virar, dar la vuelta a.
▸ **bring back** *vt + adv (lit: person, object)* traer de vuelta; *(thing borrowed)* devolver; **it ~s back memories** trae recuerdos; **she brought a friend back for coffee** trajo una amiga a casa a tomar café.
▸ **bring down** *vt + adv* **(a)** *(lower: prices)* bajar. **(b)** *(cause to fall: opponent, plane, government)* derribar.
▸ **bring forward** *vt + adv* **(a)** *(gen: offer)* presentar. **(b)** *(advance time of: meeting)* adelantar. **(c)** *(Book-keeping)* pasar a otra cuenta; **brought forward** suma del anterior.
▸ **bring in** *vt + adv* **(a)** *(person)* hacer entrar, hacer pasar; *(object)* traer; *(Pol: bill)* presentar, introducir; **to ~ in a verdict** pronunciar un veredicto; **to ~ in the police** pedir la intervención de la policía. **(b)** *(produce: income)* producir, proporcionar; *(wages)* sacar.
▸ **bring off** *vt + adv* **(a)** *(plan)* lograr, conseguir; **he didn't ~ it off** *(fam)* no le salió. **(b)** *(people from wreck)* rescatar.
▸ **bring on** *vt + adv* **(a)** *(illness, quarrel)* producir, causar; *(crops)* hacer crecer *or* madurar; *(flowers)* hacer florecer. **(b)** *(performer)* presentar; *(player)* poner, sacar (de la reserva).
▸ **bring out** *vt + adv (reveal: meaning)* hacer resaltar; *(develop: quality)* sacar a luz, despertar; *(introduce: product, book)* sacar.
▸ **bring round** *vt + adv* **(a)** *(persuade)* convencer. **(b)** *(steer: conversation)* llevar, dirigir. **(c)** *(unconscious person)* hacer volver en sí.
▸ **bring to** *vt + adv (unconscious person)* hacer volver en sí, reanimar.
▸ **bring together** *vt + adv* reunir; *(enemies)* reconciliar.
▸ **bring up** *vt + adv* **(a)** *(rear: child)* criar, educar; **a well brought up child** un niño bien educado; **he was brought up to believe that ...** le educaron en la creencia de que .... **(b)** *(subject)* sacar a colación, sacar a relucir; *(: in meeting)* plantar. **(c)** *(vomit)* devolver.
bring-and-buy sale [,brɪŋənd'baɪseɪl] *n (Brit)* tómbola *f* de beneficencia.
brink [brɪŋk] *n (lit, fig)* borde *m*; **to be on the ~ of doing sth** estar a punto de hacer algo.
brinkmanship ['brɪŋkmənʃɪp] *n* política *f* de la cuerda floja, política del borde del abismo.
brisk [brɪsk] *adj (comp* ~**er**; *superl* ~**est**) *(person, voice, walk)* enérgico/a; *(wind)* fresco/a; *(trade etc)* activo/a; **at a ~ pace** con paso rápido, rápidamente; **business is ~** el negocio va bien.
brisket ['brɪskɪt] *n* carne *f* de pecho (para asar).
briskly ['brɪsklɪ] *adv (see adj)* enérgicamente; rápidamente; activamente.
bristle ['brɪsl] **1** *n (of beard)* barba *f* (incipiente); *(on animal, of brush)* cerda *f*. **2** *vi (also* ~ **up)** erizarse, ponerse de punta; **to ~ with** *(fig)* estar erizado de; **he ~d with anger** temblaba de rabia *or* cólera.
bristly ['brɪslɪ] *adj (comp* **-ier**; *superl* **-iest**) *(beard, hair)* erizado/a; **to have a ~ chin** tener la barba crecida.
Brit [brɪt] *(fam) n* británico/a *m/f*; *(loosely)* inglés/esa *m/f.*
Britain ['brɪtən] *n (also* **Great ~**) Gran Bretaña *f*; *(loosely)* Inglaterra *f.*
Britannic [brɪ'tænɪk] *adj*: **His** *or* **Her ~ Majesty** su Majestad *f* Británica.
briticism ['brɪtɪsɪzəm] *n (US)* modismo *m or* vocablo *m etc* del inglés de Inglaterra.

British ['brɪtɪʃ] **1** *adj* (*gen*) británico/a; (*loosely*) inglés/esa; **the best of ~ (luck)!** (*fam*) ¡y un cuerno!; **~ Council** (*in Spain etc*) Instituto *m* Británico; **~ English** inglés *m* británico; **the ~ Isles** las Islas Británicas; **~ Thermal Unit** unidad *f* térmica británica. **2** *npl*: **the ~** los británicos; (*loosely*) los ingleses.

Britisher ['brɪtɪʃəʳ] *n* (*US*) británico/a *m/f*, natural *mf* de Gran Bretaña.

Briton ['brɪtən] *n* británico/a *m/f*; (*loosely*) inglés/esa *m/f*.

Brittany ['brɪtənɪ] *n* Bretaña *f*.

brittle ['brɪtl] *adj* (*comp* **~r**; *superl* **~st**) quebradizo/a.

Bro. *n abbr of* **Brother** H., Hno.

broach [brəʊtʃ] *vt* (*subject*) abordar, sacar a colación.

broad [brɔːd] **1** *adj* (*comp* **~er**; *superl* **~est**) (*gen*) ancho/a, amplio/a; (*smile*) abierto/a; (*fig: theory*) comprensivo/a; (*mind*) tolerante, liberal; (*outline*) general; (*hint*) claro/a; (*accent*) cerrado/a; **it is 3 metres ~** tiene 3 metros de ancho; **in ~ daylight** en pleno día; **~ bean** haba *f* gruesa. **2** *n* (*US fam*) tía *f* (*Sp fam*), tipa *f* (*LAm fam*).

broadcast ['brɔːdkɑːst] (*vb: pt, pp* ~) **1** *n* (*Rad, TV*) emisión *f*. **2** *vt* (*TV: match, event*) transmitir; (*Rad*) emitir, radiar; (*fig: news, rumour*) divulgar, difundir. **3** *vi* (*station*) transmitir, emitir; (*person*) hablar por la radio/televisión.

broadcaster ['brɔːdkɑːstəʳ] *n* (*Rad, TV*) locutor(a) *m/f*.

broadcasting ['brɔːdkɑːstɪŋ] **1** *n* (*TV*) transmisión *f*; (*Rad*) radiodifusión *f*. **2** *cpd*: **~ station** *n* emisora *f*.

broaden ['brɔːdn] **1** *vt* (*road*) ensanchar; (*mind*) ampliar; **travel ~s the mind** los viajes edifican el entendimiento. **2** *vi* (*also* **~ out**) ensancharse.

broadly ['brɔːdlɪ] *adv*: **~ speaking** en general, hablando en términos generales.

broadly-based ['brɔːdlɪˌbeɪst] *adj* que cuenta con una base amplia; **a ~ coalition** una coalición que representa gran diversidad de intereses.

broad-minded ['brɔːd'maɪndɪd] *adj* tolerante, de miras amplias.

broad-mindedness ['brɔːd'maɪndɪdnɪs] *n* amplitud *f* de criterio, tolerancia *f*.

broadsheet ['brɔːdʃiːt] *n* periódico *m* de gran formato.

broad-shouldered ['brɔːd'ʃəʊldəd] *adj* ancho/a de espaldas.

broadside ['brɔːdsaɪd] *n* (*Naut, fig*) andanada *f*.

brocade [brəʊ'keɪd] *n* brocado *m*.

broccoli ['brɒkəlɪ] *n* brécol *m*.

brochure ['brəʊʃjʊəʳ] *n* folleto *m*.

brogue[1] [brəʊg] *n* (*shoe*) zapato *m* grueso de cuero y picado.

brogue[2] [brəʊg] *n* (*accent*) acento *m* regional (sobre todo irlandés).

broil [brɔɪl] *vt* (*US Culin: grill*) asar a la parrilla.

broiler ['brɔɪləʳ] *n* (**a**) (*chicken*) pollo *m* para asar. (**b**) (*US: grill*) parrilla *f*, grill *m*.

broke [brəʊk] **1** *pt of* **break**. **2** *adj* (*fam*) pelado/a; **I'm ~** estoy sin un duro *or* pelado; **to go ~** quebrar; **to go for ~** echar el resto, ir al límite *(fam)*.

broken ['brəʊkən] **1** *pp of* **break**. **2** *adj* (**a**) (*object, bone etc*) roto/a, quebrado/a; (*fig: marriage*) roto; (*: promise*) roto, quebrantado/a; (*heart*) roto, destrozado/a; (*: health, spirit*) quebrantado; **a ~ home** una familia dividida. (**b**) (*uneven: road surface*) quebrado/a, accidentado/a; (*interrupted: line*) quebrado; (*: voice*) entrecortado/a; (*: sleep, night*) interrumpido/a; **he speaks ~ English** chapurrea el inglés.

broken-down ['brəʊkən'daʊn] *adj* (*machine, car*) averiado/a, descompuesto/a *(Mex)*; (*house*) destartalado/a, desvencijado/a.

broken-hearted ['brəʊkən'hɑːtɪd] *adj* con el corazón destrozado *or* partido.

broker ['brəʊkəʳ] *n* (*Comm*) agente *mf*; (*stockbroker*) corredor(a) *m/f* de bolsa.

brokerage ['brəʊkərɪdʒ], **broking** ['brəʊkɪŋ] *n* corretaje *m*.

brolly ['brɒlɪ] *n* (*Brit fam*) paraguas *m inv*.

bromide ['brəʊmaɪd] *n* (*Chem*) bromuro *m*.

bronchial ['brɒŋkɪəl] *adj* bronquial.

bronchitis [brɒŋ'kaɪtɪs] *n* bronquitis *f*.

bronco ['brɒŋkəʊ] *n* (*US*) potro *m* cerril.

bronze [brɒnz] **1** *n* bronce *m*; (*of skin*) bronceado *m*. **2** *vi* (*person*) broncearse. **3** *vt* (*skin*) broncear. **4** *adj* (*made of* ~) de bronce; (*colour*) color de bronce; **the B~ Age** la Edad de Bronce.

bronzed [brɒnzd] *adj* (*person*) bronceado/a.

brooch [brəʊtʃ] *n* prendedor *m*, broche *m*.

brood [bruːd] **1** *n* (*gen*) cría *f*; (*of chicks*) nidada *f*; (*hum: of children*) prole *f*. **2** *vi* (*bird*) empollar; (*fig: person*) ponerse melancólico/a.

► **brood on** *vi + prep* obsesionarse con, dar vueltas a.

broody ['bruːdɪ] *adj* (*hen*) clueca; (*fam: female*) con ganas de tener hijos.

brook[1] [brʊk] *n* arroyo *m*.

brook[2] [brʊk] *vt* (*frm: tolerate*) tolerar; **he ~s no opposition** no permite *or (LAm)* admite oposición.

broom [bruːm, brʊm] *n* (*brush*) escoba *f*; (*Bot*) retama *f*.

broomstick ['brʊmstɪk] *n* palo *m* de escoba.

Bros *abbr of* **brothers** Hnos.

broth [brɒθ] *n* caldo *m*.

brothel ['brɒθl] *n* burdel *m*, prostíbulo *m*.

brother ['brʌðəʳ] **1** *n* (*gen, Rel*) hermano *m*; (*Trade Union etc*) compañero *m*. **2** *cpd*: **~ workers** *npl* colegas *mpl*.

brotherhood ['brʌðəhʊd] *n* fraternidad *f*; (*group*) hermandad *f*, gremio *m*.

brother-in-law ['brʌðərɪnlɔː] *n* (*pl* **brothers-in-law**) cuñado *m*, hermano *m* político.

brotherly ['brʌðəlɪ] *adj* fraterno/a, fraternal.

brought [brɔːt] *pt, pp of* **bring**.

brow [braʊ] *n* (*forehead*) frente *f*; (*of hill*) cumbre *f*; **eye~** ceja *f*; **to knit one's ~s** fruncir el ceño.

browbeat ['braʊbiːt] (*pt* ~; *pp* **~en**) *vt* intimidar, convencer con amenazas; **to ~ sb into doing sth** obligar a algn a hacer algo.

brown [braʊn] **1** *adj* (*comp* **~er**; *superl* **~est**) (*gen*) marrón, color café; (*hair*) castaño/a; (*leather*) marrón; (*bronzed: skin*) moreno/a; **to go ~** ponerse moreno; **~ ale** cerveza *f* oscura *or* negra; **~ bread** pan *m* moreno; **~ paper** papel *m* de estraza; **~ rice** arroz *m* integral; **~ sugar** azúcar *m* moreno. **2** *n* marrón *m*, color *m* café *(LAm)*; (*eyes, hair*) castaño *m*. **3** *vt* (*person*) broncear, poner moreno; (*Culin*) dorar. **4** *vi* (*Culin*) dorarse.

► **brown off** *vt + adv* (*Brit fam*): **to ~ sb off** fastidiar a algn; **I'm ~ed off** estoy hasta las narices *(fam)*.

brownie ['braʊnɪ] *n* (**a**) (*fairy*) duende *m*; (*also* **~ guide**) niña *f* exploradora; **to earn** *or* **get/win ~ points** apuntarse un tanto a favor, merecerse una notita favorable. (**b**) (*US: cookie*) pastelillo *m* de chocolate y nueces.

brownish ['braʊnɪʃ] *adj* pardusco/a.

brownnose ['braʊnˌnəʊz] (*US fam*) **1** *n* lameculos *mf inv (fam!)*. **2** *vt* lamer el culo a *(fam!)*.

browse [braʊz] **1** *vi* (*also* **~ through**: *book*) hojear; (*in shop*) echar una ojeada, curiosear; (*animal*) pacer. **2** *n*: **to have a ~ (around)** echar una ojeada *or* un vistazo.

Bruges [bruːʒ] *n* Brujas *f*.

bruise [bruːz] **1** *n* (*on person*) cardenal *m*, moretón *m (esp LAm)*; (*on fruit*) maca *f*, magulladura *f*. **2** *vt* (*leg etc*) magullar, amoratar *(esp LAm)*; (*fruit*) magullar, dañar; (*fig: feelings*) herir. **3** *vi*: **I ~ easily** (*lit*) me salen cardenales *or* moretones con facilidad; (*fig*) me siento herido por cualquier cosa.

bruiser ['bruːzəʳ] *n* (*fam*) boxeador *m*.

Brum [brʌm] *n abbr* (*Brit fam*) *of* **Birmingham**.

Brummie ['brʌmɪ] *n* (*fam*) nativo/a *m/f or* habitante *mf* de Birmingham.

brunch [brʌntʃ] *n* (*fam*) desayuno-almuerzo *m*.

brunette [bru:'net] *n* morena *f*, morocha *f (LAm)*, prieta *f (Mex)*.

brunt [brʌnt] *n*: **to bear the ~ of sth** aguantar lo más recio *or* duro de algo.

brush [brʌʃ] **1** *n* (**a**) (*gen*) cepillo *m*; (*sweeping ~*) escoba *f*, cepillo, escobilla *f (LAm)*; (*scrubbing ~*) bruza *f*, cepillo de cerda; (*paint~: artist's*) pincel *m*; (*: decorator's*) brocha *f*; (*shaving ~*) brocha; **hair/shoe ~** cepillo para el pelo/los zapatos.

(**b**) (*act of ~ing*) cepillado *m*; **give your coat a ~** cepíllate el abrigo.

(**c**) (*argument*) roce *m*; **to have a ~ with the police** tener un roce con la policía.

(**d**) (*light touch*) toque *m*.

(**e**) (*undergrowth*) maleza *f*.

2 *vt* (**a**) (*clean: floor*) cepillar; (*clothes, hair*) cepillar; **to ~ one's shoes** limpiarse los zapatos; **to ~ one's teeth** lavarse los dientes.

(**b**) (*touch lightly*) rozar.

► **brush against** *vi + prep* rozar (al pasar).

► **brush aside** *vt + adv* (*fig*) no hacer caso de, dejar a un lado.

► **brush away** *vt + adv* (*gen*) quitar (con cepillo *or* la mano *etc*).

► **brush down** *vt + adv* cepillar, limpiar.

► **brush off** *vt + adv* (*mud*) quitar (con cepillo *or* la mano etc); (*fig: dismiss*) no hacer caso de; **to give sb the ~-off** (*fam*) mandar a algn a paseo *(fam)* zafarse de algn.

► **brush past** *vi + prep* rozar al pasar.

► **brush up** *vt + adv* (**a**) (*crumbs*) recoger. (**b**) (*also ~* **up on**) repasar, refrescar; **to have a wash and ~-up** lavarse y arreglarse.

brushed [brʌʃt] *adj* (*nylon, denim etc*) afelpado/a.

brushwood ['brʌʃwʊd] *n* maleza *f*, monte *m* bajo; (*faggots*) broza *f*, leña *f* menuda.

brushwork ['brʌʃwɜ:k] *n* pincelada *f*, técnica *f* del pincel.

brusque [bru:sk] *adj* brusco/a, abrupto/a.

brusqueness ['bru:sknɪs] *n* brusquedad *f*.

Brussels ['brʌslz] **1** *n* Bruselas. **2** *cpd*: **~ sprouts** *npl* coles *fpl* de Bruselas.

brutal ['bru:tl] *adj* brutal.

brutality [bru:'tælɪtɪ] *n* brutalidad *f*.

brutalize ['bru:təlaɪz] *vt* brutalizar.

brutally ['bru:təlɪ] *adv* de manera brutal.

brute [bru:t] **1** *n* (*animal*) bruto *m*, bestia *f*; (*person*) bruto/a *m/f*, bestia. **2** *adj* (*force, strength*) bruto/a.

brutish ['bru:tɪʃ] *adj* bruto/a.

BS *n abbr* (**a**) (*Brit*) *of* **British Standard(s)** *norma(s) de calidad*. (**b**) (*US Univ*) *of* **Bachelor of Science**.

bs *abbr* (**a**) (*Comm*) *of* **bill of sale**. (**b**) (*Comm, Fin*) *of* **balance sheet**.

BSA *n abbr* (*US*) *of* **Boy Scouts of America**.

BSB *n abbr of* **British Sky Broadcasting** *emisora de televisión por satélite*.

BSC *n abbr of* **Broadcasting Standards Council**.

B.Sc. *n abbr* (*Univ*) *of* **Bachelor of Science**.

BSE *n abbr of* **bovine spongiform encephalopathy** encefalopatía *f* espongiforme bovina.

BSI *n abbr of* **British Standards Institution** *organismo que fija niveles de calidad de los productos*.

BST *n abbr of* **British Summer Time**.

BT *n abbr of* **British Telecom** ≈ CTNE *f*.

Bt *abbr of* **Baronet**.

BTA *n abbr of* **British Tourist Authority**.

bt fwd *abbr of* **brought forward** suma *f* del anterior.

BTU *n abbr of* **British Thermal Unit**.

bubble ['bʌbl] **1** *n* (*in liquid*) burbuja *f*; (*in paint*) ampolla *f*; (*soap ~*) pompa *f* de jabón. **2** *vi* burbujear. **3** *cpd*: **~ and squeak** *n carne picada frita con patatas y col*; **~ bath** *n* gel *m* de baño; **~ gum** *n* chicle *m* (de globo).

► **bubble over** *vi + adv* (*lit*) desbordarse; (*fig: with happiness etc*) rebosar.

► **bubble up** *vi + adv* (*liquid*) burbujear, borbotear; (*excitement*) rebosar.

bubbly ['bʌblɪ] **1** *adj* (*comp* **-ier**; *superl* **-iest**) (*lit*) burbujeante, con burbujas; (*fig fam*) salado/a, dicharachero/a. **2** *n* (*fam*) champaña *f*.

bubonic [bju:'bɒnɪk] *adj*: **~ plague** peste *f* bubónica.

buccaneer [,bʌkə'nɪəʳ] **1** *n* bucanero *m*; (*fig*) emprendedor(a) *m/f*. **2** *vi* piratear.

Bucharest [,bu:kə'rest] *n* Bucarest *m*.

buck [bʌk] **1** *n* (**a**) (*male: of deer, rabbit*) macho *m*. (**b**) (*US fam: dollar*) dólar *m*; **to make a fast** *or* **quick ~** hacer pasta rápidamente *(fam)*. (**c**) (*in gym*) potro *m*. (**d**) **to pass the ~** (*fam*) escurrir el bulto; **to pass the ~ to sb** echarle el muerto a algn. **2** *vi* (*horse*) corcovear. **3** *vt*: **to ~ the market** (*Fin*) ir en contra del mercado; **to ~ the system** (*US*) oponerse al sistema.

► **buck up** (*fam*) *vi + adv* (*cheer up*) animarse; (*hurry up*) espabilarse, apurarse *(LAm)*.

bucket ['bʌkɪt] **1** *n* cubo *m*, balde *m (LAm)*; **to weep ~s** (*fam*) llorar a mares; **a ~ of water** un cubo *or* balde de agua; *see* **kick**. **2** *vi* (*fam*) **the rain is** *or* **it's ~ing (down)** está lloviendo a cántaros. **3** *cpd*: **~ shop** *n* agencia *f* de viajes que vende barato.

buckle ['bʌkl] **1** *n* hebilla *f*. **2** *vt* (**a**) (*shoe, belt*) abrochar con hebilla. (**b**) (*wheel, girder*) combar. (**c**) (*knees*) doblar. **3** *vi* (*see vt*) combarse; doblarse.

► **buckle down** *vi + adv* ponerse en serio (*to* a); **to ~ down to a job** dedicarse en serio a una tarea.

► **buckle up** *vi + adv* (*US*) ponerse el cinturón de seguridad.

Bucks [bʌks] *n abbr* (*Brit*) *of* **Buckinghamshire**.

buckshot ['bʌkʃɒt] *n* perdigón *m*.

buckskin ['bʌkskɪn] *n* (cuero *m* de) ante *m*.

buckteeth ['bʌkti:θ] *npl* dientes *mpl* salientes.

buckwheat ['bʌkwi:t] *n* alforfón *m*, trigo *m* sarraceno.

bud[1] [bʌd] **1** *n* (*of flower*) capullo *m*; (*on tree, plant*) brote *m*, yema *f*; **in ~** (*tree*) en brote; *see* **nip**[1] **2**. **2** *vi* (*flower, tree*) brotar, echar brotes.

bud[2] [bʌd] *n* (*US fam*) = **buddy**.

Budapest [,bju:də'pest] *n* Budapest *m*.

Buddha ['bʊdə] *n* Buda *m*.

Buddhism ['bʊdɪzəm] *n* budismo *m*.

Buddhist ['bʊdɪst] *adj, n* budista *mf*.

budding ['bʌdɪŋ] *adj* (*fig: talent*) en ciernes.

buddy ['bʌdɪ] *n* (*esp US*) compinche *m*, compadre *m (LAm)*, cuate *m (Mex fam)*, pata *m (Per fam)*.

budge [bʌdʒ] **1** *vt* (*move*) mover; **I couldn't ~ him an inch** (*fig*) no le pude convencer. **2** *vi* moverse; (*fig*) ceder, rendirse.

► **budge up** *vi + adv* correrse un poco al lado.

budgerigar ['bʌdʒərɪgɑ:ʳ] *n* periquito *m*.

budget ['bʌdʒɪt] **1** *n* presupuesto *m*; **the B~** (*Brit*) el presupuesto (del Estado). **2** *vi* planear el presupuesto. **3** *cpd* presupuestario/a; **~ account** *n* cuenta *f* presupuestaria.

► **budget for** *vi + prep* hacer un presupuesto para.

budgetary ['bʌdʒɪtrɪ] *adj*: **~ control** control *m* presupuestario; **~ deficit** déficit *m* presupuestario.

budgie ['bʌdʒɪ] *n abbr* (*fam*) *of* **budgerigar**.

Buenos Aires [,bwenəs'aɪərɪz] **1** *n* Buenos Aires *msg*. **2** *adj* bonaerense, porteño /a *(Arg fam)*.

buff [bʌf] **1** *adj* (*colour*) de color de ante. **2** *vt* (*also ~* **up**) lustrar. **3** *n* (*fam*) aficionado/a *m/f*; (*also* **film ~**) cinéfilo/a *m/f*.

buffalo ['bʌfələʊ] *n* (*pl* **~es**) (**a**) búfalo *m*. (**b**) (*esp US: bison*) bisonte *m*.

buffer ['bʌfəʳ] **1** *n* (*for railway engine*) tope *m*, parachoques *m inv*; (*US Aut*) parachoques; (*Comput*) memoria *f* intermedia. **2** *cpd*: **~ state** *n* estado *m* tapón; **~ zone** *n* espacio *m* amortiguador.

buffering ['bʌfərɪŋ] *n* (*Comput*) almacenamiento *m* en memoria intermedia.

buffet[1] ['bʌfɪt] **1** *n* (*blow*) golpe *m*. **2** *vt* (*by sea, wind etc*) zarandear.

buffet² [ˈbʊfeɪ] **1** *n* (*for refreshments*) cantina *f*, cafetería *f*; (*meal*) buffet *m* (libre). **2** *cpd*: ~ **car** *n* (*Brit*) coche-restaurante *m*; ~ **lunch** *n* almuerzo *m* buffet *or* frío; ~ **supper** *n* cena *f* buffet *or* fría.

buffoon [bəˈfuːn] *n* bufón *m*, payaso *m*.

bug [bʌg] **1** *n* (**a**) (*Zool*) chinche *mf*; (*fam: insect*) bicho *m*; (*: germ*) microbio *m*; (*fig: obsession*) entusiasmo *m* (por algo); **there's a ~ going around** hay un virus suelto por ahí; **I've got the travel ~** me ha dado por viajar. (**b**) (*fam: bugging device*) micrófono *m* oculto. (**c**) (*Comput*) fallo *m*, error *m*. **2** (*fam*) *vt* (**a**) (*telephone*) intervenir, pinchar; **my phone is ~ged** mi teléfono está pinchado. (**b**) (*annoy*) fastidiar; **don't ~ me!** (*fam*) ¡deja de molestar(me) *or* fastidiar!

bugbear [ˈbʌgbɛəʳ] *n* pesadilla *f*.

bugger [ˈbʌgəʳ] **1** *n* (*fam!*) gilipollas *m/f*, capullo *m/f*; **don't play silly ~s!** ¡no des el coñazo! **2** *vt* (**a**) (*Jur*) cometer sodomía con. (**b**) (*fam!*) **(well) I'll be ~ed!** ¡coño! (*fam!*); **lawyers be ~ed!** ¡que se jodan los abogados! (*fam!*); **I'll be ~ed if I will** que me cuelgen si lo hago.

▸ **bugger about** (*Brit fam!*) **1** *vt + adv*: **to ~ sb about** fastidiar a algn, cargar a algn (*fam*). **2** *vi + adv* hacer chorradas (*fam*) hacer el gilipollas (*fam*).

▸ **bugger off** (*Brit fam!*) *vi + adv*: largarse (*fam*); ~ **off!** ¡vete a hacer puñetas *or* a cagar *or* (a) tomar por culo! (*fam!*), ¡chinga tu madre! (*Mex fam!*).

▸ **bugger up** (*Brit fam!*) *vt + adv*: **to ~ sth up** joder algo (*fam!*) jorobar algo.

bugger-all [ˈbʌgəˌɔːl] *n* (*fam!*) = **damn-all**.

buggery [ˈbʌgərɪ] *n* sodomía *f*.

buggy [ˈbʌgɪ] *n* (*baby's*) cochecito *m*; (*horse and ~*) calesa *f*.

bugle [ˈbjuːgl] *n* corneta *f*, clarín *m*.

build [bɪld] (*vb: pt, pp* **built**) **1** *n* figura *f*, tipo *m*. **2** *vt* (*house*) construir, edificar; (*ship*) construir; (*nest*) hacer.

▸ **build in** *vt + adv* (*cupboard*) empotrar; (*Mech*) incorporar.

▸ **build on** *vt + adv* (*also ~ on to*) añadir *or* anexar a; (*fig*) basar en.

▸ **build up 1** *vt + adv* (*business*) fomentar, desarrollar; (*reputation*) labrarse; (*area, town etc*) urbanizar; (*stocks etc*) acumular; **to ~ up one's strength** fortalecerse; **to ~ up one's hopes** hacerse ilusiones; **to ~ up a lead** tomar la delantera. **2** *vi + adv* (*pressure*) aumentar; (*Fin: interest*) acumularse; (*fig*) crecer.

builder [ˈbɪldəʳ] *n* (*gen*) constructor(a) *m/f*, (*contractor*) contratista *m*; (*workman*) albañil *m*; (*fig*) fundador *m*.

building [ˈbɪldɪŋ] **1** *n* (*gen*) edificio *m*; (*activity*) construcción *f*. **2** *cpd*: ~ **contractor** *n* contratista *m* de construcciones; ~ **site** *n* solar *m*; (*under construction*) obra *f*; ~ **society** *n* sociedad *f* de préstamo inmobiliario; ~ **trade** *n* construcción *f*.

build-up [ˈbɪldʌp] *n* (**a**) (*of pressure, tension, traffic*) aumento *m*; (*of forces*) concentración *f*. (**b**) (*publicity*) propaganda *f*; **to give sb/sth a good ~** hacer mucha propaganda a favor de algn/algo.

built [bɪlt] *pt, pp of* **build**.

built-in [ˈbɪltˈɪn] *adj* (*furniture*) empotrado/a; (*part of*) incorporado/a; ~ **obsolescence** caducidad *f* programada *or* controlada.

built-up [ˈbɪltˈʌp] *adj*: ~ **area** zona *f* urbanizada.

bulb [bʌlb] *n* (*Bot*) bulbo *m*; (*of garlic*) cabeza *f*; (*Elec*) bombilla *f*, bombillo *m* (*LAm*), foco *m* (*LAm*); (*of thermometer*) cubeta *f*, ampolleta *f*.

bulbous [ˈbʌlbəs] *adj* (*shape*) bulboso/a.

Bulgaria [bʌlˈgɛərɪə] *n* Bulgaria *f*.

Bulgarian [bʌlˈgɛərɪən] **1** *adj* búlgaro/a. **2** *n* búlgaro/a *m/f*, (*Ling*) búlgaro *m*.

bulge [bʌldʒ] **1** *n* (**a**) (*in surface, of curve*) abombamiento *m*, protuberancia *f*; (*in pocket*) bulto *m*. (**b**) (*in birth rate, sales*) alza *f*, aumento *m*; **the postwar ~ in the birth rate** la explosión demográfica de la posguerra. **2** *vi* (*pocket etc*) hincharse, estar abultado; (*eyes*) saltarse.

bulimia [bjuːˈlɪmɪə] *n* bulimia *f*.

bulk [bʌlk] **1** *n* (*of thing*) bulto *m*; (*of person*) corpulencia *f*, masa *f*; **the ~ of** la mayoría de; **the ~ of the work** la mayor parte del trabajo; **to buy in ~** (*in large quantities*) comprar al por mayor; (*not pre-packed*) **in ~** suelto/a, a granel. **2** *cpd*: ~ **buying** *n* compra *f* en grandes cantidades; ~ **carrier** *n* (buque *m*) granelero *m*; ~ **goods** *npl* mercancías *fpl* a granel; ~ **purchase** *n* compra *f* de cantidad grande.

bulkhead [ˈbʌlkhed] *n* mamparo *m*.

bulky [ˈbʌlkɪ] *adj* (*comp* **-ier**; *superl* **-iest**) (*parcel*) abultado/a; (*person*) corpulento/a.

bull¹ [bʊl] *n* toro *m*; (*male of elephant, seal*) macho *m*; (*Fin*) alcista *mf*; **like a ~ in a china shop** como un elefante en una cristalería; **to talk a lot of ~** (*fam: nonsense*) decir chorradas; **to take the ~ by the horns** coger (*Sp*) *or* (*LAm*) agarrar el toro por los cuernos; **a ~ market** (*Fin*) un mercado en alza *or* alcista; *see* **red 1**.

bull² [bʊl] *n* (*Rel*) bula *f*.

bulldog [ˈbʊldɒg] *n* dogo *m*, buldog *m*.

bulldoze [ˈbʊldəʊz] *vt* mover *or* allanar con motoniveladora; **I was ~d into doing it** (*fig fam*) me obligaron a hacerlo.

bulldozer [ˈbʊldəʊzəʳ] *n* motoniveladora *f*, bulldozer *m*.

bullet [ˈbʊlɪt] **1** *n* bala *f*. **2** *cpd*: ~ **hole** *n* agujero *m* de bala; ~ **wound** *n* balazo *m*.

bulletin [ˈbʊlɪtɪn] **1** *n* (*statement*) comunicado *m*, parte *m*; (*journal*) boletín *m*. **2** *cpd*: ~ **board** *n* (*US*) tablón *m* de anuncios; (*Comput*) tablero *m* de noticias.

bulletproof [ˈbʊlɪtpruːf] *adj* a prueba de balas.

bullfight [ˈbʊlfaɪt] *n* corrida *f* (de toros).

bullfighter [ˈbʊlfaɪtəʳ] *n* torero *m*.

bullfighting [ˈbʊlfaɪtɪŋ] *n* toreo *m*, tauromaquia *f*; **I like ~** me gustan los toros.

bullhorn [ˈbʊlhɔːn] *n* (*US*) megáfono *m*.

bullion [ˈbʊljən] *n* oro *m* *or* plata *f* en barras *or* en lingotes.

bullock [ˈbʊlək] *n* buey *m*.

bullring [ˈbʊlrɪŋ] *n* plaza *f* de toros.

bull's-eye [ˈbʊlzaɪ] *n* (*of target*) blanco *m*; **to hit the ~** (*fig*) dar en el blanco.

bullshit [ˈbʊlʃɪt] *n* (*fam!: nonsense*) tonterías *fpl*, chorradas *fpl*.

bully [ˈbʊlɪ] **1** *n* matón/ona *m/f*. **2** *vt* (*also ~* **around**) intimidar; **to ~ sb into doing sth** forzar a algn que haga algo.

bullyboy [ˈbʊlɪˌbɔɪ] **1** *n* matón *m*, esbirro *m*. **2** *cpd*: ~ **tactics** *n* táctica *f* de matón.

bulrush [ˈbʊlrʌʃ] *n* espadaña *f*.

bulwark [ˈbʊlwək] *n* (*Mil, fig*) baluarte *m*; (*Naut*) borda *f*.

bum¹ [bʌm] (*fam*) **1** *n* (*Anat: Brit*) culo *m*; **to give sb the ~'s rush** expulsar violentamente a algn. **2** *cpd*: ~ **bag** *n* riñonera *f*.

bum² [bʌm] (*fam*) **1** *n* (*esp US: idler*) holgazán/ana *m/f*, vago/a *m/f*, flojo/a *m/f* (*LAm*); (*tramp*) vagabundo/a *m/f*. **2** *adj* (*worthless*) inútil, de mala calidad; ~ **rap** (*esp US fam*) acusación *f* falsa; ~ **steer** (*esp US fam*) bulo *m*. **3** *vt* (*money, food*) gorronear.

▸ **bum around** *vi + adv* vagabundear, holgazanear.

bumblebee [ˈbʌmblbiː] *n* abejorro *m*.

bumbling [ˈbʌmblɪŋ] *adj* (*inept*) inepto/a, inútil; (*muttering*) que habla a tropezones.

bumf [bʌmf] *n* (*Admin fam*) papeleo *m*.

bummer [ˈbʌməʳ] (*fam!*) *n* (*esp US: nuisance*) lata *f*; (*bore*) rollo *m*; (*disaster*) desastre *m*; **what a ~!** ¡qué horror!

bump [bʌmp] **1** *n* (**a**) (*blow, noise*) choque *m*, topetazo *m*; (*jolt of vehicle*) sacudida *f*. (**b**) (*swelling*) bollo *m*, abolladura *f*; (*on skin*) chichón *m*, hinchazón *m*; (*on road etc*) bache *m*. **2** *vt* (*car*) chocar contra; **to ~ one's head** darse un golpe en la cabeza. **3** *vi* (*also* ~ **along**: *move joltingly*) avanzar dando tumbos.

▸ **bump into** *vi* + *prep* (**a**) (*vehicle*) chocar *or* dar contra. (**b**) (*fam: meet*) tropezar con, toparse con; **fancy ~ing into you!** ¡qué casualidad encontrarte aquí!

▸ **bump off** *vt* + *adv* (*fam*) cargarse a.

▸ **bump up** *vt* + *adv* (*price*) subir, aumentar.

bumper[1] ['bʌmpəʳ] **1** *n* (*Brit Aut*) parachoques *m inv*. **2** *cpd*: ~ **car** *n* auto *m* de choque.

bumper[2] ['bʌmpəʳ] *adj* (*crop, harvest*) abundante; ~ **issue** edición *f* especial.

bumph [bʌmf] *n* (*fam*) = **bumf**.

bumpkin ['bʌmpkɪn] *n* (*also* **country** ~) patán *m*.

bump-start ['bʌmpstɑːt] **1** *n*: **to give a car a** ~ empujar un coche para que arranque. **2** *vt see* **1**.

bumptious ['bʌmpʃəs] *adj* engreído/a, presuntuoso/a.

bumpy ['bʌmpɪ] *adj* (*comp* **-ier**; *superl* **-iest**) (*surface*) desigual; (*road*) lleno/a de baches; (*journey, flight*) agitado/a.

bun [bʌn] *n* (*Culin*) bollo *m*, magdalena *f*; (*hair*) moño *m*.

bunch [bʌntʃ] *n* (*of flowers*) ramo *m*; (*of bananas, grapes*) racimo *m*; (*of keys*) manojo *m*; (*set of people*) grupo *m*, pandilla *f*; **to wear one's hair in ~es** llevar coletas; **the best of a bad** ~ entre malos, los mejores; **they're an odd** ~ son gente rara; **they're a** ~ **of traitors** son unos traidores; **a** ~ **of times** (*US*) varias veces, muchas veces.

▸ **bunch together 1** *vt* + *adv* (*objects*) juntar. **2** *vi* + *adv* (*people*) agruparse, apiñarse.

bundle ['bʌndl] **1** *n* (*of clothes, rags*) bulto *m*; (*of sticks*) haz *m*; (*of papers*) legajo *m*. **2** *vt* (**a**) (*also* ~ **up**: *clothes*) atar en un bulto. (**b**) (*put hastily*) guardar sin orden; **the body was ~d into the car** metieron el cadáver en el coche a la carrera.

▸ **bundle off** *vt* + *adv*: **they ~d him off to Australia** le despacharon a Australia.

▸ **bundle out** *vt* + *adv*: **to ~ sb out** botar a algn; **they ~d him out into the street** le pusieron de patitas en la calle.

bung [bʌŋ] **1** *n* tapón *m*. **2** *vt* (*also* ~ **up**: *pipe, hole*) tapar, taponar; (*fam: throw*) echar; **my nose is ~ed up** (*fam*) tengo la nariz atascada *or* tapada.

bungalow ['bʌŋgələʊ] *n* chalé *m*, bungalow *m*.

bungee jumping ['bʌndʒɪˌdʒʌmpɪŋ] *n* banyi *m*.

bungle ['bʌŋgl] (*fam*) *vt* (*work*) chapucear; **to ~ it** hacer una chapuza, amolarlo (*Mex fam*); **to ~ an opportunity** desperdiciar una oportunidad.

bungler ['bʌŋgləʳ] *n* chapucero *m*.

bungling ['bʌŋglɪŋ] *adj* torpe, desmañado/a.

bunion ['bʌnjən] *n* (*Med*) juanete *m*.

bunk[1] [bʌŋk] *n* (*also* **~-bed**: *Naut*) litera *f*; (*fam*) cama *f*.

bunk[2] [bʌŋk] **1** *n*: **to do a** ~ (*Brit fam*) = **2**. **2** *vi* huir, poner pies en polvorosa.

bunk[3] [bʌŋk] *n* (*fam*) tonterías *fpl*, música *f* celestial.

bunker ['bʌŋkəʳ] *n* (*coal* ~) carbonera *f*; (*Mil*) refugio *m* antiaéreo/antinuclear, búnker *m*; (*Golf*) búnker.

bunkum ['bʌŋkəm] *n* (*fam*) tonterías *fpl*.

bunk-up [ˌbʌŋk'ʌp] *n*: **to give sb a** ~ (*fam*) ayudar a algn a subir.

bunny ['bʌnɪ] *n* (**a**) conejito *m*. (**b**) (*girl*) tía *f* buena; ~ **girl** conejita *f*.

Bunsen ['bʌnsn] *n*: ~ **burner** mechero *m* Bunsen.

bunting ['bʌntɪŋ] *n* (*flags*) banderitas *fpl*.

buoy [bɔɪ, *US* buːɪ] *n* boya *f*.

▸ **buoy up** *vt* + *adv* (*person, boat*) mantener a flote; (*fig: spirits etc*) animar, alentar.

buoyancy ['bɔɪənsɪ] *n* lo boyante, capacidad *f* para flotar; (*Aer*) fuerza *f* ascensional; (*fig*) confianza *f*, optimismo *m*.

buoyant ['bɔɪənt] *adj* que flota, boyante; (*fig: mood*) optimista; (*Fin: market, prices*) con tendencia al alza.

BUPA ['buːpə] *n abbr of* **British United Provident Association** *seguro médico privado*.

burble ['bɜːbl] *vi* (*baby*) hacer gorgoritos; (*bubble*) burbujear; (*fig: talk*) farfullar.

burden ['bɜːdn] **1** *n* (*load*) carga *f*; (*fig: of taxes, years*) peso *m*, carga; **the ~ of proof lies with him** él lleva la carga de la prueba; **to be a ~ to sb** ser una carga para algn. **2** *vt* cargar (*with* con); **don't ~ me with your troubles** no me vengas con tus problemas.

burdensome ['bɜːdnsəm] *adj* gravoso/a, oneroso/a.

bureau [bjʊə'rəʊ] *n* (*agency: travel/employment* ~) agencia *f*, oficina *f*; (*government department*) departamento *m*; (*Brit: desk*) buró *m*, escritorio *m*; (*US: chest of drawers*) cómoda *f*; ~ **de change** caja *f* de cambio.

bureaucracy [bjʊə'rɒkrəsɪ] *n* burocracia *f*; (*pej*) papeleo *m*, trámites *mpl*.

bureaucrat ['bjʊərəʊkræt] *n* burócrata *mf*.

bureaucratic [ˌbjʊərəʊ'krætɪk] *adj* burocrático/a.

burgeon ['bɜːdʒən] *vi* (*Bot*) retoñar; (*fig*) empezar a prosperar (rápidamente); (*trade etc*) florecer.

burger ['bɜːgəʳ] *n* hamburguesa *f*.

burglar ['bɜːgləʳ] **1** *n* ladrón/ona *m/f*. **2** *cpd*: ~ **alarm** *n* alarma *f* antirrobo.

burglarize ['bɜːgləraɪz] *vt* (*US*) robar (de una casa *etc*).

burglar-proof ['bɜːgləpruːf] *adj* a prueba de ladrones.

burglary ['bɜːglərɪ] *n* robo *m* en una casa.

burgle ['bɜːgl] *vt* robar (de una casa *etc*).

burial ['berɪəl] **1** *n* entierro *m*. **2** *cpd*: ~ **ground** *n* cementerio *m*, camposanto *m*, panteón *m* (*LAm*).

Burkina-Faso [bɜː'kiːnə'fæsəʊ] *n* Burkina-Faso *m*.

burlesque [bɜː'lesk] *n* (*parody*) parodia *f*.

burly ['bɜːlɪ] *adj* (*comp* **-ier**; *superl* **-iest**) fornido/a, fuerte.

Burma ['bɜːmə] *n* Birmania *f*.

Burmese [bɜː'miːz] *adj, n* birmano/a *m/f*.

burn [bɜːn] (*vb: pt, pp* **~ed** *or* **~t**) **1** *n* (*gen*) quemadura *f*; (*of rocket*) fuego *m*.

2 *vt* (*gen*) quemar; (*house, building*) incendiar; (*of sun: person, skin*) tostar; **to ~ a hole in sth** hacer un agujero en algo quemándolo; **to ~ sth to ashes** reducir algo a cenizas; **to be ~t to death** morir abrasado/a; **to ~ one's finger/hand** quemarse el dedo/la mano; **I've ~t myself!** ¡me he quemado!, ¡me quemé! (*LAm*); **it has a ~t taste** sabe a quemado; (*fig*) **to ~ one's boats** *or* **bridges** quemar las naves; (*fig*) **to ~ the candle at both ends** hacer de la noche día.

3 *vi* (*fire, building etc*) arder, quemarse; (*skin: to smart*) escocer; (*meat, pastry etc*) quemarse; (*light, gas*) estar encendido/a; (*fig*) **to ~ with anger/passion** *etc* arder de rabia/pasión *etc*.

▸ **burn down 1** *vt* + *adv* (*building*) incendiar. **2** *vi* + *adv* (*house*) incendiarse; (*candle, fire*) apagarse.

▸ **burn off** *vt* + *adv* (*paint etc*) quitar con soplete.

▸ **burn out 1** *vt* + *adv* (*fig: be exhausted*) agotarse, quemarse; **he's ~t himself out** se ha agotado. **2** *vi* + *adv* (*fuse*) fundirse; (*candle, lamp*) apagarse.

▸ **burn up 1** *vi* + *adv* (*fire*) echar llamas, arder más. **2** *vt* + *adv* (*rubbish etc*) quemar.

burner ['bɜːnəʳ] *n* (*on cooker etc*) quemador *m*.

burning ['bɜːnɪŋ] **1** *n*: **there's a smell of** ~ huele a quemado. **2** *adj* (*building, forest*) en llamas; (*coals, flame, also fig*) ardiente; (*question, topic*) candente.

burnish ['bɜːnɪʃ] *vt* (*metal*) bruñir.

burnt [bɜːnt] *pt, pp of* **burn**; ~ **offering** holocausto *m*.

burnt-out [ˌbɜːnt'aʊt] *adj* (*person*) quemado/a.

burp [bɜːp] (*fam*) **1** *n* eructo *m*. **2** *vi* eructar. **3** *vt* (*baby*) hacer eructar.

burr [bɜːʳ] *n* (*Bot*) erizo *m*.

burrow ['bʌrəʊ] **1** *n* (*of animal*) madriguera *f*; (*of rabbit*) conejera *f*. **2** *vt* (*hole*) cavar; **to ~ one's way** abrirse camino cavando (*into* en). **3** *vi* (*animals etc*) hacer una madriguera; **he ~ed under the bedclothes** se escondió bajo las sábanas.

bursar ['bɜːsəʳ] *n* (*Univ etc*) tesorero/a *m/f*.

bursary ['bɜːsərɪ] *n* (*Scot Scol*) beca *f*.

burst [bɜːst] (*vb: pt, pp* ~) **1** *n* (*of shell etc*) estallido *m*, explosión *f*; (*in pipe*) reventón *m*; (*of shots*) ráfaga *f*; **a ~** (*tyre*) un neumático reventado *or (LAm)* una llanta pinchada; **a ~ of applause** una salva de aplausos; **a ~ of laughter** una carcajada; **a ~ of speed** una escapada.

2 *vt* (*pipe, balloon, bag, tyre*) reventar; **the river has ~ its banks** el río se ha desbordado.

3 *vi* (**a**) (*gen*) reventarse; (*shell, firework*) explotar, estallar; (*dam*) romperse; **the door ~ open** la puerta se abrió de golpe; **filled to ~ing point, ~ing at the seams** lleno a reventar; **to be ~ing with pride** desbordarse de orgullo; (*fam*); **I was ~ing to tell you** reventaba por decírtelo.

(**b**) (*start, go suddenly*) **to ~ into the room** irrumpir (en el cuarto); **to ~ into flames** estallar en llamas; **to ~ into tears** echarse a llorar; **the sun ~ through the clouds** el sol apareció de repente entre las nubes; **to ~ out laughing** echarse a reir; **to ~ out singing** ponerse a cantar.

burton [ˈbɜːtn] (*fam*) *n*: **it's gone for a ~** (*broken etc*) se ha fastidiado; (*lost*) se ha perdido.

Burundi [bəˈrʊndɪ] *n* Burundi *m*.

bury [ˈberɪ] *vt* (*body, treasure*) enterrar; (*plunge: claws, knife*) clavar (*in* en); **he buried his face in his hands** escondió la cara entre las manos; **buried by an avalanche** sepultado por una avalancha; **buried in thought** ensimismado; **to ~ the hatchet** (*fig*) echar pelillos a la mar, enterrar el hacha de guerra.

bus [bʌs] **1** *n* autobús *m*, colectivo *m (LAm)*, camión *m (Mex)*; (*small ~*) microbús *m*, colectivo, góndola *f (And)*, micro *m (Arg, Uru)*; **to come/go by ~** venir/ir en autobús *or* camión *etc*.

2 *cpd*: **~ conductor/conductress** *n* cobrador(a) *m/f*; **~ driver** *n* conductor *m* de autobús *etc*; **~ lane** *n* (*Brit*) carril *m* de autobús, carril-bus *m*; **~ route** *n* recorrido *m* del autobús *etc*; **~ service** *n* servicio *m* de autobús *etc*; **~ shelter** *n* marquesina *f*; **~ station** *n* estación *f* de autobuses *etc*; **~ stop** *n* parada *f*, paradero *m (LAm)*.

bush [bʊʃ] **1** *n* (**a**) (*shrub*) arbusto *m*, mata *f*; (*thicket: also* **~es**) matorral *m*. (**b**) (*in Africa, Australia*) **the ~** el monte; **to beat about the ~** andarse con rodeos *or* por las ramas. **2** *cpd*: **~-fire** *n* incendio *m* de monte; **~ telegraph** *n* (*fam*) teléfono *m* árabe *(fam)*.

bushed [bʊʃt] *adj* (**a**) (*fam: puzzled*) perplejo/a, pasmado/a; (*exhausted*) agotado/a, hecho polvo. (**b**) (*Australia*) perdido en la maleza.

bushwhacker [ˈbʊʃˌwækəʳ] *n* (*US*) pionero/a *m/f*, explorador(a) *m/f*.

bushy [ˈbʊʃɪ] *adj* (*comp* **-ier**; *superl* **-iest**) (*plant*) parecido/a a un arbusto; (*hair*) espeso/a, tupido/a; (*beard, eyebrows*) poblado/a.

busily [ˈbɪzɪlɪ] *adv* afanosamente.

business [ˈbɪznɪs] **1** *n* (**a**) (*gen: commerce*) negocios *mpl*, comercio *m*; **he's in the selling ~** se dedica al comercio; **I'm here on ~** estoy (en viaje) de negocios; **to do ~ with** negociar con; (*fam*); **to get down to ~** ir al grano; **now we're in ~** ya caminamos; **he means ~** habla en serio.

(**b**) (*firm*) negocio *m*, empresa *f*; **it's a family ~** es una empresa familiar.

(**c**) (*task, duty, concern*) asunto *m*, responsabilidad *f*, misión *f (LAm)*; **that's my ~** eso es cosa mía, eso me corresponde (a mí); **you had no ~ to do that** no tenías derecho a hacerlo, no tenías que haberlo hecho; **I will make it my ~ to tell him** me encargo de decírselo; **mind your own ~!, none of your ~!** (*fam*) ¡qué te importa!, ¡no te metas! *(Sp fam)*; **it's none of his ~** no es asunto suyo.

(**d**) (*fam: affair, matter*) asunto *m*, cuestión *f*; **it's a nasty ~** es asunto feo.

2 *cpd* (*deal, quarter*) comercial; (*studies, college*) de comercio; **~ address** *n* dirección *f* comercial *or* profesional; **~ card** *n* tarjeta *f* de visita; **~ expenses** *npl* gastos *mpl* (comerciales); **~ hours** *npl* horas *fpl* de oficina; **~ sense** *n* olfato *m* para los negocios; **~ Spanish** *n* español *m* comercial, español para el comercio.

businesslike [ˈbɪznɪslaɪk] *adj* (*approach, transaction, firm*) formal, serio/a; (*person, manner*) serio, eficiente.

businessman [ˈbɪznɪsmæn] *n* (*pl* **-men**) (*gen*) hombre *m* de negocios; (*trader*) empresario *m*.

businesswoman [ˈbɪznɪsˌwʊmən] *n* (*pl* **-women**) mujer *f* de negocios; (*trader*) empresaria *f*.

busk [bʌsk] *vi* (*Brit*) tocar música (en la calle).

busker [ˈbʌskəʳ] *n* músico/a *m/f* callejero/a.

busload [ˈbʌsləʊd] *n* autobús *m* (lleno); **they came by the ~** (*fig*) vinieron en masa, vinieron en tropel.

busman [ˈbʌsmən] *n* (*pl* **-men**) conductor *m or* cobrador *m* de autobús; **~'s holiday** ocupación *f* del ocio parecida a la del trabajo diario.

bust[1] [bʌst] **1** *n* (*Art*) busto *m*; (*bosom*) pecho *m*. **2** *cpd*: **~ measurement** *n* talla *f* de pecho.

bust[2] [bʌst] (*fam*) **1** *adj* (*broken*) escacharrado/a, estropeado/a; **to go ~** (*business*) quebrar; (*person*) arruinarse. **2** *vt* (**a**) = **burst 2**. (**b**) (*Police fam: arrest*) pescar, trincar; (*: raid*) hacer una redada en. (**c**) (*break*) destrozar, escacharrar.

bustard [ˈbʌstəd] *n* avutarda *f*.

bustle [ˈbʌsl] **1** *n* animación *f*, bullicio *m*. **2** *vi* (*also* **~ about**) ir y venir.

bustling [ˈbʌslɪŋ] *adj* activo/a, hacendoso/a; (*crowd*) apresurado/a, animado/a.

bust-up [ˈbʌstʌp] *n* (*fam*) riña *f*.

busway [ˈbʌsweɪ] *n* (*US*) carril *m* de autobús, carril-bus *m*.

busy [ˈbɪzɪ] **1** *adj* (**a**) (*comp* **-ier**; *superl* **-iest**) (*occupied: person*) ocupado/a; **he's a ~ man** es un hombre muy ocupado; **she's ~ studying/cooking** está ocupada estudiando/cocinando; **he's ~ at his work** está ocupado en su trabajo; (*fam*) **let's get ~** a trabajar.

(**b**) (*active: day, time*) activo/a, ajetreado/a; (*: place, town*) concurrido/a.

(**c**) (*esp US: telephone, line*) comunicando/a, ocupado/a; **~ signal** señal *f* de comunicando, tono *m* (de) ocupado.

2 *vt*: **to ~ o.s. with/doing sth** ocuparse con/en hacer algo.

busybody [ˈbɪzɪbɒdɪ] *n* entrometido/a *m/f*.

but [bʌt] **1** *conj* (**a**) pero; **she was poor ~ she was honest** era pobre pero honrada; **I want to go ~ I can't afford it** quiero ir, pero no tengo el dinero.

(**b**) (*in direct contradiction*) sino; **he's not Spanish ~ Italian** no es español sino italiano.

(**c**) (*subordinating*) **we never go out ~ it rains** nunca salimos sin que llueva.

(**d**) **~ then he couldn't have known** por otro lado, no podía saber *or* haberlo sabido; **~ then you must be my cousin!** ¡entonces tú debes ser mi primo!

2 *adv* sólo, solamente, no más que; **she's ~ a child** no es más que una niña; **had I ~ known** de haberlo sabido (yo); **you can ~ try** al menos inténtalo.

3 *prep* menos, excepto, salvo; **everyone ~ him** todos menos él; **the last ~ one** el penúltimo/la penúltima; **~ for you** si no fuera por tí; **anything ~ that** cualquier cosa menos eso.

4 *n*: **no ~s about it!** ¡no hay pero que valga!

butane [ˈbjuːteɪn] *n* (*also* **~ gas**) butano *m*.

butch [bʊtʃ] (*fam*) *adj* (*woman*) marimacho; (*man*) macho.

butcher [ˈbʊtʃəʳ] **1** *n* (*gen, also fig*) carnicero/a *m/f*; **~'s (shop)** carnicería *f*; **at the ~'s** en la carnicería. **2** *vt* matar; (*fig*) hacer una carnicería con.

butchery [ˈbʊtʃərɪ] *n* matanza *f*, carnicería *f*.

butler [ˈbʌtləʳ] *n* mayordomo *m*.

butt[1] [bʌt] *n* (*barrel*) tonel *m*; (*for rainwater*) tina *f*, aljibe *m*.

butt[2] [bʌt] *n* (*end: esp of gun*) culata *f*; (*of cigar*) colilla; (*US: cigarette*) colilla *f*; (*US fam: Anat*) culo *m*.

butt[3] [bʌt] *n* (*Archery, Shooting*) **the ~s** campo *m* de tiro al blanco; (*fig*) blanco *m*; **she's the ~ of his jokes** ella es el blanco de sus bromas.

butt[4] [bʌt] **1** *n* (*push with head*) cabezazo *m*; (*of goat*) topetazo *m*. **2** *vt* (*subj: goat*) topetar; (*subj: person*) dar un cabezazo.

▸ **butt in** *vi* + *adv* (*interrupt*) interrumpir; (*meddle*) meterse (*to* en).

▸ **butt into** *vi* + *prep* (*conversation*) meterse en; (*meeting*) interrumpir.

butter [ˈbʌtəʳ] **1** *n* mantequilla *f*, manteca *f* (*LAm*); ~ **wouldn't melt in his mouth** es una mosquita muerta. **2** *vt* (*bread*) untar con mantequilla. **3** *cpd*: ~ **bean** *n* judía *f* blanca; ~ **dish** *n* mantequera *f*.

▸ **butter up** *vt* + *adv* (*Brit fam*) dar coba a (*fam*).

buttercup [ˈbʌtəkʌp] *n* ranúnculo *m*.

butterfingers [ˈbʌtəˌfɪŋgəz] *n* (*fam*) manazas *mf*.

butterfly [ˈbʌtəflaɪ] *n* (**a**) mariposa *f*; **I've got butterflies (in my stomach)** tengo los nervios en el estómago, estoy nerviosísimo/a. (**b**) (*Swimming: also* ~ **stroke**) mariposa *f*.

buttermilk [ˈbʌtəmɪlk] *n* suero *m* de leche, suero *m* de manteca.

butterscotch [ˈbʌtəskɒtʃ] *n dulce de azúcar terciado con mantequilla*.

buttocks [ˈbʌtəks] *npl* nalgas *fpl*, cachas *fpl*.

button [ˈbʌtn] **1** *n* botón *m*. **2** *vt* (*also* ~ **up**) abrochar. **3** *vi* abrocharse.

buttonhole [ˈbʌtnhəʊl] **1** *n* ojal *m*; (*Brit: flower*) flor *f* que se lleva en el ojal. **2** *vt* (*fig*) enganchar.

buttress [ˈbʌtrɪs] **1** *n* contrafuerte *m*; (*fig*) apoyo *m*. **2** *vt* apuntalar; (*fig*) reforzar, apoyar.

buxom [ˈbʌksəm] *adj* rollizo/a, con mucho pecho.

buy [baɪ] (*vb: pt, pp* **bought**) **1** *n*: **a good** ~ una ganga; **a bad** ~ una mala compra. **2** *vt* (*also fig*) comprar; **he won't** ~ **that explanation** (*fam*) no se va a tragar esa explicación.

▸ **buy back** *vt* + *adv* volver a comprar.

▸ **buy in** *vt* + *adv* proveerse *or* abastecerse de.

▸ **buy into** *vt* + *adv* (*company*) comprar acciones de.

▸ **buy off** *vt* + *adv* (*fam: bribe*) sobornar, comprar.

▸ **buy out** *vt* + *adv* (*business*) comprar la parte de.

▸ **buy up** *vt* + *adv* (*property etc*) acaparar.

buy-back [ˈbaɪˌbæk] *adj*: ~ **option** opción *f* de recompra.

buyer [ˈbaɪəʳ] *n* (*in store*) comprador(a) *m/f*; ~**'s market** mercado *m* favorable al comprador.

buying [ˈbaɪɪŋ] *n* compra *f*; ~ **power** poder *m* adquisitivo.

buy-out [ˈbaɪəʊt] *n* compra *f* (de la totalidad de las acciones); **management** ~ compra (de acciones) por los gerentes; **workers'** ~ compra de una empresa por sus trabajadores.

buzz [bʌz] **1** *n* (*of insect, device*) zumbido *m*; (*of conversation*) rumor *m*; (*fam: telephone call*); **to give sb a** ~ dar un telefonazo *or* toque a algn. **2** *cpd*: ~ **word** *n* palabra *f* que está de moda, cliché *m*. **3** *vt* (*call*) llamar; (*Aer: plane, building, ship*) pasar rozando. **4** *vi* (**a**) (*insect*) zumbar. (**b**) (*ears, crowd*) zumbar; **my head is** ~**ing** me zumba la cabeza.

▸ **buzz about** *vi* + *adv* (*fam: person*) trajinar.

▸ **buzz off** *vi* + *adv* (*Brit fam*) largarse.

buzzard [ˈbʌzəd] *n* (*Brit*) águila *f* ratonera; (*US*) buitre *m*, gallinazo *m* (*LAm*), zopilote *m* (*CAm, Mex*).

buzzer [ˈbʌzəʳ] *n* timbre *m*.

buzzing [ˈbʌzɪŋ] *n* zumbido *m*.

B.V.M. *n abbr of* **Blessed Virgin Mary**.

b/w *abbr of* **black and white** b/n.

by [baɪ] **1** *adv* (**a**) (*near*) cerca, al lado; **close** *or* **hard** ~ muy cerca.

(**b**) (*past*) **to pass/rush** ~ pasar/pasar de prisa.

(**c**) (*aside*) **to put sth** ~ poner algo a un lado.

(**d**) (*phrases*) ~ **and** ~ poco después, con el tiempo; ~ **and large** en general, en términos generales.

2 *prep* (**a**) (*close to*) cerca de, al lado de, junto a; **the house** ~ **the river** una casa a orillas del río; **a holiday** ~ **the sea** vacaciones en la costa; **I've got it** ~ **me** lo tengo a mi lado.

(**b**) (*via*) por; **he came in** ~ **the back door** entró por la puerta de atrás.

(**c**) (*past*) por (delante); **she walked** ~ **me** pasó por delante de mí.

(**d**) (*during*) ~ **day/night** de noche/día.

(**e**) (*not later than*) para; **we must be there** ~ **4 o'clock** tenemos que estar para las 4; ~ **the time I got there, ...** (para) cuando llegué, ya ...; ~ **that time** *or* ~ **then I knew** para entonces ya lo sabía.

(**f**) (*indicating amount*) **we sell** ~ **the pound** vendemos por libras; **we charge** ~ **the kilometre** cobramos por kilómetro; ~ **the hour** por hora; ~ **degrees, little** ~ **little** poco a poco; **one** ~ **one** uno tras otro, uno a uno.

(**g**) (*indicating agent, cause*) por; **killed** ~ **lightning** fulminado por un rayo; **a painting** ~ **Picasso** un cuadro de Picasso; **surrounded** ~ **enemies** rodeado de enemigos.

(**h**) (*indicating method, manner, means: with gerund*) ~ **working hard** trabajando mucho; ~ **bus/car** en autobús/coche; ~ **rail** *or* **train** en tren; ~ **land and** ~ **sea** por tierra y por mar; **to pay** ~ **cheque** pagar con cheque; **made** ~ **hand** hecho a mano; **to lead** ~ **the hand** llevar de la mano; ~ **moonlight** a la luz de la luna; **he had a daughter** ~ **his first wife** tuvo una hija con su primera mujer.

(**i**) (*according to*) según, de acuerdo con; ~ **my watch it's five o'clock** según mi reloj, son las cinco; **to judge** ~ **appearances, he is poor** a juzgar por las apariencias, es pobre; **to call sth** ~ **its proper name** llamar algo por su nombre correcto; **it's all right** ~ **me** por mí *or* por mi parte, está bien.

(**j**) (*measuring difference*) por; **broader** ~ **a metre** un metro más ancho; **it missed me** ~ **inches** por un pelo, no me tocó.

(**k**) (*Math, measure*) **to divide/multiply** ~ dividir/multiplicar por; **a room 3 metres** ~ **4** una habitación de 3 metros por 4.

(**l**) (*points of compass*) **north** ~ **north east** norte por noreste.

(**m**) (*in oaths*) **I swear** ~ **Almighty God** juro por Dios Todopoderoso; ~ **heaven** (*fam*) por Dios.

(**n**) ~ **the way,** ~ **the by(e)** a propósito.

(**o**) (*in expressions*) ~ **heart** de memoria; ~ **chance** de *or* por casualidad; ~ **far** con mucho.

bye [baɪ] *interj* (*fam: also* ~-~) adiós, hasta luego, chao/chau (*esp LAm*).

by(e)-election [ˈbaɪɪˌlekʃən] *n* elección *f* parcial.

bygone [ˈbaɪgɒn] **1** *adj* (*days, times*) pasado/a. **2** *n*: **let** ~**s be** ~**s** lo pasado, pasado está.

by-law [ˈbaɪlɔː] *n* ordenanza *f* municipal.

bypass [ˈbaɪpɑːs] **1** *n* (*road*) carretera *f* de circunvalación. **2** *vt* (*town*) evitar entrar en; (*fig: person, difficulty*) evitar.

by-product [ˈbaɪˌprɒdəkt] *n* (*Chem etc*) subproducto *m*, derivado *m*; (*fig*) consecuencia *f*, resultado *m*.

byre [ˈbaɪəʳ] *n* establo *m*.

bystander [ˈbaɪˌstændəʳ] *n* (*spectator*) espectador(a) *m/f*; (*witness*) testigo *mf*.

byte [baɪt] *n* byte *m*, octeto *m*.

byway [ˈbaɪweɪ] *n* camino *m* poco frecuentado.

byword [ˈbaɪwɜːd] *n* sinónimo *m*; **his name is a** ~ **for success** su nombre es sinónimo del éxito.

by-your-leave [ˌbaɪjɔːˈliːv] *n*: **without so much as a** ~ sin pedir permiso, sin más ni más.

Byzantine [baɪˈzæntaɪn] *adj, n* bizantino/a *m/f*.

C

C[1], **c**[1] [siː] *n* **(a)** (*letter*) C, c *f*. **(b)** (*Mus*) **C** do *m*; *see* **A** *for usage*.

C[2] *abbr* **(a)** *of* **Celsius, centigrade** C. **(b)** (*Pol*) *of* **Conservative**.

c[2] *abbr* **(a)** (*US Fin*) *of* **cent**. **(b)** *of* **century** s. **(c)** *of* **circa** h. **(d)** (*Math*) *of* **cubic**. **(e)** *of* **carat** qts, quil.

c. *abbr of* **chapter** cap.

C.14 1 *n abbr of* **carbon 14** C-14. **2** *cpd*: ~ **dating** *n* datación *f* por C-14.

CA *abbr* **(a)** *of* **Central America**. **(b)** *of* **chartered accountant**. **(c)** (*US Post*) *of* **California**.

C/A *abbr* **(a)** *of* **capital account**. **(b)** *of* **credit account**. **(c)** *of* **current account** c/c, cta. cte.

ca. *abbr of* **circa** h.

CAA *n abbr* (*Brit*) *of* **Civil Aviation Authority**.

CAB *n abbr* (*Brit*) *of* **Citizens' Advice Bureau** *oficina estatal que facilita información gratuita sobre materias legales*.

cab [kæb] **1** *n* **(a)** (*taxi*) taxi *m*, colectivo *m* (*LAm*). **(b)** (*of lorry etc*) cabina *f*. **2** *cpd*: ~ **driver** *n* taxista *mf*.

cabaret [ˈkæbəreɪ] *n* cabaret *m*.

cabbage [ˈkæbɪdʒ] *n* col *f*, berza *f*, repollo *m*.

cabbie, **cabby** [ˈkæbɪ] *n* (*fam*) taxista *mf*.

cabin [ˈkæbɪn] **1** *n* (*hut*) cabaña *f*; (*Naut*) camarote *m*; (*Aer*) cabina *f*. **2** *cpd*: ~ **crew** *n* tripulación *f* de pilotaje; ~ **cruiser** *n* yate *m* de motor; ~ **trunk** *n* baúl *m*.

cabinet [ˈkæbɪnɪt] **1** *n* **(a)** (*cupboard*) armario *m*; (*for display*) vitrina *f*; (*for medicine*) botiquín *m*. **(b)** (*Pol*: *also* **C**~) consejo *m* de ministros, gabinete *m* ministerial. **2** *cpd*: ~ **meeting** *n* consejo *m* de ministros; **C**~ **Minister** *n* ministro/a *m/f* (del Gabinete).

cable [ˈkeɪbl] **1** *n* (*rope, Elec, cablegram*) cable *m*. **2** *vt* cablegrafiar. **3** *cpd*: ~ **railway** *n* teleférico *m*; ~ **television** *n* televisión *f* por cable; ~ **transfer** *n* (*Fin*) transferencia *f* por cable.

cablecar [ˈkeɪblkɑːʳ] *n* teleférico *m*, funicular *m*.

cablegram [ˈkeɪblgræm] *n* cablegrama *m*.

caboodle [kəˈbuːdl] *n*: **the whole** ~ (*fam*) todo el rollo (*fam*).

caboose [kəˈbuːs] *n* (*US*) furgón *m* de cola.

cache [kæʃ] *n* (*of contraband, arms*) alijo *m*; (*hiding place*) zulo *m*.

cackle [ˈkækl] **1** *n* (*of hen*) cacareo *m*; (*laugh*) risa *f* aguda; (*chatter*) parloteo *m*; **cut the ~!** (*fam*) ¡corta el rollo! (*fam*). **2** *vi* (*hen*) cacarear; (*person: laugh*) reírse agudamente.

CACM *n abbr of* **Central American Common Market** MCCA *m*.

cacophony [kæˈkɒfənɪ] *n* cacofonía *f*.

cactus [ˈkæktəs] (*pl* **~es** *or* **cacti** [ˈkæktaɪ]) *n* cacto *m*, cactus *m*.

CAD *n abbr of* **computer-aided design** DAO *m*, DAC *m* (*LAm*).

cad [kæd] *n* (*Brit: old*) canalla *m*.

cadaver [kəˈdeɪvəʳ] *n* (*esp US*) cadáver *m*.

cadaverous [kəˈdævərəs] *adj* cadavérico/a.

CADCAM [ˈkædˌkæm] *n abbr of* **computer-aided design and manufacture**.

caddie, caddy[1] [ˈkædɪ] *n* (*Golf*) cadi *m*.

caddy[2] [ˈkædɪ] *n* (*also* **tea** ~) cajita *f* para el té.

cadence [ˈkeɪdəns] *n* (*Mus, of voice*) cadencia *f*; (*rhythm*) ritmo *m*, cadencia.

cadet [kəˈdet] *n* cadete *mf*.

cadge [kædʒ] *vt* (*fam: money, cigarette etc*) gorronear, sablear; **could I ~ a lift from you?** ¿me puedes llevar?, ¿me das un aventón? (*Mex*).

cadger [ˈkædʒəʳ] *n* (*fam*) gorrón/ona *m/f*, sablista *mf*.

Cadiz [kəˈdɪz] *n* Cádiz *m*.

cadmium [ˈkædmɪəm] *n* cadmio *m*.

CAE *n abbr of* **computer-assisted engineering** IAC *f*.

Caesarean, (*US*) **Cesarean** [siːˈzɛərɪən] *n* (*also* ~ **section**) (operación *f*) cesárea *f*.

CAF, **c.a.f.** *abbr of* **cost and freight** C y F.

café [ˈkæfeɪ] *n* café *m*.

cafeteria [ˌkæfɪˈtɪərɪə] *n* (restaurante *m* de) autoservicio *m*; (*in factory etc*) cafetería *f*, comedor *m*, casino *m* (*LAm*).

caffein(e) [ˈkæfiːn] *n* cafeína *f*.

cage [keɪdʒ] **1** *n* jaula *f*; (*in mine*) jaula de ascensor. **2** *vt* enjaular.

cagey [ˈkeɪdʒɪ] *adj* (*comp* **-ier**; *superl* **-iest**) (*reserved*) reservado/a; (*cautious*) cauteloso/a.

cagoule [kəˈguːl] *n* chubasquero *m*; (*without zip*) canguro *m*.

cahoots [kəˈhuːts] *npl* (*fam*); **to be in ~ with sb** estar conchabado/a con algn.

CAI *n abbr of* **computer-aided instruction** IAO *f*.

cairn [kɛən] *n* montón *m* de piedras como señal.

Cairo [ˈkaɪərəʊ] *n* El Cairo.

cajole [kəˈdʒəʊl] *vt* (*coax*) **to ~ sb into doing sth** engatusar a algn para que haga algo.

cake [keɪk] **1** *n* **(a)** (*large*) tarta *f*, torta *f*; (*small*) pastel *m*, queque *m* (*LAm*); (*sponge, plain*) bizcocho *m*, pan *m* dulce; **it's a piece of ~** (*fam*) es pan comido; **to sell like hot ~s** (*fam*) venderse como rosquillas; **he wants to have his ~ and eat it** (*fig*) quiere nadar y guardar la ropa.

(b) (*of chocolate*) barra *f*; (*of soap*) pastilla *f*.

2 *vt*: **~d with mud** cubierto de lodo.

3 *vi* (*blood*) coagularse; (*mud*) endurecerse.

4 *cpd*: ~ **mix** *n* polvos *mpl* para hacer pasteles; ~ **shop** *n* pastelería *f*; ~ **tin** *n* (*Culin*) molde *m* para pastel.

Cal. *abbr* (*US*) *of* **California**.

cal. *abbr of* **calorie**.

calamine [ˈkæləmaɪn] *n* (*also* ~ **lotion**) calamina *f*.

calamity [kəˈlæmɪtɪ] *n* calamidad *f*.

calcify [ˈkælsɪfaɪ] **1** *vt* calcificar. **2** *vi* calcificarse.

calcium [ˈkælsɪəm] *n* calcio *m*.

calculate [ˈkælkjʊleɪt] **1** *vt* calcular; **his words were ~d to cause pain** sus palabras estaban planeadas expresamente para hacer daño. **2** *vi* (*Math*) calcular, hacer cálculos.

► **calculate on** *vi* + *prep* contar con.

calculated [ˈkælkjʊleɪtɪd] *adj* (*deliberate: insult, action*) deliberado/a, intencionado/a; **a ~ risk** un riesgo calculado.

calculating [ˈkælkjʊleɪtɪŋ] **1** *adj* (*scheming: person*) calculador(a), astuto/a. **2** *cpd*: ~ **machine** *n* calculadora *f*.

calculation [ˌkælkjʊˈleɪʃən] *n* (*Math, estimation*) cálculo *m*.

calculator [ˈkælkjʊleɪtəʳ] *n* calculadora *f*.

calculus [ˈkælkjʊləs] *n* (*Math*) **integral/differential ~** cálculo *m* integral/diferencial.

calendar [ˈkæləndəʳ] **1** *n* **(a)** calendario *m*. **(b)** **the most**

important event in the sporting ~ el acontecimiento más importante del año deportivo; **the Church** ~ el calendario eclesiástico. **2** *cpd*: ~ **month** *n* mes *m* civil; ~ **year** *n* año *m* civil.

calf[1] [kɑːf] *n* (*pl* **calves**) (**a**) (*young cow*) becerro/a *m/f*, ternero/a *m/f*; (*young seal, elephant etc*) cría *f*; **the cow is in** *or* **with** ~ la vaca está preñada. (**b**) = **calfskin**.

calf[2] [kɑːf] *n* (*pl* **calves**) (*Anat*) pantorrilla *f*, canilla *f* (*LAm*).

calfskin [ˈkɑːfskɪn] *n* piel *f* de becerro.

calibrate [ˈkælɪbreɪt] *vt* (*gun etc*) calibrar; (*scale of measuring instrument*) graduar.

calibrated [ˈkælɪbreɪtɪd] *adj* calibrado/a.

calibration [ˌkælɪˈbreɪʃən] *n* (*see vb*) calibración *f*; graduación *f*.

calibre, (*US*) **caliber** [ˈkælɪbəʳ] *n* (*of rifle*) calibre *m*; (*fig*) capacidad *f*, calibre; **a man of his** ~ (*fig*) un hombre de su calibre.

calico [ˈkælɪkəʊ] **1** *n* calicó *m*, percal *m*. **2** *cpd* (*jacket, shirt etc*) de percal.

Calif. *abbr* (*US*) *of* **California**.

calipers [ˈkælɪpəz] *npl* (*US*) = **callipers**.

calisthenics [ˌkælɪsˈθenɪks] *nsg* (*US*) = **callisthenics**.

call [kɔːl] **1** *n* (**a**) (*gen*) llamada *f*, llamado *m* (*LAm*); (*shout*) grito *m*; (*of bird*) canto *m*; **within** ~ al alcance de la voz; **please give me a** ~ **at 7** despiérteme *or* llámeme a las 7, por favor; **whose** ~ **is it?** (*Cards*) ¿a quién le toca declarar?

(**b**) (*Telec*) llamada *f*; **long distance** ~ conferencia *f* de larga distancia; **to make a** ~ llamar (por teléfono), hacer una llamada, telefonear (*esp LAm*).

(**c**) (*summons: for flight*) anuncio *m*; (*fig: lure*) llamada *f*; **to be on** ~ (*duty*) estar de guardia; (*available*) estar disponible; **the** ~ **of duty** el cumplimiento del deber; **the** ~ **of the sea** la llamada del mar; ~ **of nature** (*euph*) necesidad *f* fisiológica; **money on** ~ dinero a la vista.

(**d**) (*visit: also Med*) visita *f*; **port of** ~ puerto *m* de escala; **to pay a** ~ **on sb** ir a ver a algn, hacer una visita a algn.

(**e**) (*need: motive*) motivo *m*; (*: use*) necesidad *f*; **you had no** ~ **to say that** no tuviste motivo alguno para decir eso; **there is no** ~ **for alarm** no tiene por qué asustarse; **there isn't much** ~ **for these now** éstos tienen poca demanda ahora.

(**f**) (*claim*) **there are many** ~**s on my time** hay muchos asuntos que requieren mi atención.

2 *vt* (**a**) (*shout out: name, person*) llamar, gritar; (*announce: flight*) anunciar; (*summon: doctor, taxi*) llamar; (*: meeting*) convocar; (*waken*) despertar; **please** ~ **me at 8** me llama *or* despierta a las 8, por favor; **to** ~ **a strike** declarar *o* convocar una huelga; **to** ~ **sb as a witness** citar a algn como testigo.

(**b**) (*Telec*) llamar (por teléfono); **I'll** ~ **you tomorrow** te llamo mañana; **don't** ~ **us, we'll** ~ **you** no se moleste en llamar, nosotros le llamaremos.

(**c**) (*name, describe*) llamar; **to be** ~**ed** llamarse; **what are you** ~**ed?** ¿cómo te llamas?; **I** ~ **it an insult** yo digo que es un insulto; **are you** ~**ing me a liar?** ¿me está llamando *or* diciendo mentiroso?; **let's** ~ **it £50** quedamos en 50 libras; **let's** ~ **it a day** (*fam*) ya basta por hoy.

3 *vi* (**a**) (*shout: person*) llamar; (*cry, sing: birds*) cantar; **to** ~ **to sb** llamar a algn.

(**b**) (*Telec*) **who is** ~**ing?** ¿de parte de quién?, ¿quién (le) llama?; **London** ~**ing** (*Rad*) aquí Londres.

(**c**) (*visit*) pasar (a ver).

4 *cpd*: ~ **girl** *n* prostituta *f*; ~ **loan** *n* préstamo *m* cobrable a la vista; ~ **option** *n* opción *f* de compra a precio fijado; ~ **sign** *n* (*Rad*) (señal *f* de) llamada *f*.

► **call aside** *vt* + *adv* (*person*) llamar aparte.

► **call away** *vt* + *adv*: **to be** ~**ed away on business** tener que ausentarse por razones profesionales.

► **call back 1** *vt* + *adv* (*Telec*) volver a llamar a. **2** *vi* + *adv* (*Telec*) volver a llamar; (*return*) volver, regresar.

► **call for** *vi* + *prep* (*summon: wine, bill*) pedir; (*demand: courage, action etc*) exigir, requerir (*LAm*); (*collect: person*) pasar a buscar; (*: goods*) recoger; **to** ~ **for help** pedir auxilio; **this** ~**s for a drink!** eso, ¡hay que festejarlo!

► **call in** *vt* + *adv* (**a**) (*summon: doctor, expert, police*) llamar a. (**b**) (*Comm etc: withdraw: faulty goods, currency*) retirar.

► **call off** *vt* + *adv* (**a**) (*cancel: meeting, race*) cancelar, suspender; (*: deal*) anular; **the strike was** ~**ed off** se desconvocó la huelga. (**b**) (*dog*) llamar (*para que no ataque*).

► **call on** *vi* + *prep* (**a**) (*visit*) pasar a ver. (**b**) (*also* ~ **upon**: *invite to speak*) ceder *or* pasar la palabra a; **to** ~ **(up)on sb to do sth** (*appeal*) apelar a algn a que haga algo; (*demand*) exigir a algn que haga algo; **I now** ~ **(up)on Mr Brown to speak** cedo la palabra al Sr Brown.

► **call out 1** *vt* + *adv* (**a**) (*shout out: name*) gritar. (**b**) (*summon: doctor*) hacer salir; (*: troops*) hacer intervenir; **to** ~ **workers out on strike** llamar a los obreros a la huelga. **2** *vi* + *adv* (*in pain, for help etc*) gritar.

► **call over** *vt* + *adv* llamar.

► **call round** *vi* + *adv* pasar por casa; **to** ~ **round to see sb** ir de visita a casa de algn.

► **call up** *vt* + *adv* (**a**) (*Mil*) llamar al servicio militar. (**b**) (*Telec*) llamar (por teléfono). (**c**) (*fig: memories*) traer a la memoria.

► **call upon** *vi* + *prep see* **call on**.

callbox [ˈkɔːlbɒks] *n* cabina *f* (telefónica).

caller [ˈkɔːləʳ] *n* (*visitor*) visita *mf*; (*Telec*) persona *f* que llama.

calligraphy [kəˈlɪgrəfɪ] *n* caligrafía *f*.

calling [ˈkɔːlɪŋ] **1** *n* (*vocation*) vocación *f*, profesión *f*. **2** *cpd*: ~ **card** *n* (*US*) tarjeta *f* de visita comercial.

callipers, (*US*) **calipers** [ˈkælɪpəz] *npl* (*Med*) soporte *msg* ortopédico; (*Math*) calibrador *msg*.

callisthenics, (*US*) **calisthenics** [ˌkælɪsˈθenɪks] *nsg* calistenia *f*.

callous [ˈkæləs] **1** *adj* (*person, remark*) insensible, cruel. **2** *n* (*Med*) callo *m*.

callow [ˈkæləʊ] *adj* (*immature: youth, fellow*) imberbe, inmaduro/a.

call-up [ˈkɔːlʌp] *n* (*Mil*) llamada *f* al servicio militar.

calm [kɑːm] **1** *adj* (*comp* ~**er**; *superl* ~**est**) tranquilo/a; **keep** ~! ¡tranquilo(s)! **2** *n* calma *f*, tranquilidad *f*; **the** ~ **before the storm** (*lit, fig*) la calma antes de la tormenta. **3** *vt* (*also* ~ **down**: *person*) calmar, tranquilizar; ~ **yourself!** ¡cálmate!

► **calm down 1** *vt* + *adv* = **calm 3**. **2** *vi* + *adv* (*person, wind*) calmarse.

calmly [ˈkɑːmlɪ] *adv* tranquilamente.

Calor gas ® [ˈkæləˌgæs] *n* (*Brit*) butano *m*.

calorie [ˈkælərɪ] *n* caloría *f*.

calorific [ˌkæləˈrɪfɪk] *adj*: ~ **value** (*Phys*) valor *m* calorífico.

calumny [ˈkæləmnɪ] *n* calumnia *f*.

calve [kɑːv] *vi* parir.

calves [kɑːvz] *npl of* **calf**[1]; **calf**[2].

CAM *n abbr of* **computer-aided manufacture** FAO *f*.

camaraderie [ˌkæməˈrɑːdərɪ] *n* compañerismo *m*.

camber [ˈkæmbəʳ] *n* (*Aut: in road*) combadura *f*.

Cambodia [kæmˈbəʊdɪə] *n* Camboya *f*.

Cambodian [kæmˈbəʊdɪən] *adj, n* camboyano/a *m/f*.

Cambs *abbr* (*Brit*) *of* **Cambridgeshire**.

camcorder [ˈkæmkɔːdəʳ] *n* cámara *f* de vídeo y audio, cámcorder *m*.

came [keɪm] *pt of* **come**.

camel [ˈkæməl] **1** *n* (**a**) (*animal*) camello *m*. (**b**) (*colour*) color *m* de camello. **2** *cpd*: ~ **coat** *n* (*also* ~**hair coat**) abrigo *m* de pelo de camello; ~ **hair** *n* pelo *m* de camello.

camellia [kəˈmiːlɪə] *n* camelia *f*.

cameo [ˈkæmɪəʊ] **1** *n* (*jewellery*) camafeo *m*. **2** *cpd* de camafeo.

camera [ˈkæmərə] **1** *n* (**a**) cámara *f*, máquina *f* fotográfica; (*Cine, TV*) cámara *f*; **on ~** delante de la cámara, en cámara; **to be on ~** estar enfocado. (**b**) (*Jur*) **in ~** a puerta cerrada. **2** *cpd*: **~ crew** *n* equipo *m* de cámara.

cameraman [ˈkæmərəmaen] *n* (*pl* **-men**) cámara *mf*, operador(a) *m/f*.

camera-shy [ˈkæmərəˌʃaɪ] *adj*: **to be ~** cohibirse en presencia de la cámara.

camerawork [ˈkæmərəˌwɜːk] *n* (*Cine*) uso *m* de la cámara.

Cameroon, Cameroun [ˌkæməˈruːn] *n* Camerún *m*.

camisole [ˈkæmɪsəʊl] *n* camisola *f*.

camomile tea [ˌkæməʊmaɪlˈtiː] *n* (infusión *f* de) manzanilla *f*.

camouflage [ˈkæməflɑːʒ] **1** *n* camuflaje *m*. **2** *vt* camuflar.

camp[1] [kæmp] **1** *n* (*collection of tents*) campamento *m*; (*organized site*) camping *m*; (*Pol etc*) bando *m*, facción *f*; **to break** *or* **strike ~** levantar el campamento. **2** *cpd*: **~ bed** *n* cama *f* de campaña, cama plegable; **~ follower** *n* (*fig*) simpatizante *mf*; **~ site** *n* camping *m*. **3** *vi* acampar; **to go ~ing** ir de camping.

► **camp out** *vi + adv* pasar la noche al aire libre.

camp[2] [kæmp] (*fam*) **1** *adj* (*theatrical*) amanerado/a; (*effeminate*) afeminado/a. **2** *vt*: **to ~ it up** parodiarse a sí mismo.

campaign [kæmˈpeɪn] **1** *n* (*Mil, fig*) campaña *f*; (*election ~*) campaña electoral. **2** *vi* (*Mil, fig*) hacer campaña; **to ~ for/against** hacer campaña a favor de/en contra de.

campaigner [kæmˈpeɪnəʳ] *n* (*Mil*) **old ~** veterano/a *m/f*; **a ~ for sth** un(a) partidario/a *m/f o* defensor(a) *m/f* de algo; **a ~ against sth** un(a) luchador(a) *m/f* contra algo.

camper [ˈkæmpəʳ] *n* (*person*) campista *mf*; (*: in holiday camp*) veraneante *mf*; (*vehicle*) caravana *f*, remolque *m*.

camphor [ˈkæmfəʳ] *n* alcanfor *m*.

Camping gas ® [ˈkæmpɪŋˌgæs] *n* (*Brit: gas*) gas *m* butano; (*US: stove*) cámping gas ® *m*.

campus [ˈkæmpəs] *n* (*Univ: district*) ciudad *f* universitaria; (*: internal area*) recinto *m* universitario, campus *m*.

camshaft [ˈkæmʃɑːft] *n* árbol *m* de levas.

can[1] [kæn] *modal aux vb* (*neg* **~not** *or* **can't**; *cond and pt* **could**) (**a**) (*be able to*) poder; **he ~ do it if he tries hard** puede hacerlo si se esfuerza; **I ~'t** *or* **~not go any further** no puedo seguir; **I'll tell you all I ~** te diré todo lo que pueda; **they couldn't help it** ellos no tienen la culpa; **she ~ be very annoying** a veces te pone negro; **she was as happy as could be** estaba de lo más feliz.

(**b**) (*know how to*) saber; **he ~'t swim** no sabe nadar; **~ you speak Italian?** ¿sabes (hablar) italiano?

(**c**) (*may*) poder; **~ I have your name?** ¿me dice su nombre?; **~ I use your telephone?** ¿puedo usar su teléfono?; **could I have a word with you?** ¿podría hablar contigo un momento?; **~'t I come too?** ¿puedo ir también?

(**d**) (*expressing disbelief, puzzlement etc*) **this ~'t be true!** ¡esto no puede ser!; **how could you lie to me!** ¿cómo pudiste mentirme?; **they ~'t have left already!** ¡no es posible que ya se han ido!; **what ~ he want?** ¿qué querrá?

(**e**) (*expressing possibility, suggestion etc*) **they could have forgotten** puede (ser) que se hayan olvidado; **you could have told me!** ¡podías habérmelo dicho!; **he could be in the library** puede que esté en la biblioteca; **I could cry/scream!** es para llorar/gritar; **you could try telephoning his office** ¿por qué no le llamas a su despacho?

(**f**) **I could do with a drink** ¡qué bien me vendría una copa!; **we could do with a bigger house** nos convendría una casa más grande.

can[2] [kæn] **1** *n* (*container: for foodstuffs*) bote *m*, lata *f*; (*: for oil, water etc*) bidón *m*; (*esp US: garbage ~*) cubo *m or* (*LAm*) bote *m or* tarro *m* de la basura; (*US fam: prison*) chirona *f* (*fam*); **a ~ of beer** una lata de cerveza; **~ of worms** (*fam*) problema *etc* peliagudo; **to open a ~ of worms** (*fam*) abrir la caja de Pandora; **to carry the ~** (*fam*) pagar el pato. **2** *vt* (*food*) enlatar, envasar.

Canada [ˈkænədə] *n* Canadá *m*.

Canadian [kəˈneɪdɪən] *adj*, *n* canadiense *mf*.

canal [kəˈnæl] **1** *n* (*for barge*) canal *m*; (*Anat*) tubo *m*. **2** *cpd*: **C~ Zone** *n* (*US*) *zona del canal de Panamá*.

Canaries [kəˈnɛərɪz] *npl*: **the ~** las Canarias.

canary [kəˈnɛərɪ] **1** *n* canario *m*. **2** *cpd*: **~ yellow** *adj* (de color) amarillo canario *inv*.

Canary Islands [kəˈnɛərɪˌaɪləndz] *npl* Islas *fpl* Canarias.

Canberra [ˈkænbərə] *n* Canberra *f*.

cancel [ˈkænsəl] (*pt, pp* **~led** *or* (*US*) **~ed**) *vt* (**a**) cancelar; (*train*) cancelar, suspender; (*order, contract*) anular. (**b**) (*obliterate: name*) borrar, suprimir; (*: stamp*) matar; (*: cheque*) anular. (**c**) (*Math*) anular.

► **cancel out 1** *vt + adv* (*Math*) anular; (*fig*) contrarrestar; **they ~ each other out** se anulan mutuamente. **2** *vi + adv* (*Math*) anularse.

cancellation [ˌkænsəˈleɪʃən] *n* cancelación *f*.

cancer [ˈkænsəʳ] **1** *n* (**a**) (*Med*) cáncer *m*. (**b**) **C~** (*Astron, Geog etc*) Cáncer *m*; *see* **tropic**. **2** *cpd*: **~ patient** *n* enfermo/a *m/f* de cáncer; **~ research** *n* investigación *f* del cáncer.

cancerous [ˈkænsərəs] *adj* canceroso/a.

candelabra [ˌkændɪˈlɑːbrə] *n* candelabro *m*.

C and F *abbr* (*Comm*) *of* **Cost and Freight** C y F.

candid [ˈkændɪd] *adj* franco/a, sincero/a.

candidacy [ˈkændɪdəsɪ] *n* candidatura *f*.

candidate [ˈkændɪdeɪt] *n* (*for job*) aspirante *mf*, solicitante *mf*; (*for election, examination*) candidato/a *m/f*; (*for competitive examination*) opositor(a) *m/f*.

candidature [ˈkændɪdətʃəʳ] *n* = **candidacy**.

candidly [ˈkændɪdlɪ] *adv* francamente.

candied [ˈkændɪd] *adj*: **~ peel** piel *f* almibarada.

candle [ˈkændl] *n* vela *f*; (*in church*) cirio *m*; **you can't hold a ~ to him** no llegas a la suela de su zapato; *see* **burn 2**.

candlelight [ˈkændllaɪt] *n*: **by ~** a la luz de una vela.

candlelit [ˈkændllɪt] *adj*: **a ~ supper for two** una cena para dos con velas.

candlestick [ˈkændlstɪk] *n* (*gen*) candelero *m*; (*Rel*) cirial *m*.

candlewick [ˈkændlwɪk] *n* tela *f* de algodón afelpada, chenille *f*.

can-do [ˌkænˈduː] *adj* (*US fam*) dinámico/a.

candour, (*US*) **candor** [ˈkændəʳ] *n* franqueza *f*, sinceridad *f*.

C & W *n abbr of* **Country and Western (music)**.

candy [ˈkændɪ] **1** *n* (*sugar ~*) azúcar *m* cande; (*US: sweets*) caramelos *mpl*, golosinas *fpl*, dulces *mpl*. **2** *vt* (*fruit*) escarchar. **3** *cpd*: **~ store** *n* (*US*) confitería *f*, bombonería *f*.

candyfloss [ˈkændɪflɒs] *n* algodón *m*.

candy-striped [ˈkændɪˌstraɪpt] *adj* a rayas multicolores.

cane [keɪn] **1** *n* (*Bot*) caña *f*; (*for baskets, chairs etc*) mimbre *m*; (*stick: for walking*) bastón *m*; (*: for punishment*) vara *f*; **to get the ~** (*Scol*) ser castigado con la vara. **2** *vt* (*pupil*) castigar con la vara. **3** *cpd*: **~ chair** *n* silla *f* de mimbre; **~ liquor** *n* caña *f*; **~ sugar** *n* azúcar *m* de caña.

canine [ˈkænaɪn] **1** *adj* canino/a. **2** *n* (*dog*) perro *m*; (*~ tooth*) colmillo *m*, diente *m* canino.

canister [ˈkænɪstəʳ] *n* (*for tea, coffee*) lata *f*, bote *m*, cajita *f*.

canker [ˈkæŋkəʳ] *n* (*Med*) úlcera *f* en la boca; (*Bot*) cancro *m*; (*fig*) cáncer *m*.

cannabis [ˈkænəbɪs] *n* canabis *m*.

canned [kænd] **1** *pt, pp of* **can[2]**. **2** *adj* (*food*) enlatado/a, en lata; (*fam: recorded: music*) grabado/a, enlatado/a; (*fam: drunk*) mamado/a, tomado/a *(LAm)*.

cannelloni [ˌkænɪˈləʊnɪ] *npl* canelones *mpl*.

cannibal ['kænɪbəl] *n* caníbal *mf*, antropófago/a *m/f*.
cannibalize ['kænɪbəlaɪz] *vt* (*car etc*) desmontar (*para usar las piezas aprovechables*).
canning ['kænɪŋ] **1** *n* enlatado *m*. **2** *cpd*: ~ **factory** *n* fábrica *f* de conservas; ~ **industry** *n* industria *f* conservera.
cannon ['kænən] **1** *n* (*pl* ~ *or* ~**s**) (*Mil*) cañón *m*; (*in billiards*) carambola *f*. **2** *vi*: **to ~ into** chocar con *or* contra. **3** *cpd*: ~ **fodder** *n* carne *f* de cañón.
cannonball ['kænənbɔːl] *n* bala *f* de cañón.
cannot ['kænɒt] *neg of* **can**[1].
canoe [kə'nuː] **1** *n* canoa *f*; (*for sport*) piragua *f*. **2** *vi* ir en canoa.
canoeing [kə'nuːɪŋ] *n* piragüismo *m*.
canoeist [kə'nuːɪst] *n* piragüista *mf*.
canon ['kænən] **1** *n* (**a**) (*Rel etc: decree*) canon *m*; (*fig*) canon, norma *f*; (*Mus*) canon. (**b**) (*priest*) canónigo *m*. **2** *cpd*: ~ **law** *n* (*Rel*) derecho *m* canónico.
canonize ['kænənaɪz] *vt* canonizar.
canoodle [kə'nuːdl] *vi* (*fam*) besuquearse (*fam*).
can-opener ['kænəʊpnə^r] *n* abrelatas *m inv*.
canopy ['kænəpɪ] *n* (*above bed, throne*) dosel *m*; (*outside shop*) toldo *m*.
cant [kænt] *n* (*jargon*) jerga *f*; (*hypocritical talk*) hipocresías *fpl*.
can't [kɑːnt] *neg* = **can**[1].
Cantab [kæn'tæb] *adj abbr* (*Brit*) *of* **Cantabrigiensis, of Cambridge**.
Cantabrian [kæn'tæbrɪən] *adj* cantábrico/a.
cantankerous [kæn'tæŋkərəs] *adj* (*quarrelsome*) pendenciero/a; (*moody*) malhumorado/a, irritable.
canteen [kæn'tiːn] *n* (**a**) (*restaurant*) cantina *f*, comedor *m*, casino *m* (*LAm*). (**b**) **a ~ of cutlery** un juego de cubiertos.
canter ['kæntə^r] **1** *n* medio galope *m*. **2** *vi* ir a medio galope.
cantilever ['kæntɪliːvə^r] **1** *n* viga *f* voladiza. **2** *cpd*: ~ **bridge** *n* puente *m* voladizo.
canton ['kæntɒn] *n* (*Admin, Pol*) cantón *m*.
canvas ['kænvəs] **1** *n* (*cloth*) lona *f*; (*Art*) lienzo *m*; (*Naut*) velas *fpl*; **under** ~ en tienda de campaña *or* (*LAm*) en carpa; (*Naut*) con velamen desplegado. **2** *cpd* de lona; ~ **shoes** *npl* calzados *mpl* de lona; (*rope-soled*) alpargatas *fpl*.
canvass ['kænvəs] **1** *vt* (*Pol: district*) hacer campaña en; (*: voters*) solicitar el voto de; (*Comm: district, opinions*) sondear. **2** *vi* (*Pol*) solicitar votos, hacer campaña (*for* a favor de); (*Comm*) buscar clientes.
canvasser ['kænvəsə^r] *n* (*Pol*) persona *f* que hace campaña electoral; (*Comm*) promotor(a) *m/f*.
canvassing ['kænvəsɪŋ] *n* solicitación *f* (de votos).
canyon ['kænjən] *n* cañón *m*.
CAP *n abbr of* **Common Agricultural Policy** PAC *f*.
cap [kæp] **1** *n* (**a**) (*hat*) gorra *f*; (*soldier's* ~) gorra militar; (*for swimming*) gorro *m* de baño; **to go ~ in hand** ir con el sombrero en la mano; **if the ~ fits, wear it** el que se pica, ajos come; **he's got his ~ for England** le incluyeron en la selección nacional inglesa; **to put on one's thinking ~** ponerse a pensar detenidamente; **I must put on my thinking ~** tengo que meditarlo.
(**b**) (*lid, cover: of bottle*) tapa *f*, chapa *f*, tapón *m*; (*of pen*) capuchón *m*; (*Aut: radiator/petrol* ~) tapón; (*contraceptive*) diafragma *m*.
2 *vt* (**a**) (*bottle etc*) tapar; (*tooth*) enfundar, poner una corona a.
(**b**) (*surpass: story, joke*) superar; **and to ~ it all, he** ... y para colmo, él ....
(**c**) (*expenditure*) restringir; (*council etc*) imponer un límite presupuestario a.
(**d**) (*Ftbl etc: player*) seleccionar.
cap. *abbr* (*Typ*) *of* **capital (letter)** may.
capability [,keɪpə'bɪlɪtɪ] *n* (*no pl: competence*) competencia *f*; (*potential ability*) capacidad *f*.
capable ['keɪpəbl] *adj* (**a**) (*competent*) competente. (**b**) (*able to*) capaz; (*predisposed towards*) susceptible.
capacitor [kə'pæsɪtə^r] *n* capacitor *m*.
capacity [kə'pæsɪtɪ] **1** *n* (**a**) (*of container etc*) capacidad *f*; (*position*) calidad *f*; (*also* **seating** ~) cabida *f*, aforo *m*; **filled to ~** al completo; **in my ~ as Chairman** en mi calidad de presidente. (**b**) (*ability*) capacidad *f*. **2** *cpd*: ~ **audience** *n* lleno *m*; **there was a ~ audience in the theatre** hubo un lleno en el teatro; ~ **booking** *n* reserva *f* total; ~ **crowd** *n* = ~ **audience**.
cape[1] [keɪp] *n* (*Geog*) cabo *m*; **C~ of Good Hope** cabo de Buena Esperanza; **C~ Horn** cabo de Horno; **C~ Town** El Cabo.
cape[2] [keɪp] *n* (*garment*) capa *f*; (*of policeman, cyclist*) chubasquero *m*.
caper[1] ['keɪpə^r] *n* (*Culin*) alcaparra *f*.
caper[2] ['keɪpə^r] **1** *n* (*escapade*) travesura *f*. **2** *vi* (*child*) juguetear, jugar y brincar.
capillary [kə'pɪlərɪ] **1** *adj* capilar. **2** *n* capilar *m*.
capital ['kæpɪtl] **1** *adj* (**a**) (*letter*) mayúsculo/a; **he's Conservative with a ~ C** es conservador con mayúscula.
(**b**) (*Jur*) ~ **offence** delito *m* capital; ~ **punishment** pena *f* de muerte.
(**c**) (*old: idea*) primordial.
2 *n* (**a**) (*also* ~ **letter**) mayúscula *f*.
(**b**) (*also* ~ **city**) capital *f*.
(**c**) (*Fin*) capital *m*; **to make ~ out of sth** (*fig*) sacar provecho de algo.
3 *cpd*: ~ **account** *n* cuenta *f* de capital; ~ **allowance** *n* desgravación *f* sobre bienes de capital; ~ **assets** *npl* activo *m* fijo; ~ **expenditure** *n* inversión *f* de capital; ~ **gains tax** *n* impuesto *m* sobre las plusvalías; ~ **goods** *npl* bienes *mpl* de equipo; ~ **investment** *n* inversión *f* de capital; ~ **outlay** *n* desembolso *m* de capital; ~ **spending** *n* capital *m* adquisitivo; ~ **transfer tax** *n* impuesto *m* sobre plusvalía de cesión.
capital-intensive [,kæpɪtlɪn'tensɪv] *adj* de utilización intensiva de capital.
capitalism ['kæpɪtəlɪzəm] *n* capitalismo *m*.
capitalist ['kæpɪtəlɪst] *adj, n* capitalista *mf*.
capitalize [kə'pɪtəlaɪz] **1** *vt* (**a**) (*Fin: provide with capital*) capitalizar. (**b**) (*letter*) escribir con mayúscula. **2** *vi*: **to ~ on** sacar provecho de, aprovechar.
capitulate [kə'pɪtjʊleɪt] *vi* (*Mil, fig: surrender*) rendirse, capitular.
capon ['keɪpən] *n* capón *m*.
cappuccino [,kæpə'tʃiːnəʊ] *n* capuchino *m*.
caprice [kə'priːs] *n* capricho *m*, antojo *m*.
capricious [kə'prɪʃəs] *adj* caprichoso/a, antojadizo/a.
Capricorn ['kæprɪkɔːn] *n* (*Astron, Geog*) Capricornio *m*; *see* **tropic**.
caps [kæps] *npl abbr* (*Typ*) *of* **capitals, capital letters** may.
capsicum ['kæpsɪkəm] *n* pimiento *m*.
capsize [kæp'saɪz] **1** *vt* volcar, hacer volcar. **2** *vi* volcar(se).
capstan ['kæpstən] *n* cabrestante *m*.
capsule ['kæpsjuːl] *n* (*all senses*) cápsula *f*.
Capt. *abbr of* **Captain**.
captain ['kæptɪn] **1** *n* capitán/ana *m/f*; ~ **of industry** magnate *mf*. **2** *vt* (*team*) capitanear.
captaincy ['kæptənsɪ] *n* capitanía *f*.
caption ['kæpʃən] *n* (*heading*) título *m*, titular *m*; (*on photo, cartoon*) leyenda *f*, pie *m*; (*film*) subtítulo *m*.
captivate ['kæptɪveɪt] *vt* encantar, cautivar.
captive ['kæptɪv] **1** *adj* cautivo/a; **he had a ~ audience** la gente estuvo obligado a escucharle; ~ **market** mercado *m* cautivo. **2** *n* cautivo/a *m/f*, preso/a *m/f*; **to hold sb ~** (man)tener preso *or* cautivo a algn.
captivity [kæp'tɪvɪtɪ] *n* cautiverio *m*.
captor ['kæptə^r] *n* apresador(a) *m/f*.
capture ['kæptʃə^r] **1** *n* (*of animal, soldier, escapee*) captura *f*, apresamiento *m*; (*of city etc*) toma *f*, conquista *f*;

(*thing caught*) presa *f*. **2** *vt* (*animal*) apresar; (*soldier, escapee*) apresar, capturar; (*city etc*) tomar, conquistar; (*fig: attention*) captar; (*: leadership etc*) apoderarse de; (*painter: atmosphere*) captar.

car [kɑːʳ] **1** *n* (**a**) (*Aut*) coche *m*, auto(móvil) *m*, carro *m* (*LAm*); **by** ~ en coche *or* carro.

(**b**) (*esp US: in train, tram*) vagón *m*, coche *m*.

2 *cpd*: ~ **bomb** *n* coche-bomba *m*; ~ **boot sale** *n* (*Brit*) mercadillom (*en el que se exponen las mercancías en el maletero del coche*); ~ **chase** *n* persecución *f* de un coche; ~ **ferry** *n* transbordador *m* para coches; ~ **hire** *n* alquiler *m* de coches; ~ **industry** *n* industria *f* del automóvil; ~ **insurance** *n* seguro *m* del automóvil; ~ **park** *n* aparcamiento *m*, parking *m*, (playa *f* de) estacionamiento *m* (*LAm*); ~ **phone** *n* teléfono *m* móvil (de coche); ~ **rental** *n* = ~ **hire**; ~ **wash** *n* tren *m* *or* túnel *m* de lavado (de coches).

Caracas [kəˈrækəs] *n* Caracas *m*.

carafe [kəˈræf] *n* garrafa *f*.

caramel [ˈkærəməl] **1** *n* caramelo *m*; (*sweet*) caramelo. **2** *cpd*: ~ **custard** *n* flan *m*.

carat [ˈkærət] *cpd*: **24** ~ **gold** oro *m* de 24 quilates.

caravan [ˈkærəvæn] **1** *n* (**a**) (*gipsies'*) carromato *m*; (*Brit Aut*) remolque *m*, caravana *f*, tráiler *m* (*LAm*). (**b**) (*in desert*) caravana *f*. **2** *vi* viajar con caravana. **3** *cpd*: ~ **site** *n* camping *m* para caravanas.

caravanette [ˌkærəvəˈnet] *n* (*Brit*) caravana *f* pequeña.

caravel [kærəˈvel] *n* carabela *f*.

caraway [ˈkærəweɪ] **1** *n* alcaravea *f*. **2** *cpd*: ~ **seeds** *npl* carvis *mpl*.

carbohydrate [ˈkɑːbəʊˈhaɪdreɪt] *n* (*Chem*) hidrato *m* de carbono; (*starch in food*) fécula *f*.

carbolic [kɑːˈbɒlɪk] *adj*: ~ **acid** ácido *m* carbólico, fenol *m*.

carbon [ˈkɑːbən] **1** *n* (*Chem*) carbono *m*; (*Elec*) carbón *m*. **2** *cpd*: ~ **copy** *n* (*typing*) copia *f* al carbón; (*fig*) vivo retrato *m*; ~ **dating** *n* datación *f* por C-14; ~ **dioxide/monoxide** *n* bióxido *m*/monóxido *m* de carbono; ~ **paper** *n* papel *m* carbón; ~ **ribbon** *n* cinta *f* mecanográfica de carbón.

carbonated [ˈkɑːbəneɪtɪd] *adj*: ~ **drink** gaseosa *f*; ~ **water** agua *f* con gas.

carbonize [ˈkɑːbənaɪz] *vt* carbonizar.

carbuncle [ˈkɑːbʌŋkl] *n* (*Med*) carbunc(l)o *m*.

carburettor, (*US*) **carburetor** [ˌkɑːbjʊˈretəʳ] *n* carburador *m*.

carcass, **carcase** [ˈkɑːkəs] *n* (*animal*) res *f* muerta; (*body*) cuerpo *m*; (*: dead*) cadáver *m*; **to save one's** ~ salvar el pellejo.

carcinogenic [ˌkɑːsɪnəˈdʒenɪk] *adj* cancerígero/a, carcinógeno/a.

carcinoma [ˌkɑːsɪˈnəʊmə] *n* (*pl* ~**s** *or* ~**ta** [ˌkɑːsɪˈnəʊmətə]) carcinoma *m*.

card [kɑːd] **1** *n* (*greetings~, visiting ~ etc*) tarjeta *f*; (*membership ~*) carnet *m*; (*index ~*) ficha *f*; (*playing ~*) carta *f*, naipe *m*; (*thin cardboard*) cartulina *f*; **Christmas** ~ tarjeta de Navidad; **a pack of** ~**s** una baraja; **to play** ~**s** jugar a las cartas *or* los naipes; **it's on the** ~**s** (*fig*) es probable; **to get one's** ~**s** (*Brit*) ser despedido; **to have a** ~ **up one's sleeve** (*fig*) guardar una carta en la manga; **to lay one's** ~**s on the table** (*fig*) poner las cartas sobre la mesa *or* boca arriba; **to play one's** ~**s right** (*fig*) jugar bien sus cartas.

2 *cpd*: ~ **game** *n* juego *m* de naipes; ~ **index** *n* fichero *m*; ~ **phone** *n* (*Brit*) *cabina que funciona con una tarjeta de crédito telefónico*; ~ **sharp(er)** *n* fullero *m*, tahur *m*; ~ **table** *n* mesa *f* de baraja; ~ **trick** *n* truco *m* de naipes; ~ **vote** *n* voto *m* por delegación.

cardamom [ˈkɑːdəməm] *n* cardamomo *m*.

cardboard [ˈkɑːdbɔːd] **1** *n* cartón *m*; (*thin ~*) cartulina *f*. **2** *cpd*: ~ **city** *n* (*fam*) *área en la que los vagabundos duermen a la intemperie*, ≈ zona *f* de chabolas.

card-carrying member [ˌkɑːdˌkærɪɪŋˈmembəʳ] *n* miembro *mf* de *or* con carnet.

cardholder [ˈkɑːdˌhəʊldəʳ] *n* (*of political party, organization*) miembro *mf* de carnet; (*of credit card*) titular *mf* (de tarjeta de crédito).

cardiac [ˈkɑːdɪæk] *adj* cardíaco/a; ~ **arrest** colapso *m* cardíaco.

cardigan [ˈkɑːdɪgən] *n* chaqueta *f* de punto, rebeca *f*.

cardinal [ˈkɑːdɪnl] **1** *adj* (*Math*) ~ **number** número *m* cardinal; (*Rel*) ~ **sins** pecados *mpl* capitales. **2** *n* (*Rel*) cardenal *m*.

cardio... [ˈkɑːdɪəʊ] *pref* cardio....

cardiogram [ˈkɑːdɪəʊˌgræm] *n* cardiograma *m*.

cardiology [ˌkɑːdɪˈɒlədʒɪ] *n* cardiología *f*.

Cards *abbr* (*Brit*) *of* **Cardiganshire**.

CARE [kɛəʳ] *n abbr* (*US*) *of* **Cooperative for American Relief Everywhere** *sociedad benéfica*.

care [kɛəʳ] **1** *n* (**a**) (*anxiety*) preocupación *f*, inquietud *f*; **he hasn't a** ~ **in the world** no le preocupa nada; **the** ~**s of State** las responsabilidades del gobierno.

(**b**) (*carefulness*) cuidado *m*, atención *f*; **'with ~'** ¡atención!, ¡con cuidado!; **to take** ~ tener cuidado; **take ~!** (*as warning*) ¡cuidado!, ¡ten cuidado!, ¡cuídate!; (*as good wishes*) ¡cuídate!; **take** ~ **not to drop it!** cuidado no te lo dejas caer, procura no soltarlo.

(**c**) (*charge*) cargo *m*, cuidado *m*; (*Med*) asistencia *f*, atención *f* médica; (*on letter*) **Mr Lopez** ~ **of** (*abbr* **c/o**) **Mr. Jones** Sr. Jones, para (entregar a) Sr. Lopez; **to take** ~ **of** (*take charge of*) encargarse de, ocuparse de; (*look after*) cuidar a; **I'll take** ~ **of him!** (*fam*) ¡yo me encargo de él!; **she can take** ~ **of herself** sabe cuidar de sí misma; **the parcel was left in my** ~ dejaron el paquete a mi cargo *or* cuidado; **the child has been taken into** ~ pusieron al niño en un centro de protección de menores.

2 *vi* (*be concerned*) preocuparse (*about* por); **I don't** ~ no me importa, me da igual *or* lo mismo; **to** ~ **deeply about** (*person*) querer mucho a; (*thing*) interesarse por; **for all I** ~, **you can go** por mí, te puedes ir; **who** ~**s?** ¿qué me importa?, ¿y qué?

3 *vt* (**a**) (*be concerned*) **I don't** ~ **what you think** no me importa tu opinión; **I couldn't** ~ **less what people say** me importa un bledo lo que diga la gente.

(**b**) (*frm: like*) **would you** ~ **to come this way?** si no tiene inconveniente en pasar por aquí, por aquí si es tan amable *or* (*LAm*) si gusta; **I shouldn't** ~ **to meet him** no me gustaría conocerle.

4 *cpd*: ~ **label** *n* (*on garment*) etiqueta *f* de instrucciones de lavado.

► **care for** *vi* + *prep* (**a**) (*look after: people*) cuidar a; (*: things*) cuidar de; **well** ~**d for** (bien) cuidado. (**b**) (*like*) **I don't** ~ **for coffee** no me gusta el café; **would you** ~ **for a drink?** ¿te apetece una copa?; **she no longer** ~**s for him** ya no le quiere.

career [kəˈrɪəʳ] **1** *n* (*occupation*) profesión *f*, (*working life*) carrera *f* profesional. **2** *vi* correr a toda velocidad. **3** *cpd* (*diplomat, soldier etc*) de carrera; ~ **girl** *n* chica *f* de carrera; ~ **prospects** *npl* perspectivas *fpl* de futuro; ~**s office** *n* oficina *f* de guía vocacional; ~**s officer** *n* consejero/a *m/f* de orientación profesional.

careerist [kəˈrɪərɪst] *n* ambicioso/a *m/f*.

carefree [ˈkɛəfriː] *adj* despreocupado/a, alegre.

careful [ˈkɛəfʊl] *adj* (**a**) (*taking care, cautious*) cuidadoso/a, cauteloso/a; (*attentive*) atento/a; (**be**) ~! ¡(ten) cuidado!; **to be** ~ **with sth** tener cuidado *or* ojo con algo; **he's very** ~ **with his money** es muy ahorrador; (*pej*) es muy tacaño; **you can't be too** ~ todos los cuidados son pocos; **be** ~ **what you say to him** cuidado con lo que le dices; **he was** ~ **not to offend her** tuvo cuidado de no ofenderle. (**b**) (*painstaking: work*) cuidadoso/a, esmerado/a; (*: writer etc*) cuidadoso/a.

carefully [ˈkɛəfəlɪ] *adv* (*see adj*) con cuidado, cuidadosamente, cautelosamente.

carefulness [ˈkɛəfəlnɪs] *n* (*see adj*) cuidado *m*, cautela *f*; esmero *m*.

careless [ˈkɛəlɪs] *adj* (*gen*) descuidado/a; (*inattentive*) poco atento/a; (*dress etc*) desaliñado/a, dejado/a; (*thoughtless: remark*) imprudente; (*carefree: existence*) despreocupado/a; ~ **driving** conducción *f* negligente; ~ **mistake** descuido *m*.
carelessly [ˈkɛəlɪslɪ] *adv* sin cuidado, descuidadamente.
carelessness [ˈkɛəlɪsnɪs] *n* (*see adj*) descuido *m*; falta *f* de atención; despreocupación *f*.
caress [kəˈres] **1** *n* caricia *f*. **2** *vt* acariciar.
caretaker [ˈkɛəˌteɪkəʳ] **1** *n* (*of school, flats etc*) portero/a *m/f*, conserje *mf*; (*watchman*) vigilante *m*. **2** *cpd*: ~ **government** *n* gobierno *m* de transición.
careworn [ˈkɛəwɔːn] *adj* agobiado/a por las inquietudes.
cargo [ˈkɑːgəʊ] **1** *n* (*pl* ~**es** *or esp US* ~**s**) cargamento *m*, carga *f*. **2** *cpd*: ~ **boat** *n* buque *m* de carga; ~ **plane** *n* avión *m* de carga.
Caribbean [ˌkærɪˈbiːən] *adj* caribe; **the** ~ **(Sea)** el (Mar) Caribe.
caribou [ˈkærɪbuː] *n* caribú *m*.
caricature [ˈkærɪkətjʊəʳ] **1** *n* caricatura *f*. **2** *vt* caricaturizar.
caricaturist [ˌkærɪkəˈtjʊərɪst] *n* caricaturista *mf*.
CARICOM [ˈkærɪˌkɒm] *n abbr of* **Caribbean Community and Common Market** CMCC *f*.
caries [ˈkɛərɪiːz] *nsg* caries *f*.
caring [ˈkɛərɪŋ] *adj* afectuoso/a; **the** ~ **professions** las profesiones de dedicación humanitaria.
Carlist [ˈkɑːlɪst] *adj, n* carlista *mf*.
carnage [ˈkɑːnɪdʒ] *n* matanza *f*, carnicería *f*.
carnal [ˈkɑːnl] *adj* carnal.
carnation [kɑːˈneɪʃən] *n* clavel *m*.
carnival [ˈkɑːnɪvəl] *n* carnaval *m*, fiesta *f*.
carnivore [ˈkɑːnɪvɔːʳ] *n* carnívoro/a *m/f*.
carnivorous [kɑːˈnɪvərəs] *adj* carnívoro/a.
carob [ˈkærəb] *n* (*bean*) algarroba *f*.
carol [ˈkærəl] *n*: **Christmas** ~ villancico *m*.
carouse [kəˈraʊz] *vi* ir de juerga, ir de parranda.
carousel [ˌkæruːˈsel] *n* (*US: merry-go-round*) caballitos *mpl*, tiovivo *m*.
carp[1] [kɑːp] *n* (*fish*) carpa *f*.
carp[2] [kɑːp] *vi* (*complain*) quejarse, poner pegas; **to** ~ **at** criticar.
carpenter [ˈkɑːpɪntəʳ] *n* carpintero/a *m/f*.
carpentry [ˈkɑːpɪntrɪ] *n* carpintería *f*.
carpet [ˈkɑːpɪt] **1** *n* alfombra *f*; (*small*) tapete *m*; (*fitted* ~) moqueta *f*; **to be on the** ~ (*fam*) tener que aguantar un rapapolvo (*fam*); **to roll out the red** ~ **for sb** recibir a algn con todos los honores. **2** *vt* alfombrar, enmoquetar (*with* de); **to** ~ **sb** (*fam*) echar un rapapolvo a algn (*fam*). **3** *cpd*: ~ **bombing** *n* bombardeo *m* de arrasamiento; ~ **slippers** *npl* zapatillas *fpl*; ~ **square,** ~ **tile** *n* loseta *f*.
carpetbagger [ˈkɑːpɪtˌbægəʳ] *n* (*US*) aventurero *m* político.
carpeted [ˈkɑːpɪtɪd] *adj* (*floor*) alfombrado/a; ~ **with** (*fig*) cubierto de.
carpet-sweeper [ˈkɑːpɪtswiːpəʳ] *n* escoba *f* mecánica.
carpool [ˈkɑːpuːl] *n* (*US*) coches *mpl* de uso compartido, uso *m* compartido de coches.
carport [ˈkɑːpɔːt] *n* cochera *f*.
carriage [ˈkærɪdʒ] **1** *n* (**a**) (*Brit Rail*) vagón *m*, coche *m*; (*horse-drawn*) coche, carro *m*; (*of typewriter*) carro. (**b**) (*of person: bearing*) porte *m*. (**c**) (*Comm: transporting*) transporte *m*, flete *m*; (*cost of* ~) porte *m*, flete; ~ **forward** porte debido; ~ **free** franco de porte; ~ **inwards/outwards** gastos *mpl* de transporte a cargo del comprador/vendedor; ~ **paid** porte pagado. **2** *cpd*: ~ **return** *n* (*on typewriter etc*) tecla *f* de regreso.
carriageway [ˈkærɪdʒweɪ] *n* (*Brit Aut*) calzada *f*; *see* **dual**.
carrier [ˈkærɪəʳ] **1** *n* (**a**) (*of goods: person*) transportista *mf*; (*: company*) empresa *f* de transportes; (*Aer*) aerotransportista *m*, aerolínea *f*. (**b**) (*Med: of disease*) portador(a) *m/f*. (**c**) (*aircraft* ~) portaaviones *m inv*; **troop** ~ (*Aer*) avión *m* de transporte de tropas; (*Naut*) transporte *m*. (**d**) (*Brit: also* ~ **bag**) bolsa *f* (de papel *or* plástico). **2** *cpd*: ~ **pigeon** *n* paloma *f* mensajera.
carrion [ˈkærɪən] *n* carroña *f*.
carrot [ˈkærət] *n* zanahoria *f*.
carrousel [ˌkæruːˈsel] *n* (*US*) = **carousel**.
carry [ˈkærɪ] **1** *vt* (**a**) (*gen: convey*) llevar; (*: bring*) traer, andar (*CAm*); (*have on one's person: money, documents*) llevar (encima); (*transport: goods*) transportar; (*: passengers, message, news*) llevar; **he always carries a gun** siempre lleva pistola (encima); **are you** ~**ing any money?** ¿traes dinero?; **the train does not** ~ **passengers** el tren no lleva pasajeros; **to** ~ **sth about with one** llevar algo consigo; **the wind carried the sound to him** el viento le trajo el sonido; **the offence carries a £50 fine** la infracción será penalizada con una multa de 50 libras; **both papers carried the story** ambos periódicos traían la noticia; **he carries his drink well** aguanta mucho bebiendo; **to** ~ **sth too far** (*fig*) llevar algo demasiado lejos.
(**b**) (*Comm: goods*) tener en existencia.
(**c**) (*Math: figure*) llevarse; (*Fin: interest*) llevar.
(**d**) (*approve: motion*) aprobar; (*win: election, point*) ganar; **the motion was carried** la moción fue aprobada; **to** ~ **the day** triunfar.
(**e**) **he carries himself like a soldier** se comporta como soldado; **she carries herself well** se mueve con garbo.
2 *vi* (*sound*) oírse.
► **carry away** *vt* + *adv* (*lit*) llevarse; **to get carried away by sth** (*fig*) exaltarse por algo, entusiasmarse con algo.
► **carry forward** *vt* + *adv* (*Math, Fin*) pasar a la página/columna siguiente; **carried forward** suma y sigue.
► **carry off** *vt* + *adv* (*seize, win*) llevarse; **he carried it off very well** salió airoso de la situación.
► **carry on 1** *vt* + *adv* (*continue: tradition etc*) seguir, continuar; (*conduct: conversation*) mantener; (*: business, trade*) llevar (adelante). **2** *vi* + *adv* (**a**) (*continue*) continuar, seguir; ~ **on!** ¡siga! (**b**) (*fam: make a fuss*) montar un número (*fam*), armarla (*fam*); **to** ~ **on about sth** machacar sobre algo; **how he carries on!** ¡no para nunca!, ¡está dale que dale! (**c**) (*fam: have an affair*) tener un lío (*fam*) (*with sb* con algn).
► **carry out** *vt* + *adv* (*accomplish etc: plan*) llevar a cabo; (*threat, promise, order*) cumplir; (*perform, implement: idea, search etc*) realizar; (*experiment*) verificar; **to** ~ **out repairs** hacer reparaciones.
► **carry through** *vt* + *adv* (*accomplish: task*) llevar a término; (*sustain: person*) sostener.
carryall [ˈkærɪɔːl] *n* (*US*) = **holdall**.
carry-back [ˈkærɪbæk] *n* (*Fin*) traspaso *m* al período anterior.
carrycot [ˈkærɪkɒt] *n* (*Brit*) cuna *f* portátil, capazo *m*.
carry-on [ˌkærɪˈɒn] *n* (*fam: fuss*) jaleo *m*, lío *m*, follón *m*, bronca *f*, escándalo *m*; **what a** ~**!** ¡qué follón!
carry-out [ˈkærɪˌaʊt] *adj* (*meal etc*) para llevar.
cart [kɑːt] **1** *n* (*horse-drawn*) carro *m*; (*hand* ~) carretilla *f*; (*US: for shopping*) carrito *m* de la compra; **to put the** ~ **before the horse** (*fig*) empezar la casa por el tejado. **2** *vt* (*fam*); **I had to** ~ **his books about all day** tuve que cargar con sus libros todo el día.
► **cart off** *vt* + *adv* llevarse.
carte blanche [kɑːtˈblɑ̃ʃ] *n*: **to give sb** ~ dar carta blanca a algn.
cartel [kɑːˈtel] *n* (*Comm*) cartel *m*.
carthorse [ˈkɑːthɔːs] *n* caballo *m* de tiro.
cartilage [ˈkɑːtɪlɪdʒ] *n* cartílago *m*.
cartography [kɑːˈtɒgrəfɪ] *n* cartografía *f*.
carton [ˈkɑːtən] *n* (*milk* ~) envase *m* de cartón, caja *f*; (*ice-cream* ~, *yogurt* ~) vasito *m*; (*of cigarettes*) cartón *m*.
cartoon [kɑːˈtuːn] *n* (*in newspaper etc*) viñeta *f*, chiste *m*;

(*strip*) historieta *f*; (*sketch for fresco etc*) cartón *m*; ~**s** (*Cine, TV*) dibujos *mpl* animados, caricaturas *fpl* (*LAm*).

cartoonist [ˌkɑːˈtuːnɪst] *n* dibujante *mf*.

cartridge [ˈkɑːtrɪdʒ] **1** *n* (*gen*) cartucho *m*. **2** *cpd*: ~ **belt** *n* cartuchera *f*, canana *f*; ~ **case** *n* cartucho *m*; ~ **paper** *n* papel *m* guarro.

cartwheel [ˈkɑːtwiːl] *n* rueda *f* de carro; **to turn a** ~ (*Sport*) dar una voltereta lateral.

carve [kɑːv] **1** *vt* (*Culin: meat*) trinchar; (*stone, wood*) esculpir, cincelar, tallar; (*name on tree etc*) grabar; **to ~ out a career for o.s.** abrirse camino. **2** *vi* (*Culin*) trinchar carne.

▸ **carve up** *vt* + *adv* (*meat*) trinchar; (*fig: country*) repartirse.

carver [ˈkɑːvəʳ] *n* (*knife*) cuchillo *m* de trinchar.

carvery [ˈkɑːvərɪ] *n* restaurante *m* que se especializa en asados.

carve-up [ˈkɑːvˌʌp] (*fam*) *n* división *f*, repartimiento *m*.

carving [ˈkɑːvɪŋ] **1** *n* (*wooden ornament*) escultura *f*, talla *f*. **2** *cpd*: ~ **knife** *n* trinchante *m*.

Casablanca [ˌkæsəˈblæŋkə] *n* Casablanca *f*.

cascade [kæsˈkeɪd] **1** *n* cascada *f*, salto *m* de agua. **2** *vi* caer en cascada.

case[1] [keɪs] *n* (**a**) (*suit~*) maleta *f*, valija *f* (*LAm*), veliz *m* (*Mex*); (*packing ~*) cajón *m*; (*of drink*) caja *f*; (*for camera*) funda *f*; (*brief~*) cartera *f*, portafolio(s) *m* (*LAm*); (*for jewellery*) joyero *m*, estuche *m*; (*for spectacles, guitar, gun etc*) funda; (*display ~*) vitrina *f*; (*of watch*) caja.
(**b**) (*Typing*) **lower/upper** ~ caja *f* baja/alta, minúscula *f*/mayúscula *f*.

case[2] [keɪs] **1** *n* (**a**) (*gen, Med, instance*) caso *m*; **in any** ~ de todas formas, en cualquier caso, en todo caso; **in that** ~ en ese caso; **(just) in** ~ por si acaso, por si las moscas; **in ~ of emergency** en caso de emergencia; **a ~ in point** un ejemplo al respecto, un ejemplo que hace al caso; **it's a clear ~ of murder** es un claro caso de homicidio; **in most ~s** en la mayoría de los casos; **if that is the** ~ en ese caso; **as the ~ may be** según el caso; **in no** ~ en ningún caso, de ninguna manera; **a hospital** ~ un caso para el hospital; **he's a** ~ (*fam*) es un tipo raro (*fam*).
(**b**) (*Jur: gen*) caso *m*, proceso *m*; (*: particular dispute*) causa *f*, pleito *m*; (*: argument*) argumento *m*, razón *f*; **the ~ for the defence/prosecution** la defensa/la acusación; **to make out a** ~ exponer un argumento; **to make out a ~ for sth** dar buenas razones para algo, presentar argumentos en favor de algo; **to state one's** ~ presentar sus argumentos, exponer su caso; **to rest one's** ~ terminar la presentación de su alegato; **to have a good** ~ tener argumentos *or* razones fuertes; **there's a strong ~ for reform** hay buenos fundamentos para exigir una reforma.
(**c**) (*Ling*) caso *m*.
2 *cpd*: ~ **file** *n* historial *m*; ~ **history** *n* (*Med*) historial *m* médico *or* clínico; ~ **law** *n* jurisprudencia *f*; ~ **study** *n* estudio *m* de casos.

casement [ˈkeɪsmənt] *n* (*also* ~ **window**) ventana *f* de bisagras.

casework [ˈkeɪswɜːk] *n* (*Sociol*) asistencia *f* *or* trabajo *m* social individualizado.

caseworker [ˈkeɪsˌwɜːkəʳ] *n* asistente *mf* social.

cash [kæʃ] **1** *n* (**a**) (*coins, notes*) (dinero *m*) efectivo *m*, metálico *m*; **to pay (in)** ~ pagar al contado, pagar en efectivo; **hard** ~ (*fam*) dinero contante y sonante; ~ **in hand** efectivo en caja.
(**b**) (*immediate payment*) ~ **down** al contado; **to pay ~ (down) for sth** pagar algo al contado; ~ **on delivery** envío *m* *or* entrega *f* contra reembolso; ~ **with order** pedido *m* con pago inmediato.
(**c**) (*fam: money*) pasta *f* (*Sp fam*), plata *f* (*LAm*); **to be short of** ~ estar sin blanca, estar pelado; **I haven't any ~ on me** no llevo dinero conmigo.
2 *vt* (*cheque*) cobrar, hacer efectivo; **to ~ sb a cheque** cambiarle a algn un cheque.
3 *cpd*: ~ **account** *n* cuenta *f* de caja; ~ **advance** *n* adelanto *m*; ~ **box** *n* alcancía *f*; ~ **card** *n* tarjeta *f* de dinero; ~ **cow** *n* producto *m* muy rentable; ~ **crop** *n* cultivo *m* comercial; ~ **desk** *n* caja *f*; ~ **discount** *n* descuento *m* por pronto pago; ~ **dispenser** *n* cajero *m* automático; ~ **flow** *n* flujo *m* de caja, movimiento *m* de efectivo; ~**-flow problems** problemas *mpl* de cash-flow; ~ **order** *n* orden *f* de pago al contado; ~ **payment** *n* pago *m* al contado; ~ **price** *n* precio *m* al contado; ~ **register** *n* caja *f* registradora; ~ **reserves** *npl* reserva *fsg* en efectivo.

▸ **cash in 1** *vt* + *adv* (*insurance policy etc*) cobrar. **2** *vi* + *adv*: **to ~ in on sth** sacar partido *or* provecho de algo.

▸ **cash up** *vi* + *adv* contar el dinero recaudado.

cash-and-carry [ˈkæʃənˈkærɪ] *n* (*shop*) autoservicio *m* mayorista.

cash-book [ˈkæʃbʊk] *n* libro *m* de caja.

cashew [kæˈʃuː] *n* (*also* ~ **nut**) anacardo *m*.

cashier [kæˈʃɪəʳ] *n* cajero/a *m/f*.

cashmere [kæʃˈmɪəʳ] **1** *n* cachemir *m*, cachemira *f*. **2** *cpd* de cachemir *or* cachemira.

cashpoint [ˈkæʃˌpɔɪnt] *n* cajero *m* automático.

casing [ˈkeɪsɪŋ] *n* (*Tech: gen*) cubierta *f*; (*: of boiler*) revestimiento *m*; (*: of cylinder*) camisa *f*; (*of tyre*) llanta *f*; (*of window*) marco *m*.

casino [kəˈsiːnəʊ] *n* casino *m*.

cask [kɑːsk] *n* (*for wine*) cuba *f*; (*large*) tonel *m*.

casket [ˈkɑːskɪt] *n* (*for jewels*) estuche *m*, cofrecito *m*; (*US: coffin*) ataúd *m*.

Caspian Sea [ˈkæspɪənˌsiː] *n* Mar *m* Caspio.

cassava [kəˈsɑːvə] *n* mandioca *f*.

casserole [ˈkæsərəʊl] *n* (*utensil*) cacerola *f*, cazuela *f*; (*food*) cazuela.

cassette [kæˈset] **1** *n* cassette *m*. **2** *cpd*: ~ **deck** *n* pletina *f*; ~ **player** *n* cassette *m*; ~ **recorder** *n* cassette *m*.

cassock [ˈkæsək] *n* sotana *f*.

cast [kɑːst] (*vb: pt, pp ~*) **1** *n* (**a**) (*of net, line*) lanzamiento *m*.
(**b**) (*mould*) molde *m*; (*Med: plaster ~*) escayola *f*; (*of worm*) forma *f*; ~ **of mind** temperamento *m*.
(**c**) (*of play etc*) reparto *m*.
(**d**) (*Med: squint*) estrabismo *m*; **to have a ~ in one's eye** tener estrabismo en un ojo.
2 *vt* (**a**) (*also fig: throw*) echar, lanzar; (*: net, anchor etc*) echar; (*: shadow*) proyectar; (*: light*) arrojar; **to ~ doubt upon sth** poner algo en duda; **to ~ one's vote** votar, dar su voto; **to ~ one's eyes over sth** echar una mirada a algo; **to ~ lots** echar suertes.
(**b**) (*shed: horseshoe*) mudar; **the snake ~ its skin** la culebra mudó su piel.
(**c**) (*metal*) fundir; (*statue, clay*) moldear, vaciar.
(**d**) (*part, play*) hacer el reparto de; **he was ~ as Macbeth** le dieron el papel de Macbeth.

▸ **cast about for** *vi* + *prep* (*job, answer*) buscar, andar buscando.

▸ **cast aside** *vt* + *adv* (*reject*) descartar, desechar.

▸ **cast away** *vt* + *adv*: **to be ~ away** naufragar.

▸ **cast back** *vt* + *adv*: **to ~ one's thoughts back to** rememorar.

▸ **cast down** *vt* + *adv*: **to be ~ down** estar deprimido/a.

▸ **cast off 1** *vt* + *adv* (*Naut*) desamarrar, soltar las amarras; **the slaves ~ off their chains** los esclavos se deshicieron de sus cadenas. **2** *vi* + *adv* (*Naut*) soltar amarras; (*Knitting*) cerrar.

▸ **cast on** *vt* + *adv*, *vi* + *adv* (*Knitting*) montar.

▸ **cast up** *vt* + *adv* (*refer to*) **to ~ sth up at sb** echar en cara algo a algn.

castanets [ˌkæstəˈnets] *npl* castañuelas *fpl*.

castaway [ˈkɑːstəweɪ] *n* náufrago/a *m/f*.

caste [kɑːst] **1** *n* casta *f*. **2** *cpd* de casta.

caster [ˈkɑːstəʳ] **1** *n* (*on furniture*) ruedecilla *f*. **2** *cpd*: ~ **sugar** *n* azúcar *m* extrafino.

castigate [ˈkæstɪgeɪt] *vt (frm)* castigar.
Castile [kæsˈtiːl] *n* Castilla *f.*
Castilian [kæsˈtɪlɪən] **1** *adj* castellano/a. **2** *n* castellano/a *m/f*; *(Ling)* castellano *m*.
casting [ˈkɑːstɪŋ] **1** *adj*: ~ **vote** voto *m* decisivo *or* de calidad. **2** *cpd*: ~ **couch** *n (Cine hum)* diván *m* del director (del reparto).
cast-iron [ˈkɑːstˌaɪən] **1** *adj* (hecho/a) de hierro fundido; *(fig: will)* inquebrantable, férreo/a; *(: case)* irrebatible. **2** [ˌkɑːstˈaɪən] *n*: **cast iron** hierro *m* fundido *or* colado.
castle [ˈkɑːsl] *n* castillo *m*; *(Chess)* torre *f*; **~s in the air** *(fig)* castillos en el aire.
cast-off [ˈkɑːstɒf] **1** *adj (clothing etc)* de desecho, en desuso. **2** *n (garment)* ropa *f* de desecho.
castor[1] [ˈkɑːstəʳ] *n* = **caster 1**.
castor[2] [ˈkɑːstəʳ] *cpd*: ~ **oil** *n* aceite *m* de ricino.
castrate [kæsˈtreɪt] *vt* castrar.
castration [kæsˈtreɪʃən] *n* castración *f*.
casual [ˈkæʒjʊəl] **1** *adj* **(a)** *(not planned: walk, stroll)* sin rumbo fijo, al azar; *(: meeting)* fortuito/a; **he's just a ~ acquaintance** es un conocido nada más.
(b) *(offhand: attitude)* despreocupado/a; **a ~ glance** una ojeada; **a ~ remark** un comentario hecho a la ligera; **he was very ~ about it** no le dio mucha importancia.
(c) *(informal: discussion, tone etc)* informal, poco serio/a; *(: clothing)* de sport, sport.
(d) *(irregular: labour)* eventual, temporero/a; ~ **worker** trabajador(a) temporero/a *or* eventual.
2 *n*: **~s** *(shoes)* zapatos *mpl* de sport.
casually [ˈkæʒjʊəlɪ] *adv see* **casual 1 (a), (b), (c)**.
casualty [ˈkæʒjʊəltɪ] **1** *n (Mil: dead)* baja *f*; *(: wounded)* herido/a *m/f*; *(in accident)* víctima *f*; **C~** *(hospital department)* Urgencias; **a ~ of modern society** una víctima de la sociedad moderna. **2** *cpd*: ~ **department** *n* departamento *m* de traumatología; ~ **list** *n* lista *f* de bajas.
casuistry [ˈkæzjʊɪstrɪ] *n* casuística *f*.
CAT *n abbr* **(a)** *of* **computer-assisted translation** TAO *f*. **(b)** *of* **College of Advanced Technology**.
cat [kæt] **1** *n (domestic)* gato/a *m/f*; *(lion etc)* felino/a *m/f*; **that's put the ~ among the pigeons!** ¡eso ha metido los perros en danza!, ¡ya se armó la gorda!; **to let the ~ out of the bag** irse de la lengua; **to be like a ~ on hot bricks** estar sobre ascuas; **to fight like ~ and dog** pelearse como gato y perro; **he hasn't a ~ in hell's chance** no tiene la más mínima posibilidad; **there isn't room to swing a ~** aquí no cabe un alfiler; **when the ~'s away, the mice will play** cuando el gato no está, bailan los ratones.
2 *cpd*: ~ **burglar** *n* (ladrón/ona *m/f*) balconero/a *m/f*; ~ **flap** *n* gatera *f*.
cataclysm [ˈkætəklɪzəm] *n* cataclismo *m*.
catacombs [ˈkætəkuːmz] *npl* catacumbas *fpl*.
Catalan [ˈkætəlæn] **1** *adj* catalán/ana. **2** *n* catalán/ana *m/f*; *(Ling)* catalán *m*.
catalogue, *(US)* **catalog** [ˈkætəlɒg] **1** *n* catálogo *m*. **2** *vt* catalogar, poner en un catálogo.
Catalonia [ˌkætəˈləʊnɪə] *n* Cataluña *f*.
Catalonian [ˌkætəˈləʊnɪən] = **Catalan**.
catalyst [ˈkætəlɪst] *n (Chem, fig)* catalizador *m*.
catalytic [ˌkætəˈlɪtɪk] *adj* catalítico/a; ~ **converter** catalizador *m*.
catamaran [ˌkætəməˈræn] *n* catamarán *m*.
cat-and-mouse [ˈkætnˈmaʊs] *cpd*: **to play a ~ game with sb** jugar al gato y ratón con algn.
catapult [ˈkætəpʌlt] **1** *n (slingshot)* tirador *m*, tirachinas *m inv*; *(Aer, Mil)* catapulta *f*. **2** *vi*: **his record ~ed to number 1** su disco subió catapultado al número uno.
cataract [ˈkætərækt] *n (waterfall, Med)* catarata *f*.
catarrh [kəˈtɑːʳ] *n* catarro *m*.
catastrophe [kəˈtæstrəfɪ] *n* catástrofe *f*.
catastrophic [ˌkætəˈstrɒfɪk] *adj* catastrófico/a.
catatonic [ˌkætəˈtɒnɪk] *adj* catatónico/a.
catcall [ˈkætkɔːl] **1** *n (at meeting etc)* **~s** silbido *msg*. **2** *vi* silbar.
catch [kætʃ] *(vb: pt, pp* **caught**) **1** *n* **(a)** *(of ball etc)* cogida *f*, parada *f*; *(of trawler)* pesca *f*; *(of single fish)* presa *f*, pesca, captura *f*; **he's a good ~** *(fig)* es un buen partido.
(b) *(fastener)* cierre *m*; *(: on door)* pestillo *m*.
(c) *(trick)* trampa *f*; *(snag)* pega *f*; **where's the ~?** ¿dónde está la trampa?
(d) with a ~ in one's voice con la voz entrecortada.
2 *vt* **(a)** *(ball)* coger *(Sp)*, agarrar *(LAm)*; *(fish)* pescar; *(thief)* coger, atrapar; *(bus, train etc)* coger *(Sp)*, tomar *(LAm)*; **I caught my fingers in the door** me pillé los dedos en la puerta; **I caught my coat on that nail** mi chaqueta se enganchó en ese clavo; **to ~ sb's attention** *or* **eye** llamar la atención de algn; **this room ~es the morning sun** este cuarto recibe el sol de la mañana; **the punch caught him on the arm** el golpe le dio en el brazo.
(b) *(take by surprise)* pillar *or (Sp)* coger *or (LAm)* tomar de sorpresa; **to ~ sb doing sth** sorprender *or* pillar a algn haciendo algo; **you won't ~ me doing that** yo sería incapaz de hacer eso, nunca me verás haciendo eso; **they caught him in the act** le cogieron *or* pillaron en el acto; **he got caught in the rain** la lluvia le pilló *or* cogió *or* agarró desprevenido.
(c) *(hear)* oír; *(understand)* comprender, entender; *(portray: atmosphere, likeness)* saber captar, plasmar; **the painter has caught her expression** el pintor ha sabido captar su gesto.
(d) *(Med: disease)* coger *(Sp)*, pillar, contagiarse de; **to ~ a cold** resfriarse; **to ~ one's breath** contener la respiración; **you'll ~ it!** *(fam)* ¡las vas a pagar!, ¡te va a costar!
(e) *(be in time for)* **to ~ the post** llegar antes de la recogida del correo; **we only just caught the train** por poco perdimos el tren.
3 *vi* **(a)** *(hook)* engancharse; *(tangle)* enredarse.
(b) *(fire, wood)* prender, encenderse.
4 *cpd*: ~ **phrase** *n* muletilla *f*, frase *f* de moda; ~ **question** *n* pregunta capciosa *f or* de pega.
▸ **catch at** *vi + prep (object)* tratar de coger *(Sp) or (LAm)* agarrar; *(opportunity)* aprovechar.
▸ **catch on** *vi + adv* **(a)** *(become popular)* cuajar, tener éxito. **(b)** *(understand)* caer en la cuenta.
▸ **catch out** *vt + adv (fig: with trick question)* hundir; **to ~ sb out** sorprender *or* pillar a algn; **we were caught out by the rise in the dollar** nos cogió desprevenidos la subida del dólar.
▸ **catch up 1** *vt + adv* **(a) to ~ sb up** *(walking, working etc)* alcanzar a algn. **(b) we were caught up in the traffic** nos vimos bloqueados por el tráfico. **2** *vi + adv*: **to ~ up (on one's work)** ponerse al día; **to ~ up with the news** ponerse al corriente.
catch-22 [ˌkætʃˌtwentɪˈtuː] *cpd*: ~ **situation** callejón *m* sin salida, círculo *m* vicioso.
catch-all [ˈkætʃˌɔːl] **1** *adj (regulation)* general; *(phrase)* para todo. **2** *n algo que sirve para todo*.
catching [ˈkætʃɪŋ] *adj (Med, fig)* contagioso/a.
catchment area [ˈkætʃməntˌɛərɪə] *n (Scol)* zona *f* de captación.
catchword [ˈkætʃwɜːd] *n (catch phrase)* tópico *m*; *(Typ)* reclamo *m*.
catchy [ˈkætʃɪ] *adj (comp* **-ier**; *superl* **-iest**) *(tune)* pegadizo/a.
catechism [ˈkætɪkɪzəm] *n* catequismo *m*; *(book)* catecismo *m*.
categorical [ˌkætɪˈgɒrɪkəl] *adj* categórico/a, rotundo/a.
categorize [ˈkætɪgəraɪz] *vt* clasificar.
category [ˈkætɪgərɪ] *n* categoría *f*.
cater [ˈkeɪtəʳ] *vi* **(a)** *(provide food)* proveer comida *(for* a). **(b)** *(fig)* **to ~ for** *or* **to** atender a, ofrecer (sus) servicios a; **to ~ for sb's needs** atender las necesidades de algn; **to ~ for all tastes** atender a todos los gustos; **this magazine ~s for the under-21's** esta revista se dirige a los sub-21.
caterer [ˈkeɪtərəʳ] *n* proveedor(a) *m/f*.

catering ['keɪtərɪŋ] **1** *n* servicio *m* de comidas. **2** *cpd*: ~ **company** *n* empresa *f* de hostelería; ~ **industry**, ~ **trade** *n* restaurantería *f*, hostelería *f*.
caterpillar ['kætəpɪləʳ] **1** *n* (*Zool*) oruga *f*; (*vehicle*) tractor *m* de oruga. **2** *cpd*: ~ **track** *n* rodado *m* de oruga.
catfish ['kætfɪʃ] *n*, *pl inv* siluro *m*, bagre *m*, perro *m* del norte.
catgut ['kætgʌt] *n* cuerda *f* de tripa; (*Med*) catgut *m*.
catharsis [kə'θɑːsɪs] *n* catarsis *f*.
cathedral [kə'θiːdrəl] *n* catedral *f*.
Catherine ['kæθərɪn] *cpd*: ~ **wheel** *n* (*firework*) girándula *f*.
catheter ['kæθɪtəʳ] *n* catéter *m*.
cathode ['kæθəʊd] *n* cátodo *m*.
cathode-ray tube ['kæθəʊd,reɪ'tjuːb] *n* tubo *m* de rayos catódicos.
catholic ['kæθəlɪk] **1** *adj* **(a)** **(Roman) C~** católico/a; **the C~ Church** la Iglesia Católica. **(b)** (*wide-ranging: tastes, interests*) católico/a. **2** *n*: **C~** católico/a *m/f*.
Catholicism [kə'θɒlɪsɪzəm] *n* catolicismo *m*.
catkin ['kætkɪn] *n* amento *m*, candelilla *f*.
catnap ['kætnæp] *n* siestecita *f*, sueñecito *m*.
cat's-eye ['kæts,aɪ] *n* (*Brit Aut*) catafaro *m*.
catsuit ['kætsuːt] *n* traje *m* de gato.
catsup ['kætsəp] *n* (*US*) catsup *m*, salsa *f* de tomate.
cattle ['kætl] **1** *npl* ganado *msg*. **2** *cpd*: ~ **breeder** *n* criador(a) *m/f* de ganado; ~ **drive** *n* (*US*) recogida *f* de ganado; ~ **grid** *n* (*Brit*) rejilla *f* de retención (de ganado); ~ **market** *n* mercado *m* ganadero; ~ **raising** *n* ganadería *f*; ~ **ranch** *n* finca *f* ganadera, estancia *f* (*LAm*); ~ **shed** *n* establo *m*; ~ **show** *n* feria *f* de ganado.
catty ['kætɪ] *adj* (*comp* **-ier**; *superl* **-iest**) (*fam: person, remark*) malicioso/a.
catwalk ['kætwɔːk] *n* pasarela *f*.
Caucasian [kɔː'keɪzɪən] *adj*, *n* caucásico/a *m/f*, caucasiano/a *m/f*.
Caucasus ['kɔːkəsəs] *n* Cáucaso *m*.
caucus ['kɔːkəs] (*US*) **1** *n* (*Pol: meeting*) comisión *f* ejecutiva. **2** *vi* reunirse (para tomar decisiones).
caught [kɔːt] *pt, pp of* **catch**.
cauldron ['kɔːldrən] *n* caldera *f*, calderón *m*.
cauliflower ['kɒlɪflaʊəʳ] **1** *n* coliflor *f*. **2** *cpd*: ~ **ear** *n* oreja *f* deformada por los golpes.
causality [kɔː'zælɪtɪ] *n* causalidad *f*.
cause [kɔːz] **1** *n* **(a)** (*origin*) causa *f*; (*reason*) motivo *m*, razón *f*; ~ **and effect** (relación de) causa y efecto; **with good** ~ con razón; **to be the** ~ **of** ser causa de; **there's no** ~ **for alarm** no hay por qué inquietarse; **to give** ~ **for complaint** dar motivo de queja.
(b) (*purpose*) propósito *m*, causa *f*; **in the** ~ **of justice** por la justicia; **to make common** ~ **with** hacer causa común con; **it's all in a good** ~ (*fam*) es para bien de todos; **to take up sb's** ~ apoyar la campaña de algn.
2 *vt* (*accident, trouble*) causar; **to** ~ **sb to do sth** hacer que algn haga algo.
causeway ['kɔːzweɪ] *n* calzada *f or* carretera *f* elevada.
caustic ['kɔːstɪk] **1** *adj* (*Chem*) cáustico/a; (*fig: sarcastic*) mordaz, sarcástico/a. **2** *cpd*: ~ **soda** *n* sosa *f* cáustica.
cauterize ['kɔːtəraɪz] *vt* cauterizar.
caution ['kɔːʃən] **1** *n* (*care*) cautela *f*, cuidado *m*, prudencia *f*; (*warning*) advertencia *f*, aviso *m*; (*Jur*) amonestación *f*; **to throw** ~ **to the winds** abandonar la prudencia. **2** *vt*: **to** ~ **sb** (*subj: official*) amonestar a algn; **to** ~ **sb against doing sth** advertir a algn que no haga algo.
cautious ['kɔːʃəs] *adj* (*careful*) cuidadoso/a; (*wary*) cauteloso/a, prudente.
cavalier [,kævə'lɪəʳ] **1** *n* caballero *m*. **2** *adj* (*pej: offhand*) desdeñoso/a.
cavalry ['kævəlrɪ] *n* caballería *f*.
cave [keɪv] **1** *n* cueva *f*, caverna *f*. **2** *vi*: **to go caving** ir en una expedición espeleológica. **3** *cpd*: ~ **dweller** *n* cavernícola *mf*, troglodita *mf*; ~ **painting** *n* pintura *f* rupestre.
▸ **cave in** *vi + adv* (*ceiling*) derrumbarse, desplomarse; (*ground*) hundirse.
caveman ['keɪvmæn] *n* (*pl* **-men**) hombre *m* de las cavernas.
cavern ['kævən] *n* caverna *f*.
cavernous ['kævənəs] *adj* (*eyes, cheeks*) hundido/a; (*pit, darkness*) cavernoso/a.
caviar(e) ['kævɪɑːʳ] *n* caviar *m*.
cavil ['kævɪl] (*pt, pp* **~led** *or US* **~ed**) *vi* poner peros *or* reparos (*at* a).
cavity ['kævɪtɪ] **1** *n* cavidad *f*. **2** *cpd*: ~ **wall insulation** *n* aislamiento *m* térmico.
cavort [kə'vɔːt] *vi* dar *or* hacer cabriolas, dar brincos.
caw [kɔː] **1** *n* graznido *m*. **2** *vi* graznar.
cayenne ['keɪen] *n* (*also* ~ **pepper**) pimentón *m* picante.
CB **1** *n abbr* (*Brit*) *of* **Companion (of the Order) of the Bath** *título honorífico*. **2** *cpd abbr of* **Citizens' Band**; ~ **Radio** *conjunto de frecuencias de radio usadas para la comunicación privada*.
CBC *n abbr of* **Canadian Broadcasting Corporation**.
CBE *n abbr of* **Commander of the Order of the British Empire** *título honorífico*.
CBI *n abbr of* **Confederation of British Industries** ≈ CEOE *f*.
CBS *n abbr* (*US*) *of* **Columbia Broadcasting System** *cadena de televisión*.
CC *n abbr of* **County Council** ≈ Dip.
cc *abbr* **(a)** *of* **cubic centimetres** cc, cm^3. **(b)** *of* **carbon copy**.
CCA *n abbr* (*US*) *of* **Circuit Court of Appeals**.
CCTV *n abbr of* **closed-circuit television**.
CCU *n abbr* (*Med*) *of* **coronary care unit**.
CD *n abbr* **(a)** *of* **Corps Diplomatique** CD. **(b)** *of* **Civil Defence (Corps)** (*Brit*), **Civil Defense** (*US*). **(c)** *of* **compact disc** CD *m*.
CDC *n abbr* (*US*) *of* **center for disease control**.
Cdr *abbr* (*Brit Naut, Mil*) *of* **commander** Cdte.
CD-ROM [,siːdiː'rɒm] *n abbr of* **compact disk read-only memory**.
CDT *n abbr* (*US*) *of* **Central Daylight Time**.
CDV *n abbr of* **compact disk video**.
CE *n abbr of* **Church of England**.
cease [siːs] **1** *vt* (*stop*) cesar, parar; (*suspend*) suspender; (*end*) terminar; ~ **fire!** ¡cesen *or* alto el fuego! **2** *vi* cesar (*to do, doing* de hacer).
cease-fire [,siːs'faɪəʳ] *n* (*Mil*) alto *m* el fuego.
ceaseless ['siːslɪs] *adj* incesante.
CED *n abbr* (*US*) *of* **Committee for Economic Development**.
cedar ['siːdəʳ] **1** *n* cedro *m*. **2** *cpd* (*wood, table etc*) de cedro.
cede [siːd] *vt* (*territory*) ceder; (*argument*) reconocer, admitir.
cedilla [sɪ'dɪlə] *n* cedilla *f*.
CEEB *n abbr* (*US*) *of* **College Entry Examination Board**.
ceiling ['siːlɪŋ] **1** *n* (*of room, Aer*) techo *m*; (*fig: upper limit*) límite *m*, tope *m*; **to fix a** ~ **for, to put a** ~ **on** fijar el límite de; *see* **hit 2 (c)**. **2** *cpd*: ~ **price** *n* precio *m* tope.
celebrate ['selɪbreɪt] **1** *vt* celebrar; (*have a party for*) festejar; (*mass*) celebrar, decir. **2** *vi* divertirse, festejar.
celebrated ['selɪbreɪtɪd] *adj* célebre, famoso/a.
celebration [,selɪ'breɪʃən] *n* (*act*) celebración *f*, festejo *m*; (*festivity*) festividad *f*; **in** ~ **of** para celebrar; **the jubilee ~s** las conmemoraciones *or* los festejos del aniversario.
celebrity [sɪ'lebrɪtɪ] *n* celebridad *f*.
celeriac [sə'lerɪæk] *n* apio-nabo *m*.
celery ['selərɪ] *n* apio *m*; **head** *or* **stick of** ~ tallo *m* de apio.
celestial [sɪ'lestɪəl] *adj* (*lit, fig*) celestial.
celibacy ['selɪbəsɪ] *n* celibato *m*.
celibate ['selɪbɪt] *adj*, *n* célibe *mf*.
cell [sel] **1** *n* (*in prison, monastery etc*) celda *f*; (*Bio, Pol*)

célula *f*; (*Elec*) pila *f*. **2** *cpd*: ~ **biology** *n* biología *f* celular.

cellar ['seləʳ] *n* sótano *m*; (*for wine*) bodega *f*.

cellist ['tʃelɪst] *n* violoncelista *mf*.

cello ['tʃeləʊ] *n* violoncelo *m*.

Cellophane ® ['seləfeɪn] *n* celofán *m*.

cellphone ['sel,fəʊn] *n* = **cellular telephone**.

cellular ['seljʊləʳ] *adj* (*Bio*) celular; ~ **blanket** manta *f* con tejido muy suelto; ~ **telephone** teléfono *m* celular.

cellulite ['seljʊlaɪt] *n* celulitis *f*.

celluloid ['seljʊlɔɪd] *n* celuloide *m*.

cellulose ['seljʊləʊs] *n* celulosa *f*.

Celsius ['selsɪəs] *adj* celsius, centígrado/a; **20 degrees** ~ veinte grados centígrados.

Celt [kelt, selt] *n* celta *mf*.

Celtic ['keltɪk, 'seltɪk] *adj* celta.

cement [sə'ment] **1** *n* cemento *m*; (*glue*) cola *f*, cemento (*LAm*). **2** *vt* cementar, cubrir de cemento; (*fig*) cimentar. **3** *cpd*: ~ **mixer** *n* hormigonera *f*.

cemetery ['semɪtrɪ] *n* cementerio *m*, panteón *m* (*LAm*).

cenotaph ['senətɑ:f] *n* cenotafio *m*.

censor ['sensəʳ] **1** *n* censor(a) *m/f*. **2** *vt* censurar.

censorious [sen'sɔ:rɪəs] *adj* (*frm*) hipercrítico/a.

censorship ['sensəʃɪp] *n* censura *f*.

censure ['senʃəʳ] **1** *n* censura *f*; **vote of** ~ voto de censura. **2** *vt* censurar.

census ['sensəs] *n* censo *m*.

cent [sent] *n* céntimo *m*, centavo *m* (*LAm*); **I haven't a** ~ (*US*) no tengo ni un peso.

cent. *abbr* **(a)** *of* **centigrade** C. **(b)** *of* **central**. **(c)** *of* **century** s.

centenary [sen'ti:nərɪ] *n* centenario *m*.

centennial [sen'tenɪəl] **1** *adj* centenario/a. **2** *n* (*US*) = **centenary**.

center ['sentəʳ] (*US*) = **centre**.

centigrade ['sentɪgreɪd] *adj* centígrado/a; **30 degrees** ~ treinta grados centígrados.

centilitre, (*US*) **centiliter** ['sentɪ,li:təʳ] *n* centilitro *m*.

centimetre, (*US*) **centimeter** ['sentɪ,mi:təʳ] *n* centímetro *m*.

centipede ['sentɪpi:d] *n* ciempiés *m inv*.

central ['sentrəl] *adj* central; (*principal: importance, figure*) central, clave; **his flat is very** ~ su piso está muy céntrico; **it is** ~ **to our policy** es un punto clave de nuestra política; **C~ African Republic** República *f* Centroafricana; ~ **America** Centroamérica *f*; **C~ American** (*adj, n*) centroamericano/a *m/f*; ~ **Europe** Europa *f* Central; ~ **government** gobierno *m* central; ~ **heating** calefacción *f* central; ~ **locking** cierre *m* centralizado; ~ **nervous system** sistema *m* nervioso central; ~ **processing unit** unidad *f* procesadora central; ~ **reservation** (*Brit Aut*) mediana *f*.

centralism ['sentrəlɪzəm] *n* (*Pol*) centralismo *m*.

centralize ['sentrəlaɪz] *vt* centralizar.

centrally ['sentrəlɪ] *adv*: ~**-heated** con calefacción central; ~ **planned economy** economía *f* de planificación central.

centre, (*US*) **center** ['sentəʳ] **1** *n* (*gen*) centro *m*; (*axis*) eje *m*; **the** ~ **of attention** el centro de atención; ~ **of gravity** centro de gravedad. **2** *vt* **(a)** centrar; (*ball*) pasar al centro, centrar. **(b)** (*concentrate*) concentrar (*on* en). **3** *vi* concentrarse (*in, on* en). **4** *cpd*: ~ **court** *n* pista *f* central; ~ **forward** *n* (*Sport*) (delantero/a) centro *m/f*; ~ **parties** *npl* partidos *mpl* centristas; ~ **spread** *n* (*Brit*) páginas *fpl* centrales.

centreboard, (*US*) **centerboard** ['sentəbɔ:d] *n* orza *f* de deriva.

centrefold, (*US*) **centerfold** ['sentə,fəʊld] *n* entrepágina *f*.

centrepiece, (*US*) **centerpiece** ['sentəpi:s] *n* (*fig*) atracción *f* principal.

centrifugal [sen'trɪfjʊgəl] *adj* centrífugo/a.

centrifuge ['sentrɪfju:ʒ] *n* centrifugadora *f*.

centurion [sen'tjʊərɪən] *n* centurión *m*.

century ['sentjʊrɪ] *n* siglo *m*; (*Cricket*) cien puntos *mpl or* carreras *fpl*; **in the 20th** ~ en el siglo veinte.

CEO *n abbr* (*US*) *of* **Chief Executive Officer**.

ceramic [sɪ'ræmɪk] **1** *adj* cerámico/a, de cerámica. **2** *n*: ~**s** cerámica *fsg*.

cereal ['sɪərɪəl] *n* (*crop*) cereal *m*; (*breakfast* ~) cereales *mpl*.

cerebral ['serɪbrəl] *adj* (*Med*) cerebral; (*intellectual*) cerebral, intelectual.

ceremonial [,serɪ'məʊnɪəl] **1** *adj* (*rite*) ceremonial; (*dress*) de ceremonia, de gala. **2** *n* ceremonial *m*.

ceremonious [,serɪ'məʊnɪəs] *adj* ceremonioso/a.

ceremony ['serɪmənɪ] *n* ceremonia *f*; **to stand on** ~ andarse con ceremonias *or* cumplidos.

cert [sɜ:t] *n abbr* (*Brit fam*) *of* **certainty**; **it's a (dead)** ~ es cosa segura; **he's a (dead)** ~ **for the job** sin duda le darán el puesto.

cert. *abbr of* **certified**.

certain ['sɜ:tən] *adj* **(a)** (*sure: fact, opinion*) cierto/a, seguro/a; (*: person*) seguro/a; (*inevitable: death, success*) seguro/a; (*cure*) definitivo/a; **it is** ~ **that** ... es seguro que ...; **I am** ~ **of it** estoy seguro de ello; **he is** ~ **to be there** es seguro que él estará allí; **I can't say for** ~ **that** ... no puedo decir a ciencia cierta que ...; **be** ~ **to tell her** no dejes *or* no te olvides de decírselo; **to make** ~ **of sth** asegurarse de algo; **I'll make** ~ **of it** (*check*) lo averiguaré, lo comprobaré.

(b) (*before n: unspecified, particular*) cierto/a; **a** ~ **gentleman called** le llamó un (cierto) señor; **a** ~ **Mr/Mrs Smith** un tal Señor/una tal Señora Smith; **on a** ~ **day in May** cierto día de mayo; ~ **of our leaders** algunos de nuestros líderes.

certainly ['sɜ:tənlɪ] *adv* desde luego, por supuesto; ~! ¡desde luego!, ¡cómo no! (*LAm*); ~ **not!** ¡de ninguna manera!, ¡ni hablar!; **it is** ~ **true that** ... desde luego es verdad *or* (*LAm*) cierto que ...; **I shall** ~ **be there** no faltaré, yo estaré sin falta.

certainty ['sɜ:təntɪ] *n* (*no pl: conviction*) certeza *f*, certidumbre *f*; (*sure fact*) **faced with the** ~ **of disaster** ante la seguridad del desastre; **we know for a** ~ **that** ... sabemos a ciencia cierta que ...; **it's a** ~ es cosa segura.

Cert. Ed. *n abbr of* **Certificate of Education**.

certifiable [,sɜ:tɪ'faɪəbl] *adj* (*fact, claim*) certificable; (*Med*) declarado/a demente; (*fam: mad*) loco/a, demente.

certificate [sə'tɪfɪkɪt] *n* certificado *m*; (*Univ etc*) diploma *m*, título *m*; **birth/death** ~ partida de nacimiento/defunción; **X** ~ (*Cine*) (para) mayores de 18 años; ~ **of incorporation** escritura *f* de constitución (*de una sociedad anónima*); ~ **of origin** certificado de origen.

certified ['sɜ:tɪfaɪd] *adj* (*cheque*) certificado/a; (*translation*) confirmado/a, jurado/a; (*person: declared insane*) demente; ~ **copy** copia *f* certificada; ~ **mail** (*US*) correo *m* certificado; ~ **public accountant** (*US*) contable *mf* diplomado/a.

certify ['sɜ:tɪfaɪ] **1** *vt* **(a)** certificar; **to** ~ **that** declarar que. **(b)** (*Med*) **to** ~ **sb** certificar que algn no está en posesión de sus facultades mentales. **2** *vi*: **to** ~ **that** ... certificar que ....

cervical ['sɜ:vɪkəl] *adj*: ~ **cancer** cáncer *m* cervical *or* del cuello del útero; ~ **smear** frotis *f* cervical, citología *f*.

cervix ['sɜ:vɪks] *n* (*pl* **cervices** ['sɜ:vɪsi:z]) cuello *m* del útero.

Cesarean [si:'zɛərɪən] *n* (*US*) = **Caesarean**.

cessation [se'seɪʃən] *n* (*frm*) cese *m*, suspensión *f*.

cesspit ['sespɪt], **cesspool** ['sespu:l] *n* pozo *m* negro; (*fig*) sentina *f*.

CET *n abbr of* **Central European Time**.

Ceylon [sɪ'lɒn] *n* (*Hist*) Ceilán *m*.

CF, **cf** *abbr of* **cost and freight** C y F.

C/F, **c/f**, **c/fwd** *abbr of* **carried forward**.

cf. *abbr of* **compare** cfr.

CFC *n abbr of* **chlorofluorocarbon** CFC *m*.
CG *n abbr* (*US*) *of* **coastguard**.
cg *abbr of* **centigram(s)** *of* **centigramme(s)** cg.
CH *n abbr* (*Brit*) *of* **Companion of Honour** *título honorífico*.
ch *abbr of* **central heating** cal. cen.
ch. *abbr* (**a**) *of* **chapter** cap. (**b**) *of* **cheque** ch. (**c**) *of* **church**.
Chad [tʃæd] *n* Chad *m*.
chafe [tʃeɪf] **1** *vt* (*rub against: skin etc*) rozar, raspar. **2** *vi* (**a**) (*become sore*) irritar; **to ~ against sth** rozar *or* raspar algo. (**b**) (*fig*) impacientarse *or* irritarse (*at* por).
chaff [tʃɑːf] *n* (*husks*) cascarilla *f*, ahechaduras *fpl*; (*animal food*) pienso *m*, forraje *m*; (*fig*) paja *f*.
chaffinch [ˈtʃæfɪntʃ] *n* pinzón *m* (vulgar).
chagrin [ˈʃægrɪn] *n* (*anger*) disgusto *m*; (*disappointment*) desilusión *f*, desazón *f*.
chain [tʃeɪn] **1** *n* cadena *f*; **~s** (*fetters*) cadenas, grillos *mpl*; (*Aut*) cadenas; **~ of mountains** cordillera *f*; **~ of shops** cadena de tiendas. **2** *vt* encadenar. **3** *cpd*: **~ gang** *n* (*US*) cadena *f* de presidiarios; **~ letter** *n* carta *f* que circula en cadena *(con promesa de una ganancia cuantiosa para los que lo hacen según las indicaciones)*; **~ mail** *n* cota *f* de malla; **~ reaction** *n* reacción *f* en cadena; **~ smoker** *n* fumador(a) *m/f* empedernido/a; **~ store** *n* grandes almacenes *mpl*.
► **chain up** *vt + adv* encadenar.
chainsaw [ˈtʃeɪn,sɔː] *n* sierra *f* de cadena.
chair [tʃɛəʳ] **1** *n* silla *f*; (*arm~*) sillón *m*, butaca *f*; (*seat*) lugar *m*, asiento *m*; (*Univ*) cátedra *f*; (*~man*) presidente *m*; (*US: electric ~*); **the ~** la silla eléctrica; **please take a ~** siéntese *or* tome asiento por favor; **to address the ~** dirigirse al presidente; **to take the ~** presidir. **2** *vt* (*meeting*) presidir. **3** *cpd*: **~ lift** *n* telesilla *f*, teleférico *m*.
chairman [ˈtʃɛəmən] *n* (*pl* **-men**) presidente/a *m/f*.
chairmanship [ˈtʃɛəmənʃɪp] *n* presidencia *f*.
chairoplane [ˈtʃɛərəʊ,pleɪn] *n* silla *f* colgante.
chairperson [ˈtʃɛə,pɜːsn] *n* presidente/a *m/f*.
chairwarmer [ˈtʃɛə,wɔːməʳ] *n* (*US fam*) calientasillas *mf inv*.
chairwoman [ˈtʃɛə,wʊmən] *n* (*pl* **-women**) presidenta *f*.
chalet [ˈʃæleɪ] *n* chalet *m*, chalé *m*.
chalice [ˈtʃælɪs] *n* (*Rel*) cáliz *m*.
chalk [tʃɔːk] **1** *n* (*Geol*) creta *f*; (*for writing*) tiza *f*, gis *m* *(Mex)*; **a (piece of) ~** una tiza, un gis *(Mex)*; **not by a long ~** (*fam*) ni con mucho, ni mucho menos; **they're as different as ~ and cheese** son *or* se parecen como del día a la noche. **2** *vt* (*message*) escribir con tiza; (*luggage*) marcar con tiza.
► **chalk up** *vt + adv* (*lit*) apuntar; (*fig: success, victory*) apuntarse.
chalkboard [ˈtʃɔːkbɔːd] *n* (*US*) pizarra *f*.
chalky [ˈtʃɔːkɪ] *adj* (*comp* **-ier**; *superl* **-iest**) cretáceo/a.
challenge [ˈtʃælɪndʒ] **1** *n* (*to game, fight etc*) desafío *m*, reto *m*; (*of sentry*) quién vive *m*; (*bid: for leadership etc*) intento *m* (*for* por); (*fig*) desafío; **this task is a great ~** esta tarea representa un gran desafío; **the ~ of the 21st century** el reto del siglo XXI; **to take up a ~** aceptar un desafío. **2** *vt* (*see n*) desafiar, retar; dar el quién vive a; (*dispute: fact, point*) poner en duda; **to ~ sb to do sth** desafiar *or* retar a algn a que haga algo.
challenger [ˈtʃælɪndʒəʳ] *n* contrincante *mf*.
challenging [ˈtʃælɪndʒɪŋ] *adj* (*provocative: remark, look*) desafiante; (*stimulating: book*) estimulante; (*demanding: situation, work*) que supone un reto.
chamber [ˈtʃeɪmbəʳ] **1** *n* (*of parliament*) cámara *f*; (*old: esp bedroom*) aposento *m*; **~s** (*of judge*) despacho *m*; **the Upper/Lower C~** (*Pol*) la Cámara Alta/Baja; **~ of commerce** cámara de comercio. **2** *cpd*: **~ music** *n* música *f* de cámara; **~ pot** *n* vaso *m* de noche.
chambermaid [ˈtʃeɪmbəmeɪd] *n* (*in hotel*) camarera *f*.
chameleon [kəˈmiːlɪən] *n* camaleón *m*.
chammy [ˈʃæmɪ] *n* gamuza *f*.
chamois [ˈʃæmwɑː] *n* (**a**) (*Zool*) gamuza *f*. (**b**) [ˈʃæmɪ] (*also* **~ leather**) gamuza *f*.
chamomile tea [ˈkæməʊmaɪlˈtiː] *n* = **camomile tea**.
champ¹ [tʃæmp] *vi*: **to be ~ing at the bit (to do sth)** (*fig*) estar impaciente (por hacer algo).
champ² [tʃæmp] *n* (*fam*) = **champion**.
champagne [ʃæmˈpeɪn] **1** *n* champán *m*, champaña *m*. **2** *cpd*: **~ breakfast** *n* desayuno *m* con champán.
champion [ˈtʃæmpɪən] **1** *n* campeón/ona *m/f*; (*of cause*) defensor(a) *m/f*, paladín *mf*; **boxing ~** campeón de boxeo; **world ~** campeón mundial. **2** *vt* (*person, cause*) defender, apoyar.
championship [ˈtʃæmpɪənʃɪp] *n* (*contest*) campeonato *m*.
chance [tʃɑːns] **1** *n* (**a**) (*luck, fortune, fate*) suerte *f*, azar *m*; (*coincidence*) casualidad *f*; **game of ~** juego de azar; **we met by ~ in Paris** nos encontramos por casualidad en París; **do you by any ~ know each other?** ¿se conocen por casualidad *or (LAm)* acaso?; **to leave nothing to ~** no dejar (ningún) cabo suelto.
(**b**) (*opportunity*) oportunidad *f*, chance *m (LAm)*; **the ~ of a lifetime** la oportunidad de su vida; **you'll never get another ~ like this** la suerte nunca te deparará otra ocasión como ésta; **he never had a ~ in life** no ha tenido nunca suerte, la suerte nunca le ha favorecido; **to give sb a ~** dar una oportunidad a algn, dar chance a algn *(LAm)*; **~ would be a fine thing!** ¡ojalá tuviera la oportunidad!; **to have an eye to the main ~** (*pej*) estar a la que salta.
(**c**) (*possibility*) posibilidad *f*; **to have a fair ~ of doing sth** tener buenas probabilidades de hacer algo; **the ~s are that ...** lo más probable es que ...; **he doesn't stand** *or* **he hasn't a ~ of winning** no tiene ninguna posibilidad *or* posibilidad alguna de ganar.
(**d**) (*risk*) riesgo *m*; **to take a ~** correr un riesgo, arriesgarse; **I'm taking no ~s** no me arriesgo, no quiero correr riesgo alguno.
2 *vt*: **to ~ to do sth** (*frm*) hacer algo por casualidad; **I'll ~ it** lo voy a intentar, me arriesgaré.
3 *cpd* (*meeting*) fortuito/a, casual; (*error*) imprevisto/a; (*remark*) hecho/a a la ligera.
► **chance (up)on** *vi + prep* encontrar por casualidad, tropezar(se) con.
chancel [ˈtʃɑːnsəl] *n* coro *m* y presbiterio.
chancellor [ˈtʃɑːnsələʳ] *n* (*Pol*) canciller *mf*; (*Univ*) rector(a) *m/f* honorario/a; **C~ of the Exchequer** Ministro/a *m/f or (LAm* Secretario/a), *m/f* de Hacienda; **Lord C~** *jefe de la administración de la justicia en Inglaterra y Gales, y presidente de la Cámara de los Lores*.
chancy [ˈtʃɑːnsɪ] *adj* (*comp* **-ier**; *superl* **-iest**) (*fam*) arriesgado/a.
chandelier [,ʃændəˈlɪəʳ] *n* araña *f* (de luces).
change [tʃeɪndʒ] **1** *n* (**a**) (*gen*) cambio *m*; (*alteration*) modificación *f*; (*variation*) variación *f*; **a ~ for the better/worse** un cambio para bien/para mal; **~ of address** cambio de domicilio; **a ~ of clothes** una muda; **~ of heart** cambio de opinión; **just for a ~** para variar; **the ~ of life** (*Med*) la menopausia; **~ of ownership** cambio de dueño; **~ of scene** cambio de aires.
(**b**) (*small coins*) cambio *m*, suelto *m*, sencillo *m*, feria *f* *(Mex fam)*; (*money returned*) vuelta *f*, vuelto *m (LAm)*; **can you give me ~ for £1?** ¿tiene cambio de una libra?, ¿puede cambiarme un billete de una libra?; **keep the ~** quédese con la vuelta *or (LAm)* el vuelto; **you won't get much ~ out of a pound if you buy bread** con una libra no te va a quedar mucho si compras pan.
2 *vt* (**a**) (*by substitution: address, name etc*) cambiar; **to ~ colour** cambiar *or* mudar de color; **to ~ gear** (*Aut*) cambiar de marcha; **to ~ hands** cambiar de mano *or* de dueño/a; **to ~ one's mind** cambiar de opinión *or* idea; **to ~ places** cambiar de sitio; **to ~ trains/buses/planes (at)** hacer transbordo (en), cambiar de tren/autobús/avión (en); **let's ~ the subject** cambiemos de tema.

(**b**) (*exchange: in shop*) cambiar; **can I ~ this dress for a larger size?** ¿puedo cambiar este vestido por otro de una talla mayor? (**c**) (*alter: person*) cambiar; (*fig*) evolucionar; (*transform*) transformar(se); **the prince was ~d into a frog** el príncipe se transformó en rana.

(**d**) (*money*) cambiar; **to ~ pounds into dollars** cambiar libras en dólares.

(**e**) (*baby*) **to ~ a baby** *or* **a baby's nappy** cambiar el pañal de un bebé.

3 *vi* (**a**) (*alter*) cambiar; **you've ~d!** ¡cómo has cambiado!, ¡pareces otro!; **you haven't ~d a bit!** ¡no has cambiado en lo más mínimo!

(**b**) (*clothes*) cambiarse, mudarse.

(**c**) (*trains etc*) hacer transbordo, cambiar de tren; **all ~!** ¡cambio de tren!

4 *cpd*: ~ **machine** *n* máquina *f* de cambio; ~ **purse** *n* (*US*) monedero *m*.

▸ **change down** *vi + adv* (*Aut*) reducir la velocidad, cambiar a una marcha inferior.

▸ **change over** *vi + adv* (*from sth to sth*) cambiar; (*players etc*) cambiar(se).

▸ **change up** *vi + adv* (*Aut*) cambiar a una marcha superior.

changeable ['tʃeɪndʒəbl] *adj* (*gen*) variable; (*inconsistent*) inconstante, voluble.

changing ['tʃeɪndʒɪŋ] **1** *adj* cambiante. **2** *n*: **the ~ of the Guard** el cambio de la Guardia. **3** *cpd*: ~ **room** *n* (*Brit*) vestuario *m*.

channel ['tʃænl] **1** *n* (*watercourse, TV*) canal *m*; (*strait*) estrecho *m*; (*deepest part of river*) cauce *m*; (*fig: of communication etc*) conducto *m*, medio *m*; **to go through the usual ~s** seguir las vías normales; **the (English) C~** el Canal (de la Mancha); **~ of distribution** vía *f* de distribución.

2 *vt* (*hollow out: course*) acanalar; (*direct: river etc*) encauzar; (*fig: interest, energies*) **to ~ into** encauzar a, dirigir a.

3 *cpd*: **the C~ Islands** *npl* las Islas *fpl* Anglonormandas *or* del Canal; **the C~ Tunnel** *n* el túnel del Canal de la Mancha.

chant [tʃɑːnt] **1** *n* (*Mus*) canto *m*; (*Rel*) canto, cántico *m*; (*of crowd*) gritos *mpl*, consignas *fpl*; (*fig*) sonsonete *m*. **2** *vt, vi* (*sing*) cantar; (*crowd*) cantar, gritar, corear.

chaos ['keɪɒs] *n* caos *m*, desorden *m*; **to be in ~** estar en completo desorden; (*country*) estar en el caos.

chaotic [keɪ'ɒtɪk] *adj* caótico/a.

chap[1] [tʃæp] *n* (*on lip etc*) grieta *f*.

chap[2] [tʃæp] *n* (*fam: man*) tío *m*, tipo *m*; **old ~** amigo (mío), mi viejo *(CSur)*; **poor little ~** pobrecito *m*.

chap. *abbr of* **chapter** cap.

chapel ['tʃæpəl] *n* (*part of church*) capilla *f*; (*nonconformist church*) templo *m*; (*of union*) gremio *m*.

chaperone ['ʃæpərəʊn] **1** *n* acompañanta *f* (de señoritas), carabina *mf (fam)*. **2** *vt* acompañar a, hacer de carabina a *(fam)*.

chaplain ['tʃæplɪn] *n* capellán *m*.

chaplaincy ['tʃæplənsɪ] *n* capellanía *f*.

chapped [tʃæpt] *adj* agrietado/a.

chapter ['tʃæptəʳ] *n* (*of book*) capítulo *m*; (*Rel*) cabildo *m*; **a ~ of accidents** una serie de desgracias; **with ~ and verse** con pelos y señales; **he can quote you ~ and verse** él lo sabe citar con todos sus pelos y señales.

char[1] [tʃɑːʳ] *vt* (*burn black*) carbonizar.

char[2] [tʃɑːʳ] **1** *n* (*charwoman*) asistenta *f*, mujer *f* de la limpieza. **2** *vi* hacer la limpieza.

character ['kærɪktəʳ] **1** *n* (**a**) (*nature: of thing, person*) carácter *m*, naturaleza *f*, índole *f*; (*individuality: of place, person*) carácter, personalidad *f*; **a man of ~** un hombre de carácter; **a man of good ~** un hombre de buena reputación; **in ~** característico/a; **out of ~** nada característico/a.

(**b**) (*in novel, play: person*) personaje *m*; (*: role*) papel *m*; **chief ~** protagonista *mf*.

(**c**) (*fam: person*) tipo *m*, sujeto/a *m/f*; **he's quite a ~** es un tipo muy especial.

(**d**) (*in writing, typing*) carácter *m*.

2 *cpd*: ~ **actor** *n* actor *m* especializado en personajes específicos; ~ **assassination** *n* defamación *f*; ~ **code** *n* (*Comput*) código *m* de caracteres; ~ **reference** *n* informe *m*, referencia *f*; ~ **set** *n* (*Typ*) juego *m* de caracteres; ~ **sketch** *n* esbozo *m* de carácter; ~ **space** *n* espacio *m* (de carácter).

characteristic [ˌkærɪktə'rɪstɪk] **1** *adj* característico/a (*of* de). **2** *n* característica *f*.

characterization [ˌkærɪktəraɪ'zeɪʃən] *n* (*in novel*) caracterización *f*.

characterize ['kærɪktəraɪz] *vt* (*be characteristic of*) caracterizar; (*describe*) calificar (*as* de).

charade [ʃə'rɑːd] *n* (*frm pej*) farsa *f*, comedia *f*; **~s** (*game*) charadas *fpl*.

charcoal ['tʃɑːkəʊl] **1** *n* carbón *m* vegetal; (*Art*) carboncillo *m*. **2** *cpd*: ~ **drawing** dibujo *m* al carbón.

charcoal-grey [ˌtʃɑːkəʊl'greɪ] *adj* gris marengo *inv*.

charge [tʃɑːdʒ] **1** *n* (**a**) (*explosive ~, electrical ~*) carga *f*.

(**b**) (*Mil etc: attack*) carga *f*, ataque *m*; (*of bull*) embestida *f*.

(**c**) (*legal accusation*) cargo *m*, acusación *f*; **to appear on a ~ of** comparecer acusado de; **to bring a ~ against sb** hacer una acusación contra algn, levantar expediente contra algn; **he was arrested on a ~ of murder** le detuvieron bajo acusación de asesinato.

(**d**) (*fee*) precio *m*, coste *m*, costo *m*; (*Telec*) **~s** tarifa *fsg*; **free of ~** gratis; **extra ~** recargo *m*, suplemento *m*; **professional ~s** honorarios *mpl*; **there's no ~** esto no se cobra; **to reverse the ~s** (*Telec*) llamar a cobro revertido.

(**e**) (*control, responsibility*) cargo *m*; **the person in ~** el/la encargado/a; **who is in ~ here?** ¿quién es la persona responsable?; **to be in ~ of** estar a(l) cargo de; **to take ~ (of)** hacerse cargo (de), encargarse (de); **these children are my ~s** estos niños están a mi cargo *or* bajo mi responsabilidad.

2 *vt* (**a**) (*price*) pedir, cobrar; (*customer*) cobrar; **what did they ~ you for it?** ¿cuánto te cobraron?; **~ it to my account** póngalo *or* cárguelo a mi cuenta; **to ~ 3% commission** cobrar 3 por cien de comisión.

(**b**) (*accuse*) acusar (*with* de).

(**c**) (*Mil etc: attack*) atacar, cargar.

(**d**) (*battery*) cargar.

3 *vi* (*Mil etc*) atacar, cargar; (*bull*) embestir; (*fam: rush*) precipitarse; **he ~d into the room** entró precipitado al cuarto.

4 *cpd*: ~ **account** *n* (*US*) cuenta *f* abierta *or* a crédito; ~ **card** *n* tarjeta *f* de cuenta.

chargeable ['tʃɑːdʒəbl] *adj* (**a**) **~ with** (*Jur: person*) acusable de. (**b**) **~ to** a cargo de.

chargé d'affaires ['ʃɑːʒeɪdæ'fɛəʳ] *n* encargado *m* de negocios.

chargehand ['tʃɑːdʒhænd] *n* (*Brit*) capataz *m*.

charger ['tʃɑːdʒəʳ] *n* (*Elec*) cargador *m*; (*old: warhorse*) corcel *m*.

chariot ['tʃærɪət] *n* carro *m (romano, de guerra etc)*.

charisma [kæ'rɪzmə] *n* carisma *m*.

charismatic [ˌkærɪz'mætɪk] *adj* carismático/a.

charitable ['tʃærɪtəbl] *adj* (*organisation, society*) benéfico/a; (*person, deed*) caritativo/a; (*remark, view*) comprensivo/a, compasivo/a; ~ **institution** institución *f* benéfica.

charity ['tʃærɪtɪ] *n* (**a**) caridad *f*; (*alms*) limosnas *fpl*; **out of ~** por caridad; **~ begins at home** (*Prov*) la caridad empieza por uno mismo. (**b**) (*organization*) sociedad *f* *or* institución *f* benéfica; **all proceeds go to ~** todo el importe se destina a obras benéficas.

charlady ['tʃɑːleɪdɪ] *n* (*Brit*) mujer *f* de la limpieza.

charlatan ['ʃɑːlətən] *n* charlatán *m*.

Charlie ['tʃɑːlɪ] *n*: **I felt a right ~!** (*Brit fam*) me sentí como un gilipollas *(fam)*.

charm [tʃɑːm] **1** *n* (*attractiveness*) encanto *m*, atractivo *m*; (*pleasantness*) simpatía *f*; (*also fig: magic spell*) hechizo *m*; **it worked like a ~** (*fig*) salió a las mil maravillas; **to turn on the ~** ponerse fino. **2** *vi* (*attract, enchant*) encantar; (*please*) agradar; **to lead a ~ed life** tener suerte en todo. **3** *cpd*: **~ bracelet** *n* pulsera *f* amuleto.

charmer [ˈtʃɑːməʳ] *n* hombre *m etc* encantador.

charming [ˈtʃɑːmɪŋ] *adj* encantador(a); (*person*) encantador(a), simpático/a.

chart [tʃɑːt] **1** *n* (*table*) tabla *f*, cuadro *m*; (*graph*) gráfico/a *m or f*; (*Met: weather ~*) mapa *m* meteorológico; (*Naut: map*) carta *f* (de navegación); **the ~s** (*fam*) los cuarenta (principales); **to be in the ~s** (*record, pop group*) estar en la lista de éxitos. **2** *vt* (*plot: course*) trazar; (*: sales, progress*) hacer una gráfica de. **3** *cpd*: **~ topper** *n* (*fam*) éxito *m* discográfico.

charter [ˈtʃɑːtəʳ] **1** *n* (**a**) (*authorization*) carta *f*, cédula *f*; (*of city*) fuero *m*; (*of organization*) estatutos *mpl*. (**b**) (*hire: Naut*) alquiler *m*; (*: Aer*) fletamento *m*; **this boat is available for ~** este barco se alquila. **2** *vt* (*bus*) alquilar; (*ship, plane*) fletar. **3** *cpd*: **~ flight** *n* vuelo *m* chárter.

chartered accountant [ˈtʃɑːtədəˈkaʊntənt] *n* (*Brit*) contable *mf* diplomado/a, contador(a) *m/f* público/a *(LAm)*.

charwoman [ˈtʃɑːˌwʊmən] *n* (*pl* **-women**) mujer *f* de la limpieza.

chary [ˈtʃɛərɪ] *adj* (*comp* **-ier**; *superl* **-iest**) cauteloso/a; **he's ~ of getting involved** evita inmiscuirse; **she's ~ in her praise** es parca en sus alabanzas.

chase [tʃeɪs] **1** *n* persecución *f*; **the ~** (*Hunting*) la caza; **to give ~ to** dar caza a, perseguir. **2** *vt* (*pursue*) perseguir; **he's started chasing girls** (*fam*) ya anda detrás de las chicas. **3** *vi*: **to ~ after sb** (*pursue*) correr detrás de algn; (*seek out*) ir *or* andar a la caza de algn.

▸ **chase away**, **chase off** *vt + adv* ahuyentar.

▸ **chase up** *vt + adv* (*information*) recabar, tratar de localizar; (*person*) buscar en todas partes (a); **to ~ up debts** buscar a los endeudados.

chasm [ˈkæzəm] *n* (*Geol*) sima *f*; (*fig*) abismo *m*.

chassis [ˈʃæsɪ] *n* (*Aut*) chasis *m*.

chaste [tʃeɪst] *adj* casto/a.

chasten [ˈtʃeɪsn] *vt* castigar.

chastise [tʃæsˈtaɪz] *vt* (*scold*) regañar; (*punish*) castigar.

chastisement [ˈtʃæstɪzmənt] *n* castigo *m*.

chastity [ˈtʃæstɪtɪ] *n* castidad *f*.

chat [tʃæt] **1** *n* charla *f*, plática *f (LAm)*; **to have a ~ with** (*gen*) charlar con, platicar con *(LAm)*; (*discuss*) hablar con. **2** *vi* charlar (*with, to* con). **3** *cpd*: **~ show** *n* programa *m* de entrevistas.

▸ **chat up** *vt + adv*: **to ~ up a girl** (*fam*) ligar *or* ligarse una chica.

chatline [ˈtʃætlaɪn] *n* teléfono *m* del placer.

chattels [ˈtʃætlz] *npl see* **goods**.

chatter [ˈtʃætəʳ] **1** *n* charla *f*, cháchara *f*, cotorreo *m*. **2** *vi* (*person*) charlar, estar de cháchara, cotorrear; (*birds*) parlotear; **her teeth were ~ing** le castañeteaban los dientes.

chatterbox [ˈtʃætəbɒks] *n* (*fam*) charlatán/ana *m/f (fam)*, parlanchín/ina *m/f*, cotorra *f*, platicón/ona *m/f (Mex fam)*.

chatty [ˈtʃætɪ] *adj* (*comp* **-ier**; *superl* **-iest**) (*person*) hablador(a), charlatán/ana *(fam)*, parlanchín/ina, platicón/ona *(Mex fam)*; (*letter*) informal, con cotilleos.

chauffeur [ˈʃəʊfəʳ] *n* chófer *m*, chofer *m (LAm)*.

chauffeur-driven [ˈʃəʊfəˌdrɪvən] *adj*: **~ car** coche *m* con chófer.

chauvinism [ˈʃəʊvɪnɪzəm] *n* (*male ~*) machismo *m*; (*nationalism*) chovinismo *m*, patriotería *f*.

chauvinist [ˈʃəʊvɪnɪst] *n* (*male ~*) machista *m*; (*nationalist*) chovinista *mf*, patriotero/a *m/f*; **(male) ~ pig** (*fam pej*) machista asqueroso.

ChE *abbr of* **Chemical Engineer**.

cheap [tʃiːp] **1** *adj* (*comp* **~er**; *superl* **~est**) (*low cost: goods, shop*) barato/a; (*reduced: ticket*) económico/a; (*poor quality*) barato/a, cutre *(fam)*; (*vulgar, mean: joke, behaviour*) de mal gusto, chabacano/a; **~ labour** mano *f* de obra barata; **~ money** dinero *m* barato; **it's ~ at the price** *(fam)* está regalado/a; **a ~ trick** un juego sucio; **to feel ~** sentirse humillado. **2** *adv* barato. **3** *n*: **on the ~** *(fam)* barato; **to do sth on the ~** hacer algo con el mínimo de gastos.

cheapen [ˈtʃiːpən] *vt*: **to ~ o.s.** rebajarse.

cheapie [ˈtʃiːpɪ] *adj (fam)* de barato *(fam)*.

cheaply [ˈtʃiːplɪ] *adv* (*sell etc*) barato, a precio económico.

cheapo [ˈtʃiːpəʊ] *adj (fam)* baratejo/a.

cheapskate [ˈtʃiːpskeɪt] *n (fam)* tacaño/a *m/f*, roñoso/a *m/f*.

cheat [tʃiːt] **1** *n* (*person*) tramposo/a *m/f*; (*at cards*) fullero/a *m/f*; (*fraud*) fraude *m*, estafa *f*; (*trick*) trampa *f*. **2** *vt* (*swindle*) estafar, timar; (*trick*) burlar, engañar; **to ~ sb out of sth** estafar algo a algn; **to feel ~ed** sentirse defraudado. **3** *vi* hacer trampa.

▸ **cheat on** *vi + prep* (*esp US*) engañar.

cheating [ˈtʃiːtɪŋ] *n* trampa *f*; **that's ~** eso es trampa.

check [tʃek] **1** *n* (**a**) (*control, restraint*) freno *m*, control *m*; **to hold** *or* **keep sb in ~** mantener a raya *or* controlar a algn; **to hold o.s. in ~** contenerse; **to act as a ~ on sth** refrenar algo.

(**b**) (*Chess*) jaque *m*; **in ~** en jaque; **~!** ¡jaque! (**c**) (*inspection*) control *m*, inspección *f*, chequeo *m (esp LAm)*; **to keep a ~ on sth/sb** controlar algo/a algn.

(**d**) (*US: bill*) cuenta *f*.

(**e**) (*US: cheque*) = **cheque**.

(**f**) (*pattern, square*) cuadro *m*.

(**g**) (*US: tick*) señal *f*, marca *f*; (*: agreed*) **~!** ¡de acuerdo!

2 *vt* (**a**) (*halt: spread etc*) parar, detener; (*control*) contener, refrenar; (*hold back: attack*) rechazar; **to ~ o.s.** contenerse, refrenarse.

(**b**) (*examine: facts, figures*) comprobar; (*: ticket, passport*) controlar; (*: tyres, oil*) revisar.

(**c**) (*US: tick*) señalar, marcar; (*fig*) aprobar.

3 *vi* (*make sure*) asegurarse, comprobar, chequear *(esp LAm)*; **to ~ with sb** consultar con algn.

4 *cpd*: **~ suit** *n* traje *m* a cuadros.

▸ **check in 1** *vi + adv* (*at airport*) facturar; (*at hotel*) inscribirse, registrarse. **2** *vt + adv* (*luggage*) facturar.

▸ **check out 1** *vi + adv* (*leave hotel*) pagar y marcharse; (*from work etc*) salir, marcharse. **2** *vt + adv* (*investigate*) investigar, informarse sobre, chequear *(LAm)*; (*verify*) comprobar; (*fam*) person, controlar *(fam)*.

▸ **check up** *vi + adv* (*make sure*) asegurarse, comprobar.

▸ **check up on** *vi + prep* (*story*) comprobar, verificar; (*person*) hacer indagaciones sobre *or (LAm)* chequear.

checkbook [ˈtʃekbʊk] *n* (*US*) = **chequebook**.

checker [ˈtʃekəʳ] *n* verificador *m*; (*US: in supermarket*) cajero/a *m/f*.

checkerboard [ˈtʃekəbɔːd] *n* (*US*) tablero *m* de damas.

checkered [ˈtʃekəd] *adj* (*US*) = **chequered**.

checkers [ˈtʃekəz] *npl* (*US*) damas *fpl*.

check-in [ˈtʃekɪn] *n* (*also* **~ desk**: *at airport*) mostrador *m* de facturación; **your ~ time is an hour before departure** su hora de facturación es una hora antes de la salida.

checking account [ˈtʃekɪŋəˌkaʊnt] *n* (*US*) cuenta *f* corriente.

checkmate [ˈtʃekˈmeɪt] **1** *n* (*in chess*) jaque *m* mate; (*fig*) callejón *m* sin salida; **~!** ¡jaque mate! **2** *vt* dar mate a; (*fig*) poner en un callejón sin salida a.

checkout [ˈtʃekaʊt] **1** *n* (*in supermarket*) caja *f*; (*in hotel*) = **~ time**. **2** *cpd*: **~ girl** *n* cajera *f* (de supermercado); **~ time** *n* hora *f* de dejar libre la habitación.

checkpoint [ˈtʃekpɔɪnt] *n* (punto *m* de) control *m*, retén *m (LAm)*.

checkroom [ˈtʃekrʊm] *n* (*US: Rail*) consigna *f*.

checkup ['tʃekʌp] *n* (*Med*) reconocimiento *m* general, chequeo *m*.
cheddar ['tʃedəʳ] *n* (*also* ~ **cheese**) queso *m* cheddar.
cheek [tʃi:k] **1** *n* (**a**) (*Anat*) mejilla *f*, carrillo *m*; (*buttock*) nalga *f*; **to turn the other** ~ poner la otra mejilla. (**b**) (*fam: impudence*) cara *f*, frescura *f*; **what a ~!** ¡qué cara tienes!; **to have the ~ to do sth** tener la cara de hacer algo. **2** *vt* (*fam*) ser descarado con.
cheekbone ['tʃi:kbəʊn] *n* pómulo *m*.
cheeky ['tʃi:kɪ] *adj* (*comp* **-ier**; *superl* **-iest**) descarado/a, fresco/a.
cheep [tʃi:p] **1** *n* (*of bird*) pío *m*, gorjeo *m*. **2** *vi* piar, gorjear.
cheer [tʃɪəʳ] **1** *n* viva *m*; (*comfort*) consuelo *m*; **to be of good** ~ estar animado; **~s** (*applause*) ovaciones *fpl*, vítores *mpl*; **three ~s for the president!** ¡viva el presidente!; **~s!** (*toast*) ¡salud!; (*Brit fam: thank you*) gracias *fpl*; (*: goodbye*) hasta luego. **2** *vt* (**a**) (*applaud: winner etc*) ovacionar, vitorear. (**b**) (*also* ~ **up**: *gladden*) animar, dar ánimos (a). **3** *vi* (*shout*) dar vivas; (*applaud*) aplaudir.
▸ **cheer on** *vt + adv* animar con aplausos *or* gritos.
▸ **cheer up 1** *vi + adv* animarse, alegrarse; **~ up!** ¡anímate!, ¡ánimo! **2** *vt + adv* = **cheer 2 (b)**.
cheerful ['tʃɪəfʊl] *adj* (*happy, bright*) alegre; (*in a good mood*) de buen humor; (*fire*) acogedor(a); (*news*) alentador(a).
cheerio ['tʃɪərɪ'əʊ] *interj* (*Brit fam*) ¡hasta luego!
cheer-leader ['tʃɪə,li:dəʳ] *n* (*esp US*) animador(a) *m/f*.
cheerless ['tʃɪəlɪs] *adj* triste, sombrío/a.
cheery ['tʃɪərɪ] *adj* (*comp* **-ier**; *superl* **-iest**) alegre, jovial.
cheese [tʃi:z] *n* queso *m*; **say ~!** (*Phot*) ¡a ver, una sonrisa!; **hard ~!** (*old fam*) ¡mala pata!; **I'm ~ed off** (*Brit fam*) estoy hasta las narices (*with this* con esto) (*fam*).
cheeseboard ['tʃi:zbɔ:d] *n* tabla *f* de quesos.
cheeseburger ['tʃi:z,bɜ:gəʳ] *n* hamburguesa *f* con queso.
cheesecake ['tʃi:zkeɪk] *n* quesadilla *f*, tarta *f or* (*LAm*) pay *m* de queso.
cheesecloth ['tʃi:zklɒθ] *n* estopilla *f*.
cheetah ['tʃi:tə] *n* guepardo *m*.
chef [ʃef] *n* cocinero *m* jefe, chef *m*.
chemical ['kemɪkəl] **1** *adj* químico/a; ~ **warfare** guerra *f* química; ~ **weapon** arma *f* química. **2** *n* sustancia *f* química, producto *m* químico.
chemist ['kemɪst] *n* (*scientist*) químico/a *m/f*; (*Brit: pharmacist*) farmacéutico/a *m/f*; **~'s (shop)** farmacia *f*; **all-night ~'s** farmacia de guardia.
chemistry ['kemɪstrɪ] *n* química *f*; **the ~ between them is right** (*fig*) tienen buena química.
chemotherapy ['ki:məʊ'θerəpɪ] *n* quimioterapia *f*.
cheque, (*US*) **check** [tʃek] **1** *n* (*Brit*) cheque *m*; **a ~ for £20** un cheque por *or* de 20 libras; **to make out a ~, to write a ~** extender un cheque (*for £100* de 100 libras) (*to Rodriguez* a favor de Rodriguez); **to pay by ~** pagar con cheque. **2** *cpd*: ~ **card** *n* tarjeta *f* de identificación bancaria.
chequebook, (*US*) **checkbook** ['tʃekbʊk] *n* talonario *m*, chequera *f* (*LAm*).
chequered ['tʃekəd] *adj* (*cloth etc*) a *or* de cuadros; (*fig*); **a ~ career** una carrera accidentada *or* llena de altibajos.
cherish ['tʃerɪʃ] *vt* (*person*) querer, apreciar; (*hope etc*) abrigar, acariciar.
cherry ['tʃerɪ] **1** *n* (*fruit*) cereza *f*. **2** *cpd* (*pie, jam*) de cereza; ~ **brandy** *n* aguardiente *m* de cerezas; ~ **orchard** *n* cerezal *m*; ~ **red** *adj* (de color) rojo cereza *inv*; ~ **tree** *n* cerezo *m*.
cherub ['tʃerəb] *n* querubín *m*.
Ches *abbr* (*Brit*) = **Cheshire**.
chess [tʃes] **1** *n* ajedrez *m*. **2** *cpd*: ~ **player** *n* ajedrecista *mf*; ~ **set** *n* (juego *m* de) ajedrez *m*.
chessboard ['tʃesbɔ:d] *n* tablero *m* de ajedrez.
chessman ['tʃesmæn] *n* (*pl* **-men**) pieza *f* de ajedrez.
chest [tʃest] **1** *n* (**a**) (*Anat*) pecho *m*; **to get sth off one's ~** (*fam*) desahogarse. (**b**) (*box*) cofre *m*, arca *f*; ~ **of drawers** cómoda *f*. **2** *cpd* (*cold, specialist*) de pecho; ~ **freezer** *n* congelador *m* de arcón.
chestnut ['tʃesnʌt] **1** *n* (*fruit*) castaña *f*; (*tree, colour*) castaño *m*. **2** *adj* (*hair*) (de color) castaño *inv*.
chesty ['tʃestɪ] *adj* (*comp* **-ier**; *superl* **-iest**) (*Brit fam: cough*) de pecho.
chew [tʃu:] *vt* (*food etc*) mascar, masticar.
▸ **chew over** *vt + adv* (*consider*) rumiar; (*reflect on*) dar vueltas a.
▸ **chew up** *vt + adv* masticar bien.
chewing gum ['tʃu:ɪŋgʌm] *n* chicle *m*.
chewy ['tʃu:ɪ] *adj* (*comp* **-ier**; *superl* **-iest**) difícil de masticar; (*meat*) fibroso/a; (*sweet*) masticable.
chic [ʃi:k] *adj* elegante, chic.
Chicano [tʃɪ'kɑ:nəʊ] *adj, n* (*US*) chicano/a *m/f*.
chick [tʃɪk] *n* (*baby bird*) pajarito *m*; (*baby hen*) pollito *m*, polluelo *m*.
chicken ['tʃɪkɪn] **1** *n* (*hen*) gallina *f*; (*cock*) pollo *m*; (*as food*) pollo; (*fam: coward*) gallina *mf*; **roast** ~ pollo asado; **to be** ~ (*fam*) dejarse intimidar; **she's no** ~ ya no es pollita; **don't count your ~s before they're hatched** (*Prov*) no hagas las cuentas de la lechera; **it's a ~ and egg situation** es aquello de la gallina y el huevo. **2** *cpd*: ~ **farming** *n* avicultura *f*; ~ **feed** *n* (*lit*) pienso *m* para gallinas; **it's ~ feed to him** para él es una bagatela; ~ **wire** *n* alambrada *f*.
▸ **chicken out** *vi + adv* (*fam*) rajarse.
chicken-hearted ['tʃɪkɪn,hɑ:tɪd] *adj* cobarde.
chickenpox ['tʃɪkɪnpɒks] *n* varicela *f*.
chickpea ['tʃɪkpi:] *n* garbanzo *m*.
chicory ['tʃɪkərɪ] *n* (*in coffee*) achicoria *f*; (*as salad*) escarola *f*.
chide [tʃaɪd] (*pt* **chid**; *pp* **chidden** *or* **chid**) *vt* (*Lit*) reprender.
chief [tʃi:f] **1** *adj* (*principal: reason etc*) principal, mayor, máximo/a (*esp LAm*); (*in rank*) jefe, de más categoría; ~ **executive**, (*US*) ~ **executive officer** director *m* general. **2** *n* (*of organization*) jefe/a *m/f*; (*of tribe*) jefe/a, cacique *mf*; (*fam: boss*) jefe/a, patrón/ona *m/f*; **C~ of Staff** (*Mil*) Jefe del Estado Mayor.
chiefly ['tʃi:flɪ] *adv* principalmente, sobre todo.
chieftain ['tʃi:ftən] *n* jefe/a *m/f*, cacique *mf* (*LAm*).
chiffon ['ʃɪfɒn] **1** *n* gasa *f*. **2** *cpd* de gasa.
chilblain ['tʃɪlbleɪn] *n* sabañón *m*.
child [tʃaɪld] **1** *n* (*pl* **children**) niño/a *m/f*; (*son/daughter*) hijo/a *m/f*; (*Jur: non-adult*) menor *mf*; **it's ~'s play** es un juego de niños; ~ **proof** a prueba de niños. **2** *cpd*: ~ **abuse** *n* (*with violence*) maltrato *m* de niños; (*sexual*) abuso *m* sexual de niños; ~ **benefit** *n* subsidio *m* familiar (por hijos); ~ **labour** *n* explotación *f* de menores; ~ **minder** *n* (*Brit*) niñera *f*; ~ **prodigy** *n* (*Brit*) niño/a *m/f* prodigio.
child-bearing ['tʃaɪld,bɛərɪŋ] **1** *adj*: **of ~ age** en edad de tener hijos. **2** *n* embarazo *m* y parto.
childbirth ['tʃaɪldbɜ:θ] *n* parto *m*; **to die in** ~ morir de sobreparto.
childcare ['tʃaɪldkeəʳ] *n* cuidado *m* de los niños.
childhood ['tʃaɪldhʊd] *n* niñez *f*, infancia *f*; **from** ~ desde niño/a.
childish ['tʃaɪldɪʃ] *adj* (*pej*) infantil; **don't be ~!** ¡no seas niño!
childless ['tʃaɪldlɪs] *adj* sin hijos.
childlike ['tʃaɪldlaɪk] *adj* de niño/a; **with a ~ faith** con una confianza ingenua.
children ['tʃɪldrən] *npl of* **child**.
Chile ['tʃɪlɪ] *n* Chile *m*.
Chilean ['tʃɪlɪən] *adj, n* chileno/a *m/f*.
chill [tʃɪl] **1** *adj* (*wind*) frío/a. **2** *n* frío *m*; (*Med*) resfriado *m*; (*: mild fever*) escalofrío *m*; **there's a ~ in the air** hace fresco; **to catch a ~** (*Med*) resfriarse; **to cast a ~ over** enfriar el ambiente de; **to take the ~ off** (*room, wine*)

templar. **3** *vt* (*wine*) enfriar; (*meat*) refrigerar; **to ~ sb's blood** (*fig*) helarle la sangre en las venas a algn; **to be ~ed to the bone** estar helado hasta los huesos.
▸ **chill out** *vi + adv* (*esp US fam*) tomárselo tranqui (*fam*); **~ out, man!** ¡tranqui, tío! (*fam*).
chilli [ˈtʃɪlɪ] **1** *n* (*also* **~ pepper**) chile *m*, ají *m*, guindilla *f* (*Sp*). **2** *cpd*: **~ powder** *n* polvos *mpl* de chile.
chilly [ˈtʃɪlɪ] *adj* (*comp* **-ier**; *superl* **-iest**) (*weather, room*) frío/a; (*fig: unfriendly: person*) frío/a, antipático/a; (*: look, reception*) frío/a, poco amistoso/a; **I feel ~** tengo frío.
chime [tʃaɪm] **1** *n* (*sound of bells*) repique *m*; (*peal*) campanada *f*; **~s** (*bells*) campanas *fpl*; (*doorbell*) timbre *m*. **2** *vt* (*bell*) tocar. **3** *vi* repicar, sonar; **the clock ~d six** el reloj dio las seis.
▸ **chime in** *vi + adv* (*fam*) intervenir en la conversación, meter baza.
chimney [ˈtʃɪmnɪ] **1** *n* chimenea *f*. **2** *cpd*: **~ pot** *n* cañón *m* de chimenea; **~ stack** *n* fuste *m* de chimenea; **~ sweep** *n* deshollinador(a) *m/f*.
chimpanzee [ˌtʃɪmpænˈziː] *n* chimpancé *mf*.
chin [tʃɪn] *n* barbilla *f*, mentón *m*; **(keep your) ~ up!** (*fam*) ¡no te desanimes!
China [ˈtʃaɪnə] *n* China *f*.
china [ˈtʃaɪnə] **1** *n* (*crockery*) loza *f*, vajilla *f*; (*porcelain*) porcelana *f*, china *f*. **2** *cpd* de porcelana; **~ clay** *n* caolín *m*.
chin-chin [ˌtʃɪnˈtʃɪn] *interj* (*old fam*) ¡chin-chin!
Chinese [ˌtʃaɪˈniːz] **1** *adj* chino/a; **~ leaves** col *fsg* china. **2** *n* (*Ling*) chino *m*; **the ~** (*people*) los chinos.
Chink [tʃɪŋk] *n* (*fam!*) chino/a *m/f*.
chink¹ [tʃɪŋk] *n* (*slit: in wall*) grieta *f*, hendedura *f*; (*: in door*) resquicio *m*; **a ~ of light** un hilo de luz.
chink² [tʃɪŋk] **1** *n* (*sound*) sonido *m* metálico, tintineo *m*. **2** *vt* hacer sonar. **3** *vi* sonar (a metal), tintinear.
chintz [tʃɪnts] *n* cretona *f*.
chinwag [ˈtʃɪnwæg] *n*: **to have a ~** (*fam*) charlar, echar un párrafo.
chip [tʃɪp] **1** *n* (**a**) (*piece*) pedacito *m*; (*splinter: glass, wood*) astilla *f*; (*: stone*) lasca *f*; **he's a ~ off the old block** (*fig*) de tal palo tal astilla; **to have a ~ on one's shoulder** ser un/a resentido/a.
(**b**) (*Culin*) **~s** (*Brit: French fries*) patatas *fpl* fritas, papas *fpl* fritas (*LAm*); (*US: crisps*) patatas (fritas) a la inglesa, chips *mpl*.
(**c**) (*in crockery*) desconchado *m*; (*in furniture*) desportilladura *f*.
(**d**) (*Gambling*) ficha *f*; **he's had his ~s** (*fam*) se le acabó la suerte; **when the ~s are down** en el momento de la verdad.
(**e**) (*Comput*) chip *m*.
2 *vt* (*cup, plate*) desconchar; (*furniture*) desportillar; (*paint, varnish*) desconchar, desprender.
3 *vi* (*pottery etc*) desconcharse.
4 *cpd*: **~ shop** (*fam*) *n tienda que vende pescado frito con patatas fritas*.
▸ **chip in** (*fam*) *vi + adv* (*contribute*) contribuir; (*share costs*) compartir los gastos; (*interrupt*) meterse, interrumpir.
▸ **chip off** **1** *vi + adv* (*paint etc*) desconcharse, desprenderse (en escamas). **2** *vt + adv* (*paint etc*) desconchar, desprender.
chip-based [ˈtʃɪpˌbeɪst] *adj*: **~ technology** tecnología *f* a base de micropastillas.
chipboard [ˈtʃɪpbɔːd] *n* madera *f* aglomerada, aglomerado *m*.
chipmunk [ˈtʃɪpmʌŋk] *n* ardilla *f* listada.
chippy [ˈtʃɪpɪ] *n* (*fam*) (**a**) (*US*) tía *f* (*fam*). (**b**) (*Brit*) *tienda que vende pescado frito con patatas fritas*.
chiropodist [kɪˈrɒpədɪst] *n* (*Brit*) podólogo/a *m/f*, pedicuro/a *m/f*.
chiropody [kɪˈrɒpədɪ] *n* (*Brit*) podología *f*, pedicura *f*.
chirp [tʃɜːp] **1** *n* (*of birds*) pío *m*, gorjeo *m*; (*of crickets*) chirrido *m*. **2** *vi* (*see n*) piar, gorjear; chirriar.
chirpy [ˈtʃɜːpɪ] *adj* (*comp* **-ier**; *superl* **-iest**) (*fam*) alegre.
chirrup [ˈtʃɪrəp] *n, vi see* **chirp**.
chisel [ˈtʃɪzl] (*vb: pt, pp* **~led** (*Brit*) *or* **~ed**) (*US*)) **1** *n* (*for wood*) formón *m*, escoplo *m*; (*for stone*) cincel *m*. **2** *vt* (*also* **~ out**) escoplear; (*stone*) cincelar; (*carve*) tallar, labrar.
chit [tʃɪt] *n* (*note*) vale *m*.
chitchat [ˈtʃɪttʃæt] *n* chismes *mpl*.
chivalrous [ˈʃɪvəlrəs] *adj* caballeroso/a.
chivalry [ˈʃɪvəlrɪ] *n* (*courteousness*) caballerosidad *f*; (*medieval concept*) caballería *f*.
chives [tʃaɪvz] *npl* cebollinos *mpl*.
chivvy [ˈtʃɪvɪ] *vt*: **to ~ sb into doing sth** (*Brit fam*) no dejar en paz a algn hasta que haga algo.
chloride [ˈklɔːraɪd] *n* cloruro *m*.
chlorinate [ˈklɒrɪneɪt] *vt* clorar, tratar con cloro.
chlorine [ˈklɔːriːn] *n* cloro *m*.
chlorofluorocarbon [ˈklɔːrəʊˈflʊərəʊˈkɑːbən] *n* clorofluorocarbono *m*.
chloroform [ˈklɒrəfɔːm] *n* cloroformo *m*.
chlorophyll [ˈklɒrəfɪl] *n* clorofila *f*.
choc-ice [ˈtʃɒkaɪs] *n* (*Brit*) helado *m* cubierto de chocolate.
chock [tʃɒk] *n* (*wedge*) calzo *m*, cuña *f*.
chock-a-block [ˈtʃɒkəˈblɒk] *adj* (*fam*) de bote en bote, hasta los topes.
chock-full [ˈtʃɒkˈfʊl] *adj* (*fam*) atestado/a, lleno/a a rebosar.
chocolate [ˈtʃɒklɪt] **1** *n* chocolate *m*; (*individual sweet*) bombón *m*; **hot** *or* **drinking ~** chocolate caliente; **a box of ~s** una caja de bombones *or* chocolatinas. **2** *adj* (*biscuit, cake, egg*) de chocolate; (*colour*) (de color) chocolate.
choice [tʃɔɪs] **1** *adj* (*selected*) selecto/a, escogido/a; (*high quality*) de primera calidad; (*hum: example, remark*) apropiado/a, oportuno/a; (*: language*) fino/a.
2 *n* (*act of choosing*) elección *f*, selección *f*; (*right to choose*) opción *f*; (*thing chosen*) preferencia *f*, elección *f*; (*variety*) surtido *m*; (*options*) opciones *fpl*; **I did it from ~** lo hice de buena gana; **a wide ~** un gran surtido; **he had no ~ but to go** no tuvo más remedio que ir; **he gave me 2 ~s** me dio a elegir entre dos opciones; **take your ~!** ¡elija Ud!, ¡escoja Ud!; **the house of my ~** mi casa predilecta.
choir [ˈkwaɪəʳ] *n* coro *m*, coral *f*; (*Archit*) coro.
choirboy [ˈkwaɪəbɔɪ] *n* niño *m* de coro.
choke [tʃəʊk] **1** *n* (*Aut*) (e)stárter *m*, chok(e) *m* (*LAm*). **2** *vt* (*person*) ahogar, asfixiar; (*to death*) estrangular; (*also* **~ up**: *pipe etc*) atascar, obstruir; **in a voice ~d with emotion** con una voz ahogada *or* sofocada por la emoción. **3** *vi* (*person*) ahogarse, asfixiarse; **to ~ on a fishbone** atragantarse con una espina.
▸ **choke back** *vt + adv* (*tears*) tragarse; (*feelings*) ahogar.
choker [ˈtʃəʊkəʳ] *n* gargantilla *f*.
cholera [ˈkɒlərə] *n* cólera *m*.
cholesterol [kəˈlestərɒl] *n* colesterol *m*.
choose [tʃuːz] (*pt* **chose**; *pp* **chosen**) **1** *vt* (*gen*) elegir, escoger; (*select: team*) seleccionar; **to ~ to do sth** optar por hacer algo. **2** *vi* elegir, escoger (*between* entre); **there is nothing to ~ between them** vale tanto el uno como el otro, no les veo la diferencia; **there are several to ~ from** hay varios a elegir; **as/when I ~** como/cuando me parezca *or* (*Sp fam*) me dé la gana.
choosy [ˈtʃuːzɪ] (*fam*) *adj* (*comp* **-ier**; *superl* **-iest**) (*gen*) exigente; (*about food*) delicado/a; (*touchy*) quisquilloso/a; **in his position he can't be ~** su posición no le permite darse el lujo de escoger.
chop¹ [tʃɒp] **1** *n* (**a**) (*blow*) golpe *m* cortante; (*cut*) tajo *m*; **to get the ~** (*fam: project*) ser rechazado *or* desechado; (*: person: be sacked*) ser despedido; **he's for the ~** (*fam*) le van a despedir; **this programme is for the ~** (*fam*) este programa se va a suprimir. (**b**) (*Culin*) chuleta *f*. **2** *vt*

(*wood*) cortar, talar; (*meat, vegetables*) picar.
▸ **chop down** *vt + adv* (*tree*) talar.
▸ **chop off** *vt + adv* cortar de un tajo; **they ~ed off his head** lo cortaron la cabeza.
chop² [tʃɒp] *vi*: **to ~ and change** cambiar constantemente de opinión.
chopper [ˈtʃɒpəʳ] *n* (*of butcher*) tajadera *f*, cuchilla *f*; (*axe*) hacha *f*; (*Aer fam: helicopter*) helicóptero *m*.
chopping [ˈtʃɒpɪŋ] *cpd*: **~ block, ~ board** *n* tajo *m*, tabla *f* de cortar; **~ knife** *n* tajadera *f*, cuchilla *f*.
choppy [ˈtʃɒpɪ] *adj* (*comp* **-ier**; *superl* **-iest**) (*sea, weather*) picado/a, agitado/a.
chops [tʃɒps] *npl* (*Anat*) boca *fsg*; **to lick one's ~** relamerse.
chopsticks [ˈtʃɒpstɪks] *npl* palillos *mpl*.
choral [ˈkɔːrəl] *adj* coral; **~ society** orfeón *m*.
chord [kɔːd] *n* (**a**) (*Mus*) acorde *m*; **to strike a ~** (*fig*) sonarle (algo a uno); **to touch the right ~** (*fig*) despertar emociones. (**b**) (*Math*) cuerda *f*.
chore [tʃɔːʳ] *n* faena *f*, tarea *f*; (*pej*) tarea rutinaria; **to do the ~s** hacer los quehaceres domésticos.
choreographer [ˌkɒrɪˈɒgrəfəʳ] *n* coreógrafo/a *m/f*.
choreography [ˌkɒrɪˈɒgrəfɪ] *n* coreografía *f*.
chorister [ˈkɒrɪstəʳ] *n* corista *mf*; (*US*) director(a) *m/f* de un coro.
chortle [ˈtʃɔːtl] *vi* reírse alegremente; **to ~ over sth** reírse satisfecho por algo.
chorus [ˈkɔːrəs] **1** *n* (**a**) (*of singers*) coro *m*; (*in musical*) conjunto *m*; (*of play*) coro; **in ~** a coro. (**b**) (*refrain*) estribillo *m*; **to join in the ~** cantar el estribillo. **2** *vt* (*speak in unison*) decir a coro. **3** *cpd*: **~ girl** *n* corista *f*; **~ line** *n* línea *f* de coro.
chose [tʃəʊz] *pt of* **choose**.
chosen [ˈtʃəʊzn] **1** *pp of* **choose**. **2** *adj*: **the C~ (People)** el pueblo elegido.
chowder [ˈtʃaʊdəʳ] *n* (*US*) sopa *f* de pescado.
Christ [kraɪst] *n* Cristo *m*; **~!** (*fam!*) ¡hostia(s)! (*fam*), ¡carajo! (*LAm*).
christen [ˈkrɪsn] *vt* (*Rel*) bautizar; (*name*) bautizar con el nombre de; **they ~ed him Jack after his uncle** le pusieron Jack como su tío.
Christendom [ˈkrɪsndəm] *n* cristiandad *f*.
christening [ˈkrɪsnɪŋ] **1** *n* bautizo *m*. **2** *cpd*: **~ gown, ~ robe** *n* faldón *m* bautismal.
Christian [ˈkrɪstɪən] **1** *adj* cristiano/a; **~ name** nombre *m* de pila. **2** *n* cristiano/a *m/f*.
Christianity [ˌkrɪstɪˈænɪtɪ] *n* cristianismo *m*.
Christmas [ˈkrɪsməs] **1** *n* Navidad *f*; (*season*) Navidades *fpl*; **at ~** en Navidad, por Navidades; **happy** *or* **merry ~!** ¡Felices Pascuas!, ¡Feliz Navidad!; **Father ~** Papá Noel. **2** *cpd* de Navidad, navideño/a; **~ card** *n* crismas *m inv*, tarjeta *f* de Navidad; **~ carol** *n* villancico *m*; **~ Day** *n* día *m* de Navidad; **~ Eve** *n* Nochebuena *f*; **~ Island** *n* Isla *f* Christmas; **~ pudding** *n* pudín *m* de Navidad; **~ time** *n* Navidades *fpl*; **~ tree** *n* árbol *m* de Navidad.
chromatic [krəˈmætɪk] *adj* (*Mus, Tech*) cromático/a.
chrome [krəʊm] *n* cromo *m*.
chromium [ˈkrəʊmɪəm] *n* cromo *m*.
chromosome [ˈkrəʊməsəʊm] *n* cromosoma *m*.
chronic [ˈkrɒnɪk] *adj* (*invalid, disease*) crónico/a; (*fig: smoker*) empedernido/a; (*: liar*) incorregible; (*fam: weather, person*) horrible, malísimo/a.
chronicle [ˈkrɒnɪkl] *n* crónica *f*.
chronological [ˌkrɒnəˈlɒdʒɪkəl] *adj* cronológico/a; **in ~ order** por orden cronológico.
chronology [krəˈnɒlədʒɪ] *n* cronología *f*.
chrysalis [ˈkrɪsəlɪs] *n* (*Bio*) crisálida *f*.
chrysanthemum [krɪˈsænθəməm] *n* crisantemo *m*.
chubby [ˈtʃʌbɪ] *adj* (*comp* **-ier**; *superl* **-iest**) (*baby, hands*) rechoncho/a, regordete/a; (*face, cheeks*) mofletudo/a.
chuck¹ [tʃʌk] *vt* (*fam*) (**a**) (*also* **~ away**) tirar, botar (*LAm*); (*money*) tirar; (*chance*) desperdiciar. (**b**) (*throw*) tirar, echar. (**c**) (*also* **~ up, ~ in**) dejar; **I'm thinking of ~ing it up** (*fam*) estoy pensando en mandarlo a paseo.
▸ **chuck out** *vt + adv* (*person*) echar (fuera); (*thing*) tirar, botar (*LAm*).
chuck² [tʃʌk] **1** *n* (**a**) (*also* **~ steak**) bistec *m* de pobre. (**b**) (*US fam*) manduca *f* (*fam*). **2** *cpd*: **~ wagon** *n* carromato *m* de provisiones.
chuckle [ˈtʃʌkl] **1** *n* risita *f*, risa *f* sofocada. **2** *vi* reírse entre dientes, soltar una risita; **to ~ at** *or* **over** reírse con.
chuffed [tʃʌft] *adj* (*Brit fam: proud*) satisfecho/a, contento/a; **he was pretty ~ about it** estaba la mar de contento por eso.
chug [tʃʌg] *vi* (**a**) (*steam engine*) resoplar; (*motor*) traquetear. (**b**) (*move: also* **~ along**) ir despacio; (*: fig*) ir tirando.
chum [tʃʌm] *n* (*fam*) amiguete *mf* (*fam*), colega *mf*, cuate *mf* (*Mex fam*), pata *mf* (*Per fam*); **to be ~s with sb** ser amigo de algn.
chummy [ˈtʃʌmɪ] *adj* (*fam*) familiar; **he's very ~ with the boss** es muy amigo del jefe.
chump [tʃʌmp] *n* (**a**) (*fam: idiot*) tonto/a *m/f*. (**b**) (*head*) cabeza *f*; **to be off one's ~** estar chiflado.
chunk [tʃʌŋk] *n* pedazo *m*, trozo *m*.
chunky [ˈtʃʌŋkɪ] *adj* (*comp* **-ier**; *superl* **-iest**) (*furniture, mug*) achaparrado/a; (*knitwear*) grueso/a, de lana gorda; (*person*) fornido/a.
Chunnel [ˈtʃʌnl] *n* (*hum*) túnel *m* bajo el Canal de la Mancha.
church [tʃɜːtʃ] **1** *n* (*gen*) iglesia *f*; (*Protestant*) templo *m*; (*service: Catholic*) misa *f*; (*: Protestant*) oficio *m*; **the C~** (*institution*) la Iglesia; **the C~ of England** la Iglesia Anglicana; **to go to ~** (*Catholic*) ir a misa; (*Protestant*) ir al oficio; **after ~** después de la misa *or* del oficio; **to enter the C~** hacerse cura *or* (*Protestant*) pastor. **2** *cpd* (*doctrine*) de la Iglesia; **~ music** *n* música *f* sacra *or* religiosa.
churchgoer [ˈtʃɜːtʃˌgəʊəʳ] *n* fiel *mf*.
churchyard [ˈtʃɜːtʃjɑːd] *n* cementerio *m*, campo *m* santo.
churlish [ˈtʃɜːlɪʃ] *adj* (*rude*) grosero/a; (*mean*) arisco/a.
churn [tʃɜːn] **1** *n* (*for butter*) mantequera *f*; (*Brit: for milk*) lechera *f*. **2** *vt* (*butter*) batir *or* hacer en una mantequera; (*fig: also* **~ up**: *sea, mud*) revolver, agitar. **3** *vi* (*sea*) revolverse, agitarse; **her stomach was ~ing** se le revolvía el estómago.
▸ **churn out** *vt + adv* (*pej: poetry, books*) producir en serie.
chute [ʃuːt] *n* (*for rubbish*) vertedero *m*; (*in playground, swimming pool*) tobogán *m*; (*Aer fam*) paracaídas *m inv*.
chutney [ˈtʃʌtnɪ] *n* salsa *f* picante (de frutas y especias).
CI *abbr of* **Channel Islands**.
CIA *n abbr* (*US*) *of* **Central Intelligence Agency** CIA *f*.
ciao [tʃaʊ] *interj* (*fam*) ¡chao!
cicada [sɪˈkɑːdə] *n* cigarra *f*.
CID *n abbr* (*Brit*) *of* **Criminal Investigation Department** ≈ BIC *f*.
cider [ˈsaɪdəʳ] **1** *n* sidra *f*. **2** *cpd*: **~ vinegar** *n* vinagre *m* de sidra.
CIF, c.i.f. *n abbr of* **cost, insurance and freight** c.s.f.
cigar [sɪˈgɑːʳ] *n* puro *m*, cigarro *m*.
cigarette [ˌsɪgəˈret] **1** *n* cigarrillo *m*, cigarro *m* (*esp LAm*). **2** *cpd*: **~ case** *n* pitillera *f*, cigarrera *f* (*esp LAm*); **~ end** *n* colilla *f*; **~ holder** *n* boquilla *f*; **~ lighter** *n* encendedor *m*, mechero *m*; **~ paper** *n* papel *m* de fumar.
C.-in-C. *abbr of* **Commander-in-Chief**.
cinch [sɪntʃ] *n* (*fam*) **it's a ~** (*easy thing*) está tirado, es pan comido; (*sure thing*) es cosa segura.
cinder [ˈsɪndəʳ] **1** *n* carbonilla *f*; **~s** cenizas *fpl*; **to be burned to a ~** (*fig: food etc*) quedar carbonizado. **2** *cpd*: **~ block** *n* (*US*) ladrillo *m* de cenizas; **~ track** *n* (*Sport*)

pista *f* de ceniza.
Cinderella [ˌsɪndəˈrelə] *n* Cenicienta *f*; **it's the ~ of the arts** es la hermana pobre de las artes.
cine-camera [ˈsɪnɪˈkæmərə] *n* (*Brit*) cámara *f* cinematográfica.
cine-film [ˈsɪnɪˌfɪlm] *n* (*Brit*) película *f* de cine.
cinema [ˈsɪnəmə] **1** *n* cine *m*; **the silent/talking ~** el cine mudo/sonoro. **2** *cpd*: **~ complex** *n* cine *m* multisalas.
cinematography [ˌsɪnəməˈtɒgrəfɪ] *n* cinematografía *f*.
cine-projector [ˌsɪnɪprəˈdʒektə^r] *n* (*Brit*) proyector *m* de películas.
cinnamon [ˈsɪnəmən] *n* canela *f*.
cipher [ˈsaɪfə^r] *n* (*code*) clave *f*; (*Math*) cero *m*; **in ~** en clave; (*written in ~*) cifrado/a.
circa [ˈsɜːkə] *prep* hacia; **~ 1500** hacia (el año) 1500.
circle [ˈsɜːkl] **1** *n* (*gen, friends etc*) círculo *m*; (*in theatre*) anfiteatro *m*; **to stand in a ~** formar un círculo; **she moves in wealthy ~s** frecuenta la buena sociedad; **in certain ~s** en ciertos medios; **in business ~s** en círculos comerciales; **the family ~** el círculo familiar; **to come full ~** (*fig*) volver al punto de partida; **to go round in ~s** (*fam*) dar vueltas sobre lo mismo, repetirse; *see* **vicious**.
2 *vt* (*surround*) cercar, rodear; (*move round*) girar alrededor de, dar la vuelta a; (*draw round*) poner un círculo alrededor de, rodear con un círculo.
circuit [ˈsɜːkɪt] **1** *n* (*route*) circuito *m*; (*course*) recorrido *m*; (*long way round*) rodeo *m*; (*Jur*) distrito *m*; (*Cine*) cadena *f*; (*sports track*) pista *f*; (*Aut, Elec*) circuito; **short ~** cortocircuito. **2** *cpd*: **~ board** *n* tarjeta *f* de circuitos; **~ breaker** *n* cortacircuitos *m inv*; **~ court** *n* (*US*) tribunal *m* superior.
circuitous [sɜːˈkjʊɪtəs] *adj* (*route*) tortuoso/a, sinuoso/a; (*method*) tortuoso/a, solapado/a.
circular [ˈsɜːkjʊlə^r] **1** *adj* circular, redondo/a; **~ motion** movimiento *m* circular; **~ tour** viaje *m* en redondo; **~ saw** sierra *f* circular. **2** *n* (*in firm*) circular *f*; (*advertisement*) panfleto *m*.
circularize [ˈsɜːkjʊləraɪz] *vt* enviar circulares a.
circulate [ˈsɜːkjʊleɪt] **1** *vi* (*gen*) circular. **2** *vt* (*news etc*) hacer circular.
circulating [ˈsɜːkjʊleɪtɪŋ] *adj* circulante; **~ assets** activo *msg* circulante; **~ capital** capital *m* circulante; **~ library** (*US*) biblioteca *f* circulante.
circulation [ˌsɜːkjʊˈleɪʃən] *n* (*gen*) circulación *f*; **she has poor ~** (*Med*) tiene mala circulación; **to withdraw sth from ~** retirar algo de la circulación; **he's back in ~** (*fam*) se está dejando ver otra vez.
circumcise [ˈsɜːkəmsaɪz] *vt* circuncidar.
circumcision [ˌsɜːkəmˈsɪʒən] *n* circuncisión *f*.
circumference [səˈkʌmfərəns] *n* circunferencia *f*.
circumflex [ˈsɜːkəmfleks] *n* circunflejo *m*.
circumnavigate [ˌsɜːkəmˈnævɪgeɪt] *vt* circunnavegar.
circumscribe [ˈsɜːkəmskraɪb] *vt* (*lit*) circunscribir; (*fig: limit*) limitar, restringir.
circumspect [ˈsɜːkəmspekt] *adj* circunspecto/a, prudente.
circumstance [ˈsɜːkəmstəns] *n* (*usu pl*) circunstancia *f*; **in the ~s** en *or* dadas las circunstancias; **under no ~s** de ninguna manera, bajo ningún concepto; **owing to ~s beyond our control** debido a circunstancias ajenas a nuestra voluntad; **to be in easy/poor ~s** estar en buena/mala situación económica; **what are your ~s?** ¿cuál es su situación económica?
circumstantial [ˌsɜːkəmˈstænʃəl] *adj* (*report, statement*) detallado/a, circunstanciado/a; **~ evidence** pruebas *fpl* indiciarias.
circumvent [ˌsɜːkəmˈvent] *vt* (*law, rule*) burlar.
circus [ˈsɜːkəs] *n* (*entertainment*) circo *m*; (*in place names*) plaza *f*, glorieta *f*.
cirrhosis [sɪˈrəʊsɪs] *n* cirrosis *f*.
CIS *n abbr of* **Commonwealth of Independent States** CEI *f*.
cissy [ˈsɪsɪ] *n* mariquita *m*.
cistern [ˈsɪstən] *n* (*of WC*) cisterna *f*; (*tank*) depósito *m*.
citadel [ˈsɪtədl] *n* ciudadela *f*.
citation [saɪˈteɪʃən] *n* cita *f*; (*Jur*) citación *f*; (*Mil*) mención *f*.
cite [saɪt] *vt* (*quote*) citar; **he was ~d to appear in court** (*Jur*) lo citaron para que se presentara en el tribunal de justicia.
citizen [ˈsɪtɪzn] *n* (*of state*) ciudadano/a *m/f*, súbdito/a *m/f*; (*of city*) habitante *mf*, vecino/a *m/f*.
citizenship [ˈsɪtɪznʃɪp] *n* ciudadanía *f*.
citric [ˈsɪtrɪk] *adj*: **~ acid** ácido *m* cítrico.
citrus [ˈsɪtrəs] **1** *n* cidro *m*. **2** *cpd*: **~ fruits** *npl* cítricos *mpl*, agrios *mpl*.
city [ˈsɪtɪ] **1** *n* ciudad *f*; **the C~** (*Fin*) *el centro financiero de Londres*. **2** *cpd*: **~ centre** *n* centro *m* de la ciudad; **~ dweller** *n* habitante *mf* de una ciudad; **~ hall** *n* (*US*) ayuntamiento *m*; **~ limits** *npl* perímetro *msg* urbano; **~ news** *n* (*Brit*) noticias *fpl* financieras; (*US*) noticias de la ciudad; **~ page** *n* (*Fin*) sección *f* de información financiera; **~ plan** *n* (*US*) plano *m* de la ciudad; **~ planner** *n* (*US*) urbanista *mf*; **~ slicker** *n* (*pej fam*) capitalino/a *m/f*.
civic [ˈsɪvɪk] *adj* (*rights, duty*) cívico/a; (*authorities*) municipal; **~ centre** (*Brit*) conjunto *m* de edificios municipales.
civies [ˈsɪvɪz] *npl* (*US fam*) = **civvies.**
civil [ˈsɪvl] *adj* (**a**) (*of society*) civil; **~ defence** defensa *f* civil; **~ disobedience** resistencia *f* pasiva; **~ engineering** ingeniería *f* civil; **~ liberties** libertades *fpl* civiles; **~ list** (*Brit*) *presupuesto de la casa real aprobado por el parlamento*; **~ rights** derechos *mpl* civiles; **~ rights movement** movimiento *m* pro derechos civiles; **~ servant** funcionario/a *m/f* (del Estado); **~ service** administración *f* pública; **~ war** guerra *f* civil. (**b**) (*polite*) cortés, atento/a.
civilian [sɪˈvɪlɪən] **1** *adj* civil; (*clothes*) de paisano. **2** *n* civil *mf*, paisano/a *m/f*.
civility [sɪˈvɪlɪtɪ] *n* (*politeness*) cortesía *f*, amabilidad *f*; (*usu pl: polite remark*) cortesía *f*, cumplido *m*.
civilization [ˌsɪvɪlaɪˈzeɪʃən] *n* civilización *f*.
civilize [ˈsɪvɪlaɪz] *vt* civilizar.
civilized [ˈsɪvɪlaɪzd] *adj* civilizado/a.
civvies [ˈsɪvɪz] *npl* (*fam*) traje *msg* civil; **in ~** vestido/a de civil.
civvy [ˈsɪvɪ] *adj*: **~ street** (*Brit fam*) la vida civil.
cl *abbr of* **centilitre(s)** cl.
clad [klæd] *adj* vestido/a (*in* de).
claim [kleɪm] **1** *n* (**a**) (*to title, for expenses, damages*) reclamación *f*; (*for rights, wages*) reivindicación *f*; (*demand*) exigencia *f*; (*Jur*) demanda *f*; **there are many ~s on my time** muchas ocupaciones reclaman mi tiempo disponible; **to lay ~ to sth** reclamar algo; **to put in a ~ for sth** entablar demanda de algo.
(**b**) (*assertion*) afirmación *f*, declaración *f*; **I make no ~ to be infallible** no pretendo ser infalible.
2 *vt* (**a**) (*rights, territory*) reivindicar; (*expenses, damages*) reclamar, exigir; (*lost property*) reclamar; **to ~ damages from sb** reclamar a algn por daños y perjuicios; **something else ~ed her attention** otra cosa reclamó su atención.
(**b**) (*assert*) pretender ser *or* tener; **he ~s to have seen her** afirma haberla visto; **to ~ that ...** sostener que ..., afirmar que ....
3 *cpd*: **~ form** *n* (*for benefit*) solicitud *f*; (*for expenses*) impreso *m* reclamación.
claimant [ˈkleɪmənt] *n* (*in court*) demandante *mf*; (*to social benefit*) solicitante *mf*; (*to throne etc*) pretendiente *mf*.
clairvoyant [klɛəˈvɔɪənt] *adj, n* clarividente *mf*, vidente *mf*.
clam [klæm] *n* almeja *f*.
► **clam up** *vi + adv* (*fam*) cerrar el pico, no decir ni pío.
clamber [ˈklæmbə^r] *vi* trepar, subir gateando (*over*

sobre) (*up* a).

clammy [ˈklæmɪ] *adj* (*comp* **-ier**; *superl* **-iest**) (*damp*) frío/a y húmedo/a; (*sticky*) pegajoso/a.

clamour, (*US*) **clamor** [ˈklæməʳ] **1** *n* clamor *m*. **2** *vi*: **to ~ for sth** clamar por algo, pedir algo a voces.

clamp [klæmp] **1** *n* (*brace*) abrazadera *f*; (*laboratory ~*) grapa *f*; (*on bench*) cárcel *f*. **2** *vt* afianzar *or* sujetar con abrazadera/grapa/cárcel.

► **clamp down** *vi* + *adv*: **to ~ down (on)** (*tax evasion, crime etc*) poner frenos (a), tomar fuertes medidas (contra).

clampdown [ˈklæmpdaʊn] *n* restricción *f* (*on* de).

clan [klæn] *n* clan *m*.

clandestine [klænˈdestɪn] *adj* clandestino/a.

clang [klæŋ] **1** *n* ruido *m* metálico fuerte, estruendo *m*. **2** *vi* sonar, hacer estruendo; **the gate ~ed shut** la puerta se cerró ruidosamente.

clanger [ˈklæŋəʳ] *n* (*fam*) plancha *f* (*Sp fam*), metedura *f* *or* (*LAm fam*) metida *f* de pata; **to drop a ~** meter la pata (*fam*), tirarse una plancha (*Sp fam*).

clank [klæŋk] **1** *n* sonido *m* metálico seco. **2** *vi* sonar, rechinar metálico.

clansman [ˈklænzmən] *n* (*pl* **-men**) miembro *m* del clan.

clap [klæp] **1** *n* (*on shoulder, of the hands*) palmada *f*; (*usu pl: applause*) aplauso *m*; **a ~ of thunder** un trueno; **the ~** (*fam*) gonorrea *f*. **2** *vt* (**a**) (*applaud*) aplaudir; **to ~ one's hands** dar palmadas, batir las palmas; **to ~ sb on the back** dar a algn una palmada en la espalda. (**b**) (*place*) **to ~ a hand over sb's mouth** tapar a algn la boca con la mano; **to ~ eyes on** clavar la vista en; **they ~ped him in prison** (*fam*) lo metieron en la cárcel. **3** *vi* aplaudir.

clapped-out [ˌklæptˈaʊt] (*fam*) *adj* (*car etc*) anticuado/a.

clapper [ˈklæpəʳ] *n* (*of bell*) badajo *m*; (*Cine*) claqueta *f*; **to run like the ~s** (*Brit fam*) correr como loco.

clapping [ˈklæpɪŋ] *n* (*applause*) aplausos *mpl*; (*sound of hands*) palmoteo *m*.

claptrap [ˈklæptræp] *n* (*pej fam*) burradas *fpl*, disparates *mpl*.

claret [ˈklærət] *n* vino *m* de Burdeos.

clarification [ˌklærɪfɪˈkeɪʃən] *n* aclaración *f*.

clarify [ˈklærɪfaɪ] *vt* (*statement etc*) aclarar, clarificar.

clarinet [ˌklærɪˈnet] *n* clarinete *m*.

clarity [ˈklærɪtɪ] *n* claridad *f*.

clash [klæʃ] **1** *n* (**a**) (*noise*) estruendo *m*; (*of cymbals*) ruido *m* metálico.

(**b**) (*Mil, conflict, of personalities*) choque *m*; (*confrontation*) enfrentamiento *m*; (*of interests*) conflicto *m*; (*of dates, programmes*) coincidencia *f*; (*of colours*) desentono *m*; **a ~ with the police** un choque *or* un enfrentamiento con la policía; **a ~ of wills** un conflicto *or* una lucha de voluntades.

2 *vt* (*cymbals, swords*) golpear.

3 *vi* (*personalities, interests*) oponerse, chocar; (*colours*) desentonar; (*dates, events*) coincidir; (*disagree*) estar en desacuerdo; (*argue*) pelear; (*Mil*) encontrarse *or* enfrentarse (*with* con).

clasp [klɑːsp] **1** *n* (*on brooch, necklace*) cierre *m*; (*of belt etc*) broche *m*. **2** *vt* (*take hold of*) agarrar; (*embrace*) abrazar; (*hold hands*) apretar; **to ~ one's hands (together)** juntar las manos; **to ~ sb's hands** apretar *or* estrechar las manos a algn.

clasp-knife [ˈklɑːspnaɪf] *n* (*pl* **-knives**) navaja *f*.

class [klɑːs] **1** *n* (*gen, Bio*) clase *f*; (*category*) categoría *f*; **first ~** primera clase; **upper ~** clase alta; **ruling/middle/working ~** clase dirigente/media/obrera; **to have ~** (*fam*) tener clase; **in a ~ of one's own** sin par *or* igual; **the ~ of 82** la promoción del 82. **2** *vt*: **to ~ sb as sth** clasificar a algn de algo. **3** *cpd*: **~ distinction** *n* (*Sociol*) distinción *f or* diferencia *f* de clase; **~ struggle**, **~ war(fare)** *n* (*Sociol*) lucha *f* de clases.

class-conscious [ˈklɑːsˈkɒnʃəs] *adj* clasista, con conciencia de clase.

classic [ˈklæsɪk] **1** *adj* clásico/a. **2** *n* (*book, play*) clásico *m*; **~s** (*Univ*) clásicas *fpl*.

classical [ˈklæsɪkəl] *adj* clásico/a; **~ music** música *f* clásica; **~ scholar** erudito/a *m/f* en clásicas.

classification [ˌklæsɪfɪˈkeɪʃən] *n* clasificación *f*.

classified [ˈklæsɪfaɪd] *adj*: **~ advertisement** anuncio *m* por palabras; **~ information** información *f* reservada; **late night ~** últimas noticias con los resultados del fútbol.

classify [ˈklæsɪfaɪ] *vt* clasificar.

classmate [ˈklɑːsmeɪt] *n* (*Brit*) compañero/a *m/f* de clase.

classroom [ˈklɑːsrʊm] *n* aula *f*, clase *f*.

classy [ˈklɑːsɪ] *adj* (*comp* **-ier**; *superl* **-iest**) (*fam*) elegante, de buen tono.

clatter [ˈklætəʳ] **1** *n* (*of plates*) estrépito *m*; (*loud noise*) estruendo *m*; (*of hooves*) trápala *f*. **2** *vi* (*metal object etc*) hacer estrépito *or* estruendo; (*hooves*) trapalear; **to ~ in/out** entrar/salir estrepitosamente; **to come ~ing down** caer ruidosamente.

clause [klɔːz] *n* (*Ling*) oración *f*; (*in contract, law*) cláusula *f*; (*in will*) disposición *f*.

claustrophobia [ˌklɔːstrəˈfəʊbɪə] *n* claustrofobia *f*.

claustrophobic [ˌklɔːstrəˈfəʊbɪk] *adj* (*room, atmosphere*) claustrofóbico/a.

clavicle [ˈklævɪkl] *n* clavícula *f*.

claw [klɔː] **1** *n* (*Zool: of cat, bird etc*) garra *f*; (*of lobster*) pinza *f*; **to get one's ~s into sb** (*attack*) atacar con rencor a algn; (*dominate*) dominar a algn. **2** *vt* arañar; **to ~ sth to shreds** desgarrar algo completamente, hacer algo trizas. **3** *vi*: **to ~ at** arañar. **4** *cpd*: **~ hammer** *n* martillo *m* de orejas.

► **claw back** *vt* + *adv* volver a tomar, tomar otra vez para sí.

clawback [ˈklɔːbæk] *n* (*Econ*) *desgravación fiscal obtenida por devolución de impuestos*.

clay [kleɪ] **1** *n* arcilla *f*, barro *m*. **2** *cpd*: **~ pigeon shooting** *n* tiro *m* al pichón; **~ pipe** *n* pipa *f* de cerámica.

clean [kliːn] **1** *adj* (*comp* **~er**; *superl* **~est**) (*not dirty*) limpio/a; (*new, fresh: sheets, page*) en blanco; (*not indecent: joke, film*) decente; (*smooth, even: outline, movement*) bien proporcionado/a; (*: break, cut*) limpio/a; (*fair: fight*) limpio/a; **to come ~** (*fam*) confesarlo todo; **to make a ~ sweep** (*complete change*) hacer tabla rasa, hacer punto y aparte; (*win everything*) ganárselas todas; **to make a ~ sweep of the votes** acaparar todos los votos, barrer; **they gave him a ~ bill of health** le declararon en perfecto estado de salud; **to have a ~ record** no tener nota adversa (en su historia); **to make a ~ breast of sth** confesarlo todo; **to do a ~ copy** hacer una copia en limpio; **a ~ driving licence** un carnet de conducir sin sanciones.

2 *adv*: **he ~ forgot** lo olvidó por completo; **he got ~ away** se escapó sin dejar rastro; **it went ~ through the window** entró por la ventana de un golpe; **to come ~** (*fam*) confesarlo todo, desembuchar; **I'm ~ out of them** no me queda ni uno.

3 *n* limpieza *f*, aseo *m* (*esp LAm*); (*wash*) lavado *m*.

4 *vt* (*room, clothes, carpet*) limpiar, asear; (*vegetables, clothes*) lavar; (*blackboard*) borrar; (*shoes*) limpiar; (*brush*) cepillar; (*fish, poultry*) vaciar; (*wound, cut*) desinfectar; **to ~ one's teeth** lavarse los dientes; **to ~ the windows** limpiar las ventanas.

► **clean off** *vt* + *adv* (*dirt, rust*) limpiar.

► **clean out** *vt* + *adv* (*room, cupboard*) vaciar; (*fig: leave penniless*) dejar limpio/a *or* pelado/a; **we were ~ed out** nos dejaron sin blanca.

► **clean up** **1** *vt* + *adv* (*room, mess*) limpiar, asear; (*fig: city, television etc*) limpiar, quitar lo indecente de; **to ~ o.s. up** lavarse, ponerse decente. **2** *vi* + *adv* (**a**) limpiar; **to ~ up after sb** limpiar lo que ha dejado *or* ensuciado otro. (**b**) (*fig: make profit*) sacar un buen provecho (*on* de).

clean-cut [ˈkliːnˈkʌt] *adj* (**a**) claro/a, bien definido/a, preciso/a; (*outline*) nítido/a. (**b**) (*person*) de buen parecer; (*smart*) de tipo elegante.

cleaner ['kli:nəʳ] *n* (*person*) encargado/a *m/f* de la limpieza, asistenta *f*; (*substance*) limpiador *m* para la limpieza; **~'s (shop)** tintorería *f*; **we'll take them to the ~'s** (*fam*) les dejaremos sin blanca; **vacuum ~** aspiradora *f*.

cleaning ['kli:nɪŋ] **1** *n* limpieza *f*, limpia *f* (*esp LAm*); **to do the ~** hacer la limpieza *or* el aseo. **2** *cpd*: **~ lady** *n* señora *f* de la limpieza *or* del aseo.

cleanliness ['klenlɪnɪs] *n* limpieza *f*.

cleanly ['kli:nlɪ] *adv* limpiamente, finamente.

cleanness ['kli:nnɪs] *n* limpieza *f*.

cleanse [klenz] *vt* (*skin*) limpiar; (*fig: soul etc*) purificar.

cleanser ['klenzəʳ] *n* (*detergent*) detergente *m*; (*disinfectant*) desinfectante *m*; (*cosmetic*) leche *f or* crema *f* limpiadora.

clean-shaven ['kli:n'ʃeɪvn] *adj* (*beardless*) sin barba ni bigote, totalmente afeitado; (*smooth-faced*) lampiño.

cleansing ['klenzɪŋ] **1** *adj* (*for complexion*) limpiador(a); (*fig*) purificador(a); **~ cream** crema *f* desmaquilladora; **~ department** departamento *m* de la limpieza; **~ lotion** loción *f* limpiadora. **2** *n* limpieza *f*.

clear [klɪəʳ] **1** *adj* (*comp* **~er**; *superl* **~est**) (**a**) (*water, glass*) claro/a, transparente; (*sky, weather*) despejado/a; (*air*) puro/a; (*complexion*) terso/a; (*photograph, outline*) claro/a, preciso/a; (*conscience*) limpio/a, tranquilo/a; **on a ~ day** en un día despejado.

(**b**) (*distinct: sound, impression*) claro/a; (*easily understood: meaning, explanation*) claro/a; (*obvious: motive, consequence*) claro, evidente; (*certain: understanding, proof*) seguro/a, cierto/a; **a ~ thinker** una mente lúcida *or* despejada; **a ~ case of murder** un caso evidente de homicidio; **to make o.s. ~** explicarse claramente; **do I make myself ~?** ¿entiende?; **to make it ~ that ...** dejar claro *or* bien sentado que ...; **it is (absolutely) ~ to me that ...** no me cabe (la menor) duda de que ...; **as ~ as day** más claro que el agua.

(**c**) **a ~ profit** una ganancia neta; **a ~ majority** una mayoría absoluta; **three ~ days** tres días enteros; **a ~ winner** un ganador absoluto; **to win by a ~ head** ganar por una cabeza larga.

(**d**) (*free: road, space*) libre; **we had a ~ view** teníamos una buena vista, se veía bien; **to be ~ of sth/sb** estar libre de algo/algn; **all ~!** ¡vía libre!, ¡adelante!

2 *adv* (**a**) *see* **loud 2**.

(**b**) (*completely*) **he jumped ~ across the river** atravesó el río por completo de un salto; **you could hear it ~ across the valley** se oía desde el otro lado del valle.

(**c**) **to keep ~ of sb/sth** evitar a algn/algo, mantenerse alejado de algn/algo; **to stand ~ of sth** mantenerse a distancia de algo; **stand ~ of the doors!** ¡aléjense de las puertas!

3 *n*: **to be in the ~** (*out of debt*) estar libre de deudas; (*free of suspicion*) quedar fuera de toda sospecha; (*free of danger*) estar fuera de peligro.

4 *vt* (**a**) (*place, surface*) despejar; (*road, railway track*) dejar libre; (*site, woodland*) desmontar; (*pipe*) desatascar; (*Med: blood*) purificar; **to ~ a space for sth/sb** hacer sitio para algo/algn; **to ~ the table** recoger *or* quitar la mesa; **to ~ one's throat** carraspear, aclararse la voz; **to ~ the air** (*fig*) aclarar las cosas; **to ~ one's conscience** descargar la conciencia; **to ~ sth of sth** despejar algo de algo.

(**b**) (*get over: fence etc*) salvar, saltar por encima de; (*get past: rocks etc*) pasar sin tocar, esquivar; **to ~ 2 metres** saltar dos metros.

(**c**) (*declare innocent etc: person*) absolver, probar la inocencia de; (*get permission for*) **to ~ sth (with sb)** solicitar la aprobación de algo (con algn); **he was ~ed of murder** fue absuelto de asesinato; **to ~ o.s.** probar su (propia) inocencia; **to ~ a cheque** (*accept*) aceptar *or* dar el visto bueno a un cheque; (*double check*) comprobar *or* compensar un cheque; **the plan will have to be ~ed with the director** el plan tendrá que ser aprobado por el director.

(**d**) (*Comm etc: debt*) liquidar, saldar; (*: profit*) sacar (una ganancia de); (*: goods etc*) liquidar; **he ~ed £50 on the deal** ganó 50 libras en el negocio; **he ~s £250 a week** se saca 250 libras a la semana.

5 *vi* (*weather: also* **~ up**) despejarse.

▸ **clear away** *vt + adv* quitar (de en medio); (*dishes*) retirar.

▸ **clear off 1** *vt + adv* (*debt*) liquidar, saldar. **2** *vi + adv* (*fam: leave*) largarse, mandarse mudar (*LAm*).

▸ **clear out 1** *vt + adv* (*room*) limpiar; (*cupboard*) vaciar. **2** *vi + adv* = **clear off 2**.

▸ **clear up 1** *vt + adv* (**a**) (*matter, mystery*) resolver, aclarar. (**b**) (*tidy: room etc*) ordenar. **2** *vi + adv* (**a**) (*weather*) despejarse. (**b**) (*tidy up*) ponerlo todo en orden, ordenar.

clearance ['klɪərəns] **1** *n* (**a**) (*act of clearing, Sport etc*) despeje *m*; (*space: height, width etc*) margen *m* (*de altura, anchura etc*). (**b**) (*by customs*) despacho *m* de aduana; (*by security*) acreditación *f*; **~ for take-off** (*Aer*) pista libre para despegar. **2** *cpd*: **~ sale** *n* liquidación *f*, realización *f*.

clear-cut ['klɪə'kʌt] *adj* (*decision*) claro/a; (*statement*) sin ambages.

clear-headed ['klɪə'hedɪd] *adj* de mentalidad lógica.

clearing ['klɪərɪŋ] **1** *n* (*in wood*) claro *m*. **2** *cpd*: **~ account** *n* cuenta *f* de compensación; **~ bank** *n* (*Fin*) banco *m* central; **~ house** *n* (*Fin*) cámara *f* de compensación.

clearly ['klɪəlɪ] *adv* (*distinctly*) claramente; (*obviously*) obviamente.

clear-out ['klɪəraʊt] *n*: **to have a good ~** limpiarlo todo.

cleavage ['kli:vɪdʒ] *n* (*of woman*) escote *m*.

cleave[1] [kli:v] (*pt* **clove** *or* **cleft**; *pp* **cloven** *or* **cleft**) *vt* partir; (*water*) surcar.

cleave[2] [kli:v] *vi*: **to ~ to** adherirse a; **to ~ together** ser inseparables.

cleaver ['kli:vəʳ] *n* cuchilla *f* de carnicero.

clef [klef] *n* (*Mus*) clave *f*.

cleft [kleft] **1** *pt, pp of* **cleave[1]**. **2** *adj*: **~ palate** (*Med*) fisura *f* del paladar. **3** *n* (*in rock*) grieta *f*, hendedura *f*.

clemency ['klemənsɪ] *n* clemencia *f*.

clementine ['kleməntaɪn] *n* clementina *f*.

clench [klentʃ] *vt* (*teeth*) apretar; (*fist*) cerrar; **to ~ sth in one's hands** apretar algo en las manos.

clergy ['klɜ:dʒɪ] *n* clero *m*.

clergyman ['klɜ:dʒɪmən] *n* (*pl* **-men**) clérigo *m*, sacerdote *m*.

clerical ['klerɪkəl] *adj* (**a**) (*Comm: job*) de oficina; **~ error** error *m* de pluma *or* de copia; **~ staff** personal *m* de oficina; **~ worker** oficinista *mf*. (**b**) (*Rel*) clerical; **~ collar** alzacuello(s) *m*.

clerk [klɑ:k, (*US*) klɜ:rk] *n* (*Comm*) oficinista *mf*, empleado/a *m/f*; (*in civil service*) funcionario *mf*; (*US: shop assistant*) dependiente/a *m/f*, vendedor(a) *m/f*; (*: in hotel*) recepcionista *mf*; **~ of works** maestro/a *m/f* de obras; *see* **town 2**.

clever ['klevəʳ] *adj* (*comp* **~er**; *superl* **~est**) (*mentally bright: person*) inteligente, listo/a; (*smart*) astuto/a; (*skilful*) hábil; (*book, idea, invention etc*) ingenioso/a; **to be ~ at sth** tener aptitud para algo; **he is very ~ with his hands** es muy hábil con las manos; **to be too ~ by half** pasarse de listo; **he was too ~ for us** fue más listo que nosotros; **~ Dick** (*fam*) sabelotodo *m*.

cleverly ['klevəlɪ] *adv* (*smartly*) hábilmente, con mucha vista.

cleverness ['klevənɪs] *n* (*see adj*) inteligencia *f*; astucia *f*; habilidad *f*; ingenio *m*.

clew [klu:] *n* (*US*) = **clue**.

cliché ['kli:ʃeɪ] *n* cliché *m*, tópico *m*, lugar *m* común.

click [klɪk] **1** *n* (*of camera etc*) golpecito *m* seco, clic *m*; (*of heels*) taconeo *m*; (*of tongue*) chasquido *m*. **2** *vt* (*tongue*) chasquear; **to ~ one's heels** taconear. **3** *vi* (**a**) (*camera etc*) hacer clic; (*heels*) taconear; **the door ~ed shut** la puerta se cerró con un golpecito seco. (**b**) (*fam: be understood*) quedar claro/a; (*: be a success*) ser un éxito; **it didn't ~ with me until** ... no caí en la cuenta hasta (que) ...; **suddenly it all ~ed (into place)** de pronto, todo encajaba.

client [ˈklaɪənt] *n* cliente/a *m/f*.

clientele [ˌkliːɑ̃ːnˈtel] *n* clientela *f*.

cliff [klɪf] *n* (*sea ~*) acantilado *m*; (*of mountain etc*) risco *m*, precipicio *m*.

cliffhanger [ˈklɪfˌhæŋəʳ] *n*: **the match was a real ~** (*fig*) el partido estaba en duda hasta el último momento.

climate [ˈklaɪmɪt] *n* clima *m*; (*fig*) ambiente *m*; **the ~ of opinion** (*fig*) la opinión general.

climatic [klaɪˈmætɪk] *adj* climático/a.

climax [ˈklaɪmæks] *n* punto *m* culminante, apogeo *m*; (*of play etc*) clímax *m*; (*sexual ~*) orgasmo *m*.

climb [klaɪm] **1** *n* (*gen*) subida *f*, ascenso *m*; (*of mountain*) escalada *f*; (*fig*) ascenso. **2** *vt* (*also ~ **up***: *tree, ladder etc*) trepar, subir a; (*: staircase*) subir (por); (*: mountain*) escalar; (*: cliff, wall*) trepar (a); **to ~ a rope** trepar por una cuerda. **3** *vi* (*road*) ascender; (*plane*) elevarse, remontar el vuelo; (*person, plant*) trepar, subir; **to ~ along a ledge** subir por un saliente; **to ~ over a wall** franquear *or* salvar una tapia.

► **climb down** **1** *vi + prep* (*tree etc*) bajar. **2** *vi + adv* (*person: from tree etc*) bajar; (*fig*) rendirse; (*take back*) desdecirse.

► **climb into** *vi + prep*: **to ~ into an aircraft** subir a un avión.

► **climb out** *vi + adv* salir trepando.

climber [ˈklaɪməʳ] *n* (*rock ~*) montañista *mf*, alpinista *mf*, andinista *mf (LAm)*; (*Bot*) trepadora *f*, enredadera *f*; **a social ~** un(a) arribista.

climbing [ˈklaɪmɪŋ] **1** *n* (*rock ~*) montañismo *m*, alpinismo *m*, andinismo *m (LAm)*; **to go ~** hacer montañismo, ir de escalada. **2** *cpd*: **~ frame** *n estructura metálica en la cual los niños juegan trepando*.

clinch [klɪntʃ] **1** *n* (*of boxers*) abrazo *m*, clincha *f*; **in a ~** (*fam: embrace*) abrazados, agarrados *(LAm)*. **2** *vt* (*settle: deal*) cerrar, firmar; (*argument*) remachar, terminar; **that ~es it** está decidido, ni una palabra más.

cling [klɪŋ] (*pt, pp* **clung**) *vi* (*to rope etc*) agarrarse (*to* a, de); (*to belief, opinion*) aferrarse (*to* a); (*clothes: to skin etc*) pegarse (*to* a); (*stay close to*) no separarse (*to* de); (*hold on to*) apegarse (*to* a), abrazar (*to* a); **to ~ together** (*fig*) no separarse (ni un momento); **the smell clung to her clothes** el olor se le quedó pegado a la ropa.

Clingfilm ® [ˈklɪŋfɪlm] *n* plástico *m* para envolver.

clinging [ˈklɪŋɪŋ] *adj* (*dress*) ceñido/a, muy ajustado/a; (*person*) pegajoso/a; (*odour*) tenaz; **~ vine** (*US fig*) lapa *mf (fam)*.

clinic [ˈklɪnɪk] *n* (*hospital, dental ~ etc*) clínica *f*; (*for guidance etc*) consultorio *m*.

clinical [ˈklɪnɪkəl] *adj* clínico/a; (*fig: unemotional, cool: attitude etc*) frío/a, impasible.

clink[1] [klɪŋk] **1** *n* (*of coins etc*) tintín *m*, tintineo *m*; (*of glasses*) choque *m*, chinchín *m*. **2** *vt*: **to ~ glasses with sb** chocar copas con algn. **3** *vi* (*coins etc*) tintinear.

clink[2] [klɪŋk] *n* (*fam: jail*) trena *f (fam)*.

clinker [ˈklɪŋkəʳ] *n* escoria *f* de hulla.

clip[1] [klɪp] **1** *n* (*cut*) tijeretada *f*; (*Cine*) selección *f*, escenas *fpl*. **2** *vt* (*cut*) cortar; (*hedge*) podar; (*ticket*) picar; (*also ~ **off***: *wool*) trasquilar, esquilar; (*hair*) recortar; (*also ~ **out***: *article from newspaper*) recortar; **to ~ sb's wings** (*fig*) cortar las alas a algn.

clip[2] [klɪp] *n* (*paper ~*) sujetapapeles *m inv*, clip *m*, grampa *f (CSur)*; (*hair ~*) horquilla *f*; (*brooch*) alfiler *m*, clip *m*, abrochador *m (LAm)*.

► **clip on** *vt + adv* (*brooch*) prender, sujetar; (*document: with paperclip etc*) sujetar.

► **clip together** *vt + adv* unir.

clipboard [ˈklɪpˌbɔːd] *n* carpeta *f* sujetapapeles.

clip-clop [ˈklɪpɪklɒp] *n ruido de los cascos del caballo*.

clip-on [ˈklɪpɒn] *adj* (*badge etc*) para prender, con prendedor; (*earrings*) de pinza.

clipped [klɪpt] *adj* (*accent*) entrecortado/a.

clipper [ˈklɪpəʳ] *n* (*Naut*) clíper *m*.

clippers [ˈklɪpəz] *npl* (*for hair*) maquinilla *fsg* (para el pelo); (*for nails*) cortaúñas *msg inv*; (*for hedge*) tijeras *fpl* podadoras.

clipping [ˈklɪpɪŋ] *n* (*from newspaper*) recorte *m*.

clique [kliːk] *n* camarilla *f*.

clitoris [ˈklɪtərɪs] *n* clítoris *m*.

Cllr *abbr of* **Councillor**.

cloak [kləʊk] *n* capa *f*, manto *m*; **under the ~ of darkness** (*fig*) al amparo de la oscuridad.

cloak-and-dagger [ˈkləʊkənˈdægəʳ] *adj* clandestino/a; (*play*) de capa y espada; (*story*) de agentes secretos.

cloakroom [ˈkləʊkrʊm] *n* (*for coats*) guardarropa *m*, ropero *m*; (*Brit euph: toilet*) aseos *mpl*, lavabo *m*, servicios *mpl*, baño *m (LAm)*.

clobber [ˈklɒbəʳ] (*fam*) **1** *n* (*dress*) ropa *f*, traje *m*; (*Brit: gear*) bártulos *mpl*. **2** *vt* (*defeat*) cascar *(fam)*; (*beat up*) dar una paliza a.

clock [klɒk] **1** *n* reloj *m*; (*of taxi*) taxímetro *m*; (*speedometer*) velocímetro *m*; **alarm ~** despertador *m*; **grandfather ~** reloj de pie *or* de caja; **you can't put the ~ back** no puedes volver al pasado; (*stop progress*) no se puede detener el progreso; **to work against the ~** trabajar contra reloj; **around the ~** las veinticuatro horas; **to sleep round the ~** dormir un día entero; **30,000 miles on the ~** (*Aut*) treinta mil millas en el cuentakilómetros.

2 *vt* (*runner, time*) cronometrar; **we ~ed 80 mph** alcanzamos una velocidad de 80 millas por hora.

3 *cpd*: **~ radio** *n* radio-despertador *m*; **~ tower** *n* torre *f* de reloj.

► **clock in** *vi + adv* (*mark card*) fichar, picar; (*start work*) entrar al trabajo.

► **clock off** *vi + adv* (*mark card*) fichar *or* picar la salida; (*leave work*) salir del trabajo.

► **clock on** *vi + adv* = **clock in**.

► **clock out** *vi + adv* = **clock off**.

► **clock up** *vt + adv* (*Aut*) hacer.

clockwise [ˈklɒkwaɪz] *adv* en el sentido de las agujas del reloj.

clockwork [ˈklɒkwɜːk] **1** *n*: **to go like ~** ir como un reloj. **2** *cpd* de cuerda.

clod [klɒd] *n* (*of earth*) terrón *m*.

clog [klɒg] **1** *n* zueco *m*, chanclo *m*. **2** *vt* (*also ~ **up***: *pipe, drain*) atascar; (*: machine, mechanism*) atrancar. **3** *vi* (*also ~ **up***) atascarse.

cloister [ˈklɔɪstəʳ] *n* claustro *m*; **~s** soportales *mpl*.

cloistered [ˈklɔɪstəd] *adj*: **to lead a ~ life** llevar una vida de ermitaño.

clone [kləʊn] **1** *n* clon *m*; (*Comput*) clónico *m*. **2** *vt* clonar.

close[1] [kləʊs] **1** *adv* (*comp* **~r**; *superl* **~st**) cerca; **~ by** muy cerca; **to hold sb ~** abrazar fuertemente a algn; **~ together** juntos, cerca uno del otro; **to come ~ to** acercarse a; **he must be ~ on 50** estará frisando en los 50; **stay ~ to me** no te alejes *or* separes de mí; **to follow ~ behind** seguir muy de cerca.

2 *adj* (**a**) (*near: place*) cercano/a, próximo/a; (*: relative*) cercano/a; (*: friend*) íntimo/a; (*: contact*) directo/a; (*: connection*) estrecho/a, íntimo/a; (*almost equal: result, election, fight*) muy reñido/a; **to bear a ~ resemblance to** tener mucho parecido con; **at ~ quarters** de cerca; **~ combat** lucha *f* cuerpo a cuerpo; **they're very ~ (to each other)** están muy unidos; **it was a ~ shave** (*fig fam*) se salvaron por un pelo *or* de milagro; **he was the ~st thing to a real worker among us** entre nosotros él tenía más visos de ser un obrero auténtico.

(**b**) (*exact, detailed: examination, study*) detallado/a; (*: investigation, questioning*) minucioso/a; (*: surveil-

lance, control) estricto/a; **to pay ~ attention to sb/sth** prestar mucha atención a algn/algo; **to keep a ~ watch on sb** mantener a algn bajo vigilancia.

(**c**) (*not spread out: handwriting, print*) compacto/a; (*: texture, weave*) compacto/a, tupido/a.

(**d**) (*stuffy: atmosphere, room*) sofocante, cargado/a; (*weather*) pesado/a, bochornoso/a.

(**e**) (*Fin*) ~ **company** (*Brit*), ~ **corporation** (*US*) sociedad *f* exclusiva, compañía *f* propietaria.

close[2] [kləʊz] **1** *n* (*end*) final *m*, conclusión *f*, fin *m*; **to bring sth to a ~** terminar algo, concluir algo; **to draw to a ~** tocar a su fin, estar terminando.

2 *vi* (*shut*) cerrar(se); (*end*) terminar(se), concluir.

3 *vt* (**a**) (*gen, ranks*) cerrar; (*hole*) tapar; **to ~ the gap between 2 things** llenar el hueco entre dos cosas; **to ~ one's eyes to sth** (*ignore*) hacer la vista gorda a algo; **road ~d** cerrado el paso.

(**b**) (*end: discussion, meeting*) clausurar, dar término a; (*bank account*) liquidar; (*bargain, deal*) cerrar.

▸ **close down 1** *vi + adv* (*business*) cerrarse definitivamente; (*: by order*) clausurarse; (*TV, Rad*) cerrar (la emisión). **2** *vt + adv* cerrar definitivamente; (*by legal order*) clausurar.

▸ **close in 1** *vi + adv* (*hunters*) acercarse rodeando, rodear; (*night*) caer; (*darkness, fog*) cerrarse; **the days are closing in** los días son cada vez más cortos; **to ~ in on sb** rodear *or* cercar a algn. **2** *vt + adv* (*area*) cercar, rodear.

▸ **close off** *vt + adv* cerrar al tráfico *or* al público.

▸ **close out** *vt + adv* (*US Fin*) liquidar.

▸ **close round** *vi + prep* rodear; (*crowd*) agolparse en torno a.

▸ **close up 1** *vi + adv* (*people in queue*) arrimarse; (*ranks*) apretarse; (*wound*) cicatrizarse; ~ **up, please** arrímense, por favor. **2** *vt + adv* (*building*) cerrar (del todo); (*pipe, opening*) tapar, obstruir; (*wound*) cerrar.

▸ **close with** *vi + prep* (*begin to fight*) enzarzarse con.

closed [kləʊzd] *adj* cerrado/a; (*case*) concluido/a; (*gap, pipe*) tapado/a, obstruido/a; (*mind*) de miras estrechas, cerrado/a; **sociology is a ~ book to me** no sé absolutamente nada de sociología; ~ **season** veda *f*; ~ **shop** (*Industry*) *empresa con todo el personal afiliado a un solo sindicato.*

closed-circuit television [ˈkləʊzd,sɜːkɪtˈtelɪ,vɪʒən] *n* televisión *f* por circuito cerrado.

close-down [ˈkləʊzdaʊn] *n* cierre *m*.

close-fitting [ˈkləʊsˈfɪtɪŋ] *adj* ceñido/a, ajustado/a.

close-knit [ˈkləʊsnɪt] *adj* (*family*) muy unido/a.

closely [ˈkləʊslɪ] *adv* (**a**) (*carefully*) atentamente; **to watch ~** fijarse, prestar mucha atención; **to listen ~** escuchar con atención; **a ~ guarded secret** un secreto celosamente guardado. (**b**) (*nearly*) **to resemble sth/sb ~** parecerse mucho a algo/algn; ~ **related/connected** estrechamente relacionado/unido; ~ **contested** muy reñido; ~ **packed** (*case*) atesado/a.

closeness [ˈkləʊsnɪs] *n* (*nearness*) proximidad *f*; (*of resemblance*) parecido *m*; (*of friendship*) intimidad *f*; (*of weather, atmosphere*) pesadez *f*, bochorno *m*; (*of room*) mala ventilación *f*.

close-run [,kləʊsˈrʌn] *adj*: ~ **race** carrera *f* muy reñida.

close-set [ˈkləʊs,set] *adj* (*eyes*) muy juntos.

closet [ˈklɒzɪt] **1** *n* (*US: cupboard*) armario *m*, placar(d) *m (LAm)*; **to come out of the ~** (*US*) anunciarse públicamente. **2** *vt*: **to be ~ed with sb** estar encerrado con algn. **3** *cpd* (*esp US*) secreto/a, tapado/a; ~ **gay** gay *m* de tapada.

close-up [ˈkləʊsʌp] *n* primer plano *m*; **in ~** en primer plano.

closing [ˈkləʊzɪŋ] *adj* último/a, final; ~ **date** fecha *f* tope; ~ **price** (*Stock Exchange*) cotización *f* de cierre; ~ **speech** discurso *m* de clausura; **in the ~ stages** en las últimas etapas; **when is ~ time?** ¿a qué hora cierran?

closure [ˈkləʊʒəʳ] *n* cierre *m*.

clot [klɒt] **1** *n* (*Med*) embolia *f*; (*of blood*) coágulo *m*; (*fam: fool*) papanatas *m inv*, tonto/a *m/f* del bote. **2** *vi* coagularse; **~ted cream** nata *f* cuajada.

cloth [klɒθ] *n* (*material*) paño *m*, tela *f*; (*for cleaning*) trapo *m*; (*table~*) mantel *m*; **a man of the ~** (*Rel*) un clérigo.

clothe [kləʊð] *vt* (*family*) vestir.

clothes [kləʊðz] **1** *npl* ropa *fsg*, vestidos *mpl*; **to put one's ~ on** vestirse, ponerse la ropa; **to take one's ~ off** desvestirse, desnudarse. **2** *cpd*: ~ **brush** *n* cepillo *m* de la ropa; ~ **hanger** *n* percha *f*; ~ **horse** *n* tendedero *m* plegable; ~ **line** *n* cuerda *f* para (tender) la ropa; ~ **peg,** (*US*) ~ **pin** *n* pinza *f*; ~ **shop** *n* tienda *f* (de ropa).

clothespole [ˈkləʊðzpəʊl], **clothesprop** [ˈkləʊðzprɒp] *n* palo *m* de tendedero.

clothing [ˈkləʊðɪŋ] **1** *n* ropa *f*, vestimenta *f*; **article of ~** prenda *f* de vestir. **2** *cpd*: ~ **allowance** *n* subsidio *m* para ropa de trabajo; ~ **industry** *n* industria *f* textil.

cloud [klaʊd] **1** *n* nube *f*; (*also fig*) **a ~ of dust/smoke/gas/insects** una nube de polvo/humo/gases/insectos; **to be under a ~** (*under suspicion*) estar bajo sospecha; (*resented*) estar desacreditado; **he has his head in the ~s** está en las nubes; **to be on ~ nine** estar en el séptimo cielo; **every ~ has a silver lining** no hay mal que por bien no venga. **2** *vt* nublar; (*liquid*) enturbiar; (*mirror*) empañar; (*fig: confuse*) aturdir; **to ~ the issue** complicar el asunto.

▸ **cloud over** *vi + adv* nublarse.

cloudburst [ˈklaʊdbɜːst] *n* chaparrón *m*.

cloud-cuckoo-land [,klaʊdˈkʊkuː,lænd], (*US*) **cloud land** [ˈklaʊdlænd] *n*: **to be in ~** estar en babia, estar con la cabeza en el aire *(LAm)*, estar volado.

cloudless [ˈklaʊdlɪs] *adj* sin nubes, despejado/a.

cloudy [ˈklaʊdɪ] *adj* (*comp* **-ier**; *superl* **-iest**) (*sky*) nublado/a; (*liquid*) turbio/a.

clout [klaʊt] **1** *n* (*blow*) tortazo *m*; (*fig: influence, power*) influencia *f*, peso *m*, palanca *f (LAm)*. **2** *vt* dar un tortazo a.

clove[1] [kləʊv] *n* clavo *m*; ~ **of garlic** diente *m* de ajo.

clove[2] [kləʊv] *pt of* **cleave**[1].

cloven[2] [ˈkləʊvn] *pp of* **cleave**[1].

clover [ˈkləʊvəʳ] *n* trébol *m*; **to be in ~** (*fam*) vivir a cuerpo de rey.

cloverleaf [ˈkləʊvəliːf] *n* (*pl* **-leaves**) (*Bot*) hoja *f* de trébol; (*Aut*) cruce *m* en trébol.

clown [klaʊn] **1** *n* (*in circus*) payaso *m*, clown *m*; (*fam*) patán *m*. **2** *vi* (*also* ~ **about** *or* **around**) hacer el payaso.

cloy [klɔɪ] *vi* empalagar.

club [klʌb] **1** *n* (**a**) (*stick*) porra *f*, cachiporra *f*; (*golf ~*) palo *m*; **~s** (*Cards: Sp*) bastos *mpl*; (*: Brit*) tréboles *mpl*. (**b**) (*association*) club *m*; (*gaming ~*) casino *m*; (*building*) centro *m*, círculo *m*, club; **join the ~!** (*fig*) ¡ya somos dos! **2** *vt* (*person*) aporrear, dar porrazos a. **3** *vi*: **to ~ together** (*join forces*) unir fuerzas; **we all ~bed together to buy him a present** le compramos un regalo entre todos. **4** *cpd*: ~ **class** *n* clase *f* club; ~ **foot** *n* pie *m* zopo; ~ **sandwich** *n bocadillo vegetal con pollo y bacon.*

clubhouse [ˈklʌbhaʊs] *n* (*pl* **-houses** [-haʊzɪz]) sede *f* de un club.

cluck [klʌk] *vi* cloquear.

clue [kluː] **1** *n* pista *f*; (*in a crime etc*) pista, indicio *m*; (*of crossword*) indicación *f*; **I haven't a ~** (*fam*) no tengo ni idea; **he hasn't a ~** (*fam*) no tiene ni idea; **can you give me a ~?** ¿me das una pista? **2** *vt*: **to ~ sb up** (*fam*) informar a algn.

clued up [,kluːdˈʌp] *adj*: ~ **(on)** (*fam*) al tanto (de), al corriente (de).

clueless [ˈkluːlɪs] *adj* (*fam*) despistado/a, que no se entera.

clump[1] [klʌmp] *n* (*of trees, shrubs*) grupo *m*; (*of flowers, grass*) mata *f*; (*of earth*) terrón *m*.

clump[2] [klʌmp] **1** *n* (*of feet*) pisada *f* fuerte. **2** *vi*: **to ~ about** pisar fuerte.

clumsiness ['klʌmzɪnɪs] *n* torpeza *f*; *(fig)* falta *f* de tacto.

clumsy ['klʌmzɪ] *adj* (*comp* **-ier**; *superl* **-iest**) (*person, action: awkward*) torpe, desmañado/a, patoso/a; (*painting, forgery*) tosco/a, chapucero/a; (*tool*) pesado/a, difícil de manejar; (*remark, apology*) torpe, poco delicado/a.

clung [klʌŋ] *pt, pp of* **cling**.

clunker ['klʌŋkəʳ] *n (US fam)* cacharro *m (fam)*.

cluster ['klʌstəʳ] **1** *n* grupo *m*; (*of fruit*) racimo *m*. **2** *vi* (*people, things*) agruparse, apiñarse; (*plants*) arracimarse; **to ~ round sb/sth** apiñarse en torno a algn/algo. **3** *cpd*: **~ bomb** *n* bomba *f* de dispersión.

clutch¹ [klʌtʃ] **1** *n* **(a)** (*Aut*) embrague *m*, cloche *m (LAm)*; (*pedal*) (pedal *m* del) embrague *or* cloche; **to let the ~ in/out** embragar/desembragar. **(b) to fall into sb's ~es** caer en las garras de algn. **2** *vt* (*catch hold of*) asir, agarrar *(esp LAm)*; (*hold tightly*) apretar, agarrar. **3** *vi*: **to ~ at** tratar de agarrar; (*fig*) aferrarse a; **to ~ at straws** aferrarse a cualquier esperanza.

clutch² [klʌtʃ] *n* (*of eggs*) nidada *f*.

clutter ['klʌtəʳ] **1** *n* desorden *m*, confusión *f*; **in a ~** en desorden, en un montón. **2** *vt* atestar; **to ~ up a room** amontonar cosas en un cuarto; **to be ~ed up with sth** estar atestado de algo.

CM *abbr (US Post) of* **North Mariana Islands**.

cm *abbr of* **centimetre(s)** cm.

Cmdr *abbr of* **Commander** Cdte.

CNAA *n abbr* (*Brit*) *of* **Council for National Academic Awards** *organismo no universitario que otorga diplomas.*

CND *n abbr of* **Campaign for Nuclear Disarmament**.

CNN *n abbr* (*US*) *of* **Cable News Network** *agencia de noticias.*

CO 1 *n abbr* **(a)** (*Brit*) *of* **Commonwealth Office**. **(b)** (*Mil*) *of* **Commanding Officer**. **2** *abbr* (*US Post*) *of* **Colorado**.

Co. *abbr* **(a)** *of* **company** Cía; **Mrs Thatcher and ~** (*pej*) La Thatcher y compañía. **(b)** *of* **county**.

co- [kəʊ] *pref* co-.

c/o *abbr* **(a)** *of* **care of** c/d, a/c. **(b)** (*Comm*) *of* **cash order**.

coach [kəʊtʃ] **1** *n* **(a)** (*bus*) autobús *m*, autocar *m (Sp)*, coche *m* de línea, pullman *m (LAm)*, camión *m (Mex)*, micro *m (Arg)*; (*Brit Rail*) coche, vagón *m*, pullman *(Mex)*; (*horse-drawn*) diligencia *f*; (*ceremonial*) carroza *f*. **(b)** (*Sport*) entrenador(a) *m/f*; (*tutor*) profesor(a) *m/f* particular. **2** *vt* (*team*) entrenar, preparar; (*student*) enseñar, preparar. **3** *cpd*: **~ trip** *n* excursión *f* en autocar.

coach-builder ['kəʊtʃˌbɪldəʳ] *n* (*Brit Aut*) carrocero *m*.

coachload ['kəʊtʃləʊd] *n* autocar *m* (lleno); **they came by the ~** vinieron en masa.

coachwork ['kəʊtʃwɜːk] *n* (*Brit*) carrocería *f*.

coagulate [kəʊ'ægjʊleɪt] **1** *vt* coagular. **2** *vi* coagularse.

coal [kəʊl] **1** *n* carbón *m*; (*soft*) hulla *f*; **to carry ~s to Newcastle** (*fig*) llevar leña al monte *or* agua al mar; **to haul sb over the ~s** (*fig*) echarle una bronca a algn. **2** *cpd*: **~ bunker** *n* carbonera *f*; **~ cellar** *n* carbonera *f*; **~ dust** *n* polvillo *m* de carbón; **~ fire** *n* chimenea *f* de carbón; **~ industry** *n* industria *f* del carbón; **~ mine** *n* mina *f* de carbón; **~ miner** *n* minero/a *m/f* de carbón; **~ mining** *n* minería *f* de carbón; **~ scuttle** *n* cubo *m* para carbón; **~ shed** *n* cobertizo *m* para carbón; **~ tar** *n* alquitrán *m* mineral.

coal-black ['kəʊl'blæk] *adj* negro/a como el carbón.

coalface ['kəʊlfeɪs] *n* frente *m* de carbón.

coalfield ['kəʊlfiːld] *n* yacimiento *m* de carbón, cuenca *f* minera.

coalition [ˌkəʊə'lɪʃən] **1** *n* (*Pol*) coalición *f*. **2** *cpd*: **a ~ government** un gobierno de coalición.

coalman ['kəʊlmən] *n* (*pl* **-men**) carbonero *m*.

coarse [kɔːs] *adj* (*comp* **~r**; *superl* **~st**) (*of texture*) basto/a; (*badly made*) burdo/a, tosco/a; (*sand etc*) grueso/a; (*skin*) áspero/a; (*vulgar: character, laugh, remark*) grosero/a; **~ fishing** pesca *f* de agua dulce *(excluyendo salmón y trucha).*

coarse-grained ['kɔːsgreɪnd] *adj* de grano grueso; (*fig*) tosco/a, basto/a.

coarsely ['kɔːslɪ] *adv* (*made*) toscamente; (*laugh, say*) groseramente.

coarsen ['kɔːsn] **1** *vt* embrutecer; (*skin*) curtir. **2** *vi* (*see vt*) embrutecerse; curtirse.

coast [kəʊst] **1** *n* (*shore*) costa *f*; (*coastline*) litoral *m*; **the ~ is clear** (*fig: there is no one about*) no hay moros en la costa; (*: the danger is over*) pasó el peligro. **2** *vi* (*Aut etc*) ir en punto muerto; (*on sledge, cycle etc*) deslizarse cuesta abajo; (*fig*) avanzar sin esfuerzo.

coastal ['kəʊstəl] *adj* costero/a; **~ defences** defensas *fpl* costeras; **~ traffic** (*Naut*) cabotaje *m*.

coaster ['kəʊstəʳ] *n* **(a)** (*Naut*) buque *m* costero, barco *m* de cabotaje. **(b)** (*small mat for drinks*) posavasos *m inv*.

coastguard ['kəʊstgɑːd] **1** *n* (*person*) guardacostas *mf inv*; (*organization*) servicio *m* de guardacostas. **2** *cpd*: **~ station** *n* puesto *m* de guardacostas.

coastline ['kəʊstlaɪn] *n* litoral *m*.

coat [kəʊt] **1** *n* **(a)** (*winter/long ~*) abrigo *m*; (*jacket*) chaqueta *f (Sp)*, americana *f*, saco *m (LAm)*; **to cut one's ~ according to one's cloth** adaptarse a las circunstancias. **(b)** (*animal's*) pelo *m*; (*wool*) lana *f*. **(c)** (*layer*) capa *f*; **a ~ of paint** una mano de pintura. **(d) ~ of arms** escudo *m* (de armas). **2** *vt* cubrir, revestir (*with* de); (*with a liquid*) bañar (*with* en). **3** *cpd*: **~ hanger** *n* percha *f*, gancho *m (LAm)*; **~ tails** *npl* faldón *msg*.

coating ['kəʊtɪŋ] *n* capa *f*, baño *m*; (*of paint etc*) mano *f*.

co-author ['kəʊˌɔːθəʳ] *n* coautor(a) *m/f*.

coax [kəʊks] *vt*: **to ~ sth out of sb** sonsacar algo a algn (engatusándolo); **to ~ sb out of doing sth** convencer a algn para que deje de hacer algo; **to ~ sb into doing sth** engatusar a algn para que haga algo.

coaxial [ˌkəʊ'æksɪəl] *adj* coaxial; **~ cable** cable *m* coaxial.

cob [kɒb] *n* **(a)** (*swan*) cisne *m* macho. **(b)** (*horse*) jaca *f* fuerte. **(c)** (*loaf*) pan *m* redondo. **(d)** (*nut*) avellana *f*. **(e)** (*maize*) mazorca *f*.

cobalt ['kəʊbɒlt] **1** *n* cobalto *m*. **2** *cpd*: **~ blue** *n* azul *m* cobalto.

cobble ['kɒbl] **1** *n* (*also* **~stone**) adoquín *m*. **2** *vt*: **to ~ together** hacer apresuradamente.

cobbled ['kɒbld] *adj*: **~ street** empedrado *m*, adoquinado *m*.

cobbler ['kɒbləʳ] *n* zapatero/a *m/f* (remendón/ona).

cobblers ['kɒbləz] *interj* (*Brit: fig fam*) chorradas *fpl (fam!)*.

COBOL ['kəʊbɒl] *n* (*Comput*) COBOL *m*.

cobra ['kəʊbrə] *n* cobra *f*.

cobweb ['kɒbweb] *n* telaraña *f*; **to blow away the ~s** (*fig*) despejar la mente.

cocaine [kə'keɪn] **1** *n* cocaína *f*. **2** *cpd*: **~ addiction** *n* cocainomanía *f*.

coccyx ['kɒksɪks] *n* cóccix *m*.

cock [kɒk] **1** *n* **(a)** (*rooster*) gallo *m*; (*other male bird*) macho *m*. **(b)** (*tap: stop~*) llave *f* de paso. **(c)** (*fam!: penis*) polla *f (fam!)*. **2** *vt* (*gun*) amartillar; (*head*) ladear; (*also* **~ up**: *ears*) aguzar; **to ~ a snook at sb/sth** (*fig*) burlarse de algn/algo. **3** *cpd*: **~ teaser** *n (fam!)* calientapollas *f inv (fam!)*.

cock-a-doodle-doo ['kɒkəduːdl'duː] *interj* ¡quiquiriquí!

cock-a-hoop ['kɒkə'huːp] *adj* contentísimo/a.

cockamamie [ˌkɒkə'meɪmɪ] *adj* (*US fam*) pijotero/a *(fam)*.

cock-and-bull ['kɒkən'bʊl] *adj*: **~ story** cuento *m* chino.

cockatoo [ˌkɒkə'tuː] *n* cacatúa *f*.

cockcrow ['kɒkkrəʊ] *n*: **at ~** al amanecer.

cocked [kɒkt] *adj*: **~ hat** sombrero *m* de tres picos; **to knock sth into a ~ hat** ser netamente superior a algo.

cockerel ['kɒkrəl] *n* gallito *m*, gallo *m* joven.

cockeyed ['kɒkaɪd] *adj* (*crooked*) torcido/a, chueco/a

(LAm); *(absurd)* disparatado/a.

cockle [ˈkɒkl] *n (Zool)* berberecho *m*.

cockney [ˈkɒknɪ] *n (person) habitante de Londres, especialmente de la zona este*; *(dialect)* dialecto *m* de esa zona.

cockpit [ˈkɒkpɪt] *n (Aer)* cabina *f*; *(for cockfight)* reñidero *m*.

cockroach [ˈkɒkrəʊtʃ] *n* cucaracha *f*.

cocksure [ˈkɒkˈʃʊəʳ] *adj* creído/a, engreído/a.

cocktail [ˈkɒkteɪl] **1** *n (drink)* combinado *m*, cóctel *m*; **fruit** ~ macedonia *f* de frutas; **prawn** ~ cóctel de gambas. **2** *cpd*: ~ **bar** *n (in hotel)* bar *m*; ~ **cabinet** *n* mueble-bar *m*; ~ **dress** *n* vestido *m* de cóctel; ~ **party** *n* cóctel *m*; ~ **shaker** *n* coctelera *f*.

cockup [ˈkɒkʌp] *n (fam)* **what a ~!** ¡qué lío!, ¡qué desmadre!; **to make a ~ of sth** joder algo *(fam)*.

cocky [ˈkɒkɪ] *adj (comp* **-ier**; *superl* **-iest**) *(fam pej)* creído/a.

cocoa [ˈkəʊkəʊ] *n* cacao *m*; *(drink)* chocolate *m*.

coconut [ˈkəʊkənʌt] **1** *n* coco *m*; *(tree)* ~ **(palm)** cocotero *m*. **2** *cpd*: ~ **matting** *n* estera *f* de fibra de coco; ~ **oil** *n* aceite *m* de coco; ~ **shy** *n* tiro *m* al coco.

cocoon [kəˈkuːn] *n* capullo *m*.

COD *abbr of* **cash on delivery** *(Brit)*, **collect on delivery** *(US)* C.A.E.

cod [kɒd] *n* bacalao *m*.

coddle [ˈkɒdl] *vt (also* **mollycoddle**) consentir, mimar; *(Culin)* ~**d eggs** *huevos cocidos a fuego lento*.

code [kəʊd] **1** *n* **(a)** *(cipher)* clave *f*, cifra *f*; **in** ~ en clave, cifrado/a. **(b)** *(of laws etc)* código *m*; ~ **of behaviour** código de conducta; ~ **of practice** código profesional *see* **highway 2**. **2** *vt (message etc)* poner en clave, cifrar. **3** *cpd*: ~ **book** *n* libro *m* de códigos; ~ **name** *n* alias *m*, nombre *m* en clave; *(Pol)* nombre de guerra; ~ **number** *n (Tax etc)* ≈ número *m* de identificación fiscal.

codeine [ˈkəʊdiːn] *n (Pharm)* codeína *f*.

codeword [ˈkəʊdwɜːd] *n* palabra *f* en clave.

codicil [ˈkɒdɪsɪl] *n* codicilo *m*.

codify [ˈkəʊdɪfaɪ] *vt* codificar.

cod-liver oil [ˈkɒdlɪvərˈɔɪl] *n* aceite *m* de hígado de bacalao.

co-driver [ˈkəʊdraɪvəʳ] *n (Aut)* copiloto *mf*.

codswallop [ˈkɒdzwɒləp] *n (Brit fam)* chorradas *fpl (fam!)*.

co-ed [ˈkəʊˈed] **1** *adj abbr (fam) of* **coeducational** mixto/a. **2** *n (US: female student)* alumna *f* de un colegio mixto; *(Brit: school)* colegio *m* mixto.

coeducation [ˈkəʊˌedjʊˈkeɪʃən] *n* coeducación *f*, enseñanza *f* mixta.

coefficient [ˌkəʊɪˈfɪʃənt] *n* coeficiente *m*.

coerce [kəʊˈɜːs] *vt* forzar, obligar, coaccionar; **to ~ sb into doing sth** obligar a algn a hacer algo.

coercion [kəʊˈɜːʃən] *n* coacción *f*, compulsión *f*.

coexist [ˈkəʊɪgˈzɪst] *vi* coexistir *(with* con).

coexistence [ˈkəʊɪgˈzɪstəns] *n* coexistencia *f*.

C of C *n abbr of* **Chamber of Commerce**.

C of E *n abbr of* **Church of England**.

coffee [ˈkɒfɪ] **1** *n* café *m*; **a cup of** ~ una taza de café, un café; **white** ~ café con leche, café cortado; **black** ~ café solo, café americano *(LAm)*, tinto *m (Col)*; **two white ~s, please** dos cafés con leche, por favor.
2 *cpd*: ~ **bar** *n* café *m*, cafetería *f*; ~ **bean** *n* grano *m* de café; ~ **break** *n* descanso *m* (para tomar café); ~ **cup** *n* taza *f* para café, tacita *f*, pocillo *m (LAm)*; ~ **maker** *n* máquina *f* de café, cafetera *f*; ~ **mill** *n* molinillo *m* de café; ~ **morning** *n* tertulia *f* formada para tomar el café por la mañana; ~ **percolator** *n* = ~ **maker**; ~ **plantation** *n* cafetal *m*; ~ **shop** *n* café *m*; ~ **table** *n* mesita *f* para servir el café; **~-table book** libro *m* de gran formato *(bello e impresionante)*.

coffeepot [ˈkɒfɪpɒt] *n* cafetera *f*.

coffer [ˈkɒfəʳ] *n* cofre *m*, arca *f*; ~**s** *(fig)* tesoro *msg*, fondos *mpl*.

coffin [ˈkɒfɪn] *n* ataúd *m*.

C of I *n abbr of* **Church of Ireland**.

C of S *n abbr of* **Church of Scotland**.

cog [kɒg] *n* diente *m* (de rueda dentada); **just a ~ in the wheel** *(fig)* una pieza del mecanismo, nada más.

cogent [ˈkəʊdʒənt] *adj* lógico/a, convincente.

cogitate [ˈkɒdʒɪteɪt] *vi* meditar.

cognac [ˈkɒnjæk] *n* coñac *m*.

cohabit [kəʊˈhæbɪt] *vi* cohabitar *(with sb* con algn).

coherence [kəʊˈhɪərəns] *n (see adj)* lógica *f*, coherencia *f*, racionalidad *f*.

coherent [kəʊˈhɪərənt] *adj (argument)* lógico/a; *(account, speech, person)* coherente; *(behaviour)* comprensible, racional.

cohesive [kəʊˈhiːsɪv] *adj (fig)* cohesivo/a, unido/a.

COHSE [ˈkəʊzɪ] *n abbr (Brit) of* **Confederation of Health Service Employees** *sindicato*.

COI *n abbr (Brit) of* **Central Office of Information**.

coiffure [kwɒˈfjʊəʳ] *n* peinado *m*.

coil [kɔɪl] **1** *n* **(a)** *(roll)* rollo *m*; *(single loop)* vuelta *f*; *(of hair)* rizo *m*; *(of snake)* anillo *m*; *(of smoke)* espiral *f*. **(b)** *(Aut, Elec)* bobina *f*, carrete *m*. **(c)** *(contraceptive)* espiral *f*, DIU *m*. **2** *vt* arrollar, enrollar; **to ~ sth up** enrollar algo; **to ~ sth round sth** enrollar algo alrededor de algo. **3** *vi* **(a)** *(snake)* enroscarse; **to ~ up (into a ball)** hacerse un ovillo; **to ~ round sth** enroscarse alrededor de algo. **(b)** *(smoke)* subir en espiral.

coin [kɔɪn] **1** *n* moneda *f*; **to toss a ~** echar a cara o cruz. **2** *vt (money)* acuñar; *(fig: word etc)* inventar, idear, acuñar; **he must be ~ing money** *(fam)* debe de estar haciéndose de oro; **to ~ a phrase** *(hum)* como quien dice.

coinbox [ˈkɔɪmbɒks] *n (Telec)* depósito *m* de monedas.

coincide [ˌkəʊɪnˈsaɪd] *vi* **(a)** *(happen at same time)* coincidir; **to ~ with** coincidir con. **(b)** *(agree)* estar de acuerdo; **to ~ with** estar de acuerdo con.

coincidence [kəʊˈɪnsɪdəns] *n* coincidencia *f*, casualidad *f*; **what a ~!** ¡qué coincidencia!, ¡qué casualidad!

coin-operated [ˈkɔɪnˈɒpəreɪtɪd] *adj (machine)* que funciona con moneda.

coitus [ˈkɔɪtəs] *n* coito *m*.

Coke ® [kəʊk] *n* Coca-Cola ® *f*.

coke [kəʊk] *n* **(a)** *(fuel)* coque *m*. **(b)** *(fam: cocaine)* coca *f*.

Col. *abbr* **(a)** *of* **Colonel**. **(b)** *(US) of* **Colorado**.

col. *abbr of* **column** col, col.ª.

COLA *n abbr (US) of* **cost-of-living adjustment** *reajuste salarial de acuerdo con el coste de la vida*.

colander [ˈkʌləndəʳ] *n* colador *m*.

cold [kəʊld] **1** *adj (comp* **~er**; *superl* **~est**) frío/a; *(fig)* **a ~ gaze/welcome** una mirada/recepción fría; *(fam: unconscious)*; **to be out ~** quedarse sin sentido *or* sin conocimiento; **to be ~** *(person)* tener frío; *(thing)* estar frío; *(weather)* hacer frío; **to get ~** *(person)* enfriarse, entrarle frío a algn; *(thing)* enfriarse; *(weather)* empezar a hacer frío; **in ~ blood** a sangre fría; **to knock sb (out) ~** *(fam)* dejar a algn sin conocimiento; **it leaves me ~** *(fam)* me deja frío; **it's ~ comfort** ¡menudo consuelo!; ~ **cream** crema *f* hidratante; **to have/get ~ feet** *(fig)* arrepentirse, empezar a tener dudas; ~ **front** frente *m* frío; ~ **selling** venta *f* en frío; ~ **sore** herpes *m* labial, pupa *f (fam)*; ~ **start**, *(US)* ~ **starting** arranque *m* en frío; **to put sth into ~ storage** *(food)* conservar algo en cámaras frigoríficas; *(fig: project)* congelar algo, dar el carpetazo a algo; **he broke into a ~ sweat** le entró un sudor frío; ~ **war** guerra *f* fría.
2 *n* **(a)** frío *m*; **he doesn't like the ~** no le gusta el frío; **to feel the ~** sentir frío; **to leave sb out in the ~** *(fig)* dejar a algn al margen.
(b) *(Med: also* **common ~**) resfriado *m*, catarro *m*, resfrío *m (LAm)*; **to catch a ~** resfriarse, acatarrarse.
3 *adv*: **to do sth ~** hacer algo en frío.

cold-blooded [ˈkəʊldˈblʌdɪd] *adj (Zool)* de sangre fría; *(fig)* desalmado/a, despiadado/a.

cold-hearted [ˈkəʊldˈhɑːtɪd] *adj* insensible, cruel.

coldly ['kəʊldlɪ] *adv* (*fig*) fríamente, con frialdad.

cold-shoulder ['kəʊld'ʃəʊldəʳ] *vt* (*rebuff*) volver la espalda a.

coleslaw ['kəʊlslɔː] *n inv* ensalada *f* de col con zanahoria.

colic ['kɒlɪk] *n* (*esp of horses, children*) cólico *m*.

collaborate [kə'læbəreɪt] *vi* (*also Pol*) colaborar; **to ~ on sth/in doing sth** colaborar en algo; **to ~ with sb** colaborar con algn.

collaboration [kə͵læbə'reɪʃən] *n* colaboración *f*; (*Pol*) colaboracionismo *m*; **in ~** en colaboración (*with* con).

collaborator [kə'læbəreɪtəʳ] *n* colaborador(a) *m/f*; (*Pol*) colaboracionista *mf*.

collagen ['kɒlədʒən] *n* colágeno *m*.

collapse [kə'læps] **1** *n* (*Med*) colapso *m*; (*of building, roof, floor*) hundimiento *m*, desplome *m*; (*of government*) caída *f*; (*of plans, scheme*) fracaso *m*; (*financial*) ruina *f*; (*of civilization, society*) ocaso *m*; (*Comm: of business*) quiebra *f*; (*: of prices*) hundimiento, caída.

2 *vi* (*person: Med*) sufrir un colapso; (*with laughter*) morirse (de risa); (*building, roof, floor*) hundirse, desplomarse; (*civilization, society*) desaparecer, extinguirse; (*government*) caer(se); (*scheme*) fracasar; (*business*) quebrar; (*prices*) hundirse, bajar repentinamente; (*fold down*) plegarse, doblarse.

collapsible [kə'læpsəbl] *adj* plegable.

collar ['kɒləʳ] **1** *n* cuello *m*; (*necklace*) collar *m*; (*for dog, Tech*) collar; **to get hot under the ~** sulfurarse. **2** *vt* (*fam: person*) abordar, acorralar; (*: object: get for o.s.*) apropiarse.

collarbone ['kɒləbəʊn] *n* clavícula *f*.

collate [kɒ'leɪt] *vt* cotejar.

collateral [kɒ'lætərəl] **1** *n* (*Fin*) garantía *f* subsidiaria. **2** *cpd*: **~ loan** *n* préstamo *m* colateral; **~ security** *n* garantía *f* colateral.

colleague ['kɒliːg] *n* colega *mf*.

collect [kə'lekt] **1** *vt* (**a**) (*assemble*) reunir, juntar; (*as hobby: stamps, valuables*) coleccionar; (*facts, documents*) recopilar, reunir; **to ~ o.s.** *or* **one's thoughts** (*fig*) reponerse, recobrar el dominio sobre uno mismo; **the ~ed works of Shakespeare** las obras completas de Shakespeare.

(**b**) (*call for, pick up: person*) recoger, pasar por (*LAm*); (*: post, rubbish*) recoger; (*: books*) (re)coger; (*: subscriptions, rent*) cobrar; (*: taxes*) recaudar; (*: ticket*) recoger; (*: dust*) retener, acumular; **I'll ~ you at 8** vengo a recogerte a las 8.

2 *vi* (*people*) reunirse, congregarse; (*water*) estancarse; (*dust*) acumularse; **to ~ for charity** recaudar *or* recolectar fondos con fines benéficos; **~ on delivery** (*US*) contra reembolso.

3 *adv*: **to call ~** (*US Telec*) llamar a cobro revertido.

4 *cpd*: **~ call** *n* (*US*) llamada *f* a cobro revertido.

collection [kə'lekʃən] **1** *n* (**a**) (*act*) recogida *f*; (*taxes*) recaudación *f*; **to await ~** estar listo para ser recogido. (**b**) (*group of people*) grupo *m*; (*of pictures, stamps etc*) colección *f*; (*pej*) montón *m*; (*Rel*) colecta *f*; (*for charity*) colecta; (*of letters, rubbish*) recogida *f*; **to make a ~ for** hacer una colecta a beneficio de. **2** *cpd*: **~ charges** *npl* (*Fin, Comm*) gastos *mpl* de cobro; **~ plate** *n* platillo *m*.

collective [kə'lektɪv] **1** *n* (*gen, Ling*) colectivo *m*. **2** *adj* colectivo/a; **~ bargaining** negociación *f* del convenio colectivo; **~ farm** granja *f* colectiva.

collectively [kə'lektɪvlɪ] *adv* colectivamente.

collector [kə'lektəʳ] *n* (*of taxes*) recaudador(a) *m/f*; (*of stamps etc*) coleccionista *mf*; **~'s item** *or* **piece** pieza *f* de coleccionista; *see* **ticket**.

college ['kɒlɪdʒ] *n* (*part of university*) colegio *m* universitario, escuela *f* universitaria; (*of agriculture, technology etc*) escuela; (*of music*) conservatorio *m*; (*body*) colegio; **C~ of Advanced Technology** (*Brit*) politécnico *m*; **C~ of Further Education** Escuela de Formación Profesional.

collide [kə'laɪd] *vi*: **to ~ (with)** (*also fig*) chocar (con).

collie ['kɒlɪ] *n* perro *m* pastor escocés, collie *m*.

colliery ['kɒlɪərɪ] *n* mina *f* de carbón.

collision [kə'lɪʒən] **1** *n* choque *m*, colisión *f*. **2** *cpd*: **to be on a ~ course** (*fig*) ir camino del enfrentamiento.

collocation [͵kɒlə'keɪʃən] *n* colocación *f*.

colloquial [kə'ləʊkwɪəl] *adj* coloquial, de uso corriente.

collusion [kə'luːʒən] *n* (*no pl*) confabulación *f*, connivencia *f*; **to be in ~ with** confabular *or* conspirar con.

collywobbles ['kɒlɪ͵wɒblz] *n* (*fam: fig*) nerviosismo *m*, ataque *m* de nervios.

Colo. *abbr* (*US*) *of* **Colorado**.

cologne [kə'ləʊn] *n* (*also* **eau de ~**) (agua *f* de) colonia *f*.

Colombia [kə'lɒmbɪə] *n* Colombia *f*.

Colombian [kə'lɒmbɪən] *adj, n* colombiano/a *m/f*.

colon ['kəʊlən] *n* (**a**) (*Anat*) colon *m*. (**b**) (*Typ*) dos puntos *mpl*.

colonel ['kɜːnl] *n* coronel *m*.

colonial [kə'ləʊnɪəl] *adj* colonial; **the ~ power** el poder colonizador.

colonist ['kɒlənɪst] *n* (*pioneer*) colonizador(a) *m/f*; (*inhabitant*) colono *mf*.

colonize ['kɒlənaɪz] *vt* colonizar.

colony ['kɒlənɪ] *n* colonia *f*.

color *etc* ['kʌləʳ] (*US*) = **colour** *etc*.

Colorado beetle [͵kɒlə͵rɑːdəʊ'biːtl] *n* escarabajo *m* de la patata, dorífora *f*.

colorant ['kʌlərənt] *n* colorante *m*.

colossal [kə'lɒsl] *adj* colosal, gigantesco/a.

colour, (*US*) **color** ['kʌləʳ] **1** *n* (**a**) color *m*; **what ~ is it?** ¿de qué color es?; **a dark/light ~** un color oscuro/claro; **fast ~s** colores sólidos; **let's see the ~ of your money** ¡a ver la pasta *or* (*LAm*) la plata!; **to change ~** cambiar *or* mudar de color.

(**b**) (*complexion*) color *m*; **to be off ~** estar indispuesto/a.

(**c**) (*race*) color *m*, raza *f*; **people of ~** (*US*) personas de color.

(**d**) (*flag*) bandera *f*; **to salute the ~s** saludar la bandera; **to see sth/sb in its/his true ~s** (*fig*) ver algo/a algn a la luz de la verdad; **to show o.s. in one's true ~s** (*fig*) quitarse la máscara; **to come through with flying ~s** (*fig*) salir airoso de una prueba; **to nail one's ~s to the mast** (*fig*) proclamar su lealtad.

2 *vt* (*picture*) colorear; (*: with paint*) pintar; (*: with crayon*) colorear; (*hair, fabric: dye*) teñir; (*: tint*) teñir, matizar; **to ~ sth green** teñir algo de verde.

3 *vi* (*blush*) ponerse colorado/a, sonrojarse.

4 *cpd* (*film, slide*) en color; **~ bar** *n* prohibición *f* racial; **~ code** *n* código *m* de colores; **~ photographs** *npl* fotos *fpl* en *or* (*LAm*) a color; **~ scheme** *n* combinación *f* de colores; **~ supplement** *n* (*Press*) suplemento *m* semanal *or* dominical; **~ television (set)** *n* televisión *f* en color.

▸ **colour in** *vt + adv* colorear, pintar.

colour-blind, (*US*) **color-blind** ['kʌləblaɪnd] *adj* daltónico/a.

colour-coded, (*US*) **color-coded** ['kʌlə'kəʊdɪd] *adj* con código de colores.

coloured, (*US*) **colored** ['kʌləd] *adj* (**a**) de color; (*fig*) de gran colorido; **a straw-~ hat** un sombrero color paja; **~ pencils** lápices de color. (**b**) (*of race*) de color, negro/a.

colourfast, (*US*) **colorfast** ['kʌləfɑːst] *adj* no desteñible.

colourful, (*US*) **colorful** ['kʌləfəl] *adj* lleno/a de color; (*person etc*) pintoresco/a, llamativo/a; (*story*) fantástico/a, apasionante.

colouring, (*US*) **coloring** ['kʌlərɪŋ] **1** *n* colorido *m*; (*substance*) colorante *m*; (*complexion*) tez *f*; **'no artificial ~'** 'sin colores artificiales'. **2** *cpd*: **~ book** *n* libro *m* (con dibujos) para colorear.

colourless, (*US*) **colorless** ['kʌləlɪs] *adj* sin color, incoloro/a; (*fig: dull: person*) soso/a; **a ~ liquid** un líquido transparente.

colt [kəult] *n* potro *m*.

column ['kɒləm] *n* (*gen*) columna *f*; (*in newspaper*) columna, sección *f*; **fifth ~** quinta columna; **spinal ~** (*Anat*) columna vertebral.

columnist ['kɒləmnɪst] *n* columnista *mf*, articulista *mf*.

coma ['kəumə] *n* coma *m*; **to be in a ~** estar en estado de coma.

comatose ['kəumətəus] *adj* comatoso/a.

comb [kəum] **1** *n* (**a**) peine *m*; (*ornamental*) peineta *f*; **to run a ~ through one's hair** peinarse, pasarse un peine. (**b**) (*of fowl*) cresta *f*. (**c**) (*honey~*) panal *m*. **2** *vt* (**a**) (*hair*) peinar; **to ~ one's hair** peinarse. (**b**) (*search: countryside etc*) registrar a fondo, peinar; **we've been ~ing the town for you** te hemos buscado por toda la ciudad.

combat ['kɒmbæt] **1** *n* combate *m*. **2** *vt* (*fig*) combatir, luchar contra. **3** *cpd*: **~ duty** *n* servicio *m* de frente; **~ jacket** *n* guerrera *f*; **~ zone** *n* zona *f* de combate.

combatant ['kɒmbətənt] *n* combatiente *mf*.

combination [ˌkɒmbɪ'neɪʃən] **1** *n* (**a**) (*gen*) combinación *f*; (*mixture*) mezcla *f*; **a ~ of circumstances** un conjunto *or* una combinación de circunstancias. (**b**) (*of safe etc*) combinación *f*. **2** *cpd*: **~ lock** *n* cerradura *f* de combinación.

combine [kəm'baɪn] **1** *vt*: **to ~ (with)** (*join*) combinar (con); (*fuse*) unir (con); **he ~s all the qualities of a leader** reúne todas las cualidades de un líder; **to ~ business with pleasure** combinar los negocios con la diversión; **a ~d effort** un esfuerzo conjunto; **a ~d operation** (*Mil*) una operación conjunta.

2 *vi* (**a**) (*join together*) combinarse, unirse; **to ~ with** aunarse con; **to ~ against sth/sb** unirse en contra de algo/algn.

(**b**) (*Chem*) **to ~ (with)** combinarse (con), mezclarse (con).

3 ['kɒmbaɪn] *n* (**a**) (*Comm*) asociación *f*.

(**b**) (*also* **~ harvester**) cosechadora *f*.

combustible [kəm'bʌstɪbl] *adj* combustible.

combustion [kəm'bʌstʃən] **1** *n* combustión *f*; *see* **internal. 2** *cpd*: **~ chamber** *n* cámara *f* de combustión.

come [kʌm] (*pt* **came**; *pp* **~**) *vi* (**a**) (*gen*) venir; (*arrive*) llegar; **~ with me** ven conmigo; **~ home** ven a casa; **~ and see us soon** ven a vernos pronto; **we have ~ to help you** hemos venido a ayudarte; **she has just ~ from London** acaba de venir *or (LAm)* regresar de Londres; **this necklace ~s from Spain** este collar es de España; **they have ~ a long way** (*lit*) han venido desde muy lejos; (*fig*) han llegado muy lejos; **people were coming and going all day** la gente iba y venía todo el día; **the pain ~s and goes** el dolor va y viene; **he came running/dashing** *etc* **in** entró corriendo/volando *etc*; **to ~ for sth/sb** venir por *or (LAm)* pasar por algo/algn; **we'll ~ after you** te seguiremos; **coming!** ¡voy!; **we came to a village** llegamos a un pueblo; **to ~ to a decision** llegar a una decisión; **the water only came to her waist** el agua le llegaba sólo hasta la cintura; **it came to me that ...** (*idea: occur*) se me ocurrió que ...; **it may ~ as a surprise to you ...** puede que te asombre *or (LAm)* extrañe ...; **it came as a shock to her** le afectó mucho; **when it ~s to choosing, I prefer wine** si tengo que elegir, prefiero vino; **when it ~s to mathematics ...** en cuanto a *or* en lo que se refiere a las matemáticas ...; **the day/time will ~ when ...** ya llegará el día/la hora (en) que ...; **the new ruling ~s into force next year** la nueva ley entra en vigor el año que viene.

(**b**) (*have its place*) venir, llegar; **work ~s before pleasure** primero el trabajo, luego la diversión; **the adjective ~s before the noun** el adjectivo precede al sustantivo; **he came 3rd** llegó en tercer lugar.

(**c**) (*happen*) suceder, pasar; **~ what may** pase lo que pase; **no good will ~ of it** de eso no saldrá nada bueno; **nothing came of it** todo quedó en nada; **that's what ~s of being careless** eso es lo que pasa por la falta de cuidado; **how does this chair ~ to be broken?** ¿cómo es que esta silla está rota?; **how ~?** (*fam*) ¿cómo es eso?, ¿cómo así?, ¿por qué?

(**d**) (*be, become*) llegar a; **my dreams came true** mis sueños se hicieron realidad; **the button has ~ loose** el botón se ha soltado; **it ~s naturally to him** lo hace sin esfuerzo, no le cuesta nada hacerlo; **it'll all ~ right in the end** al final, todo se arreglará; **those shoes ~ in 2 colours** esos zapatos vienen en dos colores; **I have ~ to like her** ha llegado a caerme bien; **I came to think it was all my fault** llegué a la conclusión de que era culpa mía; **now I ~ to think of it** ahora que lo pienso, pensándolo bien.

(**e**) (*fam: orgasm*) correrse *(Sp fam!)*, acabar *(LAm fam!)*.

(**f**) (*phrases*) **in (the) years to ~** en los años venideros; **if it ~s to it** llegado el caso; **~ to that ...** si vamos a eso ...; **~ again?** (*fam*) ¿cómo (dice)?; **I don't know whether I'm coming or going** no sé lo que me hago; **he had it coming to him** (*fam*) se lo tenía bien merecido; **I could see it coming** lo veía venir; **he's as good as they ~** es bueno como él solo; **he's as stupid as they ~** es tonto de remate; **cars like that don't ~ cheap** los coches así no son baratos; **to ~ between 2 people** (*interfere*) meterse *or* entrometerse entre dos personas; (*separate*) separar a dos personas.

▸ **come about** *vi + adv* suceder, ocurrir; **how did this ~ about?** ¿cómo ha sido esto?

▸ **come across 1** *vi + adv*: **to ~ across well/badly** (*make an impression*) causar buena/mala impresión. **2** *vi + prep* (*find*) dar *or* topar con, encontrarse con.

▸ **come along** *vi + adv* (**a**) **~ along!** (*friendly tone*) ¡vamos!, ¡venga!, ¡ándale! *or (Mex fam)* ¡ándele!; (*impatiently*) ¡date prisa!, ¡apúrate! *(LAm)*. (**b**) (*accompany*) acompañar. (**c**) (*progress*) ir, progresar; **how is the book coming along?** ¿qué tal va el libro?; **it's coming along nicely** va bien.

▸ **come apart** *vi + adv* deshacerse, caer en pedazos.

▸ **come away** *vi + adv* (*leave*) marcharse, salir; (*become detached*) separarse, desprenderse; **~ away from there!** ¡sal *or* quítate de ahí!

▸ **come back** *vi + adv* (**a**) (*return*) volver, regresar (*LAm*); **would you like to ~ back for a cup of tea?** ¿quieres volver a casa a tomar un té?; **to ~ back to what we were discussing** volviendo a lo anterior. (**b**) (*reply: fam*) **can I ~ back to you on that one?** ¡volvamos sobre ese punto! (**c**) (*return to mind*) **it's all coming back to me** ahora sí me acuerdo.

▸ **come between** *vi + prep* interponerse entre; (*separate*) dividir, separar; **nothing can ~ between us** no hay nada que sea capaz de separarnos.

▸ **come by 1** *vi + prep* (*obtain*) conseguir, adquirir; **how did she ~ by that name?** ¿cómo adquirió ese nombre? **2** *vi + adv* (**a**) (*pass*) pasar; **could I ~ by please?** ¿me permite? (**b**) (*visit*) visitar, entrar a ver; **next time you ~ by** la próxima vez que vengas por aquí.

▸ **come down 1** *vi + prep* bajar; **to ~ down the stairs** bajar las escaleras. **2** *vi + adv* (*person*) bajar (*from* de) (*to* a) (*buildings: be demolished*) ser derribado/a; (*: fall down*) derrumbarse; (*prices, temperature*) bajar; **to ~ down in the world** venir a menos; **to ~ down hard on sb** ser duro con algn; **she came down on them like a ton of bricks** se les echó encima; **to ~ down with flu** caer enfermo *or* enfermar de gripe.

▸ **come forward** *vi + adv* (*advance*) avanzar; (*volunteer*) ofrecerse, presentarse; (*respond*) responder.

▸ **come from** *vi + prep* (**a**) (*stem from*) venir de, proceder de. (**b**) (*person*) ser de; **I ~ from Wigan** soy de Wigan. (**c**) (*US fam*) **I don't know where you're coming from** no alcanzo a comprender la base de tu argumento.

▸ **come in** *vi + adv* (*person*) entrar; (*train, person in race*) llegar; (*tide*) crecer; **~ in!** ¡pase!, ¡siga! *(LAm)*; **the Tories came in at the last election** en las últimas elecciones, ganaron los conservadores; **it will ~ in handy** vendrá bien; **where do I ~ in?** y yo ¿qué hago?, y yo ¿qué pinto?; **to ~ in for criticism/praise** ser objeto de críticas/elogios; **they have no money coming in** no tienen ingresos *or (LAm)* entradas.

► **come into** *vi + prep* (**a**) (*inherit: legacy*) heredar. (**b**) (*be involved*) tener que ver con, ser parte de.

► **come of** *vi + prep*: **to ~ of a good family** ser de buena familia.

► **come off 1** *vi + adv* (**a**) (*button etc*) desprenderse, soltarse; (*stain*) quitarse.

(**b**) (*take place, come to pass*) tener lugar, realizarse; (*turn out*) **to ~ off well/badly** salir bien/mal.

(**c**) (*acquit o.s.*) portarse; **to ~ off best** salir mejor parado, salir ganando.

2 *vi + prep* (**a**) (*separate from*) **she came off her bike** se cayó de la bicicleta; **the label came off the bottle** la etiqueta se desprendió de la botella; **~ off it!** (*fam*) ¡vamos, anda!, ¡venga ya! (**b**) (*give up*) dejar.

► **come on** *vi + adv* (**a**) = **come along (a), (c).** (**b**) (*start*) empezar; **I feel a cold coming on** me está entrando un catarro; **winter is coming on now** ya está empezando el invierno; **I'm coming on to that next** de eso hablo en seguida. (**c**) (*Theat*) salir a escena.

► **come out** *vi + adv* (*person, object*) salir (*of* de); (*flower*) abrirse, florecer; (*sun, stars*) salir; (*news*) divulgarse, difundirse; (*scandal*) descubrirse, salir a la luz; (*book, magazine*) salir; (*film*) estrenarse; (*qualities: show*) mostrarse; (*into the open: as gay etc*) declararse; (*stain*) quitarse; (*dye: run*) desteñirse; (*be covered with*) **he came out in a rash** le salieron granos en la piel; **to ~ out on strike** declararse en huelga; (*fig*) **to ~ out for/against sth** declararse en pro/en contra de algo; **the idea came out of an experiment** la idea se originó en un experimento; **to ~ out with a remark** salir con un comentario; **you never know what he's going to ~ out with next!** (*fam*) ¡nunca se sabe por dónde va a salir!

► **come over 1** *vi + adv* venir, venirse; **they came over to England for a holiday** se vinieron a Inglaterra de vacaciones; **you'll soon ~ over to my way of thinking** ya me darás la razón, ya te dejarás convencer; **I came over all dizzy** me mareé; **her speech came over very well** su discurso causó buena impresión. **2** *vi + prep*: **I don't know what's ~ over him!** ¡no sé lo que le pasa!; **a feeling of weariness came over her** le invadió el cansancio.

► **come round** *vi + adv* (**a**): **~ round whenever you like** pasa por la casa cuando quieras; **he is coming round to see us tonight** viene a vernos *or* pasará a vernos esta noche.

(**b**) (*occur regularly*) llegar; **I shall be glad when payday ~s round** ya estoy esperando el día de pago.

(**c**) (*make detour*) dar un rodeo, desviarse; **I had to ~ round by the Post Office to post a letter** tuve que dar un rodeo hasta Correos para echar una carta.

(**d**) (*change one's mind*) dejarse convencer; **she'll soon ~ round to my way of thinking** no tardará en darme la razón.

(**e**) (*throw off bad mood*) tranquilizarse, calmarse; **leave him alone, he'll soon ~ round** déjalo en paz, ya se calmará.

(**f**) (*regain consciousness, esp after anaesthetic*) volver en sí.

► **come through 1** *vi + adv* (**a**) (*survive*) sobrevivir; **he's badly injured, but he'll ~ through all right** está malherido, pero se recuperará. (**b**) (*telephone call*) llegar; **the call came through from France at 10 p.m.** a las 10 de la noche lograron comunicar desde Francia. **2** *vi + prep* (*survive: war, danger*) sobrevivir; (*: uninjured*) salir ileso/a de.

► **come to** *vi + adv* (**a**) (*amount*) ascender a, sumar; **how much does it ~ to?** ¿a cuánto asciende?, ¿cuánto es en total?; **so it ~s to this** así que viene a ser esto. (**b**) (*regain consciousness, esp after accidental knock-out*) recobrar el conocimiento; **he came to in hospital** recobró el conocimiento en el hospital.

► **come together** *vi + adv* (*assemble*) reunirse, juntarse.

► **come under** *vi + prep* (*heading*) **it ~s under the heading of vandalism** se puede clasificar de vandalismo; (*influence*) **he came under the teacher's influence** cayó bajo la influencia del profesor; **to ~ under attack** sufrir un ataque, verse atacado.

► **come up 1** *vi + adv* (**a**) (*ascend*) subir; **he has ~ up in the world** ha subido mucho en la escala social. (**b**) (*accused: appear in court*) comparecer; (*lawsuit: be heard*) oírse, presentarse; (*matters for discussion*) plantearse, mencionarse; **his case ~s up tomorrow** su proceso se verá mañana; **she came up against complete opposition to her proposals** tropezó con una oposición total ante sus propuestas. **2** *vi + prep* subir.

► **come upon** *vi + prep* (*object, person*) topar(se) con, encontrar.

► **come up to** *vi + prep* (*reach*) llegar hasta; (*approach*) acercarse a; (*fig*) estar a la altura de, satisfacer.

► **come up with** *vi + prep* (*suggest: idea, plan*) proponer, sugerir; (*find: money*) encontrar; (*propose: suggestion*) hacer; **eventually he came up with the money** por fin encontró el dinero.

comeback ['kʌmbæk] *n* (*reaction: usu adverse*) reacción *f*; (*response*) réplica *f*; **to make a ~** (*Theat*) volver a las tablas; (*Cine*) volver al plató.

Comecon ['kɒmɪkɒn] *n abbr of* **Council for Mutual Economic Aid** COMECON *m*.

comedian [kə'mi:dɪən] *n* cómico *m*, humorista *m*.

comedienne [kə,mi:dɪ'en] *n* cómica *f*, humorista *f*.

comedown ['kʌmdaʊn] *n* (*no pl: setback*) revés *m*; (*: humiliation*) humillación *f*.

comedy ['kɒmɪdɪ] *n* (*gen*) comedia *f*; (*humour*) comicidad *f*.

come-on [kʌm,ɒn] (*fam*) *n* (**a**) (*enticement*) insinuación *f*; **to give sb the ~** poner ojos tiernos a algn. (**b**) (*Comm*) truco *m*.

comer ['kʌmə^r] *n*: **all ~s** todos los contendientes; **the first ~** el primero/la primera en llegar.

comet ['kɒmɪt] *n* cometa *m*.

comeuppance [,kʌm'ʌpəns] *n*: **to get one's ~** llevar su merecido.

COMEX ['kɒmeks] *n abbr* (*US*) *of* **Commodities Exchange**.

comfort ['kʌmfət] **1** *n* (**a**) (*solace*) consuelo *m*; **you're a great ~ to me** eres un gran consuelo para mí; **that's cold** *or* **small ~** eso no me consuela nada; **the exam is too close for ~** el examen está demasiado cerca para que me sienta tranquilo. (**b**) (*well-being*) confort *m*, bienestar *m*; (*facility*) comodidad *f*; **to live in ~** vivir cómodamente; **home ~s** las comodidades del hogar. **2** *vt* (*give solace*) consolar; (*give relief*) aliviar, dar alivio a. **3** *cpd*: **~ station** *n* (*US*) servicios *mpl*, aseos *mpl*.

comfortable ['kʌmfətəbl] *adj* (**a**) (*house, chair, shoes etc*) cómodo/a; (*life*) holgado/a; **to make o.s. ~** ponerse cómodo; **are you ~, sitting there?** ¿estás cómodo, sentado ahí? (**b**) (*adequate: income*) suficiente, bueno/a; (*temperature*) agradable; **he was elected with a ~ majority** fue elegido por una amplia mayoría. (**c**) (*fig: relaxed, easy in one's mind*) a gusto, tranquilo/a; **to be ~ about sth** estar tranquilo con respecto a algo.

comfortably ['kʌmfətəblɪ] *adv* (*sit etc*) cómodamente; (*live*) holgadamente; **to be ~ off** vivir con desahogo, estar acomodado.

comforter ['kʌmfətə^r] *n* (*baby's*) chupete *m*, chupón *m* (*LAm*); (*US: blanket*) cobertor *m* acolchado, edredón *m*.

comfy ['kʌmfɪ] *adj* (*fam*) = **comfortable**.

comic ['kɒmɪk] **1** *adj* cómico/a; (*amusing*) gracioso/a; **~ opera** ópera *f* bufa, zarzuela *f* (*Sp*); **~ relief** descanso *m* cómico (del drama). **2** *n* (*person*) cómico/a *m/f*; (*paper*) cómic *m*; (*children's*) tebeo *m*. **3** *cpd*: **~ book** *n* libro *m*

de cómics; ~ **strip** *n* historieta *f*, tira *f* cómica.
comical [ˈkɒmɪkəl] *adj* cómico/a, gracioso/a.
coming [ˈkʌmɪŋ] **1** *adj* (*year etc*) que viene; **in the ~ weeks** en las semanas venideras; **the ~ election** las próximas elecciones; **~ of age** (llegada *f* a la) mayoría *f* de edad. **2** *n* venida *f*, llegada *f*; **the ~ of Christ** el advenimiento de Cristo; **~ and going** ir y venir.
coming-out [ˈkʌmɪŋˈaʊt] *n* presentación *f* en sociedad.
Comintern [ˈkɒmɪntɜːn] *n abbr* (*Pol*) *of* **Communist International** Comintern *f*.
comma [ˈkɒmə] *n* coma *f*; *see* **inverted**.
command [kəˈmɑːnd] **1** *n* (**a**) (*order: esp Mil*) orden *f*; (*Comput*) orden, comando *m*; **he gave his ~ in a loud voice** dio la orden en voz alta; **his ~s were obeyed at once** sus órdenes se cumplieron de inmediato; **by** *or* **at the ~ of sb** por orden de algn; **by royal ~** por real orden.
(**b**) (*control*) dominio *m*; (*Mil: of army, ship*) mando *m*; **under the ~ of** bajo el mando de; **to be in ~ (of)** estar al mando (de); (*fig*) dominar; **to have/take ~ of** estar al mando/asumir el mando de; **to have at one's ~** tener disponible *or* a disposición de uno; (*resources*) disponer de; **to have a good ~ of English** dominar el inglés.
2 *vt* (*lead: soldiers etc*) mandar; (*: ship*) comandar; (*have at one's disposal: resources*) disponer de; (*attention*) ganarse; (*price*) venderse a *or* por; (*respect*) imponer; (*order*) **to ~ sb to do sth** mandar/ordenar a algn que haga algo.
3 *cpd*: ~ **language** *n* (*Comput*) lenguaje *m* de órdenes; ~ **line** *n* (*Comput*) orden *f*; ~ **module** *n* (*on a space rocket*) módulo *m* de mando; ~ **performance** *n* (*Brit*) estreno *m* (en presencia de la reina); ~ **post** *n* puesto *m* de mando.
commandant [ˌkɒmənˈdænt] *n* comandante *m*.
commandeer [ˌkɒmənˈdɪəʳ] *vt* (*requisition: building, stores, ship etc*) requisar, expropiar.
commander [kəˈmɑːndəʳ] *n* (*Mil*) comandante *mf*; **the ~ of the expedition** el comandante de la expedición; **~-in-chief** jefe *mf* supremo, Comandante en jefe.
commanding [kəˈmɑːndɪŋ] *adj* (*appearance*) imponente; (*tone of voice*) imperativo/a; (*lead*) abrumador(a); (*position*) dominante; ~ **officer** (*Mil*) comandante *mf*.
commandment [kəˈmɑːndmənt] *n* (*Bible*) mandamiento *m*.
commando [kəˈmɑːndəʊ] *n* (*man, group*) comando *m*.
commemorate [kəˈmeməreɪt] *vt* conmemorar.
commemoration [kəˌmeməˈreɪʃən] *n*: **in ~ of** en conmemoración *f* de.
commemorative [kəˈmemərətɪv] *adj* conmemorativo/a.
commence [kəˈmens] **1** *vt* comenzar; **to ~ doing sth** comenzar a hacer algo. **2** *vi* comenzar.
commencement [kəˈmensmənt] *n* comienzo *m*, principio *m*; (*US Univ*) (ceremonia *f* de) graduación *f*.
commend [kəˈmend] *vt* (**a**) (*praise*) alabar, elogiar; **to ~ sb for** *or* **on sth** elogiar a algn por algo. (**b**) (*recommend*) recomendar; **it has little to ~ it** poco se puede decir en su favor. (**c**) (*entrust*) encomendar (*to* a).
commendable [kəˈmendəbl] *adj* encomiable.
commendation [ˌkɒmenˈdeɪʃən] *n* elogio *m*, encomio *m*.
commensurate [kəˈmenʃərɪt] *adj*: ~ **with** en proporción a, que corresponde a.
comment [ˈkɒment] **1** *n* (*remark: written or spoken*) comentario *m*, observación *f*; (*no pl: gossip*) comentarios *mpl*, murmuración *f*; **no ~** no tengo nada que decir, sin comentarios; **to make a ~** hacer un comentario; **to cause ~** (*gossip*) provocar comentarios. **2** *vi* comentar, hacer observaciones; **to ~ on** (*text*) comentar, hacer un comentario de; (*subject etc*) hacer observaciones acerca de; (*to the press*) hacer declaraciones sobre.
commentary [ˈkɒməntərɪ] *n* (*gen*) comentario *m*; (*on text*) crítica *f* (literaria).
commentate [ˈkɒmenteɪt] *vi* comentar.
commentator [ˈkɒmənteɪtəʳ] *n* (*Rad, TV*) comentarista *mf*.
commerce [ˈkɒmɜːs] *n* (*no pl*) comercio *m*; **Chamber of C~** Cámara *f* de Comercio.
commercial [kəˈmɜːʃəl] **1** *adj* comercial; ~ **art** arte *m* comercial; ~ **bank** banco *m* comercial; ~ **centre** centro *m* comercial; ~ **college** escuela *f* para secretarias; ~ **law** derecho *m* mercantil; ~ **property** propiedad *f* comercial; ~ **radio/television** radio *f*/televisión *f* comercial; ~ **traveller** viajante *mf* (de comercio); ~ **value** valor *m* comercial; ~ **vehicle** vehículo *m* comercial. **2** *n* (*TV: advert*) anuncio *m*.
commercialism [kəˈmɜːʃəlɪzəm] *n* (*often pej*) mercantilismo *m*.
commercialize [kəˈmɜːʃəlaɪz] *vt* comercializar.
commie [ˈkɒmɪ] *adj, n* (*fam*) = **communist**.
commiserate [kəˈmɪzəreɪt] *vi*: **to ~ with** compadecerse *or* condolerse de.
commission [kəˈmɪʃən] **1** *n* (**a**) (*committee*) comisión *f*; ~ **of inquiry** comisión investigadora. (**b**) (*order for work, esp of artist*) comisión *f*. (**c**) (*for salesman*) comisión *f*; **to sell things on ~** vender cosas a comisión; **I get 10% ~** me dan el diez por ciento de comisión. (**d**) (*Mil: position*) graduación *f* de oficial, despacho *m* de oficial. (**e**) **to be out of ~** estar fuera de servicio. **2** *vt* (**a**) (*artist etc*) hacer un encargo a; (*picture*) encargar. (**b**) (*Mil*) nombrar; **~ed officer** oficial *mf*.
commissionaire [kəˌmɪʃəˈnɛəʳ] *n* portero *m*, conserje *m*.
commissioner [kəˈmɪʃənəʳ] *n* (*official*) comisario *m*; (*member of commission*) comisionado/a *m/f*; ~ **for oaths** notario *m* público; ~ **of police** comisario jefe de policía.
commit [kəˈmɪt] *vt* (**a**) (*crime*) cometer; (*error*) cometer, incurrir en; **to ~ suicide** suicidarse.
(**b**) **to ~ to writing** poner por escrito; **to ~ sth to memory** aprender algo de memoria; **to ~ sb for trial** remitir a algn al tribunal; **to ~ sb** (*to mental hospital*) internar a algn; **to ~ sb to prison** encarcelar a algn.
(**c**) (*pledge*) comprometerse; **he is ~ted to change** está dedicado a buscar el cambio; **we are deeply ~ed to this policy** nos hemos declarado firmemente a favor de esta política; **to ~ o.s. to** comprometerse a; **I can't ~ myself** no puedo comprometerme; **a ~ted writer** un escritor comprometido.
commitment [kəˈmɪtmənt] *n* (*promise*) compromiso *m*; (*devotion*) entrega *f*; **she would give no ~** no quiso comprometerse; **~s** compromisos, obligaciones *fpl*.
committee [kəˈmɪtɪ] **1** *n* comité *m*, comisión *f*; **to be on a ~** ser miembro de un comité. **2** *cpd*: ~ **meeting** *n* reunión *f* del comité; ~ **member** *n* miembro *mf* del comité.
commode [kəˈməʊd] *n* (*with chamber pot*) sillico *m*; (*chest of drawers*) cómoda *f*.
commodity [kəˈmɒdɪtɪ] **1** *n* mercancía *f*, producto *m*. **2** *cpd*: ~ **exchange** *n* bolsa *f* de artículos de consumo; ~ **market** *n* mercado *m* de mercancías; ~ **trade** *n* comercio *m* de mercancías.
common [ˈkɒmən] **1** *adj* (**a**) (*affecting many, mutual*) común; ~ **cause/aim** causa *f*/meta *f* común; ~ **core** (*Scol: also* **~-core syllabus**) asignaturas *fpl* comunes, tronco *m* común; ~ **denominator** (*Math*) común denominador *m*; ~ **ground** (*fig*) puntos *mpl* comunes; ~ **interest** interés *m* común; **it is ~ knowledge that** ... es del dominio público que ...; ~ **language** lengua *f* común; **the C~ Market** el Mercado Común; ~ **room** sala *f* común, salón *m*.
(**b**) (*usual*) común; (*frequent*) frecuente; (*ordinary*) corriente; **this butterfly is ~ in Spain** esta mariposa es común en España; ~ **or garden** común y corriente; ~ **belief** opinión *f* general; **it's ~ courtesy** es una simple cortesía; **the ~ man** el hombre de la calle, el hombre medio;

~ **noun** nombre *m* común; **in ~ parlance** en lenguaje corriente; **the ~ people** la gente corriente; **~ sense** sentido *m* común; **in ~ use** de uso corriente.

(**c**) (*pej: vulgar*) ordinario/a; **as ~ as muck** de lo más ordinario.

2 *n* (*land*) campo *m* comunal, ejido *m*; (*Brit Pol*) **the C~s** los Comunes; **we have a lot in ~ (with other people)** tenemos mucho en común (con otra gente).

commoner [ˈkɒmənəʳ] *n* plebeyo/a *m/f*.

common-law [ˈkɒmən,lɔː] *adj* (*marriage*) consensual; (*spouse*) en unión consensual.

commonly [ˈkɒmənlɪ] *adv* (**a**) (*usually*) normalmente, por lo común; (*frequently*) frecuentemente. (**b**) (*vulgarly*) ordinariamente, vulgarmente.

commonplace [ˈkɒmənpleɪs] **1** *adj* (*normal*) normal, corriente; (*pej*) vulgar, ordinario/a. **2** *n* (*event*) cosa *f* común y corriente; (*statement*) tópico *m*, lugar *m* común.

common-sense [ˈkɒmən,sens] *adj* racional, lógico/a.

Commonwealth [ˈkɒmənwelθ] *n*: **the ~** la Mancomunidad (Británica); **~ of Independent States** Comunidad *f* de Estados Independientes.

commotion [kəˈməʊʃən] *n* (*noise*) alboroto *m*; (*activity*) jaleo *m*; (*civil*) disturbio *m*.

communal [ˈkɒmjuːnl] *adj* comunal, comunitario/a.

commune [ˈkɒmjuːn] **1** *n* (*group*) comuna *f*. **2** [kəˈmjuːn] *vi*: **to ~ with nature** estar en contacto con la naturaleza.

communicable [kəˈmjuːnɪkəbl] *adj* (*gen*) comunicable; (*disease*) transmisible.

communicant [kəˈmjuːnɪkənt] *n* (*Rel*) comulgante *mf*.

communicate [kəˈmjuːnɪkeɪt] **1** *vt*: **to ~ sth (to sb)** (*thoughts, information*) comunicar algo (a algn); (*frm: disease*) transmitir algo (a algn). **2** *vi* (*speak etc*) comunicarse; **they just can't ~** no se entienden en absoluto; **communicating rooms** habitaciones *fpl* que se comunican.

communication [kə,mjuːnɪˈkeɪʃən] **1** *n* (**a**) (*no pl: verbal or written contact*) contacto *m*; (*: exchange of information etc*) comunicación *f*; **to be in ~ with** (*frm*) estar en contacto con.

(**b**) (*message*) mensaje *m*, comunicación *f*.

(**c**) **~s** comunicaciones *fpl*; **good/poor ~s** buenas/malas comunicaciones.

2 *cpd*: **~ cord** *n* (*Rail*) timbre *m* *or* palanca *f* de alarma; **~s network** *n* red *f* de comunicaciones; **~ problem** *n* problema *m* de expresión; **~s satellite** *n* satélite *m* de comunicaciones; **~ skills** *npl* destrezas *fpl* comunicativas; **~s software** *n* paquete *m* de comunicaciones.

communicative [kəˈmjuːnɪkətɪv] *adj* comunicativo/a.

communion [kəˈmjuːnɪən] *n* (*Rel*) comunión *f*; **to take** *or* **receive ~** comulgar.

communiqué [kəˈmjuːnɪkeɪ] *n* comunicado *m*, parte *m*.

communism [ˈkɒmjʊnɪzəm] *n* comunismo *m*.

communist [ˈkɒmjʊnɪst] **1** *adj* comunista; **C~ party** partido *m* comunista. **2** *n* comunista *mf*.

community [kəˈmjuːnɪtɪ] **1** *n* (*gen*) comunidad *f*; (*local*) barrio *m*, vecindad *f*, vecindario *m*; (*cultural etc*) comunidad; **the C~** (*EEC*) la Comunidad; **the black ~** la población negra.

2 *cpd*: **~ centre** *n* centro *m* social; **~ charge** *n* (*Brit Admin*) (contribución *f* de) capitación *f*; **~ chest** *n* (*US*) fondo *m* social; **~ health centre** *n* centro *m* médico, dispensario *m* público; **C~ law** *n* derecho *m* comunitario; **~ politics** *npl* política *fsg* local; **C~ regulations** *npl* normas *fpl* comunitarias; **~ service** *n* servicio *m* comunitario; **~ worker** *n* asistente *mf* social.

commutation ticket [,kɒmjʊˈteɪʃənˈtɪkɪt] *n* (*US*) billete *m* de abono.

commute [kəˈmjuːt] **1** *vi* viajar a diario (de la casa al trabajo); **I work in London but I ~** (*Brit*) trabajo en Londres pero tengo que viajar cada día. **2** *vt* (*payment*) **to ~ for/into** conmutar por/en; (*sentence*) **to ~ (to)** conmutar (por).

commuter [kəˈmjuːtəʳ] **1** *n persona que viaja cada día de su casa a su trabajo*. **2** *cpd*: **the ~ belt** *n* los barrios residenciales; **~ train** *n* tren *m* de cercanías.

compact¹ [kəmˈpækt] *adj* (*small*) compacto/a; (*dense*) apretado/a, sólido/a; (*style*) breve, conciso/a; **~ disc** disco *m* compacto.

compact² [ˈkɒmpækt] *n* (**a**) (*agreement*) pacto *m*, convenio *m*. (**b**) (*also* **powder ~**) polvera *f*.

companion [kəmˈpænɪən] *n* compañero/a *m/f*; (*travelling ~*) compañero/a (de viaje); (*lady's*) señora *f* de compañía; (*book*) guía *f*; (*one of pair of objects*) compañero, pareja *f*.

companionable [kəmˈpænɪənəbl] *adj* (*person*) sociable.

companionship [kəmˈpænɪənʃɪp] *n* (*company*) compañía *f*; (*friendship, friendliness*) compañerismo *m*.

companionway [kəmˈpænjənweɪ] *n* (*Naut*) escalerilla *f*.

company [ˈkʌmpənɪ] **1** *n* (**a**) (*no pl: companionship*) compañía *f*; **he's good/poor ~** es/no es muy agradable estar con él; **to be in good ~** (*fig*) estar bien acompañado; **to keep sb ~** hacer compañía a algn, acompañar a algn; **it's ~ for her** le hace compañía; **to keep/get into bad ~** andar en malas compañías/hacer malas amistades; **to part ~ with sb** separarse de algn; **two's ~ (, three's a crowd)** dos es compañía, tres es una multitud.

(**b**) (*no pl: guests*) visitas *fpl*, invitados *mpl*; **we have ~** tenemos visita *f* *or* invitados.

(**c**) (*Comm: firm etc*) compañía *f*, empresa *f*; (*: association*) sociedad *f*; **Smith and C~** Smith y Compañía; *see* **limited**.

(**d**) (*Mil*) compañía *f*, unidad *f*.

(**e**) (*Theat*) compañía *f* (de teatro).

2 *cpd*: **~ car** *n* coche *m* de la empresa; **~ director** *n* director(a) *m/f* de empresa; **~ law** *n* derecho *m* de compañías; **~ policy** *n* normas *fpl* de la empresa; **~ secretary** *n* administrador(a) *m/f* de empresa; **~ time** *n* horario *m* del trabajo.

comparable [ˈkɒmpərəbl] *adj* comparable; **a ~ case** un caso análogo; **~ to** *or* **with** comparable a *or* con.

comparative [kəmˈpærətɪv] **1** *adj* relativo/a; (*Ling*) comparativo/a; (*study*) comparado/a. **2** *n* (*Ling*) comparativo *m*.

comparatively [kəmˈpærətɪvlɪ] *adv* (*relatively*) relativamente; **the books can be studied ~** se puede hacer un estudio comparado de los libros.

compare [kəmˈpɛəʳ] **1** *vt* comparar; **~d with** *or* **to** comparado con *or* a; **to ~ notes with sb** (*fig*) cambiar impresiones con algn. **2** *vi*: **how do they ~ for speed?** ¿cuál tiene mayor velocidad?; **how do the prices ~?** ¿qué tal son los precios en comparación?; **it doesn't ~ with yours** no se puede ni comparar al tuyo, no tiene comparación con el tuyo; **he can't ~ with you** no se le puede comparar con Vd. **3** *n*: **beyond ~** (*poet*) incomparable, sin par.

comparison [kəmˈpærɪsn] *n* (*act*) comparación *f*; (*likeness*) parecido *m*; **to draw a ~** establecer una comparación; **there is no ~ (between them)** no hay comparación (entre ellos); **in** *or* **by ~ (with)** en comparación (con).

compartment [kəmˈpɑːtmənt] *n* compartimiento *m*; (*Brit Rail*) departamento *m*.

compartmentalize [,kɒmpɑːtˈmentəlaɪz] *vt* dividir en categorías; (*pej*) aislar en compartimientos estancos.

compass [ˈkʌmpəs] *n* (**a**) (*Naut etc*) brújula *f*. (**b**) (*Math*) **(pair of) ~es** compás *m*. (**c**) (*fig: range*) alcance *m*, extensión *f*; (*: area*) ámbito *m*; **within the ~ of** al alcance de.

compassion [kəmˈpæʃən] *n* compasión *f*; **to have/feel ~ for** *or* **on sb/for sth** tener/sentir compasión por *or* de algn/algo, compadecerse de algn/algo.

compassionate [kəmˈpæʃənɪt] *adj* (*person*) compasivo/a; (*reasons, grounds*) por compasión; **~ leave** per-

miso *m* por motivos familiares.
compatibility [kəm,pætə'bɪlɪtɪ] *n* compatibilidad *f*.
compatible [kəm'pætɪbl] *adj* compatible, conciliable; **to be ~ with sth** ser compatible con algo.
compatriot [kəm'pætrɪət] *n* compatriota *mf*.
compel [kəm'pel] *vt* obligar; (*respect, obedience, etc*) imponer; (*admiration*) ganar; **to ~ sb to do sth** obligar a algn a hacer algo; **I feel ~led to say** me veo obligado a decir; **~ling reasons** razones apremiantes.
compendium [kəm'pendɪəm] *n* compendio *m*.
compensate ['kɒmpənseɪt] **1** *vt* compensar, indemnizar; **to ~ sb for sth** compensar a algn por algo. **2** *vi*: **to ~ for sth** compensar algo.
compensation [,kɒmpən'seɪʃən] **1** *n* (*award etc*) compensación *f*; (*damages*) indemnización *f*; (*reward*) recompensa *f*; **in ~ (for)** en compensación (por). **2** *cpd*: **~ fund** *n* fondo *m* de compensación.
compere ['kɒmpɛə'] **1** *n* presentador(a) *m/f*. **2** *vt* (*show*) presentar.
compete [kəm'pi:t] *vi* (*as rivals*) competir; (*take part*) tomar parte (*in* en), presentarse (*in* a); (*Comm*) competir, hacer la competencia; **to ~ in a market** concurrir a un mercado.
competence ['kɒmpɪtəns], **competency** ['kɒmpɪtənsɪ] *n* capacidad *f*, competencia *f*; (*of court*) competencia, incumbencia *f*.
competent ['kɒmpɪtənt] *adj* (**a**) competente, capaz; **to be ~ to do sth** ser competente para hacer algo; **a ~ knowledge of the language** un conocimiento suficiente del idioma. (**b**) (*Jur*) competente.
competition [,kɒmpɪ'tɪʃən] *n* (**a**) (*gen, Comm*) competencia *f*; (*no pl: competing*) competencia, rivalidad *f*; **in ~ with** en competencia con; **there was keen ~ in the race** la carrera fue muy reñida. (**b**) (*contest*) concurso *m*; (*: academic*) oposición *f*; (*Sport*) competición *f*; **to go in for** *or* **enter a ~** inscribirse en *or* presentarse a un concurso.
competitive [kəm'petɪtɪv] *adj* (*spirit, person*) competitivo/a, de competencia; (*exam, selection*) por concurso; (*Comm*) competitivo; **we must make ourselves more ~** tenemos que hacernos más competitivos.
competitively [kəm'petɪtɪvlɪ] *adv* (*do etc*) con espíritu competidor; **a ~ priced product** un producto de precio competitivo.
competitor [kəm'petɪtə'] *n* (*in contest*) concursante *mf*; (*Comm*) competidor(a) *m/f*; **~s** la competencia.
compile [kəm'paɪl] *vt* compilar, recopilar.
complacency [kəm'pleɪsnsɪ] *n* (*often pej*) excesiva satisfacción *f* de sí mismo, suficiencia *f*.
complacent [kəm'pleɪsənt] *adj* (*often pej: person*) (demasiado) satisfecho/a de sí mismo, suficiente; **a ~ look** una cara complacida *or* de complacencia.
complain [kəm'pleɪn] *vi* quejarse (*about, of* de) (*to* a); (*make a formal complaint*) reclamar; **to ~ of** (*Med*) quejarse de; **they ~ed to the neighbours** se quejaron a los vecinos; **you should ~ to the police** tendrías que denunciarlo a la policía; **I can't ~** yo no me quejo.
complaint [kəm'pleɪnt] **1** *n* (*statement of dissatisfaction*) queja *f*; (*to manager of shop etc*) reclamación *f*; (*cause of dissatisfaction*) motivo *m* de queja; (*Med: illness*) enfermedad *f*, mal *m*; **to make a ~** hacer una reclamación, formular una queja; **reason for ~** motivo de queja *or* protesta; **to lodge a ~ against sb** (*Jur*) presentar una demanda contra algn.
2 *cpd*: **~s book** *n* libro *m* de reclamaciones; **~s department** *n* sección *f* de reclamaciones; **~s procedure** *n* procedimiento *m* para presentar reclamaciones.
complement ['kɒmplɪmənt] **1** *n* (**a**) (*gen*) complemento *m*; **to be a ~ to** complementar a. (**b**) (*of staff: esp on ship*) dotacion *f*, personal *m*. **2** ['kɒmplɪment] *vt* complementar.
complementary [,kɒmplɪ'mentərɪ] *adj* complementario/a; **dress and coat are ~** el vestido y el abrigo se complementan.
complete [kəm'pli:t] **1** *adj* (*whole*) entero/a, completo/a; (*finished*) acabado/a; (*utter*) completo/a, total; **it's a ~ disaster** es un desastre total; **it is a ~ mistake to think that** es totalmente erróneo pensar que; **my report is still not ~** mi informe todavía no está terminado; **he arrived ~ with equipment** llegó con su equipo y todo.
2 *vt* (*make up: set*) completar; (*misfortune, happiness*) colmar; (*finish: work*) terminar, acabar; (*: contract*) realizar; (*fill in: form*) (re)llenar; **~ the application form** rellene la solicitud.
completely [kəm'pli:tlɪ] *adv* completamente, por completo.
completion [kəm'pli:ʃən] **1** *n* terminación *f*, conclusión *f*; **to be nearing ~** estar a punto de terminarse; **on ~ of contract** cuando se realice el contrato. **2** *cpd*: **~ date** *n* (*Jur: for work*) fecha *f* de cumplimiento; (*in house-buying*) fecha de firma del contrato.
complex ['kɒmpleks] **1** *adj* (*difficult*) complicado/a; (*consisting of different parts*) complejo/a; (*Ling*) compuesto/a. **2** *n* (**a**) (*Psych*) complejo *m*; **inferiority/Oedipus ~** complejo de inferioridad/Edipo; **he's got a ~** está acomplejado. (**b**) (*of buildings*) complejo *m*; **sports ~** complejo deportivo; **housing ~** colonia de viviendas, urbanización; **shopping ~** complejo comercial.
complexion [kəm'plekʃən] *n* tez *f*, cutis *m*; (*fig*) **that puts a different ~ on it** eso le da otro aspecto.
complexity [kəm'pleksɪtɪ] *n* complejidad *f*, complicación *f*.
compliance [kəm'plaɪəns] *n* (*with rules etc*) conformidad *f*; (*submissiveness*) sumisión *f*; **in ~ with** de acuerdo con, obedeciendo a.
complicate ['kɒmplɪkeɪt] *vt* complicar.
complicated ['kɒmplɪkeɪtɪd] *adj* complicado/a; **to become ~** complicarse.
complication [,kɒmplɪ'keɪʃən] *n* complicación *f*; **~s** dificultades *fpl*; **it seems there are ~s** parece que han surgido dificultades.
compliment ['kɒmplɪmənt] **1** *n* (**a**) (*respect*) cumplido *m*; (*flirtation*) piropo *m*; (*flattery*) halago *m*; **to pay sb a ~** (*respectful*) hacer cumplidos a algn; (*amorous*) echar piropos a algn; (*flatter*) halagar a algn; **to return the ~** devolver el cumplido; **I take it as a ~ that** me halaga (el) que.
(**b**) **~s** (*greetings*) saludos *mpl*; **'with ~s'** 'con un atento saludo'; **the ~s of the season** felicidades *fpl*; **with the ~s of the management** obsequio de la casa; **my ~s to the chef** mi enhorabuena al cocinero.
2 ['kɒmplɪment] *vt*: **to ~ sb on sth/on doing sth** felicitar a algn por algo/por conseguir algo.
3 ['kɒmplɪmənt] *cpd*: **~ slip** *n* hoja *f* de cumplido.
complimentary [,kɒmplɪ'mentərɪ] *adj* (**a**) (*remark etc*) elogioso/a. (**b**) (*free: copy of book etc*) de obsequio; **~ ticket** invitación *f*.
comply [kəm'plaɪ] *vi*: **to ~ with** (*rules*) cumplir; (*laws*) acatar; (*obey*) obedecer; (*wishes, request*) acceder a.
component [kəm'pəʊnənt] **1** *adj* (*part*) componente. **2** *n* (*part*) componente *m*; (*Tech*) pieza *f*. **3** *cpd*: **~s factory** *n* fábrica *f* de componentes, maquiladora *f* (*LAm*).
compose [kəm'pəʊz] *vt* (**a**) (*music*) componer; (*poetry, letter*) escribir; **to be ~d of** constar de, componerse de. (**b**) **to ~ o.s.** calmarse, serenarse.
composed [kəm'pəʊzd] *adj* tranquilo/a, sereno/a.
composer [kəm'pəʊzə'] *n* compositor(a) *m/f*.
composite ['kɒmpəzɪt] *adj* compuesto/a; **~ motion** (*Comm*) moción *f* compuesta.
composition [,kɒmpə'zɪʃən] *n* (**a**) (*no pl: act of composing: Mus*) composición *f*, (*: Lit*) redacción *f*. (**b**) (*thing composed: Mus*) composición *f*; (*: Lit*) redacción *f*. (**c**) (*no pl: make-up, Art*) composición *f*.
compositor [kəm'pɒzɪtə'] *n* cajista *mf*.
compost ['kɒmpɒst] **1** *n* abono *m*. **2** *cpd*: **~ heap** *n* montón *m* de abono (vegetal).

composure [kəm'pəʊʒəʳ] *n* calma *f*, serenidad *f*; **to recover one's ~** recobrar la calma.
compote ['kɒmpəʊt] *n* compota *f*.
compound ['kɒmpaʊnd] **1** *n* (**a**) (*Chem*) compuesto *m*; (*word*) palabra *f* compuesta. (**b**) (*enclosed area*) recinto *m* (cercado). **2** *adj* (*Chem, number, sentence, tense*) compuesto/a; (*fracture*) complicado/a; **~ interest** interés *m* compuesto. **3** [kəm'paʊnd] *vt* (*fig: problem, difficulty*) agravar.
comprehend [,kɒmprɪ'hend] *vt* (*understand*) comprender, entender.
comprehensible [,kɒmprɪ'hensəbl] *adj* comprensible.
comprehension [,kɒmprɪ'henʃən] **1** *n* (*understanding*) comprensión *f*; (*Scol: exercise*) prueba *f* de comprensión; **it is beyond ~** es incomprensible. **2** *cpd*: **~ test** *n* test *m* de comprensión.
comprehensive [,kɒmprɪ'hensɪv] **1** *adj* (*knowledge, study, measures*) amplio/a, extenso/a; (*report, review, description*) global, de conjunto; (*insurance*) a todo riesgo; (*price, charge*) todo incluido. **2** *n* (*also* **~ school**) instituto *m* de segunda enseñanza.
compress [kəm'pres] **1** *vt* (*gen*) comprimir; (*text etc*) condensar; **~ed air** aire *m* comprimido. **2** ['kɒmpres] *n* (*Med*) compresa *f*.
compression [kəm'preʃən] *n* compresión *f*.
compressor [kəm'presəʳ] **1** *n* compresor *m*. **2** *cpd*: **~ unit** *n* unidad *f* de compresor.
comprise [kəm'praɪz] *vt* (*include*) comprender; (*be made up of*) constar de, consistir en.
compromise ['kɒmprəmaɪz] **1** *n* (*agreement*) arreglo *m*, solución *f* intermedia; **to reach a ~ (over sth)** llegar a un arreglo (sobre algo). **2** *vi* llegar a un arreglo; (*give in*) transigir, transar *(LAm)*; **to ~ with sb over sth** transigir con algn sobre algo; **I agreed to ~** convine en transigir. **3** *vt* (*endanger safety of*) poner en peligro; (*reputation, person: bring under suspicion*) comprometer. **4** *cpd* (*decision, solution*) de término medio.
compulsion [kəm'pʌlʃən] *n* (*urge*) compulsión *f*; (*force*) **under ~** a la fuerza, bajo coacción; **you are under no ~** no tienes ninguna obligación.
compulsive [kəm'pʌlsɪv] *adj* compulsivo/a.
compulsory [kəm'pʌlsərɪ] *adj* obligatorio/a; **~ liquidation** liquidación *f* obligatoria; **~ purchase** expropiación *f*; **~ redundancy** despido *m* forzoso.
compunction [kəm'pʌŋkʃən] *n* (*no pl*) escrúpulo *m*.
computation [,kɒmpjʊ'teɪʃən] *n* (*often pl*) cómputo *m*, cálculo *m*.
compute [kəm'pju:t] *vt* computar, calcular.
computer [kəm'pju:təʳ] **1** *n* ordenador *m (Sp)*, computador *m*, computadora *f*; **she is in ~s** trabaja con ordenadores.
2 *cpd*: **~ dating service** *n* agencia *f* matrimonial por ordenador; **~ game** *n* vídeojuego *m*; **~ literate** *adj* competente en la informática; **~ model** *n* modelo *m* informático; **~ peripheral** *n* periférico *m*; **~ printout** *n* impresión *f* (de ordenador); **~ program** *n* programa *m* de ordenador; **~ programmer** *n* programador(a) *m/f* de ordenadores; **~ programming** *n* programación *f* de ordenadores; **~ science** *n* informática *f*; **~ skills** *npl* conocimientos *mpl* de informática.
computer-aided [kəm'pju:tə'eidɪd], **computer-assisted** [kəm'pju:təə'sɪstɪd] *adj* asistido/a por ordenador.
computerization [kəm,pju:tərаɪ'zeɪʃən] *n* (*no pl*) computerización *f*.
computerize [kəm'pju:təraɪz] *vt* computerizar; **we're ~d now** ahora tenemos ordenador.
computing [kəm'pju:tɪŋ] *n* informática *f*.
comrade ['kɒmrɪd] *n* compañero/a *m/f*, camarada *mf*; (*Pol*) camarada.
comsat ['kɒmsæt] *n abbr of* **communications satellite** COMSAT *m*.
Con. *abbr* (*Brit*) *of* **constable**.
con[1] [kɒn] (*fam*) **1** *vt* timar, estafar; **to ~ sb into doing sth** engañar a algn para que haga algo; **I've been ~ned!** ¡me han estafado! **2** *n* estafa *f*, timo *m*; **it was all a big ~** no fue más que una estafa. **3** *cpd*: **~ man** *n* estafador *m*.
con[2] [kɒn] *n* (*disadvantage*) contra *m*; **the pros and ~s** los pros y los contras.
concave ['kɒn'keɪv] *adj* cóncavo/a.
conceal [kən'si:l] *vt* (*from sb: object, news*) ocultar; (: *emotions, thoughts*) disimular; **~ed lighting** luces *fpl* indirectas; **~ed turning** (*Aut*) cruce *m* escondido.
concede [kən'si:d] **1** *vt* (*point, argument, defeat*) reconocer, conceder; (*game, victory, territory*) ceder; **to ~ that** admitir que. **2** *vi* ceder, darse por vencido.
conceit [kən'si:t] *n* (*no pl*) vanidad *f*, presunción *f*, engreimiento *m*.
conceited [kən'si:tɪd] *adj* vanidoso/a, engreído/a; **to be ~ about** envanecerse con *or* de *or* por.
conceivable [kən'si:vəbl] *adj* concebible.
conceivably [kən'si:vəblɪ] *adv* posiblemente; **you may ~ be right** es posible que tenga razón.
conceive [kən'si:v] **1** *vt* (**a**) (*child*) concebir. (**b**) (*imagine*) concebir; **to ~ a dislike for sth/sb** cobrar antipatía a algo/algn. **2** *vi* (**a**) (*become pregnant*) concebir. (**b**) (*think*) **to ~ of sth/of doing sth** imaginar algo/imaginarse haciendo algo; **I cannot ~ why** no entiendo porqué.
concentrate ['kɒnsəntreɪt] **1** *vt* (**a**) (*efforts, thoughts*) concentrar; **to ~ one's efforts on sth/on doing sth** concentrar los esfuerzos en algo/en hacer algo. (**b**) (*group closely*) concentrar, reunir. **2** *vi* (**a**) (*pay attention*) concentrarse; **to ~ on** concentrarse en. (**b**) (*group closely*) concentrarse, reunirse. **3** *n* (*Chem*) concentrado *m*.
concentrated ['kɒnsən,treɪtɪd] *adj* concentrado/a.
concentration [,kɒnsən'treɪʃən] **1** *n* concentración *f*. **2** *cpd*: **~ camp** *n* campo *m* de concentración.
concept ['kɒnsept] *n* concepto *m*; **have you any ~ of how hard it is?** ¿tienes alguna idea de lo difícil que es?
conception [kən'sepʃən] *n* (**a**) (*of child, idea*) concepción *f*; *see* **immaculate**. (**b**) (*idea*) concepto *m*; **he has not the remotest ~ of** no tiene la menor idea de.
concern [kən'sɜ:n] **1** *n* (**a**) (*interest*) interés *m*; **it's no ~ of yours** no es asunto tuyo; **what ~ is it of yours?** ¿qué tiene que ver contigo?; **it's of no ~ to me** a mí no me importa, me tiene sin cuidado; **he has a ~ in the business** tiene intereses en la empresa.
(**b**) (*anxiety*) preocupación *f*, inquietud *f*; **it is a matter for ~ that** es motivo de preocupación el (hecho de) que; **with growing ~** con una creciente preocupación; **a look of ~** una cara de preocupación.
(**c**) (*firm*) empresa *f*; **going ~** empresa próspera; **the whole ~** (*fam*) el asunto entero.
2 *vt* (**a**) (*affect*) afectar, atañer, concernir; (*interest*) interesar, tener que ver con; (*be about*) tratar de; (*be relevant to*) referirse a, relacionarse con; **to whom it may ~** a quien corresponda; **it ~s me closely** me atañe directamente; **my question ~s money** mi pregunta se refiere al dinero; **those ~ed** los interesados; **where** *or* **as far as women are ~ed** por lo que se refiere a las mujeres; **as far as I am ~ed** por *or* en lo que a mí se refiere, en cuanto a mí; **please contact the department ~ed** sírvase contactar con la sección correspondiente; **to be ~ed with** tratar de; **he was ~ed in peace talks** participó en las conversaciones de paz; **we are ~ed with facts** (a nosotros) nos interesan los hechos; **to ~ o.s. with** preocuparse por.
(**b**) (*worry*) preocupar; **to be ~ed at** *or* **by sth** preocuparse por algo; **to be ~ed for sb** estar preocupado por algn; **to be ~ed about sth/sb** estar preocupado por algo/algn.
concerning [kən'sɜ:nɪŋ] *prep* con respecto a, en lo que se refiere a; (*about*) acerca de.
concert ['kɒnsət] **1** *n* (*Mus*) concierto *m*; **'The Lionhearts' are in ~ at the Pavilion** el grupo 'The Lionhearts'

aparece en persona en el Teatro Pavilion; **in ~ (with)** (*fig: agreement*) de común acuerdo (con).
2 [kən'sɜːt] *vt* concertar; (*policy*) coordinar.
3 ['kɒnsət] *cpd*: **~ hall** *n* sala *f* de conciertos; **~ party** *n* (*Theat*) grupo *m* de artistas de revista; (*Fin*) confabulación *f* para adquirir acciones individualmente con intención de reunirla en bloque; **~ pianist** *n* pianista *mf* de concierto; **~ ticket** *n* entrada *f* de concierto; **~ tour** *n* gira *f* de conciertos.
concerted [kən'sɜːtɪd] *adj* concertado/a; **we made a ~ effort** coordinamos los esfuerzos (*to do sth* por hacer algo).
concertina [,kɒnsə'tiːnə] **1** *n* concertina *f*. **2** *vi*: **the vehicles ~ed into each other** los vehículos colisionaron en acordeón.
concertmaster ['kɒnsət,mɑːstəʳ] *n* (*US*) primer violín *m*.
concerto [kən'tʃɛətəʊ] *n* concierto *m*.
concession [kən'seʃən] *n* (**a**) concesión *f*; **price ~** reducción *f*. (**b**) (*franchise*) concesión *f*; (*exploration rights: oil*) derechos *mpl* de exploración.
concessionaire [kən,seʃə'nɛəʳ] *n* concesionario/a *m/f*.
concessionary [kən'seʃənərɪ] *adj* (*ticket, fare*) reducido/a.
conciliate [kən'sɪlɪeɪt] *vt* conciliar.
conciliatory [kən'sɪlɪətərɪ] *adj* conciliador(a).
concise [kən'saɪs] *adj* conciso/a.
conclude [kən'kluːd] **1** *vt* (**a**) (*end*) acabar, concluir. (**b**) (*finalize: treaty*) concertar, pactar; (*: agreement*) llegar a, concertar. (**c**) (*infer*) concluir; **from your expression I ~ that you are angry** por tu expresión deduzco que estás enfadado. **2** *vi* (*end*) terminarse, concluirse; **he ~d by saying** terminó diciendo.
conclusion [kən'kluːʒən] *n* (**a**) (*end*) conclusión *f*, término *m*; **to reach a happy ~** llegar a feliz término; **in ~** para terminar, en conclusión. (**b**) (*opinion*) conclusión *f*; **to come to the ~ that** llegar a la conclusión de que; **draw your own ~s** extraiga Vd las conclusiones oportunas; **to jump to ~s** sacar conclusiones precipitadas; *see* **foregone**.
conclusive [kən'kluːsɪv] *adj* concluyente, decisivo/a.
concoct [kən'kɒkt] *vt* (*food, drink*) confeccionar; (*story*) inventar; (*plot*) tramar, fraguar.
concoction [kən'kɒkʃən] *n* (*food*) mezcla *f*; (*drink*) brebaje *m*.
concord ['kɒŋkɔːd] *n* (*no pl: harmony*) concordia *f*; (*treaty*) acuerdo *m*.
concourse ['kɒŋkɔːs] *n* (*of people*) concurrencia *f*; (*place*) explanada *f*.
concrete ['kɒnkriːt] **1** *adj* (*not abstract*) concreto/a; (*Constr*) de hormigón *or* (*LAm*) concreto. **2** *n* hormigón *m*. **3** *vt*: **to ~ a path** cubrir un sendero de hormigón. **4** *cpd*: **~ jungle** *n* jungla *f* de asfalto; **~ mixer** *n* hormigonera *f*; **~ noun** *n* nombre *m* concreto.
concubine ['kɒŋkjʊbaɪn] *n* concubina *f*.
concur [kən'kɜːʳ] *vi* (**a**) (*agree*) estar de acuerdo (*with* con). (**b**) (*happen at the same time*) concurrir.
concurrent [kən'kʌrənt] *adj*: **~ with** concurrente (con); **~ processing** procesamiento *m* concurrente.
concussed [kən'kʌst] *adj*: **to be ~** sufrir una conmoción cerebral.
concussion [kən'kʌʃən] *n* (*Med: no pl*) conmoción *f* cerebral.
condemn [kən'dem] *vt* (*Jur, censure*) condenar; (*building*) declarar en ruina; (*food*) declarar insalubre; **to ~ sb to death** condenar a algn a muerte; **the ~ed cell** la celda de los condenados a muerte; **the ~ed man** el reo de muerte; **such conduct is to be ~ed** tal conducta es censurable.
condemnation [,kɒndem'neɪʃən] *n* condena *f*; (*blame*) censura *f*.
condensation [,kɒnden'seɪʃən] *n* (*vapour etc*) vaho *m*; (*summary*) resumen *m*.
condense [kən'dens] **1** *vt* (*vapour*) condensar; (*text*) abreviar, resumir; **~d milk** leche *f* condensada. **2** *vi* condensarse.
condenser [kən'densəʳ] *n* condensador *m*.
condescend [,kɒndɪ'send] *vi* tratar con condescendencia (*to* a); **to ~ to do sth** dignarse hacer algo.
condescending [,kɒndɪ'sendɪŋ] *adj* condescendiente; **he's very ~** se cree muy superior.
condiment ['kɒndɪmənt] *n* condimento *m*.
condition [kən'dɪʃən] **1** *n* (**a**) (*stipulation*) condición *f*; **on ~ that** a condición de que; **on no ~** bajo ningún concepto; **I'll do it on one ~** lo haré, con una condición; **~s of sale** condiciones de venta.
(**b**) (*state*) condición *f*, estado *m*; (*circumstance*) circunstancia *f*; **under** *or* **in the present ~s** en las circunstancias actuales; **in good ~** en buenas condiciones, en buen estado; **in poor ~** en malas condiciones; **living/working ~s** condiciones de vida/trabajo; **to be in no ~ to do sth** no estar en condiciones de hacer algo; **to be out of ~** no estar en forma; **to keep o.s. in ~** mantenerse en forma; **physical ~** estado físico; **physical ~s** condiciones físicas; **weather ~s** estado del tiempo.
(**c**) (*disease*) enfermedad *f*; **he has a heart ~** tiene una afección cardíaca.
2 *vt* (*hair*) condicionar; (*determine*) determinar; (*Psych: train*) condicionar; **to be ~ed by** depender de; **~ed reflex** reflejo *m* condicionado.
conditional [kən'dɪʃənl] *adj* condicional; **to be ~ upon** depender de; **~ offer** oferta *f* condicional; **~ tense/clause** tiempo *m*/oración *f* condicional.
conditioner [kən'dɪʃənəʳ] *n* (*for hair*) suavizante *m*.
conditioning [kən'dɪʃənɪŋ] **1** *adj*: **~ shampoo** champú *m* acondicionador. **2** *n* (*social*) condicionamiento *m*; *see* **air-conditioning**.
condo ['kɒndəʊ] *n abbr* (*US fam*) *of* **condominium**.
condolence [kən'dəʊləns] *n* (*usu pl*) pésame *m*; **please accept my ~s** le acompaño en el sentimiento; **to send one's ~** dar el pésame.
condom ['kɒndəm] *n* condón *m*, preservativo *m*.
condominium ['kɒndə'mɪnɪəm] *n* (*Pol*) condominio *m*; (*US: building*) bloque *m* de pisos, condominio (*LAm*) *en copropiedad de los que lo habitan*; (*apartment*) piso *m or* apartamento *m* (en propiedad), condominio (*LAm*).
condone [kən'dəʊn] *vt* consentir, tolerar.
conducive [kən'djuːsɪv] *adj*: **~ to** conducente a.
conduct ['kɒndʌkt] **1** *n* (*behaviour*) comportamiento *m*, conducta *f*; (*of business etc*) dirección *f*, manejo *m*. **2** [kən'dʌkt] *vt* (**a**) (*guide*) llevar, conducir. (**b**) (*heat, electricity*) conducir. (**c**) (*business, campaign*) dirigir, llevar; (*legal case*) presentar; (*Mus*) dirigir; **~ed tour** visita *f* con guía. (**d**) (*behave*) **to ~ o.s.** comportarse. **3** [kən'dʌkt] *vi* (*Mus*) dirigir.
conduction [kən'dʌkʃən] *n* (*no pl: Elec*) conducción *f*.
conductivity [,kɒndʌk'tɪvɪtɪ] *n* (*no pl*) conductividad *f*.
conductor [kən'dʌktəʳ] *n* (*Mus*) director(a) *m/f*; (*of bus*) cobrador(a) *m/f*; (*US Rail*) revisor(a) *m/f*; (*of heat, electricity*) conductor *m*; (*also* **lightning ~**) pararrayos *m inv*.
conduit ['kɒndɪt] *n* conducto *m*.
cone [kəʊn] *n* (*Math*) cono *m*; (*Bot*) piña *f*; (*ice cream*) cucurucho *m*.
► **cone off** *vt + adv* (*road*) cerrar con conos, cortar con conos.
confab ['kɒnfæb] *n* (*fam*) = **confabulation**.
confabulation [kən,fæbjʊ'leɪʃən] *n* conferencia *f*.
confectioner [kən'fekʃənəʳ] *n* confitero/a *m/f*; **~'s (shop)** confitería *f*, dulcería *f* (*LAm*); **~'s sugar** (*US*) azúcar *m* glas(eado).
confectionery [kən'fekʃənərɪ] *n* (*no pl: sweets*) dulces *mpl*, golosinas *fpl* (*LAm*).
confederate [kən'fedərɪt] **1** *adj* confederado/a. **2** *n* (*pej*) cómplice *mf*; (*US Hist*) confederado/a *m/f*.
confederation [kən,fedə'reɪʃən] *n* confederación *f*.

confer [kən'fɜːʳ] **1** *vt*: **to ~ sth on sb** (*gift, honour*) otorgar algo a algn; (*title*) conferir algo a algn. **2** *vi* conferenciar, estar en consultas; **to ~ with sb** consultar con algn.

conference ['kɒnfərəns] **1** *n* (*discussion, meeting*) reunión *f*, conferencia *f*; (*conference*) asamblea *f*, congreso *m*; **to be in ~** estar en una reunión; *see* **press 4**. **2** *cpd*: **~ centre** *n* (*town*) ciudad *m* de congresos; (*building*) palacio *m* de congresos; **~ room** *n* sala *f* de conferencias; **~ system** *n* sistema *m* de conferencias; **~ table** *n* mesa *f* negociadora.

confess [kən'fes] **1** *vt* (*crime, sin*) confesar; (*guilt, error*) confesar, reconocer; **to ~ that ...** confesar que ...; **to ~ sb** (*Rel*) confesar a algn; **to ~ one's guilt** reconocer su culpabilidad; **to ~ o.s. guilty of** (*sin, crime*) confesarse culpable de. **2** *vi* (*admit*) confesar; (*Rel*) confesarse; **to ~ (to sth/to doing sth)** confesarse culpable (de algo/de haber hecho algo); **I must ~, I like your car** debo reconocer que me gusta tu coche; **to ~ to a liking for sth** reconocerse aficionado a algo.

confession [kən'feʃən] *n* (*act, document*) confesión *f*; **to go to** *or* **make one's ~** confesarse.

confessional [kən'feʃənl] *n* confesionario *m*.

confessor [kən'fesəʳ] *n* (*Rel: priest*) confesor *m*; (*: adviser*) director *m* espiritual.

confetti [kən'feti:] *n* confeti *m*.

confidant [ˌkɒnfɪ'dænt] *n* confidente *m*.

confidante [ˌkɒnfɪ'dænt] *n* confidenta *f*.

confide [kən'faɪd] **1** *vt* (*secret*) confiar; **he ~d to me that** me dijo en confianza que. **2** *vi* (*trust*) confiar en, fiarse de; (*tell secrets*) **to ~ in sb (about sth)** confiarse a algn (sobre algo).

confidence ['kɒnfɪdəns] **1** *n* (**a**) (*trust*) confianza *f*; **to have (every) ~ in sb** tener (entera) confianza en algn; **to have (every) ~ that ...** estar seguro *or* confiado de que ...; **a motion of no ~** moción *f* de censura.
(**b**) (*also* **self-~**) confianza *f* *or* seguridad *f* (en sí mismo); **to gain ~** adquirir confianza.
(**c**) (*secret*) confidencia *f*; **in ~** en confianza; **to tell sb (about) sth in (strict) ~** decir algo a algn en absoluta confianza; **to take sb into one's ~** confiarse a algn; **'write in ~ to X'** 'escriba a X: discreción garantizada'.
2 *cpd*: **~ trick**, (*US*) **~ game** *n* estafa *f*, timo *m*.

confident ['kɒnfɪdənt] *adj* (*assured*) lleno/a de confianza; (*sure*) seguro/a; **~ that** seguro de que; **to be ~ of doing sth** estar seguro de poder hacer algo.

confidential [ˌkɒnfɪ'denʃəl] *adj* (*information, remark*) confidencial, secreto/a; (*secretary, tone of voice*) de confianza; **'~'** (*on letter etc*) 'confidencial'.

confidentially [ˌkɒnfɪ'dənʃəlɪ] *adv* confidencialmente, en confianza.

configuration [kənˌfɪgjʊ'reɪʃən] *n* (*gen, Comput*) configuración *f*.

confine [kən'faɪn] *vt* (**a**) (*imprison*) encerrar (*in, to* en); **to be ~d to bed** tener que guardar cama. (**b**) (*limit*) limitar; **to ~ o.s. to doing sth** limitarse a hacer algo; **the damage is ~d to this part** el daño afecta sólo esta parte; **please ~ yourself to the facts** por favor, limítese a los hechos; **a ~d space** un espacio reducido.

confinement [kən'faɪnmənt] *n* (**a**) (*imprisonment*) prisión *f*, reclusión *f*; **to be in solitary ~** estar incomunicado. (**b**) (*Med*) parto *m*.

confines ['kɒnfaɪnz] *npl* confines *mpl*, límites *mpl*.

confirm [kən'fɜːm] *vt* (*gen, Rel*) confirmar.

confirmation [ˌkɒnfə'meɪʃən] *n* confirmación *f*.

confirmed [kən'fɜːmd] *adj* empedernido/a.

confiscate ['kɒnfɪskeɪt] *vt*: **to ~ sth** confiscar algo, incautarse de algo.

conflate [kən'fleɪt] *vt* combinar.

conflict ['kɒnflɪkt] **1** *n* conflicto *m*; **in ~ with sth/sb** en conflicto con algo/algn; **~ of evidence** contradicción *f* de testimonios; **~ of interests** conflicto de intereses, incompatibilidad *f* (de intereses). **2** [kən'flɪkt] *vi* (*ideas, evidence, statements etc*) chocar (*with* con); **that ~s with what he told me** eso contradice lo que me dijo.

conflicting [kən'flɪktɪŋ] *adj* (*reports, evidence*) contradictorio/a; (*interests*) opuesto/a.

confluence ['kɒnflʊəns] *n* confluencia *f*.

conform [kən'fɔːm] *vi* (*comply: to laws*) someterse (*to* a); (*: to standards*) ajustarse (*to* a); (*people: socially*) adaptarse, amoldarse; **he will ~ to the agreement** se ajustará al acuerdo.

conformity [kən'fɔːmɪtɪ] *n* conformidad *f*; **in ~ with** conforme a *or* con.

confound [kən'faʊnd] *vt* (*confuse*) confundir; (*amaze*) pasmar, desconcertar; **~ it!** ¡demonio!; **~ him!** ¡maldito sea!

confront [kən'frʌnt] *vt* hacer frente a; (*defiantly*) enfrentarse con; **to ~ sb with sth** confrontar a algn con algo; **to ~ sb with the facts** exponer delante de algn los hechos; **the problems which ~ us** los problemas con los que nos enfrentamos.

confrontation [ˌkɒnfrən'teɪʃən] *n* enfrentamiento *m*, confrontación *f*.

confuse [kən'fjuːz] *vt* (**a**) (*perplex*) desconcertar; (*mix up*) confundir. (**b**) (*not distinguish between*) confundir.

confused [kən'fjuːzd] *adj* confuso/a; (*embarrassed*) confuso/a, desconcertado/a; **to be** *or* **get ~** confundirse; **to get ~** (*muddled up*) hacerse un lío; (*embarrassed*) desconcertarse.

confusing [kən'fjuːzɪŋ] *adj* confuso/a; **it's all very ~** es muy difícil de entender.

confusion [kən'fjuːʒən] *n* confusión *f*; **to be in ~** (*disorder*) estar en desorden; (*perplexity*) estar desorientado.

congeal [kən'dʒiːl] *vi* coagularse, cuajarse.

congenial [kən'dʒiːnɪəl] *adj* (*agreeable*) agradable; (*compatible*) compatible.

congenital [kən'dʒenɪtl] *adj* congénito/a.

congested [kən'dʒestɪd] *adj* (*street, building etc*) atestado/a (de gente); (*Med*) congestionado/a.

congestion [kən'dʒestʃən] *n* (*traffic*) aglomeración *f*; (*Med*) congestión *f*.

conglomerate [kən'glɒmərɪt] *n* (*Comm*) conglomerado *m*.

Congo ['kɒŋgəʊ] *n*: **the ~** el Congo; **Republic of the ~** República *f* del Congo.

congratulate [kən'grætjuleɪt] *vt*: **to ~ sb (on sth/on doing sth)** felicitar a algn (por algo/por haber hecho algo).

congratulations [kənˌgrætjʊ'leɪʃənz] *npl* felicitaciones *fpl* (*on* por); **~!** ¡enhorabuena!, ¡felicidades!

congregate ['kɒŋgrɪgeɪt] *vi* reunirse, congregarse.

congregation [ˌkɒŋgrɪ'geɪʃən] *n* (*Rel*) fieles *mpl*, feligreses *mpl*.

congress ['kɒŋgres] *n* (*meeting*) congreso *m*; **C~** (*Pol*) el Congreso.

congressman ['kɒŋgresmən] *n* (*pl* **-men**) (*US*) diputado *m*, miembro *m* del Congreso.

congresswoman ['kɒŋgresˌwʊmən] *n* (*pl* **-women**) (*US*) diputada *f*, miembro f del Congreso*m*,.

congruence ['kɒŋgrʊəns] *n* congruencia *f*.

conical ['kɒnɪkəl] *adj* cónico/a.

conifer ['kɒnɪfəʳ] *n* conífera *f*.

coniferous [kə'nɪfərəs] *adj* conífero/a.

conjecture [kən'dʒektʃəʳ] **1** *n*: **it's only ~** son conjeturas, nada más. **2** *vt,vi* conjeturar.

conjugal ['kɒndʒʊgəl] *adj* conyugal.

conjugate ['kɒndʒʊgeɪt] **1** *vt* (*Ling*) conjugar. **2** *vi* (*Ling*) conjugarse.

conjugation [ˌkɒndʒʊ'geɪʃən] *n* (*Ling*) conjugación *f*.

conjunction [kən'dʒʌŋkʃən] *n* (**a**) (*Ling*) conjunción *f*. (**b**) **in ~ with** junto con, juntamente con.

conjunctivitis [kənˌdʒʌŋktɪ'vaɪtɪs] *n* conjuntivitis *f*.

conjuncture [kən'dʒʌŋktʃəʳ] *n* coyuntura *f*.

conjure ['kʌndʒəʳ] *vi* hacer juegos de manos; **his is a**

name to ~ with es todo un personaje.
▸ **conjure up** *vt + adv* (*memories, visions*) evocar; (*meal*) preparar rápidamente.
conjurer, conjuror [ˈkʌndʒərəʳ] *n* ilusionista *mf*, prestidigitador(a) *m/f*.
conjuring [ˈkʌndʒərɪŋ] **1** *n* ilusionismo *m*, juegos *mpl* de manos. **2** *cpd*: ~ **trick** *n* juego *m* de manos.
conk[1] [kɒŋk] *n* (*fam*) (**a**) (*Brit: nose*) narigón *m*. (**b**) (*blow*) golpe *m*. (**c**) (*US: head*) cholla *f*.
conk[2] [kɒŋk] *vi + adv*: **to ~ out** (*fam: break down*) averiarse, fastidiarse (*fam*), descomponerse (*LAm*).
conker [ˈkɒŋkəʳ] *n* (*Brit fam*) castaña *f* de Indias; **~s** (*game*) juego *m* de las castañas.
Conn *abbr* (*US*) *of* **Connecticut**.
connect [kəˈnekt] **1** *vt* (**a**) (*join*) conectar; (*subj: road, railway, airline*) unir; (*Telec: caller*) poner en comunicación (*with* con); (*pipes, drains*) empalmar (*to* a); (*install: cooker, telephone*) enchufar, conectar; **'I am trying to ~ you'** (*Telec*) estoy intentando ponerle al habla; **to ~ sth (up) to the mains** (*Elec*) conectar algo a la red eléctrica; **please ~ me with Mr X** póngame con el Sr X, por favor.
(**b**) (*associate*) **to ~ sth/sb (with)** vincular algo/a algn (con); **to be ~ed (to** *or* **with)** estar relacionado (con); **are these matters ~ed?** ¿tienen alguna relación entre sí estas cuestiones?
2 *vi* (*trains, planes*) enlazar (*with* con); (*road, pipes, electricity*) empalmar (*with* con).
connecting [kəˈnektɪŋ] *adj* (*rooms etc*) comunicado/a; **~ flight**, vuelo *m* de enlace; **bedroom with ~ bathroom** habitación comunicada con el baño.
connection, connexion [kəˈnekʃən] *n* (**a**) (*no pl: act: Elec, Tech*) conexión *f*, empalme *m*; (*Telec*) línea *f*, comunicación *f*; (*Rail etc*) empalme, enlace *m*; **to miss/make a ~** perder/hacer la correspondencia; **'we've got a bad ~'** (*Telec*) 'no se oye bien la línea'. (**b**) (*relationship*) relación *f* (*between* entre; *with* con); (*relative: usu pl*) pariente *m*; (*business ~: usu pl*) relaciones *fpl*, contactos *mpl*; **in ~ with** con respecto a, en relación a; **in this ~** a este respecto.
conning tower [ˈkɒnɪŋˌtaʊəʳ] *n* (*of submarine*) torre *f* de mando.
connivance [kəˈnaɪvəns] *n* (**a**) (*tacit consent*) consentimiento *m* (*at* en); **with the ~ of** con la connivencia de. (**b**) (*conspiracy*) participación *f* en un complot.
connive [kəˈnaɪv] *vi* (*condone*) hacer la vista gorda (*at* a); (*conspire*) confabularse; **to ~ with sb to do sth** confabularse con algn para hacer algo.
connoisseur [ˌkɒnəˈsɜːʳ] *n* conocedor(a) *m/f*, entendido/a *m/f*.
connotation [ˌkɒnəʊˈteɪʃən] *n* connotación *f*.
connote [kɒˈnəʊt] *vt* connotar.
conquer [ˈkɒŋkəʳ] *vt* (*territory, nation etc*) conquistar; (*feelings, enemy etc*) vencer.
conquering [ˈkɒŋkərɪŋ] *adj* vencedor(a), victorioso/a.
conqueror [ˈkɒŋkərəʳ] *n* (*see vt*) conquistador(a) *m/f*; vencedor(a) *m/f*.
conquest [ˈkɒŋkwest] *n* conquista *f*.
Cons. *abbr of* **Conservative**.
conscience [ˈkɒnʃəns] *n* conciencia *f*; **to have a clear ~** tener la conciencia tranquila *or* limpia; **I have a guilty ~** me remuerde la conciencia; **to have sth on one's ~** tener un peso en la conciencia; **in all ~** en conciencia.
conscience-stricken [ˈkɒnʃənsˌstrɪkən] *adj* lleno/a de remordimientos.
conscientious [ˌkɒnʃɪˈenʃəs] *adj* concienzudo/a; **~ objector** objetor(a) *m/f* de conciencia.
conscious [ˈkɒnʃəs] **1** *adj* (**a**) (*Med*) consciente; **to be ~ of sth/of doing** ser consciente de algo/de hacer; **to become ~ of sth/that** darse cuenta de algo/de que; **to be ~ that** tener (plena) conciencia de que. (**b**) (*deliberate: insult*) premeditado/a; (*: error*) intencionado/a. **2** *n*: **the ~** el consciente.
consciousness [ˈkɒnʃəsnɪs] **1** *n* (**a**) (*Med*) conocimiento *m*; **to lose/regain ~** perder/recobrar el conocimiento. (**b**) (*awareness*) con(s)ciencia *f* (*of* de). **2** *cpd*: **~ raising** *n* concienciación *f*.
conscript [ˈkɒnskrɪpt] **1** *n* recluta *mf*, conscripto/a *m/f* (*LAm*). **2** [kənˈskrɪpt] *vt* reclutar, llamar a filas.
conscription [kənˈskrɪpʃən] *n* servicio *m* militar obligatorio, conscripción *f* (*LAm*).
consecrate [ˈkɒnsɪkreɪt] *vt* consagrar.
consecration [ˌkɒnsɪˈkreɪʃən] *n* consagración *f*.
consecutive [kənˈsekjʊtɪv] *adj* consecutivo/a; **on 3 ~ days** 3 días seguidos.
consensus [kənˈsensəs] *n* consenso *m*; **the ~ of opinion** el consenso general.
consent [kənˈsent] **1** *n* consentimiento *m*; **with the ~ of** con el consentimiento de; **by mutual ~** de *or* por mutuo acuerdo; **by common ~** de *or* por común acuerdo; **without his ~** sin su consentimiento; **the age of ~** la edad núbil. **2** *vi*: **to ~ (to sth/to do sth)** consentir (en algo/en hacer algo).
consequence [ˈkɒnsɪkwəns] *n* (**a**) (*result*) consecuencia *f*; **in ~** por consiguiente, por lo tanto; **in ~ of (which)** como consecuencia de (lo cual); **to take the ~s** aceptar las consecuencias. (**b**) (*importance*) importancia *f*, trascendencia *f*; **it is of no ~** no tiene importancia, es de poca trascendencia.
consequent [ˈkɒnsɪkwənt] *adj* consiguiente.
consequential [ˌkɒnsɪˈkwenʃəl] *adj* (**a**) (*resulting*) consiguiente. (**b**) (*important*) importante.
consequently [ˈkɒnsɪkwəntlɪ] *adv* por consiguiente, por lo tanto.
conservation [ˌkɒnsəˈveɪʃən] **1** *n* conservación *f*, protección *f*. **2** *cpd*: **~ area** *n* zona *f* declarada del patrimonio histórico-artístico; (*nature reserve*) zona protegida.
conservationist [ˌkɒnsəˈveɪʃənɪst] *n* conservacionista *mf*, ecologista *mf*.
conservative [kənˈsɜːvətɪv] **1** *adj* (*gen, Pol*) conservador(a); **a ~ estimate** un cálculo moderado; **C~ Party** (*Brit*) Partido *m* Conservador. **2** *n* (*Pol etc*) conservador(a) *m/f*.
conservatoire [kənˈsɜːvətwɑːʳ] *n* conservatorio *m*.
conservatory [kənˈsɜːvətrɪ] *n* invernadero *m*.
conserve [kənˈsɜːv] *vt* conservar, preservar; **to ~ one's strength** reservar sus fuerzas.
consider [kənˈsɪdəʳ] *vt* (**a**) (*think about: problem, possibility*) considerar, pensar (en); **to ~ doing sth** pensar en la posibilidad de hacer algo; **would you ~ buying it?** ¿te interesa comprarlo?; **I wouldn't ~ it for a moment** no quiero pensarlo siquiera; **all things ~ed** pensándolo bien; **it is my ~ed opinion that ...** después de haberlo considerado detenidamente, creo que ...; **he is being ~ed for the post** le están considerando para el puesto.
(**b**) (*take into account*) tomar *or* tener en cuenta.
(**c**) (*be of the opinion*) considerar; **to ~ sb to be intelligent** considerar a algn por inteligente; **~ yourself lucky!** ¡date por satisfecho!; **I ~ the matter closed** para mí el asunto está concluído.
considerable [kənˈsɪdərəbl] *adj* bastante; (*sum etc*) considerable; (*loss*) sensible, importante; **to a ~ extent** en gran parte.
considerably [kənˈsɪdərəblɪ] *adv* bastante, mucho, considerablemente.
considerate [kənˈsɪdərɪt] *adj* (*person, action*) atento/a, considerado/a; **to be ~ towards** ser atento con.
consideration [kənˌsɪdəˈreɪʃən] *n* (**a**) (*no pl: thought, reflection*) consideración *f*; **the issue is under ~** la cuestión se está estudiando; **after due ~** después de un detenido examen de la cuestión; **without due ~** sin reflexión; **to take sth into ~** tener *or* tomar en cuenta *or* consideración; **taking everything into ~** teniendo en cuenta todo.
(**b**) (*no pl: thoughtfulness*) consideración *f*; **out of ~ for sb/sb's feelings** por consideración a algn/los sentimientos de algn; **to show ~ for sb/sb's feelings** respetar

a algn/los sentimientos de algn.

(**c**) (*factor*) **his age is an important** ~ su edad es un factor importante; **that is a** ~ eso debe tomarse en cuenta; **money is the main** ~ el dinero es la consideración principal; **it's of no** ~ no tiene importancia.

(**d**) (*payment*) retribución *f*; **for a** ~ por una gratificación.

considering [kən'sɪdərɪŋ] **1** *prep* teniendo en cuenta, en vista de. **2** *conj* (*also* ~ **that**) en vista de que, teniendo en cuenta que; ~ **(that) it was my fault** teniendo en cuenta que la culpa fue mía. **3** *adv* después de todo, a fin de cuentas.

consign [kən'saɪn] *vt* (*Comm: send*) enviar, consignar; (*frm: commit, entrust*) confiar.

consignee [ˌkɒnsaɪ'niː] *n* consignatario/a *m/f*.

consignment [kən'saɪnmənt] **1** *n* (*goods*) envío *m*, remesa *f*; **goods on** ~ mercancías *fpl* en consignación. **2** *cpd*: ~ **note** *n* talón *m* de expedición.

consignor [kən'saɪnəʳ] *n* remitente *mf*.

consist [kən'sɪst] *vi*: **to** ~ **of** constar de, consistir en; **to** ~ **in sth/in doing sth** consistir en algo/en hacer algo.

consistency [kən'sɪstənsɪ] *n* (**a**) (*no pl: of person, action*) consecuencia *f*, coherencia *f*; (*: of argument*) lógica *f*; **their statements lack** ~ sus declaraciones no se concuerdan. (**b**) (*density*) consistencia *f*.

consistent [kən'sɪstənt] *adj* (*person, action*) consecuente; (*argument*) lógico/a; (*results*) constante; **to be** ~ **with** ser consecuente con, estar de acuerdo con; **your actions are not** ~ **with your beliefs** tus actos no son consecuentes con tus ideas.

consistently [kən'sɪstəntlɪ] *adv* (*argue, behave*) consecuentemente; (*fail, succeed, happen*) constantemente; **to act** ~ obrar con consecuencia.

consolation [ˌkɒnsə'leɪʃən] **1** *n* consuelo *m*; **that's one** ~ esto es un consuelo, por lo menos; **if it's any** ~ **to you** si te consuela de algún modo. **2** *cpd*: ~ **prize** *n* premio *m* de consolación.

console[1] [kən'səʊl] *vt* consolar; **to** ~ **sb for sth** consolar a algn por algo.

console[2] ['kɒnsəʊl] *n* (*control panel*) consola *f*.

consolidate [kən'sɒlɪdeɪt] **1** *vt* (**a**) (*position, influence*) consolidar. (**b**) (*combine*) concentrar, fusionar. **2** *vi* (*see vt*) (**a**) consolidarse. (**b**) concentrarse, fusionarse.

consolidated [kən'sɒlɪdeɪtɪd] *adj* consolidado/a; ~ **accounts** cuentas *fpl* consolidadas; ~ **balance sheet** hoja *f* de balance consolidado; ~ **fund** fondo *m* consolidado.

consolidation [kənˌsɒlɪ'deɪʃən] *n* (*see vt*) concentración *f*, fusión *f*; consolidación *f*.

consols ['kɒnsɒlz] *npl* (*Brit Fin*) fondos *mpl* consolidados.

consommé ['kənˌsɒmeɪ] *nm* caldo *m*.

consonant ['kɒnsənənt] **1** *n* consonante *m*. **2** *adj*: ~ **with** de acuerdo *or* en consonancia con.

consort ['kɒnsɔːt] **1** *n* consorte *mf*; (*prince* ~) príncipe *m* consorte. **2** [kən'sɔːt] *vi*: **to** ~ **with sb** (*often pej*) asociarse con algn.

consortium [kən'sɔːtɪəm] *n* consorcio *m*.

conspicuous [kən'spɪkjʊəs] *adj* (*behaviour, clothes*) llamativo/a; (*notice, attempt*) visible; (*bravery*) notable, insigne; (*difference*) notorio/a; **a** ~ **lack of sth** una carencia manifiesta de algo; **to be** ~ destacar(se); **to be** ~ **by one's absence** brillar por su ausencia; **to make o.s.** ~ llamar la atención.

conspiracy [kən'spɪrəsɪ] *n* (*no pl: plotting*) conspiración *f*, conjuración *f*; (*plot*) complot *m*, conjura *f*.

conspirator [kən'spɪrətəʳ] *n* conspirador(a) *m/f*.

conspire [kən'spaɪəʳ] *vi* (**a**) (*people*) conspirar; **to** ~ **with sb against sb/sth** conspirar con algn contra algn/algo; **to** ~ **to do sth** conspirar para hacer algo. (**b**) (*events*) **to** ~ **against/to do sth** conjurarse *or* conspirar contra/para hacer algo.

constable ['kʌnstəbl] *n* (*Brit: also* **police** ~) (agente *mf* de) policía *mf*.

constabulary [kən'stæbjʊlərɪ] *n* policía *f*.

constant ['kɒnstənt] *adj* (*unchanging*) constante; (*continuous*) continuo/a; (*faithful*) leal, fiel.

constantly ['kɒnstəntlɪ] *adv* (*see adj*) constantemente; continuamente.

constellation [ˌkɒnstə'leɪʃən] *n* constelación *f*.

consternation [ˌkɒnstə'neɪʃən] *n* consternación *f*; **in** ~ consternado; **there was general** ~ se consternaron todos.

constipated ['kɒnstɪpeɪtɪd] *adj* estreñido/a.

constipation [ˌkɒnstɪ'peɪʃən] *n* (*no pl*) estreñimiento *m*.

constituency [kən'stɪtjʊənsɪ] **1** *n* (*district*) distrito *m or* circunscripción *f* electoral; (*people*) electorado *m*. **2** *cpd*: ~ **party** *n* partido *m* local.

constituent [kən'stɪtjʊənt] **1** *n* (*component*) constitutivo *m*, componente *m*; (*Pol: voter*) elector(a) *m/f*. **2** *adj* (*part*) constitutivo/a, integrante.

constitute ['kɒnstɪtjuːt] *vt* (*amount to*) significar, constituir; (*make up*) constituir, componer; (*frm: appoint, set up*) constituir.

constitution [ˌkɒnstɪ'tjuːʃən] *n* (*Pol, health*) constitución *f*.

constitutional [ˌkɒnstɪ'tjuːʃənl] *adj* (*all senses*) constitucional; ~ **law** derecho *m* político; ~ **monarchy** monarquía *f* constitucional; ~ **reform** reforma *f* constitucional.

constrain [kən'streɪn] *vt* (*oblige*) obligar; **to** ~ **sb to do sth** obligar a algn a hacer algo; **to feel/be** ~**ed to do sth** sentirse/verse obligado a hacer algo.

constraint [kən'streɪnt] *n* (*no pl: compulsion*) coacción *f*, fuerza *f*; (*limit*) restricción *f*; (*restraint*) reserva *f*, cohibición *f*; **under** ~ obligado (a ello); **budgetary** ~**s** restricciones presupuestarias.

constrict [kən'strɪkt] *vt* (*muscle*) oprimir; (*vein*) estrangular; (*movements*) restringir.

constriction [kən'strɪkʃən] *n* (*no pl: of vein*) estrangulamiento *m*.

construct [kən'strʌkt] *vt* construir.

construction [kən'strʌkʃən] **1** *n* (*no pl: act, structure, building*) construcción *f*; (*fig: interpretation*) interpretación *f*; (*Ling*) construcción; **under** ~ en construcción; **to put a wrong** ~ **on sth** interpretar algo mal. **2** *cpd*: ~ **company** *n* compañía *f* constructora; ~ **engineer** *n* ingeniero *m* de construcción; ~ **industry** *n* industria *f* de la construcción.

constructive [kən'strʌktɪv] *adj* constructivo/a.

construe [kən'struː] *vt* interpretar.

consul ['kɒnsəl] *n* cónsul *m*; ~ **general** cónsul *mf* general.

consular ['kɒnsjʊləʳ] *adj* consular.

consulate ['kɒnsjʊlɪt] *n* consulado *m*.

consult [kən'sʌlt] **1** *vt* (*all senses*) consultar. **2** *vi* consultar; **to** ~ **together** reunirse en consultas; **people should** ~ **more** la gente debería consultar más entre sí.

consultancy [kən'sʌltənsɪ] **1** *n* (*Comm*) consultoría *f*; (*Med*) puesto *m* de especialista. **2** *cpd*: ~ **fees** *npl* (*Comm*) derechos *mpl* de asesoría; (*Med*) derechos de consulta.

consultant [kən'sʌltənt] **1** *n* consultor(a) *m/f*, asesor(a) *m/f*; (*Brit Med*) especialista *mf*. **2** *cpd*: ~ **engineer** *n* ingeniero *m* consejero; ~ **paediatrician** *n* especialista *mf* en pediatría; ~ **psychiatrist** *n* psiquiatra *mf* especialista.

consultation [ˌkɒnsəl'teɪʃən] *n* (*act*) consulta *f*; (*meeting*) negociaciones *fpl*; **in** ~ **with** tras consultar a.

consultative [kən'sʌltətɪv] *adj* consultivo/a; ~ **document** documento *m* consultivo; **I was there in a** ~ **capacity** yo estuve en calidad de asesor.

consulting room [kən'sʌltɪŋrʊm] *n* (*Brit*) consultorio *m*, consulta *f*.

consumables [kən'sjuːməblz] *n* artículos *mpl* de consumo.

consume [kən'sjuːm] *vt* (*eat*) comerse; (*drink*) beber;

(*use: resources, fuel*) consumir; (*by fire*) consumir; (*fig: space, time etc*) ocupar; **to be ~d with** (*envy, grief*) estar muerto de.

consumer [kən'sju:mə^r] **1** *n* consumidor(a) *m/f*; **the ~** el consumidor.

2 *cpd*: **~ behaviour,** (*US*) **~ behavior** *n* comportamiento *m* del consumidor; **~ credit** *n* crédito *m* al consumidor; **~ demand** *n* demanda *f* de consumo; **~ goods** *npl* bienes *mpl* de consumo; **~ durables** *npl* bienes *mpl* de consumo duraderos; **~ price index** *n* índice *m* de precios al consumo; **~ protection** *n* protección *f* del consumidor; **~ research** *n* estudios *mpl* de mercado; **~ rights** *npl* derechos *mpl* del consumidor; **~ society** *n* sociedad *f* de consumo; **~ survey** *n* encuesta *f* sobre consumidores.

consumerism [kən'sju:mərɪzəm] *n* consumismo *m*.

consummate [kən'sʌmɪt] **1** *adj* consumado/a; (*skill*) sumo/a. **2** ['kɒnsʌmeɪt] *vt* consumar.

consumption [kən'sʌmpʃən] *n* (*no pl: of food, fuel etc: act, amount*) consumo *m*; (*old: tuberculosis*) tisis *f*; **not fit for human ~** (*food*) no apto para el consumo humano.

cont. *abbr of* **continued**.

contact ['kɒntækt] **1** *n* **(a)** (*gen*) contacto *m*; (*communication*) comunicación *f*; **to be in ~ with sb/sth** estar en contacto con algn/algo; **to make ~ with sb** ponerse en contacto con algn; **to lose ~ (with sb)** perder el contacto (con algn).

(b) (*Elec*) contacto *m*; **to make/break a ~** (*in circuit*) hacer/interrumpir el contacto.

(c) (*personal*) relación *f*; (*: pej*) enchufe *m*, cuña *f* (*LAm*), hueso *m* (*Mex fam*), muñeca *f* (*CSur fam*); (*intermediary*) contacto *m*; **he's got good ~s** tiene buenas relaciones; **business ~s** relaciones comerciales.

2 *vt* (*gen*) contactar con, ponerse en contacto con; (*by telephone etc*) comunicar con.

3 *cpd*: **~ adhesive** *n* adhesivo *m* de contacto; **~ breaker** *n* interruptor *m*; **~ lenses** *npl* lentes *mpl* de contacto, lentillas *fpl*; **~ print** *n* contact *m*.

contagious [kən'teɪdʒəs] *adj* contagioso/a.

contain [kən'teɪn] *vt* (*all senses*) contener; **to ~ o.s.** contenerse.

container [kən'teɪnə^r] **1** *n* **(a)** (*box, jug etc*) recipiente *m*; (*package, bottle*) envase *m*. **(b)** (*Comm: for transport*) contenedor *m*. **2** *cpd* (*port, depot*) para contenedores; (*transport*) por contenedor; **~ train/lorry/ship** *n* portacontenedores *m inv*.

containerization [kən,teɪnəraɪ'zeɪʃən] *n* contenerización *f*.

containerize [kən'teɪnəraɪz] *vt* (*Comm: goods*) transportar en contenedores.

contaminate [kən'tæmɪneɪt] *vt* contaminar; (*fig*) corromper, contaminar.

contamination [kən,tæmɪ'neɪʃən] *n* contaminación *f*.

contd, cont'd *abbr of* **continued**.

contemplate ['kɒntempleɪt] *vt* (*gaze at, consider*) contemplar; (*reflect upon*) considerar; **we ~d a holiday in Spain** nos planteamos unas vacaciones en España; **to ~ doing sth** pensar en hacer algo; **when do you ~ doing it?** ¿cuándo se propone hacerlo?

contemplation [,kɒntem'pleɪʃən] *n* meditación *f*, contemplación *f*.

contemplative [kən'templətɪv] *adj* contemplativo/a.

contemporary [kən'tempərərɪ] **1** *adj* contemporáneo/a; **~ with** contemporáneo de. **2** *n* contemporáneo/a *m/f*.

contempt [kən'tempt] *n* desprecio *m*, desdén *m*; **to hold sth/sb in ~** despreciar algo/a algn; **it's beneath ~** es más que despreciable; **~ of court** (*Jur*) desacato *m* (a los tribunales).

contemptible [kən'temptəbl] *adj* despreciable, desdeñable.

contemptuous [kən'temptjʊəs] *adj* (*person*) desdeñoso/a (*of* con); (*manner*) despreciativo/a, desdeñoso/a; (*gesture*) despectivo/a; **to be ~ of** desdeñar, menospreciar.

contend [kən'tend] **1** *vt*: **to ~ that** afirmar que, sostener que. **2** *vi* (*fig*) **to ~ (with sb) for sth** competir (con algn) por algo; **we have many problems to ~ with** se nos plantean muchos problemas; **you'll have me to ~ with** tendrás que vértelas conmigo; **he has a lot to ~ with** tiene que enfrentarse a muchos problemas.

contender [kən'tendə^r] *n* (*rival*) competidor(a) *m/f*, (*Sport etc*) contendiente *mf*.

content[1] [kən'tent] **1** *adj* contento/a (*with* con); (*satisfied*) satisfecho/a (*with* con); **he is ~ to watch** se conforma *or* se contenta con mirar. **2** *n* contento *m*; (*satisfaction*) satisfacción *f*; **to one's heart's ~** hasta hartarse, a más no poder; **you can complain to your heart's ~** protesta cuanto quieras. **3** *vt* contentar; (*satisfy*) satisfacer; **to ~ o.s. with sth/with doing sth** contentarse *or* darse por contento con algo/con hacer algo.

content[2] ['kɒntent] *n* **(a) ~s** contenido *msg*; (*of book*) índice *msg* de materias. **(b)** (*subject matter, amount*) contenido *m*.

contented [kən'tentɪd] *adj* satisfecho/a, contento/a.

contention [kən'tenʃən] *n* **(a)** (*strife*) discusión *f*; (*dissent*) disensión *f*; **teams in ~** equipos rivales. **(b)** (*point*) opinión *f*, argumento *m*; **it is our ~ that ...** pretendemos que ..., sostenemos que ....

contentment [kən'tentmənt] *n* contento *m*, satisfacción *f*; (*joy*) alegría *f*.

contest ['kɒntest] **1** *n* (*struggle*) contienda *f*, lucha *f*; (*Boxing, Wrestling*) combate *m*; (*competition*) concurso *m*; **beauty ~** concurso de belleza. **2** [kən'test] *vt* (*dispute: argument, will etc*) impugnar, rebatir; (*right*) negar; (*election, seat*) presentarse como candidato/a a; **I ~ your right to do that** niego que Vd tenga el derecho de hacer eso.

contestant [kən'testənt] *n* (*in competition*) concursante *mf*; (*Sport etc*) contrincante *mf*, contendiente *mf*.

context ['kɒntekst] *n* contexto *m*; **in/out of ~** en/fuera de contexto; **to put sth in ~** explicar el contexto de algo; **it was taken out of ~** fue arrancado de su contexto.

continent ['kɒntɪnənt] *n* **(a)** continente *m*. **(b)** (*Brit*) **the C~** el continente europeo, Europa *f* (continental); **on the C~** en Europa (continental).

continental [,kɒntɪ'nentl] *adj* (*Geog*) continental; (*Brit: European*) continental, europeo/a; **~ breakfast** desayuno *m* estilo europeo; **~ drift** deriva *f* continental; **~ quilt** edredón *m*.

contingency [kən'tɪndʒənsɪ] **1** *n* contingencia *f*, eventualidad *f*. **2** *cpd*: **~ funds** *npl* fondos *mpl* para imprevistos; **~ plans** *npl* medidas *fpl* para casos de emergencia.

contingent [kən'tɪndʒənt] **1** *adj*: **to be ~ upon** depender de. **2** *n* (*Mil*) contingente *m*; (*group*) representación *f*.

continual [kən'tɪnjʊəl] *adj* continuo/a; (*persistent*) constante.

continually [kən'tɪnjʊəlɪ] *adv* constantemente.

continuance [kən'tɪnjʊəns] *n* (*no pl*) continuación *f*.

continuation [kən,tɪnjʊ'eɪʃən] *n* (*no pl: maintenance*) prosecución *f*; (*: resumption*) reanudación *f*; (*sth continued*) prolongación *f*; (*: story, episode*) continuación *f*.

continue [kən'tɪnju:] **1** *vt* (*carry on: policy, tradition*) seguir; (*resume: story etc*) reanudar, continuar; **~d on page 10** sigue en la página diez. **2** *vi* continuar; (*remain*) seguir; (*extend*) prolongarse; **'and so', he ~d** 'y de este modo', continuó; **to be ~d** continuará; **to ~ doing** *or* **to do sth** seguir haciendo algo; **to ~ on one's way** seguir su camino; **to ~ with sth** seguir con algo.

continuity [,kɒntɪ'nju:ɪtɪ] **1** *n* continuidad *f*. **2** *cpd*: **~ man/girl** *n* (*Cine*) secretario/a *m/f* de continuidad.

continuous [kən'tɪnjʊəs] *adj* continuo/a; **~ assessment** evaluación *f* continua; **~ (feed) paper, ~ stationery** papel *m* continuo; **~ performance** (*in cinema*) sesión *f* continua.

continuously [kən'tɪnjʊəslɪ] *adv* continuamente.
contort [kən'tɔːt] *vt* retorcer.
contortion [kən'tɔːʃən] *n* (*no pl: act*) retorcimiento *m*; (*movement*) contorsión *f*.
contour ['kɒntʊəʳ] **1** *n* contorno *m*. **2** *cpd*: ~ **line** *n* curva *f* de nivel; ~ **map** *n* plano *m* acotado.
contraband ['kɒntrəbænd] **1** *n* contrabando *m*. **2** *cpd* de contrabando.
contraception [ˌkɒntrə'sepʃən] *n* contracepción *f*, anticoncepción *f*.
contraceptive [ˌkɒntrə'septɪv] **1** *adj* anticonceptivo/a. **2** *n* anticonceptivo *m*, contraceptivo *m*; ~ **pill** píldora *f* anticonceptiva.
contract ['kɒntrækt] **1** *n* contrato *m*; **to sign a** ~ firmar un contrato; **to enter into a** ~ **with sb to do sth/for sth** hacer un contrato con algn para hacer algo/de algo; **to be under** ~ **to do sth** estar bajo contrato para hacer algo; **to put work out to** ~ sacar una obra a contrata; **breach of** ~ incumplimiento de contrato; **by** ~ por contrato; **there's a** ~ **out for him** (*fig*) le han puesto precio; ~ **of employment** *or* **service** contrato de trabajo.
2 [kən'trækt] *vt* (**a**) (*acquire*) contraer; (*habit*) coger (*Sp*), agarrar (*LAm*); (*enter into: alliance*) entablar, establecer; (*: marriage*) contraer.
(**b**) (*Ling: shorten*) contraer.
3 [kən'trækt] *vi* (**a**) (*Comm*) **to** ~ **(with sb) to do sth** comprometerse por contrato (con algn) a hacer algo.
(**b**) (*become smaller: metal*) contraerse, encogerse.
(**c**) (*muscles, face*) contraerse.
(**d**) (*Ling: word, phrase*) contraerse.
4 ['kɒntrækt] *cpd* (*price, date*) contratado/a, de contrato; (*killing*) por dinero, a sueldo; ~ **bridge** *n* bridge *m* de contrato; ~ **work** *n* trabajo *m* bajo contrato.
► **contract in** *vi* + *adv* tomar parte en.
► **contract out 1** *vt* + *adv*: **this work is ~ed out** este trabajo se hace fuera de la empresa bajo contrato. **2** *vi* + *adv* optar por no tomar parte en.
contraction [kən'trækʃən] *n* contracción *f*.
contractor [kən'træktəʳ] *n* contratista *mf*.
contractual [kən'træktʃʊəl] *adj* (*duty, obligation*) contractual.
contractually [kən'træktʃʊəlɪ] *adv* contractualmente; **a** ~ **binding agreement** un acuerdo vinculante según contrato; **we are** ~ **bound to finish it** estamos obligados por contrato a terminarlo.
contradict [ˌkɒntrə'dɪkt] *vt* (*be contrary to*) contradecir; (*declare to be wrong*) desmentir; (*argue*) replicar, discutir.
contradiction [ˌkɒntrə'dɪkʃən] *n* contradicción *f*; **to be a** ~ **in terms** ser contradictorio.
contradictory [ˌkɒntrə'dɪktərɪ] *adj* contradictorio/a.
contraflow ['kɒntrəfləʊ] *cpd*: ~ **system** *n* sistema *m* de contracorriente.
contraindication [ˌkɒntrəˌɪndɪ'keɪʃən] *n* contraindicación *f*.
contralto [kən'træltəʊ] *n* (*person*) contralto *f*; (*voice*) contralto *m*.
contraption [kən'træpʃən] *n* (*fam*) artilugio *m*, aparato *m*.
contrary ['kɒntrərɪ] **1** *adj* (**a**) (*direction*) contrario/a; (*opinions*) opuesto/a; ~ **to** en contra de, contrario a; ~ **to what we thought** en contra de lo que pensábamos. (**b**) [kən'trɛərɪ] (*perverse*) terco/a. **2** *n* contrario *m*; **on the** ~ al contrario, todo lo contrario; **I know nothing to the** ~ yo no sé nada en contrario; **the** ~ **seems to be true** parece que es al revés; **unless we hear to the** ~ a no ser que nos digan lo contrario.
contrast ['kɒntrɑːst] **1** *n* (*gen*) contraste *m*; **in** ~ **to** *or* **with** a diferencia de, en contraste con. **2** [kən'trɑːst] *vt*: **to** ~ **with** poner en contraste con, comparar con. **3** [kən'trɑːst] *vi*: **to** ~ **with** contrastar con, hacer contraste con.
contrasting [kən'trɑːstɪŋ] *adj* (*opinion*) opuesto/a; (*colour*) que hace contraste.
contravene [ˌkɒntrə'viːn] *vt* (*infringe*) contravenir; (*go against*) ir en contra de; (*dispute*) oponerse a.
contravention [ˌkɒntrə'venʃən] *n* (*no pl*) contravención *f*.
contretemps ['kɔ̃ːntrətɑ̃ːŋ] *n* (*pl* ~) contratiempo *m*, revés *m*.
contribute [kən'trɪbjuːt] **1** *vt* (*sum of money, ideas etc*) contribuir, aportar (*esp LAm*); (*help*) prestar; (*article to a newspaper*) escribir. **2** *vi* (*to charity, collection*) contribuir (*to* a); (*to newspaper*) colaborar (*to* en); (*to discussion*) intervenir (*to* en); (*help in bringing sth about*) contribuir.
contribution [ˌkɒntrɪ'bjuːʃən] *n* (*money*) contribución *f*, aporte *m* (*esp LAm*); (*to journal*) artículo *m*, colaboración *f*; (*to discussion*) intervención *f*, aportación *f*; (*to pension fund: often pl*) cuota *f*, cotización *f*.
contributor [kən'trɪbjʊtəʳ] *n* persona *f* que contribuye, contribuyente *mf*; (*to journal*) colaborador(a) *m/f*.
contributory [kən'trɪbjʊtərɪ] *adj* (*cause, factor*) que contribuye, contribuyente; ~ **pension scheme** plan *m* cotizable de jubilación.
contrite ['kɒntraɪt] *adj* arrepentido/a; (*Rel*) contrito/a.
contrition [kən'trɪʃən] *n* arrepentimiento *m*; (*Rel*) contrición *f*.
contrivance [kən'traɪvəns] *n* (*machine, device*) aparato *m*, dispositivo *m*; (*invention*) invención *f*, invento *m*; (*stratagem*) estratagema *f*.
contrive [kən'traɪv] **1** *vt* (*plan, scheme*) inventar, idear; **to** ~ **a means of doing sth** inventar una manera de hacer algo. **2** *vi*: **to** ~ **to do** (*manage, arrange*) lograr hacer; (*try*) procurar hacer.
control [kən'trəʊl] **1** *n* (**a**) (*gen*) control *m*; (*leadership*) mando *m*, dirección *f*; (*traffic*) dirección; **self-**~ dominio *m* de sí mismo; **to keep sth/sb under** ~ mantener algo/a algn bajo control; **to lose** ~ **of sth** perder el control de algo; **to be in** ~ **of** tener el mando de, estar al mando de; **to get** *or* **bring a fire under** ~ conseguir dominar un incendio; **the car went out of** ~ se perdió el control del coche; **the class was quite out of** ~ la clase estaba descontrolada; **everything is under** ~ todo está bajo control; **under British** ~ bajo dominio británico; **to be under private** ~ estar en manos de particulares; **circumstances beyond our** ~ causas ajenas a nuestra voluntad; **who is in** ~**?** ¿quién manda?; **his** ~ **of the ball is very good** (*Sport*) domina bien el balón.
(**b**) (*check, measure*) control *m*, freno *m*; **wage/price** ~ reglamentación *f* *or* control *m* de salarios/precios.
(**c**) (*Tech*) mando(s) *m(pl)*; (*Rad, TV*) mandos; **to be at/take over the** ~**s** llevar/tomar los mandos.
(**d**) (*in experiment*) testigo *m*, control.
2 *vt* (**a**) (*vehicle, machine*) manejar, controlar (*LAm*) (*child, animal*) dominar, poder con.
(**b**) (*traffic, business*) dirigir; (*crowd*) controlar.
(**c**) (*prices, wages, immigration, expenditure*) controlar, regular; (*fire*) dominar; (*disease*) contener; (*emotions*) dominar, refrenar; **to** ~ **o.s.** dominarse, sobreponerse; ~ **yourself!** ¡domínate!, ¡cálmate!
3 *cpd*: ~ **column** *n* palanca *f* de mando; ~ **group** *n* (*Med, Psych etc*) grupo *m* de control; ~ **key** *n* (*Comput*) tecla *f* de control; ~ **knob** *n* (*Rad, TV*) botón *m* de mando; ~ **panel** *n* tablero *m* de instrumentos; ~ **point** *n* punto *m* de control; ~ **room** *n* (*Mil, Naut*) sala *f* de mandos; (*Rad, TV*) sala de control; ~ **tower** *n* (*Aer*) torre *f* de control; ~ **unit** *n* unidad *f* de control.
controlled [kən'trəʊld] *adj* (*emotion*) contenido/a, controlado/a; **she was very** ~ tenía gran dominio de sí misma; **she spoke in a** ~ **voice** al hablar, su voz no reveló lo que sentía; ~ **economy** economía *f* dirigida; ~ **explosion** explosión *f* controlada.
-controlled [kən'trəʊld] *adj suf*: **a Labour**~ **council** un ayuntamiento laborista; **a government**~ **organization** una organización bajo control gubernamental; **com-**

puter~ equipment equipamento computerizado.
controller [kən'trəʊlə^r] *n*: **air-traffic** ~ controlador(a) *m/f* aéreo/a.
controlling [kən'trəʊlıŋ] *adj* (*factor*) determinante; (*Fin*) **a ~ interest** una participación mayoritaria.
controversial [ˌkɒntrə'vɜːʃəl] *adj* controvertido/a, polémico/a.
controversy [kɒn'trɒvəsı] *n* controversia *f*; (*debate*) polémica *f*.
contusion [kən'tjuːʒən] *n* (*Med*) contusión *f*.
conundrum [kə'nʌndrəm] *n* (*riddle*) acertijo *m*, adivinanza *f*; (*problem*) enigma *m*.
conurbation [ˌkɒnɜː'beıʃən] *n* conurbación *f*.
convalesce [ˌkɒnvə'les] *vi* convalecer.
convalescence [ˌkɒnvə'lesəns] *n* (*no pl*) convalecencia *f*.
convalescent [ˌkɒnvə'lesənt] **1** *adj* convaleciente; ~ **home/hospital** clínica *f*/hospital *m* de reposo. **2** *n* convaleciente *mf*.
convection [kən'vekʃən] *n* (*no pl*) convección *f*.
convector [kən'vektə^r] *n* (*also* ~ **heater, convection heater**) calentador *m* de convección.
convene [kən'viːn] **1** *vt* convocar. **2** *vi* reunirse.
convener, convenor [kən'viːnə^r] *n* (*esp Brit*) coordinador(a) *m/f* sindical.
convenience [kən'viːnıəns] **1** *n* (**a**) (*comfort*) comodidad *f*; (*advantage*) ventaja *f*, provecho *m*; **at your earliest** ~ tan pronto como le sea posible; **you can do it at your own** ~ puede hacerlo cuando le venga mejor *or (LAm)* le convenga. (**b**) (*amenity*) comodidad *f*, confort *m*; *see* **public 3; modern.** **2** *cpd*: ~ **foods** *npl* comidas *fpl* fáciles de preparar; (*ready-cooked meals*) platos *mpl* preparados.
convenient [kən'viːnıənt] *adj* (*suitable*) conveniente; (*time*) oportuno/a; (*tool, device*) práctico/a, útil; (*size*) idóneo/a, cómodo/a; (*near: place*) bien situado/a, accesible; **the house is ~ for the shops** la casa está muy cerca de las tiendas; **we looked for a ~ place to stop** buscamos un sitio apropiado para parar; **at a ~ moment** en un momento oportuno; **if it is ~ to you** si le viene bien; **would tomorrow be ~?** ¿le viene bien mañana?; **is it ~ to call tomorrow?** ¿le viene bien llamar mañana?
conveniently [kən'viːnıəntlı] *adv* (*handily*) convenientemente; (*suitably: time*) oportunamente; **the house is ~ situated** la casa está en un sitio muy práctico.
convent ['kɒnvənt] **1** *n* convento *m*. **2** *cpd*: ~ **school** *n* colegio *m* de monjas.
convention [kən'venʃən] *n* (**a**) (*custom*) convención *f*; **you must follow** ~ hay que seguir las conveniencias. (**b**) (*meeting*) asamblea *f*, congreso *m*. (**c**) (*agreement*) convenio *m*, convención *f*.
conventional [kən'venʃənl] *adj* (*person, method*) tradicional; (*style*) clásico/a; (*behaviour, weapons*) convencional.
converge [kən'vɜːdʒ] *vi* converger, convergir; **the crowd ~d on the square** la muchedumbre se dirigió a la plaza.
conversant [kən'vɜːsənt] *adj*: ~ **with** versado/a en, familiarizado/a con; **to become ~ with** familiarizarse con.
conversation [ˌkɒnvə'seıʃən] **1** *n* conversación *f*, plática *f (LAm)*; **to have a ~ with sb** conversar *or (LAm)* platicar con algn; **what was your ~ about?** ¿de qué hablabas? **2** *cpd* de conversación; ~ **mode** *n* (*Comput*) modo *m* de conversación; **it was a ~ piece** fue tema de conversación; **that was a ~ stopper** (*fam*) eso nos *etc* dejó a todos sin saber qué decir.
conversational [ˌkɒnvə'seıʃənl] *adj* (*style, tone*) familiar; (*person*) locuaz, hablador(a); ~ **mode** (*Comput*) modo *m* de conversación.
conversationalist [ˌkɒnvə'seıʃnəlıst] *n* conversador(a) *m/f*; **to be a good** ~ brillar en la conversación; **he's not much of a** ~ tiene poco que decir.
converse[1] [kən'vɜːs] *vi*: **to ~ (with sb about sth)** conversar *or (LAm)* platicar (con algn sobre algo).
converse[2] ['kɒnvɜːs] **1** *n* (*Math, Logic*) proposición *f* recíproca; (*gen*) inversa *f*. **2** *adj* contrario/a, opuesto/a.
conversely [kɒn'vɜːslı] *adv* a la inversa.
conversion [kən'vɜːʃən] **1** *n* (*gen, Rel*) conversión *f*; (*house* ~) reforma *f*, remodelación *f*; (*Rugby, US Football*) transformación *f*. **2** *cpd*: ~ **kit** *n* equipo *m* de conversión; ~ **(loan) stock** *n* obligaciones *fpl* convertibles; ~ **table** *n* tabla *f* de equivalencias.
convert ['kɒnvɜːt] **1** *n* converso/a *m/f*. **2** [kən'vɜːt] *vt* (*Rugby, US Football*) transformar; **to ~ to/into** convertir a/en, transformar en; (*appliance*) adaptar a; (*house*) reformar, convertir en; (*Fin: currency*) convertir en; (*Rel*) convertir a; (*fig*) convencer a. **3** [kən'vɜːt] *vi* convertirse (*to* a).
converter [kən'vɜːtə^r] *n* (*Elec*) convertidor *m*.
convertible [kən'vɜːtəbl] **1** *adj* (*currency*) convertible; (*car*) descapotable; (*settee*) transformable; ~ **debenture** obligación *f* convertible; ~ **loan stock** obligaciones *fpl* convertibles. **2** *n* (*car*) descapotable *m*.
convex ['kɒn'veks] *adj* convexo/a.
convey [kən'veı] *vt* (*goods, oil*) transportar, llevar; (*person: slightly frm*) conducir, acompañar *(LAm)*; (*thanks, congratulations*) comunicar; (*meaning, ideas*) expresar; **to ~ to sb/sth that ...** comunicar a algn/algo que ...; **the name ~s nothing to me** el nombre no me dice nada; **what does this music ~ to you?** ¿qué es lo que esta música evoca para ti?
conveyance [kən'veıəns] *n* (*act: no pl*) transporte *m*; (*vehicle*) vehículo *m*, medio *m* de transporte; **public** ~ vehículo de servicio público.
conveyancing [kən'veıənsıŋ] *n* (*Jur*) preparación *f* de escrituras de traspaso.
conveyor belt [kən'veıəbelt] *n* cinta *f* transportadora.
convict ['kɒnvıkt] **1** *n* (*prisoner*) presidiario/a *m/f*; (*guilty party*) convicto/a *m/f*. **2** [kən'vıkt] *vt* declarar culpable (*of* de), condenar; **a ~ed murderer** un asesino convicto y confeso; **he was ~ed of drunken driving** fue condenado por conducir en estado de embriaguez. **3** [kən'vıkt] *vi* declarar culpable a algn.
conviction [kən'vıkʃən] *n* (**a**) (*Jur*) condena *f*; **there were 12 ~s for theft** hubo 12 condenas por robo; **to have no previous ~s** no tener antecedentes penales. (**b**) (*belief*) convicción *f*, creencia *f*; **it is my ~ that ...** creo firmemente que ...; **without much** ~ no muy convencido/a; **to carry** ~ ser convincente; **open to** ~ dispuesto a dejarse convencer.
convince [kən'vıns] *vt* convencer; **to ~ sb (of sth/that)** convencer a algn (de algo/de que).
convincing [kən'vınsıŋ] *adj* convincente.
convincingly [kən'vınsıŋlı] *adv* de forma convincente; **to prove sth** ~ probar algo de modo concluyente.
convivial [kən'vıvıəl] *adj* (*person, company*) sociable, agradable; (*evening, atmosphere*) alegre, agradable.
convoke [kən'vəʊk] *vt* convocar.
convoluted ['kɒnvəˌluːtıd] *adj* (*shape: rolled*) enrollado/a, enroscado/a; **a ~ argument** un razonamiento enrevesado.
convolvulus [kən'vɒlvjʊləs] *n* enredadera *f*.
convoy ['kɒnvɔı] *n* (*procession*) convoy *m*; (*escort*) escolta *f*; **in/under** ~ en convoy.
convulse [kən'vʌls] *vt* (*often pass: by earthquake etc*) sacudir; (*fig: by war, riot*) convulsionar, conmocionar; (*fig*) **to be ~d with** (*laughter*) dislocarse; (*anger*) estar ciego de; (*pain*) retorcerse de.
convulsion [kən'vʌlʃən] *n* (*fit, seizure*) convulsión *f*; (*fig*) conmoción *f*; **in ~s** (*fam: of laughter*) con un ataque de risa.
convulsive [kən'vʌlsıv] *adj* (*movement*) convulsivo/a; (*laughter*) incontenible.
coo [kuː] *vi* (*dove*) arrullar; (*baby*) hacer gorgoritos.

cooing ['ku:ɪŋ] *n* arrullos *mpl*.
cook [kʊk] **1** *n* cocinero/a *m/f*; **too many ~s spoil the broth** demasiadas cocineras estropean el caldo. **2** *vt* (*gen*) cocinar, guisar; (*boil*) cocer; (*grill*) asar (a la parrilla); (*fry*) freír; (*fam: falsify: accounts*) falsificar; **to ~ a meal** preparar *or* hacer una comida; **to ~ sb's goose** (*fig fam*) hacerle la pascua a algn. **3** *vi* (*food*) cocinarse, cocer; (*person*) cocinar, guisar (*esp LAm*); **can you ~?** ¿sabes cocinar?; **what's ~ing?** (*fig fam*) ¿qué se guisa?, ¿qué pasa?
► **cook up** *vt* + *adv* (*fam: excuse, story*) inventar; (*: plan*) tramar.
cookbook ['kʊkbʊk] *n* (*US*) = **cookery book**.
cooker ['kʊkəʳ] *n* (**a**) (*stove*) cocina *f*, horno *m* (*esp LAm*); **gas/electric ~** cocina de gas/eléctrica. (**b**) (*cooking apple*) manzana *f* para cocinar.
cookery ['kʊkərɪ] **1** *n* cocina *f*, arte *m* culinario. **2** *cpd*: **~ book** *n* libro *m* de cocina.
cookhouse ['kʊkhaʊs] *n* (*pl* **-houses** [haʊzɪz]) (*esp US*) cocina *f* móvil de campaña.
cookie ['kʊkɪ] *n* (**a**) (*US: biscuit*) galleta *f*, bizcocho *m* (*LAm*); **that's the way the ~ crumbles** (*fam*) así es la vida. (**b**) (*fam*) tipo *m* (*fam*), tío/a *m/f* (*fam*); **she's a smart ~** es una chica lista; **a tough ~** un tío duro (*fam*).
cooking ['kʊkɪŋ] **1** *n* cocina *f*. **2** *cpd* (*utensils, foil, salt*) de cocina; (*chocolate*) de hacer.
cookout ['kʊkaʊt] *n* (*US*) barbacoa *f*, comida *f* hecha al aire libre.
cool [ku:l] **1** *adj* (*comp* **~er**; *superl* **~est**) (**a**) (*not hot: person, weather, drink*) fresco/a; (*dress*) fresco, ligero/a; (*object*) fresco; **to keep sth ~** conservar algo fresco.
(**b**) (*calm*) sereno/a; **to keep ~** no perder la calma; **to play it ~** (*fam*) tomárselo con calma, hacer como si nada; **to be as ~ as a cucumber** estar más fresco que una lechuga; **he's a ~ customer** (*fam*) es un fresco, es un caradura; **that was very ~ of you** (*fam*) ¡y te quedaste tan fresco!; **we paid a ~ £100,000 for that house** (*fam*) pagamos la friolera de 100 mil libras por esa casa.
(**c**) (*unenthusiastic*) frío/a; **a ~ welcome** *or* **reception** un recibimiento frío; **to be ~ towards sb** mostrarse frío con algn, tratar a algn con frialdad.
2 *n*: **in the ~ of the evening** en el frescor de la tarde; **to keep sth in the ~** guardar algo en un lugar fresco; **to keep/lose one's ~** (*fam*) no perder/perder la calma.
3 *vt* dejar enfriar; **~ it!** (*fam*) ¡tranquilo!; **to ~ one's heels** (*fam*) hacer antesala, tener que esperar.
4 *vi* (*air, liquid*) enfriarse; **the air ~s in the evenings here** aquí refresca mucho al atardecer.
5 *cpd*: **~ box** *n* nevera *f* portátil.
► **cool down 1** *vt* + *adv* enfriar; **to ~ sb down** (*fig*) calmar a algn. **2** *vi* + *adv* enfriarse; (*fig: person, situation*) calmarse.
► **cool off** *vi* + *adv* (*become less angry*) calmarse; (*lose enthusiasm*) perder (el) interés, enfriarse; (*become less affectionate*) distanciarse, enfriarse.
coolant ['ku:lənt] *n* (*Tech*) (líquido *m*) refrigerante *m*.
cooler ['ku:ləʳ] *n* (*cool box*) nevera *f* portátil; (*fam: prison*) chirona *f*, trena *f*.
cool-headed ['ku:l,hedɪd] *adj* sereno/a, imperturbable.
cooling ['ku:lɪŋ] *adj* refrescante; **~ tower** (*at power station*) torre *f* de refrigeración.
cooling-off period [,ku:lɪŋ'ɒf,pɪərɪəd] *n* (*Industry*) período *m* de negociación.
coolly ['ku:lɪ] *adv* (*calmly*) con tranquilidad; (*audaciously*) descaradamente; (*unenthusiastically*) fríamente, con frialdad.
coolness ['ku:lnɪs] *n* (*no pl: coldness*) frescor *m*, fresco *m*; (*calmness*) tranquilidad *f*, serenidad *f*; (*lack of enthusiasm*) desinterés *m*, falta *f* de entusiasmo; (*of welcome, between persons*) frialdad *f*.
coon [ku:n] *n* (*esp US fam!*) negro/a *m/f*.
coop ['kəʊ'ɒp] *n* gallinero *m*.
► **coop up** *vt* + *adv* encerrar.
co-op ['kəʊ'ɒp] *n abbr of* **cooperative**.
cooper ['ku:pəʳ] *n* tonelero *m*.
cooperate [kəʊ'ɒpəreɪt] *vi* cooperar, colaborar; **to ~ with sb in sth/to do sth** cooperar con algn en algo/para hacer algo.
cooperation [kəʊ,ɒpə'reɪʃən] *n* cooperación *f*, colaboración *f*.
cooperative [kəʊ'ɒpərətɪv] **1** *adj* (**a**) (*attitude*) cooperador(a); (*person*) servicial, dispuesto/a a ayudar. (**b**) (*farm etc*) cooperativo/a. **2** *n* cooperativa *f*.
coopt [kəʊ'ɒpt] *vt*: **to ~ sb onto sth** nombrar (como miembro) a algn para algo.
coordinate [kəʊ'ɔ:dnɪt] **1** *n* (**a**) (*usu pl: on map*) coordenada *f*. (**b**) (*clothes: usu pl*) **~s** coordinados *mpl*. **2** [kəʊ'ɔ:dɪneɪt] *vt* (**a**) (*movements, work*) coordinar. (**b**) (*efforts*) aunar.
coordination [kəʊ,ɔ:dɪ'neɪʃən] *n* coordinación *f*.
coordinator [kəʊ'ɔ:dɪneɪtəʳ] *n* coordinador(a) *m/f*.
co-owner [,kəʊ'əʊnəʳ] *n* copropietario/a *m/f*.
co-ownership [,kəʊ'əʊnəʃɪp] *n* copropiedad *f*.
cop [kɒp] (*fam*) **1** *n* (**a**) (*policeman*) poli *m* (*Sp fam*), cana *m* (*CSur fam*); **the ~s** la pasma (*Sp fam!*), la cana (*LAm fam!*). (**b**) **it's not much ~** no es gran cosa. **2** *vt* (*catch: person*) pescar (*Sp*), pillar; (*hiding, fine*) ganarse; **you'll ~ it!** ¡te la vas a ganar!; **I ~ped it from the head** el director me puso como un trapo; **~ this!** ¡hay que ver esto!; **~ hold of this** coge (*Sp*) *or* toma esto. **3** *cpd*: **~ shop** *n* (*Brit fam*) comisaría *f*.
► **cop out** *vi* + *adv* escabullirse, rajarse.
copartner ['kəʊ'pɑ:tnəʳ] *n* consocio *mf*, copartícipe *mf*.
cope [kəʊp] *vi* arreglárselas; **he's coping pretty well** se las está arreglando bastante bien; **can you ~?** ¿tú puedes con esto?; **to ~ with** (*task, person*) poder con; (*situation*) enfrentarse con; (*difficulties, problems: tackle*) hacer frente a, abordar; (*: solve*) solucionar.
Copenhagen [,kəʊpn'heɪgən] *n* Copenhague *m*.
copier ['kɒpɪəʳ] *n* (*photo~*) fotocopiadora *f*.
copilot ['kəʊ'paɪlət] *n* copiloto *mf*.
copious ['kəʊpɪəs] *adj* copioso/a, abundante.
cop-out ['kɒpaʊt] *n* (*fam*) evasión *f* de responsabilidad.
copper ['kɒpəʳ] **1** *n* (**a**) (*material*) cobre *m*. (**b**) (*coin*) perra *f* (chica), centavo *m* (*LAm*); (*penny*) penique *m*. (**c**) *see* **cop 1** (**a**). **2** *adj* de cobre; (*colour*) cobrizo/a.
copperplate ['kɒpəpleɪt] *cpd*: **~ writing** *n* letra *f* caligrafiada, caligrafía *f*.
coppersmith ['kɒpəsmɪθ] *n* cobrero *m*.
coppice ['kɒpɪs], **copse** [kɒps] *n* soto *m*, bosquecillo *m*.
coprocessor ['kəʊ'prəʊsesəʳ] *n* coprocesador *m*.
copulate ['kɒpjʊleɪt] *vi* copular.
copulation [,kɒpjʊ'leɪʃən] *n* cópula *f*.
copy ['kɒpɪ] **1** *n* (**a**) (*gen: duplicate*) copia *f*; (*carbon ~*) copia (en papel carbón); (*of photograph*) copia; (*of painting*) copia, imitación *f*; **rough ~** borrador *m*; **fair ~** copia en limpio; **to make a ~ of** hacer *or* sacar una copia de.
(**b**) (*of book, newspaper*) ejemplar *m*; (*magazine*) número *m*.
(**c**) (*no pl: Typ: material*) original *m*, manuscrito *m*; **to make good ~** ser una noticia de interés.
2 *vt* (**a**) (*imitate*) copiar, imitar.
(**b**) (*make ~ of: gen*) sacar una copia de; (*: in writing, Comput*) copiar; (*: with carbon*) sacar copias al carbón; (*: photo~*) fotocopiar; **to ~ from** copiar de.
(**c**) (*cheat*) copiar.
3 *cpd*: **~ typist** *n* mecanógrafo/a *m/f*.
► **copy down** *vt* + *adv* anotar, tomar nota de.
► **copy out** *vt* + *adv* copiar.
copybook ['kɒpɪbʊk] **1** *n* cuaderno *m* de escritura; **to blot one's ~** tirarse una plancha (*fam*). **2** *cpd* perfecto/a; **the pilot made a ~ landing** el piloto aterrizó perfectamente.
copycat ['kɒpɪkæt] (*fam*) **1** *n* imitador(a) *m/f*. **2** *cpd*: **~ crime** *n* crimen *m* de imitación.

copying ['kɒpɪɪŋ] *cpd*: ~ **ink** *n* (*for machine use*) tinta *f* de copiar; ~ **machine** *n* copiadora *f*.
copyright ['kɒpɪraɪt] *n* derechos *mpl* de autor, propiedad *f* literaria; '~ **reserved**' 'es propiedad', 'copyright'.
copywriter ['kɒpɪ,raɪtəʳ] *n* escritor(a) *m/f* de material publicitario.
coquette [kə'ket] *n* coqueta *f*.
cor [kɔːʳ] *interj* (*Brit fam*) ¡caramba!; ~ **blimey!** ¡coño! (*fam!*).
coral ['kɒrəl] **1** *n* coral *m*. **2** *cpd*: ~ **island** *n* isla *f* coralina; ~ **necklace** *n* collar *m* de coral; ~ **reef** *n* arrecife *m* de coral; **C~ Sea** *n* Mar *m* del Coral.
cord [kɔːd] *n* (**a**) (*thick string*) cuerda *f*; (*for pyjamas, curtains, of window*) cordón *m*; (*Elec*) cable *m*; (*Anat*) **vocal ~s** cuerdas vocales; **spinal** ~ médula *f* espinal; **umbilical** ~ cordón umbilical. (**b**) (*material*) pana *f*; **~s** (*trousers*) pantalones *mpl* de pana.
cordial ['kɔːdɪəl] **1** *adj* cordial, afectuoso/a. **2** *n* (*drink*) cordial *m*; (*liqueur*) licor *m*.
cordially ['kɔːdɪəlɪ] *adv* cordialmente, afectuosamente.
cordite ['kɔːdaɪt] *n* cordita *f*.
cordless ['kɔːdlɪs] *adj*: ~ **telephone** teléfono *m* móvil, teléfono sin hilos.
cordon ['kɔːdn] *n* cordón *m*.
► **cordon off** *vt + adv* acordonar.
Cordova ['kɔːdəvə] *n* Córdoba *f*.
corduroy ['kɔːdərɔɪ] *n* = **cord (b)**.
CORE [kɔːʳ] *n abbr* (*US*) *of* **Congress of Racial Equality**.
core [kɔːʳ] **1** *n* (*of fruit*) corazón *m*; (*of earth*) centro *m*, núcleo *m*; (*of cable, nuclear reactor*) núcleo; (*fig: of problem etc*) esencia *f*, meollo *m*; **a hard ~ of resistance** un núcleo *or* foco arraigado de resistencia; **English to the ~** inglés hasta los tuétanos; **rotten to the ~** corrompido hasta la médula; **shocked to the ~** profundamente afectado. **2** *vt* (*fruit*) deshuesar. **3** *cpd*: ~ **curriculum** *n* asignaturas *fpl* comunes; ~ **memory** *n* memoria *f* de núcleos; ~ **subject** *n* asignatura *f* común.
corer ['kɔːrəʳ] *n* (*Culin*) despepitadora *f*.
co-respondent ['kəʊrɪs'pɒndənt] *n* (*Jur*) codemandado/a *m/f*.
Corfu [kɔː'fuː] *n* Corfú *m*.
corgi ['kɔːgɪ] *n* perro/a *m/f* galés/esa.
coriander [,kɒrɪ'ændəʳ] *n* culantro *m*, cilantro *m*.
cork [kɔːk] **1** *n* (*substance*) corcho *m*; (*stopper*) corcho, tapón *m*. **2** *vt* (*bottle: also* ~ **up**) tapar con corcho, taponar. **3** *cpd* de corcho; ~ **oak** *n* alcornoque *m*.
corkage ['kɔːkɪdʒ] *n precio que se cobra en un restaurante por una botella que se trae de fuera*.
corked [kɔːkt] *adj* (*wine*) con sabor a corcho.
corker ['kɔːkəʳ] (*fam*) *n* (*lie*) bola *f* (*fam*); (*story*) historia *f* absurda; (*Sport: shot, stroke*) golpe *m* de primera; (*player*) crac *m* (*fam*); (*girl*) tía *f* buena (*fam*); **that's a ~!** ¡es cutre! (*fam*).
corkscrew ['kɔːkskruː] *n* sacacorchos *m inv*.
cormorant ['kɔːmərənt] *n* cormorán *m* (grande).
Corn *abbr* (*Brit*) *of* **Cornwall**.
corn[1] [kɔːn] **1** *n* (*Brit: wheat*) trigo *m*; (*gen term*) cereales *mpl*; (*US: maize*) maíz *m*; (*individual grains*) granos *mpl*; ~ **on the cob** mazorca *f* de maíz, choclo *m* (*And, CSur*), elote *m* (*Mex*). **2** *cpd*: ~ **bread** *n* (*US*) pan *m* de maíz; ~ **oil** *n* aceite *m* de maíz.
corn[2] [kɔːn] **1** *n* (*Med*) callo *m*. **2** *cpd*: ~ **plaster** *n* emplasto *m or* parche *m* para callos.
cornea ['kɔːnɪə] *n* córnea *f*.
corned beef [,kɔːnd'biːf] *n* carne *f* de vaca acecinada.
corner ['kɔːnəʳ] **1** *n* (**a**) (*gen: angle: of object, outside*) ángulo *m*, esquina *f*; (*: inside*) rincón *m*; (*of mouth*) comisura *f*; (*of eye*) rabillo *m*; (*bend in road*) curva *f*, recodo *m*; (*where 2 roads meet*) esquina; **a ~ of Spain** (*fig*) un rincón de España; **in the ~ of the room** en el rincón; **the ~ of a table/page** la esquina de una mesa/página; **it's just around the ~** (*also fig*) está a la vuelta de la esquina; **to go round the ~** doblar la esquina; **to turn the ~** (*fig*) salir del apuro; **in odd ~s** en cualquier rincón; **in every ~** por todos los rincones; **every ~ of Europe** todos los rincones de Europa; **the four ~s of the world** las cinco partes del mundo; **out of the ~ of one's eye** con el rabillo del ojo; **to drive sb into a ~** (*fig*) poner a algn entre la espada y la pared, acorralar a algn; **to be in a (tight) ~** (*fig*) estar en un aprieto; **a two-~ed fight** una pelea entre dos; **to cut a ~** (*Aut*) tomar una curva muy cerrada; **to cut ~s** (*fig*) atajar; (*save money, effort etc*) ahorrar dinero/trabajo *etc*.
(**b**) (*Ftbl: also* ~ **kick**) córner *m*, saque *m* de esquina.
(**c**) (*Comm*) monopolio *m*.
2 *vt* (**a**) (*animal, fugitive*) acorralar, arrinconar; (*fig: person: catch to speak to*) abordar, detener.
(**b**) (*Comm: market*) acaparar.
3 *vi* (*Aut*) tomar las curvas.
4 *cpd*: ~ **cupboard** *n* rinconera *f*, esquinera *f*; ~ **house** *n* casa *f* que hace esquina; ~ **seat** *n* asiento *m* del rincón; ~ **shop** *n* tienda *f* de la esquina, tienda pequeña del barrio; ~ **table** *n* mesa *f* rinconera.
cornerstone ['kɔːnəstəʊn] *n* (*fig: basic/most important feature*) piedra *f* angular.
cornet ['kɔːnɪt] *n* (**a**) (*Mus*) corneta *f*. (**b**) (*Brit: ice cream*) cucurucho *m*.
cornfield ['kɔːnfiːld] *n* trigal *m*, campo *m* de trigo; (*US*) maizal *m*.
cornflakes ['kɔːnfleɪks] *npl* copos *mpl* de maíz, cornflakes *mpl*.
cornflour ['kɔːnflaʊəʳ] *n* (*Brit*) harina *f* de maíz, maicena *f*.
cornflower ['kɔːnflaʊəʳ] **1** *n* aciano *m*. **2** *cpd*: ~ **blue** *adj* azul aciano *inv*.
cornice ['kɔːnɪs] *n* (*Archit*) cornisa *f*.
Cornish ['kɔːnɪʃ] **1** *adj* de Cornualles; ~ **pasty** empanada *f* de Cornualles. **2** *n* (*Ling*) córnico *m*.
cornstarch ['kɔːnstɑːtʃ] *n* (*US*) = **cornflour**.
Cornwall ['kɔːnwəl] *n* Cornualles *m*.
corny ['kɔːnɪ] (*fam*) *adj* (*comp* **-ier**; *superl* **-iest**) (*joke, story*) trillado/a, gastado/a; (*film, play*) sensiblero/a, sentimental.
corollary [kə'rɒlərɪ] *n* corolario *m*.
coronary ['kɒrənərɪ] **1** *adj* coronario/a. **2** *n* (*also* ~ **thrombosis**) infarto *m*, trombosis *f* coronaria.
coronation [,kɒrə'neɪʃən] *n* coronación *f*.
coroner ['kɒrənəʳ] *n* juez *mf* de instrucción.
coronet ['kɒrənɪt] *n* corona *f* (de marqués *etc*); (*diadem*) diadema *f*.
Corp *abbr* (**a**) (*Comm, Fin*) *of* **Corporation** S.A. (**b**) (*Pol*) *of* **Corporation**. (**c**) (*Mil*) *of* **Corporal**.
corporal ['kɔːpərəl] **1** *adj*: ~ **punishment** castigo *m* corporal. **2** *n* (*Mil*) cabo *m*.
corporate ['kɔːpərɪt] *adj* (*joint: ownership, responsibility*) corporativo/a, colectivo/a; (*: action, effort*) combinado/a; ~ **body** corporación *f*; ~ **car** (*US*) coche *m* de la compañía; ~ **growth** crecimiento *m* corporativo; ~ **identity** identidad *f* corporativa; ~ **image** imagen *f* corporativa; ~ **planning** planificación *f* corporativa; ~ **strategy** estrategia *f* de la compañía.
corporation [,kɔːpə'reɪʃən] **1** *n* (*Comm*) corporación *f*; (*US: limited company*) sociedad *f* anónima; (*of city*) ayuntamiento *m*. **2** *cpd* corporativo/a; ~ **tax** *n* (*Brit*) impuesto *m* sobre sociedades.
corps [kɔːʳ] *n* (*pl* ~ [kɔːz]) (*Mil*) cuerpo *m* (de ejército); **diplomatic** ~ cuerpo diplomático; **press** ~ gabinete de prensa.
corpse [kɔːps] *n* cadáver *m*.
corpulence ['kɔːpjʊləns] *n* corpulencia *f*.
corpulent ['kɔːpjʊlənt] *adj* corpulento/a.
corpuscle ['kɔːpʌsl] *n* (*of blood*) glóbulo *m*, corpúsculo *m*.
correct [kə'rekt] **1** *adj* (**a**) (*precise*) exacto/a, justo/a; (*right*) correcto/a, cierto/a; **that's ~!** ¡correcto!; **is this spelling ~?** ¿está bien escrito esto?; **you are ~** tiene

razón, Ud está en lo cierto.

(**b**) (*appropriate: person, behaviour*) correcto/a; (*: dress*) apropiado/a.

2 *vt* (*put right: mistake*) corregir; (*: person*) rectificar, corregir; (*: child*) reprender; (*: sth faulty, habit, exam, work, proofs*) corregir; (*: watch*) poner en hora; (*punish*) castigar; ~ **me if I'm wrong** me dirás si tengo razón o no; **I stand ~ed** reconozco el error.

correction [kə'rekʃən] *n* (*gen*) corrección *f*, rectificación *f*; (*on page*) tachadura *f*.

correctly [kə'rektlɪ] *adv* correctamente.

correlate ['kɒrɪleɪt] **1** *vt* correlacionar; **to ~ with** poner en correlación con. **2** *vi* tener correlación; **to ~ with** estar en correlación con.

correlation [,kɒrɪ'leɪʃən] *n* correlación *f*.

correspond [,kɒrɪs'pɒnd] *vi* (**a**) (*be in accordance*) corresponder (*with* con); (*be equivalent*) equivaler (*to* a). (**b**) (*by letter*) escribirse (*with* con).

correspondence [,kɒrɪs'pɒndəns] **1** *n* (**a**) (*agreement*) correspondencia *f*, conexión *f* (*between* entre). (**b**) (*letters*) correspondencia *f*; **to be in ~ with sb** mantener correspondencia con algn. **2** *cpd*: ~ **column** *n* (sección *f* de) cartas *fpl* al director; ~ **course** *n* curso *m* por correspondencia.

correspondent [,kɒrɪs'pɒndənt] *n* (*gen*) corresponsal *mf*.

corresponding [,kɒrɪs'pɒndɪŋ] *adj* correspondiente.

correspondingly [,kɒrɪs'pɒndɪŋlɪ] *adv* por consecuencia.

corridor ['kɒrɪdɔːʳ] *n* pasillo *m*, corredor *m*.

corroborate [kə'rɒbəreɪt] *vt* corroborar, confirmar.

corroboration [kə,rɒbə'reɪʃən] *n* corroboración *f*, confirmación *f*.

corrode [kə'rəʊd] **1** *vt* corroer. **2** *vi* corroerse.

corrosion [kə'rəʊʒən] *n* corrosión *f*.

corrosive [kə'rəʊzɪv] *adj* corrosivo/a; (*fig*) destructivo/a.

corrugated ['kɒrəgeɪtɪd] *adj* ondulado/a; ~ **cardboard** cartón *m* ondulado; ~ **iron** hierro *m* ondulado, calamina *f* (*LAm*); ~ **paper** papel *m* ondulado.

corrupt [kə'rʌpt] **1** *adj* (*depraved*) pervertido/a, depravado/a; (*dishonest*) corrompido/a, venal; (*text, language*) falseado/a, adulterado/a; ~ **practices** (*dishonesty, bribery*) corrupción *fsg*. **2** *vt* corromper; (*bribe*) sobornar; (*data*) degradar.

corruption [kə'rʌpʃən] *n* (*see adj*) perversión *f*; venalidad *f*; adulteración *f*; corrupción *f*; (*of data*) alteración *f*.

corsage [kɔː'sɑːʒ] *n* ramillete *m*.

corset ['kɔːsɪt] *n* faja *f*; (*old style*) corsé *m*.

Corsica ['kɔːsɪkə] *n* Córcega *f*.

Corsican ['kɔːsɪkən] *adj, n* corso/a.

cortège [kɔː'teɪʒ] *n* cortejo *m*, comitiva *f*.

cortex ['kɔːteks] *n* (*pl* **cortices** ['kɔːtɪsiːz]) (*Anat, Bot*) córtex *m*, corteza *f*.

cortisone ['kɔːtɪzəʊn] *n* cortisona *f*.

Corunna [kə'rʌnə] *n* La Coruña.

c.o.s. *abbr* (*Comm*) *of* **cash on shipment** pago *m* al embarcar.

cosh [kɒʃ] (*Brit*) **1** *n* porra *f*, cachiporra *f*. **2** *vt* (*fam*) aporrear.

cosignatory ['kəʊ'sɪgnətərɪ] *n* cosignatario/a *m/f*.

cos lettuce ['kɒs'letɪs] *n* lechuga *f* romana.

cosmetic [kɒz'metɪk] **1** *adj* cosmético/a; **the changes are merely** ~ los cambios son puramente cosméticos; ~ **preparation** cosmético *m*; ~ **surgery** cirugía *f* estética. **2** *n* (*often pl*) cosmético *m*.

cosmic ['kɒzmɪk] *adj* cósmico/a.

cosmology [kɒz'mɒlədʒɪ] *n* cosmología *f*.

cosmonaut ['kɒzmənɔːt] *n* cosmonauta *mf*.

cosmopolitan [,kɒzmə'pɒlɪtən] *adj* cosmopolita.

cosmos ['kɒzmɒs] *n* cosmos *m*.

Cossack ['kɒsæk] *adj, n* cosaco/a *m/f*.

cosset ['kɒsɪt] *vt* mimar, consentir.

cost [kɒst] **1** *n* (*expense: often pl*) coste *m*, costo *m*; (*amount paid, price*) precio *m*; (*Jur*) **~s** costas *fpl*; (*expenses*) gastos *mpl*; **to bear the ~ of** (*lit*) pagar *or* correr con los gastos de; (*fig*) sufrir las consecuencias de; **at great ~** (*lit*) a alto precio; (*fig*) tras grandes esfuerzos; **at all ~s, at any ~, whatever the ~** (*fig*) cueste lo que cueste, a toda costa; **to count the ~ of sth/of doing sth** pensar en los riesgos de algo/de hacer algo; **to my ~** a mis expensas; **at the ~ of his life/health** a costa de su vida/salud.

2 *vt* (**a**) (*pt, pp* ~) costar, valer; **how much does it ~?** ¿cuánto cuesta?, ¿cuánto vale?, ¿a cuánto está?; **what will it ~ to have it repaired?** ¿cuánto va a costar repararlo?; **it'll ~ you** (*fam*) te costará algo caro; **it ~ him a lot of money** le costó mucho dinero; **it ~s the earth** (*fam*) cuesta un riñón, cuesta un ojo de la cara; **it ~ him his life/job** le costó la vida/el trabajo; **it ~ me a great deal of time/effort/a lot of trouble** me robó mucho tiempo/me costó mucho esfuerzo/me causó muchos problemas; **it ~s nothing to be polite** no cuesta nada ser educado; **whatever it ~s** (*also fig*) cueste lo que cueste.

(**b**) (*pt, pp* **~ed**) (*Comm: articles for sale*) calcular el coste de; (*job*) preparar el presupuesto de; **it has not been properly ~ed** no se ha calculado detalladamente el coste de esto; **the job was ~ed at £5000** se calculó el coste del trabajo en 5000 libras.

3 *cpd*: ~ **accountant** *n* contable *mf* de costos; ~ **analysis** *n* análisis *m* de costos; ~ **centre** *n* centro *m* (de determinación) de costos; ~ **control** *n* control *m* de costos; ~ **of living** *n* coste *m* de la vida; **~-of-living allowance** subsidio *m* por coste; **~-of-living index** índice *m* del coste de vida; ~ **price** *n* precio *m* de coste; **at ~ price** a precio de coste.

► **cost out** *vt + adv* presupuestar.

co-star ['kəʊstɑːʳ] **1** *n* coprotagonista *mf*, coestrella *mf*. **2** *vi* actuar en los papeles principales de una película; **to ~ with sb** figurar con algn como protagonista.

Costa Rica ['kɒstə'riːkə] *n* Costa *f* Rica.

Costa Rican ['kɒstə'riːkən] *adj, n* costarricense *mf*.

cost-benefit analysis [,kɒst,benəfɪtə'næləsɪs] *n* análisis *m* costes-ventajas.

cost-conscious ['kɒst,kɒnʃəs] *adj* consciente de (los) costos.

cost-effective [,kɒstɪ'fektɪv] *adj* rentable.

cost-effectiveness [,kɒstɪ'fektɪvnɪs] *n* relación *f* costo-eficacia *or* costo-rendimiento.

costing ['kɒstɪŋ] *n* cálculo *m* del coste.

costly ['kɒstlɪ] *adj* costoso/a.

costume ['kɒstjuːm] **1** *n* (*of country*) traje *m*; (*fancy dress*) disfraz *m*; (*lady's suit*) traje sastre; (*bathing* ~) bañador *m*, traje de baño; (*Theat*) **~s** vestuario *msg*. **2** *cpd*: ~ **ball** *n* baile *m* de disfraces; ~ **designer** *n* (*Cine, TV*) diseñador(a) *m/f* de vestuario; ~ **drama** *n* obra *f* dramática de época; ~ **jewellery** *n* bisutería *f*, joyas *fpl* de fantasía.

cosy, (*US*) **cozy** ['kəʊzɪ] **1** *adj* (*comp* **-ier**; *superl* **-iest**) (*room, atmosphere*) acogedor(a); (*clothes*) de abrigo, caliente; (*person*) cómodo/a; (*fig: chat*) íntimo/a, personal. **2** *n* (*for teapot, egg*) cubierta *f*.

cot [kɒt] **1** *n* (*Brit: for baby*) cuna *f*; (*US: folding bed*) cama *f* plegable, catre *m*. **2** *cpd*: ~ **death** *n* muerte *f* en la cuna.

Cotswolds ['kɒtswəʊldz] *npl región de colinas del suroeste inglés.*

cottage ['kɒtɪdʒ] **1** *n* (*country house*) casita *f* de campo, quinta *f* (*LAm*); (*humble dwelling*) choza *f*, barraca *f*. **2** *cpd*: ~ **cheese** *n* requesón *m*; ~ **hospital** *n* (*Brit*) hospital *m* rural; ~ **loaf** *n* pan *m* casero; ~ **pie** *n pastel de carne cubierta de puré de patatas.*

cotton ['kɒtn] **1** *n* (*cloth*) algodón *m*; (*plant, industry etc*) algodonero *m*; (*thread*) hilo *m* (de algodón). **2** *cpd* (*shirt, dress*) de algodón; ~ **bud** *n* bastoncillo *m* de algodón; ~ **candy** *n* (*US*) algodón *m* (azucarado); ~ **industry** *n* industria *f* algodonera; ~ **mill** *n* fábrica *f* de algodón; ~ **swab** *n* (*US*) = ~ **bud**; ~ **wool** *n* (*Brit*) algodón hidrófilo.

▸ **cotton on** *vi* + *adv*: **to ~ on (to sth)** (*fam*) caer en la cuenta (de algo).

couch [kaʊtʃ] **1** *n* sofá *m*; (*Med: in doctor's surgery*) camilla *f*. **2** *vt* expresar; **~ed in jargon** redactado en jerigonza. **3** *cpd*: ~ **grass** *n* hierba *f* rastrera; ~ **potato** *n* (*fam*) *él/la que se apalanca en el sofá*.

couchette [kuːˈʃet] *n* (*on train, ferry*) litera *f*.

cougar [ˈkuːgəʳ] *n* puma *m*.

cough [kɒf] **1** *n* tos *f*; **to have a bad ~** tener mucha tos. **2** *vi* toser. **3** *cpd*: ~ **drops** *npl* pastillas *fpl* para la tos; ~ **mixture** *n* jarabe *m* para la tos; ~ **sweets** *npl* = ~ **drops**.

▸ **cough up 1** *vt* + *adv* (*blood, phlegm*) escupir, arrojar; (*Med*) expectorar; (*fig fam: part with: money*) soltar. **2** *vi* + *adv* (*fig fam*) soltar la pasta.

could [kʊd] *pt, cond of* **can**[1].

couldn't [ˈkʊdnt] = **could not**.

council [ˈkaʊnsl] **1** *n* (*committee*) consejo *m*, junta *f*; (*in local government*) concejo *m* municipal; (*meeting*) reunión *f*, sesión *f*; **city/town ~** ayuntamiento *m*; **the Security C~ of the United Nations** el Consejo de Seguridad de las Naciones Unidas; **you should write to the ~ about it** deberías escribir al Ayuntamiento acerca de eso; **C~ of Europe** Consejo de Europa; ~ **of war** consejo de guerra.

2 *cpd*: ~ **flat** *n* (*Brit*) piso *m* protegido; ~ **house** *n* (*Brit*) casa *f* protegida; ~ **housing** *n* (*Brit*) viviendas *fpl* protegidas; ~ **(housing) estate** *n* (*Brit*) urbanización *f or* barrio *m* de viviendas protegidas; ~ **meeting** *n* pleno *m* municipal.

councillor, (*US*) **councilor** [ˈkaʊnsɪləʳ] *n* concejal(a) *m/f*.

counsel [ˈkaʊnsəl] **1** *n* (**a**) (*advice*) consejo *m*; **to hold/take ~ (with sb) about sth** consultar *or* pedir consejo (a algn) sobre algo; **to keep one's own ~** guardar silencio. (**b**) (*Jur: pl inv*) abogado *mf*; ~ **for the defence** abogado defensor; ~ **for the prosecution** fiscal *mf*; **Queen's** *or* **King's C~** abogado del Estado. **2** *vt*: **to ~ sth/sb to do sth** aconsejar algo/a algn que haga algo.

counselling, (*US*) **counseling** [ˈkaʊnsəlɪŋ] **1** *n* (*gen: advice*) asesoramiento *m*; (*Psych*) asistencia *f* sociopsicológica; (*Brit Scol*) ayuda *f* psicopedagógica. **2** *cpd*: ~ **service** *n* servicio *m* de orientación.

counsellor, (*US*) **counselor** [ˈkaʊnsələʳ] *n* consejero/a *m/f*; (*adviser*) asesor(a) *m/f*; (*US: lawyer*) abogado *mf*.

count[1] [kaʊnt] **1** *n* (**a**) (*gen: usu no pl*) cuenta *f*, cálculo *m*; (*of votes at election*) escrutinio *m*; (*Boxing*) cuenta; **at the last ~** en el último recuento; **to be out for the ~** (*Boxing*) ser declarado fuera de combate; (*fam*) estar fuera de combate; **to keep ~ of sth** llevar la cuenta de algo; **you made me lose ~** me hiciste perder la cuenta.

(**b**) (*Jur*) **he was found guilty on all ~s** fue declarado culpable de todos los cargos.

2 *vt* (**a**) contar, calcular; **to ~ (to) twenty** contar hasta veinte; **to ~ one's change** contar la vuelta; **don't ~ your chickens before they're hatched** no hagas las cuentas de la lechera; **to ~ sheep** (*fig*) contar ovejas; **to ~ the cost of** (*lit*) calcular el coste de; (*fig*) considerar las consecuencias de; **without ~ing the cost** (*lit, fig*) sin reparar en el coste *or* el precio; ~ **your blessings** piensa en lo afortunado que eres.

(**b**) (*include*) incluir, contar; (*consider*) considerar; **not ~ing the children** sin contar a los niños; **10 ~ing him** diez contándolo a él, diez con él; **he was ~ed among the greatest musicians of his era** se le contaba entre *or* se le consideraba uno de los mejores músicos de su época; ~ **yourself lucky** date por satisfecho; **will you ~ it against me?** ¿lo guardarás en mi contra?; **I ~ it an honour (to do that)** tengo a mucha honra *or* lo considero un honor (hacerlo).

3 *vi* (**a**) contar; **to ~ (up) to 10** contar hasta diez; **~ing from today** a partir de hoy; **~ing from the left** contando de izquierda a derecha.

(**b**) (*be considered, be valid*) valer, contar; **two children ~ as one adult** dos niños valen por un adulto; **that doesn't ~** eso no vale, eso no cuenta; **every second ~s** cada segundo es importante; **it will ~ against him** irá en su contra; **it ~s for very little** apenas cuenta.

▸ **count down** *vi* + *adv* contar atrás.

▸ **count in** *vt* + *adv* incluir; ~ **me in!** (*fam*) ¡cuenta conmigo!

▸ **count on** *vi* + *prep* contar con; **we're ~ing on him** contamos con él; **to ~ on doing sth** contar con hacer algo.

▸ **count out** *vt* + *adv* (**a**) (*Boxing*) **to be ~ed out** ser declarado fuera de combate. (**b**) (*money*) ir contando; (*small objects*) apartar, separar. (**c**) (*fam*) ~ **me out!** ¡no cuentes conmigo!

▸ **count towards** *vi* + *prep* contar para.

▸ **count up** *vt* + *adv* hacer la cuenta de, contar.

▸ **count upon** *vi* + *prep* = **count on**.

count[2] [kaʊnt] *n* (*nobleman*) conde *m*.

countable [ˈkaʊntəbl] *adj* contable; **a ~ noun** (*Ling*) un nombre contable.

countdown [ˈkaʊntdaʊn] *n* cuenta *f* atrás.

countenance [ˈkaʊntɪnəns] (*frm*) **1** *n* (**a**) (*face*) semblante *m*, rostro *m*; **to keep one's ~** contener la risa, no perder la seriedad; **to lose ~** desconcertarse. (**b**) (*no pl: approval*) consentimiento *m*. **2** *vt* (*permit*) **to ~ sth/sb doing sth** consentir *or* permitir algo/a algn que haga algo.

counter[1] [ˈkaʊntəʳ] **1** *n* (**a**) (*of shop*) mostrador *m*; (*of canteen*) barra *f*; (*position in post office, bank*) ventanilla *f*; **to buy under the ~** (*fig*) comprar de estraperlo *or* bajo mano; **to buy over the ~** (*fig*) comprar sin receta; **you can buy it over the ~** (*Med*) esto se compra sin receta obligatoria. (**b**) (*in game*) ficha *f*. (**c**) (*Tech*) contador *m*. **2** *cpd*: ~ **staff** *n* personal *m* de ventas; *see also* **over-the-counter**.

counter[2] [ˈkaʊntəʳ] **1** *adv*: **~ to** contrario a, en contra de; **to run ~ to** ir en sentido contrario a, ser contrario a. **2** *vt* (*blow*) responder a, parar; (*attack*) contestar a, hacer frente a; **to ~ sth with sth/by doing sth** contestar a algo con algo/haciendo algo. **3** *vi*: **to ~ with** contestar *or* responder con.

counter... [ˈkaʊntəʳ] *pref* contra....

counteract [ˌkaʊntəˈrækt] *vt* contrarrestar.

counter-argument [ˈkaʊntərˌɑːgjʊmənt] *n* contraargumento *m*.

counterattack [ˈkaʊntərəˌtæk] **1** *n* contraataque *m*. **2** *vt,vi* contraatacar.

counterattraction [ˈkaʊntərəˌtrækʃən] *n* atracción *f* rival.

counterbalance [ˈkaʊntəˌbæləns] **1** *n* contrapeso *m*; (*fig*) compensación *f*. **2** *vt* contrapesar; (*fig*) compensar.

counterblow [ˈkaʊntəbləʊ] *n* contragolpe *m*.

counterclaim [ˈkaʊntəkleɪm] *n* (*Jur*) contradenuncia *f*.

counterclockwise [ˈkaʊntəˈklɒkwaɪz] *adv* en sentido contrario al de las agujas del reloj.

counterespionage [ˈkaʊntəˈrespɪənɑːʒ] *n* contraespionaje *m*.

counterfeit [ˈkaʊntəfiːt] **1** *adj* (*false*) falsificado/a. **2** *n* falsificación *f*; (*coin*) moneda *f* falsa. **3** *vt* falsificar.

counterfoil [ˈkaʊntəfɔɪl] *n* matriz *f*.

counterintelligence [ˈkaʊntərɪnˌtelɪdʒəns] *n* = **counterespionage**.

countermand [ˈkaʊntəmɑːnd] *vt* revocar, cancelar.

countermeasure [ˈkaʊntəmeʒəʳ] *n* contramedida *f*.

countermove [ˈkaʊntəmuːv] *n* contrajugada *f*; (*fig*) contraataque *m*; (*: manoeuvre*) contramaniobra *f*.

counteroffensive [ˈkaʊntərəˈfensɪv] *n* contraofensiva *f*.

counterpane [ˈkaʊntəpeɪn] *n* colcha *f*, cubrecama *m*.

counterpart [ˈkaʊntəpɑːt] *n* (*equivalent of sth*) equiva-

lente *mf*; (*person*) homólogo/a *m/f*.
counterpoint ['kaʊntəpɔɪnt] *n* contrapunto *m*.
counterproductive [ˌkaʊntəprə'dʌktɪv] *adj* contraproducente.
counterproposal ['kaʊntəprəˌpəʊzəl] *n* contrapropuesta *f*.
counterpunch ['kaʊntəpʌntʃ] *n* contragolpe *m*.
counter-revolution ['kaʊntərevə'lu:ʃən] *n* contrarrevolución *f*.
counter-revolutionary ['kaʊntərevə'lu:ʃənrɪ] *adj, n* contrarrevolucionario/a *m/f*.
countersign ['kaʊntəsaɪn] *vt* refrendar.
countersink ['kaʊntəsɪŋk] (*pt, pp* **countersunk** ['kaʊntəsʌŋk]) *vt* avellanar.
countervailing ['kaʊntəˌveɪlɪŋ] *adj* compensatorio/a; ~ **duties** aranceles *mpl* compensatorios.
counterweight ['kaʊntəweɪt] *n* contrapeso *m*.
countess ['kaʊntɪs] *n* condesa *f*.
countless ['kaʊntlɪs] *adj* incontable, innumerable; **on ~ occasions** infinidad *f* de veces.
country ['kʌntrɪ] **1** *n* (**a**) (*nation*) país *m*; (*fatherland*) patria *f*; (*people*) pueblo *m*; **to go to the ~** (*Pol*) convocar *or* llamar a elecciones generales; **to live off the ~** vivir del campo; **to die for one's ~** morir por la patria; **love of ~** amor a la patria.

(**b**) (*no pl: ~side*) campo *m*; (*terrain, land*) terreno *m*, tierra *f*; **in the ~** en el campo; **there is some lovely ~ further south** más al sur el paisaje es muy bonito; **mountainous ~** región montañosa; **unknown ~** (*also fig*) terreno desconocido; **we had to leave the road and go across ~** tuvimos que dejar la carretera e ir a través del campo.

2 *cpd* (*life, people*) del campo; **C~ and Western (music)** *n* música *f* country, música ranchera *(Mex)*; ~ **bumpkin** *n* (*pej*) patán *m*, paleto/a *m/f*; ~ **club** *n* club *m* campestre; ~ **cousin** *n* (*fig*) pueblerino/a *m/f*; ~ **dancing** *n* baile *m* folklórico; ~ **dweller** *n* persona *f* que vive en el campo; ~ **house** *n* casa *f* de campo, quinta *f*; (*also* ~ **seat**) casa solariega, hacienda *f* *(LAm)*; (*farm*) finca *f (esp LAm)*, rancho *m (Mex)*; ~ **park** *n* parque *m*; ~ **road** *n* camino *m* vecinal; ~ **seat** *n see* ~ **house**.
country-born [ˌkʌntrɪ'bɔ:n] *adj* nacido/a en el campo.
country-bred [ˌkʌntrɪ'bred] *adj* criado/a en el campo.
countryman ['kʌntrɪmən] *n* (*pl* **-men**) (*countrydweller*) hombre *m* del campo; (*compatriot*) compatriota *mf*.
countryside ['kʌntrɪsaɪd] *n* campo *m*.
country-wide [ˌkʌntrɪ'waɪd] *adj* nacional.
county ['kaʊntɪ] **1** *n* (*Brit*) condado *m*; (*US: subdivision of state*) municipio *m*. **2** *cpd*: ~ **boundary** *n* límite *m* municipal; ~ **council** *n* ayuntamiento *m*; ~ **court** *n* juzgado *m* de primera instancia; ~ **road** *n* (*US*) ≈ carretera *f* secundaria; ~ **seat** *n* (*US*) cabeza *f* de partido; ~ **town** *n* cabeza *f* de partido, capital *m* de provincia.
coup [ku:] *n* (*Pol: also* ~ **d'état**) golpe *m* (de estado); (*triumph*) éxito *m*; ~ **de grace** golpe de gracia; ~ **de théâtre** golpe de teatro; **to bring off a ~** obtener un éxito inesperado.
coupé ['ku:peɪ] *n* (*Aut*) cupé *m*.
couple ['kʌpl] **1** *n* (*pair*) par *m*; (*partners*) pareja *f*; (*fam: two or three*); **a ~ of** un par de; **we had a ~ in a bar** (*fam*) tomamos un par de copas en un bar. **2** *vt* (**a**) **to ~ with** unir a, juntar con. (**b**) (*Tech*) **to ~ (on** *or* **up)** acoplar (a), enganchar (a).
coupling ['kʌplɪŋ] *n* (*Tech*) acoplamiento *m*; (*Aut, Rail*) enganche *m*; (*sexual*) cópula *f*.
coupon ['ku:pɒn] *n* (*voucher in newspaper, advertisement*) cupón *m*; (*for price reduction or gifts*) vale *m*; (*football pools* ~) boleto *m* (de quiniela).
courage ['kʌrɪdʒ] *n* valor *m*, valentía *f*; ~! ¡ánimo!; **I haven't the ~ to refuse** no tengo valor para negarme; **to have the ~ of one's convictions** obrar de acuerdo con su conciencia; **to pluck up one's ~, to take one's ~ in both hands** armarse de valor; **to take ~ from** cobrar ánimos *or* sacar fuerzas de.
courageous [kə'reɪdʒəs] *adj* valiente.
courgette [kʊə'ʒet] *n* (*Brit*) calabacín *m*, calabacita *f*.
courier ['kʊrɪəʳ] *n* (*messenger*) mensajero/a *m/f*; (*travel*) guía *mf* de turismo.
course [kɔ:s] **1** *n* (**a**) (*route*) dirección *f*, ruta *f*; (*of river*) curso *m*; (*of planet*) órbita *f*; (*of ship*) rumbo *m*; **to set ~ for** (*Naut: place*) poner rumbo a; **to change ~** (*Naut, fig*) cambiar de rumbo; **to go off ~** salirse de rumbo, desviarse; **to stay on ~/hold one's ~** mantener el rumbo; **we are on ~** vamos por buen camino; **we are on ~ for victory** nos encaminamos al triunfo; **to take/follow a ~ of action** (*fig*) tomar/seguir una línea de conducta *or* acción; **we have no other ~ but to ...** no tenemos más remedio que ...; **there are several ~s open to us** se nos ofrecen varias posibilidades; **the best ~ would be to ...** lo mejor sería ...; **to let things take** *or* **run their ~** dejar que las cosas sigan su curso; **to change the ~ of history** cambiar el curso de la historia; **as a matter of ~** como algo natural; **in the ~ of** (*life, disease*) en el transcurso de, durante; (*events, time*) en el curso *or* transcurso de; **in due ~** a su debido tiempo; **in the normal** *or* **ordinary ~ of events** normalmente; **in the ~ of conversation** durante *or* en el transcurso de una conversación; **in the ~ of construction** en vías de construcción; **in the ~ of the next few days** durante los próximos días, en estos días; **in the ~ of my work** en el cumplimiento de mi trabajo; **in the ~ of the journey** durante el viaje.

(**b**) **(yes,) of ~** claro, desde luego, por supuesto, cómo no *(esp LAm)*, sí pues *(CSur)*; **(no,) of ~ not!** (*answering*) ¡claro que no!, ¡por supuesto que no!; **of ~ I won't do it** ni hablar, no lo voy a hacer, no pienso hacerlo.

(**c**) (*Scol, Univ*) curso *m*; **to take a ~ in French, to go on a French ~** hacer un curso de/ir a clase de francés; **to follow/give a ~ of lectures** asistir a/dar un ciclo de conferencias; ~ **of study** estudios *mpl*; (*Med*) **a ~ of treatment/drugs** un tratamiento.

(**d**) (*Sport: golf* ~) campo *m or (LAm)* cancha *f* (de golf); (*: race* ~) hipódromo *m*; **to stay the ~** no cejar, continuar hasta el fin.

(**e**) (*Culin*) plato *m*.

2 *vi* (*water etc*) correr; (*tears*) caer; **it sent the blood coursing through his veins** le hacía hervir la sangre.

3 *cpd*: **a three-~ meal** una comida de tres platos.
court [kɔ:t] **1** *n* (**a**) (*Jur*) tribunal *m*, juzgado *m*, corte *f* *(esp LAm)*; (*officers and/or public*) tribunal; ~ **of appeal** tribunal de apelación; ~ **of inquiry** comisión *f* de investigación; ~ **of justice** tribunal de justicia; **C~ of Session** (*Scot*) Tribunal Supremo de Escocia; **to take sb to ~ (over sth)** llevar a algn a los tribunales (por algo), llevar a algn ante el tribunal (por algo); **to settle (a case) out of ~** llegar a un acuerdo las partes (sin ir a juicio); **to rule sth/sb out of ~** no admitir algo/a algn; **he was brought before the ~ on a charge of theft** fue procesado por robo; *see* **crown 3; high 1 (b); magistrate; supreme**.

(**b**) (*Tennis*) pista *f*, cancha *f*; **hard/grass ~** pista *or* cancha dura/de hierba.

(**c**) (*royal: palace*) palacio *m*; (*: people*) corte *f*.

2 *vt* (**a**) (*woman*) pretender *or* cortejar a.

(**b**) (*fig: seek: favour*) intentar conseguir; (*: death, disaster*) buscar, exponerse a; **to ~ favour with sb** intentar congraciarse con algn.

3 *vi* ser novios; **a ~ing couple** una pareja de novios; **they've been ~ing for 3 years** llevan 3 años de relaciones.

4 *cpd*: ~ **card** *n* figura *f*; ~ **order** *n* (*Jur*) mandato *m* judicial; ~ **shoe** *n* (*Brit*) escarpín *m*.
Courtelle ® [kɔ:'tel] *n* Courtelle ® *f*.
courteous ['kɜ:tɪəs] *adj* cortés, atento/a.
courtesy ['kɜ:tɪsɪ] **1** *n* (*politeness*) cortesía *f*; (*polite act*) atención *f*, gentileza *f*; **by ~ of** (por) cortesía de; **you might have had the ~ to tell me** podrías haber tenido el

detalle de decírmelo; **to exchange courtesies** intercambiar cumplidos de etiqueta; **will you do me the ~ of ...?** si fuera tan amable de ..., haga el favor de ....
2 *cpd*: ~ **car** *n* coche *m* de cortesía; ~ **card** *n* (*US*) tarjeta *f* (de visita); ~ **coach** *n* autocar *m or* autobús *m* de cortesía; ~ **light** *n* (*Aut*) luz *f* interna; ~ **visit** *n* visita *f* de cumplido.

courthouse ['kɔːthaʊs] *n* (*pl* **-houses** [haʊzɪz]) (*Jur*) palacio *m* de justicia.

courtier ['kɔːtɪəʳ] *n* cortesano *m*.

court-martial ['kɔːt'mɑːʃəl] **1** *n* (*pl* **courts-martial**) consejo *m* de guerra. **2** *vt* juzgar en consejo de guerra.

courtship ['kɔːtʃɪp] *n* (*act*) cortejo *m*; (*period*) noviazgo *m*.

courtyard ['kɔːtjɑːd] *n* patio *m*.

cousin ['kʌzn] *n* primo/a *m/f*; **first ~** primo carnal; **second ~** primo segundo.

cove [kəʊv] *n* (*Geog*) cala *f*, ensenada *f*.

coven ['kʌvən] *n* aquelare *m*.

covenant ['kʌvɪnənt] **1** *n* (**a**) (*legal*) pacto *m*, convenio *m*; **a deed of ~** contrato *m*, convenio. (**b**) (*Bible*) alianza *f*. **2** *vt* pactar, concertar; **to ~ £20 per year to a charity** concertar el pago de veinte libras anuales a una sociedad benéfica.

Coventry ['kɒvəntrɪ] *n*: **to send sb to ~** (*fig*) hacer el vacío a algn.

cover ['kʌvəʳ] **1** *n* (**a**) (*gen*) cubierta *f*, tapa *f*; (*of dish, saucepan*) tapa, tapadera *f*; (*of furniture, typewriter*) funda *f*; (*for merchandise, on vehicle*) cubierta; (*bedspread*) cobertor *m*, colcha *f*; (*often pl: blanket*) manta *f*, frazada *f* (*LAm*), cobija *f* (*LAm*).
(**b**) (*of magazine*) portada *f*; (*book*) cubierta *f*; **to read a book from ~ to ~** leer un libro de cabo a rabo.
(**c**) (*Comm: envelope*) sobre *m*; **under separate ~** por separado.
(**d**) (*no pl: shelter*) abrigo *m*, refugio *m*; (*for hiding*) escondite *m*; (*from gunfire*) refugio; (*covering fire*) protección *f*; **to take ~ (from)** (*hide*) esconderse *or* ocultarse (de); (*Mil*) ponerse a cubierto (de); (*shelter*) protegerse (de), resguardarse (de); **to break ~** salir al descubierto; **under ~** al abrigo; (*indoors*) bajo techo; **under ~ of darkness** al amparo de la oscuridad.
(**e**) (*no pl: Fin, Insurance*) cobertura *f*; **without ~** (*Fin*) sin cobertura; **full/fire ~** (*Insurance*) cobertura total/contra incendios.
(**f**) (*in espionage etc*) tapadera *f*.
(**g**) (*frm: at table*) cubierto *m*.
2 *vt* (**a**) (*gen*) **to ~ (with)** cubrir (con *or* de), tapar (con); (*fig*) **~ed with confusion/shame** lleno de confusión/muerto de vergüenza; **to ~ o.s. with glory/disgrace** cubrirse de gloria/hundirse en la miseria.
(**b**) (*hide*) esconder; (*feelings, facts, mistakes*) ocultar; (*noise*) ahogar.
(**c**) (*protect: Mil, Sport*) cubrir; (*: a book*) forrar; (*: Insurance*) cubrir; (*insure*) asegurar; **he only said that to ~ himself** lo dijo sólo para cubrirse; **I've got you ~ed!** ¡te tengo a tiro!, ¡te estoy apuntando! (**d**) (*be sufficient for: cost, expenses*) cubrir, sufragar; (*include*) incluir, abarcar; **£10 will ~ everything** con diez libras será suficiente; **we must ~ all possibilities** debemos tener en cuenta todas las posibilidades.
(**e**) (*distance*) cubrir, recorrer; **we ~ed 8 miles in one hour** recorrimos ocho millas en una hora; **to ~ a lot of ground** recorrer mucho trecho.
(**f**) (*Press: report on*) cubrir, hacer un reportaje sobre.
3 *vi*: **to ~ for sb** (*at work etc*) reemplazar a algn; (*protect*) encubrir a algn.
4 *cpd*: ~ **charge** *n* (*in restaurant*) (precio *m* del cubierto *m*; ~ **girl** *n* modelo *f* de portada; ~ **note** *n* (*Brit Insurance*) ≈ seguro *m* provisional; ~ **price** *n* precio *m* de cubierta; ~ **story** *n* (*Press*) noticia *f* de primera página.

▸ **cover over** *vt +adv* cubrir, revestir.

▸ **cover up 1** *vt + adv* (**a**) (*child, object*) cubrir completamente, tapar. (**b**) (*fig: hide: facts*) ocultar; (*: emotions*) disimular; **to ~ up one's tracks** (*lit, fig*) borrar sus huellas. **2** *vi + adv* (**a**) (*warmly*) abrigarse, taparse. (**b**) (*fig*) **to ~ up for sb** encubrir a algn.

coverage ['kʌvərɪdʒ] *n* (*Press*) reportaje *m*; (*diffusion*) difusión *f*; **to give full ~ to an event** (*report widely*) dar amplia difusión a un suceso; (*report in depth*) informar a fondo sobre un suceso.

coveralls ['kʌvərɔːlz] *npl* (*US: overalls*) mono *msg*.

covering ['kʌvərɪŋ] **1** *n* cubierta *f*, envoltura *f*; **a ~ of snow/dust/icing** una capa de nieve/polvo/azúcar glaseado. **2** *cpd*: ~ **letter** *n* (*explanatory*) carta *f* de explicación.

covert ['kʌvət] *adj* (*gen*) secreto/a, encubierto/a; (*glance*) furtivo/a, disimulado/a; ~ **attack** ataque *m* por sorpresa.

cover-up ['kʌvərʌp] *n* encubrimiento *m*.

covet ['kʌvɪt] *vt* codiciar.

covetous ['kʌvɪtəs] *adj* (*person*) codicioso/a; (*glance*) ansioso/a, ávido/a.

cow[1] [kaʊ] *n* (*Zool*) vaca *f*; (*: female of other species*) hembra *f*; (*fam pej: woman*) estúpida *f*, bruja *f*; **till the ~s come home** hasta que la rana críe pelo.

cow[2] [kaʊ] *vt* (*person*) intimidar, acobardar; **a ~ed look** una mirada temerosa.

coward ['kaʊəd] *n* cobarde *mf*.

cowardice ['kaʊədɪs], **cowardliness** ['kaʊədlɪnɪs] *n* cobardía *f*.

cowardly ['kaʊədlɪ] *adj* cobarde.

cowboy ['kaʊbɔɪ] **1** *n* vaquero *m*, gaucho *m* (*Arg*); (*fam*); **the ~s of the building trade** los piratas de la construcción; **~s and Indians** (*game*) cowboys y pieles rojas. **2** *cpd*: ~ **boots** *npl* botas *fpl* camperas.

cower ['kaʊəʳ] *vi* encogerse (de miedo).

cowhide ['kaʊhaɪd] *n* cuero *m*.

cowl [kaʊl] *n* capucha *f*.

cowman ['kaʊmən] *n* (*pl* **-men**) vaquero *m*; (*owner*) ganadero *m*.

co-worker ['kəʊ'wɜːkəʳ] *n* colaborador(a) *m/f*.

cowpat ['kaʊpæt] *n* cagada *f* de vaca, boñiga *f*.

cowshed ['kaʊʃed] *n* establo *m*.

cowslip ['kaʊslɪp] *n* (*Bot*) primavera *f*, prímula *f*.

cox [kɒks] **1** *n abbr of* **coxswain**. **2** *vt* gobernar. **3** *vi* hacer de timonel.

coxswain ['kɒksn] *n* timonel *mf*.

Coy *abbr* (*Mil*) *of* **company**.

coy [kɔɪ] *adj* (*comp* **~er**; *superl* **~est**) (*person, smile*) tímido/a, apenado/a (*LAm*); (*pej: coquettish*) coqueta, coquetón/ona.

cozy ['kəʊzɪ] *adj* (*US*) = **cosy**.

CP 1 *n abbr* (*Pol*) *of* **Communist Party** PC *m*. **2** *abbr* (*Comm*) *of* **carriage paid** P.P.

C/P, c/p *abbr of* **carriage paid** P.P.

cp. *abbr of* **compare** comp.

CPA *n abbr* (**a**) (*US*) *of* **Certified Public Accountant**. (**b**) *of* **critical path analysis**.

CPI *n abbr* (*US*) *of* **Consumer Price Index** IPC *m*.

Cpl *abbr of* **Corporal**.

CP/M *n abbr of* **Central Program for Microprocessors** CP/M *m*.

cps *n abbr of* **characters per second** cps *mpl*.

CPSA *n abbr* (*Brit*) *of* **Civil and Public Services Association** *sindicato*.

CPU *n abbr of* **central processing unit** UPC *f*.

Cr *abbr* (**a**) (*Fin*) *of* **credit** H. (**b**) (*Fin*) *of* **creditor**. (**c**) (*Pol*) *of* **councillor**.

crab [kræb] **1** *n* (*Zool*) cangrejo *m*, jaiba *f* (*LAm*). **2** *cpd*: ~ **apple** *n* manzana *f* silvestre.

crabby ['kræbɪ] *adj* (*fam: also* **crabbed**) malhumorado/a.

crack [kræk] **1** *n* (**a**) (*gen*) raja *f*; **at the ~ of dawn** al romper el alba; **through the ~ in the door** (*slight opening*) por la rendija de la puerta; **to paper over the ~s** (*also* *fig*) disimular las grietas.

(**b**) (*noise: of twigs*) crujido *m*; (*: of whip*) chasquido *m*; (*: of rifle, thunder*) estampido *m*, estruendo *m*; **he got a fair ~ of the whip** tuvo la oportunidad de demostrar lo que valía.

(**c**) (*blow*) golpe *m*.

(**d**) (*fam: attempt*) **to have a ~ at sth** intentar algo.

(**e**) (*fam: joke, insult*) chiste *m*, broma *f*; **he made a silly ~ about our new car** nos tomó el pelo por lo del coche nuevo.

(**f**) (*fam: drug*) cocaína *f* dura.

2 *adj* (*team etc*) de primera; **a ~ gymnast** un(a) gimnasta de primera; **a ~ shot** un as disparando.

3 *vt* (**a**) (*break: glass, pottery*) rajar; (*: wood*) astillar; (*: nut*) cascar; (*: egg*) romper, partir; (*fig fam: safe*) forzar; (*: bottle*) abrir; **to ~ one's skull** romperse la cabeza; **to ~ sb over the head** pegarle a algn en la cabeza.

(**b**) (*cause to sound: whip*) chasquear, restallar; (*finger joints*) crujir; **to ~ jokes** (*fam*) bromear, contar chistes.

(**c**) (*case: solve*) resolver; (*code*) descifrar; **I think we've ~ed the problem** creo que hemos resuelto el problema.

4 *vi* (**a**) (*break: pottery, glass*) rajarse; (*skin, ground*) agrietarse; (*: wall, dry wood*) agrietarse, resquebrajarse; (*voice: with emotion*) quebrarse; **to ~ under the strain** (*person*) quebrantarse bajo el esfuerzo.

(**b**) (*make noise: whip*) chasquear; (*dry wood*) crujir; **to get ~ing** (*fam: hurry up*) darse prisa, apurarse *(LAm)*.

► **crack down** *vi + adv*: **to ~ down (on sth)** reprimir (algo) fuertemente.

► **crack up** (*fam*) **1** *vi + adv* quebrantarse, sufrir una crisis nerviosa. **2** *vt + adv*: **he's not all he's ~ed up to be** no es para tanto.

crackdown ['krækdaʊn] *n* campaña *f* (*on* contra).

cracked [krækt] *adj* (*fam: mad*) chiflado/a *(fam)*, tarado/a *(CSur fam)*.

cracker ['krækəʳ] *n* (**a**) (*firework*) buscapiés *m inv*; (*also* **Christmas ~**) sorpresa *f* (navideña). (**b**) (*biscuit*) galleta *f* salada, cráker *m*. (**c**) (*fam*) **a ~ of a game** un partido fenomenal *(fam)*.

crackers ['krækəz] *adj* (*Brit fam*) lelo/a, chiflado/a.

crackle ['krækl] **1** *n* (*usu no pl: noise: of twigs burning*) crepitación *f*, chisporroteo *m*; (*: of frying*) chisporroteo; (*: on telephone*) interferencia *f*. **2** *vi* (*see n*) crepitar, chisporrotear.

crackling ['kræklɪŋ] *n* (**a**) (*no pl: Culin*) chicharrones *mpl*. (**b**) (*sound*) chisporroteo *m*; (*on radio, telephone*) interferencia *f*.

crackpot ['krækpɒt] **1** *adj* tonto/a. **2** *n* chiflado/a *m/f*.

cradle ['kreɪdl] **1** *n* (**a**) (*cot, birthplace etc*) cuna *f*; **from the ~ to the grave** de la cuna a la tumba. (**b**) (*of telephone*) soporte *m*, horquilla *f*. (**c**) (*Constr*) andamio *m* volante. **2** *vt* (*child*) mecer, acunar; (*object*) abrazar. **3** *cpd*: **she's a ~ snatcher** (*fam*) siempre va detrás de jovencitos.

craft [krɑːft] *n* (**a**) (*trade*) oficio *m*; (*no pl: skill*) destreza *f*, habilidad *f*; (*handicraft*) artesanía *f*; **arts and ~s** artesanías *fpl*. (**b**) (*cunning: pej*) astucia *f*, maña *f*. (**c**) (*boat: pl inv*) barco *m*, embarcación *f*.

craftsman ['krɑːftsmən] *n* (*pl* **-men**) artesano *m*.

craftsmanship ['krɑːftsmənʃɪp] *n* (*no pl: skill*) destreza *f*, habilidad *f*; (*skilled work*) artesanía *f*.

crafty ['krɑːftɪ] *adj* (*comp* **-ier**; *superl* **-iest**) (*person*) astuto/a, vivo/a; (*action*) hábil.

crag [kræg] *n* peñasco *m*, risco *m*.

craggy ['krægɪ] *adj* (*comp* **-ier**; *superl* **-iest**) (*rock*) rocoso/a, escarpado/a; (*features*) hosco/a, arrugado/a.

cram [kræm] **1** *vt* (*stuff*) meter a la carrera (*into* en); (*fill*) llenar a reventar (*with* de); **to ~ in** meter, hacer un hueco para; **his head is ~med with strange ideas** tiene ideas raras metidas en la cabeza; **the room was ~med with furniture** la habitación estaba atestada de muebles; **she ~med her hat down over her eyes** se enfundó el sombrero hasta los ojos; **to ~ o.s. with food** atiborrarse de comida, darse un atracón.

2 *vi* (**a**) (*people*) apelotonarse (*into* en); **7 of us ~med into the Mini** los 7 logramos encajarnos en el Mini.

(**b**) (*pupil: for exam*) empollar.

cram-full ['kræm'fʊl] *adj* atestado/a (*of* de).

cramp [kræmp] **1** *n* (*Med*) calambre *m*; **writer's ~** calambre de los escritores. **2** *vt* (*restrict: development*) poner obstáculos a, poner trabas a; **to ~ sb's style** (*fig fam*) cortar las alas a algn.

cramped [kræmpt] *adj* (*writing*) menudo/a, apretado/a; (*position*) encogido/a, incómodo/a; **to live in ~ conditions** vivir en la estrechez; **they were all ~ together** estaban apiñados; **we are very ~ for space** apenas hay lugar para moverse.

cranberry ['krænbərɪ] *n* arándano *m*.

crane [kreɪn] **1** *n* (**a**) (*Zool*) grulla *f*. (**b**) (*Tech*) grúa *f*. **2** *vt*: **to ~ one's neck** estirar el cuello. **3** *vi* (*also* **~ forward**) inclinarse estirando el cuello; **to ~ to see sth** estirar el cuello para ver algo. **4** *cpd*: **~ driver** *n* conductor(a) *m/f* de grúa.

cranefly ['kreɪnflaɪ] *n* típula *f*.

crank [kræŋk] **1** *n* (**a**) (*Tech*) manivela *f*, manubrio *m*. (**b**) (*person: eccentric*) excéntrico/a *m/f*; (*US: cross*) ogro *m*. **2** *vt* (*engine: also* **~ up**) hacer arrancar con la manivela.

crankcase ['kræŋkkeɪs] *n* cárter *m*.

crankshaft ['kræŋkʃɑːft] *n* cigüeñal *m*.

cranky ['kræŋkɪ] *adj* (*comp* **-ier**; *superl* **-iest**) (*strange: ideas, people*) excéntrico/a; (*US: bad-tempered*) de mal carácter, enojón/ona *(LAm)*.

crap [kræp] *n* (*fam!*) (**a**) (*faeces*) mierda *f (fam!)*. (**b**) (*nonsense*) tontería *f*, estupidez *f*, macanas *fpl (fam)*, boludeces *fpl (fam!)*. (**c**) (*unwanted items*) porquería *f*.

► **crap out** *vi + adv* (*US fam*) (**a**) (*back down*) rajarse *(fam)*. (**b**) (*fail*) fracasar.

crape [kreɪp] *n* = **crêpe**.

crappy ['kræpɪ] *adj* (*esp US fam!*) chungo/a *(fam)*.

craps [kræps] *nsg* (*game*) dados *mpl*.

crash [kræʃ] **1** *n* (**a**) (*noise*) estrépito *m*; (*thunder*) estruendo *m*.

(**b**) (*accident: Aut*) choque *m*; (*: Aer*) accidente *m* de aviación.

(**c**) (*Fin: of stock exchange*) crac *m*; (*: of business: failure*) quiebra *f*.

2 *vt* (*smash: car, aircraft etc*) estrellar, chocar; **he ~ed his head against the wall** se chocó con la cabeza contra la pared; **to ~ a party** (*fam*) colarse.

3 *vi* (**a**) (*fall noisily*) caer con estrépito; (*move noisily*) moverse de manera ruidosa; **to come ~ing down** caer con gran estrépito.

(**b**) (*have accident*) tener un accidente; (*Aer*) estrellarse, caer a tierra; (*collide: two vehicles*) chocar; **to ~ into/through** chocar contra, estrellarse contra.

(**c**) (*Fin: business*) quebrar; (*stock exchange*) sufrir una crisis; **when the stock market ~ed** cuando la bolsa se derrumbó.

4 *cpd* (*diet, course*) intensivo/a, acelerado/a; **~ barrier** *n* (*Aut*) barrera *f* de protección; **~ helmet** *n* casco *m* protector; **~ landing** *n* aterrizaje *m* forzado.

► **crash out** (*fam*) **1** *vt + adv*: **to be ~ed out** estar hecho/a polvo. **2** *vi + adv* caer redondo, dormirse.

crass [kræs] *adj* (*pej: extreme*) enorme, grande; (*mistake*) craso; (*coarse: person, behaviour*) grosero/a, maleducado/a; (*performance*) malo/a, desastroso/a.

crate [kreɪt] *n* cajón *m* de embalaje, jaula *f*.

crater ['kreɪtəʳ] *n* cráter *m*.

cravat [krə'væt] *n* pañuelo *m*.

crave [kreɪv] *vt* (**a**) (*also* **~ for**: *food, drink*) anhelar, ansiar; (*: affection, attention*) reclamar. (**b**) (*beg: pardon*) suplicar; (*: permission*) implorar, rogar.

craving ['kreɪvɪŋ] *n* (*for food etc*) antojo *m*; (*for affection, attention*) anhelo *m*, ansias *fpl*; **to get a ~ for sth** encapricharse por algo.

crawfish ['krɔːfɪʃ] *n* (*US*) = **crayfish**.

crawl [krɔ:l] **1** *n* (**a**) (*slow pace: of traffic*) caravana *f*, circulación *f* lenta; **the traffic went at a ~** la circulación avanzaba a paso de tortuga.
(**b**) (*Swimming*) crol *m*; **to do the ~** nadar al crol.
2 *vi* (**a**) (*drag o.s.*) arrastrarse; (*child*) andar a gatas, gatear; (*move slowly: traffic*) avanzar lentamente, formar caravana; (*: time*) alargarse interminablemente; **to ~ in/out** *etc* meterse/salirse *etc* a gatas; **to be ~ing with vermin** estar plagado *or* cuajado de bichos.
(**b**) (*fam: suck up*) **to ~ to sb** dar coba a algn, hacerle la pelota a algn.

crawler [ˈkrɔ:ləʳ] **1** *n* (*Mech*) tractor *m* de oruga. **2** *cpd*: **~ lane** *n* (*Brit Aut*) carril *m* (de autopista) para vehículos lentos.

crayfish [ˈkreɪfɪʃ] *n* (*pl* ~) (*freshwater* ~) cangrejo *m* *or* (*LAm*) jaiba *f* de río; (*sea* ~) cigala *f*.

crayon [ˈkreɪən] *n* (*Art*) pastel *m*, lápiz *m* de tiza; (*child's*) lápiz de color.

craze [kreɪz] *n* (*fashion*) moda *f*; (*fad*) manía *f*; **it's the latest ~** es la última moda, es el último grito.

crazed [kreɪzd] *adj* (*look, person*) loco/a, demente; (*pottery, glaze*) agrietado/a, cuarteado/a.

crazy [ˈkreɪzɪ] *adj* (*comp* **-ier**; *superl* **-iest**) (**a**) (*mad*) loco/a; **to go ~** volverse loco; **to drive sb ~** volver loco a algn; **~ with grief/anxiety** loco de pena/inquietud; **it was a ~ idea** fue una locura *or* un disparate; **you were ~ to do it** fue una locura hacerlo. (**b**) (*fam: keen*) **to be ~ about sb/sth** estar loco por algn/algo; **I'm not ~ about it** no es que me vuelva loco, no me entusiasma. (**c**) (*angle, slope*) peligroso/a; **~ paving** pavimento *m* de baldosas irregulares.

CRC *n abbr* (*US*) *of* **Civil Rights Commission**.

creak [kri:k] **1** *n* (*of wood, shoe etc*) crujido *m*; (*of hinge etc*) chirrido *m*, rechinamiento *m*. **2** *vi* crujir; (*squeak*) chirriar, rechinar.

creaky [ˈkri:kɪ] *adj* rechinador(a); (*fig*) poco sólido/a.

cream [kri:m] **1** *n* (**a**) (*on milk*) nata *f*; **double ~** (*Brit*) nata; **single ~** crema de leche; **whipped ~** nata batida; **chocolate ~** (*sweet*) caramelo *m* de crema y chocolate; **~ of tomato soup** sopa *f* de crema de tomate; **the ~ of society** (*fig*) la flor y nata de la sociedad.
(**b**) (*lotion: for face, shoes etc*) crema *f*, pomada *f*; **shoe ~** betún *m*; **face ~** crema de belleza.
2 *adj* (*~-coloured*) color crema *inv*.
3 *vt* (*mix: also* **~ together**) batir; **~ed potatoes** puré *msg* de patatas *or* (*LAm*) papas.
4 *cpd* (*made with* ~) de nata; **~ cake** *n* pastel *m* de nata; **~ cheese** *n* queso *m* crema; **~ cracker** *n* galleta *f* de soda.
▸ **cream off** *vi + prep* (*best talents, part of profits*) separar lo mejor de.

creamy [ˈkri:mɪ] *adj* (*comp* **-ier**; *superl* **-iest**) (*taste, texture*) cremoso/a; (*colour*) color crema *inv*.

crease [kri:s] **1** *n* (*fold*) raya *f*; (*wrinkle*) arruga *f*. **2** *vt* arrugar; **he was ~d (up) with laughter** (*fig*) estaba doblado de la risa. **3** *vi* arrugarse.

crease-resistant [ˈkri:srɪˌzɪstənt] *adj* inarrugable.

create [kri:ˈeɪt] *vt* (*gen, Comput*) crear; (*character*) inventar; (*fashion*) desarrollar; (*fuss, noise*) armar; (*problem*) plantear; **to ~ an impression** impresionar, causar buena impresión; **he was ~d a peer by the Queen** fue nombrado par por la reina.

creation [kri:ˈeɪʃən] *n* creación *f*; **the C~** la Creación.

creative [kri:ˈeɪtɪv] *adj* creativo/a, creador(a); **~ writing** creación *f* literaria.

creativity [ˌkri:eɪˈtɪvɪtɪ] *n* (*no pl*) creatividad *f*.

creator [krɪˈeɪtəʳ] *n* creador(a) *m/f*; (*Rel*) **the C~** el Creador.

creature [ˈkri:tʃəʳ] **1** *n* (*gen*) criatura *f*; (*animal*) animal *m*; (*insect etc*) bicho *m*; (*dependent person*) títere *m*; **poor ~!** ¡pobrecito/a!; **~ of habit** esclavo/a *m/f* de la costumbre. **2** *cpd*: **~ comforts** *npl* comodidades *fpl* (materiales).

crèche [kreɪʃ] *n* guardería *f*.

cred [kred] *n* (*fam*) = **credibility**.

credence [ˈkri:dəns] *n*: **to give ~ to** creer en, dar crédito a.

credentials [krɪˈdenʃəlz] *npl* (*identifying papers*) credenciales *fpl*; (*letters of reference*) referencias *fpl*; **what are his ~ for the post?** ¿qué méritos alega para el puesto?

credibility [ˌkredəˈbɪlətɪ] **1** *n* (*no pl*) credibilidad *f*. **2** *cpd*: **~ gap** *n* falta *f* de credibilidad; **~ rating** *n* índice *m* de credibilidad.

credible [ˈkredɪbl] *adj* (*gen*) creíble, digno/a de creerse; (*person*) plausible; (*witness*) de integridad.

credit [ˈkredɪt] **1** *n* (**a**) (*Fin*) crédito *m*; **to give sb ~** dar crédito *or* creditar a algn; **you have £10 to your ~** Ud tiene 10 libras en el haber; **his account is in ~** su cuenta tiene saldo a favor; **on ~** a crédito; **to buy/obtain on ~** comprar/conseguir al fiado; **on the ~ side** (*fig*) en el haber; **is his ~ good?** ¿está solvente?; **'~ terms available'** 'ventas a plazos'; **'no ~ given'** 'no se fía'.
(**b**) (*honour*) honor *m*; **to his ~, I must point out that ...** hay que señalar, a su favor, que ...; **he's a ~ to his family** hace honor a su familia; **to give sb ~ for (doing) sth** reconocer a algn el mérito de (haber hecho) algo; **I gave you ~ for more sense** te creía más inteligente; **it does you ~** te honra, dice mucho a tu favor; **to take ~ for (doing) sth** darse méritos por (haber hecho) algo; **~ where ~'s due** a cada uno según sus méritos.
(**c**) (*Cine*) **~s** fichas *fpl* técnicas.
(**d**) (*Univ: esp US*) asignatura *f*.
2 *vt* (**a**) (*believe*) creer, dar crédito a; **you wouldn't ~ it!** ¡parece mentira! (**b**) (*attribute*) atribuir; **I ~ed him with more sense** le creía más inteligente; **he ~ed them with the victory** se les acreditó *or* reconoció el triunfo.
(**c**) (*Comm*) acreditar; **the money was ~ed to his account** el dinero se le abonó en la cuenta; **to ~ £5 to sb** acreditar 5 libras a algn.
3 *cpd*: **~ account** *n* cuenta *f* de crédito; **~ agency** *n* agencia *f* de créditos; **~ arrangements** *npl* facilidades *fpl* de pago; **~ balance** *n* saldo *m* acreedor; **~ card** *n* tarjeta *f* de crédito; **~ charges** *npl* interés *msg* de crédito; **~ control** *n* control *m* de créditos; **~ facilities** *npl* facilidades *fpl* de crédito; **~ limit** *n* límite *m* de crédito; **~ note** *n* nota *f* de crédito; **~ rating** *n* solvabilidad *f*; **~ squeeze** *n* restricciones *fpl* de crédito; **~ transfer** *n* transferencia *f* de crédito.

creditable [ˈkredɪtəbl] *adj* loable, encomiable.

creditor [ˈkredɪtəʳ] *n* acreedor(a) *m/f*.

creditworthy [ˈkredɪtˌwɜ:ðɪ] *n* solvente.

credulity [krɪˈdju:lɪtɪ] *n* credulidad *f*.

credulous [ˈkredjʊləs] *adj* crédulo/a.

creed [kri:d] *n* (*prayer*) credo *m*; (*religion*) credo, religión *f*.

creek [kri:k] *n* (*inlet*) cala *f*, ensenada *f*; (*US: stream*) riachuelo *m*; **up the ~** (*fig: in difficulties*) en un lío *or* (*LAm*) aprieto.

creep [kri:p] (*pt, pp* **crept**) **1** *vi* (*animal*) deslizarse, arrastrarse; (*plant*) trepar; (*person: stealthily*) ir cautelosamente; (*: slowly*) ir muy despacio; **to ~ in/out/up/down** *etc* entrar/salir/subir/bajar *etc* sigilosamente; **it made my flesh ~** me puso la carne de gallina; **an error crept in** se deslizó un error. **2** *n* (*fam*) (**a**) (*feeling*) **it gives me the ~s** me da escalofríos. (**b**) (*person*) **he's a ~** ¡qué lameculos es! (*fam*); **what a ~!** ¡qué tipo más raro!, ¡qué bicho!

creeper [ˈkri:pəʳ] *n* (*Bot*) enredadera *f*; **~s** (*US: rompers: for baby*) pelele *m*.

creeping [ˈkri:pɪŋ] *adj* progresivo/a.

creepy [ˈkri:pɪ] *adj* (*comp* **-ier**; *superl* **-iest**) horripilante.

creepy-crawly [ˈkri:pɪˈkrɔ:lɪ] *n* (*fam*) bicho *m*.

cremate [krɪˈmeɪt] *vt* incinerar.

cremation [krɪˈmeɪʃən] *n* cremación *f*, incineración *f*.

crematorium [ˌkreməˈtɔ:rɪəm] *n* (*pl* **~s** *or* **crematoria**

[ˌkremə'tɔːrɪə]) crematorio *m*.
crème caramel [ˌkremkærə'məl] *n* flan *m*.
crème de la crème [ˌkremdəlæ'krem] *n* flor *f* y nata.
Creole ['kriːəʊl] *adj* criollo/a *(LAm)*.
creosote ['krɪəsəʊt] **1** *n* creosota *f*. **2** *vt* echar creosota a.
crêpe [kreɪp] **1** *n* **(a)** *(fabric)* crespón *m*. **(b)** *(also* ~ **rubber***)* crepé *m*. **(c)** *(pancake)* crepa *f*. **2** *cpd*: ~ **bandage** *n* venda *f* de crespón; ~ **paper** *n* papel *m* crepé; ~ **sole** *n* *(on shoes)* suela *f* de crespón.
crept [krept] *pt, pp of* **creep**.
crescendo [krɪ'ʃendəʊ] *n* *(Mus, fig)* crescendo *m*.
crescent ['kresnt] **1** *adj* creciente. **2** *n* *(shape)* medialuna *f*; *(street)* calle *f* en forma de semicírculo.
cress [kres] *n* berro *m*.
crest [krest] **1** *n* *(gen)* cresta *f*; *(of hill)* cima *f*, cumbre *f*; *(on helmet)* penacho *m*; *(Heraldry)* blasón *m*; **to be on the ~ of the wave** *(fig)* estar en la cumbre. **2** *vi* *(US)* llegar al máximo.
crestfallen ['krestˌfɔːlən] *adj* *(sad)* cariacontecido/a; *(depressed)* deprimido/a; **to look ~** tener cara de deprimido.
Crete [kriːt] *n* Creta *f*.
cretin ['kretɪn] *n* *(fam pej)* cretino/a *m/f*.
crevasse [krɪ'væs] *n* grieta *f*.
crevice ['krevɪs] *n* grieta *f*, hendedura *f*.
crew[1] [kruː] **1** *n* *(Aer, Naut)* tripulación *f*; *(Mil)* dotación *f*; *(excluding officers)* marineros *mpl* rasos; *(Cine, Rowing, gen: team)* equipo *m*; *(gang)* pandilla *f*, banda *f*. **2** *vi*: **to ~ for sb** hacer de tripulación para algn. **3** *cpd*: ~ **cut** *n* corte *m* al rape.
crew[2] [kruː] *pt of* **crow**.
crib [krɪb] **1** *n* **(a)** *(small cot)* cuna *f*; *(Rel)* Belén *m*; *(manger)* cuadra *f*. **(b)** *(Scol fam: translation)* traducción *f*; *(: illicit copy)* plagio *m*; *(: in exam)* chuleta *f*. **2** *vt* *(Scol)* plagiar. **3** *cpd*: ~ **death** *n* *(US)* muerte *f* en la cuna.
crick [krɪk] **1** *n* *(in neck)* tortícolis *m or f inv*; *(in back)* lumbago *m*. **2** *vt* *(see n)* dar tortícolis a; dar lumbago a.
cricket[1] ['krɪkɪt] *n* *(Zool)* grillo *m*.
cricket[2] ['krɪkɪt] **1** *n* *(sport)* críquet *m*, crícket *m*; **that's not ~** *(fig)* es una jugada sucia. **2** *cpd*: ~ **ball** *n* pelota *f* de críquet; ~ **bat** *n* bate *m* de críquet; ~ **match** *n* partido *m* de críquet.
crikey ['kraɪkɪ] *interj* *(Brit fam)* ¡caramba!
crime [kraɪm] **1** *n* crimen *m*, delito *m (LAm)*; **to commit a ~** cometer un crimen *or* delito; **it's not a ~!** *(fig)* ¡no es para tanto!; **it's a ~ ...** *(fig)* es una vergüenza .... **2** *cpd*: ~ **prevention** *n* prevención *f* del crimen; **C~ Squad** *n* ≈ Brigada *f* de Investigación Criminal; ~ **wave** *n* ola *f* de crímenes *or* delitos.
criminal ['krɪmɪnl] **1** *n* criminal *mf*. **2** *adj* *(act, intent)* criminal; *(code, law)* penal; *(fig)* vergonzoso/a; **it would be ~ to let her go out** sería un crimen dejarla salir; **C~ Investigation Department** ≈ Brigada *f* de Investigación Criminal *(Sp)*; ~ **lawyer** penalista *mf*, criminalista *mf*; **to take ~ proceedings against sb** entablar un proceso penal contra algn; ~ **record** antecedentes *mpl* penales.
criminology [ˌkrɪmɪ'nɒlədʒɪ] *n* criminología *f*.
crimp [krɪmp] *vt* *(hair)* rizar.
crimson ['krɪmzn] *adj, n* carmesí *m*.
cringe [krɪndʒ] *vi* *(shrink back)* encogerse *(before* ante); *(fawn)* acobardarse, agacharse *(before* ante); **it makes me ~** me da horror.
cringing ['krɪndʒɪŋ] *adj* servil, rastrero/a.
crinkle ['krɪŋkl] *vt* arrugar.
crinkly ['krɪŋklɪ] *adj* *(comp* **-ier**; *superl* **-iest***)* *(hair: very curly)* rizado/a, crespo/a; *(paper etc: having wrinkles, creases)* arrugado/a; *(leaves etc: texture)* crespado/a.
cripple ['krɪpl] **1** *n* *(lame)* cojo/a *m/f*, lisiado/a *m/f*; *(disabled)* minusválido/a *m/f*; *(maimed)* mutilado/a *m/f*. **2** *vt* **(a)** lisiar, mutilar; **he is ~d with arthritis** está paralizado por la artritis. **(b)** *(ship, plane)* inutilizar; *(production, exports)* paralizar; **crippling taxes** impuestos *mpl* pesados.
crisis ['kraɪsɪs] **1** *n* *(pl* **crises** ['kraɪsiːz]) crisis *f*; *(Med)* punto *m* crítico; **to come to a ~** entrar en crisis; **we've got a ~ on our hands** estamos enfrentando una crisis. **2** *cpd*: ~ **management** *n* manejo *m* de crisis.
crisp [krɪsp] **1** *adj* *(comp* **~er**; *superl* **~est***)* *(vegetables)* fresco/a; *(snow)* crujiente; *(paper)* limpio/a; *(linen)* almidonado/a; *(air)* vivificante; *(tone, reply)* seco/a, tajante; *(style)* directo/a. **2** *n* *(Brit: potato ~)* **~s** patatas *fpl* fritas, papas *fpl* (fritas) *(LAm)*.
criss-cross ['krɪskrɒs] **1** *adj* entrecruzado/a. **2** *vi* entrecruzarse.
criterion [kraɪ'tɪərɪən] *n* *(pl* **criteria** [kraɪ'tɪərɪə]) criterio *m*.
critic ['krɪtɪk] *n* *(reviewer)* crítico/a *m/f*; *(faultfinder)* criticón/ona *m/f*.
critical ['krɪtɪkəl] *adj* **(a)** *(important)* crítico/a; *(dangerous)* peligroso/a; *(Med)* grave; ~ **juncture,** ~ **moment** coyuntura *f* crítica; ~ **path analysis** análisis *m* del camino crítico. **(b)** *(Lit etc)* crítico/a; *(fault-finding)* criticón/ona; **to be ~ of sb/sth** criticar a algn/algo; **to be a ~ success** *(book, play etc)* ser un éxito con los críticos.
critically ['krɪtɪkəlɪ] *adv* *(seriously)* gravemente; *(with criticism)* críticamente.
criticism ['krɪtɪsɪzəm] *n* crítica *f*.
criticize ['krɪtɪsaɪz] *vt* *(review, find fault)* criticar.
critique [krɪ'tiːk] *n* crítica *f*.
croak [krəʊk] **1** *n* *(of raven)* graznido *m*; *(of frog)* croar *m*, canto *m*; *(of person)* gruñido *m*. **2** *vi* *(raven)* graznar; *(frog)* croar, cantar; *(person)* gruñir; *(fam: die)* estirar la pata.
Croat ['krəʊæt] *n* croata *mf*.
Croatia [krəʊ'eɪʃə] *n* Croacia *f*.
Croatian [krəʊ'eɪʃən] *adj, n* croata *mf*.
crochet ['krəʊʃeɪ] **1** *n* ganchillo *m*, croché *m*. **2** *vt* hacer en croché, hacer de ganchillo. **3** *vi* hacer ganchillo, hacer croché. **4** *cpd*: ~ **hook** *n* ganchillo *m*.
crock [krɒk] *n* *(earthenware pot)* cántaro *m*, tarro *m* *(LAm)*; *(fam: person: also* **old** ~) carcamal *m*, vejete/a *m/f*; *(car etc)* cacharro *m*.
crockery ['krɒkərɪ] *n* loza *f*, vajilla *f*.
crocodile ['krɒkədaɪl] **1** *n* cocodrilo *m*; **to walk in a ~** andar en doble fila. **2** *cpd*: ~ **tears** *npl* *(fig)* lágrimas *fpl* de cocodrilo.
crocus ['krəʊkəs] *n* azafrán *m*.
croft [krɒft] *n* *(Scot: small farm)* minifundio *m*, parcela *f*, chacra *f (CSur)*, ranchito *m (Mex)*.
crofter ['krɒftəʳ] *n* minifundista *mf*, chacarero/a *m/f (CSur)*, ranchero/a *m/f (Mex)*.
croissant [krwʌsɑ̃ːŋ] *n* croissant *m*, cruasán *m*, medialuna *f (esp LAm)*.
crone [krəʊn] *n* arpía *f*, bruja *f*.
crony ['krəʊnɪ] *n* *(fam pej: friend)* compinche *mf*.
crook [krʊk] **1** *n* **(a)** *(shepherd's)* cayado *m*; *(bishop's)* báculo *m*; *(hook)* gancho *m*. **(b)** **the ~ of one's arm** el pliegue del codo; *see* **hook 1**. **(c)** *(fam: thief)* ladrón/ona *m/f*. **(d)** *(curve)* codo *m*, recodo *m*. **2** *vt* *(fig: finger)* doblar; **to ~ one's arm** empinar el codo.
crooked ['krʊkɪd] *adj* **(a)** *(not straight)* torcido/a, chueco/a *(LAm)*; *(bent over)* encorvado/a, doblado/a; *(path)* sinuoso/a, tortuoso/a; *(smile)* forzado/a. **(b)** *(fam: dishonest: deal, means)* poco limpio/a, sucio/a; *(: person)* criminal.
croon [kruːn] *vt, vi* canturrear.
crooner ['kruːnəʳ] *n* cantante *mf* de boleros.
crop [krɒp] **1** *n* **(a)** *(species grown)* cultivo *m*; *(produce: of fruit, vegetables)* cosecha *f*; *(of cereals)* cereal *m*; *(fig)* montón *m*. **(b)** *(Orn)* buche *m*. **(c)** *(of whip)* mango *m*; *(riding ~)* látigo *m* de montar. **2** *vt* *(cut: hair)* cortar al rape; *(subj: animals: grass)* pacer. **3** *cpd*: ~ **rotation** *n* rotación *f* de cultivos; ~ **sprayer** *n* *(machine, plane)* máquina *f* fumigadora de cultivos; ~ **spraying** *n* fumigación *f* de los cultivos.

► **crop up** *vi + adv (fig: arise)* surgir, presentarse; **something must have ~ped up** habrá sucedido algo, algo debe de haberse presentado.

cropper [ˈkrɒpəʳ] *(fam) n*: **to come a ~** coger una liebre *(fam)*; *(fig)* tirarse una plancha *(fam)*.

croquet [ˈkrəʊkeɪ] *n (game)* croquet *m*.

croquette [krəʊˈket] *n (Culin)* croqueta *f*.

cross [krɒs] **1** *n* (**a**) *(sign, decoration)* cruz *f*; **to sign with a ~** marcar con una cruz; **to make the sign of the ~** hacer la señal de la cruz, santiguarse; **the C~** *(Rel)* la Cruz; **we each have our ~ to bear** *(fig)* cada quien carga su cruz.

(**b**) *(Bio, Zool)* cruzamiento *m*, mezcla *f*; **it's a ~ between a horse and a donkey** es un cruzamiento de caballo y burro.

(**c**) *(bias)* bies *m*; **cut on the ~** cortado al bies *or* al sesgo.

2 *adj (angry)* enfadado/a, enojado/a *(LAm)*; *(vexed)* molesto/a; **to be/get ~ with sb (about sth)** enfadarse *or (LAm)* enojarse con algn (por algo); **it makes me ~ when ...** me enfada *or (LAm)* enoja que ...; **don't be/get ~ with me** no te enfades *or* enojes conmigo.

3 *vt* (**a**) *(gen)* cruzar, atravesar; *(obstacle)* salvar; **this road ~es the motorway** esta carretera atraviesa la autopista; **it ~ed my mind that ...** se me ocurrió que ...; **we'll ~ that bridge when we come to it** *(fig)* no anticipemos problemas.

(**b**) *(cheque)* cruzar; **to ~ o.s.** santiguarse; **~ my heart!** *(in promise)* ¡te lo juro!

(**c**) *(arms, legs)* cruzar; **keep your fingers ~ed for me** ¡deséame suerte!; **to ~ swords with sb** *(fig)* cruzar la espada con algn; **I got a ~ed line** *(Telec)* había (un) cruce de líneas; **they've got their lines ~ed** *(fig)* hay un malentendido entre ellos.

(**d**) *(thwart: person, plan)* contrariar, ir contra.

(**e**) *(animals, plants)* cruzar.

4 *vi* (**a**) *(roads etc)* atravesar, cruzar.

(**b**) *(boat: Channel etc)* atravesar, hacer la travesía.

(**c**) *(letters, people)* pasarse.

► **cross off** *vt + adv* tachar.

► **cross out** *vt + adv* borrar; **'~ out what does not apply'** 'táchese lo que no proceda'.

► **cross over 1** *vi + adv (cross the road)* cruzar, atravesar; *(fig: change sides)* chaquetear, volver la casaca. **2** *vi + prep (road, bridge)* cruzar, pasar.

crossbar [ˈkrɒsbɑːʳ] *n (of bicycle)* barra *f*; *(of goalpost)* travesaño *m*.

cross-border [ˈkrɒsˈbɔːdəʳ] *adj* transfronterizo; **~ security** seguridad *f* a través de la frontera.

crossbow [ˈkrɒsbəʊ] *n* ballesta *f*.

crossbreed [ˈkrɒsbriːd] *n* híbrido *m*.

cross-Channel [ˈkrɒsˌtʃænl] *adj*: **~ ferry** transbordador *m* que cruza el Canal de la Mancha.

cross-check [ˈkrɒstʃek] **1** *n* verificación *f*. **2** *vt* verificar.

cross-country [ˈkrɒsˈkʌntrɪ] *adj (race, skiing)* a campo traviesa; **~ race** cross *m*.

cross-cultural [ˈkrɒsˈkʌltʃərəl] *adj* transcultural.

cross-examination [ˈkrɒsɪgˌzæmɪˈneɪʃən] *n* interrogatorio *m*.

cross-examine [ˈkrɒsɪgˈzæmɪn] *vt (Jur, gen)* interrogar.

cross-eyed [ˈkrɒsaɪd] *adj* bizco/a.

crossfire [ˈkrɒsfaɪəʳ] *n* fuego *m* cruzado; **we were caught in the ~** nos encontramos en medio del tiroteo; *(fig)* nós veíamos atacados por ambos lados.

crossing [ˈkrɒsɪŋ] **1** *n* (**a**) *(esp by sea)* travesía *f*. (**b**) *(road junction)* cruce *m*; *(pedestrian ~)* paso *m* de peatones; *(level ~)* paso *m* a nivel; **cross at the ~** crucen en el paso de peatones. **2** *cpd*: **~ guard**, *(US)* **school ~ patrol** *n persona encargada de ayudar a los niños a cruzar la calle.*

cross-legged [ˈkrɒsˈlegd] *adv*: **to sit ~ on the floor** sentarse en el suelo con las piernas cruzadas.

crossly [ˈkrɒslɪ] *adv* con enfado *or (LAm)* enojo.

crosspatch [ˈkrɒspætʃ] *n (fam)* gruñón/ona *m/f*, enojón/ona *m/f (LAm)*.

cross-purposes [ˈkrɒsˈpɜːpəsɪz] *npl*: **to be at ~ with sb** malentenderse (con algn).

cross-question [ˈkrɒsˈkwestʃən] *vt* interrogar.

cross-reference [ˈkrɒsˈrefərəns] **1** *n* contrarreferencia *f*, remisión *f*. **2** *vt* poner referencia cruzada a.

crossroads [ˈkrɒsrəʊdz] *nsg* cruce *m*, encrucijada *f*; **to be at a ~** *(fig)* estar en una encrucijada.

cross-section [ˈkrɒsˈsekʃən] *n (Bio etc)* corte *m* transversal; *(of population)* muestra *f* (representativa).

crosswalk [ˈkrɒsˌwɔːk] *n (US)* paso *m* de peatones.

crosswind [ˈkrɒswɪnd] *n* viento *m* de costado.

crossword [ˈkrɒswɜːd] *n*: **~ (puzzle)** crucigrama *m*.

crotch [krɒtʃ] *n* (**a**) *(of tree)* horquilla *f*. (**b**) *(also* **crutch**: *Anat, of garment)* entrepierna *f*.

crotchet [ˈkrɒtʃɪt] *n (Brit Mus)* negra *f*.

crouch [kraʊtʃ] *vi (also* **~ down**: *person, animal)* agacharse.

croup[1] [kruːp] *n (Med)* crup *m*.

croup[2] [kruːp] *n (of horse)* grupa *f*.

croupier [ˈkruːpɪeɪ] *n* crupier *m*.

crouton [ˈkruːtɔ̃n] *n* cuscurro *m*.

crow [krəʊ] **1** *n* (**a**) *(bird)* cuervo *m*; **as the ~ flies** a vuelo de pájaro. (**b**) *(noise: of cock)* cacareo *m*; *(: of baby, person)* grito *m*; **a ~ of delight** un balbuceo de placer. **2** *vi* (**a**) *(pt* **~ed** *or* **crew**) cacarear, cantar. (**b**) *(pt* **~ed**) *(fig)* **to ~ over** *or* **about sth** jactarse de algo; **it's nothing to ~ about** no hay motivo para sentirse satisfecho.

crowbar [ˈkrəʊbɑːʳ] *n* palanca *f*.

crowd [kraʊd] **1** *n (of people: esp disorderly)* muchedumbre *f*, multitud *f*; *(Sport etc: spectators)* público *m*, espectadores *mpl*; **~s of people** una gran cantidad de gente; **in a ~** en tropel; **the ~** *(common herd)* el vulgo, la turba; **there was quite a ~** había bastante gente; **I don't like that ~ at all** esa pandilla no me gusta nada; **to follow the ~** *(fig)* dejarse llevar por los demás.

2 *vt (place)* llenar, atestar; *(things into a place)* meter apretadamente; **to ~ the streets** llenar las calles; **to ~ a place with** llenar un sitio de.

3 *vi (meet)* reunirse; *(pile up)* apiñarse; **to ~ in** entrar en tropel; **to ~ round sb/sth** apiñarse en torno de algn/ algo.

4 *cpd*: **~ control** *n* control *m* de muchedumbres; **~ scene** *n (Cine, Theat)* escena *f* con muchos comparsas.

► **crowd out** *vt + adv (not let in)* excluir; **the bar was ~ed out** el bar estaba de bote en bote.

crowded [ˈkraʊdɪd] *adj* lleno/a, atestado/a; *(meeting, event etc)* muy concurrido; **it's very ~ here** aquí hay muchísima gente; **a ~ day** un día lleno de actividad; **~ together** apretados unos contra otros; **a ~ profession** una profesión en la que sobra gente.

crowd-puller [ˈkraʊdˌpʊləʳ] *n (show)* gran atracción *f*; *(speaker)* orador(a) *m/f* muy popular.

crowing [ˈkrəʊɪŋ] *n (of cock)* canto *m* (del gallo); *(of child)* gorjeo *m*; *(fig)* cacareo *m*.

crown [kraʊn] **1** *n* (**a**) *(of monarch, monarchy)* corona *f*.

(**b**) *(Sport: title)* campeonato *m*, título *m*.

(**c**) *(top: of hat)* copa *f*; *(: of head)* coronilla *f*; *(: of hill)* cumbre *f*, cima *f*; *(: of road: raised centre)* el centro de la calzada; *(: of tooth)* corona *f*.

2 *vt* (**a**) *(king etc)* coronar.

(**b**) *(usu pass: top)* coronar; **and to ~ it all** *(fig)* y para colmo *or* para remate; **to ~ sth with success** coronar algo con éxito.

(**c**) *(tooth)* coronar.

(**d**) *(fam: hit)* **I'll ~ you if you do that again!** ¡te mato si lo vuelves a hacer!

3 *cpd*: **~ court** *n (Brit Jur)* tribunal *m* superior; **~ jewels** *npl* joyas *fpl* reales; **~ prince/princess** *n* príncipe *m* heredero/princesa *f* heredera.

crowning [ˈkraʊnɪŋ] *adj (achievement)* máximo/a.

crow's-feet [ˈkrəʊzˌfiːt] *npl (wrinkles)* patas *fpl* de gallo.

crow's-nest ['krəʊznest] *n* (*Naut*) atalaya *f*.
CRT *n abbr of* **cathode ray tube** TRC *m*.
crucial ['kruːʃəl] *adj* decisivo/a, crucial.
crucible ['kruːsɪbl] *n* crisol *m*.
crucifix ['kruːsɪfɪks] *n* crucifijo *m*.
crucifixion [,kruːsɪ'fɪkʃən] *n* crucifixión *f*.
crucify ['kruːsɪfaɪ] *vt* (*lit*) crucificar; (*fig*) martirizar.
crude [kruːd] **1** *adj* (*comp* **~r**; *superl* **~st**) (**a**) (*unprocessed*) crudo/a. (**b**) (*basic, unrefined*) tosco/a, rudo/a; (*unsophisticated*) basto/a; **to make a ~ attempt at doing sth** hacer un intento crudo de hacer algo. (**c**) (*vulgar*) ordinario/a, grosero/a. **2** *n* (*also* **~ oil**) petróleo *m* crudo.
crudely ['kruːdlɪ] *adv* (*see adj (b), (c)*) toscamente; groseramente; **to put it ~** para ser franco.
crudeness ['kruːdnɪs], **crudity** ['kruːdɪtɪ] *n* (*see adj (b), (c)*) tosquedad *f*, rudeza *f*; carácter *m* poco sofisticado.
cruel ['krʊəl] *adj* (*comp* **~ler**; *superl* **~lest**) cruel; **it's a ~ fact** es un hecho brutal.
cruelty ['krʊəltɪ] *n* crueldad *f*; **society for the prevention of ~ to animals** sociedad protectora de los animales.
cruet ['kruːɪt] *n* (*oil and vinegar*) vinagrera *f*; (*stand*) angarillas *fpl*, alcuza *f*; (*salt cellar*) salero *m*.
cruise [kruːz] **1** *n* crucero *m*; **to go on a ~** hacer un crucero. **2** *vi* (*ship, fleet*) navegar; (*holidaymakers*) hacer un crucero; (*Aer, Aut*) mantener la velocidad (a); **cruising speed** velocidad *f* económica. **3** *cpd*: **~ control** *n* control *m* de crucero; **~ missile** *n* misil *m* de crucero.
► **cruise around** *vi + adv* (*US*) pasear en coche.
cruiser ['kruːzə^r] *n* (*Naut*) crucero *m*.
cruiserweight ['kruːzəweɪt] *adj* (*Boxing*) semipesado/a.
crumb [krʌm] *n* (*of bread, cake etc*) miga *f*; (*small piece: fig*) **a ~ of comfort** una migaja de consuelo; **~s of knowledge/information** fragmentos de conocimiento/información.
crumble ['krʌmbl] **1** *vt* (*bread*) desmigar, desmigajar; (*earth*) desmenuzar. **2** *vi* (*bread*) desmigarse, desmigajarse; (*building, plaster etc*) desmoronarse; (*fig: hopes, power*) deshacerse.
crummy ['krʌmɪ] *adj* (*fam: bad*) ínfimo/a, de mala muerte.
crumpet ['krʌmpɪt] *n* (**a**) ≈ bollo *m or* hojuela *f* para tostar. (**b**) (*fam: girl*) jai *f* (*fam*); (*: girls*) las jais (*fam*); (*: sex*) vida *f* sexual; **a bit of ~** (*Brit fam*) una jai (*fam*).
crumple ['krʌmpl] **1** *vt* (*also* **~ up**: *paper*) estrujar; (*: clothes*) arrugar. **2** *vi* arrugarse; (*fig: also* **~ up**) desplomarse, deshacerse.
crunch [krʌntʃ] **1** *n* crujido *m*; **if it comes to the ~** (*fig*) cuando llega el momento de la verdad. **2** *vt* (*with teeth*) ronzar; **to ~ sth up** pulverizar algo con los dientes. **3** *vi* (*ground*) crujir.
crunchy ['krʌntʃɪ] *adj* (*comp* **-ier**; *superl* **-iest**) crujiente.
crusade [kruː'seɪd] **1** *n* cruzada *f*, (*fig*) campaña *f*, cruzada. **2** *vi* (*fig*) **to ~ for/against sth** hacer una campaña en pro de/en contra de algo.
crusader [kruː'seɪdə^r] *n* cruzado *m*; (*fig*) paladín *m*, campeón/ona *m/f*.
crush [krʌʃ] **1** *n* (**a**) (*crowd*) aglomeración *f*, multitud *f*; **they died in the ~** murieron aplastados.
(**b**) (*fam: infatuation*) enamoramiento *m*; **to have a ~ on sb** estar enamorado de algn.
(**c**) (*Brit*) **orange ~** naranjada *f*.
2 *vt* (**a**) (*squash*) aplastar, apachurrar; (*crumple: clothes, paper*) estrujar; (*grind, break up: garlic, grapes*) exprimir, prensar; (*: ice*) picar; (*: scrap metal*) comprimir; **to ~ sth to a pulp** hacer papilla algo.
(**b**) (*fig: enemy, opposition*) aniquilar, eliminar; (*: argument*) aplastar, abrumar; (*: hopes*) defraudar.
3 *vi* (*clothes*) arrugarse.
4 *cpd*: **~ barrier** *n* barrera *f* antimotín.
crushing ['krʌʃɪŋ] *adj* (*defeat, blow, reply*) aplastante; (*grief, etc*) abrumador(a).
crust [krʌst] *n* (*of bread etc*) corteza *f*; (*dry bread*) mendrugo *m*; (*of pie*) pasta *f*; (*layer*) capa *f*; (*: Geol*) corteza.
crustacean [krʌs'teɪʃɪən] *n* crustáceo *m*.
crusty ['krʌstɪ] *adj* (*comp* **-ier**; *superl* **-iest**) (*loaf*) de corteza dura; (*fam: person*) hosco/a, de mal carácter.
crutch [krʌtʃ] *n* (**a**) (*Med*) muleta *f*; (*fig: support*) apoyo *m*. (**b**) = **crotch (b)**.
crux [krʌks] *n*: **the ~ of the matter** lo esencial del caso.
cry [kraɪ] **1** *n* (**a**) (*call, shout*) grito *m*; (*of animal: howl*) aullido *m*; (*of street vendor*) pregón *m*; **to give a ~ of surprise** dar un grito de sorpresa; **a ~ for help** un grito de socorro; **it's a far ~ from that** (*fig*) dista mucho de eso; **'jobs, not bombs' was their ~** su grito fue 'trabajo sí, bombas no'.
(**b**) (*weep*) llanto *m*; **she had a good ~** lloró largamente.
2 *vi* (**a**) (*call out, shout*) gritar, llamar (en voz alta); **he cried (out) with pain** dio un grito de dolor; **to ~ for help/mercy** pedir socorro/clemencia a voces.
(**b**) (*weep*) llorar; **I laughed till I cried** me reía a carcajadas; **I'll give him something to ~ about!** (*fam*) le voy a dar de qué llorar; **it's no good ~ing over spilt milk** a lo hecho, pecho.
3 *vt* (**a**) (*call*) gritar; (*: warning*) llamar.
(**b**) **to ~ o.s. to sleep** llorar hasta dormirse.
► **cry down** *vt + adv* despreciar, desacreditar.
► **cry off** *vi + adv* (*withdraw*) retirarse; (*fam: back out*) rajarse.
► **cry out 1** *vi + adv* (*call out, shout*) lanzar *or* echar un grito; **this car is ~ing out to be resprayed** (*fam*) es hora de que se vuelva a pintar el coche; **for ~ing out loud!** (*fam*) ¡por Dios!; **to ~ out against** protestar contra. **2** *vt + adv* (**a**) (*call*) gritar; (*: warning*) llamar. (**b**) **to ~ one's eyes** *or* **heart out** llorar a lágrima viva.
crybaby ['kraɪ,beɪbɪ] *n* llorón/ona *m/f*.
crying ['kraɪɪŋ] **1** *adj* (*child*) que llora; (*whining*) llorón/ona; (*fam: need*) urgente; **it's a ~ shame** (*fam*) es una auténtica vergüenza. **2** *n* (*weeping*) llanto *m*; (*sobbing*) lloriqueo *m*.
crypt [krɪpt] *n* cripta *f*.
cryptic ['krɪptɪk] *adj* (*message, clue*) oculto/a, secreto/a; (*comment*) enigmático/a; (*coded*) en clave.
crystal ['krɪstl] **1** *n* cristal *m*; **quartz/rock ~** cristal de roca. **2** *adj* (*clear: water, lake*) cristalino/a. **3** *cpd* (*glass, vase*) de cristal; **~ ball** *n* bola *f* de cristal.
crystal-clear ['krɪstl'klɪə^r] *adj* cristalino/a.
crystal-gazing ['krɪstl,geɪzɪŋ] *n* adivinación *f*.
crystallize ['krɪstəlaɪz] **1** *vt* (*Chem*) cristalizar; (*fruit*) escarchar; (*fig*) cristalizar, resolver; **~d fruits** frutas *fpl* escarchadas. **2** *vi* (*Chem*) cristalizarse; (*fig*) concretarse, cristalizarse.
CSA *n abbr* (*US*) *of* **Confederate States of America**.
CSC *n abbr* (*Brit*) *of* **Civil Service Commission** *comisión de reclutamiento de funcionarios*.
CSE *n abbr* (*Brit Scol: old*) *of* **Certificate of Secondary Education** ≈ BUP *m*.
CSEU *n abbr* (*Brit*) *of* **Confederation of Shipbuilding and Engineering Unions** *sindicato*.
CS gas [,siː,es'gæs] *n* (*Brit*) gas *m* lacrimógeno.
CST *n abbr* (*US*) *of* **Central Standard Time**.
CSU *n abbr* (*Brit*) *of* **Civil Service Union**.
CT *abbr* (**a**) (*Fin*) *of* **cable transfer**. (**b**) (*US Post*) *of* **Connecticut**.
Ct. *abbr* (*US*) *of* **Connecticut**.
ct *abbr of* **carat** qts, quil.
CTC *n abbr of* **City Technology College**.
CTT *n abbr of* **Capital Transfer Tax**.
cu. *abbr of* **cubic**.
cub [kʌb] *n* (**a**) (*animal*) cachorro *m*; **wolf/lion ~** cachorro de lobo/león. (**b**) (*also* **~ scout**) niño *m* explorador.
Cuba ['kjuːbə] *n* Cuba *f*.
Cuban ['kjuːbən] *adj, n* cubano/a *m/f*.
cubbyhole ['kʌbɪhəʊl] *n* (*small room*) chiribitil *m*; (*cupboard*) armario *m* pequeño; (*pigeon hole*) casilla *f*.
cube [kjuːb] **1** *n* (*solid*) cubo *m*; (*of sugar*) terrón *m*; (*of*

ice) cubito *m*; (*number*) **the ~ of 4** 4 cubicado. **2** *vt* (*Math*) cubicar. **3** *cpd*: **~ root** *n* raíz *f* cúbica.

cubic ['kju:bɪk] *adj* cúbico/a; **~ capacity** capacidad *f* cúbica; **~ metre/foot** metro *m*/pie *m* cúbico.

cubicle ['kju:bɪkəl] *n* (*in hospital, dormitory*) cubículo *m*; (*in swimming baths*) caseta *f*.

cubism ['kju:bɪzəm] *n* cubismo *m*.

cuckold ['kʌkəld] **1** *n* cornudo *m*. **2** *vt* poner los cuernos a.

cuckoo ['kʊku:] **1** *n* cuco *m*, cuclillo *m*. **2** *adj* (*fam*) loco/a, lelo/a. **3** *cpd*: **~ clock** *n* cucú *m*.

cucumber ['kju:kʌmbəʳ] *n* pepino *m*.

cud [kʌd] *n*: **to chew the ~** (*animals*) rumiar; (*fig: chat*) charlar.

cuddle ['kʌdl] **1** *n* abrazo *m*. **2** *vt* abrazar, apapachar *(Mex fam)*. **3** *vi*: **to ~ down** enrollarse; **to ~ up to sb** arrimarse a algn.

cuddly ['kʌdlɪ] *adj* (*comp* **-ier**; *superl* **-iest**) (*child*) regalón/ona; (*animal*) cariñoso/a; (*toy*) de peluche.

cudgel ['kʌdʒəl] *n* porra *f*; **to take up the ~s for sb/sth** (*fig*) salir a la defensa de algn/algo.

cue [kju:] *n* (**a**) (*Billiards*) taco *m*. (**b**) (*Theat: verbal, by signal*) entrada *f*; (*Mus: by signal*) señal *f*; **to give sb his ~** dar a algn su señal; **to take one's ~ from sb** (*fig*) seguir el ejemplo de algn.

▸ **cue in** *vt + adv* (*Rad, TV*) dar la entrada a; **to ~ sb in on sth** (*US fam*) poner a algn al tanto (*or* al corriente) de algo.

cuff[1] [kʌf] **1** *n* bofetada *f*. **2** *vt* abofetear.

cuff[2] [kʌf] **1** *n* (*of sleeve*) puño *m*; (*US: of trousers*) vuelta *f*; **~s** (*fam: handcuffs*) esposas *fpl*; **off the ~** (*fig*) improvisado/a. **2** *cpd*: **~ links** *npl* gemelos *mpl*, mancuernas *fpl (CAm, Mex)*.

cu.ft *abbr of* **cubic foot; cubic feet**.

cu.in *abbr of* **cubic inch(es)**.

cuisine [kwɪ'zi:n] *n* cocina *f*.

cul-de-sac ['kʌldə'sæk] *n* callejón *m* sin salida.

culinary ['kʌlɪnərɪ] *adj* culinario/a.

cull [kʌl] **1** *vt* (*select: fruit*) entresacar; (*kill selectively: animals*) matar selectivamente. **2** *n* matanza *f* selectiva; **seal ~** matanza selectiva de focas.

culminate ['kʌlmɪneɪt] *vi*: **to ~ in** culminar en.

culmination [ˌkʌlmɪ'neɪʃən] *n* colmo *m*, culminación *f*; **it is the ~ of a great deal of effort** es la culminación de grandes esfuerzos.

culottes [kjʊ:'lɒts] *npl* falda *fsg* pantalón.

culpable ['kʌlpəbl] *adj* culpable; **~ homicide** homicidio *m* sin premeditación.

culprit ['kʌlprɪt] *n* culpable *mf*; (*Jur*) acusado/a *m/f*.

cult [kʌlt] **1** *n* culto *m*; **to make a ~ of sth** rendir culto a algo. **2** *cpd*: **~ figure** *n* ídolo *m*.

cultivate ['kʌltɪveɪt] *vt* (**a**) (*crop, land, friendships*) cultivar. (**b**) (*fig: habits*) estimular.

cultivation [ˌkʌltɪ'veɪʃən] *n* cultivo *m*.

cultivator ['kʌltɪveitəʳ] *n* cultivador *m*.

cultural ['kʌltʃərəl] *adj* cultural; **~ attaché** agregado/a *m/f* cultural.

culture ['kʌltʃəʳ] **1** *n* (**a**) (*the arts*) cultura *f*; (*civilization*) civilización *f*, cultura. (**b**) (*Agr: breeding*) cría *f*; (*: of plants, etc*) cultivo *m*. **2** *vt* (*tissue etc*) cultivar. **3** *cpd*: **~ clash** *n* choque *m* de culturas; **~ gap** *n* vacío *m* cultural; **~ medium** *n* caldo *m* de cultivo; **~ shock** *n* choque *m* cultural; **~ vulture** *n* (*fam hum*) *persona excesivamente ávida de cultura*.

cultured ['kʌltʃəd] *adj* (*person, voice*) culto/a, ilustrado/a; (*pearl*) cultivado/a.

cum [kʌm] *prep* con; **it's a sort of kitchen-~-library** es algo así como cocina y biblioteca combinadas.

cumbersome ['kʌmbəsəm] *adj* de mucho bulto, voluminoso/a.

cumin ['kʌmɪn] *n* comino *m*.

cummerbund ['kʌməbʌnd] *n* faja *f*, fajín *m*.

cumulative ['kju:mjʊlətɪv] *adj* cumulativo/a.

cumulus ['kju:mələs] *n* (*pl* **cumuli** ['kju:mjʊlaɪ]) cúmulo *m*.

cunning ['kʌnɪŋ] **1** *adj* (*pej: crafty*) astuto/a, vivo/a *(LAm)*; (*clever*) ingenioso/a, listo/a; (*US fam: cute*) mono/a, precioso/a. **2** *n* (*craftiness*) astucia *f*, ingenio *m*.

cunt [kʌnt] *n* (*fam!*) coño *m (fam!)*, concha *f (And, CSur fam!)*.

cup [kʌp] **1** *n* (*for tea, etc*) taza *f*; (*amount: also* **~ful**) taza; (*Sport etc: prize*) copa *f*; (*Rel: chalice*) cáliz *m*; (*of brassiere*) copa; **a ~ of tea** una taza de té; **coffee ~** tacita, pocillo *(LAm)*; **it's not everyone's ~ of tea** (*fam*) no es del gusto de todos. **2** *vt* ahuecar; **to ~ one's hands (round sth)** rodear algo con las manos. **3** *cpd*: **~ final** *n* (*Ftbl*) final *m* de copa; **~ tie** *n* (*Ftbl*) partido *m* de copa.

cupboard ['kʌbəd] **1** *n* armario *m*; (*built-in*) alacena *f*, closet/clóset *m (LAm)*, placar(d) *m (CSur)*. **2** *cpd*: **~ love** *n* (*Brit*) amor *m* interesado.

Cupid ['kju:pɪd] *n* Cupido *m*.

cuppa ['kʌpə] *n* (*Brit fam*) taza *f* de té.

curable ['kjʊərəbl] *adj* curable.

curate ['kjʊərɪt] *n* cura *m*.

curative ['kjʊərətɪv] *adj* curativo/a.

curator [kjʊə'reɪtəʳ] *n* conservador(a) *m/f*.

curb [kɜ:b] **1** *n* (**a**) (*fig*) freno *m*. (**b**) (*US*) = **kerb**. **2** *vt* (*fig: temper, impatience etc*) dominar, refrenar.

curd [kɜ:d] **1** *n* (*usu pl*) cuajada *f*. **2** *cpd*: **~ cheese** *n* requesón *m*; *see* **lemon**.

curdle ['kɜ:dl] **1** *vt* cuajar; **to ~ one's blood** helarle la sangre a uno. **2** *vi* cuajarse.

cure [kjʊəʳ] **1** *n* (*remedy*) remedio *m*; (*course of treatment*) cura *f*; (*recovery*) curación *f*; **there is no known ~** no existe remedio; **beyond ~** (*person*) incurable; (*condition, injustice*) irremediable; **to take a ~ (for illness)** tomar un remedio. **2** *vt* (**a**) (*Med: disease, patient*) curar; (*fig: poverty, injustice, evil*) remediar; **to ~ sb of a habit** quitarle a algn un vicio. (**b**) (*preserve: in salt*) salar; (*: by smoking*) curar; (*: by drying*) secar; (*: animal hide*) curtir.

cure-all ['kjʊərɔ:l] *n* panacea *f*.

curfew ['kɜ:fju:] *n* toque *m* de queda.

curio ['kjʊərɪəʊ] *n* curiosidad *f*.

curiosity [ˌkjʊərɪ'ɒsɪtɪ] *n* (*gen*) curiosidad *f*; **~ killed the cat** por la boca muere el pez.

curious ['kjʊərɪəs] *adj* (**a**) (*inquisitive*) curioso/a; **I'd be ~ to know** tengo ganas de saber. (**b**) (*strange*) extraño/a, raro/a.

curiously ['kjʊərɪəslɪ] *adv* curiosamente; **~ enough, ...** aunque parezca extraño, ...

curl [kɜ:l] **1** *n* (*of hair*) rizo *m*, sortija *f*; (*of smoke etc*) espiral *m*, voluta *f*. **2** *vt* (*hair*) rizar; (*paper, tendrils*) arrollar; **she ~ed her lip in scorn** hizo una mueca de desprecio. **3** *vi* (*hair*) rizarse.

▸ **curl up** *vi + adv* (*leaves, paper, stale bread*) arrollarse; (*cat, dog*) apelotonarse; (*person*) hacerse un ovillo; **to ~ up with a book** acurrucarse con un libro; **to ~ up from shame/with laughter** (*fam*) morirse de vergüenza/de risa.

curler ['kɜ:ləʳ] *n* (*for hair*) bigudí *m*.

curlew ['kɜ:lu:] *n* zarapito *m*.

curling ['kɜ:lɪŋ] **1** *n* (*Sport*) curling *m*. **2** *cpd*: **~ tongs** *npl* (*for hair*) tenacillas *fpl*.

curly ['kɜ:lɪ] *adj* (*comp* **-ier**; *superl* **-iest**) (*hair*) rizado/a; (*eyelashes*) curvado/a.

currant ['kʌrənt] **1** *n* (*dried grape*) pasa *f*; (*bush*) grosellero *m*; (*fruit*) grosella *f*. **2** *cpd*: **~ bun** *n* bollo *m* con pasas, pan *m* de pasas *(LAm)*.

currency ['kʌrənsɪ] **1** *n* (**a**) (*monetary system, money*) moneda *f*; **foreign ~** moneda extranjera, divisas *fpl*. (**b**) (*fig*) **to gain ~** difundirse. **2** *cpd*: **~ market** *n* mercado *m* monetario; **~ restrictions** *npl* restricciones *fpl* monetarias; **~ unit** *n* unidad *f* monetaria.

current ['kʌrənt] **1** *adj* (*fashion, tendency*) actual; (*price,* *word*) corriente; (*year, month, week*) en curso; **in ~ use** de uso corriente; **~ affairs** actualidades *fpl*; **~ events** las últimas noticias; **the ~ issue of the magazine** el número corriente de la revista; **her ~ boyfriend** su novio actual; **~ account** (*Brit*) cuenta *f* corriente; **~ assets** activo *msg* corriente; **~ liabilities** pasivo *msg* corriente.

2 *n* corriente *f*; **direct/alternating ~** corriente directa/alterna; **to go against the ~** (*fig*) ir contra la corriente.

currently [ˈkʌrəntlɪ] *adv* actualmente, en la actualidad.

curriculum [kəˈrɪkjʊləm] **1** *n* (*pl* **curricula** [kəˈrɪkjʊlə]) plan *m* de estudios. **2** *cpd*: **~ vitae** *n* currículum *m*.

curried [ˈkʌrɪd] *adj* (preparado/a) con curry.

curry[1] [ˈkʌrɪ] **1** *n* curry *m*. **2** *vt* guisar con curry. **3** *cpd*: **~ powder** *n* curry *m* en polvo.

curry[2] [ˈkʌrɪ] *vt*: **to ~ favour with sb** congraciarse con algn, buscar favores de algn.

curse [kɜːs] **1** *n* (**a**) (*evil, harm*) maldición *f*; **to put a ~ on sb** maldecir a algn.

(**b**) (*bane*) maldición *f*, desastre *m*; **it's been the ~ of my life** me ha amargado la vida; **the ~ of it is that ...** lo peor (del caso) es que ....

(**c**) (*swearword*) palabrota *f*; **to utter a ~** blasfemar; **~s!** (*fam*) ¡maldito sea!, ¡maldición!

(**d**) (*fam: menstruation*) **the ~** la regla.

2 *vt* maldecir; (*swear at*) soltar palabrotas; **to be ~d with** estar castigado con; (*fig*) estar condenado a tener; **to ~ o.s.** maldecirse (*for being a fool* por tonto).

3 *vi* blasfemar.

cursor [ˈkɜːsəʳ] *n* (*Comput*) cursor *m*.

cursory [ˈkɜːsərɪ] *adj* superficial, rápido/a; **at a ~ glance** a primera vista.

curt [kɜːt] *adj* (*person, tone*) seco/a, corto/a; (*nod*) brusco/a.

curtail [kɜːˈteɪl] *vt* (*restrict*) restringir; (*cut short*) acortar.

curtailment [kɜːˈteɪlmənt] *n* (*see vt*) restricción *f*; acortamiento *m*.

curtain [ˈkɜːtn] **1** *n* (*gen*) cortina *f*; (*lace etc*) visillo *m*; (*Theat*) telón *m*; **when the final ~ came down** cuando el telón bajó por última vez; **to draw the ~s** (*together*) correr las cortinas; (*apart*) abrir las cortinas; **it'll be ~s for you!** (*fam*) será el acabóse para ti. **2** *cpd*: **~ call** *n* (*Theat*) llamada *f* a escena; **~ hook** *n* colgadero *m* de cortina; **~ ring** *n* anilla *f*; **~ rod** *n* barra *f* de cortina.

▶ **curtain off** *vt + adv* (*separate room*) separar con cortina; (*bed, area*) encerrar con cortina.

curtly [ˈkɜːtlɪ] *adv* bruscamente.

curts(e)y [ˈkɜːtsɪ] **1** *n* reverencia *f*; **to drop a ~** hacer una reverencia. **2** *vi* hacer una reverencia.

curvaceous [kɜːˈveɪʃəs] *adj* (*fam: woman*) de buen cuerpo.

curvature [ˈkɜːvətʃəʳ] *n* (*Math*) curvatura *f*; (*Med*) **~ of the spine** encorvamiento *m* de la columna vertebral.

curve [kɜːv] **1** *n* (*gen*) curva *f*. **2** *vt* encorvar. **3** *vi* (*road, line, etc*) torcerse, hacer curva; (*surface, arch*) encorvarse.

curved [kɜːvd] *adj* curvo/a, encorvado/a.

cushion [ˈkʊʃən] **1** *n* (*gen*) cojín *m*; (*of chair, for knees etc*) almohadilla *f*; (*of air, moss*) colchón *m*; (*edge of billiard table*) banda *f*. **2** *vt* (*blow, fall*) amortiguar; **to ~ sb against sth** proteger a algn de algo.

cushy [ˈkʊʃɪ] *adj* (*fam*) **a ~ job** un chollo *m*, un hueso *m* (*Mex*); **to have a ~ life** *or* **time** tener la vida arreglada.

cuspidor [ˈkʌspɪdɔːʳ] *n* (*US*) escupidera *f*, salivadera *f* (*CSur*).

cuss [kʌs] (*fam*) **1** *n* (*US*) tipo *m* (*fam*), tío *m* (*fam*). **2** *vt, vi*; *see* **curse 2, 3**.

custard [ˈkʌstəd] **1** *n* natillas *fpl*; **egg ~** flan *m*. **2** *cpd*: **~ cream** *n* (*biscuit*) galleta *f* de crema; **~ pie** *n* pastel *m* de natillas; **~ powder** *n* polvo *m* para natillas; **~ tart** *n* flan *m*.

custodian [kʌsˈtəʊdɪən] *n* (*gen*) custodio/a *m/f*, guardián/ana *m/f*; (*of museum etc*) conservador(a) *m/f*.

custody [ˈkʌstədɪ] *n* (*Jur: of children*) custodia *f*; (*police ~*) detención *f*; **to take sb into ~** detener a algn; **in safe ~** bajo segura custodia; **in the ~ of** al cargo de, al cuidado de.

custom [ˈkʌstəm] *n* (**a**) (*habit, usual behaviour*) costumbre *f*; **social ~s** costumbres sociales; **it is her ~ to go for a walk each evening** tiene la costumbre de dar un paseo cada tarde. (**b**) (*Comm*) clientela *f*; (*total sales*) volumen *m* de ventas; **to get sb's ~** ganar la clientela de algn; **the shop has lost a lot of ~** la tienda ha perdido muchos clientes. (**c**) **~s** *see* **customs**.

customary [ˈkʌstəmərɪ] *adj*: **it's ~** es la costumbre.

custom-built [ˈkʌstəmˌbɪlt] *adj* hecho/a a encargo.

customer [ˈkʌstəməʳ] **1** *n* cliente *mf*; **he's an awkward ~** (*fam*) es un tipo difícil; **ugly ~** (*fam*) antipático/a. **2** *cpd*: **~ profile** *n* perfil *m* de la clientela; **~ service** *n* servicio *m* de asistencia pos-venta; **~ services** *npl* servicios *mpl* para los clientes.

customize [ˈkʌstəmaɪz] *vt* (*car etc*) adaptar al encargo del cliente.

custom-made [ˈkʌstəmˈmeɪd] *adj* (*suit*) hecho/a a la medida; (*car*) hecho/a a encargo.

customs [ˈkʌstəmz] **1** *npl* aduana *fsg*; (*also* **~ duty**) derechos *mpl* de aduana; **to go through (the) ~** pasar la aduana. **2** *cpd*: **~ inspection** *n* inspección *f* de aduanas; **~ invoice** *n* factura *f* de aduana; **~ officer** *n* aduanero/a *m/f*; **~ post** *n* puesto *m* aduanero.

cut [kʌt] (*vb: pt, pp* **~**) **1** *adj* (*flowers*) cortado/a; (*glass*) tallado/a; **~ price** a precio reducido, rebajado/a, de rebaja.

2 *n* (**a**) (*in skin*) cortadura *f*, corte *m*; (*wound*) herida *f*; (*Med: incision*) corte, incisión *f*; (*slash*) tajo *m*; (*with knife*) cuchillada *f*; (*with whip*) latigazo *m*; (*Cards*) corte; **the ~ and thrust of politics** la esgrima política; **he's a ~ above the others** está por encima de los demás.

(**b**) (*reduction*) rebaja *f*; (*deletion*) corte *m*; (*Elec*) apagón *m*, corte; **public spending ~s** cortes presupuestarios; **wage ~s** rebajas de sueldo; **to take a ~ in salary** sufrir una reducción de sueldo.

(**c**) (*of clothes etc*) corte *m*; (*of hair*) corte, peinado *m*.

(**d**) (*piece of meat*) trozo *m or* corte *m* (de carne); (*slice*) tajada *f*; (*fam: share*) corte, parte *f*; **the manager gets a ~ of 5%** el gerente recibe su parte de 5 por ciento.

(**e**) **short ~** atajo *m*; **to take a short ~** atajar; (*fig*) echar por el atajo.

3 *vt* (**a**) (*meat, bread, cards*) cortar; **to ~ one's finger** cortarse el dedo; **he is ~ting his own throat** (*fig*) labra su propia ruina; **to ~ sth in half/in two** *etc* partir *or* dividir algo en dos *etc*; **to ~ to pieces** (*army*) aniquilar; **to ~ sth to size** cortar algo a la medida; **to ~ open** abrir con un corte; **I ~ my hand open on a tin** me corté la mano en una lata; **to ~ sb free** liberar a algn; **it ~ me to the quick** (*fig*) me tocó en lo vivo.

(**b**) (*shape*) cortar; (*steps, key, glass, jewel*) tallar; (*channel*) abrir, excavar; (*figure, statue*) esculpir; (*engraving, record*) grabar; **to ~ one's way through** abrirse camino por; **to ~ one's coat according to one's cloth** (*fig*) gobernar su boca según su bolsa.

(**c**) (*clip, trim*) cortar; (*: corn, hay*) segar; **to get one's hair ~** cortarse el pelo.

(**d**) (*wages, prices, production etc*) reducir, rebajar; (*speech, text, play*) acortar, abreviar; (*remove: passage*) suprimir; (*film*) cortar, hacer cortes en; (*interrupt*) interrumpir, cortar; **to ~ sb/sth short** interrumpir a algn/algo; **to ~ 30 seconds off a record** (*Sport*) batir un récord por 30 segundos.

(**e**) (*intersect*) cruzar, atravesar.

(**f**) (*fam: avoid*) fumarse (*fam*); **to ~ classes** hacer novillos (*fam*), ausentarse de clase; **to ~ sb dead** negar el saludo *or* (*LAm*) cortarle a algn; *see* **tooth; loss; fine 1, 2; ice** *etc*.

4 *vi* (**a**) (*person, knife*) cortar; **she ~ into the melon** cortó el melón; **will that cake ~ into 6?** ¿se puede dividir el pastel en 6?; **it ~s both ways** (*fig*) tiene doble filo; **to ~ and run** (*fam*) escaparse, salir corriendo; **to ~ loose (from sth)** (*fig*) deshacerse (de algo).

(**b**) (*hurry*) **to ~ across country** cortar por el campo; **to ~ through the lane** cortar por la callejuela; **I must ~ along now** tengo que marcharme ya.

(**c**) (*Cine, TV: change scene*) cortar y pasar; **~!** ¡corte!

(**d**) (*Cards*) cortar.

▸ **cut away** *vt + adv* (*unwanted part*) cortar, recortar.

▸ **cut back 1** *vt + adv* (**a**) (*plants*) podar. (**b**) (*production, expenditure*) reducir; **to ~ back by 50%** reducir en un 50 por ciento. **2** *vi + adv* (*Cine: flash back*) retroceder.

▸ **cut down 1** *vt + adv* (**a**) (*tree*) cortar, derribar; (*enemy*) derribar; (*clothes*) acortar. (**b**) (*reduce: consumption*) comer, beber *etc* menos; (*: expenses*) reducir, rebajar; (*: text*) abreviar; **to ~ sb down to size** (*fig*) bajarle los humos a algn. **2** *vi + adv* (*food, cigarettes*) reducir el consumo (*on* de); (*expenditure*) economizar (*on* en).

▸ **cut in 1** *vi + adv*: **to ~ in (on)** (*interrupt: conversation*) interrumpir, intervenir (en); (*Aut*) cerrar el paso (a). **2** *vt + adv* (*fam*); **to ~ sb in (on sth)** incluir a algn (en algo).

▸ **cut into** *vi + prep*: **to ~ into one's holidays** interrumpir sus vacaciones.

▸ **cut off** *vt + adv* (**a**) (*with scissors, knife*) cortar; (*amputate*) quitar, amputar; **they ~ off his head** le cortaron la cabeza; **to ~ off one's nose to spite one's face** (*fam*) tirar piedras contra su propio tejado.

(**b**) (*disconnect: telephone, gas, car engine*) cortar; **we've been ~ off** (*Telec*) nos han cortado la comunicación.

(**c**) (*interrupt*) cortar el hilo, cortar la hebra.

(**d**) (*isolate*) aislar, dejar incomunicado/a; **~ off by floods** aislado por inundaciones; **to ~ o.s. off from sth/sb** aislarse de algo/algn; **to ~ off the enemy's retreat** cortarle la retirada al enemigo; **to ~ sb off without a penny** desheredar completamente a algn.

▸ **cut out 1** *vi + adv* (*car engine*) pararse el motor.

2 *vt + adv* (**a**) (*article, picture*) recortar; (*statue, figure*) esculpir; (*dress etc*) cortar; **to be ~ out for sth/to do sth** estar hecho para ser algo/hacer algo; **you'll have your work ~ out for you** te va a costar trabajo.

(**b**) (*delete*) suprimir.

(**c**) (*exclude*) excluir; (*stop, give up*) dejar de; **he ~ his nephew out of his will** borró de su testamento la mención del sobrino; **to ~ out cigarettes** dejar de fumar; **~ out the talking!** (*fam*) ¡callaos!; **~ it out!** (*fam*) ¡basta ya!

▸ **cut through** *vi + adv* abrirse camino (a la fuerza).

▸ **cut up 1** *vt + adv* (**a**) (*food, paper, wood*) cortar en pedazos; (*meat: carve*) trinchar, cortar. (**b**) (*fam*) **to be ~ up about sth** (*hurt*) sentir algo a fondo; (*annoyed*) estar furioso/a por algo. **2** *vi + adv*: **to ~ up rough** (*fam*) ponerse agresivo/a *or* (*LAm*) pesado/a.

cut-and-dried [ˌkʌtən'draɪd], **cut-and-dry** [ˌkʌtən'draɪ] *adj* arreglado/a de antemano.

cutback ['kʌtbæk] *n* (**a**) (*in expenditure, staff, production*) corte *m*, reducción *f*. (**b**) (*Cine: flashback*) flashback *m*.

cute [kjuːt] *adj* (*sweet*) lindo/a, precioso/a; (*esp US: clever*) listo/a.

cuticle ['kjuːtɪkl] *n* cutícula *f*.

cutie ['kjuːtɪ] *n* (*US fam*) chica *f*.

cutlery ['kʌtlərɪ] *n* cubiertos *mpl*.

cutlet ['kʌtlɪt] *n* chuleta *f*; **a veal ~** una chuleta de ternera.

cutoff ['kʌtɒf] *n* (*fixed limit: also* **~ point**) límite *m*.

cutoffs ['kʌtɔfs] *npl* (*fam*) tejanos *mpl* cortados.

cut-out ['kʌtaʊt] *n* (*paper, cardboard figure*) recorte *m*, figura *f* recortada; (*switch*) interruptor *m*.

cut-price ['kʌtpraɪs] *adj* (*goods*) a precio reducido, rebajado/a, de rebaja; (*shop*) de rebaja.

cut-rate [ˌkʌt'reɪt] *adj* barato/a.

cutter ['kʌtəʳ] *n* (**a**) (*tool*) cortadora *f*; **wire ~s** cizalla *f*. (**b**) (*person*) cortador(a) *m/f*. (**c**) (*boat*) cúter *m*.

cut-throat ['kʌtθrəʊt] **1** *n* (*murderer*) asesino/a *m/f*. **2** *adj* (*fierce: competition*) feroz; **~ competition** competencia *f* encarnizada *or* despiadada; **~ razor** navaja *f*.

cutting ['kʌtɪŋ] **1** *n* (**a**) (*of plant*) esqueje *m*. (**b**) (*from newspaper*) recorte *m*; (*Cine: section of film discarded*) desglose *m*; (*: action of discarding*) montaje *m*. (**c**) (*for road, railway*) desmonte *m*. **2** *adj* (*sharp: edge, wind etc*) cortante; (*fig: remark*) mordaz; **~ edge** filo *m*; (*fig*) vanguardia *f*. **3** *cpd*: **~ room** *n* (*Cine*) sala *f* de montaje.

cuttlefish ['kʌtlfɪʃ] *n* (*pl* **~** *or* **~es**) jibia *f*, sepia *f*.

cut-up [ˌkʌt'ʌp] *adj* (*fam*) (**a**) (*Brit*) *see* **cut up 1** (**b**). (**b**) (*US*) gracioso/a.

CV *n abbr of* **curriculum vitae** C.V. *m*.

cwo *abbr* (*Comm*) *of* **cash with order**.

cwt *abbr of* **hundredweight**.

cyanide ['saɪənaɪd] *n* cianuro *m*.

cybernetics [ˌsaɪbə'netɪks] *nsg* cibernética *f*.

cyclamen ['sɪkləmən] *n* ciclamen *m*.

cycle ['saɪkl] **1** *n* (**a**) (*bicycle*) bicicleta *f*; **racing ~** bicicleta de carrera. (**b**) (*of seasons, poems etc*) ciclo *m*; **life ~** ciclo vital; **menstrual ~** ciclo menstrual; **a 10-second ~** un ciclo de 10 segundos. **2** *vi* (*to travel*) ir en bicicleta; **can you ~?** ¿sabes montar en bicicleta? **3** *cpd*: **~ clip** *n* pinza *f* para ir en bicicleta; **~ lane, ~ path** *n* pista *f* para ciclistas; **~ race** *n* carrera *f* ciclista; **~ rack** *n* soporte *m* para bicicletas; **~ shed** *n* refugio *m* para bicicletas; **~ track** *n* pista *f* de ciclismo, velódromo *m*.

cycling ['saɪklɪŋ] **1** *n* ciclismo *m*. **2** *cpd*: **~ clothes** *npl* ropa *fsg* de ciclista; **~ holiday** *n* vacaciones *fpl* en bicicleta; **~ track** *n* pista *f* de ciclismo, velódromo *m*.

cyclist ['saɪklɪst] *n* ciclista *mf*.

cyclone ['saɪkləʊn] *n* ciclón *m*.

cyclostyle ['saɪkləʊstaɪl] **1** *n* ciclostilo *m*. **2** *vt* escribir con ciclostilo.

cygnet ['sɪgnɪt] *n* pollo *m* de cisne.

cylinder ['sɪlɪndəʳ] **1** *n* (**a**) (*shape*) cilindro *m*. (**b**) (*Tech*) cilindro *m*; **a 6-~ engine** un motor de 6 cilindros. **2** *cpd*: **~ block** *n* bloque *m* de cilindros; **~ head** *n* culata *f* de cilindro; **~ head gasket** *n* junta *f* de culata.

cylindrical [sɪ'lɪndrɪkəl] *adj* cilíndrico/a.

cymbal ['sɪmbəl] *n* címbalo *m*, platillo *m*.

cynic ['sɪnɪk] *n* cínico/a *m/f*.

cynical ['sɪnɪkəl] *adj* cínico/a.

cynicism ['sɪnɪsɪzəm] *n* cinismo *m*.

CYO *n abbr* (*US*) *of* **Catholic Youth Organization**.

cypress ['saɪprɪs] *n* ciprés *m*.

Cypriot ['sɪprɪət] *adj, n* chipriota *mf*.

Cyprus ['saɪprəs] *n* Chipre *f*.

cyst [sɪst] *n* quiste *m*.

cystitis [sɪs'taɪtɪs] *n* cistitis *f*.

CZ *abbr* (*US*) *of* **Canal Zone**.

czar [zɑːʳ] *n* zar *m*.

czarina [zɑː'riːnə] *n* zarina *f*.

Czech [tʃek] **1** *adj* checo/a. **2** *n* (*person*) checo/a *m/f*; (*Ling*) checo *m*.

Czechoslovak ['tʃekəʊ'sləʊvæk] *adj, n* checoslovaco/a *m/f*.

Czechoslovakia ['tʃekəʊslə'vækɪə] *n* Checoslovaquia *f*.

Czechoslovakian ['tʃekəʊslə'vækɪən] *adj, n* = **Czechoslovak**.

D

D¹, **d¹** [diː] *n* **(a)** (*letter*) D, d *f.* **(b)** (*Mus*) **D** re *m*; *see* **A** *for usage.*

D² *abbr* (*US Pol*) *of* **Democrat(ic)**.

d² *abbr* (*Brit old*) *of* **penny**.

d. *abbr* **(a)** *of* **date**. **(b)** *of* **daughter**. **(c)** *of* **died** m. **(d)** (*Rail etc*) *of* **depart(s)**.

DA *n abbr* (*US*) *of* **District Attorney**.

D/A *abbr of* **deposit account**.

dab [dæb] **1** *n* **(a)** (*light stroke*) toque *m*; (*blow*) golpecito *m*. **(b)** (*small amount*) pizca *f*. **(c)** **~s** (*fam*) huellas *fpl* digitales. **2** *adj*: **to be a ~ hand at (doing) sth** (*fam*) ser un hacha para (hacer) algo. **3** *vt* (*touch lightly: also* **~ at**) tocar ligeramente; (*with cream, butter*) untar ligeramente; (*with paint, water*) dar unos toques a; **to ~ on** untar ligeramente; **to ~ a stain off** quitar una mancha mojándola ligeramente.

dabble [ˈdæbl] **1** *vt*: **to ~ one's hands/feet in water** chapotear las manos/los pies en el agua. **2** *vi* (*fig*) **to ~ in sth** hacer algo *or* interesarse por algo superficialmente; **to ~ in politics** ser politiquero, politiquear.

dabbler [ˈdæbləʳ] *n* (*pej*) aficionado/a *m/f* (*in* a).

Dacca [ˈdækə] *n* Dacca *f*.

dachshund [ˈdækshʊnd] *n* perro *m* tejonero.

dad [dæd], **daddy** [ˈdædɪ] *n* (*fam*) papá *m*; (*Bol, Per*) taita *m*.

daddy-longlegs [ˈdædɪˈlɒŋlegz] *n* típula *f*.

daffodil [ˈdæfədɪl] *n* narciso *m*.

daft [dɑːft] *adj* (*comp* **~er**; *superl* **~est**) (*fam: person*) tonto/a, chiflado/a, tarado/a (*CSur fam*); (*idea, action*) tonto; **to be ~ about sb/sth** estar loco por algn/algo.

dagger [ˈdægəʳ] *n* (*knife*) daga *f*, puñal *m*; (*Typ*) cruz *f*, obelisco *m*; **to be at ~s drawn (with sb)** estar a matar (con algn); **to look ~s at sb** fulminar a algn con la mirada.

dago [ˈdeɪgəʊ] *n término ofensivo aplicado a españoles, portugueses e italianos.*

dahlia [ˈdeɪlɪə] *n* dalia *f*.

daily [ˈdeɪlɪ] **1** *adj* (*each day*) diario/a; (*normal, everyday*) cotidiano/a; **our ~ bread** el pan nuestro de cada día; **the ~ grind** la rutina diaria. **2** *adv* (*each day*) a diario, diariamente; (*every day*) todos los días, cada día; **twice ~** dos veces al día. **3** *n* (*paper*) diario *m*; (*esp Brit: servant*) asistenta *f*.

dainty [ˈdeɪntɪ] *adj* (*comp* **-ier**; *superl* **-iest**) (*delicate: person, crockery etc*) fino/a, delicado/a; (*food, clothes etc*) exquisito/a, elegante.

daiquiri [ˈdaɪkɪrɪ] *n* daiquiri *m*, daiquirí *m*.

dairy [ˈdɛərɪ] **1** *n* (*shop*) lechería *f*, granja *f*; (*on farm*) vaquería *f*. **2** *cpd* (*products etc*) lácteo/a; **~ butter** *n* mantequilla *f* casera; **~ cows** *or* **cattle** *npl* vacas *fpl* lecheras; **~ farm** *n* granja *f* especializada en producción de leche; **~ farming** *n* producción *f* lechera; **~ ice cream** *n* helado *m* de nata; **~ produce** *n* productos *mpl* lácteos.

dais [ˈdeɪɪs] *n* estrado *m*.

daisy [ˈdeɪzɪ] *n* margarita *f*; **to be pushing up the daisies** (*fam*) criar malvas (*fam*).

daisywheel [ˈdeɪzɪˌwiːl] **1** *n* margarita *f*. **2** *cpd*: **~ printer** *n* impresora *f* de margarita.

Dakar [ˈdækəʳ] *n* Dakar *m*.

dale [deɪl] *n* valle *m*.

dalliance [ˈdælɪəns] *n* (*amorous*) coquetería *f*, flirteo *m*.

dally [ˈdælɪ] *vi* (*delay*) tardar; **to ~ over sth** perder el tiempo haciendo *or* con algo.

Dalmatian [dælˈmeɪʃən] *n* perro *m* dálmata.

dam [dæm] **1** *n* (*wall*) dique *m*; (*reservoir*) presa *f*, embalse *m*. **2** *vt* (*also* **~ up**) poner (un) dique a, contener; (*fig*) reprimir, contener.

damage [ˈdæmɪdʒ] **1** *n* **(a)** (*gen*) daño *m*; (*to machine*) avería *f*, rotura *f*; (*fig*) perjuicio *m*; **what's the ~?** (*fam: cost*) ¿cuánto va a ser?, ¿por cuánto salió? **(b)** **~s** (*Jur*) daños y perjuicios. **2** *vt* (*harm*) dañar; (*machine*) averiar; (*spoil, ruin*) estropear, malograr (*LAm*); (*fig*) perjudicar.

damaging [ˈdæmɪdʒɪŋ] *adj* (*gen*) dañino/a; (*fig*) perjudicial.

Damascus [dəˈmɑːskəs] *n* Damasco *m*.

damask [ˈdæməsk] *n* (*cloth*) damasco *m*.

dame [deɪm] *n* **(a)** (*title*) *título aristocrático para mujeres equivalente a 'sir'*. **(b)** (*Theat*) vieja *f*. **(c)** (*US fam*) vieja *f*, niña *f*.

dammit [ˈdæmɪt] *interj*: **as near as ~** (*Brit fam*) casi, por un pelo.

damn [dæm] **1** *vt* (*Rel, condemn*) condenar; (*swear at*) maldecir; **~!** (*fam*) ¡vaya! (*fam*), ¡porras!, ¡carajo! (*LAm fam!*); **~ it/him/you!** (*fam*) ¡maldito sea/seas! *etc*, ¡maldición!; **well I'll be ~ed!** (*fam*) ¡mecachis!, ¡vaya! (*fam*); **I'll be ~ed if I will!** (*fam*) ¡ni de chiste!, ¡ni pensarlo!

2 *n*: **I don't give a ~** (*fam*) (no) me importa un pito *or* bledo; **it's not worth a ~** no vale un pito.

3 *adj* (*fam: also* **~ed**) maldito/a, condenado/a, fregado/a (*LAm fam*).

4 *adv* (*fam: also* **~ed**) **it's ~ hot/cold** ¡vaya calor/frío que hace!; **~ all** ni pizca.

damnable [ˈdæmnəbl] *adj* (*fam*) detestable.

damnation [dæmˈneɪʃən] **1** *n* (*Rel*) perdición *f*. **2** *interj* (*fam*) ¡maldición!

damnedest [ˈdæmdɪst] *n*: **to do one's ~ to succeed** hacer lo imposible para tener éxito.

damn-fool [ˈdæmfuːl] *adj* (*fam*) tonto/a.

damning [ˈdæmɪŋ] *adj* irrecusable.

damp [dæmp] **1** *adj* (*comp* **~er**; *superl* **~est**) húmedo/a; **that was a ~ squib** (*fam*) ¡qué decepción! **2** *n* (*also* **~ness**) humedad *f*. **3** *vt* (*also* **~en**: *gen*) humedecer; (*: wet*) mojar; (*: fig: hopes*) frustrar; (*: enthusiasm etc*) enfriar; **to ~ sb's spirits** desanimar *or* desalentar a algn; **to ~ down a fire** sofocar un fuego.

dampcourse [ˈdæmpkɔːs] *n* aislante *m* hidrófugo.

dampen [ˈdæmpən] *vt* = **damp 3**.

damper [ˈdæmpəʳ] *n* (*Mus*) sordina *f*, apagador *m*; (*of fire*) regulador *m* de tiro; (*Tech*) amortiguador *m*; **to put a ~ on sth** (*fig*) aguar la fiesta.

damp-proof [ˈdæmppruːf] *adj* a prueba de humedad.

damsel [ˈdæmzəl] *n* damisela *f*, doncella *f*.

damson [ˈdæmzən] *n* (*fruit*) ciruela *f* damascena; (*tree*) ciruelo *m* damasceno.

dance [dɑːns] **1** *n* (*gen*) baile *m*, danza *f*; (*event*) baile *m*; **to lead sb a ~** traer loco a algn. **2** *vt* bailar; **to ~ attendance on sb** desvivirse por algn. **3** *vi* bailar; **will you ~ with me?** ¿quieres bailar conmigo?; **to ~ about** (*with pain, joy etc*) saltar; **to ~ for joy** brincar de alegría. **4** *cpd* (*band, music, hall*) de baile.

dancer [ˈdɑːnsəʳ] *n* bailador(a) *m/f*; (*professional*) bailarín/ina *m/f*; (*flamenco*) bailaor(a) *m/f*.

dancing [ˈdɑːnsɪŋ] *n* baile *m*.

D and C *n abbr of* **dilation and curettage**.

dandelion [ˈdændɪlaɪən] *n* diente *m* de león.
dandruff [ˈdændrəf] **1** *n* caspa *f*. **2** *cpd*: ~ **shampoo** *n* champú *m* anticaspa.
dandy [ˈdændɪ] **1** *n* (*pej: man*) dandi *m*, petimetre *m*. **2** *adj* (*US fam*) excelente, macanudo/a *(LAm)*; **fine and ~** perfecto.
Dane [deɪn] *n* danés/esa *m/f*.
danger [ˈdeɪndʒəʳ] **1** *n* peligro *m*; **to be in ~** estar en peligro, correr peligro; **to be in ~ of falling** correr el riesgo de caer; **there was no ~ that he would be discovered** no corría riesgo alguno de ser descubierto; **(to be) out of ~** (*gen, Med*) (estar) fuera de peligro; **'~ men at work'** (*sign*) '¡atención *or* ¡peligro obras!'; **'~ keep out'** (*sign*) '¡peligro de muerte! prohibido el acceso'.
2 *cpd*: **to be on the ~ list** (*Med*) estar grave; ~ **money** *n* plus *m* por peligrosidad; ~ **signal** *n* señal *f* de peligro; ~ **zone** *n* área *f or* zona *f* de peligro.
dangerous [ˈdeɪndʒrəs] *adj* (*gen*) peligroso/a; (*risky*) arriesgado/a; (*substance, drug*) nocivo/a, perjudicial.
dangerously [ˈdeɪndʒrəslɪ] *adv* (*see adj*) peligrosamente; arriesgadamente; **to come ~ close (to)** llegar al punto (de), estar tentado (de); **he likes to live ~** le gusta arriesgar la vida.
dangle [ˈdæŋgl] **1** *vt* (*arm, leg*) colgar; (*object on string etc*) dejar colgado; (*fig: tempting offer*) **to ~ sth in front of** *or* **before sb** tentar a algn con algo. **2** *vi* estar colgado/a, pender; **to keep sb dangling** tener a algn pendiente.
Danish [ˈdeɪnɪʃ] **1** *n* (*Ling*) danés *m*. **2** *adj* danés/esa; ~ **blue cheese** queso *m* mohoso danés; ~ **pastry** bollo *m* de masa de hojaldre (con pasas y crema).
dank [dæŋk] *adj* (*comp* **~er**; *superl* **~est**) húmedo/a y oscuro/a.
Danube [ˈdænju:b] *n* Danubio *m*.
dapper [ˈdæpəʳ] *adj* (*smart: man, appearance*) pulcro/a, apuesto/a.
dappled [ˈdæpld] *adj* moteado/a; (*horse*) rodado/a.
Dardanelles [ˌdɑ:dəˈnelz] *npl* Dardanelos *mpl*.
dare [dɛəʳ] **1** *n* (*challenge*) reto *m*, desafío *m*; **I did it for a ~** me retaron, por eso lo hice. **2** *vt* (*challenge*) desafiar, retar; **to ~ sb to do sth** desafiar a algn a hacer algo; **I ~ you!** ¡a que no te atreves! **3** *vi* atreverse; **to ~ (to) do sth** atreverse a hacer algo; **I ~n't tell him** no me atrevo a decírselo; **how ~ you!** ¡cómo te atreves!, ¡qué cara!; **don't you ~!** (*fam*) ¡no se te ocurra!; **I ~ say** (*in my opinion*) en mi opinión; (*possibly*) puede ser, tal vez.
daredevil [ˈdɛəˌdevl] **1** *adj* temerario/a. **2** *n* temerario/a *m/f*, atrevido/a *m/f*.
daren't [ˈdɛə:nt] = **dare not**.
daring [ˈdɛərɪŋ] **1** *adj* (*plan, escape*) arriesgado/a; (*person*) atrevido/a, osado/a, audaz; (*shocking: film, clothes*) atrevido/a. **2** *n* osadía *f*, atrevimiento *m*.
dark [dɑ:k] **1** *adj* (*comp* **~er**; *superl* **~est**) **(a)** (*unilluminated*) oscuro/a; **it is getting ~** (*gen*) se está poniendo oscuro; (*night*) anochece.
(b) (*in colour*) oscuro/a; (*complexion, hair*) moreno/a, prieto/a *(Mex)*; ~ **blue/red** *etc* azul/rojo *etc* oscuro; ~ **glasses** gafas *fpl* oscuras; ~ **chocolate** chocolate *m* amargo.
(c) (*fig: sad, gloomy: day*) triste; (*: mood, thoughts*) sombrío/a; (*: sinister: secret, plan, threat etc*) siniestro/a; **to keep sth ~** guardarse (el secreto de) algo; **he's a ~ horse** (*fig: mystery*) es una incógnita *or* un enigma; **the D~ Ages** la Alta Edad Media.
2 *n*: **the ~** la oscuridad; **after ~** después del anochecer; **until ~** hasta el anochecer; **to be in the ~ about sth** (*fig*) estar a oscuras sobre algo; **to keep/leave sb in the ~ about sth** (*fig*) mantener/dejar a algn en ignorancia de algo; *see* **shot**.
darken [ˈdɑ:kən] **1** *vt* (*sky*) oscurecer; (*colour*) hacer más oscuro; **a ~ed room** un cuarto oscuro. **2** *vi* (*room, landscape, sky*) oscurecerse; (*sky: cloud over*) nublarse; (*colour*) ponerse más oscuro/a; (*fig: face, future*) ensombrecerse.
darkly [ˈdɑ:klɪ] *adv* (*mysteriously*) enigmáticamente; (*threateningly*) de manera amenazante.
darkness [ˈdɑ:knɪs] *n* oscuridad *f*; **the house was in ~** la casa estaba a oscuras.
darkroom [ˈdɑ:krʊm] *n* cuarto *m* oscuro.
dark-skinned [ˌdɑ:kˈskɪnd] *adj* moreno/a, morocho/a *(LAm)*.
darling [ˈdɑ:lɪŋ] **1** *n* (*gen*) cariño *m/f*, querido/a *m/f*, amor *mf*; (*favourite*) consentido/a *m/f*; **be a ~ ...** (*fam*) sé bueno/a ...; **come here ~** ven aquí cielo *or* mi negro/a *(LAm)*. **2** *adj* querido/a; (*house, dress etc*) mono/a; **what a ~ dress** *etc* ¡qué ricura!
darn [dɑ:n] **1** *n* zurcido *m*. **2** *vt* (*socks, cloth*) zurcir. **3** *interj* (*fam: euph for damn*) ¡córcholis!, ¡caray!
darning [ˈdɑ:nɪŋ] **1** *n* (*action*) zurcidura *f*; (*items to be darned*) cosas *f* por zurcir. **2** *cpd* (*needle, wool*) de zurcir.
dart [dɑ:t] **1** *n* **(a)** (*Sport*) dardo *m*, rehilete *m*; (*weapon*) flecha *f*; **~s** (*game*) dardos *mpl*. **(b)** (*Sew*) pinza *f*. **2** *vt* (*look*) lanzar. **3** *vi*: **to ~ in/out** *etc* entrar/salir *etc* a la carrera; **to ~ at** *or* **for sth** lanzarse *or* precipitarse hacia algo.
▸ **dart away, dart off** *vi + adv* salir disparado.
dartboard [ˈdɑ:tbɔ:d] *n* diana *f*.
dash [dæʃ] **1** *n* **(a)** (*small quantity: of liquid*) gota *f*, chorrito *m*; (*: solid*) pizca *f*; (*: of colour*) nota *f*.
(b) (*punctuation mark*) guión *m*; (*Morse*) raya *f*.
(c) (*rush*) **to make a ~ (at** *or* **towards)** precipitarse (hacia); **we had to make a ~ for it** tuvimos que salir corriendo; **the 100-metre ~** (*US*) la carrera de 100 metros.
(d) (*Aut*) = **dashboard**.
2 *vt* **(a)** (*throw*) tirar, aventar *(LAm)*; **to ~ sth to the ground** tirar *or* arrojar algo al suelo; **to ~ sth to pieces** hacer algo añicos, estrellar algo; **to ~ one's head against sth** dar con la cabeza contra algo.
(b) (*fig: spirits, hopes*) frustrar, hacer trizas.
3 *vi* **(a)** (*smash: object*) estrellarse; (*waves*) **to ~ against** romperse contra.
(b) (*rush*) **to ~ away/back** *etc* salir/volver *etc* corriendo; **to ~ in/out** entrar/salir disparado; **I must ~** (*fam*) me voy corriendo.
4 *interj*: **~ it (all)!** ¡porras!
▸ **dash off** *vt + adv* (*letter, drawing*) hacer a la carrera.
dashboard [ˈdæʃbɔ:d] *n* (*Aut*) salpicadero *m*.
dashing [ˈdæʃɪŋ] *adj* (*man*) gallardo/a, apuesto/a.
data [ˈdeɪtə] **1** *npl* (*with sg or pl vb*) datos *mpl*.
2 *cpd*: ~ **bank** *n* banco *m* de datos; ~ **capture** *n* formulación *f* de datos; ~ **collection** *n* recolección *f* de datos; ~ **dictionary**, ~ **directory** *n* guía *f* de datos; ~ **entry** *n* entrada *f* de datos; ~ **file** *n* archivo *m* de datos; ~ **link** *n* medio *m* de transmisión de datos; ~ **management** *n* gestión *f* de datos; ~ **processing** *n* (*action*) procesamiento *m or* proceso *m* de datos; (*science*) informática *f*; ~ **protection** *n* protección *f* de datos; ~ **transmission** *n* transmisión *f* de datos, telemática *f*.
database [ˈdeɪtəbeɪs] *n* base *f* de datos.
Datapost ® [ˈdeɪtəpəʊst] *n* (*Brit*) correo *m* urgente.
date[1] [deɪt] **1** *n* **(a)** fecha *f*; **what's the ~ today?** ¿qué fecha es hoy?; ~ **of birth** fecha de nacimiento; ~ **of issue** fecha de emisión; **closing/opening ~** fecha tope/fecha de apertura; **to ~** hasta la fecha; *see* **out-of-date; up-to-date**.
(b) (*fam: appointment*) compromiso *m*; (*: with girlfriend, boyfriend*) cita *f*; **to make a ~ with sb** citarse con algn.
(c) (*esp US*) pareja *f*, acompañante *mf*, novio/a *m/f*.
2 *vt* **(a)** (*letter*) fechar, poner fecha a; (*person*) envejecer.
(b) (*fam: girl etc*) salir con, noviar *(CSur)*, pololear con *(Chi)*.
3 *vi* (*show age*) pasar de moda; **to ~ back (to)** (*time*) remontarse a; **to ~ from** datar de.

4 *cpd*: ~ **rape** *n* violación *f* durante una cita; ~ **stamp** *n* (*on library book, fresh food*) sello *m* de fecha; (*postmark*) matasellos *m inv*.

date² [deɪt] *n* (*Bot: fruit*) dátil *m*; (*also* ~ **palm**) palmera *f*, datilera *f*.

dated [ˈdeɪtɪd] *adj* (*clothes, ideas*) pasado/a de moda, anticuado/a.

dateline [ˈdeɪtlaɪn] *n* (*Geog*) meridiano *m*; (*in newspaper*) ~ **Beirut** fechado en Beirut.

dating agency [ˈdeɪtɪŋˌeɪdʒənsɪ] *n* agencia *f* de contactos.

dative [ˈdeɪtɪv] **1** *adj*: ~ **case** = **2**. **2** *n* dativo *m*.

daub [dɔːb] **1** *n* (*smear*) mancha *f*. **2** *vt* (*smear*) embadurnar.

daughter [ˈdɔːtəʳ] *n* hija *f*.

daughter-in-law [ˈdɔːtərɪnlɔː] *n* nuera *f*, hija *f* política.

daunt [dɔːnt] *vt* (*inhibit*) amedrentar; (*dishearten*) desmoralizar, desalentar; **nothing ~ed** sin dejarse atemorizar.

daunting [ˈdɔːntɪŋ] *adj* (*inhibiting*) amedrentador(a); (*disheartening*) desalentador(a), desmoralizante.

dauntless [ˈdɔːntlɪs] *adj* impávido/a, intrépido/a.

davenport [ˈdævnpɔːt] *n* (*US*) sofá *m*, sofá-cama *m*.

dawdle [ˈdɔːdl] *vi* (*in walking*) andar muy despacio; (*over food, work*) demorar, dilatar.

dawn [dɔːn] **1** *n* (*daybreak*) amanecer *m*; (*fig: also* **~ing**) albores *mpl*; **at** ~ al amanecer; **from** ~ **to dusk** de sol a sol. **2** *vi* (*day*) amanecer. **3** *cpd*: ~ **chorus** *n* canto *m* de los pájaros al amanecer.

▸ **dawn (up)on** *vi + prep* (*idea, truth*) darse cuenta poco a poco de que; **the idea ~ed upon me that ...** caí en la cuenta de que ...; **it suddenly ~ed on him that ...** se dio cuenta de repente de que ....

day [deɪ] **1** *n* (**a**) (*24 hours*) día *m*; **what** ~ **is it today?** ¿qué día es hoy?; **2 ~s ago** hace 2 días; **one** ~, **some** ~ un día; **that** ~ **when we ...** aquel día en que nosotros ...; **(on) that** ~ aquel día; **the** ~ **before yesterday** anteayer; **the** ~ **before his birthday** la víspera de su cumpleaños; **2 ~s before Christmas** 2 días antes de Navidad; **the** ~ **after** el día siguiente; **on the following** ~ al día siguiente; **the** ~ **after tomorrow** pasado mañana; **this** ~ **next week** (de) hoy en ocho días; **50 years ago to the** ~ (hoy) hace exactamente cincuenta años; **he works 8 hours a** ~ trabaja 8 horas al día; **any** ~ un día cualquiera; **any** ~ **now** cualquier día de éstos; **every** ~ cada día, todos los días; **every other** ~ un día sí y otro no; **twice a** ~ dos veces al día; **one of these ~s** un día de éstos; **the other** ~ el otro día; **from one** ~ **to the next** de un día a otro; ~ **after** ~ día tras día; ~ **in** ~ **out** un día sí y otro también; **for ~s on end** durante días; ~ **by** ~ de un día para otro, de día a día (*LAm*); **to live from** ~ **to** ~ *or* **from one** ~ **to the next** vivir al día; **it made my** ~ **to see him smile** (*fam*) me hizo feliz verle sonreír; **he's fifty if he's a** ~ (*fam*) debe tener cincuenta años mínimo; **that'll be the** ~**, when he offers to pay!** (*fam*) ¡él nos invitará cuando las ranas críen pelo!

(**b**) (*daylight hours, working hours*) jornada *f*; **to travel by** ~ *or* **during the** ~ viajar de día; **to work all** ~ trabajar todo el día; **to work** ~ **and night** trabajar día y noche; **it's a fine** ~ hace buen tiempo hoy; **on a fine/wet** ~ un día bonito/lluvioso; **one summer's** ~ un día de verano; **a** ~ **at the seaside** un día de playa; **a** ~ **off** un día libre; **to work an 8-hour** ~ trabajar una jornada de 8 horas; **it's all in a ~'s work** son gajes del oficio; **paid by the** ~ pagado por día; **to call it a** ~ (*fam: for good*) darse por vencido, abandonar; (*: for today*) dejarlo por hoy; **to work ~s** trabajar de día.

(**c**) (*period*) **in this** ~ **and age, these ~s, in the present** ~ hoy en día; **to this** ~ hasta el día de hoy; **in ~s to come** en días venideros; **in those ~s** en aquellos tiempos; **in Queen Victoria's** ~ en la época de la reina Victoria; **he was famous in his** ~ fue famoso en sus tiempos; **in his younger ~s** en su juventud; **in the good old ~s** en los viejos tiempos; **those were the ~s, when ...** esa fue la buena época, cuando ...; **the happiest ~s of your life** los mejores días de su vida; **during the early/final ~s of the strike** durante los primeros/últimos días de la huelga; **he's had his** ~ pasó de moda, está acabado; **it has seen better ~s** ya no vale lo que antes; *see* **dog; judg(e)ment; reckoning; time 1 (d)**.

2 *cpd*: ~ **bed** *n* (*US*) meridiana *f*; ~ **boy/girl** *n* (*Scol*) externo/a *m/f*; ~ **centre** *n* (*Brit*) centro *m* de día; ~ **labourer,** (*US*) ~ **laborer** *n* jornalero *m*; ~ **nursery** *n* guardería *f*; ~ **release course** *n* curso *m* de un día a la semana (para trabajadores); ~ **return (ticket)** *n* billete *m* de ida y vuelta en el día; ~ **school** *n* colegio *m* sin internado; ~ **shift** *n* (*in factory etc*) turno *m* de día; ~ **trip** *n* excursión *f* (de un día); **to go on a** ~ **trip to London** ir un día de excursión *or (LAm)* de paseo a Londres; ~ **tripper** *n* excursionista *mf*.

daybook [ˈdeɪbʊk] *n* (*Brit*) diario *m or* libro *m* de entradas y salidas.

daybreak [ˈdeɪbreɪk] *n* amanecer *m*; **at** ~ al amanecer.

daycare [ˈdeɪkɛəʳ] *cpd*: ~ **centre** *n* guardería *f*; ~ **services** *npl* (*Brit*) servicios *mpl* de guardería.

daydream [ˈdeɪdriːm] **1** *n* ensueño *m*. **2** *vi* soñar despierto/a.

daylight [ˈdeɪlaɪt] **1** *n* luz *f* (del día); **at** ~ (*dawn*) al amanecer; **in the** ~, **by** ~ de día; **in broad** ~ en pleno día; **I am beginning to see** ~ (*fig: understand*) empiezo a ver *or* entender las cosas claras; (*: near the end of a job*) vislumbro el final. **2** *cpd*: ~ **attack** *n* ataque *m* de día; ~ **hours** *npl* las horas de luz; **it's** ~ **robbery!** ¡es una estafa!.

daylight-saving time [ˌdeɪlaɪtˈseɪvɪŋˌtaɪm] *n* (*US*) hora *f* de verano.

daytime [ˈdeɪtaɪm] **1** *n* día *m*; **in the** ~ de día. **2** *cpd* de día.

day-to-day [ˈdeɪtəˈdeɪ] *adj* cotidiano/a; **on a** ~ **basis** día por día, de día a día (*LAm*).

daze [deɪz] **1** *n* aturdimiento *m*; **to be in a** ~ estar aturdido. **2** *vt* (*subj: drug, blow*) atontar; (*confuse*) aturdir; (*fig: news*) aturdir, atolondrar.

dazed [deɪzd] *adj* aturdido/a.

dazzle [ˈdæzl] **1** *n* deslumbramiento *m*. **2** *vt* deslumbrar; **to be ~d by sth** (*fig*) quedar deslumbrado por algo.

dazzling [ˈdæzlɪŋ] *adj* (*lit, fig*) deslumbrante.

dB *abbr of* **decibel** dB.

DC *n abbr* (**a**) (*Elec*) *of* **direct current** C.C. (**b**) (*US Post*) *of* **District of Columbia**.

DD *n abbr* (**a**) (*Univ*) *of* **Doctor of Divinity**. (**b**) (*US Mil*) *of* **dishonorable discharge**.

D/D *abbr of* **direct debit**.

dd. *abbr* (*Comm*) *of* **delivered**.

D-day [ˈdiːdeɪ] *n* día *m* D.

DDS *n abbr* (*US*) (**a**) (*Univ*) *of* **Doctor of Dental Science**. (**b**) (*Univ*) *of* **Doctor of Dental Surgery**.

DDT *n abbr of* **dichlorodiphenyltrichloroethane** DDT *m*.

DE *abbr* (**a**) (*US Post*) *of* **Delaware**. (**b**) (*Brit*) *of* **Department of Employment**.

DEA *n abbr* (*US*) *of* **Drug Enforcement Administration**.

deacon [ˈdiːkən] *n* diácono *m*.

deaconess [ˈdiːkənes] *n* diaconisa *f*.

deactivate [diːˈæktɪveɪt] *vt* desactivar.

dead [ded] **1** *adj* (**a**) (*person, animal, plant*) muerto/a; (*frm*) difunto/a; (*matter*) inerte; (*fingers*) adormecido/a, entumecido/a; **to be** ~ **on arrival** (*in hospital*) ingresar cadáver; **he's been** ~ **for 2 years** hace 2 años que murió; **to fall** *or* **drop (down)** ~ caer muerto; **to flog** (*Brit*) *or* (*US*) **beat a** ~ **horse** machacar en hierro frío; **as** ~ **as a dodo** *or* **a doornail** más muerto que mi abuela; ~ **and buried** (*lit, fig*) muerto y bien muerto; ~ **or alive** vivo o muerto; **over my** ~ **body!** (*fam*) ¡ni muerto!, ¡ni de chiste!; **I wouldn't be seen** ~ **there** ni muerto ni vivo me verán allí; **I feel absolutely** ~**!** (*fig fam*) ¡estoy hecho polvo!, ¡estoy muerto!; ~ **from the neck up** (*fam*) bruto, imbécil, zoquete; **D~ Sea** Mar *m* Muerto; ~ **weight** peso

m muerto.
(**b**) (*inactive: volcano, fire*) apagado/a; (*cigarette, match*) gastado/a; (*battery*) agotado/a; (*telephone line*) cortado/a, desconectado/a; (*language*) muerto/a; (*custom*) anticuado/a; (*love, town, party*) muerto; **the ~ season** (*Tourism*) la temporada baja; **the line has gone ~** (*Telec*) la línea está cortada *or* muerta; **he was ~ to the world** estaba dormido como un tronco; **he is ~ to all pity** es incapaz de sentir compasión.
(**c**) (*complete: silence, calm*) total, completo/a; (*exact: centre*) justo/a; **a ~ cert** (*fam*) una cosa segura; **~ end** (*also fig*) callejón *m* sin salida; **to come to a ~ end** llegar a un punto muerto; **a ~ end job** un trabajo sin porvenir; **to fall into a ~ faint** desmayarse totalmente; **~ heat** empate *m*; **a ~ loss** (*fam: person*) un inútil; (*: thing*) una birria; **to come to a ~ stop** pararse en seco.
(**d**) **to cut sb ~** hacer el vacío a algn.
2 *adv* (*completely*) **~ certain** completamente seguro; **he stopped ~** se paró en seco; **~ ahead** *or* **straight** todo seguido, todo derecho; **~ on target** justo en el blanco; **~ on time** a la hora exacta; **'~ slow'** (*Aut*) 'reducir la marcha'; (*Naut*) 'muy despacio'; **to be ~ set against sth** (*fam*) estar totalmente opuesto a algo; **~ beat** (*fam*) hecho polvo; **~ broke** (*fam*) sin un duro; **~ drunk** (*fam*) borracho perdido; **~ tired** (*fam*) muerto (de cansancio).
3 *n* (**a**) **the ~** los muertos *mpl.*
(**b**) **at ~ of night** a altas horas de la noche; **in the ~ of winter** en pleno invierno.

deadbeat ['dedbi:t] *n* (*US fam*) gorrón *m*, vagabundo *m*.
deadbolt ['dedbəʊlt] *n* (*US*) cerrojo *m* de seguridad.
deaden ['dedn] *vt* (*noise, shock*) amortiguar; (*feeling*) embotar; (*pain*) aliviar, calmar.
deadline ['dedlaɪn] *n* (*Press etc*) fecha *f* tope; **to meet a ~** respetar un plazo.
deadlock ['dedlɒk] *n*: **to reach ~** quedar estancado, llegar a un punto muerto.
deadly ['dedlɪ] **1** *adj* (*comp* **-ier**; *superl* **-iest**) (*gen*) mortal; (*weapon etc*) mortífero/a; (*aim*) certero/a; (*pallor*) cadavérico/a; **they are ~ enemies** son enemigos mortales; **the seven ~ sins** los siete pecados mortales; **with ~ accuracy** con exactitud absoluta; **in ~ earnest** muy en serio; **this play is ~** (*fam: very boring*) esta obra es aburridísima. **2** *adv*: **~ dull** aburridísimo.
deadpan ['ded,pæn] *adj* (*face, humour*) sin expresión.
deadwood ['ded'wʊd] *n* (*fig*) carga *f*, lastre *m*.
deaf [def] **1** *adj* (*comp* **~er**; *superl* **~est**) sordo/a; **to be ~ to sth** (*fig*), **to turn a ~ ear to sth** (*fig*) hacerse el sordo a algo; **as ~ as a (door)post** sordo como una tapia; **the plea fell on ~ ears** escucharon el ruego como quien oye llover; **~-aid** audífono *m*. **2** *npl*: **the ~** los sordos *mpl.*
deaf-and-dumb ['defən'dʌm] *adj* (*person, alphabet*) sordomudo/a.
deafen ['defn] *vt* ensordecer.
deafening ['defnɪŋ] *adj* ensordecedor(a).
deaf-mute ['def'mju:t] *n* sordomudo/a *m/f*.
deafness ['defnɪs] *n* sordera *f*.
deal[1] [di:l] *n* (*wood*) pino *m*, abeto *m*.
deal[2] [di:l] (*vb: pt, pp* **dealt**) **1** *n* (**a**) (*agreement*) convenio *m*, pacto *m*; **business ~** negocio *m*, transacción *f*; **to do a ~ with sb** hacer un trato con algn, transar con algn (*LAm*); **it's a ~!** (*fam*) ¡trato hecho!, ¡de acuerdo!; **a new ~ for the miners** (*Pol*) un convenio nuevo para los mineros; **he got a bad/fair ~ from them** le trataron mal/bien; **big ~!** (*iro*) ¡gran cosa! *see* **raw**; **square 2 (e)**.
(**b**) (*Cards*) reparto *m*.
(**c**) (*in expressions of quantity*) **a good** *or* **great ~** mucho; **not a great ~** no mucho; **a great** *or* **good ~ of** bastante, mucho; **he's a great ~ better/cleverer** es mucho mejor/más inteligente; **to make a great ~ of sth** dar mucha importancia a algo; **he thinks a great ~ of his father** respeta mucho a su padre; **it means a great ~ to me** me importa mucho; **there's a good ~ of truth in it** tiene mucho de verdad.
2 *vt* (**a**) (*blow*) asestar, dar; **to ~ a blow to** (*fig*) ser un golpe para.
(**b**) (*Cards: also* **~ out**) dar, repartir.
3 *vi*: **it's your turn to ~** (*Cards*) le toca dar a Ud.
▸ **deal in** *vi + prep* (*goods*) comerciar en, tratar en.
▸ **deal out** *vt + adv* repartir.
▸ **deal with** *vi + prep* (**a**) (*Comm*) tratar *or* tener tratos con. (**b**) (*handle: person, problem, task*) encargarse de, ocuparse de; (*: Comm: order, application*) despachar; **I'll ~ with you later!** ¡luego me encargaré de ti!; **to know how to ~ with sb** saber tratar a algn; **he's not easy to ~ with** es intratable, tiene un carácter difícil; **to ~ severely/leniently with sb** tratar a algn con mucha/poca severidad. (**c**) (*book, film etc: be about*) tratar de.

dealer ['di:ləʳ] *n* (**a**) (*Comm*) comerciante *mf* (*in* en) . (**b**) (*Cards*) mano *f*.
dealership ['di:ləʃɪp] *n* (*US*) representación *f*, concesión *f*.
dealings ['di:lɪŋz] *npl* (**a**) (*relationship*) trato *msg*, relaciones *fpl.* (**b**) (*in goods, shares*) transacciones *fpl*; **to have ~ with** tratar con.
dealt [delt] *pt, pp of* **deal**[2].
dean [di:n] *n* (*Rel*) deán *m*; (*Univ*) decano *m*.
dear [dɪəʳ] **1** *adj* (*comp* **~er**; *superl* **~est**) (**a**) (*loved*) querido/a; (*lovable*) encantador(a); **to hold sb/sth (very) ~** tener mucho cariño a algn/apreciar mucho algo; **it's my ~est wish** es mi mayor deseo; **what a ~ little boy!** este niño ¡es un encanto!
(**b**) (*in letter writing*) querido/a; **D~ Daddy/Peter** querido Papá/Pedro; **D~ Sir** muy señor mío, estimado señor, de mi/nuestra consideración *(esp LAm)*; **D~ Madam** estimada Señora; **D~ Sir or Madam** estimado Señor, estimada Señora, de mi/nuestra consideración *(esp LAm)*; **D~ Mr/Mrs Smith** estimado/a señor(a) Smith; **D~ Mr and Mrs Smith** estimados señores Smith.
(**c**) (*expensive*) caro/a; **~ money** dinero *m* caro.
2 *interj*: **oh ~!, ~ me!** (*surprise*) ¡Dios mío!, ¡vaya!; (*dismay*) ¡qué horror!, ¡ay Dios!; (*pity*) ¡qué lástima!, ¡qué pena!
3 *n*: **(my) ~** (*to adult, child*) (mi) querido/a; **my ~est** amor mío; **(you) poor ~** (*to adult, child*) pobrecito/a; **he's (such) a ~** (*fam*) es un cielo.
4 *adv* (*sell, buy, pay*) caro; **it cost me ~** (*fig*) me costó caro.

dearie ['dɪərɪ] *n* (*fam*) queridito/a *m/f*; **yes, ~** sí, cariño.
dearly ['dɪəlɪ] *adv* mucho; **I should ~ love to go** me encantaría ir; **to pay ~ for sth** (*esp fig*) pagar algo caro.
dearth [dɜ:θ] *n* (*of food, resources, money*) escasez *f*; (*of ideas*) falta *f*.
death [deθ] **1** *n* muerte *f*; (*frm*) fallecimiento *m*; **to sentence sb to ~** condenar a algn a muerte; **to put sb to ~** dar muerte a algn; **a fight to the ~** una lucha a muerte; **to be at ~'s door** estar al borde de la muerte; **it will be the ~ of him** (*lit*) será su perdición; **you'll be the ~ of me** (*fig*) acabarás matándome; **to be bored to ~** (*fam*) estar muerto de aburrimiento; **it frightens me to ~** me da un miedo espantoso; **I'm sick to ~ of it** (*fam*) estoy hasta la coronilla; **he's working himself to ~** trabaja tanto que se está estropeando la salud.
2 *cpd*: **~ certificate** *n* partida *f* de defunción; **~ duties** *npl* (*Brit*) derechos *mpl* de herencia, derechos reales; **~ march** *n* marcha *f* fúnebre; **~ penalty** *n* pena *f* de muerte; **~ rate** *n* (tasa *f* de) mortalidad *f*; **~ row** *n* (*US*) celdas *fpl* de los condenados a muerte, corredor *m* de la muerte; **~ sentence** *n* pena *f* de muerte; **~ squad** *n* escuadrón *m* de la muerte; **~ throes** *npl* agonía *fsg*; **~ toll** *n* número *m* de víctimas; **~ warrant** *n* orden *f* de ejecución; **~ wish** *n* ganas *fpl* de morir.

deathbed ['deθbed] **1** *n* lecho *m* de muerte. **2** *cpd* de última hora.
deathblow ['deθbləʊ] *n* golpe *m* mortal.
deathly ['deθlɪ] **1** *adj* (*comp* **-ier**; *superl* **-iest**) (*appearance*) cadavérico/a; (*silence*) sepulcral. **2** *adv*: **~ pale**

pálido como un muerto.

deathtrap ['deθtræp] *n* (*place*) lugar *m* peligroso; (*car*) vehículo *m* peligroso.

deathwatch beetle [ˌdeθwɒtʃ'bi:tl] *n* reloj *m* de la muerte.

deb [deb] *n abbr* (*fam*) *of* **débutante**.

debacle [deɪ'bɑ:kl] *n* desastre *m*.

debar [dɪ'bɑ:ʳ] *vt*: **to ~ sb from sth/from doing sth** excluir a algn de algo/prohibir a algn hacer algo.

debase [dɪ'beɪs] *vt* (*coinage*) alterar; (*object, relationship, word*) desvalorizar; (*person*) degradar; **to ~ o.s. by doing sth** degradarse haciendo algo.

debasement [dɪ'beɪsmənt] *n* (*see vt*) alteración *f*; degradación *f*.

debatable [dɪ'beɪtəbl] *adj* discutible.

debate [dɪ'beɪt] **1** *vt* (*topic, question, idea*) debatir, discutir. **2** *vi* hacer debate; **to ~ with sb (about** *or* **(up)on sth)** discutir con algn (sobre algo); **to ~ with o.s. (about** *or* **(up)on sth)** vacilar (sobre algo); **we ~d whether to go or not** dudamos si ir o no. **3** *n* debate *m*, discusión *f*; **after much ~** después de una gran discusión.

debating society [dɪ'beɪtɪŋsəˌsaɪətɪ] *n* círculo *m* de debates.

debauch [dɪ'bɔ:tʃ] *vt* (*person, morals, taste*) corromper.

debauched [dɪ'bɔ:tʃt] *adj* vicioso/a.

debauchery [dɪ'bɔ:tʃərɪ] *n* libertinaje *m*, corrupción *f*.

debenture [dɪ'bentʃəʳ] **1** *n* (*Fin*) vale *m*, bono *m*, obligación *f*. **2** *cpd*: **~ capital** *n* capital *m* hipotecario.

debilitate [dɪ'bɪlɪteɪt] *vt* debilitar.

debilitating [dɪ'bɪlɪteɪtɪŋ] *adj* debilitante, que debilita.

debit ['debɪt] **1** *n* pasivo *m*, debe *m*. **2** *vt* (*money*) **to ~ an account/sb with a sum** cargar una suma en cuenta/a algn. **3** *cpd*: **~ balance** *n* saldo *m* deudor; **~ card** *n* tarjeta *f* de cobro automático; **~ entry** *n* débito *m*; **~ note** *n* nota *f* de cargo; **~ side** *n* debe *m*; (*fig*) desventaja *f*.

debonair [ˌdebə'nεəʳ] *adj* (*elegant*) gallardo/a; (*courteous*) cortés; (*cheerful*) alegre.

debrief [ˌdi:'bri:f] *vt* hacer dar parte.

debriefing [ˌdi:'bri:fɪŋ] *n* informe *m* sobre una operación *etc*.

debris ['debri:] *n* escombros *mpl*.

debt [det] **1** *n* deuda *f*; **bad ~** deuda incobrable; **foreign ~** (*Pol*) deuda exterior; **a ~ of honour/gratitude** una deuda de honor/agradecimiento; **to be in ~ (to sb)** tener deudas *or* estar endeudado (con algn), estar endrogado (con algn) (*LAm fam*); **I am £5 in ~** debo 5 libras; **to be in sb's ~** (*fig*) estar en deuda con algn; **to get into ~** contraer deudas, endrogarse (*LAm fam*); **to be out of ~** tener las deudas saldadas.

2 *cpd*: **~ collector** *n* cobrador(a) *m/f* de deudas; **~ service**, (*US*) **~ servicing** *n* servicio *m* de la deuda.

debtor ['detəʳ] *n* deudor(a) *m/f*.

debt-ridden ['detˌrɪdn] *adj* agobiado/a por las deudas.

debug [ˌdi:'bʌg] *vt* (*Tech*) resolver los problemas de, superar *or* suprimir las pegas de; (*remove mikes from*) quitar los micrófonos escondidos de; (*Comput*) depurar, quitar el duende de.

debugging [ˌdi:'bʌgɪŋ] *n* (*Comput*) depuración *f*.

debunk ['di:'bʌŋk] *vt* (*fam: theory, claim, person, institution*) desprestigiar, desacreditar.

debut ['deɪbu:] *n* (*Theat: first appearance*) presentación *f*, debut *m*; (*fig*) primer acto *m*; **to make one's ~** hacer su presentación.

debutante ['debju:tɑ̃:nt] *n* debutante *f*.

Dec. *abbr of* **December** dic, dic.[e].

dec. *abbr of* **deceased**.

decade ['dekeɪd] *n* década *f*, decenio *m*.

decadence ['dekədəns] *n* decadencia *f*.

decadent ['dekədənt] *adj* (*habits, person*) decadente.

decaffeinated [ˌdi:'kæfɪneɪtɪd] *adj*: **~ coffee** (café *m*) descafeinado *m*.

decal [dɪ'kæl] *n* (*US*) pegatina *f*.

decamp [dɪ'kæmp] *vi* (*fam*) escaparse, rajarse (*LAm*).

decant [dɪ'kænt] *vt* (*wine etc*) decantar.

decanter [dɪ'kæntəʳ] *n* jarra *f* (de vino).

decapitate [dɪ'kæpɪteɪt] *vt* decapitar.

decarbonize [di:'kɑ:bənaɪz] *vt* (*Aut*) descarburar.

decathlon [dɪ'kæθlən] *n* decatlón *m*.

decay [dɪ'keɪ] **1** *n* (*of vegetation, food*) pudrición *f*; (*of teeth*) caries *f*; (*of building*) desmoronamiento *m*, ruina *f*; (*fig: of civilization*) decadencia *f*; (*: of faculties*) deterioro *m*. **2** *vi* (*rot*) pudrirse; (*teeth*) cariarse; (*building*) desmoronarse; (*fig: civilization, faculties*) decaer.

decease [dɪ'si:s] *n* (*frm*) fallecimiento *m*.

deceased [dɪ'si:st] **1** *adj* (*Jur etc*) difunto/a. **2** *n*: **the ~** (*person*) el/la difunto/a.

deceit [dɪ'si:t] *n* (*misleading*) engaño *m*; (*fraud*) fraude *m*; (*trick*) trampa *f*; (*lie*) mentira *f*.

deceitful [dɪ'si:tfʊl] *adj* (*see n*) engañoso/a; falso/a; tramposo/a; mentiroso/a.

deceive [dɪ'si:v] *vt* (*deliberately*) engañar; (*defraud*) defraudar; (*lie*) mentir; **she ~d me into thinking that ...** me engañó, haciéndome pensar que ...; **he thought his eyes were deceiving him** creía que le engañaban los ojos; **don't be ~d by appearances** no se deje engañar por las apariencias; **to ~ o.s.** engañarse.

decelerate [di:'seləreɪt] *vi* (*Aut*) disminuir la velocidad.

December [dɪ'sembəʳ] *n* diciembre *m*; *see* **July** *for usage*.

decency ['di:sənsɪ] *n* (*propriety*) decencia *f*, decoro *m*; (*politeness*) educación *f*; **to have a sense of ~** tener sentido del decoro; **he had the ~ to phone me** tuvo la amabilidad de llamarme; **common ~** simple cortesía *f*.

decent ['di:sənt] *adj* **(a)** (*respectable: person, house*) decente; (*proper: clothes, behaviour, language*) decoroso/a; **are you ~?** (*hum*) ¿estás visible? **(b)** (*kind*) amable; **he was very ~ to me** fue muy amable conmigo. **(c)** (*salary, meal*) adecuado/a, decente. **(d)** (*US fam: great*) cutre (*fam*).

decently ['di:səntlɪ] *adv* (*respectably*) decentemente; (*kindly*) amablemente.

decentralization [di:ˌsentrəlaɪ'zeɪʃən] *n* descentralización *f*.

decentralize [di:'sentrəlaɪz] *vt* descentralizar.

deception [dɪ'sepʃən] *n* (*deceiving*) engaño *m*; (*trick*) trampa *f*; (*lie*) mentira *f*; (*fraud*) fraude *m*.

deceptive [dɪ'septɪv] *adj* engañoso/a.

decibel ['desɪbel] *n* decibelio *m*.

decide [dɪ'saɪd] **1** *vt* (*gen*) decidir; **that ~d me** eso me convenció; **it was ~d that ...** se decidió *or* determinó que ...; **to ~ where to go/what to do** decidir *or* determinar adónde ir/qué hacer; **to ~ to do sth** decidir *or* determinar hacer algo.

2 *vi* decidir, determinar; **to ~ for** *or* **in favour of sb** decidir a favor de algn; **to ~ in favour of sth/doing sth** decidir por *or* determinar algo/hacer algo; **the judge ~d in his favour** el juez decidió a su favor; **to ~ against sth/doing sth** decidir *or* determinar en contra de algo/de hacer algo.

▸ **decide on** *vi + prep*: **to ~ on sth/on doing sth** decidir por algo/hacer algo.

decided [dɪ'saɪdɪd] *adj* (*person, tone, manner*) resuelto/a, decidido/a; (*opinion*) firme, categórico/a; (*difference, improvement*) indudable, marcado/a.

decidedly [dɪ'saɪdɪdlɪ] *adv* (*without doubt*) indudablemente, sin duda; (*very, markedly*) decididamente; (*resolutely*) con resolución.

decider [dɪ'saɪdəʳ] *n* (*Sport: game*) partido *m* decisivo; (*: replay*) (partido *m* de) desempate *m*; (*: point, goal*) gol *m etc* decisivo.

deciding [dɪ'saɪdɪŋ] *adj* decisivo/a, concluyente; **the ~ factor** el factor determinante; **the ~ goal/point** el gol/punto decisivo; **the ~ vote** el voto decisivo.

deciduous [dɪ'sɪdjʊəs] *adj* (*tree*) de hoja caduca.

decilitre, (*US*) **deciliter** ['desɪˌli:təʳ] *n* decilitro *m*.

decimal ['desɪməl] **1** *adj* (*point, system*) decimal; **~ currency** moneda *f* decimal; **to 3 ~ places** con 3 cifras; **~**

system sistema *m* métrico. **2** *n* decimal *m*.
decimalization [ˌdesɪməlaɪˈzeɪʃən] *n* decimalización *f*.
decimalize [ˈdesɪməlaɪz] *vt* convertir al sistema decimal.
decimate [ˈdesɪmeɪt] *vt* (*lit, fig*) diezmar.
decimetre, (*US*) **decimeter** [ˈdesɪˌmiːtəʳ] *n* decímetro *m*.
decipher [dɪˈsaɪfəʳ] *vt* (*lit, fig*) descifrar.
decision [dɪˈsɪʒən] **1** *n* decisión *f*, determinación *f*; **to come to** *or* **reach a ~** llegar a decidirse; **to make a ~** tomar *or* adoptar una decisión. **2** *cpd*: **~ table** *n* (*Comput*) tabla *f* de decisiones.
decision-making [dɪˈsɪʒənˌmeɪkɪŋ] *cpd*: **~ process** *n* proceso *m* decisorio; **~ unit** *n* unidad *f* de adopción de decisiones.
decisive [dɪˈsaɪsɪv] *adj* (*victory, factor, influence*) decisivo/a, concluyente; (*manner, reply*) decidido/a, tajante, terminante; (*person*) decidido/a, resuelto/a.
deck [dek] **1** *n* (**a**) (*Naut*) cubierta *f*; **to go up on ~** subir a la cubierta; **below ~** en la bodega. (**b**) (*of bus*) **top** *or* **upper/bottom** *or* **lower ~** piso *m* de arriba/abajo. (**c**) (*of cards*) baraja *f*. (**d**) (*record player*) tocadiscos *m inv*; **cassette ~** pletina *f*. **2** *vt* (**a**) (*also* **~ out**) adornar, engalanar (*with* con). (**b**) (*US fam*) derribar de un golpe.
deckchair [ˈdekˌtʃɛəʳ] *n* tumbona *f*.
deckhand [ˈdekhænd] *n* marinero *m* de cubierta.
declaim [dɪˈkleɪm] *vi* (*gen*) declamar.
declamatory [dɪˈklæmətərɪ] *adj* declamatorio/a.
declaration [ˌdekləˈreɪʃən] *n* declaración *f*.
declare [dɪˈklɛəʳ] *vt* (*gen, Bridge*) declarar; (*result*) proclamar; **have you anything to ~?** ¿tiene usted algo que declarar?; **to ~ that** ... anunciar que ...; **to ~ war (on** *or* **against sb)** declarar la guerra (a algn); **to ~ o.s. against/in favour of sth** pronunciarse en contra de/a favor de algo.
declassify [diːˈklæsɪfaɪ] *vt*: **to ~ information** quitar algo de la lista de información secreta.
declension [dɪˈklenʃən] *n* (*Ling*) declinación *f*.
decline [dɪˈklaɪn] **1** *n* (**a**) (*decrease*) disminución *f* (*in* de); **to be on the ~** ir disminuyendo.
(**b**) (*deterioration*) decaimiento *m*, deterioro *m*; **the ~ of the Roman Empire** la decadencia del Imperio Romano; **to fall into a ~** (*Med*) decaer, debilitarse; **to go into a ~** ir debilitándose.
2 *vt* (**a**) (*refuse*) rehusar, rechazar; **to ~ to do sth** rehusar *or* negarse a hacer algo.
(**b**) (*Ling*) declinar.
3 *vi* (**a**) (*decrease: power, influence*) disminuir; (*deteriorate*) decaer; (*: in health*) debilitarse, decaer; **to ~ in importance** ir perdiendo importancia.
(**b**) (*Ling*) declinarse.
(**c**) (*refuse*) negarse, rehusar.
declining [dɪˈklaɪnɪŋ] *adj*: **~ interest** pérdida *f* de interés; **in my ~ years** en mis últimos años.
declutch [ˈdiːˈklʌtʃ] *vi* desembragar; **to double ~** hacer un doble desembragaje.
decode [ˈdiːˈkəʊd] *vt* descifrar.
decoder [diːˈkəʊdəʳ] *n* (*Comput, TV*) de(s)codificador *m*.
decoke [diːˈkəʊk] *vt* (*Brit Aut*) descarburar.
decolonize [diːˈkɒlənaɪz] *vt* descolonizar.
decompose [ˌdiːkəmˈpəʊz] **1** *vt* (*rot*) descomponer, pudrir. **2** *vi* descomponerse, pudrirse.
decomposition [ˌdiːkɒmpəˈzɪʃən] *n* descomposición *f*, putrefacción *f*.
decompression [ˌdiːkəmˈpreʃən] **1** *n* descompresión *f*. **2** *cpd*: **~ chamber** *n* descompresor *m*.
decongestant [ˌdiːkənˈdʒestənt] *n* descongestionante *m*.
decontaminate [ˌdiːkənˈtæmɪneɪt] *vt* descontaminar.
decontrol [ˌdiːkənˈtrəʊl] *vt* (*prices, trade*) quitar controles a.
décor [ˈdeɪkɔːʳ] *n* decoración *f*; (*Theat*) decorado *m*.
decorate [ˈdekəreɪt] *vt* (**a**) (*adorn*) decorar, adornar (*with* de); (*paint: room, house*) pintar; (*paper*) empapelar. (**b**) (*honour*) condecorar.
decorating [ˈdekəreɪtɪŋ] *n* decoración *f*.
decoration [ˌdekəˈreɪʃən] *n* (**a**) (*act*) decoración *f*. (**b**) (*ornament*) adorno *m*; (*medal*) condecoración *f*.
decorative [ˈdekərətɪv] *adj* decorativo/a.
decorator [ˈdekəreɪtəʳ] *n*: **painter and ~** pintor *m* decorador; **interior ~** interiorista *mf*.
decorous [ˈdekərəs] *adj* (*behaviour, appearance*) decoroso/a.
decorum [dɪˈkɔːrəm] *n* decoro *m*.
decoy [ˈdiːkɔɪ] **1** *n* (*bird: artificial*) señuelo *m*; (*: live*) cimbel *m*; (*fig: bait*) cebo *m*; (*: person*) señuelo. **2** [dɪˈkɔɪ] *vt* atraer (con señuelo).
decrease [ˈdiːkriːs] **1** *n* (*gen*) disminución *f*, reducción *f*; (*in wages etc*) rebaja *f*; **a ~ in speed/strength** una reducción de velocidad/fuerza; **a ~ of 50%** una reducción *or* rebaja del 50 por ciento; **to be on the ~** ir disminuyéndose. **2** [diːˈkriːs] *vt* disminuir, reducir; (*wages etc*) reducir. **3** [diːˈkriːs] *vi* reducirse; (*power, strength, enthusiasm*) disminuir; (*Knitting*) menguar; **to ~ by 10%** reducirse en un 10 por ciento.
decreasing [diːˈkriːsɪŋ] *adj* decreciente.
decree [dɪˈkriː] **1** *n* decreto *m*; **to issue a ~** promulgar un decreto; **~ absolute/nisi** (*divorce*) sentencia *f* absoluta/provisional de divorcio. **2** *vt* (*gen*) decretar.
decrepit [dɪˈkrepɪt] *adj* (*building*) ruinoso/a; (*person*) decrépito/a.
decrepitude [dɪˈkrepɪtjuːd] *n* (*of building*) decrepitud *f*.
decriminalize [diːˈkrɪmɪnəlaɪz] *vt* despenalizar.
decry [dɪˈkraɪ] *vt* criticar, censurar.
dedicate [ˈdedɪkeɪt] *vt* (*book*) dedicar; **to ~ sth to sb/sth** (*church etc*) consagrar *or* dedicar algo a algn/algo; **to ~ one's life** *or* **o.s. to sth/to doing sth** consagrar su vida *or* consagrarse a algo/hacer algo.
dedicated [ˈdedɪkeɪtɪd] *adj* dedicado/a; (*Comput*) especializado/a; **~ word processor** procesador *m* de textos especializado *or* dedicado.
dedication [ˌdedɪˈkeɪʃən] *n* (*gen*) dedicación *f*, consagración *f*; (*in book*) dedicatoria *f*.
deduce [dɪˈdjuːs] *vt* deducir, sacar en limpio; **to ~ sth from sth** deducir algo de algo; **to ~ (from sth) that ...** colegir (de algo) que ...; **as can be ~d from** según se colige de, según se desprende de.
deduct [dɪˈdʌkt] *vt*: **to ~ sth (from)** restar *or* descontar algo (de).
deductible [dɪˈdʌktəbl] *adj* deducible.
deduction [dɪˈdʌkʃən] *n* (**a**) (*act of deducing*) deducción *f*; **what are your ~s?** ¿cuáles son sus conclusiones? (**b**) (*act of deducting*) deducción *f*; (*amount deducted*) descuento *m*, rebaja *f*; **tax ~s** deducciones *fpl* para personas físicas.
deed [diːd] **1** *n* (**a**) (*act*) acto *m*, acción *f*; (*result*) hecho *m*; **brave ~** hazaña; **good ~** buena acción. (**b**) (*Jur*) escritura *f*, acta *f*; **~ of covenant** escritura de contrato. **2** *cpd*: **~ poll** *n*: **to change one's name by ~ poll** cambiar su apellido por escritura legal.
deejay [ˈdiːdʒeɪ] *n* (*fam*) pinchadiscos (*fam*) *mf inv*.
deem [diːm] *vt* (*frm*) juzgar, considerar; **she ~s it wise to** ... lo considera prudente ....
deep [diːp] **1** *adj* (*comp* **~er**; *superl* **~est**) (**a**) (*water, hole etc*) profundo/a, hondo/a; **the water was 6 inches ~** el agua tenía una profundidad de 6 pulgadas; **we were ankle-~/knee-~ in mud** estábamos hasta los tobillos/las rodillas de lodo; **the ~ end** (*of swimming pool*) la parte honda; **to be thrown in (at) the ~ end** (*fig fam*) recibir un bautismo de fuego; **to go off (at) the ~ end** (*fig fam: excited*) enloquecer; (*: angry*) perder los estribos.
(**b**) (*shelf, cupboard*) hondo/a, con fondo; (*border, hem*) ancho/a; **a cupboard a metre ~** un armario de un metro de fondo; **D~ South** (*US*) Estados *mpl* del Sur de EEUU; **~ space** espacio *m* lejano.

(**c**) (*voice, note, sound*) bajo/a, profundo/a; **a ~ sigh** un suspiro profundo; **to take a ~ breath** respirar hondo *or* a pleno pulmón.

(**d**) (*colour*) intenso/a; (*feelings, sleep, mystery, thinker*) profundo/a; (*mourning*) riguroso/a; **to be ~ in thought/in a book** estar absorto en la meditación/en un libro; **he's a ~ one** (*fam*) es muy callado.

2 *adv* profundamente, hondo; **~ underground** muy dentro de la tierra; **~ in her heart** en lo más profundo de su corazón; **the spectators were standing 6 ~** los espectadores estaban de 6 en fondo; **don't go in too ~ if you can't swim** si no sabes nadar no te metas en la parte profunda *or* en lo hondo; **to cut ~ (into sth)** penetrar hondo (en algo); **to dig ~** cavar hondo; **to drink ~** beber mucho (de un trago); **~ in the forest** en lo más profundo del bosque; **he thrust his hand ~ into his pocket** metió la mano hasta el fondo del bolsillo; **they worked ~ into the night** trabajaron hasta muy entrada la noche; **~ in debt** cargado de deudas.

3 *n*: **the ~** (*poet: sea*) el piélago *m*.

deepen ['di:pən] **1** *vt* (*hole etc*) profundizar, ahondar; (*sound*) hacer más grave; (*colour*) intensificar; (*understanding, interest, sorrow*) intensificar, aumentar; (*friendship, love*) hacer más profundo *or* intenso, ahondar.

2 *vi* (*water etc*) hacerse más profundo *or* hondo; (*voice*) hacerse más grave; (*colour, emotion*) intensificarse; (*night*) avanzar; (*mystery*) aumentar; (*understanding, love*) hacerse más profundo *or* intenso; (*crisis*) agudizarse.

deepfreeze ['di:p'fri:z] **1** *n* congelador *m*, congeladora *f* (*LAm*). **2** *vt* congelar.

deep-frozen [ˌdi:p'frəʊzn] *adj* ultracongelado/a.

deep-fry ['di:p'fraɪ] *vt* freír en aceite abundante.

deeply ['di:plɪ] *adv* (*gen*) profundamente, hondamente; **to regret sth ~** lamentar algo sinceramente; **to be ~ in debt** estar muy cargado de deudas, estar seriamente endeudado; **to go ~ into sth** involucrarse mucho en algo.

deep-rooted ['di:p'ru:tɪd] *adj* (*plant, fig*) profundamente arraigado/a.

deep-sea ['di:p'si:] *adj* (*creatures, plants*) de alta mar; (*fisherman, fishing*) de altura; **~ diver** buzo *m*; **~ diving** buceo *m* de altura; **~ fishing** pesca *f* de gran altura.

deep-seated ['di:p'si:tɪd] *adj* profundamente arraigado/a.

deep-set ['di:p'set] *adj*: **~ eyes** ojos *mpl* hundidos.

deer [dɪəʳ] *n inv* ciervo *m*, venado *m* (*esp LAm*); (*red ~*) ciervo *m* común; (*roe ~*) corzo *m*; (*fallow ~*) gamo *m*.

deerstalker ['dɪəˌstɔ:kəʳ] *n* (*hat*) gorro *m* de cazador.

de-escalate [ˌdi:'eskəleɪt] *vt* desescalar.

de-escalation [di:ˌeskə'leɪʃən] *n* (*Mil, Pol*) desescalada *f*; (*in industrial relations*) descrispación *f*.

deface [dɪ'feɪs] *vt* (*wall, monument*) llenar de pintadas; (*work of art*) desfigurar; (*poster, writing, magazine*) desgarrar.

de facto [deɪ'fæktəʊ] *adj, adv* de hecho, de facto.

defamation [ˌdefə'meɪʃən] *n* difamación *f*.

defamatory [dɪ'fæmətərɪ] *adj* (*article, statement*) difamatorio/a.

defame [dɪ'feɪm] *vt* difamar, calumniar.

default [dɪ'fɔ:lt] **1** *n* (*Comput*) defecto *m*; **by ~** por incumplimiento; (*Jur*) en rebeldía *or* contumacia; (*Sport*) por incomparecencia; **in ~ of** a falta de, falto de. **2** *vi* (*Jur, Sport: not appear*) no presentarse; (*not pay*) faltar al pago. **3** *cpd*: **~ option** *n* (*Comput*) opción *f* por defecto.

defaulter [dɪ'fɔ:ltəʳ] *n* moroso/a *m/f*.

defeat [dɪ'fi:t] **1** *n* (*of army, team*) derrota *f*; (*of ambition, plan*) fracaso *m*; **eventually he admitted ~** por fin reconoció que había sido vencido. **2** *vt* (*army, team, opponent*) vencer, derrotar; (*plan, ambition, efforts*) hacer fracasar, frustrar; (*Pol: party*) derrotar; (*: bill, amendment*) rechazar; (*fig*) vencer; **this will ~ its own ends** esto será contraproducente; **the problem ~s me** el problema me trae perplejo.

defeatism [dɪ'fi:tɪzəm] *n* derrotismo *m*.

defeatist [dɪ'fi:tɪst] *n, adj* derrotista *mf*.

defecate ['defəkeɪt] *vi* defecar.

defect ['di:fekt] **1** *n* (*gen*) defecto *m*; (*in person: mental*) deficiencia *f*; **moral ~** defecto moral. **2** [dɪ'fekt] *vi* (*Pol*) desertar; **to ~ (from a country)** huir (de un país).

defection [dɪ'fekʃən] *n* (*Pol*) deserción *f*, defección *f*.

defective [dɪ'fektɪv] *adj* defectuoso/a; **~ verb** (*Ling*) verbo *m* defectivo; **to be ~ in sth** (*person*) ser deficiente en algo.

defector [dɪ'fektəʳ] *n* tránsfuga *mf*.

defence, (*US*) **defense** [dɪ'fens] **1** *n* defensa *f*; **in ~ of sth** en defensa de algo; **Secretary (of State) for** *or* **Minister of D~** (*Brit*), **Secretary of Defense** (*US*) Ministro *m* de Defensa; **Ministry of D~** (*Brit*), **Department of Defense** (*US*) Ministerio *m* de Defensa; **in his ~** en su defensa; **the case for the ~** el argumento de la defensa; **counsel for the ~** abogado/a *m/f* defensor(a); **witness for the ~** testigo *mf* de cargo; **the body's ~s against disease** la defensa del organismo contra la enfermedad; **as a ~ against** como defensa contra.

2 *cpd* (*policy, strategy, costs*) de defensa; **~ mechanism** *n* mecanismo *m* de defensa; **~ spending** *n* gasto *m* militar.

defenceless, (*US*) **defenseless** [dɪ'fenslɪs] *adj* indefenso/a, inerme.

defend [dɪ'fend] **1** *vt* (*gen*) defender; **to ~ o.s.** defenderse. **2** *vi* (*Sport*) defenderse.

defendant [dɪ'fendənt] *n* (*Jur: civil*) demandado/a *m/f*; (*: criminal*) acusado/a *m/f*.

defender [dɪ'fendəʳ] *n* defensor(a) *m/f*; (*Sport*) defensa *mf*.

defending [dɪ'fendɪŋ] *adj*: **~ champion** (*Sport*) campeón *m* titular; **~ counsel** (*Jur*) abogado *m* defensor.

defense *etc* [dɪ'fens] (*US*) = **defence** *etc*.

defensible [dɪ'fensɪbl] *adj* defendible; (*action etc*) justificable.

defensive [dɪ'fensɪv] *adj* (*attitude, measures, play*) defensivo/a; **to be/go on the ~** estar/ponerse a la defensiva.

defensively [dɪ'fensɪvlɪ] *adv* (*say etc*) en tono defensivo.

defer [dɪ'fɜ:ʳ] *vt* (*meeting, business*) posponer, diferir; (*payment*) aplazar, postergar (*esp LAm*); **his military service was ~red** le concedieron una prórroga militar; **to ~ to sb/sth** deferir a algn/algo; **to ~ to sb's (greater) knowledge** aceptar la superioridad *or* los conocimientos de algn.

deference ['defərəns] *n* (*submission*) deferencia *f*; (*respect*) respeto *m*; **out of** *or* **in ~ to sb/sb's age** por respeto a algn/la edad de algn.

deferential [ˌdefə'renʃəl] *adj* (*gen*) respetuoso/a.

deferment [dɪ'fɜ:mənt], **deferral** [dɪ'fɜ:rəl] *n* (*postponement*) aplazamiento *m*; (*Mil*) prórroga *f*.

deferred [dɪ'fɜ:d] *adj*: **~ credit** crédito *m* diferido; **~ payment** pago *m* a plazos.

defiance [dɪ'faɪəns] *n* (*attitude*) desafío *m*; (*resistance*) resistencia *f* terca; **in ~ of the law** desafiando *or* en desafío a la ley.

defiant [dɪ'faɪənt] *adj* (*insolent*) insolente; (*challenging*) retador(a).

defibrillator [dɪ'faɪbrɪˌleɪtəʳ] *n* desfibrilador *m*.

deficiency [dɪ'fɪʃənsɪ] *n* (**a**) (*gen*) deficiencia *f*; (*lack*) falta *f*; (*Med: weakness*) debilidad *f*, defecto *m*. (**b**) (*in system, plan, character etc*) defecto *m*. (**c**) (*Fin*) déficit *m*.

deficient [dɪ'fɪʃənt] *adj*: **to be ~ in sth** ser deficiente en algo.

deficit ['defɪsɪt] **1** *n* (*esp Fin*) déficit *m*. **2** *cpd*: **~ financing** *n* financiamiento *m* deficitario; **~ spending** *n* gasto *m* deficitario.

defile [dɪ'faɪl] *vt* (*honour*) manchar; (*flag*) ultrajar; (*sa-*

cred thing, memory) profanar; (*woman*) deshonrar.
definable [dɪˈfaɪnəbl] *adj* definible.
define [dɪˈfaɪn] *vt* (*gen, Comput*) definir; (*characterize*) caracterizar; (*delimit*) determinar, delimitar; (*outline*) destacar.
definite [ˈdefɪnɪt] *adj* (**a**) (*fixed, agreed, explicit*) determinado/a; (*final*) definitivo/a; (*certain*) seguro/a; (*clear*) claro/a; **he had a ~ advantage** tuvo una ventaja indudable. (**b**) (*clearly noticeable*) notable, notorio/a. (**c**) (*Ling*) **~ article** artículo *m* definido; **past ~ tense** (tiempo *m*) pretérito *m*.
definitely [ˈdefɪnɪtlɪ] *adv* (*see adj (a)*) definitivamente; seguramente; **~!** ¡claro!, ¡desde luego!; **it's ~ better** es (con) mucho mejor; **I'll ~ go** seguro que iré.
definition [ˌdefɪˈnɪʃən] *n* (**a**) definición *f*; **by ~** por definición. (**b**) (*Phot*) nitidez *f*, claridad *f*.
definitive [dɪˈfɪnɪtɪv] *adj* definitivo/a.
definitively [dɪˈfɪnɪtɪvlɪ] *adv* en definitiva, definitivamente.
deflate [diːˈfleɪt] *vt* (*tyre etc*) desinflar, deshinchar; (*pompous person*) desinflar; (*Econ: also vi*) deflacionar.
deflation [diːˈfleɪʃən] *n* (*Econ*) deflación *f*.
deflationary [diːˈfleɪʃənərɪ] *adj* (*Econ*) deflacionario/a.
deflect [dɪˈflekt] **1** *vt* (*ball, bullet*) desviar; (*fig: person*) desviar (*from* de). **2** *vi* (*ball, bullet*) desviarse.
deflection [dɪˈflekʃən] *n* desviación *f*.
deflower [diːˈflaʊəʳ] *vt* desflorar.
defog [diːˈfɒg] *vt* desempañar.
defogger [diːˈfɒgəʳ] *n* (*US*) dispositivo *m* antivaho.
defoliant [diːˈfəʊlɪənt] *n* defoliante *m*.
defoliation [ˌdiːfəʊlɪˈeɪʃən] *n* defoliación *f*.
deforestation [diːˌfɒrəˈsteɪʃən] *n* deforestación *f*, despoblación *f* forestal.
deform [dɪˈfɔːm] *vt* deformar.
deformation [ˌdiːfɔːˈmeɪʃən] *n* deformación *f*.
deformed [dɪˈfɔːmd] *adj* (*person, limb, body*) deforme; (*structure*) deformado/a.
deformity [dɪˈfɔːmɪtɪ] *n* deformidad *f*.
defraud [dɪˈfrɔːd] *vt* (*frm: person, authorities*) estafar, defraudar; **he ~ed the firm of £100** estafó 100 libras de la compañía.
defray [dɪˈfreɪ] *vt* (*frm: expenses*) sufragar.
defrock [diːˈfrɒk] *vt* apartar del sacerdocio.
defrost [diːˈfrɒst] *vt* (*refrigerator*) descongelar; (*frozen food*) deshelar.
defroster [diːˈfrɒstəʳ] *n* (*US*) descongelador *m*; (*Aut*) esprai *m* antihielo.
deft [deft] *adj* (*comp* **~er**; *superl* **~est**) hábil, diestro/a.
deftly [ˈdeftlɪ] *adv* con destreza, con habilidad.
defunct [dɪˈfʌŋkt] *adj* (*frm: company etc*) que ya no existe; (*: idea etc*) abandonado/a, olvidado/a; (*: scheme*) paralizado/a, suspendido/a.
defuse [diːˈfjuːz] *vt* (*bomb*) desarmar; (*fig: situation*) calmar.
defy [dɪˈfaɪ] *vt* (**a**) (*challenge: person*) desafiar, retar; **I ~ you to do it** te desafío a hacerlo. (**b**) (*refuse to obey: person*) resistir *or* oponerse a; (*: order*) contravenir; (*resist*) resistir; **it defies description** va más allá de toda posible descripción.
degenerate [dɪˈdʒenərɪt] **1** *adj* degenerado/a. **2** *n* degenerado/a *m/f*. **3** [dɪˈdʒenəreɪt] *vi* degenerar (*into* en).
degeneration [dɪˌdʒenəˈreɪʃən] *n* degeneración *f*.
degradation [ˌdegrəˈdeɪʃən] *n* degradación *f*.
degrade [dɪˈgreɪd] *vt* (*gen*) degradar; (*debase*) degradar, humillar.
degrading [dɪˈgreɪdɪŋ] *adj* degradante.
degree [dɪˈgriː] **1** *n* (**a**) (*gen, Geog, Math*) grado *m*; **10 ~s below freezing** 10 grados bajo cero.
(**b**) (*extent*) punto *m*, grado *m*; (*stage in scale*) grado, etapa *f*; **a high ~ of uncertainty** un alto grado de incertidumbre; **by ~s** poco a poco, por etapas; **to some** *or* **a certain ~** hasta cierto punto; **to the highest ~** en sumo grado; **to give sb the third ~** interrogar a algn brutalmente, sacudir a algn *(fam)*.
(**c**) (*social standing*) categoría *f*.
(**d**) (*Univ*) título *m*; **first/higher ~** licenciatura *f*/doctorado *m*; **honorary ~** doctorado *m* 'honoris causa'; **to get a ~** sacar un título; **to take a ~ in** licenciarse en.
2 *cpd*: **to do a ~ course** (*Brit Univ*) hacer una licenciatura.
dehumanize [diːˈhjuːmənaɪz] *vt* deshumanizar.
dehumidifier [ˌdiːhjuːˈmɪdɪfaɪəʳ] *n* deshumedecedor *m*.
dehydrate [diːˈhaɪdreɪt] *vt* (*Tech*) deshidratar.
dehydrated [ˌdiːhaɪˈdreɪtɪd] *adj* (*vegetables*) seco/a; (*milk, eggs*) en polvo; (*Med, Tech*) deshidratado/a.
dehydration [ˌdiːhaɪˈdreɪʃən] *n* deshidratación *f*.
de-ice [diːˈaɪs] *vt* deshelar, descongelar.
de-icer [ˈdiːˈaɪsəʳ] *n* (*Aer, Aut*) descongelador *m*.
deify [ˈdiːɪfaɪ] *vt* deificar.
deign [deɪn] *vt*: **to ~ to do sth** dignarse hacer algo.
deity [ˈdiːɪtɪ] *n* deidad *f*, divinidad *f*.
dejected [dɪˈdʒektɪd] *adj* (*person, look*) desanimado/a, abatido/a, apenado/a *(LAm)*.
dejection [dɪˈdʒekʃən] *n* (*emotion*) desaliento *m*, abatimiento *m*.
dekko [ˈdekəʊ] *n*: **let's have a ~** (*Brit fam*) déjame verlo.
Del. *abbr* (*US*) *of* **Delaware**.
del. *abbr of* **delete**.
delay [dɪˈleɪ] **1** *n* (*hold-up*) demora *f*, dilación *f*; (*to traffic*) retención *f*, atasco *m*, embotellamiento *m*; (*to train*) retraso *m*; **without ~** sin retraso *or* demora; **without further ~** sin tardar más.
2 *vt* (*postpone*) aplazar, demorar *(LAm)*; (*hold up: person*) entretener; (*: train, event*) retrasar; **the train was ~ed for 2 hours** el tren se retrasó dos horas.
3 *vi* tardar, demorarse *(LAm)*, dilatar; **to ~ in doing sth** tardar *or (LAm)* dilatar en hacer algo; **don't ~!** ¡no te entretengas!, ¡no dilates! *(LAm)*, ¡no te demores!, ¡no tardes!
delayed-action [dɪˈleɪdˈækʃən] *adj* de acción retardada; **~ bomb** bomba *f* de efecto retardado.
delaying [dɪˈleɪɪŋ] *adj*: **~ tactics** tácticas *fpl* retardatorias.
delectable [dɪˈlektəbl] *adj* delicioso/a.
delectation [ˌdiːlekˈteɪʃən] *n* deleite *m*, deleitación *f*.
delegate [ˈdelɪgɪt] **1** *n* delegado/a *m/f* (*to* a) . **2** [ˈdelɪgeɪt] *vt* (*person, task, power*) delegar *or* designar (*to* a, en).
delegation [ˌdelɪˈgeɪʃən] *n* delegación *f*.
delete [dɪˈliːt] **1** *vt* tachar, suprimir (*from* de); (*Comput*) cancelar; **'~ where inapplicable'** 'tache lo que no sea relevante'. **2** *cpd*: **~ key** *n* tecla *f* de borrado.
deleterious [ˌdelɪˈtɪərɪəs] *adj* nocivo/a, perjudicial.
deletion [dɪˈliːʃən] *n* supresión *f*, tachadura *f*; (*Comput*) cancelación *f*.
Delhi [ˈdelɪ] *n* Delhi *m*.
deli [ˈdelɪ] *n* (*fam*) = **delicatessen**.
deliberate [dɪˈlɪbərɪt] **1** *adj* (*intentional*) deliberado/a, premeditado/a; (*cautious*) prudente; (*unhurried*) pausado/a, lento/a. **2** [dɪˈlɪbəreɪt] *vt* (*think about*) meditar; (*discuss*) discutir. **3** [dɪˈlɪbəreɪt] *vi* (*think*) reflexionar *or* meditar (*on* sobre); (*discuss*) deliberar (*on* sobre).
deliberately [dɪˈlɪbərɪtlɪ] *adv* (*intentionally*) a propósito, aposta, adrede; (*cautiously, slowly*) lentamente, pausadamente.
deliberation [dɪˌlɪbəˈreɪʃən] *n* (**a**) (*consideration*) reflexión *f*, meditación *f*; (*discussion*) deliberación *f*, discusión *f*; **after due ~** después de pensarlo bien. (**b**) (*slowness*) lentitud *f*.
delicacy [ˈdelɪkəsɪ] *n* (**a**) (*see adj*) delicadeza *f*; fragilidad *f*; debilidad *f*; sensibilidad *f*. (**b**) (*special food*) exquisitez *f*, golosina *f*.
delicate [ˈdelɪkɪt] *adj* (**a**) (*fine, dainty*) delicado/a, fino/a; (*fragile: bones, china*) frágil; (*flavour, food*) exquisito/a. (**b**) (*Med: health*) delicado/a, débil. (**c**) (*sensitive: instrument, touch*) sensible; (*: situation, problem*) delicado/a.

delicately [ˈdelɪkɪtlɪ] *adv (see adj (a), (c))* delicadamente; frágilmente; con delicadeza.
delicatessen [ˌdelɪkəˈtesn] *n (shop)* charcutería *f*, rotisería *f (CSur)*.
delicious [dɪˈlɪʃəs] *adj* delicioso/a, rico/a.
delight [dɪˈlaɪt] **1** *n (feeling of joy)* alegría *f*, deleite *m*, goce *m*; *(jubilation)* regocijo *m*; *(pleasurable thing)* encanto *m*; **to my ~** para mi gusto y placer; **to take ~ in sth** deleitarse con algo; **to take ~ in doing sth** deleitarse en hacer algo; *(pej)* gozarse en hacer algo. **2** *vt (person)* encantar.
▶ **delight in** *vi + prep*: **to ~ in sth/in doing sth** deleitarse con algo/con hacer algo, disfrutar con algo/haciendo algo.
delighted [dɪˈlaɪtɪd] *adj*: ~! ¡encantado/a!; **to be ~ at** *or* **with sth** estar encantado/a con algo; **I was ~ to hear the news** me alegró mucho recibir la noticia; **we shall be ~ to come** estaremos encantados de ir; **~ to meet you** encantado (de conocerle), mucho gusto (de conocerle); **I'd be ~** con (mucho) gusto.
delightful [dɪˈlaɪtfʊl] *adj (charming)* encantador(a); *(delicious)* delicioso/a.
delightfully [dɪˈlaɪtfəlɪ] *adv* en forma encantadora.
delimit [diːˈlɪmɪt] *vt* delimitar.
delineate [dɪˈlɪnɪeɪt] *vt (draw: outline)* delinear, trazar; *(describe: character, plans)* describir, pintar.
delinquency [dɪˈlɪŋkwənsɪ] *n* delincuencia *f*.
delinquent [dɪˈlɪŋkwənt] **1** *adj* delincuente. **2** *n (also* **juvenile ~***)* delincuente *mf* (juvenil).
delirious [dɪˈlɪrɪəs] *adj (Med)* delirante; *(fig: with happiness etc)* loco/a; **to be ~** delirar.
deliriously [dɪˈlɪrɪəslɪ] *adv*: **to be ~ happy** estar loco de alegría.
delirium [dɪˈlɪrɪəm] *n (Med, fig)* delirio *m*; **~ tremens** delírium *m* tremens.
deliver [dɪˈlɪvəʳ] **1** *vt* **(a)** *(goods)* entregar; *(letters)* repartir; *(message)* llevar; **he ~ed me home safely** me acompañó hasta casa, me dejó en casa; **he ~ed the goods** *(fam)* cumplió *or* hizo lo que se esperaba de él; **'we ~'** 'entrega *f* a domicilio'. **(b)** *(old: rescue)* librar *(from* de). **(c)** *(speech, verdict etc)* pronunciar; *(blow, punch)* lanzar. **(d)** *(Med: baby)* asistir al parto de. **2** *vi (fam)* cumplir lo prometido, hacer lo pactado.
deliverance [dɪˈlɪvərəns] *n (poet)* liberación *f*.
delivery [dɪˈlɪvərɪ] **1** *n* **(a)** *(of goods)* entrega *f*; *(of mail)* reparto *m*; **to take ~ of** recibir; **General D~** *(US)* Lista *f* de Correos.
(b) *(of speaker)* forma *f* de hablar en público.
(c) *(Med)* parto *m*, alumbramiento *m*.
2 *cpd*: **~ boy** *n* recadero *m*, mensajero *m*; **~ charge** *n* gastos *mpl* de entrega; **~ date** *n* fecha *f* de entrega; **~ man** *n* repartidor *m*; **~ note** *n* nota *f* de entrega; **~ room** *n* sala *f* de partos; **~ service** *n* servicio *m* de entrega; *(to home)* servicio a domicilio; **~ truck** *(US)*, **~ van** *(Brit) n* furgoneta *f or* camioneta *f* de reparto.
delouse [ˈdiːˈlaʊs] *vt* espulgar.
delta [ˈdeltə] *n (Geog)* delta *m*.
delude [dɪˈluːd] *vt* engañar; **to ~ sb into thinking (that) ...** hacer creer a algn (que) ...; **to ~ o.s.** engañarse.
deluge [ˈdeljuːdʒ] **1** *n (of rain, fig)* diluvio *m*; *(Rel)* **the D~** el Diluvio; **a ~ of protests** una avalancha de protestas. **2** *vt (fig)* inundar *(with* de); **he was ~d with questions** le llovieron *or* abrumaron las preguntas.
delusion [dɪˈluːʒən] *n* ilusión *f*; *(Psych)* alucinación *f*.
de luxe [dɪˈlʌks] *adj* de lujo.
delve [delv] *vi*: **to ~ (into)** *(pocket, cupboard)* hurgar (en), rebuscar (en); *(past, subject)* investigar.
Dem. *abbr (US Pol) of* **Democrat(ic)**.
demagogic [ˌdeməˈgɒgɪk] *adj* demagógico/a.
demagogue, demagog *(US sometimes)* [ˈdeməgɒg] *n* demagogo *m*.
demand [dɪˈmɑːnd] **1** *n* **(a)** *(request: for money)* reclamación *f*; *(: for help etc)* petición *f*; *(: for better pay etc)* reivindicación *f*; *(insistence)* exigencia *f*; **by popular ~** a petición del público; **on ~** a solicitud, a petición; **I have many ~s on my time** tengo muchas ocupaciones.
(b) *(Comm)* demanda *f (for* de); **to be in ~** tener mucha demanda; *(fig: person)* estar muy solicitado.
2 *vt (ask for: explanation, fact)* **to ~ sth (from** *or* **of sb)** exigir algo (a algn); *(need)* requerir algo (de algn); **to ~ that** ... insistir en que ...; **he ~ed to see my passport** insistió en *or* exigió ver mi pasaporte; **the job ~s care** el trabajo exige cuidado.
3 *cpd*: **~ curve** *n* curva *f* de la demanda; **~ management** *n* control *m* de la demanda; **~ note** *n* solicitud *f* de pago.
demanding [dɪˈmɑːndɪŋ] *adj (person)* exigente; *(work: tiring)* agotador(a); *(: absorbing)* absorbente.
demarcation [ˌdiːmɑːˈkeɪʃən] **1** *n* demarcación *f*. **2** *cpd*: **~ dispute** *n* conflicto *m* por definición del trabajo; **~ line** *n* línea *f* de demarcación.
demean [dɪˈmiːn] *vt*: **to ~ o.s.** rebajarse.
demeaning [dɪˈmiːnɪŋ] *adj* degradante.
demeanour, *(US)* **demeanor** [dɪˈmiːnəʳ] *n* conducta *f*, comportamiento *m*, porte *m*.
demented [dɪˈmentɪd] *adj* demente, alocado/a.
dementia [dɪˈmenʃɪə] *n* demencia *f*; *(also* **senile ~***)* demencia senil.
demerara [ˌdeməˈreərə] *n (also* **~ sugar***)* azúcar *m* terciado.
demerit [diːˈmerɪt] *n (usu pl)* demérito *m*, desmerecimiento *m*.
demi... [ˈdemɪ] *pref* semi..., medio...; **~god** semidiós *m*.
demilitarize [ˈdiːˈmɪlɪtəraɪz] *vt* desmilitarizar; **~d zone** zona *f* desmilitarizada.
demise [dɪˈmaɪz] *n (frm: death)* fallecimiento *m*; *(fig: of institution etc)* desaparición *f*.
demist [diːˈmɪst] *vt (Aut)* eliminar el vaho de.
demister [diːˈmɪstəʳ] *n (Aut)* eliminador *m* de vaho.
demitasse [ˈdemɪtæs] *n (of coffee)* tacita *f* (de café).
demo [ˈdeməʊ] *(fam) n abbr of* **demonstration** mani *f*; *(of machine, product)* demostración *f*; *(also* **~ tape***)* maqueta *f*.
demob [ˈdiːˈmɒb] *(Brit fam)* **1** *n abbr of* **demobilization**. **2** *vt abbr of* **demobilize**.
demobilization [ˈdiːˌməʊbɪlaɪˈzeɪʃən] *n* desmovilización *f*.
demobilize [diːˈməʊbɪlaɪz] *vt* desmovilizar.
democracy [dɪˈmɒkrəsɪ] *n* democracia *f*.
democrat [ˈdeməkræt] *n* demócrata *mf*; **Christian/Social D~** democristiano/a *m/f*/socialdemócrata *mf*.
democratic [ˌdeməˈkrætɪk] *adj (gen)* democrático/a; *(US Pol)* **the D~ Party** el Partido Demócrata.
democratically [ˌdeməˈkrætɪklɪ] *adv* democráticamente.
democratization [dɪˌmɒkrətaɪˈzeɪʃən] *n* democratización *f*.
democratize [dɪˈmɒkrətaɪz] *vt* democratizar.
demographer [dɪˈmɒgrəfəʳ] *n* demógrafo/a *m/f*.
demographic [ˌdeməˈgræfɪk] *adj* demográfico/a.
demography [dɪˈmɒgrəfɪ] *n* demografía *f*.
demolish [dɪˈmɒlɪʃ] *vt* derribar, echar abajo, demoler; *(fig: argument)* destruir; *(hum: cake)* zampar.
demolition [ˌdeməˈlɪʃən] **1** *n* demolición *f*, derribo *m*. **2** *cpd*: **~ squad** *n* equipo *m* de demolición; **~ zone** *n* zona *f* de demolición.
demon [ˈdiːmən] *n* demonio *m*; **he's a ~ for work** *(fam)* es una fiera para el trabajo.
demonstrably [ˈdemənstrəblɪ] *adv*: **a ~ false statement** una afirmación manifiestamente falsa.
demonstrate [ˈdemənstreɪt] **1** *vt* **(a)** *(theory)* demostrar, probar. **(b)** *(method, use)* mostrar, hacer una demostración de. **(c)** *(display: emotions)* manifestar, expresar. **2** *vi (Pol etc)* manifestarse *(against* en contra de).
demonstration [ˌdemənˈstreɪʃən] **1** *n* demostración *f*; *(Pol)* manifestación *f*; **to hold a ~** hacer una mani-

festación. **2** *cpd*: ~ **model** *n* modelo *m* de demostración.

demonstrative [dɪˈmɒnstrətɪv] *adj* (*person*) expresivo/a; (*Ling*) demostrativo/a.

demonstrator [ˈdemənstreɪtəʳ] *n* (*Pol*) manifestante *mf*; (*Univ etc*) auxiliar *mf*; (*in shop*) demostrador(a) *m/f*.

demoralize [dɪˈmɒrəlaɪz] *vt* desmoralizar.

demote [dɪˈməʊt] *vt* degradar.

demotion [dɪˈməʊʃən] *n* degradación *f*.

demur [dɪˈmɜːʳ] **1** *vi* (*frm*) mostrarse recio/a (*at* a). **2** *n*: **without** ~ sin objeción.

demure [dɪˈmjʊəʳ] *adj* (*modest*) recatado/a; (*affected*) remilgado/a.

demurely [dɪˈmjʊəlɪ] *adv* recatadamente, con remilgo.

demurrage [dɪˈmʌrɪdʒ] *n* (*Naut*) estadía *f*; (*Comm*) sobrestadía *f*.

demystify [diːˈmɪstɪfaɪ] *vt* desmistificar.

den [den] *n* **(a)** (*wild animal's*) guarida *f*, madriguera *f*; **a ~ of thieves** (*fig*) una cueva de ladrones. **(b)** (*private room*) estudio *m*.

denationalization [ˈdiːˌnæʃnəlaɪˈzeɪʃən] *n* desnacionalización *f*.

denationalize [diːˈnæʃnəlaɪz] *vt* desnacionalizar.

denatured [diːˈneɪtʃəd] *adj*: ~ **alcohol** (*US*) alcohol *m* desnaturalizado.

denial [dɪˈnaɪəl] *n* **(a)** (*of accusation, guilt*) negación *f*; **the government issued an official** ~ el gobierno desmintió oficialmente (la acusación). **(b)** (*refusal: of request*) negativa *f*; (*rejection*) rechazo *m*; (*: of statement*) mentís *m*. **(c)** (*self-~*) abnegación *f*.

denier [ˈdenɪəʳ] *n* denier *m*.

denigrate [ˈdenɪgreɪt] *vt* denigrar.

denim [ˈdenɪm] **1** *n* mezclilla *f*; ~**s** pantalones *mpl* vaqueros, vaqueros *mpl*, bluyín *msg* (*esp LAm*). **2** *cpd*: ~ **jacket** *n* chaqueta *f or* (*LAm*) saco *m* de vaquero.

denizen [ˈdenɪzn] *n* habitante *mf*.

Denmark [ˈdenmɑːk] *n* Dinamarca *f*.

denomination [dɪˌnɒmɪˈneɪʃən] *n* (*Rel*) confesión *f*, secta *f*; (*of coin etc*) valor *m*.

denominational [dɪˌnɒmɪˈneɪʃənl] *adj* (*Eccl*) sectario; (*US: school*) confesional.

denominator [dɪˈnɒmɪneɪtəʳ] *n* (*Math*) denominador *m*; *see* **common**.

denote [dɪˈnəʊt] *vt* indicar; (*subj: word*) significar.

denouement [deɪˈnuːmɒn] *n* desenlace *m*.

denounce [dɪˈnaʊns] *vt* (*accuse publicly*) censurar; (*to police etc*) denunciar.

dense [dens] *adj* (*comp* ~**r**; *superl* ~**st**) (*thick: forest etc*) tupido/a; (*: crowd*) nutrido/a; (*fam: person*) torpe, bruto/a (*LAm*).

densely [ˈdenslɪ] *adv* densamente; ~ **populated** con una alta densidad de población.

density [ˈdensɪtɪ] **1** *n* densidad *f*. **2** *cpd*: **single/double** ~ **disk** *n* disco *m* de densidad sencilla/de doble densidad.

dent [dent] **1** *n* (*in metal*) abolladura *f*; (*in wood*) mella *f*; (*fam: in savings*) agujero *m*, hueco *m* (*LAm*). **2** *vt* (*car, hat etc*) abollar; **his reputation was somewhat ~ed** su reputación quedaba algo deslustrada.

dental [ˈdentl] *adj* dental; ~ **floss** seda *f or* hilo *m* dental; ~ **nurse** enfermero/a dental *m/f*; ~ **surgeon** odontólogo/a *m/f*, dentista *mf*.

dentifrice [ˈdentɪfrɪs] *n* dentífrico *m*.

dentist [ˈdentɪst] *n* dentista *mf*; ~**'s chair** silla *f* del dentista; ~**'s surgery** *or* (*US*) **office** consultorio *m* dental.

dentistry [ˈdentɪstrɪ] *n* odontología *f*.

dentures [ˈdentʃəz] *npl* dentadura *fsg* (postiza).

denuclearize [diːˈnjuːklɪəraɪz] *vt*: **a ~d zone** una zona desnuclearizada.

denude [dɪˈnjuːd] *vt* (*fig: strip*) despojar (*of* de).

denunciation [dɪˌnʌnsɪˈeɪʃən] *n* (*gen*) denuncia *f*.

Denver [ˈdenvəʳ] *cpd*: ~ **boot,** ~ **clamp** *n* (*US*) cepo *m*.

deny [dɪˈnaɪ] *vt* **(a)** (*charge*) rechazar; (*report*) desmentir; (*possibility, truth of statement etc*) **to ~ having done/that** ... negar haber hecho/que ...; **there's no ~ing it** no se puede negar; **he denies having said it** niega haberlo dicho. **(b)** (*refuse*) **to ~ sb sth** negarle algo a algn; **to ~ o.s. sth** privarse de algo.

deodorant [diːˈəʊdərənt] *n* desodorante *m*.

deodorize [diːˈəʊdəraɪz] *vt* desodorizar.

dep. *abbr* (*Rail etc*) *of* **departs**.

depart [dɪˈpɑːt] *vi*: **to ~ (from)** (*train, person*) partir *or* salir (de); (*from custom, truth etc*) apartarse *or* desviarse (de).

departed [dɪˈpɑːtɪd] **1** *adj* (*bygone: days etc*) pasado/a; (*poet: euph*) difunto/a. **2** *npl*: **the** ~ los difuntos *mpl*.

department [dɪˈpɑːtmənt] **1** *n* (*gen*) departamento *m*; (*in shop*) sección *f*; (*Admin*) sección, oficina *f*; **D~ of Employment** (*Brit*)/**State** (*US*) Ministerio *m or* Secretaría *f* (*Mex*) de Trabajo/Asuntos Exteriores. **2** *cpd*: ~ **store** *n* gran almacén *m*.

departmental [ˌdiːpɑːtˈmentl] *adj* departamental, de departamento.

departure [dɪˈpɑːtʃəʳ] **1** *n*: ~ **(from)** (*of train, person etc*) salida *f* (de), partida *f* (de); (*fig: from custom, principle*) desviación *f* (de); **'D~s'** (*Aer*) 'Salidas'; **a new** ~ un rumbo nuevo; **this is a ~ from the norm** esto se aparta de lo normal. **2** *cpd*: ~ **board** *n* (*Aer, Rail*) tablón *m* de salidas; ~ **gate** *n* (*Aer*) puerta *f* de embarque; ~ **lounge** *n* sala *f* de embarque; ~ **time** *n* hora *f* de salida.

depend [dɪˈpend] *vi* **(a) to ~ (up)on** (*rely*) contar (con); (*be dependent on*) depender (de); **you can ~ on it/me!** ¡tenlo por seguro!/¡cuenta conmigo! **(b) to ~ (on)** (*be influenced by*) depender (de); **it (all) ~s on the weather** todo depende del tiempo; **it (all) ~s what you mean** depende de lo que quieres decir; **that ~s** eso depende, es según (*LAm*).

dependable [dɪˈpendəbl] *adj* (*gen*) fiable; (*person*) formal, cumplidor(a).

dependant [dɪˈpendənt] *n* persona *f* a cargo de algn.

dependence [dɪˈpendəns] *n*: ~ **(on)** (*reliance*) confianza *f* (en); (*for support*) dependencia *f* (de); (*on drugs*) drogodependencia *f*.

dependency [dɪˈpendənsɪ] *n* (*Pol*) posesión *f*.

dependent [dɪˈpendənt] **1** *adj* **(a)** ~ **(on)** (*child, relative*) dependiente (de), a cargo (de); (*Ling*) subordinado/a (a). **(b)** (*pred: conditional*) **to be ~ on** depender de. **2** *n* = **dependant**.

depersonalize [diːˈpɜːsənəlaɪz] *vt* despersonalizar.

depict [dɪˈpɪkt] *vt* (*in picture*) representar; (*in words*) describir.

depiction [dɪˈpɪkʃən] *n* representación *f*.

depilatory [dɪˈpɪlətərɪ] *n* (*also* ~ **cream**) depilatorio *m*.

deplane [diːˈpleɪn] *vi* (*US*) salir del avión, desembarcar.

deplete [dɪˈpliːt] *vt* (*reduce*) reducir; (*exhaust*) agotar.

depletion [dɪˈpliːʃən] *n* (*see vt*) merma *f*, reducción *f*, agotamiento *m*.

deplorable [dɪˈplɔːrəbl] *adj* (*sad*) lamentable; (*disgraceful*) deplorable.

deplore [dɪˈplɔːʳ] *vt* lamentar, deplorar.

deploy [dɪˈplɔɪ] *vt* (*Mil*) desplegar; (*fig: resources etc*) distribuir.

deployment [dɪˈplɔɪmənt] *n* despliegue *m*.

depopulate [diːˈpɒpjʊleɪt] *vt* despoblar.

depopulation [ˈdiːˌpɒpjʊˈleɪʃən] *n* (*of region*) despoblación *f*.

deport [dɪˈpɔːt] *vt* (*expel: from country*) deportar, expulsar del país, desterrar.

deportation [ˌdiːpɔːˈteɪʃən] **1** *n* (*see vt*) expulsión *f*, destierro *m*. **2** *cpd*: ~ **order** *n* orden *f* de expulsión.

deportment [dɪˈpɔːtmənt] *n* (*behaviour*) conducta *f*, comportamiento *m*; (*carriage*) porte *m*.

depose [dɪˈpəʊz] *vt* (*ruler*) deponer.

deposit [dɪˈpɒzɪt] **1** *n* **(a)** (*in bank*) depósito *m*; (*Comm: part payment*) depósito *m*, enganche *m* (*Mex*), abono *m*

(LAm); (*: returnable security*) señal *f*, fianza *f*; **to put down a ~ of £50** dejar un depósito de 50 libras, dejar 50 libras en abono *(Mex)*.
 (**b**) (*Chem, gen*) poso *m*, sedimento *m*; (*Geol*) depósito *m*, yacimiento *m*.
 2 *vt* (**a**) (*put down*) depositar; (*leave: luggage*) consignar, dejar (en consigna); (*eggs*) poner; (*object*) depositar (*with* en), dejar (*with* con).
 (**b**) (*money: in bank*) depositar, ingresar (*in* en); **I want to ~ £10 in my account** quiero abonar 10 libras a mi cuenta.
 3 *cpd*: **~ account** *n* cuenta *f* de ahorros; **~ slip** *n* hoja *f* de ingreso.
deposition [ˌdiːpəˈzɪʃən] *n* (**a**) deposición *f*. (**b**) (*Jur*) declaración *f*, deposición.
depositor [dɪˈpɒzɪtəʳ] *n* (*Fin*) impositor(a) *m/f*.
depository [dɪˈpɒzɪtərɪ] **1** *n* almacén *m*. **2** *cpd*: **~ library** (*US*) biblioteca *f* de depósito.
depot [ˈdepəʊ] *n* (*storehouse*) almacén *m*, depósito *m*; (*bus garage etc*) cochera *f*; (*Mil*) depósito.
depraved [dɪˈpreɪvd] *adj* depravado/a, perverso/a.
depravity [dɪˈprævɪtɪ] *n* depravación *f*.
deprecate [ˈdeprɪkeɪt] *vt* (*frm*) desaprobar.
deprecating [ˈdeprɪkeɪtɪŋ] *adj* (*tone etc*) de desaprobación.
deprecatory [ˈdeprɪkətərɪ] *adj* (*attitude, gesture*) de desaprobación; (*smile*) de disculpa.
depreciate [dɪˈpriːʃɪeɪt] **1** *vi* (*currency, shares*) depreciarse. **2** *vt* (*value*) despreciar, desdeñar.
depreciation [dɪˌpriːʃɪˈeɪʃən] *n* despreciación *f*.
depress [dɪˈpres] *vt* (**a**) (*person: make miserable*) deprimir; (*: discourage*) desalentar. (**b**) (*trade, price*) reducir. (**c**) (*frm: press down*) apretar.
depressant [dɪˈpresnt] *n* (*Med*) calmante *m*, sedante *m*.
depressed [dɪˈprest] *adj* (**a**) (*area*) deprimido/a, pobre; (*Fin: market, trade*) deprimido/a. (**b**) (*person*) deprimido; **to feel ~ (about sth)** estar deprimido (por algo); **to get ~ (about sth)** deprimirse (por algo).
depressing [dɪˈpresɪŋ] *adj* (*gen*) deprimente; (*sad*) triste; (*fam: bad*) penoso/a, malísimo/a.
depressingly [dɪˈpresɪŋlɪ] *adv* tristemente, en tono pesimista; **it was a ~ familiar story** era la triste historia de siempre.
depression [dɪˈpreʃən] *n* (*gen*) depresión *f*; (*hollow*) hoyo *m*; **the D~** la Depresión.
depressurize [diːˈpreʃəˌraɪz] *vt* despresurizar.
deprivation [ˌdeprɪˈveɪʃən] *n* (*act, Psych*) privación *f*; (*state*) pobreza *f*, necesidad *f*.
deprive [dɪˈpraɪv] *vt*: **to ~ sb of sth** privar a algn de algo; **to ~ o.s. of sth** privarse de algo.
deprived [dɪˈpraɪvd] *adj* (*child, family*) necesitado/a.
deprogramme, **deprogram** (*US, often Comput*) [diːˈprəʊgræm] *vt* desprogramar.
Dept., **dept.** *abbr of* **department** Dep., Dpto.
depth [depθ] **1** *n* (*gen*) profundidad *f*; (*width*) ancho *m*; (*of colour, feelings*) intensidad *f*; (*of voice, sound*) gravedad *f*; **~ of knowledge** profundo conocimiento; **at a ~ of 3 metres** a 3 metros de profundidad; **the ~s of the sea** el fondo del mar; **to be out of one's ~** (*lit*) perder pie; (*fig*) perderse; **to get out of one's ~** (*lit*) meterse donde le cubre a uno, perder pie; (*fig*) meterse en honduras, salirse de su terreno; **in the ~s of despair** (*fig*) en la más completa desesperación; **in the ~s of winter** en pleno invierno; **to study in ~** estudiar a fondo.
 2 *cpd*: **~ charge** *n* carga *f* de profundidad.
deputation [ˌdepjʊˈteɪʃən] *n* (*group*) delegación *f*.
depute [dɪˈpjuːt] *vt* (*job, authority*) **to ~ sth to sb** delegar algo en algn; (*person*) **to ~ sb to do sth** delegar a algn a que haga algo.
deputize [ˈdepjʊtaɪz] *vi* quedar de reemplazo (*for sb* para algn), suplir (*for sb* a algn).
deputy [ˈdepjʊtɪ] **1** *n* suplente *m*, sustituto *m*. **2** *cpd* adjunto/a; **~ chairman** *n* vicepresidente/a *m/f*; **~ head**, **~ manager** *n* subdirector(a) *m/f*.
derail [dɪˈreɪl] *vt* hacer descarrilar.
derailment [dɪˈreɪlmənt] *n* descarrilamiento *m*.
deranged [dɪˈreɪndʒd] *adj* loco/a, alocado/a; **to be (mentally) ~** estar perturbado/a *(mentalmente)*.
Derby, **derby**[1] [ˈdɑːbɪ] *n*: **local ~** (*Brit Sport*) encuentro *m* entre dos equipos locales.
derby[2] [ˈdɑːbɪ] *n* (*US: also* **~ hat**) hongo *m (sombrero)*.
Derbys *abbr* (*Brit*) *of* **Derbyshire**.
deregulate [diːˈregjʊleɪt] *vt* desregular.
deregulation [diːˌregjʊˈleɪʃən] *n* desregulación *f*.
derelict [ˈderɪlɪkt] *adj* (*abandoned*) abandonado/a; (*ruined*) en ruinas.
dereliction [ˌderɪˈlɪkʃən] *n*: **~ of duty** negligencia *f*.
deride [dɪˈraɪd] *vt* ridiculizar; **to ~ sth** burlarse de algo.
de rigueur [dərɪˈgɜːʳ] *adv* de rigor.
derision [dɪˈrɪʒən] *n* burla *f*, mofa *f*; (*laughing stock*) irrisión *f*.
derisive [dɪˈraɪsɪv] *adj* (*laughter*) burlón/ona, irónico/a.
derisory [dɪˈraɪsərɪ] *adj* (**a**) (*amount*) irrisorio/a. (**b**) = **derisive**.
derivation [ˌderɪˈveɪʃən] *n* (*of word etc*) derivación *f*.
derivative [dɪˈrɪvətɪv] **1** *adj* (*Chem*) derivado/a; (*literary work, style*) poco original. **2** *n* (*Chem, Ling*) derivado *m*.
derive [dɪˈraɪv] **1** *vt*: **to ~ (from)** (*name, origins*) derivar (de); (*comfort, pleasure*) encontrar (en); (*profit*) sacar (de), obtener (de). **2** *vi*: **to ~ from** (*word, name*) proceder de, venir de; (*power, fortune*) provenir de.
dermatitis [ˌdɜːməˈtaɪtɪs] *n* dermatitis *f*.
dermatologist [ˌdɜːməˈtɒlədʒɪst] *n* dermatólogo/a *m/f*.
dermatology [ˌdɜːməˈtɒlədʒɪ] *n* dermatología *f*.
derogatory [dɪˈrɒgətərɪ] *adj* despectivo/a.
derrick [ˈderɪk] *n* (*in port*) grúa *f*; (*above oil well*) torre *f* de perforación.
derv [dɜːv] *n* (*Brit*) gasoil *m*.
DES *n abbr* (*Brit*) *of* **Department of Education and Science**.
descale [diːˈskeɪl] *vt* desincrustar.
descant [ˈdeskænt] *n* (*Mus*) contrapunto *m*.
descend [dɪˈsend] **1** *vt* (**a**) (*frm: stairs*) descender, bajar. (**b**) **to be ~ed from sb** descender de algn. **2** *vi* (**a**) (*go down*) bajar (*from* de); **in ~ing order of importance** por orden descreciente de importancia. (**b**) (*property, customs*) pasar.
▸ **descend to** *vi + prep* rebajarse a; **to ~ to doing sth** rebajarse a hacer algo.
▸ **descend (up)on** *vi + adv* caer sobre; (*fig*) invadir; **visitors ~ed (up)on us** las visitas nos invadieron.
descendant [dɪˈsendənt] *n* descendiente *mf*.
descent [dɪˈsent] *n* (*going down*) bajada *f*; (*slope*) cuesta *f*, pendiente *f*; (*ancestry*) descendencia *f* (*from* de).
descramble [ˈdiːˈskræmbl] *vt* (*TV*) descodificar.
descrambler [ˈdiːˈskræmbləʳ] *n* (*TV*) descodificador *m*.
describe [dɪsˈkraɪb] *vt* (*scene, person*) describir; **~ him for us** descríbenoslo; **she ~s herself as an executive** se define como una ejecutiva.
description [dɪsˈkrɪpʃən] *n* descripción *f*; **beyond ~** indescriptible; **he carried a gun of some ~** llevaba un arma de algún tipo; **of every ~** de toda clase.
descriptive [dɪsˈkrɪptɪv] *adj* descriptivo/a.
desecrate [ˈdesɪkreɪt] *vt* profanar.
desecration [ˌdesɪˈkreɪʃən] *n* profanación *f*.
deselect [ˌdiːsɪˈlekt] *vt* no renovar la candidatura de, revocar el nombramiento de.
deselection [diːsɪˈlekʃən] *n* no renovación *f* de la candidatura, revocación *f* del nombramiento.
desensitize [diːˈsensɪtaɪz] *vt* desensibilizar, insensibilizar.
desert [ˈdezət] **1** *n* desierto *m*. **2** [dɪˈzɜːt] *vt* (*gen*) abandonar; **his courage ~ed him** (*fig*) su valor le abandonó *or* se esfumó. **3** [dɪˈzɜːt] *vi* (*Mil*) desertar (*from* de) (*to* a). **4** [ˈdezət] *cpd* (*climate, region*) desiértico/a; **~ island** *n* isla *f* desierta.

deserted [dɪˈzɜːtɪd] *adj* (*place*) desierto/a.
deserter [dɪˈzɜːtəʳ] *n* (*Mil*) desertor(a) *m/f*.
desertification [ˌdezəːtɪfɪˈkeɪʃən] *n* desertización *f*.
desertion [dɪˈzɜːʃən] *n* (*Mil*) deserción *f*; (*of spouse*) abandono *m*.
deserts [dɪˈzɜːts] *npl*: **to give sb his just ~** darle a algn lo que se merece.
deserve [dɪˈzɜːv] *vt* merecer, ameritar *(LAm)*; **he ~s to win** tiene merecido *or* se merece el triunfo; **he got what he ~d** se llevó su merecido.
deservedly [dɪˈzɜːvɪdlɪ] *adv* con razón, merecidamente; **and ~ so** y con razón.
deserving [dɪˈzɜːvɪŋ] *adj* merecedor(a), digno/a.
desiccated [ˈdesɪkeɪtɪd] *adj* desecado/a.
design [dɪˈzaɪn] **1** *n* **(a)** (*plan, drawing: of building*) proyecto *m*, diseño *m*; (*preliminary sketch*) boceto *m*; (*pattern, style*) estilo *m*, diseño *m*; (*art of ~*) diseño; **industrial ~** diseño industrial.
(b) (*intention*) plan *m*, propósito *m*; **by ~** a propósito, adrede; **to have ~s on sb/sth** tener sus miras puestas en algn/algo.
2 *vt* **(a)** (*building etc*) diseñar; (*fig: plan, scheme*) trazar.
(b) (*intend*) **to be ~ed for sb/sth** estar hecho para algn/algo; **to be ~ed to do sth** estar diseñado para hacer algo, estar proyectado para hacer algo; (*fig*) tener la intención de hacer algo, ir encaminado a hacer algo; **a well ~ed house** una casa bien concebida.
designate [ˈdezɪgneɪt] **1** *vt* (*name*) **to ~ (as)** designar; (*appoint*) nombrar; (*indicate*) señalar, indicar. **2** [ˈdezɪgnɪt] *adj* designado/a, nombrado/a.
designation [ˌdezɪgˈneɪʃən] *n* (*title*) denominación *f*; (*appointment*) nombramiento *m*.
designer [dɪˈzaɪnəʳ] **1** *n* (*of machines etc*) diseñador(a) *m/f*; (*fashion ~*) diseñador, modisto/a *m/f*; (*in theatre*) escenógrafo/a *m/f*. **2** *cpd*: **~ clothes** *npl* ropa *fsg* de diseño; **~ drug** *n* droga *f* de laboratorio; **~ jeans** *npl* vaqueros *mpl* de marca; **~ stubble** *n* barba *f* con 'look' de tres días.
desirability [dɪˌzaɪərəˈbɪlɪtɪ] *n* deseabilidad *f*, conveniencia *f*; **the ~ of the plan is not in question** que el proyecto en sí es deseable nadie lo duda.
desirable [dɪˈzaɪərəbl] *adj* (*woman*) deseable; (*offer*) atrayente; (*house*) envidiable; (*action, progress*) conveniente, deseable.
desire [dɪˈzaɪəʳ] **1** *n* deseo *m* (*for* de) (*to do sth* de hacer algo); **I have no ~ to see him** no tengo el más mínimo interés en verlo. **2** *vt* (*want*) **to ~ sth/to do sth** desear algo/hacer algo; **to ~ that ...** rogar que ...; **it leaves much to be ~d** deja mucho que desear.
desirous [dɪˈzaɪərəs] *adj* (*frm*) deseoso/a (*of* de); **to be ~ of** desear.
desist [dɪˈzɪst] *vi* desistir (*from* de).
desk [desk] **1** *n* (*in office, study etc*) escritorio *m*; (*US: also news ~*) redacción *f*; (*in hotel*) recepción *f*. **2** *cpd*: **~ clerk** *n* (*US*) recepcionista *mf*; **~ diary** *n* agenda *f* de mesa, diario *m* de escritorio; **~ job** *n* empleo *m* (de oficina); **~ lamp** *n* lámpara *f* de escritorio.
desk-bound [ˈdeskbaʊnd] *adj* sedentario/a.
desktop [ˈdesktɒp] *cpd* de sobremesa, de oficina, de escritorio; **~ publishing** *n* autoedición *f*.
desolate [ˈdesəlɪt] *adj* (*place*) desolado/a, deshabitado/a; (*outlook, future*) desolador(a); (*person: grief-stricken*) desolado/a; (*: friendless*) solitario/a.
desolation [ˌdesəˈleɪʃən] *n* (*of battlefield*) asolamiento *m*; (*of landscape*) desolación *f*; (*of person*) desolación *f*, desconsuelo *m*.
despair [dɪsˈpɛəʳ] **1** *n* desesperación *f*; **in ~** desesperado. **2** *vi* perder la esperanza, desesperarse (*of* de); **don't ~!** ¡ánimo!, ¡anímate!
despairing [dɪsˈpɛərɪŋ] *adj* de desesperación.
despatch [dɪsˈpætʃ] = **dispatch**.
desperado [ˌdespəˈrɑːdəʊ] *n* bandido *m*.
desperate [ˈdespərɪt] *adj* (*gen*) desesperado/a; (*criminal*) peligroso/a, capaz de cualquier cosa; (*need*) apremiante; **we are getting ~** estamos al borde de la desesperación; **I'm ~ for money** (*fam*) necesito *or* me hace mucha falta el dinero; **I was ~ to see her** quería a toda costa verla, moría por verla.
desperately [ˈdespərɪtlɪ] *adv* (*say, look*) desesperadamente, en forma desesperada; (*fight etc*) encarnizadamente; (*extremely*) sumamente; **~ ill** muy grave; **~ in love** locamente enamorado; **not ~** (*fam*) no me urge.
desperation [ˌdespəˈreɪʃən] *n* desesperación *f*; **she drove him to ~** le llevó al borde de la locura; **in (sheer) ~** a la desesperada, de pura desesperación *(LAm)*.
despicable [dɪsˈpɪkəbl] *adj* despreciable, desdeñable.
despise [dɪsˈpaɪz] *vt* despreciar, desdeñar.
despite [dɪsˈpaɪt] *prep* a pesar de, pese a.
despondent [dɪsˈpɒndənt] *adj* (*dejected*) desanimado/a, desalentado/a; (*disheartened*) descorazonado/a; **he was too ~ to smile** le faltaron ánimos para sonreír.
despondently [dɪsˈpɒndəntlɪ] *adv*: **he sighed ~** suspiró desanimado.
despot [ˈdespɒt] *n* déspota *mf*.
despotic [desˈpɒtɪk] *adj* déspota.
despotism [ˈdespətɪzəm] *n* despotismo *m*.
des. res. [ˈdezˈrez] *n* = **desirable residence**.
dessert [dɪˈzɜːt] **1** *n* postre *m*. **2** *cpd*: **~ wine** *n* vino *m* de sobremesa.
dessertspoon [dɪˈzɜːtspuːn] *n* cuchara *f* de mesa.
destabilization [diːˌsteɪbɪlaɪˈzeɪʃən] *n* desestabilización *f*.
destabilize [diːˈsteɪbɪlaɪz] *vt* desestabilizar.
destination [ˌdestɪˈneɪʃən] *n* destino *m*.
destined [ˈdestɪnd] *adj pred* **(a)** (*intended*) **~ for** destinado/a a. **(b)** (*fated*) **we were ~ never to meet again** el destino no quiso que nos volviéramos a encontrar. **(c)** (*travelling*) **~ for London** con destino a Londres.
destiny [ˈdestɪnɪ] *n* (*fate*) destino *m*.
destitute [ˈdestɪtjuːt] *adj* indigente, desamparado/a; **utterly ~** completamente desamparado.
destroy [dɪsˈtrɔɪ] *vt* (*gen*) destruir, destrozar; (*kill: pet*) matar, sacrificar; (*: vermin*) exterminar; (*fig: relationship, hopes etc*) destrozar, arrasar con; **the factory was ~ed by a fire** la fábrica quedó destrozada por un incendio.
destroyer [dɪsˈtrɔɪəʳ] *n* (*Naut*) destructor *m*.
destruct [dɪˈstrʌkt] *cpd*: **~ button** *n* botón *m* de destrucción.
destruction [dɪsˈtrʌkʃən] *n* (*gen*) destrucción *f*; (*ruins etc*) destrozos *mpl*; (*fig: of reputation etc*) destrozo *m*, destrucción.
destructive [dɪsˈtrʌktɪv] *adj* (*gen*) destructivo/a; (*child*) destrozón/ona; **~ to** perjudicial para.
desultory [ˈdesəltərɪ] *adj* (*way of working etc*) poco metódico/a; (*disconnected*) inconexo/a.
det. *abbr* **(a)** *of* **detached**. **(b)** *of* **detective**.
detach [dɪˈtætʃ] *vt* (*separate*) separar.
detachable [dɪˈtætʃəbl] *adj* (*collar, lining*) postizo/a, separable; (*parts*) desmontable.
detached [dɪˈtætʃt] *adj* **(a)** separado/a, suelto/a; (*from friends, family*) distanciado/a; **~ house** hotelito *m*, chalet *m*; **~ retina** desprendimiento *m* de la retina. **(b)** (*impartial: opinion*) objetivo/a; (*unemotional: manner*) indiferente; **to take a ~ view of** considerar objetivamente.
detachment [dɪˈtætʃmənt] *n* **(a)** objetividad *f*; **an air of ~** un aire de indiferencia. **(b)** (*Mil*) destacamento *m*.
detail [ˈdiːteɪl] **1** *n* **(a)** (*gen*) detalle *m*; (*trivial item*) pormenor *m*; (*no pl: taken collectively*) detalles *mpl*; **attention to ~** minuciosidad *f*; **in ~** detalladamente; **to go into ~(s)** entrar en detalles; **down to the last ~** hasta en los menores detalles. **(b)** (*Mil*) destacamento *m*. **2** *vt* **(a)** (*facts, story*) detallar. **(b)** (*Mil*) destacar (*to do sth* para hacer algo).

detailed [ˈdiːteɪld] *adj* detallado/a.
detain [dɪˈteɪn] *vt* (*keep back*) entretener, retener; (*suspect, criminal*) detener.
detainee [ˌdiːteɪˈniː] *n* detenido/a *m/f*.
detect [dɪˈtekt] *vt* (*discover*) descubrir; (*notice*) percibir; (*solve crime*) resolver; (*perceive*) averiguar; (*Tech*) detectar.
detection [dɪˈtekʃən] *n* (**a**) (*discovery*) descubrimiento *m*; (*perception*) averiguación *f*. (**b**) (*crime* ~) investigación *f*.
detective [dɪˈtektɪv] **1** *n* detective *mf*; (*private* ~) detective privado.
2 *cpd*: ~ **constable** *n* (*Brit*) ≈ agente *m*; ~ **inspector** *n* (*Brit*) ≈ inspector *m*; ~ **sergeant** *n* (*Brit*) ≈ cabo *m*; ~ **story** *n* novela *f* policíaca; ~ **superintendent** *n* (*Brit*) ≈ comisario *m* jefe; ~ **work** *n* (*fig*) trabajo *m* detectivesco, trabajo *m* de investigación.
detector [dɪˈtektəʳ] *n* (*gadget*) detector *m*.
détente [ˈdeɪtɑ̃ːnt] *n* detente *f*.
detention [dɪˈtenʃən] **1** *n* (*of criminal, spy*) detención *f*, arresto *m*; (*of schoolchild*) castigo *m*. **2** *cpd*: ~ **centre** *n* (*Brit*) centro *m* de detención; ~ **home** *n* (*US*) centro *m* de rehabilitación.
deter [dɪˈtɜːʳ] *vt* (*discourage*) desalentar; (*dissuade*) disuadir; (*prevent*) impedir.
detergent [dɪˈtɜːdʒənt] *n* detergente *m*.
deteriorate [dɪˈtɪərɪəreɪt] *vi* (*condition, work*) empeorar; (*materials etc*) deteriorarse.
deterioration [dɪˌtɪərɪəˈreɪʃən] *n* (*see vi*) empeoramiento *m*; deterioro *m*.
determination [dɪˌtɜːmɪˈneɪʃən] *n* (**a**) (*of person*) resolución *f*, decisión *f*. (**b**) (*of cause, position*) determinación *f*.
determine [dɪˈtɜːmɪn] *vt* (**a**) (*decide*) determinar; (*: price, date etc*) fijar, determinar; (*: fate, character*) decidir; (*resolve*) resolver; **to ~ sb to do sth** hacer resolver a algn hacer algo. (**b**) (*ascertain: cause, meaning*) determinar.
▸ **determine on** *vi + prep* (*course of action*) optar por, decidirse por.
determined [dɪˈtɜːmɪnd] *adj* (*person*) decidido/a, resuelto/a; (*effort*) resuelto/a, enérgico/a; **to be ~ to do sth** estar resuelto a hacer algo.
determining [dɪˈtɜːmɪnɪŋ] *adj*: ~ **factor** factor *m* determinante.
determinism [dɪˈtɜːmɪnɪzəm] *n* determinismo *m*.
deterrent [dɪˈterənt] *n* (*also Mil*) disuasivo *m*; **nuclear ~** fuerza disuasiva nuclear; **to act as a ~** servir de disuasivo.
detest [dɪˈtest] *vt* detestar, odiar.
detestable [dɪˈtestəbl] *adj* detestable, odioso/a.
dethrone [diːˈθrəʊn] *vt* destronar.
detonate [ˈdetəneɪt] **1** *vt* hacer detonar. **2** *vi* detonar, estallar.
detonator [ˈdetəneɪtəʳ] *n* detonador *m*.
detour [ˈdiːtʊəʳ] **1** *n* desviación *f*, desvío *m*; **to make a ~** desviarse. **2** *vt* (*US*) desviar.
detox [ˈdiːˈtɒks] **1** *n abbr of* **detoxification**. **2** *vt abbr of* **detoxify**.
detoxification [diːˌtɒksɪfɪˈkeɪʃən] **1** *n* desintoxicación *f*. **2** *cpd*: ~ **centre**, (*US*) ~ **center** centro *m* de desintoxicación.
detoxify [diːˈtɒksɪfaɪ] *vt* desintoxicar.
detract [dɪˈtrækt] *vi*: **to ~ from** (*value*) quitarle mérito *or* valor a; (*reputation*) deslucir.
detractor [dɪˈtræktəʳ] *n* detractor(a) *m/f*.
detriment [ˈdetrɪmənt] *n* detrimento *m*, perjuicio *m*; **to the ~ of** en detrimento de; **without ~ to** sin (causar) detrimento *or* perjuicio a.
detrimental [ˌdetrɪˈmentl] *adj* perjudicial (*to* a, para).
deuce [djuːs] *n* (*Tennis*) cuarenta iguales *mpl*, deuce *m*.
devaluation [ˌdɪvæljʊˈeɪʃən] *n* (*Fin*) devaluación *f*.
devalue [ˈdiːˈvæljuː] *vt* (*Fin*) devaluar.
devastate [ˈdevəsteɪt] *vt* (*destroy: place*) devastar, asolar; (*: fig: opponent, opposition*) aplastar, arrollar; (*overwhelm: person*) dejar desolado/a *or* destrozado/a; **we were simply ~d** nos quedamos anonadados.
devastating [ˈdevəsteɪtɪŋ] *adj* (*flood, storm*) devastador(a); (*news, effect*) abrumador(a); (*argument, opposition*) aplastante; (*beauty*) irresistible.
devastatingly [ˈdevəsteɪtɪŋlɪ] *adv* (*beautiful, funny*) extraordinariamente.
devastation [ˌdevəˈsteɪʃən] *n* destrozos *mpl*.
develop [dɪˈveləp] **1** *vt* (**a**) (*make bigger, stronger etc: mind, body*) desarrollar; (*fig: argument, idea*) ampliar; (*plan*) elaborar.
(**b**) (*acquire: interest, taste, habit*) adquirir.
(**c**) (*resources, region*) fomentar, desarrollar; **this land is to be ~ed** se va a construir en este terreno.
(**d**) (*Phot*) revelar.
2 *vi* (**a**) (*change*) **to ~ (into)** transformarse (en).
(**b**) (*come into being*) aparecer; (*come about: situation, event*) suceder, ocurrir; (*idea, plan*) surgir; **it later ~ed that ...** más tarde quedó claro que ....
developer [dɪˈveləpəʳ] *n* (*Phot*) revelador *m*; (*property ~*) especulador(a) *m/f* en construcción.
developing [dɪˈveləpɪŋ] **1** *adj* (*country*) en (vías de) desarrollo; (*crisis, storm*) que se avecina. **2** *n* (*Phot*) revelado *m*.
development [dɪˈveləpmənt] **1** *n* (**a**) (*gen*) desarrollo *m*; (*unfolding*) evolución *f*, desenvolvimiento *m*.
(**b**) (*change in situation*) novedad *f*, cambio *m*; (*event*) acontecimiento *m*; **awaiting ~s** en espera de novedades.
(**c**) (*building ~*) urbanización *f*.
2 *cpd*: ~ **agency** *n* agencia *f* de promoción; ~ **area** *n* zona *f* de desarrollo; ~ **bank** *n* banco *m* de desarrollo; ~ **company** *n* compañía *f* de explotación; ~ **corporation** *n* (*of new town*) corporación *f* de desarrollo, corporación de promoción; ~ **officer** *n* director(a) *m/f* de promoción.
developmental [dɪˌveləpˈmentl] *adj* de desarrollo.
deviance [ˈdiːvɪəns], **deviancy** [ˈdiːvɪənsɪ] *n* desviación *f*; (*sexual*) perversión *f*.
deviant [ˈdiːvɪənt] *adj* (*see n*) desviado/a; pervertido/a.
deviate [ˈdiːvɪeɪt] *vi* desviarse (*from* de).
deviation [ˌdiːvɪˈeɪʃən] *n* desviación *f* (*from* de).
device [dɪˈvaɪs] *n* (*gadget etc*) aparato *m*, mecanismo *m*; (*scheme*) ardid *m*, estratagema *f*; **to leave sb to his own ~s** dejar que se las arregle *or* apañe solo.
devil [ˈdevl] *n* (**a**) (*evil spirit*) demonio *m*, diablo *m*; **the D~** el Diablo.
(**b**) (*fam: person*) demonio *m*; **poor ~** pobre diablo, pobrecito/a *m/f*; **be a ~!** ¡atrévete!, ¡lánzate!; **you little ~!** ¡qué diablillo *or* malo eres! (**c**) (*fam: as intensifier*) **it was the ~ of a job to do** ¡vaya trabajo que (me) costó!; **we had the ~ of a job to find it** nos costó horrores encontrarlo; **I'm in the ~ of a mess** estoy en un lío tremendo; **to work/run like the ~** trabajar/correr como un descosido; **how/what/why/who the ~ ...?** ¿cómo/qué/por qué/quién demonios ...?; **there will be the ~ to pay** esto va a costar caro.
(**d**) (*phrases*) **between the ~ and the deep blue sea** entre la espada y la pared; **go to the ~!** (*fam!*) ¡vete a la porra! *(Sp fam!)*, ¡vete al carajo! *(LAm fam!)*; **better the ~ you know** vale más lo malo conocido que lo bueno por conocer; **the ~ finds work for idle hands** cuando el diablo no tiene que hacer con el rabo mata moscas; **speak** *or* **talk of the ~!** (*fam*) hablando del rey de Roma (por la puerta asoma); **to play (the) ~'s advocate** ser el abogado del diablo; **(to) give the ~ his due** ser justo, hasta con el diablo; *see* **luck**.
devilish [ˈdevlɪʃ] **1** *adj* (*wicked*) diabólico/a; (*mischievous*) travieso/a. **2** *adv* (*also* **~ly**) la mar de, sumamente.

devil-may-care [ˈdevlmeɪˈkɛəʳ] *adj* despreocupado/a; (*rash*) temerario/a, arriesgado/a.
devious [ˈdiːvɪəs] *adj* (*path, argument*) tortuoso/a; (*means*) intrincado/a, enrevesado/a; (*person*) taimado/a.
deviousness [ˈdiːvɪəsnɪs] *n* tortuosidad *f*.
devise [dɪˈvaɪz] *vt* (*conceive*) concebir, inventar; (*plan*) elaborar; (*plot*) tramar, maquinar.
devitalize [diːˈvaɪtəlaɪz] *vt* privar de vitalidad, desvitalizar.
devoid [dɪˈvɔɪd] *adj*: ~ **of** desprovisto/a de.
devolution [ˌdiːvəˈluːʃən] *n* (*Pol*) descentralización *f*; **most Welsh people want** ~ la mayoría de los galeses quieren la autonomía.
devolve [dɪˈvɒlv] **1** *vt* (*power, government*) descentralizar. **2** *vi* recaer (*(up)on* sobre); **it ~d on me to tell him** me tocó a mí decírselo.
devote [dɪˈvəʊt] *vt* (*life, time, book*) **to ~ sth to sth** dedicar algo a algo; **to ~ o.s. to sth** dedicarse a algo.
devoted [dɪˈvəʊtɪd] *adj* (*friend etc*) leal, fiel; **to be ~ to sb** tenerle mucho cariño a algn; **this chapter is ~d to politics** este capítulo trata de la política.
devotee [ˌdevəʊˈtiː] *n* devoto/a *m/f*.
devotion [dɪˈvəʊʃən] *n*: ~ **(to)** (*to studies etc*) dedicación *f* (a); (*Rel*) devoción *f* (a); (*to friend etc*) lealtad *f* (a); ~**s** (*Rel*) oraciones *fpl*.
devotional [dɪˈvəʊʃənl] *adj* piadoso/a, devoto/a.
devour [dɪˈvaʊəʳ] *vt* (*food*) devorar; **to be ~ed by jealousy** morirse de envidia.
devout [dɪˈvaʊt] *adj* (*person*) devoto/a; (*thanks, prayer*) sincero/a.
devoutly [dɪˈvaʊtlɪ] *adv* (*pray*) con devoción.
dew [djuː] *n* rocío *m*.
dewdrop [ˈdjuːdrɒp] *n* gota *f* de rocío.
dewy [ˈdjuːɪ] *adj* (*comp* **-ier**; *superl* **-iest**) rociado/a, cubierto/a de rocío.
dewy-eyed [ˈdjuːɪˈaɪd] *adj* (*innocent*) ingenuo/a.
dexterity [deksˈterɪtɪ] *n* (*of hands, mind*) destreza *f*, habilidad *f*.
dext(e)rous [ˈdekstrəs] *adj* (*skilful*) diestro/a, hábil.
dext(e)rously [ˈdekstrəslɪ] *adv* con destreza.
dextrose [ˈdekstrəʊs] *n* dextrosa *f*.
DG *abbr of* **Director General** D.G. *m*.
dg *abbr of* **decigram(s)** dg.
DH *n abbr* (*Brit*) *of* **Department of Health**.
DHSS *n abbr* (*Brit old*) *of* **Department of Health and Social Security**.
DI *n abbr of* **Donor Insemination**.
diabetes [ˌdaɪəˈbiːtiːz] *nsg* diabetes *f*.
diabetic [ˌdaɪəˈbetɪk] **1** *adj* (*patient etc*) diabético/a; (*chocolate etc*) para diabéticos. **2** *n* diabético/a *m/f*.
diabolical [ˌdaɪəˈbɒlɪkəl] *adj* diabólico/a; (*fam*) horrendo/a.
diadem [ˈdaɪədem] *n* diadema *f*.
diaeresis, (*US*) **dieresis** [daɪˈerɪsɪs] *n* diéresis *f*.
diagnose [ˈdaɪəgnəʊz] *vt* (*Med, fig*) diagnosticar.
diagnosis [ˌdaɪəgˈnəʊsɪs] *n* (*pl* **diagnoses** [ˌdaɪəgˈnəʊsiːz]) diagnóstico *m*.
diagnostic [ˌdaɪəgˈnɒstɪk] *adj* diagnóstico/a.
diagonal [daɪˈægənl] *adj, n* diagonal *f*.
diagonally [daɪˈægənəlɪ] *adv* (*cut, fold*) en la diagonal; **to go ~ across** cruzar diagonalmente; ~ **opposite** diagonalmente opuesto.
diagram [ˈdaɪəgræm] *n* (*plan*) esquema *m*; (*chart*) gráfica *f*; (*Math*) diagrama *m*.
diagrammatic [ˌdaɪəgrəˈmætɪk] *adj* esquemático/a.
dial [ˈdaɪəl] **1** *n* (*of clock*) esfera *f*, carátula *f* (*LAm*); (*of instrument, radio*) esfera *f*, dial *m*; (*: tuner*) selector *m*; (*of telephone*) dial *m*. **2** *vt* (*Telec*) marcar, discar (*LAm*); **to ~ a wrong number** equivocarse de número (a marcar); **can I ~ London direct?** ¿puedo llamar a Londres directamente?; **to ~ 999** llamar a emergencia. **3** *cpd*: ~ **code** *n* (*US*) prefijo *m*; ~ **tone** *n* (*US*) señal *f or* tono *m* de marcar.
dial. *abbr of* **dialect**.
dialect [ˈdaɪəlekt] **1** *n* dialecto *m*. **2** *cpd*: ~ **word** *n* palabra *f* regional.
dialectic [ˌdaɪəˈlektɪk] *n* dialéctica *f*.
dialectics [ˌdaɪəˈlektɪks] *nsg* dialéctica *f*.
dialling, (*US*) **dialing** [ˈdaɪəlɪŋ] **1** *n* marcación *f*, discado *m*. **2** *cpd*: ~ **code** *n* (*Brit*) prefijo *m*; ~ **tone** *n* (*Brit*) señal *f or* tono *m* de marcar.
dialogue, (*US*) **dialog** [ˈdaɪəlɒg] *n* diálogo *m*.
dialysis [daɪˈæləsɪs] *n* (*Med*) diálisis *f*.
diameter [daɪˈæmɪtəʳ] *n* diámetro *m*; **it is one metre in ~** tiene un diámetro de un metro.
diametrically [ˌdaɪəˈmetrɪkəlɪ] *adv*: ~ **opposed (to)** diametralmente opuesto (a).
diamond [ˈdaɪəmənd] **1** *n* brillante *m*, diamante *m*; (*shape*) rombo *m*; (*Cards: standard pack*) diamante *m*; (*: Spanish cards*) oro *m*; (*Baseball*) campo *m* de béisbol; **the Queen of ~s** la dama de diamantes. **2** *cpd*: ~ **jubilee** *n* sexagésimo aniversario *m*; ~ **necklace** *n* collar *m* de diamantes; ~ **ring** *n* anillo *m or* sortija *f* de diamantes; ~ **wedding** *n* bodas *fpl* de diamante.
diamorphine [ˌdaɪəˈmɔːfiːn] *n* diamorfina *f*.
diaper [ˈdaɪəpəʳ] (*US*) **1** *n* pañal *m*. **2** *cpd*: ~ **pin** *n* imperdible *m*, seguro *m* (*LAm*).
diaphanous [daɪˈæfənəs] *adj* diáfano/a.
diaphragm [ˈdaɪəfræm] *n* (*Anat, contraceptive*) diafragma *m*.
diarrhoea, (*US*) **diarrhea** [ˌdaɪəˈriːə] *n* diarrea *f*.
diary [ˈdaɪərɪ] *n* diario *m*; (*for engagements*) agenda *f*.
diatribe [ˈdaɪətraɪb] *n* diatriba *f* (*against* contra) .
dice [daɪs] **1** *n, pl inv* dados *mpl*; **no ~!** (*US fam*) ¡ni hablar!, ¡nada de eso! **2** *vt* (*vegetables*) cortar en cuadritos. **3** *vi*: **to ~ with death** jugar con la muerte.
dicey [ˈdaɪsɪ] *adj* (*comp* **-ier**; *superl* **-iest**) (*Brit fam*) incierto/a, dudoso/a.
dichotomy [dɪˈkɒtəmɪ] *n* dicotomía *f*.
dick [dɪk] *n* **(a)** (*US fam*) detective *m*. **(b)** (*fam!*) polla *f* (*fam!*).
dickhead [ˈdɪkhed] *n* (*fam*) gilipollas *m* (*fam*).
dicky [ˈdɪkɪ] *adj* (*comp* **-ier**; *superl* **-iest**): **to have a ~ heart** (*Brit fam*) tener una debilidad cardíaca.
Dictaphone ® [ˈdɪktəfəʊn] *n* dictáfono ® *m*.
dictate [dɪkˈteɪt] **1** *vt, vi* **(a)** (*letter*) dictar. **(b)** (*order*) mandar; **he decided to act as circumstances ~d** decidió actuar según (mandasen) las circunstancias. **2** [ˈdɪkteɪt] *n*: ~**s** dictados *mpl*.
► **dictate to** *vi + prep* (*person*) dar órdenes a; **I won't be ~d to** a mí no me manda nadie.
dictation [dɪkˈteɪʃən] **1** *n* (*to secretary, schoolchild etc*) dictado *m*; **to take a ~** escribir al dictado. **2** *cpd*: **at ~ speed** a velocidad de dictado.
dictator [dɪkˈteɪtəʳ] *n* dictador(a) *m/f*.
dictatorial [ˌdɪktəˈtɔːrɪəl] *adj* (*manner etc*) dictatorial.
dictatorship [dɪkˈteɪtəʃɪp] *n* dictadura *f*.
diction [ˈdɪkʃən] *n* (*pronunciation*) dicción *f*.
dictionary [ˈdɪkʃənrɪ] *n* diccionario *m*.
did [dɪd] *pt of* **do**.
didactic [daɪˈdæktɪk] *adj* didáctico/a.
diddle [ˈdɪdl] *vt* (*fam*) estafar, timar; **to ~ sb out of sth** estafar algo a algn.
didn't [ˈdɪdənt] = **did not**.
die[1] [daɪ] (*prp* **dying**) *vi* **(a)** (*person, animal, plant*) morir (*of, from* de); (*engine*) pararse, calarse; (*fig: friendship, interest*) morir, desaparecer; **her father was dying** su padre se moría *or* estaba moribundo; **to ~ a natural/violent death** morir de muerte natural/violenta; **he ~d a hero** murió convertido en un héroe; **the daylight was dying fast** (*fig*) la luz del día iba apagándose rápidamente; **never say ~** (*fig fam*) no hay que darse por vencido; **I nearly ~d!** (*laughing*) ¡me moría de la risa!, (*with embarrassment*) ¡me moría de vergüenza *or* (*LAm*) pena!; **old habits ~ hard** genio y figura hasta la sepul-

tura.

(**b**) **to be dying to do sth** morirse de ganas de hacer algo; **I'm dying for a cigarette** me muero de ganas de fumar.

▸ **die away** *vi* + *adv* (*sound, voice*) desvanecerse.

▸ **die down** *vi* + *adv* (*fire*) apagarse; (*storm, wind, emotion*) disminuir, desvanecerse.

▸ **die off** *vi* + *adv* (*plants, animals*) morirse, desaparecer.

▸ **die out** *vi* + *adv* (*custom, species etc*) desaparecer completamente; (*fire*) apagarse, acabarse.

die² [daɪ] *n* (*pl* **dice**): **the ~ is cast** la suerte está echada.

diehard [ˈdaɪhɑːd] **1** *adj* intransigente, empedernido/a, acérrimo/a. **2** *n* intransigente *mf*.

dieresis [daɪˈerɪsɪs] *n* (*US*) = **diaeresis**.

diesel [ˈdiːzəl] **1** *n* Diesel *m*; (*model of car*) coche *m* Diesel. **2** *cpd*: ~ **engine** *n* motor *m* Diesel; ~ **fuel**, ~ **oil** *n* gasoil *m*; ~ **train** *n* tren *m* Diesel.

diet [ˈdaɪət] **1** *n* (**a**) (*customary food*) alimentación *f*. (**b**) (*slimming* ~) régimen *m*, dieta *f*; **to be on a** ~ estar a régimen. **2** *vi* ponerse a régimen.

dietician [ˌdaɪɪˈtɪʃən] *n* médico/a *m/f* dietético/a, dietista *mf* (*LAm*).

differ [ˈdɪfəʳ] *vi* (**a**) (*be unlike*) ser distinto/a (*from* de). (**b**) (*disagree*) **to** ~ **(with sb on** *or* **over** *or* **about sth)** no estar de acuerdo (con algn en algo); **I beg to** ~ siento tener que disentir; **their ideas ~ed** sus ideas diferían; *see* **agree 1 (a)**.

difference [ˈdɪfrəns] *n* (**a**) diferencia *f* (*between* entre); **that makes all the** ~ allí está la diferencia; **it makes no** ~ **to me** me da igual *or* lo mismo; **a car with a** ~ un coche único; **the** ~ **in her is amazing** ¡cuánto ha cambiado! (**b**) (*between numbers, amounts*) diferencia *f*; **I'll pay the** ~ yo pagaré la diferencia. (**c**) (*quarrel*) **a** ~ **of opinion** un desacuerdo, una discusión; **to settle one's ~s** resolver sus diferencias.

different [ˈdɪfrənt] *adj* (*not alike*) distinto/a *or* diferente (*from, to* de); (*changed*) distinto/a, cambiado/a; (*various*) varios/as; **I feel a** ~ **person** me siento otro; **that's quite a** ~ **matter** eso es harina de otro costal; ~ **people noticed it** varias personas lo vieron.

differential [ˌdɪfəˈrenʃəl] **1** *adj* (*different*) diferencial. **2** *n* (*Econ*) diferencia *f*; (*Math*) diferencial *f*.

differentiate [ˌdɪfəˈrenʃɪeɪt] **1** *vt*: **to** ~ **(from)** (*tell the difference*) distinguir (de); (*make the difference*) diferenciar (de). **2** *vi* distinguir (*between* entre).

differently [ˈdɪfrəntlɪ] *adv* distintamente.

difficult [ˈdɪfɪkəlt] *adj* (*book, task etc*) difícil, duro/a (*LAm*); (*child, character*) difícil; **he's** ~ **to get on with** no es fácil llevarse bien con él; **I find it** ~ **to believe (that ...)** me cuesta creer (que ...); **to make life** ~ **for sb** hacer la vida imposible a algn.

difficulty [ˈdɪfɪkəltɪ] *n* (*hardness*) dificultad *f*; (*problem*) problema *m*; **to have** ~ **in breathing** tener la respiración penosa; **he has** ~ **in walking** tiene problemas para andar; **to get into difficulties with** meterse en problemas con; **to make difficulties for sb** poner estorbos a algn.

diffidence [ˈdɪfɪdəns] *n* inseguridad *f*.

diffident [ˈdɪfɪdənt] *adj* inseguro/a.

diffuse [dɪˈfjuːs] **1** *adj* difuso/a; (*long-winded*) prolijo/a. **2** [dɪˈfjuːz] *vt* difundir. **3** [dɪˈfjuːz] *vi* difundirse.

diffusion [dɪˈfjuːʒən] *n* (*of light, heat etc*) difusión *f*.

dig [dɪg] (*vb: pt, pp* **dug**) **1** *n* (**a**) (*with elbow*) codazo *m*. (**b**) (*fam: taunt*) indirecta *f*; **to have a** ~ **at sb** tomarle el pelo a algn. (**c**) (*Archeol*) excavación *f*. **2** *vt* (**a**) (*hole etc*) cavar, excavar; (*ground*) remover. (**b**) (*poke, thrust*) **to** ~ **sth into sth** clavar *or* hundir algo en algo. (**c**) (*fam: esp US: enjoy*) gustarle a algn. **3** *vi* (*person*) cavar; (*dog, pig*) escarbar; (*Archeol, Tech*) excavar; **to** ~ **for minerals** buscar minerales; **to** ~ **into one's pockets for sth** hurgar en el bolsillo para encontrar algo.

▸ **dig in 1** *vi* + *adv* (**a**) (*fam: eat*) atacar; ~ **in!** ¡a comer! (**b**) (*also* ~ **o.s. in**: *Mil*) atrincherarse; **to** ~ **o.s. in** (*fig*) arraigarse. **2** *vt* + *adv* (*compost*) añadir al suelo; (*knife, claw*) clavar, hundir; **to** ~ **in one's heels** (*fig*) mantenerse en sus trece, empecinarse.

▸ **dig out** *vt* + *adv* (*lit*) sacar; (*fig*) buscar.

▸ **dig up** *vt* + *adv* (*vegetables, weeds*) arrancar; (*treasure, body, fig: information etc*) desenterrar.

digest [daɪˈdʒest] **1** *vt, vi* (*food*) digerir; (*information, news*) asimilar. **2** [ˈdaɪdʒest] *n* (*summary*) resumen *m*.

digestible [dɪˈdʒestəbl] *adj* digerible, digestible; **easily** ~ fácil de digerir.

digestion [dɪˈdʒestʃən] *n* digestión *f*.

digestive [dɪˈdʒestɪv] *adj* digestivo/a; ~ **(biscuit)** galleta *f* dulce, bizcocho *m* (*LAm*); ~ **system** aparato *m* digestivo.

digger [ˈdɪgəʳ] *n* (*mechanical*) excavadora *f*.

digit [ˈdɪdʒɪt] *n* (*Math*) dígito *m*; (*finger, toe*) dedo *m*.

digital [ˈdɪdʒɪtəl] *adj* (*clock, computer*) digital.

dignified [ˈdɪgnɪfaɪd] *adj* (*solemn*) solemne; (*decorous*) digno/a, decoroso/a.

dignify [ˈdɪgnɪfaɪ] *vt* dignificar; (*with title*) dar un título altisonante a.

dignitary [ˈdɪgnɪtərɪ] *n* dignatario/a *m/f*.

dignity [ˈdɪgnɪtɪ] *n* dignidad *f*; **that would be beneath my** ~ no me rebajaría a eso; **to stand on one's** ~ ponerse en su lugar, ponerse tan alto.

digress [daɪˈgres] *vi*: **to** ~ **(from the subject)** apartarse del tema.

digression [daɪˈgreʃən] *n* digresión *f*.

digs [dɪgz] *npl* (*Brit fam*) alojamiento *msg*, pensión *fsg*; **to be in** ~ estar alojado.

dike [daɪk] *n* = **dyke**.

dilapidated [dɪˈlæpɪdeɪtɪd] *adj* (*building etc*) ruinoso/a; (*vehicle etc*) desvencijado/a.

dilapidation [dɪˌlæpɪˈdeɪʃən] *n* estado *m* ruinoso.

dilate [daɪˈleɪt] **1** *vi* (*veins, pupils*) dilatarse. **2** *vt* dilatar.

dilation [daɪˈleɪʃən] *n* dilatación *f*; ~ **and curettage** (*Med*) raspado *m*.

dilatory [ˈdɪlətərɪ] *adj* (*person*) lento/a; (*action*) dilatorio/a.

dilemma [daɪˈlemə] *n* dilema *m*; **to be in a** ~ estar en un dilema.

dilettante [ˌdɪlɪˈtæntɪ] *n* (*pl* **dilettanti** [ˌdɪlɪˈtæntɪ]) diletante *mf*.

diligence [ˈdɪlɪdʒəns] *n* diligencia *f*.

diligent [ˈdɪlɪdʒənt] *adj* (*person*) diligente; (*work, search*) minucioso/a.

dill [dɪl] *n* eneldo *m*.

dilly-dally [ˈdɪlɪdælɪ] (*fam*) *vi* (*hesitate*) vacilar; (*loiter*) entretenerse, demorarse.

dilute [daɪˈluːt] *vt* (*fruit juice, taste etc*) diluir; (*colour*) suavizar; (*fig*) atenuar, suavizar; **'~ to taste'** 'diluya a su gusto'.

dim [dɪm] **1** *adj* (*comp* ~**mer**; *superl* ~**mest**) (*light, lamp*) débil; (*sight*) turbio/a, apagado/a; (*forest, room etc*) oscuro/a; (*shape, outline*) borroso/a; (*memory*) lejano/a; (*sound*) sordo/a, apagado; (*fam: person*) torpe, bruto/a; **to grow** ~ oscurecerse; **to take a** ~ **view of sth** (*fam*) ver algo con malos ojos.

2 *vt* (*light*) bajar; (*headlamps*) poner a media luz; (*room etc*) oscurecer; (*outline*) borrar; (*sight*) nublar; (*sb's beauty*) marchitar.

3 *vi* (*sight*) oscurecerse; (*light*) bajarse; (*outline, memory*) borrarse.

dime [daɪm] (*US*) **1** *n moneda de 10 centavos*. **2** *cpd*: ~ **novel** *n* novela *f* de cinco duros, novelucha *f*; ~ **store** *n* tienda *f* que vende mercadería barata.

dimension [dɪˈmenʃən] *n* dimensión *f*.

-dimensional [daɪˈmenʃənl] *adj suf*: **two/three**~ de dos/tres dimensiones.

diminish [dɪˈmɪnɪʃ] **1** *vt* disminuir. **2** *vi* disminuirse.

diminished [dɪˈmɪnɪʃt] *adj* (*value, staff*) reducido/a; ~ **responsibility** (*Jur*) responsabilidad *f* disminuida.

diminishing [dɪˈmɪnɪʃɪŋ] *adj*: **law of ~ returns** ley *f* de rendimiento decreciente.
diminutive [dɪˈmɪnjʊtɪv] **1** *adj* diminuto/a. **2** *n* (*Ling*) diminutivo *m*.
dimly [ˈdɪmlɪ] *adv* débilmente; **you could ~ make out the shape** se entreveía apenas la forma.
dimmer [ˈdɪməʳ] **1** *n* regulador *m* de intensidad; (*US Aut*) interruptor *m*. **2** *cpd*: **~ switch** *n* botón *m* de regulación de la intensidad.
dimple [ˈdɪmpl] *n* (*on chin etc*) hoyuelo *m*.
dimwit [ˈdɪmwɪt] *n* (*fam*) imbécil *mf*.
dim-witted [ˈdɪmˈwɪtɪd] *adj* (*fam*) lerdo/a, imbécil.
din [dɪn] **1** *n* jaleo *m*, estrépito *m*, bronca *f* *(LAm)*. **2** *vt*: **to ~ sth into sb** (*fam*) grabar algo en el cerebro de algn.
dine [daɪn] *vi* (*frm*) **to ~ (on)** cenar.
▸ **dine out** *vi + adv* cenar fuera.
diner [ˈdaɪnəʳ] *n* (*person*) comensal *mf*; (*Rail*) coche-comedor *m*, coche-restaurante *m*, buffet *m (Per)*; (*US: eating place*) restaurante *m* barato, lonchería *f (LAm)*, cocina *f* económica.
ding-dong [ˈdɪŋˈdɒŋ] *adj* (*fam*) **a ~ battle** una batalla campal.
dinghy [ˈdɪŋgɪ] *n* (*rubber ~*) lancha *f* neumática; (*sailing ~*) bote *m*.
dingo [ˈdɪŋgəʊ] *n* (*pl* **~es**) dingo *m*.
dingy [ˈdɪndʒɪ] *adj* (*comp* **-ier**; *superl* **-iest**) (*dirty*) sucio/a; (*dull*) sombrío/a.
dining [ˈdaɪnɪŋ] *cpd*: **~ car** *n* coche-comedor *m*, coche-restaurante *m*; **~ hall** *n* comedor *m*, refectorio *m*; **~ room** *n* comedor *m*; **~ table** *n* mesa *f* de comedor.
dinner [ˈdɪnəʳ] **1** *n* (*evening meal*) cena *f*; (*lunch*) almuerzo *m*, comida *f (LAm)*, lonche *m (Mex)*; (*banquet*) banquete *m*; **we're having people to ~** tenemos invitados para cenar; **to go out to ~** (*in restaurant*) cenar en un restaurante; (*at friends' house*) cenar en casa de amigos.
2 *cpd*: **~ jacket** *n* smóking *m*; **~ lady** *n* ayudanta *f (en el servicio de comidas en las escuelas)*; **~ party** *n* cena *f* de invitados; **~ plate** *n* plato *m* grande; **~ service** *n* vajilla *f*; **~ time** *n* hora *f* de cenar *or* comer.
dinner-dance [ˈdɪnəˌdɑːns] *n cena seguida de baile*.
dinosaur [ˈdaɪnəsɔːʳ] *n* dinosaurio *m*.
dint [dɪnt] *n*: **by ~ of (doing) sth** a fuerza de (hacer) algo.
diocese [ˈdaɪəsɪs] *n* diócesis *f*.
diode [ˈdaɪəʊd] *n* diodo *m*.
dioxide [daɪˈɒksaɪd] *n* dióxido *m*.
dioxin [daɪˈɒksɪn] *n* dioxina *f*.
dip [dɪp] **1** *n* **(a)** (*swim*) baño *m*, chapuzón *m*, zambullida *f (LAm)*; **to go for a ~** darse un chapuzón *or* una zambullida.
(b) (*slope*) cuesta *f*, declive *m*; (*hollow*) depresión *f*.
(c) (*Culin*) salsa *f*.
2 *vt* (*into liquid*) mojar; (*hand: into bag*) meter; (*sheep*) bañar con desinfectante; **to ~ one's headlights** (*Brit*) bajar los faros, poner luces de cruce.
3 *vi* (*slope down: road*) bajar; (*move down: bird, plane*) descender, bajar en picado; (*temperature, sun*) bajarse; **to ~ into one's pocket/savings** (*fig*) echar mano a su dinero; **to ~ into a book** hojear un libro.
Dip. *abbr* (*Brit*) *of* **Diploma**.
diphtheria [dɪfˈθɪərɪə] *n* difteria *f*.
diphthong [ˈdɪfθɒŋ] *n* diptongo *m*.
diploma [dɪˈpləʊmə] *n* diploma *m*.
diplomacy [dɪˈpləʊməsɪ] *n* (*Pol*) diplomacia *f*; (*tact*) tacto *m*, discreción *f*.
diplomat [ˈdɪpləmæt] *n* diplomático/a *m/f*.
diplomatic [ˌdɪpləˈmætɪk] *adj* (*gen*) diplomático/a; **~ bag**, (*US*) **~ pouch** valija *f* diplomática; **~ corps**, **~ service** cuerpo *m* diplomático; **~ immunity** inmunidad *f* diplomática; **to break off ~ relations** romper las relaciones diplomáticas.
dipped [dɪpt] *adj*: **~ headlights** luces *fpl* cortas, luces de cruce.
dipper [ˈdɪpəʳ] *n*: **big ~** montaña *f* rusa.
dipsomaniac [ˌdɪpsəʊˈmeɪnɪæk] *n* dipsómano/a *m/f*.
dipstick [ˈdɪpstɪk] *n* **(a)** (*Aut*) varilla *f* (del aceite), cala *f*. **(b)** (*fam!: fool*) capullo/a *m/f (fam!)*.
dipswitch [ˈdɪpswɪtʃ] *n* (*Aut*) interruptor *m* basculante de cruce.
dir. *abbr of* **director** Dir., Dtor(a).
dire [daɪəʳ] *adj* (*event, consequences*) terrible, espantoso/a; (*poverty*) extremo/a; (*fam: film, book etc*) horrible, fatal *(fam)*; **in ~ straits** en aprietos, en un apuro *(Sp)*.
direct [daɪˈrekt] **1** *adj* (*gen*) directo/a; (*refusal*) claro/a, inequívoco/a; (*manner, character*) franco/a; **~ access** (*Comput*) acceso *m* directo; **~ action** acción *f* directa; **~ advertising** publicidad *f* directa; **~ cost** costo *m* directo; **~ current** (*Elec*) corriente *f* contínua; **~ debit** pago *m* a la orden; **~ debiting** domiciliación *f*; **~ dialling** servicio *m* (telefónico) automático; **to make a ~ hit** dar en el blanco; **~ labour** mano *f* de obra directa; **~ mail** correspondencia *f* directa; **~ mailshot** (*Brit*) promoción *f* por correspondencia directa; **~ object** complemento *m* directo; **he's the ~ opposite** es exactamente el contrario; **~ rule** gobierno *m* directo; **~ selling** ventas *fpl* directas; **~ tax** impuesto *m* directo; **~ taxation** tributación *f* directa.
2 *adv* (*go etc*) directamente.
3 *vt* **(a)** (*aim: remark, gaze, attention*) dirigir (*at, to* a); **can you ~ me to the station?** ¿me puede indicar como llegar a la estación?
(b) (*control: traffic, play etc*) dirigir.
(c) (*instruct*) **to ~ sb to do sth** mandar a algn hacer algo.
direction [dɪˈrekʃən] **1** *n* **(a)** (*way*) dirección *f*, sentido *m*; (*fig: of purpose*) orientación *f*; **in the ~ of** hacia, en dirección a; **sense of ~** sentido de la dirección. **(b)** (*control*) mando *m*; (*administration*) administración *f*; (*of play etc*) dirección *f*. **(c) ~s** (*instructions: to a place*) señas *fpl*; (*: for use*) instrucciones *fpl* para el uso. **2** *cpd*: **~ finder** *n* radiogoniómetro *m*; **~ indicator** *n* (*Aut*) intermitente *m*.
directive [dɪˈrektɪv] *n* orden *f*, instrucción *f*.
directly [dɪˈrektlɪ] **1** *adv* (*immediately*) en seguida, de inmediato; (*in a direct manner*) directamente; (*descended*) directamente; (*frankly: speak*) francamente; (*completely: opposite*) exactamente. **2** *conj*: **~ you hear it** (*esp Brit*) en cuanto lo oigas.
directness [daɪˈrektnɪs] *n* (*of person, speech*) franqueza *f*.
director [dɪˈrektəʳ] *n* (*gen*) director(a) *m/f*; **managing ~** gerente *mf*; **D~ of Public Prosecutions** (*Brit*) ≈ Fiscal *mf* General del Estado.
directorate [daɪˈrektərɪt] *n* (*post*) dirección *f*, cargo *m* de director; (*body*) junta *f* directiva, consejo *mf* de administración.
directorial [daɪrekˈtɔːrɪəl] *adj* directivo/a, directorial.
directorship [dɪˈrektəʃɪp] *n* gerencia *f*.
directory [dɪˈrektərɪ] **1** *n* (*telephone ~*) guía *f* telefónica; (*street ~*) callejero *m*; (*trade ~*) directorio *m* de comercio; (*Comput*) directorio. **2** *cpd*: **~ assistance** (*US*), **~ enquiries** (*Brit*) *n* información *f* (telefónica).
dirge [dɜːdʒ] *n* canto *m* fúnebre.
dirt [dɜːt] **1** *n* (*dirtiness*) suciedad *f*; (*piece of ~*) suciedad, mugre *f*; (*earth*) tierra *f*; (*mud*) barro *m*, lodo *m*; (*dog ~*) excremento *m*; (*fam: obscenity*) porquerías *fpl*, cochinadas *fpl*; **to treat sb like ~** (*fam*) tratar a algn como si fuese basura, tratar a patadas a algn. **2** *cpd*: **~ farmer** *n* (*US fam*) pequeño granjero *m* (sin obreros); **~ road** *n* (*US*) camino *m* sin firme, camino de tierra; **~ track** *n* (*Sport*) pista *f* de ceniza; (*road*) camino *m* de tierra.
dirt-cheap [ˈdɜːtˈtʃiːp] *adj* (*fam*) baratísimo/a, regalado/a.
dirtiness [ˈdɜːtɪnɪs] *n* suciedad *f*, mugre *f*.
dirty [ˈdɜːtɪ] **1** *adj* (*comp* **-ier**; *superl* **-iest**) (*unclean: hands, clothes etc*) sucio/a, mugriento/a, mugroso/a

(LAm); (*: cut, wound*) infectado/a; (*weather*) horrible, feo; (*indecent: novel, story, joke*) verde, colorado/a; ~ **business** negocio *m* sucio; **to give sb a ~ look** (*fam*) echarle una mirada fea a algn; **to have a ~ mind** tener la mente sucia; ~ **old man** viejo *m* verde; ~ **play** (*Sport*) juego *m* sucio; **a ~ trick** una mala pasada; ~ **tricks department** sección *f* de trampas; ~ **war** guerra *f* sucia; ~ **word** palabrota *f*, grosería *f*, lisura *f (And, CSur)*; **do your own ~ work!** ¡sácate tú las castañas del fuego!

2 *vt* ensuciar.

3 *n*: **to do the ~ on sb** hacerle una mala jugada a algn.

dirty-minded [ˌdɜːtɪˈmaɪndɪd] *adj* de mente sucia, de imaginación malsana.

disability [ˌdɪsəˈbɪlɪtɪ] **1** *n* (*injury etc*) incapacidad *f*; (*fig*) desventaja *f*. **2** *cpd*: ~ **allowance** *n* pensión *f* de inválido.

disable [dɪsˈeɪbl] *vt* (*person*) dejar incapacitado/a; (*tank, gun*) inutilizar.

disabled [dɪsˈeɪbld] **1** *adj person* minusválido/a. **2** *npl*: **the ~** los minusválidos *mpl*.

disablement [dɪsˈeɪblmənt] *n* inhabilitación *f*; (*Med*) minusvalidez *f*.

disabuse [ˌdɪsəˈbjuːz] *vt* desengañar (*of* de).

disadvantage [ˌdɪsədˈvɑːntɪdʒ] *n* desventaja *f*; **to sb's ~** perjudicial para algn; **to be at a ~** estar en una situación desventajosa; **this put him at a ~** esto le dejó en situación desventajosa.

disadvantaged [ˌdɪsədˈvɑːntɪdʒd] *adj* (*person*) perjudicado/a.

disadvantageous [ˌdɪsædvɑːnˈteɪdʒəs] *adj* (*unfavourable: circumstances*) desventajoso/a.

disagree [ˈdɪsəˈgriː] *vi* (**a**) (*quarrel*) reñir, discutir; (*view etc: conflict*) discrepar; **to ~ (with sb on** *or* **about sth)** (*in opinion*) no estar de acuerdo *or* estar en desacuerdo (con algn sobre algo); **I ~ with you** no comparto tu opinión. (**b**) (*climate, food*) **to ~ with sb** sentarle mal a algn; **onions ~ with me** las cebollas no me sientan bien.

disagreeable [ˌdɪsəˈgriːəbl] *adj* (*gen*) desagradable; (*bad-tempered: person, voice etc*) antipático/a, borde *(fam)*.

disagreement [ˌdɪsəˈgriːmənt] *n* (*with opinion*) desacuerdo *m*; (*quarrel*) riña *f*, discusión *f*; (*between accounts etc*) discrepancia *f*.

disallow [ˈdɪsəˈlaʊ] *vt* (*claim*) rechazar; (*Ftbl: goal*) anular.

disappear [ˌdɪsəˈpɪəʳ] *vi* desaparecer; **he ~ed from sight** desapareció de la vista; **to make sth ~** hacer que algo desaparezca.

disappearance [ˌdɪsəˈpɪərəns] *n* desaparición *f*.

disappoint [ˌdɪsəˈpɔɪnt] *vt* (*person*) decepcionar; (*hopes*) defraudar.

disappointed [ˌdɪsəˈpɔɪntɪd] *adj* (*person*) decepcionado/a; (*hopes etc*) defraudado/a.

disappointing [ˌdɪsəˈpɔɪntɪŋ] *adj* decepcionante; **it is ~ that ...** es triste que + *subjun*.

disappointment [ˌdɪsəˈpɔɪntmənt] *n* decepción *f*; **to our ~** a nuestro pesar; **he is a big ~ to us** nos ha decepcionado muchísimo.

disapproval [ˌdɪsəˈpruːvəl] *n* desaprobación *f*.

disapprove [ˌdɪsəˈpruːv] *vi* desaprobar (*of sth* algo); **her father ~d of me** su padre me miraba mal; **your mother would ~** tu madre estaría en contra.

disapproving [ˌdɪsəˈpruːvɪŋ] *adj* de desaprobación.

disarm [dɪsˈɑːm] **1** *vt* (*Mil*) desarmar; (*fig*) bajarle los humos a algn. **2** *vi* (*Mil*) desarmarse, deponer las armas.

disarmament [dɪsˈɑːməmənt] *n* desarme *m*; **nuclear ~** el desarme nuclear.

disarming [dɪsˈɑːmɪŋ] *adj* (*smile*) que desarma.

disarray [ˌdɪsəˈreɪ] *n*: **in ~** (*thoughts*) en desorden; (*clothes*) desarreglado *or* desaliñado; **the troops fled in ~** los tropos huyeron a la desbandada; **the plan was thrown into ~ by the storm** la tormenta dio al traste con el proyecto.

disassociate [ˌdɪsəˈsəʊʃɪˌeɪt] *vt* separar, desligar (*from* de).

disaster [dɪˈzɑːstəʳ] **1** *n* (*lit, fig*) desastre *m*. **2** *cpd*: ~ **area** *n* zona *f* de desastre; ~ **fund** *n* fondo *m* de ayuda para casos de desastres.

disastrous [dɪˈzɑːstrəs] *adj* desastroso/a.

disband [dɪsˈbænd] **1** *vt* (*army*) licenciar; (*organization*) disolver. **2** *vi* disolverse; (*Mil*) desbandarse.

disbelief [ˈdɪsbəˈliːf] *n* incredulidad *f*; **in ~** con incredulidad.

disbelieve [ˈdɪsbəˈliːv] *vt* (*person, story*) poner en duda.

disburse [dɪsˈbɜːs] *vt* desembolsar.

disc [dɪsk] **1** *n* (*gen*) disco *m*; (*identity ~*) chapa *f*; (*Comput*) = **disk**; *see* **slip 3 (a)**. **2** *cpd*: ~ **brakes** *npl* (*Aut*) frenos *mpl* de disco; ~ **jockey** *n* discjockey *mf*, pinchadiscos *mf (fam)*.

disc. *abbr* (*Comm*) *of* **discount**.

discard [dɪsˈkɑːd] *vt* (*gen*) desechar, deshacerse de; (*idea, plan*) rechazar, descartar.

discern [dɪˈsɜːn] *vt* distinguir.

discernible [dɪˈsɜːnəbl] *adj* perceptible, apreciable.

discerning [dɪˈsɜːnɪŋ] *adj* (*person*) perspicaz; ~ **taste** muy buen gusto.

discernment [dɪˈsɜːnmənt] *n* perspicacia *f*.

discharge [ˈdɪstʃɑːdʒ] **1** *n* (**a**) (*of cargo*) descarga *f*, descargue *m*; (*of gun*) descarga, disparo *m*.

(**b**) (*of worker, patient*) alta *f*; (*of duty*) ejercicio *m*, cumplimiento *m*; **he got his ~** (*Mil*) le dieron de alta.

(**c**) (*Elec*) descarga *f*; (*of gas, chemicals*) escape *m*, emisión *f*; (*Med: from wound*) supuración *f*; (*: vaginal ~*) emisión vaginal.

2 [dɪsˈtʃɑːdʒ] *vt* (**a**) (*unload: ship, cargo*) descargar; (*set off: gun*) descargar, disparar; (*emit: liquid etc*) verter; (*Med: pus etc*) segregar, rezumar.

(**b**) (*dismiss: employee*) despedir; (*: soldier, patient*) dar de alta (a); (*: prisoner*) liberar, poner en libertad; (*settle: debt*) saldar; (*complete: task, duty*) cumplir; **~d bankrupt** quebrado/a *m/f* rehabilitado/a.

3 [dɪsˈtʃɑːdʒ] *vi* (*wound, sore*) supurar.

disciple [dɪˈsaɪpl] *n* (*lit, fig*) discípulo/a *m/f*.

disciplinary [ˈdɪsɪplɪnərɪ] *adj* disciplinario/a; ~ **action** *or* **measure** medida *f* de disciplina.

discipline [ˈdɪsɪplɪn] **1** *n* (*obedience*) disciplina *f*; (*punishment*) castigo *m*; (*self-control*) autodisciplina *f*; **to keep** *or* **maintain ~** mantener el orden. **2** *vt* (*punish*) castigar; **to ~ o.s. (to do sth)** disciplinarse (a hacer algo).

disclaim [dɪsˈkleɪm] *vt* (*knowledge, responsibility*) negar.

disclaimer [dɪsˈkleɪməʳ] *n* (*of a right*) renuncia *f*; (*denial: to newspaper etc*) rectificación *f*; **to put in a ~** negarlo, rechazarlo.

disclose [dɪsˈkləʊz] *vt* revelar.

disclosure [dɪsˈkləʊʒəʳ] *n* revelación *f*.

disco [ˈdɪskəʊ] *n abbr of* **discotheque** disco *f*.

discolour, (*US*) **discolor** [dɪsˈkʌləʳ] **1** *vt* de(s)colorar. **2** *vi* (*lose colour*) de(s)colorarse; (*run etc*) desteñir.

discolouration, (*US*) **discoloration** [dɪsˌkʌləˈreɪʃən] *n* de(s)coloramiento *m*.

discomfiture [dɪsˈkʌmfɪtʃəʳ] *n* desconcierto *m*.

discomfort [dɪsˈkʌmfət] *n* (*lack of comfort*) incomodidad *f*; (*uneasiness*) inquietud *f*; **the injury gave him some ~** la herida le causaba molestia.

disconcert [ˌdɪskənˈsɜːt] *vt* desconcertar.

disconcerting [ˌdɪskənˈsɜːtɪŋ] *adj* desconcertante.

disconnect [ˈdɪskəˈnekt] *vt* (*gen*) desconectar; (*Telec*) **I've been ~ed** (*for non-payment*) me han desconectado (el teléfono); (*in mid-conversation*) me han cortado.

disconsolate [dɪsˈkɒnsəlɪt] *adj* desconsolado/a.

discontent [ˈdɪskənˈtent] *n* (*Pol*) descontento *m*; (*personal*) malestar *m*.

discontented [ˈdɪskənˈtentɪd] *adj* descontento/a (*with, about* con).

discontentment [ˈdɪskənˈtentmənt] *n* descontento *m*.

discontinue [ˈdɪskənˈtɪnjuː] *vt* interrumpir, suspender; **'D~d'** (*Comm*) 'Fin de serie'.

discord [ˈdɪskɔːd] *n* (*frm: quarrelling*) discordia *f*; (*Mus*) disonancia *f*.

discordant [dɪsˈkɔːdənt] *adj* (*relationship*) mal avenido/a; (*opinions*) discorde, opuesto/a; (*sound*) disonante.

discotheque [ˈdɪskəʊtek] *n* discoteca *f*.

discount [ˈdɪskaʊnt] **1** *n* (*gen*) descuento *m*, rebaja *f*; **to give a ~ of 10%** dar un descuento del 10 por cien; **to sell at a ~** vender con descuento, vender a precio reducido. **2** [dɪsˈkaʊnt] *vt* (*report etc*) descartar. **3** [ˈdɪskaʊnt] *cpd*: **~ house** *n* (*US*) tienda; *f* de rebajas; **~ rate** *n* tasa *f* de descuento; **~ store** *n* (*US*) economato *m*.

discourage [dɪsˈkʌrɪdʒ] *vt* (**a**) (*dishearten*) desanimar, desalentar. (**b**) (*dissuade, deter*) resistir; (*relationship*) oponerse a; **to ~ sb from doing sth** oponerse a que algn haga algo.

discouragement [dɪsˈkʌrɪdʒmənt] *n* (*dissuasion*) desaprobación *f*; (*depression*) desánimo *m*, desaliento *m*; (*obstacle*) estorbo *m*.

discouraging [dɪsˈkʌrɪdʒɪŋ] *adj* desalentador(a).

discourse [ˈdɪskɔːs] **1** *n* discurso *m*. **2** [dɪsˈkɔːs] *vi*: **to ~ upon** disertar sobre.

discourteous [dɪsˈkɜːtɪəs] *adj* descortés/esa, poco formal.

discourtesy [dɪsˈkɜːtɪsɪ] *n* falta *f* de formalidad; (*act*) descortesía *f*.

discover [dɪsˈkʌvəʳ] *vt* (*gen*) descubrir; (*after search*) encontrar, hallar; (*information*) enterarse de; (*notice: loss, mistake*) darse cuenta de.

discovery [dɪsˈkʌvərɪ] *n* (*finding*) descubrimiento *m*; (*thing found*) hallazgo *m*.

discredit [dɪsˈkredɪt] **1** *n* (*dishonour*) descrédito *m*, deshonor *m*; **to bring ~ on sb** deshonrar a algn. **2** *vt* (*theory*) poner en duda; (*family*) deshonrar.

discreet [dɪsˈkriːt] *adj* discreto/a.

discrepancy [dɪsˈkrepənsɪ] *n* discrepancia *f* (*between* entre).

discrete [dɪsˈkriːt] *adj* específico/a.

discretion [dɪsˈkreʃən] *n* (*being discreet*) discreción *f*; (*judgment*) juicio *m*; **he may at his ~ allow it** puede discrecionalmente permitirlo; **it is within his ~ to** + *infin* es de su competencia + *infin*; **at one's ~** a discreción; **use your own ~** juzga por ti mismo; **~ is the better part of valour** una retirada a tiempo es una victoria.

discretionary [dɪsˈkreʃənərɪ] *adj* discrecional.

discriminate [dɪsˈkrɪmɪneɪt] *vi* distinguir (*between* entre); **to ~ against/in favour of** discriminar en contra/a favor de.

discriminating [dɪsˈkrɪmɪneɪtɪŋ] *adj* perspicaz, discernidor(a); (*taste etc*) fino/a.

discrimination [dɪsˌkrɪmɪˈneɪʃən] *n* (**a**) (*prejudice*) discriminación *f* (*against* en contra de) (*in favour of* a favor de); **racial/sexual ~** discriminación racial/sexual. (**b**) (*good judgment*) juicio *m*.

discus [ˈdɪskəs] *n* disco *m*.

discuss [dɪsˈkʌs] *vt* (*talk about: topic etc*) hablar de, discutir; (*problem, essay*) cambiar opiniones sobre.

discussion [dɪsˈkʌʃən] *n* discusión *f*; (*meeting*) intercambio *m* de opiniones; **under ~** en discusión.

disdain [dɪsˈdeɪn] **1** *n* desdén *m*, desprecio *m*. **2** *vt*: **to ~ sth** desdeñar algo; **to ~ to do sth** no dignarse a hacer algo.

disdainful [dɪsˈdeɪnfʊl] *adj* desdeñoso/a.

disease [dɪˈziːz] *n* enfermedad *f*, mal *m*.

diseased [dɪˈziːzd] *adj* (*person*) enfermo/a; (*tissue*) contagiado/a; (*mind*) enfermo/a, morboso/a.

disembark [ˌdɪsɪmˈbɑːk] *vt, vi* desembarcar.

disembarkation [ˌdɪsembɑːˈkeɪʃən] *n* (*of goods*) desembarque *m*; (*of persons*) desembarco *m*.

disembodied [ˈdɪsɪmˈbɒdɪd] *adj* incorpóreo/a.

disembowel [ˌdɪsɪmˈbaʊəl] *vt* desentrañar, destripar.

disenchanted [ˈdɪsɪnˈtʃɑːntɪd] *adj* desencantado/a (*with* con).

disenfranchise [ˈdɪsɪnˈfræntʃaɪz] *vt* privar del derecho de votar.

disengage [ˌdɪsɪnˈgeɪdʒ] **1** *vt* (*free*) soltar, desasir; (*Mech*) desacoplar, desenganchar; (*clutch*) desembragar. **2** *vi* (*Mil*) retirarse, romper el contacto.

disengagement [ˌdɪsɪnˈgeɪdʒmənt] *n* retirada *f*, rompimiento *m* de contacto.

disentangle [ˈdɪsɪnˈtæŋgl] *vt* (*string etc*) desenredar; **to ~ o.s. from** (*fig*) desenredarse de.

disfavour, (*US*) **disfavor** [dɪsˈfeɪvəʳ] *n* (*disapproval*) desaprobación *f*; **to fall into ~** caer en desgracia; **to look with ~ on** desaprobar.

disfigure [dɪsˈfɪgəʳ] *vt* (*face*) desfigurar; (*area*) afear.

disfigurement [dɪsˈfɪgəmənt] *n* (*see vt*) desfiguración *f*; afeamiento *m*.

disgrace [dɪsˈgreɪs] **1** *n* (*state of shame*) deshonra *f*, ignominia *f*; (*shameful thing*) vergüenza *f*; **to be a ~ to the school/family** deshonrar *or* ser una deshonra para la escuela/la familia; **to be in ~** haber caído en desgracia; **it's a ~** es una vergüenza; **to bring ~ on** deshonrar. **2** *vt* (*family, country*) deshonrar; **he ~d himself** se deshonró.

disgraceful [dɪsˈgreɪsfʊl] *adj* vergonzoso/a.

disgruntled [dɪsˈgrʌntld] *adj* (*bad-tempered*) malhumorado/a; (*unhappy*) descontento/a.

disguise [dɪsˈgaɪz] **1** *n* disfraz *m*; **in ~** disfrazado/a. **2** *vt* disfrazar; (*feelings etc*) ocultar, disimular; **to ~ o.s. as** disfrazarse de.

disgust [dɪsˈgʌst] **1** *n* repugnancia *f*, asco *m*; **she left in ~** se marchó indignada. **2** *vt* dar asco a, repugnar.

disgusted [dɪsˈgʌstɪd] *adj* asqueado/a, lleno/a de asco.

disgusting [dɪsˈgʌstɪŋ] *adj* (**a**) (*revolting*) asqueroso/a, repugnante. (**b**) (*fam: awful*) horrible; (*: shameless*) vergonzoso/a, lamentable; **how ~!** (*revolting*) ¡qué asco!; (*awful*) ¡qué horrible *or* feo!

dish [dɪʃ] **1** *n* (*gen*) plato *m*; (*serving ~*) fuente *f*, platón *m* (*LAm*); (*TV*) antena *f* parabólica; **to wash** *or* **do the ~es** fregar los platos. **2** *cpd*: **~ aerial,** (*US*) **~ antenna** *n* antena *f* parabólica; **~ soap** *n* (*US*) lavavajillas *m*.

▸ **dish out** *vt + adv* (*food*) servir; (*money, advice*) repartir.

▸ **dish up** *vt + adv* (*food*) servir.

dishcloth [ˈdɪʃklɒθ] *n* (*pl* **~s** [ˈdɪʃklɒðz]) (*for washing*) bayeta *f*; (*for drying*) trapo *m*.

dishearten [dɪsˈhɑːtn] *vt* desalentar, desanimar.

disheartening [dɪsˈhɑːtnɪŋ] *adj* desalentador(a).

dishevelled, (*US*) **disheveled** [dɪˈʃevəld] *adj* (*hair*) despeinado/a; (*clothes*) desarreglado/a, desaliñado/a.

dishonest [dɪsˈɒnɪst] *adj* (*person*) poco honrado/a; (*means, plan etc*) fraudulento/a.

dishonesty [dɪsˈɒnɪstɪ] *n* falta *f* de honradez.

dishonour, (*US*) **dishonor** [dɪsˈɒnəʳ] *n* deshonra *f*.

dishonourable, (*US*) **dishonorable** [dɪsˈɒnərəbl] *adj* deshonroso/a; **~ discharge** (*US Mil*) licencia *f* deshonrosa.

dishrack [ˈdɪʃræk] *n* escurridera *f* de platos.

dishrag [ˈdɪʃræg] *n* trapo *m* para fregar los platos.

dishtowel [ˈdɪʃtaʊəl] *n* trapo *m* de secar.

dishware [ˈdɪʃweəʳ] *n* (*US*) loza *f*, vajilla *f*.

dishwasher [ˈdɪʃˌwɒʃəʳ] *n* (*machine*) (máquina *f*) lavaplatos *m inv or* lavavajillas *m inv*; (*person: in restaurant*) lavaplatos *mf inv*.

dishwashing liquid [ˈdɪʃˌwɒʃɪŋˌlɪkwɪd] *n* (*US*) lavavajillas *m*.

dishwater [ˈdɪʃwɔːtəʳ] *n* agua *f* de lavar platos; (*fig*) agua sucia.

disillusion [ˌdɪsɪˈluːʒən] **1** *n* desilusión *f*. **2** *vt* desilusionar; **to become ~ed with sb/sth** quedar desilusionado/a con algn/algo.

disillusionment [ˌdɪsɪˈluːʒənmənt] *n* desilusión *f*.

disincentive [ˌdɪsɪnˈsentɪv] *n* punto en contra *m*, desincentivo *m* (*to* a).

disinclination [ˌdɪsɪnklɪˈneɪʃən] *n* aversión *f* (*for* a) (*to do* a hacer).
disinclined [ˈdɪsɪnˈklaɪnd] *adj*: **to be ~ to do sth** estar poco dispuesto/a a hacer algo.
disinfect [ˌdɪsɪnˈfekt] *vt* desinfectar.
disinfectant [ˌdɪsɪnˈfektənt] *n* desinfectante *m*.
disinflation [ˌdɪsɪnˈfleɪʃən] *n* desinflación *f*.
disinformation [ˌdɪsɪnfəˈmeɪʃən] *n* desinformación *f*.
disinherit [ˈdɪsɪnˈherɪt] *vt* desheredar.
disintegrate [dɪsˈɪntɪgreɪt] *vi* desintegrarse.
disintegration [dɪsˌɪntɪˈgreɪʃən] *n* desintegración *f*.
disinter [ˈdɪsɪnˈtɜːʳ] *vt* desenterrar.
disinterested [dɪsˈɪntrɪstɪd] *adj* (*impartial*) desinteresado/a, imparcial; (*strictly incorrect: uninterested*) indiferente.
disinvest [ˌdɪsɪnˈvest] *vt* desinvertir.
disinvestment [ˌdɪsɪnˈvestmənt] *n* desinversión *f*.
disjointed [dɪsˈdʒɔɪntɪd] *adj* (*remark*) inconexo/a.
disk [dɪsk] **1** *n* (*esp US*) = **disc**; (*Comput*) disco *m*; **single-/double-sided ~** disco de una cara/dos caras. **2** *cpd*: **~ drive** *n* unidad *f* de disco, disk drive *m*; **~ operating system** *n* sistema *m* operativo de discos; **~ pack** *n* paquete *m* de discos; **~ unit** *n* unidad de disco.
diskette [dɪsˈket] *n* disquete *m*, diskette *m*, disco *m* flexible.
dislike [dɪsˈlaɪk] **1** *n* aversión *f*, antipatía *f* (*of* a); **to take a ~ to sb/sth** cogerle *or (LAm)* agarrarle antipatía a algn. **2** *vt* (*thing, person*) tener antipatía a, no gustarle a algn; **I ~ her intensely** le tengo mucha antipatía.
dislocate [ˈdɪsləʊkeɪt] *vt* (*Med*) dislocar; (*plans*) desarreglar; **he ~d his shoulder** se dislocó el hombro.
dislodge [dɪsˈlɒdʒ] *vt* (*stone, obstruction*) sacar; (*cap, screw*) desbloquear; (*enemy etc*) desalojar (*from* de).
disloyal [ˈdɪsˈlɔɪəl] *adj* desleal (*to* con).
disloyalty [ˈdɪsˈlɔɪəltɪ] *n* deslealtad *f*.
dismal [ˈdɪzməl] *adj* (*gloomy: place, weather*) deprimente, triste; (*: future*) desalentador(a), poco prometedor(a); (*: mood*) abatido/a; **a ~ failure** un fracaso total.
dismantle [dɪsˈmæntl] *vt* (*machine etc*) desmontar, desarmar.
dismay [dɪsˈmeɪ] **1** *n* consternación *f*; **in ~** consternado/a; **(much) to my ~** para gran consternación mía; **to fill sb with ~** consternar a algn. **2** *vt* consternar.
dismember [dɪsˈmembəʳ] *vt* desmembrar.
dismiss [dɪsˈmɪs] *vt* (**a**) (*from job: worker*) despedir; (*: official*) destituir, remover *(LAm)*. (**b**) (*send away: gen*) despachar; (*troops*) dar permiso (para irse); (*discount: problem, possibility*) descartar; **~!** (*Mil*) ¡rompan filas!; **class ~ed!** (*Scol*) es todo por hoy. (**c**) (*thought*) rechazar, apartar de sí; (*request*) rechazar; (*possibility*) descartar, desechar; **with that he ~ed the matter** con eso dio por concluido el asunto. (**d**) (*Jur: court case*) anular; (*: appeal*) rechazar.
dismissal [dɪsˈmɪsəl] *n* (*from job*) despido *m*; (*of officials*) destitución *f*; (*Jur*) desestimación *f*.
dismissive [dɪsˈmɪsɪv] *adj*: **he said in a ~ tone** dijo como quien no quería tomar la cosa en serio.
dismount [dɪsˈmaʊnt] **1** *vi* desmontarse, apearse (*from* de). **2** *vt* (*rider*) desmontar.
disobedience [ˌdɪsəˈbiːdɪəns] *n* desobediencia *f*.
disobedient [ˌdɪsəˈbiːdɪənt] *adj* desobediente.
disobey [ˈdɪsəˈbeɪ] *vt* (*person*) desobedecer; (*rule*) infringir.
disorder [dɪsˈɔːdəʳ] *n* (**a**) (*confusion, untidiness*) desorden *m*; (*Pol: rioting*) disturbios *mpl*; **in ~** desordenado. (**b**) (*Med: ailment*) trastorno *m*.
disordered [dɪsˈɔːdəd] *adj* (*room, thoughts*) desordenado/a; (*Med: mind*) trastornado/a.
disorderly [dɪsˈɔːdəlɪ] *adj* (*untidy: room*) desordenado/a, desarreglado/a; (*unruly: behaviour, crowd*) indisciplinado/a, turbulento/a; (*: meeting*) alborotado/a; **~ conduct** (*Jur*) conducta *f* escandalosa; **~ house** (*euph*) burdel *m*.
disorganized [dɪsˈɔːgənaɪzd] *adj* desorganizado/a; (*person*) poco metódico/a.
disorient [dɪsˈɔːrɪənt], **disorientate** [dɪsˈɔːrɪənteɪt] *vt* desorientar.
disown [dɪsˈəʊn] *vt* (*person*) no reconocer como suyo; (*belief etc*) renegar de; (*representative etc*) desautorizar.
disparage [dɪsˈpærɪdʒ] *vt* (*person, achievements*) menospreciar, despreciar.
disparaging [dɪsˈpærɪdʒɪŋ] *adj* (*comment etc*) despectivo/a; **to be ~ about sb/sth** menospreciar a algn/algo.
disparate [ˈdɪspərɪt] *adj* dispar.
disparity [dɪsˈpærɪtɪ] *n* disparidad *f*.
dispassionate [dɪsˈpæʃnɪt] *adj* (*unbiased*) imparcial; (*unemotional*) desapasionado/a.
dispatch [dɪsˈpætʃ] **1** *n* (**a**) (*sending: of person*) envío *m*; (*: of goods*) consignación *f*, envío.
(**b**) (*report: in press*) reportaje *m*, informe *m*; (*: Mil*) parte *m*, comunicado *m*; **mentioned in ~es** (*Mil*) citado en el orden del día.
(**c**) (*promptness*) prontitud *f*.
2 *vt* (*send: letter, goods*) enviar, remitir; (*: messenger, troops*) enviar; (*deal with: business*) despachar; (*old: kill*) despachar.
3 *cpd*: **~ case** *n* portafolios *m*; **~ department** *n* departamento *m* de envíos; **~ note** *n* aviso *m* de envío; **~ rider** *n* correo *m*; (*Mil*) correo militar.
dispel [dɪsˈpel] *vt* (*fog, smell*) disipar; (*fig: fear etc*) desvanecer; (*: doubts*) disipar, barrer.
dispensable [dɪsˈpensəbl] *adj* prescindible, innecesario/a.
dispensary [dɪsˈpensərɪ] *n* (*gen*) dispensario *m*; (*in hospital*) farmacia *f*.
dispensation [ˌdɪspenˈseɪʃən] *n* (*Jur, Rel*) dispensa *f*.
dispense [dɪsˈpens] *vt* (*distribute: food, money*) repartir; (*justice*) aplicar; (*medicine, prescription*) preparar; **this machine ~s coffee** esta máquina da café.
▸ **dispense with** *vi + prep* prescindir de.
dispenser [dɪsˈpensəʳ] *n* (*person*) farmacéutico/a *m/f*; (*container*) distribuidor *m* automático.
dispensing chemist [dɪsˈpensɪŋˈkemɪst] *n* (*shop*) farmacia *f*.
dispersal [dɪsˈpɜːsəl] *n* (*scattering*) dispersión *f*.
disperse [dɪsˈpɜːs] **1** *vt* (*scatter*) dispersar; (*news etc*) diseminar. **2** *vi* (*crowd*) dispersarse; (*mist*) esfumarse.
dispersion [dɪsˈpɜːʃən] *n* = **dispersal**.
dispirited [dɪsˈpɪrɪtɪd] *adj* desanimado/a, desalentado/a, deprimido/a.
displace [dɪsˈpleɪs] *vt* (*gen*) desplazar; (*move*) cambiar de lugar; (*replace*) reemplazar; (*remove from office*) destituir; **~d person** desplazado/a *m/f*.
displacement [dɪsˈpleɪsmənt] *n* (*see vt*) desplazamiento *m*; cambio *m* de lugar; reemplazo *m*; destitución *f*.
display [dɪsˈpleɪ] **1** *n* (*showing: of goods for sale*) exposición *f*; (*: ostentatiously*) ostentación *f*; (*: of emotion, interest*) manifestación *f*; (*: of force*) despliegue *m*; (*exhibition: of paintings etc*) exposición; (*: of goods etc*) muestrario *m*, surtido *m*; (*Comput*) visualización *f*, despliegue; (*military ~*) desfile *m*.
2 *vt* (*put on view: goods*) exhibir, exponer; (*show: emotion, ignorance*) mostrar, manifestar; (*: clothes*) lucir; (*notice, results*) exponer; (*Comput*) desplegar.
3 *cpd*: **~ advertising** *n* (*Press*) pancartas *fpl* publicitarias, publicidad *f* gráfica; **~ unit** *n* (*Comput*) monitor *m*; **~ window** *n* escaparate *m*.
displease [dɪsˈpliːz] *vt* (*offend*) ofender; (*annoy*) disgustar, enfadar *(Sp)*, enojar *(LAm)*.
displeasure [dɪsˈpleʒəʳ] *n* disgusto *m*, desagrado *m*; **to incur sb's ~** ofender a algn.
disposable [dɪsˈpəʊzəbl] *adj* (*not reusable: napkin etc*) desechable; (*available: money*) disponible; **~ assets** activos *mpl* disponibles; **~ income** renta *f* disponible.
disposal [dɪsˈpəʊzəl] *n* (*distribution*) disposición *f*; (*sale*) venta *f*; (*of property*) traspaso *m*; **to put sth at sb's**

~ poner algo a la disposición de algn; **to have at one's ~** tener a su disposición; **it's at your ~** está a tu disposición; **refuse ~** recolección *f* de basuras.

dispose [dɪs'pəʊz] *vt* (**a**) (*arrange: furniture*) disponer, colocar; (*troops*) desplegar. (**b**) **to be ~d to do sth** estar dispuesto a hacer algo; **to be well ~d towards sb/sth** estar bien dispuesto a algn/algo.

▸ **dispose of** *vi + prep* (*get rid of: evidence etc*) deshacerse de; (*: rubbish*) tirar, botar (*LAm*); (*by selling: goods, property*) traspasar, vender; (*matter, problem*) resolver.

disposition [,dɪspə'zɪʃən] *n* (*temperament*) carácter *m*, temperamento *m*.

dispossess ['dɪspə'zes] *vt* (*tenant*) desahuciar; **to ~ sb of** desposeer a algn de, privar a algn de.

disproportionate [,dɪsprə'pɔːʃnɪt] *adj* desproporcionado/a.

disprove [dɪs'pruːv] *vt* refutar.

disputable [dɪs'pjuːtəbl] *adj* discutible.

dispute [dɪs'pjuːt] **1** *n* (*quarrel*) disputa *f*, discusión *f*; (*debate*) discusión *f*; (*controversy*) controversia *f*; (*industrial ~*) conflicto *m* laboral; **beyond ~** indudable, incuestionable; **in** *or* **under ~** (*matter*) en litigio; (*territory*) disputado. **2** *vt* (*statement, claim*) dudar, rechazar. **3** *vi* (*argue*) discutir (*about, over* sobre).

disputed [dɪs'pjuːtɪd] *adj* discutible; (*territory etc*) en litigio.

disqualification [dɪs,kwɒlɪfɪ'keɪʃən] *n* (*from membership, competition*) descalificación *f*.

disqualify [dɪs'kwɒlɪfaɪ] *vt*: **to ~ sb (from)** (*disable*) incapacitar a algn (para); (*from sport*) desclasificar a algn (para); **to ~ sb from driving** quitar el carnet de conducir a algn.

disquiet [dɪs'kwaɪət] *n* preocupación *f*, inquietud *f*.

disquieting [dɪs'kwaɪətɪŋ] *adj* inquietante.

disregard ['dɪsrɪ'gɑːd] **1** *n* (*indifference: for feelings, money, danger*) indiferencia *f* (*for* a); (*nonobservance: of law, rules*) desacato *m*, violación *f* (*of* de); **with complete ~ for** sin atender en lo más mínimo a. **2** *vt* (*remark, feelings*) hacer caso omiso de; (*authority, duty*) desatender.

disrepair ['dɪsrɪ'pɛəʳ] *n*: **in a state of ~** en mal estado; **to fall into ~** (*house*) desmoronarse; (*machinery etc*) deteriorarse, descomponerse.

disreputable [dɪs'repjʊtəbl] *adj* (*person, place*) de mala fama; (*clothing*) desaliñado/a.

disrepute ['dɪsrɪ'pjuːt] *n*: **to fall/bring into ~** desprestigiarse/desprestigiar.

disrespect ['dɪsrɪs'pekt] *n* falta *f* de respeto.

disrespectful [,dɪsrɪs'pektfʊl] *adj*: **to be ~ (to** *or* **towards)** faltarle el respeto (a).

disrupt [dɪs'rʌpt] *vt* (*meeting, communications etc*) interrumpir; (*plans*) trastornar, alterar.

disruption [dɪs'rʌpʃən] *n* (*see vb*) interrupción *f*, trastorno *m*, alteración *f*.

disruptive [dɪs'rʌptɪv] *adj* perjudicial.

dissatisfaction ['dɪs,sætɪs'fækʃən] *n* insatisfacción *f* (*with* con).

dissatisfied ['dɪs'sætɪsfaɪd] *adj* descontento/a, insatisfecho/a (*with* con).

dissect [dɪ'sekt] *vt* (*animal*) disecar; (*fig*) analizar minuciosamente.

dissemble [dɪ'sembl] **1** *vt* ocultar, disimular. **2** *vi* disimular.

disseminate [dɪ'semɪneɪt] *vt* (*information etc*) divulgar, difundir.

dissension [dɪ'senʃən] *n* disensión *f*, desacuerdo *m*, discordia *f*.

dissent [dɪ'sent] **1** *n* disenso *m*, inconformidad *f*. **2** *vi* (*gen*) disentir (*from* de), estar inconforme (*from* con).

dissenter [dɪ'sentəʳ] *n* (*Pol, Rel etc*) disidente *mf*.

dissenting [dɪ'sentɪŋ] *adj* disidente.

dissertation [,dɪsə'teɪʃən] *n* (*Univ*) tesina *f*.

disservice ['dɪs'sɜːvɪs] *n*: **to do sb a ~** perjudicar a algn.

dissident ['dɪsɪdənt] *adj, n* (*Pol*) disidente *mf*.

dissimilar ['dɪ'sɪmɪləʳ] *adj* distinto/a (*to* de).

dissimilarity [,dɪsɪmɪ'lærɪtɪ] *n* desemejanza *f* (*between* entre).

dissimulate [dɪ'sɪmjʊleɪt] *vt* disimular.

dissipate ['dɪsɪpeɪt] *vt* (*dispel: fear, doubt etc*) disipar; (*waste: efforts, fortune*) derrochar.

dissipated ['dɪsɪpeɪtɪd] *adj* (*person*) disipado/a, licencioso/a; (*behaviour, life*) disoluto/a.

dissipation [,dɪsɪ'peɪʃən] *n* (*debauchery*) disolución *f*, libertinaje *m*.

dissociate [dɪ'səʊʃɪeɪt] *vt* disociar (*from* de); **to ~ o.s. from sb/sth** disociarse de algn/algo.

dissolute ['dɪsəluːt] *adj* disoluto/a.

dissolution [,dɪsə'luːʃən] *n* (*gen, Pol*) disolución *f*.

dissolve [dɪ'zɒlv] **1** *vt* (*gen, Comm*) disolver. **2** *vi* (*gen*) disolverse; **the crowd ~d** la muchedumbre se disipó; **it ~s in water** se disuelve en agua; **she ~d into tears** se deshizo en lágrimas.

dissuade [dɪ'sweɪd] *vt* disuadir (*from doing* de hacer).

distaff ['dɪstɑːf] **1** *n* rueca *f*. **2** *cpd*: **the ~ side** la rama femenina; **on the ~ side** por parte de la madre.

distance ['dɪstəns] **1** *n* distancia *f*; (*far-off point*) lejanía *f*; **the ~ between the houses** la distancia entre las casas; **what ~ is it to London?** ¿qué distancia hay de aquí a Londres?; **it's a good ~** está muy *or* bastante lejos; **it is within walking ~** se puede ir andando; **at a ~ of 2 metres** a dos metros de distancia; **in the ~** a lo lejos; **from a ~** desde lejos; **at a ~ of 400 years** después de 400 años; **at this ~ in time** después de tanto tiempo; **to keep sb at a ~** (*fig*) guardar las distancias con algn; **to keep one's ~** (*lit*) mantenerse a distancia; (*fig*) guardar las distancias.

2 *vt*: **to ~ o.s. (from)** alejarse (de).

3 *cpd*: **~ learning** *n* enseñanza *f* a distancia, enseñanza por correspondencia; **~ race** *n* carrera *f* de larga distancia.

distant ['dɪstənt] *adj* (*far away: country etc*) distante, lejano/a; (*relation, past*) lejano; (*fig: aloof: manner, person*) reservado/a, frío/a; **the school is 2 km ~ from the church** la escuela está a 2 km de la iglesia; **in the ~ past/future** en el pasado/futuro remoto.

distantly ['dɪstəntlɪ] *adv* (*smile, say*) con frialdad; (*resemble*) ligeramente; **we are ~ related** somos parientes lejanos.

distaste ['dɪs'teɪst] *n* aversión *f* (*for* por, a).

distasteful [dɪs'teɪstfʊl] *adj* desagradable.

Dist. Atty. *abbr* (*US*) *of* **District Attorney**.

distemper¹ [dɪs'tempəʳ] *n* (*paint*) temple *m*.

distemper² [dɪs'tempəʳ] *n* (*Vet*) moquillo *m*.

distend [dɪs'tend] **1** *vt* dilatar, hinchar. **2** *vi* dilatarse, hincharse.

distil, (*US*) **distill** [dɪs'tɪl] *vt* destilar.

distillery [dɪs'tɪlərɪ] *n* destilería *f*.

distinct [dɪs'tɪŋkt] *adj* (*different: species etc*) distinto/a (*from* de) (*clear: sound, shape*) claro/a; (*unmistakable: feeling etc*) inconfundible, marcado/a; **as ~ from** a diferencia de; **there is a ~ chance that ...** existe una clara posibilidad de que + *subjun*.

distinction [dɪs'tɪŋkʃən] *n* (*difference*) distinción *f*; **a writer of ~** un escritor destacado; **to draw a ~ between** hacer una distinción entre; **he got a ~ in English** (*Scol*) le dieron un sobresaliente en inglés.

distinctive [dɪs'tɪŋktɪv] *adj* distintivo/a, característico/a.

distinctly [dɪs'tɪŋktlɪ] *adv* (*see, hear*) claramente; (*promise, prefer*) definitivamente; (*better*) marcadamente; **it is ~ possible (that)** bien podría ser (que + *subjun*).

distinguish [dɪs'tɪŋgwɪʃ] **1** *vt* (**a**) (*make different*) distinguir; (*differentiate*) distinguir entre; (*characterize*) caracterizar; **to ~ o.s. (as)** destacarse (como); **to ~ X from** *or* **and Y** distinguir X de Y. (**b**) (*discern: landmark,* *voice*) distinguir, vislumbrar. **2** *vi* distinguir (*between* entre).

distinguishable [dɪs'tɪŋgwɪʃəbl] *adj* distinguible.

distinguished [dɪs'tɪŋgwɪʃt] *adj* (*gen*) distinguido/a.

distinguishing [dɪs'tɪŋgwɪʃɪŋ] *adj* (*feature*) distintivo/a.

distort [dɪs'tɔːt] *vt* (*shape etc*) retorcer, deformar; (*fig: judgment, truth*) torcer, desvirtuar; **a ~ed impression** una impresión falsa.

distortion [dɪs'tɔːʃən] *n* deformación *f*; (*Phot*) distorsión *f*.

distr. *abbr* (**a**) *of* **distribution.** (**b**) *of* **distributor.**

distract [dɪs'trækt] *vt* (*person*) **to ~ sb (from sth)** distraer a algn (de algo); **to ~ sb's attention (from sth)** desviar la atención de algn (de algo).

distracted [dɪs'træktɪd] *adj* distraído/a.

distraction [dɪs'trækʃən] *n* (**a**) (*interruption*) distracción *f*; (*entertainment*) diversión *f*. (**b**) (*distress, anxiety*) aturdimiento *m*; **to drive sb to ~** volver loco a algn.

distraught [dɪs'trɔːt] *adj* afligido/a, alterado/a *(LAm)*.

distress [dɪs'tres] **1** *n* (**a**) (*pain*) dolor *m*; (*mental anguish*) preocupación *f*, angustia *f*, aflicción *f*; **to be in great ~** estar sufriendo mucho. (**b**) (*poverty*) miseria *f*. (**c**) (*danger*) peligro *m*; **to be in ~** (*ship etc*) estar en peligro. **2** *vt* (*worry*) afligir; **I am ~ed to hear that ...** me da pena saber que .... **3** *cpd*: **~ rocket** *n* cohete *m* de señales; **~ signal** *n* señal *f* de socorro.

distressing [dɪs'tresɪŋ] *adj* (*see n (a)*) doloroso/a; preocupante, angustiante.

distribute [dɪs'trɪbjuːt] *vt* (*deal out, spread out*) repartir; (*Comm: goods*) distribuir.

distribution [ˌdɪstrɪ'bjuːʃən] **1** *n* distribución *f*. **2** *cpd*: **~ cost** *n* gastos *mpl* de distribución; **~ network** *n* red *f* de distribución; **~ rights** *npl* derechos *mpl* de distribución.

distributor [dɪs'trɪbjʊtəʳ] *n* (*Aut*) distribuidor *m*; (*Cine, Comm*) distribuidora *f*.

district ['dɪstrɪkt] **1** *n* (*of country*) región *f*, comarca *f*; (*of town*) distrito *m*, barrio *m*; (*administrative area*) distrito. **2** *cpd*: **~ attorney** *n* (*US*) fiscal *m* (de un distrito judicial); **~ commissioner** *n* (*Brit*) jefe *m* de policía de distrito; **~ council** *n* municipio *m*; **~ manager** *n* representante *mf* regional; **~ nurse** *n enfermera de la Seguridad Social encargada de una zona determinada*.

distrust [dɪs'trʌst] **1** *n* desconfianza *f* (*of* en), recelo *m* (*of* de). **2** *vt* desconfiar de.

distrustful [dɪs'trʌstfʊl] *adj* desconfiado/a.

disturb [dɪs'tɜːb] *vt* (*person: bother, interrupt*) molestar, estorbar; (*: worry*) preocupar; (*peace, order*) alterar; (*meeting etc*) interrumpir; (*papers etc*) desordenar; **sorry to ~ you** perdona la molestia; **'please do not ~'** 'se ruega no molestar'.

disturbance [dɪs'tɜːbəns] *n* (*social, political*) disturbio *m*; (*nuisance*) molestia *f*; (*in house, street*) alboroto *m*; (*fight*) altercado *m*, bronca *f (LAm)*; (*interruption*) interrupción *f*; **to cause a ~** causar alboroto; **~ of the peace** alteración *f* del orden público.

disturbed [dɪs'tɜːbd] *adj* (*worried*) preocupado/a, angustiado/a; (*Psych*) trastornado/a; **to have a ~ night** dormir mal.

disturbing [dɪs'tɜːbɪŋ] *adj* (*influence, thought*) perturbador(a); (*event*) inquietante, preocupante.

disuse ['dɪs'juːs] *n*: **to fall into ~** caer en desuso, caducar *(LAm)*.

disused ['dɪs'juːzd] *adj* abandonado/a.

ditch [dɪtʃ] **1** *n* (*gen*) zanja *f*; (*at roadside*) cuneta *f*; (*irrigation channel*) acequia *f*; (*as defence*) foso *m*. **2** *vt* (*fam: get rid of: car*) deshacerse de; (*: person*) dejar plantado/a *(fam)*; **to ~ a plane** hacer un amaraje forzoso.

dither ['dɪðəʳ] **1** *n*: **to be in a ~** (*be nervous*) estar muy nervioso; (*hesitate*) vacilar. **2** *vi* estar nervioso; **to ~ over a decision** vacilar en una resolución.

dithery ['dɪðərɪ] *adj* (*see n*) nervioso/a; indeciso/a, vacilante; (*from old age*) chocho/a.

ditto ['dɪtəʊ] *n* ídem, lo mismo; **I'd like coffee — ~ (for me)** yo quiero café — yo ídem de lo mismo.

ditty ['dɪtɪ] *n* cancioncilla *f*.

diuretic [ˌdaɪjʊə'retɪk] **1** *adj* diurético. **2** *n* diurético *m*.

diva ['diːvə] *n* (*pl* **~s** *or* **dive** ['diːve]) diva *f*.

divan [dɪ'væn] **1** *n* diván *m*. **2** *cpd*: **~ bed** *n* cama *f* turca.

dive [daɪv] (*vb: pt, pp* **~d**, (*US*) **dove**) **1** *n* (**a**) (*into water*) salto *m* (de cabeza) (al agua), zambullida *f*, clavado *m (CAm, Mex)*, inmersión *f*; (*of submarine*) inmersion; (*Aer*) picado *m*, picada *f*; (*LAm: Ftbl*) estirada *f*; **his reputation has taken a ~** (*fam*) su reputación ha caído en picado.

(**b**) (*pej fam: club etc*) tasca *f*, leonera *f*.

2 *vi* (**a**) (*swimmer*) tirarse, zambullirse, dar un clavado *or* clavarse *(CAm, Mex)*; (*underwater*) bucear; (*submarine*) sumergirse; (*Aer*) bajar en picado; (*Ftbl*) tirarse, hacer una estirada.

(**b**) (*fam: move quickly*) **to ~ in/out** lanzarse en/de; **he ~d for cover** se cobijó corriendo; **he ~d into the crowd** se metió entre la muchedumbre; **he ~d for the exit** se precipitó hacia la salida.

dive-bomb ['daɪvbɒm] *vt* (*town etc*) bombardear en picado.

diver ['daɪvəʳ] *n* (*swimmer*) saltador(a) *m/f*, clavadista *mf (LAm)*; (*deep-sea ~*) buzo *m*; (*sub-aqua*) escafandrista *mf*.

diverge [daɪ'vɜːdʒ] *vi* (*roads etc*) bifurcarse; (*fig: opinions etc*) divergir (*from* de).

divergence [daɪ'vɜːdʒəns] *n* divergencia *f*.

divergent [daɪ'vɜːdʒənt] *adj* divergente.

divers ['daɪvɜːz] *adj* diversos/as, varios/as.

diverse [daɪ'vɜːs] *adj* (*varied*) diverso/a, variado/a.

diversification [daɪˌvɜːsɪfɪ'keɪʃən] *n* diversificación *f*.

diversify [daɪ'vɜːsɪfaɪ] **1** *vt* diversificar; (*Comm*) variar. **2** *vi* (*Comm*) ampliar el campo de acción.

diversion [daɪ'vɜːʃən] *n* (*of traffic*) desviación *f*; (*pastime*) diversión *f*; **'D~'** (*road sign*) 'Desvío'; **to create a ~** (*gen*) distraer; (*Mil*) producir una diversión.

diversity [daɪ'vɜːsɪtɪ] *n* (*of opinions etc*) diversidad *f*.

divert [daɪ'vɜːt] *vt* (**a**) (*traffic, train etc*) desviar; (*conversation*) cambiar. (**b**) (*amuse*) divertir, entretener.

divest[1] [daɪ'vest] *vt*: **to ~ of** (*honour etc*) despojar de.

divest[2] [daɪ'vest] *vt, vi* (*US Fin*) disinvertir.

divestment [daɪ'vestmənt] *n* (*US Fin*) desinversión *f*.

divide [dɪ'vaɪd] **1** *vt* (*separate*) separar (*from* de); (*friends etc*) desunir; (*also* **~ up**: *money, work, kingdom*); **to ~ into/between/among** repartir *or* dividir en/entre/entre; (*Math*) **to ~ 6 into 36** *or* **36 by 6** dividir 36 por 6. **2** *vi* (*road, river*) bifurcarse; (*Brit Pol*) votar; (*Math*) dividir.

▸ **divide off** *vt + adv* (*land*) dividir, separar.

▸ **divide out** *vt + adv* (*sweets etc*) repartir (*between, among* entre).

▸ **divide up** *vt + adv* partir (*into* en) (*among* entre).

divided [dɪ'vaɪdɪd] *adj* separado; (*country*) dividido/a; (*opinions*) en desacuerdo; **~ highway** (*US*) carretera *f* de doble calzada.

dividend ['dɪvɪdend] **1** *n* (*Fin*) dividendo *m*. **2** *cpd*: **~ cover** *n* cobertura *f* de dividendo.

dividers [dɪ'vaɪdəz] *npl* compás *msg* de puntas.

dividing line [dɪ'vaɪdɪŋlaɪn] *n* línea *f* divisoria.

divine [dɪ'vaɪn] **1** *adj* divino/a; (*fig*) sublime; (*fam*) estupendo/a, maravilloso/a. **2** *vt* (*all senses*) adivinar.

diving ['daɪvɪŋ] **1** *n* (*professional*) el bucear, buceo *m*; (*sporting*) salto *m* de trampolín, clavado *m (CAm, Mex)*; (*: from side of pool*) salto. **2** *cpd*: **~ bell** *n* campana *f* de buzo; **~ board** *n* trampolín *m*; **~ suit** *n* escafandra *f*, traje *m* de buceo.

divinity [dɪ'vɪnɪtɪ] *n* (*gen*) divinidad *f*; (*as study*) teología *f*.

divisible [dɪ'vɪzəbl] *adj* divisible.

division [dɪ'vɪʒən] *n* (*gen*) división *f*, (*sharing*) reparto *m*, distribución *f*; (*partition*) separación *f*, división; (*line*) línea *f* divisoria; **to call a ~** (*Brit Pol*) exigir una votación; **~ of labour** división *f* del trabajo.

divisional [dɪ'vɪʒənl] *adj* de división, divisional.

divisive [dɪ'vaɪsɪv] *adj* divisivo/a.

divorce [dɪ'vɔ:s] **1** *n* divorcio *m*. **2** *vt* divorciarse de; (*fig*) separar; **to ~ sth from sth** separar algo de algo; **to get ~d** divorciarse. **3** *cpd*: **~ court** *n* tribunal *m* de pleitos matrimoniales; **~ proceedings** *npl* pleito *msg* de divorcio.

divorcee [dɪ,vɔ:'si:] *n* divorciado/a *m/f*.

divulge [daɪ'vʌldʒ] *vt* divulgar, revelar.

DIY *n abbr*, *cpd abbr of* **do-it-yourself**.

dizziness ['dɪzɪnɪs] *n* (*nausea*) mareo *m*; (*at heights*) vértigo *m*.

dizzy ['dɪzɪ] *adj* (*person*) mareado/a; (*height*) vertiginoso/a; **I feel ~** estoy mareado.

DJ *n abbr of* **disc jockey**.

Djakarta [dʒə'kɑ:tə] *n* Yakarta *f*.

DJIA *n abbr* (*US St Ex*) *of* **Dow-Jones Industrial Average**.

dl *abbr of* **decilitre(s)** dl.

D Lit(t) *n abbr* (**a**) (*Univ*) *of* **Doctor of Letters**. (**b**) (*Univ*) *of* **Doctor of Literature**.

DLO *n abbr of* **dead-letter office** *oficina de Correos que se encarga de las cartas que no llegan a su destino*.

DM *abbr of* **Deutschmark** DM.

dm *abbr of* **decimetre(s)** dm.

D Mus *n abbr* (*Univ*) *of* **Doctor of Music**.

DMZ *n abbr of* **demilitarized zone**.

DNA *n abbr of* **deoxyribonucleic acid** ADN *m*.

do[1] [du:] (*3rd pers sg present* **does**; (*pt* **did**; *pp* **done**) **1** *aux vb* (**a**) **~ you understand?** ¿comprendes?, ¿entiendes? *(LAm)*; **I don't understand** no entiendo; **didn't you see him?** ¿no lo viste?

(**b**) (*for emphasis*) **DO tell me!** dímelo, por favor; **but I DO like it!** ¡sí que me gusta!, ¡por supuesto que me gusta!; **so you DO know him!** así que sí lo conoces; **DO sit down** (*polite*) siéntese, por favor, tome asiento, por favor *(LAm)*; (*annoyed*) ¡siéntate, por favor!

(**c**) (*used to avoid repeating vb*) **you speak better than I ~** tú hablas mejor que yo; **~ as I ~** haz tú como yo; **so ~ I** yo también, yo hago lo mismo; **neither ~ we** nosotros tampoco; **you didn't see him but I did** tú no le viste pero yo sí.

(**d**) (*in question tags*) **he lives here, doesn't he?** vive aquí, ¿verdad? *or* ¿no es cierto? *or* ¿no?; **I don't know him, ~ I?** no lo conozco, ¿verdad?

(**e**) (*in answers: replacing vb*) **do you speak English? — yes, I ~/no I don't** ¿habla Ud inglés? — sí, hablo inglés/no, no hablo inglés; **may I come in? — ~!** , ¿se puede pasar? — ¡pasa!; **who made this mess? — I did** ¿quién lo ha desordenado todo? — fui yo.

2 *vt* (**a**) (*gen*) hacer; (*carry out*) realizar; **what are you ~ing tonight?** ¿qué haces esta noche?; **I've got nothing to ~** no tengo nada que hacer; **there's nothing to be done about it** no hay nada que hacer; **I shall ~ nothing of the sort** yo no lo haré bajo ningún concepto, ni pensarlo; **what does he ~ for a living?** ¿a qué se dedica?; **what am I to ~ with you?** ¿qué voy a hacer contigo?; **I'm going to ~ the washing** voy a hacer la colada; **what's to be done?** ¿que se puede hacer?; **I'll ~ all I can** haré lo que pueda; **what can I ~ for you?** ¿en qué puedo servirle?, ¿qué se le ofrece? *(LAm)*; **it has to be done again** habrá que hacerlo de nuevo; **what's done cannot be undone** a lo hecho, pecho; **well done!** ¡muy bien!, ¡bravo!; **that's done it!** (*fam*) ¡eso es el colmo!; **that's just not done!** ¡eso no se hace!; **to ~ again** rehacer, repetir, volver a hacer; **what have you done with my slippers?** ¿donde has puesto mis zapatillas?; **what's he done with his hair?** ¿qué se ha hecho al pelo?

(**b**) **to ~ Shakespeare/Italian** (*Scol*) estudiar Shakespeare/italiano; **to ~ the flowers** arreglar las flores; **who does your hair?** ¿a qué peluquería vas?, ¿quién te arregla el pelo?; **to ~ one's nails** arreglarse las uñas; **this room needs ~ing** este cuarto necesita arreglo; **she does her guests proud** trata bien a sus huéspedes.

(**c**) (*only as pt, pp: finish*) **the job's done** el trabajo está terminado; **I haven't done telling you** (*fam*) ¡no he terminado de hablar!

(**d**) (*visit: city, museum*) visitar, recorrer; (*country*) visitar, recorrer, viajar por.

(**e**) (*Aut etc*) hacer, correr a; **the car can ~ 100 mph** el coche hace 100 millas por hora; **we've done 200 km already** llevamos 200 km de viaje ya.

(**f**) (*fam: be suitable, sufficient*) venir bien, convenir; **that won't ~ him** eso no le convendrá; **that'll ~ me nicely** (*be suitable*) eso me vendrá muy bien; (*be enough*) con esto me arreglo.

(**g**) (*play rôle of*) representar; (*mimic*) imitar.

(**h**) (*fam: cheat*) estafar; (*: rob*) robar; **I've been done!** ¡me estafaron *or* robaron!; *see* **do out 2**.

(**i**) (*Culin: vegetables etc*) preparar; **to ~ the cooking** cocinar; **how do you like your steak done?** ¿cómo te gusta el filete?; **well done** muy hecho.

(**j**) (*fam: convict*) **he was done for speeding** le multaron por exceso de velocidad; **she was done for pilfering** la procesaron por ladrona.

3 *vi* (**a**) (*act etc*) hacer; **he did well to take your advice** hizo bien en seguir tus consejos; **you can ~ better than that** eres capaz de hacerlo mejor; **~ as you think best** haga lo que mejor le parezca; **~ as you would be done by** trata como quieres ser tratado.

(**b**) (*fare*) **how is your father ~ing?** ¿como está *or (LAm)* cómo le va a tu padre?; **how do you ~?** (*greeting*) ¿cómo está Ud?, gusto en conocerle *(LAm)*; (*as answer*) mucho gusto, encantado/a; **how are you ~ing?** (*fam*) ¿qué tal?, ¿cómo le va? *(LAm)*; **to ~ badly** sufrir reveses, ir perdiendo, fracasar; (*in exam*) salir mal; **to ~ well** tener éxito, prosperar; (*in exam*) salir bien; **his business is ~ing well** sus negocios van bien.

(**c**) (*finish: in past tenses only*) terminar; (*Culin*) hacer; **have you done?** ¿ya has terminado?; **I've ~ with travelling** he terminado de viajar, he renunciado a los viajes.

(**d**) (*be suitable*) convenir; **will this ~?** ¿qué te parece éste?; **that won't ~** eso no vale; **that will never ~!** ¡eso no se puede permitir!; **this room will ~** esta habitación vale *or* sirve; **will it ~ if I come back at 8?** ¿le conviene si vuelvo a las 8?; **it doesn't ~ to upset her** cuidado con ofenderla; **it would never ~ to +** *infin* sería inconcebible que + *subjun*, sería intolerable que + *subjun*; **this coat will ~ as a blanket** este abrigo servirá de manta; **to make ~** arreglárselas por su cuenta; **you'll have to make ~ with £15** tendrás que contentarte *or* apañarte con 15 libras.

(**e**) (*be sufficient*) bastar, valer; **will £20 ~?** ¿tendrás bastante con *or* bastarán 20 libras?; **that'll ~** con eso basta; **that'll ~!** ¡basta ya!

4 *n* (*fam*) (**a**) (*party*) fiesta *f*, guateque *m*; (*formal gathering*) reunión *f*, ceremonia *f*.

(**b**) (*trouble*) **that was quite a ~** eso sí que fue un lío.

(**c**) (*in phrases*) **it's a poor ~** es una vergüenza; **the ~'s and don'ts** las reglas del juego; **fair ~s!** (*be fair*) ¡hay que ser justo!; (*fair shares*) ¡partes iguales!

▸ **do away with** *vi + prep* (*kill*) asesinar; (*get rid of: body, building*) deshacerse de.

▸ **do by** *vi + prep*; **to ~ well/badly by sb** tratar bien/mal a algn; **to be hard done by** ser tratado injustamente.

▸ **do for** *vi + prep* (*fam*) (**a**) (*clean for*) llevar la casa a. (**b**) (*finish off*) terminar; (*be tired*) **I'm ~ for** estoy rendido *(fam)*; **he's done for!** ¡está perdido!

▸ **do in** *vt + adv* (*fam: kill*) matar.

▸ **do out 1** *vt + adv* (*room*) limpiar, arreglar. **2** *vt + prep* (*cheat*) estafar; **he did her out of a job** le quitó el empleo.

▸ **do up** *vt + adv* (**a**) (*fasten: dress, shoes*) atar; (*: zip*) cerrar; (*: buttons*) abrochar; **books done up in paper** libros envueltos en papel. (**b**) (*renovate: house, room*) renovar; **to ~ o.s. up** maquillarse.

▸ **do with** *vi + prep* (**a**) (*with can, could: need*) no venirle mal; **I could ~ with some help** no me vendría mal un poco de ayuda; **we could have done with you there** nos hacías gran falta.

(**b**) **what has that got to ~ with it?** ¿eso qué tiene que ver?; **it has to ~ with ...** se trata de ...; **money has a lot to ~ with it** se trata de dinero; **that has nothing to ~ with you!** ¡eso no tiene nada que ver contigo!; **I won't have anything to ~ with it** no quiero tener nada que ver con *or* saber nada de este asunto.

▸ **do without** *vi + prep* pasarse sin, prescindir de.

do² [dəʊ] *n* (*Mus*) do *m*.

do. *abbr of* **ditto** ídem, íd.

DOA *abbr of* **dead on arrival** ingresó cadáver.

d.o.b. *n abbr of* **date of birth**.

doc [dɒk] *n abbr* (*US fam*) = **doctor**.

docile ['dəʊsaɪl] *adj* dócil, sumiso/a.

dock¹ [dɒk] *n* (*Bot*) acedera *f*, ramaza *f*.

dock² [dɒk] *vt* (**a**) (*animal's tail*) descolar. (**b**) (*pay etc*) descontar.

dock³ [dɒk] **1** *n* (*Naut*) dársena *f*, muelle *m*; **~s** muelles *mpl*, puerto *m*. **2** *vt* poner en dique. **3** *vi* (*Naut*) atracar al muelle; (*spacecraft*) atracar (*with* con), acoplarse (*with* a); **the ship has ~ed** el barco ha atracado. **4** *cpd*: **~ dues** *npl* derechos *mpl* de muelle.

dock⁴ [dɒk] *n* (*in court*) banquillo *m* de los acusados.

docker ['dɒkəʳ] *n* estibador *m*.

docket ['dɒkɪt] *n* (*label*) etiqueta *f*; (*certificate*) certificado *m*; (*bill*) factura *f*.

dockland(s) ['dɒklænd(z)] *n(pl)* zona *f* del puerto, zona portuaria.

dockyard ['dɒkjɑːd] *n* astillero *m*.

doctor ['dɒktəʳ] **1** *n* (**a**) (*Med*) médico/a *m/f*; **D~ Brown** el doctor Brown; **to be under the ~** estar bajo tratamiento médico; **it was just what the ~ ordered** (*fam*) fue mano de santo; **~'s line, ~'s note** (*Brit*), **~'s excuse** (*US*) baja *f*. (**b**) (*Univ*) doctor(a) *m/f*. **2** *vt* (**a**) (*interfere with: food, drink, document*) adulterar. (**b**) (*treat: cold*) tratar, curar. (**c**) (*fam: castrate: cat etc*) castrar.

doctorate ['dɒktərɪt] *n* doctorado *m*.

doctrinaire [ˌdɒktrɪ'nɛəʳ] *adj* doctrinario/a.

doctrinal [dɒk'traɪnl] *adj* doctrinal.

doctrine ['dɒktrɪn] *n* doctrina *f*.

docudrama ['dɒkjʊˌdrɑːmə] *n* docudrama *m*.

document ['dɒkjʊmənt] **1** *n* documento *m*. **2** ['dɒkjʊment] *vt* documentar. **3** ['dɒkjʊmənt] *cpd*: **~ case** *n* portadocumentos *m inv*; **~ reader** *n* (*Comput*) lector *m* de documentos.

documentary [ˌdɒkjʊ'mentərɪ] **1** *adj* documental. **2** *n* (*Cine, TV*) documental *m*.

documentation [ˌdɒkjʊmen'teɪʃən] *n* documentación *f*.

DOD *n abbr* (*US*) *of* **Department of Defense**.

dodder ['dɒdəʳ] *vi* (*walking*) andar con paso inseguro; (*hand*) temblequear.

doddering ['dɒdərɪŋ], **doddery** ['dɒdərɪ] *adj* temblón/ona, tambaleante.

doddle ['dɒdl] *n*: **it's a ~** (*Brit fam*) es un chollo (*fam*).

dodge [dɒdʒ] **1** *n* (*of body*) regate *m*; (*fam: trick*) truco *m*; (*Boxing etc*) finta *f*. **2** *vt* (*elude: blow, ball*) esquivar; (*: pursuer*) dar esquinazo a; (*: acquaintance, problem, tax*) evadir; (*work, duty*) zafarse de, fumarse, rajarse (*LAm fam!*); **to ~ the issue** evadir el tema. **3** *vi* esquivarse, escabullirse; (*Boxing*) hacer una finta; **to ~ out of the way** echarse a un lado; **to ~ behind a tree** ocultarse tras un árbol.

dodgem ['dɒdʒəm] *n* (*also* **~ car**) coche *m* de choque; **the ~s** los coches de choque.

dodgy ['dɒdʒɪ] (*fam*) *adj* (*comp* **-ier**; *superl* **-iest**) (*uncertain*) arriesgado/a, difícil; (*business, person*) de poco fiar, poco fiable.

dodo ['dəʊdəʊ] *n see* **dead**.

DOE *n abbr* (**a**) (*Brit*) *of* **Department of the Environment**. (**b**) (*US*) *of* **Department of Energy**.

doe [dəʊ] *n* (*deer*) cierva *f*, gama *f*; (*rabbit*) coneja *f*.

does [dʌz] *3rd pers sg of* **do**.

doesn't ['dʌznt] = **does not**.

doff [dɒf] *vt* (*Lit*) quitarse.

dog [dɒg] **1** *n* (**a**) perro/a *m/f*; (*male: fox etc*) macho *m*; **it's ~ eat ~ in this place** aquí los perros se comen unos a otros; **every ~ has its day** a cada cerdo le llega su San Martín; **he's a ~ in the manger** es el perro del hortelano; **to go to the ~s** (*person*) echarse a perder; (*nation etc*) ir a la ruina; **she was dressed up like a ~'s dinner** (*fam*) estaba hecha un adefesio; **it's a ~'s life** es una vida de perros; **he hasn't a ~'s chance** no tiene la más remota posibilidad; **let sleeping ~s lie** vale más no meneallo.

(**b**) (*term of abuse*) tunante *m*, bribón *m*; (*fam: unattractive girl*) callo *m* (*fam*).

2 *vt* (*follow closely*) seguir (de cerca); **he was ~ged by ill luck** le persiguió la mala suerte; **he ~s my footsteps** me sigue los pasos.

3 *cpd* (*breed, show*) de perro, canino/a; (*fox, wolf*) macho; **~ biscuit** *n* galleta *f* de perro; **~ collar** *n* collar *m* de perro; **~ food** *n* comida *f* de perro; **~ guard** *n* (*Aut*) reja *f* separadora; **~ handler** *n* (*Police etc*) entrenador(a) *m/f* de perros; **~ tag** *n* (*US*) placa *f* de identidad *or* de identificación.

dog-eared ['dɒgɪəd] *adj* sobado/a.

dog-end ['dɒgend] *n* (*fam*) colilla *f*, toba *f* (*fam*).

dogfight ['dɒgfaɪt] *n* (*Aer*) combate *m* aéreo (reñido y confuso); (*fam: squabble*) trifulca *f*, refriega *f* (*LAm*).

dogged ['dɒgɪd] *adj* (*obstinate*) porfiado/a, terco/a; (*tenacious*) tenaz.

doggerel ['dɒgərəl] *n* coplas *fpl* de ciego, malos versos *mpl*.

doggie ['dɒgɪ] *n* = **doggy**.

doggo ['dɒgəʊ] *adv*: **to lie ~** (*fam*) quedarse escondido/a.

doggone [ˌdɒg'gɒn] (*US fam*) **1** *interj* ¡maldición! **2** *adj* condenado/a, maldito/a.

doggy ['dɒgɪ] **1** *n* perrito *m*. **2** *cpd*: **~ bag** *n* bolsita *f* para el perro.

doghouse ['dɒghaʊs] *n* (*pl* **-houses** [haʊzɪz]): **he's in the ~** (*fam*) está castigado.

dogma ['dɒgmə] *n* dogma *m*.

dogmatic [dɒg'mætɪk] *adj* dogmático/a.

do-gooder ['duː'gʊdəʳ] *n* (*fam: gen*) persona *f* bien intencionada; (*pej*) altruista, persona que va de bueno.

dogsbody ['dɒgzbɒdɪ] *n* burro *m* de carga.

dog-tired ['dɒg'taɪəd] *adj* (*fam*) rendido/a (*fam*), hecho/a polvo (*fam*), agotado/a.

doily ['dɔɪlɪ] *n* pañito *m* de adorno.

doing ['duːɪŋ] *n*: **this is your ~** esto es obra tuya; **it was none of my ~** no he tenido que ver; **nothing ~!** ¡de ninguna manera!, ¡ni hablar!; **that takes some ~!** ¡eso es obra de un genio!; **it will take a lot of** *or* **some ~** costará mucho hacerlo; **~s** hechos *mpl*, conducta *fsg*.

do-it-yourself ['duːɪtjə'self] **1** *n* bricolaje *m*. **2** *cpd* para hacerlo uno mismo; **~ enthusiast, ~ expert** *n* bricolador(a) *m/f*, bricolero/a *m/f*, aficionado/a *m/f* al bricolaje; **~ kit** *n* piezas *fpl* para montar uno mismo.

doldrums ['dɒldrəmz] *npl* (*fig*) **to be in the ~** (*person*) estar abatido; (*business*) estar estancado.

dole [dəʊl] (*Brit fam*) **1** *n* (subsidio *m* de) paro; **to be on the ~** estar parado, cobrar el paro. **2** *cpd*: **~ queue** *n* cola *f* de los parados.

▸ **dole out** *vt + adv* repartir.

doleful ['dəʊlfʊl] *adj* triste.

doll [dɒl] *n* (**a**) muñeca *f*. (**b**) (*esp US fam: girl*) muñeca *f*, preciosidad *f*.

▸ **doll up** *vt + adv*: **to ~ o.s. up** (*fam*) ataviarse, emperejilarse.

dollar ['dɒləʳ] **1** *n* dólar *m*; **you can bet your bottom ~ that ...** es completamente seguro que .... **2** *cpd*: **~ area** *n* zona *f* del dólar; **~ bill** *n* billete *m* de un dólar.

dollop ['dɒləp] *n* (*of jam etc*) pegote *m*.
dolphin ['dɒlfɪn] *n* delfín *m*.
dolt [dəʊlt] *n* (*fam*) imbécil *mf*, pendejo/a *m/f* (*LAm fam*), huevón/ona *m/f* (*And, CSur fam!*).
domain [dəʊ'meɪn] *n* (*lands etc*) dominio *m*, propiedad *f*; (*fig*) campo *m*, competencia *f*.
dome [dəʊm] *n* (*on building etc*) cúpula *f*.
domed [dəʊmd] *adj* (*roof*) en forma de *or* con cúpula; (*forehead*) en forma de huevo.
domestic [də'mestɪk] *adj* (*duty, bliss, animal*) doméstico/a; (*industry, policy, flight*) nacional; ~ **science** economía *f* doméstica; ~ **servant** doméstico/a *m/f*.
domesticate [də'mestɪkeɪt] *vt* (*wild animal*) domesticar.
domesticated [də'mestɪkeɪtɪd] *adj* (*animal*) domesticado/a; (*person*) casero/a.
domesticity [ˌdəʊmes'tɪsɪtɪ] *n* vida *f* casera.
domicile ['dɒmɪsaɪl] *n* (*frm: also* **place of** ~) domicilio *m*.
dominant ['dɒmɪnənt] *adj* dominante.
dominate ['dɒmɪneɪt] *vt, vi* dominar.
domination [ˌdɒmɪ'neɪʃən] *n* (*act of dominating*) dominación *f*; (*control*) dominio *m*.
domineer [ˌdɒmɪ'nɪəʳ] *vi* dominar, tiranizar (*over* a).
domineering [ˌdɒmɪ'nɪərɪŋ] *adj* dominante, autoritario/a.
Dominican Republic [də'mɪnɪkənrɪ'pʌblɪk] *n* República *f* Dominicana.
dominion [də'mɪnɪən] *n* dominio *m*.
domino ['dɒmɪnəʊ] **1** *n* (*pl* ~**es**) dominó *m*; ~**es** dominó. **2** *cpd*: ~ **effect** *n* (*Pol*) reacción *f* en cadena; ~ **theory** *n* (*Pol*) teoría *f* de la reacción en cadena.
don[1] [dɒn] *n* (*Brit Univ*) catedrático/a *m/f*.
don[2] [dɒn] *vt* (*garment*) ponerse, ataviarse con.
donate [dəʊ'neɪt] *vt* donar, dar.
donation [dəʊ'neɪʃən] *n* (*gift*) donativo *m*.
done [dʌn] *pp of* **do**.
donkey ['dɒŋkɪ] **1** *n* burro *m*; **for ~'s years** (*fam*) durante un porrón de *or* muchísimos años. **2** *cpd*: ~ **jacket** *n* chaqueta *f* de lanilla de trabajo.
donkey-work ['dɒŋkɪˌwɜːk] *n* (*fam*) trabajo *m* pesado.
donor ['dəʊnəʳ] *n* donante *mf*.
don't [dəʊnt] = **do not**.
donut ['dəʊnʌt] *n* (*US*) = **doughnut**.
doodle ['duːdl] **1** *n* dibujito *m*, garabato *m*. **2** *vi* hacer dibujitos *or* garabatos.
doom [duːm] **1** *n* (*terrible fate*) destino *m* funesto; (*death*) muerte *f*. **2** *vt* (*destine*) condenar (*to* a); ~**ed to failure** condenado al fracaso.
doomsday ['duːmzdeɪ] *n* día *m* del juicio final; **till** ~ (*fig*) hasta el juicio final.
door [dɔːʳ] *n* puerta *f*; (~*way*) entrada *f*, portal *m*; (*of vehicle*) puerta; **back/front** ~ puerta principal/de atrás; **at the** ~ a la puerta; **to pay at the** ~ (*Cine, Theat etc*) pagar a la entrada; **behind closed ~s** a puerta cerrada; **3 ~s down the street** 3 puertas más abajo; **from** ~ **to** ~ de puerta en puerta; **to lay the blame** *or* **sth at sb's** ~ echar a algn la culpa; **to open the** ~ **to/close** *or* **shut the** ~ **on sth** (*fig*) abrir/cerrar la puerta a algo; **to show sb to the** ~ acompañar a algn a la puerta; **to show sb the** ~ enseñar la puerta a algn.
doorbell ['dɔːbel] *n* timbre *m*.
doorkeeper ['dɔːˌkiːpəʳ] *n* portero/a *m/f*, conserje *mf*.
doorknob ['dɔːnɒb] *n* mango *m* (de la puerta), manilla *f* (*LAm*), manija *f*.
doorman ['dɔːmən] *n* (*pl* **-men**) (*of hotel, block of flats*) portero/a *m/f*, conserje *mf*.
doormat ['dɔːmæt] *n* felpudo *m*, estera *f*; **he treats her like a** ~ (*fig*) le trata como un esclavo *or* le pisotea.
doornail ['dɔːneɪl] *n see* **dead 1 (a)**.
doorstep ['dɔːstep] *n* (*threshold*) umbral *m*; (*step*) peldaño *m*; **on our** ~ en la puerta misma; **we don't want an airport on our** ~ no queremos un aeropuerto aquí tan cerca.
doorstop ['dɔːstɒp] *n* tope *m*.
door-to-door ['dɔːtədɔːʳ] *adj*: ~ **salesman** vendedor *m* de puerta en puerta, vendedor *m* a domicilio; ~ **selling** ventas *fpl* a domicilio.
doorway ['dɔːweɪ] *n* (*gen*) entrada *f*, puerta *f*; (*fig*) portal *m*.
dope [dəʊp] **1** *n* (*fam*) **(a)** (*drugs*) drogas *fpl*; (*cannabis*) chocolate *m* (*fam*), mota *f* (*LAm*); (*Sport*) estimulante *m*; **to do** ~ (*US*) doparse, drogarse. **(b)** (*information*) información *f*, informes *mpl*; **to give sb the** ~ informar a algn. **(c)** (*stupid person*) idiota *mf*, imbécil *mf*. **2** *vt* (*horse, person*) drogar; (*food, drink*) adulterar con drogas. **3** (*fam*) *cpd*: ~ **fiend** *n* drogata *mf* (*fam*); ~ **test** *n* prueba *f* contra drogas.
dopey ['dəʊpɪ] (*fam*) *adj* (*comp* **-ier**; *superl* **-iest**) (*drugged*) drogado/a; (*fuddled*) atontado/a.
doping ['dəʊpɪŋ] *n* drogado *m*, doping *m*.
dorm [dɔːm] *n* (*fam*) = **dormitory**.
dormant ['dɔːmənt] *adj* (*Bio, Bot*) durmiente; (*volcano*) inactivo/a; (*energy*) latente; **to lie** ~ (*lit*) estar inactivo; (*fig*) quedar por realizarse.
dormer ['dɔːməʳ] *n* (*also* ~ **window**) buhardilla *f*.
dormitory ['dɔːmɪtrɪ] **1** *n* dormitorio *m*; (*US: hall of residence*) residencia *f*. **2** *cpd*: ~ **suburb** *n* barrio *m* dormitorio; ~ **town** *n* ciudad *f* satélite *or* dormitorio.
Dormobile ® ['dɔːməbiːl] *n* (*Brit*) combi *m*.
dormouse ['dɔːmaʊs] *n* (*pl* **dormice**) lirón *m*.
Dors *abbr* (*Brit*) *of* **Dorset**.
dorsal ['dɔːsl] *adj* dorsal; ~ **fin** aleta *f* dorsal.
DOS [dɒs] *n abbr of* **disk operating system** sistema *m* operativo de discos.
dosage ['dəʊsɪdʒ] *n* (*of medicine*) dosificación *f*; (*amount*) dosis *f*.
dose [dəʊs] **1** *n* (*of medicine*) dosis *f*; (*fam: of flu*) ataque *m*; **in small ~s** (*fig*) en pequeñas cantidades. **2** *vt* medicinar (*with* de).
dosh [dɒʃ] *n* (*fam*) guita *f* (*fam*), dinero *m*.
doss [dɒs] *vi* (*fam*) **to ~ (down)** echarse a dormir.
dosser ['dɒsəʳ] *n* (*Brit fam*) pobre *mf*, vagabundo/a *m/f*.
dosshouse ['dɒshaʊs] *n* (*pl* **-houses** [haʊzɪz]) (*Brit fam*) pensión *f* de mala muerte.
dossier ['dɒsɪeɪ] *n* expediente *m*, sumario *m* (*on* sobre).
DOT *n abbr* (*US*) *of* **Department of Transportation**.
dot [dɒt] **1** *n* punto *m*; **~s and dashes** (*Morse*) puntos y rayas; **at 7 o'clock on the** ~ a las 7 en punto. **2** *vt* salpicar; (*letter*) poner el punto sobre; **~ted with flowers** salpicado de flores; **they are ~ted about the country** están esparcidos por todo el país; **'tear along the ~ted line'** 'cortar por la línea de puntos'; **to sign on the ~ted line** (*fig*) firmar. **3** *cpd*: ~ **command** *n* (*Comput*) instrucción *f* (precedida) de punto.
dotage ['dəʊtɪdʒ] *n*: **to be in one's** ~ estar chocho.
dote [dəʊt] *vi*: **to ~ on** adorar (a), chochear (por).
doting ['dəʊtɪŋ] *adj* (*senile*) chocho/a; (*loving*) chocho/a, cariñoso/a.
dot-matrix printer [ˌdɒtˌmeɪtrɪks'prɪntəʳ] *n* impresora *f* matricial *or* de matriz de puntos.
dotty ['dɒtɪ] (*Brit fam*) *adj* (*comp* **-ier**; *superl* **-iest**) chiflado/a (*fam*), disparatado/a; (*idea, scheme*) estrafalario/a, tonto/a.
double ['dʌbl] **1** *adj* doble; **to lead a ~ life** llevar una doble vida; ~ **the age** dos veces más grande; **to be ~ the age of** doblar en edad a; ~ **the amount of money** el doble de dinero; ~ **five two six (5526)** (*Telec*) cinco cinco dos seis; **spelt with a ~ 'm'** escrito con dos 'm' (emes); ~ **bass** contrabajo *m*; ~ **bed** cama *f* de matrimonio; ~ **bend** (*Aut*) dos curvas *fpl*; ~ **bill** (*Cine*) programa *m* doble; ~ **booking** doble reserva *f*; ~ **chin** papada *f*; ~ **cream** (*Brit*) nata *f* (para montar); ~ **density disk** (*Comput*) disco *m* de doble densidad; ~ **Dutch** (*Brit fam*) galimatías *m inv*; **to talk ~ Dutch** (*Brit fam*) hablar chino; ~ **entry** partida *f* doble; ~ **exposure** doble exposición *f*; ~ **glazing** doble acristalamiento *m*, ventanas *fpl* dobles; ~ **room** habita-

ción *f* doble; **in ~ spacing** a doble espacio; **~ time** tarifa *f* doble.

2 *adv* (*gen*) doble; **to be bent ~** estar doblado; **~ the amount** el doble; **to see ~** ver doble.

3 *n* (*amount*) doble *m*; (*person*) doble *mf*, viva imagen *f*; (*Cine*) doble *mf*; (*Tennis*) **a game of mixed/ladies' ~s** un partido de dobles mixtos/femininos; **at the ~** a la carrera, corriendo.

4 *vt* (**a**) (*increase twofold: money, quantity etc*) duplicar, doblar; (*: efforts*) redoblar.

(**b**) (*fold: also* **~ over**) doblar.

5 *vi* (**a**) (*quantity etc*) doblarse, duplicarse.

(**b**) (*have two uses etc*) **to ~ as** hacer las veces de; **he ~d as Hamlet's father** también hizo el papel del padre de Hamlet.

► **double back 1** *vi + adv* (*person*) volver sobre sus pasos. **2** *vt + adv* (*blanket*) doblar.

► **double up** *vi + adv* (**a**) (*bend over*) doblarse; **he ~d up with laughter** se partió de la risa. (**b**) (*share bedroom*) compartir (una habitación).

double-barrelled [ˈdʌblˌbærəld] *adj* (*gun*) de dos cañones; (*Brit: surname*) compuesto/a.

double-book [ˌdʌblˈbʊk] *vt*: **we were ~ed** habíamos hecho dos citas distintas; (*in hotel*) **we found we were ~ed** encontramos que habían reservado la habitación para dos parejas distintas.

double-breasted [ˈdʌblˈbrestɪd] *adj* cruzado/a.

double-check [ˈdʌblˈtʃek] *vt, vi* revisar de nuevo.

double-cross [ˈdʌblˈkrɒs] *vt* (*fam*) traicionar, engañar.

double-date [ˌdʌblˈdeɪt] **1** *vt* engañar con otro/otra. **2** *vi* (*US*) salir dos parejas.

double-decker [ˈdʌblˈdekəʳ] **1** *n* (*also* **~ bus**) autobús *m* de dos pisos. **2** *cpd*: **~ sandwich** *n* club sandwich *m*.

double-edged [ˈdʌblˈedʒd] *adj* (*remark*) de dos filos.

double entendre [ˈdu:blɑ̃:nˈtɑ̃:ndr] *n* equívoco *m*, frase *f* ambigua.

double-entry [ˈdʌblˈentrɪ] *cpd*: **~ book-keeping** *n* contabilidad *f* por partida doble.

double-glaze [ˌdʌblˈgleɪz] *vt*: **to ~ a window** termoaislar una ventana.

double-jointed [ˈdʌblˈdʒɔɪntɪd] *adj* con articulaciones muy flexibles.

double-page [ˈdʌblpeɪdʒ] *adj*: **~ spread** doble página *f*.

double-park [ˌdʌblˈpɑ:k] *vi* estacionarse en doble fila.

double-quick [ˈdʌblˈkwɪk] *adv* rapidísimamente, con toda prontitud; (*Mil*) a paso ligero.

double-sided disk [ˌdʌblˌsaɪdɪdˈdɪsk] *n* disco *m* de dos caras.

double-talk [ˈdʌblˌtɔ:k] *n* lenguaje *m* con doble sentido.

doublethink [ˈdʌblθɪŋk] *n* razonamiento *m* contradictorio.

doubly [ˈdʌblɪ] *adv* doblemente.

doubt [daʊt] **1** *n* (*uncertainty, qualm*) duda *f*; **to be in ~** (*person*) dudar; (*sb's honesty etc*) ser dudoso; **without (a) ~** sin duda (alguna); **beyond ~** fuera de duda; **if in ~** en caso de duda; **no ~ he will come** seguro que viene; **there is no ~ of that** de eso no cabe duda; **to cast ~ on** poner en duda; **to have one's ~s about sth** tener sus dudas acerca de algo.

2 *vt* (**a**) (*truth of statement etc*) dudar; **I ~ it very much** lo dudo mucho.

(**b**) (*be uncertain*) **to ~ whether** *or* **if** dudar si; **I don't ~ that he will come** no dudo que venga.

doubter [ˈdaʊtəʳ] *n* escéptico/a *m/f*.

doubtful [ˈdaʊtfʊl] *adj* (*feeling, expression*) de duda; (*uncertain: result, success*) incierto/a; (*questionable: taste, reputation*) dudoso/a; **to be ~ about sth** tener dudas sobre algo; **I'm a bit ~** no estoy convencido/a.

doubtfully [ˈdaʊtfəlɪ] *adv* (*unconvincedly*) sin estar convencido.

doubtless [ˈdaʊtlɪs] *adv* sin duda, seguramente.

douche [du:ʃ] *n* ducha *f*; (*Med*) jeringa *f*.

dough [dəʊ] *n* (**a**) masa *f*. (**b**) (*fam: money*) pasta *f* (*Sp fam*), lana *f* (*LAm fam!*).

doughnut [ˈdəʊnʌt] *n* dónut *m*, dona *f* (*LAm*).

dour [ˈdʊəʳ] *adj* hosco/a.

douse [daʊs] *vt* (*with water*) mojar; (*flames*) apagar.

dove[1] [dʌv] *n* (*also Pol*) paloma *f*.

dove[2] [dəʊv] (*US*) *pt of* **dive**.

dovetail [ˈdʌvteɪl] **1** *n* (*also* **~ joint**) cola *f* de milano. **2** *vt* (*fig: fit*) encajar; (*: link*) enlazar. **3** *vi* (*fig*) encajarse, enlazarse.

dowager [ˈdaʊədʒəʳ] *cpd*: **~ queen** reina *f* viuda.

dowdy [ˈdaʊdɪ] *adj* (*comp* **-ier**; *superl* **-iest**) (*person, clothes*) pobre y pasado/a de moda.

dowel [ˈdaʊəl] *n* clavija *f*.

Dow-Jones average [ˌdaʊˌdʒəʊnzˈævərɪdʒ], **Dow-Jones index** [ˌdaʊˌdʒəʊnzˈɪndeks] *n* (*US Fin*) índice *m* Dow-Jones.

down[1] [daʊn] *n* (*on bird*) plumón *m*; (*on person*) vello *m*; (*on fruit*) pelusa *f*.

down[2] [daʊn] *n* (*Geog*) colina *f*; **the D~s** (*Brit*) las Downs (*colinas del sur de Inglaterra*).

down[3] [daʊn] **1** *adv* (**a**) (*physical movement*) abajo, hacia abajo; (*to the ground*) a tierra; (*on the ground*) por *or* en tierra; **~!** (*to dog*) ¡quieto!; **to fall ~** caerse; **to run ~** bajar corriendo; **he came ~ from Glasgow to London** ha bajado *or* venido de Glasgow a Londres; **from the year 1600 ~ to the present day** desde el año 1600 hasta el presente; **from the biggest ~ to the smallest** desde el más grande hasta el más pequeño; **~ with traitors!** ¡abajo los traidores!

(**b**) (*static position*) abajo; **~ here** aquí (abajo); **~ there** allí (abajo); **he lives ~ South** vive en el sur; **~ under** en Australia o en Nueva Zelanda; **the blinds are ~** estan bajadas las persianas; **the sun is ~** el sol se ha puesto; **I'll be ~ in a minute** ahora bajo; **I've been ~ with flu** he estado con gripe; **the computer is ~** el ordenador no funciona; **don't kick a man when he's ~** (*fig*) no des la puntilla; **to be ~ and out** no tener donde caerse muerto, estar sin un cuarto; **one ~, five to go** uno en el bote y quedan cinco.

(**c**) (*in writing*) **write this ~** apunta esto; **you're ~ for the next race** estás inscrito para la próxima carrera.

(**d**) (*in volume, degree, status*) **the tyres are ~** los neumáticos están desinflados; **his temperature is ~** le ha bajado la temperatura; **England are two goals ~** Inglaterra está perdiendo por 2 tantos; **I'm £20 ~** he perdido 20 libras, me faltan 20 libras; **I'm ~ to my last cigarette** me queda un cigarrillo nada más; **the price of meat is ~** ha bajado el precio de la carne.

(**e**) **it's all ~ to us now** ahora nosotros somos los únicos responsables; (*as deposit*) **to pay £50 ~** pagar un depósito de 50 libras, hacer un desembolso inicial de 50 libras.

(**f**) (*esp US*) **to be ~ on sb** tener inquina a algn.

2 *prep* (*indicating movement*) abajo, hacia abajo; (*at a lower point on*) abajo; **he ran his finger ~ the list** pasó el dedo por la lista; **he went ~ the hill** fue cuesta abajo; **face ~** boca abajo; **he lives ~ the street (from us)** vive en esta calle, más abajo de nosotros; **to go ~ the road** ir calle abajo; **looking ~ this road, you can see ...** mirando carretera abajo, se ve ...; **~ the ages** a través de los siglos; **he's gone ~ the pub** (*fam*) se ha ido al bar.

3 *adj* (**a**) (*train, line*) de bajada; **~ payment** entrada *f*, pago *m* al contado; (*Fin*) desembolso *m* inicial; **~ side** pega *f*, desventaja *f*, lo malo (*of* de).

(**b**) (*fam: depressed*) deprimido/a.

4 *vt* (*opponent*) tirar *or* echar al suelo; **to ~ tools** (*fig*) declararse en huelga; **he ~ed a pint of beer** tragó una pinta de cerveza.

5 *n*: **to have a ~ on sb** (*fam*) tenerle manía a algn.

down-and-out [ˈdaʊnənˌaʊt] **1** *adj* (*destitute*) pelado/a. **2** *n* (*tramp*) vagabundo/a *m/f*.

down-at-heel [ˈdaʊnətˈhi:l] *adj* decaído/a, venido/a a

menos; (*appearance*) desastrado/a.
downcast [ˈdaʊnkɑːst] *adj* (*sad*) abatido/a; (*eyes*) bajo/a.
downer [ˈdaʊnəʳ] (*fam*) *n* (*tranquilizer*) tranquilizante *m*; (*depressing experience*) experiencia *f* deprimente.
downfall [ˈdaʊnfɔːl] *n* (*collapse*) caída *f*; (*ruin*) ruina *f*.
downgrade [daʊnˈgreɪd] *vt* (*job, hotel*) degradar.
downhearted [ˈdaʊnˈhɑːtɪd] *adj* descorazonado/a.
downhill [ˈdaʊnˈhɪl] **1** *adv*: **to go ~** (*road*) bajar; (*car*) ir cuesta abajo; (*fig: person*) ir cuesta abajo, estar en decadencia; (*: business*) estar en declive. **2** *adj* en pendiente; (*skiing*) de descenso.
download [ˌdaʊnˈləʊd] *vt* (*Comput*) descargar.
downloading [ˌdaʊnˈləʊdɪŋ] *n* descarga *f*.
down-market [ˌdaʊnˈmɑːkɪt] **1** *adj* (*product*) inferior, para la sección popular del mercado *or* de la clientela. **2** *adv*: **to go ~** buscar clientela en la sección popular.
downplay [ˈdaʊnˈpleɪ] *vt* (*esp US fam*) minimizar la importancia de, quitar importancia a.
downpour [ˈdaʊnpɔːʳ] *n* aguacero *m*, chubasco *m* (*LAm*).
downright [ˈdaʊnraɪt] **1** *adj* (*nonsense, lie*) patente, manifiesto/a; (*refusal*) categórico/a. **2** *adv* (*rude, angry*) realmente.
Down's syndrome [ˈdaʊnzˌsɪndrəʊm] **1** *n* mongolismo *m*. **2** *cpd*: **a ~ baby** un niño mongólico.
downstairs [ˈdaʊnˈstɛəz] **1** *adj* (*on the ground floor*) de la planta baja; (*on the floor underneath*) del piso de abajo. **2** *adv* escaleras abajo; **to come/go ~** bajar la escalera.
downstream [ˈdaʊnˈstriːm] *adv* río abajo (*from* de).
downtime [ˈdaʊnˌtaɪm] *n* tiempo *m* de inactividad, tiempo muerto.
down-to-earth [ˈdaʊntʊˈɜːθ] *adj* (*person*) natural, llano/a; (*: practical*) con sentido práctico; (*policy, outlook*) práctico/a, realista.
downtown [ˈdaʊnˈtaʊn] (*US*) **1** *adv* al centro. **2** *adj*: **~ San Francisco** el centro de San Francisco.
downtrodden [ˈdaʊnˌtrɒdn] *adj* (*person*) oprimido/a, aplastado/a, pisoteado/a.
downturn [ˈdaʊntɜːn] *n* descenso *m*, bajada *f*.
downward [ˈdaʊnwəd] *adj* (*curve, movement etc*) descendente; (*slope*) en declive.
downward(s) [ˈdaʊnwəd(z)] *adv* (*go, look*) hacia abajo; **from the President ~s** todos, incluso el Presidente.
dowry [ˈdaʊrɪ] *n* dote *f*.
doz. *abbr of* **dozen** doc.
doze [dəʊz] **1** *n* sueño *m* ligero, siestecita *f*. **2** *vi* dormitar.
▸ **doze off** *vi + adv* dormirse.
dozen [ˈdʌzn] *n* docena *f*; **80p a ~** 80 peniques la docena; **a ~ eggs** una docena de huevos; **~s of times/people** cantidad *f* de veces/gente.
dozy [ˈdəʊzɪ] *adj* (*comp* **-ier**; *superl* **-iest**) (*fam*) amodorrado/a, soñoliento/a.
D.Ph., D. Phil. *n abbr* (*Univ*) *of* **Doctor of Philosophy**.
DPP *n abbr* (*Brit*) *of* **Director of Public Prosecutions**.
DPT *n abbr of* **diphtheria, pertussis, tetanus** vacuna *f* trivalente.
dpt *abbr of* **department** dto.
DPW *n abbr* (*US*) *of* **Department of Public Works** ≈ Ministerio *m* de Obras Públicas y Urbanismo.
dr *abbr* (*Comm*) *of* **debtor**.
Dr(.) *abbr* **(a)** *of* **doctor** Dr(a). **(b)** *of* **drive**.
drab [dræb] *adj* (*comp* **-ber**; *superl* **-best**) (*colour etc*) apagado/a, pardusco/a; (*life*) monótono/a, gris.
draft [drɑːft] **1** *n* **(a)** (*outline: in writing*) borrador *m*, versión *f*; (*: drawing*) boceto *m*.
(b) (*Mil: detachment*) destacamento *m*; **the ~** (*US Mil: conscription*) quinta *f*, leva *f* (*LAm*), servicio *m* militar.
(c) (*Comm: also* **banker's ~**) letra *f* de cambio, giro *m*.
(d) (*Comput*) borrador *m*, impresión *f* tenue de puntos.
(e) (*US*) = **draught**.
2 *vt* **(a)** (*also* **~ out**: *document: write*) redactar; (*: first attempt*) hacer un borrador de.
(b) (*Mil: for specific duty*) destacar; (*US Mil: conscript*) reclutar, llamar al servicio militar.
draftee [drɑːfˈtiː] *n* (*US*) recluta *mf*.
draftsman [ˈdrɑːftsmən] *n* (*US*) = **draughtsman**.
drag [dræg] **1** *n* **(a)** (*Aer: resistance*) resistencia *f* aerodinámica; (*fam: boring thing*) lata *f*, rollo *m* (*Sp fam*); **what a ~!** (*fam*) ¡qué lata *or* rollo! **(b)** (*fam: on cigarette*) chupada *f*, calada *f* (*fam*).
(c) in ~ (*fam*) vestido de travestí.
(d) the main ~ (*US fam*) la calle mayor.
2 *vt* **(a)** (*object, person*) arrastrar.
(b) (*sea bed, river etc*) dragar, rastrear.
3 *vi* (*go very slowly: time etc*) hacerse interminable.
4 *cpd*: **~ artist** *n* (*fam*) travestista *m*; **~ queen** *n* (*fam*) travestí *m*; **~ race** *n carrera de coches trucados de salida parada*.
▸ **drag along** *vt + adv* (*person*) arrastrar.
▸ **drag away** *vt + adv* (*lit, fig*) **to ~ away (from)** quitar arrastrando.
▸ **drag down** *vt + adv* arrastrar hacia abajo; **to ~ sb down to one's own level** (*fig*) rebajarse al nivel de algn.
▸ **drag in** *vt + adv* (*subject*) meter a la fuerza.
▸ **drag on** *vi + adv* (*meeting, conversation*) hacerse interminable; (*fig*) ser cuento de nunca acabar.
draglift [ˈdræglɪft] *n* (*Ski*) arrastre *m*.
dragnet [ˈdrægnet] *n* rastra *f*, red *f* barredera; (*fig*) emboscada *f*.
dragon [ˈdrægən] *n* dragón *m*.
dragonfly [ˈdrægənflaɪ] *n* libélula *f*.
dragoon [drəˈguːn] *vt*: **to ~ sb into sth** obligar *or* forzar a algn a hacer algo.
drain [dreɪn] **1** *n* **(a)** (*outlet: in house*) desagüe *m*; (*in street*) boca *f* de alcantarilla, sumidero *m*; **the ~s** (*sewage system*) el alcantarillado *msg*; **to throw one's money down the ~** (*fig*) tirar el dinero por la ventana.
(b) (*fig: source of loss*) **to be a ~ on** consumir, agotar; **it has been a great ~ on her** la ha agotado.
2 *vt* (*Agr: land, marshes, lake*) drenar, desecar; (*vegetables, last drops*) escurrir; (*glass, radiator etc*) vaciar; (*Med: wound etc*) drenar; **to feel ~ed (of energy)** (*fig*) sentirse agotado.
3 *vi* (*washed dishes, vegetables*) escurrir; (*liquid, stream*) desaguar, desembocar (*into* en).
▸ **drain away** **1** *vt + adv* (*liquid*) drenar. **2** *vi + adv* (*liquid*) irse; (*strength*) agotarse.
▸ **drain off** *vt + adv* (*liquid*) drenar, desangrar.
drainage [ˈdreɪnɪdʒ] *n* (*of land: naturally*) desagüe *m*; (*: artificially*) drenaje *m*; (*of lake*) desecación *f*; (*sewage system*) alcantarillado *m*.
draining board [ˈdreɪnɪŋˌbɔːd], (*US*) **drainboard** [ˈdreɪnbɔːd] *n* escurridero *m*.
drainpipe [ˈdreɪnpaɪp] **1** *n* tubo *m* de desagüe, cañería *f*. **2** *cpd*: **~ trousers** *npl* pantalones *mpl* de pata estrecha.
drake [dreɪk] *n* pato *m* (macho).
dram [dræm] *n* (*Brit: of drink*) trago *m*.
drama [ˈdrɑːmə] *n* (*dramatic art*) teatro *m*; (*play*) obra *f* de teatro, drama *m*; (*fig: event*) drama.
dramatic [drəˈmætɪk] **1** *adj* (*art, criticism, event, entrance*) dramático/a; (*change*) marcado/a. **2** *nsg or npl*: **~s** *see* **amateur**.
dramatist [ˈdræmətɪst] *n* dramaturgo/a *m/f*.
dramatize [ˈdræmətaɪz] *vt* **(a)** (*events etc*) dramatizar; (*Cine, TV: adapt: novel*) adaptar a la televisión/al cine.
(b) (*exaggerate*) exagerar.
drank [dræŋk] *pt of* **drink**.
drape [dreɪp] **1** *npl*: **~s** (*US*) cortinas *fpl*. **2** *vt* (*object*) adornar (*with* de), tapizar (*with* con).
draper [ˈdreɪpəʳ] *n* pañero/a *m/f*, lencero/a *m/f*.
drapery [ˈdreɪpərɪ] *n* (*draper's shop*) pañería *f*, mercería *f* (*LAm*); (*cloth for hanging*) colgaduras *fpl*.

drastic ['dræstɪk] *adj* (*measures*) drástico/a; (*change, effect*) notorio/a; (*reduction etc*) severo/a.
drastically ['dræstɪkəlɪ] *adv* drásticamente; (*cut*) severamente; **to be ~ reduced** sufrir una reducción importante; **he ~ revised his ideas** cambió radicalmente de ideas.
drat [dræt] *vt*: **~ it!** (*fam*) ¡maldición!
draught, (*US*) **draft** [drɑːft] **1** *n* (**a**) (*of air*) corriente *f* (de aire); (*for fire*) tiro *m*. (**b**) (*drink*) **he took a long ~ of cider** se echó un trago largo de sidra; **on ~** de barril. (**c**) **~s** (*Brit: game*) juego *m* de damas. **2** *cpd*: **~ beer** *n* cerveza *f* de barril; **~ excluder** *n* burlete *m*.
draught-proof, (*US*) **draft-proof** ['drɑːftpruːf] *adj* a prueba de corrientes de aire.
draught-proofing, (*US*) **draft-proofing** ['drɑːft,pruːfɪŋ] *n* burlete *m*.
draughtsman, (*US*) **draftsman** ['drɑːftsmən] *n* (*pl* **-men**) (*in drawing office*) dibujante *mf*.
draughty, (*US*) **drafty** ['drɑːftɪ] *adj* (*comp* **-ier**; *superl* **-iest**) (*room*) lleno/a de corrientes; (*street corner*) de mucho viento.
draw [drɔː] (*vb: pt* **drew**; *pp* **~n**) **1** *n* (**a**) (*lottery*) lotería *f*; (*picking of ticket etc*) sorteo *m*; **it's the luck of the ~** es la suerte.
(**b**) (*equal score*) empate *m*; **the match ended in a ~** el partido terminó con empate.
(**c**) (*attraction*) atracción *f*.
(**d**) **to be quick on the ~** (*lit*) ser rápido en sacar la pistola; (*fig*) ser muy avispado.
2 *vt* (**a**) (*pull: bolt, curtains: to close*) correr; (*: to open*) descorrer; (*: caravan, trailer*) tirar, jalar (*LAm*); **to ~ a bow** tensar un arco; **he drew his finger along the table** pasó el dedo por la superficie de la mesa; **he drew his hat over his eyes** cubrió los ojos con el sombrero; **she drew him to one side** lo llevó a un lado; **she drew him towards her** lo abrazó.
(**b**) (*extract: gen*) sacar; (*: cheque*) girar; (*: salary*) cobrar; (*Culin: fowl*) destripar; **to ~ a bath** preparar el baño; **to ~ blood** sacar sangre; **to ~ a card** robar una carta; **to ~ (a) breath** respirar; **to ~ comfort from sth** hallar consuelo en algo; **to ~ a smile from sb** arrancar una sonrisa a algn.
(**c**) (*attract: attention, crowd, customer*) atraer; **to feel ~n to sb** simpatizar con algn.
(**d**) (*sketch etc: picture, portrait*) dibujar; (*: plan, line, circle, map*) trazar; (*fig: situation*) explicar; (*: character*) trazar; **I ~ the line at (doing) that** a (hacer) eso no llego.
(**e**) (*formulate: conclusion*) sacar (*from* de); **to ~ a comparison between** comparar; **to ~ a distinction** distinguir (*between* entre).
(**f**) (*Ftbl etc*) **to ~ a match/game** empatar un partido.
3 *vi* (**a**) (*move*) **to ~ (towards)** acercarse (a); **he drew to one side** se apartó; **the train drew into the station** el tren entró en la estación; **the car drew over to the kerb** el coche se acercó a la acera; **he drew ahead of the other runners** se adelantó a los demás corredores; **the two horses drew level** los dos caballos se igualaron; **to ~ near** acercarse; **to ~ to an end** llegar a su fin.
(**b**) (*in cards*) **to ~ for trumps** echar triunfos.
(**c**) (*chimney etc*) tirar.
(**d**) (*infuse: tea*) reposar, dejar en infusión.
(**e**) (*be equal: two teams*) empatar; **the teams drew for second place** los equipos empataron en segundo lugar.
(**f**) (*sketch*) dibujar.
▸ **draw back** **1** *vt + adv* (*object, hand*) retirar; (*curtains*) descorrer. **2** *vi + adv* (*move back*) echarse atrás (*from* de).
▸ **draw in** **1** *vi + adv* (**a**) (*car: park*) aparcar, estacionar (*LAm*); (*: stop*) detenerse, pararse (*LAm*); (*train*) entrar en la estación. (**b**) **the days are ~ing in** los días se acortan ya. **2** *vt + adv* (*breath, air*) aspirar; (*pull back in: claws*) retraer; (*attract: crowds*) atraer.
▸ **draw on** **1** *vi + adv* (*night*) acercarse. **2** *vi + prep* = **draw upon**.
▸ **draw out** *vt + adv* (**a**) (*take out: handkerchief, money from bank*) sacar; **to ~ sb out (of his shell)** (*fig*) hacer que algn salga de sí mismo. (**b**) (*prolong: meeting etc*) alargar.
▸ **draw up** **1** *vt + adv* (**a**) (*formulate: will, contract*) redactar; (*: plans*) trazar. (**b**) (*chair*) acercar; (*troops*) ordenar, disponer; **to ~ o.s. up (to one's full height)** enderezarse. **2** *vi + adv* (*car etc*) detenerse, pararse (*LAm*).
▸ **draw upon** *vi + prep* (*source*) inspirarse en; (*text*) poner a contribución; (*resources*) usar, hacer uso de, explotar; (*experience*) beneficiarse de, aprovechar; (*bank account*) retirar dinero de.
drawback ['drɔːbæk] *n* inconveniente *m*, desventaja *f*.
drawbridge ['drɔːbrɪdʒ] *n* puente *m* levadizo.
drawee [drɔː'iː] *n* girado *m*, librado *m*.
drawer[1] [drɔːʳ] *n* (*in desk etc*) cajón *m*.
drawer[2] ['drɔːəʳ] *n* (*Comm*) girador *m*.
drawers [drɔːz] *npl* (*man's*) calzoncillos *mpl*; (*woman's*) bragas *fpl*.
drawing ['drɔːɪŋ] **1** *n* (*picture*) dibujo *m*; (*activity*) **I'm no good at ~** no sirvo para el dibujo. **2** *cpd*: **~ board** *n* tablero *m* de dibujo; **back to the ~ board!** (*fig*) ¡a comenzar de nuevo!; **~ pin** *n* chincheta *f*, chinche *f*; **~ room** *n* salón *m*, sala *f*.
drawl [drɔːl] **1** *n* voz *f* cansina; **a Southern ~** un acento del sur. **2** *vt* decir alargando las palabras. **3** *vi* hablar alargando las palabras.
drawn [drɔːn] **1** *pp of* **draw**. **2** *adj* (*haggard: with tiredness*) ojeroso/a; (*: with pain*) macilento/a.
drawstring ['drɔːstrɪŋ] *n* cordón *m*.
dray [dreɪ] *n* carro *m* pesado.
dread [dred] **1** *n* terror *m*, pavor *m*; **he lives in ~ of being caught** vive aterrorizado por la idea de que le cojan *or* (*LAm*) agarren. **2** *vt* tener pavor a; **I ~ going to the dentist** me da pavor ir al dentista; **I ~ to think of it** (*fam*) ¡sólo pensarlo me da horror!
dreadful ['dredfʊl] *adj* (*crime, sight, suffering*) espantoso/a, pavoroso/a; (*book, film*) pésimo/a; (*weather*) fatal; **how ~!** ¡qué barbaridad!, ¡qué horror!; **I feel ~!** (*ill*) ¡me siento fatal *or* malísimo/a!; (*ashamed*) ¡qué vergüenza!, ¡qué pena! (*LAm*), me da mucha vergüenza *or* pena.
dreadfully ['dredfəlɪ] *adv* (*fam*) terriblemente; **he's ~ nice/young!** ¡qué simpático/joven es!; **I'm ~ sorry** lo siento muchísimo.
dream [driːm] (*vb: pt, pp* **~ed** *or* **~t**) **1** *n* (*gen*) sueño *m*; (*daydream*) ensueño *m*; (*vision*) sueño; (*fantasy*) ilusión *f*; **to have a ~ about sb/sth** soñar con algn/algo; **I had a bad ~** tuve una pesadilla; **sweet ~s!** ¡qué sueñes con los angelitos!; **the museum was an archaeologist's ~** para un arqueólogo, el museo era un sueño; **it worked like a ~** funcionó a la maravilla; **she goes about in a ~** vive soñando, anda con la cabeza en las nubes; **my ~ is to** + *infin* el sueño de mi vida es + *infin*; **the house of her ~s** la casa de sus sueños; **rich beyond his wildest ~s** más rico de lo que jamás había soñado; **isn't he a ~?** (*of baby*) ¡qué preciosidad!; (*of man*) ¡que locura de hombre!
2 *vt* soñar; **I didn't ~ that ...** jamás me imaginaba que ....
3 *vi* soñar (*of, about* con); **I wouldn't ~ of doing such a thing** no se me occuriría hacer tal cosa; **I'm sorry, I was ~ing** disculpa, estaba pensando de otra cosa; **I wouldn't ~ of going!** ir, ¡ni hablar! *or* ¡ni soñando!; **there were more than I'd ever ~ed of** había más de lo que jamás me había imaginado.
4 *cpd*: **~ house** *n* casa *f* ideal; **~ ticket** *n* (*Pol*) lista *f* de candidatos ideal.
▸ **dream up** *vt + adv* (*idea, plan*) idear, inventar.
dreamer ['driːməʳ] *n* (*impractical person*) soñador(a) *m/f*; **he's a bit of a ~** (*absent-minded*) es un despistado;

(*idealistic*) es un soñador.

dreamless ['dri:mlɪs] *adj* sin sueño.

dreamt [dremt] *pt, pp of* **dream**.

dreamy ['dri:mɪ] *adj* (*comp* **-ier**; *superl* **-iest**) (*character, smile, tone*) soñador(a), distraído/a; (*music*) de sueño, suave.

dreary ['drɪərɪ] *adj* (*comp* **-ier**; *superl* **-iest**) (*landscape, weather*) monótono/a; (*life, work*) aburrido/a; (*book, speech*) pesado/a.

dredge [dredʒ] **1** *n* (*Mech*) draga *f*. **2** *vt* (*river, canal*) dragar.

▸ **dredge up** *vt + adv* sacar con draga; (*fig: unpleasant facts*) pescar, sacar a luz.

dredger[1] ['dredʒəʳ] *n* (*ship*) draga *f*.

dredger[2] ['dredʒəʳ] *n* (*Culin*) espolvoreador *m*.

dregs [dregz] *npl* heces *fpl*; **the ~ of society** (*fig*) las heces de la sociedad.

drench [drentʃ] *vt* empapar (*with* de); **~ed to the skin** empapado/a *or* calado/a hasta los huesos.

dress [dres] **1** *n* (*frock*) vestido *m*; (*no pl: clothing*) ropa *f*, vestimenta *f*; **evening ~** traje *m* de noche; **in summer ~** con ropa de verano.

2 *vt* (**a**) vestir; **to ~ o.s., to get ~ed** vestirse; **~ed in green** vestido de verde; **~ed up to the nines** de punta en blanco.

(**b**) (*Culin: salad*) aliñar; (*: chicken, crab*) aderezar; (*hair*) peinar, arreglar; (*wound*) vendar; (*shop window*) arreglar, decorar.

3 *vi* vestirse; **she ~es very well** se viste muy bien; **to ~ for dinner** (*man*) ponerse smoking; (*woman*) ponerse traje de noche.

4 *cpd*: **~ circle** *n* principal *m*, anfiteatro *m*; **~ designer** *n* modisto/a *m/f*; **~ length** *n* (*material*) largo *m* de vestido; **~ rehearsal** *n* ensayo *m* general; **~ shirt** *n* camisa *f* de frac; **~ suit** *n* traje *m* de etiqueta.

▸ **dress up** **1** *vi + adv* (*in smart clothes*) vestirse de etiqueta; (*in fancy dress*) disfrazarse. **2** *vt + adv* (*improve appearance of: facts etc*) ataviar.

dresser ['dresəʳ] *n* (*in kitchen*) aparador *m*, rinconera *f*; (*dressing table*) tocador *m*; (*Theat*) camarero/a *m/f*.

dressing ['dresɪŋ] **1** *n* (*act*) vestirse *m*; (*Med: bandage*) vendaje *m*; (*Culin: salad ~*) aliño *m*; (*Agr*) abono *m*, fertilizante *m*. **2** *cpd*: **~ case** *n* neceser *m*; **~ gown** *n* bata *f*; **~ room** *n* (*in theatre*) camarino *m*; (*in sport*) vestuario *m*; **~ station** *n* (*Mil*) puesto *m* de socorro; **~ table** *n* tocador *m*.

dressing-down ['dresɪŋ'daʊn] *n*: **to give sb a ~** (*fam*) echar un rapapolvo a algn (*fam*).

dressmaker ['dresmeɪkəʳ] *n* modista *f*, costurera *f*.

dressmaking ['dresmeɪkɪŋ] *n* costura *f*, corte *m* y confección.

dressy ['dresɪ] *adj* (*comp* **-ier**; *superl* **-iest**) (*fam: person*) de mucho vestir; (*: clothing*) elegante.

drew [dru:] *pt of* **draw**.

dribble ['drɪbl] **1** *n* (*of saliva*) babeo *m*; (*Ftbl*) drible *m*. **2** *vt* (*liquid*) hacer gotear; (*Ftbl*) driblar. **3** *vi* (*baby*) babear; (*liquid*) gotear; (*Ftbl*) driblar.

dribs [drɪbz] *n*: **in ~ and drabs** gota a gota.

dried [draɪd] **1** *pt, pp of* **dry**. **2** *adj* (*gen*) seco/a; (*milk*) en polvo.

drier ['draɪəʳ] *n* = **dryer**.

drift [drɪft] **1** *n* (**a**) (*deviation from course*) deriva *f*; (*movement: of events*) movimiento *m*; (*change of direction*) cambio *m* (de dirección); (*meaning: of questions*) significado *m*; **to catch sb's ~** seguirle la corriente a algn; **I don't get your ~** no te entiendo.

(**b**) (*mass of snow*) ventisquero *m*; (*: of sand*) montón *m*; (*Geol*) **continental ~** deriva *f* continental.

2 *vi* (*in wind, current*) dejarse llevar, ir a la deriva; (*snow, sand*) amontonarse; (*person*) vagar, ir a la deriva; (*events*) acercarse a, tender hacia; **to ~ downstream** dejarse llevar río abajo; **he ~ed into marriage** se casó sin pensárselo; **to let things ~** dejar las cosas como están.

▸ **drift apart** *vi + adv* irse separando poco a poco, irse separando sin quererlo.

▸ **drift away** *vi + adv* dejarse llevar por la corriente.

▸ **drift off** *vi + adv* (*doze off*) dormirse, quedarse medio dormido.

drifter ['drɪftəʳ] *n* (*Naut*) trainera *f*; (*person*) vago/a *m/f*, vagabundo/a *m/f*.

driftwood ['drɪftwʊd] *n* madera *f* de deriva.

drill[1] [drɪl] **1** *n* (**a**) (*for wood, metal*) taladro *m*; (*: bit*) broca *f*; (*Min: for oil etc*) barrena *f*, perforadora *f*; (*dentist's ~*) fresa *f*; (*pneumatic ~*) taladradora *f*. (**b**) (*Agr: furrow*) surco *m*. **2** *vt* (*wood etc*) taladrar; (*tooth*) agujerear; (*oil well*) perforar. **3** *vi* perforar (*for* en busca de).

drill[2] [drɪl] **1** *n* (*Mil, Scol etc: exercises*) ejercicios *mpl*; (*for fire*) simulacro *m* de incendio; **you all know the ~** (*fam*) todos sabéis lo que habéis de hacer; **what's the ~?** (*fam*) ¿qué es lo que tenemos que hacer? **2** *vt* (*soldiers*) ejercitar; **to ~ pupils in grammar** hacer ejercicios de gramática con los alumnos; **to ~ good manners into a child** enseñar buenos modales a un niño. **3** *vi* (*Mil*) hacer instrucciones.

drill[3] [drɪl] *n* (*fabric*) dril *m*.

drilling ['drɪlɪŋ] **1** *n* (*gen*) perforación *f*. **2** *cpd*: **~ platform** *n* plataforma *f* de perforación; **~ rig** *n* torre *f* de perforación.

drily ['draɪlɪ] *adv* secamente.

drink [drɪŋk] (*vb: pt* **drank**; *pp* **drunk**) **1** *n* (**a**) (*liquid to ~*) bebida *f*; **there's food and ~ in the kitchen** hay de comer y de beber en la cocina; **may I have a ~?** ¿me podría dar algo de beber?; **to give sb a ~** dar de beber a algn.

(**b**) (*glass of alcohol*) copa *f*, trago *m* (*LAm*); **let's have a ~** vamos a tomar una copa *or* un trago; **I need a ~** me hace falta una copa *or* un trago.

(**c**) (*alcoholic liquor*) alcohol *m*, bebidas *fpl* alcohólicas; **he has a ~ problem** su problema es la bebida; **to take to ~** darse a la bebida; **to smell of ~** oler a alcohol; **his worries drove him to ~** sus problemas le llevaron al alcohol.

(**d**) (*Naut fam: sea*) **they fell into the ~** se cayeron al mar.

2 *vt* (*gen*) beber, tomar (*esp LAm*); (*soup*) tomar; **would you like something to ~?** ¿quieres tomar algo?; **to ~ sb under the table** aguantar bebiendo más que otro.

3 *vi* (*gen*) beber; (*alcohol*) tomar; **he doesn't ~** no es bebedor, no toma (*esp LAm*); **'don't ~ and drive'** si conduce, no beba; **he ~s like a fish** bebe como una esponja; **to ~ to sb/sth** brindar por algn/algo.

▸ **drink in** *vt + adv* (*subj: person: fresh air*) respirar; (*fig: story, sight*) beberse.

▸ **drink up** **1** *vt + adv* beberlo todo. **2** *vi + adv* bebérselo todo; **~ up!** ¡su bebida!

drinkable ['drɪŋkəbl] *adj* (*not poisonous*) potable; (*palatable*) aguantable; **quite ~** nada malo.

drink-driving ['drɪŋk'draɪvɪŋ] *cpd*: **~ campaign** *n* campaña *f* contra el alcohol en carretera; **~ offence** *n* delito *m* de conducir en estado de embriaguez.

drinker ['drɪŋkəʳ] *n* bebedor(a) *m/f*; **a heavy ~** un(a) bebedor(a) empedernido/a.

drinking ['drɪŋkɪŋ] **1** *n* (*drunkenness*) beber *m*. **2** *cpd*: **~ chocolate** *n* chocolate *m* (*bebida*); **~ fountain** *n* fuente *f*; **~ water** *n* agua *f* potable.

drinking-up ['drɪŋkɪŋʌp] *cpd*: **~ time** *n tiempo permitido para terminar de beber (en el pub)*.

drip [drɪp] **1** *n* (**a**) (*droplet*) gota *f*; (*sound: of water etc*) goteo *m*; (*fam: spineless person*) soso/a. (**b**) (*Med*) gota a gota *m inv*. **2** *vt* dejar caer gotas de. **3** *vi* (*liquid, tap etc*) gotear; **to be ~ping with sweat** estar sudando a chorros.

drip-dry ['drɪp'draɪ] *adj* inarrugable.

dripping ['drɪpɪŋ] **1** *n* (*Culin*) pringue *m*. **2** *adj* (*tap*) que gotea; (*washing, coat*) que chorrea *or* gotea; (*: wet*) mojado/a; **to be ~ wet** (*fam*) estar empapado/a.

drive [draɪv] (*vb: pt* **drove**; *pp* **driven**) **1** *n* (**a**) (*outing*) vuelta *f or* paseo *m* en coche *or (LAm)* en carro; (*journey*) viaje *m* (en coche); **to go for a ~** ir de paseo en coche; **it's a long ~** está lejos.

(**b**) (*private road*) entrada *f*.

(**c**) (*in tennis, golf*) golpe *m*.

(**d**) (*energy, motivation*) empuje *m*, energía *f*; (*Psych*) impulso *m*, instinto *m*; **sex ~** instinto sexual.

(**e**) (*Comm, Pol*) campaña *f*; **sales ~** promoción *f* de ventas.

(**f**) (*Tech*) transmisión *f*, propulsión *f*; (*Comput*) unidad *f* de disco; (*Aut*) **front/rear-wheel ~** tracción *f* delantera/trasera; **left-hand ~** conducción *f* a la izquierda.

2 *vt* (**a**) (*cause to move: people, animals*) llevar, conducir; (*: clouds, leaves*) llevar; **the gale drove the ship off course** el ventarrón hizo derivar el barco; **to ~ sb hard** (*fig*) hacer trabajar mucho a algn; **to ~ sb to (do) sth** empujar a algn a (hacer) algo; **I was ~n to it** no me quedaba otra *or* alternativa; **~n by greed/ambition** empujado por la avaricia/la ambición; **to ~ sb mad** volver loco a algn; **to ~ sb to despair** llevar a algn a la desesperación.

(**b**) (*cart, car, train*) conducir, manejar *(LAm)*; (*passenger*) llevar en coche; **he ~s a taxi** es taxista; **he ~s a Mercedes** tiene un Mercedes; **I'll ~ you home** te llevo (a tu casa), te dejo en tu casa.

(**c**) (*power: machine*) impulsar; (*: Comput*) controlar, accionar; **steam-~n train** tren de vapor; **machine ~n by electricity** máquina impulsada por electricidad.

(**d**) (*nail, stake*) clavar (*into* en); **to ~ a point home** (*fig*) remachar el clavo; **to ~ sth into sb's head** (*fig*) meterle a algn algo en la cabeza.

3 *vi* (**a**) (*steer*) conducir, manejar *(LAm)*; **can you ~?** ¿sabes conducir *or* manejar?; **to ~ at 50 km an hour** ir a 50 km por hora; **to ~ on the left** circular por la izquierda; **'~ slowly'** 'marcha moderada'.

(**b**) (*go etc*) pasearse en coche, dar un paseo en coche; **to ~ to London** ir en coche a Londres; **he had been driving all day** había pasado todo el día al volante.

▸ **drive at** *vi + prep* (*fig: intend, mean*) querer decir, insinuar.

▸ **drive away 1** *vt + adv* (*chase away*) ahuyentar; (*person, cares*) alejar. **2** *vi + adv* = **drive off 2**.

▸ **drive back 1** *vt + adv* (*person, army*) hacer retroceder. **2** *vi + adv* volver (en coche).

▸ **drive off 1** *vt + adv* = **drive away 1**. **2** *vi + adv* irse, marcharse (en coche); (*subj: car*) arrancar y partir.

▸ **drive on 1** *vi + adv* (*person, car*) no parar; (*after stopping*) seguir adelante. **2** *vt + adv* (*incite, encourage*) empujar.

▸ **drive out** *vt + adv* (*force to leave*) echar, hacer salir; (*force to disappear*) hacer desaparecer.

▸ **drive up 1** *vt + adv* (*price etc*) hacer subir. **2** *vi + adv* (*person, car*) acercarse en coche.

drive-in ['draɪv,ɪn] (*esp US*) *adj* (*bank etc*) dispuesto/a para el uso del automovilista en su coche; **~ cinema** autocinema *m*.

drivel ['drɪvl] *n* (*fam: nonsense*) tonterías *fpl*, chorradas *fpl*, babosadas *fpl (LAm)*.

driven ['drɪvn] *pt of* **drive**.

driver ['draɪvəʳ] *n* (*of car, bus*) conductor(a) *m/f*, chofer *m (LAm)*; (*of taxi*) taxista *mf*; (*of lorry*) camionero/a *m/f*; (*of bus*) conductor (de autobus), chofer *(LAm)*; **~'s license** (*US*) carnet *m* de conducir; **to be in the ~'s seat** (*fig*) tener el mando.

driveway ['draɪvweɪ] *n* entrada *f*.

driving ['draɪvɪŋ] **1** *n* (*Aut*) el conducir, el manejar *(LAm)*. **2** *adj* (*force*) impulsor(a); (*rain*) torrencial. **3** *cpd*: **~ instructor** *n* instructor(a) *m/f* de conducción; **~ lesson** *n* clase *f* de conducir *or (LAm)* manejo; **~ licence** *n* (*Brit*) carnet *m or* permiso *m* de conducir; **~ mirror** *n* retrovisor *m*; **~ school** *n* autoescuela *f*; **to be in the ~ seat** (*fig*) tener el mando; **~ test** *n* examen *m* de conducción *or (LAm)* manejo.

drizzle ['drɪzl] **1** *n* llovizna *f*, garúa *f (LAm)*. **2** *vi* lloviznar.

droll [drəʊl] *adj* gracioso/a, divertido/a.

dromedary ['drɒmɪdərɪ] *n* dromedario *m*.

drone [drəʊn] **1** *n* (**a**) (*male bee*) zángano *m*. (**b**) (*noise: of bees, engine etc*) zumbido *m*; (*: of voice*) tono *m* monótono. (**c**) (*sponger*) parásito/a *m/f*. **2** *vi* (*bee, engine, aircraft*) zumbar; (*voice, person: also ~* **on**) hablar monótonamente.

drool [dru:l] *vi* (*slobber*) babear; **to ~ over sb/sth** (*fig*) caérsele la baba por algn/algo.

droop [dru:p] *vi* (*head*) inclinarse; (*shoulders*) encorvarse; (*flower*) marchitarse; (*person*) estar encorvado; (*: fig*) decaer; **his spirits ~ed** quedó abatido *or* desanimado.

drop [drɒp] **1** *n* (**a**) (*gen*) gota *f*; **just a ~** dos gotitas nada más; **a ~ in the ocean** (*fig*) una gota de agua en el mar; **he's had a ~ too much** (*fam*) ha bebido más de la cuenta; **~s** (*Med*) gotas *fpl*; (*sweets*) pastillas *fpl*.

(**b**) (*fall: in price, temperature etc*) bajada *f*, caída *f*; **a ~ of 10%** una bajada del 10 por ciento; **at the ~ of a hat** con cualquier pretexto.

(**c**) (*steep incline*) pendiente *f*; (*fall*) caída *f*; **a ~ of 10 metres** una caída de 10 metros.

(**d**) (*by parachute: of supplies, etc*) lanzamiento *m*.

2 *vt* (**a**) (*let fall*) dejar caer; (*: bomb*) lanzar; (*: liquid*) echar gota a gota; (*release, let go of*) soltar; (*stitch*) dejar escapar; (*lower: eyes, voice, price, hem etc*) bajar; (*set down from car: object, person*) dejar; (*from boat: cargo, passengers*) descargar.

(**b**) (*utter casually: remark, name, clue*) soltar; **to ~ a word in sb's ear** hacer uso de sus influencias; **to ~ (sb) a hint about sth** echar (a algn) una indirecta sobre algo.

(**c**) (*send casually: postcard, note*) echar; **to ~ sb a line** mandar unas líneas a algn.

(**d**) (*omit: letter*) echar; (*not say*) no pronunciar; (*intentionally: person*) eliminar; (*: thing*) omitir; **I've been ~ped from the team** ya no formo parte del equipo.

(**e**) (*abandon*) dejar; (*: candidate*) rechazar; (*: boyfriend*) dejar, plantar; **let's ~ the subject** cambiemos de tema; **~ it!** (*fam: subject*) ¡ya está bien *or (LAm)* bueno!; (*: gun*) ¡suéltalo!

(**f**) (*lose: money, game*) perder.

3 *vi* (**a**) (*fall: object*) caer; **I'm ready to ~** (*fam*) estoy que no me tengo; **~ dead!** (*fam*) ¡vete al cuerno!, ¡vete al carajo! *(LAm)*; **he let it ~ that ...** reveló que ...; **so we let the matter ~** así que dejamos el asunto.

(**b**) (*decrease: wind*) calmarse, amainar; (*: temperature, price, voice*) bajar; (*: numbers, crowd*) disminuir.

(**c**) (*end: conversation, correspondence*) dejar.

▸ **drop back** *vi + adv* quedarse atrás.

▸ **drop behind** *vi + adv* quedarse atrás; (*in work etc*) rezagarse.

▸ **drop by** *vi + adv* = **drop in**.

▸ **drop down** *vi + adv* caerse.

▸ **drop in** *vi + adv* (*fam: visit*) pasar *or* dejarse caer por casa *etc*; **to ~ in on** visitar inesperadamente.

▸ **drop off 1** *vi + adv* (**a**) (*fall asleep*) dormirse. (**b**) (*decline: sales, interest*) disminuir. **2** *vt + adv* (*person, thing, from car*) dejar.

▸ **drop out** *vi + adv* (*contents etc*) derramarse, salirse; (*fig: from competition etc*) retirarse; **to ~ out of society/university** abandonar la sociedad/la universidad.

▸ **drop round 1** *vt + adv*: **I'll ~ it round to you** pasaré por casa para dártelo. **2** *vi + adv* = **drop in**.

droplet ['drɒplɪt] *n* gotita *f*.

dropout ['drɒpaʊt] *n* (*from society*) marginado/a *m/f*; (*from university*) *estudiante que abandona la universidad antes de graduarse*.

dropper ['drɒpəʳ] *n* (*Med etc*) cuentagotas *m inv*.

droppings ['drɒpɪŋz] *npl* (*of bird*) cagadas *fpl*; (*of animal*) excrementos *mpl*.
dross [drɒs] *n* (*fig*) escoria *f*.
drought [draʊt] *n* sequía *f*.
drove [drəʊv] **1** *pt of* **drive**. **2** *n* (*of cattle*) manada *f*; **~s of people** una multitud de gente; **they came in ~s** acudieron en tropel.
drown [draʊn] **1** *vt* (*people, animals*) ahogar; (*land*) inundar; (*also* **~ out**: *sound*) ahogar; **like a ~ed rat** mojado/a hasta los huesos. **2** *vi* (*also* **be ~ed**) ahogarse, perecer ahogado.
drowse [draʊz] *vi* estar medio dormido.
drowsy ['draʊzɪ] *adj* (*comp* **-ier**; *superl* **-iest**) (*sleepy: person, smile, look*) soñoliento/a; (*soporific: afternoon, atmosphere*) soporífero/a.
drudge [drʌdʒ] *n* (*person*) esclavo/a *m/f* del trabajo; (*job*) trabajo *m* pesado.
drudgery ['drʌdʒərɪ] *n* trabajo *m* pesado.
drug [drʌg] **1** *n* (*Med*) medicamento *m*; (*addictive substance*) droga *f*; (*: illegal*) droga, narcótico *m*; **he's on ~s** se droga. **2** *vt* (*person*) drogar; (*wine etc*) echar una droga en; **to be in a ~ged sleep** dormir bajo los efectos de una droga. **3** *cpd*: **~ abuse** *n* toxicomanía *f*; **~ addict** *n* drogadicto/a *m/f*; **~ baron** *n* capo *m*; **~ peddler, ~ pusher** *n* traficante *mf* de drogas, camello *mf* (*fam*); **~ runner** *n* narcotraficante *mf*; **~ squad** *n* brigada *f* antidrogas, grupo *m* de estupefacientes.
druggist ['drʌgɪst] *n* (*US*) farmacéutico/a *m/f*.
drug-related ['drʌgrɪ,leɪtɪd] *adj* relacionado/a con la droga; **~ crime** drogodelincuencia *f*.
drugstore ['drʌgstɔːʳ] *n* (*US*) tienda *f* de comestibles, periódicos y medicamentos.
drum [drʌm] **1** *n* (**a**) (*Mus*) tambor *m*, bombo *m*; **the ~s** la batería *f*.
(**b**) (*container: for oil*) bidón *m*; (*Tech: cylinder, machine part*) tambor *m*.
(**c**) (*Anat: also* **ear~**) tímpano *m*.
2 *vt*: **to ~ one's fingers on the table** tamborilear con los dedos sobre la mesa; **to ~ sth into sb** (*fig*) meterle algo a algn en la cabeza por la fuerza.
3 *vi* (*Mus*) tocar el tambor *etc*; (*tap: with fingers*) tamborilear; **the noise was ~ming in my ears** el ruido me estaba taladrando los oídos.
4 *cpd*: **~ brake** *n* (*Aut*) freno *m* de tambor; **~ machine** *n* caja *f* de ritmos.
► **drum up** *vt + adv* (*enthusiasm, support*) movilizar, fomentar.
drumkit ['drʌmkɪt] *n* batería *f*.
drummer ['drʌməʳ] *n* (*in military band etc*) tambor *m*; (*in jazz/pop group*) batería *m*.
drumstick ['drʌmstɪk] *n* (**a**) (*Mus*) baqueta *f*, palillo *m* de tambor. (**b**) (*chicken leg*) muslo *m* de ave.
drunk [drʌŋk] **1** *pp of* **drink**. **2** *adj* borracho/a, tomado/a (*esp LAm*); (*fig*) ebrio/a; **to get ~** emborracharse; **~ and disorderly behaviour** embriaguez *f* y alteración del orden público. **3** *n* (*fam*) borracho/a *m/f*.
drunkard ['drʌŋkəd] *n* borracho/a *m/f*.
drunken ['drʌŋkən] *adj* (*intoxicated*) borracho/a; (*: habitually*) alcohólico/a; (*brawl, orgy*) de borrachos; (*voice*) de borracho/a, de cazallero/a; **~ driving** conducir en estado de embriaguez.
drunkenness ['drʌŋkənnɪs] *n* (*state*) embriaguez *f*; (*habit, problem*) alcoholismo *m*.
dry [draɪ] **1** *adj* (*comp* **-ier**; *superl* **-iest**) (**a**) (*gen*) seco/a; **~ as a bone** más seco que una pasa; **to feel/be ~** tener sed; **the river ran ~** el río se secó; **~ bread** pan *m* sin mantequilla; **~ cleaner's** tintorería *f*; **~ cleaning** limpieza *f* en seco; **~ dock** dique *m* seco; **~ goods, ~ goods store** (*US*) mercería *f*; **~ ice** nieve *f* carbónica; **on ~ land** en tierra firme; **~ rot** putrefacción *f* fungoide de la madera; **~ run** (*fig*) ensayo *m*; **~ shampoo** champú *m* en polvo; **~ ski slope** pista *f* artificial de esquí.
(**b**) (*humour*) agudo/a; (*uninteresting: lecture, subject*) aburrido/a, pesado/a.
2 *vt* (*gen*) secar; **to ~ one's hands/eyes** secarse las manos/las lágrimas; **to ~ the dishes** secar los platos; **to ~ o.s.** secarse.
3 *vi* secarse.
► **dry off 1** *vi + adv* (*clothes etc*) secarse. **2** *vt + adv* secar.
► **dry out 1** *vi + adv* secarse; (*alcoholic*) curarse del alcoholismo. **2** *vt + adv* (*see 1*) secar; curar del alcoholismo.
► **dry up** *vi + adv* (**a**) (*river, well*) agotarse, desecarse; (*moisture*) secarse; (*source of supply*) agotarse. (**b**) (*dry the dishes*) secar los platos. (**c**) (*fall silent: speaker*) callarse; **~ up!** (*fam*) ¡cállate!
dry-clean ['draɪ'kliːn] *vt* limpiar *or* lavar en seco; **'~ only'** (*on label*) 'limpiar *or* lavar en seco sólo'.
dryer ['draɪəʳ] *n* (*for hair*) secador *m*; (*for clothes: machine*) secadora *f*; (*: rack*) tendedero *m*.
drying ['draɪɪŋ] **1** *adj* (*wind*) secante. **2** *cpd*: **~ cupboard** *n* armario *m* de tender; **~ room** *n* habitación *f* de tender.
dryly ['draɪlɪ] *adv* = **drily**.
dryness ['draɪnɪs] *n* sequedad *f*.
DSc *n abbr* (*Univ*) *of* **Doctor of Science**.
DSS *n abbr* (*Brit*) *of* **Department of Social Security**.
DST *n abbr* (*US*) *of* **Daylight-Saving Time**.
DT *n abbr* (*Comput*) *of* **data transmission** transmisión *f* de datos.
DTI *n abbr* (*Brit*) *of* **Department of Trade and Industry**.
DTP *n abbr of* **desktop publishing**.
DTs *n abbr* (*fam*) *of* **delirium tremens**.
dual ['djʊəl] *adj* doble; **~ carriageway** (*Brit*) carretera *f* de doble calzada; **~ nationality** doble nacionalidad *f*.
dual-purpose ['djʊəl'pɜːpəs] *adj* que sirve para dos cosas, de doble finalidad *or* uso.
dub [dʌb] *vt* (**a**) (*Cine*) doblar. (**b**) **they ~bed him 'Shorty'** le apodaron 'Shorty'.
Dubai [duː'baɪ] *n* Dubai *m*.
dubbing ['dʌbɪŋ] **1** *n* (*Cine*) doblaje *m*. **2** *cpd*: **~ mixer** *n* mezclador(a) *m/f* de sonido.
dubious ['djuːbɪəs] *adj* (*gen*) dudoso/a; (*look, smile*) indeciso/a; (*character, manner*) sospechoso/a; **I'm very ~ about it** tengo mis *or* grandes dudas sobre ello.
dubiously ['djuːbɪəslɪ] *adv* en forma sospechosa *or* dudosa.
Dublin ['dʌblɪn] **1** *n* Dublín *m*. **2** *cpd*: **~ Bay prawn** *n* langostina *f*.
Dubliner ['dʌblɪnəʳ] *n* dublinés/esa *m/f*.
duchess ['dʌtʃɪs] *n* duquesa *f*.
duchy ['dʌtʃɪ] *n* ducado *m* (*territorio*).
duck [dʌk] **1** *n* pato *m*; (*female*) pata *f*; **wild ~** pato salvaje; **to take to sth like a ~ to water** adaptarse fácilmente a algo, sentirse (al poco tiempo) como pez en el agua; **like water off a ~'s back** sin producir efecto alguno; *see* **lame 1** (**b**). **2** *vt* (**a**) (*plunge in water: person, head*) zambullir. (**b**) **to ~ one's head** agachar la cabeza. **3** *vi* (*also* **~ down**) agacharse; (*in fight*) esquivar; (*under water*) sumergirse.
► **duck out of** *vi + prep* (*fam*) eludir, escabullir.
duckbill ['dʌkbɪl], **duck-billed platypus** ['dʌkbɪld-'plætɪpəs] *n* ornitorrinco *m*.
duckling ['dʌklɪŋ] *n* patito *m*.
duct [dʌkt] *n* (*for ventilation, liquid etc*) conducto *m*; (*Anat*) conducto, canal *m*.
ductile ['dʌktaɪl] *adj* (*Tech: metal*) dúctil.
dud [dʌd] (*fam*) **1** *adj* (*shell, bomb*) que no estalla; (*false: coin, note*) falso/a; (*: cheque*) sin fondos; (*not working: machine etc*) estropeado/a. **2** *n* (*thing*) filfa *f*; (*person*) desastre *m*, inútil *mf*.
dude [djuːd] (*US fam*) *n* tío *m*, tipo *m*; (*dandy*) petimetre *m*.
dudgeon ['dʌdʒən] *n*: **in high ~** muy enojado, enfurecido.
due [djuː] **1** *adj* (*owing: sum, money*) pagadero/a, pen-

diente; (*appropriate: care, respect*) debido/a; **it's ~ on the 30th** el plazo vence el día 30; **I have £50 ~ to me** me deben 50 libras; **to fall ~** (*Fin*) vencer; **he's ~ a salary raise** (*US*) le corresponde un aumento de sueldo; **our thanks are ~ to him** le estamos muy agradecidos; **I am ~ 6 days' leave** se me debe 6 días de vacaciones; **the train is ~ at 8** el tren tiene la llegada a las 8; **when is the plane ~ (in)?** ¿cuándo debe aterrizar el avión?; **I'm ~ in Chicago tomorrow** mañana me esperan en Chicago; **when is it ~ to happen?** ¿para cuándo se prevé?; **it is ~ to be demolished** tienen que demolerlo; **with all ~ respect** con el respeto debido; **after ~ consideration** después de largas consideraciones; **we'll let you know in ~ course** le avisaremos a su debido tiempo; **~ to** (*caused by*) debido a; (*because of*) por, a causa de; (*thanks to*) gracias a; **what's it ~ to?** ¿a qué se debe?; **~ date** fecha *f* de vencimiento.

2 *adv*: **~ west of** justo hacia el oeste de; **to go ~ north** ir derecho hacia el norte.

3 *n* **(a)** **~s** (*club, union fees*) cuota *fsg*; (*taxes*) derechos *mpl*.

(b) to give him his ~, he did try hard para ser justo, se esforzó mucho.

duel [ˈdjʊəl] **1** *n* duelo *m*. **2** *vi* batirse en duelo.

duet [djuːˈet] *n* dúo *m*; **to sing/play a ~** cantar/tocar a dúo.

duff[1] [dʌf] (*Brit fam*) *adj* (*poor quality*) soso/a, insípido/a, sin valor; (*useless*) inútil.

duff[2] [dʌf] *vt*: **to ~ sb up** dar una paliza a algn.

duffel-bag, **duffle-bag** [ˈdʌfəlbæg] *n* bolsa *f* de lona; (*Mil*) talego *m* para efectos de uso personal.

duffel-coat, **duffle-coat** [ˈdʌfəlkəʊt] *n* comando *m*, abrigo *m* tres cuartos.

dug [dʌg] *pt, pp of* **dig**.

dugout [ˈdʌgaʊt] *n* (*Mil*) refugio *m* subterráneo.

duke [djuːk] *n* duque *m*.

dull [dʌl] **1** *adj* (*comp* **~er**; *superl* **~est**) **(a)** (*slow-witted: person, mind*) torpe; (*: pupil*) lento/a; (*boring: book, evening*) pesado/a; (*: person, style*) soso/a; **as ~ as ditchwater** de lo más aburrido; **to be ~ of hearing** ser duro de oído.

(b) (*dim: colour, eyes, metal*) apagado/a; (*overcast: weather, sky*) gris; (*muffled: sound, thud*) sordo/a; (*blunt: blade*) romo/a; (*Comm: trade, business*) flojo/a; (*lacking spirit: person, mood, humour*) deprimido/a, desanimado/a.

2 *vt* (*senses, pleasure, blade*) embotar; (*emotions*) enfriar; (*pain*) amortiguar, aliviar; (*mind, memory*) entorpecer; (*sound*) amortiguar; (*colour*) apagar; (*mirror, metal*) deslustrar.

duly [ˈdjuːlɪ] *adv* (*properly*) debidamente; (*as expected*) a su debido tiempo; **he ~ arrived at 3** llegó a las 3, como se había acordado; **everybody was ~ shocked** se escandalizaron todos, como era de esperar.

dumb [dʌm] *adj* (*comp* **~er**; *superl* **~est**) **(a)** (*Med*) mudo/a; (*with surprise etc*) sin habla; **a ~ person** un mudo; **~ animals** animales *mpl* indefensos; **to be struck ~** (*fig*) quedarse sin habla. **(b)** (*fam: stupid*) estúpido/a; **to act ~** hacerse el estúpido.

dumbbell [ˈdʌmbel] *n* (*in gymnastics*) pesa *f*; (*fam: fool*) bobo/a *m/f*.

dumbfound [dʌmˈfaʊnd] *vt* pasmar; **we were ~ed** quedamos mudos de asombro.

dumbness [ˈdʌmnɪs] *n* **(a)** (*Med*) mudez *f*. **(b)** (*fam: stupidity*) estupidez *f*.

dumbstruck [ˈdʌmstrʌk] *adj*: **we were ~** quedamos mudos de asombro.

dumbwaiter [ˈdʌmˈweɪtəʳ] *n* (*Brit*) estante *m* giratorio; (*US*) montaplatos *m inv*.

dummy [ˈdʌmɪ] **1** *adj* (*not real*) falso/a, postizo/a; **a ~ gun** una pistola de juguete; **~ run** ensayo *m*. **2** *n* (*Comm: sham object*) envase *m* vacío; (*for clothes*) maniquí *m*; (*baby's teat*) chupete *m*; (*Ftbl*) finta *f*; (*Bridge*) muerto *m*; (*fam: idiot*) tonto/a *m/f*.

dump [dʌmp] **1** *n* (*pile of rubbish*) montón *m* de basura; (*place for refuse*) basurero *m*, vertedero *m*, tiradero(s) *m(pl)* (*Mex*); (*Mil*) depósito *m*; (*pej fam: town*) poblacho *m*; (*: hotel etc*) cuchitril *m*; (*Comput*) vuelco *m* de memoria; **to be (down) in the ~s** (*fam*) tener murria, estar deprimido.

2 *vt* (*rubbish etc*) verter, descargar; (*fam: put down: parcel*) dejar, saltar; (*: passenger*) dejar, plantar; (*: sand, load*) descargar, verter; (*fam: get rid of: person, girlfriend*) deshacerse de; (*: reject*) rechazar; (*: thing*) tirar; (*Comm: goods*) inundar el mercado de; (*Comput*) volcar.

dumper [ˈdʌmpəʳ] *n* (*also* **~ truck**) dúmper *m*.

dumping [ˈdʌmpɪŋ] **1** *n* (*Comm*) dúmping *m*. **2** *cpd*: **~ ground** *n* vertedero *m*.

dumpling [ˈdʌmplɪŋ] *n* masa *f* hervida rellena de frutas *or* carne.

dumptruck [ˈdʌmptrʌk] *n* (*US*) dúmper *m*.

dumpy [ˈdʌmpɪ] *adj* regordete.

dun [dʌn] *adj* pardo/a.

dunce [dʌns] *n* (*Scol*) zopenco/a *m/f*.

dune [djuːn] *n* duna *f*.

dung [dʌŋ] *n* (*of horse etc*) excrementos *mpl*; (*as manure*) estiércol *m*.

dungarees [ˌdʌŋgəˈriːz] *npl* mono *msg*, pantalón *m* de peto.

dungeon [ˈdʌndʒən] *n* calabozo *m*, mazmorra *f*.

dunk [dʌŋk] *vt* mojar; (*Basketball*) machacar.

duodenal [ˌdjuːəʊˈdiːnl] *adj*: **~ ulcer** úlcera *f* del duodeno.

duodenum [ˌdjuːəʊˈdiːnəm] *n* duodeno *m*.

dupe [djuːp] **1** *n* inocentón/ona *m/f*. **2** *vt* engañar; **to ~ sb (into doing sth)** embaucar a algn (para que haga algo).

duplex [ˈdjuːpleks] (*US*) *n* (*also* **~ house**) casa *f* semiseparada, casa para dos familias; (*also* **~ apartment**) dúplex *m*.

duplicate [ˈdjuːplɪkeɪt] **1** *vt* (*document etc*) duplicar; (*on machine*) copiar; (*repeat: action*) repetir. **2** [ˈdjuːplɪkɪt] *n* (*copy of letter etc*) copia *f*; **in ~** por duplicado. **3** [ˈdjuːplɪkɪt] *adj* (*copy*) copiado/a, duplicado/a; **~ key** duplicado *m* de una llave.

duplicating machine [ˈdjuːplɪkeɪtɪŋməˈʃiːn], **duplicator** [ˈdjuːplɪkeɪtəʳ] *n* multicopista *f*.

duplication [ˌdjuːplɪˈkeɪʃən] *n* duplicación *f*; (*of action*) repetición *f* (incómoda); (*unnecessary*) pluralidad *f* (innecesaria).

duplicity [djuːˈplɪsɪtɪ] *n* doblez *f*, duplicidad *f*.

Dur *abbr* (*Brit*) *of* **Durham**.

durability [ˌdjʊərəˈbɪlɪtɪ] *n* durabilidad *f*.

durable [ˈdjʊərəbl] **1** *adj* duradero/a; **~ goods** (*US*) bienes *mpl* de consumo duraderos. **2** *npl*: **~s** bienes *mpl* duraderos; **consumer ~s** artículos *mpl* de equipo.

duration [djʊəˈreɪʃən] *n* duración *f*; **for the ~ of the war** mientras dure la guerra.

duress [djʊəˈres] *n*: **under ~** bajo presión.

Durex ® [ˈdjʊəreks] *n* preservativo *m*.

during [ˈdjʊərɪŋ] *prep* (*throughout*) durante (todo); (*in the course of*) durante.

dusk [dʌsk] *n* (*twilight*) crepúsculo *m*; (*gloom*) oscuridad *f*; **at ~** al atardecer.

dust [dʌst] **1** *n* polvo *m*; **when the ~ has settled** (*fig*) cuando se aclare la atmósfera; **to throw ~ in sb's eyes** engañar a algn. **2** *vt* **(a)** (*furniture*) quitar el polvo a; (*room*) limpiar. **(b)** (*Culin: with flour etc*) espolvorear. **3** *vi* (*clean up*) hacer la limpieza. **4** *cpd*: **~ bowl** *n* (*Geog*) terreno *m* pelado por la erosión; **~ cover, ~ jacket** *n* (*of book*) sobrecubierta *f*.

► **dust down** *vt + adv* quitar el polvo a, desempolvar.

dustbag [ˈdʌsbæg] *n* bolsa *f* de aspiradora.

dustbin [ˈdʌsbɪn] (*Brit*) **1** *n* cubo *m* de la basura, balde *m* (*LAm*). **2** *cpd*: **~ liner** *n* bolsa *f* de basura.

dustcart [ˈdʌskɑːt] *n* camión *m* de la basura.

duster [ˈdʌstəʳ] *n* (*cloth: for dusting*) trapo *m*; (*for black-*

board) borrador *m*; **feather** ~ plumero *m*.
dustman [ˈdʌsmən] *n* (*pl* **-men**) (*Brit*) basurero *m*.
dustpan [ˈdʌspæn] *n* cogedor *m*.
dustsheet [ˈdʌsʃiːt] *n* (*Brit*) guardapolvo *m*.
dust-up [ˈdʌstʌp] *n* (*Brit fam*) pelea *f*, bronca *f*; **to have a ~ with** pelearse con.
dusty [ˈdʌstɪ] *adj* (*comp* **-ier**; *superl* **-iest**) polvoriento/a; **to get** ~ (*cover*) cubrirse de polvo; (*fill*) llenarse de polvo.
Dutch [dʌtʃ] **1** *adj* holandés/esa; ~ **auction** subasta *f* a la baja; ~ **cap** diafragma *m*; ~ **courage** envalentonamiento *m* del que ha bebido; ~ **elm disease** enfermedad *f* holandesa del olmo, grafiosis *f*. **2** *n* (*Ling*) holandés *m*; **the** ~ (*people*) los holandeses. **3** *adv*: **to go** ~ (*fam: two people*) pagar a medias; (*: more than two*) pagar a escote.
Dutchman [ˈdʌtʃmən] *n* (*pl* **-men**) holandés *m*.
Dutchwoman [ˈdʌtʃˌwʊmən] *n* (*pl* **-women**) holandesa *f*.
dutiable [ˈdjuːtɪəbl] *adj* sujeto/a a derechos de aduana.
dutiful [ˈdjuːtɪfʊl] *adj* (*child*) obediente; (*husband*) sumiso/a; (*employee*) cumplido/a.
duty [ˈdjuːtɪ] **1** *n* (**a**) (*moral, legal*) deber *m*, obligación *f*; **to do one's** ~ **(by sb)** cumplir con su deber (con algn); **to fail in one's** ~ faltar a su deber; **to make it one's** ~ **to do sth** encargarse de hacer algo; **I am** ~ **bound to say that** ... es mi deber decir que ....
(**b**) (*often pl: task, responsibility*) función *f*, deber *m*; **to be on** ~ (*Med*) estar de servicio; (*Mil*) estar de guardia; (*Admin, Scol*) estar de turno; **to be off** ~ (*gen*) estar libre; **to do** ~ **as** servir de; **to do** ~ **for** servir en lugar de; **to go on** ~ entrar de servicio; **to neglect one's duties** no cumplir sus funciones.
(**c**) (*Fin: tax*) derechos *mpl*; **to pay** ~ **on sth** pagar los derechos sobre algo.
2 *cpd*: ~ **call** *n* visita *f* de cumplido; ~ **officer** *n* (*Mil etc*) oficial *m* de servicio; ~ **roster,** ~ **rota** *n* lista *f* de guardias.
duty-free [ˈdjuːtɪˈfriː] *adj* (*goods etc*) libre *or* exento de derechos de aduana; ~ **shop** tienda *f* 'duty free'.
duvet [ˈduːveɪ] *n* edredón *m*.
DV *abbr of* **Deo volente** (= *God willing*) D.m.
DVLC *n abbr* (*Brit*) *of* **Driver and Vehicle Licensing Centre** *servicio que espide los carnets de conducir y las matrículas*.
DVM *n abbr* (*US Univ*) *of* **Doctor of Veterinary Medicine**.
dwarf [dwɔːf] **1** *adj* (*gen*) enano/a. **2** *n* (*pl* **~s** *or* **dwarves** [dwɔːvz]) enano/a *m/f*. **3** *vt* (*dominate: skyscraper, person*) dominar; (*achievement*) achicar.
dwell [dwel] (*pt, pp* **dwelt**) *vi* (*poet*) morar, vivir.
▸ **dwell (up)on** *vi + prep* (*think about*) pensar obsesivamente en; (*talk about*) insistir en (hablar de); (*emphasize*) hacer hincapié en; **don't let's** ~ **upon it** no hay que insistir.
dweller [ˈdweləʳ] *n* habitante *mf*.
dwelling [ˈdwelɪŋ] **1** *n* (*frm, poet*) morada *f*, vivienda *f*. **2** *cpd*: ~ **house** *n* (*frm*) casa *f* particular.
dwelt [dwelt] *pt, pp of* **dwell**.
dwindle [ˈdwɪndl] *vi* quedar reducido (*to* a), reducirse, menaguar.
dwindling [ˈdwɪndlɪŋ] *adj* (*gen*) menguante.
dye [daɪ] **1** *n* tinte *m*; **hair** ~ tinte para el pelo. **2** *vt* (*fabric*) teñir; **to** ~ **sth red/one's hair blond** teñir algo de rojo/el pelo de color rubio.
dyed-in-the-wool [ˈdaɪdɪnðəˈwʊl] *adj* (*fig*) testarudo/a.
dying [ˈdaɪɪŋ] **1** *adj* (*man*) agonizante; (*custom, race*) en vías de extinción; **his** ~ **words were** ... sus últimas palabras fueron .... **2** *npl*: **the** ~ los moribundos.
dyke [daɪk] *n* (**a**) (*barrier*) dique *m*; (*channel*) canal *m*, acequia *f*; (*causeway*) calzada *f*; (*embankment*) terraplén *m*. (**b**) (*fam!: offensive: lesbian*) tortillera *f (fam!)*.
dynamic [daɪˈnæmɪk] *adj* (*Phys, fig*) dinámico/a.
dynamics [daɪˈnæmɪks] *nsg* dinámica *f*.
dynamite [ˈdaɪnəmaɪt] **1** *n* dinamita *f*; (*fig fam*) **he's ~!** ¡es estupendo!; **the story is** ~ la historia es explosiva. **2** *vt* (*bridge etc*) volar con dinamita.
dynamo [ˈdaɪnəməʊ] *n* dínamo/dinamo *f*, dínamo/dinamo *m (LAm)*.
dynasty [ˈdɪnəstɪ] *n* dinastía *f*.
d'you = **do you**.
dysentery [ˈdɪsntrɪ] *n* disentería *f*.
dysfunctional [dɪsˈfʌŋkʃənəl] *adj* disfuncional.
dyslexia [dɪsˈleksɪə] *n* dislexia *f*.
dyslexic [dɪsˈleksɪk] *adj, n* disléxico/a.
dysmenorrhoea, (*US*) **dysmenorrhea** [ˌdɪsmenəˈrɪə] *n* dismenorrea *f*.
dyspepsia [dɪsˈpepsɪə] *n* dispepsia *f*.
dystrophy [ˈdɪstrəfɪ] *n* distrofia *f*; **muscular** ~ distrofia muscular.

E

E[1], **e** [iː] *n* (**a**) (*letter*) E, e *f*. (**b**) (*Mus*) **E** mi *m*; *see* **A** *for usage*.
E[2] *abbr of* **east** E.
E111 *n abbr* (*also* **form** ~) impreso *m* E111.
EA *abbr* (*US*) *of* **educational age**.
ea *abbr of* **each** c/u.
each [iːtʃ] **1** *adj* cada; ~ **day** cada día; ~ **one of them** cada uno (de ellos).
2 *pron* (**a**) cada uno/a; ~ **of us** cada uno de nosotros, cada quien *(LAm)*; **a little of** ~ un poco de cada.
(**b**) ~ **other** uno a *or* al otro; **they looked at** ~ **other** se miraron (uno a otro); **they help** ~ **other** se ayudan mútuamente *or* entre ellos; **they love** ~ **other** se quieren; **people must help** ~ **other** hay que ayudarse (uno a otro); **they were sorry for** ~ **other** se compadecían entre ellos; **their houses are next to** ~ **other** sus casas están una al lado de la otra *or (LAm)* juntas.
3 *adv*: **we gave them one apple** ~ les dimos una manzana por persona; **they cost £5** ~ costaron 5 libras cada uno.
eager [ˈiːgəʳ] *adj* (**a**) (*keen*) entusiasta, entusiasmado/a; (*impatient*) impaciente, ansioso/a; (*hopeful*) ilusionado/a; **to be** ~ **for** (*gen*) ansiar, desear; (*knowledge, affection*) anhelar; (*power, vengeance*) ser ávido de; **to be** ~ **to help** entusiasmarse por ayudar; **to be an** ~ **beaver** (*fam*) ser incansable. (**b**) (*desire etc*) vivo/a, ardiente.
eagerly [ˈiːgəlɪ] *adv* (*see adj 1(a)*) con entusiasmo; con impaciencia; con ilusión.
eagerness [ˈiːgənɪs] *n* (*see adj 1(a)*) entusiasmo *m*; impaciencia *f*; ilusión *f*.
EAGGF *n abbr of* **European Agricultural Guidance and Guarantee Fund** FEOGA *m*.
eagle [ˈiːgl] *n* águila *f*.
eagle-eyed [ˈiːglˈaɪd] *adj* (*person*) **to be** ~ tener ojos de lince.
E&OE *abbr of* **errors and omissions excepted** s.e.u.o.

ear[1] [ɪəʳ] *n* (*Anat*) oreja *f*, oído *m*; (*sense of hearing*) oído; **to be all ~s** ser todo oídos; **he could not believe his ~s** no daba crédito a sus oídos; **to bend sb's ~** (*fam*) hinchar la cabeza a algn; **your ~s must have been burning** le debían silbar los oídos; **it goes in one ~ and out the other** por un oído le entra y por otro le sale; **to be up to the ~s in debt** estar abrumado de deudas; **to have a good ~ for music** tener buen oído; **to have one's ~ to the ground** (*fig*) mantenerse al corriente; **to play sth by ~** (*lit*) tocar algo de oído; **I'll play it by ~** (*fig*) lo haré sobre la marcha; **to prick up one's ~s** aguzar el oído.

ear[2] [ɪəʳ] *n* (*of corn etc*) espiga *f*.

earache [ˈɪəreɪk] *n* dolor *m* de oídos.

eardrum [ˈɪədrʌm] *n* tímpano *m*.

earful [ˈɪəfʊl] *n* (*fam*) **(a) I got an ~ of Wagner** me llenaron los oídos de Wagner; **get an ~ of this** (*Brit*) escucha esto. **(b) to give sb an ~** regañar a algn.

earl [ɜːl] *n* conde *m*.

early [ˈɜːlɪ] (*comp* **-ier**; *superl* **-iest**) **1** *adj* (*man, Church*) primitivo/a; (*fruit, vegetable*) temprano/a; (*death*) prematuro/a; **it's still ~** es temprano *or (esp LAm)* pronto todavía; **you're ~!** ¡llegaste temprano *or (esp LAm)* pronto!; **to be an ~ riser** ser madrugador; **at an ~ hour** (*in the morning*) a primera hora; (*gen*) a temprana hora; **it was ~ in the morning** era muy de mañana *or* de madrugada; **in the ~ spring** a principios de la primavera; **she's in her ~ forties** tiene poco más de 40 años; **from an ~ age** desde una edad temprana; **~ retirement** jubilación *f* anticipada; **his ~ youth** su primera juventud; **the ~ Victorians** los primeros victorianos; **~ warning system** sistema *m* de alarma anticipada; **it will happen in March at the earliest** ocurrirá no antes de marzo; **at your earliest convenience** (*Comm*) con la mayor brevedad posible; **Shakespeare's ~ work** las obras juveniles de Shakespeare.

2 *adv* temprano, pronto *(LAm)*; **you get up too ~** te levantas demasiado temprano; **I don't want to get there too ~** no quiero llegar antes de la hora; **~ in the morning** muy de mañana, de madrugada; **as ~ as possible** lo más pronto posible, cuanto antes; **he was 10 minutes ~** llegó 10 minutos antes de la hora; **to book ~** reservar con mucha anticipación; **earlier on** anteriormente, antes; **the earliest I can do it is Tuesday** lo más pronto (que) lo podré hacer será el martes que viene.

earmark [ˈɪəmɑːk] *vt* destinar (*for* a).

earn [ɜːn] **1** *vt* (*money, wages etc*) ganar; (*: frm*) percibir; (*Comm: interest*) devengar; (*praise*) merecerse, ganarse; **to ~ one's living** ganarse la vida; **~ed income** ingresos *mpl* devengados, renta *f* devengada. **2** *vi*: **to be ~ing** estar ganando *or* trabajando.

earner [ˈɜːnəʳ] *n* asalariado/a *m/f*; **there are 3 ~s in the family** en la familia hay 3 que ganan un sueldo; **the shop is a nice little ~** (*fam*) la tienda es rentable *or* una buena fuente de ingresos.

earnest[1] [ˈɜːnɪst] **1** *adj* (*serious: person, character etc*) serio/a, formal; (*sincere*) sincero/a; (*eager: wish, request*) vivo/a, ardiente. **2** *n*: **in ~** en serio.

earnest[2] [ˈɜːnɪst] *n* prenda *f*, señal *f*; **~ money** fianza *f*.

earnestly [ˈɜːnɪstlɪ] *adv* (*speak*) en serio; (*work*) con aplicación *or* empeño; (*pray*) de todo corazón.

earning [ˈɜːnɪŋ] **1** *npl*: **~s** (*wages*) sueldo *msg*, salario *msg*; (*income*) ingreso *msg*; (*profits*) ganancias *fpl*, utilidades *fpl*. **2** *cpd*: **~ potential** *n* potencial *m* ganador; **~ power** *n* poder *m* adquisitivo; **~s related benefit** *n* beneficios *mpl* relacionados con los ingresos.

earphones [ˈɪəfəʊnz] *npl* (*Telec etc*) auriculares *mpl*.

earpiece [ˈɪəpiːs] *n* (*Telec*) auricular *m*.

earplugs [ˈɪəplʌgz] *npl* tapones *mpl* para los oídos.

earring [ˈɪərɪŋ] *n* pendiente *m*, arete *m (LAm)*; (*stud*) zarcilla *f*.

earshot [ˈɪəʃɒt] *n*: **out of ~/within** fuera del/al alcance del oído.

earth [ɜːθ] **1** *n* **(a)** (*the world*) **(the) E~** la Tierra; **on ~** en este mundo; **she looks like nothing on ~** (*fam*) está hecha un desastre; **nothing on ~ would make me do it** no lo haría por nada del mundo; **it must have cost the ~!** (*fam*) ¡te habrá costado un ojo de la cara!; **where/who/what on ~ ...?** (*fam*) ¿dónde/quién/qué demonios ...?; **to come down to ~** volver a la realidad.

(b) (*ground*) tierra *f*, suelo *m*; (*soil*) tierra; **to fall to ~** caer al suelo.

(c) (*of fox, badger*) guarida *f*, madriguera *f*; **to go to ~** (*fox*) meterse en su madriguera; (*person*) esconderse, refugiarse; **to run to ~** (*animal*) cazar *or* atrapar en su guarida; (*person*) perseguir y encontrar.

(d) (*Elec*) tierra *f*.

2 *vt* (*Elec: apparatus*) conectar a tierra.

3 *cpd*: **~ cable, ~ lead** *n* cable *m* de toma de tierra.

earthenware [ˈɜːθənwɛəʳ] *n* loza *f* (de barro).

earthly [ˈɜːθlɪ] *adj* **(a)** (*terrestrial*) terrenal; (*worldly*) mundano/a. **(b)** (*fam: possible*) **there is no ~ reason to think** ... no existe razón para pensar ...; **it's of no ~ use** no sirve para nada; **he hasn't an ~** (*Brit*) no tiene posibilidad alguna, no tiene ni esperanza.

earthquake [ˈɜːθkweɪk] *n* terremoto *m*, temblor *m (LAm)*.

earthward(s) [ˈɜːθwəd(z)] *adv* hacia la tierra.

earthwork [ˈɜːθwɜːk] *n* terraplén *m*.

earthworm [ˈɜːθwɜːm] *n* lombriz *f*.

earthy [ˈɜːθɪ] *adj* **(a)** (*like earth*) terroso/a; **an ~ taste** un sabor a tierra. **(b)** (*uncomplicated: character*) sencillo/a; (*vulgar: humour*) grosero/a.

earwig [ˈɪəwɪg] *n* tijereta *f*.

ease [iːz] **1** *n* **(a)** (*no difficulty*) facilidad *f*; **with ~** con facilidad.

(b) (*freedom from worry*) tranquilidad *f*; (*relaxed state*) soltura *f*, desahogo *m*; **a life of ~** una vida desahogada; **to feel at ~** sentirse cómodo *or* a sus anchas, estar a gusto; **to be ill at ~** sentirse incómodo *or* a disgusto; **to put sb at his ~** (*pacify*) tranquilizar a algn; (*make comfortable*) poner cómodo a algn; **to set sb's mind at ~** tranquilizar el ánimo a algn; **stand at ~!** (*Mil*) ¡descansen!

2 *vt* (*task*) facilitar; (*pain*) aliviar; (*mind*) tranquilizar; (*loosen*) aflojar; **to ~ something into ...** meter algo con cuidado en ...; **to ~ in the clutch** (*Aut*) meter el embrague con cuidado.

3 *vi* (*situation*) relajarse; (*pain*) aliviarse.

► **ease off, ease up** *vi + adv* (*slow down*) bajar la velocidad *or* el paso; (*relax*) relajarse; (*work, business*) bajarse; (*pressure, tension*) aflojarse; (*pain*) aliviarse; **~ up a bit!** ¡afloja el paso un poco!; **to ~ up on sb** tratar a algn con menos rigor.

easel [ˈiːzl] *n* caballete *m*.

easily [ˈiːzɪlɪ] *adv* (*without effort: win, climb*) fácilmente; **he may ~ change his mind** es muy posible que cambie de opinión, fácilmente cambia de opinión *(LAm)*; **it holds 4 litres ~** caben 4 litros largos; **it's ~ the best** es con mucho el mejor; **there were ~ 500 at the meeting** había fácilmente 500 en la reunión.

easiness [ˈiːzɪnɪs] *n* (*gen*) facilidad *f*; (*calm*) tranquilidad *f*; (*relaxation*) soltura *f*; (*relief*) desahogo *m*.

east [iːst] **1** *n* este *m*, oriente *m*; **the E~** (*Orient*) el Oriente; (*Pol*) el Este; **the wind is in the/from the ~** el viento viene del este; **to the ~ of** al este de. **2** *adj* (*side*) este, del este, oriental; **E~ Africa** Africa Oriental; **the E~ End** (*of London*) *la zona del Este de Londres*; **the E~ Side** (*of New York*) *la zona del Este de Nueva York*. **3** *adv* (*towards*) hacia el *or* al este; **~ of the border** al este de la frontera; **to go ~** ir hacia el este *or* oriente.

eastbound [ˈiːstbaʊnd] *adj* (*traffic*) que va hacia el este; (*carriageway*) dirección este.

Easter [ˈiːstəʳ] **1** *n* Pascua *f* (de Resurrección); **at ~** por Pascua. **2** *cpd*: **~ egg** *n* huevo *m* de Pascua; **~ holidays** *npl* vacaciones *fpl* de Semana Santa; **~ Island** *n* Isla *f* de Pascua; **~ Sunday** *n* Domingo *m* de Resurrección;

~ **week** *n* Semana *f* Santa.
easterly ['i:stəlɪ] *adj* del este; **in an ~ direction** hacia el este.
eastern ['i:stən] *adj* (*region*) del este, oriental; **E~ Europe** Europa del Este *or* Oriental; **the E~ bloc** (*Pol*) el bloque del Este.
easterner ['i:stənəʳ] *n* (*esp US*) habitante *mf* del este.
Eastertide ['i:stətaɪd] *n* = **Easter**.
eastward ['i:stwəd] **1** *adj* (*direction*) hacia el este. **2** *adv* (*also* **~s**) hacia el este.
easy ['i:zɪ] **1** *adj* (*comp* **-ier**; *superl* **-iest**) **(a)** (*not difficult*) fácil; **it is ~ to see that** ... es fácil ver que ...; **he's ~ to work with** es fácil trabajar con él; **he's ~ to get on with** es muy simpático; **he came in an ~ first** llegó facilmente el primero; **easier said than done** del dicho al hecho, hay mucho trecho; **it's as ~ as pie** *or* **ABC** es facilísimo; **they made it very ~ for us** nos lo pusieron muy fácil; **~ money** dinero *m* ganado sin esfuerzo.
(b) (*carefree: life*) holgado/a, cómodo/a; (*: relationship*) cómodo/a; (*relaxed: manners*) relajado/a, holgado; (*style*) natural; (*pace*) lento/a, pausado/a; (*pey: woman*) fácil; **to feel ~ in one's mind** estar tranquilo; **to buy sth on ~ terms** (*Comm*) comprar algo a plazos; **I'm ~** (*fam: not particular*) me es igual, no me importa, me tiene sin cuidado; **~ chair** sillón *m (Sp)*, butaca *f (esp LAm)*.
2 *adv*: **~ come, ~ go** así se viene, así se va; **~ does it!, ~ there!** ¡despacio!, ¡cuidado!, ¡con calma!; **to take things** *or* **it ~** (*rest*) descansar; (*go slowly*) tomárselo con calma; **take it ~!** (*fam: don't worry*) ¡cálmese!, ¡no se ponga nervioso!; (*don't rush*) ¡despacio!, ¡no corra!; **go ~ with the sugar** cuidado con el azúcar; **go ~ on him** no le maltrate.
easy-going ['i:zɪ'gəʊɪŋ] *adj* (*person*) acomodadizo/a; (*attitude*) tolerante, descuidado/a.
eat [i:t] (*pt* **ate**; *pp* **~en**) **1** *vt* comer; **to ~ one's lunch** comer, almorzar; **there's nothing to ~** no hay nada que comer; **he's ~ing us out of house and home** (*fam*) come por ocho; **to ~ one's fill** hartarse; **he won't ~ you** (*fam*) no te va a morder; **what's ~ing you?** (*fam*) ¿qué mosca te ha picado?; **to ~ one's words** (*fig*) tragarse las palabras. **2** *vi* comer; **he ~s like a horse** come más que una lima nueva; **I've got him ~ing out of my hand** lo tengo dominado. **3** *npl*: **~s** (*fam*) comida *fsg*, comestibles *mpl*.
▸ **eat away** *vt* + *adv* (*wear away*) desgastar; (*corrode*) corroer; (*mice etc*) roer.
▸ **eat into** *vi* + *prep* (*acid: metal*) corroer; (*wear away*) desgastar; (*savings*) mermar.
▸ **eat out** **1** *vi* + *adv* comer fuera. **2** *vt* + *adv*: **to ~ one's heart out** consumirse.
▸ **eat up** **1** *vt* + *adv* (*meal etc*) comerse; **it ~s up electricity** devora la electricidad. **2** *vi* + *adv*: **~ up!** ¡apúrate!
eatable ['i:təbl] **1** *adj* (*fit to eat*) aceptable; (*edible*) comestible. **2** *npl*: **~s** comestibles *mpl*.
eaten ['i:tn] *pt of* **eat**.
eater ['i:təʳ] *n* comedor(a) *m/f*; **to be a big ~** tener siempre buen apetito, ser comilón/ona.
eatery ['i:tərɪ] *n* (*US*) restaurante *m*.
eating-house ['i:tɪŋhaʊs] *n* (*pl* **-houses** [haʊzɪz]) restaurante *m*.
eau de Cologne ['əʊdəkə'ləʊn] *n* colonia *f*.
eaves ['i:vz] *npl* alero *msg*.
eavesdrop ['i:vzdrɒp] *vi* escuchar a escondidas; **to ~ on a conversation** escuchar una conversación a escondidas.
eavesdropper ['i:vz,drɒpəʳ] *n* escuchador(a) *m/f* oculto/a.
ebb [eb] **1** *n* (*of tide*) reflujo *m*; **the ~ and flow** (*of tide*) el flujo y reflujo; (*fig*) los altibajos; **to be at a low ~** (*fig: person, spirits*) estar decaído; (*: business*) disminuirse. **2** *vi* bajar, menguar; (*fig*) decaer; **to ~ and flow** (*tide*) fluir y refluir. **3** *cpd*: **~ tide** *n* marea *f* menguante.
▸ **ebb away** *vi* + *adv* (*fig*) menguar, disminuir.
ebony ['ebənɪ] *n* ébano *m*.
EBU *n abbr of* **European Broadcasting Union** UER *f*.
ebullience [ɪ'bʌlɪəns] *n* entusiasmo *m*, animación *f*.
ebullient [ɪ'bʌlɪənt] *adj* entusiasta, animado/a.
EC *n abbr of* **European Community** CE *f*.
eccentric [ɪk'sentrɪk] **1** *adj* (*person, behaviour*) excéntrico/a. **2** *n* excéntrico/a *m/f*.
eccentricity [,eksən'trɪsɪtɪ] *n* excentricidad *f*.
ecclesiastical [ɪ,kli:zɪ'æstɪkəl] *adj* eclesiástico/a.
ECG *n abbr of* **electrocardiogram** ECG *m*.
ECGD *n abbr of* **Export Credits Guarantee Department** *servicio de garantía financiera a la exportación*.
echelon ['eʃəlɒn] *n* (*level*) nivel *m*; (*degree*) grado *m*; (*Mil*) escalón *m*.
echo ['ekəʊ] **1** *n* (*pl* **~es**) (*gen, fig*) eco *m*. **2** *vt* (*sound*) repetir; (*opinion etc*) hacerse eco de. **3** *vi* (*sound*) resonar, hacer eco; (*place*) resonar; **his footsteps ~ed in the street** sus pasos hicieron eco en la calle. **4** *cpd*: **~ sounder** *n* sonda *f* acústica.
ECLA ['eklə] *n abbr of* **Economic Commission for Latin America** CEPAL *f*.
éclair ['eɪkleəʳ] *n* relámpago *m*.
eclectic [ɪ'klektɪk] *adj* ecléctico/a.
eclipse [ɪ'klɪps] **1** *n* eclipse *m*. **2** *vt* (*lit, fig*) eclipsar.
ECM *n abbr* (*US*) *of* **European Common Market** MCE *m*.
eco... [i:kə] *pref* eco....
ecobalance ['i:kəʊ,bæləns] *n* ecoequilibrio *m*.
eco-labelling, (*US*) **eco-labeling** [,i:kəʊ'leɪbəlɪŋ] *n* etiquetado *m* ecologista.
ecological [,i:kəʊ'lɒdʒɪkəl] *adj* ecológico/a.
ecologically [,i:kəʊ'lɒdʒɪkəlɪ] *adv* ecológicamente; **an ~ sound scheme** un plan ecológicamente razonable.
ecologist [ɪ'kɒlədʒɪst] *n* ecólogo/a *m/f*.
ecology [ɪ'kɒlədʒɪ] *n* ecología *f*.
economic [,i:kə'nɒmɪk] *adj* **(a)** (*problems, development, geography*) económico/a; **~ aid** ayuda *f* económica; **~ forecast** previsiones *fpl* económicas; **~ growth** crecimiento *m* económico; **~ sanctions** sanciones *fpl* económicas; **~ warfare** guerra *f* económica. **(b)** (*profitable: business, price*) rentable.
economical [,i:kə'nɒmɪkəl] *adj* (*gen*) económico/a.
economically [,i:kə'nɒmɪkəlɪ] *adv* **(a)** (*gen*) económicamente. **(b)** (*regarding economics*) respeto a la economía.
economics [,i:kə'nɒmɪks] **1** *nsg* (*science*) economía *f*. **2** *npl* (*financial aspects*) rentabilidad *fsg*; **the ~ of the situation** la rentabilidad de la situación.
economist [ɪ'kɒnəmɪst] *n* economista *mf*.
economize [ɪ'kɒnəmaɪz] *vi* economizar (*on* en).
economy [ɪ'kɒnəmɪ] **1** *n* **(a)** (*thrift*) economía *f*; (*a saving*) ahorro *m*; **~ of scale** economía de escala; **to make economies** economizar. **(b)** (*system*) economía *f*. **2** *cpd*: **~ class** *n* clase *f* económica *or* turista; **~ drive** *n*: **to have an ~ drive** economizar, ahorrar gastos; **~ size** *n* tamaño *m* familiar.
ecosensitive ['i:kəʊ'sensɪtɪv] *adj* ecosensible.
ecosphere ['i:kəʊ,sfɪəʳ] *n* ecosfera *f*.
ecosystem ['i:kəʊ,sɪstɪm] *n* ecosistema *m*, sistema *m* ecológico.
ecotype ['i:kə,taɪp] *n* ecotipo *m*.
ECS *n abbr of* **extended character set** conjunto *m* de caracteres extendido.
ECSC *n abbr of* **European Coal and Steel Community** CECA *f*.
ecstasy ['ekstəsɪ] *n* (*Rel, fig, drug*) éxtasis *m*; **to go into ecstasies over** extasiarse ante.
ecstatic [eks'tætɪk] *adj* extático/a.
ecstatically [eks'tætɪkəlɪ] *adv* con éxtasis.
ECT *abbr of* **electroconvulsive therapy**.
ectopic [ek'tɒpɪk] *adj*: **~ pregnancy** embarazo *m* ectópico.
ECU ['eɪkju:] *n abbr of* **European Currency Unit** ECU *m*.

Ecuador [ˌekwəˈdɔːʳ] *n* Ecuador *m.*
Ecuador(i)an [ˌekwəˈdɔːr(ɪ)ən] *adj, n* ecuatoriano/a *m/f.*
ecumenical [ˌiːkjʊˈmenɪkəl] *adj* ecuménico/a.
eczema [ˈeksɪmə] *n* eczema *m.*
ed [ed] *abbr* (**a**) *of* **edition** ed. (**b**) *of* **editor**. (**c**) *of* **edited by**.
eddy [ˈedɪ] **1** *n* remolino *m.* **2** *vi* (*water*) arremolinarse.
edema [ɪˈdiːmə] *n* (*esp US*) = **oedema**.
EDF *n abbr of* **European Development Fund** FED *m.*
edge [edʒ] **1** *n* (*of cliff, wood*) borde *m*; (*of town*) afueras *fpl*; (*of lake, river*) orilla *f*; (*of cube, brick*) arista *f*; (*of paper*) margen *m*; (*of blade*) filo *m*; **the trees at the ~ of the road** los árboles que bordean la carretera; **a book with gilt ~s** un libro con cantos dorados; **to be on ~** (*fig*) tener los nervios de punta; **to be on the ~ of disaster** estar al borde del desastre; **that took the ~ off my appetite** eso me engañó el hambre; **to have the ~ on sb/sth** llevar ventaja a algn/algo.
2 *vt* (**a**) (*garment*) ribetear; (*path etc*) bordear.
(**b**) (*move carefully*) mover poco a poco; **he ~d it into the conversation** lo introdujo desapercibido en la conversación; **she ~d her way through the crowd** se abrió paso poco a poco por la multitud.
3 *vi*: **to ~ past** pasar con dificultad; **to ~ forward** avanzar poco a poco; **to ~ away from sb** alejarse poco a poco de algn.
▸ **edge out 1** *vt + adv* (*defeat*) derrotar por muy poco; (*ostracize*) apartar. **2** *vi + adv* asomarse con precaución.
▸ **edge up** *vi* (**a**) (*price etc*) subir poco a poco, aumentar lentamente. (**b**) **to ~ up to sb** acercarse con cautela a algn.
edgeways [ˈedʒweɪz], **edgewise** [ˈedʒwaɪz] *adv* de lado, de canto; **I couldn't get a word in ~** (*fam*) no pude meter ni baza.
edging [ˈedʒɪŋ] *n* borde *m*; (*of ribbon, silk*) ribete *m.*
edgy [ˈedʒɪ] *adj* nervioso/a.
edible [ˈedɪbl] *adj* comestible.
edict [ˈiːdɪkt] *n* (*Hist*) edicto *m*; (*Jur, Pol*) decreto *m.*
edification [ˌedɪfɪˈkeɪʃən] *n* enseñanza *f.*
edifice [ˈedɪfɪs] *n* edificio *m* (imponente).
edifying [ˈedɪfaɪɪŋ] *adj* edificante.
Edinburgh [ˈedɪnbərə] *n* Edimburgo *m.*
edit [ˈedɪt] **1** *vt* (*newspaper, magazine, etc*) dirigir; (*(re)-write*) redactar; (*prepare for printing*) preparar para la imprenta; (*Cine, Rad, TV*) montar; (*cut*) cortar, reducir; (*Comput*) editar. **2** *n* corrección *f.* **3** *cpd*: **~ key** *n* tecla *f* de edición.
▸ **edit out** *vt + adv*: **to ~ words out** eliminar *or* suprimir unas palabras.
edition [ɪˈdɪʃən] *n* (*gen*) edición *f*; (*number printed*) tirada *f*, tiraje *m*; **first ~** edición príncipe.
editor [ˈedɪtəʳ] *n* (*of newspaper etc*) director(a) *m/f*; (*publisher's ~*) redactor(a) *m/f*; (*Cine, Rad, TV*) montador(a) *m/f*; **~'s note** nota *f* de la redacción.
editorial [ˌedɪˈtɔːrɪəl] **1** *adj* editorial; **~ staff** redacción *f.* **2** *n* (*in newspaper*) editorial *m*, artículo *m* de fondo.
editorship [ˈedɪtəʃɪp] *n* dirección *f.*
EDP *n abbr of* **electronic data processing** PED *m.*
EDT *n abbr* (*US*) *of* **Eastern Daylight Time**.
educate [ˈedjʊkeɪt] *vt* (*teach*) enseñar; (*train*) educar, formar; (*provide instruction in*) instruir.
educated [ˈedjʊkeɪtɪd] *adj* (*person, voice*) culto/a; **an ~ guess** una suposición bien fundamentada.
education [ˌedjʊˈkeɪʃən] **1** *n* educación *f*, formación *f*; (*teaching*) enseñanza *f*; (*knowledge, culture*) cultura *f*; (*studies*) estudios *mpl*; (*training*) instrucción *f*; (*Univ: subject*) pedagogía *f*; **Ministry of E~** Ministerio *or* (*LAm*) Secretaría de Educación; **primary/secondary ~** primera/segunda enseñanza; **higher ~** estudios superiores; **physical/political ~** educación física/política; **literary/professional ~** formación *f* literaria/profesional.
2 *cpd*: **~ authority** *n* (*Brit*) ≈ delegación *f* de educación.
educational [ˌedjʊˈkeɪʃənl] *adj* (*policy, methods*) educacional; (*establishment, institution, system*) de enseñanza; (*instructive: film, visit*) educativo/a; (*role, function*) docente; (*experience, event*) informativo/a; **~ technology** tecnología *f* educacional; **~ television** televisión *f* escolar.
education(al)ist [ˌedjʊˈkeɪʃn(əl)ɪst] *n* educacionista *mf.*
educationally [ˌedjʊˈkeɪʃnəlɪ] *adv* (*as regards teaching methods*) pedagógicamente; (*as regards education, schooling*) educativamente; **~ subnormal** de inteligencia inferior a la normal.
educator [ˈedjʊkeɪtəʳ] *n* educador(a) *m/f.*
Edwardian [edˈwɔːdɪən] *adj* eduardiano/a.
EE *abbr of* **electrical engineer**.
EEC *n abbr of* **European Economic Community** CEE *f.*
EEG *n abbr of* **electroencephalogram**.
eel [iːl] *n* anguila *f.*
e'en [iːn] (*Lit*) = **even**.
EENT *n abbr* (*US Med*) *of* **eye, ear, nose and throat**.
EEOC *n abbr* (*US*) *of* **Equal Employment Opportunities Commission**.
e'er [ɛəʳ] (*poet*) = **ever**.
eerie [ˈɪərɪ] *adj* espeluznante.
EET *n abbr of* **Eastern European Time**.
efface [ɪˈfeɪs] *vt* borrar.
effect [ɪˈfekt] **1** *n* (**a**) (*gen*) efecto *m*; (*result*) resultado *m*, consecuencia *f*; (*sense: of words etc*) sentido *m*; **to have an ~ on sb** hacerle efecto a algn; **to have an ~ on sth** afectar algo; **it will have the ~ of preventing ...** tendrá como consecuencia impedir ...; **to no ~** inútilmente, sin resultado; **to such good ~ that ...** con tan buenos resultados que ...; **to put into ~** (*rule, plan*) poner en vigor; **to take ~** (*drug*) surtir efecto; **to be in ~** (*Jur*) estar vigente, tener vigencia; **to come into ~** (*Jur*) entrar en vigor *or* vigencia; **in ~** (*fact*) en realidad; (*practically*) de hecho; **his letter is to the ~ that ...** su carta especifica que ...; **an announcement to the ~ that ...** un aviso en el sentido de que ...; **an increase with immediate ~** un aumento a partir de hoy; **with ~ from April** a partir de abril; **or words to that ~** o algo por el estilo.
(**b**) (*impression*) efecto *m*, impresión *f*; (*impact*) trascendencia *f*; **to create an ~** impresionar; **he said it for ~** lo dijo sólo para impresionar.
(**c**) (*property*) **~s** efectos *mpl.*
2 *vt* (*bring about: sale, reduction*) realizar, llevar a cabo; **to ~ savings** hacer ahorros.
effective [ɪˈfektɪv] *adj* (**a**) (*efficient: cure, method, system*) eficaz; (*remark, argument*) efectivo/a; **to become ~** (*Jur*) entrar en vigor *or* vigencia; **~ capacity** (*Tech*) capacidad *f* útil; **~ date** fecha *f* de vigencia. (**b**) (*striking: display, outfit*) impresionante. (**c**) (*actual: aid, contribution*) real.
effectively [ɪˈfektɪvlɪ] *adv* (**a**) (*efficiently*) eficazmente. (**b**) (*strikingly*) de manera impresionante. (**c**) (*more or less*) efectivamente.
effectiveness [ɪˈfektɪvnɪs] *n* (**a**) (*efficiency*) eficacia *f.* (**b**) (*striking quality*) impresión *f.*
effectual [ɪˈfektjʊəl] *adj* eficaz.
effeminate [ɪˈfemɪnɪt] *adj* afeminado/a.
effervesce [ˌefəˈves] *vi* (*liquid*) estar *or* entrar en efervescencia; (*person*) rebosar.
effervescent [ˌefəˈvesnt] *adj* (*gen*) efervescente; (*person*) rebosante.
effete [ɪˈfiːt] *adj* agotado/a, cansado/a.
efficacious [ˌefɪˈkeɪʃəs] *adj* eficaz.
efficacy [ˈefɪkəsɪ] *n* eficacia *f.*
efficiency [ɪˈfɪʃənsɪ] *n* eficacia *f*, eficiencia *f*; (*of machine*) rendimiento *m.*
efficient [ɪˈfɪʃənt] *adj* (*person*) eficaz, eficiente; (*product, system*) eficaz; (*machine*) de buen rendimiento.
efficiently [ɪˈfɪʃəntlɪ] *adv* eficazmente, eficientemente; **the new machine works ~** la máquina nueva da un

buen rendimiento.
effigy ['efɪdʒɪ] *n* efigie *f*.
effluent ['eflʊənt] *n* chorro *m*.
effort ['efət] *n* (*hard work*) esfuerzo *m*; (*attempt*) tentativa *f*, intento *m*; **it's not worth the** ~ no vale la pena; **a good** ~ un feliz intento; **his latest** ~ (*fam*) su último intento; **to make an** ~ **to do sth** esforzarse por hacer algo, hacer un esfuerzo por hacer algo; **he made no** ~ **to be polite** no hizo ningún esfuerzo; **put a bit of** ~ **into it!** ¡pon un poco más esfuerzo!; **please make every** ~ **to come** haz un esfuerzo por venir.
effortless ['efətlɪs] *adj* (*success*) fácil; (*movement*) sin ningún esfuerzo.
effortlessly ['efətlɪslɪ] *adv* (*see adj*) fácilmente; sin ningún esfuerzo.
effrontery [ɪ'frʌntərɪ] *n* descaro *m*.
effusive [ɪ'fju:sɪv] *adj* (*person, welcome, letter*) efusivo/a; (*thanks, apologies*) expansivo/a.
EFL *n abbr of* **English as a Foreign Language**.
EFT *n abbr of* **electronic funds transfer**.
EFTA ['eftə] *n abbr of* **European Free Trade Association** AELC *f*.
e.g. *abbr of* **for example** p.ej.
egalitarian [ɪ,gælɪ'tɛərɪən] *adj* igualitario/a.
egg [eg] **1** *n* huevo *m*, blanquillo *m* (*Mex*); (*cell*) óvulo *m*; **fried/scrambled/soft-boiled/hardboiled** ~ huevo frito/revuelto/pasado (por agua)/duro; **boiled** ~ huevo pasado por agua *or* (*LAm*) tibio *or* (*And, CSur*) a la copa; **to have** ~ **on one's face** (*fam*) quedarse en ridículo; **don't put all your** ~**s in one basket** (*proverb*) no te lo juegues todo a una carta.
2 *cpd*: ~ **cup** *n* huevera *f*; ~ **custard** *n* natillas *fpl* de huevo; ~ **timer** *n* cronómetro *m* para huevos; ~ **white** *n* clara *f* de huevo, albumen *m*; ~ **yolk** *n* yema *f* de huevo.
▶ **egg on** *vt + adv* (*urge*) incitar.
egghead ['eghed] *n* (*pej fam: intellectual*) intelectualoide *mf*.
eggplant ['egplɑ:nt] *n* (*esp US*) berenjena *f*.
eggshell ['egʃel] *n* cáscara *f* (de huevo).
EGM *n abbr of* **extraordinary general meeting**.
ego ['i:gəʊ] **1** *n* (*Psych*) ego *m*, el yo; (*pride*) orgullo *m*. **2** *cpd*: ~ **trip** *n* (*fam*) aventura *f* egoísta.
egocentric(al) [,egəʊ'sentrɪk(əl)] *adj* egocéntrico/a.
egoism ['egəʊɪzəm] *n* egoísmo *m*.
egoist ['egəʊɪst] *n* egoísta *mf*.
egomania [,i:gəʊ'meɪnɪə] *n* egomanía *f*.
egotism ['egəʊtɪzəm] *n* egotismo *m*.
egotist ['egəʊtɪst] *n* egotista *mf*.
egotistic [,egəʊ'tɪstɪk] *adj* egotista.
Egypt ['i:dʒɪpt] *n* Egipto *m*.
Egyptian [ɪ'dʒɪpʃən] *adj, n* egipcio/a *m/f*.
EIB *n abbr of* **European Investment Bank** BEI *m*.
eider ['aɪdə'], **eider duck** ['aɪdə'dʌk] *n* eider *m*, pato *m* de flojel.
eiderdown ['aɪdədaʊn] *n* edredón *m*.
eight [eɪt] **1** *adj* ocho. **2** *n* ocho *m*; **he's had one over the** ~ (*fam*) lleva una copa de más; *see* **five** *for usage*.
eighteen ['eɪ'ti:n] **1** *adj* dieciocho, diez y ocho. **2** *n* dieciocho, diez y ocho; *see* **five** *for usage*.
eighteenth ['eɪ'ti:nθ] **1** *adj* decimoctavo/a. **2** *n* decimoctavo/a *m/f*; (*fraction*) decimoctava parte *f*, decimoctavo *m*; *see* **fifth** *for usage*.
eighth [eɪtθ] **1** *adj* octavo/a; ~ **note** (*US Mus*) corchea *f*. **2** *n* octavo/a *m/f*; (*fraction*) octava parte *f*, octavo *m*; *see* **fifth** *for usage*.
eightieth ['eɪtɪɪθ] **1** *adj* octogésimo/a. **2** *n* octogésimo/a *m/f*; (*fraction*) octogésima parte *f*, octogésimo *m*; *see* **fifth** *for usage*.
eighty ['eɪtɪ] **1** *adj* ochenta. **2** *n* ochenta *m*; *see* **five** *for usage*.
Eire ['ɛərə] *n* Eire *m*, República *f* de Irlanda.
EIS *n abbr of* **Educational Institute of Scotland** *sindicato de profesores*.
Eisteddfod [aɪs'teðvɒd] *n festival galés en el que se celebran concursos de música y poesía*.
either ['aɪðə'] **1** *adj* (**a**) (*one or other: positive*) cualquiera de los dos; (*: neg*) ninguno de los dos; ~ **day would suit me** cualquiera de los dos días me conviene.
(**b**) (*each*) cada; **on** ~ **side** en los dos lados; **in** ~ **hand** en cada mano.
2 *pron* (*positive*) cualquiera de los dos; (*neg*) ninguno de los dos; **which bus will you take? —** ~ ¿que autobús vas a coger? — cualquiera de los dos; **I don't want** ~ **of them** no quiero ninguno de los dos; **give it to** ~ **of them** dalo a cualquiera de los dos.
3 *conj*: ~ **... or** o ... o; ~ **come in or stay out** o entra o quédate fuera; **I have never been to** ~ **Paris or Rome** no he visitado ni París ni Roma.
4 *adv* tampoco; **he can't sing** ~ tampoco sabe cantar; **no, I haven't** ~ no, yo tampoco.
ejaculate [ɪ'dʒækjʊleɪt] *vt, vi* (**a**) (*cry out*) exclamar. (**b**) (*semen*) eyacular.
eject [ɪ'dʒekt] **1** *vt* (*Aer, Tech: bomb, flames*) expulsar; (*cartridge, troublemaker*) echar; (*tenant*) desahuciar. **2** *vi* (*pilot*) eyectarse.
ejection [ɪ'dʒekʃən] *n* expulsión *f*; (*of tenant*) desahucio *m*.
ejector seat [ɪ'dʒektə,si:t] *n* (*in plane*) asiento *m* eyectable.
eke [i:k] *vt*: **to** ~ **out** (*food, supplies*) escatimar; (*money, income*) hacer que alcance; **to** ~ **out a living** ganarse la vida a duras penas.
EKG *n abbr* (*US*) *of* **electrocardiogram** ECG *m*.
el [el] *n abbr* (*US fam*) *of* **elevated railroad**.
elaborate [ɪ'læbərɪt] **1** *adj* (*design, pattern, hairstyle*) trabajado/a, esmerado/a; (*meal*) de muchos platos; (*plan*) detallado/a. **2** [ɪ'læbəreɪt] *vt* (*work out*) elaborar, desarrollar; (*describe*) explicar. **3** [ɪ'læbəreɪt] *vi*: **he** ~**d on it** lo explicó con más detalles; **he refused to** ~ se negó a dar más detalles.
elapse [ɪ'læps] *vi* pasar, transcurrir.
elastic [ɪ'læstɪk] **1** *adj* elástico/a; (*fig*) flexible. **2** *n* (*in garment*) elástico *m*, jebe *m* (*CSur*). **3** *cpd*: ~ **band** *n* gomita *f*.
elasticity [,i:læs'tɪsɪtɪ] *n* elasticidad *f*.
elated [ɪ'leɪtɪd] *adj* (*excited*) excitado/a; (*happy*) alegre.
elation [ɪ'leɪʃən] *n* (*state*) regocijo *m*, júbilo *m*.
elbow ['elbəʊ] **1** *n* (*Anat*) codo *m*; (*in road*) recodo *m*; **at his** ~ al alcance de la mano; **out at the** ~**(s)** raído/a, descosido/a. **2** *vt*: **to** ~ **sb aside** apartar a algn a codazos; **to** ~ **one's way through the crowd** abrirse paso a codazos por la muchedumbre. **3** *cpd*: ~ **grease** *n* (*fam*) codo *m*.
elbowroom ['elbəʊrʊm] *n* espacio *m* para moverse.
elder[1] ['eldə'] **1** *adj* (*brother etc*) mayor; ~ **statesman** viejo estadista *m*; (*fig*) persona *f* respetada. **2** *n* (*senior*) mayor *m*; (*of tribe*) anciano *m*.
elder[2] ['eldə'] *n* (*Bot*) saúco *m*.
elderberry ['eldə,berɪ] *n* baya *f* del saúco.
elderly ['eldəlɪ] **1** *adj* mayor, de edad. **2** *npl*: **the** ~ los mayores, las personas de edad.
eldest ['eldɪst] *adj* (*child*) mayor; **my** ~ **brother** mi hermano mayor.
elec *abbr* (**a**) *of* **electric**. (**b**) *of* **electricity**.
elect [ɪ'lekt] **1** *vt* (**a**) (*Pol etc*) elegir (*to* a); **he was** ~**ed chairman** fue elegido presidente. (**b**) (*choose*) elegir; **he** ~**ed to remain** eligió quedarse. **2** *adj suf* electo/a; **the president** ~ el presidente electo.
election [ɪ'lekʃən] **1** *n* (*gen*) elección *f*; **general** ~ elecciones *or* comicios *mpl* generales; **to hold an** ~ convocar elecciones. **2** *cpd*: ~ **agent** *n* secretario/a *m/f* electoral; ~ **campaign** *n* campaña *f* electoral; ~ **day** *n* día *m* de las elecciones.
electioneer [ɪ,lekʃə'nɪə'] *vi* hacer campaña (electoral).
electioneering [ɪ,lekʃə'nɪərɪŋ] *n* campaña *f* electoral; (*pej*) maniobras *fpl* electorales.

elective [ɪ'lektɪv] **1** *adj* (*Univ etc: course*) facultativo/a; (*assembly*) electivo/a. **2** *n* (*also* ~ **subject**) asignatura *f* facultativa.
elector [ɪ'lektəʳ] *n* elector(a) *m/f*.
electoral [ɪ'lektərəl] *adj* electoral; ~ **college** colegio *m* electoral; ~ **roll** censo *m* electoral.
electorate [ɪ'lektərɪt] *n* electorado *m*.
electric [ɪ'lektrɪk] *adj* (*appliance, current*) eléctrico/a; **the atmosphere was** ~ (*fig*) había un ambiente muy tenso; ~ **blanket** manta *f or (LAm)* frazada *f* eléctrica; ~ **chair** silla *f* eléctrica; ~ **cooker** cocina *f* eléctrica; ~ **current** corriente *f* eléctrica; ~ **field** campo *m* eléctrico; ~ **fire**, ~ **heater** estufa *f* eléctrica, calentador *m* eléctrico; ~ **light** luz *f* eléctrica; ~ **shock** electrochoque *m*; ~ **storm** = **electrical storm**.
electrical [ɪ'lektrɪkəl] *adj* (*equipment etc*) eléctrico/a; ~ **engineer** ingeniero/a *m/f* electrotécnico/a; ~ **engineering** electrotecnia *f*; ~ **failure** fallo *m* eléctrico; ~ **storm** tormenta *f* eléctrica.
electrician [ɪlek'trɪʃən] *n* electricista *mf*.
electricity [ɪlek'trɪsɪtɪ] **1** *n* electricidad *f*; **to switch on/off the** ~ poner/apagar la electricidad. **2** *cpd*: ~ **board** *n* (*Brit*) compañía *f* eléctrica *or (LAm)* de luz.
electrification [ɪ'lektrɪfɪ'keɪʃən] *n* electrificación *f*.
electrify [ɪ'lektrɪfaɪ] *vt* (*railway system*) electrificar; (*charge with electricity, fig*) electrizar; **electrified fence** cercado *m* eléctrico.
electrifying [ɪ'lektrɪfaɪɪŋ] *adj* (*performance etc*) electrizante.
electro... [ɪ'lektrəʊ] *pref* electro....
electrocardiogram [ɪ'lektrəʊ'kɑːdɪəgræm] *n* electrocardiograma *m*.
electrocardiograph [ɪˌlektrəʊ'kɑːdɪəgræf] *n* electrocardiógrafo *m*.
electroconvulsive [ɪˌlektrəkən'vʌlsɪv] *adj*: ~ **therapy** electroterapia *f*.
electrocute [ɪ'lektrəʊkjuːt] *vt* electrocutar.
electrode [ɪ'lektrəʊd] *n* electrodo *m*.
electroencephalogram [ɪˌlektrəʊen'sefələˌgræm] *n* electroencefalograma *m*.
electrolysis [ɪlek'trɒlɪsɪs] *n* electrólisis *f*.
electrolyte [ɪ'lektrəʊˌlaɪt] *n* electrolito *m*.
electromagnet [ɪ'lektrəʊ'mægnɪt] *n* electroimán *m*.
electromagnetic [ɪ'lektrəʊmæg'netɪk] *adj* electromagnético/a.
electron [ɪ'lektrɒn] **1** *n* electrón *m*. **2** *cpd*: ~ **camera** *n* cámara *f* electrónica; ~ **gun** *n* pistola *f* de electrones; ~ **microscope** *n* microscopio *m* electrónico.
electronic [ɪlek'trɒnɪk] *adj* electrónico/a; ~ **banking** banco *m* informatizado; ~ **data processing** proceso *m* electrónico de datos; ~ **funds transfer** transferencia *f* electrónica de fondos; ~ **mail** correo *m* electrónico; ~ **mailbox** buzón *m* electrónico; ~ **music** música *f* electrónica; ~ **shopping** compra *f* computerizada; ~ **surveillance** vigilancia *f* electrónica; ~ **tag** *pulsera electrónica de control*; ~ **tagging** *sistema electrónico de vigilancia*.
electronics [ɪlek'trɒnɪks] **1** *nsg* (*science*) electrónica *f*. **2** *npl* (*of machine etc*) componentes *mpl* electrónicos.
electroplated [ɪ'lektrəʊpleɪtɪd] *adj* galvanizado/a.
electroshock [ɪ'lektrəʊˌʃɒk] *cpd*: ~ **treatment** *n* electrochoque *m*; ~ **therapy** *n* electroterapia *f*.
elegance ['elɪgəns] *n* elegancia *f*.
elegant ['elɪgənt] *adj* elegante.
elegy ['elɪdʒɪ] *n* elegía *f*.
element ['elɪmənt] *n* (*gen*) elemento *m*; (*factor*) factor *m*; **an** ~ **of truth** una parte de verdad; **an** ~ **of surprise** un elemento de sorpresa; **open to the** ~**s** (*weather*) a la intemperie; **the** ~**s of mathematics** los elementos de las matemáticas; **to be in one's** ~ estar en su elemento; **to be out of one's** ~ estar fuera de su elemento *or* como pez fuera de agua.
elemental [ˌelɪ'mentl] *adj* elemental.
elementary [ˌelɪ'mentərɪ] *adj* elemental; (*basic, primitive*) rudimentario/a, básico/a; (*education, school*) primario/a, de primera enseñanza; (*easy*) muy sencillo/a; ~ **science** ciencia *f* básica.
elephant ['elɪfənt] *n* elefante *m*; *see* **white 3**.
elephantiasis [ˌelɪfən'taɪəsɪs] *n* elefantiasis *f*.
elephantine [ˌelɪ'fæntaɪn] *adj* (*fig*) elefantino/a, mastodóntico/a.
elevate ['elɪveɪt] *vt* (*raise in rank*) ascender; (*fig: mind, tone of conversation*) elevar.
elevated ['elɪveɪtɪd] *adj* elevado/a, sublime; ~ **railway**, (*US*) ~ **railroad** ferrocarril *m* urbano elevado.
elevation [ˌelɪ'veɪʃən] *n* (*hill*) elevación *f*; (*height: esp above sea level*) altitud *f*; (*Archit*) alzado *m*; (*of person*) ascenso *m*.
elevator ['elɪveɪtəʳ] *n* (**a**) (*US: lift*) ascensor *m*, elevador *m (LAm)*. (**b**) (*hoist for goods*) montacargas *m inv*. (**c**) (*Aer*) timón *m* de profundidad.
eleven [ɪ'levn] **1** *adj* once. **2** *n* once *m*; (*Sport*) once, equipo *m*; *see* **five** *for usage*.
elevenses [ɪ'levnzɪz] *npl* (*Brit fam*) onces *fpl*.
eleventh [ɪ'levnθ] **1** *adj* undécimo/a, onceno/a; **at the** ~ **hour** (*fig*) a última hora. **2** *n* undécimo/a *m/f*, onceno/a *m/f*; (*fraction*) undécima parte *f*, undécimo *m*; *see* **fifth** *for usage*.
elf [elf] *n* (*pl* **elves**) duende *m*, elfo *m*.
elicit [ɪ'lɪsɪt] *vt*: **to** ~ **sth (from sb)** sacarle algo (a algn).
elide [ɪ'laɪd] *vt, vi* (*vowel, syllable*) elidir.
eligibility [ˌelɪdʒə'bɪlɪtɪ] *n* elegibilidad *f*.
eligible ['elɪdʒəbl] *adj*: **to be** ~ **for** (*suitable*) llenar los requisitos para; **an** ~ **young man** un buen partido.
eliminate [ɪ'lɪmɪneɪt] *vt* (*gen*) eliminar; (*suspect, possibility*) descartar; (*bad language, mistakes, details*) suprimir.
elimination [ɪˌlɪmɪ'neɪʃən] **1** *n* (*suppression*) supresión *f*; (*being eliminated*) eliminación *f*; **by process of** ~ por proceso de eliminación. **2** *cpd*: ~ **round** *n* eliminatoria *f*.
elision [ɪ'lɪʒən] *n* elisión *f*.
elite, élite [eɪ'liːt] *n* élite *f*.
elitism [ɪ'liːtɪzəm] *n* elitismo *m*.
elitist [ɪ'liːtɪst] *adj* elitista.
elixir [ɪ'lɪksəʳ] *n* elixir *m*.
Elizabethan [ɪˌlɪzə'biːθən] *adj* isabelino/a.
elk [elk] *n* (*Zool*) alce *m*.
ellipse [ɪ'lɪps] *n* elipse *f*.
ellipsis [ɪ'lɪpsɪs] *n* (*pl* **ellipses** [ɪ'lɪpsiːz]) (*omission*) elipsis *f inv*; (*dots*) puntos *mpl* suspensivos.
elm [elm] *n* olmo *m*.
elocution [ˌelə'kjuːʃən] *n* elocución *f*.
elongate ['iːlɒŋgeɪt] *vt* (*material, thing*) alargar, extender.
elongation [ˌiːlɒŋ'geɪʃən] *n* (*act*) alargamiento *m*; (*part elongated*) extensión *f*.
elope [ɪ'ləʊp] *vi* (*2 persons*) fugarse para casarse; (*one person*) **to** ~ **with sb** fugarse con algn.
elopement [ɪ'ləʊpmənt] *n* fuga *f*.
eloquence ['eləkwəns] *n* elocuencia *f*.
eloquent ['eləkwənt] *adj* elocuente.
El Salvador [el'sælvədɔːʳ] *n* El Salvador.
else [els] *adv* (**a**) otro/a; **anybody** ~ cualquier otro; **anything** ~ cualquier otra cosa; **anything** ~**, sir?** (*shop assistant*) ¿algo más, señor?; **anywhere** ~ en cualquier otro sitio; **everyone** ~ todos los demás; **everything** ~ todo lo demás; **how** ~ **...?** ¿de qué otra manera ...?; **nobody** ~ ningún otro; **nothing** ~ nada más; **there was nothing** ~ **I could do** no había otro remedio; **nothing** ~**, thank you** (*in shop*) nada más *or* es todo, gracias; **nowhere** ~ en ningún otro sitio; **somebody** ~ otra persona; **somebody** ~**'s coat** el abrigo de otro; **something** ~ otra cosa; (*fam*) estupendo/a; **somewhere** ~ en otro sitio *or* otra parte; **what** ~ **...?** ¿qué más ...?; **where** ~ **...?** ¿en qué otro sitio ...?, ¿dónde más ...? *(LAm)*; **who** ~ **...?**

¿quién más ...?; **there is little ~ to be done** fuera de eso queda muy poco que hacer; **he said that, and much ~** dijo eso y mucho más.

(**b**) (*otherwise*) **or** ~ si no; **keep quiet or ~ go away** cállate o vete; **do as I say, or ~!** (*fam: expressing threat*) ¡haz lo que te digo o me las pagarás!

elsewhere [ˈelsˈwɛəʳ] *adv* (*in another place*) en otro sitio, en otra parte; (*to another place*) a otro sitio, a otra parte.

ELT *n abbr of* **English Language Teaching**.

elucidate [ɪˈluːsɪdeɪt] *vt* aclarar.

elude [ɪˈluːd] *vt* (*pursuit*) burlar; (*capture, arrest*) eludir, escapar; (*grasp, blow*) esquivar, zafarse de; (*question*) eludir; **the answer has so far ~d us** hasta ahora no hemos dado con la solución; **his name ~s me** su nombre se me escapa; **success has ~d him** el éxito le ha eludido.

elusive [ɪˈluːsɪv] *adj* (*prey, enemy*) esquivo/a; (*thoughts, word, success etc*) difícil de conseguir; (*slippery*) escurridizo/a; **he is very ~** no es fácil encontrarlo.

elver [ˈelvəʳ] *n* angula *f*.

elves [elvz] *npl of* **elf**.

emaciated [ɪˈmeɪsɪeɪtɪd] *adj* demacrado/a.

email, e-mail [ˈiːmeɪl] *n* correo *m* electrónico.

emanate [ˈeməneɪt] *vi*: **to ~ from** (*idea, proposal*) surgir de; (*light, smell*) proceder de.

emancipate [ɪˈmænsɪpeɪt] *vt* (*women, slaves*) emancipar; (*fig*) liberar.

emancipation [ɪˌmænsɪˈpeɪʃən] *n* (*of women, slaves*) emancipación *f*; (*fig*) liberación *f*.

emasculate [ɪˈmæskjʊleɪt] *vt* castrar, emascular; (*fig*) mutilar, estropear.

embalm [ɪmˈbɑːm] *vt* (*dead body*) embalsamar.

embankment [ɪmˈbæŋkmənt] *n* (*of path, railway*) terraplén *m*; (*of canal, river*) dique *m*.

embargo [ɪmˈbɑːgəʊ] *n* (*pl* **~es**) (*Comm, Naut*) embargo *m*; **to lift an ~** levantar una prohibición; **to put an ~ on sth** embargar algo; (*fig: prohibit*) prohibir algo; **to be under (an) ~** estar embargado.

embark [ɪmˈbɑːk] **1** *vt* embarcar. **2** *vi* (*Naut, Aer*) embarcarse; **to ~ on (a journey)** emprender (un viaje); (*business venture, explanation, discussion*) lanzarse a.

embarkation [ˌembɑːˈkeɪʃən] **1** *n* (*of goods*) embarque *m*; (*of people*) embarco *m*. **2** *cpd*: **~ card** *n* tarjeta *f* de embarque.

embarrass [ɪmˈbærəs] *vt* avergonzar, apenar (*LAm*); (*deliberately*) poner en un aprieto; **I was ~ed by the question** la pregunta me avergonzó; (*perplexed etc*) la pregunta me dejó confuso; **I feel ~ed about it** me siento algo avergonzado por eso; **to be financially ~ed** estar en un aprieto (económico), estar *or* andar mal de dinero.

embarrassing [ɪmˈbærəsɪŋ] *adj* (*experience, situation*) violento/a; (*question*) embarazoso/a, desconcertante.

embarrassingly [ɪmˈbærəsɪŋlɪ] *adv* de manera desconcertante, violentamente; **there were ~ few people** había tan pocas personas que resultaba desconcertante.

embarrassment [ɪmˈbærəsmənt] *n* (*state*) vergüenza *f*, pena *f* (*LAm*); (*cause*) molestia *f*, vergüenza; **you are an ~ to us** eres un estorbo para nosotros; **financial ~s** dificultades *fpl* económicas.

embassy [ˈembəsɪ] *n* (*gen*) embajada *f*; **the British E~ in Rome** la embajada británica en Roma.

embed [ɪmˈbed] *vt* (*weapon, teeth*) clavar, hincar; (*jewel*) empotrar; **it is ~ded in my memory** está fijado en mi memoria.

embellish [ɪmˈbelɪʃ] *vt* (**a**) (*decorate*) embellecer (*with* de). (**b**) (*fig: story, truth*) adornar (*with* de).

embers [ˈembəz] *npl* ascua *fsg*, rescoldo *msg*.

embezzle [ɪmˈbezl] *vt* (*funds, money*) malversar, desfalcar.

embezzlement [ɪmˈbezlmənt] *n* malversación *f* (de fondos), desfalco *m*.

embezzler [ɪmˈbezləʳ] *n* malversador(a) *m/f*, desfalcador(a) *m/f*.

embitter [ɪmˈbɪtəʳ] *vt* (*person*) amargar; (*relationship, dispute*) envenenar.

embittered [ɪmˈbɪtəd] *adj* resentido/a, rencoroso/a; **to be very ~** estar muy amargado, estar muy resentido (*about* por) (*against* contra).

emblazon [ɪmˈbleɪzən] *vt* engalanar *or* esmaltar con colores brillantes; (*fig*) escribir *or* adornar de modo llamativo.

emblem [ˈembləm] *n* emblema *m*.

embodiment [ɪmˈbɒdɪmənt] *n* encarnación *f*; **to be the very ~ of virtue** ser la misma virtud.

embody [ɪmˈbɒdɪ] *vt* (**a**) (*spirit, quality*) encarnar; (*thought, theory*) abarcar (*in* en). (**b**) (*include*) incorporar (*in* en).

embolism [ˈembəlɪzəm] *n* (*Med*) embolia *f*.

emboss [ɪmˈbɒs] *vt* (*metal, leather*) repujar; (*paper*) gofrar.

embrace [ɪmˈbreɪs] **1** *n* abrazo *m*. **2** *vt* (**a**) (*person*) abrazar. (**b**) (*accept: offer*) aceptar; (*: religion*) abrazar, incorporarse a; (*: cause*) dedicarse a. (**c**) (*include*) abarcar. **3** *vi* abrazarse.

embrocation [ˌembrəʊˈkeɪʃən] *n* embrocación *f*.

embroider [ɪmˈbrɔɪdəʳ] *vt* bordar; (*fig: truth, facts, story*) embellecer, adornar.

embroidery [ɪmˈbrɔɪdərɪ] **1** *n* (*gen*) bordado *m*. **2** *cpd*: **~ silk** *or* **thread** *n* seda *f or* hilo *m* de bordar.

embroil [ɪmˈbrɔɪl] *vt*: **to ~ sb in sth** enredar a algn en algo; **to ~ o.s.** *or* **get ~ed in sth** enredarse en algo.

embryo [ˈembrɪəʊ] **1** *n* embrión *m*; (*fig*) germen *m*, embrión; **in ~** en embrión. **2** *cpd* (*research etc*) embrionario/a.

embryonic [ˌembrɪˈɒnɪk] *adj* (*lit, fig*) embrionario/a.

emcee [ˈemˈsiː] *n* (*US*) presentador(a) *m/f*.

EMCF *n abbr of* **European Monetary Cooperation Fund** FECOM *m*.

emend [ɪˈmend] *vt* (*text*) enmendar.

emendation [ˌiːmenˈdeɪʃən] *n* enmienda *f*.

emerald [ˈemərəld] **1** *n* (*stone, colour*) esmeralda *f*. **2** *adj* (*necklace, bracelet etc*) de esmeraldas; (*also* **~ green**) esmeralda.

emerge [ɪˈmɜːdʒ] *vi* salir (*from* de); (*fig: truth, facts, problems*) surgir, presentarse; (*: theory, new nation*) surgir; **it ~s that ...** resulta que ....

emergence [ɪˈmɜːdʒəns] *n* aparición *f*.

emergency [ɪˈmɜːdʒənsɪ] **1** *n* emergencia *f*, crisis *f inv*; **in an ~, in case of ~** en caso de emergencia *or* urgencia; **prepared for any ~** prevenido contra toda eventualidad; **to declare a state of ~** declarar un estado de emergencia.

2 *cpd* (*measures, repair, Med*) de urgencia; (*airstrip*) improvisado/a; (*powers, meeting*) extraordinario/a; (*rations, fund*) de emergencia; **~ exit** *n* salida *f* de emergencia; **~ flasher** *n* (*US Aut*) señales *fpl* de emergencia; **~ landing** *n* (*Aer*) aterrizaje *m* forzoso; **~ lane** *n* (*US*) andén *m*, arcén *m*; **~ service** *n* servicio *m* de urgencia; **~ stop** *n* (*Aut*) parada *f* en seco.

emergent [ɪˈmɜːdʒənt] *adj* (*countries*) recién desarrollado/a.

emeritus [iːˈmerɪtəs] *adj* emeritus, jubilado/a.

emery [ˈemərɪ] **1** *n* esmeril *m*. **2** *cpd*: **~ board** *n* lima *f* de uñas; **~ paper** *n* papel *m* de esmeril.

emetic [ɪˈmetɪk] *n* emético *m*.

emigrant [ˈemɪgrənt] *n* emigrante *mf*.

emigrate [ˈemɪgreɪt] *vi* emigrar.

emigration [ˌemɪˈgreɪʃən] *n* emigración *f*.

émigré(e) [ˈemɪgreɪ] *n* emigrado/a *m/f*.

eminence [ˈemɪnəns] *n* (**a**) (*fame*) eminencia *f*, fama *f*; **to gain** *or* **win ~** ganarse fama (*as* de). (**b**) (*frm: hill*) eminencia *f*. (**c**) (*Rel: title of cardinal*) eminencia *f*.

eminent [ˈemɪnənt] *adj* (*person: distinguished*) eminente; (*: outstanding*) destacado/a; (*suitability, charm, fairness*) sumo/a.

eminently ['emɪnəntlɪ] *adv* eminentemente.
emir [e'mɪəʳ] *n* emir *m*.
emirate [e'mɪərɪt] *n* emirato *m*.
emissary ['emɪsərɪ] *n* emisario/a *m/f*.
emission [ɪ'mɪʃən] *n* (*of light, smell, cry etc*) emisión *f*; (*Anat: of semen*) expulsión *f*; **~s** (*exhaust fumes etc*) emisiones.
emit [ɪ'mɪt] *vt* (*sparks, light, signals*) emitir; (*smoke, heat*) arrojar; (*smell*) despedir; (*cry*) dar; (*sound*) producir.
Emmy ['emɪ] *n* (*US TV*) Emmy *m*.
emollient [ɪ'mɒlɪənt] *adj*, *n* emoliente *m*.
emolument [ɪ'mɒljʊmənt] *n* (*often pl: frm*) honorario *m*.
emotion [ɪ'məʊʃən] *n* emoción *f*.
emotional [ɪ'məʊʃənl] *adj* (*concerning the emotions*) emocional; (*moving*) conmovedor(a), emocionante; (*excited, worked up*) emocionado/a; (*sentimental*) sentimental; (*provoking emotion*) emotivo/a; **to get ~** emocionarse.
emotionalism [ɪ'məʊʃnəlɪzəm] *n* (*pej*) sentimentalismo *m*.
emotionally [ɪ'məʊʃnəlɪ] *adv* (*with emotion*) con emoción; **~ deprived** privado de amor; **~ involved** envuelto sentimentalmente.
emotionless [ɪ'məʊʃənlɪs] *adj* sin emoción.
emotive [ɪ'məʊtɪv] *adj* emotivo/a.
empathize ['empəθaɪz] *vi* sentir empatía *or* empatizar(se) (*with* con).
empathy ['empəθɪ] *n* empatía *f*; **to feel ~ with sb** sentir empatía por algn.
emperor ['empərəʳ] *n* emperador *m*.
emphasis ['emfəsɪz] *n* (*pl* **emphases** ['emfəsi:z]) (*in word, phrase*) acento *m*; **to speak with ~** hablar con énfasis; **to lay** *or* **place ~ on sth** (*fig*) hacer hincapié en algo; **the ~ is on sport** se da mayor importancia al deporte.
emphasize ['emfəsaɪz] *vt* (*fact, point*) subrayar, enfatizar (*LAm*); (*Ling*) acentuar; (*fig: of garment: accentuate*) hacer resaltar; **I must ~ that ...** debo insistir en que ....
emphatic [ɪm'fætɪk] *adj* (*forceful*) enérgico/a, categórico/a; (*determined*) decidido/a; **it was an ~ success** fue un éxito arrollador; **he was most ~ that ...** dijo categóricamente que ....
emphatically [ɪm'fætɪkəlɪ] *adv* (*resolutely*) categóricamente; (*forcefully*) enérgicamente; **the answer is ~ no** bajo ningún concepto.
emphysema [emfɪ'si:mə] *n* enfisema *m*.
empire ['empaɪəʳ] *n* (*group of countries*) imperio *m*.
empirical [em'pɪrɪkəl] *adj* (*methods*) empírico/a.
empiricism [em'pɪrɪsɪzəm] *n* empirismo *m*.
emplane [ɪm'pleɪn] *vi* (*US*) subir al avión, embarcar (en avión).
employ [ɪm'plɔɪ] **1** *vt* (*person*) emplear; (*thing, method*) emplear, usar; (*time*) ocupar. **2** *n*: **to be in the ~ of sb** (*frm*) ser empleado de algn.
employable [ɪm'plɔɪəbl] *adj* (*person*) que se puede emplear; (*skill*) útil, utilizable.
employee [ˌemplɔɪ'i:] *n* empleado/a *m/f*.
employer [ɪm'plɔɪəʳ] *n* (*business person*) empresario/a *m/f*; (*boss*) patrón/ona *m/f*; **the ~s' federation** la federación patronal; **the ~'s interests** los intereses empresariales.
employment [ɪm'plɔɪmənt] **1** *n* empleo *m*; **to find/be in ~** encontrar/tener trabajo; **conditions of ~** condiciones *fpl* de empleo; **full ~** pleno empleo. **2** *cpd*: **~ agency** *n* agencia *f* de colocaciones; **~ exchange** *n* bolsa *f* de trabajo.
emporium [em'pɔ:rɪəm] *n* (*pl* **~s** *or* **emporia**) emporio *m*.
empower [ɪm'paʊəʳ] *vt*: **to ~ sb to do sth** autorizar a algn para hacer algo.
empress ['emprɪs] *n* emperatriz *f*.
emptiness ['emptɪnɪs] *n* vacío *m*; (*fig*) vaciedad *f*.
empty ['emptɪ] **1** *adj* (*comp* **-ier**; *superl* **-iest**) (*gen*) vacío/a; (*house, room*) desocupado/a; (*place*) desierto/a; (*post, job*) vacante; (*fig: threat, words, promise*) vano/a; **an ~ space** un vacío; **on an ~ stomach** en ayunas; **~ of** desprovisto/a de.
2 *n*: **empties** envases *mpl* (vacíos).
3 *vt* (*contents, container*) vaciar; (*pour out*) verter; **to ~ (out) one's pockets** vaciar los bolsillos; **he emptied the apples out of a barrel into a bag** vació las manzanas del barril en una bolsa.
4 *vi* (*room etc*) quedar desocupado/a; (*place*) quedar desierto/a; (*water etc: flow*) desembocar (*into* en); (*container*) desaguar.
empty-handed ['emptɪ'hændɪd] *adj*: **to arrive/leave ~** llegar/salir con las manos vacías.
empty-headed ['emptɪ'hedɪd] *adj* casquivano/a.
EMS *n abbr of* **European Monetary System** SME *m*.
EMT *n abbr of* **emergency medical technician**.
emu ['i:mju:] *n* emú *m*.
emulate ['emjʊleɪt] *vt* emular.
emulator ['emjʊˌleɪtəʳ] *n* (*Comput*) emulador *m*.
emulsifier [ɪ'mʌlsɪˌfaɪəʳ] *n* agente *m* emulsionador, emulsionante *m*.
emulsify [ɪ'mʌlsɪfaɪ] *vt* emulsionar.
emulsion [ɪ'mʌlʃən] *n* (*liquid*) emulsión *f*; (*also* **~ paint**) pintura *f* emulsión.
EN *n abbr* (*Brit*) *of* **Enrolled Nurse** ≈ ATS *mf*.
enable [ɪ'neɪbl] *vt*: **to ~ sb to do sth** permitir a algn hacer algo.
enact [ɪ'nækt] *vt* (*law*) promulgar; (*play, scene, part*) representar.
enamel [ɪ'næməl] **1** *n* (*gen, of teeth*) esmalte *m*. **2** *vt* esmaltar. **3** *cpd*: **~ jewellery** *n* alhajas *fpl* de esmalte; **~ paint** *n* esmalte *m*; **~ saucepan** *n* cacerola *f* esmaltada.
enamelware [ɪ'næməlwɛəʳ] *n* utensilios *mpl* de hierro esmaltado.
enamour, (*US*) **enamor** [ɪ'næməʳ] *vt*: **to be ~ed of** (*person*) estar enamorado/a de; (*thing*) estar entusiasmado/a con.
enc *abbr* = **enc(l)**.
encampment [ɪn'kæmpmənt] *n* campamento *m*.
encase [ɪn'keɪs] *vt* encerrar; **to be ~d in** estar revestido/a de.
encash [ɪn'kæʃ] *vt* cobrar, hacer efectivo.
enchant [ɪn'tʃɑ:nt] *vt* (*often passive*) encantar; (*use magic on*) encantar, hechizar.
enchanter [ɪn'tʃɑ:ntəʳ] *n* hechicero *m*.
enchanting [ɪn'tʃɑ:ntɪŋ] *adj* encantador(a).
enchantment [ɪn'tʃɑ:ntmənt] *n* (*delight*) encanto *m*; (*charm, spell*) encantamiento *m*, hechizo *m*.
enchantress [ɪn'tʃɑ:ntrɪs] *n* hechicera *f*.
encircle [ɪn'sɜ:kl] *vt* rodear; (*Mil*) sitiar; (*waist, shoulders*) ceñir; **it is ~d by a wall** está rodeado de una tapia.
enc(l). *abbr* (**a**) *of* **enclosure(s)** adj. (**b**) *of* **enclosed** adj.
enclave ['enkleɪv] *n* enclave *m*.
enclose [ɪn'kləʊz] *vt* (**a**) (*land, garden*) cercar, encerrar; **to ~ with** cercar de. (**b**) (*with letter etc*) remitir adjunto, adjuntar; **please find ~d** le enviamos adjunto *or* anexo; **I ~ a cheque** remito adjunto un cheque.
enclosed [ɪn'kləʊzd] *adj* (*with letter etc*) adjunto/a; (*garden, land*) cercado/a, encerrado/a.
enclosure [ɪn'kləʊʒəʳ] *n* (*act*) cercamiento *m*, encierro *m*; (*place*) cercado *m*, recinto *m*; (*at racecourse*) reservado *m*; (*in letter*) anexo *m*.
encode [ɪn'kəʊd] *vt* codificar; (*Ling*) cifrar.
encoder [ɪn'kəʊdəʳ] *n* (*Comput*) codificador *m*.
encompass [ɪn'kʌmpəs] *vt* abarcar.
encore [ɒŋ'kɔ:ʳ] **1** *interj* ¡otra!, ¡bis! **2** *n* repetición *f*; **to give an ~** repetir a petición del público.
encounter [ɪn'kaʊntəʳ] **1** *n* (*meeting, fight*) encuentro *m*. **2** *vt* (*person*) encontrar, encontrarse con; (*difficulty, danger, enemy etc*) tropezar con. **3** *cpd*: **~ group** *n* grupo *m* de encuentro.

encourage [ɪn'kʌrɪdʒ] *vt* (*person*) animar, alentar; (*industry, growth etc*) estimular, fomentar; **to ~ sb to do sth** animar a algn a hacer algo.
encouragement [ɪn'kʌrɪdʒmənt] *n* ánimo *m*, aliento *m*; **to give ~ to** dar ánimo a, animar.
encouraging [ɪn'kʌrɪdʒɪŋ] *adj* (*person*) que da ánimos; (*smile*) alentador(a); (*news*) prometedor(a), halagüeño/a; **that's very ~!** (*iro*) ¡qué ánimos me das!
encroach [ɪn'krəʊtʃ] *vi*: **to ~ (up)on** (*gen*) invadir; (*time*) quitar tiempo a; (*rights*) abusar.
encroachment [ɪn'krəʊtʃmənt] *n* usurpación *f* (*on* de).
encumber [ɪn'kʌmbəʳ] *vt* (*person, movement, room*) estorbar; (*with debts*) gravar; **to be ~ed with** tener que cargar con.
encumbrance [ɪn'kʌmbrəns] *n* estorbo *m*; (*Fin, Jur*) gravamen *m*.
encyclical [en'sɪklɪkəl] *n* encíclica *f*.
encyclop(a)edia [en,saɪkləʊ'piːdɪə] *n* enciclopedia *f*.
encyclop(a)edic [en,saɪkləʊ'piːdɪk] *adj* enciclopédico/a.
end [end] **1** *n* (**a**) (*of street etc*) final *m*; (*of line, table etc*) extremo *m*; (*of stick etc*) punta *f*; **to place ~ to ~** poner uno tras otro; **from ~ to ~** de punta a punta; **to stand sth on ~** poner algo de punta; **his hair stood on ~** se le puso el pelo de punta; **to change ~s** (*Sport*) cambiar de lado; **the ~ of the road** *or* **line** (*fig*) el término, el acabóse; **the ~s of the earth** (*fig*) el último rincón del mundo; **to get hold of the wrong ~ of the stick** (*fig*) tomar el rábano por las hojas; **to keep one's ~ up** (*fam: in undertaking*) hacer su parte; (*: in argument*) defenderse bien; **to make ~s meet** (*fig*) hacer llegar *or* alcanzar el dinero; **to tie up the loose ~s** (*fig*) atar cabos; *see* **deep; shallow**.
(**b**) (*of time, process, journey etc*) fin *m*, final *m*; (*of story etc*) fin, conclusión *f*; (*death*) muerte *f*; **at the ~ of the day** (*fig*) al fin y al cabo, a fin de cuentas; **the ~ of the world** el fin del mundo; **it's not the ~ of the world** (*fam*) el mundo no se va a acabar por eso; **we'll never hear the ~ of it** (*fam*) esto va a ser cuento de nunca acabar; **there's no ~ to it** (*fam*) esto no se acaba nunca; **that's the ~ of the matter** asunto concluido; **that was the ~ of that!** ¡y se acabó!; **to come to a bad ~** acabar mal; **to the bitter ~** hasta el último suspiro; **towards the ~** hacia el fin; **that was the ~ of our car** (*fam*) así se acabó el coche; **in the ~** al fin; **to be at an ~** llegar al final; **to be at/get to the ~ of** (*strength, patience*) agotarse/estar por agotarse; (*book, supplies*) llegar/estar por llegar al fin; (*work, holidays*) acabarse/estar a punto de acabarse; **to bring to an ~** (*work, speech, relationship*) dar por terminado; **to come** *or* **draw to an ~** llegar a su fin, terminarse; **to meet one's ~** encontrar la muerte; **to put an ~ to** (*argument, relationship, sb's tricks*) poner fin a, acabar con; **for hours on ~** hora tras hora; **no ~ of** (*fam*) la mar de; **no ~** (*fam*) muchísimo; **without ~** interminable; **that's the ~!** (*fam*) ¡eso es el colmo!; **he's the ~!** (*fam*) ¡es el colmo!; **that movie is the ~!** (*US fam*) esa película es el no va más.
(**c**) (*remnant: of loaf, candle, meat*) resto *m*, cabo *m*; **the ~ of a roll** (*of cloth, carpet*) el retal de un rollo; **cigarette ~** colilla *f*.
(**d**) (*aim*) fin *m*, propósito *m*; **to achieve one's ~** alcanzar su objetivo; **an ~ in itself** un fin en sí; **to no ~** en vano; **to this ~, with this ~ in view** con este propósito; **the ~ justifies the means** el fin justifica los medios.
2 *vt* (*work, service*) terminar, poner fin a; **to ~ (with)** (*broadcast, speech, writing*) concluir (con), terminar (con); (*speculation, relationship*) acabar (con); **to ~ one's life** *or* (*fam*) **it all** suicidarse; **to ~ one's days** vivir sus últimos días; **that was the meal to ~ all meals!** (*fam*) ¡eso fue el no va más en comidas!
3 *vi* (*lesson, work, war, meeting etc*) terminar, acabarse; (*road etc*) terminar(se); (*period of time*) terminar; (*programme, film, story*) terminarse; **to ~ by saying** terminar diciendo; **to ~ in** terminar *or* desembocar en.
4 *cpd*: **~ product** *n* (*Industry*) producto *m* final; (*fig*) consecuencia *f*; **~ result** *n* resultado *m*; **~ user** *n* usuario/a *m/f* final.
► **end off** *vt + adv* poner fin a.
► **end up** *vi + adv* terminar (*in* en); (*road, path*) llevar *or* conducir (*in* a).
endanger [ɪn'deɪndʒəʳ] *vt* (*life, health, position*) poner en peligro; **an ~ed species** (*of animal*) una especie en peligro de extinción.
endear [ɪn'dɪəʳ] *vt*: **to ~ sb to** (*others*) ganar la simpatía de; **to ~ o.s. to** (*others*) ganarse la simpatía de.
endearing [ɪn'dɪərɪŋ] *adj* (*smile*) encantador(a); (*characteristic*) atractivo/a; (*personality*) simpático/a.
endearment [ɪn'dɪəmənt] *n* cariño *m*; **term of ~** nombre *m* cariñoso.
endeavour, (*US*) **endeavor** [ɪn'devəʳ] **1** *n* (*attempt*) intento *m*, tentativa *f*; (*effort*) esfuerzo *m*; **to make every ~ to do sth** no regatear medio para hacer algo. **2** *vi*: **to ~ to do** esforzarse por hacer.
endemic [en'demɪk] *adj* endémico/a.
ending ['endɪŋ] *n* (*end*) fin *m*, final *m*; (*: of book etc*) desenlace *m*; (*Ling*) terminación *f*.
endive ['endaɪv] *n* endibia *f*.
endless ['endlɪs] *adj* interminable, sin fin.
endocrine ['endəʊkraɪn] *adj*: **~ gland** glándula *f* endocrina.
endorse [ɪn'dɔːs] *vt* (**a**) (*sign: cheque, document*) endosar. (**b**) (*approve: opinion, claim, plan*) aprobar; (*support: decision etc*) respaldar. (**c**) (*Aut*) **to ~ a licence** anotar los detalles de una sanción en el permiso de conducir.
endorsee [ɪn,dɔː'siː] *n* endosatorio/a *m/f*.
endorsement [ɪn'dɔːsmənt] *n* (*signature*) endoso *m*; (*approval*) aprobación *f*; (*support*) respaldo *m*; (*Brit Aut: on licence*) nota *f* de sanción.
endorser [ɪn'dɔːsəʳ] *n* endosante *mf*.
endow [ɪn'daʊ] *vt* (**a**) (*found: prize, professorship etc*) fundar, crear; (*donate*) dotar, hacer una donación a. (**b**) (*fig*) **to be ~ed with** estar dotado de.
endowment [ɪn'daʊmənt] **1** *n* (*act*) dotación *f*; (*amount*) donación *f*; (*fig*) dote *f*. **2** *cpd*: **~ assurance, ~ insurance** *n* seguro *m* dotal; **~ mortgage** *n* hipoteca *f* dotal; **~ policy** *n* póliza *f* dotal.
endurance [ɪn'djʊərəns] **1** *n* (*also* **powers of ~**) resistencia *f*; **to come to the end of one's ~** llegar a sus límites; **past** *or* **beyond ~** inaguantable, insoportable; **to be tried beyond ~** llegar hasta más no poder. **2** *cpd*: **~ test** *n* prueba *f* de resistencia.
endure [ɪn'djʊəʳ] **1** *vt* (*suffer: pain etc*) resistir; (*tolerate*) aguantar, soportar; **she can't ~ being laughed at** no soporta que se rían de ella; **to ~ doing sth** aguantar hacer algo; **I can't ~ him** no lo puedo ver, no lo soporto. **2** *vi* (*last*) durar; **an enduring friendship** una amistad duradera; **an enduring affection/memory** un cariño/un recuerdo duradero.
ENE *abbr of* **east-north-east** ENE.
enema ['enɪmə] *n* enema *f*.
enemy ['enɪmɪ] **1** *n* (*person*) enemigo/a *m/f*; (*Mil*) enemigo *m*; **to go over to the ~** pasarse al enemigo; **to make an ~ of sb** enemistarse con algn; **he is his own worst ~** su peor enemigo es él mismo. **2** *cpd* (*territory, forces, aircraft etc*) del enemigo; **~ alien** *n* extranjero *m* enemigo; **~-occupied** *adj* ocupado/a por el enemigo.
energetic [,enə'dʒetɪk] *adj* (*gen*) enérgico/a; (*active*) activo/a; (*protest, walk*) vigoroso/a.
energize ['enədʒaɪz] *vt* activar, energizar, dar energía a.
energy ['enədʒɪ] **1** *n* (*gen*) energía *f*; (*strength*) vigor *m*; **electrical/atomic/solar ~** energía eléctrica/atómica/solar. **2** *cpd*: **~ conservation** *n* conservación *f* de la energía; **~ crisis** *n* crisis *f* energética; **~ food** *n* comida *f* que da energías; **~ resources** *npl* recursos *mpl* energéticos; **~ saving** *n* ahorro *m* de energía.
energy-saving ['enədʒɪ,seɪvɪŋ] *adj* que ahorra energía.

enfold [ɪn'fəʊld] *vt* (*esp in one's arms*) envolver, abrazar.
enforce [ɪn'fɔːs] *vt* (**a**) (*make effective: law, argument*) hacer cumplir; (*: rights*) hacer respetar. (**b**) (*compel: obedience, attendance*) imponer.
enforcement [ɪn'fɔːsmənt] *cpd*: **law ~ agency** *n* agencia *f* jurídica.
enfranchise [ɪn'frænʃaɪz] *vt* (*Pol*) conceder el derecho de voto a; (*slave*) liberar.
Eng *abbr* (**a**) *of* **England**. (**b**) *of* **English**.
engage [ɪn'geɪdʒ] **1** *vt* (*hire: servant, lawyer, worker*) contratar; (*reserve: room*) reservar; (*attract: attention*) llamar; (*occupy: attention, interest*) ocupar; (*Aut*) **to ~ gear** meter la velocidad; **to ~ the clutch** embragar; **to ~ sb in conversation** entablar conversación con algn; **to ~ the enemy in battle** librar batalla con el enemigo. **2** *vi* (*Tech*) engranar; (*person*) comprometerse; **to ~ in** (*discussion*) ocuparse en; (*politics*) meterse en.
engaged [ɪn'geɪdʒd] *adj* (**a**) (*to be married*) prometido/a; **to get ~** prometerse. (**b**) (*occupied*) **to be ~ in** *or* **on (doing) sth** estar ocupado en (hacer) algo. (**c**) (*taxi, lavatory*) ocupado/a; (*Brit Telec*) **the number is ~** están comunicando, está ocupado *(LAm)*.
engagement [ɪn'geɪdʒmənt] **1** *n* (**a**) (*to marry*) compromiso *m*; (*period of ~*) noviazgo *m*. (**b**) (*appointment*) compromiso *m*, cita *f*; **I have a previous ~** tengo previo compromiso. (**c**) (*actor*) **a long ~ at a theatre** un contrato largo en un teatro. (**d**) (*undertaking*) compromiso *m*. (**e**) (*Mil: battle*) combate *m*. **2** *cpd*: **~ ring** *n* alianza *f*, anillo *m* de prometida.
engaging [ɪn'geɪdʒɪŋ] *adj* atractivo/a.
engine ['endʒɪn] **1** *n* (**a**) (*motor: in car, ship, plane*) motor *m*. (**b**) (*Rail*) locomotora *f*, máquina *f*; **facing/with your back to the ~** de frente/de espaldas a la máquina. **2** *cpd*: **~ driver** *n* (*of train*) maquinista *mf*; **~ failure** *n* avería *f* del motor; **~ room** *n* (*Naut*) sala *f* de máquinas.
-engined ['endʒɪnd] *adj suf*: **four~** de cuatro motores, cuatrimotor, tetramotor; **petrol~** propulsado/a por gasolina.
engineer [ˌendʒɪ'nɪəʳ] **1** *n* ingeniero/a *m/f*; (*US Rail*) maquinista *mf*; **ship's ~** ingeniero naval; **electrical/TV ~** ingeniero electricista/de televisión; **the Royal E~s** (*Mil*) el Cuerpo de Ingenieros. **2** *vt* (*contrive*) maquinar.
engineering [ˌendʒɪ'nɪərɪŋ] **1** *n* ingeniería *f*. **2** *cpd* (*works, factory, worker etc*) de ingeniería.
England ['ɪŋglənd] *n* Inglaterra *f*.
English ['ɪŋglɪʃ] **1** *adj* inglés/esa; **~ breakfast** desayuno *m* inglés *or* a la inglesa; **the ~ Channel** (el Canal de) la Mancha. **2** *n* (*Ling*) inglés *m*; **the ~** (*people*) los ingleses; **King's ~, Queen's ~** inglés correcto; **in plain ~** ≈ en cristiano; **~-speaker/~-speaking countries** persona *f*/ países *mpl* de habla inglesa.
Englishman ['ɪŋglɪʃmən] *n* (*pl* **-men**) inglés *m*.
Englishwoman ['ɪŋglɪʃˌwʊmən] *n* (*pl* **-women**) inglesa *f*.
engrave [ɪn'greɪv] *vt* (*Art, Typ etc*) grabar; (*also fig*) imprimir.
engraver [ɪn'greɪvəʳ] *n* (*person*) grabador(a) *m/f*.
engraving [ɪn'greɪvɪŋ] *n* (*picture*) grabado *m*, estampa *f*.
engrossed [ɪn'grəʊst] *adj* absorto/a; **~ in work/reading/ one's thoughts** absorto en el trabajo/la lectura/sus pensamientos.
engrossing [ɪn'grəʊsɪŋ] *adj* absorbente.
engulf [ɪn'gʌlf] *vt* (*immerse*) sumergir, hundir.
enhance [ɪn'hɑːns] *vt* (*beauty, attraction*) realzar, dar realce a; (*position, chances*) mejorar; (*value, reputation, powers*) aumentar.
enigma [ɪ'nɪgmə] *n* enigma *m*.
enigmatic [ˌenɪg'mætɪk] *adj* enigmático/a.
enjoin [ɪn'dʒɔɪn] *vt* (*frm: obedience, silence, discretion*) insistir en; **to ~ sb to sth/to do sth** exigir a algn algo/ hacer algo.
enjoy [ɪn'dʒɔɪ] *vt* (**a**) (*take delight in: meal, book, wine*) disfrutar, gozar; (*: occasion*) pasarlo bien; (*like*) apreciar; **to ~ doing sth** gustarle a algn hacer algo; **to ~ life** disfrutar de la vida; **he ~s French cooking** le gusta la cocina francesa; **I ~ reading** me gusta leer; **to ~ o.s.** pasarlo bien, divertirse; **he ~ed himself in London/on holiday** disfrutó Londres/las vacaciones; **~ yourself!** ¡que lo pases bien!, ¡que te diviertas! (**b**) (*have benefit of: health, income, respect*) disfrutar de, gozar de; (*: advantage*) poseer.
enjoyable [ɪn'dʒɔɪəbl] *adj* (*pleasant*) agradable; (*amusing*) divertido/a.
enjoyment [ɪn'dʒɔɪmənt] *n* (*delight*) placer *m*; (*of good health etc*) posesión *f*, disfrute *m*; **to find ~ in sth/in doing sth** gozar de algo/de hacer algo.
enlarge [ɪn'lɑːdʒ] **1** *vt* (*Phot*) ampliar; (*house, circle of friends*) extender. **2** *vi*: **to ~ upon** entrar en detalles sobre.
enlarged [ɪn'lɑːdʒd] *adj* (*edition*) aumentado/a; (*Med: organ, gland*) dilatado/a.
enlargement [ɪn'lɑːdʒmənt] *n* (*act*) aumento *m*; (*Phot*) ampliación *f*.
enlarger [ɪn'lɑːdʒəʳ] *n* (*Phot*) ampliadora *f*.
enlighten [ɪn'laɪtn] *vt*: **to ~ sb about** *or* **on sth** (*inform*) poner a algn al corriente sobre algo; (*clarify*) aclarar algo para algn.
enlightened [ɪn'laɪtnd] *adj* (*attitude etc*) liberal; **in this ~ age** en esta época ilustrada.
enlightening [ɪn'laɪtnɪŋ] *adj* informativo/a.
enlightenment [ɪn'laɪtnmənt] *n* (**a**) (*explanation*) aclaración *f*. (**b**) (*state of being enlightened*) instrucción *f*; **the (Age of) E~** el Siglo de las Luces.
enlist [ɪn'lɪst] **1** *vt* (*gen*) reclutar, alistar. **2** *vi* alistarse (*in* en); **~ed man** (*US Mil*) soldado *m* raso.
enliven [ɪn'laɪvn] *vt* (*stimulate*) animar; (*make lively*) avivar, animar.
en masse [ɑ̃ː'mæs] *adv* en masa, masivamente.
enmesh [ɪn'meʃ] *vt* coger en una red; **to get ~ed in** enredarse en.
enmity ['enmɪtɪ] *n* (*hatred*) enemistad *f*.
ennui [ɑ̃ː'nwiː] *n* aburrimiento *m*, hastío *m*.
enormity [ɪ'nɔːmɪtɪ] *n* (*of task*) enormidad *f*; (*of crime, action*) gravedad *f*.
enormous [ɪ'nɔːməs] *adj* (*building etc*) enorme, manso/a (*Chi*); (*strength, patience*) inmenso/a; (*risk*) muy grave; **an ~ amount/number of** una enorme cantidad de.
enormously [ɪ'nɔːməslɪ] *adv* (*greatly*) enormemente; (*very*) sumamente.
enough [ɪ'nʌf] **1** *adj* bastante, suficiente; **~ people/ money** bastante gente/dinero; **have you had ~ to eat?** ¿has comido bastante?; **we earn ~ to live on** ganamos lo bastante para vivir; **will £10 be ~?** ¿bastarán 10 libras?; **more than ~ money** más que bastante dinero; **he has had more than ~ to drink** ha bebido más de la cuenta; **more than ~ for everyone** más que bastante para todos; **that's ~!, ~'s ~!** (*fam*) ¡basta ya!, ¡ya está bien!; **I've had ~ of his silly behaviour** estoy harto de sus tonterías; **I've had ~ of watching this programme** estoy harto de ver este programa; **I have ~ to do without taking on more work** tengo bastante trabajo ya sin encargarme de más; **it's ~ to drive you mad** (*fam*) es para volverse loco; **he never has ~ of work** nunca se cansa de trabajar; **you can never have ~ of this scenery** nunca se cansa algn de este paisaje; **it was ~ to prove his innocence** era suficiente para probar su inocencia.
2 *adv* bastante, suficientemente; **this meat is not cooked ~** esta carne no está lo bastante cocida; **it's warm ~ to swim** hace bastante calor para nadar; **he's old ~ to go alone** es lo bastante grande (como) para ir solo; **she was fool ~** *or* **~ of a fool to listen to him** fue lo suficientemente estúpida como para escucharlo; **he was kind ~ to lend me the money** tuvo la bondad *or (LAm)* amabilidad de prestarme el dinero; **you know well ~ (that) ...** sabes muy bien que ...; **this puzzle is easy**

~ **for a child, but** ... este rompecabezas es fácil para un niño, pero ...; **oddly** *or* **curiously** *or* **strangely** ~ ... por extraño que parezca ...; **sure** ~ efectivamente; **fair** ~! (*fam*) ¡vale!, ¡de acuerdo!, ¡está bien! *(LAm)*.

enquire *etc* [ɪn'kwaɪəʳ] *see* **inquire** *etc*.

enrage [ɪn'reɪdʒ] *vt* enfurecer.

enrich [ɪn'rɪtʃ] *vt* (*gen*) enriquecer; (*improve: food*) aumentar el valor alimenticio de; (*soil*) fertilizar, abonar.

enrichment [ɪn'rɪtʃmənt] *n* (*see vb*) enriquecimiento *m*; aumento *m* del valor alimenticio; fertilización *f*.

enrol, (*US*) **enroll** [ɪn'rəʊl] **1** *vt* (*member*) inscribir; (*student*) matricular. **2** *vi* (*in/for a course*) matricularse, anotarse *(CSur)*; (*in a club*) inscribirse, hacerse socio.

enrolment, (*US*) **enrollment** [ɪn'rəʊlmənt] *n* (*of member*) inscripción *f*; (*of student*) matrícula *f*; (*numbers*) matrícula.

en route [ɑ̃:n'ru:t] *adv*: **to be ~ for** ir camino de *or* a; **to be ~ from/to** estar en camino de *or* a; **it was stolen** ~ se lo robaron durante el viaje.

ensconce [ɪn'skɒns] *vt*: **to ~ o.s.** instalarse cómodamente, acomodarse; **to be ~d in** estar cómodamente instalado en.

ensemble [ɑ̃:nsɑ̃:mbl] *n* (*gen*) conjunto *m*.

ensign ['ensaɪn] *n* (**a**) (*flag*) enseña *f*, pabellón *m*. (**b**) (*US Naut*) alférez *m*.

enslave [ɪn'sleɪv] *vt* esclavizar.

ensnare [ɪn'snɛəʳ] *vt* (*lit, fig*) entrampar, coger en una trampa.

ensue [ɪn'sju:] *vi* (*follow*) seguir(se); (*result*) resultar (*from* de).

ensuing [ɪn'sju:ɪŋ] *adj* (*subsequent*) siguiente; (*resulting*) consiguiente.

en suite [ɑ̃'swi:t] *adj*: **with bathroom ~, with an ~ bathroom** con baño adjunto.

ensure [ɪn'ʃʊəʳ] *vt* asegurar (*that* que).

ENT *n abbr* (*Med*) *of* **ear, nose and throat**.

entail [ɪn'teɪl] *vt* (*necessitate*) suponer; (*: hardship, suffering*) acarrear, traer consigo; **it ~ed buying a new car** nos *etc* obligó a comprar coche nuevo; **what does the job ~?** ¿cuáles son las funciones del puesto?

entangle [ɪn'tæŋgl] *vt* (*thread etc*) enredar, enmarañar; **to become ~d in sth** (*fig*) enmarañarse en algo.

entanglement [ɪn'tæŋglmənt] *n* (*being entangled*) enredo *m*; (*fig*) lío *m*; (*love affair*) compromiso *m* amoroso.

entente [ɑ̃:n'tɑ̃:nt] *n* (*Pol*) entente *f*, trato *m* secreto.

enter ['entəʳ] **1** *vt* (**a**) (*go into*) entrar en; (*penetrate*) penetrar en; (*vehicle*) subir a; (*road*) empalmar con; (*join: navy, army, profession*) alistarse en; (*college, school*) ingresar en; (*discussion, contest, race*) participar en; **the thought never ~ed my head** la idea nunca se me pasó por la cabeza; **it never ~ed my head** ni se me ocurrió; **he ~ed the church** (*as a priest*) se hizo cura.

(**b**) (*write down: name, amount, order etc*) anotar, apuntar; (*enrol: pupil etc*) inscribir; (*: candidate, racehorse etc*) presentar; (*Comput*) entrar, introducir; (*claim, request*) presentar, formular; (*Comm: order*) asentar; **to ~ a protest** formular una protesta.

2 *vi* entrar; (*Theat*) entrar en escena; **to ~ for** (*competition, race*) inscribirse en; **'Do not ~'** (*US*) 'se prohibe la entrada'; (*Aut*) 'dirección prohibida'.

► **enter into** *vi + prep* (**a**) (*agreement*) firmar; (*explanation, details*) entrar en; (*argument, conversation, correspondence, negotiations*) entablar. (**b**) (*plans, calculations*) entrar en, afectar; **that doesn't ~ into it** eso no tiene nada que ver. (**c**) **to ~ into the spirit of it** ponerse a tono.

► **enter up** *vt + adv* (*entry*) asentar; (*ledger*) hacer, llevar; (*diary*) poner al día.

► **enter (up)on** *vi + prep* (*career*) emprender; (*office*) tomar posesión de; (*term of office, one's 20th year*) empezar.

enteritis [,entə'raɪtɪs] *n* enteritis *f*.

enterprise ['entəpraɪz] **1** *n* (**a**) (*firm, undertaking*) empresa *f*. (**b**) (*initiative*) iniciativa *f*; **free** ~ la libre empresa; **private** ~ la empresa privada. **2** *cpd*: **the ~ culture** *n* la cultura empresarial.

enterprising ['entəpraɪzɪŋ] *adj* (*person, spirit*) emprendedor(a).

entertain [,entə'teɪn] **1** *vt* (**a**) (*amuse: audience*) divertir, entretener; (*guest*) entretener; **to ~ sb to dinner** invitar a algn a cenar. (**b**) (*consider: idea, hope*) abrigar; (*proposal*) tomar en consideración; (*doubts*) guardar. **2** *vi* (*have visitors*) recibir invitado, tener visita.

entertainer [,entə'teɪnəʳ] *n* artista *mf*.

entertaining [,entə'teɪnɪŋ] **1** *adj* divertido/a, entretenido/a. **2** *n*: **I like** ~ me gusta tener invitados.

entertainment [,entə'teɪnmənt] **1** *n* (**a**) (*amusement: of guests*) entretenimiento *m*; (*of audience*) diversión *f*. (**b**) (*show*) espectáculo *m*, fiesta *f*. **2** *cpd*: ~ **allowance** *n* gastos *mpl* de representación; ~ **guide** *n* guía *f* del ocio; ~ **world** *n* mundo *m* del espectáculo.

enthral, (*US*) **enthrall** [ɪn'θrɔ:l] *vt* (*fig: gen passive*) cautivar.

enthralling [ɪn'θrɔ:lɪŋ] *adj* cautivador(a).

enthuse [ɪn'θu:z] *vi*: **to ~ (over** *or* **about sth/sb)** entusiasmarse (por algo/algn).

enthusiasm [ɪn'θu:zɪæzəm] *n* entusiasmo *m*; **to show ~ for sth** entusiasmarse *or* mostrarse entusiasmado por algo; **to arouse ~ in sb (for sth)** despertar el entusiasmo de algn (por algo); **it failed to arouse my** ~ no me llamó la atención.

enthusiast [ɪn'θu:zɪæst] *n* (*devotee*) entusiasta *mf*; (*fan*) aficionado/a *m/f*; (*addict*) adicto/a *m/f*.

enthusiastic [ɪn,θu:zɪ'æstɪk] *adj* (*see n*) entusiasta; aficionado/a; adicto/a; **to be ~ about sth** tener afición por *or* ser aficionado/a de algo; **to become ~ about sth** entusiasmarse por algo.

entice [ɪn'taɪs] *vt* (*tempt*) atraer, tentar; (*seduce*) seducir; **to ~ sb away from sb** convencer a algn de que deje a algn; **to ~ sb into doing sth** tentar a algn a hacer algo; **to ~ sb with food/an offer** *etc* tentar a algn con comida/oferta *etc*.

enticement [ɪn'taɪsmənt] *n* (*attraction*) tentación *f*, atracción *f*; (*seduction*) seducción *f*; (*bait*) atractivo *m*.

enticing [ɪn'taɪsɪŋ] *adj* atractivo/a, tentador(a).

entire [ɪn'taɪəʳ] *adj* (*whole, complete*) entero/a, completo/a; (*unreserved*) total.

entirely [ɪn'taɪəlɪ] *adv* (*see adj*) completamente; totalmente.

entirety [ɪn'taɪərətɪ] *n*: **in its** ~ en su totalidad *or (LAm)* integridad.

entitle [ɪn'taɪtl] *vt* (**a**) (*book etc*) titular. (**b**) (*give right*) dar derecho a; **to ~ sb to sth/to do sth** dar derecho a algn a algo/a hacer algo; **to be ~d to sth/to do sth** tener derecho a algo/a hacer algo; **you are quite ~d to do as you wish** tiene todo el derecho de hacer lo que quiera.

entitlement [ɪn'taɪtlmənt] *n* derecho *m*; **holiday** ~ derecho a vacaciones.

entity ['entɪtɪ] *n* entidad *f*; **legal** ~ persona *f* jurídica.

entomologist [,entə'mɒlədʒɪst] *n* entomólogo/a *m/f*.

entomology [,entə'mɒlədʒɪ] *n* entomología *f*.

entourage [,ɒntʊ'rɑ:ʒ] *n* séquito *m*.

entrails ['entreɪlz] *npl* entrañas *fpl*.

entrance[1] ['entrəns] **1** *n* (**a**) (*way in*) entrada *f*; **front/back** ~ entrada principal/trasera.

(**b**) (*act*) entrada *f*; (*right to enter*) (derecho *m* de) entrada; (*into profession etc*) ingreso *m*; (*Theat*) entrada (en escena); **to make one's** ~ (*Theat*) hacer su entrada; **to gain ~ to** conseguir entrada en.

2 *cpd*: ~ **examination** *n* (*to school*) examen *m* de ingreso; ~ **fee** *n* entrada *f*, cuota *f*; ~ **hall** *n* hall *m* de entrada; ~ **qualifications** *npl* requisitos *mpl* de entrada; ~ **ramp** *n* (*US Aut*) rampa *f* de acceso; ~ **requirements** *npl* = ~ **qualifications**.

entrance[2] [ɪn'trɑːns] *vt* (*gen passive*) encantar.
entrancing [ɪn'trɑːnsɪŋ] *adj* encantador(a).
entrant ['entrənt] *n* (*in race, competition*) participante *mf*, concurrente *mf*; (*in exam*) candidato/a *m/f*; (*to profession*) principiante *mf*.
entreat [ɪn'triːt] *vt*: **to ~ sb to do sth** suplicar a algn hacer algo.
entreaty [ɪn'triːtɪ] *n* ruego *m*, súplica *f*; **a look of ~** una mirada de súplica.
entrenched [ɪn'trentʃt] *adj* (*Mil*) atrincherado/a; **~ interests** intereses *mpl* creados.
entrepreneur [ˌɒntrəprə'nɜːʳ] *n* (*Comm*) empresario/a *m/f*; (*Fin*) capitalista *mf*.
entrepreneurial [ˌɒntrəprə'nɜːrɪəl] *adj* empresarial.
entrust [ɪn'trʌst] *vt*: **to ~ sth to sb** confiar algo a algn.
entry ['entrɪ] **1** *n* **(a)** (*place, hall*) entrada *f*; **'no ~'** 'prohibida la entrada'; (*Aut*) 'acceso *m* prohibido'.
(b) (*act*) entrada *f*, ingreso *m*; (*into profession etc*) ingreso.
(c) (*Sport etc: total*) concurrencia *f*, participantes *mpl*; (*thing, person entered in competition*) participante *mf*.
(d) (*in reference book*) artículo *m*; (*in diary*) apunte *m*; (*in account*) partida *f*; (*in record, ship's log*) entrada *f*, apunte.
2 *cpd*: **~ fee** *n* inscripción *f*; **~ form** *n* boleta *f* de inscripción; **~ permit** *n* visa *f* de entrada; **~ phone** *n* portero *m* automático; **~ qualifications, ~ requirements** *npl* requisitos *mpl* de entrada.
entwine [ɪn'twaɪn] *vt* (*plait*) entrelazar; (*twist around*) enroscarse.
enumerate [ɪ'njuːməreɪt] *vt* (*list*) enumerar.
enunciate [ɪ'nʌnsɪeɪt] *vt* (*words, sounds*) pronunciar, articular; (*theory, idea*) enunciar.
enunciation [ɪˌnʌnsɪ'eɪʃən] *n* (*pronunciation*) pronunciación *f*, articulación *f*.
envelop [ɪn'veləp] *vt* (*lit, fig*) envolver (*in* en).
envelope ['envələʊp] *n* (*post*) sobre *m*; (*wrapping*) funda *f*.
enviable ['envɪəbl] *adj* envidiable.
envious ['envɪəs] *adj* (*look etc*) envidioso/a; **to be ~ of sb/sth** tener envidia a algn/de algo.
environment [ɪn'vaɪərənmənt] *n* (*physical, social*) medio ambiente *m*; (*Comput*) entorno *m*; **Department of the E~** Ministerio del Medio Ambiente.
environmental [ɪnˌvaɪərən'mentl] *adj* ambiental; **~ studies** (*in school etc*) ecología *fsg*.
environmentalist [ɪnˌvaɪrən'mentəlɪst] *n* ecologista *mf*.
environmentally [ɪnˌvaɪərən'mentlɪ] *adv*: **an ~ acceptable product** un producto aceptable en lo que concierne al medio ambiente; **it is not ~ safe** ofrece un peligro ambiental.
environment-friendly [ɪn'vaɪrənment'frendlɪ] *adj* que no daña al medio ambiente, ecológico/a.
environs [ɪn'vaɪərənz] *n* alrededores *mpl*, inmediaciones *fpl*.
envisage [ɪn'vɪzɪdʒ] *vt* (*expect*) prever; (*imagine*) imaginarse.
envision [ɪn'vɪʒən] *vt* (*US*) imaginar.
envoy ['envɔɪ] *n* (*messenger*) mensajero/a *m/f*; (*diplomat*) enviado/a *m/f*.
envy ['envɪ] **1** *n* envidia *f*; **it was the ~ of all the neighbours** nos *etc* lo envidiaban todos los vecinos; **a look of ~** una mirada de envidia; **to be green with ~** estar verde de envidia. **2** *vt* envidiar.
enzyme ['enzaɪm] *n* enzima *f*.
EOC *n abbr* (*Brit*) *of* **Equal Opportunities Commission**.
eon ['iːən, 'iːɒn] *n* = **aeon**.
EP *n abbr of* **extended play**.
EPA *n abbr* (*US*) *of* **Environmental Protection Agency**.
epaulette ['epɔːlet] *n* charretera *f*.
ephemeral [ɪ'femərəl] *adj* efímero/a.
epic ['epɪk] **1** *adj* épico/a; (*fig fam*) excepcional, épico. **2** *n* épica *f*; (*film*) película *f* épica.
epicentre, (*US*) **epicenter** ['epɪsentəʳ] *n* epicentro *m*.
epicure ['epɪkjʊəʳ] *n* gastrónomo/a *m/f*.
epidemic [ˌepɪ'demɪk] **1** *adj* epidémico/a. **2** *n* epidemia *f*; (*fig*) ola *f*.
epidural [ˌepɪ'djʊərəl] **1** *adj*: **~ anaesthetic** raquianestesis *f*. **2** *n* = **1**.
epiglottis [ˌepɪ'glɒtɪs] *n* epiglotis *f*.
epigram ['epɪgræm] *n* epigrama *m*.
epilepsy ['epɪlepsɪ] *n* epilepsia *f*.
epileptic [ˌepɪ'leptɪk] **1** *adj* epiléptico/a; **~ fit** acceso *m* epiléptico. **2** *n* epiléptico/a *m/f*.
epilogue ['epɪlɒg] *n* epílogo *m*.
Epiphany [ɪ'pɪfənɪ] *n* Epifanía *f*.
episcopal [ɪ'pɪskəpəl] *adj* episcopal.
episcopalian [ɪˌpɪskə'peɪlɪən] **1** *adj* episcopalista. **2** *n*: **E~** episcopalista *mf*.
episode ['epɪsəʊd] *n* (*Lit, TV etc*) episodio *m*, entrega *f*; (*event*) acontecimiento *m*.
epistle [ɪ'pɪsl] *n* (*old, hum: letter*) carta *f*; **E~** (*Rel*) Epístola *f*.
epitaph ['epɪtɑːf] *n* epitafio *m*.
epithet ['epɪθet] *n* epíteto *m*.
epitome [ɪ'pɪtəmɪ] *n* (*fig*) representación *f*, resumen *m*; **to be the ~ of virtue** ser la misma virtud.
epitomize [ɪ'pɪtəmaɪz] *vt* (*fig*) personificar, resumir; (*: person*) reunir todas las cualidades de.
epoch ['iːpɒk] *n* (*period*) época *f*.
epoch-making ['iːpɒkˌmeɪkɪŋ] *adj* que hace época.
eponymous [ɪ'pɒnɪməs] *adj* epónimo/a.
EPOS ['iːpɒs] *n abbr of* **electronic point of sale** *sistema computerizado en tiendas para registrar el precio de las compras*.
Epsom salts ['epsɒmˌsɔːlts] *npl* epsomita *fsg*, sal *fsg* de La Higuera.
EPW *n abbr* (*US*) *of* **enemy prisoner of war**.
equable ['ekwəbl] *adj* (*climate etc*) estable; (*person*) ecuánime.
equal ['iːkwəl] **1** *adj* igual, parejo/a; **to be ~ to sth** equivaler a algo; **they are ~ in strength** son iguales de fuertes; **all things being ~** si todo sigue igual; **with ~ ease/indifference** *etc* con la misma facilidad/indiferencia *etc*; **on ~ terms** de igual a igual; **to be/feel ~ to** (*task*) estar/sentirse a la altura de; **to be ~ to doing sth** tener fuerzas para hacer algo; **the ~(s) sign** (*Math*) el signo de igualdad; **the E~ Opportunities Commission** (*Brit*) *comisión pro la igualdad de la mujer en el trabajo*; **~ opportunities** *or* **opportunity employer** empresario *m* no discriminatorio; **~ time** (*US: Rad, TV*) derecho *m* de respuesta.
2 *n* (*person, thing*) igual *mf*; **without ~** sin igual, sin par; **to treat sb as an ~** tratar a algn de igual a igual.
3 *vt* (*numbers*) ser (igual a); (*record, rival, quality*) igualar.
equality [ɪ'kwɒlɪtɪ] *n* igualdad *f*; **~ of opportunity** igualdad de oportunidades.
equalize ['iːkwəlaɪz] **1** *vt* igualar. **2** *vi* (*Sport*) empatar.
equalizer ['iːkwəlaɪzəʳ] *n* tanto *m* del empate.
equally ['iːkwəlɪ] *adv* igualmente; **~ clever/guilty** igual de inteligente/culpable; **to share work ~** compartir equitativamente el trabajo; **~, you must remember ...** hay que recordar por otro lado ....
equanimity [ˌekwə'nɪmɪtɪ] *n* ecuanimidad *f*.
equate [ɪ'kweɪt] *vt* **(a)** equiparar (*with* con) . **(b)** (*Math*) poner en ecuación.
equation [ɪ'kweɪʒən] *n* (*Math*) ecuación *f*.
equator [ɪ'kweɪtəʳ] *n* ecuador *m*.
equatorial [ˌekwə'tɔːrɪəl] *adj* ecuatorial; **E~ Guinea** Guinea *f* Ecuatorial.
equestrian [ɪ'kwestrɪən] **1** *adj* ecuestre. **2** *n* caballista *mf*, jinete(a) *m/f*.
equidistant ['iːkwɪ'dɪstənt] *adj* equidistante.
equilibrium [ˌiːkwɪ'lɪbrɪəm] *n* equilibrio *m*; **to maintain/lose one's ~** (*also fig*) mantener/perder el equilibrio.

equine ['ekwaɪn] *adj* equino/a.
equinox ['i:kwɪnɒks] *n* equinoccio *m.*
equip [ɪ'kwɪp] *vt* (*room etc*) equipar (*with* de); (*person*) proveer (*with* de); **he is well ~ped for the job** está bien preparado para el trabajo.
equipment [ɪ'kwɪpmənt] *n* (*gen*) equipo *m*; (*tools, utensils etc*) herramientas *fpl*; (*machinery*) aparato *m.*
equitable ['ekwɪtəbl] *adj* equitativo/a, justo/a.
equity ['ekwɪtɪ] *n* (**a**) (*fairness*) equidad *f*; (*Jur*) justicia *f* natural. (**b**) (*Fin: of debtor*) valor *m* líquido; (*: also* ~ **capital**) capital *m* propio, patrimonio *m* neto; **equities** (*Stock Exchange*) derechos *mpl* sobre *or* en el activo. (**c**) **E~** (*Brit*) *sindicato de actores.*
equivalent [ɪ'kwɪvələnt] **1** *adj* equivalente (*to* a) (*in* en). **2** *n* equivalente *m.*
equivocal [ɪ'kwɪvəkəl] *adj* (*statement, behaviour*) equívoco/a.
equivocate [ɪ'kwɪvəkeɪt] *vi* ser evasivo/a, vacilar (*LAm*).
equivocation [ɪ,kwɪvə'keɪʃən] *n* evasión *f*, vacilación *f* (*LAm*).
ER *abbr of* **Elizabeth Regina** *la reina Isabel.*
er [ɜ:] *interj* (*fam: in hesitation*) esto (*Sp*), este (*LAm*).
ERA *n abbr* (*US Pol*) *of* **Equal Rights Amendment**.
era ['ɪərə] *n* era *f.*
eradicate [ɪ'rædɪkeɪt] *vt* (*disease, crime, superstition*) erradicar; (*weeds*) desarraigar.
erase [ɪ'reɪz] **1** *vt* (*gen, Comput*) borrar. **2** *cpd*: ~ **head** *n* cabezal *m* borrador.
eraser [ɪ'reɪzəʳ] *n* (*duster*) borrador *m*; (*rubber*) goma *f* de borrar.
ERDF *n abbr of* **European Regional Development Fund** FEDER *m.*
ere [ɛəʳ] (*poet*) **1** *prep* antes de; ~ **long** dentro de poco. **2** *conj* antes de que.
erect [ɪ'rekt] **1** *adj* erguido/a, recto/a. **2** *vt* (*construct*) levantar, construir; (*assemble*) montar.
erection [ɪ'rekʃən] *n* (*building*) construcción *f*; (*assembly*) montaje *m*; (*Anat: of penis*) erección *f.*
ergonomics [,ɜ:gəʊ'nɒmɪks] *nsg* ergonomía *f.*
ERISA [ə'rɪsə] *n abbr* (*US*) *of* **Employee Retirement Income Security Act** *ley que regula pensiones de jubilación.*
ERM *n abbr of* **Exchange Rate Mechanism** SME *m.*
ERNIE ['ɜ:nɪ] *n abbr* (*Brit*) *of* **Electronic Random Number Indicator Equipment** *ordenador utilizado para sortear los bonos premiados.*
erode [ɪ'rəʊd] **1** *vt* (*Geol*) erosionar; (*metal*) corroer; (*fig*) desgastar. **2** *vi* (*see vt*) erosionarse; corroerse; desgastarse.
erogenous [ɪ'rɒdʒənəs] *adj*: ~ **zone** zona *f* erógena.
erosion [ɪ'rəʊʒən] *n* (*Geol*) erosión *f*; (*of metal*) corrosión *f*; (*fig*) desgaste *m.*
erotic [ɪ'rɒtɪk] *adj* erótico/a.
erotica [ɪ'rɒtɪkə] *n* literatura *f* erótica.
eroticism [ɪ'rɒtɪsɪzəm] *n* erotismo *m.*
err [ɜ:ʳ] *vi* (*be mistaken*) equivocarse; (*sin*) pecar; **to ~ on the side of mercy/caution** *etc* pecar por exceso de piedad/cuidado *etc.*
errand ['erənd] **1** *n* recado *m*, mandado *m* (*esp LAm*); **to run ~s** hacer recados; ~ **of mercy** tentativa *f* de salvamento. **2** *cpd*: ~ **boy** *n* recadero *m.*
erratic [ɪ'rætɪk] *adj* (*person*) voluble; (*mood, conduct*) variable; (*record, results etc*) desigual, poco uniforme.
erroneous [ɪ'rəʊnɪəs] *adj* erróneo/a.
erroneously [ɪ'rəʊnɪəslɪ] *adv* equivocadamente.
error ['erəʳ] **1** *n* error *m*, equivocación *f*; **~s and omissions excepted** salvo error u omisión; **to be in** ~ estar equivocado; **human** ~ error humano; **typing/spelling** ~ error de mecanografía/ortografía; **to see the ~ of one's ways** reconocer su error. **2** *cpd*: ~ **message** *n* (*Comput*) mensaje *m* de error.
ersatz ['ɛəzæts] *adj* sucedáneo/a, sustituto/a.
erudite ['erʊdaɪt] *adj* erudito/a.
erupt [ɪ'rʌpt] *vi* (*volcano*) entrar en erupción; (*spots*) hacer erupción; (*war, fighting, quarrel, anger*) estallar; **he ~ed into the room** irrumpió en el cuarto.
eruption [ɪ'rʌpʃən] *n* (*gen*) erupción *f*; (*explosion*) estallido *m.*
ESA *n abbr of* **European Space Agency** AEE *f.*
escalate ['eskəleɪt] **1** *vi* (**a**) (*costs*) aumentar vertiginosamente. (**b**) (*violence, fighting, bombing*) intensificarse. **2** *vt* intensificar.
escalation [,eskə'leɪʃən] **1** *n* (*see vi*) aumento *m*, escalada *f*; intensificación *f*. **2** *cpd*: ~ **clause** *n* claúsula *f* de precio escalonado.
escalator ['eskəleɪtəʳ] *n* escalera *f* mecánica.
escapade [,eskə'peɪd] *n* (*adventure*) aventura *f*; (*misdeed*) travesura *f.*
escape [ɪs'keɪp] **1** *n* (*gen*) fuga *f*; (*flight*) huida *f*, evasión *f*; (*from duties etc*) escapatoria *f*; **there's been an** ~ alguien se ha fugado; **to have a narrow** ~ escapar por los pelos; **to make one's** ~ escaparse, lograr huirse.
2 *vt* (*capture, pursuers, punishment*) evadir; (*consequences*) evitar; (*death*) burlar; (*danger*) salvarse de; **he narrowly ~d being killed** por poco se muere; **I narrowly ~d having to talk to that awful man** por poco tuve que hablar con ese hombre horrible; **his name ~s me** no me sale *or* (*LAm*) se me escapa su nombre; **it had ~d his notice that ...** se le había escapado que ...; **nothing ~s her (attention)** nada se le escapa.
3 *vi* (*prisoner etc*) escaparse, fugarse, huirse; (*liquid, gas: leak*) fugarse; **to ~ from** (*person, place*) huirse de, evadir; **to ~ to** (*another place, freedom, safety*) huirse a; **he ~d with a few bruises** (*fig*) salió sin daños mayores; **an ~d prisoner** un(a) fugitivo/a.
4 *cpd*: ~ **chute** *n* rampa *f* de emergencia; ~ **clause** *n* (*fig: in agreement*) cláusula *f* de excepción; ~ **hatch** *n* (*in plane, space rocket*) escotilla *f* de salvamento; ~ **key** *n* (*Comput*) tecla *f* de escape; ~ **plan** *n* plan *m* de escape; ~ **route** *n* ruta *f* de escape.
escapee [ɪskeɪ'pi:] *n* (*from prison*) fugado/a *m/f.*
escapism [ɪs'keɪpɪzəm] *n* evasión *f.*
escapist [ɪs'keɪpɪst] *adj*, *n* escapista *mf.*
escapologist [,eskəɪ'pɒlədʒɪst] *n* escapólogo/a *m/f.*
escarpment [ɪs'kɑ:pmənt] *n* escarpa *f.*
eschew [ɪs'tʃu:] *vt* evitar, renunciar a, abstenerse de.
escort ['eskɔ:t] **1** *n* (*group*) séquito *m*, acompañamiento *m*; (*lady's*) acompañante *m*; (*girl from an agency*) azafata *f*, señorita *f* de compañía; (*Mil, Naut*) escolta *f*; **to travel under** ~ viajar bajo escolta. **2** [ɪs'kɔ:t] *vt* acompañar; (*Mil*) escoltar; (*Naut*) convoyar; **to ~ sb in** acompañar a algn al entrar. **3** ['eskɔ:t] *cpd*: ~ agency *n* servicio *m* de azafatas; ~ **duty** *n* servicio *m* de escolta; ~ **vessel** *n* buque *m* escolta.
ESE *abbr of* **east-south-east** ESE.
ESF *n abbr of* **European Social Fund** FSE *m.*
Eskimo ['eskɪməʊ] **1** *adj* esquimal. **2** *n* (*pl* **~s** *or* ~) esquimal *mf*; (*Ling*) esquimal *m.*
ESL *n abbr of* **English as a Second Language**.
ESN *abbr of* **educationally subnormal**.
esophagus [ɪ'sɒfəgəs] *n* (*US*) = **oesophagus**.
esoteric [,esəʊ'terɪk] *adj* esotérico/a.
ESP *n abbr of* **extrasensory perception**.
esp. *abbr of* **especially**.
espadrille [,espə'drɪl] *n* alpargata *f.*
especial [ɪs'peʃəl] *adj* especial, particular.
especially [ɪs'peʃəlɪ] *adv* (*particularly*) especialmente, en particular; (*expressly*) precisamente; **it is ~ awkward** es particularmente difícil; ~ **when it rains** sobretodo cuando llueve; **why me, ~?** ¿por qué yo y no otro?
Esperanto [,espə'ræntəʊ] *n* esperanto *m.*
espionage [,espɪə'nɑ:ʒ] *n* espionaje *m*; **industrial** ~ espionaje industrial.
esplanade [,esplə'neɪd] *n* paseo *m* (marítimo).
espouse [ɪs'paʊz] *vt*: **to ~ a cause** (*fig frm*) adherirse a

una causa.

espresso [es'presəʊ] *n* café *m* exprés.

Esq. *abbr of* **Esquire** D.

esquire [ɪs'kwaɪəʳ] *n* (*Brit: on envelope*) Señor don; **Colin Smith E~** Sr. D. Colin Smith.

essay ['eseɪ] *n* (*Lit*) ensayo *m*; (*Scol, Univ*) trabajo *m*.

essayist ['eseɪɪst] *n* (*Lit*) ensayista *mf*.

essence ['esəns] *n* (**a**) esencia *f*; **in ~** en lo esencial; **time is of the ~** los minutos cuentan. (**b**) (*extract*) esencia *f*, extracto *m*.

essential [ɪ'senʃəl] **1** *adj* (*quality*) esencial; (*important*) fundamental; **it is ~ that ...** es imprescindible que .... **2** *n* (*often pl*) lo esencial, elementos *mpl* esenciales.

essentially [ɪ'senʃəlɪ] *adv* en lo esencial.

EST *n abbr* (**a**) (*US*) *of* **Eastern Standard Time**. (**b**) *of* **electric shock treatment**.

est. *abbr* (**a**) *of* **estimated**. (**b**) *of* **established**; **~ 1888** se fundó en 1888.

establish [ɪs'tæblɪʃ] *vt* (**a**) (*set up: business, state, committee*) establecer, fundar; (*: custom, rule, peace, order*) establecer; (*precedent*) sentar; (*: relations*) entablar; (*: power, authority*) afirmar; (*: reputation*) ganarse; **to ~ sb in a business** ponerle un negocio a algn; **to ~ o.s.** crearse una reputación, hacerse un negocio sólido.
(**b**) (*prove: fact, rights*) comprobar, demostrar; (*: identity*) verificar; (*: sb's innocence*) probar, demostrar; **we have ~ed that ...** hemos comprobado que ....
(**c**) (*find out, discover*) averiguar.

established [ɪs'tæblɪʃt] *adj* (*person, business*) establecido/a; (*custom*) arraigado/a; (*fact*) conocido/a; (*church*) oficial, del Estado; **a well-~ business** un negocio establecido.

establishment [ɪs'tæblɪʃmənt] *n* (**a**) (*gen*) establecimiento *m*; (*creation*) creación *f*; (*proof*) comprobación *f*. (**b**) (*business, house*) establecimiento *m*, institución *f*; (*Admin, Mil, Naut: personnel*) personal *m*; **a teaching/nursing ~** (*large building*) un centro de enseñanza/de reposo; **the E~** la clase dirigente; **the literary/musical E~** los dirigentes del mundo literario/musical.

estate [ɪs'teɪt] **1** *n* (**a**) (*land*) finca *f*, hacienda *f*; (*country ~*) finca, hacienda *(LAm)*, estancia *f (CSur)*; (*housing ~*) urbanización *f*, residencial *f (LAm)*; (*industrial ~*) polígono *m or* zona *f* industrial; **real ~** bienes *mpl* raíces *or* inmuebles.
(**b**) (*property*) propiedad *f*; (*assets*) patrimonio *m*; (*of deceased*) herencia *f*; **she left a large ~** dejó una gran herencia; **personal ~** propiedad personal.
2 *cpd*: **~ agency** *n* (*esp Brit*) agencia *f* inmobiliaria; **~ agent** *n* (*esp Brit*) agente *mf* inmobiliario/a; **~ car** *n* (*Brit*) furgoneta *f*, camioneta *f (LAm)*.

esteem [ɪs'ti:m] **1** (*frm*) *vt* (*person*) estimar, apreciar; (*consider*) considerar; **I would ~ it an honour** lo consideraría un honor. **2** *n* estima *f*, aprecio *m*; **to hold sb in high ~** tenerle a algn en gran estima; **he lowered himself in my ~** bajó en mi estima; **he went up in my ~** ganó valor a mis ojos.

esthetic *etc* [i:s'θetɪk] (*US*) = **aesthetic** *etc*.

estimate ['estɪmɪt] **1** *n* (*judgment*) estimación *f*, cálculo *m*; (*approximate assessment: for work etc*) presupuesto *m*; **to form an ~ of sth/sb** formarse una opinión de algo/algn; **to give sb an ~ of** (*cost etc*) presentar a algn un presupuesto; **rough ~** cálculo *m* aproximativo. **2** ['estɪmeɪt] *vt* (*judge*) calcular aproximadamente; (*assess*) juzgar, estimar; **to ~ the cost at ...** calcular el precio en ...; **to ~ that ...** calcular que .... **3** ['estɪmeɪt] *vi*: **to ~ for** hacer un presupuesto de.

estimation [ˌestɪ'meɪʃən] *n* (**a**) (*judgment*) juicio *m*, opinión *f*; **according to** *or* **in my ~** según mis cálculos. (**b**) (*esteem*) estima *f*, aprecio *m*.

estimator ['estɪmeɪtəʳ] *n* asesor(a) *m/f*.

Estonia [e'stəʊnɪə] *n* Estonia *f*.

Estonian [e'stəʊnɪən] **1** *adj* estonio/a. **2** *n* estonio/a *m/f*; (*Ling*) estonio *m*.

estranged [ɪ'streɪndʒd] *adj* separado/a; **his ~ wife** su mujer que vive separada de él; **to become ~** separarse.

estrangement [ɪs'treɪndʒmənt] *n* separación *f*.

estrogen ['i:strəʊdʒən] *n* (*US*) = **oestrogen**.

estuary ['estjʊərɪ] *n* estuario *m*.

ET *n abbr* (**a**) (*Brit*) *of* **Employment Training** *cursos de reciclaje profesional para desempleados*. (**b**) (*US*) *of* **Eastern Time**.

ETA *n abbr of* **estimated time of arrival**.

et al [et'æl] *abbr of* **et alii, and others** et al.

etc. *abbr of* **etcetera** etc.

etch [etʃ] *vt* grabar al aguafuerte; (*fig*) grabar.

etching ['etʃɪŋ] *n* (*process*) grabación *f* al aguafuerte; (*print made from plate*) aguafuerte *f*.

ETD *n abbr of* **estimated time of departure**.

eternal [ɪ'tɜ:nl] *adj* eterno/a; (*pej*) incesante; **the ~ triangle** el triángulo amoroso.

eternity [ɪ'tɜ:nɪtɪ] *n* eternidad *f*; **it seemed like an ~** (*fig*) parecía un siglo.

ethanol ['eθənɒl] *n* etanol *m*.

ether ['i:θəʳ] *n* (*Chem*) éter *m*.

ethereal [ɪ'θɪərɪəl] *adj* (*fig*) etéreo/a.

ethic ['eθɪk] *n* ética *f*.

ethical ['eθɪkəl] *adj* ético/a; (*honourable*) honrado/a.

ethics ['eθɪks] *nsg, npl* ética *fsg*.

Ethiopia [ˌi:θɪ'əʊpɪə] *n* Etiopía *f*.

Ethiopian [ˌi:θɪ'əʊpɪən] *adj, n* etíope *mf*.

ethnic ['eθnɪk] *adj* étnico/a; **~ minority** minoría *f* étnica.

ethnocentric [ˌeθnəʊ'sentrɪk] *adj* etnocéntrico/a.

ethnography [eθ'nɒgrəfɪ] *n* etnografía *f*.

ethnology [eθ'nɒlədʒɪ] *n* etnología *f*.

ethos ['i:θɒs] *n* (*of culture, group*) genio *m*.

etiquette ['etɪket] *n* etiqueta *f*, protocolo *m*; **court ~** (*royal*) ceremonial *m* de la corte; (*Jur*) protocolo de la corte; **legal ~** ética *f* legal; **professional ~** honor *m* profesional; **~ demands that ...** la etiqueta exige que ...; **it is not good ~** no está bien visto.

et seq. *abbr of* **et sequentia** y sigs.

ETU *n abbr* (*Brit*) *of* **Electrical Trades Union**.

ETV *n abbr* (*US*) *of* **Educational Television**.

etymological [ˌetɪmə'lɒdʒɪkəl] *adj* etimológico/a.

etymology [ˌetɪ'mɒlədʒɪ] *n* etimología *f*.

eucalyptus [ˌju:kə'lɪptəs] *n* (*tree*) eucalipto *m*; (*oil*) esencia *f* de eucalipto.

Eucharist ['ju:kərɪst] *n* Eucaristía *f*.

eugenics [ju:'dʒenɪks] *nsg* eugenesia *f*.

eulogize ['ju:lədʒaɪz] *vt* elogiar, encomiar.

eulogy ['ju:lədʒɪ] *n* elogio *m*, encomio *m*.

eunuch ['ju:nək] *n* eunuco *m*.

euphemism ['ju:fɪmɪzəm] *n* eufemismo *m*.

euphemistic [ˌju:fɪ'mɪstɪk] *adj* eufemístico/a.

euphoria [ju:'fɔ:rɪə] *n* euforia *f*.

euphoric [ju:'fɒrɪk] *adj* (*atmosphere, laughter etc*) eufórico/a.

Eurasia [jʊə'reɪʃə] *n* Eurasia *f*.

Eurasian [jʊə'reɪʃn] *adj, n* eurasiático/a *m/f*.

Euratom [jʊər'ætəm] *n abbr of* **European Atomic Energy Commission**.

Euro..., euro... ['jʊərəʊ] *pref* euro....

Eurobonds ['jʊərəʊbɒndz] *n* eurobonos *mpl*.

Eurocheque ['jʊərəʊtʃek] **1** *n* eurocheque *m*. **2** *cpd*: **~ card** *n* tarjeta *f* de eurocheque.

Eurocommunism ['jʊərəʊˌkɒmjʊnɪzəm] *n* eurocomunismo *m*.

Eurocommunist ['jʊərəʊˌkɒmjʊnɪst] *adj, n* eurocomunista *mf*.

Eurocrat ['jʊərəʊkræt] *n* (*hum, pej*) eurócrata *mf (burócrata de la CE)*.

Eurocurrency ['jʊərəʊˌkʌrənsɪ] *n* eurodivisa *f*.

Eurodollar ['jʊərəʊˌdɒləʳ] *n* eurodólar *m*.

Euro-MP ['jʊərəʊˌem,pi:] *n abbr of* **Member of the European Parliament** eurodiputado/a *m/f*.

Europe ['jʊərəp] *n* Europa *f*; **to go into** *or* **join ~** (*Pol*) entrar en el Mercado Común.

European [jʊərə'pi:ən] **1** *adj* europeo/a; ~ **Commission** Comisión *f* Europea; ~ **Court of Justice** Tribunal *m* de Justicia Europeo; ~ **Economic Community** Comunidad *f* Económica Europea; ~ **Monetary System** Sistema *m* Monetario Europeo; ~ **Parliament** Parlamento *m* Europeo. **2** *n* europeo/a *m/f*.

Eurospeak ['jʊərəʊspi:k] *n* (*hum*) jerga *f* burocrática de la CE.

Eurovision ['jʊərəvɪʒən] *n* Eurovisión *f*.

euthanasia [ju:θə'neɪzɪə] *n* eutanasia *f*.

evacuate [ɪ'vækjʊeɪt] *vt* (**a**) (*people*) evacuar. (**b**) (*building, area*) desocupar.

evacuation [ɪ,vækjʊ'eɪʃən] *n* (*see vt*) evacuación *f*; desocupación *f*.

evacuee [ɪ,vækjʊ'i:] *n* evacuado/a *m/f*.

evade [ɪ'veɪd] *vt* (*capture, pursuers*) evadir; (*punishment, blow*) evitar; (*question, issue, Jur*) evadir; (*responsibility, obligation, military service*) zafarse de; (*taxation, customs duty*) sustraerse a; (*sb's gaze*) esquivar.

evaluate [ɪ'væljʊeɪt] *vt* (*assess value*) valorar, calcular el valor de; (*judge*) evaluar; **to** ~ **evidence** evaluar las evidencias.

evaluation [ɪ,væljʊ'eɪʃən] *n* valoración *f*, cálculo *m*; (*evidence*) interpretación *f*.

evanescent [,i:və'nesnt] *adj* efímero/a, evanescente, fugaz.

evangelical [,i:væn'dʒelɪkəl] *adj* evangélico/a.

evangelism [ɪ'vændʒə,lɪzəm] *n* evangelismo *m*.

evangelist [ɪ'vændʒəlɪst] *n* (**a**) (*writer: also* **E~**) Evangelista *m*. (**b**) (*preacher*) misionero/a *m/f*, evangelizador(a) *m/f*.

evaporate [ɪ'væpəreɪt] **1** *vt* (*liquid*) evaporar; ~**d milk** leche *f* evaporada. **2** *vi* (*liquid*) evaporarse; (*fig: hopes, fears, anger*) desvanecerse.

evaporation [ɪ,væpə'reɪʃən] *n* evaporación *f*.

evasion [ɪ'veɪʒən] *n* evasión *f*; (*evasive answer etc*) evasiva *f*; *see* **tax 3**.

evasive [ɪ'veɪzɪv] *adj* (*answer, person*) evasivo/a; **to take** ~ **action** (*Mil*) optar por tácticas evasivas.

eve [i:v] *n* víspera *f*; **on the** ~ **of** (*lit*) en la víspera de; (*fig*) en vísperas de.

even ['i:vən] **1** *adj* (**a**) (*at same level*) a nivel, al mismo nivel; (*flat*) llano/a, parejo/a; (*smooth*) liso/a.

(**b**) (*uniform: speed, temperature etc*) constante; (*breathing*) regular; (*temper*) ecuánime, apacible; (*tone, voice*) imperturbable; **on an** ~ **keel** (*fig*) equilibrado/a.

(**c**) (*equal*) igual, parejo/a; **to have an** ~ **chance** tener igualdad de posibilidades; **to get** ~ **with sb** ajustar cuentas con algn; **to break** ~ cubrir los gastos; **that makes us** ~ (*in game*) eso nos deja empatados; **they are an** ~ **match** están tal para cual.

(**d**) (*numbers*) par.

2 *adv* incluso, hasta, aun; ~ **on Sundays** hasta los domingos; ~ **I know that!** eso lo sé hasta yo; **and he** ~ **sings** y canta inclusive; ~ **if**, ~ **though** aunque + *subjun*, aun cuando + *subjun*, si bien + *indic*; ~ **if you tried** incluso si lo intentaras, así lo procuraras (*LAm*); **if you** ~ **tried a bit harder** si te esforzaras un poco siquiera; ~ **so** sin embargo; ~ **then** aun así; ~ **now** todavía; ~ **as** en cuanto; ~ **faster** aun más rápidamente; **without** ~ **reading it** sin leerlo siquiera; **he can't** ~ **read** ni siquiera sabe leer; **not** ~ **if/when** *etc* ni siquiera si/cuando *etc*; **not** ~ ... ni siquiera ....

▸ **even out 1** *vt + adv* (*smooth: lit, fig*) allanar; (*number, score*) igualar. **2** *vi + adv* igualarse.

▸ **even up** *vt + adv* (*lit, fig*) igualar, ponerse parejos.

even-handed ['i:vən'hændɪd] *adj* (*person*) imparcial; (*distribution*) equitativo/a.

evening ['i:vnɪŋ] **1** *n* tarde *f*; (*nightfall*) anochecer *m*; **in the** ~ por la tarde; **this** ~ esta tarde; **tomorrow/yesterday** ~ mañana/ayer por la tarde; **on Sunday** ~ el domingo por la tarde; **she spends her** ~**s knitting** pasa las tardes haciendo punto; **good** ~! (*early*) ¡buenas tardes!; (*after sunset*) ¡buenas noches!

2 *cpd* (*paper*) de la tarde, vespertino/a; (*performance*) nocturno/a, de noche; ~ **class** *n* clase *f* nocturna; ~ **dress** *n* (*woman's*) traje *m* de noche; **in** ~ **dress** (*man, woman*) vestido/a de etiqueta; ~ **prayers** *npl*, ~ **service** *n* vísperas *fpl*, misa *fsg* vespertina.

evenly ['i:vənlɪ] *adv* (*distribute, space, spread*) con igualdad, igualmente, parejo (*LAm*); (*breathe*) con regularidad.

evensong ['i:vənsɒŋ] *n* vísperas *fpl*, misa *f* vespertina.

even-stevens [,i:vən'sti:vənz] (*fam*) *adv*: **to be** ~ **with sb** estar en paz con algn, ir parejo con algn; **they're pretty well** ~ están más o menos igualados.

event [ɪ'vent] *n* acontecimiento *m*, suceso *m*; (*Sport*) prueba *f*; (*in a programme*) número *m*; **at all** ~**s, in any** ~ pase lo que pase, en todo caso; **in either** ~ en cualquiera de los dos casos; **in the** ~ **of** ... en caso de ...; **in the** ~ **that** ... en caso de que ... + *subjun*; **in the** ~ resultó que; **in that** ~ en ese caso; **in the normal course of** ~**s** normalmente, por lo común; **in** *or* **during the course of** ~**s** en el curso (de los acontecimientos).

even-tempered ['i:vən'tempəd] *adj* ecuánime, apacible.

eventful [ɪ'ventfʊl] *adj* (*life, journey etc*) azaroso/a; (*match etc*) lleno/a de incidentes.

eventing [ɪ'ventɪŋ] *n* concurso *m* hípico (de tres días).

eventual [ɪ'ventʃʊəl] *adj* final.

eventuality [ɪ,ventʃʊ'ælɪtɪ] *n* eventualidad *f*; **in that** ~ en esa eventualidad; **to be ready for any** ~ estar dispuesto para cualquier posibilidad.

eventually [ɪ'ventʃʊəlɪ] *adv* (*at last*) por fin, al final; (*given time*) con el tiempo, a la larga.

ever ['evər] *adv* (**a**) (*always*) siempre; ~ **ready** siempre dispuesto; ~ **since** desde entonces; (*conj*) después de que; ~ **increasing anxiety** inquietud creciente; **they lived happily** ~ **after** vivieron felices; **as** ~ como siempre; **for** ~ (*always*) siempre; (*until end of time*) para siempre; **yours** ~ un abrazo de.

(**b**) (*at any time*) nunca, jamás; **hardly** ~ casi nunca; **seldom, if** ~ rara vez o nunca; **more beautiful than** ~ más hermoso que nunca; **more than** ~ más que nunca; **now, if** ~, **is the time** *or* **moment to** ... ahora, o nunca, es la hora de ...; **nothing** ~ **happens** nunca pasa nada; **it's the best** ~ jamás ha habido mejor; **he's a liar if** ~ **there was one** él sí es un mentiroso; **if you** ~ **go there** si vas allí alguna vez; **did you** ~ **meet him?** ¿llegaste a conocerlo jamás?; **have you** ~ **been there?** ¿has estado allí alguna vez?; **we haven't** ~ **tried it** nunca lo hemos probado.

(**c**) (*emphasizing*) **as soon as** ~ **you can** lo más pronto posible; **why** ~ **did you do it?** ¿por qué demonios lo hiciste?; **why** ~ **not?** ¿y por qué no?; **never** ~ (nunca) jamás; ~ **so** (*fam*) muy; ~ **so much** mucho, muchísimo; **we're** ~ **so grateful** estamos muy agradecidos; **is it** ~ **big!** (*US fam*) ¡qué grande es!, ¡(si) vieras lo grande que es!; **as if I** ~ **would!** ¡¿me crees capaz de hacer algo semejante?!

Everest ['evərɪst] *n* (*also* **Mount** ~) (monte *m*) Everest *m*.

everglade ['evəgleɪd] *n* (*US*) *tierra baja pantanosa cubierta de altas hierbas*.

evergreen ['evəgri:n] **1** *adj* de hoja perenne. **2** *n* (*tree*) árbol *m* de hoja perenne; (*plant*) planta *f* de hoja perenne.

everlasting [,evə'lɑ:stɪŋ] *adj* eterno/a, perpetuo/a; (*pej*) interminable.

evermore ['evə'mɔ:r] *adv* eternamente; **for** ~ por *or* para siempre jamás.

every ['evrɪ] *adj* (*each*) cada; (*all*) todo/a; ~ **one of them** todos ellos; **I gave you** ~ **assistance** te ayudé en lo que podía; ~ **day** cada día; ~ **three days**, ~ **third day** cada tres días; ~ **other** *or* **second month** cada dos meses; ~ **few days** cada dos o tres días; ~ **so often,** ~ **now and then,** ~ **now and again** de vez en cuando; **his** ~ **wish** todos sus deseos; **his** ~ **word/action** cada palabra/obra suya; **I enjoyed** ~ **minute of the party** disfruté cada minuto de la fiesta; ~ **bit of the carpet** la alfombra entera; ~ **bit as clever as** ... tan *or (LAm)* igual de listo como ...; ~ **time (that)** ... cada vez (que) ...; ~ **single time** cada vez sin excepción; **we wish you** ~ **success** te deseamos todo el éxito posible; **in** ~ **way** en todos los aspectos.

everybody [ˈevrɪbɒdɪ] *pron* todos/as, todo el mundo; ~ **else** todos los demás.

everyday [ˈevrɪdeɪ] *adj* (*expression, occurrence, experience*) corriente, de cada día; (*use*) diario/a; (*shoes, clothes*) de uso diario.

everyone [ˈevrɪwʌn] *pron* = **everybody**.

everyplace [ˈevrɪpleɪs] *adv* (*US*) = **everywhere**.

everything [ˈevrɪθɪŋ] *pron* todo; ~ **is ready** todo está dispuesto; ~ **you say is true** es verdad todo lo que dices; **money isn't** ~ el dinero no es todo; **he did** ~ **possible** hizo todo lo posible.

everywhere [ˈevrɪwɛəʳ] *adv* (*go*) a todas partes; (*be*) en todas partes; **I looked** ~ busqué en todas partes; ~ **in Italy** en todas partes de Italia.

evict [ɪˈvɪkt] *vt* (*tenant*) desahuciar, desalojar.

eviction [ɪˈvɪkʃən] **1** *n* desahucio *m*, desalojo *m*. **2** *cpd*: ~ **notice** *n* aviso *m* de desalojo; ~ **order** *n* orden *f* de desalojo.

evidence [ˈevɪdəns] *n* (*facts*) hechos *mpl*, datos *mpl*; (*proof*) pruebas *fpl*; (*Jur*) testimonio *m* de un testigo; (*sign*) indicio *m*, señal *f*; ~ **of/that** ... indicios de/de que ...; **circumstantial** ~ pruebas circunstanciales; **there is no** ~ **against him** no hay evidencia en contra suya; **to be in** ~ estar bien visible; **to give** ~ prestar declaración; **to hold sth in** ~ citar algo como prueba; **to show** ~ **of** dar muestras de; **to turn King's** *or* **Queen's or** (*US*) **State's** ~ delatar a un cómplice.

evident [ˈevɪdənt] *adj* evidente, manifiesto/a; **it is** ~ **from the way he talks** ... lo muestra la manera en que habla ...; **it is** ~ **from his speech that** ... su discurso deja patente que ...; **it is** ~ **that** ... queda patente *or* manifiesto que ....

evidently [ˈevɪdəntlɪ] *adv* (*clearly*) patentemente, claramente; (*apparently*) por lo visto; ~ **he cannot come** por lo visto no puede venir.

evil [ˈiːvl] **1** *adj* (*person, deed, reputation*) malo/a, malvado/a; (*smell*) horrible; (*spirit, spell, influence etc*) perverso/a, malvado; (*unhappy: hour, times*) funesto/a; (*harmful: effect*) nocivo/a; **to put the** ~ **eye on sb** echar el mal de ojo a algn. **2** *n* mal *m*, maldad *f*; **the lesser of two** ~**s** el menor de dos males.

evildoer [ˈiːvlduːəʳ] *n* malhechor(a) *m/f*.

evil-minded [ˈiːvlˈmaɪndɪd] *adj* (*suspicious etc*) malpensado/a; (*nasty*) malintencionado/a.

evil-tempered [ˈiːvlˈtempəd] *adj* de muy mal genio *or* carácter.

evince [ɪˈvɪns] *vt* mostrar, dar señales de.

evocation [ˌevəˈkeɪʃən] *n* evocación *f*.

evocative [ɪˈvɒkətɪv] *adj* evocador(a) (*of* de).

evoke [ɪˈvəʊk] *vt* (*memories*) evocar; (*admiration*) provocar.

evolution [ˌiːvəˈluːʃən] *n* (*development*) desarrollo *m*; (*Bio*) evolución *f*.

evolutionary [ˌiːvəˈluːʃnərɪ] *adj* evolutivo/a.

evolve [ɪˈvɒlv] **1** *vt* (*system, theory, plan*) desarrollar. **2** *vi* (*species*) evolucionar; (*system, plan, science*) desarrollarse.

ewe [juː] *n* oveja *f*.

ex [eks] *pref* (**a**) (*former*) ex; ~**-husband/wife** exmarido *m*/-esposa *f*; ~**-minister** ex-ministro *m*; ~**-president** expresidente *m*; ~**-serviceman** excombatiente *m*. (**b**) (*out of*) **the price** ~ **works** el precio de *or* en fábrica.

exacerbate [eksˈæsəbeɪt] *vt* (*pain, disease*) exacerbar; (*fig: relations, situation*) empeorar.

exact [ɪgˈzækt] **1** *adj* (*gen*) exacto/a; (*meaning, instructions, time*) preciso/a, exacto/a; **his** ~ **words were** ... lo que dijo, textualmente, era ...; **to be** ~**, there were 3 of us** en concreto, éramos 3; **can you be more** ~**?** precise, por favor; **to be the** ~ **opposite (of)** ser exactamente el contrario (de). **2** *vt* (*payment, obedience*) exigir (*from* de).

exacting [ɪgˈzæktɪŋ] *adj* (*task, profession, work*) duro/a; (*: exhausting*) agotador(a); (*boss, person*) exigente.

exactitude [ɪgˈzæktɪtjuːd] *n* exactitud *f*.

exactly [ɪgˈzæktlɪ] *adv* (*describe, know, resemble*) exactamente; (*of time*) en punto; **he's** ~ **like his father** es igual *or* está clavado a su padre; **he wasn't** ~ **pleased** no estaba precisamente contento; **not** ~ no precisamente.

exactness [ɪgˈzæktnɪs] *n* exactitud *f*.

exaggerate [ɪgˈzædʒəreɪt] *vt, vi* exagerar.

exaggerated [ɪgˈzædʒəreɪtɪd] *adj* exagerado/a.

exaggeration [ɪgˈzædʒəreɪʃən] *n* exageración *f*.

exalt [ɪgˈzɔːlt] *vt* (*elevate*) exaltar, elevar; (*praise*) ensalzar.

exalted [ɪgˈzɔːltɪd] *adj* (*high: position, person*) eminente, exaltado/a; (*elated*) excitado/a.

exam [ɪgˈzæm] *n abbr of* **examination (a)**.

examination [ɪgˌzæmɪˈneɪʃən] *n* (**a**) (*Scol: test*) examen *m*, prueba *f*; **to take** *or* **sit an** ~ pasar un examen; **oral** ~ examen oral. (**b**) (*inspection*) inspección *f*, registro *m*; (*of witness, suspect*) interrogatorio *m*; (*Med*) reconocimiento *m*; **on** ~ al examinarlo; **the matter is under** ~ el asunto está examinándose.

examine [ɪgˈzæmɪn] *vt* (*test: in subject*) examinar; (*: on knowledge*) examinar, comprobar; (*inspect*) registrar; (*witness, suspect, accused*) interrogar; (*Med*) hacer un reconocimiento médico de.

examinee [ɪgˌzæmɪˈniː] *n* examinando/a *m/f*.

examiner [ɪgˈzæmɪnəʳ] *n* examinador(a) *m/f*.

example [ɪgˈzɑːmpl] *n* (*all senses*) ejemplo *m*; **for** ~ por ejemplo; **to quote sth/sb as an** ~ citar algo/algn como ejemplo; **to follow sb's** ~ seguirle a algn el ejemplo; **to set a good/bad** ~ dar buen/mal ejemplo; **to make an** ~ **of sb/to punish sb as an** ~ dar a algn un castigo ejemplar.

exasperate [ɪgˈzɑːspəreɪt] *vt* exasperar; **to get** ~**d** irritarse.

exasperating [ɪgˈzɑːspəreɪtɪŋ] *adj* (*person*) exasperante; (*situation*) irritante.

exasperation [ɪgˌzɑːspəˈreɪʃən] *n* (*see adj*) exasperación *f*; irritación *f*.

excavate [ˈekskəveɪt] *vt* excavar.

excavation [ˌekskəˈveɪʃən] *n* excavación *f*.

excavator [ˈekskəveɪtəʳ] *n* (*machine*) excavadora *f*.

exceed [ɪkˈsiːd] *vt* (*estimate etc*) exceder (*by* en); (*number*) pasar de, exceder de; (*limit, bounds*) sobrepasar, rebasar; (*powers, instructions*) excederse en; (*expectations, fears*) superar.

exceedingly [ɪkˈsiːdɪŋlɪ] *adv* sumamente, extremadamente.

excel [ɪkˈsel] **1** *vt* superar; **to** ~ **o.s.** (*freq iro*) lucirse, pasarse *(LAm)*. **2** *vi*: **to** ~ **at** *or* **in** sobresalir *or* lucir en; **to** ~ **as** destacarse como.

excellence [ˈeksələns] *n* excelencia *f*.

Excellency [ˈeksələnsɪ] *n*: **His** ~ su Excelencia *f*.

excellent [ˈeksələnt] *adj* excelente.

excelsior [ekˈselsɪɔːʳ] *n* (*US*) virutas *fpl* de embalaje.

except [ɪkˈsept] **1** *prep*: ~ **(for)** menos, excepto, salvo; ~ **that/if/when/where** *etc* salvo que/si/cuando/donde *etc*; **there is nothing we can do** ~ **wait** no nos queda otra que esperar. **2** *vt* excluir, exceptuar (*from* de); **present company** ~**ed** con excepción de los presentes; **always** ~**ing the possibility that** ... excluyendo la posibilidad de que ...; **not** ~**ing** ... incluso ..., inclusive ....

exception [ɪkˈsepʃən] *n* excepción *f*; **with the** ~ **of** a excepción de; **without** ~ sin excepción; **the** ~ **proves the rule** la excepción confirma la regla; **to make an** ~ hacer

una excepción; **to take ~ to sth** ofenderse por algo.
exceptional [ɪkˈsepʃənl] *adj* excepcional.
exceptionally [ɪkˈsepʃənəlɪ] *adv* excepcionalmente.
excerpt [ˈeksɜːpt] *n* extracto *m*.
excess [ɪkˈses] **1** *n* exceso *m*; **an ~ of sth** un exceso de algo; **the ~ of losses over profits** el exceso de pérdidas sobre ganancias; **in ~ of** superior a; **to do/be sth to ~** hacer/ser algo en *or* con exceso; **to carry sth to ~** llevar algo al exceso; **the ~es of the regime** (*outrages*) las atrocidades del régimen. **2** *cpd* (*profit, charge*) excedente, sobrante; **~ baggage** *n* = **~ luggage**; **~ fare** *n* suplemento *m*; **~ luggage** *n* exceso *m* de equipaje; **~ supply** *n* exceso *m* de oferta; **~ weight** *n* exceso *m* de peso.
excessive [ɪkˈsesɪv] *adj* (*gen*) excesivo/a; **an ~ interest in women** un interés exagerado por las mujeres.
excessively [ɪkˈsesɪvlɪ] *adv* (*to excess*) con exceso; **he drinks ~** bebe más de la cuenta; **prices are ~ high** los precios son demasiado *or* (*LAm*) se pasan de altos.
exchange [ɪksˈtʃeɪndʒ] **1** *n* (**a**) (*act*) cambio *m*; (*of prisoners, publications, stamps etc*) canje *m*; (*of ideas, information, contracts*) intercambio *m*; (*barter*) trueque *m*; **in ~ for** a cambio de; **~ of gunfire** tiroteo *m*.
(**b**) (*Comm*) **foreign ~** (*money*) divisas *fpl*, moneda *f* extranjera.
(**c**) (**telephone**) **~** central *f* telefónica; (*private*) centralita *f*, conmutador *m* (*LAm*).
2 *vt* (*gen*) cambiar; (*prisoners, publications, stamps etc*) canjear; (*barter*) trocar.
3 *cpd*: **~ control** *n* control *m* de cambios; **~ rate** *n* tipo *m* de cambio; **E~ Rate Mechanism** *n* Sistema *m* Monetario Europeo; **~ restrictions** *npl* restricciones *fpl* monetarias; **~ visit** *n* visita *f* de intercambio.
exchequer [ɪksˈtʃekəʳ] *n* (*treasury funds*) fisco *m*, fondos *mpl*; **the Chancellor of the E~** (*Brit Pol*) el/la Ministro *or* Secretario/a de Hacienda.
excise[1] [ˈeksaɪz] *n* (*also* **~ duty**) impuestos *mpl* indirectos; (*Brit: department*); **the Customs and E~** la Aduana.
excise[2] [ekˈsaɪz] *vt* cortar, quitar.
excitable [ɪkˈsaɪtəbl] *adj* (*person, creature*) exaltado/a; (*mood, temperament*) nervioso/a.
excite [ɪkˈsaɪt] *vt* (**a**) (*person: move to emotion*) provocar, emocionar; (*stimulate*) estimular; (*: sexually*) excitar. (**b**) (*anger, interest, enthusiasm etc*) provocar.
excited [ɪkˈsaɪtɪd] *adj* (*voice etc*) lleno/a de emoción; (*person*) emocionado/a, excitado/a, exaltado/a (*LAm*); (*crowd*) alborotado/a; **to be** *or* **get ~** emocionarse, entusiasmarse (*about sth* por algo); **don't get ~!** ¡no te emociones!, ¡no te pongas nervioso!
excitedly [ɪkˈsaɪtɪdlɪ] *adv* con entusiasmo.
excitement [ɪkˈsaɪtmənt] *n* entusiasmo *m*, emoción *f*, exaltación *f* (*LAm*); **in the ~ of the departure/preparations** con la emoción de la salida/las preparaciones; **it caused great** *or* **considerable ~** produjo gran conmoción; **she enjoys ~** le gusta la aventura.
exciting [ɪkˈsaɪtɪŋ] *adj* (*gen*) emocionante, apasionante; (*experience*) lleno/a de emoción; (*sexually*) excitante.
excl. *abbr of* **excluding, exclusive (of)**.
exclaim [ɪksˈkleɪm] **1** *vt* exclamar. **2** *vi*: **to ~ at sth** exclamar al ver algo.
exclamation [ˌekskləˈmeɪʃən] **1** *n* exclamación *f*. **2** *cpd*: **~ mark,** (*US*) **~ point** *n* (*Ling*) signo *m* de admiración.
exclamatory [eksˈklæmətərɪ] *adj* exclamatorio/a.
exclude [ɪksˈkluːd] *vt* (*keep out*) no admitir; (*discount*) excluir, exceptuar; (*possibility of error etc*) evitar.
excluding [ɪksˈkluːdɪŋ] *prep* excepto, menos.
exclusion [ɪksˈkluːʒən] **1** *n* exclusión *f*; **to the ~ of** con exclusión de. **2** *cpd*: **~ clause** *n* claúsula *f* de exclusión; **(total) ~ zone** *n* zona *f* de exclusión (total).
exclusive [ɪksˈkluːsɪv] **1** *adj* (**a**) (*rights, information, report etc*) exclusivo/a; **~ policy** política *f* exclusivista; **~ rights** exclusiva *fsg*, derechos *mpl* exclusivos; **an ~ story** un reportaje en exclusiva. (**b**) (*shop, area, club*) selecto/a; (*interest, friendship, attention*) exclusivo/a; (*offer*) de privilegio. (**c**) (*not including*) **~ of** sin contar; **from 1st to 15th ~** del 1 al 15 exclusive. **2** *n* (*story*) reportaje *m* exclusivo, exclusiva *f*.
exclusively [ɪksˈkluːsɪvlɪ] *adv* exclusivamente.
excommunicate [ˌekskəˈmjuːnɪkeɪt] *vt* excomulgar.
excommunication [ˈekskəˌmjuːnɪˈkeɪʃən] *n* excomunión *f*.
ex-con [ˌeksˈkɒn] *n* (*fam*) ex convicto *m*.
excrement [ˈekskrɪmənt] *n* excremento *m*.
excreta [eksˈkriːtə] *npl* excremento *msg*.
excrete [eksˈkriːt] *vt* (*frm*) excretar.
excretion [eksˈkriːʃən] *n* (*act*) excreción *f*; (*substance*) excremento *m*.
excruciating [ɪksˈkruːʃɪeɪtɪŋ] *adj* (*pain, suffering, noise*) atroz, insoportable; (*fam: very bad: film, speech, party*) espeluznante.
excruciatingly [ɪksˈkruːʃɪeɪtɪŋlɪ] *adv* atrozmente; (*very badly*) horriblemente, fatal; **it was ~ funny** era para morirse de risa.
exculpate [ˈekskʌlpeɪt] *vt* exculpar.
excursion [ɪksˈkɜːʃən] **1** *n* (*journey*) excursión *f*, paseo *m*; (*fig*) digresión *f*. **2** *cpd*: **~ ticket** *n* billete *m* de excursión; **~ train** *n* tren *m* de recreo.
excuse [ɪksˈkjuːs] **1** *n* (*justification*) excusa *f*, disculpa *f*; (*pretext*) pretexto *m*; **there's no ~ for this** esto no admite disculpa; **on the ~ that ...** con el pretexto de que ...; **to make ~s for sb** presentar disculpas por algn.
2 [ɪksˈkjuːz] *vt* (**a**) (*forgive*) disculpar, perdonar; **~ me!** (*asking a favour*) por favor, perdón; (*interrupting sb*) perdóneme; (*when passing*) perdón, con permiso; (*sorry*) ¡perdón!; **~ me?** (*US*) ¿perdone?, ¿mande? (*Mex*); **now, if you will ~ me ...** con permiso ....
(**b**) (*justify*) justificar; **that does not ~ his conduct** eso no justifica su conducta; **to ~ o.s. (for sth/for doing sth)** pedir disculpas (por algo/por hacer algo).
(**c**) (*exempt*) **to ~ sb (from sth/from doing sth)** dispensar a algn (de algo/de hacer algo); **to ~ o.s. (from sth/from doing sth)** dispensarse (de algo/de hacer algo); **to ask to be ~d** pedir permiso.
ex-directory [ˌeksdɪˈrektərɪ] (*Brit*) *adj*: **the number is ~** el número no figura en la guía; **he had to go ~** tuvo que pedir que su número no figurara en la guía.
execrable [ˈeksɪkrəbl] *adj* (*very bad*) execrable, abominable.
execute [ˈeksɪkjuːt] *vt* (**a**) (*put to death*) ejecutar; (*by firing squad*) fusilar. (**b**) (*carry out, perform*) realizar, ejecutar; (*work of art*) realizar; (*order*) cumplir; (*scheme, task, duty*) desempeñar; (*will*) ejecutar.
execution [ˌeksɪˈkjuːʃən] *n* (*putting to death*) ejecución *f*; (*by firing squad*) fusilamiento *m*; (*carrying out*) realización *f*, cumplimiento *m*; **in the ~ of one's duty** en el cumplimiento de sus deberes.
executioner [ˌeksɪˈkjuːʃnəʳ] *n* verdugo *m*.
executive [ɪgˈzekjʊtɪv] **1** *adj* (*powers*) ejecutivo/a; (*position, duties*) de ejecutivo; (*offices, suite*) de los ejecutivos; (*car, plane*) ejecutivo/a; **~ committee** junta *f* directiva; **~ director** (*Brit*) director(a) *m/f* ejecutivo/a; **~ producer** (*TV*) productor(a) *m/f* ejecutivo/a. **2** *n* (*person*) ejecutivo/a *m/f*; (*group*) ejecutivo *m*; (*Pol*) poder *m* ejecutivo.
executor [ɪgˈzekjʊtəʳ] *n* (*of will*) albacea *m*, testamentario *m*.
executrix [ɪgˈzekjʊtrɪks] *n* albacea *f*, ejecutora *f* testamentaria.
exemplary [ɪgˈzemplərɪ] *adj* ejemplar.
exemplify [ɪgˈzemplɪfaɪ] *vt* (*illustrate*) ilustrar con ejemplos; (*be an example of*) demostrar.
exempt [ɪgˈzempt] **1** *adj* exento/a (*from* de); **~ from tax** libre de impuestos. **2** *vt*: **to ~ sth/sb (from sth/from doing sth)** dispensar algo/a algn (de algo/de hacer algo).

exemption [ɪg'zempʃən] **1** *n* exención *f*; **tax ~** exención de impuestos. **2** *cpd*: **~ certificate** *n* certificado *m* que exime.
exercise ['eksəsaɪz] **1** *n* (*gen*) ejercicio *m*; (*Mil: manoeuvres*) maniobras *fpl*; **~s** (*Sport*) ejercicios *mpl*; (*US: ceremony*) ceremonia *fsg*; **to take ~** hacer ejercicio. **2** *vt* (**a**) (*use: authority, right, influence*) ejercer; (*: patience, restraint, tact*) emplear, hacer uso de. (**b**) (*mind*) preocupar; (*dog*) sacar a pasear; (*muscle, limb*) ejercitar. **3** *vi* hacer ejercicio. **4** *cpd*: **~ bicycle** *or* **bike** *n* bicicleta *f* de ejercicio; **~ book** *n* cuaderno *m*.
exert [ɪg'zɜ:t] *vt* (*strength, force*) emplear; (*influence, authority*) ejercer; **to ~ o.s.** (*physically*) esforzarse; **don't ~ yourself!** (*hum*) ¡no te hagas ningún daño!
exertion [ɪg'zɜ:ʃən] *n* esfuerzo *m*.
exeunt ['eksɪʌnt] *vi* (*Theat*) salen, se van.
ex gratia [,eks'greɪʃə] *adj* (*payment*) ex-gratia, a título gracioso.
exhale [eks'heɪl] **1** *vt* (*air, fumes etc*) despedir. **2** *vi* exhalar.
exhaust [ɪg'zɔ:st] **1** *n* (*also* **~ pipe**) (tubo *m* de) escape *m*. **2** *vt* (*all senses*) agotar; **to ~ o.s.** agotarse. **3** *cpd*: **~ fumes** *npl* vapores *mpl* de escape; **~ gases** *npl* gases *mpl* de escape; **~ system** *n* sistema *m* de escape.
exhaustible [ɪg'zɔ:stəbl] *adj* (*resource*) que se puede agotar, limitado/a.
exhausting [ɪg'zɔ:stɪŋ] *adj* agotador(a).
exhaustion [ɪg'zɔ:stʃən] *n* (*fatigue*) agotamiento *m*.
exhaustive [ɪg'zɔ:stɪv] *adj* (*research, inquiry, inspection*) exhaustivo/a; (*account, description, list*) completo/a.
exhibit [ɪg'zɪbɪt] **1** *n* (*object: painting etc*) objeto *m* expuesto; (*Jur*) documento *m*. **2** *vt* (*painting etc*) exponer; (*signs of emotion*) mostrar, manifestar; (*courage, skill, ingenuity*) demostrar. **3** *vi* (*painter etc*) exponer (sus obras).
exhibition [,eksɪ'bɪʃən] *n* (*act, instance*) manifestación *f*; (*public show*) exposición *f*; **to be on ~** estar en exposición; **to make an ~ of o.s.** quedar en ridículo.
exhibitionism [,eksɪ'bɪʃənɪzəm] *n* exhibicionismo *m*.
exhibitionist [,eksɪ'bɪʃənɪst] *adj, n* exhibicionista *mf*.
exhibitor [ɪg'zɪbɪtə^r] *n* expositor(a) *m/f*.
exhilarate [ɪg'zɪləreɪt] *vt* alegrar, levantar el ánimo de; **to feel ~d** sentirse muy estimulado, estar alegre.
exhilarating [ɪg'zɪləreɪtɪŋ] *adj* tónico/a, vigorizador(a).
exhilaration [ɪg,zɪlə'reɪʃən] *n* alegría *f*, regocijo *m*.
exhort [ɪg'zɔ:t] *vt*: **to ~ sb (to sth/to do sth)** exhortar a algn (a algo/a hacer algo).
exhortation [,egzɔ:'teɪʃən] *n* exhortación *f*.
exhume [eks'hju:m] *vt* exhumar, desenterrar.
ex-husband [,eks'hʌzbənd] *n* ex marido *m*.
exigency [ɪg'zɪdʒənsɪ] *n* exigencia *f*.
exigent ['eksɪdʒənt] *adj* exigente.
exile ['eksaɪl] **1** *n* (*state*) exilio *m*, destierro *m*; (*person*) exiliado/a *m/f*, desterrado/a *m/f*; **to send sb into ~** desterrar a algn, mandar a algn al exilio. **2** *vt* desterrar, exiliar.
exist [ɪg'zɪst] *vi* (**a**) (*live*) vivir; (*survive*) subsistir; **to ~ on very little money** arreglarse con muy poco dinero. (**b**) (*occur, be in existence*) existir.
existence [ɪg'zɪstəns] *n* existencia *f*; (*way of life*) vida *f*; **to be in ~** existir; **to come into ~** nacer, formarse; **the only one in ~** el único en existencia.
existential [,egzɪs'tenʃəl] *adj* existencial.
existentialism [,egzɪs'tenʃəlɪzəm] *n* existencialismo *m*.
existentialist [,egzɪs'tenʃəlɪst] *adj, n* existencialista *mf*.
existing [ɪg'zɪstɪŋ] *adj* existente, actual.
exit ['eksɪt] **1** *n* (*place, act*) salida *f*; (*esp Theat*) mutis *m*; **'no ~'** 'prohibida la salida'; **to make one's ~** salir, marcharse. **2** *vi* (*Theat*) hacer mutis; (*Comput*) salir. **3** *vt* (*Comput*) salir de. **4** *cpd*: **~ permit** *n* permiso *m* de salida; **~ poll** *n* (*Pol*) *encuesta de votantes al salir del centro electoral*; **~ ramp** *n* (*US*) vía *f* de acceso; **~ visa** *n* visa *f or* visado *m* de salida.
exodus ['eksədəs] *n* (*gen, Rel*) éxodo *m*; **there was a general ~** hubo un éxodo general.
ex officio [,eksə'fɪʃɪəʊ] **1** *adv* (*act*) ex officio, oficialmente. **2** *adj* (*member*) nato/a, ex officio.
exonerate [ɪg'zɒnəreɪt] *vt*: **to ~ sb** (*from obligations*) exonerar a algn; (*from blame*) disculpar a algn.
exorbitant [ɪg'zɔ:bɪtənt] *adj* (*price, demands*) exorbitante, excesivo/a.
exorcise ['eksɔ:saɪz] *vt* (*person, evil spirit*) exorcizar.
exorcism ['eksɔ:sɪzəm] *n* exorcismo *m*.
exorcist ['eksɔ:sɪst] *n* exorcista *mf*.
exotic [ɪg'zɒtɪk] *adj* exótico/a.
exp. *abbr* (**a**) *of* **expenses**. (**b**) *of* **expired**. (**c**) *of* **export**. (**d**) *of* **express**.
expand [ɪks'pænd] **1** *vt* (*make larger*) ensanchar, ampliar; (*: market, operations, business*) ampliar, aumentar; (*: metal etc*) dilatar; (*develop: statement, notes*) ampliar; (*broaden: experience, mind, horizons*) ampliar, extender; (*: influence, knowledge*) aumentar.
2 *vi* (*gas, metal, lungs*) dilatarse; (*market etc*) ampliarse; **to ~ on** (*notes, story etc*) ampliar, desarrollar.
expanding [ɪks'pændɪŋ] *adj* (*metal etc*) dilatable; (*bracelet*) expandible; (*market, industry, profession*) en expansión; **~ file** carpeta *f* de acordeón; **a job with ~ opportunities** un empleo con perspectivas de futuro.
expanse [ɪks'pæns] *n* extensión *f*.
expansion [ɪks'pænʃən] **1** *n* (*of metal etc*) dilatación *f*; (*of town, economy, territory*) desarrollo *m*; (*of subject, idea, trade, market*) ampliación *f*, desarrollo; (*of production, knowledge etc*) aumento *m*, extensión *f*. **2** *cpd*: **~ bus** *n* (*Comput*) bus *m* de expansión; **~ slot** *n* (*Comput*) ranura *f* para tarjetas de expansión.
expansionism [ɪks'pænʃənɪzəm] *n* expansionismo *m*.
expansionist [ɪks'pænʃənɪst] *adj* expansionista.
expansive [ɪks'pænsɪv] *adj* extenso/a; (*fig: mood, gesture*) expansivo/a.
expat (*fam*) = **expatriate**.
expatriate [eks'pætrɪɪt] *adj, n* expatriado/a *m/f*.
expect [ɪks'pekt] **1** *vt* (**a**) (*anticipate, hope for, wait for*) esperar; **it's easier than I ~ed** es más fácil de lo que esperaba; **to ~ to do sth** esperar hacer algo; **I ~ed as much** ya me lo imaginaba *or* figuraba; **they ~ to arrive tomorrow** esperan llegar mañana; **we'll ~ you for supper** te esperamos a cenar; **I ~ him to come soon** creo que llegará pronto; **that was (only) to be ~ed** eso era de esperarse; **I did not know what to ~** yo no sabía qué esperar; **as ~ed** como era de esperar; **~ me when you see me** (*fam*) no cuentes conmigo.
(**b**) (*suppose*) imaginar, suponer; **I ~ so** supongo que sí, a lo mejor; **yes, I ~ it is** así tenía que ser; **I ~ it was John** me imagino que fue Juan; **I ~ he'll be late** seguro que llega tarde.
(**c**) (*require*) **to ~ sth (from sb)** contar con algo (de algn); **to ~ sb to do sth** esperar que algn haga algo; **I ~ you to be punctual** cuento con que seas puntual; **how can you ~ me to sympathize?** ¿y me pides compasión?; **you can't ~ too much from him** no debes esperar demasiado de él; **what do you ~ me to do about it?** ¿qué pretendes que haga yo?; **it is ~ed that ...** se espera que + *subjun*, se prevé que + *indic*; **it is hardly to be ~ed that ...** apenas cabe esperar que + *subjun*.
2 *vi*: **she's ~ing** está encinta.
expectancy [ɪks'pektənsɪ] *n* esperanza *f*; **life ~** esperanza de vida.
expectant [ɪks'pektənt] *adj* (*person, crowd*) expectante; (*look*) de esperanza; **~ mother** mujer *f* encinta.
expectantly [ɪks'pektəntlɪ] *adv* con expectación.
expectation [,ekspek'teɪʃən] *n* esperanza *f*; **in ~ of** en espera de; **against** *or* **contrary to all ~(s)** en contra de todas las previsiones; **it didn't live up to my ~s** fue una desilusión para mí; **to be beyond (all) ~** superar todas

las esperanzas; **to come up to one's ~s** resultar tan bueno como se esperaba; **to exceed one's ~s** sobrepasar lo que se esperaba; **to fall below one's ~s** no llegar a lo que se esperaba.

expectorant [eks'pektərənt] *n* expectorante *m.*

expectorate [eks'pektəreɪt] *vt* expectorar.

expedience [ɪks'piːdɪəns], **expediency** [ɪks'piːdɪənsɪ] *n* conveniencia *f*; (*pej*) oportunismo *m.*

expedient [ɪks'piːdɪənt] **1** *adj* (*convenient, politic*) oportuno/a, conveniente. **2** *n* recurso *m.*

expedite ['ekspɪdaɪt] *vt* (*speed up: business, deal*) acelerar; (*official matter, legal matter*) dar curso a; (*process, preparations*) facilitar; (*task*) despachar.

expedition [,ekspɪ'dɪʃən] *n* (*gen*) expedición *f.*

expeditionary [,ekspɪ'dɪʃənrɪ] *adj* expedicionario/a.

expeditious [,ekspɪ'dɪʃəs] *adj* rápido/a, pronto/a.

expel [ɪks'pel] *vt* (*air etc: from container*) arrojar, expeler; (*person*) expulsar.

expend [ɪks'pend] *vt* (*money*) gastar, desembolsar; (*time*) gastar; (*effort, energy*) dedicar.

expendable [ɪks'pendəbl] **1** *adj* (*equipment*) gastable; (*person*) prescindible. **2** *npl*: **~s** géneros *mpl or* elementos *mpl* reemplazables.

expenditure [ɪks'pendɪtʃə^r] *n* (*of money etc*) gasto *m*, desembolso *m*; (*money spent*) gastos; (*of time, effort*) gasto, empleo *m.*

expense [ɪks'pens] **1** *n* (*cost*) gasto *m*; costa *f*, costo *m*; **~s** gastos; **at the ~ of** (*fig*) a costa de; **travelling/repair ~s** gastos de viaje/reparación; **at great ~** a gran costo; **at my ~** a cuenta mía; (*fig*) para mi costa; **to go to the ~ of** incurrir en gastos para; **to go to great ~** incurrir grandes gastos; **regardless of ~** sin escatimar gastos; **to put sb to the ~ of** hacerle a algn gastar dinero para; **to meet the ~ of** hacer frente a los gastos de. **2** *cpd*: **~ account** *n* cuenta *f* de gastos de representación.

expensive [ɪks'pensɪv] *adj* caro/a, costoso/a; (*shop etc*) carero/a; **he has ~ tastes** tiene un gusto de lujo; **it was an ~ victory** la victoria se ganó a gran costa.

experience [ɪks'pɪərɪəns] **1** *n* (**a**) (*knowledge*) experiencia *f*; **to learn by ~** aprender por la experiencia; **I know from (bitter/personal) ~** lo sé por experiencia (amarga/personal); **he has no ~ of grief/being out of work** no conoce la tristeza/el desempleo.

(**b**) (*skill, practice*) práctica *f*, experiencia *f*; **he has plenty of ~** tiene mucha práctica; **have you any previous ~?** ¿tiene Ud experiencia previa?; **practical ~** experiencia práctica; **teaching ~** experiencia de maestro *or* profesor; **a driver with 10 years' ~** un conductor con 10 años de experiencia.

(**c**) (*event*) experiencia *f*, aventura *f*; **to have a pleasant/frightening ~** tener una experiencia agradable/aterradora; **it was quite an ~** fue toda una experiencia.

2 *vt* (*feel: emotions, sensations*) experimentar; (*suffer: defeat, losses, hardship etc*) sufrir, padecer; **he ~s some difficulty/pain in walking** tiene dificultades para/dolor al andar; **he ~d a severe loss of hearing after the accident** después del accidente, sufrió una pérdida severa del oído.

experienced [ɪks'pɪərɪənst] *adj* (*with experience*) experimentado/a; (*expert*) experto/a, perito/a; **to be ~ (in sth)** tener experiencia (en algo); **an ~ eye/ear** un ojo/oído experto.

experiment [ɪks'perɪmənt] **1** *n* (*gen*) experimento *m*, prueba *f*; **to perform** *or* **carry out an ~** realizar un experimento; **as an ~** como experimento. **2** *vi* hacer experimentos, experimentar, probar.

experimental [eks,perɪ'mentl] *adj* (*scientist, method*) experimental; (*theatre, novel*) vanguardista; (*cinema*) de arte y ensayo; **the process is still at the ~ stage** el proceso está todavía en prueba.

experimentation [eks,perɪmen'teɪʃən] *n* experimentación *f.*

expert ['ekspɜːt] **1** *adj* experto/a; (*touch, eye*) hábil, diestro/a; (*advice, opinion*) de experto/a, de especialista; (*Jur: witness, evidence*) pericial; (*person*) **~ in** *or* **at (doing) sth** experto *or* perito en (hacer) algo. **2** *n* experto/a *m/f*, perito/a *m/f*; **an ~ in** *or* **at (doing) sth** un experto en (hacer) algo.

expertise [,ekspə'tiːz] *n* pericia *f*; (*skill*) habilidad *f*, destreza *f.*

expertly ['ekspɜːtlɪ] *adv* expertamente.

expiate ['ekspɪeɪt] *vt* expiar.

expiration [,ekspaɪə'reɪʃən] *n* (*ending*) terminación *f*; (*Comm*) vencimiento *m*, caducidad *f.*

expire [ɪks'paɪə^r] *vi* (*end: time etc*) terminar, vencerse; (*ticket, passport*) caducar, vencerse; (*frm: die*) expirar.

expiry [ɪks'paɪərɪ] **1** *n* (*Comm etc*) vencimiento *m*; (*end*) final *m*, término *m*. **2** *cpd*: **~ date** *n* fecha *f* de vencimiento.

explain [ɪks'pleɪn] *vt* (*make clear: meaning, problem etc*) explicar; (*: plan*) exponer; (*: mystery*) aclarar; (*account for: conduct*) justificar; **to ~ o.s.** (*clearly*) explicarse; (*morally*) justificarse, defenderse.

► **explain away** *vt + adv* dar explicaciones (de), justificar; (*excuse*) disculparse (por).

explanation [,eksplə'neɪʃən] *n* (*act*) explicación *f*; (*excuse*) disculpa *f*; (*statement*) explicación; (*of plan*) exposición *f*; (*of problem*) aclaración *f*; **to offer** *or* **give an ~** dar explicaciones.

explanatory [ɪks'plænətərɪ] *adj* explicativo/a; (*note*) aclaratorio/a.

expletive [eks'pliːtɪv] *n* (*oath*) palabrota *f*, taco *m*, grosería *f* (*LAm*).

explicit [ɪks'plɪsɪt] *adj* (*instructions, detail*) explícito/a, preciso/a; (*intention*) expreso/a, claro/a; (*denial*) tajante, rotundo/a.

explicitly [ɪks'plɪsɪtlɪ] *adv* explícitamente.

explode [ɪks'pləʊd] **1** *vi* estallar, explotar; (*fig*) reventar, estallar; **to ~ with laughter/anger/jealousy** estallar en carcajadas/darle a algn un arrebato de furia/darle a algn un ataque de celos. **2** *vt* (*refute*) desmentir, refutar; **to ~ a rumour/theory/belief** (*fig*) desmentir un rumor/refutar una teoría/impugnar una creencia.

exploit ['eksplɔɪt] **1** *n* hazaña *f*, proeza *f*. **2** [ɪks'plɔɪt] *vt* (*resources*) aprovechar; (*pej: person*) explotar, hambrear (*LAm*).

exploitation [,eksplɔɪ'teɪʃən] *n* explotación *f.*

exploitative [eks'plɔɪtətɪv] *adj* explotador(a).

exploiter [eks'plɔɪtə^r] *n* explotador(a) *m/f.*

exploration [,eksplɔː'reɪʃən] *n* exploración *f.*

exploratory [eks'plɒrətərɪ] *adj* exploratorio/a, preliminar.

explore [ɪks'plɔː^r] *vt* (**a**) (*country*) explorar; (*Med*) examinar. (**b**) (*fig: problems, subject*) ahondar en; (*: opinion*) sondear; **to ~ every possibility/avenue** considerar todas las posibilidades/estudiar todas las vías posibles.

explorer [ɪks'plɔːrə^r] *n* explorador(a) *m/f.*

explosion [ɪks'pləʊʒən] *n* (*gen*) explosión *f*, (*noise*) explosión, estallido *m*; (*fig: outburst*) arranque *m*, arrebato *m*; **population ~** explosión demográfica; **price ~** aumento *m* general de precios.

explosive [ɪks'pləʊzɪv] **1** *adj* (*gas, substance*) explosivo/a; (*fig: situation*) candente; (*: temper*) excitable. **2** *n* explosivo *m.*

exponent [eks'pəʊnənt] *n* (*of idea*) exponente *mf*; (*of cause*) partidario/a *m/f*; (*interpreter*) intérprete *mf.*

export ['ekspɔːt] **1** *n* (*act*) exportación *f*, (*commodity*) artículo *m* de exportación. **2** [eks'pɔːt] *vt* exportar. **3** ['ekspɔːt] *cpd* (*market, goods, permit*) de exportación; **~ credit** *n* crédito *m* a la exportación; **~ drive** *n* campaña *f* de exportación; **~ duty** *n* derechos *mpl* de exportación; **~ licence** *or* (*US*) **license** *n* licencia *f* de exportación; **~ trade** *n* comercio *m* exterior.

exportation [,ekspɔː'teɪʃən] *n* exportación *f.*

exporter [eks'pɔːtə^r] *n* exportador(a) *m/f.*

expose [ɪks'pəʊz] *vt* (*uncover*) dejar al descubierto; (*leave unprotected*) exponer; (*display*) exponer, presentar; (*sexual parts*) exhibir; (*Phot*) exponer; (*fig: reveal: plot, criminal*) denunciar; (*: one's ignorance*) revelar, descubrir; **to be ~d to view** estar a la vista de todos; **to ~ sb/o.s. to ridicule** poner a algn/ponerse en ridículo; **to ~ one's head to the sun** exponer la cabeza al sol.

exposé [ek'spəʊzeɪ] *n* exposición *f*, revelación *f*.

exposed [ɪks'pəʊzd] *adj* (*land, house, town*) desabrigado/a, desprotegido/a; (*Mil, fig*) expuesto/a; (*uncovered*) al descubierto; (*wine*) al aire.

exposition [ˌekspə'zɪʃən] *n* (*of facts, theories*) exposición *f*.

expostulate [ɪks'pɒstjʊleɪt] *vi*: **to ~ with sb about sth** discutir con algn sobre algo, protestar por algo que hace algn.

expostulation [ɪksˌpɒstjʊ'leɪʃən] *n* protesta *f*.

exposure [ɪks'pəʊʒəʳ] **1** *n* (*to weather etc*) exposición *f*; (*of plot etc*) denuncia *f*; (*outlook*) orientación *f*; (*Phot: gen*) exposición; (*: aperture*) abertura *f* de diafragma; (*: speed*) velocidad *f* de obturación; (*: photo*) foto *f*, fotografía *f*; (*public ~*) exposición al público; **to die of ~** morir de frío por estar a la intemperie. **2** *cpd*: **~ meter** *n* (*Phot*) fotómetro *m*, exposímetro *m*.

expound [ɪks'paʊnd] *vt* (*theory, one's views*) exponer, explicar.

express [ɪks'pres] **1** *adj* (**a**) (*clear: instructions, intention*) expreso/a, manifiesto/a; **~ warranty** garantía *f* escrita.

(**b**) (*fast: letter, delivery*) urgente, express; (*coach, train*) rápido/a, expreso/a; (*through*) directo/a.

2 *adv*: **to send** *or* **post sth ~** enviar algo por correo urgente; **to travel ~** viajar en un tren rápido.

3 *n* (*train*) expreso *m*, rápido *m*.

4 *vt* (**a**) (*ideas, feelings, thanks*) expresar; (*wish*) expresar, manifestar; **to ~ o.s.** expresarse.

(**b**) (*send: letter, parcel*) enviar por correo urgente.

expression [ɪks'preʃən] *n* (*gen*) expresión *f*; (*feeling*) sentimiento *m*; (*token*) señal *f*; (*Ling*) frase *f*, modismo *m*; **as an ~ of gratitude** en señal de gratitud.

expressionism [eks'preʃənɪzəm] *n* expresionismo *m*.

expressionist [eks'preʃənɪst] *adj, n* expresionista *mf*.

expressive [ɪks'presɪv] *adj* (*look, smile, gesture*) expresivo/a; (*language*) elocuente; **his gesture was ~ of anger** su gesto expresaba rabia.

expressly [ɪks'preslɪ] *adv* expresamente.

expresso [ɪk'spresəʊ] *n* = **espresso**.

expressway [ɪks'presweɪ] *n* (*US*) autopista *f*.

expropriate [eks'prəʊprɪeɪt] *vt* expropiar.

expropriation [eksˌprəʊprɪ'eɪʃən] *n* expropiación *f*.

expulsion [ɪks'pʌlʃən] *n* expulsión *f*.

expunge [ɪks'pʌndʒ] *vt* borrar, tachar.

expurgate ['ekspɜːgeɪt] *vt* expurgar.

exquisite [eks'kwɪzɪt] *adj* (*beautiful*) precioso/a, primoroso/a; (*keen: sensibility*) exquisito/a, delicado/a; (*: sense of humour*) fino/a; (*: joy, pleasure, pain*) intenso/a.

exquisitely [eks'kwɪzɪtlɪ] *adv* (**a**) (*paint, embroider*) primorosamente, con primor; (*dress*) elegantemente; (*express o.s.*) con elegancia. (**b**) (*extremely*) sumamente.

ex-serviceman ['eks'sɜːvɪsmən] *n* (*pl* **-men**) excombatiente *m*.

ext. *abbr* (*Telec*) *of* **extension** Ext.

extant [eks'tænt] *adj* existente.

extempore [eks'tempərɪ] **1** *adv* de improviso. **2** *adj* improvisado/a.

extemporize [ɪks'tempəraɪz] *vi* improvisar.

extend [ɪks'tend] **1** *vt* (**a**) (*stretch out: hand, arm*) extender; (*: to sb*) tender, alargar; (*offer: one's friendship, help, hospitality*) ofrecer; (*: one's thanks, congratulations, condolences, welcome*) dar; (*: invitation*) enviar; (*credit*) prorrogar, aplazar.

(**b**) (*prolong: road, line, visit*) prolongar; (*enlarge: building*) ampliar, ensanchar; (*knowledge, research*) ampliar, profundizar en; (*powers, business*) aumentar; (*frontiers*) extender; (*vocabulary*) enriquecer, aumentar.

(**c**) (*athlete*) pedir el máximo esfuerzo a; **that child is not sufficiently ~ed** a ese niño no se le exige bastante esfuerzo.

2 *vi* (*land, wall*) **to ~ to** *or* **as far as** extenderse hasta; (*term, contract, meeting*) **to ~ to** *or* **into** prolongarse hasta; **to ~ for** prolongarse por.

extended [ɪk'stendɪd] *adj* extendido/a; **~ family** familia *f* extendida; **~ forecast** (*US*) pronóstico *m* a largo plazo; **~ play** (*record*) duración *f* ampliada; **to grant sb ~ credit** conceder a algn un crédito ilimitado.

extension [ɪks'tenʃən] **1** *n* (*act, part added*) extensión *f*; (*of power*) aumento *m*; (*of credit etc*) prórroga *f*; (*of building etc*) ampliación *f*; (*of road, term etc*) prolongación *f*; (*Telec*) extensión, interno *m*, anexo *m* (*CSur*). **2** *cpd*: **~ cable** *n* (*Elec*) extensión *f*; **~ courses** *npl cursos externos organizados por una universidad*; **~ ladder** *n* escalera *f* extensible.

extensive [ɪks'tensɪv] *adj* (*grounds, forest*) extenso/a, enorme; (*damage, investments*) cuantioso/a, importante; (*knowledge, influence*) amplio/a; (*research*) a fondo; (*inquiries, reforms, interests*) amplio; (*frequent*) frecuente; (*alterations*) general.

extensively [ɪks'tensɪvlɪ] *adv* extensamente; (*study, research*) a fondo; **~ used** de uso común; **he travelled ~ in Mexico** viajó ampliamente por México.

extent [ɪks'tent] *n* (*space: of land, road*) extensión *f*; (*scope: of knowledge, damage, activities*) alcance *m*; (*: of power*) límite *m*; (*degree: of commitment, loss*) grado *m*; **to what ~?** ¿hasta qué punto?; **to a certain** *or* **to some ~** hasta cierto punto; **to a large/small/major ~** en gran parte *or* medida/en menor grado/en su mayor parte; **to such an ~ that** hasta tal punto que; **to the ~ of** (*as far as*) hasta el punto de; (*money*) por la cantidad de.

extenuating [eks'tenjʊeɪtɪŋ] *adj*: **~ circumstances** circunstancias *fpl* atenuantes.

exterior [eks'tɪərɪəʳ] **1** *adj* exterior, externo/a. **2** *n* exterior *m*; **on the ~** (*lit, fig*) por fuera.

exterminate [eks'tɜːmɪneɪt] *vt* exterminar.

extern ['ekstɜːn] *n* (*US Med*) externo/a *m/f*.

external [eks'tɜːnl] **1** *adj* (*walls etc*) externo/a, exterior; (*influences, factor*) externo, ajeno/a; (*affairs, appearance*) exterior; **for ~ use only** (*Med*) para uso tópico *o* externo; **~ account** cuenta *f* con el exterior; **~ examination** examen *m* externo; **~ examiner** examinador(a) *m/f* externo/a; **~ trade** comercio *m* exterior. **2** *n*: **~s** las apariencias *fpl*.

extinct [ɪks'tɪŋkt] *adj* (*volcano*) extinguido/a, apagado/a; (*animal, race*) extinto/a, desaparecido/a.

extinguish [ɪks'tɪŋgwɪʃ] *vt* (*fire*) extinguir, apagar; (*light, cigarette*) apagar; (*fig: hope, faith*) destruir; (*suppress*) suprimir.

extinguisher [ɪks'tɪŋgwɪʃəʳ] *n* (*for fire*) extintor *m* (de incendios).

extn *abbr* (*Telec*) *of* **extension** Ext.

extol, (*US*) **extoll** [ɪks'tɒl] *vt* (*merits, virtues*) ensalzar, alabar; (*person*) alabar, elogiar.

extort [ɪks'tɔːt] *vt* (*money*) sacar por amenazas; (*promise, confession*) obtener por la fuerza.

extortion [ɪks'tɔːʃən] *n* extorsión *f*, exacción *f*.

extortionate [ɪks'tɔːʃənɪt] *adj* (*price, demand*) excesivo/a, exorbitante.

extra ['ekstrə] **1** *adj* (*more: food, money, people etc*) adicional, suplementario/a; (*spare*) de más, de sobra; (*more than usual*) de más; **wine is** *or* **will cost ~** el vino es aparte *or* no está incluido; **take ~ care!** ¡ten mucho cuidado!; **for ~ safety** para mayor seguridad; **~ charge** recargo *m*, suplemento *m*; **~ time** (*Ftbl*) prórroga *f*; **~ transport** transporte *m* adicional.

2 *adv* (*more than normally*) extra, encima, de suplemento; **he worked ~ hard** trabajó más de la cuenta; **~ large/kind** *etc* super *or (esp LAm fam)* re(te) grande/amable *etc*; **~ special** muy *or* super especial; **~ strong** extremadamente fuerte; (*coffee*) super cargado/a; (*nylon*) reforzado/a.

3 *n* (*luxury, addition*) extra *m*; (*Cine*) extra *mf*, comparsa *mf*; (*charge*) suplemento *m* (adicional).

extra... ['ekstrə] *pref* extra....

extract ['ekstrækt] **1** *n* (*from book, film*) extracto *m*, trozo *m*; (*Culin, Chem*) extracto, concentrado *m*. **2** [ɪks'trækt] *vt* (**a**) (*take out: cork, tooth*) sacar; (*: bullet: from wound*) extraer; (*: mineral*) extraer, obtener; (*: juice*) exprimir. (**b**) (*obtain: information, confession, money*) obtener, sacar. (**c**) (*select: from book etc*) seleccionar.

extraction [ɪks'trækʃən] *n* (*gen*) extracción *f*; **of Spanish ~** de extracción española *or* origen español.

extractor [ɪks'træktə^r] **1** *n* extractor *m*. **2** *cpd*: **~ fan** *n* (*Brit*) extractor *m* de olores.

extracurricular [,ekstrəkə'rɪkjʊlə^r] *adj* (*Scol: activities*) extraescolar, extra-académico/a.

extradite ['ekstrədaɪt] *vt*: **to ~ sb (from/to)** conseguir la extradición de algn (de/a).

extradition [,ekstrə'dɪʃən] *n* extradición *f*.

extramarital [,ekstre'mærɪtəl] *adj* (*affair, sex*) fuera del matrimonio.

extramural ['ekstrə'mjʊərəl] *adj* (*studies, course, department*) de extensión.

extraneous [eks'treɪnɪəs] *adj* extraño/a, ajeno/a.

extraordinarily [ɪks'trɔ:dnrɪlɪ] *adv* extraordinariamente.

extraordinary [ɪks'trɔ:dnrɪ] *adj* (*more than ordinary*) extraordinario/a; (*very strange*) raro/a; (*additional, special*) extraordinario, especial; **~ general meeting** junta *f* general extraordinaria.

extrapolate [ɪks'træpəleɪt] *vt* extrapolar.

extrapolation [ɪks,træpə'leɪʃən] *n* extrapolación *f*.

extrasensory ['ekstrə'sensərɪ] *adj*: **~ perception** percepción *f* extrasensorial.

extravagance [ɪks'trævəgəns] *n* (*excessive spending*) prodigalidad *f*, derroche *m*; (*wastefulness*) despilfarro *m*; (*thing bought*) extravagancia *f*; (*whim*) capricho *m*.

extravagant [ɪks'trævəgənt] *adj* (*lavish: spending, ways, taste*) pródigo/a; (*: person*) derrochador(a), despilfarrador(a); (*wasteful*) despilfarrador(a); (*exaggerated: praise*) excesivo/a; (*: claim, opinion*) exagerado/a; (*: prices*) astronómico/a, desorbitado/a.

extravaganza [eks,trævə'gænzə] *n* obra *f* extravagante y fantástica.

extreme [ɪks'tri:m] **1** *adj* (*furthest: point, north*) extremo/a; (*greatest possible: heat, danger, poverty*) extremo, extremado/a; (*: care*) máximo/a; (*: sorrow, anger*) profundo/a, extremo; (*exceptional: views*) extremista; (*: case, circumstances, measures, action*) excepcional; **the ~ left/right** (*Pol*) la extrema izquierda/derecha; **in ~ old age** en *or* a una edad muy avanzada; **there's no need to be so ~** no es necesario llegar a esos extremos.

2 *n* extremo *m*; **from one ~ to the other** de un extremo al otro; **~s of temperature** las temperaturas extremas; **in the ~** en extremo, en sumo grado; **to go/be driven to ~s** tomar medidas extremas/verse obligado a tomar medidas extremas; **to go to any ~** llegar a cualquier extremo.

extremely [ɪks'tri:mlɪ] *adv* sumamente, extremadamente; **it is ~ difficult** es dificilísimo.

extremist [ɪks'tri:mɪst] **1** *adj* extremista. **2** *n* extremista *mf*, ultra *mf*.

extremity [ɪks'tremɪtɪ] *n* (*end: usu pl*) extremidad *f*, punta *f*; (*fig: of despair etc*) extremo *m*; (*need*) apuro *m*, necesidad *f*; **extremities** (*Anat*) extremidades *fpl*.

extricate ['ekstrɪkeɪt] *vt* (*disentangle*) desenredar; (*free*) soltar; (*fig*) librar, sacar; **to ~ o.s. from** (*fig*) librarse de; (*difficulty*) lograr salir de.

extrovert ['ekstrəʊvɜ:t] *adj, n* extrovertido/a *m/f*.

extrude [eks'tru:d] *vt* sacar; (*force out*) expulsar; (*Tech*) estirar.

exuberance [ɪg'zu:bərəns] *n* exuberancia *f*; (*euphoria*) euforia *f*.

exuberant [ɪg'zu:bərənt] *adj* (*person, spirit, etc*) eufórico/a; (*growth*) exuberante.

exude [ɪg'zju:d] *vt* rezumar, exudar; (*fig*) rebosar.

exult [ɪg'zʌlt] *vi*: **to ~ in** *or* **at** *or* **over** regocijarse por.

exultant [ɪg'zʌltənt] *adj* (*person*) regocijado/a; (*shout, expression*) jubiloso/a.

exultation [,egzʌl'teɪʃən] *n* regocijo *m*, júbilo *m*.

ex-wife [,eks'waɪf] *n* ex mujer *f*.

eye [aɪ] **1** *n* (*gen*) ojo *m*; (*of potato*) yema *f*; (*of storm, wind*) ojo, núcleo *m*; (*fastener: metal ring*) hembra *f* de corchete; **black ~** ojo morado *or* amoratado; **~s right/left/front!** ¡vista a la derecha/izquierda/al frente!; **an ~ for an ~ (and a tooth for a tooth)** ojo por ojo (y diente por diente); **as far as the ~ can see** hasta donde alcanza la vista; **it happened before my very ~s** ocurrió delante de mis propios ojos; **I saw it with my own ~s** lo vi con mis propios ojos; **I couldn't believe my (own) ~s** no daba crédito a los ojos; **to be in the public ~** estar a la luz pública; **in the ~s of the law** a los ojos de la ley; **in the ~s of sb** a los ojos de algn; **under the (watchful) ~ of** bajo la vigilia de; **to keep an ~ on sb/sth** (*watch*) vigilar algo/a algn, echar una mirada algo/a algn; (*look after*) cuidar algo/a algn; **to keep an ~ on things** (*fam*) estar al tanto de todo, estar pendiente de todo; **keep your ~s on the road ahead!** ¡no quites los ojos de la carretera!; **to keep an ~ out** *or* **one's ~s open for sth/sb** estar pendiente de algo/algn; **I could hardly keep my ~s open** se me cerraban los ojos; **to keep one's ~s peeled** estar alerta; **he didn't take his ~s off her** no le quitó los ojos de encima; **to look at sth with** *or* **through the ~s of an expert** ver algo con ojos de experto; **with an ~ to sth/to doing sth** con vistas *or* miras a algo/a hacer algo; **with the naked ~** a simple vista; **to do sth with one's ~s (wide) open** (*fig*) hacer algo con los ojos abiertos; **to shut one's ~s to sth** (*fig: to the truth, evidence, dangers*) cerrar los ojos a algo; (*: to sb's shortcomings*) hacer la vista gorda a algo; **to be up to one's ~s** (*in work etc*) estar hasta aquí *or* agobiado de trabajo; **to catch sb's ~** llamar la atención de algn; **to cry one's ~s out** llorar a moco tendido, llorar a lágrima viva; **to have an ~** *or* **a keen ~ for a bargain** tener mucha vista *or* buen ojo para los negocios; **there's more to this than meets the ~** esto tiene su miga; **to look sb (straight) in the ~** mirar a algn (directamente) a los ojos; **I don't see ~ to ~ with him** no estoy de acuerdo con él; **it's 5 years since I last set** *or* **laid ~s on him** hace cinco años que no lo veo; **in the twinkling of an ~** en un abrir y cerrar de ojos; **use your ~s!** (*fam*) ¡abre los ojos!; **that's one in the ~ for him** (*fig fam*) ¡para que vea!; **to make (sheep's) ~s at sb** (*fam*) hacer ojos de cordero a algn; **he was all ~s** era todo *or (LAm)* puros ojos; *see* **sight**.

2 *vt* ojear.

3 *cpd*: **~ contact** *n* contacto *m* ocular; **~ doctor** *n* (*US*) oculista *mf*; **~ socket** *n* cuenca *f* del ojo; **~ test** *n* test *m* visual *or* de visión.

▶ **eye up** *vt*: **he was ~ing the girl up** se comía a la joven con los ojos.

eyeball ['aɪbɔ:l] *n* globo *m* del ojo.

eyebath ['aɪbɑ:θ] *n* ojera *f*.

eyebrow ['aɪbraʊ] **1** *n* ceja *f*; **to raise one's ~s** levantar las cejas; **with raised ~s** (*fig*) con una actitud crítica. **2** *cpd*: **~ pencil** *n* lápiz *m* de cejas.

eye-catching ['aɪ,kætʃɪŋ] *adj* llamativo/a, vistoso/a.

eyecup ['aɪ,kʌp] *n* = **eyebath**.

-eyed [aɪd] *adj suf* de ojos; **green~** de ojos verdes; **one~** tuerto/a.

eyedrops ['aɪdrɒps] *npl* (*for bathing eyes*) gotas *fpl* para

los ojos.
eyeful ['aɪfʊl] *n*: **to get an ~ (of sth)** (*fam*) llenarse la cara (de algo); (*fig*) echarle un vistazo (a algo).
eyeglass ['aɪglɑːs] *n* lente *m*; (*worn in the eye*) monóculo *m*; **~es** (*esp US*) gafas *fpl*.
eyelash ['aɪlæʃ] *n* pestaña *f*.
eyelet ['aɪlɪt] *n* ojete *m*.
eyelevel ['aɪ,levl] *adj* a la altura de los ojos.
eyelid ['aɪlɪd] *n* párpado *m*.
eyeliner ['aɪ,laɪnəʳ] *n* lápiz *m* de ojos.
eye-opener ['aɪ,əʊpnəʳ] *n* (*fam*) revelación *f*, sorpresa *f*.
eye-patch ['aɪ,pætʃ] *n* parche *m*.
eyeshade ['aɪʃeɪd] *n* visera *f*.
eyeshadow ['aɪ,ʃædəʊ] *n* sombreador *m*, sombra *f* de ojos.
eyesight ['aɪsaɪt] *n* vista *f*; **to have poor ~** estar mal de la vista; **failing ~** visión *f* defectuosa.
eyesore ['aɪsɔːʳ] *n* monstruosidad *f*.
eyestrain ['aɪstreɪn] *n* vista *f* cansada.
eyetooth ['aɪtuːθ] *n* (*pl* **-teeth**) colmillo *m*; **to give one's eyeteeth for sth/to do sth** (*fam fig*) dar un ojo de la cara por algo/por hacer algo.
eyewitness ['aɪ,wɪtnɪs] *n* testigo *mf* presencial *or* ocular.
eyrie ['aɪərɪ] *n* aguilera *f*.

F, f [ef] *n* (**a**) (*letter*) F, f *f*. (**b**) (*Mus*) **F** fa *m*; *see* **A** *for usage*.
F. *abbr* (**a**) *of* **Fahrenheit**. (**b**) (*Rel*) *of* **Father** P., P.ᵉ.
f. *abbr* (**a**) (*Math*) *of* **foot**; **feet**. (**b**) *of* **following** sig. (**c**) (*Bio*) *of* **female**.
FA *n abbr* (*Brit*) *of* **Football Association** ≈ AFE *f*.
fa [fɑː] *n* (*Mus*) fa *m*.
FAA *n* (*US*) *abbr of* **Federal Aviation Administration**.
fable ['feɪbl] *n* fábula *f*.
fabric ['fæbrɪk] **1** *n* (*cloth*) tejido *m*, tela *f*; (*gen: textiles*) géneros *mpl*; (*Archit*) cuerpo *m*, estructura *f*; **the ~ of society** (*fig*) el tejido social. **2** *cpd*: **~ ribbon** *n* (*for typewriter*) cinta *f* de tela.
fabricate ['fæbrɪkeɪt] *vt* (*fig*) inventar; (*document, evidence*) falsificar.
fabrication [,fæbrɪ'keɪʃən] *n* (*fig*) invención *f*; (*of document, evidence*) fabricación *f*.
fabulous ['fæbjʊləs] *adj* fabuloso/a, de fábula; (*fam: incredible*) increíble; (*: wonderful*) fabuloso/a, estupendo/a, macanudo/a (*LAm*), bárbaro/a, chévere.
façade [fə'sɑːd] *n* (*Archit*) fachada *f*; (*fig*) apariencia *f*.
face [feɪs] **1** *n* (**a**) (*Anat etc*) cara *f*, rostro *m*; (*of dial, watch*) esfera *f*; (*surface*) superficie *f*; (*of the earth*) faz *f*, superficie; (*of coin*) cara; (*of building*) frente *m*, fachada *f*; (*of mountain, cliff*) cara, fachada; (*coal ~*) cara de trabajo; **~ down(wards)/up(wards)** (*person, card*) boca abajo/arriba; **in the ~ of** (*enemy*) frente a; (*threats, danger*) ante; (*difficulty*) en vista de, ante; **to laugh in sb's ~** reírse en la cara de algn; **he'll laugh on the other side of his ~** pasará de la risa al llanto; **to look sb in the ~** mirar a la cara a algn; **to say sth to sb's ~** decirle algo a algn a la cara; **I told him to his ~** se lo dije a la cara; **you can shout till you're blue in the ~** puedes gritar hasta hartarte; **to show one's ~** asomar la cara, dejarse ver; **shut your ~!** (*fam*) ¡cállate la boca!, ¡calla la boca!; **it's vanished off the ~ of the earth** ha desaparecido de la faz de la tierra; **the whole ~ of the town has changed** el aspecto de la ciudad ha cambiado por completo; **to have a good memory for ~s** tener buena memoria para las caras.
(**b**) (*expression*) cara *f*, expresión *f*; **a long ~** una cara larga *or* de viernes; **a happy ~** una cara alegre *or* de Pascua; **to keep a straight ~** contener la risa; **to make** *or* **pull ~s (at sb)** hacer muecas (a algn); **his ~ fell** (*fig*) puso cara larga.
(**c**) (*outward show*) **on the ~ of it** a primera vista, a juzgar por las apariencias; **to put a brave ~ on sth** poner al mal tiempo buena cara.
(**d**) (*dignity*) **to lose ~** desprestigiarse, perder prestigio; **to save ~** salvar las apariencias.
(**e**) (*effrontery*) descaro *m*, cara *f*, caradura *f*.
2 *vt* (**a**) (*also* **be facing**: *person, object*) estar de cara a, estar enfrente de; (*building: be opposite*) estar enfrente de; (*: overlook*) dar a, tener vista a; **~ the wall!** ¡póngase de cara a la pared!; **my room ~s the sea** mi cuarto da al mar; **to sit facing the engine** estar sentado de frente a la máquina; **they sat facing each other** estaban sentados uno frente al otro.
(**b**) (*fig: confront: enemy, danger*) enfrentarse con; (*: consequences*) afrontar; (*: problem, situation*) afrontar, hacer frente a; **I can't ~ him** (*ashamed*) no me atrevo a mirarle a los ojos; **to ~ the music** (*fig*) afrontar las consecuencias; **to ~ facts** aceptar los hechos *or* la realidad; **to ~ the fact that ...** reconocer que ...; **we are ~d with serious problems** se nos plantean graves problemas; **he ~s a fine of £200** se arriesga una multa de 200 libras; **let's ~ it!** (*fam*) ¡seamos realistas!, ¡reconozcámoslo!
(**c**) (*fig: bear, stand*) soportar; **I can't ~ it/doing it** no lo soporto/no soporto hacerlo.
(**d**) (*Tech*) revestir, forrar; **a wall ~d with concrete** una pared revestida de hormigón.
3 *vi* mirar hacia; (*turn*) volverse hacia; **which way does it ~?** ¿en qué dirección está orientado?; **it ~s east/towards the east** da al este/mira hacia el este.
4 *cpd*: **~ cloth** *n* toallita *f*; (*glove*) manopla *f* (para lavarse la cara); **~ cream** *n* crema *f* de belleza; **~ lift** *n* estiramiento *m* de la piel de la cara mediante la cirugía estética; **to have a ~ lift** (*person*) estirarse la piel de la cara; (*building*) ser restaurado; **~ pack** *n* mascarilla *f*; **~ powder** *n* polvos *mpl* para la cara; **~ value** *n* (*of coin*) valor *m* nominal; (*of stamp*) valor facial; **to take sth at ~ value** (*fig*) creerse algo a pie juntillas, aceptar las apariencias.
▸ **face down** *vt + adv* (*US*) intimidar con la mirada.
▸ **face on to** *vi + prep* mirar hacia, dar a.
▸ **face out** *vt + adv*: **to ~ it out** insistir descaradamente en ello.
▸ **face up to** *vi + prep* (*difficulty etc*) afrontar, hacer frente a; **to ~ up to the fact that ...** afrontar el hecho de que ..., hacerse a la idea de que ...; **she ~d up to it bravely** lo aguantó con mucha resolución.
faceless ['feɪslɪs] *adj* sin rostro; (*anonymous*) anónimo/a.
face-saving ['feɪs,seɪvɪŋ] *adj* para salvar las apariencias.
facet ['fæsɪt] *n* (*feature*) faceta *f*, aspecto *m*; (*of gem, fig*) lado *m*, cara *f*.
facetious [fə'siːʃəs] *adj* (*person*) ocurrente, ingenioso/a; (*remark*) gracioso/a.
face-to-face [,feɪstə'feɪs] **1** *adj*: **a ~ argument** un enfrentamiento *or* una discusión cara a cara. **2** *adv*: **face to**

face cara a cara.

facial ['feɪʃəl] **1** *adj* de la cara, facial. **2** *n* tratamiento *m* facial.

facile ['fæsaɪl] *(pej) adj (writer)* vulgar; *(remark, expression)* superficial, ligero/a; *(victory)* fácil.

facilitate [fə'sɪlɪteɪt] *vt (make easier)* facilitar; *(assist progress)* favorecer.

facility [fə'sɪlɪtɪ] *n (easiness)* facilidad *f*; *(skill)* habilidad *f*, destreza *f*; *(with languages)* facilidad *(in* para); **facilities** comodidades *fpl*, servicios *mpl*; **credit facilities** facilidades (de pago); **public transport facilities** servicios *mpl* de transporte público; **recreational facilities** instalaciones *fpl* recreativas; **shopping facilities** *(shops)* tiendas *fpl*; *(services)* servicios de compra; **sports facilities** instalaciones deportivas; **toilet facilities** servicios, aseos *mpl*.

facing ['feɪsɪŋ] **1** *prep* de cara a, frente a. **2** *adj* opuesto/a, de enfrente. **3** *n (Archit)* paramento *m*, revestimiento *m*; *(Sew)* guarnición *f*.

facsimile [fæk'sɪmɪlɪ] **1** *n* facsímile *m*, facsímil *m*. **2** *cpd*: ~ **machine** *n* máquina *f* de facsímile *or* reproducción.

fact [fækt] *n (gen)* hecho *m*; *(information)* dato *m*; *(not fiction)* realidad *f*; **it's a ~ that ...** es un hecho que ...; **to know for a ~ that ...** saber a ciencia cierta que ...; **the ~s of life** *(sex etc)* los detalles de la reproducción humana; *(fig)* las cosas de la vida; **~s and figures** datos; **~ and fiction** la realidad y la ficción; **hard ~s** hechos innegables; **story founded on ~** historia basada en hechos verídicos; **to stick to the ~s** atenerse a los hechos; **it has no basis in ~** carece de base (real); **in ~, as a matter of ~, in point of ~** en realidad, de hecho; **the ~ (of the matter) is that ...** la verdad es que ...; **by the very ~ that ...** por el propio hecho de que ....

fact-finding ['fækt,faɪndɪŋ] *adj*: **on a ~ tour/mission** en viaje/misión de reconocimiento; **a ~ committee** una comisión de investigaciónn.

faction ['fækʃən] *n* facción *f*.

factor ['fæktəʳ] **1** *n* **(a)** *(fact)* factor *m*; **human ~** factor humano; **safety ~** factor de seguridad. **(b)** *(Math)* factor *m*; **highest common ~** máximo común divisor *m*. **(c)** *(Comm)* agente *mf* comisionado/a. **2** *vi (Comm)* comprar deudas.

factoring ['fæktərɪŋ] *n* factorización *f*.

factory ['fæktərɪ] **1** *n* fábrica *f*; *(small)* taller *m*. **2** *cpd*: ~ **farming** *n* cría *f* industrial; ~ **inspector** *n* inspector(a) *m/f* de trabajo; ~ **ship** *n* buque *m* factoría; ~ **worker** *n* obrero/a *m/f* industrial.

factual ['fæktjʊəl] *adj (report, description)* objetivo/a, basado/a en datos objetivos; *(error)* de hecho.

faculty ['fækəltɪ] *n (power of body, mind, also Univ)* facultad *f*, *(ability)* habilidad *f*, facilidad *f*, *(US Univ: teaching staff)* profesorado *m*, claustro *m* (de facultad *or* universidad).

fad [fæd] *n (fashion)* novedad *f*, moda *f*; **a passing ~** una moda pasajera; **the ~ for Italian clothes** la manía de los trajes italianos.

fade [feɪd] *vi* **(a)** *(flower)* marchitarse; *(colour, fabric)* decolorarse, desteñir. **(b)** *(also* ~ **away**: *light)* apagarse (gradualmente); *(: eyesight, hearing, memory, hopes)* perder; *(: smile)* desaparecer; *(: sounds)* desvanecerse; *(: person)* consumirse; **the daylight was fading** el día se apagaba; **to ~ from sight** perderse de vista; **he saw his chances fading** veía como estaban acabando sus posibilidades.

▸ **fade in 1** *vt + adv (TV, Cine)* fundir en; *(Rad: sound)* mezclar en. **2** *vi + adv (TV, Cine)* fundirse *(to* en), sobreponerse *(to* a); *(Rad)* oírse por encima *(over* de).

▸ **fade out 1** *vt + adv (TV, Cine)* desdibujar, difuminar; *(Rad)* apagar, disminuir el volumen de. **2** *vi + adv (TV, Cine)* desdibujarse, difuminarse; *(Rad)* apagarse, dejar de oírse.

▸ **fade to** *vi + prep (Cine)* fundir a.

▸ **fade up** *vt + adv* = **fade in 1**.

fade-in ['feɪdɪn] *n (Cine, TV)* fundido *m*.

fade-out ['feɪdaʊt] *n (Cine, TV)* fundido *m* (de cierre).

faeces, *(US)* **feces** ['fi:si:z] *npl* excrementos *mpl*, heces *fpl*.

faff [fæf] *vi*: **to ~ about** *(fam)* perder el tiempo, ocuparse en bagatelas; **stop ~fing about!** ¡déjate de tonterías!

fag [fæg] *(fam)* **1** *n (effort, job)* faena *f*, lata *f*; *(Brit: cigarette)* pitillo *m*, cigarro *m*; *(Brit Scol) alumno joven que trabaja para otro mayor*; *(US)* marica *m (fam)*. **2** *vt (also* ~ **out)** fatigar, cansar. **3** *cpd*: ~ **end** *n* final *m*; *(of cigarette)* colilla *f*.

faggot ['fægət] *n (for fire)* haz *m* de leña; *(Brit fam)* bruja *f*; *(US fam)* marica *m*.

Fahrenheit ['færənhaɪt] *n* Fahrenheit *m (termómetro, grados etc)*.

fail [feɪl] **1** *vi* **(a)** *(in exam: candidate)* suspender; *(show, play)* fracasar; *(business)* quebrar; *(plan)* fracasar, no dar resultado; *(remedy)* no surtir efecto; **to ~ by 5 votes** perder por cinco votos; **to ~ in one's duty** faltar a su deber, no cumplir con su obligación.

(b) *(light)* irse, apagarse; *(crops)* perderse; *(health, sight)* debilitarse; *(engine, brakes)* fallar; *(water supply)* acabarse; *(power)* cortarse, fallar; **his strength ~ed him** le fallaron las fuerzas.

2 *vt* **(a)** *(exam, subject)* suspender; *(candidate)* suspender (a).

(b) *(let down: person)* fallar (a); *(subj: memory, strength)* fallar; **don't ~ me!** ¡no me falles!, ¡no faltes!; **his heart/courage ~ed him** se encontró sin ánimo/le faltó valor; **words ~ me!** ¡no encuentro palabras!

(c) *(omit)* **to ~ to do sth** dejar de hacer algo; **don't ~ to visit her** no deje de visitarla; **I ~ to see why/what** *etc* no veo *or* alcanzo a ver por qué/qué *etc*.

3 *n* **(a) without ~** sin falta.

(b) *(Univ)* suspenso *m (in* en).

failing ['feɪlɪŋ] **1** *prep* a falta de, falto de; **~ that, ...** de no ser posible, ... **2** *n (gen)* falta *f*, defecto *m*; **it's his only ~** es su único punto débil. **3** *adj*: **he was in ~ health** su salud era cada vez más débil; **a ~ marriage** un matrimonio que anda mal.

failsafe ['feɪlseɪf] *adj*: ~ **device** mecanismo *m* de seguridad.

failure ['feɪljəʳ] **1** *n (gen: lack of success)* fracaso *m*; *(in exam)* suspenso *m*; *(of crops)* pérdida *f*, suspenso; *(of supplies)* corte *m*, interrupción *f*; *(Tech)* fallo *m*, avería *f*; *(Med)* crisis *f*, ataque *m*; *(person)* fracasado/a *m/f*; *(neglect)* falta *f*; **power ~** corte de electricidad, apagón *m*; **his ~ to come** su ausencia, el que no viniera; **~ to pay** incumplimiento *m* en el pago; **to end in ~** acabar mal, malograrse *(LAm)*; **it was a complete ~** fue un fracaso total; **heart ~** paro *m* cardíaco, infarto *m*.

2 *cpd*: ~ **rate** *n (in exams)* porcentaje *m* de suspensos; *(of machine)* porcentaje de averías.

faint [feɪnt] **1** *adj (comp* **~er**; *superl* **~est)** *(breeze)* débil, ligero/a; *(outline)* borroso/a, indistinto/a; *(trace, mark)* apenas perceptible; *(sound)* apagado/a, débil; *(voice, breathing)* débil; *(smell)* tenue, casi imperceptible; *(taste, resemblance)* ligero/a; *(hope)* remoto/a; *(smile)* leve; *(idea, memory)* vago/a; **to feel ~** marearse, tener vahídos; **I haven't the ~est idea** *(fam)* no tengo ni la más remota idea; **~ with hunger** muerto de hambre.

2 *n* desmayo *m*, desvanecimiento *m*.

3 *vi* desmayarse, perder el conocimiento *(from* de).

faint-hearted ['feɪnt'hɑ:tɪd] *adj* cobarde, pusilánime, apocado/a, medroso/a.

faintly ['feɪntlɪ] *adv* débilmente; *(disappointed)* ligeramente; *(reminiscent)* vagamente.

fair[1] [fɛəʳ] **1** *adj (comp* **~er**; *superl* **~est) (a)** *(just: person)* justo/a *(to* con); *(even-handed)* equitativo/a; *(decision, report, hearing)* imparcial; *(comment)* acertado/a, atinado/a; *(sample)* representativo/a; *(deal, exchange, price)* justo; *(fight, competition, match)* igualado/a; *(chance)* razonable; **it's not ~!** ¡no es justo!, ¡no hay derecho!; **to be ~** ... en honor a la verdad ...; **it's only ~ that** ... lo más justo sería que ...; **it's ~ to say that** ... hay que reconocer que ...; **~ enough!** ¡vale!; **by ~ means or foul** por las buenas o por las malas; **~ game** presa *f* fácil; **~ play** juego *m* limpio; **his ~ share of** su parte de, lo que le corresponde de; **~ trade** comercio *m* legítimo.

(**b**) (*reasonable, average: work, result*) regular; **he has a ~ chance/hope** tiene bastantes posibilidades/esperanzas; **~ wear and tear** desgaste *m* natural.

(**c**) (*quite large: sum*) bastante (grande); (*: number*) bastante elevado/a; (*: speed*) considerable; **a ~ amount of** bastante.

(**d**) (*light-coloured: hair, person*) rubio/a, güero/a (*Mex*); (*: complexion, skin*) blanco/a, güero.

(**e**) (*fine, good: weather*) bueno/a; (*copy*) en limpio; **the ~ sex** (*female*) el bello sexo; **through ~ and foul** haga bueno o malo.

2 *adv* (**a**) **to play ~** jugar limpio; **to act/win ~ and square** obrar/ganar honradamente; **the ball hit me ~ and square in the stomach** la pelota me dio de lleno en el estómago.

(**b**) **we were ~ terrified** (*fam*) nos asustamos bastante.

fair² [fɛəʳ] *n* (*market*) feria *f*; (*trade ~*) feria de muestras; (*fun ~*) parque *m* de atracciones.

fairground [ˈfɛəgraʊnd] *n* (parque *m* de) atracciones *fpl*, ferias *fpl*.

fair-haired [ˈfɛəˈhɛəd] *adj* (*person*) rubio/a, güero/a (*Mex*).

fairly [ˈfɛəlɪ] *adv* (**a**) (*justly*) justamente; (*equally*) equitativamente; (*according to the rules*) limpiamente. (**b**) (*quite*) bastante; **I'm ~ sure** creo que sí; **~ good** bastante bueno. (**c**) (*fam: utterly*) completamente.

fair-minded [ˈfɛəˈmaɪndɪd] *adj* imparcial.

fairness [ˈfɛənɪs] *n* (*justice*) justicia *f*; (*objectivity*) imparcialidad *f*; **in all ~** (*to be honest*) a decir verdad; **in (all) ~ to him** para serle justo.

fair-sized [ˈfɛəsaɪzd] *adj* bastante grande.

fairway [ˈfɛəweɪ] *n* (*Golf*) calle *f*.

fair-weather [ˈfɛəˌweðəʳ] *adj*: **~ friend** amigo/a *m/f* en la prosperidad *or* del buen viento.

fairy [ˈfɛərɪ] **1** *n* hada *f*; (*fam pej: homosexual*) maricón *m*. **2** *cpd*: **~ godmother** *n* hada *f* madrina; **~ lights** *npl* bombillas *fpl* de colorines; **~ queen** *n* reina *f* de las hadas; **~ tale** *n* cuento *m* de hadas; (*lie*) cuento, patraña *f*.

fairyland [ˈfɛərɪlænd] *n* tierra *f* de las hadas.

fait accompli [ˌfeɪtəˈkɒmpliː] *n* hecho *m* consumado.

faith [feɪθ] **1** *n* (*Rel*) fe *f*; (*doctrine*) creencia *f*, doctrina *f*; (*trust*) confianza *f*; **to have ~ in sb/sth** fiarse de algn/algo; **to put one's ~ in sb/sth** confiar en algn/algo; **to keep/break ~ with sb** cumplir (con)/faltar a su palabra para con algn; **in (all) good ~** de buena fe; **in bad ~** de mala fe. **2** *cpd*: **~ healer** *n* curandero/a *m/f*.

faithful [ˈfeɪθfʊl] **1** *adj* (*also Rel*) fiel (*to* a); (*friend, servant, spouse*) leal; (*translation*) fiel; (*trustworthy*) digno/a de confianza; (*account*) detallado/a. **2** *npl*: **the ~** (*Rel*) los fieles *mpl*.

faithfully [ˈfeɪθfəlɪ] *adv* fielmente; **yours ~** (*in letter*) le saluda atentamente.

faithless [ˈfeɪθlɪs] *adj* desleal.

fake [feɪk] **1** *n* (*thing, picture*) falsificación *f*; (*person*) impostor(a) *m/f*. **2** *adj* falso/a, fingido/a. **3** *vt* (*accounts*) contrahacer, falsificar; (*illness*) fingir. **4** *vi* fingir, simular.

falcon [ˈfɔːlkən] *n* halcón *m*.

Falkland Islands [ˈfɔːlkləndˌaɪləndz], **Falklands** [ˈfɔːlkləndz] *n* (Islas *fpl*) Malvinas *fpl*.

fall [fɔːl] (*vb: pt* **fell**; *pp* **~en**) **1** *n* (**a**) (*gen*) caída *f*; (*of rocks*) desprendimiento *m*; (*of earth*) corrimiento *m*; (*of building, bridge etc*) derrumbamiento *m*; (*of rain*) aguacero *m*; (*of snow*) nevada *f*; (*amount*) disminución *f*; (*in prices, temperature, demand*) descenso *m*, baja *f*; **he had a bad ~** sufrió una mala caída.

(**b**) (*downfall*) caída *f*, ocaso *m*; (*defeat*) derrota *f*; (*of city*) rendición *f*, caída; (*from favour, power etc*) alejamiento *m*.

(**c**) **~s** (*waterfall*) salto *msg* de agua, cascada *fsg*, catarata *fsg*; **the Niagara F~s** las cataratas del Niágara.

(**d**) (*US: autumn*) otoño *m*.

2 *vi* (**a**) (*gen*) caer; (*ground*) descender, estar en declive; (*rocks*) desprenderse; (*decrease*) disminuir; (*price, level, temperature etc*) bajar, descender; (*wind*) amainar; **to ~ to** *or* **on one's knees** arrodillarse, caer de rodillas; **to ~ on one's feet** caer de pie; (*fig*) salir bien parado; **to let sth ~** dejar caer algo; **to let ~ that** ... soltar que ...; **to ~ from grace** (*Rel*) perder la gracia; (*fig*) caer en desgracia; **he fell in my estimation** perdió mucho a mis ojos; **it all began to ~ into place** (*fig*) todo empezó a encajar; **to ~ short of sb's expectations** defraudar las esperanzas de algn; **to ~ short of perfection** no llegar a la perfección; **the arrow fell short of the target** la flecha no alcanzó la diana; **to ~ flat** (*joke*) no hacer gracia; (*party*) fracasar.

(**b**) (*become*) **to ~ asleep** quedarse dormido, dormirse; **to ~ due** vencer; **to ~ heir to sth** heredar algo; **to ~ ill** caer enfermo, enfermarse; **to ~ in love (with sb/sth)** enamorarse (de algn/algo); **to ~ silent** callarse.

(**c**) (*be defeated: subj: government*) caer, ser derrotado; (*: city*) rendirse, ser tomado; (*: soldiers: die*) caer, morir.

3 *cpd*: **~ guy** *n* (*esp US fam*) víctima *f* (de un truco); (*scapegoat*) cabeza *f* de turco.

► **fall about** *vi + adv* (*fig fam*) morirse *or* partirse de la risa.

► **fall apart** *vi + adv* caerse a pedazos, deshacerse.

► **fall away** *vi + adv* (*slope steeply: ground*) descender abruptamente (*to* hacia); (*crumble: plaster*) desconcharse.

► **fall back** *vi + adv* (*retreat*) retroceder; (*Mil*) replegarse; **to ~ back on sth** (*fig*) recurrir a algo; **something to ~ back on** algo a lo que recurrir.

► **fall behind** *vi + adv* (*in race etc*) quedarse atrás, rezagarse; (*fig: with work, payments*) retrasarse.

► **fall down** *vi + adv* (*person*) caerse (al suelo); (*building*) hundirse, derrumbarse; (*fig: go wrong*) fracasar, fallar; **to ~ down on the job** hacerlo mal.

► **fall for** (*fam*) *vi + prep* (*feel attracted to: person*) enamorarse de; (*: object*) coger *or* tomar afición a, aficionarse a; (*: idea*) interesarse por; (*be deceived by: trick*) dejarse engañar por, tragarse.

► **fall in 1** *vi + adv* (**a**) (*person*) caerse (dentro); (*roof, walls*) desplomarse; **to ~ in with** (*meet: person*) encontrarse *or* juntarse con; (*agree to: plan, proposal etc*) aceptar, quedar de acuerdo con.

(**b**) (*Mil*) formar filas.

2 *vi + prep*: **to ~ in(to)** (*person*) caerse dentro de; (*in river*) caerse a; **to ~ into error/bad habits/bad ways** incurrir en error/adquirir malos hábitos/coger *or* tomar un mal camino; **to ~ into conversation with sb** entablar conversación con algn; **it ~s into 4 parts** se divide en 4 partes; **it ~s into this category** está incluido en esta categoría; **his poems ~ into 3 categories** sus poemas se dividen en tres categorías.

► **fall off 1** *vi + adv* (*gen*) caerse; (*part*) desprenderse; (*diminish: in amount, numbers*) disminuir; (*: interest*) enfriarse, decaer; (*: quality*) empeorar. **2** *vi + prep* (*gen*) caerse de; (*part*) desprenderse de.

► **fall on** *vi + prep* (*also* **~ upon**) (**a**) (*tax etc*) incidir en. (**b**) (*accent, stress*) cargar sobre, caer sobre. (**c**) (*Mil*) caer sobre. (**d**) (*food*) lanzarse sobre. (**e**) (*birthday*) caer en. (**f**) (*find*) tropezar con, dar con. (**g**) (*duty*) = **fall to 1 (c)**. (**h**) (*look*) **my gaze fell on certain details** quedé mirando ciertos detalles.

► **fall out** *vi + adv* (**a**) (*person, object*) caerse (*of* de). (**b**) (*Mil*) romper filas. (**c**) (*fig: quarrel*) **to ~ out (with sb over sth)** enfadarse *or* (*LAm*) enojarse (con algn por algo). (**d**) (*happen*) **it fell out that** ... resultó que ...;

events fell out (just) as we had hoped todo salió como habíamos deseado.
► **fall over 1** *vi + adv* caer, caerse. **2** *vi + prep* tropezar con; **he was ~ing over himself** *or* **over backwards to be polite** (*fam*) se desvivía en atenciones; **they were ~ing over each other to get it** (*fam*) se pegaban por conseguirlo.
► **fall through** *vi + adv* (*plans etc*) fracasar.
► **fall to 1** *vi + prep* **(a) to ~ to doing sth** empezar a hacer algo, ponerse a hacer algo; **he fell to wondering if/to thinking (about)** ... empezó a preguntarse si/a pensar (en) ....
(b) to ~ to temptation sucumbir a la tentación.
(c) (*duty*) corresponder a, incumbir a, tocar a; **the responsibility ~s to you** la responsabilidad es tuya *or* recae en ti; **it ~s to me to say** ... me corresponde a mí decir ....
2 *vi + adv* ponerse a trabajar *etc*; (*eat*) empezar a comer; **~ to!** ¡a ello!, ¡vamos!
► **fall upon** *vi + prep see* **fall on**.
fallacious [fəˈleɪʃəs] *adj* erróneo/a, engañoso/a.
fallacy [ˈfæləsɪ] *n* (*false belief*) falacia *f*; (*false reasoning*) sofisma *m*, argucia *f*.
fall-back [ˈfɔːlbæk] *adj*: **~ position** segunda línea *f* de defensa; (*fig*) posición *f* de repliegue.
fallen [ˈfɔːlən] **1** *pp of* **fall**. **2** *adj* (*lit*) caído/a; (*morally: woman*) perdido/a; (*: angel*) caído. **3** *npl*: **the ~** (*Mil*) los caídos *mpl*.
fallible [ˈfæləbl] *adj* falible.
falling [ˈfɔːlɪŋ] *adj* que cae; (*star*) fugaz; (*Comm*) en baja.
falling-off [ˈfɔːlɪŋˈɒf] *n* (*in numbers etc*) disminución *f*; (*in standards*) empeoramiento *m*.
Fallopian [fəˈləʊpɪən] *adj*: **~ tube** (*Anat*) trompa *f* de Falopio.
fallout [ˈfɔːlaʊt] **1** *n* polvillo *m or* lluvia *f* radiactivo/a. **2** *cpd*: **~ shelter** *n* refugio *m* antinuclear.
fallow [ˈfæləʊ] *adj* en barbecho; **to lie ~** estar en barbecho.
false [fɔːls] *adj* **(a)** (*not correct: statement, idea*) falso/a; **~ alarm** falsa alarma *f*; **~ modesty** falsa modestia *f*; **~ move** paso *m* en falso; **~ pride** orgullo *m* fingido; **~ start** (*Sport*) salida *f* nula; (*fig*) comienzo *m* fallido.
(b) (*deceitful*) desleal, falso/a; **~ friend** (*lit*) amigo *m* desleal; (*Ling*) falso amigo *m*; (*fig*) falso parecido *m*; **under ~ pretences** mediante fraude *or* engaño; **to give a ~ impression** dar una impresión falsa; **~ smile/laughter** sonrisa *f*/risa *f* forzada; **~ witness** falso testimonio *m*; **to bear ~ witness** jurar en falso.
(c) (*artificial*) postizo/a; **~ teeth** dentadura *fsg* postiza, dientes *mpl* postizos; **~ hairpiece** peluca *f*; **with a ~ bottom** con doble fondo; **~ coin** moneda *f* falsa.
falsehood [ˈfɔːlshʊd] *n* (*frm*) falsedad *f*; (*lie*) mentira *f*.
falsely [ˈfɔːlslɪ] *adv* falsamente, con falsedad.
falsetto [fɔːlˈsetəʊ] **1** *n* falsete *m*. **2** *adj* de falsete.
falsify [ˈfɔːlsɪfaɪ] *vt* (*documents*) falsificar; (*evidence*) desvirtuar, falsear; (*accounts, figures*) falsear.
falter [ˈfɔːltəʳ] *vi* (*voice, speaker*) quebrarse; (*waver*) vacilar, titubear; (*steps*) vacilar; (*courage*) fallar, faltar; **without ~ing** sin vacilar.
fame [feɪm] *n* fama *f*.
famed [feɪmd] *adj* famoso/a, afamado/a.
familiar [fəˈmɪlɪəʳ] *adj* **(a)** (*well-known: face, person, place*) conocido/a, familiar; (*common: experience, complaint, event*) corriente, común; **it's a ~ feeling** es un sentimiento común. **(b)** (*intimate: tone of voice etc*) íntimo/a, de confianza; (*well-acquainted*) **to be ~ with** estar familiarizado con, conocer; **to be on ~ terms with** tener confianza con; **to be on ~ ground** (*fig*) estar en su elemento, dominar la materia.
familiarity [fə,mɪlɪˈærɪtɪ] *n* (*knowledge*) conocimiento *m* (*with* de); (*of tone etc*) familiaridad *f*, confianza *f*; **~ breeds contempt** lo conocido no se estima.
familiarize [fəˈmɪlɪəraɪz] *vt*: **to ~ o.s. with** familiarizarse con.
family [ˈfæmɪlɪ] **1** *n* (*close relatives, group of animals*) familia *f*; **to run in the ~** ser cosa de familia; **she's one of the ~** es como de la familia.
2 *cpd* (*jewels, name*) de familia; (*friend*) de la familia; **~ allowance** *n* ≈ subsidio *m* de la familia; **~ business** *n* negocio *m* familiar; **~ credit** *n* ≈ suplemento *m* familiar; **~ doctor** *n* médico/a *m/f* de cabecera; **~ life** *n* vida *f* doméstica; **~ man** *n* hombre *m* casero *or* de su casa; **~ planning clinic** *n* clínica *f* de planificación familiar; **~ therapy** *n* terapia *f* familiar; **~ tree** *n* árbol *m* genealógico.
famine [ˈfæmɪn] *n* (*hunger*) hambre *f*, hambruna *f* (*LAm*); (*shortage*) escasez *f*.
famished [ˈfæmɪʃt] (*fam*) *adj* famélico/a; (*fig*) muerto/a de hambre.
famous [ˈfeɪməs] *adj* famoso/a, célebre (*for* por); (*hum*) dichoso/a; **~ last words!** (*fam hum*) ¡para qué habré dicho nada!, ¡me hubiera callado mejor! (*LAm*).
famously [ˈfeɪməslɪ] *adv*: **to get on ~** llevarse de la maravilla.
fan[1] [fæn] **1** *n* abanico *m*; (*machine*) ventilador *m*; **electric ~** ventilador eléctrico; **when the shit hits the ~** (*fam!*) cuando se arma la gorda (*fam*). **2** *vt* (*face, person*) abanicar; (*flames*) atizar, avivar; (*fig*) avivar, excitar. **3** *cpd*: **~ belt** *n* (*in motor*) correa *f* del ventilador; **~ heater** *n* estufa *f* eléctrica (de aire caliente).
► **fan out 1** *vt + adv* (*cards etc*) exponer *or* ordenar en abanico. **2** *vi + adv* (*Mil etc*) desparramarse (en abanico), avanzar en abanico.
fan[2] [fæn] **1** *n* (*gen*) aficionado/a *m/f*; (*Sport*) hincha *mf*, forofo/a *m/f* (*Esp*), adicto/a *m/f* (*LAm*); (*of pop star, etc*) admirador(a) *m/f*; **the ~s** la afición *fsg*. **2** *cpd*: **~ club** *n* club *m* de admiradores; **~ mail** *n* correspondencia *f* de los admiradores.
fanatic [fəˈnætɪk] *adj, n* fanático/a *m/f*.
fanatical [fəˈnætɪkəl] *adj* fanático/a.
fanaticism [fəˈnætɪsɪzəm] *n* fanatismo *m*.
fanciable [ˈfænsɪəbl] *adj* (*Brit fam*) guapo/a, bueno/a (*fam*).
fancied [ˈfænsɪd] *adj* (*imaginary*) imaginario/a; (*preferred*) favorito/a; **a much ~ possibility** una posibilidad en que muchos creen.
fanciful [ˈfænsɪfʊl] *adj* (*temperament*) caprichoso/a; (*ideas, drawings*) fantástico/a; (*story, account*) imaginario/a, irreal; (*person*) imaginativo/a, fantasioso/a; (*imagination*) vivo/a, rico/a.
fancy [ˈfænsɪ] **1** *n* **(a)** (*whim, liking*) capricho *m*, antojo *m*; **when the ~ takes him** cuando se le antoja; **to take a ~ to** (*sb*) tomar cariño a; (*sth*) encapricharse con; **to catch** *or* **take sb's ~** atraer a algn, cautivar a algn.
(b) (*imagination*) fantasía *f*, imaginación *f*; (*vague idea*) **I have a ~ that he'll be late** tengo la sensación de que llegará tarde; **in the realm of ~** en el mundo de la fantasía; **is it just my ~, or did I hear a knock at the door?** han llamado a la puerta ¿o me lo estoy imaginando?
2 *adj* (*comp* **-ier**; *superl* **-iest**) (*ornamental*) de adorno; (*restaurant*) de lujo; (*goods*) de fantasía; (*price*) excesivo/a, desorbitado/a; (*idea*) exagerado/a, desmesurado/a; **nothing ~** nada extraordinario; **his ~ woman** (*fam*) su querida; **~ dress** disfraz *m*; **~ dress ball/party** baile *m*/fiesta *f* de disfraces.
3 *vt* **(a)** (*imagine*) imaginarse, figurarse; **he fancied himself to be in Spain** soñó *or* se imaginó que estaba en España; **I rather ~ he's gone out** me da la impresión *or* se me antoja *or* (*LAm*) se me hace que ha salido; **~ that!** (*fam*) ¡fíjate!, ¡imagínate!; **~ meeting you here!** (*fam*) ¡qué casualidad encontrarte aquí!
(b) (*like, want*) apetecer, gustar; **do you ~ (going for) a stroll?** ¿te apetece *or* (*LAm*) se te antoja dar un paseo?; **I don't ~ the idea** no me gusta la idea; **I don't ~ his chances of winning** no creo que tenga muchas posibilidades de ganar; **he fancies himself** (*fam*) es un creído

or un presumido; **he fancies himself as a footballer** (*fam*) se las da *or* echa de futbolista; **she fancies him** (*fam*) él le gusta mucho a ella.

fancy-free [ˈfænsɪˈfriː] *adj* sin compromiso.

fanfare [ˈfænfɛəʳ] *n* fanfarria *f* (de trompeta).

fanfold paper [ˈfænfəʊldˌpeɪpəʳ] *n* papel *m* plegado en abanico *or* acordeón.

fang [fæŋ] *n* colmillo *m*.

fanlight [ˈfænlaɪt] *n* montante *m* de abanico.

Fanny [ˈfænɪ] *n*: **sweet ~ Adams** (*Brit fam*) nada de nada, na' de na' (*fam*).

fanny [ˈfænɪ] *n* (**a**) (*Brit fam!*) coño *m* (*fam!*), concha *f* (*LAm fam!*). (**b**) (*US fam: buttocks*) culo *m* (*fam!*).

fantasize [ˈfæntəsaɪz] *vi* fantasear, hacerse ilusiones.

fantastic [fænˈtæstɪk] *adj* (*story, idea*) fantástico/a; (*shapes, images*) extraño/a; (*fam: excellent*) estupendo/a, bárbaro/a, regio/a (*LAm*), macanudo/a (*CSur*), chévere (*Ven*).

fantasy [ˈfæntəzɪ] *n* (*imagination*) fantasía *f*; (*fanciful idea, wish*) sueño *m*, fantasía; **in a world of ~** en un mundo de ensueño.

fanzine [ˈfænziːn] *n* fanzine *m*.

FAO *n abbr of* **Food and Agriculture Organization** OAA *f*.

faq *abbr of* **of fair average quality** de calidad estándar.

far [fɑːʳ] (*comp* **~ther** *or* **further**; *superl* **~thest** *or* **furthest**) **1** *adv* (**a**) (*distance: lit, fig*) lejos, a lo lejos; **is it ~ (away)?** ¿está lejos?; **is it ~ to London?** ¿hay mucho hasta Londres?; **how ~ is it to the river?** ¿qué distancia *or* cuánto hay de aquí al río?; **it's not ~ (from here)** no está lejos (de aquí); **as ~ as** hasta; **as ~ as the eye can see** hasta donde alcanza la vista; **to go as ~ as Milan** ir hasta Milán; **to come from as ~ away as Milan** venir de sitios tan lejanos como Milán; **she climbed as ~ as the rest of the team** escaló tanto como el resto del grupo; **as ~ back as I can remember** hasta donde me alcanza la memoria; **as ~ back as 1945** ya en 1945; **as** *or* **so ~ as I know** que yo sepa; **as** *or* **so ~ as I am concerned** por lo que a mí se refiere *or* respecta; **as ~ as possible** en lo posible; **the theory is good as ~ as it goes** la teoría es buena dentro de sus límites; **I would go as** *or* **so ~ as to say that ...** me atrevería a decir que ...; **from ~ and near** de todas partes; **~ and wide** por todas partes; **~ away** *or* **off** lejos; **~ away** *or* **off in the distance** a lo lejos; **not ~ away** *or* **off** no muy lejos; **~ away from one's family** lejos de la familia; **Christmas is not ~ off** la Navidad no está lejos; **~ beyond** mucho más allá de; **~ from** (*place*) lejos de; **~ from (doing sth)** lejos de (hacer algo); **~ from it!** ¡todo lo contrario!, ¡ni mucho menos!; **he is ~ from well** no está nada bien; **~ be it from me to interfere, but ...** no quiero entrometerme, pero ...; **~ from easy** nada fácil; **~ into the night** hasta altas horas de la noche; **~ out at sea** en alta mar; **our calculations are ~ out** nuestros cálculos yierran *or* se equivocan por mucho; **a bridge too ~** un puente de más; **to go ~** (*person: lit*) ir lejos; **he'll go ~** (*fig*) llegará lejos; **it won't go ~** (*money, food*) no alcanzará mucho; **how ~ are you going?** ¿hasta dónde vas?; **how ~ have you got with your work/plans?** ¿hasta dónde has llegado en tu trabajo/tus planes?; **he's gone too ~ this time** esta vez se ha pasado; **he's gone too ~ to back out now** ha ido demasiado lejos para echarse atrás *or* retirarse ahora; **the plans are too ~ advanced** los proyectos están demasiado adelantados; **he was ~ gone** (*fam: ill*) estaba muy acabado; (*: drunk*) estaba muy borracho; **so ~** (*in distance*) tan lejos; (*in time*) hasta ahora; **so ~ so good** por *or* hasta ahora, bien; **so** *or* **thus ~ and no further** hasta aquí, pero ni un paso más.

(**b**) (*with comp: very much*) mucho; **this car is ~ faster (than)** este coche es mucho más rápido (que); **it's ~ and away the best, it's by ~ the best** es con mucho el mejor; **she's the prettier by ~** es con mucho la más guapa; **it is ~ better not to go** más vale no ir.

2 *adj*: **the F~ East** el Extremo *or* Lejano Oriente; **the F~ North** el Polo Norte; **the ~ east** *etc* **of the country** el extremo este *etc* del país; **it's a ~ cry from** tiene poco que ver con; **on the ~ side of** en el lado opuesto de; **at the ~ end of** en el otro extremo de, al fondo de; **the ~ left/right** (*Pol*) la extrema izquierda/derecha.

faraway [ˈfɑːrəweɪ] *adj* (*place*) remoto/a, lejano/a; (*voice*) distraído/a; (*look*) ausente, perdido/a.

farce [fɑːs] *n* (*Theat*) farsa *f*; (*fig*) absurdo *m*, comedia *f*; **the trial was a ~** el proceso fue una farsa.

farcical [ˈfɑːsɪkəl] *adj* absurdo/a, ridículo/a.

fare [fɛəʳ] **1** *n* (**a**) (*cost*) precio *m*, tarifa *f*; (*ticket*) billete *m*, boleto *m* (*LAm*); **'~s please!'** (*conductor on bus*) '¡billetes *or* (*LAm*) boletos por favor!' (**b**) (*passenger in taxi*) pasajero/a *m/f*. (**c**) (*frm: food*) comida *f*; **bill of ~** (*menu*) menú *m*, carta *f*. **2** *vi* irle a algn; **how did you ~?** ¿qué tal te fue? **3** *cpd*: **~ stage,** (*US*) **~ zone** *n* (*on bus*) zona *f* de tarifa fija.

farewell [fɛəˈwel] **1** *n* (*interj*) ¡adiós!, ¡hasta luego!; **to bid ~ (to sb)** despedirse (de algn). **2** *cpd*: **~ dinner** *n* cena *f* de despedida; **~ party** *n* fiesta *f* de despedida.

far-fetched [ˈfɑːˈfetʃt] *adj* (*story, explanation*) inverosímil, poco probable; (*idea, scheme*) estrafalario/a, excéntrico/a.

far-flung [ˈfɑːflʌŋ] *adj* extenso/a.

farm [fɑːm] **1** *n* granja *f*, estancia *f*, quinta *f* (*LAm*); (*large*) hacienda *f*, rancho *m* (*Mex*); (*buildings*) alquería *f*, casa *f* de labranza, quinta, ranchería *f*, casa de campo; **dairy ~** granja lechera. **2** *vt* cultivar, labrar; **he ~s 300 acres** cultiva 300 acres. **3** *vi* (*as profession*) ser agricultor(a). **4** *cpd*: **~ labourer,** (*US*) **~ laborer** *n* jornalero/a *m/f*, peón *m*, obrero/a *m/f* agrícola; **~ produce** *n* productos *mpl* agrícolas; **~ worker** *n* = **~ labourer**.

► **farm out** *vt + adv* (*work*) mandar hacer fuera (*to sb* a algn); (*hum: children*) dejar (*on* a *or* con).

farmer [ˈfɑːməʳ] *n* agricultor(a), labrador(a), granjero *m*, estanciero/a *m/f* (*LAm*), hacendado/a *m/f* (*LAm*), ranchero/a *m/f* (*LAm*).

farmhand [ˈfɑːmhænd] *n* peón *m*, obrero/a *m/f* agrícola, jornalero/a *m/f*.

farmhouse [ˈfɑːmhaʊs] *n* (*pl* **-houses** [haʊzɪz]) granja *f*, alquería *f* (*LAm*), casa *f* de hacienda (*LAm*).

farming [ˈfɑːmɪŋ] **1** *n* (*gen*) agricultura *f*; (*of land*) cultivo *m*; (*of animals*) cría *f*. **2** *cpd*: **~ community** *n* agricultores *mpl*; **~ methods** *npl* métodos *mpl* de cultivo.

farmland [ˈfɑːmlænd] *n* tierras *fpl* de labrantío *or* cultivo.

farmyard [ˈfɑːmjɑːd] *n* corral *m*.

Faroe Islands [ˈfɛərəʊˌaɪləndz], **Faroes** [ˈfɛərəʊz] *npl* Islas *fpl* Feroe.

far-off [ˈfɑːrˈɒf] *adj* lejano/a, remoto/a.

far-out [ˌfɑːrˈaʊt] *adj* (*fam*) (**a**) (*odd*) raro/a, extraño/a; (*zany*) estrafalario/a. (**b**) (*modern*) muy moderno/a, de vanguardia. (**c**) (*superb*) guay (*fam*), fenomenal (*fam*).

far-reaching [ˈfɑːˈriːtʃɪŋ] *adj* (*effect*) transcendental, de gran alcance.

far-sighted [ˈfɑːˈsaɪtɪd] *adj* (*person*) previsor(a), precavido/a; (*plan, decision, measure*) clarividente, perspicaz.

fart [fɑːt] (*fam!*) **1** *n* pedo *m* (*fam!*). **2** *vi* tirarse *or* echarse un pedo (*fam!*).

► **fart about, fart around** *vi + adv* (*fam!*) *see* **mess about**.

farther [ˈfɑːðəʳ] **1** *comp of* **far**. **2** *adv see* **further**. **3** *adj* más lejano/a.

farthest [ˈfɑːðɪst] *superl of* **far**; *see* **furthest**.

FAS *abbr of* **free alongside ship** libre al costado del barco.

fascinate [ˈfæsɪneɪt] *vt* fascinar, encantar; **it ~s me how/why ...** me maravilla cómo/por qué ....

fascinating [ˈfæsɪneɪtɪŋ] *adj* fascinante.

fascination [ˌfæsɪˈneɪʃən] *n* fascinación *f*.

fascism [ˈfæʃɪzəm] *n* fascismo *m*.

fascist [ˈfæʃɪst] *adj, n* fascista *mf*.

fashion [ˈfæʃən] **1** *n* **(a)** (*manner*) manera *f*, modo *m*; **after a ~** en cierto modo; **in his usual ~** a su manera *or* modo; **in the Greek ~** a la griega, al estilo griego.

(b) (*vogue: in clothing, speech etc*) moda *f*; **to set a ~ for sth** imponer la moda de algo; **to be in/out of ~** estar de moda/pasado de moda; **to come into/go out of ~** ponerse de/pasar de moda; **the latest ~** la última moda; **the new Spring ~s** la nueva moda de primavera; **it's no longer the ~** ya no está de moda; **what ~ demands** lo que impone el buen gusto; **women's/men's ~s** moda para la mujer/el hombre.

2 *vt* (*shape*) formar; (*make*) fabricar; (*mould*) moldear; (*design*) diseñar.

3 *cpd* (*editor, house etc*) de modas; **~ designer** *n* modisto/a *m/f*; **~ model** *n* (*person*) modelo *mf*; **~ parade, ~ show** *n* desfile *m or* pase *m* de modelos; **~ victim** *n* (*fam*) esclavo/a *m/f* de la moda.

fashionable [ˈfæʃnəbl] *adj* (*gen*) de moda; (*elegant*) elegante; (*writer, subject for discussion*) de moda, popular; **in ~ society** en la buena sociedad; **it is ~ to do ...** está de moda hacer ....

fashionably [ˈfæʃnəblɪ] *adv*: **to be ~ dressed** ir vestido/a a la moda.

fast¹ [fɑːst] **1** *adj* (*comp* **~er**; *superl* **~est**) **(a)** (*speedy*) rápido/a; (*Phot: film*) rápido/a; **~ food** (*snack*) comida *f* rápida, platos *mpl* preparados; **~ food restaurant** hamburguesería *f*; **in the ~ lane** (*Aut*) en el carril de aceleración; **he lives life in the ~ lane** (*fig*) vive de prisa; **he's a ~ talker** (*fam*) es un pretencioso; **~ train** ≈ Intercity *m*, ≈ Talgo *m*; **he's a ~ worker** es un trabajador (muy) rápido; **to pull a ~ one on sb** (*fam*) jugar una mala pasada a algn.

(b) (*clock*) adelantado/a; **my watch is 5 minutes ~** mi reloj está *or* va cinco minutos adelantado.

(c) (*dissipated: person*) lanzado/a, fresco/a; (*: life*) disoluto/a, disipado/a.

(d) (*colour, dye*) que no destiñe; **~ friends** íntimos amigos; **to make a boat ~** amarrar una barca.

2 *adv* **(a)** (*quickly*) rápidamente, de prisa; **as ~ as I can** lo más rápido posible; **he ran off as ~ as his legs would carry him** se fue corriendo a toda velocidad; **how ~ can you type?** ¿a qué velocidad escribes a máquina?; **not so ~!** ¡un momento!; **he'll do it ~ enough if ...** ya se apresurará *or* (*LAm*) apurará cuando ...; **the rain was falling ~** llovía a cántaros.

(b) (*firmly*) firmemente; **tie it ~** átalo bien; **it's stuck ~** está bien pegado; (*door*) está atrancado *or* atascado; **~ asleep** profundamente dormido; **to hold ~** agarrarse bien; (*fig*) mantenerse firme.

fast² [fɑːst] **1** *n* ayuno *m*. **2** *vi* ayunar.

fasten [ˈfɑːsn] **1** *vt* (*secure: belt, dress, seat belt*) abrochar; (*door, box, window*) cerrar; (*attach*) sujetar; **to ~ two things together** pegar *or* atar dos cosas; **to ~ the blame/responsibility (for sth) on sb** (*fig*) echar la culpa (de algo) a algn, acharar algo a algn. **2** *vi* (*door, box*) cerrarse; (*dress*) abrocharse; **it ~s up in front** se abrocha por delante.

▸ **fasten down** *vt + adv* (*envelope*) cerrar; (*blind etc*) cerrar.

▸ **fasten on 1** *vt + adv* (*tie*) atar. **2** *vi + prep*; *see* **fasten (up)on**.

▸ **fasten on to** *vi + prep*: **to ~ on to sb** pegarse a algn.

▸ **fasten up** *vt + adv* (*clothing*) abrochar.

▸ **fasten (up)on** *vi + prep* (*excuse*) valerse de; (*idea*) aferrarse a.

fastener [ˈfɑːsnəʳ] *n* (*of door etc*) cerrojo *m*; (*of necklace, bag, box*) cierre *m*; (*on dress*) corchete *m*; (*zip ~*) cremallera *f*.

fast forward [ˈfɑːstˈfɔːwəd] **1** *n* (*also* **~ button**) botón *m* de avance rápido. **2** *vt* hacer avanzar rápidamente. **3** *vi* avanzar rápidamente.

fastidious [fæsˈtɪdɪəs] *adj* (*person: about cleanliness etc*) escrupuloso/a, especial; (*: touchy*) quisquilloso/a; (*taste*) fino/a.

fat [fæt] **1** *adj* (*comp* **~ter**; *superl* **~test**) (*person*) gordo/a, grueso/a (*esp LAm*); (*limbs, face, cheeks*) gordo, relleno/a; (*meat*) que tiene mucha grasa; (*volume*) grueso; (*profit*) grande, pingüe; **a ~ cheque** un cheque muy cuantioso; **to get ~** engordar; **he grew ~ on the proceeds** *or* **profits** (*fig*) se enriqueció con los beneficios; **~ chance!** (*fig fam*) ¡ni soñarlo!; **a ~ lot he knows about it!** (*fam hum*) ¡maldito lo que él sabe!; **a ~ lot of good that is!** ¡eso no sirve de nada!

2 *n* (*on person*) carnes *fpl*, grasa *f*; (*on meat, also vegetable ~*) grasa; (*for cooking*) manteca *f*; (*of diet*) **~s** grasas; **to fry in deep ~** freír con bastante aceite; **to live off the ~ of the land** vivir a cuerpo de rey; **the ~'s in the fire** (*fig*) se va a armar la gorda.

fatal [ˈfeɪtl] *adj* **(a)** (*causing death*) mortal. **(b)** (*disastrous: mistake*) fatal; (*: consequences*) funesto/a; (*: influence*) nocivo/a. **(c)** (*fateful*) fatídico/a; **it is ~ to mention that** es peligrosísimo mencionar ese.

fatalism [ˈfeɪtəlɪzəm] *n* fatalismo *m*.

fatalist [ˈfeɪtəlɪst] *n* fatalista *mf*.

fatalistic [ˌfeɪtəˈlɪstɪk] *adj* fatalista.

fatality [fəˈtælɪtɪ] *n* (*death*) muerte *f*; (*victim*) muerto/a *m/f*, víctima *mf*.

fatally [ˈfeɪtəlɪ] *adv* mortalmente; **~ wounded** herido mortalmente *or* de muerte.

fate [feɪt] *n* **(a)** (*force*) destino *m*, suerte *f*; **what ~ has in store for us** lo que nos guarda el destino; **~ decided otherwise** el destino no lo quiso. **(b)** (*person's lot*) suerte *f*; **to meet one's ~** (*death*) encontrar la muerte; **to leave sb to his ~** abandonar a algn a su suerte; **this sealed his ~** esto acabó de perderle.

fated [ˈfeɪtɪd] *adj* (*governed by fate*) predestinado/a; (*doomed*) condenado/a; (*person, project, friendship etc*) predestinado; **to be ~ to do sth** estar predestinado a hacer algo; **it was ~ that ...** era inevitable que ....

fateful [ˈfeɪtfʊl] *adj* (*day, event*) fatídico/a; (*words*) profético/a.

fat-free [ˈfætfriː] *adj* (*diet*) sin grasa.

fathead [ˈfæthed] *n* (*fam*) imbécil *mf*.

father [ˈfɑːðəʳ] **1** *n* (*gen*) padre *m*; **F~ Christmas** (*Brit*) Papá *m* Noel; **F~'s Day** Día *m* del Padre; **the F~s of the Church** los Santos Padres de la Iglesia; **Old F~ Time** el Tiempo; **Our F~** (*Rel*) Padre Nuestro; **the city ~s** (*chief men*) los concejales; **like ~ like son** de tal palo, tal astilla. **2** *vt* (*child*) engendrar; (*fig*) inventar. **3** *cpd*: **~ figure** *n* figura *f* paterna.

fatherhood [ˈfɑːðəhʊd] *n* paternidad *f*.

father-in-law [ˈfɑːðərɪnlɔː] *n* (*pl* **fathers-in-law**) suegro *m*.

fatherland [ˈfɑːðəlænd] *n* patria *f*.

fatherless [ˈfɑːðəlɪs] *adj* huérfano/a de padre.

fatherly [ˈfɑːðəlɪ] *adj* (*person*) paternal; (*advice, behaviour*) paterno/a.

fathom [ˈfæðəm] **1** *n* braza *f*. **2** *vt* (*fig: also* **~ out**) descifrar, llegar a entender; (*mystery*) desentrañar; **I can't ~ why** no me explico por qué; **I can't ~ him/it out at all** no le/lo entiendo en absoluto.

fatigue [fəˈtiːg] **1** *n* cansancio *m*, fatiga *f*; (*Mil*) faena *f*, fajina *f*; **~s** traje *msg* de faena; **metal ~** fatiga del metal. **2** *vt* (*frm*) fatigar, cansar.

fatness [ˈfætnɪs] *n* gordura *f*.

fatso [ˈfætsəʊ] *n* (*fam pej*) gordo/a *m/f*.

fatten [ˈfætn] *vt* (*animal: also* **~ up**) cebar, engordar; **chocolate is ~ing** el chocolate engorda.

fatty [ˈfætɪ] **1** *adj* (*foods*) graso/a; (*Anat: tissue*) adiposo/a; **~ acid** ácido *m* graso. **2** *n* (*fam pej*) gordo/a *m/f*.

fatuous [ˈfætjʊəs] *adj* fatuo/a, necio/a.

faucet [ˈfɔːsɪt] *n* (*US: tap*) grifo *m*, llave *f*, canilla *f* (*LAm*).

fault [fɔːlt] **1** *n* (*defect: in character, book etc*) defecto *m*, falla *f* (*LAm*); (*: in manufacture*) defecto, tara *f*; (*: in supply, machine*) avería *f*; (*Tennis*) falta *f*; (*Geol*) falla; **with**

all his ~s con todos sus defectos; **generous to a ~** excesivamente generoso; **to find ~** poner reparos; **to find ~ with sth/sb** criticar algo/a algn; **you were at ~ in not telling us** hiciste mal en no decirnos; **your memory is at ~** recuerdas mal; **it's all your ~** tú tienes toda la culpa; **it's not my ~** no es culpa mía; **through no ~ of his own** sin falta alguna de su parte; **whose ~ is it (if ...)?** ¿quién tiene la culpa (si ...)?

2 *vt* criticar; **it cannot be ~ed** es intachable; **you cannot ~ him on spelling** no le encontrarás falta alguna en la escritura.

faultless ['fɔːltlɪs] *adj (person, behaviour)* impecable, intachable; *(work, command of language)* perfecto/a.

faulty ['fɔːltɪ] *adj (comp* **-ier**; *superl* **-iest**) *(machine etc)* defectuoso/a; *(imperfect)* imperfecto/a.

faun [fɔːn] *n* fauno *m*.

fauna ['fɔːnə] *n* fauna *f*.

faux pas ['fəʊ'pɑː] *n* metedura *f or (LAm)* metida *f* de pata.

favour, *(US)* **favor** ['feɪvəʳ] **1** *n* **(a)** *(kindness)* favor *m*; **to do sb a ~** hacerle un favor a algn; **to ask a ~ of sb** pedir un favor a algn; **as a ~ to me** como favor; **do me a ~ and ...** hazme el favor de ...; **do me a ~!** *(fam, iro)* ¿crees que soy tonto?, ¡nada de eso!

(b) *(approval)* favor *m*, aprobación *f*; **to be in ~** *(person)* gozar del favor *(with sb* de algn); *(style)* estar de moda; **to be out of ~** *(person)* estar en desgracia; *(style)* estar fuera de moda; **to curry ~** buscar favores; **to find ~ with sb** *(subj: person)* caerle bien a algn; *(: suggestion)* gustarle a algn; **to gain sb's ~, to gain ~ with sb** congraciarse con algn.

(c) *(support, advantage)* favor *m*; **to be in ~ of sth/doing sth** ser partidario de *or* estar en pro de *or* estar a favor de algo/hacer algo; **to vote in ~ (of)** votar a favor (de); **that's a point in his ~** es un punto a su favor; **to decide in ~ of sb/sth/doing sth** decidir a favor de algn/algo/hacer algo; **to show ~ to sb** favorecer a algn.

2 *vt (approve: idea, scheme, view)* aprobar, ser partidario de; *(prefer: idea, person etc)* preferir; *(: political party)* apoyar; **he eventually ~ed us with a visit** por fin se dignó visitarnos; **most ~ed nation treatment** trato *m* de nación más favorecida.

favourable, *(US)* **favorable** ['feɪvərəbl] *adj (report)* favorable *(to sb/sth* para algo/algn); *(conditions, weather)* propicio/a, favorable.

favoured, *(US)* **favored** ['feɪvəd] *adj* favorecido/a; **the ~ few** los más favorecidos.

favourite, *(US)* **favorite** ['feɪvərɪt] **1** *adj* favorito/a, preferido/a; **~ son** *(US Pol)* hijo *m* predilecto. **2** *n (object)* favorito/a *m/f*; *(person)* preferido/a *m/f*, favorito; *(: spoilt)* consentido/a *m/f*; *(Horse-racing)* favorito *m*; **he sang some old ~s** cantó algunas de las viejas y conocidas canciones.

favouritism, *(US)* **favoritism** ['feɪvərɪtɪzəm] *n* favoritismo *m*.

fawn¹ [fɔːn] **1** *n* **(a)** *(Zool)* cervato *m*. **(b)** *(colour)* pardo *m* claro. **2** *adj* de color pardo claro.

fawn² [fɔːn] *vi*: **to ~ (up)on sb** *(animal)* hacer caricitoñas a algn; *(fig: person)* adular *or* lisonjear a algn.

fax [fæks] **1** *n* fax *m*; *(machine)* telefax *m*. **2** *vt* mandar por fax, faxear. **3** *cpd*: **~ message** *n* fax *m*; **~ number** *n* número *m* de (tele)fax.

faze [feɪz] *vt (esp US)* perturbar, molestar.

fazed [feɪzd] *adj (US fam)* pasmado/a.

FBA *n abbr of* **Fellow of the British Academy**.

FBI *n abbr (US) of* **Federal Bureau of Investigation** ≈ BIC *f*.

FC *n abbr of* **football club** club *m* de fútbol, C.F.

FCA *n abbr* **(a)** *(Brit) of* **Fellow of the Institute of Chartered Accountants**. **(b)** *(US) of* **Farm Credit Administration**.

FCC *n abbr (US) of* **Federal Communications Commission**.

FCO *n abbr (Brit) of* **Foreign and Commonwealth Office** ≈ Min. de AA EE.

F.D. *abbr (US) of* **Fire Department**.

FDA *n abbr (US) of* **Food and Drug Administration** *organismo que fija niveles de calidad de los productos alimentarios y farmaceúticos*.

FDIC *n abbr (US) of* **Federal Deposit Insurance Corporation**.

FDR *abbr of* **Franklin Delano Roosevelt**.

fear [fɪəʳ] **1** *n* miedo *m*, temor *m*; *(great ~)* pavor *m*; **there are ~s that ...** se teme que + *indic or subjun*; **grave ~s have arisen for ...** existe gran preocupación por ...; **for ~ of sb/of doing sth** por temor a algn/de hacer algo; **for ~ that ...** por temor de que + *subjun*; **to live in ~ of sb/sth/doing sth** vivir atemorizado por algn/por algo/de hacer algo; **to go in ~ of one's life** temer por la propia vida; **~ of heights/of enclosed spaces** vértigo *m*/claustrofobia *f*; **there's no ~ of that!** ¡no hay peligro de eso!; **there's not much ~ of his coming** no hay mucha posibilidad de que venga; **to have no ~** no tener miedo alguno; **have no ~!** ¡no se preocupe!; **in ~ and trembling** todo tembloroso; **to put the ~ of God into sb** *(fam)* dar un susto mortal a algn; **without ~ nor favour** imparcialmente; **no ~!** *(fam)* ¡ni hablar!, ¡ni lo sueñas!, ¡no faltaba más!

2 *vt* temer, tener miedo de; **to ~ the worst** temer lo peor; **to ~ discovery** temer ser descubierto; **to ~ that ...** temer que + *subjun*; **I ~ so/not** me temo que sí/no.

3 *vi*: **to ~ for** temer por.

fearful ['fɪəfʊl] *adj* **(a)** *(frightened)* temeroso/a *(of* de); **to be ~ that ...** tener miedo de que + *subjun*. **(b)** *(frightening)* espantoso/a; *(fam: very bad)* horrible.

fearfully ['fɪəfəlɪ] *adv (timidly)* con miedo; *(fam: very)* terriblemente.

fearless ['fɪəlɪs] *adj* sin temor *(of* a).

fearsome ['fɪəsəm] *adj (opponent)* temible; *(sight)* espantoso/a.

feasibility [ˌfiːzə'bɪlɪtɪ] **1** *n* factibilidad *f*. **2** *cpd*: **~ analysis** *n* análisis *m* de viabilidad; **~ study** *n* estudio *m* de factibilidad.

feasible ['fiːzəbl] *adj (practicable: plan, suggestion)* factible; *(likely: story, theory)* posible, plausible.

feast [fiːst] **1** *n (meal)* banquete *m*; *(fam: big meal)* comilona *f*, tragadera *f (Mex)*; *(Rel)* fiesta *f*; *(fig: pleasure etc)* regalo *m*, deleite *m*. **2** *vt*: **to ~ one's eyes on sth/sb** regalarse la vista con algo/algn. **3** *vi* banquetear; **to ~ on sth** regalarse con algo. **4** *cpd*: **~ day** *n (Rel)* fiesta *f*, día *m* festivo.

feat [fiːt] *n* hazaña *f*, proeza *f*.

feather ['feðəʳ] **1** *n* pluma *f*; **as light as a ~** (tan) ligero como una pluma; **that is a ~ in his cap** es un tanto que se apunta; **you could have knocked me down with a ~** *(fam)* me dejó patidifuso, me quedé de piedra; **to show the white ~** mostrarse cobarde. **2** *vt*: **to ~ one's nest** *(fig)* hacer su agosto. **3** *cpd (mattress, bed, pillow)* de plumas; **~ duster** *n* plumero *m*.

featherbrained ['feðəbreɪnd] *adj (forgetful)* olvidadizo/a; *(silly)* tonto/a.

featherweight ['feðəweɪt] *adj, n (Boxing)* peso *m* pluma.

feature ['fiːtʃəʳ] **1** *n* **(a)** *(of face)* rasgo *m*.

(b) *(of countryside, building)* característica *f*.

(c) *(Comm, Tech)* elemento *m*, rasgo *m*.

(d) *(also* **~ film**) largometraje *m*.

(e) *(Press)* crónica *f*, artículo *m* de fondo; **a regular ~** una crónica regular; **a (special) ~ article on sth/sb** un artículo de fondo sobre algo/algn.

2 *vt (person, name, news)* presentar; *(event)* ocuparse de, enfocar.

3 *vi (Cine)* figurar; *(gen)* **it ~d prominently in ...** tuvo un papel destacado en ....

4 *cpd*: **~ writer** *n* articulista *mf*, cronista *mf*.

featureless ['fiːtʃəlɪs] *adj* monótono/a.

Feb. *abbr of* **February** feb, feb.º.
February ['februərɪ] *n* febrero *m*; *see* **July** *for usage.*
feces ['fi:si:z] *npl* (*US*) = **faeces.**
feckless ['feklɪs] *adj* (*weak*) débil, incapaz; (*irresponsible*) irresponsable.
fecund ['fi:kənd] *adj* fecundo/a.
Fed [fed] *n abbr* (**a**) (*US*) *of* **federal officer**. (**b**) (*US Banking*) *of* **Federal Reserve Board**. (**c**) (*esp US*) *of* **federal**; **federated; federation.**
fed [fed] *pt, pp of* **feed.**
federal ['fedərəl] **1** *adj* federal; ~ **officer** (*US*) federal *mf*; **F~ Reserve Bank** (*US*) Banco *m* de Reserva Federal; **F~ Reserve Board** (*US*) *dirección del Federal Reserve System*; **F~ Reserve System** (*US*) *banco central de los EE. UU.*; ~ **tax** impuesto *m* federal. **2** *n* (*US Hist*) federal *m*.
federation [ˌfedə'reɪʃən] *n* (*group, system*) federación *f*.
fedora [fə'dɔ:rə] *n* (*US*) sombrero *m* flexible, sombrero tirolés.
fed up ['fedˌʌp] *adj* (*fam*) harto/a; **to be ~ (with sb/sth)** estar harto (de algn/algo); **to be ~ with doing sth** estar harto de hacer algo.
fee [fi:] *n* (*professional*) honorarios *mpl*, emolumentos *mpl*; (*Comm*) pago *m*; (*for admission*) precio *m* (de entrada); **entrance/membership ~** cuota *f*; **course/tuition/school ~s** matrícula *fsg*; **what's your ~?** ¿cuánto cobra Ud?; **for a small ~** por un pequeño reconocimiento; *see* **transfer 4.**
feeble ['fi:bl] *adj* (*comp* **~r**; *superl* **~st**) (*weak: person*) débil; (*light, sound*) tenue; (*effort, attempt*) irresoluto/a, débil; (*excuse, argument*) poco convincente; (*joke*) soso/a; (*fam: person*) debilucho/a.
feeble-minded ['fi:bl'maɪndɪd] *adj* (*person*) bobo/a, zonzo/a *(LAm)*.
feed [fi:d] (*vb: pt, pp* **fed**) **1** *n* (*baby's meal*) comida *f*; (*fodder*) forraje *m*, pienso *m*; (*fam: big meal*) comilona *f*, tragadera *f (Mex)*; (*Tech*) tubo *m* de alimentación.

2 *vt* (**a**) (*supply with food*) dar de comer a, alimentar; (*baby: bottle*) dar el biberón a; (*: breast*) dar de mamar a; **to ~ sth to sb, to ~ sb sth** dar algo de comer a algn.

(**b**) (*fire*) alimentar, cebar; (*machine*) alimentar; (*information etc*) pasar; **to ~ sth into a machine** introducir algo en una máquina; **to ~ information into a computer** alimentar un ordenador con datos.

3 *vi* (*baby*) comer; (*animal*) pacer; **to ~ on sth** comer algo, alimentarse de algo.

4 *cpd*: ~ **bag** *n* morral *m*; ~ **pipe** *n* tubo *m* de alimentación.

▸ **feed back** *vt + adv* (*results*) proporcionar.
▸ **feed in** *vt + adv* (*wire, tape*) meter.
▸ **feed up** *vt + adv* (*person, animal*) engordar.

feedback ['fi:dbæk] *n* (*from person*) reacción *f*, feedback *m*; (*from machine*) realimentación *f*; **we're not getting much ~** casi no se nota reacción alguna.
feeder ['fi:də^r] **1** *n* (**a**) (*Mech*) alimentador *m*; (*Aut, Rail*) ramal *m*, tributario *m*. (**b**) (*bib*) babero *m*. **2** *cpd*: ~ **(primary) school** *n* (*Brit*) *escuela primaria que provee alumnos a una secundaria;* ~ **service** *n* (*US*) servicio *m* secundario (de transportes).
feeding ['fi:dɪŋ] **1** *n* comida *f*. **2** *cpd*: ~ **bottle** *n* biberón *m*; ~ **ground** *n* terreno *m* de pasto.
feel [fi:l] (*vb: pt, pp* **felt**) **1** *n* (*sense of touch*) tacto *m*; (*sensation*) sensación *f*; **to be rough to the ~** ser áspero al tacto; **to know sth by the ~ of it** reconocer algo al tacto; **let me have a ~!** ¡déjame tocarlo!; **to get the ~ of sth** (*fig*) acostumbrarse a algo.

2 *vt* (**a**) (*touch*) tocar; (*: pulse*) tomar; **to ~ one's way (towards)** ir a tientas (hacia); **I'm still ~ing my way** (*fig*) todavía estoy tratando de acostumbrarme.

(**b**) (*be aware of: blow, pain, heat*) sentir; (*: responsibility*) darse cuenta de; (*experience: pity, anger, grief*) sentir; **he doesn't ~ the cold** no es sensible al frío; **she felt a hand on her shoulder** sintió una mano en el hombro; **I felt something move** sentí que algo se movía; **we are beginning to ~ the effects** empezamos a sentir los efectos; **I felt a great sense of relief** sentí un gran alivio; **he ~s the loss of his father very deeply** está muy afectado por la muerte de su padre.

(**c**) (*think, believe*) creer; **I ~ that you ought to do it** creo que deberías hacerlo; **he felt it necessary to point out that ...** creyó *or* le pareció necesario señalar que ...; **since you ~ so strongly about it ...** ya que te importa tanto ...; **I ~ it in my bones that ...** tengo el presentimiento de que ...; **what do you ~ about it?** ¿qué opinas de eso?

3 *vi* (**a**) (*physically*) sentirse, encontrarse; **to ~ cold/hungry/sleepy** tener frío/hambre/sueño; **to ~ ill** sentirse mal; **do you ~ sick?** ¿estás mareado?; **I ~ much better** me encuentro mucho mejor; **I ~ quite tired** me siento bastante cansado; **she's not ~ing quite herself** no se encuentra del todo bien; **I felt (as if I was going to) faint** estuve a punto de desmayarme; **how do you ~ now?** ¿qué tal *or* cómo te encuentras ahora?; **I don't ~ up to a walk just now** (*fam*) de momento no tengo fuerzas para dar un paseo.

(**b**) (*mentally*) sentirse; **I ~ sure that ...** estoy seguro de que ...; **I ~ very cross** estoy muy enfadado *or (LAm)* enojado; **he ~s bad about leaving his wife alone** siente haber dejado sola a su mujer; **I ~ as if there is nothing we can do** tengo la sensación de que no hay nada que hacer; **how do you ~ about him/about the idea?** ¿qué te parece él/parece la idea?; **how do you ~ about going for a walk?** ¿te apetece *or (LAm)* se te antoja dar un paseo?; **what does it ~ like to do that?** ¿qué se siente al hacer eso?; **to ~ like doing sth** tener ganas de hacer algo; **I go out whenever I ~ like it** salgo cuando me dé la gana *or* cuando quiero; **I don't ~ like it** no me apetece, no me provoca *(LAm)*, no me llama la atención; **I felt (like) a fool** me sentía (un) estúpido; **I ~ for you!** (*sympathize*) ¡lo siento por ti!, ¡te compadezco!

(**c**) (*objects*) ser *or* estar (al tacto); **to ~ hard/cold/damp** *etc* (*to the touch*) ser duro/frío/húmedo *etc* al tacto; **the house ~s damp** la casa parece húmeda; **it ~s like silk** es como la seda al tacto; **it ~s colder out here** se siente más frío aquí fuera; **it ~s like (it might) rain** parece que va a llover; **it felt like being drunk, it felt as if I was drunk** daba la sensación de estar borracho.

(**d**) (*grope: also* ~ **around**) buscar a tientas; **to ~ around in the dark** buscar a tientas *or* tantear en la oscuridad; **to ~ in one's pocket for sth** buscar algo en el bolsillo; **I can't see but I'll ~ for it** no veo nada pero buscaré tanteando.

▸ **feel out** (*US fam*) **1** *vt + adv* (*person*) sondear la opinión de. **2** *vi + prep*: **to ~ out the ground** tantear el terreno.
▸ **feel up** *vt + adv*: **to ~ sb up** (*fam*) meter mano a algn (*fam*).

feeler ['fi:lə^r] *n* (*Zool: of insect, snail*) antena *f*, tentáculo *m*; **to put out ~s** (*fig*) hacer un sondeo.
feeling ['fi:lɪŋ] *n* (**a**) (*physical*) sensación *f*; **a cold ~** una sensación de frío; **to have no ~ in one's arm, to have lost all ~ in one's arm** no sentir un brazo.

(**b**) (*emotion*) sentimiento *m*, emoción *f*; (*sensitivity*) sensibilidad *f*; **~s** sentimientos *mpl*; **bad** *or* **ill ~** rencor *m*, hostilidad *f*; **to speak/sing with ~** hablar/cantar con sentimiento; **to show ~ for sb** mostrar interés por algn; **what are your ~s about the matter?** ¿qué opinas tú del asunto?; **you can imagine my ~s** ¡ya te puedes imaginar lo que sentí yo!; **to hurt sb's ~s** ofenderle a algn; **to spare sb's ~s** no herir los sentimientos de algn; **~s ran high about it** causó mucha controversia; **no hard ~s!** ¡no guardemos rencores!

(**c**) (*impression*) impresión *f*; (*opinion*) opinión *f*, parecer *m*; **a ~ of security/isolation** una sensación de seguridad/aislamiento; **I have a (funny) ~ that ...** tengo la (extraña) sensación de que ...; **I get the ~ that ...** me da la impresión de que ...; **there was a general ~ that ...** la opi-

nión general era que ....
(**d**) (*pity*) compasión *f*.
(**e**) (*talent*) **to have a ~ for music** tener talento para la música.
(**f**) (*foreboding*) presentimiento *m*.

fee-paying ['fiː,peɪɪŋ] *adj*: **~ school** colegio *m* de pago.

feet [fiːt] *npl of* **foot**.

feign [feɪn] *vt* (*surprise, madness, indifference*) fingir; **to ~ not to know** fingir no saber.

feint [feɪnt] **1** *n* (*Boxing, Fencing*) finta *f*. **2** *vi* fintar.

felicitate [fɪ'lɪsɪteɪt] *vt* felicitar, congratular.

felicity [fɪ'lɪsɪtɪ] *n* (*frm*) felicidad *f*; (*aptness of words*) ocurrencia *f* oportuna.

feline ['fiːlaɪn] *adj* felino/a.

fell[1] [fel] *pt of* **fall**.

fell[2] [fel] *vt* (*with a blow*) derribar; (*tree*) talar, cortar.

fell[3] [fel] *adj*: **with one ~ blow** con un golpe feroz; **at one ~ swoop** de un solo golpe.

fell[4] [fel] *n* (*Brit Geog: moorland*) páramo *m*, brezal *m*; (*: hill*) colina *f* rocosa.

fellow ['feləʊ] **1** *n* (**a**) (*man*) hombre *m*, tipo *m*, tío *m*; (*boy*) chico *m*; **my dear ~** ¡hombre!; **poor ~!** ¡pobrecito!
(**b**) (*comrade, equal*) compañero *m*.
(**c**) (*of association, society etc*) socio *m*.
2 *cpd*: **~ citizen** *n* conciudadano/a *m/f*; **~ countryman/-woman** *n* compatriota *mf*; **~ creature** *n* prójimo *m*; **~ feeling** *n* compañerismo *m*; **~ men** *npl* prójimos *mpl*, semejantes *mpl*; **~ student** *n* compañero/a *m/f* de clase *or* curso; **~ sufferer** *n persona que tiene la misma enfermedad que algn*; (*fig*) compañero/a *m/f* en la desgracia; **~ traveller,** (*US*) **~ traveler** *n* (*lit*) compañero/a *m/f* de viaje; (*Pol: with communists*) simpatizante *mf*; **~ worker** *n* colega *mf*.

fellowship ['feləʊʃɪp] *n* (*companionship*) compañerismo *m*; (*club, society*) asociación *f*; (*Univ: paid research post*) puesto *m* de becario (de investigación); (*: grant*) beca *f* de investigación.

felon ['felən] *n* (*frm: Jur*) criminal *m*.

felony ['felənɪ] *n* (*frm: serious crime*) crimen *m*.

felt[1] [felt] *pt, pp of* **feel**.

felt[2] [felt] **1** *n* fieltro *m*. **2** *cpd*: **~ hat** *n* sombrero *m* de fieltro.

felt-tip ['felttɪp] *n*: **~ pen** rotulador *m*.

female ['fiːmeɪl] **1** *adj* femenino/a; (*animal, plant*) hembra; (*vote*) de las mujeres; **~ impersonator** (*Theat*) travesti *m*; **a ~ student** una estudiante; **~ suffrage** derecho *m* de las mujeres a votar; **a ~ voice** una voz de mujer. **2** *n* (*animal*) hembra *f*; (*person: pej*) chica *f*.

feminine ['femɪnɪn] **1** *adj* femenino/a; **~ form** (*Ling*) forma *f* femenina. **2** *n* (*Ling*) femenino *m*; **in the ~** en el femenino.

femininity [,femɪ'nɪnɪtɪ] *n* feminidad *f*.

feminism ['femɪnɪzəm] *n* feminismo *m*.

feminist ['femɪnɪst] *adj, n* feminista *mf*.

femme fatale ['femfə'tæl] *n* mujer *f* fatal.

femur ['fiːməʳ] *n* fémur *m*.

fen [fen] *n* (*often pl*) pantano *m*; **the F~s** (*Brit*) *las tierras bajas de Norfolk*.

fence [fens] **1** *n* (**a**) (*gen*) valla *f*, cerca *f*; (*wire ~*) alambrado *m*; (*Racing*) valla; **to mend one's ~s** (*fig*) restablecer la reputación; **to sit on the ~** (*fig*) no comprometerse, mirar los toros desde la barrera. (**b**) (*fam: receiver of stolen goods*) perista *mf*. **2** *vi* (*Sport*) practicar la esgrima.

► **fence in** *vt + adv* (*animals, fig*) encerrar; (*land*) cercar.

► **fence off** *vt + adv* separar con una cerca.

fencer ['fensəʳ] *n* (*sportsman*) esgrimidor(a) *m/f*.

fencing ['fensɪŋ] **1** *n* (**a**) (*sport*) esgrima *f*. (**b**) (*material*) vallado *m*, cercado *m*. **2** *cpd*: **~ match** *n* encuentro *m* de esgrima.

fend [fend] *vi*: **to ~ for o.s.** defenderse solo, arreglárselas por cuenta propia.

► **fend off** *vt + adv* (*attack*) repeler, rechazar; (*blow*) desviar; (*awkward question*) soslayar, evadir; (*attacker*) repeler.

fender ['fendəʳ] *n* (*round fire*) guardafuego *m*; (*US Aut*) parachoques *m inv*, salpicadera *f (Mex)*, tapabarro *m (Per)*; (*US Rail*) trompa *f*.

fennel ['fenl] *n* hinojo *m*.

FEPC *n abbr* (*US*) *of* **Fair Employment Practices Committee.**

FERC *n abbr* (*US*) *of* **Federal Energy Regulatory Commission.**

ferment ['fɜːment] **1** *n* (*excitement*) agitación *f*, conmoción *f*; **in a (state of) ~** en conmoción. **2** [fə'ment] *vt* hacer fermentar; (*fig*) provocar. **3** [fə'ment] *vi* fermentar.

fermentation [,fɜːmen'teɪʃən] *n* fermentación *f*.

fern [fɜːn] *n* helecho *m*.

ferocious [fə'rəʊʃəs] *adj* fiero/a, feroz; (*fig*) feroz.

ferocity [fə'rɒsɪtɪ] *n* ferocidad *f*.

ferret ['ferɪt] **1** *n* hurón *m*. **2** *vi* cazar con hurones.

► **ferret about, ferret around** *vi + adv* hurgar (*in* en).

► **ferret out** *vt + adv* (*person*) dar con; (*secret, truth*) desentrañar.

Ferris wheel ['ferɪswiːl] *n* (*US*) noria *f*.

ferrous ['ferəs] *adj* ferroso/a.

ferry ['ferɪ] **1** *n* (*~boat*) barca *f* (de pasaje); (*large: for cars etc*) transbordador *m*. **2** *vt*: **to ~ sth/sb across** *or* **over** llevar algo/a algn a la otra orilla; **to ~ people to and fro** transportar a la gente de un lado para otro.

ferryman ['ferɪmən] *n* (*pl* **-men**) barquero *m*.

fertile ['fɜːtaɪl] *adj* (*land*) fértil; (*Bio, fig*) fecundo/a.

fertility [fə'tɪlɪtɪ] **1** *n* fertilidad *f*. **2** *cpd*: **~ drug** *n* medicamento *m* contra la esterilidad.

fertilize ['fɜːtɪlaɪz] *vt* (*egg*) fecundar; (*Agr: land, soil*) abonar, fertilizar.

fertilizer ['fɜːtɪlaɪzəʳ] *n* (*for soil, land*) abono *m* (artificial), fertilizante *m*.

fervent ['fɜːvənt], **fervid** ['fɜːvɪd] *adj* ferviente.

fervour, (*US*) **fervor** ['fɜːvəʳ] *n* fervor *m*, ardor *m*.

fester ['festəʳ] *vi* (*Med: wound, sore*) supurar; (*fig: anger, resentment*) enconarse.

festival ['festɪvəl] *n* (*Rel etc*) fiesta *f*; (*Mus etc*) festival *m*.

festive ['festɪv] *adj* (*gen*) festivo/a; (*happy*) alegre; **in a ~ mood** en un humor festivo; **the ~ season** las Navidades.

festivity [fes'tɪvɪtɪ] *n* (*celebration*) fiesta *f*, festividad *f*.

festoon [fes'tuːn] *vt*: **to ~ with** engalanar de.

FET *n abbr* (*US*) *of* **Federal Excise Tax.**

fetal ['fiːtl] *adj* (*US*) = **foetal.**

fetch [fetʃ] *vt* (**a**) (*go and get, bring: object*) traer; (*: person*) ir a buscar, pasar por; **they're ~ing the doctor** han ido por el médico; **I'll go and ~ it for you** te lo voy a buscar; **~ (it)!** (*to dog*) ¡busca! (**b**) (*sell for*) venderse por; **how much did it ~?** ¿por cuánto se vendió?

► **fetch in** *vt + adv* (*object*) entrar; (*person*) hacer entrar.

► **fetch out** *vt + adv* sacar.

► **fetch up** *vi + adv* (*fam: reappear, end up: person, object*) ir a parar.

fetching ['fetʃɪŋ] *adj* (*attractive*) atractivo/a.

fête [feɪt] **1** *n* fiesta *f*. **2** *vt* (*have a celebration for*) festejar.

fetid ['fetɪd] *adj* fétido/a.

fetish ['fetɪʃ] *n* (*object of cult*) fetiche *m*; (*fig: obsession*) obsesión *f*.

fetishist ['fetɪʃɪst] *n* fetichista *mf*.

fetter ['fetəʳ] *vt* (*person*) encadenar, poner en grillos; (*horse*) trabar; (*fig*) poner trabas a.

fetters ['fetəz] *npl* grilletes *mpl*; (*fig*) trabas *fpl*.

fettle ['fetl] *n*: **in fine ~** (*condition*) en buenas condiciones; (*mood*) de muy buen humor.

fetus ['fiːtəs] *n* (*US*) = **foetus.**

feud [fjuːd] **1** *n* enemistad *f* heredada; **a family ~** una disputa familiar. **2** *vi* pelearse; **to ~ with sb** pelearse con algn.

feudal ['fju:dl] *adj* feudal; **~ system = feudalism.**

feudalism ['fju:dəlɪzəm] *n* feudalismo *m.*

fever ['fi:vəʳ] **1** *n* (*disease, high temperature*) fiebre *f,* calentura *f (LAm)*; **he has a ~** tiene fiebre; **a bout of ~** un ataque de fiebre; **a slight/high ~** un poco de/mucha fiebre; **the gambling ~** (*fig*) la fiebre del juego; **a ~ of excitement/impatience** una emoción/impaciencia febril. **2** *cpd*: **it reached ~ pitch** estuvo al rojo vivo.

feverish ['fi:vərɪʃ] *adj* (*gen*) febril; **to be ~** tener fiebre.

few [fju:] *adj, pron* (*comp* **~er**; *superl* **~est**) **(a)** (*not many*) pocos/as; **only a ~** unos pocos; **~ books** pocos libros; **~ of them** pocos (de ellos); **only a ~ of them came** sólo vinieron unos pocos; **~ (people) managed to do it** muy pocos consiguieron hacerlo; **she is one of the ~ (people) who ...** ella es una de los pocos que ...; **the ~ who ...** los pocos que ...; **in** *or* **over the past ~ days** durante los últimos días; **in** *or* **over the next ~ days** en los próximos días, en estos días *(LAm)*; **with ~ exceptions** con pocas excepciones; **every ~ weeks** cada dos o tres semanas; **they are ~ and far between** son contados; **there are very ~ of us, we are very ~** somos muy pocos; **the last** *or* **remaining ~ minutes** en el poco tiempo que queda; **as ~ as 3 of them** nada más que tres; **too ~** demasiado pocos; **there were 3 too ~** faltaron 3.

(b) (*some, several*) **a ~** algunos/as; **a good ~, quite a ~** bastantes; **a good ~** *or* **quite a ~ (people) came** vinieron bastantes *or* vino bastante gente; **a ~ of them** algunos de ellos; **a ~ more** algunos más; **(in) a ~ more days** dentro de unos pocos días; **he had a ~** (*fam*) llevaba ya una copa de más.

fewer ['fju:əʳ] *adj, pron, comp of* **few** menos; **~ than 10** menos de 10; **no ~ than ...** no menos de ....

fewest ['fju:ɪst] *adj, pron, superl of* **few** los/las menos.

ff *abbr of* **following** sigs.

FFA *n abbr (US) of* **Future Farmers of America.**

FH *abbr of* **fire hydrant.**

FHA *n abbr (US) of* **Federal Housing Association.**

fiancé [fɪ'ɑ̃:nseɪ] *n* novio *m,* prometido *m.*

fiancée [fɪ'ɑ̃:nseɪ] *n* novia *f,* prometida *f.*

fiasco [fɪ'æskəʊ] *n* (*pl* **~s** *or* **~es**) desastre *m.*

fib [fɪb] **1** *n* (*fam*) mentirilla *f*; **to tell a ~** decir una mentirilla. **2** *vi* decir mentirillas.

fibber ['fɪbəʳ] *n* (*fam*) mentirosillo/a *m/f.*

fibre, (*US*) **fiber** ['faɪbəʳ] **1** *n* (*thread*) hilo *m,* fibra *f*; (*substance*) fibra. **2** *cpd*: **~ optics** *nsg* transmisión *f* por fibra óptica.

fibreboard, (*US*) **fiberboard** ['faɪbəbɔ:d] *n* fibra *f* vulcanizada.

fibreglass, (*US*) **fiberglass** ['faɪbəglɑ:s] **1** *n* fibra *f* de vidrio. **2** *cpd* de fibra de vidrio.

fibrositis [ˌfaɪbrə'saɪtɪs] *n* fibrositis *f.*

fibrous ['faɪbrəs] *adj* fibroso/a.

FIC *n abbr (US) of* **Federal Information Center.**

FICA *n abbr (US) of* **Federal Insurance Contributions Act.**

fickle ['fɪkl] *adj* inconstante.

fiction ['fɪkʃən] *n* **(a)** (*novels*) novelas *fpl,* narrativa *f*; **a work of ~** una obra de ficción. **(b)** (*sth made up*) ficción *f.*

fictional ['fɪkʃənl] *adj* ficticio/a.

fictitious [fɪk'tɪʃəs] *adj* **(a) = fictional. (b)** (*false*) falso/a.

fiddle ['fɪdl] **1** *n* **(a)** (*violin*) violín *m*; **to play second ~ to sb** (*fig*) ser el/la segundón/ona de algn, hacer de segundón/ona a algn. **(b)** (*fam: cheat*) trampa *f,* superchería *f*; **it's a ~** aquí hay trampa; **tax ~** evasión *f* fiscal; **to work a ~** hacer trampa; **to be on the ~** andar de chanchullo. **2** *vi* (*fidget*) juguetear; **do stop fiddling!** ¡deja de juguetear!; **to ~ (about) with sth** juguetear con algo. **3** *vt* (*fam: accounts, results, expenses claim etc*) manipular; **to ~ one's income tax** defraudar impuestos.

► **fiddle about, fiddle around** *vi + adv* (*fam*) perder el tiempo.

fiddler ['fɪdləʳ] *n* **(a)** (*Mus*) violinista *mf.* **(b)** (*fam: cheat*) tramposo/a *m/f.*

fiddlesticks ['fɪdlstɪks] *interj* ¡tonterías!

fiddling ['fɪdlɪŋ] **1** *adj* trivial, insignificante. **2** *n* (*fam: cheating*) chanchullos *mpl.*

fiddly ['fɪdlɪ] *adj* (*comp* **-ier**; *superl* **-iest**) (*job*) complicado/a, difícil.

fidelity [fɪ'delɪtɪ] *n* (*faithfulness*) fidelidad *f*; (*closeness to original*) exactitud *f,* fidelidad.

fidget ['fɪdʒɪt] **1** *n* (*person*) persona *f* inquieta, azogado/a *m/f*; **to have the ~s** tener azogue. **2** *vi* (*also* **~ about, ~ around**) moverse; **to ~ with sth** juguetear con algo; **stop ~ing!** ¡estáte quieto!

fidgety ['fɪdʒɪtɪ] *adj* nervioso/a, inquieto/a.

fiduciary [fɪ'dju:ʃɪərɪ] *n* fiduciario/a *m/f.*

field [fi:ld] **1** *n* (*gen, Comput*) campo *m*; (*Sport*) campo, cancha *f (LAm)*; (*: participants*) participantes *mpl*; (*Geol*) yacimiento *m*; (*sphere of activity*) campo, esfera *f*; **a year's trial in the ~** (*fig*) un año a prueba en el mercado; **to die in the ~** (*Mil*) morir en campaña; **to lead the ~** (*Comm, Sport*) llevar la delantera; **to play the ~** (*fam*) alternar con cualquiera; **to study sth in the ~** estudiar algo en el terreno; **to take the ~** (*Sport*) salir al campo *or (LAm)* a la cancha; **my particular ~** mi competencia; **in the ~ of painting** en la esfera de la pintura; **~ of vision** campo visual.

2 *vi* (*Baseball, Cricket*) fieldear.

3 *vt* (*team*) presentar; (*Baseball, Cricket*) recoger, fieldear.

4 *cpd*: **~ day** *n* (*Mil*) día *m* de maniobras; **to have a ~ day** (*fig*) sacar el máximo provecho; **~ events** *npl* (*Athletics*) pruebas *fpl* atléticas de salto y lanzamiento; **~ glasses** *npl* (*binoculars*) gemelos *mpl*; **~ hospital** *n* hospital *m* de campaña; **~ marshal** *n* (*Brit*) mariscal *m* de campo; **~ sports** *npl la caza y la pesca;* **~ study** *n* estudio *m* de campo; **~ test** *n* prueba *f* de mercado; *see also* **field-test; ~ trip** *n* salida *f or* excursión *f* de estudios; **~ work** *n* (*Sociol etc*) trabajo *m* de campo.

fieldmouse ['fi:ldmaʊs] *n* (*pl* **-mice**) ratón *m* de campo.

field-test ['fi:ldˌtest] probar en el mercado.

fiend [fi:nd] *n* **(a)** (*devil*) demonio *m,* diablo *m.* **(b)** (*fam: person*) malvado/a *m/f.* **(c)** (*fam: addict*) adicto/a *m/f.*

fiendish ['fi:ndɪʃ] *adj* (*fierce*) feroz; (*mildly wicked*) muy travieso/a; (*clever and wicked*) diabólico/a; (*fam: difficult and unpleasant*) dificilísimo/a, violento/a *(LAm).*

fiendishly ['fi:ndɪʃlɪ] *adv* terriblemente; **~ expensive** carísimo/a.

fierce [fɪəs] *adj* (*comp* **~r**; *superl* **~st**) (*animal*) feroz, fiero/a; (*opponent*) empedernido/a; (*look*) feroz; (*hatred*) violento/a; (*attack*) furioso/a; (*speech*) furibundo/a; (*wind, storm*) fuerte; (*heat, competition, fighting*) encarnizado/a.

fiercely ['fɪəslɪ] *adv* (*look*) con ferocidad; (*attack*) con furia; (*wind, storm: rage*) con mucha fuerza; (*fight, compete*) encarnizadamente.

fiery ['faɪərɪ] *adj* (*comp* **-ier**; *superl* **-iest**) (*heat, sun*) ardiente, abrasador(a); (*fig: sky, sunset, red*) encendido/a; (*: taste*) picante; (*: temperament, speech*) acalorado/a; (*: liquor*) fuerte.

FIFA ['fi:fə] *n abbr of* **Fédération Internationale de Football Association** FIFA *f.*

FIFO ['faɪfəʊ] *abbr of* **first in first out** primero en entrar, primero en salir.

fifteen [fɪf'ti:n] **1** *adj* quince; **about ~ people** unas quince personas. **2** *n* quince *m*; (*Rugby*) quince, equipo *m*; *see* **five** *for usage.*

fifteenth [fɪf'ti:nθ] **1** *adj* decimoquinto/a. **2** *n* (*in series*) decimoquinto/a *m/f*; (*fraction*) quinzavo *m,* quinzava parte *f*; *see* **fifth** *for usage.*

fifth [fɪfθ] **1** *adj* quinto/a; **he came ~ in the competition** ocupó el quinto lugar en la competición; **in the ~ century** en el siglo cinco; **Henry the F~** Enrique Quinto; **the ~ of July, July the ~** el cinco de Julio; **~ column** (*Pol*) quinta columna *f*; ~ **form** (*Brit Scol*) quinto *m*. **2** *n* (*in series*) quinto/a *m/f*; (*fraction*) quinto *m*, quinta parte *f*; (*Mus*) quinta *f*; **I was the ~ to arrive** yo fui el quinto en llegar; **I wrote to him on the ~** le escribí el día cinco.

fiftieth ['fɪftɪɪθ] **1** *adj* quincuagésimo/a; **the ~ anniversary** el cincuenta aniversario. **2** *n* (*in series*) quincuagésimo/a *m/f*; (*fraction*) quincuagésimo *m*, quincuagésima parte *f*.

fifty ['fɪftɪ] **1** *adj* cincuenta; **about ~ people/cars** alrededor de cincuenta personas/coches; **he'll be ~ (years old) this year** cumple *or* va a cumplir cincuenta este año. **2** *n* cincuenta *m*; **the fifties** (*1950's*) los años cincuenta; **to be in one's fifties** andar por los cincuenta; **the temperature was in the fifties** hacía más de cincuenta grados; **to do ~ (miles per hour)** (*Aut*) ir a cincuenta (millas por hora).

fifty-fifty ['fɪftɪ'fɪftɪ] *adj, adv*: **to go ~ with sb** ir a medias con algn; **we have a ~ chance of success** tenemos un cincuenta por ciento de posibilidades de éxito; **we'll do it on a ~ basis** lo haremos a base de mitad y mitad.

fig [fɪg] *n* higo *m*; (*also* ~ **tree**) higuera *f*; **I don't give a ~ for JB!** ¡me importa un comino JB!

fight [faɪt] (*vb: pt, pp* **fought**) **1** *n* (*Mil*) batalla *f*, combate *m*; (*Boxing*) combate, pelea *f*; (*between 2 persons*) pelea; (*struggle, campaign*) lucha *f* (*for* por; *against* contra); (*argument*) disputa *f or* disgusto *m* (*over* por); (*fighting spirit*) combatividad *f*, ánimo *m*; **to have a ~ with sb** (*quarrel, struggle*) pelearse con algn; **to put up a good ~** defenderse bien; **there was no ~ left in him** ya no tenía ánimo para luchar.

2 *vt* (*Mil: enemy*) luchar *or* combatir contra; (*fire*) combatir; (*proposals, tendency, legislation*) resistir, combatir; **to ~ a battle** librar combate; **to ~ a duel** batirse en duelo; (*Jur*) **to ~ a case** negar una acusación; **to ~ one's way through a crowd/across a room** abrirse paso a golpes entre una multitud/en un cuarto; **to ~ a losing battle** luchar en vano.

3 *vi* (*person, animal*) pelear, luchar (*with* con); (*troops, countries*) luchar (*against* contra); (*quarrel*) discutir, pelear (*with sb* con algn); (*fig*) luchar (*for* por; *against* contra); **he fought for his life** (*lit, fig*) luchó por su vida; **did you ~ in the war?** ¿fue Ud soldado en *or* cuando la guerra?; *see* **shy**.

▸ **fight back 1** *vi + adv* (*in fight*) defenderse, resistir; (*in argument*) defenderse; (*Sport*) contraatacar; (*after illness*) reponerse. **2** *vt + adv* (*tears*) contener, retener; (*anger, despair, doubts*) reprimir.

▸ **fight down** *vt + adv* (*anger, anxiety, urge*) reprimir.

▸ **fight off** *vt + adv* (*attack, attacker*) repeler, rechazar; (*sleep*) sacudirse; (*urge*) reprimir; (*disease*) sacudirse, liberarse de.

▸ **fight on** *vi + adv* seguir luchando.

▸ **fight out** *vt + adv* (*lit, fig: differences, dispute*) resolver a golpes; **to ~ it out** resolverlo a golpes; **leave them to ~ it out** deja que se arreglen entre ellos.

fighter ['faɪtəʳ] **1** *n* combatiente *mf*; (*Boxing*) púgil *m*, boxeador *m*; (*fig*) luchador(a) *m/f*; (*plane*) avión *m* de caza. **2** *cpd*: ~ **pilot** *n* piloto *m* de caza.

fighter-bomber ['faɪtə'bɒməʳ] *n* cazabombardero *m*.

fighting ['faɪtɪŋ] **1** *n* (*in general*) el luchar, el pelear; (*battle*) combate *m*, batalla *f*; (*in street*) disturbio *m*; **he hates ~** odia las peleas; **the street ~ lasted all day** se luchó todo el día en las calles. **2** *adj* (*forces, troops*) de combate; **a ~ chance** una posibilidad de éxito; ~ **spirit** combatividad *f*; ~ **strength** número *m* de soldados (listos para el combate); ~ **talk** palabras *fpl* que provocan a pelea.

figment ['fɪgmənt] *n*: **a ~ of the imagination** un producto de la imaginación.

figurative ['fɪgərətɪv] *adj* (*meaning*) figurado/a; (*expression*) metafórico/a.

figuratively ['fɪgərətɪvlɪ] *adv* figuradamente, en sentido figurado; **he was speaking ~** hablaba en metáfora.

figure ['fɪgəʳ] **1** *n* (**a**) (*shape*) figura *f*, forma *f*; **she's got a nice ~** tiene buen tipo *or* (*LAm*) un buen físico; **he's a fine ~ of a man** es un hombre de físico imponente; **to keep/lose one's ~** guardar/perder la línea.

(**b**) (*person*) figura *f*; **public ~** personaje *m*.

(**c**) (*representation*) figura *f*, silueta *f*; (*diagram*) gráfica *f*; (*Geom*) figura; **a ~ of eight, a ~ eight** (*US*) un ocho.

(**d**) (*Math: numeral*) cifra *f*; (*price*) precio *m*; (*amount*) suma *f*; **to be good at ~s** ser fuerte en aritmética; **a mistake in the ~s** un error en los cálculos; **to reach double/three ~s** ascender a 10/100.

(**e**) (*Ling*) ~ **of speech** tropo *m*, giro *m*.

2 *vi* (**a**) (*appear*) figurar (*as* como).

(**b**) (*esp US: make sense*) ser lógico; **that ~s!** (*fam*) ¡lógico!, ¡obvio!

3 *vt* (*esp US: think, calculate*) calcular, imaginarse.

4 *cpd*: ~ **skating** *n* patinaje *m* de figuras.

▸ **figure on** *vi + prep* (*US*) contar con.

▸ **figure out** *vt + adv* (*fam: understand: problem*) explicarse; (*: person*) entender; (*: writing*) descifrar; (*calculate: sum*) calcular; **I just can't ~ it out!** ¡no me lo explico!

▸ **figure up** *vt + adv* (*US*) calcular.

-figure ['fɪgəʳ] *adj suf*: **a four~ sum** una suma superior a mil (libras *etc*); **a seven~ sum** un número de siete cifras.

figurehead ['fɪgəhed] *n* mascarón *m* de proa; (*fig*) testaferro *m*.

Fiji ['fi:dʒi:] *n* (*also* **the ~ Islands**) las (Islas *fpl*) Fiji; **in ~** en las Fiji.

filament ['fɪləmənt] *n* (*Elec*) filamento *m*.

filch [fɪltʃ] *vt* (*fam: steal*) hurtar, robar.

file[1] [faɪl] **1** *n* (*tool*) lima *f*; (*for nails*) lima (de uñas). **2** *vt* (*gen*) limar; (*also* ~ **down**, ~ **away**) limar algo.

file[2] [faɪl] **1** *n* (*folder*) carpeta *f*; (*filing system*) fichero *m*; (*dossier*) archivo *m*, carpeta, expediente *m*; (*Comput*) fichero; **to open/close a ~** (*Comput*) abrir/cerrar un fichero; **to close the ~s** cerrar la carpeta; **to have sth on ~** tener algo archivado; **to have a ~ on sb** tener fichado a algn.

2 *vt* (**a**) (*also* ~ **away**: *notes, information, work*) archivar; (*: under heading*) clasificar.

(**b**) (*submit: claim, application, complaint*) presentar; (*Jur*) **to ~ a suit against sb** entablar pleito contra algn.

3 *cpd*: ~ **clerk** *n* (*US*) archivero/a *m/f*; ~ **name** *n* (*Comput*) nombre *m* de fichero.

file[3] [faɪl] **1** *n* (*row*) fila *f*; **in single ~** en fila india. **2** *vi*: **to ~ in/out** entrar/salir en fila; **to ~ past (sth/sb)** desfilar ante (algo/algn).

filial ['fɪlɪəl] *adj* filial.

filibuster ['fɪlɪbʌstəʳ] (*esp US*) **1** *n* (*Pol*) filibustero/a *m/f*. **2** *vi* (*Pol*) practicar el filibusterismo.

filigree ['fɪlɪgri:] **1** *n* (*in metal*) filigrana *f*. **2** *adj* de filigrana.

filing ['faɪlɪŋ] **1** *n* (*of documents*) clasificación *f*; (*of claim etc*) formulación *f*, presentación *f*; **to do the ~** archivar documentos. **2** *cpd*: ~ **cabinet** *n* fichero *m*, archivador *m*; ~ **clerk** *n* archivero/a *m/f*.

filings ['faɪlɪŋz] *npl* limaduras *fpl*.

Filipino [fɪlɪ'pi:nəʊ] **1** *adj* filipino/a. **2** *n* (*person*) filipino/a *m/f*; (*Ling*) tagalo *m*.

fill [fɪl] **1** *vt* (*box, hole etc*) llenar (*with* de); (*tooth*) empastar (*with* con), emplomar (*CSur*) (*with* de); (*of wind, sails*) hinchar; (*space, room*) llenar (*with* de); (*time*) ocupar; (*supply: order*) despachar; (*gap, vacuum*) llenar; (*need, requirements*) satisfacer; (*vacancy*) cubrir; **to ~ a post well** desempeñar bien un papel; **the position is already ~ed** ya hemos provisto la vacante; **~ed with admiration (for)** lleno de admiración (por); **~ed with remorse/despair** lleno de remordimientos/desesperación; **the shouts ~ed the air** los gritos hirieron el aire; **that ~s the bill** viene perfectamente al caso.

2 *vi* llenarse (*with* de).

3 *n*: **to eat/drink one's** ~ comer/beber lo suficiente; **to have one's** ~ **of sth** (*fig*) estar harto/a de algo.

► **fill in 1** *vt* + *adv* (**a**) (*hole, gap, outline*) rellenar. (**b**) (*form*) rellenar; (*one's name*) escribir; (*details, report*) completar; **to** ~ **sb in on sth** (*fam*) poner a algn al corriente *or* al día sobre algo; ~ **me in on what happened** dime lo que pasó. **2** *vi* + *adv*: **to** ~ **in for sb** suplir a algn.

► **fill out 1** *vt* + *adv* (*form, receipt*) (re)llenar. **2** *vi* + *adv* (*person, face*) engordar; (*sail*) hincharse.

► **fill up 1** *vi* + *adv* (*Aut*) llenar; (*room etc*) llenarse. **2** *vt* + *adv* (*container*) llenar; **to** ~ **o.s. up** darse un atracón, llenarse el estómago (*with* de); ~ **it** *or* **her up!** (*Aut fam*) ¡lleno!

filler [ˈfɪləʳ] *n* (*for cracks: in wood, plaster*) masilla *f*.

fillet [ˈfɪlɪt] **1** *n* (*of meat, fish*) filete *m*. **2** *vt* (*fish*) quitar la raspa de; (*meat*) cortar en filetes.

filling [ˈfɪlɪŋ] **1** *n* (*of tooth*) empaste *m*, emplomadura *f* (*CSur*); (*Culin*) relleno *m*. **2** *adj* (*food*) que llena mucho. **3** *cpd*: ~ **station** *n* gasolinera *f*, estación *f* de servicio, bencinera *f* (*Chi*), grifo *m* (*Per*).

filly [ˈfɪlɪ] *n* potra *f*.

film [fɪlm] **1** *n* (*thin skin*) película *f*; (*of dust*) capa *f*; (*of smoke etc*) velo *m*; (*Cine, Phot: negatives*) película; (*roll of* ~) carrete *m*, rollo *m*; (*at cinema*) película, film *m*, filme *m*; (*: full-length*) largometraje *m*; (*: short*) corto(metraje) *m*; **silent** ~ película muda.

2 *vt* (*book*) llevar al cine; (*event*) filmar; (*roll cameras*) rodar.

3 *cpd* (*library, rights etc*) cinematográfico/a, de cine; (*camera*) de cine; ~ **buff** *n* cineasta *mf*; ~ **crew** *n* equipo *m* cinematográfico; ~ **fan** *n* aficionado/a *m/f* al cine; ~ **première** *n* estreno *m* oficial; ~ **script** *n* guión *m*; ~ **set** *n* plató *m*; ~ **star** *n* estrella *f*; ~ **strip** *n* película *f* (de diapositivas); ~ **studio** *n* estudio *m* de cine.

filming [ˈfɪlmɪŋ] *n* rodaje *m*.

Filofax ® [ˈfaɪləʊˌfæks] *n* filofax ® *m*.

filter [ˈfɪltəʳ] **1** *n* (*gen, Phot*) filtro *m*. **2** *vt* (*liquids, air*) filtrar. **3** *vi*: **to** ~ **to the left** (*Aut*) tomar el carril izquierdo. **4** *cpd*: ~ **coffee** *n* café *m* filtro; ~ **lane** *n* (*Aut*) carril *m* de selección; ~ **light** *n* semáforo *m* de flecha de desvío; ~ **paper** *n* papel *m* de filtro.

► **filter back** *vi* + *adv* (*people*) volver poco a poco.

► **filter in** *vi* + *adv* (*news*) filtrarse.

► **filter out 1** *vt* + *adv* (*impurities*) quitar filtrando. **2** *vi* + *adv* (*news*) trascender, llegar a saberse.

► **filter through** *vi* + *adv* = **filter in**.

filter-tipped [ˈfɪltəˌtɪpt] *adj* (*cigarettes*) con filtro *or* boquilla.

filth [fɪlθ] *n* (*lit*) suciedad *f*, porquería(s) *f(pl)*, mugre *f*; (*fig*) obscenidades *fpl*, porquería(s).

filthy [ˈfɪlθɪ] **1** *adj* (*comp* **-ier**; *superl* **-iest**) (*gen*) sucio/a, inmundo/a, asqueroso/a, mugroso/a (*LAm*). **2** *adv*: **they're** ~ **rich** (*fam*) son tan ricos que da asco, son unos ricachos (*fam*).

fin [fɪn] *n* (*of fish*) aleta *f*; (*of plane, bomb*) plano *m* de deriva.

fin. *abbr of* **finance**.

final [ˈfaɪnl] **1** *adj* (*last*) final, último/a; (*conclusive*) decisivo/a, terminante; **the judge's decision is** ~ la decisión del juez es definitiva; **and that's** ~! ¡y se acabó!, ¡y ya está!; ~ **demand** demanda *f* final; ~ **dividend** dividendo *m* final. **2** *n* (*Sport*) final *m*; ~**s** (*Univ*) examen *m* de fin de carrera.

finale [fɪˈnɑːlɪ] *n* (*Mus*) final *m*; (*Theat*) escena *f* final; **the grand** ~ el gran final, el gran escena final; (*fig*) final apoteósico *or* triunfal.

finalist [ˈfaɪnəlɪst] *n* (*Sport*) finalista *mf*.

finality [faɪˈnælɪtɪ] *n* (*end*) finalidad *f*; (*decision*) resolución *f*.

finalize [ˈfaɪnəlaɪz] *vt* (*preparations, arrangements*) concluir; (*agreement, plans, contract*) ultimar; (*report, text*) completar; (*date*) aprobar de modo definitivo; **to** ~ **a decision** tomar una decisión final.

finally [ˈfaɪnəlɪ] *adv* (*lastly*) finalmente, por último; (*eventually, at last*) por fin, al final; (*once and for all*) definitivamente.

finance [faɪˈnæns] **1** *n* (*gen*) finanzas *fpl*; (*funds: also* ~**s**) fondos *mpl*, financiamiento *msg*; **Minister of F~** Ministro *m* de Hacienda. **2** *vt* financiar. **3** *cpd* (*company*) financiero/a; (*page, section*) de finanzas; ~ **company** *n* sociedad *f* financiera, financiera *f*; ~ **director** *n* director(a) *m/f* de finanzas.

financial [faɪˈnænʃəl] *adj* financiero/a; ~ **analysis** análisis *m* financiero; ~ **backing** respaldo *m* financiero; ~ **management** gestión *f* financiera; ~ **statement** estado *m* financiero; **F~ Times Index** índice *m* bursátil del Financial Times; ~ **year** ejercicio *m* (financiero).

financially [faɪˈnænʃəlɪ] *adv*: ~ **independent** independiente en el aspecto económico; ~ **sound** económicamente sólido/a.

financier [faɪˈnænsɪəʳ] *n* financiero/a *m/f*, financista *m/f* (*LAm*).

finch [fɪntʃ] *n* pinzón *m*.

find [faɪnd] (*vb: pt, pp* **found**) **1** *vt* (**a**) (*gen*) encontrar, hallar; (*by chance*) dar con; (*Jur*) declarar; (*realize*) darse cuenta de; (*prove*) comprobar; (*locate*) localizar; **the book is nowhere to be found** el libro no se encuentra en ninguna parte; **the plant is found all over Europe** la planta existe en toda Europa; **it has been found that** ... se ha comprobado que ...; **if you can** ~ **the time** si tienes tiempo; **no cure has been found** no se ha descubierto un remedio; **did you** ~ **the man?** ¿localizaste al hombre?; **I found it impossible to tell the difference** me fue imposible distinguir; **he** ~**s it easy/difficult to** ... le resulta fácil/difícil ...; **to** ~ **(some) difficulty in doing sth** tener dificultad en hacer algo; **I** ~ **him very pleasant** lo encuentro muy simpático; **we found him in bed/doing sth** lo *or* le encontramos en cama/haciendo algo; **I found myself at a loss** me quedé perplejo; **he found himself in a dark wood** se encontró en un bosque oscuro; **to** ~ **one's way about** encontrar el camino; (*fig*) ambientarse; **can you** ~ **your (own) way to the station?** ¿llegarás a la estación sin ayuda?; **this found its way into my drawer** esto vino a parar a mi cajón; **leave everything as you** ~ **it** deja todo como lo has encontrado; **to** ~ **fault with sb/sth** criticar algo/a algn; **to** ~ **favour with sb** caerle en gracia a algn; **he was found guilty/innocent** (*Jur*) fue declarado culpable/inocente; **to** ~ **one's feet** (*fig*) acostumbrarse.

(**b**) (*obtain*) encontrar, conseguir; (*provide*) facilitar, proporcionar; **go and** ~ **me a pencil** búscame un lapicero; **there are no more to be found** no quedan más; **wages are £60 per week all found** el salario es de 60 libras a la semana con comida y alojamiento.

2 *vi*: **to** ~ **for/against sb** (*Jur*) fallar a favor de/contra algn.

3 *n* hallazgo *m*.

► **find out 1** *vt* + *adv* (*check out*) averiguar, determinar; (*discover*) enterarse de, informarse de; (*realize*) darse cuenta de; **to** ~ **sb out** calar a algn, pillar a algn (*fam*), descubrir el juego de algn; **what did you** ~ **out about him?** ¿que averiguaste acerca de él? **2** *vi* + *adv*: **to** ~ **out about** informarse *or* enterarse de; ~ **out about that** entérate de eso, infórmate sobre eso.

finding [ˈfaɪndɪŋ] *n* descubrimiento *m*; ~**s** (*of inquiry: information*) averiguaciones *fpl*; (*conclusions*) conclusiones *fpl*; (*of research*) resultados *mpl*; (*Jur*) fallo *msg*.

fine[1] [faɪn] **1** *adj* (*comp* ~**r**; *superl* ~**st**) (**a**) (*delicate, thin etc*) fino/a; (*small: particle, print*) minúsculo/a; (*: nib, rain*) fino; (*narrow: point, line*) delgado/a; **not to put too** ~ **a point on it** sin más rodeos; **he's got it down to a** ~ **art** lo hace a la perfección; ~**-nibbed pen** bolígrafo de punta fina.

(**b**) (*not coarse: metal*) puro/a, fino/a; (*: sense, taste*) refinado/a.

(**c**) (*good*) excelente; (*imposing*) magnífico/a; (*beautiful*) hermoso/a; **if the weather is** ~ si hace buen tiempo; **it's a** ~ **day today** hoy hace buen tiempo; ~ **art, the** ~ **arts** las Bellas Artes; **that's** ~ ¡de acuerdo!, ¡vale!, ¡cómo no! *(esp LAm)*; **that's** ~ **by me** por mí bien, de acuerdo; **he's** ~, **thanks** está muy bien, gracias.

(**d**) (*iro*) menudo/a; **a** ~ **friend you are!** ¡menudo amigo eres tú!, ¡vaya amigo que me tocó! *(LAm)*; **you're a** ~ **one to talk!** ¡mira quién habla!; **a** ~ **thing!** ¡hasta dónde hemos llegado!; **one** ~ **day** un día de éstos.

2 *adv* bien; **to feel** ~ encontrarse bien; **you're doing** ~ lo estás haciendo la mar de bien; **to cut it** ~ (*of time, money*) calcular muy justo.

fine[2] [faɪn] **1** *n* multa *f*; **to get a** ~ **for sth/doing sth** ser multado por algo/por hacer algo; **I got a** ~ **for ...** me pusieron una multa por .... **2** *vt*: **to** ~ **sb (for sth/for doing sth)** multar a algn (por algo/por hacer algo).

finely [ˈfaɪnlɪ] *adv* (**a**) (*splendidly: dressed*) con elegancia; (*: written*) con arte. (**b**) (*tune: engine etc*) con precisión; (*chop*) en trozos pequeños, fino.

finery [ˈfaɪnərɪ] *n* galas *fpl*, adornos *mpl*; **spring in all its** ~ la primavera con todo su esplendor.

finesse [fɪˈnes] *n* delicadeza *f*.

fine-tooth comb [ˌfaɪnˌtuːθˈkəʊm] *n* peine *m* espeso; **to go over** *or* **through sth with a** ~ revisar *or* examinar algo a fondo.

finger [ˈfɪŋgəʳ] **1** *n* dedo *m*; **index/little/ring** ~ (dedo) índice *m*/meñique *m*/anular *m*; **middle** ~ dedo corazón; **his** ~**s are all thumbs, he is all** ~**s and thumbs** es muy desmañado; ~**s crossed** (*for someone*) deséame suerte; (*for yourself*) ¡(que tengas) suerte!; **they never laid a** ~ **on her** no le alzaron la mano; **he didn't lift a** ~ **to help us** no movió un dedo para ayudarnos; **to burn one's** ~**s, to get one's** ~**s burnt** (*fig*) cogerse los dedos; **to have a** ~ **in every pie** estar metido en todos los ajos; **to pull one's** ~ **out** (*fig fam*) despabilarse; **to put one's** ~ **on sth** (*fig*) dar en el meollo de algo, poner el dedo en la llaga; **to put two** ~**s up at sb, to give sb the two** ~**s** ≈ hacer un corte de mangas a algn; **to twist sb round one's little** ~ hacer con algn lo que le da la gana.

2 *vt* (*also pej*) manosear; (*Mus: piano*) teclear; (*: guitar*) rasquear.

3 *cpd*: ~ **board** *n* (*on piano*) teclado *m*; (*on stringed instrument*) diapasón *m*; ~ **bowl** *n* lavafrutas *m*.

fingermark [ˈfɪŋgəmɑːk] *n* huella *f*.

fingernail [ˈfɪŋgəneɪl] *n* uña *f*.

fingerprint [ˈfɪŋgəprɪnt] **1** *n* huella *f* digital *or* dactilar. **2** *vt* (*person*) tomar las huellas digitales *or* dactilares a algn.

fingertip [ˈfɪŋgətɪp] *n* punta *f* del dedo; **to have sth at one's** ~**s** tener algo a mano; (*know sth*) saber algo al dedillo.

finicky [ˈfɪnɪkɪ] *adj* (**a**) (*person*) melindroso/a, delicado/a (*about* en cuestiones de). (**b**) (*job*) complicado/a.

finish [ˈfɪnɪʃ] **1** *n* (**a**) (*end: esp Sport*) final *m*; (*Sport: place*) meta *f*; **to be in at the** ~ presenciar el final; **a fight to the** ~ una lucha a muerte.

(**b**) (*appearance*) acabado *m*; **glossy** ~ acabado brillo; **to have a rough** ~ estar sin pulir.

2 *vt* (*work*) terminar; (*food etc*) acabar; **to** ~ **doing sth** acabar de hacer algo; **that last mile nearly** ~**ed me** (*fam*) aquella última milla me hizo polvo.

3 *vi* (*gen*) terminar; **the party was** ~**ing** la fiesta se estaba terminando; **she** ~**ed by saying that ...** terminó *or* acabó diciendo que ...; **to** ~ **first** (*Sport*) llegar el primero/la primera; **I've** ~**ed with the paper** he terminado con el periódico; **he's** ~**ed with politics** renunció a la política; **she's** ~**ed with him** ha roto *or* terminado con él.

▶ **finish off** *vt* + *adv* terminar, acabar; (*kill*) rematar.

▶ **finish up 1** *vi* + *adv*: **he** ~**ed up in Paris** fue a parar en París; **he** ~**ed up as a postman** acabó siendo cartero. **2** *vt* + *adv* (*food etc*) acabar, terminar.

finished [ˈfɪnɪʃt] *adj* (*product*) acabado/a; (*performance*) pulido/a; (*fam: tired*) rendido/a, hecho/a polvo; (*: done for*) acabado/a, quemado/a.

finishing [ˈfɪnɪʃɪŋ] *cpd*: ~ **line** *n* (*Sport*) meta *f*; ~ **school** *n escuela privada de formación social para señoritas;* ~ **touches** *npl* toque *msg* final; **to put the** ~ **touches to sth** dar el toque final a algo.

finite [ˈfaɪnaɪt] *adj* (**a**) (*limited*) finito/a. (**b**) (*Ling*) conjugado/a.

Finland [ˈfɪnlənd] *n* Finlandia *f*.

Finn [fɪn] *n* finlandés/esa *m/f*.

Finnish [ˈfɪnɪʃ] **1** *adj* finlandés/esa. **2** *n* (*Ling*) finlandés *m*.

fiord [fjɔːd] *n* = **fjord**.

fir [fɜːʳ] **1** *n* (*also* ~ **tree**) abeto *m*. **2** *cpd*: ~ **cone** *n* piña *f*.

fire [faɪəʳ] **1** *n* (**a**) (*gen*) fuego *m*; (*in grate*) lumbre *f*, fuego; (~*place*) chimenea *f*; (*accidental*) incendio *m*; **electric/gas** ~ estufa *f* eléctrica/de gas; **to set** ~ **to sth, set sth on** ~ (*usually accidentally*) prender fuego a; **to catch** ~ prenderse; **to be on** ~ estar ardiendo, arder; **to hang** ~ demorarse; **insured against** ~ asegurado contra incendio; **to play with** ~ (*fig*) jugar con fuego.

(**b**) (*Mil*) fuego *m*; **to open** ~ **(on sb)** abrir fuego (contra algn); **hold your** ~! ¡alto al fuego!; **to be/come under** ~ estar/caer bajo fuego enemigo; (*fig: be criticized*) ser blanco de críticas.

(**c**) (*fig*) ardor *m*; **the** ~ **of youth** el ardor de la juventud.

2 *vt* (**a**) (*gun, shot*) disparar; (*questions*) soltar; **to** ~ **a salute** tirar una salva; **to** ~ **a gun at sb** disparar contra algn; **to** ~ **questions at sb** acosar a algn con preguntas.

(**b**) (*pottery etc: in kiln*) cocer; (*fig: imagination*) enardecer; (*: person with enthusiasm*) entusiasmar a algn.

(**c**) (*fam: dismiss*) despedir, echar *(LAm)*; **you're** ~**d!** ¡Ud está *or* queda despedido!

3 *vi* (*Mil etc*) tirar (*at* a); (*Aut: engine*) encender, prender *(LAm)*; ~ **away** *or* **ahead!** (*fig fam*) ¡adelante!, ¡siga no más! *(LAm)*.

4 *cpd*: ~ **alarm** *n* alarma *f* de incendios; ~ **brigade,** (*US*) ~ **department** *n* cuerpo *m* de bomberos; ~ **door** *n* puerta *f* contra incendios; ~ **drill** *n* simulacro *m* de incendio; ~ **engine** *n* coche *m* de bomberos; ~ **escape** *n* escalera *f* de emergencia; ~ **exit** *n* salida *f* de emergencia; ~ **extinguisher** *n* extintor *m*; ~ **hazard** *n* objeto *m* inflamable; ~ **hydrant** *n* boca *f* de incendios; ~ **insurance** *n* seguro *m* contra incendios; ~ **practice** *n* = ~ **drill**; ~ **prevention** *n* prevención *f* de incendios; ~ **regulations** *npl* reglamentos *mpl* contra incendios; ~ **risk** *n* peligro *m* de incendio; ~ **service** *n* = ~ **brigade**; ~ **station** *n* parque *m* de bomberos.

firearm [ˈfaɪərɑːm] *n* arma *f* de fuego.

firebomb [ˈfaɪəbɒm] **1** *n* bomba *f* incendiaria. **2** *vt* colocar una bomba incendiaria en.

firebrand [ˈfaɪəbrænd] *n* (**a**) tea *f*. (**b**) (*fig*) partidario/a *m/f* violento/a.

firebreak [ˈfaɪəbreɪk] *n* (línea *f*) cortafuegos *m inv*.

firecracker [ˈfaɪəˌkrækəʳ] *n* petardo *m*.

firefighter [ˈfaɪəˌfaɪtəʳ] *n* bombero *m*.

firefly [ˈfaɪəflaɪ] *n* luciérnaga *f*.

fireguard [ˈfaɪəgɑːd] *n* pantalla *f*.

firelight [ˈfaɪəlaɪt] *n* lumbre *f*; **by** ~ a la luz del hogar.

firelighter [ˈfaɪəˌlaɪtəʳ] *n* astillas *fpl* (para encender el fuego), tea *f*.

fireman [ˈfaɪəmən] *n* (*pl* **-men**) bombero *m*.

fireplace [ˈfaɪəpleɪs] *n* chimenea *f*, hogar *m*.

fireplug [ˈfaɪəplʌg] *n* (*US*) boca *f* de incendios.

fireproof [ˈfaɪəpruːf] *adj* (*material*) incombustible; (*dish*) refractario/a.

fire-resistant [ˈfaɪərɪˌzɪstənt] *adj* ignífugo/a.

fireside [ˈfaɪəsaɪd] *n* hogar *m*; **by the** ~ al lado de la chimenea.

firewood [ˈfaɪəwʊd] *n* leña *f*.

firework [ˈfaɪəwɜːk] **1** *n*: ~**s** fuegos *mpl* artificiales; **there'll be** ~**s at the meeting** (*fig*) en la reunión se va a armar la gorda. **2** *cpd*: ~ **display** *n* fuegos *mpl* artificiales.

firing [ˈfaɪərɪŋ] **1** *n* (*bullets*) disparos *mpl*; (*exchange of fire*) tiroteo *m*. **2** *cpd*: ~ **line** *n* línea *f* de fuego; **to be in the ~ line** (*fig: liable to be criticized*) estar en la línea de fuego; ~ **squad** *n* pelotón *m* (de ejecución).

firm[1] [fɜːm] *adj* (*comp* ~**er**; *superl* ~**est**) (*set*) cuajado/a; (*steady*) estable; (*solid: base etc*) sólido/a; (*hold*) seguro/a; (*belief, friendship*) firme; (*friends*) íntimo/a; (*character, decision*) firme; (*price*) estable; (*steps, measures*) decidido/a, resuelto/a; (*look, voice*) grave; (*offer*) en firme; **as ~ as a rock** (tan) firme como una roca; **a ~ believer in sth** un partidario convencido de algo; **to be ~ with sb** mantenerse firme con algn; **to be on ~ ground** (*fig*) hablar con conocimiento de causa; **to stand ~, to take a ~ stand over sth** (*fig*) mantener/adoptar una postura firme ante algo.

► **firm up 1** *vt* + *adv* fortalecer, reforzar; (*proposal etc*) redondear. **2** *vi* + *adv* fortalecerse, reforzarse.

firm[2] [fɜːm] *n* empresa *f*, compañía *f*, firma *f*; **the old ~** (*hum*) la vieja firma.

firmly [ˈfɜːmlɪ] *adv* (*fixed*) firmemente; (*speak*) con firmeza; (*believe*) firmemente.

firmness [ˈfɜːmnɪs] *n* firmeza *f*.

firmware [ˈfɜːmwɛəʳ] *n* (*Comput*) soporte *m* lógico inalterable *o* fijo.

first [fɜːst] **1** *adj* primer *m*, primero/a; **the ~ book** el primer libro; **the ~ of January** el primero de enero, uno de enero; **the ~ time** la primera vez; **to win ~ place** (*competition*) conseguir el primer puesto, ganar; (*race*) llegar en primer lugar, llegar el/la primero/a; **in the ~ place/instance** en primer lugar, al pronto *(LAm)*; ~ **thing in the morning** a primera hora de la mañana; ~ **thing tomorrow** mañana a primera hora; ~ **things ~!** lo primero es lo primero; **I don't know the ~ thing about it** (*fam*) no tengo la menor idea de eso; ~ **cousin** primo/a *m/f* hermano/a *or* carnal; ~ **edition** primera edición *f*; **on the ~ floor** (*Brit*) en el primer piso, en el segundo piso *(LAm)*; (*US*) en la planta baja, en el primer piso *(LAm)*; ~ **form** *or* **year** (*Scol*) primero (de secundaria); ~ **gear** (*Aut*) primera *f*; ~ **lady** (*US*) primera dama *f*; ~ **language** (*mother tongue*) lengua *f* materna; (*in state etc*) lengua principal; ~ **name** nombre *m* (de pila); ~ **night** (*Theat*) estreno *m*; ~ **offender** (*Jur*) delincuente *mf* sin antecedentes penales; ~ **performance** (*Theat, Mus*) estreno.

2 *adv* (**a**) (*firstly*) primero, primeramente; ~ **one, then another** primero uno, después otro; ~ **of all,** ~ **and foremost** ante todo, antes que nada; ~ **and last** (*above all*) por encima de todo; ~ **come,** ~ **served** el que se adelanta nunca pierde; **ladies** ~ las señoras primero; **we arrived** ~ fuimos los primeros en llegar; **she came ~ in the race** llegó la primera en la carrera; **finish this work** ~ primero termine este trabajo; **head** ~ de cabeza.

(**b**) (*for the ~ time*) por primera vez; **I ~ met him in Paris** lo conocí en París.

(**c**) (*rather*) primero, antes; **I'd die ~!** ¡antes morir!

3 *n*: **the ~ to arrive** el primero/la primera en llegar; **Charles the F~** Carlos Primero; **at ~** al principio, en un principio; **from the (very) ~** desde el principio; **from ~ to last** de principio a fin; **in ~ (gear)** (*Aut*) en primera; **he gained a ~ in French** (*Univ: class of degree*) ≈ se graduó en francés con sobresaliente.

first aid [ˈfɜːstˈeɪd] **1** *n* primeros auxilios *mpl*. **2** *cpd*: ~ **box** *n* botiquín *m* de urgencia; ~ **classes** *npl* clases *fpl* de primeros auxilios; ~ **kit** *n* = ~ **box**; ~ **post** *n* puesto *m* de socorro.

first-class [ˈfɜːstklɑːs] **1** *adj* (**a**) ~ **compartment** (*Rail*) compartimento *m* de primera; ~ **honours degree** (*Univ*) licenciatura *f* con sobresaliente; ~ **mail** correo *m* urgente; ~ **ticket** (*Rail*) billete *m or* boleto *m* de primera clase *(LAm)*. (**b**) (*very good*) de primera (categoría). **2** *adv*: **to travel** ~ viajar en primera; **to send a letter ~** mandar una carta por correo urgente.

first-degree [ˈfɜːstdɪˈgriː] *adj*: ~ **murder** asesinato *m* premeditado; ~ **burns** quemaduras *fpl* de primer grado.

first-footing [ˌfɜːstˈfʊtɪŋ] *n*: **to go ~** (*Scot*) ser la primera visita durante la noche de Año Nuevo.

first-generation [ˈfɜːstˌdʒenəˈreɪʃən] *adj*: **he's a ~ American** es americano de primera generación.

first-hand [ˈfɜːstˈhænd] **1** *adj* (*experience*) personal; (*knowledge*) directo/a. **2** *adv* directamente; (*fam*) de la boca del lobo.

firstly [ˈfɜːstlɪ] *adv* primero, en primer lugar.

first-rate [ˈfɜːstˈreɪt] *adj* (*gen*) de primera categoría *or* clase; (*fig*) estupendo/a.

first-time [ˈfɜːstˈtaɪm] *adj*: ~ **buyer** *persona que compra su primera vivienda*.

FIS *n abbr* (*Brit*) *of* **Family Income Supplement** *ayuda estatal familiar*.

fiscal [ˈfɪskəl] *adj* (*policy*) monetario/a; ~ **year** año *m* fiscal, ejercicio *m*.

fish [fɪʃ] **1** *n* (*pl* ~ *or* ~**es**) (*alive*) pez *m*; (*as food*) pescado *m*; ~ **and chips** pescado frito con patatas fritas; **to be like a ~ out of water** estar como pez fuera del agua; **there are other ~ in the sea** hay otros peces en el mar; **I've got other ~ to fry** (*fam*) tengo otras cosas que hacer; **neither ~ nor fowl** (*fam*) ni chicha ni limonada; **he's a (bit of a) cold ~** (*fam*) es un tipo frío *(fam)*.

2 *vi* pescar; **he goes ~ing every weekend** sale a pescar los fines de semana; **I'm going ~ing** voy de pesca; **to go salmon ~ing** ir a pescar salmón; **to ~ for sth** buscar algo, andar a la busca de algo; **to ~ for compliments** (*fig*) buscar elogios; **to ~ for information** (*fig*) andar a la busca de información, hacer pesquisas; **to ~ (around) in one's pocket for sth** buscarse algo en el bolsillo.

3 *vt* (*river, pond*) pescar en; (*trout, salmon etc*) pescar.

4 *cpd*: ~ **and chip shop** *n tienda que vende pescado frito con patatas fritas*; ~ **cake** *n* croqueta *f* de pescado; ~ **farm** *n* piscifactoría *f*; ~ **knife** *n* cuchillo *m* de pescado; ~ **shop** *n* pescadería *f*; ~ **slice** *n* pala *f* para el pescado; ~ **stick** *n* (*US*) croqueta *f* de pescado; ~ **tank** *n* acuario *m*.

► **fish out** *vt* + *adv* (*from water, from box etc*) sacar; **they ~ed him out of the water** lo sacaron del agua; **she ~ed a handkerchief out of her handbag** sacó un pañuelo del bolso.

fishbone [ˈfɪʃbəʊn] *n* espina *f*.

fisherman [ˈfɪʃəmən] *n* (*pl* **-men**) pescador *m*.

fishery [ˈfɪʃərɪ] *n* (*area*) pesquería *f*; (*industry*) pesca *f*.

fish-eye [ˈfɪʃaɪ] **1** *n* (*in door*) mirilla *f*. **2** *cpd*: ~ **lens** *n* (*Phot*) objetivo *m* de ojo de pez.

fishfinger [ˌfɪʃˈfɪŋgəʳ] *n* palito *m* de pescado empanado.

fish-hook [ˈfɪʃhʊk] *n* anzuelo *m*.

fishing [ˈfɪʃɪŋ] **1** *n* pesca *f*. **2** *cpd*: ~ **boat** *n* barco *m* de pesca; ~ **grounds** *npl* zona *fsg* de pesca; ~ **industry** *n* industria *f* pesquera; ~ **licence** *n* licencia *f* para pescar; ~ **line** *n* sedal *m*; ~ **net** *n* red *f* de pesca; ~ **port** *n* puerto *m* pesquero; ~ **rod** *n* caña *f* de pescar; ~ **tackle** *n* aparejo *m* de pescar.

fishmonger [ˈfɪʃmʌŋgəʳ] *n* (*Brit*) pescadero/a *m/f*; ~**'s (shop)** pescadería *f*.

fishnet [ˈfɪʃnet] *cpd*: ~ **stockings** *npl* medias *fpl* de red *or* rejilla; ~ **tights** *npl* leotardo *m* de red.

fishstore [ˈfɪʃstɔːʳ] *n* (*US*) pescadería *f*.

fishy [ˈfɪʃɪ] *adj* (*comp* **-ier**; *superl* **-iest**) (*smell*) que huele a pescado; (*taste*) que sabe a pescado; (*fam: suspect*) sospechoso/a; **there's sth ~ going on here** aquí hay gato encerrado.

fission [ˈfɪʃən] *n* fisión *f*; **atomic/nuclear ~** fisión atómica/nuclear.

fissure [ˈfɪʃəʳ] *n* hendidura *f*, grieta *f*; (*Anat, Geol, Metal*) fisura *f*.

fist [fɪst] *n* puño *m*; **to hit sb with one's ~s** dar de puñetazos a algn; **to shake one's ~ (at sb)** amenazar con el puño (a algn).

fistful [ˈfɪstfʊl] *n* puñado *m*.
fisticuffs [ˈfɪstɪkʌfs] *npl* puñetazos *mpl*.
fit[1] [fɪt] **1** *adj* (*comp* ~**ter**; *superl* ~**test**) (**a**) (*suitable*) conveniente, adecuado/a, apto/a; **to be ~ for sth** servir para algo; **to be ~ to do sth** ser capaz de *or* apto para hacer algo; **a meal ~ for a king** una comida digna de un rey; **he's not ~ for the job** no es apto para el puesto; **whatever time you think** ~ a la hora que le parezca conveniente; ~ **for habitation** habitable; ~ **for human consumption** comestible; **he is not ~ company for my daughter** no es un compañero apto para mi hija; **he's not ~ to teach** (*of right temperament*) no sirve como profesor; (*in physical condition*) no está en condiciones para dar clase; **you're not ~ to be seen** no estás para que te vea la gente; **it's not ~ to eat** *or* **to be eaten** no se puede comer, no es comestible; **I'm ~ to drop** (*fam*) estoy a punto de caerme; **to see ~ to** juzgar conveniente; **do as you think** *or* **see** ~ haz lo que te parezca *or* como te parezca mejor.
(**b**) (*Med*) sano/a; (*Sport*) en forma; **to be ~ for work** (*after illness*) estar en condiciones para trabajar; **to be (as) ~ as a fiddle** estar en plena forma; **to get** ~ (*Sport*) entrenarse; (*Med*) reponerse; **to keep** ~ mantenerse en forma.
2 *n*: **this suit is a very good** ~ este traje le *etc* sienta muy bien; **it's a rather tight** ~ me está un poco justo *or* apretado.
3 *vt* (**a**) (*subj: clothes*) sentar; (*: key etc*) entrar *or* encajar en; **it ~s you well** le sienta bien; **it ~s me like a glove** me sienta como anillo al dedo.
(**b**) (*match: facts etc*) corresponder, coincidir; (*: description*) estar de acuerdo con; **the punishment should ~ the crime** el castigo debe corresponder al delito.
(**c**) (*put in place*) ajustar; **to ~ a key in the lock** meter una llave en la cerradura; **to have a carpet ~ted** ponerse una moqueta; **to ~ sth into place** hacer encajar algo; **to ~ sth on the wall** colocar algo en la pared.
(**d**) (*supply*) equipar de; **a car ~ted with a radio** un coche equipado con radio; **he has been ~ted with a new hearing aid** le han puesto un audífono nuevo; **to ~ a ship/sb for an expedition** equipar un barco/a algn para una expedición.
(**e**) (*make* ~) hacer a la medida; **to ~ a dress** probar un vestido (a una); **to ~ sb for a job/to do sth** preparar a algn para un trabajo/para hacer algo; **her experience ~s her for the job** su experiencia la cualifica para el trabajo.
4 *vi* (**a**) (*subj: clothes*) sentar; (*: key, part, object*) entrar; **will the cupboard ~ into the corner?** ¿entrará el armario en el rincón?
(**b**) (*match: facts, description*) coincidir, corresponder; **it all ~s now!** ¡todo encaja ahora!
▸ **fit in 1** *vi + adv* (*fact, statement*) corresponder (*with* a); **he left because he didn't ~ in** se marchó porque no congeniaba con los demás; **to ~ in with sb's plans** adaptarse a los planes de algn. **2** *vt + adv* (*object*) encajar; (*fig: appointment, visitor*) incluir; (*plan, activity*) acomodar (*with* a), compaginar (*with* con); **I'll see if the director can ~ you in** voy a ver si el director tiene tiempo para verle.
▸ **fit out** *vt + adv* (*ship, person*) equipar.
▸ **fit up** *vt + adv* (**a**) equipar, montar; **to ~ sb up with** proveer a algn de, equipar a algn con. (**b**) (*fam: frame*) incriminar dolosamente.
fit[2] [fɪt] *n* (**a**) (*Med*) ataque *m*, acceso *m*; **to have** *or* **suffer a ~** darle a algn un ataque; **a ~ of coughing** un acceso de tos. (**b**) (*outburst*) arranque *m*; **~ of anger** arranque de cólera; **~ of crying** *or* **tears** llorera *f*; **to have** *or* **throw a ~** (*fam*) volverse loco; **to have a ~ of crying** *or* **tears** entrarle a algn una llorera; **to be in ~s (of laughter)** morirse de risa; **~ of enthusiasm** arranque de entusiasmo; **by** *or* **in ~s and starts** a rachas.
fitful [ˈfɪtfʊl] *adj* (*breeze, showers*) esporádico/a; (*sleep*) interrumpido/a.
fitment [ˈfɪtmənt] *n* (**a**) (*accessory: of machine*) aparejo *m*. (**b**) = **fitting 2(b)**.
fitness [ˈfɪtnɪs] **1** *n* (**a**) (*suitability: for post etc*) capacidad *f* (*for* para) . (**b**) (*state of health*) estado *m* físico; (*good health*) buena forma. **2** *cpd*: ~ **classes** *npl* clases *fpl* de gimnasia; ~ **fanatic** *n* fanatico/a *m/f* de la salud.
fitted [ˈfɪtɪd] *adj* (*garment: made to measure*) hecho/a a medida; ~ **carpet** moqueta *f*; ~ **cupboards** armarios *mpl* empotrados; ~ **kitchen** cocina *f* amueblada.
fitter [ˈfɪtəʳ] *n* (*Tech*) ajustador *m*; (*of garment*) probador(a) *m/f*.
fitting [ˈfɪtɪŋ] **1** *adj* (*suitable*) propio/a, apto/a; **it is ~ that** (*frm*) es apropiado *or* oportuno que. **2** *n* (**a**) (*of dress*) prueba *f*; (*size: of shoe*) medida *f*, número *m*, tamaño *m*. (**b**) ~**s** (*of house*) accesorios *mpl*; (*shop furnishings etc, gen*) mobiliario *msg*; **bathroom ~s** artículos *mpl* para el baño. **3** *cpd*: ~ **room** *n* (*in shop*) probador *m*, vestidor *m*.
five [faɪv] **1** *adj* cinco; **she is ~ (years old)** ella tiene cinco años (de edad); **they live at number ~** viven en el número cinco; **there are ~ of us** somos cinco; **all ~ of them came** vinieron los cinco; **it costs ~ pounds** cuesta *or* vale cinco libras; ~ **and a quarter/half** cinco y cuarto/medio; **~-day week** semana *f* inglesa; ~ **spot** (*US fam*) billete *m* de cinco dólares; **it's ~ (o'clock)** son las cinco.
2 *n* cinco *m*; **to divide sth into ~** dividir algo en cinco; **they are sold in ~s** se venden de cinco en cinco.
five-fold [ˈfaɪvˌfəʊld] **1** *adj* quintuplo/a. **2** *adv* cinco veces.
fiver [ˈfaɪvəʳ] (*fam*) *n* (*Brit*) billete *m* de cinco libras; (*US*) billete de cinco dólares.
five-star [ˈfaɪvstɑːʳ] *adj*: ~ **hotel/restaurant** hotel *m*/restaurante *m* de cinco estrellas.
five-year [ˈfaɪvˈjɪəʳ] *adj*: ~ **plan** plan *m* quinquenal.
fix [fɪks] **1** *n* (**a**) (*Aer, Naut*) localización *f*, posición *f*.
(**b**) (*fam: of drug*) dosis *f*; **to give o.s.** *or* **have a ~** pincharse (*fam*).
(**c**) (*fam: predicament*) apuro *m*, aprieto *m*; **to be in a ~** estar en un apuro.
(**d**) **the fight/result was a ~** (*fam*) hubo tongo en la lucha/el resultado.
2 *vt* (**a**) (*make firm*) sujetar; (*attach: with nails*) clavar; (*: with string etc*) atar, amarrar (*LAm*); (*fig: eyes, attention*) fijar, clavar; (*make permanent: colour, Phot*) fijar; **to ~ the blame on sb/sth** echar la culpa a algn/algo; **to ~ sth in one's mind** fijar algo en la memoria.
(**b**) (*arrange: date, meeting*) acordar, convenir; (*determine: time, price*) fijar, acordar; (*arrange dishonestly: fight, race*) arreglar, amañar (*pej*); **I'll ~ everything** se lo arreglaré todo; **I'll ~ him!** (*fam*) ya le ajustaré las cuentas.
(**c**) (*repair*) reparar, arreglar.
(**d**) (*make ready, meal, drink*) preparar; **can I ~ you a drink?** ¿te preparo algo de beber?; **to ~ one's hair** arreglarse el pelo.
▸ **fix on 1** *vt + adv* (*badge, lid*) fijar. **2** *vi + prep* (*decide on*) fijar.
▸ **fix up** *vt + adv* (*arrange: date*) concertar; (*: meeting*) fijar; **they ~ed up a meeting for six o'clock** fijaron una reunión para las seis; **to ~ sth up with sb** quedar con algn en algo, convenir algo con algn.
fixation [fɪkˈseɪʃən] *n* (*Psych, fig*) obsesión *f*, fijación *f*.
fixative [ˈfɪksətɪv] *n* fijador *m*.
fixed [fɪkst] *adj* (**a**) (*gen*) fijo/a; **at a ~ time** a una hora fija; ~ **assets** capital *msg* fijo; ~ **charge** gasto *m* fijo; ~ **price** precio *m* fijo. (**b**) (*fam*) **how are you ~ for money?** ¿qué tal andas de dinero?; **how are you ~ for this evening?** ¿tienes alguna cita esta tarde?; **how are we ~ed for time?** ¿cómo vamos de tiempo?
fixedly [ˈfɪksɪdlɪ] *adv* fijamente.
fixed-price [ˈfɪkstpraɪs] *adj*: ~ **contract** contrato *m* a pre-

cio fijo.

fixings [ˈfɪksɪŋz] *npl* (*US Culin*) guarniciones *fpl*.

fixture [ˈfɪkstʃəʳ] *n* (**a**) (*of house etc*) **~s** instalaciones *fpl* fijas; **the house was sold with ~s and fittings** la casa se vendió acondicionada. (**b**) (*Sport*) encuentro *m*. (**c**) (*permanent feature*) elemento *m* fijo; (*date*) fecha *f* fija.

fizz [fɪz] **1** *n* (*fizziness*) efervescencia *f*, gas *m*; (*fizzy drink*) gaseosa *f*. **2** *vi* burbujear.

fizzle [ˈfɪzl] *vi* (*also* **~ out**: *fire, firework*) apagarse; (*: enthusiasm, interest*) morirse; (*: plan*) echarse a perder.

fizzy [ˈfɪzɪ] *adj* (*comp* **-ier**; *superl* **-iest**) (*drink*) gaseoso/a.

fjord [fjɔːd] *n* fiordo *m*.

FL *abbr* (*US Post*) *of* **Florida**.

Fla. *abbr* (*US*) *of* **Florida**.

flab [flæb] *n* (*fam*) grasa *f*, michelín *m* (*fam*).

flabbergasted [ˈflæbəgɑːstɪd] *adj* pasmado/a.

flabby [ˈflæbɪ] *adj* (*comp* **-ier**; *superl* **-iest**) (*soft*) blanducho/a, fofo/a; (*fat*) gordo/a.

flaccid [ˈflæksɪd] *adj* fláccido/a.

flag¹ [flæg] *n* (*also* **~stone**) losa *f*.

flag² [flæg] **1** *n* (*gen*) bandera *f*, pabellón *m*; (*for charity etc*) banderita *f*; **~ of convenience** pabellón de conveniencia; **to raise/lower the ~** izar/arriar la bandera; **to keep the ~ flying** seguir defendiéndose. **2** *vt* (*also* **~ down**: *taxi*) (hacer) parar. **3** *cpd*: **~ day** *n* día *m* de la colecta; **~ stop** *n* (*US*) parada *f* a petición.

flag³ [flæg] *vi* (*strength*) flaquear; (*person*) cansarse; (*enthusiasm etc*) disminuir, decaer; (*conversation*) languidecer.

flagellate [ˈflædʒəleɪt] *vt* flagelar, azotar.

flagpole [ˈflægpəʊl] *n* asta *f* de bandera.

flagrant [ˈfleɪgrənt] *adj* flagrante.

flagship [ˈflægʃɪp] *n* buque *m* insignia *or* almirante.

flail [fleɪl] *vi*: **to ~ about** (*arms, legs*) agitarse.

flair [flɛəʳ] *n* (*gift*) don *m*; (*instinct*) instinto *m*; (*style*) elegancia *f*; **a ~ for languages** un don de lenguas.

flak [flæk] *n* (**a**) fuego *m* antiaéreo. (**b**) (*fam*) críticas *fpl*; **to get a lot of ~** ser muy criticado.

flake [fleɪk] **1** *n* (*of paint, skin etc*) escama *f*; (*of soap*) hojuela *f*; (*of snow*) copo *m*. **2** *vi* (*also* **~ off**: *paint*) desconcharse; (*: skin*) pelarse; **to ~ out** (*fam*) quedar agotado.

flaky [ˈfleɪkɪ] *adj* (*comp* **-ier**; *superl* **-iest**) (*paintwork*) desconchado/a; (*skin*) escamoso/a; **~ pastry** (*Culin*) hojaldre *m*.

flambé [ˈflɑːmbeɪ] *adj* flameado/a.

flamboyant [flæmˈbɔɪənt] *adj* (*character, speech, dress*) extravagante; (*style*) rimbombante.

flame [fleɪm] **1** *n* llama *f*; **to burst into ~s** incendiarse; **he watched the house go up in ~s** miraba cómo la casa ardía en llamas; **old ~** (*fam*) antiguo amor *m*. **2** *vi* (*also* **~ up**: *fire*) inflamarse, llamear; (*: passion etc*) enardecerse; **her cheeks ~d with embarrassment** se puso colorada de vergüenza.

flameproof [ˈfleɪmpruːf] *adj* a prueba de fuego.

flaming [ˈfleɪmɪŋ] *adj* (**a**) (*red, orange*) llameante. (**b**) (*Brit fam: furious*) enardecido/a; (*: bloody*) maldito/a.

flamingo [fləˈmɪŋgəʊ] *n* (*pl* **~s** *or* **~es**) flamenco *m*.

flammable [ˈflæməbl] *adj* inflamable.

flan [flæn] *n* tarta *f*.

Flanders [ˈflɑːndəz] *n* Flandes *m*.

flange [flændʒ] *n* (*Tech: on wheel*) ceja *f*; (*: on pipe*) collarín *m*.

flank [flæŋk] **1** *n* (*of animal*) ijar *m*, ijada *f*; (*Mil*) flanco *m*; (*of hill*) ladera *f*, falda *f*. **2** *vt* (*Mil etc*) flanquear; (*adjoin*) lindar con; **it is ~ed by hills** tiene unas colinas al lado; **he was ~ed by two policemen** iba escoltado por dos guardias.

flannel [ˈflænl] *n* (*face ~*) manopla *f*; (*fabric*) franela *f*; **~s** (*trousers*) pantalones *mpl* de franela.

flannelette [ˌflænəˈlet] *n* franela *f* de algodón.

flap [flæp] **1** *n* (**a**) (*of pocket*) cartera *f*; (*of envelope*) solapa *f*; (*of table*) hoja *f* (plegadiza); (*Aer*) flap *m*. (**b**) (*of wing*) aletazo *m*; (*sound*) (ruido del) aleteo *m*; **to get into a ~** (*fam*) ponerse nervioso, azorarse. **2** *vt* (*subj: bird: wings*) batir (las alas); (*shake: sheets, newspaper*) sacudir. **3** *vi* (**a**) (*wings*) aletear; (*sails*) gualdrapear; (*flag etc*) chasquear. (**b**) (*fam: panic*) ponerse nervioso/a, aturdirse.

flapjack [ˈflæpdʒæk] *n* (*US: pancake*) torta *f*, panqueque *m* (*LAm*); (*Brit*) *torta de avena*.

flare [flɛəʳ] **1** *n* (**a**) (*blaze*) llamarada *f*; (*signal*) cohete *m* de señales; (*Mil: for target*) bengala *f*. (**b**) (*Sew*) vuelo *m*. **2** *vi* (*match, torch*) llamear.

► **flare up** *vi + adv* (*fire*) llamear; (*fig: person*) estallar, ponerse furioso/a; (*: revolt, situation etc*) estallar.

flared [flɛəd] *adj* (*skirt, trousers etc*) acampanado/a.

flare-up [ˈflɛərˈʌp] *n* (*fig*) explosión *f*; (*of anger*) arranque *m* de cólera; (*quarrel*) riña *f*; (*of trouble*) manifestación *f* súbita.

flash [flæʃ] **1** *n* (**a**) (*of light: burst*) destello *m*; (*: sparkle*) centelleo *m*; (*US: torch*) linterna *f*; **~ of lightning** relámpago *m*, rayo *m*, refucilo *m* (*LAm*), refusilo *m* (*LAm*); **~ of inspiration** (*fig*) ráfaga *f* de inspiración; **a ~ in the pan** un caso fuera de serie; **in a ~** en un abrir y cerrar de ojos, en un tris.

(**b**) (*news ~*) noticia *f* de última hora.

(**c**) (*Phot*) flash *m*.

2 *adj*: **a really ~ car** (*fam*) un coche realmente fabuloso (*fam*).

3 *vt* (*light*) despedir, lanzar; (*torch*) encender; (*look*) lanzar; (*signal: message*) transmitir; **to ~ one's headlights** (*Aut*) dar ráfagas de luces; **to ~ sth about** (*fig fam*) ostentar, presumir con.

4 *vi* (**a**) (*light*) brillar; (*lightning*) relampaguear; (*jewels*) centellear.

(**b**) (*move quickly: person, vehicle*) **to ~ by** *or* **past** pasar como un rayo.

(**c**) (*Cine*) **to ~ back to** volver atrás a.

5 *cpd*: **~ card** *n* tarjeta *f*, carta *f*; **~ flood** *n* riada *f*; **~ gun** *n* (*Phot*) disparador *m* de flash.

flashback [ˈflæʃbæk] *n* (*Cine*) escena *f* retrospectiva.

flashcube [ˈflæʃkjuːb] *n* (*Phot*) cubo *m* de flash.

flasher [ˈflæʃəʳ] *n* (*Brit fam*) exhibicionista *m*.

flashlight [ˈflæʃlaɪt] *n* (*US: torch*) linterna *f*.

flashy [ˈflæʃɪ] *adj* (*comp* **-ier**; *superl* **-iest**) (*colour*) chillón/ona; (*object*) llamativo/a; (*person*) ostentoso/a.

flask [flɑːsk] *n* (*for brandy etc*) frasco *m*; (*vacuum ~*) termo(s) *m*; (*Chem*) matraz *m*.

flat¹ [flæt] **1** *adj* (*comp* **~ter**; *superl* **~est**) (**a**) (*surface: horizontal*) plano/a; (*: level*) llano/a, parejo/a; (*: smooth*) liso/a; (*foot*) plano; (*nose*) chato/a; **~ as a pancake** (*fam*) liso como la palma de la mano; **to fall ~ on one's face** caer(se) de bruces; **~ racing** carreras *fpl* lisas; **~ tyre** (*Aut*) pinchazo *m*, llanta *f* pinchada (*LAm*), ponchada *f* (*Mex*).

(**b**) (*final: refusal, denial*) rotundo/a, terminante; **and that's ~!** (*fam*) ¡y se acabó!, ¡así no más! (*LAm*).

(**c**) (*Mus: voice, instrument*) desafinado/a; (*key*) bemol; **E ~ major** mi bemol mayor.

(**d**) (*dull, lifeless: style*) insípido/a; (*: taste: joke*) soso/a; (*drink*) muerto/a; (*battery*) descargado/a; (*colour*) apagado/a; **to be feeling rather ~** estar deprimido; **I've got a ~ battery** se me ha descargado la batería.

(**e**) (*basic*) **~ rate of pay** sueldo *m* básico; **at a ~ rate** a una tarifa fija.

2 *adv* (**a**) (*absolutely: refuse*) rotundamente; (*: tell*) terminantemente; **to be ~ broke** (*fam*) estar sin un duro; **in ten minutes ~** dentro de diez minutos justos; **to turn sth down ~** rechazar algo de plano; **to work ~ out** trabajar a toda mecha.

(**b**) **to be out ~** (*lying*) estar acostado *or* tumbado (*LAm*); (*asleep*) quedarse (profundamente) dormido/a.

(**c**) (*Mus*) desafinado/a; **to play/sing ~** desafinar.

3 *n* (*of hand*) palma *f*; (*of sword*) plano *m*; (*Mus*) bemol *m*; (*Aut*) pinchazo *m*, ponchadura *f* (*LAm*); **mud ~s**

(*Geog*) marisma *fsg*.
flat² [flæt] *n* (*Brit*) apartamento *m*, piso *m*, departamento *m (LAm)*.
flat-chested ['flæt'tʃestɪd] *adj* de pecho plano.
flatfish ['flætfɪʃ] *n* (*pl* ~ *or* ~**es**) platija *f*.
flat-footed ['flæt'fʊtɪd] *adj* de pies planos; (*fig: clumsy*) patoso/a.
flatlet ['flætlɪt] *n* (*Brit*) apartamento *m*.
flatly ['flætlɪ] *adv* (*refuse etc*) categóricamente, tajantemente; **we are ~ opposed to it** quedamos totalmente opuestos a ello.
flatmate ['flætmeɪt] *n* compañero/a *m/f* (de piso).
flatten ['flætn] *vt* (*road, field*) allanar, aplanar; (*: level out*) nivelar; (*house, city*) arrasar; (*map etc*) alisar; (*fig: defeat*) aplastar; **to ~ o.s. against sth** pegarse a algo.
▸ **flatten out** **1** *vi + adv* (*road, countryside*) nivelarse, allanarse. **2** *vt + adv* (*path*) allanar, aplanar; (*paper*) extender, alisar.
flatter ['flætəʳ] *vt* (*praise*) adular, halagar, lisonjear; (*show to advantage*) favorecer; **to ~ o.s. (on/that)** (*pride o.s.*) jactarse (de/de que); (*boast, show off*) presumir (de/de que).
flattering ['flætərɪŋ] *adj* (*remark*) halagüeño/a, lisonjero/a; (*: fawning*) adulador(a); (*photo, clothes etc*) que favorece, favorecedor(a).
flattery ['flætərɪ] *n* halagos *mpl*, lisonjas *fpl*, piropos *mpl*.
flatulence ['flætjʊləns] *n* flatulencia *f*.
flaunt [flɔːnt] **1** *vt* (*pej*) ostentar, hacer alarde de. **2** *vr*: **to~ o.s.** pavonearse.
flautist ['flɔːtɪst] *n* flautista *mf*.
flavour, (*US*) **flavor** ['fleɪvəʳ] **1** *n* (*gen*) sabor *m*; (*flavouring*) condimento *m*, sazonamiento *m*; (*fig*) sabor, tono *m*. **2** *vt* (*Culin*) sazonar (*with* de).
flavouring, (*US*) **flavoring** ['fleɪvərɪŋ] *n* sazón *m*, condimento *m*; **vanilla ~** esencia *f* de vainilla.
flaw [flɔː] *n* (*gen: defect*) defecto *m*; (*: in material, beauty, diamond*) desperfecto *m*, tara *f*; (*crack*) grieta *f*.
flawless ['flɔːlɪs] *adj* (*beauty etc*) impecable, sin defecto; (*plan*) perfecto/a, sin defecto alguno.
flax [flæks] **1** *n* (*Bot*) lino *m*. **2** *cpd*: ~ **seed** *n* linaza *f*.
flaxen ['flæksən] *adj* (*poet: hair*) muy rubio/a.
flay [fleɪ] *vt* (*skin*) desollar; (*criticize*) despellejar.
flea [fliː] **1** *n* pulga *f*; **to send sb away with a ~ in his ear** (*fam*) echar a algn la pulga detrás de la oreja. **2** *cpd*: ~ **collar** *n* collar *m* antipulgas; ~ **market** *n* rastro *m*.
fleabag ['fliːbæg] (*fam*) *n* (*Brit: person*) guarro/a *m/f*; (*US: hotel*) hotelucho *m* de mala muerte *(fam)*.
flea-bitten ['fliːbɪtn] *adj* (*fig fam*) miserable.
fleapit ['fliːpɪt] *n* (*fam*) cine *m* de baja categoría.
fleck [flek] **1** *n* (*of mud, paint, dust*) mota *f*; (*of colour*) punto *m*. **2** *vt* (*blood, mud etc*) salpicar (*with* de); **black ~ed with white** negro con motas blancas.
fled [fled] *pt, pp of* **flee**.
fledg(e)ling ['fledʒlɪŋ] **1** *n* (*young bird*) pajarito *m*. **2** *cpd*: **a ~ writer** (*fig*) un escritor en ciernes.
flee [fliː] (*pt, pp* **fled**) **1** *vt* huir de. **2** *vi* huir (*from* de; *to* a).
fleece [fliːs] **1** *n* vellón *m*. **2** *vt* (*fig fam: rob*) dejar pelado/a.
fleecy ['fliːsɪ] *adj* (*comp* **-ier**; *superl* **-iest**) (*woolly*) lanoso/a, lanudo/a; (*clouds*) aborregado/a.
fleet¹ [fliːt] *n* (*Aer, Naut*) flota *f*; (*of cars, coaches etc*) escuadra *f*.
fleet² [fliːt] *adj* (*poet: also* ~**-footed**) veloz.
fleeting ['fliːtɪŋ] *adj* (*glimpse*) fugaz; (*brief*) breve; (*moment, beauty etc*) pasajero/a.
Flemish ['flemɪʃ] **1** *adj* flamenco/a. **2** *n* (*Ling*) flamenco *m*.
flesh [fleʃ] **1** *n* (*gen*) carne *f*; (*of fruit*) pulpa *f*; **in the ~** en carne y hueso, en persona; **my own ~ and blood** mi propia sangre; **it's more than ~ and blood can stand** no hay quien lo aguante. **2** *cpd*: ~ **wound** *n* herida *f* superficial.
flesh-coloured, (*US*) **flesh-colored** ['fleʃˌkʌləd] *adj* de color del cutis.
fleshy ['fleʃɪ] *adj* (*comp* **-ier**; *superl* **-iest**) (*fat*) gordo/a; (*Bot: fruit*) carnoso/a.
flew [fluː] *pt of* **fly²**.
flex [fleks] **1** *n* (*Brit: of lamp, telephone*) cable *m* (flexible), cordón *m*, cable *m*. **2** *vt* (*arms, knees*) flexionar, doblar; (*muscles*) tensar.
flexible ['fleksəbl] *adj* (*gen, fig, disk*) flexible; ~ **working hours** horario *msg* flexible.
flexitime ['fleksɪˌtaɪm] *n* horario *m* flexible.
flick [flɪk] **1** *n* (**a**) (*with tail*) coletazo *m*; (*with finger*) capirotazo *m*; (*with duster*) pasada *f*; (*with whip*) latigazo *m*, golpe *m* (de látigo); **with a ~ of the wrist** con un movimiento rápido de la muñeca.
(**b**) (*Brit fam*) película *f*, peli *f (fam)*; **the ~s** el cine.
2 *vt* (*with finger*) dar un capirotazo a; **she ~ed her hair out of her eyes** se apartó el pelo de los ojos; **to ~ sth away** quitar algo con un movimiento rápido.
3 *vi*: **the snake's tongue ~ed in and out** la víbora metía y sereaba la lengua constantemente/hacía vibrar su lengua.
4 *cpd*: ~ **knife** *n* navaja *f*, chaveta *f (LAm)*.
▸ **flick off** *vt + adv* (*dust, ash*) quitar algo con un capirotazo.
▸ **flick on** *vt + adv* (*light etc*) encender.
▸ **flick through** *vi + prep* (*book etc*) hojear.
flicker ['flɪkəʳ] **1** *n* (*of light, eyelid*) parpadeo *m*; (*of flame*) destello *m*; **without a ~ of** sin la menor señal de. **2** *vi* (*light*) parpadear; (*flame*) vacilar.
flight¹ [flaɪt] **1** *n* (**a**) (*Aer, of bird etc*) vuelo *m*; (*of bullet*) trayectoria *f*; **in ~** en vuelo; **how long does the ~ take?** ¿cuánto dura el vuelo?; **~s of fancy** (*fig*) ilusiones *fpl*.
(**b**) (*group: of birds*) bandada *f*; (*: of aircraft*) escuadrilla *f*; **in the top ~** (*fig*) de primera categoría.
(**c**) ~ **(of stairs)** tramo *m*; **he lives two ~s up** vive en el segundo piso.
2 *cpd*: ~ **attendant** *n* (*US*) auxiliar *mf* de vuelo *or* de cabina, aeromoza *f (LAm)*, sobrecargo *mf (Mex)*, cabinera *f (Col)*; ~ **bag** *n* bolso *m* de bandolera; ~ **crew** *n* tripulación *f*; ~ **deck** *n* (*on aircraft carrier*) cubierta *f* de aterrizaje *or* despegue; (*of aeroplane*) cubierta de vuelo; ~ **lieutenant** *n* teniente *m* de aviación; ~ **path** *n* trayectoria *f* de vuelo; ~ **recorder** *n* registrador *m* de vuelo.
flight² [flaɪt] *n* (*act of fleeing*) fuga *f*, huida *f*; **to put to ~** poner en fuga; **to take ~** fugarse, huir.
flighty ['flaɪtɪ] *adj* (*comp* **-ier**; *superl* **-iest**) caprichoso/a.
flimsy ['flɪmzɪ] *adj* (*comp* **-ier**; *superl* **-iest**) (*thin: dress, material*) ligero/a; (*weak: building etc*) endeble; (*: excuse, argument*) flojo/a.
flinch [flɪntʃ] *vi* encogerse (*from* ante); **without ~ing** sin inmutarse.
fling [flɪŋ] (*vb: pt, pp* **flung**) **1** *n*: **to have his last ~** correrla por última vez; **to have one's ~** echar una canita al aire; **to have a ~ at doing sth** probar a hacer algo. **2** *vt* (*stone etc*) arrojar; **to ~ one's arms round sb** abrazar a algn fuertemente; **the door was flung open** la puerta se abrió de golpe; **to ~ o.s into a chair** dejarse caer de golpe en una silla; **to ~ o.s. into a job** lanzarse a un trabajo; **to ~ on one's coat** echarse par los hombros el abrigo.
▸ **fling away** *vt + adv* (*fig: waste: money, chance*) desperdiciar.
▸ **fling off** *vt + adv* (*clothes*) quitarse (de prisa).
▸ **fling out** *vt + adv* (*gen*) echar, botar *(LAm)*.
flint [flɪnt] *n* (*Geol*) pedernal *m*; (*of lighter*) piedra *f*.
flip¹ [flɪp] **1** *n* capirotazo *m*. **2** *vt* (*gen*) echar al aire; **to ~ a coin** echar cara o cruz; **he ~ped the book open** abrió el libro de golpe. **3** *cpd*: ~ **side** *n* cara *f* B.
▸ **flip out** *vi + adv* (*fam*) enloquecer.
▸ **flip through** *vi + prep* (*book*) hojear; (*records etc*) repasar.

flip[2] [flip] *(fam) interj* ¡porras!
flip-flop [ˈflɪpflɒp] *n* (**a**) ~**s** *(sandals)* chancletas *fpl.* (**b**) *(Comput)* circuito *m* basculante *or* biestable, flip-flop *m.*
flippancy [ˈflɪpənsɪ] *n* ligereza *f,* falta *f* de seriedad.
flippant [ˈflɪpənt] *adj* ligero/a, frívolo/a.
flipper [ˈflɪpəʳ] *n* aleta *f.*
flirt [flɜːt] **1** *n* coqueta *mf.* **2** *vi* coquetear *(with* con); **to ~ with death** jugar con la muerte; **to ~ with an idea** acariciar una idea.
flirtation [flɜːˈteɪʃən] *n* flirteo *m,* coqueteo *m.*
flit [flɪt] **1** *vi (bats, butterflies)* revolotear; **to ~ in/out** *(person)* entrar/salir precipitadamente. **2** *n*: **to do a (moonlight) ~** *(Brit)* despedirse a la francesa.
float [fləʊt] **1** *n (gen: for raft etc)* flotador *m*; *(for fishing line)* corcho *m*; *(swimming aid)* flotador; *(in procession)* carroza *f*; *(sum of money)* reserva *f.* **2** *vt (boat, logs)* poner a flote; *(render seaworthy)* hacer flotar; *(launch: company)* lanzar; *(Fin: currency)* flotar; *(: shares)* lanzar al mercado; **to ~ an idea** sugerir una idea. **3** *vi (gen)* flotar; *(move in wind)* flotar, ondear; **to ~ downriver** ir río abajo; **we shall let the pound ~** dejaremos flotar la libra esterlina.
▸ **float away, float off** *vi + adv (in water)* ir(se) a la deriva; *(in air)* ir(se) volando.
floating [ˈfləʊtɪŋ] *adj (object, assets etc)* flotante; *(vote, voter)* indeciso/a.
flock [flɒk] **1** *n (of sheep, goats)* rebaño *m*; *(of birds)* bandada *f*; *(of people)* tropel *m,* muchedumbre *f*; *(Rel)* grey *f,* rebaño. **2** *vi (move in numbers)* moverse en tropel; **they ~ed to the station** se fueron en tropel hacia la estación; **to ~ around sb** apiñarse en torno a algn.
floe [fləʊ] *n (ice ~)* témpano *m* de hielo.
flog [flɒg] *vt (whip)* azotar; *(beat)* dar una paliza a; *(fam: sell)* vender; **to ~ a dead horse** *(fig fam)* machacar en hierro frío.
flogging [ˈflɒgɪŋ] *n* paliza *f.*
flood [flʌd] **1** *n (of water)* inundación *f*; *(of words, tears)* torrente *m*; *(~tide)* pleamar *f*; **the F~** *(Rel)* el Diluvio; **the river is in ~** el río está crecido; **a ~ of letters** una avalancha de cartas; **she was in ~s of tears** lloraba a lágrima viva.
2 *vt (Aut, gen)* inundar; **to ~ the market** *(Comm)* inundar el mercado; **the room was ~ed with light** el cuarto se inundó de luz.
3 *vi (river)* desbordarse; **the people ~ed into the streets** la gente inundó la calle.
4 *cpd*: ~ **tide** *n* pleamar *f,* marea *f* creciente.
▸ **flood in** *vi + adv (people)* entrar a raudales.
▸ **flood out** *vt + adv (house)* inundar completamente; **they were ~ed out** tenieron que abandonar su casa debida a la inundación.
floodgate [ˈflʌdgeɪt] *n* compuerta *f,* esclusa *f.*
floodlight [ˈflʌdlaɪt] *(vb: pt, pp* **~ed** *or* **floodlit)** **1** *n* foco *m.* **2** *vt* iluminar con focos.
floor [flɔːʳ] **1** *n* (**a**) *(gen)* suelo *m*; *(of room)* piso *m*; *(of sea)* fondo *m*; *(earth)* tierra *f*; *(dance ~)* pista *f*; **the F~** *(Stock Exchange)* el parqué; **to take the ~** *(dancer)* salir a bailar; **to have the ~** *(speaker)* tener la palabra; **to hold the ~** tener a los asistentes *etc* pendientes de su palabra; **to wipe the ~ with sb** *(fam)* cascar a algn *(fam).*
(**b**) *(storey)* piso *m*; **ground ~** *(Brit)* planta baja, primer piso *(LAm)*; **on the first ~** *(Brit)* en el primer *or (LAm)* segundo piso; *(US)* en la planta baja; **top ~** último piso.
2 *vt* (**a**) *(room)* solar *(with* de).
(**b**) *(fam: knock down: opponent)* derribar; *(: baffle, silence)* dejar sin respuesta.
3 *cpd*: ~ **cloth** *n* bayeta *f*; ~ **covering** *n* tapiz *m* para el suelo; ~ **manager** *n* jefe *mf* de plató; ~ **show** *n* cabaret *m.*
floorboard [ˈflɔːbɔːd] *n* tabla *f* (del suelo).
floorwalker [ˈflɔːˌwɔːkəʳ] *n (US)* vigilante *mf.*
floosie, floozie [ˈfluːzɪ] *n (fam)* putilla *f (fam).*
flop [flɒp] **1** *n (fam: failure)* fracaso *m.* **2** *vi* (**a**) *(person)* dejarse caer *(into, on* en). (**b**) *(fam: play etc)* fracasar.
flophouse [ˈflɒphaʊs] *n (pl* **-houses** [haʊzɪz]) *(US)* pensión *f* de mala muerte, fonducha *f.*
floppy [ˈflɒpɪ] **1** *adj (comp* **-ier**; *superl* **-iest)** flojo/a; **~ disc** *or* **disk** *(Comput)* disco *m* flexible, disquete, m. **2** *n* = **~ disc.**
flora [ˈflɔːrə] *npl* flora *fsg.*
floral [ˈflɔːrəl] *adj (arrangement etc)* de flores; *(fabric, dress)* floral.
Florence [ˈflɒrəns] *n* Florencia *f.*
florid [ˈflɒrɪd] *adj (complexion)* colorado/a, rubicundo/a; *(style)* florido/a.
florist [ˈflɒrɪst] *n* florista *mf,* florero/a *m/f.*
flotation [fləʊˈteɪʃən] *n (lit: of boat etc)* flotación *f*; *(Fin: of shares, loan etc)* emisión *f*; *(of company)* lanzamiento *m.*
flotilla [fləˈtɪlə] *n* flotilla *f.*
flotsam [ˈflɒtsəm] *n*: **~ and jetsam** pecios *mpl.*
flounce[1] [flaʊns] *n (frill)* volante *m.*
flounce[2] [flaʊns] *vi*: **to ~ in/out** entrar/salir haciendo aspavientos.
flounder[1] [ˈflaʊndəʳ] *n (fish)* platija *f.*
flounder[2] [ˈflaʊndəʳ] *vi (also* **~ about**: *in water, mud etc: flap arms etc)* patalear; *(: splash etc)* revolcarse; *(in speech etc)* perder el hilo.
flour [ˈflaʊəʳ] *n* harina *f.*
flourish [ˈflʌrɪʃ] **1** *n (movement)* ademán *m,* movimiento *m* ostentoso; *(under signature)* plumada *f*; *(Mus)* floreo *m*; *(fanfare)* toque *m* de trompeta; **to do sth with a ~** hacer algo con ademán triunfal. **2** *vt (weapon, stick etc)* blandir. **3** *vi (plant etc)* crecer; *(person, business, civilization etc)* florecer, prosperar.
flourishing [ˈflʌrɪʃɪŋ] *adj (plant)* lozano/a; *(person, business)* floreciente, próspero/a.
flout [flaʊt] *vt (ignore)* no prestar atención, ignorar; *(mock)* burlarse de.
flow [fləʊ] **1** *n (of river, tide, Elec)* corriente *f,* flujo *m*; *(: direction)* curso *m*; *(of blood: from wound)* flujo; *(of words etc)* torrente *m*; **the ~ of traffic** la circulación (del tráfico); **to have a steady ~ of words** hablar con soltura.
2 *vi (gen)* correr; *(river)* fluir; *(tide)* subir, crecer; *(blood: from wound)* manar; *(hair)* caer suavemente *or* con soltura; **money ~ed in** *(fig)* el dinero entró a raudales; **tears ~ed down her cheeks** le corrían las lágrimas por las mejillas; **the river ~ed over its banks** el río se desbordó; **the river ~s into the sea** el río desemboca en el mar; **to keep the conversation ~ing** mantener la conversación; **the town ~ed with wine and food** el pueblo abundaba en vino y comida; *see* **ebb.**
3 *cpd*: ~ **chart,** ~ **diagram** *n* organigrama *m*; ~ **sheet** *n (Comput)* diagrama *m* de flujo, organigrama *m,* ordinograma *m*; *(Admin)* organigrama.
flower [ˈflaʊəʳ] **1** *n* flor *f*; *(fig: best)* flor y nata; **in ~** en flor. **2** *vi* florecer. **3** *cpd*: ~ **arrangement** *n* ramo *m*; *(in park)* adorno *m* floral; ~ **power** *n* filosofía *f* de la flor; ~ **shop** *n* floristería *f,* tienda *f* de flores; ~ **show** *n* exposición *f* de flores; ~ **stall** *n* floristería *f.*
flowerbed [ˈflaʊəbed] *n* arriate *m,* cuadro *m,* cantero *m (CSur).*
flowerpot [ˈflaʊəpɒt] *n* maceta *f,* tiesto *m.*
flowery [ˈflaʊərɪ] *adj* florido/a.
flowing [ˈfləʊɪŋ] *adj (movement, stream)* corriente; *(hair, clothing)* suelto/a; *(style)* fluido/a, corriente.
flown [fləʊn] *pt of* **fly**[2].
fl. oz. *abbr of* **fluid ounce.**
F/Lt *abbr of* **Flight Lieutenant.**
flu [fluː] *n (fam)* gripe *f,* gripa *f (LAm)*; **to get** *or* **catch ~** acatarrarse, agriparse *(LAm).*
fluctuate [ˈflʌktjʊeɪt] *vi (cost)* fluctuar; *(person)* **to ~ between** vacilar entre.
fluctuation [ˌflʌktjʊˈeɪʃən] *n (of prices etc)* fluctuación *f.*
flue [fluː] *n* humero *m.*

fluency ['flu:ənsɪ] *n* fluidez *f*; **his ~ in English** su dominio del inglés.

fluent ['flu:ənt] *adj* (*style*) fluido/a; (*speaker*) elocuente; (*language*) suelto/a; **he is ~ in Italian** domina el italiano.

fluff [flʌf] **1** *n* (*from blankets etc*) pelusa *f*, lanilla *f*; (*of chicks, kittens*) plumón *m*. **2** *vt* (**a**) (*also* **~ out**: *feathers*) erizar las plumas; **to ~ up the pillows** mullir las almohadas. (**b**) (*Theat fam: lines*) hacerse un lío en.

fluffy ['flʌfɪ] *adj* (*comp* **-ier**; *superl* **-iest**) (*toy, material*) velloso/a; (*bird*) plumoso/a; (*surface*) lleno/a de pelusa.

fluid ['flu:ɪd] **1** *adj* (*substance, movement*) fluido/a; (*plan, arrangements*) flexible; (*opinions*) variable; **~ ounce** onza *f* líquida. **2** *n* flúido *m*, líquido *m*.

fluke [flu:k] *n* chiripa *f*, racha *f* de suerte; **to win by a ~** ganar por chiripa.

flummox ['flʌməks] *vt* (*disconcert*) desconcertar, confundir; (*startle*) asombrar; **I was completely ~ed** quedé totalmente despistado.

flung [flʌŋ] *pt, pp of* **fling**.

flunk [flʌŋk] *vt* (*esp US fam: course, exam*) catear, caerle/a a algn, reprobar *(esp LAm)*; **I ~ed Maths** me ha caído matemáticas.

▸ **flunk out** *vi + adv* (*fam*) salir del colegio *etc* sin recibir un título.

fluorescent [flʊə'resnt] *adj* (*lighting, tube*) fluorescente.

fluoride ['flʊəraɪd] **1** *n* fluoruro *m*. **2** *cpd*: **~ toothpaste** *n* pasta *f* de dientes con fluoruro.

flurry ['flʌrɪ] *n* (*of snow*) nevisca *f*; (*gust of wind*) ráfaga *f*; (*of rain*) chaparrón *m*; (*fig: of excitement*) azoramiento *m*; **to be in a ~** estar nervioso.

flush¹ [flʌʃ] **1** *n* (**a**) (*blush*) rubor *m*; (*Med*) **hot ~es** sofocos *mpl*. (**b**) (*of beauty, health, youth*) resplandor *m*; **in the first ~ of victory** en la eufória del triunfo; **in a ~ of excitement** llevado por la emoción. (**c**) (*of lavatory*) descarga *f* de agua. **2** *vi* (*person, face*) ponerse colorado/a (*with* de). **3** *vt* (*also* **~ out**: *sink, yard*) limpiar con agua, baldear; **to ~ the lavatory** tirar de la cadena del váter.

▸ **flush away** *vt + adv* (*down sink*) echar al fregadero; (*down lavatory*) echar al váter.

flush² [flʌʃ] *adj* (**a**) (*gen*) a ras (*with* de), al mismo nivel (*with* que); (*DIY*) empotrado/a (*with* con); **a door ~ with the wall** una puerta al mismo nivel que la pared. (**b**) (*fam*) **to be ~ (with money)** nadar en la abundancia.

flush³ [flʌʃ] *vt* (*also* **~ out**) (*game, birds*) levantar; (*fig: criminal*) desalojar.

flush⁴ [flʌʃ] *n* (*Cards*) flux *m*.

fluster ['flʌstəʳ] **1** *n* estado *m* de confusión; **to be in a ~** estar aturdido/a *or* confuso/a. **2** *vt* (*confuse, upset*) aturdir, poner nervioso/a; **to get ~ed** ponerse nervioso, aturdirse.

flute [flu:t] *n* flauta *f*; (*And, CSur: bamboo*) quena *f*.

flutter ['flʌtəʳ] **1** *n* (*of wings*) aleteo *m*; (*of eyelashes*) pestañeo *m*; **to be in a ~** (*fig*) estar nervioso/a; **to have a ~** (*fam*) echarse una apuesta. **2** *vt* (*wings*) batir; **to ~ one's eyelashes at sb** hacer ojitos a algn. **3** *vi* (*bird etc*) revolotear; (*wings*) aletear; (*flag*) ondear; (*heart*) palpitar.

flux [flʌks] *n*: **to be in a state of ~** estar inestable, estar en un momento de cambio continuo.

fly¹ [flaɪ] *n* mosca *f*; **the ~ in the ointment** (*fig*) el único inconveniente; **there are no flies on him** no tiene un pelo de tonto; **people were dropping like flies** las personas caían como moscas.

fly² [flaɪ] (*pt* **flew**; *pp* **flown**) **1** *vi* (**a**) (*plane, bird*) volar; (*air passengers*) viajar en avión; (*flag*) flotar; **the plane flew over London** el avión sobrevoló Londres.

(**b**) (*move quickly: time*) pasar *or* irse volando; **to ~ past** (*car, person*) pasar volando; **the door flew open** la puerta se abrío de golpe; **to knock** *or* **send sth/sb ~ing** tirar algo/a algn al suelo de un golpe; **I must ~!** me voy corriendo; **to let ~** (*emotionally*) desahogarse; (*physically*) empezar a repartir golpes *or* tortazos; **to let ~ at sb** (*emotionally*) llenar a algn de injurias; (*physically*) arremeter contra algn, empezar a darle tortazos a algn; **to ~ into a rage** salirse de sus casillas, ponerse como una fiera.

(**c**) (*flee*) huir, escaparse; (*rush*) precipitarse, lanzarse; **to ~ for one's life** huir para salvar la vida.

2 *vt* (*aircraft*) pilotar, pilotear *(esp LAm)*; (*passenger*) ir en avión; (*goods*) transportar en avión; (*flag*) izar; **to ~ the Atlantic** atravesar el Atlántico en avión; **to ~ a kite** echar a volar una cometa.

3 *n* (*on trousers: also* **flies**) bragueta *f*.

▸ **fly away** *vi + adv* (*bird, plane*) emprender el vuelo.

▸ **fly in** **1** *vi + adv* (*plane*) llegar; (*land*) aterrizar; (*president*) llegar en avión; **he flew in from Rome** llegó en avión desde Roma. **2** *vt + adv* (*take, bring: supplies, troops*) llevar *or* traer en avión.

▸ **fly off** *vi + adv* (**a**) (*plane, bird*) emprender el vuelo. (**b**) (*come off: hat*) irse volando; (*lid etc*) desprenderse de golpe.

▸ **fly out** **1** *vt + adv*: **we shall ~ supplies out to them** les enviaremos provisiones por avión. **2** *vi + adv* irse en avión.

fly³ [flaɪ] *adj* (*esp Brit*) avispado/a, espabilado/a.

flyby ['flaɪ,baɪ] *n* (*esp US*) desfile *m* aéreo.

fly-by-night ['flaɪbaɪnaɪt] **1** *adj* informal, de poca confianza, nada confiable. **2** *n* persona *f* informal, casquivano/a *m/f*.

fly-fishing ['flaɪ,fɪʃɪŋ] *n* pesca *f* a *or* con mosca.

flying ['flaɪɪŋ] **1** *adj* (*fish, machine*) volador(a); (*swift: visit*) rápido/a; **to pass with ~ colours** salir airoso; **~ doctor** médico *m* rural aerotransportado; **~ officer** subteniente *m* de aviación; **~ saucer** platillo *m* volante; **~ squad** brigada *f* móvil; **~ start** salida *f* prometedora; **to get off to a ~ start** (*fig*) empezar con buen pie; **~ time** horas *fpl* de vuelo. **2** *n* vuelo *m*; **I don't like ~** no me gusta volar.

flyleaf ['flaɪli:f] *n* (*pl* **-leaves**) guarda *f*.

flyover ['flaɪ,əʊvəʳ] *n* (*Aut*) paso *m* superior, paso elevado; (*US: flypast*) desfile *m* aéreo.

flypast ['flaɪpɑ:st] *n* desfile *m* aéreo.

flysheet ['flaɪʃi:t] *n* (*for tent*) doble techo *m*.

flyspray ['flaɪspreɪ] *n* rociador *m* de moscas.

flyweight ['flaɪweɪt] **1** *n* peso *m* mosca. **2** *cpd* (*contest*) de peso mosca.

flywheel ['flaɪwi:l] *n* (*Tech*) volante *m*.

FM *n abbr* (**a**) (*Brit Mil*) *of* **Field Marshal**. (**b**) (*Rad*) *of* **frequency modulation** FM *f*.

FMB *n abbr* (*US*) *of* **Federal Maritime Board**.

FMCS *n abbr* (*US*) *of* **Federal Mediation and Conciliation Services** ≈ IMAC *m*.

FO *n abbr* (**a**) (*Brit Pol*) *of* **Foreign Office** Min. de AA.EE. (**b**) (*Aer*) *of* **Flying Officer**.

fo. *abbr of* **folio** f.°, fol.

foal [fəʊl] **1** *n* potro *m*. **2** *vi* (*mare*) parir.

foam [fəʊm] **1** *n* (*gen*) espuma *f*. **2** *vi* (*sea*) hacer espuma; **to ~ at the mouth** echar espumarajos; (*fig*) subirse por las paredes. **3** *cpd*: **~ bath** *n* baño *m* de espuma; **~ rubber** *n* goma *f* espuma.

FOB *abbr of* **free on board** f.a.b.

fob [fɒb] *vt*: **to ~ sb off (with sth)** colocarle/colarle (algo) a algn, encular algo a algn *(fam)*.

f.o.b. *abbr* = **FOB**.

FOC *abbr of* **free of charge** libre de cargos.

focal ['fəʊkəl] *adj* (*Tech*) focal; **~ point** punto *m* focal; (*fig*) centro *m* de atención.

focus ['fəʊkəs] **1** *n* (*pl* **~es** *or* **foci** ['fəʊsaɪ]) (*gen*) foco *m*; (*of attention etc*) foco, centro *m*; **to be out of ~** (*Phot*) estar desenfocado. **2** *vt* (*camera, instrument*) enfocar (*on* a); (*attention etc*) centrar, concentrar (*on* en); **to ~ one's eyes on sth/sb** fijar la mirada en algo/algn. **3** *vi*: **to ~ (on)** (*light*) converger (en); (*heat rays*) concentrarse (en); (*eyes*) fijar(se) (en); **to ~ on sth** (*Phot*) enfo-

car a algo.
fodder ['fɒdəʳ] *n* pienso *m*, forraje *m*.
FOE *n abbr* (**a**) (*Brit: also* **FoE**) *of* **Friends of the Earth** *organización ecologista*. (**b**) (*US*) *of* **Fraternal Order of Eagles** *sociedad benéfica*.
foe [fəʊ] *n* (*poet*) enemigo *m*.
foetal, (*US*) **fetal** ['fi:tl] *adj* fetal.
foetus, (*US*) **fetus** ['fi:təs] *n* feto *m*.
fog [fɒg] **1** *n* niebla *f*. **2** *cpd*: ~ **lamp** *n* (*Aut*) faro *m* de niebla.
fogbound ['fɒgbaʊnd] *adj* inmovilizado/a por la niebla.
fogey ['fəʊgɪ] *n*: **old** ~ (*fam*) carroza *mf* (*fam*), persona *f* chapada a la antigua.
foggy ['fɒgɪ] *adj* (*comp* **-ier**; *superl* **-iest**) (*weather*) nebuloso/a, brumoso/a; (*day*) de niebla, brumoso; **it's** ~ hay niebla; **I haven't the foggiest (idea)** (*fam*) no tengo la más mínima idea.
foghorn ['fɒghɔ:n] *n* sirena *f* de niebla.
foible ['fɔɪbl] *n* manía *f*.
foil¹ [fɔɪl] *n* (**a**) (*also* **tin~**) papel *m or* hoja *f* de aluminio. (**b**) (*fig*) **to act as a** ~ **to sb/sth** servir de contraste a algn/algo.
foil² [fɔɪl] *n* (*Fencing*) florete *m*.
foil³ [fɔɪl] *vt* (*thief*) desbaratar los planes de; (*attempt*) frustrar.
foist [fɔɪst] *vt*: **to** ~ **sth on sb** colarle *or* colocarle algo a algn; **the job was ~ed on me** lograron mañosamente que yo me encargara de ello; **to** ~ **o.s. on sb** pegarse a algn, insistir en acompañar a *or* ir con algn.
fol. *abbr of* **folio** f.º, fol.
fold¹ [fəʊld] *n* (*Agr*) redil *m*.
fold² [fəʊld] **1** *n* pliegue *m*, dobladura *f*; (*Geol*) pliegue. **2** *vt* (*gen*) doblar, plegar; (*wings*) recoger; **she ~ed the paper in two** dobló en dos el periódico; **to** ~ **one's arms** cruzar los brazos. **3** *vi* (*chair, table*) plegarse; (*fam: fail: business venture*) fracasar, quebrar; (*: play*) fracasar.
► **fold away 1** *vi* + *adv* (*table, bed*) doblarse, plegarse. **2** *vt* + *adv* (*clothes*) doblar, plegar; (*bed*) plegar.
► **fold up 1** *vi* + *adv* (*fam: fail: business venture*) quebrar. **2** *vt* + *adv* (*paper etc*) doblar.
foldaway ['fəʊldəweɪ] *adj* plegable, plegadizo/a.
folder ['fəʊldəʳ] *n* (*file*) carpeta *f*; (*binder*) carpeta de anillas.
folding ['fəʊldɪŋ] *adj*: ~ **chair** silla *f* plegable *or* de tijera; ~ **doors** puertas *fpl* de fuelle *or* plegadizas.
foliage ['fəʊlɪɪdʒ] *n* follaje *m*.
folio ['fəʊlɪəʊ] *n* folio *m*.
folk [fəʊk] **1** *n* (**a**) (*people*) gente *f*; (*ordinary* ~) pueblo *m*, la gente llana; **the common** ~ el pueblo; **country/city** ~ la gente de campo/ciudad; **my ~s** (*fam: parents*) mis viejos *mpl*. (**b**) = ~ **music**; *see* **2**. **2** *cpd* (*traditional*) folklórico/a; (*of ordinary people*) popular; ~ **dance** *n* baile *m* popular; ~ **music** *n* música *f* folk(lórica); ~ **singer** *n* cantante *mf* de música folk(lórica); ~ **song** *n* canción *f* folk(lórica); ~ **tale** *n* cuento *m* popular.
folklore ['fəʊklɔ:ʳ] *n* folklore *m*.
foll *abbr of* **following** sig., sigs.
follow ['fɒləʊ] **1** *vt* (**a**) (*gen*) seguir; (*suspect*) seguir; (*pursue: career*) dedicarse a; **the road ~s the coast** la carretera sigue la costa; **we're being ~ed** nos están siguiendo.

(**b**) (*comply with: advice, example, fashion, instructions*) seguir; (*: rules*) obedecer, cumplir.

(**c**) (*be interested in: news*) seguir, interesarse por; (*: Sport*) ser aficionado/a; **have you been ~ing the news?** ¿has estado al tanto de las noticias?; **do you** ~ **football?** ¿te interesa el fútbol?

(**d**) (*understand: person, argument*) seguir; **I don't quite** ~ **you** no acabo de entender lo que quiere decir.

2 *vi* (**a**) (*gen*) seguir; **as ~s** como sigue; **he answered as ~s** contestó lo siguiente; **to** ~ **in sb's footsteps** seguirle los pasos a algn.

(**b**) (*deduction etc: also* ~ **on**) seguirse; **that doesn't** ~ de ahí no se sigue; **it doesn't** ~ **that ...** no se puede concluir que ....

(**c**) (*understand*) seguir.
► **follow on** *vi* + *adv* (**a**) *see* **follow 2(b)**. (**b**) (*continue*) continuar; (*sequence*) ser continuación (*from* de).
► **follow out** *vt* + *adv* (*implement: idea, plan*) realizar, llevar a cabo.
► **follow through 1** *vt* + *adv* = **follow out**. **2** *vi* + *adv* (*Ftbl*) rematar.
► **follow up 1** *vt* + *adv* (**a**) (*investigate: clue*) seguir la huella de; (*: case*) investigar. (**b**) (*take further action on: suggestion*) seguir; (*: offer*) aceptar. (**c**) (*reinforce: victory*) consolidar, coronar; (*profit from*) sacar provecho de. **2** *vi* + *adv* (*Ftbl*) rematar.
follower ['fɒləʊəʳ] *n* (*disciple*) discípulo/a *m/f*; (*of team*) aficionado/a *m/f*; **the ~s of fashion** los que siguen la moda.
following ['fɒləʊɪŋ] **1** *adj* siguiente; **a** ~ **wind** un viento en popa; **the** ~ **day** el día siguiente. **2** *n* (**a**) (*Pol etc*) partidarios *mpl*; (*Sport*) afición *f*, hinchada *f*. (**b**) **he said the** ~ dijo lo siguiente; **see the** ~ (*in document etc*) véase abajo.
follow-up ['fɒləʊ'ʌp] **1** *n* seguimiento *m*; (*Comm etc*) continuación *f*, reiteración *f*. **2** *adj*: ~ **call** (*Telec*) llamada *f* de reiteración; ~ **interview** entrevista complementaria; ~ **letter** carta *f* recordativa.
folly ['fɒlɪ] *n* (*foolishness*) locura *f*; (*act of* ~) disparate *m*; **it would be** ~ **to do it** sería una locura hacerlo.
foment [fəʊ'ment] *vt* (*also Med*) fomentar; (*revolt etc*) provocar, instigar.
fond [fɒnd] *adj* (*comp* **~er**; *superl* **~est**) (*loving*) cariñoso/a, afectuoso/a; (*doting*) indulgente; (*unrealistic*) ilusorio/a; (*fervent: hope, desire*) ferviente, ardiente; **to be** ~ **of sb/sth** tenerle cariño a algn/algo; **to become** *or* **grow** ~ **of** (*thing*) aficionarse a; (*person*) tomar cariño a.
fondant ['fɒndənt] *n* pasta *f* de azúcar.
fondle ['fɒndl] *vt* acariciar.
fondly ['fɒndlɪ] *adv* (*lovingly*) con cariño, afectuosamente.
fondness ['fɒndnɪs] *n* cariño *m* (*for* por), afición *f* (*for* a).
font [fɒnt] *n* (**a**) (*in church*) pila *f*. (**b**) (*US Typ*) fundición *f*.
food [fu:d] **1** *n* (*things to eat*) comida *f*, alimento *m*; (*feeding*) alimentación *f*; (*for plants*) abono *m*; **she gave him** ~ le dio de comer; **I've no** ~ **left in the house** no me queda comida en casa; **the** ~ **at the hotel was terrible** la comida en el hotel era fatal; **to be off one's** ~ (*fam*) estar sin apetito; **to give** ~ **for thought** (*fig*) dar de qué pensar.

2 *cpd*: ~ **additive** *n* aditivo *m* alimenticio; ~ **chain** *n* cadena *f* de alimentación; ~ **mixer** *n* mezcladora *f*; ~ **poisoning** *n* intoxicación *f* alimenticia; ~ **processor** *n* robot *m* de cocina; ~ **shop**, ~ **store** *n* tienda *f* de comestibles; ~ **supply** *n* suministro *m* de alimentos; ~ **value** *n* valor *m* nutritivo.
foodstuffs ['fu:dstʌfs] *npl* comestibles *mpl*, artículos *mpl* alimenticios.
fool¹ [fu:l] **1** *n* tonto/a *m/f*, necio/a *m/f*, bestia *mf*, zonzo/a *m/f* (*LAm*); (*jester*) bufón *m*; **you ~!** ¡imbécil *or* (*LAm*) pendejo!; **don't be a ~!** ¡no seas tonto!; **to be** ~ **enough to do sth** ser bastante tonto como para hacer algo; **I was a** ~ **not to go** ¡qué tonto fui en no ir!; **some** ~ **of a civil servant** algún funcionario imbécil; **to play the** ~ hacer el tonto; **to live in a ~'s paradise** (*fig*) vivir de ilusiones; **I'm nobody's** ~ a mí no me tratan de bruto; **to make a** ~ **of sb** poner *or* dejar a algn en ridículo; **to make a** ~ **of o.s.** quedar en ridículo.

2 *adj* (*US*) tonto/a, zonzo/a (*LAm*).

3 *vt* (*deceive*) engañar; **you can't** ~ **me** a mí no me engañas; **you could have ~ed me!** casi lo creí, por poco me lo trago.

4 *vi* hacer el tonto; **I was only ~ing** sólo era una broma; **quit ~ing!** ¡déjate de tonterías!
► **fool about**, **fool around** *vi* + *adv* (**a**) (*waste time*)

perder el tiempo. (**b**) (*act the fool*) hacer el tonto.

fool[2] [fu:l] *n* (*Brit Culin: also* **fruit ~**) *puré de frutas con nata o natillas.*

foolhardy [ˈfu:lˌhɑ:dɪ] *adj* (*rash*) temerario/a.

foolish [ˈfu:lɪʃ] *adj* (*senseless*) necio/a, estúpido/a; (*ridiculous*) ridículo/a; **~ thing** tontería *f*, bobada *f*; **it was very ~ of you (to)** fue una estupidez por tu parte; **to make sb look ~** poner a algn en ridículo.

foolishness [ˈfu:lɪʃnɪs] *n* necedad *f*, estupidez *f*.

foolproof [ˈfu:lpru:f] *adj* (*mechanism, scheme etc*) infalible.

foolscap [ˈfu:lskæp] *n* papel *m* de tamaño folio.

foot [fʊt] **1** *n* (*pl* **feet**) (**a**) (*gen*) pie *m*; (*of animal, chair*) pata *f*; **... my ~!** (*fam*) ¡ ... y un cuerno! (*fam*); **on ~** a pie, andando, caminando (*LAm*); **he's on his feet all day long** está trajinando todo el santo día; **to be on/get to one's feet** estar/ponerse de pie, estar parado/a/ pararse (*LAm*); **on one's feet** (*fig*) repuesto/a; **it's wet under ~** el suelo está mojado.

(**b**) (*fig phrases*) **to find one's feet** ponerse al corriente; **to fall on one's feet** tener suerte, caer de pie; **to get cold feet** entrarle miedo a algn; **to get one's ~ in the door** meter el pie en la puerta; **to have one ~ in the grave** estar con un pie en la sepultura; **to have one's feet on the ground** ser realista; **to put one's ~ down** (*say no*) plantarse; (*Aut*) acelerar; **to put one's ~ in it** meter la pata; **to put one's best ~ forward** animarse a continuar; **to put one's feet up** (*fam*) descansar; **I've never set ~ there** nunca he estado allí; **to shoot o.s. in the ~** pegarse un tiro en el pie; **to start off on the right ~** entrara con buen pie.

(**c**) (*measure*) pie *m*; **he's six ~** *or* **feet tall** mide seis pies.

2 *vt* (*fam*) (**a**) **to ~ the bill** pagar el pato.

(**b**) **to ~ it** (*walk*) ir andando; (*dance*) bailar.

3 *cpd*: **~ passengers** *npl* pasajeros *mpl* de a pie.

footage [ˈfʊtɪdʒ] *n* (*Cine*) metraje *m*; (*pictures*) imágenes *fpl*, secuencias *fpl* filmadas.

foot-and-mouth (disease) [ˈfʊtənˈmaʊθ(dɪˈzi:z)] *n* fiebre *f* aftosa, glosopeda *f*.

football [ˈfʊtbɔ:l] **1** *n* (*Sport*) fútbol *m*; (*ball*) balón *m* de fútbol. **2** *cpd* (*ground, team, supporters*) de fútbol; **~ coupon** *n* boleto *m* de quinielas; **~ league** *n* liga *f* de fútbol; **~ match** *n* partido *m* de fútbol; **~ pools** *npl* quinielas *fpl*; **~ season** *n* temporada *f* de fútbol.

footballer [ˈfʊtbɔ:ləʳ] *n* futbolista *mf*.

footbridge [ˈfʊtbrɪdʒ] *n* puente *m* de peatones.

-footed [ˈfʊtɪd] *adj suf*: **four~** cuadrúpedo/a; **light~** rápido/a, veloz.

-footer [ˈfʊtəʳ] *adj suf*: **he's a six~** mide 6 pies.

foothills [ˈfʊthɪlz] *npl* estribaciones *fpl*.

foothold [ˈfʊthəʊld] *n* asidero *m*; **to gain a ~** (*fig*) ganar pie, establecerse.

footing [ˈfʊtɪŋ] *n* (*foothold*) asidero *m*; (*fig: basis*) base *f*; **to lose one's ~** perder pie; **on an equal ~** (*fig*) en pie de igualdad; **to be on a friendly ~ with sb** tener amistad con algn.

footlights [ˈfʊtlaɪts] *npl* (*in theatre*) candilejas *fpl*.

footloose [ˈfʊtlu:s] *adj* (*also* **~ and fancy free**) libre (como el aire).

footman [ˈfʊtmən] *n* (*pl* **-men**) lacayo *m*.

footmark [ˈfʊtmɑ:k] *n* huella *f*, pisada *f*.

footnote [ˈfʊtnəʊt] *n* nota *f* a pie de página.

footpath [ˈfʊtpɑ:θ] *n* (*track*) sendero *m*, vereda *f*; (*pavement*) acera *f*, vereda, andén *m* (*CAm, Col*), banqueta *f* (*Mex*).

footprint [ˈfʊtprɪnt] *n* huella *f*, pisada *f*.

footrest [ˈfʊtrest] *n* estribo *m*.

footsie [ˈfʊtsɪ] *n*: **to play ~ with** (*fam*) hacer del pie con, acariciar con el pie a.

footstep [ˈfʊtstep] *n* pisada *f*.

footstool [ˈfʊtstu:l] *n* taburete *m*.

footwear [ˈfʊtwɛəʳ] *n* calzado *m*.

footwork [ˈfʊtwɜ:k] *n* (*Sport*) juego *m* de piernas.

FOR *abbr of* **free on rail** franco en ferrocarril.

for [fɔ:ʳ] **1** *prep* (**a**) (*destination*) para; **the train ~ London** el tren de Londres; **he left ~ Rome** salió para Roma; **he swam ~ the shore** fue nadando hacia la playa.

(**b**) (*purpose, intention*) para; **there's a letter ~ you** hay una carta para tí; **what did you do that ~?** ¿para qué hiciste *or* has hecho eso?; **what ~?** ¿para qué?; **what's this button ~?** ¿para qué sirve este botón?; **is this ~ me?** ¿es para mí esto?; **it's time ~ lunch** es la hora de comer; **clothes ~ children** ropa infantil; **hats ~ women** sombreros para mujeres; **a cupboard ~ toys** un armario para juguetes; **to pray ~ peace** rezar por la paz; **fit ~ nothing** inútil.

(**c**) (*representing*) **member ~ Hove** diputado *m* por Hove; **G ~ George** G de Gerona; **I'll ask him ~ you** se lo preguntaré de tu parte; **I took him ~ his brother** lo tomé por su hermano; **a cheque ~ £500** un cheque *or* talón por valor de 500 libras.

(**d**) (*in exchange for*) por; **to pay 50 pence ~ a ticket** pagar 50 peniques por una entrada; **I sold it ~ £5** lo vendí por *or* en £5; **pound ~ pound, it's cheaper** es más económico de libra en libra; **word ~ word** palabra por palabra; **what's the German ~ 'hill'?** ¿cómo se dice 'colina' en alemán?

(**e**) (*with regard to*) en cuanto a; **as ~ him/that** en cuanto a él/aquello *or* eso; **a gift ~ languages** un don de lenguas; **anxious ~ success** deseoso/a de éxito; **it's cold ~ July** para ser julio, hace frío; **he's mature ~ his age** es maduro para la edad que tiene; **he's nice ~ a policeman** para policía es muy simpático; **~ every one who voted yes, 50 voted no** por cada votante en pro, había 50 en contra.

(**f**) (*in favour of*) en pro de; **are you ~ or against us?** ¿estás con nosotros o en contra?; **the campaign ~ human rights** la campaña pro derechos humanos; **I'm all ~ it** estoy completamente a favor; **vote ~ me!** vote por mí.

(**g**) (*because of*) por; **if (it were) not ~ you** si no fuera por tí; **~ this reason** por esta razón; **do it ~ my sake** hazlo por mí; **famous ~ its cathedral** famoso por su catedral; **to shout ~ joy** gritar de alegría; **~ fear of being criticised** por miedo a la crítica.

(**h**) (*distance*) **there were roadworks ~ 5 miles** había obras durante 5 millas; **we ran ~ miles** corrimos varias millas.

(**i**) (*time: past*) **he was away ~ 2 years** estuvo fuera 2 años; (*future*) **I'm going ~ 3 weeks** me voy para 3 semanas; **it has not rained ~ 3 weeks** hace 3 semanas que no llueve; **I have known her ~ years** la conozco desde hace años; **can you do it ~ tomorrow?** ¿lo puedes hacer para mañana?; **he won't be back ~ a while** tardará en volver.

(**j**) (*with infin clauses*) **~ this to be possible ...** para que esto sea posible ...; **it's not ~ me to decide** no me toca a mí decidir; **it's best ~ you to go** más vale que te vayas; **it's bad ~ you to smoke so much** te hace daño fumar tanto; **there is still time ~ you to do it** todavía te queda tiempo para hacerlo; **he brought it ~ us to see** lo trajo para que lo viéramos.

(**k**) (*other phrases*) **oh ~ a cup of tea!** ¡quién tuviera una taza de té!; **you're ~ it!** (*fam*) ¡las vas a pagar!; **there's nothing ~ it but to jump** no hay más remedio que tirarse; *see* **example**.

2 *conj* visto que, puesto que, ya que.

forage [ˈfɒrɪdʒ] **1** *n* (*for cattle*) forraje *m*. **2** *vi*: **they ~d for food in the jungle** hurgaron en la selva en busca de alimento.

foray [ˈfɒreɪ] *n* (*esp Mil*) incursión *f* (*into* en).

forbad(e) [fəˈbæd] *pt of* **forbid**.

forbear [fɔ:ˈbɛəʳ] (*pt* **forbore**; *pp* **forborne**) *vi* contenerse; **to ~ to do sth** abstenerse de hacer algo.

forbearance [fɔ:ˈbɛərəns] *n* paciencia *f*.

forbid [fəˈbɪd] (*pt* **forbad(e)**; *pp* **~den** [fəˈbɪdn]) *vt* prohibir; **to ~ sb sth** prohibir a algn algo; **to ~ sb to do sth**

prohibir a algn hacer algo; **'smoking ~den'** 'no fumar'; *see* **God.**

forbidding [fə'bɪdɪŋ] *adj* (*cliff, castle etc*) imponente, impresionante; (*landscape etc*) inhóspito/a; (*person, manner*) severo/a.

force [fɔ:s] **1** *n* (**a**) (*gen*) fuerza *f*; **to resort to** ~ recurrir a la fuerza; ~ **of gravity** la gravedad; **a ~ 5 wind** un viento grado 5; **the ~s of evil** (*fig*) las fuerzas del mal; **by** ~ por la fuerza; **by ~ of habit** por la fuerza de costumbre; **by sheer ~ of character** a pura fuerza de carácter; **to be in** ~ (*Jur*) estar en vigor *or* vigente.

(**b**) (*body of men*) cuerpo *m*; (*Mil*) fuerza *f*; **the** ~ (*police* ~) la Policía; **the ~s** (*Mil*) las Fuerzas Armadas; **sales** ~ (*Comm*) personal *m* de ventas; **to join ~s** aunar fuerzas; **to turn out in** ~ acudir en grandes cantidades.

2 *vt* (**a**) (*compel: person*) **to ~ sb to do sth** obligar a algn a hacer algo; **to ~ sb into a corner** arrinconar a algn.

(**b**) (*impose*) **to ~ sth on sb** obligar a algn a aceptar algo; **to ~ o.s. on sb** imponersele a algn.

(**c**) (*push, squeeze*) meter *etc* a la fuerza; **he ~d the clothes into the suitcase** metió la ropa en la maleta a la fuerza; **to ~ one's way into sth** meterse en un sitio a la fuerza; **to ~ one's way through sth** abrirse paso entre algo a la fuerza.

(**d**) (*break open: lock*) forzar; **to ~ an entry** allanar una morada; **to ~ sb's hand** (*fig*) forzarle la mano a algn.

(**e**) (*produce with effort: smile, answer*) forzar; **don't ~ the situation** no fuerces la situación.

(**f**) (*obtain by* ~) conseguir a la fuerza.

▸ **force back** *vt* + *adv* (*crowd, enemy*) hacer retroceder; (*tears*) reprimir.

▸ **force down** *vt* + *adv* (*food*) obligar a tragar.

▸ **force in** *vt* + *adv* introducir *or* meter a la fuerza.

▸ **force out** *vt* + *adv* (*person*) obligar a salir; (*cork*) sacar; **he was ~ed out of office** le obligaron a dimitir el cargo.

▸ **force (up)on** *vt* + *prep* obligar a aceptar.

forced [fɔ:st] *adj* (*smile, march*) forzado/a; (*landing*) forzoso/a; ~ **labour** trabajos *mpl* forzados.

force-feed ['fɔ:sfi:d] (*pt, pp* **force-fed**) *vt* alimentar a la fuerza.

forceful ['fɔ:sfʊl] *adj* (*personality*) enérgico/a, fuerte; (*argument*) convincente, contundente.

forcemeat ['fɔ:smi:t] *n* (*Culin*) relleno *m* (de carne picada).

forceps ['fɔ:seps] *npl* fórceps *mpl*.

forcible ['fɔ:səbl] *adj* (*done by force*) a la fuerza, por la fuerza; (*effective: argument, style*) contundente.

ford [fɔ:d] **1** *n* vado *m*. **2** *vt* vadear.

fore [fɔ:ʳ] **1** *adv* (*Naut*) ~ **and aft** de popa a proa. **2** *n*: **to come to the** ~ empezar a destacar.

forearm ['fɔ:rɑ:m] *n* (*Anat*) antebrazo *m*.

forebears ['fɔ:bɛəz] *npl* antepasados *mpl*.

forebode [fɔ:'bəʊd] *vt* presagiar, anunciar.

foreboding [fɔ:'bəʊdɪŋ] *n* presentimiento *m*.

forecast ['fɔ:kɑ:st] (*vb: pt, pp* ~) **1** *n* pronóstico *m*; (*also* **weather** ~) pronóstico meteorológico. **2** *vt* (*gen*) pronosticar.

foreclose [fɔ:'kləʊz] *vt* (*Jur: also* ~ **on**) extinguir el derecho de redimir (una hipoteca).

foreclosure [fɔ:'kləʊʒəʳ] *n* apertura *f* de un juicio hipotecario.

forecourt ['fɔ:kɔ:t] *n* (*gen*) entrada *f*; (*of hotel*) terraza *f*.

forefathers ['fɔ:ˌfɑ:ðəz] *npl* antepasados *mpl*.

forefinger ['fɔ:ˌfɪŋgəʳ] *n* (dedo *m*) índice *m*.

forefront ['fɔ:frʌnt] *n*: **to be in the ~ of** estar en la vanguardia de.

forego [fɔ:'gəʊ] (*pt* **forewent**; *pp* **foregone**) *vt* pasarse sin, privarse de.

foregoing ['fɔ:gəʊɪŋ] *adj* anterior, precedente.

foregone ['fɔ:gɒn] **1** *pp of* **forego. 2** *adj*: **it was a ~ conclusion** fue un resultado inevitable.

foreground ['fɔ:graʊnd] *n* primer plano *m or* término *m*; **in the** ~ (*fig*) en primer plano *or* término.

forehand ['fɔ:hænd] *n* (*Tennis*) directo *m*.

forehead ['fɒrɪd] *n* frente *f*.

foreign ['fɒrɪn] *adj* (**a**) (*language, tourist*) extranjero/a, extraño/a, gringo/a (*LAm pej*); (*policy, trade etc*) exterior; ~ **aid** ayuda *f* exterior *or* externa; ~ **debt** deuda *f* externa; ~ **exchange** (*system*) cambio *m* de divisas; (*money*) divisas *fpl*, moneda *f* extranjera; ~ **investment** inversión *f* en el extranjero; (*money, stock*) inversiones extranjeras; **F~ Minister** ≈ Ministro *m* de Asuntos Exteriores, ≈ Canciller *m* (*LAm*), ≈ Secretario *m* de Relaciones Externas (*Mex*); **F~ Ministry**, (*Brit*) **F~ Office** ≈ Ministerio *m* de Asuntos Exteriores, ≈ Secretaría *f* de Relaciones Externas (*Mex*).

(**b**) (*not natural*) ajeno/a; ~ **body** cuerpo *m* ajeno; **deceit is ~ to his nature** el engaño le es ajeno.

foreigner ['fɒrɪnəʳ] *n* extranjero/a *m/f*.

foreleg ['fɔ:leg] *n* pata *f* delantera; (*of horse*) brazo *m*.

foreman ['fɔ:mən] *n* (*pl* **-men**) (*of workers*) capataz *m*; (*Constr*) maestro *m* de obras; (*Jur: of jury*) presidente *m* del jurado.

foremost ['fɔ:məʊst] *adj* (*outstanding*) más destacado/a; (*main, first*) primero/a, principal; *see* **first 2 (a)**.

forename ['fɔ:neɪm] *n* nombre *m* (de pila).

forenoon ['fɔ:nu:n] *n* (*esp Scot*) mañana *f*.

forensic [fə'rensɪk] *adj* forense; (*medicine*) legal, forense.

foreplay ['fɔ:pleɪ] *n* caricias *fpl* estimulantes.

forerunner ['fɔ:ˌrʌnəʳ] *n* precursor(a) *m/f*.

foresee [fɔ:'si:] (*pt* **foresaw**; *pp* **~n**) *vt* prever.

foreseeable [fɔ:'si:əbl] *adj* (*opportunity*) previsible; **in the ~ future** en un futuro previsible.

foreshadow [fɔ:'ʃædəʊ] *vt* anunciar, presagiar.

foreshore ['fɔ:ʃɔ:ʳ] *n* playa *f* (entre pleamar y bajamar).

foresight ['fɔ:saɪt] *n* previsión *f*; **to have** *or* **show** ~ ser precavido.

foreskin ['fɔ:skɪn] *n* (*Anat*) prepucio *m*.

forest ['fɒrɪst] **1** *n* (*temperate*) bosque *m*; (*tropical*) selva *f*. **2** *cpd*: ~ **fire** *n* incendio *m* forestal; ~ **track,** ~ **trail** *n* camino *m* forestal.

forestall [fɔ:'stɔ:l] *vt* (*anticipate: event, accident*) prevenir; (*rival, competitor*) adelantarse a; (*Comm*) acaparar.

forester ['fɒrɪstəʳ] *n* (*expert*) ingeniero *m* de montes; (*keeper*) guardabosques *m inv*.

forestry ['fɒrɪstrɪ] **1** *n* silvicultura *f*; (*Univ*) ciencias *fpl* forestales. **2** *cpd*: **F~ Commission** *n* (*Brit*) ≈ Comisión *f* del Patrimonio Forestal.

foretell [fɔ:'tel] (*pt, pp* **foretold**) *vt* (*predict*) predecir, pronosticar; (*forebode*) presagiar.

forethought ['fɔ:θɔ:t] *n* previsión *f*.

forever [fər'evəʳ] *adv* (*eternally*) (para) siempre; (*fam: incessantly, repeatedly*) constantemente; *see* **ever (a)**.

forewarn [fɔ:'wɔ:n] *vt* avisar, advertir; **~ed is forearmed** hombre prevenido vale por dos.

forewoman ['fɔ:ˌwɪmɪn] *n* (*pl* **-women**) (*Jur*) presidenta *f* del jurado; (*industry*) capataz *f*.

foreword ['fɔ:wɜ:d] *n* prefacio *m*, prólogo *m*.

forfeit ['fɔ:fɪt] **1** *n* (*in game*) prenda *f*. **2** *vt* (*one's rights etc*) perder; (*Jur*) decomisar.

forgave [fə'geɪv] *pt of* **forgive**.

forge [fɔ:dʒ] **1** *n* (*furnace*) fragua *f*; (*of blacksmith*) herrería *f*; (*factory*) fundición *f*. **2** *vt* (**a**) (*lit, fig*) fraguar, forjar. (**b**) (*falsify: document, painting etc*) falsificar; **~d money** moneda *f* falsa. **3** *vi*: **to ~ ahead** avanzar a grandes pasos; **to ~ ahead of sb** adelantarse a algn.

forger ['fɔ:dʒəʳ] *n* falsificador(a) *m/f*.

forgery ['fɔ:dʒərɪ] *n* (*act, thing*) falsificación *f*; **it's a** ~ es falso.

forget [fə'get] (*pt* **forgot**; *pp* **forgotten**) **1** *vt* olvidar, olvidarse de; **to ~ to do sth** olvidarse de hacer algo; **never to be forgotten** inolvidable; ~ **it!** (*fam*) ¡no te preocupes!, ¡no importa!; (*you're welcome*) de nada, no hay de qué.

2 *vi* (*gen*) olvidar; (*to have a bad memory*) tener mala memoria; **I've forgotten all about it** se me ha olvidado todo; **if there's no money, you can ~ (all about) the new car** si no hay dinero, puedes olvidarte del nuevo coche; **let's ~ about it!** (*in annoyance*) ¡olvidémoslo!, ¡basta!; (*in forgiveness*) más vale olvidarlo; **we shouldn't ~ that** ... no debemos olvidar que ...; **to ~ o.s.** (*lose self-control*) pasarse, propasarse.

forgetful [fə'getfʊl] *adj* (*lacking memory*) olvidadizo/a; (*absent-minded*) despistado/a; (*neglectful: of one's duties etc*) descuidado/a.

forget-me-not [fə'getmɪnɒt] *n* nomeolvides *f inv*.

forgive [fə'gɪv] (*pt* **forgave**; *pp* **~n** [fə'gɪvn]) *vt* (*person, fault*) perdonar, disculpar *(esp LAm)*; **to ~ sb for sth** perdonarse *or (esp LAm)* disculparse algo a algn; **~ me** (*excuse me*) perdone, con permiso *(LAm)*.

forgiveness [fə'gɪvnɪs] *n* (*pardon*) perdón *m*; (*willingness to forgive*) compasión *f*.

forgiving [fə'gɪvɪŋ] *adj* (*person, smile*) compasivo/a.

forgo [fɔː'gəʊ] (*pt* **forwent**; *pp* **forgone** ['fɔːgɒn]) *vt* (*give up*) renunciar a; (*do without*) pasarse sin.

forgot [fə'gɒt] *pt of* **forget**.

forgotten [fə'gɒtn] *pp of* **forget**.

fork [fɔːk] **1** *n* (*at table*) tenedor *m*; (*Agr*) horca *f*, horquilla *f*; (*in road*) bifurcación *f*; (*of tree*) horcadura *f*. **2** *vt* (*Agr: also* **~ over**) cargar con la horca. **3** *vi* (*road*) bifurcarse; **~ right for Oxford** tuerza a la derecha para ir a Oxford.

▸ **fork out 1** *vt + adv* (*money, cash*) soltar. **2** *vi + adv* pagar.

forked [fɔːkt] *adj* (*tail*) hendido/a; (*branch*) bifurcado/a; (*lightning*) aharquillado/a.

fork-lift truck ['fɔːklɪft ˌtrʌk] *n* grúa *f* de horquilla.

forlorn [fə'lɔːn] *adj* (*person*) triste, melancólico/a; (*deserted: cottage*) abandonado/a; (*desperate: attempt*) desesperado/a; **to look ~** tener aspecto triste; **a ~ hope** una esperanza desesperada.

form [fɔːm] **1** *n* (**a**) (*gen*) forma *f*; (*kind, type*) clase *f*, tipo *m*; (*way, means*) manera *f*, forma; (*figure, shadow*) bulto *m*, silueta *f*; **in the ~ of** en forma de; **a new ~ of government** un nuevo sistema de gobierno; **as a ~ of apology** como disculpa; **~ and content** forma y contenido; **to take ~** concretarse, tomar *or* cobrar forma; **it took the ~ of a cash prize** consistió en un premio metálico.

(**b**) (*Sport, fig*) **to be in good ~** estar en plena forma; **true to ~** en forma consecuente; **he was in great ~ last night** estaba en plena forma anoche.

(**c**) (*document: gen*) formulario *m*; **application ~** solicitud *f*; **to fill out** *or* **up a ~** llenar una hoja.

(**d**) (*frm: etiquette*) apariencias *fpl*; **it's a matter of ~** es una formalidad; **it's bad ~** está mal visto.

(**e**) (*bench*) banco *m*.

(**f**) (*Brit Scol*) clase *f*, curso *m*; **in the first ~** en primer curso *or* primero.

2 *vt* (*shape, make*) formar, hacer; (*: clay etc*) moldear; (*: company*) fundar; (*: plan*) elaborar, formular; (*: sentence*) construir; (*: queue*) hacer; (*: idea*) concebir, formular; (*: opinion*) hacerse, formarse; (*: habit*) crear; **he ~ed it out of clay** lo moldeó en arcilla; **to ~ a government** formar gobierno; **to ~ a group** formar un grupo; **to ~ part of sth** formar parte de algo.

3 *vi* tomar forma, formarse.

4 *cpd*: **~ feed** *n* (*Comput*) salto *m* de página.

formal ['fɔːməl] *adj* (*person: correct*) correcto/a; (*: reliable, stiff*) formal; (*greeting, language: solemn*) solemne; (*dress*) de etiqueta; (*visit*) de cumplido; (*Pol visit*) oficial; (*occasion, announcement*) solemne; (*function*) protocolario/a; (*garden*) simétrico/a; (*official: evidence*) documental; (*acceptance*) por escrito; **there was no ~ agreement** no había un acuerdo en firme; **~ training** formación *f* profesional.

formality [fɔː'mælɪtɪ] *n* (*of occasion*) lo ceremonioso; (*of person: stiffness*) rigidez *f*; (*: correctness*) rectitud *f*; **formalities** (*bureaucratic*) trámites *mpl*, gestiones *fpl*; **with all due ~** en la debida forma; **it's a mere ~** no es más que un requisito formal.

formalize ['fɔːməlaɪz] *vt* (*plan, agreement*) formalizar.

formally ['fɔːməlɪ] *adv* (*gen*) formalmente; (*officially*) oficialmente; (*ceremoniously*) con mucha ceremonia; (*dress etc*) de etiqueta; (*stiffly*) con frialdad.

format ['fɔːmæt] **1** *n* formato *m*. **2** *vt* (*Comput*) formatear. **3** *cpd*: **~ line** *n* (*Comput*) línea *f* de formato.

formation [fɔː'meɪʃən] *n* (*gen*) formación *f*.

formative ['fɔːmətɪv] *adj* (*influence etc*) formativo/a; (*years*) de formación.

former ['fɔːməʳ] **1** *adj* (**a**) (*earlier, previous*) antiguo/a; (*: chairman, wife etc*) ex; **in ~ days** anteriormente; **the ~ president** el expresidente; **your ~ idea was better** tu primera idea fue mejor. (**b**) (*of two*) primero/a. **2** *pron*: **night and day, the ~ dark, the latter light** la noche y el día, aquélla oscura y éste lleno de luz.

formerly ['fɔːməlɪ] *adv* antiguamente, hace años.

Formica ® [fɔː'maɪkə] *n* formica ® *f*.

formidable ['fɔːmɪdəbl] *adj* formidable.

formula ['fɔːmjʊlə] *n* (*pl* **~s** *or* **formulae** ['fɔːmjʊliː]) (*Math, Chem etc*) fórmula *f*; **F~ One** (*Aut*) fórmula uno.

formulate ['fɔːmjʊleɪt] *vt* (*theory*) formular.

fornicate ['fɔːnɪkeɪt] *vi* fornicar.

forsake [fə'seɪk] (*pt* **forsook** [fə'sʊk]; *pp* **~n** [fə'seɪkən]) *vt* (*abandon*) abandonar; (*give up*) renunciar a.

fort [fɔːt] *n* (*Mil*) fortaleza *f*, fuerte *m*, fortín *m*; **to hold the ~** (*fig*) quedarse a cargo.

forte ['fɔːtɪ] *n* (*strong point*) fuerte *m*.

forth [fɔːθ] *adv* (**a**) (*old: onward*) adelante; **to go ~** salir adelante; **from this day ~** de hoy en adelante. (**b**) **and so ~** etcétera, y así sucesivamente.

forthcoming [fɔːθ'kʌmɪŋ] *adj* (*event*) próximo/a, venidero/a; (*election*) próximo; (*film*) de próximo estreno; (*book*) de próxima aparición; (*person*) abierto/a; **if help is ~** si llega la ayuda esperada; **he wasn't very ~ about it** dijo poco sobre el asunto.

forthright ['fɔːθraɪt] *adj* (*person, answer etc*) franco/a, directo/a.

forthwith ['fɔːθ'wɪθ] *adv* (*frm*) en el acto, acto seguido.

fortieth ['fɔːtɪɪθ] **1** *adj* cuadragésimo/a, cuarentavo/a. **2** *n* (*in series*) cuarentavo/a *m/f*; (*fraction*) cuadragésima parte *f*; *see* **fifth** *for usage*.

fortification [ˌfɔːtɪfɪ'keɪʃən] *n* (*means of defence*) fortificación *f*.

fortify ['fɔːtɪfaɪ] *vt* (*Mil*) fortificar; (*fig: person*) fortalecer; (*enrich: food*) enriquecer; **fortified wine** vino *m* encabezado.

fortitude ['fɔːtɪtjuːd] *n* fortaleza *f*, valor *m*.

fortnight ['fɔːtnaɪt] *n* (*Brit*) quince días *mpl*, quincena *f*; **a ~ (from) today** de hoy en quince días.

fortnightly ['fɔːtnaɪtlɪ] (*esp Brit*) **1** *adj* quincenal. **2** *adv* cada quince días.

FORTRAN ['fɔːtræn] *n abbr* (*Comput*) *of* **formula translator** FORTRAN *m*.

fortress ['fɔːtrɪs] *n* fortaleza *f*, plaza *f* fuerte.

fortuitous [fɔː'tjuːɪtəs] *adj* fortuito/a, casual.

fortunate ['fɔːtʃənɪt] *adj* (*gen*) afortunado/a; (*opportune*) oportuno/a; **to be ~** (*person*) tener suerte, ser afortunado.

fortunately ['fɔːtʃənɪtlɪ] *adv* afortunadamente, por suerte.

fortune ['fɔːtʃən] *n* (**a**) (*luck*) fortuna *f*, suerte *f*; (*fate*) suerte, destino *m*; **by good ~** por fortuna; **to tell sb's ~** decir a algn la buenaventura; **to try one's ~** probar fortuna. (**b**) (*money*) fortuna *f*, dineral *m*, platal *m (LAm)*; **to cost a ~** costar un ojo de la cara *(fam)*, valer un dineral; **to make a ~** hacer un dineral *etc*; **a small ~** un montón de dinero, un dineral.

fortune-hunter ['fɔːtʃənˌhʌntəʳ] *n* aventurero/a *m/f*.

fortune-teller ['fɔːtʃənˌteləʳ] *n* adivino/a *m/f*.

forty [ˈfɔːtɪ] **1** *adj* cuarenta; **to have ~ winks** (*fam*) echar un sueñecito. **2** *n* cuarenta *m*; *see* **fifty** *for usage*.
forum [ˈfɔːrəm] *n* foro *m*.
forward [ˈfɔːwəd] **1** *adj* (**a**) (*in position*) delantero/a; (*in movement*) hacia adelante; (*in time*) adelantado/a, avanzado/a; **~ line** (*Sport*) delantera *f*; (*Mil*) primera línea *f* de fuego; **~ planning** planificación *f* por anticipado.
(**b**) (*precocious: child*) precoz; (*presumptuous: person, remark*) atrevido/a.
(**c**) (*Comm*) **~ buying** compra *f* a término; **~ contract** contrato *m* a término; **~ exchange** cambio *m* a término; **~ market** mercado *m* de futuros; **~ rate** tipo *m* a término; **~ sales** ventas *fpl* a término.
2 *adv* (*gen: also* **~s**) adelante, hacia adelante; **to come ~** hacerse conocer; **to look ~ to** esperar con impaciencia; **from this time ~** de aquí en adelante.
3 *n* (*Sport*) delantero/a *m/f*.
4 *vt* (*dispatch: goods*) expedir, enviar; (*send on: letter*) remitir; **'please ~'** 'remítase al destinatario'; **~ing address** destinatario *m*; **~ing agent** agente *mf* de tránsito.
forward-looking [ˈfɔːwədˌlʊkɪŋ] *adj* (*plan etc*) con miras al futuro; (*person*) previsor(a); (*Pol*) progresista.
forward-thinking [ˈfɔːwədˌθɪŋkɪŋ] *adj* de criterio avanzado; (*Pol*) progresista.
forwent [fɔːˈwent] *pt of* **forgo**.
fossil [ˈfɒsl] **1** *n* fósil *m*. **2** *cpd* fósil; **~ fuel** *n* hidrocarburo *m*.
fossilized [ˈfɒsɪlaɪzd] *adj* fosilizado/a.
foster [ˈfɒstəʳ] **1** *vt* (*child*) criar; (*hope, ambition*) fomentar, alentar, promover. **2** *adj* (*parent, child*) adoptivo/a; **~ home** casa *f* cuna.
fought [fɔːt] *pt, pp of* **fight**.
foul [faʊl] **1** *adj* (*comp* **~er**; *superl* **~est**) (*putrid, disgusting*) asqueroso/a; (*dirty*) sucio/a, cochino/a; (*fam: smell*) fétido/a, hediondo/a; (*: water*) sucio; (*: air*) viciado/a; (*nasty: weather*) horrible; (*mood*) de perros; (*obscene: language*) grosero/a; **~ play** (*Sport*) jugada *f* antirreglamentaria; **the police suspect ~ play** la policía sospecha una muerte violenta; **to fall ~ of** (*person*) ponerse a malas con; (*law*) infringir.
2 *n* (*Sport*) falta *f* (en contra).
3 *vt* (**a**) (*pollute: air*) viciar; **the dog ~ed the pavement** el perro ensució la acera.
(**b**) (*Sport: opponent*) hacer falta a.
(**c**) (*entangle: anchor, propeller*) atascarse, enredarse en.
▸ **foul up** (*fam*) *vt + adv* armar un lío con (*fam*), liar (*fam*); (*relationship*) estropear.
foulmouthed [ˈfaʊlˈmaʊðd] *adj* malhablado/a.
foul-tempered [ˈfaʊlˈtempəd] *adj*: **to be ~** (*habitually*) ser un cascarrabias; (*on one occasion*) estar malhumorado/a.
found[1] [faʊnd] *pt, pp of* **find**.
found[2] [faʊnd] *vt* (*town, school etc*) fundar; (*opinion, belief*) fundamentar, basar; **a statement ~ed on fact** una declaración basada en los hechos.
foundation [faʊnˈdeɪʃən] **1** *n* (**a**) (*act*) fundación *f*. (**b**) **~s** (*Archit*) cimientos *mpl*. (**c**) (*fig: basis*) base *f*, fundamento *m*. (**d**) (*organization*) fundación *f*; **the story is without ~** la historia carece de base. **2** *cpd*: **~ course** *n* curso *m* de base; **~ cream** *n* crema *f* de base; **~ stone** *n* piedra *f* base.
founder[1] [ˈfaʊndəʳ] *n* (*originator*) fundador(a) *m/f*.
founder[2] [ˈfaʊndəʳ] *vi* (*Naut*) hundirse, irse a pique.
founding [ˈfaʊndɪŋ] *adj*: **~ fathers** (*esp US*) fundadores *mpl*, próceres *mpl* (*LAm*).
foundry [ˈfaʊndrɪ] *n* fundición *f*, fundidora *f* (*LAm*).
fount [faʊnt] *n* (**a**) (*poet: source*) fuente *f*. (**b**) (*Brit Typ*) fundición *f*.
fountain [ˈfaʊntɪn] **1** *n* (*also fig*) fuente *f*; (*drinking ~*) fuente de agua potable. **2** *cpd*: **~ pen** *n* estilográfica *f*, plumafuente *f* (*LAm*).
four [fɔːʳ] **1** *adj* cuatro. **2** *n* cuatro *m*; **on all ~s** a gatas; *see* **five** *for usage*.
four-colour, (*US*) **four-color** [ˈfɔːˌkʌləʳ] *adj*: **~ (printing) process** cuatricromía *f*.
four-door [ˈfɔːˈdɔːʳ] *adj* (*car*) de cuatro puertas.
four-eyes [ˈfɔːraɪz] *n* (*fam*) cuatrojos (*fam*) *mf inv*,.
four-letter [ˈfɔːˌletəʳ] *adj*: **~ word** palabrota *f*, taco *m*, grosería *f*.
four-poster bed [ˌfɔːˌpəʊstəˈbed], **four-poster** [ˌfɔːˈpəʊstəʳ] *n* cama *f* con dosel.
fourscore [ˈfɔːˈskɔːʳ] *adj* (*old*) ochenta.
foursome [ˈfɔːsəm] *n* grupo *m* de cuatro.
foursquare [ˈfɔːskwɛəʳ] *adv*: **to stand ~ behind sb** respaldar completamente a algn.
four-star [ˈfɔːstɑːʳ] *adj*: **~ hotel** hotel *m* de cuatro estrellas; **~ petrol** (*Brit*) ≈ gasolina *f* súper.
fourteen [ˈfɔːˈtiːn] **1** *adj* catorce. **2** *n* catorce *m*; *see* **five** *for usage*.
fourteenth [ˈfɔːˈtiːnθ] **1** *adj* decimocuarto/a. **2** *n* (*in series*) decimocuarto/a *m/f*; (*fraction*) catorceava parte *f*; *see* **fifth** *for usage*.
fourth [fɔːθ] **1** *adj* cuarto/a. **2** *n* (*in series*) cuarto/a *m/f*; (*fraction*) cuarto *m*, cuarta parte *f*; (*Aut: also* **~ gear**) cuarta (velocidad) *f*; **~ note** (*US Mus*) cuarta *f*; *see* **fifth** *for usage*.
four-wheel [ˈfɔːwiːl] *adj*: **~ drive** (*system*) tracción *f* de 4 por 4, tracción a las cuatro ruedas; (*car*) todoterreno *m*.
fowl [faʊl] *n* (*poultry*) ave *f* de corral.
fox [fɒks] **1** *n* zorra *f*; (*dog ~*) zorro *m*; **he's an old ~** es un viejo zorro. **2** *vt* (*deceive*) engañar; (*puzzle*) dejar perplejo/a a; **this will ~ them** esto les ha de despistar. **3** *cpd*: **~ cub** *n* cachorro *m* (de zorro); **~ fur** *n* piel *f* de zorro; **~ terrier** *n* foxterrier *m*, perro *m* raposero *or* zorrero.
foxglove [ˈfɒksglʌv] *n* dedalera *f*.
foxhound [ˈfɒkshaʊnd] *n* perro *m* raposero.
fox-hunting [ˈfɒksˌhʌntɪŋ] *n* caza *f* del zorro.
foxtrot [ˈfɒkstrɒt] *n* fox *m*.
foxy [ˈfɒksɪ] *adj* astuto/a.
foyer [ˈfɔɪeɪ] *n* vestíbulo *m*, hall *m*.
FP *n abbr* (**a**) (*US*) *of* **fireplug** boca *f* de incendio. (**b**) (*Brit*) *of* **former pupil**.
FPA *n abbr* (*Brit*) *of* **Family Planning Association**.
Fr *abbr* (**a**) (*Rel*) *of* **Father** P., P^{e}. (**b**) *of* **Friar** Fr.
fr. *abbr of* **franc(s)** fr(s).
fracas [ˈfrækɑː] *n* gresca *f*, reyerta *f*.
fraction [ˈfrækʃən] *n* (*Math*) fracción *f*, quebrado *m*; **move it just a ~** (*fig*) muévelo un poquito; **for a ~ of a second** por un instante.
fractionally [ˈfrækʃnəlɪ] *adv* mínimamente.
fractious [ˈfrækʃəs] *adj* (*irritable*) irritable; (*unruly*) díscolo/a.
fracture [ˈfræktʃəʳ] **1** *n* (*Med, gen*) fractura *f*. **2** *vt* fracturar; **to ~ one's arm** fracturarse el brazo. **3** *vi* fracturarse.
fragile [ˈfrædʒaɪl] *adj* (*lit, fig*) frágil, quebradizo/a; **I'm feeling rather ~ this morning** me siento un poco delicado esta mañana.
fragment [ˈfrægmənt] **1** *n* fragmento *m*. **2** [frægˈment] *vi* fragmentarse, hacerse añicos.
fragmentary [frægˈmentərɪ] *adj* (*evidence, account*) fragmentario/a.
fragrance [ˈfreɪgrəns] *n* (*of flowers*) fragancia *f*, (*perfume*) perfume *m*.
fragrant [ˈfreɪgrənt] *adj* fragante.
frail [freɪl] *adj* (*comp* **~er**; *superl* **~est**) (*chair etc*) quebradizo/a, frágil; (*person*) débil, endeble; (*health*) delicado/a; (*fig: hope, relationship*) frágil.
frailty [ˈfreɪltɪ] *n* (*of person, health*) debilidad *f*; (*of happiness*) lo efímero; (*of character*) flaqueza *f*.
frame [freɪm] **1** *n* (**a**) (*~work: of ship, building etc*) armazón *m*, estructura *f*; (*: of furniture etc*) armadura *f*; (*of spectacles*) montura *f*; (*of bicycle*) cuadro *m*; (*of picture*,

window, door) marco *m*; ~ **of reference** marco de referencia.
(**b**) (*line*) imagen *f*.
(**c**) (*body*) cuerpo *m*; ~ **of mind** estado *m* de ánimo.
2 *vt* (**a**) (*picture*) poner un marco a.
(**b**) (*enclose*) enmarcar.
(**c**) (*formulate: question, plan etc*) formular, elaborar; (*: sentence*) construir.
(**d**) (*fam*) **to ~ sb** meter a chirona a algn por algo que no ha hecho.

frame-up ['freɪmʌp] *n* (*fam*) estratagema *f* para incriminar a algn; **it's a ~** aquí hay trampa.

framework ['freɪmwɜːk] *n* (*lit*) armazón *m*; (*fig: of essay, society*) marco *m*.

franc [fræŋk] *n* franco *m*.

France [frɑːns] *n* Francia *f*.

franchise ['fræntʃaɪz] *n* (*Pol*) sufragio *m*; (*Comm*) licencia *f*, concesión *f*.

franchisee [ˌfræntʃaɪ'ziː] *n* franquiciado/a *m/f*, concesionario/a *m/f*.

franchisor [ˌfræntʃaɪ'zɔːʳ] *n* franquiciador(a) *m/f*, (compañía *f*) concesionaria *f*.

Franciscan [fræn'sɪskən] *adj*, *n* franciscano/a *m/f*.

Franco- ['fræŋkəʊ] *pref* franco-.

francophile ['fræŋkəʊfaɪl] *n* francófilo/a *m/f*.

franglais [frɑ̃'glɛ] *n* (*hum*) franglés *m*.

frank[1] [fræŋk] *adj* (*comp* **~er**; *superl* **~est**) franco/a.

frank[2] [fræŋk] *vt* (*letter*) franquear.

frankfurter ['fræŋkˌfɜːtəʳ] *n* (salchicha *f* de) frankfurt *m*.

frankincense ['fræŋkɪnsens] *n* incienso *m*.

franking machine ['fræŋkɪŋmə'ʃiːn] *n* (máquina *f*) franqueadora *f*.

frankly ['fræŋklɪ] *adv* francamente.

frankness ['fræŋknɪs] *n* franqueza *f*, sinceridad *f*.

frantic ['fræntɪk] *adj* (*activity, pace*) frenético/a; (*desperate: need, desire, person*) desesperado/a; **she was ~ with worry** estaba loca de inquietud; **to drive sb ~** sacar a algn de quicio.

fraternal [frə'tɜːnl] *adj* fraterno/a.

fraternity [frə'tɜːnɪtɪ] *n* fraternidad *f*; (*US Univ*) círculo *m* estudiantil; (*organization*) hermandad *f*.

fraternize ['frætənaɪz] *vi* (*esp Mil*) confraternizar (*with* con).

fraud [frɔːd] **1** *n* (*Jur*) fraude *m*, desfalco *m*; (*trickery*) estafa *f*; (*trick, con*) engaño *m*, timo *m*; (*person*) impostor(a) *m/f*. **2** *cpd*: **~ squad** *n* grupo *m* de estafas.

fraudulent ['frɔːdjʊlənt] *adj* fraudulento/a.

fraught [frɔːt] *adj* (*tense*) tenso/a; **~ with danger** de gran peligro; **things got a bit ~** la situación se puso difícil.

fray[1] [freɪ] *n* (*old: fight*) combate *m*, lucha *f*; **to be ready for the ~** (*lit, fig*) estar dispuesto a pelear.

fray[2] [freɪ] **1** *vt* (*cloth, garment*) raer; (*cuff, rope*) desgastar; **tempers were getting ~ed** el ambiente se estaba poniendo tenso. **2** *vi* (*see vt*) raerse; desgastarse.

frazzle ['fræzl] (*fam*) **1** *n*: **to beat sb to a ~** (*Sport*) cascar a algn (*fam*); **it was burned to a ~** quedó carbonizado: **to be worn to a ~** estar hecho un trapo (*fam*). **2** *vt* (*US*) agotar, rendir.

FRB *n abbr* (*US*) *of* **Federal Reserve Bank**.

FRCM *n abbr* (*Brit*) *of* **Fellow of the Royal College of Music**.

FRCO *n abbr* (*Brit*) *of* **Fellow of the Royal College of Organists**.

FRCP *n abbr* (*Brit*) *of* **Fellow of the Royal College of Physicians**.

FRCS *n abbr* (*Brit*) *of* **Fellow of the Royal College of Surgeons**.

freak [friːk] **1** *n* (*abnormal: person*) fenómeno *m*; (*: plant, animal*) monstruo *m*; (*: event*) cosa *f* imprevista; (*fam: enthusiast*) adicto/a *m/f*; **a ~ of nature** un fenómeno de la naturaleza; **the result was a ~** el resultado fue totalmente fuera de serie; **health ~** (*fam*) maniático/a *m/f* en cuestión de salud. **2** *adj* (*storm, conditions*) anormal; (*victory*) inesperado/a.

▸ **freak out** *vi + adv* (*fam: get excited*) irse del bolo.

freakish ['friːkɪʃ] *adj* (**a**) (*appearance*) extravagante; (*result*) inesperado/a. (**b**) (*changeable: moods, weather*) variable, caprichoso/a.

freckle ['frekl] *n* peca *f*.

freckled ['frekld] *adj* pecotoso/a, lleno/a de pecas.

free [friː] **1** *adj* (*comp* **~r**; *superl* **~st**) (**a**) (*at liberty*) libre; (*unrestricted*) libre, suelto/a; **~ from** *or* **of sth/sb** libre de algo/algn; **feel ~ (to help yourself)** ¡adelante!, ¡está en su casa!; **to break ~** escaparse; **to set ~** (*person*) liberar, soltar; **~ and easy** (*carefree*) despreocupado/a; (*unrestricted*) a sus anchas; **to be ~ to do sth** poder libremente hacer algo, ser libre de + *infin*; **he is not ~ to choose** no tiene libertad de elección; **to give ~ rein to** (*fig*) dar rienda suelta a; **to give sb a ~ hand** darle campo libre a algn.
(**b**) (*not occupied: seat, room, person, moment*) libre; **is this seat ~?** ¿está libre este asiento?, ¿está ocupado? (*LAm*); **are you ~ tomorrow?** ¿estás libre mañana?; **to have one's hands ~** (*lit*) tener las manos libres.
(**c**) (*generous, open*) liberal (*with* con); (*improper: behaviour, language*) desvergonzado/a; **to be ~ with one's money** ser manirroto/a; **he's too ~ with his remarks** tiene una lengua muy suelta.
(**d**) (*costing nothing: ticket, delivery*) gratuito/a, gratis; **tax ~** libre *or* exento/a de impuestos; **~ on board** (*Comm*) franco a bordo; **admission ~** entrada libre; **~ of charge** gratis; **to get sth for ~** (*fam*) obtener algo gratis; **~ agent** persona *f* independiente; **~ enterprise** libre empresa *f*; **~ gift** regalo *m*, obsequio *m*; **~ kick** (*Ftbl*) golpe *m* franco; **~ love** amor *m* libre; **~ market** mercado *m* libre (*in* de); **~ pass** permiso *m* para entrada gratuita; **~ period** hora *f* libre; **~ port** puerto *m* franco; **~ speech** libertad *f* de expresión; **~ trade** libre cambio *m*; **~ verse** verso *m* libre; **~ will** libre albedrío *m*.
2 *adv* (*without charge*) **I got in (for) ~** (*fam*) entré gratis *or* sin pagar.
3 *vt* (*release: prisoner, people*) liberar, poner en libertad; (*untie: person, animal*) desatar, soltar; (*unblock: pipe*) desatascar; (*rid: of disease*) curar; (*relieve: from burden, tax etc*) eximir; **to ~ o.s. from** *or* **of sth** librarse de algo.

-free [friː] *adj suf*: **additive~** sin aditivos; **duty~** libre de impuestos; **lead~** sin plomo.

freebie ['friːbɪ] (*fam*) **1** *adj* gratuito/a. **2** *n* comida *f or* bebida *f etc* gratuita, ganga *f*; **it's a ~** es gratis.

freedom ['friːdəm] **1** *n* (*gen*) libertad *f*; (*liberation*) liberación *f*; **~ of association/worship/speech/the press** libertad de asociación/de cultos/de expresión/de prensa; **to give sb the ~ of a city** otorgar a algn la ciudadanía de honor. **2** *cpd*: **~ fighter** *n* guerrillero/a *m/f*.

free-for-all ['friːfə'rɔːl] *n* (*fam*) (*brawl*) pelea *f*, bronca *f*; (*argument*) discusión *f* general.

freehold ['friːhəʊld] *adj* (*property, land*) de feudo franco.

freelance ['friːlɑːns] **1** *adj* independiente. **2** *vi* trabajar como periodista *or* independiente.

freeloader ['friːləʊdəʳ] *n* (*US fam*) gorrón/ona *m/f*.

freely ['friːlɪ] *adv* (*gen*) libremente; (*speak*) francamente; (*generously*) liberalmente; **you may come and go ~** puedes ir y venir como quieras.

freemason ['friːˌmeɪsn] *n* (franc)masón *m*.

Freephone ® ['friːfəʊn] *n* (*Brit Telec*) ≈ llamada *f* telefónica sin cargo al usuario.

freepost ['friːˌpəʊst] *n* franqueo *m* pagado.

freerange ['friːreɪndʒ] *adj* (*hen, eggs*) de granja.

freesia ['friːzɪə] *n* fresia *f*.

freestyle ['friːstaɪl] *n*: **100 metres ~** (*Swimming*) 100 metros libres.

freethinker ['friː'θɪŋkəʳ] *n* librepensador(a) *m/f*.

freeway ['friːweɪ] *n* (*US*) autopista *f* sin peaje.

freewheel ['friː'wiːl] *vi* (*coast: on bicycle*) ir (en bicicleta) sin pedalear; (*: in car*) ir en punto muerto.

freeze [fri:z] (*pt* **froze**; *pp* **frozen**) **1** *vt* (*water*) helar; (*food, prices, wages, assets etc*) congelar. **2** *vi* (*gen*) helarse, congelarse; (*keep still*) quedarse inmóvil; **I'm freezing** estoy helado; **freezing fog** niebla *f* helada; **to ~ to death** morirse de frío; **~!** ¡no te muevas! **3** *n* (*Met*) helada *f*; (*of prices, wages etc*) congelación *f*.

▸ **freeze out** *vt* (*competitor*) deshacerse de (quitándole la clientela).

▸ **freeze over** *vi* + *adv* (*lake, river*) helarse, congelarse; (*windows, windscreen*) cubrirse de escarcha.

▸ **freeze up** *vi* + *adv* (*handle, pipes*) helarse, congelarse; (*windows*) cubrirse de escarcha.

freeze-dry [ˌfri:zˈdraɪ] *vt* liofilizar, deshidratar por congelación.

freezer [ˈfri:zəʳ] *n* congelador *m*, congeladora *f*.

freezing [ˈfri:zɪŋ] **1** *adj* glacial, helado/a. **2** *adv*: **it's ~ cold** hace un frío glacial. **3** *n* (*also* **~ point**) punto *m* de congelación; **5 degrees below ~** 5 grados bajo cero.

freight [freɪt] **1** *n* (*goods transported*) flete *m*; (*load*) carga *f*; (*goods*) mercancías *fpl*; (*charge*) flete, gastos *mpl or* costos *mpl* de transporte; **to send sth (by) ~** enviar algo por flete; **~ collect** (*US*), **~ forward** flete *or* porte *m* por cobrar; **~ free** franco de porte; **~ inward** flete sobre compras.

2 *vt* (*transport: goods*) fletar, transportar.

3 *cpd*: **~ car** *n* (*US*) vagón *m* de mercancías; **~ forwarder** *n* agente *mf* expedidor; **~ terminal** *n* terminal *f* de mercancías; **~ train** *n* (*US*) (tren) mercancías *m*; **~ yard** *n* área *f* de carga.

French [frentʃ] **1** *adj* francés/esa; (*ambassador*) de Francia; **~ bean** judía *f* verde, ejote *m* (*Mex*), poroto *m* (*CSur*), poroto verde (*Chi*); **~ bread** pan *m* francés; **~ Canadian** (*adj, n*) francocanadiense *mf*; **~ dressing** (*Culin*) vinagreta *f*; **~ fries** (*esp US*) patatas *fpl* fritas, papas *fpl* fritas (*LAm*); **~ Guiana** la Guayana Francesa; **~ kiss** beso *m* de tornillo; **~ letter** condón *m*; **~ polish** laca *f*; **~ Riviera** la Riviera; **~ toast** (*Brit: toast*) tostada *f*; (*in egg*) torrija *f*; **~ windows** puertaventana *fsg*.

2 *n* (*Ling*) el francés; **the ~** (*people*) los franceses.

Frenchified [ˈfrentʃɪfaɪd] *adj* afrancesado/a.

Frenchman [ˈfrentʃmən] *n* (*pl* **-men**) francés *m*.

French-polish [ˌfrentʃˈpɒlɪʃ] *vt* (*Brit*) laquear.

French-speaking [ˈfrentʃˌspi:kɪŋ] *adj* francófono/a, francohablante, de habla francesa.

Frenchwoman [ˈfrentʃˌwʊmən] *n* (*pl* **-women**) francesa *f*.

Frenchy [ˈfrentʃɪ] *n* (*fam*) gabacho/a *m/f*, francés/esa *m/f*.

frenetic [frɪˈnetɪk] *adj* frenético/a.

frenzy [ˈfrenzɪ] *n* frenesí *m*; **in a ~ of anxiety** enloquecido por la preocupación.

frequency [ˈfri:kwənsɪ] **1** *n* (*gen*) frecuencia *f*; **high/low ~** alta/baja frecuencia. **2** *cpd*: **~ band** *n* banda *f* de frecuencia; **~ modulation** *n* frecuencia *f* modulada.

frequent [ˈfri:kwənt] **1** *adj* frecuente; (*visitor*) habitual, frecuente. **2** [frɪˈkwent] *vt* frecuentar.

frequently [ˈfri:kwəntlɪ] *adv* frecuentemente, a menudo, seguido (*LAm*).

fresco [ˈfreskəʊ] *n* (*pl* **~s** *or* **~es**) fresco *m*.

fresh [freʃ] **1** *adj* (*comp* **~er**; *superl* **~est**) (**a**) (*new*) nuevo/a; (*recent*) reciente; (*bread*) tierno/a; **'~ paint'** (*esp US*) 'recién pintado'; **to put ~ courage into sb** dar nuevos ánimos a algn; **to make a ~ start** empezar de nuevo.

(**b**) (*not stale: food, smell, butter*) fresco/a; (*not tinned etc: fruit, milk*) natural; **I need some ~ air** necesito tomar el fresco; **in the ~ air** al aire libre; **as ~ as a daisy** fresco como una rosa.

(**c**) (*not salt: water*) dulce.

(**d**) (*fam: cheeky*) fresco/a; **to get ~ with sb** ponerse fresco con algn.

(**e**) (*invigorating: breeze*) fresco/a; **it's a bit ~** (*Met*) hace un poco de fresco.

(**f**) (*face, complexion*) de buen color, fresco/a.

2 *adv* (*baked, picked*) recientemiente; **~ from the oven** recién sacado del horno; **he's come ~ from New York** (*fam*) acaba de llegar de Nueva York.

freshen [ˈfreʃn] *vi* (*wind*) arreciar.

▸ **freshen up** *vt* + *adv* lavar; **to ~ (o.s.) up** refrescarse, lavarse.

freshener [ˈfreʃnəʳ] *n*: **air ~** ambientador *m*; **skin ~** tónico *m* para la piel.

fresher [ˈfreʃəʳ] *n* (*Brit Univ: fam*) *see* **freshman**.

freshly [ˈfreʃlɪ] *adv*: **~ painted/arrived** recién pintado/llegado.

freshman [ˈfreʃmən] *n* (*pl* **-men**) (*Univ*) estudiante *mf* de primer año.

freshness [ˈfreʃnɪs] *n* frescura *f*; (*newness*) novedad *f*.

freshwater [ˈfreʃˌwɔ:təʳ] *adj*: **~ fish** pez *m* de agua dulce.

fret[1] [fret] *vi* (*worry*) preocuparse, apurarse; **don't ~** no te preocupes; **the baby is ~ting for its mother** el niño echa de menos a su madre; **to ~ the hours away** pasar las horas consumiéndose de inquietud.

fret[2] [fret] *n* (*Mus*) traste *m*.

fretful [ˈfretfʊl] *adj* (*child*) inquieto/a.

fretsaw [ˈfretsɔ:] *n* sierra *f* de calar *or* de marquetería.

fretwork [ˈfretwɜ:k] *n* calado *m*.

Freudian [ˈfrɔɪdɪən] *adj*: **~ slip** lapsus *m* lingüe *or* linguae, desliz *m* freudiano.

FRG *n abbr* (*Hist*) *of* **Federal Republic of Germany** RFA *f*.

Fri. *abbr of* **Friday** vier.

friar [ˈfraɪəʳ] *n* fraile *m*.

fricassee [ˈfrɪkəsi:] *n* (*Culin*) estofado *m*.

fricative [ˈfrɪkətɪv] *n* fricativa *f*.

friction [ˈfrɪkʃən] **1** *n* (*Tech*) fricción *f*; (*fig*) tirantez *f*. **2** *cpd*: **~ feed** *n* (*on printer*) avance *m* por fricción.

Friday [ˈfraɪdɪ] *n* viernes *m*; **Good ~** Viernes Santo; *see* **Tuesday** *for usage*.

fridge [frɪdʒ] (*Brit*) **1** *n* frigo(rífico) *m*, nevera *f*, refrigeradora *f* (*LAm*), heladera *f* (*CSur*). **2** *cpd*: **~ freezer** *n* frigorífico-congelador *m*.

fried [fraɪd] *adj* (*Culin*) frito/a; **~ egg** huevo *m* frito *or* estrellado.

friend [frend] *n* amigo/a *m/f*, cuate *mf* (*Mex fam*); (*at school, work etc*) compañero/a *m/f*; **Society of F~s** (*Rel*) los cuáqueros; **a ~ of mine** un amigo mío; **to make ~s with sb** hacerse amigo de algn, trabar amistad con algn; **let's be ~s** hagamos las paces.

friendliness [ˈfrendlɪnɪs] *n* amabilidad *f*, simpatía *f*.

friendly [ˈfrendlɪ] **1** *adj* (*comp* **-ier**; *superl* **-iest**) (*person, greeting, tone*) simpático/a, amable; (*atmosphere, place*) acogedor(a); **~ fire** (*Mil*) fuego *m* amigo; **~ society** ≈ mutualidad *f*, ≈ Mutual *f* (*LAm*); **to be ~ to sb** ser amable con algn; **to be ~ with sb** ser amigo de algn. **2** *n* (*also* **~ match**: *Ftbl*) partido *m* amistoso.

-friendly [ˈfrendlɪ] *adj suf* que no daña *or* perjudica *or* afecta; **environment~** que no daña el medio ambiente, ecológico/a.

friendship [ˈfrendʃɪp] *n* amistad *f*; (*at school, work etc*) compañerismo *m*.

frieze [fri:z] *n* (*Archit*) friso *m*; (*painting*) fresco *m*.

frigate [ˈfrɪgɪt] *n* (*Naut*) fragata *f*.

fright [fraɪt] *n* (*sudden fear*) susto *m*; **to get a ~** asustarse; **what a ~ you gave me!** ¡qué susto me diste *or* has dado!; **to take ~ (at)** asustarse (de); **she looked a ~** (*fam*) estaba hecha un espantajo.

frighten [ˈfraɪtn] *vt* asustar; **to ~ sb into doing sth** convencer a algn con amenazas de que haga algo; **to be ~ed of sth** tener miedo de algo; **I was ~ed out of my wits** *or* **to death** estaba aterrorizado.

▸ **frighten away, frighten off** *vt* + *adv* espantar, ahuyentar.

frighteners [ˈfraɪtnəz] *npl*: **to put the ~ on sb** (*fam*) meterle a algn el ombligo para dentro (*fam*).

frightening [ˈfraɪtnɪŋ] *adj* espantoso/a, aterrador(a).

frightful [ˈfraɪtfʊl] *adj* (*terrible: tragedy, experience,* *shame*) horroroso/a; (*awful: noise, weather*) espantoso/a.

frightfully ['fraɪtfəlɪ] *adv* (*fam*) terriblemente; **I'm ~ sorry** lo siento muchísimo, lo lamento mucho.

frigid ['frɪdʒɪd] *adj* (*atmosphere, look etc*) frío/a, glacial; (*Med*) frígido/a.

frill [frɪl] *n* (*on dress etc*) volante *m*, lechuga *f*; **without ~s** (*fig*) sin adornos.

fringe [frɪndʒ] **1** *n* (*on shawl, rug*) orla *f* con flecos; (*Brit: of hair*) flequillo *m*; (*also* **~s**: *of forest*) linde *m*, lindero *m*; (*: of city*) periferia *f*; **on the ~ of society** al margen de la sociedad. **2** *cpd*: **~ benefits** *npl* ventajas *fpl* supletorias; **~ group** *n* grupo *m* marginal; **~ theatre** *n* teatro *m* experimental.

Frisbee ® ['frɪzbɪ] *n* disco *m* volador.

Frisian ['frɪʒən] **1** *adj* frisio/a; **~ Islands** Islas *fpl* Frisias. **2** *n* frisio/a *m/f*; (*Ling*) frisio *m*.

frisk [frɪsk] **1** *vt* (*fam: suspect*) cachear, registrar. **2** *vi* (*frolic*) brincar; (*people*) juguetear; (*animals*) retozar.

frisky ['frɪskɪ] *adj* (*comp* **-ier**; *superl* **-iest**) (*person, horse*) juguetón/ona.

fritter[1] ['frɪtə^r] *n* (*Culin*) buñuelo *m*; **corn ~** arepa *f* (*Col, Ven*).

fritter[2] ['frɪtə^r] *vt* (*also* **~ away**) malgastar, desperdiciar.

frivolity [frɪ'vɒlɪtɪ] *n* (*gen*) frivolidad *f*.

frivolous ['frɪvələs] *adj* frívolo/a.

frizz(l)y ['frɪz(l)ɪ] *adj* (*comp* **-ier**; *superl* **-iest**) (*hair*) crespo/a; **to go ~** encresparse.

fro [frəʊ] *adv*: **to and ~** de un lado para otro, de aquí para allá.

frock [frɒk] *n* (*woman's*) vestido *m*; (*of monk*) hábito *m*.

Frog [frɒg], **Froggy** ['frɒgɪ] *n* (*fam pej*) gabacho/a *m/f*.

frog [frɒg] *n* rana *f*; **to have a ~ in one's throat** tener carraspera.

frogman ['frɒgmən] *n* (*pl* **-men**) hombrerana *m*.

frogmarch ['frɒgmɑːtʃ] *vt*: **to ~ sb in/out** hacer entrar/salir a algn por la fuerza.

frolic ['frɒlɪk] (*pt, pp* **~ked**) *vi* juguetear, brincar.

from [frɒm] *prep* (**a**) (*indicating starting place*) de, desde; **where are you ~?** ¿de dónde eres?; **where has he come ~?** ¿de dónde ha venido?; **~ London to Glasgow** de Londres a Glasgow; **~ house to house** de casa en casa; **to escape ~ sth/sb** escapar de algo/algn.

(**b**) (*indicating time*) de, desde; **~ now on** de aquí en adelante; **~ one o'clock to** *or* **until** *or* **till two** ahora *or* desde la una hasta las dos; **(as) ~ Friday** a partir del viernes; **~ time to time** de vez en cuando.

(**c**) (*indicating distance*) de, desde; **the hotel is 1 km ~ the beach** el hotel está a 1 km de la playa; **a long way ~ home** muy lejos de casa.

(**d**) (*indicating sender etc*) de; **a letter ~ my sister** una carta de mi hermana; **a telephone call ~ Mr Smith** una llamada de parte del Sr. Smith; **a message ~ him** un mensaje de parte de él; **tell him ~ me** dile de mi parte.

(**e**) (*indicating source*) de; **to drink ~ a stream/the bottle** beber de un arroyo/de la botella; **we learned it ~ a book** lo aprendimos en un libro; **a quotation ~ Shakespeare** una cita de Shakespeare; **to steal sth ~ sb** robar algo a algn; **where did you get that ~?** ¿de dónde has sacado *or* sacaste eso?; **take the gun ~ him!** ¡quítale el revólver!; **painted ~ life** pintado del natural.

(**f**) (*indicating price, number etc*) desde, a partir de; **we have shirts ~ £8 (upwards)** tenemos camisas desde *or* a partir de 8 libras; **prices range ~ £10 to £50** los precios varían entre 10 y 50 libras; **there were ~ 10 to 15 people there** había allí entre 10 y 15 personas.

(**g**) (*indicating change*) **things went ~ bad to worse** las cosas fueron de mal en peor; **the interest rate increased ~ 6% to 10%** la tasa de interés ha subido del 6 al 10 por ciento.

(**h**) (*indicating difference*) **to be different ~ sb** ser distinto de algn; **he can't tell red ~ green** no distingue entre rojo y verde.

(**i**) (*because of, on the basis of*) por; **to act ~ conviction** obrar por convicción; **to die ~ exposure** morir de frío; **~ sheer necessity** por pura necesidad; **weak ~ hunger** debilitado por el hambre; **~ what I can see** por lo que veo; **~ experience** por experiencia.

(**j**) (*in phrases*) **to prevent sb ~ doing sth** impedir a algn hacer algo; **to be far ~ the truth** estar lejos de la verdad; **to shelter ~ the rain** protegerse de la lluvia.

(**k**) (*with prep*) **~ above** desde arriba; **~ beneath** *or* **underneath** desde abajo; **~ inside/outside the house** desde dentro/fuera de la casa; **~ among the crowd** de entre la multitud.

fromage frais ['frɒmɑːʒ'freɪ] *n queso fresco descremado.*

frond [frɒnd] *n* fronda *f*.

front [frʌnt] **1** *adj* (*garden*) de delante; (*door*) principal, de la calle; (*wheel, legs*) delantero/a; (*row, page, line*) primero/a; (*view*) de frente; **~ bench** (*Brit Pol*) *filas ocupadas por los ministros del Gobierno y sus equivalentes en la oposición, en la Cámara de Diputados británica*; **~ desk** (*US*) recepción *f* de un hotel; **~ line** (*Mil*) primera línea *f*; **~ man** (*fam: puppet*) títere *m*, hombre *m* de paja; **~ organization** organización *f* fachada; **~ page** (*Press*) primera plana *f*; **~ runner** corredor(a) *m/f* que va en cabeza; (*candidate*) favorito/a *m/f*; **~ seat** asiento *m* delantero.

2 *n* (**a**) (*gen: not back*) parte *f* delantera; (*of house etc*) fachada *f*; (*of train, boat*) parte delantera; (*of shirt, dress*) pechera *f*; **in ~** delante; **in ~ of** (*gen*) delante de; (*opposite*) enfrente de, frente a; **back to ~** al revés; **at the ~ of the line** *or* **queue** al principio de la cola; **to be in ~** (*Sport: race*) ir ganando; (*score*) llevar la ventaja; **he sat at the ~ of the class/train** se sentó en la primera fila de la clase/en la parte delantera del tren; **to come to the ~** empezar a destacar; **to put on a bold ~** (*fig*) hacer de tripas corazón; **to be a ~ for sth** (*fam*) servir de fachada a algo; **it's all just (a) ~ with him** con él no son más que apariencias.

(**b**) (*Met, Mil, Pol*) frente *m*; **on all ~s** en todos los frentes; **cold/warm ~** (*Met*) frente frío/cálido; **a united ~** un frente unido; **popular ~** frente popular.

(**c**) (*sea ~*) paseo *m* marítimo; **on Brighton ~** en la playa de Brighton.

3 *vi*: **to ~ onto sth** dar a algo.

frontage ['frʌntɪdʒ] *n* (*of building*) fachada *f*.

frontal ['frʌntl] *adj* (*Anat*) frontal; (*attack*) de frente, frontal.

frontier ['frʌntɪə^r] *n* (*border, fig*) frontera *f*; (*dividing line*) línea *f* divisoria.

frontispiece ['frʌntɪspiːs] *n* (*of book*) frontispicio *m*.

front-loader [ˌfrʌnt'ləʊdə^r] *n* (*also* **front-loading washing machine**) lavadora *f* de carga frontal.

front-wheel ['frʌntwiːl] *adj*: **~ drive** tracción *f* delantera.

frost [frɒst] **1** *n* (*substance*) escarcha *f*; (*weather*) helada *f*; **4 degrees of ~** 4 grados bajo cero. **2** *vt* (*Culin: esp US*) escarchar. **3** *vi*: **to ~ over** *or* **up** cubrirse de escarcha.

frostbite ['frɒsˌbaɪt] *n* congelación *f*.

frostbitten ['frɒsˌbɪtn] *adj* congelado/a.

frosted ['frɒstɪd] *adj* (*esp US: cake*) escarchado/a; **~ glass** vidrio *m* deslustrado.

frosting ['frɒstɪŋ] *n* (*esp US: icing*) escarcha *f*.

frosty ['frɒstɪ] *adj* (*comp* **-ier**; *superl* **-iest**) (*weather*) de helada, de hielo; (*surface*) escarchado/a; (*fig: smile*) glacial; **it was ~ last night** anoche heló.

froth [frɒθ] **1** *n* espuma *f*. **2** *vi* espumar, hacer espumas; (*at the mouth*) echar espumarajos.

frothy ['frɒθɪ] *adj* (*comp* **-ier**; *superl* **-iest**) (**a**) espumoso/a. (**b**) (*fig*) frivolón/ona, superficial, de poca sustancia.

frown [fraʊn] **1** *n* ceño *m*. **2** *vi* fruncir el ceño; **to ~ at** mirar con ceño.

▸ **frown on** *vi + prep* (*fig*) desaprobar.

froze [frəʊz] *pt of* **freeze**.

frozen [ˈfrəʊzn] **1** *pp of* **freeze. 2** *adj (food)* congelado/a; **I'm ~ stiff** estoy helado; **~ assets** activo *msg* congelado.

FRS *n abbr* (**a**) *(Brit) of* **Fellow of the Royal Society.** (**b**) *(US) of* **Federal Reserve System.**

frugal [ˈfruːgəl] *adj* frugal.

fruit [fruːt] **1** *n (gen, Bot)* fruto *m*; *(: piece of ~)* fruta *f*; **would you like some ~?** ¿quieres fruta?; **to bear ~** *(lit, fig)* dar fruto; **the ~s of one's labour** *(fig)* los frutos del trabajo. **2** *cpd*: **~ cocktail** *n* cóctel *m* de frutas; **~ dish** *n* frutero *m*; **~ farming** *n* fruticultura *f*; **~ juice** *n* zumo *m or* jugo *m* de frutas; **~ machine** *n (Brit)* máquina *f* tragaperras; **~ salad** *n* macedonia *f* de frutas; **~ tree** *n* árbol *m* frutal.

fruiterer [ˈfruːtərəʳ] *n (esp Brit)* frutero/a *m/f*; **~'s (shop)** frutería *f*.

fruitful [ˈfruːtfʊl] *adj (gen)* fructífero/a; *(land)* fértil; *(fig)* productivo/a.

fruition [fruːˈɪʃən] *n (of plan etc)* cumplimiento *m*; **to come to ~** *(hope)* cumplirse; *(plan)* realizarse, dar resultado.

fruitless [ˈfruːtlɪs] *adj (fig)* infructuoso/a, inútil.

fruity [ˈfruːtɪ] *adj (comp* **-ier**; *superl* **-iest**) *(taste)* que sabe a fruta, con sabor a fruta.

frump [frʌmp] *n* espantajo *m*, birria *f*.

frustrate [frʌsˈtreɪt] *vt (plan, effort, person)* frustrar; *(hope)* defraudar; **he's a ~d artist** es un artista frustrado.

frustrating [frʌsˈtreɪtɪŋ] *adj* frustrante; **how ~!** ¡qué frustrante!

frustration [frʌsˈtreɪʃən] *n (gen)* frustración *f*; *(disappointment)* decepción *f*; *(annoyance)* molestia *f*.

fry¹ [fraɪ] **1** *vt (Culin)* freír. **2** *vi* freírse.

fry² [fraɪ] *n*: **small ~** gente *f* menuda, pequeños seres *mpl*.

frying pan [ˈfraɪɪŋˌpæn] *n* sartén *f*; **to jump out of the ~ into the fire** salir de Guatemala para entrar en Guatapeor.

fry-up [ˈfraɪʌp] *n (Brit)* fritura *f*.

FSLIC *n abbr (US) of* **Federal Savings and Loan Insurance Corporation.**

FT *n abbr (Brit) of* **Financial Times.**

F/T *abbr (US) of* **full-time.**

ft *abbr of* **foot** *of* **feet.**

FTC *n abbr (US) of* **Federal Trade Commission.**

FTSE 100 Index *n abbr of* **Financial Times Stock Exchange 100 Index.**

fuchsia [ˈfjuːʃə] *n* fucsia *f*.

fuck [fʌk] *(fam!)* **1** *n*: **to have a ~** echar un polvo *(fam!)*, joder *(fam!)*, coger *(LAm fam!)*. **2** *vt* (**a**) *(lit)* joder *(fam!)*, coger *(LAm fam!)*. (**b**) **~!** ¡joder! *(fam!)* ¡carajo! *(LAm fam!)*, ¡chinga tu madre! *(Mex fam!)*; **~ you!** ¡jódete! *(fam!)*, ¡tu madre! *(LAm fam!)*; **~ this car!** ¡este jodido coche!, ¡este coche del carajo! *(LAm fam!)*, ¡fregado coche! *(LAm fam!)*, ¡chingado coche! *(Mex fam!)*.

► **fuck about, fuck around** *vi (fam!)* joder *(fam!)*; **to ~ about *or* around with** manosear, estropear.

► **fuck off** *vi + adv (fam!)* ir a la mierda *(fam!)*; **~ off!** ¡vete a tomar por el culo! *(fam!)*, ¡vete al carajo! *(LAm fam!) or* a la chingada *(Mex fam!)* .

► **fuck up** *vt + adv (fam!)* joder *(fam!)*.

fuck-all [ˌfʌkˈɔːl] *(Brit fam!)* **1** *adj*: **it's ~ use** no sirve para maldita la cosa *(fam)*. **2** *n*: **I know ~ about it** no tengo ni puta idea *(fam)*.

fucking [ˈfʌkɪŋ] *(fam!)* **1** *adj* de los cojones *(fam!)*, fregado/a *(LAm fam!)*, chingado/a *(Mex fam!)*. **2** *adv*: **it was ~ awful** fue de puta pena *(fam!)*; **that's no ~ good** no vale una puta mierda *(fam!)*.

fuddled [ˈfʌdld] *adj (muddled)* confuso/a, aturdido/a; *(fam: tipsy)* borracho/a.

fuddy-duddy [ˈfʌdɪˌdʌdɪ] *(fam)* **1** *adj (old)* viejo/a; *(old-fashioned)* chapado/a a la antigua. **2** *n* carroza *mf (fam)*.

fudge [fʌdʒ] *n (Culin)* dulce *m* de azúcar, cajeta *f (LAm)*.

fuel [fjʊəl] **1** *n (gen)* combustible *m*; *(for engine)* carburante *m*; **to add ~ to the flames** *(fig)* echar leña al fuego. **2** *vt (furnace etc)* alimentar; *(aircraft, ship etc)* repostar. **3** *vi (aircraft, ship)* repostar. **4** *cpd*: **~ crisis** *n* crisis *f* energética; **~ injection (engine)** *n* motor *m* de inyección; **~ oil** *n* fuel oil *m*, mazut *m*; **~ pump** *n (Aut)* surtidor *m* de gasolina; **~ tank** *n* depósito *m* (de combustible).

fug [fʌg] *n* aire *m* viciado.

fugitive [ˈfjuːdʒɪtɪv] **1** *adj* fugitivo/a; *(fleeting)* efímero/a, pasajero/a. **2** *n* fugitivo/a *m/f*.

fulcrum [ˈfʌlkrəm] *n* fulcro *m*.

fulfil, *(US)* **fulfill** [fʊlˈfɪl] *vt (duty, promise)* cumplir con; *(ambition)* realizar; *(order)* ejecutar; *(person)* satisfacer; **to ~ o.s.** realizarse (plenamente).

fulfilment, *(US)* **fulfillment** [fʊlˈfɪlmənt] *n (see vt)* cumplimiento *m*; realización *f*, ejecución *f*, satisfacción *f*; *(satisfied feeling)* realización, satisfacción.

full [fʊl] **1** *adj (comp* **~er**; *superl* **~est**) (**a**) *(filled)* lleno/a; *(vehicle etc)* completo/a; *(day, timetable)* muy ocupado/a; **to be ~ of ...** estar lleno de ...; **to be ~ of life** estar lleno de vida; **to be ~ of o.s.** ser muy creído *or* presumido; **~ to the brim** hasta el tope; **~ to bursting** lleno de bote en bote; **we are ~ up for July** estamos completos para julio; **'house ~'** 'no hay localidades', 'completo'; **he's had a ~ life** ha llevado una vida muy completa; **I'm ~ (up)** *(fam)* no puedo más, estoy harto *or* ahito.

(**b**) *(complete)* completo/a, entero/a; *(with complete detail)* detallado/a; *(employment, power)* pleno/a; *(measure)* colmado/a; *(price, pay)* íntegro/a, sin descuento; **to pay ~ fare** pagar la tarifa íntegra; **to fall ~ length** caer cuan largo es algn; **in ~ bloom** en plena flor; **in ~ colour** a todo color; **in ~ daylight** en pleno día; **in ~ dress** vestido de etiqueta *or* de gala; **~ house** full *m*; **~ marks** puntuación *fsg* máxima; **~ moon** luna *f* llena; **~ name** nombre y apellidos; **~ stop** punto *m* (y seguido); **in ~ swing** en pleno apogeo; **~ time** *(Ftbl)* final *m* del partido; **to take ~ advantage of the situation** aprovecharse al máximo de la situación; **in the ~est sense of the word** en el sentido más amplio de la palabra; **at ~ speed** a toda velocidad; **the ~ particulars** todos los detalles; **I waited a ~ hour** esperé una hora entera.

(**c**) *(rounded: face)* redondo/a; *(: figure)* llenito/a; *(: lips)* grueso/a; *(: skirt, sleeves)* amplio/a.

2 *adv*: **~ well** muy bien, perfectamente; **it hit him ~ in the face** le pegó en plena cara.

3 *n*: **to write sth in ~** escribir algo por extenso; **to pay in ~** pagar la deuda entera; **to the ~** al máximo.

fullback [ˈfʊlbæk] *n (Ftbl)* defensa *mf*.

full-blast [ˈfʊlˈblɑːst] *adv (work)* a máxima capacidad; *(travel)* a toda velocidad; *(play etc)* al máximo volumen, a toda potencia.

full-blooded [ˈfʊlˈblʌdɪd] *adj (vigorous: attack)* vigoroso/a; *(thoroughbred)* (de) pura sangre.

full-blown [ˈfʊlˈbləʊn] *adj (doctor etc)* hecho/a y derecho/a; *(attack, invasion etc)* a gran escala; *(disease)* declarado/a.

full-bodied [ˈfʊlˈbɒdɪd] *adj (cry)* fuerte; *(wine)* de mucho cuerpo.

full-cream [ˈfʊlˈkriːm] *adj*: **~ milk** leche *f* (con toda la nata).

full-fledged [ˈfʊlˈfledʒd] *adj (US)* = **fully-fledged.**

full-grown [ˈfʊlˈgrəʊn] *adj* maduro/a.

full-length [ˈfʊlˈleŋθ] *adj (portrait, dress)* de cuerpo entero; **a ~ film** un largometraje.

fullness [ˈfʊlnɪs] *n (of detail)* abundancia *f*; *(of figure)* plenitud *f*; *(of dress)* amplitud *f*; **in the ~ of time** *(poet: eventually)* con el correr del tiempo; *(: at predestined time)* a su debido tiempo.

full-page [ˌfʊlˈpeɪdʒ] *adj (advert etc)* de plana entera, de página entera.

full-scale [ˈfʊlˈskeɪl] *adj (plan, model)* de tamaño natural; *(search, retreat)* en gran escala.

full-time [ˈfʊlˈtaɪm] **1** *adj (employment)* a tiempo completo; **he's a ~ musician** (*professional*) es músico profesional; **a ~ job** un puesto de plena dedicación. **2** *adv*: **to work ~** trabajar (a) tiempo completo.

fully ['fʊlɪ] *adv* (*completely*) completamente; (*at least*) al menos; **I don't ~ understand** no lo acabo de comprender; **it is ~ 3 miles** son lo menos 3 millas; **~ dressed** completamente vestido.

fully-fledged, (*US*) **full-fledged** ['fʊlɪ'fledʒd] *adj* (*Brit: bird*) adulto/a, en edad *or* capaz de volar; (*fig*) hecho y derecho, con pleno derecho.

fully-paid ['fʊlɪ'peɪd] *adj*: **~ share** acción *f* liberada.

fulsome ['fʊlsəm] *adj* (*pej: praise*) excesivo/a, exagerado/a; (*: manner*) obsequioso/a.

fumble ['fʌmbl] **1** *vt* (*drop*) dejar caer; (*handle badly*) manosear, coger *(Esp) or (LAm)* agarrar con torpeza. **2** *vi* (*also* **~ about**) hurgar; **to ~ in one's pockets** hurgar en los bolsillos; **to ~ for sth** buscar algo con las manos; **to ~ with sth** manejar algo torpemente; **to ~ one's way along** ir a tientas.

fume [fjuːm] **1** *vi* (*chemicals etc*) humear, echar humo; **to be fuming at** *or* **with sb** (*fig*) echar pestes de algn. **2** *npl*: **~s** (*gen*) humo *msg*, vapores *mpl*; (*gas*) gases *mpl*.

fumigate ['fjuːmɪgeɪt] *vt* fumigar.

fun [fʌn] **1** *n* (*enjoyment*) diversión *f*; (*merriment*) alegría *f*; **for/in ~** en broma; **it's great ~** es muy divertido; **he's great ~** es una persona muy divertida; **~ and games** (*lively behaviour*) travesuras *fpl*; (*fig: trouble*) jaleo *m*, bronca *f*; **she's been having ~ and games with the washing machine** ha tenido muchos líos con la lavadora; **to do sth for the ~ of it** hacer algo en broma; **to have ~** divertirse; **to make ~ of sb** burlarse *or* mofarse de algn, tomarle el pelo a algn *(fam)*; **to poke ~ at** burlarse de.

2 *cpd*: **~ run** *n* maratón *m* corto *(para no atletas)*.

function ['fʌŋkʃən] **1** *n* (**a**) (*purpose: of machine, person*) función *f*; **it's no part of my ~ to** + *infin* no corresponde a mi carga + *infin*. (**b**) (*reception*) recepción *f*; (*official ceremony*) acto *m*. (**c**) (*Math*) función *f*. **2** *vi* (*operate*) funcionar, marchar, fungir *(LAm)* (*as* de); **to ~ as** hacer (las veces) de. **3** *cpd*: **~ key** *n* tecla *f* de función.

functional ['fʌŋkʃnəl] *adj* (*design, clothes*) funcional.

fund [fʌnd] **1** *n* (*gen*) fondo *m*; (*reserve*) reserva *f*; **~s** fondos *mpl*, recursos *mpl*; **to be a ~ of information** ser buena fuente de información; *see* **international**. **2** *vt* (*project*) proveer fondos para, patrocinar. **3** *cpd*: **~ raising** *n* recolección *f or* recaudación *f* de fondos.

fundamental [ˌfʌndə'mentl] **1** *adj* (*gen*) fundamental; **his ~ honesty/good sense** su honradez intrínseca/su buen juicio intrínseco. **2** *npl*: **~s** fundamentos *mpl*.

fundamentalism [ˌfʌndə'mentəlɪzəm] *n* fundamentalismo *m*.

fundamentalist [ˌfʌndə'mentəlɪst] *adj*, *n* fundamentalista *mf*.

fundamentally [ˌfʌndə'mentəlɪ] *adv* en lo fundamental.

funding ['fʌndɪŋ] *n* (**a**) (*funds*) fondos *mpl*, finanzas *fpl*; (*act of ~*) financiación *f*. (**b**) (*of debt*) consolidación *f*.

funeral ['fjuːnərəl] **1** *n* (*burial*) funeral *m*, entierro *m*; (*wake*) velatorio *m*; (*service*) exequias *fpl*; (*~procession*) cortejo *m* fúnebre; (*state ~*) exequias nacionales; **that's your ~!** (*fam*) ¡con tu pan te lo comas! **2** *cpd*: **~ cortège** *n* cortejo *m* fúnebre; **~ director** *n* director *m* de funeraria; **~ parlour** *n* funeraria *f*.

funfair ['fʌnfɛəʳ] *n* (*Brit*) parque *m* de atracciones.

fungi ['fʌŋgaɪ] *npl of* **fungus**.

fungicide ['fʌŋgɪsaɪd] *n* fungicida *m*.

fungus ['fʌŋgəs] *n* (*pl* **fungi**) hongo *m*.

funicular [fjuː'nɪkjʊləʳ] *n* (*also* **~ railway**) funicular *m*.

funk [fʌŋk] *n* (**a**) (*fam: fear*) **to be in a (blue) ~** estar muerto/a de miedo. (**b**) (*Mus*) funk *m*.

funky ['fʌŋkɪ] *adj* (*comp* **-ier**; *superl* **-iest**) (*fam: music*) vibrante, marchoso/a.

fun-loving ['fʌnˌlʌvɪŋ] *adj* amigo de diversiones.

funnel ['fʌnl] *n* (*for pouring*) embudo *m*; (*Naut, of steam engine etc*) chimenea *f*.

funnily ['fʌnɪlɪ] *adv* (**a**) (*see adj (a)*) con gracia. (**b**) (*oddly*) de una manera rara; **~ enough** aunque parezca extraño, curiosamente.

funny ['fʌnɪ] *adj* (*comp* **-ier**; *superl* **-iest**) (**a**) (*amusing: joke, film, story*) gracioso/a, divertido/a; **that's not ~** eso no tiene gracia. (**b**) (*odd*) raro/a; **this tastes ~** esto sabe raro; **a ~ feeling** una sensación rara; **the ~ thing about it is that ...** lo curioso del caso es que ...; **~ bone** hueso *m* de la alegría.

fur [fɜːʳ] **1** *n* (*of animal*) pelo *m*, pelaje *m*; (*single skin*) piel *f*; (*as clothing*) abrigo *m* de pieles; (*in kettle*) sarro *m*. **2** *cpd*: **~ coat** *n* abrigo *m* de pieles.

furbish ['fɜːbɪʃ] *vt*: **to ~ up** renovar, restaurar.

furious ['fjʊərɪəs] *adj* (*person*) furioso/a; (*argument*) violento/a; (*effort etc*) frenético/a; (*pace*) vertiginoso/a; **to be ~ with sb** estar furioso con algn.

furlong ['fɜːlɒŋ] *n* estadio *m (octava parte de una milla)*.

furlough ['fɜːləʊ] *n* (*US*) permiso *m*.

furnace ['fɜːnɪs] *n* horno *m*.

furnish ['fɜːnɪʃ] *vt* (**a**) (*room, house*) amueblar (*with* de); **~ing fabric** tela *f* para revestir muebles; **~ed flat** piso *m* amueblado. (**b**) (*provide: excuse, information*) facilitar; **to ~ sb with sth** equipar a algn con algo.

furnishings ['fɜːnɪʃɪŋz] *npl* muebles *mpl*, mobiliario *msg*.

furniture ['fɜːnɪtʃəʳ] **1** *n* muebles *mpl*, mobiliario *m*; **a piece of ~** un mueble; **part of the ~** (*fig fam*) parte *f* de la casa. **2** *cpd*: **~ mover** *n* (*US*) compañía *f* de mudanzas; **~ polish** *n* cera *f* para muebles; **~ remover** *n* = **~ mover**; **~ van** *n* camión *m* de mudanzas.

furore [fjʊə'rɔːrɪ] *n* (*protests*) ola *f* de protestas, escándalo *m*; (*excitement*) ola de entusiasmo.

furrier ['fʌrɪəʳ] *n* peletero/a *m/f*; **~'s (shop)** peletería *f*.

furrow ['fʌrəʊ] **1** *n* (*Agr*) surco *m*; (*on forehead*) arruga *f*. **2** *vt* (*forehead*) arrugar.

furry ['fɜːrɪ] *adj* (*animal, toy*) peludo/a.

further ['fɜːðəʳ] **1** *comp of* **far**.

2 *adv* (**a**) (*in place, time*) más lejos, más allá; **~ back** más atrás; **~ on** (*lit*) más adelante; (*fig*) más avanzado; **how much ~ is it?** ¿cuánto camino nos queda?; **I got no ~ with him** (*fig*) (él) no dio más de sí; **nothing is ~ from my thoughts** nada más lejos de mi intención.

(**b**) (*more*) más; **and I ~ believe that** y además, creo que; **~ to your letter of ...** (*Comm*) con referencia a su carta de ...; **he heard nothing ~ from them** no supo más de ellos; **to go ~ into a matter** estudiar una cosa más a fondo.

3 *adj* (**a**) = **farther 3**.

(**b**) (*additional*) nuevo/a, adicional; **until ~ notice** hasta nuevo aviso; **after ~ consideration** después de nuevas consideraciones; **~ education** enseñanza *f* terciaria.

4 *vt* (*a cause, one's interests*) adelantar, fomentar.

furthermore ['fɜːðɜː'mɔːʳ] *adv* además.

furthermost ['fɜːðəməʊst] *adj* más lejano/a.

furthest ['fɜːðɪst] **1** *superl of* **far**. **2** *adv* más lejos; **that's the ~ that anyone has gone** es el punto extremo a que han llegado. **3** *adj* más lejano/a; **the ~ point** el punto más lejano.

furtive ['fɜːtɪv] *adj* (*glance, action*) furtivo/a; (*person*) sospechoso/a.

fury ['fjʊərɪ] *n* (*of storm etc*) furia *f*; (*of person*) furia, furor *m*; **she flew into a ~** se puso furiosa; **she worked herself up into a ~** se montó en cólera; **like ~** (*fam*) con encono.

fuse, (*US*) **fuze** [fjuːz] **1** *n* (*Elec*) plomo *m*, fusible *m*; (*of bomb: cord*) mecha *f*; (*: detonating device*) espoleta *f*; **to blow a ~** (*person*) salirse de sus casillas; (*equipment*) fundirse un fusible; **he's on a very short ~** (*fam*) tiene un genio muy vivo; **there's been a ~ somewhere** un fusible se ha fundido en algún sitio.

2 *vt* (**a**) (*lights, television etc*) fundir.

(**b**) (*metals*) fusionar.

3 *vi* (**a**) (*Elec*) **the lights have ~d** se han fundido los plomos.
(**b**) (*metals*) fundirse.
4 *cpd*: ~ **box** *n* caja *f* de fusibles; ~ **wire** *n* hilo *m* fusible.
fuselage [ˈfjuːzəlɑːʒ] *n* fuselaje *m*.
fusillade [ˌfjuːzɪˈleɪd] *n* (*lit*) descarga *f* cerrada; (*fig*) lluvia *f*.
fusion [ˈfjuːʒən] *n* (*of metals, fig*) fusión *f*.
fuss [fʌs] **1** *n* (*complaints, arguments*) escándalo *m*, alboroto *m*; (*anxious preparations etc*) conmoción *f*, bulla *f*; **to make** *or* **kick up a ~ about sth** armar un escándalo *or* *(fam)* un follón sobre algo; **to make a ~ of sb** mimar *or* consentir a algn; **there's no need to make such a ~** no es para tanto; **a lot of ~ about nothing** mucho ruido y pocas nueces; **such a ~ to get a passport!** ¡tanta lata para conseguir un pasaporte! **2** *vi* preocuparse (por pequeñeces). **3** *vt* (*person*) molestar.
▸ **fuss over** *vi + prep* (*person*) consentir (a).
fusspot [ˈfʌspɒt] *n* (*fam*) quisquilloso/a *m/f*.
fussy [ˈfʌsɪ] *adj* (*comp* **-ier**; *superl* **-iest**) (*person*) exigente, especial, delicado/a; (*clothes etc*) rebuscado/a; **I'm not ~** (*fam*) me da igual *or* lo mismo.
fusty [ˈfʌstɪ] *adj* (*comp* **-ier**; *superl* **-iest**) rancio/a; (*air, room*) que huele a cerrado.
futile [ˈfjuːtaɪl] *adj* (*attempt*) vano/a; (*suggestion*) fútil.
futility [fjuːˈtɪlɪtɪ] *n* inutilidad *f*.
future [ˈfjuːtʃəʳ] **1** *adj* (*gen*) futuro/a; (*coming*) venidero/a; **at some ~ date** en alguna ocasión futura. **2** *n* (**a**) futuro *m*, porvenir *m*; (*Ling*) futuro; **in the near ~** en fecha próxima; **there's no ~ in it** esto no tiene porvenir; **in ~** de ahora en adelante. (**b**) **~s** (*Comm*) operaciones *fpl* a término.
futuristic [ˌfjuːtʃəˈrɪstɪk] *adj* (*painting, design*) futurista.
fuze [fjuːz] *n* (*US*) = **fuse**.
fuzz [fʌz] *n* (*on chin*) vello *m*; (*fluff*) pelusa *f*; **the ~** (*fam*) la poli *(fam)*, la pasma *(Sp fam!)*, la tira *(LAm fam!)*, la cana *(CSur fam!)*.
fuzzy [fʌzɪ] *adj* (*comp* **-ier**; *superl* **-iest**) (*hair*) rizado/a; (*teddy bear*) velloso/a; (*blurred: photo*) borroso/a; (*: memory*) confuso/a.
fwd *abbr* (*esp Comm*) *of* **forward(s)**.
f-word [ˈefˌwɜːd] *n*: **to say the ~** (*euph of 'fuck'*) decir 'jo ...robar'.
fwy *abbr* (*US*) *of* **freeway**.
FY *abbr of* **fiscal year**; **for your information**.

G

G¹, g [dʒiː] **1** *n* (**a**) (*letter*) G, g *f*. (**b**) (*Mus*) **G** sol *m*; *see* **A** *for usage*. **2** *cpd*: **G-string** *n* tanga *f*.
G² [dʒiː] *abbr* (*US Cine*) *of* **general audience** todos los públicos.
g. *abbr* (**a**) *of* **gram(s)**, **gramme(s)** g, gr. (**b**) *of* **gravity** g; **G-force** fuerza *f* de la gravedad.
GA *abbr* (*US Post*) *of* **Georgia**.
gab [gæb] **1** *n*: **to have the gift of the ~** (*fam*) tener mucha labia. **2** *vi* (*fam: chatter*) parlotear, cotorrear.
gabardine [ˌgæbəˈdiːn] *n* = **gaberdine**.
gabble [ˈgæbl] **1** *vt* farfullar. **2** *vi* hablar atropelladamente; **they were gabbling away in French** cotorreaban en francés.
gaberdine [ˌgæbəˈdiːn] *n* (*cloth, raincoat*) gabardina *f*.
gable [ˈgeɪbl] **1** *n* aguilón *m*, gablete *m*. **2** *cpd*: ~ **end** *n* hastial *m*: ~ **roof** *n* tejado *m* de dos aguas.
Gabon [gəˈbɒn] *n* Gabón *m*.
▸ **gad about** [ˌgædəˈbaʊt] *vi + adv* (*fam*) salir de picos pardos.
gadget [ˈgædʒɪt] *n* (*little thing*) artilugio *m*, chisme *m*; (*device*) aparato *m*.
gadgetry [ˈgædʒɪtrɪ] *n* chismes *mpl*, aparatos *mpl*.
Gaelic [ˈgeɪlɪk] **1** *adj* gaélico/a. **2** *n* (*Ling*) gaélico *m*.
gaff [gæf] *n* (*harpoon*) garfio *m*; **to blow the ~** (*fam*) soltar la lengua.
gaffe [gæf] *n* plancha *f (Sp)*, metedura *f or (LAm)* metida *f* de pata; **to make a ~** meter la pata.
gaffer [ˈgæfəʳ] *n* (**a**) (*old man*) vejete *m*. (**b**) (*Brit: foreman*) capataz *m*; (*boss*) jefe *m*.
gag [gæg] **1** *n* (**a**) (*over mouth*) mordaza *f*. (**b**) (*joke*) chiste *m*. **2** *vt* (*prisoner*) amordazar. **3** *vi* (*retch*) tener arcadas.
gaga [ˈgɑːˈgɑː] *adj* (*fam*) gagá, lelo/a, chocho/a; **to go ~**, **to be going ~** (*senile*) chochear.
gage [geɪdʒ] *n, vt* (*US*) = **gauge**.
gaggle [ˈgægl] *n* (*of geese*) manada *f*; (*hum: of women*) corro *m*.
gaiety [ˈgeɪɪtɪ] *n* (*gen*) alegría *f*; (*of gathering etc*) animación *f*.
gaily [ˈgeɪlɪ] *adv* (*sing etc*) alegremente; (*brightly*) vivamente.
gain [geɪn] **1** *n* (*increase*) aumento *m* (*in* de); (*advantage*) ventaja *f*; (*profit*) ganancia *f*, beneficio *m*; **his loss is our ~** su derrota supone nuestra victoria.
2 *vt* (*win, earn*) ganar; (*obtain, acquire*) obtener, conseguir; (*reach*) alcanzar, llegar a; (*increase: strength*) aumentar de; **to ~ weight** engordar, aumentar de peso; **what do I have to ~ by staying here?** ¿qué ganaría con quedarme aquí?; **to ~ ground** ganar terreno; **my watch has ~ed 5 minutes** mi reloj se ha adelantado 5 minutos; **to ~ an advantage over sb** sacar ventaja a algn.
3 *vi* (*person*) ganar; (*watch*) adelantarse; **to ~ in** (*increase*) aumentar de.
▸ **gain (up)on** *vi + prep* ganar terreno a.
gainful [ˈgeɪnfʊl] *adj* (*employment*) remunerado/a.
gainfully [ˈgeɪnfʊlɪ] *adv*: **to be ~ employed** tener un trabajo retribuido *or* remunerado.
gainsay [ˌgeɪnˈseɪ] (*pt, pp* **gainsaid**) *vt* (*Lit*) contradecir, negar.
gait [geɪt] *n* paso *m*, andar *m*.
gaiter [ˈgeɪtəʳ] *n* polaina *f*.
gal [gæl] *n* (*fam*) = **girl**.
gala [ˈgɑːlə] **1** *n* (*festive occasion*) fiesta *f*; **swimming ~** gala *f* de natación. **2** *cpd*: ~ **performance** *n* función *f* de gala.
Galapagos Islands [gəˈlæpəgəsˌaɪləndz] *npl* Islas *fpl* (de los) Galápagos.
galaxy [ˈgæləksɪ] *n* (*Astron, fig*) galaxia *f*.
gale [geɪl] **1** *n* vendaval *m*, ventarrón *m*; ~ **force 10 (wind)** (vendaval) de fuerza 10. **2** *cpd*: ~ **warning** *n* aviso *m* de tormenta.
Galicia [gəˈlɪʃɪə] *n* Galicia *f*.
Galician [gəˈlɪʃɪən] **1** *adj* gallego/a. **2** *n* gallego/a *m/f*; (*Ling*) gallego *m*.
gall [gɔːl] **1** *n* (*Anat*) bilis *f*, hiel *f*; (*fig: impudence*) descaro *m*, caradura *f*. **2** *vt* (*irritate*) molestar. **3** *cpd*: ~ **bladder** *n* vesícula *f* biliar.
gal(l). *abbr of* **gallon(s)**.
gallant [ˈgælənt] *adj* (*brave*) valiente, valeroso/a; (*cour-*

teous) galante, atento/a.
gallantry ['gæləntrɪ] *n* (*bravery*) valor *m*, valentía *f*; (*courtesy*) galantería *f*, cortesía *f*.
galleon ['gælɪən] *n* galeón *m*.
gallery ['gælərɪ] *n* (*gen*) galería *f*; (*for spectators*) tribuna *f*; (*art~: state owned*) museo *m* de arte; (*: private*) galería de arte; **to play to the ~** actuar para la galería.
galley ['gælɪ] **1** *n* (*ship*) galera *f*; (*ship's kitchen*) cocina *f*. **2** *cpd*: **~ proof** *n* (*Typ*) prueba *f* de galera; **~ slave** *n* galeote *m*.
Gallic ['gælɪk] *adj* gálico/a.
gallicism ['gælɪsɪzəm] *n* galicismo *m*.
galling ['gɔːlɪŋ] *adj* mortificante.
gallivant [,gælɪ'vænt] *vi* = **gad about**.
gallon ['gælən] *n* galón *m* (*Brit* = *4,546 litros; US* = *3,785 litros*).
gallop ['gæləp] **1** *n* (*pace*) galope *m*; **at a ~** a galope; **at full ~** a galope tendido. **2** *vi* (*horse*) galopar; **he ~ed through his homework** (*fig*) terminó sus deberes a la carrera.
galloping ['gæləpɪŋ] *adj*: **~ inflation** inflación *f* galopante.
gallows ['gæləʊz] *nsg* horca *f*.
gallstone ['gɔːlstəʊn] *n* cálculo *m* biliario.
Gallup poll ['gæləp,pəʊl] *n* sondeo *m* de la opinión pública.
galore [gə'lɔː'] *adv* a porrillo, en abundancia, a granel.
galoshes [gə'lɒʃɪz] *npl* chanclos *mpl* (de goma).
galvanize ['gælvənaɪz] *vt* (*metal*) galvanizar; (*fig*) **to ~ sb into action** animar a algn para que haga algo.
galvanized ['gælvənaɪzd] *adj* galvanizado/a.
Gambia ['gæmbɪə] *n*: **(The) ~** Gambia *f*.
gambit ['gæmbɪt] *n* (*Chess*) gambito *m*; (*fig*) táctica *f*; **opening ~** (*fig*) estrategia *f* inicial.
gamble ['gæmbl] **1** *n* (*risk*) riesgo *m*; **to have a ~ on** (*horse*) jugar dinero a, apostar a; (*company shares*) especular en; **to take a ~** arriesgarse; **the ~ came off** la jugada salió bien. **2** *vt* (*money*) jugar, apostar; (*one's life*) arriesgar; **to ~ everything** jugarse el todo por el todo. **3** *vi* (*bet money*) jugar, apostar; (*take a chance*) jugárselas; **to ~ on sth** confiar en *or* contar con algo; **to ~ on the Stock Exchange** jugar a la bolsa.
▸ **gamble away** *vt* + *adv* derrochar en el juego.
gambler ['gæmblə'] *n* jugador(a) *m/f*.
gambling ['gæmblɪŋ] **1** *n* juego *m*. **2** *cpd*: **~ debts** *npl* deudas *fpl* contraídas en el juego; **~ den** *n* garito *m*, casa *f* de juego.
gambol ['gæmbəl] *vi* (*lamb, child*) brincar, juguetear.
game[1] [geɪm] **1** *n* (**a**) (*gen*) juego *m*; (*match*) partido *m*; (*single~: scoring unit*) juego, partida *f*; **~s** (*Scol*) el deporte; **the Panamerican G~s** los juegos panamericanos; **the Olympic G~s** las Olimpiadas; **~ of chance** juego de azar; **~, set and match** (*Tennis*) juego, set y partido; **to have a ~ of ...** jugar un partido de ...; **to be off one's ~** no estar en forma; **to play the ~** (*fig*) jugar limpio; **to beat sb at his own ~** ganarle a algn en su propio campo.
(**b**) (*fig: scheme*) **the ~ is up** todo se acabó; **to give the ~ away** tirar de la manta; **I wonder what his ~ is?** ¿qué estará tramando?, me pregunto; **what's your ~?** ¿qué pretendes?; **two can play at that ~** donde las dan las toman.
(**c**) (*fam: business*) negocio *m*; **how long have you been in this ~?** ¿hace cuánto tiempo que trabaja en esto?
(**d**) (*Hunting: large animals*) caza *f* mayor; (*: birds, small animals etc*) caza menor; **fair ~** (*fig*) blanco *m* legítimo.
(**e**) (*fam: prostitution*) **to be on the ~** hacer la calle (*fam*).
2 *adj* (*willing*) **are you ~?** ¿te animas?; **I'm ~** me apunto; **to be ~ for anything** atreverse a todo.
3 *cpd*: **~ bird** *n* ave *f* de caza; **~ park** *n* parque *m* natural, reserva *f* natural; **~ plan** *n* (*US fig*) estrategia *f*; **~ reserve** *n* coto *m* de caza; **~ show** *n* programa *m* concurso; **~ warden** *n* guarda *m* de coto *or* de caza.
game[2] [geɪm] *adj*: **a ~ leg** (*lame*) una pierna coja.
gamekeeper ['geɪm,kiːpə'] *n* guardabosques *m inv*.
gamely ['geɪmlɪ] *adv* bravamente.
gamesmanship ['geɪmzmənʃɪp] *n* habilidad *f* en el juego.
gaming ['geɪmɪŋ] **1** *n* juego *m*. **2** *cpd*: **~ house** *n* casa *m* de juego; **~ laws** *npl* leyes *fpl* reguladoras del juego.
gamma ['gæmə] **1** *n* gama *f*. **2** *cpd*: **~ rays** *npl* rayos *mpl* gama.
gammon ['gæmən] *n* jamón *m or* tocino *m* ahumado.
gammy ['gæmɪ] *adj* (*Brit fam*) tullido/a, lisiado/a.
gamut ['gæmət] *n* (*Mus*) gama *f*; **to run the (whole) ~ of emotions** (*fig*) pasar por toda la gama de emociones.
gander ['gændə'] *n* (**a**) (*Zool*) ganso *m*. (**b**) (*fam*) **to take a ~** echar un vistazo (*at* a).
gang [gæŋ] *n* (*of thieves*) banda *f*, pandilla *f*; (*of friends, youths*) cuadrilla *f*; (*: pej*) pandilla; (*of workmen*) cuadrilla, brigada *f*.
▸ **gang together** *vi* + *adv* formar un grupo *or* una pandilla.
▸ **gang up** *vi* + *adv* (*fam*) agruparse (*with* con), unirse (*with* a); **to ~ up on** *or* **against sb** conspirar *or* unirse contra algn.
gangbang ['gæŋbæŋ] **1** *n* (*fam*) violación *f* múltiple, violación colectiva. **2** *vt* violar colectivamente.
Ganges ['gændʒiːz] *n* Ganges *m*.
gangland ['gæŋlænd] *n* mundillo *m* del crimen.
gangling ['gæŋglɪŋ] *adj* larguirucho/a.
ganglion ['gæŋglɪən] *n* (*pl* **ganglia** ['gæŋglɪə]) ganglio *m*.
gangplank ['gæŋplæŋk] *n* (*Naut*) pasarela *f*.
gangrene ['gæŋgriːn] *n* gangrena *f*.
gangrenous ['gæŋgrɪnəs] *adj* gangrenoso/a.
gangster ['gæŋstə'] *n* gángster *m*, pistolero *m*.
gangway ['gæŋweɪ] *n* (**a**) = **gangplank**. (**b**) (*in theatre*) pasillo *m*.
gannet ['gænɪt] *n* alcatraz *m*; (*fig*) comilón/ona *m/f*.
gantry ['gæntrɪ] *n* (*gen*) caballete *m*; (*for crane*) pórtico *m*; (*for rocket*) torre *f* de lanzamiento.
GAO *n abbr* (*US*) *of* **General Accounting Office** *oficina general de contabilidad gubernamental*.
gaol [dʒeɪl] *n* (*Brit*) = **jail**.
gap [gæp] *n* (*gen*) hueco *m*, vacío *m*, claro *m*; (*in wall etc*) boquete *m*, brecha *f*; (*mountain pass*) quebrada *f*, desfiladero *m*; (*between teeth, floorboards*) hueco *m*; (*in text*) espacio *m* en blanco; (*fig: in knowledge etc*) laguna *f*; (*: in conversation*) silencio *m*; (*: of time*) intervalo *m*; **to close the ~** cerrar la brecha; **we discerned a ~ in the market** vimos una abertura en el mercado; **to fill** *or* **stop up a ~** (*lit*) tapar *or* taponar un hueco; **to fill a ~** (*fig*) llenar un vacío *or* un hueco; (*in knowledge*) llenar una laguna; **he left a ~ that will be hard to fill** dejó un hueco difícil de llenar.
gape [geɪp] *vi* (**a**) (*mouth, hole*) abrirse (mucho), estar muy abierto/a. (**b**) (*person*) **to ~ (at)** mirar boquiabierto/a (a).
gaping ['geɪpɪŋ] *adj* (**a**) (*wound*) abierto/a; (*hole*) muy abierto/a, grande. (**b**) (*person*) boquiabierto/a, embobado/a.
garage ['gærɑːʒ] **1** *n* (*of private house*) garaje *m*, cochera *f* (*LAm*); (*for car repairs*) taller *m*; (*petrol station*) garaje, gasolinera *f*, grifo *m* (*Per*), bencinera *f* (*Chi*). **2** *cpd*: **~ mechanic** *n* mecánico *m*; **~ proprietor** *n* propietario/a *m/f* de un taller de reparaciones; **~ sale** *n* venta *f* de objetos usados (*en una casa particular*). **3** *vt* dejar en garaje.
garaging ['gærɑːʒɪŋ] *n* plazas *fpl* de garaje; **there was ~ for 15 cars** había 15 plazas de garaje.
garb [gɑːb] *n* (*old: clothes*) atuendo *m*.
garbage ['gɑːbɪdʒ] (*esp US*) **1** *n* basura *f*; (*waste*) desperdicios *mpl*; (*fig*) mierda *f*, basura; (*Comput*) **~ in, ~ out** basura entra, basura sale. **2** *cpd*: **~ bag** *n* bolsa *f* de la basura; **~ can** *n* cubo *m or* (*LAm*) balde *m* de basura, bote *m or* tarro *m* de la basura; **~ collector** *n* basurero

m; ~ **disposal unit** *n* triturador *m*; ~ **dump** *n* vertedero *m*; ~ **man** *n* = ~ **collector**; ~ **truck** *n* camión *m* de la basura.

garbled ['gɑːbld] *adj* (*distorted*) tergiversado/a; (*incoherent*) incomprensible, incoherente.

garden ['gɑːdn] **1** *n* jardín *m*; (*vegetable* ~) huerto *m*; **the G~ of Eden** Edén *m*; **(public) ~s** parque *msg*, jardines *mpl*; **everything in the ~ is lovely** todo está a las mil maravillas.

2 *vi* trabajar en el jardín *or* el huerto.

3 *cpd*: ~ **centre** *n tienda donde se venden semillas, abono, herramientas para el jardín, etc*; (*nursery*) vivero *m*; ~ **city** *n* (*Brit*) ciudad *f* jardín; ~ **flat** *n* piso *m* con jardín en planta baja; ~ **furniture** *n* muebles *mpl* de jardín; ~ **hose** *n* manguera *f* de jardín; ~ **party** *n* recepción *f* al aire libre; ~ **path** *n*: **to lead sb up the ~ path** (*fig*) embaucar a algn; ~ **seat** *n* banco *m* de jardín; ~ **shears** *npl* tijeras *fpl* de jardín; ~ **tools** *npl* útiles *mpl* de jardinería.

gardener ['gɑːdnəʳ] *n* (*gen*) jardinero/a *m/f*; (*market* ~) hortelano/a *m/f*.

gardenia [gɑː'diːnɪə] *n* gardenia *f*.

gardening ['gɑːdnɪŋ] *n* (*gen*) jardinería *f*; (*market* ~) horticultura *f*.

gargantuan [gɑː'gæntjʊən] *adj* gargantuesco/a, colosal, gigantesco/a.

gargle ['gɑːgl] **1** *n* (*act*) gárgaras *fpl*; (*liquid*) gargarismo *m*. **2** *vi* hacer gárgaras, gargarear *(LAm)*.

gargoyle ['gɑːgɔɪl] *n* gárgola *f*.

garish ['gɛərɪʃ] *adj* chillón/ona, llamativo/a.

garland ['gɑːlənd] *n* guirnalda *f*.

garlic ['gɑːlɪk] **1** *n* ajo *m*. **2** *cpd*: ~ **salt** *n* sal *f* de ajo; ~ **sausage** *n* salchichón *m*.

garment ['gɑːmənt] *n* prenda *f* (de vestir); **~s** ropa *fsg*, indumentaria *fsg*.

garnet ['gɑːnɪt] *n* granate *m*.

garnish ['gɑːnɪʃ] **1** *n* (*Culin*) aderezo *m*. **2** *vt* aderezar (*with* de).

garret ['gærɪt] *n* (*attic room*) desván *m*, altillo *m (LAm)*.

garrison ['gærɪsən] **1** *n* guarnición *f*. **2** *cpd*: ~ **town** *n* ciudad *f* con guarnición. **3** *vt* guarnecer.

garrotte [gə'rɒt] **1** *n* garrote *m*. **2** *vt* agarrotar.

garrulous ['gærʊləs] *adj* (*person, manner*) gárrulo/a.

garter ['gɑːtəʳ] **1** *n* (*for stocking, sock*) liga *f*; (*US: suspender*) liguero *m*, portaligas *m inv*; **Order of the G~** Orden *f* de la Jarretera. **2** *cpd*: ~ **belt** *n* (*US*) liguero *m*.

gas [gæs] **1** *n* **(a)** (*gen*) gas *m*; (*as anaesthetic*) gas anestésico; (*in mine*) grisú *m*; (*US: petrol*) gasolina *f*, nafta *f (CSur)*, bencina *f (Chi)*; **to step on the ~** (*fam*) acelerar la marcha.

(b) (*fam: fun*) **what a ~!** ¡qué estupendo! *(fam)*.

2 *vt* (*person*) asfixiar con gas; (*Mil*) gasear; **to ~ o.s.** suicidarse con gas.

3 *vi* (*fam: gab*) charlar, parlotear *(fam)*.

4 *cpd* (*industry, pipe etc*) de gas; ~ **burner** *n* mechero *m* de gas; ~ **can** *n* (*US*) bidón *m* de gasolina; ~ **canister** *n* bombona *f*; ~ **chamber** *n* cámara *f* de gas; ~ **cooker** *n* cocina *f* de gas; ~ **cylinder** *n* bombona *f* de gas; ~ **fire** *n* estufa *f* de gas; ~ **fitter** *n* gasista *m*, empleado *m* del gas; ~ **heater** *n* estufa *f* de gas; ~ **lighter** *n* encendedor *m* de gas; ~ **main** *n* cañería *f* maestra de gas; ~ **mask** *n* careta *f* antigás; ~ **meter** *n* contador *m* de gas, medidor *m* de gas *(LAm)*; ~ **oven** *n* cocina *f* de *or* a gas; ~ **pedal** *n* (*esp US*) acelerador *m*; ~ **pump** *n* (*US: in car*) bomba *f* de gasolina; (*: in gas station*) surtidor *m* de gasolina; ~ **station** *n* (*US*) gasolinera *f*, estación *f* de servicio, bencinera *f (Chi)*, grifo *m (Per)*; ~ **tank** *n* (*US Aut*) tanque *m*, depósito *m*.

gaseous ['gæsɪəs] *adj* gaseoso/a.

gas-guzzler ['gæs'gʌzləʳ] *n* (*fam*) chupagasolina *m (fam)*.

gash [gæʃ] **1** *n* (*in flesh*) cuchillada *f*, tajo *m*; (*in material*) raja *f*, hendedura *f*. **2** *vt* (*arm, head*) acuchillar; (*seat etc*) rajar.

gasholder ['gæsˌhəʊldəʳ] *n* = **gasometer**.

gasket ['gæskɪt] *n* (*Tech*) junta *f* de culata.

gasman ['gæsmæn] *n* (*pl* **-men**) (*gen*) empleado *m* del gas; (*gas fitter*) gasista *m*, gasfitero *m*.

gasohol ['gæsəʊhɒl] *n* (*US*) gasohol *m*.

gasoline ['gæsəliːn] *n* (*US*) gasolina *f*, nafta *f (CSur)*, bencina *f (Chi)*.

gasometer [gæ'sɒmɪtəʳ] *n* gasómetro *m*.

gasp [gɑːsp] **1** *n* (*for breath*) boqueada *f*; (*panting*) jadeo *m*; (*in surprise*) grito *m* sofocado; **she gave a ~ of surprise** ella dio un grito sofocado de asombro; **to be at one's last ~** estar agonizando. **2** *vi* jadear; (*in surprise*) gritar (de asombro); **to ~ for breath** luchar por respirar, faltarle a algn el aliento; **I was ~ing for a smoke** tenía unas tremendas ganas de fumar.

► **gasp out** *vt + adv* decir con voz entrecortada.

gassed [gæst] *adj* (*US fam*) bebido/a, enmonado/a.

gassy ['gæsɪ] *adj* (*comp* **-ier**; *superl* **-iest**) gaseoso/a.

gastric ['gæstrɪk] *adj* gástrico/a; ~ **flu** gastroenteritis *f*.

gastritis [gæs'traɪtɪs] *n* gastritis *f*.

gastro-enteritis [ˌgæstrəʊˌentə'raɪtɪs] *n* gastroenteritis *f*.

gastronome ['gæstrənəʊm], **gastronomist** [gæs'trɒnəmɪst] *n* gastrónomo/a *m/f*.

gastronomic [ˌgæstrə'nɒmɪk] *adj* gastronómico/a.

gastronomy [gæs'trɒnəmɪ] *n* gastronomía *f*.

gasworks ['gæswɜːks] *nsg or npl* fábrica *f* de gas.

gate [geɪt] *n* **(a)** (*in garden*) verja *f*; (*door etc*) puerta *f*; (*of castle*) reja *f*; (*sluice*) compuerta *f*; (*of field, in station*) barrera *f*; (*Sport*) entrada *f*. **(b)** (*Sport: attendance*) asistencia *f*; (*: entrance money*) taquilla *f*.

gâteau ['gætəʊ] *n* (*pl* **~x** ['gætəʊz]) torta *f*, pastel *m*.

gatecrash ['geɪtkræʃ] **1** *vt* (*fam: party*) colarse en. **2** *vi* (*fam*) colarse (de gorra), asistir sin ser invitado.

gatecrasher ['geɪtˌkræʃəʳ] *n* persona *f* que se cuela.

gatehouse ['geɪthaʊs] *n* (*pl* **-houses** [haʊzɪz]) casa *f* del guarda *or* del portero *etc*.

gatepost ['geɪtpəʊst] *n* poste *m* (de una puerta); **between you, me, and the ~** en confianza, entre nosotros.

gateway ['geɪtweɪ] *n* (*gen*) puerta *f* (de acceso); ~ **to success** vía *f* del éxito.

gather ['gæðəʳ] **1** *vt* **(a)** (*also* ~ **together**: *people, objects*) juntar, reunir; (*also* ~ **up**: *pins, sticks etc*) recoger; (*: harvest, crops*) cosechar; (*: flowers*) coger *(Sp)*, recoger *(LAm)*; (*: information*) recoger; (*: hair*) recoger; (*also* ~ **in**: *material*) fruncir; (*: taxes etc*) recaudar; **to ~ dust** recoger polvo; **to ~ one's thoughts** reponerse; **she ~ed her mink around her** se envolvió en su abrigo de visón.

(b) (*gain*) **to ~ speed** ganar velocidad; **to ~ strength** cobrar fuerzas.

(c) to ~ (that) (*understand*) tener entendido (que); (*discover*) enterarse (de que); **as you will have ~ed ...** se habrá dado cuenta Ud de que ...; **as far as I can ~** hasta donde pude enterarme.

2 *vi* (*people: also* ~ **together**) reunirse, juntarse; (*: crowd together*) amontonarse; (*dust*) acumularse; (*clouds*) cerrarse; **they ~ed in the doorway** se apiñaron en la entrada.

► **gather round** *vi + adv*: **to ~ round (sb)** agruparse alrededor (de algn).

► **gather together** *vt + adv* reunir, juntar.

► **gather up** *vt + adv* recoger.

gathered ['gæðəd] *adj* (*Sew*) fruncido/a.

gathering ['gæðərɪŋ] **1** *n* (*assembly*) reunión *f*; (*crowd*) concurrencia *f*. **2** *adj* (*force, speed*) creciente, en aumento.

GATT [gæt] *n abbr of* **General Agreement on Tariffs and Trade** GATT *m*.

gauche [gəʊʃ] *adj* (*clumsy: person, behaviour*) desmañado/a, torpe, patoso/a.

gaudy ['gɔːdɪ] *adj* (*comp* **-ier**; *superl* **-iest**) chillón/ona, llamativo/a.

gauge, (*US*) **gage** [geɪdʒ] **1** *n* (*standard measure: of wire, bullet etc*) calibre *m*; (*: of railway track*) entrevía *f*; (*instrument*) indicador *m*; (*for pressure*) manómetro *m*; (*fig*) indicación *f*, muestra *f*; **petrol** *or* (*US: Aut*) **gas/oil** ~ indicador *m* del nivel de gasolina/aceite; **pressure** ~ manómetro *m*. **2** *vt* (*temperature, pressure*) medir; (*fig: sb's capabilities, character*) estimar, juzgar; **to ~ the right moment** elegir el momento.

Gaul [gɔːl] *n* (**a**) Galia *f*. (**b**) (*person*) galo/a *m/f*.

gaunt [gɔːnt] *adj* demacrado/a.

gauntlet [ˈgɔːntlɪt] *n* (*of knight*) guantelete *m*; (*of motorcyclist etc*) manopla *f*; (*fig*) **to run the ~ (of)** exponerse (al peligro de); **to throw down/take up the ~** arrojar/recoger el guante.

gauze [gɔːz] *n* (*gen*) gasa *f*.

gave [geɪv] *pt of* **give**.

gavel [ˈgævl] *n* martillo *m* (*de presidente o subastador*).

Gawd [gɔːd] *interj* (*Brit fam*) = **God** ¡Dios mío!

gawk [gɔːk] **1** *n* papamoscas *mf*. **2** *vi* papar moscas.

gawky [ˈgɔːkɪ] *adj* (*comp* **-ier**; *superl* **-iest**) desgarbado/a.

gawp [gɔːp] *vi* mirar boquiabierto/a; **he stood there ~ing at her** quedó boquiabierto mirándola.

gay [geɪ] *adj* (**a**) (*homosexual*) gay, homosexual; **~ rights** derechos *mpl* de los homosexuales. (**b**) (*comp* **~er**; *superl* **~est**) (*slightly old-fashioned: happy, bright*) alegre.

Gaza Strip [ˈgɑːzəˈstrɪp] *n* Franja *f* de Gaza.

gaze [geɪz] **1** *n* mirada *f* fija. **2** *vi*: **to ~ at** mirar fijamente, fijar *or* clavar la vista en.

gazelle [gəˈzel] *n* gacela *f*.

gazette [gəˈzet] *n* (*newspaper*) gaceta *f*; (*official publication*) boletín *m* oficial.

gazetteer [ˌgæzɪˈtɪəʳ] *n* diccionario *m* geográfico.

gazump [gəˈzʌmp] (*Brit fam*) **1** *vt* (*person*) *rehusar la venta de una propiedad a la persona con quien se había acordado ésta al aceptar una oferta más alta*. **2** *vi faltar al compromiso de vender una casa aceptando una oferta más alta*.

gazumping [gəˈzʌmpɪŋ] *n* (*Brit fam*) *la subida del precio de una casa una vez que ya ha sido apalabrado*.

gazunder [gəˈzʌndəʳ] (*Brit fam*) **1** *vt* (*person*) ofrecer un precio más bajo de lo antes convenido a; **we were ~ed** nos ofrecieron menos de lo antes convenido. **2** *vi* ofrecer un precio más bajo de lo antes convenido. **3** *n la baja en la oferta para comprar una casa una vez que ya ha sido apalabrada*.

GB *abbr of* **Great Britain**.

GBH *n abbr* (*Brit Jur*) *of* **grievous bodily harm** graves daños *mpl* corporales.

GC *n abbr* (*Brit*) *of* **George Cross** *medalla del valor civil*.

GCE *n abbr* (*Brit Scol*) *of* **General Certificate of Education** (*Advanced Level*) ≈ COU *m*; (*Hist: Ordinary Level*) ≈ BUP *m*.

GCHQ *n abbr* (*Brit*) *of* **Government Communications Headquarters** *entidad gubernamental que recoge datos mediante escuchas electrónicas*.

GCSE *n abbr* (*Brit*) *of* **General Certificate of Secondary Education** ≈ BUP *m*.

Gdns. *abbr of* **gardens**.

GDP *n abbr of* **gross domestic product** PIB *m*.

GDR *n abbr* (*Hist*) *of* **German Democratic Republic** RDA *f*.

gear [gɪəʳ] **1** *n* (**a**) (*Aut*) **~s** marchas *fpl*, velocidades *fpl*; **first/second ~** primera *f*/segunda *f* (velocidad); **top ~** *or* (*US: fifth*) **high ~** quinta velocidad *f*; (*fourth*) cuarta velocidad, directa *f*; **in/out of ~** embragado/desembragado; **to change ~** (*Brit*), **to shift ~** (*US*) cambiar de marcha; **to put in ~** meter la marcha.
(**b**) (*fam: equipment*) equipo *m*; (*: belongings*) bártulos *mpl*, trastos *mpl*; (*: clothing*) ropa *f*.
(**c**) (*Tech: cogs etc*) engranaje *m*; (*machinery*) mecanismo *m*.
2 *vt* (*fig: adapt*) adaptar, ajustar; **the book is ~ed to adult students** el libro está dirigido a los estudiantes adultos; **the service is ~ed to meet the needs of the disabled** el servicio está destinado a responder a las necesidades de los minusválidos.
3 *cpd*: **~ lever**, (*US*) **~ shift**, **~ stick** *n* palanca *f* (del cambio *or* de marchas).

► **gear up 1** *vt +adv* (*fig*) **to ~ o.s. up to do sth** prepararse (psicológicamente) para hacer algo; **we're ~ed up to do it** estamos preparados para hacerlo; **they are ~ing up to fight** se están disponiendo para luchar. **2** *vi + adv* hacer preparativos, prepararse.

gearbox [ˈgɪəbɒks] *n* (*Aut*) caja *f* de cambios *or* velocidades.

gearshift [ˈgɪəˌʃɪft] *n* (*US*) = **gear lever**.

gearwheel [ˈgɪəwiːl] *n* rueda *f* dentada.

GED *n abbr* (*US*) *of* **general educational development**.

gee[1] [dʒiː] *interj* (*esp US fam*) ¡caramba!, ¡pucha(s)! (*And, CSur fam*); **~ whiz!** ¡córcholis!; **~ up!** ¡arre!

gee[2] [dʒiː] *n* (*fam: also* ~-~: *baby talk*) caballito *m*, tatán *m*.

geek [giːk] *n* (*fam*) primo/a *m/f* (*fam*).

geese [giːs] *npl of* **goose**.

geezer [ˈgiːzəʳ] *n* (*Brit fam*) vejancón *m* (*fam*), tío *m* (*fam*).

Geiger counter [ˈgaɪgəˌkaʊntəʳ] *n* contador *m* Geiger.

gel [dʒel] **1** *n* gel *m*. **2** *vi* aglutinarse; (*fig*) cuajar.

gelatin(e) [ˈdʒelətiːn] *n* gelatina *f*.

geld [geld] *vt* castrar, capar.

gelding [ˈgeldɪŋ] *n* caballo *m* castrado.

gelignite [ˈdʒelɪgnaɪt] *n* gelignita *f*.

gem [dʒem] *n* joya *f*, alhaja *f*; **I must read you this ~** (*fam*) tengo que leerte esta perla; **my cleaner is a ~** la señora que me hace la limpieza es una joya.

Gemini [ˈdʒemɪniː] *n* (*Astron etc*) Géminis *m*.

gemstone [ˈdʒemˌstəʊn] *n* piedra *f* (preciosa).

Gen (*Mil*) *abbr of* **General** Gen., Gral.

gen[1] *abbr of* **general, generally**.

gen[2] [dʒen] *n*: **to give sb the ~ on sth** (*fam*) poner a algn al corriente de algo.

► **gen up 1** *vt + adv* (*Brit fam*): **to ~ sb up** informar a algn. **2** *vi + adv*: **to ~ up on sth** informarse acerca de algo.

gender [ˈdʒendəʳ] *n* (*Ling*) género *m*.

gene [dʒiːn] *n* (*Bio*) gene *m*, gen *m*.

genealogical [ˌdʒiːnɪəˈlɒdʒɪkəl] *adj* genealógico/a.

genealogy [ˌdʒiːnɪˈælədʒɪ] *n* genealogía *f*.

genera [ˈdʒenərə] *npl of* **genus**.

general [ˈdʒenərəl] **1** *adj* (*gen*) general; (*common, shared*) común; (*ordinary*) corriente; **in ~** por lo general; **as a ~ rule** por regla general; **in ~ terms** en términos generales; **the ~ idea is to ...** el propósito general es de ...; **~ anaesthetic,** (*US*) **~ anesthetic** anestesia *f* total; **~ assembly** asamblea *f* general; **~ audit** auditoría *f* general; **~ cargo** cargamento *m* mixto; **~ delivery** (*US, Canada*) lista *f* de correos; **~ election** elecciones *fpl or* comicios *mpl* generales; **~ headquarters** (*Mil*) cuartel *m* general; **~ hospital** hospital *m* general; **~ knowledge** cultura *f* general; **~ manager** director(a) *m/f* general; **~ meeting** asamblea *f* general; **G~ Post Office** (*in town*) Oficina *f* Central de Correos, Correos *m*; **~ practice** (*Med*) medicina *f* general; **~ practitioner** (*abbr GP*) médico/a *mf* de cabecera; **the ~ public** el gran público; **~ staff** estado *m* mayor; **~ strike** huelga *f* general.
2 *n* (*Mil*) general *m*.

generality [ˌdʒenəˈrælɪtɪ] *n* (*of rule, belief*) generalidad *f*; **to talk in generalities** hablar en términos *mpl* generales.

generalization [ˌdʒenərəlaɪˈzeɪʃən] *n* generalización *f*.

generalize [ˈdʒenərəlaɪz] *vi* generalizar; **to ~ about** hablar en términos *mpl* generales de; **to ~ from** sacar conclusiones *fpl* generales de.

generally [ˈdʒenərəlɪ] *adv* (*usually*) por lo general,

generalmente; (*for the most part*) en general; **it is ~ believed that ...** la mayoría cree que ...; **~ speaking** hablando en términos generales.
general-purpose [ˌdʒenərəlˈpɜ:pəs] *adj* (*tool, dictionary*) de uso general.
generate [ˈdʒenəreɪt] *vt* (*Elec etc*) generar; (*fig*) producir.
generating [ˈdʒenəreɪtɪŋ] *cpd*: **~ station** *n* central *f* generadora.
generation [ˌdʒenəˈreɪʃən] **1** *n* (**a**) (*of electricity etc*) generación *f*. (**b**) (*group of people*) generación *f*; **the younger/older ~** los jóvenes/los mayores. **2** *cpd*: **first/second/third/fourth ~** *adj* (*Comput*) de primera/segunda/tercera/cuarta generación; **the ~ gap** *n* la brecha entre las generaciones.
generative [ˈdʒenərətɪv] *adj*: **~ grammar** gramática *f* generativa.
generator [ˈdʒenəreɪtəʳ] *n* generador *m*.
generic [dʒɪˈnerɪk] *adj* genérico/a.
generosity [ˌdʒenəˈrɒsɪtɪ] *n* generosidad *f*.
generous [ˈdʒenərəs] *adj* (*person, gift*) generoso/a; (*helping, spoonful*) liberal; (*plentiful: supply, quantity*) abundante; **to be ~ with sth** ser generoso con algo.
genesis [ˈdʒenɪsɪs] *n* génesis *f*; **G~** (*Rel*) Génesis *m*.
genetic [dʒɪˈnetɪk] *adj* genético/a; **~ engineering** selección *f* genética; **~ fingerprint(ing)** huella *f* genética.
geneticist [dʒɪˈnetɪsɪst] *n* (*Med*) genetista *mf*.
genetics [dʒɪˈnetɪks] *nsg* genética *f*.
Geneva [dʒɪˈni:və] *n* Ginebra; **the ~ Convention** la convención de Ginebra.
genial [ˈdʒi:nɪəl] *adj* (*manner, welcome*) cordial; (*person*) simpático/a.
genie [ˈdʒi:nɪ] *n* genio *m*.
genital [ˈdʒenɪtl] **1** *adj* genital. **2** *npl*: **~s** (órganos *mpl*) genitales *mpl*.
genitive [ˈdʒenɪtɪv] (*Ling*) **1** *n* genitivo *m*. **2** *cpd*: **~ case** *n* caso *m* genitivo.
genius [ˈdʒi:nɪəs] *n* (*person*) genio *m*; (*ability*) don *m*; **to have a ~ for (doing) sth** tener un don especial para (hacer) algo; **he's a mathematical ~** es un genio para las matemáticas.
Genoa [ˈdʒenəʊə] *n* Génova *f*.
genocide [ˈdʒenəʊsaɪd] *n* genocidio *m*.
genre [ʒɑ̃:nr] *n* género *m*.
gent [dʒent] *n abbr of* **gentleman** caballero *m*; **the ~s** (*fam: public toilet*) servicios *mpl* de caballeros, el baño (de señores) (*LAm*).
genteel [dʒenˈti:l] *adj* (*polite*) cortés, gentil; (*refined*) fino/a, refinado/a.
Gentile [ˈdʒentaɪl] *n* gentil *mf*, no judío/a *m/f*.
gentle [ˈdʒentl] *adj* (*comp* **~r**; *superl* **~st**) (*soft*) tierno/a, suave; (*kind*) amable; (*animal*) manso/a, apacible; (*breeze, heat*) suave; (*speed*) lento/a; (*sound, voice*) dulce, suave; (*push, touch*) ligero/a; (*slope*) gradual, suave; (*hint, reminder*) discreto/a; **to be ~ with sb** ser tierno *or* suave con algn.
gentleman [ˈdʒentlmən] **1** *n* (*pl* **-men**) (*man*) señor *m*; (*well-mannered, well-bred man*) caballero *m*; **to be a perfect ~** ser un cumplido caballero; **~'s agreement** acuerdo *m* entre caballeros. **2** *cpd*: **~ farmer** *n* terrateniente *m*.
gentlemanly [ˈdʒentlmənlɪ] *adj* caballeroso/a.
gentleness [ˈdʒentlnɪs] *n* (*see adj*) ternura *f*; amabilidad *f*; mansedumbre *f*, docilidad *f*; suavidad *f*; dulzura *f*.
gently [ˈdʒentlɪ] *adv* (*see adj*) tiernamente; suavemente; mansamente; lentamente; dulcemente; **~ does it!** ¡con cuidado!
gentry [ˈdʒentrɪ] *npl* aristocracia *fsg*.
genuflect [ˈdʒenjʊflekt] *vi* doblar la rodilla.
genuflection, (*esp Brit*) **genuflexion** [dʒenjʊˈflekʃən] *n* genuflexión *f*.
genuine [ˈdʒenjʊɪn] *adj* (**a**) (*person, belief*) sincero/a. (**b**) (*authentic*) auténtico/a, genuino/a; **this dancer is the ~ article** esta bailarina es un ejemplar auténtico.
genuinely [ˈdʒenjʊɪnlɪ] *adv* (*prove, originate*) auténticamente; (*feel, think*) sinceramente; (*sorry, surprised, unable*) verdaderamente.
genus [ˈdʒenəs] *n* (*pl* **genera**) (*Bio*) género *m*.
geographer [dʒɪˈɒgrəfəʳ] *n* geógrafo/a *m/f*.
geographic(al) [dʒɪəˈgræfɪk(əl)] *adj* geográfico/a.
geography [dʒɪˈɒgrəfɪ] *n* geografía *f*.
geological [dʒɪəʊˈlɒdʒɪkəl] *adj* geológico/a.
geologist [dʒɪˈɒlədʒɪst] *n* geólogo/a *m/f*.
geology [dʒɪˈɒlədʒɪ] *n* geología *f*.
geometric(al) [dʒɪəˈmetrɪk(əl)] *adj* geométrico/a.
geometry [dʒɪˈɒmɪtrɪ] *n* geometría *f*.
geophysical [ˌdʒi:əʊˈfɪzɪkəl] *adj* geofísico/a.
geophysicist [ˌdʒi:əʊˈfɪzɪsɪst] *n* geofísico/a *m/f*.
geophysics [dʒɪəʊˈfɪzɪks] *nsg* geofísica *f*.
geopolitical [ˌdʒi:əʊpəˈlɪtɪkəl] *adj* geopolítico/a.
geopolitics [ˈdʒi:əʊˈpɒlɪtɪks] *nsg* geopolítica *f*.
Geordie [ˈdʒɔ:dɪ] *n* (*Brit fam*) nativo/a *m/f or* habitante *mf* de Tyneside en el NE de Inglaterra.
Georgia [ˈdʒɔ:dʒɪə] *n* (*US and USSR*) Georgia *f*.
Georgian [ˈdʒɔ:dʒɪən] *adj* (*Brit*) georgiano/a.
geostationary [ˌdʒi:əʊˈsteɪʃənərɪ] *adj* geostacionario/a.
geostrategy [ˌdʒi:əʊstrəˈti:dʒɪ] *n* geoestrategia *f*.
geothermal [ˌdʒi:əʊˈθɜ:məl] *adj* geotérmico/a.
geranium [dʒɪˈreɪnɪəm] *n* geranio *m*.
gerbil [ˈdʒɜ:bɪl] *n* gerbo *m*, jerbo *m*.
geriatric [ˌdʒerɪˈætrɪk] **1** *adj* geriátrico/a. **2** *n* geriátrico/a *m/f*.
geriatrician [ˌdʒerɪəˈtrɪʃən] *n* geriatra *mf*.
geriatrics [ˌdʒerɪˈætrɪks] *nsg* geriatría *f*.
germ [dʒɜ:m] **1** *n* (*Bio, fig*) germen *m*; (*Med*) bacteria *f*, bacilo *m*. **2** *cpd*: **~ warfare** *n* guerra *f* bacteriológica.
German [ˈdʒɜ:mən] **1** *adj* alemán/ana; **~ Democratic Republic** (*Hist*) República *f* Democrática Alemana; **~ measles** rubéola *f*; **~ shepherd (dog)** pastor *m* alemán, perro *m* lobo. **2** *n* alemán/ana *m/f*; (*Ling*) alemán *m*.
germane [dʒɜ:ˈmeɪn] *adj* (*frm: relevant*): **that's not ~ to the discussion** eso no atañe a la discusión; **the remark is not ~** el comentario no viene al caso.
Germanic [dʒɜ:ˈmænɪk] *adj* germánico/a.
Germany [ˈdʒɜ:mənɪ] *n* Alemania *f*; **East/West ~** Alemania Oriental *or* Democrática/Occidental *or* Federal.
germ-free [ˌdʒɜ:mˈfri:] *adj* estéril; (*sterilized*) esterilizado/a.
germicidal [ˌdʒɜ:mɪˈsaɪdl] *adj* germicida, microbicida, bactericida.
germicide [ˈdʒɜ:mɪsaɪd] *n* germicida *m*, bactericida *m*.
germinate [ˈdʒɜ:mɪneɪt] *vi* (*seed, idea*) germinar.
germination [ˌdʒɜ:mɪˈneɪʃən] *n* germinación *f*.
gerontologist [ˌdʒerɒnˈtɒlədʒɪst] *n* gerontólogo/a *m/f*.
gerontology [ˌdʒerɒnˈtɒlədʒɪ] *n* gerontología *f*.
gerrymandering [ˈdʒerɪmændərɪŋ] *n* fraude *m* electoral, pucherazo *m* (*fam*).
gerund [ˈdʒerənd] *n* (*Ling*) gerundio *m*.
gerundive [dʒəˈrʌndɪv] **1** *adj* gerundivo/a. **2** *n* gerundio *m*.
gestalt [gəˈʃtɑ:lt] **1** *n* gestalt *m*. **2** *cpd*: **~ psychology** *n* psicología *f* gestalt.
gestate [dʒesˈteɪt] *vt* (*Bio*) llevar en el útero.
gestation [dʒesˈteɪʃən] *n* (*Bio*) gestación *f*.
gesticulate [dʒesˈtɪkjʊleɪt] *vi* gesticular, hacer ademanes.
gesture [ˈdʒestʃəʳ] **1** *n* (*gen*) gesto *m*; (*fig*) **what a nice ~!** ¡qué detalle más amable!; **as a ~ of friendship** en señal de amistad. **2** *vi*: **he ~d towards the door** señaló *or* apuntó hacia la puerta; **to ~ to sb to do sth** mandar con gestos a algn a que haga algo.
get [get] (*pt, pp* **got**; *pp* **gotten** (*US*)) **1** *vt* (**a**) (*come into possession of*) conseguir, obtener; (*obtain by effort: money, visa, results*) conseguir, lograr; (*find: job, flat*) encontrar; (*buy*) comprar; (*fetch: person, doctor*) bus-

car, llamar; (*: object*) ir a buscar, traer; (*Telec: number, person*) comunicarse con; (*TV etc: station*) coger *(Sp)*, agarrar *(LAm)*; **to ~ sth for sb** (*buy*) comprar algo para algn; (*fetch*) traerle algo a algn; (*obtain*) conseguir algo para algn; **~ me Mr Jones, please** (*Telec*) póngame *or (esp LAm)* comuníqueme con el Sr. Jones, por favor; **I've still one to ~** me falta uno todavía; **to ~ breakfast** preparar el desayuno; **to ~ sth to eat** comer algo; **can I ~ you a drink?** ¿te apetece beber algo?

(**b**) (*receive*) recibir; (*acquire: wealth, glory, prize*) ganar, cobrar; (*: reputation*) ganarse; **how much did you ~ for it?** ¿cuánto te dieron por él?; **he ~s it from his father** lo hereda de su padre; **he got 15 years for murder** le condenaron a 15 años por asesinato; **I didn't ~ much from the film** la película no me dijo gran cosa; **where did you ~ that idea from?** ¿de dónde sacaste esa idea?; **he's in it for what he can ~** lo único que quiere es sacarle provecho; **I got a shock/surprise** me llevé un susto/una sorpresa.

(**c**) (*catch: ball, cold, person*) coger *(Sp)*, agarrar *(LAm)*; (*: fish*) pescar; (*hit: target etc*) dar en; **to ~ sb by the throat/arm** coger *or* agarrar a algn de la garganta/del brazo; **got you!** (*fam*) ¡te agarré!; **I'll ~ you for that!** (*fam*) ¡ya me las pagarás!; **you've got me there!** (*fam*) ¡me doy por vencido!; **the bullet got him in the leg** la bala le dio en la pierna.

(**d**) (*take*) llevar; (*manage to move*) conseguir mover; **to ~ sth to sb** hacer llegar algo a algn; **we'll ~ you there somehow** le haremos llegar de una u otra manera; **to ~ sth past customs** conseguir pasar algo por la aduana; **where will that ~ us?** (*fam*) ¿de qué nos sirve eso?

(**e**) (*understand*) caer en la cuenta; (*hear*) captar; **sorry, I didn't ~ your name** perdone, ¿cómo dice que se llama?, perdone, no me he enterado de su nombre; **I've got it!** (*joke etc*) ¡ya caigo!; (*answer to problem*) ¡ya tengo *or* he dado con la solución!; **~ it?** (*fam*) ¿comprendes?, ¿entiendes?, ¿te das cuenta?; **I don't ~ it** (*fam*) no entiendo.

(**f**) (*fam: annoy*) molestar, fregar *(LAm)*.

(**g**) (*fam: thrill*) chiflar.

(**h**) **to have got sth** (*Brit: have*) tener algo; **I've got toothache** tengo dolor de muelas.

(**i**) (*+ pp: cause to be done*) **to ~ sth done** mandar hacer algo; **to ~ the washing/dishes done** lavar la ropa/ fregar los platos; **to ~ one's hair cut** cortarse el pelo.

(**j**) (*+ infin or prp: cause to be or do*) hacer, lograr; **to ~ sth going** *or* **to go** poner algo en marcha; **I can't ~ the door to open** no logro que se abra la puerta; **to ~ sb to do sth** mandar a algn hacer algo.

(**k**) (*+ adj or adv phrase: cause to be*) **to ~ sth/sb ready** preparar *or* disponer algo/a algn; **to ~ one's hands dirty** ensuciarse las manos; **he got his leg broken** se rompió la pierna; **to ~ sb drunk** emborrachar a algn.

2 *vi* (**a**) (*go*) **to ~ to/from** ir a/de; (*reach*) **to ~ to** llegar a; **to ~ home** llegar a casa; **he won't ~ far** no llegará lejos; **how did you ~ here?** ¿cómo viniste *or* llegaste?; **I've got as far as page 10** he llegado hasta la página 10; **to ~ nowhere/somewhere** (*fig fam: in job etc*) no conseguir nada/ir *or* llegar lejos; (*: in discussion etc*) avanzar poco/avanzar; **you won't ~ anywhere with him** no conseguirás nada con él.

(**b**) (*become, be*) ponerse, volverse, hacerse; **to ~ angry** enfadarse, enojarse; **to ~ busy** ponerse a trabajar; **to ~ old/tired** envejecer/cansarse; **to ~ (o.s.) dirty** ensuciarse; **to ~ killed** matarse; **to ~ married** casarse; **to ~ ready** (*prepare o.s.*) prepararse, disponerse; (*dress*) vestirse; **to ~ used to sth** acostumbrarse a algo; **it's ~ting late** se está haciendo tarde; **how did it ~ like that?** (*fam*) ¿cómo llegó a esto?; **to ~ to know sb** llegar a conocer a algn; **he got to like her despite all her faults** le llegó a gustar a pesar de todos sus defectos; **to ~ to see sb/sth** lograr ver a algn/algo; **to ~ to be ...** (*achieve*) llegar a ser ...; (*: by manipulation*) arreglárselas para ser ....

(**c**) (*begin*) empezar a; **let's ~ going** *or* **started** vámonos; **to ~ talking to sb** ponerse a conversar con algn.

(**d**) **to have got to do sth** tener que hacer algo; **you've got to tell the police** tienes que denunciarlo a la policía; **why have I got to?** ¿por qué tengo que hacerlo?

▸ **get about** *vi + adv* (*go out: socially*) movilizarse; (*after illness*) levantarse; (*fig: news, rumour*) divulgarse, difundirse.

▸ **get above** *vi + prep*: **to ~ above o.s.** engreírse.

▸ **get across 1** *vt + adv* (*communicate: meaning, message*) lograr comunicar. **2** *vi + adv* (**a**) (*cross road etc*) cruzar, atravesar. (**b**) (*message, meaning*) comunicar; (*person*) hacerse entender.

▸ **get after** *vi + prep* perseguir, dar caza a.

▸ **get ahead** *vi + adv* (*with work etc*) adelantarse (*of* a); (*be successful*) progresar, avanzar.

▸ **get along** *vi + adv* (**a**) (*leave*) marcharse, irse; **~ along with you!** (*go*) ¡vete ya!, ¡lárgate!; (*fam: affectionate*) ¡no me digas! (**b**) (*progress*) progresar, avanzar; (*manage*) defenderse; **how is he ~ting along?** ¿qué tal (está)?; (*LAm*) ¿cómo le va? (**c**) (*be on good terms*) llevarse bien, simpatizar; **to ~ along well with sb** simpatizar con algn.

▸ **get around** *vi + adv* (**a**) = **get about.** (**b**) = **get round 2.**

▸ **get at** *vi + prep* (**a**) (*gain access to: object*) alcanzar; (*: place*) llegar a *or* hasta; (*ascertain: facts, truth*) averiguar; **just let me ~ at him!** (*fam*) ¡me las pagará! (**b**) (*fam: criticize*) regañar. (**c**) (*fam: imply*) insinuar, pretender *(LAm)*; **what are you ~ting at?** ¿qué insinúas?, ¿qué pretendes con eso?

▸ **get away** *vi +adv* (*depart*) salir (*from* de); (*escape*) escaparse; (*go on holiday*) ir de vacaciones; **to ~ away from it all** evadirse del bullicio, arrancar; **there's no ~ting away from it** (*fam*) no se lo puede negar.

▸ **get away with** *vi + prep* (**a**) (*steal*) llevarse. (**b**) (*fam: go unpunished*) escaparse sin castigo; **he'll never ~ away with it!** ¡lo va a pagar!; **he got away with murder** (*fig fam*) hizo lo que le dio la (real) gana; **~ away with you!** (*fam*) ¡vete ya!, ¡lárgate!; (*joking*) ¡no me digas!

▸ **get back 1** *vt + adv* (**a**) (*recover: possessions*) recuperar; (*: strength*) recobrar. (**b**) (*return: object, person*) devolver, regresar *(LAm)*. **2** *vi + adv* (*return*) volver, regresar; **to ~ back to bed** volver a la cama; **to ~ back (home)** volver a casa; **I'll ~ back to you** volveré a llamarte pronto; **~ back!** ¡atrás!; *see* **own 2**.

▸ **get back at** *vi + prep* (*fam*): **to ~ back at sb (for sth)** vengarse de algn (por algo).

▸ **get behind** *vi + adv* (*with work etc*) atrasarse, retrasarse.

▸ **get by** *vi + adv* (**a**) lograr pasar. (**b**) (*fam: manage*) arreglárselas; (*be acceptable*) aceptarse, admitirse; **I can ~ by in Dutch** me defiendo en holandés; **don't worry, he'll ~ by** no te preocupes, se las arreglará.

▸ **get down 1** *vt + adv* (**a**) (*take down*) bajar (*from* de). (**b**) (*swallow*) tragarse. (**c**) (*note down*) apuntar. (**d**) (*fam: depress*) deprimir; **don't let it ~ you down** no dejes que te deprima. **2** *vi + adv* (*descend*) bajarse (*from, off* de); **quick, ~ down!** ¡bájate, ya!

▸ **get down to** *vi + prep*: **to ~ down to (doing) sth** ponerse a (hacer) algo; **to ~ down to brass tacks** concretar; **to ~ down to business** ponerse a trabajar en serio.

▸ **get in 1** *vt + adv* (**a**) (*bring in: harvest*) recoger; (*: shopping*) comprar; (*: supplies*) traer.

(**b**) (*plant: bulbs etc*) plantar.

(**c**) (*summon: expert etc*) llamar a.

(**d**) (*insert: object*) lograr meter en; (*: comment, word*) meter, entrometer.

2 *vi + adv* (**a**) (*enter*) entrar.

(**b**) (*arrive: train, bus, plane*) llegar; (*reach home: person*) llegar a casa.

(**c**) (*be admitted: to club*) ser admitido; (*Pol: be elected*) ser elegido; **he got in with a bad crowd** empezó a andar con malas compañías.

(**d**) **to ~ in on** lograr introducirse en, lograr tomar parte en.

► **get into** *vi* + *prep* (*house*) entrar en; (*vehicle*) subir a; (*clothes*) ponerse; (*club*) ingresar en, hacerse socio de; (*difficulties, trouble*) meterse en; **to ~ into the habit of doing sth** coger *(Sp) or* agarrar la costumbre de hacer algo *(LAm)*; **what's got into him?** ¿qué mosca le ha picado?, ¿qué le pasa?

► **get off 1** *vt* + *adv* (**a**) (*remove: clothes*) quitarse; (*: stain*) quitar.

(**b**) (*send off: letter, telegram*) mandar; **to ~ sb off to school** despachar a algn al colegio; **she got the baby off to sleep** logró dormir al niño.

(**c**) (*save from punishment*) salvar.

(**d**) (*have as leave: day, time*) tener libre.

2 *vi* + *prep* (*vehicle etc*) apearse *or (LAm)* bajarse de; (*fam: escape: chore etc*) librarse *or* escaparse de; **let's ~ off this subject** cambiemos de tema; **we've rather got off the subject** nos hemos alejado bastante del tema.

3 *vi* + *adv* (**a**) (*from vehicle*) apearse, bajarse; **to tell sb where to ~ off** (*fam*) cantar a algn las cuarenta.

(**b**) (*depart: person*) marcharse, partir.

(**c**) (*escape injury, punishment*) escapar; **he got off with a fine** se escapó con una multa; **~ off!** ¡suelta!

(**d**) (*from work*) conseguir marcharse.

► **get off with** *vi* + *prep* (*fam: start relationship with*) ligar(se) con.

► **get on 1** *vi* + *prep* (*vehicle*) subir a; (*horse*) montar a.

2 *vt* + *adv* (*put on: clothes*) ponerse; (*: lid, cover*) poner.

3 *vi* + *adv* (**a**) (*mount*) subir.

(**b**) (*proceed*) seguir (*with sth* con algo); **~ on with it!** ¡anda!, ¡apúrese! *(LAm)*.

(**c**) **to be ~ting on** (*time*) hacerse tarde; (*person*) envejecer; **it's ~ting on for 9** son casi las 9; **he's ~ting on for 70** está rondando los 70; **there were ~ting on for 50 people** se acercaba a las 50 personas.

(**d**) (*progress*) progresar; (*succeed*) tener éxito, avanzar; **how did you ~ on?** (*in exam etc*) ¿qué tal?, ¿cómo te fue? *(LAm)*; **how are you ~ting on?** ¿qué tal (estás)? *(Sp)*, ¿cómo te va? *(LAm)*, ¿cómo sigues? *(LAm)*.

(**e**) (*be on good terms*) llevarse bien *or* entenderse (*with sb* con algn).

► **get on to** *vi* + *prep* (*fam*) (**a**) (*contact*) hablar con; (*phone*) llamar. (**b**) (*deal with*) ocuparse de. (**c**) (*nag*) andar detrás de. (**d**) (*facts, truth*) descubrir; (*identify*) identificar.

► **get out 1** *vt* + *adv* (*gen*) sacar (*of* de); (*stain*) quitar; **~ that man out of here!** ¡sáquenme a ese hombre!; **~ out of the way!** ¡apártate!, ¡ponte de un lado! **2** *vi* + *adv* (*go out*) salir (*of* de); (*leave*) marcharse (*of* de), partir *(CSur)* (*of* de); (*from vehicle*) apearse *or* bajarse (*of* de); (*escape*) escaparse *or* fugarse (*of* de); (*news*) difundirse; (*secret*) hacerse saber.

► **get out of 1** *vt* + *prep* (**a**) *see also* **get out 1**; (*gen*) sacar de; (*bed*) levantar de; **I must ~ him out of the habit of ...** debo quitarle la costumbre de .... (**b**) (*extract: confession, words*) sacar de. (**c**) (*gain from: pleasure, benefit*) ganar de. **2** *vi* + *prep* (**a**) (*escape: duty, punishment*) librarse de; *see also* **get out 2**. (**b**) **to ~ out of the habit of doing sth** perder la costumbre de hacer algo. (**c**) (*rise from: bed, chair*) levantarse de.

► **get over 1** *vi* + *adv* (*cross: stream, road*) cruzar, atravesar.

2 *vi* + *prep* (**a**) (*cross*) cruzar, atravesar.

(**b**) (*recover from: illness, disappointment*) reponerse de; (*: surprise, shock*) sobreponerse a; **I can't ~ over it!** ¡no me cabe en la cabeza!

(**c**) (*overcome: problem*) vencer, superar; (*: shyness*) dominar.

3 *vt* + *adv* (**a**) (*transport across*) trasladar.

(**b**) (*have done with*) acabar de una vez; **let's ~ it over (with)** acabemos de una vez.

(**c**) (*communicate: idea etc*) comunicar.

► **get round 1** *vi* + *prep* (*avoid: problem, regulation*) soslayar, evitar; (*overcome*) superar, vencer; **to ~ round sb** convencer a algn. **2** *vi* + *adv*: **to ~ round to doing sth** alcanzar *or* llegar a hacer algo; **I'll ~ round to it** llegaré a hacerlo.

► **get through 1** *vi* + *prep* (**a**) (*pass through: window etc*) pasar por; (*: crowd*) abrirse paso entre.

(**b**) (*finish: work*) acabar con; (*: book*) terminar; (*use up: food, money*) agotar.

(**c**) (*pass: exam*) aprobar; (*Pol: bill*) ser aprobado.

2 *vt* + *prep* (*cause to succeed: student*) conseguir que apruebe; (*: proposal, bill*) conseguir que sea aprobado.

3 *vt* + *adv* (*succeed in sending: message, supplies*) conseguir entregar; (*Pol: bill*) conseguir que sea aprobado.

4 *vi* + *adv* (**a**) (*pass through*) abrirse paso; (*news, supplies etc: arrive*) llegar.

(**b**) (*pass, succeed: student*) aprobar; (*: football team*) pasar; (*be accepted: bill*) ser aprobado.

(**c**) (*finish*) acabar.

(**d**) **to ~ through to sb** (*Telec*) lograr comunicarse con algn; (*fig: communicate with*) hacerse entender por algn.

► **get together 1** *vt* + *adv* (*people, objects*) reunir; (*fig: thoughts, ideas*) organizar. **2** *vi* + *adv* (*group, club*) reunirse; **to ~ together about sth** reunirse para discutir algo.

► **get under 1** *vi* + *adv* (*pass underneath*) pasar por debajo. **2** *vi* + *prep of* **to ~ under a fence/rope** *etc* pasar por debajo de una cerca/cuerda *etc*.

► **get up 1** *vi* + *adv* (**a**) (*gen: rise*) levantarse. (**b**) (*climb up*) subir. **2** *vt* + *adv* (**a**) (*person: from chair, floor*) levantar; (*: wake*) despertar, levantar. (**b**) (*gather: strength, enthusiasm*) cobrar; **to ~ up speed** cobrar velocidad. (**c**) (*fam: organize: celebrations etc*) organizar. (**d**) (*fam: dress up: person*): **to ~ o.s. up as** disfrazarse de; **beautifully got up** muy bien vestido.

► **get up to** *vi* + *prep* (**a**) (*lit, fig: reach*) llegar a; **I've got up to chapter 4** estoy en el capítulo 4. (**b**) **to ~ up to mischief** hacer alguna travesura; **what have you been ~ting up to?** ¿en qué te has metido últimamente?

get-at-able [get'ætəbl] *adj* accesible.

getaway ['getəweɪ] **1** *n*: **to make one's ~** escaparse, arrancar *(LAm)*. **2** *cpd*: **~ car** *n* coche *m* de fuga.

get-together ['gettə͵geðəʳ] *n* (*fam: meeting*) reunión *f*; (*regular social gathering*) tertulia *f*, peña *f (LAm)*; (*party*) fiesta *f*.

get-up ['getʌp] *n* (*fam: outfit*) atavío *m*, atuendo *m*.

get-well card [͵get'wel͵kɑːd] *n tarjeta que se envía a algn que está enfermo deseándole que se mejore*.

geyser ['giːzəʳ] *n* (*Geog*) géiser *m*; (*water heater*) calentador *m* de agua.

Ghana ['gɑːnə] *n* Ghana *f*.

Ghanaian [gɑː'neɪən] *adj, n* ghanés/esa *m/f*.

ghastly ['gɑːstlɪ] *adj* (*horrible*) horroroso/a; (*pale*) pálido/a, cadavérico/a; (*fam: very bad: mistake etc*) espantoso/a, funesto/a.

gherkin ['gɜːkɪn] *n* pepinillo *m*.

ghetto ['getəʊ] *n* ghetto *m*; (*Hist*) judería *f*.

ghetto-blaster ['getəʊ͵blɑːstəʳ] *n* cassette *m* portátil con altavoz incorporado.

ghost [gəʊst] **1** *n* fantasma *m*, espectro *m*; (*TV*) imagen *f* fantasma; **Holy G~** (*Rel*) Espíritu *m* Santo; **without the ~ of a smile** sin la más leve sonrisa; **he hasn't the ~ of a chance** (*fig*) no tiene la más remota posibilidad; **to give up the ~** (*die*) entregar el alma; (*hum: car, washing machine, etc*) pasar a mejor vida. **2** *vt* (*book*) escribir por otro. **3** *cpd*: **~ story** *n* cuento *m* de fantasmas; **~ town** *n* pueblo *m* fantasma.

ghostly ['gəʊstlɪ] *adj* fantasmal, espectral.

ghostwriter ['gəʊst͵raɪtəʳ] *n* negro/a *m/f*.

ghoul [guːl] *n* demonio *m* necrófago; (*fig*) morboso/a *m/f*.

ghoulish ['guːlɪʃ] *adj* (*see n*) espantosamente cruel; (*fig*) morboso/a.

GHQ *n abbr of* **General Headquarters** cuartel *m* general.
GI *n abbr (US)* (**a**) *of* **Government Issue** propiedad *f* del Estado. (**b**) *(fam)* soldado *m* (raso) americano.
giant ['dʒaɪənt] **1** *n (gen)* gigante *mf.* **2** *adj* gigantesco/a. **3** *cpd (fern, panda)* gigante; ~ **(size) packet** *n* paquete *m* (de tamaño) gigante *or* familiar.
giant-killer ['dʒaɪənt,kɪlə^r] *n* matagigantes *m.*
Gib [dʒɪb] *n (fam)* = **Gibraltar**.
gibber ['dʒɪbə^r] *vi (monkey, idiot)* farfullar.
gibbering ['dʒɪbərɪŋ] *adj* farfullador(a); **I sounded like a ~ idiot** no hice más que farfullar; **I was so nervous that I must have sounded like a ~ idiot** estaba tan nervioso que debí de sonar como un tonto.
gibberish ['dʒɪbərɪʃ] *n* galimatías *m*, jerigonza *f.*
gibbet ['dʒɪbɪt] *n* horca *f.*
gibbon ['gɪbən] *n* gibón *m.*
gibe [dʒaɪb] **1** *n* mofa *f*, burla *f.* **2** *vi* mofarse *or* burlarse (*at* de).
giblets ['dʒɪblɪts] *npl* menudillos *mpl.*
Gibraltar [dʒɪ'brɔ:ltə^r] *n* Gibraltar *m.*
Gibraltarian [,dʒɪbrɔ:l'tɛərɪən] *adj, n* gibraltareño/a *m/f.*
giddiness ['gɪdɪnɪs] *n* vértigo *m.*
giddy ['gɪdɪ] *adj (comp* **-ier**; *superl* **-iest**) *(dizzy)* mareado/a; *(causing dizziness: height, speed)* vertiginoso/a; **to feel** ~ sentirse mareado; **it makes me** ~ me marea.
GIFT [gɪft] *n abbr of* **Gamete In** *or* **Intra Fallopian Transfer**.
gift [gɪft] **1** *n* (**a**) *(present)* regalo *m*; *(Comm: also* **free ~**) obsequio *m*; **it's a ~!** *(fam: dirt cheap)* ¡es muy barato!, ¡está tirado! *(fam)*; *(very easy)* es pan comido. (**b**) *(talent)* **to have a ~ for languages** tener don *m* de lenguas; *see* **gab**. **2** *cpd*: ~ **certificate** *n (US)* vale-regalo *m*; ~ **coupon** *n* cupón *m* de regalo; ~ **shop**, *(US)* ~ **store** *n* tienda *f* de regalos; *(in signs)* 'artículos *mpl* de regalo'; ~ **tax** *n* impuesto *m* sobre donaciones; ~ **token**, ~ **voucher** *n* vale-regalo *m.*
gifted ['gɪftɪd] *adj* dotado/a (*in* en).
giftwrap ['gɪft,ræp] *vt* envolver en papel de regalo.
giftwrapping ['gɪft,ræpɪŋ] *n* envoltorio *m* de regalo, papel *m* de colores para regalo.
gig [gɪg] *n* (**a**) *(carriage)* calesa *f.* (**b**) *(Mus)* actuación *f.* (**c**) *(fam: job)* función *f.*
gigabyte ['dʒɪgə,baɪt] *n* gigabyte *m.*
gigantic [dʒaɪ'gæntɪk] *adj* gigantesco/a.
giggle ['gɪgl] **1** *n* risilla *f*; **she got the ~s** le dio la risa tonta; **they did it for a ~** *(Brit)* lo hicieron para reírse. **2** *vi* reírse tontamente.
GIGO ['gaɪgəʊ] *abbr (Comput) of* **garbage in, garbage out** BEBS.
gigolo ['ʒɪgələʊ] *n* gigoló *m.*
gild [gɪld] *(pt* **~ed**; *pp* **~ed** *or* **gilt**) *vt (metal, frame)* dorar; **to ~ the lily** *(fig)* embellecer lo perfecto.
gill[1] [gɪl] *n (of fish)* branquia *f*, agalla *f.*
gill[2] [dʒɪl] *n (measure) cuarta parte de una pinta.*
gilt [gɪlt] **1** *pp of* **gild**. **2** *n* dorado *m.* **3** *adj* dorado/a.
gilt-edged ['gɪlt'edʒd] *adj* (**a**) *(Fin: stocks, securities)* de máxima garantía. (**b**) *(book)* con cantos dorados.
gimlet ['gɪmlɪt] *n (for wood)* barrena *f* de mano.
gimmick ['gɪmɪk] *n* truco *m* publicitario; *(gadget)* artilugio *m*; **sales ~** *(Comm)* truco de promoción.
gimmickry ['gɪmɪkrɪ] *n* truquería *f.*
gimmicky ['gɪmɪkɪ] *adj* truquero/a.
gimp [gɪmp] *n (US fam)* cojo/a *m/f.*
gin [dʒɪn] *n (drink)* ginebra *f*; **~ and tonic** gintónic *m.*
ginger ['dʒɪndʒə^r] **1** *n (spice)* jengibre *m.* **2** *adj (hair)* pelirrojo/a; *(cat)* de color melado; **~ ale** *or* **beer** gaseosa *f* de jengibre.
gingerbread ['dʒɪndʒəbred] *n* pan *m* de jengibre.
gingerly ['dʒɪndʒəlɪ] *adv* con cautela.
gingham ['gɪŋəm] *n (material)* guingán *m.*
ginormous [dʒaɪ'nɔ:məs] *adj (fam, hum)* enorme de grande.
gipsy ['dʒɪpsɪ] *adj, n* = **gypsy**.
giraffe [dʒɪ'rɑ:f] *n* jirafa *f.*
gird [gɜ:d] *(pt, pp* **~ed** *or* **girt**) *vt* ceñir.
girder ['gɜ:də^r] *n* viga *f.*
girdle ['gɜ:dl] *n (corset)* faja *f.*
girl [gɜ:l] **1** *n (small)* niña *f*, chiquilla *f*; *(young woman)* chica *f*, muchacha *f*, chavala *f*; *(fam: girlfriend)* novia *f*, polola *f (Chi)*; **factory/shop ~** obrera *f*/dependienta *f*; **old ~** *(Brit: of school)* antigua alumna *f*; *(fam)* vieja *f.* **2** *cpd*: **~ Friday** *n* empleada *f* de confianza; **~ guide**, *(US)* **~ scout** *n* exploradora *f.*
girlfriend ['gɜ:lfrend] *n (of girl)* amiga *f*; *(of boy)* novia *f*, polola *f (Chi).*
girlhood ['gɜ:lhʊd] *n* juventud *f*, mocedad *f.*
girlie ['gɜ:lɪ] *cpd*: **~ magazine** *n* revista *f* de desnudos, revista *f* de destape.
girlish ['gɜ:lɪʃ] *adj* de niña, juvenil; *(pej: man, boy)* afeminado/a.
giro ['dʒaɪrəʊ] *(Brit)* **1** *n*: **bank/post-office ~** giro *m* bancario/postal; **National G~** Giro *m* postal. **2** *cpd*: **~ cheque** *n* cheque *m* de giro; **by ~ transfer** mediante giro.
girt [gɜ:t] *pt, pp of* **gird**.
girth [gɜ:θ] *n (for saddle)* cincha *f*; *(measure: of tree)* circunferencia *f*; *(: of person's waist)* gordura *f.*
gist [dʒɪst] *n (of speech, conversation etc)* esencia *f*, lo esencial; **to get the ~ of sth** entender lo esencial de algo.
git [gɪt] *n (Brit fam)* bobo/a *m/f.*
give [gɪv] *(pt* **gave**; *pp* **~n**) **1** *vt* (**a**) *(gen)* dar; *(provide)* proporcionar; *(deliver)* entregar; *(as gift)* regalar, dar; *(bestow: title, honour)* otorgar; *(: name)* dar, poner; *(grant: permission)* conceder; *(make: promise)* hacer; *(sacrifice: life)* entregar, sacrificar; *(dedicate: life, time)* dedicar; *(pay)* pagar, dar; **how much did you ~ for it?** ¿cuánto pagaste por él?; **to ~ sb sth** *or* **sth to sb** dar algo a algn; **to ~ sb sth to eat** dar de comer a algn; **12 o'clock, ~ or take a few minutes** más o menos las doce; **to ~ as good as one gets** pagar con la misma moneda; **he gave it everything he'd got** *(fig)* se entregó por completo; **I'd ~ a lot** *or* **the world** *or* **anything to know ...** *(fam)* daría un dineral por saber ....

(**b**) *(impart: shock, surprise, pleasure)* dar; *(: pain)* causar, provocar; *(message)* entregar; **to ~ a decision** *(Jur)* fallar; **to ~ sb a kick/push** dar una patada/un empujón a algn; **to ~ sb a cold** contagiar el resfriado a algn; **to ~ sb news of sth** dar noticias de algo a algn; **~ them my regards** mándales saludos de mi parte; **that ~s me an idea** eso me da una idea.

(**c**) *(produce: milk, fruit)* dar, producir; *(: light, heat)* dar; *(: result)* arrojar; *(supply: help, advice)* facilitar, proporcionar; *(deliver: speech, lecture)* pronunciar; *(: song)* presentar; **it ~s a total of 80** arroja un total de 80; **to ~ a party** dar una fiesta; **to ~ the right/wrong answer** dar la respuesta correcta/equivocada.

(**d**) *(perform etc: jump)* dar; *(emit: cry, sigh)* dar, lanzar; **to ~ sb a smile** sonreír a algn.

(**e**) *(allow: chance)* dar, facilitar; *(time)* dar, dejar; **to ~ sb a choice** darle a elegir a algn; **I can ~ you 10 minutes** le puedo conceder 10 minutos; **~ yourself an hour to get there** deja una hora para llegar; **how long would you ~ that marriage?** ¿cuánto tiempo crees que durará ese matrimonio?; **he's honest, I ~ you that** es honrado, te lo reconozco; **to ~ way** *(be replaced)* ser reemplazado *(to* por); **to ~ way to despair** *(fig)* entregarse a la desesperación; **'~ way'** *(Brit Aut: to oncoming traffic)* 'ceda el paso'; *see also* **2(b)**.

2 *vi* (**a**) *(give presents)* hacer regalos; **to ~ to charity** hacer una donación; **to ~ and take** hacer concesiones mutuas.

(**b**) *(stretch)* dar (de sí), ceder; *(also* **~ way**: *lit, fig: collapse etc: roof, ground)* hundirse; *(: knees)* flaquear; *(yield: door etc)* ceder; **something's got to ~!** *(fam)* ¡por algún lado tiene que ceder!

3 *n* (*of material, elastic*) elasticidad *f*; (*of chair, bed*) blandura *f*.
▸ **give away** *vt + adv* (**a**) (*money, goods*) regalar, obsequiar; (*bride*) llevar al altar; (*present: prizes*) entregar; (*sell cheaply*) vender regalado/a. (**b**) (*reveal: secret*) divulgar; (*betray: person*) traicionar, denunciar; **to ~ o.s. away** venderse, traicionarse.
▸ **give back** *vt + adv* (*return: sb's property*) devolver (*to* a).
▸ **give in 1** *vt + adv* (*hand in: form, essay*) entregar; **to ~ in one's name** dar su nombre. **2** *vi + adv* (*yield*) ceder *or* rendirse (*to sb* ante algn); (*in guessing game etc*) **I ~ in!** ¡me rindo!, ¡me doy por vencido!
▸ **give off** *vt + adv* (*smell, smoke, heat*) despedir.
▸ **give out 1** *vt + adv* (**a**) (*distribute*) repartir. (**b**) (*make known: news etc*) divulgar. **2** *vi + adv* (*be exhausted: supplies*) agotarse; (*fail: engine, legs, patience*) acabarse.
▸ **give over 1** *vt + adv* (**a**) entregar; (*transfer*) traspasar; (*devote*) dedicar. (**b**) (*fam: stop*) dejar; **~ over arguing!** ¡deja de discutir! **2** *vi + adv* (*fam*) cesar; **~ over!** ¡basta ya!
▸ **give up 1** *vt + adv* (**a**) (*surrender: place*) ceder; (*hand over: ticket*) entregar; **to ~ o.s. up to the police** entregarse a la policía.
(**b**) (*renounce: friend, boyfriend, job*) dejar; (*abandon: problem*) abandonar; **I gave it up as a bad job** (*fam*) ¡me di por vencido!; **they gave him up for dead** le dieron por muerto.
(**c**) (*devote: one's life, time*) dedicar (*to* a); (*sacrifice: one's life*) entregar (*for* por); (*: career*) renunciar (*for* por).
2 *vi + adv* (*stop trying*) rendirse; **I ~ up!** (*trying to guess*) ¡me rindo!
give-and-take ['gɪvən'teɪk] *n* (*fam*) toma y daca *m*.
giveaway ['gɪvəweɪ] **1** *n* (**a**) (*revelation*) revelación *f* involuntaria; **the exam was a ~!** ¡el examen fue pan comido!; **it's a dead ~** (*obvious*) (eso) lo dice todo. (**b**) (*gift*) regalo *m*. **2** *cpd*: **~ prices** *npl* precios *mpl* regalados.
given ['gɪvn] **1** *pp of* **give**. **2** *adj* (**a**) (*fixed: time, amount*) determinado/a, fijo/a; **on a ~ day** en un día determinado; **~ name** (*esp US*) nombre *m* de pila. (**b**) **to be ~ to doing sth** ser dado a hacer algo. **3** *conj*: **~ (that)** ... dado que ...; **~ the circumstances** ... dadas las circunstancias ...; **~ time, it would be possible** con el tiempo, sería posible.
giver ['gɪvəʳ] *n* donante *mf*, donador(a) *m/f*.
gizmo ['gɪzməʊ] *n* (*US fam*) artilugio *m*, chisme *m*, coso *m* (*LAm*).
glacé ['glæseɪ] *adj* escarchado/a.
glacial ['gleɪsɪəl] *adj* (*Geol*) glaciar; (*cold: weather, wind, also fig*) glacial.
glacier ['glæsɪəʳ] *n* glaciar *m*.
glad [glæd] *adj* (*comp* **~der**; *superl* **~dest**) (*pleased*) contento/a; (*happy*) feliz; (*news*) bueno/a; (*occasion*) alegre; **~ rags** (*fam*) ropa *f* dominguera; **to be ~ about sth** alegrarse de algo; **to be ~ that** alegrarse de que; **I am ~ to hear it** me alegra saberlo; **I was ~ of his help** le agradecí su ayuda.
gladden ['glædn] *vt* alegrar, poner contento/a.
glade [gleɪd] *n* claro *m*.
gladiator ['glædɪeɪtəʳ] *n* gladiador *m*.
gladiolus [,glædɪ'əʊləs] *n* (*pl* **gladioli** [,glædɪ'əʊlaɪ]) estoque *m*, gladíolo *m*.
gladly ['glædlɪ] *adv* (*joyfully*) alegremente; (*willingly*) de buena gana, con gusto.
glamorous ['glæmərəs] *adj* (*person*) encantador(a), atractivo/a; (*dress*) de gala; (*occasion*) fastuoso/a.
glamour, (*US*) **glamor** ['glæməʳ] **1** *n* (*see adj*) encanto *m*, atractivo *m*; gala *f*; pompa *f*. **2** *cpd*: **~ girl** *n* belleza *f*, guapa *f*.
glance [glɑːns] **1** *n* mirada *f*, vistazo *m* (*at* a); **at a ~** de un vistazo; **at first ~** a primera vista. **2** *vi* (**a**) (*look*) lanzar *or* echar una mirada (*at* a); **to ~ away** apartar los ojos; **to ~ through a report** hojear un informe. (**b**) **to ~ off sth** rebotar de algo.
glancing ['glɑːnsɪŋ] *adj* (*blow*) oblicuo/a.
gland [glænd] *n* (*Anat*) glándula *f*.
glandular ['glændjʊləʳ] *adj* glandular; **~ fever** mononucleosis *f* infecciosa.
glare [glɛəʳ] **1** *n* (**a**) (*of light, sun*) deslumbramiento *m*; **the ~ of publicity** (*fig*) la atención pública. (**b**) (*look*) mirada *f* feroz. **2** *vi* (**a**) (*light*) brillar, deslumbrar. (**b**) (*look*) mirar ferozmente (*at* a).
glaring ['glɛərɪŋ] *adj* (*dazzling: sun, light*) deslumbrante, brillante; (*: colour*) chillón/ona, llamativo/a; (*obvious: mistake, evidence*) evidente, manifiesto/a.
glaringly ['glɛərɪŋlɪ] *adv*: **~ obvious** totalmente obvio.
glass [glɑːs] **1** *n* (**a**) (*material*) vidrio *m*, cristal *m*; (*~ware*) cristalería *f*; (*drinking vessel for water*) vaso *m*; (*: for wine, spirits*) copa *f*; (*~ful*) vaso, copa; (*barometer*) barómetro *m*; (*mirror*) espejo *m*. (**b**) **~es** (*spectacles*) gafas *fpl*, anteojos *mpl* (*esp LAm*); (*binoculars*) gemelos *mpl*. **2** *cpd* (*bottle, ornament, eye*) de vidrio *or* cristal; **~ fibre**, (*US*) **~ fiber** *n* fibra *f* de vidrio; (*cpd*) de fibra de vidrio; **~ paper** *n* papel *m* de lija; **~ wool** *n* lana *f* de vidrio.
glass-blowing ['glɑːs,bləʊɪŋ] *n* soplado *m* de vidrio.
glasscutter ['glɑːs,kʌtəʳ] *n* (*tool*) cortador *m* de cristal, cortavidrios *m inv*.
glassful ['glɑːsfʊl] *n* vaso *m*.
glasshouse ['glɑːshaʊs] *n* (*pl* **-houses** [haʊzɪz]) (*for plants*) invernadero *m*.
glassware ['glɑːswɛəʳ] *n* cristalería *f*, artículos *mpl* de cristal.
glassworks ['glɑːswɜːks] *n* fábrica *f* de vidrio.
glassy ['glɑːsɪ] *adj* (*comp* **-ier**; *superl* **-iest**) (*surface*) liso/a; (*water*) espejado/a; (*eye, look*) vidrioso/a.
Glaswegian [glæz'wiːdʒən] **1** *adj* de Glasgow. **2** *n* nativo/a *m/f* *or* habitante *mf* de Glasgow.
glaucoma [glɔː'kəʊmə] *n* glaucoma *m*.
glaze [gleɪz] **1** *n* (*on pottery, Culin*) vidriado *m*. **2** *vt* (**a**) (*window*) poner cristales a. (**b**) (*pottery*) vidriar; (*Culin*) glasear. **3** *vi*: **to ~ over** (*eyes*) velarse.
glazed [gleɪzd] *adj* (**a**) (*surface*) vidriado/a; (*paper*) satinado/a; (*eye*) vidrioso/a. (**b**) (*Brit: door, window etc*) con cristal; (*picture*) barnizado/a. (**c**) (*US fam: tipsy*) achispado/a (*fam*).
glazier ['gleɪzɪəʳ] *n* vidriero/a *m/f*.
gleam [gliːm] **1** *n* (**a**) (*of light*) rayo *m*, destello *m*; (*of metal, water*) espejeo *m*; **with a ~ in one's eye** con ojos chispeantes. (**b**) (*fig*) **a ~ of hope** un rayo de esperanza. **2** *vi* (*light*) brillar, destellar; (*metal, water*) espejear, relucir; (*eyes*) chispear (*with* de).
gleaming ['gliːmɪŋ] *adj* reluciente.
glean [gliːn] *vt* (*gather: information*) recoger, espigar; **from what I have been able to ~** de lo que yo he podido saber.
glee [gliː] *n* (*joy*) regocijo *m*, alegría *f*.
gleeful ['gliːfəl] *adj* (*smile, laugh*) regocijado/a, alegre; (*: malicious*) malicioso/a.
gleefully ['gliːfəlɪ] *adv* con júbilo, con regocijo.
glen [glen] *n* cañada *f*.
glib [glɪb] *adj* (*person*) de mucha labia, poco sincero; (*explanation, excuse*) fácil; **the salesman was very ~** el vendedor tenía mucha labia.
glibly ['glɪblɪ] *adv* (*speak*) (elocuentemente pero) con poca sinceridad; (*explain*) con una facilidad sospechosa.
glide [glaɪd] **1** *n* (*of dancer etc*) deslizamiento *m*; (*Aer*) planeo *m*, vuelo *m* sin motor. **2** *vi* (*move smoothly*) deslizarse; (*Aer*) planear.
glider ['glaɪdəʳ] *n* (*Aer*) planeador *m*.
gliding ['glaɪdɪŋ] *n* (*Aer*) vuelo *m* sin motor.
glimmer ['glɪməʳ] **1** *n* (**a**) (*of light*) luz *f* tenue; (*of water*) espejeo *m*. (**b**) (*fig*) = **gleam 1(b)**. **2** *vi* (*light*) rielar; (*water*) espejear.

glimpse [glɪmps] **1** *n* vislumbre *f*; **to catch a ~ of** vislumbrar, divisar. **2** *vt* vislumbrar.

glint [glɪnt] *n* (*of metal etc*) destello *m*, centelleo *m*; **he had a ~ in his eye** le chispeaban los ojos.

glisten [ˈglɪsn] *vi* (*wet surface*) relucir; (*water*) espejear; (*eyes*) chispear (*with* de).

glitch [glɪtʃ] *n* (*US fam*) fallo *m* técnico, fallo *m* en un sistema electrónico.

glitter [ˈglɪtəʳ] **1** *n* (*of gold etc*) brillo *m*. **2** *vi* (*gold etc*) relucir, brillar; **all that ~s is not gold** no es oro todo lo que reluce.

glitterati [ˌglɪtəˈrɑːtiː] *n* (*fam, hum*) celebridades *fpl* del mundillo literario y artístico.

glittering [ˈglɪtərɪŋ] *adj* (*also fig*) reluciente, brillante; **~ prize** premio *m* de oro.

glitz [glɪts] *n* (*fam*) ostentación *f*, relumbrón *m*.

glitzy [ˈglɪtsɪ] *adj* (*comp* **-ier**; *superl* **-iest**) (*fam*) ostentoso/a, de relumbrón.

gloat [gləʊt] *vi* relamerse; **to ~ over** (*money etc*) recrearse contemplando; (*victory, good news*) recrearse en; (*enemy's misfortune etc*) saborear.

global [ˈgləʊbl] *adj* (**a**) (*world-wide*) mundial; **~ village** pueblo *m* global; **~ warming** recalentamiento *m* global. (**b**) (*comprehensive*) global.

globe [gləʊb] *n* (*sphere*) globo *m*, esfera *f*; (*the world*) mundo *m*; (*spherical map*) esfera *f* terrestre.

globe-trotter [ˈgləʊbˌtrɒtəʳ] *n* trotamundos *mf inv*,.

globe-trotting [ˈgləʊbˌtrɒtɪŋ] *n* viajar *m* por todo el mundo.

globule [ˈglɒbjuːl] *n* (*of oil, water*) glóbulo *m*.

gloom [gluːm] *n* (**a**) (*darkness*) semioscuridad *f*. (**b**) (*sadness*) tristeza *f*, melancolía *f*; **it's not all ~ and doom here** aquí no todo son pronósticos de desastre.

gloomy [ˈgluːmɪ] *adj* (*comp* **-ier**; *superl* **-iest**) (*place*) oscuro/a, tenebroso/a; (*atmosphere, character*) triste, lóbrego/a; (*outlook*) poco prometedor(a); (*day, weather*) encapotado/a; **to feel ~** sentirse pesimista.

glorify [ˈglɔːrɪfaɪ] *vt* (*exalt: God*) alabar; (*: person*) glorificar; (*pej: war, deeds*) embellecer; **it's just a glorified boarding-house** es una simple pensión, aunque presuma de otra cosa.

glorious [ˈglɔːrɪəs] *adj* (*career, victory*) glorioso/a; (*weather, view*) magnífico/a.

gloriously [ˈglɔːrɪəslɪ] *adv* gloriosamente; magníficamente; **it was ~ sunny** hacía un sol magnífico; **we were ~ happy** estábamos contentísimos.

glory [ˈglɔːrɪ] **1** *n* (*honour, fame, Rel*) gloria *f*; (*splendour*) gloria *f*, esplendor *m*; **she was in her ~** estaba toda ufana; **Rome at the height of its ~** Roma en la cima de su gloria. **2** *vi*: **to ~ in sth** (*one's success etc*) enorgullecerse *or* jactarse de algo; (*another's misfortune*) disfrutar maliciosamente de algo.

glory-hole [ˈglɔːrɪhəʊl] *n* (*fam*) cuarto *m or* cajón *m etc* en desorden, leonera *f* (*fam*); **his room is something of a ~** su habitación parece un rastro.

Glos *abbr* (*Brit*) *of* **Gloucestershire**.

gloss[1] [glɒs] **1** *n* glosa *f*. **2** *vt* glosar, comentar.

► **gloss over** *vt + adv* (*mistake etc*) encubrir.

gloss[2] [glɒs] **1** *n* (*shine*) brillo *m*, lustre *m*; (*also* **~ paint**) pintura *f* esmalte. **2** *cpd*: **~ finish** *n* (*of paint*) acabado *m* brillo; (*on photo*) brillo *m* satinado.

glossary [ˈglɒsərɪ] *n* glosario *m*.

glossy [ˈglɒsɪ] *adj* (*comp* **-ier**; *superl* **-iest**) (*surface*) brillante, lustroso/a; (*hair*) liso/a; (*cloth, paper*) satinado/a; **~ magazine** revista *f* elegante.

glottal [ˈglɒtl] *adj*: **~ stop** oclusión *f* glotal.

glove [glʌv] **1** *n* guante *m*. **2** *cpd*: **~ compartment** *n* (*Aut*) guantera *f*; **~ puppet** *n* títere *m* de guante.

glow [gləʊ] **1** *n* (*of lamp, sunset, fire etc*) brillo *m*; (*of bright colour*) luminosidad *f*, brillo; (*of cheeks*) rubor *m*; (*in sky*) luz *f* difusa; (*warm feeling*) sensación *f* de bienestar; **a ~ of satisfaction** una gran satisfacción. **2** *vi* (*lamp*) brillar; (*colour, sunset, fire*) resplandecer; **to ~ with health** rebosar de salud.

glower [ˈglaʊəʳ] *vi* mirar con ceño (*at sb* a algn).

glowering [ˈglaʊərɪŋ] *adj* (*person*) ceñudo/a; (*sky*) encapotado/a.

glowing [ˈgləʊɪŋ] *adj* (*light etc*) brillante; (*fire, colour*) vivo/a; (*complexion, cheeks etc*) encendido/a; (*person: with health, pleasure*) rebosante; (*fig: report, description etc*) entusiasta.

glow-worm [ˈgləʊwɜːm] *n* luciérnaga *f*.

glucose [ˈgluːkəʊs] *n* glucosa *f*.

glue [gluː] **1** *n* cola *f*, goma *f*; (*as drug*) pegamento *m*. **2** *vt* pegar (*to* a); **to ~ 2 things together** pegar dos cosas (con goma *etc*); **she was ~d to the television** (*fig*) tenía los ojos clavados en la televisión; **to be ~d to the spot** quedarse pegado/a.

glue-sniffing [ˈgluːˌsnɪfɪŋ] *n* inhalación *f* de pegamento.

glum [glʌm] *adj* (*comp* **~mer**; *superl* **~mest**) (*person*) melancólico/a; (*mood, expression*) triste; (*tone*) melancólico/a, sombrío/a.

glut [glʌt] **1** *n* superabundancia *f*, exceso *m*. **2** *vt* (*market*) inundar.

glutinous [ˈgluːtɪnəs] *adj* glutinoso/a.

glutton [ˈglʌtn] *n* glotón/ona *m/f*; (*fam*) comilón/ona *m/f*; **~ for work** trabajador(a) *m/f* incansable; **~ for punishment** masoquista *mf*.

gluttony [ˈglʌtənɪ] *n* glotonería *f*, gula *f*.

glycerin(e) [ˌglɪsəˈriːn] *n* glicerina *f*.

GM *n abbr* (**a**) *of* **general manager**. (**b**) (*Brit*) *of* **George Medal** *medalla del valor civil*. (**c**) (*US*) *of* **General Motors**.

GMAT *n abbr* (*US*) *of* **Graduate Management Admissions Test**.

GMB *n abbr* (*Brit*) *of* **General, Municipal and Boilermakers** *sindicato*.

gm(s) *abbr of* **gram(s), gramme(s)** g, gr.

GMT *n abbr* (*Brit*) *of* **Greenwich Mean Time**.

gnarled [nɑːld] *adj* (*wood*) nudoso/a; (*hands*) torcido/a.

gnash [næʃ] *vt*: **to ~ one's teeth** rechinar los dientes.

gnat [næt] *n* mosquito *m*, jején *m* (*LAm*).

gnaw [nɔː] **1** *vt* (*chew, also fig*) roer, carcomer. **2** *vi*: **to ~ through** roer *or* carcomer por; **to ~ at** roer.

gnawing [ˈnɔːɪŋ] *adj* (*remorse, anxiety etc*) corrosivo; (*hunger*) con retortijones.

gnome [nəʊm] *n* gnomo *m*.

GNP *n abbr of* **gross national product** PNB *m*.

gnu [nuː] *n* ñu *m*.

go [gəʊ] (*vb*: *pt* **went**; *pp* **gone**) **1** *vi* (**a**) (*gen*) ir; **to ~ to London** ir a Londres; **to ~ by car** ir en coche; **to ~ at 30 m.p.h.** hacer 30 millas por hora; **to ~ looking for sth/sb** ir a buscar algo/a algn; **to ~ for a walk/swim** dar un paseo/bañarse; **to ~ to a party** ir a una fiesta; **to ~ and see sb, to ~ to see sb** ir a ver a algn; **I'll ~ and see** voy a ver; **he went and shut the door** cerró la puerta, fue a cerrar la puerta; **now you've gone and done it!** ¡ahora sí la has hecho buena!; **halt, who ~es there?** alto, ¿quién va *or* vive?; **you ~ first** tú primero; **there he ~es!** ¡ahí va!; **there you ~ again!** (*fam*) ¡otra vez con lo mismo!

(**b**) (*depart*) irse, marcharse, partir; (*train etc*) salir; (*disappear: person*) marcharse; (*: object*) desaparecer; (*: money*) gastarse; (*: time*) pasar; (*be sold*) **to ~** venderse (*for* por *or* en); **my hat has gone (missing)** ha desaparecido mi sombrero; **the cake is all gone** se acabó la torta; **~!** (*Sport*) ¡ya!; **here ~es!** (*fam*) ¡vamos a ver!; **gone are the days when** ... ya pasaron los días cuando ...; **the day went slowly** el día pasó lentamente; **it's just gone 7** acaban de dar las 7; **only 2 days to ~** sólo faltan dos días; **8 down and 2 to ~** ocho hechos y dos por hacer; **~ing, ~ing, gone!** ¡a la una, a las dos, a las tres!; **it went for £10** se vendió por *or* en 10 libras; **it's ~ing cheap** (*fam*) está regalado, se vende barato.

(**c**) (*extend*) extenderse, llegar; **the garden ~es down to the lake** el jardín se extiende hasta el lago; **money doesn't ~ far nowadays** hoy día el dinero apenas alcanza; **it's good as far as it ~es** dentro de sus límites está bien.

(**d**) (*function: machine, car etc*) funcionar, marchar, caminar; **I couldn't get the car to ~ at all** no pude hacer marchar el coche; **to keep ~ing** (*person: moving*) seguir; (*: enduring*) resistir, aguantar; (*machine*) seguir funcionando; **it ~es on petrol** (*Aut*) funciona con gasolina; **to make sth ~, to get sth ~ing** poner algo en marcha; **let's get ~ing** vamos, vámonos, ándale *(Mex)*.

(**e**) (*progress*) ir, seguir, andar *(LAm)*; (*turn out*) salir; **the meeting went well** la reunión salió bien; **how did the exam ~?** ¿cómo te fue en el examen?; **how's it ~ing?** (*fam*) ¿qué tal? *(Sp fam)*, ¿qué tal te va? *(fam)*, ¿cómo te va? *(LAm fam)*, ¡qué hubo! *(Mex, Chi fam)*; **we'll see how things ~** (*fam*) veremos cómo sale todo; **he has a lot ~ing for him** tiene muchas ventajas; **how does that song ~?** (*tune*) ¿cómo va esa canción?; (*words*) ¿cómo es la letra de esa canción?

(**f**) **to ~ (with)** (*match*) hacer juego (con), encajar (con); (*coincide, co-occur*) acompañar; **the curtains don't ~ with the carpet** las cortinas no pegan con la alfombra.

(**g**) (*esp + adj: become*) volverse, quedarse; **to ~ hungry/thirsty** pasar hambre/sed; **to ~ without sth** prescindir de algo; **to ~ bad** (*food*) echarse a perder; **to ~ mad** (*lit, fig*) volverse loco; **to ~ to sleep** dormirse.

(**h**) (*fit, be contained*) caber; **where does this book ~?** ¿dónde pongo este libro?; **it won't ~ in the case** no cabe en la maleta; **4 into 3 won't ~** 4 entre 3 no va.

(**i**) (*be acceptable*) valer; **anything ~es** (*fam*) todo vale; **that ~es for me too** (*that applies to me*) yo también; (*I agree with that*) de acuerdo, yo estoy de acuerdo con eso; **what he says ~es** aquí manda él.

(**j**) (*wear out: material*) gastarse; (*break*) romperse; (*fail*) fallar; (*Tech*) dejar de funcionar, malograrse *(Per)*; (*give way*) ceder; (*fuse*) fundirse; **this jumper has gone at the elbows** este jersey se ha deshecho por los codos.

(**k**) (*be dismissed, got rid of: person*) ser despedido; **that sideboard will have to ~** tenemos que desechar ese aparador; **apartheid must ~!** ¡fuera el apartheid!

(**l**) (*be available*) **there are several jobs ~ing** se ofrecen varios puestos; **there's a flat ~ing here** aquí hay un piso libre; **is there any tea ~ing?** ¿me ofreces una taza de té?; **I'll take whatever is ~ing** acepto lo que haya.

(**m**) (*contribute, be used for*) **the money ~es to charity** el dinero se destina a la caridad; **the money will ~ towards a holiday** el dinero será un aporte para las vacaciones; **all his money ~es on drink** se le va el dinero en alcohol; **the qualities which ~ to make him a great writer** las cualidades que le hacen un gran escritor.

(**n**) (*be given: prize*) ser ganado (*to* por); (*inheritance*) pasar (*to* a).

(**o**) (*make a sound or movement*) hacer; (*doorbell, phone*) sonar; **~ like that (with your right hand)** haz así (con la mano derecha).

(**p**) (*US*) **food to ~** comida *f* para llevar.

2 *aux vb*: **I'm/I was ~ing to do it** voy/iba a hacerlo; **it's ~ing to rain** va a llover; **there's ~ing to be trouble** se va a armar un lío.

3 *vt* (**a**) (*way, route*) ir.

(**b**) (*fam*) **to ~ it alone** obrar por su cuenta; **to ~ one better** ganar el remate.

4 *n* (*pl* **~es**) (**a**) (*fam: energy*) energía *f*, empuje *m*; **he's always on the ~** no descansa; **I've got two projects on the ~** tengo dos proyectos entre manos; **it's all ~** aquí no hay descanso.

(**b**) (*success*) **to make a ~ of sth** tener éxito en algo; **it's no ~** (*fam*) es inútil.

(**c**) (*attempt*) intento *m*; **to have a ~ (at doing sth)** intentar (hacer algo); **at** *or* **in one ~** de un (solo) golpe; **it's your ~** te toca a ti.

(**d**) **from the word ~** (*fam*) desde el principio; **all systems (are) ~** (*Space, also fig*) todo listo.

(**e**) (*attack etc*) **to have a ~ at sb** atacar a algn, tomarla con algn.

► **go about 1** *vi + prep* (**a**) (*set to work on: task*) emprender; (*problem*) abordar; **how does one ~ about joining?** ¿qué hay que hacer para hacerse socio?; **he knows how to ~ about it** sabe lo que hay que hacer, sabe cómo hacerlo. (**b**) (*busy o.s. with: one's business etc*) ocuparse de. **2** *vi +adv* (*also* **~ around**: *wander about*) andar (de un sitio para otro); (*circulate: flu etc*) circular.

► **go across** *vi + prep* cruzar, atravesar.

► **go after** *vi + prep* (*follow*) seguir; (*criminal etc*) perseguir; (*job, record, girl*) andar tras.

► **go against** *vi + prep* (*be unfavourable to: result, events, evidence*) ir en contra de; (*be contrary to: principles, conscience*) ser contrario/a a; (*act against: sb's wishes*) actuar en contra de.

► **go ahead** *vi + adv* (*carry on*) seguir adelante (*with* con); **~ (right) ahead!** ¡adelante!

► **go along** *vi + adv* (*proceed*) seguir; **I'll tell you as we ~ along** te lo diré de camino; **check as you ~ along** corrija sobre la marcha; **to ~ along with** (*accompany*) acompañar; (*agree with: person, idea*) estar de acuerdo con.

► **go around** *vi + adv see* **go about 2; go round (a)**.

► **go at** *vi + prep* (*fam: attack, tackle*) atacar, arremeterse contra; (*tackle: job etc*) empecinarse en (hacer).

► **go away** *vi + adv* (*depart*) marcharse, irse.

► **go back** *vi + adv* (**a**) (*gen*) volver (*to* a), regresar (*to* a); (*retreat*) volverse atrás; **there's no ~ing back now** ya no podemos volver atrás. (**b**) (*date back*) remontarse; **the controversy ~es back to 1929** la controversia se remonta a 1929. (**c**) (*extend: garden, cave*) extenderse.

► **go back on** *vi + prep* (*decision, promise*) faltar a.

► **go before 1** *vi + adv* (*precede*) preceder. **2** *vi + prep*: **the matter has gone before a grand jury** (*US*) el asunto se ha sometido a un gran jurado.

► **go below** *vi + adv* (*Naut*) bajar.

► **go by 1** *vi + prep* (**a**) (*be guided by: watch, compass*) guiarse por; **to ~ by appearances** juzgar por las apariencias. (**b**) **to ~ by the name of X** llamarse X. **2** *vi + adv* (*pass by: person, car etc*) pasar (cerca); (*: overtake*) rebasar; (*opportunity*) pasar; (*time*) pasar, transcurrir; **in days gone by** en tiempos pasados, antaño; **as time ~es by** con el tiempo, con el transcurrir del tiempo.

► **go down** *vi + adv* (**a**) (*sun*) ponerse; (*person: downstairs*) bajar; (*sink: ship, person*) hundirse; (*be defeated*) ser vencido; **that should ~ down well (with him)** eso le va a gustar; **that omelette went down a treat** (*fam*) esa tortilla era sabrosísima.

(**b**) (*be written down*) apuntarse; **to ~ down in history/to posterity** pasar a la historia/la posteridad.

(**c**) (*decrease: prices, temperature etc*) bajar; **he has gone down in my estimation** ha bajado en mi estima.

(**d**) (*with an illness*) caer enfermo.

► **go for** *vi + prep* (**a**) (*attack, also fig*) atacar. (**b**) (*fam: apply to*) valer para. (**c**) (*fam: like, fancy*) **I don't ~ for his films very much** no me gustan mucho sus películas; **~ for it!** ¡a ello! (**d**) (*strive for*) dedicarse a obtener; (*choose*) escoger, optar por.

► **go forward** *vi + adv* (**a**) (*proceed: with plan etc*) seguir adelante (*with* con). (**b**) (*be put forward: suggestion*) presentarse.

► **go in** *vi + adv* (**a**) (*enter*) entrar. (**b**) **the sun went in** el sol se ocultó. (**c**) (*fit*) caber.

► **go in for** *vi + prep* (**a**) (*enter for: race, competition*) presentarse a. (**b**) (*be interested in: hobby, sport*) interesarse por; (*use a lot of*) utilizar; (*take as career*) dedicarse a; **we don't ~ in for such things here** aquí esas cosas no se hacen.

► **go into** *vi + prep* (**a**) (*investigate, examine*) examinar a fondo; (*explanation, details*) meterse en; **let's not ~ into all that now** dejamos todo eso por ahora. (**b**) (*embark on: career*) dedicarse a. (**c**) (*trance, coma*) entrar en; **to ~ into fits of laughter** morirse de risa.

► **go in with** *vi + prep* asociarse con, unirse con; **she went in with her sister to buy the present** entre ella y su hermana compraron el regalo.

► **go off 1** *vi + adv* (**a**) (*leave*) marcharse, irse. (**b**) (*cease to operate: lights, telephone*) apagarse. (**c**) (*bomb*) estallar; (*gun*) disparar; (*alarm clock*) sonar. (**d**) (*go bad: food*) echarse a perder; (*: milk*) pasarse. (**e**) (*take place*) salir; **the party went off well** la fiesta salió bien. **2** *vi + prep* (*no longer like: thing*) perder el gusto por; (*: person*) dejar de querer a.

► **go on 1** *vi + prep* (*be guided by: evidence etc*) partir de; **there's nothing to ~ on** no hay pista que seguir.

2 *vi + adv* (**a**) (*fit*) **the lid won't ~ on** la tapa no se puede poner; **these shoes won't ~ on** mis pies no caben en estos zapatos.

(**b**) (*continue: war, talks*) seguir, continuar; (*: person, on journey*) seguir el camino; (*last*) durar; **to ~ on doing sth** seguir haciendo algo; **he went on to say that** ... añadió que ...; **to ~ on about sth** (*fam*) insistir en algo; **what a way to ~ on!** (*pej*) ¡qué manera de comportarse!; **that'll do to be ~ing on with** eso basta por ahora; **she's always ~ing on about it** siempre está con la misma cantilena; **to ~ on at sb** reñir a algn.

(**c**) (*begin to operate: lights, machine*) encenderse, prenderse *(LAm)*.

(**d**) (*happen*) pasar, ocurrir; **what's ~ing on here?** ¿qué pasa *or* ocurre aquí?

(**e**) (*pass: time, years*) pasar, transcurrir.

► **go on for** *vi + prep*: **he's ~ing on for 60** anda por los 60; **it's ~ing on for 2 o'clock** son casi las 2, van a ser las 2.

► **go out** *vi + adv* (**a**) (*be extinguished: fire, light*) apagarse. (**b**) (*exit, in cards*) salir; (*ebb: tide*) bajar, menguar; **to ~ out shopping/for a meal** salir de compras *or* de tiendas/a comer; **to ~ out (of fashion)** pasar (de moda); **to ~ out with sb** salir con algn; **the mail has gone out** ha salido el correo.

► **go over 1** *vi + prep* (**a**) (*examine: report etc*) examinar.

(**b**) (*rehearse, review: speech, lesson etc*) repasar, revisar; **to ~ over sth in one's mind** repasar algo mentalmente.

(**c**) (*pass over: wall etc*) pasar por encima de.

2 *vi + adv* (**a**) **to ~ over to** (*cross over*) cruzar a; (*approach*) acercarse *or* dirigirse a; (*fig: change habit, sides etc*) pasarse a; **to ~ over to America** ir a América.

(**b**) (*be received*) recibirse; **his speech went over well** su discurso tuvo buena acogida.

► **go round** *vi + adv* (**a**) (*revolve*) girar, dar vueltas; (*circulate: news, rumour*) correr, circular. (**b**) (*suffice*) alcanzar, bastar. (**c**) (*visit*) **to ~ round (to)** pasar a (ver a); **let's ~ round to John's place** vamos a casa de Juan. (**d**) (*make a detour*) dar la vuelta.

► **go through 1** *vi + prep* (**a**) (*suffer*) pasar por, sufrir; (*bear*) aguantar.

(**b**) (*examine: list, book*) repasar; (*search through: pile, one's pockets*) registrar.

(**c**) (*use up: money*) gastar; (*consume: food*) comerse; (*: drink*) beberse; (*wear out: garment*) gastar; **the book went through 8 editions** el libro tuvo 8 ediciones.

(**d**) (*perform: formalities etc*) cumplimentar; (*: ceremony etc*) realizar.

2 *vi + adv* (*lit*) pasar; (*fig*) ser aprobado.

► **go through with** *vi + prep* (*plan, crime*) llevar a cabo; **I can't ~ through with it!** ¡no puedo seguir con esto!

► **go together** *vi + adv* (*harmonize: colours*) hacer juego; (*: people etc*) entenderse; (*coincide: events, conditions*) juntarse.

► **go under** *vi + adv* (*sink: ship, person*) hundirse; (*fig: business, firm*) quebrar.

► **go up** *vi + adv* (**a**) (*rise: temperature, prices etc*) subir. (**b**) (*be built: tower block etc*) levantarse. (**c**) (*explode*) estallar; **to ~ up in flames** estallar en llamas.

► **go with** *vi + prep* (**a**) (*accompany*) ir con, acompañar a; (*lovers*) salir con. (**b**) (*match*) armonizar con, hacer juego con.

► **go without 1** *vi + prep* pasarse sin, prescindir de. **2** *vi + adv* arreglárselas, pasarse; **you'll have to ~ without** tendrás que pasarte sin ello.

goad [gəʊd] **1** *vt*: **to ~ sb into doing sth** (*fig*) incitar a algn a hacer algo. **2** *n* (*Agr*) aguijón *m*, puya *f*.

► **goad on** *vt + adv* pinchar, provocar; **to ~ sb on to doing sth** provocar a algn para que haga algo.

go-ahead [ˈgəʊəhed] **1** *adj* emprendedor(a). **2** *n*: **to give sth/sb the ~** autorizar algo/a algn.

goal [gəʊl] **1** *n* (**a**) (*Sport: score*) gol *m*; (*: net etc*) portería *f*, meta *f*, arco *m (LAm)*; **to play in ~** ser portero *or (LAm)* arquero; **they won by 2 ~s to one** ganaron por dos goles *or* tantos a uno. (**b**) (*aim: in life*) meta *f*, objetivo *m*; (*: in journey*) fin *m*. **2** *cpd*: **~ area** *n* área *f* de meta; **~ average** *n* promedio *m* de goles, golaverage *m*; **~ kick** *n* saque *m* de puerta; **~ line** *n* línea *f* de portería.

goalie [ˈgəʊlɪ] *n (fam)* = **goalkeeper**.

goalkeeper [ˈgəʊlˌkiːpəʳ] *n* portero *m*, guardameta *mf*, arquero *m (LAm)*.

goalmouth [ˈgəʊlmaʊθ] *n* portería *f*.

goalpost [ˈgəʊlpəʊst] *n* poste *m* (de la portería); **to move the ~s** (*fig*) cambiar las reglas del juego.

goal-scorer [ˈgəʊlˌskɔːrəʳ] *n* goleador(a) *m/f*.

goat [gəʊt] *n* (*female*) cabra *f*; (*male*) chivo *m*, macho cabrío *m*; **to get sb's ~** (*fam*) fastidiar *or* molestar a algn.

goatee [gəʊˈtiː] *n* (*short*) perilla *f*; (*long*) barbas *fpl* de chivo.

goatherd [ˈgəʊthɜːd] *n* cabrero *m*.

goatskin [ˈgəʊtskɪn] *n* piel *f* de cabra.

gob [gɒb] (*fam*) **1** *n* (**a**) (*spit*) salivazo *m*. (**b**) (*esp Brit: mouth*) boca *f*. **2** *vt* escupir. **3** *vi* escupir.

gobbet [ˈgɒbɪt] *n* (*of food etc*) trocito *m*, pequeña porción *f*; **~s of information** pequeños elementos *mpl* de información.

gobble [ˈgɒbl] *vt* (*also* **~ down, ~ up**) engullir, tragar.

gobbledygook [ˈgɒbldɪguːk] *n* (*fam*) jerga *f* burocrática, prosa *f* administrativa (enrevesada).

go-between [ˈgəʊbɪˌtwiːn] *n* intermediario/a *m/f*.

Gobi Desert [ˈgəʊbɪˈdezət] *n* desierto *m* del Gobi.

goblet [ˈgɒblɪt] *n* copa *f*.

goblin [ˈgɒblɪn] *n* duende *m*.

gobsmacked [ˈgɒbsmækt] *adj*: **I was ~** (*fam*) me quedé alucinado *(fam)*.

GOC *n abbr of* **General Officer Commanding** general *m*, jefe *m*.

go-cart [ˈgəʊkɑːt] *n* (*for child*) cochecito *m* de niño; (*kart*) kart *m*.

god [gɒd] *n* dios *m*; **G~** Dios *m*; **the ~s** (*Theat*) el gallinero, el paraíso; **(my) G~!** (*fam*) ¡Dios mío!; **for G~'s sake!** ¡por Dios!; **thank G~!** ¡gracias a Dios!; **I hope to ~ she'll be happy** Dios quiera que sea feliz; **G~ (only) knows** sólo Dios sabe, sabe Dios; **~ forbid** ¡Dios me libre!; **what in G~'s name is he doing?** ¿qué demonios está haciendo?

god-awful [ˈgɒdˈɔːfʊl] *adj* (*fam*) horrible, fatal *(fam)*.

godchild [ˈgɒdtʃaɪld] *n* (*pl* **-children**) ahijado/a *m/f*.

goddam [ˈgɒdˈdæm] (*US fam*) **1** *adj* (*also* **goddamn(ed)**) maldito/a, puñetero/a *(fam)*. **2** *interj* (*also* **goddammit**) ¡maldición!

goddaughter [ˈgɒdˌdɔːtəʳ] *n* ahijada *f*.

goddess [ˈgɒdɪs] *n* diosa *f*.

godfather [ˈgɒdˌfɑːðəʳ] *n* padrino *m*.

god-fearing [ˈgɒdˌfɪərɪŋ] *adj* temeroso/a de Dios.

godforsaken [ˈgɒdfəˌseɪkn] *adj* (*fam: place*) olvidado/a de Dios.

godhead [ˈgɒdhed] *n* divinidad *f*.

godless [ˈgɒdlɪs] *adj* (*wicked: life*) pecaminoso/a; (*unbelieving*) ateo/a.

godlike [ˈgɒdlaɪk] *adj* divino/a.

godly ['gɒdlɪ] *adj* (*comp* **-ier**; *superl* **-iest**) devoto/a.
godmother ['gɒd,mʌðəʳ] *n* madrina *f*.
godparents ['gɒd,pɛərənts] *npl* padrinos *mpl*.
godsend ['gɒdsend] *n* don *m* del cielo; **it was a ~ to us** nos llegó en buena hora.
godson ['gɒdsʌn] *n* ahijado *m*.
goes [gəʊz] *3rd pers pres sg of* **go**.
gofer ['gəʊfəʳ] *n* (*US*) recadero/a *m/f*.
go-getter ['gəʊgetəʳ] *n* ambicioso/a *m/f*.
goggle ['gɒgl] *vi* (*look astonished*) mirar con ojos desorbitados.
goggles ['gɒglz] *npl* (*of skin-diver*) gafas *fpl* submarinas; (*fam: glasses*) gafas *fpl*.
go-go ['gəʊgəʊ] *adj* (*dancer, dancing*) gogó.
going ['gəʊɪŋ] **1** *n* (**a**) (*pace*) paso *m*; **it was slow ~** avanzamos a paso lento. (**b**) (*state of surface etc*) estado *m* del camino; (*in horse racing etc*) estado de la pista; **let's cross while the ~ is good** aprovechemos para cruzar; **it's heavy ~ talking to her** es pesado hablar con ella. **2** *adj* (**a**) (*thriving: business, concern*) establecido/a. (**b**) (*current: price, rate*) corriente; **the best one ~** (*fam: available*) el mejor que hay.
going-over ['gəʊɪŋ'əʊvəʳ] *n* (**a**) (*check*) inspección *f*; **we gave the car a thorough ~** revisamos el coche de arriba a abajo; **we gave the house a thorough ~** (*search*) registramos la casa de arriba abajo. (**b**) (*fig: beating*) paliza *f*; **they gave him a ~** le dieron una paliza.
goings-on ['gəʊɪŋz'ɒn] *npl* (*fam*) tejemanejes *mpl*.
goitre, (*US*) **goiter** ['gɔɪtəʳ] *n* bocio *m*.
go-kart ['gəʊkɑːt] *n* kart *m*.
go-karting ['gəʊ,kɑːtɪŋ] *n* karting *m*.
gold [gəʊld] **1** *n* oro *m*; (*wealth*) riqueza *f*. **2** *cpd* (*gen*) de oro; (*colour*) color de oro; **~ braid** *n* galón *m*; **~ card** *n* tarjeta *f* oro; **~ dust** *n* oro *m* en polvo; **Biros are like ~ dust in this office** los bolígrafos parece que se los lleva el viento de esta oficina; **~ leaf** *n* oro *m* en hojas, pan *m* de oro; **~ medal** *n* (*Sport*) medalla *f* de oro; **~ mine** *n* mina *f* de oro; (*fig*) río *m* de oro; **~ plate** *n* vajilla *f* de oro; **~ standard** *n* patrón *m* oro.
golden ['gəʊldən] *adj* (*colour*) dorado/a; (*made of gold*) de oro; (*opportunity*) excelente; **~ age** edad *f* de oro; **G~ Age** (*Sp*) Siglo *m* de Oro; **~ eagle** águila *f* dorada; **~ handshake** pago *m* cuantioso por baja incentivada; **~ oldie** (*fam*) melodía *f* del ayer, vieja canción *f*; **~ rule** regla *f* de oro; **~ share** accionariado *m* mayoritario; **~ syrup** melaza *f* dorada; **~ wedding (anniversary)** bodas *fpl* de oro.
goldfinch ['gəʊldfɪntʃ] *n* jilguero *m*.
goldfish ['gəʊldfɪʃ] **1** *n* pez *m* de colores. **2** *cpd*: **~ bowl** *n* pecera *f*.
gold-plated [,gəʊld'pleɪtɪd] *adj* chapado/a en oro; (*fig, fam: deal, contract*) de oro.
gold-rimmed [,gəʊld'rɪmd] *adj* (*spectacles*) con montura de oro.
gold-rush ['gəʊldrʌʃ] *n* rebatiña *f* del oro.
goldsmith ['gəʊldsmɪθ] *n* orfebre *mf*.
golf [gɒlf] **1** *n* golf *m*. **2** *cpd*: **~ club** *n* (*society*) club *m* de golf; (*stick*) palo *m* de golf; **~ course** *n* campo *m or* (*LAm*) cancha *f* de golf.
golfball ['gɒlfbɔːl] *n* (**a**) pelota *f* de golf. (**b**) (*Typ*) cabeza *f* de escritura.
golf-buggy ['gɒlfbʌgɪ] *n* cochecito *m* de golf.
golfer ['gɒlfəʳ] *n* golfista *mf*.
golfing ['gɒlfɪŋ] *n* golf *m*, golfismo *m*.
golf-links ['gɒlflɪŋks] *n* campo *m* de golf.
golly ['gɒlɪ] *interj* (*Brit old fam: also* **by ~**) ¡caramba!; **and by ~, he's done it too!** ¡vaya si lo ha hecho!, ¡anda que lo ha hecho!
gondola ['gɒndələ] *n* góndola *f*.
gondolier [,gɒndə'lɪəʳ] *n* gondolero *m*.
gone [gɒn] *pp of* **go**.
goner ['gɒnəʳ] *n*: **he's a ~** (*fam*) está en las últimas, se nos va.
gong [gɒŋ] *n* gong *m*.
gonna ['gɒnə] (*esp US fam*) = **going to**.
gonorrhoea, (*US*) **gonorrhea** [,gɒnə'rɪə] *n* gonorrea *f*.
goo [guː] *n* (*fam*) (**a**) cosa *f* muy pegajosa, sustancia *f* viscosa. (**b**) (*sentimentality*) lenguaje *f* sentimental, sentimentalismo *m*.
good [gʊd] **1** *adj* (*comp* **better**; *superl* **best**) (**a**) (*gen*) bueno/a; (*well-behaved: child, manners*) educado/a; **be ~!** ¡pórtate bien!; **~ for you!** ¡bien hecho!; **she's too ~ for him** ella es más de lo que él se merece; **it's just not ~ enough** eso no se puede admitir; **the job is as ~ as done** el trabajo puede darse por acabado; **as ~ as new** como nuevo; **as ~ as gold** bueno como un ángel; **as ~ as saying** tanto como decir; **(that's) ~!** ¡qué bien!, ¡qué bueno! (*LAm*); **~ one!** ¡muy bien!; **it's a ~ job he came!** ¡menos mal que ha venido!; **~ faith** buena fé *f*; **G~ Friday** (*Rel*) Viernes *m* Santo; *see* **make 1(e)**.
(**b**) (*pleasant: holiday, day*) agradable; (*: person*) simpático/a; (*: weather, news*) bueno/a; **to feel ~** sentirse bien; **have a ~ journey!** ¡buen viaje!; **it's ~ to see you** me alegro de verte, gusto en verte (*LAm*).
(**c**) (*handsome: looks, features*) atractivo/a; **you look ~ in that** eso te va bien; **she has a ~ figure** tiene un tipo estupendo.
(**d**) (*beneficial*) bueno/a, provechoso/a; (*advantageous: moment, chance*) oportuno/a; (*wholesome: food, air*) sano/a, saludable; **~ to eat** (*tasty*) sabroso/a; (*edible*) comestible; **it's ~ for you** te hace bien; **he eats more than is ~ for him** come más de lo que le conviene.
(**e**) (*efficient*) servible, eficaz; **he's ~ at English/sports** es fuerte en inglés/deportes; **she's ~ with children** se le dan bien los niños; **to be ~ for** servir para; **it's no ~** no sirve; **a ticket ~ for 3 months** un billete valedero para 3 meses; **he's ~ for £5** seguramente tiene 5 libras que prestarnos; **I'm ~ for another mile** tengo fuerzas para ir otra milla más.
(**f**) (*kind*) amable, bueno/a; **he's a ~ sort** (*fam*) es buena persona *or* gente; **would you be so ~ as to sign here?** ¿me hace el favor de firmar aquí?; **that's very ~ of you** ¡qué amable (de su parte)!; **~ deeds** *or* **works** buenas obras *fpl*.
(**g**) (*considerable: supply, number*) bueno/a, considerable; (*at least: hour etc*) por lo menos; **a ~ many/few people** muchísima/poquísima gente; **a ~ 3 hours** 3 horas largas; **a ~ 10 km** 10 kms largos.
(**h**) (*thorough: scolding*) bueno/a; **to have a ~ cry** llorar a lágrima viva; **to have a ~ laugh** reírse mucho; **to have a ~ wash** lavarse bien; **to take a ~ look (at sth)** examinar (algo) minuciosamente.
(**i**) (*in greetings*) **~ morning/evening** buenos días/buenas tardes; **~ night** buenas noches.
2 *adv* (**a**) **a ~ strong stick** un palo bien fuerte; **~ and strong** (*fam*) bien fuerte; **to hold ~ (for)** valer (para); **to come ~** (*fam*) dar buenos resultados.
(**b**) (*esp US fam: well*) bien.
3 *n* (**a**) (*what is morally right*) el bien; **to do ~** hacer bien; **~ and evil** el bien y el mal; **to be up to no ~** estar tramando algo.
(**b**) (*pl: people of virtue*) **the ~** los buenos.
(**c**) (*advantage, benefit*) bien *m*, provecho *m*; **for your own ~** por su propio bien; **the common ~** el bien común; **to come to no ~** acabar mal; **what's the ~ of worrying?** ¿de qué sirve *or* para qué preocuparse?; **is this any ~?** ¿sirve esto?; **what's the ~ of this?** ¿de qué sirve *or* a qué viene todo esto?; **that's no ~ to me** no me sirve para nada; **that's all to the ~!** ¡menos mal!; **a rest will do you some ~** un descanso te sentará bien; **a (fat) lot of ~ that will do** (*iro fam*) ¡menudo provecho te va a traer!
(**d**) (*for ever*) **for ~ (and all)** (de una vez) para siempre; **he's gone for ~** se ha ido para no volver.
goodbye ['gʊd'baɪ] **1** *interj* ¡adiós!, ¡hasta luego! **2** *n* despedida *f*; **to say ~ to** (*lit: sb*) despedirse de; (*fig: sth*) dar

por perdido.

good-for-nothing [ˈgʊdfəˈnʌθɪŋ] *n* inútil *m/f*, gandul(a) *m/f*, vago/a *m/f*.

good-hearted [ˌgʊdˈhɑːtɪd] *adj* de buen corazón.

good-humoured, (*US*) **good-humored** [ˈgʊdˈhjuːməd] *adj* (*person*) amable, de buen humor; (*remark, joke*) jovial; (*discussion*) de tono amistoso.

good-looker [ˌgʊdˈlʊkəʳ] *n* (*fam: man*) tío *m* bueno (*fam*); (*: woman*) tía *f* buena (*fam*).

good-looking [ˈgʊdˈlʊkɪŋ] *adj* guapo/a, bien parecido/a.

goodly [ˈgʊdlɪ] *adj* (*Lit: fine*) agradable, excelente; (*handsome*) hermoso/a, bien parecido/a; (*sum etc*) importante; (*number*) crecido/a.

good-natured [ˈgʊdˈneɪtʃəd] *adj* (*person*) amable, simpático/a; (*discussion*) de tono amistoso.

goodness [ˈgʊdnɪs] **1** *n* (*virtue*) bondad *f*; (*kindness*) amabilidad *f*; (*good quality*) calidad *f*. **2** *interj* (*fam*) **(my) ~!, ~ gracious!** ¡Dios mío!; **thank ~!** ¡menos mal!; **for ~' sake!** ¡por Dios!

goods [gʊdz] **1** *npl* (*Fin, possessions*) bienes *mpl*; (*products*) productos *mpl*; (*Comm etc*) géneros *mpl*, mercancías *fpl*; (*objects*) artículos *mpl*; **leather/canned ~** géneros de cuero/conservas *fpl* en lata; **consumer ~** bienes de consumo; **to deliver the ~** (*fig*) cumplir con lo prometido; **~ and chattels** bienes. **2** *cpd*: **~ train** *n* tren *m* de mercancías.

good-tempered [ˈgʊdˈtempəd] *adj* (*person*) amable, de buen humor.

good-time [ˈgʊdˈtaɪm] *adj*: **~ girl** chica *f* alegre.

goodwill [ˈgʊdˈwɪl] **1** *n* buena voluntad *f*; (*Comm*) clientela *f* y renombre *m* comercial; **as a gesture of ~** como muestra de buena voluntad. **2** *cpd*: **~ mission** *n* misión *f* de buena voluntad.

goody [ˈgʊdɪ] (*esp US fam*) **1** *adj* beatuco/a (*fam*), santurrón/ona. **2** *interj* (*also* **~ ~**) ¡qué bien!, ¡qué estupendo! (*fam*). **3** *n* (*Culin*) golosina *f*; (*Cine*) **the goodies** los buenos.

goody-goody [ˌgʊdɪˈgʊdɪ] *n* (*pej*) santurrón/ona *m/f*.

gooey [ˈguːɪ] *adj* (*comp* **-ier**; *superl* **-iest**) (*fam*) pegajoso/a, viscoso/a; (*sweet*) empalagoso/a.

goof [guːf] (*fam*) **1** *n* bobo/a *m/f*. **2** *vi* **(a)** (*err*) tirarse una plancha. **(b)** (*US: also* **~ off**) gandulear.

▸ **goof around** *vi + adv* (*US fam*) hacer el tonto.

goofy [ˈguːfɪ] *adj* (*comp* **-ier**; *superl* **-iest**) (*fam*) bobo/a.

gook [guːk] *n* (*US fam: pej*) asiático/a *m/f*.

goolies [ˈguːlɪz] *n* (*fam!*) cataplines *mpl* (*fam!*).

goon [guːn] *n* (*fool*) imbécil *mf*, bruto/a *m/f* (*LAm*); (*US: thug*) gorila *m*, matón/ona *m/f*.

goose [guːs] (*pl* **geese**) *n* ganso/a *m/f*, oca *f*; **to cook sb's ~** hacer la santísima a algn; **to kill the ~ that lays the golden eggs** matar la gallina de los huevos de oro.

gooseberry [ˈgʊzbərɪ] *n* (*Bot*) grosella *f* espinosa; (*fig*) **to play ~** hacer de carabina.

goosebumps [ˈguːsbʌmps] *npl*, **gooseflesh** [ˈguːsfleʃ] *n*, **goosepimples** [ˈguːsˌpɪmplz] *npl* carne *f* de gallina.

goose-step [ˈguːsstep] **1** *n* paso *m* de ganso. **2** *vi* marchar a paso de ganso.

GOP *n abbr* (*US Pol*) *of* **Grand Old Party** Partido *m* Republicano.

gopher [ˈgəʊfəʳ] *n* ardillón *m*.

gore¹ [gɔːʳ] *n* sangre *f* derramada.

gore² [gɔːʳ] *vt* cornear.

gorge [gɔːdʒ] **1** *n* (*Geog*) cañón *m*, barranco *m*. **2** *vt*: **to ~ o.s.** atracarse (*with or on* de).

gorgeous [ˈgɔːdʒəs] *adj* (*woman, dress*) hermoso/a, precioso/a; (*holiday, meal etc*) magnífico/a, espléndido/a.

gorilla [gəˈrɪlə] *n* gorila *m*.

gormless [ˈgɔːmlɪs] *adj* (*fam*) torpe.

gorse [gɔːs] *n* aulaga *f*, tojo *m*.

gory [ˈgɔːrɪ] *adj* (*comp* **-ier**; *superl* **-iest**) (*battle, death*) sangriento/a; **he told me all the ~ details** (*hum*) me contó todo con pelos y señales.

gosh [gɒʃ] *interj* (*fam*) ¡cielos!

goshawk [ˈgɒshɔːk] *n* azor *m*.

gosling [ˈgɒzlɪŋ] *n* ansarino *m*.

go-slow [ˈgəʊˈsləʊ] *n* huelga *f* de brazos caídos.

gospel [ˈgɒspəl] **1** *n* (*Rel*) evangelio *m*; **the G~ according to St John** el Evangelio según San Juan; **to take sth as ~** (*fam*) aceptar algo a pies juntillas. **2** *cpd*: **~ music** *n* música *f* de espiritual negro; **~ truth** *n* evangelio *m*.

gossamer [ˈgɒsəməʳ] *n* (*web*) telaraña *f*; (*fabric*) gasa *f*.

gossip [ˈgɒsɪp] **1** *n* (*malicious stories*) chismes *mpl*, chismorreo *m*; (*scandal*) cotilleo *m*, comadreo *m*; (*chatter*) charla *f*; (*person*) cotilla *mf*, chismoso/a *m/f*; **we had a good old ~** charlamos un rato. **2** *vi* (*scandalmonger*) chismear, comadrear; (*chatter*) charlar. **3** *cpd*: **~ column** *n* ecos *mpl* de sociedad; **~ columnist, ~ writer** *n* cronista *mf* de sociedad.

gossiping [ˈgɒsɪpɪŋ] **1** *adj* chismoso/a. **2** *n* cotilleo *m*, chismorreo *m*.

gossipy [ˈgɒsɪpɪ] *adj* chismoso/a; (*style*) familiar, anecdótico.

got [gɒt] *pt, pp of* **get**.

Goth [gɒθ] *n* godo/a *m/f*.

Gothic [ˈgɒθɪk] *adj* (*Archit etc*) gótico/a.

gotta [ˈgɒtə] (*esp US fam*) = **got to**.

gotten [ˈgɒtn] (*US*) *pp of* **get**.

gouge [gaʊdʒ] *vt* (*also* **~ out**: *hole etc*) excavar.

goulash [ˈguːlæʃ] *n* especie de guisado *m* húngaro.

gourd [gʊəd] *n* calabaza *f*.

gourmand [ˈgʊəmənd] *n* glotón *m*.

gourmet [ˈgʊəmeɪ] *n* gastrónomo/a *m/f*.

gout [gaʊt] *n* (*Med*) gota *f*.

gov [gʌv] *n abbr* (*Brit fam*) *of* **governor (b)**.

govern [ˈgʌvən] *vt* (*rule: country*) gobernar; (*control: city, business*) dirigir; (*: choice, decision*) guiar; (*: emotions*) dominar; (*Ling*) regir.

governess [ˈgʌvənɪs] *n* institutriz *f*.

governing [ˈgʌvənɪŋ] *adj* (*Pol*) dirigente, gobernante; **~ body** consejo *m* de administración; **~ principle** principio *m* rector.

government [ˈgʌvnmənt] **1** *n* (*gen*) gobierno *m*; **the Labour G~** la administración laborista; **local ~** la administración municipal. **2** *cpd*: **~ body** *n* ente *m* gubernamental, ente oficial; **~ department** *n* secretaría *f*; **~ issue** *n* propiedad *m* del Estado; **~ policy** *n* política *f* gubernamental *or* del gobierno; **~ stock** *n* reservas *fpl* del Estado; **~ subsidy** *n* subvención *f* del gobierno.

governor [ˈgʌvənəʳ] *n* **(a)** (*of colony, state etc*) gobernador(a) *m/f*; (*director: of school, prison*) director(a) *m/f*. **(b)** (*Brit fam: boss*) jefe *m*, patrón *m*.

governor-general [ˈgʌvənəˈdʒenərəl] *n* (*Brit*) gobernador(a) *m/f* general.

Govt *abbr of* **government** gob.[no].

gown [gaʊn] *n* (*dress*) vestido *m* largo; (*Jur, Univ*) toga *f*.

GP *n abbr of* **general practitioner**.

GPO *n abbr* **(a)** (*Brit*) *of* **General Post Office** ≈ Administración *f* General de Correos. **(b)** (*US*) *of* **Government Printing Office**.

gr. *abbr* **(a)** *of* **gross** gruesa *f*. **(b)** (*Comm*) *of* **gross** bto.

grab [græb] **1** *n* **(a)** (*snatch*) **to make a ~ at** *or* **for sth** intentar agarrar algo; **it's all up for ~s** (*fam*) está a disposición de cualquiera.
(b) (*Tech*) cuchara *f*.
2 *vt* **(a)** (*seize*) coger, agarrar (*LAm*); (*greedily*) echar mano a; (*fig: chance etc*) aprovechar; **to ~ sth from sb** agarrarle algo a algn.
(b) (*fam*) **how does that ~ you?** ¿qué te parece?; **that really ~bed me** aquello me entusiasmó de verdad; **it doesn't ~ me** no me va (*fam*).
3 *vi*: **to ~ at** (*snatch*) tratar de, coger (*Sp*) *or* agarrar (*LAm*); (*in falling*) tratar de asir.

grace [greɪs] **1** *n* **(a)** (*elegance: of form, movement etc*) gracia *f*, elegancia *f*.

(**b**) (*graciousness*) cortesía *f*, gracia *f*; **by the ~ of God** (*Rel*) por la gracia de Dios; **he had the ~ to apologize** tuvo la cortesía de pedir perdón; **3 days' ~** un plazo de 3 días.

(**c**) (*prayer*) bendición *f* de la mesa; **to say ~** bendecir la mesa.

(**d**) (*in titles: dukes*) Excelencia *f*; (*: Rel*) Ilustrísima *f*; **Your G~** su Excelencia; su Ilustrísima; **His G~ Archbishop X** su Ilustrísima Monseñor X.

2 *vt* (*adorn*) adornar, embellecer; (*honour: occasion, event*) honrar; **he ~d the meeting with his presence** honró a los asistentes con su presencia.

graceful [ˈgreɪsfʊl] *adj* (*gen*) elegante; (*apology*) cortés/esa.

gracefully [ˈgreɪsfəlɪ] *adv* (*see adj*) elegantemente; con cortesía.

gracious [ˈgreɪʃəs] **1** *adj* (*charming: smile, hostess*) encantador(a); (*elegant: room, mansion*) elegante; (*kind: permission*) cortés/esa; (*God*) misericordioso/a; **~ living** vida *f* elegante. **2** *interj*: **(good) ~!** ¡Dios mío!

graciously [ˈgreɪʃəslɪ] *adv* (*wave, smile*) graciosamente; (*agree etc*) de buena gana; (*live*) indulgentemente; (*frm: consent, allow*) graciosamente.

grade [greɪd] **1** *n* (**a**) (*level, standard: on scale*) clase *f*, categoría *f*; (*: in job*) grado *m*; (*Mil: rank*) graduación *f*, grado; **high-/low-~ material** material *m* de alta/baja calidad; **to make the ~** (*fig*) llegar, alcanzar el nivel.

(**b**) (*Scol: mark*) nota *f*; (*US: school class*); **he's in fifth ~** está en quinto (curso).

(**c**) (*US: gradient*) pendiente *f*, cuesta *f*; **at ~** (*ground-level*) al nivel *m* del suelo.

2 *vt* (**a**) (*goods, eggs*) clasificar, graduar; (*colours*) degradar.

(**b**) (*Scol: mark*) calificar.

3 *cpd*: **~ crossing** *n* (*US Rail*) paso *m* a nivel; **~ school** *n* (*US*) escuela *f* primaria.

grader [ˈgreɪdəʳ] *n* (*US Scol*) examinador(a) *m/f*.

gradient [ˈgreɪdɪənt] *n* pendiente *f*, cuesta *f*; **a ~ of 1 in 7** una pendiente del algn por siete.

gradual [ˈgrædjʊəl] *adj* (*progressive*) gradual, paulatino/a; (*slope*) ligero/a.

gradually [ˈgrædjʊəlɪ] *adv* poco a poco, paulatinamente, de a poco *(CSur)*.

graduate [ˈgrædjʊɪt] **1** *n* (*Univ*) graduado/a *m/f*, licenciado/a *m/f*, egresado/a *m/f (LAm)*; (*US Scol*) bachiller *mf*. **2** [ˈgrædjʊeɪt] *vt* (*thermometer etc*) graduar. **3** [ˈgrædjʊeɪt] *vi* (*Univ*) graduarse *or* licenciarse (*from* de), recibirse *(LAm)* (*as* de); (*US Scol*) acabar el bachiller. **4** [ˈgrædjʊɪt] *cpd*: **~ student** *n* estudiante *mf* de posgrado.

graduated [ˈgrædjʊeɪtɪd] *adj* (*tube, flask, tax etc*) graduado/a; **~ pension** pensión *f* escalonada.

graduation [ˌgrædjʊˈeɪʃən] *n* (*Univ etc: ceremony*) entrega *f* del título; (*US Scol*) entrega del bachillerato.

graffiti [grəˈfiːtɪ] *npl* inscripciones *fpl* o dibujos *mpl* en una pared, pintadas *fpl*.

graft¹ [grɑːft] (*Bot, Med*) **1** *n* injerto *m*. **2** *vt* injertar.

graft² [grɑːft] (*fam*) **1** *n* (*corruption*) soborno *m*, coima *f (And, CSur)* , mordida *f (CAm, Mex)*; **hard ~** trabajo *m* muy duro. **2** *vi* (*work*) currar *(fam)*.

grafter [ˈgrɑːftəʳ] *n* (*fam*) (**a**) (*swindler etc*) timador *m*, estafador *m*. (**b**) (*Brit: hard worker*) fajador(a) *m/f*.

grain [greɪn] *n* (**a**) (*single particle of wheat, sand etc*) grano *m*; (*no pl: cereals*) cereales *mpl*; (*US: corn*) trigo *m*; (*fig: of sense, truth*) pizca *f*; **there's not a ~ of truth in it** eso no tiene ni pizca de verdad. (**b**) (*of wood*) fibra *f*; (*of stone*) veta *f*, vena *f*; (*of leather*) flor *f*; (*Phot*) grano *m*; **against the ~** a contrapelo; **it goes against the ~** (*fig*) no me pasa, no me entra.

grainy [ˈgreɪnɪ] *adj* (*Phot*) granulado/a, con grano; (*substance*) granulado/a.

grammar [ˈgræməʳ] **1** *n* gramática *f*; (*book*) libro *m* de gramática; **that's bad ~** eso no es gramatical. **2** *cpd*: **~ school** *n* (*Brit*) instituto *m* de segunda enseñanza.

grammarian [grəˈmɛərɪən] *n* gramático/a *m/f*.

grammatical [grəˈmætɪkəl] *adj* gramatical.

grammatically [grəˈmætɪkəlɪ] *adv* bien, correctamente; **~ correct** correcto gramaticalmente; **it's ~ correct to say ...** lo correcto, desde el punto de vista gramático, es decir ....

gram(me) [græm] *n* gramo *m*.

gramophone [ˈgræməfəʊn] *n* (*Brit old*) tocadiscos *m inv*.

gran [græn] *n* (*Brit fam*) = **grandmother**.

granary [ˈgrænərɪ] **1** *n* granero *m*. **2** *cpd*: **~ loaf** ® *n* pan *m* con granos enteros.

grand [grænd] **1** *adj* (*comp* **~er**; *superl* **~est**) (*fine, splendid*) magnífico/a, espléndido/a; (*person: in appearance*) distinguido/a; (*: important*) importante; (*style*) elevado/a; (*house*) imponente; (*fam: very pleasant*) estupendo/a, magnífico/a, macanudo/a *(CSur)*; **we had a ~ time** *(fam)* lo pasamos estupendamente *(fam)*; **~ finale** final *m* triunfal; **~ jury** (*US*) jurado *m* de acusación; **~ master** (*Chess, Mus etc*) gran maestro *m*; **~ opera** ópera *f*; **G~ Prix** (*Aut*) Grand Prix *m*; **~ total** suma *f* final.

2 *n* (**a**) (*also* **~ piano**) piano *m* de cola.

(**b**) (*fam: US*) mil dólares *mpl*; (*: Brit*) mil libras *fpl*.

grandchild [ˈgræntʃaɪld] *n* (*pl* **-children**) nieto/a *m/f*.

grand(d)ad [ˈgrændæd] *n* (*fam*) yayo *m*, abuelito *m*.

grand(d)addy [ˈgrændædɪ] *n* (*US fam*) = **grandfather**.

granddaughter [ˈgrænˌdɔːtəʳ] *n* nieta *f*.

grandeur [ˈgrændjəʳ] *n* (*of occasion, scenery, house etc*) lo imponente; (*of style*) lo elevado.

grandfather [ˈgrændˌfɑːðəʳ] **1** *n* abuelo *m*. **2** *cpd*: **~ clock** *n* reloj *m* de caja.

grandiose [ˈgrændɪəʊz] *adj* (*imposing: style, building etc*) imponente, grandioso/a; (*pej: scheme, manner etc*) ambicioso/a.

grandma [ˈgrænmɑː], **grandmama** [ˈgrænməˌmɑː] *n* yaya *f*, abuelita *f*.

grandmother [ˈgrænˌmʌðəʳ] *n* abuela *f*.

grandpa [ˈgrænpɑː], **grandpapa** [ˈgrænpəˌpɑː] *n* yayo *m*, abuelito *m*.

grandparents [ˈgrænˌpɛərənts] *npl* abuelos *mpl*.

grandson [ˈgrænsʌn] *n* nieto *m*.

grandstand [ˈgrændstænd] **1** *n* (*Sport*) tribuna *f*. **2** *cpd*: **to have a ~ view of** tener una vista magnífica de.

granite [ˈgrænɪt] *n* granito *m*.

grannie, granny [ˈgrænɪ] *n* (*fam*) yaya *f*, abuelita *f*.

grant [grɑːnt] **1** *n* (*money, support*) subvención *f*; (*for student etc*) beca *f*. **2** *vt* (*allow: request, favour*) conceder; (*provide, give: prize*) otorgar; (*admit: that*) reconocer; (*Jur*) ceder; **~ed** *or* **~ing that ...** dado que ...; **I ~ him that** le concedo eso; **to take sth for ~ed** dar algo por supuesto *or* sentado; **he takes her for ~ed** no le hace el más mínimo caso.

grant-aided [ˈgrɑːntˌeɪdɪd] *adj* subvencionado/a.

grantee [grɑːnˈtiː] *n* cesionario/a *m/f*.

grantor [grɑːnˈtɔːʳ, ˈgrɑːntəʳ] *n* cedente *mf*.

granular [ˈgrænjʊləʳ] *adj* granular.

granulated [ˈgrænjʊleɪtɪd] *adj*: **~ sugar** azúcar *m* granulado.

granule [ˈgrænjuːl] *n* (*of sugar etc*) gránulo *m*.

grape [greɪp] **1** *n* uva *f*; **sour ~s!** ¡están verdes!, ¡pura envidia!; **it's just sour ~s with him** es un envidioso, lo que pasa es que tiene envidia. **2** *cpd*: **~ harvest** *n* vendimia *f*; **~ juice** *n* (*for making wine*) mosto *m*; (*drink*) zumo *m* de uva, jugo *m* de uva *(LAm)* .

grapefruit [ˈgreɪpfruːt] *n* pomelo *m*, toronja *f (esp LAm)*.

grapevine [ˈgreɪpvaɪn] *n* vid *f*, parra *f*; (*fam*) teléfono *m* árabe; **I heard it on the ~** (*fig*) me enteré, me lo contaron.

graph [grɑːf] **1** *n* gráfica *f*, gráfico *m*. **2** *cpd*: **~ paper** *n* papel *m* cuadriculado.

graphic [ˈgræfɪk] **1** *adj* gráfico/a; **~ arts** artes *fpl* gráficas; **~ design** diseño *m* gráfico; **~ designer** diseñador(a) *m/f* gráfico/a.

graphics ['græfɪks] *n* **1** (**a**) (*art of drawing*) artes *fpl* gráficas; (*Math etc: use of graphs*) gráficas *fpl*. (**b**) (*Comput*) gráficos *mpl*. (**c**) (*TV*) dibujos *mpl*. **2** *cpd*: ~ **environment** *n* (*Comput*) entorno *m* gráfico; ~ **pad** *n* (*Comput*) tablero *m* de gráficos.

graphite ['græfaɪt] *n* grafito *m*.

grapple ['græpl] *vi* (*wrestlers etc*) luchar cuerpo a cuerpo (*with* con); **to ~ with a problem** (*fig*) enfrentar un problema.

grappling iron ['græplɪŋ,aɪən] *n* (*Naut*) rezón *m*.

grasp [grɑːsp] **1** *n* (*grip*) agarre *m*, asimiento *m*; **to lose one's ~ on sth** desasirse de algo; **it is within his ~** (*fig*) está a su alcance; **it is beyond my ~** está fuera de mi alcance; **to have a good ~ of sth** dominar algo. **2** *vt* (**a**) (*take hold of*) agarrar, asir; (*hold firmly*) sujetar; (*fig: chance, opportunity*) aprovechar. (**b**) (*understand*) comprender, entender.

► **grasp at** *vi + prep* (*rope etc*) tratar de asir; (*fig: opportunity*) aprovechar.

grasping ['grɑːspɪŋ] *adj* (*fig*) avaro/a.

grass [grɑːs] **1** *n* (**a**) (*Bot*) hierba *f*, yerba *f*; (*lawn*) césped *m*, pasto *m* (*LAm*), grama *f* (*LAm*); (*pasture*) pasto; (*fam: marijuana*) mariguana *f*, mota *f* (*LAm fam*); **'keep off the ~'** 'prohibido pisar la hierba'; **not to let the ~ grow under one's feet** aprovechar las oportunidades.

(**b**) (*Brit fam: person*) soplón *m*.

2 *cpd*: ~ **roots** *npl* (*fig*) la base *f*; ~ **opinion** opinión *f* de las bases populares; ~ **widow** *n* mujer *f* cuyo marido está ausente.

3 *vi* (*Brit fam*) soplar (*fam*), dar el chivatazo (*fam*); **to ~ on** delatar a.

grasshopper ['grɑːs,hɒpəʳ] *n* saltamontes *m inv*, chapulín *m* (*Mex, CAm*).

grassland ['grɑːslænd] *n* pradera *f*, pampa *f* (*LAm*).

grassy ['grɑːsɪ] *adj* (*comp* **-ier**; *superl* **-iest**) herboso/a, pastoso/a (*LAm*).

grate¹ [greɪt] *n* (*grid*) parrilla *f*; (*fireplace*) chimenea *f*.

grate² [greɪt] **1** *vt* (**a**) (*cheese etc*) rallar. (**b**) (*scrape: metallic object, chalk etc*) hacer chirriar; **to ~ one's teeth** hacer rechinar los dientes. **2** *vi* (*chalk, hinge etc*) chirriar (*on, against* contra); (*fig*) **it really ~s (on me)** me pone los pelos de punta.

grateful ['greɪtfʊl] *adj* agradecido/a (*for* por); **I am ~ to you** le estoy muy agradecido; **I am most ~ to you for your help** le agradezco mucho su ayuda; **I would be ~ if you would send me** le agradecería me enviara.

gratefully ['greɪtfəlɪ] *adv* agradecidamente, con agradecimiento; **she looked at me ~** me miró agradecida.

grater ['greɪtəʳ] *n* (*Culin*) rallador *m*.

gratification [,grætɪfɪ'keɪʃən] *n* (*satisfaction*) satisfacción *f*; (*reward*) gratificación *f*.

gratified ['grætɪfaɪd] *adj* contento/a, satisfecho/a.

gratify ['grætɪfaɪ] *vt* (*person*) complacer; (*desire, whim etc*) satisfacer; **I am gratified to know** me complace saberlo.

gratifying ['grætɪfaɪɪŋ] *adj* grato/a.

grating¹ ['greɪtɪŋ] *n* (*in wall, pavement*) reja *f*, enrejado *m*, verja *f*.

grating² ['greɪtɪŋ] *adj* (*tone etc*) áspero/a.

gratis ['grɑːtɪs] **1** *adv* gratis. **2** *adj* gratuito/a.

gratitude ['grætɪtjuːd] *n* agradecimiento *m*, reconocimiento *m*.

gratuitous [grə'tjuːɪtəs] *adj* (*free*) gratuito/a; (*capricious*) caprichoso/a, de capricho.

gratuitously [grə'tjuːɪtəslɪ] *adv* gratuitamente, de manera gratuita.

gratuity [grə'tjuːɪtɪ] *n* (*Mil*) gratificación *f*; (*frm: tip*) propina *f*.

grave¹ [greɪv] *adj* (*comp* **~r**; *superl* **~st**) (*expression etc*) severo/a, de severidad; (*situation, matter*) grave; (*error*) serio/a; (*responsibility, decision*) importante.

grave² [greɪv] *n* sepultura *f*; (*with monument*) sepulcro *m*, tumba *f*.

gravedigger ['greɪv,dɪgəʳ] *n* sepulturero *m*.

gravel ['grævəl] **1** *n* grava *f*. **2** *cpd*: ~ **path** *n* camino *m* de grava; ~ **pit** *n* gravera *f*.

gravelly ['grævəlɪ] *adj* (**a**) arenisco/a, cascajoso/a. (**b**) (*voice*) áspero/a.

gravely ['greɪvlɪ] *adv* seriamente; **he is ~ ill** está grave; **he spoke ~** habló en tono preocupado, habló muy serio.

graven ['greɪvən] *adj*: ~ **image** ídolo *m*.

gravestone ['greɪvstəʊn] *n* lápida *f* (sepulcral).

graveyard ['greɪvjɑːd] *n* cementerio *m*, camposanto *m*.

gravitate ['grævɪteɪt] *vi*: **to ~ towards** (*fig: be drawn to*) tender hacia; (*: move*) dirigirse hacia.

gravitation [,grævɪ'teɪʃən] *n* (*Phys*) gravitación *f*.

gravitational [,grævɪ'teɪʃənl] *adj* gravitatorio/a, gravitacional.

gravity ['grævɪtɪ] **1** *n* (*all senses*) gravedad *f*; **the ~ of the situation** lo grave de la situación; **he spoke with the utmost ~** habló con la mayor solemnidad. **2** *cpd*: ~ **feed** *n* alimentación *f* por gravedad.

gravy ['greɪvɪ] **1** *n* (*Culin*) salsa *f* de carne, gravy *m*. **2** *cpd*: ~ **boat** *n* salsera *f*; ~ **train** *n* (*esp US fam*) ganancias *fpl* fáciles.

gray [greɪ] *adj* = **grey**.

graze¹ [greɪz] (*Agr*) **1** *vi* pacer. **2** *vt* (*grass, field*) pacer; (*cattle*) apacentar.

graze² [greɪz] **1** *n* (*injury*) roce *m*, abrasión *f*. **2** *vt* (*touch lightly*) rozar; (*scrape: skin*) raspar; **to ~ one's knees** rasparse las rodillas.

grazing ['greɪzɪŋ] *n* (**a**) (*land*) pasto *m*. (**b**) (*act*) apacentimiento *m*, pastoreo *m*.

grease [griːs] **1** *n* (*oil, fat etc*) grasa *f*; (*lubricant*) lubricante *m*; (*Aut: act: also* **greasing**) engrase *m*, lubricación *f*. **2** *vt* (*baking tin*) engrasar; (*Aut etc*) (en)grasar, lubricar. **3** *cpd*: ~ **gun** *n* pistola *f* engrasadora, engrasadora *f* a presión; ~ **monkey** *n* (*US*) mecánico/a *m/f*, maquinista *mf*; ~ **nipple** *n* engrasador *m*.

greasepaint ['griːspeɪnt] *n* maquillaje *m*.

greaseproof ['griːspruːf] *adj*: ~ **paper** papel *m* apergaminado.

greaser ['griːsəʳ] *n* (*fam*) (**a**) (*mechanic*) mecánico *m*. (**b**) (*motorcyclist*) motociclista *m*. (**c**) (*pej: ingratiating person*) pelota *mf* (*fam*), cepillo *mf* (*LAm*), lameculos *mf* (*fam*). (**d**) (*US pej: Latin American*) sudaca *m* (*fam*).

greasiness ['griːsɪnɪs] *n* (*see adj*) lo grasiento; lo resbaladizo.

greasy ['griːsɪ] *adj* (*comp* **-ier**; *superl* **-iest**) (**a**) (*substance, hands, stains*) grasiento/a, grasoso/a (*esp LAm*); (*road, surface*) resbaladizo/a; (*hair*) grasoso/a. (**b**) (*person*) adulón/ona, cobista, zalamero/a.

great [greɪt] **1** *adj* (*comp* **~er**; *superl* **~est**) (**a**) (*in size, quantity, degree*) grande (*before singular nouns shortened to gran*); (*care etc*) especial; (*age*) avanzado/a; **they're ~ friends** son íntimos amigos; **it's of no ~ importance** no tiene importancia; **he's a ~ reader** es un aficionado a la lectura; **to my ~ surprise** con gran sorpresa mía; ~ **big** (*fam*) muy grande; *see* **deal 1(c); many**.

(**b**) (*in importance, achievement etc: writer, statesman*) gran, grande; **Alexander the G~** Alejandro Magno; **~ minds think alike** (*Prov*) los grandes piensan igual; **the ~ thing is that ...** lo importante es que ....

(**c**) (*fam: excellent*) magnífico/a, excelente, macanudo/a (*LAm fam*), regio/a (*LAm fam*), padre (*Mex fam*), padrísimo/a (*Mex fam*), chévere (*Ven fam*); **it was ~!** ¡fue estupendo! *etc*; **he's ~ at football** es un futbolista magnífico; **the G~ Barrier Reef** la Gran Barrera de Coral; **G~ Britain** Gran Bretaña *f*; **G~ Dane** perro *m* danés; **G~ Lakes** Grandes Lagos *mpl*; **G~ War** Primera Guerra *f* Mundial (*1914-18*).

2 *adv*: **the lads done ~** (*fam*) los chicos han jugado fenómeno (*fam*).

3 *npl*: **the ~** los grandes; **the ~ and the good** (*hum*) los grandes y los buenos.

great-aunt ['greɪt'ɑːnt] *n* tía *f* abuela.

greatcoat ['greɪtkəʊt] *n* gabán *m*; (*Mil etc*) sobretodo *m*.
greater ['greɪtəʳ] *adj comp of* **great** mayor; **G~ London** gran Londres.
greatest ['greɪtɪst] *adj superl of* **great** el mayor, la mayor; **with the ~ difficulty** con la mayor dificultad; **he's the ~!** (*fam*) ¡es el rey!
great-grandchild ['greɪt'grænt∫aɪld] *n* (*pl* **-children**) bisnieto/a *m/f*.
great-granddaughter [ˌgreɪt'grænd,dɔːtəʳ] *n* bisnieta *f*.
great-grandfather ['greɪt'grænd,fɑːðəʳ] *n* bisabuelo *m*.
great-grandmother ['greɪt'græn,mʌðəʳ] *n* bisabuela *f*.
great-grandparents ['greɪt'græn,pɛərənts] *npl* bisabuelos *mpl*.
great-grandson [ˌgreɪt'grændsʌn] *n* bisnieto *m*.
great-great-grandfather ['greɪt'greɪt'grænd,fɑːðəʳ] *n* tatarabuelo *m*.
greatly ['greɪtlɪ] *adv* mucho, sumamente, sobremanera; **~ superior** muy superior; **it is ~ to be regretted** (*frm*) es muy de lamentar.
great-nephew ['greɪt,nefjuː] *n* sobrinonieto *m*.
greatness ['greɪtnɪs] *n* (*all senses*) grandeza *f*.
great-niece ['greɪt,niːs] *n* sobrinanieta *f*.
great-uncle ['greɪt,ʌŋkl] *n* tío *m* abuelo.
Greece [griːs] *n* Grecia *f*.
greed [griːd], **greediness** ['griːdɪnɪs] *n* avaricia *f*, codicia *f*; (*for food*) gula *f*, glotonería *f*.
greedily ['griːdɪlɪ] *adv* con avidez; (*eat*) vorazmente.
greedy ['griːdɪ] *adj* (*comp* **-ier**; *superl* **-iest**) codicioso/a (*for* de); (*for food*) goloso/a (*for* por); **don't be so ~!** ¡no seas glotón!
Greek [griːk] **1** *adj* griego/a. **2** *n* (*person*) griego/a *m/f*; (*Ling*) griego *m*; **ancient ~** griego *m* antiguo; **it's ~ to me** para mí es chino, no entiendo ni palabra.
green [griːn] **1** *adj* (*comp* **~er**; *superl* **~est**) **(a)** (*colour*) verde; (*unripe*) verde; (*inexperienced*) nuevo/a, novato/a; (*gullible*) crédulo/a; **to turn ~** (*lit*) verdear; (*fig: with nausea*) ponerse verde; (*: with envy*) estar verde; **she was ~ with envy** quedaba muda de envidia; **to grow ~, to look ~** verdear; **~ beans** judías *fpl* verdes, ejotes *mpl (Mex)*, porotos *mpl* verdes *(And, CSur)*, chauchas *fpl (Arg)*; **~ belt** (*Brit*) zona *f* verde; **~ card** (*Brit Aut, US Admin*) tarjeta *f* verde; **to have ~ fingers** (*Brit fig*), **to have a ~ thumb** (*US fig*) tener habilidad para la jardinería; **to give the ~ light to** dar luz verde a; **~ pepper** pimiento *m* verde, chile *m*; **~ salad** ensalada *f* de lechuga y pepino.
(b) (*Pol*) verde; **~ issues** temas *mpl* verdes; **G~ Party** Partido *m* Verde; **~ politics** política *f* verde; **~ pound** libra *f* verde; **the ~ vote** el voto verde.
2 *n* **(a)** (*colour*) verde *m*; (*grassy area*) césped *m*, pasto *m (LAm)*; (*bowling ~*) campo *m* de bolos; (*of golf course*) campo, 'green' *m*; **~s** (*Culin*) verduras *fpl*; **village ~** césped *or (LAm)* pasto de uso común.
(b) (*Pol*) **the G~s** los verdes.
greenback ['griːnbæk] *n* (*US*) billete *m* (de banco).
greenery ['griːnərɪ] *n* plantas *fpl* verdes.
greenfield ['griːn,fiːld] *n* (*also* **~ site**) solar *m* sin edificar, terreno *m* sin edificar.
greenfly ['griːnflaɪ] *n* pulgón *m*.
greengage ['griːngeɪdʒ] *n* claudia *f*.
greengrocer ['griːn,grəʊsəʳ] *n* verdulero/a *m/f*; **~'s (shop)** verdulería *f*.
greenhouse ['griːnhaʊs] **1** *n* (*pl* **-houses** [haʊzɪz]) invernadero *m*. **2** *cpd*: **~ effect** *n* efecto *m* invernadero; **~ gas** *n* gas *m* invernadero.
Greenland ['griːnlənd] *n* Groenlandia *f*.
Greenlander ['griːnləndər] *n* groenlandés/esa *m/f*.
Greenwich ['grɪnɪdʒ] *cpd*: **~ mean time** *n* hora *f* media de Greenwich.
greet [griːt] *vt* (*gen*) saludar; (*welcome*) recibir; (*sight, smell etc: sb, sb's eyes*) presentarse a; **the statement was ~ed with laughter** la declaración se recibió entre risas.
greeting ['griːtɪŋ] *n* saludo *m*; (*welcome*) bienvenida *f*, acogida *f*; **~s** saludos *mpl*, recuerdos *mpl*; **~s card** tarjeta *f* de felicitaciones.
gregarious [grɪ'gɛərɪəs] *adj* (*animal*) gregario/a; (*person*) sociable; (*pej*) gregario/a.
gremlin ['gremlɪn] *n* (*fam*) duendecillo *m*, diablillo *m*.
Grenada [gre'neɪdə] *n* Granada *f*.
grenade [grɪ'neɪd] *n* (*also* **hand ~**) granada *f*.
grenadier [ˌgrenə'dɪəʳ] *n* granadero *m*.
grenadine ['grenədiːn] *n* granadina *f*.
grew [gruː] *pt of* **grow**.
grey, (*US*) **gray** [greɪ] **1** *adj* (*comp* **~er**; *superl* **~est**) (*gen*) gris; (*horse*) rucio/a; (*hair*) canoso/a; (*outlook, prospect*) poco prometedor(a); **he has gone/is going ~** le salieron/le están saliendo canas; **a ~ area** (*fig*) un punto poco definido; **it's a ~ area** no está (aún) muy claro; **~ matter** materia *f* gris. **2** *n* (*colour*) gris *m*; (*horse*) rucio *m*. **3** *vi* (*hair*) encanecer.
grey-haired ['greɪ'hɛəd] *adj* canoso/a.
greyhound ['greɪhaʊnd] **1** *n* galgo *m*. **2** *cpd*: **~ track** *n* canódromo *m*.
greying ['greɪɪŋ] *adj* (*hair*) grisáceo/a, que encanece.
greyish ['greɪɪ∫] *adj* grisáceo/a; (*hair*) entrecano/a.
grid [grɪd] *n* (*grating: on house, door, window*) verja *f*; (*: on window*) reja *f*; (*lattice*) rejilla *f*; (*Elec, Gas: network*) red *f*; (*on map*) cuadrícula *f*; (*US Sport*) = **gridiron**; **the national ~** la red nacional.
griddle ['grɪdl] *n* plancha *f*.
gridiron ['grɪd,aɪən] *n* **(a)** (*Culin*) parrilla *f*. **(b)** (*US*) campo *m* de fútbol (americano).
gridlock ['grɪdlɒk] *n* (*US Aut*) embotellamiento *m*.
grief [griːf] *n* (*sorrow*) pena *f*, dolor *m*, pesar *m*; (*cause of sorrow*) tristeza *f*; **good ~!** ¡demonio!; **to come to ~** fracasar, ir al traste.
grief-stricken ['griːf,strɪkən] *adj* apesadumbrado/a.
grievance ['griːvəns] **1** *n* (*complaint*) queja *f*; (*cause for complaint*) motivo *m* de queja; (*of workers*) reivindicación *f*. **2** *cpd*: **~ procedure** *n* sistema *m* de trámite de quejas.
grieve [griːv] **1** *vt* dar pena a, causar tristeza a, afligir; **it ~s me to see** ... me da pena ver .... **2** *vi* afligirse; **to ~ for sb** llorar la pérdida de algn.
grievous ['griːvəs] *adj* (*loss etc*) cruel, doloroso/a, penoso/a; (*blow*) severo/a; (*pain*) fuerte; (*crime, offence*) grave; (*error*) lamentable, craso/a; (*task*) penoso; **~ bodily harm** (*Jur*) graves daños *mpl* corporales.
grievously ['griːvəslɪ] *adv* (*hurt, offend*) gravemente; (*err, be mistaken*) lamentablemente; **~ wounded** gravemente herido.
griffin ['grɪfɪn] *n* grifo *m*.
grill [grɪl] **1** *n* **(a)** (*Brit: on cooker, also restaurant*) parrilla *f*; (*food*) **a mixed ~** una parrillada. **(b)** (*also* **grille**: *grating*) reja *f*, verja *f*. **2** *vt* **(a)** (*Culin*) asar a la parrilla *or* plancha. **(b)** (*fam: interrogate*) interrogar.
grille [grɪl] *n* rejilla *f*; (*of window*) reja *f*; (*screen*) verja *f*.
grilling ['grɪlɪŋ] *n* (*fig*) interrogatorio *m* intenso; **to give sb a ~** interrogar a algn intensamente.
grim [grɪm] *adj* (*comp* **~mer**; *superl* **~mest**) **(a)** (*look, smile*) severo/a, ceñudo/a; (*silence*) lúgubre; (*landscape*) triste; (*struggle*) porfiado/a; (*determination*) inflexible; (*humour, tale*) macabro/a; **the ~ truth** la verdad lisa y llana; **the ~ facts** los hechos inexorables; **to hold on (to sth) like ~ death** aferrarse (a algo) como un clavo ardiente. **(b)** (*fam*) horrible, malísimo/a.
grimace [grɪ'meɪs] **1** *n* mueca *f*. **2** *vi* hacer una mueca.
grime [graɪm] *n* mugre *f*, suciedad *f*.
grimly ['grɪmlɪ] *adv* (*see adj*) severamente; inexorablemente; encarnizadamente; **he smiled ~** sonrió inexorable; **to hang on ~** resistir sin cejar.
grimy ['graɪmɪ] *adj* mugriento/a, sucio/a.
grin [grɪn] **1** *n* (*smile*) sonrisa *f* burlona. **2** *vi* sonreír abiertamente (*at* a); **to ~ and bear it** poner al mal tiempo buena cara.
grind [graɪnd] (*pt, pp* **ground**) **1** *vt* (*coffee, corn, flour*)

moler, machacar; (*sharpen: knife*) amolar, afilar; (*polish: gem, lens*) esmerilar; (*US Culin*) picar; **to ~ one's teeth** hacer rechinar los dientes; **to ~ sth into the earth** clavar algo en el suelo. **2** *vi* funcionar con dificultad; **to ~ to a halt** pararse en seco; **to ~ against** ludir ruidosamente con. **3** *n*: **the daily ~** *(fam)* la rutina *f* diaria; **the work was such a ~** el trabajo era tan pesado.

▸ **grind down** *vt + adv* pulverizar; (*wear away*) desgastar; (*oppress*) agobiar, oprimir; **to ~ down to powder** reducir a polvo; **to ~ down the opposition** destruir lentamente *or* desmoronar a la oposición.

▸ **grind on** *vi + adv*: **the case went ~ing on for months** el pleito se desarrollaba penosamente durante varios meses.

▸ **grind out** *vt + adv* reproducir mecánicamente.

▸ **grind up** *vt + adv* pulverizar.

grinder ['graɪndəʳ] *n* (*machine: for coffee*) molinillo *m*; (*: for sharpening*) afiladora *f*; (*: US: for meat*) picadora *f* de carne.

grinding ['graɪndɪŋ] *adj*: **~ sound** rechinamiento *m*; **~ poverty** miseria *f* (absoluta).

grindstone ['graɪn*d*stəʊn] *n*: **to keep one's nose to the ~** batir el yunque.

gringo ['grɪŋgəʊ] *n* (*US*) gringo/a *m/f*.

grip [grɪp] **1** *n* (**a**) (*grasp*) agarre *m*, asimiento *m*; (*handclasp*) apretón *m* (de manos); (*handle*) asidero *m*, asa *f*; **to come to ~s with** luchar a brazo partido con; **to get to ~s with sb/sth** enfrentarse con algn/algo; **he lost his ~ of the situation** la situación se le fue de las manos; **to have a good ~ of a subject** entender algo a fondo; **get a ~ on yourself!** *(fam)* ¡cálmate!, ¡contrólate!

(**b**) (*holdall*) maletín *m*.

2 *vt* (*hold*) agarrar; (*: hands*) apretar, estrechar; (*fig: enthrall*) fascinar; **the wheels ~ the road** las ruedas se agarran a la carretera.

3 *vi* (*wheel*) agarrarse.

gripe [graɪp] *(fam)* **1** *n* (*complaint*) queja *f*. **2** *vi* (*complain*) quejarse (*about* de).

gripping ['grɪpɪŋ] *adj* (*story, novel*) absorbente.

grisly ['grɪzlɪ] *adj* (*comp* **-ier**; *superl* **-iest**) (*horrible*) horroroso/a; (*horrifying*) horripilante.

grist [grɪst] *n*: **it's all ~ to the mill** de todo hay que sacar provecho.

gristle ['grɪsl] *n* cartílago *m*.

gristly ['grɪslɪ] *adj* cartilaginoso/a, ternilloso/a.

grit [grɪt] **1** *n* (*gravel*) grava *f*; (*fig: courage*) valor *m*, ánimo *m*. **2** *vt* (**a**) (*road*) echar grava a. (**b**) **to ~ one's teeth** apretar los dientes.

grits [grɪts] *npl* (*US*) maíz *m* a medio moler.

gritty ['grɪtɪ] *adj* (*comp* **-ier**; *superl* **-iest**) arenisco/a, arenoso/a.

grizzle ['grɪzl] *vi* (*cry*) lloriquear.

grizzled ['grɪzld] *adj* (*hair*) entrecano/a.

grizzly ['grɪzlɪ] *n* (*also* **~ bear**) oso *m* pardo.

groan [grəʊn] **1** *n* (*of pain etc*) gemido *m*; (*of dismay etc*) quejido *m*; (*mumble*) gruñido *m*. **2** *vi* gemir, quejarse; (*mumble*) gruñir, refunfuñar; (*tree, gate etc*) crujir.

grocer ['grəʊsəʳ] *n* tendero/a *m/f*, almacenero/a *m/f (CSur)*, abarrotero/a *m/f (Mex)*, bodeguero/a *m/f (CAm)*; **~'s (shop)** tienda *f* de ultramarinos, tienda de abarrotes *(LAm)*, almacén *m (CSur)*, bodega *f (And, Carib, CAm)*.

groceries ['grəʊsərɪz] *npl* comestibles *mpl*, abarrotes *mpl (LAm)*.

grocery ['grəʊsərɪ] *n* (*shop*) tienda *f* de ultramarinos, tienda de abarrotes *(LAm)*, almacén *m (CSur)*, bodega *f (And, Carib, CAm)*.

grog [grɒg] *n*: **rum ~** grog *m*.

groggy ['grɒgɪ] *adj* (*comp* **-ier**; *superl* **-iest**) (*from blow*) atontado/a; (*from alcohol*) tambaleante; (*Boxing*) groggy, grogui; **I feel a bit ~** no me siento del todo bien.

groin [grɔɪn] *n* (*Anat*) ingle *f*.

groom [gru:m] **1** *n* (*in stable*) mozo *m* de cuadra; (*bride~*) novio *m*. **2** *vt* (**a**) (*horse*) almohazar; **well ~ed** (*person*) bien acicalado/a. (**b**) (*prepare: person*) **to ~ sb as/to be** preparar a algn para/para ser.

groove [gru:v] *n* (*in wood, metal etc*) ranura *f*; (*of record*) surco *m*; **to be in a ~** estar metido en una rutina.

groovy ['gru:vɪ] *adj* (*old fam: marvellous*) estupendo/a *(fam)*, guay *(fam)*, total *(fam)*, tope *(fam)*; (*: up-to-date*) moderno/a, nuevo/a.

grope [grəʊp] **1** *vi* (*also* **~ around, ~ about**) andar a tientas, tantear; **to ~ for sth** (*lit, fig*) buscar a tientas. **2** *vt*: **to ~ one's way (through/towards)** avanzar a tientas (por/hacia); **to ~ sb** (*sexually*) toquetear a algn.

gross [grəʊs] **1** *adj* (*comp* **~er**; *superl* **~est**) (**a**) (*fat: body*) gordo/a, grueso/a *(esp LAm)*; (*vegetation*) tupido/a; (*vulgar: behaviour, language*) grosero/a; (*serious: error, negligence, impertinence*) craso/a; (*indecency*) grande.

(**b**) (*total: profit, income, sales*) bruto/a; **~ national product** producto *m* nacional bruto *(PNB)*; **~ output** producción *f* bruta; **~ wage** salario *m* bruto.

2 *adv*: **she earns £50,000 ~ a year** gana en total 50.000 libras al año.

3 *n inv* (*twelve dozen*) gruesa *f*.

4 *vt* (*Comm*) recaudar en bruto.

▸ **gross out** *vt + adv* (*US fam*) asquear, dar asco a.

▸ **gross up** *vt + adv* (*US fam: salary etc*) recaudar en bruto.

grossly ['grəʊslɪ] *adv* groseramente; **~ exaggerated** enormemente exagerado; **~ fat** tan gordo que da asco.

grot [grɒt] *n* (*fam*) mierda *f (fam)*.

grotesque [grəʊ'tesk] *adj* grotesco/a.

grotto ['grɒtəʊ] *n* gruta *f*.

grotty ['grɒtɪ] *adj* (*comp* **-ier**; *superl* **-iest**) (*Brit fam*) de mierda *(fam)*, asqueroso/a, mugroso/a *(LAm)*; **I feel ~** me siento fatal *(fam)*.

grouch [graʊtʃ] *(fam)* **1** *vi* refunfuñar. **2** *n* (*person*) refunfuñón/ona *m/f*; (*complaint*) queja *f*; **to have a ~ against sb** estar resentido con algn.

grouchy ['graʊtʃɪ] *adj* (*fam*) malhumorado/a.

ground[1] [graʊnd] **1** *n* (**a**) (*soil*) tierra *f*, suelo *m*.

(**b**) (*terrain*) terreno *m*; **high/hilly ~** terreno alto/montañoso; **to gain/lose ~** ganar/perder terreno; **to be on dangerous ~** entrar en territorio peligroso; **to go to ~** (*fox*) meterse en su madriguera; (*person*) esconderse, refugiarse; **to prepare the ~ for sth** preparar el terreno para algo; **it suits me down to the ~** me conviene perfectamente; **to cut the ~ from under sb's feet** quitarle terreno a algn; **common ~** terreno común.

(**c**) (*surface*) suelo *m*, tierra *f*; **on the ~** en el suelo; **above/below ~** sobre/debajo de la tierra; **to fall to the ~** (*lit*) caerse al suelo; (*fig*) fracasar; **to get off the ~** (*aircraft*) despegar; (*plans etc*) ponerse en marcha; **to hold** *or* **stand one's ~** (*lit*) no ceder terreno; (*fig*) mantenerse firme; **he covered a lot of ~ in his lecture** abarcó mucho en la clase.

(**d**) (*pitch*) terreno *m*, campo *m*; **parade/recreation ~** plaza *f* de armas/centro *m* deportivo; **~s** (*gardens*) jardines *mpl*.

(**e**) (*background*) fondo *m*, trasfondo *m*.

(**f**) **~s** (*of coffee*) poso *msg*, sedimento *msg*.

(**g**) (*US Elec*) tierra *f*.

(**h**) (*reason: usu pl*) razón *f*, motivo *m*; **on medical ~s** por razones de salud; **~s for complaint** motivos *mpl* de queja; **on the ~(s) that** a causa *or* por motivo de que.

2 *vt* (**a**) (*ship*) varar, hacer encallar; (*plane, pilot*) obligar a permanecer en tierra.

(**b**) (*US Elec*) conectar con tierra.

(**c**) (*teach*) **to be well ~ed in** tener un buen conocimiento de, estar versado/a en.

(**d**) (*student*) encerrar, no dejar salir.

3 *vi* (*Naut*) encallar, varar.

4 *cpd*: **~ attack** *n* ataque *m* de tierra; (*Aer*) ataque *m* a superficie; **~ control** *n* control *m* desde tierra; **~ floor**

n planta *f* baja, primer piso *m (LAm)*; ~ **forces** *npl* fuerzas *fpl* de tierra; ~ **frost** *n* escarcha *f*; ~ **level** *n* nivel *m* del suelo; ~ **plan** *n* plano *m*, planta *f*; ~ **rent** *n* (*esp Brit*) alquiler *m* del terreno; ~ **rules** *npl* reglas *fpl* básicas; **we can't change the ~ rules at this stage** a estas alturas no podemos cambiar las reglas; ~ **staff** *n* (*Aer*) personal *m* de tierra; ~ **wire** *n* (*US*) cable *m* de toma de tierra.

ground[2] [graʊnd] **1** *pt, pp of* **grind**. **2** *adj* (*coffee etc*) molido/a; (*glass*) deslustrado/a; (*US: meat*) picado/a.

groundcloth [ˈgraʊndklɒθ] *n* (*US*) = **groundsheet**.

grounding [ˈgraʊndɪŋ] *n* conocimientos *mpl* básicos; **to give sb a ~ in** enseñar a algn los rudimentos de.

groundkeeper [ˈgraʊndˌkiːpəʳ], (*US*) **groundskeeper** *n* cuidador *m* del terreno de juego, encargado *m* de la pista de deportes.

groundless [ˈgraʊndlɪs] *adj* sin fundamento.

groundnut [ˈgraʊndnʌt] *n* (*peanut*) cacahuete *m*, maní *m (LAm)*, cacahuate *m (Mex)*.

groundsheet [ˈgraʊndʃiːt], (*US*) **groundcloth** *n* (*in tent*) suelo *m* (de tienda de campaña), tela *f* impermeable; **I need to buy another ~ for the tent** tengo que comprar otro suelo para la tienda de campaña.

groundskeeper [ˈgraʊndzˌkiːpəʳ] *n* (*US*) = **groundkeeper**.

groundsman [ˈgraʊndzmən] *n* (*pl* **-men**) (*Sport*) encargado *m* de la manutención de una pista de deporte.

groundswell [ˈgraʊndswel] *n* mar *m* de fondo; (*fig*) marejada *f*.

groundwork [ˈgraʊndwɜːk] *n*: **to do the ~ for sth** echar las bases de algo.

group [gruːp] **1** *n* (*gen*) grupo *m*; (*gathering, Mus*) conjunto *m*; (*set, clique: of people*) agrupación *f*; (*gang*) pandilla *f*, banda *f*; (*of languages etc*) familia *f*; **blood ~** (*Med*) grupo sanguíneo. **2** *vt* (*also* **~ together**) agrupar, reunir. **3** *vi* (*see vt*) agruparse. **4** *cpd* (*discussion, photo, therapy*) en grupo; ~ **booking** *n* reserva *f* por grupos; ~ **captain** *n* (*Aer*) jefe *m* de escuadrilla; ~ **practice** *n* (*Med*) centro *m* médico; ~ **sex** *n* sexo *m* en grupo; ~ **therapy** *n* terapia *f* de grupo.

groupie [ˈgruːpɪ] *n* (*fam*) groupie *f (fam)*.

grouse[1] [graʊs] *n inv* urogallo *m*.

grouse[2] [graʊs] (*fam*) **1** *n* (*complaint*) queja *f*. **2** *vi* quejarse (*about* de).

grout [graʊt] **1** *n* lechada *f*. **2** *vt* enlechar.

grove [grəʊv] *n* arboleda *f*.

grovel [ˈgrɒvl] *vi* (*lit, fig*) arrastrarse (*to* ante).

grovelling, (*US*) **groveling** [ˈgrɒvlɪŋ] *adj* rastrero/a, servil.

grow [grəʊ] (*pt* **grew**; *pp* **~n**) **1** *vt* (*Agr*) cultivar; (*beard etc*) dejar crecer.

2 *vi* (**a**) (*gen*) crecer; (*increase: in numbers etc*) aumentar; (*develop: friendship, love*) desarrollarse; (*: custom etc*) arraigar; **to ~ in stature/popularity** ganar prestigio/popularidad; **that painting is ~ing on me** esa pintura me gusta cada vez más.

(**b**) (*become*) ponerse, hacerse, volverse; **to ~ dark** oscurecer; **to ~ old** envejecer(se); **to ~ tired of waiting** cansarse de esperar; **to ~ to like sb** llegar a querer a algn, encariñarse con algn.

► **grow apart** *vi + adv* (*fig*) alejarse algn del otro.

► **grow away from** *vi + prep* (*fig*) alejarse de.

► **grow into** *vi + prep* (**a**) (*clothes*) **he'll ~ into them** llegarán a sentarle bien. (**b**) (*become*) volverse, convertirse en; **she has ~n into a beautiful woman** se ha vuelto una mujer guapísima.

► **grow on** *vi + prep*: **the book ~s on one** el libro gusta cada vez más, el libro llega a gustar con el tiempo; **the habit grew on him** la costumbre arraigó en él.

► **grow out of** *vi + prep* (**a**) (*clothes*) quedársele pequeño; (*habit*) perder con la edad. (**b**) (*arise from*) surgir de.

► **grow up** *vi + adv* (**a**) (*become adult*) hacerse hombre/mujer, crecer; **I grew up in the country** me crié en el campo; ~ **up!** (*fam*) ¡no seas niño! (**b**) (*develop: friendship etc*) desarrollarse.

growbag [ˈgrəʊbæg] *n* bolsa *f* de cultivo.

growing [ˈgrəʊɪŋ] *adj* (**a**) (*crop etc*) que crece, que se desarrolla; ~ **season** época *f* de crecimiento. (**b**) (*increasing*) creciente. (**c**) (*child*) que está creciendo; ~ **pains** (*fig*) problemas *mpl* inherentes al crecimiento.

growl [graʊl] **1** *n* gruñido *m*. **2** *vi* (*animal*) gruñir; (*person*) refunfuñar.

grown [grəʊn] **1** *pp of* **grow**. **2** *adj* (*also* **fully ~**) adulto/a, maduro/a.

grown-up [ˈgrəʊnˈʌp] **1** *adj* adulto/a. **2** *n* adulto/a *m/f*, mayor *mf*.

growth [grəʊθ] **1** *n* (**a**) (*development, increase*) desarrollo *m*; (*Econ, of hair, beard, child*) crecimiento *m*; **with 3 days' ~ on his face** con barba de 3 días; **to reach full ~** llegar a la madurez; **malnutrition stunts ~** la malnutrición detiene el crecimiento; **spiritual ~** el desarrollo espiritual.

(**b**) (*Med*) tumor *m*.

2 *cpd*: ~ **area** *n* polo *m* de desarrollo; ~ **industry** *n* industria *f* en desarrollo; ~ **rate** *n* (*Econ etc*) tasa *f* de crecimiento *or* de desarrollo; ~ **shares** *npl* (*US*) = ~ **stock**; ~ **stock** *n* acciones *fpl* con perspectivas de valorización.

groyne [grɔɪn] *n* espolón *m*.

GRSM *n abbr* (*Brit*) *of* **Graduate of the Royal Schools of Music**.

GRT *n abbr of* **gross register tons** TRB *fpl*.

grub [grʌb] **1** *n* (**a**) (*larva*) larva *f*, gusano *m*. (**b**) (*fam: food*) comida *f*; **~('s) up!** ¡la comida está servida! **2** *vi*: **to ~ about in the earth for sth** remover la tierra buscando algo.

grubby [ˈgrʌbɪ] *adj* (*comp* **-ier**; *superl* **-iest**) (*dirty*) mugriento/a, sucio/a, mugroso/a *(LAm)*.

grudge [grʌdʒ] **1** *n* resentimiento *m or* rencor *m* (*against* a); **to bear a ~** guardar rencor. **2** *vt*: **to ~ sb sth** dar algo a algn a regañadientes; **I don't ~ you your success** no te envidio el éxito; **to ~ doing sth** hacer algo de mala gana.

grudging [ˈgrʌdʒɪŋ] *adj* (*praise etc*) poco generoso/a; (*support*) de mala gana.

grudgingly [ˈgrʌdʒɪŋlɪ] *adv* de mala gana.

gruelling, (*US*) **grueling** [ˈgrʊəlɪŋ] *adj* (*task*) penoso/a, duro/a; (*match etc*) agotador(a).

gruesome [ˈgruːsəm] *adj* espantoso/a, horrible.

gruff [grʌf] *adj* (*comp* **~er**; *superl* **~est**) (*voice*) ronco/a; (*manner*) brusco/a.

grumble [ˈgrʌmbl] **1** *n* (*complaint*) queja *f*, (*noise*) retumbo *m*. **2** *vi* (*complain*) quejarse (*about* de); (*thunder etc*) retumbar (a lo lejos).

grumbling [ˈgrʌmblɪŋ] **1** *n*: **I couldn't stand his constant ~** no podía soportar su constante regruñir. **2** *adj* (*person, tone*) gruñón/ona; **a ~ appendix** síntomas *mpl* de apendicitis.

grumpy [ˈgrʌmpɪ] *adj* (*comp* **-ier**; *superl* **-iest**) (*person*) malhumorado/a, gruñón/ona; (*voice*) de gruñón.

grunt [grʌnt] **1** *n* (*of animal, person*) gruñido *m*. **2** *vi* (*animal, person*) gruñir.

gr. wt. *abbr of* **gross weight**.

GSA *n abbr* (*US*) *of* **General Services Administration**.

GSUSA *n abbr* (*US*) *of* **Girl Scouts of the United States of America**.

GT *n abbr of* **gran turismo** GT.

GU *abbr* (*US Post*) *of* **Guam**.

Guadeloupe [ˌgwɑːdəˈluːp] *n* Guadalupe *f*.

guano [ˈgwɑːnəʊ] *n* guano *m*.

guarantee [ˌgærənˈtiː] **1** *n* (*Comm*) garantía *f*; (*surety*) caución *f*; (*guarantor*) fiador(a) *m/f*; **there is no ~ that** no hay seguridad de que; **it is under ~** está bajo garantía; **I give you my ~** se lo aseguro. **2** *vt* (*Comm: goods*) garantizar, poner bajo garantía; (*ensure: service, deliv-*

ery) asegurar; (*make o.s. responsible for: debt etc*) ser fiador de; **I can't ~ good weather** no respondo del tiempo; **he can't ~ (that) he'll come** no está seguro de poder venir.

guaranteed [ˌgærənˈtiːd] *adj* (*see vt*) garantizado/a; asegurado/a, seguro/a; **~ loan** préstamo *m* garantizado; **~ prices** precios *mpl* garantizados.

guarantor [ˌgærənˈtɔːʳ] *n* (*Jur*) garante *mf*, fiador(a) *m/f*.

guard [gɑːd] **1** *n* (**a**) (*soldier*) guardia *mf*; (*squad of soldiers*) guardia *f*; (*security ~*) guardia *mf* de seguridad; (*esp US: prison ~*) carcelero/a *m/f*; (*Brit Rail*) jefe *m* de tren; (*Sport*) defensa *mf*; **~'s van** (*Brit Rail*) furgón *m*; **to change ~** (*Mil*) relevar la guardia; **advance ~** (*Mil*) avanzada *f*; **he 's one of the old ~** es uno de los viejos.

(**b**) (*Mil: also* **~ duty**: *watch*) guardia *f*; (*fig: watchfulness*) vigilancia *f*; **to be on ~** (*Mil etc*) estar en guardia; **to be on one's ~ (against)** (*fig*) estar en guardia (contra); **to be under ~** estar bajo guardia; **to catch sb off his ~** coger *or* agarrar a algn desprevenido *(Sp) or* de imprevisto *(LAm)*; **to drop** *or* **lower one's ~** bajar la guardia, descuidarse; **to keep ~ over sth/sb** (*Mil, fig*) vigilar algo/a algn; **to keep sb under ~** vigilar a algn; **to stand ~ over sth** montar la guardia sobre algo.

(**c**) (*safety device: on machine*) salvaguardia *f*, resguardo *m*; (*protection*) protección *f*; (*fire ~*) guardafuego *m*.

2 *vt* (*prisoner, treasure*) vigilar, custodiar; (*secret*) guardar; (*protect*) **to ~** protegerse (*against or from* de) (*person*) proteger (de) (*against or from* de).

3 *cpd*: **~ dog** *n* perro *m* guardián.

▸ **guard against** *vi + prep* (*take care to avoid: illness*) guardarse de; (*: suspicion, accidents*) evitar; **to ~ against doing sth** evitar hacer algo.

guarded [ˈgɑːdɪd] *adj* (*reply, tone*) cauteloso/a.

guardedly [ˈgɑːdɪdlɪ] *adv* cautelosamente.

guardhouse [ˈgɑːdhaʊs] *n* cuartel *m* de la guardia; (*prison*) cárcel *f* militar.

guardian [ˈgɑːdɪən] **1** *n* (*Jur: of child*) tutor(a) *m/f*. **2** *cpd*: **~ angel** *n* ángel *m* custodio, ángel de la guarda.

guardrail [ˈgɑːdreɪl] *n* pretil *m*.

guardroom [ˈgɑːdrʊm] *n* cuarto *m* de guardia.

guardsman [ˈgɑːdzmən] *n* (*pl* **-men**) (*Brit*) soldado *m* de la guardia real; (*US*) guardia *m* (nacional).

Guatemala [ˌgwɑːtɪˈmɑːlə] *n* Guatemala *f*.

Guatemalan [ˌgwɑːtɪˈmɑːlən] *adj, n* guatemalteco/a *m/f*.

guava [ˈgwɑːvə] *n* guayaba *f*.

Guayana [gaɪˈɑːnə] *n* Guayana *f*.

gudgeon[1] [ˈgʌdʒən] *n* (*fish*) gobio *m*.

gudgeon[2] [ˈgʌdʒən] *n* (*Tech*) gorrón *m*.

guerrilla [gəˈrɪlə] **1** *n* guerrillero/a *m/f*; **urban ~** montanero/a *(CSur)*, tupamaro/a *(CSur)*. **2** *cpd*: **~ warfare** *n* guerra *f* de guerrillas.

Guernsey [ˈgɜːnzɪ] *n* Guernesey *m*.

guess [ges] **1** *n* conjetura *f*, suposición *f*; **to make/have a ~** adivinar; **at a (rough) ~** a ojo; **my ~ is that ...** yo creo que ...; **it's anybody's ~** ¿quién sabe?; **your ~ is as good as mine!** ¡vete a saber!

2 *vt* (**a**) (*answer, meaning*) acertar; (*height, weight etc*) adivinar; **~ what!** ¡a que no adivinas!; **I ~ed as much** me lo suponía; **in all that time we never ~ed** en todo el tiempo no lo sospechábamos.

(**b**) (*esp US: suppose*) creer, suponer; **I ~ you're right** supongo que tienes razón; **I ~ so** creo que sí.

3 *vi* (**a**) (*make a guess*) adivinar; (*~correctly*) acertar; **he's just ~ing** no hace más que especular; **to keep sb ~ing** mantener a algn a la expectativa; **to ~ at sth** intentar adivinar algo.

(**b**) (*esp US: suppose*) suponer, creer; **he's happy, I ~** supongo que está contento.

guesstimate [ˈgestɪmɪt] (*fam*) *n* estimación *f* aproximada.

guesswork [ˈgeswɜːk] *n* conjeturas *fpl*.

guest [gest] **1** *n* (*in house*) invitado/a *m/f*; (*: visitor*) visita *f*; (*at hotel etc*) huésped(a) *m/f*; **~ of honour** invitado de honor; **be my ~** (*fam*) yo invito. **2** *cpd*: **~ room** *n* cuarto *m* de huéspedes; **~ speaker** *n* orador *m* invitado, oradora *f* invitada; **~ star** *n* estrella *f* invitada.

guesthouse [ˈgesthaʊs] (*pl* **-houses** [haʊzɪz]) *n* pensión *f*, casa *f* de huéspedes.

guff [gʌf] *n* (*fam*) música *f* celestial.

guffaw [gʌˈfɔː] **1** *n* carcajada *f*. **2** *vi* reírse a carcajadas.

Guiana [gaɪˈɑːnə] *n* Guayana *f*.

guidance [ˈgaɪdəns] *n* (**a**) (*counselling*) consejo *m*; (*leadership*) dirección *f*; **marriage/vocational ~** orientación *f* matrimonial/profesional. (**b**) (*of missile*) dirección *f*.

guide [gaɪd] **1** *n* (*person: gen*) guía *mf*; (*~book*) guía *f* turística; **let conscience be your ~** que la conciencia sea tu consejera; *see* **girl**. **2** *vt* (*person: round town etc*) guiar; (*: in choice, decision*) orientar; **to be ~d by sb/sth** dejarse guiar por algn/algo. **3** *cpd*: **~ dog** *n* perro *m* guía.

guidebook [ˈgaɪdbʊk] *n* guía *f* turística.

guided [ˈgaɪdɪd] *adj* (*missile*) teledirigido/a; (*tour*) con guía.

guideline [ˈgaɪdlaɪn] *n* (línea *f*) directriz *f*.

guiding [ˈgaɪdɪŋ] *adj*: **~ principle** principio *m* director; **~ star** estrella *f* de guía.

guild [gɪld] *n* (*gen*) gremio *m*.

guildhall [ˈgɪldˌhɔːl] *n* (*town hall*) ayuntamiento *m*.

guile [gaɪl] *n* astucia *f*.

guillotine [ˌgɪləˈtiːn] **1** *n* guillotina *f*. **2** *vt* guillotinar.

guilt [gɪlt] **1** *n* (*being guilty*) culpa *f*; (*feeling guilty*) culpabilidad *f*; **to admit one's ~** confesarse culpable. **2** *cpd*: **~ complex** *n* complejo *m* de culpabilidad.

guiltily [ˈgɪltɪlɪ] *adv*: **he said ~** dijo como confesándose culpable; **he looked round ~** volvió la cabeza como si fuera culpable.

guiltless [ˈgɪltlɪs] *adj* inocente, libre de culpa (*of* de).

guilty [ˈgɪltɪ] *adj* (*comp* **-ier**; *superl* **-iest**) (*Jur, gen*) culpable; (*look*) con expresión de culpabilidad; (*conscience*) lleno/a de remordimientos; **~ of sth** culpable de algo; **the ~ person** *or* **party** el/la culpable *m/f*; **to find sb ~** declarar culpable a algn; **to plead ~** confesarse culpable; **to plead not ~** negar la acusación; **'How do you plead? G~ or not ~?'** '¿Se confiesa inocente o culpable?'

Guinea [ˈgɪnɪ] *n* Guinea *f*.

guinea [ˈgɪnɪ] *n* (*Brit*) guinea *f (= 21 chelines)*.

guinea pig [ˈgɪnɪpɪg] *n* (*gen, also fig*) cobayo *m*, cobaya *f*, conejillo *m* de Indias.

guise [gaɪz] *n*: **in that ~** de esa manera; **under the ~ of** so capa de.

guitar [gɪˈtɑːʳ] *n* guitarra *f*.

guitarist [gɪˈtɑːrɪst] *n* guitarrista *mf*.

gulch [gʌlʃ] *n* (*US*) barranco *m*.

gulf [gʌlf] **1** *n* (*bay*) golfo *m*; (*chasm: also fig*) abismo *m*; **the (Persian) G~** el Golfo (Pérsico); **the G~ of Mexico** el Golfo de Méjico *or (LAm)* México; **G~ of Suez** Golfo *m* de Suez. **2** *cpd*: **the G~ States** *npl* los países del Golfo; **the G~ Stream** *n* la Corriente del Golfo.

gull [gʌl] *n* (*bird*) gaviota *f*.

gullet [ˈgʌlɪt] *n* esófago *m*, garganta *f*.

gullibility [ˌgʌlɪˈbɪlɪtɪ] *n* credulidad *f*, simpleza *f*.

gullible [ˈgʌlɪbl] *adj* crédulo/a.

gully [ˈgʌlɪ] *n* (*ravine*) barranco *m*; (*channel*) hondonada *f*.

gulp [gʌlp] **1** *n* trago *m*; **in** *or* **at one ~** de un trago. **2** *vt* (*also* **~ down**) tragarse, engullir. **3** *vi* (*while drinking*) tragar; (*through fear etc*) tener un nudo en la garganta.

gum[1] [gʌm] *n* (*Anat*) encía *f*.

gum[2] [gʌm] **1** *n* (*glue*) goma *f*, pegamento *m*; (*~tree*) eucalipto *m*; (*chewing ~*) chicle *m*, (*sweet*) pastilla *f* de caramelo; **~ arabic** goma *f* arábiga. **2** *vt* (*stick together*) pegar con goma; (*also* **~ down**: *label, envelope*) pegar.

▸ **gum up** *vt + adv*: **to ~ up the works** (*fam*) meter un

palo en la rueda.
gumboil [ˈgʌmbɔɪl] *n* flemón *m*.
gumboots [ˈgʌmbuːts] *npl* botas *fpl* altas de goma.
gummed [gʌmd] *adj* engomado/a; ~ **envelope** sobre *m* engomado; ~ **label** etiqueta *f* engomada.
gumption [ˈgʌmpʃən] *n* (*fam: initiative*) iniciativa *f*; (*: strength*) fuerza *f*, vigor *m*.
gumshoe [ˈgʌmʃuː] *n* (*US*) **(a)** zapato *m* de goma. **(b)** (*fam*) detective *m*.
gumtree [ˈgʌmtriː] *n* árbol *m* gomero; **to be up a ~** (*Brit fam*) estar en un aprieto.
gun [gʌn] **1** *n* (*pistol*) pistola *f*, revólver *m*; (*rifle*) fusil *m*; (*cannon*) cañón *m*; **big ~** (*fam*) pez *m* gordo, espadón *m*; **to draw a ~ on sb** apuntar a algn con un arma; **to be going great ~s** hacer grandes progresos, ir a las mil maravillas; **to jump the ~** salir antes de tiempo; (*fig*) obrar con demasiada anticipación; **to stick to one's ~s** mantenerse firme, aferrarse. **2** *vt* (*also* ~ **down**) asesinar. **3** *cpd*: ~ **barrel** *n* cañón *m*; ~ **dog** *n* perro *m* de caza; ~ **licence** *n* licencia *f* de armas.
► **gun for** *vi* + *prep* (*fig*) perseguir; **it's really the boss they're ~ning for** en realidad esto va contra el jefe.
gunboat [ˈgʌnbəʊt] **1** *n* cañonero *m*. **2** *cpd*: ~ **diplomacy** *n* diplomacia *f* cañonera.
gunfight [ˈgʌnfaɪt] *n* tiroteo *m*.
gunfire [ˈgʌnfaɪəʳ] *n* disparos *mpl*.
gunge [gʌndʒ] (*fam*) **1** *n* mugre *f*. **2** *vt*: **to ~ up** atascar, obstruir.
gung-ho [ˈgʌŋˈhəʊ] *adj* **(a)** (*over-enthusiastic*) (tontamente) optimista, (locamente) entusiasta. **(b)** (*jingoistic*) patriotero (con exceso), jingoísta.
gunk [gʌŋk] *n* (*fam*) = **gunge**.
gunman [ˈgʌnmən] *n* (*pl* **-men**) pistolero *m*, gatillero *m* (*LAm*).
gunner [ˈgʌnəʳ] *n* artillero *m*.
gunnery [ˈgʌnərɪ] **1** *n* (*guns*) artillería *f*. **2** *cpd*: ~ **officer** *n* oficial *m* de artillería.
gunpoint [ˈgʌnpɔɪnt] *n*: **at ~** a mano armada.
gunpowder [ˈgʌn,paʊdəʳ] *n* pólvora *f*.
gunrunner [ˈgʌn,rʌnəʳ] *n* contrabandista *m* de armas, traficante *m* de armas.
gunrunning [ˈgʌn,rʌnɪŋ] *n* contrabando *m* *or* tráfico *m* de armas.
gunship [ˈgʌnʃɪp] *n* helicóptero *m* de combate, helicóptero *m* artillado.
gunshot [ˈgʌnʃɒt] *n* (*noise*) disparo *m*; **a ~ wound** un escopetazo.
gunsmith [ˈgʌnsmɪθ] *n* escopetero/a *m/f*.
gurgle [ˈgɜːgl] **1** *n* (*of liquid*) borboteo *m*, gluglú *m*; (*of baby*) gorjeo *m*. **2** *vi* (*see n*) borbotear; gorjear.
guru [ˈgʊruː] *n* (*Rel*) guru *m*.
gush [gʌʃ] **1** *n* (*of liquid*) chorro *m*; (*of feeling*) efusión *f*. **2** *vi* **(a)** (*also* ~ **out**: *water, blood*) chorrear (*from* de). **(b)** (*fam: enthuse*) hablar con entusiasmo (*about, over* de).
gusset [ˈgʌsɪt] *n* escudete *m*.
gust [gʌst] **1** *n* (*of wind*) ráfaga *f*; (*of rain*) aguacero *m*, chaparrón *m*. **2** *vi* soplar racheado; **the wind ~ed up to 120 km/h** hubo rachas de hasta 120 km/h.
gusto [ˈgʌstəʊ] *n*: **with ~** con entusiasmo.
gusty [ˈgʌstɪ] *adj* borrascoso/a; (*wind*) racheado/a.
gut [gʌt] **1** *n* **(a)** (*alimentary canal*) intestino *m*; (*for violin, racket*) cuerda *f* de tripa; **to bust a ~** (*fam*) echar los bofes.
(b) **~s** (*fam: innards*) tripas *fpl*; (*fig: courage*) valor *m*, cojones *mpl* (*fam!*) huevos *mpl* (*fam!*); **I'll have his ~s for garters!** (*fam*) ¡le despachurro las narices!; **I hate his ~s** (*fam*) no lo puedo ver ni en pintura; **to work one's ~s out** echar los bofes.
2 *vt* **(a)** (*poultry, fish*) destripar.
(b) (*building*) no dejar más que las paredes de.
3 *cpd*: ~ **feeling** *n* instinto *m* visceral; ~ **reaction** *n* reacción *f* instintiva.
gutless [ˈgʌtlɪs] *adj* (*fam*) cobarde, apocado/a, sin agallas.
gutsy [ˈgʌtsɪ] *adj* (*fam*) valiente, atrevido/a, con agallas.
gutter [ˈgʌtəʳ] **1** *n* (*in street*) arroyo *m*, cuneta *f*; (*on roof*) canal *m*, canalón *m*; **to be born in the ~** (*fig*) nacer en los barrios bajos. **2** *cpd*: ~ **press** *n* prensa *f* amarilla.
guttering [ˈgʌtərɪŋ] *n* canales *mpl*, canalones *mpl*.
guttural [ˈgʌtərəl] *adj* (*accent, sound*) gutural.
guv [gʌv] *n* = **governor: thanks, ~!** ¡gracias, jefe!
guy[1] [gaɪ] *n* (*fam: man*) tío *m*, individuo *m*, tipo *m*, chico *m*, cuate *m* (*Mex*); (*effigy*) efigie *f*; **wise ~** sabelotodo *mf inv*; **hey, (you) ~s!** ¡eh, amigos!; **are you ~s ready to go?** ¿están todos listos para salir?
guy[2] [gaɪ] *n* (*also* **~-rope**: *for tent etc*) viento *m*, cuerda *f*.
Guyana [gaɪˈænə] *n* Guayana *f*.
guzzle [ˈgʌzl] **1** *vt* (*food*) engullirse, tragarse; (*drink*) soplarse, tragarse (*LAm*); (*hum: petrol*) tragar mucho. **2** *vi* engullir, soplar.
gym [dʒɪm] *n* (*fam: gymnasium*) gimnasio *m*; (*: gymnastics*) gimnasia *f*.
gymkhana [dʒɪmˈkɑːnə] *n* gymkhana *f*.
gymnasium [dʒɪmˈneɪzɪəm] *n* gimnasio *m*.
gymnast [ˈdʒɪmnæst] *n* gimnasta *mf*.
gymnastics [dʒɪmˈnæstɪks] *n* (*gen*) gimnasia *f*.
gymshoes [ˈdʒɪmʃuːz] *n* zapatillas *fpl* deportivas.
gynaecologist, (*US*) **gynecologist** [,gaɪnɪˈkɒlədʒɪst] *n* ginecólogo/a *m/f*.
gynaecology, (*US*) **gynecology** [,gaɪnɪˈkɒlədʒɪ] *n* ginecología *f*.
gyp[1] [dʒɪp] (*US fam*) **1** *n* **(a)** estafa *f*, timo *m*. **(b)** (*person*) estafador *m*, timador *m*. **2** *vt* estafar, timar.
gyp[2] [dʒɪp] *n* (*Brit fam*): **to give sb ~** echar un rapapolvo de aúpa a algn, poner a algn como un trapo; **it's giving me ~** me duele una barbaridad.
gypsum [ˈdʒɪpsəm] *n* yeso *m*.
gypsy [ˈdʒɪpsɪ] **1** *n* gitano/a *m/f*; (*pej*) vagabundo/a *m/f*. **2** *cpd* (*life, caravan, music*) gitano/a.
gyrate [dʒaɪˈreɪt] *vi* (*spin*) girar; (*dance*) bailar enérgicamente.
gyroscope [ˈdʒaɪrəskəʊp] *n* giróscopo *m*.

H

H, h [eɪtʃ] *n* (*letter*) H, h *f*.
h. *abbr of* **hour(s)** h(s).
habeas corpus [ˈheɪbɪəsˈkɔːpəs] *n* (*Jur*) hábeas corpus *m*.
haberdasher [ˈhæbədæʃəʳ] *n* mercero/a *m/f*; (*US*) camisero/a *m/f*.
haberdashery [,hæbəˈdæʃərɪ] *n* (*goods, shop*) mercería *f*, (*US: shop*) camisería *f*, (*: goods*) artículos *mpl* de moda para caballeros.
habit [ˈhæbɪt] *n* **(a)** (*customary behaviour*) costumbre *f*; **a bad ~** un vicio, una mala costumbre; **to be in the ~ of doing sth** tener la costumbre de *or* soler hacer algo,

acostumbrar a hacer algo; **to get out of/into the ~ of doing sth** perder la costumbre de/acostumbrarse a hacer algo; **to have a ~** (*fam: drugs*) drogarse habitualmente; **to make a ~ of (doing) sth** aficionarse a; (*become accustomed to*) acostumbrarse a (hacer) algo; **we mustn't make a ~ of arriving late** no debemos acostumbrarnos a llegar tarde; **out of sheer ~** por pura costumbre.

(**b**) (*dress: of monk*) hábito *m*; (*riding ~*) traje *m* de montar.

habitable ['hæbɪtəbl] *adj* habitable.

habitat ['hæbɪtæt] *n* habitat *m*.

habitation [ˌhæbɪ'teɪʃən] *n* (*gen*) residencia *f*; (*house*) domicilio *m*; (*animal etc*) morada *f*.

habit-forming ['hæbɪtˌfɔːmɪŋ] *adj* que crea adicción.

habitual [hə'bɪtjʊəl] *adj* habitual, acostumbrado/a; (*drunkard, liar etc*) inveterado/a, empedernido/a.

habitually [hə'bɪtjʊəlɪ] *adv* por costumbre; (*constantly*) constantemente.

habituate [hə'bɪtjʊeɪt] *vt* acostumbrar, habituar (*to* a).

habitué(e) [hə'bɪtjʊeɪ] *n* asiduo/a *m/f*, parroquiano/a *m/f*.

hacienda [ˌhæsɪ'endə] *n* (*US*) hacienda *f*.

hack[1] [hæk] **1** *n* (*cut*) corte *m*, tajo *m*; (*blow: with axe*) hachazo *m*; (*: with machete*) machetazo *m*. **2** *vt* (**a**) (*cut*) cortar, tajar; **to ~ one's way in/out/through** abrirse paso a machetazos *etc*; **to ~ sth to pieces** hacer algo pedazos a hachazos. (**b**) **I can't ~ it** (*US fam*) no puedo hacerlo. **3** *vi* (**a**) tirar tajos (*at* a). (**b**) **to ~ into a system** (*Comput*) piratear un sistema.

hack[2] [hæk] **1** *n* (**a**) (*old horse*) jamelgo *m*; (*hired horse*) caballo *m* de alquiler. (**b**) (*writer*) plumífero/a *m/f*, chupatintas *m inv*. (**c**) (*US fam: taxi*) taxi *m*. **2** *vi*: **to go ~ing** montar a caballo.

▸ **hack around** *vi + adv* (*US fam*) gandulear, vaguear.

▸ **hack down** *vt + adv* (*tree etc*) derribar a hachazos.

hacker ['hækəʳ] *n* (*Comput: enthusiast*) computomaníaco/a *m/f*; (*: pirate*) pirata *m* informático, pirata *f* informática, intruso *m* informático, intrusa *f* informática.

hacking[1] ['hækɪŋ] *adj* (*cough*) seco/a.

hacking[2] ['hækɪŋ] *adj*: **~ jacket** chaqueta *f or* saco *m* de montar *(LAm)*.

hacking[3] ['hækɪŋ] *n* (*Comput*) piratería *f* informática, intrusión *f* informática.

hackles ['hæklz] *npl*: **to make sb's ~ rise** (*fig*) enfurecer a algn; **with his ~ up** furioso, furibundo.

hackney cab ['hæknɪ'kæb] *n*, **hackney carriage** ['hæknɪ'kærɪdʒ] *n* (*frm*) coche *m* de alquiler; (*taxi*) taxi *m*.

hackneyed ['hæknɪd] *adj* (*saying etc*) trillado/a, gastado/a.

hacksaw ['hæksɔː] *n* sierra *f* para metales.

had [hæd] *pt, pp of* **have**.

haddock ['hædək] *n* eglefino *m*.

hadn't ['hædnt] = **had not**.

haematological, (*US*) **hematological** [ˌhiːmətə'lɒdʒɪkəl] *adj* hematológico/a.

haematologist, (*US*) **hematologist** [ˌhiːmə'tɒlədʒɪst] *n* hematólogo/a *m/f*.

haematology, (*US*) **hematology** [ˌhiːmə'tɒlədʒɪ] *n* hematología *f*.

haemoglobin, (*US*) **hemoglobin** [ˌhiːməʊ'gləʊbɪn] *n* hemoglobina *f*.

haemophilia, (*US*) **hemophilia** [ˌhiːməʊ'fɪlɪə] *n* hemofilia *f*.

haemophiliac, (*US*) **hemophiliac** [ˌhiːməʊ'fɪlɪæk] *adj, n* hemofílico/a *m/f*.

haemorrhage, (*US*) **hemorrhage** ['hemərɪdʒ] **1** *n* hemorragia *f*. **2** *vi* sangrar profusamente.

haemorrhoids, (*US*) **hemorrhoids** ['hemərɔɪdz] *npl* hemorroides *fpl*.

hag [hæg] *n* (*ugly old woman*) vieja *f* fea; (*witch*) bruja *f*.

haggard ['hægəd] *adj* (*from tiredness*) ojeroso/a, flaco/a; (*from starvation*) demacrado/a, macilento/a.

haggis ['hægɪs] *n* (*Scot Culin*) estómago *m* de cordero relleno.

haggle ['hægl] *vi* (*bargain*) regatear (*over* sobre); (*argue*) discutir, disputar.

Hague [heɪg] *n*: **The ~** La Haya.

hail[1] [heɪl] **1** *n* (*Met*) granizo *m*; (*fig: of bullets, abuse*) lluvia *f*. **2** *vi* granizar.

hail[2] [heɪl] **1** *n* (*greeting, call*) grito *m* de saludo; **within ~** al alcance de la voz. **2** *interj* (*old, poet*) **~ Caesar!** César, ¡salve!; **the H~ Mary** el Ave María. **3** *vt* (*acclaim*) aclamar, celebrar (*as* como); (*greet*) saludar; (*signal: taxi*) llamar. **4** *vi*: **where does that ship ~ from?** ¿de dónde es ese barco?; **he ~s from Scotland** es natural de Escocia.

hailstone ['heɪlstəʊn] *n* piedra *f* de granizo.

hailstorm ['heɪlstɔːm] *n* granizada *f*.

hair [hɛəʳ] **1** *n* (*head of ~*) pelo *m*, cabellera *f*; (*: hum*) melena *f*; (*single ~*) pelo; (*on legs etc*) vello *m*; (*of animal*) pelo, piel *f*; (*fluff*) pelusa *f*; **white ~** canas *fpl*; **to comb one's ~** peinarse; **to get one's ~ cut** cortarse el pelo; (*: very short*) pelarse; **to have one's ~ done** arreglarse el pelo; **keep your ~ on!** (*Brit fam*) ¡cálmate!; **to put one's ~ up** recogerse el pelo; **to remove unwanted ~** depilarse; **to split ~s** buscarle tres pies al gato; **he didn't turn a ~** ni se inmutó; **to make sb's ~ stand on end** ponerle los pelos de punta a algn; **the ~ of the dog (that bit you)** (*fam*) el remedio en la enfermedad; **by a ~'s breadth** por un pelo *or* los pelos; **to let one's ~ down** (*fig*) desmelenarse, relajarse *(esp LAm)*.

2 *cpd* (*mattress etc*) de cerda; (*lacquer etc*) para el pelo; **~ conditioner** *n* suavizante *m* para el cabello; **~ remover** *n* depilatorio *m*.

hairbrush ['hɛəbrʌʃ] *n* cepillo *m* (para el pelo).

hair-clip ['hɛəklɪp] *n* horquilla *f*, clipe *m*.

haircut ['hɛəkʌt] *n* corte *m* (de pelo); **to have** *or* **get a ~** cortarse el pelo; (*very short*) pelarse.

hairdo ['hɛəduː] *n* (*fam*) peinado *m*.

hairdresser ['hɛəˌdresəʳ] *n* peluquero/a *m/f*; **~'s** (*salon*) peluquería *f*.

hairdrier, **hairdryer** ['hɛədraɪəʳ] *n* secador *m* de pelo.

-haired [hɛəd] *adj suf*: **fair~** rubio/a, güero/a *(CAm, Mex)*, catire/a *(Carib, Col)*; **dark~** moreno/a; **long~** de pelo largo.

hair-grip ['hɛəgrɪp] *n* (*Brit*) horquilla *f*, clipe *m*.

hairless ['hɛəlɪs] *adj* sin pelo, pelón/ona.

hairline ['hɛəlaɪn] **1** *n* nacimiento *m* del pelo. **2** *cpd*: **~ crack** *n* grieta *f* fina; **~ fracture** *n* fractura *f* fina.

hairnet ['hɛənet] *n* redecilla *f*.

hairpiece ['hɛəpiːs] *n* postizo *m*, tupé *m*; (*false plait*) trenza *f* postiza.

hairpin ['hɛəpɪn] **1** *n* horquilla *f*. **2** *cpd*: **~ bend** *n* curva *f* peligrosa.

hair-raising ['hɛəˌreɪzɪŋ] *adj* (*story, adventure*) espeluznante.

hair-splitting ['hɛəˌsplɪtɪŋ] **1** *adj* nimio/a; (*discussion*) sobre detalles nimios. **2** *n* sofismas *mpl*, sofistería *f*.

hairspray ['hɛəspreɪ] *n* laca *f* (para el pelo).

hairstyle ['hɛəstaɪl] *n* peinado *m*.

hairy ['hɛərɪ] *adj* (*comp* **-ier**; *superl* **-iest**) (**a**) (*gen*) peludo/a; (*long-haired*) melenudo/a, greñudo/a. (**b**) (*fam: frightening*) espeluznante.

Haiti ['heɪtɪ] *n* Haití *m*.

Haitian ['heɪʃɪən] *adj, n* haitiano/a *m/f*.

hake [heɪk] *n* merluza *f*.

hale [heɪl] *adj*: **~ and hearty** robusto/a.

half [hɑːf] *n* (*pl* **halves**) **1** *n* (**a**) (*gen*) mitad *f*, **~ a day** medio día; **~ an orange** media naranja; **~ a dozen** media docena; **3 and a ~ hours** tres horas y media; **~ an hour/a cup** media hora/taza; **~ of my friends** la mitad de mis amigos; **to cut sth in ~** *or* **into halves** cortar algo por la mitad; **we have a problem and a ~** tenemos un problema mayúsculo, vaya problemazo que tenemos;

one's better ~, one's other ~ (*fam, hum*) su media naranja; **by ~** con mucho; **he doesn't do things by halves** no hace las cosas a medias; **to go halves (with sb on sth)** ir a medias (con algn en algo); **he's too clever by ~** (*fam*) se pasa de listo.

(**b**) (*Sport: of match*) tiempo *m*; (*player*) medio *m*; **the first ~** el primer tiempo.

(**c**) (*of beer*) media pinta *f*.

(**d**) (*child's ticket*) billete *m* de niño.

2 *adj* (*bottle, quantity etc*) medio/a; **~ fare** medio pasaje *m*; **~ man ~ beast** mitad hombre mitad animal; **~ measures** medidas *fpl* ineficaces; **~ note** (*US Mus*) blanca *f*; **~ term** (*Brit Scol*) vacaciones *fpl* de mediados del trimestre; **~ truth** verdad *f* a medias.

3 *adv* (**a**) medio, a medias; **~ asleep** medio dormido, dormido a medias; **~ as much** la mitad; **~ as big** la mitad de grande; **~ as big/much again** y otra mitad más; **I was ~ afraid that** ... medio temía que ...; **not ~!** (*fam*) ¡ya lo creo!, ¡cómo no! (*LAm*); **it isn't ~ hot** (*fam*) hace un calor de miedo.

(**b**) (*time*) **~ past 3/12** las 3/12 y media.

halfback [ˈhɑːfbæk] *n* (*Ftbl*) medio *m*.

half-baked [ˈhɑːfˈbeɪkt] *adj* (*fig*) irreflexivo/a, hecho/a a la ligera.

half-breed [ˈhɑːfbriːd] *n* mestizo/a *m/f*.

half-brother [ˈhɑːfˌbrʌðəʳ] *n* medio hermano *m*.

half-caste [ˈhɑːfkɑːst] *n* mestizo/a *m/f*, cholo/a (*And*).

half-closed [ˌhɑːfˈkləʊzd] *adj* entreabierto/a.

half-cock [ˈhɑːfˈkɒk] *n*: **to go off at ~** (*fig*) obrar precipitadamente, obrar antes del momento propicio; (*of plan*) ponerse en efecto sin la debida preparación, fracasar por falta de preparación, fallar por prematuro.

half-day [ˌhɑːfˈdeɪ] **1** *n* medio día *m*, media jornada *f*. **2** *cpd*: **~ holiday** fiesta *f* de media jornada; **~ closing is on Mondays** los lunes se cierra por la tarde.

half-empty [ˈhɑːfˈemptɪ] *adj* medio vacío/a; (*hall etc*) semidesierto/a.

half-hearted [ˈhɑːfˈhɑːtɪd] *adj* (*effort*) sin entusiasmo; (*smile*) de conejo, de dientes afuera (*LAm*).

half-heartedly [ˈhɑːfˈhɑːtɪdlɪ] *adv* con poco entusiasmo.

half-hour [ˈhɑːfˈaʊəʳ] *n* media hora *f*.

half-hourly [ˌhɑːfˈaʊəlɪ] **1** *adv* cada media hora. **2** *adj*: **at ~ intervals** cada media hora.

half-life [ˈhɑːflaɪf] *n* (*pl* **-lives**) (*Phys*) media vida *f*.

half-mast [ˈhɑːfˈmɑːst] *n*: **at ~** a media asta.

halfpenny [ˈheɪpnɪ] *n* (*Hist*) medio penique *m*.

half-price [ˈhɑːfˈpraɪs] *adv, adj* a mitad de precio.

half-sister [ˈhɑːfˌsɪstəʳ] *n* hermanastra *f*.

half-time [ˈhɑːfˈtaɪm] **1** *n* (*Sport*) descanso *m*. **2** *adv*: **to work ~** trabajar media jornada.

half-volley [ˈhɑːfˈvɒlɪ] *n* media volea *f*.

halfway [ˈhɑːfˈweɪ] **1** *adv* a medio camino; **~ up/down the hill** a media cuesta; **~ there** a mitad de *or* a medio camino; **to meet sb ~** (*fig*) llegar a un acuerdo, hacer concesiones mutuas; **~ through sth** a (la) mitad de algo. **2** *adj* (*mark etc*) a *or* de medio camino; (*fig: incomplete*) a medias.

halfwit [ˈhɑːfwɪt] *n* bobo/a *m/f*.

half-witted [ˈhɑːfˈwɪtɪd] *adj* imbécil, tonto/a, bobo/a.

half-year [ˌhɑːfˈjɪəʳ] *n* medio año *m*, semestre *m*.

half-yearly [ˈhɑːfˈjɪəlɪ] **1** *adv* semestralmente. **2** *adj* semestral.

halibut [ˈhælɪbət] *n* halibut *m*.

halitosis [ˌhælɪˈtəʊsɪs] *n* halitosis *f*.

hall [hɔːl] **1** *n* (**a**) (*entrance ~*) entrada *f*; (*US: passage*) pasillo *m*; (*foyer*) vestíbulo *m*. (**b**) (*large room, building: for concerts etc*) sala *f*; **dance/concert ~** salón *m* de baile/sala de conciertos; **church ~** presbitería *f*. (**c**) (*mansion*) casa *f* solariega; (*Brit Univ: also* **~ of residence**) residencia *f*. **2** *cpd*: **~ stand** *n* perchero *m*.

hallelujah [ˌhælɪˈluːjə] *n, interj* aleluya *f*.

hallmark [ˈhɔːlmɑːk] *n* contraste *m*; (*fig*) sello *m*.

hallo [hʌˈləʊ] *interj* = **hullo**.

hallowed [ˈhæləʊd] *adj* (*ground etc*) sagrado/a/asantificado/a.

Hallowe'en [ˈhæləʊˈiːn] *n* víspera *f* de Todos los Santos.

hallucinate [həˈluːsɪneɪt] *vi* alucinar, tener alucinaciones.

hallucination [həˌluːsɪˈneɪʃən] *n* alucinación *f*, ilusión *f*.

hallway [ˈhɔːlweɪ] *n* vestíbulo *m*, entrada *f*.

halo [ˈheɪləʊ] *n* nimbo *m*, aureola *f*.

halogen [ˈheɪləʊdʒɪn] *adj* halógeno/a; **~ lamp** lámpara *f* halógena.

halt [hɔːlt] **1** *n* alto *m*, parada *f*; (*train stop*) apeadero *m*; **to come to a ~** (*vehicle*) pararse; (*negotiations*) interrumpirse; **to call a ~ (to sth)** (*fig*) poner fin (a algo). **2** *vt* (*vehicle, production etc*) parar, detener. **3** *vi* (*gen*) pararse, detenerse; (*train etc*) hacer alto; (*process*) interrumpirse; **~!** (*Mil*) ¡alto! **4** *cpd*: **~ sign** *n* alto *m*.

halter [ˈhɔːltəʳ] *n* (*for horse*) cabestro *m*.

halterneck [ˈhɔːltənek] *adj* de espalda escotada.

halting [ˈhɔːltɪŋ] *adj* (*hesitant: speech, movement*) titubeante, vacilante.

halve [hɑːv] *vt* (*divide*) partir por la mitad *or* en dos partes; (*reduce by half*) dejar en la mitad.

halves [hɑːvz] *npl of* **half**.

ham [hæm] **1** *n* (**a**) (*Culin*) jamón *m*. (**b**) (*radio ~*) radioaficionado/a *m/f*. **2** *adj* (*Theat: also* **~ actor**) comicastro *m*, racionista *mf*.

▸ **ham up** *vt + adv*: **to ~ it up** (*fam*) actuar de manera exagerada.

Hamburg [ˈhæmbɜːg] *n* Hamburgo.

hamburger [ˈhæmˌbɜːgəʳ] *n* hamburguesa *f*.

ham-fisted [ˈhæmˈfɪstɪd], **ham-handed** [ˈhæmˈhændɪd] *adj* torpe, desmañado/a.

hamlet [ˈhæmlɪt] *n* aldea *f*.

hammer [ˈhæməʳ] **1** *n* (*tool*) martillo *m*; **the ~ and sickle** el martillo y la hoz; **to come under the ~** ser subastado; **to go at it ~ and tongs** (*fam: work*) trabajar a lomo caliente; (*: argue*) luchar a brazo partido.

2 *vt* (*nail*) clavar; (*fig fam: defeat, thrash*) machacar; **to ~ sth into shape** (*metal*) forjar algo a martillazos; (*fig: team etc*) forjar algo a golpes; **to ~ a point home** remachar un punto.

3 *vi*: **to ~ on** *or* **at a door** golpear una puerta; **to ~ away at** (*subject*) insistir con ahinco en, machacar en; (*work*) trabajar asiduamente en.

▸ **hammer down** *vt + adv* (*lid etc*) asegurar con clavos; (*nail*) meter a martillazos.

▸ **hammer out** *vt + adv* (*nail*) sacar; (*dent*) alisar a martillazos; (*fig: solution, agreement*) elaborar con trabajos.

hammering [ˈhæmərɪŋ] *n* (**a**) martilleo *m*. (**b**) (*fam*) paliza *f*; **to give sb a ~** dar una paliza a algn; **to get** *or* **take a ~** recibir una paliza.

hammock [ˈhæmək] *n* hamaca *f*.

hamper[1] [ˈhæmpəʳ] *n* cesto *m*, canasta *f*.

hamper[2] [ˈhæmpəʳ] *vt* (*hinder*) poner trabas a, obstaculizar.

hamster [ˈhæmstəʳ] *n* hámster *m*.

hamstring [ˈhæmstrɪŋ] (*vb: pt, pp* **hamstrung**) **1** *n* tendón *m* de la corva. **2** *cpd*: **~ injury** lesión *f* del tendón de la corva. **3** *vt* (*fig*) paralizar.

hand [hænd] **1** *n* (**a**) (*of person*) mano *f*; (*of instrument, clock*) aguja *f*, manecilla *f*; **he never does a ~'s turn** no da golpe; **to have sth in one's ~** (*knife etc*) tener algo en la mano; **to take sb by the ~** tomar a algn de la mano; **to put sth into a lawyer's ~s** poner un asunto en manos de un abogado; **on (one's) ~s and knees** a gatas; **~s up!** (*to criminal*) ¡arriba las manos!; (*to pupils*) ¡que levanten la mano!; **~s off** (*fam*) ¡fuera las manos!; **to be clever** *or* **good with one's ~s** ser hábil con las manos, ser un manitas; **made/delivered by ~** hecho a mano/entregado en mano; **to raise an animal by ~** criar un animal uno mismo; **to live from ~ to mouth** vivir al día; **they gave him a big ~** le aplaudieron calurosamente; *see*

hold 2(a); shake 2(a).

(**b**) (*agency, influence*) mano *f*, influencia *f*; **to have a ~ in** tomar parte en, intervenir en.

(**c**) (*worker: in factory*) obrero/a *m/f*; (*: farm ~*) peón *m*; (*: deck ~*) marinero *m* de cubierta; **all ~s on deck!** (*Naut*) ¡todos a cubierta!; **to be an old ~ (at sth)** ser perro viejo (en algo).

(**d**) (*~writing*) escritura *f*, letra *f*; **in one's own ~** de su (propio) puño y letra.

(**e**) (*Cards: round*) partida *f*; (*: cards held*) mano *f*; **a ~ of bridge/poker** una mano de bridge/póker.

(**f**) (*measurement: of horse*) palmo *m*.

(**g**) (*phrases with verb*) **to be ~ in glove with sb** ser uña y carne con algn; **to change ~s** cambiar de dueño; **to force sb's ~** forzarle la mano a algn; **to get one's ~ in** adquirir práctica, irse acostumbrando; **to give** *or* **lend sb a ~** echar una mano a algn; **to keep one's ~ in** mantenerse en forma; **to turn one's ~ to sth** dedicarse a algo; **he can turn his ~ to anything** vale tanto para un barrido como para un fregado; **to ask for sb's ~ (in marriage)** pedir la mano de una; **to wait on sb ~ and foot** mimar *or* consentir a algn; **to have one's ~s full (with sb/sth)** tener demasiado (con algn/algo); **to win ~s down** ganar en forma aplastante; **to be making/losing money ~ over fist** ganar dinero a espuertas/hacerle agua el dinero; **to have a free ~** tener carta blanca; **to give sb a free ~** dar carta blanca a algn; **to have the upper ~** tener *or* llevar la ventaja.

(**h**) (*phrases with prep before n*) **at ~** al alcance de la mano; **to be near** *or* **close at ~** estar al alcance de la mano; **at first ~** de primera mano; **~ in ~** cogidos *or* tomados de la mano; **to be in sb's ~s** estar en manos de algn; **it's in his ~s now** él está a cargo ahora; **to have £50 in ~** tener £50 en el haber; **to have the matter in ~** tener el asunto entre manos; **he has them well in ~** los domina perfectamente; **to take sth in ~** tomar algo a cuestas; **to take sb in ~** hacerse cargo de algn; **to play into sb's ~s** hacerle el juego a algn; **to fall into the ~s of the enemy** caer en manos del enemigo; **on ~** al alcance; **on the right/left ~** a la *or* mano derecha/izquierda; **to get sth off one's ~s** deshacerse de algo; **on the one ~ ... on the other ~** por una parte ... por otra parte; **on the other ~** en cambio; **on every ~, on all ~s** por todas partes; **to have sth left on one's ~s** quedarse con algo en las manos; **to take sth off sb's ~s** desembarazar a algn de algo; **to condemn sb out of ~** condenar a algn sin ambages; **to get out of ~** desmandarse.

2 *vt* (*pass*) **to ~ sb sth** *or* **sth to sb** pasar *or* entregar algo a algn; **you've got to ~ it to him** (*fam*) hay que reconocérselo.

3 *cpd* (*cream etc*) para las manos; **~ grenade** *n* bomba *f* de mano; **~ luggage** *n* equipaje *m* de mano.

▸ **hand around** *vt + adv* = **hand round**.

▸ **hand back** *vt + adv* devolver, regresar *(LAm)*.

▸ **hand down** *vt + adv* (*suitcase etc*) bajar; (*heirloom*) pasar, dejar en herencia; (*tradition*) transmitir.

▸ **hand in** *vt + adv* (*form etc*) entregar; (*resignation*) presentar.

▸ **hand on** *vt + adv* (*tradition*) transmitir; (*news*) comunicar; (*object*) pasar.

▸ **hand out** *vt + adv* (*leaflets, advice*) repartir.

▸ **hand over 1** *vt + adv* (*pass over*) entregar; (*property, business*) pasar, ceder. **2** *vi + adv* (*to successor*) ceder; **I'm now ~ing over to the studio** (*Rad, TV*) ahora vuelta al estudio.

▸ **hand round** *vt + adv* (*information, bottle*) pasar (de mano en mano); (*distribute: chocolates etc*) ofrecer.

handbag ['hænd*b*æg] *n* bolso *m or* bolsa *f* (de mano), cartera *f (LAm)*.

handball ['hænd*b*ɔːl] *n* balonmano *m*.

handbasin ['hænd*,*beɪsn] *n* lavabo *m*.

handbill ['hænd*b*ɪl] *n* octavilla *f*.

handbook ['hænd*b*ʊk] *n* (*manual*) manual *m*; (*for tourists*) guía *f*.

handbrake ['hænd*b*reɪk] *n* freno *m* de mano, emergencia *f (LAm)*.

h.&c. *abbr of* **hot and cold water** con agua caliente y fría.

handclap ['hænd*k*læp] *n* palmada *f*.

handcraft ['hænd*k*rɑːft] *vt* (*US*) hacer a mano; **~ed products** productos *mpl* hechos a mano, productos *mpl* artesanales.

handcuff ['hænd*k*ʌf] *vt* poner las esposas a, esposar.

handcuffs ['hænd*k*ʌfs] *npl* esposas *fpl*.

handful ['hænd*f*ʊl] *n* (*quantity, small number*) puñado *m*; **a ~ of people** un puñado de gente; **that child's a real ~** (*fam*) ese niño está dando mucha lata.

handgun ['hænd*g*ʌn] *n* (*esp US*) revólver *m*, pistola *f*.

hand-held ['hændheld] *adj* de mano; (*portable*) portátil.

handicap ['hændɪkæp] **1** *n* desventaja *f*; (*Sport*) hándicap *m*; (*horse race*) obstáculo *m*; (*Med*) minusvalía *f*; **the ~ped** los minusválidos *mpl*. **2** *vt* (*prejudice*) perjudicar; **to be mentally/physically ~ped** ser minusválido mentalmente/físicamente.

handicraft ['hændɪkrɑːft] *n* (*art, product*) artesanía *f*.

handiwork ['hændɪwɜːk] *n* (*craft*) trabajo *m*; **this looks like his ~** (*pej*) es obra de él, parece.

handkerchief ['hæŋkətʃɪf] *n* pañuelo *m*.

handle ['hændl] **1** *n* (*of knife, brush etc*) mango *m*; (*of basket, jug, drawer*) asa *f*; (*of door*) picaporte *m*, manilla *f (LAm)*; (*of pump*) palanca *f*; **to fly off the ~** (*fig*) salirse de sus casillas, perder los estribos.

2 *vt* (**a**) (*touch*) tocar; (*hold*) manejar; (*Ftbl: ball*) tocar con la mano; **'~ with care'** '(manéjese) con cuidado'; **the police ~d him roughly** la policía le maltrató.

(**b**) (*deal with: situation, resources etc*) manejar; (*manipulate*) manipular; (*cope with: people*) poder con; (*Comm: goods*) tratar *or* comerciar en; (*car*) conducir, manejar *(LAm)*; (*ship*) gobernar; (*be able to use: gun, machine*) manejar; **I'll ~ this** yo me encargo (de esto); **we ~ 2000 travellers a day** por aquí pasan 2000 viajeros cada día.

3 *vi* (*ship, plane*) gobernarse; (*car*) conducirse, manejarse.

handlebars ['hændlbɑːz] *npl* (*on bicycle*) manillar *msg*, guía *fsg*.

handler ['hændlə^r] *n* (*Comm*) tratante *m*, comerciante *m*; (*of dog*) entrenador(a) *m/f*; *see* **baggage**.

handling ['hændlɪŋ] **1** *n* manejo *m*; (*cargo*) porte *m*; (*of car*) conducción *f*. **2** *cpd*: **~ charges** *npl* gastos *mpl* de tramitación.

handmade ['hænd*m*eɪd] *adj* hecho/a a mano.

hand-me-downs ['hænd*m*ɪdaʊnz] *n* ropa *fsg* de desecho.

handout ['hændaʊt] *n* (*leaflet*) octavilla *f*, panfleto *m*, (hoja *f*) circular *f*; (*pamphlet*) folleto *m*; (*press ~*) nota *f* de prensa; (*at lecture*) hoja *f*; (*fam: money*) limosna *f*.

hand-picked ['hænd'pɪkt] *adj* seleccionado/a.

handrail ['hænd*r*eɪl] *n* (*on staircase etc*) pasamanos *m inv*, barandilla *f*.

handset ['hændset] *n* (*Telec*) aparato *m*, auricular *m*.

handshake ['hændʃeɪk] *n* apretón *m* de manos; (*Comput*) coloquio *m*; (*as data signal*) 'acuse de recibo'.

hands-off [hændz'ɒf] *adj* (*policy etc*) de no intervención.

handsome ['hænsəm] *adj* (*comp* **~r**; *superl* **~st**) (**a**) (*attractive*) guapo/a, bien parecido/a; (*building*) bello/a, elegante; **she's a ~ woman** es una bella *or* hermosa mujer. (**b**) (*generous: gesture, salary, treatment etc*) generoso/a; (*considerable: fortune, profit*) considerable.

hands-on [ˌhændz'ɒn] *adj*: **~ experience** (*Comput etc*) experiencia *f* práctica.

handstand ['hændstænd] *n*: **to do a ~** hacer el pino.

hand-to-mouth ['hænd*t*ə'maʊθ] *adj* (*existence*) precario/a.

handwriting ['hændˌraɪtɪŋ] *n* escritura *f*, letra *f*.

handwritten ['hænd'rɪtn] *adj* escrito/a a mano.

handy [ˈhændɪ] *adj* (*comp* **-ier**; *superl* **-iest**) (**a**) (*close at hand*) al alcance de la mano, cercano/a; **to keep sth ~** tener algo a mano. (**b**) (*convenient*) conveniente; (*useful: machine etc*) práctico/a; **our house is ~ for the shops** nuestra casa está cerca de las tiendas; **to come in ~** venir bien. (**c**) (*skilful*) hábil, diestro/a.

handyman [ˈhændɪmən] *n* (*pl* **-men**) bricolador *m*, manitas *mf*.

hang [hæŋ] (*pt, pp* **hung**) **1** *vt* (**a**) (*curtains, picture*) colgar; (*wallpaper*) pegar; (*coat etc*) colgar (*on* en); **the walls were hung with tapestries** en las paredes colgaban tapicerías; **the Christmas tree was hung with lights** el árbol de Navidad estaba adornado de farolillos.

(**b**) (*pt, pp* **~ed**) (*criminal*) ahorcar; **~ (it)!** (*fam*) ¡demonios!, ¡puñetas! *(fam!)*, ¡carajo! *(LAm fam!)*.

(**c**) **to ~ one's head** bajar *or* inclinar la cabeza.

2 *vi* (*rope, garment etc*) caer (*from* de); (*criminal*) colgar; **the hawk hung motionless in the sky** el halcón se mantenía inmóvil en el cielo; **black smoke hung over the town** humos negros se cernían sobre el pueblo.

3 *n* (*of garment*) caída *f*; **to get the ~ of sth** (*fam*) lograr dominar algo.

▸ **hang about**, **hang around 1** *vi + adv* (*loiter*) holgazanear, haraganear; (*: wait*) quedar en espera; **to keep sb ~ing about** hacer esperar a algn. **2** *vi + prep* (*the streets etc*) rondar, ir rondando.

▸ **hang back** *vi + adv* (*hesitate*) vacilar; (*stay behind*) quedarse atrás.

▸ **hang down 1** *vi + prep*: **her hair ~s down her back** el pelo le cae por la espalda. **2** *vi + adv* colgar, pender.

▸ **hang on 1** *vi + prep* (**a**) (*depend on: decision etc*) depender de. (**b**) (*listen eagerly*) quedar pendiente; **she hung on his every word** estuvo pendiente de cada palabra suya. **2** *vi + adv* (**a**) (*keep hold*) agarrarse (*to* a, de), aferrarse (*to* a); (*keep*); **to ~ on to** guardar, quedarse con. (**b**) (*fam: wait*) esperar; **~ on a minute!** ¡espera un momento!

▸ **hang out 1** *vt + adv* (*washing*) tender, colgar; (*flags*) izar, enarbolar. **2** *vi + adv* (**a**) (*tongue etc*) colgar fuera (*of* de). (**b**) (*fam: live*) vivir; (*: often be found*) frecuentar. (**c**) **to ~ out for more money** (*fam*) insistir en pedir más dinero. (**d**) **to let it all ~ out** (*US fam*) soltarse, relajarse *(esp LAm)*.

▸ **hang round** = **hang about.**

▸ **hang together** *vi + adv* (*fam: people*) mantenerse unidos; (*cohere: argument etc*) sostenerse.

▸ **hang up 1** *vt + adv* (*coat, picture*) colgar. **2** *vi + adv* (*Telec*) colgar; **to ~ up on sb** colgarle a algn.

hangar [ˈhæŋəʳ] *n* hangar *m*.

hangdog [ˈhæŋdɒg] *adj* (*guilty: look, expression*) avergonzado/a, apenado/a *(LAm)*.

hanger [ˈhæŋəʳ] *n* (*for clothes*) percha *f*, gancho *m*.

hanger-on [ˈhæŋərˈɒn] *n* (*pl* **hangers-on**) (*fam*) parásito/a *m/f*, pegote *mf*.

hang-glider [ˈhæŋˌglaɪdəʳ] *n* ala *f* delta, cometa *f* delta.

hang-gliding [ˈhæŋˌglaɪdɪŋ] *n* vuelo *m* libre.

hanging [ˈhæŋɪŋ] **1** *n* (**a**) (*Jur*) ejecución *f* (en la horca). (**b**) (*curtains etc*) **~s** colgaduras *fpl*. **2** *adj* (*pending*) pendiente.

hangman [ˈhæŋmən] *n* (*pl* **-men**) verdugo *m*.

hang-out [ˈhæŋaʊt] *n* (*fam*) guarida *f*, (*of thieves etc*) lugar *m*, bar *m* habitual.

hangover [ˈhæŋˌəʊvəʳ] *n* (**a**) (*after drinking*) resaca *f*, cruda *f (LAm)*. (**b**) (*sth left over*) resto *m* (del pasado).

hang-up [ˈhæŋʌp] *n* (*fam: problem*) problema *m*, lío *m (fam)*; (*complex*) complejo *m*; (*fear*) miedo *m* (*about* a).

hank [hæŋk] *n* (*of wool*) madeja *f*, (*of hair*) mechón *m*.

hanker [ˈhæŋkəʳ] *vi*: **to ~ after** *or* **for sth** añorar *or* anhelar algo.

hankering [ˈhæŋkərɪŋ] *n* añoranza *f* (*for* de) , anhelo *m* (*for* por).

hankie, hanky [ˈhæŋkɪ] *n* (*fam*) pañuelo *m*.

hanky-panky [ˈhæŋkɪˈpæŋkɪ] *n*: **there's some ~ going on here** aquí hay trampa.

Hants [hænts] *abbr* (*Brit*) *of* **Hampshire.**

haphazard [ˈhæpˈhæzəd] *adj* (*chance*) fortuito/a, al azar; (*careless*) descuidado/a.

hapless [ˈhæplɪs] *adj* desventurado/a.

happen [ˈhæpən] *vi* (**a**) (*occur*) pasar, suceder, ocurrir, acontecer; **what's ~ing?** ¿qué pasa?; **how did it ~?** ¿cómo fue?, ¿cómo ocurrió esto?; **accidents will ~** son cosas que pasan; **don't let it ~ again** que no vuelva a ocurrir; **as if nothing had ~ed** como si nada; **what has ~ed to him?** (*befall*) ¿qué le ha pasado?; (*become of*) ¿qué fue de él?; **if anything should ~ to him ...** si le pasara algo ....

(**b**) (*chance*) resultar; **it ~ed that I was out that day** resulta que aquel día estuve fuera; **if anyone should ~ to see John** si acaso alguien viera a Juan; **I ~ to know that ...** da la casualidad de que sé que ...; **as it ~s** da la casualidad (que); **he just ~s to be here now** precisamente está aquí ahora; **it so ~ed that ...** resultó *or* dio la casualidad que ....

▸ **happen upon**, **happen on** *vi + prep* tropezar *or* dar con.

happening [ˈhæpnɪŋ] *n* (*event*) suceso *m*, acontecimiento *m*.

happenstance [ˈhæpənstæns] *n* (*US*) azar *m*, casualidad *f*; **by ~** por casualidad.

happily [ˈhæpɪlɪ] *adv* (*contentedly, cheerfully*) alegremente; (*fortunately*) afortunadamente, felizmente; **they lived ~ ever after** vivieron felices.

happiness [ˈhæpɪnɪs] *n* (*contentment*) felicidad *f*; (*merriment*) alegría *f*.

happy [ˈhæpɪ] *adj* (*comp* **-ier**; *superl* **-iest**) (**a**) (*pleased, content*) feliz, contento/a; (*cheerful*) alegre; (*at ease, unworried*) tranquilo/a; **we are not entirely ~ about the plan** no estamos del todo satisfechos con el proyecto; **we're very ~ for you** nos alegramos mucho por ti; **yes, I'd be ~ to** sí, con mucho gusto; **I am ~ to tell you that ...** tengo mucho gusto en comunicarle que ...; **a ~ event** un acontecimiento feliz; **to be as ~ as a lark** estar como unas pascuas; **~ birthday!** ¡felicidades!, ¡feliz cumpleaños!; **~ Christmas!** ¡Feliz Navidad!, ¡Felices Navidades!; **~ New Year** ¡Feliz Año Nuevo!

(**b**) (*well-chosen: phrase, idea*) oportuno/a, feliz; (*lucky: position, chance*) afortunado/a, feliz; **a ~ medium** un término medio.

happy-go-lucky [ˈhæpɪgəʊˈlʌkɪ] *adj* despreocupado/a.

harangue [həˈræŋ] **1** *n* arenga *f*. **2** *vt* arengar.

harass [ˈhærəs] *vt* acosar, hostigar.

harassed [ˈhærəst] *adj* (*exhausted*) agobiado/a; (*under pressure*) presionado/a; **to look ~** parecer agobiado/a.

harassment [ˈhærəsmənt] *n* acoso *m*; **sexual ~** acoso sexual.

harbinger [ˈhɑːbɪndʒəʳ] *n* (*person*) heraldo *m*, nuncio *m*; (*sign*) precursor *m*; **~ of doom** presagio *m* del desastre.

harbour, (*US*) **harbor** [ˈhɑːbəʳ] **1** *n* (*gen*) puerto *m*. **2** *vt* (*retain: fear etc*) abrigar; (*: grudge*) guardar; (*shelter: criminal, spy*) dar abrigo *or* refugio a. **3** *cpd*: **~ dues** *npl* derechos *mpl* portuarios; **~ master** *n* capitán *m* de puerto.

hard [hɑːd] **1** *adj* (*comp* **~er**; *superl* **~est**) (**a**) (*substance*) duro/a; (*ground, snow*) endurecido/a; (*muscle*) firme; (*consonant*) oclusivo/a; **~ cash** (*fam*) (dinero *m*) contante *m* y sonante; **~ copy** copia *f* impresa; **the ~ core** (*fig: intransigents*) el núcleo duro, el núcleo de incondicionales; **~ court** (*Tennis*) cancha *f* (de tenis) de cemento; **~ currency** moneda *f* dura, divisa *f* fuerte; **~ disk** (*Comput*) disco *m* duro *or* rígido; **he's a ~ nut to crack** (*fig*) es un hueso duro de roer; **~ porn** (*fam*) pornografía *f* dura; **~ rock** rock *m* duro; **~ sell** venta *f* (con propaganda) agresiva; (*advertising campaign*) publicidad *f* agresiva; **~ shoulder** (*Brit Aut*) arcén *m*.

(**b**) (*harsh, severe*) duro/a; (*: weather, climate, winter*) severo/a; (*: frost*) fuerte; (*: person*) duro/a, severo/a; (*: words, tone*) severo/a, áspero/a; (*drink, liquor*) alcohólico/a; (*drugs*) duro/a; (*fact*) innegable; **to take a long ~ look at sth** examinar algo detenidamente; **a ~ blow** (*fig*) un duro golpe; **~ luck!, ~ lines!** (*Brit fam*) ¡mala suerte!, ¡mala pata!; **a ~ luck story** un dramón; **he's as ~ as nails** (*physically*) es duro como la roca; (*in temperament*) a ése no le mueve nadie; **to take a ~ line over sth** poner se muy intransigente en algo; **the ~ left** (*Pol*) la izquierda dura; **to be ~ to deal with** ser de trato difícil; **to be ~ on sb** ser muy duro con algn *or (LAm)* darle duro a algn.

(**c**) (*strenuous, tough: fight, match*) muy reñido/a; (*: work*) arduo/a, duro/a; **to be a ~ worker** ser muy trabajador; **10 years ~ labour** 10 años de trabajos forzados.

(**d**) (*difficult: problem, decision, choice*) difícil; **I find it ~ to believe that ...** me cuesta trabajo creer que ...; **to be ~ to please** ser exigente *or* quisquilloso; **~ of hearing** duro de oído.

2 *adv* (*comp* **~er**; *superl* **~est**) (*hit*) fuerte, duro; (*work*) mucho; (*push: con brusquedad: think*) profundamente; **to freeze ~** quedar congelado; **it's snowing/raining ~** está nevando/lloviendo fuerte; **he was breathing ~** respiraba con dificultad; **to look ~** mirar fijamente; **to hit sb ~** (*fig*) ser un golpe cruel para algn; **to be ~ at it** (*fam*) trabajar *etc* con ahinco; **to be ~ put to it (to)** tener problemas (para); **to try one's ~est to do sth** esforzarse al máximo por hacer algo; **he took it pretty ~** fue un golpe duro para él, le golpeó mucho *(LAm)*; **to be ~ up** (*fam*) no tener un duro; **to be ~ up for sth** estar falto de algo.

hard-and-fast ['hɑːdən'fɑːst] *adj* (*rule*) rígido/a; (*decision*) definitivo/a, irrevocable.

hardback ['hɑːdbæk] **1** *n* (*book*) libro *m* encuadernado *or* de tapas duras. **2** *adj* (*edition*) de tapas duras.

hardboard ['hɑːdbɔːd] *n* chapa *f* de madera.

hard-boiled ['hɑːd'bɔɪld] *adj* (*egg*) duro/a; (*fig: tough, cynical*) de carácter duro, amargado/a.

hard-core ['hɑːdkɔːʳ] *adj* (**a**) (*pornography*) duro/a. (**b**) (*supporters*) intransigente.

hard-drinking ['hɑːd'drɪŋkɪŋ] *adj* bebedor(a).

harden ['hɑːdn] **1** *vt* (*gen*) endurecer; (*steel etc*) templar; (*fig*) fortalecer; **to ~ one's heart** ponerse intransigente. **2** *vi* (*substance*) endurecerse.

hardened ['hɑːdnd] *adj* (*criminal*) empedernido/a; (*soldier etc*) aguerrido/a; **to be ~ to sth** estar acostumbrado a algo.

hard-headed ['hɑːd'hedɪd] *adj* (*shrewd*) realista, astuto/a; (*stubborn*) terco/a.

hard-hearted ['hɑːd'hɑːtɪd] *adj* duro/a de corazón; **to be ~** tener un corazón de piedra.

hard-hitting ['hɑːd,hɪtɪŋ] *adj* (*speech etc*) contundente.

hard-liner [,hɑːd'laɪnəʳ] *n* duro/a *m/f*; (*Pol*) político/a *m/f etc* de línea dura; **the ~s of the party** el ala dura del partido.

hardly ['hɑːdlɪ] *adv* (*scarcely*) apenas; (*not reasonably*) difícilmente; **that can ~ be true** eso difícilmente puede ser verdad; **I ~ know him** apenas le conozco; **~ anyone** casi nadie; **~ ever** casi nunca; **~ likely** poco probable; **~!** ¡ni hablar!

hardness ['hɑːdnɪs] *n* (*see adj (a), (b), (d)*) dureza *f*; severidad *f*; dificultad *f*.

hard-nosed [,hɑːd'nəʊzd] *adj* (*fig*) duro/a.

hard-on ['hɑːdɒn] *n* (*fam!*) empalme *m (fam!)*, erección *f*.

hard-pressed ['hɑːdprest] *adj*: **to be ~** estar en apuros; **our ~ economy** nuestra economía erizada de problemas.

hardship ['hɑːdʃɪp] *n* (*deprivation*) privación *f*; (*financial*) apuro *m*; (*condition of life*) miseria *f*.

hardware ['hɑːdwɛəʳ] **1** *n* (*for domestic use*) ferretería *f*; (*Mil*) materiales *mpl*; (*Comput*) hardware *m*. **2** *cpd*: **~ shop** *or* **store** *n* ferretería *f*, tlapalería *f (Mex)*.

hard-wearing ['hɑːd'wɛərɪŋ] *adj* resistente, duradero/a.

hardwood ['hɑːdwʊd] *n* madera *f* noble.

hard-working ['hɑːd'wɜːkɪŋ] *adj* trabajador(a).

hardy ['hɑːdɪ] *adj* (*comp* **-ier**; *superl* **-iest**) fuerte, robusto/a; (*Bot*) resistente.

hare [hɛəʳ] **1** *n* liebre *f*. **2** *vi* (*fam*) correr, ir rápidamente; **to ~ away** *or* **off** irse a todo correr; **he went haring past** pasó como un rayo.

harebrained ['hɛəbreɪnd] *adj* (*gen*) disparatado/a, descabellado/a.

harelip ['hɛə'lɪp] *n* labio *m* leporino.

harem [hɑː'riːm] *n* harén *m*.

haricot ['hærɪkəʊ] *n* (*also* **~ bean**) alubia *f*, judía *f* blanca.

hark [hɑːk] *vi*: **~!** (*poet*) ¡escucha!; **~ at him!** (*fam*) ¡qué cosas dice!

▸ **hark back** *vi + adv* (*return to*) volver (*to* a); (*recall*) recordar.

harm [hɑːm] **1** *n* daño *m*, perjuicio *m*; **out of ~'s way** a salvo, fuera de peligro; **there's no ~ in trying** nada se pierde con probar; **it does more ~ than good** es peor el remedio que la enfermedad; **he means no ~** no tiene malas intenciones. **2** *vt* (*person*) hacer daño *or* mal a; (*health, reputation, interests*) perjudicar; (*crops etc*) dañar, estropear.

harmful ['hɑːmfʊl] *adj* (*gen*) dañino/a; (*tobacco etc*) nocivo/a; (*reputation*) perjudicial.

harmless ['hɑːmlɪs] *adj* (*person, animal*) inofensivo/a; (*drugs etc*) inocuo/a; (*innocent*) inocente.

harmonica [hɑː'mɒnɪkə] *n* armónica *f*, rondín *m (And)*.

harmonious [hɑː'məʊnɪəs] *adj* armonioso/a.

harmonium [hɑː'məʊnɪəm] *n* armonio *m*.

harmonize ['hɑːmənaɪz] *vt, vi* armonizar.

harmony ['hɑːmənɪ] *n* (*gen*) armonía *f*; (*agreement*) acuerdo *m*; **to sing/live in ~ with sb** cantar/vivir en armonía con algn.

harness ['hɑːnɪs] **1** *n* (*for horse*) arreos *mpl*, guarniciones *fpl*; (*safety~: for child*) andadores *mpl*; (*: for mountaineer etc*) arneses *mpl*; **to die in ~** (*fig*) morir con las botas puestas. **2** *vt* (*horse*) enjaezar, poner los arreos a; (*: to carriage*) enganchar; (*resources etc*) aprovechar.

harp [hɑːp] *n* arpa *f*.

▸ **harp on** *vi + adv* (*fam*): **to ~ on (about)** estar siempre con la misma historia (de), machacar (sobre); **stop ~ing on!** ¡corta el rollo!

harpist ['hɑːpɪst] *n* arpista *mf*.

harpoon [hɑː'puːn] **1** *n* arpón *m*. **2** *vt* arponear.

harpsichord ['hɑːpsɪkɔːd] *n* clavecín *m*, clavicémbalo *m*.

harpy ['hɑːpɪ] *n* arpía *f*.

harrier ['hærɪəʳ] *n* (**a**) (*dog*) perro *m* de caza. (**b**) **~s** (*cross-country runners*) corredores *mpl* de cross. (**c**) (*Orn*) aguilucho *m*.

harrow ['hærəʊ] (*Agr*) **1** *n* grada *f*. **2** *vt* gradar.

harrowing ['hærəʊɪŋ] *adj* (*distressing*) angustioso/a; (*awful*) espeluznante, terrible; (*moving*) conmovedor(a).

harry ['hærɪ] *vt* (*Mil*) hostilizar; (*person*) hostigar *or* acosar a.

harsh [hɑːʃ] *adj* (*comp* **~er**; *superl* **~est**) (*severe*) severo/a, duro/a; (*cruel*) duro/a, cruel; (*material, words, voice*) áspero/a; (*colour*) chillón/ona; (*contrast*) violento/a.

harshness ['hɑːʃnɪs] *n* (*see adj*) severidad *f*, dureza *f*, rigor *m*; aspereza *f*.

harvest ['hɑːvɪst] **1** *n* (*gen*) cosecha *f*; (*of grapes*) vendimia *f*. **2** *vt* cosechar. **3** *cpd*: **~ festival** *n* fiesta *f* de la cosecha; **~ moon** *n* luna *f* llena.

harvester ['hɑːvɪstəʳ] *n* (*person*) segador(a) *m/f*; (*machine*) cosechadora *f*; (*combine ~*) segadoratrilladora *f*.

has [hæz] *3rd pers sg present of* **have**.

has-been ['hæzbiːn] *n* (*fam*) persona *f* acabada.

hash¹ [hæʃ] *n* (**a**) (*Culin*) picadillo *m*. (**b**) (*fam*) **to make a ~ of sth** embrollar *or* enredar algo.

hash² [hæʃ] *n* (*fam: hashish*) chocolate *m (fam)*, mota *f*

(LAm fam).
hashish [ˈhæʃɪʃ] *n* hachís *m*.
hasn't [ˈhæznt] = **has not**.
hassle [ˈhæsl] **1** *n* (*fam: problem, difficulty*) lío *m*, problema *m*; (*: argument*) follón *m*, bronca *f*. **2** *vt* molestar.
hassock [ˈhæsək] *n* (*Rel*) cojín *m*.
haste [heɪst] *n* prisa *f*, apuro *m (LAm)*; **in ~** a la carrera, precipitadamente; **to make ~** darse prisa, apurarse *(LAm)*; **more ~ less speed** (*Prov*) sin prisapeor sin pausa.
hasten [ˈheɪsn] **1** *vt* (*gen*) acelerar; (*rush*) acelerar el paso; **to ~ sb's departure** apresurar la ida de algn. **2** *vi* apresurarse; **I ~ to add that** ... me apresuro a añadir que ....
▸ **hasten away** *vi + adv* marcharse precipitadamente (*from* de).
▸ **hasten back** *vi + adv* volver con toda prisa, darse prisa para volver.
hastily [ˈheɪstɪlɪ] *adv* (*hurriedly*) de prisa, precipitadamente; (*rashly: speak*) intempestivamente, precipitadamente; (*: judge*) a la ligera.
hasty [ˈheɪstɪ] *adj* (*comp* **-ier**; *superl* **-iest**) (*hurried*) apresurado/a, precipitado/a; (*rash*) intempestivo/a.
hat [hæt] **1** *n* sombrero *m*; **to pass the ~ round** (*fig*) pasar el platillo; **I take my ~ off to him** (*fig*) me descubro ante él; **to keep sth under one's ~** no decir una palabra sobre algo; **to talk through one's ~** (*fam*) decir disparates. **2** *cpd*: **~ stand** *n* perchero *m*; **~ trick** *n* tres triunfos *mpl or* goles *mpl etc* seguidos.
hatch¹ [hætʃ] *n* (*Naut*) escotilla *f*; (*serving ~*) ventanilla *f*.
hatch² [hætʃ] **1** *vt* (*chick*) empollar, incubar; (*fig: scheme, plot*) idear, tramar. **2** *vi* (*chick*) salir del huevo; **the egg ~ed** el pollo rompió el cascarón y salió.
hatchback [ˈhætʃbæk] *n* (*car*) un tres *or* cinco puertas.
hatchery [ˈhætʃərɪ] *n* criadero *m*, vivero *m*.
hatchet [ˈhætʃɪt] **1** *n* hacha *f* (pequeña); *see* **bury**. **2** *cpd*: **~ job** *n* (*fam*) crítica *m* vitriólica; **to do a ~ job on sb** realizar un ataque devastador contra algn; **~ man** *n* (*US fam*) ejecutor *m* de faenas desagradables por cuenta de otro; (*assassin*) sicario *m*, asesino *m* a sueldo.
hatchway [ˈhætʃweɪ] *n see* **hatch¹**.
hate [heɪt] **1** *n* odio *m*; **pet ~** manía *f*. **2** *vt* (*gen*) odiar, aborrecer; **I ~ having to do it** no soporto hacerlo; **I ~ to trouble you, but** ... siento *or (LAm)* lamento mucho molestarle, pero ...; **he ~s to be** *or* **he ~s being corrected** no tolera *or* soporta que se le corrija. **3** *cpd*: **~ mail** *n cartas en que se expresa odio al destinatario*.
hateful [ˈheɪtfʊl] *adj* odioso/a.
hatpin [ˈhætpɪn] *n* alfiler *m* de sombrero.
hatred [ˈheɪtrɪd] *n* (*gen*) odio *m* (*for* de) , aborrecimiento *m* (*for* de).
hatter [ˈhætəʳ] *n* sombrerero *m*; **as mad as a ~** loco de remate, como una cabra.
haughty [ˈhɔːtɪ] *adj* (*comp* **-ier**; *superl* **-iest**) altanero/a, altivo/a.
haul [hɔːl] **1** *n* (**a**) (*distance*) trayecto *m*, tramo *m*; **it's a long ~** hay mucho trecho. (**b**) (*amount taken: of fish*) redada *f*; (*fig: from robbery etc*) botín *m*. **2** *vt* (**a**) (*drag: heavy object*) arrastrar, jalar *(LAm)*. (**b**) (*transport*) acarrear.
▸ **haul down** *vt + adv* (*flag, sail*) arriar.
▸ **haul in** *vt + adv net etc,* ir recogiendo.
▸ **haul up** *vt + adv*: **he was ~ed up in court** fue llevado ante el tribunal.
haulage [ˈhɔːlɪdʒ] **1** *n* (*road transport*) acarreo *m*, transporte *m*; (*cost*) gastos *mpl* de transporte. **2** *cpd*: **~ contractor** *n* contatista *mf* de transportes.
haulier [ˈhɔːlɪəʳ], (*US*) **hauler** [ˈhɔːləʳ] *n* transportista *mf*.
haunch [hɔːntʃ] *n* (*of animal*) anca *f*; (*of person*) cadera *f*; (*of meat*) pierna *f*; **to sit on one's ~es** sentarse en cuclillas.
haunt [hɔːnt] **1** *n* (*of animal*) guarida *f*; (*of person*) lugar *m* predilecto. **2** *vt* (*ghost: castle etc*) aparecer en; (*person: frequent*) frecuentar, rondar por; (*fig: idea, fear*) obsesionar.
haunted [ˈhɔːntɪd] *adj* (*look*) de angustia; **~ house** casa encantada *or* embrujada; **the castle is ~** en el castillo hay fantasmas.
haunting [ˈhɔːntɪŋ] *adj* (*sight, music*) evocador(a).
Havana [həˈvænə] *n* La Habana.
have [hæv] (*3rd pers sg present* **has**; *pt, pp* **had**) **1** *aux vb* (**a**) haber; **he has been kind/ill** ha sido amable/ha estado enfermo; **to ~ arrived/eaten** haber llegado/comido; **I ~** *or* **I've just asked him** acabo de preguntarle; **has(n't) he told you?** ¿(no) te lo ha dicho?; **had(n't) he told you?** ¿(no) te lo había dicho?; **having finished** *or* **when he had finished, he left** cuando terminó *or* hubo terminado, se fue; **never having seen it before, I** ... como no lo había visto antes, yo ....

(**b**) (*in tag*) **you've done it, ~n't you?** lo has hecho, ¿verdad?; **he hasn't done it, has he?** no lo ha hecho, ¿verdad?; **you've made a mistake -- no I ~n't/so I ~!** has cometido un error — no es verdad *or* cierto/es verdad *or* cierto; **we ~n't paid — yes we ~!** no hemos pagado — ¡qué sí!; **I've been there before — ~ you indeed?** yo ya he estado allí — ¡no me digas!

2 *modal aux vb* (*be obliged*) **to ~ (got) to do sth** tener que hacer algo; **I ~ (got) to finish this work** tengo que terminar este trabajo; **you ~n't to tell her** no debes decírselo; **do we ~ to leave early?** ¿tenemos que marcharnos temprano?; **I ~n't got to** *or* **I don't ~ to wear glasses** no necesito (usar) gafas; **I shall ~ to go and see her** tendré que ir a verla; **it will just ~ to wait till tomorrow** tendrá que esperar hasta mañana; **this has to be a mistake** esto tiene que ser un error.

3 *vt* (**a**) (*possess*) tener; **he has (got) blue eyes** tiene los ojos azules; **~ you (got)** *or* **do you ~ a pen?** ¿tienes pluma?; **I've (got) a friend staying next week** un amigo me viene a visitar la semana que viene; **all I ~ is yours** todo lo que tengo es tuyo; **I ~ (got) no Spanish** no sé español; **I ~ (got) an idea** tengo una idea.

(**b**) (*meals etc*) **to ~ breakfast/lunch/dinner** desayunar/comer *or* almorzar/cenar; **to ~ a shower/shave** ducharse/afeitarse; **to ~ a bath** tomar un baño; **what will you ~? — I'll ~ a coffee** ¿qué quiere tomar? *or* ¿qué va a tomar? — un café; **he had a cigarette** (se) fumó un cigarro; **will you ~ some more?** ¿le sirvo más?; **to ~ a drink** tomar; **to ~ sth to eat** comer algo; **I must ~ a drink** necesito beber algo.

(**c**) (*receive*) recibir; (*obtain*) conseguir; (*take*) llevar; **I had a letter from John** tuve carta de Juan; **let me ~ your address** dame tus señas; **you can ~ it for £10** te lo dejo en £10, lléveselo en £10; **there was no bread to be had** no quedaba pan en ningún sitio; **I ~ it on good authority that** ... me consta que ..., sé a ciencia cierta *or* de buena tinta que ...; **to ~ a baby** parir, dar a luz.

(**d**) (*hold*) tener; **he had him by the throat** lo agarró por la garganta; **I ~ him in my power** lo tengo en mi poder; **you ~ me there** me doy por vencido.

(**e**) (*maintain, allow*) **he will ~ it that he is right** insiste en que tiene razón; **rumour has it that** ... corre la voz de que ...; **she won't ~ it said that** ... no tolera *or* soporta que digan ...; **I won't ~ this nonsense** no tolero estas tonterías.

(**f**) (*causative*) **to ~ sth done** hacer hacer algo; **to ~ a suit made** mandar hacer un traje; **to ~ one's hair cut** cortarse el pelo; **to ~ one's luggage brought up** hacer subir el equipaje; **to ~ sb do sth** mandar a algn hacer algo, hacer que algn haga algo; **he had them all dancing** les puso a bailar a todos; **I'd ~ you know that** ... quiero que sepas que ...; **what would you ~ me do?** ¿qué quieres que haga?

(**g**) (*experience, suffer*) **she had her bag stolen** le robaron el bolso; **he had his arm broken** le rompieron el brazo; **to ~ an operation** operarse; **she has (got)**

toothache/a cold/(the) flu tiene dolor de muelas/está constipada *or* resfriada/está con gripe.

(**h**) (+ *n* = *vb identical with n*) **to ~ a swim** nadar, bañarse; **to ~ a walk** pasear, ir de paseo; **let's ~ a look** vamos a ver; **let's ~ a try** vamos a probar *or* intentarlo.

(**i**) (*phrases*) **to ~ a good time** pasarlo bien, divertirse; **to ~ a pleasant evening** pasar una tarde agradable; **to ~ a party** dar una fiesta; **to ~ sth against sb/sth** tener algo en contra de algn/algo; **thank you for having me** gracias por su invitación; **to ~ to do with** tener que ver con; **let him ~ it!** (*fam*) ¡a por él!; **you've had it!** (*fam*) ¡estás listo! *(fam)*, ¡te la has cargado!; **you've been had!** *(fam)* ¡te han engañado!

▸ **have in** *vt + adv* (**a**) (*doctor*) llamar; **to ~ visitors in** tener invitados; **let's ~ the next one in** que pase el siguiente. (**b**) **to ~ it in for sb** (*fam*) tenerla tomada con algn.

▸ **have off** *vt + adv* (*Brit fam!*): **to ~ it off** echar un polvo *(fam!)*; **to ~ it off with sb** tirarse con algn *(fam!)*.

▸ **have on** *vt + adv* (**a**) (*garment*) llevar; **she had nothing on** estaba desnuda. (**b**) (*be busy with*) **I've got so much on this week** tengo tanto que hacer esta semana; **~ you anything on tomorrow?** ¿tienes compromiso para mañana? (**c**) (*fam*) **to ~ sb on** tomar el pelo a algn.

▸ **have out** *vt + adv* (**a**) **to ~ a tooth out** sacarse una muela; **to ~ one's tonsils out** operarse de las amígdalas. (**b**) **to ~ it out with sb** ajustar cuentas con algn.

▸ **have up** *vt*: **to be had up** (*fam: be prosecuted*) ser citado *or* llevado al juicio; **he was had up for assault** le acusaron de asalto.

haven ['heɪvn] *n* refugio *m*.

have-nots ['hævnɒts] *npl see* **haves**.

haven't ['hævnt] = **have not**.

haversack ['hævəsæk] *n* mochila *f*, macuto *m (LAm)*.

haves [hævz] *npl* (*fam*): **the ~ and the have-nots** los ricos y los pobres.

havoc ['hævək] *n* estragos *mpl*, destrucción *f*; **to play ~ with** hacer estragos en; **to wreak ~** hacer estragos.

Hawaii [hə'waɪi:] *n* (Islas *fpl*) Hawai *fpl*.

Hawaiian [hə'waɪjən] *adj, n* hawaiano/a *m/f*.

hawk[1] [hɔ:k] *n* (*also Pol*) halcón *m*; **he was watching me like a ~** me vigilaba estrechamente, no me quitaba ojo.

hawk[2] [hɔ:k] *vt* (*goods for sale*) pregonar.

hawk[3] [hɔ:k] *vi* carraspear.

hawker ['hɔ:kə'] *n* (vendedor(a) *m/f*) ambulante *mf*.

hawk-eyed [,hɔ:k'aɪd] *adj* con ojos de lince.

hawkish ['hɔ:kɪʃ] *adj* (*Pol etc*) duro/a.

hawser ['hɔ:zə'] *n* guindaleza *f*.

hawthorn ['hɔ:θɔ:n] *n* espino *m*.

hay [heɪ] **1** *n* heno *m*; **to make ~ while the sun shines** (*Prov*) hacer su agosto. **2** *cpd*: **~ fever** *n* alergia *f* al polen.

haycock ['heɪkɒk] *n* montón *m* de heno.

hayfork ['heɪfɔ:k] *n* bieldo *m*.

haymaker ['heɪmeɪkə'] *n* heneador(a) *m/f*, labrador(a) *m/f* que trabaja en la siega *or* la recolección del heno.

haystack ['heɪstæk] *n* almiar *m*; **it's like looking for a needle in a ~** es como buscar una aguja en un pajar.

haywire ['heɪwaɪə'] *adj* (*fam*): **to go ~** (*person*) volverse loco, enloquecer; (*machine*) averiarse, malograrse *(LAm)*; (*scheme etc*) embrollarse.

hazard ['hæzəd] **1** *n* (*danger, risk*) peligro *m*, riesgo *m*; (*: of less serious things*) riesgo; (*obstacle, problem*) obstáculo *m*. **2** *vt* (*one's life, an attempt*) arriesgar; (*guess, remark*) aventurar. **3** *cpd*: **~ warning lights** *npl* señales *fpl* de emergencia.

hazardous ['hæzədəs] *adj* arriesgado/a, peligroso/a; **~ pay** (*US*) prima *f* por trabajos peligrosos.

haze [heɪz] *n* (*mist*) calina *f*, neblina *f*; (*of smoke etc*) humo *m*; **to be in a ~** (*fig*) andar despistado.

hazel ['heɪzl] **1** *n* (*tree*) avellano *m*. **2** *adj* (*eyes*) color de avellana.

hazelnut ['heɪzlnʌt] *n* avellana *f*.

hazy ['heɪzɪ] *adj* (*comp* **-ier**; *superl* **-iest**) (*day, weather, photograph*) nublado/a; (*fig: uncertain: memory, ideas*) poco claro/a, confuso/a; **I'm a bit ~ about it** lo tengo poco claro.

H-bomb ['eɪtʃbɒm] *n* bomba *f* H.

HCF *n abbr of* **highest common factor** MCD *m*.

HE *abbr* (**a**) *of* **high explosive**. (**b**) *of* **His** *or* Her Excellency S.E. (**c**) *of* **His Eminence** S.Em[a].

he [hi:] **1** *pers pron* él; **there ~ is** allí está (él); **~ who** *or* **that** el que, quien. **2** *n*: **it's a ~** (*animal*) es macho; (*fam: baby etc*) es hombre.

head [hed] **1** *n* (**a**) (*Anat*) cabeza *f*; **my ~ aches, I've got a bad ~** me duele la cabeza; **~ of hair** cabellera *f*; **~ first, ~ foremost** de cabeza; **to go ~ over heels** caer patas arriba; **to fall ~ over heels in love with sb** enamorarse perdidamente de algn; **from ~ to foot** de pies a cabeza; **to bite sb's ~ off** echar un rapapolvo a algn; **his ~'s in the clouds** está en las nubes; **to keep one's ~ above water** (*fig*) ir tirando; **he is a ~ taller than his brother** le saca la cabeza a su hermano; **the horse won by a ~** el caballo ganó por una cabeza; **on your own ~ be it!** ¡allá tú!; **he stands ~ and shoulders above the rest** los demás no le llegan a la suela del zapato; **to stand on one's ~** hacer el pino; **I could do it standing on my ~** (*fam*) lo hago yo con los ojos cerrados; **to stand an argument on its ~** demostrar la falsedad de un argumento; **to give orders over sb's ~** dar órdenes sin consultar a algn; **they went over my ~ to the manager** fueron directamente al gerente sin hacerme caso; **wine goes to my ~** el vino se me sube a la cabeza; **success has gone to his ~** el éxito le ha subido a la cabeza; **to give a horse its ~/give sb his ~** darle rienda suelta a un caballo/a algn; **to laugh one's ~ off** (*fam*) reírse a carcajadas; **to talk one's ~ off** hablar por los codos.

(**b**) (*intellect, mind*) cabeza *f*, mente *f*; **two ~s are better than one** (*Prov*) cuatro ojos ven más que dos; **it never entered my ~** ni se me pasó por la cabeza siquiera; **to have a ~ for business** ser bueno para los negocios; **to have no ~ for heights** no resistir las alturas; **he has a good ~ on his shoulders** tiene la cabeza en su sitio; **to keep one's ~** mantener la calma; **to lose one's ~** perder la cabeza *or* los estribos; **let's put our ~s together** cambiemos impresiones; **it was above** *or* **over their ~s** estaba fuera de su alcance, no alcanzaron a entenderlo; **to do a sum in one's ~** hacer un cálculo mental; **to be soft** *or* **weak in the ~** ser un poco tocado, andar mal de la cabeza; **to get sth into one's ~** meterse algo en la cabeza; **he has got it into his ~ that ...** cree firmemente que ...; **get it into your ~ that ...** date cuenta de que ...; **to take it into one's ~ to do sth** ocurrirse a algn hacer algo; **to be off one's ~** (*fam*) estar loco, estar fuera de sí.

(**c**) (*leader: of business*) jefe/a *m/f*; (*: of family*) cabeza *mf*; (*: of school*) director(a) *m/f*; **~ of department** (*Scol*) jefe de departamento; **~ of state** (*Pol*) jefe de estado.

(**d**) (*on coin*) cara *f*; **~s or tails** cara o cruz, águila o sol *(Mex)*; **I couldn't make ~ nor tail of it** no le encuentro pies ni cabeza.

(**e**) (*no pl: unit*) **20 ~ of cattle** 20 cabezas de res; **£10 a** *or* **per ~** £10 por cabeza *or* por barba.

(**f**) (*of hammer, nail*) cabeza *f*; (*of tape-recorder*) cabezal *m*; (*Comput*) cabeza grabadora, cabezal; (*of arrow*) punta *f*; (*of lettuce, flower*) flor *f*, cabezuela *f*; (*of bed, page*) cabecera *f*; (*of river*) fuente *f*, nacimiento *m*; (*of valley*) final *m*; (*of stairs*) lo alto; (*on beer*) espuma *f*; **at the ~ of** (*organization, queue etc*) a la cabeza de; (*train*) en la parte delantera; (*class*) el primero; **to be at the ~ of the list** encabezar la lista; **to sit at the ~ of the table** sentarse a la cabecera; **to come to a ~** (*abscess etc*) supurar; (*fig: situation etc*) llegar a un punto crítico.

2 *vt* (**a**) (*be at front of, lead*) encabezar; (*be in charge of: company*) dirigir.

(**b**) (*Ftbl*) **to ~ a ball** cabecear (el balón), dar cabeza al balón.

(**c**) (*steer: plane etc*) dirigir.
(**d**) (*chapter etc*) titular.

3 *vi* dirigirse (a *or* hacia), ir rumbo (a); **where are you ~ing** *or* **~ed?** ¿hacia dónde vas?, ¿para dónde vas? *(LAm)*.

4 *cpd*: ~ **boy** *n*/Brit Scol alumno *m* principal; ~ **cook** *n* primer(a cocinero/a) *m/f*, jefe/a *m/f* de cocina; ~ **girl** *n* alumna *f* principal; ~ **office** *n* sede *f*; ~ **start** *n*: **to have a ~ start** (*Sport, fig*) empezar con ventaja; ~ **teacher** *n* director(a) *m/f*; ~ **waiter** *n* maître *m*.

▸ **head for** *vi + prep* (*place*) dirigirse a *or* hacia; **to ~ for home** ir rumbo a casa; **he is ~ing for trouble** (*fig*) va por mal camino.

▸ **head off** *vt + adv* desviar; (*fig*) distraer, apartar.

headache [ˈhedeɪk] *n* (*pain*) dolor *m* de cabeza, jaqueca *f*; (*problem*) quebradero *m* de cabeza.

headband [ˈhedbænd] *n* cinta *f* (para la cabeza), vincha *f (And, CSur)*, huincha *f (And, CSur)*.

headboard [ˈhed,bɔːd] *n* cabecera *f*.

headcheese [ˈhed,tʃiːz] *n* (*US*) carne *f* en gelatina.

headcount [ˈhedkaʊnt] *n* recuento *m* de la asistencia.

headdress [ˈheddres] *n* tocado *m*.

headed [ˈhedɪd] *adj* (*notepaper*) membretado/a, con membrete.

header [ˈhedəʳ] *n* (*fam: Ftbl*) cabezazo *m*; (*fall*) caída *f* de cabeza; (*Typ, Comput*) encabezamiento *m*.

head-first [,hedˈfɜːst] *adv* de cabeza.

headgear [ˈhedgɪəʳ] *n* (*gen*) tocado *m*; (*hat*) sombrero *m*; (*cap*) gorra *f*; (*helmet*) casco *m*.

headguard [ˈhedgɑːd] *n* casco *m* protector; (*on face*) protector *m* facial.

headhunt [ˈhed,hʌnt] *vt* cazar; **he was ~ed by a bank** fue cazado por un banco.

headhunter [ˈhed,hʌntəʳ] *n* cazador *m* de cabezas; (*fig*) cazatalentos *mf inv*,.

heading [ˈhedɪŋ] *n* (*title: of book, chapter*) título *m*; (*of letter*) membrete *m*, sello *m*; (*in catalogue etc*) entrada *f*; **under various ~s** en varios apartados; **to come under the ~ of** clasificarse bajo.

headlamp [ˈhedlæmp] *n* (*Aut*) faro *m*, foco *m (LAm)*.

headland [ˈhedlənd] *n* punta *f*, cabo *m*.

headlight [ˈhedlaɪt] *n* = **headlamp**.

headline [ˈhedlaɪn] *n* (*in newspaper*) titular *m*, cabecera *f*; **~s** (*TV, Rad*) resumen *msg* de las noticias; **to hit** *or* **make the ~s** salir en primera plana.

headlong [ˈhedlɒŋ] **1** *adj* (*fall, dive*) de cabeza; (*rush etc*) precipitado/a. **2** *adv* (*see adj*) de cabeza; precipitadamente.

headmaster [ˈhedˈmɑːstəʳ] *n* director *m* (de colegio).

headmistress [ˈhedˈmɪstrɪs] *n* directora *f* (de colegio).

head-on [ˈhedˈɒn] **1** *adj* (*collision*) de frente, frontal; **a ~ confrontation** un enfrentamiento *m* sin compromisos. **2** *adv* (*collide*) de frente; (*clash*) de lleno; (*meet*) cara a cara; **the two cars collided ~** los dos coches colisionaron frontalmente; **to tackle sth ~** (*fig*) enfrentarse de lleno con algo.

headphones [ˈhedfəʊnz] *npl* auriculares *mpl*, audífono *msg*.

headquarters [ˈhedˈkwɔːtəz] *npl* (*Mil*) cuartel *msg* general; (*police etc*) jefatura *fsg*; (*of party, organization*) sede *fsg*.

headrest [ˈhedrest] *n* (*on chair*) cabezal *m*; (*Aut: also* **head restraint**) apoyacabezas *m inv*, reposacabezas *m inv*.

headroom [ˈhedrʊm] *n* altura *f* libre.

headscarf [ˈhedskɑːf] *n* (*pl* **~s** *or* **-scarves**) pañuelo *m*.

headset [ˈhedset] *n* = **headphones**.

headship [ˈhedʃɪp] *n* dirección *f*; (*of school*) puesto *m* de director(a).

headstone [ˈhedstəʊn] *n* (*on grave*) lápida *f* mortuoria; (*Archit*) piedra *f* angular.

headstrong [ˈhedstrɒŋ] *adj* (*stubborn*) terco/a, testarudo/a; (*rash: action*) precipitado/a.

headway [ˈhedweɪ] *n*: **to make ~** (*Naut*) avanzar; (*fig*) hacer progresos.

headwind [ˈhedwɪnd] *n* viento *m* de frente.

headword [ˈhedwɜːd] *n* palabra *f* que encabeza un artículo *m*, palabra cabeza de artículo.

heady [ˈhedɪ] *adj* (*comp* **-ier**; *superl* **-iest**) (*wine*) fuerte, cabezón; (*scent*) oloroso/a; (*fig: atmosphere*) excitante, embriagador(a).

heal [hiːl] **1** *vt* (*wound*) curar; (*subj: person*) sanar; (*fig: differences*) reconciliar. **2** *vi* (*also* ~ **up**) cicatrizar.

healer [ˈhiːləʳ] *n* curador(a) *m/f*.

healing [ˈhiːlɪŋ] **1** *adj* curativo/a, sanativo/a. **2** *n* curación *f*.

health [helθ] **1** *n* (*gen*) salud *f*; **Ministry of H~** Ministerio *m or* Secretaría *f* de Salud *or* Salubridad; **to be in good/bad ~** estar bien/mal de salud; **to drink sb's ~** brindar por algn; **your ~!** ¡(a tu) salud!

2 *cpd*: ~ **benefit** *n* (*US*) subsidio *m* de enfermedad; ~ **care** *n* asistencia *f* sanitaria; ~ **centre** *n* centro *m* médico, ambulatorio *m*, dispensario *m*; ~ **farm** *n* centro *m* de salud; ~ **food(s)** *n(pl)* alimentos *mpl* (or) gánicos; ~ **food shop** *n* tienda *f* naturista, tienda dietética; ~ **hazard** *n* riesgo *m* para la salud; ~ **insurance** *n* seguro *m* de enfermedad; **H~ Service** *n* (*Brit*) Servicio *m* Nacional de Salud; ~ **visitor** *n* auxiliar *mf* sanitario/a.

healthful [ˈhelθfʊl], **health-giving** [ˈhelθ,gɪvɪŋ] *adj* sano/a, saludable.

healthily [ˈhelθɪlɪ] *adv* (*live etc*) sanamente.

healthy [ˈhelθɪ] *adj* (*comp* **-ier**; *superl* **-iest**) (*gen, also fig*) sano/a; (*air, place etc*) salubre, saludable.

heap [hiːp] **1** *n* (*pile*) montón *m*; (*fam: old car*) cacharro *m (fam)*; (*: lots*) **~s (of)** montones (de); **we have ~s of time** tenemos tiempo de sobra; **I was struck** *or* **knocked all of a ~** (*fam*) me dejó patidifuso. **2** *vt*: **to ~ sth onto sth** (*bricks etc*) amontonar algo sobre algo; **to ~ a plate with food** colmar un plato de comida; **to ~ favours/praise/gifts** *etc* **on sb** colmar a algn de favores/elogios/regalos *etc*; **~ed spoonful** (*Culin*) cucharada *f* colmada.

▸ **heap up** *vt + adv* (*wealth, stones*) amontonar, hacer montones de.

hear [hɪəʳ] (*pt, pp* **heard** [hɜːd]) **1** *vt* (*perceive: voice*) oír, escuchar, sentir; (*listen to: radio programme, story*) escuchar, oír; (*Jur: case*) ver; **I heard you're going away** me contaron que te vas; **can** *or* **do you ~ me?** ¿me oyes?; **I could hardly make myself heard** apenas pude hacerme entender; **to ~ that ...** oír decir que ...; **to ~ him speak** *or* **talk you'd think he was ...** de oírle hablar, se podría creer que era ....

2 *vi* oír; (*get news*) tener noticias de; **have you heard from him lately?** ¿has sabido algo de él últimamente?; **to ~ about** *or* **of** oír hablar de, saber de, oír mentar de *(LAm)*; **I heard about it from Maria** me enteré por María; **I've never heard of him** no me suena su nombre; **I've never heard of such a thing** en mi vida he oído tal cosa; **I won't ~ of it!** (*allow*) ¡ni pensarlo!; **~! ~!** (*bravo*) ¡así es!

▸ **hear out** *vt + adv* (*person*) dejar que algn termine de hablar.

hearer [ˈhɪərəʳ] *n* oyente *mf*.

hearing [ˈhɪərɪŋ] **1** *n* (**a**) (*sense of* ~) oído *m*; **within/out of ~ (distance)** al alcance/fuera del alcance del oído; **in/out of my ~** estando yo delante/ausente. (**b**) (*chance to speak*) oportunidad *f* de hablar; (*Jur*) vista *f*, audiencia *f*; **he never got a fair ~** en ningún momento se le permitió explicar su punto de vista; (*Jur*) no se le juzgó imparcialmente. **2** *cpd*: ~ **aid** *n* audífono *m*, aparato *m* de oído.

hearsay [ˈhɪəseɪ] *n* rumores *mpl*; **it's just ~** son rumores nada más.

hearse [hɜːs] *n* coche *m or (LAm)* carro *m* fúnebre.

heart [hɑːt] **1** *n* (**a**) (*Anat*) corazón *m*; **to have a weak ~** ser cardíaco.

(**b**) (*seat of feeling, sympathy etc*) corazón *m*; **he's a man after my own** ~ es un hombre de los que me gustan; **at** ~ en el fondo; **to have sb's interests at** ~ tener presente el interés de algn; **from the (bottom of one's)** ~ con toda sinceridad, de corazón; **in his** ~ **of** ~**s** en lo más íntimo de su corazón; ~ **and soul** en cuerpo y alma; **to wear one's** ~ **on one's sleeve** llevar el corazón en la mano; **my** ~ **sank** me descorazoné; **to learn/know/recite by** ~ aprender/saber/recitar de memoria; **to one's** ~**'s content** a gusto; **his** ~ **is in the right place** tiene buen corazón; **to cry one's** ~ **out** llorar a mares; **have a** ~! (*fam*) ¡ten corazón!; **he has a** ~ **of gold** tiene un corazón de oro; **to take sth to** ~ tomarse algo a pecho; **his** ~ **was not in it** lo hacía sin ganas; **to set one's** ~ **on sth** poner todas sus esperanzas en algo.

(**c**) (*symbol of love*) corazón *m*; **with all one's** ~ de todo corazón, con toda su alma; **to break sb's** ~ (*in love*) partir el corazón a algn; (*by behaviour etc*) matar a algn a disgustos; **to give** *or* **lose one's** ~ **to** enamorarse de.

(**d**) (*symbol of courage*) **to be in good** ~ (*person*) estar de buen ánimo; **I did not have the** ~ **to tell her** no tuve valor para decírselo; **to have one's** ~ **in one's mouth** tener el alma en un hilo; **to lose** ~ descorazonarse; **to take** ~ cobrar ánimos.

(**e**) (*of lettuce, celery*) cogollo *m*; (*of place, earth etc*) corazón *m*, seno *m*; **in the** ~ **of the country** campo *m* adentro; **in the** ~ **of winter** en pleno invierno; **the** ~ **of the matter** lo esencial *or* el meollo del asunto.

(**f**) (*Cards*) ~**s** corazones *mpl*.

2 *cpd*: ~ **attack** *n* (*Med*) ataque *m* cardíaco, ataque al corazón; ~ **complaint** *n* enfermedad *f* cardíaca; ~ **condition** *n* condición *f* cardíaca; ~ **disease** *n* enfermedad *f* cardíaca; ~ **failure** *n* fallo *m* del corazón, paro *m* cardíaco; (*chronic*) insuficiencia *f* cardíaca; ~ **murmur** *n* soplo *m* del corazón; ~ **surgeon** *n* cirujano/a *m/f* cardiólogo/a; ~ **transplant** *n* trasplante *m* del corazón.

heartache [ˈhɑːteɪk] *n* angustia *f*, pena *f*.

heartbeat [ˈhɑːtbiːt] *n* (*gen*) latido *m* del corazón.

heartbreak [ˈhɑːtbreɪk] *n* angustia *f*, congoja *f*.

heartbreaking [ˈhɑːtˌbreɪkɪŋ] *adj* desgarrador(a), que parte el corazón.

heartbroken [ˈhɑːtˌbrəʊkən] *adj* angustiado/a, acongojado/a; **she was** ~ **about it** le partió el corazón.

heartburn [ˈhɑːtbɜːn] *n* (*Med*) acedía *f*, acidez *f*.

-hearted [ˈhɑːtɪd] *adj suf* de corazón ....

hearten [ˈhɑːtn] *vt* alentar, dar ánimos a.

heartening [ˈhɑːtnɪŋ] *adj* alentador(a).

heartfelt [ˈhɑːtfelt] *adj* (*sympathy*) sentido/a; (*thanks, apology*) sincero/a; **my** ~ **apologies** mis sinceras disculpas.

hearth [hɑːθ] **1** *n* (*gen, also fig*) hogar *m*; (*fireplace*) chimenea *f*. **2** *cpd*: ~ **rug** *n* alfombrilla *f*, tapete *m*.

heartily [ˈhɑːtɪlɪ] *adv* (*agree*) completamente; (*laugh, eat*) de buena gana; (*thank, welcome*) cordialmente; **to be** ~ **sick of** estar completamente harto de.

heartland [ˈhɑːtlænd] *n* corazón *m*; (*Geog*) zona *f* central, zona *f* interior.

heartless [ˈhɑːtlɪs] *adj* despiadado/a, cruel.

heartlessness [ˈhɑːtlɪsnɪs] *n* crueldad *f*, inhumanidad *f*.

heartrending [ˈhɑːtˌrendɪŋ] *adj* angustioso/a, desgarrador(a).

heart-searching [ˈhɑːtˌsɜːtʃɪŋ] *n* examen *m* de conciencia.

heartstrings [ˈhɑːtstrɪŋz] *npl* fibras *fpl* del corazón; **to pull at** *or* **touch sb's** ~ tocar la fibra sensible de algn.

heartthrob [ˈhɑːtθrɒb] *n*: **he's the** ~ **of the teenagers** es el ídolo de las quinceañeras; **we met her latest** ~ conocimos a su amiguito del momento.

heart-to-heart [ˈhɑːttəˈhɑːt] *adj* franco/a, íntimo/a; **to have a** ~ **talk with sb** tener una conversación de corazón a corazón con algn.

heart-warming [ˈhɑːtˌwɔːmɪŋ] *adj* (*pleasing*) grato/a; (*moving*) conmovedor(a), emocionante.

hearty [ˈhɑːtɪ] *adj* (*comp* **-ier**; *superl* **-iest**) (*person: jovial*) campechano/a; (*feelings*) activo/a; (*laugh*) abierto/a; (*appetite, meal*) fuerte; (*welcome, thanks*) cordial, caluroso/a.

heat [hiːt] **1** *n* (**a**) (*warmth, weather etc*) calor *m*; (*temperature*) lo caliente; (*also* ~**ing**) calefacción *f*; (*of oven*) temperatura *f*; **at low** ~ (*Culin*) a fuego lento; **in the** ~ **of the moment/battle** en el calor del momento/de la batalla; **when the** ~ **is on** cuando se aplican las presiones; **it'll take the** ~ **off us** esto nos dará un respiro.

(**b**) (*Sport*) (prueba *f*) eliminatoria *f*; **dead** ~ empate *m*.

(**c**) (*Zool: of dogs, cats*) **in** *or* **on** ~ en celo.

2 *vt* (*warm*) calentar; **they** ~ **their house with coal** su casa tiene calefacción de carbón.

3 *vi* calentarse; (*fig*) **the conversation became** ~**ed** se acaloró la conversación.

4 *cpd*: ~ **exhaustion** *n* agotamiento *m* por calor, debilidad *f* por calor; ~ **haze** *n* neblina *f* de calor; ~ **loss** *n* pérdida *f* de calor; ~ **treatment** *n* tratamiento *m* de calor.

► **heat up 1** *vi* + *adv* calentarse; (*fig*) acalorarse. **2** *vt* + *adv* (*gen*) calentar; (*food*) calentar, recalentar.

heated [ˈhiːtɪd] *adj* (*gen*) calentado/a; (*hot*) caliente; (*fig: discussion etc*) acalorado/a; **to get** *or* **become** ~ acalorarse; ~ **pool** piscina *f* de agua calentada; ~ **rear window** luneta *f* trasera térmica.

heater [ˈhiːtəʳ] *n* calentador *m*, estufa *f*.

heath [hiːθ] *n* (*moor etc*) brezal *m*, páramo *m* (*esp LAm*); (*also* **heather**) brezo *m*.

heathen [ˈhiːðən] **1** *adj* (*pagan*) pagano/a; (*fig: uncivilised*) bárbaro/a, salvaje. **2** *n* pagano/a *m/f*, bárbaro/a *m/f*, salvaje *mf*.

heather [ˈheðəʳ] *n* (*plant*) brezo *m*.

heating [ˈhiːtɪŋ] *n* calefacción *f*; **central** ~ calefacción central.

heatproof [ˈhiːtpruːf], **heat-resistant** [ˈhiːtrɪˌzɪstənt] *adj* refractario/a.

heatstroke [ˈhiːtstrəʊk] *n* (*Med*) insolación *f*.

heatwave [ˈhiːtweɪv] *n* ola *f* de calor.

heave [hiːv] **1** *n* (*throw, lift*) gran esfuerzo *m* (para levantar *etc*); (*pull*) tirón *m*, jalón *m* (*LAm*); (*of waves, sea*) oleada *f*; (*: movement*) sube y baja *m*.

2 *vt* (*pull*) tirar, jalar (*LAm*); (*drag*) arrastrar; (*lift*) levantar (con dificultad); (*throw*) lanzar, tirar, echar; **to** ~ **a sigh** dar *or* echar un suspiro, suspirar; **to** ~ **a sigh of relief** suspirar aliviado.

3 *vi* (**a**) (*water etc*) subir y bajar; (*surface*) temblar; (*chest, bosom*) palpitar; (*pull*) tirar *or* jalar (*LAm*) (*at, on* de); (*feel sick*) basquear, revolverse.

(**b**) (*Naut*) (*pt, pp* **hove**): **to** ~ **in(to) sight** aparecer.

heaven [ˈhevn] *n* (**a**) (*Rel, gen*) cielo *m*; **(good)** ~**s!** ¡cielos!; **thank** ~! ¡gracias a Dios!, ¡menos mal!; **for** ~**'s sake!** ¡por Dios!; ~ **help them if they do** que Dios les ayude si lo hacen; ~ **knows why** Dios sabe por qué; **what in** ~**'s name does that mean?** ¿qué demonios significa eso?; **to move** ~ **and earth to do sth** remover cielo y tierra para hacer algo; **to stink to high** ~ heder a perro muerto; **to be in seventh** ~ estar en el séptimo cielo; **the** ~**s opened** se abrieron los cielos.

(**b**) (*fig*) paraíso *m*; **the trip was** ~ el viaje fue una maravilla.

heavenly [ˈhevnlɪ] *adj* (*Rel*) celestial; (*fam*) divino/a; ~ **body** (*Astron*) cuerpo *m* celeste.

heaven-sent [ˈhevnˈsent] *adj* milagroso/a, (como) llovido del cielo.

heavily [ˈhevɪlɪ] *adv* (*move, tread*) con paso pesado; (*lean*) con mucho peso; (*rain, snow*) mucho; (*breathe, sigh, sleep*) profundamente; (*drink, smoke, gamble*) en exceso; (*rely*) mucho; (*biased, committed*) muy; **to be** ~ **in debt** estar muy endeudado; **to lose** ~ (*team*) sufrir una grave derrota; (*gambler*) tener pérdidas cuantiosas; **it weighs** ~ **on him** le pesa mucho.

heavily-built ['hevɪlɪ'bɪlt] *adj* corpulento/a, fornido/a.
heavily-laden [ˌhevɪlɪ'leɪdən] *adj* cargado/a.
heavy ['hevɪ] **1** *adj* (*comp* **-ier**; *superl* **-iest**) (**a**) pesado/a; **how ~ are you?** ¿cuánto pesas? (**b**) (*fig*) pesado/a; (*cloth, coat*) grueso/a; (*sea*) agitado/a, movido/a; (*expense, meal*) fuerte; (*traffic etc*) denso/a; (*boring*) pesado/a; (*atmosphere*) pesado/a, opresivo/a; (*sky*) encapotado/a; (*silence, irony*) profundo/a; (*blow*) fuerte, duro/a; (*build: of person*) corpulento/a, fornido/a; (*fig: burden*) grave, oneroso/a; (*crop*) abundante, copioso/a; (*fighting, fire: Mil*) intenso/a; (*food*) pesado/a, indigesto/a; (*work*) duro/a, penoso/a; (*casualties*) cuantioso/a; (*breathing, sigh, sleep*) profundo/a; (*soil*) arcilloso/a; (*taxation*) abusivo/a; (*user*) intensivo/a; (*eyes*) ojeroso/a; (*day*) ocupado/a; **the air was ~ with scent** el aire estaba cargado de perfumes; **to have a ~ cold** tener un catarro muy fuerte; **~ cream** (*US*) nata *f* enriquecida; **to be a ~ drinker** beber mucho *or* en exceso; **~ goods** géneros *mpl* de bulto; **~ goods vehicle** vehículo *m* pesado; **with a ~ heart** con pesar, abatido; **~ industry** industria *f* pesada.
2 *n* (*fam*) forzudo *m*, gorila *m* (*fam*).
heavy-duty [ˌhevɪ'dju:tɪ] *adj* fuerte, resistente.
heavy-handed [ˌhevɪ'hændɪd] *adj* (*clumsy, tactless*) torpe, patoso/a; (*harsh*) severo/a.
heavy-set ['hevɪ'set] *adj* (*US*) corpulento/a, fornido/a.
heavyweight ['hevɪweɪt] *n* peso *m* pesado; (*important or* influential person) pez *m* gordo.
Hebrew ['hi:bru:] **1** *adj* hebreo/a. **2** *n* hebreo/a *m/f*; (*Ling*) hebreo *m*.
Hebrides ['hebrɪdi:z] *npl* Hébridas *fpl*.
heck [hek] *interj* (*euph*) = **hell**.
heckle ['hekl] *vt, vi* interrumpir.
heckler ['heklə'] *n el/la que interrumpe o molesta a un orador*.
heckling ['heklɪŋ] *n* interrupciones *fpl*.
hectare ['hektɑ:'] *n* hectárea *f*.
hectic ['hektɪk] *adj* (*fig*) agitado/a; **we had 3 ~ days** tuvimos 3 días llenos de frenética actividad; **he has a ~ life** tiene una vida muy agitada.
hectolitre, (*US*) **hectoliter** ['hektəʊˌli:tə'] *n* hectolitro *m*.
hector ['hektə'] *vt* intimidar con bravatas.
hectoring ['hektərɪŋ] *adj* (*person*) lleno/a de bravatas; (*tone, remark*) amedrentador(a).
he'd [hi:d] = **he would; he had.**
hedge [hedʒ] **1** *n* seto *m* (vivo); (*fig*) protección *f*. **2** *vt* (*Agr*) cercar con un seto; **to ~ off** separar con un seto; **to be ~d (about) with** (*fig*) estar erizado de; **to ~ one's bets** (*fig*) hacer apuestas compensatorias. **3** *vi* (**a**) contestar con evasivas; **stop ~ing!** ¡dímelo sin sofismas! (**b**) (*Fin*) **to ~ against inflation** cubrirse contra la inflación. **4** *cpd*: **~ clippers** *npl* tijeras *fpl* de podar.
hedgehog ['hedʒhɒg] *n* erizo *m*.
hedgehop ['hedʒhɒp] *vi* volar a ras de tierra.
hedgerow ['hedʒrəʊ] *n* seto *m* vivo.
hedonism ['hi:dənɪzəm] *n* hedonismo *m*.
heebie-jeebies [ˌhi:bɪ'dʒi:bɪz] (*fam*) *n*: **to have the ~** (*shaking*) tener un tembleque (*fam*); (*fright, nerves*) estar hecho un flan (*fam*); **it gives me the ~** (*revulsion*) me da asco; (*fright, apprehension*) me da escalofríos.
heed [hi:d] **1** *n*: **to pay (no) ~ to sb** (no) hacer caso a algn; **to take (no) ~ of sth** (no) tener en cuenta algo. **2** *vt* (*person*) hacer caso a; (*warning etc*) tomar en cuenta.
heedless ['hi:dlɪs] *adj* (*careless*) descuidado/a, despreocupado/a; **to be ~ of** no hacer caso a.
heedlessly ['hi:dlɪslɪ] *adv* sin hacer caso.
heel¹ [hi:l] **1** *n* (*Anat, of sock*) talón *m*; (*of shoe*) tacón *m*; (*fam*) sinvergüenza *mf*, descarado/a *m/f*; **to be hot on sb's ~s** pisar los talones a algn; **to kick** *or* **cool one's ~s** (*fam*) quedar plantado *or* de plantón; **to take to one's ~s** (*fam*) echar a correr; **to turn on one's ~** dar media vuelta; **to dig in one's ~s** (*fam*) empecinarse. **2** *vt* (*shoe*) poner tapas a; (*ball*) taconear, dar de tacón a; **to be well ~ed** (*fam*) ser ricacho/a, tener plata de sobra.
heel² [hi:l] *vi*: **to ~ over** (*Naut*) zozobrar, escorar.
hefty ['heftɪ] *adj* (*comp* **-ier**; *superl* **-iest**) (*object, blow etc*) pesado/a; (*person*) fuerte, fornido/a; (*price*) fuerte.
heifer ['hefə'] *n* (*Zool*) novilla *f*, vaquilla *f*.
height [haɪt] *n* (**a**) (*measurement*) altura *f*; (*of person*) estatura *f*, talla *f*; (*altitude*) altitud *f*; **~ above sea level** altura sobre el nivel del mar; **he's 2 metres in ~** tiene 2 metros de altura *or* de alto, mide 2 metros; **at a ~ of 2000 m** a una altura de 2000 m; **to be 20 m in ~** medir *or* tener 20 m de alto; **to fall from a great ~** caer desde una gran altura; **to gain ~** ganar altura; **to lose ~** perder altura.
(**b**) (*fig: of stupidity etc*) colmo *m*; (*high place*) **the ~s** las alturas; **at the ~ of his career** en la cumbre *or* en el punto alto de su carrera; **it is the ~ of arrogance** es el colmo de la arrogancia; **to be afraid of ~s** tener miedo a las alturas; **it's the ~ of fashion** es la última moda; **at the ~ of summer** en pleno verano.
heighten ['haɪtn] **1** *vt* (*raise*) hacer más alto; (*increase*) aumentar, acrecentar; (*enhance*) realzar, hacer destacar. **2** *vi* (*fig*) aumentarse.
heinous ['heɪnəs] *adj* atroz, nefasto/a.
heir [ɛə'] *n* heredero *m*; **~ apparent** heredero/a forzoso/a; **~ to the throne** heredero al trono; **to be ~ to** (*fig*) ser heredero a.
heiress ['ɛəres] *n* heredera *f*.
heirloom ['ɛəlu:m] *n* reliquia *f* de familia.
heist [haɪst] *n* (*fam: hold-up*) atraco *m* armado.
held [held] *pt, pp of* **hold**.
helicopter ['helɪkɒptə'] **1** *n* helicóptero *m*. **2** *cpd*: **~ gunship** *n* helicóptero *m* de combate.
heliport ['helɪpɔ:t] *n* helipuerto *m*.
helium ['hi:lɪəm] *n* helio *m*.
hell [hel] *n* (**a**) (*Rel, fig*) infierno *m*; **to go ~ for leather** correr a pierna suelta; **all ~ was let loose** se armó el gran follón *or* la grande.
(**b**) (*fam phrases*) **a ~ of a noise** un ruido de todos los demonios; **a ~ of a lot** muchísimo, a mares; **we had a ~ of a time** (*good*) lo pasamos en grande *or (LAm)* regio; (*bad*) lo pasamos fatal; **to make sb's life ~** deshacerle la vida a algn; **to give sb ~** poner a algn como un trapo; **to run like ~** correr a toda velocidad; **what the ~ do you want?** ¿qué demonios quieres?, ¿qué carajo quieres? *(LAm)*; **just for the ~ of it** por puro gusto; **go to ~!** ¡vete al diablo! *(fam!)*, ¡vete al carajo! *(LAm fam!)*; **to ~ with it!** ¡a hacer puñetas! *(fam!)*, al carajo! *(LAm fam!)*; **oh ~!** ¡demonios!, ¡caramba!
he'll [hi:l] = **he will; he shall.**
hellbent ['hel'bent] *adj*: **to be ~ on doing sth** estar totalmente resuelto/a a hacer algo.
hellish ['helɪʃ] *adj* (*fam*) infernal, de muerte.
hello [hʌ'ləʊ] *interj* = **hullo**.
helm [helm] *n* (*Naut*) timón *m*; (*lit, fig*) **to be at the ~** estar al timón.
helmet ['helmɪt] *n* (*gen*) casco *m*; (*historical*) yelmo *m*.
help [help] **1** *n* (**a**) (*gen: assistance*) ayuda *f*; (*: from danger*) socorro *m*, auxilio *m*; (*remedy*) remedio *m*; **~!** ¡socorro!, ¡auxilio!; **to call for ~** pedir auxilio; **without (anyone's) ~** sin ayuda (de nadie); **with Juan's ~ we were able to get permission** por intermedio de Juan, conseguimos el permiso; **to go to sb's ~** acudir en auxilio de algn; **to be of ~ to sb** servir a algn; **he gave me no ~** no aportó nada, no echó mano; **he is beyond ~** (ya) no tiene remedio; **there's no ~ for it** no hay más remedio; **it's no ~ (to say that)** de nada sirve (decir eso).
(**b**) (*employee*) empleado/a *m/f*; **daily ~** asistenta *f*, señora *f* de la limpieza.
2 *vt* (**a**) (*aid, assist*) ayudar; (*: when in danger*) auxiliar, dar socorro; (*scheme etc*) fomentar; (*progress*) facilitar; (*pain*) aliviar; **to ~ sb (to) do sth** ayudar *or* echarle una mano a algn a hacer algo; **~ him with the cooking/lifting** ayúdale a cocinar/levantar; **can I ~**

you? (*in shop*) ¿qué deseaba?, ¿qué se le ofrece?, ¿en qué le puedo servir?; **to ~ sb on/off with his coat** ayudar a algn a ponerse/quitarse el abrigo; **to ~ sb across/up/down** ayudar a algn a cruzar/subir/bajar.

(**b**) (*at table*) **to ~ sb to soup** servir la sopa a algn; **to ~ o.s.** (*to food*) servirse; (*to other things: steal*) llevarse.

(**c**) (*avoid, remedy*) **he can't ~ coughing** no puede dejar de toser; **I can't ~ it** no lo puedo evitar; **I can't ~ it, I just don't like him** ¿qué quieres que haga?, me cae mal; **I couldn't ~ thinking ...** no pude menos de pensar ...; **it can't be ~ed** no hay más remedio, ¿qué se le va a hacer?; **he won't if I can ~ it** si de mí depende, no lo hará; **he can't ~ himself** no tiene remedio.

3 *vi* (*contribute*) **every little ~s** todo ayuda.

► **help out 1** *vi + adv* echar una mano. **2** *vt + adv* echar una mano a.

helper ['helpəʳ] *n* (*gen*) ayudante *mf*; (*co-worker*) colaborador(a) *m/f*.

helpful ['helpfʊl] *adj* (*person*) atento/a; (*suggestion, advice, book*) útil, práctico/a; **it would be ~ if you could come** sería bueno que pudieras venir.

helpfully ['helpfəlɪ] *adv* (*kindly*) amablemente.

helping ['helpɪŋ] **1** *adj*: **to give sb a ~ hand** echar una mano a algn. **2** *n* porción *f*, ración *f*.

helpless ['helplɪs] *adj* (*powerless*) impotente; (*without ability*) incapaz; (*unprotected*) desamparado/a; (*defenceless*) indefenso/a, inerme; **we were ~ to prevent it** no pudimos hacer nada para impedirlo; **to be ~ with laughter** estar muerto de (la) risa.

helplessly ['helplɪslɪ] *adv* (*struggle*) en vano; **he said ~** dijo impotente.

helpline ['helplaɪn] *n* línea *f* de socorro.

Helsinki ['helsɪŋkɪ] *n* Helsinki *m*.

helter-skelter ['heltə'skeltəʳ] **1** *adv* (*in a rush*) atropelladamente; (*in confusion*) a la desbandada. **2** *n* tobogán *m*.

hem [hem] **1** *n* dobladillo *m*, bastilla *f*; (*hemline*) bajos *mpl*. **2** *vt* (*Sew*) coger *or* coser el dobladillo.

► **hem in** *vt + adv* (*lit, fig*) encerrar, apretar.

he-man ['hi:mæn] *n* (*pl* **-men**) macho *m*.

hematology *etc* [ˌhi:mə'tɒlədʒɪ] (*US*) = **haematology** *etc*.

hemisphere ['hemɪsfɪəʳ] *n* (*Geog*) hemisferio *m*.

hemline ['hemlaɪn] *n* (*Sew*) bajo *m* (del vestido).

hemlock ['hemlɒk] *n* (*plant, poison*) cicuta *f*.

hemp [hemp] *n* (*plant, fibre*) cáñamo *m*; (*drug*) hachís *m*.

hen [hen] **1** *n* (*fowl*) gallina *f*; (*female bird*) hembra *f*. **2** *cpd*: **~ night, ~ party** *n* (*fam*) reunión *f* de mujeres; (*: before marriage*) despedida *f* de soltera.

hence [hens] *adv* (**a**) (*therefore*) por lo tanto, de ahí. (**b**) (*old: place*) de *or* desde aquí; (*time: frm*) **5 years ~** de aquí a 5 años.

henceforth ['hens'fɔ:θ] *adv* (*frm*) de hoy en adelante, a partir de hoy.

henchman ['hentʃmən] *n* (*pl* **-men**) (*esp Pol: follower*) secuaz *m*.

hencoop ['hen,ku:p], **henhouse** ['hen'haʊs] *n* (*pl* **-houses** [haʊzɪz]) gallinero *m*.

henna ['henə] *n* (*dye*) alheña *f*.

henpecked ['henpekt] *adj*: **a ~ husband** (*fam*) un calzonazos.

hepatitis [ˌhepə'taɪtɪs] *n* hepatitis *f*.

heptathlon [hep'tæθlən] *n* heptatlón *m*.

her [hɜ:ʳ] **1** *pron* (**a**) (*direct*) la; **I see ~** la veo; **I have never seen HER** a ella no la he visto nunca. (**b**) (*indirect*) le; **I gave ~ the book** le di el libro; **I'm speaking to ~** le estoy hablando (a ella). (**c**) (*after prep*) ella; **he thought of ~** pensó en ella; **without ~** sin ella; **if I were ~** yo que ella; **it's ~** es ella; **younger than ~** más joven *or* menor que ella. **2** *poss adj* su, sus; **~ book/table** su libro/mesa; **~ friends** sus amigos.

herald ['herəld] **1** *n* (*messenger*) heraldo *m*; (*fig*) precursor(a) *m/f*. **2** *vt* (*fig*) anunciar.

heraldic [he'rældɪk] *adj* heráldico/a.

heraldry ['herəldrɪ] *n* heráldica *f*.

herb [hɜ:b, (*US*) ɜ:rb] **1** *n* hierba *f*. **2** *cpd*: **~ garden** *n* jardín *m* de hierbas finas; **~ tea** *n* infusión *f* de hierbas.

herbaceous [hɜ:'beɪʃəs] *adj* herbáceo/a.

herbal ['hɜ:bəl] *adj* herbario/a, de hierbas; **~ tea** infusión *f* de hierbas.

herbalist ['hɜ:bəlɪst] *n* herbolario/a *m/f*.

herbivorous [hɜ:'bɪvərəs] *adj* herbívoro/a.

herd [hɜ:d] **1** *n* (*of cattle etc*) rebaño *m*, manada *f*; (*of people*) **the (common) ~** el vulgo, las masas. **2** *vt* (*drive, gather: animals*) llevar en manada; (*: people*) reunir. **3** *cpd*: **~ instinct** *n* instinto *m* gregario.

► **herd together 1** *vi + adv* apiñarse, agruparse. **2** *vt + adv* agrupar, reunir.

herdsman ['hɜ:dzmən] *n* (*pl* **-men**) (*of cattle*) vaquero *m*; (*of sheep*) pastor *m*.

here [hɪəʳ] **1** *adv* (*place where*) aquí; (*motion to*) acá; (*at this time*) en este momento; (*on this point*) en este punto; **come ~!** ¡ven aquí *or* (*LAm*) acá!; **~!** ¡presente!; **~ he comes** ya viene; **~ I am** aquí estoy, ya voy; **~ are the books** he aquí los libros; **~ you are!** ¡toma!, ¡ahí va!; **~ and now** ahora mismo; **~ and there** aquí y allá; **winter is ~** ha llegado el invierno; **~, there and everywhere** en todas partes, en todos lados; **my friend ~ will do it** este amigo mío lo hará; **that's neither ~ nor there** eso no viene al caso; **~'s to X!** ¡a la salud de X!

2 *n*: **the ~ and now** el presente.

hereabouts ['hɪərə,baʊts] *adv* por aquí (cerca).

hereafter [hɪər'ɑ:ftəʳ] **1** *adv* (*frm*) a continuación; (*from now on*) de aquí en adelante, a partir de ahora. **2** *n*: **the ~** el más allá.

hereby ['hɪə'baɪ] *adv* (*frm*) por este medio; (*in letter, document*) por la presente.

hereditary [hɪ'redɪtərɪ] *adj* hereditario/a.

heredity [hɪ'redɪtɪ] *n* herencia *f*.

herein [ˌhɪər'ɪn] *adv* (*Lit*) en esto; (*in letter*) en ésta.

heresy ['herəsɪ] *n* herejía *f*.

heretic ['herətɪk] *n* hereje *mf*.

heretical [hɪ'retɪkəl] *adj* herético/a.

hereupon ['hɪərə'pɒn] *adv* en *or* con esto.

herewith ['hɪə'wɪð] *adv* (*frm, Comm*): **I enclose ~ a letter** le adjunto (con la presente) una carta.

heritage ['herɪtɪdʒ] *n* herencia *f*; (*fig*) **(national) ~** patrimonio *m* (nacional).

hermaphrodite [hɜ:'mæfrədaɪt] *n* hermafrodita *mf*.

hermetic [hɜ:'metɪk] *adj* hermético/a.

hermetically [hɜ:'metɪkəlɪ] *adv* herméticamente; **~ sealed** cerrado herméticamente.

hermit ['hɜ:mɪt] *n* ermitaño/a *m/f*.

hernia ['hɜ:nɪə] *n* (*Med*) hernia *f*.

hero ['hɪərəʊ] **1** *n* (*pl* **~es**) héroe *m*; (*of film, book etc*) protagonista *mf*, personaje *m* principal. **2** *cpd*: **~ worship** *n* adulación *f*.

heroic [hɪ'rəʊɪk] *adj* heroico/a.

heroically [hɪ'rəʊɪkəlɪ] *adv* heroicamente.

heroics [hɪ'rəʊɪks] *n* (*slightly pej: language*) lenguaje *m* altisonante; (*deeds*) acciones *fpl* heroicas, acciones *fpl* extravagantes; (*behaviour*) comportamiento *m* atrevido.

heroin ['herəʊɪn] **1** *n* heroína *f*. **2** *cpd*: **~ addict, ~ user** *n* heroinómano/a *m/f*.

heroine ['herəʊɪn] *n* heroína *f*; (*Lit*) protagonista *f*, personaje *m* principal.

heroism ['herəʊɪzəm] *n* heroísmo *m*.

heron ['herən] *n* garza *f* real.

herpes ['hɜ:pi:z] *n* herpes *m or fpl*,.

herring ['herɪŋ] *n* arenque *m*; **red ~** (*fig*) pista *f* falsa, despiste *m*.

herringbone ['herɪŋbəʊn] *cpd*: **~ pattern** *n* (*Sew*) dibujo *m* de espiga; (*of floor*) espinapez *m*.

hers [hɜ:z] *poss pron* (el/la) suyo/a, (los/las) suyos/as, de ella; **this car is ~** este coche es suyo *or* de ella; **a friend of ~** un amigo suyo; **is this poem ~?** ¿es de ella este poema?; **the one I like best is** ~ el que más me gusta es el suyo.

herself [hɜːˈself] *pron* (*reflexive*) se; (*emphatic*) ella misma; (*after prep*) sí *or* ella (misma); **she washed** ~ se lavó; **she said to** ~ dijo entre *or* para sí; **she did it** ~ lo hizo ella misma; **she went** ~ fue ella misma *or* en persona; **she did it by** ~ lo hizo ella sola.

Herts [hɑːts] *abbr* (*Brit*) *of* **Hertfordshire**.

he's [hiːz] = **he is; he has**.

hesitancy [ˈhezɪtənsɪ] *n* = **hesitation**.

hesitant [ˈhezɪtənt] *adj* (*gen*) vacilante; (*character*) indeciso/a; **to be** ~ **about doing sth** no decidirse a hacer algo.

hesitantly [ˈhezɪtəntlɪ] *adv* irresolutamente, indecisamente; (*speak, suggest*) con indecisión.

hesitate [ˈhezɪteɪt] *vi* vacilar; (*in speech*) vacilar, titubear; **to** ~ **to do sth** no decidirse a hacer algo; **to** ~ **before doing sth** dudar antes de hacer algo; **to** ~ **about** *or* **over doing sth** vacilar en hacer algo; **he ~s at nothing** no vacila ante nada; **don't** ~ **to ask (me)** no vaciles en pedírmelo, no dejes de pedírmelo.

hesitation [ˌhezɪˈteɪʃən] *n* vacilación *f*, indecisión *f*; **I have no** ~ **in saying** ... no vacilo en decir ...; **without the slightest** ~ sin vacilar siquiera, sin pensarlo dos veces.

hessian [ˈhesɪən] *n* arpillera *f*.

heterogeneous [ˈhetərəʊˈdʒiːnɪəs] *adj* heterogéneo/a.

heterosexual [ˈhetərəʊˈseksjuəl] *adj*, *n* heterosexual *mf*.

het up [ˌhetˈʌp] (*fam*) *adj*: **to get** ~ acalorarse, emocionarse (*about, over* por); **don't get so** ~ **!** ¡tranquilízate!, no merece la pena sulfurarse.

heuristic [hjʊəˈrɪstɪk] *adj* heurístico/a.

HEW *n abbr* (*US*) *of* **Department of Health, Education and Welfare**.

hew [hjuː] (*pt* **~ed**; *pp* **~ed** *or* **~n** [hjuːn]) *vt* (*cut*) cortar; (*: trees*) talar; (*shape, work*) labrar, tallar.

► **hew out** *vt + adv* excavar; **a figure ~n out of the rock** una figura tallada en la roca; **to** ~ **out a career** hacerse una carrera.

hex[1] [heks] (*US fam*) **1** *n* maleficio *m*, mal *m* de ojo. **2** *vt* embrujar.

hex[2] [heks] *adj* (*Comput*) hexadecimal; ~ **code** código *m* hexadecimal.

hexadecimal [ˌheksəˈdesɪməl] *adj* hexadecimal; ~ **notation** notación *f* hexadecimal.

hexagon [ˈheksəgən] *n* hexágono *m*.

hexagonal [hekˈsægənəl] *adj* hexagonal.

hey [heɪ] *interj* ¡oye!

heyday [ˈheɪdeɪ] *n* auge *m*; **in the** ~ **of the theatre** cuando el teatro estaba en su apogeo; **in his** ~ en su época.

HF *n abbr of* **high frequency**.

hg *n abbr of* **hectogram(s)** hg.

HGV *n abbr of* **heavy goods vehicle** vehículo *m* pesado.

H.H. *abbr* **(a)** *of* **His** *or* Her Highness S.A. **(b)** (*Rel*) *of* **His Holiness** S.S.

HI *abbr* (*US Post*) *of* **Hawaii**.

hi [haɪ] *interj* ¡oye!; (*greeting*) ¡hola!, ¡qué hubo! (*Mex, Chi*).

hiatus [haɪˈeɪtəs] *n* hiato *m*.

hibernate [ˈhaɪbəneɪt] *vi* hibernar, invernar.

hibernation [ˌhaɪbəˈneɪʃən] *n* hibernación *f*, invernación *f*.

hiccough, hiccup [ˈhɪkʌp] **1** *n* hipo *m*; **to have ~s** tener hipo; **a slight** ~ **in the proceedings** (*fig*) una pequeña dificultad *or* interrupción en los actos. **2** *vi* hipar, tener hipo.

hick [hɪk] *n* (*US fam, pej*) palurdo/a *m/f*, paleto/a *m/f*.

hid [hɪd] *pt of* **hide**.

hidden [ˈhɪdn] **1** *pp of* **hide**. **2** *adj* escondido/a; (*fig: meaning, truth etc*) oculto/a; ~ **assets** activo *m* oculto; ~ **reserves** reservas *fpl* ocultas.

hide[1] [haɪd] (*pt* **hid**; *pp* **hidden**) **1** *vt* (*gen*) esconder; (*grief etc*) ocultar, disimular; **to** ~ **sth from sb** esconder algo de algn; **to** ~ **one's face in one's hands** taparse la cara con las manos; **to** ~ **the truth** encubrir la verdad. **2** *vi* esconderse, ocultarse; **he's hiding behind his illness** se ampara en su enfermedad.

► **hide away 1** *vi + adv* esconderse. **2** *vt + adv* esconder.

► **hide out, hide up** *vi + adv* esconderse.

hide[2] [haɪd] *n* (*skin*) piel *f*; (*tanned*) cuero *m*; **to save one's** ~ (*fig*) salvarse el pellejo; **to tan sb's** ~ (*fig*) darle una paliza a algn.

hide[3] [haɪd] *n* (*Hunting*) paranza *f*, trepa *f*; (*Orn*) observatorio *m*.

hide-and-seek [ˈhaɪdənˈsiːk] *n*: **to play** ~ jugar al escondite.

hideaway [ˈhaɪdəweɪ] *n* escondite *m*, escondrijo *m*.

hideous [ˈhɪdɪəs] *adj* (*gen*) espantoso/a, horroroso/a; (*repugnant*) repugnante, asqueroso/a; **a** ~ **mistake** un error terrible.

hide-out [ˈhaɪdaʊt] *n* = **hideaway**.

hiding[1] [ˈhaɪdɪŋ] **1** *n*: **to be in** ~ estar escondido; **to go into** ~ esconderse. **2** *cpd*: ~ **place** *n* escondite *m*, escondrijo *m*.

hiding[2] [ˈhaɪdɪŋ] *n*: **to give sb a** ~ dar una paliza a algn; **to be on a** ~ **to nothing** tener todas las de perder.

hierarchy [ˈhaɪərɑːkɪ] *n* jerarquía *f*.

hieroglyphic [ˌhaɪərəˈglɪfɪk] **1** *adj* jeroglífico/a. **2** *npl*: **~s** jeroglíficos *mpl*; (*fig fam*) garabatos *mpl*.

hi-fi [ˈhaɪˈfaɪ] **1** *abbr of* **high fidelity**. **2** *n* estéreo *m*. **3** *adj* de alta fidelidad; ~ **equipment** equipo *m* de alta fidelidad; ~ **system** sistema *m* de alta fidelidad.

higgledy-piggledy [ˈhɪgldɪˈpɪgldɪ] *adv* en desorden.

high [haɪ] **1** *adj* (*comp* **~er**; *superl* **~est**) **(a)** (*gen*) alto/a; **a building 60 metres** ~ un edificio de 60 metros de alto; **it's 20 metres** ~ tiene 20 metros de alto; **how** ~ **is Ben Nevis?** ¿qué altura tiene Ben Nevis?; **I've known her since she was so** ~ (*fam*) la conocí desde que era así de alta; **the river is** ~ el río está crecido; **to leave sb** ~ **and dry** (*fig*) dejar plantado a algn, dar plantón a algn; ~ **cheekbones** pómulos *mpl* altos; ~ **diving** salto *m* de palanca; ~ **heels** tacones *mpl* altos; (*shoes*) zapatos *mpl* de tacón alto; ~ **jump** (*Sport*) salto *m* de altura; **now he's for the** ~ **jump!** (*fig fam*) ¡ahora se las va a pagar!; ~ **noon** mediodía *m*.

(b) (*fig: important, superior*) mayor, superior; (*: ideals, character etc*) alto/a; ~ **and mighty** engreído; **to have** ~ **hopes of sth** tener muchas esperanzas de algo; **to have a** ~ **opinion of sb** tener a algn en alta estima; ~ **command** (*Mil*) alto mando *m*; ~ **commissioner** alto comisario *m*; ~ **court** (*Jur*) Tribunal *m* Supremo; **to be on one's** ~ **horse** (*fig*) engreírse; ~ **society** la alta sociedad.

(c) (*considerable, great*) alto/a; (*: number, speed*) grande; (*: price, stake*) elevado/a; (*complexion, colour*) subido/a; **the ~est common factor** (*Math*) el máximo común denominador; **to pay a** ~ **price for sth** (*lit, fig*) pagar algo muy caro; **to have a** ~ **old time** (*fam*) pasarlo muy bien; **it's** ~ **time you were in bed** (*fam*) ya es hora de que te acostaras; ~ **altar** altar *m* mayor; ~ **explosive** explosivo *m* de gran potencia; ~ **fidelity** de alta fidelidad; ~ **finance** altas finanzas *fpl*; ~ **jinks** (*fam*) jolgorio *m*, jarana *f*; ~ **life** vida *f* regalada; **H~ Mass** misa *f* mayor; ~ **priest** sumo sacerdote *m*; ~ **school** (*Brit*) instituto *m* de segunda enseñanza, liceo *m* (*LAm*); (*US*) instituto *m* de enseñanza superior; **on the** ~ **seas** en alta mar *f*, mar adentro; ~ **season** temporada *f* alta; ~ **spirits** ánimos *mpl*, buen humor *m*; ~ **spot** punto *m* culminante; ~ **street** calle *f* mayor; ~ **summer** estío *m*; ~ **tea** merienda-cena *f*; ~ **tide** *or* **water** pleamar *f*, marea *f* alta; ~ **treason** alta traición *f*; **~-water mark** línea *f* de pleamar.

(d) (*sound, note*) alto/a; (*: shrill*) agudo/a; ~ **frequency** de alta frecuencia.

(e) (*fam: on drugs*) drogado/a; (*: on drink*) borracho/a.

(**f**) (*Culin: meat, game*) curado/a.

2 *adv* (*position*) a gran altura; (*motion*) hacia una gran altura; ~ **up** muy alto, muy arriba; ~**er up** más alto, más arriba; ~ **above** muy por encima de; **the bidding went as ~ as £50** las ofertas llegaron hasta 50 libras; **to hunt ~ and low** buscar por todas partes; **feelings were running ~** la gente estaba muy acalorada; **to hold one's head up ~** mantener la cabeza (bien) alta.

3 *n* (**a**) **on ~** (*in heaven*) en el cielo, en las alturas.

(**b**) **exports have reached a new ~** las exportaciones han alcanzado niveles inusitados; **to be on a ~** (*fam*) estar a las mil maravillas.

(**c**) (*Met*) zona *f* de alta presión; (*: esp US*) temperatura *f* máxima.

(**d**) (*US Aut: also ~* **gear**) cuarta (velocidad) *f*.

highball ['haɪbɔːl] *n* (*US: drink*) whisky soda *m*.

highboy ['haɪbɔɪ] *n* (*US*) cómoda *f* alta.

highbrow ['haɪbraʊ] **1** *n* persona *f* culta; (*pej*) intelectualoide *mf*. **2** *adj* (*book etc*) culto/a.

highchair ['haɪˌtʃɛəʳ] *n* silla *f* alta para niño.

high-class ['haɪ'klɑːs] *adj* (*of good quality*) de (alta) categoría.

higher ['haɪəʳ] **1** *adj comp of* **high** más alto/a; (*form of life, court etc*) superior; ~ **education** educación *f or* enseñanza *f* superior; **H~ National Certificate** (*Brit Scol*) Certificado *m* Nacional de Estudios Superiores; **H~ National Diploma** (*Brit Scol*) Diploma *m* Nacional de Estudios Superiores. **2** *adv comp of of* **high** más alto.

highest ['haɪɪst] *adj superl of* **high** el/la más alto/a.

highfalutin(g) ['haɪfə'luːtɪn] *adj* presuntuoso/a, pomposo/a.

high-flier [ˌhaɪ'flaɪəʳ] *n* ambicioso/a *m/f*.

high-flown ['haɪfləʊn] *adj* exagerado/a, altisonante.

high-flying ['haɪ'flaɪɪŋ] *adj* de gran altura; (*fig: aim, ambition*) de altos vuelos; (*: person*) superdotado/a.

high-grade ['haɪ'greɪd] *adj* de calidad superior.

high-handed ['haɪ'hændɪd] *adj* arbitrario/a.

high-heeled ['haɪhiːld] *adj* (*shoes*) de tacón *m* alto.

highjack *etc* ['haɪdʒæk] = **hijack** *etc*.

highlander ['haɪləndəʳ] *n* montañés/esa *m/f*; **H~** (*Brit*) *habitante de las tierras altas de Escocia*.

highlands ['haɪləndz] *npl* tierras *f* altas, sierra *fsg* (*LAm*); **the H~** las tierras altas de Escocia.

high-level ['haɪ'levl] *adj* (*talks, Comput*) de alto nivel.

highlight ['haɪlaɪt] **1** *n* (*Art*) toque *m* de luz; (*in hair*) reflejo *m*; (*fig*) punto *m* culminante. **2** *vt* destacar, poner de relieve; (*hair*) poner reflejos en.

highlighter ['haɪlaɪtəʳ] *n* (*pen*) marcador *m*.

highly ['haɪlɪ] *adv* muy, sumamente; ~ **paid** muy bien pagado; ~ **spiced dishes** platos muy picantes; **to praise sb ~** alabar *or* elogiar mucho a algn; **to think ~ of sb** tener en mucho a algn; **speak ~ of** hablar muy bien de; ~ **strung** muy nervioso.

high-minded ['haɪ'maɪndɪd] *adj* (*person*) de nobles pensamientos, magnánimo/a; (*act*) noble, altruista.

highness ['haɪnɪs] *n* altura *f*; **H~** (*as title*) Alteza *f*; **His** *or* **Her Royal H~** Su Alteza Real.

high-pitched ['haɪ'pɪtʃt] *adj* (*sound, voice*) agudo/a.

high-powered ['haɪ'pauəd] *adj* (*engine*) de gran potencia; (*fig: person: dynamic*) enérgico/a; (*: important*) importante.

high-pressure ['haɪ'preʃəʳ] *adj* de alta presión; (*fig*) enérgico/a; ~ **selling** venta *f* agresiva.

high-priced [ˌhaɪ'praɪst] *adj* muy caro/a.

high-profile ['haɪ'prəʊfaɪl] *adj*: ~ **activity** actividad *f* que quiere llamar la atención.

high-ranking ['haɪ'ræŋkɪŋ] *adj* de categoría; (*official*) de alto rango, de alto grado; (*Mil*) de alta graduación.

high-rise ['haɪraɪz] *adj*: ~ **flats** torre *fsg or* bloque *msg* de pisos.

highroad ['haɪrəʊd] *n* carretera *f*.

high-sounding ['haɪ'saʊndɪŋ] *adj* altisonante.

high-speed ['haɪ'spiːd] *adj* (*vehicle etc*) de alta velocidad; (*test etc*) rápido/a; ~ **train** tren *m* de alta velocidad.

high-strung ['haɪˌstrʌŋ] *adj* (*US*) muy nervioso/a.

high-tech [ˌhaɪ'tek] *adj* (*fam*) al-tec (*fam*), de alta tecnología.

high-up ['haɪ'ʌp] (*fam*) **1** *adj* de categoría, importante. **2** *n* pez *m* gordo (*fam*).

highway ['haɪweɪ] **1** *n* (*gen*) carretera *f*; (*motorway*) autopista *f*. **2** *cpd*: **H~ Code** *n* Código *m* de la Circulación.

highwayman ['haɪweɪmən] *n* (*pl* **-men**) salteador *m* de caminos.

hijack ['haɪdʒæk] **1** *vt* secuestrar. **2** *n* (*also* **~ing**) secuestro *m*.

hijacker ['haɪdʒækəʳ] *n* secuestrador(a) *m/f*.

hike[1] [haɪk] **1** *vi* ir de excursión a pie; **to go hiking** hacer excursión (a pie). **2** *n* excursión *f* a pie.

hike[2] [haɪk] (*US*) **1** *n* aumento *m*. **2** *vt* aumentar, subir.

hiker ['haɪkəʳ] *n* excursionista *mf*.

hilarious [hɪ'lɛərɪəs] *adj* (*very funny*) divertidísimo/a; (*merry*) alegre.

hilarity [hɪ'lærɪtɪ] *n* (*cheer*) alegría *f*; (*joy*) regocijo *m*.

hill [hɪl] **1** *n* (*gen*) colina *f*, cerro *m*, loma *f* (*esp LAm*); (*slope*) cuesta *f*; **the ~s** la montaña *fsg*, la sierra *fsg*; **up~/down~** cuesta arriba/abajo; **to be over the ~** (*fig, fam*) haber pasado sus mejores tiempos; **as old as the ~s** más viejo que Matusalén. **2** *cpd*: ~ **farming** *n* agricultura *f* de montaña; ~ **walker** *n* montañero/a *m/f*; ~ **walking** *n* caminatas *fpl* de montaña.

hillbilly ['hɪl'bɪlɪ] (*US*) **1** *n* rústico/a *m/f* montañés/esa; (*pej*) palurdo/a *m/f*. **2** *cpd*: ~ **music** música *f* country.

hillock ['hɪlək] *n* montecillo *m*, altozano *m*.

hillside ['hɪlsaɪd] *n* ladera *f*, falda *f*.

hilltop ['hɪltɒp] *n* cumbre *f*.

hilly ['hɪlɪ] *adj* (*comp* **-ier**; *superl* **-iest**) montañoso/a, accidentado/a; (*road*) de fuertes pendientes.

hilt [hɪlt] *n* puño *m*, empuñadura *f*; **(up) to the ~** (*fig*) hasta las cachas; **he's in debt (right) up to the ~** está agobiado de deudas.

him [hɪm] *pron* (**a**) (*direct*) le; (*esp LAm*) lo; **I see ~** le *or* lo veo; **I have never seen HIM** a él no le *or* lo he visto nunca. (**b**) (*indirect*) le; **I gave ~ the book** le di el libro; **I'm speaking to ~** le estoy hablando (a él). (**c**) (*after prep*) él; **she thought of ~** pensó en él; **without ~** sin él; **if I were ~** yo que él; **it's ~** es él; **younger than ~** más joven *or* menor que él.

Himalayas [ˌhɪmə'leɪəz] *npl*: **the ~** los montes Himalaya, el Himalaya.

himself [hɪm'self] *pron* (*reflexive*) se; (*emphatic*) él mismo; (*after prep*) sí *or* él mismo; **he washed ~** se lavó; **he said to ~** dijo entre *or* para sí; **he did it ~** lo hizo él mismo; **he went ~** fue él mismo *or* en persona; **he did it by ~** lo hizo él solo.

hind[1] [haɪnd] *adj* (*leg etc*) trasero/a.

hind[2] [haɪnd] *n* cierva *f*.

hinder ['haɪndəʳ] *vt* (*disturb, make difficult*) estorbar, dificultar; (*prevent*) impedir; (*obstruct*) obstaculizar, poner dificultades a; (*slow down*) entorpecer.

Hindi ['hɪndiː] *n* (*Ling*) hindi *m*.

hindrance ['hɪndrəns] *n* (*obstacle*) obstáculo *m*; (*disturbance*) estorbo *m*; (*problem*) impedimento *m*; **to be a ~ to sb/sth** ser un estorbo para algn/algo.

hindsight ['haɪndsaɪt] *n*: **with the benefit of ~** con la perspectiva del tiempo transcurrido.

Hindu ['hɪn'duː] *n, adj* hindú *mf*.

Hinduism ['hɪnduːɪzəm] *n* (*Rel*) hinduismo *m*.

hinge [hɪndʒ] **1** *n* bisagra *f*, gozne *m*. **2** *vi*: **to ~ on** (*fig*) depender de.

hinged [hɪndʒd] *adj* de bisagra.

hint [hɪnt] **1** *n* (*suggestion*) indirecta *f*; (*advice*) consejo *m*; (*trace*) indicio *m*; (*in cooking etc*) pizca *f*; **~s on maintenance** instrucciones *fpl* para la manutención; **to drop a ~** soltar *or* tirar una indirecta; **to take the ~** (*unspoken*) tomar algo a corazón; (*spoken*) darse por aludido; **with a ~ of irony** con un dejo de ironía; **give me a ~** dame una idea. **2** *vt* dar a entender. **3** *vi* soltar indirectas.

► **hint at** *vi + prep* referirse indirectamente a.

hip[1] [hɪp] **1** *n* (*Anat*) cadera *f*. **2** *cpd*: ~ **bath** *n* baño *m* de asiento; ~ **flask** *n* frasco *m*; ~ **joint** *n* articulación *f* de la cadera; ~ **pocket** *n* bolsillo *m* de atrás.

hip[2] [hɪp] *n* (*Bot*) escaramujo *m*.

hippie, hippy [ˈhɪpɪ] *n* hippie *mf*, jipi *mf*.

hippopotamus [ˌhɪpəˈpɒtəməs] *n* (*pl* **~es** *or* **hippopotami** [ˌhɪpəˈpɒtəmaɪ]) *n* hipopótamo/a *m/f*.

hire [ˈhaɪəʳ] **1** *vt* (*car, house etc*) alquilar, arrendar *(LAm)*; (*employee*) contratar; **~d hand** jornalero/a *m/f*, enganchado/a *m/f*; **~d car** coche *m* de alquiler; **~d assassin** asesino *m* a sueldo. **2** *n* (*gen*) alquiler *m*, arriendo *m (LAm)*; **for ~** se alquila *or* arrienda; (*on taxi*) libre; **we've got it on ~ for a week** lo tenemos alquilado para una semana. **3** *cpd*: ~ **car** *n* (*Brit*) coche *m* de alquiler; ~ **charges** *npl* tarifa *f* de alquiler.

► **hire out** *vt + adv* alquilar, arrendar *(LAm)*.

hire-purchase [ˈhaɪəˈpɜːtʃɪs] *n* (*Brit*); **to buy sth on ~** comprar algo a plazos *or* en abonos.

his [hɪz] **1** *poss adj* su, sus; ~ **book/table** su libro/mesa; ~ **friends** sus amigos. **2** *poss pron* (el/la) suyo/a, (los/las) suyos/as, de él; **this book is ~** este libro es suyo *or* de él; **a friend of ~** un amigo suyo; **is this painting ~?** ¿es de él este cuadro?; **the one I like best is ~** el que más me gusta es el suyo.

Hispanic [hɪsˈpænɪk] **1** *adj* hispánico/a; (*within US*) hispano/a. **2** *n* (*within US*) hispano/a *m/f*.

Hispanism [ˈhɪspənɪzəm] *n* hispanismo *m*.

hispanist [ˈhɪspənɪst], **hispanicist** [hɪsˈpənɪsɪst] *n* hispanista *mf*.

hiss [hɪs] **1** *n* siseo *m*; (*of protest etc*) silbido *m*, chiflido *m*; (*Elec*) silbido. **2** *vi* sisear; (*in protest etc*) silbar, chiflar. **3** *vt* silbar, abuchear, chiflar.

histogram [ˈhɪstəgræm] *n* histograma *m*.

historian [hɪsˈtɔːrɪən] *n* historiador(a) *m/f*.

historic [hɪsˈtɒrɪk] *adj* (*important*) histórico/a; (*memorable*) digno/a del recuerdo.

historical [hɪsˈtɒrɪkəl] *adj* (*gen*) histórico/a.

history [ˈhɪstərɪ] *n* historia *f*; (*record, file, also Med*) historial *m*; **to make/to go down in ~** hacer/pasar a la historia.

histrionic [ˌhɪstrɪˈɒnɪk] **1** *adj* histriónico/a. **2** *npl*: **~s** histrionismo *m*; **I'm tired of his ~s** estoy harto de sus payasadas.

hit [hɪt] (*vb: pt, pp ~*) **1** *n* (**a**) (*blow*) golpe *m*; (*shot: Sport*) tiro *m*; (*: on target*) tiro certero, acierto *m*; (*of bomb*) impacto *m* directo; **that was a ~ at me** (*fig*) lo dijo por mí.

(**b**) (*Mus, Theat etc*) éxito *m*; **to be a ~** tener éxito, ser un éxito; **she's a ~ with everyone** (*fam*) a todos les cae bien; **to make a ~ with sb** caerle bien a algn.

2 *vt* (**a**) (*strike: person*) pegar, golpear; (*come into contact with*) dar con *or* contra; (*: violently*) chocar con *or* contra; (*ball*) pegar; (*target*) dar en; **to ~ the mark** (*fig*) dar en el blanco, acertar; **to ~ sb when he's down** (*fig*) rematar a algn; **to ~ one's head against a wall** (*fig*) dar golpes al viento; **the house was ~ by a bomb** la casa sufrió un directo; **he was ~ by a stone** le alcanzó una piedra; **then it ~ me** (*fam: realization*) entonces caí en la cuenta.

(**b**) (*affect adversely*) dañar; (*person*) afectar, golpear; **the news ~ him hard** la noticia le afectó mucho.

(**c**) (*find, reach: road*) dar con, topar; (*speed*) alcanzar; (*difficulty*) tropezar con; (*achieve, reach: note*) alcanzar; (*fig: guess*) atinar, acertar; **to ~ the bottle** (*fam*) beber mucho; **to ~ the ceiling** (*fig fam*) perder los estribos, enloquecer; **to ~ the jackpot** sacar el premio gordo; **to ~ the hay** *or* **the sack** (*fam*) tumbarse; **to ~ London** (*fam*) llegar a Londres; **to ~ the road** *or* **the trail** (*fam*) emprender viaje, partir.

(**d**) (*news, story: fam*) **to ~ the front page** *or* **the headlines** salir en primera plana; **to ~ the papers** salir en el periódico.

(**e**) **he ~ me for 10 bucks** (*US fam*) me dio un sablazo de 10 dólares *(fam)*.

3 *vi* golpear.

4 *cpd*: ~ **parade** *n* lista *f* de éxitos; ~ **song** *n* canción *f* éxito; ~ **squad** *n* escuadrón *m* de la muerte.

► **hit back 1** *vi + adv* (*lit, fig*) responder. **2** *vt + adv* devolver los golpes a.

► **hit off** *vt + adv* (*imitate*) imitar; **to ~ it off with sb** llevarse bien con algn; **to ~ it off** congeniar.

► **hit out** *vi + adv* asestar un golpe (*at* a); (*fig*) atacar.

► **hit (up)on** *vi + prep* dar con.

hit-and-miss [ˌhɪtənˈmɪs] *adj* al azar; **it's all rather ~** todo es a la buena de Dios.

hit-and-run [ˈhɪtənˈrʌn] **1** *adj* (*driver*) que atropella y huye. **2** *n* accidente *m* en el que el culpable se da a la fuga.

hitch [hɪtʃ] **1** *n* (*impediment, obstacle*) obstáculo *m*, impedimento *m*; (*knot*) vuelta *f* de cabo; (*tug*) tirón *m*, jalón *m (LAm)*; **without a ~** sin problemas. **2** *vt* (*fasten*) atar, amarrar; **to get ~ed** (*fam*) casarse; **to ~ a lift** hacer autostop, ir a dedo, hacer dedo *(CSur)*, pedir aventón *(Mex)*. **3** *vi* (*fam: also* **~hike**) hacer autostop, ir a dedo, hacer dedo *(CSur)*, pedir aventón *(Mex)*; **we ~ed to Paris** fuimos a París en autostop *or* a dedo.

► **hitch up** *vt + adv* (*trousers, sleeves*) (ar)remangarse.

hitchhike [ˈhɪtʃhaɪk] *vi* hacer autostop, ir a dedo, hacer dedo *(CSur)*, pedir aventón *(Mex)* .

hitch-hiker [ˈhɪtʃhaɪkəʳ] *n* autostopista *mf*.

hitch-hiking [ˈhɪtʃhaɪkɪŋ] *n* autostop *m*, autostopismo *m*.

hi-tech [ˈhaɪˈtek] *adj* (*fam*) al-tec *(fam)*, de alta tecnología.

hither [ˈhɪðəʳ] *adv* (*old*) acá; ~ **and thither** acá y acullá.

hitherto [ˈhɪðəˈtuː] *adv* hasta ahora.

hitman [ˈhɪtmæn] *n* (*pl* **-men**) sicario *m*, asesino *m* a sueldo.

hit-or-miss [ˈhɪtɔːˈmɪs] *adj* al azar; **to have a ~ way of doing things** hacer las cosas a la ligera *or* sin ton ni son.

HIV *n abbr of* **human immunodeficiency virus** VIH *m*; ~ **positive/negative** VIH positivo/a/negativo/a.

hive [haɪv] *n* colmena *f*; **a ~ of activity** (*fig*) un hervidero de actividad.

► **hive off** (*fam*) **1** *vi + adv* desligarse. **2** *vt + adv* delegar.

HK *abbr of* **Hong Kong**.

hl *abbr of* **hectolitre(s)** hl.

HM *abbr of* **Her** *or* His Majesty S.M.

HMG *n abbr of* **Her** *or* His Majesty's Government.

HMI *n abbr* (*Brit*) *of* **Her** *or* His Majesty's Inspector.

HMO *n abbr* (*US*) *of* **health maintenance organization** *seguro médico global*.

HMS *n abbr* (*Brit*) *of* **Her** *or* **His Majesty's Ship** *buque de guerra*.

HMSO *n abbr* (*Brit*) *of* **Her** *or* **His Majesty's Stationery Office** *imprenta del gobierno*.

HNC *n abbr* (*Brit Scol*) *of* **Higher National Certificate** *título académico*.

HND *n abbr* (*Brit Scol*) *of* **Higher National Diploma** *título académico*, ≈ Diploma Nacional de Estudios Superiores.

HO *abbr* (**a**) (*Comm etc*) *of* **head office**. (**b**) (*Brit Pol*) *of* **Home Office**.

hoard [hɔːd] **1** *n* (*treasure*) tesoro *m*; (*stockpile*) provisión *f*; **~s of money** (*fam*) montones *mpl* de dinero. **2** *vt* (*also* ~ **up**: *accumulate*) amontonar; (*keep*) guardar.

hoarding [ˈhɔːdɪŋ] *n* (*fence*) valla *f*; (*for advertisements*) cartelera *f*.

hoarfrost [ˈhɔːˈfrɒst] *n* escarcha *f*.

hoarse [hɔːs] *adj* (*comp* **~r**; *superl* **~st**) ronco/a.

hoary [ˈhɔːrɪ] *adj* (*comp* **-ier**; *superl* **-iest**) cano/a; (*fig: old*) gastado/a.

hoax [həʊks] **1** *n* engaño *m*, timo *m*. **2** *vt* engañar.
hob [hɒb] *n* quemador *m*.
hobble ['hɒbl] *vi* cojear.
hobby ['hɒbɪ] *n* (*leisure activity*) hobby *m*, pasatiempo *m* favorito, afición *f*.
hobbyhorse ['hɒbɪhɔːs] *n* (*fig*) caballo *m* de batalla, tema *m* preferido.
hobnailed ['hɒbneɪld] *adj* (*boots*) con clavos.
hobnob ['hɒbnɒb] *vi* codearse.
hobo ['həʊbəʊ] *n* (*US*) vagabundo/a *m/f*.
Hobson's choice ['hɒbsənz'tʃɔɪs] *n* (*Brit*) opción *f* única; **it's** ~ o lo tomas o lo dejas.
hock[1] [hɒk] *n* (*of animal*) corvejón *m*.
hock[2] [hɒk] *n* (*wine*) vino *m* blanco del Rin.
hock[3] [hɒk] **1** *vt* (*fam: pawn*) empeñar. **2** *n*: **in** ~ (*object*) empeñado/a; (*person*) endeudado/a.
hockey ['hɒkɪ] *n* hockey *m*; **roller/ice** ~ hockey sobre patines/hielo.
hocus-pocus ['həʊkəs'pəʊkəs] *n* (*trickery*) juego *m* de manos; (*words*) jerigonza *f*.
hodge-podge ['hɒdʒpɒdʒ] *n* mezcolanza *f*, birria *f*.
hoe [həʊ] **1** *n* azada *f*, azadón *m*. **2** *vt* azadonar.
hog [hɒg] **1** *n* cerdo *m*, puerco *m*, chancho *m* (*LAm*); **he's a greedy** ~ (*fam*) es un marrano; **to go the whole** ~ (*fig*) jugarse el todo por el todo. **2** *vt* (*fam*) acaparar.
Hogmanay ['hɒgməneɪ] *n* (*Scot*) Nochevieja *f*.
hogwash ['hɒgwɒʃ] *n* (*US*) tonterías *fpl*.
hoi polloi [ˌhɔɪpə'lɔɪ] *n*: **the** ~ la plebe, el vulgo.
hoist [hɔɪst] **1** *vt* levantar, alzar; (*flag, sail*) izar; **to** ~ **onto** subir a. **2** *n* grúa *f*.
hoity-toity ['hɔɪtɪ'tɔɪtɪ] *adj* presumido/a, repipi (*fam*).
hokum ['həʊkəm] *n* (*US*) tonterías *fpl*.
hold [həʊld] (*vb: pt, pp* **held**) **1** *n* (**a**) **to get** *or* **catch** ~ **of** coger (*Sp*), agarrar (*LAm*); (*seize*) apoderarse de; **to keep** ~ afianzarse; **to get** ~ **of sb** (*fig: contact*) localizar a algn; **where can I get** ~ **of some red paint?** (*fig*) ¿dónde puedo conseguir pintura roja?; **to get (a)** ~ **of o.s.** (*fig*) dominarse; **to have a** ~ **over sb** (*fig*) tener ascendiente sobre algn; **to put a plan on** ~ suspender temporalmente la ejecución de un plan; **to put sb on** ~ (*Telec*) poner al comunicante en espera; **to be on** ~ (*Telec*) estar en espera.
(**b**) (*Mountaineering*) asidero *m*.
(**c**) (*Wrestling*) presa *f*, llave *f*; **no** ~**s barred** (*fig*) todo se permite.
(**d**) (*Aer, Naut*) bodega *f*.
2 *vt* (**a**) (*general sense*) tener; (*take* ~ *of*) coger (*Sp*), agarrar (*LAm*); (*contain*) tener capacidad para; (*audience: fig*) mantener el interés de; (*attention, interest: fig*) captar; (*belief, opinion*) tener, sostener; **to** ~ **hands** cogerse de la mano; **to** ~ **o.s. upright/ready** mantenerse recto/preparado; **to** ~ **one's head high** mantenerse firme; **to** ~ **sb to his promise** hacer que algn cumpla (su promesa); **to** ~ **one's own** defenderse; **to** ~ **the line** (*Telec*) no colgar; **this car** ~**s the road well** este coche se afianza muy bien; **what does the future** ~**?** (*fig*) ¿qué nos reserva el futuro?
(**b**) (*restrain: person*) detener; **to** ~ **sb prisoner** tener preso a algn; **the police held him for 3 days** lo detuvo la policía durante 3 días; **there's no** ~**ing him** no hay quien le pare.
(**c**) (*breath*) contener; **to** ~ **one's tongue** (*fig*) morderse la lengua, callarse la boca; ~ **it!** (*fam*) ¡para!, ¡ya está bien! (*LAm*).
(**d**) (*post, position, title*) ocupar; (*passport, ticket*) tener; (*shares: Fin*) tener en reserva; (*record: Sport*) ser poseedor(a) *m/f* de; (*position: Mil*) mantenerse en; **to** ~ **office** (*Pol*) ocupar un cargo; **to** ~ **the fort** (*fig*) quedarse a cargo; **to** ~ **the stage** (*fig*) dominar la escena.
(**e**) (*carry on: conversation etc*) mantener; (*meeting, election, interview*) celebrar; (*event*) realizar; **the maths exam is being held today** hoy tiene lugar el examen de matemáticas; **to** ~ **a mass** (*Rel*) celebrar una misa.
(**f**) (*consider*) sostener; **to** ~ **that** creer que; **to** ~ **sb in high esteem** tener a algn en alta estima; **to** ~ **sth/sb dear** apreciar algo/querer a algn; **to** ~ **sb responsible for sth** culpar *or* echarle la culpa a algn de algo.
(**g**) (*believe, maintain*) mantener, sostener.
3 *vi* (*rope, nail etc*) resistir; (*continue*) seguir; (*be valid*) valer; **to** ~ **firm** *or* **fast** mantenerse firme.
▸ **hold against** *vt* + *prep* tener contra.
▸ **hold back 1** *vi* + *adv* guardarse algo; **to** ~ **back from** guardarse de. **2** *vt* + *adv* (**a**) (*restrain: crowd*) contener; (*: river, flood*) retener; (*: emotions*) reprimir, contener; **to** ~ **o.s. back from doing sth** guardarse de hacer algo. (**b**) (*keep secret, withhold*) ocultar; **he's** ~**ing something back from me** me está ocultando algo.
▸ **hold down** *vt* + *adv* (*gen*) sujetar; (*prices*) mantener bajo; **he can't** ~ **down a job** pierde todos los trabajos.
▸ **hold forth** *vi* + *adv* perorar.
▸ **hold in** *vt* + *adv* (*stomach etc*) contener; **to** ~ **o.s. in** (*fig*) controlarse, aguantarse.
▸ **hold off 1** *vt* + *adv* (*enemy, attack*) rechazar; (*postpone*) aplazar; (*visitor etc: fig*) hacer esperar. **2** *vi* + *adv* (*person: wait*) esperar; **if the rain** ~**s off** si no llueve.
▸ **hold on 1** *vi* + *adv* (*cling etc*) agarrarse; (*fig: persevere*) resistir, aguantar; (*fam: wait*) esperar; (*Telec*) no colgar. **2** *vt* + *adv* sujetar.
▸ **hold on to** *vi* + *prep* (*grasp*) agarrarse a *or* de; (*keep*) guardar; (*fig: retain*) aferrarse a.
▸ **hold out 1** *vi* + *adv* (**a**) (*supplies*) durar. (**b**) (*stand firm*) resistir (*against* a); **to** ~ **out for £10** insistir en 10 libras. **2** *vt* + *adv* (*arms*) extender; (*hand*) tender; (*fig: offer*) ofrecer; **to** ~ **out sth to sb** ofrecerle algo a algn.
▸ **hold out on** *vi* + *prep*: **you've been** ~**ing out on me!** (*fam*) ¡no me habías dicho nada!
▸ **hold over** *vt* + *adv* (*meeting etc*) aplazar.
▸ **hold together 1** *vt* + *adv* (*persons*) mantener unidos; (*company, group*) mantener la unidad de. **2** *vi* + *adv* (**a**) (*persons*) mantenerse unidos. (**b**) (*argument*) ser sólido, ser lógico; (*deal etc*) mantenerse.
▸ **hold up 1** *vi* + *adv* (*survive, last*) resistir. **2** *vt* + *adv* (**a**) (*raise*) levantar; ~ **up your hand** levanta la mano; **to** ~ **up sth to the light** poner algo a contraluz; **to** ~ **sb up to ridicule** poner en ridículo a algn. (**b**) (*support*) sostener, sujetar. (**c**) (*delay: person, traffic*) retrasar, demorar; (*stop*) parar, detener. (**d**) (*rob*) asaltar, atracar.
holdall ['həʊldɔːl] *n* (*Brit*) bolsa *f* de viaje.
holder ['həʊldə'] *n* (*person*) poseedor(a) *m/f*; (*tenant*) inquilino/a *m/f*; (*bearer: of letter etc*) portador(a) *m/f*; (*of bonds*) tenedor(a) *m/f*; (*of title, office*) titular *mf*; **pen** ~ portaplumas *m inv*; **cigarette** ~ boquilla *f*.
holding ['həʊldɪŋ] **1** *n* (*land*) pequeña propiedad *f*, parcela *f*, chacra *f* (*CSur*); ~**s** terrenos *mpl*; (*Comm*) valores *mpl* en cartera. **2** *cpd*: ~ **company** *n* (*Comm*) holding *m*.
hold-up ['həʊldʌp] *n* (*robbery*) atraco *m or* asalto *m* a mano armada; (*stoppage, delay*) demora *f*, retraso *m*; (*of traffic*) embotellamiento *m*, atasco *m*.
hole [həʊl] **1** *n* (**a**) (*gen*) agujero *m*, hoyo *m*; (*in road*) bache *m*; (*gap, opening*) boquete *m*, hueco *m*; (*: in wall etc*) brecha *f*; (*burrow*) madriguera *f*; (*Golf*) hoyo *m*; **to wear a** ~ **in sth** agujerear algo; **buying the car made a** ~ **in his savings** la compra del coche le costó una buena parte de sus ahorros; **his argument is full of** ~**s** sus argumentos están llenos de fallas; **to pick** ~**s in** (*fig*) encontrar defectos en; ~ **in the heart** soplo *m* cardíaco.
(**b**) (*fig: difficulty*) aprieto *m*, apuro *m*; **to be in a** ~ (*fam*) estar en un aprieto; **he got me out of a** ~ (*fam*) me sacó de un aprieto.
(**c**) (*fam: dwelling, room*) cuchitril *m*, tugurio *m* (*esp LAm*); (*town*) poblacho *m*, pueblo *m* muerto.
2 *vt* agujerear; (*Golf: ball*) meter en el hoyo.
▸ **hole up** *vi* + *adv* esconderse.
holiday ['hɒlədɪ] **1** *n* (*period*) vacaciones *fpl*; (*public*) fiesta *f*; (*day*) día *m* de fiesta, día feriado, feriado

m (LAm); **to be/go on** ~ estar/ir de vacaciones. **2** *cpd* (*camp etc: at beach*) de veraneo, de vacaciones; (*: for rest*) vacacional; (*mood etc*) de fiesta; ~ **home** *n* casa *f* *or* piso *m etc* para ocupar durante las vacaciones; ~ **pay** *n* paga *f* de las vacaciones; ~ **season** *n* época *f* de vacaciones; (*US*) Navidades *fpl*.

holiday-maker ['hɒlədɪˌmeɪkəʳ] *n* (*gen*) turista *mf*; (*in summer*) veraneante *mf*.

holiness ['həʊlɪnɪs] *n* santidad *f*; **His H~** Su Santidad.

Holland ['hɒlənd] *n* Holanda *f*.

hollandaise [ˌhɒlən'deɪz] *adj*: ~ **sauce** salsa *f* holandesa.

holler ['hɒləʳ] *vt, vi* (*fam*) gritar.

hollow ['hɒləʊ] **1** *adj* (*comp* ~**er**; *superl* ~**est**) hueco/a; (*eyes, cheeks*) hundido/a; (*sound, voice*) cavernoso/a; (*fig: sympathy, promises*) vacío/a; (*fig: victory*) vano/a; **to give a ~ laugh** dar una risa hueca *or* irónica. **2** *adv*: **to beat sb** ~ (*fam*) aplastar a algn. **3** *n* (*of back, hand*) hueco *m*; (*in ground*) hoyo *m*; (*small valley*) hondonada *f*; **the ~ of one's back** los riñones.

▸ **hollow out** *vt + adv* ahuecar.

holly ['hɒlɪ] *n* (*also* ~ **tree**) acebo *m*.

hollyhock ['hɒlɪhɒk] *n* malva *f* loca.

holocaust ['hɒləkɔːst] *n* (*fig*) holocausto *m*.

hologram ['hɒləgræm] *n* holograma *m*.

holograph ['hɒləgrɑːf] **1** *adj* ológrafo/a. **2** *n* ológrafo *m*.

hols [hɒlz] *npl abbr* (*fam*) *of* **holidays**.

holster ['həʊlstəʳ] *n* funda *f* de pistola.

holy ['həʊlɪ] *adj* (*comp* **-ier**; *superl* **-iest**) santo/a; **H~ Communion** Sagrada Comunión *f*; **the H~ Father** el Santo Padre; **the H~ Ghost** *or* **Spirit** el Espíritu *m* Santo; **the H~ Land** la Tierra *f* Sagrada; ~ **orders** órdenes *fpl* sagradas; **a ~ terror** (*fam*) un demonio *m*; ~ **water** agua *f* bendita.

homage ['hɒmɪdʒ] *n* homenaje *m*; **to pay ~ to** rendir homenaje a.

home [həʊm] **1** *n* (*gen*) casa *f*; (*residence*) domicilio *m*; (*fig: refuge etc*) hogar *m*; (*country*) patria *f*; (~*town*) ciudad *f* natal; (*Bio*) habitat *m*; (*origin*) cuna *f*; (*hospital, hostel etc*) asilo *m*; (*Sport: target area*) meta *f*; **children's/old people's** ~ asilo de niños/ancianos; ~ **from** ~ segunda casa; **to give sb/sth a** ~ dar casa a algn/algo; (*position, niche*) encontrar sitio para algn/algo; **he made his ~ in Italy** se estableció en Italia; **Scotland is the ~ of the haggis** Escocia es la patria del haggis; **at** ~ en casa; **make yourself at** ~ estás en tu casa; **to play at** ~ (*Sport*) jugar en casa; **is Mr X at ~?** ¿está el señor X?; **he is at ~ with the topic** domina bien la materia; **to make sb feel at** ~ hacer que algn se sienta en casa; ~ **sweet** ~ hogar, dulce hogar; **there's no place like** ~ como su casa no hay dos.

2 *adv* (*at* ~) en casa; (*to* ~) a casa; **to be** ~ estar en casa; (*return*) estar de vuelta; **to be ~ and dry** respirar tranquilo/a; **to go** *or* **come** ~ volver a casa; (*from abroad*) volver a la patria; **to send sb** ~ mandar a algn a casa; **to stay** ~ quedarse en casa; **to bring sth ~ to sb** (*fig*) hacerle ver algo a algn; **it came ~ to me** (*fig*) me di cuenta de ello; **to drive a point** ~ subrayar un punto; **to strike** ~ (*shell etc*) dar en el blanco; (*right in etc: hammer, nail*) remachar; **it's nothing to write ~ about** (*fam*) no tiene nada de particular.

3 *vi* (*pigeons*) volver a casa.

4 *cpd* (*domestic: cooking etc*) casero/a; (*: life etc*) de familia, doméstico/a; (*native: town*) natal; (*Comm: trade, market*) interno/a; (*: product, industries*) nacional; (*rule*) autónomo/a; (*news*) nacional; (*Sport: team*) de casa; (*: match, win*) en casa; (*Comput*) punto *m* inicial *or* de partida; ~ **address** *n* domicilio *m*; ~ **banking** *n* banco *m* en casa; ~ **computer** *n* ordenador *m* doméstico; **H~ Counties** *npl* los alrededores de Londres; ~ **economics** *nsg* (*Scol*) ciencia *f* del hogar; ~ **front** *n* frente *m* interno; ~ **help** *n* (*act*) atención *f* domiciliaria, ayuda *f* a domicilio; (*Brit: person*) asistenta *f*; ~ **leave** *n* permiso *m* para irse a casa; ~ **loan** *n* préstamo *m* para la vivienda; **H~ Office** *n* (*Brit*) Ministerio *m* del Interior, Gobernación *f (Mex)*; ~ **owners** *npl* propietarios *mpl* de viviendas; ~ **rule** *n* autonomía *f*; ~ **run** *n* (*Baseball*) jonrón *m*; **H~ Secretary** *n* (*Brit*) Ministro *m* del Interior; ~ **straight** *n* (*Sport*) recta *f* final; **to be in the ~ straight** (*fig*) estar en la última recta; ~ **truths** *npl*: **to tell sb a few ~ truths** decir cuatro verdades a algn.

▸ **home in on** *vi + prep* (*missiles*) dirigirse hacia; (*fig*) concentrarse en.

home-brew ['həʊm'bruː] *n* cerveza *f etc* casera.

home-brewed [ˌhəʊm'bruːd] *adj* hecho/a en casa.

homecoming ['həʊmkʌmɪŋ] *n* regreso *m* (al hogar).

home-grown ['həʊm'grəʊn] *adj* de cosecha propia; (*not imported*) del país.

homeland ['həʊmlænd] *n* patria *f*.

homeless ['həʊmlɪs] **1** *adj* sin hogar *or* vivienda. **2** *npl*: **the** ~ personas *fpl* sin hogar.

home-loving ['həʊmˌlʌvɪŋ] *adj* hogareño/a, casero/a.

homely ['həʊmlɪ] *adj* (*comp* **-ier**; *superl* **-iest**) (*like home, food*) casero/a; (*atmosphere*) familiar; (*person*) sencillo/a; (*advice*) prosaico/a.

home-made ['həʊm'meɪd] *adj* hecho/a en casa.

homeopath *etc* ['həʊmɪəʊpæθ] (*US*) = **homoeopath** *etc*.

homesick ['həʊmsɪk] *adj* nostálgico/a; **to be** ~ tener nostalgia, echar de menos a la familia; **I feel** ~ echo de menos mi casa.

homesickness ['həʊmsɪknɪs] *n* nostalgia *f*.

homespun ['həʊmspʌn] *adj* tejido/a en casa, hecho/a en casa; (*fig*) llano/a.

homestead ['həʊmsted] *n* (*US*) casa *f*, caserío *m*; (*farm*) granja *f*.

homeward ['həʊmwəd] **1** *adj* de regreso. **2** *adv* (*also* ~**s**) hacia casa; ~ **bound** camino a la casa.

homework ['həʊmwɜːk] *n* deberes *mpl*, tarea *f*.

homicidal [ˌhɒmɪ'saɪdl] *adj* homicida.

homicide ['hɒmɪsaɪd] *n* homicidio *m*.

homing ['həʊmɪŋ] *adj* (*missile etc*) buscador(a), cazador(a); ~ **pigeon** paloma *f* mensajera.

hominy ['hɒmɪnɪ] *n* (*US*) maíz *m* molido.

homoeopath, (*US*) **homeopath** ['həʊmɪəʊpæθ] *n* homeópata *mf*.

homoeopathic, (*US*) **homeopathic** [ˌhəʊmɪəʊ'pæθɪk] *adj* homeopático/a.

homoeopathy, (*US*) **homeopathy** ['həʊmɪ'ɒpəθɪ] *n* homeopatía *f*.

homogeneity ['hɒməʊdʒə'niːɪtɪ] *n* homogeneidad *f*.

homogeneous [ˌhɒmə'dʒiːnɪəs] *adj* homogéneo/a.

homogenize [hə'mɒdʒənaɪz] *vt* homogeneizar.

homograph ['hɒməʊgrɑːf] *n* homógrafo *m*.

homonym ['hɒmənɪm] *n* homónimo *m*.

homophobia ['hɒməʊ'fəʊbɪə] *n* homofobia *f*.

homophobic ['hɒməʊ'fəʊbɪk] *adj* homofóbico/a.

homophone ['hɒməfəʊn] *n* homófono *m*.

homosexual ['hɒməʊ'seksjʊəl] *adj, n* homosexual *mf*.

homosexuality ['hɒməʊseksjʊ'ælɪtɪ] *n* homosexualidad *f*.

Hon. *abbr* (*in titles*) *of* **honourable, honorary**.

Honduras [hɒn'djʊərəs] *n* Honduras *f*.

hone [həʊn] *vt* afilar.

honest ['ɒnɪst] **1** *adj* (*person: trustworthy etc*) honrado/a, recto/a; (*face, means*) honesto/a; (*answer, opinion*) sincero/a, franco/a; (*wages, profit*) justo/a; **the ~ truth is** ... la pura verdad es ...; **to be perfectly ~ with you,** ... para decirlo con toda franqueza, ...; **to be ~, I don't like you** para decirle verdad, no me gustas; **be ~ with me** sé franco conmigo; **he made an ~ woman of her** le salvó el honor. **2** *adv*: ~ **(to God)!** ¡palabra!

honestly ['ɒnɪstlɪ] *adv* (*uprightly*) con honradez *or* rectitud; (*truly*) sinceramente; **I don't ~ know, ~ I don't know** francamente no lo sé; ~? ¿de veras?; ~! ¡hay que ver!

honesty ['ɒnɪstɪ] *n* (*uprightness*) honradez *f*, rectitud *f*;

(*truthfulness*) sinceridad *f*; **in all** ~ con toda franqueza.

honey [ˈhʌnɪ] *n* miel *f*; (*US: address*) guapa *f*, linda *f (esp LAm)*; **yes,** ~ sí, cariño; **is everything ok ~?** (*fam*) ¿todo bien, querida *or (LAm)* linda?, ¿todo bien, mi vida? *(fam)*; **she's a** ~ es un encanto.

honeybee [ˈhʌnɪbiː] *n* abeja *f* (obrera).

honeycomb [ˈhʌnɪkəʊm] **1** *n* panal *m*; (*fig*) laberinto *m*. **2** *vt* (*fig*) **the hill is ~ed with tunnels** el cerro está lleno de cuevas.

honeyed [ˈhʌnɪd] *adj* meloso/a, melifluo/a.

honeymoon [ˈhʌnɪmuːn] **1** *n* (*lit, fig*) luna *f* de miel. **2** *vi* pasar la luna de miel. **3** *cpd*: **the ~ couple** la pareja de recién casados; ~ **period** *n* (*Pol etc*) período *m* de gracia, cien días *mpl*.

honeysuckle [ˈhʌnɪˌsʌkl] *n* madreselva *f*.

Hong Kong [ˌhɒŋˈkɒŋ] *n* Hong Kong *m*.

honk [hɒŋk] *vi* (*car*) tocar la bocina *or (LAm)* el claxon; (*goose*) graznar.

honky [ˈhɒŋkɪ] *n* (*US fam: pej*) blanco *m*, blancucho *m (fam)*.

Honolulu [ˌhɒnəˈluːluː] *n* Honolulú *m*.

honor *etc* [ˈɒnəʳ] (*US*) = **honour** *etc*.

honorary [ˈɒnərərɪ] *adj* (*member etc*) de honor, honorario/a; (*title*) honorífico/a; (*unpaid: secretary*) no remunerado/a; **an ~ degree** un doctorado 'honoris causa'.

honour, (*US*) **honor** [ˈɒnəʳ] **1** *n* (**a**) (*gen*) honor *m*; (*good name*) honra *f*; (*uprightness*) honradez *f*; (*respect, esteem*) respeto *m*; **in ~ of** en honor de; **for the ~ of one's country** por el honor de la patria; **to be on one's ~ to do sth** haberse comprometido a hacer algo; **to do ~ to sb, to do sb ~** rendir honores a algn; **to be an ~ to one's profession** ser un orgullo para su profesión; **it's a great ~ to be invited** (*frm*) es un gran honor ser invitado; **I had the ~ of meeting him** (*frm*) tuve el honor de conocerle; **(in) ~ bound** moralmente obligado.

(**b**) **~s** (*distinction, award*) condecoración *fsg*; (*Univ: also* **~s degree**) *título de licenciado de categoría superior*; **to bury sb with full ~s** sepultar a algn con todos los honores militares; **last ~s** honras fúnebres; **to take ~s in chemistry** licenciarse en química; **to do the ~s** (*fam*) hacer los honores de la casa.

(**c**) (*title*) **Your H~** (*judge*) señor Juez; (*US: mayor*) su Señoría.

2 *vt* (*gen*) honrar; (*fulfil: obligation*) cumplir con; (*cheque*) aceptar, pagar; (*do credit to*) hacer honor a; (*pay homage to*) rendir homenaje a; (*decorate*) condecorar; **to ~ sb with one's confidence** honrar a algn con su confianza.

honourable, (*US*) **honorable** [ˈɒnərəbl] *adj* (*upright*) honrado/a; (*title, etc*) honorable; ~ **mention** mención *f* honorífica.

Hons. *abbr* (*Univ*) *of* **hono(u)rs degree**.

hooch [huːtʃ] *n (fam)* licor *m (esp ilícito)*.

hood [hʊd] *n* (*of cloak, raincoat*) capucha *f*; (*Univ*) muceta *f*; (*Aut*) capota *f*; (*US Aut*) capó *m*; (*on pram*) capota; (*on cooker*) tapa *f*; (*on chimney-pot*) campana *f*; (*US fam*) gorila *m (fam)*, matón/ona *m/f*.

hooded [ˈhʊdɪd] *adj* encapuchado/a.

hoodlum [ˈhuːdləm] *n* (*fam*) maleante *m*, matón/ona *m/f*.

hoodwink [ˈhʊdwɪŋk] *vt* engañar.

hooey [ˈhuːɪ] *n (fam)* música *f* celestial *(fam)*.

hoof [huːf] *n* (*pl* **~s** *or* **hooves**) (*gen*) casco *m*, pezuña *f*; (*of animal, devil*) **cloven ~** pata *f* hendida.

hoo-ha [ˈhuːˌhɑː] *n (fam: fuss)* lío *m (fam)*, follón *m (fam)*; (*noise*) estrépito *m*; (*of publicity etc*) bombo *m (fam)*; **there was a great ~ about it** se armó un tremendo follón *(fam)*.

hook [hʊk] **1** *n* (*gen, Boxing*) gancho *m*; (*meat* ~) garfio *m*; (*Fishing*) anzuelo *m*; (*hanger*) percha *f*, colgadero *m*; (*on dress*) corchete *m*; **~s and eyes** corchetes, macho y hembra *m*; **to leave the phone off the ~** dejar el teléfono descolgado; **he fell for it ~, line and sinker** (*fig*) se tragó el anzuelo; **by ~ or by crook** por las buenas o por las malas, a como dé lugar *(LAm)*; **to get sb off the ~** sacar a algn de un apuro.

2 *vt* (*fasten*) enganchar; (*Fishing*) pescar; **to ~ one's arms/feet around sth** envolver algo con los brazos/los pies; (*fam: catch*) **she finally ~ed him** por fin se enganchó a él.

3 *vi* (*fasten: dress*) abrocharse; (*connect*) engancharse.

▸ **hook on 1** *vi + prep* engancharse (*to* a). **2** *vt + prep* (*lit*) enganchar (*to* a); (*fig*) **to be ~ed on** (*fam*) estar adicto a; **to be ~ed on drugs** quedar enganchado a la droga *(fam)*; **to get ~ed on** (*fam*) volverse adicto a.

▸ **hook up 1** *vi + adv* abrocharse; (*Rad, TV etc*) transmitir en cadena. **2** *vt + adv* (*dress*) abrochar; (*Rad, TV etc*) conectar.

hooker [ˈhʊkəʳ] *n* (*US fam*) puta *f*.

hook(e)y [ˈhʊkɪ] *n* (*esp US fam*): **to play ~** hacer novillos, hacer pirola.

hook-up [ˈhʊkʌp] *n* (*Rad, TV*) transmisión *f* en cadena.

hooligan [ˈhuːlɪgən] *n* gamberro/a *m/f*.

hooliganism [ˈhuːlɪgənɪzəm] *n* gamberrismo *m*.

hoop [huːp] *n* (*gen*) aro *m*, argolla *f*; (*of barrel*) fleje *m*; (*croquet ~*) argolla; **to put sb through the ~** (*fig*) hacer pasar penas a algn.

hooray [hʊˈreɪ] *interj* = **hurrah**.

hoot [huːt] **1** *n* (*of owl*) ululato *m*; (*of car*) bocinazo *m*; (*of train etc*) silbato *m*; (*of siren*) toque *m* de sirena; (*of scorn etc*) risotada *f*; **I don't care a ~** (*fam*) (no) me importa un comino; **it was a ~** (*fam*) ¡era para morirse de (la) risa! **2** *vt* (*person*) abuchear; (*horn*) tocar la bocina *or (esp LAm)* el claxon; **to ~ sb off the stage** sacar a algn de la escena a chiflidos. **3** *vi* (*owl*) ulular; (*person: in scorn*) abuchear; (*Aut*) dar un bocinazo; (*ship, train, factory hooter*) silbar; **to ~ with laughter** carcajear.

hooter [ˈhuːtəʳ] *n* (*Brit: of ship, factory*) sirena *f*; (*Aut*) bocina *f*, claxon *m (esp LAm)*; (*Brit fam: nose*) napia *f*.

hoover ® [ˈhuːvəʳ] **1** *n* aspiradora *f*. **2** *vt* pasar la aspiradora por. **3** *vi* pasar la aspiradora.

hooves [huːvz] *npl of* **hoof**.

hop[1] [hɒp] **1** *n* (*jump*) salto *m*, brinco *m*; (*fam: dance*) baile *m*; (*Aer*) vuelo *m* corto; **to catch sb on the ~** (*fam*) coger *(Sp) or (LAm)* agarrar a algn desprevenido; **the uncertainty should keep them on the ~** la incertidumbre debería de mantenerles en estado de alerta. **2** *vi* (*person, bird, animal*) dar saltos, brincar *(LAm)*. **3** *vt*: **~ it!** *(fam)* ¡lárgate! *(fam)*.

▸ **hop along** *vi + adv* avanzar a saltos.

▸ **hop off 1** *vi + prep* bajar de. **2** *vi + adv* (**a**) bajar. (**b**) (*fam*) largarse *(fam)*.

▸ **hop on 1** *vi + prep* subir a. **2** *vi + adv* subir; **~ on!** ¡sube!

▸ **hop out** *vi + adv* salir de un salto; **to ~ out of bed** saltar de la cama.

▸ **hop over to** *vi + prep* darse una vuelta por.

hop[2] [hɒp] *n* (*Bot: also* **~s**) lúpulo *m*.

hope [həʊp] **1** *n* (*gen*) esperanza *f*; (*remote*) ilusión *f*; (*chance*) posibilidad *f*; **to be past** *or* **beyond all ~** ser un caso desesperado; **to live in ~** vivir de esperanzas; **in the ~ of (doing) sth** en la esperanza de (hacer) algo; **there is no ~ of that** no hay posibilidad de eso; **he hasn't much ~ of winning** no tiene muchas esperanzas de ganar; **you haven't got a ~ in hell of that** no tienes la más remota posibilidad de lograrlo; **he's the bright ~ of the team** es la esperanza dorada del equipo; **you are my last ~** tú eres mi única salvación; **with high ~s** con muchas esperanzas; **to raise sb's ~s** dar esperanzas a algn; **to lose ~** perder las esperanzas; **what a ~!, some ~(s)!** (*fam*) ¡ni en sueños!, ¡ni hablar!

2 *vt*: **to ~ that** ... esperar que ... + *subjun*; **I ~ he comes soon** ojalá venga pronto; **I ~ so/not** espero que sí/que no; **to ~ to do sth** pretender hacer algo, esperar hacer algo; **I should ~ so!** ¡ya era hora!; **hoping to hear from**

you en espera de tus gratas noticias.

3 *vi* esperar; **to ~ for the best** esperar lo mejor; **we'll just have to ~ for the best** tendremos que mantener el optimismo a pesar de todo; **to ~ for sth** esperar algo; **to ~ against ~** esperar desesperando.

hopeful ['həʊpfʊl] **1** *adj* (*person*) optimista; (*situation, response, future*) esperanzador(a), prometedor(a). **2** *n* aspirante *mf*.

hopefully ['həʊpfəlɪ] *adv* con optimismo (*fam*); **~ he will recover** esperamos que se recupere.

hopeless ['həʊplɪs] *adj* (*situation, outlook*) desesperado/a; (*drunkard etc*) empedernido/a; (*impossible*) imposible; (*useless*) inútil; (*fam: bad: work*) malísimo/a; **I'm ~ at it** (*fam*) no sirvo para eso; **it's ~** no tiene remedio; **he's a ~ teacher** es un profesor desastroso; **the boss is ~** el jefe es un caso perdido; **it's ~ trying to convince her** no sirve de nada intentar convencerla.

hopelessly ['həʊplɪslɪ] *adv* (*live etc*) sin esperanzas; (*involved, complicated*) imposiblemente; (*in love*) perdidamente; **to be ~ late** llegar con un retraso inaceptable; **I'm ~ confused** estoy totalmente despistado.

hopelessness ['həʊplɪsnɪs] *n* desesperanza *f*.

hopper ['hɒpəʳ] *n* (*chute*) tolva *f*.

hopscotch ['hɒpskɒtʃ] *n* infernáculo *m*, rayuela *f* *(LAm)*.

horde [hɔːd] *n* (*large number, crowd*) multitud *f*; (*Hist*) horda *f*.

horizon [hə'raɪzn] *n* horizonte *m*; (*fig*) horizonte, perspectiva *f*.

horizontal [ˌhɒrɪ'zɒntl] **1** *adj* horizontal. **2** *n* horizontal *m*.

horizontally [ˌhɒrɪ'zɒntəlɪ] *adv* horizontalmente.

hormone ['hɔːməʊn] **1** *n* (*Med*) hormona *f*. **2** *cpd*: **~ treatment** *n* tratamiento *m* de hormonas.

horn [hɔːn] *n* **(a)** (*of animal, insect*) cuerno *m*, asta *f*, cacho *m (LAm)*; (*material*) cuerno, carey *m*; **H~ of Africa** Cuerno de África; **~ of plenty** cuerno de la abundancia, cornucopia *f*; **to be on the ~s of a dilemma** estar entre la espada y la pared; **to draw in one's ~s** (*fig*) volverse atrás; (*with money*) hacer economías. **(b)** (*Mus*) trompa *f*, cuerno *m*; (*Aut*) bocina *f*, claxon *m (esp LAm)*; (*shoe ~*) calzador *m*; (*US fam*) teléfono *m*; **to blow** *or* **sound one's ~** tocar la bocina *or* el claxon.

horned [hɔːnd] *adj* con cuernos, enastado/a; (*in compounds*) de cuernos ....

hornet ['hɔːnɪt] *n* avispón *m*; **to stir up a ~'s nest** meterse en un avispero.

horn-rimmed ['hɔːnrɪmd] *adj* (*spectacles*) de concha, de carey.

horny ['hɔːnɪ] *adj* (*comp* **-ier**; *superl* **-iest**) (*hands*) calloso/a; (*fam: randy*) cachondo/a.

horoscope ['hɒrəskəʊp] *n* horóscopo *m*.

horrendous [hɒ'rendəs] *adj* horrendo/a; (*hum*) horroroso/a.

horrible ['hɒrɪbl] *adj* (*awful*) horroroso/a; (*unpleasant*) horrible, feo/a.

horribly ['hɒrɪblɪ] *adv* horriblemente; **it's ~ difficult** es terriblemente difícil; **he swore most ~** soltó unos tacos espantosos.

horrid ['hɒrɪd] *adj* (*disagreeable, unpleasant*) horrible; (*horrifying*) horroroso/a; (*unkind*) antipático/a.

horrific [hɒ'rɪfɪk] *adj* horrendo/a.

horrify ['hɒrɪfaɪ] *vt* horrorizar; **I was horrified to discover that ...** me horrorizó descubrir que ....

horrifying ['hɒrɪfaɪɪŋ] *adj* horroroso/a.

horror ['hɒrəʳ] **1** *n* (*terror, dread*) horror *m*, pavor *m*; (*loathing, hatred*) horror; (*fam*) diablo *m*; **to have a ~ of** tener horror a; **I found to my ~ that ...** me horroricé al descubrir que ...; **the ~s of war** los horrores de la guerra; **that gives me the ~s** (*fam*) me da horror. **2** *cpd*: **~ film** *n* película *f* de terror.

horror-stricken ['hɒrəˌstrɪkən], **horror-struck** ['hɒrəˌstrʌk] *adj* horrorizado/a.

hors d'oeuvres [ɔː'dɜːvr] *npl* entremeses *mpl*.

horse [hɔːs] **1** *n* (*Zool*) caballo *m*; (*in gymnastics*) potro *m*; (*carpenter's*) caballete *m*; **dark ~** incógnita *f*; **a ~ of a different colour** harina *f* de otro costal; **it's straight from the ~'s mouth** (*fam*) es de buena tinta; **to flog a dead ~** machacar en hierro frío; **to get on one's high ~** darse humos; **don't look a gift ~ in the mouth** a caballo regalado, no le mires el diente.

2 *cpd* (*race, meat*) de caballo(s); **~ chestnut** *n* (*Bot*) castaño *m* de Indias; **~ riding** *n* (*Brit*) equitación *f*; **~ sense** *n* sentido *m* común; **~ show** *n* concurso *m* hípico; **~ trader** *n* (*gen*) chalán/ana *m/f*; **~ trading** *n* (*fig*) chalaneo *m*; **~ trailer** *n* (*US*) remolque *m* para caballerías; **~ trials** *npl* concurso *m* hípico.

▸ **horse about, horse around** *vi + adv* (*fam*) hacer el tonto.

horseback ['hɔːsbæk] *n*: **on ~** a caballo; **~ riding** (*US*) equitación *f*.

horsebox ['hɔːsbɒks] *n* remolque *m* para caballerías.

horseflesh ['hɔːsfleʃ] *n* (*horses*) caballos *mpl*; (*Culin*) carne *f* de caballo.

horsefly ['hɔːsflaɪ] *n* tábano *m*.

horsehair ['hɔːshɛəʳ] *n* crin *f*.

horseman ['hɔːsmən] *n* (*pl* **-men**) jinete *m*; (*skilful*) caballista *m*, charro *m (Mex)*.

horsemanship ['hɔːsmənʃɪp] *n* (*activity*) equitación *f*; (*skill*) manejo *m* del caballo.

horseplay ['hɔːspleɪ] *n* payasadas *fpl*.

horsepower ['hɔːsˌpaʊəʳ] *n* caballo *m* de vapor; **a 20 ~ engine** un motor de 20 caballos.

horse-racing ['hɔːsˌreɪsɪŋ] *n* (*gen*) carreras *fpl* de caballos; (*as sport*) hípica *f*.

horseradish ['hɔːsˌrædɪʃ] *n* (*plant*) rábano *m* picante; (*sauce*) salsa *f* de rábano.

horseshoe ['hɔːsʃuː] *n* herradura *f*.

horsewhip ['hɔːswɪp] **1** *vt* azotar. **2** *n* fusta *f*.

horsewoman ['hɔːsˌwʊmən] *n* (*pl* **-women**) jineta *f*, amazona *f*, caballista *f*, charra *f (Mex)*.

horsey ['hɔːsɪ] *adj* (*comp* **-ier**; *superl* **-iest**) (*fam: person*) aficionado/a a los caballos; (*appearance*) caballuno/a.

horticultural [ˌhɔːtɪ'kʌltʃərəl] *adj* hortícola.

horticulture ['hɔːtɪkʌltʃəʳ] *n* horticultura *f*.

horticulturist [ˌhɔːtɪ'kʌltʃərɪst] *n* horticultor(a) *m/f*.

hose [həʊz] *n* **(a)** (*also* **~pipe**) manga *f*, manguera *f*. **(b)** (*stockings*) medias *fpl*; (*socks*) calcetines *mpl*; (*Hist*) calzas *fpl*.

▸ **hose down** *vt + adv* regar con manguera.

hosiery ['həʊʒɪərɪ] *n* calcetería *f*.

hospice ['hɒspɪs] *n* hospicio *m*.

hospitable [hɒs'pɪtəbl] *adj* acogedor(a), hospitalario/a.

hospitably [hɒs'pɪtəblɪ] *adv* con hospitalidad.

hospital ['hɒspɪtl] **1** *n* hospital *m*; **maternity ~** casa *f* de maternidad; **mental ~** manicomio *m*. **2** *cpd* de hospital.

hospitality [ˌhɒspɪ'tælɪtɪ] *n* hospitalidad *f*.

hospitalize ['hɒspɪtəlaɪz] *vt* hospitalizar.

host¹ [həʊst] **1** *n* (*to guest*) huésped *m*, anfitrión *m*; (*TV, Rad*) presentador(a) *m/f*; (*Bio*) huésped; (*of inn*) hostelero *m*, mesonero *m*. **2** *vt* (*TV programme, games*) presentar. **3** *cpd*: **~ country** *n* país *m* anfitrión.

host² [həʊst] *n* (*crowd*) multitud *f*; **for a whole ~ of reasons** por muchísimas razones.

host³ [həʊst] *n* (*Rel*) hostia *f*.

hostage ['hɒstɪdʒ] *n* rehén *m*; **to take sb ~** coger *(Sp) or (LAm)* agarrar a algn como rehén.

hostel ['hɒstəl] *n* residencia *f*; (*youth ~*) albergue *m* juvenil.

hostelling, (*US*) **hosteling** ['hɒstəlɪŋ] *n*: **to go (youth) ~** viajar de alberguista.

hostess ['həʊstes] *n* huéspeda *f*, anfitriona *f*; (*in night club*) azafata *f*; *see* **air 3**.

hostile ['hɒstaɪl] *adj* (*enemy*) enemigo/a; (*unfriendly, showing dislike*) hostil; **to be ~ to sth** oponerse a algo.

hostility [hɒs'tɪlɪtɪ] *n* hostilidad *f*; **to resume** *or* **renew**

hostilities reanudar las hostilidades.

hot [hɒt] **1** *adj* (*comp* **~ter**; *superl* **~test**) **(a)** caliente; (*climate*) cálido/a; (*day*) caluroso/a, de calor; (*sun*) abrasador(a); **to be ~** (*weather*) hacer calor; (*person*) tener calor; (*inanimate object*) estar caliente; **this room is ~** hace calor en esta habitación; **I'm too ~** tengo demasiado calor; **you're getting ~** (*fig: when guessing*) caliente, caliente; **~ air** palabras *fpl* al aire; **~ dog** (*Culin*) perrito *m* caliente, hot dog *m*, pancho *m (CSur)*; **~ flush** sofoco *m* de calor; **~ springs** aguas *fpl* termales.

(b) (*fig: taste*) picante; **this food is very ~** (*spicy*) esta comida pica mucho; **~ favourite** gran favorito *m*; **~ goods** artículos *mpl* robados; **~ line** teléfono *m* rojo; **~ news** noticias *fpl* de última hora; **~ potato** (*fam*) cuestión *f* muy discutida; **to be in the ~ seat** estar expuesto; **~ spot** (*fam, Pol*) lugar *m* de peligro; **~ stuff** (*expert*) un hacha *f*; (*sexy*) cachondo/a; **he's pretty ~ stuff at maths** (*fam*) es un hacha *or* un as para las matemáticas; **a ~ tip** información *f* de buenas tintas *or* de fuente fidedigna; **to be in/get into ~ water** estar/meterse en problemas; **to make it ~ for sb** hacerle la vida imposible a algn; **to be/get ~ under the collar** (*fam*) estar acalorado/a/ acalorarse; **to get (all) ~ and bothered** sofocarse.

2 *adv*: **to be ~ on sb's trail, to be ~ on sb's heels** pisar los talones a algn.

3 *n*: **he's got the ~s for her** (*fam*) ella le pone cachondo.

▸ **hot up 1** *vi + adv* (*fam*) ponerse caliente; (*party*) animarse. **2** *vt + adv* (*party, music*) animar; (*engine, car*) aumentar la potencia de.

hot-air balloon [ˌhɒt'ɛəbə'lu:n] *n* globo *m* de aire caliente.

hotbed ['hɒtbed] *n* (*fig*) semillero *m*.

hot-blooded ['hɒt'blʌdɪd] *adj* apasionado/a.

hotchpotch ['hɒtʃpɒtʃ] *n* (*Brit*) mezcolanza *f*.

hotel [həʊ'tel] **1** *n* hotel *m*. **2** *cpd* de hotel,, hotelero/a.

hotelier [həʊ'telɪəʳ], **hotelkeeper** [həʊ'telˌki:pəʳ] *n* hotelero/a *m/f*.

hotfoot ['hɒt'fʊt] **1** *adv* a toda prisa. **2** *vt*: **to ~ it** (*fam*) ir volando.

hothead ['hɒthed] *n* exaltado/a *m/f*.

hot-headed ['hɒt'hedɪd] *adj* impulsivo/a, impetuoso/a.

hothouse ['hɒthaʊs] *n* (*pl* **-houses** [haʊzɪz]) invernadero *m*.

hotly ['hɒtlɪ] *adv* con pasión *or* vehemencia; **he was ~ pursued by the policeman** el policía le siguió muy de cerca.

hotplate ['hɒtpleɪt] *n* (*on stove*) hornillo *m*; (*for keeping food warm*) calientaplatos *m inv*.

hotpot ['hɒtpɒt] *n* (*Brit: Culin*) estofado *m*.

hotrod ['hɒtrɒd] *n* (*US Aut: fam*) bólido *m*.

hotshot ['hɒtʃɒt] (*US fam*) *adj* de primera, de aúpa (*fam*). **2** *n* personaje *m*, pez *m* gordo.

hot-tempered [ˌhɒt'tempəd] *adj* de mal genio *or* carácter.

hot-water bottle [hɒt'wɔ:təˌbɒtl] *n* bolsa *f* de agua caliente.

hound [haʊnd] **1** *n* perro *m* (de caza); **the ~s** la jauría *fsg*. **2** *vt* (*fig*) perseguir, acosar.

▸ **hound down** *vt + adv* perseguir sin descanso.

▸ **hound out** *vt + adv* sacar a la fuerza.

hour [aʊəʳ] **1** *n* hora *f*; **at 30 miles an ~** a 30 millas por hora; **~ by ~** hora tras hora; **on the ~** a la hora en punto; **in the early** *or* **small ~s** en la *or* de madrugada; **at all ~s (of the day and night)** a cualquier hora; **lunch ~** la hora del almuerzo *or* de comer; **visiting ~s** horas de visita; **at the eleventh ~** a última hora; **he thought his (last) ~ had come** (*fig*) pensó que su hora había llegado; **in the ~ of danger** en la hora de peligro; **to pay sb by the ~** pagar a algn por hora; **I've been waiting (for) ~s** llevo horas esperando; **~s and ~s** horas enteras; **he took ~s to do it** tardó horas en hacerlo; **to keep regular ~s** llevar una vida ordenada; **to work long ~s** trabajar muchas horas; **out of** *or* **after ~s** fuera de horario; **she's out till all ~s** se queda fuera hasta muy tarde, vuelve a casa a las tantas.

2 *cpd*: **~ hand** *n* horario *m*.

hourglass ['aʊəglɑ:s] *n* reloj *m* de arena.

hourly ['aʊəlɪ] **1** *adj* (de) cada hora; **they come at ~ intervals** llegan cada hora; **~ rate** *or* **wage** sueldo *m* por hora. **2** *adv* cada hora; **we expected him ~** le esperábamos de un momento a otro.

house [haʊs] *n* (*pl* **~s** ['haʊzɪz]) **1** *n* **(a)** (*gen*) casa *f*; (*fig: home*) hogar *m*; (*residence*) domicilio *m*; **to keep ~** llevar la casa; **to set up ~** poner casa; **to put** *or* **set one's ~ in order** (*fig*) poner las cosas en orden; **to get on like a ~ on fire** (*fam: progress*) hacer grandes avances; (*: people*) llevarse de maravilla; **to keep open ~** tener casa abierta.

(b) (*Pol*) cámara *f*; **H~ of Commons/Lords** (*Brit*) Cámara de los Comunes/de los Lores; **H~ of Representatives** (*US*) Cámara de Representantes; **H~s of Parliament** (*Brit*) Parlamento *m*.

(c) full ~ (*Theat etc*) (teatro *m*) lleno *m*; **to bring the ~ down** ser todo un éxito; **'~ full'** 'no hay localidades'; **the second ~** la segunda sesión.

(d) (*Comm*) casa *f*; **publishing ~** casa editorial; **it's on the ~** la casa invita.

(e) (*family, line*) casa *f*, línea *f*.

(f) (*Cards*) **full ~** full *m*.

2 [haʊz] *vt* (*person*) alojar; (*store*) guardar, almacenar.

3 [haʊs] *cpd* (*doctor*) de casa; **~ agent** *n* (*Brit*) agente *m/f* inmobiliario/a; **~ arrest** *n* arresto *m* domiciliario; **~ guest** *n* invitado/a *m/f*; **~ physician** *n* (*Brit*) médico/a *m/f* interno/a; **~ plant** *n* planta *f* de interior; **~ prices** *npl* precios *mpl* de la propiedad inmobiliaria; **~ surgeon** *n* (*Brit*) cirujano/a *m/f* interno/a, médico *m* interno (en el hospital); **~ wine** *n* vino *m* de la casa.

houseboat ['haʊsbəʊt] *n* casa *f* flotante.

housebound ['haʊsbaʊnd] *adj* confinado/a en casa.

housebreaker ['haʊsˌbreɪkəʳ] *n* ladrón/ona *m/f*.

housebreaking ['haʊsˌbreɪkɪŋ] *n* allanamiento *m* de morada, invasión *f* de morada *or* propiedad.

housebroken ['haʊsˌbrəʊkən] *adj* (*US*) domesticado/a.

housecoat ['haʊskəʊt] *n* bata *f*.

housefly ['haʊsflaɪ] *n* mosca *f*.

household ['haʊshəʊld] **1** *n* (*home*) casa *f*; (*family*) familia *f*. **2** *cpd* (*accounts, expenses, equipment*) doméstico/a, de la casa; **H~ Cavalry** *n* (*Mil*) Guardia *f* Real; **~ name** *n*: **he's a ~ name** es una persona conocidísima; **~ word** *n*: **it's a ~ word** (*fig*) es el pan de cada día.

householder ['haʊsˌhəʊldəʳ] *n* (*owner*) propietario/a *m/f*; (*tenant*) inquilino/a *m/f*; (*head of house*) cabeza *f* de familia.

househunting ['haʊsˌhʌntɪŋ] *n*: **to go ~** ir buscando casa.

house-husband ['haʊsˌhʌzbənd] *n marido que trabaja en la casa*.

housekeeper ['haʊsˌki:pəʳ] *n* ama *f* de llaves; (*in hotel*) gobernanta *f*.

housekeeping ['haʊsˌki:pɪŋ] *n* (*administration*) gobierno *m* de la casa; (*housework*) quehaceres *mpl* domésticos, faena *f*; (*Comput*) gestión *f* interna; (*also* **~ money**) dinero *m* para gastos domésticos.

housemaid ['haʊsmeɪd] *n* criada *f*.

houseman ['haʊsmən] *n* (*pl* **-men**) (*Brit: in hospital*) interno *m*.

house-proud ['haʊspraʊd] *adj*: **she's very ~** le gusta tener la casa impecable.

houseroom ['haʊsrʊm] *n*: **I wouldn't give it ~** (*fam*) no lo tendría en casa.

house-to-house ['haʊstə'haʊs] *adj* de casa en casa; **to conduct ~ enquiries** hacer investigaciones de casa en casa.

housetop ['haʊstɒp] *n* tejado *m*.

house-trained ['haʊstreɪnd] *adj* (*Brit*) domesticado/a.

house-warming ['haʊsˌwɔ:mɪŋ] *n* fiesta *f* de estreno de

una casa.
housewife ['hauswaif] *n* (*pl* **-wives**) (*person*) ama *f* de casa.
housework ['hauswɜ:k] *n* quehaceres *mpl* domésticos, faena *f*.
housing ['hauzɪŋ] **1** *n* (*houses*) casas *fpl*, viviendas *fpl*; (*gen*) la vivienda; **the ~ problem** el problema de la vivienda. **2** *cpd*: **~ association** *n* asociación *f* de la vivienda; **~ benefit** *n* (*Brit*) subsidio *m* de vivienda; **~ development** (*US*), **~ estate, ~ scheme** (*Brit*) *n* urbanización *f*, fraccionamiento *m (Mex)*, reparto *m (Mex)*.
hove [həuv] *pt, pp of* **heave 3(b)**.
hovel ['hɒvəl] *n* casucha *f*, cuchitril *m*, tugurio *m (esp LAm)*.
hover ['hɒvəʳ] *vi* (**a**) (*bird etc*) planear. (**b**) (*fig*) quedarse colgado.
▸ **hover about**, **hover around** *vi + adv* rondar.
hovercraft ['hɒvəkrɑ:ft] *n* aerodeslizador *m*.
hoverport ['hɒvə,pɔ:t] *n* puerto *m* de aerodeslizadores.
how [hau] *adv* (**a**) (*in what way*) cómo; **~ did you do it?** ¿cómo lo hiciste?; **~ do you like your steak?** ¿cómo le gusta el filete?; **I know ~ you did it** ya sé cómo lo hiciste; **to know ~ to do sth** saber hacer algo; **~ was the film?** ¿qué tal la película?; **~ is it that ...?** ¿cómo es que ...?
(**b**) **~ are you?** ¿cómo estás?, ¿cómo *or* qué tal te va? *(LAm fam)*, ¿qué tal (estás)? *(Sp fam)*, ¿cómo sigues? *(LAm fam)*, ¿qué hubo? *(Mex, Chi fam)*; **~ do you do?** mucho gusto, encantado.
(**c**) (*to what degree*) cómo; (*in exclamations*) qué; **and ~!** ¡y cómo *or* tanto!; **~ old are you?** ¿cuántos años tienes?; **~ big is it?** ¿cómo es de grande?; **~ many are there?** ¿cuántos son?; **~ long will you be?** ¿cuánto tardarás?; **~ far away is it?** ¿a qué distancia queda?, ¿qué tan lejos queda? *(LAm)*; **~ much is it?** ¿cuánto vale?; **~ soon will it be?** ¿cuánto tardará?; **you don't know ~ difficult it is** no sabe lo difícil que es; **~ beautiful!** ¡qué bonito!
(**d**) (*that*) que; **she told me ~ she'd seen him last night** me dijo que lo había visto anoche.
(**e**) **~ about ...?** ¿qué te parece ...?; *see* **about 2(b); else; much 1(a)** *etc*.
howdy ['haudɪ] *interj* (*US fam*) ¡hola!
however [hau'evəʳ] **1** *conj* (*still, nevertheless*) sin embargo, no obstante. **2** *adv*: **~ I do it** comoquiera que lo haga; **~ cold it is** por mucho frío que haga; **~ fast he runs** por muy rápido que corra; **~ did you do it?** (*fam*) ¿cómo lo hiciste?
howl [haul] **1** *n* aullido *m*; (*wind etc*) rugido *m*; (*fig: of protest*) abucheo *m*; **a ~ of pain** un alarido de dolor; **~s of laughter** (*fig*) carcajadas *fpl*. **2** *vi* (*person*) dar alaridos; (*animal*) aullar; (*wind*) rugir, bramar; (*weep*) berrear; **to ~ with laughter** (*fig*) reír a carcajadas. **3** *vt* (*shout*) gritar.
▸ **howl down** *vt + adv* callar a gritos.
howler ['hauləʳ] *n* falta *f* garrafal.
howling ['haulɪŋ] *adj* (*success*) clamoroso/a.
HP, **h.p.** *n abbr* (**a**) *of* **hire-purchase**. (**b**) *of* **horsepower** C.V. *mpl*.
HQ *abbr of* **headquarters**.
HR *n abbr* (*US*) *of* **House of Representatives**.
H.R.H. *n abbr of* **Her** *or* His Royal Highness S.A.R.
hr(s) *abbr of* **hour(s)** h(s).
HRT *n abbr of* **hormone replacement therapy**.
HS *abbr* (*US*) *of* **high school**.
HST *n abbr* (*US*) *of* **Hawaiian Standard Time**.
ht *n abbr of* **height** alt.
hub [hʌb] *n* cubo *m*; (*fig*) eje *m*.
hubbub ['hʌbʌb] *n* algarabía *f*, barahúnda *f*.
hubby ['hʌbɪ] *n* (*fam*) marido *m*.
hubcap ['hʌbkæp] *n* (*Aut*) tapacubos *m inv*.
HUD *n abbr* (*US*) *of* **Department of Housing and Urban Development**.
huddle ['hʌdl] **1** *n* (*of people*) tropel *m*; (*of things*) montón *m*; **to go into a ~** (*fam*) discutir en secreto. **2** *vi* acurrucarse; **we ~d round the fire** nos arrimamos al fuego.
▸ **huddle down** *vi + adv* acurrucarse.
▸ **huddle together** *vi + adv* amontonarse, apiñarse.
▸ **huddle up** *vi + adv* apretarse (*against* contra).
hue[1] [hju:] *n* (*colour*) color *m*; (*shade*) matiz *m*.
hue[2] [hju:] *n*: **~ and cry** (*of protest*) griterío *m*, clamor *m*; **to raise a ~ and cry** levantar protestas.
huff [hʌf] *n* (*fam*): **in a ~** enojado/a; **to go off in a ~** irse ofendido, picarse; **to take the ~** ofenderse.
hug [hʌg] **1** *n* abrazo *m*; **to give sb a ~** dar un abrazo a algn. **2** *vt* abrazar; (*subj: bear etc*) ahogar, apretar; (*keep close to*) arrimarse a; **to ~ o.s. to keep warm** acurrucarse para mantenerse caliente; **to ~ o.s.** (*with pleasure, delight over sth*) felicitarse.
huge [hju:dʒ] *adj* enorme, gigantesco/a, manso/a *(Chi)*; (*success etc*) rotundo/a.
hugely ['hju:dʒlɪ] *adv* enormemente; **we enjoyed ourselves ~** nos divertimos una barbaridad.
huh [hʌ] *interj* ¡eh!
hulk [hʌlk] *n* (*Naut: abandoned ship*) casco *m*; (*pej: clumsy ship*) carraca *f*; (*large, ungainly: building etc*) armatoste *m*; **a great ~ of a man** (*fam*) un hombre fornido.
hulking ['hʌlkɪŋ] *adj* (*fam*) pesado/a.
hull [hʌl] *n* (*Naut*) casco *m*.
hullabaloo [,hʌləbə'lu:] *n* (*fam: noise*) algarabía *f*; (*fuss*) jaleo *m*, bronca *f*.
hullo [hʌ'ləu] *interj* (*greeting*) ¡hola!, ¿qué tal?, ¿qué hubo? *(Mex, Chi)*; (*Telec*) ¡diga!, ¡hola!, ¡bueno! *(Mex)*, ¡aló! *(CSur)*; (*attention*) ¡oiga!, ¡escuche!; (*surprise*) ¡vaya!, ¡ándale! *(LAm)*.
hum [hʌm] **1** *n* (*gen, Elec*) zumbido *m*; (*of voices etc*) murmullo *m*. **2** *vt* (*tune*) tararear, canturrear. **3** *vi* zumbar; (*fig fam: be busy*) hervir, moverse; (*fam: smell*) oler mal; **to make things ~** hacer que la cosa marche; **to ~ with activity** bullir de actividad; **to ~ and haw** vacilar.
human ['hju:mən] **1** *adj* humano/a; **~ being** ser *m* humano; **~ nature** naturaleza *f* humana; **it's ~ nature to be jealous** es cosa natural tener celos; **~ race** género *m* humano; **~ relations** relaciones *fpl* humanas; **~ rights** derechos *mpl* humanos. **2** *n* humano/a *m/f*.
humane [hju:'meɪn] *adj* humano/a, humanitario/a.
humanism ['hju:mənɪzəm] *n* humanismo *m*.
humanist ['hju:mənɪst] *n* humanista *mf*.
humanitarian [hju:,mænɪ'tɛərɪən] *adj, n* humanitario/a *m/f*.
humanity [hju:'mænɪtɪ] *n* (*gen*) humanidad *f*; **the humanities** las humanidades.
humankind ['hju:mən'kaɪnd] *n* género *m* humano.
humanly ['hju:mənlɪ] *adv*: **all that is ~ possible** todo lo humanamente posible.
humanoid ['hju:mənɔɪd] *adj, n* humanoide *mf*.
humble ['hʌmbl] **1** *adj* (*comp* **~r**; *superl* **~st**) (*gen*) humilde; **to eat ~ pie** desdecirse. **2** *vt* humillar.
humbly ['hʌmblɪ] *adv* humildemente.
humbug ['hʌmbʌg] *n* (*fam: person*) charlatán/ana *m/f*; (*: nonsense*) tonterías *fpl*; (*Brit: sweet*) caramelo *m* de menta.
humdinger ['hʌmdɪŋəʳ] *n*: **it's a ~!** (*fam*) ¡es una auténtica maravilla!
humdrum ['hʌmdrʌm] *adj* monótono/a, rutinario/a.
humerus ['hju:mərəs] *n* (*pl* **humeri** ['hju:məraɪ]) húmero *m*.
humid ['hju:mɪd] *adj* húmedo/a.
humidifier [hju:'mɪdɪfaɪəʳ] *n* humedecedor *m*.
humidity [hju:'mɪdɪtɪ] *n* humedad *f*.
humiliate [hju:'mɪlɪeɪt] *vt* humillar.
humiliating [hju:'mɪlɪeɪtɪŋ] *adj* humillante, vergonzoso/a.
humiliation [hju:mɪlɪ'eɪʃən] *n* humillación *f*.
humility [hju:'mɪlɪtɪ] *n* humildad *f*.
hummingbird ['hʌmɪŋbɜ:d] *n* colibrí *m*, picaflor *m*.

humor *etc* [ˈhjuːməʳ] (*US*) = **humour** *etc*.
humorist [ˈhjuːmərɪst] *n* humorista *mf*.
humorous [ˈhjuːmərəs] *adj* (*person*) gracioso/a, divertido/a; (*book, story etc*) divertido/a, chistoso/a; (*situation, idea, tone*) cómico/a, gracioso/a.
humorously [ˈhjuːmərəslɪ] *adv* con gracia.
humour, (*US*) **humor** [ˈhjuːməʳ] **1** *n* (**a**) (*amusingness*) humor *m*; (*of book, situation*) gracia *f*; **sense of ~** sentido *m* del humor. (**b**) (*mood*) humor *m*; **to be in a good/bad ~** estar de buen/mal humor. **2** *vt* complacer, consentir.
-humoured, (*US*) **-humored** [ˈhjuːməd] *adj suf* de humor....
humourless, (*US*) **humorless** [ˈhjuːməlɪs] *adj* (*person*) arisco/a.
hump [hʌmp] **1** *n* (*Anat*) joroba *f*; (*camel's*) giba *f*; **it gives me the ~** (*Brit fam*) me fastidia, me molesta; **we're over the ~** (*fig*) ya pasamos lo peor. **2** *vt* (**a**) (*arch*) encorvar. (**b**) (*fam: carry*) llevar.
humpbacked [ˈhʌmpbækt] *adj* (*person*) jorobado/a; **~ bridge** puente *m* encorvado.
humus [ˈhjuːməs] *n* (*Bio*) humus *m*.
hunch [hʌntʃ] **1** *n* (*fam: idea*) idea *f*, sospecha *f*; **I had a ~** tuve una corazonada. **2** *vt* (*also* **~ up**) encorvar. **3** *vi* encorvarse; **to be ~ed up** ser jorobado.
hunchback [ˈhʌntʃbæk] *n* jorobado/a *m/f*.
hundred [ˈhʌndrɪd] **1** *adj* ciento; (*before noun*) cien; **I've got a ~ and one things to do** tengo la mar de cosas que hacer; **a ~ and ten** ciento diez; **the ~ and first** el centésimo primo; **at a ~ miles per hour** a cien por hora; **a ~ per cent** (*fig*) cien por ciento. **2** *n* ciento *m*; (*less exactly*) centenar *m*; **to live to be a ~** llegar a los cien años; **~s of people** centenares de personas; **in ~s, by the ~** a centenares.
hundredth [ˈhʌndrɪdθ] **1** *adj* centésimo/a. **2** *n* centésima parte *f*.
hundredweight [ˈhʌndrɪdweɪt] *n* (*Brit*) = *50.8 kilogramos*; (*US*) = *45.4 kilogramos*.
hung [hʌŋ] **1** *pt, pp of* **hang**. **2** *adj* (*Jur: jury*) dividido/a; (*verdict*) indeciso/a.
Hungarian [hʌŋˈgɛərɪən] **1** *adj* húngaro/a. **2** *n* húngaro/a *m/f*; (*Ling*) húngaro *m*.
Hungary [ˈhʌŋgərɪ] *n* Hungría *f*.
hunger [ˈhʌŋgəʳ] **1** *n* hambre *f*; (*also fig*) sed *f* (*for* de). **2** *cpd*: **~ strike** *n* huelga *f* de hambre.
▸ **hunger after, hunger for** *vi + prep* (*fig*) ansiar, anhelar.
hungrily [ˈhʌŋgrɪlɪ] *adv* (*eat etc*) ávidamente; (*look*) con ganas.
hungry [ˈhʌŋgrɪ] *adj* hambriento/a; **to be ~** tener hambre; **to go ~** pasar hambre; **~ for** (*fig*) sediento de.
hunk [hʌŋk] *n* (*of bread etc*) trozo *m*, pedazo *m*; (*fam: man*) tío *m* bueno (*fam*), cachas *m inv* (*fam*).
hunky [ˈhʌŋkɪ] (*fam*) *adj* (*strong*) fornido/a, fuerte, macizo/a; (*attractive*) bueno/a (*fam*).
hunt [hʌnt] **1** *n* caza *f*, cacería *f*; (*search*) busca *f*, búsqueda *f*; (*huntsmen*) cazadores *mpl*; **the ~ for the murderer** la persecución del asesino; **to be on the ~ for** ir a la caza de; **we joined in the ~ for the missing key** ayudamos a buscar la llave perdida. **2** *vt* (*animal*) cazar; (*search*) buscar; (*pursue*) perseguir. **3** *vi* cazar, ir de cacería; (*search*) buscar en todas partes; **to ~ for** buscar.
▸ **hunt about for, hunt around for** *vi + prep* buscar en todas partes.
▸ **hunt down** *vt + adv* (*corner*) acorralar; (*track*) seguir la pista a.
▸ **hunt out** *vt + adv* buscar hasta encontrar.
▸ **hunt up** *vt + adv* buscar.
hunter [ˈhʌntəʳ] *n* cazador(a) *m/f*; (*horse*) caballo *m* de caza.
hunting [ˈhʌntɪŋ] **1** *n* (*Sport*) caza *f*, cacería *f*. **2** *cpd*: **a happy ~ ground** (*fig*) terreno *m* fértil; **~ lodge** *n* pabellón *m* de caza.
huntsman [ˈhʌntsmən] *n* (*pl* **-men**) (*hunter*) cazador *m*.
hurdle [ˈhɜːdl] *n* (*Sport, fence*) valla *f*; (*fig*) obstáculo *m*, barrera *f*; **the 100 m ~s** (*race*) los 100 metros vallas; **the high ~s** las vallas altas.
hurdler [ˈhɜːdləʳ] *n* vallista *mf*.
hurl [hɜːl] *vt* (*throw*) arrojar; **to ~ abuse** *or* **insults at sb** soltar improperios a algn.
hurly-burly [ˈhɜːlɪˈbɜːlɪ] *n* tumulto *m*; **the ~ of politics** la vida alborotada de la política.
hurrah [hʊˈrɑː], **hurray** [hʊˈreɪ] *interj* ¡hurra!
hurricane [ˈhʌrɪkən] **1** *n* (*Met*) huracán *m*. **2** *cpd*: **~ lamp** *n* lámpara *f* a prueba de viento.
hurried [ˈhʌrɪd] *adj* apresurado/a; (*reading etc*) rápido/a; **to eat a ~ meal** comer a la carrera.
hurriedly [ˈhʌrɪdlɪ] *adv* a la carrera.
hurry [ˈhʌrɪ] **1** *n* prisa *f*, apuro *m* (*LAm*); **he's in a ~ (to do sth)** tiene prisa *or* (*LAm*) apuro (por hacer algo), le urge (hacer algo); **done in a ~** hecho de prisa; **are you in a ~ for this?** ¿le corre prisa?, ¿le urge?; **what's the ~?** ¿qué prisa tienes?, ¿por qué te apuras tanto? (*LAm*); **there's no ~** no hay prisa; **he won't do that again in a ~** (*fam*) eso no lo vuelve a hacer.

2 *vt* (*person*) dar prisa, apurar (*LAm*); (*work etc*) hacer de prisa; **troops were hurried to the spot** se mandaron tropas con urgencia al lugar.

3 *vi* darse prisa *or* (*LAm*) apurarse (*to do sth* por hacer algo); **to ~ after sb** correr detrás de algn.
▸ **hurry along 1** *vi + adv* pasar de prisa. **2** *vt + adv* dar prisa a, apurar a.
▸ **hurry away, hurry off 1** *vi + adv* irse corriendo. **2** *vt + adv* llevar a la carrera.
▸ **hurry on 1** *vi + adv* pasar rápidamente. **2** *vt + adv* dar prisa a, apurar a.
▸ **hurry up 1** *vi + adv* darse prisa, apurarse (*LAm*); **~ up!** ¡date prisa!, ¡apúrate! (*LAm*), ¡córrete! **2** *vt + adv* dar prisa a, apurar a.
hurt [hɜːt] (*pt, pp* **~**) **1** *vt* (**a**) (*injure*) hacer daño a, lastimar (*LAm*); (*cause pain to*) doler; (*fam: harm*) hacer daño; **did you ~ yourself?** ¿te has hecho daño?, ¿te lastimaste? (*LAm*).

(**b**) (*mentally etc*) ofender, dañar.

(**c**) (*business, interests etc*) perjudicar.

2 *vi* (*feel pain*) doler; (*cause harm*) hacer daño; **does it ~?** ¿te duele?

3 *n* (*wound etc*) herida *f*, lesión *f*; (*pain*) dolor *m*; (*blow: to feelings*) golpe *m*.

4 *adj* (*foot etc*) herido/a, lastimado/a; (*feelings*) ofendido/a, dañado/a; (*look, tone*) de ofendido/a.
hurtful [ˈhɜːtfʊl] *adj* (*painful*) doloroso/a; (*remark etc*) doloroso/a, hiriente.
hurtle [ˈhɜːtl] *vi* precipitarse; **to ~ along** *or* **past** ir como un rayo; **to ~ down** bajar a toda velocidad; (*fall*) caer con violencia.
husband [ˈhʌzbənd] **1** *n* marido *m*, esposo *m*. **2** *vt* ahorrar, economizar.
husbandry [ˈhʌzbəndrɪ] *n* (*Agr*) agricultura *f*; **animal ~** cría *f* de ganado.
hush [hʌʃ] **1** *n* silencio *m*. **2** *interj* ¡cállate! **3** *vt* apaciguar. **4** *cpd*: **~ money** *n* (*fam*) cohecho *m*, soborno *m*, coima *f* (*And, CSur*), mordida *f* (*Mex*).
▸ **hush up** *vt + adv* encubrir, callar.
hushed [hʌʃt] *adj* (*gen*) en tono bajo; (*silence*) profundo/a.
hush-hush [ˈhʌʃˈhʌʃ] *adj* (*fam*) muy secreto/a.
husk [hʌsk] **1** *n* cáscara *f*. **2** *vt* descascarar.
husky[1] [ˈhʌskɪ] *adj* (*comp* **-ier**; *superl* **-iest**) (*voice, person*) ronco/a; (*tough: person*) fornido/a, fuerte.
husky[2] [ˈhʌskɪ] *n* (*pl* **-ies**) perro *m* esquimal.
hussy [ˈhʌsɪ] *n* pícara *f*, desvergonzada *f*; **she's a little ~** es una fresca.
hustings [ˈhʌstɪŋz] *npl* (*Pol*) mitin *m* preelectoral.
hustle [ˈhʌsl] **1** *n* bullicio *m*; **~ and bustle** ajetreo *m*,

vaivén *m.* **2** *vt* (**a**) (*hurry up: person*) dar prisa a; **they ~d him in** le hicieron entrar a empujones. (**b**) (*fig*) **to ~ things along** llevar las cosas a buen paso; **to ~ sb into making a decision** obligar a algn a decidirse sin reflexionar. **3** *vi* (*hurry*) darse prisa, apresurarse.

hustler ['hʌslə^r] *n* (*swindler*) estafador(a) *m/f*, timador(a) *m/f*; (*prostitute*) puta *f*, ramera *f*.

hut [hʌt] *n* (*shed*) cobertizo *m*; (*small house*) choza *f*, cabaña *f*; (*Mil*) barraca *f*.

hutch [hʌtʃ] *n* conejera *f*.

hyacinth ['haɪəsɪnθ] *n* (*Bot*) jacinto *m*.

hybrid ['haɪbrɪd] **1** *n* (*Bio*) híbrido *m*; (*word*) palabra *f* híbrida. **2** *adj* híbrido/a.

hydrangea [haɪ'dreɪndʒə] *n* (*Bot*) hortensia *f*.

hydrant ['haɪdrənt] *n* boca *f* de riego; **fire ~** boca de incendios.

hydraulic [haɪ'drɒlɪk] *adj* hidráulico/a.

hydraulics [haɪ'drɒlɪks] *nsg* hidráulica *f*.

hydro... ['haɪdrəʊ] *pref* hidro....

hydrochloric ['haɪdrə'klɒrɪk] *adj*: **~ acid** ácido *m* clorhídrico.

hydroelectric ['haɪdrəʊɪ'lektrɪk] *adj* hidroeléctrico/a; **~ power station** central *f* hidroeléctrica.

hydrofoil ['haɪdrəʊfɔɪl] *n* aerodeslizador *m*.

hydrogen ['haɪdrɪdʒən] **1** *n* hidrógeno *m*. **2** *cpd*: **~ bomb** *n* bomba *f* de hidrógeno; **~ chloride** *n* cloruro *m* de hidrógeno; **~ peroxide** *n* agua *f* oxigenada.

hydrophobia [,haɪdrə'fəʊbɪə] *n* hidrofobia *f*.

hydroplane ['haɪdrəʊpleɪn] *n* hidroavión *m*.

hydrotherapy [,haɪdrəʊ'θerəpɪ] *n* hidroterapia *f*.

hyena [haɪ'i:nə] *n* hiena *f*.

hygiene ['haɪdʒi:n] *n* higiene *f*.

hygienic [haɪ'dʒi:nɪk] *adj* higiénico/a.

hymen ['haɪmen] *n* himen *m*.

hymn [hɪm] **1** *n* himno *m*. **2** *cpd*: **~ book** *n* himnario *m*.

hymnal ['hɪmnəl] *n* himnario *m*.

hype [haɪp] (*fam*) **1** *n* exageraciones *fpl*; (*Comm*) bombo *m* publicitario (*fam*). **2** *vt* (*Comm*) dar bombo publicitario a (*fam*).

▸ **hype up** (*fam*) **1** *vt + adv* exagerar, dar bombo a (*fam*); (*person*) excitar; (*numbers*) aumentar. **2** *vi + adv* pincharse (*fam*), picarse (*fam*).

hyper ['haɪpə^r] *adj* hiperactivo/a, histérico/a.

hyper... ['haɪpə^r] *pref* hiper....

hyperactive [,haɪpər'æktɪv] *adj* hiperactivo/a.

hyperbole [haɪ'pɜ:bəlɪ] *n* hipérbole *f*.

hypercritical ['haɪpə'krɪtɪkəl] *adj* hipercrítico/a.

hyperinflation ['haɪpəɪn'fleɪʃən] *n* hiperinflación *f*.

hypermarket ['haɪpə,mɑ:kɪt] *n* hipermercado *m*.

hypersensitive ['haɪpə'sensɪtɪv] *adj* hipersensible.

hypertension ['haɪpə'tenʃən] *n* (*Med*) hipertensión *f*.

hyphen ['haɪfən] *n* guión *m*, raya *f*.

hyphenate ['haɪfəneɪt] *vt* escribir con guión.

hypnosis [hɪp'nəʊsɪs] *n* hipnosis *f*.

hypnotherapy [,hɪpnəʊ'θerəpɪ] *n* hipnoterapia *f*.

hypnotic [hɪp'nɒtɪk] *adj* hipnótico/a.

hypnotism ['hɪpnətɪzəm] *n* hipnotismo *m*.

hypnotist ['hɪpnətɪst] *n* hipnotista *mf*.

hypnotize ['hɪpnətaɪz] *vt* hipnotizar.

hypoallergenic [,haɪpəʊ,ælə'dʒenɪk] *adj* hipoalérgeno/a.

hypochondria [,haɪpəʊ'kɒndrɪə] *n* hipocondría *f*.

hypochondriac [,haɪpəʊ'kɒndrɪæk] *n* hipocondríaco/a *m/f*.

hypocrisy [hɪ'pɒkrɪsɪ] *n* hipocresía *f*.

hypocrite ['hɪpəkrɪt] *n* hipócrita *mf*.

hypocritical [,hɪpə'krɪtɪkəl] *adj* hipócrita.

hypodermic [,haɪpə'dɜ:mɪk] **1** *adj* hipodérmico/a. **2** *n* (*syringe*) jeringa *f* hipodérmica.

hypotenuse [haɪ'pɒtɪnju:z] *n* (*Math*) hipotenusa *f*.

hypothermia [,haɪpəʊ'θɜ:mɪə] *n* hipotermia *f*.

hypothesis [haɪ'pɒθɪsɪs] *n* (*pl* **hypotheses** [haɪ'pɒθɪsi:z]) hipótesis *f inv*.

hypothetic(al) [,haɪpəʊ'θetɪk(əl)] *adj* hipotético/a.

hypothetically [,haɪpəʊ'θetɪkəlɪ] *adv* hipotéticamente.

hysterectomy [,hɪstə'rektəmɪ] *n* histerectomía *f*.

hysteria [hɪs'tɪərɪə] *n* histeria *f*, histerismo *m*.

hysterical [hɪs'terɪkəl] *adj* histérico/a; (*very funny*) muy gracioso/a; **to get ~** ponerse histérico, excitarse locamente.

hysterics [hɪs'terɪks] *npl* histeria *f*; **to go into ~, to have ~** ponerse histérico; (*fam: laugh*) morirse de (la) risa.

Hz *abbr of* **hertz** Hz.

I

I[1] [aɪ] *n* (*letter*) I, i *f*; **to dot the i's and cross the t's** poner los puntos sobre las íes.

I[2] [aɪ] *pers pron* yo.

I. *abbr* (*Geog*) *of* **Island**; **Isle**.

i. *abbr* (*Fin*) *of* **interest**.

IA *abbr* (*US Post*) *of* **Iowa**.

IAEA *n abbr of* **International Atomic Energy Agency** OIEA *f*.

IATA [aɪ'ɑ:tə] *n abbr of* **International Air Transport Association** AITA *f*.

IBA *n abbr* (*Brit*) *of* **Independent Broadcasting Authority** *entidad que controla los medios privados de televisión y radio*.

Iberia [aɪ'bɪərɪə] *n* Iberia *f*.

Iberian [aɪ'bɪərɪən] **1** *adj* ibero/a, ibérico/a; **the ~ Peninsula** la Península Ibérica. **2** *n* ibero/a *m/f*.

IBEW *n abbr* (*US*) *of* **International Brotherhood of Electrical Workers** *sindicato*.

ib(id) *adv abbr of* **ibidem** ibídem.

IBM *n abbr of* **International Business Machines**.

IBRD *n abbr of* **International Bank of Reconstruction and Development** BIRD *m*.

i/c *abbr of* **in charge (of)** encargado/a (de).

ICA *n abbr* (*Brit*) (**a**) *of* **Institute of Contemporary Arts**. (**b**) *of* **Institute of Chartered Accountants**.

ICAO *n abbr of* **International Civil Aviation Organization** OACI *f*.

ICBM *n abbr of* **intercontinental ballistic missile**.

ICC *n abbr* (**a**) *of* **International Chamber of Commerce** CCI *f*. (**b**) (*US*) *of* **Interstate Commerce Commission**.

ice [aɪs] **1** *n* (**a**) (*frozen water*) hielo *m*; **as cold as ~** (tan) frío como el hielo; **to break the ~** (*fig*) romper el hielo; **it cuts no ~ with me** ni pincha ni corta conmigo; **to keep sth on ~** (*fig: keep in reserve*) tener algo en reserva; (*: postpone*) posponer algo, dejar algo de lado; **to skate on thin ~** (*fig*) pisar terreno peligroso.

(**b**) (*~cream*) helado *m*.

2 *vt* (*cake*) alcorzar, escarchar.

3 *cpd*: **I~ Age** *n* período *m* glaciar; **~ axe** *n*, **~ ax** *n* (*US*) piqueta *f* (de alpinista); **~ bucket** *n* cubo *m* para el hielo; **~ cream** *n* helado *m*; **~-cream parlour** nevería *f*, heladería *f*; **~-cream soda** soda *f* mezclada con helado;

~ **cube** *n* cubito *m* de hielo; ~ **floe** *n* témpano *m* de hielo; ~ **hockey** *n* hockey *m* sobre hielo; ~ **lolly** *n* polo *m*, paleta *f (LAm)*; ~ **rink** *n* pista *f* de patinaje; ~ **skate** *n* patín *m* de hielo; ~ **skating** *n* patinaje *m* sobre hielo.
▸ **ice over, ice up** *vi + adv* helarse, congelarse.

iceberg ['aɪsbɜːg] *n* iceberg *m*, témpano *m*; **that's just the tip of the ~!** *(fig)* ¡eso es lo de menos!

icebound ['aɪsbaʊnd] *adj (road)* bloqueado/a por el hielo; *(ship)* preso/a entre hielos.

icebox ['aɪsbɒks] *n (Brit: part of refrigerator)* congelador *m*; *(US: refrigerator)* nevera *f*, refrigeradora *f*, frigorífico *m (LAm)*.

icebreaker ['aɪsˌbreɪkəʳ] *n* rompehielos *m inv*.

icecap ['aɪskæp] *n* casquete *m* glaciar.

ice-cold ['aɪs'kəʊld] *adj (hands, drink)* helado/a.

iced [aɪst] *adj (drink)* con hielo; *(cake)* escarchado/a.

icehouse ['aɪshaʊs] *n (pl* **-houses** [haʊzɪz]) **(a)** *(US)* nevera *f*. **(b)** *(of Eskimo)* iglú *m*.

Iceland ['aɪslənd] *n* Islandia *f*.

Icelander ['aɪsləndəʳ] *n* islandés/esa *m/f*.

Icelandic [aɪs'lændɪk] **1** *adj* islandés/esa. **2** *n (Ling)* islandés *m*.

icepack ['aɪspæk] *n* compresa *f* de hielo.

ice-skate ['aɪsskeɪt] *vi* patinar sobre hielo.

icicle ['aɪsɪkl] *n* carámbano *m*.

icily ['aɪsɪlɪ] *adv (lit)* glacialmente; *(fig)* fríamente.

icing ['aɪsɪŋ] **1** *n (on plane, car, road, railway)* formación *f* de hielo; *(on cake)* alcorza *f*, escarchado *m*; **this is the ~ on the cake** *(fig)* ésta es la guinda que corona la torta. **2** *cpd*: ~ **sugar** *n* azúcar *m* de alcorza.

ICJ *n abbr of* **International Court of Justice** CIJ *f*.

icon ['aɪkɒn] *n* icono *m*; *(Comput)* símbolo *m* gráfico.

iconoclast [aɪ'kɒnəklæst] *n* iconoclasta *mf*.

iconoclastic [aɪˌkɒnə'klæstɪk] *adj* iconoclasta.

ICR *n abbr (US) of* **Institute for Cancer Research**.

ICU *n abbr of* **intensive care unit** UVI *f*.

icy ['aɪsɪ] *adj (comp* **-ier**; *superl* **-iest**) *(road)* cubierto/a de hielo; *(hand)* helado/a; *(weather, fig)* glacial; **it's ~ cold** hace un frío glacial.

ID 1 *abbr (US Post) of* **Idaho**. **2** *n abbr* **(a)** *of* **identification**. **(b)** *of* **identity**: ~ **card** *n* carnet *m* de identidad, ≈ DNI *m (Sp)*, ≈ cédula *f* (de identidad) *(LAm)*, C.I. *f (LAm)*.

I'd [aɪd] = **I would; I had**.

id [ɪd] *n (Psych)* id *m*.

IDA *n abbr of* **International Development Association** AIF *f*.

Ida. *abbr (US) of* **Idaho**.

IDB *n abbr of* **International Development Bank** BID *m*.

IDD *n abbr (Telec) of* **international direct dialling** servicio *m* internacional automático.

idea [aɪ'dɪə] *n (thought)* idea *f*; *(conception)* concepto *m*; *(purpose)* intención *f*; *(opinion)* idea, opinión *f*; *(plan, project)* plan *m*, proyecto *m*; *(vague ~)* impresión *f*; *(estimate)* cálculo *m* aproximado; **good ~!** ¡buena idea!; **that was a brilliant ~** fue una idea genial; **he had no ~ (of the answer)** no tenía la más mínima idea (de la solución); **to have an ~ that ...** tener la impresión de que ...; **I haven't the least** *or* **slightest** *or* **foggiest ~** no tengo ni la más remota idea; **it was awful, you've no ~** fue horrible, te lo aseguro; **it would not be a bad ~ to paint it** no le vendría mal una mano de pintura; **to get an ~ of sth** hacerse una idea de algo; **you're getting the ~** *(plan)* estás empezando a comprender; *(knack)* estás cogiendo el tino *or* truco; **to get an ~ into one's head** metérsele a algn una idea en la cabeza; **to put ~s into sb's head** meter ideas en la cabeza a algn; **the very ~!** ¡qué ocurrencias!; **it wasn't my ~** no fue idea mía; **to get used to the ~ of sth** hacerse a la idea de algo; **that's the ~** así es; **what's the big ~?** *(fam)* ¿a qué viene eso?, ¿qué ocurrencias son ésas?; **the ~ is to sell it** el plan es venderlo.

ideal [aɪ'dɪəl] **1** *adj* ideal. **2** *n* ideal *m*.

idealism [aɪ'dɪəlɪzəm] *n* idealismo *m*.

idealist [aɪ'dɪəlɪst] *n* idealista *mf*.

ideally [aɪ'dɪəlɪ] *adv (perfectly)* perfectamente; **they're ~ suited** hacen una pareja ideal; **~, I'd like a garden** de ser posible, me gustaría tener jardín; **~, it will last forever** en el mejor de los casos, durará siempre.

identical [aɪ'dentɪkəl] *adj* idéntico/a; ~ **twins** gemelos *mpl* idénticos.

identification [aɪˌdentɪfɪ'keɪʃən] **1** *n* identificación *f*. **2** *cpd*: ~ **card** *n* carnet *m* de identidad, cédula *f* (de identidad) *(LAm)*; ~ **documents** *npl* documentos *mpl* de identidad; ~ **mark** *n* señal *f* de identificación.

identify [aɪ'dentɪfaɪ] **1** *vt (gen)* identificar; **to ~ o.s.** establecer su identidad; **to ~ o.s. with** identificarse con. **2** *vi*: **to ~ with** identificarse con.

identikit [aɪ'dentɪkɪt] *n*: ~ **picture** retrato-robot *m*.

identity [aɪ'dentɪtɪ] **1** *n* identidad *f*; **a case of mistaken ~** un caso de identificación errónea. **2** *cpd*: ~ **card** *n* carnet *m* de identidad, cédula *f* (de identidad) *(LAm)*; ~ **crisis** *n* crisis *f* de identidad; ~ **disc** *n* chapa *f* de identidad; ~ **parade** *n* identificación *f* de acusados.

ideological [ˌaɪdɪə'lɒdʒɪkəl] *adj* ideológico/a.

ideology [ˌaɪdɪ'ɒlədʒɪ] *n* ideología *f*.

idiocy ['ɪdɪəsɪ] *n* idiotez *f*.

idiom ['ɪdɪəm] *n (phrase)* modismo *m*, locución *f*, giro *m (LAm)*; *(style of expression)* lenguaje *m*.

idiomatic [ˌɪdɪə'mætɪk] *adj* idiomático/a.

idiosyncrasy [ˌɪdɪə'sɪŋkrəsɪ] *n* idiosincrasia *f*.

idiosyncratic [ɪdɪəsɪŋ'krætɪk] *adj* idiosincrásico/a.

idiot ['ɪdɪət] *n (fool)* tonto/a *m/f*; *(imbecile)* idiota *mf*, imbécil *mf*; **you stupid ~** ¡imbécil!; ~ **board** *(TV: fam)* chuleta *f (fam)*.

idiotic [ˌɪdɪ'ɒtɪk] *adj (person)* idiota, imbécil; *(behaviour)* tonto/a; *(idea)* estúpido/a; *(price)* desorbitado/a.

idle ['aɪdl] **1** *adj (comp* **~r**; *superl* **~st**) **(a)** *(lazy)* perezoso/a, holgazán/ana, flojo/a *(LAm)*; *(inactive: machine, factory)* parado/a; *(: moment)* de ocio, libre; ~ **capacity** *(Comm)* capacidad *f* sin utilizar; ~ **money** *(Comm)* capital *m* improductivo; ~ **time** *(Comm)* tiempo *m* de paro; **the strike made 100 workers ~** la huelga dejó a 100 obreros sin trabajo; **to stand ~** *(factory, machine)* estar parado.
(b) *(fear, speculation)* infundado/a; *(gossip, talk)* frívolo/a; *(threat)* vano/a.
2 *vi (Tech: engine)* funcionar en vacío.
▸ **idle away** *vt + adv (time)* desperdiciar, echar a perder.

idleness ['aɪdlnɪs] *n (leisure)* ociosidad *f*; *(laziness)* pereza *f*, flojera *f (LAm)*; *(unemployment)* paro *m*, desempleo *m*; *(uselessness)* inutilidad *f*.

idling ['aɪdlɪŋ] *adj*: ~ **speed** velocidad *f* de marcha en vacío.

idly ['aɪdlɪ] *adv (in a leisurely way)* sin prisa; *(uselessly)* inútilmente; *(absentmindedly)* distraídamente.

idol ['aɪdl] *n* ídolo *m*.

idolatry [aɪ'dɒlətrɪ] *n* idolatría *f*.

idolize ['aɪdəlaɪz] *vt (fig: worship blindly)* idolatrar.

IDP *n abbr of* **integrated data processing** PID *m*.

idyllic [ɪ'dɪlɪk] *adj* idílico/a.

idyll ['ɪdɪl] *n (Lit, fig)* idilio *m*.

i.e. *abbr of* **id est, that is** esto es, a saber, es decir.

if [ɪf] **1** *conj* **(a)** si; **I'll go ~ you come with me** yo iré si tú me acompañas; **~ you had come earlier, you would have seen him** si hubieras venido antes, le habrías visto; **~ you were to say that ...** si dijeras eso ...; **~ I had known I would have told you** de haberlo sabido te lo habría dicho, si lo sé te lo digo *(fam)*; **~ necessary** si es necesario; **~ I were you** yo que tú, yo en tu lugar; **~ you ask me** en lo que a mí se refiere.
(b) *(whenever)* cuando quiera que + *subjun*.
(c) *(although)* **(even) ~** aunque, si bien; **I will do it, even ~ it is difficult** lo haré, aunque me resulte difícil; **a nice film ~ rather long** una buena película aunque algo larga.

(**d**) (*whether*) si; **I don't know ~ he's here** no sé si está aquí.

(**e**) (*in phrases*) ~ **so** de ser así; ~ **not** si no; ~ **only I had known!** ¡de haberlo sabido!; **I'll come,** ~ **only to see him** voy, aunque sólo sea para verlo; ~ **only I could** ¡ojalá pudiera!; **as** ~ como si; **as** ~ **by chance** como por casualidad; *see* **as (g)**; **even 2** *etc*.

2 *n*: **there are a lot of ~s and buts** hay muchas dudas sin resolver; **that's** *or* **it's a big** ~ es un gran pero.

IFAD *n abbr of* **International Fund for Agricultural Development** FIDA *m*.

IFC *n abbr of* **International Finance Corporation**.

iffy ['ɪfɪ] *adj* (*fam*) dudoso/a, incierto/a.

IFTO *n abbr of* **International Federation of Tour Operators**.

IG *n abbr of* **Inspector General**.

igloo ['ɪglu:] *n* iglú *m*.

ignite [ɪg'naɪt] **1** *vt* encender, prender fuego a *(LAm)*. **2** *vi* encenderse, prender *(LAm)*.

ignition [ɪg'nɪʃən] **1** *n* (*Aut*) encendido *m*, arranque *m*; **to switch on the** ~ arrancar el motor. **2** *cpd*: ~ **key** *n* llave *f* de contacto; ~ **switch** *n* arranque *m*, suiche *m (Mex)*.

ignoble [ɪg'nəʊbl] *adj* innoble, vil.

ignominious [,ɪgnə'mɪnɪəs] *adj* (*act, behaviour*) ignominioso/a; (*defeat*) vergonzoso/a.

ignoramus [,ɪgnə'reɪməs] *n* ignorante *mf*, inculto/a *m/f*.

ignorance ['ɪgnərəns] *n* ignorancia (*of* de); **to be in** ~ **of** ignorar, desconocer; **to keep sb in** ~ **of sth** ocultarle algo a algn; **to show one's** ~ manifestar su falta de educación.

ignorant ['ɪgnərənt] *adj* ignorante; **to be** ~ **of** ignorar, desconocer.

ignore [ɪg'nɔ:ʳ] *vt* (*person*) no hacer caso a; (*remark, danger*) hacer caso omiso *or* no hacer caso de; (*behaviour, rudeness*) pasar por alto; **she completely ~d me** no me hizo el más mínimo caso; **just** ~ **him** haz que no existiera.

IL *abbr* (*US Post*) *of* **Illinois**.

ILA *n abbr* (*US*) *of* **International Longshoremen's Association** *sindicato*.

ILEA ['ɪlɪə] *n abbr* (*old*) *of* **Inner London Education Authority** *organismo que controlaba la enseñanza en la ciudad de Londres*.

ILGWU *n abbr* (*US*) *of* **International Ladies' Garment Workers Union** *sindicato*.

ilk [ɪlk] *n* índole *f*, clase *f*; **and others of that** ~ y otros así, y otros de esa índole.

I'll [aɪl] = **I will; I shall**.

Ill. *abbr* (*US*) *of* **Illinois**.

ill [ɪl] **1** *adj* (*comp* **worse**; *superl* **worst**) (**a**) (*Med*) enfermo/a; **to fall** *or* **be taken** ~ caer *or* ponerse enfermo, enfermarse *(LAm)*; **to feel** ~ **(with)** encontrarse mal (de); **to be in** ~ **health** estar enfermo.

(**b**) (*bad: fortune, luck, temper*) malo/a; ~ **at ease** a disgusto; **to be in** ~ **health** no estar bien (de salud); ~ **effects** efectos *mpl* adversos; **no** ~ **effects** sin mayores daños; ~ **feeling** hostilidad *f*, rencor *m*; **there are no** ~ **feelings** no quedan rencores; ~ **repute** mala fama *f*; ~ **will** rencor *m*, mala saña *f*.

2 *adv* mal; **we can** ~ **afford to lose him/to buy it** mal podemos permitir que se vaya/permitirnos el lujo de comprarlo; **to speak/think** ~ **of sb** hablar/pensar mal de algn.

3 *npl*: ~**s** (*fig*) desgracias *fpl*; **the ~s of the economy** la dolencia de la economía.

ill-advised ['ɪləd'vaɪzd] *adj*: **it was an** ~ **remark** fue un comentario inoportuno; **you would be** ~ **to go** harías mejor en no ir.

ill-bred ['ɪl'bred] *adj* mal educado/a, malcriado/a.

ill-considered ['ɪlkən'sɪdəd] *adj* (*plan*) poco pensado/a; (*act, remark, decision*) apresurado/a.

ill-disposed ['ɪldɪs'pəʊzd] *adj*: **to be** ~ **towards sb/sth** estar maldispuesto/a hacia algn/algo.

illegal [ɪ'li:gəl] *adj* ilegal.

illegality [,ɪli:'gælɪtɪ] *n* ilegalidad *f*.

illegible [ɪ'ledʒəbl] *adj* ilegible.

illegitimate [,ɪlɪ'dʒɪtɪmɪt] *adj* ilegítimo/a.

ill-equipped ['ɪlɪ'kwɪpt] *adj* (*expedition etc*) defectuosamente equipado/a; **he was** ~ **for the task** no tenía talento para el cometido, no reunía las cualidades para la tarea.

ill-fated ['ɪl'feɪtɪd] *adj* (*person*) desgraciado/a, desdichado/a; (*event, occurrence*) fatal.

ill-favoured, (*US*) **ill-favored** ['ɪl'feɪvəd] *adj* (*ugly*) feo/a.

ill-gotten ['ɪl'gɒtn] *adj* mal adquirido/a, malhabido/a.

illicit [ɪ'lɪsɪt] *adj* ilícito/a.

ill-informed ['ɪlɪn'fɔ:md] *adj* (*judgment*) inexacto/a; (*person*) mal informado/a.

illiquid [ɪ'lɪkwɪd] *adj*: ~ **assets** activos *mpl* no realizables (a corto plazo).

illiterate [ɪ'lɪtərɪt] **1** *adj* (*person*) analfabeto/a; (*letter, handwriting*) inculto/a. **2** *n* analfabeto/a *m/f*.

ill-kempt ['ɪl'kempt] *adj* desaliñado/a, desaseado/a.

ill-mannered ['ɪl'mænəd] *adj* mal educado/a.

illness ['ɪlnɪs] *n* enfermedad *f*.

illogical [ɪ'lɒdʒɪkəl] *adj* ilógico/a.

ill-prepared [,ɪlprɪ'pɛəd] *adj* mal preparado/a.

ill-suited ['ɪl'su:tɪd] *adj*: **as a couple they are** ~ como pareja no se congenian; **he is** ~ **to the job** no es la persona indicada para el trabajo.

ill-timed ['ɪl'taɪmd] *adj* inoportuno/a.

ill-treat ['ɪl'tri:t] *vt* (*person, animal*) maltratar.

ill-treatment ['ɪl'tri:tmənt] *n* malos tratos *mpl*.

illuminate [ɪ'lu:mɪneɪt] *vt* (*light up: room, street, building*) alumbrar, iluminar; (*clarify: problem, question*) aclarar, echar luz sobre; ~**d sign** letrero *m* luminoso; ~**d manuscript** manuscrito *m* iluminado.

illuminating [ɪ'lu:mɪneɪtɪŋ] *adj* (*remark, observation*) revelador(a); (*lecture*) instructivo/a.

illumination [ɪ,lu:mɪ'neɪʃən] *n* (*gen*) alumbrado *m*, iluminación *f*; (*fig*) aclaración *f*; ~**s** (*decorative lights*) luces *fpl*, iluminaciones *fpl*.

illusion [ɪ'lu:ʒən] *n* (*gen*) ilusión *f*; **optical** ~ ilusión óptica; **to be** *or* **suffer under an** ~ hacerse ilusiones; **to be under the** ~ **that ...** vivir bajo la ilusión de que ...; **it gives an** ~ **of space** crea una impresión de espacio.

illusive [ɪ'lu:sɪv], **illusory** [ɪ'lu:sərɪ] *adj* ilusorio/a.

illustrate ['ɪləstreɪt] *vt* (*with drawing etc*) ilustrar; (*with examples*) ilustrar, aclarar; **I can best** ~ **this in the following way** esto quedará más claro si se explica del modo siguiente.

illustration [,ɪləs'treɪʃən] *n* (*in book, paper etc*) lámina *f*, grabado *m*; (*example*) ilustración *f*, ejemplo *m*; **by way of** ~ a modo de ilustración.

illustrative ['ɪləstrətɪv] *adj* (*drawing*) ilustrativo/a; (*example*) aclaratorio/a.

illustrator ['ɪləstreɪtəʳ] *n* ilustrador(a) *m/f*.

illustrious [ɪ'lʌstrɪəs] *adj* ilustre.

ILO *n abbr of* **International Labour Organization** OIT *f*.

ILS *n abbr* (*Aer*) *of* **Instrument Landing System**.

ILWU *n abbr* (*US*) *of* **International Longshoremen's and Warehousemen's Union**.

I'm [aɪm] = **I am**.

image ['ɪmɪdʒ] **1** *n* (*representation, symbol*) imagen *f*; (*reflection*) reflejo *m*; (*public* ~) reputación *f*, fama *f*; **to be the very** *or* **the spitting** ~ **of sb** ser el retrato vivo de algn; **to have a good/bad** ~ (*company, person*) tener buena/mala imagen; **mirror** ~ reflejo exacto. **2** *cpd*: ~ **processing** *n* proceso *m* de imágenes.

imagery ['ɪmɪdʒərɪ] *n* imágenes *fpl*.

imaginable [ɪ'mædʒɪnəbl] *adj* imaginable; **the biggest party** ~ la fiesta más grande que se puede imaginar.

imaginary [ɪ'mædʒɪnərɪ] *adj* imaginario/a.

imagination [ɪ,mædʒɪ'neɪʃən] *n* (*mental ability*) imagi-

nación *f*; (*inventiveness*) imaginación, inventiva *f*; **it's all ~!** ¡es pura fantasía!; **it's all in your ~** te lo estás imaginando; **to have a vivid ~** tener una imaginación viva; **she let her ~ run away with her** se dejó llevar por la imaginación; **use your ~** usa la imaginación.
imaginative [ɪˈmædʒɪnətɪv] *adj* (*person*) lleno/a de imaginación; (*drawing, story*) imaginativo/a.
imaginatively [ɪˈmædʒɪnətɪvlɪ] *adv* con imaginación.
imagine [ɪˈmædʒɪn] *vt* (**a**) (*visualize*) imaginar; **just ~ (my surprise)** imagínate *or* figúrate (mi sorpresa); **you can ~ how I felt** lo que sentía te podrás imaginar *or* figurar; **you are just imagining things** son ilusiones tuyas. (**b**) (*suppose, think*) suponer, creer.
imbalance [ɪmˈbæləns] *n* desequilibrio *m*.
imbecile [ˈɪmbəsiːl] *n* imbécil *mf*.
imbibe [ɪmˈbaɪb] *vt* (*old: drink*) embeber; (*fig: absorb*) empaparse de.
imbue [ɪmˈbjuː] *vt*: **to ~ with** imbuir de *or* en.
IMF *n abbr of* **International Monetary Fund** FMI *m*.
imitate [ˈɪmɪteɪt] *vt* (*person, action, accent*) imitar; (*pej*) remedar; (*signature, writing*) reproducir, copiar.
imitation [ˌɪmɪˈteɪʃən] **1** *n* (*imitating*) imitación *f*; (*pej*) remedo *m*; (*copy*) reproducción *f*, copia *f*. **2** *cpd* de imitación; **~ jewels** *npl* joyas *fpl* de fantasía; **~ leather** *n* imitación *f* a piel.
imitative [ˈɪmɪtətɪv] *adj* imitativo/a.
imitator [ˈɪmɪteɪtəʳ] *n* imitador(a) *m/f*.
immaculate [ɪmækjʊlɪt] *adj* (*spotless: clothes, person*) impecable; (*style etc*) perfecto/a; **the I~ Conception** (*Rel*) la Inmaculada Concepción.
immaterial [ˌɪməˈtɪərɪəl] *adj*: **the difference between them is ~ to me** la diferencia entre ellos me es indiferente; **it is ~ whether ...** no importa si ....
immature [ˌɪməˈtjʊəʳ] *adj* (*person*) inmaduro/a, verde; (*attitude*) inmaduro/a; (*of youth*) joven.
immaturity [ˌɪməˈtjʊərɪtɪ] *n* inmadurez *f*.
immeasurable [ɪˈmeʒərəbl] *adj* inconmensurable.
immediacy [ɪˈmiːdɪəsɪ] *n* (*urgency*) urgencia *f*; (*closeness*) proximidad *f*.
immediate [ɪˈmiːdɪət] *adj* (*decision, answer, reaction*) inmediato/a; (*close at hand*) cercano/a, próximo/a; **~ access** (*Comput*) entrada *f* inmediata; **to take ~ action** actuar de inmediato; **the ~ area** las inmediaciones; **for ~ delivery** para entrega inmediata; **in the ~ future** en el futuro próximo; **my ~ neighbours** mis vecinos de al lado; **the ~ need is for water** el agua es la necesidad más premiante.
immediately [ɪˈmiːdɪətlɪ] **1** *adv* (**a**) (*at once: reply, come, agree*) inmediatamente, en seguida, de inmediato *(esp LAm)*, luego luego *(Mex fam)*, desde ya *(Arg fam)*, al tiro *(Chi fam)*; (*directly: affect, concern*) directamente. (**b**) (*of place*) directamente. **2** *conj*: **~ he put the phone down, he remembered** colgar el teléfono y acordarse fue todo uno, no más *or* no bien colgó el teléfono se acordó *(LAm)*; **let me know ~ he comes** avíseme en cuanto venga.
immemorial [ˌɪmɪˈmɔːrɪəl] *adj*: **from time ~** desde tiempo inmemorial.
immense [ɪˈmens] *adj* (*lit, fig*) inmenso/a, enorme.
immensely [ɪˈmenslɪ] *adv* (*differ*) enormemente; (*difficult*) sumamente; (*like, enjoy*) muchísimo.
immensity [ɪˈmensɪtɪ] *n* (*of size*) inmensidad *f*; (*of difference, problem etc*) enormidad *f*, inmensidad *f*.
immerse [ɪˈmɜːs] *vt* (*lit*) **to ~ sth in water** sumergir algo en el agua; **to be ~d in sth** (*fig*) estar absorto en algo; **to ~ o.s. in sth** (*fig*) sumirse *or* sumergirse en algo.
immersion [ɪˈmɜːʃən] **1** *n* (*lit: in water etc*) inmersión *f*, sumersión *f*; (*fig: in work, thoughts etc*) absorción *f*. **2** *cpd*: **~ course** *n* curso *m* de inmersión; **~ heater** *n* calentador *m* de inmersión.
immigrant [ˈɪmɪgrənt] *adj, n* inmigrante *mf*.
immigration [ˌɪmɪˈgreɪʃən] **1** *n* inmigración *f*. **2** *cpd*: **~ authorities** *npl* servicio *m* de inmigración; **~ control** *n* control *m* de inmigración; **~ laws** *npl* leyes *fpl* inmigratorias; **~ worker** *n* trabajador(a) *m/f* inmigrante.
imminent [ˈɪmɪnənt] *adj* (*impending*) inminente.
immobile [ɪˈməʊbaɪl] *adj* inmóvil.
immobilize [ɪˈməʊbɪlaɪz] *vt* (*person, troops, engine*) inmovilizar.
immoderate [ɪˈmɒdərɪt] *adj* (*person, opinion, reaction*) desmesurado/a; (*demand*) excesivo/a.
immodest [ɪˈmɒdɪst] *adj* (*indecent: behaviour, dress*) desvergonzado/a, descarado/a; (*boasting*) poco modesto/a.
immodestly [ɪˈmɒdɪstlɪ] *adv* (*see adj*) con descaro; sin modestia.
immodesty [ɪˈmɒdɪstɪ] *n* (*see adj*) desvergüenza *f*, descaro *m*; falta *f* de modestia.
immoral [ɪˈmɒrəl] *adj* (*person, behaviour*) inmoral; **~ earnings** ingresos *mpl* ilícitos.
immorality [ˌɪməˈrælɪtɪ] *n* (*of person, behaviour*) inmoralidad *f*.
immortal [ɪˈmɔːtl] *adj* (*person, god*) inmortal; (*memory, fame*) imperecedero/a.
immortality [ˌɪmɔːˈtælɪtɪ] *n* inmortalidad *f*.
immovable [ɪˈmuːvəbl] **1** *adj* (*object*) imposible de mover; (*person*) inconmovible; (*feast, post etc*) inamovible. **2** *npl*: **~s** inmuebles *mpl*.
immune [ɪˈmjuːn] *adj* (*to disease*) inmune; (*from tax etc*) exento/a; (*fig*) **to be ~ to sth** quedar impasible ante algo; **~ system** sistema *m* inmunológico.
immunity [ɪˈmjuːnɪtɪ] *n* (*see adj*) inmunidad *f*; exención *f*; **diplomatic ~** inmunidad diplomática; **parliamentary ~** fuero *m* parlamentario.
immunization [ˌɪmjʊnaɪˈzeɪʃən] *n* (*Med*) inmunización *f*.
immunize [ˈɪmjʊnaɪz] *vt* (*Med*) inmunizar.
immunodeficiency [ɪˌmjuːnəʊdɪˈfɪʃənsɪ] *n* inmunodeficiencia *f*.
immunologist [ɪmjʊˈnɒlədʒɪst] *n* inmunólogo/a *m/f*.
immunotherapy [ˌɪmjʊnəʊˈθerəpɪ] *n* inmunoterapia *f*.
immutable [ɪˈmjuːtəbl] *adj* inmutable.
imp [ɪmp] *n* diablillo *m*.
imp. *abbr of* **imperial**.
impact [ˈɪmpækt] *n* (*force, effect*) impacto *m*; (*crash*) choque *m*; **on ~** al chocar; **the book made a great ~ on me** el libro me conmovió profundamente *or (LAm)* me hizo gran impacto.
impacted [ɪmˈpæktɪd] *adj* (*tooth*) incrustado/a.
impair [ɪmˈpɛəʳ] *vt* (*health, relations*) perjudicar; (*sight, hearing*) dañar; (*visibility*) alterar.
impale [ɪmˈpeɪl] *vt* (*as punishment*) empalar; (*on sword etc*) espetar, atravesar; **to ~ o.s. on** atravesarse en.
impart [ɪmˈpɑːt] *vt* (**a**) (*make known: information, knowledge, secret*) participar. (**b**) (*bestow: wisdom*) otorgar.
impartial [ɪmˈpɑːʃəl] *adj* imparcial, objetivo/a.
impartiality [ɪmˌpɑːʃɪˈælɪtɪ] *n* imparcialidad *f*.
impassable [ɪmˈpɑːsəbl] *adj* (*road, river*) intransitable; (*barrier*) infranqueable.
impasse [æmˈpɑːs] *n* callejón *m* sin salida; (*fig*) punto *m* muerto; **the ~ is complete** la parálisis es total; **negotiations have reached an ~** las negociaciones han llegado a un punto muerto.
impassioned [ɪmˈpæʃnd] *adj* (*speech, plea*) apasionado/a; (*person*) exaltado/a.
impassive [ɪmˈpæsɪv] *adj* impasible.
impassively [ɪmˈpæsɪvlɪ] *adv* impasiblemente, sin emoción.
impatience [ɪmˈpeɪʃəns] *n* impaciencia *f*.
impatient [ɪmˈpeɪʃənt] *adj* (*eager*) impaciente; (*irascible*) sin paciencia; **to get ~ with sb/sth** perder la paciencia con algn/algo; **to be ~ to do sth** querer hacer algo lo más antes posible; **to make sb ~** impacientar a algn.
impatiently [ɪmˈpeɪʃəntlɪ] *adv* con impaciencia.
impeach [ɪmˈpiːtʃ] *vt* (**a**) (*doubt: character, motive*) poner

en tela de juicio. (**b**) (*try: public official etc*) procesar.

impeccable [ɪm'pekəbl] *adj* (*references, behaviour*) impecable.

impede [ɪm'piːd] *vt* (*hinder*) estorbar, dificultar; (*prevent*) impedir.

impediment [ɪm'pedɪmənt] *n* (**a**) (*Jur*) impedimento *m*. (**b**) (*Med: also* **speech** ~) defecto *m* del habla.

impel [ɪm'pel] *vt* (*force, compel*) obligar; (*drive*) inducir, impulsar; **I feel ~led to say** ... me veo obligado a decir ....

impending [ɪm'pendɪŋ] *adj* (*gen*) inminente; **our ~ removal** nuestra mudanza en fecha próxima.

impenetrable [ɪm'penɪtrəbl] *adj* (*jungle, fortress*) impenetrable; (*fig: incomprehensible*) insondable.

imperative [ɪm'perətɪv] **1** *adj* (**a**) (*essential*) imprescindible; (*authoritative: manner, command*) perentorio/a, imperioso/a; **it is ~ that he comes** es imprescindible que venga. (**b**) (*Ling*) imperativo/a; **~ mood** modo *m* imperativo. **2** *n* (*Ling*) imperativo *m*.

imperceptible [ˌɪmpə'septəbl] *adj* (*gen*) imperceptible, insensible.

imperfect [ɪm'pɜːfɪkt] **1** *adj* (**a**) (*faulty: car, machine, product*) defectuoso/a; (*: vision, hearing*) imperfecto/a. (**b**) (*Ling: tense*) imperfecto/a. **2** *n* (*Ling*) imperfecto *m*.

imperfection [ˌɪmpə'fekʃən] *n* defecto *m*.

imperial [ɪm'pɪərɪəl] *adj* (**a**) (*of empire, emperor etc*) imperial. (**b**) (*imperious*) señorial. (**c**) (*Brit: weights, measures*) británico/a.

imperialism [ɪm'pɪərɪəlɪzəm] *n* imperialismo *m*.

imperialist [ɪm'pɪərɪəlɪst] *adj, n* imperialista *mf*.

imperil [ɪm'perɪl] *vt* arriesgar, poner en peligro.

imperious [ɪm'pɪərɪəs] *adj* (*tone, manner*) señorial; (*urgent*) apremiante.

imperiously [ɪm'pɪərɪəslɪ] *adv* con arrogancia.

impermeable [ɪm'pɜːmɪəbl] *adj* impermeable (*to* a).

impersonal [ɪm'pɜːsnl] *adj* (*gen*) impersonal.

impersonate [ɪm'pɜːsəneɪt] *vt* (*mimic*) hacerse pasar por.

impersonation [ɪmˌpɜːsə'neɪʃən] *n* (*gen*) imitación *f*; **to do ~s** representar a otros.

impersonator [ɪm'pɜːsəneɪtə'] *n* (*gen*) imitador(a) *m/f*.

impertinence [ɪm'pɜːtɪnəns] *n* (*cheek*) descaro *m*; **an ~** una impertinencia; **what ~!, the ~ of it!** ¡qué frescura!, ¡vaya cara! *(fam)*.

impertinent [ɪm'pɜːtɪnənt] *adj* (*person, child*) fresco/a, descarado/a; (*behaviour, manner*) impertinente, insolente; **to be ~ to sb** decir impertinencias a algn.

imperturbable [ˌɪmpə'tɜːbəbl] *adj* (*person*) imperturbable; (*manner*) impasible.

impervious [ɪm'pɜːvɪəs] *adj* (*lit: to water*) impermeable (*to* a); (*fig: to criticism, remark*) insensible (*to* a).

impetuosity [ɪmˌpetjʊ'ɒsɪtɪ] *n* (*of person, behaviour*) impetuosidad *f*.

impetuous [ɪm'petjʊəs] *adj* (*person*) impetuoso/a; (*behaviour*) precipitado/a.

impetuously [ɪm'petjʊəslɪ] *adv* precipitadamente, con impetuosidad.

impetus ['ɪmpɪtəs] *n* (*lit: force*) ímpetu *m*; (*fig*) impulso *m*; **to give an ~ to sales** impulsar *or* incentivar las ventas.

impinge [ɪm'pɪndʒ] *vi*: **to ~ on sb/sth** afectar a algn/algo.

impish ['ɪmpɪʃ] *adj* (*expression, smile*) travieso/a.

implacable [ɪm'plækəbl] *adj* (*enemy, hatred*) implacable.

implant ['ɪmplɑːnt] **1** *n* implante *m*. **2** [ɪm'plɑːnt] *vt* (*Med: organ, tissue*) injertar, implantar; (*fig: idea, principle*) inculcar.

implausible [ɪm'plɔːzəbl] *adj* inverosímil.

implement ['ɪmplɪmənt] **1** *n* herramienta *f*, instrumento *m*. **2** ['ɪmplɪment] *vt* (*decision, plan, idea*) llevar a cabo; (*law*) aplicar.

implementation [ˌɪmplɪmen'teɪʃən] *n* (*of plan*) ejecución *f*; (*of law*) aplicación *f*; (*of measure, idea*) puesta *f* en práctica.

implicate ['ɪmplɪkeɪt] *vt*: **to ~ sb in sth** comprometer a algn en algo; **are you ~d in this?** ¿andas metido en esto?; **he ~d three others** acusó a tres más.

implication [ˌɪmplɪ'keɪʃən] *n* (*consequence*) consecuencia *f*; **the ~ of what you say is** ... por lo que dices, se deduce que ...; **by ~ then** ... de ahí (se deduce) que ...; **his policy had major ~s** su política tuvo gran trascendencia.

implicit [ɪm'plɪsɪt] *adj* (**a**) (*implied: threat, agreement*) implícito/a; **it is ~ in what you say** se sobreentiende por lo que dices. (**b**) (*unquestioning: faith, belief*) absoluto/a.

implied [ɪm'plaɪd] *adj* implícito/a, tácito/a; **it is not stated but it is ~** no se declara abiertamente pero se sobreentiende; **~ warranty** garantía *f* implícita.

implode [ɪm'pləʊd] *vt, vi* implosionar.

implore [ɪm'plɔː'] *vt* (*person*) suplicar, rogar; (*forgiveness*) implorar; **to ~ sb to do sth** suplicar a algn que haga algo.

imploring [ɪm'plɔːrɪŋ] *adj* (*glance, gesture*) de súplica.

imploringly [ɪm'plɔːrɪŋlɪ] *adv* de modo suplicante.

imply [ɪm'plaɪ] *vt* (*hint, suggest*) insinuar; (*indicate*) dar a entender; (*involve*) suponer; **are you ~ing that ...?** ¿quieres decir que ...?; **what are you ~ing?** ¿qué quieres insinuar?; **it implies a lot of work** supone mucho trabajo.

impolite [ˌɪmpə'laɪt] *adj* (*gen*) mal educado/a.

impolitely [ˌɪmpə'laɪtlɪ] *adv* sin educación.

impoliteness [ˌɪmpə'laɪtnɪs] *n* (*of person*) falta *f* de educación; (*of remark*) descortesía *f*.

imponderable [ɪm'pɒndərəbl] *adj* imponderable.

import [ɪm'pɔːt] **1** *vt* importar. **2** ['ɪmpɔːt] *n* (*Comm: article*) artículo *m* importado; (*: importing*) importación *f*. **3** ['ɪmpɔːt] *cpd*: **~ duty** *n* derechos *mpl* de importación; **~ licence** *n* permiso *m* de importación; **~ quota** *n* cupo *m* de importación; **~ surcharge** *n* sobrecarga *f* de importación; **~ tax** *n* derecho *m* de importación; **~ trade** *n* comercio *m* importador.

importance [ɪm'pɔːtəns] *n* importancia *f*; **of some ~** de cierta importancia; **to attach great ~ to sth** conceder mucha importancia a algo; **to be of great/little ~** tener mucha/poca importancia; **to be full of one's own ~** darse ínfulas, ser muy creído/a.

important [ɪm'pɔːtənt] *adj* importante; **it is ~ that** ... es importante que ...; **to try to look ~** (*pej*) darse tono.

importantly [ɪm'pɔːtəntlɪ] *adv* (*arrogantly*) dándose importancia; **but, more ~** ... pero, lo más importante es ....

importation [ˌɪmpɔː'teɪʃən] *n* importación *f*.

importer [ɪm'pɔːtə'] *n* (*Comm*) importador(a) *m/f*.

importing [ɪm'pɔːtɪŋ] *adj*: **~ company** empresa *f* importadora, empresa de importación; **~ country** país *m* importador.

impose [ɪm'pəʊz] *vt* (*conditions, fine, tax*) **to ~ (on sb/sth)** imponer (a algn/algo).

▸ **impose (up)on** *vi + prep* abusar de; **I don't wish to ~ upon you** no quiero abusar *or* molestarle.

imposing [ɪm'pəʊzɪŋ] *adj* imponente, impresionante.

imposition [ˌɪmpə'zɪʃən] *n* (*of fine etc*) imposición *f*; (*of tax*) impuesto *m*; **it's a bit of an ~** es un abuso.

impossibility [ɪmˌpɒsə'bɪlɪtɪ] *n* imposibilidad *f*; **the ~ of doing sth** la imposibilidad de hacer algo.

impossible [ɪm'pɒsəbl] *adj* (*person, task, situation*) imposible; **~!** ¡imposible!; **it is ~ for me to leave now** me es imposible salir ahora; **it is ~ for her to do that** le es imposible hacer eso; **you're ~!** (*fam*) ¡eres insufrible *or* insoportable!; **it's not ~ that** ... existe la posibilidad de que ...; **to do the ~** hacer lo imposible.

impossibly [ɪm'pɒsəblɪ] *adv* (*badly: behave, act*) en forma insoportable; (*extremely: late, early*) demasiado; (*: difficult*) imposiblemente.

impostor [ɪm'pɒstə'] *n* impostor(a) *m/f*.

impotence ['ɪmpətəns] *n* (*gen*) impotencia *f*.

impotent [ˈɪmpətənt] *adj* (*gen*) impotente.
impound [ɪmˈpaʊnd] *vt* (*goods*) embargar.
impoverished [ɪmˈpɒvərɪʃt] *adj* (*person*) empobrecido/a, necesitado/a; (*land*) agotado/a.
impracticable [ɪmˈpræktɪkəbl] *adj* (*unrealizable*) irrealizable; (*unrealistic*) poco realista.
impractical [ɪmˈpræktɪkəl] *adj* (*person*) poco práctico/a; (*plan*) poco factible.
imprecise [ˌɪmprɪˈsaɪs] *adj* (*information, definition*) impreciso/a.
imprecision [ˌɪmprɪˈsɪʒən] *n* (*of information, definition*) imprecisión *f*.
impregnable [ɪmˈpregnəbl] *adj* (*castle*) inexpugnable; (*lit, fig: position*) invulnerable.
impregnate [ˈɪmpregneɪt] *vt* (*fertilise: person, animal, egg*) fecundar; **to become ~d** impregnarse de.
impresario [ˌɪmpreˈsɑːrɪəʊ] *n* empresario/a *m/f*.
impress [ɪmˈpres] *vt* (**a**) (*make good impression on*) impresionar; **how did she ~ you?** ¿qué impresión te dio?; **he ~ed me quite favourably** me hizo muy buena impresión; **I was not ~ed** no me hizo buena impresión. (**b**) (*mark*) imprimir; (*stamp*) estampar; **to ~ sth on sb's mind** grabar algo en la memoria de algn; **to ~ sth on sb** (*fig*) convencer a algn de la importancia de algo; **I must ~ upon you that** ... tengo que subrayar que ....
impression [ɪmˈpreʃən] *n* (**a**) (*fig*) impresión *f*; **to be under** *or* **have the ~ that** tener la impresión de que; **he gives an ~ of knowing a lot** da la impresión de saber mucho; **to make a good/bad ~ on sb** causar buena/mala impresión a algn; **to make no ~ on sth** no tener el menor efecto sobre algo. (**b**) (*mark*) marca *f*, huella *f*. (**c**) (*imitation*) imitación *f*; **to do ~s** imitar, ser imitador.
impressionable [ɪmˈpreʃnəbl] *adj* (*person*) impresionable; **to be at an ~ age** estar en una edad impresionable.
impressionism [ɪmˈpreʃənɪzəm] *n* (*Art*) impresionismo *m*.
impressionist [ɪmˈpreʃənɪst] *adj, n* (*Art: painter*) impresionista *mf*.
impressive [ɪmˈpresɪv] *adj* impresionante.
impressively [ɪmˈpresɪvlɪ] *adv* de modo impresionante.
imprest [ɪmˈprest] *cpd*: **~ system** *n* sistema *m* de fondo fijo.
imprint [ɪmˈprɪnt] **1** *vt* (*mark: paper*) imprimir; (*fig*) grabar; **to ~ sth on sth** imprimir algo en algo. **2** [ˈɪmprɪnt] *n* impresión *f*, huella *f*; **under the HarperCollins ~** publicado por HarperCollins.
imprison [ɪmˈprɪzn] *vt* (*criminal: put in gaol*) encarcelar; **to be ~ed** estar encarcelado *or* en la cárcel.
imprisonment [ɪmˈprɪznmənt] *n* encarcelamiento *m*; (*term of ~*) cárcel *f*, prisión *f*; **one year's ~** un año de cárcel; **life ~** cadena *f* perpetua.
improbability [ɪmˌprɒbəˈbɪlɪtɪ] *n* improbabilidad *f*.
improbable [ɪmˈprɒbəbl] *adj* (*event*) improbable; (*excuse, story*) inverosímil.
impromptu [ɪmˈprɒmptjuː] **1** *adj* (*performance, speech*) improvisado/a. **2** *adv* (*ad lib*) sin preparación; (*unexpectedly*) de improviso.
improper [ɪmˈprɒpəʳ] *adj* (*unseemly: laughter*) indecoroso/a, incorrecto/a; (*indecent: behaviour, story*) indecente, impropio/a.
impropriety [ˌɪmprəˈpraɪətɪ] *n* (*of person, behaviour: unseemliness*) falta *f* de decoro; (*: indecency*) indecencia *f*.
improve [ɪmˈpruːv] **1** *vt* (*make better*) mejorar; (*progress*) adelantar; (*favour: appearance*) favorecer; (*perfect: skill*) perfeccionar; (*mind*) cultivar; (*property*) hacer mejoras en; (*add value to*) aumentar el valor de; (*production, yield, salary*) aumentar; **to ~ one's Spanish** perfeccionar sus conocimientos del español; **to ~ one's chances of success** aumentar las posibilidades de éxito; **to ~ one's mind** edificarse, instruirse.
2 *vi* (*person: in skill etc*) hacer progresos; (*: after illness*) mejorarse; (*health, appearance*) mejorar; (*quality, work, weather*) mejorarse; (*production, yield*) aumentarse; (*business*) mejorarse, prosperar; **to ~ in sth** hacer progresos en algo; **to ~ with age/use** mejorarse con el tiempo/el uso.
▸ **improve (up)on** *vi + prep* (*gen*) mejorar; **to ~ (up)on an offer** sobrepujar una oferta.
improvement [ɪmˈpruːvmənt] *n*: **~ (in)** (*in quality etc*) mejora *f or* mejoramiento *m* (de); (*increase*) aumento *m* (de); (*in mind*) cultivo *m* (de); (*progress*) progresos *mpl* (en); **it's an ~ on the old one** es mejor que el antiguo; **there is room for ~** podría mejorarse; **to make ~s to sth** perfeccionar algo; (*to property*) hacer reformas en algo.
improvident [ɪmˈprɒvɪdənt] *adj* impróvido/a, imprevisor(a).
improving [ɪmˈpruːvɪŋ] *adj* (*book, programme*) edificante, instructivo/a.
improvisation [ˌɪmprəvaɪˈzeɪʃən] *n* (*action*) improvisación *f*; (*improvised speech, music etc*) impromptu *m*.
improvise [ˈɪmprəvaɪz] *vi, vt* improvisar.
imprudent [ɪmˈpruːdənt] *adj* (*gen*) imprudente.
impudence [ˈɪmpjʊdəns] *n* (*of person*) descaro *m*, desvergüenza *f*; (*of behaviour*) insolencia *f*; **he had the ~ to say that** ... tuvo la cara dura de decir que ....
impudent [ˈɪmpjʊdənt] *adj* (*person*) desvergonzado/a, descarado/a; (*behaviour*) insolente.
impugn [ɪmˈpjuːn] *vt* (*criticize*) criticar.
impulse [ˈɪmpʌls] **1** *n* (*Tech, fig*) impulso *m*; **my first ~ was to hit him** mi primer impulso fue de golpearle; **on ~** impulsivamente; **to act on ~** obrar sin reflexionar. **2** *cpd*: **~ buying** *n* compra *f* impulsiva; **~ sales** *n* ventas *fpl* impulsivas.
impulsive [ɪmˈpʌlsɪv] *adj* (*person, temperament*) irreflexivo/a, impulsivo/a; (*act, remark*) irreflexivo/a.
impunity [ɪmˈpjuːnɪtɪ] *n*: **with ~** con impunidad, impunemente.
impure [ɪmˈpjʊəʳ] *adj* (*Chem etc*) impuro/a, adulterado/a; (*morally: person, thought*) impuro/a.
impurity [ɪmˈpjʊərɪtɪ] *n* (*Chem etc*) impureza *f*.
impute [ɪmˈpjuːt] *vt*: **to ~ sth to sb** achacar *or* atribuir algo a algn.
IN *abbr* (*US Post*) *of* **Indiana**.
in [ɪn] **1** *prep* (**a**) (*place, position*) en; (*inside*) dentro de; **~ the house/garden** en casa/el jardín; **~ my hand** en la mano; **~ the town/country** en la ciudad/el campo; **the chairs ~ the room** las sillas en el *or* del cuarto; **to be ~ school** estar en la escuela; **~ the distance** a lo lejos; **~ here/there** aquí/allí dentro; **~ everybody's eyes** a los ojos de todos.
(**b**) (*with place names*) en; **~ London/Scotland/Galicia** en Londres/Escocia/Galicia.
(**c**) (*time: during*) en, durante; **~ 1986** en 1986; **~ May/spring** en mayo/primavera; **~ the eighties/the 20th century** en los años ochenta/el siglo 20; **~ the morning(s)/evening(s)** por la mañana/la tarde; **~ the daytime** durante el día; **at 4 o'clock ~ the morning/afternoon** a las 4 de la mañana/la tarde; **~ those days** en aquel entonces; **~ the past/future** en el pasado/el futuro; **he'll be here ~ time** llegará a tiempo; **she has not been here ~ years** hace años que no viene.
(**d**) (*time: in the space of*) en; (*: within*) dentro de; **I did it ~ 3 hours/days** lo hice en 3 horas/días; **it was built ~ a week** fue construido en una semana; **she will return the money ~ a month** devolverá el dinero dentro de un mes; **he'll be back ~ a moment/a month** volverá dentro de un momento/un mes.
(**e**) (*manner etc*) en; **~ a loud/soft voice** en voz alta/baja; **~ Spanish/English** en español/inglés; **~ ink/pencil** con pluma/lapiz; **~ writing** por escrito; **~ oils/water colour** al óleo/a la acuarela; **~ person** en persona; **~ large/small quantities** en grandes/pequeñas cantidades; **to pay ~ dollars** pagar en dólares; **~ cash** en metálico, en contante; **~ alphabetical order** por orden alfabético; **~ some measure** hasta cierto punto; **~ part**

en parte; **cut ~ half** cortado por el medio; **painted ~ red** pintado de rojo; **dressed ~ green** vestido de verde; **to be dressed ~ a skirt/trousers** llevar falda/pantalones; **the man ~ the hat** el hombre del sombrero; **you look nice ~ that hat** ese sombrero te sienta bien; **dressed ~ silk** vestido de seda.

(**f**) (*circumstance*) a, en, de; **~ the sun** al sol; **~ the rain** bajo la lluvia; **~ the shade** a la sombra; **~ (the) daylight** a la luz del día; **~ (the) dark(ness)** en la oscuridad; **~ the moonlight** a la luz de la luna; **~ all weathers** no importa el tiempo; **10 metres ~ height/length/depth/width** 10 metros de alto/largo/profundo/ancho; **a change ~ policy** un cambio de política; **a rise ~ prices** un aumento de precios; **strong ~ maths** fuerte en matemáticas; **deaf ~ one ear** sordo de un oído.

(**g**) (*mood, state*) **~ tears** llorando; **~ anger** con enojo; **to be ~ a rage** estar furioso; **lame ~ the left leg** cojo de la pierna izquierda; **~ despair** desesperado; **~ good condition** *or* **repair** en buen estado; **they were 6 ~ number** eran seis; **to live ~ luxury** llevar una vida de lujo; **~ mourning** de luto; **~ private/secret** en privado/secreto.

(**h**) (*ratio, number*) en; **one person ~ ten** una persona de cada diez; **20 pence ~ the pound** veinte peniques en cada libra; **once ~ a hundred years** una vez al siglo; **~ twos** de dos en dos.

(**i**) (*people, works*) en, entre; **~ (the works of) Shakespeare** en las obras de Shakespeare; **this is common ~ children/cats** es cosa común entre los niños/los gatos; **she has it ~ her to succeed** tiene la capacidad de triunfar; **they have a good leader ~ him** él es buen líder para ellos.

(**j**) (*in profession etc*) **to be ~ teaching/publishing** dedicarse a la enseñanza/la publicación de libros; **to be ~ the motor trade** ser vendedor de coches; **to be ~ the army** ser militar; **he's ~ the tyre business** se dedica al comercio de neumáticos.

(**k**) (*after superlative*) de; **the biggest/smallest ~ Europe** el más grande/pequeño de Europa.

(**l**) (*with verb*) **~ saying this** al decir esto; **~ making a fortune he lost his wife** mientras se ganaba una fortuna, perdió su mujer.

(**m**) **~ that** ya que; **~ fact** de hecho, en realidad; **~ all** en total.

2 *adv*: **to be ~** (*person*) estar (en casa); (*train, ship, plane*) haber llegado; (*crops, harvest*) estar recogido; (*in season*) estar en sazón; (*in fashion*) estar de moda; (*in power*) estar en el poder; (*burning: fire*) arder; **strawberries are ~** es la temporada de las fresas; **he's ~ for a surprise** le espera una sorpresa; **he's ~ for it** (*fam*) la va a pagar; **to have it ~ for sb** tenerla tomada con algn; **to be ~ on the plan/secret** estar al tanto del plan/del secreto; **to be well ~ with sb** estar muy metido con algn; **to ask sb ~** invitar a algn a entrar; **day ~, day out** día tras día; **all ~** (*bill etc*) todo incluido; **to be ~ and out of work** no tener trabajo fijo; **my luck is ~** estoy de suerte; **he's ~ for larceny** (*fam*) está preso por ladrón; **what's he ~ for?** (*fam*) ¿de qué delito se le acusa?

3 *n*: **the ~s and outs of the problem** los pormenores del problema.

in... [ɪn] *pref* in....

in. *abbr of* **inch(es)**.

inability [ˌɪnəˈbɪlɪtɪ] *n* incapacidad *f*; **~ to do sth/to pay** incapacidad de hacer algo/de pagar.

inaccessibility [ˈɪnækˌsesəˈbɪlɪtɪ] *n* inaccesibilidad *f*.

inaccessible [ˌɪnækˈsesəbl] *adj* (*place*) inaccesible.

inaccuracy [ɪnˈækjʊrəsɪ] *n* (*gen*) inexactitud *f*; (*usu pl: mistake*) error *m*.

inaccurate [ɪnˈækjʊrɪt] *adj* (*gen*) inexacto/a.

inaction [ɪnˈækʃən] *n* (*lack of activity*) inacción *f*; (*laziness*) pereza *f*, flojera *f (LAm)*.

inactive [ɪnˈæktɪv] *adj* (*person, volcano*) inactivo/a; (*life*) perezoso/a, flojo/a *(LAm)*; **to be ~** holgar.

inactivity [ˌɪnækˈtɪvɪtɪ] *n* (*see adj*) inactividad *f*; pereza *f*, flojera *f (LAm)*.

inadequate [ɪnˈædɪkwɪt] *adj* (*insufficient*) insuficiente; (*unsuitable*) inadecuado/a; (*weak: person*) incapaz.

inadmissible [ˌɪnədˈmɪsəbl] *adj* (*evidence*) improcedente, inadmisible.

inadvertent [ˌɪnədˈvɜːtənt] *adj* (*inattentive*) descuidado/a; (*unintentional*) involuntario/a.

inadvertently [ˌɪnədˈvɜːtəntlɪ] *adv* (*see adj*) por descuido; involuntariamente.

inadvisable [ˌɪnədˈvaɪzəbl] *adj* poco aconsejable, inconveniente.

inane [ɪˈneɪn] *adj* (*remark*) necio/a, sonso/a *(LAm)*.

inanimate [ɪnˈænɪmɪt] *adj* (*object*) inanimado/a.

inanity [ɪˈnænɪtɪ] *n* necedad *f*.

inapplicable [ɪnˈæplɪkəbl] *adj* inaplicable.

inappropriate [ˌɪnəˈprəʊprɪɪt], **inapt** [ɪnˈæpt] *adj* (*action, punishment, treatment*) inadecuado/a; (*word, phrase*) inoportuno/a; (*behaviour*) impropio/a.

inarticulate [ˌɪnɑːˈtɪkjʊlɪt] *adj* (*person*) incapaz de expresarse; (*speech*) mal pronunciado/a.

inasmuch [ɪnəzˈmʌtʃ] *adv*: **~ as** puesto que, en vista de que.

inattention [ˌɪnəˈtenʃən] *n* inatención *f*, distracción *f*.

inattentive [ˌɪnəˈtentɪv] *adj* (*person*) desatento/a, distraído/a.

inaudible [ɪnˈɔːdəbl] *adj* inaudible.

inaugural [ɪˈnɔːgjʊrəl] *adj* (*lecture, debate*) inaugural; (*speech*) de apertura.

inaugurate [ɪˈnɔːgjʊreɪt] *vt* (*president, official*) dar posesión de un cargo a; (*start: new age etc*) inaugurar.

inauspicious [ˌɪnɔːsˈpɪʃəs] *adj* (*occasion*) poco propicio/a; (*moment*) inoportuno/a.

in-between [ˈɪnbɪˈtwiːn] *adj* (*gen*) intermedio/a.

inborn [ˈɪnˈbɔːn] *adj* (*ability, talent*) innato/a.

inbred [ˈɪnˈbred] *adj* (*innate*) innato/a, instintivo/a; (*result of in-breeding*) engendrado/a por endogamia.

inbuilt [ˈɪnbɪlt] *adj* (*feeling etc*) innato/a, inherente.

Inc. *abbr* (*US Comm*) *of* **Incorporated** S.A.

inc. *abbr of* **included**; **including**; **inclusive (of)**.

Inca [ˈɪŋkə] **1** *adj* incaico/a, incásico/a. **2** *n* inca *mf*.

incalculable [ɪnˈkælkjʊləbl] *adj* incalculable.

Incan [ˈɪŋkən] *adj* inca, incaico/a, de los incas.

incandescent [ˌɪnkænˈdesnt] *adj* incandescente.

incantation [ˌɪnkænˈteɪʃən] *n* conjuro *m*.

incapable [ɪnˈkeɪpəbl] *adj* (*incompetent: workers*) incompetente; **to be ~ of doing sth** ser incapaz de hacer algo; **to be ~ of speech** quedarse sin habla; **a question ~ of solution** un problema insoluble.

incapacitate [ˌɪnkəˈpæsɪteɪt] *vt* (*person*) incapacitar; **physically ~d** físicamente incapacitado.

incapacity [ˌɪnkəˈpæsɪtɪ] *n* incapacidad *f*.

incarcerate [ɪnˈkɑːsəreɪt] *vt* encarcelar.

incarnate [ɪnˈkɑːnɪt] *adj* (*Rel*) encarnado/a; **the word ~** la palabra encarnada; **the devil ~** el mismo diablo.

incarnation [ˌɪnkɑːˈneɪʃən] *n* (*Rel*) encarnación *f*.

incautious [ɪnˈkɔːʃəs] *adj* incauto/a, imprudente.

incendiary [ɪnˈsendɪərɪ] **1** *adj* (*bomb, device*) incendiario/a. **2** *n* (*bomb*) bomba *f* incendiaria.

incense[1] [ˈɪnsens] *n* incienso *m*.

incense[2] [ɪnˈsens] *vt* encolerizar.

incensed [ɪnˈsenst] *adj* (*person*) furioso/a, furibundo/a.

incentive [ɪnˈsentɪv] **1** *n* incentivo *m*, estímulo *m*; **production ~** incentivo a la producción. **2** *cpd*: **~ bonus** *n* prima *f* de incentivo; **~ scheme** *n* plan *m* de incentivos.

inception [ɪnˈsepʃən] *n* comienzo *m*, principio *m*.

incessant [ɪnˈsesnt] *adj* incesante, constante.

incest [ˈɪnsest] *n* incesto *m*.

incestuous [ɪnˈsestjʊəs] *adj* incestuoso/a.

incidence [ˈɪnsɪdəns] *n* (*extent: of crime*) incidencia *f*; (*: of disease*) extensión *f*; **the angle of ~** (*Phys*) el ángulo de incidencia.

incident [ˈɪnsɪdənt] **1** *n* (*gen*) incidente *m*; (*in book, play* *etc*) episodio *m*; **to provoke a diplomatic** ~ provocar un incidente diplomático; **without** ~ sin incidentes. **2** *cpd*: ~ **room** *n* centro *m* de coordinación.

incidental [ˌɪnsɪˈdentl] **1** *adj* (*unimportant*) irrelevante; ~ **expenses** gastos *mpl* imprevistos; ~ **music** música *f* de fondo. **2** *npl*: ~**s** (*expenses*) gastos *mpl* imprevistos.

incidentally [ˌɪnsɪˈdentəlɪ] *adv* a propósito, por cierto (*LAm*).

incinerate [ɪnˈsɪnəreɪt] *vt* (*body etc*) incinerar; (*rubbish etc*) quemar.

incinerator [ɪnˈsɪnəreɪtəʳ] *n* incinerador *m*.

incipient [ɪnˈsɪpɪənt] *adj* incipiente.

incise [ɪnˈsaɪz] *vt* cortar; (*Art*) grabar, tallar; (*Med*) incidir, hacer una incisión en.

incision [ɪnˈsɪʒən] *n* incisión *f*.

incisive [ɪnˈsaɪsɪv] *adj* (*mind*) penetrante; (*remark*) incisivo/a; (*criticism*) tajante.

incisor [ɪnˈsaɪzəʳ] *n* incisivo *m*.

incite [ɪnˈsaɪt] *vt* provocar, incitar; **to** ~ **sb to do sth** incitar a algn a hacer algo.

incitement [ɪnˈsaɪtmənt] *n* incitación *f*, provocación *f*.

incivility [ˌɪnsɪˈvɪlɪtɪ] *n* descortesía *f*.

incl. *abbr of* **included; including; inclusive (of).**

inclement [ɪnˈklemənt] *adj* (*weather*) inclemente.

inclination [ˌɪnklɪˈneɪʃən] *n* (**a**) (*leaning*) inclinación *f*, tendencia *f*; **I have no** ~ **to go** no tengo ganas de ir; **her** ~ **was to ignore him** prefería no hacerle caso; **against my** ~ contra mi inclinación; **to follow one's** ~ seguir su capricho. (**b**) (*slope, bow*) inclinación *f*.

incline [ˈɪnklaɪn] **1** *n* pendiente *m*, cuesta *f*. **2** [ɪnˈklaɪn] *vt* (**a**) (*bend: head*) bajar; (*body*) doblar. (**b**) (*tend to*) **to be** ~**d to do sth** tener tendencia a hacer algo; (*out of habit*) soler hacer algo; (*from preference*) preferir hacer algo; **it is** ~**d to break** tiene tendencia a romperse; **I'm** ~**d to believe you** estoy dispuesto a creerte; **if you feel so** ~**d** si te llama la atención. **3** [ɪnˈklaɪn] *vi* (**a**) (*slope*) inclinarse. (**b**) (*tend to*) tirar (*to(wards)* a); **I** ~ **to the belief/opinion that** ... tiro a la idea/la opinión de que ....

include [ɪnˈkluːd] *vt* incluir; **your name is not** ~**d in the list** tu nombre no figura en la lista; **he sold everything, books** ~**d** vendió todo, incluso los libros; **the tip is/is not** ~**d** la propina está/no está *or* (*LAm*) va/no va incluida; **all the team members, myself** ~**d** todos los miembros del equipo, yo entre ellos.

including [ɪnˈkluːdɪŋ] *prep* incluso, inclusive; ~ **service charge/postage** servicio/porte incluido; **seven** ~ **this one** siete con éste; **everyone,** ~ **the President** todos, inclusive el Presidente; **up to and** ~ hasta e incluso.

inclusive [ɪnˈkluːsɪv] **1** *adj* (*sum, price*) inclusivo/a, completo/a; ~ **of tax** incluidos los impuestos. **2** *adv*: **from the 10th to the 15th** ~ del 10 al 15 inclusive.

incognito [ɪnˈkɒgnɪtəʊ] *adv* (*travel*) de incógnito; **to remain** ~ guardar el incógnito.

incoherent [ˌɪnkəʊˈhɪərənt] *adj* (*gen*) incoherente; (*argument*) desarticulado/a; (*conversation*) ininteligible; **to be** ~ **with rage** balbucear de rabia.

income [ˈɪnkʌm] **1** *n* (*gen*) ingresos *mpl*; (*from land etc*) renta *f*; (*salary*) salario *m*, sueldo *m*; (*takings*) entradas *fpl*; (*interest*) réditos *mpl*; (*profit*) ganancias *fpl*; **gross/net** ~ ingreso bruto/neto; **private** ~ rentas particulares; **national** ~ renta nacional; **to live within one's** ~ vivir con arreglo a los ingresos; **not to live within one's** ~ no vivir con lo que se gana.

2 *cpd*: ~ **and expenditure account** *n* cuenta *f* de gastos e ingresos; ~ **bracket,** ~ **group** *n* categoría *f* económica; ~**s policy** *n* política *f* salarial *or* de salarios; ~ **support** *n* (*Brit*) ≈ ayuda *f* compensatoria; ~ **tax** *n* impuesto *m* sobre la renta; ~ **tax return** *n* declaración *f* de impuestos.

incomer [ˈɪnˌkʌməʳ] *n* recién llegado/a *m/f*; (*to society, group*) persona *f* nueva; (*immigrant*) inmigrante *mf*.

incoming [ˈɪnˌkʌmɪŋ] *adj* (*passenger*) que llega; (*president etc*) entrante; (*tide*) ascendente.

incommensurate [ˌɪnkəˈmenʃərɪt] *adj* desproporcionado/a; **to be** ~ **with** no guardar relación con.

incommunicado [ˌɪnkəmjʊnɪˈkɑːdəʊ] *adj*: **to hold sb** ~ mantener incomunicado a algn.

in-company [ˈɪnkʌmpənɪ] *adj*: ~ **training** formación *f* en la empresa.

incomparable [ɪnˈkɒmpərəbl] *adj* (*beauty, skill*) incomparable; (*achievement*) inigualable.

incompatible [ˌɪnkəmˈpætəbl] *adj* (*couple, temperaments*) incompatible.

incompetence [ɪnˈkɒmpɪtəns] *n* (*gen*) incompetencia *f*; (*clumsiness*) torpeza *f*.

incompetent [ɪnˈkɒmpɪtənt] *adj* (*person*) incompetente (*at* para); (*clumsy*) torpe.

incomplete [ˌɪnkəmˈpliːt] *adj* (*partial*) incompleto/a; (*unfinished*) inacabado/a.

incomprehensible [ɪnˌkɒmprɪˈhensəbl] *adj* (*gen*) incomprensible.

incomprehension [ˌɪnkɒmprɪˈhenʃən] *n* incomprensión *f*.

inconceivable [ˌɪnkənˈsiːvəbl] *adj* inconcebible.

inconclusive [ˌɪnkənˈkluːsɪv] *adj* (*not decisive: result*) inconcluso/a; (*not convincing: argument, evidence*) poco convincente.

incongruous [ɪnˈkɒŋgrʊəs] *adj* (*inapt*) incongruo/a; (*incompatible*) incompatible; **it seems** ~ **that** ... parece extraño que ....

inconsequential [ɪnˌkɒnsɪˈkwenʃəl] *adj* (*conversation*) sin trascendencia.

inconsiderable [ˌɪnkənˈsɪdərəbl] *adj*: **a not** ~ **amount** una suma considerable.

inconsiderate [ˌɪnkənˈsɪdərɪt] *adj* desconsiderado/a; **how** ~ **of him!** ¡qué falta de consideración de su parte!

inconsistency [ˌɪnkənˈsɪstənsɪ] *n* (*see adj*) inconsecuencia *f*; carácter *m* desigual; **I see an** ~ **here** aquí veo una contradicción.

inconsistent [ˌɪnkənˈsɪstənt] *adj* (*contradictory: action*) inconsecuente; (*uneven: work*) desigual; **that is** ~ **with what you told me** eso no encaja con lo que me dijiste.

inconsolable [ˌɪnkənˈsəʊləbl] *adj* inconsolable.

inconspicuous [ˌɪnkənˈspɪkjʊəs] *adj* (*place*) que no atrae la atención; (*colour*) apagado/a; (*person*) discreto/a; **to make o.s.** ~ no llamar la atención sobre sí.

inconstant [ɪnˈkɒnstənt] *adj* inconstante.

incontinence [ɪnˈkɒntɪnəns] *n* incontinencia *f*.

incontinent [ɪnˈkɒntɪnənt] *adj* incontinente.

incontrovertible [ɪnˌkɒntrəˈvɜːtəbl] *adj* (*fact, evidence*) incontrovertible.

inconvenience [ˌɪnkənˈviːnɪəns] **1** *n* inconvenientes *mpl*, lo inconveniente; **you caused a lot of** ~ nos *etc* creaste muchas dificultades; **to put sb to great** ~ causar mucha molestia a algn. **2** *vt* (*put out*) incomodar; (*disturb*) causar molestia; **don't** ~ **yourself** no te molestes.

inconvenient [ˌɪnkənˈviːnɪənt] *adj* (*time, appointment etc*) inoportuno/a; (*location*) mal situado/a; (*house, design*) poco práctico/a; **to be** ~ no convenir; **that time is very** ~ **for me** esa hora no me conviene; **it is** ~ **for you to arrive early** no es conveniente que llegues temprano.

inconvertible [ˌɪnkənˈvɜːtəbl] *adj* inconvertible.

incorporate [ɪnˈkɔːpəreɪt] *vt* (*include*) incluir; (*integrate*) incorporar; **a product incorporating vitamin Q** un producto que contiene vitamina Q; **to** ~ **a company** constituir una compañía en sociedad (anónima).

incorporated [ɪnˈkɔːpəreɪtɪd] *adj* (*US Comm*) **Jones & Lloyd I**~ Jones y Lloyd Sociedad Anónima.

incorrect [ˌɪnkəˈrekt] *adj* (*wrong: statement, fact, conclusion*) incorrecto/a, inexacto/a; (*improper: behaviour, dress*) impropio/a; **that is** ~**, you are wrong** no es cierto, Ud. se equivoca.

incorrigible [ɪnˈkɒrɪdʒəbl] *adj* incorregible.

increase [ɪnˈkriːs] **1** *vi* (*gen*) aumentarse; (*prices*) subir, aumentar; **to** ~ **in number** aumentar; **to** ~ **in weight/volume/size/value** subir de peso/volumen/tamaño/

valor; **to ~ by 100** aumentar en 100; **to ~ from 8% to 10%** pasar de 8 a 10 por ciento.

2 *vt* (*see vi*) aumentar; subir, aumentar; **to ~ one's efforts** redoblar sus esfuerzos.

3 [ˈɪnkriːs] *n* (*see vi*) aumento *m*; subida *f*, aumento; **an ~ in size/number/volume** un aumento de tamaño/número/volumen; **an ~ of £5/10%** un aumento de 5 libras/del 10 por ciento; **to be on the ~** estar *or* ir en aumento.

increasing [ɪnˈkriːsɪŋ] *adj* creciente, que va en aumento.

increasingly [ɪnˈkriːsɪŋlɪ] *adv* cada vez más; **it's becoming ~ difficult** se hace más y más difícil.

incredible [ɪnˈkredəbl] *adj* increíble.

incredibly [ɪnˈkredəblɪ] *adv* increíblemente; **~, they did not come** es increíble, pero no llegaron.

incredulous [ɪnˈkredjʊləs] *adj* (*expression*) incrédulo/a.

increment [ˈɪnkrɪmənt] *n* aumento *m*, incremento *m* (*in* de).

incriminate [ɪnˈkrɪmɪneɪt] *vt* incriminar.

incriminating [ɪnˈkrɪmɪneɪtɪŋ] *adj* (*evidence*) incriminador(a).

incrust [ɪnˈkrʌst] *vt* incrustar (*with* de).

incubate [ˈɪnkjʊbeɪt] **1** *vt* (*gen*) incubar; (*hen*) empollar. **2** *vi* incubar.

incubation [ˌɪnkjʊˈbeɪʃən] **1** *n* (*gen*) incubación *f*. **2** *cpd*: **~ period** *n* período *m* de incubación.

incubator [ˈɪnkjʊbeɪtə^r] *n* (*for eggs, bacteria, baby*) incubadora *f*.

inculcate [ˈɪnkʌlkeɪt] *vt*: **to ~ sth in sb** inculcar algo en algn.

incur [ɪnˈkɜː^r] *vt* (*anger*) provocar; (*debt, obligation*) incurrir en, contraer.

incurable [ɪnˈkjʊərəbl] *adj* (*disease*) irreversible; (*fig: optimist*) irremediable.

incursion [ɪnˈkɜːʃən] *n* incursión *f*.

inch [ɪnʃ] *n* pulgada *f*; **the car missed me by ~es** por poco el coche me atropelló; **to lose a few ~es** (*fam*) adelgazar un poco; **~ by ~** palmo a palmo; **not an ~ of territory** ni un palmo de territorio; **every ~ of it was used** se aprovechó hasta el último centímetro; **he's every ~ a soldier** es todo un soldado; **to be within an ~ of death/disaster** estar a dos dedos de la muerte/del desastre; **he didn't give an ~** no ofreció la menor concesión; **give him an ~ and he'll take a mile** dale un dedo y se toma hasta el codo.

▸ **inch forward** *vi + adv* avanzar palmo a palmo.

▸ **inch up** *vi + adv* subir poco a poco.

Ind. *abbr* (*US*) *of* **Indiana**.

indebted [ɪnˈdetɪd] *adj* (*fig*) **to be ~ to sb (for sth)** estar agradecido a algn (por algo).

indecency [ɪnˈdiːsnsɪ] *n* (*of dress, behaviour*) indecencia *f*.

indecent [ɪnˈdiːsnt] *adj* (*dress, behaviour*) indecente, indecoroso/a; **with ~ haste** con una prisa indecorosa; **~ assault** (*Jur*) atentado *m* contra el pudor; **~ exposure** (*Jur*) exhibicionismo *m*.

indecipherable [ˌɪndɪˈsaɪfərəbl] *adj* indescifrable.

indecision [ˌɪndɪˈsɪʒən] *n* indecisión *f*.

indecisive [ˌɪndɪˈsaɪsɪv] *adj* (*person*) indeciso/a; (*result*) inconcluyente.

indeed [ɪnˈdiːd] *adv* (**a**) (*in fact*) efectivamente, en realidad, realmente; **I feel, ~ I know he is wrong** creo, en realidad sé, que está equivocado; **there are ~ mistakes, but ...** claro que hay errores, pero ...; **if ~ he is wrong ...** si es que realmente se equivocó ....

(**b**) (*as intensifier*) **very ... ~** sumamente ...; **thank you very much ~** muchísimas gracias; **that is praise ~** eso sí es una alabanza; **it is ~ difficult** es dificilísimo.

(**c**) (*in answer to question*) claro, por supuesto; **'isn't that right?' — '~ it is'** 'es verdad, ¿no?' — 'claro que sí'; **'are you coming?' — '~ I am'** '¿tú vienes?' — 'claro que voy'; **'may I come in?' — '~ you may not'** '¿se puede entrar?' — 'claro que no'.

(**d**) (*showing interest*) **~?, is it ~?, did you ~?** ¿de veras?, ¿verdad?

indefatigable [ˌɪndɪˈfætɪgəbl] *adj* incansable, infatigable.

indefensible [ˌɪndɪˈfensəbl] *adj* (*town*) indefensible; (*conduct*) injustificable.

indefinable [ˌɪndɪˈfaɪnəbl] *adj* indefinible.

indefinite [ɪnˈdefɪnɪt] *adj* (**a**) (*vague: answer, plans*) indefinido/a, impreciso/a. (**b**) (*not fixed: time*) indeterminado/a; **to be on ~ leave** estar de permiso indefinido. (**c**) (*Ling*) indefinido/a; **~ pronoun** pronombre *m* indefinido; **~ article** artículo *m* indefinido.

indefinitely [ɪnˈdefɪnɪtlɪ] *adv* (*gen*) por tiempo indefinido.

indelible [ɪnˈdeləbl] *adj* (*gen*) indeleble.

indelicate [ɪnˈdelɪkɪt] *adj* (*tactless*) indiscreto/a, inoportuno/a; (*crude*) indelicado/a.

indemnify [ɪnˈdemnɪfaɪ] *vt* (*compensate*) **to ~ sb for sth** indemnizar a algn de algo; (*safeguard*) **to ~ sb against sth** asegurar a algn contra algo.

indemnity [ɪnˈdemnɪtɪ] *n* (*compensation*) indemnización *f*, reparación *f*; (*insurance*) indemnidad *f*; **double ~** indemnización doble.

indent [ɪnˈdent] **1** *vt* (*Typ: word, line*) sangrar. **2** *vi* (*Comm*) **to ~ for sth** hacer un pedido de algo.

indentation [ˌɪndenˈteɪʃən] *n* (*dent*) abolladura *f*; (*Typ*) sangría *f*; (*notch: in cloth etc*) muesca *f*.

indented [ɪnˈdentɪd] *adj* (*type*) sangrado/a; (*surface*) abollado/a.

indenture [ɪnˈdentʃə^r] *n* (*Comm*) escritura *f*, instrumento *m*.

independence [ˌɪndɪˈpendəns] **1** *n* independencia *f*; **war of ~** guerra *f* de independencia. **2** *cpd*: **I~ Day** *n* Día *m* de la Independencia.

independent [ˌɪndɪˈpendənt] *adj* (**a**) independiente; **~ school** (*Brit*) escuela *f* privada; **to be ~ of** no depender de; **to become ~** (*country*) independizarse; **a person of ~ means** una persona con rentas particulares. (**b**) (*unconnected: events*) no relacionado/a; **~ suspension** (*Aut*) suspensión *f* independiente.

independently [ˌɪndɪˈpendəntlɪ] *adv* (*gen*) independientemente; (*separately*) por separado; (*without interference*) por su cuenta; **~ of what he may decide** sin tomar en cuenta lo que él decida.

in-depth [ˈɪnˌdepθ] *adj* (*study etc*) a fondo, exhaustivo/a; **~ investigation** investigación *f* en profundidad.

indescribable [ˌɪndɪsˈkraɪbəbl] *adj* (*terror, horror*) indecible; (*beauty, joy*) indescriptible.

indestructible [ˌɪndɪsˈtrʌktəbl] *adj* indestructible.

indeterminable [ˌɪndɪˈtɜːmɪnəbl] *adj* indeterminable.

index [ˈɪndeks] **1** *n* (**a**) (*pl* **~es**) (*in book*) índice *m*. (**b**) (*pl* **indices**) (*pointer*) índice *m*; **cost of living ~** índice del costo de la vida; **the I~** (*Rel*) el índice expurgatorio. **2** *cpd*: **~ card** *n* ficha *f*; **~ finger** *n* dedo *m* índice.

index-linked [ɪndeksˈlɪŋkt] *adj* indexado/a, indiciado/a.

India [ˈɪndɪə] **1** *n* la India. **2** *cpd*: **~ rubber** *n* (*rubber*) caucho *m*; (*eraser*) goma *f* de borrar.

Indian [ˈɪndɪən] **1** *adj* (*from India: culture, languages, customs*) indio/a, hindú; (*American ~*) indio/a, indígena (*Mex*); **~ corn = maize**; **~ elephant** elefante *m* asiático; **~ file** fila *f* india; **~ ink** tinta *f* china; **~ Ocean** Océano *m* Índico; **~ summer** veranillo *m* de San Martín. **2** *n* (*from India*) indio/a *m/f*, hindú *mf*; (*American ~*) indio/a *m/f*, indígena *mf* (*Mex*).

indicate [ˈɪndɪkeɪt] **1** *vt* (**a**) (*point out: place*) indicar, señalar; (*register: temperature, speed*) marcar. (**b**) (*show: feelings*) reflejar; (*suggest*) insinuar. **2** *vi* indicar; **to ~ left/right** indicar a la izquierda/derecha.

indication [ˌɪndɪˈkeɪʃən] *n* (**a**) (*sign*) indicio *m*, señal *f*; **there is every ~ that ...** todo hace suponer que ...; **there is no ~ that ...** no hay señal de que ...; **this is some ~ of** esto da una idea de. (**b**) (*mark*) señal *f*; (*on gauge*) marca *f*.

indicative [ɪnˈdɪkətɪv] **1** *adj* (**a**) **to be ~ of sth** indicar algo. (**b**) (*Ling: mood*) indicativo/a. **2** *n* (*Ling*) indicativo *m*.
indicator [ˈɪndɪkeɪtəʳ] *n* (*gen, Chem*) indicador *m*; **~s** (*Aut*) intermitentes *mpl*, direccionales *mpl (LAm)*.
indices [ˈɪndɪsiːz] *npl of* **index**.
indict [ɪnˈdaɪt] *vt* (*charge*) acusar; **to ~ sb for murder** acusar a algn de homicidio.
indictable [ɪnˈdaɪtəbl] *adj*: **~ offence** delito *m* procesable.
indictment [ɪnˈdaɪtmənt] *n* (*charge*) acusación *f*; **to bring an ~ against sb** procesar a algn; **it's an ~ of our system** (*fig*) es una denuncia de nuestro sistema.
Indies [ˈɪndɪz] *npl* las Indias.
indifference [ɪnˈdɪfrəns] *n* indiferencia *f*; **it is a matter of total ~ to me** no me importa en lo más mínimo, me trae totalmente sin cuidado.
indifferent [ɪnˈdɪfrənt] *adj* (*unsympathetic*) indiferente; (*mediocre*) regular.
indigenous [ɪnˈdɪdʒɪnəs] *adj* indígena, nativo/a.
indigestible [ˌɪndɪˈdʒestəbl] *adj* indigesto/a.
indigestion [ˌɪndɪˈdʒestʃən] *n* indigestión *f*.
indignant [ɪnˈdɪgnənt] *adj* (*person, mood, letter*) indignado/a; **to be ~ at** *or* **about sth** indignarse por algo; **it's no good getting ~** de nada sirve perder la paciencia.
indignation [ˌɪndɪgˈneɪʃən] *n* indignación *f*.
indignity [ɪnˈdɪgnɪtɪ] *n* indignidad *f*; **to suffer the ~ of losing** sufrir la indignidad de perder.
indigo [ˈɪndɪgəʊ] **1** *n* (*colour*) añil *m*. **2** *adj* de color añil.
indirect [ˌɪndɪˈrekt] *adj* (*gen*) indirecto/a; **~ speech** (*Ling*) estilo *m* indirecto; **~ tax** contribución *f* indirecta.
indiscernible [ˌɪndɪˈsɜːnəbl] *adj* imperceptible.
indiscreet [ˌɪndɪsˈkriːt] *adj* (*person, remark*) indiscreto/a, imprudente.
indiscretion [ˌɪndɪsˈkreʃən] *n* (*gen*) indiscreción *f*.
indiscriminate [ˌɪndɪsˈkrɪmɪnɪt] *adj* (*random*) sin distinción; (*thoughtless*) impensado/a; (*tasteless*) falto/a de discernimiento.
indispensable [ˌɪndɪsˈpensəbl] *adj* imprescindible, indispensable.
indisposed [ˌɪndɪsˈpəʊzd] *adj* (*ill*) indispuesto/a; (*disinclined*) poco dispuesto/a (*to do sth* a hacer algo).
indisputable [ˌɪndɪsˈpjuːtəbl] *adj* (*evidence*) incontrovertible; (*winner*) indiscutible.
indissoluble [ˌɪndɪˈsɒljʊbl] *adj* indisoluble; (*link*) irrompible.
indistinct [ˌɪndɪsˈtɪŋkt] *adj* (*voice, words, noise*) indistinto/a.
indistinguishable [ˌɪndɪsˈtɪŋgwɪʃəbl] *adj* indistinguible.
individual [ˌɪndɪˈvɪdjʊəl] **1** *adj* (**a**) (*separate*) individual. (**b**) (*personal*) personal; (*for one*) particular, propio/a; **each room has its ~ telephone** cada cuarto tiene su teléfono propio. **2** *n* individuo *m*.
individualist [ˌɪndɪˈvɪdjʊəlɪst] *n* individualista *mf*.
individuality [ˌɪndɪˌvɪdjʊˈælɪtɪ] *n* (*personality*) personalidad *f*; (*separateness*) particularidad *f*.
individually [ˌɪndɪˈvɪdjʊəlɪ] *adv* individualmente; **~ they're nice, but together they're not** por separado son simpáticos, pero no cuando están juntos.
indivisible [ˌɪndɪˈvɪzəbl] *adj* (*number*) indivisible.
Indo- [ˈɪndəʊ] *pref* indo-.
Indo-China [ˈɪndəʊˈtʃaɪnə] *n* la Indochina.
indoctrinate [ɪnˈdɒktrɪneɪt] *vt* adoctrinar.
indoctrination [ɪnˌdɒktrɪˈneɪʃən] *n* adoctrinamiento *m*.
Indo-European [ˈɪndəʊˌjʊərəˈpiːən] **1** *adj* indoeuropeo/a. **2** *n* (**a**) indoeuropeo/a *m/f*. (**b**) (*Ling*) indoeuropeo *m*.
indolent [ˈɪndələnt] *adj* indolente.
indomitable [ɪnˈdɒmɪtəbl] *adj* indómito/a, indomable.
Indonesia [ˌɪndəʊˈniːzɪə] *n* Indonesia *f*.
Indonesian [ˌɪndəʊˈniːzɪən] *adj, n* indonesio/a *m/f*.
indoor [ˈɪndɔːʳ] *adj* (*shoes*) de casa; (*plant etc*) casero/a; (*inside*) interior; (*game, sport*) de sala *or* salón; (*stadium, pool etc*) bajo cubierta; (*photography*) interior.
indoors [ɪnˈdɔːz] *adv* (*be*) dentro; (*go*) por dentro; **to go ~** (*home*) entrar en la casa.
induce [ɪnˈdjuːs] *vt* (*persuade*) persuadir, inducir; (*cause: sleep etc*) producir; (*: birth*) inducir.
inducement [ɪnˈdjuːsmənt] *n* (*incentive*) incentivo *m*, estímulo *m*; (*bribe*) coacción *f*, coima *f (LAm)*, mordida *f (Mex)*.
induction [ɪnˈdʌkʃən] **1** *n* (*Med, Phil*) inducción *f*. **2** *cpd*: **~ course** *n* curso *m or* cursillo *m* introductorio.
inductive [ɪnˈdʌktɪv] *adj* (*reasoning*) inductivo/a.
indulge [ɪnˈdʌldʒ] *vt* (*give into: desire, appetite*) consentir; (*: person*) complacer; (*spoil: child*) mimar, consentir; **to ~ o.s.** darse gusto.
► **indulge in** *vi + prep* (*engage in*) entregarse a; (*: a bad habit*) permitirse el lujo *or* darse el gusto de.
indulgence [ɪnˈdʌldʒəns] *n* (*spoiling*) complacencia *f*; (*tolerance*) tolerancia *f*; (*bad habit*) vicio *m*.
indulgent [ɪnˈdʌldʒənt] *adj* complaciente; **to be ~ to** *or* **towards sb** consentir a algn.
industrial [ɪnˈdʌstrɪəl] *adj* (*gen*) industrial; (*accident*) de trabajo; (*disease*) profesional; **~ action** huelga *f*; **~ dispute** (*Brit*) conflicto *m* laboral; **~ espionage** espionaje *m* industrial; **~ estate,** (*US*) **~ park** polígono *m or (LAm)* zona *f* industrial; **~ goods** bienes *mpl* de producción; **~ injury** accidente *m* laboral; **~ relations** relaciones *fpl* empresariales; **~ tribunal** magistratura *f* del trabajo, tribunal *m* laboral; **~ unrest** agitación *f* obrera, conflictividad *f* laboral; **~ waste** residuos *mpl* industriales.
industrialist [ɪnˈdʌstrɪəlɪst] *n* industrial *mf*.
industrialize [ɪnˈdʌstrɪəlaɪz] *vt* (*area, region*) industrializar.
industrious [ɪnˈdʌstrɪəs] *adj* (*hardworking*) trabajador(a); (*studious*) aplicado/a.
industry [ˈɪndəstrɪ] *n* (**a**) industria *f*; **the steel/coal/textile ~** la industria siderúrgica/minera/textil; **the tourist ~** el turismo. (**b**) (*industriousness*) aplicación *f*.
inebriated [ɪˈniːbrɪeɪtɪd] *adj* ebrio/a.
inedible [ɪnˈedɪbl] *adj* (*unpleasant*) incomible; (*poisonous*) no comestible.
ineffable [ɪnˈefəbl] *adj* inefable.
ineffective [ˌɪnɪˈfektɪv], **ineffectual** [ˌɪnɪˈfektjʊəl] *adj* (*remedy*) ineficaz; (*person*) incapaz; **the plan proved wholly ~** el proyecto no surtió efecto.
inefficiency [ˌɪnɪˈfɪʃənsɪ] *n* (*of method etc*) ineficacia *f*; (*of person*) incompetencia *f*.
inefficient [ˌɪnɪˈfɪʃənt] *adj* (*method*) ineficaz; (*person*) incapaz.
inelastic [ˌɪnɪˈlæstɪk] *adj* inelástico/a; (*fig*) rígido/a.
inelegant [ɪnˈelɪgənt] *adj* poco elegante.
ineligible [ɪnˈelɪdʒəbl] *adj* (*for military service*) no apto/a; **to be ~ for sth** ser ineligible para algo.
inept [ɪˈnept] *adj* (*person: unskilful*) incapaz; (*unsuitable*) inadecuado/a; (*foolish*) inepto/a.
ineptitude [ɪˈneptɪtjuːd] *n* (*see adj*) incapacidad *f*, ineptitud *f*.
inequality [ˌɪnɪˈkwɒlɪtɪ] *n* desigualdad *f*.
inequitable [ɪnˈekwɪtəbl] *adj* injusto/a.
inert [ɪˈnɜːt] *adj* (*inanimate: substance, gas*) inerte; (*motionless*) inmóvil.
inertia [ɪˈnɜːʃə] *n* (*gen*) inercia *f*.
inescapable [ˌɪnɪsˈkeɪpəbl] *adj* ineludible.
inestimable [ɪnˈestɪməbl] *adj* inapreciable, inestimable.
inevitability [ɪnˌevɪtəˈbɪlɪtɪ] *n* inevitabilidad *f*.
inevitable [ɪnˈevɪtəbl] *adj* (*gen*) inevitable.
inevitably [ɪnˈevɪtəblɪ] *adv* inevitablemente; **as ~ happens ...** como siempre pasa ....
inexact [ˌɪnɪgˈzækt] *adj* (*gen*) inexacto/a.
inexcusable [ˌɪnɪksˈkjuːzəbl] *adj* (*behaviour, conduct*)

imperdonable.
inexhaustible [ˌɪnɪɡˈzɔːstəbl] *adj* (*supply*) inagotable; **she has ~ energy** la energía no se le acaba nunca.
inexorable [ɪnˈeksərəbl] *adj* inexorable, implacable.
inexpensive [ˌɪnɪksˈpensɪv] *adj* económico/a.
inexperience [ˌɪnɪksˈpɪərɪəns] *n* falta *f* de experiencia.
inexperienced [ˌɪnɪksˈpɪərɪənst] *adj* (*person, player, team*) inexperto/a; **to be ~ in doing sth** no tener experiencia en hacer algo.
inexplicable [ˌɪnɪksˈplɪkəbl] *adj* (*behaviour, event*) inexplicable.
inexpressible [ˌɪnɪksˈpresəbl] *adj* (*feelings, thoughts*) inexpresable; (*joy, sorrow*) indecible.
inexpressive [ˌɪnɪksˈpresɪv] *adj* (*style*) inexpresivo/a; (*look, face*) reservado/a.
inextricably [ˌɪnɪksˈtrɪkəblɪ] *adv*: **~ entwined** entrelazados de modo inextricable.
infallibility [ɪnˌfæləˈbɪlɪtɪ] *n* infalibilidad *f*; **Papal ~** la infalibilidad del Papa.
infallible [ɪnˈfæləbl] *adj* infalible.
infamous [ˈɪnfəməs] *adj* (*person*) infame, de mala fama.
infamy [ˈɪnfəmɪ] *n* infamia *f*.
infancy [ˈɪnfənsɪ] *n* (*childhood*) infancia *f*, niñez *f*; (*Jur*) minoría *f* de edad; (*fig: early stage*) infancia.
infant [ˈɪnfənt] **1** *n* niño/a *m/f*; (*Jur*) menor *mf* de edad. **2** *cpd*: **~ class** *n* clase *f* de párvulos; **~ school** *n* escuela *f* de párvulos; **~ mortality** *n* mortandad *f* infantil.
infantile [ˈɪnfəntaɪl] *adj* infantil.
infantry [ˈɪnfəntrɪ] *n* infantería *f*.
infantryman [ˈɪnfəntrɪmən] *n* (*pl* **-men**) soldado *m* de infantería.
infatuated [ɪnˈfætjʊeɪtɪd] *adj*: **to be ~ with sb** estar chiflado/a con algn.
infatuation [ɪnˌfætjʊˈeɪʃən] *n* chifladura *f*, enamoramiento *m*.
infect [ɪnˈfekt] *vt* infectar; (*person, fig*) contagiar; (*food*) contaminar; **to be/become ~ed with sth** contagiarse de algo; **he's ~ed everybody with his enthusiasm** su entusiasmo contagió a todos.
infected [ɪnˈfektɪd] *adj* (*wound*) infectado/a; (*person*) contagiado/a.
infection [ɪnˈfekʃən] *n* (*Med*) contagio *m*; (*illness*) infección *f*, contagio.
infectious [ɪnˈfekʃəs] *adj* (*disease, fig*) contagioso/a; (*person*) infeccioso/a.
infer [ɪnˈfɜːʳ] *vt* inferir, deducir (*from* de).
inference [ˈɪnfərəns] *n* inferencia *f*.
inferior [ɪnˈfɪərɪəʳ] *adj* (*in quality, rank*) inferior (*to* a); **to feel ~** sentirse inferior.
inferiority [ɪnˌfɪərɪˈɒrɪtɪ] **1** *n* inferioridad *f*. **2** *cpd*: **~ complex** *n* (*Psych*) complejo *m* de inferioridad.
infernal [ɪnˈfɜːnl] *adj* (*fig*) endemoniado/a, del demonio.
inferno [ɪnˈfɜːnəʊ] *n* (*fire*) hoguera *f*; **it's like an ~ in there** allí dentro hace un calor insufrible.
infertile [ɪnˈfɜːtaɪl] *adj* (*land*) estéril; (*person*) infecundo/a.
infertility [ˌɪnfɜːˈtɪlɪtɪ] *n* (*see adj*) esterilidad *f*; infecundidad *f*.
infest [ɪnˈfest] *vt* infestar; **to be ~ed with sth** estar plagado de algo.
infidelity [ˌɪnfɪˈdelɪtɪ] *n* infidelidad *f*.
infighting [ˈɪnfaɪtɪŋ] *n* (*fam*) lucha *f* interna.
infiltrate [ˈɪnfɪltreɪt] **1** *vt* infiltrar. **2** *vi* infiltrarse.
infiltration [ˌɪnfɪlˈtreɪʃən] *n* (*gen*) infiltración *f*.
infinite [ˈɪnfɪnɪt] *adj* (*gen*) infinito/a; **an ~ amount of time/money** un sinfín de dinero/tiempo; **we had ~ trouble finding it** nos costó la mar de trabajo encontrarlo.
infinitely [ˈɪnfɪnɪtlɪ] *adv* infinitamente; **this is ~ harder** esto es muchísimo más difícil.
infinitesimal [ˌɪnfɪnɪˈtesɪməl] *adj* infinitésimo/a.
infinitive [ɪnˈfɪnɪtɪv] **1** *adj* (*Ling*) infinitivo/a. **2** *n* infinitivo *m*.
infinity [ɪnˈfɪnɪtɪ] *n* (*gen*) infinidad *f*; (*Math*) infinito *m*.
infirm [ɪnˈfɜːm] *adj* (*person: weak*) débil; (*: sickly*) enfermizo/a.
infirmary [ɪnˈfɜːmərɪ] *n* (*hospital*) hospital *m*, clínica *f*; (*in school, prison, barracks*) enfermería *f*.
inflame [ɪnˈfleɪm] *vt* (**a**) (*Med: wound etc*) inflamar; **to become ~d** inflamarse. (**b**) (*fig: person, feelings*) avivar.
inflammable [ɪnˈflæməbl] *adj* (*substance, fabric*) inflamable; (*fig: situation etc*) explosivo/a; **'highly ~'** (*on notice*) 'peligro de incendio'.
inflammation [ˌɪnfləˈmeɪʃən] *n* (*Med: of wound etc*) inflamación *f*.
inflammatory [ɪnˈflæmətərɪ] *adj* (*speech*) incendiario/a.
inflatable [ɪnˈfleɪtəbl] *adj* (*boat*) inflable.
inflate [ɪnˈfleɪt] *vt* (*tyre, boat*) hinchar, inflar; (*fig: prices*) inflar.
inflated [ɪnˈfleɪtɪd] *adj* (*tyre, price*) hinchado/a, inflado/a; **~ with pride** (*fig*) presumido, engreído.
inflation [ɪnˈfleɪʃən] **1** *n* (*Econ*) inflación *f*. **2** *cpd*: **~ gap** *n* desequilibrio *m* de inflación.
inflationary [ɪnˈfleɪʃnərɪ] *adj* inflacionario/a.
inflect [ɪnˈflekt] *vt* (*voice*) modular.
inflected [ɪnˈflektɪd] *adj* (*language*) flexional.
inflexibility [ɪnˌfleksɪˈbɪlɪtɪ] *n* (*see adj*) rigidez *f*, inflexibilidad *f*.
inflexible [ɪnˈfleksəbl] *adj* (*substance, object*) rígido/a; (*fig: person, opinions, rules*) inflexible.
inflict [ɪnˈflɪkt] *vt*: **to ~ (on)** (*wound*) infligir (a); (*blow*) asestar *or* dar (a); (*penalty, tax*) imponer (a); (*suffering, damage*) causar (a); **to ~ o.s. on sb** imponerse *or* imponer su presencia a algn.
in-flight [ˈɪnflaɪt] *adj* durante el vuelo; **~ movie** película *f* proyectada durante el vuelo; **~ services** servicios *mpl* de a bordo.
influence [ˈɪnflʊəns] **1** *n* influencia *f*; **to have an ~ on sth** (*subj: person*) influir en *or* sobre algo; **to be a good/bad ~ on sb** ejercer buena/mala influencia sobre algn; **to have ~ with sb** tener ascendiente sobre algn; **under the ~ of drink/drugs** ebrio *or* borracho/drogado; **under the ~** (*fam*) en estado de embriaguez; **a man of ~** un hombre influyente.
2 *vt* (*person*) influenciar; (*action, decision*) influir en *or* sobre; **what factors ~d your decision?** ¿qué factores influyeron en tu decisión?; **to be easily ~d** ser influenciable.
influential [ˌɪnflʊˈenʃəl] *adj* (*person, ideas*) influyente; (*organization*) prestigioso/a.
influenza [ˌɪnflʊˈenzə] *n* gripe *f*.
influx [ˈɪnflʌks] *n* (*of people*) afluencia *f*; (*of objects, ideas*) flujo *m*.
info [ˈɪnfəʊ] *n* (*fam*) = **information**.
inform [ɪnˈfɔːm] **1** *vt* (*give information*) informar, avisar; (*bring up to date*) poner al corriente; **to ~ sb about sth** informar a algn sobre *or* de algo; **I am happy to ~ you that ...** me da mucho gusto comunicarle que ...; **keep me ~ed** téngame al corriente; **why was I not ~ed?** ¿por qué no me avisaron?; **a well ~ed person** una persona bien informada. **2** *vi*: **to ~ on** delatar, denunciar a.
informal [ɪnˈfɔːməl] *adj* (*person: at ease*) desenvuelto/a; (*: unceremonious*) de confianza, sin ceremonia; (*manner, tone, style*) llano/a, sencillo/a; (*without ceremony: occasion*) sin etiqueta; (*: visit*) sin ceremonia, de confianza; (*unofficial: meeting, negotiations*) extraoficial.
informality [ˌɪnfɔːˈmælɪtɪ] *n* (*openness, ease etc*) sencillez *f*, soltura *f*; (*agreeable manner*) afabilidad *f*; (*absence of ceremony*) falta *f* de ceremonia; (*unofficial character*) carácter *m* extraoficial.
informally [ɪnˈfɔːməlɪ] *adv* (*without ceremony*) sin ceremonia; **I have been ~ told that ...** se me ha dicho en confianza que ....
informant [ɪnˈfɔːmənt] *n* informante *mf*; **my ~** el que me lo dijo.

information [ˌɪnfəˈmeɪʃən] **1** *n* información *f*; (*knowledge*) conocimientos *mpl*; **a piece of** ~ un dato *m*; **to ask for** ~ pedir informes; **to gather** ~ **about** *or* **on sth** tomar informes sobre algo, reunir datos sobre algo; **to give sb** ~ **about** *or* **on sb/sth** proporcionar información a algn sobre algn/algo; **for your** ~ para su información.
2 *cpd*: ~ **bureau** *n* oficina *f* de información; ~ **processing** *n* procesamiento *m* de datos; ~ **retrieval** *n* recuperación *f* de la información; ~ **science** *n* informática *f*, gestión *f* de la información; ~ **service** *n* servicio *m* de información; ~ **technology** *n* informática *f*.

informative [ɪnˈfɔːmətɪv] *adj* informativo/a.

informed [ɪnˈfɔːmd] *adj* (*knowledgeable*) al corriente, informado/a; **an** ~ **guess** una opinión bien fundamentada.

informer [ɪnˈfɔːməʳ] *n* (*police* ~) delator(a) *m/f*.

infra dig [ˈɪnfrəˈdɪg] *adj abbr* (*fam*) *of* **infra dignitatem** denigrante.

infrared [ˈɪnfrəˈred] *adj* (*rays, light*) infrarrojo/a.

infrasound [ˈɪnfrəˌsaʊnd] *n* infrasonido *m*.

infrastructure [ˈɪnfrəˌstrʌktʃəʳ] *n* infraestructura *f*.

infrequent [ɪnˈfriːkwənt] *adj* (*visit, occurrence*) poco frecuente, infrecuente.

infringe [ɪnˈfrɪndʒ] *vt* (*law, rights, copyright*) infringir, violar.

▶ **infringe (up)on** *vi* + *prep* usurpar, abusar de.

infringement [ɪnˈfrɪndʒmənt] *n* (*of law, rule*) infracción *f*, violación *f*; (*of rights*) usurpación *f*.

infuriate [ɪnˈfjʊərɪeɪt] *vt* enfurecer; **to be/get** ~**d** estar/ponerse furioso; **at times you** ~ **me** hay veces que me sacas de quicio.

infuriating [ɪnˈfjʊərɪeɪtɪŋ] *adj* (*gen*) exasperante; **I find his habit** ~ esa costumbre suya me saca de quicio.

infuse [ɪnˈfjuːz] *vt* (**a**) (*with courage, enthusiasm*) infundir; **to** ~ **courage into sb** infundir ánimo a algn. (**b**) (*Culin: herbs, tea*) hacer una infusión de.

infusion [ɪnˈfjuːʒən] *n* (*Culin: tea etc*) infusión *f*.

ingenious [ɪnˈdʒiːnɪəs] *adj* (*gen*) ingenioso/a; (*fam: ideas, scheme*) genial.

ingenuity [ˌɪndʒɪˈnjuːɪtɪ] *n* (*of person*) ingenio *m*; (*of ideas, scheme*) ingeniosidad *f*.

ingenuous [ɪnˈdʒenjʊəs] *adj* ingenuo/a.

ingest [ɪnˈdʒest] *vt* ingerir.

ingot [ˈɪŋgət] *n* lingote *m*.

ingrained [ˈɪnˈgreɪnd] *adj* (*dirt*) acumulado/a; (*fig: ideas, tradition*) arraigado/a.

ingratiate [ɪnˈgreɪʃɪeɪt] *vt*: **to** ~ **o.s. with sb** congraciarse con algn, dar coba a algn *(fam)*.

ingratiating [ɪnˈgreɪʃɪeɪtɪŋ] *adj* (*smile, speech*) insinuante; (*person*) zalamero/a, congraciador(a).

ingratitude [ɪnˈgrætɪtjuːd] *n* ingratitud *f*.

ingredient [ɪnˈgriːdɪənt] *n* (*Culin*) ingrediente *m*; (*fig*) componente *m*.

ingrowing [ˈɪnˌgrəʊɪŋ] *adj*: ~ **(toe)nail** uña *f* encarnada.

inhabit [ɪnˈhæbɪt] *vt* (*house*) ocupar; (*town, country*) vivir en; (*animal*) habitar.

inhabitable [ɪnˈhæbɪtəbl] *adj* (*gen*) habitable.

inhabitant [ɪnˈhæbɪtənt] *n* habitante *mf*.

inhale [ɪnˈheɪl] **1** *vt* (*gas, Med*) inhalar, aspirar; (*smoke etc*) tragar. **2** *vi* (*smoker*) tragar el humo; (*Med*) aspirar.

inhaler [ɪnˈheɪləʳ] *n* inhalador *m*.

inherent [ɪnˈhɪərənt] *adj* inherente, intrínseco/a; **to be** ~ **in sth** ser inherente a algo; **with all the** ~ **difficulties** con todas las dificultades inevitables.

inherit [ɪnˈherɪt] *vt* (*gen*) heredar.

inheritance [ɪnˈherɪtəns] **1** *n* herencia *f*; (*fig*) patrimonio *m*; **it's an** ~ **from the last government** es un legado del gobierno anterior. **2** *cpd*: ~ **law** *n* ley *f* de herencia; ~ **tax** *n* impuesto *m* de sucesión.

inheritor [ɪnˈherɪtəʳ] *n* heredero/a *m/f*.

inhibit [ɪnˈhɪbɪt] *vt* (*check*) inhibir, reprimir; (*prevent*) impedir; **to** ~ **sb from doing sth** impedir a algn hacer algo; **we cannot** ~ **progress** no podemos detener el progreso.

inhibited [ɪnˈhɪbɪtɪd] *adj* (*person*) cohibido/a.

inhibition [ˌɪnhɪˈbɪʃən] *n* cohibición *f*; **to have/have no** ~**s** sentirse/no sentirse cohibido.

inhospitable [ˌɪnhɒsˈpɪtəbl] *adj* (*person*) inhospitalario/a; (*country*) inhóspito/a.

in-house [ˈɪnˈhaʊs] **1** *adv* dentro de la empresa. **2** *adj* interno/a, en casa; ~ **training** formación *f* en la empresa.

inhuman [ɪnˈhjuːmən] *adj* (*merciless*) inhumano/a; (*insensitive*) insensible.

inhumane [ˌɪnhjʊ(ː)ˈmeɪn] *adj* (*behaviour, treatment*) inhumano/a.

inhumanity [ˌɪnhjuːˈmænɪtɪ] *n* inhumanidad *f*.

inimical [ɪˈnɪmɪkəl] *adj* contrario/a.

inimitable [ɪˈnɪmɪtəbl] *adj* inimitable.

iniquitous [ɪˈnɪkwɪtəs] *adj* inicuo/a.

initial [ɪˈnɪʃəl] **1** *adj* (*gen*) primero/a, inicial; **in the** ~ **stages** al principio; ~ **expenses** gastos *mpl* iniciales. **2** *n* (*letter*) inicial *f*; ~**s** (*abbreviation*) siglas *fpl*; **to sign sth with one's** ~**s** firmar algo con las iniciales. **3** *vt* (*Comm: letter etc*) firmar con las iniciales.

initialize [ɪˈnɪʃəlaɪz] *vt* (*Comput*) inicializar.

initially [ɪˈnɪʃəlɪ] *adv* al principio, en un principio.

initiate [ɪˈnɪʃɪeɪt] *vt* (**a**) (*begin*) iniciar; (*: talks*) entablar; (*: reform*) promover; **to** ~ **proceedings against sb** (*Jur*) entablar una demanda contra algn. (**b**) (*admit*) admitir; **to** ~ **sb into sth** iniciar a algn en algo.

initiation [ɪˌnɪʃɪˈeɪʃən] **1** *n* (*gen*) iniciación *f*; (*beginning*) inicio *m*, comienzo *m*. **2** *cpd*: ~ **ceremony** *n* ceremonia *f* de iniciación.

initiative [ɪˈnɪʃətɪv] *n* iniciativa *f*; **to use one's** ~ obrar por propia iniciativa; **on one's own** ~ por iniciativa propia; **to take the** ~ tomar la iniciativa.

inject [ɪnˈdʒekt] *vt* (*Med: medicine*) inyectar; (*: person*) poner una inyección a; (*fig: enthusiasm, money*) **to** ~ **into** infundir *or* introducir en.

injection [ɪnˈdʒekʃən] *n* (*gen*) inyección *f*; **to give sb an** ~ dar una inyección a algn; **to have an** ~ hacerse inyectar.

injudicious [ˌɪndʒʊˈdɪʃəs] *adj* imprudente, indiscreto/a.

injunction [ɪnˈdʒʌŋkʃən] *n* (*Jur*) entredicho *m*, interdicto *m*.

injure [ˈɪndʒəʳ] *vt* (**a**) (*physically: wound*) herir, lesionar; (*: hurt*) lastimar, dañar; **he** ~**d his arm** se lastimó el brazo; **he was** ~**d in the accident** fue lastimado en el accidente. (**b**) (*fig: reputation, trade etc*) perjudicar; (*: feelings*) herir; **to** ~ **o.s.** hacerse daño, lastimarse.

injured [ˈɪndʒəd] **1** *adj* (*person, limb etc*) herido/a, lesionado/a; (*tone, feelings*) herido/a; **the** ~ **party** (*Jur*) la parte perjudicada. **2** *npl*: **the** ~ los heridos; **there were four** ~ hubo cuatro heridos.

injurious [ɪnˈdʒʊərɪəs] *adj* perjudicial.

injury [ˈɪndʒərɪ] **1** *n* (**a**) (*physical*) herida *f*, lesión *f*; **to do o.s. an** ~ hacerse daño. (**b**) (*fig: to reputation, feelings*) perjuicio *m*. **2** *cpd*: ~ **time** *n* (*Sport*) descuento *m*; *see* **insult**.

injustice [ɪnˈdʒʌstɪs] *n* injusticia *f*; **you do me an** ~ Ud es injusto conmigo.

ink [ɪŋk] *n* tinta *f*; (*printing* ~) tinta de imprenta.

ink-jet printer [ˈɪŋkdʒetˈprɪntəʳ] *n* impresora *f* de chorro de tinta.

inkling [ˈɪŋklɪŋ] *n* (*hint*) indicio *m*, idea *f*; (*suspicion*) sospecha *f*; (*vague idea*) atisbo *m*; **to give sb an** ~ **that ...** darle a algn motivo para pensar que ...; **I had no** ~ **that ...** no tenía ni la menor idea de que ....

inkpad [ˈɪŋkpæd] *n* almohadilla *f*.

inkwell [ˈɪŋkwel] *n* tintero *m*.

inky [ˈɪŋkɪ] *adj* manchado/a de tinta; (*fig: darkness*) tenebroso/a.

INLA [ˈɪnlə] *n abbr* (*Brit*) *of* **Irish National Liberation Army**.

inlaid [ˈɪnˈleɪd] *adj* (*with wood*) taraceado/a (*with* de); (*with tiles*) entarimado/a (*with* de); (*with jewels*) incrustado/a (*with* de).

inland [ˈɪnlənd] **1** *adj* (*town*) del interior; (*waterway, trade etc*) interior; **I~ Revenue** (*Brit*) Departamento de Impuestos. **2** *adv* (*in*) tierra adentro; (*towards*) hacia el interior.

in-laws [ˈɪnˌlɔːz] *npl* (*fam*) parientes *mpl* políticos.

inlet [ˈɪnlet] **1** *n* (**a**) (*Geog*) ensenada *f*, cala *f*. (**b**) (*Tech*) admisión *f*, entrada *f*. **2** *cpd*: ~ **valve** *n* válvula *f* de entrada.

inmate [ˈɪnmeɪt] *n* (*of prison*) preso/a *m/f*, presidiario/a *m/f*; (*of asylum*) internado/a *m/f*.

inn [ɪn] *n* posada *f*, fonda *f*.

innards [ˈɪnədz] *npl* (*fam*) tripas *fpl*.

innate [ɪˈneɪt] *adj* innato/a.

inner [ˈɪnəʳ] *adj* (*space within*) interior; (*part*) interno/a; (*thoughts, emotions*) íntimo/a; **the ~ city** las zonas céntricas de la ciudad; **~ city schools** escuelas *fpl* de las zonas céntricas; **~ ear** oído *m* interno; **the ~ life** la vida interior; **~ sole** (*in shoe*) suela *f*; **~ tube** (*in tyre*) cámara *f*, llanta *f* (*LAm*).

innermost [ˈɪnəməʊst] *adj* (*thoughts, feelings*) más íntimo/a, más secreto/a.

innings [ˈɪnɪŋz] *n sg and pl* (*in cricket*) entrada *f*, turno *m*; **he's had a good ~** (*fig*) ha tenido una vida *or* carrera larga.

innkeeper [ˈɪnkiːpəʳ] *n* posadero/a *m/f*.

innocence [ˈɪnəsns] *n* inocencia *f*.

innocent [ˈɪnəsnt] *adj*, *n* (*gen*) inocente *mf*.

innocuous [ɪˈnɒkjʊəs] *adj* inocuo/a, inofensivo/a.

innovate [ˈɪnəʊveɪt] *vi* innovar.

innovation [ˌɪnəʊˈveɪʃən] *n* innovación *f*, novedad *f*.

innuendo [ˌɪnjʊˈendəʊ] *n* indirecta *f*.

innumerable [ɪˈnjuːmərəbl] *adj*: **there were ~ accidents that night** aquella noche hubo incontables accidentes; **I've told you ~ times** te lo he dicho mil veces.

innumerate [ɪˈnjuːmərɪt] *adj* incompetente en matemáticas *or* el cálculo.

inoculate [ɪˈnɒkjʊleɪt] *vt* (*person, animal*) inocular, vacunar (*against* contra).

inoculation [ɪˌnɒkjʊˈleɪʃən] *n* inoculación *f*, vacuna *f*.

inoffensive [ˌɪnəˈfensɪv] *adj* inofensivo/a.

inopportune [ɪnˈɒpətjuːn] *adj* inoportuno/a.

inordinate [ɪˈnɔːdɪnɪt] *adj* (*excessive*) excesivo/a; (*unrestrained*) desmesurado/a.

inorganic [ˌɪnɔːˈgænɪk] *adj* (*Chem*) inorgánico/a.

inpatient [ˈɪnˌpeɪʃənt] *n* internado/a *m/f*.

input [ˈɪnpʊt] **1** *n* (*Elec*) entrada *f*; (*Comput*) input *m*, entrada de datos; (*Fin, fig*) inversión *f*. **2** *vt* (*Comput*) introducir, entrar.

inquest [ˈɪnkwest] *n* (*by coroner*) encuesta *f* judicial *or* post-mortem; (*fig*) investigación *f*.

inquire [ɪnˈkwaɪəʳ] **1** *vt*: **to ~ sth of sb** preguntar algo a algn; **to ~ when/whether** ... preguntar cuándo/si ...; **he ~d the price** preguntó cuánto costaba. **2** *vi* preguntar; **to ~ into sth** investigar *or* indagar algo; **to ~ about sth** informarse de algo, pedir informes sobre algo; **'~ within'** 'se dan informaciones'.

inquiring [ɪnˈkwaɪərɪŋ] *adj* (*mind*) curioso/a; (*look*) de interrogación.

inquiry [ɪnˈkwaɪərɪ] **1** *n* (**a**) (*question*) interrogante *m*, pregunta *f*; **'Inquiries'** (*on sign etc*) 'Informes' *mpl*; **on ~** al preguntar; **inquiries to X** dirigirse a X; **to make inquiries (about sth)** indagar (sobre algo).

(**b**) (*investigation*) investigación *f*, pesquisa *f*; (*commission*) comisión *f* investigadora *or* de investigación; **to hold an ~ into sth** montar una investigación sobre algo; **to set up an ~ into the disaster** nombrar a una comisión para investigar el desastre; **the police are making inquiries** la policía está investigando el asunto; **the ~ found that** ... la investigación concluyó que ....

2 *cpd*: ~ **desk** *n* mesa *f* de informes; ~ **office** *n* (oficina *f* de) informaciones *fpl*.

inquisition [ˌɪnkwɪˈzɪʃən] *n* inquisición *f*, investigación *f*; **the Spanish I~** la Inquisición.

inquisitive [ɪnˈkwɪzɪtɪv] *adj* (*interested*) curioso/a; (*prying*) preguntón/ona; (*mind*) activo/a, inquiridor(a).

inroad [ˈɪnrəʊd] *n*: **to make ~s into one's savings** agotar parte de sus ahorros; **to make ~s into sb's time** hacerle perder el tiempo a algn.

INS *n abbr* (*US*) *of* **Immigration and Naturalization Service.**

ins. *abbr* (**a**) *of* **insurance.** (**b**) *of* **inches.**

insane [ɪnˈseɪn] **1** *adj* (*person*) loco/a, demente; (*act etc*) insensato/a; **to go ~** volverse loco/a; **to drive sb ~** (*fig*) volver loco *or* enloquecer a algn. **2** *npl*: **the ~** los enfermos mentales.

insanitary [ɪnˈsænɪtərɪ] *adj* insalubre, malsano/a, antihigiénico/a.

insanity [ɪnˈsænɪtɪ] *n* (*Med*) demencia *f*; (*of act etc*) insensatez *f*, locura *f*.

insatiable [ɪnˈseɪʃəbl] *adj* insaciable.

inscribe [ɪnˈskraɪb] *vt* (*engrave*) grabar; (*write*) inscribir; (*dedicate: book*) dedicar.

inscription [ɪnˈskrɪpʃən] *n* (*on stone*) inscripción *f*; (*in book*) dedicatoria *f*.

inscrutable [ɪnˈskruːtəbl] *adj* inescrutable.

inseam [ˈɪnsiːm] *adj*: ~ **measurement** (*US*) medida *f* de pernera.

insect [ˈɪnsekt] **1** *n* insecto *m*; (*fig*) bicho *m*. **2** *cpd*: ~ **bite** *n* picadura *f*; ~ **powder** *n* polvos *mpl* antiinsectos; ~ **repellant** *n* loción *f* contra los insectos; ~ **spray** *n* insecticida *m* en aerosol.

insecticide [ɪnˈsektɪsaɪd] *n* insecticida *m*.

insecure [ˌɪnsɪˈkjʊəʳ] *adj* inseguro/a.

insecurity [ˌɪnsɪˈkjʊərɪtɪ] *n* inseguridad *f*.

inseminate [ɪnˈsemɪneɪt] *vt* inseminar.

insemination [ɪnˌsemɪˈneɪʃən] *n* inseminación *f*, fecundación *f*.

insensible [ɪnˈsensəbl] *adj* (*unconscious*) sin conocimiento; (*unaware*) inconsciente; **the blow knocked him ~** el golpe le hizo perder el conocimiento.

insensitive [ɪnˈsensɪtɪv] *adj* insensible.

insensitivity [ɪnˌsensɪˈtɪvɪtɪ] *n* insensibilidad *f*.

inseparable [ɪnˈsepərəbl] *adj* inseparable.

insert [ˈɪnsɜːt] **1** *n* (*in book etc*) encarte *m*; (*Sew*) entredós *m*. **2** [ɪnˈsɜːt] *vt* (*coin, finger, needle etc*) introducir; (*add: word, paragraph*) incluir; (*advertisement*) poner; (*Comput*) insertar.

insertion [ɪnˈsɜːʃən] *n* (*gen*) inserción *f*; (*advertisement*) anuncio *m*.

in-service [ˈɪnˈsɜːvɪs] *adj*: ~ **benefits/course/training** beneficios *mpl*/cursillo *m*/formación *f* en funcionamiento.

inshore [ˈɪnˈʃɔːʳ] **1** *adv* (*fish*) a lo largo de la costa; (*sail, blow*) hacia la orilla. **2** *adj*: ~ **fishing** pesca *f* costera.

inside [ˈɪnˈsaɪd] **1** *n* (**a**) interior *m*, parte *f* interior; (*of road: Brit*) lado *m* izquierdo; (*: US, Europe etc*) lado derecho; **on the ~** por dentro; **from the ~** desde dentro; **to overtake on the ~** adelantarse *or* (*LAm*) rebasar por la derecha *or* por la izquierda; (*Brit*) **to know sth from the ~** saber algo por experiencia propia.

(**b**) **to be ~ out** estar al revés; **to know a subject ~ out** conocer un tema de cabo a rabo; **to turn sth ~ out** volver algo al revés; **the wind blew the umbrella ~ out** el viento volvió el paraguas al revés.

(**c**) (*fam*) **~s** tripas *fpl*.

2 *adv* (*in*) dentro, adentro (*LAm*); (*towards*) adentro; (*indoors*) adentro, dentro; **please step ~** pase (Ud); **to be ~** (*fam: in prison*) estar en chirona (*fam*).

3 *prep* (**a**) (*of place*) dentro de.

(**b**) (*of time*) en menos de; **~ the record** (*fam*) en tiempo récord.

4 *cpd*: ~ **forward** *n* interior *mf*; ~ **information** *n* información *f* confidencial; ~ **job** *n* (*fam: crime*) crimen *m* organizado desde dentro; ~ **lane** *n* (*Brit*) carril *m* izquierdo; (*US, Europe etc*) carril derecho; ~ **left** *n* interior *mf* izquierda; ~ **leg measurement** *n* medida *f* de pernera interior; ~ **right** *n* interior *mf* derecha; ~ **story** *n* historia *f* íntima.

insider [ɪn'saɪdəʳ] **1** *n* enterado/a *m/f*. **2** *cpd*: ~ **dealing,** ~ **trading** *n* (abuso *m* de) información *f* privilegiada.

insidious [ɪn'sɪdɪəs] *adj* insidioso/a.

insight ['ɪnsaɪt] *n* (**a**) (*understanding*) perspicacia *f*, ojo *m*; **a person of** ~ una persona de perspicacia. (**b**) (*perception*) intuición *f*; **to gain** *or* **get an** ~ **into sth** formarse una idea de algo.

insignia [ɪn'sɪgnɪə] *npl* insignias *fpl*.

insignificance [,ɪnsɪg'nɪfɪkəns] *n* insignificancia *f*; **A pales into** ~ **beside B** A pierde toda su importancia al compararse con B.

insignificant [,ɪnsɪg'nɪfɪkənt] *adj* insignificante.

insincere [,ɪnsɪn'sɪəʳ] *adj* insincero/a.

insincerity [,ɪnsɪn'serɪtɪ] *n* insinceridad *f*.

insinuate [ɪn'sɪnjʊeɪt] *vt* insinuar, dar a entender (*that* que); **to** ~ **o.s. into sb's favour** insinuarse en el favor de algn; **what are you insinuating?** ¿qué quieres insinuar?

insinuation [ɪn,sɪnjʊ'eɪʃən] *n* (*act*) insinuación *f*; (*hint*) indirecta *f*; **he made certain** ~**s** soltó ciertas indirectas.

insipid [ɪn'sɪpɪd] *adj* soso/a, insípido/a.

insist [ɪn'sɪst] **1** *vi* insistir; **to** ~ **on sth** (*repeat etc*) insistir en algo; (*demand*) exigir algo; (*emphasize*) hacer hincapié en algo; **to** ~ **on doing sth** (*carry on*) insistir *or* empeñarse en hacer algo. **2** *vt*: **to** ~ **that** ... insistir en que ....

insistence [ɪn'sɪstəns] *n* insistencia *f*; **at his/her** ~ ante su insistencia.

insistent [ɪn'sɪstənt] *adj* (*person*) insistente; (*demand*) persistente; (*tone*) porfiado/a; **he was most** ~ **about it** se empeñó mucho en ello.

in situ [ɪn'sɪtjuː] *adv* in situ, en el sitio.

insofar [ɪnsə'fɑːʳ] *conj*: ~ **as** ... en tanto que + *indic*.

insole ['ɪnsəʊl] *n* plantilla *f*.

insolence ['ɪnsələns] *n* insolencia *f*, descaro *m*.

insolent ['ɪnsələnt] *adj* insolente, descarado/a.

insoluble [ɪn'sɒljʊbl] *adj* (*substance*) insoluble; (*problem*) sin solución.

insolvency [ɪn'sɒlvənsɪ] *n* (*of company*) insolvencia *f*.

insolvent [ɪn'sɒlvənt] *adj* insolvente.

insomnia [ɪn'sɒmnɪə] *n* insomnio *m*.

insomniac [ɪn'sɒmnɪæk] *n* insomne *mf*.

insomuch [,ɪnsəʊ'mʌtʃ] *adv*: ~ **as** puesto que, ya que, por cuanto que.

Insp. *abbr of* **inspector**.

inspect [ɪn'spekt] *vt* (**a**) (*examine: goods, luggage*) revisar, examinar; (*: ticket, document*) registrar, reconocer. (**b**) (*Mil: troops*) pasar revista a.

inspection [ɪn'spekʃən] *n* (**a**) (*of goods*) inspección *f*; (*of ticket, document*) examen *m*, registro *m*; **on** ~, **the goods** ... al ser registradas las mercancías .... (**b**) (*Mil: of troops*) revista *f*.

inspector [ɪn'spektəʳ] *n* (*official*) inspector(a) *m/f*; (*on bus, train*) revisor(a) *m/f*, controlador(a) *m/f* (*LAm*); (*in police, schools etc*) inspector(a); ~ **of taxes** Inspector(a) de Hacienda.

inspiration [,ɪnspə'reɪʃən] *n* inspiración *f*; **to find** ~ **in** inspirarse en.

inspire [ɪn'spaɪəʳ] *vt* inspirar; **to** ~ **confidence in sb, to** ~ **sb with confidence** infundir confianza a algn; **to** ~ **sb to do sth** inspirar a algn a hacer algo.

inspired [ɪn'spaɪəd] *adj* inspirado/a; **in an** ~ **moment** ... en un momento de inspiración ....

inspiring [ɪn'spaɪərɪŋ] *adj* inspirador(a).

Inst. *abbr of* **Institute**.

inst. *abbr* (*Brit Comm*) *of* **instant, of the present month** corrte, cte.

instability [,ɪnstə'bɪlɪtɪ] *n* inestabilidad *f*.

instal(l) [ɪn'stɔːl] *vt* instalar.

installation [,ɪnstə'leɪʃən] *n* (*Tech, gen*) instalación *f*; (*of mayor, official etc*) inauguración *f*.

instalment, (*US*) **installment** [ɪn'stɔːlmənt] **1** *n* (**a**) (*Comm: part payment*) plazo *m*, abono *m*; **monthly** ~ mensualidad *f*; **to pay in** ~**s** pagar a plazos *or* por abonos. (**b**) (*of serial: in magazine*) fascículo *m*; (*: on radio, TV*) entrega *f*. **2** *cpd*: ~ **plan** *n* (*US*) pago *m or* compra *f* a plazos.

instance ['ɪnstəns] *n* (*example*) ejemplo *m*; **for** ~ por ejemplo; **in that** ~ en ese caso; **in the first** ~ en primer lugar.

instant ['ɪnstənt] **1** *adj* (**a**) (*reply, reaction, success*) inmediato/a; ~ **coffee** café instantáneo (en polvo). (**b**) (*Comm*) **on the 1st** ~ el primero del corriente. **2** *n* instante *m*, momento *m*; **in an** ~ en un instante; **the** ~ **I heard it** en el momento en que lo supe.

instantaneous [,ɪnstən'teɪnɪəs] *adj* instantáneo/a.

instantly ['ɪnstəntlɪ] *adv* al instante.

instead [ɪn'sted] **1** *adv* en su lugar. **2** *prep*: ~ **of** en vez de, en lugar de; **he went** ~ **of me** fue en mi lugar.

instep ['ɪnstep] *n* empeine *m*.

instigate ['ɪnstɪgeɪt] *vt* (*rebellion, strike, crime*) instigar; (*new ideas etc*) fomentar.

instigation [,ɪnstɪ'geɪʃən] *n*: **at sb's** ~ a instigación de algn.

instigator ['ɪnstɪgeɪtəʳ] *n* instigador(a) *m/f*.

instil, (*US*) **instill** [ɪn'stɪl] *vt*: **to** ~ **sth into sb** infundir algo a algn.

instinct ['ɪnstɪŋkt] *n* instinto *m*; **by** ~ por instinto.

instinctive [ɪn'stɪŋktɪv] *adj* instintivo/a.

institute ['ɪnstɪtjuːt] **1** *n* (*research centre*) instituto *m*; (*professional body*) colegio *m*, asociación *f*. **2** *vt* (*begin*) iniciar, empezar; (*found*) fundar, establecer; (*Jur: proceedings*) entablar.

institution [,ɪnstɪ'tjuːʃən] *n* (**a**) (*act*) establecimiento *m*. (**b**) (*organization*) institución *f*. (**c**) (*custom etc*) costumbre *f* arraigada.

institutional [,ɪnstɪ'tjuːʃənl] *adj* institucional; ~ **investor** inversionista *mf* institucional.

institutionalize [,ɪnstɪ'tjuːʃnəlaɪz] *vt* (*patient*) meter en una institución; (*make into institution*) institucionalizar.

instruct [ɪn'strʌkt] *vt* (**a**) (*teach*) **to** ~ **sb in sth** enseñar algo a algn. (**b**) (*order*) **to** ~ **sb to do sth** mandar a algn hacer algo.

instruction [ɪn'strʌkʃən] **1** *n* (**a**) (*teaching*) instrucción *f*, enseñanza *f*; ~ **in mathematics** clases *fpl* de matemáticas. (**b**) (*usu pl: order*) órdenes *fpl*; **to give sb** ~**s to do sth** dar órdenes a algn de hacer algo; ~ **for use** modo *m* de empleo. **2** *cpd*: ~ **book** *n* manual *m*.

instructive [ɪn'strʌktɪv] *adj* (*experience*) instructivo/a.

instructor [ɪn'strʌktəʳ] *n* instructor(a) *m/f*.

instrument ['ɪnstrʊmənt] **1** *n* (*gen*) instrumento *m*; (*surgical*) instrumental *m*; **to fly on** ~**s** volar con los instrumentos. **2** *cpd*: ~ **panel** *n* (*Aer*) tablero *m or* cuadro *m* de instrumentos.

instrumental [,ɪnstrʊ'mentl] *adj* (**a**) **to be** ~ **in sth** ser responsable de algo. (**b**) (*music etc*) instrumental.

instrumentalist [,ɪnstrʊ'mentəlɪst] *n* instrumentista *mf*.

insubordinate [,ɪnsə'bɔːdənɪt] *adj* (*person, behaviour*) insubordinado/a.

insubordination ['ɪnsə,bɔːdɪ'neɪʃən] *n* insubordinación *f*.

insufferable [ɪn'sʌfərəbl] *adj* insoportable, inaguantable.

insufficient [,ɪnsə'fɪʃənt] *adj* insuficiente.

insular ['ɪnsjələʳ] *adj* (**a**) (*Geog: climate, location*) insular. (**b**) (*fig: person, attitude*) estrecho/a de miras.

insulate ['ɪnsjʊleɪt] *vt* (*gen*) aislar.

insulating tape ['ɪnsjʊleɪtɪŋ,teɪp] *n* cinta *f* aislante.

insulation [,ɪnsjʊ'leɪʃən] **1** *n* (*gen*) aislamiento *m*; (*of walls etc*) aislamiento térmico. **2** *cpd*: ~ **material** *n* ma-

terial *m* aislante.
insulin ['ɪnsjʊlɪn] *n* insulina *f*.
insult ['ɪnsʌlt] **1** *n* insulto *m*, ofensa *f*; **to add ~ to injury** para colmo de males. **2** [ɪn'sʌlt] *vt* (*person*) insultar, ofender.
insulting [ɪn'sʌltɪŋ] *adj* ofensivo/a, insultante.
insuperable [ɪn'su:pərəbl] *adj* (*difficulty etc*) insuperable.
insurable [ɪn'ʃʊərəbl] *adj* asegurable.
insurance [ɪn'ʃʊərəns] **1** *n* (*Comm*) seguro *m*; **~ against theft/fire/damage** seguro contra robo/incendio/daños; **comprehensive/third party ~** seguro a todo riesgo/contra terceros; **to take out ~** hacerse un seguro.
2 *cpd*: **~ agent** *n* agente *m* de seguros; **~ broker** *n* corredor(a) *m/f* de seguros; **~ certificate** *n* certificado *m* de seguros; **~ claim** *n* demanda *f* de seguro; **~ company** *n* compañía *f* de seguros; **~ policy** *n* póliza *f* (de seguros); **~ premium** *n* prima *f* de seguro.
insure [ɪn'ʃʊə^r] *vt* asegurar; **to ~ o.s.** *or* **one's life** asegurarse (la vida); **to ~ sb** *or* **sb's life** asegurar la vida a algn; **to be ~d for £5000** tener un seguro de 5000 libras; **to ~ sth against fire/theft** asegurar algo contra incendios/robo.
insured [ɪn'ʃʊəd] *n*: **the ~** el/la asegurado/a.
insurer [ɪn'ʃʊərə^r] *n* asegurador(a) *m/f*.
insurgent [ɪn'sɜ:dʒənt] *n, adj* insurgente *mf*, insurrecto/a *m/f*.
insurmountable [ˌɪnsə'maʊntəbl] *adj* insuperable.
insurrection [ˌɪnsə'rekʃən] *n* insurrección *f*.
Int. *abbr of* **International**.
int. *abbr* (*Fin*) *of* **interest**.
intact [ɪn'tækt] *adj* (*undamaged*) íntegro/a; (*untouched*) intacto/a; **not a window was left ~** no quedaba ventana sin romper.
intake ['ɪnteɪk] **1** *n* **(a)** (*Tech: of air, gas etc*) entrada *f*; (*: of water*) toma *f*. **(b)** (*quantity: of people*) ingreso *m*; (*of food*) ración *f*; **what is your student ~?** ¿cuántos alumnos se matriculan (cada año)? **2** *cpd*: **~ valve** *n* válvula *f* de admisión.
intangible [ɪn'tændʒəbl] *adj* (*gen*) intangible; **~ assets** activo *msg* intangible.
integer ['ɪntɪdʒə^r] *n* entero *m*, número *m* entero.
integral ['ɪntɪgrəl] *adj* **(a)** (*essential: part*) integrante. **(b)** (*Math*) **~ calculus** cálculo *m* integral.
integrate ['ɪntɪgreɪt] *vt* integrar.
integrated ['ɪntɪgreɪtɪd] *adj* integrado/a; **to become ~ (in)** integrarse (en); **~ circuit** (*Comput*) circuito *m* integrado.
integration [ˌɪntɪ'greɪʃən] *n* integración *f*.
integrity [ɪn'tegrɪtɪ] *n* (*of person*) integridad *f*, honradez *f*; (*Comput*) integridad.
intellect ['ɪntɪlekt] *n* intelecto *m*, inteligencia *f*.
intellectual [ˌɪntɪ'lektjʊəl] *adj, n* intelectual *mf*; **~ property** propiedad *f* intelectual.
intelligence [ɪn'telɪdʒəns] **1** *n* (*cleverness, information*) inteligencia *f*; **I~ (service)** (*Mil*) servicio *m* de inteligencia. **2** *cpd*: **~ quotient (IQ)** *n* cociente *m* de inteligencia; **~ service** *n* servicio *m* de información; **~ test** *n* prueba *f* de inteligencia.
intelligent [ɪn'telɪdʒənt] *adj* inteligente, listo/a.
intelligible [ɪn'telɪdʒəbl] *adj* inteligible.
intelligentsia [ɪnˌtelɪ'dʒentsɪə] *n* intelectualidad *f*.
INTELSAT ['ɪntelˌsæt] *n abbr of* **International Telecommunications Satellite Organization**.
intemperate [ɪn'tempərɪt] *adj* (*person: immoderate*) desmedido/a, destemplado/a; (*: drunken*) dado/a a la bebida; (*climate*) inclemente.
intend [ɪn'tend] *vt*: **to ~ to** (*mean to*) tener intención de, proponerse; **I ~ him to come too** quiero que venga él también; **to ~ sth for sb** destinar algo a algn; **it was ~ed as a compliment** se supone que era piropo; **to ~ to do sth** querer *or* pensar hacer algo; **I ~ed no harm** lo hice sin malas intenciones; **did you ~ that?** ¿fue eso lo que se proponía?
intense [ɪn'tens] *adj* (*heat, cold*) intenso/a; (*interest, enthusiasm*) apasionado/a, ardiente; (*person, face etc*) nervioso/a.
intensely [ɪn'tenslɪ] *adv* (*extremely*) sumamente; (*with passion*) apasionadamente.
intensify [ɪn'tensɪfaɪ] **1** *vi* intensificarse, aumentar. **2** *vt* aumentar.
intensity [ɪn'tensɪtɪ] *n* intensidad *f*.
intensive [ɪn'tensɪv] *adj* (*study, course*) intensivo/a; (*bombardment*) concentrado/a; **~ care unit** centro *m* de cuidados intensivos; **to be in ~ care** estar bajo cuidados intensivos.
intent [ɪn'tent] **1** *adj* (*absorbed*) absorto/a, reconcentrado/a; **to be ~ on doing sth** (*intend*) estar resuelto *or* decidido a hacer algo; (*concentrate*) estar absorto en hacer algo. **2** *n* propósito *m*, intención *f*; **with ~ to kill** con intentos homicidas; **to all ~s and purposes** prácticamente, en realidad.
intention [ɪn'tenʃən] *n* intención *f*, propósito *m*; **I have no ~ of going** no tengo la menor intención de ir; **I have every ~ of going** tengo plena intención de ir; **with the best of ~s** con la mejor voluntad; **what are your ~s?** ¿qué piensas hacer?
intentional [ɪn'tenʃənl] *adj* (*lie, insult*) deliberado/a.
intentionally [ɪn'tenʃnəlɪ] *adv* a propósito, adrede.
intently [ɪn'tentlɪ] *adv* atentamente, fijamente.
inter [ɪn'tɜ:^r] *vt* enterrar.
inter... ['ɪntə^r] *pref* inter..., entre....
interact [ˌɪntər'ækt] *vi* influirse mutuamente.
interaction [ˌɪntər'ækʃən] *n* interacción *f*, acción *f* recíproca.
interactive [ˌɪntər'æktɪv] *adj* (*gen, Comput*) interactivo/a.
intercede [ˌɪntə'si:d] *vt* interceder.
intercept [ˌɪntə'sept] *vt* (*interfere with: message*) interceptar; (*stop*) detener; (*cut off*) cortar.
interception [ˌɪntə'sepʃən] *n* intercepción *f*.
intercity ['ɪntə'sɪtɪ] *adj* (*train*) interurbano/a.
intercom ['ɪntəkɒm] *n* (*fam*) interfono *m*.
interconnect [ˌɪntəkə'nekt] *vi* conectarse.
intercontinental ['ɪntəˌkɒntɪ'nentl] *adj* intercontinental; **~ ballistic missile** misil *m* balístico intercontinental.
intercourse ['ɪntəkɔ:s] *n* (*frm*) relaciones *fpl*, trato *m*; (*also* **sexual ~**) contacto *m* sexual, relaciones *fpl* sexuales.
interchange [ˌɪntə'tʃeɪndʒ] **1** *vt* (*views, ideas*) intercambiar. **2** ['ɪntə'tʃeɪndʒ] *n* **(a)** (*of views, ideas*) intercambio *m*, cambio *m*. **(b)** (*on motorway etc*) paso *m* elevado, paso a desnivel (*LAm*).
interchangeable [ˌɪntə'tʃeɪndʒəbl] *adj* intercambiable.
interdependence [ˌɪntədɪ'pendəns] *n* interdependencia *f*.
interdependent [ˌɪntədɪ'pendənt] *adj* interdependiente.
interest ['ɪntrɪst] **1** *n* **(a)** (*curiosity*) interés *m*; (*hobby*) pasatiempo *m*; **to have** *or* **take an ~ in sth** interesarse por *or* en algo; **to have** *or* **take no ~ in sth** no interesarse por *or* en algo; **is this of any ~ to you?** ¿le interesa esto?; **to lose ~ in sth** perder el interés por algo; **to show ~** mostrar interés (*in* en, por).
(b) (*profit, advantage*) beneficio *m*, ventaja *f*; **to one's own ~(s)** en beneficio propio; **to act in sb's ~(s)** obrar en interés de algn; **to have a vested ~ in sth** tener intereses creados en algo; **in the public ~** en el interés público.
(c) (*Comm: share, stake*) participación *f*, interés *m*; **to declare an ~ in** declarar un interés en; **to have a financial ~ in a company** tener acciones en una compañía; **~s** intereses; **business ~s** negocios *mpl*; **a controlling ~** una participación mayoritaria; **British ~s in the Middle East** los intereses británicos en el Medio Oriente.

(**d**) (*Comm: on loan, shares etc*) interés *m*, rédito *m*; **compound/simple** ~ interés compuesto/simple; **at an ~ of 5%** a un interés del 5 por ciento; **to bear ~ at 5%** rendir un interés del 5 por ciento; **to lend at** ~ prestar con interés; **to return with** ~ (*also fig*) devolver con creces.
2 *vt* interesar; **to be ~ed in sth** (*gen*) interesarse en *or* por algo; (*Fin*) tener interés en algo; **he's ~ed in buying a car** le interesa comprar un coche; **to ~ o.s. in sth** interesarse en *or* por algo.
3 *cpd*: ~ **rate** *n* tipo *m or* tasa *f* de interés.

interested ['ɪntrɪstɪd] *adj* interesado/a; ~ **party** la parte interesada.

interest-free [ˌɪntrɪst'fri:] *adj* libre *or* franco/a de interés.

interesting ['ɪntrɪstɪŋ] *adj* interesante.

interface ['ɪntəfeɪs] *n* (*Comput*) junción *f*, interface *m*.

interfere [ˌɪntə'fɪəʳ] *vi* (entro)meterse (*in sth* en algo); **to ~ with sth** (*hinder*) dificultar *or* estorbar algo; (*spoil*) frustrar *or* estropear algo; (*Rad, TV*) interferir con algo; **he is always interfering** se mete en todos lados; **stop interfering!** ¡deja de entrometerte!

interference [ˌɪntə'fɪərəns] *n* intromisión *f*; (*Rad, TV*) interferencia *f*, parásitos *mpl*.

interfering [ˌɪntə'fɪərɪŋ] *adj* (*neighbour*) entrometido/a.

interim ['ɪntərɪm] **1** *n*: **in the** ~ en el ínterin *or* interino. **2** *adj* interino/a, provisional; ~ **dividend** dividendo *m* a cuenta.

interior [ɪn'tɪərɪəʳ] **1** *adj* (*inside*) interior; (*domestic*) interno/a; ~ **sprung mattress** colchón *m* de muelles. **2** *n* interior *m*, parte *f* interior; **Department of the I~** Ministerio *or* (*Mex*) Secretaría de Gobernación. **3** *cpd*: ~ **decoration** *n* interiorismo *m*; ~ **decorator** *n* interiorista *mf*.

interject [ˌɪntə'dʒekt] *vt* (*question, remark*) interponer.

interjection [ˌɪntə'dʒekʃən] *n* interposición *f*.

interlink [ˌɪntə'lɪŋk] *vt* eslabonar, encadenar.

interlock [ˌɪntə'lɒk] **1** *vt* trabar, unir; (*wheels*) endentar, engranar. **2** *vi* trabarse, unirse; (*wheels etc*) endentarse, engranar; **the parts of the plan** ~ las partes del plan tienen una fuerte trabazón.

interloper ['ɪntələʊpəʳ] *n* intruso/a *m/f*.

interlude ['ɪntəlu:d] *n* intervalo *m*, período *m*; (*in theatre*) descanso *m*, intermedio *m*; (*musical* ~) interludio *m*.

intermarriage [ˌɪntə'mærɪdʒ] *n* (*between races*) matrimonio *m* mixto; (*between relatives*) matrimonio *m* entre parientes.

intermarry ['ɪntə'mærɪ] *vi* (*gen*) casarse entre sí; (*within family*) casarse entre parientes.

intermediary [ˌɪntə'mi:dɪərɪ] *n* intermediario/a *m/f*.

intermediate [ˌɪntə'mi:dɪət] *adj* (*gen*) intermedio/a; ~ **range ballistic missile** misil *m* balístico de alcance intermedio.

interminable [ɪn'tɜ:mɪnəbl] *adj* (*speech, rain, journey etc*) inacabable, interminable.

intermingle [ˌɪntə'mɪŋgl] *vi* entremezclarse.

intermission [ˌɪntə'mɪʃən] *n* (*pause*) descanso *m*; (*Theat*) intermedio *m*.

intermittent [ˌɪntə'mɪtənt] *adj* intermitente.

intern [ɪn'tɜ:n] **1** *vt* internar. **2** ['ɪntɜ:n] *n* (*US: doctor*) interno/a *m/f* de hospital.

internal [ɪn'tɜ:nl] *adj* (*gen*) interior; (*Med: bleeding, examination etc*) interno/a; **I~ Revenue Service** (*US*) Rentas *fpl* Públicas; ~ **combustion engine** motor *m* de combustión interna *or* de explosión.

internally [ɪn'tɜ:nəlɪ] *adv* interiormente; **'not to be taken ~'** 'uso externo'.

international [ˌɪntə'næʃnəl] **1** *adj* (*gen*) internacional; ~ **date line** línea *f* de cambio de fecha; **I~ Monetary Fund** Fondo *m* Monetario Internacional; ~ **money order** giro *m* monetario internacional; ~ **reply coupon** cupón *m* de respuesta internacional. **2** *n* (*Sport: game*) partido *m* internacional; (*: player*) internacional *mf*.

internee [ˌɪntɜ:'ni:] *n* internado/a *m/f*.

internment [ɪn'tɜ:nmənt] *n* internamiento *m*.

interpersonal [ˌɪntə'pɜ:sənl] *adj* interpersonal.

interplay ['ɪntəpleɪ] *n* interacción *f*.

Interpol ['ɪntəˌpɒl] *n abbr of* **International Criminal Police Organization** Interpol *f*.

interpose [ˌɪntə'pəʊz] *vt* (*gen*) interponer.

interpret [ɪn'tɜ:prɪt] **1** *vt* (**a**) (*translate orally*) traducir. (**b**) (*explain, understand*) interpretar; **how are we to ~ that remark?** ¿cómo hemos de interpretar ese comentario?; **that is not how I ~ it** no lo entiendo yo así. **2** *vi* hacer de intérprete.

interpretation [ɪnˌtɜ:prɪ'teɪʃən] *n* (*gen*) interpretación *f*; **what ~ am I to place on your conduct?** ¿cómo he de entender tu conducta?

interpreter [ɪn'tɜ:prɪtəʳ] *n* intérprete *mf*.

interrelated [ɪntərɪ'leɪtɪd] *adj* interrelacionado/a, relacionado/a.

interrogate [ɪn'terəgeɪt] *vt* (*person*) someter a un interrogatorio.

interrogation [ɪnˌterə'geɪʃən] *n* interrogatorio *m*.

interrogative [ˌɪntə'rɒgətɪv] *adj* (*look, tone*) interrogador(a); (*Ling: pronoun*) interrogativo/a.

interrogator [ɪn'terəgeɪtəʳ] *n* interrogador(a) *m/f*.

interrupt [ˌɪntə'rʌpt] **1** *vt* interrumpir. **2** *vi* interrumpirse.

interruption [ɪntə'rʌpʃən] *n* interrupción *f*.

intersect [ˌɪntə'sekt] **1** *vt* (*Math*) cortar. **2** *vi* (*Math*) intersecarse; (*roads*) cruzarse.

intersection [ˌɪntə'sekʃən] *n* (*crossing*) intersección *f*, cruce *m*; (*turning*) bocacalle *f*, esquina *f*, cruce.

intersperse [ˌɪntə'spɜ:s] *vt*: **to ~ sth with sth** salpicar algo de algo; **dashes ~d with dots** rayas con puntos a intervalos *or* a ratos.

interstate [ˌɪntə'steɪt] *adj* (*US: highway*) interestatal.

intertwine [ˌɪntə'twaɪn] *vi* (*gen*) entrelazarse.

interval ['ɪntəvəl] *n* (**a**) (*in time, space*) intervalo *m*; (*Theat*) intermedio *m*, descanso *m*; (*Sport: half time*) descanso *m*; **at ~s** de vez en cuando, cada cuando (*LAm*); **at regular ~s** (*in time, space*) a intervalos regulares; **sunny ~s** claros *mpl*. (**b**) (*in music*) intervalo *m*.

intervene [ˌɪntə'vi:n] *vi* (*person*) intervenir (*in* en), tomar parte (*in* en); (*crop up*) surgir; (*interfere*) intervenir.

intervening [ˌɪntə'vi:nɪŋ] *adj* intermedio/a; **in the ~ period** en el interino.

intervention [ˌɪntə'venʃən] *n* intervención *f*.

interview ['ɪntəvju:] **1** *n* entrevista *f*; **to have an ~ with the director** entrevistarse con el director. **2** *vt* (*person*) entrevistar.

interviewee ['ɪntəˌvju:'i:] *n* persona *f* entrevistada.

interviewer ['ɪntəvju:əʳ] *n* (*on radio etc*) entrevistador(a) *m/f*.

intestate [ɪn'testɪt] *adj*: **to die** ~ morir intestado/a.

intestinal [ˌɪntes'taɪnl] *adj* (*tract, complaint*) intestinal.

intestine [ɪn'testɪn] *n* intestino *m*; **small/large** ~ intestino delgado/grueso.

intimacy ['ɪntɪməsɪ] *n* (*friendship*) intimidad *f*; (*sexual*) relaciones *fpl* sexuales.

intimate ['ɪntɪmɪt] **1** *adj* (*friends*) íntimo/a, de confianza; (*details*) íntimo/a, personal; (*knowledge*) profundo/a; **to be/become ~ with sb** (*friendly*) intimar con algn; (*sexually*) tener relaciones (íntimas) con algn. **2** ['ɪntɪmeɪt] *vt* insinuar, dar a entender.

intimately ['ɪntɪmɪtlɪ] *adv* íntimamente.

intimation [ˌɪntɪ'meɪʃən] *n* (*news*) indicación *f*; (*hint*) insinuación *f*; **it was the first ~ we had had of it** fue la primera indicación que habíamos tenido de ello.

intimidate [ɪn'tɪmɪdeɪt] *vt* intimidar, acobardar.

intimidation [ɪnˌtɪmɪ'deɪʃən] *n* intimidación *f*.

into ['ɪntʊ] *prep* (**a**) (*of place*) en, a, dentro de; **put it ~ the box** mételo en *or* dentro de la caja; **to go ~ the wood** penetrar en el bosque; **to go ~ town/the country** ir a la ciudad/al campo; **to get ~ the plane/car** subir al avión/coche; **it fell ~ the lake** se cayó al lago.

(**b**) (*change in condition etc*) **to translate sth ~ Spanish** traducir algo al español; **to burst ~ tears** echar a llorar; **to change ~ a monster** volverse *or* convertirse en monstruo; **to change pounds ~ dollars** cambiar libras por dólares; **the rain changed ~ snow** la lluvia se convirtió en nieve; **he is really ~ jazz** (*fam*) es un gran aficionado del jazz; **it turned ~ a pleasant day** se hizo un día muy agradable.

(**c**) (*Math*) **2 ~ 6 goes 3** seis entre dos son tres; **to divide 3 ~ 12** dividir doce entre tres.

intolerable [ɪn'tɒlərəbl] *adj* insoportable, irresistible; **it is ~ that ...** es intolerable que ....

intolerance [ɪn'tɒlərəns] *n* (*gen*) intolerancia *f*; (*bigotry*) intransigencia *f*; (*Med*) intolerancia (*to* a).

intolerant [ɪn'tɒlərənt] *adj* (*gen*) intolerante (*of* con *or* para con); (*bigoted*) intransigente (*of* con).

intonation [ˌɪntəʊ'neɪʃən] *n* entonación *f*.

intoxicate [ɪn'tɒksɪkeɪt] *vt* (*lit, fig*) emborrachar, embriagar.

intoxicated [ɪn'tɒksɪkeɪtɪd] *adj* (*lit*) borracho/a; (*fig*) embriagado/a.

intoxication [ɪnˌtɒksɪ'keɪʃən] *n* (*see adj*) borrachera *f*; embriaguez *f*.

intra... ['ɪntrə] *pref* intra....

intractable [ɪn'træktəbl] *adj* (*person*) intratable; (*: unruly*) indisciplinado/a; (*problem*) insoluble; (*illness*) incurable.

intransigence [ɪn'trænsɪdʒəns] *n* intransigencia *f*.

intransigent [ɪn'trænsɪdʒənt] *adj* intransigente.

intransitive [ɪn'trænsɪtɪv] *adj* (*Ling*) intransitivo/a.

intrauterine [ˌɪntrə'ju:təraɪn] *adj*: **~ device** dispositivo *m* intrauterino.

intravenous [ˌɪntrə'vi:nəs] *adj* intravenoso/a.

in-tray ['ɪnˌtreɪ] *n* bandeja *f* de entrada.

intrepid [ɪn'trepɪd] *adj* intrépido/a.

intricate ['ɪntrɪkɪt] *adj* (*pattern, design, machinery*) intrincado/a, minucioso/a; (*plot, problem*) complejo/a.

intrigue [ɪn'tri:g] **1** *n* (*plot*) intriga *f*; (*amorous*) aventura *f* sentimental, amorío *m*. **2** *vt* fascinar; **I am ~d to know whether ...** me intriga saber si .... **3** *vi* intrigar (*against* contra).

intriguing [ɪn'tri:gɪŋ] **1** *adj* (*fascinating*) fascinante; **a most ~ problem** un problema interesantísimo. **2** *n* intriga *f*.

intrinsic [ɪn'trɪnsɪk] *adj* intrínseco/a; **~ value** valor *m* intrínseco.

intro... ['ɪntrəʊ, 'ɪntrə] *pref* intro....

introduce [ˌɪntrə'dju:s] *vt* (**a**) (*present, make acquainted*) presentar; **to ~ sb to sb** presentar a algn a otro; **to ~ sb to sth** hacer conocer algo a algn; **may I ~ ...?** permítame presentarle a ..., le presento a .... (**b**) (*bring in: reform, new fashion*) introducir; (*: Pol: bill*) presentar; (*TV, Rad: programme*) presentar; (*product*) lanzar; (*subject, idea*) iniciar; (*person: into room*) hacer pasar; **be careful how you ~ the subject** hay que abordar el tema con mucho cuidado.

introduction [ˌɪntrə'dʌkʃən] *n* (*of person*) presentación *f*; (*in book*) prólogo *m*; **my ~ to maths** mi iniciación *f* en las matemáticas; **a letter of ~** una carta de recomendación; **will you do the ~s?** ¿quieres presentarnos?

introductory [ˌɪntrə'dʌktərɪ] *adj* introductorio/a; **~ offer** oferta *f* preliminar.

introspection [ˌɪntrəʊ'spekʃən] *n* introspección *f*.

introspective [ˌɪntrəʊ'spektɪv] *adj* introspectivo/a.

introvert ['ɪntrəʊvɜ:t] *n* introvertido/a *m/f*.

intrude [ɪn'tru:d] *vi* (*intervene*) entrometerse, inmiscuirse; (*interrupt*) interrumpir; **am I intruding?** ¿les molesto *or* (*LAm*) estorbo?; **to ~ (up)on sb's privacy** meterse en vida ajena.

intruder [ɪn'tru:də^r] *n* intruso/a *m/f*.

intrusion [ɪn'tru:ʒən] *n* invasión *f*.

intrusive [ɪn'tru:sɪv] *adj* intruso/a.

intuition [ˌɪntju:'ɪʃən] *n* intuición *f*.

intuitive [ɪn'tju:ɪtɪv] *adj* intuitivo/a.

inundate ['ɪnʌndeɪt] *vt* inundar.

inure [ɪn'jʊə^r] *vt* (*accustom*) acostumbrar, habituar (*to* a); **to become ~d** endurecerse (*to* ante).

inv. *abbr of* **invoice** f.[a].

invade [ɪn'veɪd] *vt* (*Mil*) invadir; (*privacy*) meterse en; (*sb's rights*) usurpar.

invader [ɪn'veɪdə^r] *n* invasor(a) *m/f*.

invalid[1] ['ɪnvəlɪd] *n, adj* minusválido/a *m/f*.

invalid[2] [ɪn'vælɪd] *adj* nulo/a; **to become ~** caducar.

invalidate [ɪn'vælɪdeɪt] *vt* (*document, argument*) invalidar; (*contract*) anular.

invaluable [ɪn'væljʊəbl] *adj* inapreciable, inestimable.

invariable [ɪn'vɛərɪəbl] *adj* invariable.

invariably [ɪn'vɛərɪəblɪ] *adv* sin excepción, siempre.

invasion [ɪn'veɪʒən] *n* invasión *f*.

invective [ɪn'vektɪv] *n* invectiva *f*.

inveigh [ɪn'veɪ] *vi*: **to ~ against** lanzar invectivas contra.

inveigle [ɪn'vi:gl] *vt*: **to ~ sb into sth** embaucar *or* engatusar a algn para que haga algo.

invent [ɪn'vent] *vt* inventar.

invention [ɪn'venʃən] *n* (*gen*) invención *f*; (*machine*) invento *m*; (*lie*) mentira *f*; **it's pure ~** es puro cuento.

inventive [ɪn'ventɪv] *adj* inventivo/a.

inventiveness [ɪn'ventɪvnɪs] *n* inventiva *f*.

inventor [ɪn'ventə^r] *n* inventor(a) *m/f*.

inventory ['ɪnvəntrɪ] **1** *n* inventario *m*. **2** *cpd*: **~ control** *n* control *m* del inventario.

inverse ['ɪn'vɜ:s] *adj* inverso/a.

invert [ɪn'vɜ:t] *vt* invertir, poner al revés.

invertebrate [ɪn'vɜ:tɪbrɪt] *n* invertebrado/a *m/f*.

inverted [ɪn'vɜ:tɪd] *adj*: **in ~ commas** entre comillas; **~ snob** progre *mf* de boquilla.

invest [ɪn'vest] **1** *vt* (**a**) (*money, capital, funds*) invertir; (*person: in office*) investir; (*fig: time, effort*) dedicar. (**b**) **to ~ sb with sth** investir a algn de *or* con algo. **2** *vi*: **to ~ in** (*company etc*) hacer una inversión en; (*hum: buy*) comprarse.

investigate [ɪn'vestɪgeɪt] *vt* (*explore*) investigar, indagar; (*study*) estudiar.

investigation [ɪnˌvestɪ'geɪʃən] *n* (*see vt*) investigación *f*, indagación *f*; estudio *m*.

investigative [ɪn'vestɪˌgeɪtɪv] *adj*: **~ journalism** periodismo *m* investigador.

investigator [ɪn'vestɪgeɪtə^r] *n* investigador(a) *m/f*.

investment [ɪn'vestmənt] **1** *n* (*Comm*) inversión *f*. **2** *cpd*: **~ analyst** *n* analista *mf* financiero/a; **~ bank** *n* banco *m* de inversión; **~ grant** *n* subvención *f* para la inversión; **~ income** *n* ingresos *mpl* procedentes de inversiones; **~ portfolio** *n* portafolio *m* de inversiones; **~ trust** *n* compañía *f* inversionista, sociedad *f* de cartera.

investor [ɪn'vestə^r] *n* inversionista *mf*.

invidious [ɪn'vɪdɪəs] *adj* odioso/a.

invigilate [ɪn'vɪdʒɪleɪt] *vt, vi* (*in exam*) vigilar.

invigorating [ɪn'vɪgəreɪtɪŋ] *adj* tónico/a, estimulante, vigorizante.

invincible [ɪn'vɪnsəbl] *adj* invencible.

invisible [ɪn'vɪzəbl] *adj* (*gen, Comm*) invisible; **~ assets** activo *msg* invisible; **~ ink** tinta *f* simpática.

invitation [ˌɪnvɪ'teɪʃən] *n* invitación *f*.

invite [ɪn'vaɪt] **1** *vt* (*person*) invitar, convidar; (*opinions, subscriptions, applications*) solicitar; (*discussion*) abrir; (*ridicule*) provocar; **to ~ trouble** buscárselas, buscarse problemas; **to ~ sb to do sth** invitar a algn a hacer algo; **to ~ sb to dinner/lunch** invitar a algn a cenar/almorzar; **to ~ sb in/up** *etc* invitar a algn a pasar/subir *etc*. **2** ['ɪnvaɪt] *n* (*fam*) invitación *f*.

► **invite out** *vt + adv* invitar a salir.

► **invite over** *vt + adv* invitar a casa.

inviting [ɪn'vaɪtɪŋ] *adj (prospect, appearance, smile, gesture)* atractivo/a, acogedor(a); *(food, smell)* apetitoso/a; *(seductive)* seductor(a), provocativo/a.

in vitro [ɪn'vi:trəʊ] *adj, adv* in vitro; ~ **fertilization** fecundación *f* in vitro.

invoice ['ɪnvɔɪs] **1** *n* factura *f*; **to send an** ~ pasar factura. **2** *vt (goods)* facturar; **to ~ sb for sth** facturar a algn por algo. **3** *cpd*: ~ **value** *n* valor *m* total de factura.

invoke [ɪn'vəʊk] *vt (frm: aid)* pedir; *(: law)* recurrir *or* acogerse a.

involuntary [ɪn'vɒləntərɪ] *adj* involuntario/a.

involve [ɪn'vɒlv] *vt* (**a**) *(implicate, associate)* comprometer, involucrar; **to be/become ~d in sth** estar comprometido *or* involucrado en algo; **I'm not ~d in this business** este asunto no tiene nada que ver conmigo *or* no me atañe; **I should prefer not to be** *or* **become ~d** preferiría no involucrarme; **to ~ o.s./sb in sth** comprometerse/comprometer a algn en algo; **how did he come to be ~d?** ¿cómo llegó a enmarañarse?; **I was so ~d in reading that ...** estaba tan absorto en mi lectura que ...; **the factors/person ~d** los factores/la persona en juego; **I feel personally ~d** me siento implicado; **to be/become** *or* **get ~d with sb** *(socially)* estar enredado/enredarse con algn; *(emotionally)* estar liado/liarse con algn.
(**b**) *(entail)* suponer, implicar; **it ~s a lot of expense/trouble** supone muchos gastos/problemas; **the job ~s moving to London** el empleo requiere que se traslade a Londres.

involved [ɪn'vɒlvd] *adj (complicated)* complicado/a, enrevesado/a.

involvement [ɪn'vɒlvmənt] *n* (**a**) *(being involved)* ~ **(in sth/with sb)** complicidad *f or* compromiso *m* (en algo/con algn); **we don't know the extent of his** ~ no sabemos hasta qué punto está implicado; **his ~ in the plot** su participación en el complot. (**b**) *(complexity, difficulty)* lo complicado *or* complejo; **financial ~s** compromisos financieros.

invulnerable [ɪn'vʌlnərəbl] *adj* invulnerable.

inward ['ɪnwəd] *adj (peace, happiness)* interior.

inwardly ['ɪnwədlɪ] *adv (gen)* por dentro; *(to oneself)* para dentro, para sí.

inward(s) ['ɪnwəd(z)] *adv (gen)* hacia dentro.

I/O 1 *n abbr (Comput) of* **input/output** E/S. **2** *cpd*: ~ **error** *n* error *m* de E/S.

IOC *n abbr of* **International Olympic Committee** COI *m*.

iodine ['aɪədi:n] *n* yodo *m*.

IOM *abbr (Brit) of* **Isle of Man**.

ion ['aɪən] *n* ion *m*.

Ionian [aɪ'əʊnɪən] *adj* jonio/a, jónico/a; ~ **Sea** Mar *m* Jónico.

ionize ['aɪənaɪz] *vt* ionizar.

iota [aɪ'əʊtə] *n* iota *f*; *(fig)* pizca *f*, ápice *m*; **not one ~ of truth** ni pizca de verdad.

IOU *n abbr of* **I owe you** pagaré *m*, vale *m (LAm)*.

IOW *abbr (Brit) of* **Isle of Wight**.

IPA *n abbr of* **International Phonetic Alphabet**.

IQ *n abbr of* **intelligence quotient** C.I. *m*.

IR *abbr (Brit) of* **Inland Revenue**.

IRA *n abbr* (**a**) *of* **Irish Republican Army** IRA *m*. (**b**) *(US) of* **individual retirement account**.

Iran [ɪ'rɑ:n] *n* Irán *m*.

Iranian [ɪ'reɪnɪən] *adj, n* iraní *mf*; *(ancient)* iranio/a *m/f*.

Iraq [ɪ'rɑ:k] *n* Irak *m*, Iraq *m*.

Iraqi [ɪ'rɑ:kɪ] *adj, n* iraquí *mf*.

irascible [ɪ'ræsɪbl] *adj* irascible, colérico/a.

irate [aɪ'reɪt] *adj* airado/a, furioso/a.

IRBM *n abbr of* **intermediate range ballistic missile**.

ire [aɪə^r] *n* ira *f*, cólera *f*.

Ireland ['aɪələnd] *n* Irlanda *f*; **Northern** ~ Irlanda del Norte; **Republic of** ~ República *f* de Irlanda.

iris ['aɪərɪs] *n* (**a**) *(Anat)* iris *m*. (**b**) *(Bot)* lirio *m*.

Irish ['aɪərɪʃ] **1** *adj* irlandés/esa; ~ **coffee** café *m* irlandés; **the ~ Free State** Estado *m* Libre de Irlanda; **the ~ Sea** el Mar irlandés *or* de Irlanda. **2** *n* (**a**) *(Ling)* irlandés *m*; **the** ~ *(people)* los irlandeses. (**b**) *(Ling)* irlandés *m*.

Irishman ['aɪərɪʃmən] *n (pl* **-men***)* irlandés *m*.

Irishwoman ['aɪərɪʃ,wʊmən] *n (pl* **-women***)* irlandesa *f*.

irk [ɜ:k] *vt* fastidiar, molestar.

irksome ['ɜ:ksəm] *adj (child, chore)* fastidioso/a, molesto/a *(LAm)*.

IRN *n abbr (Brit) of* **Independent Radio News** *servicio de noticias en las cadenas de radio privadas.*

IRO *n abbr* (**a**) *(Brit) of* **Inland Revenue Office**. (**b**) *(US) of* **International Refugee Organization** OIR *f*.

iron ['aɪən] **1** *n (metal)* hierro *m*, fierro *m (LAm)*; *(Golf)* palo *m* de golf; *(for ironing clothes)* plancha *f*; *(for branding)* hierro candente; *(fam: gun)* pistola *f*; **~s** grilletes *mpl*; **cast/corrugated** ~ hierro colado/chapa *f* ondulada; **a will of** ~ *(fam)* una voluntad férrea *or* de hierro; **to strike while the ~ is hot** *(fig)* a hierro candente batir de repente; **to have a lot of/too many ~s in the fire** *(fig)* tener muchos/demasiados asuntos entre manos.
2 *vt (clothes)* planchar.
3 *vi* plancharse.
4 *cpd (bridge, bar, tool etc)* de hierro, de fierro *(LAm)*; *(fig: will, determination)* férreo/a; **the I~ Age** *n* la Edad de hierro; ~ **and steel industry** *n* industria *f* siderúrgica; **the I~ Curtain** *n (fig, Pol)* el Telón de Acero; ~ **foundry** *n* fundición *f*, fundidora *f (LAm)*; ~ **lung** *n (Med)* pulmón *m* de acero; ~ **ore** *n* mineral *m* de hierro; ~ **rations** *npl* ración *fsg* mínima.
▸ **iron out** *vt + adv (creases)* planchar; *(fig: problems, difficulties)* allanar; *(: disagreements)* resolver.

ironic(al) [aɪ'rɒnɪk(əl)] *adj* irónico/a.

ironing ['aɪənɪŋ] **1** *n (act)* planchado *m*; *(clothes)* ropa *f* por planchar. **2** *cpd*: ~ **board** *n* tabla *f or* mesa *f* de planchar.

ironmonger ['aɪən,mʌŋgə^r] *n (Brit)* quincallero/a *m/f*, ferretero/a *m/f*; **~s** quincallería *f*, ferretería *f*, tlapalería *f (Mex)*.

ironworks ['aɪənwɜ:ks] *nsg, npl* herrería *f*, fundición *f*, fábrica *f* de hierro.

irony ['aɪərənɪ] *n* ironía *f*; **the ~ of it is that ...** lo irónico es que ....

irrational [ɪ'ræʃənl] *adj (behaviour, person, belief)* irracional.

irreconcilable [ɪ,rekən'saɪləbl] *adj (enemies)* irreconciliable; *(ideas)* incompatible.

irredeemable [,ɪrɪ'di:məbl] *adj* irredimible.

irrefutable [,ɪrɪ'fju:təbl] *adj (evidence, argument)* irrefutable.

irregular [ɪ'regjʊlə^r] *adj (uneven: shape, surface, lines)* desigual; *(not following rules, Ling, attendance)* irregular.

irregularity [ɪ,regjʊ'lærɪtɪ] *n (see adj)* desigualdad *f*; irregularidad *f*.

irrelevant [ɪ'reləvənt] *adj (not pertinent)* fuera del caso, fuera de lugar; *(unsuitable)* inoportuno/a; **what you are saying is** ~ lo que dices no viene al caso.

irreligious [,ɪrɪ'lɪdʒəs] *adj (people, behaviour, play)* irreligioso/a.

irremovable [,ɪrɪ'mu:vəbl] *adj* inamovible.

irreparable [ɪ'repərəbl] *adj (damage)* irreparable; *(harm)* irremediable.

irreplaceable [,ɪrɪ'pleɪsəbl] *adj* irre(e)mplazable.

irrepressible [,ɪrɪ'presəbl] *adj (person, high spirits, laughter)* incontenible.

irreproachable [,ɪrɪ'prəʊtʃəbl] *adj (conduct)* irreprochable, intachable.

irresistible [,ɪrɪ'zɪstəbl] *adj (gen)* irresistible.

irresolute [ɪ'rezəlu:t] *adj (person, character)* indeciso/a.

irrespective [,ɪrɪ'spektɪv] *adj*: ~ **of** sin tomar en consideración *or* en cuenta.

irresponsible [,ɪrɪs'pɒnsəbl] *adj (person, behaviour)* irresponsable.

irretrievable [ˌɪrɪˈtriːvəbl] *adj* (*object*) irrecuperable; (*loss, damage*) irremediable, irreparable.
irreverent [ɪˈrevərənt] *adj* (*person, action*) irreverente.
irreversible [ˌɪrɪˈvɜːsəbl] *adj* (*process*) irreversible; (*decision*) irrevocable.
irrevocable [ɪˈrevəkəbl] *adj* (*decision*) irrevocable.
irrigate [ˈɪrɪgeɪt] *vt* (*Agr: land, crops*) regar; **~d lands** tierras *fpl* de regadío.
irrigation [ˌɪrɪˈgeɪʃən] **1** *n* (*Agr*) irrigación *f*, riego *m*. **2** *cpd*: **~ channels** *or* **ditches** *npl* acequias *fpl*.
irritable [ˈɪrɪtəbl] *adj* (*temperament*) de (mal) carácter; (*mood*) de mal humor; **to get ~** irritarse, enfadarse.
irritant [ˈɪrɪtənt] *n* (*Med*) agente *m* irritante; (*fig*) molestia *f*.
irritate [ˈɪrɪteɪt] *vt* (*annoy*) fastidiar, molestar; (*Med*) irritar.
irritating [ˈɪrɪteɪtɪŋ] *adj* (*gen*) fastidioso/a, molesto/a; (*tedious*) pesado/a.
irritation [ˌɪrɪˈteɪʃən] *n* (*act*) fastidio *m*, molestia *f*; (*state*) mal humor *m*; (*irritant*) estorbo *m*, molestia; (*Med*) picazón *f*, picor *m*.
irruption [ɪˈrʌpʃən] *n* irrupción *f*.
IRS *n abbr* (*US*) *of* **Internal Revenue Service**.
Is. *abbr of* **Isle(s)** *of* **Island(s)**.
is [ɪz] *3rd pers sg of* **be**.
ISBN *n abbr of* **International Standard Book Number** ISBN *f*.
...ish [ɪʃ] *suf*: **black~** negruzco/a; **small~** más bien pequeño/a; **at four~** a eso de las cuatro; **she must be forty~** tendrá alrededor de 40 años.
Islam [ˈɪzlɑːm] *n* Islam *m*.
Islamic [ɪzˈlæmɪk] *adj* islámico/a.
island [ˈaɪlənd] **1** *n* isla *f*; **desert ~** isla desierta. **2** *cpd* isleño/a.
islander [ˈaɪləndəʳ] *n* isleño/a *m/f*.
isle [aɪl] *n* (*poet*) isla *f*.
isn't [ˈɪznt] = **is not**.
ISO *n abbr of* **International Standards Organization** OIN *f*.
isobar [ˈaɪsəʊbɑːʳ] *n* isobara *f*.
isolate [ˈaɪsəʊleɪt] *vt* (*separate*) apartar (*from* de); (*cut off*) aislar (*from* de); (*Med*) aislar; (*pinpoint: cause etc*) señalar, destacar.
isolated [ˈaɪsəʊleɪtɪd] *adj* (*place etc*) apartado/a, aislado/a; **an ~ case** un caso único.
isolation [ˌaɪsəʊˈleɪʃən] **1** *n* aislamiento *m*; **we cannot discuss this in ~** no podemos discutir esto por separado; **she's being kept in ~** (*Med*) está en una sala de aislamiento. **2** *cpd*: **~ hospital** *n* hospital *m* de aislamiento; **~ ward** *n* pabellón *m* de aislamiento.
isometric [ˌaɪsəʊˈmetrɪk] **1** *adj* isométrico/a; **~ exercises** ejercicios *mpl* isométricos. **2** *npl*: **~s** isométrica *fsg*.
isotope [ˈaɪsəʊtəʊp] *n* isótopo *m*.
Israel [ˈɪzreɪl] *n* Israel *m*.
Israeli [ɪzˈreɪlɪ] *adj, n* israelí *mf*.
Israelite [ˈɪzrɪəlaɪt] *adj, n* israelita *mf*.
iss. *abbr of* **issue**.
issue [ˈɪʃuː] **1** *n* **(a)** (*matter, question*) asunto *m*, cuestión *f*; **a political ~** una cuestión política; **she raised several new ~s** planteó varios problemas nuevos; **the real** *or* **main ~ is whether** ... lo fundamental es si ...; **to cloud** *or* **confuse** *or* **obscure the ~** confundir las cosas, entenebrecer el asunto; **to avoid the ~** andar con rodeos; **to face the ~** hacer frente a la cuestión; **to force the ~** forzar una decisión; **to make an ~ of sth** hacer hincapié en algo; **the point/matter at ~** el punto/la cuestión principal; **to take ~ with sb (over sth)** estar en desacuerdo con algn (sobre algo).
(b) (*of stamps, banknotes etc*) emisión *f*; (*copy: of magazine etc*) número *m*, ejemplar *m*; **back ~** número atrasado.
(c) (*frm: outcome*) resultado *m*; **to await the ~** esperar el resultado.
(d) (*Jur: offspring*) descendencia *f*; **to die without ~** morir sin descendencia.
2 *vt* (*book*) editar; (*tickets etc*) emitir; (*stamps*) poner en circulación; (*order, statement, warning*) dar; (*decree*) promulgar; (*passport etc*) expedir; (*warrant, writ, summons*) extender; **to ~ sth to sb** *or* **sb with sth** entregar algo a algn; **~d capital** capital *m* emitido.
3 *vi*: **to ~ (from)** (*blood*) brotar (de); (*come out*) salir (de); (*derive*) derivar (de); **to ~ (in)** resultar (en).
Istanbul [ˈɪstænˈbuːl] *n* Estambul *m*.
isthmus [ˈɪsməs] *n* istmo *m*.
IT *n abbr* **(a)** (*Comput*) *of* **information technology**. **(b)** (*Fin*) *of* **income tax**.
it [ɪt] *pron* **(a)** (*specific: subj*) él *m*, ella *f*; (*: direct obj*) lo *m*, la *f*; (*: indirect obj*) le *mf*, lo *m*, la *f* (*LAm*); (*with prep*) él *m*, ella *f*; (*abstract*) ello *m*; (*reflexive*) se; **here's the book — give ~ to me** aquí está el libro — dámelo; **if you have the list, give ~ to him** si tienes la lista, dásela; **I'm against/I'm (all) for ~** (*fam*) estoy en contra/(muy) en pro; **in front of/behind ~** delante de/detrás de él; **above/over/on top of ~** por encima de/sobre/encima de él; **below** *or* **beneath** *or* **under ~** debajo de él.
(b) (*indefinite*) **~'s raining** está lloviendo; **~'s Friday tomorrow** mañana es viernes; **~'s the 10th of October** es el diez de octubre; **~'s 6 o'clock** son las seis; **how far is ~?** ¿a qué distancia está?; **~'s 10 miles to London** son diez kilómetros de aquí a Londres; **I like ~ here, ~'s quiet** me gusta aquí, es tranquilo; **~ was kind of you** fue muy amable de su parte; **~'s no use worrying** no vale la pena inquietarse; **~'s easy to talk** hablar no cuesta nada; **who is ~?** ¿quién es?; **~'s me** soy yo; **~ was Peter who phoned** fue Pedro quien llamó; **what is ~?** ¿qué pasa?; **that's ~!** (*approval, agreement*) ¡eso es!, ¡de acuerdo!, ¡correcto!; (*disapproval*) ¡basta!, ¡allí nomás! (*LAm*); (*finishing*) ¡se acabó!
(c) (*in games*) **you're ~!** a tí te toca.
(d) (*fam: sexual attraction*) **she's got ~** tiene aquel (*fam*); **he hasn't quite got ~** (*talent*) queda algo corto; **she thinks she's just ~!** (*fam*) se cree la mar de elegante (*fam*).
ITA *n abbr* (*Brit*) *of* **initial teaching alphabet** *alfabeto parcialmente fonético para enseñar lectura*.
Italian [ɪˈtælɪən] **1** *adj* italiano/a. **2** *n* italiano/a *m/f*; (*Ling*) italiano *m*.
italic [ɪˈtælɪk] **1** *adj* (*Typ*) en cursiva. **2** *npl*: **~s** cursiva *fsg*; **in ~s** en cursiva.
Italy [ˈɪtəlɪ] *n* Italia *f*.
ITC *n abbr* (*Brit*) *of* **Independent Television Commission**.
itch [ɪtʃ] **1** *n* (*sensation*) picazón *f*, picor *m*, comezón *m*; **to have an ~ to do sth** (*fig*) rabiar por hacer algo. **2** *vi* picar; **my leg ~es** me pica la pierna; **to be ~ing to do sth** (*fig fam*) rabiar por hacer algo; **to be ~ing for sth** (*fig fam*) estar deseando algo.
itchy [ˈɪtʃɪ] *adj* (*comp* **-ier**; *superl* **-iest**); **my head is ~** tengo picazón en la cabeza; **to have ~ feet** (*fig*) querer listo de manos.
it'd [ˈɪtd] = **it would; it had**.
item [ˈaɪtəm] *n* (*in list, bill, catalogue*) artículo *m*; (*on agenda*) asunto *m*, punto *m*; (*in programme*) número *m*; (*in newspaper, TV, Rad*) noticia *f*; **they're something of an ~** (*fam*) son una pareja inseparable; **~s of clothing** prendas *fpl* de vestir.
itemize [ˈaɪtəmaɪz] *vt* detallar; **~d bill** (*of customer*) cuenta *f* detallada.
itinerant [ɪˈtɪnərənt] *adj* (*gen*) ambulante.
itinerary [aɪˈtɪnərərɪ] *n* (*route*) itinerario *m*; (*map*) ruta *f*.
it'll [ˈɪtl] = **it will; it shall**.
ITN *n abbr* (*Brit*) *of* **Independent Television News** *servicio de noticias en las cadenas privadas de televisión*.
ITO *n abbr of* **International Trade Organization** OIC *f*.
its [ɪts] *poss adj* su, sus.
it's [ɪts] = **it is; it has**.
itself [ɪtˈself] *pron* (*reflexive*) se, sí; (*emphatic*) mismo/a; **the door closed by ~** la puerta se cerró sola; **he is always**

politeness ~ siempre es la misma cortesía; **that was an achievement in** ~ eso fue un triunfo de por sí.
ITU *n abbr of* **International Telecommunications Union** UIT *f.*
ITV *n abbr of* **Independent Television**.
IUD *n abbr of* **intra-uterine device** DIU *m.*
I.V. *n* (*US*) gota a gota *m.*
i.v. *abbr of* **invoice value**.
I've [aɪv] = **I have**.
IVF *n abbr of* **in vitro fertilization** FIV *f.*
ivory ['aɪvərɪ] **1** *n* marfil *m.* **2** *cpd* de marfil; **I~ Coast** *n* Costa *f* de Marfil; ~ **tower** *n* (*fig*) torre *f* de marfil.
ivy ['aɪvɪ] **1** *n* (*Bot*) hiedra *f*, yedra *f.* **2** *cpd*: **the I~ League** *n* (*US*) *grupo de famosas universidades en el noreste de los EEUU.*

J

J, j [dʒeɪ] *n* (*letter*) J, j *f.*
JA *n abbr of* **judge advocate**.
J/A *abbr of* **joint account**.
jab [dʒæb] **1** *n* (*poke*) pinchazo *m*; (*blow*) golpe *m*; (*Boxing*) golpe rápido; (*Med fam*) inyección *f.* **2** *vt*: **to ~ sth into sth** clavar *or* hundir algo en algo; **to ~ a finger at sth** señalar algo con el dedo; **he ~bed a gun in my back** me puso un revólver en los riñones; **he ~bed me with his stick** me golpeó con la punta de su bastón. **3** *vi*: **to ~ at** (*person*) intentar golpear a; (*fire*) atizar.
jabber ['dʒæbəʳ] **1** *n* (*of person: fast talk*) chapurreo *m*, farfulla *f*; (*: chatter*) cotorreo *m*; (*noise*) algarabía *f*; (*of monkeys*) chillidos *mpl.* **2** *vt* farfullar, barbullar. **3** *vi* (*see n*) farfullar; cotorrear; chillar; **they were ~ing away in Russian** charloteaban en ruso.
Jack [dʒæk] *n*: **I'm all right, ~!** ¡a mí nada!; ~ **Frost** *personificación del hielo*; **before you can say ~ Robinson** en un decir Jesús.
jack [dʒæk] **1** *n* (*Aut, Tech*) gato *m*, gata *f* (*LAm*); (*Elec*) enchufe *m* hembra; (*Bowls*) boliche *m*; (*Cards*) sota *f*; **~s** (*game*) cantillos *mpl.* **2** *cpd*: ~ **plug** *n* enchufe *m* de clavija.
► **jack in** *vt + adv* (*fam*) dejar.
► **jack off** *vi + adv* (*US fam!*) hacerse una paja (*fam!*).
► **jack up** *vt + adv* (*Tech*) levantar con el gato.
jackal ['dʒækɔːl] *n* chacal *m.*
jackass ['dʒækæs] *n* (*lit*) asno *m*; (*fig*) burro *m.*
jackboot ['dʒækbuːt] *n* bota *f* de montar, bota militar; **under the ~ of the Nazis** bajo el azote de los nazis.
jackdaw ['dʒækdɔː] *n* grajo/a *m/f*, chova *f.*
jacket ['dʒækɪt] **1** *n* (*garment*) chaqueta *f*, americana *f*, saco *m* (*LAm*); (*of boiler etc*) camisa *f*, envoltura *f*; (*loose cover of book*) sobrecubierta *f.* **2** *cpd*: ~ **potatoes** *npl* patatas *fpl* asadas con su piel.
jackhammer ['dʒækˌhæməʳ] *n* (*esp US*) taladradora *f*, martillo *m* picador.
jack-in-the-box ['dʒækɪnðəbɒks] *n* caja *f* sorpresa, caja de resorte.
jack-knife ['dʒæknaɪf] **1** *n* (*pl* **-knives**) navaja *f*, chaveta *f* (*LAm*). **2** *vi* (*lorry*) colear.
jack-of-all-trades ['dʒækəv'ɔːltreɪdz] *n* factótum *m.*
jackpot ['dʒækpɒt] *n* premio *m* gordo; **to hit the ~** sacar *or* tocarle a algn el premio gordo; (*fig*) ser todo un éxito *or* un exitazo.
Jacobean [ˌdʒækə'biːən] *adj* de la época de Jacobo I (de Inglaterra).
Jacobite ['dʒækəbaɪt] *adj, n* jacobita *mf.*
Jacuzzi ® [dʒə'kuːzɪ] *n* jacuzzi ® *m*, baño *m* de burbujas.
jade [dʒeɪd] **1** *n* (*stone*) jade *m.* **2** *adj* (*statue, carving, necklace*) de jade. **3** *cpd* (*also* **~-green**) (color *inv*) verde jade.
jaded ['dʒeɪdɪd] *adj* hastiado/a, harto/a; **to feel ~** estar harto *or* hastiado.
JAG *n abbr of* **Judge Advocate General**.
jag¹ [dʒæg] *n* punta *f*, púa *f.*
jag² [dʒæg] *n*: **to go on a ~** (*fam*) ir de juerga.
jagged ['dʒægɪd] *adj* dentado/a, mellado/a.
jaguar ['dʒægjʊəʳ] *n* jaguar *m*, tigre *m* (*LAm*).
jail [dʒeɪl] **1** *n* cárcel *f*, chirona *f* (*Sp fam*), chirola *f* (*LAm fam*); **sentenced to 10 years in ~** condenado a 10 años de cárcel *or* prisión *or* presidio. **2** *vt* (*for crime*) encarcelar (*for* por); (*for length of time*); **to ~ sb for 2 months** condenar a algn a dos meses de cárcel.
jailbird ['dʒeɪlbɜːd] *n* presidiario *m* *or* preso *m* reincidente.
jailbreak ['dʒeɪlbreɪk] *n* fuga *f*, evasión *f.*
jailer ['dʒeɪləʳ] *n* carcelero *m.*
jalopy [dʒə'lɒpɪ] *n* (*fam*) cacharro *m*, armatoste *m.*
jam¹ [dʒæm] **1** *n* (**a**) (*food*) mermelada *f*; **you want ~ on it!** (*fig fam*) ¡y un jamón! (**b**) (*fam: luck*) **look at that for ~!** ¡qué chorra tiene el tío! (*fam*). **2** *cpd* (*tart*) de mermelada.
jam² [dʒæm] **1** *n* (*of people*) aglomeración *f*, agolpamiento *m*; (*traffic ~*) embotellamiento *m*; (*obstruction*) atasco *m*; (*fig fam*) **to be in/get into a ~** estar/meterse en un aprieto *or* en apuros; **to get sb out of a ~** sacar a algn del paso.
2 *vt* (**a**) (*block: mechanism, drawer etc*) atorar, atascar; (*Telec*) interferir.
(**b**) (*cram: passage, exit*) atestar, apiñar; (*: container*) llenar; **people ~med the exits** la gente se agolpaba en las salidas; **streets ~med with cars** calles atascadas; **we were all ~med together** estábamos apiñados *or* unos encima de otros; **to ~ sth into a box** meter algo a la fuerza en una caja; **to ~ one's brakes on** frenar en seco, dar un frenazo; **he ~med his hat on his head** se encasquetó el sombrero; **I ~med my finger in the door** me atrapé el dedo en la puerta.
3 *vi* (**a**) (*mechanism, drawer etc*) atascarse, atorarse (*LAm*); **the drawer had ~med (shut/open)** el cajón no se podía abrir/cerrar.
(**b**) (*Mus fam*) improvisar.
4 *cpd*: ~ **session** *n* concierto *m* improvisado de jazz, rock *etc.*
Jamaica [dʒə'meɪkə] *n* Jamaica *f.*
Jamaican [dʒə'meɪkən] *adj, n* jamaicano/a *m/f*, jamaiquino/a *m/f.*
jamb [dʒæm] *n* jamba *f.*
jamboree [ˌdʒæmbə'riː] *n* (*of Scouts*) congreso *m* de exploradores; (*fam*) francachela *f*, juerga *f.*
jam-full ['dʒæm'fʊl] *adv* de bote en bote.
jammy ['dʒæmɪ] *adj* (*comp* **-ier**; *superl* **-iest**) (*fam*) chorrero/a (*fam*).
jam-packed ['dʒæm'pækt] *adj* (*full: of people*) apretujado/a, apiñado/a; (*: of things*) atestado/a.
Jan. *abbr of* **January** enero *m*, ene, en.º.
jangle ['dʒæŋgl] **1** *n* ruido *m* de chatarra; (*of bells etc*) cascabeleo *m.* **2** *vt* (*coins*) hacer sonar, entrechocar. **3** *vi* sonar de manera discordante.
janitor ['dʒænɪtəʳ] *n* (*doorkeeper*) portero/a *m/f*; (*care-*

taker) conserje *mf*.
January [ˈdʒænjʊərɪ] *n* enero *m*; *see* **July** *for usage.*
Jap [dʒæp] (*US fam!: offensive*) = **Japanese**.
Japan [dʒəˈpæn] *n* el Japón.
Japanese [ˌdʒæpəˈniːz] **1** *adj* japonés/esa. **2** *n* (*pl* ~) japonés/esa *m/f*; (*Ling*) japonés *m*; **the** ~ (*people*) los japoneses.
jape [dʒeɪp] *n* burla *f*.
jar[1] [dʒɑːʳ] *n* (*container*) tarro *m*, bote *m*; (*jug*) jarra *f*; (*large*) tinaja *f*; **to have a** ~ (*fam*) tomar un trago.
jar[2] [dʒɑːʳ] **1** *n* (*jolt*) sacudida *f*, choque *m*; (*fig: shock*) conmoción *f*, sorpresa *f* desagradable; **it gave me a** ~ me dejó de piedra. **2** *vt* (*shake*) sacudir, hacer vibrar; (*fig*) afectar, impresionar; **I've ~red my back** me he lastimado la espalda. **3** *vi* (*clash: sounds*) desentonar; (*: colours, opinions*) chocar (*with* con); **to** ~ **on sb's nerves/ears** ponerle a algn los nervios de punta/lastimarle a algn el oído.
jargon [ˈdʒɑːgən] *n* jerga *f*.
jarring [ˈdʒɑːrɪŋ] *adj* (*sound*) discordante, desafinado/a; (*opinions*) discorde; (*colour*) chocante; **to strike a** ~ **note** (*fig*) desentonar.
Jas. *abbr of* **James**.
jasmine [ˈdʒæzmɪn] *n* jazmín *m*.
jaundice [ˈdʒɔːndɪs] *n* ictericia *f*.
jaundiced [ˈdʒɔːndɪst] *adj* (*Med*) con ictericia, que tiene ictericia; (*fig: embittered*) amargado/a; (*: attitude*) resentido/a, rencoroso/a.
jaunt [dʒɔːnt] *n* excursión *f*.
jaunty [ˈdʒɔːntɪ] *adj* (*relaxed*) desenvuelto/a; (*cheerful*) alegre.
Java [ˈdʒɑːvə] *n* Java *f*.
javelin [ˈdʒævlɪn] *n* jabalina *f*.
jaw [dʒɔː] *n* (*Anat: of person*) mandíbula *f*; (*: of animal*) quijada *f*; **~s** (*of animal*) fauces *fpl*; (*Tech: of vice*) mordaza *fsg*; (*of channel*) boca *fsg*, embocadura *fsg*; **the ~s of death** (*fig*) las garras de la muerte.
jawbone [ˈdʒɔːbəʊn] *n* (*of person*) mandíbula *f*; (*of animal*) quijada *f*.
jawbreaker [ˈdʒɔːˌbreɪkəʳ] *n* (*US fam*) trabalenguas *m inv*, palabra *f* kilométrica.
jay [dʒeɪ] *n* arrendajo *m*.
jaywalk [ˈdʒeɪwɔːk] *vi* cruzar la calle descuidadamente.
jaywalker [ˈdʒeɪˌwɔːkəʳ] *n* peatón/ona *m/f* imprudente.
jaywalking [ˈdʒeɪˌwɔːkɪŋ] *n* imprudencia *f* al cruzar la calle.
jazz [dʒæz] **1** *n* (*Mus*) jazz *m*; **and all that** ~ (*fam*) y otras cosas por el estilo. **2** *cpd*: ~ **band** *n* orquesta *f* de jazz.
▶ **jazz up** *vt* + *adv* (**a**) (*Mus*) sincopar. (**b**) (*party etc*) animar, avivar.
jazzy [ˈdʒæzɪ] *adj* (*comp* **-ier**; *superl* **-iest**) (*Mus*) sincopado/a; (*dress etc*) de colores llamativos.
JCB ® *n* excavadora *f*.
JCC *n abbr* (*US*) *of* **Junior Chamber of Commerce**.
JCS *n abbr* (*US*) *of* **Joint Chiefs of Staff**.
jct. (*Rail*) *abbr of* **junction**.
JD *n abbr* (*US*) (**a**) (*Univ*) *of* **Doctor of Laws**. (**b**) *of* **Justice Department** Ministerio *m* de Justicia.
jealous [ˈdʒeləs] *adj* (*gen*) celoso/a; (*envious*) envidioso/a; **to be** ~ **of sb/sth** tener celos de algn/algo; **to make sb** ~ dar celos a algn.
jealousy [ˈdʒeləsɪ] *n* celos *mpl*.
jeans [dʒiːnz] *npl* pantalones *mpl* vaqueros, bluejeans *m (esp LAm)*.
jeep ® [dʒiːp] *n* jeep ® *m*, yip *m*.
jeer [dʒɪəʳ] **1** *n* (*from crowd*) abucheo *m*; (*from individual*) grito *m* de sarcasmo *or* de protesta; (*insult*) insulto *m*. **2** *vi* burlarse (*at* de); (*boo*) abuchear (*at* a). **3** *vt* burlarse de; (*boo*) abuchear.
jeering [ˈdʒɪərɪŋ] **1** *adj* (*crowd*) insolente, ofensivo/a; (*remark, laughter*) burlón/ona, sarcástico/a. **2** *n* (*protests*) protestas *fpl*; (*mockery*) burlas *fpl*; (*insults*) insultos *mpl*; (*booing*) abucheo *m*.
Jeez [dʒiːz] *interj* (*fam*) ¡Santo Dios!
Jehovah [dʒɪˈhəʊvə] *n* Jehová *m*; **~'s Witnesses** Testigos *mpl* de Jehová.
jell [dʒel] *vi* (*jelly*) cuajar; (*plan*) tomar forma.
jello [ˈdʒeləʊ] *n* (*US*) = **jelly (a)**.
jelly [ˈdʒelɪ] **1** *n* (**a**) (*dessert*) jalea *f*, gelatina *f*. (**b**) (*esp US: jam*) mermelada *f*; **my legs turned to** ~ las piernas no me sostenían. (**c**) (*substance*) gelatina *f*. **2** *cpd*: ~ **baby** *n* caramelo *m* de goma *(en forma de niño)*.
jellybean [ˈdʒelɪbiːn] *n* caramelo *m* de goma *(en forma de judía)*.
jellyfish [ˈdʒelɪfɪʃ] *n* (*pl* ~ *or* **~es**) medusa *f*, aguamala *f (Mex)*, aguaviva *f (CSur)*.
jemmy [ˈdʒemɪ] *n* (*Brit*) pie *m* de cabra, palanqueta *f*.
jeopardize [ˈdʒepədaɪz] *vt* arriesgar, poner en peligro; (*compromise*) comprometer.
jeopardy [ˈdʒepədɪ] *n* riesgo *m*, peligro *m*; **to be/put in** ~ estar/poner en peligro.
jerk [dʒɜːk] **1** *n* (**a**) (*shake etc*) sacudida *f*; (*pull*) tirón *m*, jalón *m (LAm)*; **he sat up with a** ~ se incorporó con un salto.
(**b**) (*US fam*) pelmazo/a *m/f (fam)*, gilipollas *(fam!) m/f inv*, pendejo *m (LAm fam!)*, huevón/ona *m/f (And, CSur fam!)*.
2 *vt* (*pull*) tirar *or (LAm)* jalar bruscamente de; **he ~ed it away from me** me lo quitó de un tirón *or (LAm)* jalón; **to ~ o.s. free** soltarse de un tirón *or (LAm)* jalón.
3 *vi* sacudirse, dar una sacudida; **to ~ along** moverse a sacudidas; **the bus ~ed to a halt** el bus paró a sacudidas.
▶ **jerk off** *vi* + *adv* (*fam!*) hacerse una paja *(fam!)*.
▶ **jerk out** *vt* + *adv* (*words*) decir con voz entrecortada.
jerkin [ˈdʒɜːkɪn] *n* chaleco *m*.
jerky [ˈdʒɜːkɪ] *adj* (*comp* **-ier**; *superl* **-iest**) (*in movement*) que avanza a trompicones; (*speech*) vacilante.
jerry-built [ˈdʒerɪbɪlt] *adj* mal construido/a, hecho/a con malos materiales.
jerry can [ˈdʒerɪkæn] *n* bidón *m*.
Jersey [ˈdʒɜːzɪ] *n* (Isla *f* de) Jersey *m*.
jersey [ˈdʒɜːzɪ] *n* (*garment*) jersey *m*, suéter *m*; (*fabric*) tejido *m* de punto.
Jerusalem [dʒəˈruːsələm] **1** *n* Jerusalén *m*. **2** *cpd*: ~ **artichoke** *n* aguaturma *f*, pataca *f*, tupinambo *m*.
jest [dʒest] **1** *n* chanza *f*, broma *f*; **in** ~ en broma, de guasa *(LAm)*. **2** *vi* bromear, tomar a la ligera.
jester [ˈdʒestəʳ] *n* bufón *m*.
Jesuit [ˈdʒezjʊɪt] *adj n* jesuita *m*.
Jesus [ˈdʒiːzəs] *n* Jesús *m*; ~ **Christ** Jesucristo *m*; ~ **Christ!** (*fam*) ¡Santo Dios!
jet[1] [dʒet] **1** *n* (*stone*) azabache *m*. **2** *adj*: ~ **black** negro como el azabache.
jet[2] [dʒet] **1** *n* (**a**) (*of liquid, steam*) chorro *m*; (*of flame*) llamarada *f*; (*nozzle: of gas burner*) mechero *m*. (**b**) (*Aer: plane*) avión *m* a reacción, reactor *m*. **2** *cpd* (*aircraft, fighter, plane*) a reacción, a chorro; ~ **engine** *n* (*of plane*) motor *m* a reacción, reactor *m*; ~ **propulsion** *n* propulsión *f* por reacción *or* a chorro; **the** ~ **set** *n* la jet set, la alta sociedad; ~ **stream** *n* corriente *f* en chorro.
jetlag [ˈdʒetˌlæg] **1** *n* jet-lag *m*, *desfase debido a un largo viaje en avión*. **2** *vt*: **to be ~ged** tener jet-lag, estar desfasado/a por el viaje (en avión).
jet-propelled [ˈdʒetprəˈpeld] *adj* a reacción, a chorro.
jettison [ˈdʒetɪsn] *vt* (*Naut etc*) echar al mar, echar por la borda; (*fig*) deshacerse de.
jetty [ˈdʒetɪ] *n* (*breakwater*) malecón *m*; (*pier*) muelle *m*, embarcadero *m*.
Jew [dʒuː] *n* judío/a *m/f*.
jewel [ˈdʒuːəl] *n* (*stone*) piedra *f* preciosa; (*ornament*) joya *f*, alhaja *f*; (*of watch*) rubí *m*; (*fig: person, thing*) joya.
jewelled, (*US*) **jeweled** [ˈdʒuːəld] *adj* adornado/a con piedras preciosas.
jeweller, (*US*) **jeweler** [ˈdʒuːələʳ] *n* joyero/a *m/f*; **~'s**

(shop) joyería *f.*

jewellery, (*US*) **jewelry** [ˈdʒuːəlrɪ] *n* joyas *fpl*, alhajas *fpl*; **a piece of** ~ una joya.

Jewish [ˈdʒuːɪʃ] *adj* judío/a.

jew's-harp [ˈdʒuːzˈhɑːp] *n* birimbao *m.*

JFK *n abbr* (*US*) *of* **John Fitzgerald Kennedy International Airport**.

jib[1] [dʒɪb] *n* (*Naut*) foque *m*; (*of crane*) aguilón *m*, brazo *m.*

jib[2] [dʒɪb] *vi* (*horse*) plantarse; (*person*) rehusar, negarse; **to ~ at (doing) sth** resistirse a (hacer) algo; **he ~bed at it** se negó a aprobarlo.

jibe [dʒaɪb] *n* = **gibe**.

jiffy [ˈdʒɪfɪ] *n* (*fam*) momento *m*, segundo *m*; **in a** ~ en un santiamén, en un segundito *(LAm)*; **to do sth in a** ~ hacer algo en un decir Jesús; **wait a** ~ espera un momentito, momentito *(LAm)*, ahorita voy *(Mex)*.

jig [dʒɪg] **1** *n* (*dance, tune*) giga *f*; (*Mech*) plantilla *f*; (*Min*) criba *f.* **2** *vi* (*dance*) bailar (la giga); **to ~ along, to ~ up and down** vibrarse; (*person*) moverse a saltitos.

jigger [ˈdʒɪgəʳ] (*fam*) *n* (*US*) medida *f* (de whisky *etc*); (*thingummy*) chisme *m.*

jiggered [ˈdʒɪgəd] *adj*: **well I'm ~!** (*Brit fam*) ¡caramba!; **I'm ~ if I will** que me cuelguen si lo hago.

jiggery-pokery [ˈdʒɪgərɪˈpəʊkərɪ] *n* (*Brit fam*) trampas *fpl*, embustes *mpl*; **there's some ~ going on** hay trampa.

jigsaw [ˈdʒɪgsɔː] *n* (**a**) (*also* ~ **puzzle**) rompecabezas *m inv.* (**b**) (*tool*) sierra *f* de vaivén.

jilt [dʒɪlt] *vt* (*one's fiancé(e)*) dejar plantado/a a.

jimmy [ˈdʒɪmɪ] *n* (**a**) (*US*) = **jemmy**. (**b**) (*fam*) **to have a ~ (Riddle)** mear *(fam)*.

jingle [ˈdʒɪŋgl] **1** *n* (*gen*) tintineo *m*, retintín *m*; (*advertising* ~) cancioncilla *f*, musiquilla *f* (de anuncio). **2** *vt* (*coins etc*) hacer sonar. **3** *vi* (*bells etc*) tintinear.

jingoism [ˈdʒɪŋgəʊɪzəm] *n* (*pej*) patriotería *f*, jingoísmo *m.*

jingoistic [ˌdʒɪŋgəʊˈɪstɪk] *adj* patriotero/a, jingoista.

jinks [dʒɪŋks] *npl*: **high** ~ jolgorio *msg*: **we had high ~ last night** anoche nos lo pasamos pipa.

jinx [dʒɪŋks] *n* (*person*) cenizo/a *m/f*, gafe *mf*; (*spell*) maleficio *m*; **there's a ~ on it** está gafado, tiene la negra; **to put a ~ on sth** echar mal de ojo a algo.

jitters [ˈdʒɪtəz] (*fam*) *npl*: **the** ~ el canguelo; **to get the** ~ ponerse nervioso; **to give sb the** ~ poner nervioso *or* causarle miedo a algn.

jittery [ˈdʒɪtərɪ] *adj* (*fam*) muy inquieto/a, nervioso/a.

jiujitsu [dʒuːˈdʒɪtsuː] *n* = **jujitsu**.

jive [dʒaɪv] **1** *n* (**a**) (*music, dancing*) swing *m.* (**b**) (*US fam: big talk*) alardes *mpl*, jactancias *fpl*; (*nonsense*) chorradas *fpl (fam)*; (*: of Blacks etc: also* ~ **talk**) jerga *f*; **don't give me all that** ~ deja de decir chorradas *(fam)*. **2** *vi* (**a**) (*dance*) bailar el swing. (**b**) (*fam: be kidding*) bromear.

Jly *abbr of* **July** jul.

Jnr *abbr* (*US*) *of* **junior**.

Job [dʒəʊb] *n*: **~'s comforter** *el que, bajo pretexto de animar a otro, le desconsuela todavía más.*

job [dʒɒb] **1** *n* (**a**) (*employment*) trabajo *m*, puesto *m*; (*: white collar*) empleo *m*, plaza *f*; **to be in a** ~ tener trabajo; **to get a ~ as a clerk** conseguir un empleo de oficinista; **to lose one's** ~ perder el empleo; **to look for a** ~ buscar trabajo; **he's out of a** ~ está en el paro, está sin trabajo; **~s for the boys** (*pej fam*) amiguismo *m*, enchufes *mpl (fam)*; **a part-time/full-time** ~ un trabajo de medio tiempo/tiempo completo.

(**b**) (*piece of work: gen, Comput*) trabajo *m*; (*task*) tarea *f*; **it was a big** ~ dio mucho trabajo; **it's a hard** ~ es muy difícil, es muy duro; **the ~ in hand** el trabajo que tenemos entre manos; **on the** ~ en horas de trabajo; **I have a ~ for you** tengo un trabajo para tí; **that's not my** ~ eso no me incumbe a mí, eso no me toca a mí; **to know one's** ~ ser perito en el oficio; **he's only doing his** ~ está cumpliendo nada más; **to make a good/bad ~ of sth** hacer algo bien/mal; **he's done a good ~ of work** ha hecho un buen trabajo; **I had the ~ of telling him** a mí me tocó decírselo; *see* **odd (d)**.

(**c**) **that car is a nice little** ~ ese coche es una maravilla de la técnica; **it's just the ~!** (*fam*) ¡estupendo! *(fam)*; **that's just the ~!** ¡me *etc* viene al pelo!; **this machine is just the** ~ esta máquina nos viene perfecto; **to make the best of a bad** ~ poner a mal tiempo buena cara; **to give sth up as a bad** ~ darse por vencido; **it's a good ~ that ...** menos mal que ...; **a good ~ too!** ¡menos mal!; **we had quite a ~ getting here** *or* **to get here** ¡vaya que nos costó trabajo llegar!; **he was caught doing a bank** ~ (*fam*) lo cogieron *(Sp) or (LAm)* agarraron asaltando un banco; **she had a nose** ~ (*fam*) tuvo cirugía estética para mejorar la nariz.

2 *cpd*: ~ **club** *n* grupo *m* de asesoramiento para desempleados; ~ **creation scheme** *n* plan *m* de creación de puestos de trabajo; ~ **description** *n* descripción *f* del trabajo; ~ **hunting** *n* búsqueda *f* de trabajo; **500 ~ losses** pérdida *f* de 500 puestos de trabajo; ~ **lot** *n* lote *m*, saldo *m*; ~ **queue** *n* (*Comput*) cola *f* de trabajos; (*persons*) cola de los que buscan trabajo; ~ **satisfaction** *n* satisfacción *f* en el trabajo; ~ **security** *n* seguridad *f* en el trabajo, garantía *f* de trabajo; ~ **share, ~ sharing** *n* (*scheme*) plan *m* para compartir empleos; ~ **specification** *n* especificación *f* del trabajo, profesionagrama *m.*

jobber [ˈdʒɒbəʳ] *n* (*Stock Exchange*) corredor(a) *m/f* de Bolsa.

jobbing [ˈdʒɒbɪŋ] *adj* (*gardener, carpenter etc*) que trabaja a destajo, destajero/a; ~ **printer** impresor *m* de circulares, folletos *etc.*

Jobcentre [ˈdʒɒbsentəʳ] *n* (*Brit*) oficina *f* estatal de colocaciones.

jobless [ˈdʒɒblɪs] **1** *adj* sin trabajo, parado/a, cesante *(esp LAm)*. **2** *npl*: **the** ~ los parados *mpl*, los cesantes *mpl (esp LAm)*. **3** *cpd*: **the ~ figures** las cifras de personas sin trabajo.

Jock [dʒɒk] *nm* (*fam*) *el escocés típico*; **the ~s** los escoceses.

jockey [ˈdʒɒkɪ] **1** *n* jockey *m.* **2** *vt*: **to ~ sb into doing sth** convencer a algn a hacer algo; **to ~ sb out of sth** quitar algo a algn con artimañas. **3** *vi*: **to ~ for position** (*fig*) maniobrar para conseguir una posición.

jockstrap [ˈdʒɒkstræp] *n* suspensorio *m.*

jocular [ˈdʒɒkjʊləʳ] *adj* (*person*) gracioso/a; (*merry*) alegre; (*manner*) bromista, chistoso/a; (*remark, reply*) jocoso/a, divertido/a.

jodhpurs [ˈdʒɒdpɜːz] *npl* pantalones *mpl* de montar.

Joe [dʒəʊ] (*fam*) *n*: **the average** ~ el hombre de la calle; ~ **Bloggs, ~ Public** (*Brit*) *ciudadano de a pie británico*; ~ **Soap** fulano *m.*

jog [dʒɒg] **1** *n* (**a**) (*push etc*) empujoncito *m*; (*with elbow*) codazo *m*; (*fig*) **to give sb's memory a** ~ refrescar la memoria de algn. (**b**) (*pace: also* ~ **trot**) trote *m* corto; (*run*) carrera *f* a trote corto; **to go for a** ~ ir a hacer footing *or* jogging. **2** *vt* (*push etc*) empujar (ligeramente); (*memory*) refrescar; **to ~ sb into action** (*fig*) motivar a algn. **3** *vi* (*person, animal*) andar a trote corto, avanzar despacio; (*Sport*) hacer footing *or* jogging.

▸ **jog along** *vi + adv* (*vehicle*) avanzar despacio, ir sin prisa; (*fig*) **we're ~ging along** vamos tirando; **the work is ~ging along nicely** el trabajo va progresando lentamente.

jogger [ˈdʒɒgəʳ] *n* corredor(a) *m/f.*

jogging [ˈdʒɒgɪŋ] **1** *n* footing *m*, jogging *m.* **2** *cpd*: ~ **shoes** *npl* zapatillas *fpl* de jogging; ~ **suit** *n* chandal *m.*

joggle [ˈdʒɒgl] *vt* (*fam*) menear, agitar.

John [dʒɒn] *n*: ~ **Doe** (*US*) fulano *m.*

john [dʒɒn] *n* (*US fam*) retrete *m*, baño *m (LAm)*.

joie de vivre [ˈʒwɑːdəˈviːvr] *n* goce *m* del vivir.

join [dʒɔɪn] **1** *n* (*Tech etc: in wood, crockery etc*) juntura *f*;

(*Sew*) costura *f*.

2 *vt* (**a**) (*fasten: also* ~ **together**) (re)unir, juntar; **to ~ A and B, to ~ A to B** unir A y B, juntar A con B; **to ~ hands** cogerse *(Sp) or (LAm)* tomarse de la mano; **to ~ battle** trabar batalla; **to ~ forces** (*lit*) aliarse; (*fig*) juntarse; (*associate*) asociarse.

(**b**) (*queue*) meterse en; (*procession*) unirse a; (*religious order*) entrar en; (*club*) hacerse socio de; (*firm, university*) ingresar *or* entrar en; (*Pol: party*) afiliarse a, hacerse miembro de; (*army, navy*) alistarse en; (*one's ship*) volver a; (*regiment*) incorporarse a.

(**c**) (*person*) reunirse con; (*leader etc*) unirse a; **may I ~ you?** ¿puedo acompañarles?, ¿se permite?; **will you ~ us?** ¿nos acompañas?; **will you ~ us for dinner?** ¿nos acompañas a cenar?; **will you ~ me in a drink?** ¿me acompaña en una copa?; **they ~ed us in protesting** (se) hicieron eco de nuestras protestas.

(**d**) (*river*) desembocar en; (*road*) empalmar *or* hacer empalme con; **we ~ed the motorway at the Swindon junction** entramos en la autopista por el cruce de Swindon.

3 *vi* (**a**) (*also* ~ **together**: *parts*) unirse, juntarse; (*lines, roads*) empalmar; (*rivers*) confluir.

(**b**) **to ~ with sb in sth** acompañar a algn en algo; **we ~ with you in hoping that ...** compartimos su esperanza de que ....

(**c**) (*members of club*) hacerse socio.

► **join in 1** *vi + prep* (*game, protest*) tomar parte *or* participar en; (*discussion*) intervenir en; **they all ~ed in the game** se unieron todos al juego. **2** *vi + adv* tomar parte, participar; **he doesn't ~ in much** apenas participa.

► **join on 1** *vt + adv* unir. **2** *vi + adv* (*queue*) ponerse al final de; (*part*) unirse, juntarse.

► **join up 1** *vi + adv* (*Mil*) alistarse. **2** *vt + adv* (*wires etc*) unir, juntar.

joiner ['dʒɔɪnəʳ] *n* (*carpenter*) carpintero/a *m/f*, ensamblador(a) *m/f*.

joinery ['dʒɔɪnərɪ] *n* carpintería *f*.

joint [dʒɔɪnt] **1** *adj* (*work, declaration, consultation*) conjunto/a; (*combined*) combinado/a; (*agreement*) mutuo/a; (*decision*) de común acuerdo; (*responsibility*) compartido/a; (*committee*) mixto/a; ~ **account** cuenta *f* común; ~ **interest** (*Comm*) coparticipación *f*; ~ **liability** (*Comm*) responsabilidad *f* solidaria; ~ **owners** copropietarios *mpl*; ~ **ownership** copropiedad *f*, propiedad *f* común; ~ **partner** copartícipe *mf*; ~ **stock bank** banco *m* por acciones; ~ **stock company** sociedad *f* anónima; ~ **venture** empresa *f or* sociedad *f* conjunta.

2 *n* (**a**) (*Tech: place*) juntura *f*, unión *f*.

(**b**) (*of meat*) cuarto *m*.

(**c**) (*Anat*) articulación *f*, coyuntura *f*; **out of ~** descoyuntado/a, dislocado/a; **to put sb's nose out of ~** (*fig fam*) bajarle los humos a algn.

(**d**) (*fam: place*) garito *m*, tasca *f*.

(**e**) (*fam: cigarette containing cannabis*) porro *m*, canuto *m*.

3 *vt* (*Culin*) despiezar, cortar en trozos.

jointly ['dʒɔɪntlɪ] *adv* en común, conjuntamente.

joist [dʒɔɪst] *n* viga *f*, vigueta *f*.

joke [dʒəʊk] **1** *n* (*verbal*) chiste *m*; (*practical*) broma *f* pesada; (*hoax*) broma; **to tell/make a ~** contar/hacer un chiste (*about sth* sobre algo); **for a ~** en broma; **what a ~!** ¡qué gracia!; **he's a standing ~** es un pobre hombre; **it's no ~** no tiene ninguna gracia; **the ~ is that ...** lo gracioso *or* chistoso es que ...; **the ~ is on you** la broma la pagas tú; **it's (gone) beyond a ~** esto no tiene nada de chistoso, ¡te pasaste!; **is that your idea of a ~?** ¿es que eso tiene gracia?; **to play a ~ on sb** gastar una broma a algn; **I don't see the ~** (*verbal or practical*) no le veo la gracia; **he can't take a ~** no le gusta que le tomen el pelo; **one can have a ~ with her** tiene mucho sentido del humor; **to treat** *or* **take sth as a ~** tomar algo a broma.

2 *vi* (*make ~s*) contar *or* hacer chistes; (*be frivolous*) bromear; **to ~ about sth/sb** contar chistes sobre algo/algn; **I was only joking** lo dije en broma, no iba en serio; **I'm not joking** hablo en serio; **you're joking!, you must be joking!** ¡no lo dices en serio!, ¡no faltaba más!

joker ['dʒəʊkəʳ] *n* (**a**) (*wit*) chistoso/a *m/f*, guasón/ona *m/f*; (*practical ~*) bromista *mf*; (*fam*) payaso/a *m/f*. (**b**) (*Cards*) comodín *m*; **he's the ~ in the pack** (*fig*) es el elemento desconocido.

joking ['dʒəʊkɪŋ] **1** *adj* (*tone etc*) burlón/ona; (*reference etc*) humorístico/a; **I'm not in a ~ mood** no estoy para bromas. **2** *n* (*jokes*) bromas *fpl*; (*verbal*) chistes *mpl*, cuentos *mpl (LAm)*; ~ **apart ...** fuera bromas ..., hablando en serio ....

jokingly ['dʒəʊkɪŋlɪ] *adv* (*laughingly*) en broma; (*mockingly*) en son de burla.

jolly ['dʒɒlɪ] **1** *adj* (*comp* **-ier**; *superl* **-iest**) (*person*) alegre; (*amusing*) divertido/a; (*laugh*) gracioso/a; **it wasn't very ~ for the rest of us** los demás no nos divertimos nada. **2** *adv* (*Brit fam*) muy, la mar de, bastante *(LAm)*; **we were ~ glad** nos alegramos muchísimo; **you've ~ well got to** no tienes otro remedio, no te queda otra *(LAm)*; ~ **good!** ¡estupendo!, ¡macanudo! *(Per, CSur)*. **3** *vt*: **to ~ sb along** darle ánimos *or* animar a algn.

jolt [dʒəʊlt] **1** *n* (*jerk*) sacudida *f*; (*sudden bump*) choque *m*; (*fig*) susto *m*; **it gave me a bit of a ~** me dio un buen susto. **2** *vt* (*subj: vehicle*) sacudir; (*person*) empujar (ligeramente), sacudir; (*fig*) afectar mucho, sacudir; **to ~ sb into (doing) sth** mover a algn a hacer algo. **3** *vi* (*vehicle*) traquetear, dar tumbos.

Jordan ['dʒɔːdn] *n* (*country*) Jordania *f*; (*river*) Jordán *m*.

Jordanian [dʒɔː'deɪnɪən] *adj* jordano/a.

josh [dʒɒʃ] *vt* (*US fam*) tomar el pelo a.

joss stick ['dʒɒsstɪk] *n* pebete *m*.

jostle ['dʒɒsl] **1** *vt* empujar. **2** *vi* empujar, dar empujones; **to ~ against sb** dar empellones a algn; **to ~ for a place** abrirse paso a empujones.

jot [dʒɒt] **1** *n* jota *f*, pizca *f*; **there's not a ~ of truth in it** no tiene ni pizca de verdad. **2** *vt*: **to ~ down** apuntar, anotar.

jotter ['dʒɒtəʳ] *n* (*notebook, pad*) bloc *m* de notas, libreta *f*.

jottings ['dʒɒtɪŋz] *npl* apuntes *mpl*, anotaciones *fpl*.

journal ['dʒɜːnl] *n* (*diary*) diario *m*; (*periodical*) periódico *m*; (*magazine*) revista *f*.

journalese ['dʒɜːnə'liːz] *n* (*pej*) lenguaje *m* periodístico.

journalism ['dʒɜːnəlɪzəm] *n* periodismo *m*.

journalist ['dʒɜːnəlɪst] *n* periodista *mf*, reportero/a *m/f (LAm)*.

journey ['dʒɜːnɪ] **1** *n* (*trip*) viaje *m*; (*distance*) trayecto *m*, tramo *m (LAm)*; **to go/send sb on a ~** ir/enviar a algn de viaje; **to break one's ~** hacer una parada; **to reach one's ~'s end** llegar al final de su viaje, llegar a su destino; **the outward/return ~** el viaje de ida/de vuelta; **pleasant ~!** ¡buen viaje! **2** *vi* viajar.

Jove [dʒəʊv] *n*: **by ~!** ¡caramba!, ¡por Dios!

jovial ['dʒəʊvɪəl] *adj* (*person*) risueño/a; (*laugh*) gracioso/a; (*mood*) alegre, festivo/a.

jowl [dʒaʊl] *n* (*gen pl: jaw*) quijada *f*; (*: cheek*) papada *f*; **a man with heavy ~s** un hombre de papada.

joy [dʒɔɪ] *n* (*happiness*) alegría *f*; (*delight*) júbilo *m*, regocijo *m*; (*source of delight*) deleite *m*, alegría; **did you have any ~ in finding it?** ¿tuviste éxito en encontrarlo?; **to our great ~ ...** para nuestra gran alegría ...; **to jump for ~** saltar de alegría; **I wish you ~ of it!** (*iro*) ¡que lo disfrutes!, ¡enhorabuena!; **the ~s of camping** (*lit, hum*) los placeres del camping; **it's a ~ to hear him** es un *or* da gusto oírlo; **no ~!** (*fam*) ¡sin resultado!, ¡sin éxito!

joyful ['dʒɔɪfʊl] *adj* (*gen*) feliz; (*event, occasion*) festivo/a; **to be ~ about** alegrarse de.

joyous ['dʒɔɪəs] *adj* (*poet*) = **joyful**.

joyride ['dʒɔɪraɪd] (*fam*) *n* (*irresponsible action*) escapada *f*; (*in stolen car*) paseo *m* en coche robado; **to go for**

a ~ darse una vuelta en un coche robado.

joyrider ['dʒɔɪraɪdəʳ] *n persona que se da una vuelta en un coche robado.*

joystick ['dʒɔɪstɪk] *n* (*Aer*) palanca *f* de mando; (*Comput*) palanca de control.

JP *n abbr of* **Justice of the Peace**.

Jr. *abbr of* **junior**.

JTPA *n abbr* (*US*) *of* **Job Training Partnership Act** *programa gubernamental de formación profesional.*

jubilant ['dʒu:bɪlənt] *adj* (*crowd*) jubiloso/a, exultante; (*cry, shout*) de júbilo, alborozado/a.

jubilee ['dʒu:bɪli:] *n* (*celebration*) jubileo *m*; (*anniversary*) aniversario *m*; **silver** ~ vigésimo quinto aniversario.

judge [dʒʌdʒ] **1** *n* (*Jur*) juez *mf*; (*of contest*) juez, árbitro/a *m/f*; (*knowledgeable person*) conocedor(a) *m/f*, entendido/a *m/f*; **a good/bad ~ of sth** conocedor/poco conocedor de algo; **I'm no ~ of wines/character** no entiendo de vinos/de sicología; **I'll be the ~ of that** yo decidiré aquello, lo juzgaré yo mismo.

2 *vt* (*Jur, contest*) juzgar; (*Sport*) arbitrar, hacer de árbitro; (*matter, question*) decidir, resolver; (*estimate: weight, size etc*) calcular; (*consider*) juzgar, considerar; **to ~ sth right/wrong** calcular algo bien/mal; (*situation*) acertar/errar en el juicio de algo; **he ~d the moment well** escogió el momento oportuno, atinó; **I ~d it to be right** lo consideré acertado, me pareció correcto.

3 *vi* (*act as judge*) juzgar, ser juez; **judging from** *or* **to ~ by his expression** a juzgar por su expresión; **to ~ for o.s.** juzgar por sí mismo; **as far as I can** ~ por lo que puedo entender, a mi entender.

4 *cpd*: ~ **advocate** *n* (*Mil*) auditor *m* de guerra.

judg(e)ment ['dʒʌdʒmənt] **1** *n* **(a)** (*Jur: decision*) sentencia *f*, fallo *m*; (*act*) juicio *m*; **it's a ~ on you** es un castigo; **to pass ~ (on sb/sth)** (*Jur*) pronunciar *or* dictar sentencia (sobre algn/en algo); (*fig*) emitir un juicio crítico *or* dictaminar (sobre algn/algo); **Last J~** Juicio Final.

(b) (*opinion*) opinión *f*, parecer *m*; (*understanding*) juicio *m*, criterio *m*; **in my** ~ a mi criterio; **to the best of my** ~ según mi leal saber y entender; **against my better** ~ a pesar mío; **his ~ is sound** tiene buen criterio; **she showed excellent ~ in choosing the colour scheme** demostró tener buen gusto al escoger la combinación de colores.

2 *cpd*: **J~ Day** *n* Día *m* del Juicio (Final).

judg(e)mental [dʒʌdʒ'mentl] *adj* crítico/a.

judicial [dʒu:'dɪʃəl] *adj* **(a)** (*enquiry, decision, proceedings*) judicial; (*separation*) legal. **(b)** (*mind, faculty*) crítico/a.

judiciary [dʒu:'dɪʃɪərɪ] *n* (*judges*) magistratura *f*; (*court system*) poder *m* judicial.

judicious [dʒu:'dɪʃəs] *adj* (*wise, sensible*) prudente, sensato/a; (*: also person*) juicioso/a.

judo ['dʒu:dəʊ] *n* judo *m*.

jug [dʒʌg] **1** *n* **(a)** (*container*) jarro *m*, jarra *f*. **(b)** (*fam: prison*) chirona *f*, chirola *f* (*LAm*). **(c)** **~s** (*US fam*) tetas *fpl* (*fam*). **2** *vt*: **~ged hare** liebre *f* borracha.

juggernaut ['dʒʌgənɔ:t] *n* (*lorry*) camión *m* grande de carga pesada.

juggle ['dʒʌgl] **1** *vi* hacer juegos *mpl* malabares; (*fig*) darle vueltas (*with* a). **2** *vt* (*fig, pej*) falsear, falsificar.

juggler ['dʒʌgləʳ] *n* malabarista *mf*.

Jugoslavia *etc* ['ju:gəʊ'slɑ:vɪə] = **Yugoslavia** *etc*.

jugular ['dʒʌgjʊləʳ] *adj*: ~ **vein** vena *f* yugular.

juice [dʒu:s] *n* (*fruit ~*) jugo *m*, zumo *m* (*Sp*); (*of meat*) jugo; (*fam: petrol*) gasolina *f*; (*: electricity*) corriente *f*; (*Anat*) **digestive ~s** jugos digestivos.

juicy ['dʒu:sɪ] *adj* (*comp* **-ier**; *superl* **-iest**) (*fruit, meat*) jugoso/a; (*fig: story*) verde, picante.

jujitsu [dʒu:'dʒɪtsʊ] *n* jiu-jitsu *m*.

jukebox ['dʒu:kbɒks] *n* máquina *f* tocadiscos, rocanola *f* (*LAm*).

Jul. *abbr of* **July** jul.

July [dʒu:'laɪ] *n* julio *m*; **in** ~ en julio; **in ~ of next year** en julio del año que viene; **at the beginning/end of** ~ a principios/finales de julio; **in the middle of** ~ a mediados de julio; **during** ~ durante el mes de julio; **there are 31 days in** ~ julio tiene treinta y un días; **(on) the first/eleventh of** ~ el primero/once de julio; **during** *or* **in the month of** ~ en el mes de julio; **each** *or* **every** ~ todos los meses de julio; ~ **was wet this year** este año llovió mucho en julio.

jumble ['dʒʌmbl] **1** *n* revoltijo *m*, revoltillo *m*; (*fig*) confusión *f*, embrollo *m*. **2** *vt* (*also* **~ together, ~ up**) mezclar, amontonar; **papers ~d up together** papeles revueltos. **3** *cpd*: ~ **sale** *n* (*Brit*) venta *f* de objetos usados (con fines benéficos).

jumbo ['dʒʌmbəʊ] **1** *n* elefante/a *m/f*. **2** *adj* (*fam: also* **~ sized**) de tamaño extra; ~ **jet** jumbojet *m*.

jump [dʒʌmp] **1** *n* (*leap, also fig*) salto *m*, brinco *m*; (*fence*) obstáculo *m*; (*from parachute*) salto; **high/long** ~ (*Sport*) salto de altura/longitud; **a 3m** ~ un salto de tres metros; **in** *or* **at one** ~ de un salto; **my heart gave a** ~ me dio un vuelco el corazón; **to be one ~ ahead** (*fig*) llevar la ventaja; **a big ~ in prices** un alza inesperada de precios; **to have the ~ on sb** (*fam*) llevar ventaja a algn.

2 *vt* (*subj: person, horse*) saltar, brincar; (*also* **~ over**) salvar; (*horse*) hacer saltar; **to ~ the rails/the points** (*train*) descarrilar, salirse de las vías/las agujas; **to ~ a groove** (*stylus*) saltarse un surco; **to ~ bail** (*Jur*) fugarse estando bajo fianza; **to ~ the gun** (*fig fam*) precipitarse; **to ~ the lights** (*Aut fam*) saltarse un semáforo; **to ~ the queue** colarse; **to ~ ship** desertar (de un buque); **to ~ sb** (*fam*) asaltar *or* atacar a algn; **to ~ a train** subirse sin billete al tren.

3 *vi* (*leap: also Sport*) saltar, brincar, dar brincos; (*Aer*) lanzarse, tirarse; (*nervously*) sobresaltarse, asustarse; (*fig: rise: prices*) aumentar, subir; **to ~ for joy** saltar de alegría; **to ~ from** (*high place*) lanzarse desde; **to ~ in/out** entrar/salir de un salto; **he ~ed into a taxi** subió de prisa a un taxi; **to ~ off/on(to) sth** bajar de/subir a algo con un salto; **we ~ed on(to) the train** subimos de prisa al tren; **I almost ~ed out of my skin!** (*fig fam*) ¡qué susto me llevé!; **to ~ over sth** saltar (por encima de) *or* salvar algo; **he ~ed to his feet** se puso de pie de un salto; ~ **to it!** (*fig fam*) ¡venga, muévete!, ¡rápido!; **to ~ to conclusions** (*fig fam*) sacar conclusiones precipitadas, juzgar a la ligera; **you made me ~!** ¡qué susto me diste!

4 *cpd*: ~ **jet** *n* avión *m* (a chorro) de despegue vertical; ~ **leads** *npl* (*Brit Aut*) cables *mpl* puente de batería, cables de emergencia; ~ **rope** *n* (*US*) comba *f*, cuerda *f* de saltar; ~ **seat** *n* asiento *m* plegable.

▸ **jump about** *vi* + *adv* dar saltos, brincar; **the story ~s about a bit** (*fig*) la historia da muchos saltos.

▸ **jump across** *vi* + *prep*: **to ~ across a stream** cruzar un arroyo de un salto, saltar por encima de un arroyo.

▸ **jump at** *vi* + *prep* (*fig*) apresurarse a aprovechar; **to ~ at an offer** aceptar una oferta con entusiasmo.

▸ **jump down 1** *vi* + *adv* bajar de un salto, saltar a tierra. **2** *vi* + *prep*: **to ~ down sb's throat** (*fig fam*) ponerle verde a algn (*fam*).

▸ **jump on** *vi* + *prep*: **to ~ on sb** (*fam*) poner verde a algn (*fam*).

▸ **jump up** *vi* + *adv* levantarse de un salto; ~ **up!** ¡levántate!, ¡de pie!; **to ~ up and down** dar saltos, brincar.

jumped-up ['dʒʌmpt'ʌp] *adj* (*pej*) presumido/a.

jumper ['dʒʌmpəʳ] **1** *n* (*Sport*) saltador(a) *m/f*; (*Brit: sweater*) jersey *m*, suéter *m*; (*US: pinafore dress*) falda *f* tipo mono. **2** *cpd*: ~ **cables** *npl* (*US*) = **jump leads**; *see* **jump 4**.

jump-start ['dʒʌmpstɑ:t] **1** *n* arranque *m* en segunda. **2** *vt* arrancar en segunda.

jumpsuit ['dʒʌmpsu:t] *n* (*US*) mono *m*.

jumpy ['dʒʌmpɪ] *adj* (*comp* **-ier**; *superl* **-iest**) nervioso/a;

(*scary*) asustadizo/a.

Jun. *abbr of* **June** jun.

junction [ˈdʒʌŋkʃən] **1** *n* (*of roads*) cruce *m*, crucero *m* (*LAm*); (*also Rail*) empalme *m*. **2** *cpd*: ~ **box** *n* (*Elec*) caja *f* de empalmes.

juncture [ˈdʒʌŋktʃəʳ] *n* (*fig: point*) coyuntura *f*; **at this** ~ en este momento, a estas alturas.

June [dʒuːn] *n* junio *m*; *see* **July** *for usage*.

jungle [ˈdʒʌŋgl] **1** *n* selva *f*, jungla *f*; **the law of the** ~ (*fig*) la ley de la selva. **2** *cpd* de la selva, salvaje.

junior [ˈdʒuːnɪəʳ] **1** *adj* (*in age*) menor; (*on staff*) de menor antigüedad; (*position, rank*) subalterno/a; (*section: in competition etc*) juvenil; (*employee, executive*) más joven; (*partner*) segundo/a; **10 years his** ~ diez años menor que él; **Roy Smith, J**~ Roy Smith, hijo; ~ **high school** (*US*) ≈ Instituto *m* de Enseñanza Media; ~ **minister** (*Pol*) ministro/a *m/f* subalterno/a; ~ **size** *n* talla *f* juvenil; ~ **school** (*Brit*) escuela *f* primaria, ≈ colegio *m* de EGB.

2 *n* menor *mf*, joven *mf*; (*Brit Scol*) alumno/a *m/f* (de 7 a 11 años); (*office* ~) recadero *m*.

juniper [ˈdʒuːnɪpəʳ] **1** *n* enebro *m*. **2** *cpd*: ~ **berries** *npl* bayas *fpl* de enebro.

junk[1] [dʒʌŋk] **1** *n* (*worthless things*) trastos *mpl* viejos, cacharros *mpl (fam)*; (*things thrown away*) desperdicios *mpl*, desechos *mpl*; (*fam: item of poor quality*) porquería *f*. **2** *cpd*: ~ **bond** *n* obligación *f* basura; ~ **dealer** *n* vendedor(a) *m/f* de objetos usados; ~ **food** *n alimentos preparados y envasados sin gran valor nutritivo;* ~ **mail** *n* propaganda *f* de buzón, materiales *mpl* publicitarios enviados por correo; ~ **shop** *n* tienda *f* de objetos usados, rastrillo *m*.

junk[2] [dʒʌŋk] *n* (*Chinese boat*) junco *m*.

junket [ˈdʒʌŋkɪt] *n* (**a**) (*Culin*) dulce *m* de leche cuajada, cajeta *f (LAm)*. (**b**) (*fam: also* ~**ing**: *party*) fiestas *fpl*; (*US: excursion*) viaje *m* pagado.

junkie [ˈdʒʌŋkɪ] *n* (*fam: drug addict, esp of heroin*) yonqui *mf*, heroinómano/a *m/f*.

Jun(r) *abbr of* **junior**.

junta [ˈdʒʌntə] *n* junta *f*.

Jupiter [ˈdʒuːpɪtəʳ] *n* Júpiter *m*.

jurisdiction [ˌdʒʊərɪsˈdɪkʃən] *n* jurisdicción *f*; **it falls** *or* **comes within/outside our** ~ es/no es de nuestra competencia.

juror [ˈdʒʊərəʳ] *n* (*Jur*) jurado *m*; (*for contest*) juez *m*; **a woman** ~ una miembro del jurado.

jury [ˈdʒʊərɪ] **1** *n* jurado *m*; **trial by** ~ proceso con jurado; **to serve** *or* **be on a** ~ ser miembro de un jurado. **2** *cpd*: ~ **box** *n* tribuna *f* del jurado; ~ **duty** *n*: **to do** ~ **duty** actuar como jurado; ~ **rigging** *n* amaño *m* de un jurado.

just[1] [dʒʌst] **1** *adj* (*fair*) justo/a; (*person*) recto/a; (*deserved: praise*) merecido/a; (*punishment*) apropiado/a; (*well grounded: complaint*) justificado/a; (*opinion*) lógico/a. **2** *npl*: **the** ~ los justos.

just[2] [dʒʌst] *adv* (**a**) (*exactly*) exactamente, precisamente; ~ **here/there** aquí/ahí mismo; **he was standing** ~ **at the corner** estaba justo en la esquina; ~ **behind/in front of/near/next to** *etc* justo detrás/delante de/cerca de/al lado de *etc*; ~ **when it was going well** ... precisamente cuando iba bien ...; ~ **then** *or* **at that moment** en ese mismo momento *or* instante; **it's** ~ **(on) 10 (o'clock)** son las diez en punto; **it cost** ~ **(on) £20** me costó veinte libras justas; **it's** ~ **my size** es exactamente mi talla; **it's** ~ **what I wanted** es precisamente lo que yo quería; ~ **what did he say?** ¿qué dijo exactamente?; **come** ~ **as you are** ven tal y como estás; **leave it** ~ **as it is** déjalo tal como está; **they are** ~ **like brothers** son como hermanos; **that's** ~ **it!, that's** ~ **the point!** ¡ahí está! *(fam)*, ¡ése es el problema!; **that's** ~ **(like) him, always late** es típico (de él), siempre llega tarde; ~ **as I thought!** ¡ya me lo figuraba *or* imaginaba!; ~ **as I arrived** justo cuando iba llegando; ~ **as you wish** como Ud quiera; **he likes everything** ~ **so** (*fam*) quiere tener cada cosa en su sitio.

(**b**) (*soon*) ahora mismo; (*recently*) hace poco; ~ **this minute/now** hace un momento/ahora mismo; **we were** ~ **going** ya nos íbamos; **we're** ~ **off** nos vamos ahora mismo; **I was** ~ **about to phone** estaba a punto de llamar; **I've** ~ **seen him** acabo de verle; **the book is** ~ **out** el libro acaba de salir; ~ **cooked** recién hecho.

(**c**) (*only*) solamente, sólo, nomás *(LAm)*; ~ **a little/a few** un poco/unos pocos nada más *or (LAm)* nomás; ~ **the two of us** los dos solos, sólo nosotros dos; **we're** ~ **good friends** somos amigos nada más; **it's** ~ **3 o'clock** son las tres nada más, son las tres apenas *(LAm)*; ~ **yesterday/this morning** ayer mismo/esta misma mañana; ~ **once** una vez nada más, solamente una vez; ~ **for a laugh** en broma, nada más; **he's** ~ **teasing** está bromeando, nada más; **it's** ~ **a mouse** es un ratón, nada más; **it's** ~ **around the corner/**~ **over there** está a la vuelta de la esquina/ahí mismo; **we went** ~ **to see the museum** fuimos sólo para ver el museo; **I** ~ **asked!** (*hum*) ¡preguntaba nada más *or (LAm)* nomás!; ~ **a minute!,** ~ **one moment!** ¡un momento, por favor!, ¡voy!

(**d**) (*simply*) sencillamente; **I** ~ **told him to go away** le dije sencillamente que se fuera; ~ **ask the way** simplemente pregunta por dónde se va; **I** ~ **wanted to say that** ... sólo quería decir que ...; **I** ~ **can't imagine** no me lo puedo imaginar; **it's** ~ **that I don't like it** lo que pasa es que no me gusta; **he** ~ **couldn't wait to see them** tenía unas ganas enormes de verlos; **it's** ~ **one of those things** (*fam*) son cosas que pasan; **let's** ~ **wait and see** es mejor esperar a ver (qué pasa).

(**e**) (*slightly*) ~ **over/under 2 kilos** un poco más de/menos de dos kilos, pasa de/no llega a los dos kilos; ~ **before/after I arrived** poco antes/después de mi llegada; **it's** ~ **gone** *or* **past 10 (o'clock)** acaban de dar las diez; ~ **to the left/right** un poco más a la izquierda/derecha; ~ **to one side** a un lado.

(**f**) (*barely*) por poco; **we arrived** ~ **in time** por poco no llegamos, llegamos justo a tiempo; ~ **enough money** el dinero justo; **I (only)** ~ **caught it** lo alcancé por un pelo, por poco lo pierdo; **we (only)** ~ **missed it** lo perdimos por muy poco; **he caught/missed the train, but only** ~ cogió *(Sp) or (LAm)* tomó/perdió el tren, pero por poco.

(**g**) (*in comparison*) tan; **it's** ~ **as good (as)** es igual (que), es tan bueno (como); ~ **as well (as)** tan bien (como).

(**h**) (*with imperatives*) ~ **listen!** ¡escucha un poco!; ~ **look at this mess!** ¡fíjate qué desorden!; ~ **wait a minute!** ¡espera un momento!; ~ **shut up!** *(fam)* ¡cierra el pico!, ¡cállate ya!; ~ **let me get my hands on him!** *(fam)* ¡cómo lo coja! *(Sp)*, ¡con que lo agarre! *(LAm)*; ~ **you wait, he'll come sure enough** (*reassuringly*) espera hombre, ya verás cómo viene; ~ **(you) wait until I tell your father** (*threateningly*) espera (nomás *(LAm)*) a que se lo cuente a tu padre.

(**i**) (*emphatic*) francamente; **it's** ~ **perfect!** ¡qué maravilla!; **that's** ~ **fine!** ¡es francamente maravilloso!; **that dress is awful — isn't it** ~**?** ese vestido es francamente horrible — ¡y tanto!

(**j**) (*phrases*) **I've** ~ **about finished this work** estoy a punto de terminar este trabajo; **I've** ~ **about had enough of this noise!** (*fam*) ¡estoy harto de tanto ruido!; **it's** ~ **as well** menos mal; **it** ~ **so happens** ... resulta que ...; **it would be** ~ **as well if** ... más valdría que + *subjun*; ~ **too bad!** ¡mala pata!; **not** ~ **now** hasta ahora no; **not** ~ **yet** todavía no, aún no; ~ **in case,** ... por si acaso ...; ~ **the same, I'd rather** ... de todas formas, prefiero ...; **I'd** ~ **as soon not go** prefiero no ir; **I'd** ~ **as soon you didn't do it** preferiría que no lo hicieras.

justice [ˈdʒʌstɪs] *n* (**a**) (*Jur*) justicia *f*; **to bring sb to** ~ llevar a algn ante los tribunales. (**b**) (*fairness*) justicia *f*; **to do o.s./sb** ~ quedar bien/hacer justicia a algn; **this doesn't do him** ~ (*photo etc*) no le favorece; **it doesn't do** ~ **to his skills** no está a la altura de sus capacidades; **to**

do ~ to a meal hacer los honores a una comida. **(c)** *(person)* juez *mf*; **J~ of the Peace** *(Brit)* juez *mf* de paz.
justifiable [ˈdʒʌstɪfaɪəbl] *adj* **(a)** *(anger etc)* justificado/a. **(b)** *(Jur)* ~ **homicide** homicidio *m* justificable.
justifiably [ˈdʒʌstɪfaɪəblɪ] *adv* justificadamente, con razón.
justification [ˌdʒʌstɪfɪˈkeɪʃən] *n* justificación *f*; **there's no ~ for it** esto no tiene justificación posible; **in ~ of** *or* **for sth** como justificación de algo.
justified [ˈdʒʌstɪfaɪd] *adj* **(a)** justificado/a; **to be ~ in doing sth** tener motivo para hacer algo, tener razón al hacer algo; **am I ~ in thinking that ...?** ¿hay motivo para creer que ...? **(b)** *(Jur)* ~ **homicide** homicidio *m* justificado. **(c)** *(Typ)* justificado/a; **right ~** justificado a la derecha.
justify [ˈdʒʌstɪfaɪ] *vt* **(a)** *(gen)* justificar; **the future does not ~ the slightest optimism** el futuro no autoriza el más leve optimismo. **(b)** *(Typ, Comput)* alinear, justificar.
jut [dʒʌt] *vi (also ~* **out***)* sobresalir.
jute [dʒuːt] *n* yute *m*.
juvenile [ˈdʒuːvənaɪl] **1** *adj (books, sports etc)* juvenil; *(pej)* infantil; *(Jur: court)* de menores; ~ **delinquent** delincuente *mf* juvenil. **2** *n* joven *mf*, menor *mf*.
juxtapose [ˈdʒʌkstəpəuz] *vt* yuxtaponer.
juxtaposition [ˌdʒʌkstəpəˈzɪʃən] *n* yuxtaposición *f*.

K

K[1], **k** [keɪ] *n (letter)* K, k *f*.
K[2] **1** *abbr* **(a)** *of* **kilo ....** **(b)** *(Brit) of* **Knight. 2** *n abbr* **(a)** *of* **a thousand; £100K** 100.000 libras. **(b)** *(Comput) of* **kilobyte** K *m*.
kaftan [ˈkæftæn] *n* caftán *m*.
Kalahari Desert [ˌkæləˈhɑːrɪˈdezət] *n* desierto *m* de Kalahari.
kale [keɪl] *n (Bot)* col *f* rizada.
kaleidoscope [kəˈlaɪdəskəup] *n* calidoscopio *m*, caleidoscopio *m*.
kamikaze [ˌkæmɪˈkɑːzɪ] *n* kamikaze *m*.
Kampala [kæmˈpɑːlə] *n* Kampala *f*.
Kampuchea [ˌkæmpuˈtʃɪə] *n* Kampuchea *f*.
kangaroo [ˌkæŋgəˈruː] **1** *n* canguro/a *m/f*. **2** *cpd*: ~ **court** *n* tribunal *m* informal.
Kans. *abbr (US) of* **Kansas.**
kaolin [ˈkeɪəlɪn] *n* caolín *m*.
kaput [kəˈput] *adj (fam)* roto/a, estropeado/a.
karat [ˈkærət] *n (US)* = **carat.**
karate [kəˈrɑːtɪ] *n* karate *m*.
karting [ˈkɑːtɪŋ] *n (Sport)* kárting *m*.
Kashmir [kæʃˈmɪəʳ] *n* Cachemira *f*.
kayak [ˈkaɪæk] *n* kayac *m*.
Kazakhstan [ˌkɑːzɑːkˈstɑːn] *n* Kadsastán *m*.
KB *n abbr of* **kilobyte** K *m*.
KC *n abbr (Brit) of* **King's Counsel** *título concedido a determinados abogados*.
kd *abbr (US) of* **knocked down** desmontado/a.
kebab [kəˈbæb] *n* pincho *m* moruno, anticucho *m (Per)*.
keel [kiːl] *n (Naut)* quilla *f*; **on an even ~** *(Naut)* en iguales calados; *(fig)* en equilibrio, estable.
▸ **keel over** *vi + adv (Naut)* zozobrar, volcar; *(person)* desplomarse.
keen [kiːn] *adj (comp* **~er**; *superl* **~est***)* **(a)** *(sharp: edge, blade)* afilado/a; *(: wind, air)* cortante; *(: eyesight, wit etc)* agudo/a; *(: hearing)* fino/a; *(desire)* fuerte, vivo/a; *(delight)* intenso/a; *(sense)* profundo/a, desarrollado/a; *(interest)* grande, vivo; *(price, rate)* competitivo/a; *(competition, match, struggle)* reñido/a, intenso/a; *(dedicated)* concienzudo/a; *(enthusiastic)* entusiasta; **he's got a ~ appetite** tiene buen apetito.
(b) *(Brit: person)* entusiasta; **to be ~ on sth** ser aficionado a algo, gustarle algo a algn; **to be ~ to do sth** tener ganas de *or* interés por hacer algo; **he's a ~ footballer** es muy aficionado a jugar al fútbol; **I'm terribly ~ about the new play** la nueva obra me hace muchísima ilusión; **are you ~ on opera?** ¿te gusta la ópera?; **I'm not ~ on the idea** no me entusiasma *or* no me llama mucho la atención la idea; **he's ~ on her** ella le gusta mucho; **I'm not ~ on going/on his going** no tengo ganas de ir/no me hace gracia que (él) vaya.
keenly [ˈkiːnlɪ] *adv* **(a)** *(acutely)* vivamente, intensamente; **to feel sth ~** sentir algo profundamente; **he looked at me ~** me miró fijamente. **(b)** *(enthusiastically)* con entusiasmo.
keenness [ˈkiːnnɪs] *n (enthusiasm)* entusiasmo *m*; *(sharpness)* agudeza *f*; *(intensity)* intensidad *f*; *(desire)* deseo *m*.
keep [kiːp] *(vb: pt, pp* **kept***)* **1** *n* **(a)** comida *f*, sustento *m*; **to earn one's ~** ganarse el sustento; *(fig)* justificar el gasto; **for ~s** *(fam: permanently)* para siempre.
(b) *(Archit)* torreón *m*, torre *f* del homenaje.
2 *vt* **(a)** *(retain)* guardar, quedarse (con); **you can ~ the change** *(money)* quédese con la vuelta *or (LAm)* el vuelto; **he ~s himself to himself** guarda las distancias; **I'll ~ you to your promise** haré que cumplas tu promesa; **you can ~ it!** *(fam: often fig)* ¡alla tú!, ¡puedes guardártela!
(b) *(preserve: secret)* guardar; *(temper)* dominar, contener; *(order)* mantener; **to ~ sth from sb** *(fig)* ocultar algo a algn; **~ it to yourself, ~ it under your hat** *(fam)*, **~ it quiet** no se lo digas a nadie, punta en boca, ¡chitón!
(c) *(maintain a certain state)* conservar, mantener; **to ~ sth clean/safe** conservar algo limpio/guardar algo bien; **to ~ (sth) still** no mover (algo); **to ~ sb happy** tener a algn contento; **the garden is well kept** el jardín está muy bien cuidado; **exercise ~s you fit** haciendo ejercicio te mantienes en forma; **he has kept his looks** se conserva igual; **to ~ the engine running** dejar el motor en marcha; *see* **observation; straight 3.**
(d) *(put aside)* guardar, poner aparte, apartar; *(store)* guardar; **where do you ~ the sugar?** ¿dónde guardas el azúcar?
(e) *(detain)* tener, entretener; *(restrain)* tener, retener; **to ~ sb in prison** tener a algn preso, mantener a algn en la cárcel; **to ~ sb doing sth** tener a algn haciendo algo; **to ~ sb talking** entretener a algn en conversación; **to ~ sb waiting** hacer esperar a algn; **to ~ sb posted** tener a algn al corriente *or* sobre aviso; **I mustn't ~ you, don't let me ~ you** no le entretengo más; **what kept you?** ¿a qué se debe este retraso?, ¿por qué vienes tan tarde?; **to ~ sb from sth** *or* **from doing sth** *(stop)* impedir que algn haga algo; *(forbid)* prohibir que algn haga algo; **to ~ o.s. from doing sth** contener las ganas de hacer algo, aguantarse (de hacer algo).
(f) *(fulfil, observe: promise, agreement)* cumplir; *(: law, rule, obligation etc)* observar; *(: appointment)* acudir *or* ir a.
(g) *(own, manage: shop, hotel)* ser propietario de, tener; *(servants, also Comm: stock)* tener; *(Agr:*

animals) criar, dedicarse a criar.

(**h**) (*support: family*) mantener; **to ~ o.s.** mantenerse; **to ~ sb in food and clothing** correr con los gastos de la comida y el vestido de algn.

(**i**) (*accounts, record*) llevar.

3 *vi* (**a**) (*continue*) seguir, continuar; (*remain*) quedar(se), permanecer; **to ~ (to the) left/right** circular por la izquierda/derecha, mantenerse por la izquierda/derecha; **to ~ straight on** seguir todo recto *or* derecho; **to ~ to sth** (*promise*) cumplir con algo; (*subject*) limitarse a algo; (*text*) seguir algo, ceñirse a algo; **to ~ doing sth** no dejar *or* parar de hacer algo; **she ~s talking** sigue hablando; **to ~ fit/in good health** mantenerse en forma/muy sano; **~ smiling!** ¡no dejes de sonreír!; **~ going!** ¡no pares!; **to ~ at sb until ...** (*fam: pester*) insistirle a algn hasta (que) ...; **to ~ at sth** (*fam: continue*) empeñarse en algo; **~ at it!** (*fam*) ¡ánimo!, ¡no te aflojes! *(LAm)*; **to ~ still/quiet** estarse quieto/callado *or (LAm)* quieto; **to ~ together** seguir juntos; **to ~ from doing sth** (*avoid*) evitar hacer algo; (*abstain*) abstenerse de hacer algo; **to ~ to one's room/bed** no salir de su habitación/guardar cama; **they ~ to themselves** guardan las distancias.

(**b**) (*in health*) **how are you ~ing?** ¿qué tal (estás)? *(Sp fam)*, ¿como *or* qué tal te va? *(fam)*, ¿cómo estás?, ¿cómo sigues? *(LAm fam)*, ¿qué hubo? *(Mex, Chi fam)*; **he's not ~ing very well** no está muy bien de salud; **she's ~ing better** está *or* va mejor.

(**c**) (*food*) conservarse fresco *or* en buen estado; (*fig*) **the news will ~ till I see you** no pierdes nada si me guardo la noticia hasta que nos veamos; **it can ~** no se pone malo; **an apple that ~s** una manzana que dura.

▸ **keep away 1** *vt + adv* alejar, mantener a distancia; **to ~ sth away from sb** mantener algo aparte de algn; **they kept him away from school** no le dejaron ir a la escuela. **2** *vi + adv* mantenerse alejado/a, no acercarse; **to ~ away from sb** evitar a algn; **he can't ~ away from the subject** siempre vuelve al mismo tema.

▸ **keep back 1** *vt + adv* (*crowds*) contener; (*withhold: part of sth given*) guardar, quedarse con; (*: tears*) contener, reprimir; (*conceal: information*) **to ~ sth back from sb** ocultar algo a algn; (*make late*) **I don't want to ~ you back** no quiero retrasarte. **2** *vi + adv* hacerse a un lado.

▸ **keep down 1** *vt + adv* (*control: prices, spending, temperature*) controlar, mantener bajo/a; (*: anger, rebellion*) contener, reprimir; (*: weeds*) no dejar crecer; (*: dog*) sujetar; (*oppress: spirits*) oprimir; (*retain: food*) retener; **he was kept down another year** (*Scol*) tuvo que repetir (año); **you can't ~ a good man down** los buenos siempre vuelven; **she can't ~ any food down** vomita toda la comida.

2 *vi + adv* seguir agachado/a, no levantar la cabeza.

▸ **keep in 1** *vt + adv* (*invalid, child*) impedir que salga, no dejar salir; (*Scol*) castigar; (*stomach*) meter dentro; (*elbows*) pegar al cuerpo; (*fire*) mantener encendido. **2** *vi + adv*: **to ~ in with sb** (*fam*) mantener buenas relaciones con algn.

▸ **keep off 1** *vt + adv* (*ward off*) alejar; (*keep distant*) mantener a distancia; (*not touch*) no tocar. **2** *vt + prep* mantener a distancia; **~ your dog off my lawn** no deje que su perro pise mi césped. **3** *vi + prep* (*food, subject*) evitar; **~ off politics!** ¡no hables de política!; **'~ off the grass'** 'prohibido pisar el césped'. **4** *vi + adv*: **if the rain ~s off ...** si no llueve ....

▸ **keep on 1** *vt + adv* (*hat*) no quitarse; (*continue*) seguir con; (*light*) dejar encendido/a *or (LAm)* prendido/a; (*house*) conservar; (*employee*) guardar el empleo a; **they kept him on for years** siguieron empleándole durante muchos años.

2 *vi + adv* (*continue*) seguir, continuar; **~ on along this road until ...** siga por esta carretera hasta ...; **to ~ on doing sth** seguir haciendo algo; **to ~ on (at sb) about sth** (*pester*) insistir (a algn) sobre algo, dar la lata (a algn) sobre *or (LAm)* por algo; **don't ~ on so!, don't ~ on about it!** ¡no machaques!, ¡no insistas!

▸ **keep out 1** *vt + adv* (*exclude: person, dog*) no dejar entrar, no admitir; (*: cold etc*) proteger de; **to ~ sb out of trouble/out of the way** evitar que algn se meta en líos/sacar a algn de en medio.

2 *vi + adv* (*not enter*) no entrar, quedarse fuera; **'~ out'** (*sign*) 'prohibida la entrada'; **to ~ out of trouble/out of sb's way** no meterse en líos/procurar no molestar a algn; **to ~ out of sth** (*fig*) no meterse en algo; **you ~ out of this!** ¡no te metas en esto!

▸ **keep up 1** *vt + adv* (**a**) (*hold up: shelf etc*) sostener, sujetar; (*fig: spirits*) mantener vivo.

(**b**) (*continue: tradition, study*) seguir (con), mantener; (*correspondence, subscription*) mantener; **~ up the good work!** ¡bien hecho!, ¡sigue así!, ¡síguele dando! *(LAm)*; **~ it up!** ¡ánimo!, ¡dale!; **he'll never ~ it up!** ¡no va a poder seguir así!, ¡no aguanta! *(LAm)*.

(**c**) (*maintain: property*) cuidar, mantener (en buenas condiciones); (*payments*) no retrasarse en.

(**d**) (*keep out of bed*) tener despierto hasta muy tarde *or* en vela *or (LAm)* desvelado; **I don't want to ~ you up** no quiero entretenerte más.

2 *vi + adv* (*weather*) seguir, mantenerse; (*prices*) mantenerse alto, no bajar; (*in race etc*) mantener el ritmo, no quedarse atrás; (*fig: gen*) ponerse a la altura (*with sb* de algn); (*in comprehension*) seguir (el hilo) (*with sb* a algn); **to ~ up with the Joneses** no ser menos que el vecino (comprando); **to ~ up with the times** ir con los tiempos, mantenerse al día.

keeper [ˈkiːpəʳ] *n* (*in park, zoo etc*) guarda *mf*, guardián/ana *m/f*; (*game~*) guardabosques *m inv*; (*in museum*) conservador(a) *m/f*; (*goal~*) portero/a *m/f*, arquero/a *m/f (LAm)*.

keep-fit [ˌkiːpˈfɪt] **1** *n* gimnasia *f* (para mantenerse en forma). **2** *cpd*: **~ classes** *npl* clases *fpl* de gimnasia; **~ exercises** *npl* ejercicios *mpl* para mantenerse en forma.

keeping [ˈkiːpɪŋ] *n* (**a**) **in ~** de acuerdo (*with* con); **out of ~** en desacuerdo (*with* con). (**b**) **in the ~ of** al cuidado de; **in safe ~** en lugar seguro, en buenas manos; **to give sth to sb for safe ~** dar algo a algn para mayor seguridad.

keepsake [ˈkiːpseɪk] *n* recuerdo *m*.

keg [keg] *n* barrilete *m*.

kelp [kelp] *n* (*Bot*) alga *f* marina.

Ken. *abbr* (*US*) *of* **Kentucky**.

ken [ken] **1** *n*: **to be beyond/within sb's ~** ser incomprensible/comprensible para algn; **to be sb's ~** ser para algn. **2** (*Scot*) *vt* (*person etc*) conocer; (*fact*) saber; (*recognize*) reconocer.

kennel [ˈkenl] *n* (*individual: also* **~s**: *for breeding etc*) perrera *fsg*; **to put a dog in ~s** poner un perro en la perrera.

Kenya [ˈkenjə] *n* Kenia *f*.

Kenyan [ˈkenjən] *adj, n* keniano/a *m/f*.

kept [kept] **1** *pt, pp of* **keep**. **2** *adj*: **~ woman** querida *f*.

kerb [kɜːb] **1** *n* (*Brit*) bordillo *m*. **2** *cpd*: **~ crawler** *n conductor que busca prostitutas desde su coche*; **~ crawling** *n busca de prostitutas desde el coche*; **~ market** *n* mercado *m* no oficial *(que funciona después del cierre de la Bolsa)*.

kerfuffle [kəˈfʌfl] *n* (*Brit fam*) lío *m (fam)*, follón *m (fam)*.

kernel [ˈkɜːnl] *n* (*of nut*) fruto *m*; (*seed: of fruit*) pepita *f*; (*of grain*) grano *m*; (*fig*) meollo *m*, núcleo *m*.

kerosene [ˈkerəsiːn] *n* keroseno *m*, queroseno *m*, querosén *m (LAm)*.

kestrel [ˈkestrəl] *n* cernícalo *m* (vulgar).

ketchup [ˈketʃəp] *n* salsa *f* de tomate, catsup *m*.

kettle [ˈketl] *n* olla *f* para hervir agua, hervidor *m*, pava *f (CSur)*; **that's a different ~ of fish** (*Prov*) eso es harina de otro costal.

key [kiː] **1** *n* (**a**) (*gen*) llave *f*; (*can-opener*) abridor *m*, abrelatas *m inv*.

(**b**) (*of typewriter, piano*) tecla *f*; (*of wind instrument*) llave *f*, pistón *m*.

(**c**) (*to map, code etc, also fig*) clave *f*; **the ~ to success** la clave del éxito.

(**d**) (*Mus*) tonalidad *f*, tono *m*; **in the ~ of C/F** en clave de do/fa; **major/minor ~** tono mayor/menor; **to change ~** cambiar de tonalidad; **to sing in/off ~** cantar a tono/desafinando.

2 *cpd*: **~ industry** *n* industria *f* clave; **~ job** *n* trabajo *m* clave; **~ man** *n* hombre *m* clave; **~ position** *n* posición *f* clave; **~ ring** *n* llavero *m*.

▸ **key in** *vt + adv* (*Comput, Typ*) picar, teclear.

▸ **key up** *vt + adv*: **to be all ~ed up** (*tense*) estar nervioso/a; (*excited*) estar emocionado/a.

keyboard ['ki:bɔ:d] **1** *n* teclado *m*; **~s** (*Mus*) teclados. **2** *vt* (*Comput: text*) teclear. **3** *cpd*: **~ operator** *n* = **keyboarder**; **~ player** *n* teclista *mf*.

keyboarder ['ki:ˌbɔ:dəʳ] *n* teclista *mf*.

keyhole ['ki:həʊl] *n* ojo *m* (de la cerradura).

keying ['ki:ɪŋ] *n* (*Comput*) introducción *f* de datos.

keynote ['ki:nəʊt] *n* (*Mus*) tónica *f*; (*fig: main emphasis*) idea *f* fundamental.

keypad ['ki:pæd] *n* teclado *m* numérico.

keystroke ['ki:strəʊk] *n* pulsación *f* (de una tecla).

keyword ['ki:wɜ:d] *n* palabra *f* clave.

kg *abbr of* **kilogram(s), kilogramme(s)** kg.

khaki ['kɑ:kɪ] *n* (*cloth, colour*) caqui *m*.

Khartoum [kɑ:'tu:m] *n* Jartum *m*.

KHz *abbr of* **kilohertz** KHz.

kibbutz [kɪ'bʊts] *n* (*pl* **~im** [kɪ'bʊtsɪm]) kibutz *m*.

kibosh ['kaɪbɒʃ] *n*: **to put the ~ on sth** (*fam*) desbaratar algo.

kick [kɪk] **1** *n* (*gen*) patada *f*, puntapié *m*; (*by animal*) coz *f*; (*of firearm*) culatazo *m*; (*fig: of drink*) fuerza *f*, graduación *f*; **to give sth/sb a ~** dar una patada a algo/a algn; **I gave him a ~ in the pants** (*fam*) le di una patada en el trasero (*fam*); **it was a ~ in the teeth for him** (*fig fam*) le sentó como una patada; **he gets a ~ out of it** (*fam*) lo disfruta; **to do something for ~s** (*fam*) hacer algo para divertirse *or* por pura diversión.

2 *vt* (**a**) (*ball etc*) dar un puntapié a; (*person*) dar una patada a; (*subj: animal*) dar coces a; **to ~ sb downstairs** echar a algn escaleras abajo; **to ~ a man when he's down** dar a moro muerto gran lanzada; **to ~ sth out of the way** quitar algo a patadas; **to ~ the bucket** (*fig fam*) estirar la pata (*fam*); **I could have ~ed myself** (*fig fam*) ¡me hubiera dado de tortas!; **to ~ one's heels** (*fig*) estar de plantón.

(**b**) (*fig fam: give up*): **to ~ a habit** dejar un hábito; **I've ~ed smoking** ya no fumo.

3 *vi* (*person*) dar patadas *or* puntapiés; (*baby*) patalear; (*animal*) dar coces, cocear; **to ~ at** (*lit*) dar patadas a; (*fig fam: resist*) resistirse a.

▸ **kick about, kick around** **1** *vt + adv* (*gen*) dar patadas a; (*an idea*) darle vueltas a. **2** *vi +adv* (*fam: object, person*) andar rodando; **it's ~ing about here somewhere** andará por ahí; **I ~ed about in London for two years** durante dos años viví a la buena de Dios en Londres.

▸ **kick against** *vi + prep* protestar contra.

▸ **kick back** **1** *vi + adv* (*gun*) dar culatazo. **2** *vt + adv* (*ball*) devolver.

▸ **kick down** *vt + adv* derribar *or* echar abajo a patadas.

▸ **kick in** *vt + adv* derribar a patadas; (*break*) romper a patadas; **to ~ sb's teeth in** (*fam*) romperle la cara a algn.

▸ **kick off** *vi + adv* (*Ftbl*) hacer el saque inicial; (*fig fam: meeting etc*) empezar.

▸ **kick out** **1** *vi + adv*: **to ~ out** (*person*) sacar patadas (*at* a); (*animal*) dar coces (*at* a). **2** *vt + adv* (*fig fam*) echar a patadas, poner de patitas en la calle.

▸ **kick up** *vt + adv*: **to ~ up a row** *or* **a din** (*fig fam*) armar follón *or* bronca; **to ~ up a fuss about** *or* **over sth** montar una escena por *or* sobre algo.

kickoff ['kɪkɒf] *n* (*Ftbl, fig*) saque *m* (inicial).

kick-start ['kɪk'stɑ:t] **1** *n* (*also* **~er**) arranque *m*, pedal *m* de arranque. **2** *vt* hacer arrancar.

kid [kɪd] **1** *n* (**a**) (*Zool: goat*) cabrito *m*, chivo *m*; (*skin*) cabritilla *f*.

(**b**) (*fam: child*) chiquillo/a *m/f*, crío/a *m/f*, chaval(a) *m/f (Sp fam)*, cabro/a *m/f (And, Chi fam)*, chamaco/a *m/f (CAm, Mex fam)*, escuincle/a *m/f (CAm, Mex fam)*, pibe/a *m/f (CSur fam)*; **that's ~'s stuff** eso es para chicos.

2 (*fam*) *vt*: **to ~ sb that ...** (*pretend*) hacer creer a algn que ...; **to ~ sb about sth** (*tease*) tomar el pelo a algn por algo; **don't ~ yourself** (*deceive*) no te engañes.

3 *vi* (*fam: also* **~ on**) bromear; **I'm only ~ding** lo digo en broma; **no ~ding!** ¡en serio!, ¡de verdad!, ¡no me digas!

4 *cpd* (**a**) (*gloves, leather*) de cabritilla; **to handle sth/sb with ~ gloves** tratar algo/a algn con guante blanco.

(**b**) (*fam: brother, sister*) menor, pequeño/a, chico/a (*LAm*).

▸ **kid on** (*fam*) **1** *vi + adv see* **kid 4**. **2** *vt + adv*: **he's ~ding you on** te está tomando el pelo (*fam*).

kiddy ['kɪdɪ] *n* (*fam*) chiquillo/a *m/f*.

kidnap ['kɪdnæp] *vt* secuestrar, raptar, plagiar (*Mex*).

kidnapper, (*US*) **kidnaper** ['kɪdnæpəʳ] *n* secuestrador(a) *m/f*, raptor(a) *m/f*, plagiador(a) *m/f (Mex)*.

kidnapping, (*US*) **kidnaping** ['kɪdnæpɪŋ] *n* secuestro *m*, rapto *m*, plagio *m (Mex)*.

kidney ['kɪdnɪ] **1** *n* (*Anat, Culin*) riñón *m*. **2** *cpd*: **~ bean** *n* (*Culin*) judía *f (Sp)*, alubia *f (Sp)*, frijol *m (LAm)*, poroto *m (CSur, Chi)*; **~ disease** *n* enfermedad *f* renal; **~ failure** *n* fracaso *m* renal; **~ machine** *n* riñón *m* artificial; **~ stone** *n* cálculo *m* renal; **~ transplant** *n* trasplante *m* renal *or* de riñón.

Kilimanjaro [ˌkɪlɪmən'dʒɑ:rəʊ] *n* Kilimanjaro *m*.

kill [kɪl] **1** *vt* (**a**) (*gen*) matar; (*murder*) asesinar, matar, eliminar (*LAm*); (*animal*) matar, sacrificar; **to ~ o.s.** matarse; (*commit suicide*) suicidarse; **to be ~ed in action** *or* **battle** morir en combate, morir luchando; **to ~ two birds with one stone** (*fig*) matar dos pájaros de un tiro; **he certainly doesn't ~ himself!** (*fig, hum*) ¡desde luego ese a trabajar no se mata!; **this heat is ~ing me** (*fig fam*) este calor acabará conmigo; **my feet are ~ing me** (*fig fam*) los pies me duelen horrores; **he was ~ing himself laughing** (*fig fam*) se moría de (la) risa; **I'll ~ you for this!** (*hum*) ¡te voy a matar!; **to be dressed to ~** estar de punto en blanco.

(**b**) (*fig: story*) suprimir; (*: rumour*) acabar con; (*: proposal, parliamentary bill*) echar abajo; (*: feeling, hope*) destruir; (*: flavour, smell*) matar; (*: sound*) amortiguar; (*: engine, motor*) parar, apagar; **to ~ time** matar el tiempo.

2 *n* (*Hunting, Bullfighting*) muerte *f*; (*animal killed*) pieza *f*, animal *m* matado; (*number of animals killed*) caza *f*; **to be in at the ~** asistir a la matanza.

▸ **kill off** *vt + adv* (**a**) (*lit*) exterminar, terminar con. (**b**) (*fig: rumour, proposal*) echar por tierra; (*feeling*) acabar con.

killer ['kɪləʳ] **1** *n* (**a**) (*murderer, animal*) asesino/a *m/f*. (**b**) (*fig*) **it's a ~** (*joke*) es de morirse de risa; (*task*) es agotador; (*question*) es muy difícil. **2** *cpd*: **~ disease** *n* enfermedad *f* mortal; **~ instinct** *n* (*fig*) instinto *m* mortal; **~ shark** *n* tiburón *m* asesino; **~ whale** *n* orca *f*.

killing ['kɪlɪŋ] **1** *adj* (*fig: blow*) mortal; (*: work*) agotador(a), cansadísimo/a; (*fam: funny*) divertidísimo/a. **2** *n* (**a**) (*murder*) asesinato *m*. (**b**) (*Fin fam*) **to make a ~** tener un gran éxito financiero.

killjoy ['kɪldʒɔɪ] *n* aguafiestas *mf inv*.

kiln [kɪln] *n* horno *m*.

kilo ['ki:ləʊ] *n abbr of* **kilogram(me)** kilo *m*.

kilobyte ['kɪləʊˌbaɪt] *n* kilobyte *m*, kiloocteto *m*.

kilogram(me) ['kɪləʊgræm] *n* kilo(gramo) *m*.

kilohertz ['kɪləʊˌhɜ:ts] *n* kilohercio *m*.

kilometre, (*US*) **kilometer** ['kɪləʊmi:təʳ] *n* kilómetro *m.*

kilowatt ['kɪləʊwɒt] *n* kilovatio *m.*

kilowatt-hour ['kɪləʊwɒt,aʊə] *n* kilovatio-hora *m*; **200 ~s** 200 kilovatios-hora.

kilt [kɪlt] *n* falda *f* escocesa.

kilter ['kɪltəʳ] *n*: **to be out of ~** (*esp US*) estar descentrado/a.

kimono [kɪ'məʊnəʊ] *n* (*pl* **~s**) kimono *m*, quimono *m*.

kin [kɪn] *n* familia *f*, parientes *mpl*; **next of ~** parientes más cercanos.

kind [kaɪnd] **1** *adj* (*comp* **~er**; *superl* **~est**) (*person, act, word*) amable, atento/a; (*friendly*) amistoso/a, amigable; (*treatment*) bueno/a, cariñoso/a; **to be ~ to sb** portarse bien con algn, tratar bien a algn; **he was ~ enough to help** tuvo la amabilidad de ayudar; **would you be ~ enough to ...?, would you be so ~ as to ...?** ¿me hace el favor de ...?, ¿tiene la bondad de ...?; **it's very ~ of you (to do sth)** es Ud muy amable (al hacer algo); **that wasn't very ~** eso no se hace.

2 *n* clase *f*, género *m*, tipo *m*; **all ~s of things** toda clase de cosas; **many ~s of books/cars** muchos tipos de libros/coches; **some ~ of animal** algún tipo de animal; **people of all ~s** gente de todas clases; **he's not the ~ of person to ...** él no es de los que ...; **she's the ~ that will ...** ella es de las que ...; **what ~ of an answer is that?, what ~ of an answer do you call that?** ¿qué clase de respuesta es esa?; **what ~ of person do you take me for?** ¿por quién me tomas?; **I had a ~ of feeling that would happen** tuve presentimiento de que ocurriría así; **you know the ~ of thing I mean** ya sabes a lo que me refiero; **something of the ~** algo por el estilo; **nothing of the ~!** ¡nada de eso!, ¡ni hablar!; **it's not his ~ of film/thing** no es el tipo de película/cosa que (a él) le gusta; **he's not her ~ (of man)** no la atraen ese tipo de hombres; **they're two of a ~** son tal para cual; **it takes all ~s (of people)** cada loco con su tema; **it's the only one of its ~** es único (en su género); **it was tea of a ~** (*pej*) se supone que era té; **payment in ~** pago en especie; **to repay generosity** *etc* **in ~** pagar la generosidad *etc* en la misma moneda.

3 *adv*: **~ of** (*rather: fam*) algo; **I ~ of felt it might happen** me temía que pasara así; **we're ~ of busy right now** ahora mismo estamos algo *or* (*LAm*) tantito ocupados; **it's ~ of awkward** es bastante difícil.

kindergarten ['kɪndə,gɑːtn] *n* jardín *m* de infancia.

kind-hearted ['kaɪnd'hɑːtɪd] *adj* (*person, action*) bondadoso/a, de buen corazón.

kindle ['kɪndl] **1** *vt* (*wood etc*) prender fuego a; (*fire*) encender; (*fig: emotion, interest*) despertar, suscitar. **2** *vi* (*wood, fire*) encenderse; (*fig: with emotion*) despertarse.

kindliness ['kaɪndlɪnɪs] *n* (*goodness*) bondad *f*; (*generosity*) benevolencia *f*; (*thoughtfulness*) amabilidad *f*.

kindling ['kɪndlɪŋ] *n* leña *f* (menuda).

kindly ['kaɪndlɪ] **1** *adj* (*comp* **-ier**; *superl* **-iest**) (*warm-hearted*) bondadoso/a; (*thoughtful*) amable; (*pleasant*) agradable, simpático/a; (*affectionate*) tierno/a, cariñoso/a.

2 *adv* (*with kindness: see adj*) bondadosamente; amablemente; con simpatía; con ternura; (*please*) por favor, si hace favor *or* si es tan amable; **he very ~ helped** tuvo la amabilidad de ayudar; **~ wait a moment** haga *or* ¿me hace el favor de esperar un momento?; **he doesn't take ~ to being kept waiting** no le hace ninguna gracia que le hagan esperar; **to think ~ of sb** tener un buen concepto de algn.

kindness ['kaɪndnɪs] *n* (*towards sb*) bondad *f*, amabilidad *f*; (*act*) favor *m*; **he was ~ itself** era la bondad en persona; **out of the ~ of her heart** por pura amabilidad; **to do sb a ~** hacer un favor a algn; **they treated him with every ~** le trataron con todo género de consideraciones.

kindred ['kɪndrɪd] **1** *adj* (*related by blood or group*) emparentado/a; (*language*) de un tronco común; **~ spirits** almas *fpl* gemelas; **to have a ~ feeling for sb** sentirse hermano de algn. **2** *n* (*relations*) familia *f*, parientes *mpl*.

kinetic [kɪ'netɪk] **1** *adj* cinético/a; **~ energy** energía *f* cinética. **2** *nsg*: **~s** cinética *f*.

king [kɪŋ] *n* rey *m*; (*Draughts*) dama *f*; **an oil ~** un magnate del petróleo; **the ~ and queen** los reyes; **the Three K~s** los Reyes Magos; **to live like a ~** vivir a cuerpo de rey.

kingdom ['kɪŋdəm] *n* reino *m*; **animal ~** reino animal; **the K~ of Heaven** el Reino del otro mundo; **till ~ come** (*fam*) hasta el Día del Juicio.

kingfisher ['kɪŋfɪʃəʳ] *n* martín *m* pescador.

kingpin ['kɪŋpɪn] *n* (*Tech*) perno *m* real *or* pinzote; (*fig: person, object*) piedra *f* angular.

king-size(d) ['kɪŋsaɪz(d)] *adj* (*gen*) tamaño gigante *or* familiar; (*cigarettes*) extra largos.

kink [kɪŋk] **1** *n* (*in rope etc*) retorcedura *f*, vuelta *f*; (*in hair*) rizo *m*; (*fig: emotional, psychological*) trauma *m*, manía *f*; (*: sexual*) perversión *f*. **2** *vi* enroscarse; (*hair*) rizarse.

kinky ['kɪŋkɪ] *adj* (*comp* **-ier**; *superl* **-iest**) (*fig fam: hair*) rizado/a; (*pej: person*) extraño/a; (*: odd*) raro/a; (*: sexually*) perverso/a.

kinship ['kɪnʃɪp] *n* (*gen*) parentesco *m*; (*fig*) afinidad *f*.

kinsman ['kɪnzmən] *n* (*pl* **-men**) pariente *m*.

kinswoman ['kɪnz,wʊmən] *n* (*pl* **-women**) parienta *f*.

kiosk ['kiːɒsk] *n* quiosco *m*; **telephone ~** (*Brit*) cabina *f* (telefónica).

kip [kɪp] (*Brit fam*) **1** *n* (*lodging*) alojamiento *m*; (*bed*) pulguero *m* (*fam*); (*sleep*) sueño *m*; **to have a ~** dormir un rato. **2** *vi* dormir; **to ~ down** echarse a dormir.

kipper ['kɪpəʳ] *n* arenque *m* ahumado.

kirk [kɜːk] *n* (*Scot*) iglesia *f*; **the K~** la Iglesia (Presbiteriana) de Escocia.

kiss [kɪs] **1** *n* beso *m*; (*light touch*) roce *m*; **to give sb a ~** dar un beso a algn; **~ of life** (*artificial respiration*) respiración *f* boca a boca; (*fig*) nueva vida *f*, nuevas fuerzas *fpl*; **~ of death** (*fig*) golpe *m* de gracia.

2 *vt* besar; **to ~ sb's cheek/hand** besar a algn en la mejilla/besar la mano a algn; **to ~ sb goodbye/goodnight** dar un beso de despedida/de buenas noches a algn.

3 *vi* besarse; **they ~ed** se besaron, se dieron un beso; **to ~ and be friends** hacer las paces; **to ~ and tell** (*fig*) dar un beso y confesarlo todo (vendiendo una historia escandalosa a un periódico).

4 *cpd*: **~ curl** *n* (*Brit*) caracol *m*.

kissagram ['kɪsə,græm] *n* besograma *m*.

kiss-off ['kɪsɒf] (*US fam*) *n*: **to give sth the ~** tirar algo; **to give sb the ~** (*employee*) poner a algn de patitas en la calle, despedir a algn; (*boyfriend*) plantar a algn.

kit [kɪt] *n* (*gen*) avíos *mpl*; (*instruments, tools*) útiles *mpl*, herramientas *fpl*; (*toy*) maqueta *f*; (*first-aid ~*) botiquín *m*; (*equipment*) equipo *m*; (*assembly ~*) juego *m* de armar; **kitchen units in ~ form** conjunto *or* juego de muebles de cocina para montar uno mismo.

► **kit out** *vt + adv* (*often passive*) equipar; **to be ~ted out in** (*clothing*) llevar puesto/a.

kitbag ['kɪtbæg] *n* macuto *m*.

kitchen ['kɪtʃɪn] **1** *n* cocina *f*. **2** *cpd* (*cupboard, equipment, sink etc*) de cocina; (*window*) de la cocina; **~ garden** *n* huerto *m*; **~ units** *npl* muebles *mpl* de cocina; **~ sink** *n* fregadero *m*, pila *f*; **everything but the ~ sink** (*fam, hum*) miles de cosas, absolutamente todo.

kitchenette [,kɪtʃɪ'net] *n* cocina *f* pequeña.

kitchenware ['kɪtʃɪnwɛəʳ] *n* batería *f* de cocina.

kite [kaɪt] **1** *n* (*Orn*) milano *m* real; (*toy*) cometa *f*; **to fly a ~** (*fig*) lanzar una idea; **go fly a ~!** (*US fam*) ¡vete al cuerno! (*fam*). **2** *cpd*: **~ mark** *n* (*Brit*) señal *f* de aprobación (de la BSI).

kith [kɪθ] *n*: **~ and kin** parientes *mpl* y amigos.

kitten ['kɪtn] *n* gatito/a *m/f*; **to have ~s** (*fig fam*) darle a algn un ataque (de nervios).

kitty ['kɪtɪ] *n* (*funds*) fondo *m* común; (*Cards*) puesta *f*, bote *m*; (*fam: name for cat*) minino/a *m/f*.

kiwi ['ki:wi:] **1** *n* (*Orn*) kiwi *m*; (*fam: New Zealander*) neozelandés/esa *m/f*. **2** *cpd*: ~ **fruit** *n* kiwi *m*.

KKK *n abbr* (*US*) *of* **Ku Klux Klan.**

Klansman ['klænzmən] *n* (*pl* **-men**) (*US*) miembro *m* del Ku Klux Klan.

kleptomania [ˌkleptəʊ'meɪnɪə] *n* cleptomanía *f*.

kleptomaniac [ˌkleptəʊ'meɪnɪæk] *n* cleptómano/a *m/f*.

km *abbr of* **kilometre(s)** km.

km/h *abbr of* **kilometre(s) per hour** km/h., k.p.h.

knack [næk] *n* truco *m*, habilidad *f*; **it's a** ~ es un truco; **to learn the** ~ **of (doing) sth** cogerle el truco *or* el tranquillo a (hacer) algo; **to have the** ~ **for (doing) sth** tener facilidad para (hacer) algo.

knacker ['nækəʳ] (*Brit*) **1** *n* matarife *m* de caballos. **2** *vt* (*fam*) agotar, reventar; **I'm ~ed** estoy agotado, no puedo más.

knapsack ['næpsæk] *n* (*small rucksack*) mochila *f*.

knave [neɪv] *n* (*Cards*) sota *f*.

knead [ni:d] *vt* (*dough, clay*) amasar; (*muscle*) dar masaje a.

knee [ni:] **1** *n* (*Anat*) rodilla *f*; (*of garment*) rodillera *f*; **on one's ~s** de rodillas; **to go down on one's ~s (to sb)** arrodillarse (ante algn); **to go to sb on (one's) bended ~s** (*fig*) suplicar a algn de rodillas. **2** *vt* dar un rodillazo a.

kneecap ['ni:kæp] **1** *n* (*Anat*) rótula *f*. **2** *vt*: **to ~ sb** destrozar a tiros la rótula de algn.

knee-deep ['ni:'di:p] *adv*: **to be ~ in** estar metido/a hasta las rodillas en; (*fig*) estar metido/a hasta el cuello en; **the place was ~ in paper** había montones de papeles por todos lados.

knee-high ['ni:'haɪ] *adj* (*grass, boots*) hasta las rodillas.

kneel [ni:l] (*pt, pp* **knelt**) *vi* (*also* ~ **down**) arrodillarse, ponerse de rodillas.

knee-length ['ni:leŋθ] *adj*: ~ **sock** calcetín *m* de media.

kneepad ['ni:pæd] *n* (*for sport, work*) rodillera *f*.

knees-up ['ni:zʌp] *n* (*Brit fam*) baile *m*.

knell [nel] *n* toque *m* de difuntos.

knelt [nelt] *pt, pp of* **kneel**.

knew [nju:] *pt of* **know**.

knickers ['nɪkəz] *npl* bragas *fpl*, calzones *mpl* (*LAm*); **to get one's ~ in a twist** (*fam*) armarse un lío (*fam*).

knick-knack ['nɪknæk] *n* chuchería *f*, chisme *m*.

knife [naɪf] **1** *n* (*pl* **knives**) (*table* ~) cuchillo *m*; (*pocket* ~) cortaplumas *m inv*; (*weapon: dagger*) puñal *m*; (*flick* ~) navaja *f*, chaveta *f* (*LAm*); (*blade*) cuchilla *f*; ~ **and fork** cubiertos *mpl*; **to get one's ~ into sb** (*fig*) tener inquina a algn. **2** *vt* (*stab*) acuchillar, apuñalar; (*kill*) matar a navajazos *or* a puñaladas. **3** *cpd*: **on a ~ edge** (*fig: person*) con el alma pendiente de un hilo; (*: result*) en el filo de una navaja; ~ **sharpener** *n* (*tool*) afilador *m* de cuchillos.

knife-point ['naɪfpɔɪnt] *n*: **at ~** a punta de navaja.

knight [naɪt] **1** *n* (*Hist*) caballero *m*; (*Chess*) caballo *m*; (*modern: Brit*) Sir *m*, *caballero de una orden*. **2** *vt* dar el título de Sir a.

knighthood ['naɪthʊd] *n* título *m* de Sir.

knit [nɪt] **1** *vt* (*garment*) tejer; **to ~ one's brows** fruncir el ceño. **2** *vi* hacer punto *or* calceta, tricotar; **to ~ together** soldarse.

knitted ['nɪtɪd] *adj* tejido/a; ~ **goods** géneros *mpl* de punto.

knitting ['nɪtɪŋ] **1** *n* (*activity*) labor *f* de punto; (*product*) prenda *f* de punto. **2** *cpd* (*machine, needle, wool*) de *or* para hacer punto *or* tricotar.

knitwear ['nɪtwɛəʳ] *n* géneros *mpl* de punto, tejidos *mpl* (*LAm*).

knives [naɪvz] *npl of* **knife**.

knob [nɒb] *n* (*of radio etc*) botón *m*, mando *m*; (*of door*) tirador *m*; **a ~ of butter** un pedazo de mantequilla.

knobb(l)y ['nɒb(l)ɪ] *adj* (*comp* **-ier**; *superl* **-iest**) nudoso/a.

knock [nɒk] **1** *n* **(a)** (*gen*) golpe *m*; (*in collision*) choque *m*; **there was a ~ at the door** llamaron a la puerta; **a ~ on the head** un golpe en la cabeza; **his pride took a ~** (*fig*) su orgullo sufrió un golpe; **the team took a hard ~ yesterday** ayer el equipo recibió un rudo golpe.

(b) (*in engine*) golpeteo *m*.

2 *vt* **(a)** (*strike*) golpear; **to ~ a hole in sth** hacer *or* abrir un agujero en algo; **to ~ a nail into sth** clavar una punta en algo; **to ~ sb on the head** golpear a algn en la cabeza; **to ~ one's head on/against sth** (*by accident*) dar con la cabeza *or* golpear contra algo; (*deliberately*) dar cabezazos contra algo; **to ~ sb to the ground** tirar *or* (*LAm*) echar a algn al suelo; **to ~ sb unconscious** *or* **out** *or* **cold** dejar a algn sin sentido; **to ~ the bottom out of sth** (*box*) desfondar algo; (*fig: argument*) dejar algo sin fundamentos; **I ~ed my elbow on** *or* **against the table** me di (un golpe) en el codo con la mesa; **he ~ed the knife out of her hand** le quitó el cuchillo de la mano de un golpe; **I ~ed the ball into the water** tiré la pelota al agua; **to ~ spots off sb** (*fig fam*) dar mil vueltas a algn; **to ~ sb sideways** (*fig fam*) dejar de piedra *or* patidifuso a algn; **to ~ some sense into sb** (*fam*) hacer entrar en razón a algn.

(b) (*fam: criticize*) criticar, hablar mal de.

3 *vi* **(a)** (*strike*) golpear; **he ~ed at the door/on the table** llamó a la puerta/dio un golpe en la mesa; **his knees were ~ing** le temblaban las rodillas.

(b) (*bump*) **to ~ into sb/sth** chocar *or* tropezar con algn/algo; **to ~ against sth** chocar *or* dar con *or* contra algo.

(c) (*engine*) golpetear, hacer ruido.

▸ **knock about, knock around 1** *vt + adv* (*person*) pegar, maltratar, golpear; (*object*) golpear. **2** *vi + adv*: **he's ~ed about (the world) a bit** (*fam*) ha corrido mundo *or* lo suyo; **she ~s around with a bad crowd** anda en malas compañías; **it's ~ing around here somewhere** está *or* anda por aquí.

▸ **knock back** *vt + adv* (*fam*) **(a)** (*drink*) beberse (de un trago). **(b)** (*cost*) **it ~ed me back £10** me costó diez libras. **(c)** (*shock*) asombrar, pasmar; **the smell ~s you back** el olor le echa a uno para atrás (*fam*).

▸ **knock down** *vt + adv* (*building*) derribar, demoler; (*person*) tirar al suelo; (*pedestrian*) atropellar; (*tree, door etc*) derribar, echar abajo; (*price*) rebajar, reducir; **it was ~ed down to him for £20** (*at auction*) se le adjudicó en veinte libras.

▸ **knock in** *vt + adv* clavar.

▸ **knock off 1** *vt + adv* **(a)** (*strike off*) tirar (de), echar abajo (de); (*fig: from price*) **to ~ £5 off the price** rebajar el precio en *or* hacer un descuento de cinco libras; (*: from record*) **to ~ 3 seconds off the record** mejorar el récord en 3 segundos. **(b)** (*fam: steal*) birlar. **(c)** (*fam: do quickly*) despachar. **(d)** (*fam: stop*) ~ **it off!** ¡déjalo ya!, ¡ya estuvo bien! (*LAm*). **2** *vi + adv*: **he ~s off at 5** (*fam*) sale del trabajo a las 5.

▸ **knock on 1** *vi + adv*: **he's ~ing on** es bastante viejo. **2** *vi + prep*: **he's ~ing on 60** va para los 60.

▸ **knock out** *vt + adv* **(a)** (*stun*) dejar sin sentido; (*Boxing*) poner fuera de combate, dejar K.O. **(b)** (*strike out: nails*) extraer, sacar; (*in fight etc: teeth*) romper. **(c)** (*in competition*) eliminar.

▸ **knock over** *vt + adv* (*object*) tirar, derribar, voltear (*LAm*); (*pedestrian*) atropellar.

▸ **knock together** *vt + adv* **(a)** (*two objects*) golpear (uno contra otro). **(b)** (*make hastily*) hacer *or* construir de cualquier manera *or* aprisa y corriendo.

▸ **knock up** *vt + adv* **(a)** (*object*) lanzar (hacia arriba). **(b)** (*Brit: waken*) llamar, despertar. **(c)** (*make hastily*) bricolar. **(d)** (*fam: make pregnant*) dejar embarazada.

knockabout ['nɒkəbaʊt] *adj* bullicioso/a, tumultuoso/a; ~ **comedy** farsa *f* bulliciosa.

knock-back [ˈnɒkbæk] *n* (*fam*) rechazo *m*, feo *m*; **to get the ~** sufrir un feo.

knockdown [ˈnɒkdaʊn] *adj* (*reduced: price*) rebajado/a, de saldo.

knocker [ˈnɒkəʳ] *n* (**a**) (*on door*) aldaba *f*. (**b**) **~s** (*fam*) tetas *fpl*.

knock-for-knock [ˈnɒkfəˈnɒk] *adj*: **~ agreement** acuerdo *m* de pago respectivo.

knocking [ˈnɒkɪŋ] *n* (*sound*) golpes *mpl*, golpeteo *m*.

knocking-shop [ˈnɒkɪŋʃɒp] *n* (*fam*) casa *f* de putas.

knock-kneed [ˈnɒkˈniːd] *adj* patizambo/a.

knock-on [ˈnɒkˈɒn] **1** *n* (*Rugby*) autopase *m*. **2** *cpd*: **~ effect** *n* repercusiones *fpl*, consecuencias *fpl*.

knockout [ˈnɒkaʊt] **1** *n* (**a**) (*Boxing etc*) knock-out *m*, K.O. *m*, nocaut *m*. (**b**) (*fam: stunner*) maravilla *f*; **she's a ~** es una chica estupenda. **2** *cpd* (*competition etc*) eliminatorio/a; **~ drops** *npl* (*fam*) somnífero *msg*, calmante *msg*.

knock-up [ˈnɒkʌp] *n* (*Tennis: practice*) peloteo *m*; **to have a ~** pelotear.

knot [nɒt] **1** *n* (*gen, Naut*) nudo *m*; (*group: of people*) grupo *m*, corrillo *m*; **to tie sb/o.s. up in ~s** (*fig*) meter a algn/meterse en un aprieto; **to tie the ~** (*fig*) prometerse, casarse. **2** *vt* anudar, atar; **to ~ together** anudar, atar con un nudo; **get ~ted!** (*fam*) ¡fastídiate! (*fam*).

knotty [ˈnɒtɪ] *adj* (*comp* **-ier**; *superl* **-iest**) (*wood*) nudoso/a; (*fig: problem*) espinoso/a.

know [nəʊ] (*pt* **knew**; *pp* **~n**) **1** *vt* (**a**) (*facts, dates etc*) saber; **to ~ that ...** saber que ...; **to ~ if/why/what/how/when/where** *etc* saber si/por qué/qué *or* lo que/cómo/cuándo/dónde *etc*; **she ~s a lot** *or* **all about chemistry** sabe mucho de química; **I don't ~ much about history** no sé mucho de historia; **he ~s all the answers** (*lit*) lo sabe todo; (*pej*) cree que lo sabe todo; **to ~ sth backwards** saber algo pe a pa; **to get to ~ sth** (*be informed*) enterarse de algo; (*familiarize o.s. with*) informarse sobre algo; **let me ~ how you get on** ya nos contarás cómo te fue; **let us ~ if you need help** avísanos si necesitas ayuda; **she ~s her own mind** sabe lo que quiere; **you ~ how it is** ya sabes cómo son las cosas; **you don't ~ how glad I am to see you** no sabes cuánto me alegro de verte; **you ~ what I mean** ya me entiendes *or* me sigues; **I ~ nothing about it** no sé nada de eso; **there's no ~ing what may happen** es imposible saber qué va a pasar; **not if I ~ it!** (*fam*) ¡estaría bueno!; **don't I ~ it!** ¡y tú que me lo dices!; **you ~ what you can do with it!** (*fam*) ¡mételo por donde te quepa! (*fam*); **I knew it!** ¡lo sabía!; **it soon became ~n that ...** tardó poco en saberse que ...; **it is well ~n that ...** es bien sabido que ...; **to make sth ~n to sb** hacer saber algo a algn; **he is ~n to have been there** se sabe que (el) estuvo allí; **I've ~n such things to happen** sabía que pasaban esas cosas; **it's worth ~ing what/how** *etc* ... vale la pena saber lo que/cómo *etc* ....
(**b**) (*be acquainted with: person, place, subject*) conocer; **to ~ sb by sight** conocer a algn de vista; **to get to ~ sb** conocer a algn; **I don't ~ him to speak to** (*fig*) no lo conozco personalmente; **to make o.s./one's presence ~n to sb** presentarse ante algn; **he is ~n as X** es conocido por el nombre de X; **she ~s her English** sabe mucho inglés.
(**c**) (*recognize*) reconocer; **he knew me at once** me reconoció en seguida; **I knew him by his voice** le reconocí por la voz; **she ~s a good painting when she sees one** ella sabe reconocer un cuadro bueno; **he doesn't ~ what to do** no sabe qué hacer; **to ~ the difference between ...** saber la diferencia entre ...; **to ~ right from wrong** saber distinguir el bien del mal; **that's all you ~!** (*fam*) ¡y más que podría contarte!
2 *vi* saber; **as far as I** *or* **for all I ~, he is ...** que yo sepa, él es ...; **we'll let you ~** te avisaremos; **who ~s?** ¿quién sabe?; **one never ~s, you never ~** nunca se sabe; **how should I ~?** ¿yo qué sé?, ¿qué sé yo?; **not that I ~ of** que yo sepa, no; **there's no (way of) ~ing** no hay manera de saberlo; **it's not easy, you ~** no es fácil, sabes; **yes, I ~** sí, ya lo sé; **I don't ~** no lo sé; **I ~, let's ...** ya lo sé, vamos a ...; **Mummy ~s best** mamá sabe lo que te conviene; **you ought to ~ better (than to ...)** sabes de sobra (que no se debe ...); **he doesn't ~ any better** no sabe lo que hace; ... **but I ~ better** ... pero yo sé a qué atenerme; **(well,) what do you ~!** (*fam*) ¿qué te parece?, ¡fíjate!, ¡mira nomás! (*LAm*); **to ~ about** *or* **of sth/sb** saber de algo/algn; **did you ~ about Paul?** ¿te has enterado de *or* sabes lo de Pablo?; **to get to ~ about sth** enterarse de algo; **how many 'don't ~s' are there?** ¿cuántas abstenciones hay?
3 *n*: **to be in the ~** (*fam: well-informed*) estar enterado/a; (*privy to sth*) estar al tanto *or* al corriente; **those not in the ~** los no avisados.

know-all [ˈnəʊɔːl] *n* (*pej*) sabelotodo *mf*, sabihondo/a *m/f*.

know-how [ˈnəʊhaʊ] *n* conocimientos *mpl*.

knowing [ˈnəʊɪŋ] **1** *adj* (*sharp*) astuto/a, sagaz; (*look, smile*) de complicidad. **2** *n*: **there's no ~** no hay modo de saberlo.

knowingly [ˈnəʊɪŋlɪ] *adv* (*intentionally*) a sabiendas, adrede; (*smile, look etc*) con complicidad.

know-it-all [ˈnəʊɪtɔːl] *n* (*US*) = **know-all**.

knowledge [ˈnɒlɪdʒ] *n* (**a**) (*information, awareness, understanding*) conocimiento *m*; **to have no ~ of sth/sb** no tener conocimiento de algo/no conocer a algn; **to deny all ~ of sth** negar tener conocimiento de algo; **not to my ~** que yo sepa, no; **without my ~** sin saberlo yo; **to (the best of) my ~** a mi entender, que yo sepa; **it is common ~ that ...** es del dominio público que ...; **to bring sth to sb's ~** ponerle a algn al tanto de algo; **it has come to my ~ that ...** me he enterado de que ....
(**b**) (*learning*) conocimiento *m*, saber *m*; **to have a (working) ~ of Welsh** dominar el galés; **my ~ of Spanish** mis conocimientos del español; **to have a thorough ~ of history** conocer a fondo la historia.

knowledgeable [ˈnɒlɪdʒəbl] *adj* (*person*) enterado/a (*about* de); (*remark, report, thesis etc*) erudito/a.

known [nəʊn] **1** *pp of* **know**. **2** *adj* (*person, fact*) conocido/a; (*acknowledged*) reconocido/a; **it's well ~ that ...** es de todos conocido que ...; **he let it be ~ that ...** dio a entender que ...; **to make sth ~ to sb** anunciar algo a algn.

knuckle [ˈnʌkl] *n* (*Anat*) nudillo *m*; (*of meat*) jarrete *m*; **it was a bit near the ~** (*fig*) rayaba en la indecencia; **to rap sb's ~s, to rap sb over the ~s** echar un rapapolvo a algn.

▸ **knuckle down** *vi* + *adv*: **to ~ down to work** (*fam*) ponerse a trabajar con ahínco.

▸ **knuckle under** *vi* + *adv* someterse, bajar la cerviz.

knuckleduster [ˈnʌklˌdʌstəʳ] *n* puño *m* de hierro.

K.O. [ˈkeɪˈəʊ] *abbr of* **knockout**.

koala [kəʊˈɑːlə] *n* (*also* **~ bear**) koala *m*.

kookie, kooky [ˈkuːkɪ] *adj* (*comp* **-ier**; *superl* **-iest**) (*US fam*) loco/a, chiflado/a (*fam*).

Koran [kɒˈrɑːn] *n* Corán *m*, Alcorán *m*.

Korea [kəˈrɪə] *n* Corea *f*; **North/South ~** Corea del Norte/Sur.

Korean [kəˈrɪən] *adj, n* coreano/a *m/f*.

kosher [ˈkəʊʃəʳ] *adj* autorizado/a por la ley judía.

kowtow [ˈkaʊˈtaʊ] *vi*: **to ~ to sb** bajar la cabeza ante algn.

kph *abbr of* **kilometres per hour** km/h., k.p.h.

Kraut [kraʊt] *adj, n* (*fam: offensive*) alemán/ana *m/f*.

KS *abbr* (*US Post*) *of* **Kansas**.

Kt *abbr* (*Brit*) *of* **Knight**.

Kuala Lumpur [ˈkwɑːləˈlʊmpʊəʳ] *n* Kuala Lumpur *m*.

kudos [ˈkjuːdɒs] *n* gloria *f*, prestigio *m*.

kumquat [ˈkʌmkwɒt] *n* naranja *f* china.

Kurd [kɜːd] *n* kurdo/a *m/f*.

Kurdish [ˈkɜːdɪʃ] **1** *adj* kurdo/a. **2** *n* (*Ling*) kurdo *m*.

Kurdistan [ˌkɜːdɪˈstæn] *n* Kurdistán *m*.

Kuwait [kʊˈweɪt] *n* Kuwait *m*, Koweit *m*, Koveit *m*.

Kuwaiti [kʊˈweɪtɪ] *adj, n* kuwaití *mf*, koweití *mf*, koveití

mf.
kW, kw *abbr of* **kilowatt(s)** kv.
kW/h. *abbr of* **kilowatt-hours** kv/h.

KY *abbr (US Post) of* **Kentucky.**
Kyrgyzstan [ˌkɜːgɪzˈstɑːn] *n* Kirguidstán *f*, Kirgidstán *m*, Kirguisia *f*.

L

L¹, l [el] *n (letter)* L, l *f*.
L² *abbr* **(a)** *(maps etc) of* **lake. (b)** *(Aut) of* **learner; L-plate** *(Brit)* placa *f* de aprendiz de conductor. **(c)** *(garment size) of* **large**. **(d)** *of* **left** izdo, izq, izq°.
l. *abbr* **(a)** *of* **left** izdo, izq, izq°. **(b)** *of* **litre(s)** l.
LA *(US)* **1** *abbr (Post) of* **Louisiana. 2** *n abbr of* **Los Angeles.**
La. *abbr (US) of* **Louisiana.**
Lab 1 [læb] *adj abbr, n abbr (Brit Pol) of* **Labour**. **2** *abbr (Canada) of* **Labrador.**
lab [læb] *n abbr (fam) of* **laboratory.**
label [ˈleɪbl] **1** *n (gen)* etiqueta *f*; *(on merchandise)* etiqueta, rótulo *m*; *(fig)* calificación *f*. **2** *vt* **(a)** poner etiqueta a; **the parcel was not ~led** el paquete no llevaba etiqueta. **(b)** *(fig)* clasificar; **to ~ sb as** *(fig)* tachar a algn de; **he got himself ~led a troublemaker** se hizo una reputación de turbulento.
labor *etc* [ˈleɪbəʳ] *(US)* = **labour** *etc.*
laboratory [ləˈbɒrətəri] **1** *n* laboratorio *m*. **2** *cpd* de laboratorio.
laborious [ləˈbɔːrɪəs] *adj* laborioso/a, penoso/a.
labour, *(US)* **labor** [ˈleɪbəʳ] **1** *n* **(a)** *(toil)* trabajo *m*; **hard ~** *(Jur)* trabajos forzados; **a ~ of love** un trabajo desinteresado.
(b) *(workforce)* obreros *mpl*, mano *f* de obra; *(: collective)* el trabajo; *(class)* clase *f* obrera *or* trabajadora.
(c) *(Brit Pol: party)* Partido *m* Laborista.
(d) *(task)* labor *f*, tarea *f*.
(e) *(effort)* esfuerzo *m*, trabajo *m*.
(f) *(birth)* parto *m*, dolores *mpl* de parto; **to be in ~** estar de parto.
2 *vt (point)* insistir en.
3 *vi* **(a)** *(work)* **to ~ at sth/to do sth** afanarse por algo/por hacer algo; **to ~ under a delusion/misunderstanding** hacerse ilusiones/estar equivocado.
(b) *(in movement)* hacer trabajosamente *or* pesadamente; **the engine is ~ing** el motor funciona con dificultad; **to ~ up a hill** subir una pendiente con dificultad.
4 *cpd* **(a)** *(relations, dispute)* laboral; **~ cost** *n* costo *m* de la mano de obra; **L~ Day** *n (US)* Día *m* del Trabajador; **L~ Exchange** *n (Brit)* Bolsa *f* de Trabajo; **~ force** *n (numbers, people)* mano *f* de obra; **~ market** *n* mercado *m* laboral *or* del trabajo; **~ movement** *n* movimiento *m* obrero; **~ shortage** *n* escasez *f* de mano de obra; **~ supply** *n* oferta *f* de mano de obra; **~ union** *n (US)* sindicato *m*.
(b) *(Brit Pol)* laborista; **L~ party** *n* Partido *m* Laborista.
(c) ~ pains *npl (birth)* dolores *mpl* de parto.
laboured, *(US)* **labored** [ˈleɪbəd] *adj (breathing)* fatigoso/a; *(style)* pesado/a.
labourer, *(US)* **laborer** [ˈleɪbərəʳ] *n (on roads etc)* peón *m*, obrero *m*; *(farm ~)* obrero/a *m/f* agrícola; *(day ~)* jornalero/a *m/f*.
labour-intensive, *(US)* **labor-intensive** [ˈleɪbərɪnˈtensɪv] *adj* que exige mucha mano de obra.
labour-saving, *(US)* **labor-saving** [ˈleɪbəˌseɪvɪŋ] *adj* que ahorra trabajo.
labrador [ˈlæbrədɔː] *n* labrador *m*.
laburnum [ləˈbɜːnəm] *n* lluvia *f* de oro, codeso *m*.
labyrinth [ˈlæbərɪnθ] *n* laberinto *m*.
lace [leɪs] **1** *n* **(a)** *(fabric)* encaje *m*. **(b)** *(of shoe, corset)* cordón *m*, agujeta *f (Mex)*. **2** *adj* de encaje. **3** *vt* **(a)** *(also ~ up: shoes etc)* atar los cordones de. **(b)** *(drink: fortify with spirits)* echar unas gotas de bebida alcohólica a; **a drink ~d with brandy** una bebida con un chorrito con coñac.
lacemaking [ˈleɪsˌmeɪkɪŋ] *n* labor *f* de encaje.
lacerate [ˈlæsəreɪt] *vt (Med)* lacerar.
laceration [ˌlæsəˈreɪʃən] *n* laceración *f*.
lace-up [ˈleɪsʌp] *adj (shoes etc)* con cordones.
lack [læk] **1** *n* falta *f*, carencia *f*; **for** *or* **through ~ of** por falta de; **there is no ~ of money** el dinero no falta. **2** *vt* faltarle, carecer de; **we ~ (the) time to do it** nos falta el tiempo para hacerlo; **he ~s confidence** le falta confianza (en sí mismo); **what is it that you ~?** ¿qué es lo que te hace falta? **3** *vi* **(a)** *(thing)* **to be ~ing** faltar. **(b)** *(person)* **he is ~ing in confidence** le falta confianza en sí mismo; **they ~ for nothing** no les falta de nada.
lackadaisical [ˌlækəˈdeɪzɪkəl] *adj (distracted)* distraído/a; *(lazy)* perezoso/a, flojo/a *(LAm)*.
lackey [ˈlækɪ] *n (gen)* lacayo *m*.
lacklustre, *(US)* **lackluster** [ˈlækˌlʌstəʳ] *adj (dull)* deslustrado/a; *(: fig)* falto/a de vitalidad, aburrido/a; *(: eyes)* apagado/a.
laconic [ləˈkɒnɪk] *adj* brusco/a, seco/a.
lacquer [ˈlækəʳ] **1** *n* laca *f*; **hair ~** laca para el pelo. **2** *vt (wood)* pintar con laca; *(hair)* poner laca en.
lacrosse [ləˈkrɒs] *n* lacrosse *f*.
lactic [ˈlæktɪk] *adj*: **~ acid** ácido *m* láctico.
lactose [ˈlæktəʊs] *n* lactosa *f*.
lacy [ˈleɪsɪ] *adj (comp* **-ier**; *superl* **-iest)** *(like lace)* parecido/a al encaje; **a ~ dress** un vestido lleno de encajes.
lad [læd] *n* muchacho *m*, chico *m*, chaval *m (Sp fam)*, cabro *m (And, Chi fam)*, chamaco *m (CAm, Mex fam)*, pibe *m (CSur fam)*; *(in stable etc)* mozo *m*; **come on, ~s!** ¡vamos, muchachos!; **he's a bit of a ~** *(fig)* está hecho una buena pieza.
ladder [ˈlædəʳ] **1** *n* **(a)** escalera *f* de mano; **rope ~** escala *f* de cuerda. **(b)** *(fig)* escala *f*, jerarquía *f*; **social ~** escala social; **it's a first step up the ~ of success** es el primer paso hacia el éxito; **to be at the top of the ~** estar en la cumbre de su profesión *etc.* **(c)** *(Brit: in stockings)* carrera *f*. **2** *vt (Brit: stocking, tights)* hacer una carrera en. **3** *vi (Brit: stocking)* hacerse una carrera.
ladderproof [ˈlædəpruːf] *adj (Brit: stocking, tights)* indesmallable.
laden [ˈleɪdn] *adj*: **~ with** cargado/a de.
la-di-da [ˈlɑːdɪˈdɑː] *adj (fam: person, voice)* afectado/a, petulante.
lading [ˈleɪdɪŋ] *n*: **bill of ~** conocimiento *m* de embarque.
ladle [ˈleɪdl] **1** *n (Culin)* cazo *m*, cucharón *m*. **2** *vt (also ~ out)* servir con cazo; *(: fig: money, advice)* repartir generosamente.
lady [ˈleɪdɪ] **1** *n* señora *f*, dama *f*; **L~ Jane Grey** *(title)* Lady Jane Grey; **the ~ of the house** la señora de la casa; **'Ladies'** *(lavatory)* 'Señoras', 'Damas'; **Ladies and Gentlemen!** ¡señoras y señores!; **leading ~** *(Theat etc)* primera dama, estrella *f*; **Our L~** *(Rel)* Nuestra Señora; **young ~** *(married or unmarried)* señorita *f*, joven *f*;

(*title*) **ladies' room** servicios *mpl* de señoras, baño *m* de señoras *(LAm)*; **ladies' hairdresser** peluquero/a *m/f* de señoras; **he's a ladies' man** es mujeriego.
2 *cpd* mujer; ~ **doctor/lawyer** *n* médica*f*/abogada*f*; ~ **friend** *n* amiga *f*.
ladybird ['leɪdɪbɜːd], (*US*) **ladybug** ['leɪdɪbʌg] *n* (*beetle*) mariquita *f*.
lady-in-waiting ['leɪdɪɪn'weɪtɪŋ] *n* (*pl* **ladies-in-waiting**) dama *f* de honor.
ladykiller ['leɪdɪ,kɪləʳ] *n* ladrón *m* de corazones.
ladylike ['leɪdɪlaɪk] *adj* elegante, fino/a.
ladyship ['leɪdɪʃɪp] *n*: **Her L~/Your L~** su señoría *f*.
LAFTA ['læftə] *n abbr of* **Latin American Free Trade Association** ALALC *f*.
lag[1] [læg] **1** *n* (*also* **time** ~: *delay*) retraso *m*. **2** *vi* (*also* ~ **behind**: *not progress*) retrasarse, quedarse atrás; **Ruritania ~s behind Slobodia** Ruritania anda a rastras detrás de Eslobodia.
lag[2] [læg] *vt* (*boiler, pipes*) revestir.
lag[3] [læg] *n*: **old** ~ (*fam*) presidiario *m*.
lager ['lɑːgəʳ] **1** *n* cerveza *f* (dorada) *or (LAm)* clara. **2** *cpd*: ~ **lout** *n* (*Brit fam*) gamberro *m* borracho.
lagging ['lægɪŋ] *n* (*Tech*) revestimiento *m* calorífugo.
lagoon [lə'guːn] *n* laguna *f*.
Lagos ['leɪgɒs] *n* Lagos *m*.
lah [lɑː] *n* (*Mus*) la *m*.
laid [leɪd] *pt, pp of* **lay**[3].
laid-back [,leɪd'bæk] *adj* (*esp US fam: person*) relajado/a.
lain [leɪn] *pp of* **lie**[2].
lair [lɛəʳ] *n* guarida *f*.
laird [lɛəd] *n* (*Scot*) terrateniente *m*.
laissez faire ['leɪseɪ'fɛəʳ] *n* laissez-faire *m*, liberalismo *m* económico.
laity ['leɪɪtɪ] *n*: **the** ~ el laicado, los legos.
lake [leɪk] **1** *n* lago *m*. **2** *cpd*: **L~ District** *n* (*Brit*) País *m* de los Lagos.
lakeside ['leɪksaɪd] *n* ribera *f* de(l) lago.
lamb [læm] **1** *n* cordero *m*; (*meat*) carne *f* de cordero; **my poor** ~! ¡pobrecito! **2** *vi* parir. **3** *cpd*: ~ **chop** *n* chuleta *f* de cordero.
lambast(e) [læm'beɪst] *vt* azotar.
lambing ['læmɪŋ] *n* (época *f* del) parto *m* de las ovejas.
lambswool ['læmzwʊl] *n* lambswool *m*, lana *f* de cordero.
lame [leɪm] **1** *adj* (*comp* ~**r**; *superl* ~**st**) (**a**) cojo/a, rengo/a *(LAm)*; **to be** ~ (*temporarily*) estar cojo; (*permanently*) ser cojo; (*injured*) estar lisiado; ~ **in one foot/leg** cojo de un pie/una pierna. (**b**) (*fig: argument, excuse*) poco convincente, débil; **a** ~ **duck** (*fig: enterprise*) una empresa fallida; ~ **duck industry** industria *f* insolvente. **2** *vt* lisiar, hacer cojo.
lamé ['lɑːmeɪ] *n* lamé *m*.
lamely ['leɪmlɪ] *adv* (*fig*) sin convicción.
lameness ['leɪmnɪs] *n* cojera *f*.
lament [lə'ment] **1** *n* (*poet*) endecha *f*; (*grief*) lamento *m*. **2** *vt* llorar, lamentar; **to** ~ **sb** llorar la muerte de algn. **3** *vi*: **to** ~ **over sth/for sb** lamentarse de algo/llorar a algn.
lamentable ['læməntəbl] *adj* lamentable.
laminated ['læmɪneɪtɪd] *adj* (*metal*) laminado/a; (*glass*) inastillable; (*wood*) contrachapado/a.
lamp [læmp] *n* (*for table etc*) lámpara *f*; (*in street*) farol *m*, foco *m (LAm)*; (*Aut, Rail etc*) faro *m*, foco *(LAm)*; (*bulb*) bombilla *f*, bombillo *m (LAm)*, foco *(LAm)*.
lamplight ['læmplaɪt] *n* luz *f* de (la) lámpara; **by** ~, **in the** ~ a la luz de la lámpara.
lampoon [læm'puːn] *n* pasquín *m*.
lamppost ['læmppəʊst] *n* (poste *m* de) farol *m*.
lampshade ['læmpʃeɪd] *n* pantalla *f*.
LAN [læn] *n abbr of* **local area network** RAL *f*.
Lancastrian [læŋ'kæstrɪən] **1** *adj* de Lancashire. **2** *n* nativo/a *m/f or* habitante *mf* de Lancashire.
lance [lɑːns] **1** *n* (*weapon*) lanza *f*; (*Med*) lanceta *f*. **2** *vt* (*Med*) abrir con lanceta. **3** *cpd*: ~ **corporal** *n* (*Brit*) soldado *m* de primera.
Lancs [læŋks] *abbr* (*Brit*) *of* **Lancashire**.
land [lænd] **1** *n* (**a**) tierra *f*; **to go/travel by** ~ ir/viajar por tierra; **dry** ~ tierra firme; **to work on the** ~ cultivar la tierra; **to own** ~ poseer tierras; **to see how the** ~ **lies** (*fig*) ver cómo están las cosas.
(**b**) (*nation, country*) país *m*; **native** ~ patria *f*; **to be in the** ~ **of the living** seguir entre los vivos.
2 *vt* (**a**) (*from ship: passengers*) desembarcar; (*: cargo*) descargar.
(**b**) (*plane*) hacer aterrizar.
(**c**) (*catch: fish*) sacar del agua; (*fig: job, contract*) conseguir, ganar.
(**d**) (*fam: place*) poner, dejar; **to** ~ **a blow on sb** dar un golpe a algn; **it ~ed him in jail** lo llevó a la cárcel; **to** ~ **sb in debt** endeudar a algn; **I got ~ed with the job** tuve que cargar con el trabajo; **to** ~ **sb in trouble** causarle problemas a algn.
3 *vi* (**a**) (*plane*) aterrizar; (*bird*) posarse; (*passenger: from boat*) desembarcar.
(**b**) (*after fall, jump*) caer; **the hat ~ed in my lap** el sombrero aterrizó en rodillas; **the bomb ~ed on the building** la bomba cayó en el edificio; **to** ~ **on one's feet** (*lit*) caer de pie; (*fig*) salir adelante.
4 *cpd* terrestre; (*agricultural*) agrícola; ~ **agent** *n* administrador(a) *m/f* (de una finca); ~ **defences** *npl* defensas *fpl*; ~ **forces** *npl* fuerzas *fpl* terrestres; ~ **reform** *n* reforma *f* agraria; ~ **register,** ~ **registry** *n* catastro *m*, registro *m* catastral, registro de la propiedad inmobiliaria; **L~ Rover** ® *n* (*Aut*) (vehículo *m*) todoterreno *m*; ~ **tax** *n* contribución *f* territorial.
▸ **land up** *vi + adv* (*fig fam*) ir a parar; **to** ~ **up in a dreadful mess** terminar haciéndose un tremendo lío.
landed ['lændɪd] *adj*: ~ **property** bienes *mpl* raíces *or* inmuebles; ~ **gentry** los terratenientes.
landfill ['lændfɪl] **1** *n* vertedero *m* de basuras. **2** *cpd*: ~ **site** *n* vertedero *m* de basuras.
landing ['lændɪŋ] **1** *n* (**a**) (*of aircraft*) aterrizaje *m*; (*of troops*) desembarco *m*. (**b**) (*in house*) descansillo *m*, rellano *m*. **2** *cpd*: ~ **card** *n* tarjeta *f* de desembarque; ~ **craft** *n* lancha *f* de desembarco; ~ **gear** *n* (*Aer*) tren *m* de aterrizaje; ~ **lights** *npl* luces *fpl* de aterrizaje; ~ **party** *n* (*Naut*) destacamento *m* de desembarco; ~ **stage** *n* (*Naut*) desembarcadero *m*; ~ **strip** *n* (*Aer*) pista *f* de aterrizaje.
landlady ['lænd,leɪdɪ] *n* (*of flat etc*) dueña *f*, propietaria *f*; (*of boarding house*) patrona *f*; (*of pub*) dueña (de un bar).
landless ['lændlɪs] **1** *adj* (*peasant etc*) sin tierras. **2** *npl*: **the** ~ los (campesinos *etc*) sin tierra.
landlocked ['lændlɒkt] *adj* cercado/a de tierra.
landlord ['lændlɔːd] *n* (*gen*) dueño *m*; (*landowner etc*) propietario *m*; (*of pub*) patrón *m*.
landlubber ['lænd,lʌbəʳ] *n* marinero/a *m/f* de agua dulce.
landmark ['lændmɑːk] *n* (*Naut, Geog*) marca *f*, señal *f*; (*well-known thing*) lugar *m* muy conocido; **to be a** ~ **in history** (*fig*) ser un hito en la historia.
landmass ['lænd,mæs] *n* masa *f* continental.
landmine ['lændmaɪn] *n* mina *f* terrestre.
landowner ['lænd,əʊnəʳ] *n* terrateniente *mf*, propietario/a *m/f*.
landscape ['lænskeɪp] **1** *n* paisaje *m*. **2** *vt* ajardinar. **3** *cpd*: ~ **architecture** *n* arquitectura *f* paisajista; ~ **gardening** *n* jardinería *f* paisajista; ~ **painting** *n* paisaje *m*.
landslide ['lændslaɪd] **1** *n* corrimiento *m or* desprendimiento *m* de tierras, huayco *m (Per)*. **2** *cpd*: **to win a** ~ **majority** barrer *or* ganar por mayoría abrumadora; ~ **victory** *n* (*Pol*) triunfo *m* aplastante *or* arrollador.
lane [leɪn] **1** *n* (*in country*) camino *m*, vereda *f*, caminito *m*; (*in town*) callejuela *f*, callejón *m*; (*Sport*) calle *f*; (*Aut*) carril *m*, vía *f (LAm)*; **shipping** ~ ruta *f* marina. **2**

cpd: ~ **closure** *n* cierre *m* de carril.

language ['læŋgwɪdʒ] **1** *n* (*faculty, style of speech*) lenguaje *m*; (*national tongue*) lengua *f*, idioma *m*; **bad** ~ lenguaje indecente; **a computer** ~ un lenguaje de ordenador *or* computadora; **modern ~s** lenguas modernas, idiomas; **we don't talk the same** ~ (*fig*) no hablamos la misma lengua. **2** *cpd*: ~ **barrier** *n* barrera *f* lingüística; ~ **degree** *n* título *m* en idiomas; ~ **laboratory** *n* laboratorio *m* de idiomas; ~ **studies** *npl* estudios *mpl* de idiomas.

languid ['læŋgwɪd] *adj* lánguido/a.

languish ['læŋgwɪʃ] *vi* (**a**) (*for love*) languidecer. (**b**) (*in prison etc*) consumirse.

languor ['læŋgəʳ] *n* languidez *f*.

languorous ['læŋgərəs] *adj* lánguido/a.

lank [læŋk] *adj* (*hair*) lacio/a.

lanky ['læŋkɪ] *adj* (*comp* **-ier**; *superl* **-iest**) (*person*) larguirucho/a.

lanolin(e) ['lænəʊlɪn] *n* lanolina *f*.

lantern ['læntən] *n* farol *m*, linterna *f*.

lantern-jawed ['læntən'dʒɔːd] *adj* chupado/a de cara.

Laos [laʊs] *n* Laos *m*.

lap¹ [læp] *n* (*Anat*) regazo *m*, rodillas *fpl*; **to sit on sb's** ~ sentarse en el regazo de algn; **to live in the** ~ **of luxury** (*fig*) vivir en la abundancia; **in the** ~ **of the gods** (*fig*) en manos de los dioses.

lap² [læp] **1** *n* (*Sport*) vuelta *f*; (*of journey*) etapa *f*, trecho *m*; **we're on the last** ~ **now** (*fig*) ya estamos en la recta final; ~ **of honour** vuelta de honor. **2** *vt*: **to** ~ **sb** doblar a algn.

lap³ [læp] **1** *vt* (*milk etc*) beber a lengüetazos. **2** *vi* (*waves*) hacer un ruido suave al chocar; **to** ~ **against** lamer.

▸ **lap up** *vt* + *adv* beber a lengüetazos; (*fig: compliments, attention*) disfrutar.

laparoscopy [ˌlæpə'rɒskəpɪ] *n* laparoscopia *f*.

La Paz [lae'pæz] *n* La Paz.

lapdog ['læpdɒg] *n* perro *m* faldero.

lapel [lə'pel] *n* solapa *f*.

Lapland ['læplænd] *n* Laponia *f*.

Laplander ['læplændəʳ] *n* lapón/ona *m/f*.

Lapp [læp] *adj, n* lapón/ona *m/f*.

lapse [læps] **1** *n* (**a**) (*failure*) fallo *m*; (*error*) error *m*, desliz *m*, falta *f*. (**b**) (*of time*) lapso *m*, período *m*. **2** *vi* (**a**) (*err*) cometer un error *or* una falta; (*morally*) caer, cometer un desliz; **to** ~ **into one's old ways** volver a las andadas; **he ~d into silence/unconsciousness** quedó callado/perdió el conocimiento. (**b**) (*expire*) caducar, vencerse. (**c**) (*time*) pasar, transcurrir.

lapsed [læpst] *adj* (*Rel*) que no practica.

laptop ['læptɒp] *n* (*also* ~ **computer**) ordenador *m* portátil plegable.

larceny ['lɑːsənɪ] *n* (*Jur*) latrocinio *m*, robo *m*.

larch [lɑːtʃ] *n* alerce *m*.

lard [lɑːd] *n* manteca *f* de cerdo.

larder ['lɑːdəʳ] *n* despensa *f*.

large [lɑːdʒ] **1** *adj* (*comp* **~r**; *superl* **~st**) (*gen*) grande; (*sum, amount*) importante; (*family, population*) grande, numeroso/a; **a** ~ **number of people** una gran cantidad de gente; **as** ~ **as life** en carne y hueso. **2** *n*: **at** ~ en libertad; **the world at** ~ el mundo en general; *see* **by 1(d)**.

largely ['lɑːdʒlɪ] *adv* en gran parte *or* medida.

largeness ['lɑːdʒnɪs] *n* (*size*) gran tamaño *m*; (*number*) lo numeroso.

larger ['lɑːdʒəʳ] *adj comp of* **large** más grande, mayor; **it looked** ~ **than life** parecía más grande de lo que era en realidad.

large-scale ['lɑːdʒ'skeɪl] *adj* a gran escala.

lark¹ [lɑːk] *n* (*bird*) alondra *f*; *see* **happy**.

lark² [lɑːk] *n* (**a**) (*joke etc*) broma *f*; **for a** ~ en broma; **sod this for a** ~! (*fam*) ¡vaya lío! (*fam*). (**b**) (*business, affair*) **that ice-cream** ~ ese asunto de los helados.

▸ **lark about, lark around** *vi* + *adv* (*act foolishly*) hacer el tonto, hacer tonterías; **to** ~ **about with sth** juguetear con algo.

larva ['lɑːvə] *n* (*pl* ~**e** ['lɑːviː]) larva *f*.

laryngitis [ˌlærɪn'dʒaɪtɪs] *n* laringitis *f*.

larynx ['lærɪŋks] *n* laringe *f*.

lasagna, lasagne [lə'zænjə] *n* lasaña *f*.

lascivious [lə'sɪvɪəs] *adj* lascivo/a.

laser ['leɪzəʳ] **1** *n* láser *m*. **2** *cpd*: ~ **beam** *n* rayo *m* láser; ~ **printer** *n* impresora *f* (por) láser; ~ **surgery** *n* cirujía *f* (con) láser.

lash [læʃ] **1** *n* (**a**) (*eye~*) pestaña *f*. (**b**) (*thong*) tralla *f*; (*whip*) látigo *m*; (*stroke*) latigazo *m*, azote *m*; (*of tail*) coletazo *m*. **2** *vt* (**a**) (*beat etc*) azotar, dar latigazos a; (*subj: rain, waves: also* ~ **against**) azotar; **the wind ~ed the sea into a fury** el viento levantaba enormes olas; **it ~ed its tail** dio coletazos. (**b**) (*esp Naut: tie*) atar, amarrar.

▸ **lash down 1** *vt* + *adv* sujetar con cuerdas. **2** *vi* + *adv* (*rain etc*) caer en chubascos.

▸ **lash out** *vi* + *adv* (**a**) **to** ~ **out** repartir golpes a diestro y siniestro; **to** ~ **out (at** *or* **against sb/sth)** saltar (por algn/algo). (**b**) (*fam: spend*) gastar a lo loco; **he had to** ~ **out £50** tuvo que desembolsar 50 libras.

lashing ['læʃɪŋ] *n* (**a**) (*beating*) azotaina *f*, flagelación *f*; **to give sb a** ~ azotar a algn. (**b**) (*tying*) ligadura *f*, atadura *f*. (**c**) **~s of** (*fam*) montones de.

lass [læs] *n* (*esp Scot*) muchacha *f*, chica *f*, chavala *f* (*Sp fam*), cabra *f* (*And, Chi fam*), chamaca *f* (*CAm, Mex fam*), piba *f* (*CSur fam*).

lassitude ['læsɪtjuːd] *n* lasitud *f*.

lasso [læ'suː] **1** *n* lazo *m*. **2** *vt* coger con un lazo.

last¹ [lɑːst] **1** *adj* (**a**) (*most recent*) último/a; (*previous*) anterior; (*past*) pasado/a; ~ **Thursday/month** el jueves/el mes pasado; ~ **week** la semana pasada; ~ **night** anoche; **the night before** ~ anteanoche; **during the** ~ **week/2 years** durante la última semana/los últimos dos años; ~ **time** (*gen*) la última vez; (*previous*) la vez pasada; ~ **thing** (*day*) antes de acostarse; (*work*) antes de irse *or* terminar *etc*; **it's the** ~ **straw!** (*fig*) ¡es el colmo!

(**b**) (*final: in series*) último/a; ~ **but one, second** ~ penúltimo/a; **the** ~ **page** la última página; **to be the** ~ **(one) to do sth** ser el último en hacer algo; **you're the** ~ **person I'd trust with it** lo confiaría a cualquiera menos a ti; **that was the** ~ **thing I expected** es lo que menos me esperaba; **I'll drink it if it's the** ~ **thing I do** lo beberé y ¡arda Troya!; *see* **thing (c)**.

2 *n*: **the** ~ **of the wine/bread** todo lo que queda del vino/del pan; **the** ~ **to arrive** el último en llegar; **the** ~ **in the series** el último de la serie; **each one is better than the** ~ son cada vez mejores; **I shall be glad to see the** ~ **of this** estoy deseando que termine esto; **we shall never hear the** ~ **of it** no nos dejarán de recordárnoslo; **the** ~ **we heard of him he was in Rio** según las últimas noticias estaba en Río; **at (long)** ~ por fin, al fin; **to the** ~ hasta el final.

3 *adv* por último, en último lugar; **to do/come/arrive** ~ **(of all)** hacer/venir/llegar el *or* (*LAm*) al último; ~ **but not least** ... el último, pero no el menos importante ...; **when I** ~ **saw them** la última vez que las vi.

last² [lɑːst] **1** *vi* (**a**) **it ~s (for) 2 hours** dura dos horas; **this material will** ~ **(for) years** esta tela durará años; **he didn't** ~ **long in the job** no duró *or* aguantó mucho tiempo en el puesto. (**b**) (*also* ~ **out**: *person*) resistir, aguantar; (*: money, resources*) alcanzar; **it's too good to** ~**, it can't** ~ esto no puede durar; **he won't** ~ **the night (out)** no resistirá hasta la mañana. **2** *vt* durar; **it will** ~ **you a lifetime** te durará toda la vida; **the car has ~ed me 8 years** el coche me ha durado ocho años.

▸ **last out 1** *vt* + *adv*: **can you** ~ **out another mile?** ¿aguantas una milla más? **2** *vi* + *adv see* **last² 1(b)**.

last-ditch ['lɑːst'dɪtʃ] *adj* (*defence, attempt*) último/a, desesperado/a.

lasting ['lɑːstɪŋ] *adj* duradero/a.

lastly ['lɑ:stlɪ] *adv* por último, finalmente.

last-minute ['lɑ:st'mɪnɪt] *adj* de última hora.

lat. *abbr of* **latitude.**

latch [lætʃ] *n* picaporte *m*, pestillo *m*; **the door is on the ~** la puerta está cerrada con picaporte.

▸ **latch on** *vi + adv* (**a**) (*cling: to person*) pegarse (*to* a). (**b**) (*to idea*) agarrarse (*to* de).

latchkey ['lætʃki:] **1** *n* llave *f*. **2** *cpd*: ~ **child** *n* niño/a *m/f* cuya madre trabaja.

late [leɪt] (*comp* ~**r**; *superl* ~**st**) **1** *adj* (**a**) (*not on time*) tardío/a; **to be** *or* **arrive ~** llegar tarde; **to be (10 minutes) ~** llegar con (10 minutos de) retraso; **to be ~ in doing sth** tardar en hacer algo; **to make sb ~** entretener a algn; **to be ~ with one's work** entregar el trabajo con retraso, atrasarse en el trabajo; **the ~ arrival of the flight** la llegada tardía del vuelo.

(**b**) (*towards end of period*) tardío/a; **a ~ edition** una edición extra; **it's ~** es tarde; **it's getting ~** se está haciendo tarde; **to keep ~ hours** acostarse tarde; **at this ~ hour** a esta hora avanzada; **at a ~ stage** a última hora; **in (the) ~ spring** hacia fines de la primavera; **Easter is ~ this year** la Semana Santa cae tarde este año; **in her ~ teens** en los últimos años de su adolescencia; **a ~ 18th century building** un edificio de fines del siglo XVIII.

(**c**) (*dead*) fallecido/a, difunto/a; **the ~ Mr Smith** el difunto Sr. Smith; **our ~ prime minister** nuestro difunto primer ministro; **my ~-lamented husband** mi difunto marido.

2 *adv* (**a**) (*not on time*) tarde; **to arrive/leave (10 minutes) ~** llegar/salir con (diez minutos de) retraso; **to arrive/leave too ~** llegar/salir demasiado tarde; **better ~ than never** más vale tarde que nunca.

(**b**) (*towards end of period*) tarde; **to sit** *or* **stay up ~** velar, no acostarse hasta las altas horas; **to work ~** trabajar hasta tarde; **~ at night** entrada la noche; **~ into the night** hasta muy entrada *or* avanzada la noche; **~ in life** a una edad avanzada.

(**c**) (*recently: also* **of ~**) recién, recientemente, últimamente; **as ~ as 1981** todavía en 1981; *see* **later; latest.**

latecomer ['leɪtkʌmə^r] *n* persona *f* que llega tarde; **the firm is a ~ to the industry** la compañía es nueva en la industria.

lately ['leɪtlɪ] *adv* recién, últimamente, recientemente; **till ~** hasta hace poco.

lateness ['leɪtnɪs] *n* (*of person, vehicle*) retraso *m*, atraso *m* (*LAm*); (*of hour*) lo avanzado.

late-night ['leɪt'naɪt] *adj*: **~ show** *or* **performance** sesión *f* de noche; **~ opening** *or* **shopping is on Thursdays** se abre tarde los jueves.

latent ['leɪtənt] *adj* (*heat etc*) latente; (*tendency*) implícito/a; **~ defect** defecto *m* latente.

later ['leɪtə^r] **1** *comp of* **late. 2** *adj*: **he was ~ than expected** llegó más tarde de lo esperado; **at a ~ stage** más adelante; **a ~ train** un tren que sale más tarde; **his ~ symphonies** sus sinfonías posteriores; **this version is ~ than that one** esta versión es posterior a ésa. **3** *adv* (**a**) (*not on time*) más tarde. (**b**) (*after*) más tarde, después; **no ~ than yesterday** no más lejos que ayer; **a few years ~** unos años después. (**c**) (*towards end of period*) después, luego; **~ on** más tarde, más adelante.

lateral ['lætərəl] *adj* lateral.

latest ['leɪtɪst] **1** *superl of* **late. 2** *adj* (*last*) último/a; (*most recent*) último/a, más reciente; **the ~ news/fashion** las últimas noticias/la última moda. **3** *n* (**a**) (*fam: most recent*) lo último; **the ~ in cars** el último grito en coches; **have you heard the ~?** (*news*) ¿te enteraste de *or* (*LAm*) supiste lo último?; **what's the ~ on ...?** ¿qué noticias hay sobre ...? (**b**) (*final date etc*) lo último; **(it will arrive on Tuesday) at the ~** (llegará el martes) a más tardar.

latex ['leɪteks] *n* látex *m*.

lath [lɑθ] *n* (*pl* ~**s** [lɑðz]) listón *m*.

lathe [leɪð] *n* torno *m*.

lather ['læðə^r] **1** *n* espuma *f*; (*of sweat*) sudor *m*; **the horse was in a ~** el caballo estaba cubierto de sudor; **to be in a ~** (*fig*) estar agitado/a. **2** *vt* (*one's face*) enjabonar.

Latin ['lætɪn] **1** *adj* latino/a; **~ America** América *f* Latina, Latinoamérica *f*; **~ American** (*adj, n*) latinoamericano/a *m/f*. **2** *n* latino/a *m/f*; (*Ling*) latín *m*.

latitude ['lætɪtju:d] *n* (**a**) (*Geog*) latitud *f*. (**b**) (*fig: freedom*) latitud *f*, libertad *f*.

latrine [lə'tri:n] *n* letrina *f*.

latter ['lætə^r] **1** *adj* (**a**) (*last*) último/a; **the ~ part of the story** la última parte del relato. (**b**) (*of two*) segundo/a. **2** *n* éste/a; **the former ... the ~ ...** aquél(la) ... éste/a ....

latter-day ['lætə'deɪ] *adj* moderno/a, reciente; **L~ Saints** (*people*) Mormones *mpl*; (*church*) Iglesia *f* de Jesucristo de los Santos de los últimos días.

latterly ['lætəlɪ] *adv* últimamente.

lattice ['lætɪs] **1** *n* enrejado *m*, celosía *f*. **2** *cpd*: **~ window** *n* ventana *f* de celosía; **~ work** *n* enrejado *m*, celosía *f*.

Latvia ['lætvɪə] *n* Letonia *f*, Latvia *f*.

Latvian ['lætvɪən] *adj, n* letón/ona *m/f*, latvio/a *m/f*.

laudable ['lɔ:dəbl] *adj* loable.

laugh [lɑ:f] **1** *n* risa *f*; (*loud ~*) carcajada *f*; **to have a (good) ~ over** *or* **about** *or* **at sth** reírse (mucho) de algo; **to do sth for a ~** (*fam*) hacer algo en broma; **good for a ~** divertido/a; **he's a (bit of a) ~** es un tío tonto; **to have the last ~** (*fig fam*) ser el que ríe el último.

2 *vi* reír, reírse; **to ~ at** *or* **over** *or* **about sth** reírse de algo; **to ~ at sb** reírse de algn; **to burst out ~ing** echarse a reír; **it's nothing to ~ about** no es cosa de risa *or* (*LAm*) reírse; **I ~ed to myself** me hizo mucha gracia; **I ~ed till I cried** reí a mandíbula batiente; **to ~ in sb's face** reírse de algn en la cara; **they'll be ~ing all the way to the bank** irán contentísimos al banco.

3 *vt*: **to ~ sb to scorn** mofarse de algn.

▸ **laugh off** *vt + adv* (*pain, accusation*) tomar a risa; **to ~ one's head off** (*fam*) partirse *or* desternillarse de risa.

laughable ['lɑ:fəbl] *adj* (*small etc*) irrisorio/a; (*ridiculous*) absurdo/a.

laughing ['lɑ:fɪŋ] **1** *adj* risueño/a. **2** *cpd*: **~ gas** *n* gas *m* hilarante; **it's no ~ matter** no es cosa de risa; **~ stock** *n* hazmerreír *m*.

laughter ['lɑ:ftə^r] *n* (*gen*) risa *f*, risas *fpl*; (*guffaws*) carcajadas *fpl*; **to burst into ~** soltar la carcajada.

launch [lɔ:ntʃ] **1** *n* (**a**) (*gen: rocket, Comm*) lanzamiento *m*; (*: of ship*) botadura *f*. (**b**) (*vessel*) lancha *f*. **2** *vt* (*gen, fig*) lanzar; (*new vessel*) botar; (*lifeboat*) echar al mar; **to ~ sb on his way** iniciar a algn en su carrera. **3** *vi*: **to ~ into sth** lanzarse a algo.

▸ **launch forth** *vi + adv* (*fig*) lanzarse (*into* a *or* en).

▸ **launch out** *vi + adv* lanzarse, ponerse en marcha; **now we can afford to ~ out a bit** ahora nos podemos permitir algunas cosas de lujo; **to ~ out into business** engolfarse en los negocios.

launcher ['lɔ:ntʃə^r] *n* (*also* **rocket ~**) lanzacohetes *m inv*.

launching ['lɔ:ntʃɪŋ] **1** *n* (*gen, fig*) lanzamiento *m*; (*of ship*) botadura *f*. **2** *cpd*: **~ pad** *n* plataforma *f* de lanzamiento.

launder ['lɔ:ndə^r] *vt* lavar; (*fam: money*) lavar (*fam*), blanquear (*fam*).

launderette [,lɔ:ndə'ret] *n* lavandería *f* automática.

laundering ['lɔ:ndərɪŋ] *n* (*see vt*) colada *f*, lavado *m* (*fam*), blanqueo *m* (*fam*).

Laundromat ® ['lɔ:ndrə,mæt] *n* (*US*) lavandería *f* automática.

laundry ['lɔ:ndrɪ] **1** *n* (*establishment*) lavandería *f*; (*clothes: dirty*) ropa *f* sucia; (*: clean*) ropa lavada; **to do the ~** lavar la ropa. **2** *cpd*: **~ basket** *n* cesto *m* de la ropa sucia; **~ mark** *n* marca *f* de lavandería.

laurel ['lɒrəl] *n* laurel *m*; **to rest on one's ~s** dormirse en los laureles.

lava ['lɑ:və] *n* lava *f*.

lavatory ['lævətrɪ] **1** *n* (*room: in house*) wáter *m*, baño *m* (*LAm*); (*: in public place*) servicios *mpl*, aseos *mpl*; (*ap-*

pliance) wáter, excusado *m*. **2** *cpd*: ~ **paper** *n* papel *m* higiénico; ~ **seat** *n* asiento *m* de retrete.

lavender [ˈlævɪndəʳ] *n* espliego *m*, lavanda *f*.

lavish [ˈlævɪʃ] **1** *adj* (*helping, meal*) abundante, prolijo/a; (*surroundings, apartment*) lujoso/a; (*expenditure*) pródigo/a, liberal; **to be ~ with one's gifts** ser generoso con sus regalos. **2** *vt*: **to ~ sth on sb** colmar a algn de algo.

law [lɔː] **1** *n* (*governing actions*) ley *f*; (*study*) derecho *m*; (*Sport: rule*) regla *f*; **against the ~** contra la ley *or* regla; **civil/criminal ~** derecho civil/penal; **to practise ~** ejercer de abogado; **to study ~** estudiar derecho; **~ and order** orden *m* público; **by the ~ of averages** por la estadística; **~ of gravity** ley de la gravedad; **court of ~** tribunal *m* de justicia; **to go to ~** recurrir a la justicia; **to have the ~ on one's side** tener la justicia de su lado; **in ~** según la ley; **to be above the ~** estar por encima de la ley; **to be a ~ unto o.s.** dictar sus propias leyes; **there's no ~ against it** no hay ley que lo prohíba; **to take the ~ into one's own hands** tomarse la justicia por su mano; **his word is ~** su palabra es ley; **to lay down the ~** (*fig fam*) hablar autoritariamente; **he is outside the ~** está fuera de la ley.

2 *cpd*: ~ **court** *n* tribunal *m* de justicia; **L~ Lords** *npl* (*Brit Pol*) *jueces que son miembros de la Cámara de los Lores*; ~ **school** *n* (*US*) facultad *f* de derecho; ~ **student** *n* estudiante *mf* de derecho.

law-abiding [ˈlɔːəˌbaɪdɪŋ] *adj* observante de la ley.

lawbreaker [ˈlɔːˌbreɪkəʳ] *n* infractor(a) *m/f* de la ley.

lawful [ˈlɔːfʊl] *adj* (*gen*) legal, lícito/a; (*legitimate*) legítimo/a.

lawless [ˈlɔːlɪs] *adj* (*ungovernable*) ingobernable; (*rejecting law*) que rechaza la ley.

lawlessness [ˈlɔːlɪsnɪs] *n* (*of place*) desorden *m*; (*of action*) criminalidad *f*.

lawn [lɔːn] **1** *n* césped *m*, pasto *m* (*LAm*). **2** *cpd*: ~ **mower** *n* cortacéspedes *m inv*, podadora *f* (*Mex*); ~ **tennis** *n* tenis *m* sobre hierba.

lawsuit [ˈlɔːsuːt] *n* pleito *m*, proceso *m*; **to bring a ~ against sb** entablar demanda judicial contra algn.

lawyer [ˈlɔːjəʳ] *n* abogado/a *m/f*.

lax [læks] *adj* (*comp* **~er**; *superl* **~est**) (*not demanding*) poco exigente; (*not taut*) flojo/a; (*careless*) descuidado/a; (*loose*) relajado/a; (*morally*) laxo/a; **to be ~ about** *or* **on punctuality** ser negligente en la puntualidad.

laxative [ˈlæksətɪv] *adj, n* laxante *m*.

laxity [ˈlæksɪtɪ], **laxness** [ˈlæksnɪs] *n* (*see adj*) falta *f* de exigencia; flojedad *f*; descuido *m*; relajo *m*, soltura, f; laxitud *f*.

lay[1] [leɪ] *adj* (*Rel*) láico/a; (*non-specialist*) lego/a.

lay[2] [leɪ] *pt of* **lie**[2].

lay[3] [leɪ] (*pt, pp* **laid**) **1** *vt* (**a**) (*put, set*) colocar, poner; (*carpet*) extender, poner; (*bricks*) poner; (*foundations*) echar; (*cable, pipe*) tender; (*egg: subj: bird*) poner; (*cover*) **to ~ sth over** *or* **on sth** extender algo encima de algo; **to ~ the facts/one's proposals before sb** (*fig*) presentar los hechos/sus propuestas a algn; **he has been laid low with flu** la gripe lo ha tenido en cama; **to be laid to rest** ser enterrado; **I don't know where to ~ my hands on ...** no sé dónde echar mano a *or* conseguir ...; **I didn't ~ a finger on it!** ¡no lo toqué!; **to ~ o.s. open to attack/criticism** exponerse al ataque/a la crítica; **to ~ the blame (for sth) on sb** echar la culpa (de algo) a algn; **to ~ claim to sth** hacer valer su derecho a algo; **to ~ a bet on sth** apostar a algo; **I haven't laid eyes on him for years** hace años que no lo veo.

(**b**) (*prepare: table*) poner; (*: trap, snare*) tender; (*: mine*) sembrar; (*: fire*) preparar.

(**c**) (*suppress: ghost*) conjurar; (*: doubts, fears*) calmar, aquietar.

2 *vi* (*bird*) poner (huevos).

3 *n* (**a**) (*of countryside, district etc*) disposición *f*; **the ~ of the land** la configuración del terreno.

(**b**) (*fam*) **she's an easy ~** es un coño caliente (*fam*).

4 *cpd*: ~ **days** *npl* (*Comm*) días *mpl* de detención *or* inactividad.

▸ **lay about** *vi + prep*: **to ~ about one** dar palos de ciego.

▸ **lay aside, lay by** *vt + adv* (*gen*) dejar a un lado; (*save*) guardar; (*: money*) ahorrar; (*prejudices etc*) dejar de lado.

▸ **lay down** *vt + adv* (**a**) (*put down: luggage*) dejar; (*: arms*) deponer, rendir; (*: wine*) conservar; (*release*) soltar; **to ~ down one's life for sb/sth** dar su vida por algn/algo. (**b**) (*dictate: condition*) imponer, fijar; (*: principle, rule, policy*) formular, sentar.

▸ **lay in** *vt + adv* abastecerse de.

▸ **lay into** (*fam*) *vi + prep* (*attack: verbally*) arremeterse contra, meterse con; (*: physically*) dar una paliza a.

▸ **lay off 1** *vt + adv* (*workers*) despedir, cesar (*LAm*). **2** *vi + adv*: ~ **off!** (*fam*) = **3**. **3** *vi + prep* dejar de; **~ off it/him!** (*fam*) ¡ya está bien!, ¡déjale/déjalo en paz!, ¡ya estuvo bien! (*LAm*).

▸ **lay on** *vt + adv* (*provide: water, electricity*) instalar, poner; (*: meal, facilities*) proveer de; **to ~ it on thick** (*fam: flatter*) adular, dar coba; (*: exaggerate*) recargar las tintas, exagerar.

▸ **lay out** *vt + adv* (**a**) (*plan: garden, house, town*) trazar, levantar; (*: page, letter*) presentar. (**b**) (*prepare: clothes*) preparar; (*: goods for sale*) exponer; (*: body for burial*) amortajar. (**c**) (*spend*) desembolsar. (**d**) (*knock out*) derribar.

▸ **lay over** *vi + adv* (*US*) pasar la noche, descansar.

▸ **lay up** *vt + adv* (**a**) (*store: provisions*) guardar; **to ~ up trouble for o.s.** crearse problemas. (**b**) (*put out of service: vessel*) atracar; (*: car*) encerrar en el garaje; **to be laid up with flu** estar en cama con gripe.

layabout [ˈleɪəbaʊt] *n* (*fam*) holgazán/ana *m/f*, vago/a *m/f* (*LAm*).

lay-by [ˈleɪbaɪ] *n* (*Aut*) área *f* de aparcamiento *or* estacionamiento.

layer [ˈleɪəʳ] *n* capa *f*; (*Geol*) estrato *m*.

layette [leɪˈet] *n* ajuar *m* de niño.

layman [ˈleɪmən] *n* (*pl* **-men**) seglar *m*, lego *m*.

lay-off [ˈleɪɒf] *n* despido *m*.

layout [ˈleɪaʊt] *n* (*of town etc*) plan *m*, distribución *f*; (*Typ*) composición *f*.

layover [ˈleɪəʊvəʳ] (*US*) *n* parada *f* intermedia; (*Aer*) escala *f*.

laze [leɪz] *vi* (*also* **~ about, ~ around**) no hacer nada, descansar; **we ~d in the sun for a week** pasamos una semana tirados al sol.

laziness [ˈleɪzɪnɪs] *n* pereza *f*, flojera *f* (*LAm*).

lazy [ˈleɪzɪ] *adj* (*comp* **-ier**; *superl* **-iest**) perezoso/a, flojo/a (*LAm*); **we had a ~ holiday** pasamos las vacaciones sin hacer nada más que descansar; **to have a ~ eye** tener un ojo vago.

lazybones [ˈleɪzɪˌbəʊnz] *nsg* gandul(a) *m/f*, flojo/a *m/f* (*LAm*).

LB *abbr* (*Canada*) *of* **Labrador**.

lb. *abbr of* **pound**[1].

LBO *n abbr of* **leveraged buy-out**.

lbw *abbr* (*Cricket*) *of* **leg before wicket** *expulsión de un jugador cuya pierna ha sido golpeada por la pelota que de otra forma hubiese dado en los palos*.

LC *n abbr* (*US*) *of* **Library of Congress**.

L/C *abbr* (*Comm*) *of* **letter of credit**.

lc *abbr* (*Typ*) *of* **lower case** min.

LCD *n abbr of* **liquid crystal display** VCL *m*.

L-Cpl *abbr of* **lance-corporal**.

Ld *abbr of* **Lord**.

LDS *n abbr* (**a**) (*Univ*) *of* **Licentiate in Dental Surgery**. (**b**) *of* **Latter-day Saints**.

LEA *n abbr* (*Brit*) *of* **Local Education Authority**.

lead[1] [led] **1** *n* (*metal*) plomo *m*; (*in pencil*) mina *f*. **2** *cpd* de plomo; ~ **poisoning** *n* saturnismo *m*, plumbismo *m.*

lead[2] [li:d] (*vb: pt, pp* **led**) **1** *n* (**a**) (*leading position, Sport*) delantera *f*; (*distance, time, points ahead*) ventaja *f*; **to be in the ~** (*gen*) ir a la cabeza; (*Sport*) llevar la delantera; **to follow sb's ~** seguirle la pista a algn; **to have 2 minutes' ~ over sb** llevar a algn una ventaja de 2 minutos; **to take the ~** (*Sport*) tomar la delantera; (*initiative*) tomar la iniciativa; **it's your ~** (*Cards*) es tu mano, tú eres mano.

(**b**) (*clue*) pista *f*, indicación *f*; **the police have a ~** la policía tiene una pista.

(**c**) (*Theat*) papel *m* principal; **to play the ~** tener el papel principal; **with Greta Garbo in the ~** con Greta Garbo en el primer papel.

(**d**) (*leash*) cuerda *f*, correa *f (LAm)*.

(**e**) (*Elec*) cable *m*.

2 *vt* (**a**) (*conduct*) llevar, conducir; **to ~ the way** llevar la delantera; **this ~s me to an important point** esto me lleva a un punto importante.

(**b**) (*be the leader of*) dirigir, encabezar; (*: party*) encabezar, ser jefe de; (*: expedition*) mandar; (*: team*) capitanear; (*: league, procession*) ir en *or* a la cabeza de; (*: orchestra: Brit*) ser el primer violín en; (*: US*) dirigir; **to ~ the field** ir en primer lugar; **A ~s B by 4 games to 1** A aventaja a B por 4 juegos a 1.

(**c**) (*life, existence*) llevar; **to ~ a full *or* busy life** llevar una vida muy ajetreada.

(**d**) (*influence*) inducir, convencer; **to ~ sb to do sth** llevar a algn a hacer algo; **to ~ sb to believe that ...** hacer creer a algn que ...; **he is easily led** es muy influenciable.

3 *vi* (**a**) (*go in front*) ir primero, llevar la delantera; (*Cards*) ser mano, salir; **he ~s (me) by an hour** (me) lleva una ventaja de una hora *or* una hora de ventaja; **~ on!** ¡adelante!

(**b**) (*in match, race*) llevar la delantera.

(**c**) (*street, corridor*) llegar a; (*door*) dar a.

(**d**) (*result in*) **to ~ to** producir, provocar, llevar a; **one thing led to another ...** entre una cosa y otra ...; **it led to nothing** no dio resultado; **it led to his arrest** dio lugar a su detención.

4 *cpd*: **~ time** *n* plazo *m* de entrega.

▸ **lead away** *vt + adv* (*gen*) llevar; (*separate*) apartar.

▸ **lead back** *vt + adv* volver a llevar, llevar de regreso *or (LAm)* de vuelta; **this road ~s you back to Jaca** por este camino se vuelve a Jaca.

▸ **lead in 1** *vt + adv* hacer entrar a. **2** *vi + adv*: **this is a way of ~ing in** ésta es una manera de introducir.

▸ **lead off 1** *vt + adv* (**a**) (*gen*) llevar; (*separate*) apartar. (**b**) (*fig: begin*) empezar. **2** *vi + prep* (*street*) salir de; (*room*) comunicar con; (*conduct*) llevar.

▸ **lead on** *vt + adv* (**a**) (*tease*) engañar; **to ~ sb on to do sth** engañar a algn para que haga algo. (**b**) (*incite*) **to ~ sb on (to do sth)** incitar a algn (a hacer algo).

▸ **lead up to** *vi + prep* llevar a, conducir a; **what's all this ~ing up to?** ¿a dónde lleva *or* a qué conduce todo esto?, ¿a qué vas con todo esto?; **the years that led up to the war** los años que precedieron a la guerra.

leaded ['ledɪd] *adj* emplomado/a; **~ petrol** gasolina *f* con plomo.

leaden ['ledn] *adj* (*colour*) plomizo/a; (*fig*) pesado/a.

leader ['li:də^r] **1** *n* (**a**) (*of group, party etc*) jefe/a *m/f*, dirigente *mf*, líder *m*; (*guide etc*) guía *mf*, director(a) *m/f*; (*Mus: of orchestra: Brit*) primer violín *m*; (*: US*) director(a) *m/f*; **L~ of the House** (*Pol*) presidente *mf* de la Cámara de los Comunes; **he's a born ~** ha nacido para mandar. (**b**) (*in race, field etc*) líder *m*. (**c**) (*in newspaper*) editorial *m*. (**d**) (*Comm: company, product*) líder *m*. **2** *cpd*: **~ writer** *n* (*Brit*) editorialista *mf*.

leadership ['li:dəʃɪp] *n* (**a**) (*position*) dirección *f*, mando *m*; **under the ~ of ...** bajo la dirección *or* al mando de ...; **qualities of ~** cualidades de líder; **to take over the ~** asumir la dirección. (**b**) (*leaders*) dirección *f*.

lead-free [ˌled'fri:] *adj* sin plomo.

lead-in ['li:d'ɪn] *n* introducción *f*.

leading ['li:dɪŋ] *adj* (*horse, car: in race*) delantero/a; (*: in procession*) primero/a; (*chief: member, character*) principal; **one of the ~ figures of this century** uno de los personajes más importantes de este siglo; **~ brand** marca *f* líder; **~ edge** (*Aer*) borde *m* de ataque; **~ edge technology** tecnología *f* punta; **~ question** pregunta *f* tendenciosa; **~ role** papel *m* principal; *see* **article; lady**.

leaf [li:f] *n* (*pl* **leaves**) (**a**) (*of plant*) hoja *f*. (**b**) (*of book*) página *f*; **to turn over a new ~** (*fig*) hacer borrón y cuenta nueva; **to take a ~ out of sb's book** (*fig*) seguir el ejemplo de algn. (**c**) (*of table*) hoja *f* abatible.

▸ **leaf through** *vi + prep* (*book*) hojear.

leaflet ['li:flɪt] *n* hoja *f*, octavilla *f*.

leafy ['li:fɪ] *adj* (*comp* **-ier**; *superl* **-iest**) frondoso/a, con muchas hojas.

league [li:g] **1** *n* (**a**) (*alliance*) sociedad *f*, asociación *f*; **in ~ with** confabulado con. (**b**) (*Ftbl, Rugby*) liga *f*; **they're not in the same ~** (*fig fam*) no hay comparación. **2** *cpd*: **~ champions** *npl* campeón *msg* de liga; **~ table** *n* clasificación *f*.

leak [li:k] **1** *n* (*gen: of gas, liquid etc*) fuga *f*, escape *m*; (*in roof*) gotera *f*; (*in boat*) vía *f* de agua; (*in pipe*) agujero *m*; (*fig: in security*) filtración *f*; **to spring a ~** abrirse una vía de agua; **to take a ~** (*fam*) hacer aguas *(fam)*. **2** *vi* (**a**) (*roof, bucket*) estar agujereado; (*ship, shoes*) hacer agua. (**b**) (*also* **~ out**: *liquid, gas*) escaparse, fugarse; (*fig: news*) trascender, divulgarse. **3** *vt* (*liquid*) dejar escapar; (*fig: information*) filtrar.

leakproof ['li:kpru:f] *adj* hermético/a.

leaky ['li:kɪ] *adj* (*comp* **-ier**; *superl* **-iest**) (*receptacle*) agujereado/a; (*boat*) que hace agua; (*roof*) con goteras.

lean[1] [li:n] *adj* (*comp* **~er**; *superl* **~est**) (*meat*) magro/a, sin grasa; (*harvest*) malo/a, escaso/a; (*person*) delgado/a, flaco/a *(LAm)*; (*year, time*) difícil.

lean[2] [li:n] (*pt, pp* **~ed** *or* **~t**) **1** *vi* (**a**) (*slope*) inclinarse, ladearse; **to ~ to(wards) the Left/Right** (*fig, Pol*) inclinarse hacia la izquierda/la derecha. (**b**) (*for support*) apoyarse, recostarse; **to ~ on/against sth** apoyarse *or* recostarse en/contra algo; **to ~ on sb** (*lit*) apoyarse en algn; (*fig: put pressure on*) presionar a algn. **2** *vt* (*ladder, bicycle*) apoyar, recostar; **to ~ one's head on** apoyar *or* recostar la cabeza en.

▸ **lean back** *vi + adv* reclinarse, recostarse.

▸ **lean forward** *vi + adv* inclinarse hacia delante.

▸ **lean out** *vi + adv* asomarse; **to ~ out of the window** asomarse a la ventana.

▸ **lean over 1** *vi + adv* inclinarse. **2** *vi + prep* inclinarse sobre.

leaning ['li:nɪŋ] **1** *n* inclinación *f* (*towards* hacia); **what are his ~s?** ¿cuál es su predilección? **2** *adj* inclinado/a.

leant [lent] *pt, pp of* **lean**[2].

lean-to ['li:ntu:] *n* cobertizo *m*.

leap [li:p] (*vb: pp, pt* **~ed** *or* **~t**) **1** *n* salto *m*, brinco *m*; (*fig*) paso *m*, salto; **a ~ in the dark** un salto en el vacío; **by ~s and bounds** a pasos agigantados.

2 *vi* saltar, dar un salto, brincar; **to ~ about** dar saltos, brincar; **to ~ for joy/with excitement** dar saltos *or* brincar de alegría/de entusiasmo; **to ~ out at sb** (*to frighten*) echarse encima de algn; (*to call attention*) llamar la atención a algn; (*to be obvious*) saltar a la vista de algn; **the answer leapt out at me *or* off the page** la solución se ofreció de golpe; **to ~ over sth** saltar por encima de algo; **to ~ to one's feet** levantarse de un salto; **to ~ up** (*person*) saltar; (*flame*) brotar.

3 *vt* (*fence, ditch*) saltar por encima de.

4 *cpd*: **~ year** *n* año *m* bisiesto.

▸ **leap at** *vi + prep*: **to ~ at an offer** (*fig*) apresurarse a aceptar una oferta; **to ~ at a chance** agarrar (con ambas manos) una oportunidad.

leapfrog ['li:pfrɒg] **1** *n* pídola *f*. **2** *vi*: **to ~ over sb/sth** saltar por encima de algn/algo.

leapt [lept] *pt, pp of* **leap**.

learn [lɜːn] (*pt, pp* **~ed** *or* **~t**) **1** *vt* aprender; (*by heart etc*) aprenderse; **to ~ (how) to do sth** aprender a hacer algo; **to ~ that ...** enterarse *or* informarse de que ...; **to ~ one's lesson** (*fig*) aprenderse la lección. **2** *vi*: **to ~ about sth** (*Scol*) aprender algo; (*hear*) enterarse *or* informarse de algo; **to ~ from experience, to ~ from one's mistakes** aprender por experiencia; **he's ~ing the hard way** aprende por el método duro.

learned [ˈlɜːnɪd] *adj* (*person*) culto/a; (*book, profession*) erudito/a.

learner [ˈlɜːnəʳ] *n* (*novice*) principiante *mf*; (*student*) estudiante *mf*; (*also* **~ driver**) aprendiz(a) *m/f*.

learning [ˈlɜːnɪŋ] **1** *n* (*knowledge*) conocimientos *mpl*, saber *m*. **2** *cpd*: **~ curve** *n* proceso *m* de aprendizaje; **~ difficulties** *npl* retraso *msg* mental; **to have ~ difficulties** ser retrasado/a *or* disminuido/a mental.

learnt [lɜːnt] *pt, pp of* **learn**.

lease [liːs] **1** *n* alquiler *m*, contrato *m* de arrendamiento; **to let sth out on ~** dar algo en arriendo; **to give sb a new ~ of life** dar nuevas fuerzas a algn; **to take on a new ~ of life** (*person*) recobrar su vigor; (*thing*) renovarse. **2** *vt* (*take*) arrendar; (*rent*) alquilar; (*give: also* **~ out**) arrendar, alquilar.

▸ **lease back** *vt + adv* subarrendar.

leaseback [ˈliːsbæk] *n* rearrendamiento *m* al vendedor, subarriendo *m*.

leasehold [ˈliːshəʊld] **1** *n* (*contract*) derechos *mpl* de arrendamiento. **2** *cpd* arrendado/a.

leaseholder [ˈliːshəʊldəʳ] *n* arrendatario/a *m/f*.

leash [liːʃ] *n* traílla *f*, correa *f*.

least [liːst] **1** *superl of* **little**[2].

2 *adj* menor, mínimo/a, más pequeño/a; **she wasn't the ~ bit interested** no tenía el más mínimo interés.

3 *adv* menos; **the ~ expensive car** el coche menos costoso; **with the ~ possible expenditure** gastándose lo menos posible; **when ~ expected** cuando menos se espera; **she is ~ able to afford it** ella es quien menos puede permitírselo; **~ of all me** yo menos que nadie; **nobody knew, ~ of all Jennie** nadie lo sabía, y Jennie menos que todos.

4 *n* lo menos; **it's the ~ you can do** es lo menos que puedes hacer; **that's the ~ of my worries** eso es lo que menos me preocupa; **you gave yourself the ~** te has servido la ración más pequeña; **to say the ~** para no decir otra cosa peor; **the ~ said the better** más vale no decir nada; **at ~** a lo menos, por lo menos; **not in the ~!** ¡de ninguna manera!, ¡claro que no!, ¡no faltaba *or* faltaría más! *(fam)*, ¡cómo no! *(esp LAm)*.

leather [ˈleðəʳ] **1** *n* (*hide*) cuero *m*, piel *f*; (*wash~*) gamuza *f*. **2** *vt* (*thrash*) zurrar. **3** *cpd* de cuero, de piel; **~ goods** *npl* artículos *mpl* de cuero; **~ jacket** *n* cazadora *f* de piel.

leave [liːv] (*vb: pt, pp* **left**) **1** *n* **(a)** (*permission*) permiso *m*.

(b) (*permission to be absent*) permiso *m*, licencia *f*; **on ~ of absence** con permiso para ausentarse; **to be on ~** estar de permiso *or (CSur)* licenciado.

(c) to take (one's) ~ of sb despedirse de algn; **have you taken ~ of your senses?** ¿te has vuelto loco?

2 *vt* **(a)** (*go away from*) dejar, marcharse de; (*: room*) salir de, abandonar; (*: hospital*) salir de; (*: person*) abandonar, dejar; **I'll ~ you at the station** te dejo en la estación; **he has left his wife** ha abandonado a su mujer; **to ~ school** salir del colegio; **to ~ home** (*go out of*) salir de su casa; (*permanently*) abandonar su casa; **to ~ the table** levantarse de la mesa; **to ~ the rails** descarrilar, salirse de las vías; **the car left the road** el coche se salió de la carretera; **the train is leaving in 10 minutes** el tren sale dentro de 10 minutos.

(b) (*forget*) dejar, olvidar.

(c) (*give*) dejar.

(d) (*allow to remain*) dejar; **let's ~ it at that** dejémoslo así, ¡ya está bien (así)!, está bueno *(LAm)*; **~ it to me!** ¡yo me encargo!, ¡tú, déjamelo a mí!; **I ~ it to you** le toca a Vd decidir; **~ it with me** me encargaré del asunto; **it's best to ~ him alone** es mejor dejarlo solo; **he ~s a wife and a child** le sobreviven su viuda y un hijo, deja mujer y un hijo; **to ~ sb alone** *or* **in peace** dejar a algn en paz; **to ~ a good impression on sb** producir a algn una buena impresión; **it ~s much to be desired** deja mucho que desear; **take it or ~ it** lo tomas o lo dejas; **3 from 10 ~s 7** 10 menos 3 son 7.

(e) (*remaining*) **to be left (over)** quedar, sobrar; **there's nothing left (over)** no queda nada, no sobra nada; **how many are (there) left?** ¿cuántos quedan *or* sobran?; **nothing was left for me (to do) but to sell it** no tuve más remedio que venderlo.

3 *vi* (*go out*) salir; (*go away*) irse, marcharse, partir.

▸ **leave about, leave around** *vt + adv* dejar tirado/a.

▸ **leave aside** *vt + adv* dejar de lado.

▸ **leave behind** *vt + adv* (*on purpose*) dejar (atrás); (*accidentally*) olvidarse; **we have left all that behind us** todo eso ha quedado a la espalda.

▸ **leave off 1** *vt + adv* **(a)** omitir, no incluir. **(b)** (*lid*) no poner, dejar sin poner; (*clothes*) quitarse. **(c)** (*gas etc*) no poner, no encender. **(d)** (*fam: stop*) dejar de. **2** *vi + adv* (*fam: stop*) parar.

▸ **leave on** *vt + adv* (*clothes*) dejar puesto/a; (*light, TV*) dejar encendido/a *or (LAm)* prendido/a.

▸ **leave out** *vt + adv* **(a)** (*omit*) omitir, saltarse; **he feels left out** se siente excluido. **(b)** (*not put back*) dejar tirado/a; (*food, meal etc*) dejar preparado/a.

▸ **leave over** *vt + adv* **(a)** *see* **leave 2(e)**. **(b)** (*postpone*) dejar, aplazar.

leaves [liːvz] *npl of* **leaf**.

leavetaking [ˈliːvˌteɪkɪŋ] *n* despedida *f*.

leaving [ˈliːvɪŋ] **1** *n* **(a)** (*departure*) salida *f*. **(b) ~s** restos *mpl*, sobras *fpl*. **2** *cpd* (*ceremony, present*) de despedida.

Lebanon [ˈlebənən] *n*: **the ~** el Líbano.

lecherous [ˈletʃərəs] *adj* lascivo/a, lujurioso/a.

lector [ˈlektɔːʳ] *n* (*Univ*) lector(a) *m/f*.

lecture [ˈlektʃəʳ] **1** *n* **(a)** (*Univ*) clase *f*; (*by visitor*) conferencia *f*; (*speech etc: content*) discurso *m*; **to attend ~s on** seguir un curso sobre *or* de; **to give a ~** dictar una conferencia, dar una charla.

(b) (*reproof*) reprimenda *f*.

2 *vi*: **to ~ (in sth)** dar clases (de algo); **she ~s in Law** da clases de derecho; **he ~s at Princeton** es profesor en Princeton; **to ~ (to sb on sth)** dar clases (de algo a algn).

3 *vt* (*reprove*) echar una reprimenda a.

4 *cpd*: **~ hall** *n* (*Univ*) aula *f*; (*gen*) sala *f* de conferencias; **~ notes** *npl* apuntes *mpl*; **~ theatre** *n* = **~ hall**.

lecturer [ˈlektʃərəʳ] *n* (*visitor*) conferenciante *mf*; (*Univ*) profesor(a) *m/f*.

LED *n abbr of* **light-emitting diode**.

led [led] *pt, pp of* **lead**[2].

ledge [ledʒ] *n* (*on wall*) repisa *f*; (*of window*) antepecho *m*; (*on mountain*) saliente *m*.

ledger [ˈledʒəʳ] *n* libro *m* mayor.

lee [liː] **1** *n* (*fig*) abrigo *m*, socaire *m*; **in the ~ of** al abrigo de. **2** *adj* de sotavento.

leech [liːtʃ] *n* sanguijuela *f*; (*fig*) sanguijuela, parásito/a *m/f*.

leek [liːk] *n* puerro *m*.

leer [lɪəʳ] **1** *n* mirada *f* lasciva. **2** *vi* mirar de manera lasciva.

leery [ˈlɪərɪ] *adj* (*cautious*) cauteloso/a; (*suspicious*) receloso/a.

leeward [ˈliːwəd] **1** *adj* (*Naut*) de sotavento. **2** *n* (*Naut*) sotavento *m*.

leeway [ˈliːweɪ] *n* (*Naut*) deriva *f*; (*fig: lost time*) atraso *m*; (*: freedom*) libertad *f*.

left[1] [left] *pt, pp of* **leave**.

left[2] [left] **1** *adj* **(a)** izquierdo/a. **(b)** (*Pol*) izquierdista;

we are a ~ of centre party somos un partido del centro izquierdo. **2** *adv* hacia la izquierda; **they were coming at us ~, right, and centre** nos atacaban desde todas partes. **3** *n* (**a**) izquierda *f*; **on** *or* **to my ~** a mi izquierda; **on** *or* **to the ~** a la izquierda; **to keep to the ~** (*Aut*) circular por la izquierda. (**b**) (*Pol*) izquierda *f*; **he has always been on the L~** siempre ha sido de izquierdas.

left-hand [ˈlefthænd] *adj*: **~ drive** conducción *f* a la izquierda; **~ page** página *f* izquierda; **~ side** lado *m* izquierdo.

left-handed [ˈleftˈhændɪd] *adj* zurdo/a; (*fig: compliment*) de doble sentido.

leftie [ˈleftɪ] *n* (*fam*) izquierdista *mf*.

leftist [ˈleftɪst] *adj, n* izquierdista *mf*.

left-luggage [ˈleftˈlʌgɪdʒ] *cpd*: **~ office** *n* consigna *f*.

left over [ˈleftəʊvəʳ] **1** *adj* sobrante, restante. **2** *n* (**a**) (*survivor*) superviviente *mf*; **a ~ from another age** una reliquia de otra edad. (**b**) **~s** sobras *fpl*, restos *mpl*.

left-wing [ˈleftˌwɪŋ] *adj* de izquierda.

leg [leg] **1** *n* (*of person*) pierna *f*; (*of animal, bird*) pata *f*; (*of meat*) pierna; (*of furniture*) pata, pie *m*; (*of trousers*) pernera *f*; (*of stocking*) caña *f*; (*stage*) etapa *f*, fase *f*; **to be on one's last ~s** andar de capa caída; **he hasn't got a ~ to stand on** (*fig*) se le acabaron las disculpas; **to pull sb's ~** (*fig*) tomar el pelo a algn; **to show a ~** (*fam*) despertar, levantarse; **to stretch one's ~s** (*walk*) estirar las piernas. **2** *vt*: **to ~ it** ir andando, ir a pie. **3** *cpd*: **~ room** *n* lugar *m* para las piernas.

legacy [ˈlegəsɪ] *n* herencia *f*; (*fig*) herencia, patrimonio *m*.

legal [ˈliːgəl] *adj* (*gen*) legítimo/a, legal; (*permitted by law*) lícito/a; (*relating to the law*) legal, jurídico/a; **a ~ matter** *or* **question** cuestión *f* jurídica; **to take ~ action** *or* **proceedings against sb** entablar *or* levantar pleito contra algn; **~ adviser** asesor(a) *m/f* jurídico/a; **of ~ age** mayor de edad; **~ aid** abogacía *f* de pobres *or* oficio; **~ profession** abogacía; **~ tender** moneda *f* de curso legal.

legalese [ˌliːgəˈliːz] *n* jerga *f* legal.

legality [lɪˈgælɪtɪ] *n* legalidad *f*.

legalize [ˈliːgəlaɪz] *vt* legalizar.

legally [ˈliːgəlɪ] *adv* (*legitimately*) legalmente, legítimamente; (*in legal terms*) en términos legales; **~ binding** de obligatoriedad jurídica; **to be ~ responsible for sth** tener responsabilidad legal por algo.

legatee [ˌlegəˈtiː] *n* legatario/a *m/f*.

legation [lɪˈgeɪʃən] *n* legación *f*.

legend [ˈledʒənd] *n* leyenda *f*.

legendary [ˈledʒəndərɪ] *adj* legendario/a.

-legged [ˈlegɪd] *adj suf* (*person*) de piernas; (*animal*) de patas; **three~** de tres piernas; (*stool*) de tres patas.

leggings [ˈlegɪŋz] *npl* polainas *fpl*; (*baby's*) pantalones *mpl* polainas.

leggy [ˈlegɪ] *adj* (*comp* **-ier**; *superl* **-iest**) zanquilargo/a, patilargo/a.

legibility [ˌledʒɪˈbɪlɪtɪ] *n* legibilidad *f*.

legible [ˈledʒəbl] *adj* legible.

legion [ˈliːdʒən] *n* legión *f*.

legionnaire [ˌliːdʒəˈnɛəʳ] *n* legionario *m*; **~'s disease** enfermedad *f* del legionario, legionella *f*.

legislate [ˈledʒɪsleɪt] *vi* legislar.

legislation [ˌledʒɪsˈleɪʃən] *n* (*law*) ley *f*; (*body of laws*) legislación *f*.

legislative [ˈledʒɪslətɪv] *adj* legislativo/a.

legislature [ˈledʒɪslətʃəʳ] *n* legislatura *f*.

legit [ləˈdʒɪt] *adj abbr* (*fam*) = **legitimate**.

legitimate [lɪˈdʒɪtɪmɪt] **1** *adj* legítimo/a; (*valid*) válido/a, justo/a. **2** [lɪˈdʒɪtɪmeɪt] *vt* dar legitimidad a.

legitimize [lɪˈdʒɪtɪmaɪz] *vt* legitimar; (*child, birth*) legalizar.

legless [ˈleglɪs] *adj* (*fam*) borracho/a.

legume [ˈlegjuːm] *n* (*species*) legumbre *f*; (*pod*) vaina *f*.

legwarmers [ˈlegˌwɔːməz] *npl* calientapiernas *fpl*.

legwork [ˈlegwɜːk] *n* trabajo *m* callejero; **to do the ~** hacer los preparativos.

Leics *abbr* (*Brit*) *of* **Leicestershire**.

leisure [ˈleʒəʳ] **1** *n* ocio *m*; **a life of ~** una vida de ocio; **do it at your ~** hazlo cuando tengas tiempo *or* te convenga. **2** *cpd*: **~ activities** *npl* pasatiempos *mpl*; **~ centre** *n* polideportivo *m*; **~ industry** *n industria que produce lo que pide la gente para ocupar su tiempo libre;* **~ suit** *n* conjunto *m* tipo chandal; **~ time** *n*: **in one's ~ time** en sus ratos libres; **~ wear** *n* ropa *f* de sport.

leisurely [ˈleʒəlɪ] *adj* (*unhurried*) sin prisa, relajado/a; (*slow*) lento/a.

lemming [ˈlemɪŋ] *n* lem(m)ing *m*.

lemon [ˈlemən] **1** *n* (**a**) (*fruit*) limón *m*. (**b**) (*fam*) bobo/a *m/f*; **I felt a bit of a ~** aparecía como bastante tonto. **2** *adj* (*colour*) amarillo limón *inv*. **3** *cpd*: **~ cheese, ~ curd** *n* crema *f* de limón; **~ drink** *n* = **~ squash**; **~ juice** *n* zumo *m or* (*LAm*) jugo *m* de limón; **~ squash** *n* limonada *f*; **~ sole** *n* (*Brit*) platija *f*; **~ tea** *n* té *m* con limón; **~ tree** *n* limonero *m*.

lemonade [ˌleməˈneɪd] *n* limonada *f*, gaseosa *f* (*Sp*).

lend [lend] (*pt, pp* **lent**) **1** *vt* (*for a time*) prestar, dejar; (*fig: impart: importance, mystery, authority*) dar, prestar; **to ~ out** prestar; **to ~ a hand** (*fig*) echar una mano; **to ~ an ear to sb/sth** escuchar a algn/algo; **to ~ itself to sth/doing sth** prestarse a algo/hacer algo. **2** *vi*: **to ~ at 10%** prestar dinero a 10 por ciento.

lender [ˈlendəʳ] *n* prestador(a) *m/f*; (*professional*) prestamista *mf*.

lending [ˈlendɪŋ] *cpd*: **~ library** *n* biblioteca *f* de préstamo; **~ rate** *n* tipo *m* de interés.

length [leŋθ] *n* (**a**) (*size*) longitud *f*, largo *m*; **it is 2 metres in ~** tiene 2 metros de largo; **what is its ~?, what ~ is it?** ¿cuánto tiene de largo?

(**b**) (*duration*) duración *f*; **for what ~ of time?** ¿durante *or* por cuánto tiempo?; **a concert 2 hours in ~** un concierto que dura 2 horas; **~ of service** duración del servicio.

(**c**) (*extent*) extensión *f*; **he walked the ~ of the beach** recorrió toda la orilla de la playa; **the horse won by a ~** el caballo ganó por un cuerpo; **at ~ ...** (*finally*) finalmente ...; **to explain at ~** explicar con mucho detalle; **to speak at ~** hablar largamente; **across the ~ and breadth of the country** en lo ancho y largo del país; **to go to any ~(s) to do sth** ser capaz de cualquier cosa para hacer algo; **to go to great ~s in ...** extremarse en ...; **to go to the ~ of doing sth** llegar al extremo de hacer algo.

(**d**) (*piece*) pedazo *m*, trozo *m*.

(**e**) (*distance*) distancia *f*; (*piece of road etc*) tramo *m*; **to keep sb at arm's ~** mantener las distancias con algn.

lengthen [ˈleŋθən] **1** *vt* alargar. **2** *vi* alargarse; (*days*) crecer.

lengthways [ˈleŋθweɪz], **lengthwise** [ˈleŋθwaɪz] *adv* longitudinalmente, a lo largo.

lengthy [ˈleŋθɪ] *adj* (*comp* **-ier**; *superl* **-iest**) largo/a, extenso/a; (*illness*) de larga duración; (*meeting*) prolongado/a.

lenience [ˈliːnɪəns], **leniency** [ˈliːnɪənsɪ] *n* clemencia *f*, indulgencia *f*.

lenient [ˈliːnɪənt] *adj* clemente, indulgente.

Leningrad [ˈlenɪngræd] *n* (*Hist*) Leningrado *m*.

lens [lenz] **1** *n* (*Anat*) cristalino *m*; (*of spectacles*) lente *m or* f, (*of camera etc*) objetivo *m*; **contact ~** lente de contacto, lentilla *f*. **2** *cpd*: **~ cap** *n* tapa *f* de objetivo.

Lent [lent] *n* Cuaresma *f*.

lent [lent] *pt, pp of* **lend**.

lentil [ˈlentl] *n* lenteja *f*.

Leo [ˈliːəʊ] *n* Leo *m*.

Leonese [liːəˈniːz] **1** *adj* leonés/esa. **2** *n inv* leonés/esa *m/f*; (*Ling*) leonés *m*.

leopard [ˈlepəd] *n* leopardo *m*; **the ~ cannot change its spots** genio y figura hasta la sepultura.

leotard [ˈlɪətɑːd] *n* malla *f*.

leper [ˈlepəʳ] *n* (*lit, fig*) leproso/a *m/f*.

leprosy ['leprəsɪ] *n* lepra *f*.

lesbian ['lezbɪən] **1** *adj* lesbiano/a, lesbio/a. **2** *n* lesbiana *f*.

lesion ['li:ʒən] *n* lesión *f*.

Lesotho [lɪ'su:tu:] *n* Lesoto *m*.

less [les] **1** *comp of* **little**[2].

2 *adj* menos; **now we eat ~ bread** ahora comemos menos pan; **she has ~ time to spare** ahora tiene menos tiempo libre; **of ~ importance** de menos importancia.

3 *pron* menos; **the ~ ... the ~ ...** mientras *or* cuanto menos ... menos ...; **can't you let me have it for ~?** ¿no me lo puedes dar en menos?; **the ~ said about it the better** cuanto menos se hable de eso mejor; **~ than £1/a kilo/3 metres** menos de una libra/un kilo/3 metros; **at a price of ~ than £1** a un precio inferior *or* menor a una libra; **~ than a week ago** hace menos de una semana; **nothing ~ than** nada menos que; **it's nothing ~ than a disaster** es un verdadero *or* auténtico desastre; **a tip of £10, no ~!** (*fam*) ¡una propina de 10 libras, nada menos!

4 *adv* menos; **~ and ~** cada vez menos; **still ~** todavía menos, menos aún; **to go out ~ (often)** salir menos; **you work ~ than I do** trabajas menos que yo; **in ~ than an hour** en menos de una hora; **it's ~ expensive than the other one** cuesta menos que el otro; **the problem is ~ one of capital than of personnel** el problema más que de capitales es de personal.

5 *prep* menos; **the price ~ VAT** el precio excluyendo el IVA; **a year ~ 4 days** un año menos 4 días.

-less *adj suf* sin; **coat~/hat~** sin abrigo/sombrero.

lessee [le'si:] *n* (*of house*) inquilino/a *m/f*, (*of land*) arrendatario/a *m/f*.

lessen ['lesn] **1** *vt* (*gen*) reducir, disminuir; (*light, effort*) atenuar. **2** *vi* reducirse, disminuir.

lessening ['lesnɪŋ] *n* reducción *f*, disminución *f*.

lesser ['lesəʳ] *adj* menor; **to a ~ extent** *or* **degree** en menor grado; **the ~ of 2 evils** el mal menor.

lesson ['lesn] *n* (*class*) clase *f*; (*Rel etc*) lección *f*; **to take/give ~s in ...** recibir/dar clases de ...; **a French ~** una clase de francés; **to learn one's ~** (*fig*) escarmentar; **to teach sb a ~** (*fig*) dar una lección a algn.

lest [lest] (*frm*) *conj*: **~ we forget** para que no olvidemos; **~ he catch me unprepared** para que no me coja *(Sp) or (LAm)* agarre desprevenido.

let [let] (*pt, pp ~*) *vt* (**a**) (*permit*) dejar, permitir; **to ~ sb do sth** dejar que algn haga algo; **to ~ sb have sth** dejar algo a algn; **~ me help you** déjeme ayudarle.

(**b**) (*in verb forms*) **~'s** *or* **~ us go!** ¡vamos!; **~'s see, what was I saying?** a ver *or* déjame ver ¿qué decía yo?; **~ them wait** que esperen; **~ that be a warning to you!** ¡que eso te sirva de lección!; **~ X be 6** supongamos que X equivale a 6.

(**c**) (*rent out*) alquilar, arrendar; **'to ~'** 'se alquila'.

(**d**) (*in phrases*) **to ~ sb get away with sth** (*fam*) dejar que algn se salga con la suya; (*child*) consentirle algo a algn; **I'll ~ you have it back tomorrow** te lo devuelvo mañana; **don't ~ me catch** *or* **see you cheating again!** ¡si te vuelvo a pillar haciendo trampa!; **~ him alone** *or* **be** déjalo en paz *or* tranquilo; **to ~ sb/sth go, to ~ go of sb/sth** soltar a algn/algo.

▸ **let by** *vt + adv* dejar pasar.

▸ **let down** *vt + adv* (**a**) (*dress*) alargar; (*hem*) bajar; (*tyre*) desinflar; (*on rope*) bajar. (**b**) (*disappoint*) decepcionar, defraudar; (*fail*) fallar; **the weather ~ us down** el tiempo nos defraudó; **I was badly ~ down** me llevé un gran chasco.

▸ **let in** *vt + adv*: **to ~ sb in** dejar entrar *or* hacer pasar a algn; **~ him in!** ¡que pase!; **your mother ~ me in** tu madre me abrió (la puerta); **shoes which ~ the water in** zapatos que dejan calar el agua; **to ~ sb in for a lot of trouble** causarle mucha pena *or* muchas molestias a algn; **what have you ~ yourself in for?** ¿en qué te has metido?; **to ~ sb in on a secret** hacerle a algn partícipe de un secreto.

▸ **let off** *vt + adv* (**a**) (*explode*) hacer explotar; **to ~ off steam** (*fig fam*) desfogarse, desahogarse. (**b**) (*allow to go*) dejar ir; (*not punish*) dejar escapar; **he was ~ off with a warning** se llevó sólo una advertencia.

▸ **let on** (*fam*) *vi + adv*: **he didn't ~ on that he was angry** disimuló su enfado; **to ~ on to sb about sth** participar algo a algn; **don't ~ on!** ¡no digas nada!; **to ~ on (that ...)** (*acknowledge*) reconocer (que ...); (*pretend*) fingir (que ...).

▸ **let out** *vt + adv* (**a**) (*visitor*) acompañar a la puerta; (*prisoner*) poner en libertad; (*penned animal*) dejar salir; (*secret, news*) divulgar; **to ~ out a cry/sigh** soltar un grito/un suspiro; **to ~ the air out of a tyre** desinflar un neumático *or (LAm)* una llanta. (**b**) (*dress, seam*) ensanchar. (**c**) (*rent out*) alquilar.

▸ **let up 1** *vi + adv* (*bad weather*) moderarse; **he never ~s up** (*talking*) habla sin parar; (*working*) trabaja sin descanso; **when the rain ~s up** cuando deje de llover tanto. **2** *vt + adv* dejar levantarse.

letdown ['letdaʊn] *n* decepción *f*.

lethal ['li:θəl] *adj* (*wound, poison, dose*) mortal; (*weapon*) mortífero/a; **this coffee's ~!** (*fig fam*) ¡este café está asqueroso!

lethargic [le'θɑ:dʒɪk] *adj* letárgico/a.

Lett [let] = **Latvian**.

letter ['letəʳ] **1** *n* (**a**) (*of alphabet*) letra *f*; **the ~ G** la letra G; **small/capital ~** minúscula *f*/mayúscula *f*; **the ~ of the law** la ley escrita; **to follow instructions to the ~** (*fig*) cumplir las instrucciones al pie de la letra.

(**b**) (*missive*) carta *f*; **covering ~** carta adjunta; **~ of acknowledgement** carta de acuse de recibo; **~ of credit** carta de crédito; **documentary/irrevocable ~ of credit** carta de crédito documentaria/irrevocable; **~ of introduction/application/protest/attorney** *or* **proxy** carta de presentación/solicitud/protesta/poder; **~ of recommendation** carta de recomendación; **~s patent** patente *m* de privilegio, letra *f* de patente; **by ~** por carta *or* escrito.

(**c**) (*learning*) letras *fpl*; **man of ~s** hombre *m* de letras.

2 *cpd*: **~ bomb** *n* carta-bomba *f*; **~ carrier** *n* (*US*) cartero/a *m/f*; **~ opener** *n* abrecartas *m inv*; **~ quality** *n* calidad *f* de correspondencia; **~ writer** *n* corresponsal *mf*.

letterbox ['letəbɒks] *n* buzón *m*.

letterhead ['letəhed] *n* membrete *m*.

lettering ['letərɪŋ] *n* letras *fpl*, inscripción *f*.

letterpress ['letəpres] *n* (*method*) prensa *f* de copiar; (*printed page*) impresión *f* tipográfica.

lettuce ['letɪs] *n* lechuga *f*.

let-up ['letʌp] (*fam*) *n* descanso *m*; (*fig*) tregua *f*; **we worked 5 hours without (a) ~** trabajamos 5 horas sin descanso; **if there is a ~ in the rain** si deja un momento de llover.

leukaemia, (*US*) **leukemia** [lu:'ki:mɪə] *n* leucemia *f*.

level ['levl] **1** *adj* (**a**) (*flat: ground, surface*) llano/a, plano/a; (*even*) a nivel, nivelado/a; **I'll do my ~ best** (*fam*) haré lo más que pueda; **a ~ spoonful** (*Culin*) una cucharada rasa; **~ crossing** (*Rail*) paso *m* a nivel.

(**b**) (*steady: voice, tone*) uniforme, inalterable; (*: gaze*) penetrante; **to keep a ~ head** no perder la cabeza.

(**c**) (*equal*) igual; **to be ~ with sb/sth** estar parejo con algn/a la altura de algo; **to draw ~ with sb/sth** alcanzar a algn/algo; **they were ~ pegging** iban empatados.

2 *n* (**a**) nivel *m*; **at eye ~** a la altura del ojo; **on the international ~** a nivel internacional; **to find its** *or* **one's own ~** encontrar su nivel; **above/at/below sea ~** sobre el/al/por debajo del nivel del mar; **talks at ministerial ~** conversaciones al nivel ministerial; **to be on a ~ with** (*lit*) estar al nivel de; (*fig*) equipararse con; **to be on the ~** (*fig fam: be honourable*) ser honrado; (*: be honest*) hablar en serio, decir la verdad; **to come down to sb's ~** (*fig*) rebajarse al nivel de algn.

(**b**) (*spirit ~*) nivel *m* de burbuja.

3 *vt* **(a)** (*make* ~: *ground, site*) nivelar, aplanar; (*raze: building*) arrasar; (*fig*) igualar.
(b) (*aim*) **to** ~ **(at)** (*blow*) dirigir (a); (*gun*) apuntar (a); (*accusation*) **to** ~ **(against sb)** levantar (contra algn).
▸ **level off**, **level out** *vi* + *adv* (*ground*) nivelarse; (*prices, curve on graph*) estabilizarse; (*aircraft*) ponerse en una trayectoria horizontal.
▸ **level with** *vi* + *prep* (*fam*) ser franco/a con; **I'll** ~ **with you** te lo voy a decir con franqueza.
level-headed [ˈlevlˈhedɪd] *adj* sensato/a, equilibrado/a.
levelling, (*US*) **leveling** [ˈlevlɪŋ] *n* nivelación *f*.
lever [ˈliːvəʳ] **1** *n* (*gen, fig*) palanca *f*. **2** *vt*: **to** ~ **sth up/out/off** alzar/sacar/quitar algo con palanca.
leverage [ˈliːvərɪdʒ] **1** *n* apalancamiento *m*; (*fig*) influencia *f*. **2** *vt*: ~**d buy-out** *compra de todas las acciones de una compañía pagándolas con dinero prestado a cambio de asegurar que las acciones serán compradas*.
levitate [ˈlevɪteɪt] *vt* elevar *or* mantener en el aire por levitación.
levity [ˈlevɪtɪ] *n* (*frm: frivolity*) ligereza *f*, frivolidad *f*.
levy [ˈlevɪ] **1** *n* impuesto *m*. **2** *vt* (*tax, fine, contributions*) exigir, imponer.
lewd [luːd] *adj* (*comp* ~**er**; *superl* ~**est**) (*person*) lascivo/a; (*song, story etc*) verde, colorado/a *(LAm)*.
lexical [ˈleksɪkəl] *adj* léxico/a.
lexicographer [ˌleksɪˈkɒgrəfəʳ] *n* lexicógrafo/a *m/f*.
lexicography [ˌleksɪˈkɒgrəfɪ] *n* lexicografía *f*.
lexicon [ˈleksɪkən] *n* léxico *m*.
l.h. *abbr of* **left hand** izq.
LI *abbr* (*US*) *of* **Long Island**.
liability [ˌlaɪəˈbɪlɪtɪ] **1** *n* (*responsibility*) responsabilidad *f*; (*burden*) inconveniente *m*, estorbo *m*, carga *f*; (*risk*) riesgo *m*; **liabilities** (*Comm*) pasivo *msg*; **he's a real** ~ es absolutamente inútil, crea más problemas que los que resuelve; **to meet one's liabilities** satisfacer sus deudas; *see* **limited**. **2** *cpd*: ~ **insurance** *n* seguro *m* contra responsabilidades.
liable [ˈlaɪəbl] *adj*: **to be** ~ **for** ser responsable de; **to be** ~ **for taxes** (*thing*) estar sujeto/a a impuestos, (*person*) tener que pagar impuestos; **to be** ~ **to do sth** tener tendencia *or* ser propenso a hacer algo; **to be** ~ **to a fine** ser expuesto a una multa; **we are** ~ **to get shot at here** aquí estamos expuestos a los tiros; **the pond is** ~ **to freeze** el estanque tiene tendencia a helarse.
liaise [lɪˈeɪz] *vi*: **to** ~ **with** (*Brit*) enlazar con.
liaison [lɪˈeɪzɒn] **1** *n* (*coordination*) enlace *m*, coordinación *f*; (*fig: relationship*) relación *f*. **2** *cpd*: ~ **committee** *n* comité *m* de enlace; ~ **officer** *n* oficial *m* de enlace.
liar [ˈlaɪəʳ] *n* mentiroso/a *m/f*, embustero/a *m/f*.
Lib [lɪb] *n abbr* **(a)** (*Pol*) *of* **Liberal**. **(b)** *of* **Liberation**.
libel [ˈlaɪbəl] **1** *n* (*Jur*) calumnia *f*; (*: written*) escrito *m* difamatorio. **2** *vt* difamar, calumniar. **3** *cpd*: ~ **laws** *npl* leyes *fpl* contra la difamación; ~ **suit** *n* pleito *m* por difamación.
libellous, (*US*) **libelous** [ˈlaɪbələs] *adj* difamatorio/a, calumnioso/a.
liberal [ˈlɪbərəl] **1** *adj* (*gen, Pol*) liberal; (*generous*) generoso/a; (*views*) libre, liberal; **L~ Democratic Party, L~ Democrats** (*Brit Pol*) partido *m* democrático liberal. **2** *n*: **L~** (*Pol*) liberal *mf*.
liberalism [ˈlɪbərəlɪzəm] *n* liberalismo *m*.
liberality [ˌlɪbəˈrælɪtɪ] *n* (*generosity*) liberalidad *f*, generosidad *f*.
liberalize [ˈlɪbərəlaɪz] *vt* liberalizar.
liberal-minded [ˈlɪbərəlˈmaɪndɪd] *adj* de mente liberal.
liberate [ˈlɪbəreɪt] *vt* (*free*) liberar; (*prisoner, slave*) poner en libertad; **a** ~**d woman** una mujer liberada.
liberation [ˌlɪbəˈreɪʃən] **1** *n* liberación *f*. **2** *cpd*: **Women's L~ Movement** *n* movimiento *m* de liberación de la mujer; ~ **theology** *n* teología *f* de la liberación.
liberator [ˈlɪbəreɪtəʳ] *n* libertador(a) *m/f*.
Liberia [laɪˈbɪərɪə] *n* Liberia *f*.
Liberian [laɪˈbɪərɪən] *adj, n* liberiano/a *m/f*.
libertarian [ˌlɪbəˈtɛərɪən] *adj, n* libertario/a *m/f*.
libertine [ˈlɪbətiːn] *n* libertino *m*.
liberty [ˈlɪbətɪ] *n* libertad *f*; ~ **of conscience** libertad de conciencia; **to be at** ~ (*free*) estar en libertad; **to be at** ~ **to do sth** estar libre para hacer algo; **I have taken the** ~ **of giving your name** me he tomado la libertad de darles tu nombre; **to take liberties with sb** tratar a algn con demasiada familiaridad; (*sexually*) propasarse con algn; **what a** ~**!** (*fam*) ¡qué atrevimiento!
libido [lɪˈbiːdəʊ] *n* libido *m*.
Libra [ˈliːbrə] *n* Libra *f*.
librarian [laɪˈbrɛərɪən] *n* bibliotecario/a *m/f*.
library [ˈlaɪbrərɪ] **1** *n* (*also Comput*) biblioteca *f*; **newspaper** ~ hemeroteca *f*; **public** ~ biblioteca pública. **2** *cpd*: ~ **book** *n* libro *m* de la biblioteca; ~ **pictures** *npl* (*TV*) imágenes *fpl* de archivo; ~ **ticket** *n* pase *m* para la biblioteca.
libretto [lɪˈbretəʊ] *n* (*pl* ~**s** *or* **libretti** [lɪˈbretiː]) libreto *m*.
Libya [ˈlɪbɪə] *n* Libia *f*.
Libyan [ˈlɪbɪən] *adj, n* libio/a *m/f*.
lice [laɪs] *npl of* **louse**.
licence, (*US*) **license**[1] [ˈlaɪsəns] **1** *n* **(a)** (*permit*) licencia *f*, permiso *m*; **driving** ~ carnet *m or* permiso de conducir, licencia *f (esp LAm)*; **to manufacture sth under** ~ fabricar algo bajo licencia. **(b)** (*excessive freedom*) libertad *f*; **poetic** ~ licencia poética. **2** *cpd*: ~ **number** *n* (*Aut*) matrícula *f*; ~ **plate** *n* (*Aut*) matrícula, placa *f*, patente *f (CSur)*.
license[2] [ˈlaɪsəns] *vt* (*person: to do sth*) autorizar, dar permiso a; (*car*) sacar la matrícula de; **to be** ~**d to do sth** tener permiso para hacer algo.
licensed [ˈlaɪsənst] *adj* (*car*) con matrícula; (*dog, gun*) con licencia, que tiene licencia; (*dealer, restaurant*) autorizado/a; ~ **premises** (*Brit*) *establecimiento autorizado para la venta de bebidas alcohólicas*; ~ **trade** comercio *m* autorizado, negocio *m* autorizado; ~ **victualler** vendedor(a) *m/f*.
licensee [ˌlaɪsənˈsiː] *n* (*in pub*) concesionario/a *m/f*, dueño/a *m/f* de un bar.
licensing [ˈlaɪsənsɪŋ] *cpd*: ~ **hours** *npl* horas *fpl* durante las cuales se permite la venta y consumo de alcohol *(en un bar etc)*; ~ **laws** *npl* (*Brit*) leyes *fpl* reguladoras de la venta y consumo de alcohol.
licentious [laɪˈsenʃəs] *adj* licencioso/a.
lichen [ˈlaɪkən] *n* liquen *m*.
lick [lɪk] **1** *n* **(a)** lamedura *f*, lengüetada *f*; **a** ~ **of paint** una mano de pintura; **a** ~ **and a promise** (*fig fam*) una lavada a la carrera *or* de cualquier manera. **(b)** (*fam: speed*); **at full** ~ a todo gas *or* correr. **2** *vt* **(a)** lamer; **to** ~ **one's wounds** (*lit*) lamerse las heridas; (*fig*) curarse las heridas; **to** ~ **sb's boots** (*fig fam*) hacer la pelota *or* dar coba a algn; **to** ~ **sth into shape** (*fig fam*) poner algo a punto. **(b)** (*fam: defeat*) dar una paliza a.
▸ **lick up** *vt* + *adv* beber a lengüetadas.
licorice [ˈlɪkərɪs] *n* = **liquorice**.
lid [lɪd] *n* tapa *f*, tapadera *f*; **he's flipped his** ~ (*fam*) ha perdido la chaveta *(fam)*; **that puts the** ~ **on it!** (*fig*) ¡esto es el colmo *or* el acabóse!; **to take the** ~ **off sth** (*fig*) exponer algo a la luz pública.
lido [ˈliːdəʊ] *n* piscina *f*, alberca *f* pública *(Mex)*, pileta *f* pública *(Arg)*.
lie[1] [laɪ] **1** *n* mentira *f*; **it's a** ~**!** ¡es mentira!; **to tell** ~**s** mentir; **white** ~ mentira piadosa; **to give the** ~ **to** (*person*) dar el mentís a; (*report*) desmentir. **2** *vi* mentir. **3** *cpd*: ~ **detector** *n* detector *m* de mentiras.
lie[2] [laɪ] (*pt* **lay**; *pp* **lain**) **1** *vi* **(a)** (*act*) echarse, acostarse, tumbarse; (*state*) estar echado/a *or* acostado/a *or* tumbado/a; (*dead body*) yacer, reposar; **he lay where he had fallen** se quedó donde habia caído; **to** ~ **still** quedarse inmóvil; **to** ~ **in bed** estar en la cama; (*lazily*) seguir en

la cama; **to ~ low** (*fig*) mantenerse a escondidas.
(**b**) (*be situated*) estar, encontrarse, ubicarse *(LAm)*; (*remain*) quedarse; **the book lay on the table** el libro estaba sobre la mesa; **the money is lying in the bank** el dinero sigue en el banco; **the snow lay half a metre deep** había medio metro de nieve; **the snow did not ~** la nieve se derritió; **the town ~s in a valley** el pueblo está situado *or* ubicado en un valle; **the plain lay before us** la llanura se extendía delante de nosotros; **obstacles ~ in the way** hay obstáculos por delante; **where does the difficulty/difference ~?** ¿en qué consiste *or* radica la dificultad/la diferencia?; **how does the land ~?** ¿cuál es el estado actual de las cosas?; **the problem ~s in his refusal** el problema estriba en su negativa; **the fault ~s with you** la culpa es tuya.
2 *n*: **the ~ of the land** (*Geog*) la configuración del terreno; (*fig*) el estado de las cosas.
▸ **lie about, lie around** *vi + adv* (*objects*) estar tirado/a; (*person*) estar acostado/a *or* tumbado/a; **it must be lying about somewhere** debe de andar por aquí.
▸ **lie back** *vi + adv* recostarse.
▸ **lie behind** *vi + prep* (*fig*) haber detrás de; **what ~s behind his attitude?** ¿cuál es la verdadera razón de su actitud?; **I wonder what ~s behind all this** me pregunto qué hay detrás de todo esto.
▸ **lie down** *vi + adv* echarse, acostarse; **to take sth lying down** (*fig*) aguantar *or* soportar algo sin protestar.
▸ **lie in** *vi + adv* (*stay in bed*) levantarse tarde.
▸ **lie up** *vi + adv* (*be out of use*) quedar fuera de uso.
Liechtenstein [ˈlɪktənstaɪn] *n* Liechtenstein *m*.
lie-down [ˌlaɪˈdaʊn] *n* descanso *m*, siesta *f*.
lie-in [ˌlaɪˈɪn] *n*: **to have a ~** levantarse tarde.
lien [lɪən] *n* derecho *m* de retención (*on* de); **banker's ~** gravamen *m* bancario.
lieu [luː] *n*: **in ~ of** en lugar de.
Lieut. *abbr of* **Lieutenant** Tte.
lieutenant [lefˈtenənt] **1** *n* (*Mil*) teniente *m*; (*Naut*) alférez *m* de navío. **2** *cpd*: **~ colonel** *n* teniente *m* coronel.
life [laɪf] **1** *n* (*pl* **lives**) (**a**) (*animate state*) vida *f*; **~ on earth** la vida en la tierra; **bird ~** los pájaros; **a matter of ~ and death** cosa de vida o muerte; **a danger to ~ and limb** un peligro mortal; **to risk ~ and limb** jugarse la vida; **to bring sb back to ~** resucitar *or* reanimar a algn.
(**b**) (*existence*) vida *f*, existencia *f*; **to spend one's ~ doing sth** pasar la vida haciendo algo; **during the ~ of this government** durante el mandato de este gobierno; **to begin ~ as ...** empezar la vida como ...; **the ~ of an ant** la vida de una hormiga; **to be sent to prison for ~** ser condenado a reclusión *or* cadena perpetua; **to do ~** (*fam*) cumplir una condena de reclusión perpetua; **country/city ~** la vida de la ciudad/del campo; **in early/later ~** en los años juveniles/maduras; **a quiet/hard ~** una vida tranquila/dura; **in real ~** en la vida real; **how's ~?** (*fam*) ¿qué tal?, ¿cómo te va la vida?, ¿cómo te/le va?, ¿qué hubo? *(Mex, Chi)*; **what a ~!** ¡qué vida ésta!; **to lose one's ~** perder la vida; **3 lives were lost** murieron 3; **to live the ~ of Riley** darse buena vida; **to live one's own ~** ser dueño de su propia vida; **to make a new ~ for o.s., to start a new ~** comenzar una vida nueva; **to take one's own ~** (*euph: commit suicide*) quitarse la vida, suicidarse; **you'll be taking your ~ in your hands if you climb up there** (*fam*) subir allí es jugarse la vida; **his ~ won't be worth living** más le valdría morirse; **not on your ~!** (*fam*) ¡ni hablar!, ¡nomás eso faltaba! *(LAm)*; **to see ~** ver mundo; **run for your ~!** ¡sálvese quien pueda!; **you gave me the fright of my ~!** ¡qué susto me diste!; **I can't for the ~ of me remember ...** (*fam*) por más que lo intento no puedo recordar ...; **true to ~** fiel a la realidad; **~ is not a bed of roses** la vida no es senda de rosas.
(**c**) (*liveliness*) vida *f*, animación *f*; **the ~ and soul of the party** el alma de la fiesta; **to put *or* breathe new ~ into sb/sth** infundir nueva vida a algn/algo; **to come to ~** animarse.
2 *cpd*: **~ annuity** *n* pensión *f* *or* anualidad *f* vitalicia; **~ assurance** *n* seguro *m* de vida; **~ cycle** *n* ciclo *m* vital; **~ expectancy** *n* esperanza *f* de vida; **~ force** *n* fuerza *f* vital; **~ imprisonment** *n* cadena *f* perpetua; **~ insurance** *n* = **~ assurance**; **~ jacket** *n* chaleco *m* salvavidas; **~ preserver** *n* (*Brit*) cachiporra *f*; (*US*) chaleco *m* salvavidas; **~ sentence** *n* condena *f* a perpetuidad; **~ story** *n* biografía *f*.
life-and-death [ˈlaɪfəndeθ] *adj*: **~ struggle** lucha *f* encarnizada *or* a vida o muerte.
lifebelt [ˈlaɪfbelt] *n* cinturón *m* salvavidas.
lifeblood [ˈlaɪfblʌd] *n* (*fig*) alma *f*, nervio *m*.
lifeboat [ˈlaɪfbəʊt] *n* (*from shore*) lancha *f* de socorro; (*from ship*) bote *m* salvavidas.
lifebuoy [ˈlaɪfbɔɪ] *n* boya *f* salvavidas.
lifeguard [ˈlaɪfgɑːd] *n* (*on beach*) vigilante *mf*, salvavidas *m inv*.
lifeless [ˈlaɪflɪs] *adj* sin vida, exánime; (*fig: person etc*) sin ánimos, abatido/a; (*: hair*) sin cuerpo, lacio/a.
lifelike [ˈlaɪflaɪk] *adj* natural; (*seemingly real*) que parece vivo; **her photo is so ~** la foto es el vivo retrato de ella.
lifeline [ˈlaɪflaɪn] *n* cuerda *f* de salvamento; (*fig*) cordón *m* umbilical, sustento *m*.
lifelong [ˈlaɪflɒŋ] *adj* de toda la vida.
lifer [ˈlaɪfəʳ] *n* (*fam*) presidiario *m* de por vida, persona *f* condenada a reclusión perpetua.
life-saver [ˈlaɪfˌseɪvəʳ] *n* salvador(a) *m/f*.
life-saving [ˈlaɪfseɪvɪŋ] **1** *n* salvamento *m*. **2** *cpd* de salvamento.
life-size(d) [ˈlaɪfˈsaɪz(d)] *adj* de tamaño natural.
lifestyle [ˈlaɪfstaɪl] *n* estilo *m* de vida.
life-support [ˈlaɪfsəˌpɔːt] *adj*: **~ system** sistema *m* de respiración artificial.
lifetime [ˈlaɪftaɪm] *n* vida *f*, (*fig*) eternidad *f*, **in my ~** durante *or* en el curso de mi vida; **within my ~** mientras viva; **the chance of a ~** una oportunidad única; **it seemed a ~** pareció una eternidad.
LIFO [ˈlaɪfəʊ] *abbr of* **last in, first out** UEPS.
lift [lɪft] **1** *n* (**a**) (*Brit: elevator*) ascensor *m*, elevador *m* *(LAm)*.
(**b**) (*esp Brit: in car*) viaje *m* gratuito, aventón *m* *(LAm)*; (*Aer*) empuje *m*; (*fig: moral boost*) ánimos *mpl*; **to hitch a ~** (*fam*) hacer autostop, pedir aventón *(LAm)*; **to give sb a ~** llevar a algn en coche, dar aventón a algn *(LAm)*.
2 *vt* (**a**) (*thing, person*) levantar, subir *(LAm)*; (*pick up: child*) coger *(Sp)*, agarrar *(LAm)*; **to ~ sb over sth** levantar a algn por encima de algo; **to ~ one's head/voice** levantar *or* alzar la cabeza/la voz; **she never ~s a finger to help** no mueve un dedo para ayudar.
(**b**) (*fig: restrictions, ban*) levantar.
(**c**) (*fam: steal: idea, quotation*) plagiar.
3 *vi* levantarse, alzarse *(LAm)*; (*mist etc*) disiparse.
4 *cpd*: **~ attendant** *n* ascensorista *mf*; **~ shaft** *n* caja *f* *or* hueco *m* del ascensor.
▸ **lift down** *vt + adv* bajar.
▸ **lift off 1** *vt + adv* levantar, quitar. **2** *vi + adv* despegar.
▸ **lift out** *vt + adv* sacar.
▸ **lift up** *vt + adv* levantar.
liftoff [ˈlɪftɒf] *n* despegue *m*.
ligament [ˈlɪgəmənt] *n* ligamento *m*.
ligature [ˈlɪgətʃəʳ] *n* (*Med, Mus*) ligadura *f*; (*Typ*) ligado *m*.
light[1] [laɪt] (*vb: pt, pp* **lit** *or* **~ed**) **1** *n* (**a**) (*in general*) luz *f*; **electric ~** luz eléctrica; **at first ~** al rayar el día; **by the ~ of the moon** a la luz de la luna; **in the cold ~ of day** (*lit, fig*) a la luz del día; **you're (standing) in my ~** me quitas la luz; **to hold sth up to *or* against the ~** acercar algo a la luz, mirar algo a trasluz.
(**b**) (*fig*) **in the ~ of** a la luz de; **to bring/come to ~** sacar/salir a luz; **to cast *or* shed *or* throw ~ on** arrojar

luz sobre; **to look at/reveal sth/sb in a new ~** ver/dejar ver a algo/algn bajo otro aspecto; **to see the ~** (*Rel*) convertirse; (*fig*) caer en la *or* darse cuenta; **there is ~ at the end of the tunnel** se empieza a ver un rayo de esperanza.

(**c**) (*lamp*) luz *f*, lámpara *f*; (*Aut*) faro *m*, foco *m* (*LAm*); **to turn the ~ on/off** encender/apagar la luz; **what time is ~s out?** ¿a qué hora se apagan las luces?; **I went out like a ~** (*fam*) me quedé dormido en seguida; **rear** *or* **tail ~s** pilotos *mpl*, luces traseras, calaveras *fpl* (*Mex*); **the (traffic) ~s were at** *or* **on red** el semáforo estába en rojo; **to get the green ~ from sb** recibir luz verde de algn; **leading ~** (*fig*) figura *f* principal.

(**d**) (*flame*) fuego *m*, lumbre *f*; **have you a ~?** (*for cigarette*) ¿tienes fuego *or* (*LAm*) lumbre?; **to put a ~ to sth, to set ~ to sth** prender fuego a algo.

2 *adj* (*comp* **~er**; *superl* **~est**) (**a**) (*bright*) claro/a, bien iluminado/a; (*illuminated*) bañado/a de luz.

(**b**) (*colour*) claro/a; (*hair*) rubio/a, güero/a (*CAm, Mex*); (*skin*) blanco/a.

3 *vt* (**a**) (*illuminate*) iluminar, alumbrar.

(**b**) (*cigarette*) encender; (*fire etc*) prender fuego a.

4 *vi* (*ignite*) encenderse, prenderse (*LAm*).

5 *cpd*: **~ bulb** *n* bombilla *f*, foco *m* (*LAm*), bombillo *m* (*LAm*); **~ meter** *n* (*Phot*) fotómetro *m*; **~ pen** *n* lápiz *m* óptico, fotoestilo *m*; **~ year** *n* año *m* luz.

▸ **light up 1** *vi + adv* (**a**) (*gen*) iluminarse, alumbrarse; **her face lit up** se iluminó su cara. (**b**) (*fam: smoke*) encender un cigarrillo. **2** *vt + adv* iluminar, alumbrar.

light[2] [laɪt] **1** *adj* (*comp* **~er**; *superl* **~est**) (*gen*) ligero/a, liviano/a (*LAm*); (*rain, breeze*) leve; **~ ale** cerveza *f* clara; **~ opera** opereta *f*; **~ reading** lectura *f* amena; **a ~ sleeper** una persona de sueño ligero; **as ~ as a feather** (tan) ligero como una pluma; **to be ~ on one's feet** ser ligero de pies; **with a ~ heart** con alegría; **to make ~ work of sth** hacer algo con facilidad; **to make ~ of sth** (*fig*) hacer poco caso de algo. **2** *adv*: **to travel ~** viajar con poco equipaje.

light-emitting [ˈlaɪtɪˌmɪtɪŋ] *adj*: **~ diode** diodo *m* luminoso.

lighten[1] [ˈlaɪtn] **1** *vt* iluminar, alumbrar. **2** *vi* clarear.

lighten[2] [ˈlaɪtn] *vt* (*load*) aligerar; (*fig: make cheerful: heart, atmosphere*) aliviar.

lighter [ˈlaɪtəʳ] **1** *n* (*also* **cigarette ~**) encendedor *m*, mechero *m*. **2** *cpd*: **~ fuel** *n* gas *m* de encendedor.

light-fingered [ˈlaɪtˈfɪŋgəd] *adj* largo/a de manos.

light-haired [ˈlaɪtˈhɛəd] *adj* rubio/a, güero/a (*CAm, Mex*).

light-headed [ˈlaɪtˈhedɪd] *adj* (*by temperament*) despistado/a, ligero/a de cascos; (*dizzy*) mareado/a; (*with fever*) delirante; (*with excitement*) exaltado/a; **wine makes me ~** el vino me sube a la cabeza.

light-hearted [ˈlaɪtˈhɑːtɪd] *adj* alegre.

lighthouse [ˈlaɪthaʊs] *n* (*pl* **-houses** [-haʊzɪz]) faro *m*.

lighting [ˈlaɪtɪŋ] **1** *n* (*act*) iluminación *f*; (*system*) alumbrado *m*. **2** *cpd*: **~ fixtures** *npl* guarniciones *fpl* de alumbrado.

lighting-up [ˈlaɪtɪŋˈʌp] *cpd*: **~ time** *n* hora *f* de encender los faros.

lightly [ˈlaɪtlɪ] *adv* ligeramente; **to get off ~** escapar casi indemne; **to speak ~ of dangers** despreciar los peligros.

lightness [ˈlaɪtnɪs] *n* (**a**) (*brightness: of room*) luminosidad *f*, claridad *f*; (*: of colour*) claridad. (**b**) (*in weight etc*) ligereza *f*, liviandad *f*.

lightning [ˈlaɪtnɪŋ] **1** *n* (*flash*) relámpago *m*; (*stroke*) rayo *m*; **as quick as** *or* **like (greased) ~** (*fam*) como un rayo. **2** *cpd*: **~ attack** *n* ataque *m* relámpago; **~ conductor, ~ rod** *n* pararrayos *m inv*; **~ strike** *n* huelga *f* relámpago.

lightweight [ˈlaɪtweɪt] *adj* (*gen*) ligero/a, liviano/a; (*Boxing*) de peso ligero.

like[1] [laɪk] **1** *adj* (*resembling*) parecido/a, semejante; **in ~ cases** en casos parecidos; **rabbits, mice and ~ creatures** conejos, ratones y otras criaturas parecidas; **they are as ~ as two peas (in a pod)** se parecen como dos gotas de agua.

2 *prep* (**a**) (*similar to*) como, igual que; (*in comparisons*) como; **to be ~ sb/sth** ser parecido a algn/algo; **they are very ~ each other** son muy parecidos; **a house ~ mine** una casa como la mía; **people ~ that** esa clase *or* ese tipo de gente; **what's he ~?** ¿cómo es (él)?; **what's the weather ~?** ¿qué tiempo hace?; **this portrait is not ~ him** en este retrato no parece él; **he thinks ~ us** piensa como nosotros; **~ a man** como un hombre; **she behaved ~ an idiot** se comportó como una idiota; **it's not ~ him to do that** no es propio de él hacer eso; **I never saw anything ~ it** no he visto nunca nada igual, nunca he visto cosa igual; **just ~ anybody else** igual que cualquier otro; **that's more ~ it** (*fam*) así se hace, así está mejor; **that's nothing ~ it** no se parece en nada; **something ~ that** algo así *or* por el estilo; **there's nothing ~ a good holiday** no hay nada como unas buenas vacaciones; **it happened ~ this ...** pasó así ...; **~ father ~ son** de tal palo tal astilla; **we ran ~ mad** (*fam*) corrimos como locos; **I don't feel ~ doing it** no tengo ganas de hacerlo; **I feel ~ a drink** me apetece *or* (*LAm*) se me antoja una copa; **it looks ~ a diamond** parece un diamante; *see* **feel 3(c)**; **look 2(c)** *etc*.

(**b**) (*such as*) como.

3 *adv*: **it's nothing ~ as hot as it was yesterday** comparado con ayer, hoy no hace nada de calor; **as ~ as not** probablemente.

4 *conj*: **~ we used to (do)** como (antes) hacíamos; **it's just ~ I say** es como yo lo digo; **he felt ~ he'd won the pools** estaba como si hubiera ganado el premio gordo.

5 *n*: **did you ever see the ~ (of it)?** ¿has visto cosa igual?; **the ~ of which I never saw** nunca he visto una igual; **sparrows, blackbirds and the ~** gorriones, mirlos y otros por el estilo; **the ~s of him** (*fam pej*) esa clase de personas.

like[2] [laɪk] **1** *vt* (**a**) (*person, thing*) gustarle; (*close friends*) querer, tener cariño a; **they ~ each other** se gustan; (*friends*) se caen bien; **he is well ~d here** aquí se le quiere mucho; **I ~/he ~s (doing) sth** me/le gusta (hacer) algo; **we ~ walking** nos gusta andar *or* (*LAm*) caminar; **well, I ~ that!** (*hum, fam*) ¡muy bonito! (**b**) (*want*) querer, gustarle; **I should ~ more time** me gustaría tener más tiempo; **I should ~ to know why** quisiera saber por qué; **would you ~ me to wait?** ¿quiere que espere?; **I didn't ~ to (do sth)** no quise (hacer algo); (*fig: was embarrassed*) me daba vergüenza (hacer algo); **as you ~** como quieras; **if you ~** si quieres; **whenever you ~** cuando quieras; **whether he ~s it or not** quiera o no quiera.

2 *n*: **~s** gustos *mpl*, simpatías *fpl*; **~s and dislikes** preferencias *fpl*.

-like [laɪk] *adj suf* parecido/a a, como.

likeable [ˈlaɪkəbl] *adj* simpático/a, agradable.

likelihood [ˈlaɪklɪhʊd] *n* probabilidad *f*; **in all ~** con toda probabilidad; **there is no ~ of that** es poco probable; **there is little ~ that he'll come** es poco probable que venga.

likely [ˈlaɪklɪ] **1** *adj* (*comp* **-ier**; *superl* **-iest**) (**a**) (*probable*) probable; (*believable*) verosímil; **a ~ explanation** (*lit, hum*) una explicación razonable; **the ~ outcome** el resultado más probable; **a ~ story!** (*hum*) ¡puro cuento!; **it's ~ that I'll be late** es probable que llegue tarde.

(**b**) (*liable*) **to be ~ to** ser propenso a; **an incident ~ to cause trouble** un incidente que pudiera dar lugar a disturbios; **he is not ~ to come** es poco probable que venga.

2 *adv* probablemente; **most** *or* **very ~ they've lost it** probablemente lo han perdido; **not ~!** (*fam*) ¡ni hablar!, lo dudo mucho.

like-minded [ˈlaɪkˈmaɪndɪd] *adj* de la misma opinión.

liken [ˈlaɪkən] *vt* comparar (*to* con).

likeness ['laɪknɪs] *n* (*similarity*) semejanza *f*, parecido *m*; (*portrait*) retrato *m*; **family** ~ aire *m* de familia; **in the ~ of** bajo la forma de.

likewise ['laɪkwaɪz] *adv* (*also*) también, asimismo; (*the same*) lo mismo, igualmente; **to do** ~ hacer lo mismo.

liking ['laɪkɪŋ] *n* gusto *m*; (*for person*) simpatía *f*, aprecio *m* (*LAm*); (*for friends etc*) cariño *m*; (*for activity etc*) afición *f*; **to have a ~ for sth** tener afición a algo; **to have a ~ for sb** tener simpatía a algn; **to be to sb's** ~ ser del gusto de algn; **to take a ~ to sth/to doing sth** tomar gusto a algo/hacer algo; **to take a ~ to sb** tomar cariño a algn; **it's too strong for my** ~ para mí es demasiado fuerte.

lilac ['laɪlək] **1** *n* (*Bot*) lila *f*; (*colour*) color *m* de lila. **2** *adj* de color de lila.

Lilo ® ['laɪləʊ] *n* colchón *m* inflable.

lilt [lɪlt] *n* (*in voice*) deje *m*; (*in song*) ritmo *m* alegre.

lily ['lɪlɪ] *n* lirio *m*, azucena *f*; ~ **of the valley** muguete *m*, lirio de los valles.

Lima ['li:mə] *n* Lima *f*.

limb [lɪm] *n* (*Anat*) miembro *m*; (*of tree*) rama *f*; **to be/go out on a** ~ (*fig: in danger*) estar/quedar en peligro; (*: be isolated*) estar aislado/aislarse; (*: take risk*) correr el riesgo.

▸ **limber up** [,lɪmbər'ʌp] *vi* + *adv* desentumecerse.

limbo ['lɪmbəʊ] *n* (*Rel: also* **L**~) limbo *m*; **to be in** ~ (*fig*) quedar a la expectativa.

lime[1] [laɪm] *n* (*Geol*) cal *f*.

lime[2] [laɪm] *n* (*Bot: linden*) tilo *m*.

lime[3] [laɪm] *n* (*Bot: citrus fruit*) lima *f*; (*tree*) limero *m*.

limelight ['laɪmlaɪt] *n*: **to be in the** ~ (*fig*) estar en el candelero; **to hog the** ~ chupar cámara.

limerick ['lɪmərɪk] *n especie de quintilla jocosa*.

limestone ['laɪmstəʊn] *n* (piedra *f*) caliza *f*.

limey ['laɪmɪ] *n* (*US, Australia fam*) inglés/esa *m/f*.

limit ['lɪmɪt] **1** *n* (*gen*) límite *m*; (*restriction*) máximo *m*; **to be off ~s** (*US*) estar fuera de los límites; **he was 3 times over the** ~ (*Aut*) había ingerido 3 veces más de la cantidad de alcohol permitida; **to know no ~s** ser infinito, no tener límites; **there is a ~ to what one can do** cada algn tiene sus límites; **he's the ~!** (*fam*) ¡es el colmo!

2 *vt* (*see n*) limitar, poner límite a; restringir; **to ~ o.s. to a few remarks** limitarse a hacer algunas observaciones; **I ~ myself to 10 cigarettes a day** me permito tan sólo 10 cigarrillos al día.

limitation [,lɪmɪ'teɪʃən] *n* limitación *f*, restricción *f*; **he has his ~s** tiene sus puntos flacos; **there is no ~ on exports** no hay restricción de artículos exportados.

limited ['lɪmɪtɪd] *adj* limitado/a, restringido/a; ~ **edition** tirada *f* limitada; ~ **liability company** sociedad *f* de responsabilidad limitada.

limitless ['lɪmɪtlɪs] *adj* sin límite.

limo ['lɪməʊ] *n* (*US fam*) = **limousine**.

limousine ['lɪməzi:n] *n* limusina *f*.

limp[1] [lɪmp] **1** *n* cojera *f*. **2** *vi* cojear, renguear (*LAm*); **he ~ed to the door** fue cojeando a la puerta.

limp[2] [lɪmp] *adj* (*comp* ~**er**; *superl* ~**est**) fláccido/a, flojo/a; **she felt ~ all over** tenía un desmayo en todo el cuerpo.

limpet ['lɪmpɪt] *n* lapa *f*; **like a** ~ como una lapa.

limpid ['lɪmpɪd] *adj* límpido/a, cristalino/a.

linchpin ['lɪntʃpɪn] *n* (*lit*) pezonera *f*; (*fig*) eje *m*.

Lincs [lɪŋks] *abbr* (*Brit*) *of* **Lincolnshire**.

linctus ['lɪŋktəs] *n* jarabe *m* para la tos.

linden ['lɪndən] *n* = **lime**[2].

line[1] [laɪn] **1** *n* (**a**) (*gen*) línea *f*; (*drawn etc*) raya *f*; (*on face etc*) arruga *f*; (*fig: of descent*) linaje *m*; **to draw a ~ under/through sth** subrayar/tachar *or* (*LAm*) rayar algo; **to draw the ~ at sth** (*fig*) no ir más allá de algo; **to know where to draw the** ~ (*fig*) saber dónde pararse; **in the male** ~ por el lado de los varones.

(**b**) (*rope*) cuerda *f*; (*fishing* ~) sedal *m*; (*Elec: wire*) cable *m*; (*Telec: of communication*) línea *f*; **the hot** ~ el teléfono rojo; **'hold the ~ please'** 'no cuelgue Ud, por favor'; **clothes** ~ cuerda para tender la ropa.

(**c**) (*row*) línea *f*, hilera *f*, fila *f*; (*queue*) cola *f*, fila; **to be in ~ for promotion** estar bajo consideración para un ascenso; **to bring sth into ~ with sth** poner algo de acuerdo con algo; **to fall into ~ with sb** estar de acuerdo con algn; **to fall into ~ with sth** ser conforme a algo; **to stand in** ~ hacer cola; **to step out of** ~ (*fig*) pasarse de la raya; ~ **of battle** línea de batalla; ~ **of traffic** cola de coches.

(**d**) (*direction, course*) línea *f*; **in the ~ of fire** (*Mil*) en la línea de fuego; ~ **of argument** argumento *m*; ~ **of attack** (*Mil*) modo *m* de ataque; (*fig*) planteamiento *m*; **what's his ~ of business?** ¿a qué se dedica?; **in the ~ of duty** en cumplimiento de sus deberes; ~ **of interest** interés *m*; **to follow** *or* **take the ~ of least resistance** conformarse con la ley del mínimo esfuerzo; ~ **of research** campo *m* de investigación; ~ **of thought** hilo *m* del pensamiento; ~ **of vision** visual *f*; **it's not my** ~ (*fam: speciality*) no es de mi especialidad; **to take a strong** *or* **firm ~ on sth** adoptar una actitud firme sobre algo; **to take the ~ that** ... ser de la opinión que ...; **to toe** *or* **follow the party** ~ conformarse a *or* seguir la línea del partido; **something along the same ~s** algo por el estilo; **on the right ~s** por buen camino.

(**e**) (*Comm: product*): **a new/popular** ~ una línea nueva/popular; **that ~ did not sell at all** ese género resultó ser invendible.

(**f**) (*of print, verse*) renglón *m*, línea *f*; **to learn one's ~s** (*Theat*) aprenderse el papel; **to read between the ~s** (*fig*) leer entre líneas; **drop me a** ~ (*fig fam*) escríbeme.

(**g**) (*Rail: route, track*) línea *f*, vía *f*; (*shipping company*) línea; **all along the** ~ (*fig*) desde principio a fin; **somewhere along the ~ we went wrong** (*fig*) en algún punto nos hemos equivocado; **to reach** *or* **come to the end of the** ~ (*fig*) llegar al final.

(**h**) (*fig: clue*) pista *f*; **can you give me a ~ on it?** ¿me puedes dar algunas indicaciones acerca de ello?

2 *cpd*: ~ **drawing** *n* dibujo *m* lineal; ~ **editing** *n* corrección *f* por líneas; ~ **feed** *n* avance *m* de línea; ~ **printer** *n* impresora *f* de línea.

▸ **line up 1** *vt* + *adv* (**a**) (*stand in line*) poner en fila. (**b**) (*arrange*) arreglar. **2** *vi* + *adv* (*in queue*) hacer cola; (*in row*) alinearse, ponerse en fila.

line[2] [laɪn] *vt* (*clothes etc*) forrar; **streets ~d with trees** calles bordeadas de árboles; **to ~ the streets** ocupar las aceras; *see* **pocket**.

lineage ['lɪnɪɪdʒ] *n* linaje *m*.

linear ['lɪnɪə^r] *adj* (*design*) lineal; (*measure*) de longitud.

lined[1] [laɪnd] *adj* (*paper*) rayado/a; (*face*) arrugado/a.

lined[2] [laɪnd] *adj* (*clothes etc*) forrado/a.

linen ['lɪnɪn] **1** *n* (*cloth*) hilo *m*, lino *m*, lienzo *m*; (*sheets, tablecloth etc*) ropa *f* blanca; **to wash one's dirty ~ in public** (*fig*) lavar los trapos sucios en público. **2** *adj* de hilo, de lino. **3** *cpd*: ~ **basket** *n* canasta *f or* cesto *m* de la ropa.

liner ['laɪnə^r] *n* (**a**) (*ship*) transatlántico *m*, vapor *m*. (**b**) **dustbin** ~ bolsa *f* (de la basura); **nappy** ~ gasa *f*, fibra *f* absorbente (en pañales).

linesman ['laɪnzmən] *n* (*pl* **-men**) (*Sport*) juez(a) *m/f* de línea; (*Rail, Telec*) guardavía *mf*.

line-up ['laɪnʌp] *n* (*Sport*) formación *f*, alineación *f*.

linger ['lɪŋgə^r] *vi* rezagarse; (*smell, memory, tradition*) tardar en desaparecerse; **to ~ on sth** dilatarse en algo; **to ~ over doing sth** tardar *or* no darse prisa en hacer algo; **to ~ over a meal** comer despacio.

lingerie ['lænʒəri:] *n* ropa *f* interior *or* íntima de mujer.

lingering ['lɪŋgərɪŋ] *adj* (*smell, doubt*) persistente; (*look*) fijo/a; (*death*) lento/a.

lingo ['lɪŋgəʊ] *n* (*fam*) jerga *f*.

linguist ['lɪŋgwɪst] *n* (**a**) (*speaker of languages*) políglota *mf*; **I'm no** ~ no puedo con los idiomas; **the company**

needs more ~s la compañía necesita más gente que sepa idiomas. (**b**) (*specialist in linguistics*) lingüista *mf*.
linguistic [lɪŋˈgwɪstɪk] **1** *adj* lingüístico/a. **2** *nsg*: **~s** lingüística *f*.
lining [ˈlaɪnɪŋ] *n* (*of clothes etc*) forro *m*; (*Tech*) revestimiento *m*; (*of brake*) guarnición *f*.
link [lɪŋk] **1** *n* (*of chain*) eslabón *m*; (*fig: connection*) vínculo *m*, vinculación *f*; **a new rail ~ for El Toboso** un nuevo enlace ferroviario para El Toboso; **~s of friendship** lazos *mpl* de amistad; **cultural ~s** relaciones *fpl* culturales; **missing ~** eslabón perdido. **2** *vt* unir, conectar; (*fig*) unir, vincular; **to ~ arms** tomarse del brazo; **the two companies are now ~ed** ahora están unidas las dos compañías.
► **link up** *vi + adv* (*people*) unirse; (*spaceships etc*) acoplarse; (*railway lines, roads*) empalmar; (*fig*) vincularse.
linked [lɪŋkt] *adj* (*problems etc*) relacionado/a, vinculado/a.
linkman [ˈlɪŋkmæn] *n* (*pl* **-men**) (*Rad, TV*) locutor *m* de continuidad.
links [lɪŋks] *npl* (**a**) (*golf ~*) campo *msg or (LAm)* cancha *fsg* de golf. (**b**) (*cuff ~*) gemelos *mpl*, mancuernas *fpl (CAm, Mex)*.
linkup [ˈlɪŋkʌp] *n* (*meeting*) encuentro *m*, reunión *f*; (*roads etc*) empalme *m*; (*of spaceships*) acoplamiento *m*; (*Rad, TV*) enlace *m*.
lino [ˈlaɪnəʊ], **linoleum** [lɪˈnəʊlɪəm] *n* linóleo *m*.
linseed [ˈlɪnsi:d] *n* linaza *f*.
lint [lɪnt] *n* hilas *fpl*.
lintel [ˈlɪntl] *n* dintel *m*.
lion [ˈlaɪən] *n* león *m*; **the ~'s share** (*fig*) la parte del león, la major parte.
lioness [ˈlaɪənɪs] *n* leona *f*.
lip [lɪp] **1** *n* (*Anat*) labio *m*; (*of jug etc*) pico *m*; (*fam: insolence*) impertinencia *f*; **my ~s are sealed** soy como una esfinge; **to bite one's ~** (*fig*) morderse el labio; **to read sb's ~s** leer en los labios de algn. **2** *cpd*: **~ gloss** *n* brillo *m* de labios; **~ salve** *n* (*Brit*) manteca *f* de cacao, crema *f* protectora para labios; **~ service** *n*: **to pay ~ service to an idea** *etc* alabar un ideal *etc* de boquilla; **he's just paying ~ service** es puro jarabe de pico *or (Mex)* pura guasa.
liposuction [ˈlɪpəʊˌsʌkʃən] *n* liposucción *f*.
lip-read [ˈlɪpri:d] *vt, vi* leer en los labios.
lip-reading [ˈlɪpˌri:dɪŋ] *n* lectura *f* de labios.
lipstick [ˈlɪpstɪk] *n* lápiz *m* de labios.
liquefy [ˈlɪkwɪfaɪ] **1** *vt* licuar. **2** *vi* licuarse.
liqueur [lɪˈkjʊəʳ] *n* licor *m*.
liquid [ˈlɪkwɪd] **1** *adj* líquido/a; **~ assets** (*Fin*) activo *m* líquido; **~ crystal display** visualizador *m* de cristal líquido; **L~ Paper** Tipp-Ex ® *m*. **2** *n* líquido *m*.
liquidate [ˈlɪkwɪdeɪt] *vt* (*Fin*) liquidar.
liquidation [ˌlɪkwɪˈdeɪʃən] *n* liquidación *f*; **to go into ~** entrar en liquidación.
liquidator [ˈlɪkwɪdeɪtəʳ] *n* liquidador(a) *m/f*.
liquidity [lɪˈkwɪdɪtɪ] *n* (*Fin*) liquidez *f*.
liquidize [ˈlɪkwɪdaɪz] *vt* (*Culin*) licuar.
liquidizer [ˈlɪkwɪdaɪzəʳ] *n* (*Culin*) licuadora *f*.
liquor [ˈlɪkəʳ] **1** *n* (*Brit: frm*) licores *mpl*; (*US*) alcohol *m*. **2** *cpd*: **~ store** *n* (*US*) bodega *f*, tienda *f* de bebidas alcohólicas.
liquorice [ˈlɪkərɪs] *n* regaliz *m*.
Lisbon [ˈlɪzbən] *n* Lisboa *f*.
lisp [lɪsp] **1** *n* ceceo *m*. **2** *vi* cecear.
lissom [ˈlɪsəm] *adj* ágil.
list[1] [lɪst] **1** *n* (*gen*) lista *f*; (*catalogue*) catálogo *m*; **price/waiting ~** lista de precios/espera. **2** *vt* (*include in ~*) poner en una lista; (*enumerate*) hacer una lista de; (*Fin*) cotizar (*at* a); (*Comput*) listar; **it is not ~ed** no aparece en la lista. **3** *cpd*: **~ price** *n* precio *m* de catálogo; **~ renting** *n* alquiler *m* de listas de posibles clientes.
list[2] [lɪst] **1** *n* (*Naut*) escora *f*. **2** *vi* (*Naut*) escorar.
listed [ˈlɪstɪd] *adj*: **~ building** (*Brit*) edificio *m* protegido; **~ company** compañía *f* cotizable.
listen [ˈlɪsn] *vi* (*gen*) escuchar, oír; (*heed*) atender, prestar atención a; **~!** ¡escucha!, ¡oiga!; **he wouldn't ~** no quiso escuchar; **to ~ (out) for sth** estar atento esperando oír algo; **to ~ in on a conversation** escuchar una conversación a hurtadillas; **to ~ to reason** atender razones.
listener [ˈlɪsnəʳ] *n* (*gen*) oyente *mf*; (*Rad*) radioescucha *mf*; **to be a good ~** saber escuchar.
listening [ˈlɪsnɪŋ] *cpd*: **~ comprehension test** *n* ejercicio *m* de comprensión auditiva; **~ device** *n* aparato *m* auditivo.
listeria [lɪsˈti:ərɪə] *n* listeria *f*.
listing [ˈlɪstɪŋ] *n* (**a**) (*gen, Comput*) listado *m*. (**b**) (*Comm*) **they have a ~ on the Stock Exchange** cotizan en la Bolsa. (**c**) **~s** guía *fsg* del ocio.
listless [ˈlɪstlɪs] *adj* apático/a, indiferente.
lists [lɪsts] *npl*: **to enter the ~ (against sth/sb)** (*fig*) salir *or* saltar a la palestra (contra algo/algn).
Lit. [lɪt] *n abbr of* **literature**.
lit [lɪt] *pt, pp of* **light**[1].
litany [ˈlɪtənɪ] *n* letanía *f*.
liter [ˈli:təʳ] *n* (*US*) = **litre**.
literacy [ˈlɪtərəsɪ] **1** *n* capacidad *f* de leer y escribir. **2** *cpd*: **~ campaign** *n* campaña *f* de alfabetización; **~ test** *n* prueba *f* de saber leer y escribir.
literal [ˈlɪtərəl] *adj* literal.
literally [ˈlɪtərəlɪ] *adv* (*in a literal way*) literalmente; **it was ~ impossible to work there** era verdadamente imposible trabajar allí.
literary [ˈlɪtərərɪ] *adj* literario/a.
literate [ˈlɪtərɪt] *adj* que sabe leer y escribir; **highly ~** culto.
literature [ˈlɪtərɪtʃəʳ] *n* (*writings*) literatura *f*; (*fam: brochures etc*) información *f*, publicidad *f*.
lithe [laɪð] *adj* ágil.
lithium [ˈlɪθɪəm] *n* litio *m*.
lithograph [ˈlɪθəʊgrɑ:f] *n* (*also* **litho**) litografía *f*.
lithography [lɪˈθɒgrəfɪ] *n* litografía *f*.
Lithuania [ˌlɪθjʊˈeɪnɪə] *n* Lituania *f*.
Lithuanian [ˌlɪθjʊˈeɪnɪən] **1** *adj* lituano/a. **2** *n* lituano/a *m/f*; (*Ling*) lituano *m*.
litigation [ˌlɪtɪˈgeɪʃən] *n* litigio *m*, pleito *m*.
litmus [ˈlɪtməs] *cpd*: **~ paper** *n* papel *m* de tornasol; **~ test** *n* prueba *f* de tornasol.
litre, (*US*) **liter** [ˈli:təʳ] *n* litro *m*.
litter [ˈlɪtəʳ] **1** *n* (**a**) (*rubbish*) basura *f*; (*papers etc*) papeles *mpl* (tirados); (*untidiness*) desorden *m*; **'No ~', 'Take your ~ home'** 'No tirar basura'.
(**b**) (*Zool*) camada *f*, cría *f*.
2 *vt* (*subj: person*) tirar *or (LAm)* botar papeles; (*: books, rubbish*) desparramarse por, quedar tirado/a por, andar rodando por; **a room ~ed with books** un cuarto con libros por todas partes; **a pavement ~ed with papers** una acera sembrada de desperdicios.
3 *cpd*: **~ basket, ~ bin** *n* papelera *f*; **~ lout** *n persona que tira papeles usados en la vía pública*.
litterbug [ˈlɪtəbʌg] *n* (*US*) = **litter lout**.
little[1] [ˈlɪtl] *adj* (**a**) (*small*) pequeño/a, chico/a *(LAm)*; **a ~ house** una casa pequeña *or* chica; **a ~ girl** una chiquita; **~ finger** (dedo *m*) meñique *m*. (**b**) (*short*) corto/a; **a ~ walk** un paseo corto. (**c**) (*diminutive: in cpds*) -ito/a; **a ~ book/boat/piece** *etc* un librito/barquito/trocito *etc*.
little[2] [ˈlɪtl] (*comp* **less**; *superl* **least**) **1** *adj, pron* (*not much*) poco; **~ by ~** poco a poco; **he only speaks a ~ Spanish** habla poco español; **he had ~ to say** poco fue lo que tenía que decir; **there's very ~ left** queda muy poco; **a ~ more/less than ...** un poco más/menos que ...; **a ~ wine** un poco de vino; **with ~ difficulty** sin problema *or* dificultad; **to see/do ~** ver/hacer poco; **~ or nothing** poco o nada; **that has ~ to do with it!** ¡eso tiene poco que

ver!; **as ~ as £5** 5 libras, nada más; **to make ~ of sth** (*fail to understand*) sacar poco provecho de algo; (*belittle*) hacer poco caso de algo.

2 *adv* (*not very*) poco; (*somewhat*) algo; **we were a ~ surprised/happier** nos quedamos algo sorprendidos/más contentos; **a ~ known fact** un hecho poco conocido; **as ~ as possible** lo menos posible; **give me a ~** dame un poco; **~ more than** poco más que; **~ does he know** *or* **he ~ knows that ...** no tiene la menor idea de que ....

liturgy [ˈlɪtədʒɪ] *n* liturgia *f*.

livable [ˈlɪvəbl] *adj* (*house*) habitable; (*life*) llevadero/a, agradable.

live[1] [lɪv] **1** *vi* (**a**) (*exist*) vivir; (*survive*) sobrevivir; **he hasn't long to ~** le queda poco para vivir; **as long as I ~** mientras viva; **I'm living for the day when ...** vivo en espera del día en que ...; **to ~ from day to day** vivir al día; **to ~ like a king** vivir a cuerpo de rey; **you ~ and learn** vivir para ver; **to ~ and let ~** vivir y dejar vivir; **long ~ the King!** ¡viva el rey!; **they all ~d happily ever after** todos comieron perdices y fueron felices.

(**b**) (*reside*) vivir; (*: in house etc*) ocupar; **to ~ in London** vivir en Londres.

2 *vt*: **to ~ a happy life/a life of hardship** llevar *or* tener una vida feliz/llena de apuros; **to ~ the part** (*Theat, fig*) identificarse con un personaje.

► **live down** *vt + adv* (*disgrace*) conseguir que se olvide, borrar de su pasado.

► **live in 1** *vi + adv* ser interno/a. **2** *vi + prep*: **a house not fit to be ~d in** una casa no habitable.

► **live off** *vi + prep* vivir de; **he ~s off his uncle** vive a costa de su tío.

► **live on 1** *vi + prep* (*eat*) vivir de; (*money*) **he ~s on £50 a week** vive con 50 libras por semana. **2** *vi + adv* seguir viviendo.

► **live out 1** *vi + adv* ser externo/a. **2** *vt + adv* (*one's days/life*) acabar.

► **live through** *vi + prep*: **to ~ through an experience** vivir una experiencia.

► **live together** *vi + adv* (*in amity*) convivir; (*as lovers*) vivir juntos, vivir liados.

► **live up** *vt + adv*: **to ~ it up** (*fam*) pasárselo en grande.

► **live up to** *vi + prep* (*promises*) cumplir con; (*expectations, reputation*) estar a la altura de; (*principles*) vivir de acuerdo con; **this will give him sth to ~ up to** esto le dará una meta que seguir.

► **live with** *vi + prep* (*person, memory*) vivir con; **to ~ with the knowledge that ...** vivir sabiendo que ...; **you'll learn to ~ with it** aprenderás a aguantarlo.

live[2] [laɪv] *adj* (**a**) (*animal*) vivo/a; (*issue*) de actualidad; (*Rad, TV: broadcast*) en vivo *or* directo; **a real ~ crocodile** (*fam*) un cocodrilo de verdad *(fam)*. (**b**) (*shell, ammunition: not blank*) cargado/a; (*: unexploded*) sin explotar; (*Elec: wire*) con corriente; (*still burning: coal, cigarette*) encendido/a, prendido/a *(LAm)*; (*not spent: matches*) no usado/a; **he's a real ~ wire!** (*fig fam*) ¡qué marcha tiene!

lived-in [ˈlɪvdˌɪn] *adj* acogedor(a).

live-in [ˈlɪvˌɪn] *adj*: **~ lover** compañero/a *m/f*.

livelihood [ˈlaɪvlɪhʊd] *n* sustento *m*; **to earn a** *or* **one's ~** ganarse la vida *or* el sustento.

liveliness [ˈlaɪvlɪnɪs] *n* (*see adj*) viveza *f*; energía *f*; animación *f*.

lively [ˈlaɪvlɪ] *adj* (*comp* **-ier**; *superl* **-iest**) (*person, imagination, account etc*) vivo/a; (*campaign, effort, expression*) enérgico/a; (*conversation, argument, party*) animado/a; (*interest*) grande; (*pace*) rápido/a; (*tune*) alegre; **things are getting ~** las cosas se están poniendo animadas.

► **liven up** [ˈlaɪvnˈʌp] **1** *vt + adv* animar. **2** *vi + adv* animarse.

liver [ˈlɪvəʳ] **1** *n* (*Anat*) hígado *m*. **2** *cpd* (*pâté, sausage, etc*) de hígado; (*disease*) del hígado.

liverish [ˈlɪvərɪʃ] *adj*: **to be** *or* **feel ~** sentirse mal del hígado.

Liverpudlian [ˌlɪvəˈpʌdlɪən] **1** *adj* de Liverpool. **2** *n* nativo/a *m/f or* habitante *mf* de Liverpool.

livery [ˈlɪvərɪ] **1** *n* librea *f*. **2** *cpd*: **~ stable** *n* cuadra *f* de caballos de alquiler.

lives [laɪvz] *npl of* **life**.

livestock [ˈlaɪvstɒk] *n* ganado *m*; (*also* **~ farming**) ganadería *f*.

livid [ˈlɪvɪd] *adj* (**a**) (*angry*) furioso/a. (**b**) (*in colour*) lívido/a.

living [ˈlɪvɪŋ] **1** *adj* (*gen*) vivo/a; **~ being** ser *m* viviente; **the ~ image** el vivo retrato; **the biggest flood in ~ memory** la mayor inundación de que hay memoria; **the greatest ~ pianist** el mejor pianista contemporáneo.

2 *n* (**a**) vida *f*; **standard of ~** nivel *m* de vida; **to earn** *or* **make a ~** ganarse la vida.

(**b**) **the ~** (*people*) los vivos.

3 *cpd*: **~ conditions** *npl* condiciones *fpl* de vida; **~ expenses** *npl* gastos *mpl* de mantenimiento; **~ room** *n* sala *f* de estar, living *m (LAm)*; **~ standards** *npl* nivel *msg* de vida; **~ wage** *n* salario *m* suficiente para vivir.

lizard [ˈlɪzəd] *n* (*large*) lagarto *m*; (*small*) lagartija *f*.

ll. *abbr of* **lines**.

llama [ˈlɑːmə] *n* llama *f*.

LLB *n abbr* (*Univ*) *of* **Bachelor of Laws** Ldo/a en Dcho.

LLD *n abbr* (*Univ*) *of* **Doctor of Laws** Dra. en Dcho.

LMT *n abbr* (*US*) *of* **Local Mean Time**.

lo [ləʊ] *interj*: **~ and behold the result!** ¡he aquí el resultado!; **and ~ and behold there it was** y mira por dónde ahí estaba.

load [ləʊd] **1** *n* (**a**) (*of lorry etc: cargo*) carga *f*; (*: weight*) peso *m*; (*Elec, Tech*) carga *f*; (*quantity*) cantidad *f*; **to spread the ~** repartir la carga; (*fig*) repartir el trabajo.

(**b**) (*fig*) **that's (taken) a ~ off my mind!** ¡eso me quita un peso de encima!; **~s of, a ~ of** (*fam*) un montón de; **it's a ~ of old rubbish** (*fam*) ¡son tonterías!, ¡son puras babosadas! *(LAm)*.

2 *vt* (*gen, Comput*) cargar (*with* con, de); **he's ~ed (down) with debts/worries** (*fig*) está agobiado de deudas/preocupaciones; **the whole thing is ~ed with problems** el asunto está erizado de dificultades.

► **load up** *vt + adv* cargar (*with* de).

loaded [ˈləʊdɪd] *adj* (**a**) **a ~ question** (*fig*) una pregunta tendenciosa. (**b**) (*dice*) cargado/a; **the dice are ~ against him** (*fig*) todo está en su contra. (**c**) **to be ~** (*fam: rich*) estar forrado de dinero; (*: drunk*) estar borracho *or (LAm fam)* tomado.

loading [ˈləʊdɪŋ] **1** *n* (*Insurance*) sobreprima *f*. **2** *cpd*: **~ bay** *n* espacio *m* reservado para la carga y descarga de vehículos.

loaf[1] [ləʊf] *n* (*pl* **loaves**) (*unsliced*) pan *m* de molde; (*sliced*) pan de molde (en rebanadas); **use your ~!** (*Brit fam*) ¡despabílate!

loaf[2] [ləʊf] *vi* (*also* **~ about, ~ around**) holgazanear, flojear *(LAm)*.

loafer [ˈləʊfəʳ] *n* gandul(a) *m/f*, vago/a *m/f*.

loam [ləʊm] *n* marga *f*.

loan [ləʊn] **1** *n* (*thing lent between persons*) préstamo *m*; (*from bank etc*) empréstito *m*; **it's on ~** está prestado; **to raise a ~** (*money*) obtener *o* conseguir un préstamo; **I asked for the ~ of the book** le pedí prestado el libro. **2** *vt* prestar. **3** *cpd*: **~ account** *n* cuenta *f* de crédito; **~ agreement** *n* acuerdo *m* de crédito; **~ capital** *n* empréstito *m*; **~ shark** *n* tiburón *m*.

loath [ləʊθ] *adj*: **to be ~ to do sth** estar poco dispuesto/a *or* ser reacio/a a hacer algo.

loathe [ləʊð] *vt* (*thing, person*) aborrecer, odiar; **I ~ doing it** me repugna hacerlo.

loathing [ˈləʊðɪŋ] *n* aborrecimiento *m*, odio *m*; **it fills me with ~** me repugna.

loathsome [ˈləʊðsəm] *adj* (*thing*) asqueroso/a; (*person*) odioso/a; (*smell, disease*) repugnante.

loaves [ləʊvz] *npl of* **loaf**[1].

lob [lɒb] *vt* (*ball*) volear por alto; **to ~ sth over to sb** tirar *or* echar algo a algn.

lobby [ˈlɒbɪ] **1** *n* (**a**) (*entrance hall*) vestíbulo *m*. (**b**) (*Pol: for public*) vestíbulo *m* público, antecámara *f*; (*: division ~: for voting*) sala *f* de votantes; (*: pressure group*) grupo *m* de presión. **2** *vt*: **to ~ one's member of parliament** ejercer presiones sobre su representante. **3** *vi* ejercer presiones, cabildear; **to ~ for a reform** presionar para conseguir una reforma.

lobbying [ˈlɒbɪɪŋ] *n* cabildeo *m*.

lobe [ləʊb] *n* lóbulo *m*.

lobotomy [ləʊˈbɒtəmɪ] *n* lobotomía *f*.

lobster [ˈlɒbstəʳ] **1** *n* langosta *f*. **2** *cpd*: **~ pot** *n* nasa *f*, langostera *f*.

local [ˈləʊkəl] **1** *adj* (*resident, shop*) local, del pueblo; (*wine, speciality*) de la región *or* zona; (*Telec: call*) local; (*radio station*) comarcal, regional; (*road*) vecinal; **~ anaesthetic** (*Med*) anestésia *f* local; **~ authority** municipio *m*, ayuntamiento *m*; **~ education/health** *etc* **authority** departamento *m or* secretaría *f* municipal de educación/sanidad *etc*; **~ government** (*council etc*) gobierno *m* municipal; (*principle*) autonomía *f*; **~ time** hora *f* local; **to drink the ~ wine** beber el vino del país.
2 *n* (*fam*) (**a**) (*person*) **the ~s** los vecinos *mpl*.
(**b**) (*Brit: pub*) el bar del pueblo.

locale [ləʊˈkɑːl] *n* (*place*) lugar *m*; (*scene*) escenario *m*.

locality [ləʊˈkælɪtɪ] *n* localidad *f*.

localize [ˈləʊkəlaɪz] *vt* localizar.

locally [ˈləʊkəlɪ] *adv* (*nearby*) en las cercanías; (*in the locality*) en la localidad; (*here and there*) en ciertas localidades; **houses are dear ~** por aquí las casas cuestan bastante.

locate [ləʊˈkeɪt] *vt* (*place*) situar, ubicar (*esp LAm*); (*find*) localizar; **we ~d it eventually** por fin lo encontramos.

location [ləʊˈkeɪʃən] *n* (**a**) (*place*) lugar *m*, situación *f*; (*placing*) ubicación *f*; (*of person*) paradero *m*. (**b**) (*Cine*) exteriores *mpl*; **to be on ~ in Mexico** estar rodando en México; **to film on ~** filmar en exteriores.

loch [lɒx] *n* (*Scot*) lago *m*.

lock[1] [lɒk] *n* (*of hair*) mecha *f*, mechón *m*; **~s** (*poet*) cabellos *mpl*.

lock[2] [lɒk] **1** *n* (**a**) (*on door, box etc*) cerradura *f*, chapa *f* (*LAm*); (*Aut: on steering wheel*) tope *m*, retén *m*; (*bolt*) cerrojo *m*; (*also* **pad~**) candado *m*; **under ~ and key** bajo siete llaves; **~, stock, and barrel** (*fig*) con todo incluido.
(**b**) (*on canal*) esclusa *f*.
(**c**) (*Aut: steering ~*) ángulo *m* de giro.
2 *vt* (*door etc*) cerrar con llave *or* cerrojo *or* candado; (*Tech*) trabar; **to ~ sth/sb in a place** encerrar algo/a algn en un lugar; **they were ~ed in each other's arms** estaban unidos en un abrazo; **~ed in combat** luchando encarnizadamente.
3 *vi* (*door etc*) cerrarse (con llave *etc*); (*wheel etc*) trabarse.

▸ **lock away**[2] *vt + adv* (*gen*) guardar bajo llave; (*criminal, mental patient*) encerrar.

▸ **lock in**[2] *vt + adv* dejar encerrado/a dentro.

▸ **lock out**[2] *vt + adv* cerrar la puerta a, dejar fuera con la puerta cerrada; **to find o.s. ~ed out** estar fuera sin llave para abrir la puerta.

▸ **lock up**[2] **1** *vt + adv* (*object*) dejar bajo llave; (*house*) cerrar; (*criminal*) encarcelar; (*funds*) inmovilizar. **2** *vi + adv* echar la llave.

locker [ˈlɒkəʳ] **1** *n* cajón *m* con llave. **2** *cpd*: **~ room** *n* vestuario *m*.

locket [ˈlɒkɪt] *n* relicario *m*, guardapelo *m*.

lockjaw [ˈlɒkdʒɔː] *n* trismo *m*.

lockout [ˈlɒkaʊt] *n* cierre *m* patronal, lock-out *m*.

locksmith [ˈlɒksmɪθ] *n* cerrajero/a *m/f*.

lock-up [ˈlɒkʌp] **1** *n* (*prison*) cárcel *m*, jaula *f*; (*also* **~ garage**) jaula, cochera *f*; (*Brit: shop*) tienda *f* sin tras-tienda. **2** *cpd*: **~ stall** *n* (*US*) jaula *f*, cochera *f*.

locomotion [ˌləʊkəˈməʊʃən] *n* locomoción *f*.

locomotive [ˌləʊkəˈməʊtɪv] *n* (*Rail*) locomotora *f*, máquina *f*.

locum [ˈləʊkəm] *n* (*also* **~ tenens**: *Brit frm*) interino/a *m/f*.

locust [ˈləʊkəst] *n* langosta *f*.

lodge [lɒdʒ] **1** *n* (*at gate of park*) casa *f* del guarda; (*of porter*) portería *f*; (*Freemasonry*) logia *f*; (*hunting*) pabellón *m* (de caza). **2** *vt* (*person*) alojar, hospedar; (*object*) colocar, meter; (*complaint*) presentar; (*statement*) prestar; (*Jur: appeal*) interponer. **3** *vi* (*reside*) alojarse *or* hospedarse (*with* con, en casa de); (*object: get stuck*) alojarse, meterse; **the bullet ~d in the lung** la bala se alojó en el pulmón.

lodger [ˈlɒdʒəʳ] *n* huésped(a) *m/f*.

lodging [ˈlɒdʒɪŋ] **1** *n* hospedaje *m*; alojamiento *m*; **~s** alojamiento *msg*; **to look for ~s** buscar alojamiento. **2** *cpd*: **~ house** *n* pensión *f*, casa *f* de huéspedes.

loft [lɒft] *n* (*attic*) desván *m*; (*hay-~*) pajar *m*.

lofty [ˈlɒftɪ] *adj* (*comp* **-ier**; *superl* **-iest**) (*fig: high-flown*) elevado/a, noble; (*poet: high*) alto/a.

log[1] [lɒg] **1** *n* (**a**) tronco *m*, leño *m*; *see* **sleep 3**. (**b**) = **logbook**. **2** *vt* (**a**) (*Naut, Aer*) anotar, apuntar. (**b**) (*Aut: also* **~ up**: *distance*) recorrer; **we ~ged 50 kilometres that day** ese día recorrimos *or* cubrimos 50 kilómetros. **3** *cpd*: **~ cabin** *n* cabaña *f* de troncos; **~ fire** *n* fuego *m* de leña.

▸ **log in** *vi + adv* (*Comput*) entrar al sistema, acceder.

▸ **log off** *vi + adv* = **log out**.

▸ **log on** *vi + adv* = **log in**.

▸ **log out** *vi + adv* (*Comput*) salir del sistema, terminar de operar.

log[2] [lɒg] **1** *n abbr of* **logarithm** log. **2** *cpd*: **~ tables** *npl* tablas *fpl* de logaritmos.

loganberry [ˈləʊgənbərɪ] *n* (*fruit*) frambuesa *f* norteamericana; (*bush*) frambueso *m* norteamericano.

logarithm [ˈlɒgərɪθəm] *n* logaritmo *m*.

logbook [ˈlɒgbʊk] *n* (*Naut*) cuaderno *m* de bitácora, libro *m* de navegación; (*Aer*) diario *m* de vuelo; (*Aut*) diario.

loggerheads [ˈlɒgəhedz] *npl*: **to be at ~ with sb** estar picado/a con algn.

logic [ˈlɒdʒɪk] *n* lógica *f*.

logical [ˈlɒdʒɪkəl] *adj* lógico/a.

logistics [lɒˈdʒɪstɪks] *nsg* logística *f*.

logo [ˈləʊgəʊ] *n* logo *m*, logotipo *m*.

log-off [ˈlɒgˈɒf] *n* (*Comput*) salida *f* del sistema.

log-on [ˈlɒgˈɒn] *n* (*Comput*) entrada *f* al sistema.

loin [lɔɪn] **1** *n* (*of meat*) lomo *m*; **~s** (*Anat, frm*) lomos. **2** *cpd*: **~ chop** *n* (*Culin*) chuleta *f* de lomo.

loincloth [ˈlɔɪnklɒθ] *n* taparrabo *m*.

loiter [ˈlɔɪtəʳ] *vi* (*idle*) perder el tiempo; (*lag behind*) rezagarse; (*on the way*) entretenerse; **to ~ (with intent)** (*Jur*) merodear con intenciones criminales.

loll [lɒl] *vi*: **to ~ about** *or* **around** repantigarse; **to ~ against, ~ back on** recostarse en; **his tongue was ~ing out** le colgaba la lengua.

lollipop [ˈlɒlɪpɒp] **1** *n* pirulí *m*, chupete *m* (*LAm*); (*iced*) polo *m*, paleta *f* (*LAm*). **2** *cpd*: **~ lady/man** *n* (*Brit fam*) *persona encargada de ayudar a los niños a cruzar la calle*.

lolly [ˈlɒlɪ] *n* (**a**) = **lollipop**. (**b**) (*Brit: fam: money*) pasta *f* (*fam*), lana *f* (*LAm fam*).

Lombardy [ˈlɒmbədɪ] **1** *n* Lombardía *f*. **2** *cpd*: **~ poplar** *n* chopo *m* lombardo.

London [ˈlʌndən] *n* Londres *m*.

Londoner [ˈlʌndənəʳ] *n* londinense *mf*.

lone [ləʊn] *adj* (*solitary*) solitario/a; **~ ranger** llanero *m* solitario; **~ wolf** (*fig*) persona *f* solitaria.

loneliness [ˈləʊnlɪnɪs] *n* soledad *f*.

lonely [ˈləʊnlɪ] *adj* (*comp* **-ier**; *superl* **-iest**) (*solitary*) solo/a; (*place etc: isolated*) aislado/a, solitario/a; (*: de-

serted) desierto/a; **to feel** ~ sentirse muy solo; ~ **hearts' club** club *m* de solteros; ~ **hearts column** sección *f* del corazón solitario.

loner ['ləʊnəʳ] *n* solitario/a *m/f*.

lonesome ['ləʊnsəm] (*esp US*) *adj* (*solitary*) solo/a; (*place: isolated*) aislado/a, solitario/a.

long[1] [lɒŋ] (*comp* ~**er**; *superl* ~**est**) **1** *adj* (**a**) (*size*) largo/a; **how ~ is it?** ¿cuánto tiene de largo?; **it is 6 metres** ~ tiene 6 metros de largo; **not by a ~ chalk** ni con mucho; **to pull a ~ face** poner cara larga; ~ **johns** calzoncillos *mpl* largos; ~ **jump** (*Brit*) salto *m* de longitud; **in the ~ run** (*fig*) a la larga; **it's a ~ shot** (*fam*) dudo que resulte.

(**b**) (*time*) largo/a, mucho/a; **(for) a ~ time** (por) mucho tiempo; **how ~ is the film?** ¿cuánto (tiempo) dura la película?; **2 hours** ~ de dos horas; **a ~ walk** un paseo largo; **a ~ holiday** unas vacaciones largas; **to be ~ in doing sth** tardar en hacer algo; **it's been a ~ day** (*fig*) ha sido un día muy atareado; **to take a ~ look at sth** mirar algo detenidamente; **at ~ last** por fin.

2 *adv*: **I shan't be** ~ (*in finishing*) termino pronto, no tardo; (*in returning*) vuelvo pronto, no tardo; **we didn't stay** ~ nos quedamos poco tiempo; **to live** ~ tener una vida larga; **as ~ as I live** mientras viva; **I have ~ believed that** ... creo desde hace tiempo que ..., hace tiempo que creo que ...; **how ~ have you been learning Spanish?** ¿desde cuándo aprendes español?; **he talked ~ about politics** habló largamente de política; ~ **before** mucho antes; ~ **before now** hace mucho tiempo; ~ **before you came** mucho antes de que llegaras; ~ **since dead** muerto hace mucho; ~ **ago** hace mucho (tiempo); ~**er** más tiempo; **no ~er** ya no; **he no ~er comes** ya no viene; **2 hours ~er** 2 horas más; **we stayed ~er than you** quedamos más tiempo que vosotros; **wait a little ~er** espera un poco más; **all day** ~ todo el (santo) día; **as ~ as, so ~ as** (*while*) mientras; (*provided that*) con tal (de) que + *subjun*; **as ~ as the war lasts** mientras dure la guerra; **stay as ~ as you like** quédate hasta cuando quieras; **so ~!** (*esp US fam*) ¡hasta luego!; **we won't stay for** ~ nos quedamos un rato nada más; **they left before** ~ se marcharon muy pronto; **it won't take** ~ no tardará mucho.

3 *n*: **the ~ and the short of it is that** ... (*fig*) en resumidas cuentas *or* concretamente, es que ....

long[2] [lɒŋ] *vi*: **to ~ for sth** anhelar *or* desear algo; **to ~ for sb** suspirar por *or* añorar a algn; **to ~ to do sth** tener muchas ganas de hacer algo; **to ~ for sb to do sth** desear que algn haga algo.

-long [lɒŋ] *adj suf*: **month**~ que dura un mes.

long. *abbr of* **longitude**.

long-awaited ['lɒŋə'weɪtɪd] *adj* largamente esperado/a, añorado/a.

long-distance ['lɒŋ'dɪstəns] *adj* (*flight*) a distancia; (*Telec: call*) interurbano/a, a larga distancia; (*race, runner*) de fondo; ~ **runner** fondista *mf*.

long-drawn-out ['lɒŋdrɔːn'aʊt] *adj* interminable.

longed-for ['lɒŋdfɔːʳ] *adj* ansiado/a, apetecido/a.

longevity [lɒn'dʒevɪtɪ] *n* longevidad *f*.

long-haired ['lɒŋ'hɛəd] *adj* de pelo largo.

longhand ['lɒŋhænd] *n*: **in** ~ escrito a mano *or* en cursiva.

long-haul ['lɒŋ,hɔːl] *adj* (*flight etc*) de larga distancia.

longing ['lɒŋɪŋ] *n* (*nostalgia*) nostalgia *f*, añoranza *f*; (*desire*) deseo *m*, anhelo *m*; (*anxiety*) ansias *fpl*.

longitude ['lɒŋgɪtjuːd] *n* longitud *f*.

long-lasting ['lɒŋ'lɑːstɪŋ] *adj* largo/a; (*tough*) duro/a; (*material, memory etc*) duradero/a.

long-legged ['lɒŋ'legɪd] *adj* (*person, animal*) de piernas largas.

long-life ['lɒŋ'laɪf] *adj* de larga duración.

long-lost ['lɒŋ'lɒst] *adj* perdido/a hace mucho tiempo.

long-playing ['lɒŋ'pleɪɪŋ] *adj*: ~ **record** (*abbr LP*) disco *m* de larga duración, elepé *m*.

long-range ['lɒŋ'reɪndʒ] *adj* (*gun, missile*) de largo alcance; (*aircraft*) de larga distancia; (*weather forecast*) de larga proyección.

long-running ['lɒŋ'rʌnɪŋ] *adj* (*dispute etc*) largo/a; (*play*) taquillero/a, que se mantiene mucho tiempo en la cartelera; (*programme*) de alcance largo.

long-sighted ['lɒŋ'saɪtɪd] *adj* (*lit*) hipermétrope, présbita; (*fig*) previsor(a).

long-sleeved ['lɒŋsliːvd] *adj* de mangas largas.

long-standing ['lɒŋ'stændɪŋ] *adj* (*agreement, dispute*) de hace tiempo, de tiempo atrás; (*friendship*) antiguo/a.

long-suffering ['lɒŋ'sʌfərɪŋ] *adj* sufrido/a.

long-term ['lɒŋ'tɜːm] *adj* a largo plazo; ~ **unemployment** desempleo *m* de larga duración.

longtime ['lɒŋ'taɪm] *adj* = **long-standing**.

longways ['lɒŋweɪz] *adv* a lo largo, longitudinalmente.

long-winded ['lɒŋ'wɪndɪd] *adj* (*person*) prolijo/a; (*speech, explanation*) interminable.

loo [luː] *n* (*fam: toilet*) retrete *m*, baño *m* (*LAm*).

loofah ['luːfəʳ] *n* (*Brit*) esponja *f* de lufa.

look [lʊk] **1** *n* (**a**) (*gen*) mirada *f*; (*glance*) mirada, ojeada *f*, vistazo *m*; **she gave me a dirty** ~ me echó una mirado de odio; **a ~ of despair** una cara de desesperación; **to have a ~ at sth** echar un vistazo a algo; **let me have a** ~ déjame ver; **to take a good ~ at sth** mirar algo detenidamente.

(**b**) (*search*) **shall we have a ~ round the town?** ¿damos una vuelta por la ciudad?; **to have a ~ for sth** buscar algo; **I've had a good ~ for it already** lo he buscado ya en todas partes.

(**c**) (*air, appearance*) aire *m*, aspecto *m*, apariencia *f*, pinta *f*; **good ~s** belleza *fsg*; **she has kept her ~s** sigue tan guapa como siempre; **~s aren't everything** la belleza no lo es todo; **there's a mischievous ~ about that child** ese niño tiene pinta de pillo; **by the ~ of things** según parece, a juzgar por las apariencias; **by the ~ of him** *etc* viéndole, se dirá que; **I don't like the ~ of him** me cae mal, no me fío de él; **the new** ~ la nueva moda.

2 *vi* (**a**) (*see, glance*) **to ~ (at)** mirar; ~ **at how she does it** fíjate cómo lo hace; **to ~ at sth** (*gen*) echar un vistazo a algo; (*attend to*) ocuparse de algo; **whichever way you ~ at it** se mire por donde se mire; **I wouldn't even ~ at the job** no aceptaría el puesto por nada del mundo; **I'll ~ and see** voy a ver; ~ **who's here!** ¡mira quién está aquí!; **to ~ the other way** (*lit*) mirar para el otro lado; (*fig*) hacer como que no se da cuenta; ~ **before you leap** (*Prov*) antes de que te cases, mira lo que haces.

(**b**) (*search*) **to ~ for sth/sb** buscar algo/a algn.

(**c**) (*seem, appear*) parecer, verse (*LAm*); **it ~s good on you** te sienta bien; **he ~s tired/happy** parece cansado/contento; **to ~ well** (*person*) tener buena cara; **she ~ed prettier than ever** estaba más guapa que nunca; **he ~s about 60 (years old)** aparenta tener alrededor de los 60 años.

(**d**) (*resemble*) **he ~s like his brother** se parece a su hermano; **this photo doesn't ~ like him** la foto no se le parece, en esta foto no parece él; **it ~s like cheese to me** a mí me parece (que es) queso; **the festival ~s like being lively** la fiesta se anuncia animada; **it ~s like rain** parece que va a llover; **it ~s as if** *or* **as though the train will be late** parece que el tren va a llegar tarde.

3 *vt* mirar; **to ~ sb (straight) in the eye** *or* **(full) in the face** mirar directamente a los ojos de algn; **to ~ sb up and down** mirar a algn de arriba abajo; ~ **where you're going!** ¡fíjate por donde vas!; **to ~ one's age** representar su edad; **to ~ one's best** arreglarse, ponerse guapo; **she was not ~ing herself** parecía otra, no parecía la misma.

▸ **look after** *vi + prep* cuidar a *or* de.

▸ **look ahead** *vi + adv* (*lit*) mirar hacia adelante; (*fig*) hacer proyectos para el futuro.

▸ **look around 1** *vi + adv* echar una mirada alrededor. **2** *vi + prep* echar una mirada alrededor de.

▸ **look away** *vi + adv* apartar la mirada.

► **look back** *vi + adv* mirar hacia atrás; (*remember*) pensar en el pasado; **to ~ back on** (*event, period*) recordar.
► **look down** *vi + adv* bajar la mirada; **to ~ down at sb/sth** mirar abajo hacia algn/algo.
► **look down on** *vi + prep* (*fig*) despreciar.
► **look forward to** *vi + prep* (*event*) esperar con ansia *or* impaciencia; **to ~ forward to doing sth** tener muchas ganas de *or* estar deseando hacer algo; **we're ~ing forward to the journey** el viaje nos hace mucha ilusión.
► **look in** *vi + adv* mirar por; (*visit*) pasar *or* caer por casa.
► **look into** *vi + prep* (*matter, possibility*) investigar.
► **look on 1** *vi + adv* mirar (como espectador). **2** *vi + prep* considerar.
► **look onto** *vi + prep*: **to ~ onto sth** (*subj: building, room*) dar a algo.
► **look out 1** *vi + adv* **(a)** (*watch*) mirar fuera. **(b)** (*take care*) tener cuidado; **~ out!** ¡cuidado!, ¡aguas! *(Mex)*. **2** *vt + adv* (*find*) buscar.
► **look out for** *vi + prep*: **to ~ out for sth/sb** esperar algo/a algn; **do ~ out for pickpockets** ten ojo con los carteristas.
► **look over 1** *vi + prep* (*object*) echar un vistazo a. **2** *vt + adv* (*person*) examinar.
► **look round 1** *vi + adv* (*turn*) volver la cabeza; (*in shop*) recorrer (con la vista); **to ~ round for** buscar. **2** *vi + prep* visitar, recorrer.
► **look through** *vi + prep* (*to search*) registrar; (*leaf through*) hojear; (*to examine closely*) examinar cuidadosamente; (*window*) mirar por; **he ~ed through me** miró sin verme.
► **look to** *vi + prep* (*turn to*) contar con, recurrir a; (*look after*) cuidar a *or* de; **we must ~ to the future** tenemos que fijar la mira en el futuro.
► **look up 1** *vi + adv* **(a)** (*glance*) levantar *or* alzar la vista. **(b)** (*improve*) mejorar; **things are ~ing up** las cosas van mejor. **2** *vt + adv* **(a)** (*information*) buscar. **(b)** (*visit: person*) ir a visitar.
► **look up to** *vi + prep*: **to ~ up to sb** (*fig*) respetar *or* admirar a algn.

lookalike [ˈlʊkəˌlaɪk] *n* parecido/a *m/f*.
looker [ˈlʊkəʳ] *n* (*US fam*) guapa *f*.
looker-on [ˈlʊkərˈɒn] *n* espectador(a) *m/f*.
look-in [ˈlʊkɪn] *n* (*fam*): **to get a ~** tener una oportunidad, tener chance *(LAm)*.
-looking [ˈlʊkɪŋ] *adj suf*: **strange~** de aspecto raro.
looking glass [ˈlʊkɪŋglɑːs] *n* (*frm, old*) espejo *m*.
lookout [ˈlʊkaʊt] **1** *n* **(a) to keep a** *or* **be on the ~ for sth** estar *or* andar al acecho de algo. **(b)** (*viewpoint*) mirador *m*; (*person*) centinela *mf*. **(c)** (*prospect*) perspectiva *f*; **it's a grim** *or* **poor ~ for us/for education** hay poca perspectiva para nosotros/para la educación; **that's his ~!** ¡eso es asunto suyo!, ¡allá él! **2** *cpd*: **~ post** *n* atalaya *f*, puesto *m* de observación.
look-up [ˈlʊkʌp] **1** *n* consulta *f*. **2** *cpd*: **~ table** *n* tabla *f* de consulta.
LOOM *n abbr* (*US*) *of* **Loyal Order of Moose** *asociación benéfica*.
loom¹ [luːm] *n* (*weaving ~*) telar *m*.
loom² [luːm] *vi* (*also* **~ up**) surgir, aparecer; **the ship ~ed (up) out of the mist** el barco surgió de la neblina; **dangers ~ ahead** se vislumbran los peligros que hay por delante; **to ~ large** cernerse, pender amenazadoramente.
loony [ˈluːnɪ] (*fam*) **1** *adj* (*comp* **-ier**; *superl* **-iest**) loco/a, chiflado/a; **the ~ left** la izquierda tonta. **2** *n* loco/a *m/f*. **3** *cpd*: **~ bin** *n* manicomio *m*.
loop [luːp] **1** *n* (*in string etc*) lazo *m*, lazado *m*; (*fastening*) presilla *f*; (*bend*) curva *f*, recodo *m*; (*Comput*) bucle *m*. **2** *vt*: **to ~ round** dar vuelta a; **to ~ a rope round a post** pasar una cuerda alrededor de un poste; **to ~ the ~** (*Aer*) rizar el rizo.
loophole [ˈluːphəʊl] *n* (*fig*) escapatoria *f*, evasiva *f*; **every law has a ~** hecha la ley hecha la trampa.
loopy [ˈluːpɪ] *adj* (*comp* **-ier**; *superl* **-iest**) (*fam*) chiflado/a (*fam*).
loose [luːs] **1** *adj* (*comp* **~r**; *superl* **~st**) **(a)** (*gen*) suelto/a; (*not firm*) flojo/a; (*not attached*) libre, desatado/a; (*disconnected*) desconectado/a; (*undone: clothes etc*) desabrochado/a; (*Tech*) loco/a; **to break ~** desatarse; **to come** *or* **work ~** soltarse, desprenderse; **to turn** *or* **let ~** (*free*) poner en libertad, soltar; (*remove control from*) dar rienda suelta a; **to tie up ~ ends** (*fig*) no dejar cabo suelto; **to be at a ~ end** (*fig*) estar sin nada que hacer; **~ chippings** (*Aut*) gravilla *f* suelta.
(b) (*clothing: ~ fitting*) holgado/a, flojo/a, suelto/a; **~ weave** tejido *m* abierto.
(c) (*not packed: fruit, cheese*) suelto/a, a granel; **~ change** cambio *m*, suelto *m*, sencillo *m (LAm)*, feria *f (Mex)*.
(d) (*fig: translation*) libre; (*: style*) suelto/a; (*: associations, links*) poco concreto/a.
(e) (*pej: morals*) relajado/a; **a ~ woman** una mujer fácil.
2 *n*: **to be on the ~** (*fam: criminal etc*) estar en libertad *or* suelto.
3 *vt* (*gen*) soltar; (*untie*) desatar; (*slacken*) aflojar; (*also* **~ off**) disparar, soltar.
loose-fitting [ˈluːsˈfɪtɪŋ] *adj* suelto/a.
loose-leaf [ˈluːsˈliːf] *adj* (*book, folder*) de hojas sueltas.
loose-limbed [ˈluːsˈlɪmd] *adj* suelto/a.
loosely [ˈluːslɪ] *adv* sueltamente; (*roughly*) aproximadamente; **it is ~ translated as ...** se traduce aproximadamente por ....
loosen [ˈluːsn] **1** *vt* (*slacken*) aflojar; (*untie*) desatar. **2** *vi* soltarse, desatarse.
► **loosen up** *vi + adv* (*gen*) desentumecerse; (*fam: relax*) soltarse, relajarse.
loot [luːt] **1** *n* botín *m*, presa *f*; (*fam: money*) pasta *f*, plata *f (LAm)*. **2** *vt* saquear. **3** *vi* entregarse al saqueo.
looter [ˈluːtəʳ] *n* saqueador(a) *m/f*.
looting [ˈluːtɪŋ] *n* saqueo *m*.
lop [lɒp] *vt* (*also* **~ off**: *branches*) podar; (*fig*) cortar.
lope [ləʊp] *vi*: **to ~ along** andar *or* correr con paso largo; **to ~ off** alejarse con paso largo.
lopsided [ˈlɒpˈsaɪdɪd] *adj* (*gen*) torcido/a, desproporcionado/a, ladeado/a, chueco/a *(LAm)*; (*table etc*) cojo/a; (*fig: view*) desequilibrado/a.
loquacious [ləˈkweɪʃəs] *adj* (*frm*) locuaz.
lord [lɔːd] **1** *n* gran señor *m*; (*British title*) lord *m*; **the House of L~s** (*Brit Pol*) la Cámara de los Lores; **Our L~** (*Rel*) Nuestro Señor; **my L~** (*to bishop*) Ilustrísima; (*to noble*) señor; (*to judge*) señor juez; **good L~!** ¡Dios mío! **2** *vt*: **to ~ it over sb** (*fam*) mandonear a algn.
lordship [ˈlɔːdʃɪp] *n* señoría *f*.
lore [lɔːʳ] *n* saber *m* tradicional.
lorry [ˈlɒrɪ] (*Brit*) **1** *n* camión *m*; **it fell off the back of a ~** (*fam*) es de trapicheo *(fam)*. **2** *cpd*: **~ driver** *n* camionero/a *m/f*; **~ load** *n* carga *f*.
lose [luːz] (*pt, pp* **lost**) **1** *vt* **(a)** (*gen*) perder; **to ~ one's life** perder la vida; **you've got nothing to ~** ¿qué vas a perder con ello?; **to ~ one's voice** quedarse afónico; **to ~ one's way** (*lit*) perderse; (*fig*) despistarse; **to ~ interest/(one's) patience** *etc* perder el interés/la paciencia *etc*; **to ~ one's temper** perder los estribos, enfadarse, enojarse *(LAm)*; **to ~ sight of** perder de vista; **to ~ weight** perder peso, adelgazar; **to ~ no time** no perder tiempo; **to ~ no time in doing sth** hacer algo rápidamente.
(b) that mistake lost us the game aquel error nos costó el partido.
(c) this watch ~s 5 minutes every day este reloj se atrasa cinco minutos cada día.
2 *vi* perder; **they lost (by) 3 goals to 2** perdieron por 3 goles a 2; **to ~ to sb** perder contra algn; **to ~ (out)** salir

perdiendo.

loser ['lu:zəʳ] *n* perdedor(a) *m/f*; **he's a born ~** siempre sale perdiendo; **to be a bad ~** no saber perder; **to come off the ~** salir perdiendo.

losing ['lu:zɪŋ] *adj* vencido/a, derrotado/a; **to fight a ~ battle** (*fig*) luchar por una causa perdida.

loss [lɒs] **1** *n* (**a**) pérdida *f*; **there was a heavy ~ of life** hubo muchas víctimas; **to cut one's ~es** cortar por lo sano; **it's your ~** eres tú quien pierde; **he's a dead ~** es una calamidad *or* un desastre; **he's no great ~** no es una gran pérdida que se vaya; **the ship is a total ~** el buque se fue al pique; **to sell at a ~** vender con pérdida; **the company makes a ~ on this product** la empresa pierde dinero con este producto; **the company made a ~ in 1999** la empresa tuvo un balance adverso en 1999, la compañía salió con déficit en 1999.

(**b**) **to be at a ~ to explain sth** no saber cómo explicar algo; **to be at a ~ for words** no encontrar palabras con qué expresarse.

2 *cpd*: ~ **adjuster** *n* (*Insurance*) ajustador(a) *m/f or* tasador(a) *m/f* de pérdidas; ~ **leader** *n* artículo *m* de lanzamiento.

loss-making ['lɒs,meɪkɪŋ] *adj* (*enterprise*) deficitario/a.

lost [lɒst] **1** *pt, pp of* **lose**.

2 *adj* (*gen*) perdido/a; (*object*) extraviado/a; (*fig*) despistado/a; **to be ~** perderse; **I'm ~ without my secretary** sin mi secretaria no valgo para nada; **to be ~ in thought** estar absorto *or* ensimismado; **I feel ~ without it/him** no sé qué hacer sin él; **to get ~** (*person*) perderse; (*thing*) extraviarse; **get ~!** (*fam*) ¡vete al cuerno *or* (*LAm*) al carajo!; **the remark/joke is ~ on him** la observación/el chiste le no dice nada; **to make up for ~ time** recuperar el tiempo perdido; **to give sth up for ~** dar algo por perdido; ~ **cause** causa *f* perdida; ~ **property**, (*US*) ~ **and found property** objetos *mpl* perdidos; ~ **property office** *or* **department**, (*US*) ~ **and found department** departamento *m* de objetos perdidos.

lot [lɒt] *n* (**a**) (*destiny*) suerte *f*, destino *m*; **the common ~** la suerte común; **it fell to my ~ (to do sth)** me cayó en suerte (hacer algo); **to throw in one's ~ with sb** unirse a la suerte de algn.

(**b**) (*random selection*) **to decide sth by ~** determinar algo por sorteo; **to draw ~s (for sth)** echar suertes (para algo).

(**c**) (*at auction*) lote *m*; **he's a bad ~** es un mal sujeto.

(**d**) (*plot: esp US*) terreno *m*, solar *m*.

(**e**) (*quantity*) cantidad *f*; **a ~ of money** una cantidad de dinero; **a ~ of** *or* **~s of books** muchos libros; **a ~ of** *or* **~s of people** mucha gente, cantidad de gente (*fam*); **quite/such a ~ of noise** bastante/tanto ruido.

(**f**) (*fam*) **the ~** (*all, everything*) todo; **he took the ~** se lo llevó todo; **that's the ~** eso es todo; **the (whole) ~ of them** todos.

(**g**) (*as adv*) **I read a ~** leo mucho; **he feels a ~** *or* **~s better** se encuentra mucho mejor; **thanks a ~!** ¡muchísimas gracias!, ¡muy agradecido!; *see* **fat**.

lotion ['ləʊʃən] *n* loción *f*.

lottery ['lɒtərɪ] *n* lotería *f*.

loud [laʊd] (*comp* **~er**; *superl* **~est**) **1** *adj* (*gen*) alto/a; (*voice, sound*) fuerte; (*laugh, shout*) estrepitoso/a; (*applause, thunder*) clamoroso/a; (*noisy: behaviour, party, protests*) ruidoso/a; (*pej: striking: colour, clothes*) chillón/ona, llamativo/a. **2** *adv* (*also* **~ly**) fuerte, en voz alta; **to say sth out ~** decir algo en voz alta; ~ **and clear** claramente.

loudhailer ['laʊd'heɪləʳ] *n* megáfono *m*, bocina *f*.

loudmouth ['laʊdmaʊθ] *n* (*fam*) bocazas *mf inv* (*fam*).

loudmouthed ['laʊd'maʊðd] *adj* gritón/ona.

loudspeaker ['laʊd'spi:kəʳ] *n* altavoz *m*, altoparlante *m* (*LAm*).

lounge [laʊndʒ] **1** *n* salón *m*, sala *f* de estar, living *m* (*LAm*). **2** *vi* (*also* **~ about**) gandulear, holgazanear; **we spent a week lounging in Naples** pasamos una semana en Nápoles sin hacer nada. **3** *cpd*: ~ **bar** *n* salón-bar *m*; ~ **suit** *n* traje *m or* (*LAm*) terno *m* de calle.

louse [laʊs] *n* (*pl* **lice**) piojo *m*; (*pej: person*) canalla *mf*, sinvergüenza *mf*.

▸ **louse up** *vt + adv* (*fam*) echar a perder.

lousy ['laʊzɪ] *adj* (*comp* **-ier**; *superl* **-iest**) (*Med*) piojoso/a; (*fam: very bad*) puñetero/a (*Sp fam!*), desgraciado/a (*fam*), fregado/a (*LAm fam!*); **we had a ~ time** lo pasamos fatal (*fam*); **what a ~ trick** ¡qué cerdada!

lout [laʊt] *n* gamberro *m*, bruto *m*.

louver, louvre ['lu:vəʳ] *n* (*Archit*) lumbrera *f*; (*blind*) persiana *f*.

lovable ['lʌvəbl] *adj* amable, adorable.

love [lʌv] **1** *n* (**a**) amor *m*, cariño *m* (*for, towards* por); (*of hobby, object*) afición *f*, pasión *f*; **it was ~ at first sight** fue flechazo; **not for ~ nor money** por nada del mundo; **for the ~ of** por el amor de; **he studies history for the ~ of it** estudia la historia por pura afición; **to be in ~ (with sb)** estar enamorado (de algn); **to fall in ~ (with sb)** enamorarse (de algn); **give him my ~** mándale recuerdos míos; **to make ~ (with sb)** (*euph: have sex*) hacer el amor (con algn); **to make ~ to sb** (*woo*) hacer la corte *or* el amor a algn; **there is no ~ lost between them** no se llevan bien, no se tienen ningún aprecio; **to send one's ~ to sb** dar sus recuerdos a algn; **she ~s me, she ~s me not** me quiere, no me quiere.

(**b**) (*person*) amor *m*, cariño *m*; **(my) ~** mi amor, amor mío; **the child's a little ~** el niño es un encanto.

(**c**) (*Tennis: nil*) ~ **all** cero a cero.

2 *vt* (*person etc*) querer, amar; (*hobby, food, place*) ser (muy) aficionado/a a *or* de; **I ~ strawberries** me encantan las fresas; **he ~s swimming, he ~s to swim** le encanta nadar; **I'd ~ to come** me gustaría muchísimo venir.

3 *cpd*: ~ **affair** *n* amores *mpl*, amorío *m*; ~ **letter** *n* carta *f* de amor; ~ **life** *n* (*emotional*) vida *f* sentimental; (*sexual*) vida sexual; ~ **nest** *n* nido *m* de amor; ~ **song** *n* canción *f* de amor; ~ **story** *n* cuento *m* de amor.

lovebite ['lʌv,baɪt] *n* mordisco *m* amoroso.

lovely ['lʌvlɪ] *adj* (*comp* **-ier**; *superl* **-iest**) (*beautiful*) hermoso/a, bello/a, precioso/a, lindo/a (*LAm*); **he's a ~ person** es una bella persona *or* un encanto; **it was a ~ dinner** fue una cena deliciosa; **we had a ~ time** lo pasamos estupendo.

lovemaking ['lʌv,meɪkɪŋ] *n* (*courting*) galanteo *m*; (*sexual intercourse*) relaciones *fpl* sexuales.

lover ['lʌvəʳ] *n* (**a**) (*sexually*) amante *mf*; (*romantically*) enamorado/a *m/f*; **he became her ~** se hizo su amante; **the ~s** los amantes. (**b**) ~ **of** (*hobby, wine etc*) aficionado/a *m/f* a *or* de; **he is a great ~ of the violin** es un gran aficionado del violín. (**c**) (*in compounds*) **music-~** persona *f* aficionada a la música.

lovesick ['lʌvsɪk] *adj* enfermo/a de amor.

loving ['lʌvɪŋ] *adj* cariñoso/a, tierno/a.

low[1] [ləʊ] **1** *adj* (*comp* **~er**; *superl* **~est**) (*gen*) bajo/a; (*price, income*) reducido/a, bajo/a; (*supplies etc*) escaso/a; (*rank*) humilde; (*standard, quality*) inferior; (*bow*) profundo/a; (*dress*) escotado/a; (*character, behaviour*) malo/a; (*comedian*) grosero/a; **to feel ~, to be ~ in spirits** sentirse deprimido, estar bajo de moral; **fuel is getting ~** está empezando a escasear la gasolina; **the temperature is in the ~ 40s** la temperatura es de 40 grados y alguno más; **the L~ Countries** los Países Bajos; **in ~ gear** (*Aut*) en primera; **on ~ ground** a nivel del mar, en tierras bajas; **to cook on a ~ heat** cocer a fuego lento; ~ **season** temporada *f* baja; ~ **tide** marea *f* baja; ~ **water** bajamar *f*; ~ **water mark** línea *f* de bajamar.

2 *adv* (*aim, fly, sing*) bajo; **to bow ~** hacer una reverencia profunda; **to fall** *or* **sink ~** (*fig*) caer bajo; **to lie ~** (*hide*) mantenerse escondido/a; (*be silent*) mantenerse quieto/a; **supplies** *or* **stocks are running ~** los abastecimientos/las provisiones empiezan a escasear; **to turn the lights/the volume down ~** bajar las luces/el

volumen.
3 *n* (**a**) (*Met*) área *f* de baja presión.
(**b**) (*fig: ~ point*) punto *m* más bajo; **to reach a new** *or* **all-time** ~ estar más bajo que nunca.
low² [ləʊ] *vi* mugir.
lowbrow [ˈləʊbraʊ] *adj* poco culto/a.
low-calorie [ˌləʊˈkælərɪ] *adj* de bajo contenido calorífico, con pocas calorías.
low-cost [ˈləʊˈkɒst] *adj* económico/a.
low-cut [ˈləʊˈkʌt] *adj* (*dress*) escotado/a.
low-down [ˈləʊdaʊn] **1** *n* (*fam*) informes *mpl* confidenciales; **he gave me the ~ on it** me dijo la verdad. **2** *adj* vil, bajo/a.
lower¹ [ˈləʊəʳ] **1** *adj comp of* **low¹**; ~ **case** (*Typ*) caja *f* baja; **the ~ classes** la clase baja, las clases humildes (*euph*); ~ **deck** (*of boat*) cubierta *f* de abajo; ~ **floor** *or* **deck** (*of bus*) piso *m* de abajo; ~ **middle class** clase *f* media-baja. **2** *adv comp of* **low¹**. **3** *vt* (*gen*) bajar; (*boat*) lanzar; (*flag, sail*) arriar; (*reduce: price*) bajar, rebajar; **to ~ one's guard** bajar la guardia; **to ~ one's headlights** (*US*) poner luces de cruce; **to ~ one's voice** bajar la voz; **to ~ o.s. to do sth** (*fig*) rebajarse a hacer algo.
lower² [ˈlaʊəʳ] *vi* (*person*) fruncir el entrecejo *or* el ceño; (*sky*) encapotarse.
lower-case [ˈləʊəˌkeɪs] *adj* minúsculo/a; ~ **letter** minúscula *f*; *see also* **lower¹ 1**.
low-fat [ˈləʊˈfæt] *adj*: ~ **foods** alimentos *mpl* bajos en grasas; ~ **milk** leche *f* desnatada.
low-flying [ˈləʊˌflaɪɪŋ] *adj* que vuela bajo.
low-grade [ˈləʊˌgreɪd] *adj* de baja calidad.
low-heeled [ˈləʊˈhiːld] *adj* (*shoes*) de tacones bajos.
low-key [ˌləʊˈkiː] *adj* (*fam*) discreto/a, moderado/a.
lowlands [ˈləʊləndz] *npl* tierras *fpl* bajas.
low-level [ˈləʊˈlevl] *adj* de bajo nivel.
low-loader [ˌləʊˈləʊdəʳ] *n* (*Aut*) camión *m* de caja a bajo nivel.
lowly [ˈləʊlɪ] *adj* (*comp* **-ier**; *superl* **-iest**) humilde.
low-lying [ˈləʊˌlaɪɪŋ] *adj* bajo/a.
low-necked [ˈləʊˈnekt] *adj* escotado/a.
low-paid [ˌləʊˈpeɪd] *adj* mal pagado/a, de baja remuneración.
low-profile [ˈləʊˈprəʊfaɪl] *adj* (*activity*) discreto/a.
low-risk [ˌləʊˈrɪsk] *adj* de bajo riesgo.
low-spirited [ˈləʊˈspɪrɪtɪd] *adj* desanimado/a.
loyal [ˈlɔɪəl] *adj* leal, fiel.
loyalist [ˈlɔɪəlɪst] *n* (*Spain 1936*) republicano/a *m/f*; (*Northern Ireland Pol*) Unionista *mf*.
loyalty [ˈlɔɪəltɪ] *n* lealtad *f*.
lozenge [ˈlɒzɪndʒ] *n* (*Med*) pastilla *f*.
LP *n abbr* (**a**) (*Pol*) *of* **Labour Party**. (**b**) (*Mus*) *of* **long-playing record**.
LPN *n abbr* (*US*) *of* **Licensed Practical Nurse**.
LRAM *n abbr* (*Brit*) *of* **Licentiate of the Royal Academy of Music**.
LSAT *n abbr* (*US*) *of* **Law School Admission Test**.
LSD *n abbr* (**a**) *of* **lysergic acid diethylamide** LSD *f*. (**b**) (*Brit*) *of* **librae, solidi, denarii,** *of* **pounds, shillings and pence** *antigua moneda británica*.
LSE *n abbr* (*Brit*) *of* **London School of Economics**.
LST *n abbr* (*US*) *of* **Local Standard Time**.
LT *n abbr* (*Elec*) *of* **low tension**.
Lt *abbr of* **lieutenant** Tte.
Ltd *abbr of* **limited** S.A.
lubricant [ˈluːbrɪkənt] *n* lubricante *m*.
lubricate [ˈluːbrɪkeɪt] *vt* lubricar, engrasar.
lubrication [ˌluːbrɪˈkeɪʃən] *n* (*Aut*) engrase *m*.
lucid [ˈluːsɪd] *adj* claro/a, lúcido/a.
luck [lʌk] *n* suerte *f*; **beginner's ~** suerte del principiante; **good/bad ~** buena/mala suerte; **good ~!** !(buena) suerte!; **bad ~!** ¡(qué) mala suerte!, ¡qué pena!; **no such ~!** ¡ojalá!; **worse ~!** ¡desgraciadamente!; **with any** ~ con (un poco de) suerte; **to be in** ~ estar de *or* con suerte; **to be out of** ~ tener mala suerte; **to be down on one's** ~ llevar algn una racha de mala suerte; **I had the ~ to spot a policeman** tuve la suerte de ver a un policía; **it's the ~ of the draw** (*fig*) es cuestión de suerte; **to have the ~ of the devil** ser un suertudo; **to try one's** ~ probar fortuna.
luckily [ˈlʌkɪlɪ] *adv* afortunadamente, por suerte.
lucky [ˈlʌkɪ] *adj* (*comp* **-ier**; *superl* **-iest**) (*person*) afortunado/a, que tiene suerte; (*day*) de buen agüero, favorable; (*move, shot*) oportuno/a, afortunado/a; (*guess, coincidence*) oportuno/a; (*charm, horseshoe*) que trae suerte; **third time ~!** ¡a la tercera va la vencida!; **~ you!, you ~ thing!** ¡qué suerte tienes!; **it was very ~ for you (that ...)** menos mal que ...; **you'll be ~ to get £50 for that old banger** (*fam*) sería un milagro si te dieran 50 libras por el cacharro ese (*fam*); **you can think yourself ~ that** ... puedes considerarte afortunado que ...; ~ **dip** (*at fair etc*) caja *f* de las sorpresas.
lucrative [ˈluːkrətɪv] *adj* lucrativo/a.
lucre [ˈluːkəʳ] *n*: **filthy** ~ el vil metal.
ludicrous [ˈluːdɪkrəs] *adj* absurdo/a, ridículo/a.
luffa [ˈlʌfə] *n* (*US*) esponja *f* de lufa.
lug [lʌg] *vt* (*fam*) arrastrar, jalar (*LAm*); **to ~ sth about with one** llevar algo consigo (con dificultad).
luggage [ˈlʌgɪdʒ] **1** *n* equipaje *m*. **2** *cpd*: ~ **car** *n* (*US*), ~ **van** *n* (*Brit*) furgón *m* (de equipajes); ~ **checkroom** *n* (*US*) consigna *f*; ~ **label** *n* etiqueta *f* de equipaje; ~ **rack** *n* (*on train etc*) red *f*, redecilla *f*; (*Aut*) baca *f*, portaequipajes *m inv*.
lughole [ˈlʌgəʊl] (*fam*) *n* oreja *f*; (*inner ear*) oído *m*.
lugubrious [luːˈguːbrɪəs] *adj* lúgubre.
lukewarm [ˈluːkwɔːm] *adj* (*lit*) tibio/a; (*fig*) poco entusiasta.
lull [lʌl] **1** *n* (*in storm, wind*) recalmón *m*; (*in activity*) pausa *f*, descanso *m*. **2** *vt* calmar, sosegar; **to ~ to sleep** arrullar, adormecer; **he was ~ed into a false sense of security** (*fig*) se le inspiró un falso sentimiento de seguridad.
lullaby [ˈlʌləbaɪ] *n* arrullo *m*.
lumbago [lʌmˈbeɪgəʊ] *n* lumbago *m*.
lumber¹ [ˈlʌmbəʳ] **1** *n* (*wood: esp US*) maderos *mpl*, maderas *fpl*; (*junk: esp Brit*) trastos *mpl* viejos. **2** *vt* (*fam*) cargar; **to ~ sb with sth/sb** hacer que algn cargue con algo/otro; **he got ~ed with the job** tuvo que cargar con el trabajo. **3** *cpd*: ~ **room** *n* trastera *f*; ~ **yard** *n* maderería *f*.
lumber² [ˈlʌmbəʳ] *vi* (*also* ~ **about,** ~ **along**) moverse pesadamente.
lumberjack [ˈlʌmbədʒæk] *n* leñador *m*.
luminous [ˈluːmɪnəs] *adj* luminoso/a.
lump [lʌmp] **1** *n* (*of earth, sugar etc*) terrón *m*; (*swelling*) bulto *m*, hinchazón *f*; (*person: fam pej*) zoquete *mf*, paquete *mf* (*LAm*); **with a ~ in one's throat** (*fig*) con un nudo en la garganta. **2** *vt* (*fam: endure*) aguantar; **if he doesn't like it he can ~ it** si no le gusta que se aguante. **3** *cpd*: ~ **sugar** *n* azúcar *m* en terrón; ~ **sum** *n* cantidad *f* *or* suma *f* global.
▸ **lump together** *vt + adv* (*things*) juntar, amontonar; (*persons*) poner juntos, agrupar.
lumpy [ˈlʌmpɪ] *adj* (*comp* **-ier**; *superl* **-iest**) (*flour*) aterronado/a; (*sauce*) lleno/a de grumos; (*bed*) desigual.
lunacy [ˈluːnəsɪ] *n* (*fig*) locura *f*; **it's sheer ~!** ¡es una locura!
lunar [ˈluːnəʳ] *adj* lunar.
lunatic [ˈluːnətɪk] **1** *n* loco/a *m/f*. **2** *adj* loco/a; **the ~ fringe** los extremistas. **3** *cpd*: ~ **asylum** *n* (*old*) manicomio *m*.
lunch [lʌntʃ] **1** *n* comida *f*, almuerzo *m*, lonche *m* (*Mex*); **to have** ~ comer, almorzar. **2** *cpd*: ~ **break,** ~ **hour** *n* hora *f* de la comida *or* (*Mex*) del lonche.
luncheon [ˈlʌntʃən] **1** *n* (*frm*) comida *f*, almuerzo *m*. **2** *cpd*: ~ **meat** *n* fiambre *m*; ~ **voucher** *n* (*Brit*) vale *m* *or* (*LAm*) tiquet *m* de comida.
lunchtime [ˈlʌntʃtaɪm] *n* hora *f* del almuerzo *or* (*Mex*)

del lonche.

lung [lʌŋ] **1** *n* pulmón *m*. **2** *cpd*: ~ **cancer** *n* cáncer *m* del pulmón; ~ **disease** *n* enfermedad *f* pulmonar.

lunge [lʌndʒ] **1** *n* arremetida *f*, embestida *f*. **2** *vi* (*also* ~ **forward**): **to** ~ **(at sb)** lanzarse *or* abalanzarse (sobre algn).

lupin [ˈluːpɪn] *n* altramuz *m*.

lurch[1] [lɜːtʃ] **1** *n* sacudida *f*. **2** *vi* (*person*) tambalearse; (*vehicle*) dar sacudidas.

lurch[2] [lɜːtʃ] *n*: **to leave sb in the** ~ dejar a algn en la estacada.

lure [ljʊəʳ] **1** *n* (*decoy*) señuelo *m*; (*bait*) cebo *m*; (*fig: charm*) encanto *m*, aliciente *m*. **2** *vt* convencer con engaños; **to** ~ **sb into a trap** hacer que algn caiga en una trampa.

► **lure away** *vt + adv*: **to** ~ **sb away from** apartar a algn de.

lurex [ˈlʊəreks] *n* lúrex *m*.

lurid [ˈljʊərɪd] *adj* (**a**) (*details, description: gruesome*) espeluznante, horripilante; (*: sensational*) sensacional. (**b**) (*colour*) chillón/ona, llamativo/a.

lurk [lɜːk] *vi* (*hide*) esconderse; (*lie in wait*) quedar al acecho; **a doubt ~s in my mind** una duda persiste en mi mente.

luscious [ˈlʌʃəs] *adj* delicioso/a, exquisito/a.

lush [lʌʃ] **1** *adj* (*comp* ~**er**; *superl* ~**est**) exuberante. **2** *n* (*fam*) alcohólico/a *m/f*.

lust [lʌst] *n* (*greed*) codicia *f*; (*sexual*) lujuria *f*.

► **lust after, lust for** *vi + prep*: **to** ~ **after** *or* **for sb/sth** codiciar a algn/algo.

lustful [ˈlʌstfʊl] *adj* lujurioso/a, lleno/a de deseo; (*look etc*) lascivo/a.

lustre, (*US*) **luster** [ˈlʌstəʳ] *n* brillo *m*.

lustrous [ˈlʌstrəs] *adj* brillante.

lusty [ˈlʌstɪ] *adj* (*comp* **-ier**; *superl* **-iest**) (*person*) vigoroso/a, fuerte; (*cry etc*) fuerte.

lute [luːt] *n* laúd *m*.

Luxembourg [ˈlʌksəmbɜːg] *n* Luxemburgo *m*.

luxuriant [lʌgˈzjʊərɪənt] *adj* exuberante, lujuriante.

luxurious [lʌgˈzjʊərɪəs] *adj* lujoso/a, de lujo.

luxury [ˈlʌkʃərɪ] **1** *n* (*gen*) lujo *m*; (*article*) artículo *m* de lujo; **to live in** ~ vivir en el lujo. **2** *cpd* (*goods, apartment*) de lujo; ~ **tax** *n* impuesto *m* de lujo.

LV *n abbr* (*Brit*) *of* **luncheon voucher**.

LW *n abbr* (*Rad*) *of* **long wave** OL *f*.

lychee [ˌlaɪˈtʃiː] *n* lychee *m*, lichi *m*.

Lycra ® [ˈlaɪkrə] *n* licra *f* ®.

lye [laɪ] *n* lejía *f*.

lying [ˈlaɪɪŋ][1] **1** *adj* (*statement, story*) mentiroso/a, falso/a. **2** *n* mentiras *fpl*.

lying [ˈlaɪɪŋ][2] *adj* acostado/a, echado/a; *see also* **lie**[2].

lymph [lɪmf] **1** *n* linfa *f*. **2** *cpd*: ~ **gland** *n* ganglio *m* linfático.

lynch [lɪntʃ] *vt* linchar.

lynching [ˈlɪntʃɪŋ] *n* linchamiento *m*.

lynx [lɪŋks] *n* lince *m*.

Lyons [ˈlaɪənz] *n* Lyón *m*.

lyre [ˈlaɪəʳ] *n* lira *f*.

lyric [ˈlɪrɪk] **1** *adj* lírico/a. **2** *n* (*poem*) poema *m* lírico; ~**s** (*words of song*) letra *fsg*.

lyrical [ˈlɪrɪkəl] *adj* (*lit*) lírico/a; (*fig*) elocuente, entusiasta; **to wax** *or* **become** ~ **about** *or* **over sth** entusiasmarse por algo.

lyricist [ˈlɪrɪsɪst] *n* letrista *mf*.

M

M[1], **m**[1] [em] *n* (*letter*) M, m *f*.

M[2] *abbr* (**a**) *of* **million(s)**. (**b**) (*garment size*) *of* **medium** M. (**c**) (*Brit*) *of* **motorway**; **the M8** ≈ la A8.

m[2] *abbr* (**a**) *of* **married** se casó con. (**b**) *of* **metre(s)** m. (**c**) *of* **mile(s)**. (**d**) *of* **male** m. (**e**) *of* **minute(s)** m.

MA 1 *n abbr* (**a**) (*Univ*) *of* **Master of Arts**. (**b**) (*US*) *of* **Military Academy**. **2** *abbr* (*US Post*) *of* **Massachusetts**.

ma [mɑː] *n* (*fam*) mamá *f*.

mac [mæk] *n* (*Brit fam*) impermeable *m*.

macabre [məˈkɑːbr] *adj* macabro/a.

macaroni [ˌmækəˈrəʊnɪ] **1** *n* macarrones *mpl*. **2** *cpd*: ~ **cheese** *n* macarrones *mpl* al queso.

macaroon [ˌmækəˈruːn] *n* macarrón *m*, mostachón *m*.

mace[1] [meɪs] *n* (*of office*) maza *f*.

mace[2] [meɪs] *n* (*spice*) macis *f*.

Macedonia [ˌmæsɪˈdəʊnɪə] *n* Macedonia *f*.

Mach [mæk] *n* mach *m*.

machete [məˈtʃeɪtɪ] *n* machete *m*.

Machiavellian [ˌmækɪəˈvelɪən] *adj* maquiavélico/a.

machinations [ˌmækɪˈneɪʃənz] *npl* intrigas *fpl*, manipulaciones *fpl*.

machine [məˈʃiːn] **1** *n* (*gen*) máquina *f*, aparato *m*; (*machinery*) maquinaria *f*; ~ **readable** legible por máquina.

2 *vt* (*Tech*) trabajar a máquina; (*Sew*) coser a máquina.

3 *cpd*: ~ **code** *n* (*Comput*) código *m* máquina; ~ **gun** *n* ametralladora *f*; ~ **intelligence** *n* inteligencia *f* máquina; ~ **language** *n* lenguaje *m* máquina; ~ **pistol** *n* metralleta *f*; ~ **shop** *n* taller *m* de máquinas; ~ **time** *n* tiempo *m* máquina; ~ **tool** *n* máquina *f* herramienta; ~ **translation** *n* traducción *f* automática.

machinery [məˈʃiːnərɪ] *n* (*machines*) maquinaria *f*; (*mechanism*) mecanismo *m*; (*fig*) maquinaria, aparato *m*.

machinist [məˈʃiːnɪst] *n* (*Tech*) mecánico/a *m/f*, operario/a *m/f*; (*Sew*) maquinista *mf*.

machismo [məˈtʃɪzməʊ] *n* machismo *m*.

macho [ˈmætʃəʊ] *adj* macho.

mackerel [ˈmækrəl] *n* caballa *f*.

mackintosh [ˈmækɪntɒʃ] *n* impermeable *m*.

macro... [ˈmækrəʊ] *pref* macro....

macrocosm [ˈmækrəʊkɒzəm] *n* macrocosmo *m*.

macroeconomics [ˌmækrəʊˌiːkəˈnɒmɪks] *nsg* macroeconomía *f*.

mad [mæd] **1** *adj* (*comp* ~**der**; *superl* ~**dest**) (**a**) (*crazy*) loco/a, tarado/a (*CSur*); (*: idea*) disparatado/a; **to go** ~ volverse loco, enloquecer; **to drive sb** ~ volverle loco a algn; **she's as** ~ **as a hatter** *or* **a March hare** está loca de remate, está como un cencerro *or* una cabra; **are you** ~? ¿estás loco?, ¿te has vuelto loco?; ~ **cow disease** (*fam*) encefalopatía *f* espongiforme bovina.

(**b**) (*fam: angry*) furioso/a, enfadado/a (*Sp*), enojado/a (*LAm*); **to be** ~ **at** *or* **with sb** estar furioso con algn; **he's hopping** ~ está que bota, está que muerde.

(**c**) (*stupid, rash: idea, person*) loco/a, disparatado/a.

(**d**) (*fam: keen*) loco/a; **to be** ~ **about** *or* **on sb/sth** estar loco por algn/algo.

(**e**) (*wild: gallop, rush*) precipitado/a.

2 *adv*: **to be** ~ **keen on sb/sth** estar *or* andar loco por algn/algo; **he ran like** ~ corrió como (un) loco.

-mad [mæd] *adj suf*: **soccer**~ **boys** chicos *mpl* con la manía del fútbol.

Madagascar [ˌmædəˈgæskəʳ] *n* Madagascar *m*.
madam [ˈmædəm] *n* **(a)** señora *f*. **(b)** (*fam: girl*) niña *f* precoz. **(c)** (*of brothel*) ama *f*, dueña *f*.
madcap [ˈmædkæp] *adj* alocado/a, disparatado/a.
madden [ˈmædn] *vt* (*infuriate*) enloquecer, enfurecer.
maddening [ˈmædnɪŋ] *adj* enloquecedor(a); **it's ~!** es para volverse loco; **he can be ~ at times** hay veces cuando saca a todos de quicio.
made [meɪd] *pt, pp of* **make**.
Madeira [məˈdɪərə] *n* Madera *f*; (*wine*) vino *m* de Madera.
made-to-measure [ˌmeɪdtəˈmeʒəʳ] *adj* hecho/a a la medida.
made-to-order [ˌmeɪdtəˈɔːdəʳ] *adj* (*Brit*) hecho/a de encargo; (*US*) hecho a la medida.
made-up [ˈmeɪdˈʌp] *adj* hecho/a; (*dress*) confeccionado/a; (*story*) ficticio/a; (*face*) pintado/a.
madhouse [ˈmædhaʊs] *n* (*pl* **-houses** [haʊzɪz]) manicomio *m*; **this is a ~!** ¡esto es un guirigay!
madly [ˈmædlɪ] *adv* **(a)** (*crazily*) como un loco, locamente. **(b)** (*at a rush*) precipitadamente. **(c)** (*fam: extremely*) perdidamente; **to be ~ in love with sb** estar locamente enamorado de algn.
madman [ˈmædmən] *n* (*pl* **-men**) loco *m*.
madness [ˈmædnɪs] *n* (*lunacy*) locura *f*; (*foolishness*) insensatez *f*; (*anger*) furia *f*, rabia *f*; **it's sheer ~!** ¡es una locura!
Madrid [məˈdrɪd] **1** *n* Madrid *m*. **2** *cpd* madrileño/a.
madwoman [ˈmædwʊmən] *n* (*pl* **-women**) loca *f*.
maelstrom [ˈmeɪlstrəʊm] *n* torbellino *m*, remolino *m*.
maestro [ˈmaɪstrəʊ] *n* maestro *m*.
MAFF [mæf] *n abbr* (*Brit*) *of* **Ministry of Agriculture, Fisheries and Food** ≈ MAPA *m*.
mafia [ˈmæfɪə] *n* mafia *f*.
mag [mæg] *n abbr* (*Brit fam*) *of* **magazine**.
magazine [ˌmægəˈziːn] *n* **(a)** (*journal*) revista *f*. **(b)** (*in rifle*) recámara *f*.
magenta [məˈdʒentə] *adj* color magenta *inv*.
maggot [ˈmægət] *n* cresa *f*, gusano *m*.
Magi [ˈmeɪdʒaɪ] *npl*: **the ~** los Reyes Magos.
magic [ˈmædʒɪk] **1** *adj* mágico/a; **~ carpet** alfombra *f* voladora; **~ lantern** linterna *f* mágica; **~ wand** varita *f* mágica *or* de las virtudes; **to say the ~ word** dar la fórmula mágica. **2** *n* magia *f*; **as if by ~, like ~** por arte de magia/como por encanto.
magical [ˈmædʒɪkəl] *adj* mágico/a.
magician [mədʒɪʃən] *n* mago/a *m/f*; (*witch*) hechicero *m*, brujo *m*; (*conjuror*) prestidigitador(a) *m/f*.
magistrate [ˈmædʒɪstreɪt] *n* magistrado *m*, juez *m*; **~s' court** (*in England*) juzgado *m* de primera instancia.
magnanimous [mægˈnænɪməs] *adj* magnánimo/a.
magnate [ˈmægneɪt] *n* magnate *mf*.
magnesium [mægˈniːzɪəm] **1** *n* magnesio *m*. **2** *cpd*: **~ sulphate** *n* sulfato *m* magnésico.
magnet [ˈmægnɪt] *n* imán *m*.
magnetic [mægˈnetɪk] **1** *adj* magnético/a; (*fig*) carismático/a; **~ card reader** lector *m* de tarjeta magnética; **~ disk** disco *m* magnético; **~ field** campo *m* magnético; **~ stripe** raya *f* magnética; **~ tape** cinta *f* magnética.
magnetism [ˈmægnɪtɪzəm] *n* magnetismo *m*; (*fig*) magnetismo, atractivo *m*.
magnetize [ˈmægnɪtaɪz] *vt* (*gen*) magnetizar, imantar.
magnification [ˌmægnɪfɪˈkeɪʃən] *n* ampliación *f*, aumento *m*.
magnificence [mægˈnɪfɪsəns] *n* magnificencia *f*.
magnificent [mægˈnɪfɪsənt] *adj* magnífico/a.
magnify [ˈmægnɪfaɪ] *vt* **(a)** aumentar, ampliar; **to ~ sth 7 times** aumentar algo 7 veces; **~ing glass** lupa *f*. **(b)** (*exaggerate*) exagerar.
magnitude [ˈmægnɪtjuːd] *n* **(a)** (*gen*) magnitud *f*; (*importance*) envergadura *f*; **in operations of this ~** en operaciones de esta envergadura. **(b)** (*Astron*) magnitud *f*.
magnolia [mægˈnəʊlɪə] *n* magnolia *f*.
magnum [ˈmægnəm] **1** *n* botella *f* doble. **2** *adj*: **~ opus** obra *f* maestra.
magpie [ˈmægpaɪ] *n* urraca *f*.
maharajah [ˌmɑːhəˈrɑːdʒə] *n* maharajá *m*.
mahogany [məˈhɒgənɪ] *n* caoba *f*.
maid [meɪd] *n* **(a)** (*servant*) criada *f*, muchacha *f* (*CSur*), mucama *f* (*CSur*), recamarera *f* (*Mex*); (*in hotel*) camarera *f*; **~ of honour** dama *f* de honor. **(b)** (*old, poet: young girl*) doncella *f*; *see* **old 3**.
maiden [ˈmeɪdn] **1** *n* (*old, poet*) doncella *f*. **2** *adj* (*flight, speech*) inaugural, de inauguración. **3** *cpd*: **~ aunt** *n* tía *f* solterona; **~ name** *n* apellido *m* de soltera.
mail [meɪl] **1** *n* correo *m*; **is there any ~ for me?** ¿hay cartas para mí?; **air ~** correo aéreo; **by *or* through the ~** por correo. **2** *vt* mandar *or* enviar por correo; **~ing list** lista *f* de direcciones. **3** *cpd*: **~ merge** *n* fusión *f* del correo electrónico; **~ order** *n* venta *f* por correo; *see also* **mail-order**; **~ train** *n* tren *m* correo; **~ van** *n* (*Aut*) camioneta *f* de correos *or* reparto.
mailbag [ˈmeɪlbæg] *n* saca *f* de correos.
mailbomb [ˈmeɪlbɒm] *n* (*US*) paquete-bomba *m*.
mailbox [ˈmeɪlbɒks] *n* (*US, Comput*) buzón *m*.
mailcar [ˈmeɪlkɑːʳ] *n* (*US Rail*) furgón *m* postal.
mailman [ˈmeɪlmæn] *n* (*pl* **-men**) (*US*) cartero *m*.
mail-order [ˈmeɪlˌɔːdəʳ] *cpd*: **~ catalog** (*US*), **~ catalogue** *n* catálogo *m* de ventas por correo.
mailshot [ˈmeɪlʃɒt] *n* circular *f*, mailing *m*.
maim [meɪm] *vt* mutilar, lisiar; **to be ~ed for life** quedar lisiado de por vida.
main [meɪn] **1** *adj* (*gen*) principal; (*offices*) central; **the ~ body of troops** el grueso de las tropas; **the ~ thing is to +** *infin* lo más importante es + *infin*; **~ course** (*Culin*) plato *m* principal, plato fuerte; **~ line** línea *f* principal; (*Ferro*) interurbano *m*; **~ road** carretera *f*; **~ street** calle *f* mayor.

2 *n* **(a)** (*pipe*) conducto *m* principal; (*for gas, electricity*) canalización *f*, conducto.

(b) ~s cañería *f* maestra *or* principal; (*Elec*) red *f* eléctrica; **it works on battery or ~s** funciona con pila o electricidad.

(c) in the ~ (*on the whole*) en general; (*generally*) por lo general.

3 *cpd*: **~s supply** *n* suministro *m* de la red.
mainframe [ˈmeɪnfreɪm] *n* (*also* **~ computer**) ordenador *m or* computadora *f* central.
mainland [ˈmeɪnlənd] *n* tierra *f* firme, continente *m*.
mainly [ˈmeɪnlɪ] *adv* (*in the majority*) en su mayoría; (*principally*) principalmente, en primer lugar.
mainspring [ˈmeɪnsprɪŋ] *n* muelle *m* real; (*fig*) motivo *m* principal.
mainstay [ˈmeɪnsteɪ] *n* (*fig*) sostén *m* principal.
mainstream [ˈmeɪnstriːm] *n* (*fig*) corriente *f* principal; **to be in the ~ of modern philosophy** estar en la línea central de la evolución de la filosofía moderna.
maintain [meɪnˈteɪn] *vt* **(a)** (*keep up*) mantener, conservar. **(b)** (*support*) sostener; (*with goods*) sustentar. **(c)** (*claim*) **to ~ that ...** mantener que ..., sostener que ....
maintenance [ˈmeɪntɪnəns] **1** *n* **(a)** (*of machine etc*) mantenimiento *m*.

(b) (*money paid to divorced wife and family*) pensión *f* alimenticia.

(c) (*of house etc*) manutención *f*, cuidado *m*.

2 *cpd*: **~ agreement** *n* contrato *m* de mantenimiento; **~ allowance** *n* pensión *f* alimenticia; **~ contract** *n* = **~ agreement**; **~ costs** *npl* gastos *mpl* de mantenimiento; **~ order** *n* obligación *f* de pasar una pensión alimenticia al cónyuge; **~ staff** *n* personal *m* de servicios.
maisonette [ˌmeɪzəˈnet] *n* dúplex *m*.
maize [meɪz] **1** *n* maíz *m*; **ear of ~** elote (*Mex*), choclo (*And, CSur*). **2** *cpd*: **~ field** *n* maizal *m*.
Maj. *abbr of* **Major**.

majestic [mə'dʒestɪk] *adj* majestuoso/a.
majesty ['mædʒɪstɪ] *n* majestad *f*; **His/Her M~** Su Majestad; **Your M~** (Vuestra) Majestad.
major ['meɪdʒə^r] **1** *adj* (**a**) (*gen*) mayor; (*significant*) importante; **of ~ interest** de máximo interés; **of ~ importance** de la mayor importancia. (**b**) (*Mus*) mayor. **2** *n* (**a**) (*Mil*) comandante *m*, mayor *m* (*LAm*). (**b**) (*Jur*) mayor *mf* (de edad). (**c**) (*US Univ*) asignatura *f* principal; **he's a Spanish ~** estudia el español como asignatura principal. **3** *vi*: **to ~ in** (*US Univ*) especializarse en.
Majorca [mə'jɔːkə] *n* Mallorca *f*.
Majorcan [mə'jɔːkən] **1** *adj* mallorquín/ina. **2** *n* mallorquín/ina *m/f*; (*Ling*) mallorquín *m*.
majorette [ˌmeɪdʒə'ret] *n* batonista *f*.
majority [mə'dʒɒrɪtɪ] **1** *n* mayoría *f*; **they won by a ~** ganaron por mayoría (de votos); **a two-thirds ~** una mayoría de las dos terceras partes; **in the ~ of cases** en la mayoría *or* la mayor parte de los casos; **the vast ~** la inmensa mayoría. **2** *cpd*: **~ rule** *n* gobierno *m* mayoritario; **~ (share)holding** *n* accionado *m* mayoritario; **~ vote** *n*: **by a ~ vote** por la mayoría de los votos.
make [meɪk] (*pt, pp* **made**) **1** *vt* (**a**) (*gen*) hacer; (*manufacture*) fabricar; (*meal*) preparar; **made of silver** (hecho) de plata; **made in Italy** hecho en Italia; **to show what one is made of** demostrar quién es uno; **they were made for each other** están hechos el uno para el otro; **to ~ a friend of sb** trabar amistad con algn.
(**b**) (*carry out: journey*) emprender; (*: plan, suggestion*) hacer, preparar; (*: speech*) pronunciar; (*: application, excuse*) presentar; (*: payment*) efectuar; (*: agreement*) celebrar.
(**c**) (*commit: error*) cometer.
(**d**) (*cause to be or become*) hacer, volver, poner; **to ~ sb happy/angry** hacer feliz/poner furioso a algn; **to ~ sth difficult** hacer algo más difícil de lo que es; **he made it difficult for us to go out** nos puso dificultades para salir; **he made her a star** le hizo estrella; **to ~ sb nervous** poner nervioso a algn; **to ~ o.s. comfortable** ponerse cómodo; **it ~s me sick/ashamed** me da asco/vergüenza; **to ~ o.s. heard** hacerse oír.
(**e**) (*cause to do or happen*) hacer que; (*force*) obligar; **to ~ sb do sth** obligar a algn a hacer algo; **the film made her cry** la película le hizo llorar; **to ~ good** (*promise*) cumplir; (*loss*) compensar; **to ~ o.s. do sth** esforzarse por hacer algo; **what made you say that?** ¿cómo se te ocurrió decir eso?; **you can't ~ me (do it)** no puedes forzarme a hacerlo; **to ~ sth do, to ~ do with sth** defenderse con algo *or* arreglárselas.
(**f**) (*earn*) ganar; **how much do you ~?** ¿cuánto ganas?; **he ~s £350 a week** gana £350 a la semana; **the business ~s a profit** el negocio es rentable; **to ~ a fortune** enriquecerse; **how much do you stand to ~?** ¿cuánto esperas ganar?
(**g**) (*reach, achieve*) llegar a, alcanzar; **to ~ land/port** (*Naut*) llegar a la orilla/al puerto; **eventually we made it** por fin llegamos; **we made it just in time** llegamos justo a tiempo.
(**h**) (*cause to succeed*) asegurar el éxito de; **that's made my day!** ¡(eso) me ha dado un alegrón!; **he's got it made** (*fam*) lo tiene asegurado; **to ~ or break sb** hacer la fortuna o ser la ruina de algn; **his enterprise will ~ or break him** la empresa será su felicidad o su ruina.
(**i**) (*form, constitute*) formar, constituir; (*equal*) ser igual a, hacer; **2 and 2 ~ 4** dos más dos son cuatro; **this one ~s 20** con éste hacen veinte; **he made a good husband** resultó ser buen marido; **it made a nice surprise** fue una sorpresa agradable.
(**j**) (*estimate*) **what do you ~ the total?** ¿cuánto calculas que es el total?; **I ~ it 6 o'clock** calculo que serán las seis; **what do you ~ of this?** ¿qué te parece *or* cómo te explicas esto?; **what do you ~ of him?** ¿qué piensas de él?
2 *vi* (**a**) **to ~ after sb** perseguir a *or* correr tras algn.
(**b**) **he made as if to ...** hizo como si + *subjun*.
3 *n* (**a**) (*brand*) marca *f*; **what ~ of car was it?** ¿qué marca de coche fue?; **these are my own ~** estos son según mi propia receta.
(**b**) **to be on the ~** (*fam: for money*) ir a sacar dinero; (*: for sex*) andar tras algn.
► **make away** *vi + adv* = **make off**.
► **make for** *vi + prep* (**a**) (*place*) dirigirse a. (**b**) (*fig: result in*) crear.
► **make off** *vi + adv* largarse; **to ~ off with sth** llevarse algo.
► **make out 1** *vt + adv* (**a**) (*write out: cheque*) extender, expedir; (*: document*) redactar; (*fill in*) llenar, rellenar; **the cheque should be made out to Pérez** el cheque será nominativo a favor de Pérez; **to ~ out a case for sth** presentar una defensa de algo.
(**b**) (*see, discern*) distinguir, divisar; (*decipher*) descifrar; (*understand*) entender; **I can't ~ it out** no me lo explico.
(**c**) (*claim*) dar a entender, pretender; **he's not as rich as people ~ out** es menos rico de lo que dice la gente.
(**d**) (*imply*) **to ~ out that** implicar que; **to ~ sb out to be stupid** hacer parecer estúpido a algn; **all the time he made out he was working** todo el tiempo hacía creer que estaba trabajando.
2 (*fam*) *vi + adv* (*get on*) entenderse; (*: well: with person*) congeniarse; **how are you making out on your pension?** ¿cómo se las arregla con la pensión?
► **make over** *vt + adv* (*assign*) ceder, traspasar.
► **make up 1** *vt + adv* (**a**) (*invent*) inventar; **you're making it up!** ¡puro cuento!
(**b**) (*dress etc*) confeccionar.
(**c**) (*put together, prepare*) hacer, preparar; (*bed*) hacer.
(**d**) (*settle dispute*) resolver; **to ~ it up with sb** reconciliarse *or* hacer las paces con algn.
(**e**) (*complete*) completar.
(**f**) (*decide*) **to ~ up one's mind** decidirse.
(**g**) (*compensate for*) compensar; **to ~ it up to sb (for sth)** pagarle *or* devolverle el favor a algn; **to ~ up (lost) time** recuperar el tiempo perdido.
(**h**) (*constitute*) integrar; **it is made up of 6 parts** lo componen 6 partes.
(**i**) (*apply cosmetics to*) pintar, maquillar.
2 *vi + adv* (**a**) (*after quarrelling*) reconciliarse, hacer las paces.
(**b**) (*apply cosmetics*) maquillarse, pintarse.
(**c**) (*catch up*) **to ~ up on sb** alcanzar a algn.
► **make up for** *vi + prep*: **to ~ up for sth** compensar algo; **to ~ up for lost time** recuperar el tiempo perdido.
► **make up to** *vi + prep* (*fam: curry favour with*) congraciarse con.
make-believe ['meɪkbɪˌliːv] *n*: **the land of ~** el mundo del ensueño; **don't worry, it's just ~** no te preocupes, es pura comedia.
maker ['meɪkə^r] *n* (*manufacturer*) fabricante *mf*; (*Rel*) **M~** Creador *m*.
makeshift ['meɪkʃɪft] *adj* (*improvised*) improvisado/a; (*provisional*) provisional.
make-up ['meɪkʌp] **1** *n* (**a**) (*composition*) composición *f*; (*character*) carácter *m*, temperamento *m*. (**b**) (*cosmetics*) maquillaje *m*, pintura *f*. **2** *cpd*: **~ artist** *n* maquillador(a) *m/f*; **~ bag** *n* bolsa *f* del maquillaje.
making ['meɪkɪŋ] *n* (**a**) (*production*) fabricación *f*; (*preparation*) preparación *f*; (*cutting: of clothes*) confección *f*; **it was 2 hours in the ~** tardó 2 horas en hacerse; **it's history in the ~** esto pasará a la historia; **it was the ~ of him** fue lo que le consagró. (**b**) **he has the ~s of an actor** tiene madera de actor.
maladjusted ['mælə'dʒʌstɪd] *adj* (*Psych*) inadaptado/a.
maladroit ['mælə'drɔɪt] *adj* torpe.
malady ['mælədɪ] *n* mal *m*, enfermedad *f*.
malaise [mæ'leɪz] *n* malestar *m*.
malapropism ['mæləprɒpɪzəm] *n* despropósito *m*

lingüístico.

malaria [məˈlɛərɪə] *n* malaria *f*, paludismo *m*.

Malawi [məˈlɑːwɪ] *n* Malawi *m*, Malaui *m*.

Malay [məˈleɪ] **1** *adj* malayo/a. **2** *n* malayo/a *m/f*; (*Ling*) malayo *m*.

Malaya [məˈleɪə] *n* (*Hist*) Malaya *f*, Malaca *f*.

Malayan [məˈleɪən] *adj*, *n* malayo/a *m/f*.

Malaysia [məˈleɪzɪə] *n* Malasia *f*.

Malaysian [məˈleɪzɪən] *adj*, *n* malasio/a *m/f*.

Maldives [ˈmɔːldaɪvz], **Maldive Islands** [ˈmɔːldaɪv ˈaɪləndz] *npl* Maldivas *fpl*.

male [meɪl] **1** *adj* (*child*) hombre, varón; (*Bot, Tech, Zool*) macho; (*sex*) masculino/a; (*attire etc*) de hombre; ~ **chauvinism** machismo *m*; ~ **menopause** (*hum*) menopausia *f* masculina; ~ **nurse** enfermero *m*. **2** *n* (*person*) varón *m*; (*Bot, Zool*) macho *m*.

malediction [ˌmælɪˈdɪkʃən] *n* maldición *f*.

malevolent [məˈlevələnt] *adj* malévolo/a.

malformation [ˈmælfɔːˈmeɪʃən] *n* malformación *f*.

malformed [ˌmælˈfɔːmd] *adj* malformado/a.

malfunction [mælˈfʌŋkʃən] *n* (*of machine*) fallo *m*, mal funcionamiento *m*.

malice [ˈmælɪs] *n* (*grudge*) rencor *m*; (*badness*) malicia *f*; **out of** ~ por malevolencia; **I bear him no** ~ no le guardo rencor; ~ **aforethought** (*Jur*) premeditación *f*.

malicious [məˈlɪʃəs] *adj* malicioso/a; (*Jur*) delictuoso/a.

malign [məˈlaɪn] **1** *adj* maligno/a, malévolo/a. **2** *vt* (*person, reputation*) calumniar, difamar.

malignant [məˈlɪgnənt] *adj* malvado/a; (*Med*) maligno/a.

malingerer [məˈlɪŋgərəʳ] *n* enfermo/a *m/f* fingido/a.

mall [mɔːl] *n* (**a**) alameda *f*; (*US: pedestrian street*) calle *f* peatonal. (**b**) (*esp US: also* **shopping** ~) centro *m* comercial.

mallard [ˈmæləd] *n* pato *m* real.

malleable [ˈmælɪəbl] *adj* maleable, dúctil.

mallet [ˈmælɪt] *n* (*tool, Sport*) mazo *m*.

malnourished [ˌmælˈnʌrɪʃt] *adj* desnutrido/a.

malnutrition [ˈmælnjʊˈtrɪʃən] *n* desnutrición *f*.

malpractice [ˈmælˈpræktɪs] *n* negligencia *f*.

malt [mɔːlt] **1** *n* malta *f*. **2** *cpd*: ~ **extract** *n* extracto *m* de malta; ~ **whisky** *n* whisky *m* de malta.

Malta [ˈmɔːltə] *n* Malta *f*.

malted [ˈmɔːltɪd] *adj*: ~ **milk** leche *f* malteada.

Maltese [ˈmɔːlˈtiːz] **1** *adj* maltés/esa. **2** *n* (*pl* ~) maltés/esa *m/f*; (*Ling*) maltés *m*.

maltreat [mælˈtriːt] *vt* maltratar.

mam(m)a [məˈmɑː] *n* (*fam*) mamá *f*.

mammal [ˈmæməl] *n* mamífero *m*.

mammary [ˈmæmərɪ] **1** *adj* mamario/a; ~ **gland** mama *f*, teta *f*. **2** *n*: **mammaries** (*hum*) pechos *mpl*.

mammography [mæˈmɒgrəfɪ] *n* mamografía *f*.

mammoth [ˈmæməθ] **1** *n* mamut *m*. **2** *adj* descomunal, gigante.

mammy [ˈmæmɪ] *n* (*fam*) mamaíta *f*, mamacita *f*.

man [mæn] **1** *n* (*pl* **men**) (**a**) (*adult male*) hombre *m*; ~ **and wife** marido y mujer; **to live as** ~ **and wife** vivir como casados *or* en matrimonio; **best** ~ padrino de boda; **her** ~ **is in the army** su marido *or* novio está en el ejército; **my old** ~ (*fam*) el viejo (*fam*); **her young** ~ su novio; **the** ~ **in the street** el hombre de la calle; **I've lived here** ~ **and boy** vivo aquí desde pequeño; **he's a** ~ **about town** es un gran vividor; **a** ~ **of the world** un hombre de mundo; **to make a** ~ **of sb** hacer un hombre de algn; **the army will make a** ~ **out of him** el ejército le hará un hombre; **this will separate** *or* **sort the men from the boys** con esto se verá quiénes son hombres y quiénes no.

(**b**) (*humanity in general: also* **M**~) el hombre.

(**c**) (*person*) persona *f*; **no** ~ ninguno, nadie; **any** ~ cualquier hombre, cualquiera; **that** ~ **Jones** aquel Jones; **the strong** ~ **of the government** el hombre fuerte del gobierno; **what else could a** ~ **do?** ¿es que se podía hacer otra cosa?; **as one** ~ como un solo hombre; ~ **to** ~ de hombre a hombre; **they agreed to a** ~ no hubo voz en contra.

(**d**) (*type*) **then I'm your** ~ entonces soy el hombre que Ud necesita; **he's not the** ~ **for the job** no es el más indicado para el puesto; **I'm not a drinking** ~ yo no bebo; **he's a family** ~ (*with family*) es padre de familia; (*home-loving*) es muy casero; **he's his own** ~ es un hombre muy fiel a sí mismo; **he's a** ~**'s** ~ es un hombre estimado entre otros hombres; **are you** ~ **enough to do it?** ¿tienes bastante valor para hacerlo?; **to feel (like) a new** ~ sentirse como nuevo.

(**e**) (*fam: interj*) ¡tío!; ~, **was I startled!** ¡vaya susto que me dio!, ¡qué susto me pegué!

(**f**) **the** ~ **who does the garden** el señor que hace el jardín; **officers and men** oficiales y soldados.

(**g**) (*Chess*) pieza *f*; (*Draughts*) ficha *f*.

2 *vt* tripular; **the gun is** ~**ned by 4 soldiers** 4 soldados manejan el cañón; **the telephone is** ~**ned all day** el teléfono está atendido todo el día; *see also* **manned**.

manacles [ˈmænəklz] *npl* esposas *fpl*.

manage [ˈmænɪdʒ] **1** *vt* (**a**) (*direct: gen, Comm*) dirigir; (*organization, institution*) administrar; (*Comput: system, network*) gestionar; (*household*) llevar; (*money*) manejar; **the election was** ~**d** (*pej*) las elecciones fueron manipuladas; ~**d fund** fondo *m* dirigido.

(**b**) (*handle, control*) dominar, gobernar; **I can** ~ **that child** sé cómo tratar a ese niño; **I can** ~ **any dog** sé domar cualquier perro.

(**c**) **to** ~ **to do sth** conseguir *or* alcanzar a hacer algo; **he** ~**d not to get his feet wet** logró no mojarse los pies; **£5 is the most I can** ~ no puedo dar más de cinco libras; **can you** ~ **on £5?** ¿te alcanzan 5 libras?; **I shall** ~ **it** lo podré hacer; **can you** ~ **the cases?** ¿puedes *or* te apañas con las maletas?; **can you** ~ **8 o'clock?** ¿puedes venir a las ocho?

2 *vi* ir tirando, arreglárselas; **can you** ~**?** ¿te las arreglas?; **how do you** ~**?** ¿cómo te las arreglas?; **to** ~ **without sth/sb** prescindir de algo/algn.

manageable [ˈmænɪdʒəbl] *adj* (*person*) dócil, manejable; (*animal*) domable; (*tool*) manejable.

management [ˈmænɪdʒmənt] **1** *n* (**a**) (*of firm etc*) dirección *f*, administración *f*, gestión *f*.

(**b**) (*people*) dirección *f*, gerencia *f*; (*board of* ~) cuerpo *m* de dirección, junta *f* directiva; **'under new** ~**'** 'bajo nueva dirección'; ~ **and workers** directivos y empleados.

(**c**) (*Univ: also* ~ **studies**) administración *f* de empresas.

2 *cpd*: ~ **accounting** *n* contabilidad *f* de gestión; ~ **committee** *n* consejo *m* de administración; ~ **consultancy** *n* consultoría *f* gerencial; ~ **consultant** *n* consultor(a) *m/f* en dirección de empresas; ~ **fee** *n* honorarios *mpl* de dirección; ~ **review** *n* revisión *f* de gestión (de la gerencia).

manager [ˈmænɪdʒəʳ] *n* (*gen*) director(a) *m/f*; (*of firm, bank, hotel*) gerente *mf*; (*of football team*) director(a) técnico/a; (*of restaurant, shop*) encargado/a *m/f*; **sales** ~ jefe de ventas.

manageress [ˌmænɪdʒəˈres] *n* (*of restaurant, shop*) encargada *f*.

managerial [ˌmænəˈdʒɪərɪəl] *adj* administrativo/a; **at** ~ **level** a nivel directivo; ~ **staff** personal *m* dirigente.

managing director [ˌmænɪdʒɪŋdɪˈrektəʳ] *n* director(a) *m/f* gerente.

Mancunian [mænˈkjuːnɪən] **1** *adj* de Manchester. **2** *n* nativo/a *m/f* *or* habitante *mf* de Manchester.

mandarin [ˈmændərɪn] *n* (**a**) (*person*) mandarín *m*. (**b**) (*fruit*) mandarina *f*.

mandate [ˈmændeɪt] *n* mandato *m*.

mandatory [ˈmændətərɪ] *adj* obligatorio/a.

man-day [ˈmænˈdeɪ] *n* (*pl* ~**s**) día-hombre *m*.

mandolin(e) ['mændəlɪn] *n* mandolina *f*.
mane [meɪn] *n* (*of animal*) melena *f*.
man-eater ['mæn,iːtəʳ] *n* tigre *m etc* devorador de hombres; (*fam: woman*) devoradora *f* de hombres.
maneuver *etc* [mə'nuːvəʳ] (*US*) = **manoeuvre** *etc*.
manganese [,mæŋgə'niːz] *n* (*Chem*) manganeso *m*.
mange [meɪndʒ] *n* roña *f*, sarna *f*.
mangle[1] ['mæŋgl] *n* escurridor *m*.
mangle[2] ['mæŋgl] *vt* (*crush*) aplastar, apachurrar.
mango ['mæŋgəʊ] *n* (*pl* **~es**) mango *m*.
manhandle ['mæn,hændl] *vt* (*Tech*) manipular; (*fig*) maltratar.
manhole ['mænhəʊl] *n* boca *f* de acceso.
manhood ['mænhʊd] *n* (**a**) (*age of majority*) mayoría *f* de edad, madurez *f*. (**b**) (*manliness*) hombradía *f*, virilidad *f*. (**c**) (*men*) hombres *mpl*.
man-hour ['mæn'aʊəʳ] *n* (*pl* **~s**) hora-hombre *f*.
manhunt ['mænhʌnt] *n* caza *f* de hombre.
mania ['meɪnɪə] *n* manía *f*; **to have a ~ for (doing) sth** tener la manía de hacer algo.
maniac ['meɪnɪæk] *n* (**a**) manío/a *m/f*; **he drives like a ~** conduce como un loco. (**b**) **these sports ~s** (*fig*) estos fanáticos del deporte.
manic-depressive ['mænɪkdɪ'presɪv] *adj*, *n* (*Psych*) maníodepresivo/a *m/f*.
manicure ['mænɪkjʊəʳ] **1** *n* manicura *f*. **2** *vt* hacerle a algn la manicura. **3** *cpd*: **~ case**, **~ set** *n* estuche *m* de manicura.
manifest ['mænɪfest] **1** *adj* manifiesto/a, patente, evidente. **2** *vt* manifestar. **3** *n* (*Comm*) manifiesto *m*.
manifestation [,mænɪfes'teɪʃən] *n* manifestación *f*.
manifesto [,mænɪ'festəʊ] *n* (*pl* **~es**) manifiesto *m*.
manifold ['mænɪfəʊld] **1** *adj* (*numerous*) múltiples; (*varied*) diversos/as. **2** *n* (*Aut etc*) colector *m* de escape.
Manila [mə'nɪlə] *n* Manila *f*.
manil(l)a [mə'nɪlə] *adj* (*envelope, paper*) manila.
manioc ['mænɪɒk] *n* mandioca *f*.
manipulate [mə'nɪpjʊleɪt] *vt* (*tool, machine, vehicle*) manipular, manejar; (*facts, figures*) falsear, falsificar; (*public opinion, person*) manipular.
manipulation [mə,nɪpjʊ'leɪʃən] *n* (*see vt*) manipulación *f*, manejo *m*; falseamiento *m*.
manipulative [mə'nɪpjʊlətɪv] *adj* manipulativo/a.
mankind [mæn'kaɪnd] *n* humanidad *f*, género *m* humano.
manliness ['mænlɪnɪs] *n* virilidad *f*, hombría *f*.
manly ['mænlɪ] *adj* (*comp* **-ier**; *superl* **-iest**) viril, macho; **to be very ~** ser muy hombre.
man-made ['mæn'meɪd] *adj* (*fibres*) sintético/a; (*lake etc*) artificial.
manned [mænd] *adj* tripulado/a.
mannequin ['mænɪkɪn] *n* (*dummy*) maniquí *m*; (*fashion*) modelo *f*.
manner ['mænəʳ] *n* (**a**) (*mode*) manera *f*, modo *m*; **after** *or* **in the ~ of X** siguiendo *or* en el estilo de X; **in such a ~ that ...** de tal manera que ...; **in a ~ of speaking** en cierto sentido, hasta cierto punto; **a princess (as) to the ~ born** una princesa nata.

(**b**) (*behaviour etc*) forma *f* de ser, comportamiento *m*; **I don't like his ~** no me gusta su modo de ser; **there's sth odd about his ~** tiene un aire algo raro.

(**c**) **~s** (*good, bad etc*) modales *mpl*, educación *fsg*; **good ~s** educación; **bad ~s** falta de educación; **he's got no ~s** es un mal educado; **road ~s** comportamiento en la carretera; **it's bad ~s to yawn** es de mala educación bostezar; **to teach sb ~s** enseñarle a algn a portarse bien.

(**d**) **~s** (*of society*) costumbres *fpl*; **a novel of ~s** una novela costumbrista *or* de costumbres; **~s maketh man** la conducta forma al hombre.

(**e**) (*class, type*) **all ~ of** toda clase *or* suerte de; **by no ~ of means** de ningún modo.
mannered ['mænəd] *adj* (*style*) amanerado/a; (*camp*) cursi.
mannerism ['mænərɪzəm] *n* (**a**) (*gesture etc*) gesto *m*. (**b**) (*Art etc*) característica *f*.
mannerly ['mænəlɪ] *adj* bien educado/a, formal.
mannish ['mænɪʃ] *adj* hombruno/a.
manoeuvrable, (*US*) **maneuverable** [mə'nuːvrəbl] *adj* manejable.
manoeuvre, (*US*) **maneuver** [mə'nuːvəʳ] **1** *n* (**a**) (*Mil*) maniobra *f*; **to be on ~s** estar de maniobras. (**b**) (*clever plan*) maniobra *f*, estratagema *f*; **this leaves us little room for ~** esto apenas nos deja espacio en que hacer cambios de posición. **2** *vt* (*gen*) maniobrar; **to ~ a gun into position** colocar un cañón en su posición; **to ~ sb into doing sth** manipular a algn para que haga algo. **3** *vi* maniobrar.
manor ['mænəʳ] **1** *n* señorío *m*. **2** *n*: **~ house** *n* casa *f* solariega, casona *f*, casa señorial.
manpower ['mænpaʊəʳ] *n* mano *f* de obra; (*Mil*) soldados *mpl*.
manse [mæns] *n* (*esp Scot*) casa *f* del pastor (protestante).
mansion ['mænʃən] *n* mansión *f*.
manslaughter ['mæn,slɔːtəʳ] *n* homicidio *m* involuntario.
mantelpiece ['mæntlpiːs] *n* repisa *f* (de chimenea).
mantis ['mæntɪs] *n*: **praying ~** mantis *f* religiosa.
mantle ['mæntl] *n* (**a**) (*layer*) capa *f*; (*blanket*) manto *m*; **a ~ of snow** una capa de nieve. (**b**) (*gas ~*) manguito *m* incandescente.
man-to-man ['mæntə'mæn] *adj*, *adv* entre hombres.
manual ['mænjʊəl] **1** *adj* manual; **~ worker** trabajador(a) *m/f* manual. **2** *n* manual *m*.
manufacture [,mænjʊ'fæktʃəʳ] **1** *n* (*act*) fabricación *f*; (*manufactured item*) manufactura *f*. **2** *vt* (**a**) fabricar; **~d goods** artículos *mpl* manufacturados. (**b**) (*fig*) fabricar, inventar.
manufacturer [,mænjʊ'fæktʃərəʳ] *n* fabricante *mf*.
manufacturing [,mænjʊ'fæktʃərɪŋ] **1** *n* fabricación *f*. **2** *cpd* manufacturero/a; **~ costs** *npl* costos *mpl* de fabricación; **~ industries** *npl* industrias *fpl* manufactureras.
manure [mə'njʊəʳ] **1** *n* abono *m*, estiércol *m*. **2** *vt* abonar, estercolar. **3** *cpd*: **~ heap** *n* estercolero *m*.
manuscript ['mænjʊskrɪpt] **1** *n* manuscrito *m*. **2** *adj* en manuscrito.
Manx [mæŋks] **1** *adj* de la Isla de Man. **2** *n* (*Ling*) lengua *f* de la Isla de Man; **the ~** (*people*) los nativos de la Isla de Man.
Manxman ['mæŋksmən] *n* (*pl* **-men**) nativo *m* de la Isla de Man.
many ['menɪ] **1** *adj* muchos/as; **not ~** pocos/as; **~ people** mucha gente; **not ~ people** poca gente; **in ~ cases** en muchos casos; **there were as ~ as 100 at the meeting** asistieron a la reunión hasta cien personas; **he has as ~ as I have** tiene tantos como yo; **there's one too ~** sobra uno; **he's had one too ~** ha tomado uno de más; **as ~ again** otros tantos; **a good** *or* **a great ~ houses** muchas *or (LAm)* bastantes casas; **so ~ flies** tantas moscas.

2 *pron* muchos/as; **~ of them came** muchos (de ellos) vinieron; **not ~ came** vinieron pocos; **how ~ are there?** ¿cuántos hay?; **how ~ there are!** ¡cuántos hay!; **there are too ~** hay demasiados.
many-coloured, (*US*) **many-colored** ['menɪ'kʌləd] *adj* multicolor.
Maori ['maʊrɪ] *adj*, *n* maorí *mf*.
map [mæp] **1** *n* (*of town*) plano *m*; (*of world, country*) mapa *m*; **this will put us on the ~** (*fig*) esto nos dará a conocer; **it's right off the ~** (*fig*) está en el quinto infierno. **2** *vt*: **to ~ an area** levantar mapa de una zona.
▸ **map out** *vt + adv* (**a**) indicar en un mapa. (**b**) (*fig: plan*) proyectar, planear.
maple ['meɪpl] **1** *n* arce *m*. **2** *cpd*: **~ leaf** *n* hoja *f* de arce; **~ syrup** *n* jarabe *m* de arce.

mapmaking ['mæp,meɪkɪŋ], **mapping** ['mæpɪŋ] *n* cartografía *f*.
Mar. *abbr of* **March** mar.
mar [mɑːʳ] *vt* estropear, echar a perder; **to ~ sb's enjoyment** aguarle la fiesta a algn.
maraschino [,mærəs'kiːnəʊ] **1** *n* marrasquino *m*. **2** *cpd*: **~ cherries** *npl* guindas *fpl* en conserva de marrasquino.
marathon ['mærəθən] **1** *n* maratón *m*. **2** *adj* larguísimo/a, interminable.
marauder [mə'rɔːdəʳ] *n* merodeador(a) *m/f*, intruso/a *m/f*.
marauding [mə'rɔːdɪŋ] *adj* merodeador(a), intruso/a.
marble ['mɑːbl] **1** *n* **(a)** (*material*) mármol *m*. **(b)** (*work in ~*) obra *f* en mármol. **(c)** (*glass ball*) canica *f*, bolita *f* (*CSur*); **to lose one's ~s** (*fam*) perder la chaveta (*fam*); **to play ~s** jugar a las canicas. **2** *cpd* marmóreo/a, de mármol.
marbled ['mɑːbld] *adj* (*surface*) jaspeado/a.
March [mɑːtʃ] *n* marzo *m*; *see* **July** *for usage*.
march [mɑːtʃ] **1** *n* (*Mil, Mus*) marcha *f*; (*fig: long walk*) caminata *f*; **day's ~** etapa *f*; **forced ~** marcha forzada; **on the ~** en marcha; **we were on the ~ to the capital** marchábamos sobre la capital.
2 *vt* (*Mil*) hacer una marcha; **to ~ sb off** llevarse a algn.
3 *vi* (*Mil*) marchar; (*also* **~ past**) desfilar; (*Pol*) manifestarse, hacer una manifestación; **forward/quick ~!** de frente/al trote ¡ar!; **to ~ into a room** entrar resueltamente en un cuarto; **to ~ out** salir airado; **to ~ up to sb** abordar a algn.
4 *cpd*: **~ past** *n* (*Mil*) desfile *m*.
marching ['mɑːtʃɪŋ] *cpd*: **~ orders** *npl* (*Mil*) orden *fsg* de ponerse en marcha; **to get one's ~ orders** (*fam*) ser despedido; **to give sb his ~ orders** (*fam*) despedir a algn.
mare [mɛəʳ] *n* yegua *f*.
marg [mɑːdʒ] *n abbr* (*Brit fam*) *of* **margarine**.
margarine [,mɑːdʒə'riːn] *n* margarina *f*.
marge [mɑːdʒ] *n abbr* (*Brit fam*) *of* **margarine**.
margin ['mɑːdʒɪn] *n* **(a)** (*on page*) margen *m*; **to write sth in the ~** escribir algo al margen. **(b)** (*fig*) límite *m*, margen *m*; **~ of error** margen de error. **(c)** (*Comm: also* **profit ~**) margen *m* de beneficio.
marginal ['mɑːdʒɪnl] *adj* marginal.
marginally ['mɑːdʒɪnəlɪ] *adv* ligeramente.
marguerite [,mɑːgə'riːt] *n* margarita *f*.
marigold ['mærɪgəʊld] *n* (*Bot*) maravilla *f*.
marijuana, **marihuana** [,mærɪ'hwɑːnə] *n* marihuana *f*, marijuana *f*, mariguana *f*.
marina [mə'riːnə] *n* puerto *m* deportivo.
marinade [,mærɪ'neɪd] *n* adobo *m*.
marinate ['mærɪneɪt] *vt* adobar.
marine [mə'riːn] **1** *adj* marino/a, marítimo/a; **~ engineer** ingeniero *m* naval; **~ insurance** seguro *m* marítimo. **2** *n* **(a)** (*fleet*) marina *f*. **(b)** (*person*) soldado *m* de infantería de marina; **~s** infantería *fsg* de marina; **tell that to the ~s!** (*fam*) ¡cuéntaselo a tu abuela!
mariner ['mærɪnəʳ] *n* marinero *m*, marino *m*.
marionette [,mærɪə'net] *n* títere *m*, marioneta *f*.
marital ['mærɪtl] *adj* matrimonial; **~ problems** problemas *mpl* matrimoniales; **~ status** estado *m* civil.
maritime ['mærɪtaɪm] *adj* marítimo/a; **~ law** código *m or* derecho *m* marítimo.
mark[1] [mɑːk] *n* (*currency*) marco *m*.
mark[2] [mɑːk] **1** *n* **(a)** (*stain, spot etc*) mancha *f*; (*imprint, trace*) huella *f*; **gas ~ 1** número 1 del gas; **the ~s of violence** las señales de violencia; **to leave one's ~** dejar memoria de sí; **to leave one's ~ on sth** dejar sus huellas en algo.
(b) (*in exam*) nota *f*, calificación *f*; **to get high ~s in French** sacar buena nota en francés; **to get no ~s at all as a cook** (*fig*) ser un desastre como cocinero; **there are no ~s for guessing** las simples conjeturas no merecen punto alguno.
(c) (*sign, indication*) señal *f*; (*proof*) prueba *f*; **it's the ~ of a gentleman** es señal de un caballero; **it bears the ~ of genius** lleva la marca de un genio.
(d) (*instead of signature*) signo *m*, cruz *f*; **to make one's ~** firmar con una cruz; (*fig*) hacerse valer, distinguirse.
(e) (*in trade names*) marca *f*, etiqueta *f*; **a Spitfire M~ 1** un Spitfire (de) primera serie.
(f) (*target*) blanco *m*; **to hit the £1000 ~** alcanzar el total de 1000 libras; **to hit the ~** (*lit*) alcanzar el objetivo, acertar; (*fig*) dar en el clavo; **to be wide of the ~** (*lit*) errar el tiro; (*fig*) estar lejos de la verdad; **he's way off the ~** (*fig*) no acierta ni con mucho.
(g) (*Sport*) **to be quick/slow off the ~** ser rápido/lente al salir; (*fig*) ser muy vivo/parado; **on your ~s, get set, go!** ¡preparados, listos, ya!
(h) to be up to the ~ (*in efficiency etc: person*) estar a la altura de las circunstancias; (*: work*) alcanzar el nivel necesario.
2 *vt* **(a)** (*make a ~ on*) marcar; (*stain*) manchar; **~ it with an asterisk** ponga un asterisco allí; **he wasn't ~ed at all** no mostraba señal alguna de golpe.
(b) (*label*) rotular; (*price*) indicar el precio de; **the chair is ~ed at £2** la silla tiene un precio de dos libras.
(c) (*indicate*) señalar, indicar; **this ~s the frontier** esto marca la frontera; **it ~s a change of policy** indica un cambio de política; **it's not ~ed on the map** no está indicado en el mapa.
(d) (*heed*) **~ my words!** ¡fíjese *or* acuérdese bien de lo que le digo!, ¡te lo advierto!; **~ you** ahora (bien).
(e) (*exam*) calificar; (*candidate*) dar nota a; **to ~ sth right/wrong** aprobar/rechazar *or* (*LAm*) reprobar algo.
(f) (*Sport*) marcar.
(g) to ~ time (*Mil*) marcar el paso; (*fig*) estancarse.
3 *vi* mancharse.
► **mark down** *vt + adv* **(a)** (*note down*) apuntar, anotar. **(b)** (*prices, goods*) rebajar el precio de; *see also* **markdown**.
► **mark off** *vt + adv* **(a)** (*separate*) separar, dividir; (*distinguish*) distinguir, diferenciar. **(b)** (*tick off*) indicar, señalar; (*cross out*) tachar.
► **mark out** *vt + adv* **(a)** trazar, jalonar. **(b)** (*single out*) señalar; **he's ~ed out for promotion** se le ha señalado para un ascenso.
► **mark up** *vt + adv* **(a)** (*write up*) apuntar. **(b)** (*price, goods*) sobrecargar; *see also* **mark-up**.
markdown ['mɑːkdaʊn] *n* (*Comm*) reducción *f*.
marked [mɑːkt] *adj* (*gen*) marcado/a, acusado/a; (*improvement*) sensible; **a ~ man** un hombre condenado; **~ price** precio *m* corriente.
markedly ['mɑːkɪdlɪ] *adv* (*gen*) marcadamente; (*differ*) apreciablemente; (*improve*) sensiblemente.
marker ['mɑːkəʳ] *n* (*gen*) marcador *m*; (*pen*) rotulador *m*; (*in book*) registro *m*; (*in field*) jalón *m*.
market ['mɑːkɪt] **1** *n* **(a)** mercado *m*; **to go to ~** ir al mercado.
(b) (*trade*) mercado *m*; **overseas/domestic ~** mercado exterior/nacional; **open ~** mercado libre; **to be in the ~ for sth** estar dispuesto a comprar algo; **to be on the ~** estar de venta; **to bring** *or* **put a product on(to) the ~** lanzar un producto al mercado; **to come on(to) the ~** salir a la *or* ponerse en venta; **to flood the ~ with sth** inundar el mercado de algo.
(c) (*area*) mercado *m*; (*demand*) demanda *f*; **there is a ready ~ for video games** hay una gran demanda de videojuegos.
(d) (*stock ~*) bolsa *f* (de valores); **to play the ~** jugar a la bolsa.
2 *vt* (*sell*) comercializar, poner en venta; (*promote*) publicitar.
3 *cpd*: **~ analysis** *n* análisis *m* de mercado(s); **~ de-**

mand *n* demanda *f* del mercado; ~ **forces** *npl* fuerzas *fpl* del mercado; ~ **garden** *n* (*small*) huerto *m*; (*large*) huerta *f*; ~ **leader** *n* líder *m* del mercado; ~ **penetration** *n* penetración *f* del mercado; ~ **place** *n* plaza *f* (del mercado); (*world of trade*) mercado *m*; ~ **price** *n* precio *m* de mercado; ~ **research** *n* estudios *mpl* de mercados; ~ **share** *n* cuota *f* del mercado; ~ **study,** ~ **survey** *n* estudio *m* del mercado; ~ **trends** *npl* tendencias *fpl* de mercado; ~ **value** *n* valor *m* en el mercado.

marketable ['mɑːkɪtəbl] *adj* vendible.

marketing ['mɑːkɪtɪŋ] **1** *n* márketing *m*, mercadotecnia *f*. **2** *cpd*: ~ **agreement** *n* acuerdo *m* mercantil; ~ **department** *n* sección *f* mercantil; ~ **director** *n* jefe/a *m/f* de márketing; ~ **manager** *n* director(a) *m/f* de márketing; ~ **plan** *n* plan *m* de distribución de mercancías; ~ **strategy** *n* estrategia *f* mercadológica.

market-led ['mɑːkɪt'led] *adj* generado/a por el mercado.

marking ['mɑːkɪŋ] **1** *n* (**a**) (*on animal*) pinta *f*. (**b**) (*Scol*) calificación *f*, nota *f*. **2** *cpd*: ~ **ink** *n* tinta *f* indeleble *or* de marcar.

marksman ['mɑːksmən] *n* (*pl* **-men**) tirador *m*.

mark-up ['mɑːkʌp] *n* (*profit*) margen *m* (de beneficio); (*price increase*) aumento *m* de precio.

marmalade ['mɑːməleɪd] *n* mermelada *f* (de limón *or* naranja amarga).

maroon[1] [mə'ruːn] **1** *adj* granate. **2** *n* (*colour*) granate *m*.

maroon[2] [mə'ruːn] *vt* abandonar (en una isla desierta); **we were ~ed by floods** quedamos aislados por las inundaciones.

marquee [mɑː'kiː] *n* entoldado *m*.

marquess, marquis ['mɑːkwɪs] *n* marqués *m*.

Marrakech, Marrakesh [,mærə'keʃ] *n* Marakech *m*.

marriage ['mærɪdʒ] **1** *n* (*state*) matrimonio *m*; (*wedding*) boda *f*, casamiento *m*. **2** *cpd*: ~ **bonds** *npl* lazos *mpl* matrimoniales; ~ **certificate** *n* partida *f* de casamiento; ~ **guidance** *n* orientación *f* matrimonial; ~ **guidance counsellor** *n* consejero/a *m/f* matrimonial; ~ **licence** *n* = ~ **certificate;** ~ **vows** *npl* votos *mpl* matrimoniales.

marriageable ['mærɪdʒəbl] *adj*: **of** ~ **age** en edad de casarse.

married ['mærɪd] *adj* casado/a; **he's married to his job** está casado con su trabajo; ~ **couple** matrimonio *m*; ~ **life** vida *f* matrimonial; **her** ~ **name** su apellido de casada; ~ **quarters** (*Mil*) residencia *fsg* para matrimonios.

marrow ['mærəʊ] *n* (**a**) (*Anat*) médula *f*, tuétano *m*; **to be frozen to the** ~ estar helado hasta el tuétano. (**b**) (*Bot: also* **vegetable** ~) calabacín *m*, zapallo *m* (*LAm*).

marrowbone ['mærəʊbəʊn] *n* hueso *m* con tuétano.

marry ['mærɪ] **1** *vt* (*give or join in marriage*) casar; (*take in marriage*) casarse con. **2** *vi* (*also* **to get married**) casarse; **to** ~ **into a rich family** emparentar con una familia rica.

Mars [mɑːz] *n* Marte *m*.

Marseilles [mɑː'seɪlz] *n* Marsella *f*.

marsh [mɑːʃ] *n* pantano *m*, ciénaga *f*.

marshal ['mɑːʃəl] **1** *n* (*Mil*) mariscal *m*; (*for demonstration, meeting*) oficial *m*. **2** *vt* (*soldiers, procession*) formar; (*facts etc*) ordenar, arreglar.

marshalling yard ['mɑːʃəlɪŋjɑːd] *n* playa *f* de clasificación.

marshmallow ['mɑːʃ'mæləʊ] *n* (*Bot*) malvavisco *m*; (*sweet*) bombón *m* de merengue blando.

marshy ['mɑːʃɪ] *adj* (*comp* **-ier**; *superl* **-iest**) pantanoso/a.

marsupial [mɑː'suːpɪəl] *n* marsupial *m*.

martial ['mɑːʃəl] *adj* marcial; ~ **arts** artes *fpl* marciales; ~ **law** ley *f* marcial.

Martian ['mɑːʃɪən] *adj, n* marciano/a *m/f*.

martin ['mɑːtɪn] *n* avión *m*, vencejo *m*.

Martini ® [mɑː'tiːnɪ] *n* vermú *m*; (*US: cocktail*) martini *m* americano (*vermú seco con ginebra*).

martyr ['mɑːtəʳ] *n* mártir *mf*; **to be a** ~ **to arthritis** ser víctima de la artritis.

martyrdom ['mɑːtədəm] *n* martirio *m*.

marvel ['mɑːvəl] **1** *n* maravilla *f*; **if he gets there it will be a** ~ (*fam*) si llega será milagro; **it's a** ~ **to me how she does it** no llego a entender cómo lo hace; **you're a** ~ eres una maravilla. **2** *vi* maravillarse, asombrarse.

marvellous, (*US*) **marvelous** ['mɑːvələs] *adj* maravilloso/a; (*fam*) estupendo/a, macanudo/a (*LAm*), regio/a (*LAm*), chévere (*Ven*).

Marxism ['mɑːksɪzəm] *n* marxismo *m*.

Marxist ['mɑːksɪst] *adj, n* marxista *mf*.

marzipan [,mɑːzɪ'pæn] *n* mazapán *m*.

mascara [mæs'kɑːrə] *n* rímel *m*.

mascot ['mæskət] *n* mascota *f*.

masculine ['mæskjʊlɪn] **1** *adj* masculino/a. **2** *n* (*Ling*) masculino *m*.

MASH [mæʃ] *n abbr* (*US*) *of* **mobile army surgical unit** *unidad quirúrgica móvil del ejército*.

mash [mæʃ] **1** *n* (*for animals*) afrecho *m*; (*also* **~ed potatoes**) puré *m* de patatas *or* (*LAm*) papas. **2** *vt* amasar, machacar; (*potatoes*) hacer un puré de.

mask [mɑːsk] **1** *n* (*gen, fig, Comput*) máscara *f*; **face** ~ (*Med, also cosmetic*) mascarilla *f*. **2** *vt* enmascarar; (*fig*) encubrir, ocultar.

masked [mɑːskt] *adj* enmascarado/a; (*terrorist etc*) encapuchado/a.

masochism ['mæsəʊkɪzəm] *n* masoquismo *m*.

masochist ['mæsəʊkɪst] *n* masoquista *mf*.

masochistic [,mæsəʊ'kɪstɪk] *adj* masoquista.

mason ['meɪsn] *n* (**a**) (*builder*) albañil *m*. (**b**) (*freemason*) (franc)masón *m*.

masonry ['meɪsnrɪ] *n* (*stonework*) mampostería *f*; (*craft*) albañilería *f*, (*rubble*) escombros *mpl*.

masque [mɑːsk] *n* mascarada *f*.

masquerade [,mæskə'reɪd] **1** *n* (*pretence*) mascarada *f*. **2** *vi*: **to** ~ **as** hacerse pasar por.

Mass. *abbr* (*US*) *of* **Massachusetts**.

mass[1] [mæs] *n* (*Rel*) misa *f*; **to say** ~ decir misa; **to go to** ~ oír misa.

mass[2] [mæs] **1** *n* (**a**) (*Phys etc*) masa *f*; (*of people*) multitud *f*, muchedumbre *f*; **he's a** ~ **of bruises** está todo amoratado; **he's a** ~ **of nerves** es un madeja de nervios; **in the** ~ en conjunto; **the ~es** las masas.

(**b**) **~es** (*fam*) montones *mpl*, cantidad *fsg*.

2 *vt* reunir en masa.

3 *vi* (*people: gather*) concentrarse; (*: crowd*) amontonarse.

4 *cpd* en *or* de masa; ~ **market** *n* mercado *m* popular; ~ **media** *npl* medios *mpl* de comunicación (de masas); ~ **meeting** *n* concentración *f*; ~ **murder** *n* matanza *f*; ~ **production** *n* producción *f* en serie *or* cadena; ~ **resignation(s)** *n(pl)* dimisión *fsg* en masa; ~ **unemployment** *n* paro *m* masivo.

massacre ['mæsəkəʳ] **1** *n* carnicería *f*, masacre *f*. **2** *vt* masacrar.

massage ['mæsɑːʒ] **1** *n* masaje *m*. **2** *vt* dar masaje a; (*fam: figures*) maquillar (*fam*).

masseur [mæ'sɜːʳ] *n* masajista *m*.

masseuse [mæ'sɜːz] *n* masajista *f*.

massive ['mæsɪv] *adj* (*solid*) macizo/a; (*contribution, support, intervention*) masivo/a, imponente.

mass-produce ['mæsprə'djuːs] *vt* producir *or* fabricar en serie *or* cadena.

mass-produced ['mæsprə,djuːst] *adj* fabricado/a en serie.

mast [mɑːst] *n* (*Naut*) mástil *m*, palo *m*; (*Rad etc*) antena *f*, torre *f*.

mastectomy [mæ'stektəmɪ] *n* (*Med*) mastectomía *f*.

master ['mɑːstəʳ] **1** *n* (**a**) (*of servant, house, dog*) amo *m*, dueño *m*; (*in address*) señor *m*; **the** ~ **of the house** el jefe de familia; **to be one's own** ~ ser dueño de sí mismo; **I am (the)** ~ **now** ahora mando yo; **to be** ~ **of the situation**

dominar la situación; **to be ~ of one's fate** decidir su propio destino; **~ of ceremonies** maestro *m* de ceremonias.
(**b**) (*Naut: of ship*) capitán *m*.
(**c**) (*musician, painter etc*) maestro *m*; **to be a past ~ at politics** ser maestro en el arte de política.
(**d**) (*teacher: primary*) maestro *m*; (*: secondary*) profesor *m*.
(**e**) (*Univ*) **M~ of Arts/Science** ≈ licenciatura *f* superior en Artes/Ciencias.
2 *vt* dominar; **to ~ the violin** llegar a dominar el violín.
3 *cpd*: **~ bedroom** *n* dormitorio *m* principal; **~ builder** *n* maestro *m* de obras; **~ copy** *n* original *m*; **~ disk** *n* disco *m* maestro; **~ file** *n* fichero *m* maestro; **~ key** *n* llave *f* maestra; **~ switch** *n* interruptor *m* general.
masterful ['mɑːstəfʊl] *adj* magistral; (*personality etc*) dominante.
masterly ['mɑːstəlɪ] *adj* magistral, genial.
mastermind ['mɑːstəmaɪnd] **1** *n* (*genius*) genio *m*; (*in crime etc*) cerebro *mf*. **2** *vt* dirigir.
masterpiece ['mɑːstəpiːs] *n* obra *f* maestra.
masterstroke ['mɑːstəˌstrəʊk] *n* golpe *m* maestro.
mastery ['mɑːstərɪ] *n* dominio *m*; (*skill*) maestría *f*; (*over competitors etc*) dominio *m*, superioridad *f*.
masticate ['mæstɪkeɪt] *vt* masticar.
mastiff ['mæstɪf] *n* mastín *m*.
mastitis [mæs'taɪtɪs] *n* mastitis *f*.
masturbate ['mæstəbeɪt] *vi* masturbarse.
masturbation [ˌmæstə'beɪʃən] *n* masturbación *f*.
mat¹ [mæt] *n* (*on floor*) estera *f*, tapete *m*; (*at door*) felpudo *m*; (*on table*) salvamanteles *m inv*.
mat² [mæt] *adj* = **matt**.
matador ['mætədɔːʳ] *n* matador *m*.
match¹ [mætʃ] *n* fósforo *m*, cerilla *f*, cerillo *m (LAm)*.
match² [mætʃ] **1** *n* (**a**) (*sb/sth similar, suitable etc*) pareja *f*, juego *m*; **the two of them make a good ~** los dos hacen una buena pareja; **the skirt is a good ~ for the jumper** la falda hace juego con el jersey.
(**b**) (*equal*) igual *mf*; **to be a ~/no ~ for sb** poder competir con algn/no estar a la altura de algn; **to meet one's ~** encontrar la horma de su zapato.
(**c**) (*marriage*) casamiento *m*, matrimonio *m*; **she made a good ~** se casó bien.
(**d**) (*Sport*) partido *m*, encuentro *m*; **athletics ~** encuentro de atletismo.
2 *vt* (**a**) (*pair off*) emparejar; **the teams were well ~ed** los equipos eran muy iguales *or (esp LAm)* iban parejos; **to ~ A against B** enfrentar A con B.
(**b**) (*equal*) igualar; **the results did not ~ our hopes** los resultados defraudaron nuestras esperanzas.
(**c**) (*clothes, colours*) combinar *or* hacer juego con; **his tie ~es his socks** la corbata hace juego con los calcetines; **can you ~ this silk?** (*in shop etc*) ¿tiene una seda igual a ésta?
3 *vi* hacer juego; **with a skirt to ~** con una falda que hace juego.
4 *cpd*: **~ point** *n* (*Tennis*) punto *m* de match.
▸ **match up 1** *vi + adv* (*be equal*) **to ~ up to** corresponder a. **2** *vt + adv* hacer juego; **to ~ sth up with sth** hacer juego de algo con algo.
matchbox ['mætʃbɒks] *n* caja *f* de cerillas.
matching ['mætʃɪŋ] *adj* que hace juego.
matchless ['mætʃlɪs] *adj* sin par *or* igual.
matchmaker ['mætʃˌmeɪkəʳ] *n* casamentero/a *m/f*.
mate¹ [meɪt] *n* (*Chess*) mate *m*.
mate² [meɪt] **1** *n* (**a**) (*at work*) compañero/a *m/f*, colega *mf*. (**b**) (*assistant*) ayudante *mf*, peón *m*. (**c**) (*hum fam: husband, wife*) compañero/a *m/f*. (**d**) (*Zool*) macho *m*/hembra *f*. (**e**) (*Naut*) piloto *m*. (**f**) (*fam: friend*) compañero/a *m/f*, camarada *mf*, compinche *mf (fam)*, cuate/ta *m/f (Mex)*; **John and his ~s** Juan y sus compañeros; **look here, ~** (*fam*) mire, amigo. **2** *vt* (*Zool*) parear, acoplar; (*fig, hum*) unir. **3** *vi* (*Zool*) parearse, acoplarse.
maté ['mɑːteɪ] *n* mate *m* (cocido), yerba *f* mate; **~ kettle** pava *f*.
material [mə'tɪərɪəl] **1** *adj* (**a**) (*of matter, things*) físico/a, material.
(**b**) (*financial*) material.
(**c**) (*of physical needs*) físico/a.
(**d**) (*important*) esencial, fundamental.
(**e**) (*Jur*) pertinente.
2 *n* (**a**) (*substance*) materia *f*; (*cloth*) tela *f*, tejido *m*; **he is university ~** tiene madera de universitario.
(**b**) (*equipment etc*) **~s** artículos *mpl*; **building ~s** materiales *mpl* de construcción; **raw ~s** materias *fpl* primas.
(**c**) (*for novel, report etc*) datos *mpl*, informes *mpl*.
materialism [mə'tɪərɪəlɪzəm] *n* materialismo *m*.
materialist [mə'tɪərɪəlɪst] *n* materialista *mf*.
materialistic [mə'tɪərɪə'lɪstɪk] *adj* materialista.
materialize [mə'tɪərɪəlaɪz] *vi* (**a**) (*idea, hope etc*) realizarse. (**b**) (*spirit*) materializarse; **the funds haven't ~d so far** hasta ahora no han aparecido los fondos.
materially [mə'tɪərɪəlɪ] *adv* materialmente; **they are not ~ different** no hay grandes diferencias entre ellos.
maternal [mə'tɜːnl] *adj* materno/a, maternal; **~ grandfather** abuelo *m* materno.
maternity [mə'tɜːnɪtɪ] **1** *n* maternidad *f*. **2** *cpd*: **~ allowance** *n* subsidio *m* de maternidad; **~ dress** *n* vestido *m* premamá; **~ home, ~ hospital** *n* casa *f* de maternidad; **~ leave** *n* licencia *f* de maternidad; **~ ward** *n* sala *f* de maternidad.
mateship ['meɪtʃɪp] *n* (*esp Australia*) compañerismo *m*, compadreo *m (esp LAm)*.
math [mæθ] *n abbr* (*US fam*) = **mathematics**.
mathematical [ˌmæθə'mætɪkəl] *adj* matemático/a; **I'm not very ~** no tengo instinto para las matemáticas.
mathematician [ˌmæθəmə'tɪʃən] *n* matemático/a *m/f*.
mathematics [ˌmæθə'mætɪks] *nsg* matemáticas *fpl*.
maths [mæθs] *nsg abbr* (*Brit fam*) = **mathematics**.
matinée ['mætɪneɪ] *n* función *f* de la tarde, vermú *m or* vermut *m (LAm)*.
mating ['meɪtɪŋ] **1** *n* (*Zool*) apareamiento *m*; (*fig*) unión *f*. **2** *cpd*: **~ season** *n* época *f* del celo.
matriarch ['meɪtrɪɑːk] *n* matriarca *f*.
matrices ['meɪtrɪˌsiːz] *npl of* **matrix**.
matriculate [mə'trɪkjʊleɪt] **1** *vt* matricular. **2** *vi* matricularse.
matriculation [məˌtrɪkjʊ'leɪʃən] *n* matriculación *f*; (*Brit Univ*) examen *m* de ingreso.
matrimonial [ˌmætrɪ'məʊnɪəl] *adj* matrimonial.
matrimony ['mætrɪmənɪ] *n* matrimonio *m*.
matrix ['meɪtrɪks] *n* (*pl* **matrices** *or* **~es**) (*all senses*) matriz *f*.
matron ['meɪtrən] *n* (**a**) (*in hospital*) enfermera *f* jefe *or* jefa. (**b**) (*in school*) ama *f* de llaves.
matt [mæt] *adj* mate.
matted ['mætɪd] *adj* enmarañado/a; **~ hair** greña.
matter ['mætəʳ] **1** *n* (**a**) (*substance*) materia *f*, sustancia *f*; **advertising ~** material publicitario; **printed ~** impresos.
(**b**) (*Med: pus*) pus *m*.
(**c**) (*content*) contenido *m*, tema *m*.
(**d**) (*question, affair*) asunto *m*, cuestión *f*; **for that ~** en realidad; **in the ~ of** en cuanto a, en lo que se refiere; **there's the ~ of my wages** queda el asunto de mi sueldo; **it will be a ~ of a few weeks** será cuestión de unas semanas; **a ~ of minutes** cosa de minutos; **it's a ~ of great concern to us** es motivo de gran preocupación para nosotros; **it's an easy ~ to phone him** es cosa fácil llamarle; **it's no laughing ~** no es cosa de risa; **business ~s** negocios; **money ~s** asuntos financieros; **the ~ in hand** la cuestión del momento; **the ~ is closed** el asunto está concluido; **to make ~s worse** para colmo de males; **as a ~ of course** automáticamente; **as a ~ of fact ...** en reali-

dad ..., de hecho ...; **it's a ~ of taste** es cuestión de gusto.

(**e**) (*importance*) **no ~!** ¡no importa!, ¡no le hace! *(LAm)*; **no ~ how you do it** no importa cómo lo hagas; **no ~ what he says** diga lo que diga; **no ~ how big it is** por grande que sea; **no ~ when** no importa cuándo.

(**f**) (*difficulty, problem etc*) **what's the ~?** ¿qué pasa?; **what's the ~ with you?** ¿qué te pasa?, ¿qué tienes?; **something's the ~ with the lights** algo pasa con las luces; **nothing's the ~** no pasa nada.

2 *vi*: **it doesn't ~** (*unimportant*) no importa; (*no preference*) (me) da igual *or* lo mismo; **what does it ~?** ¿qué más da?, ¿y qué?; **why should it ~ to me?** ¿a mí qué me importa *or* qué más me da?

matter-of-fact [ˈmætərəvˈfækt] *adj* (*style*) prosaico/a; (*person: practical*) práctico/a.

mattress [ˈmætrɪs] *n* colchón *m*.

mature [məˈtjʊəʳ] **1** *adj* (*comp* **~r**; *superl* **~st**) maduro/a; **of ~ years** de edad madura; **~ student** estudiante *mf* de edad superior a la normal. **2** *vi* madurar.

maturity [məˈtjʊərɪtɪ] *n* madurez *f*.

maudlin [ˈmɔːdlɪn] *adj* (*weepy*) llorón/ona; (*sentimental*) sentimental.

maul [mɔːl] *vt* herir, maltratar; (*fig*) vapulear.

Maundy [ˈmɔːndɪ] *cpd*: **~ Thursday** *n* Jueves *m* Santo.

Mauritania [ˌmɔːrɪˈteɪnɪə] *n* Mauritania *f*.

Mauritius [məˈrɪʃəs] *n* Mauricio *m*.

mausoleum [ˌmɔːsəˈliːəm] *n* mausoleo *m*.

mauve [məʊv] **1** *adj* malva. **2** *n* malva *m*, guinda *m*.

max. *abbr of* **maximum** max.

maxi [ˈmæksi] *n* (*fam: skirt*) maxifalda *f*, maxi *f (fam)*.

maxi... [ˈmæksi] *pref* maxi....

maxim [ˈmæksɪm] *n* máxima *f*.

maximize [ˈmæksɪmaɪz] *vt* llevar al máximo, maximizar.

maximum [ˈmæksɪməm] **1** *n* máximo *m*; **at the ~** como máximo, a lo sumo; **up to a ~ of £8** hasta 8 libras como máximum. **2** *adj* máximo/a; **~ efficiency** eficacia *f* máxima; **~ expenditure** gasto *m* máximo; **~ price** precio *m* máximo; **~ speed** velocidad *f* máxima.

May [meɪ] **1** *n* mayo *m*. **2** *cpd*: **~ Day** *n* el primero de mayo; *see* **July** *for usage*.

may [meɪ] (*pt* **might**) *vi* (**a**) (*of possibility: also* **might**); **it ~ rain** puede *or* es posible que llueva; **it ~ be that** puede (ser) que + *subjun*; **he ~ not be hungry** a lo mejor no tiene hambre; **they ~ well be related** puede que sean parientes; **that's as ~ be/be that as it ~** (*not might*) sea como sea.

(**b**) (*of permission*) poder; **~ I come in?** ¿se puede?, con permiso; **yes, you ~** sí, puedes, ¡cómo no!; **~ I see it?** ¿se puede *or* me permite verlo?; **you ~ not smoke** se prohíbe fumar.

(**c**) **I hope he ~ succeed** espero que tenga éxito; **I hoped he might succeed this time** esperaba que lo lograra esta vez; **we ~** *or* **might as well go** vámonos ya *or* de una vez; **might I suggest that ...?** me permito sugerir que ...; **he might have offered to help** podría haber ofrecido su ayuda; **you might have told me!** ¡habérmelo dicho!; **as you might expect** como era de esperar.

(**d**) (*in wishes*) **~ you have a happy life together** ¡que sean felices!; **~ God bless you** ¡Dios te bendiga!

(**e**) (*in questions*) **who might you be?** ¿quién es Vd?

Maya [ˈmaɪjə], **Mayan** [ˈmaɪjən] *adj, n* maya *mf*.

maybe [ˈmeɪbiː] *adv* quizá(s), tal vez; **~ he'll come tomorrow** puede que *or* quizá(s) *or* tal vez venga mañana, a lo mejor viene mañana.

Mayday [ˈmeɪdeɪ] *n* (*distress call*) socorro *m*, SOS *m*.

mayhem [ˈmeɪhem] *n* alboroto *m*.

mayo [ˈmeɪəʊ] *n* (*US fam*) = **mayonnaise**.

mayonnaise [meɪəˈneɪz] *n* mayonesa *f*.

mayor [mɛəʳ] *n* alcalde *m*, intendente *m (CSur)*, regente *m (Mex)*.

maze [meɪz] *n* laberinto *m*.

MB 1 *n abbr* (*Univ*) *of* **Bachelor of Medicine**. **2** *abbr* (**a**) (*Canada*) *of* **Manitoba**. (**b**) (*Comput*) *of* **megabyte**.

Mb *abbr* = **MB 2(b)**.

MBA *n abbr* (*Univ*) *of* **Master of Business Administration**.

MBBS, **MBChB** *n abbr* (*Univ*) *of* **Bachelor of Medicine and Surgery**.

MBE *n abbr of* **Member of the Order of the British Empire**.

MC *n abbr* (**a**) *of* **Master of Ceremonies**. (**b**) (*US*) *of* **Member of Congress**.

MCAT *n abbr* (*US*) *of* **Medical College Admissions Test**.

MCP *n abbr of* **male chauvinist pig**; *see* **chauvinist**.

m/cycle *abbr of* **motorcycle**.

MD 1 *n abbr* (**a**) (*Univ*) *of* **Doctor of Medicine**. (**b**) *of* **managing director**. **2** *abbr* (*US Post*) *of* **Maryland**.

MDT *n abbr* (*US*) *of* **Mountain Daylight Time**.

ME 1 *n abbr* (**a**) *of* **myalgic encephalomyelitis**. (**b**) (*US*) *of* **medical examiner**. **2** *abbr* (*US Post*) *of* **Maine**.

me [miː] *pron* (**a**) me; (*after prep*) mí; **come with ~** ven conmigo. (**b**) (*emphatic*) yo; **who, ~?** ¿quién, yo?; **it's ~** soy yo.

meadow [ˈmedəʊ] *n* prado *m*, pradera *f*.

meagre, (*US*) **meager** [ˈmiːgəʳ] *adj* escaso/a, exiguo/a.

meal[1] [miːl] *n* (*flour*) harina *f*.

meal[2] [miːl] **1** *n* comida *f*; **to go for a ~** ir a comer (fuera *or* a un restaurante); **to have a (good) ~** comer (bien); **to make a ~ of sth** (*fam*) tardar lo suyo en hacer algo; **~s on wheels** servicio *m* de comidas a domicilio (para ancianos). **2** *cpd*: **~ ticket** *n* (*US*) vale *m* de comida; (*fig*) sostén *mf* de la familia.

mealtime [ˈmiːltaɪm] *n* hora *f* de comer.

mealy-mouthed [ˈmiːlɪˈmaʊðd] *adj* meloso/a, hipócrita.

mean[1] [miːn] *adj* (*comp* **~er**; *superl* **~est**) (**a**) (*with money*) tacaño/a, mezquino/a, amarrete/a *(And, CSur fam)*; **you ~ thing!** ¡qué tacaño eres!

(**b**) (*unkind, spiteful*) vil, malo/a; **don't be ~!** ¡no seas malo!; **a ~ trick** un truco sucio; **that was pretty ~ of them** se han portado bastante mal.

(**c**) (*vicious*) malo/a.

(**d**) (*of poor quality*) inferior; **she's no ~ cook** es una cocinera nada despreciable.

(**e**) (*US*) formidable; **he plays a ~ game** juega estupendamente.

mean[2] [miːn] **1** *n* (**a**) (*middle term*) término *m* medio; (*average*) promedio *m*; (*Math*) media *f*; **the golden** *or* **happy ~** el justo medio.

(**b**) **~s** (*method or way of doing*) medio *msg*, manera *fsg*, método *msg*; **a ~s to an end** un medio para conseguir algo; **there is no ~s of doing it** no hay manera de hacerlo; **by ~s of** por medio de; **by any ~s possible** como sea posible, a como dé *or* diera lugar *(CAm, Mex)*; **by this ~s** de este modo, de esta manera; **by some ~s or other** de una manera u otra; **by all ~s!** ¡claro que sí!, ¡por supuesto!; **by no ~s, not by any ~s** de ninguna manera; **by no manner of ~s** en absoluto.

(**c**) **~s** (*Fin*) recursos *mpl*, medios *mpl*; **we have no ~s to do it** nos faltan recursos para hacerlo; **private ~s** rentas *fpl* (particulares); **to live within/beyond one's ~s** vivir debajo de/por encima de sus posibilidades.

2 *adj* medio/a.

3 *cpd*: **~s test** *n* control *m* de los recursos económicos; *see also* **means-test**.

mean[3] [miːn] (*pt, pp* **meant**) *vt* (**a**) (*signify*) querer decir, significar; (*imply*) querer decir; **what does this word ~?** ¿qué quiere decir esta palabra?; **what do you ~ by that?** ¿qué quieres decir *or* pretender con eso?; **it ~s a lot of expense for us** nos supone un gasto fuerte; **the play didn't ~ a thing to me** poco saqué de la obra; **the name ~s nothing to me** el nombre no me suena; **your friendship ~s a lot to me** tu amistad es muy importante para mí; **it ~s a lot to have you with us** nos importa mucho tenerte con nosotros.

(**b**) (*intend*) pensar, tener la intención de; **to ~ to do sth** pensar *or* proponerse hacer algo; **what do you ~ to do?** ¿qué piensas hacer?; **he didn't ~ to do it** lo hizo sin querer; **do you ~ me?** ¿te refieres a mí?; **was the remark meant for me?** ¿la observación iba dirigida hacia mí?; **8, I ~ 9** 8, quiero decir 9; **she wasn't meant to be prime minister** no había intención de que ella llegara a ser primera ministra; **the teacher is meant to do it** se supone que el profesor lo debe hacer; **we were meant to arrive at 8** debíamos llegar a las 8; **I ~ to be obeyed** insisto en que se me obedezca; **he ~s well** tiene buenas intenciones.

(**c**) (*be determined about*) tener la plena intención de; **I ~ it** va en serio; **I ~ what I say** lo digo en serio; **you can't ~ it !** ¡vaya!

(**d**) (*suppose*) suponer; **parents are meant to love their children** se supone que los padres quieren a sus hijos.

meander [mɪ'ændə^r] *vi* (*river*) serpentear; (*person*) vagabundear sin propósito fijo.

meandering [mɪ'ændərɪŋ] *adj* (*river*) con meandros; (*road*) serpenteante.

meaning ['mi:nɪŋ] *n* (*sense of word etc*) significado *m*, sentido *m*; **double ~** doble sentido; **this word has many ~s** esta palabra tiene varios significados; **do you get my ~?** ¿me entiendes?, ¿me sigues?; **what's the ~ of this?** (*as reprimand*) ¿se puede saber qué significa esto?; **he doesn't understand the ~ of the word** ni sabe lo que eso quiere decir.

meaningful ['mi:nɪŋfʊl] *adj* significativo/a.

meaningless ['mi:nɪŋlɪs] *adj* sin sentido.

meanness ['mi:nnɪs] *n* (*with money*) tacañería *f*, mezquindad *f*; (*nastiness*) maldad *f*, vileza *f*; (*low level*) bajeza *f*.

means-test ['minztest] *vt*: **this benefit is ~ed** este subsidio se otorga después de averiguar los recursos económicos (del que lo pide).

meant [ment] *pt, pp of* **mean**[3].

meantime ['mi:n'taɪm] **1** *adv* entretanto. **2** *n*: **in the ~** mientras tanto.

meanwhile ['mi:n'waɪl] *adv* mientras tanto.

measles ['mi:zlz] *nsg* sarampión *m*.

measly ['mi:zlɪ] *adj* (*comp* **-ier**; *superl* **-iest**) (*fam*) miserable, mezquino/a.

measure ['meʒə^r] **1** *n* (**a**) (*system of ~*) medida *f*; **a ~ of length** una medida de longitud; **her happiness was beyond ~** su alegría no tenía límite; **to get the ~ of sb** (*fig*) medirle a algn.

(**b**) (*rule etc*) metro *m*; (*glass*) probeta *f* graduada.

(**c**) (*amount ~d*) **to give sb full/short ~** dar la medida exacta/una medida escasa; **for good ~** por añadidura.

(**d**) (*step*) medida *f*; **to take ~s to do sth** tomar medidas para hacer algo.

(**e**) (*extent*) **in some ~** hasta cierto punto; **in large ~** en gran parte *or* medida; **this is due in no small ~ to X** esto se debe en no pequeña medida a X; **some ~ of success** cierto éxito; **it gives a ~ of protection** da cierta protección.

(**f**) (*Mus*) compás *m*, ritmo *m*.

2 *vt* medir; (*take sb's measurements*) tomar las medidas a; **to ~ one's length** (*fig*) caerse cuán largo es; **in this exercise we ~ performance** en este ejercicio evaluamos la actuación.

3 *vi* medir.

▸ **measure off** *vt + adv* medir.

▸ **measure out** *vt + adv* medir.

▸ **measure up** *vi + adv* mostrarse capaz; **to ~ up to sth** estar a la altura de algo.

measured ['meʒəd] *adj* (*tread, pace*) deliberado/a; (*tone, way of talking*) mesurado/a.

measurement ['meʒəmənt] *n* (*gen*) medida *f*; (*act*) medición *f*; **to take sb's ~s** tomar las medidas a algn.

measuring ['meʒərɪŋ] **1** *n* medición *f*. **2** *cpd*: **~ glass, ~ jug** *n* mesura *f*; **~ spoon** *n* cuchara *f* medidora; **~ tape** *n* cinta *f* métrica.

meat [mi:t] **1** *n* (*gen*) carne *f*; (*cold ~*) fiambre *m*; **a book with some ~ in it** un libro con sustancia. **2** *cpd*: **~ eater** *n* persona *f* que come carne; **we're not ~ eaters** no comemos carne.

meatball ['mi:t'bɔ:l] *n* albóndiga *f*.

meatless ['mi:tlɪs] *adj* (*diet*) sin carne.

meaty ['mi:tɪ] *adj* (*comp* **-ier**; *superl* **-iest**) jugoso/a; (*fig*) sustancioso/a.

Mecca ['mekə] *n* La Meca; (*fig*) **a ~ for tourists** un lugar *etc* de grandes atracciones para el turista.

mechanic [mɪ'kænɪk] *n* mecánico/a *m/f*.

mechanical [mɪ'kænɪkəl] *adj* mécanico/a; (*fig*) mecánico, maquinal; **~ engineer** ingeniero *m* mecánico; **~ engineering** ingeniería *f* mecánica; **~ pencil** (*US*) lapicero *m*.

mechanics [mɪ'kænɪks] **1** *nsg* (*Tech, Phys*) mecánica *f*. **2** *npl* (*machinery, fig*) mecanismo *msg*.

mechanism ['mekənɪzəm] *n* mecanismo *m*.

mechanize ['mekənaɪz] *vt* (*gen*) mecanizar; (*factory etc*) reconvertir, automatizar.

mechanized ['mekənaɪzd] *adj* (*process etc*) mecanizado/a; (*troops, unit*) motorizado/a.

MEd *n abbr* (*Univ*) *of* **Master of Education**.

Med [med] *n*: **the ~** (*fam*) el Mediterráneo.

medal ['medl] *n* medalla *f*; **he deserves a ~ for it** merece un galardón.

medallion [mɪ'dælɪən] *n* medallón *m*.

medallist, (*US*) **medalist** ['medəlɪst] *n* campeón/ona *m/f*.

meddle ['medl] *vi* (*interfere*) (entro)meterse (*in* en); (*tamper*); **to ~ (with)** toquetear, manosear.

meddler ['medlə^r] *n* entrometido/a *m/f*.

meddlesome ['medlsəm], **meddling** ['medlɪŋ] *adj* entrometido/a.

media ['mi:dɪə] **1** *npl of* **medium**; **the ~** los medios de comunicación (de masas). **2** *cpd*: **~ coverage** *n* cobertura *f* periodística; **~ research** *n* investigación *f* de los medios de publicidad; **~ studies** *npl* (*Univ*) periodismo *msg*.

mediaeval [ˌmedɪ'i:vəl] *adj* = **medieval**.

median ['mi:dɪən] **1** *adj* mediano/a. **2** *n* (**a**) (*US: also* **~ strip**) mediana *f*. (**b**) (*Math*) número *m* medio.

mediate ['mi:dɪeɪt] **1** *vi* mediar. **2** *vt* servir de intermediario para llegar a.

mediation [ˌmi:dɪ'eɪʃən] *n* mediación *f*.

mediator ['mi:dɪeɪtə^r] *n* intermediario/a *m/f*.

medic ['medɪk] (*fam*) *n* médico/a *m/f*; (*Univ*) estudiante *mf* de medicina.

Medicaid ['medɪˌkeɪd] *n* (*US*) ≈ Seguro *m* de Enfermedad.

medical ['medɪkəl] **1** *adj* (*treatment*) médico/a; (*school, student, authority*) de medicina; **~ certificate** certificado *m* médico; **~ examination** reconocimiento *m* médico; **~ examiner** (*US*) médico/a *m/f* forense; **~ officer** médico/a *m/f*; (*Mil*) oficial *m* médico; (*of town*) jefe *mf* de sanidad municipal; **~ practitioner** médico/a *m/f*; **~ record** historia *f* clínica; **~ school** facultad *f* de medicina; **~ treatment** tratamiento *m* médico. **2** *n* reconocimiento *m* médico.

Medicare ['medɪkɛə^r] *n* (*US*) seguro *m* médico del Estado.

medicated ['medɪkeɪtɪd] *adj* medicinal.

medication [ˌmedɪ'keɪʃən] *n* (*drugs etc*) medicación *f*.

medicinal [me'dɪsɪnl] *adj* medicinal.

medicine ['medsɪn, 'medɪsɪn] **1** *n* (**a**) (*drug*) medicina *f*, medicamento *m*; **to give sb a taste of his own ~** (*fig*) pagar a algn con la misma moneda; **to take one's ~** (*fig*) tragar con las consecuencias. (**b**) (*science*) medicina *f*. **2** *cpd*: **~ cabinet** *n* botiquín *m*; **~ man** *n* hechicero *m*.

medieval [ˌmedɪ'i:vəl] *adj* medieval.

mediocre [ˌmi:dɪ'əʊkə^r] *adj* mediocre.

mediocrity [ˌmi:dɪ'ɒkrɪtɪ] *n* mediocridad *f*.

meditate ['medɪteɪt] *vi* reflexionar *or* meditar (*on* sobre); (*Rel etc*) meditar.

meditation [,medɪ'teɪʃən] *n* meditación *f*, reflexión *f*; (*Rel etc*) meditación.

Mediterranean [,medɪtə'reɪnɪən] *adj* mediterráneo/a; **the ~ (Sea)** el (Mar) Mediterráneo.

medium ['mi:dɪəm] **1** *adj* mediano/a; **of ~ height** de estatura regular; **~ range missile** misil *m* de alcance medio; **~ wave** onda *f* media. **2** *n* (*pl* **media** *or* **~s**) **(a)** (*means of communication*) medios *mpl*. **(b)** (*intervening substance*) medio *m*; (*environment*) medio ambiente. **(c)** (*midpoint*) **happy ~** justo medio *m*. **(d)** (*spiritualist*) médium *mf*.

medium-dry [,mi:dɪəm'draɪ] *adj* semi-seco/a, semi.

medium-sized ['mi:dɪəm'saɪzd] *adj* de tamaño mediano *or* regular; **~ business** empresa *f* mediana.

medley ['medlɪ] *n* (*mixture*) mezcla *f*; (*miscellany*) miscelánea *f*; (*Mus*) popurrí *m*.

meek [mi:k] *adj* (*comp* **~er**; *superl* **~est**) (*submissive*) manso/a, sumiso/a; (*long-suffering*) sufrido/a; **~ and mild** como una malva.

meekness ['mi:knɪs] *n* mansedumbre *f*.

meet [mi:t] (*pt, pp* **met**) **1** *vt* **(a)** (*encounter: accidentally*) encontrarse *or* tropezarse con; (*: by arrangement*) reunirse con; **to arrange to ~ sb** citarse, quedar (en verse) con algn; **she ran out to ~ us** salió corriendo a recibirnos; **to ~ sb off the train** ir a esperar *or* buscar a algn en la estación; **the car will ~ the train** el coche esperará la llegada del tren; **don't bother to ~ me** no os molestéis viniendo a buscarme; **to ~ sb's eye** *or* **gaze** tropezar con la mirada de algn; **a terrible sight met his gaze** un panorama terrible se le presentó ante sus ojos; **there's more to this than ~s the eye** aquí hay gato encerrado.

(b) (*get to know, be introduced to*) conocer; **I never met him** no le conocí nunca; **~ my brother** quiero presentarte a mi hermano; **pleased to ~ you!** encantado de conocerle, mucho gusto.

(c) (*come together with*) cruzar *or* topar con.

(d) (*difficulty*) encontrar, tropezar con; (*opponent*) enfrentarse con; **to ~ death calmly** esperar la muerte con tranquilidad.

(e) (*satisfy: demand, need*) satisfacer; (*: requirement*) cumplir con; (*deficit*) cubrir; (*pay fully*) pagar, costear.

2 *vi* **(a)** (*encounter each other: by accident*) encontrarse; (*: by arrangement*) verse, reunirse; (*meeting, society*) reunirse; (*Sport: teams etc*) enfrentarse; **let's ~ at 8** citémonos para las 8; **until we ~ again!** ¡hasta la vista!, ¡hasta pronto!

(b) (*be introduced*) conocerse; **we met in Seville** nos conocimos en Sevilla; **have we met?** ¿nos conocimos antes?

(c) (*join: two ends*) unirse; (*: rivers*) confluir; (*: roads, Rail*) empalmar; **our eyes met** (*fig*) cruzamos una mirada; **the roads ~ at Toledo** las carreteras empalman en Toledo.

3 *n* (*Hunting*) cacería *f*; (*US Sport*) encuentro *m*.

▸ **meet up** *vi + adv* encontrarse; **to ~ up with sb** verse en un sitio con algn; **this road ~s up with the motorway** esta carretera empalma con la autopista.

▸ **meet with** *vi + prep* **(a)** (*experience*) sufrir, experimentar; (*: difficulties etc*) encontrar, enfrentar. **(b)** (*formal*) entrevistarse con.

meeting ['mi:tɪŋ] **1** *n* **(a)** (*accidental*) encuentro *m*; (*arranged*) cita *f*, compromiso *m*; (*business ~*) reunión *f*; **to address the ~** tomar la palabra en la reunión; **to call/hold a ~** convocar *or* llamar/celebrar una reunión; **to open the ~** abrir la sesión; **the minister had a ~ with the ambassador** el ministro se entrevistó con el embajador; **~ of minds** encuentro de inteligencias.

(b) (*of club, committee, council*) reunión *f*; (*Pol*) mitin *m*.

(c) (*Sport: rally*) encuentro *m*.

2 *cpd*: **~ place** *n* lugar *m* de reunión *or* encuentro.

mega ['megə] *adj* (*fam*) súper (*fam*).

mega... ['megə] *pref* mega....

megabuck ['megə,bʌk] *n*: **now he's making ~s** (*US fam*) ahora está ganando una pasta gansa (*fam*).

megabyte ['megə,baɪt] *n* (*Comput*) megabyte *m*, megaocteto *m*.

megalithic [,megə'lɪθɪk] *adj* megalítico/a.

megalomaniac ['megələʊ'meɪnɪæk] *n* megalómano/a *m/f*.

megaphone ['megəfəʊn] *n* megáfono *m*.

megawatt ['megəwɒt] *n* megavatio *m*.

melancholy ['melənkəlɪ] **1** *adj* melancólico/a; (*duty etc*) deprimente. **2** *n* melancolía *f*.

melanin ['melənɪn] *n* melanina *f*.

melanoma [,melə'nəʊmə] *n* melanoma *m*.

melée ['meleɪ] *n* pelea *f*.

mellow ['meləʊ] **1** *adj* (*comp* **~er**; *superl* **~est**) (*wine*) añejo/a; (*fruit, person*) maduro/a; (*colour, sound, light*) suave; **to be ~** (*fam: person*) estar achispado *or* chispa. **2** *vi* (*gen*) madurar; (*colour, sound, wine*) suavizar. **3** *vt*: **old age has ~ed him** con la vejez se ha suavizado.

melodious [mɪ'ləʊdɪəs] *adj* melodioso/a.

melodrama ['meləʊ,drɑ:mə] *n* melodrama *m*.

melodramatic [,meləʊdrə'mætɪk] *adj* melodramático/a.

melody ['melədɪ] *n* melodía *f*.

melon ['melən] *n* melón *m*.

melt [melt] **1** *vt* **(a)** derretir. **(b)** (*fig*) ablandar. **2** *vi* **(a)** derretirse; **it ~s in the mouth** se deshace en la boca. **(b)** (*fig*) ablandarse; **to ~ into tears** deshacerse en lágrimas.

▸ **melt away** *vi + adv* **(a)** (*lit*) derretirse. **(b)** (*fig*) desaparecer, desvanecerse.

▸ **melt down** *vt + adv* fundir.

melting ['meltɪŋ] *cpd*: **~ point** *n* punto *m* de fusión; **~ pot** *n* (*fig*) crisol *m*; **to be in the ~ pot** estar sobre el tapete.

member ['membəʳ] **1** *n* (*of family*) miembro/a *m/f*; (*of society*) socio/a *m/f*; **'~s only'** 'sólo para socios'; **~ of Congress** (*US*) miembro *mf* del Congreso; **~ of parliament** diputado/a *m/f*; **~ of the public** ciudadano/a *m/f*. **2** *cpd*: **the ~ states** los estados miembros.

membership ['membəʃɪp] **1** *n* (*members*) socios *mpl*, miembros *mpl*; (*position*) calidad *f* de socio *or* miembro; (*numbers*) número *m* de miembros *or* socios, membresía *f* (*Mex*); **a ~ of more than 800** más de 800 socios; **to apply for ~** solicitar ser socio; **Spain's ~ of the Common Market** (*state*) la pertenencia de España al Mercado Común; (*act*) el ingreso de España en el Mercado Común. **2** *cpd*: **~ card** *n* tarjeta *f* de afiliación; **~ fee** *n* cuota *f* de socio.

membrane ['membreɪn] *n* membrana *f*.

memento [mɪ'mentəʊ] *n* (*pl* **~s** *or* **~es**) recuerdo *m*.

memo ['meməʊ] **1** (*pl* **~s**) *n abbr of* **memorandum**. **2** *cpd*: **~ pad** *n* bloc *m* de notas.

memoir ['memwɑ:ʳ] *n* **(a)** memoria *f*. **(b)** **~s** memorias *fpl*, autobiografía *fsg*.

memorabilia [,memərə'bɪlɪə] *n* (*objects*) cosas *fpl* memorables.

memorable ['memərəbl] *adj* memorable.

memorandum [,memə'rændəm] *n* (*pl* **memoranda** [,memə'rændə]) memorándum *m*; (*personal reminder*) apunte *m*, nota *f*.

memorial [mɪ'mɔ:rɪəl] **1** *adj* conmemorativo/a. **2** *n* (*monument*) monumento *m* conmemorativo.

memorize ['meməraɪz] *vt* aprender de memoria.

memory ['memərɪ] **1** *n* **(a)** (*faculty*) memoria *f*; **to commit sth to ~** aprender algo de memoria; **to have a ~ like a sieve** tener malísima memoria; **to lose one's ~** perder la memoria; **I have a bad ~ for faces** se me olvida la cara de la gente; **he recited the poem from ~** recitó el poema de memoria.

(b) (*recollection*) recuerdo *m*.

(c) **in ~ of, to the ~ of** en memoria de.

(**d**) (*Comput*) memoria *f*.

2 *cpd*: ~ **bank** *n* banco *m* de memoria; ~ **lane** *n* mundo *m* de los recuerdos (sentimentales); **to go down ~ lane** adentrarse en el mundo de los recuerdos.

men [men] *npl of* **man**.

menace ['menɪs] **1** *n* (**a**) (*no pl*) amenaza *f*; (*: a danger*) peligro *m*. (**b**) (*fam: nuisance*) lata *f*. **2** *vt* amenazar.

menacing ['menɪsɪŋ] *adj* amenazador(a).

ménage [me'nɑːʒ] *n* casa *f*; ~ **à trois** menaje *m* de tres.

mend [mend] **1** *n*: **to be on the ~** estar mejorando. **2** *vt* (**a**) (*repair*) reparar, poner en condiciones; (*darn*) remendar, zurcir. (**b**) (*improve*) **to ~ one's ways** enmendarse; **to ~ matters** mejorar las cosas. **3** *vi* (*improve*) mejorarse, reponerse.

mending ['mendɪŋ] *n* (*act*) reparación *f*, compostura *f*; (*clothes etc to be mended*) ropa *f* para remendar; **invisible ~** zurcido invisible.

menfolk ['menfəʊk] *npl* hombres *mpl*.

menial ['miːnɪəl] **1** *adj* (*lowly*) servil; (*domestic*) doméstico/a, de la casa. **2** *n* (*servant*) criado/a *m/f*, sirviente/a *m/f*.

meningitis [ˌmenɪn'dʒaɪtɪs] *n* meningitis *f*.

menopause ['menəʊpɔːz] *n* menopausia *f*.

menstrual ['menstrʊəl] *adj* menstrual; ~ **cycle** ciclo *m* menstrual.

menstruate ['menstrʊeɪt] *vi* menstruar.

menstruation [ˌmenstrʊ'eɪʃən] *n* menstruación *f*.

menswear ['menzwɛəʳ] *n* ropa *f* de caballero.

mental ['mentl] *adj* (**a**) mental; **he has a ~ age of 6** tiene una edad mental de 6 años; **to make a ~ note of sth** tomar nota mental de algo; ~ **arithmetic** cálculo *m* mental; ~ **home** *or* **hospital** hospital *m* para enfermos mentales, manicomio *m*; ~ **illness** enfermedad *f* mental. (**b**) (*fam: mad*) chalado/a, chiflado/a; **he must be ~** debe estar ido *(fam)*.

mentality [men'tælɪtɪ] *n* mentalidad *f*.

mentally ['mentəlɪ] *adv* (**a**) (*ill etc*) mentalmente; ~ **disturbed** trastornado/a; ~ **handicapped** disminuido/a mental; **she is ~ ill** tiene una enfermedad mental. (**b**) (*calculate etc*) mentalmente.

menthol ['menθɒl] **1** *n* mentol *m*. **2** *cpd* mentolado/a.

mention ['menʃən] **1** *n* mención *f*. **2** *vt* (*gen*) mencionar, mentar; (*speak of*) hablar de; (*in dispatches*) citar; **not to ~ ...** sin contar ...; **don't ~ it!** de nada, no faltaba más, no hay de qué; **I will ~ it to him** se lo diré; **he ~ed no names** no dijo los nombres.

menu ['menjuː] *n* (**a**) (*list*) carta *f*; (*set meal*) menú *m*, cubierto *m*; (*fixed-price*) menú del día *(Sp)*, comida *f* corrida *(LAm)*. (**b**) (*Comput*) menú *m*.

menu-driven ['menjuːˌdrɪvn] *adj* (*Comput*) guiado/a por menú.

MEP *n abbr* (*Brit*) *of* **Member of the European Parliament** eurodiputado/a *m/f*.

mercantile ['mɜːkəntaɪl] *adj* mercantil.

mercenary ['mɜːsɪnərɪ] *adj*, *n* mercenario/a *m/f*.

merchandise ['mɜːtʃəndaɪz] *n* (*no pl*) mercancías *fpl*.

merchandiser ['mɜːtʃəndaɪzəʳ] *n* comerciante *mf*, tratante *mf*.

merchant ['mɜːtʃənt] **1** *n* (*gen*) comerciante *mf*; (*retailer*) detallista *mf*, minorista *mf*. **2** *cpd*: ~ **bank** *n* banco *m* comercial; ~ **navy** *n* marina *f* mercante; ~ **seaman** *n* marinero *m* de la marina mercante.

merchantable ['mɜːtʃəntəbl] *adj* comercializable; **of ~ quality** de calidad comerciable.

merchantman ['mɜːtʃəntmən] *n* (*pl* **-men**) buque *m* mercante.

merciful ['mɜːsɪfʊl] *adj* misericordioso/a, compasivo/a; **a ~ death** una muerte liberadora.

mercifully ['mɜːsɪfəlɪ] *adv* con compasión; (*fortunately*) afortunadamente.

merciless ['mɜːsɪlɪs] *adj* despiadado/a.

mercurial [mɜː'kjʊərɪəl] *adj* (*Chem*) mercurial; (*changeable*) veleidoso/a.

Mercury ['mɜːkjʊrɪ] *n* (*Astron*) Mercurio *m*.

mercury ['mɜːkjʊrɪ] *n* mercurio *m*, azogue *m*.

mercy ['mɜːsɪ] **1** *n* misericordia *f*, compasión *f*; **to beg for ~** pedir clemencia; **to be at the ~ of sb/sth** estar a merced de algn/algo; **to have ~ on sb** compadecerse de algn; **to be left to the tender mercies of sb** quedar abandonado a la voluntad de algn; **to show sb no ~** tratar a algn con el mayor rigor; **it's a ~ that no-one was hurt** (*fam*) menos mal que nadie resultó herido; **we should be grateful for small mercies** debemos dar las gracias por los pequeños favores.

2 *cpd*: ~ **flight** *n* vuelo *m* de emergencia; ~ **killing** *n* eutanasia *f*.

mere [mɪəʳ] *adj* mero/a, puro/a; **a ~ man** un hombre nada más *or (LAm)* nomás.

merely ['mɪəlɪ] *adv* solamente, simplemente; **she ~ smiled** sonrió nada más.

merge [mɜːdʒ] **1** *vt* (**a**) (*Comm*) combinar, unir. (**b**) (*Comput: text, files*) fusionar. **2** *vi* (**a**) (*colours, sounds, shapes etc*) fundirse; (*roads*) empalmar; (*parties etc*) fusionarse; **to ~ into the background** confundirse en el trasfondo. (**b**) (*Comm*) fusionarse.

merger ['mɜːdʒəʳ] *n* (*Comm*) fusión *f*.

meringue [mə'ræŋ] *n* merengue *m*.

merit ['merɪt] **1** *n* mérito *m*; **to look** *or* **inquire into the ~s of sth** investigar algo desde todos los puntos de vista; **to treat a case on its ~s** juzgar un caso según sus propios méritos. **2** *vt* merecer. **3** *cpd*: ~ **increase** *n* aumento *m* por méritos.

meritocracy [ˌmerɪ'tɒkrəsɪ] *n* meritocracia *f*.

meritorious [ˌmerɪ'tɔːrɪəs] *adj* meritorio/a.

mermaid ['mɜːmeɪd] *n* sirena *f*.

merriment ['merɪmənt] *n* alegría *f*, regocijo *m*.

merry ['merɪ] *adj* (*comp* **-ier**; *superl* **-iest**) (*cheerful*) alegre; (*enjoyable*) divertido/a; **to get ~** (*fam*) achisparse; *see* **Christmas**.

merry-go-round ['merɪgəʊˌraʊnd] *n* tiovivo *m*, caballitos *mpl*, calesita(s) *f(pl) (And, CSur)*.

merrymaking ['merɪˌmeɪkɪŋ] *n* (*party*) fiesta *f*; (*enjoyment*) diversión *f*; (*happiness*) alegría *f*, regocijo *m*.

mesh [meʃ] **1** *n* (**a**) (*hole*) malla *f*. (**b**) (*network, net, fig*) red *f*. (**c**) (*gears etc*) **in ~** engranado/a. (**d**) (*Tech*) **wire ~** tela *f* metálica. **2** *vt*: **to get ~ed** enredarse (*in* en).

mesmerize ['mezməraɪz] *vt* hipnotizar; (*fig*) fascinar.

mess [mes] *n* (**a**) (*confusion of objects*) revoltijo *m*, desorden *m*; (*dirt*) porquería *f*, suciedad *f*; (*work*) chapuza *f*, desastre *m*; (*person*) desastre; **you look (such) a ~** estás hecho una pena; **he's a ~, that man** es un desastre de hombre; **her life is a ~** su vida es un fracaso; **to be (in) a ~** estar revuelto; (*fig*) estar hecho un lío *(fam)*; **her hair is a ~** su pelo está todo revuelto; **his clothes are a ~** su ropa está todo arrugada; **that room's a ~** ese cuarto está manga por hombro *or* todo desordenado; **to leave things in a ~** dejar las cosas en confusión; **to make a ~** (*object*) hacer un revoltijo; (*dirt*) ensuciarse; **to make a ~ of** (*disorder*) revolver, desordenar; (*dirty*) ensuciar; (*job*) arruinar; (*fig*) echar a perder.

(**b**) (*euph: excreta*) porquería *f*.

(**c**) (*awkward predicament*) follón *m*, lío *m*; (*event*) desmadre *m*; **to be/get (o.s.) in a ~** estar/meterse en un lío/follón; **I'm in a right ~** estoy metido en un buen lío; **a fine/nice ~ you got us into!** ¡en menudo follón nos has metido!

(**d**) (*Mil etc*) comedor *m*; **officers' ~** comedor de oficiales.

▸ **mess about, mess around** (*fam*) **1** *vt* + *adv* fastidiar, molestar, fregar *(LAm fam)*, macanear *(CSur)*; **to ~ sb about** (*Brit*) fastidiar a algn. **2** *vi* + *adv* (**a**) (*play the fool*) hacer tonterías. (**b**) (*do nothing in particular*) gandulear. (**c**) (*tinker, fiddle*) **to ~ about** *or* **around with sth** entretenerse con algo; **he enjoys ~ing about in boats** le gusta entretenerse con botes; **to ~ about** *or* **around with sb** (*associate with*) estar liado con algn.

► **mess up** *vt + adv* desordenar; (*fig*) echar a perder.
message [ˈmesɪdʒ] **1** *n* recado *m*; (*frm, fig*) mensaje *m*; **to leave a ~** dejar un recado; **the ~ of the film** el mensaje de la película; **to get the ~** (*fig fam*) caer en la cuenta; **do you think he got the ~?** (*fam*) ¿crees que comprendió? **2** *cpd*: **~ switching** *n* (*Comput*) conmutación *f* de mensajes.
messenger [ˈmesɪndʒəʳ] **1** *n* mensajero/a *m/f*. **2** *cpd*: **~ boy** *n* recadero *m*.
Messiah [mɪˈsaɪə] *n* Mesías *m*.
Messrs [ˈmesəz] *abbr of* **Messieurs** Sr(e)s.
mess-up [ˈmesʌp] *n* (*Brit fam*) fracaso *m*; **what a ~!** ¡qué lío! (*fam*).
messy [ˈmesɪ] *adj* (*comp* **-ier**; *superl* **-iest**) (*dirty*) sucio/a; (*untidy*) desordenado/a, desarreglado/a; (*confused*) confuso/a.
Met. [met] **1** *adj abbr* (*Brit*) *of* **meteorological**. **2** *n abbr* **(a)** (*Brit*) *of* **Metropolitan Police**. **(b)** (*US*) *of* **Metropolitan Opera**.
met [met] *pt, pp of* **meet**.
metabolic [ˌmetəˈbɒlɪk] *adj* metabólico/a.
metabolism [meˈtæbəlɪzəm] *n* metabolismo *m*.
metal [ˈmetl] **1** *n* metal *m*; (*Brit: on road*) grava *f*. **2** *cpd*: **~ detector** *n* detector *m* de metales; **~ fatigue** *n* fatiga *f* del metal; **~ polish** *n* abrillantador *m* de metales.
metallic [mɪˈtælɪk] *adj* metálico/a.
metallurgy [meˈtælədʒɪ] *n* metalurgia *f*.
metalwork [ˈmetlwɜːk] *n* (*craft*) metalistería *f*.
metamorphosis [ˌmetəˈmɔːfəsɪs] *n* (*pl* **metamorphoses** [ˌmetəˈmɔːfəsiːz]) metamorfosis *f*.
metaphor [ˈmetəfɔːʳ] *n* metáfora *f*.
metaphoric(al) [ˌmetəˈfɒrɪk(əl)] *adj* metafórico/a.
metaphysical [ˌmetəˈfɪzɪkəl] *adj* metafísico/a.
metaphysics [ˌmetəˈfɪzɪks] *nsg* metafísica *f*.
metatarsal [ˌmetəˈtɑːsl] *n* metatarsiano *m*.
mete [miːt] *vt*: **to ~ out** asignar.
meteor [ˈmiːtɪəʳ] *n* meteoro *m*.
meteoric [ˌmiːtɪˈɒrɪk] *adj* meteórico/a; (*fig*) rápido/a, meteórico.
meteorite [ˈmiːtɪəraɪt] *n* meteorito *m*.
meteorological [ˌmiːtɪərəˈlɒdʒɪkəl] *adj* meteorológico/a; **the M~ Office** (*Brit*) *la estación meteorológica estatal*.
meteorology [ˌmiːtɪəˈrɒlədʒɪ] *n* meteorología *f*.
meter[1] [ˈmiːtəʳ] *n* contador *m*, medidor *m* (*LAm*); **gas/electricity ~** contador de gas/de electricidad; **parking ~** parquímetro.
meter[2] [ˈmiːtəʳ] *n* (*US*) = **metre**.
methane [ˈmiːθeɪn] *n* metano *m*.
method [ˈmeθəd] **1** *n* **(a)** (*manner, way*) método *m*; (*of payment*) manera *f*, forma *f*; (*procedure*) procedimiento *m*. **(b)** (*technique*) técnica *f*; **there's ~ in his madness** no está tan loco como parece. **2** *cpd*: **~ actor/actress** *n* actor *m* adepto/actriz *f* adepta del método Stanislavski.
methodical [mɪˈθɒdɪkəl] *adj* metódico/a.
Methodism [ˈmeθədɪzəm] *n* metodismo *m*.
Methodist [ˈmeθədɪst] *adj, n* metodista *mf*.
methodology [ˌmeθəˈdɒlədʒɪ] *n* metodología *f*.
meths [meθs] *n abbr* (*Brit*) *of* **methylated spirit(s)**.
methylated spirit(s) [ˈmeθɪleɪtɪdˈspɪrɪt(s)] *n(pl)* (*Brit*) alcohol *msg* desnaturalizado.
meticulous [mɪˈtɪkjʊləs] *adj* meticuloso/a.
métier [ˈmeɪtɪeɪ] *n* oficio *m*.
metre, (*US*) **meter** [ˈmiːtəʳ] *n* (*all senses*) metro *m*.
metric [ˈmetrɪk] *adj* métrico/a; **~ system** sistema *m* métrico; **~ ton** tonelada *f* métrica; **to go ~** pasar al sistema métrico.
metrication [ˌmetrɪˈkeɪʃən] *n* conversión *f* al sistema métrico.
metronome [ˈmetrənəʊm] *n* metrónomo *m*.
metropolis [mɪˈtrɒpəlɪs] *n* metrópoli *f*.
metropolitan [ˌmetrəˈpɒlɪtən] *adj* metropolitano/a; **M~ Police** *la policía de Londres*.
mettle [ˈmetl] *n* ánimo *m*, valor *m*; **to be on one's ~** estar dispuesto a mostrar su valía.
mew [mjuː] **1** *n* maullido *m*, miau *m*. **2** *vi* maullar, hacer miau.
mews [mjuːz] (*Brit*) **1** *nsg* callejuela *f*. **2** *cpd*: **~ cottage** *n casa acondicionada en antiguos establos o cocheras*.
Mexican [ˈmeksɪkən] *adj, n* mejicano/a *m/f*, mexicano/a *m/f* (*LAm*).
Mexico [ˈmeksɪkəʊ] **1** *n* Méjico *m*, México *m* (*LAm*). **2** *cpd*: **~ City** *n* (Ciudad *f* de) México *m*.
mezzanine [ˈmezəniːn] *n* entresuelo *m*.
mezzo-soprano [ˈmetsəʊsəˈprɑːnəʊ] *n* (*voice*) mezzo-soprano *m*; (*singer*) mezzo-soprano *f*.
MFA *n abbr* (*US Univ*) *of* **Master of Fine Arts**.
mfr(s) *abbr of* **manufacturer(s)** fab.
mg *abbr of* **miligramme(s)** mg.
Mgr *abbr* **(a)** (*Rel*) *of* **Monsignor** Mons. **(b)** (*Comm etc*) *of* **manager**.
MHR *n abbr* (*US*) *of* **Member of the House of Representatives**.
MHz *abbr* (*Rad*) *of* **megahertz** MHz.
MI 1 *n abbr of* **machine intelligence**. **2** *abbr* (*US Post*) *of* **Michigan**.
mi [miː] *n* (*Mus*) mi *m*.
MI5 *n abbr* (*Brit*) *of* **Military Intelligence 5** *servicio de inteligencia contraespionaje*.
MI6 *n abbr* (*Brit*) *of* **Military Intelligence 6** *servicio de inteligencia*.
MIA *adj abbr* (*Mil*) *of* **missing in action**.
miaow [miːˈaʊ] **1** *n* maullido *m*, miau *m*. **2** *vi* maullar, hacer miau.
miasma [mɪˈæzmə] *n* (*pl* **~s** *or* **~ta** [mɪˈæzmətə]) miasma *m*.
mica [ˈmaɪkə] *n* mica *f*.
mice [maɪs] *npl of* **mouse**.
Mich. *abbr* (*US*) *of* **Michigan**.
Mickey [ˈmɪkɪ] *cpd*: **~ Finn** *n* bebida *f* drogada; **~ Mouse** *n* el ratoncito Mickey; **it's a ~ Mouse set-up** es un montaje poco serio.
mickey [ˈmɪkɪ] *n* (*fam*): **to take the ~ (out of sb)** tomar el pelo (a algn).
micro... [ˈmaɪkrəʊ] *pref* micro....
microbe [ˈmaɪkrəʊb] *n* microbio *m*.
microbiology [ˌmaɪkrəʊbaɪˈɒlədʒɪ] *n* microbiología *f*.
microchip [ˈmaɪkrəʊˌtʃɪp] *n* microplaqueta *f*.
microcomputer [ˌmaɪkrəʊkəmˈpjuːtəʳ] *n* microcomputadora *f*, microordenador *m*.
microcosm [ˈmaɪkrəʊkɒzəm] *n* microcosmo *m*.
microeconomics [ˈmaɪkrəʊˌiːkəˈnɒmɪks] *nsg* microeconomía *f*.
microelectronics [ˈmaɪkrəʊˌiːlekˈtrɒnɪks] *nsg* microelectrónica *f*.
microfiche [ˈmaɪkrəʊˌfiːʃ] *n* microfiche *m*.
microfilm [ˈmaɪkrəʊfɪlm] *n* microfilm *m*.
microlight, **microlite** [ˈmaɪkrəʊˌlaɪt] *n* (*also* **~ aircraft**) (avión *m*) ultraligero *m*.
micrometer [maɪˈkrɒmɪtəʳ] *n* micrómetro *m*.
microphone [ˈmaɪkrəfəʊn] *n* micrófono *m*.
microprocessor [ˌmaɪkrəʊˈprəʊsesəʳ] *n* microprocesador *m*.
microprogramming, (*US, also freq Comput*) **microprograming** [ˌmaɪkrəʊˈprəʊgræmɪŋ] *n* microprogramación *f*.
microscope [ˈmaɪkrəskəʊp] *n* microscopio *m*.
microscopic(al) [ˌmaɪkrəˈskɒpɪk(əl)] *adj* microscópico/a.
microsurgery [ˌmaɪkrəʊˈsɜːdʒərɪ] *n* microcirugía *f*.
microtechnology [ˌmaɪkrəʊtekˈnɒlədʒɪ] *n* microtecnología *f*.
microwave (oven) [ˈmaɪkrəʊˌweɪv(ˈʌvn)] *n* (horno) microondas *m*.
mid [mɪd] *adj*: **in ~ morning** a media mañana; **in ~ journey** a medio camino; **in ~ June** a mediados de junio; **in ~**

air (*catch sth*) al vuelo; (*fig: leave sth*) a medio hacer; **in ~ ocean** en alta mar.

midday [ˈmɪdˈdeɪ] **1** *n* mediodía *f*; **at ~** a mediodía. **2** *cpd* de mediodía.

middle [ˈmɪdl] **1** *adj* (*central*) central, de en medio; (*average*) mediano/a; **~ age** mediana edad *f*; **the M~ Ages** la Edad Media; **~ C** (*Mus*) do *m* mayor; **the ~ class(es)** (*gen*) la clase media; (*bourgeoisie*) la burguesía; **my ~ daughter** mi segunda hija; **M~ East** Medio Oriente *m*; **~ ground** terreno *m* neutral; **~ name** segundo nombre *m*.
2 *n* (*centre*) centro *m*, medio *m*; (*waist*) cintura *f*; **to cut through the ~** cortar por la mitad; **in the ~ of the field** en medio del campo; **in the ~ of nowhere** en el quinto pino; **in the ~ of summer** en pleno verano; **in** *or* **about** *or* **towards the ~ of May** a mediados de mayo; **I'm in the ~ of reading it** lo he leído hasta la mitad.

middle-aged [ˈmɪdlˈeɪdʒd] *adj* de mediana edad.

middle-class [ˈmɪdlˈklɑːs] *adj* (*gen*) de (la) clase media; (*bourgeois*) burgués/esa.

middle-distance [ˌmɪdlˈdɪstəns] *adj*: **~ race** carrera *f* de medio fondo; **~ runner** mediofondista *mf*.

Middle-Eastern [ˌmɪdlˈiːstən] *adj* medio-oriental.

middleman [ˈmɪdlmæn] *n* (*pl* **-men**) (*Comm*) intermediario *m*.

middle-of-the-road [ˈmɪdləvðəˈrəʊd] *adj* moderado/a, nada extremo/a.

middle-sized [ˈmɪdlˌsaɪzd] *adj* mediano/a.

middleweight [ˈmɪdlweɪt] *n* peso *m* medio.

middling [ˈmɪdlɪŋ] *adj* mediano/a; (*pej*) regular.

Middx *abbr* (*Brit*) *of* **Middlesex**.

midfield [ˈmɪdfiːld] *n* centrocampo *m*.

midge [mɪdʒ] *n* mosca *f* enana.

midget [ˈmɪdʒɪt] *n* enano/a *m/f*.

midi [ˈmɪdɪ] *adj*: **~ hi-fi, ~ system** cadena *f* musical compacta.

Midlands [ˈmɪdləndz] *npl*: **the ~** *la región central de Inglaterra*.

midlife [ˈmɪdˌlaɪf] *adj*: **~ crisis** crisis *f* de los cuarenta.

midnight [ˈmɪdnaɪt] **1** *n* medianoche *f*; **at ~** a medianoche. **2** *cpd* de medianoche; **to burn the ~ oil** quemarse las pestañas.

midriff [ˈmɪdrɪf] *n* diafragma *m*.

midst [mɪdst] *n*: **in the ~ of** (*place*) en medio de, a mitad de *(LAm)*; **in the ~ of the battle** (*fig*) en plena batalla.

midstream [ˈmɪdˈstriːm] *n*: **in ~** (*fig*) antes de terminar, a mitad de camino; **he stopped talking in ~** dejó de hablar a mitad de la frase.

midsummer [ˈmɪdˈsʌməʳ] **1** *n* estío *m*, pleno verano *m*. **2** *cpd*: **M~('s) Day** *n* Día *m* de San Juan *(24 junio)*.

midterm [ˈmɪdˈtɜːm] *adj*: **~ exam** examen *m* de mitad del trimestre.

midway [ˈmɪdˈweɪ] **1** *adv* a medio camino. **2** *adj*: **the ~ point between X and Y** el punto medio entre X y Y.

midweek [ˈmɪdˈwiːk] **1** *adv* entre semana. **2** *adj* de entre semana.

midwife [ˈmɪdwaɪf] *n* (*pl* **-wives**) comadrona *f*, partera *f*.

midwinter [ˈmɪdˈwɪntəʳ] *n* pleno invierno *m*.

might[1] [maɪt] *pt of* **may**.

might[2] [maɪt] *n* poder *m*, fuerza *f*; **with all one's ~** con todas sus fuerzas.

mighty [ˈmaɪtɪ] **1** *adj* (*comp* **-ier**; *superl* **-iest**) (*gen*) poderoso/a; (*vast*) vasto/a. **2** *adv* (*fam*) muy.

migraine [ˈmiːgreɪn] *n* jaqueca *f*.

migrant [ˈmaɪgrənt] **1** *adj* migratorio/a. **2** *n* emigrante *mf*; (*worker*) migratorio/a *m/f*.

migrate [maɪˈgreɪt] *vi* (*animals, people*) emigrar; (*move*) trasladarse.

migration [maɪˈgreɪʃən] *n* migración *f*.

migratory [maɪˈgreɪtərɪ] *adj* migratorio/a.

mike [maɪk] *n abbr* (*fam*) *of* **microphone** micro *m*.

Milan [mɪˈlæn] *n* Milán *m*.

mild [maɪld] *adj* (*comp* **~er**; *superl* **~est**) **(a)** (*gen*) suave; (*punishment, rebuke*) poco severo/a; (*climate, weather*) templado/a. **(b)** (*person*) apacible, dulce. **(c)** (*in flavour: cheese, cigarette*) suave; (*: not strong enough*) flojo/a. **(d)** (*slight*) ligero/a.

mildew [ˈmɪldjuː] *n* (*on plants*) añublo *m*; (*on food, leather etc*) moho *m*.

mildewed [ˈmɪldjuːd] *adj* mohoso/a.

mildly [ˈmaɪldlɪ] *adv* (*gently*) suavemente; (*slightly*) ligeramente; **to put it ~, and that's putting it ~** para no decir más, por no decir algo peor.

mildness [ˈmaɪldnɪs] *n* (*see adj*) suavidad *f*, dulzura *f*, flojedad *f*, lo ligero.

mile [maɪl] *n* milla *f*; **~s per gallon** millas por galón; **they live ~s away** viven a varias millas de distancia; **sorry, I was ~s away** lo siento, se me fue el santo al cielo; **it stands** *or* **sticks out a ~** se ve a la legua; **you can tell it a ~ off** eso se ve a la legua.

mileage [ˈmaɪlɪdʒ] **1** *n* **(a)** distancia *f* en millas; (*on milometer*) kilometraje *m*; **what ~ does your car do?** ¿cuántos kilómetros hace tu coche por galón? **(b)** (*fig*) **there's no ~ in this story** esta historia sólo tiene un interés pasajero; **he's got a lot of ~ out of it** le sacó mucho partido. **2** *cpd*: **~ allowance** *n* gastos *mpl* de viaje por milla recorrida, ≈ asignación *f* por kilometraje; **~ rate** *n* tarifa *f* por distancia.

mileometer [maɪˈlɒmɪtəʳ] *n* (*Brit Aut*) cuentakilómetros *m inv*.

milestone [ˈmaɪlstəʊn] *n* (*on road*) mojón *m*; (*fig*) hito *m*.

milieu [ˈmiːljɜː] (*pl* **~s** *or* **~x** [ˈmiːljɜː]) *n* medio *m*, ambiente *m*.

militant [ˈmɪlɪtənt] **1** *adj* (*combative*) combativo/a; (*strike etc*) militante. **2** *n* militante *mf*; **to be a party ~** militar en un partido.

militarism [ˈmɪlɪtərɪzəm] *n* militarismo *m*.

militaristic [ˌmɪlɪtəˈrɪstɪk] *adj* militarista.

military [ˈmɪlɪtərɪ] **1** *adj* militar; **to do ~ service** hacer el servicio (militar), hacer la mili *(fam)*, hacer la colimba *(Arg)*; **~ police** policía *f* militar; **~ training** instrucción *f* militar. **2** *npl*: **the ~** los militares *mpl*.

militate [ˈmɪlɪteɪt] *vi*: **to ~ against** militar en contra de.

militia [mɪˈlɪʃə] *n* milicias *fpl*.

militiaman [mɪˈlɪʃəmən] *n* miliciano *m*.

milk [mɪlk] **1** *n* leche *f*; **skim(med) ~** leche desnatada; **~ of magnesia** (*Med*) leche de magnesia; **it's no good crying over spilt ~** (*Prov*) a lo hecho pecho.
2 *vt* ordeñar; (*fig*) exprimir; **they're ~ing the company for all they can get** chupan todo lo que pueden de la compañía.
3 *cpd* lechero/a, de leche; **~ chocolate** *n* chocolate *m* con leche; **~ cow** *n* vaca *f* lechera; **~ diet** *n* dieta *f* láctea; **~ float** *n* carro *m* de la leche; **~ round** *n* recorrido *m* del lechero; **~ shake** *n* batido *m*, malteada *f (LAm)*; **~ tooth** *n* diente *m* de leche; **~ truck** *n* (*US*) = **~ float**.

milking machine [ˈmɪlkɪŋməˌʃiːn] *n* ordeñadora *f* mecánica.

milkman [ˈmɪlkmən] *n* (*pl* **-men**) lechero *m*, repartidor *m* de leche.

milky [ˈmɪlkɪ] *adj* (*comp* **-ier**; *superl* **-iest**) lechoso/a; (*tea*) con mucha leche; **M~ Way** (*Astron*) Vía *f* Láctea.

mill [mɪl] **1** *n* **(a)** (*textile factory*) fábrica *f* (de tejidos); (*sugar ~*) ingenio *m* de azúcar; (*spinning ~*) hilandería *f*; (*steel ~*) acería *f*. **(b)** (*machine*) molino *m*; (*: for coffee etc*) molinillo *m*; (*Tech*) fresadora *f*; **they put me through the ~** (*fig*) me las hicieron pasar canutas *or* moradas. **2** *vt* moler; (*metal*) pulir; (*coin*) acordonar.

► **mill about, mill around** **1** *vi + adv* arremolinarse. **2** *vi + prep*: **people were ~ing around the booking office** la gente se apiñaba impaciente delante de la taquilla.

milled [mɪld] *adj* (*grain*) molido/a; (*coin, edge*) acordonado/a.

millennium [mɪˈlenɪəm] *n* (*pl* **millennia** [mɪˈlenɪə]) milenio *m*.

miller [ˈmɪləʳ] *n* molinero/a *m/f*.

millet [ˈmɪlɪt] *n* mijo *m*.

milligram(me) [ˈmɪlɪgræm] *n* miligramo *m*.
millilitre, (*US*) **milliliter** [ˈmɪlɪˌliːtəʳ] *n* mililitro *m*.
millimetre, (*US*) **millimeter** [ˈmɪlɪˌmiːtəʳ] *n* milímetro *m*.
milliner [ˈmɪlɪnəʳ] *n* sombrerero/a *m/f*; **~'s (shop)** sombrerería *f*.
million [ˈmɪljən] *n* millón *m*; **4 ~ dogs** 4 millones de perros; **she's one in a ~** (*fam*) es un mirlo blanco, es fuera de lo común; **I've got ~s of letters to write** tengo miles de cartas que escribir; **to feel like a ~ dollars** (*US*) sentirse a las mil maravillas.
millionaire [ˌmɪljəˈnɛəʳ] *n* millonario/a *m/f*.
millipede [ˈmɪlɪpiːd] *n* milpiés *m inv*.
millisecond [ˈmɪlɪˌsekənd] *n* milisegundo *m*.
millstone [ˈmɪlstəʊn] *n* piedra *f* de molino, muela *f*; **it's a ~ round his neck** es una cruz que lleva a cuestas.
millwheel [ˈmɪlwiːl] *n* rueda *f* de molino.
milometer [maɪˈlɒmɪtəʳ] *n* = **mileometer**.
mime [maɪm] **1** *n* (*acting*) mimo *m*; (*play*) teatro *m* de mimo; (*actor*) mimo/a *m/f*. **2** *vt* imitar, remedar.
mimic [ˈmɪmɪk] **1** *n* mímico/a *m/f*. **2** *vt* imitar, remedar.
mimicry [ˈmɪmɪkrɪ] *n* mímica *f*.
Min. *abbr* (*Brit*) *of* **Ministry** Min.
min. *abbr* (**a**) *of* **minimum**. (**b**) *of* **minute(s)** m.
minaret [mɪnəˈret] *n* alminar *m*, minarete *m*.
mince [mɪns] **1** *n* (*Culin*) carne *f* picada. **2** *vt* picar; **not to ~ one's words** no tener pelos en la lengua. **3** *vi* (*in walking*) andar con pasos medidos; (*in talking*) hablar remilgadamente.
mincemeat [ˈmɪnsmiːt] *n* conserva *f* de picadillo de fruta; **to make ~ of sb** (*fig*) hacer picadillo *or* pedazos a algn.
mincer [ˈmɪnsəʳ] *n* (*machine*) máquina *f* de picar carne.
mind [maɪnd] **1** *n* (**a**) (*intellect*) mente *f*, mentalidad *f*; (*intelligence*) inteligencia *f*, cerebro *m*; **the idea was fixed in his ~** la idea le quedó fija en la cabeza; **one of the finest ~s of the period** uno de los cerebros de la época; **great ~s think alike** (*hum or iro*) los sabios siempre pensamos igual.
(**b**) (*cast of ~*) mentalidad *f*; **state of ~** estado *m* de ánimo; **with an open ~** con espíritu amplio.
(**c**) (*thoughts*) cabeza *f*, pensamiento *m*; **I am not clear in my ~ about it** todavía no lo llego a entender; **to be uneasy in one's ~** quedar con dudas; **to have sth on one's ~** estar preocupado por algo; **what's on your ~?** ¿qué es lo que te preocupa?; **I can't get it out of my ~** no me lo puedo quitar de la cabeza; **it crossed my ~** se me ocurrió (*that* que); **to put** *or* **set** *or* **give one's ~ to sth** dedicarse a algo; **if you put your ~ to it** si te concentras en ello; **that will take your ~ off it** te distraerá; **to speak one's ~** hablar con franqueza.
(**d**) (*memory*) recuerdo *m*, memoria *f*; **to bear** *or* **keep sth/sb in ~** tener presente *or* en cuenta algo/algn; **it went right out of my ~** se me fue por completo (de la cabeza); **to bring** *or* **call sth to ~** recordar algo, traer algo a la memoria; **to go over sth in one's ~** repasar algo mentalmente.
(**e**) (*intention*) propósito *m*; **to have sth in ~** tener pensado algo; **to have sb in ~** tener a algn en mente; **to have in ~ to do sth** tener intención de hacer algo; **I have a good ~ to do it** ganas de hacerlo no me faltan; **I have half a ~ to do it** estoy tentado de hacerlo; **nothing was further from my ~** nada más lejos de mi intención; **to change one's ~** cambiar de idea *or* de parecer.
(**f**) (*opinion*) opinión *f*, parecer *m*; **to know one's own ~** saber lo que uno quiere; **to make up one's ~** decidirse; **I can't make up my ~ about him** todavía tengo ciertas dudas con respecto a él; **to be in two ~s** dudar, estar indeciso; **to be of one** *or* **the same ~** estar de acuerdo; **to have a ~ of one's own** (*person: think for o.s.*) pensar por sí mismo; (*hum: machine etc*) tener voluntad propia, hacer lo que quiere; **to my ~** a mi parecer *or* juicio.
(**g**) (*sanity*) juicio *m*; **to go out of** *or* **lose one's ~** perder el juicio; **to be out of one's ~** estar fuera de juicio; **nobody in his right ~ would do it** nadie en su cabal juicio lo haría.
2 *vt* (**a**) (*pay attention to*) hacer caso de; (*obey: rules*) obedecer; (*be careful of*) tener cuidado con; **~ what you're doing!** ¡cuidado lo que haces!; **~ you, it was raining at the time** claro *or* hay que reconocer que en ese momento llovía; **~ your own business!** ¡no te metas donde no te llaman!; **~ your language!** ¡cuida tu lengua!
(**b**) (*oversee*) cuidar, atender.
(**c**) (*be put out by*) tener inconveniente en, sentirse molesto por; **I don't ~ the cold** a mí no me molesta el frío; **would you ~ opening the door?** ¿me hace el favor de abrir la puerta?, ¿le importa(ría) abrir la puerta?; **never ~ that now** olvidémoslo de momento; **never ~ him** no le hagas caso; **don't ~ me** (*iro*) por mí no se preocupe; **I wouldn't ~ a cup of tea** no vendría mal un té; **if you don't ~ my** *or* **me saying so, I think you're wrong** si me lo permites, creo que te equivocas.
3 *vi* (**a**) (*be careful*) tener cuidado; (*pay attention*) **~ you get there first** procura llegar primero.
(**b**) (*be put out*) tener inconveniente; **I don't ~** me es igual; **do you ~?** ¿te importa?; **please, if you don't ~** si no le importa, si es tan amable; **close the door, if you don't ~** hazme el favor de cerrar la puerta; **do you ~ if I open the window?** ¿te molesta que abra la ventana?; **never ~** (*don't worry*) no te preocupes; (*it makes no odds*) es igual, da lo mismo.
(**c**) (*worry, be concerned*) preocuparse; **I can't walk, never ~ run** no puedo andar, ni menos correr.
▸ **mind out** *vi + adv* tener cuidado; **~ out!** ¡cuidado!, ¡ojo!, ¡abusado! (*Mex*).
mind-bending [ˈmaɪndˌbendɪŋ], **mind-blowing** [ˈmaɪndˌbləʊɪŋ], **mind-boggling** [ˈmaɪndˌbɒglɪŋ] *adj* (*fam*) increíble.
-minded [ˈmaɪndɪd] *adj suf*: **fair~** imparcial; **an industrially~ nation** una nación consciente de sus industrias; **scientifically~** con afición por la ciencia.
mindful [ˈmaɪndfʊl] *adj*: **to be ~ of** tener presente *or* en cuenta.
mindless [ˈmaɪndlɪs] *adj* (*violence, crime*) sin motivo; (*task*) automático/a.
mind-reader [ˈmaɪndˌriːdəʳ] *n* adivinador(a) *m/f* de pensamientos.
mine¹ [maɪn] *poss pron* mío/a, el mío, la mía; **is this glass ~?** ¿este vaso es mío?; **which is ~?** ¿cuál es el mío?; **a friend of ~** un amigo mío; **it's no business of ~** no tiene que ver conmigo.
mine² [maɪn] **1** *n* (**a**) mina *f*; **to work down the ~** trabajar en una mina. (**b**) (*Mil, Naut etc*) mina *f*; **to lay ~s** poner minas. (**c**) (*fig*) **the book is a ~ of information** este libro es una mina de información. **2** *vt* (**a**) (*minerals etc*) extraer; (*a mine*) explotar. (**b**) (*Mil, Naut*) minar, poner minas en. **3** *vi* extraer, explotar; **to ~ for sth** abrir una mina para extraer algo. **4** *cpd*: **~ detector** *n* detector *m* de minas.
minefield [ˈmaɪnfiːld] *n* campo *m* de minas; (*fig*) asunto *m* delicado.
miner [ˈmaɪnəʳ] *n* minero/a *m/f*.
mineral [ˈmɪnərəl] **1** *n* mineral *m*. **2** *cpd* mineral; **~ deposit** *n* yacimiento *m* minero; **~ water** *n* agua *f* mineral.
mineshaft [ˈmaɪnʃɑːft] *n* pozo *m* de mina.
minestrone [ˌmɪnɪˈstrəʊnɪ] *n* minestrone *f*.
minesweeper [ˈmaɪnˌswiːpəʳ] *n* dragaminas *m inv*.
mingle [ˈmɪŋgl] **1** *vt* mezclar. **2** *vi* (*gen*) mezclarse; (*sound etc*) confundirse.
mingy [ˈmɪndʒɪ] (*fam*) *adj* (*comp* **-ier**; *superl* **-iest**) (*person*) tacaño/a; (*amount, size*) escaso/a.
mini [ˈmɪnɪ] *n* (*miniskirt*) minifalda *f*.
mini... [ˈmɪnɪ] *pref* mini..., micro....
miniature [ˈmɪnɪtʃəʳ] **1** *n* miniatura *f*; **in ~** en miniatura. **2** *adj* (*gen*) (en) miniatura; (*tiny*) diminuto/a.

miniaturize [ˈmɪnɪtʃəraɪz] *vt* miniaturizar.
minibar [ˈmɪnɪbɑːʳ] *n* minibar *m.*
minibus [ˈmɪnɪbʌs] *n* micro(bús) *m,* colectivo *m (LAm),* liebre *f (Chi),* micro *(Chi) f (sometimes m).*
minicab [ˈmɪnɪkæb] *n* microtaxi *m.*
minicomputer [ˌmɪnɪkəmˈpjuːtəʳ] *n* miniordenador *m,* minicomputadora *f.*
minimal [ˈmɪnɪml] *adj* mínimo/a.
minimalist [ˈmɪnɪməlɪst] *adj* minimalista.
minimarket [ˈmɪnɪˌmɑːkɪt], **minimart** [ˈmɪnɪˌmɑːt] *n* autoservicio *m.*
minimize [ˈmɪnɪmaɪz] *vt* (**a**) (*reduce*) reducir al mínimo. (**b**) (*belittle*) menospreciar.
minimum [ˈmɪnɪməm] **1** *n* mínimo *m,* mínimum *m;* **down to a ~ of 5 degrees** hasta un mínimo de 5 grados; **to reduce sth to a ~** reducir algo al mínimo; **to keep costs down to a** *or* **the ~** mantener los costos en el nivel más bajo posible. **2** *adj* mínimo/a; **~ lending rate** tipo *m* de interés mínimo; **~ wage** salario *m* mínimo.
mining [ˈmaɪnɪŋ] **1** *n* (**a**) minería *f,* explotación *f* de minas. (**b**) (*Mil, Naut*) minado *m.* **2** *cpd* minero/a; **~ engineer** *n* ingeniero/a *m/f* de minas; **~ industry** *n* industria *f* minera.
minipill [ˈmɪnɪˌpɪl] *n* minipíldora *f.*
miniseries [ˈmɪnɪˌsɪərɪz] *n* (*pl* ~) (*TV*) miniserie *f.*
miniskirt [ˈmɪnɪskɜːt] *n* minifalda *f.*
minister [ˈmɪnɪstəʳ] **1** *n* (*Pol*) ministro/a *m/f,* secretario/a *m/f (Mex)*; (*Rel*) pastor *m,* clérigo *m;* **Prime M~** primer(a) ministro/a. **2** *vi*: **to ~ to** atender a.
ministerial [ˌmɪnɪsˈtɪərɪəl] *adj* (*Pol*) ministerial.
ministry [ˈmɪnɪstrɪ] *n* (*Pol*) ministerio *m,* secretaría *f (Mex)*; (*Rel*) sacerdocio *m;* **M~ of Transport** Ministerio de Transporte.
mink [mɪŋk] **1** *n* visón *m.* **2** *cpd*: **~ coat** *n* abrigo *m* de visón; **~ farm** *n* criadero *m* de visones.
Minn. *abbr* (*US*) *of* **Minnesota.**
minor [ˈmaɪnəʳ] **1** *adj* (**a**) (*unimportant*) sin importancia, secundario/a; **of ~ importance** de poca importancia. (**b**) (*young*) menor de edad. (**c**) (*Mus*) menor; **~ key** tono *m* menor. **2** *n* (**a**) (*Mus*) **the ~** el tono menor. (**b**) (*Jur*) menor *mf* de edad. (**c**) (*US Univ*) asignatura *f* secundaria. **3** *vi*: **to ~ in Spanish** (*US Univ*) estudiar el español como asignatura secundaria.
Minorca [mɪˈnɔːkə] *n* Menorca *f.*
minority [maɪˈnɒrɪtɪ] **1** *n* (*gen*) minoría *f;* (*age*) minoría de edad; **to be in a ~** estar en la minoría, ser minoría. **2** *cpd*: **~ interest** *n* participación *f* minoritaria; **~ shareholding** *n* accionado *m* minoritario; **~ view** *n*: **a ~ view** un punto de vista minoritario.
minstrel [ˈmɪnstrəl] *n* trovador *m,* juglar *m.*
mint[1] [mɪnt] **1** *n* casa *f* de moneda; **to be worth a ~ (of money)** valer un dineral. **2** *adj*: **in ~ condition** como nuevo, sin usar. **3** *vt* acuñar.
mint[2] [mɪnt] **1** *n* (*Bot*) hierbabuena *f,* menta *f;* (*sweet*) pastilla *f* de menta. **2** *cpd*: **~ sauce** *n* salsa *f* de menta; **~ tea** *n* té *m* a la menta.
minuet [ˌmɪnjʊˈet] *n* minué *m.*
minus [ˈmaɪnəs] **1** *prep* (**a**) menos; **9 ~ 6** 9 menos 6. (**b**) (*without, deprived of*) sin. **2** *adj* negativo/a, menos; **it's ~ 20 outside** fuera hace una temperatura de 20 bajo cero.
minuscule [ˈmɪnəskjuːl] *adj* minúsculo/a.
minute[1] [ˈmɪnɪt] **1** *n* (**a**) (*of degree, time*) minuto *m;* **I'll come in a ~** ahora voy, ya voy, ahorita voy; **this very ~** ahora mismo; **wait a ~!** ¡espera un momento!, ¡momentito! *(LAm)*; **at that ~ the phone rang** en ese momento sonó el teléfono; **tell me the ~ he arrives** avísame en cuanto *or (LAm)* apenas *or* no bien llegue; **every ~ counts** no hay tiempo que perder; **up to the ~ news** noticias de última hora; **it won't take 5 ~s** es cosa de pocos minutos.
(**b**) (*official note*) nota *f,* minuta *f;* **~s** (*of meeting*) actas *fpl.*
2 *cpd*: **~ book** *n* libro *m* de actas; **~ hand** *n* minutero *m.*
minute[2] [maɪˈnjuːt] *adj* (*small*) diminuto/a; (*detailed, exact*) minucioso/a.
minutely [maɪˈnjuːtlɪ] *adv* (*by a small amount*) por muy poco; (*in detail*) detalladamente, minuciosamente; **anything ~ resembling a fish** cualquier cosa que tuviera el más ligero parecido con un pez.
MIPS [mɪps] *npl abbr of* **millions of instructions per second** MIPS *mpl.*
miracle [ˈmɪrəkl] **1** *n* milagro *m;* **it's a ~ that you weren't hurt** (*fig*) ¡qué milagro que salieras ileso!; **by some ~ he passed his exam** (*fig*) aprobó el examen por milagro. **2** *cpd*: **~ cure** *n* remedio *m* milagro; **~ drug** *n* droga *f* milagro.
miraculous [mɪˈrækjʊləs] *adj* milagroso/a.
mirage [ˈmɪrɑːʒ] *n* espejismo *m.*
mirror [ˈmɪrəʳ] **1** *n* espejo *m;* **driving ~** espejo retrovisor. **2** *vt* reflejar. **3** *cpd*: **~ image** *n* reflejo *m* exacto.
mirth [mɜːθ] *n* (*good humour*) alegría *f,* júbilo *m;* (*laughter*) risas *fpl.*
MIS *n abbr of* **management information system** sistema *m* informativo de dirección.
misadventure [ˌmɪsədˈventʃəʳ] *n* desgracia *f,* contratiempo *m;* **death by ~** (*Jur*) muerte accidental.
misalliance [ˌmɪsəˈlaɪəns] *n* casamiento *m* inconveniente.
misanthropic [ˌmɪzənˈθrɒpɪk] *adj* misantrópico/a.
misanthropist [mɪˈzænθrəpɪst] *n* misántropo/a *m/f.*
misapplication [ˈmɪsˌæplɪˈkeɪʃən] *n* mala aplicación *f.*
misapply [ˈmɪsəˈplaɪ] *vt* (*gen*) usar indebidamente; (*funds*) malversar; (*efforts, talents*) malgastar.
misapprehension [ˈmɪsˌæprɪˈhenʃən] *n* malentendido *m,* equivocación *f;* **to be under a ~** estar equivocado.
misappropriate [ˈmɪsəˈprəʊprɪeɪt] *vt* malversar, desfalcar.
misappropriation [ˈmɪsəˌprəʊprɪˈeɪʃən] *n* malversación *f,* desfalco *m.*
misbehave [ˈmɪsbɪˈheɪv] *vi* portarse *or* comportarse mal.
misbehaviour, (*US*) **misbehavior** [ˈmɪsbɪˈheɪvjəʳ] *n* mala conducta *f.*
misc. *abbr of* **miscellaneous.**
miscalculate [ˈmɪsˈkælkjʊleɪt] *vt, vi* calcular mal.
miscalculation [ˈmɪsˌkælkjʊˈleɪʃən] *n* error *m* de cálculo.
miscarriage [ˈmɪsˌkærɪdʒ] *n* (**a**) (*Med*) aborto *m.* (**b**) **~ of justice** error *m* judicial.
miscarry [mɪsˈkærɪ] *vi* (**a**) (*Med*) abortar. (**b**) (*fail: plans*) fracasar, malograrse *(Per).*
miscast [ˌmɪsˈkɑːst] (*pt, pp* ~) *vt*: **to ~ sb** (*Theat*) dar a algn un papel que no le va.
miscellaneous [ˌmɪsɪˈleɪnɪəs] *adj* diversos/as; **~ expenses** gastos *mpl* diversos.
miscellany [mɪˈselənɪ] *n* (*collection*) miscelánea *f;* (*of writings*) antología *f.*
mischance [mɪsˈtʃɑːns] *n* desgracia *f,* mala suerte *f;* **by some ~** por desgracia.
mischief [ˈmɪstʃɪf] *n* (*roguishness*) malicia *f;* (*naughtiness*) travesura *f,* diablura *f;* (*harm*) daño *m;* **he's up to some ~** está haciendo alguna travesura; **he's always getting into ~** siempre anda haciendo travesuras; **to keep sb out of ~** distraer a algn (para que no haga travesuras); **to do o.s. a ~** hacerse daño.
mischievous [ˈmɪstʃɪvəs] *adj* (*gen*) travieso/a; (*troublemaking*) malicioso/a.
misconceive [ˈmɪskənˈsiːv] *vt* entender mal; **a ~d plan** un proyecto descabellado.
misconception [ˈmɪskənˈsepʃən] *n* malentendido *m,* concepto *m* erróneo.
misconduct [mɪsˈkɒndʌkt] *n* (*gen*) mala conducta *f;* (*professional*) abuso *m* de confianza; (*sexual*) adulterio *m.*

misconstrue ['mɪskən'struː] *vt* interpretar mal.
misdeed ['mɪs'diːd] *n* fechoría *f*.
misdemeanour, (*US*) **misdemeanor** [,mɪsdɪ'miːnəʳ] *n* fechoría *f*; (*Jur*) delito *m* menor.
misdirect ['mɪsdɪ'rekt] *vt* (*operation etc*) manejar mal; (*letter etc*) poner unas señas incorrectas en; (*person*) informar mal.
miser ['maɪzəʳ] *n* avaro/a *m/f*.
miserable ['mɪzərəbl] *adj* (**a**) (*unfortunate*) desgraciado/a; (*unhappy*) triste; **to make sb's life** ~ amargar la vida a algn. (**b**) (*wretched, causing distress*) miserable, lamentable. (**c**) (*contemptible*) despreciable, vil; **a ~ £2** 2 miserables libras.
miserably ['mɪzərəblɪ] *adv* (**a**) (*see adj (a), (b)*) desgraciadamente; tristemente; miserablemente, lamentablemente. (**b**) **it failed** ~ fracasó rotundamente.
miserly ['maɪzəlɪ] *adj* tacaño/a, mezquino/a.
misery ['mɪzərɪ] *n* (**a**) (*sadness*) tristeza *f*, pena *f*. (**b**) (*poverty*) miseria *f*, pobreza *f*; **to live in** ~ vivir en la miseria. (**c**) (*misfortune*) desgracia *f*. (**d**) (*suffering*) sufrimiento *m*, dolor *m*; **to put an animal out of its** ~ rematar un animal; **to put sb out of his** ~ (*fig*) sacar a algn de la incertidumbre; **to make sb's life a** ~ amargarle la vida a algn. (**e**) (*fam: person*) aguafiestas *mf inv*, pesimista *mf*.
misfire ['mɪs'faɪəʳ] *vi* fallar.
misfit ['mɪsfɪt] *n* inadaptado/a *m/f*.
misfortune [mɪs'fɔːtʃən] *n* desgracia *f*; **I had the ~ to meet him** tuve la mala suerte de encontrarme con él.
misgiving [mɪs'gɪvɪŋ] *n* recelo *m*; **I had ~s about the scheme** tuve mis dudas sobre el proyecto.
misgovern ['mɪs'gʌvən] *vt, vi* gobernar mal.
misguided ['mɪs'gaɪdɪd] *adj* equivocado/a.
mishandle ['mɪs'hændl] *vt* llevar *or* manejar mal.
mishap ['mɪshæp] *n* desgracia *f*.
mishear ['mɪs'hɪəʳ] (*pt, pp* **misheard** ['mɪs'ɜːd]) *vt, vi* oír mal.
mishmash ['mɪʃmæʃ] *n* revoltijo *m*, batiburrillo *m*.
misinform ['mɪsɪn'fɔːm] *vt* informar mal.
misinformation [,mɪsɪnʃə'meɪʃən] *n* mala información *f*.
misinterpret ['mɪsɪn'tɜːprɪt] *vt* interpretar mal.
misjudge ['mɪs'dʒʌdʒ] *vt* (*miscalculate*) calcular mal; (*person*) juzgar mal.
mislay [mɪs'leɪ] (*pt, pp* **mislaid** [mɪs'leɪd]) *vt* extraviar.
mislead [mɪs'liːd] (*pt, pp* **misled**) *vt* (**a**) (*give wrong idea*) engañar. (**b**) (*misdirect*) despistar. (**c**) (*lead into bad ways*) corromper.
misleading [mɪs'liːdɪŋ] *adj* engañoso/a.
misled [mɪs'led] *pt, pp of* **mislead**.
mismanage ['mɪs'mænɪdʒ] *vt* administrar mal.
mismatch ['mɪs'mætʃ] *vt* emparejar mal.
misogynist [mɪ'sɒdʒɪnɪst] *n* misógino *m*.
misplace ['mɪs'pleɪs] *vt* (**a**) (*gen*) meter en lugar equivocado; (*mislay*) extraviar. (**b**) **~d trust** confianza *f* inmerecida.
misprint ['mɪsprɪnt] *n* error *m* de imprenta.
mispronounce ['mɪsprə'naʊns] *vt* pronunciar mal.
mispronunciation ['mɪsprə,nʌnsɪ'eɪʃən] *n* mala pronunciación *f*.
misquote ['mɪs'kwəʊt] *vt* citar incorrectamente.
misread ['mɪs'riːd] (*pt, pp* **misread** ['mɪs'red]) *vt* leer mal; (*misinterpret*) interpretar mal.
misrepresent ['mɪs,reprɪ'zent] *vt* falsificar.
misrepresentation ['mɪs,reprɪzen'teɪʃən] *n* desfiguración *f*; (*Jur*) falsa declaración *f*; **this report is a ~ of what I said** este informe falsifica lo que yo dije.
Miss. *abbr* (*US*) *of* **Mississippi**.
miss[1] [mɪs] **1** *n* (**a**) (*shot*) fallo *m*, tiro *m* errado; (*failure*) fracaso *m*; **it was a near** ~ (*fig*) no pasó por un pelo.
(**b**) **to give sth a** ~ (*fam*) decidir no hacer algo; **we're giving it a ~ this year** este año no vamos.
2 *vt* (**a**) (*fail to hit*) no dar en; (*fail to catch: train etc*) perder; (*opportunity*) dejar pasar; (*meeting etc*) faltar a; **you haven't ~ed much!** ¡no te has perdido mucho!; **I ~ed you at the station** no llegué a tiempo para recibirte *or* recogerte en la estación; **to ~ the boat** *or* **bus** (*fig*) dejar pasar *or* perder una oportunidad; **don't ~ this film** no te pierdas esta película.
(**b**) (*fail to understand*) no entender; (*fail to see, hear*) **I ~ed what you said** se me escapó lo que dijiste; **you're ~ing the point** no caes, no has cogido la idea; **you can't ~ the house** es imposible equivocarse al venir a la casa.
(**c**) (*omit*) saltarse; (*overlook*) pasar por alto.
(**d**) (*escape or avoid*) evitar; (*not hit*) evitar chocar con; **he narrowly ~ed being run over** por poco le atropellaron.
(**e**) (*notice, regret absence of*) echar de menos, extrañar (*LAm*); **I ~ you so** te echo mucho de menos; **he is much ~ed** se le echa mucho de menos; **I shan't ~ it** no me hace falta.
3 *vi* (*not catch etc*) fallar; (*target*) errar el blanco; **he ~ed** erró el tiro; **he never ~es** (*fam*) siempre acierta.
▸ **miss out** *vt + adv* (*accidentally*) saltarse; (*on purpose*) pasar por alto.
▸ **miss out on** *vi + prep* (*fam*) prescindir; **to ~ out on sth** dejar pasar algo; (*opportunity, party*) perderse algo.
miss[2] [mɪs] *n* señorita *f*; **M~ Spain** Miss España.
missal ['mɪsəl] *n* misal *m*.
misshapen ['mɪs'ʃeɪpən] *adj* deforme.
missile ['mɪsaɪl] *n* proyectil *m*, misil *m*; **guided** ~ misil teledirigido.
missing ['mɪsɪŋ] *adj* (*not able to be found*) perdido/a; (*Mil*) desaparecido/a; **your shirt has a button** ~ te falta un botón en la camisa; **how many are ~? — two!** ¿cuántos faltan? — ¡faltan dos!; ~ **in action** desaparecido en combate; ~ **person** desaparecido/a *m/f*; **to be** ~ faltar; **there are 9 books ~, 9 books are** ~ faltan 9 libros.
mission ['mɪʃən] **1** *n* (**a**) (*duty, purpose etc*) misión *f*; **it's her ~ in life** es su misión en la vida. (**b**) (*people on* ~) misión *f*. (**c**) (*Rel: building*) centro *m* misional. **2** *cpd*: ~ **control** *n* centro *m* de control.
missionary ['mɪʃənrɪ] **1** *n* (*Rel*) misionero/a *m/f*. **2** *cpd*: ~ **position** *n* (*hum*) postura *f* del misionero.
missis ['mɪsɪz] *n*: **my ~, the** ~ (*fam*) la parienta (*fam*).
missive ['mɪsɪv] *n* misiva *f*.
misspell ['mɪs'spel] (*pt, pp* **~ed** *or* **misspelt**) *vt* escribir mal.
misspent ['mɪs'spent] *adj*: **a ~ youth** una juventud malgastada.
missus ['mɪsɪz] *n* (*fam*) = **missis**.
mist [mɪst] **1** *n* (*gen*) neblina *f*; (*rain*) llovizna *f*, garúa *f* (*LAm*); (*in liquid*) nube *f*; (*on glass etc*) vaho *m*; **through a ~ of tears** (*fig*) a través de un velo de lágrimas; **lost in the ~s of time** (*fig*) perdido en la noche de los tiempos. **2** *vi* (*also* ~ **over**, ~ **up**: *scene, landscape*) nublarse; (*: mirror, window*) empañarse, nublarse; (*eyes*) llenarse de lágrimas.
mistake [mɪs'teɪk] (*vb: pt* **mistook**; *pp* **~n**) **1** *n* (*gen*) error *m*, equivocación *f*; (*oversight*) descuido *m*; **to make a** ~ (*in writing, calculating etc*) cometer un error; (*be mistaken*) equivocarse; **you're making a big** ~ te equivocas gravemente; **to acknowledge one's** ~ confesar su error; **by** ~ por error *or* equivocación; **there must be some** ~ ha de haber algún error; **make no ~ (about it)** no le quepa la menor duda; **she's pretty and no** ~ (*fam*) es guapa sin duda alguna.
2 *vt* (**a**) (*meaning, remark etc*) entender mal; (*road etc*) equivocarse de; **there was no mistaking his intention** su intención era clarísima; **you couldn't ~ her walk** no se podía confundir su manera de andar con la de otras.
(**b**) **to ~ A for B** tomar a A por B.
(**c**) **to be ~n** equivocarse, estar equivocado; **if I'm not ~n** si no me equivoco.
mistaken [mɪs'teɪkən] **1** *pp of* **mistake**. **2** *adj* (*wrong*) equivocado/a; (*misplaced*) inmerecido/a; ~ **identity** identificación *f* errónea.

mister ['mɪstəʳ] *n* (**a**) (*gen abbr Mr*) señor *m* (*gen abbr Sr*). (**b**) (*in direct address*) **hey, ~!** ¡oiga, usted!
mistime ['mɪs'taɪm] *vt*: **to ~ sth** hacer algo a destiempo.
mistletoe ['mɪsltəʊ] *n* muérdago *m*.
mistook [mɪs'tʊk] *pt of* **mistake**.
mistranslation ['mɪstræns'leɪʃən] *n* mala traducción *f*.
mistreat [mɪs'tri:t] *vt* maltratar.
mistress ['mɪstrɪs] *n* (**a**) (*of servant etc*) señora *f*, ama *f*; **to be one's own ~** ser independiente. (**b**) (*lover*) amante *f*, querida *f*, amasia *f* (*Mex*). (**c**) (*teacher: in primary school*) maestra *f*; (*: in secondary school*) profesora *f*.
mistrust ['mɪs'trʌst] **1** *n* desconfianza *f*. **2** *vt* desconfiar de.
mistrustful [mɪs'trʌstfʊl] *adj* desconfiado/a, receloso/a; **to be ~ of sb/sth** desconfiar de algn/algo.
misty ['mɪstɪ] *adj* (*comp* **-ier**; *superl* **-iest**) (*day, morning*) nublado/a; (*mirror, window*) empañado/a.
misty-eyed ['mɪstɪ,aɪd] *adj* sentimental.
misunderstand ['mɪsʌndə'stænd] (*pt, pp* **misunderstood**) *vt* entender *or* interpretar mal; **don't ~ me** entiéndeme.
misunderstanding ['mɪsʌndə'stændɪŋ] *n* (*confusion*) malentendido *m*; (*mistake*) equivocación *f*; (*disagreement*) desacuerdo *m*; **there must be some ~** debe de haber alguna equivocación.
misunderstood ['mɪsʌndə'stʊd] **1** *pp of* **misunderstand**. **2** *adj* incomprendido/a.
misuse ['mɪs'ju:s] **1** *n* (*gen*) abuso *m*; (*of machine*) manejo *m or* uso *m* indebido; (*of word*) empleo *m* erróneo; (*of funds*) malversación *f*, desfalco *m*. **2** ['mɪs'ju:z] *vt* (*see n*) abusar de; manejar mal; emplear mal; malversar.
MIT *n abbr* (*US*) *of* **Massachusetts Institute of Technology**.
mite[1] [maɪt] *n* (*insect*) acárido *m*.
mite[2] [maɪt] *n* (**a**) (*small quantity*) pizca *f*. (**b**) (*child*) chiquillo/a *m/f*, criatura *f*; **poor little ~!** ¡pobrecito!
miter ['maɪtəʳ] *n* (*US*) = **mitre**.
mitigate ['mɪtɪgeɪt] *vt* aliviar, mitigar; **mitigating circumstances** circunstancias *fpl* mitigantes.
mitigation [,mɪtɪ'geɪʃən] *n* mitigación *f*, alivio *m*; **to say a word in ~** decir algo para mitigar la ofensa.
mitre, (*US*) **miter** ['maɪtəʳ] *n* (**a**) (*Rel*) mitra *f*. (**b**) (*Tech: also* **~ joint**) inglete *m*.
mitt [mɪt] *n* (**a**) (*glove*) manopla *f*. (**b**) (*baseball glove*) guante *m* de béisbol.
mitten ['mɪtn] *n* (**a**) manopla *f*. (**b**) **~s** (*Boxing*) guantes *mpl* de boxeo.
mix [mɪks] **1** *n* mezcla *f*. **2** *vt* (**a**) mezclar; (*concrete, plaster etc*) amasar; (*cocktail, sauce*) preparar; (*salad*) aderezar; **to ~ business with pleasure** combinar los negocios con el placer. (**b**) (*confuse*) confundir. **3** *vi* mezclarse; (*persons: go together socially*) llevarse bien, congeniar; **you should ~ more with people** hay que mezclarse más con la gente.
▸ **mix in** *vt + adv* añadir.
▸ **mix up** *vt + adv* (**a**) (*prepare*) preparar.
(**b**) (*get in a muddle*) mezclar, confundir; (*confuse with sb/sth else*) confundir; **he keeps getting ~ed up** siempre se hace un lío; **don't ~ me up** no me confundas.
(**c**) (*involve*) **to ~ sb up in sth** meter a algn en algo; **to be ~ed up in sth** estar metido *or* involucrado en algo; **she got herself ~ed up with the police** se metió en un lío con la policía; **he got ~ed up with some strange people** formó amistades con gente muy rara.
mixed [mɪkst] *adj* (*varied*) variado/a; (*assorted: biscuits, sweets*) surtido/a; (*choir, bathing etc*) mixto/a; **a ~ blessing** algo que tiene su lado bueno y su lado malo; **I wouldn't say it in ~ company** no le diría estando mujeres delante; **~ doubles** (*Sport*) mixtos *mpl*; **~ economy** economía *f* mixta; **~ feelings** sentimientos *mpl* encontrados; **~ grill** (*Brit*) parrillada *f* mixta; **~ marriage** matrimonio *m* mixto (*de esposos de diversa religión o raza*); **we had ~ weather** el tiempo fue variable.
mixed-up ['mɪkst'ʌp] *adj* (*person, idea*) confuso/a; (*things*) revuelto/a.
mixer ['mɪksəʳ] **1** *n* (**a**) (*Culin*) mezcladora *f*, batidora *f*; (*cement ~*) hormigonera *f*. (**b**) (*Rad*) mezclador(a) *m/f*. (**c**) (*sociable person*) **he's a good ~** tiene don de gentes. **2** *cpd*: **~ tap** *n* (*Brit*) grifo *m* único de agua fría y caliente.
mixing bowl ['mɪksɪŋbəʊl] *n* cuenco *m* (de remover).
mixture ['mɪkstʃəʳ] *n* mezcla *f*; (*Med*) mixtura *f*.
mix-up ['mɪks'ʌp] *n* (*mess*) lío *m*, embrollo *m*; (*confusion*) confusión *f*.
Mk, mk *abbr of* **mark** Mk.
mkt *abbr of* **market**.
ml *abbr of* **millilitre(s)** ml.
MLitt *n abbr* (*Univ*) (**a**) *of* **Master of Literature**. (**b**) *of* **Master of Letters**.
MLR *n abbr of* **minimum lending rate**.
MM *abbr of* **Messieurs** Sr(e)s.
mm *abbr of* **millimetre(s)** mm.
MMC *n abbr* (*Brit*) *of* **Monopolies and Mergers Commission**.
MN **1** *n abbr* (*Brit*) *of* **Merchant Navy**. **2** *abbr* (*US*) *of* **Minnesota**.
MO **1** *n abbr* (**a**) *of* **medical officer**. (**b**) (*esp US fam*) *of* **modus operandi** manera *f* de actuar. **2** *abbr* (*US Post*) *of* **Missouri**.
mo **1** [məʊ] *n abbr* (*fam*) *of* **moment**. **2** *abbr of* **month** m.
m.o. *abbr* (*US*) *of* **money order** g.p.
moan [məʊn] **1** *n* (**a**) (*groan*) gemido *m*; (*of wind, trees*) quejido *m*. (**b**) (*complaint*) queja *f*. **2** *vi* (**a**) (*groan*) gemir. (**b**) (*complain*) quejarse.
moaner ['məʊnəʳ] *n* (*fam*) protestón/ona *m/f* (*fam*).
moat [məʊt] *n* foso *m*.
mob [mɒb] **1** *n* (**a**) (*gen*) multitud *f*, muchedumbre *f*, bola *f* (*Mex*); (*rabble*) gentuza *f*, turba *f* (*esp LAm*). (**b**) (*fam: criminal gang*) pandilla *f*; **Joe and his ~** Pepe y su peña. (**c**) **the ~** (*pej: the masses*) el populacho. **2** *vt* (*molest*) asaltar, atropellar; (*mill around*) agolparse alrededor de; **he was ~bed whenever he went out** al salir siempre se veía acosado por la gente.
mobile ['məʊbaɪl] *adj* (*gen*) móvil, movible; (*portable*) portátil; **now that we're ~** (*fam*) ahora que tenemos coche; **~ home** caravana *f*, remolque *m*; **~ library** biblioteca *f* ambulante; **~ phone** teléfono *m* móvil; **~ shop** tienda *f* ambulante.
mobility [məʊ'bɪlɪtɪ] **1** *n* movilidad *f*; **~ of labour** mobilidad de la mano de obra. **2** *cpd*: **~ allowance** *n* subsidio *m* de mobilidad.
mobilize ['məʊbɪlaɪz] *vt* movilizar.
moccasin ['mɒkəsɪn] *n* mocasín *m*.
mock [mɒk] **1** *adj* fingido/a, simulado/a; **~ battle** simulacro *m* (de batalla); **~ exam** examen *m* de prueba. **2** *vt* (*ridicule*) mofarse *or* burlarse de; (*mimic*) imitar, remedar. **3** *vi* mofarse.
mockery ['mɒkərɪ] *n* (*derision*) burla *f*, mofa *f*; **this is a ~ of justice** esto es una negación de la justicia; **it was a ~ of a trial** fue un simulacro de juicio; **to make a ~ of** poner en ridículo.
mocking ['mɒkɪŋ] *adj* burlón/ona.
mockingbird ['mɒkɪŋbɜ:d] *n* sinsonte *m*, zenzontle *m* (*LAm*).
mock-up ['mɒkʌp] *n* maqueta *f*, modelo *m* a escala.
MOD *n abbr* (*Brit*) *of* **Ministry of Defence** ≈ Min. de D.
mod cons [,mɒd'kɒnz] *npl abbr of* **modern conveniences**.
mode [məʊd] *n* (**a**) manera *f*, modo *m*. (**b**) (*fashion*) moda *f*. (**c**) (*Comput*) modo *m*, modalidad *f*.
model ['mɒdl] **1** *n* (**a**) (*figure*) figurín *m*, maniquí *m*; (*architect's, town planner's*) maqueta *f*.
(**b**) (*perfect example*) modelo *m*.
(**c**) (*person: Fashion, Art*) modelo *mf*.
(**d**) (*of car, dress, machine etc*) modelo *m*.
2 *adj* (**a**) (*railway, village*) en miniatura.
(**b**) (*perfect*) modelo; **a ~ wife** una esposa modelo.

3 *vt* (**a**) **X is ~led on Y** X está inspirado en Y; **to ~ o.s. on sb** seguir el ejemplo de algn.
(**b**) (*Art, Phot*) modelar.
(**c**) (*clothes*) presentar.
4 *vi* (**a**) (*make ~s*) modelar.
(**b**) (*pose*) posar; (*fashion*) ser modelo.

modelling, (*US*) **modeling** ['mɒdlɪŋ] *n* (*making models*) modelado *m*; (*modelling clothes*) modelismo *m*.

modem ['məʊdem] *n* módem *m*.

moderate ['mɒdərɪt] **1** *adj* moderado/a; (*Pol*) centrista; (*price*) módico/a; (*quality, ability*) regular, mediano/a. **2** *n* (*Pol*) centrista *mf*. **3** ['mɒdəreɪt] *vt* (*gen*) moderar, templar; (*anger*) aplacar. **4** ['mɒdəreɪt] *vi* (**a**) (*gen*) moderarse, templarse; (*anger*) aplacarse; (*wind*) amainarse. (**b**) (*arbitrate*) servir de árbitro *or* intermediario.

moderately ['mɒdərɪtlɪ] *adv* medianamente; **he was ~ successful** tuvo un razonable éxito.

moderation [ˌmɒdə'reɪʃən] *n* moderación *f*; **in ~** con moderación.

modern ['mɒdən] *adj* (*gen*) moderno/a; **~ literature** la literatura contemporánea; **~ languages** lenguas *fpl* modernas; **'all ~ conveniences'** 'todo confort'.

modernism ['mɒdənɪzəm] *n* modernismo *m*.

modernity [mɒ'dɜːnɪtɪ] *n* modernidad *f*.

modernization [ˌmɒdənaɪ'zeɪʃən] *n* modernización *f*.

modernize ['mɒdənaɪz] **1** *vt* modernizar, actualizar. **2** *vi* modernizarse, actualizarse.

modest ['mɒdɪst] *adj* (**a**) (*humble*) modesto/a, recatado/a; (*discreet*) discreto/a. (**b**) (*small*) modesto/a, pequeño/a; **the ~ sum of** la módica suma de. (**c**) (*chaste, proper*) púdico/a, recatado/a.

modesty ['mɒdɪstɪ] *n* (*see adj*) modestia *f*; pudor *m*, recato *m*.

modicum ['mɒdɪkəm] *n*: **a ~ of** un toque *or* una pizca de.

modification [ˌmɒdɪfɪ'keɪʃən] *n* modificación *f*; **~ to sth** modificación de algo.

modify ['mɒdɪfaɪ] *vt* (**a**) (*change*) modificar. (**b**) (*moderate*) moderar. (**c**) (*Ling*) modificar.

Mods [mɒdz] *n abbr* (*Brit*) *of* **(Honour) Moderations** *examen de la licenciatura de la universidad de Oxford*.

modular ['mɒdjʊlə^r] *adj* modular; **~ program(m)ing** programación *f* modular.

modulate ['mɒdjʊleɪt] *vt* (*Mus, Phys*) modular.

modulation [ˌmɒdjʊ'leɪʃən] *n* (*Mus, Phys*) modulación *f*.

module ['mɒdjuːl] *n* (*Space*) módulo *m*.

modus operandi ['məʊdəsˌɒpə'rændiː] *n* procedimiento *m*.

Mogadishu [ˌmɒgə'dɪʃuː] *n* Mogadisio *m*.

MOH *n abbr* (*Brit*) *of* **Medical Officer of Health**.

mohair ['məʊhɛə^r] *n* mohair *m*.

Mohammed [məʊ'hæmed] *n* Mahoma *m*.

moist [mɔɪst] *adj* (*comp* **~er**; *superl* **~est**) húmedo/a, mojado/a.

moisten ['mɔɪsn] *vt* mojar, humedecer.

moisture ['mɔɪstʃə^r] *n* (*dampness*) humedad *f*; (*on glass, mirror*) vaho *m*.

moisturize ['mɔɪstʃəraɪz] *vt* humedecer.

moisturizing cream ['mɔɪstʃəraɪzɪŋˌkriːm] *n* crema *f* hidratante.

molar ['məʊlə^r] *n* muela *f*.

molasses [mə'læsɪz] *nsg* melaza *f*.

mold *etc* [məʊld] (*US*) = **mould** *etc*.

Moldovia [mɒl'deɪvɪə] *n* Moldavia *f*.

mole[1] [məʊl] *n* (*Anat*) lunar *m*.

mole[2] [məʊl] *n* (*Zool*) topo *m*.

mole[3] [məʊl] *n* (*Naut*) muelle *m*, rompeolas *m inv*.

molecular [mə'lekjʊlə^r] *adj* (*Chem*) molecular; **~ biology** biología *f* molecular.

molecule ['mɒlɪkjuːl] *n* (*Chem*) molécula *f*.

molehill ['məʊlhɪl] *n* topera *f*.

moleskin ['məʊlskɪn] *n* piel *f* de topo.

molest [məʊ'lest] *vt* (*bother*) importunar, molestar; (*sexually*) asaltar sexualmente, atentar contra el pudor de.

molester [mə'lestə^r] *n* (*also* **child ~**) maníaco *m* sexual que persigue a niños.

mollify ['mɒlɪfaɪ] *vt* aplacar, apaciguar.

mollusc, (*US*) **mollusk** ['mɒləsk] *n* molusco *m*.

mollycoddle ['mɒlɪkɒdl] *vt* mimar, sobreproteger.

Molotov ['mɒlətɒf] *cpd*: **~ cocktail** *n* cóctel *m* Molotov.

molt [məʊlt] *vi* (*US*) = **moult**.

molten ['məʊltən] *adj* fundido/a, derretido/a.

moment ['məʊmənt] *n* (**a**) (*gen: time*) momento *m*, instante *m*; **(at) any ~, any ~ now** de un momento a otro, ahorita (*LAm*); **at the ~, at this ~ in time** de momento, actualmente; **at the last ~** a última hora; **he didn't hesitate for a ~** no vaciló ni un momento; **for the ~** por el momento, por lo pronto; **not for a** *or* **one ~ did I believe it** no me lo creí ni por un momento; **a ~ later** un momento después, al rato; **from that ~ on** desde entonces; **in a ~** dentro de un momento, luego (*Mex*); **one ~!, wait a ~!** ¡un momento!, ¡ahorita voy! (*LAm*); **I shan't be a ~** voy en seguida; **it won't take a ~** no tardará ni un momento; **I've just this ~ heard of it** acabo de enterarme; **tell me the ~ he arrives** avísame en cuanto llegue; **the next ~ he collapsed** al instante sufrió un colapso; **from the ~ I saw him** desde el momento en que lo vi; **man of the ~** hombre del momento; **the ~ of truth** la hora de la verdad.
(**b**) (*Phys*) momento *m*; **~ of inertia** momento de inercia.
(**c**) (*importance*) importancia *f*.

momentarily ['məʊməntərɪlɪ] *adv* momentáneamente, por poco tiempo; (*US*) de un momento a otro, ahorita (*LAm*); **he'll be here ~** en seguida viene.

momentary ['məʊməntərɪ] *adj* momentáneo/a.

momentous [məʊ'mentəs] *adj* trascendente, de trascendencia.

momentum [məʊ'mentəm] *n* (*Phys etc*) momento *m*; (*fig*) ímpetu *m*; **to gather** *or* **gain ~** (*lit*) cobrar velocidad; (*fig*) ganar fuerza.

Mon. *abbr of* **Monday**.

Monaco ['mɒnəkəʊ] *n* Mónaco *m*.

monarch ['mɒnək] *n* monarca *mf*.

monarchism ['mɒnəkɪzəm] *n* (*system*) monarquía *f*; (*advocacy of monarchy*) monarquismo *m*.

monarchist ['mɒnəkɪst] *adj, n* monárquico/a *m/f*.

monarchy ['mɒnəkɪ] *n* monarquía *f*.

monastery ['mɒnəstrɪ] *n* monasterio *m*.

monastic [mə'næstɪk] *adj* monástico/a.

Monday ['mʌndɪ] *n* lunes *m*; *see* **Tuesday** *for usage*.

monetarism ['mʌnɪtərɪzəm] *n* monetarismo *m*.

monetarist ['mʌnɪtərɪst] *adj, n* monetarista *mf*.

monetary ['mʌnɪtərɪ] *adj* monetario/a; **~ policy** política *f* monetaria; **~ unit** unidad *f* monetaria.

money ['mʌnɪ] **1** *n* dinero *m*, plata *f* (*LAm*), pesos *mpl* (*LAm*); (*wealth*) riqueza *f*; **your ~ or your life!** ¡la bolsa o la vida!; **~ talks** poderoso caballero es don Dinero; **there's ~ in it** es un buen negocio; **to make ~** (*person*) ganar dinero; (*business*) rendir; **it's a bargain for the ~** es una ganga, está regalado *or* tirado; **that's the one for my ~!** ¡yo apostaría por ese!; **it's ~ for old rope** (*fam*) es dinero regalado; **to be in the ~** estar bien de dinero; **after that he was in the ~** con eso se estaba forrando; **to get one's ~'s worth** sacar el máximo provecho; **to put one's ~ on** (*lit*) apostar a; (*fig*) apostar por; **to earn good ~** ganar su(s) bueno(s) dinero(s) *or* dineritos; **I'm not made of ~** no soy millonario; **~ doesn't grow on trees** el dinero no nace en macetas; **to make ~ hand over fist** amasar una fortuna; **to be rolling in ~** nadar en dinero; **to throw good ~ after bad** echar la soga tras el caldero.
2 *cpd*: **~ back guarantee** *n* garantía *f* de devolver el dinero; **~ market** *n* bolsa *f* *or* mercado *m* de valores; **~ matters** *npl* asuntos *mpl* financieros; **~ order** *n* giro *m* postal; **~ spider** *n* araña *f* de la suerte; **~ supply** *n*

oferta *f* monetaria, medio *m* circulante.
moneybag [ˈmʌnɪbæg] *n* gato *m*; **~s** (*fig*) talegas *fpl*.
moneybox [ˈmʌnɪbɒks] *n* hucha *f*.
moneyed [ˈmʌnɪd] *adj* adinerado/a.
money-grubbing [ˈmʌnɪˌgrʌbɪŋ] *adj* avaro/a.
moneylender [ˈmʌnɪˌlendəʳ] *n* prestamista *mf*.
moneymaker [ˈmʌnɪˌmeɪkəʳ] *n* fuente *f* de ganancias.
moneymaking [ˈmʌnɪˌmeɪkɪŋ] *adj* (*business etc*) rentable.
Mongol [ˈmɒŋgəl] *n* mongol(a) *m/f*; (*Ling*) mongol *m*.
mongol [ˈmɒŋgəl] *n* (*offensive*) mongólico/a *m/f*.
Mongolia [mɒŋˈgəʊlɪə] *n* Mongolia *f*.
Mongolian [mɒŋˈgəʊlɪən] **1** *adj* mongol(a). **2** *n* mongol(a) *m/f*; (*Ling*) mongol *m*.
mongolism [ˈmɒŋgəlɪzəm] *n* mongolismo *m*.
mongoose [ˈmɒŋguːs] *n* (*pl* **~s**) mangosta *f*.
mongrel [ˈmʌŋgrəl] *n* (*also* **~ dog**) perro *m* mestizo.
monied [ˈmʌnɪd] *adj* = **moneyed**.
monitor [ˈmɒnɪtəʳ] **1** *n* (**a**) (*TV, Comput*) monitor *m*. (**b**) (*Rad: person*) radioescucha *mf*. **2** *vt* (*foreign station*) escuchar, oír; (*control, check*) controlar.
monk [mʌŋk] *n* monje *m*.
monkey [ˈmʌŋkɪ] **1** *n* mono *m*, mico *m*; (*fig: child*) diablillo *m*; **I don't give a ~'s** (*fam*) me importa un rábano. **2** *cpd*: **~ nut** *n* (*Brit*) cacahuete *m*, maní *m* (*LAm*), cacahuete (*Mex*); **~ puzzle** *n* (*Bot*) araucaria *f*; **~ tricks** *npl* travesuras *fpl*; **~ wrench** *n* llave *f* inglesa.
▸ **monkey about**, **monkey around** *vi* + *adv* hacer tonterías; **to ~ about** *or* **~ around with sth** juguetear con algo.
monkfish [ˈmʌŋkfɪʃ] (*pl* **~** *or* **~es**) *n* pejesapo *m*.
mono [ˈmɒnəʊ] **1** *adj abbr of* **monophonic** mono *inv*; **~ system** sistema *m* monofónico. **2** *n*: **in ~** en mono.
mono... [ˈmɒnəʊ] *pref* mono....
monochrome [ˈmɒnəkrəʊm] *adj* monocromo/a.
monocle [ˈmɒnəkl] *n* monóculo *m*.
monogamy [mɒˈnɒgəmɪ] *n* monogamia *f*.
monogram [ˈmɒnəgræm] *n* monograma *m*.
monolingual [ˌmɒnəʊˈlɪŋgwəl] *adj* monolingüe.
monolith [ˈmɒnəʊlɪθ] *n* monolito *m*.
monologue [ˈmɒnəlɒg] *n* monólogo *m*.
monophonic [ˌmɒnəʊˈfɒnɪk] *adj* monofónico/a.
monoplane [ˈmɒnəpleɪn] *n* monoplano *m*.
monopolist [məˈnɒpəlɪst] *n* monopolista *mf*.
monopolize [məˈnɒpəlaɪz] *vt* (*lit, fig*) monopolizar.
monopoly [məˈnɒpəlɪ] **1** *n* (*lit, fig*) monopolio *m*. **2** *cpd* monopolístico/a; **Monopolies and Mergers Commission** *n* (*Brit*) *comisión reguladora de monopolios y fusiones*.
monorail [ˈmɒnəʊreɪl] *n* monocarril *m*, monorriel *m*.
monosodium glutamate [ˈmɒnəʊˌsəʊdɪəmˈgluːtəmeɪt] *n* glutamato *m* monosódico.
monosyllabic [ˈmɒnəʊsɪˈlæbɪk] *adj* (*word*) monosílabo/a; (*fig: reticent*) lacónico/a.
monosyllable [ˈmɒnəˌsɪləbl] *n* monosílabo *m*.
monotonous [məˈnɒtənəs] *adj* monótono/a.
monotony [məˈnɒtənɪ] *n* monotonía *f*.
monoxide [mɒˈnɒksaɪd] *n* (*Chem*) monóxido *m*.
monsignor [mɒnˈsiːnjəʳ] *n* monseñor *m*.
monsoon [mɒnˈsuːn] *n* monzón *m*.
monster [ˈmɒnstəʳ] **1** *adj* (*enormous*) enorme, gigantesco/a. **2** *n* monstruo *m*; (*big animal, plant, thing*) monstruo, gigante *m*.
monstrance [ˈmɒnstrəns] *n* custodia *f*.
monstrosity [mɒnsˈtrɒsɪtɪ] *n* monstruosidad *f*.
monstrous [ˈmɒnstrəs] *adj* (**a**) (*huge*) enorme, gigantesco/a. (**b**) (*dreadful*) monstruoso/a; **it is ~ that** ... es una verdadera vergüenza que + *subjun*.
Mont. *abbr* (*US*) *of* **Montana**.
montage [mɒnˈtɑːʒ] *n* montaje *m*.
Mont Blanc [ˌmɔ̃ːmˈblɑ̃ːŋ] *n* el Monte Blanco.
month [mʌnθ] *n* mes *m*; **in the ~ of May** en el mes de mayo; **3 times a ~** tres veces al mes; **a ~ later** al mes; **what day of the ~ is it?** ¿a cuántos estamos?; **not in a ~ of Sundays** nunca jamás amén.
monthly [ˈmʌnθlɪ] **1** *adj* mensual; **~ instalment** *or* **payment** mensualidad *f*; **~ statement** (*Fin*) estado *m* de cuenta mensual. **2** *adv* mensualmente. **3** *n* (*journal*) revista *f* mensual.
monument [ˈmɒnjʊmənt] *n* monumento *m*.
monumental [ˌmɒnjʊˈmentl] *adj* (**a**) **~ mason** marmolista *mf*. (**b**) (*very great*) monumental.
moo [muː] **1** *n* mugido *m*. **2** *vi* mugir.
mooch [muːtʃ] *vi* (*fam*): **to ~ about** *or* **around** vagar.
mood[1] [muːd] *n* (*Ling*) modo *m*.
mood[2] [muːd] *n* humor *m*; **to be in a good/bad ~** estar de buen/mal humor; **to be in a generous ~** sentirse generoso; **she's in one of her ~s** está de malas; **to be in the ~ for sth/to do sth** estar de humor para algo/para hacer algo; **I'm not in the ~** no tengo ganas, no me apetece; **I'm in no ~ to argue** no tengo ganas de discutir, no estoy para discutir; **he has ~s** (*of anger*) tiene arranques de cólera; (*of gloom*) tiene sus rachas de melancolía.
moodiness [ˈmuːdɪnɪs] *n* (*instability*) humor *m* cambiante; (*bad mood*) mal humor *m*.
moody [ˈmuːdɪ] *adj* (*comp* **-ier**; *superl* **-iest**) (*variable*) de humor cambiadizo; (*bad-tempered*) malhumorado/a; **he's very ~** siempre está de morros.
moon [muːn] *n* luna *f*; **full ~** luna llena; **once in a blue ~** de Pascuas a Ramos; **to be over the ~** (*fam*) estar en el séptimo cielo, estar muy contento.
▸ **moon about**, **moon around** *vi* + *adv* mirar a las musarañas.
moonbeam [ˈmuːnbiːm] *n* rayo *m* de luna.
moonlight [ˈmuːnlaɪt] **1** *n* claro *m* de luna, luz *f* de la luna; **by ~**, **in the ~** a la luz de la luna. **2** *vi* (*fam*) practicar el pluriempleo.
moonlighting [ˈmuːnˌlaɪtɪŋ] *n* (*fam*) pluriempleo *m*.
moonlit [ˈmuːnlɪt] *adj* iluminado/a por la luna.
moonshine [ˈmuːnʃaɪn] *n* (*moonlight*) claro *m* de luna, luz *f* de la luna; (*fam: nonsense*) pamplinas *fpl*.
moonstruck [ˈmuːnstrʌk] *adj* chiflado/a.
Moor [mʊəʳ] *n* moro/a *m/f*.
moor[1] [mʊəʳ] *n* páramo *m*, brezal *m*.
moor[2] [mʊəʳ] **1** *vt* amarrar. **2** *vi* echar las amarras.
mooring [ˈmʊərɪŋ] *n* (*place*) amarradero *m*; **~s** (*ropes, fixtures*) amarras *fpl*.
Moorish [ˈmʊərɪʃ] *adj* moro/a.
moorland [ˈmʊələnd] *n* páramo *m*, brezal *m*.
moose [muːs] *n* (*pl* **~**) alce *m*.
moot [muːt] **1** *adj*: **it's a ~ point** *or* **question** es un punto discutible. **2** *vt*: **it has been ~ed that** se ha sugerido que.
mop [mɒp] **1** *n* (*for floor*) fregona *f*, trapeador *m* (*LAm*); (*for dishes*) estropajo *m*; (*fam: hair*) greñas *fpl*, melena *f*. **2** *vt* fregar, limpiar, trapear (*LAm*); **to ~ one's face** enjugarse la cara.
▸ **mop up** *vt* + *adv* (**a**) secar, limpiar, enjugar. (**b**) (*Mil*) acabar con.
mope [məʊp] *vi* quedar abatido/a.
▸ **mope about**, **mope around** *vi* + *adv* andar con cara mustia.
moped [ˈməʊped] *n* moto *f*, ciclomotor *m*.
moral [ˈmɒrəl] **1** *adj* moral. **2** *n* (**a**) (*lesson*) moraleja *f*; **to draw a ~ from** sacar una moraleja de. (**b**) **~s** moral *fsg*; **he has no ~s** no tiene sentido moral.
morale [mɒˈrɑːl] *n* moral *f*, estado *m* de ánimo; **to raise/lower sb's ~** animar/desanimar a algn.
morality [məˈrælɪtɪ] *n* moralidad *f*.
moralize [ˈmɒrəlaɪz] *vi* moralizar.
morass [məˈræs] *n* cenagal *m*; **a ~ of problems** un laberinto de problemas.
moratorium [ˌmɒrəˈtɔːrɪəm] *n* (*pl* **~s** *or* **moratoria** [ˌmɒrəˈtɔːrɪə]) moratoria *f*.
morbid [ˈmɔːbɪd] *adj* (**a**) (*perverse*) morboso/a, enfermizo/a. (**b**) (*Med*) mórbido/a.
mordant [ˈmɔːdənt] *adj* mordaz.

more [mɔːʳ] **1** *adj* más; **I have no ~ money** no me queda más dinero; **a few ~ weeks** unas semanas más; **do you want some ~ tea?** ¿quieres más té?; **is there any ~ wine in the bottle?** ¿queda vino en la botella?; **it's 2 ~ miles to the house** faltan 2 millas para llegar a la casa.

2 *n, pron* (**a**) más; **4/a few ~** 4/algunos más; **a little ~** un poco más; **many/much ~** muchos/mucho más; **some ~** más; **any ~** más; **not much ~ than £5** poco más de 5 libras; **there's no ~ left** no queda (nada); **we can't afford ~** no podemos pagar más; **it cost ~ than we had expected** costó más de lo que esperábamos; **let's say no ~ about it!** ¡no se hable más del asunto!; **and what's ~ ...** y además ...; **she's no ~ a duchess than I am** tan duquesa es como mi padre.

(**b**) **(all) the ~** tanto más; **the ~ you give him the ~ he wants** cuanto más se le da, (tanto) más quiere; **the ~ he drank the thirstier he got** cuando más bebía más sed tenía; **the ~ the better, the ~ the merrier** cuantos más mejor.

3 *adv* (**a**) más; **~ difficult** más difícil; **~ easily** con mayor facilidad; **~ and ~** cada vez más; **~ or less** más o menos; **I had ~ than carried out my obligation** había cumplido con creces mi obligación; **it will ~ than meet the demand** satisfará ampliamente la demanda; **he was ~ surprised than angry** más que enfadarse se sorprendió.

(**b**) (*again*) **once ~** otra vez, una vez más.

(**c**) (*longer*) **no ~, not any ~** ya no.

moreish [ˈmɔːrɪʃ] *adj* (*fam*) apetitoso/a.

moreover [mɔːˈrəʊvəʳ] *adv* además.

mores [ˈmɔːreɪz] *npl* costumbres *fpl*.

morgue [mɔːg] *n* depósito *m* de cadáveres, morgue *f* (*LAm*).

MORI [ˈmɔːrɪ] *n abbr of* **Market & Opinion Research Institute** *compañía que realiza estudios de mercado*.

moribund [ˈmɒrɪbʌnd] *adj* moribundo/a.

Mormon [ˈmɔːmən] **1** *adj* mormónico/a. **2** *n* mormón/ona *m/f*.

morning [ˈmɔːnɪŋ] **1** *n* mañana *f*; (*before dawn*) madrugada *f*; **early in the ~** a primera hora de la mañana, de la madrugada; **in the ~** por la mañana, en la mañana (*LAm*); (*tomorrow*) mañana por la mañana; **at 7 o'clock in the ~** a las 7 de la mañana; **the next ~** la mañana siguiente; **tomorrow ~** mañana por la mañana. **2** *cpd* de la mañana; **the ~-after pill** *n* la píldora del día después; **~ dress** *n* chaqué *m*, traje *m* formal; **~ sickness** *n* (*Med*) náuseas *fpl* del embarazo.

Moroccan [məˈrɒkən] *adj, n* marroquí *mf*.

Morocco [məˈrɒkəʊ] *n* Marruecos *m*.

moron [ˈmɔːrɒn] *n* (*Med*) retrasado/a *m/f* mental; (*fam pej*) imbécil *mf*.

morose [məˈrəʊs] *adj* malhumorado/a, morboso/a.

morphia [ˈmɔːfɪə], **morphine** [ˈmɔːfiːn] *n* morfina *f*.

Morse [mɔːs] *n* (*also* **~ code**) alfabeto *m* Morse.

morsel [ˈmɔːsl] *n* (*of food*) bocado *m*; (*fig*) pedazo *m*.

mort. *abbr of* **mortgage**.

mortal [ˈmɔːtl] *adj, n* mortal *mf*.

mortality [mɔːˈtælɪtɪ] **1** *n* (**a**) (*condition*) mortalidad *f*. (**b**) (*fatalities*) mortandad *f*, número *m* de víctimas. **2** *cpd*: **~ rate** *n* tasa *f* de mortalidad.

mortally [ˈmɔːtəlɪ] *adv* mortalmente; **~ offended** mortalmente ofendido; **~ wounded** herido de muerte.

mortar [ˈmɔːtəʳ] *n* (**a**) (*cannon*) mortero *m*. (**b**) (*cement*) mortero *m*, argamasa *f*. (**c**) **~ and pestle** mortero *m* y maja *f*.

mortgage [ˈmɔːgɪdʒ] **1** *n* hipoteca *f*; **to pay off a ~** redimir una hipoteca; **to raise a ~, to take out a ~** obtener una hipoteca (*on* sobre). **2** *vt* hipotecar. **3** *cpd* hipotecario/a; **~ bank,** (*US*) **~ company** *n* banco *m* hipotecario; **~ rate** *n* tipo *m* de interés hipotecario.

mortgagee [ˌmɔːgəˈdʒiː] *n* acreedor(a) *m/f* hipotecario/a.

mortgager [ˈmɔːgədʒəʳ] *n* deudor(a) *m/f* hipotecario/a.

mortician [mɔːˈtɪʃən] *n* (*US*) director *m* de pompas fúnebres.

mortification [ˌmɔːtɪfɪˈkeɪʃən] *n* mortificación *f*.

mortify [ˈmɔːtɪfaɪ] *vt* mortificar; **I was mortified (to find that ...)** me moría de vergüenza (al descubrir que ...).

mortise, mortice [ˈmɔːtɪs] **1** *n* mortaja *f*. **2** *cpd*: **~ lock** *n* cerradura *f* de muesca.

mortuary [ˈmɔːtjʊərɪ] *n* depósito *m* de cadáveres.

mosaic [məʊˈzeɪɪk] *n* mosaico *m*.

Moscow [ˈmɒskəʊ] *n* Moscú *m*.

mosey [ˈməʊzɪ] *vi*: **to ~ along** (*fam*) pasearse.

Moslem [ˈmɒzlem] *adj, n* musulmán/ana *m/f*.

mosque [mɒsk] *n* mezquita *f*.

mosquito [mɒsˈkiːtəʊ] **1** *n* (*pl* **~es**) mosquito *m*, zancudo *m* (*LAm*). **2** *cpd*: **~ bite** *n* picadura *f* de mosquito; **~ net** *n* mosquitero *m*.

moss [mɒs] *n* (*Bot*) musgo *m*.

most [məʊst] **1** *adj superl* (**a**) más; **who has (the) ~ money?** ¿quién tiene más dinero?; **for the ~ part** por lo general.

(**b**) (*the majority of*) **~ men** la mayoría de los hombres.

2 *n, pron*: **~ of it/them** la mayor parte/la mayoría; **~ of the money/her friends** la mayor parte del dinero/de sus amigos; **~ of the time** la mayor parte *or* gran parte del tiempo; **do the ~ you can** haz lo que puedas; **at (the) ~, at the very ~** a lo más *or* sumo; **to make the ~ of sth** (*make good use of*) aprovecharse algo al máximo, sacarle el máximo partido a algo; (*enjoy*) disfrutar algo al máximo; **to make the ~ of one's advantages** sacar el máximo provecho de sus ventajas; **to get the ~ out of a situation** sacar al máximo partido de una situación.

3 *adv* (**a**) (*superl*) más; **the ~ attractive girl there** la chica más guapa; **which one did it ~ easily?** ¿quién lo hizo con la mayor facilidad?

(**b**) (*intensive*) sumamente, muy; **~ likely** lo más probable; **a ~ interesting book** un libro sumamente interesante *or* interesantísimo; **you have been ~ kind** has sido muy amable.

-most [məʊst] *suf* más; **centre~** más central.

mostly [ˈməʊstlɪ] *adv* (*chiefly*) en su mayoría; (*usually*) en general; **they are ~ women** en su mayoría son mujeres; **it's ~ finished** está casi terminado.

MOT *n abbr* (*Brit*) (**a**) *of* **Ministry of Transport**. (**b**) (*also* **~ test**) *of* **Ministry of Transport test** ≈ ITV *f*; **to pass the ~ (test)** (*Aut*) ≈ pasar la Inspección Técnica de Vehículos.

motel [məʊˈtel] *n* motel *m*.

moth [mɒθ] *n* mariposa *f* nocturna; (*clothes* **~**) polilla *f*.

mothball [ˈmɒθbɔːl] *n* bola *f* de naftalina.

moth-eaten [ˈmɒθˌiːtn] *adj* apolillado/a.

mother [ˈmʌðəʳ] **1** *n* madre *f*; **M~'s Day** Día *m* de la Madre; **~'s help** niñera *f*. **2** *vt* (*care for*) cuidar (como una madre); (*spoil*) mimar, consentir. **3** *cpd*: **~ country** *n* patria *f*; **~ tongue** *n* lengua *f* materna.

motherboard [ˈmʌðəˌbɔːd] *n* (*Comput*) placa *f* madre.

motherfucker [ˈmʌðəˌfʌkəʳ] *n* (*US fam!*) hijoputa *m* (*fam*).

motherhood [ˈmʌðəhʊd] *n* maternidad *f*.

mother-in-law [ˈmʌðərɪnlɔː] *n* (*pl* **mothers-in-law**) suegra *f*.

motherland [ˈmʌðəlænd] *n* patria *f*.

motherly [ˈmʌðəlɪ] *adj* maternal.

mother-of-pearl [ˈmʌðərəvˈpɜːl] *n* madreperla *f*, nácar *m*.

mother-to-be [ˈmʌðətəˈbiː] *n* (*pl* **mothers-to-be**) futura madre *f*.

mothproof [ˈmɒθpruːf] *adj* a prueba de polillas.

motion [ˈməʊʃən] **1** *n* (**a**) (*movement*) movimiento *m*; **to be in ~** estar en movimiento; **to set sth in ~** poner algo en marcha; **to go through the ~s (of doing sth)** (*fig: mechanically*) hacer algo maquinalmente *or* inconsciente; (*: insincerely*) hacer algo sin convicción, hacer el paripé (*pey*).

(**b**) (*gesture*) gesto *m*; (*proposal*) moción *f*, resolución *f*; **to bring forward** *or* **propose** *or* (*US*) **make a ~** presentar

una moción; **the ~ is carried** se ha aprobado la moción; **the ~ is lost** se ha rechazado la moción.
(**c**) (*bowel ~*) evacuación *f*.
2 *vt, vi*: **to ~ (to) sb to do sth** indicar a algn con un gesto que haga algo.
3 *cpd*: **~ picture** *n* película *f*, filme *m*; **~ sickness** *n* mareo *m*.

motionless ['məʊʃənlɪs] *adj* inmóvil.

motivate ['məʊtɪveɪt] *vt* motivar; **to be ~d to do sth** tener motivo(s) para hacer algo; **he is highly ~d** tiene una fuerte motivación.

motivation [,məʊtɪ'veɪʃən] *n* motivación *f*.

motivational [,məʊtɪ'veɪʃənl] *adj*: **~ research** estudios *mpl* motivacionales.

motive ['məʊtɪv] *n* motivo *m*; (*for crime*) móvil *m*.

motley ['mɒtlɪ] *adj* (*many-coloured*) multicolor, abigarrado/a; (*diversified*) diverso/a.

motor ['məʊtəʳ] **1** *n* (**a**) (*engine*) motor *m*. (**b**) (*fam: car*) coche *m*, automóvil *m*, carro *m (LAm)*, auto *m (esp LAm)*. **2** *vi* ir en coche *etc*. **3** *cpd*: **~ accident** *n* accidente *m* de circulación; **~ insurance** *n* seguro *m* de automóvil; **~ racing** *n* (*Sport*) carreras *fpl* de coches; **~ scooter** *n* scooter *m*, escúter *m*, motoneta *f (LAm)*; **~ show** *n* exposición *f* de automóviles.

motorail ['məʊtəreɪl] *n* motorail *m*.

motorbike ['məʊtəbaɪk] *n* motocicleta *f*, moto *f*.

motorboat ['məʊtəbəʊt] *n* (lancha *f*) motora *f*.

motorcar ['məʊtəkɑːʳ] *n* coche *m*, automóvil *m*, carro *m (LAm)*, auto *m (esp LAm)*.

motorcoach ['məʊtəkəʊtʃ] *n* autocar *m*, autobús *m*, camión *m (Mex)*, micro *m (Arg)*.

motorcycle ['məʊtə,saɪkl] *n* motocicleta *f*, moto *f*.

motorcyclist ['məʊtə,saɪklɪst] *n* motociclista *mf*, motorista *mf*.

-motored ['məʊtəd] *adj suf*: **four~** cuatrimotor; **petrol~** propulsado/a por gasolina.

motoring ['məʊtərɪŋ] **1** *adj* (*accident*) de tráfico *or* tránsito. **2** *n* automovilismo *m*; **school of ~** autoescuela *f*, escuela *f* de manejo *(LAm)*.

motorist ['məʊtərɪst] *n* conductor(a) *m/f*.

motorize ['məʊtəraɪz] *vt* motorizar; **to be ~d** tener coche, estar motorizado *(fam)*.

motorway ['məʊtəweɪ] **1** *n* (*Brit*) autopista *f*. **2** *cpd*: **~ service area** *n* área *f* de servicios de autopista; **~ services** *npl* servicios *mpl* en autopista.

mottled ['mɒtld] *adj* (*animal, bird*) moteado/a; (*marble etc*) jaspeado/a; (*complexion*) con manchas.

motto ['mɒtəʊ] *n* (*pl* **~es**) lema *m*.

mould[1], (*US*) **mold** [məʊld] *n* (*fungus*) moho *m*.

mould[2], (*US*) **mold** [məʊld] **1** *n* (*Art, Culin, Tech etc*) molde *m*. **2** *vt* (**a**) (*fashion*) moldear; (*cast*) vaciar. (**b**) (*fig*) formar.

moulder, (*US*) **molder** ['məʊldəʳ] *vi* desmoronarse.

moulding, (*US*) **molding** ['məʊldɪŋ] *n* (*Archit*) moldura *f*.

mouldy, (*US*) **moldy** ['məʊldɪ] *adj* (*comp* **-ier**; *superl* **-iest**) (*covered with mould*) mohoso/a, enmohecido/a; (*musty*) que huele a humedad.

moult, (*US*) **molt** [məʊlt] *vi* (*bird*) mudar las plumas; (*mammal*) mudar el pelo.

mound [maʊnd] *n* (**a**) (*pile*) montón *m*. (**b**) (*hillock*) montículo *m*; (*burial ~*) túmulo *m*; (*earthwork*) terraplén *m*.

mount[1] [maʊnt] *n* (*poet: hill, mountain*) monte *m*; **M~ Everest** Monte Everest.

mount[2] [maʊnt] **1** *n* (**a**) (*horse etc*) montura *f*, caballería *f*. (**b**) (*support, base*) soporte *m*, base *f*; (*for stamps*) fijasellos *m inv*; (*of jewel*) engaste *m*, montura *f*; (*of photo etc*) borde *m*. **2** *vt* (**a**) (*horse*) montar a; (*bicycle*) montar en; (*platform etc*) subir a. (**b**) (*exhibition, play etc*) montar, organizar; (*attack*) lanzar. (**c**) (*picture, stamp*) pegar, fijar; (*jewel*) engastar. (**d**) **to ~ guard** montar la guardia. **3** *vi* (*climb*) subir; (*get on horse*) montar; (*of quantity, price etc: also* **~ up**) subir, aumentar.

mountain ['maʊntɪn] **1** *n* (*lit*) montaña *f*; (*fig: of work etc*) montón *m*; **to make a ~ out of a molehill** hacerse una montaña de un grano de arena. **2** *cpd* de montaña; **~ bicycle, ~ bike** *n* bicicleta *f* de montaña; **~ chain** *n* sierra *f*; **~ lion** *n* puma *m*; **~ range** *n* = **~ chain**; **~ rescue** *n* servicio *m* de rescate de montañas; **~ sickness** *n* mal *m* de montaña, puna *f*, soroche *m (LAm)*; **~ side** *n* ladera *f* de montaña.

mountaineer [,maʊntɪ'nɪəʳ] *n* alpinista *mf*, andinista *mf (LAm)*.

mountaineering [,maʊntɪ'nɪərɪŋ] *n* alpinismo *m*, andinismo *m (LAm)*.

mountainous ['maʊntɪnəs] *adj* montañoso/a; (*fig*) gigantesco/a.

mounted ['maʊntɪd] *adj* (*on horseback*) montado/a; **the ~ police** la (policía) montada.

mourn [mɔːn] **1** *vt* (*lament*) lamentar *or* llorar la muerte de; (*be in mourning for*) estar de luto *or* duelo por. **2** *vi* (*see 1*) lamentarse; estar de luto *or* duelo; **to ~ for sb** llorar la muerte de algn.

mourner ['mɔːnəʳ] *n* doliente *mf*.

mournful ['mɔːnfʊl] *adj* (*sad*) afligido/a, lúgubre; (*tone, sound*) triste, lúgubre.

mourning ['mɔːnɪŋ] *n* luto *m*, duelo *m*; (*dress*) luto; **to be in ~** estar de luto; (*wear ~*) llevar luto; **to come out of ~** dejar el luto.

mouse [maʊs] *n* (*pl* **mice**) (*Zool, Comput*) ratón *m*.

mousetrap ['maʊstræp] **1** *n* ratonera *f*. **2** *cpd*: **~ cheese** *n* (*fam*) queso *m* corriente.

mous(e)y ['maʊsɪ] *adj* (*comp* **-ier**; *superl* **-iest**) (*person*) tímido/a; (*colour, hair*) pardusco/a.

mousse [muːs] *n* (*Culin*) mousse *m*; (*for hair*) crema *f* moldeadora.

moustache, (*US*) **mustache** [məs'tɑːʃ] *n* bigote(s) *m(pl)*; **to wear a ~** tener bigote.

mouth [maʊθ] **1** *n* (*pl* **~s** [maʊðz]) boca *f*; (*of bottle*) boca, abertura *f*; (*of cave*) entrada *f*; (*of river*) desembocadura *f*; **to keep one's ~ shut** (*fig*) callarse, no decir ni esta boca es mía; **to be down in the ~** estar deprimido; **she didn't dare to open her ~** no se atrevió a decir ni pío; **to put words into sb's ~** poner palabras en boca de algn; **shut your ~!** (*fam*) ¡cállate ya! **2** [maʊð] *vt* (*insincerely*) soltar; (*soundlessly*) decir con señas. **3** [maʊθ] *cpd*: **~ organ** *n* armónica *f*.

mouthful ['maʊθfʊl] *n* bocado *m*.

mouthpiece ['maʊθpiːs] *n* (*Mus*) boquilla *f*; (*of telephone*) micrófono *m*; (*fig: person, publication*) portavoz *mf*.

mouth-to-mouth ['maʊθtə'maʊθ] *adj*: **~ resuscitation** resucitación *f* boca a boca.

mouthwash ['maʊθwɒʃ] *n* enjuague *m* bucal.

mouthwatering ['maʊθ'wɔːtərɪŋ] *adj* muy apetitoso/a, que hace la boca agua.

movable ['muːvəbl] **1** *adj* movible, móvil. **2** *npl*: **~s** muebles *mpl*, mobiliario *msg*; (*Jur*) bienes *mpl* muebles.

move [muːv] **1** *n* (**a**) (*movement*) movimiento *m*; **to be on the ~** (*travelling*) estar de viaje; (*start*) ponerse de camino *or* en marcha; (*active, busy*) estar ocupado/a; (*fig: developments etc*) progresar, hacer adelantos; **to get a ~ on (with sth)** (*fam: hurry up*) darse prisa *or (LAm)* apurarse (con algo); (*: make quick progress*) hacer rápidos *or* grandes progresos (con algo); **get a ~ on!** (*fam*) ¡date prisa!, ¡apúrate! *(LAm)*; **to make a ~** (*start to leave, go etc*) ponerse en marcha; (*begin to take action*) tomar medidas; **it's up to him to make the first ~** le toca a él dar el primer paso; **it was midnight and no-one had made a ~** era medianoche pero nadie había dado señas de irse.
(**b**) (*in game: turn*) jugada *f*; (*fig: step, action*) paso *m*; **it's my ~** (*lit*) es mi turno, me toca a mí; **bad/good ~** (*lit*) buena/mala jugada; (*fig*) medida buena/mala; **to have first ~/to make a ~** (*in game*) salir; **to make a ~/the first ~** (*fig*) dar un/el primer paso.

(**c**) (*of house*) mudanza *f*; (*to different job*) traslado *m*; **it's our third ~ in two years** ésta es la tercera vez en dos años que nos mudamos.

2 *vt* (**a**) (*change place of*) cambiar de lugar, trasladar; (*parts of body*) mover; (*chess piece etc*) jugar, mover; (*transport*) transportar, trasladar; (*make sth ~*) mover; **~ those children off the grass!** ¡quite esos niños del césped!

(**b**) (*transfer, change location of*) trasladar; **to ~ house** mudarse; **he was ~d to Quito** le trasladaron a Quito.

(**c**) (*fig: sway*) **to ~ sb from an opinion** hacer que algn cambie de opinión; **to ~ sb to do sth** hacer que algn haga algo; **he will not be easily ~d** no se dejará convencer.

(**d**) (*cause emotion in*) conmover, emocionar; **to be ~d** estar conmovido; **to ~ sb to tears/anger** hacer llorar/enfadar a algn; **to ~ to pity** provocar la compasión de.

(**e**) (*frm: propose*) **to ~ a resolution** proponer una resolución; **to ~ that ...** proponer que ....

3 *vi* (**a**) (*gen*) moverse; (*to a place*) trasladarse; (*leave*) marcharse; **~!** ¡muévete!, ¡menéate!; **let's ~ into the garden** vamos al jardín; **she ~s beautifully** se mueve con elegancia; **I'll not ~ from here** no me muevo de aquí; **to ~ freely** (*piece of machinery*) tener juego; (*person, traffic*) circular libremente; **the policeman kept the traffic moving** el policía mantuvo la circulación fluida; **things are moving at last** por fin se empiezan a mover las cosas; **to ~ in high society** frecuentar la buena sociedad.

(**b**) (*~house*) mudarse.

(**c**) (*in games*) jugar, hacer una jugada.

(**d**) (*take steps*) dar un paso, tomar medidas; **the government must ~ first** el gobierno ha de dar el primer paso.

(**e**) (*travel*) ir; (*be in motion*) estar en movimiento; **the bus was moving at 50 kph** el autobús iba a 50 k/h; **the car was not moving** el coche no estaba en movimiento, he was certainly moving!, ¡iba como el demonio!

► **move about, move around 1** *vt + adv* (*place in different position*) cambiar de sitio; (*make travel*) trasladar. **2** *vi + adv* (*fidget*) moverse; (*walk about*) pasearse; (*travel*) viajar de un sitio a otro.

► **move along 1** *vt + adv* (*stop loitering*) hacer circular; (*move forward*) adelantar. **2** *vi + adv* (*see 1*) circular; avanzar, adelantarse; (*along seat etc*) correrse.

► **move aside** *vt + adv* apartar.

► **move away 1** *vt + adv* (*gen*) apartar, alejar; (*move to another place*) mover. **2** *vi + adv* (*move aside*) apartarse; (*leave*) irse, marcharse; (*move house*) mudarse; **to ~ away (from)** marcharse (de).

► **move back 1** *vt + adv* (*to former place*) volver, regresar; (*to the rear*) hacer retroceder. **2** *vi + adv* (*see 1*) volver, regresar; retroceder.

► **move down 1** *vt + adv* bajar; (*along*) hacer correrse; (*demote*) degradar. **2** *vi + adv* (*see 1*) bajarse; correrse; degradarse.

► **move forward 1** *vt + adv* (**a**) avanzar. (**b**) (*fig: advance*) adelantar; **to ~ the clocks forward** adelantar los relojes. **2** *vi + adv* adelantarse.

► **move in 1** *vt + adv* (*police etc*) introducir, hacer entrar; (*take inside*) llevar hacia dentro. **2** *vi + adv* (**a**) (*into accommodation*) instalarse. (**b**) (*start operations*) intervenir; (*in business area*) introducirse, penetrar. (**c**) (*come closer*) acercarse (*on* a); (*army*) avanzar (*on* sobre).

► **move off 1** *vt + adv* sacar. **2** *vi + adv* (**a**) (*go away*) irse, marcharse. (**b**) (*start moving*) ponerse en marcha.

► **move on 1** *vt + adv* hacer circular; (*hands of clock*) adelantar. **2** *vi + adv* circular; **let's ~ on to the next point** pasemos al siguiente punto.

► **move out 1** *vt + adv* sacar; (*troops*) retirar; **~ the chair out of the corner** saca la silla del rincón. **2** *vi + adv* (*leave accommodation*) mudarse; (*withdraw: troops*) retirarse; **to ~ out of an area** marcharse de un barrio.

► **move over 1** *vt + adv* hacer a un lado, correr. **2** *vi + adv* correrse; **she ~d over to give others a chance** cambió de puesto para dar más oportunidades a otros.

► **move up 1** *vt + adv* (*object, person*) subir; (*promote*) ascender. **2** *vi + adv* (**a**) (*move along*) correrse. (**b**) (*fig: shares, rates etc*) subir; (*be promoted*) ascender, ser ascendido.

movement [ˈmuːvmənt] *n* (**a**) (*motion*) movimiento *m*; (*gesture*) gesto *m*, ademán *m*; **upward/downward ~** movimiento hacia arriba/hacia abajo; **the police questioned him about his ~s** la policía le pidió informes sobre sus actividades; **~ of capital** movimiento de capitales; **~ (of the bowels)** (*Med*) evacuación *f*. (**b**) (*political, artistic etc ~*) movimiento *m*. (**c**) (*Mech*) movimiento *m*, mecanismo *m*.

mover [ˈmuːvəʳ] *n* (*of motion*) proponente *mf*.

movie [ˈmuːvɪ] (*esp US*) **1** *n* película *f*, film(e) *m*; **to go to the ~s** ir al cine. **2** *cpd*: **~ camera** *n* cámara *f* cinematográfica, tomavistas *m inv*; **~ star** *n* estrella *f* cinematográfica; **~ theatre** *n* cine *m*.

moviegoer [ˈmuːvɪɡəʊəʳ] *n* (*US*) aficionado/a *m/f* al cine.

moving [ˈmuːvɪŋ] **1** *adj* (**a**) (*which moves*) móvil; (*in movement*) en movimiento; **~ part** pieza *f* móvil; **~ staircase** escalera *f* móvil; **they fired from a ~ vehicle** dispararon desde un vehículo en marcha. (**b**) (*fig: instigating*) motor(a). (**c**) (*causing emotion*) conmovedor(a). **2** *cpd*: **~ van** *n* (*US*) camión *m* de mudanzas.

mow [məʊ] (*pt* **~ed**; *pp* **~n** *or* **~ed**) *vt* segar, cortar; **to ~ sb down** acabar con algn, barrer a algn.

mower [ˈməʊəʳ] *n* (*also* **lawn ~**) cortacésped *m*.

mown [məʊn] *pp of* **mow**.

Mozambique [ˌməʊzəmˈbiːk] *n* Mozambique *m*.

MP *n abbr* (**a**) (*Brit Parl*) *of* **member of parliament**. (**b**) (*Mil*) *of* **military police** PM *f*. (**c**) (*Canada*) *of* **mounted police**.

mpg *n abbr* (*Aut*) *of* **miles per gallon** ≈ k.p.l.

mph *n abbr of* **miles per hour** ≈ km/h, ≈ k.p.h.

MPhil *n abbr* (*Univ*) *of* **Master of Philosophy**.

MPS *n abbr* (*Brit*) *of* **Member of the Pharmaceutical Society**.

Mr(.) [ˈmɪstəʳ] *n abbr of* **Mister** Sr.; **~ Brown** el señor Brown; **yes, ~ Brown** sí, señor Brown.

MRC *n abbr* (*Brit*) *of* **Medical Research Council** *dpto. estatal que controla la investigación médica*.

MRCP *n abbr* (*Brit*) *of* **Member of the Royal College of Physicians**.

MRCS *n abbr* (*Brit*) *of* **Member of the Royal College of Surgeons**.

MRCVS *n abbr* (*Brit*) *of* **Member of the Royal College of Veterinary Surgeons**.

MRP *n abbr of* **manufacturer's recommended price**.

Mrs(.) [ˈmɪsɪz] *n abbr of* **Mistress** Sra.; **~ Brown** la señora de Brown; **yes, ~ Brown** sí, señora.

MS 1 *n abbr* (**a**) *of* **multiple sclerosis**. (**b**) (*US Univ*) *of* **Master of Science**. **2** *abbr* (*US Post*) *of* **Mississippi**.

Ms(.) [mɪz, məz] *n abbr of* **Miss** *or* **Mrs** *prefijo de nombre de mujer que evita expresar su estado civil*.

MSA *n abbr* (*US Univ*) *of* **Master of Science in Agriculture**.

MSc *n abbr* (*Brit Univ*) *of* **Master of Science**.

MS-DOS [ˌemˈesdɒs] *n abbr of* **Microsoft Disk Operating System** ®; *see* **DOS**.

MSG *n abbr* (*esp US*) *of* **monosodium glutamate**.

Msgr *abbr of* **Monsignor** Mons.

MS(S) *abbr of* **manuscript(s)**.

MST *n abbr* (*US*) *of* **Mountain Standard Time**.

MSW *n abbr* (*US Univ*) *of* **Master of Social Work**.

MT 1 *n abbr of* **machine translation**. **2** *abbr* (*US Post*) *of* **Montana**.

Mt *abbr* (*Geog*) *of* **Mount, Mountain** m.

mth *abbr of* **month** m.

much [mʌtʃ] **1** *adj, pron* (**a**) mucho/a; **not ~** poco/a; **how ~ money?** ¿cuánto dinero?; **how ~ is it?** ¿cuánto es?, ¿cuánto vale?, ¿qué precio tiene?; **but ~ remains** pero queda mucho; **~ of this is true** tiene mucho de verdad; **there's not ~ to do** hay poco que hacer; **he/it isn't up to ~** (*fam*) no vale gran cosa; **that wasn't ~ of a party** eso apenas se podía llamar fiesta; **we don't see ~ of each other** nos vemos poco; **we haven't heard ~ of him lately** desde hace tiempo apenas sabemos nada de él.
(**b**) **(just) as ~** la misma cantidad; **three times as ~ tea** 3 veces esa cantidad de té; **as ~ again** otro tanto; **as ~ as you want** cuanto quieras; **as ~ as possible** todo lo posible; **he spends as ~ as he earns** gasta tanto como gana; **he has as ~ money as you** tiene tanto dinero como tú; **I thought as ~** me lo imaginaba; **it's as ~ as he can do to stand up** le cuesta hasta ponerse de pie *or (LAm)* pararse.
(**c**) **so ~** tanto/a; **the problem is not so ~ one of money as time** más que de dinero, es una cuestión de tiempo; **at so ~ a kilo** a tanto el kilo; **so ~ for that!** ¡se acabó!; **so ~ the better** tanto mejor; **without so ~ as a phone call** sin una llamada siquiera; **I haven't so ~ as a penny** no tengo ni un solo penique.
(**d**) **too ~** demasiado/a; **that's too ~, that's a bit (too) ~** (*fam*) eso es demasiado; **the job is too ~ for him** el trabajo es demasiado para él; **it was all too ~ for her** (*emotion*) quedaba postrada con tanta emoción; **it's too ~ for me to cope with** yo no puedo con tanto trabajo *etc*.
(**e**) **to make ~ of** (*treat as important*) dar mucha importancia a; **I couldn't make ~ of the film** (*fam*) no pude seguir la película; **to make ~ of sb** mimar a algn.
2 *adv* (**a**) mucho; **he was ~ embarrassed** pasó mucha vergüenza, se apenó mucho *(LAm)*; **so ~/too ~** tanto/demasiado; **I like it very/so ~** me gusta mucho/tanto; **thank you very ~** muchas gracias, muy agradecido; **it doesn't ~ matter** importa poco, da igual *or* lo mismo; **however ~ he tries** por mucho que se esfuerce; **~ to my surprise** para mi gran sorpresa; **~ as I would like to go I can't** por mucho que quisiera, no puedo ir; **I hardly know her ~ less her mother** apenas la conozco, y mucho menos a su madre.
(**b**) (*by far*) con mucho; **~ the biggest** el más grande con mucho; **I would ~ rather stay** prefiero con mucho quedarme; **he's ~ richer than I am** *or* **than me** es mucho más rico que yo.
(**c**) (*almost*) más o menos; **they're ~ the same size** tienen más o menos el mismo tamaño.

muchness [ˈmʌtʃnɪs] *n*: **they're much of a ~** son poco más o menos lo mismo.

muck [mʌk] *n* (**a**) (*dirt*) suciedad *f*, mugre *f*; (*manure*) estiércol *m*. (**b**) (*fig*) porquería *f*.

▸ **muck about, muck around** (*fam*) **1** *vt + adv*: **to ~ sb about** *or* **around** fastidiar *or (LAm)* fregar *(fam)* a algn. **2** *vi + adv* (**a**) (*lark about*) hacer tonterías; (*do nothing in particular*) gandulear; **he enjoys ~ing about in boats** le gusta entretener sus ocios navegando *etc* en bote. (**b**) (*tinker*) manosear.

▸ **muck in** *vi + adv* (*fam*) compartir el trabajo, arrimar el hombro.

▸ **muck out** *vt + adv* limpiar.

▸ **muck up** *vt + adv* (*fam*) (**a**) (*dirty*) ensuciar. (**b**) (*spoil*) echar a perder, fastidiar.

muckraking [ˈmʌkˌreɪkɪŋ] *n* (*fam: in journalism*) amarillismo *m*, periodismo *m* amarillo.

mucky [ˈmʌkɪ] *adj* (*comp* **-ier**; *superl* **-iest**) (*muddy*) fangoso/a, lleno/a de barro *or* lodo; (*filthy*) sucio/a, mugroso/a *(LAm)*; **to get o.s. all ~** ensuciarse.

mucus [ˈmjuːkəs] *n* moco *m*.

mud [mʌd] **1** *n* (**a**) lodo *m*, barro *m*. (**b**) (*fig*) **his name is ~** tiene muy mala fama; **to drag sb's name through the ~** llenar a algn de fango; **to sling** *or* **throw ~ at sb** cubrir de fango, poner a algn como un trapo *or* por los suelos. **2** *cpd*: **~ bank** *n* banco *m* de arena; **~ bath** *n* baño *m* de lodo.

muddle [ˈmʌdl] **1** *n* (*of mind*) confusión *f*; (*of things*) desorden *m*; **to get into a ~** (*person*) hacerse un lío; (*things*) quedar en desorden; **to be in a ~** (*room, books*) estar en desorden, ser un desbarajuste; (*person*) estar hecho un lío; (*arrangements*) estar confuso; **there's been a ~ over the seats** hay un lío con las localidades. **2** *vt* (**a**) (*also* **~ up**: *mess up*) revolver; (*confuse*) confundir; **you've ~d up A and B** has confundido A con B. (**b**) (*also* **~ up**: *person, story, details*) confundir.

▸ **muddle along, muddle through** *vi + adv* arreglárselas de alguna manera; **I expect we shall ~ through** espero que lo logremos de algún modo u otro.

muddleheaded [ˈmʌdlˌhedɪd] *adj* (*person*) despistado/a; (*ideas*) confuso/a.

muddy [ˈmʌdɪ] *adj* (*comp* **-ier**; *superl* **-iest**) (*covered in mud*) fangoso/a, lleno/a de barro; (*liquid*) turbio/a; (*complexion*) terroso/a.

mudguard [ˈmʌdgɑːd] *n* guardabarros *m inv*.

mudpack [ˈmʌdpæk] *n* mascarilla *f* de barro.

mudslinging [ˈmʌdˌslɪŋɪŋ] *n* injurias *fpl*.

muesli [ˈmjuːzlɪ] *n* muesli *m*.

muff[1] [mʌf] *n* manguito *m*.

muff[2] [mʌf] *vt* (*shot, catch etc*) fallar; **to ~ a chance** desperdiciar una oportunidad, echar a perder una oportunidad.

muffin [ˈmʌfɪn] *n* (*Brit*) ≈ mollete *m*; (*US*) *especie de pan dulce*, ≈ bollo *m*.

muffle [ˈmʌfl] *vt* (**a**) (*wrap warmly: also* **~ up**) abrigar. (**b**) (*deaden*) amortiguar.

muffled [ˈmʌfld] *adj* (*sound etc*) sordo/a, apagado/a.

muffler [ˈmʌfləʳ] *n* (*scarf*) bufanda *f*; (*US Aut*) silenciador *m*, mofle *m (LAm)*.

mufti [ˈmʌftɪ] *n*: **in ~** (vestido/a) de paisano.

mug [mʌg] **1** *n* (**a**) (*cup*) tazón *m*, pocito *m*; (*glass*) jarrito *m*. (**b**) (*fam: dupe*) bobo/a *m/f*, primo/a *m/f*; **smoking is a ~'s game** fumar es cosa de bobos. (**c**) (*fam: face*) jeta *f*, hocico *m*. **2** *vt* (*attack and rob*) asaltar, atracar. **3** *cpd*: **~ shot** *n* (*fam*) fotografía *f* para las fichas.

▸ **mug up** *vt + adv* (*fam: also* **~ up on**) empollar.

mugger [ˈmʌgəʳ] *n* asaltador(a) *m/f*, atracador(a) *m/f*.

mugging [ˈmʌgɪŋ] *n* ataque *m or* asalto *m* callejero.

muggins [ˈmʌgɪnz] *n* (*Brit fam*) tonto *m*; **~ will do it** lo hará este cura *(fam)*.

muggy [ˈmʌgɪ] *adj* (*comp* **-ier**; *superl* **-iest**) (*weather*) bochornoso/a.

Muhammad [mʊˈhæməd] *n* = **Mohammed**.

mulatto [mjuːˈlætəʊ] *n* (*pl* **~es**) mulato/a *m/f*.

mulberry [ˈmʌlbərɪ] *n* (*fruit*) mora *f*; (*tree*) morera *f*, moral *m*.

mule [mjuːl] *n* (*animal*) mulo/a *m/f*; **(as) stubborn as a ~** testarudo *or* terco como una mula.

mull [mʌl] *vt* calentar con especias; **~ed wine** ponche *m*.

▸ **mull over** *vt + adv* reflexionar sobre, meditar.

mulligatawny [ˌmʌlɪgəˈtɔːnɪ] *n* sopa *f* de curry angloindia.

multi... [ˈmʌltɪ] *pref* multi....

multi-access [ˌmʌltɪˈækses] *adj* (*Comput*) multiacceso *inv*, de acceso múltiple.

multichannel [ˈmʌltɪˈtʃænl] *adj* (*TV*) multicanal.

multicoloured, (*US*) **multicolored** [ˈmʌltɪˈkʌləd] *adj* multicolor.

multicultural [ˌmʌltɪˈkʌltʃərəl] *adj* multicultural.

multidimensional [ˌmʌltɪdɪˈmenʃənl] *adj* multidimensional.

multifaceted [ˌmʌltɪˈfæsɪtɪd] *adj* multifacético/a.

multifarious [ˌmʌltɪˈfɛərɪəs] *adj* múltiple, vario/a.

multifunctional [ˈmʌltɪˈfʌŋkʃnəl] *adj* multifuncional.

multigym [ˈmʌltɪdʒɪm] *n* gimnasio *m* múltiple.

multilateral [ˈmʌltɪˈlætərəl] *adj* (*Pol*) multilateral.

multilevel [ˌmʌltɪˈlevl] *adj* (*US*) de muchos pisos.

multilingual [ˌmʌltɪˈlɪŋgwəl] *adj* plurilingüe.

multimillionaire [ˈmʌltɪmɪljəˈnɛəʳ] *n* multimillonario/a *m/f*.
multinational [ˌmʌltɪˈnæʃənl] **1** *n* (compañía *f*) multinacional *f*. **2** *adj* multinacional.
multiple [ˈmʌltɪpl] **1** *adj* (**a**) (*with sg n: of several parts*) múltiple; ~ **choice question** pregunta *f* de una prueba objetiva; ~ **sclerosis** esclerosis *f* en placas *or* multiple; ~ **store** sucursal *m* de una cadena de grandes almacenes. (**b**) (*with pl n: many*) múltiples. **2** *n* (*Math*) múltiplo *m*.
multiplex [ˈmʌltɪˌpleks] *n* (*also* ~ **cinema**) multicines *mpl*.
multiplication [ˌmʌltɪplɪˈkeɪʃən] **1** *n* multiplicación *f*. **2** *cpd*: ~ **table** *n* tabla *f* de multiplicar.
multiplicity [ˌmʌltɪˈplɪsɪtɪ] *n* multiplicidad *f*; **for a ~ of reasons** por múltiples razones.
multiply [ˈmʌltɪplaɪ] **1** *vt* (*Math*) multiplicar. **2** *vi* (*Math*) multiplicar; (*reproduce o.s.*) multiplicarse.
multiprocessing [ˌmʌltɪˈprəʊsesɪŋ] *n* multiprocesamiento *m*.
multiprogramming, (*US*) **multiprograming** [ˌmʌltɪˈprəʊgræmɪŋ] *n* multiprogramación *f*.
multipurpose [ˌmʌltɪˈpɜːpəs] *adj* de fines múltiples.
multiracial [ˈmʌltɪˈreɪʃəl] *adj* multirracial.
multirisk [ˈmʌltɪrɪsk] *adj*: ~ **insurance** seguro *m* multirriesgo.
multistorey [ˌmʌltɪˈstɔːrɪ] *adj* de muchos pisos.
multistrike [ˈmʌltɪˌstraɪk] *adj*: ~ **ribbon** cinta *f* de múltiples impactos.
multitask(ing) [ˈmʌltɪˈtɑːsk(ɪŋ)] *n* multitarea *f*.
multitude [ˈmʌltɪtjuːd] *n* (*crowd*) multitud *f*, muchedumbre *f*; (*fig*) **a ~ of problems** una infinidad de problemas.
mum[1] [mʌm] *adj*: **to keep ~ (about sth)** guardar silencio (sobre algo); **~'s the word!** ¡punto en boca!, ¡ni una palabra a nadie!
mum[2] [mʌm] *n* (*Brit fam: mother*) mamá *f* (*fam*), mamaíta *f (fam)*, mamacita *f (LAm fam)*.
mumble [ˈmʌmbl] *vt, vi* mascullar.
mumbo jumbo [ˈmʌmbəʊˈdʒʌmbəʊ] *n* (*nonsense*) galimatías *m inv*.
mummify [ˈmʌmɪfaɪ] *vt* momificar.
mummy[1] [ˈmʌmɪ] *n* (*preserved corpse*) momia *f*.
mummy[2] [ˈmʌmɪ] *n* (*Brit fam*) = **mum**[2].
mumps [mʌmps] *nsg* paperas *fpl*.
munch [mʌntʃ] *vt, vi* mascar, masticar.
mundane [ˈmʌnˈdeɪn] *adj* (*worldly*) mundano/a; (*pej: humdrum*) rutinario/a.
municipal [mjuːˈnɪsɪpəl] *adj* municipal.
municipality [mjuːˌnɪsɪˈpælɪtɪ] *n* (*place*) municipio *m*.
munitions [mjuːˈnɪʃənz] **1** *npl* municiones *fpl*. **2** *cpd*: ~ **dump** *n* depósito *m* de municiones.
mural [ˈmjʊərəl] **1** *adj* mural. **2** *n* mural *m*, pintura *f* mural.
murder [ˈmɜːdəʳ] **1** *n* (**a**) asesinato *m*, homicidio *m*. (**b**) (*fam*) **it was ~!** ¡fue horrible!, ¡fue una locura!; **she gets away with ~** hace lo que le da la gana. **2** *vt* (*person*) asesinar, matar, ultimar *(LAm)*; (*fig fam: song etc*) hacer pedazos. **3** *cpd*: ~ **inquiry** *n* investigación *f* de un homicidio; ~ **trial** *n* juicio *m* por asesinato.
murderer [ˈmɜːdərəʳ] *n* asesino *m*, ultimador(a) *m/f (LAm)*, victimario *m (LAm Press)*.
murderess [ˈmɜːdərɪs] *n* asesina *f*.
murky [ˈmɜːkɪ] *adj* (*comp* **-ier**; *superl* **-iest**) tenebroso/a; (*thick*) espeso/a; (*fig*) vergonzoso/a.
murmur [ˈmɜːməʳ] **1** *n* (*soft speech*) murmullo *m*; (*of water, leaves etc*) susurro *m*; **there were ~s of disagreement** hubo un murmullo de desaprobación; **without a ~** sin una queja. **2** *vt,vi* murmurar.
MusB, MusBac *n abbr* (*Univ*) *of* **Bachelor of Music**.
muscle [ˈmʌsl] **1** *n* músculo *m*; (*fig*) fuerza *f*; **he never moved a ~** ni se inmutó. **2** *vi*: **to ~ in (on sth)** (*fam*) meterse por *or* a la fuerza (en algo).
musclebound [ˈmʌslbaʊnd] *adj* envarado/a por exceso de ejercicio.
Muscovite [ˈmʌskəvaɪt] *adj, n* moscovita *mf*.
muscular [ˈmʌskjʊləʳ] *adj* (*tissue etc*) muscular; (*brawny*) musculoso/a; ~ **dystrophy** distrofia *f* muscular.
MusD, Mus Doc *n abbr* (*Univ*) *of* **Doctor of Music**.
Muse [mjuːz] *n* musa *f*.
muse [mjuːz] *vi*: **to ~ on** *or* **about sth** reflexionar sobre algo, meditar algo.
museum [mjuːˈzɪəm] **1** *n* museo *m*. **2** *cpd*: ~ **piece** *n* (*fig*) cosa *f* anticuada.
mush [mʌʃ] *n* gachas *fpl*.
mushroom [ˈmʌʃrʊm] **1** *n* (*Bot*) seta *f*, hongo *m*, callampa *f (Chi)*; (*Culin*) champiñón *m*. **2** *vi* (*town etc*) crecer vertiginosamente; **the cloud of smoke went ~ing up** una nube de humo ascendió en forma de hongo. **3** *cpd* (*salad, omelette etc*) de champiñones; ~ **cloud** *n* hongo *m* atómico.
mushy [ˈmʌʃɪ] *adj* (*comp* **-ier**; *superl* **-iest**) (*lit*) pulposo/a, mollar; (*fig*) sentimentaloide; ~ **peas** guisantes *mpl* en puré, chícharos *mpl* aguados *(LAm)*.
music [ˈmjuːzɪk] **1** *n* música *f*; **it was ~ to my ears** daba gusto escucharlo; **to face the ~** afrontar las consecuencias; **to set a work to ~** poner música a una obra. **2** *cpd*: ~ **box** *n* caja *f* de música; ~ **centre** *n* equipo *m* estereofónico; ~ **hall** *n* teatro *m* de variedades; ~ **lover** *n* amante *mf* de la música; ~ **stand** *n* atril *m*.
musical [ˈmjuːzɪkəl] **1** *adj* musical; (*person*) que tiene talento para la música; (*instrument, composition etc*) de música, músico/a; ~ **box** caja *f* de música; ~ **chairs** juego *msg* de las sillas; ~ **comedy** (comedia *f*) musical *m*, ≈ zarzuela *f (Sp)*. **2** *n* (*Cine, Theat*) comedia *f* musical.
musician [mjuːˈzɪʃən] *n* músico/a *m/f*.
musicologist [ˌmjuːzɪˈkɒlədʒɪst] *n* musicólogo/a *m/f*.
musk [mʌsk] **1** *n* (*substance*) almizcle *m*; (*scent*) perfume *m* de almizcle; (*Bot*) almizcleña *f*. **2** *cpd*: ~ **rose** *n* (*Bot*) rosa *f* almizcleña.
musket [ˈmʌskɪt] *n* mosquete *m*.
muskrat [ˈmʌskræt] *n* ratón *m* almizclero.
Muslim [ˈmʊslɪm] = **Moslem**.
muslin [ˈmʌzlɪn] *n* muselina *f*.
musquash [ˈmʌskwɒʃ] *n* (*fur*) piel *f* del ratón almizclero.
muss [mʌs] *vt* (*fam: also* ~ **up**: *hair*) despeinar; (*: dress*) arrugar.
mussel [ˈmʌsl] *n* mejillón *m*.
must[1] [mʌst] *n* = **mustiness**.
must[2] [mʌst] **1** *aux vb* (**a**) (*obligation*) deber, tener que; **I ~ do it** tengo que hacerlo; **one ~ not be too hopeful** no hay que ser demasiado optimista; **there ~ be a reason** debe haber una razón; **I'll do it if I ~** si me obligan, lo haré, lo haré si es necesario; **do it if you ~** hazlo si es necesario; **if you ~ know, I'm Portuguese** si es esencial que lo sepa, soy portugués.
(**b**) (*probability*) **he ~ be there by now** ya debe de estar allí; **it ~ be 8 o'clock by now** ya deben de ser las ocho; **it ~ be cold up there** debe de hacer frío allá arriba; **but you ~ have seen him!** ¡pero debes haberle visto!
2 *n* (*fam*) **this programme is a ~** este programa no hay que perdé.
mustache [ˈmʌstæʃ] *n* (*US*) = **moustache**.
mustard [ˈmʌstəd] **1** *n* (*Bot, Culin*) mostaza *f*. **2** *cpd*: ~ **gas** *n* (*Chem, Mil*) gas *m* mostaza.
muster [ˈmʌstəʳ] **1** *n* (*esp Mil*) revista *f*; **to pass ~** (*fig*) ser aceptable. **2** *vt* (*call together*) reunir; (*collect*) armarse de; (*also* ~ **up**) cobrar.
mustiness [ˈmʌstɪnɪs] *n* (*of room*) olor *m* a cerrado *or* a humedad.
mustn't [ˈmʌsnt] = **must not**; *see* **must**[2].
musty [ˈmʌstɪ] *adj* (*comp* **-ier**; *superl* **-iest**) que huele a cerrado *or* a humedad; (*fig*) anticuado/a.
mutant [ˈmjuːtənt] *adj, n* mutante *m*.
mutate [mjuːˈteɪt] **1** *vt* mudar, transformar. **2** *vi* sufrir

mutación, transformarse.

mutation [mjuːˈteɪʃən] *n* mutación *f*.

mute [mjuːt] **1** *adj* mudo/a; **to become ~** enmudecer. **2** *n* (*person*) mudo/a *m/f*; (*Mus*) sordina *f*. **3** *vt* (*Mus*) poner sordina a; (*noise*) amortiguar; (*feelings etc*) acallar.

muted [ˈmjuːtɪd] *adj* (*noise*) sordo/a; (*criticism*) callado/a, silencioso/a.

mutilate [ˈmjuːtɪleɪt] *vt* mutilar.

mutilation [ˌmjuːtɪˈleɪʃən] *n* mutilación *f*.

mutinous [ˈmjuːtɪnəs] *adj* (*lit*) amotinado/a; (*fig*) rebelde.

mutiny [ˈmjuːtɪnɪ] **1** *n* motín *m*. **2** *vi* amotinarse.

mutt [mʌt] *n* (*fam*) (**a**) bobo *m*. (**b**) (*US: dog*) chucho *m*.

mutter [ˈmʌtəʳ] **1** *n* murmullo *m*. **2** *vt* murmurar, decir entre dientes; **'yes,' he ~ed** 'sí,' refunfuñó. **3** *vi* (*gen*) murmurar; (*complain*) quejarse.

mutton [ˈmʌtn] *n* cordero *m*; **a leg of ~** una pierna de cordero; **~ dressed as lamb** (*fig*) vejestorio *m* emperifollado.

mutual [ˈmjuːtjʊəl] *adj* (*affection, interest etc*) mutuo/a; (*friend, cousin*) común; **the feeling is ~** igualmente.

mutually [ˈmjuːtjʊəlɪ] *adv* mutuamente.

Muzak ® [ˈmjuːzæk] *n* hilo *m* musical.

muzzle [ˈmʌzl] **1** *n* (*snout*) hocico *m*; (*of gun*) boca *f*; (*for dog*) bozal *m*. **2** *vt* (*dog*) poner bozal a; (*fig: person*) amordazar, callar.

muzzy [ˈmʌzɪ] *adj* (*comp* **-ier**; *superl* **-iest**) (*outline, ideas*) borroso/a; (*person*) atontado/a, confuso/a.

MVP *n abbr* (*US*) *of* **most valuable player**.

MW *n abbr* (*Rad*) *of* **medium wave** OM *f*.

my [maɪ] *poss adj* mi; (*for plural*) mis; **~ friend/~ books** mi amigo/mis libros; **~ own car** mi propio coche.

myalgic [maɪˈældʒɪk] *adj*: **~ encephalomyelitis** encefalomielitis *f* miálgica.

myopia [maɪˈəʊpɪə] *n* miopía *f*.

myopic [maɪˈɒpɪk] *adj* miope.

myriad [ˈmɪrɪəd] (*frm*) **1** *adj*: **a ~ flies** una miríada de moscas. **2** *n* miríada *f*.

myself [maɪˈself] *pron* (*reflexive, direct and indirect*) me; (*emphatic*) yo mismo/a; (*after prep*) mí; **(all) by ~** (completamente) solo; **I was talking to ~** hablaba solo; **I'm not ~** estoy en mal estado.

mysterious [mɪsˈtɪərɪəs] *adj* misterioso/a.

mysteriously [mɪsˈtɪərɪəslɪ] *adv* misteriosamente.

mystery [ˈmɪstərɪ] **1** *n* misterio *m*; **it's a ~ to me where it can have gone** no entiendo dónde puede haberse metido; **it's a ~ how I lost it** no entiendo cómo lo pude perder. **2** *cpd*: **~ tour, ~ trip** *n* viaje *m* sorpresa.

mystic [ˈmɪstɪk] *adj, n* místico/a *m/f*.

mystical [ˈmɪstɪkəl] *adj* místico/a.

mystify [ˈmɪstɪfaɪ] *vt* (*bewilder*) dejar perplejo, desconcertar; (*make mysterious*) mistificar; **I am mystified** estoy perplejo.

mystifying [ˈmɪstɪˌfaɪɪŋ] *adj* inexplicable.

mystique [mɪsˈtiːk] *n* mística *f*.

myth [mɪθ] *n* mito *m*; (*imaginary person, thing*) ilusión *f*.

mythical [ˈmɪθɪkəl] *adj* (*see n*) mítico/a; imaginario/a.

mythological [ˌmɪθəˈlɒdʒɪkəl] *adj* mitológico/a.

mythology [mɪˈθɒlədʒɪ] *n* mitología *f*.

myxomatosis [ˌmɪksəʊməˈtəʊsɪs] *n* mixomatosis *f*.

N

N[1], **n** [en] *n* (*letter*) N *f*, n *f*.

N[2] *abbr of* **north** N.

NA *n abbr* (*US*) (**a**) *of* **Narcotics Anonymous**. (**b**) *of* **National Academy**.

n/a *abbr* (**a**) *of* **not applicable**. (**b**) (*Fin*) *of* **no account**. (**c**) (*Comm*) *of* **not available**.

NAACP *n abbr* (*US*) *of* **National Association for the Advancement of Colored People**.

NAAFI [ˈnæfɪ] *n abbr* (*Brit*) *of* **Navy, Army and Air Force Institute** *(servicio de) cantinas, economatos etc para las fuerzas armadas*.

nab [næb] (*fam*) *vt* (*grab: thing*) coger *(Sp)*, agarrar *(LAm)*; (*person*) pillar; (*arrest*) prender; (*steal*) mangar.

NACU *n abbr* (*US*) *of* **National Association of Colleges and Universities**.

nadir [ˈneɪdɪəʳ] *n* (*Astron*) nadir *m*; (*fig*) punto *m* más bajo.

naff [næf] *adj* (*fam*) inferior.

► **naff off** *vi* + *adv*: **~ off** (*fam*) vete a paseo *(fam)*.

nag[1] [næg] *n* (*horse*) rocín *m*, jaco/a *m/f*.

nag[2] [næg] **1** *vt* (*also* **~ at**) regañar; (*bother*) fastidiar, molestar; (*continually complain*) dar la matraca a, machacar; **to ~ sb to do** *or* **into doing sth** machacar a algn para que haga algo; **~ged by doubts** aquejado por las dudas; **she ~s him all day long** ella le importuna con sus quejas todo el día. **2** *vi* quejarse. **3** *n* quejica *mf*, regañón/ona *m/f*.

nagging [ˈnægɪŋ] **1** *adj* (*person*) quejica, regañón/ona; (*pain*) punzante; (*doubt, fear etc*) insistente, persistente. **2** *n* quejas *fpl*.

nail [neɪl] **1** *n* (**a**) (*Anat*) uña *f*; **to bite one's ~s** morderse las uñas. (**b**) (*metal*) clavo *m*; **this is another ~ in his coffin** éste es otro paso hacia su destrucción; **to hit the ~ on the head** (*fig*) dar en el clavo; **on the ~** a tocateja; *see* **hard 1(b)**. **2** *vt* (*carpentry*) clavar, sujetar con clavos; (*fam: catch, get hold of*) coger, pillar *(LAm)*. **3** *cpd*: **~ clippers** *npl* cortauñas *m inv*; **~ polish** *n*, **~ varnish** *n* esmalte *m* para las *or* de uñas; **~ polish** *or* **varnish remover** *n* quitaesmalte *m*.

► **nail down** *vt* + *adv* sujetar con clavos; (*person*) obligar a concretar; **we ~ed him down to a date** le forzamos a fijar una fecha.

nailbrush [ˈneɪlbrʌʃ] *n* cepillo *m* para las uñas.

nailfile [ˈneɪlfaɪl] *n* lima *f* (de uñas).

Nairobi [naɪˈrəʊbɪ] *n* Nairobi *m*.

naïve [naɪˈiːv] *adj* ingenuo/a, cándido/a.

naïveté, **naivety** [naɪˈiːvtɪ] *n* ingenuidad *f*, candidez *f*.

naked [ˈneɪkɪd] *adj* (**a**) (*lit*) desnudo/a, en cueros, encuerado/a *(esp LAm fam)*, calato/a *(Per fam)*; **to go ~** ir desnudo; **with the ~ eye** a simple vista; *see* **stark**. (**b**) (*fig: flame*) expuesto/a al aire; (*: landscape*) pelado/a; (*: sword*) desenvainado/a; **the ~ truth** la verdad al desnudo.

NALGO [ˈnælgəʊ] *n abbr* (*Brit*) *of* **National and Local Government Officers' Association** *sindicato*.

NAM *n abbr* (*US*) *of* **National Association of Manufacturers**.

name [neɪm] **1** *n* (**a**) (*of person, firm etc*) nombre *m*; (*surname*) apellido *m*; (*of book etc*) título *m*; **to go by** *or* **under the ~ of** ser conocido por el nombre de; **in ~ only** solamente de nombre; **by ~** de nombre; **what's your ~?** ¿cómo se llama Ud?; **my ~ is Peter** me llamo Pedro; **in the ~ of** en *or* a nombre de; **open up, in the ~ of the law!**

¡abran en nombre de la ley!; **I thank you in the ~ of all those present** le doy las gracias en *or* a nombre de todos los presentes; **to call sb ~s** ponerle verde a algn, insultar a algn, decirle groserías a algn *(LAm)*; **to put one's ~ down for** (*car etc*) hacer una solicitud de; (*school, course*) inscribirse en; **to lend one's ~ to** prestar su nombre a; **what ~ shall I say?** (*Telec etc*) ¿de parte de quién?; **to take sb's ~ and address** apuntar las señas de algn; **that's the ~ of the game** (*fam: the norm*) así están las cosas; (*: what's important*) eso es lo importante; **he hasn't a penny to his ~** no tiene donde caerse muerto; *see* **Christian; first 4; maiden; pet.**

(**b**) (*reputation*) reputación *f*, fama *f*; **to make a ~ for o.s.** hacerse famoso/a; **the firm has a good ~** la casa tiene buena reputación; **to get (o.s.) a bad ~** crearse una mala reputación.

(**c**) (*person*) **big ~** (*fam*) figura *f*, personaje *m* importante.

2 *vt* (*gen*) llamar; (*person*) bautizar, poner nombre a; (*mention*) mencionar, mentar; (*nominate*) nombrar; (*date, price etc*) fijar, señalar; **they ~d the child Mary** a la niña le pusieron María; **have you ~d the day yet?** ¿ya fijaron la fecha de la boda?; **he was ~d ambassador to Warsaw** le nombraron embajador en Varsovia; **~ 20 British birds** nómbrame 20 pájaros británicos; **you ~ it, we've got it** cualquier cosa que pidas, la tenemos.

name-dropper [ˈneɪm,drɒpəʳ] *n persona dada al 'name-dropping'.*

name-dropping [ˈneɪmˈdrɒpɪŋ] *n*: **there was a good deal of ~** allí todo el mundo se las daba de conocer a gente importante.

nameless [ˈneɪmlɪs] *adj* (*anonymous*) anónimo/a; (*indefinable*) indecible; **... who shall be ~ ...** que quedará en el anonimato.

namely [ˈneɪmlɪ] *adv* a saber.

nameplate [ˈneɪmpleɪt] *n* (*on door etc*) placa *f* (con nombre); (*on goods*) placa del fabricante.

namesake [ˈneɪmseɪk] *n* tocayo/a *m/f*.

Namibia [nɑːˈmɪbɪə] *n* Namibia *f*.

nanny [ˈnænɪ] *n* niñera *f*.

nap¹ [næp] *n* siesta *f*; **to have/take a ~** echar una siesta; **to be caught ~ping** estar desprevenido.

nap² [næp] *n* (*on cloth*) lanilla *f*, pelusa *f*.

NAPA *n abbr* (*US*) *of* **National Association of Performing Artists** *sindicato.*

napalm [ˈneɪpɑːm] *n* jalea *f* de gasolina, nápalm *m*.

nape [neɪp] *n* (*also* **~ of the neck**) nuca *f*, cogote *m*.

napkin [ˈnæpkɪn] **1** *n* (*table ~*) servilleta *f*; (*Brit: baby's*) pañal *m*; (*US: sanitary towel*) compresa *f* higiénica, paño *m* higiénico. **2** *cpd*: **~ ring** *n* servilletero *m*.

Naples [ˈneɪplz] *n* Nápoles.

nappy [ˈnæpɪ] **1** *n* (*Brit*) pañal *m*. **2** *cpd*: **~ liner** *n* gasa *f*; **~ rash** *n* escaldamiento *m* por pañales húmedos.

narc [nɑːk] *n* (*US fam*) camello *m (fam)*.

narcissus [nɑːˈsɪsəs] *n* (*pl* **narcissi** [nɑːˈsɪsaɪ]) (*Bot*) narciso *m*.

narcotic [nɑːˈkɒtɪk] **1** *n* narcótico *m*, estupefaciente *m*. **2** *cpd*: **to be on a ~s charge** estar acusado de traficar con drogas.

nark [nɑːk] *vt* (*Brit fam*) fastidiar, molestar, fregar *(LAm)*.

narky [ˈnɑːkɪ] *adj*: **to get ~** (*Brit fam*) ponerse negro/a *(fam)*.

narrate [nəˈreɪt] *vt* (*in play etc*) narrar; (*to tell story*) contar.

narration [nəˈreɪʃən] *n* (*act of narrating*) narración *f*; (*of story*) relato *m*.

narrative [ˈnærətɪv] **1** *adj* narrativo/a. **2** *n* (*gen*) narrativa *f*; (*of story*) narración *f*, relato *m*.

narrator [nəˈreɪtəʳ] *n* narrador(a) *m/f*.

narrow [ˈnærəʊ] **1** *adj* (*comp* **~er**; *superl* **~est**) (*gen*) estrecho/a, angosto/a *(LAm)*; (*place*) angosto; (*advantage, majority*) pequeño/a; **to have a ~ escape** escaparse por los pelos. **2** *vt* (**a**) (*also* **~ down**: *road*) hacer más estrecho; (*: choice*) reducir, limitar; **we have ~ed it down to 3 possibilities** lo hemos reducido a 3 posibilidades. (**b**) (*eyes*) entrecerrar. **3** *vi* (*road*) hacerse más estrecho; (*eyes*) entrecerrarse.

▸ **narrow down 1** *vt + adv* = **narrow 2 (a)**. **2** *vi + adv*: **so the question ~s down to this ...** así que la cuestión se reduce a esto ....

narrow-gauge [ˈnærəʊgeɪdʒ] *adj* de vía estrecha.

narrowly [ˈnærəʊlɪ] *adv* (**a**) (*by a small margin*) por poco; **he ~ missed being elected** no fue elegido por unos pocos votos. (**b**) (*closely*) de cerca.

narrow-minded [ˈnærəʊˈmaɪndɪd] (*pej*) *adj* (*person*) de miras estrechas; (*ideas, outlook etc*) intolerante.

NAS *n abbr* (*US*) *of* **National Academy of Sciences.**

NASA [ˈnæsə] *n abbr* (*US*) *of* **National Aeronautics and Space Administration** NASA *f*.

nasal [ˈneɪzəl] *adj* nasal.

nasally [ˈneɪzəlɪ] *adv* nasalmente; **to speak ~** hablar por las narices.

Nassau [ˈnæsɔː] *n* Nassau *m*.

nastily [ˈnɑːstɪlɪ] *adv* (*unpleasantly*) de mala manera, groseramente, feamente; (*spitefully*) con rencor.

nastiness [ˈnɑːstɪnɪs] *n* (*see adv*) maldad *f*; rencor *m*.

nasturtium [nəsˈtɜːʃəm] *n* (*Bot*) capuchina *f*.

nasty [ˈnɑːstɪ] *adj* (*comp* **-ier**; *superl* **-iest**) (**a**) (*dirty*) sucio/a, asqueroso/a; (*disagreeable*) desagradable; (*smell, taste*) repugnante; (*remark*) desagradable, dañino/a; (*accident, cut, wound*) feo/a, grave; (*corner, turn etc*) peligroso/a; (*book, film etc*) obsceno/a; **a ~ trick** una mala jugada; **what a ~ mind you have!** ¡qué mal pensado eres!; **to smell ~** oler mal; **to turn ~** (*situation*) ponerse feo; (*weather*) volverse malo; **cheap and ~** de mal gusto.

(**b**) (*person, character*) antipático/a; **to be ~ to** tratar muy mal a; **to turn ~** ponerse negro; **a ~ piece of work** (*fam*) un tipo muy desagradable, una buena pieza.

NAS/UWT *n abbr* (*Brit*) *of* **National Association of Schoolmasters/Union of Women Teachers** *sindicato.*

nation [ˈneɪʃən] *n* (*Pol*) nación *f*; (*people*) pueblo *m*.

national [ˈnæʃənl] **1** *adj* nacional; **the ~ anthem** el himno nacional; **~ costume, ~ dress** vestido *m* nacional; **N~ Curriculum** (*Brit*) *plan de estudios para las escuelas de Inglaterra y País de Gales*; **~ debt** deuda *f* pública; **~ grid** red *f* eléctrica nacional; **N~ Health Service** (*Brit*) Servicio *m* Nacional de Sanidad, ≈ Seguridad Social *(Sp)*; **N~ Insurance** (*Brit*) seguro *m* social nacional; **~ liberation movement** movimiento *m* de liberación nacional; **~ press** prensa *f* nacional; **~ product** producto *m* nacional; **~ service** (*Brit*) servicio *m* nacional, conscripción *f*; **N~ Trust** (*Brit*) *organización para conservar el patrimonio nacional.*

2 *n* (**a**) (*person*) nacional *mf*, natural *mf*.

(**b**) (*newspaper*) periódico *m* nacional.

nationalism [ˈnæʃnəlɪzəm] *n* (*gen*) nacionalismo *m*.

nationalist [ˈnæʃnəlɪst] *adj, n* nacionalista *mf*.

nationality [,næʃəˈnælɪtɪ] *n* nacionalidad *f*.

nationalization [,næʃnəlaɪˈzeɪʃən] *n* nacionalización *f*.

nationalize [ˈnæʃnəlaɪz] *vt* nacionalizar.

nationalized [ˈnæʃnəlaɪzd] *adj*: **~ industry** industria *f* nacionalizada.

nationally [ˈnæʃnəlɪ] *adv* en *or* a escala nacional.

nation-state [ˈneɪʃənˈsteɪt] *n* estado-nación *m*.

nationwide [ˈneɪʃənwaɪd] **1** *adj* a escala nacional. **2** *adv* por todo el país.

native [ˈneɪtɪv] **1** *adj* (**a**) (*innate*) natural, innato/a; **~ wit** ingenio *m*.

(**b**) (*of one's birth*) natal; **~ country** *or* **land** patria *f*; **~ language** lengua *f* materna; **she's not a ~ Dutch speaker** el holandés no es su lengua materna.

(**c**) (*indigenous: animal etc*) indígena; (*resources etc*) natural; (*product*) nacional; (*to LAm or LAm country*) criollo/a *(LAm)*; **N~ American** americano/a *m/f* indígena.

(**d**) (*of natives*) indígena, nativo/a; **to learn the ~ language** aprender el idioma vernáculo.

2 *n* (**a**) (*with reference to birth or nationality*) natural *mf*, nacional *mf*; **he was a ~ of Seville** nació en Sevilla; **he speaks German like a ~** habla alemán como un nativo.

(**b**) (*primitive*) indígena *mf*.

Nativity [nəˈtɪvɪtɪ] **1** *n* Natividad *f*; **the ~** la Natividad. **2** *cpd*: **~ play** *n* auto *m* del nacimiento; **~ scene** *n* Belén *m*.

NATO [ˈneɪtəʊ] *n abbr of* **North Atlantic Treaty Organization** OTAN *f*.

NATSOPA [ˌnætˈsəʊpə] *n abbr* (*Brit*) *of* **National Society of Operative Printers, Graphical and Media Personnel** *sindicato*.

natter [ˈnætəʳ] (*Brit: fam*) **1** *n* charla *f*, plática *f (Mex)*; **to have a ~** echar un párrafo *(fam)* (*with* con). **2** *vi* (*chat*) charlar, platicar *(Mex)*.

NATTKE *n abbr* (*Brit*) *of* **National Association of Television, Theatrical and Kinematographic Employees** *sindicato*.

natural [ˈnætʃrəl] **1** *adj* (**a**) natural; (*inborn*) de nacimiento; **it's quite ~ to do/that ...** es lo más natural hacer/que ...; **he's a ~ painter** es un pintor nato; **to die of ~ causes** morir de muerte natural; **~ childbirth** parto *m* natural; **~ gas** gas *m* natural; **~ parent** padre *m* biológico, madre *f* biológica; **~ resources** recursos *mpl* naturales; **~ wastage** (*Industry*) desgaste *m* natural.

(**b**) (*logical*) lógico/a; **it's ~ that he should think so** es lógico que lo piense; **it seems ~ enough to me** me parece totalmente normal.

2 *n* (**a**) (*Mus*) nota *f* natural.

(**b**) (*person*) **he's a ~ for the job** es la persona más indicada para el trabajo.

naturalist [ˈnætʃrəlɪst] *n* naturalista *mf*.

naturalization [ˌnætʃrəlaɪˈzeɪʃən] *n* naturalización *f*.

naturalize [ˈnætʃrəlaɪz] *vt* (*person*) naturalizar; **to become ~d** (*plant, animal*) aclimatarse.

naturally [ˈnætʃrəlɪ] *adv* (**a**) (*by nature*) por naturaleza; **it comes ~ to him to ...** le es completamente natural + *infin*, no le cuesta ningún esfuerzo + *infin*; **to do what comes ~** actuar espontáneamente. (**b**) (*unaffectedly: behave, speak*) naturalmente, con naturalidad. (**c**) (*of course*) claro (que sí), por supuesto, cómo no *(LAm)*.

nature [ˈneɪtʃəʳ] **1** *n* (**a**) (*essential quality, character*) naturaleza *f*; (*of person*) carácter *m*, temperamento *m*; **he has a nice ~** tiene un temperamento agradable; **it is not in his ~ to say that** no es propio de él decir tal cosa; **it's second ~ to him to ...** tiene facilidad para ...; **to be cautious by ~** ser cauteloso por naturaleza; **to appeal to sb's better ~** apelar a los sentimientos nobles de algn.

(**b**) (*kind*) género *m*, tipo *m*; **and things of that ~** y cosas por el estilo; **in the ~ of** algo así como; **~ of contents** (*Comm*) descripción *f* del contenido.

(**c**) (*Bio, Phys etc*) naturaleza *f*; **N~** la Naturaleza; **the laws of N~** las leyes de la Naturaleza; **to draw/paint from ~** dibujar/pintar del natural.

2 *cpd*: **~ conservation** *n* protección *f* de la naturaleza; **~ lover** *n* amante *mf* de la naturaleza; **~ reserve** *n* reserva *f* natural; **~ trail** *n* camino *m* forestal educativo.

-natured [ˈneɪtʃəd] *adj suf* de carácter ...; **good~** simpático/a; **ill~** malhumorado/a.

naturism [ˈneɪtʃərɪzəm] *n* naturismo *m*.

naturist [ˈneɪtʃərɪst] *n* naturista *mf*.

naturopathy [ˌneɪtʃəˈrɒpəθɪ] *n* naturopatía *f*.

naught [nɔːt] *n* (**a**) (*Math*) *see* **nought**. (**b**) (*old, poet: nothing*) nada *f*; **there's ~ I can do about it** no hay nada que yo pueda hacer; **to come to ~** frustrarse, fracasar.

naughtily [ˈnɔːtɪlɪ] *adv* (*behave*) mal; (*say*) con malicia.

naughtiness [ˈnɔːtɪnɪs] *n* (*mischief*) travesuras *fpl*; (*risqué character*) atrevimiento *m*.

naughty [ˈnɔːtɪ] *adj* (*comp* **-ier**; *superl* **-iest**) (**a**) (*child etc*) travieso/a; **you've been very ~/that was a ~ thing to do** has sido muy malo/eso ha estado muy feo. (**b**) (*joke, song etc*) verde, colorado/a *(LAm)*; **~ bits** *(fam)* alegrías *fpl (fam)*.

nausea [ˈnɔːsɪə] *n* (*Med*) náusea *f*; (*fig*) asco *m*.

nauseate [ˈnɔːsɪeɪt] *vt* (*see adj*) dar náuseas a; dar asco a, asquear.

nauseating [ˈnɔːsɪeɪtɪŋ] *adj* repugnante, asqueroso/a.

nauseous [ˈnɔːsɪəs] *adj* nauseabundo/a.

nautical [ˈnɔːtɪkəl] *adj* (*terms, matters, charts etc*) náutico/a; **~ mile** milla *f* marina.

naval [ˈneɪvəl] *adj* (*battle, strength, base, college*) naval; (*officer, affairs*) de la marina; (*hospital, barracks, stores*) de marina.

Navarre [nəˈvɑːʳ] *n* Navarra *f*.

Navarrese [ˌnævəˈriːz] **1** *adj* navarro/a. **2** *n* (**a**) navarro/a *m/f*. (**b**) (*Ling*) navarro *m*.

nave [neɪv] *n* (*Archit*) nave *f*.

navel [ˈneɪvəl] *n* ombligo *m*.

navigable [ˈnævɪgəbl] *adj* (*river etc*) navegable; (*ship, balloon*) dirigible.

navigate [ˈnævɪgeɪt] **1** *vt* (**a**) (*ship, plane*) gobernar; (*fig*) conducir, guiar. (**b**) (*seas, river etc*) navegar por. **2** *vi* navegar.

navigation [ˌnævɪˈgeɪʃən] *n* (*act*) navegación *f*; (*science*) náutica *f*.

navigator [ˈnævɪgeɪtəʳ] *n* navegante *mf*.

navvy [ˈnævɪ] *n* (*Brit*) peón *m* caminero.

navy [ˈneɪvɪ] **1** *n* (*ships*) armada *f*, flota *f*; (*organization*) marina *f* de guerra. **2** *cpd*: **N~ Department** *n* (*US*) Ministerio *m* de Marina.

navy(-blue) [ˈneɪvɪˈbluː] **1** *adj* azul marino. **2** *n* azul *m* marino.

nay [neɪ] *adv* (*old: no*) no.

Nazareth [ˈnæzərəθ] *n* Nazaret *m*.

Nazi [ˈnɑːtsɪ] *adj*, *n* nazi *mf*.

Nazism [ˈnɑːtsɪzəm] *n* nazismo *m*.

NB *abbr* (**a**) *of* **nota bene, note well** NB. (**b**) (*Canada*) *of* **New Brunswick**.

NBA *n abbr* (*US*) (**a**) *of* **National Basketball Association**. (**b**) *of* **National Boxing Association**.

NBC *n abbr* (*US*) *of* **National Broadcasting Company** *cadena de televisión*.

NBS *n abbr* (*US*) *of* **National Bureau of Standards**.

NC *abbr* (**a**) (*US Post*) *of* **North Carolina**. (**b**) (*Comm etc*) *of* **no charge**.

NCB *n abbr* (*Brit old*) *of* **National Coal Board**.

NCC *n abbr* (**a**) (*Brit*) *of* **Nature Conservancy Council** ≈ ICONA *m*. (**b**) (*US*) *of* **National Council of Churches**.

NCCL *n abbr* (*Brit*) *of* **National Council for Civil Liberties**.

NCO *n abbr of* **non-commissioned officer**.

NCV *abbr of* **no commercial value**.

ND *abbr* (*US Post*) *of* **North Dakota**.

n.d. *abbr of* **no date** s.f.

N.Dak. *abbr* (*US*) *of* **North Dakota**.

NE *abbr* (**a**) (*US Post*) *of* **Nebraska**. (**b**) *of* **north-east** NE. (**c**) (*US*) *of* **New England**.

NEA *n abbr* (*US*) *of* **National Educational Association**.

Neanderthal [nɪˈændətɑːl] *adj*: **~ man** hombre *m* de Neanderthal.

Neapolitan [nɪəˈpɒlɪtən] **1** *adj* napolitano/a. **2** *n* napolitano/a *m/f*.

near [nɪəʳ] **1** *adv* (*gen*) cerca; (*event*) pronto; **that's ~ enough** (*fig: numbers etc*) con eso basta *or* es suficiente; **winter is drawing ~** el invierno se acerca; **nowhere ~** (*fam*) ni mucho menos; **to come** *or* **draw ~ (to)** acercarse (a); **to come ~ to doing** llegar casi a hacer; **I came ~ to telling her everything** llegué casi a decírselo todo.

2 *prep* (*also* **~ to**: *of place*) cerca de; (*of time*) próximo a; (*of numbers*) aproximadamente; **~ here** cerca de aquí, por aquí cerca; **the passage is ~ the end of the**

book el trozo viene hacia el final del libro; **we were ~ to being drowned** por poco nos morimos ahogados; **~ to tears** a punto de llorar.

3 *adj* (*in place etc*) cercano/a; (*of time*) próximo/a; (*relation*) próximo, cercano; (*race, contest, result*) muy reñido/a; **the N~ East** el Cercano Oriente; **the ~est way** el camino más corto; **the ~est I ever got to winning** lo más cerca que estuve de ganar; **he had a ~ miss** (*target*) por poco dió en el blanco; (*accident*) por poco tuvo un accidente; **he calculated the price to the ~est pound** lo calculó hasta la libra más próxima; **£25000 or ~est offer** (*for house etc*) 25000 libras o precio a discutir.

4 *vt* (*approach*) acercarse a; **the building is ~ing completion** el edificio está a punto de terminarse; **he is ~ing 50** frisa en los 50.

5 *vi* acercarse.

nearby [ˈnɪəˈbaɪ] **1** *adv* cerca. **2** *adj* cercano/a.

nearly [ˈnɪəlɪ] *adv* **(a)** (*almost*) casi; **it's ~ 3 o'clock** son casi las 3; **she's ~ 40** tiene casi 40 años; **I ~ did it** estuve a punto de hacerlo; **I ~ lost it** por poco lo perdí; **~ finished** casi terminado; **very ~!** ¡casi casi! **(b)** (*with negative*) **not ~** ni mucho menos, ni con mucho; **it's not ~ ready** falta mucho para que esté listo.

near-money [ˈnɪəˌmʌnɪ] *n* (*Comm*) activos *mpl* realizables.

nearness [ˈnɪənɪs] *n* (*in place*) cercanía *f*; (*in time*) proximidad *f*.

nearside [ˈnɪəsaɪd] (*Aut*) **1** *n* (*gen*) lado *m* derecho; (*Brit*) lado izquierdo. **2** *adj* (*door, verge, lane: gen*) de la derecha; (*: Brit*) de la izquierda.

near-sighted [ˈnɪəˈsaɪtɪd] *adj* miope, corto/a de vista.

neat [ni:t] *adj* (*comp* **~er**; *superl* **~est**) **(a)** (*tidy: person*) pulcro/a, ordenado/a, prolijo/a (*LAm*); (*: room*) ordenado/a; (*: handwriting*) elegante, claro/a; (*skilful: work*) bien hecho/a; (*: solution, plan*) ingenioso/a; (*US fam: very nice*) bonito/a, lindo/a (*LAm*); **her hair is always very ~** lleva el pelo siempre bien peinado. **(b)** (*undiluted*) solo/a; **I'll take it ~** lo tomo sin mezcla.

neatly [ˈni:tlɪ] *adv* **(a)** (*tidily: fold, wrap*) con esmero *or* cuidado; (*: dress*) con elegancia; (*: write*) claramente. **(b)** (*skilfully: avoid, manage*) ingeniosamente, hábilmente; **~ put** bien dicho.

neatness [ˈni:tnɪs] *n* (*tidiness*) orden *m*; (*skilfulness*) destreza *f*, habilidad *f*.

Nebr *abbr* (*US*) *of* **Nebraska.**

nebulous [ˈnebjʊləs] *adj* (*fig*) vago/a, nebuloso/a.

NEC *n abbr of* **National Executive Committee.**

necessarily [ˈnesɪsərɪlɪ] *adv* necesariamente; **not ~** no necesariamente, puede que no.

necessary [ˈnesɪsərɪ] **1** *adj* (*gen*) necesario/a; (*unavoidable*) imprescindible; **to be ~** ser necesario, precisar (*esp LAm*); **it is ~ for us to go** *or* **that we go** es preciso *or* necesario que vayamos; **to do what is ~** hacer lo que hace falta; **I shall do everything ~** haré todo lo necesario; **don't do more than is ~** no hagas más de lo necesario; **if ~** si es necesario; **is that really ~?** ¿realmente es necesario (eso)?; **the ~ qualifications** las aptitudes requeridas.

2 *n* cosa *f* necesaria; **to do the ~** hacer lo que sea necesario; **the ~, the necessaries** lo necesario; (*fam: money*) la pasta (*fam*).

necessitate [nɪˈsesɪteɪt] *vt* necesitar, exigir.

necessity [nɪˈsesɪtɪ] *n* **(a)** (*circumstances, need*) necesidad *f*; **~ is the mother of invention** la necesidad agudiza el ingenio; **the ~ for care** la necesidad de cuidado; **of ~** necesariamente, a la fuerza; **out of sheer ~** a la *or* por fuerza; **in case of ~** en caso de urgencia; **there is no ~ for you to do it** no es necesario que lo hagas. **(b)** (*necessary thing*) necesidad *f*; **necessities** artículos *mpl* de primera necesidad; **the necessities of life** los cosas necesarias para la vida.

neck [nek] **1** *n* (*gen*) cuello *m*; (*of animal*) pescuezo *m*; (*of bottle*) cuello, gollete *m*; **to breathe down sb's ~** (*fam*) no dejarle a algn ni a sol ni a sombra; **~ and ~** parejos; **to be up to one's ~ in work** (*fam*) estar de trabajo hasta las cojas; **to be in sth up to one's ~** (*fam*) estar metido hasta el cuello en algo; **in your ~ of the woods** (*fam*) por tu zona; **I'll break your ~!** ¡te parto la cara!; **to get it in the ~** (*fam*) pagarlas (*fam*); **to risk one's/save one's ~** jugarse/salvar el pellejo *or* el tipo; **to stick one's ~ out** arriesgarse, jugarse el tipo (*fam*).

2 *vi* (*fam*) besuquearse.

neckerchief [ˈnekətʃi:f] *n* pañuelo *m*.

necklace [ˈneklɪs] *n* collar *m*.

neckline [ˈneklaɪn] *n* escote *m*; **with a low ~** escotado.

necktie [ˈnektaɪ] *n* corbata *f*.

necrology [neˈkrɒlədʒɪ] *n* necrología *f*.

necrophilia [ˌnekrəʊˈfɪlɪə] *n* necrofilia *f*.

necropolis [neˈkrɒpəlɪs] *n* necrópolis *f*.

nectar [ˈnektəʳ] *n* néctar *m*.

nectarine [ˈnektəri:n] *n* nectarina *f*.

NEDC *n abbr* (*Brit*) *of* **National Economic Development Council** Consejo *m* Economico y Social.

Neddy [ˈnedɪ] *n abbr* (*fam*) = **NEDC.**

née [neɪ] *adj*: **Mary Green, ~ Smith** Mary Green, de soltera Smith.

need [ni:d] **1** *n* **(a)** (*no pl: necessity*) necesidad *f*; **if ~(s) be, in case of ~** en caso de necesidad; **there's no ~ to go** no hace falta ir; **there's no ~ to worry** no tiene por qué preocuparse; **to be in ~ of, to have ~ of, to stand in ~ of** necesitar; **I have no ~ of advice** no me hacen falta consejos; **in ~ of** que necesita; **in times of ~** en momentos de apuro *or* necesidad.

(b) (*want*) carencia *f*, escasez *f*; (*lack*) falta *f*.

(c) (*poverty*) necesidad *f*, indigencia *f*; **to be in ~ (of)** estar necesitado (de) *or* carente (de).

(d) **~s** (*things needed*) requisitos *mpl*; (*things lacking*) carencias *fpl*; **my ~s are few** es poco lo que necesito; **to supply sb's ~s** proveer lo que necesita algn.

2 *vt* **(a)** (*subj: person*) necesitar; **I ~ a bigger car** necesito *or* me hace falta un coche más grande; **that's just what I ~!** ¡sólo me hacía falta *or* faltaba eso!; **it's just what I ~ed** es precisamente lo que necesitaba; **he ~s watching** hay que vigilarle; **a much ~ed holiday** unas vacaciones bien merecidas.

(b) (*subj: thing*) exigir, requerir; **it ~s care** exige cuidado; **this will ~ some explaining** no va a ser fácil explicar esto.

(c) **I ~ to do it** tengo que *or* necesito hacerlo; **they don't ~ to be told all the details** no hay que contárselo con todo detalle; **you only ~ed to ask** no había sino pedir.

(d) (*aux vb*) **~ I go?** ¿es necesario que vaya?, ¿tengo que ir?; **it ~ not be done now** se puede hacer en cualquier momento; **it ~ not follow that ...** lo que no significa necesariamente que ...; **I ~n't have bothered** pero era trabajo perdido.

(e) (*impersonal*) **it ~ed a war to alter that** fue necesaria una guerra para cambiar eso.

needle [ˈni:dl] **1** *n* aguja *f*; **pine ~** aguja de pino; **it's like looking for a ~ in a haystack** es como buscar una aguja en un pajar; **to give sb the ~** (*fam*) pinchar a algn, meterse con algn; *see* **pin 1.** **2** *vt* (*fam*) pinchar, meterse con.

needle-sharp [ˈni:dlˈʃɑ:p] *adj* afiladísimo/a; (*fig*) agudísimo/a.

needless [ˈni:dlɪs] *adj* innecesario/a; **~ to say ...** huelga *or* no hace falta decir que ....

needlessly [ˈni:dlɪslɪ] *adv* innecesariamente.

needlework [ˈni:dlwɜ:k] *n* (*sewing*) labor *f* de aguja; (*embroidery*) bordado *m*; **to do ~** hacer costura.

needy [ˈni:dɪ] **1** *adj* (*comp* **-ier**; *superl* **-iest**) necesitado/a. **2** *npl*: **the ~** los necesitados.

ne'er [nɛəʳ] *adv* (*poet*) nunca.

negation [nɪˈgeɪʃən] *n* **(a)** (*gen, Ling etc*) negación *f*. **(b)** (*denial, refusal*) negativa *f*.

negative [ˈnegətɪv] **1** *adj* negativo/a; **~ cash flow** flujo *m* de fondos negativo; ~ **feedback** reacción *f* negativa. **2** *n* (*Ling*) negación *f*; (*answer*) negativa *f*; (*Phot*) negativo *m*; (*Elec*) polo *m* negativo; **to answer in the** ~ contestar con una negativa.

neglect [nɪˈglekt] **1** *n* (*carelessness*) descuido *m*; (*: in appearance*) dejadez *f*; (*of rule etc*) incumplimiento *m*; (*neglected state*) abandono *m*. **2** *vt* (**a**) (*obligations etc*) descuidar, desatender; (*duty*) no cumplir con, faltar a; (*friends*) abandonar; (*wife*) dejar sola; (*opportunity*) desperdiciar; (*work, garden etc*) descuidar. (**b**) **to** ~ **to do sth** dejar de *or* no hacer algo.

neglected [nɪˈglektɪd] *adj* (*person*) abandonado/a; (*house, garden*) descuidado/a.

neglectful [nɪˈglektfʊl] *adj* negligente; **to be** ~ **of** descuidar.

negligee [ˈneglɪʒeɪ] *n* salto *m* de cama.

negligence [ˈneglɪdʒəns] *n* (**a**) (*carelessness*) descuido *m*, negligencia *f*; **through** ~ por negligencia. (**b**) (*Jur*) negligencia *f*.

negligent [ˈneglɪdʒənt] *adj* (*careless, inattentive*) negligente; (*casual*) suelto/a, con soltura; **to be** ~ **of** descuidar.

negligible [ˈneglɪdʒəbl] *adj* (*amount*) despreciable; (*damage, difference*) sin importancia.

negotiable [nɪˈgəʊʃɪəbl] *adj* (**a**) (*Comm etc*) negociable; **not** ~ que no puede negociarse. (**b**) (*road etc*) transitable; (*river*) salvable.

negotiate [nɪˈgəʊʃɪeɪt] **1** *vt* (**a**) (*treaty, loan*) negociar, gestionar. (**b**) (*bend*) tomar; (*hill*) subir; (*obstacle, etc*) salvar, franquear; (*river etc*) pasar, cruzar. **2** *vi* (*also* **to** ~ **for**) negociar; **to** ~ **with sb** negociar con algn.

negotiating [nɪˈgəʊʃɪeɪtɪŋ] **1** *n* negociación *f*. **2** *cpd*: ~ **table** *n* mesa *f* de negociaciones; **to sit (down) at the** ~ **table** sentarse a la mesa de negociaciones.

negotiation [nɪˌgəʊʃɪˈeɪʃən] *n* (**a**) (*act of negotiating*) negociación *f*, gestión *f*; **to be in** ~ **with sb** estar negociando con algn; **that will be a matter for** ~ eso tendrá que ser discutido. (**b**) ~**s** (*talks*) negociaciones *fpl*, tratativas *fpl (CSur)*; **to break off** ~**s** romper las negociaciones; **to enter into** ~**s with sb** entrar en negociaciones con algn.

negotiator [nɪˈgəʊʃɪeɪtəʳ] *n* negociador(a) *m/f*.

Negress [ˈniːgres] *n* negra *f*.

Negro [ˈniːgrəʊ] **1** *adj* negro/a. **2** *n* (*pl* ~**es**) negro *m*.

neigh [neɪ] **1** *n* relincho *m*. **2** *vi* relinchar.

neighbour, (*US*) **neighbor** [ˈneɪbəʳ] *n* vecino/a *m/f*; (*fellow being*) prójimo/a *m/f*; *see* **next-door**.

neighbourhood, (*US*) **neighborhood** [ˈneɪbəhʊd] **1** *n* (*area*) barrio *m*, vecindad *f (Sp)*; (*people*) vecindario *m*, vecinos *mpl*; (*fig*) **in the** ~ **of £80** alrededor de (las) 80 libras; **somewhere in the** ~ por allí. **2** *cpd*: ~ **watch scheme** *n* grupo *m* de vigilancia de los propios vecinos.

neighbouring, (*US*) **neighboring** [ˈneɪbərɪŋ] *adj* vecino/a.

neighbourly, (*US*) **neighborly** [ˈneɪbəlɪ] *adj* amigable, sociable.

neither [ˈnaɪðəʳ] **1** *adv*: ~ ... **nor** ni ... ni; ~ **he nor I can go** ni él ni yo podemos ir; **he** ~ **smokes nor drinks** ni fuma ni bebe; **that's** ~ **here nor there** (*fig*) eso no viene al caso. **2** *conj* tampoco; **if you aren't going,** ~ **am I** si no vas tú, yo tampoco voy; **'I don't like it' — '~ do I'** 'a mí no me gusta' — 'a mí tampoco'. **3** *pron*: ~ **(of them)** ninguno/a de los/las dos, ni el/la uno/a ni el/la otro/a. **4** *adj* ninguno/a de los/las dos; ~ **car is for sale** no se vende ninguno de los dos coches.

nelly [ˈnelɪ] *n*: **not on your** ~! (*fam*) ¡ni hablar!

nelson [ˈnelsən] *n*: **full** ~ (*Wrestling*) llave *f*; **half** ~ media llave *f*; **to put a half** ~ **on sb** (*fig*) ponerle trabas a algn.

nem con *abbr of* **nemine contradicente** nemine discrepante.

nemesis [ˈnemɪsɪs] *n* justo castigo *m*, justicia *f*.

neo... [ˈniːəʊ] *pref* neo....

neoclassical [ˈniːəʊˈklæsɪkəl] *adj* neoclásico/a.

neolithic [ˌniːəʊˈlɪθɪk] *adj* neolítico/a.

neologism [nɪˈɒlədʒɪzəm] *n* neologismo *m*.

neon [ˈniːɒn] **1** *n* neón *m*. **2** *cpd*: ~ **light** *n* luz *f* de neón; ~ **sign** *n* anuncio *m* de neón.

Nepal [nɪˈpɔːl] *n* Nepal *m*.

Nepalese [ˌnepɔːˈliːz] **1** *adj* nepalés/esa. **2** *n inv* nepalés/esa *m/f*.

nephew [ˈnevjuː] *n* sobrino *m*.

nephritis [neˈfraɪtɪs] *n* nefritis *f*.

nepotism [ˈnepətɪzəm] *n* nepotismo *m*.

Neptune [ˈneptjuːn] *nm* Neptuno.

nerve [nɜːv] **1** *n* (**a**) (*Anat, Bot*) nervio *m*; **she suffers from** ~**s** sufre de los nervios; **a fit of** ~**s** un ataque de nervios; **my** ~**s are on edge** tengo los nervios de punta; **it/he gets on my** ~**s** me pone los nervos de punta *or* me saca de quicio *or (LAm)* me friega mucho; **to have** ~**s of steel** tener los nervios de acero; **to be living on one's** ~**s** vivir en estado de nervios constante.

(**b**) (*courage*) valor *m*; **I hadn't the** ~ **to do it** no tuve el valor de hacerlo; **to lose one's** ~ perder el valor.

(**c**) (*cheek*) caradura *f*, cara *f*, descaro *m*; **you've got a** ~! ¡qué cara tienes!; **to have the** ~ **to do sth** tener la cara *or* el valor de hacer algo; **he had the** ~ **to ask for money** tuvo el valor de pedir dinero *(fam)*.

2 *vt*: **to** ~ **o.s. to do sth** forzarse a hacer algo.

3 *cpd*: ~ **cell** *n* neurona *f*, célula *f* nerviosa; ~ **centre,** (*US*) ~ **center** *n* centro *m* nervioso; (*fig*) punto *m* neurálgico; ~ **gas** *n* gas *m* nervioso.

nerve-racking [ˈnɜːvˌrækɪŋ] *adj* (*exhausting*) agotador(a); (*distressing*) que te pone los nervos de punta, horripilante; (*sound*) crispante.

nervous [ˈnɜːvəs] *adj* (*gen*) nervioso/a; (*frightened*) nervioso, miedoso/a; (*restless*) inquieto/a; **to be** ~ **of** tener miedo a; **to get** ~ ponerse nervioso, excitarse; **I was** ~ **about speaking to her** me daba miedo hablarle; **I was** ~ **after the exam** el examen me tenía *or* traía preocupado; **it makes me** ~ me da miedo; ~ **breakdown** crisis *f* nerviosa; **to have a** ~ **breakdown** sufrir una crisis nerviosa; ~ **system** sistema *m* nervioso.

nervously [ˈnɜːvəslɪ] *adv* (*tensely*) nerviosamente; (*apprehensively*) con inquietud.

nervy [ˈnɜːvɪ] *adj* (*comp* **-ier**; *superl* **-iest**) (*Brit: tense*) nervioso/a; (*US: cheeky*) descarado/a.

nest [nest] **1** *n* (*of bird*) nido *m*; (*of animal*) madriguera *f*; (*of wasps*) avispero *m*; (*of ants*) hormiguero *m*; (*of boxes, tables*) juego *m*; *see* **feather**. **2** *vi* (*bird*) anidar, hacer su nido. **3** *cpd*: ~ **egg** *n* (*fig*) ahorros *mpl*.

nestle [ˈnesl] *vi*: **to** ~ **up to sb** arrimarse *or* acurrucarse junto a algn; **to** ~ **down (in bed)** acurrucarse (en la cama); **a village nestling among hills** un pueblo abrigado por las colinas.

nestling [ˈneslɪŋ] *n* pajarito *m*.

NET *n abbr* (*US*) *of* **National Educational Television**.

net[1] [net] **1** *n* (*gen*) red *f*, malla *f*; (*for hair etc*) redecilla *f*; (*fabric*) tul *m*; **to cast one's** ~ **wider** ampliar el campo de acción; **to fall into the** ~ (*fig*) caer en la trampa; **to slip through the** ~ escapar de la red. **2** *vt* coger (con red). **3** *cpd*: ~ **curtain** *n* visillo *m*.

net[2] [net] **1** *adj* (*Comm: price, weight*) neto/a, liquido/a; ~ **of VAT/tax** IVA/impuesto incluido; ~ **assets** activo *msg* neto; ~ **income** renta *f* neta; ~ **loss** pérdida *f* neta; ~ **payment** líquido *m*; **at a** ~ **profit of 5%** con un beneficio neto del 5 por ciento; ~ **weight** peso *m* neto. **2** *vt* (*Comm: earn*) ganar neto; (*: produce*) producir neto.

netball [ˈnetbɔːl] *n* baloncesto *m*, básquet *m* para mujeres.

nether [ˈneðəʳ] *adj* inferior, más bajo/a; ~ **regions** infierno *m*; **down in my** ~ **regions** (*fam*) en la parte baja de mi persona.

Netherlands [ˈneðələndz] *npl* Países *mpl* Bajos.

netting [ˈnetɪŋ] *n* (*wire*) malla *f*; (*nets*) redes *fpl*; (*Sew*) tul *m*.

nettle ['netl] **1** *n* (*Bot*) ortiga *f*. **2** *vt* (*fam*) picar, fregar (*LAm*). **3** *cpd*: ~ **rash** *n* urticaria *f*; ~ **sting** *n* picadura *f* de ortiga.
network ['netwɜːk] **1** *n* (*gen, Comput*) red *f*. **2** *vt* (*Rad, TV*) difundir por la red de emisoras; (*Comput*) conectar a la red. **3** *vi* hacer contactos en el mundo de los negocios.
networking ['netwɜːkɪŋ] *n* (*Comput*) conexión *f* de redes.
neuralgia [njʊə'rældʒə] *n* neuralgia *f*.
neuro... ['njʊərəʊ] *pref* neuro....
neurologist [njʊə'rɒlədʒɪst] *n* neurólogo/a *m/f*.
neuron ['njʊərɒn] *n* neurona *f*.
neurosis [njʊə'rəʊsɪs] *n* (*pl* **neuroses** [njʊə'rəʊsiːz]) neurosis *f*.
neurotic [njʊ'rɒtɪk] *adj* neurótico/a.
neuter ['njuːtəʳ] **1** *adj* (*Ling*) neutro/a. **2** *n* (*Ling*) neutro *m*. **3** *vt* (*cat etc*) castrar.
neutral ['njuːtrəl] **1** *adj* (*person, country, opinion*) neutral; (*Zool, Bot, Elec, Chem etc*) neutro/a. **2** *n* neutral *m*; **in** ~ (*Mech*) en punto muerto.
neutrality [njuː'trælɪtɪ] *n* neutralidad *f*.
neutralize ['njuːtrəlaɪz] *vt* neutralizar.
neutron ['njuːtrɒn] **1** *n* neutrón *m*. **2** *cpd*: ~ **bomb** *n* bomba *f* de neutrones.
Nev. *abbr* (*US*) *of* **Nevada**.
never ['nevəʳ] *adv* (**a**) nunca; ~ **again!** ¡nunca más!; ~ **before** jamás, nunca antes; **you** ~ **saw anything like it** nunca se ha visto nada parecido. (**b**) (*emphatic negative*) ni; ~ **in my life** en mi vida; ~**!, you** ~ **did!** (*fam*) ¿en serio?, ¡no puede ser!; **well I** ~**!** (*fam*) ¡no me digas!, ¡no me lo puedo creer!, ¡ándale! (*Mex*), ¡ándele! (*Mex*); **I** ~ **expected it** no contaba con eso de ningún modo; ~ **mind** no te preocupes, no hay cuidado (*LAm*).
never-ending ['nevər'endɪŋ] *adj* sin fin, interminable.
never-never ['nevə'nevəʳ] **1** *n*: **to buy sth on the** ~ (*Brit fam*) comprar algo a plazos. **2** *cpd*: ~ **land** *n* país *m* de ensueños.
nevertheless [ˌnevəðə'les] *adv* sin embargo, no obstante, aun así.
new [njuː] *adj* (*comp* ~**er**; *superl* ~**est**) (*gen*) nuevo/a; (*latest*) último/a; (*fresh*) fresco/a, nuevo; (*different*) nuevo, distinto/a; (*recently arrived*) recién llegado/a; **a** ~ **car** (*different*) un coche distinto, otro coche, un nuevo coche; (*brand* ~) un coche nuevo; **are you** ~ **here?** ¿eres nuevo aquí?; **to be** ~ **to** ser nuevo en; **it's as good as** ~ está como nuevo; **what's** ~ **about that?, that's nothing** ~ ¿qué tiene de nuevo?; **N**~ **Age (music)** música *f* de la Nueva Era; ~ **boy/girl** (*Scol*) alumno/a *m/f* nuevo/a; **N**~ **Guinea** Nueva Guinea *f*; ~ **look** nueva moda *f*; **he's a** ~ **man** quedó como nuevo; ~ **moon** luna *f* nueva; **N**~ **Testament** Nuevo Testamento *m*; ~ **town** ciudad *f* nueva; **the N**~ **World** el Nuevo Mundo; **N**~ **Year** Año *m* Nuevo; **to bring in** *or* **see in the N**~ **Year** celebrar el Año Nuevo; **Happy N**~ **Year!** ¡feliz Año Nuevo!; **N**~ **Year's Day** el día de Año Nuevo; **N**~ **Year's Eve** Nochevieja *f*; **N**~ **Year resolutions** buenos propósitos *mpl* del año nuevo; **N**~ **York** Nueva York *f*; **N**~ **Yorker** neoyorquino/a *m/f*; **N**~ **Zealand** Nueva Zelanda *f*, Nueva Zelandia *f*; (*cpd*) neocelandés/esa, neozelandés/esa; **N**~ **Zealander** neocelandés/esa *m/f*, neozelandés/esa *m/f*.
new- [njuː] *adj pref* recién.
newborn ['njuːbɔːn] *adj* (*baby*) recién nacido/a.
newcomer ['njuːˌkʌməʳ] *n* recién llegado/a *m/f*.
new-fangled ['njuːˌfæŋgld] *adj* (*pej*) modernísimo/a, novedoso/a.
new-found ['njuːˌfaʊnd] *adj* recién descubierto/a.
Newfoundland ['njuːfənd̩lənd] *n* Terranova *f*.
new-laid ['njuː'leɪd] *adj* (*egg*) fresco/a.
newly ['njuːlɪ] *adv* (*recently*) nuevamente, recién; ~ **made** recién hecho.
newly-weds ['njuːlɪwedz] *npl* recién casados *mpl*.
newness ['njuːnɪs] *n* (*of fashion, ideas etc*) novedad *f*; (*of clothes etc*) estado *m* de nuevo.
news [njuːz] **1** *nsg* (**a**) noticias *fpl*; **a piece of** ~ una noticia *f*; **that's good** ~ es una buena noticia; **no** ~ **is good** ~ la falta de noticias es una buena señal; **I've got** ~ **for you!** ¡tengo una noticia que darte!; **they're in the** ~ son de actualidad; **to be bad** ~ (*fam: person*) ser un ave de mal agüero; (*: thing*) ser mal asunto (*fam*); **to break the** ~ **to sb** comunicar una noticia a algn.
(**b**) (*Press, Rad, TV*) noticias *fpl*, noticiario *msg*.
2 *cpd*: ~ **agency** *n* agencia *f* de prensa; ~ **bulletin** *n* (*Rad*) noticiario *m*; (*TV*) telediario *m*; ~ **desk** *n* redacción *f*; ~ **headlines** *npl* titulares *mpl*.
newsagent ['njuːzˌeɪdʒənt] *n* (*Brit*) vendedor(a) *m/f* de periódicos; ~**'s** tienda *f* de periódicos.
newscast ['njuːzkɑːst] *n* noticiario *m*.
newscaster ['njuːz'kɑːstəʳ] *n* locutor(a) *m/f*.
newsdealer ['njuːz'diːləʳ] *n* (*US*) vendedor(a) *m/f* de periódicos, voceador(a) *m/f* (*Mex*).
newsflash ['njuːzflæʃ] *n* flash *m*, noticia *f* de última hora.
newsletter ['njuːzˌletəʳ] *n* boletín *m*, informativo *m*.
newspaper ['njuːsˌpeɪpəʳ] **1** *n* (*gen*) periódico *m*; (*daily*) diario *m*. **2** *cpd*: ~ **clipping,** ~ **cutting** *n* recorte *m* de periódico; ~ **report** *n* reportaje *m*.
newsprint ['njuːzprɪnt] *n* papel *m* de periódico.
newsreader ['njuːzˌriːdəʳ] *n* (*Brit TV*) locutor(a) *m/f* de telediario.
newsreel ['njuːzriːl] *n* noticiaro *m*, película *f* de actualidades, ≈ Nodo *m* (*Sp*).
newsroom ['njuːzrʊm] *n* sala *f* de redacción.
newsworthy ['njuːzˌwɜːðɪ] *adj* de interés periodístico.
newsy ['njuːzɪ] *adj* (*fam*) lleno/a de noticias.
newt [njuːt] *n* tritón *m*.
next [nekst] **1** *adj* (**a**) (*house, street, room*) vecino/a, de al lado; (*bus stop, turning: in future*) próximo/a; (*: in past*) siguiente; (*page, case etc*) siguiente; (*size: up*) más grande; (*: down*) más pequeño/a; ~ **door** al lado; **on the** ~ **page** a la vuelta; **she was** ~ **to arrive** ella fue la próxima en llegar; **the** ~ **door but one** no la puerta de al lado sino la siguiente; **as good as the** ~ **man** tan bueno como cada hijo de vecino; **who's** ~**?** ¿quién sigue?, ¿a quién le toca ahora?; **I'm/you're** ~ me/le toca a mi/lo.
(**b**) (*in time: day, week etc*) que viene, próximo/a; ~ **day** el día siguiente; ~ **month** (*month after this*) el mes que viene *or* (*esp LAm*) entrante; (*the month after*) el mes siguiente; ~ **time you come** la próxima vez que vengas; **the week after** ~ no la semana que viene sino la otra; **this time** ~ **year** de hoy en un año, el proximo año por estas fechas.
2 *adv* (**a**) (*of place, order*) después, luego; **to come** ~ seguir; **the** ~ **best thing** la segunda posibilidad; **what** ~**?, what will you do** ~**?** (*question*) ¿y después *or* ¿y luego qué harás?; (*exclamation*) ¡parece mentira!
(**b**) (*of time*) luego, entonces, después; **what did he do** ~**?** ¿qué hizo después?; **when you** ~ **see him** cuando le vuelvas a ver; ~ **we put the salt in** luego echamos la sal.
3 *prep* (**a**) ~ **to** al lado de, junto a; **his room is** ~ **to mine** su habitación está al lado de la mía.
(**b**) (*fig*) ~ **to** casi; ~ **to nothing** casi nada; **there was** ~ **to nobody there** no había casi nadie; **there is** ~ **to no news** apenas hay noticias.
4 *n* (*person*) próximo/a *m/f*, siguiente *mf*.
next-door ['neks'dɔːʳ] *adj*: ~ **flat** piso *m* de al lado; ~ **neighbour** vecino/a *m/f* de al lado.
next-of-kin [ˌnekstəv'kɪn] *n* familiar *mf* más cercano/a.
NF 1 *abbr* (*Canada*) *of* **Newfoundland**. **2** *n abbr* (*Brit Pol: old*) *of* **National Front** *partido político seudonazi*.
n/f *abbr* (*Fin*) *of* **no funds**.
NFL *n abbr* (*US*) *of* **National Football League**.
Nfld. *abbr* (*Canada*) *of* **Newfoundland**.
NFS *n abbr* (*Brit*) *of* **National Fire Service**.

NFT *n abbr (Brit) of* **National Film Theatre**.
NFU *n abbr (Brit) of* **National Farmers' Union**.
NG *abbr (US) of* **National Guard**.
NGA *n abbr (Brit) of* **National Graphical Association** *sindicato*.
NGO *n abbr (US) of* **non-governmental organization**.
NH *abbr (US Post) of* **New Hampshire**.
NH(I) *abbr of* **National Health (Insurance)**.
NHL *n abbr (US) of* **National Hockey League**.
NHS *n abbr (Brit) of* **National Health Service**.
NI *abbr* (**a**) *of* **Northern Ireland**. (**b**) *of* **National Insurance**.
Niagara [naɪˈægrə] *cpd*: ~ **Falls** *npl* Catarata *fsg* del Niágara.
nib [nɪb] *n* punta *f*; (*of fountain pen*) plumilla *f*.
nibble [ˈnɪbl] **1** *n* (**a**) mordisquito *m*. (**b**) (*at party etc*) ~**s** tapas *fpl*, comida *fsg* para picar. **2** *vt* mordisquear, mordiscar, picar; (*fish*) picar. **3** *vi*: **to ~ (at)** (*food*) mordiscar *or* mordisquear, picar; **to ~ at an offer** (*fig*) mostrar interés por una oferta.
NICAM [ˈnaɪkæm] *n abbr of* **near-instantaneous companding system** *sistema para digitalizar señales auditivas*.
Nicaragua [ˌnɪkəˈrægjʊə] *n* Nicaragua *f*.
Nicaraguan [ˌnɪkəˈrægjʊən] *adj, n* nicaragüense *mf*.
nice [naɪs] *adj* (*comp* ~**r**; *superl* ~**st**) (**a**) (*person: likeable*) amable, simpático/a; **he was very ~ about it** se mostró *or (LAm)* se portó muy amable; **try to be ~ to him** procura ser amable con él.
(**b**) (*person: attractive*) guapo/a, mono/a, lindo/a *(LAm)*; **how ~ you look!** ¡qué guapa estás!, ¡qué bien te ves! *(LAm)*.
(**c**) (*thing: pleasant*) agradable, lindo/a *(LAm)*; (*: attractive*) bonito/a, lindo *(LAm)*, primoroso/a; (*: weather etc*) bueno/a, de buen tiempo; (*food, perfume*) rico/a; ~ **one!** (*fam*) bravo!; **it's ~ here** aquí se está bien; **it's ~ to stay at home** da gusto quedarse en casa; **to have a ~ time** pasarlo bien; **it smells ~** huele bien; **it doesn't taste at all ~** no sabe nada bueno.
(**d**) (*things, person: refined*) fino/a, educado/a; **he has ~ manners** es muy educado; **that's not ~** eso no está bien *or* no se hace.
(**e**) (*intensive*) bien, bastante; ~ **and early** bien temprano; **it's ~ and warm here** aquí hace un calor muy agradable; **a ~ cold drink** una bebida bien fría.
(**f**) (*subtle: distinction*) fino/a, sutil; **he has a ~ ear** tiene un oído fino.
(**g**) (*iro*) bonito/a, menudo/a; **that's a ~ thing to say!** ¡qué cosas más bonitas dices!, eres muy amable diciendo; **a ~ mess!** ¡menudo lío!
nice-looking [ˈnaɪsˈlʊkɪŋ] *adj* guapo/a, mono/a, lindo/a *(LAm)*.
nicely [ˈnaɪslɪ] *adv* (*kindly*) amablemente; (*of health etc*) bien; **she dresses ~** se viste de muy buen gusto; **that will do ~** perfecto, así está bien; **he's doing very ~ (for himself)** le van bien las cosas; (*pej*) se está forrando; **he's getting on ~** hace buenos progresos.
nicety [ˈnaɪsɪtɪ] *n* sutileza *f*; **niceties** detalles *mpl*; **to judge sth to a ~** juzgar algo con precisión *or* al detalle.
niche [ni:ʃ] *n* (*Archit*) nicho *m*, hornacina *f*; (*fig*) hueco *m*; **to find a ~ for o.s.** encontrarse una buena posición.
Nick [nɪk] *n*: **Old ~** Patillas *m*.
nick [nɪk] **1** *n* (**a**) (*cut*) muesca *f*; (*crack*) hendedura *f*; (*scratch*) rasguño *m*. (**b**) (*Brit fam: prison*) jaula *f*. (**c**) **in the ~ of time** justo a tiempo. (**d**) **in good ~** (*fam*) en buenas condiciones. **2** *vt* (**a**) (*cut*) cortar, hacer muescas en; (*scratch*) rasguñar. (**b**) (*fam: steal*) birlar *(fam)*; (*: arrest*) trincar *(fam)*; **you're ~ed!** ¡queda Vd detenido!
nickel [ˈnɪkl] *n* (*metal*) níquel *m*; (*US*) moneda *f* de 5 centavos.
nickel-plated [ˈnɪklˈpleɪtɪd] *adj* niquelado/a.
nickname [ˈnɪkneɪm] **1** *n* apodo *m*, mote *m*. **2** *vt* apodar, dar el apodo de.
Nicosia [ˌnɪkəʊˈsi:ə] *n* Nicosia *f*.
nicotine [ˈnɪkəti:n] *n* nicotina *f*.
niece [ni:s] *n* sobrina *f*.
nifty [ˈnɪftɪ] (*fam*) *adj* (*comp* **-ier**; *superl* **-iest**) (*car, jacket*) elegante, chulo/a *(fam)*; (*action, gadget*) ingenioso/a.
Niger [ˈnaɪdʒəʳ] *n* (*country, river*) Níger *m*.
Nigeria [naɪˈdʒɪərɪə] *n* Nigeria *f*.
Nigerian [naɪˈdʒɪərɪən] **1** *adj* nigeriano/a. **2** *n* nigeriano/a *m/f*.
niggardly [ˈnɪgədlɪ] *adj* (*person*) tacaño/a, avariento/a; (*allowance etc*) miserable.
nigger [ˈnɪgəʳ] *n* (*pej fam!*) negro/a *m/f*.
niggle [ˈnɪgl] **1** *vi* quejarse. **2** *vt* preocupar.
niggling [ˈnɪglɪŋ] *adj* (*detail*) insignificante; (*doubt*) constante; (*person*) quisquilloso/a, meticuloso/a.
night [naɪt] **1** *n* noche *f*; **good ~!** ¡buenas noches!; **last ~** anoche; **first ~** (*Theat*) estreno *m*; **last ~** (*Theat*) última representación *f*; **tomorrow ~** mañana por la noche; **the ~ before last** anteanoche; **at ~** por la noche, de noche; **Monday ~** el lunes por la noche; **11 o'clock at ~** las 11 de la noche; **in the ~** durante la noche; **to have an early ~** acostarse temprano; **to have a late ~** acostarse muy tarde; **to have a ~ out** salir de juerga *or* parranda *or (CSur)* farra; **to make a ~ of it** estar de juerga hasta muy entrada la noche; **to spend the ~** pasar la noche; **to stay up late at ~** trasnochar; **to work ~s** trabajar de noche.
2 *cpd* de noche, nocturno/a; ~ **bird** *n* (*fig*) trasnochador(a) *m/f*; ~ **school** *n* escuela *f* nocturna; ~ **shift** *n* turno *m* nocturno *or* de noche; ~ **watchman** *n* sereno *m*, vigilante *m* nocturno, guachimán *m (LAm)*.
nightcap [ˈnaɪtkæp] *n* gorro *m* de dormir; (*drink*) bebida *f* que se toma antes de acostarse.
nightclothes [ˈnaɪtˌkləʊðz] *n* ropa *fsg* de dormir.
nightclub [ˈnaɪtklʌb] *n* club *m* nocturno.
nightdress [ˈnaɪtdres] *n* camisón *m* de noche.
nightfall [ˈnaɪtfɔ:l] *n* anochecer *m*.
nightgown [ˈnaɪtgaʊn] *n* camisón *m* de noche.
nightie [ˈnaɪtɪ] (*fam*) *n* = **nightgown**.
nightingale [ˈnaɪtɪŋgeɪl] *n* ruiseñor *m*.
nightlife [ˈnaɪtlaɪf] *n* vida *f* nocturna.
nightly [ˈnaɪtlɪ] **1** *adv* todas las noches. **2** *adj* de todas las noches.
nightmare [ˈnaɪtmɛəʳ] *n* pesadilla *f*.
night-night [ˈnaɪtˌnaɪt] *n* (*fam: goodnight*) buenas noches *fpl*.
nightshirt [ˈnaɪtʃɜ:t] *n* camisa *f* de dormir.
nightspot [ˈnaɪtˌspɒt] *n* lugar *m* de diversión nocturna, club *m* nocturno.
nightstick [ˈnaɪtstɪk] *n* (*US*) porra *f* (de policía).
night-time [ˈnaɪttaɪm] *n* noche *f*; **at ~** por la noche, de noche.
nihilism [ˈnaɪlɪzəm] *n* nihilismo *m*.
nil [nɪl] **1** *n* (*nothing*) nada *f*; (*Sport*) cero *m*. **2** *adj* nulo/a; ~ **balance** (*Fin*) balance *m* nulo.
Nile [naɪl] *n* Nilo *m*.
nimble [ˈnɪmbl] *adj* (*comp* ~**r**; *superl* ~**st**) (*in moving*) ágil, ligero/a; (*in wit*) ingenioso/a.
NIMBY [ˈnɪmbɪ] *n abbr of* **not in my backyard** *'no al lado de mi casa' (campaña contra el depósito de residuos tóxicos, etc, en la vecindad)*.
nine [naɪn] **1** *adj* nueve; **~-to-five job** trabajo *m* de nueve a cinco; ~ **times out of ten** en el noventa por ciento de los casos. **2** *n* nueve *m*; **dressed up to the ~s** (*Brit fam*) de punta en blanco; *see* **five** *for usage*.
nineteen [ˈnaɪnˈti:n] **1** *adj* diecinueve, diez y nueve. **2** *n* diecinueve *m*, diez y nueve *m*; **to talk ~ to the dozen** (*fam*) hablar por los codos; *see* **five** *for usage*.
nineteenth [ˈnaɪnˈti:nθ] *adj* decimonoveno/a, decimonono/a; **the ~ century** el siglo diecinueve; *see* **fifth** *for usage*.
ninetieth [ˈnaɪntɪɪθ] *adj* nonagésimo/a; *see* **fifth** *for usage*.
ninety [ˈnaɪntɪ] **1** *adj* noventa. **2** *n* noventa *m*; *see* **five** *for usage*.

ninth [naɪnθ] *adj* noveno/a, nono/a; *see* **fifth** *for usage.*

Nip [nɪp] *n (fam, pej)* japonés/esa *m/f*.

nip[1] [nɪp] **1** *n (pinch)* pellizco *m*; *(bite)* mordisco *m*; **there's a ~ in the air** hace fresco. **2** *vt (pinch)* pellizcar, pinchar; *(bite)* mordiscar, mordisquear; *(also ~* **off**: *flowers, buds)* cortar; **to ~ sth in the bud** *(fig)* cortar algo de raíz. **3** *(Brit fam) vi*; **to ~ inside** entrar un momento; **to ~ off/out/down** irse/salir/bajar un momento; **I ~ped round to the shop** fui a la tienda en una escapadita.

nip[2] [nɪp] *n (of drink)* trago *m*.

nipper ['nɪpəʳ] *n (Brit fam)* chiquillo/a *m/f*.

nipple ['nɪpl] *n (Anat)* pezón *m*; *(on baby's bottle)* tetina *f*.

nippy ['nɪpɪ] *adj (comp* **-ier**; *superl* **-iest**) *(fam)* **(a)** *(person)* ágil; *(car)* rápido/a; **to be ~ about it** menearse, moverse *(LAm)*. **(b)** *(weather)* fresquito/a.

NIREX ['naɪrɛks] *n abbr (Brit) of* **Nuclear Industry Radioactive Waste Executive.**

nit [nɪt] *n (Zool)* liendre *f*; *(fam)* imbécil *mf*, baboso/a *m/f (LAm)*.

nitpick ['nɪt,pɪk] *vi (fam pej)* buscar los fallos a algo *(fam)*.

nit-picker ['nɪt,pɪkəʳ] *n (fam)* criticón/ona *m/f*.

nitrate ['naɪtreɪt] *n* nitrato *m*.

nitric ['naɪtrɪk] *adj*: **~ acid** ácido *m* nítrico.

nitrogen ['naɪtrədʒən] **1** *n* nitrógeno *m*. **2** *cpd*: **~ dioxide** *n* dióxido *m* de nitrógeno.

nitroglycerin(e) ['naɪtrəʊ'glɪsəriːn] *n* nitroglicerina *f*.

nitty-gritty [,nɪtɪgrɪtɪ] *n*: **to get down to the ~** ir al grano.

nitwit ['nɪtwɪt] *n (fam)* imbécil *mf*, bruto/a *m/f (LAm)*.

NJ *abbr (US Post) of* **New Jersey**.

NLF *n abbr of* **National Liberation Front.**

NLQ *n abbr (Comput) of* **near letter quality** cualidad *f* casi de correspondencia.

NLRB *n abbr (US) of* **National Labor Relations Board**.

NM *abbr (US Post) of* **New Mexico**.

N. Mex. *abbr (US) of* **New Mexico**.

NNE *abbr of* **north-north-east** NNE.

NNW *abbr of* **north-north-west** NNO.

no [nəʊ] **1** *adv* **(a)** *(answer)* no.

(b) *(emphatic)* no.

(c) *(in comparisons)* **I am ~ taller than you** yo no soy más alto que tú.

2 *adj* **(a)** *(not any)* ningún/una; **there is ~ coffee left** no queda café; **there are ~ trains after midnight** no hay trenes después de medianoche; **they've got ~ friends in London** no tienen ningún conocido en Londres; **I have ~ money/furniture** *etc* no tengo dinero/muebles *etc*; **~ two of them are alike** no hay dos iguales; **it's ~ trouble** no es molestia; **it's ~ use** *or* **good** es inútil; **'~ admittance', '~ entry'** 'se prohíbe la entrada'; **'~ parking'** 'no aparcar *or (esp LAm)* estacionarse'; **'~ smoking'** 'prohibido fumar'; **we'll be there in ~ time** llegamos en un dos por tres, no tardamos nada; **details of little or ~ interest** detalles *mpl* sin interés.

(b) *(quite other than)* **he's ~ friend of mine** no es precisamente amigo mío; **he's ~ fool** no es tonto, ni mucho menos.

(c) there's ~ denying it es imposible negarlo; **there's ~ getting out of it** no hay posibilidad de evitarlo; **there's ~ pleasing him** es imposible contentarle; *see* **doubt**; **end 1(b), (d)**; **joke** *etc*.

3 *n (pl* **~es**) **(a)** *(refusal)* no *m*; **I won't take ~ for an answer** no acepto un no por respuesta.

(b) *(Pol)* voto *m* en contra; **the ~es have it** se ha rechazado la moción.

No., no. *abbr of* **number** núm; **we live at No. 5** vivimos en el (número) 5.

Noah ['nəʊə] *n*: **~'s ark** arca *f* de Noé.

nobble ['nɒbl] *(Brit fam) vt (person: waylay)* pescar; *(corrupt)* comprar; *(horse)* narcotizar, drogar.

Nobel prize [nəʊ,bel'praɪz, nəʊbel'praɪz] *n* Premio *m* Nobel.

nobility [nəʊ'bɪlɪtɪ] *n* nobleza *f*.

noble ['nəʊbl] **1** *adj (comp* **~r**; *superl* **~st**) *(by birth)* noble; *(generous, praiseworthy)* magnánimo/a, generoso/a. **2** *n* noble *mf*.

nobleman ['nəʊblmən] *n (pl* **-men**) noble *m*.

noblewoman ['nəʊblwʊmən] *n (pl* **-women**) noble *f*.

nobly ['nəʊblɪ] *adv (fig)* con generosidad.

nobody ['nəʊbədɪ] **1** *pron* nadie; **~ spoke** nadie habló, no habló nadie; **~ has more right to it than she has** nadie tiene más derecho que ella. **2** *n*: **a mere ~** un don nadie.

no-claim(s) bonus [,nəʊ'kleɪm(z),bəʊnəs], *(US)* **no-claims discount** [,nəʊ'kleɪmz,dɪskaʊnt] *n* bonificación *f* por carencia de reclamaciones.

nocturnal [nɒk'tɜːnl] *adj* nocturno/a.

nocturne ['nɒktɜːn] *n (Mus)* nocturno *m*.

nod [nɒd] **1** *n* inclinación *f* de la cabeza; *(answering yes)* **he gave a ~** asintió con la cabeza. **2** *vt (head)* inclinar; **he ~ded a greeting** saludó con una inclinación de cabeza. **3** *vi* inclinar la cabeza; *(say yes)* asentir con la cabeza.

► **nod off** *vi + adv* dormirse, dar cabezadas.

nodule ['nɒdjuːl] *n* nódulo *m*.

no-fault ['nəʊ'fɔːlt] *adj*: **~ agreement** acuerdo *m* de pago respectivo; **~ divorce** divorcio *m* en el que no se culpa a ninguno de los esposos; **~ insurance** seguro *m* en el que no entra el factor de culpabilidad.

no-go [,nəʊ'gəʊ] *adj*: **~ area** *(Brit)* zona *f* prohibida.

no-growth ['nəʊ'grəʊθ] *adj*: **~ economy** economía *f* sin crecimiento.

noise [nɔɪz] **1** *n (loud)* ruido *m*; *(soft)* sonido *m*; *(din)* escándalo *m*; **to make a ~** *(lit)* hacer ruido; *(fig fam)* protestar, levantar protesta; **to make ~s about** dejar oír sus protestas; **they made a (lot of) ~ about it** protestaron (mucho) por ello; **the minister is making all the right ~s** el ministro se muestra francamente favorable; **big ~** *(fam: person)* pez *m* gordo. **2** *cpd*: **~ pollution** *n* contaminación *f* auditiva.

noiseless ['nɔɪzlɪs] *adj* silencioso/a, sin ruido.

noisemaker ['nɔɪz,meɪkəʳ] *n (US)* matraca *f*.

noisily ['nɔɪzɪlɪ] *adv* ruidosamente.

noisy ['nɔɪzɪ] *adj (comp* **-ier**; *superl* **-iest**) *(meeting etc)* ruidoso/a; *(child etc)* escandaloso/a.

nomad ['nəʊmæd] *n* nómada *mf*.

nomadic [nəʊ'mædɪk] *adj* nómada.

no-man's land ['nəʊmænzlænd] *n* tierra *f* de nadie.

nom de plume ['nɒmdə'pluːm] *n* seudónimo *m*.

nomenclature [nəʊ'menklətʃəʳ] *n* nomenclatura *f*.

nominal ['nɒmɪnl] *adj* nominal; *(rule)* solamente de nombre; **~ value** valor *m* nominal; **~ wage** salario *m* nominal.

nominally ['nɒmɪnəlɪ] *adv* sólo de nombre.

nominate ['nɒmɪneɪt] *vt (propose)* proponer; *(appoint)* nombrar; **to ~ sb as chairman** presentar a algn como candidato a la presidencia; **to ~ sb for a job** nombrar a algn para un cargo.

nomination [,nɒmɪ'neɪʃən] *n (proposal)* propuesta *f*; *(appointment)* nombramiento *m*.

nominative ['nɒmɪnətɪv] **1** *adj (Ling)* nominativo/a. **2** *n* nominativo *m*.

nominee [,nɒmɪ'niː] *n* candidato *m*.

non- [nɒn] *pref* no..., des..., in....

non-acceptance ['nɒnək'septəns] *n* rechazo *m*.

non-achiever ['nɒnə'tʃiːvəʳ] *n* persona *f* que no alcanza lo que se espera de ella.

non-addictive ['nɒnə'dɪktɪv] *adj* que no crea dependencia.

non-alcoholic ['nɒnælkə'hɒlɪk] *adj* no alcohólico/a; **~ drink** refresco *m*.

non-aligned ['nɒnə'laɪnd] *adj (country)* no alineado/a.

non-arrival ['nɒnə'raɪvəl] *n* ausencia *f*; **the ~ of the mail** el hecho de no haber llegado el correo.

non-attendance ['nɒnə'tendəns] *n* ausencia *f*, no asistencia *f*.

non-availability ['nɒnə,veɪlə'bɪlɪtɪ] *n* no disponibilidad *f*.

non-believer [ˈnɒnbɪˈliːvəʳ] *n* no creyente *mf.*
nonchalance [ˈnɒnʃələns] *n* indiferencia *f.*
nonchalant [ˈnɒnʃələnt] *adj* indiferente; **to be ~ about sth** no prestar atención a algo.
non-Christian [ˌnɒnˈkrɪstɪən] **1** *adj* no cristiano/a. **2** *n* no cristiano/a *m/f.*
non-combatant [ˈnɒnˈkɒmbətənt] *n* no combatiente *mf.*
non-combustible [ˈnɒnkəmˈbʌstɪbl] *adj* incombustible.
non-commissioned [ˈnɒnkəˈmɪʃənd] *adj*: **~ officer** suboficial *mf.*
non-committal [ˈnɒnkəˈmɪtl] *adj* (*statement, person*) evasivo/a, que no se compromete.
non-compliance [ˈnɒnkəmˈplaɪəns] *n* incumplimiento *m* (*with* de).
nonconformist [ˈnɒnkənˈfɔːmɪst] **1** *adj* inconformista. **2** *n* inconformista *mf*; **N~** (*Brit Rel*) no conformista *mf.*
nonconformity [ˈnɒnkənˈfɔːmɪtɪ] *n* no conformidad *f.*
non-contagious [ˈnɒnkənˈteɪdʒəs] *adj* no contagioso/a.
non-contributory [ˌnɒnkənˈtrɪbjʊtərɪ] *adj*: **~ pension scheme** sistema *m* de pensión no contributiva.
non-convertible [ˈnɒnkənˈvɜːtɪbl] *adj* (*currency*) no convertible.
non-cooperation [ˈnɒnkəʊˌɒpəˈreɪʃən] *n* (*Pol*) no cooperación *f.*
nondescript [ˈnɒndɪskrɪpt] *adj* (*person, clothes etc*) soso/a, mediocre, anodino/a; (*colour*) apagado/a.
non-drinker [ˈnɒnˈdrɪŋkəʳ] *n* no bebedor(a) *m/f.*
none [nʌn] **1** *pron* (*person*) nadie, ninguno/a; (*thing*) nada, ninguno/a; **~ of them** ninguno de ellos; **we have ~ of your books** no tenemos ningún libro tuyo; **~ of this is true** nada de eso es verdad; **any news? — ~!** ¿alguna noticia? — ¡nada!; **there are ~ left** no queda ninguno; **~ of that!** ¡vale ya!; **he would have ~ of it** no quería saber nada (de eso).

2 *adv* de ningún modo, de ninguna manera, nada; **I was ~ too comfortable** no me sentía nada cómodo; **it was ~ too soon** ya era hora; **it's/he's ~ the worse for that** no está peor por ello, no (le) ha pasado nada.
nonentity [nɒˈnentɪtɪ] *n* (*person*) nulidad *f*, cero *m* a la izquierda.
non-essential [ˈnɒnɪˈsenʃəl] **1** *adj* no esencial. **2** *n* cosa *f* secundaria *or* sin importancia.
nonetheless [ˌnʌnðəˈles] *adv* sin embargo, aún así.
non-event [ˌnɒnɪˈvent] *n* acontecimiento *m* fallido; **it was a ~** no pasó estrictamente nada.
non-executive [ˌnɒnɪgˈzekjʊtɪv] *adj*: **~ director** vocal *mf.*
non-existence [ˈnɒnɪgˈzɪstəns] *n* inexistencia *f.*
non-existent [ˈnɒnɪgˈzɪstənt] *adj* inexistente.
non-fattening [ˌnɒnˈfætnɪŋ] *adj* que no engorda.
non-fiction [ˈnɒnˈfɪkʃən] *n* literatura *f* no novelesca.
non-flammable [ˈnɒnˈflæməbl] *adj* ininflamable.
non-infectious [ˈnɒnˌɪnˈfekʃəs] *adj* no infeccioso/a.
non-intervention [ˈnɒnˌɪntəˈvenʃən] *n* no intervención *f.*
non-iron [ˈnɒnˈaɪən] *adj* que no necesita plancha.
non-member [ˈnɒnˌmembəʳ] *n* no miembro *m.*
non-nuclear [ˈnɒnˈnjuːklɪəʳ] *adj* (*defence, policy*) no nuclear; (*area*) desnuclearizado.
no-no [ˈnəʊnəʊ] (*US fam*) *n*: **it's a ~** (*lie*) es mentira; (*not an option*) no existe tal posibilidad.
non. obst. *abbr of* **non obstante, notwithstanding.**
non-operational [ˈnɒnˌɒpəˈreɪʃənl] *adj* que no funciona.
nonpartisan [ˈnɒnˌpɑːtɪˈzæn] *adj* independiente.
non-party [ˈnɒnˈpɑːtɪ] *adj* (*Pol*) independiente.
non-paying [ˈnɒnˈpeɪɪŋ] *adj* (*member*) que no paga.
non-payment [ˈnɒnˈpeɪmənt] *n* falta *f* de pago; **sued for ~ of debts** demandado por no pagar sus deudas.
nonplus [ˈnɒnˈplʌs] (*pt, pp* **~sed**) *vt* dejar perplejo.
non-practising [ˈnɒnˈpræktɪsɪŋ] *adj* no practicante.
non-productive [ˌnɒnprəˈdʌktɪv] *adj* improductivo/a.
non-profit-making [ˈnɒnˈprɒfɪtmeɪkɪŋ], **nonprofit** (*US*) [ˌnɒnˈprɒfɪt] *adj* no lucrativo/a.
non-recurring [ˈnɒnrɪˈkɜːrɪŋ] *adj* que no se repite.
non-resident [ˈnɒnˈrezɪdənt] *n* (*of hotel etc*) no residente *mf*; (*of country etc*) transeúnte *mf.*
non-returnable [ˌnɒnrɪˈtɜːnəbl] *adj*: **~ bottle** envase *m* sin vuelta; **~ deposit** depósito *m* sin devolución.
nonsense [ˈnɒnsəns] *n* tonterías *fpl*, disparates *mpl*, babosadas *fpl (LAm)*; **(what) ~!** ¡qué tonterías!; **it is ~ to say that ...** es absurdo decir que ...; **to talk ~** decir tonterías; **to make (a) ~ of sth** (*become ridiculous*) dejar algo en ridículo; (*become a waste of time*) quitar sentido a algo; **to stand no ~** no aguantar tonterías.
nonsensical [nɒnˈsensɪkəl] *adj* absurdo/a.
non seq. *abbr of* **non sequitur.**
non sequitur [ˌnɒnˈsekwɪtəʳ] *n* incongruencia *f.*
non-sexist [ˈnɒnˈseksɪst] *adj* no sexista.
non-shrink [ˈnɒnˈʃrɪŋk] *adj* que no encoge.
non-smoker [ˈnɒnˈsməʊkəʳ] *n* no fumador(a) *m/f.*
non-smoking [ˈnɒnˈsməʊkɪŋ] *adj* no fumador(a).
non-starter [ˌnɒnˈstɑːtəʳ] *n*: **that idea is a ~** esa idea es imposible.
non-stick [ˌnɒnˈstɪk] *adj* (*pan*) antiadherente, que no se pega.
non-stop [ˈnɒnˈstɒp] **1** *adv* (*without a pause*) sin cesar *or* parar; (*Ferro*) sin hacer paradas; (*Aer*) sin hacer escalas. **2** *adj* (*without a pause*) continuo/a; (*flight etc*) directo/a.
non-taxable [ˈnɒnˈtæksəbl] *adj* no sujeto/a a impuestos; **~ income** ingresos *mpl* exentos de impuestos.
non-teaching [ˈnɒnˈtiːtʃɪŋ] *adj* (*staff*) no docente.
non-transferable [ˈnɒntrænsˈfɜːrəbl] *adj* intransferible.
non-U [ˌnɒnˈjuː] *adj abbr* (*Brit fam*) *of* **non-upper class** que no pertenece a la clase alta.
non-violent [ˈnɒnˈvaɪələnt] *adj* no violento/a.
non-volatile [ˌnɒnˈvɒlətaɪl] *adj*: **~ memory** (*Comput*) memoria *f* permanente.
non-voting [ˌnɒnˈvəʊtɪŋ] *adj*: **~ shares** (*Comm*) acciones *fpl* sin derecho a votar.
noodles [ˈnuːdlz] *npl* fideos *mpl*, tallarines *mpl.*
nook [nʊk] *n* rincón *m*, nicho *m*; **we looked in every ~ and cranny** buscamos en todos los sitios.
nookie [ˈnʊkɪ] *n*: **to have ~** (*fam!*) mojar (*fam!*); **to want ~** querer mojar (*fam!*).
noon [nuːn] *n* mediodía *m.*
no-one [ˈnəʊwʌn] *pron* = **nobody.**
noose [nuːs] *n* (*loop*) nudo *m* corredizo; (*for animal: as trap*) lazo *m*; (*of hangman*) soga *f*; **to put one's head in the ~** (*fig*) estar con la soga al cuello.
nope [nəʊp] *interj* (*esp US fam*) no.
nor [nɔːʳ] *conj* ni; **neither A ~ B** ni A ni B; **~ do I** ni yo tampoco; **I don't know, ~ can I guess** no *or* ni lo sé, ni tampoco puedo adivinar; **~ was this all** y esto no fue todo.
Norf *abbr* (*Brit*) *of* **Norfolk.**
norm [nɔːm] *n* norma *f*, modelo *m*; **larger than the ~** más grande que lo normal.
normal [ˈnɔːməl] **1** *adj* normal; **the child is not ~** el niño es anormal; **it is perfectly ~ to be lefthanded** es de lo más natural *or* no hay nada raro en ser zurdo. **2** *n*: **to return to ~** volver a la normalidad; **above/below ~** por encima de/por debajo de lo normal.
normality [nɔːˈmælɪtɪ] *n* normalidad *f.*
normalize [ˈnɔːməlaɪz] *vt* normalizar.
normally [ˈnɔːməlɪ] *adv* normalmente; **he ~ arrives at 7 o'clock** suele llegar a las 7.
Norman [ˈnɔːmən] *adj* normando/a; **the ~ Conquest** la conquista de los normandos.
Normandy [ˈnɔːməndɪ] *n* Normandía *f.*
Norse [nɔːs] *adj* nórdico/a.
Norseman [ˈnɔːsmən] *n* (*pl* **-men**) vikingo *m.*
north [nɔːθ] **1** *n* norte *m*; **to live in the ~** vivir en el norte;

N~ and South (*Pol*) el Norte y el Sur. **2** *adj* del norte, norteño/a; **N~ America** Norteamérica *f*, América *f* del Norte; **N~ American** (*adj*) norteamericano/a; (*n*) norteamericano/a *m/f*; **N~ Atlantic Treaty Organization** Organización *f* del Tratado del Atlántico Norte; **N~ Pole** Polo *m* Norte; **N~ Sea** Mar *m* del Norte; **N~ Sea gas** gas *m* del Mar del Norte; **N~ Sea oil** petróleo *m* del Mar del Norte. **3** *adv* hacia el norte, al norte.

Northants [nɔː'θænts] *abbr* (*Brit*) *of* **Northamptonshire**.

northbound ['nɔːθbaʊnd] *adj* (*traffic*) que se dirige al norte; (*carriageway*) de dirección norte.

Northd *abbr* (*Brit*) *of* **Northumberland**.

north-east ['nɔːθ'iːst] **1** *n* nor(d)este *m*. **2** *adj* del nor(d)este.

north-easterly ['nɔːθ'iːstəlɪ] *adj* del nor(d)este.

north-eastern ['nɔːθ'iːstən] *adj* nor(d)este.

northerly ['nɔːðəlɪ] *adj* (*gen*) norte; (*from the north*) del norte; **the most ~ point in Europe** el punto más al norte de Europa.

northern ['nɔːðən] *adj* del norte, norteño/a; **N~ Ireland** Irlanda *f* del Norte; **~ lights** aurora *fsg* boreal.

northerner ['nɔːðənəʳ] *n* norteño/a *m/f*.

northernmost ['nɔːðənməʊst] *adj* más septentrional; **the ~ town in Europe** la ciudad más al norte de Europa.

north-facing ['nɔːθˌfeɪsɪŋ] *adj* con cara al norte, orientado hacia el norte; **~ slope** vertiente *f* norte.

northward(s) ['nɔːθwəd(z)] *adv* hacia el norte.

north-west ['nɔːθ'west] **1** *n* noroeste *m*. **2** *adj* del noroeste.

north-westerly ['nɔːθ'westəlɪ] *adj* del noroeste.

north-western ['nɔːθ'westən] *adj* noroeste.

Norway ['nɔːweɪ] *n* Noruega *f*.

Norwegian [nɔː'wiːdʒən] **1** *adj* noruego/a. **2** *n* noruego/a *m/f*; (*Ling*) noruego *m*.

Nos., nos. *abbr of* **numbers** núms.

no-score ['nəʊˌskɔːʳ] *adj*: **~ draw** empate *m* a cero.

nose [nəʊz] **1** *n* (*Anat*) nariz *f*; (*of animal*) hocico *m*; (*sense of smell*) olfato *m*; (*Aer*) morro *m*, nariz; (*Naut*) proa *f*; **it's right under your ~** lo estás mirando *or* (*esp LAm*) viendo; **to blow one's ~** sonarse (la nariz); **to cut off one's ~ to spite one's face** ir contra uno mismo; **to follow one's ~** (*go straight*) seguir todo derecho; (*by instinct*) dejarse guiar por el instinto; **he gets up my ~** (*fam*) me hace subir por las paredes (*fam*); **to have a (good) ~ for** (*fig: flair*) tener buen olfato para; **to keep one's ~ clean** (*fig*) mantener la reputación; **to keep one's ~ out of sth** no entrometerse en algo; **to look down one's ~ at sth/sb** (*fam*) mirar algo/a algn con desprecio; **to pay through the ~ (for sth)** (*fam*) pagar un dineral (por algo); **to poke** *or* **stick one's ~ into sth** (*fam*) meter la nariz en algo, meterse en algo; **to rub sb's ~ in sth** refregar una cosa por las narices de algn; **to turn up one's ~ at sth** (*fam*) despreciar algo; *see* **grindstone**; **joint 2 (c)**.

2 *vi* (*also* **~ one's way**) avanzar con cuidado.

3 *cpd*: **~ drops** *npl* gotas *fpl* para la nariz.

► **nose about, nose around 1** *vi* + *adv* curiosear. **2** *vi* + *prep* curiosear por.

nosebag ['nəʊzbæg] *n* morral *m*.

nosebleed ['nəʊzbliːd] *n* hemorragia *f* nasal.

-nosed [nəʊzd] *adj suf* de nariz ...; **Roman/snub~** *etc* de nariz aguileña/chata *etc*.

nose-dive ['nəʊzdaɪv] **1** *n* (*Aer*) picado *m* vertical; (*fig*) caída *f* súbita. **2** *vi* (*see n*) descender en picado; precipitarse (hacia abajo).

nos(e)y ['nəʊzɪ] *adj* (*comp* **-ier**; *superl* **-iest**) (*fam*) entrometido/a.

nos(e)y-parker ['nəʊzɪ'pɑːkəʳ] *n* (*Brit fam*) entrometido/a *m/f*, mefomentodo/a *m/f*.

nosh [nɒʃ] *n* (*Brit fam*) comida *f*, manduca *f* (*fam*); **a ~-up** una comilona.

nostalgia [nɒs'tældʒɪə] *n* nostalgia *f*, añoranza *f*.

nostalgic [nɒs'tældʒɪk] *adj* nostálgico/a.

nostril ['nɒstrɪl] *n* (*Anat*) ventana *f* de la nariz; (*of horse*) ollar *m*.

not [nɒt] *adv* **(a)** (*with vb*) no; **he is ~ here** no está aquí; **it's too late, is it ~** *or* **isn't it?** es demasiado tarde, ¿no?; **you owe me money, do you ~** *or* **don't you?** me debes dinero, ¿verdad? *or* (*esp LAm*) ¿no es cierto?; **she will ~** *or* **won't go** (*future*) ella no irá; **he asked me ~ to do it** me pidió que no lo hiciera.

(b) whether you go or ~ si vas o no vas, tanto si vas como si no; **~ that I don't like him** no es que no me guste; **big, ~ to say enormous** grande, por no decir enorme; **why ~?** ¿por qué no?; **I hope/think ~** espero/creo que no.

(c) certainly ~! ¡en absoluto!; **of course ~!** ¡claro que no!; **~ for anything (in the world)** por nada (del mundo); **~ likely!** ¡ni hablar!; **~ at all** no ... en absoluto; (*after thanks*) de nada, no hay de qué, por nada (*LAm*), no tiene *or* hay cuidado; **you don't mind? - ~ at all** ¿no te importa? - ¡en absoluto!; **he's ~ at all selfish** no es nada egoísta.

(d) (*with pronoun etc*) **~ one** ni uno; **~ me/you** *etc* yo/tú *etc* no; **~ everybody can do it** no lo sabe hacer cualquiera; **~ guilty** no culpable; **~ any more** ya no; **~ yet** todavía no; *see* **even 2**; **much 1(a)**; **only 2**.

notable ['nəʊtəbl] *adj* (*person*) destacado/a; **to be ~ for** distinguirse por; **it is ~ that ...** es de notar que ....

notably ['nəʊtəblɪ] *adv* (*noticeably*) sensiblemente; (*especially*) sobre todo.

notary ['nəʊtərɪ] *n* (*also* **~ public**) notario *m*.

notation [nəʊ'teɪʃən] *n* (*Math, Mus*) notación *f*.

notch [nɒtʃ] **1** *n* **(a)** (*cut*) corte *m*, muesca *f*. **(b)** (*US: mountain pass*) desfiladero *m*. **2** *vt* cortar, hacer una muesca en.

► **notch up** *vt* + *adv* apuntarse.

note [nəʊt] **1** *n* **(a)** (*Mus*) nota *f*; **to play/sing a false ~** una nota falsa cantando/tocando; **to strike the right/wrong ~** (*fig*) acertar/no acertar.

(b) (*tone, quality*) tono *m*; **with a ~ of anxiety in his voice** con un tono de inquietud en la voz.

(c) (*annotation*) apunte *m*, nota *f*; (*foot~*) nota (al pie de la página); **to take ~s** tomar apuntes; **to compare ~s** cambiar impresiones; **to make a ~ of sth** tomar nota de *or* anotar algo.

(d) (*letter etc*) nota *f*, carta *f*.

(e) (*Comm*) vale *m*; (*bank ~*) billete *m*; **a five-pound ~** un billete de cinco libras.

(f) (*eminence*) **of ~** conocido/a, destacado/a.

(g) (*notice*) **worthy of ~** digno/a de atención; **nothing of ~** nada de particular; **to take ~ of** prestar atención a.

2 *vt* **(a)** (*observe*) notar, observar; **your remarks have been ~d** hemos leído con atención sus observaciones.

(b) (*write down: also* **~ down**) apuntar, anotar.

notebook ['nəʊtbʊk] *n* cuaderno *m*, libreta *f*.

noted ['nəʊtɪd] *adj* famoso/a, célebre.

notepad ['nəʊtpæd] *n* (*Brit*) bloc *m*, libreta *f* para notas.

notepaper ['nəʊtˌpeɪpəʳ] *n* papel *m* para cartas *or* de carta.

noteworthy ['nəʊtˌwɜːðɪ] *adj* notable, digno/a de atención.

nothing ['nʌθɪŋ] **1** *n* **(a)** nada *f*; (*nought*) cero *m*; **to have ~ to do with ...** no tener nada que ver con ...; **I have ~ to give you** no tengo nada que darte; **~ else** nada más; **~ much** poco, no mucho; **~ but** solamente; **next to ~** casi nada; **there's ~ special about it** no tiene nada de particular; **there is ~ in the rumours** los rumores no tienen nada de verdad; **there's ~ in it for us** para nosotros no tiene interés; **there's ~ for it** no hay *or* nos queda otro remedio; **there's ~ to it!** ¡es muy fácil!; **it's ~ more than a rumour** es simplemente un rumor; **she is ~ to him** ella le es indiferente; **to have ~ on** (*naked*) estar desnudo *or* en cueros, estar encuerado (*LAm*) *or* calato (*Per*); (*not busy*) estar libre; **he is ~ if not careful** es de lo más cauteloso.

(**b**) **for** ~ (*free*) gratis; (*unpaid*) sin sueldo; (*in vain*) en vano, en balde; **to get sth for** ~ obtener algo gratis.

(**c**) **to build up a business from** ~ crear un negocio de la nada; **to come to** ~ fracasar, venirse abajo; **to say** ~ **of** ... por no hablar de ...; **to think** ~ **of** tener en poco; **think** ~ **of it!** ¡no hay de qué!, ¡no tiene cuidado! *(LAm)*; **to make** ~ **of sth** no entender nada de algo; **to stop at** ~ no pararse en barras; **to stop at** ~ **to do** emplear sin escrúpulo todos los medios para hacer.

(**d**) **a mere** ~ una nimiedad; **to whisper sweet** ~**s to sb** decir ternezas a los oídos de algn; *see* **do 2(a); kind 2; like 2(a); next 3(b)**.

2 *adv*: **it's** ~ **like him** el retrato no se le parece en nada; **it was** ~ **like as expensive as we thought** era mucho menos caro de lo que nos imaginábamos; *see* **less 2**.

nothingness [ˈnʌθɪŋnɪs] *n* (*non-existence*) nada *f*; (*emptiness*) vacío *m*.

notice [ˈnəʊtɪs] **1** *n* (**a**) (*intimation, warning*) aviso *m*; **at short** ~ a última hora, con poca antelación; **at a moment's** ~ en seguida, luego *(Mex)*, al tiro *(Chi)*; **until further** ~ hasta nuevo aviso; **without previous** ~ sin previo aviso; **to give sb a week's** ~ avisar a algn con una semana de anticipación; ~ **is hereby given that** ... se pone en conocimiento del público que ...; ~ **to quit** aviso *or* notificación de desalojo.

(**b**) (*order to leave job etc: by employer*) despido *m*; (*: by employee*) dimisión *f*, renuncia *f*; (*period*) plazo *m*; **to give sb** ~ despedir a algn; **to hand in one's** ~ dimitir, renunciar; **a week's wages in lieu of** ~ el salario de una semana como despido.

(**c**) (*announcement*) anuncio *m*; (*sign*) letrero *m*; (*poster*) cartel *m*; **the** ~ **says 'Keep out'** el letrero dice 'Prohibida la entrada'.

(**d**) (*review: of play, opera etc*) reseña *f*.

(**e**) (*attention*) atención *f*, interés *m*; **to bring a matter to sb's** ~ llamar la atención de algn sobre un asunto; **it has come to my** ~ **that** ... ha llegado a mi conocimiento que ...; **to escape** ~ pasar inadvertido; **to take** ~ **of sb** hacerle caso a algn; **to take no** ~ **of sb** no hacerle caso *or (esp LAm)* ignorar a algn; **to take** ~ **of sth** hacer caso de algo; **to take no** ~ **of sth** no hacer caso de *or (LAm)* ignorar algo; **I was not taking much** ~ **at the time** en ese momento estaba distraído *or* no estaba prestando atención; **to sit up and take** ~ aguzar las orejas.

2 *vt* (*perceive*) observar, notar, fijarse en; (*realize*) darse cuenta de; (*recognize*) reconocer; (*be aware of*) fijarse en, darse cuenta de; **I never** ~**d** no me había fijado.

3 *cpd*: ~ **board** *n* tablón *m* de anuncios.

noticeable [ˈnəʊtɪsəbl] *adj* (*perceptible*) evidente, obvio/a; (*considerable*) sensible, notable; **there has been a** ~ **increase in** ... ha habido un aumento notable en ....

notifiable [ˈnəʊtɪfaɪəbl] *adj* de declaración obligatoria.

notification [ˌnəʊtɪfɪˈkeɪʃən] *n* aviso *m*; (*announcement*) anuncio *m*.

notify [ˈnəʊtɪfaɪ] *vt* avisar; **to** ~ **sb of sth** comunicar algo a algn.

notion [ˈnəʊʃən] *n* (**a**) (*idea*) idea *f*; (*view*) opinión *f*, noción *f*; (*whim*) capricho *m*; **I have a** ~ **that** ... tengo la idea de que ...; **to have no** ~ **of** no tener ni idea de; **I haven't the slightest** ~ no tengo ni idea; **to have a** ~ **to do sth** estar inclinado a hacer algo. (**b**) ~**s** (*US*) (artículos *mpl* de) mercería *f*.

notoriety [ˌnəʊtəˈraɪətɪ] *n* notoriedad *f*, mala fama *f*.

notorious [nəʊˈtɔːrɪəs] *adj* notorio/a; ~ **for** conocido por; **a** ~ **crime** un crimen muy sonado.

notoriously [nəʊˈtɔːrɪəslɪ] *adj* notoriamente; **it is** ~ **difficult to find one** se sabe que es muy difícil encontrarlo; **he is** ~ **unreliable** tiene fama de informal.

Notts [nɒts] *abbr (Brit) of* **Nottinghamshire**.

notwithstanding [ˈnɒtwɪðˈstændɪŋ] **1** *prep* a pesar de, no obstante; **the weather** ~ a pesar del tiempo. **2** *adv* sin embargo, no obstante.

nougat [ˈnuːgɑː] *n* turrón *m*.

nought [nɔːt] *n (Math)* cero *m*; ~**s and crosses** *(Brit)* tres en raya.

noun [naʊn] *n (Ling)* nombre *m*, sustantivo *m*.

nourish [ˈnʌrɪʃ] *vt (lit)* alimentar, nutrir; *(fig)* fomentar, nutrir.

nourishing [ˈnʌrɪʃɪŋ] *adj* nutritivo/a, alimenticio/a.

nourishment [ˈnʌrɪʃmənt] *n* alimento *m*; **to derive** ~ **from** sustenarse de.

nouveau riche [ˈnuːvəʊˈriːʃ] *n* (*pl* **nouveaux riches** [ˈnuːvəʊriːʃ]) nuevo/a rico/a *m/f*.

nouvelle cuisine [ˈnuːvelkwiːˈziːn] *n* nueva cocina *f*.

Nov. *abbr of* **November** nov.

novel [ˈnɒvəl] **1** *adj* (*idea, suggestion, method*) novedoso/a, original. **2** *n* novela *f*.

novelist [ˈnɒvəlɪst] *n* novelista *mf*.

novelty [ˈnɒvəltɪ] *n* (*gen*) novedad *f*; **once the** ~ **has worn off** cuando pase la novedad.

November [nəʊˈvembəʳ] *n* noviembre *m*; *see* **July** *for usage*.

novice [ˈnɒvɪs] *n* principiante *mf*, novato/a *m/f*; (*Rel*) novicio/a *m/f*; **to be a** ~ **at a job** ser nuevo en un oficio.

NOW [naʊ] *n abbr* (*US*) *of* **National Organization for Women**.

now [naʊ] **1** *adv* (**a**) (*at this moment*) ahora, ya; (*these days*) hoy en día, actualmente, en la actualidad; (*in the past tense*) luego, entonces; **right** ~ (*emphatic*) ahora mismo, al tiro *(Chi)*; **even** ~ aun ahora; **they won't be long** ~ no tardarán en venir, al rato vienen *(Mex)*; **it's** ~ **or never** es ahora o nunca; **(every)** ~ **and again, (every)** ~ **and then** de vez en cuando, cada cuando *(LAm)*.

(**b**) (*with prep*) **before** ~ (*already*) antes, ya; **between** ~ **and next Tuesday** entre hoy y el martes que viene; **by** ~ ya; **by** ~ **everybody was tired** antes de eso todos se habían cansado; **(in) 3 weeks from** ~ de hoy en 3 semanas; **from** ~ **on** a partir de ahora; **from** ~ **until then** desde ahora hasta entonces; **until** ~, **up to** ~ hasta ahora; **as of** ~ a partir de ahora.

(**c**) (*without temporal force*) **well** ~ ahora bien, vamos a ver; ~ **then!** ¡a ver!; (*remonstrating*) ¡vamos ya!, ¡ya está bien!; *see* **just² (b), (j)**.

2 *conj*: ~ **(that)** ya que, ahora que; **take it,** ~ **that I've got 2** tómalo, pues tengo dos; ~ **as you know** ... pues como sabéis todos ...; ~ **for the matter of your expenses** y por lo que respecta a sus gastos.

nowadays [ˈnaʊədeɪz] *adv* hoy (en) día, actualmente, en la actualidad.

nowhere [ˈnəʊwɛəʳ] *adv* (*be*) en ninguna parte; (*go*) a ninguna parte; ~ **else** en/a ninguna otra parte; **you're going** ~ no vas a ninguna parte; ~ **in Europe** en ninguna parte de Europa; **we're getting** ~ no vamos a ninguna parte; **it's** ~ **near as good/big** no es tan bueno/grande ni con mucho; **from** ~ de la nada; **without me he would be** ~ sin mí no habría llegado a ninguna parte; **this is getting us** ~ así no se llega a ninguna parte; **I'm getting** ~ **with this analysis** no consigo hacer carrera con este análisis.

no-win [ˈnəʊˈwɪn] *adj*: **a** ~ **situation** una situación imposible.

nowise [ˈnəʊwaɪz] *adv* (*US*) de ninguna manera.

nowt [naʊt] *n (Brit dialectal)* = **nothing**.

noxious [ˈnɒkʃəs] *adj* nocivo/a.

nozzle [ˈnɒzl] *n* boquilla *f*.

NP *n abbr of* **notary public**.

n.p. *abbr of* **new paragraph**.

n.p. or d. *abbr (Typ) of* **no place or date** s.l. ni f.

nr *abbr of* **near**.

NRA *n abbr of* **National Rivers Authority**.

NS *abbr (Canada) of* **Nova Scotia**.

NSC *n abbr (US) of* **National Security Council**.

NSF *n abbr (US) of* **National Science Foundation**.

NSPCA *n abbr of* **National Society for the Prevention of**

Cruelty to Animals.

NSPCC *n abbr of* **National Society for the Prevention of Cruelty to Children.**

NSW *abbr of* **New South Wales.**

NT *n abbr* (**a**) *of* **New Testament.** (**b**) (*Brit*) *of* **National Trust.**

nth [enθ] *adj*: **to the ~ power** *or* **degree** a la enésima potencia; **for the ~ time** (*fam*) por enésima vez.

NUAAW *n abbr* (*Brit*) *of* **National Union of Agricultural and Allied Workers.**

nuance ['njuɑ̃ns] *n* matiz *m*.

NUBE *n abbr* (*Brit*) *of* **National Union of Bank Employees.**

nubile ['nju:baɪl] *adj* (*girl, woman*) núbil; (*hum*) joven y guapa.

nuclear ['nju:klɪəʳ] *adj* nuclear; **~ age** era *f* nuclear; **~ bomb** bomba *f* nuclear; **~ disarmament** el desarme nuclear; **~ energy** la energía nuclear; **~ power** fuerza *f* nuclear; **~ power station** central *f* nuclear; **~ reaction** reacción *f* nuclear; **~ reactor** reactor *m* nuclear; **~ waste** vertidos *mpl* nucleares; **~ weapon** arma *f* nuclear.

nucleus ['nju:klɪəs] *n* (*pl* **nuclei** ['nju:klɪaɪ]) núcleo *m*.

nude [nju:d] **1** *adj* desnudo/a. **2** *n* (*Art*) desnudo/a *m/f*; **in the ~** desnudo/a, en cueros, encuerado/a *(LAm fam)*, calato/a *(Per fam)*.

nudge [nʌdʒ] **1** *n* codazo *m*. **2** *vt* dar un codazo a.

nudist ['nju:dɪst] *n* (des)nudista *mf*; **~ colony** *or* **camp** colonia *f* de nudistas.

nudity ['nju:dɪtɪ] *n* desnudez *f*.

nugget ['nʌgɪt] *n* (*Min*) pepita *f*.

nuisance ['nju:sns] **1** *n* (**a**) (*state of affairs, thing*) molestia *f*, fastidio *m*, lata *f*; **what a ~!** ¡qué lata!; **it's a ~ having to shave** ¡qué lata tener que afeitarse! (**b**) (*person*) pesado/a *m/f*, latoso/a *m/f*; **you're being a ~** me estás dando la lata; **to make a ~ of o.s.** dar la lata, ponerse pesado. **2** *cpd*: **~ value** *n* valor *m* como irritante; **he's only of ~ value** soló vale para crear problemas.

NUJ *n abbr* (*Brit*) *of* **National Union of Journalists.**

null [nʌl] *adj*: **~ and void** (*Jur*) nulo y sin efecto.

nullify ['nʌlɪfaɪ] *vt* anular, invalidar.

NUM *n abbr* (*Brit*) *of* **National Union of Mineworkers.**

numb [nʌm] **1** *adj* entumecido/a; (*fig*) insensible, paralizado/a; **to go ~** entumecerse; **my leg has gone ~** se me ha dormido la pierna; **to be ~ with cold** estar entumecido de frío; **to be ~ with fright** estar paralizado de temor. **2** *vt* (*Med etc*) quitar la sensación a, adormecer; (*fig: grief, pain*) atenuar; **~ed with fear** paralizado de miedo.

number ['nʌmbəʳ] **1** *n* (**a**) (*Math*) número *m*; (*figure*) número, cifra *f*; **in round ~s** en números redondos; **a ~ of people** varias personas, cantidad *f* de gente; **in a small ~ of cases** en unos pocos casos; **on a ~ of occasions** en diferentes ocasiones; **any ~ of** montones de; **to be 8 in ~** ser 8; **to come in ~s** venir en tropel; **his ~ came up** su número salió premiado; **his ~ is up** (*fam*) todo se acabó para él.

(**b**) (*of house etc*) número *m*; **to look after N~ One** mirar por sí; **reference ~** número de referencia; **telephone ~** (número de) teléfono *m*; **you've got the wrong ~** (*Telec*) se ha equivocado de número; **N~ Ten** (*Brit Pol*) la casa del Primer Ministro; *see* **registration**.

(**c**) (*person*) **opposite ~** colega *mf*.

(**d**) (*issue*) número *m*.

(**e**) (*song, act etc*) número *m*; **and for my next ~ ...** ahora voy a cantar *etc* ....

2 *vt* (**a**) (*count, include*) contar; **to ~ sb among one's friends** contar a algn entre sus amigos; **his days are ~ed** tiene los días contados.

(**b**) (*amount to*) ascender a, sumar; **the library ~s 30,000 books** la biblioteca cuenta con 30,000 libros; **they ~ several hundreds** ascienden a *or* suman varios centenares.

(**c**) (*assign ~ to*) numerar, poner número a; **~ed account** cuenta *f* numerada.

3 *cpd*: **~ cruncher** *n* machacadora *f* de números; **~ crunching** *n* machaqueo *m* de números; **~ plate** *n* (*Brit Aut*) matrícula *f*, placa *f (esp LAm)*, chapa *f (CSur)* (de matrícula); **~s game,** (*US*) **~s racket** *n lotería clandestina*.

numberless ['nʌmbəlɪs] *adj* innumerable, sin número; **~ friends** un sinfín de amigos.

numbness ['nʌmnɪs] *n* (*lit*) entumecimiento *m*; (*fig*) insensibilidad *f*, parálisis *f*.

numeracy ['nju:mərəsɪ] *n* conocimiento *m* básico de aritmética.

numeral ['nju:mərəl] *n* número *m*.

numerate ['nju:mərɪt] *adj*: **to be ~** tener conocimientos básicos de aritmética.

numeric [nju'merɪk] *adj* numérico/a.

numerical [nju:'merɪkəl] *adj* numérico/a; **in ~ order** por orden numérico.

numerous ['nju:mərəs] *adj* numeroso/a; **in ~ cases** en muchos casos; **~ people believe that ...** mucha gente cree que ....

nun [nʌn] *n* monja *f*, religiosa *f*.

NUPE ['nju:pɪ] *n abbr* (*Brit*) *of* **National Union of Public Employees.**

nuptial ['nʌpʃəl] **1** *adj* nupcial. **2** *npl*: **~s** (*hum*) nupcias *fpl*.

NUR *n abbr* (*Brit*) *of* **National Union of Railwaymen.**

nurd [nɜ:d] *n* (*fam*) borde *mf (fam)*.

nurse [nɜ:s] **1** *n* (*in hospital etc*) enfermero/a *m/f*; (*children's*) niñera *f*; **wet ~** nodriza *f*. **2** *vt* (*patient*) cuidar, atender; (*baby: suckle*) criar, amamantar; (*: cradle*) mecer; (*fig: anger, grudge*) alimentar; (*: hope*) abrigar; **she ~d him back to health** le cuidó hasta que se repuso; **to ~ a cold** curarse de un resfriado; **to ~ a business along** fomentar un negocio.

nursemaid ['nɜ:smeɪd] *n* niñera *f*, aya *f*.

nursery ['nɜ:srɪ] **1** *n* (**a**) (*place*) guardería *f*. (**b**) (*Agr etc*) vivero *m*; (*Zool*) criadero *m*. **2** *cpd*: **~ rhyme** *n* canción *f* infantil; **~ school** *n* escuela *f* de párvulos, parvulario *m*, kínder *m (LAm)*; **~ slopes** *npl* (*Brit Ski*) pistas *fpl* para principiantes; **~ teacher** *n* parvulario/a *m/f*.

nursing ['nɜ:sɪŋ] **1** *n* (*care of invalids*) cuidado *m*, asistencia *f*; (*profession*) enfermería *f*. **2** *cpd*: **~ home** *n* clínica *f* de reposo; **~ mother** *n* madre *f* lactante; **~ officer** *n* enfermero/a *m/f*; **~ staff** *n* enfermeros y enfermeras.

nurture ['nɜ:tʃəʳ] *vt* (*nourish*) nutrir, alimentar; (*bring up*) criar.

NUS *n abbr* (*Brit*) (**a**) *of* **National Union of Students.** (**b**) *of* **National Union of Seamen.**

NUT *n abbr* (*Brit*) *of* **National Union of Teachers.**

nut [nʌt] *n* (**a**) (*Bot*) nuez *f*. (**b**) (*Tech*) tuerca *f*; **the ~s and bolts of a scheme** los aspectos práticos de un proyecto. (**c**) (*fam: head*) cabeza *f*; **to be off one's ~** estar chiflado *or (LAm)* tarado; **to do one's ~** (*Brit*) echar el resto *(fam)*. (**d**) (*fam: person*) loco/a *m/f*, chiflado/a *m/f*, chalado/a *m/f*, tarado/a *m/f (LAm)*; **he's a tough ~** es un sujeto duro. (**e**) **~s!** (*fam*) ¡narices!, ¡carajo! *(LAm)*.

nut-brown ['nʌt'braʊn] *adj* café avellana; (*hair*) castaño/a claro/a.

nutcase ['nʌtkeɪs] *n* (*fam*) = **nut (d)**.

nutcrackers ['nʌt,krækəz] *npl* cascanueces *m inv*.

nuthouse ['nʌthaʊs] *n* (*pl* **-houses** [haʊzɪz]) (*fam*) manicomio *m*.

nutmeg ['nʌtmeg] *n* nuez *f* moscada.

nutrient ['nju:trɪənt] *n* nutrimento *m*.

nutrition [nju:'trɪʃən] *n* nutrición *f*, alimentación *f*.

nutritious [nju:'trɪʃəs], **nutritive** [njuʌtrətɛ̃v] *adj* nutritivo/a, alimenticio/a.

nuts [nʌts] *adj* (*fam*) chiflado/a, loco/a, tarado/a *(LAm)*; **to be ~ about sb/sth** estar chiflado por algn/algo; **to**

drive sb ~ volver loco a algn; **to go ~** volverse loco, enloquecer.

nutshell ['nʌtʃel] *n* cáscara *f* de nuez; **in a ~** en pocas palabras; **to put it in a ~** para decirlo en pocas palabras.

nutty ['nʌtɪ] *adj* (*comp* **-ier**; *superl* **-iest**) (**a**) (*cake etc*) con nueces; (*taste*) que sabe a nuez. (**b**) (*fam*) chiflado/a.

nuzzle ['nʌzl] *vi* arrimarse.

NV *abbr* (*US Post*) *of* **Nevada**.

NW *abbr of* **north-west** NO.

N.W.T. *abbr* (*Canada*) *of* **Northwest Territories**.

NY *abbr* (*US Post*) *of* **New York**.

NYC *abbr* (*US Post*) *of* **New York City**.

nylon ['naɪlɒn] **1** *n* nilón *m*, nailon *m*; **~s** medias *fpl* de nilón *or* nailon. **2** *adj* de nilón *or* nailon.

nymph [nɪmf] *n* ninfa *f*.

nymphomaniac [,nɪmfəʊ'meɪnɪæk] *n* ninfómana *f*.

NYSE *n abbr* (*US*) *of* **New York Stock Exchange**.

NZ *abbr of* **New Zealand**.

O, o [əʊ] **1** *n* (*letter*) O, o *f*; (*number: Telec etc*) cero *m*. **2** *interj* (*poet*) ¡oh!

o/a *abbr of* **on account**.

oaf [əʊf] *n* zoquete *m*, bruto *m*.

oafish ['əʊfɪʃ] *adj* zafio/a, bruto/a.

oak [əʊk] **1** *n* roble *m*; (*evergreen*) encina *f*. **2** *cpd* de roble; **~ apple** *n* agalla *f* (de roble).

O & M *n abbr of* **Organization and Methods**.

OAP *n abbr of* **old age pensioner**.

OAPEC [əʊ'eɪpɛk] *n abbr of* **Organization of Arab Petroleum-Exporting Countries** OPAEP *f*.

oar [ɔːʳ] *n* remo *m*; **to put** *or* **shove one's ~ in** (*fig fam*) entrometerse.

oarsman ['ɔːzmən] *n* (*pl* **-men**) remero *m*.

OAS *n abbr of* **Organization of American States** OEA *f*.

oasis [əʊ'eɪsɪs] *n* (*pl* **oases** [əʊ'eɪsiːz]) oasis *m*.

oatcake ['əʊtkeɪk] *n* torta *f* de avena.

oath [əʊθ] *n* (*pl* **~s** [əʊðz]) (**a**) (*solemn promise etc*) juramento *m*; **under ~, on ~** bajo juramento; **to break one's ~** romper su juramento; **to take the ~** prestar juramento; **to take an ~ of allegiance** (*Mil*) jurar la bandera; **to swear on (one's) ~** jurar. (**b**) (*swear word*) palabrota *f*, taco *m (Sp fam)*, grosería *f (esp LAm)*, lisura *f (And, CSur)*; (*curse*) blasfemia *f*, maldición *f*.

oatmeal ['əʊtmiːl] **1** *n* harina *f* de avena. **2** *adj* (*colour*) (color) avena.

oats [əʊts] *npl* avena *fsg*; *see* **wild 3**.

OAU *n abbr of* **Organization of African Unity** OUA *f*.

OB *n abbr* (*TV*) *of* **outside broadcast**.

ob. *abbr of* **obiit** m.

obdurate ['ɒbdjʊrɪt] *adj* (*stubborn*) terco/a, porfiado/a; (*unyielding*) inflexible, firme.

OBE *n abbr of* **Officer of the Order of the British Empire** *título ceremonial*.

obedience [ə'biːdɪəns] *n* obediencia *f*; **in ~ to your orders** (*frm*) conforme a *or* en cumplimiento de sus órdenes.

obedient [ə'biːdɪənt] *adj* (*gen*) obediente; (*meek*) dócil; **to be ~ to sb/sth** obedecer a algn/algo.

obediently [ə'biːdɪəntlɪ] *adv* (*see adj*) obedientemente; dócilmente.

obelisk ['ɒbɪlɪsk] *n* obelisco *m*.

obese [əʊ'biːs] *adj* obeso/a.

obesity [əʊ'biːsɪtɪ] *n* obesidad *f*.

obey [ə'beɪ] **1** *vt* (*person etc*) obedecer; (*law*) observar, acatar; (*order*) cumplir; (*instruction*) seguir; **I like to be ~ed** exijo obediencia. **2** *vi* obedecer.

obfuscate ['ɒbfəskeɪt] *vt* ofuscar.

obituary [ə'bɪtjʊərɪ] **1** *n* necrología *f*, obituario *m*. **2** *cpd*: **~ column** *n* sección *f* necrológica; **~ notice** *n* necrología *f*, esquela *f* de defunción.

object ['ɒbdʒɪkt] **1** *n* (**a**) (*thing, article*) objeto *m*; (*subject-matter*) motivo *m*, tema *m*; **she was an ~ of ridicule** quedó en ridículo.

(**b**) (*aim*) propósito *m*, fin *m*; **with this ~ in view** *or* **in mind** con este propósito; **with the ~ of doing** con el propósito *or* la intención de hacer; **what's the ~ of doing that?** ¿de qué sirve hacer eso?

(**c**) (*obstacle*) **money is no ~** no importa cuánto cuesta, el dinero no es obstáculo.

(**d**) (*Ling*) complemento *m*; **direct/indirect ~** complemento directo/indirecto.

2 [əb'dʒekt] *vt*: **to ~ that ...** objetar que ....

3 [əb'dʒekt] *vi* (*disapprove*) oponerse; (*: verbally*) poner reparos; **if you don't ~** si no tiene inconveniente; **to ~ to sb doing sth** oponerse a que algn haga algo; **she ~s to my behaviour** (a ella) le molesta mi conducta; **do you ~ to my smoking?** ¿le molesta que fume?; **I ~!** (*frm*) ¡protesto!

4 ['ɒbdʒɪkt] *cpd*: **~ language** *n* (*Comput*) lengua *f* objeto; **~ lesson** *n* (*fig*) ejemplo *m*.

objection [əb'dʒekʃən] *n* (**a**) (*reason against*) objeción *f*, reparo *m*; **to make** *or* **raise an ~** poner reparos, hacer una objeción; **~!** ¡protesto!; **what is your ~?** ¿qué objeción tienes?; **there is no ~ to your going** no hay inconveniente en que se vaya; **are there any ~s?** ¿alguna objeción?, ¿alguien en contra? (**b**) (*dislike, disapproval*) protesta *f*, oposición *f*; **that will meet with her ~s** ella se opondrá (a eso); **have you any ~ to my smoking?** ¿le molesta que fume?

objectionable [əb'dʒekʃnəbl] *adj* (*unpleasant*) desagradable, molesto/a; (*: person*) antipático/a; (*behaviour*) inaceptable, insoportable; (*language*) grosero/a.

objective [əb'dʒektɪv] **1** *adj* (**a**) (*impartial*) objetivo/a. (**b**) (*real*) objetivo/a. **2** *n* (*aim*) objetivo *m*, propósito *m*; **military ~** objetivo *m* militar.

objectively [əb'dʒektɪvlɪ] *adv* objetivamente, de manera objetiva.

objectivity [,ɒbdʒɪk'tɪvɪtɪ] *n* objetividad *f*.

objector [əb'dʒektəʳ] *n* opositor(a) *m/f*; **conscientious ~** objetor *m* de conciencia.

obligate ['ɒblɪgeɪt] *vt*: **to ~ sb to do sth** obligar a algn a hacer algo; **to be ~d to do sth** estar obligado a hacer algo.

obligation [,ɒblɪ'geɪʃən] *n* obligación *f*; **without ~** (*in advert*) sin compromiso; **'no ~ to buy'** 'sin compromiso a comprar'; **it is your ~ to see that ...** le cumple a Vd comprobar que + *subjun*; **to be under an ~ to sb/to do sth** estar comprometido con algn/hacer algo; **to meet/fail to meet one's ~s** cumplir/no cumplir sus compromisos.

obligatory [ɒ'blɪgətərɪ] *adj* obligatorio/a; **to make it ~ for sb to do sth** hacer obligatorio que algn haga algo.

oblige [ə'blaɪdʒ] *vt* (**a**) (*compel*) obligar; **to ~ sb to do sth** obligar a algn a hacer algo; **to be ~d to do sth** verse obligado a hacer algo.

(**b**) (*gratify*) complacer, hacer un favor a; **anything to ~!** (*fam*) ¡cualquier cosa por complacerte!; **to be ~d to sb for sth** (*thankful*) estarle agradecido a algn por algo;

(*under obligation*) deberle un favor a algn por algo; **much ~d!** ¡muchísimas gracias!, ¡muy agradecido!; **I should be much ~d if ...** agradecería que + *subjun*; **I am ~d to you for your help** le agradezco mucho su ayuda.
obliging [ə'blaɪdʒɪŋ] *adj* servicial, complaciente, amable, condescendiente; **it was very ~ of them** fue muy amable *or* atento de su parte.
oblique [ə'bliːk] **1** *adj* (*angle etc*) oblicuo/a; (*fig*) indirecto/a; (*reply*) evasivo/a. **2** *n* oblicua *f*.
obliquely [ə'bliːklɪ] *adv* oblicuamente; (*fig*) indirectamente.
obliterate [ə'blɪtəreɪt] *vt* (*blot out*) borrar; (*hide*) ocultar; (*destroy*) arrasar con, destruir.
oblivion [ə'blɪvɪən] *n* olvido *m*; **to fall** *or* **sink into ~** caer en el olvido.
oblivious [ə'blɪvɪəs] *adj*: **~ of, ~ to** inconsciente de; **he was ~ to the pain he caused** no se daba cuenta del dolor que causaba.
oblong ['ɒblɒŋ] **1** *adj* rectangular, oblongo/a. **2** *n* rectángulo *m*, cuadrilongo *m*.
obnoxious [əb'nɒkʃəs] *adj* (*person, behaviour*) odioso/a, aborrecible; (*smell*) repugnante, asqueroso/a.
o.b.o. *abbr* (*US*) *of* **or best offer**.
oboe ['əʊbəʊ] *n* oboe *m*.
obscene [əb'siːn] *adj* obsceno/a, indecente.
obscenity [əb'senɪtɪ] *n* obscenidad *f*, indecencia *f*; (*word*) palabrota *f*, grosería *f* (*esp LAm*), lisura *f* (*And, CSur*).
obscure [əb'skjʊə'] **1** *adj* (*gen*) oscuro/a; (*hidden*) oculto/a. **2** *vt* (*hide*) ocultar; (*complicate*) complicar; **it served only to ~ the matter further** sirvío para complicar aun más el asunto.
obscurity [əb'skjʊərɪtɪ] *n* oscuridad *f*; **obscurities** (*in a book*) puntos *mpl* oscuros.
obsequious [əb'siːkwɪəs] *adj* servil, sumiso/a.
observable [əb'zɜːvəbl] *adj* observable, visible; **no ~ difference** ninguna diferencia perceptible.
observance [əb'zɜːvəns] *n* (*of rule etc*) observancia *f*, cumplimiento *m*; (*of customs, rites etc*) práctica *f*; **religious ~s** prácticas religiosas.
observant [əb'zɜːvənt] *adj* (*watchful*) observador(a); (*strict in obeying rules*) observante, cumplidor(a).
observation [ˌɒbzə'veɪʃən] **1** *n* (**a**) observación *f*; **the police are keeping him under ~** la policía le tiene vigilado; **he is under ~ in hospital** le tienen en observación en el hospital; **powers of ~** capacidad *f* de observación; **to escape ~** pasar inadvertido. (**b**) (*remark*) observación *f*, comentario *m*. **2** *cpd*: **~ post** *n* (*Mil*) puesto *m* de observación; **~ tower** *n* torre *f* de vigilancia.
observatory [əb'zɜːvətrɪ] *n* observatorio *m*.
observe [əb'zɜːv] *vt* (**a**) (*see, notice*) observar, ver. (**b**) (*watch carefully, study*) observar, mirar. (**c**) (*remark*) observar, comentar. (**d**) (*obey*) observar; (*Sabbath, silence*) guardar; **failure to ~ the law** incumplimiento *m* de la ley.
observer [əb'zɜːvə'] *n* observador(a) *m/f*.
obsess [əb'ses] *vt* obsesionar; **to be ~ed by** *or* **with sb/sth** estar obsesionado por algn/algo; **he is ~ed with cleanliness** tiene manía por la limpieza.
obsession [əb'seʃən] *n* obsesión *f*; **football is an ~ with him** está obsesionado por el fútbol; **his ~ with her** su obsesión por ella.
obsessional [əb'seʃənəl] *adj* obsesivo/a.
obsessive [əb'sesɪv] *adj* obsesivo/a; **~ neurosis** neurosis *f* obsesiva.
obsolescence [ˌɒbsə'lesns] *n*: **planned ~** la obsolescencia planificada.
obsolescent [ˌɒbsə'lesnt] *adj* que está cayendo en desuso; **to be ~** estar cayendo en desuso.
obsolete ['ɒbsəliːt] *adj* obsoleto/a; (*ticket, law etc*) caduco/a; **to become ~** caer en desuso, caducar.
obstacle ['ɒbstəkl] **1** *n* obstáculo *m*; (*hindrance*) estorbo *m*, impedimento *m*; **one of the ~s is money** uno de los obstáculos es el dinero; **to be an ~ to sb/sth** ser un estorbo para algn/algo; **to put an ~ in the way of sb/sth** crear dificultades *or* poner obstáculos a algn/algo; **that is no ~ to our doing it** eso no impide que lo hagamos. **2** *cpd*: **~ course** *n* pista *f* americana; **~ race** *n* (*Sport*) carrera *f* de obstáculos.
obstetrician [ˌɒbstə'trɪʃən] *n* tocólogo/a *m/f*.
obstetrics [ɒb'stetrɪks] *nsg* obstetricia *f*, tocología *f*.
obstinacy ['ɒbstɪnəsɪ] *n* terquedad *f*.
obstinate ['ɒbstɪnɪt] *adj* terco/a, obstinado/a; (*tenacious*) tenaz; (*resistance, illness*) rebelde; **to be ~ about sth** insistir con tesón en algo.
obstinately ['ɒbstɪnɪtlɪ] *adv* obstinadamente, tercamente.
obstreperous [əb'strepərəs] *adj* ruidoso/a; (*unruly*) revoltoso/a; **he became ~** empezó a desmandarse.
obstruct [əb'strʌkt] *vt* (*block*) obstruir; (*pipe*) atascar; (*road*) cerrar, bloquear; (*view*) tapar; (*hinder*) estorbar, impedir; (*Sport*) obstruir.
obstruction [əb'strʌkʃən] *n* obstrucción *f*; (*in pipe, road*) atasco *m*; (*to progress*) dificultad *f*, obstáculo *m*; **to cause an ~** estorbar; (*Aut*) interrumpir el tráfico *or* tránsito.
obstructive [əb'strʌktɪv] *adj* obstruccionista; **he's just being ~** está poniendo dificultades nada más.
obtain [əb'teɪn] *vt* obtener, conseguir; (*acquire*) adquirir; **oil can be ~ed from coal** se puede extraer aceite del carbón.
obtainable [əb'teɪnəbl] *adj* (*on sale*) a la venta; (*accessible*) asequible; **it is no longer ~** ya no se puede conseguir.
obtrude [əb'truːd] **1** *vi* entrometerse. **2** *vt* imponer.
obtrusive [əb'truːsɪv] *adj* (*person: annoying*) importuno/a, molesto/a; (*: interfering*) entrometido/a; (*smell*) penetrante; (*clothes*) llamativo/a; (*building*) saliente.
obtuse [əb'tjuːs] *adj* (*Math*) obtuso/a; (*stupid, insensitive*) torpe, lento/a; **he can be very ~ at times** a veces puede ser muy obtuso.
obverse ['ɒbvɜːs] **1** *adj* del anverso. **2** *n* anverso *m*; (*fig*) complemento *m*.
obviate ['ɒbvɪeɪt] *vt* obviar, evitar.
obvious ['ɒbvɪəs] **1** *adj* (*clear, perceptible*) evidente, obvio/a; (*unsubtle*) poco sutil, directo/a; (*suitable*) indicado/a, idóneo/a; **it's ~ that ...** está claro que ..., es evidente que ...; **he's the ~ man for the job** es el más indicado para el puesto; **the ~ thing to do is to leave** lo lógico es que nos marchemos. **2** *n*: **to state the ~** afirmar lo obvio.
obviously ['ɒbvɪəslɪ] *adv* evidentemente; **he was ~ not drunk** era evidente que no estaba borracho; **he was not ~ drunk** no se le notaba que estaba borracho; **~!** ¡por supuesto!, ¡lógico!, ¡obvio!; **~ not!** ¡por supuesto que no!, ¡claro que no!
OC *n abbr of* **Officer Commanding** jefe.
o/c *abbr of* **overcharge**.
OCAS *n abbr of* **Organization of Central American States** ODECA *f*.
occasion [ə'keɪʒən] **1** *n* (**a**) (*point in time*) ocasión *f*, oportunidad *f*; **on ~** de vez en cuando; **on one ~** una vez; **on several ~s** en varias ocasiones, varias veces; **on that ~** esa vez, en aquella ocasión; **if the ~ arises** si se da el caso.
(**b**) (*special ~*) acontecimiento *m*, ocasión *f*; **this is an important ~** este es un acontecimiento importante; **it was quite an ~** fue todo un acontecimiento; **music written for the ~** música compuesta para la ocasión; **on the ~ of his retirement** con motivo de su jubilación; **to rise to the ~** ponerse a la altura de las circunstancias.
(**c**) (*reason*) razón *f*, motivo *m*; **there is no ~ for alarm** no hay motivo para inquietarse; **there was no ~ for it** no había necesidad de ello; **to have ~ to do sth** tener oca-

sión de hacer algo.
2 *vt* (*frm*) ocasionar, causar.

occasional [əˈkeɪʒənl] *adj* **(a)** poco frecuente, ocasional; **I like an ~ cigarette** me gusta fumar un cigarrillo de vez en cuando; **~ worker** (*US*) jornalero *m* temporero. **(b)** (*designed for special event*) de ocasión; **~ table** mesa *f* de ocasión.

occasionally [əˈkeɪʒnəlɪ] *adv* de vez en cuando, a veces, cada cuando *(LAm)*; **very ~** muy de tarde en tarde, en muy contadas ocasiones.

occident [ˈɒksɪdənt] *n* occidente *m*.

occlude [ɒˈkluːd] *vt* obstruir.

occlusion [ɒˈkluːʒən] *n* oclusión *f*.

occult [ɒˈkʌlt] **1** *adj* oculto/a, misterioso/a. **2** *n*: **the ~** lo oculto, lo sobrenatural.

occupancy [ˈɒkjʊpənsɪ] *n* ocupación *f*; (*tenancy*) inquilinato *m*; (*of post*) tenencia *f*.

occupant [ˈɒkjʊpənt] *n* (*tenant*) inquilino/a *m/f*; (*of boat, car etc*) ocupante *mf*; (*of job, post*) titular *mf*.

occupation [ˌɒkjʊˈpeɪʃən] *n* **(a)** (*employment*) empleo *m*, profesión *f*; **what is his ~?** ¿cuál es su profesión?; **he's a joiner by ~** es carpintero de profesión. **(b)** (*pastime*) pasatiempo *m*; **a harmless enough ~** un pasatiempo inocente. **(c)** (*Mil*) ocupación *f*; **army of ~** ejército *m* de ocupación; **the ~ of Paris** la ocupación de París. **(d)** (*of house etc*) tenencia *f*, estancia *f*, inquilinato *m*; **to be in ~** ocupar; **the house is ready for ~** la casa está lista para hábitar; **a house unfit for ~** una casa inhabitable.

occupational [ˌɒkjʊˈpeɪʃənl] *adj* (*gen*) profesional; **~ accident** accidente *m* laboral; **~ guidance** orientación *f* profesional; **~ hazard, ~ risk** (*hum*) gajes *mpl* del oficio; **~ pension scheme** plan *m* profesional de jubilación; **~ therapy** terapia *f* ocupacional; **~ training** formación *f* ocupacional.

occupier [ˈɒkjʊpaɪəʳ] *n* (*of house, land*) inquilino/a *m/f*; (*of post*) titular *mf*.

occupy [ˈɒkjʊpaɪ] *vt* **(a)** (*house*) habitar, vivir en; (*office, seat*) ocupar.
(b) (*Mil etc*) ocupar; **in occupied France** en la Francia ocupada (por los alemanes).
(c) (*post, position*) ocupar.
(d) (*take up, fill: space, time*) ocupar, llenar; **this job occupies all my time** este trabajo me ocupa *or* lleva todo el tiempo; **he is occupied in research** se dedica a la investigación.
(e) (*keep busy*) ocupar; (*attention, mind*) entretener; **to be occupied with sth/in doing sth** estar ocupado con algo/haciendo algo; **he is very occupied at the moment** está muy ocupado en estos momentos; **she occupies herself by knitting** se entretiene haciendo punto.

occur [əˈkɜːʳ] *vi* **(a)** (*happen*) ocurrir, suceder; **to ~ again** volver a suceder, repetirse; **if a vacancy ~s** si se produce una vacante; **if the opportunity ~s** si se presenta la oportunidad. **(b)** (*be found*) encontrarse. **(c)** (*come to mind*) **to ~ to sb** ocurrírsele a algn; **it ~s to me that ...** se me ocurre que ...; **such an idea would never have ~red to her** semejante idea jamás se le hubiera pasado por la mente.

occurrence [əˈkʌrəns] *n* **(a)** (*happening*) suceso *m*, caso *m*; **an everyday ~** (*fig*) cosa de todos días, un hecho cotidiano; **a common ~** un caso frecuente. **(b)** (*existence*) existencia *f*; **its ~ in the south is well known** se sabe que existe en el sur.

ocean [ˈəʊʃən] **1** *n* océano *m*; **~s of** (*fam*) la mar de. **2** *cpd* oceánico/a; **~ bed** *n* fondo *m* del océano.

ocean-going [ˈəʊʃənˌgəʊɪŋ] *adj* (*ship*) trans-atlántico/a.

Oceania [ˌəʊʃɪˈeɪnɪə] *n* Oceanía *f*.

oceanic [ˌəʊʃɪˈænɪk] *adj* oceánico/a.

oceanography [ˌəʊʃəˈnɒgrəfɪ] *n* oceanografía *f*.

ochre, (*US*) **ocher** [ˈəʊkəʳ] *n* ocre *m*.

o'clock [əˈklɒk] **1** *adv*: **it is 7 ~** son las siete; **at 9 ~ (exactly)** a las nueve (en punto); **it is nearly 8 ~** son casi las 8. **2** *as n*: **the six ~ (train *etc*)** el tren *etc* de las seis.

OCR *n abbr* **(a)** *of* **optical character reader** LOC *m*. **(b)** *of* **optical character recognition** ROC *m*.

Oct. *abbr of* **October** oct.

octagon [ˈɒktəgən] *n* octágono *m*.

octagonal [ɒkˈtægənl] *adj* octagonal.

octane [ˈɒkteɪn] *n* octano *m*; **high-~ petrol** gasolina *f* de alto octanaje; **~-number** grado *m* octánico.

octave [ˈɒktɪv] *n* (*gen*) octava *f*.

octet [ɒkˈtet] *n* octeto *m*.

October [ɒkˈtəʊbəʳ] *n* octubre *m*; *see* **July** *for usage*.

octogenarian [ˌɒktəʊdʒɪˈnɛərɪən] *n* octogenario/a *m/f*.

octopus [ˈɒktəpəs] *n* pulpo *m*.

oculist [ˈɒkjʊlɪst] *n* oculista *mf*.

OD[1], **O/D** *abbr* **(a)** *of* **on demand**. **(b)** *of* **overdraft**. **(c)** *of* **overdrawn**.

OD[2] [əʊˈdiː] *n abbr, vi abbr* (*esp US fam*) *of* **overdose**.

odd [ɒd] *adj* (*comp* **~er**; *superl* **~est**) **(a)** (*strange*) raro/a, extraño/a; **how ~ that ...** qué raro que ...; **how ~!** ¡qué raro!, ¡que curioso!; **he says some ~ things** dice cosas muy raras; **the ~ thing about it is ...** lo raro es que ....
(b) (*Math*) impar; **~ or even** par o impar.
(c) (*extra, left over*) sobrante, de más; (*unpaired*) sin pareja; **the ~ penny** algunos peniques; **to be the ~ man out** *or* **the ~ one out** (*be left out*) ser el que sobra *or* estar de más; (*be different*) ser distinto.
(d) (*occasional*) alguno/a que otro/a; **at ~ moments** en los ratos *or* momentos libres; **he has written the ~ article** ha escrito algún que otro artículo; **~ jobs** (*repairs*) trabajillos *mpl*, pequeños arreglos.
(e) (*and a few more*) **30 ~** treinta y pico, treinta y tantos.

oddball [ˈɒdbɔːl] *n* (*fam*) persona *f* rara, excéntrico/a *m/f*.

oddity [ˈɒdɪtɪ] *n* **(a)** (*odd person*) excéntrico/a *m/f*; (*thing*) cosa *f* rara. **(b)** (*also* **oddness**: *strangeness*) rareza *f*, singularidad *f*.

odd-jobman [ɒdˈdʒɒbˌmæn] *n* manitas *m inv*.

odd-looking [ˈɒdˌlʊkɪŋ] *adj* de aspecto singular.

oddly [ˈɒdlɪ] *adv* de manera *or (LAm)* en forma extraña; **they are ~ similar** tienen un extraño parecido; **~ enough you are right** por muy extraño que parezca, tienes razón.

oddment [ˈɒdmənt] *n* (*Comm*) retal *m*, resto *m*.

oddness [ˈɒdnɪs] *n* = **oddity (b)**.

odds [ɒdz] *npl* **(a)** (*in betting*) puntos *mpl* de ventaja; (*chances for or against*) probabilidades *fpl*; **the ~ on the horse are 5 to 1** las apuestas al caballo están a cinco contra uno; **short/long ~** pocas/muchas probabilidades; **the ~ are in his favour** lo tiene todo a su favor; **to fight against overwhelming ~** (*lit*) luchar contra fuerzas abrumadoras; (*fig*) luchar contra la corriente, llevar las de perder; **to succeed against all the ~** tener éxito en contra de todas las predicciones; **the ~ are that ...** lo más probable *or* factible es que ...; **the ~ are against it** es poco probable; **~ on favourite** (*in betting*) caballo *m* favorito; (*fig*) favorito/a *m/f*; **it's ~ on that ...** lo más probable es que ...; **to pay over the ~** (*Brit*) pagar en demasía.
(b) (*difference*) **what's the ~?** (*fam*) ¿qué importa?, ¿qué más da?; **it makes no ~** no importa, da lo mismo *or* igual.
(c) (*variance, strife*) **to be at ~ with sb over sth** estar reñido *or* peleado con algn por algo.
(d) **~ and ends** (*bits*) trozos *mpl*, pedacitos *mpl*, corotos *mpl (Col, Ven)*; (*of cloth etc*) retazos *mpl*; (*of food*) restos *mpl*, sobras *fpl*.

ode [əʊd] *n* oda *f*.

odious [ˈəʊdɪəs] *adj* odioso/a.

odium [ˈəʊdɪəm] *n* odio *m*.

odometer [ɒˈdɒmɪtəʳ] *n* (*US*) cuentakilómetros *m*.

odontology [ˌɒdɒnˈtɒlədʒɪ] *n* odontología *f*.

odour, (*US*) **odor** [ˈəʊdəʳ] *n* olor *m*; **to be in bad ~ with**

sb (*fig*) haber quedado mal con algn.

odourless, (*US*) **odorless** [ˈəʊdəlɪs] *adj* sin olor.

odyssey [ˈɒdɪsɪ] *n* odisea *f*.

OE *n abbr* (*Ling*) *of* **Old English**.

OECD *n abbr of* **Organization for Economic Cooperation and Development** OCDE *f*.

oecumenical, **ecumenical** [ˌiːkjuːˈmenɪkəl] *adj* ecuménico/a.

oedema, (*esp US*) **edema** [ɪˈdiːmə] *n* edema *m*.

Oedipus [ˈiːdɪpəs] *n*: ~ **complex** (*Psych*) complejo *m* de Edipo.

oenology, (*US*) **enology** [iːˈnɒlədʒɪ] *n* enología *f*.

oesophagus, (*US*) **esophagus** [iːˈsɒfəgəs] *n* esófago *m*.

oestrogen, (*US*) **estrogen** [ˈiːstrəʊdʒən] *n* estrógeno *m*.

of [ɒv, əv] *prep* (**a**) (*indicating possession, relation*) de; **the house ~ my uncle** la casa de mi tío; **the love ~ God** el amor de Dios; **a friend ~ mine** un amigo mío; **it was rude ~ him to say that** fue de mala educación que dijese eso; **it was nice ~ him to offer** fue muy amable ofreciéndose; **that was very kind ~ you** fue muy amable de su parte.
(**b**) (*objective genitive*) a, hacia; **hatred ~ injustice** odio a la injusticia.
(**c**) (*indicating cause*) por, de; **out ~ fear** por temor; **out ~ anger** de rabia; **~ necessity** por necesidad; **to die ~ pneumonia** morir de pulmonía.
(**d**) (*indicating deprivation, riddance*) **loss ~ faith** pérdida de fe; **lack ~ water** falta de agua.
(**e**) (*indicating material*) de; **made ~ steel/paper** hecho de acero/papel.
(**f**) (*descriptive*) de; **the City ~ New York** la ciudad de Nueva York; **a boy ~ 8** un niño de ocho años; **a man ~ great ability** un hombre de gran talento; **that idiot ~ a minister** ese idiota de ministro; **by the name ~ Green** llamado Green.
(**g**) (*concerning*) de; **what do you think ~ him?** ¿qué piensas de él?; **what ~ it?** ¿y a tí qué (te) importa?, ¿y qué?
(**h**) (*partitive etc*) de; **how much ~ this do you need?** ¿cuánto necesitas de eso?; **there were 4 ~ them** eran cuatro; **most ~ all** sobre todo, más que nada; **the best ~ friends** el mejor amigo.
(**i**) (*indicating separation in space or time*) de; **south ~ Glasgow** al sur de Glasgow; **it's a quarter ~ 4** (*US*) son las cuatro menos cuarto, falta un cuarto para las cuatro (*LAm*).
(**j**) (*with certain verbs*) **to dream ~ sth** soñar con algo; **to smell ~ sth** oler a algo.

off [ɒf] **1** *adv* (**a**) (*distance, time*) a; **a place 2 miles ~** un lugar a dos millas (de distancia); **it's a long way ~** está muy lejos; **the game was 3 days ~** faltaban tres días para el partido.
(**b**) (*departure*) **he's ~ to Paris tonight** se va a París esta noche; **I must be ~** me tengo que ir; **he's gone ~ to see the boss** se ha ido a ver al jefe; **~ we go** ¡vámonos!
(**c**) (*removal*) **with his hat ~** sin sombrero; **hands ~!** ¡fuera las manos!; **the lid was ~ the saucepan** la cacerola estaba destapada; **a button came ~** se le cayó un botón; **5% ~** (*Comm*) un descuento del cinco por ciento, cinco por ciento de descuento; **~ with those wet clothes!** ¡quítate esa ropa mojada!
(**d**) (*not at work*) **to be ~** estar fuera, no estar; **he's ~ work** no ha ido al trabajo; **he's ~ sick** está de baja, está enfermo; **I'm ~ on Fridays** los viernes no trabajo *or* tengo libre; **to take a day ~** tomarse un día libre *or* de descanso; **are you ~ this weekend?** ¿vas a estar fuera este fin de semana?; **she's ~ at 4** sale del trabajo a las 4.
(**e**) (*in phrases*) **~ and on, on and ~** de vez en cuando, a ratos; **right** *or* **straight ~** en seguida, al tiro (*Chi*).
2 *adj* (**a**) (*inoperative: switch etc*) desconectado/a; (*machine etc*) desenchufado/a; (*light, TV*) apagado/a; (*tap*) cerrado/a; (*electricity*) cortado/a; (*brake*) quitado/a.
(**b**) (*cancelled*) cancelado/a; (*not available: in restaurant*) agotado/a, acabado/a; **I'm afraid the chicken is ~** desgraciadamente ya no queda pollo; **the wedding is ~** se ha cancelado la boda; **the play is ~** (*postponed*) se suspendió la representación; (*taken off*) ya han quitado la obra.
(**c**) (*substandard*) malo/a; **to have an ~ day** tener un mal día.
(**d**) (*not fresh*) malo/a; (*meat*) pasado/a; (*milk*) cortado/a; (*butter*) rancio/a; **the cheese has gone ~** el queso está pasado; **that's a bit ~, isn't it?** (*fig fam*) ¡mal hecho!, ¡eso no se hace!
(**e**) (*non*) **~ season** temporada *f* baja; **in the ~ season** fuera de temporada; **in the ~ position** en posición de cerrado.
(**f**) **to be well/badly ~** andar bien/mal de dinero; **better/worse ~** mejor/peor, en mejores/peores condiciones; **how are you ~ for time?** ¿cómo andas de tiempo?
3 *prep* (**a**) (*indicating motion, removal etc*) de; **to fall ~ a cliff** caer por un precipicio; **she took the picture ~ the wall** descolgó el cuadro (de la pared); **to eat ~ a dish** comer en un plato; **there are two buttons ~ my coat** le faltan *or* se le han caído dos botones a mi abrigo; **he was ~ work for three weeks** estuvo tres semanas sin trabajar; **he knocked £2 ~ the price** (*fam*) hizo una rebaja de dos libras *or* rebajó dos libras del precio.
(**b**) (*distant from*) de; **a street ~ the square** una calle que sale de la plaza; **height ~ the ground** altura desde suelo; **it's just ~ the M1** está justo a la salida de la M1.
(**c**) **I'm ~** *or* **I've gone ~ fried food** ya no me gustan las cosas fritas.
4 *n* (*fam*) comienzo *m*; (*Sport*) salida *f*; **at the ~** en la salida; **ready for (the) ~** listos para comenzar.

offal [ˈɒfəl] *n* asadura *f*, menudillos *mpl*.

offbeat [ˈɒfˌbiːt] *adj* excéntrico/a, original.

off-centre, (*US*) **off-center** [ˈɒfˈsentəʳ] *adj* descentrado/a, ladeado/a.

offchance [ˈɒftʃɑːns] *n*: **(let's go) on the ~** (vamos) por si acaso; **he bought it on the ~ that it would come in useful** lo compró pensando que tal vez resultaría útil algun día.

off-colour, (*US*) **off-color** [ˈɒfˈkʌləʳ] *adj* (*ill*) indispuesto/a; **to feel/be ~** sentirse/estar mal.

offcut [ˈɒfˌkʌt] *n* trozo *m*; **~s** restos *mpl*.

offence, (*US*) **offense** [əˈfens] *n* (**a**) (*crime*) delito *m*, crimen *m*; (*moral*) pecado *m*, falta *f*; (*Sport*) falta; **first ~** primer delito; **to commit an ~** cometer un delito; **it is an ~ to ...** está prohibido ..., se prohíbe .... (**b**) (*insult*) ofensa *f*, agravio *m*; **no ~!, no ~ meant** sin ofender a Vd; **no ~ was intended** no quería ofender a nadie; **it is an ~ to the eye** da asco verlo; **to give** *or* **cause ~ (to sb)** ofender (a algn); **to take ~ (at sth)** ofenderse *or* sentirse ofendido (por algo).

offend [əˈfend] **1** *vt* ofender; (*bother*) molestar; **it ~s my sense of justice** esto atenta contra mi sentido de la justicia; **to be ~ed (at)** ofenderse (por), tomar a mal; **don't be ~ed** no te vayas a ofender. **2** *vi*: **to ~ against** (*God*) pecar contra; (*law*) infringir; (*good taste*) atentar contra.

offender [əˈfəndəʳ] *n* (*criminal*) delincuente *mf*; (*against traffic regulations etc*) infractor(a) *m/f*; **first ~** delincuente sin antecedentes penales.

offensive [əˈfensɪv] **1** *adj* (**a**) (*causing offence, unpleasant*) ofensivo/a; (*remark*) insultante; (*smell*) repugnante; (*shocking*) chocante; **to be ~ to sb** ser grosero con algn, ofender a algn. (**b**) (*attacking*) ofensivo/a. **2** *n* (*Mil, Sport*) ofensiva *f*; **to go over to the ~, to take the ~** tomar la ofensiva.

offer [ˈɒfəʳ] **1** *n* (*gen*) oferta *f*; **~ of marriage** oferta *or* propuesta *f* de matrimonio; **to make an ~ for sth** hacer una oferta por algo; **~s over £25** ofertas a partir de veinticinco libras; **to be on ~** (*Comm*) estar de oferta, estar rebajado; **it's the best ~ I can make** no puedo ofrecer más.

2 *cpd*: **~ price** *n* precio *m* de oferta.

3 *vt* (*help, services*) ofrecer; (*opportunity, prospect*) brindar, facilitar; (*comment, remark*) hacer; (*opinion*) expresar; **he ~ed no explanation** no dio ninguna explicación; **to ~ an apology** ofrecer disculpas, disculparse; **to ~ sth to sb** ofrecer algo a algn; **to ~ to do sth** ofrecerse a hacer algo; **to ~ resistance** oponer resistencia, resistirse; **to ~ one's hand** dar la mano (a estrechar); **to ~ o.s. for a post** presentarse para un puesto.

▸ **offer up** *vt + adv* (*prayers*) rezar, ofrecer.

offering [ˈɒfərɪŋ] *n* (*gen*) ofrenda *f*; (*Rel*) exvoto *m*.

offertory [ˈɒfətərɪ] *n* (*Rel: part of service*) ofertorio *m*; (*: collection*) colecta *f*.

offhand [ˈɒfˈhænd] **1** *adj* informal; (*brusque*) brusco/a, descortés, desconsiderado/a; **to treat sb in an ~ manner** tratar a algn con indiferencia. **2** *adv* (*spontaneously*) de improviso, sin pensarlo; (*casually*) informalmente; (*impolitely*) con indiferencia, desconsideradamente; **I can't tell you ~** no te lo puedo decir así de improviso *or* sin pensarlo un poco *or (LAm)* así nomás.

office [ˈɒfɪs] **1** *n* (**a**) (*place*) oficina *f*, despacho *m*; (*of lawyer*) bufete *m*; (*of doctor*) consultorio *m*; (*part of organization*) sección *f*, departamento *m*; **head ~** central *f*, sede *f*; **Foreign O~** Ministerio *m or (Mex)* Secretaría *f* de Asuntos Exteriores; **O~ of Fair Trading** (*Brit*) *oficina de normas comerciales justas*.

(**b**) (*public position*) cargo *m*; (*duty, function*) función *f*, oficio *m*; **to be in ~, to hold ~** (*person*) desempeñar *or* ocupar un cargo; (*political party*) ocupar el poder; **to come into** *or* **to take ~** (*person*) tomar posesión del cargo (*as* de); (*political party*) acceder al poder, formar gobierno; **to leave ~** (*person*) dimitir un cargo; (*government*) salir del poder.

(**c**) **through his good ~s** gracias a sus buenos oficios; **through the ~s of** por mediación *or* medio de.

(**d**) (*Rel*) oficio *m*.

2 *cpd* de oficina; **~ bearer** *n* titular *mf* (de una cartera); **~ block, ~ building** *n* bloque *m* de oficinas; **~ boy** *n* recadero *m*, mandadero *m (LAm)*; **~ equipment** *n* equipamiento *m* de oficina; **~ furniture** *n* muebles *mpl* de oficina, mobiliario *m* de oficina; **~ hours** *npl* horas *fpl* de oficina; **~ manager** *n* gerente *mf*, jefe/a *m/f* de oficina; **~ staff** *n* personal *m* de oficina; **~ supplies** *npl* material *m* de oficina; **~ worker** *n* (*gen*) oficinista *mf*; (*civil servant etc*) funcionario/a *m/f*.

officer [ˈɒfɪsəʳ] *n* (**a**) (*Mil, Naut, Aer*) oficial *mf*; **~s' mess** comedor *m* de oficiales. (**b**) (*official*) funcionario/a *m/f*; **police ~** policía *mf*, agente *mf* de policía; **excuse me, ~** perdone que le moleste, señor agente; **the ~s of a company** los directores de una sociedad.

official [əˈfɪʃəl] **1** *adj* oficial; (*authorized*) autorizado/a; (*in title*) titular; (*formal*) ceremonioso/a, solemne; (*strike*) oficial; **is that ~?** ¿es oficial?; **in ~ circles** en círculos oficiales; **~ receiver** síndico *m*; **O~ Secrets Act** (*Brit*) *ley relativa a los secretos de Estado*. **2** *n* funcionario/a *m/f*, empleado/a *m/f* público/a.

officialdom [əˈfɪʃəldəm] *n* (*pej*) burocracia *f*.

officialese [əˌfɪʃəˈliːz] *n* (*pej*) jerga *f* burocrática.

officially [əˈfɪʃəlɪ] *adv* oficialmente.

officiate [əˈfɪʃɪeɪt] *vi* oficiar; **to ~ as Mayor** ejercer las funciones de alcalde; **to ~ at a marriage** oficiar un enlace *or* una boda.

officious [əˈfɪʃəs] *adj* oficioso/a.

offing [ˈɒfɪŋ] *n*: **in the ~** en perspectiva.

off-key [ˌɒfˈkiː] **1** *adj* desafinado/a. **2** *adv* desentonadamente, fuera de tono.

off-licence [ˈɒfˌlaɪsəns] *n* (*Brit: shop*) bodega *f*, tienda *f* de licores *(LAm)*.

off-limits [ˈɒfˈlɪmɪts] *adj* (*US Mil*) prohibido/a, de acceso prohibido.

off-line [ˈɒfˈlaɪn] **1** *adj* (*Comput*) off-line, fuera de línea; (*switched off*) desconectado/a. **2** *adv* fuera de línea, off-line.

off-load [ˈɒflǝʊd] *vt* (*goods*) descargar; (*passengers*) desembarcar, hacer bajar; (*get rid of*) librarse de.

off-peak [ˌɒfˈpiːk] *adj* fuera de las horas punta; (*Elec*) de menor consumo; (*tickets*) de menor demanda.

off-putting [ˈɒfˌpʊtɪŋ] *adj* (*dispiriting*) desalentador(a); (*taste, smell etc*) asqueroso/a; (*behaviour*) chocante; **it's very ~ to see him do that** es muy desagradable verlo hacer eso.

off sales [ˈɒfseɪlz] *n* (*Scot*) *tienda que vende bebidas alcohólicas para llevar*.

off-season [ˈɒfˌsiːzn] *n* temporada *f* baja; **I take my holidays (in the) ~** cojo las vacaciones fuera de temporada.

offset [ˈɒfset] (*vb: pt, pp* ~) **1** *n* (*Typ*) offset *m*. **2** *vt* compensar; (*counteract*) contrarrestar, contrapesar; **higher prices will be ~ by wage increases** los aumentos de precios serán compensados por incrementos salariales. **3** *cpd*: **~ printing** *n* impresión *f* con offset.

offshoot [ˈɒfʃuːt] *n* (*Bot*) vástago *m*; (*fig*) ramificación *f*; (*Comm*) rama *f*.

offshore [ˈɒfˈʃɔːʳ] *adj* (*breeze*) de la costa *or* la tierra; (*island etc*) cercano/a a la costa; **~ fishing** pesca *f* de bajura; **~ investments** inversiones *fpl* off-shore; **~ oil** petróleo *m* de costa afuera; **~ oilfield** campo *m* petrolífero submarino.

offside [ˈɒfˈsaɪd] **1** *adj* (**a**) (*Sport*) fuera de juego; **to be ~** estar fuera de juego. (**b**) (*Aut: door, verge, lane: gen*) del lado izquierdo; (*: Brit*) del lado derecho. **2** *n* (*Aut: gen*) lado *m* izquierdo; (*: Brit*) lado *m* derecho. **3** *interj* ¡orsay!

offspring [ˈɒfsprɪŋ] *n, pl inv* descendencia *f*, prole *f*.

offstage [ˈɒfˈsteɪdʒ] **1** *adj* de entre bastidores. **2** *adv* entre bastidores, fuera del escenario.

off-the-cuff [ˌɒfðəˈkʌf] **1** *adj* (*remark*) dicho sin pensar, espontáneo/a; (*speech*) improvisado/a. **2** *adv* de improviso.

off-the-job [ˈɒfðəˈdʒɒb] *adj*: **~ training** formación *f* fuera del trabajo.

off-the-peg [ˈɒfðəˈpeg], (*US*) **off-the-rack** [ˈɒfðəˈræk] *adj* confeccionado/a, de percha.

off-the-record [ˌɒfðəˈrekəd] *adj* no oficial, extraoficial.

off-white [ˈɒfˈwaɪt] *adj* de color hueso, blanquecino/a.

OFT *n abbr* (*Brit*) *of* **Office of Fair Trading**.

often [ˈɒfən] *adv* muchas veces, a menudo, con frecuencia, seguido *(LAm)*; **very ~** muchísimas veces; **how ~?** (*how many times*) ¿cuántas veces?; (*at what intervals*) ¿cada cuánto *or* cuándo?; **so ~** tantas veces; **as ~ as not** la mitad de las veces, frecuentemente; **more ~ than not** las más *or* la mayoría de las veces; **every so ~** (*of time*) alguna que otra vez, de vez en cuando; (*of distance, spacing*) de trecho en trecho, cada cierta distancia; **how ~ do you see him?** ¿cada cuánto le ves?; **his behaviour is ~ disappointing** a menudo su conducta es decepcionante; **it's not ~ that I ask you to help me** no es frecuente *or* es raro que te pida ayuda.

ogle [ˈəʊgl] *vt* comerse con los ojos a, quedarse mirando a.

O-grade [ˈəʊgreɪd] *n abbr* (*Scot Scol*) *of* **Ordinary grade** ≈ BUP *m*.

ogre [ˈəʊgəʳ] *n* ogro *m*.

OH *abbr* (*US Post*) *of* **Ohio**.

oh [əʊ] *interj* ¡ah!; (*cry of pain*) ¡ay!; **~ good!** ¡qué bien!; **~ dear, I've spilt the milk** ¡ay, se me ha caído la leche!; **~ really?** ¿no me digas?, ¿de veras?; **~ really!** ¡no puede ser!; **~ no you don't!** ¡eso sí que no!, ¡de eso nada!

ohm [əʊm] *n* ohmio *m*, ohm *m*.

OHMS *abbr* (*Brit*) *of* **On Her** *or* **His Majesty's Service**.

oil [ɔɪl] **1** *n* (*gen, also Aut*) aceite *m*; (*Geol, as mineral*) petróleo *m*; (*Art*) óleo *m*; **an ~ by Rembrandt** un óleo de

Rembrandt; **to pour ~ on troubled waters** suavizar *or* calmar los ánimos; **to strike ~** encontrar un pozo de petróleo; (*fig*) encontrar un filón; *see* **midnight**.

2 *vt* lubricar, engrasar; **to ~ the wheels** (*fig*) allanar el terreno.

3 *cpd* de aceite; (*Geol*) de petróleo; **~ colours** *npl* óleos *mpl*; **~ gauge** *n* indicador *m* de(l) aceite; **~ industry** *n* industria *f* del petróleo; **~ painting** *n* pintura *f* al óleo; **she's no ~ painting** (*fam*) no es ninguna belleza; **~ pollution** *n* contaminación *f* petrolífera; **~ slick** *n* marea *f* negra; **~ tanker** *n* petrolero *m*; **~ terminal** *n* terminal *f* petrolífera; **~ well** *n* pozo *m* de petróleo.

oil-based ['ɔɪlbeɪst] *adj*: **~ product** producto *m* derivado del petróleo.

oilcan ['ɔɪlkæn] *n* aceitera *f*, alcuza *f*.

oil-change ['ɔɪl,tʃeɪndʒ] *n* cambio *m* de aceite.

oilfield ['ɔɪlfiːld] *n* yacimiento *m* petrolífero.

oil-filter ['ɔɪl,fɪltəʳ] *n* filtro *m* de aceite.

oil-fired ['ɔɪlfaɪəd] *adj* de fuel-oil.

oil-lamp ['ɔɪllæmp] *n* lámpara *f* de aceite, quinqué *m*.

oilpan ['ɔɪlpæn] *n* (*US Aut*) cárter *m*.

oil-rig ['ɔɪlrɪg] *n* torre *f* de perforación; (*Naut*) plataforma *f* de perforación submarina.

oilskin ['ɔɪlskɪn] *n* hule *m*; **~s** chubasquero *m*, impermeable *m*.

oily ['ɔɪlɪ] *adj* (*comp* **-ier**; *superl* **-iest**) aceitoso/a; (*food, hands*) grasiento/a, grasoso/a (*LAm*); (*skin, hair*) graso/a; (*fig pej*) zalamero/a, empalagoso/a.

oink [ɔɪŋk] **1** *vi* gruñir. **2** *interj* ¡oink!

ointment ['ɔɪntmənt] *n* ungüento *m*, pomada *f*.

OJT *n abbr* (*US*) *of* **on-the-job training**.

OK *abbr* (*US Post*) *of* **Oklahoma**.

O.K., okay ['əʊ'keɪ] (*fam*) **1** *interj* ¡está bien!, ¡okey! (*LAm*); (*enough*) ¡basta ya!, ¡ya estuvo bueno! (*LAm*);**~, ~!** ¡ya está bien, eh!, ¡vale, vale!, ¡ya ya!; **I'm coming too, ~?** vengo yo también, ¿vale *or* (*LAm*) okey?

2 *adj* bien; **are you ~ for money/time?** ¿andas *or* (*esp LAm*) vas bien de dinero/tiempo?; **it's ~ with** *or* **by me** estoy de acuerdo, me parece bien; **is it ~ with you if ...?** ¿te importa si ...?, ¿te molesta que ...?; **I'm ~** estoy bien; **is the car ~?** ¿anda bien el coche?

3 *n*: **to give sth one's ~** dar el visto bueno a *or* aprobar algo.

4 *vt* dar el visto bueno a, aprobar.

okey-doke(y) [,əʊkɪ'dəʊk(ɪ)] *interj* (*fam*) de acuerdo, vale.

Okla. *abbr* (*US*) *of* **Oklahoma**.

old [əʊld] **1** *adj* (*comp* **~er**; *superl* **~est**) **(a)** (*aged*) viejo/a; (*: person*) anciano/a, mayor; **an ~ man** un viejo; **an ~ woman** una vieja; **~ people** *or* **folk(s)** los viejos, los ancianos, los mayores; **he's ~ for his years** es un niño muy maduro para su edad; **to grow ~** *or* **get ~(er)** envejecer; **he is 8 years ~** tiene ocho años; **how ~ are you?** ¿cuántos años tienes?, ¿qué edad tienes?; **she is the ~est teacher in the school** es la profesora de más edad del colegio; **she is 2 years ~er than you** tiene dos años más que tú; **he's ~ enough to know better** (*have more sense*) a su edad debería tener más sentido común; (*behave better*) a su edad debería portarse mejor; **as ~ as the hills** más viejo que Matusalén; **~ age** vejez *f*; **in one's ~ age** de viejo, en la vejez; **~ maid** solterona *f*; **~ people's home** residencia *f or* asilo *m* de ancianos; **~ wives' tale** cuento *m* de viejas, patraña *f*.

(b) (*thing: ancient*) antiguo/a; (*: used*) usado/a, gastado/a; **the ~ part of Glasgow** la parte vieja *or* antigua de Glasgow; **it's too ~ to be any use** es demasiado viejo para servir; **the house is 300 years ~** la casa tiene trescientos años (de construida).

(c) (*long-standing etc*) viejo/a; **an ~ friend of mine** un viejo amigo mío.

(d) (*former*) antiguo/a; **it's not as good as our ~ one** no es tan bueno como el anterior; **~ boy** antiguo *m or* exalumno *m*; **in the ~ days** antaño, en los viejos tiempos; **O~ English** inglés *m* antiguo; **~ master** (*work*) obra *f* maestra (de la pintura); **my ~ school** mi antiguo colegio; **~ soldier** veterano *m*, excombatiente *m*; **O~ Testament** Antiguo Testamento *m*; **O~ World** Viejo Mundo *m*.

(e) (*fam: affectionate*) **here's ~ Peter coming** ahí viene el bueno de *or* el viejo Pedro; **she's a funny ~ thing** es un poco rara; **the ~ country** la madre patria; **my** *or* **the ~ man** (*fam: father*) mi *or* el viejo, mi *or* el jefe; **my** *or* **the ~ woman** (*fam: mother*) mi *or* la vieja.

(f) (*fam: as intensifier*) **we had a high ~ time** hacía tiempo que no nos divertíamos tanto; **any ~ thing will do** sirve cualquier cosa; **it's not just any ~ painting, it's a Zurburán** no es un cuadro cualquiera, es un Zurburán.

2 *n* **(a) the ~** los viejos *mpl*, los ancianos *mpl*.

(b) of ~ desde hace tiempo; **in days of ~** antaño, en los tiempos antiguos.

old-age ['əʊldeɪdʒ] *adj*: **~ pension** subsidio *m* de vejez, pensión *f*; **~ pensioner** pensionista *mf*, jubilado/a *m/f*.

olden ['əʊldən] *adj* (*old, poet*) antiguo/a; **in ~ times** *or* **days** antaño, en los tiempos antiguos.

old-established ['əʊldɪ'stæblɪʃt] *adj* antiguo/a.

olde-worlde ['əʊldɪ'wɜːldɪ] *adj* (*hum*) viejísimo/a, antiquísimo/a; **a very ~ interior** un interior pintoresco de antaño.

old-fashioned ['əʊld'fæʃnd] *adj* (*thing*) anticuado/a, pasado/a de moda; (*person, attitude*) anticuado/a, chapado/a a la antigua.

old-time ['əʊldtaɪm] *adj*: **~ dancing** baile *m* antiguo *or* de antaño.

old-timer [,əʊld'taɪməʳ] *n* veterano/a *m/f*; (*old person*) viejo/a *m/f*, anciano/a *m/f*.

old-world ['əʊld'wɜːld] *adj* antiguo/a; (*style*) clásico/a; (*manners*) anticuado/a.

oleander [,əʊlɪ'ændəʳ] *n* adelfa *f*.

O-level ['əʊ,levl] (*Brit Scol Hist*) *n of* **Ordinary level** ≈ BUP *m*.

olfactory [ɒl'fæktərɪ] *adj* olfativo/a, olfatorio/a.

oligarchy ['ɒlɪgɑːkɪ] *n* oligarquía *f*.

oligopoly [,ɒlɪ'gɒpəlɪ] *n* oligopolio *m*.

olive ['ɒlɪv] **1** *n* aceituna *f*, oliva *f*; (*also* **~ tree**) olivo *m*. **2** *adj* aceitunado/a; (*also* **~ green**) verdeoliva. **3** *cpd*: **~ branch** *n*: **to hold out an ~ branch** (*fig*) hacer un gesto de paz; **~ growing** *n* oleicultura *f*; *see also* **olive-growing**; **~ oil** *n* aceite *m* de oliva.

olive-grove ['ɒlɪvgrəʊv] *n* olivar *m*.

olive-growing ['ɒlɪv,grəʊɪŋ] *adj*: **~ region** región *f* olivera.

Olympiad [əʊ'lɪmpɪæd] *n* olimpíada *f*.

Olympian [əʊ'lɪmpɪən] *adj* olímpico/a.

Olympic [əʊ'lɪmpɪk] **1** *adj* olímpico/a; **the ~ Games** las Olimpiadas; **~ medallist** medallero/a *m/f* olímpico/a; **~ torch** antorcha *f* olímpica. **2** *n*: **the ~s** las Olimpiadas.

OM *n abbr* (*Brit*) *of* **Order of Merit** *título ceremonial.*

Oman [əʊ'mɑːn] *n* Omán *m*.

Omani [əʊ'mɑːnɪ] *adj, n* omaní *mf*.

OMB *n abbr* (*US*) *of* **Office of Management and Budget** *servicio que asesora al presidente en materia presupuestaria.*

ombudsman ['ɒmbʊdzmən] *n* (*pl* **-men**) ≈ defensor *m* del pueblo.

omega ['əʊmɪgə] *n* omega *f*.

omelet(te) ['ɒmlɪt] *n* tortilla *f*, torta *f* de huevos (*Mex*).

omen ['əʊmen] *n* augurio *m*, presagio *m*; **bird of ill ~** ave *f* de mal agüero.

ominous ['ɒmɪnəs] *adj* siniestro/a, de mal agüero; (*tone*) amenazador(a), inquietante; **that sounds ~** eso no augura nada bueno.

ominously ['ɒmɪnəslɪ] *adv* siniestramente; (*menacingly*) de manera amenazadora.

omission [əʊˈmɪʃən] *n* (*act of omitting*) omisión *f*; (*mistake*) descuido *m*.
omit [əʊˈmɪt] *vt* (**a**) (*on purpose*) suprimir. (**b**) (*by accident*) olvidarse de; **to ~ to do sth** olvidarse *or* dejar de hacer algo.
omnibus [ˈɒmnɪbəs] *n* (*frm: bus*) ómnibus *m*, autobús *m*, camión *m (Mex)*; (*book*) antología *f*.
omnipotent [ɒmˈnɪpətənt] *adj* omnipotente.
omnipresent [ˈɒmnɪˈprezənt] *adj* omnipresente.
omniscient [ɒmˈnɪsɪənt] *adj* omnisciente.
omnivorous [ɒmˈnɪvərəs] *adj* omnívoro/a.
ON *abbr* (*Canada*) *of* **Ontario**.
on [ɒn] **1** *prep* (**a**) (*of place, position*) en, sobre; **~ the Continent** en Europa; **~ the table** en *or* sobre la mesa; **~ all sides** por todas partes, por todos lados; **I haven't any money ~ me** no llevo dinero encima; **~ the ceiling** sobre el techo; **hanging ~ the wall** colgado en la pared; **a house ~ the square** una casa en la plaza; **~ page 2** en la página dos; **~ the right** a la derecha; **~ the radio** en *or* por la radio; **~ foot** a pie; **~ horseback** a caballo; **an attack ~ the government** un ataque contra el gobierno; **he played it ~ the violin** lo tocó al violín; **~ the telephone** por teléfono; **he's ~ the committee** es miembro del comité; **he's ~ the permanent staff** es de plantilla; **~ average** por término medio; **~ his authority** con su autorización; **she lives ~ cheese** vive sólo a base de queso; **~ pain of** so pena de; **~ account of** a causa de; **~ sale** de venta; **a student ~ a grant** un estudiante con beca; **he's ~ £6000 a year** gana seis mil libras al año; **he's ~ heroin** (*fam*) está enganchado a la heroína; **prices are up ~ last year('s)** los precios han subido frente a los del año pasado.
(**b**) (*of time*) **~ Friday** el viernes; **~ Fridays** los viernes; **~ May 14th** el catorce de mayo; **~ a day like this** (en) un día como éste; **~ time** a la hora, a tiempo; **~ my arrival** al llegar, a mi llegada; **~ seeing him** al verle.
(**c**) (*about, concerning*) sobre, acerca de; **a book ~ physics** un libro de *or* sobre física; **he lectured ~ Keats** dio una conferencia sobre Keats; **have you read Purnell ~ Churchill?** ¿has leído los comentarios de Purnell sobre Churchill?; **while we're ~ the subject** como hablamos de esto.
(**d**) (*phrases*) **a story based ~ fact** una historia basada en la realidad; **the march ~ Rome** la marcha sobre Roma.
(**e**) (*after, according to*) **~ this model** según este modelo.
(**f**) (*engaged in*) **he's away ~ business** está en viaje de negocios; **to be ~ holiday** estar de vacaciones; **we're ~ irregular verbs** estamos con los verbos irregulares.
(**g**) (*at the expense of*) **this round's ~ me** esta ronda la pago yo, invito yo; **it's ~ the house** la casa invita.
2 *adv* (**a**) (*indicating idea of covering*) **she put her boots ~** se puso las botas; **to have one's coat ~** tener el abrigo puesto; **what's she got ~?** ¿qué lleva puesto?, ¿cómo va vestida?; **screw the lid ~ tightly** enrosca *or* mete bien la tapa; *see* **put on; come on**.
(**b**) (*indicating time*) **from that day ~** a partir de aquel día, de aquel día en adelante; **it's getting ~ for ten o'clock** falta poco para las diez, ya van a ser las diez; **it was well ~ in the evening** estaba ya muy entrada la tarde; **they talked well ~ into the night** hablaron hasta bien entrada la noche; *see* **further; later**.
(**c**) (*indicating continuation*) **to go ~, walk ~** *etc* seguir adelante; **to read ~** seguir leyendo; **he rambled ~ and ~** estuvo dale que dale *(fam)*, estuvo dale y dale *(esp LAm)*; **and so ~** (*and the rest*) y demás; (*etc*) etcétera.
(**d**) (*in phrases*) **to go ~ at sb (about sth)** dar la lata a algn (sobre algo); **what are you ~ about?** ¿de qué (me) hablas?; **to be ~** (*actor*) estar en escena; **are you ~ tomorrow?** ¿estás de turno mañana?; **to be ~ to sth** creer haber encontrado algo; **he knows he's ~ to a good thing** sabe que ha encontrado algo que vale la pena; **he's always ~ to me about it** (*fam*) me está majando continuamente con eso *(fam)*.
3 *adj* (**a**) (*functioning, in operation: engine, switch*) conectado/a; (*: machine*) enchufado/a; (*: light*) encendido/a, prendido/a *(LAm)*; (*: TV set etc*) encendido/a, puesto/a, prendido/a *(LAm)*; (*: tap*) abierto/a; (*: brake etc*) puesto/a, echado/a; (*in place: lid etc*) puesto/a; (*closed*) cerrado/a; **the show is ~ in London** se ha estrenado el espectáculo en Londres; **what's ~ at the cinema?** ¿qué ponen en el cine?; **is the meeting still ~ tonight?** ¿sigue en pie la reunión de esta noche?, ¿se lleva a cabo siempre la reunión de esta noche? *(LAm)*; **the programme is ~ in a minute** el programa empieza dentro de un minuto; **there's a good film ~ tonight** hay una película buena esta noche; **sorry, I've got something ~ tonight** lo siento, esta noche tengo un compromiso.
(**b**) (*valid*) **you're ~!** ¡te tomo la palabra!; **that's not ~** (*fam*) eso no se hace, no hay derecho; **the deal is ~** se ha cerrado el trato.
ONC *n abbr* (*Brit Scol*) *of* **Ordinary National Certificate** *título escolar*.
once [wʌns] **1** *adv* (**a**) (*on one occasion*) una vez; **~ before** ya ... una vez; **~ only** sólo una vez, una sola vez; **~ or twice** un par de veces, una o dos veces; **~ again** *or* **more** otra vez, una vez más; **(every) ~ in a while** de vez en cuando, cada cuando *(LAm)*; **~ a week** una vez a la *or* por semana; **~ and for all** de una vez (por todas); **just this ~** ésta vez sólo *or* nada más; **for ~** por una vez; **it never ~ occurred to me** ni se me occurrió.
(**b**) (*formerly*) antes; **I knew him ~** le conocí hace tiempo; **~ upon a time** érase una vez, hubo una vez.
(**c**) **at ~** (*immediately*) en seguida, inmediatamente; (*simultaneously*) a la vez, al mismo tiempo; **all at ~** (*suddenly*) de repente, de golpe; (*in one go*) de una sola vez.
2 *conj* una vez que ..., si ...; **~ you give him the chance** una vez que le des la oportunidad; **~ they finish, we can start** con cuanto terminen podemos empezar nosotros.
once-over [ˈwʌnsˌəʊvəʳ] *n* (*fam*) **to give sb/sth the ~** echar un vistazo a algn/algo.
oncologist [ɒŋˈkɒlədʒɪst] *n* oncólogo/a *m/f*.
oncoming [ˈɒnˌkʌmɪŋ] *adj* (*car, traffic*) que viaja en el sentido opuesto.
oncosts [ˈɒnˌkɒsts] *npl* gastos *mpl* generales.
OND *n abbr* (*Brit Scol*) *of* **Ordinary National Diploma** *título escolar*.
one [wʌn] **1** *adj* (**a**) (*number*) un(o)/una; **~ or two people** algunas personas; **the baby is ~ (year old)** el bebé tiene un año; **it's ~ (o'clock)** es la una; **the last but ~** el penúltimo; **for ~ reason or another** por diferentes razones; **there is only ~ left** queda uno solamente; **that's ~ way of doing it** esa es una forma *or* una de las maneras de hacerlo.
(**b**) (*indefinite*) un(o)/una, cierto/a; **~ day** un día, cierto día; **~ cold winter's day** un día frío de invierno.
(**c**) (*sole*) solo/a, único/a; **the ~ and only Charlie Chaplin** el único e incomparable Charlot; **his ~ worry** su única preocupación; **no ~ man could do it** ningún hombre podría hacerlo por sí solo.
(**d**) (*same*) mismo/a; **they are ~ and the same person** son la misma persona; **it is ~ and the same thing** es la misma cosa; **it's all ~ to me** me da igual.
2 *n* uno/a; **in ~s and twos** en pequeños grupos; **they came in ~s and twos** entraron solos o en parejas; **to be ~ up on sb** llevar ventaja a algn; **to go ~ better than sb** tomar la ventaja *or* la delantera a algn; **to be at ~ (with sb)** estar completamente de acuerdo (con algn); **she's cook and housekeeper in ~** es a la vez cocinera y ama de llaves; **I belted him ~** (*fam*) le di un porrazo; **to have ~ for the road** tomar la última (copa) *or* la del estribo.
3 *pron* (**a**) **this ~** éste/a; **that ~** ése/a, aquél/aquella; **~ or two** pocos, algunos; **which ~ do you want?** ¿cuál quieres?; **the ~ on the floor** el que está en el suelo; **the ~**

who/that el/la que; **the ~s who/that** los/las que; **the white dress and the grey** ~ el vestido blanco y el gris; **what about this little ~?** ¿y el pequeño *or (esp LAm)* chiquito?; **our dear ~s** nuestros seres queridos; **to pull a fast** ~ jugar una mala pasada a algn; **that's a difficult** ~ eso sí que es difícil; **you've got it in ~!** (*fam*) ¡y que lo digas!; **he's a clever** ~ es un taimado; **the little ~s** los pequeños, los chiquillos; **you're a fine ~!** (*fam*) ¡estás tú bueno!, ¡eres una buena pieza!; **he's a great ~ for chess** es muy bueno al ajedrez; **he's a great ~ for arguing** es de los que les priva discutir; **he's ~ for the ladies** es Perico entre ellas; **he is not ~ to protest** no es de los que protestan; **have you got ~?** ¿tienes uno?; **~ of them** uno de ellos; **any ~ of us** cualquiera de nosotros; **he's ~ of the family now** ya es de la familia; **I for ~ am not going** en cuanto a mí *or* de momento, yo ya no voy; **~ and all** todos sin excepción, todo el mundo; **the ~ ..., the other** ... uno ..., el otro ...; **~ after the other** uno tras otro; **~ by ~** uno tras otro; **not ~** ni uno.

(**b**) **~ another** el uno al otro; **they all kissed ~ another** se besaron (unos a otros); **do you see ~ another much?** ¿se ven mucho?

(**c**) (*impers*) uno, una; **~ never knows** nunca se sabe; **~ must eat** hay que comer; **to cut ~'s finger** cortarse el dedo.

one- [wʌn] *pref* de un ..., de un solo ..., uni-, un-; **a ~celled animal** un animal unicelular.

one-armed ['wʌn'ɑːmd] *adj* manco/a; **~ bandit** (*fam*) máquina *f* tragaperras.

one-eyed ['wʌn'aɪd] *adj* tuerto/a.

one-horse ['wʌn'hɔːs] *adj* (**a**) (*carriage*) de un solo caballo. (**b**) (*fam*) insignificante, de poca monta; **~ town** pueblucho *m (fam)*.

one-legged ['wʌn'legɪd] *adj* con una sola pierna.

one-liner [ˌwʌn'laɪnəʳ] *n* chiste *m* breve.

one-man ['wʌn'mæn] *adj* individual; (*job*) para una sola persona; (*business*) llevado/a por una sola persona; **~ band** (*Mus*) hombre *m* orquesta; **it's a ~ band** (*fig fam*) lo hace todo uno solo; **a ~ woman** una mujer de un solo hombre.

one-night ['wʌnnaɪt] *adj*: **~ stand** (*Theat*) función *f* de una sola noche, representación *f* única; (*fig*) ligue *m* de una noche.

one-off ['wʌnɒf] *n (Brit fam)* intento *m* único; **a ~ job** un único trabajo; **it's a ~** es un caso único.

one-parent ['wʌnˌpeərənt] *adj*: **~ family** familia *f* monoparental, hogar *m* sin pareja.

one-party ['wʌn'pɑːtɪ] *adj* (*state etc*) de partido único.

one-piece ['wʌn'piːs] *adj* de una pieza.

onerous ['ɒnərəs] *adj* oneroso/a; (*task, duty*) pesado/a.

oneself [wʌn'self] *pron* (*reflexive*) se, sí mismo/a; (*emphatic*) uno/a mismo/a; **to be ~** conducirse con naturalidad; **to be by ~** estar solo *or* a solas; **to do sth by ~** hacer algo solo *or* por sí solo; **to see for ~** ver por sí mismo; **to say to ~** decir para sí *or* entre sí, decirse a uno mismo; **to talk to ~** hablar solo.

one-shot ['wʌnʃɒt] *n* (*US*) intento *m* único.

one-sided ['wʌn'saɪdɪd] *adj* (*view etc*) parcial; (*decision*) unilateral; (*contest*) desigual.

one-time ['wʌntaɪm] *adj* antiguo/a, ex; **~ prime minister** ex primer ministro *m*.

one-to-one ['wʌntə'wʌn] *adj* (*relationship*) de uno a uno; (*teaching*) individual, individualizado/a.

one-track ['wʌntræk] *adj*: **to have a ~ mind** estar obsesionado/a con algo.

one-upmanship [wʌn'ʌpmənʃɪp] *n* arte *m* de aventajar a los demás, arte de llevar siempre la delantera.

one-way ['wʌnweɪ] *adj* (*street*) de dirección única, sentido único *(esp LAm)*; (*ticket*) sencillo/a.

one-woman ['wʌn'wʊmən] *adj* individual; **~ business** empresa *f* dirigida por una sola mujer.

one-year ['wʌnjɪəʳ] *adj* de *or* para un año.

ongoing ['ɒnˌgəʊɪŋ] *adj* (*in progress*) en curso; (*continuing*) en desarrollo; (*current*) corriente.

onion ['ʌnjən] **1** *n* cebolla *f*. **2** *cpd* de cebolla; **~ rings** *npl* aros *mpl* de cebolla rebozados; **~ skin** *n* (*paper*) papel *m* de cebolla; **~ soup** *n* sopa *f* de cebolla.

on-line ['ɒnlaɪn] **1** *adj* (*Comput*) on-line, en línea; (*switched on*) conectado/a. **2** *adv* on-line, en línea.

onlooker ['ɒnˌlʊkəʳ] *n* espectador(a) *m/f*; (*esp pej*) mirón/ona *m/f*.

only ['əʊnlɪ] **1** *adj* único/a, solo/a; **it's the ~ one left** es el único que queda; **your ~ hope is to hide** la única posibilidad es que te escondas; **you are not the ~ one** tú no eres el único; **an ~ child** un(a) hijo/a único/a; **the ~ thing I don't like about it is ...** lo único que no me gusta de este asunto es ....

2 *adv* sólo, solamente, nomás *(LAm)*; **we have ~ 5** sólo tenemos cinco, tenemos cinco nada más; **one choice ~** una sola alternativa; **~ time will tell** el tiempo lo dirá; **I'm ~ the porter** yo soy el portero nada más; **I'm ~ a porter** soy un simple portero; **I ~ touched it** no hice más que tocarlo, sólo lo he tocado; **you ~ have to ask** no hay sino preguntar; **~ when I ...** sólo cuando (yo) ...; **not ~ A but also B** no sólo A sino también B; **I saw her ~ yesterday** ayer mismo la vi, la vi ayer nomás *(LAm)*, recién ayer la vi *(LAm)*; **we can ~ hope** sólo nos queda esperar; **I'd be ~ too pleased to help** encantado de servir(les); **~ too true** por desgracia es verdad *or* cierto; *see* **if 1 (e)**; **just[2] 2 (f)**.

3 *conj* sólo que, salvo que; **I would gladly do it, ~ I shall be away** lo haría de buena gana, sólo *or* pero voy a estar fuera.

o.n.o. *abbr of* **or near(est) offer**.

onomatopoeia [ˌɒnəʊmætəʊ'piːə] *n* onomatopeya *f*.

onrush ['ɒnrʌʃ] *n* (*of water*) oleada *f*; (*fig*) oleada, avalancha *f*.

onset ['ɒnset] *n* principio *m*, comienzo *m*; (*of disease*) ataque *m*.

onshore ['ɒnʃɔːʳ] **1** *adv* hacia la tierra. **2** *adj* (*breeze*) que sopla del mar hacia la tierra.

onside ['ɒnsaɪd] *adv* (*Sport*) en posición correcta.

on-site ['ɒnˌsaɪt] *adj* in situ.

onslaught ['ɒnslɔːt] *n* (*gen*) ataque *m* violento, arremetida *f*.

Ont. *abbr* (*Canada*) *of* **Ontario**.

on-the-job ['ɒnðə'dʒɒb] *adj*: **~ training** formación *f* en el trabajo *or* sobre la práctica.

on-the-spot ['ɒnðə'spɒt] *adj* (*decision*) instantáneo/a; (*investigation*) en el terreno; (*report*) inmediato/a.

onto ['ɒntʊ] *prep* a, sobre, en, arriba de *(LAm)*; **he got ~ the table** se subió a la mesa; **to be ~ sb** (*suspect*) estar enterado (de la culpabilidad *etc*) de algn; **to be ~ a good thing** haber tenido suerte; **I'll get ~ him about it** insistiré con él, se lo recordaré.

onus ['əʊnəs] *n* (*no pl*) responsabilidad *f*; **the ~ is upon him to prove it** es suya la responsabilidad de *or* le incumbe a él demostrarlo; **the ~ of proof is on the prosecution** le incumbe al fiscal probar la acusación.

onward ['ɒnwəd] **1** *adj* progresivo/a. **2** *adv* (*also* **~s**) adelante, hacia adelante; **from that time ~(s)** desde entonces; **from the 12th century ~(s)** desde el siglo doce en adelante, a partir del siglo doce.

onyx ['ɒnɪks] *n* ónice *m*, ónix *m*.

oodles ['uːdlz] *n*: **we have ~ (of)** (*fam*) tenemos montones (de) *(fam)*.

oomph [ʊmf] *n* aquél *m (fam)*, atracción *f* sexual.

oops [ʊps] *interj* (*fam*) ¡ay!

ooze [uːz] **1** *n* cieno *m*, limo *m*; (*of blood*) pérdida *f*, salida *f*. **2** *vi* (*liquid*) rezumar(se); (*blood*) manar suavemente; (*leak*) gotear. **3** *vt* rezumar; (*fig*) rebosar; **he simply ~s confidence** rebosa confianza.

▸ **ooze out** *vi + adv* rezumarse.

op [ɒp] *n abbr* (**a**) (*fam*) *of* **operation**. (**b**) (*Mus*) *of* **opus**.

opal ['əʊpəl] *n* ópalo *m*.

opaque [əʊ'peɪk] *adj* opaco/a.

op.cit. *abbr of* **opere citato** obr. cit.
OPEC ['əʊpek] *n abbr of* **Organization of Petroleum-Exporting Countries** OPEP *f.*
open ['əʊpən] **1** *adj* **(a)** (*gen*) abierto/a; (*bottle, tin etc*) destapado/a; (*unfolded*) desplegado/a; (*unbuttoned etc*) desabrochado/a; (*shop, bank etc*) abierto/a (al público); **the door is ~** la puerta está abierta; **wide ~** (*door etc*) abierto de par en par; **a shirt ~ at the neck** una camisa con el cuello desabrochado; **the book was ~ at page 7** el libro estaba abierto por la página siete; **to cut a bag ~** abrir una bolsa rajándola; **the shop is still not ~** la tienda sigue cerrada.
(b) (*not enclosed: gen*) descubierto/a, abierto/a; (*car*) descapotable; **~ sandwich** sandwich *m* sin tapa *or (esp LAm)* abierto; **~ country** campo *m* raso; **~ sea** mar *m* abierto; **on ~ ground** en un claro; (*waste ground*) en un descampado; **in the ~ air** al aire libre.
(c) (*not blocked*) abierto/a, sin obstáculos; **road ~ to traffic** carretera abierta al tráfico, vía libre.
(d) (*public, unrestricted*) público/a; (*race etc*) abierto/a; **~ day** día *m* abierto a todos; **~ prison** cárcel *f* abierta; **~ shop** (*factory etc*) empresa *f* con personal agremiado y no agremiado; **O~ University** (*Brit*) ≈ Universidad *f* Nacional de Enseñanza a Distancia; **in ~ court** en juicio público; **~ to the public on Mondays** abierto al público los lunes; **what choices are ~ to me?** ¿qué posibilidades *or* opciones me quedan?; **to keep ~ house** tener mesa franca *or* casa abierta; **membership is not ~ to women** la sociedad no admite a las mujeres; **he bought it on the ~ market** lo compró en el mercado público.
(e) (*not biased or prejudiced*) abierto/a; **I am ~ to persuasion** se me puede convencer; **I am ~ to offers** estoy dispuesto a recibir ofertas; **I am ~ to advice** escucho de buena gana los consejos.
(f) (*declared, frank*) abierto/a; (*person, admiration*) franco/a; (*hatred*) declarado/a; **it's an ~ secret that ...** es un secreto a voces que ...; **to be in ~ revolt** estar en abierta rebeldía; **to be ~ with sb** ser franco con algn.
(g) (*undecided*) por resolver, por decidir; **it's an ~ question whether ...** está por ver si ...; **to have an ~ mind (on sth)** estar sin decidirse aún (sobre algo); **to leave the matter ~** dejar el asunto pendiente.
(h) (*exposed, not protected*) abierto/a, descubierto/a; (*: Mil*) expuesto/a, vulnerable; **~ to the elements** desprotegido/a, desabrigado/a; **it is ~ to doubt whether ...** queda la duda sobre si ...; **to lay o.s. ~ to criticism/attack** exponerse a ser criticado/atacado.
2 *n*: **out in the ~** (*out of doors*) al aire libre; (*in the country*) en campo *m* raso *or* abierto; **to bring a dispute into the ~** hacer que una disputa llegue a ser del dominio público; **their true feelings came into the ~** sus verdaderos sentimientos se dejaron adivinar.
3 *vt* **(a)** (*gen*) abrir; (*pores*) dilatar; (*newspaper*) desplegar; (*legs*) abrir, separar; (*shop*) abrir; **to ~ a road to traffic** abrir una carretera al público; **I didn't ~ my mouth** ni abrí la boca, no dije ni pío.
(b) (*begin: conversation, debate, negotiations etc*) entablar, iniciar; **to ~ a bank account** abrir una cuenta en el banco; **to ~ the case** (*Jur*) exponer los detalles de la acusación; **to ~ fire** (*Mil*) romper *or* abrir el fuego.
(c) (*declare ~, inaugurate*) inaugurar; **to ~ Parliament** abrir la sesión parlamentaria; **to ~ a road through a forest** abrir una carretera a través de un bosque.
(d) (*reveal, disclose: mind, heart*) abrir; (*: feelings, intentions*) revelar.
4 *vi* **(a)** (*gen*) abrirse; (*pores*) dilatarse; **a door that ~s onto the garden** una puerta que da al jardín; **the shops ~ at 9** las tiendas abren a las nueve; **the heavens ~ed** se abrieron los cielos.
(b) (*begin*) dar comienzo, iniciarse; (*speaker*) comenzar; (*play*) estrenarse; (*Cards, Chess*) abrir; **the season ~s in June** la temporada comienza en junio; **the book ~s with a long description** el libro empieza con una larga descripción.
▸ **open out 1** *vi + adv* (*flower*) abrirse; (*passage, tunnel, street*) ensancharse; (*view*) extenderse; (*fig: develop, unfold*) desarrollarse; (*: person*) desenvolverse, abrirse; (*: new horizons*) abrirse. **2** *vt + adv* (*unfold*) desplegar.
▸ **open up 1** *vi + adv* abrirse; (*fig: prospects etc*) abrirse, desplegarse; (*emotionally*) abrirse, confiarse; **~ up!** ¡abran! **2** *vt + adv* (*jungle, new horizons*) explorar, abrir; (*tunnel, road*) abrir, franquear; (*house, shop*) abrir; (*business*) abrir, inaugurar, iniciar; **to ~ up a country for trade** incorporar un país al comercio.
open-air ['əʊpn'ɛə^r] *adj* al aire libre.
open-and-shut [ˌəʊpənən'ʃʌt] *adj*: **~ case** caso *m* claro *or* evidente.
open-cast ['əʊpən'kɑːst] *adj*: **~ mining** minería *f* a cielo abierto.
open-ended ['əʊpən'endɪd] *adj* (*fig: contract, offer etc*) indefinido/a, sin definir; (*: discussion*) sin desarrollo preestablecido.
opener ['əʊpnə^r] *n* abridor *m*; (*bottle ~*) sacacorchos *m inv*; (*can ~*) abrelatas *m inv*.
open-handed ['əʊpn'hændɪd] *adj* liberal, generoso/a.
open-heart ['əʊpnˌhɑːt] *adj*: **~ surgery** cirugía *f* a corazón abierto.
open-hearted [ˌəʊpn'hɑːtɪd] *adj* franco/a, generoso/a.
opening ['əʊpnɪŋ] **1** *adj* (*remark*) primer(o)/a; (*ceremony, speech*) de apertura, inaugural; (*price*) inicial.
2 *n* **(a)** (*gap*) abertura *f*; (*in wall*) brecha *f*, agujero *m*; (*in clouds, trees*) claro *m*.
(b) (*beginning*) comienzo *m*, principio *m*; (*Cards etc*) apertura *f*; (*first showing: Theat*) estreno *m*; (*: of exhibition*) inauguración *f*; (*of parliament*) apertura.
(c) (*chance*) oportunidad *f*, posibilidad *f*; (*post*) (puesto *m*) vacante *f*; **to give one's opponent an ~** dar una oportunidad *or (LAm)* darle chance al adversario; **to give sb an ~ for sth** dar a algn la oportunidad de hacer algo.
3 *cpd*: **~ hours** *npl* horas *fpl* de abrir; **~ night** *n* noche *f* de estreno; **~ price** *n* cotización *f* de apertura; **~ stock** *n* existencias *fpl* iniciales; **~ time** *n* hora *f* de abrir *or* de apertura.
openly ['əʊpənlɪ] *adv* (*frankly*) abiertamente, francamente; (*publicly*) públicamente.
open-minded ['əʊpn'maɪndɪd] *adj* libre de prejuicios, de miras amplias.
open-mouthed ['əʊpn'maʊðd] *adj* boquiabierto/a.
open-necked ['əʊpn'nekt] *adj* sin corbata.
openness ['əʊpnnɪs] *n* (*frankness*) franqueza *f*.
open-plan ['əʊpnˌplæn] *adj* (*house, office etc*) sin tabiques.
opera[1] ['ɒpərə] **1** *n* ópera *f*. **2** *cpd*: **~ glasses** *npl* gemelos *mpl* de teatro; **~ house** *n* teatro *m* de la ópera; **~ singer** *n* cantante *mf* de ópera.
opera[2] ['ɒpərə] *npl of* **opus**.
operable ['ɒpərəbl] *adj* (*Med*) operable.
operate ['ɒpəreɪt] **1** *vt* **(a)** (*machine: set in motion*) hacer funcionar; (*: keep going*) manejar; (*brakes*) poner, echar; (*switch, lever etc*) accionar; **a machine ~d by electricity** una máquina que funciona con electricidad; **can you ~ this tool?** ¿sabes manejar esta herramienta?
(b) (*company etc*) dirigir; (*system, law etc*) aplicar, poner en práctica.
2 *vi* **(a)** (*function: machine etc*) funcionar; (*: person*) obrar, actuar; (*: mind*) funcionar.
(b) (*drug, propaganda*) surtir efecto; (*theory, law, system*) funcionar.
(c) (*carry on one's business*) trabajar; (*airport*) estar en funcionamiento; (*person*) obrar, actuar.
(d) (*Med*) operar; **she was ~d on for appendicitis** la operaron de apendicitis.
operatic [ˌɒpə'rætɪk] *adj* de ópera.
operating ['ɒpəreɪtɪŋ] *adj* **(a)** (*Comm*) de explotación,

operacional; ~ **assets** activo *m* operante; ~ **costs,** ~ **expenses** gastos *mpl* de funcionamiento; ~ **profit** beneficio *n* de explotación; ~ **statement** (*Comm*) estado *m*, cuenta *f* (de pérdidas y ganancias); ~ **system** (*Comput*) sistema *m* de explotación. (**b**) (*Med*) de operaciones, de quirófano; ~ **theatre** *or* (*US*) ~ **theater** quirófano *m*, sala *f* de operaciones.

operation [ˌɒpə'reɪʃən] **1** *n* (**a**) (*functioning*) operación *f*; ~**s** obras *fpl*; **the company's ~s during the year** las actividades de la compañía durante el año.

(**b**) (*way of operating*) funcionamiento *m*; (*act*) manejo *m*, mando *m*; **to be in** ~ (*machine, system, business*) estar funcionando *or* en marcha; (*law*) ser vigente; **to come into** ~ (*machine*) empezar a trabajar *or* funcionar; (*law*) entrar en vigor; **to bring** *or* **put into** ~ (*law*) aplicar.

(**c**) (*Mil etc*) operación *f*; (*manoeuvre*) maniobra *f*; **O~ Torch** Operación Antorcha.

(**d**) (*Med*) operación *f*, intervención *f* quirúrgica; **to have an ~ for appendicitis** operarse de apendicitis; **to perform an ~ on sb for sth** operar a algn de algo; **to undergo an** ~ operarse.

2 *cpd*: ~**s rooms** *npl* (*Police etc*) centro *m* de coordinación.

operational [ˌɒpə'reɪʃənl] *adj* (*relating to operations*) operacional, de operaciones; (*ready for use or action*) en condiciones (de funcionar); ~ **research** investigaciones *fpl* operacionales; **when the service is fully** ~ cuando el servicio esté en pleno funcionamiento.

operative ['ɒpərətɪv] **1** *adj* (**a**) operativo/a; **the ~ word** la palabra clave; **to be** ~ (*Jur*) estar en vigor. (**b**) (*Med*) operatorio/a. **2** *n* operario/a *m/f*; (*worker*) obrero/a *m/f*.

operator ['ɒpəreɪtə^r] *n* (*of machine etc*) operario/a *m/f*; (*machinist*) maquinista *mf*; (*Cine*) operador(a) *m/f*; (*Telec*) telefonista *mf*; **a smooth** ~ (*fam: in business*) un tipo hábil; (*in love*) un engatusador.

operetta [ˌɒpə'retə] *n* zarzuela *f*, opereta *f*.

ophthalmic [ɒf'θælmɪk] *adj* oftálmico/a.

ophthalmology [ˌɒfθæl'mɒlədʒɪ] *n* oftalmología *f*.

opiate ['əʊpɪɪt] *n* opiata *f*.

opinion [ə'pɪnjən] **1** *n* (*belief, view*) opinión *f*, parecer *m*; **public** ~ la opinión pública; **in my** ~ en mi opinión, a mi juicio; **in the ~ of those who know** según los que saben; **it's a matter of** ~ es cuestión de opiniones; **what is your ~ of him?** ¿qué concepto tienes de él?, ¿qué piensas de él?; **to be of the ~ that ...** opinar que ...; **to ask someone's** ~ pedir su opinión *or* parecer a algn; **to give one's** ~ dar su parecer; **to form an ~ of sb/sth** formarse una opinión de algn/algo; **to have a high/poor ~ of sb** tener buen/mal concepto de algn; **to have a high ~ of o.s.** ser un creído; **to seek a second** ~ pedir una segunda opinión.

2 *cpd*: ~ **poll** *n* sondeo *m* de la opinión pública.

opinionated [ə'pɪnjəneɪtɪd] *adj* testarudo/a, dogmático/a.

opium ['əʊpɪəm] **1** *n* opio *m*. **2** *cpd*: ~ **addict** *n* opiómano/a *m*; ~ **addiction** *n* opiomanía *f*; ~ **den** *n* fumadero *m* de opio.

opossum [ə'pɒsəm] *n* zarigüeya *f*.

opp. *abbr of* **opposite**.

opponent [ə'pəʊnənt] *n* adversario/a *m/f*, contrincante *mf*; (*in debate, discussion*) contrario/a *m/f*.

opportune ['ɒpətjuːn] *adj* oportuno/a; **to be** ~ venir bien; (*time etc*) ser propicio; **at an ~ moment** en el momento oportuno.

opportunely ['ɒpətjuːnlɪ] *adv* oportunamente, en momento propicio.

opportunism [ˌɒpə'tjuːnɪzəm] *n* oportunismo *m*.

opportunist [ˌɒpə'tjuːnɪst] *n* oportunista *mf*.

opportunity [ˌɒpə'tjuːnɪtɪ] *n* oportunidad *f*, ocasión *f*, chance *m* (*LAm*); **to have the ~ to do sth** *or* **of doing sth** tener la oportunidad *or* (*LAm*) el chance de hacer algo; **to take the ~ to do sth** *or* **of doing sth** aprovechar la ocasión para hacer algo; **at the earliest** ~ en la primera oportunidad; **when I get the** ~ cuando se presenta la ocasión; **to miss one's** ~ perder la oportunidad; **opportunities for promotion** oportunidades de promoción.

oppose [ə'pəʊz] *vt* oponerse a; (*disagree with*) estar *or* ir en contra de; (*Pol*) oponer; **she ~s my coming** se opone a que venga.

opposed [ə'pəʊzd] *adj*: **to be ~ to sth** oponerse a algo, estar en contra de algo; **savings as ~ to investments** (*distinguished from*) los ahorros en comparación con las inversiones; (*unlike*) los ahorros a diferencia de las inversiones.

opposing [ə'pəʊzɪŋ] *adj* (*team etc*) contrario/a; (*army*) adversario/a.

opposite ['ɒpəzɪt] **1** *adv* enfrente; **they live directly** ~ viven justo enfrente.

2 *prep* enfrente de, frente a; ~ **one another** uno frente a(l) otro; **a house ~ the school** una casa enfrente de la escuela; ~ **the bus stop** frente a la parada del autobús; **to play ~ sb** (*Theat*) aparecer junto a algn.

3 *adj* (**a**) (*in position*) de enfrente; **the house** ~ la casa de enfrente; **on the ~ page** en la página opuesta *or* de al lado.

(**b**) (*contrary*) contrario/a, opuesto/a; **in the ~ direction** en dirección contraria *or* sentido contrario; **the ~ sex** el otro sexo, el sexo opuesto; *see* **number 1(c)**.

4 *n* lo contrario, lo opuesto; **quite the ~!** ¡todo lo contrario!; **she said just the** ~ dijo exactamente lo contrario; **it's the ~ of what we wanted** es totalmente distinto de lo que queríamos.

opposition [ˌɒpə'zɪʃən] *n* (**a**) (*resistance*) resistencia *f*, oposición *f*; (*people opposing*) oposición; **in ~ to** (*against*) en contra de; (*unlike*) a diferencia de; **he made his ~ known** indicó su disconformidad; **to be in** ~ estar en la oposición; **to start up a business in ~ to another** montar un negocio en competencia con otro. (**b**) (*Brit Pol*) **the O~** los partidos de oposición, la oposición; **leader of the O~** líder *m* de la oposición.

oppress [ə'pres] *vt* (*Mil, Pol etc*) oprimir; (*subj: heat, anxiety etc*) agobiar, sofocar; ~**ed with worry** angustiado/a.

oppression [ə'preʃən] *n* opresión *f*.

oppressive [ə'presɪv] *adj* (*regime etc*) opresivo/a, opresor(a); (*cruel*) tiránico/a; (*heat etc, also fig*) sofocante.

oppressor [ə'presə^r] *n* opresor(a) *m/f*.

opt [ɒpt] *vi*: **to ~ for sth/to do sth** optar por algo/por hacer algo.

► **opt out** *vi + adv*: **to ~ out of doing** optar por no hacer; (*withdraw*) retractarse; **I think I'll ~ out of going** creo que optaré por no ir.

optic ['ɒptɪk] *adj* óptico/a; ~ **nerve** nervio *m* óptico.

optical ['ɒptɪkəl] *adj* óptico/a; ~ **disk** disco *m* óptico; ~ **fibre** fibra *f* óptica; ~ **illusion** ilusión *f* óptica; ~ **(character) reader** lector *m* óptico (de caracteres); ~ **character recognition** reconocimiento *m* óptico de caracteres.

optician [ɒp'tɪʃən] *n* óptico/a *m/f*.

optics ['ɒptɪks] *nsg* óptica *f*.

optimal ['ɒptɪml] *adj* óptimo/a.

optimism ['ɒptɪmɪzəm] *n* optimismo *m*.

optimist ['ɒptɪmɪst] *n* optimista *mf*.

optimistic [ˌɒptɪ'mɪstɪk] *adj* optimista.

optimistically [ˌɒptɪ'mɪstɪklɪ] *adv* con optimismo.

optimize ['ɒptɪmaɪz] *vt* optimizar.

optimum ['ɒptɪməm] *adj* óptimo/a; **in ~ conditions** en las condiciones más favorables.

option ['ɒpʃən] *n* (**a**) (*choice*) opción *f*; **I have no** ~ no tengo más *or* otro remedio; **she had no ~ but to leave** no tuvo más remedio que irse; **to keep one's ~s open** no comprometerse; **imprisonment without the ~ of bail** (*Jur*) prisión *f* preventiva. (**b**) (*Comm*) opción *f*; **with the ~ to buy** con opción de compra; **to take out an ~ on another 100** suscribir una opción para la compra de

otros 100; **stock** ~ (*Fin*) compra *f* opcional de acciones. (**c**) (*Scol, Univ*) opción *f*.
optional ['ɒpʃənl] *adj* (*course etc*) optativo/a, facultativo/a; (*part, fitting etc*) opcional; **dress** ~ traje *m* de etiqueta o de calle; ~ **extras** (*Aut*) accesorios *mpl*, extras *mpl*.
opulence ['ɒpjʊləns] *n* opulencia *f*.
opulent ['ɒpjʊlənt] *adj* opulento/a.
opus ['əʊpəs] *n* (*pl* **opera**) (*Mus*) opus *m*, obra *f*.
OR *abbr* (**a**) *of* **operations** *or* **operational research**. (**b**) (*US Post*) *of* **Oregon**.
or [ɔːʳ] *conj* (**a**) (*giving alternative*) o; (*before o-, ho-*) u; **not ...~ ...** no ... ni ...; **either A ~ B** o A o B; ~ **else** o bien, si no; **20 ~ so** unos veinte, veinte más o menos; **let me go ~ I'll scream!** ¡suélteme, o me pongo a gritar!; **rain ~ no rain, you've got to go** con lluvia o sin lluvia, tienes que ir; **without relatives ~ friends** sin parientes ni amigos; **he didn't write ~ telephone** no escribió ni telefoneó.
(**b**) (*that is*) esto es, es decir; ~ **rather** ... o mejor dicho ..., o más bien ...; **Mary Anne Evans, ~ George Eliot** Mary Anne Evans, es decir George Eliot.
o.r. *abbr of* **at owner's risk**.
oracle ['ɒrəkl] *n* oráculo *m*.
oral ['ɔːrəl] **1** *adj* oral; (*hygiene*) bucal; (*verbal: agreement*) de palabra, verbal. **2** *n* examen *m* oral.
orally ['ɔːrəlɪ] *adv* (*gen*) oralmente; (*Med*) por vía bucal; (*verbally*) verbalmente.
orange ['ɒrɪndʒ] **1** *n* (*fruit*) naranja *f*; (*tree*) naranjo *m*; (*colour*) naranja *m*. **2** *adj* (*in colour*) anaranjado/a, (de) color naranja *inv*. **3** *cpd* de naranja; ~ **blossom** *n* azahar *m*; ~ **juice** *n* jugo *m or (Sp)* zumo *m* de naranja; ~ **squash** *n* jugo *m or (Sp)* zumo *m* de naranja, naranjada *f*; ~ **stick** *n* palito *m* de naranjo.
orangeade ['ɒrɪndʒ'eɪd] *n* (*natural*) naranjada *f*; (*gassy*) refresco *m* de naranja.
Orangeman ['ɒrɪndʒmən] *n* (*pl* **-men**) *miembro de las logias protestantes de la Orden Orange*.
orang-utan [ɔːræŋ'uːtæn] *n* orangután *m*.
oration [ɔː'reɪʃən] *n* (*speech*) discurso *m*; (*peroration*) arenga *f*; **funeral** ~ oración *f* fúnebre.
orator ['ɒrətəʳ] *n* orador(a) *m/f*.
oratorio [ˌɒrə'tɔːrɪəʊ] *n* (*Mus*) oratorio *m*.
oratory[1] ['ɒrətərɪ] *n* (*art*) oratoria *f*.
oratory[2] ['ɒrətərɪ] *n* (*Rel*) oratorio *m*.
orbit ['ɔːbɪt] **1** *n* órbita *f*; **to be in/go into ~ (round the earth/moon)** estar en/entrar en órbita (alrededor de la tierra/luna); **it's outside my ~** (*fig*) está fuera de mi competencia, que da fuera de mi ámbito. **2** *vi* (*satellite*) orbitar, girar; (*astronaut*) estar en órbita. **3** *vt* (*earth, moon*) estar en órbita *or* girar alrededor de.
orchard ['ɔːtʃəd] *n* huerto *m*; **apple** ~ manzanar *m*, manzanal *m*.
orchestra ['ɔːkɪstrə] *n* orquesta *f*; ~ **pit** foso *m* de orquesta; ~ **stalls** (*Theat*) luneta *fsg*, platea *fsg*; **symphony/string/chamber** ~ orquesta sinfónica/de cuerdas/de cámara.
orchestral [ɔː'kestrəl] *adj* de orquesta.
orchestrate ['ɔːkɪstreɪt] *vt* (*Mus*) orquestar; (*fig*) tramar, planificar.
orchestration [ˌɔːkɪs'treɪʃən] *n* (*lit, fig*) orquestación *f*.
orchid ['ɔːkɪd] *n* orquídea *f*.
ordain [ɔː'deɪn] *vt* (**a**) (*order*) ordenar, decretar; (*subj: God*) mandar, disponer; **it was ~ed that** ... se dispuso que .... (**b**) (*Rel*) ordenar; **to be ~ed** ordenarse de sacerdote.
ordeal [ɔː'diːl] *n* (*Hist*) ordalías *fpl*; (*fig*) prueba *f* dura; **it was a terrible** ~ fue una experiencia terrible; **after such an** ~ después de tanto sufrir.
order ['ɔːdəʳ] **1** *n* (**a**) (*sequence*) orden *m*; **in alphabetical** ~ por *or* en orden alfabético; **in chronological** ~ por orden cronológico; **in ~ of merit** ordenado según el mérito; **put these in the right** ~ ponga estos por orden; **they are out of** ~ *or* **in the wrong** ~ están mal ordenados.
(**b**) (*system*) orden *m*; **she has no ~ in her life** lleva un régimen de vida muy desorganizado; **it is in the ~ of things** es ley de vida.
(**c**) (*good* ~) buen estado *m*, orden *m*; **in** ~ (*legally*) en regla; (*room*) en orden, ordenado; **his papers are in** ~ tiene los papeles en regla; **everything is in** ~ todo está en regla; **a machine in working** ~ una máquina en buen estado; **to be out of** ~ estar estropeado *or (LAm)* descompuesto; **beer would be in** ~ sería indicado tomarse una cerveza.
(**d**) (*peace, control*) orden *m*; **the forces of** ~ las fuerzas del orden; **to keep** ~ mantener el orden; **to keep children in** ~ mantener a los niños en orden.
(**e**) (*command*) orden *f*; (*of court etc*) sentencia *f*, fallo *m*; **by ~ of** por orden de; **on the ~s of** a las órdenes de; **under ~s** bajo órdenes; **we are under ~s not to allow it** tenemos orden de no permitirlo; **to give sb ~s to do sth** ordenar *or* mandar a algn hacer algo; **till further ~s** hasta nueva orden; **to take ~s from sb** recibir órdenes de algn; **I don't take ~s from anyone** a mí no me da órdenes nadie; **to give/obey ~s** dar/cumplir órdenes.
(**f**) (*correct procedure: at meeting, Parliament etc*) orden *m*; ~ **(~)!** ¡orden!; **to call sb to** ~ llamar a algn al orden; **to call the meeting to** ~ abrir la sesión; **a point of** ~ una cuestión de procedimiento; ~ **of the day** (*Mil*) orden del día; (*fig*) moda *f*, estilo *m* del momento; **is it in ~ for me to go to Rome?** ¿(le) es inconveniente sí voy a Roma?
(**g**) (*Comm*) pedido *m*, encargo *m*; **repeat** ~ pedido de repetición; **rush** ~ pedido urgente; **made to** ~ hecho a medida; **to place an ~ for sth with sb** encargar *or* hacer un pedido de algo a algn; **we have it on ~ for you** está pedido para Ud; **that's rather a tall** ~ eso es mucho pedir.
(**h**) **in ~ to do sth** para *or* a fin de hacer algo; **in ~ that he may stay** para que pueda quedarse.
(**i**) (*of society etc*) clase *f*, categoría *f*; (*Bio*) orden *m*; **the lower ~s** las clases bajas *or (LAm)* populares; **of the ~ of 500** del orden de los quinientos; **Benedictine O~** Orden *f* de San Benito; **holy ~s** órdenes *fpl* sagradas; **to be in/take ~s** ser/ordenarse sacerdote.
(**j**) (*Fin*) libranza *f*, (*postal*) giro *m*; **pay to the ~ of** páguese a la orden de.
2 *vt* (**a**) (*command*) mandar, ordenar; **to ~ sb to do sth** mandar *or* ordenar a algn hacer algo; **the referee ~ed the player off the field** el árbitro expulsó al jugador del campo; **to be ~ed to pay costs** ser condenado en costas.
(**b**) (*put in* ~) ordenar, poner en orden; (*organize*) organizar, arreglar.
(**c**) (*goods, meal, taxi*) pedir, encargar; **to ~ a suit** mandar hacer un traje.
3 *vi* pedir.
4 *cpd*: ~ **book** *n* libro *m or* cartera *f* de pedidos; ~ **form** *n* hoja *f* de pedido; ~ **number** *n* número *m* de pedido.
▸ **order about, order around** *vt + adv* ser mandón/ona con.
ordering ['ɔːdərɪŋ] *n* (*Comm*) pedido *m*.
orderly ['ɔːdəlɪ] **1** *adj* (*methodical, tidy*) ordenado/a; (*well-behaved*) formal; (*crowd etc*) pacífico/a; (*class*) obediente, disciplinado/a. **2** *n* (*Mil*) ordenanza *m*; (*Med*) asistente/a *m/f* (de hospital).
ordinal ['ɔːdɪnl] *adj, n* ordinal *m*.
ordinance ['ɔːdɪnəns] *n* decreto-ley *m*, reglamento *m*.
ordinarily [ɔːdɪ'nɛərɪlɪ] *adv* por lo común.
ordinary ['ɔːdnrɪ] **1** *adj* (**a**) (*usual*) corriente, normal; **my ~ doctor** mi médico de siempre; **in the ~ way** normalmente, por lo común; **in ~ use** usado normalmente.
(**b**) (*average*) común y corriente; **the ~ Frenchman** el francés medio; **the meal was very** ~ (*pej*) la comida no fue nada del otro mundo *or* jueves.
(**c**) ~ **degree** (*Brit*) diploma *m*; **O~ Grade** (*Scot Scol*), **O~ Level** (*Brit Scol Hist*) ≈ Bachillerato *m* Unificado y

Polivalente; **O~ National Certificate** (*Brit*) ≈ diploma *m* de técnico especialista; **O~ National Diploma** (*Brit*) *diploma profesional,* ≈ diploma *m* de técnico especialista; **~ shares** acciones *fpl* ordinarias.
2 *n*: **out of the ~** fuera de lo común, extraordinario/a.
ordination [ˌɔːdɪˈneɪʃən] *n* (*Rel*) ordenación *f*.
ordnance [ˈɔːdnəns] (*Mil*) **1** *n* (*guns*) artillería *f*, cañones *mpl*; (*supplies*) pertrechos *mpl or* material *m* de guerra. **2** *cpd*: **~ factory** *n* fábrica *f* de artillería; **O~ Survey map** *n* (*Brit*) mapa *m* del servicio estatal de cartografía.
Ore. *abbr* (*US*) *of* **Oregon**.
ore [ɔːʳ] *n* mineral *m*, mena *f*; **copper ~** mineral de cobre.
oregano [ˌɒrɪˈgɑːnəʊ] *n* orégano *m*.
organ [ˈɔːgən] *n* (*Mus*) órgano *m*; (*barrel ~*) organillo *m*; (*Anat*) órgano; (*mouthpiece: of opinion*) órgano, portavoz *mf*.
organ-grinder [ˈɔːgənˌgraɪndəʳ] *n* organillero/a *m/f*.
organic [ɔːˈgænɪk] *adj* (*gen*) orgánico/a; (*farming*) biológico/a; (*vegetables, food*) de cultivo biológico; **~ chemistry** química *f* orgánica.
organically [ɔːˈgænɪkəlɪ] *adv* (*farm*) biológicamente; (*fig*) orgánicamente; **~ grown foods** alimentos *mpl* orgánicos.
organism [ˈɔːgənɪzəm] *n* (*Bio*) organismo *m*.
organist [ˈɔːgənɪst] *n* organista *mf*.
organization [ˌɔːgənaɪˈzeɪʃən] **1** *n* **(a)** (*act*) organización *f*. **(b)** (*body*) organización *f*, organismo *m*. **2** *cpd*: **~ chart** *n* organigrama *m*.
organizational [ˌɔːgənaɪˈzeɪʃənl] *adj* organizativo/a.
organize [ˈɔːgənaɪz] **1** *vt* (*gen*) organizar; (*order*) poner en orden; **to get ~d** organizarse. **2** *vi* organizarse.
organized [ˈɔːgənaizd] *adj* organizado/a.
organizer [ˈɔːgənaɪzəʳ] *n* organizador(a) *m/f*.
orgasm [ˈɔːgæzəm] *n* orgasmo *m*.
orgy [ˈɔːdʒɪ] *n* (*lit, fig*) orgía *f*; **an ~ of destruction** una orgía de destrucción.
Orient [ˈɔːrɪənt] *n* Oriente *m*.
oriental [ˌɔːrɪˈentəl] **1** *adj* oriental, de Oriente. **2** *n*: **O~** oriental *mf*.
orientate [ˈɔːrɪenteɪt] *vt* orientar; (*fig*) encaminar; **to~ o.s.** orientarse.
orientated [ˈɔːrɪenteɪtɪd] *adj suf*: **career-~** orientado/a hacia una carrera.
orientation [ˌɔːrɪenˈteɪʃən] *n* orientación *f*.
orienteering [ˌɔːrɪənˈtɪərɪŋ] *n* (*sport*) carrera *f* con mapa y brújula.
orifice [ˈɒrɪfɪs] *n* orificio *m*.
origin [ˈɒrɪdʒɪn] *n* (*of belief, rumour, language*) origen *m*; (*of river*) nacimiento *m*, of family, person, procedencia *f*; **to be of humble ~, to have humble ~s** ser de origen humilde.
original [əˈrɪdʒɪnl] **1** *adj* **(a)** (*first, earliest*) original; (*: inhabitants*) primero/a, primitivo/a; **one of the ~ members** uno de los primeros miembros. **(b)** (*not copied*) original. **(c)** (*unconventional*) original; (*: person*) excéntrico/a. **2** *n* (*manuscript, painting etc*) original *m*; (*person*) excéntrico/a *m/f*; **he reads Homer in the ~** lee a Homero en versión original.
originality [əˌrɪdʒɪˈnælɪtɪ] *n* originalidad *f*.
originally [əˈrɪdʒənəlɪ] *adv* (*at first*) al principio, en un principio; (*in an original way*) con originalidad *or* inventiva; **as they were ~ written** tal como fueron escritas originariamente; **it is quite ~ written** está escrito con bastante originalidad.
originate [əˈrɪdʒɪneɪt] **1** *vt* producir, originar; (*of person*) idear, crear. **2** *vi*: **to ~ (from** *or* **in)** originarse (en), tener su origen (en); (*begin*) empezar (en *or* con); **these oranges ~ from Israel** estas naranjas son de Israel; **where do you ~ from?** ¿de dónde eres?
originator [əˈrɪdʒɪneɪtəʳ] *n* inventor(a) *m/f*, creador(a) *m/f*.
oriole [ˈɔːrɪəʊl] *n*: **golden ~** oropéndola *f*.
Orkneys [ˈɔːknɪz], **Orkney Islands** [ˈɔːknɪˌaɪləndz] *npl* Órcadas *fpl*.
Orlon ® [ˈɔːlɒn] *n* orlón *m* ®.
ornament [ˈɔːnəmənt] **1** *n* (*gen*) adorno *m*, ornamento *m*; (*vase etc*) objeto *m* de adorno, adorno. **2** [ˈɔːnəment] *vt* adornar.
ornamental [ˌɔːnəˈmentl] *adj* decorativo/a, de adorno; (*Bot*) ornamental.
ornamentation [ˌɔːnəmenˈteɪʃən] *n* (*act*) ornamentación *f*, decoración *f*; (*ornaments*) adornos *mpl*.
ornate [ɔːˈneɪt] *adj* (*decor*) recargado/a; (*style in writing etc*) florido/a.
ornithologist [ˌɔːnɪˈθɒlədʒɪst] *n* ornitólogo/a *m/f*.
ornithology [ˌɔːnɪˈθɒlədʒɪ] *n* ornitología *f*.
orphan [ˈɔːfən] **1** *n* huérfano/a *m/f*. **2** *vt*: **to be ~ed** quedarse huérfano.
orphanage [ˈɔːfənɪdʒ] *n* (*institution*) orfanato *m*, orfanatorio *m (Mex)*; (*state*) orfandad *f*.
orthodontist [ˌɔːθəʊˈdɒntɪst] *n* ortodoncista *mf*.
orthodox [ˈɔːθədɒks] *adj* ortodoxo/a.
orthodoxy [ˈɔːθədɒksɪ] *n* ortodoxia *f*.
orthography [ɔːˈθɒgrəfɪ] *n* ortografía *f*.
orthopaedic, (*US*) **orthopedic** [ˌɔːθəʊˈpiːdɪk] *adj* ortopédico/a; **~ surgeon** cirujano *m* ortopédico.
orthopaedics, (*US*) **orthopedics** [ˌɔːθəʊˈpiːdɪks] *nsg* ortopedia *f*.
orthopaedist, (*US*) **orthopedist** [ˌɔːθəʊˈpiːdɪst] *n* ortopedista *mf*, ortopédico/a *m/f*.
OS *abbr* **(a)** (*Brit Geog*) *of* **Ordnance Survey** *servicio oficial de topografía*. **(b)** (*Hist*) *of* **old style**.
O/S *abbr of* **out of stock**.
o/s *abbr* (*Comm*) *of* **outsize**.
O.S. *n abbr* (*Brit*) *of* **ordinary seaman**.
Oscar [ˈɒskəʳ] *n* (*Cine*) Oscar *m*.
oscillate [ˈɒsɪleɪt] *vi* (*Phys*) oscilar, vibrar; (*compass, needle etc*) oscilar, fluctuar; (*fig*) vacilar, alternar; **he ~s between boredom and keenness** pasa del aburrimiento al entusiasmo.
oscillation [ˌɒsɪˈleɪʃən] *n* oscilación *f*; (*of prices*) fluctuación *f*; (*fig*) vacilación *f*, variación *f*.
oscilloscope [ɒˈsɪləˌskəʊp] *n* osciloscopio *m*.
OSHA *n abbr* (*US*) *of* **Occupational Safety and Health Administration**.
Oslo [ˈɒzləʊ] *n* Oslo *m*.
osmosis [ɒzˈməʊsɪs] *n* ósmosis *f*.
osprey [ˈɒspreɪ] *n* pigargo *m*, quebrantahuesos *m inv*.
ossify [ˈɒsɪfaɪ] *vi* (*lit*) osificarse; (*fig*) anquilosarse.
OST *n abbr* (*US*) *of* **Office of Science and Technology**.
Ostend [ɒsˈtend] *n* Ostende *m*.
ostensible [ɒsˈtensəbl] *adj* aparente.
ostensibly [ɒsˈtensəblɪ] *adv* aparentemente, en apariencia.
ostentation [ˌɒstenˈteɪʃən] *n* ostentación *f*, boato *m*.
ostentatious [ˌɒstenˈteɪʃəs] *adj* ostentoso/a; (*surroundings, style of living*) suntuoso/a, fastuoso/a.
ostentatiously [ˌɒstenˈteɪʃəslɪ] *adv* ostentosamente, con ostentación.
osteoarthritis [ˈɒstɪəʊɑːˈθraɪtɪs] *n* osteoartritis *f*.
osteopath [ˈɒstɪəpæθ] *n* osteópata *mf*.
osteopathy [ˌɒstɪˈɒpəθɪ] *n* osteopatía *f*.
osteoporosis [ˌɒstɪəʊpɔːˈrəʊsɪs] *n* osteoporosis *f*.
ostracism [ˈɒstrəsɪzəm] *n* ostracismo *m*.
ostracize [ˈɒstrəsaɪz] *vt* condenar al ostracismo.
ostrich [ˈɒstrɪtʃ] *n* avestruz *m*.
OT *n abbr of* **Old Testament** A.T.
OTB *n abbr* (*US*) *of* **off-track betting** *apuestas ilegales hechas fuera del hipódromo*.
OTC *abbr* **(a)** (*Comm*) *of* **over-the-counter**. **(b)** (*Brit*) *of* **Officer Training Corps** cuerpo *m* de cadetes.
OTE *abbr* (*Brit*) *of* **on-target earnings** beneficios *mpl* según los objetivos.
other [ˈʌðəʳ] **1** *adj* otro/a; **the ~ one** el/la otro/a; **~ people** los otros, los demás; **some ~ people have still to ar-**

rive todavía no han llegado todos, aún tienen que llegar algunos más; **the ~ day** el otro día; **every ~ day** cada dos días, cada segundo día; **some ~ time** en otro momento, en otra ocasión; **if there are no ~ questions ...** si no hay más preguntas ...; **some actor or ~** un actor cualquiera; **~ people's property** la propiedad ajena.

2 *pron*: **the ~** el/la otro/a; **the ~s** los otros, los demás; **one after the ~** uno tras otro; **are there any ~s?** (*gen*) ¿hay algún otro?; (*any unaccounted for*) ¿falta alguno?; **one or ~ of them will come** uno de ellos vendrá; **somebody or ~** alguien, alguno/a; **no ~** ningún otro, nadie más; **none ~ than** el/la mismísimo/a; **among ~ things she is a writer** entre otras cosas es escritora; **together with every ~ woman** así como todas las mujeres; **no book ~ than this** ningún libro que no sea éste; **it was no ~ than the bishop** fue el obispo en persona; *see also* **every**.

3 *adv*: **~ than him** aparte de él; **he could not act ~ than as he did** no le quedaba otro recurso que hacer lo que hizo; **somewhere or ~** en alguna parte, en algún lado.

otherwise [ˈʌðəwaɪz] **1** *adv* (**a**) (*in another way*) de otra manera, de otro modo; **it cannot be ~** no puede ser de otra manera; **she was ~ engaged** (*frm*) tenía otro compromiso; **except where ~ stated** (*frm*) a no ser que se indique lo contrario; **we had no reason to think ~** no teníamos motivo para creer otra cosa.

(**b**) (*in other respects*) eso aparte; **it's an ~ good piece of work** por lo demás es un buen trabajo.

2 *conj* (*if not*) si no, de lo contrario; **~ we shall have to walk** si no, tendremos que ir a pie.

other-worldly [ˈʌðəˈwɜːldlɪ] *adj* (*person*) muy espiritual, poco realista.

OTT *adj abbr* (*fam*) *of* **over the top**.

otter [ˈɒtəʳ] *n* nutria *f*.

Ottoman [ˈɒtəmən] **1** *adj* otomano/a. **2** *n* otomano/a *m/f*.

OU *n abbr* (*Brit*) *of* **Open University** ≈ UNED *f*.

ouch [aʊtʃ] *interj* ¡ay!

ought [ɔːt] *aux vb* (**a**) (*moral obligation*) deber; **I ~ to do it** debería hacerlo, debiera hacerlo; **I ~ to have done it** debiera haberlo hecho; **one ~ not to do it** no se debiera hacer; **I thought I ~ to tell you** me creí en el deber de decírselo. (**b**) (*vague desirability*) **you ~ to go and see it** vale la pena ir a verlo; **you ~ to have seen him!** ¡había que verle! (**c**) (*probability*) deber; **that ~ to be enough** con eso debería ser suficiente; **he ~ to have arrived by now** debe de haber llegado ya.

Ouija ® [ˈwiːdʒə] *n* (*also* **~ board**) tabla *f* de espiritismo.

ounce [aʊns] *n* onza *f*; **there's not an ~ of truth in it** en eso no hay ni una palabra de verdad.

our [aʊəʳ] *poss adj* nuestro(s), nuestra(s).

ours [aʊəz] *poss pron* (el) nuestro, (la) nuestra, (los) nuestros, (las) nuestras; **this house is ~** esta casa es nuestra *or* nos pertenece; **a friend of ~** un amigo nuestro.

ourselves [ˌaʊəˈselvz] *pers pron* (*reflexive*) nos, nosotros/as; (*emphatic*) nosotros/as mismos/as; (*after prep*) nosotros/as (mismos/as); **we couldn't see ~ in the photo** no podíamos vernos en la foto; **we were talking among ~** hablábamos entre nosotros; **we said to ~** nos dijimos; **we went ~** fuimos en persona; **(all) by ~** nosotros mismos, nosotros solos.

oust [aʊst] *vt* (*gen*) expulsar, echar; (*from house*) desahuciar, desalojar; **we ~ed them from the position** les hicimos abandonar la posición.

out [aʊt] **1** *adv* (**a**) (*gen*) fuera, afuera; **you're ~** (*in games*) quedas fuera; **they're ~ in the garden** están afuera en el jardín; **to be ~** (*not at home*) no estar (en casa); **Mr Green is ~** el señor Green no está *or* (*LAm*) no se encuentra; **to be ~ and about again** estar bien otra vez (después de una enfermedad); **to have a day ~** pasar un día fuera de casa; **to have a night ~** salir por la noche (a divertirse); (*drinking*) salir de juerga *or* (*LAm*) de parranda; **it's cold ~ here** hace frío aquí fuera; **the journey ~** el viaje de ida; **the railwaymen are ~** los ferroviarios están en huelga; **the tide is ~** la marea está baja.

(**b**) (*indicating distance*) **she's ~ in Kuwait** se fue a Kuwait, está en Kuwait; **the boat was 10 km ~** el barco estaba a diez kilómetros de la costa; **three days ~ from Plymouth** (*Naut*) a tres días de Plymouth; **it carried us ~ to sea** nos llevó mar adentro.

(**c**) **to be ~** (*sun, moon*) salir; (*flower*) abrirse, florecer; **when the sun is ~** cuando brilla el sol; **the dahlias are ~** las dalias están en flor.

(**d**) (*in existence*) que hay, que ha habido; **it's the biggest swindle ~** es la mayor estafa que se ha conocido jamás; **when will the magazine be ~?** ¿cuándo sale la revista?

(**e**) (*in the open*) conocido/a, fuera; **your secret's ~** tu secreto se ha descubierto *or* ha salido a la luz; **~ with it!** ¡desembucha!, ¡suéltalo ya!, ¡suelta la lengua! (*LAm*).

(**f**) (*to or at an end*) terminado/a; **before the week was ~** antes de que terminara la semana.

(**g**) (*light, fire, gas*) apagado/a; **my pipe is ~** se me ha apagado la pipa; **turn ~ the light** apaga la luz.

(**h**) (*not in fashion*) pasado/a de moda; (*Sport: player*) fuera de juego; (*: boxer*) fuera de combate; (*: loser*) eliminado/a; **long dresses are ~** ya no se llevan *or* se usan los vestidos largos.

(**i**) (*indicating error*) equivocado/a; **he was ~ in his reckoning** calculó mal; **I was not far ~** por poco acierto; **your watch is 5 minutes ~** su reloj lleva 5 minutos de atraso *or* de adelanto.

(**j**) (*indicating loudness, clearness*) en voz alta, en alto; **speak ~ (loud)!** ¡habla en voz alta *or* fuerte!

(**k**) (*indicating purpose*) **~ for** en busca de; **to be ~ for sth** buscar algo; **he's ~ for all he can get** busca sus propios fines, anda detrás de lo suyo; **they're ~ for trouble** quieren armar un escándalo; **he's ~ to make money** lo que busca es hacerse rico.

(**l**) **to be ~** (*unconscious*) estar inconsciente; (*drunk*) estar completamente borracho; (*asleep*) estar durmiendo como un tronco; **he was ~ cold** estuvo completamente sin conocimiento.

(**m**) **~ and away** con mucho.

2: **~ of** *prep* (**a**) (*outside, beyond*) fuera de; **to go ~ of the house** salir de la casa; **to look ~ of the window** mirar por la ventana; **to be ~ of danger** estar fuera de peligro; **to be ~ of sight** desaparecer de la vista; **we're well ~ of it** (*fam*) de buena nos hemos librado; **to feel ~ of it** (*fam*) sentirse aislado *or* fuera de contacto; **to be ~ of proportion with** no guardar proporción con; **to turn sb ~ of the house** echar a algn de la casa.

(**b**) (*cause, motive*) por; **~ of curiosity** por curiosidad; **to do sth ~ of sympathy** hacer algo por compasión.

(**c**) (*origin*) de; **to drink sth ~ of a cup** beber algo de una taza; **to take sth ~ of a drawer** sacar algo de un cajón; **to copy sth ~ of a book** copiar algo de un libro; **a box made ~ of wood** una caja (hecha) de madera; **it was like something ~ of a nightmare** era como de una pesadilla; **Blue Ribbon, by Black Rum ~ of Grenada** el caballo Cinta Azul, hijo de Ron Negro y de la yegua Granada.

(**d**) (*from among*) de cada; **1 ~ of every 3 smokers** uno de cada tres fumadores.

(**e**) (*without*) sin; **to be ~ of breath** estar sin aliento; **it's ~ of stock** (*Comm*) está agotado; **we're ~ of petrol** nos hemos quedado sin gasolina.

3 *n see* **in 3**.

out-and-out [ˈaʊtənˈaʊt] *adj* (*liar etc*) redomado/a, empedernido/a; (*defeat, lie etc*) cien por cien; (*dedicated*) acérrimo/a.

outback [ˈaʊtbæk] *n* (*in Australia*) despoblado *m*, campo *m*.

outbid [aʊtˈbɪd] (*pt, pp* ~) *vt* pujar más alto que, sobrepujar.

outboard [ˈaʊtbɔːd] **1** *adj* fuera borda. **2** *n*: **~ (motor)** motor *m* fuera borda *or* bordo.

outbound [ˈaʊtˌbaʊnd] (*US*) **1** *adv* hacia fuera *or* el exterior. **2** *adj* que va hacia fuera *or* el exterior; (*flight*) de ida.

outbreak [ˈaʊtbreɪk] *n* (*of war*) declaración *f*; (*of disease*) epidemia *f*, brote *m*; (*of crimes*) ola *f*; (*of spots*) erupción *f*; **at the ~ of war** al estallar la guerra.

outbuilding [ˈaʊtˌbɪldɪŋ] *n* dependencia *f*; (*shed*) cobertizo *m*, galpón *m* (*CSur*).

outburst [ˈaʊtbɜːst] *n* (*gen*) estallido *m*, explosión *f*; (*of anger*) arrebato *m*, arranque *m*; (*of applause*) salva *f*; **forgive my ~ last week** perdona que perdiera los estribos la semana pasada.

outcast [ˈaʊtkɑːst] *n* (*rejected person*) paria *m*; (*in exile*) desterrado/a; **he's a social ~** vive rechazado por la sociedad.

outclass [aʊtˈklɑːs] *vt* aventajar a, superar.

outcome [ˈaʊtkʌm] *n* resultado *m*; (*consequences*) consecuencias *fpl*, desenlace *m*.

outcrop [ˈaʊtkrɒp] *n* afloramiento *m*.

outcry [ˈaʊtkraɪ] *n* (*protest*) protesta *f*, clamor *m*; (*noise*) alboroto *m*; **to raise an ~ about sth** levantar fuertes protestas por algo.

outdated [ˈaʊtˈdeɪtɪd] *adj* anticuado/a, pasado/a de moda.

outdistance [aʊtˈdɪstəns] *vt* dejar atrás.

outdo [aʊtˈduː] (*pt* **outdid** [aʊtˈdɪd]; *pp* **outdone** [aʊtˈdʌn]) *vt*: **to ~ sb (in sth)** superar a algn (en algo); **he was not to be outdone** no quiso quedarse atrás.

outdoor [ˈaʊtdɔːʳ] *adj* al aire libre; (*clothes, shoes*) de la calle; **the ~ life** la vida al aire libre.

outdoors [ˈaʊtˈdɔːz] **1** *adv* al aire libre; (*outside*) fuera. **2** *n* campo *m* abierto; **the great ~** (*hum*) la naturaleza.

outer [ˈaʊtəʳ] *adj* exterior; (*garment*) externo/a; **~ space** espacio *m* exterior *or* sideral.

outermost [ˈaʊtəməʊst] *adj* (*place*) extremo/a, más remoto/a; (*cover etc*) (el) más exterior.

outfit [ˈaʊtfɪt] *n* (**a**) (*clothes*) traje *m*; (*uniform*) uniforme *m*; (*costume*) conjunto *m*. (**b**) (*equipment*) equipo *m*; (*tools*) juego *m* de herramientas. (**c**) (*fam: organization*) grupo *m*, organización *f*.

outfitter's [ˈaʊtfɪtəz] *n*: **gentlemen's ~** (*shop*) tienda *f* de ropa para caballero; **sports ~** (*shop*) tienda de artículos deportivos.

outflow [ˈaʊtfləʊ] *n* efusión *f*; (*of capital etc*) fuga *f*, salida *f*; (*Mech*) tubo *m* de salida.

outgoing [ˈaʊtˌgəʊɪŋ] *adj* (**a**) (*president*) saliente; (*boat, train etc*) que sale; (*tide*) que baja. (**b**) (*character*) extrovertido/a, sociable.

outgoings [ˈaʊtˌgəʊɪŋz] *npl* gastos *mpl*.

outgrow [aʊtˈgrəʊ] (*pt* **outgrew** [aʊtˈgruː]; *pp* **~n** [aʊtˈgrəʊn]) *vt* (*lit*) crecer más que; (*habit etc*) perder con la edad; **to ~ one's clothes** quedarle pequeña la ropa a algn; **we've ~n all that** todo eso ha quedado ya a la espalda.

outhouse [ˈaʊthaʊs] *n* dependencia *f*.

outing [ˈaʊtɪŋ] *n* excursión *f*, paseo *m* (*LAm*).

outlandish [aʊtˈlændɪʃ] *adj* (*appearance, clothes*) estrafalario/a, extravagante; (*behaviour, ideas*) rarola, extraño/a; (*prices*) exagerado/a.

outlast [aʊtˈlɑːst] *vt* durar más tiempo que; (*person*) sobrevivir a.

outlaw [ˈaʊtlɔː] **1** *n* (*fugitive*) prófugo/a *m/f*, fugitivo/a *m/f*; (*bandit*) bandido/a *m/f*, matrero/a *m/f* (*And, CSur*); (*in Westerns*) forajido/a *m/f*. **2** *vt* proscribir; (*conduct*) declarar ilegal *or* fuera de la ley.

outlay [ˈaʊtleɪ] *n* desembolso *m*, gastos *mpl*.

outlet [ˈaʊtlet] **1** *n* (*for water etc*) salida *f*; (*drain*) desagüe *m*, distribuidora *f*; (*of river*) desembocadura *f*; (*Comm: shop*) tienda *f*; (*: agency*) sucursal *f*; (*: market*) mercado *m*, salida *f*; (*US Elec*) toma *f*; (*fig: for emotion, talents etc*) desahogo *m*; **it provides an ~ for his energies** ofrece un empleo para sus energías. **2** *cpd* (*Tech*) de salida; (*drain*) de desagüe *m*; (*valve*) de escape.

outline [ˈaʊtlaɪn] **1** *n* (*shape of sth*) perfil *m*, silueta *f*; (*line showing shape of sth*) contorno *m*; (*: map*) trazado *m*; (*sketch*) bosquejo *m*, boceto *m*; (*summary*) resumen *m*; (*general idea: also* **~s**) esbozos *mpl*; (*overview*) reseña *f*; **give me the broad ~(s)** explícamelo a grandes rasgos. **2** *vt* (*draw*) perfilar; (*sketch*) trazar, bosquejar; (*summarize*) resumir; **to be ~d against sth** perfilarse en algo, destacarse *or* resaltar contra algo; **let me ~ the scheme for you** te doy un resumen del proyecto.

outlive [aʊtˈlɪv] *vt* sobrevivir a; (*thing*) durar más tiempo que.

outlook [ˈaʊtlʊk] *n* (*view*) vista *f*, perspectiva *f*; (*prospects*) perspectivas *fpl*, panorama *f*; (*opinion*) punto *m* de vista; (*on life*) actitud *f*, concepto *m*; **his ~ is always pessimistic** su actitud siempre es pesimista; **the ~ for next Saturday is sunny** la predicción para el próximo sábado es de tiempo soleado.

outlying [ˈaʊtˌlaɪɪŋ] *adj* (*distant*) remoto/a, lejano/a; (*outside town boundary*) exterior, circundante.

outmanoeuvre, (*US*) **outmaneuver** [ˌaʊtməˈnuːvəʳ] *vt* (*Mil*) superar tácticamente; (*fig*) superar a.

outmatch [aʊtˈmætʃ] *vt* superar, aventajar.

outmoded [aʊtˈməʊdɪd] *adj* = **outdated**.

outnumber [aʊtˈnʌmbəʳ] *vt* exceder en número, ser más numeroso que; **we were ~ed 10 to 1** ellos eran diez veces más que nosotros.

out-of-bounds [ˌaʊtəvˈbaʊndz] *adj see* **bound**[1].

out-of-date [ˈaʊtəvˈdeɪt] *adj* anticuado/a; (*clothes*) pasado/a de moda; (*passport, ticket*) caducado/a, vencido/a.

out-of-doors [ˈaʊtəvˈdɔːz] *adv* = **outdoors 1**.

out-of-pocket [ˈaʊtəvˈpɒkɪt] *adj*: **~ expenses** desembolsos *mpl*, gastos *mpl*.

out-of-the-way [ˈaʊtəvðəˈweɪ] *adj* (*remote*) apartado/a; (*unusual*) poco común *or* corriente.

outpatient [ˈaʊtˌpeɪʃənt] *n* paciente/a *m/f* externo/a; **~s' department** sección *f* de pacientes externos *or* no hospitalizados.

outpost [ˈaʊtpəʊst] *n* (*Mil, fig*) avanzada *f*, puesto *m* avanzado.

output [ˈaʊtpʊt] **1** *n* (*of factory*) producción *f*; (*of person*) productividad *f*; (*of machine*) rendimiento *m*; (*Comput*) salida *f*; (*Elec*) potencia *f* de salida. **2** *vt* (*Comput*) imprimir.

outrage [aʊtˈreɪdʒ] **1** *n* (**a**) (*wicked, violent act*) atrocidad *f*; **bomb ~** atentado *m* (con bomba). (**b**) (*indecency*) ultraje *m*, escándalo *m*; (*injustice*) atropello *m*, agravio *m*; **a public ~** un escándalo público; **an ~ against good taste** un atentado al buen gusto; **it's an ~!** ¡es un escándalo!, ¡no hay derecho! **2** *vt* ultrajar, ofender; **to be ~d by sth** escandalizarse de algo, ofenderse por algo.

outrageous [aʊtˈreɪdʒəs] *adj* (*offensive*) escandaloso/a, ofensivo/a; (*exorbitant*) exorbitante; (*extravagant*) extravagante; (*flagrant*) flagrante; **it's ~!** ¡qué barbaridad *or* vergüenza!

outrageously [aʊtˈreɪdʒəslɪ] *adv* (*see adj*) de manera escandalosa *or* ofensiva *etc*.

outran [ˌaʊtˈræn] *pt of* **outrun**.

outright [aʊtˈraɪt] **1** *adv* (*utterly*) en su totalidad; (*buy*) al contado; (*win*) de manera absoluta; (*at once*) en el acto; (*forthrightly*) francamente; (*reject*) rotundamente, de plano; **to buy sth ~** comprar algo en su totalidad; **to reject an offer ~** rechazar una oferta de pleno; **he was killed ~** murió en el acto. **2** [ˈaʊtraɪt] *adj* (*complete*) completo/a, entero/a; (*winner, lie*) absoluto/a; (*forthright*) franco/a; (*refusal*) rotundo/a.

outrun [aʊtˈrʌn] (*pt* **outran**; *pp* ~) *vt* correr más que, dejar atrás; (*fig*) exceder, sobrepasar.

outsell [ˌaʊtsel] (*pt, pp* **outsold**) *vt* vender más que, superar en las ventas a; **this product ~s all the competition** este producto se vende más que todos los competidores.

outset ['aʊtset] *n* principio *m*, comienzo *m*; **from/at the ~** desde/al principio.

outshine [aʊt'ʃaɪn] (*pt, pp* **outshone** [aʊt'ʃɒn]) *vt* (*fig*) eclipsar, brillar más que.

outside ['aʊt'saɪd] **1** *adv* fuera, afuera *(esp LAm)*; **to be/go ~** estar/salir fuera; **seen from ~** visto desde fuera.

2 *prep* (*also* **~ of**: *fam*) (**a**) fuera de, afuera de *(LAm)*; (*beyond*) más allá de; **the car ~ the house** el coche que está frente a la casa; **he waited ~ the door** esperó en la puerta; **~ the city** fuera *or* en las afueras de la ciudad.

(**b**) (*not included in*) fuera de; **that's ~ our terms of reference** no es de nuestra competencia; **it's ~ my experience** no tengo experiencia (de eso).

3 *adj* (**a**) (*exterior*) exterior, externo/a; (*door*) de la calle; (*outdoors*) al aire libre; (*alien*) ajeno/a; **an ~ broadcast** (*Rad, TV*) una emisión desde el exterior; **~ call** llamada *f* de fuera; **the ~ lane** (*Aut*) el carril exterior; **left/right ~** extremo *m* izquierda/derecha; **~ line** línea *f* exterior; **an ~ seat** un asiento al lado del pasillo; **thanks to ~ influence** gracias a la influencia de personas ajenas el asunto.

(**b**) (*maximum*) máximo/a, más elevado/a.

(**c**) (*unlikely*) **an ~ chance** una posibilidad remota.

(**d**) **~ contractor** contratista *mf* independiente; **to get an ~ opinion** buscar opinión de algn ajeno.

4 *n* exterior *m*, parte *f* exterior; **on the ~** por fuera; **to overtake on the ~** (*Aut*) adelantar *or (Mex)* rebasar; **judging from the ~** a juzgar por las apariencias; **at the (very) ~** a lo sumo, como máximo.

outsider ['aʊt'saɪdəʳ] *n* (*stranger*) intruso/a *m/f*, forastero/a *m/f*; (*in horse race*) segundón *m*.

outsize ['aʊtsaɪz] *adj* de talla muy grande.

outskirts ['aʊtskɜ:ts] *npl* (*of town*) afueras *fpl*, alrededores *mpl*; (*of wood*) cercanías *fpl*.

outsmart [aʊt'smɑ:t] *vt*: **to ~ sb** pegársela a algn/a; (*deceive*) engañar *or* burlar a algn.

outspoken [aʊt'spəʊkən] *adj* franco/a, atrevido/a.

outspread ['aʊt'spred] *adj* desplegado/a.

outstanding [aʊt'stændɪŋ] *adj* (**a**) (*gen*) destacado/a; (*exceptional*) excepcional. (**b**) (*not settled*) pendiente, sin resolver; (*bill*) por cobrar; (*debt*) por pagar; **amount ~** saldo *m*; **the work is still ~** el trabajo está todavía pendiente.

outstandingly [aʊt'stændɪŋlɪ] *adv* (*extremely*) excepcionalmente, extraordinariamente.

outstare [ˌaʊt'stɛəʳ] *vt*: **I ~d him** le miré tan fijamente que tuvo que bajar *or* apartar la vista.

outstay [aʊt'steɪ] *vt* quedarse más tiempo que; **to ~ one's welcome** quedarse más de la cuenta, abusar.

outstretched ['aʊtstretʃt] *adj* extendido/a; (*arms*) abierto/a.

outstrip [aʊt'strɪp] *vt* dejar atrás, aventajar; (*fig*) aventajar, adelantarse a.

out-tray ['aʊtˌtreɪ] *n* bandeja *f* de salida.

outvote [aʊt'vəʊt] *vt* (*proposal*) rechazar (por mayoría de votos); (*party, person*) vencer en una votación.

outward ['aʊtwəd] **1** *adj* (**a**) (*going out*) que sale, de salida; (*movement*) hacia fuera; **on the ~ journey** en el viaje de ida. (**b**) (*appearance etc*) exterior, externo/a; **with an ~ show of concern** haciendo gala de *or (LAm)* luciendo preocupación. **2** *adv* hacia fuera; **~ bound (from/for)** saliendo (de/con rumbo a).

outwardly ['aʊtwədlɪ] *adv* por fuera, aparentemente.

outwards ['aʊtwədz] *adv* = **outward 2**.

outweigh [aʊt'weɪ] *vt* pesar más que.

outwit [aʊt'wɪt] *vt* burlarse de.

outworn [aʊt'wɔ:n] *adj* gastado/a; (*expression*) trillado/a; (*idea, custom*) anticuado/a, caduco/a.

oval ['əʊvəl] **1** *adj* oval, ovalado/a. **2** *n* óvalo *m*.

ovarian [əʊ'vɛərɪən] *adj* ovárico/a.

ovary ['əʊvərɪ] *n* ovario *m*.

ovation [əʊ'veɪʃən] *n* ovación *f*; **to give sb an ~** ovacionar a algn; **he got a standing ~ from the delegates** fue ovacionado por los delegados puestos de pie.

oven ['ʌvn] **1** *n* horno *m*; **it's like an ~ in there** aquello es un horno. **2** *cpd*: **~ glove** *n* manopla *f* de horno.

ovenproof ['ʌvnpru:f] *adj* refractario/a; (*dish*) de horno.

oven-ready [ˌʌvn'redɪ] *adj* listo/a para el horno.

ovenware ['ʌvnwɛəʳ] *n* artículos *mpl* para el horno.

over ['əʊvəʳ] **1** *adv* (**a**) encima, por encima, arriba *(LAm)*, por arriba; **~ there** allí, allá; **~ in France** allá en Francia; **~ against the wall** contra la pared; **the baby went ~ to its mother** el bebé fue hacia su madre; **to drive ~ to the other side of town** ir en coche al otro lado de la ciudad; **it's ~ on the other side of town** está del otro lado de la ciudad; **can you come ~ tonight?** ¿puedes venir esta noche?; **~ to you!** ¡te paso la palabra!, ¡te toca hablar!; **now ~ to our Paris correspondent** damos la palabra a nuestro corresponsal de París; **they're ~ for the day** han venido a pasar el día; **to go ~ to the enemy** pasarse al enemigo.

(**b**) **the world ~** en todo el mundo, en el mundo entero; **I ache all ~** me duele (por) todo el cuerpo; **I looked all ~ for you** te busqué por *or* en todas partes; **it happens all ~** ocurre en todas partes; **that's him all ~** así es él.

(**c**) (*indicating movement*) **to bend ~** inclinarse, doblarse; **to boil ~** irse; **to fall ~** caerse; **to turn ~ the page** doblar *or* dar la vuelta a la página; **she hit me and ~ I went** me dio un golpe y me caí; **to turn sth ~ (and ~)** dar vueltas (y más vueltas) a algo.

(**d**) (*finished*) acabado/a, terminado/a; **the rain is ~** ha parado *or* dejado de llover; **it's all ~** se acabó; **the danger was soon ~** el peligro pasó pronto; **it's all ~ between us** hemos terminado.

(**e**) (*indicating repetition*) repetidamente; **~ and ~ (again)** repetidas veces, una y otra vez; **to start (all) ~ again** volver a empezar; **several times ~** varias veces seguidas; **we did it two or three times ~** lo hicimos dos o tres veces (a fondo).

(**f**) (*excessively*) mucho; **she's not ~ intelligent, that girl** esa chica no es muy lista que digamos.

(**g**) (*remaining*) de sobra; **there are 3 ~** sobran *or* quedan tres; **is there any cake left ~?** ¿queda *or* sobra (algo de) pastel?

(**h**) (*more than*) para arriba; **persons of 21 and ~** las personas de veintiún años para arriba, los mayores de veintiún años; **4 into 29 goes 7 and 1 ~** 29 dividido entre 4 son 7 y queda 1.

(**i**) (*esp in signalling and radio*) **~ and out** cambio y corto.

2 *prep* (**a**) (*on top of, above*) encima de, por encima de, arriba de *(LAm)*; **~ our heads** por encima de nosotros; **to spread a sheet ~ sth** extender una sábana sobre algo; **to jump ~ sth** saltar por encima de algo; **the ball went ~ the wall** la pelota saltó el muro; **to trip ~ sth** tropezar con algo; **a change came ~ him** se operó en él un cambio; **she's ~ it now** se ha repuesto de eso ya.

(**b**) (*across*) **the pub ~ the road** la taberna de enfrente *or* del otro lado de la calle; **it's ~ the river** está en la otra orilla del río; **~ the page** en la página siguiente.

(**c**) (*everywhere in*) **all ~ the world** en todo el mundo; **he's travelled all ~ the world** ha viajado por todo el mundo; **you've got mud all ~ your shoes** tienes los zapatos cubiertos de barro; **they were all ~ him** le recibieron con el mayor entusiasmo.

(**d**) (*superior to*) superior a; **he's ~ me** tiene una categoría superior a la mía; **to have an advantage ~ sb** llevar ventaja a algn.

(**e**) (*in excess of*) más de; **~ 200** más de doscientos; **he must be ~ 60** debe de tener más de sesenta años; **~ and above normal requirements** además de los requisitos normales; **an increase of 5% ~ last year** un aumento del cinco por ciento respecto al año pasado; **~ and above last year's figures** en exceso de la cifra del año pasado.

(**f**) (*during*) durante; ~ **the last few years** durante los últimos años; **payments spread** ~ **some years** pagos espaciados por varios años; ~ **the winter** durante *or* en el invierno; **let's discuss it** ~ **dinner** ¿y si lo hablamos durante la cena?; **how long will you be** ~ **it?** ¿cuánto tiempo te va a llevar eso?

(**g**) (*means*) **I heard it** ~ **the radio** lo escuché *or* oí por *or* en la radio.

(**h**) (*about, concerning*) por; **they fell out** ~ **money** se pelearon por una cuestión de dinero.

over... ['əʊvə'] *pref* sobre..., super...; (*too*) demasiado ....

overabundance ['əʊvərə'bʌndəns] *n* sobreabundancia *f*, superabundancia *f*.

overabundant ['əʊvərə'bʌndənt] *adj* sobreabundante, superabundante.

overact ['əʊvər'ækt] *vi* exagerar el papel.

overactive ['əʊvər'æktɪv] *adj* demasiado activo/a.

overall 1 ['əʊvərɔːl] *adj* de conjunto, global; (*width, length, cost*) total; ~ **dimensions** (*Aut*) dimensiones *fpl* exteriores. **2** [,əʊvər'ɔːl] *adv* en conjunto, en su totalidad.

overalls ['əʊvərɔːlz] *npl* guardapolvo *msg*; (*worker's*) mono *msg*, overol *msg (LAm)*, mameluco *m (CSur)*.

overambitious ['əʊvəræm'bɪʃəs] *adj* demasiado ambicioso/a.

overanxious ['əʊvər'æŋkʃəs] *adj* demasiado preocupado/a *or* ansioso/a.

overate [,əʊvər'eɪt] *pt of* **overeat**.

overawe [,əʊvər'ɔː] *vt* impresionar.

overbalance [,əʊvə'bæləns] **1** *vi* perder el equilibrio; (*thing*) volcar. **2** *vt* hacer perder el equilibrio; (*thing*) hacer volcar.

overbearing [,əʊvə'bɛərɪŋ] *adj* imperioso/a, autoritario/a; (*despotic*) despótico/a.

overbill ['əʊvəbɪl] *vt* (*US*) = **overcharge (a)**.

overboard ['əʊvəbɔːd] *adv* (*Naut*) por la borda; **to fall** ~ caer al agua *or* por la borda; **man** ~! ¡hombre al agua!; **to go** ~ **for sth** (*fig*) pasarse de la raya con algo; **to go** ~ **for sb** volverse loco/a por algn.

overbook [,əʊvə'bʊk] *vt* sobrereservar, reservar con exceso.

overburden [,əʊvə'bɜːdn] *vt* sobrecargar; (*fig*) agobiar, abrumar.

overcame [,əʊvə'keɪm] *pt of* **overcome**.

overcapitalization [,əʊvə,kæpɪtəlaɪ'zeɪʃən] *n* sobrecapitalización *f*, capitalización *f* inflada.

overcapitalize [,əʊvə'kæpɪtəlaɪz] *vi* sobrecapitalizar.

overcast ['əʊvəkɑːst] *adj* (*sky*) encapotado/a, cubierto/a; (*day*) nublado/a; **to grow** ~ anublarse.

overcautious ['əʊvə'kɔːʃəs] *adj* demasiado cauteloso/a.

overcharge ['əʊvə,tʃɑːdʒ] *vt* (**a**) cobrar más de la cuenta, sobrecargar la cuenta; **to** ~ **sb for sth** cobrar a algn de más por algo. (**b**) (*Elec*) sobrecargar, poner una carga excesiva a.

overcoat ['əʊvəkəʊt] *n* abrigo *m*, sobretodo *m*.

overcome [,əʊvə'kʌm] (*pt* **overcame**; *pp* ~) **1** *vt* (*enemy, temptation*) vencer; (*obstacle, difficulty*) salvar, superar; (*rage, fear, habit*) dominar; **to be** ~ **by the heat** estar agobiado por el calor; **to be** ~ **by remorse** remorder a algn la conciencia; **to be** ~ **with grief** estar destrozado de dolor; **she was quite** ~ **by the occasion** la ocasión le conmovió mucho. **2** *vi* vencer, triunfar; **we shall** ~! ¡venceremos!

overcompensate [,əʊvə'kɒmpɛn,seɪt] *vi*: **to** ~ **for sth** compensar algo excesivamente.

overconfident ['əʊvə'kɒnfɪdənt] *adj* demasiado confiado/a; (*conceited*) presumido/a.

overcook ['əʊvə'kʊk] *vt* cocer demasiado, recocer.

overcrowded ['əʊvə'kraʊdɪd] *adj* (*room, bus, train*) atestado/a de gente; (*road, suburb*) congestionado/a; (*city, country*) superpoblado/a.

overcrowding [,əʊvə'kraʊdɪŋ] *n* (*of room, bus, classroom etc*) apiñamiento *m*, hacinamiento *m*; (*of town*) super- *or* sobrepoblación *f*.

overdependent [,əʊvədɪ'pendənt] *adj* excesivamente dependiente (*on* de).

overdeveloped ['əʊvədɪ'veləpt] *adj* (*gen*) desarrollado/a en exceso; (*Phot*) sobreprocesado/a.

overdo [,əʊvə'duː] (*pt* **overdid** [,əʊvəθdɛ̄d]; *pp* **overdone**) *vt* (**a**) (*exaggerate*) exagerar, pasarse; **don't** ~ **the smoking** no fumes demasiado, no fumes tanto; **to** ~ **it, to** ~ **things** (*work too hard*) trabajar demasiado. (**b**) (*cook too long*) cocer demasiado, requemar.

overdone [,əʊvə'dʌn] **1** *pp of* **overdo**. **2** *adj* (*exaggerated*) exagerado/a; (*overcooked*) muy hecho/a, pasado/a.

overdose ['əʊvədəʊs] *n* sobredosis *f*, dosis *f* excesiva.

overdraft ['əʊvədrɑːft] **1** *n* (*Fin*) sobregiro *m*, giro *m* en descubierto; **to have an** ~ **at the bank** tener un saldo deudor con el banco, tener la cuenta en descubierto. **2** *cpd*: ~ **facility** *n* crédito *m* al descubierto; ~ **limit** *n* límite *m* del descubierto.

overdraw [,əʊvə'drɔː] (*pt* **overdrew** [,əʊvə'druː]; *pp* ~**n** [,əʊvə'drɔːn]) *vt* girar en descubierto, tener un saldo deudor (de); **I'm** ~**n at the bank** tengo deudas en el banco.

overdrive ['əʊvədraɪv] *n* (*Aut*) sobremarcha *f*, superdirecta *f*; **to go into** ~ (*fig*) ponerse en superdirecta.

overdue ['əʊvə'djuː] *adj* (*gen*) atrasado/a; (*bill*) vencido/a y no pagado/a; (*train etc*) retrasado/a; **that change was long** ~ ese cambio tenía que hacerse hace tiempo; **this baby is two weeks** ~ este niño debió nacer hace quince días.

overeat ['əʊvər'iːt] (*pt* **overate**; *pp* ~**en** ['əʊvər'iːtn]) *vi* comer en exceso, hartarse de comida.

overemphasize [,əʊvər'emfəsaɪz] *vt* sobreenfatizar.

overenthusiastic ['əʊvərɪn,θjuːzɪ'æstɪk] *adj* demasiado entusiasta.

overestimate ['əʊvər'estɪmeɪt] *vt* sobreestimar; (*person*) tener un concepto exagerado de.

overexcited ['əʊvərɪk'saɪtɪd] *adj* sobreexcitado/a; (*nervous*) muy nervioso/a.

overexertion ['əʊvərɪg'zɜːʃən] *n* (*effort*) esfuerzo *m* excesivo; (*weariness*) fatiga *f*, agotamiento *m*.

overexpose ['əʊvərɪks'pəʊz] *vt* (*Phot*) sobreexponer.

overfamiliar ['əʊvəfə'mɪlɪə'] *adj* (*well acquainted*) demasiado familiarizado/a; (*shameless*) confiado/a.

overfeed ['əʊvə'fiːd] (*pt, pp* **overfed** ['əʊvə'fed]) *vt* sobrealimentar, dar demasiado de comer a.

overflow ['əʊvəfləʊ] **1** *n* (*pipe etc*) desagüe *m*. **2** [,əʊvə'fləʊ] *vi* (*liquid*) rebosar, derramarse; (*container*) rebosar; (*river*) desbordarse, salirse de madre; (*people*) desparramarse, esparcirse; (*room, hall*) rebosar; **to** ~ **with sth** (*fig*) estar rebosante *or* rebosar de algo.

overfly ['əʊvə'flaɪ] (*pt* **overflew** ['əʊvə'fluː]; *pp* **overflown** ['əʊvə'fləʊn]) *vt* sobrevolar.

overfull ['əʊvə'fʊl] *adj* demasiado lleno/a (*of* de), repleto/a.

overgenerous ['əʊvə'dʒenərəs] *adj* demasiado generoso/a; **they were** ~ **in their praise of him** le elogiaron con exceso.

overgrown ['əʊvə'grəʊn] *adj* (*garden*) poblado/a (*with* de); **the path is quite** ~ **now** la senda está ya totalmente cubierta de vegetación; **he's just an** ~ **schoolboy** es un niño en grande.

overhang [əʊvə'hæŋ] (*pt, pp* **overhung**) **1** *vt* sobresalir por encima de. **2** *vi* sobresalir.

overhanging ['əʊvə'hæŋɪŋ] *adj* saliente, voladizo/a.

overhaul 1 ['əʊvəhɔːl] *n* revisión *f*, repaso *m* general, ajuste *m (Mex)*. **2** [,əʊvə'hɔːl] *vt* (*service: machine*) revisar; (*revise: plans etc*) volver a hacer, replantear.

overhead 1 [,əʊvə'hed] *adv* (por) arriba, (por) encima. **2** ['əʊvəhed] *adj* (*cable*) aéreo/a; (*railway*) elevado/a, suspendido/a; (*camshaft*) en cabeza. **3** ['əʊvəhed] *cpd* (*Brit*): ~ **projector** *n* retroproyector *m*. **4** *npl*: ~**s**, (*US*) ~ gastos *mpl* generales.

overhear [ˌəʊvəˈhɪəʳ] (*pt, pp* **overheard** [ˌəʊvəˈhɜːd]) *vt* oír, oír por casualidad; **she was overheard complaining** oyeron por casualidad que se quejaba.
overheat [ˈəʊvəˈhiːt] *vi* (*Aut: engine*) recalentarse.
overhung [ˌəʊvəˈhʌŋ] *pt, pp of* **overhang**.
overindulge [ˈəʊvərɪnˈdʌldʒ] **1** *vt* (*child*) mimar, consentir; (*taste etc*) saciar, colmar. **2** *vi* darse la gran vida *or* todos los caprichos, excederse; **to ~ in alcohol** *etc* abusar del alcohol *etc*.
overindulgence [ˈəʊvərɪnˈdʌldʒəns] *n* (**a**) (*excess*) abuso *m* (*in* de). (**b**) (*with children*) exceso *m* de tolerancia (*towards* con).
overjoyed [ˌəʊvəˈdʒɔɪd] *adj* lleno/a de alegría (*at* por), contentísimo/a (*at* de); **he was ~ at the news** no cabía en sí de contento con la noticia.
overkill [ˈəʊvəkɪl] *n* (**a**) (*Mil*) *ventaja en cuanto a la capacidad destructiva de las armas*. (**b**) (*fig*) **there is a danger of ~ here** aquí hay peligro de excedernos en los medios.
overland 1 [ˌəʊvəˈlænd] *adv* por tierra, por vía terrestre. **2** [ˈəʊvəlænd] *adj* terrestre.
overlap 1 [ˈəʊvəlæp] *n* traslapo *m*, solapo *m*; (*fig*) coincidencia *f* parcial. **2** [ˌəʊvəˈlæp] *vi* traslaparse; (*fig*) coincidir en parte.
overlay [ˌəʊvəˈleɪ] (*pt, pp* **overlaid** [ˈəʊvəleɛ̃d]) **1** *vt* cubrir (*with* con), revestir (*with* de). **2** *n* capa *f* sobrepuesta, revestimiento *m*; (*applied decoration*) incrustación *f*; (*on map etc*) transparencia *f* superpuesta.
overleaf [ˈəʊvəˈliːf] *adv* a la vuelta; (*see*) al dorso.
overload [ˈəʊvəˈləʊd] *vt* sobrecargar; **to be ~ed with** estar sobrecargado de.
overlook [ˌəʊvəˈlʊk] *vt* (**a**) (*building*) dar *or* tener vista a; **the house ~s the park** la casa tiene vistas al parque. (**b**) (*not notice*) pasar por alto, no darse cuenta de; (*tolerate*) pasar por alto; (*forgive*) perdonar; (*turn a blind eye to*) hacer la vista gorda a; **we'll ~ it this time** se perdona esta vez.
overly [ˈəʊvəlɪ] *adv* (*esp US*) demasiado; **~ fond of** demasiado aficionado/a a.
overmanning [ˌəʊvəˈmænɪŋ] *n* empleo *m* de más personal del necesario.
overmuch [ˈəʊvəˈmʌtʃ] *adv* demasiado.
overnight [ˈəʊvəˈnaɪt] **1** *adv* durante la noche, por la noche; (*fig: quickly*) de la noche a la mañana; **to stay ~** pasar la noche; **we can't solve this one ~** no podemos resolver este problema de la noche a la mañana. **2** *adj*: **~ bag** neceser *m* de viaje; **~ journey** viaje *m* de noche; **~ stay** estancia *f* de una noche.
overparticular [ˈəʊvəpəˈtɪkjʊləʳ] *adj* delicado/a, remilgado/a; **I'm not ~** me da igual; **he's not ~ about hygiene** no es muy escrupuloso en cuanto a la higiene.
overpass [ˈəʊvəpɑːs] *n* (*US*) paso *m* elevado *or (LAm)* a desnivel.
overpay [ˈəʊvəˈpeɪ] (*pt, pp* **overpaid** [ˈəʊvəˈpeɪd]) *vt* (*person*) pagar un sueldo excesivo a.
overpayment [ˈəʊvəˈpeɪmənt] *n* pago *m* excesivo.
overpopulated [ˈəʊvəˈpɒpjʊleɪtɪd] *adj* superpoblado/a.
overpower [ˌəʊvəˈpaʊəʳ] *vt* (*subdue physically*) dominar, vencer; (*fig: subj: heat*) agobiar, sufocar; (*: emotion*) embargar, abrumar.
overpowering [ˌəʊvəˈpaʊərɪŋ] *adj* (*smell*) penetrante, intensísimo/a; (*heat*) asfixiante; (*desire*) irresistible.
overpriced [ˌəʊvəˈpraɪst] *adj* demasiado caro/a (para lo que es).
overproduce [ˌəʊvəprəˈdjuːs] *vt, vi* producir demasiado.
overproduction [ˈəʊvəprəˈdʌkʃən] *n* superproducción *f*.
overprotective [ˌəʊvəprəˈtektɪv] *adj* excesivamente solícito/a.
overqualified [ˌəʊvəˈkwɒlɪfaɪd] *adj* sobrecualificado/a.
overran [ˌəʊvəˈræn] *pt of* **overrun**.
overrate [ˈəʊvəˈreɪt] *vt* exagerar el valor de.
overrated [ˌəʊvəˈreɪtɪd] *adj* sobre(e)stimado/a.
overreach [ˌəʊvəˈriːtʃ] *vt*: **to ~ o.s.** ir demasiado lejos, pasarse.
overreact [ˌəʊvərɪˈækt] *vi* reaccionar de manera exagerada.
override [ˌʊəʊvəˈraɪd] (*pt* **overrode**; *pp* **overridden** [ˌəʊvəˈrɪdn]) *vt* (*ignore*) hacer caso omiso a, ignorar, no tener en cuenta; (*trample down*) pisotear; (*Tech: cancel*) anular, invalidar; **this fact ~s all others** este hecho domina todos los demás.
overriding [ˌəʊvəˈraɪdɪŋ] *adj* (*gen*) imperioso/a; (*principal*) principal, primordial.
overripe [ˈəʊvəˈraɪp] *adj* demasiado maduro/a, pasado/a.
overrode [ˌəʊvəˈrəʊd] *pt of* **override**.
overrule [ˌəʊvəˈruːl] *vt* (*judgment, decision*) anular; (*request etc*) denegar, rechazar; **his suggestion was ~d** rechazaron su propuesta.
overrun [ˌəʊvəˈrʌn] (*pt* **overran**; *pp* **~**) **1** *vt* (*Mil: country etc*) invadir; (*time limit etc*) rebasar, exceder; **the town is ~ with tourists** el pueblo está inundado de turistas. **2** *vi* rebasar el límite; **his speech overran by 15 minutes** su discurso se excedió en 15 minutos.
overseas [ˈəʊvəˈsiːz] **1** *adv* (*abroad: to*) al extranjero; (*: in*) en el extranjero; (*: through*) por el extranjero; (*over the sea*) en ultramar; **visitors from ~** visitas *fpl* del extranjero. **2** *adj* (*students*) extranjero/a; (*duty, trade*) exterior; (*Mil: service*) en ultramar; **~ market** mercado *m* exterior; **~ trade** comercio *m* exterior.
oversee [ˈəʊvəˈsiː] (*pt* **oversaw** [ˈəʊvəˈsɔː]; *pp* **~n** [ˈəʊvəˈsiːn]) *vt* supervisar; (*watch*) vigilar.
overseer [ˈəʊvəsɪəʳ] *n* (*foreman*) capataz *mf*, contramaestre *mf*; (*supervisor*) supervisor(a) *m/f*.
oversensitive [ˌəʊvəˈsensɪtɪv] *adj* hipersensible, demasiado sensible.
overshadow [ˌəʊvəˈʃædəʊ] *vt* (*fig*) eclipsar.
overshoot [ˌəʊvəˈʃuːt] (*pt, pp* **overshot** [ˌəʊvəˈʃɒt]) *vt* (*Aer*) ir a aterrizar más allá de; (*destination*) ir más allá de, dejar atrás; **to ~ (the mark)** pasar de la raya.
oversight [ˈəʊvəsaɪt] *n* (*omission*) descuido *m*, equivocación *f*.
oversimplify [ˈəʊvəˈsɪmplɪfaɪ] *vt* simplificar demasiado.
oversize(d) [ˌəʊvəˈsaɪz(d)] *adj* demasiado grande, descomunal; (*US: clothes*) de talla grande.
oversleep [ˈəʊvəˈsliːp] (*pt, pp* **overslept** [ˈəʊvəˈslept]) *vi* dormir más de la cuenta.
overspend [ˈəʊvəˈspend] (*pt, pp* **overspent** [ˈəʊvəˈspent]) *vi* gastar más de la cuenta; **we have overspent by 5 dollars** hemos gastado cinco dólares de más.
overspill [ˈəʊvəspɪl] *n* (*population*) exceso *m* de población; **an ~ town** una ciudad satélite.
overstaffed [ˌəʊvəˈstɑːft] *adj* con más personal del necesario.
overstaffing [ˌəʊvəˈstɑːfɪŋ] *n* empleo *m* de más personal del necesario.
overstate [ˈəʊvəˈsteɪt] *vt*: **to ~ one's case** exagerar sus argumentos.
overstatement [ˈəʊvəˈsteɪtmənt] *n* exageración *f*.
overstay [ˈəʊvəˈsteɪ] *vt*: **to ~ one's welcome** quedarse más tiempo de lo conveniente.
overstep [ˈəʊvəˈstep] *vt*: **to ~ the mark** pasarse de la raya.
overstock [ˈəʊvəˈstɒk] *vt* abarrotar.
overstrike [ˌəʊvəˈstraɪk] **1** *n* (*on printer*) superposición *f*. **2** *vt* superponer.
oversubscribed [ˌəʊvəsəbˈskraɪbd] *adj* suscrito/a en exceso.
overt [əʊˈvɜːt] *adj* abierto/a, público/a; (*obvious*) patente, manifiesto/a.
overtake [ˌəʊvəˈteɪk] (*pt* **overtook** [ˌəʊvəˈtʊk]; *pp* **~n** [ˌəʊvəˈteɪkən]) **1** *vt* (*car*) adelantar, rebasar *(Mex)*; (*catch up with*) alcanzar; (*runner*) adelantar, dejar atrás; (*competition, rival*) tomar la delantera a; **events have ~n us** los sucesos nos *(Sp)* cogieron *or (LAm)* agarraron de improviso *or* de sorpresa. **2** *vi* adelantar,

rebasar *(Mex)*; **'no overtaking'** 'prohibido adelantar'.

overtax ['əʊvə'tæks] *vt* *(Fin)* exigir contribuciones *or* impuestos excesivos a; *(fig: strength, patience)* agotar, abusar de; **to ~ o.s.** quedar agotado.

over-the-counter ['əʊvəθə'kaʊntəʳ] *adj* *(method etc)* limpio/a, honrado/a; **~ purchases** compras *fpl* al contado; **~ market** *(Stock Exchange)* mercado *m* de acciones no cotizadas en la bolsa.

overthrow [ˌəʊvə'θrəʊ] *(vb: pt* **overthrew** [ˌəʊvə'θruː]; *pp* **~n** [ˌəʊvə'θrəʊn]) **1** *n* *(of king etc)* derrocamiento *m*; *(of government)* caída *f*. **2** *vt* *(system etc)* echar abajo, derribar; *(king etc)* derrocar; *(government)* echar abajo.

overtime ['əʊvətaɪm] **1** *n* **(a)** horas *fpl* extraordinarias *or* extras; **to do** *or* **work ~** hacer *or* trabajar horas extraordinarias *or* extras; **your imagination has been working ~!** ¡tienes una imaginación demasiado activa! **(b)** *(US: Sport)* prórroga *f*. **2** *cpd*: **~ ban** *n* prohibición *f* de horas extraordinarias; **~ pay** *n* pago *m* de horas extra.

overtired [ˌəʊvə'taɪəd] *adj* agotado/a, rendido/a.

overtly [əʊ'vɜːtlɪ] *adv* abiertamente, públicamente.

overtone ['əʊvətəʊn] *n* *(fig)* sugerencia *f*, insinuación *f*; *(of word, phrase)* connotación *f*.

overture ['əʊvətjʊəʳ] *n* *(Mus)* obertura *f*; *(fig)* **to make ~s to sb** *(Comm etc)* proponerle algo a algn; *(sexual)* hacerle proposiciones a algn.

overturn [ˌəʊvə'tɜːn] **1** *vt* *(car, boat, saucepan etc)* volcar; *(government etc)* hacer caer, derribar; **they managed to have the ruling ~ed** lograron hacer anular la decisión. **2** *vi* *(car etc)* volcar; *(boat)* zozobrar.

overuse ['əʊvə'juːz] *vt* usar demasiado.

overvalue ['əʊvə'væljuː] *vt* sobrevalorar.

overview ['əʊvəvjuː] *n* visión *f* de conjunto.

overweight ['əʊvə'weɪt] *adj* *(person)* gordo/a, entrado/a en carnes; **the parcel is a kilo ~** el paquete tiene un exceso de peso de un kilo.

overwhelm [ˌəʊvə'welm] *vt* *(opponent, team etc)* arrollar, aplastar; *(in argument)* aplastar; *(with questions, requests)* atosigar; *(with work etc)* abrumar, agobiar; **sorrow ~ed him** estaba destrozado por el dolor; **he was ~ed with their kindness** su amabilidad le dejó impresionado, su amabilidad le dejó profundamente conmovido; **to be ~ed** *(touched, impressed)* conmoverse, impresionarse; **we have been ~ed with offers of help** nos han inundado las ofertas de ayuda.

overwhelming [ˌəʊvə'welmɪŋ] *adj* *(defeat, victory)* arrollador(a), aplastante; *(majority)* abrumador(a); *(pressure, heat)* agobiante, abrumador(a); *(desire)* irresistible, imperioso/a; *(emotion)* incontenible; **one's ~ impression is of heat** lo que más impresiona es el calor.

overwhelmingly [ˌəʊvə'welmɪŋlɪ] *adv* de modo arrollador; **they voted ~ for X** la inmensa mayoría votó por X.

overwork ['əʊvə'wɜːk] **1** *n* exceso *m* de trabajo. **2** *vi* trabajar demasiado, estar atareado.

overwrite [ˌəʊvə'raɪt] *(pt* **overwrote** [ˌəʊvə'rəʊt]; *pp* **overwritten** [ˌəʊvə'rɪtn]) *vt* *(Comput)* sobreescribir.

overwrought ['əʊvə'rɔːt] *adj*: **to be ~** estar muy nervioso/a, estar crispado/a.

overzealous ['əʊvə'zeləs] *adj* demasiado entusiasta.

ovine ['əʊvaɪn] *adj* ovino/a.

ovulate ['ɒvjʊleɪt] *vi* ovular.

ovulation [ˌəʊvjʊ'leɪʃən] *n* ovulación *f*.

ovum ['əʊvəm] *n* *(pl* **ova** ['əʊvə]) óvulo *m*.

ow [aʊ] *interj* ¡ay!

owe [əʊ] *vt* *(gen)* deber; **to ~ sb £2** deber 2 libras a algn; **he ~s his life to a lucky chance** debe su vida a una casualidad; **he ~s his talent to his mother** le debe su talento a su madre; **to what do I ~ the honour of your visit?** ¿a qué debo el honor de su visita?; **you ~ it to yourself to come** venir es un deber que Ud tiene consigo mismo; **I think I ~ you an explanation** creo que te debo una explicación.

owing ['əʊɪŋ] **1** *adj* que se debe; **how much is ~ to you now?** ¿cuánto se le debe ahora? **2**: **~ to** *prep* *(due to)* debido a, a causa de; **~ to the bad weather** con motivo del *or* debido al mal tiempo.

owl [aʊl] *n* *(barn ~)* lechuza *f*; *(little ~)* mochuelo *m*; *(long-eared ~)* búho *m*; *(tawny ~)* cárabo *m*.

own [əʊn] **1** *adj* propio/a; **it's all my ~ money** todo el dinero es mío; **the house has its ~ garage** la casa tiene garaje propio; **in her ~ house** en su propia casa.

2 *pron*; **my ~** el/la mío/a (propio/a); **his/her ~** el/la suyo/a (propio/a); **each to his ~** cada una a lo suyo; **the house is her (very) ~** la casa es de su propiedad; **can I have it for my (very) ~?** ¿puedo quedarme con él?; **he has a style all his ~** tiene un estilo muy suyo *or* propio; **she has money of her ~** tiene su propio dinero; **I'll give you a copy of your ~** te daré una copia para tí; **a place of one's ~** (una) casa propia; **to come into one's ~** probarse, justificarse; **to hold one's ~** defenderse; *(not give in)* no cejar; **to be on one's ~** estar a solas, estar solo; **if I can get him on his ~** si puedo hablar con él a solas; **to do sth on one's ~** *(unaided)* hacer algo sin ayuda (de nadie); **I am so busy I can scarcely call my time my ~** estoy tan ocupado que apenas dispongo de mi tiempo; **without a chair to call my ~** sin tan siquiera una silla; **to get one's ~ back** tomarse la revancha; **we all look after our ~** todos cuidamos lo nuestro.

3 *vt* **(a)** *(possess)* poseer, ser dueño/a de; **as if he ~s the place** como si estuviera en su propia casa; **you don't ~ me!** ¡no te pertenezco!; **who ~s the newspaper?** ¿quién es el dueño del periódico?; **who ~s this pen?** ¿a quién pertenece esta pluma?

(b) *(admit)* reconocer, admitir.

4 *vi*: **to ~ to sth** confesar *or* reconocer algo.

► **own up** *vi + adv* confesar *(to sth* algo); **they ~ed up to having stolen the apples** confesaron haber robado las manzanas.

own-brand ['əʊnˌbrænd] *n* marca *f* propia *(de un supermercado etc)*.

owner ['əʊnəʳ] **1** *n* dueño/a *m/f*, propietario/a *m/f*. **2** *cpd*: **~ driver** *n* conductor *m* propietario.

owner-occupier [ˌəʊnəʳ'ɒkjʊpaɪəʳ] *n* ocupante *mf* propietario/a.

ownership ['əʊnəʃɪp] *n* propiedad *f*; *(possession)* posesión *f*; **'under new ~'** 'nuevo propietario', 'nuevo dueño'; **under his ~ the business flourished** el negocio prosperó bajo su dirección.

ownsome ['əʊnsəm] *n*: **on one's ~** *(fam)* a solas, solito/a *(fam)*.

ox [ɒks] *n* *(pl* **~en** ['ɒksən]) buey *m*.

Oxbridge ['ɒksbrɪdʒ] *n* *(Brit)* Universidades *fpl* de Oxford y Cambridge.

Oxfam ['ɒksfæm] *n abbr of* **Oxford Committee for Famine Relief**.

oxidation [ˌɒksɪ'deɪʃən] *n* oxidación *f*.

oxide ['ɒksaɪd] *n* óxido *m*.

oxidize ['ɒksɪdaɪz] *vi* oxidarse.

Oxon. ['ɒksən] *abbr* *(Brit) of* **Oxoniensis, of Oxford**.

Oxonian [ɒk'səʊnɪən] *adj, n* oxoniense *mf*.

oxtail ['ɒksteɪl] *n*: **~ soup** consomé *m* de rabo de buey *or* *(LAm)* de res.

oxyacetylene ['ɒksɪə'setɪliːn] *adj* oxiacetilénico/a; **~ burner, ~ torch** soplete *m* oxiacetilénico.

oxygen ['ɒksɪdʒən] **1** *n* oxígeno *m*. **2** *cpd*: **~ mask** *n* máscara *f* de oxígeno; **~ tent** *n* cámara *f* de oxígeno.

oyster ['ɔɪstəʳ] *n* ostra *f*; **the world is his ~** tiene el mundo a sus pies.

oysterbed ['ɔɪstəbed] *n* criadero *m* *or* vivero *m* de ostras.

oz. *abbr of* **ounce(s)**.

ozone ['əʊzəʊn] **1** *n* ozono *m*. **2** *cpd*: **~ hole** *n* agujero *m* de ozono; **~ layer** *n* capa *f* de ozono.

ozone-friendly ['əʊzəʊn'frendlɪ] *adj* que no daña la capa de ozono.

ozonosphere [əʊ'zəʊnəˌsfɪəʳ] *n* ozonosfera *f*.

P

P¹, p¹ [piː] *n* (*letter*) P, p *f*; **to mind one's Ps and Qs** cuidarse de no meter la pata.
P² *abbr* (**a**) *of* **president** P. (**b**) *of* **prince** P.
p² **1** *n abbr of* **penny; pence**. **2** *abbr of* **page** p., pág.
PA **1** *n abbr* (**a**) *of* **personal assistant**. (**b**) *of* **public address system**. (**c**) *of* **Press Association**. (**d**) (*Theat etc*) *of* **personal appearance**. **2** *abbr* (*US Post*) *of* **Pennsylvania**.
p.a. *abbr of* **per annum**.
PAC *n abbr* (*US*) *of* **political action committee**.
pace [ˈpeɪs] **1** *n* (**a**) (*step*) paso *m*; **to put sb through his ~s** (*fig*) poner a algn a prueba.
(**b**) (*speed*) paso *m*, velocidad *f*; **at a good ~** a buen paso; **at a slow ~** a paso lento; **at a walking ~** a la velocidad del que camina a pie; **the ~ of life** el ritmo de vida; **he does it at his own ~** lo hace a su propio ritmo; **to keep ~ (with)** llevar el mismo ritmo (que); (*fig*) avanzar parejo (con); **I can't keep ~ with events** no puedo mantenerme al corriente de los sucesos; **to set the ~** (*running*) marcar el paso; (*fig*) dar la pauta; **he can't stand the ~** no puede mantener el ritmo; (*fig*) las cosas se desarrollan demasiado rápidamente para él.
2 *vt* (*floor, room*) ir y venir por; **to ~ off** *or* **out 10 metres** medir 10 metros a pasos.
3 *vi*: **to ~ up and down** pasearse de un lado para otro.
pacemaker [ˈpeɪsˌmeɪkəʳ] *n* (*Med*) marcapasos *m inv*.
pacesetter [ˈpeɪsˌsetəʳ] *n* (*Sport*) liebre *f*; (*fig*) persona *f* que da la pauta.
Pacific [pəˈsɪfɪk] *adj* pacífico/a; **the ~ (Ocean)** el (Océano) Pacífico.
pacifier [ˈpæsɪfaɪəʳ] *n* (*US: dummy*) chupete *m*.
pacifism [ˈpæsɪfɪzəm] *n* pacifismo *m*.
pacifist [ˈpæsɪfɪst] *n* pacifista *mf*.
pacify [ˈpæsɪfaɪ] *vt* (*gen*) pacificar, apaciguar; (*calm: person*) calmar, tranquilizar.
pack [pæk] **1** *n* (*packet*) paquete *m*; (*bundle*) fajo *m*, bulto *m*; (*US: of cigarettes*) cajetilla *f*; (*rucksack, Mil*) mochila *f*; (*of cards*) baraja *f*; (*Rugby*) pack *m*; (*of hounds*) jauría *f*; **a ~ of lies** una sarta *or (LAm)* bola de mentiras.
2 *vt* (**a**) (*case, trunk*) hacer; (*things in case, clothes*) poner, meter; (*Comm: goods*) envasar, empacar *(esp LAm)*; (*: in box*) embalar; **to ~ one's bags** hacer las maletas; **a ~ed lunch** una bolsa de frío *or* bocadillos; **it comes ~ed in polythene** viene envasado en politeno; **I'm ~ed and ready** tengo las maletas hechas y estoy listo para salir.
(**b**) (*cram full: container*) atestar; (*articles*) meter apretadamente; (*fig: information etc*) incluir; **the place was ~ed** el local estaba repleto *or* a tope; **can you ~ two more into your car?** ¿caben dos más en tu coche?
(**c**) (*soil etc: make firm*) apretar; (*: tread down*) pisotear.
(**d**) (*Pol fig*) llenar de partidarios.
(**e**) (*Comput*) comprimir.
3 *vi* (**a**) (*~ one's luggage*) hacer la maleta; **to send sb ~ing** (*fam*) echar a algn con cajas destempladas.
(**b**) (*people*) apiñarse, apretarse (*into* en).
4 *cpd*: **~ ice** *n* banco *m* de hielo.
► **pack in** *vt + adv* (*fam*) dejar; **~ it in!** ¡déjalo ya!
► **pack off** *vt + adv*: **to ~ sb off to school/bed** mandar a algn al colegio/a la cama.
► **pack up** **1** *vi + adv* (*fam: mechanical object*) estropearse, descomponerse *(esp Mex)*; (*person: stop work*) irse. **2** *vt + adv* (*belongings*) recoger.
package [ˈpækɪdʒ] **1** *n* paquete *m*; (*bundle*) bulto *m*; (*fig: terms of agreement*) convenio *m*. **2** *vt* (*Comm: goods*) envasar, empacar *(LAm)*. **3** *cpd*: **~ deal** *n* convenio *m* general; **~ holiday**, **~ tour** *n* viaje *m* organizado, paquete *m (LAm)*.
packaging [ˈpækɪdʒɪŋ] *n* envase *m*, envasado *m*; (*of box etc*) embalaje *m*.
packer [ˈpækəʳ] *n* empacador(a) *m/f*.
packet [ˈpækɪt] **1** *n* (*carton*) cajita *f*; (*: of cigarettes*) cajetilla *f*; (*small parcel*) paquete *m*; **to make a ~** (*fam*) ganarse una fortuna; **that must have cost a ~** (*fam*) eso habrá costado un dineral. **2** *cpd*: **~ switching** *n* (*Comput*) conmutación *f* de paquetes.
packhorse [ˈpækhɔːs] *n* caballo *m* de carga.
packing [ˈpækɪŋ] **1** *n* (**a**) (*Comm: of goods*) envase *m*, envasado *m*; (*: box etc*) embalaje *m*. (**b**) **to do one's ~** hacer las maletas. **2** *cpd*: **~ case** *n* cajón *m* de embalaje.
pact [pækt] *n* pacto *m*; **to make a ~ with sb** pactar con algn.
pad [pæd] **1** *n* (**a**) (*to prevent friction etc*) almohadilla *f*, cojinete *m*; (*for ink*) tampón *m*; (*brake ~*) zapata *f*; **knee/elbow/shin ~** rodillera *f*/codera *f*/espinillera *f*.
(**b**) (*note~, writing ~*) bloc(k) *m*, cuaderno *m*.
(**c**) (*for helicopter*) plataforma *f*; (*launch ~*) plataforma de lanzamiento.
(**d**) (*of animal's foot*) almohadilla *f*.
2 *vt* (*shoulders etc*) acolchonar, poner hombreras a; (*stuff*) rellenar; (*fig: book, speech etc*) meter paja en.
3 *vi*: **to ~ about/in** andar *or (LAm)* caminar/entrar sin hacer ruido.
► **pad out** *vt + adv* (*speech, essay*) meter paja en, rellenar.
padded [ˈpædɪd] *adj* (*bra*) reforzado; (*cell*) acolchonado/a; **~ shoulders** hombreras *fpl*.
padding [ˈpædɪŋ] *n* (*material*) relleno *m*, almohadilla *f*; (*fig: in speech etc*) paja *f*, borra *f*.
paddle [ˈpædl] **1** *n* (**a**) (*oar*) zagual *m*, canalete *m*, pala *f*, remo *m (LAm)*; (*blade of wheel*) paleta *f*. (**b**) **to go for a ~, to have a ~** chapotear. **2** *vt* (*boat*) remar con canalete *or* pala. **3** *vi* (**a**) (*in boat*) remar con canalete. (**b**) (*walk in water*) mojarse los pies, chapotear. **4** *cpd*: **~ boat** *n*, **~ steamer** *n* vapor *m* de ruedas.
paddling [ˈpædlɪŋ] *cpd*: **~ pool** *n* piscina *f* para niños.
paddock [ˈpædək] *n* (*field*) potrero *m*; (*of racecourse*) paddock *m*.
paddy [ˈpædɪ] *n* (*rice*) arroz *m*; (*field*) arrozal *m*.
padlock [ˈpædlɒk] *n* candado *m*.
paediatric, (*US*) **pediatric** [ˌpiːdɪˈætrɪk] *adj* de pediatría, pediátrico/a.
paediatrician, (*US*) **pediatrician** [ˌpiːdɪəˈtrɪʃən] *n* pediatra *mf*.
paediatrics, (*US*) **pediatrics** [ˌpiːdɪˈætrɪks] *nsg* pediatría *f*.
paedophile, (*US*) **pedophile** [ˈpiːdəʊfaɪl] *n* pedófilo *m*.
pagan [ˈpeɪgən] *adj, n* pagano/a *m/f*.
page¹ [peɪdʒ] **1** *n* (*servant*) paje *m*. **2** *vt*: **to ~ sb** llamar a algn por altavoz.
page² [peɪdʒ] **1** *n* (*of book etc*) página *f*; (*of newspaper*) **front ~** primera plana *f*. **2** *cpd*: **~ break** *n* (*Comput*) límite *m* de la página.
-page [peɪdʒ] *cpd suf*: **a 4~ pamphlet** un folleto de 4 páginas.
pageant [ˈpædʒənt] *n* (*show*) espectáculo *m*; (*procession*) desfile *m*.

pageantry ['pædʒəntrɪ] *n* pompa *f*, boato *m*.
pageboy ['peɪdʒbɔɪ] *n* (*servant*) paje *m*; (*in hotel*) botones *m inv*; (*hairstyle*) estilo *m* paje.
pager ['peɪdʒəʳ] *n* localizador *m*.
paginate ['pædʒɪneɪt] *vt* paginar.
pagination [ˌpædʒɪ'neɪʃən] *n* paginación *f*.
paging ['peɪdʒɪŋ] **1** *n* (*Comput*) paginación *f*. **2** *cpd*: ~ **device** *n* localizador *m*.
pagoda [pə'gəʊdə] *n* pagoda *f*.
paid [peɪd] **1** *pt, pp of* **pay**. **2** *adj*: **to put ~ to sth** acabar con *or* poner fin a algo.
paid-up ['peɪd'ʌp], (*US*) **paid-in** ['peɪd'ɪn] *adj* (*member*) con sus cuotas pagadas *or* al día; (*share*) liberado/a.
pail [peɪl] *n* cubo *m*, balde *m* (*LAm*); (*child's*) cubito *m*.
pain [peɪn] **1** *n* (**a**) dolor *m*; **to be in ~** estar con dolor; **I have a ~ in my leg** me duele la pierna; **he's a real ~ (in the neck)** (*fam*) da mucha lata, es un pesado; **what a ~!** ¡qué lata! (*fam*); **it's a ~ having to do that** es una lata tener que hacer eso (*fam*).
(**b**) **~s** (*efforts*) esfuerzos *mpl*, esmero *msg*; **he was at ~s to be reasonable** se esforzó por parecer razonable; **to take ~s over sth** esmerarse en algo; **to take ~s to do sth** poner especial cuidado en hacer algo.
(**c**) (*penalty*) **on ~ of death** so pena de muerte.
2 *vt* (*mentally*) angustiar; **it ~s me to tell you** me da lástima *or* me apena decirte.
pained [peɪnd] *adj* (*expression*) de disgusto, afligido/a; (*voice*) adolorido/a.
painful ['peɪnfʊl] *adj* (*gen*) doloroso/a; (*physically*) adolorido/a; (*mentally*) angustioso/a, penoso/a; (*hard, demanding*) arduo/a; (*fam: embarrassingly bad*) fatal, que da lástima *or* vergüenza; **it is my ~ duty to tell you that** ... es mi doloroso deber decirle que ...; **it was ~ to watch** (*fam*) daba lástima verlo.
painfully ['peɪnfəlɪ] *adv* dolorosamente, con dolor; (*fam*) terriblemente.
painkiller ['peɪnkɪləʳ] *n* analgésico *m*.
painless ['peɪnlɪs] *adj* (*childbirth etc*) sin dolor; (*fig*) sin mayores dificultades.
painlessly ['peɪnlɪslɪ] *adv* sin causar dolor.
painstaking ['peɪnzˌteɪkɪŋ] *adj* (*task, research etc*) esmerado/a, concienzudo/a.
paint [peɪnt] **1** *n* pintura *f*; **a coat of ~** una mano (de pintura); **a box of ~s** una caja de pinturas; **'wet ~'** ¡(ojo,) recién pintado! **2** *vt* pintar; **to ~ the town red** (*fig*) irse de juerga *or* parranda; **he's not as black as he's ~ed** no es tan fiero el león como lo pintan. **3** *vi* pintar, ser pintor(a). **4** *cpd*: ~ **roller** *n* rodillo *m* (pintor); ~ **stripper** *n* (*chemical*) quitapintura *m*; (*tool*) raspador *m* de paredes.
► **paint over** *vt + adv* (*repaint*) repintar.
paintbox ['peɪntbɒks] *n* caja *f* de pinturas.
paintbrush ['peɪntbrʌʃ] *n* (*Art*) pincel *m*; (*for decorating*) brocha *f*.
painter ['peɪntəʳ] *n* (*Art*) pintor(a) *m/f*; (*decorator*) pintor(a) de brocha gorda.
painting ['peɪntɪŋ] *n* (*Art: picture*) cuadro *m*, pintura *f*; (*: activity*) pintura; (*decorating*) decoración *f* del hogar.
paintwork ['peɪntwɜːk] *n* (*gen*) pintura *f*; (*in house*) madera *f* pintada.
pair [pɛəʳ] **1** *n* (**a**) (*of gloves, shoes, etc*) par *m*; (*of people, cards, stamps*) pareja *f*; **to be a ~** hacer juego *or* pareja; **a ~ of trousers** un pantalón, unos pantalones; **a ~ of scissors** unas tijeras; **arranged in ~s** emparejados. (**b**) **the ~s** (*Sport*) las parejas. **2** *vt* (*Zool*) aparear; (*people*) emparejar.
► **pair off 1** *vt + adv* emparejar. **2** *vi + adv* hacer pareja.
paisley ['peɪzlɪ] **1** *n* (*fabric, design*) cachemira *f*. **2** *cpd*: ~ **shawl** *n* chal *m* de cachemira.
pajamas [pə'dʒɑːməz] *npl* (*US*) = **pyjamas**.
Paki ['pækɪ] *n abbr* (*Brit fam!: offensive*) *of* **Pakistani**.
Pakistan [ˌpɑːkɪs'tɑːn] *n* Pakistán *m*.
Pakistani [ˌpɑːkɪs'tɑːnɪ] *adj, n* paquistaní *mf*.
PAL [pæl] *n abbr* (*TV*) *of* **phase alternation line**.
pal [pæl] (*fam*) *n* amigo/a *m/f*, compañero/a *m/f*, compinche *m* (*fam*), cuate/a *m/f* (*Mex*), pata (*Per*) *mf*; **be a ~!** ¡vamos, pórtate como un amigo!; **they're great ~s** son íntimos amigos.
palace ['pælɪs] *n* palacio *m*.
palatable ['pælətəbl] *adj* (*frm: tasty*) sabroso/a; (*fig*) aceptable.
palatal ['pælətl] *adj* palatal.
palate ['pælɪt] *n* paladar *m*; **to have a delicate ~** (*fig*) tener un paladar delicado.
palatial [pə'leɪʃəl] *adj* suntuoso/a, espléndido/a.
palaver [pə'lɑːvəʳ] *n* (*fam: fuss*) lío *m*, desmadre *m*; **why all the ~!** ¡no es para tanto!; **that ~ about the car** aquel lío que se armó del coche.
pale[1] [peɪl] **1** *adj* (*comp* **~r**; *superl* **~st**) (*complexion, face*) pálido/a; (*colour*) claro/a; (*light*) tenue; **a ~ blue dress** un vestido azul claro; **to go** *or* **grow** *or* **turn ~** palidecer; **~ ale** cerveza *f* rubia. **2** *vi* (*fig*) perder importancia; **but X ~s beside Y** pero X pierde al lado de Y.
pale[2] [peɪl] *n*: **to be beyond the ~** ser inaceptable.
paleness ['peɪlnɪs] *n* palidez *f*.
paleo... ['pælɪəʊ] *pref* paleo....
Palestine ['pælɪstaɪn] *n* Palestina *f*.
Palestinian [ˌpæləs'tɪnɪən] *adj, n* palestino/a *m/f*.
palette ['pælɪt] *n* paleta *f*.
palimony ['pælɪmənɪ] *n* (*US fam*) alimentos *mpl* pagados a una ex compañera.
palindrome ['pælɪndrəʊm] *n* palíndromo *m*.
paling ['peɪlɪŋ] *n* estacada *f*, valla *f*.
palisade [ˌpælɪ'seɪd] *n* palizada *f*, estacada *f*; **~s** (*US: cliffs*) acantilado *msg*.
pall[1] [pɔːl] *n* (*on coffin*) paño *m* mortuorio; **a ~ of smoke** una cortina de humo.
pall[2] [pɔːl] *vi*: **to ~ (on sb)** perder el interés (para algn), dejar de gustar (a algn).
pallbearer ['pɔːlˌbɛərəʳ] *n* portador(a) *m/f* del féretro.
pallet ['pælɪt] *n* (**a**) (*for goods*) paleta *f*. (**b**) (*bed*) jergón *m*, catre *m*.
palletization [pælɪtaɪ'zeɪʃən] *n* paletización *f*.
palliative ['pælɪətɪv] *n* paliativo *m*.
pallid ['pælɪd] *adj* pálido/a.
pallor ['pæləʳ] *n* palidez *f*.
pally ['pælɪ] (*fam*) *adj* (*comp* **-ier**; *superl* **-iest**): **to be ~ with sb** ser amiguete *or* colega de algn; **they're very ~** son íntimos (amigos).
palm[1] [pɑːm] **1** *n* (*Bot: also* **~ tree**) palma *f*, palmera *f*; **coconut ~** cocotero *m*. **2** *cpd*: **P~ Sunday** *n* Domingo *m* de Ramos.
palm[2] [pɑːm] *n* (*Anat*) palma *f*; **to grease sb's ~** (*fig*) untar la mano a algn; **to read sb's ~** leer la mano a algn; **to have sb in the ~ of one's hand** tener a algn en la palma de la mano.
► **palm off** *vt + adv*: **to ~ sth off on sb** endosar algo a algn; **I ~ed him off with the excuse that** ... logré satisfacerle con la excusa de que ....
palmist ['pɑːmɪst] *n* quiromántico/a *m/f*, palmista *mf*.
palmistry ['pɑːmɪstrɪ] *n* quiromancia *f*.
palpable ['pælpəbl] *adj* (*lie, mistake*) obvio/a, patente; (*tangible*) palpable.
palpably ['pælpəblɪ] *adv* (*see adj*) obviamente, patentemente; palpablemente.
palpitate ['pælpɪteɪt] *vi* (*heart*) palpitar.
palpitation [ˌpælpɪ'teɪʃən] *n*: **to have ~s** tener palpitaciones.
paltry ['pɔːltrɪ] (*comp* **-ier**; *superl* **-iest**) *adj* ínfimo/a, miserable, vil; **for some ~ reason** por alguna nimiedad.
pampas ['pæmpəs] *npl* pampa *fsg*.
pamper ['pæmpəʳ] *vt* mimar, consentir.
pampered ['pæmpəd] *adj* (*child etc*) mimado/a; (*life*) regalado/a.
pamphlet ['pæmflɪt] *n* (*informative, brochure*) folleto *m*; (*political, handed out in street*) volante *m*, panfleto *m*.

pan [pæn] **1** *n* (*for cooking*) cazuela *f*, cacerola *f*, olla *f* (*LAm*); (*of scales*) platillo *m*; (*of lavatory*) taza *f*. **2** *vt* (**a**) (*gold*) lavar con batea. (**b**) (*US fam: play*) dejar por los suelos. **3** *vi* (**a**) **to ~ for gold** cribar oro. (**b**) (*Cine*) tomar panorámicas *or* vistas pan.

▸ **pan out** *vi* + *adv* (*turn out*) salir, resultar; **to ~ out well** salir bien; **if it ~s out as we hope** si sale como nosotros lo esperamos; **it didn't ~ out at all well** no dio ningún resultado satisfactorio.

pan- [pæn] *pref* pan-; **~African** panafricano/a.

panacea [ˌpænəˈsɪə] *n* panacea *f*.

panache [pəˈnæʃ] *n* gracia *f*, garbo *m*.

Panama [ˈpænəmɑː] **1** *n* Panamá *m*. **2** *cpd*: **~ Canal** *n* Canal *m* de Panamá; **~ hat** *n* (sombrero *m* de) jipijapa *f*, panamá *m*.

Panamanian [ˌpænəˈmeɪnɪən] *adj*, *n* panameño/a *m*/*f*.

pancake [ˈpænkeɪk] **1** *n* tortita *f*, panqueque *m* (*LAm*). **2** *cpd*: **P~ Day** *n* martes *m* de carnaval.

panchromatic [ˈpænkrəʊˈmætɪk] *adj* pancromático/a.

pancreas [ˈpæŋkrɪəs] *n* páncreas *m*.

panda [ˈpændə] **1** *n* panda *m*. **2** *cpd*: **~ car** *n* (*Brit*) coche *m* patrulla.

pandemonium [ˌpændɪˈməʊnɪəm] *n* (*chaos*) jaleo *m*, desmadre *m* (*LAm*); **it's sheer ~!** ¡es la monda!

pander [ˈpændəʳ] *vi*: **to ~ to sb** consentir a algn; **to ~ to sb's desire for sth** complacer el deseo de algn por algo.

p.&h. *abbr* (*US*) *of* **postage and handling** gastos *mpl* de envío.

P.&L. *n abbr of* **profit and loss**.

p.&p. *n abbr of* **postage and packing**.

pane [peɪn] *n* cristal *m*, vidrio *m*.

panel [ˈpænl] **1** *n* (**a**) (*gen*) panel *m*; (*of door etc*) entrepaño *m*; (*of instruments, switches*) tablero *m*. (**b**) (*of judges, in a competition*) jurado *m*. **2** *vt* (*wall, door*) revestir con entrepaños de madera. **3** *cpd*: **~ beater** *n* carrocero *m*; **~ game** *n* programa *m* concurso para equipos; **~ pin** *n* clavo *m* de espiga.

panelled, (*US*) **paneled** [ˈpænld] *adj* con paneles.

panelling, (*US*) **paneling** [ˈpænəlɪŋ] *n* paneles *mpl*.

panellist, (*US*) **panelist** [ˈpænəlɪst] *n* miembro *mf* del jurado.

pang [pæŋ] *n* (*pain*) punzada *f*; (*fig: of remorse*) remordimiento *m*; **~s of hunger** dolores *mpl* del hambre.

panic [ˈpænɪk] (*vb: pt, pp* **~ked**) **1** *n* pánico *m*, terror *m*; **the country was thrown into a ~** cundió el pánico en el país; **there's no ~, tomorrow will do** no hay ninguna prisa loca, lo haremos mañana. **2** *vi* dejarse llevar por el pánico. **3** *cpd*: **~ button** *n* botón *m* de alarma; **it was ~ stations** (*fam*) reinaba el pánico.

panicky [ˈpænɪkɪ] *adj* (*person*) asustadizo/a; **to get ~** dejarse llevar por el pánico.

panic-stricken [ˈpænɪkˌstrɪkən] *adj* preso/a de pánico, muerto/a de miedo.

pannier [ˈpænɪəʳ] *n* (*for horse etc*) cuévano *m*; (*for cycle etc*) cartera *f*, bolsa *f*.

panoply [ˈpænəplɪ] *n* (*armour*) panoplia *f*; (*fig*) pompa *f*.

panorama [ˌpænəˈrɑːmə] *n* panorama *m*.

panoramic [ˌpænəˈræmɪk] *adj* panorámico/a.

panpipes [ˈpænpaɪps] *npl* zampoña *fsg*.

pansy [ˈpænzɪ] *n* (*Bot*) pensamiento *m*; (*fam pej*) marica *m*.

pant [pænt] **1** *n* jadeo *m*, resuello *m*. **2** *vi* jadear, resollar; **he was ~ing for a drink** jadeaba de sed.

pantechnicon [pænˈteknɪkən] *n* camión *m* de mudanzas.

pantheism [ˈpænθiːɪzəm] *n* panteísmo *m*.

pantheistic [ˌpænθiːˈɪstɪk] *adj* panteísta.

panther [ˈpænθəʳ] *n* pantera *f*, jaguar *m* (*LAm*).

panties [ˈpæntɪz] *npl* bragas *fpl*, braguitas *fpl*, calzones *mpl* (*LAm*); **a pair of ~** unas bragas.

panto [ˈpæntəʊ] *n abbr* (*fam*) *of* **pantomime**.

pantomime [ˈpæntəmaɪm] *n* (*Brit: at Christmas*) revista *f* musical navideña; (*mime*) pantomima *f*.

pantry [ˈpæntrɪ] *n* despensa *f*.

pants [pænts] **1** *npl* (*Brit: man's*) calzoncillos *mpl*; (*woman's*) bragas *fpl*; (*US*) pantalones *mpl*; **a pair of ~** (*Brit: man's*) unos calzoncillos; (*woman's*) unas bragas; (*US*) un pantalón, unos pantalones; **to bore the ~ off sb** (*fam*) aburrir terriblemente a algn; **she wears the ~** (*fam*) ella manda. **2** *cpd*: **~ press** (*US*) *n* prensa *f* para pantalones.

pantsuit [ˈpæntsuːt] (*US*) traje *m* de chaqueta y pantalón.

papa [pəˈpɑː] *n* papá *m*.

papacy [ˈpeɪpəsɪ] *n* papado *m*, pontificado *m*.

papal [ˈpeɪpəl] *adj* papal, pontificio/a.

paper [ˈpeɪpəʳ] **1** *n* (**a**) (*material*) papel *m*; **a piece of ~** un papel, una hoja (de papel); **on ~** (*fig*) en teoría, sobre el papel; **to put sth down on ~** poner algo por escrito; **it's not worth the ~ it's written on** no vale para nada.

(**b**) **~s** (*writings, documents*) papeles *mpl*; (*identity* **~s**) documentación *f*, papeles; **your ~s, please** la documentación, por favor; **Churchill's private ~s** los papeles personales de Churchill.

(**c**) (*Univ etc: also* **question ~**) cuestionario *m*; (*: lecture*) ponencia *f*; **to do a good ~ in maths** hacer un buen examen de matemáticas.

(**d**) (*newspaper*) periódico *m*, diario *m*; **the ~s** los periódicos, la prensa; **it came out in the ~s** salió en los periódicos.

2 *vt* (*wall, room*) empapelar, tapizar (*LAm*).

3 *cpd* de papel; **~ advance** *n* (*on printer*) avance *m* de papel; **~ bag** *n* bolsa *m* de papel; **~ clip** *n* clip *m*, sujetapapeles *m inv*; **~ currency** *n* papel *m* moneda; **~ feed(er)** *n* alimentador *m* de papel; **~ handkerchief, ~ hankie** *n* pañuelo *m* de papel; **~ knife** *n* abrecartas *m inv*; **~ mill** *n* fábrica *f* de papel, papelera *f*; **~ money** *n* (*gen*) papel *m* moneda; (*banknote*) billete *m* de banco; **~ profit** *n* beneficio *m* no realizado; **~ round** *n* reparto *m* de periódicos; **~ shop** *n* tienda *f* de periódicos, quiosco *m*, puesto *m* de periódicos; **~ tiger** *n* tigre *m* de papel; **~ towel** *n* toallita *f* de papel.

paperback [ˈpeɪpəbæk] *n* libro *m* de bolsillo.

paperboy [ˈpeɪpəbɔɪ] *n* repartidor *m* de periódicos.

paperweight [ˈpeɪpəweɪt] *n* pisapapeles *m inv*.

paperwork [ˈpeɪpəwɜːk] *n* (*bureaucracy*) trámites *mpl*, papeleo *m*.

papery [ˈpeɪpərɪ] *adj* parecido/a al papel.

papier-mâché [ˈpæpɪeɪˈmæʃeɪ] *n* cartón *m* piedra.

papist [ˈpeɪpɪst] *n* (*pej*) papista *mf*.

paprika [ˈpæprɪkə] *n* pimentón *m*, paprika *f*.

Pap test [ˈpæptest] *n* frotis *m* (cervical).

Papua New Guinea [ˈpæpjʊənjuːˈgɪnɪ] *n* Nueva Guinea *f* Papúa.

par [pɑːʳ] **1** *n* (*Comm*) par *f*; (*Golf*) par *m*; **to be above/below ~** (*Comm*) estar sobre/bajo la par; **2 over ~** 2 sobre par; **5 under ~** 5 bajo par; **to be under** *or* **below ~** (*person: ill*) sentirse mal, estar indispuesto; **to be on a ~ with sb/sth** estar en pie de igualdad con algn/algo; **that's ~ for the course** (*fig*) eso es lo más normal. **2** *cpd*: **~ value** *n* valor *m* a la par.

para. *abbr of* **paragraph**.

parable [ˈpærəbl] *n* parábola *f*.

parabolic [ˌpærəˈbɒlɪk] *adj* parabólico/a; **~ aerial** antena *f* parabólica.

paracetamol [pærəˈsiːtəmɒl] *n* paracetamol *m*.

parachute [ˈpærəʃuːt] **1** *n* paracaídas *m inv*. **2** *vt* lanzar en paracaídas. **3** *vi* (*also* **~ down**) lanzarse *or* saltar en paracaídas. **4** *cpd*: **~ jump** *n* salto *m* en paracaídas; **~ regiment** *n* regimiento *m* de paracaidistas.

parachutist [ˈpærəʃuːtɪst] *n* paracaidista *mf*.

parade [pəˈreɪd] **1** *n* (*gen*) desfile *m*; **to be on ~** (*Mil*) pasar revista; **a fashion ~** un desfile de modelos; **a ~ of shops** una zona comercial. **2** *vt* (*troops*) hacer desfilar; (*placard etc*) pasear; (*show off: learning, wealth, new clothes*) hacer alarde de, lucir. **3** *vi* (*Mil*) pasar revista; (*boy scouts, demonstrators*) desfilar; **to ~ about** *or*

around (*fam*) pavonearse, lucir; **the strikers ~d through the town** los huelguistas desfilaron por la ciudad. **4** *cpd*: ~ **ground** *n* placa *f* de armas.
paradigm ['pærədaɪm] *n* paradigma *m*.
paradise ['pærədaɪs] *n* paraíso *m*.
paradox ['pærədɒks] *n* paradoja *f*.
paradoxical [ˌpærə'dɒksɪkəl] *adj* paradójico/a.
paraffin ['pærəfɪn] **1** *n* parafina *f*. **2** *cpd*: ~ **heater** *n* estufa *f* de parafina; ~ **lamp** *n* quinqué *m*; ~ **wax** *n* parafina *f*.
paragon ['pærəgən] *n* modelo *m*, dechado *m*; **a ~ of virtue** un dechado de virtudes.
paragraph ['pærəgrɑːf] *n* párrafo *m*, (punto) acápite *m* *(LAm)*; (*in law etc*) aparte *m*; **new ~** punto y aparte.
Paraguay ['pærəgwaɪ] *n* Paraguay *m*.
Paraguayan [ˌpærə'gwaɪən] *adj*, *n* paraguayo/a.
parakeet ['pærəkiːt] *n* perico *m*, periquito *m*.
parallel ['pærəlel] **1** *adj* paralelo/a (*to* a); (*Comput, Elec*) en paralelo; (*fig*) análogo/a (*to* a); ~ **bars** paralelas *fpl*; ~ **printer** impresora *f* en paralelo. **2** *n* (*Geom*) paralela *f*; (*Geog*) paralelo *m*; **in ~** (*Elec*) en paralelo; **a case without ~** un caso inaudito *or* único; **to draw a ~ between X and Y** (*fig*) establecer un paralelo entre X y Y. **3** *vt* (*fig: compare*) comparar con; (*equal*) igualar a; **his talent ~s his brother's** su talento es comparable al *or* corre parejas con el de su hermano.
parallelogram [ˌpærə'leləʊgræm] *n* paralelogramo *m*.
paralysis [pə'ræləsɪs] *n* parálisis *f*.
paralytic [ˌpærə'lɪtɪk] *adj* (*Med*) paralítico/a; (*fam: drunk*) borracho/a, perdido/a.
paralyze ['pærəlaɪz] *vt* (*lit, fig*) paralizar; **to be ~d with fright** estar paralizado de miedo; **the factory was ~d by the strike** la fábrica quedó paralizada por la huelga.
paramedic [ˌpærə'medɪk] *n* paramédico/a *m/f*.
parameter [pə'ræmɪtə^r] *n* parámetro *m*.
paramilitary [ˌpærə'mɪlɪtərɪ] *adj* paramilitar.
paramount ['pærəmaʊnt] *adj* supremo/a; **of ~ importance** de suma importancia.
paranoia [ˌpærə'nɔɪə] *n* paranoia *f*.
paranoid ['pærənɔɪd], **paranoiac** [ˌpærə'nɔɪɪk] *adj*, *n* paranoico/a *m/f*.
paranormal [ˌpærə'nɔːməl] **1** *adj* paranormal. **2** *n*: **the ~** lo paranormal.
parapet ['pærəpɪt] *n* (*of balcony, roof*) pretil *m*, antepecho *m*; (*of fortification*) parapeto *m*.
paraphernalia ['pærəfə'neɪlɪə] *n* parafernalia *f*.
paraphrase ['pærəfreɪz] *vt* parafrasear.
paraplegic [ˌpærə'pliːdʒɪk] *adj*, *n* parapléjico/a *m/f*.
parapsychology [ˌpærəsaɪ'kɒlədʒɪ] *n* parapsicología *f*.
parasite ['pærəsaɪt] *n* (*gen*) parásito/a *m/f*.
parasitic(al) [ˌpærə'sɪtɪk(əl)] *adj* parásito/a, parasitario/a.
parasol ['pærəsɒl] *n* sombrilla *f*.
paratrooper ['pærətruːpə^r] *n* paracaidista *mf*.
paratroops ['pærətruːps] *npl* paracaidistas *mpl*.
parboil ['pɑːbɔɪl] *vt* sancochar, cocer a medias.
parcel ['pɑːsl] **1** *n* **(a)** (*package*) paquete *m*. **(b)** (*of land*) parcela *f*, lote *m*. **2** *cpd*: ~ **bomb** *n* paquete-bomba *m*; ~ **post** *n* servicio *m* de paquetes postales.
► **parcel out** *vt + adv* repartir.
► **parcel up** *vt + adv* empaquetar; (*large size*) embalar.
parched [pɑːtʃt] *adj* (*land etc*) abrasado/a, reseco/a; (*with thirst*) reseco, muerto/a de sed.
parchment ['pɑːtʃmənt] *n* pergamino *m*.
pardon ['pɑːdn] **1** *n* (*Jur*) indulto *m*; **I do beg your ~!** ¡perdone Ud!, ¡disculpe! *(esp LAm)*; **I beg your ~, but could you ...?** perdone *or* disculpe la molestia, pero ¿podría Ud ...?; **(I beg your) ~?** ¿perdón?, ¿cómo?, disculpe la molestia *(esp LAm)*, ¿mande? *(Mex)*.
2 *vt* (*forgive*) perdonar, disculpar *(esp LAm)*; (*Jur*) indultar; **to ~ sb sth** perdonarle algo a algn; ~ **me, but could you ...?** perdone *or (esp LAm)* disculpe la molestia, pero ¿podría Ud ...?; ~ **me!** ¡perdone!, ¡ay, perdone!; ~ **me?** (*US*) ¿cómo?, ¿mande? *(Mex)*.
pardonable ['pɑːdnəbl] *adj* perdonable, disculpable.
pare [pɛə^r] *vt* (*nails*) cortar; (*fruit etc*) pelar.
► **pare down** *vt + adv* reducir.
parent ['pɛərənt] **1** *n* padre *m*/madre *f*; **~s** padres *mpl*. **2** *cpd*: ~ **company** *n* casa *f* matriz; ~ **teacher association** *n* asociación *f* de padres de familia y profesores.
parentage ['pɛərəntɪdʒ] *n* familia *f*.
parental [pə'rentl] *adj* (*care etc*) paterno/a, materno/a; ~ **guidance** los consejos de los padres.
parenthesis [pə'renθɪsɪs] *n* (*pl* **parentheses** [pə'renθɪsiːz]) paréntesis *m inv*.
parenthood ['pɛərənthʊd] *n* paternidad *f*; **planned ~** planificación familiar.
parer ['pɛərə^r] *n* pelalegumbres *m inv*.
par excellence ['pɑʌrθeksəlɑ̃ʌns] *adv* por excelencia.
parings ['pɛərɪŋz] *npl* peladuras *fpl*.
Paris ['pærɪs] *n* París *m*.
parish ['pærɪʃ] **1** *n* parroquia *f*. **2** *cpd*: ~ **council** *n* concejo *m* parroquial; ~ **priest** *n* párroco *m*; ~ **register** *n* libro *m* parroquial.
parishioner [pə'rɪʃənə^r] *n* feligrés/esa *m/f*.
Parisian [pə'rɪzɪən] *adj*, *n* parisiense *mf*, parisino/a *m/f*.
parity ['pærɪtɪ] *n* (*Fin etc*) paridad *f*; (*of wages, conditions*) igualdad *f*.
park [pɑːk] **1** *n* parque *m*. **2** *vt* (*Aut*) aparcar *(Sp)*, estacionar; (*esp LAm*). **3** *vi* (*Aut*) aparcar *(Sp)*, estacionarse *(LAm)*.
parka ['pɑːkə] *n* chaquetón *m* acolchado con capucha, anorak *m*.
park-and-ride [ˌpɑːkənd'raɪd] *n aparcamiento en estaciones periféricas conectadas con el transporte urbano colectivo*.
parking ['pɑːkɪŋ] **1** *n* aparcamiento *m (Sp)*, parking *m*, estacionamiento *m (esp LAm)*; **'no ~'** 'prohibido aparcar *or* estacionarse'.
2 *cpd* (*offence, fine*) de aparcamiento; ~ **attendant** *n* guardacoches *mf inv*; ~ **lights** *npl* luces *fpl* de estacionamiento; ~ **lot** *n* (*US*) aparcamiento *m (Sp)*, (playa *f* de) estacionamiento *m (LAm)*; ~ **meter** *n* parquímetro *m*, parcómetro *m (LAm)*; ~ **offence** *n* ofensa *f* por aparcamiento indebido; ~ **place,** ~ **space** *n* aparcamiento *m (Sp)*, parking *m*, estacionamiento *m (esp LAm)*; ~ **ticket** *n* multa *f* por aparcamiento indebido; ~ **violation** *n* (*US*) = ~ **offence**.
Parkinson ['pɑːkɪnsən] *n*: **~'s disease** enfermedad *f* de Parkinson.
parkland ['pɑːklænd] *n* prado *m*.
park-ride [ˌpɑːk'raɪd] *n* = **park-and-ride**.
parkway ['pɑːkweɪ] *n* (*US*) alameda *f*.
parky ['pɑːkɪ] *adj* (*comp* **-ier**; *superl* **-iest**): **it's a bit ~** (*fam*) está haciendo fresco.
parlance ['pɑːləns] *n* lenguaje *m*; **in common ~** en lenguaje corriente.
parley ['pɑːlɪ] *vi* parlamentar (*with* con).
parliament ['pɑːləmənt] *n* parlamento *m*, ≈ Cortes *fpl (Sp)*, ≈ Congreso *m (LAm)*; **to get into ~** ser elegido diputado *or* senador.
parliamentarian [ˌpɑːləmen'tɛərɪən] *n* parlamentario/a *m/f*.
parliamentary [ˌpɑːlə'mentərɪ] *adj* parlamentario/a; ~ **democracy** democracia *f* parlamentaria; ~ **election** elecciones *fpl* parlamentarias.
parlour, (*US*) **parlor** ['pɑːlə^r] *n* (*in house*) sala *f*, salón *m*, living *m*; **beauty ~** salón *m* de belleza; **ice-cream ~** heladería *f*, sorbetería *f (CAm)*.
Parmesan [ˌpɑːmɪ'zæn] *n* (*also* ~ **cheese**) parmesano *m*.
parochial [pə'rəʊkɪəl] *adj* parroquial; (*fig: local*) localista, provinciano/a; (*: narrow-minded*) de miras estrechas.
parody ['pærədɪ] **1** *n* parodia *f*. **2** *vt* parodiar.
parole [pə'rəʊl] *n* (*word*) palabra *f* (de honor); (*Jur*) libertad *f* bajo palabra *or* condicional; **to be on ~** estar

libre baja palabra; **to put sb on** ~ poner a algn en libertad condicional *or* bajo palabra.

paroxysm ['pærəksɪzəm] *n* paroxismo *m*.

parquet ['pɑːkeɪ] *n* parquet *m*, parqué *m*.

parricide ['pærɪsaɪd] *n* parricidio *m*.

parrot ['pærət] *n* papagayo *m*, perico *m*; **he was as sick as a** ~ *(fam: ill)* se puso a parir *(fam)*; (: *fed up*) estaba hecho/a polvo *or* destrozado/a *(fam)*.

parrot-fashion ['pærət,fæʃən] *adv* (*learn etc*) como un loro *or* una cotorra.

parry ['pærɪ] *vt* (*blow*) parar, desviar; (*fig*) esquivar.

parsimonious [,pɑːsɪ'məʊnɪəs] *adj* (*mean*) avaro/a, tacaño/a; (*sparing*) parco/a.

parsley ['pɑːslɪ] *n* perejil *m*.

parsnip ['pɑːsnɪp] *n* chirivía *f*.

parson ['pɑːsn] *n* clérigo *m*, párroco *m*.

parsonage ['pɑːsnɪdʒ] *n* casa *f* parroquial, parroquia *f*.

part [pɑːt] **1** *n* (**a**) (*portion, proportion*) parte *f*; (*piece*) trozo *m*, pedazo *m*; (*of serial*) parte, entrega *f*; **the best/difficult/funny** ~ **of it** lo mejor/lo difícil/lo gracioso del caso; **it is** ~ **and parcel of the scheme** es parte integrante del proyecto; **for the most** ~ (*proportion*) en su mayor parte; (*number*) en su mayoría; **the greater** ~ **of it is done** la mayor parte está hecha; **this is in great** ~ **due to** ... esto se debe ante todo a ..., más que nada esto se debe a ...; **for the better** ~ **of the day** durante la mayor parte del día; **we lost the best** ~ **of a month** perdimos casi un mes; **in** ~ en parte; **to pay a debt in** ~ pagar parte de una deuda; **2** ~**s of sand to one of cement** 2 partes de arena y una de cemento.

(**b**) (*Tech: component*) pieza *f*; (: *also* **spare** ~) pieza de repuesto; (*Ling, Mus*) parte *f*; **moving** ~ pieza móvil; ~ **of speech** categoría *f* gramatical.

(**c**) (*share, role*) parte *f*, papel *m*; (*Theat*) papel; **to look the** ~ vestir el cargo; **to play the** ~ **of Hamlet** hacer el papel de Hamlet; **to take** ~ **in sth** participar *or* tomar parte en algo; **to have no** ~ **in sth/doing sth** no tener nada que ver con *or* no intervenir en algo/en hacer algo; **to want no** ~ **of sth** desentenderse de *or* no querer saber nada de algo; **to play a** ~ **in sth/doing sth** contribuir a algo/hacer algo.

(**d**) (*region*) parte *f*, zona *f*; **in these** ~**s** por aquí, por estos pagos; **in foreign** ~**s** en el extranjero; **a lovely** ~ **of the country** una región hermosa del país.

(**e**) (*behalf*) parte *f*; (*side*) partido *m*; **to take sb's** ~ tomar partido por algn; **for my** ~ por mi parte; **a mistake on the** ~ **of my brother** un error por parte de mi hermano; **to take sth in good** ~ tomarse algo bien.

2 *adv* (*partly*) en parte.

3 *vt* (*gen*) separar; (*curtains*) abrir, correr; (*push aside*) apartar, hacer de lado; **to** ~ **one's hair** hacerse la raya.

4 *vi* (**a**) (*curtains etc*) abrirse, correrse; (*break*) romper, partirse.

(**b**) (*gen: separate*) separarse; (*one person*) **to** ~ **(from sb)** separarse *or* despedirse (de algn); **the best of friends must** ~ hasta los mejores amigos deben separarse en algún momento; **to** ~ **with sth** desprenderse de *or* soltar algo; **I hate** ~**ing with it** siento perderlo.

5 *cpd*: ~ **exchange** *n*: **they take your old car in** ~ **exchange** aceptan tu coche viejo como parte del pago; ~ **load** *n* carga *f* parcial; ~ **owner** *n* condueño/a *m/f*; ~ **payment** *n* pago *m* parcial; ~ **work** *n* revista *f* con entregas coleccionables.

partake [pɑː'teɪk] (*pt* **partook**; *pp* ~**n**) *vi* (*frm*) (**a**) **to** ~ **of sth** (*food*) comer algo; (*drink*) beber *or* tomar algo. (**b**) **to** ~ **in an activity** participar *or* intervenir en una actividad.

partial ['pɑːʃəl] *adj* (**a**) (*not complete*) parcial. (**b**) (*biased*) parcial (*towards* en); **to be** ~ **to sth** (*like*) ser aficionado a algo.

partiality [,pɑːʃɪ'ælɪtɪ] *n* (*bias*) parcialidad *f* (*towards* hacia); (*liking*) afición *f* (*for, to* a), gusto *m* (*for, to* por).

partially ['pɑːʃəlɪ] *adv* (*partly*) parcialmente, en parte; (*with bias*) con parcialidad.

participant [pɑː'tɪsɪpənt] *n* (*gen*) participante *mf*; (*in competition*) concursante *mf*.

participate [pɑː'tɪsɪpeɪt] *vi* participar *or* intervenir (*in* en).

participation [pɑː,tɪsɪ'peɪʃən] *n* participación *f* (*in* en).

participle ['pɑːtɪsɪpl] *n* participio *m*.

particle ['pɑːtɪkl] *n* (*gen*) partícula *f*; (*of dust etc*) partícula, grano *m*; (*fig*) pizca *f*.

particular [pə'tɪkjʊlə^r] **1** *adj* (**a**) (*special*) particular, especial; (*specific*) concreto/a, en particular; (*given*) determinado/a, cierto/a; **a** ~ **man told me** un hombre determinado me lo dijo; **in this** ~ **case** en este caso concreto; **for no** ~ **reason** por ninguna razón en particular; **she's a** ~ **friend of mine** es muy amiga mía; **to take** ~ **care** tomar especial cuidado.

(**b**) (*fastidious, fussy*) exigente, delicado/a; **I'm not** ~ me es igual; **he's** ~ **about his food** es delicado *or* especial para la comida; **I'm not too** ~ **(about it)** lo mismo da.

2 *n* (**a**) (*detail*) detalle *m*, pormenor *m*; ~**s** (*information*) detalles; (*personal details*) datos *mpl* personales; **to give** ~**s** citar los detalles.

(**b**) **in** ~ en particular, en especial; **nothing in** ~ nada concreto; **are you looking for anything in** ~**?** ¿busca Vd algo en concreto?

particularize [pə'tɪkjʊləraɪz] **1** *vt* especificar. **2** *vi* entrar en detalles, concretar.

particularly [pə'tɪkjʊləlɪ] *adv* (*especially*) especialmente; **this is** ~ **true of his later novels** sobre todo es esto verdad de sus novelas de última epoca; **not** ~ (*not very*) no mucho *or* especialmente.

parting ['pɑːtɪŋ] **1** *adj* de despedida; **his** ~ **words** sus palabras de despedida; ~ **shot** (*fig*) golpe *m* de gracia. **2** *n* (**a**) separación *f*, despedida *f*; **the** ~ **of the ways** (*fig*) la encrucijada, el momento de la separación. (**b**) (*in hair*) raya *f*.

partisan [,pɑːtɪ'zæn] **1** *adj* (*gen*) partidario/a; (*of party*) partidista; (*Mil*) guerrillero/a. **2** *n* (*Mil*) guerrillero/a *m/f*.

partition [pɑː'tɪʃən] **1** *n* (**a**) (*wall*) tabique *m*, medianía *f* (*LAm*). (**b**) (*Pol*) partición *f*, división *f*. **2** *vt* (*country etc*) partir, dividir.

▸ **partition off** *vt* + *adv* separar con tabique *or* (*LAm*) medianía.

partitive ['pɑːtɪtɪv] *adj* partitivo/a.

partly ['pɑːtlɪ] *adv* (*gen*) en parte; (*in a sense*) en cierto sentido; ~ ..., ~ ... por una parte ..., por otra ....

partner ['pɑːtnə^r] **1** *n* (*Comm*) socio/a *m/f*; (*in dance, at tennis etc*) pareja *mf*; (*companion, lover etc*) compañero/a *m/f*; **Britain's EC** ~**s** los socios comunitarios de Gran Bretaña. **2** *vt* acompañar.

partnership ['pɑːtnəʃɪp] *n* (*shared life etc*) vida *f etc* en común; (*relationship*) compañerismo *m*; (*couple*) pareja *f*; (*Comm*) sociedad *f*, asociación *f*; (*Jur, Med*) calidad *f* de socio; **to go into** ~, **to form a** ~ asociarse (*with* con).

partook [pɑː'tʊk] *pt of* **partake**.

partridge ['pɑːtrɪdʒ] *n* perdiz *f*.

part-time ['pɑːt'taɪm] **1** *adv* media jornada, a tiempo parcial, medio tiempo (*LAm*); **to work** ~ trabajar en horario de jornada reducida. **2** *adj* (*worker, job*) de media jornada *or* medio tiempo; (*work*) por horas.

part-timer [,pɑːt'taɪmə^r] *n* trabajador(a) *m/f* a tiempo partido.

part-way ['pɑːt,weɪ] *adv*: **we're only** ~ **into** *or* **through the work** hemos hecho sólo una parte del trabajo.

party ['pɑːtɪ] **1** *n* (**a**) (*Pol*) partido *m*; **to be a member of the** ~ ser miembro del partido.

(**b**) (*group*) grupo *m*; (*team: also* **rescue** ~) equipo *m*; (*Mil*) pelotón *m*, destacamento *m*; **a** ~ **of travellers** un grupo de viajeros; **I was one of the** ~ yo formaba parte del grupo.

(**c**) (*celebration*) fiesta *f*, reunión *f*; **the ~'s over** se acabó la fiesta; **to crash a ~** (*fam*) colarse; **to have** *or* **give** *or* **throw a ~** organizar una fiesta.

(**d**) (*Jur etc*) parte *f*, interesado/a *m/f*; **third ~** tercero/a *m/f*; **the parties to a dispute** los interesados *or* las partes en una querella; **to be a ~ to a crime** ser cómplice *mf* en un delito.

2 *vi* (*fam*) ir a fiestas; **where shall we ~ tonight?** ¿a qué fiesta vamos esta noche?

3 *cpd* (*politics, leader*) de partido; (*finery*) de gala, de fiesta; **~ dress** *n* traje *m* de fiesta; **~ line** *n* (*Pol*) línea *f* (de partido); (*Telec*) línea compartida; **~ piece** *n* numerito *m* (de fiesta); **~ political broadcast** *n* emisión *f* de propaganda política; **~ pooper** *n* (*fam*) aguafiestas *mf inv*; **~ trick** *n* = **~ piece**; **~ wall** *n* pared *f* medianera.

party-goer ['pɑːtɪˌgəʊəʳ] *n* (*gen*) asiduo/a *m/f* a fiestas.

pass[1] [pɑːs] *n* (*Geog*) puerto *m*, paso *m* (*esp LAm*); (*small*) desfiladero *m*.

pass[2] [pɑːs] **1** *n* (**a**) (*permit*) permiso *m*, pase *m*; (*safe conduct*) salvoconducto *m*.

(**b**) (*Sport*) pase *m*.

(**c**) (*in exams*) (nota *f* de) aprobado *m*; **to get a ~ in German** aprobar en alemán.

(**d**) **things have come to a pretty ~** ¡hasta dónde hemos llegado!

(**e**) **to make a ~ at sb** (*fam*) hacer proposiciones a algn.

2 *vt* (**a**) (*move past*) pasar; (*: in front of*) pasar por delante de; (*on street etc*) cruzarse con; (*Aut: overtake*) adelantar a, rebasar (*Mex*); (*frontier*) cruzar; **they ~ed each other on the way** se cruzaron en el camino.

(**b**) (*hand, move, Sport: ball*) pasar; **to ~ sb sth** *or* **sth to sb** pasar algo a algn; **he ~ed the rope round the axle** pasó la cuerda por el eje; **~ me the salt, please** ¿me haces el favor de pasar la sal?

(**c**) (*Univ etc: exam*) aprobar.

(**d**) (*approve: motion, plan etc*) aprobar.

(**e**) (*spend: time*) pasar; **we ~ed the weekend pleasantly** pasamos un fin de semana muy agradable; **it ~es the time** ayuda a pasar el rato.

(**f**) (*express: remark*) hacer; (*opinion*) expresar; **to ~ the time of day with sb** acompañar a *or* pasar el rato con algn.

(**g**) (*Jur*) **to ~ sentence** fallar, dictar sentencia.

3 *vi* (**a**) (*move past*) pasar; (*Aut: overtake*) pasar, adelantar; **we ~ed in the corridor** nos cruzamos en el pasillo.

(**b**) (*move, go*) pasar; (*be inherited*) pasar; **the train ~ed into a tunnel** el tren entró en un túnel; **to ~ out of sight** perderse de vista; **to ~ into oblivion** (*fig*) pasar al olvido; **to let sth ~** dejar pasar algo.

(**c**) (*happen*) pasar, ocurrir, suceder; **all that ~ed between them** todo lo que hubo entre ellos.

(**d**) (*time*) pasar; **how time ~es!** ¡como pasa el tiempo!

(**e**) (*disappear: storm, anger*) pasar; (*pain, memory, awkward period*) pasar, olvidarse.

(**f**) (*Univ etc: in exam*) aprobar.

(**g**) (*be accepted*) pasar (*for, as* por); **it ~es for a restaurant** pasa por ser restaurante; **in her day she ~ed for a great beauty** en sus tiempos se le consideraba una gran belleza; **what ~es for intelligence elsewhere** lo que se considera inteligencia en otras partes.

(**h**) (*Lit*) **it came to ~ that ...** aconteció que ....

▸ **pass about, pass around** *vt* + *adv* (*bottle etc*) pasar de uno a otro; (*note*) hacer circular.

▸ **pass away** *vi* + *adv* (*die*) fallecer.

▸ **pass by 1** *vi* + *adv* pasar. **2** *vt* + *adv* (*ignore*) pasar de largo *or* por alto; **life has ~ed her by** la vida se le ha pasado sin enterarse.

▸ **pass down** *vt* + *adv* (*customs, inheritance*) pasar, transmitir.

▸ **pass off 1** *vi* + *adv* (*happen*) pasar, transcurrir; (*wear off: faintness etc*) pasar. **2** *vt* + *adv*: **to ~ sb/sth off as sth** hacer pasar algo/a algn por algo; **to ~ o.s. off as sth** hacerse pasar por algo.

▸ **pass on 1** *vi* + *adv* (*die*) fallecer; (*proceed*) pasar (adelante) (*to* a). **2** *vt* + *adv* (*hand on*) pasar *or* transmitir (*to* a); **we shall have to ~ the increase on to the consumer** tendremos que hacer que el consumidor cargue con el incremento.

▸ **pass out** *vi* + *adv* (*become unconscious*) perder el conocimiento, desmayarse; (*Mil*) graduarse.

▸ **pass over 1** *vi* + *adv* (*die*) fallecer. **2** *vt* + *adv* omitir, pasar por alto; **he was ~ed over again for promotion** en los ascensos volvieron a postergarle.

▸ **pass through 1** *vi* + *adv* estar de paso. **2** *vi* + *prep* (*go via*) pasar por, atravesar.

▸ **pass up** *vt* + *adv* (*opportunity*) renunciar a, no aprovechar.

passable ['pɑːsəbl] *adj* (*tolerable*) pasable; (*usable, crossable*) transitable.

passage ['pæsɪdʒ] *n* (**a**) (*corridor*) pasillo *m*; (*underground*) pasaje *m*; (*alley*) callejón *m*; (*between buildings*) pasaje. (**b**) (*voyage*) travesía *f*; (*travel through*) paso *m*, tránsito *m*; **the ~ of time** el paso del tiempo; **to grant sb safe ~** darle a algn un salvoconducto. (**c**) (*passing: of bill through parliament*) paso *m*; (*: approval*) aprobación *f*. (**d**) (*section: of book, music*) pasaje *m*, trozo *m*.

passageway ['pæsɪdʒweɪ] *n* (*in house*) pasillo *m*, pasadizo *m*; (*between buildings etc*) corredor *m*, pasaje *m*.

passbook ['pɑːsbʊk] *n* libreta *f* de banco.

passé ['pæseɪ] *adj* pasado/a de moda.

passenger ['pæsndʒəʳ] **1** *n* (**a**) pasajero/a *m/f*, viajero/a *m/f*. (**b**) (*pej*) **for many years he was a ~** durante muchos años fue una nulidad. **2** *cpd* (*aircraft, liner, train*) de pasajeros.

passer-by ['pɑːsə'baɪ] *n* (*pl* **passers-by**) transeúnte *mf*.

passing ['pɑːsɪŋ] **1** *adj* (*fleeting: fancy, thought*) pasajero/a, fugaz; (*glance etc*) rápido; (*: cursory*) superficial; **a ~ car** un coche que pasaba *or* de paso; **~ remark** comentario *m* hecho de paso. **2** *n* (*of customs etc*) desaparición *f*; **with the ~ of the years** conforme van pasando los años; **to mention sth in ~** mencionar algo de paso *or* pasada. **3** *cpd*: **~ lane** *n* (*US Aut*) carril *m* de adelantamiento; **~ place** *n* (*Brit Aut*) apartadero *m*.

passing-out [ˌpɑːsɪŋ'aʊt] *cpd*: **~ parade** *n* desfile *m* de promoción.

passion ['pæʃən] **1** *n* (*gen*) pasión *f*; **the P~** (*Rel*) la Pasión; **political ~s are strong here** aquí la política apasiona; **his ~ for accuracy** su pasión por la exactitud; **to get into a ~ (about sth)** encolerizarse (por algo); **I have a ~ for shellfish** adoro los mariscos. **2** *cpd*: **~ fruit** *n* granadilla *f*.

passionate ['pæʃənɪt] *adj* (*gen*) apasionado/a; (*believer, desire*) vehemente, ardiente.

passionately ['pæʃənɪtlɪ] *adv* (*see adj*) apasionadamente, con pasión; con vehemencia *or* ardor.

passive ['pæsɪv] **1** *adj* (*gen*) pasivo/a; (*inactive*) inactivo/a; **~ smoking** fumar *m* pasivo. **2** *n* (*Ling*) voz *f* pasiva.

passkey ['pɑːskiː] *n* llave *f* maestra.

passmark ['pɑːsmɑːk] *n* aprobado *m*.

Passover ['pɑːsəʊvəʳ] *n* Pascua *f* (de los judíos).

passport ['pɑːspɔːt] *n* pasaporte *m*.

password ['pɑːswɜːd] *n* (*gen, Comput*) contraseña *f*.

past [pɑːst] **1** *adv* (**a**) (*in place*) **to walk/run ~** pasar andando/corriendo.

(**b**) (*in time*) **the days flew ~** los días pasaron volando.

2 *prep* (**a**) (*in place: passing by*) por delante de; (*: beyond*) más allá de; **just ~ the town hall** un poco más allá del Ayuntamiento.

(**b**) (*in time*) después de; **quarter/half ~ four** las cuatro y cuarto/media; **at twenty ~ four** a las cuatro y veinte; **it's ~ 12** dieron las 12 ya.

(**c**) (*beyond the limits of*) más allá de; **I'm ~ caring** me trae sin cuidado ya; **it's ~ mending** ya no tiene remedio; **he's ~ forty** tiene más de cuarenta años; **to be ~ it** (*fam*) estar para el arrastre; **I wouldn't put it ~ him** (*fam*) no me extrañería nada de él.

3 *adj* (*earlier*) pasado/a; (*previous*) anterior; (*ex*) antiguo/a; ~ **tense** (*Ling*) (tiempo *m*) pasado *m*; **for some time** ~ de algún tiempo a esta parte, hace tiempo; **in ~ years** en otros años *or* años anteriores; **those days are ~ now** aquellos tiempos pasaron ya; ~ **master** maestro/a *m/f* consumado/a; ~ **participle** participio *m* de pasado; ~ **perfect** pretérito *m*.

4 *n* (*time*) el pasado; (*what is past*) lo pasado; (*Ling*) pasado *m*; **in the** ~ en el pasado, antes, antiguamente; **it's a thing of the** ~ es cosa del pasado; **a woman with a** ~ una mujer con pasado *or* antecedentes.

pasta [ˈpæstə] *n* pasta *f*.

paste [peɪst] **1** *n* (**a**) (*substance, consistency*) pasta *f*; (*Culin*) pasta; (*glue*) engrudo *m*, cola *f*. (**b**) (*gems*) bisutería *f*. **2** *vt* (*put ~ on*) engomar, encolar; (*fasten with ~*) pegar; **to ~ sth to a wall** pegar algo a una pared. **3** *cpd* (*diamonds etc*) de fantasía.

pasteboard [ˈpeɪstbɔːd] *n* cartón *m*.

pastel [ˈpæstəl] **1** *n* (**a**) (*crayon*) pastel *m*; (*drawing*) pintura *f* al pastel; (*colour*) pastel. (**b**) **~s** (*colours*) colores *mpl* pastel. **2** *adj* (*colour, blue*) pastel.

pasteurized [ˈpæstəraɪzd] *adj* pasteurizado/a.

pastiche [pæsˈtiːʃ] *n* pastiche *m*.

pastille [ˈpæstɪl] *n* pastilla *f*.

pastime [ˈpɑːstaɪm] *n* pasatiempo *m*.

pasting [ˈpeɪstɪŋ] (*fam*) *n* paliza *f*; **to give sb a** ~ dar una paliza a algn.

pastor [ˈpɑːstəʳ] *n* pastor *m*.

pastoral [ˈpɑːstərəl] *adj* pastoral.

pastrami [pəˈstrɑːmɪ] *n especie de embutido ahumado a base de carne de vaca con especias*.

pastry [ˈpeɪstrɪ] **1** *n* (*dough*) pasta *f*; (*cake*) pastel *m*; (*cakes*) pastelería *f*, pasteles *mpl*. **2**: ~ **board** *n* tabla *f* de amasar; ~ **brush** *n* cepillo *m* de repostería; ~ **cook** *n* pastelero/a *m/f*; ~ **shop** *n* pastelería *f*.

pasture [ˈpɑːstʃəʳ] **1** *n* pasto *m*; **to put animals out to** ~ apacentar *or* pastorear el ganado; **to move on to ~s new** (*fig*) buscar algo nuevo *or* nuevos terrenos. **2** *cpd*: ~ **land** *n* pasto *m*, pradera *f*.

pasty[1] [ˈpæstɪ] *n* (*pie*) pastel *m* de carne, empanada *f*.

pasty[2] [ˈpeɪstɪ] *adj* (*complexion*) pálido/a.

pat [pæt] **1** *n* (**a**) (*light blow*) palmadita *f*, golpecito *m*; (*caress*) caricia *f*; **to give sb/o.s. a ~ on the back** (*fig*) felicitar a algn/felicitarse. (**b**) (*of butter*) porción *f*. **2** *vt* (*touch: hair, face etc*) tocar, pasar la mano por; (*tap*) dar una palmadita (en); (*caress*) acariciar; **to ~ sb on the back** (*fig*) felicitar *or* elogiar a algn. **3** *adj, adv*: **he knows it (off)** ~ se lo sabe al dedillo *or* de memoria; **the answer came** *or* **was too** ~ la respuesta llegó con exceso de prontitud.

Patagonia [ˌpætəˈgəʊnɪə] *n* Patagonia *f*.

patch [pætʃ] **1** *n* (*piece of cloth, covering etc*) parche *m*; (*mended part*) remiendo *m*, zurcido *m*; (*area of colour*) mancha *f*; (*piece of land*) terreno *m*, parcela *f*; (*Comput*) ajuste *m*; **they must get off our** ~ (*fam*) tienen que largarse de lo nuestro (*fam*); **a ~ of blue sky** un pedazo de cielo azul; **the team is going through a bad** ~ el equipo está pasando por una mala racha; **then we hit a bad ~ of road** dimos luego con un tramo de carretera bastante malo; **this book's not a ~ on the other one** (*fam*) este libro no se puede comparar con el otro.

2 *vt* (*garment, hole*) remendar, poner remiendo a.

▸ **patch up** *vt + adv* (*clothes*) remendar provisionalmente; (*car, machine*) componer provisionalmente; (*marriage, quarrel*) hacer las paces en.

patchwork [ˈpætʃwɜːk] **1** *n* labor *f* de retazos, arpillería *f* (*LAm*). **2** *cpd*: ~ **quilt** *n* centón *m*, edredón *m* de trozos multicolores.

patchy [ˈpætʃɪ] *adj* (*comp* **-ier**; *superl* **-iest**) (*performance etc*) desigual; (*knowledge*) incompleto/a.

pâté [ˈpæteɪ] *n* paté *m*, foie gras *m*.

patent [ˈpeɪtənt] **1** *adj* (**a**) (*obvious*) patente, evidente. (**b**) (*~ed*) patentado/a. (**c**) ~ **leather** charol *m*; ~ **medicine** específico *m*. **2** *n* patente *f*; ~ **applied for,** ~ **pending** patente en trámite; **to take out a** ~ obtener una patente. **3** *vt* patentar. **4** *cpd*: **P~ and Trademark Office** *n* (*US*) = **P~ Office**; ~ **office** *n* oficina *f* de patentes; **P~ Office** *n* (*Brit*) *registro de la propiedad industrial;* ~ **rights** *npl* derechos *mpl* de patente.

patently [ˈpeɪtəntlɪ] *adv* evidentemente.

paternal [pəˈtɜːnl] *adj* (*relation*) paterno/a; (*quality*) paterno, paternal.

paternalist(ic) [pəˌtɜːnəˈlɪst(ɪk)] *adj* paternalista.

paternity [pəˈtɜːnɪtɪ] **1** *n* paternidad *f*. **2** *cpd*: ~ **leave** *n* licencia *f* de paternidad; ~ **suit** *n* (*Jur*) pleito *m* de paternidad.

path [pɑːθ] *n* (*pl* **~s** [pɑːðz]) (**a**) (*gen*) camino *m*; (*way, road*) sendero *m*, vereda *f*; (*surfaced*) camino, caminito *m*; (*course*) trayectoria *f*; (*direction*) rumbo *m*, ruta *f*; **to lead sb up the garden** ~ embaucar *or* engañar a algn; **to beat a ~ to sb's door** asediar a algn; **our ~s first crossed in Milan** nuestros caminos se cruzaron por primera vez en Milán; **I hope never to cross ~s with him again** espero no volvérmelo a encontrar nunca. (**b**) (*fig*) camino *m*; **the ~ of goodness** el camino del bien.

pathetic [pəˈθetɪk] *adj* (**a**) (*piteous*) patético/a, lastimoso/a; **it was ~ to see him like that** daba verdadera lástima *or* pena verlo así; **a ~ creature** un(a) miserable. (**b**) (*useless*) penoso/a; **it was a ~ performance** fue un espectáculo penoso. (**c**) (*Lit*) ~ **fallacy** engaño *m* sentimental.

pathetically [pəˈθetɪklɪ] *adv* que da lástima; ~ **thin/weak** tan delgado/débil que da pena; **a ~ inadequate answer** una respuesta patética.

pathfinder [ˈpɑːθˌfaɪndəʳ] *n* explorador *m*.

pathogen [ˈpæθəʊdʒen] *n* patógeno *m*.

pathological [ˌpæθəˈlɒdʒɪkəl] *adj* (*lit, fig*) patológico/a.

pathologist [pəˈθɒlədʒɪst] *n* patólogo/a *m/f*.

pathology [pəˈθɒlədʒɪ] *n* patología *f*.

pathos [ˈpeɪθɒs] *n* patetismo *m*.

pathway [ˈpɑːθweɪ] *n* = **path**.

patience [ˈpeɪʃəns] *n* (**a**) paciencia *f*; **you must have** ~ hay que tener paciencia; **to lose one's ~ (with sb/sth)** perder la paciencia (con algn/algo); **he has no ~ with fools** no soporta los tontos. (**b**) (*Brit Cards*) solitario *m*; **to play** ~ hacer un solitario.

patient [ˈpeɪʃənt] **1** *adj* paciente, sufrido/a; **to be ~ with sb** tener paciencia con algn. **2** *n* paciente *mf*, enfermo/a *m/f*.

patiently [ˈpeɪʃəntlɪ] *adv* con paciencia.

patio [ˈpætɪəʊ] **1** *n* patio *m*. **2** *cpd*: ~ **doors** *npl* puertas *fpl* que dan al patio.

patriarch [ˈpeɪtrɪɑːk] *n* (*Rel*) patriarca *m*.

patriarchy [ˈpeɪtrɪˌɑːkɪ] *n* patriarcado *m*.

patricide [ˈpætrɪsaɪd] *n* patricidio *m*.

patrimony [ˈpætrɪmənɪ] *n* patrimonio *m*.

patriot [ˈpeɪtrɪət] *n* patriota *mf*.

patriotic [ˌpætrɪˈɒtɪk] *adj* patriótico/a.

patriotically [ˈpætrɪˈɒtɪkəlɪ] *adv* patrióticamente.

patriotism [ˈpætrɪətɪzəm] *n* patriotismo *m*.

patrol [pəˈtrəʊl] **1** *n* (*gen*) patrulla *f*; (*night ~*) ronda *f*; **to be on** ~ estar de patrulla. **2** *vt* patrullar por *or* hacer patrulla en; **they ~led the streets at night** patrullaban por las calles de noche. **3** *vi* patrullar; **to ~ up and down** pasearse de un lado a otro. **4** *cpd*: ~ **car,** (*US*) ~ **wagon** *n* coche *m* patrulla.

patrolman [pəˈtrəʊlmən] *n* (*pl* **-men**) (**a**) (*US*) guardia *m*, policía *m*. (**b**) (*Aut*) *mecánico del servicio de ayuda en carretera*.

patron [ˈpeɪtrən] *n* (*of charity, society etc*) patrocinador(a) *m/f*; (*of shop, hotel etc*) cliente/a *m/f*; (*Lit, Art*) mecenas *m inv*; (*~saint*) santo/a *m/f* patrón/ona.

patronage ['pætrənɪdʒ] *n* (*support*) patrocinio *m*, amparo *m*; (*clients*) clientela *f*; (*Lit, Art*) mecenazgo *m*; (*political*) enchufe *m*, palanca *f* (*LAm*); (*Rel*) patronato *m*; **under the ~ of** patrocinado/a por.

patronize ['pætrənaɪz] *vt* (**a**) (*treat condescendingly*) tratar con condescendencia. (**b**) (*shop, cinema etc*) ser cliente de.

patronizing ['pætrənaɪzɪŋ] *adj* condescendiente; **a few ~ remarks** algunas observaciones dichas con tono condescendiente.

patter[1] ['pætə^r] *n* (*fam: talk*) labia *f*.

patter[2] ['pætə^r] **1** *n* (*of feet*) golpeteo *m*; (*of rain*) tamborileo *m*; **we shall soon hear the ~ of tiny feet** pronto habrá un niño en la casa. **2** *vi* (*person, feet*) golpetear; (*rain*) tamborilear.

pattern ['pætən] **1** *n* (**a**) (*design*) diseño *m*, dibujo *m*. (**b**) (*Sew etc*) patrón *m*, molde *m* (*CSur*). (**c**) (*sample*) muestra *f*, ejemplo *m*. (**d**) (*fig: norm*) pauta *f*, norma *f*; (*repeated actions*) pauta fija; **~ of distribution** patrón *m* de distribución; **the ~ of events** el curso de los hechos; **~ of trade** estructura *f* del comercio; **behaviour ~s** modelos de comportamiento. **2** *vt* (*model*) basar (*on* en). **3** *cpd*: **~ book** *n* libro *m* de muestras.

patterned ['pætənd] *adj* estampado/a.

paunch [pɔːntʃ] *n* panza *f*, barriga *f*; **to have a ~** tener panza, ser barrigón/ona.

pauper ['pɔːpə^r] *n* pobre *mf*; **~'s grave** fosa *f* común.

pause [pɔːz] **1** *n* (*gen, Mus*) pausa *f*; (*silence*) silencio *m*; (*rest*) descanso *m*; **there was a ~ while the rest came in** se hizo una pausa mientras entraban los demás. **2** *vi* (*see n*) hacer (una) pausa; callarse; descansar; **he ~d for breath** se detuvo para tomar aliento; **let's ~ here** detengámonos aquí un rato; **it made him ~** le hizo vacilar.

pave [peɪv] *vt* (*gen*) pavimentar; (*with flagstones*) enlosar; (*with stones*) adoquinar, empedrar; **to ~ the way for sb/sth** (*fig*) preparar el terreno para algn/algo.

paved [peɪvd] *adj* pavimentado/a; (*road*) asfaltado/a.

pavement ['peɪvmənt] **1** *n* (*Brit*) acera *f*, vereda *f* (*LAm*), andén *m* (*CAm, Col*), banqueta *f* (*Mex*); (*US*) calzada *f*, pavimento *m*. **2** *cpd*: **~ artist** *n* pintor(a) *m/f* callejero/a; **~ café** *n* café *m* con terraza.

pavilion [pə'vɪlɪən] *n* (*Sport*) vestuarios *mpl*.

paving ['peɪvɪŋ] **1** *n* (*see pave*) pavimento *m*; enlosado *m*; adoquinado *m*, empedrado *m*. **2** *cpd*: **~ stone** *n* adoquín *m*, baldosa *f* (*LAm*).

paw [pɔː] **1** *n* (*of animal: foot*) pata *f*; (*: fam: hand*) manaza *f*. **2** *vt* (**a**) (*subj: animal*) tocar con la pata; **to ~ the ground** piafar. (**b**) (*pej: person: touch*) manosear, tocar; **stop ~ing me!** ¡deja de tocarme!, ¡manos fuera!

pawn[1] [pɔːn] *n* (*Chess*) peón *m*; (*fig*) instrumento *m*, juguete *m*.

pawn[2] [pɔːn] **1** *n*: **in ~** en prenda, empeñado/a; **to leave** *or* **put sth in ~** dejar algo en prenda, empeñar algo. **2** *vt* empeñar. **3** *cpd*: **~ ticket** *n* papeleta *f* de empeño.

pawnbroker ['pɔːn,brəʊkə^r] *n* prestamista *mf*; **~'s = pawnshop.**

pawnshop ['pɔːnʃɒp] *n* monte *m* de piedad, casa *f* de empeños.

pay [peɪ] (*vb: pt, pp* **paid**) **1** *n* (*wages etc*) sueldo *m*, salario *m*; (*payment*) paga *f*, pago *m*; **equal ~** igualdad *f* de retribución (para hombres y mujeres); **to draw** *or* **get one's ~** cobrar; **to be in sb's ~** ser empleado de algn; **the ~'s not very good** no pagan muy bien.

2 *vt* (**a**) pagar; **to ~ sb £10** pagar 10 libras a algn; **I paid £5 for that record** pagué 5 libras por ese disco; **how much did you ~ for it?** ¿cuánto pagaste por él?; **to be** *or* **get paid on Fridays** cobrar los viernes; **a badly paid worker** un obrero mal pagado; **that's what you're paid for** para eso te pagan; **to ~ one's way** pagarse los gastos; **to put paid to sb/sth** acabar con algn/algo; **the shares ~ 12%** las acciones producen un 12 por ciento de interés.

(**b**) (*lit, fig: be profitable*) compensar; **it wouldn't ~ him to do it** no le compensaría hacerlo; **it doesn't ~ you to be kind nowadays** hoy día no vale la pena mostrarse amable.

(**c**) **to ~ sb/a place a visit** *or* **call, to ~ a visit to** *or* **a call on sb/a place** hacer visita a algn/visitar un lugar; *see* **attention; homage; respect.**

3 *vi* (**a**) pagar; **to ~ on account** pagar a cuenta; **to ~ in advance** pagar por adelantado; **to ~ in full** pagarlo todo; **to ~ in instalments** pagar a plazos; **don't worry, I'll ~** no te preocupes, lo pago yo; **they paid for her to go** pagaron para que fuera ella.

(**b**) (*be profitable*) rendir, ser rentable; **the business doesn't ~** el negocio no es rentable; **his job ~s well** tiene un buen sueldo; **it ~s to be courteous/to tell the truth** vale la pena ser cortés/decir la verdad; **crime doesn't ~** el crimen no compensa.

(**c**) (*fig: to suffer*) pagar; **she paid for it with her life** lo pagó con la vida; **I'll make you ~ for this!** ¡me las pagarás!

4 *cpd*: **~ as you earn** (*Brit*), **~-as-you-go** (*US*) *n* retención *f* fiscal en la fuente; **~ desk** *n* caja *f*; **~ envelope** *n* (*US*), **~ packet** *n* sobre *m*; **~ increase, ~ rise** *n* incremento *m* salarial; **~ round** *n* serie *f* de negociaciones salariales; **~ slip** *n* hoja *f* del sueldo; **~ station** *n* teléfono *m* público; **~ structure** *n* estructura *f* salarial; **~ television** *n* televisión *f* de pago.

▸ **pay back** *vt + adv* (**a**) (*money etc*) reembolsar. (**b**) (*in revenge*) devolver; **to ~ sb back for doing sth** hacer a algn pagar algo, pagar a algn con la misma moneda.

▸ **pay in** *vt + adv*: **to ~ in a cheque** ingresar *or* abonar un cheque (a cuenta).

▸ **pay off 1** *vt + adv* (**a**) liquidar, saldar; (*mortgage*) cancelar, redimir; **to ~ sth off in instalments** pagar algo a plazos; **to ~ off a grudge** ajustar cuentas. (**b**) (*discharge*) pagar y despedir. **2** *vi + adv* merecer *or* valer la pena, dar resultado; **the ruse paid off** la estratagema dio resultado.

▸ **pay out 1** *vt + adv* (**a**) (*money: to spend*) gastar, desembolsar. (**b**) (*rope*) ir soltando. **2** *vi + adj*: **to ~ out on a policy** pagar una póliza.

▸ **pay up 1** *vt + adv* (*bill etc*) saldar, liquidar. **2** *vi + adv* pagar (lo que se debe).

payable ['peɪəbl] *adj* pagadero/a; **~ on demand** pagadero a presentación; **~ at sight** pagadero a vista; **to make a cheque ~ to sb** extender un cheque a favor de algn.

payback ['peɪbæk] *n* restitución *f*; (*also* **~ period**) período *m* de restitución.

paycheck ['peɪtʃek] *n* (*US*) sueldo *m*.

payday ['peɪdeɪ] *n* día *m* de paga.

PAYE *n abbr* (*Brit*) *of* **pay as you earn**; *see* **pay 4**.

payee [peɪ'iː] *n* portador(a) *m/f*.

paying ['peɪɪŋ] *adj* provechoso/a, rentable; **~ bank** banco *m* pagador; **~ guest** huésped(a) *m/f* (de pago).

paying-in slip [,peɪɪŋ'ɪn,slɪp], **pay-in slip** [,peɪ'ɪn,slɪp] *n* hoja *f* de ingreso.

payload ['peɪləʊd] *n* carga *f* útil.

paymaster ['peɪmɑːstə^r] *n* oficial *m* pagador.

payment ['peɪmənt] **1** *n* (*act of paying*) pago *m*; (*money paid*) pago, remuneración *f*; (*fig: reward*) recompensa *f*; **advance ~** anticipo; **~ in cash** pago al contado; **~ on delivery** pago a la entrega; **deferred ~, ~ by instalments** pago a plazos; **down ~** depósito *m*, enganche *m* (*LAm*); **yearly ~** anualidad; **as ~ for, in ~ for** en pago de; **without ~** sin remuneración, gratis; **on ~ of £5** mediante pago de *or* pagando 5 libras; **to make a ~** efectuar un pago; **to stop ~s** (*bank*) suspender los pagos.

2 *cpd*: **~ terms** *npl* condiciones *fpl* de pago.

payoff ['peɪɒf] *n* (*fam: bribe*) soborno *m*, coima *f* (*And, CSur*), mordida *f* (*CAm, Mex*); (*final outcome, climax*) momento *m* decisivo, desenlace *m*; (*of joke*) remate *m*.

payphone ['peɪfəʊn] *n* teléfono *m* público.

payroll ['peɪrəʊl] *n* nómina *f*; **to be on a firm's ~** estar en la nómina de una empresa.

PBS *n abbr* (*US*) *of* **Public Broadcasting Service.**
PBX *n abbr* (*Telec*) *of* **private branch exchange** *centralita para extensiones.*
PC 1 *n abbr* (**a**) (*Brit*) *of* **police constable.** (**b**) *of* **personal computer** OP *m.* **2** *abbr* (*Brit*) *of* **Privy Councillor.**
P/C *abbr* (*Comm*) *of* **petty cash.**
p.c. *abbr* (**a**) *of* **postcard.** (**b**) *of* **per cent** p.c.
PCB *n abbr* (**a**) *of* **printed circuit board** TCI *f.* (**b**) *of* **polychlorinated biphenyl** PCB *m.*
pcm *adv abbr of* **per calendar month** p/mes.
PD *n abbr* (*US*) *of* **police department.**
pd *abbr of* **paid** pgdo.
PDSA *n abbr* (*Brit*) *of* **People's Dispensary for Sick Animals.**
PDT *n abbr* (*US*) *of* **Pacific Daylight Time.**
PE 1 *n abbr of* **physical education** ed. física. **2** *abbr* (*Canada*) *of* **Prince Edward Island.**
pea [pi:] **1** *n* guisante *m*, chícharo *m (esp LAm)*, arveja *f (LAm)*, alverja *f (LAm)*; **sweet ~** guisante de olor, clarín *m (Chi) see* **like**[1] **1.** **2** *cpd*: **~ soup** *n* sopa *f* de guisantes.
peace [pi:s] **1** *n* (*not war*) paz *f*; (*calm*) tranquilidad *f*, paz; **to be at ~ with sb/sth** estar en paz con algn/algo; **he is at ~** (*euph: dead*) descansa en paz; **to break** *or* **disturb the ~** perturbar la paz; **to make ~** hacer las paces; **to make one's ~ with sb** hacer las paces con algn; **~ of mind** tranquilidad de ánimo *or* del espíritu; **~ and quiet** tranquilidad; **to keep the ~** (*lit, fig*) mantener la paz; (*Jur*) guardar el orden.
2 *cpd*: **~ conference** *n* conferencia *f* de paz; **P~ Corps** *n* (*US*) Cuerpo *m* de la Paz; **~ initiative** *n* iniciativa *f* de paz; **~ offering** *n* (*fig*) prenda *f* de paz; **~ talks** *npl* negociaciones *fpl* de paz; **~ treaty** *n* tratado *m* de paz.
peaceable ['pi:səbl] *adj* pacífico/a.
peaceful ['pi:sfʊl] *adj* (*not warlike*) pacífico/a; (*quiet, untroubled*) tranquilo/a, sosegado/a.
peacefully ['pi:sfəlɪ] *adv* (*see adj*) pacíficamente; tranquilamente.
peace-keeping ['pi:s,ki:pɪŋ] *adj* pacificador(a), de pacificación.
peace-loving ['pi:s,lʌvɪŋ] *adj* amante de la paz.
peacemaker ['pi:s,meɪkə[r]] *n* (*pacifier*) pacificador(a) *m/f*; (*umpire*) árbitro/a *m/f*, conciliador(a) *m/f.*
peacetime ['pi:staɪm] *n* tiempos *mpl* de paz.
peach [pi:tʃ] **1** *n* (**a**) (*fruit*) melocotón *m*, durazno *m (LAm)*; (*tree*) melocotonero *m*, durazno *(LAm)*. (**b**) (*fam*); **she's a ~** es una monada, es una lindura *or (LAm)* belleza. (**c**) (*colour*) color *m* (de) melocotón *etc.* **2** *adj* de color melocotón *etc.*
peacock ['pi:kɒk] **1** *n* pavo *m* real. **2** *cpd*: **~ blue** *adj, n* azul *m* (de) pavo real.
peak [pi:k] **1** *n* (**a**) (*of mountain*) cumbre *f*, cima *f*; (*mountain itself*) pico *m*; (*of roof etc*) punta *f.*
(**b**) (*of cap*) visera *f.*
(**c**) (*fig: top*) cúspide *f*, cumbre *f*; (*: high point*) apogeo *m*, auge *m*; (*: on graph*) máximo *m*; **he was at the ~ of his fame** estaba en la cumbre de su fama.
2 *cpd* de pico, de punta; **~ hour** *adj* (*Elec*) hora *f* de máximo consumo; **~ hour(s)** *n(pl)* (*of traffic, Telec etc*) hora(s) *f(pl)* punta; **~ period** *n* período *m* de máxima actividad; **~ season** *n* temporada *f* más popular del año; **~ traffic** *n* movimiento *m* máximo.
peaky ['pi:kɪ] *adj* (*comp* **-ier**; *superl* **-iest**) (*fam*) paliducho/a.
peal [pi:l] **1** *n* (*sound of bells*) repique *m*, repiqueteo *m*; **~ of thunder** trueno *m*; **~s of laughter** carcajadas *fpl.* **2** *vt* (*also* **~ out**) repicar, tocar a vuelo. **3** *vi* (*bell*) repicar, tocar a vuelo; (*thunder*) tronar.
peanut ['pi:nʌt] **1** *n* cacahuete *m*, maní *m (LAm)*, cacahuate *m (Mex)*; **it's just ~s** (*fam*) son migajas. **2** *cpd*: **~ butter** *n* mantequilla *f* de cacahuete *etc.*
peapod ['pi:pɒd] *n* vaina *f* de guisante.
pear [pɛə[r]] *n* (*fruit*) pera *f*; (*tree*) peral *m.*
pearl [pɜ:l] **1** *n* perla *f*; (*mother-of-pearl*) nácar *m*, madreperla *f*; **~ of wisdom** (*fig*) joya *f* de sabiduría; **to cast ~s before swine** (*fig*) echar margaritas a los cerdos. **2** *cpd*: **~ barley** *n* cebada *f* perlada; **~ necklace** *n* collar *m* de perlas; **~ oyster** *n* ostra *f* perlífera.
pearly ['pɜ:lɪ] *adj* (*comp* **-ier**; *superl* **-iest**) (*gen*) de perla; (*colour*) nacarado/a; **the P~ Gates** (*hum*) Las Puertas del Cielo.
pear-shaped ['pɛəʃeɪpt] *adj* en forma de pera.
peasant ['pezənt] *adj, n* campesino/a *m/f.*
peashooter ['pi:,ʃu:tə[r]] *n* cerbatana *f.*
peat [pi:t] **1** *n* turba *f.* **2** *cpd*: **~ bog** *n* turbera *f*, turbal *m.*
peaty ['pi:tɪ] *adj* (*comp* **-ier**; *superl* **-iest**) turboso/a.
pebble ['pebl] **1** *n* guijarro *m*, china *f*; **you're not the only ~ on the beach** (*fam*) no eres el único en el mundo. **2** *cpd*: **~ dash** *n* empedrado *m.*
pebbly ['peblɪ] *adj* guijarroso/a.
pecan ['pi:kæn] *n* pacana *f.*
peccary ['pekərɪ] *n* (*Zool*) saíno *m*, pecarí *m (LAm)*, pécari *m (LAm)*.
peck [pek] **1** *n* (*of bird etc*) picotazo *m*; (*fam: kiss*) besito *m.* **2** *vt* picotear; (*kiss*) dar un besito a. **3** *vi* picotear; **to ~ at** (*of bird*) picar; **he ~ed at his food** picaba la comida (con desgana).
pecking ['pekɪŋ] *cpd*: **~ order** *n* (*fig*) jerarquía *f.*
peckish ['pekɪʃ] *adj* (*fam*) con ganas de picar algo; **I'm ~, I feel ~** me anda el gusanillo.
pectoral ['pektərəl] **1** *adj* pectoral. **2** *npl*: **~s** (músculos *mpl*) pectorales *mpl.*
peculiar [pɪ'kju:lɪə[r]] *adj* (**a**) (*strange*) extraño/a, raro/a; **it's really most ~** es realmente extraño. (**b**) (*exclusive, special*) peculiar, propio/a; **a species ~ to Africa** una especie autóctona de África; **it is a phrase ~ to him** es una frase propia de él.
peculiarity [pɪ,kjʊlɪ'ærɪtɪ] *n* (*specific quality*) peculiaridad *f*, característica *f.*
peculiarly [pɪ'kju:lɪəlɪ] *adv* (**a**) (*exceptionally*) particularmente, especialmente. (**b**) (*strangely*) extrañamente, de modo raro; **he's been acting very ~** se ha comportado de modo rarísimo.
pecuniary [pɪ'kju:nɪərɪ] *adj* pecuniario/a.
pedagogic(al) [,pedə'gɒdʒɪk(əl)] *adj* pedagógico/a.
pedagogue, (*US sometimes*) **pedagog** ['pedəgɒg] *n* pedagogo/a *m/f.*
pedal ['pedl] **1** *n* pedal *m*; **loud ~** pedal fuerte; **soft ~** sordina *f.* **2** *vi* pedalear. **3** *vt* impulsar pedaleando. **4** *cpd*: **~ (bi)cycle** *n* bicicleta *f* a pedales; **~ bin** *n* cubo *m* de la basura con pedal; **~ boat** *n* = **pedalo**; **~ car** *n* cochecito *m* con pedales.
pedalo ['pedələʊ] *n* (*pl* **-s** *or* **-es**) patín *m* a pedal.
pedant ['pedənt] *n* pedante *mf.*
pedantic [pɪ'dæntɪk] *adj* pedante.
pedantry ['pedəntrɪ] *n* pedantería *f.*
peddle ['pedl] *vt* (*sell*) ir vendiendo (de puerta en puerta); (*fig: ideas etc*) diseminar.
peddler ['pedlə[r]] *n* (*US*) = **pedlar.**
pederast ['pedəræst] *n* pederasta *m.*
pedestal ['pedɪstl] *n* pedestal *m*, basa *f*; **to put sb on a ~** (*fig*) poner a algn sobre un pedestal.
pedestrian [pɪ'destrɪən] **1** *n* peatón/ona *m/f.* **2** *adj* (*dull, commonplace*) prosaico/a, pedestre. **3** *cpd*: **~ area** *n* zona *f* peatonal; **~ crossing** *n* (*Brit*) paso *m* de peatones; **~ precinct** *n* = **~ area.**
pedestrianize [pɪ'destrɪənaɪz] *vt* peatonizar.
pediatric *etc* [,pi:dɪ'ætrɪk] (*US*) = **paediatric** *etc.*
pedicure ['pedɪkjʊə[r]] *n* pedicura *f*, quiropedia *f.*
pedigree ['pedɪgri:] **1** *n* (*lineage*) genealogía *f*, linaje *m*; (*of animal*) pedigrí *m.* **2** *cpd* de raza, de casta, de pura sangre; (*fig*) certificado/a, garantizado/a.
pedlar ['pedlə[r]] *n* vendedor(a) *m/f* ambulante.
pedophile ['pi:dəʊfaɪl] *n* (*US*) = **paedophile.**
pee [pi:] (*fam*) = **piss.**

peek [piːk] **1** *n* mirada *f* furtiva, ojeada *f*, atisbo *m*; **to take** *or* **have a ~ at** echar una ojeada a, atisbar. **2** *vi* (*glance*) echar una ojeada; (*: furtively*) mirar a hurtadillas.

peel [piːl] **1** *n* (*skin*) piel *f*; (*of fruit etc*) cáscara *f*; (*: removed*) peladuras *fpl*. **2** *vt* (*fruit etc*) pelar; (*bark*) quitar. **3** *vi* (*wallpaper*) desprenderse, despegarse; (*paint etc*) desconcharse; (*skin, person*) pelarse; **I'm ~ing** se me despega la piel.

▸ **peel away 1** *vi* + *adv* (*paint*) desconcharse; (*paper*) despegarse, desprenderse; (*skin*) pelarse. **2** *vt* + *adv* quitar, despegar.

▸ **peel back** *vt* + *adv* quitar, despegar.

▸ **peel off 1** *vt* + *adv* (**a**) *see* **peel away** 2. (**b**) (*clothes*) quitarse. **2** *vi* + *adv* (**a**) *see* **peel away 1**. (**b**) (*leave formation*) despegarse. (**c**) (*clothes*) desnudarse.

peeler [ˈpiːləʳ] *n* mondador *m*.

peelings [ˈpiːlɪŋz] *npl* mondas *fpl*, peladuras *fpl*.

peep¹ [piːp] **1** *n* (*of bird etc*) pío *m*; (*of whistle*) silbido *m*; **we can't get a ~ out of them** (*fam*) no nos dicen ni pío. **2** *vi* piar.

peep² [piːp] **1** *n* ojeada *f*, atisbo *m*; **to take** *or* **have a ~ (at sth)** atisbar (algo), echar una ojeada (a algo). **2** *vi* asomar(se); **to ~ at** echar una ojeada a; **to ~ through the window** asomarse a la ventana; **the sun ~ed out from behind the clouds** el sol se asomó tras las nubes.

peephole [ˈpiːphəʊl] *n* mirilla *f*.

peeping [ˈpiːpɪŋ] *cpd*: **P~ Tom** *n* mirón/ona *m/f*.

peepshow [ˈpiːpʃəʊ] *n* mundonuevo *m*.

peer¹ [pɪəʳ] **1** *n* (*noble*) noble *m*, par *m*; (*equal*) igual *mf*, par. **2** *cpd*: **~ group** *n* grupo *m* social.

peer² [pɪəʳ] *vi* mirar (con insistencia); **the old woman ~ed at the book** la vieja miraba el libro con ojos de miope; **to ~ into a room** asomar la cabeza por un cuarto; **to ~ out of a window** asomarse (curioso) a una ventana.

peerage [ˈpɪərɪdʒ] *n* nobleza *f*; **he was given a ~** le otorgaron un título de nobleza; **to marry into the ~** casarse con un título.

peerless [ˈpɪəlɪs] *adj* sin par, incomparable.

peeved [piːvd] *adj* (*fam*) fastidiado/a, molesto/a; **he got a bit ~** se ofendió.

peevish [ˈpiːvɪʃ] *adj* malhumorado/a, displicente, díscolo/a (*LAm*).

peevishly [ˈpiːvɪʃlɪ] *adv* malhumoradamente, con mal humor.

peewit [ˈpiːwɪt] *n* avefría *f*.

peg [peg] **1** *n* (*tent ~*) estaca *f*; (*Tech*) clavija *f*; (*clothes ~*) pinza *f*; (*for coat, hat*) gancho *m*, colgador *m*, percha *f*; **off the ~** de confección, hecho/a; **to buy a suit off the ~** (*Brit*) comprar un traje de percha; **to take sb down a ~ (or two)** bajarle los humos a algn; **a ~ on which to hang a theory** un pretexto para justificar una teoría. **2** *vt* (*clothes on line*) tender; (*tent etc*) fijar con estacas; (*fig: prices, wages*) fijar.

▸ **peg away** *vi* + *adv* (*fam*) machacar.

▸ **peg down** *vt* + *adv* estaquillar, fijar con estacas.

▸ **peg out** *vi* + *adv* (*fam: die*) estirar la pata.

PEI *abbr* (*Canada*) *of* **Prince Edward Island**.

pejorative [pɪˈdʒɒrɪtɪv] *adj* peyorativo/a, despectivo/a.

Pekin [piːˈkɪn], **Peking** [piːˈkɪŋ] *n* Pekín *m*.

pekinese [ˌpiːkɪˈniːz] *n* pequinés/esa *m/f*.

pelican [ˈpelɪkən] **1** *n* pelícano *m*. **2** *cpd*: **~ crossing** *n* semáforo *m* sonoro.

pellet [ˈpelɪt] *n* (*little ball*) bolita *f*; (*for gun*) perdigón *m*; (*Med*) píldora *f*.

pell-mell [ˈpelˈmel] *adv* atropelladamente.

pelmet [ˈpelmɪt] *n* galería *f*.

pelt¹ [pelt] *n* (*skin*) piel *f*, pellejo *m*.

pelt² [pelt] **1** *vt* (*with stones*) apedrear; **to ~ sb with eggs** arrojarle huevos a algn; **they ~ed him with questions** (*fig*) le acribillaron de preguntas. **2** *vi* (**a**) **the rain is ~ing (down)** (*fam*) llueve a cántaros *or* mares. (**b**) (*fam: go fast*) ir a toda velocidad. **3** *n*: **to go full ~** ir a todo correr.

pelvic [ˈpelvɪk] *adj* pélvico/a.

pelvis [ˈpelvɪs] *n* pelvis *f*.

pen¹ [pen] **1** *n* (*for animals*) corral *m*; (*for sheep*) redil *m*; (*for bulls*) toril *m*; (*play ~*) parque *m* de niño; (*US fam: prison*) chirona *f* (*fam*). **2** *vt* (*also* **~ in, ~ up**) encerrar, acorralar.

pen² [pen] **1** *n* (*gen*) pluma *f*; (*ballpoint ~*) bolígrafo *m*; (*felt tip ~*) rotulador *m*; (*fountain ~*) pluma estilográfica, pluma fuente (*LAm*); **to put ~ to paper** tomar la pluma. **2** *vt* redactar. **3** *cpd*: **~ name** *n* seudónimo *m*; **~ nib** *n* punta *f* (de pluma); **~ pal** *n* (*fam*) = **penfriend**.

penal [ˈpiːnl] *adj* penal; **~ code** código *m* penal; **~ servitude** trabajos *mpl* forzados.

penalize [ˈpiːnəlaɪz] *vt* (**a**) (*punish*) castigar. (**b**) (*Sport*) sancionar, penalizar. (**c**) (*handicap*) perjudicar; **the decision ~s those who ...** la decisión perjudica a los que ....

penalty [ˈpenəltɪ] **1** *n* (**a**) (*punishment*) pena *f*, castigo *m*; (*fine*) multa *f*; (*fig: disadvantage*) desventaja *f*; **to pay the ~** pagar *or* cargar con las consecuencias; **on ~ of dismissal** so pena de ser despedido; **the ~ for not doing this is ...** el castigo por no hacer esto es .... (**b**) (*Sport*) sanción *f*; (*Ftbl*) penalty *m*. **2** *cpd*: **~ area** *n* (*Ftbl*) área *f* de castigo; **~ goal** *n* gol *m* de penalty; **~ kick** *n* penalty *m*; **~ point** *n* punto *m* de castigo.

penance [ˈpenəns] *n*: **to do ~ for** hacer penitencia por.

pence [pens] *npl of* **penny**.

penchant [ˌpɑ̃ːŋʃɑ̃ːŋ] *n* predilección *f* (*for* por); **to have a ~ for** tener predilección por.

pencil [ˈpensl] **1** *n* lápiz *m*, lapicero *m*. **2** *vt* (*also* **~ in**) escribir con lapiz. **3** *cpd*: **~ case** *n* estuche *m*, plumero *m*; **~ sharpener** *n* sacapuntas *m inv*.

pendant [ˈpendənt] *n* colgante *m*.

pending [ˈpendɪŋ] **1** *adj* pendiente; **to be ~** estar pendiente *or* en trámites; **~ tray** cajón *m* para documentos pendientes. **2** *prep*: **~ the arrival of ...** hasta que llegue ..., hasta llegar ....

pendulum [ˈpendjʊləm] *n* péndulo *m*.

penetrate [ˈpenɪtreɪt] **1** *vt* (*go right through*) penetrar (por), traspasar; (*Mil*) infiltrar, penetrar; (*infiltrate*) infiltrar, colarse en; (*understand*) penetrar, llegar hasta. **2** *vi* (*go right through*) atravesar, traspasar; (*spread, permeate*) trascender; (*get inside*) penetrar; (*be understood etc*) entrar, penetrar.

penetrating [ˈpenɪtreɪtɪŋ] *adj* (*eyes, sound*) penetrante; (*mind etc*) perspicaz.

penetration [ˌpenɪˌtreɪʃən] *n* (*see adj*) penetración *f*, perspicacia *f*.

penfriend [ˈpenfrend] *n* amigo/a *m/f* por correspondencia.

penguin [ˈpeŋgwɪn] *n* pingüino *m*.

penicillin [ˌpenɪˈsɪlɪn] *n* penicilina *f*.

peninsula [pɪˈnɪnsjʊlə] *n* península *f*.

penis [ˈpiːnɪs] *n* pene *m*.

penitence [ˈpenɪtəns] *n* penitencia *f*.

penitent [ˈpenɪtənt] **1** *adj* arrepentido/a; (*Rel*) penitente. **2** *n* penitente *mf*.

penitentiary [ˌpenɪˈtenʃərɪ] *n* (*esp US: prison*) penitenciaria *f*.

penknife [ˈpennaɪf] *n* (*pl* **-knives**) navaja *f*, cortaplumas *m inv*.

Penn., Penna. *abbr* (*US*) *of* **Pennsylvania**.

pennies [ˈpenɪz] *npl of* **penny**.

penniless [ˈpenɪlɪs] *adj* sin un duro, pelado/a; **to be ~** no tener un céntimo.

Pennine [ˈpenaɪn] *n*: **the ~s** los (Montes) Peninos.

penny [ˈpenɪ] **1** *n* (*pl* **pennies** *or* **pence**) (*Brit*) penique *m*; (*US*) centavo *m*; **in for a ~, in for a pound** de perdidos, al río; **I'm not a ~ the wiser** sigo sin entender ni pizca; **that must have cost a pretty ~** eso habrá costado un dineral; **he hasn't a ~ to his name, he hasn't two pennies to rub together** no tiene dónde caerse muerto; **he turns up like**

a bad ~ está hasta en la sopa; **a** ~ **for your thoughts** ¿en qué estás pensando?; **the** ~ **dropped** cayó en la cuenta; **to spend a** ~ (*fam*) cambiar el agua al canario (*fam*).

2 *cpd*: ~ **arcade** *n* (*US*) galería *f* de máquinas tragaperras; ~ **whistle** *n* flauta *f* metálica.

penny-pinching [ˈpenɪˌpɪntʃɪŋ] **1** *n* tacañería *f*. **2** *adj* (*person*) tacaño/a, avaro/a.

penpusher [ˈpenˌpʊʃəʳ] *n* (*pej*) chupatintas *m inv*.

pension [ˈpenʃən] **1** *n* (*allowance*) pensión *f*; (*subsidy*) subsidio *m*; (*state payment*) pensión; (*old age* ~) pensión, subsidio *m* de vejez; (*retirement* ~) retiro *m*, jubilación *f*. **2** *cpd*: ~ **book** *n* libreta *f* de pensión; ~ **fund** *n* caja *f* de jubilación; ~ **plan,** ~ **scheme** *n* plan *m* de jubilación.

► **pension off** *vt* + *adv* jubilar.

pensioner [ˈpenʃənəʳ] *n* jubilado/a *m/f*, pensionista *mf*.

pensive [ˈpensɪv] *adj* (*gen*) pensativo/a; (*sad*) preocupado/a, triste.

pensively [ˈpensɪvlɪ] *adv* (*see adj*) pensativamente; tristemente, con tristeza.

pentagon [ˈpentəgən] *n* pentágono *m*.

pentathlon [penˈtæθlən] *n* pentatlón *m*.

Pentecost [ˈpentɪkɒst] *n* (*Rel*) Pentecostés *m*.

penthouse [ˈpenthaʊs] *n* (*pl* **-houses** [haʊzɪz]) ático *m*.

pent-up [ˈpentʌp] *adj* reprimido/a; **to be** ~, **to feel** ~ (*person etc*) estar encerrado.

penultimate [pɪˈnʌltɪmɪt] *adj* penúltimo/a.

penury [ˈpenjʊrɪ] *n* miseria *f*, pobreza *f*.

peony [ˈpɪənɪ] *n* peonía *f*.

people [ˈpiːpl] **1** *n* (**a**) (*pl: persons*) gente *f*; **old** ~ los ancianos; **young** ~ los jóvenes *or* la juventud; **some** ~ algunas personas, algunos, alguna gente (*LAm*); **what do you** ~ **think?** y ustedes ¿qué piensan?; **some** ~ **are born lucky** algunos nacen de pie, hay quien nace de pie (*LAm*); **you of all** ~ **should** ... tú especialmente debieras ...; **the gas** ~ **are coming tomorrow** los del gas vienen mañana.

(**b**) (*pl: in general*) gente *f*, personas *fpl*; **many** ~ **think that** ... muchas personas creen que ...; **other** ~ los demás, el resto de la gente; ~ **say that** ... se dice que ...; ~ **get worried** la gente se inquieta.

(**c**) (*pl: inhabitants*) habitantes *mpl*; **the** ~ **of London** los habitantes de Londres; **country** ~ la gente del campo; **town** ~ la gente de la ciudad.

(**d**) (*pl: Pol etc: citizens*) pueblo *m*, ciudadanos *mpl*; (*: general public*) el pueblo; **the** ~ el pueblo; **the** ~ **at large** el pueblo en general; **a man of the** ~ un hombre del pueblo; ~**'s republics** repúblicas *fpl* populares; ~**'s tribunal** tribunal *m* del pueblo.

(**e**) (*pl: family*) gente; **my** ~ mi gente; (*nation*) mi pueblo; (*friends etc*) los míos; **have you met his** ~**?** ¿conoces a sus padres?

(**f**) (*sg: nation*) pueblo *m*, nación *f*; **the British** ~ la nación británica.

2 *vt* poblar.

3 *cpd*: ~ **mover** *n* (*US*) cinta *f* transbordadora.

pep [pep] (*fam*) **1** *n* energías *fpl*, ánimo *m*. **2** *cpd*: ~ **pill** *n* estimulante *m*; ~ **talk** *n* palabras *fpl* de animo.

► **pep up** *vt* + *adv* animar, estimular.

pepper [ˈpepəʳ] **1** *n* (*spice*) pimienta *f*, ají *m* (*LAm*), chile *m* (*LAm*); (*vegetable*) pimiento *m*; **black/white** ~ pimienta negra/blanca. **2** *vt* echar *or* poner pimienta a; ~**ed with** salpicado de; **to** ~ **a work with quotations** (*fig*) salpicar una obra de citas; **to** ~ **sb with bullets** acribillar a algn a balazos. **3** *cpd*: ~ **mill** *n* molinillo *m* de pimienta; ~ **pot** *n* pimentero *m*; ~ **steak** *n* filete *m* a la pimienta.

peppercorn [ˈpepəkɔːn] *n* grano *m* de pimienta.

peppermint [ˈpepəmɪnt] *n* (*Bot*) menta *f*; (*sweet*) pastilla *f* de menta.

peppery [ˈpepərɪ] *adj* (*hot, sharp*) picante; (*tasting of pepper*) que sabe a pimienta; (*fig*) enojadizo/a.

peptic [ˈpeptɪk] *adj*: ~ **ulcer** úlcera *f* gastroduodenal.

per [pɜːʳ] *prep* por; **£7** ~ **week** 7 libras por *or* a la semana; **£10** ~ **dozen** 10 libras la docena; ~ **annum** por año, al año; ~ **capita** per capita; ~ **diem** por día; ~ **person** por cabeza; ~ **se** de por sí; *see* **per cent; usual**.

perceive [pəˈsiːv] *vt* (*realize*) darse cuenta de, notar; (*see*) percibir; **I do not** ~ **how it can be done** no comprendo cómo se puede hacer.

per cent [pəˈsent] **1** *n* por ciento; **20/50** ~ el 20/el 50 por ciento; **100** ~ cien por cien. **2** *cpd*: **there is a 10** ~ **discount** hay un descuento de un 10 por cien(to).

percentage [pəˈsentɪdʒ] **1** *n* porcentaje *m*; **a high** ~ **are girls** un elevado porcentaje son chicas; **to get a** ~ **on all sales** recibir un tanto por ciento sobre todas las ventas. **2** *cpd*: **on a** ~ **basis** a porcentaje; ~ **increase** *n* aumento *m* porcentual.

perceptible [pəˈseptəbl] *adj* (*notable*) sensible; (*to the eye, ear*) perceptible.

perceptibly [pəˈseptəblɪ] *adv* (*see adj*) sensiblemente; perceptiblemente.

perception [pəˈsepʃən] *n* percepción *f*.

perceptive [pəˈseptɪv] *adj* (*gen*) perspicaz.

perch[1] [pɜːtʃ] *n* (*pl* ~ *or* ~**es**) (*fish*) perca *f*.

perch[2] [pɜːtʃ] **1** *n* (*of bird*) percha *f*; (*fig: for person etc*) posición *f* elevada. **2** *vt* poner arriba; **he** ~**ed his hat on his head** posó el sombrero en la cabeza. **3** *vi* (*bird*) posarse (*on* en); (*person etc*) sentarse (en un sitio elevado, poco seguro, *etc*); **the village** ~**es on a hilltop** el pueblo ocupa la cumbre de una colina; **she** ~**ed on the arm of my chair** se acomodó en el brazo de mi butaca.

perchance [pəˈtʃɑːns] *adv* (*Lit*) por ventura, acaso.

percolate [ˈpɜːkəleɪt] **1** *vt* filtrar; ~**d coffee** café *m* (de) filtro. **2** *vi* (*lit, fig*) filtrarse.

percolator [ˈpɜːkəleɪtəʳ] *n* cafetera *f* de filtro.

percussion [pɜˈkʌʃən] **1** *n* (*gen, Mus*) percusión *f*; (*drums*) batería *f*. **2** *cpd*: ~ **instrument** *n* instrumento *m* de percusión.

peregrine [ˈperɪgrɪn] *cpd*: ~ **falcon** *n* halcón *m* peregrino, neblí *m*.

peremptory [pəˈremptərɪ] *adj* perentorio/a.

perennial [pəˈrenɪəl] **1** *adj* (*gen, Bot*) perenne; ~ **youth** la juventud eterna. **2** *n* (*Bot*) planta *f* perenne.

perfect [ˈpɜːfɪkt] **1** *adj* (**a**) perfecto/a; **with** ~ **assurance** con absoluta seguridad. (**b**) (*absolute, utter*) completo/a, total; **he's a** ~ **gentleman** es todo un caballero; **he's a** ~ **stranger to me** me es completamente desconocido. (**c**) (*Ling*) ~ **tense** tiempo *m* perfecto. (**d**) (*Mus*) ~ **pitch** tono *m* perfecto. **2** *n* (*Ling*) perfecto *m*. **3** [pəˈfekt] *vt* perfeccionar.

perfection [pəˈfekʃən] *n* perfección *f*; **cooked to** ~ cocinado a la perfección.

perfectionist [pəˈfekʃənɪst] *n* perfeccionista *mf*.

perfectly [ˈpɜːfɪktlɪ] *adv* (*very well*) perfectamente; (*absolutely*) completamente; **we're** ~ **happy about it** estamos completamente contentos con esto.

perfidious [pɜːˈfɪdɪəs] *adj* pérfido/a.

perforate [ˈpɜːfəreɪt] *vt* perforar; ~**d line** línea *f* perforada; ~**d ulcer** (*Med*) úlcera *f* perforada.

perforation [ˌpɜːfəˈreɪʃən] *n* perforación *f*.

perform [pəˈfɔːm] **1** *vt* (**a**) (*task*) realizar, llevar a cabo; (*test*) verificar; (*duty*) cumplir. (**b**) (*Theat*) representar, dar; (*music, song*) interpretar; **they** ~**ed Hamlet last week** la semana pasada dieron Hamlet. **2** *vi* (**a**) (*play*) tocar; (*sing*) cantar; (*act*) actuar, trabajar; (*be an actor*) hacer teatro. (**b**) (*machine, vehicle*) funcionar, marchar; (*fig: person etc*) trabajar, desempeñar su papel; **the car is not** ~**ing properly** el coche no funciona bien.

performance [pəˈfɔːməns] *n* (**a**) (*see vt (a)*) realización *f*; verificación *f*; cumplimiento *m*.

(**b**) (*see vt (b)*) representación *f*, interpretacion *f*; **he gave a splendid** ~ su actuación fue estupenda; **a fine** ~ **of the Ninth Symphony** una magnífica interpretación de la Novena Sinfonía; **the late** ~ la función de la noche.

(**c**) (*of machine etc: effectiveness*) funcionamiento *m*, funcionar *m*; (*: productivity*) rendimiento *m*; (*of team in match etc*) actuación *f*; **they put up a good ~** se defendieron bien; **what a ~!** (*fam*) ¡qué lío!, ¡qué desmadre!

performer [pəˈfɔːməʳ] *n* (*Theat*) actor/actriz *m/f*, artista *mf*; (*Mus*) intérprete *mf*.

performing [pəˈfɔːmɪŋ] *adj* (**a**) (*animal*) amaestrado/a. (**b**) **~ arts** artes *fpl* teatrales.

perfume [ˈpɜːfjuːm] **1** *n* perfume *m*. **2** *vt* [pəˈfjuːm] perfumar.

perfumery [pəˈfjuːmərɪ] *n* perfumería *f*.

perfunctory [pəˈfʌŋktərɪ] *adj* superficial, somero/a; **he gave a ~ performance** tocó *etc* por cumplir.

perhaps [pəˈhæps] *adv* tal vez, quizá(s); **~ so/not** puede que sí/no; **~ he'll come** puede que venga.

peri... [ˈperɪ] *pref* peri....

peril [ˈperɪl] *n* riesgo *m*, peligro *m*; **do it at your ~** hágalo a su riesgo.

perilous [ˈperɪləs] *adj* peligroso/a, arriesgado/a.

perilously [ˈperɪləslɪ] *adv* peligrosamente; **he came ~ close to being caught** por poco le agarran.

perimeter [pəˈrɪmɪtəʳ] *n* perímetro *m*.

period [ˈpɪərɪəd] **1** *n* (**a**) (*length of time*) período *m*, época *f*; (*stage: in career, development etc*) etapa *f*; **for a ~ of three weeks** durante (un período de) tres semanas; **within a 3 month ~** en 3 meses, dentro de un plazo de 3 meses; **at that ~ (of my life)** en aquella época (de mi vida); **the holiday ~** el período de vacaciones; **the Victorian ~** la época victoriana; **a painting from his early ~** un cuadro de su primera época *or* de su juventud.
(**b**) (*Scol*) (hora *f* de) clase *f*; **we have 2 French ~s** tenemos dos clases de francés.
(**c**) (*full stop*) punto *m*.
(**d**) (*menstruation*) periode *m*, regla *f*.
2 *cpd*: **~ dress** *n* trajes *mpl* de época; **~ furniture** *n* muebles *mpl* de época; **~ piece** *n* mueble *m etc* clásico.

periodic [ˌpɪərɪˈɒdɪk] *adj* periódico/a; **~ table** tabla *f* periódica.

periodical [ˌpɪərɪˈɒdɪkəl] **1** *adj* periódico/a. **2** *n* revista *f*, publicación *f* periódica.

periodically [ˌpɪerɪˈɒdɪkəlɪ] *adv* cada cierto tiempo, de vez en cuando.

peripatetic [ˌperɪpəˈtetɪk] *adj* (*salesman*) ambulante; (*teacher*) con trabajo en varios colegios.

peripheral [pəˈrɪfərəl] **1** *adj* periférico/a; **~ device** dispositivo *m* periférico. **2** *n* (*Comput*) periférico *m*, unidad *f* periférica.

periphery [pəˈrɪfərɪ] *n* periferia *f*.

periscope [ˈperɪskəʊp] *n* periscopio *m*.

perish [ˈperɪʃ] *vi* (*person etc*) perecer, fallecer; (*material*) estropearse, deteriorarse; **he ~ed at sea** murió en el mar; **to be ~ed (with cold)** (*fam*) estar helado; **~ the thought!** ¡ni por pensamiento!, ¡Dios me libre!

perishable [ˈperɪʃəbl] **1** *adj* perecedero/a. **2** *npl*: **~s** productos *mpl* perecederos.

perishing [ˈperɪʃɪŋ] *adj*: **it's ~ (cold)** (*fam*) hace un frío que te pela.

peritonitis [ˌperɪtəˈnaɪtɪs] *n* peritonitis *f*.

periwinkle [ˈperɪˌwɪŋkl] *n* (*Bot*) vincapervinca *f*; (*Zool*) caracol *m* de mar, bígaro *m*.

perjure [ˈpɜːdʒəʳ] *vt*: **to ~ o.s.** jurar en falso, perjurar.

perjury [ˈpɜːdʒərɪ] *n* juramento *m* en falso, perjurio *m*; **to commit ~** cometer perjurio.

perk [pɜːk] *n* (*fam*) extra *m*, beneficio *m*, gaje *m*; **there are no ~s in this job** en este empleo no hay nada aparte del sueldo.

▸ **perk up** **1** *vt + adv*: **to ~ sb up** animar a algn; **the dog ~ed up his ears** el perro aguzó las orejas. **2** *vi + adv* (*cheer up*) (re)animarse; **business is ~ing up** los negocios van mejor.

perky [ˈpɜːkɪ] *adj* (*comp* **-ier**; *superl* **-iest**) (*cheerful, bright*) alegre, animado/a; (*cheeky*) fresco/a.

perm [pɜːm] **1** *n abbr of* **permanent wave**. **2** *vt*: **to ~ sb's hair** hacer una permanente a algn; **to have one's hair ~ed** hacerse una permanente.

permanence [ˈpɜːmənəns] *n* permanencia *f*.

permanency [ˈpɜːmənənsɪ] *n* permanencia *f*, arreglo *m* permanente, cosa *f* fija.

permanent [ˈpɜːmənənt] *adj* (*gen*) permanente; (*enduring*) duradero/a; **I'm not ~ here** (*in job*) no estoy fijo aquí; **~ address** domicilio *m* permanente; **~ staff** personal *m* de plantilla; **~ wave** permanente *f*.

permanently [ˈpɜːmənəntlɪ] *adv* (*gen*) permanentemente; (*lastingly*) de forma duradera; **he is ~ drunk** está siempre borracho.

permanganate [pɜːˈmæŋgənɪt] *n* permanganato *m*.

permeable [ˈpɜːmɪəbl] *adj* permeable.

permeate [ˈpɜːmɪeɪt] **1** *vt* (*penetrate*) penetrar; (*soak*) impregnar; (*spread to*) trascender a. **2** *vi* penetrar, trascender; **the odour ~d through the house** el olor se extendió por la casa.

permissible [pəˈmɪsəbl] *adj* lícito/a; **it is not ~ to do that** no se permite hacer eso.

permission [pəˈmɪʃən] *n* permiso *m*; **with your ~** con su permiso; **to give sb ~ to do sth** autorizar a algn para que haga algo.

permissive [pəˈmɪsɪv] *adj* permisivo/a.

permit [ˈpɜːmɪt] **1** *n* (*permission*) permiso *m*; (*licence etc*) permiso, licencia *f*; (*pass*) pase *m*. **2** [pəˈmɪt] *vt* permitir; **to ~ sb to do sth** permitir a algn hacer algo; **is smoking ~ted?** ¿se puede fumar? **3** [pəˈmɪt] *vi* permitir; **to ~ of** (*frm*) dejar lugar a; **weather ~ting** si el tiempo lo permite. **4** [ˈpɜːmɪt] *cpd*: **~ holder** *n* titular *mf* de un permiso.

permutation [ˌpɜːmjʊˈteɪʃən] *n* permutación *f*.

pernicious [pɜːˈnɪʃəs] *adj* perjudicial, nocivo/a; (*Med*) pernicioso/a.

pernickety [pəˈnɪkɪtɪ] *adj* (*fam*) quisquilloso/a, remilgado/a; **she's ~ about food** es exigente para la comida.

peroxide [pəˈrɒksaɪd] **1** *n* peróxido *m*. **2** *cpd*: **~ blonde** *n* rubia *f* de bote.

perpendicular [ˌpɜːpənˈdɪkjʊləʳ] *adj, n* perpendicular *f*.

perpetrate [ˈpɜːpɪtreɪt] *vt* perpetrar.

perpetrator [ˈpɜːpɪtreɪtəʳ] *n* autor(a) *m/f*.

perpetual [pəˈpetjʊəl] *adj* (*eternal*) perpetuo/a, eterno/a; (*endless*) interminable; (*continuous*) continuo/a, constante.

perpetually [pəˈpetjʊəlɪ] *adv* (*see adj*) perpetuamente; constantemente.

perpetuate [pəˈpetjʊeɪt] *vt* perpetuar.

perpetuity [ˌpɜːpɪˈtjuːɪtɪ] *n* perpetuidad *f*; **in ~** a perpetuidad.

perplex [pəˈpleks] *vt* (*puzzle etc*) dejar perplejo; (*confuse*) desconcertar, confundir; (*: situation*) complicar.

perplexed [pəˈplekst] *adj* perplejo/a, confuso/a.

perplexing [pəˈpleksɪŋ] *adj* (*see vt*) que causa perplejidad, desconcertante; confuso/a; complicado/a.

perplexity [pəˈpleksɪtɪ] *n* perplejidad *f*, confusión *f*.

per pro. *abbr of* **per procurationem, by proxy** p.p.

perquisites [ˈpɜːkwɪzɪts] *npl* gajes y emolumentos *mpl*.

persecute [ˈpɜːsɪkjuːt] *vt* perseguir; **to ~ sb with questions** acosar a algn a preguntas.

persecution [ˌpɜːsɪˈkjuːʃən] **1** *n* persecución *f*. **2** *cpd*: **~ complex** *n* (*Psych*) complejo *m* persecutorio.

perseverance [ˌpɜːsɪˈvɪərəns] *n* perseverancia *f*.

persevere [ˌpɜːsɪˈvɪəʳ] *vi* perseverar, persistir (en).

persevering [ˌpɜːsɪˈvɪərɪŋ] *adj* perseverante.

Persia [ˈpɜːʃə] *n* (*Hist*) Persia *f*.

Persian [ˈpɜːʃən] **1** *adj* persa; **~ carpet** alfombra *f* persa; **~ cat** gato *m* de Angora; **~ Gulf** Golfo *m* Pérsico; **~ lamb** (*animal*) oveja *f* caracul; (*skin*) caracul *m*. **2** *n* persa *mf*; (*Ling*) persa *m*.

persist [pəˈsɪst] *vi* (*persevere, insist*) persistir, empeñarse; (*continue to exist*) persistir; **we shall ~ in our efforts to do it** seguiremos esforzándonos por hacerlo; **to ~ in doing sth** empeñarse *or* insistir en hacer algo.

persistence [pəˈsɪstəns], **persistency** [pəˈsɪstənsɪ] *n* (*tenacity*) persistencia *f*, empeño *m*; (*continuing to exist*) persistencia.

persistent [pəˈsɪstənt] *adj* (*tenacious*) porfiado/a; (*repeated, constant*) persistente; (*continuing*) contínuo/a, constante; **despite our ~ warnings** a pesar de nuestras continuas advertencias.

persistently [pəˈsɪstəntlɪ] *adv* (*see adj*) porfiadamente; persistentemente; constantemente; **he ~ refuses to help** se niega constantemente a prestar su ayuda.

persnickety [pɜːsˈnɪkɪtɪ] *adj* (*US*) = **pernickety**.

person [ˈpɜːsn] **1** *n* (**a**) (*pl* **people** *or* (*frm*) **~s**) persona *f*. (**b**) (*pl* **~s**) (*Jur, Ling*) persona *f*. (**c**) (*pl* **~s**) (*body, physical presence*) persona *f*, figura *f*; (*: appearance*) persona; **in ~** en persona; **per ~** por persona; **in the ~ of** en la persona de; **on** *or* **about one's ~** encima. **2** *cpd*: **~ to ~ call** *n* (*Telec*) llamada *f* (de) persona a persona.

persona [pɜːˈsəʊnə] *n* (*pl* **personae** [pɜːˈsəʊnaɪ]) persona *f*; **~ grata** persona grata; **~ non grata** persona no grata.

personable [ˈpɜːsnəbl] *adj* bien parecido/a.

personage [ˈpɜːsnɪdʒ] *n* personaje *m*.

personal [ˈpɜːsnl] *adj* (*private: matter, opinion*) personal, particular; (*individual: liberty, style*) personal, individual; (*for one's own use*) de *or* para uso personal; (*of the body, Ling*) personal; (*in person: visit, application*) en persona; (*rather indiscreet: remark, question*) indiscreto/a; '**~**' (*on letter*) 'confidencial'; **don't get ~!** ¡no seas maleducado!; **to have ~ knowledge of sth** tener un conocimiento directo de algo; **to ask ~ questions** hacer preguntas sobre asuntos íntimos; **for ~ reasons** por razones personales; **~ account** (*story*) narración *f* personal; (*Fin*) cuenta *f* personal; **~ allowance** desgravación *f* personal; **to make a ~ appearance** hacer acto de presencia; **~ assistant** ayudante *mf* personal; **~ call** (*Brit Telec*) llamada *f* de persona a persona; **~ column** anuncios *mpl* personales; **~ computer** ordenador *m* personal; **~ effects** efectos *mpl* personales; **~ identification number** número *m* personal de identificación; **~ loan** préstamo *m* personal; **~ organizer** organizador *m* personal; **~ property** bienes *mpl* (muebles); **~ stereo** estéreo *m* personal.

personality [ˌpɜːsəˈnælɪtɪ] *n* (**a**) (*nature*) personalidad *f*. (**b**) (*famous person*) personaje *m*, personalidad; **a well-known radio ~** una conocida figura de la radio.

personalized [ˈpɜːsənəlaɪzd] *adj* con las iniciales *etc* de uno.

personally [ˈpɜːsnəlɪ] *adv* (**a**) personalmente; **~ I think that ...** personalmente creo que ...; **~ I am willing, but others ...** yo, por mi parte estoy dispuesto, pero los otros ...; **don't take it too ~** no lo tomes a mal. (**b**) (*in person*) en persona, personalmente; **to hand sth over ~** entregar algo en persona.

personification [pɜːˌsɒnɪfɪˈkeɪʃən] *n* personificación *f*; **he's the ~ of common sense** es el sentido común encarnado.

personify [pɜːˈsɒnɪfaɪ] *vt* personificar, encarnar; **he is greed personified** es la codicia en persona.

personnel [ˌpɜːsəˈnel] **1** *n* personal *m*. **2** *cpd*: **~ department** *n* departamento *m* de personal; **~ management** *n* administración *f* de personal; **~ manager, ~ officer** *n* jefe *m* de personal.

perspective [pəˈspektɪv] *n* perspectiva *f*; (*fig*) **to see/look at sth in ~** ver un asunto en perspectiva *or* en su justa medida; **let's get things in ~** pongamos las cosas en su sitio.

perspex ® [ˈpɜːspeks] *n* (*esp Brit*) plexiglás *m* ®.

perspicacious [ˌpɜːspɪˈkeɪʃəs] *adj* perspicaz.

perspiration [ˌpɜːspəˈreɪʃən] *n* transpiración *f*.

perspire [pəsˈpaɪəʳ] *vi* transpirar.

persuade [pəˈsweɪd] *vt* persuadir, convencer; **to ~ sb to do sth** persuadir *or* convencer a algn para hacer algo; **but they ~d me not to** pero me disuadieron; **she is easily ~d** se deja convencer fácilmente; **I am ~d that ...** estoy convencido que ....

persuasion [pəˈsweɪʒən] *n* (**a**) (*act*) persuasión *f*. (**b**) (*persuasiveness*) persuasiva *f*; **I don't need much ~ to stop working nights** cuesta poco convencerme de que deje de trabajar por la noche. (**c**) (*creed*) creencia *f*, opinión *f*; **I'm not of that ~** no es ésa mi opinión.

persuasive [pəˈsweɪsɪv] *adj* persuasivo/a, convincente.

persuasively [pəˈsweɪsɪvlɪ] *adv* de modo persuasivo.

pert [pɜːt] *adj* (un tanto) descarado/a.

pertain [pɜːˈteɪn] *vi*: **to ~ to** (*frm: concern*) concernir a, estar relacionado/a con; (*: belong to*) pertenecer a.

pertinence [ˈpɜːtɪnəns] *n* pertinencia *f*.

pertinent [ˈpɜːtɪnənt] *adj*: **~ to** (*concerning*) concerniente a, relacionado con; (*appropriate to*) pertinente a; **that's not a ~ matter** ese asunto no viene al caso.

perturb [pəˈtɜːb] *vt* (*distress*) inquietar, preocupar; (*disorder*) perturbar.

perturbing [pəˈtɜːbɪŋ] *adj* inquietante, perturbador(a).

Peru [pəˈruː] *n* (el) Perú.

perusal [pəˈruːzəl] *n* (*quick*) lectura *f* somera; (*careful*) lectura cuidadosa.

peruse [pəˈruːz] *vt* (*examine*) leer detenidamente; (*glance at*) mirar por encima.

Peruvian [pəˈruːvɪən] *adj, n* peruano/a *m/f*.

pervade [pɜːˈveɪd] *vt* (*subj: smell*) extenderse por, trascender *(LAm)*; (*: light*) difundirse por; (*: feeling, atmosphere*) impregnar; (*: influence, ideas*) extenderse por.

pervasive [pɜːˈveɪsɪv] *adj* (*smell*) penetrante; (*feeling, influence*) dominante.

perverse [pəˈvɜːs] *adj* (*contrary*) contrario/a; (*obstinate*) terco/a, contumaz; (*wicked*) perverso/a; **to be ~** llevar la contraria.

perversely [pəˈvɜːslɪ] *adv* (*see adj*) por llevar la contraria; tercamente; por perversidad.

perversion [pəˈvɜːʃən] *n* (*Med, Psych*) perversión *f*; (*of justice, truth*) corrupción *f*.

perversity [pəˈvɜːsɪtɪ] *n* (*see adj*) contrariedad *f*; terquedad *f*; perversidad *f*.

pervert [pəˈvɜːt] **1** *vt* (*gen*) pervertir; (*corrupt*) corromper, desvirtuar. **2** [ˈpɜːvɜːt] *n* pervertido/a *m/f*.

perverted [pəˈvɜːtɪd] *adj* (*all senses*) pervertido/a.

peseta [pəˈsetə] *n* peseta *f*.

pessary [ˈpesərɪ] *n* pesario *m*.

pessimism [ˈpesɪmɪzəm] *n* pesimismo *m*.

pessimist [ˈpesɪmɪst] *n* pesimista *mf*.

pessimistic [ˌpesɪˈmɪstɪk] *adj* pesimista.

pest [pest] **1** *n* (**a**) (*Zool*) insecto *m or* animal *m* nocivo, bicho *m*; **~s** plaga *fsg*, peste *fsg*. (**b**) (*fig: person*) pelma(zo/a) *m/f* (*fam*) fregón/ona *m/f (LAm fam)*; (*: thing*) lata *f*, fastidio *m*, molestia *f*; **what a ~ that child is!** ¡cómo me fastidia ese niño! **2** *cpd*: **~ control** *n* control *m* de plagas.

pester [ˈpestəʳ] *vt* molestar, fregar *(LAm)*; **he's constantly ~ing me** no me deja a sol ni a sombra; **to ~ sb to do sth** insistir constantemente en que algn haga algo.

pesticide [ˈpestɪsaɪd] *n* pesticida *m*.

pestilence [ˈpestɪləns] *n* pestilencia *f*, peste *f*.

pestilent [ˈpestɪlənt], **pestilential** [ˌpestɪˈlenʃəl] *adj* (*fam: exasperating*) latoso/a.

pestle [ˈpesl] *n* maja *f*, mano *f*.

pet [pet] **1** *adj* (**a**) de animales domesticados; **a ~ dog** un perro de casa.
(**b**) (*favourite: pupil, subject etc*) favorito/a, preferido/a; **~ name** nombre *m or* diminutivo *m* cariñoso; **it's my ~ subject** es mi tema predilecto.
2 *n* (**a**) (*animal*) animal *m* doméstico *or* casero.
(**b**) (*favourite*) **teacher's ~** el/la preferido/a de la maestra.
(**c**) (*fam: dear*) cielo *m*, amor *m*.
3 *vt* (*indulge*) mimar, consentir; (*fondle*) acariciar.
4 *vi* (*sexually*) besuquearse.
5 *cpd*: **~ door** *n* (*US*) gatera *f*; **~ food** *n* comida *f* para animales; **~ shop** *n* pajarería *f*.

petal [ˈpetl] *n* pétalo *m*.
Pete [piːt] *n*: **for ~'s sake!** *(fam)* ¡por Dios!
peter [ˈpiːtəʳ] *vi*: **to ~ out** *(supply)* irse agotando; *(stream, conversation)* irse acabando; *(interest, excitement)* desvanecer; *(plan)* quedar en nada; *(song, noise)* atenuarse.
petit bourgeois [ˌpetɪˈbʊəʒwɑː] *adj* pequeñoburgués/esa.
petite [pəˈtiːt] *adj* chiquita.
petite bourgeoisie [ˌpetɪˌbʊəʒwɑːˈziː] *n* pequeña burguesía *f*.
petition [pəˈtɪʃən] **1** *n (list of names)* petición *f*, súplica *f*; *(form, papers etc)* solicitud *f*; *(frm: request)* demanda *f*, instancia *f*. **2** *vt* presentar una demanda a. **3** *vi*: **to ~ (for)** solicitar, hacer una petición (de); **to ~ for divorce** pedir el divorcio.
petitioner [pəˈtɪʃnəʳ] *n* suplicante *mf*.
petrify [ˈpetrɪfaɪ] *vt (lit)* petrificar; *(fig)* paralizar, horrorizar; **we were petrified** nos quedamos de piedra.
petrochemical [ˌpetrəʊˈkemɪkəl] **1** *adj* petroquímico/a. **2** *npl*: **~s** productos *mpl* petroquímicos.
petrodollar [ˈpetrəʊˌdɒləʳ] *n* petrodólar *m*.
petrol [ˈpetrəl] *(Brit)* **1** *n* gasolina *f*, nafta *f (CSur)*, bencina *f (Chi)* . **2** *cpd*: **~ bomb** *n* bomba *f* de gasolina; **~ can** *n* lata *f* de la gasolina; **~ pump** *n (at garage)* surtidor *m* de gasolina; **~ station** *n* gasolinera *f*, estación *f* de servicio, bencinera *f (Chi)*, grifo *m (Per)*; **~ tanker** *n* gasolinero *m*.
petroleum [pɪˈtrəʊlɪəm] **1** *n* petróleo *m*. **2** *cpd*: **~ jelly** *n* parafina *f*.
petticoat [ˈpetɪkəʊt] *n* combinación *f*, enagua(s) *f(pl) (esp LAm)*.
pettifogging [ˈpetɪfɒgɪŋ] *adj (trivial)* sin importancia, insignificante.
pettiness [ˈpetɪnɪs] *n* mezquindad *f*.
petting [ˈpetɪŋ] *n (fam)* caricias *fpl*.
petty [ˈpetɪ] *adj (comp* **-ier**; *superl* **-iest**) *(trivial)* sin importancia, insignificante; *(minor)* inferior, subordinado/a; *(small-minded, spiteful)* mezquino/a; **you're being very ~ about it** en esto te estás mostrando poco comprensivo; **~ cash** dinero *m* para gastos menores; **~ cash book** libro *m* de caja auxiliar; **~ officer** suboficial *m* de marina.
petulance [ˈpetjʊləns] *n* mal humor *m*.
petulant [ˈpetjʊlənt] *adj* enojadizo/a, malhumorado/a.
pew [pjuː] *n (in church)* banco *m* de iglesia; **take a ~!** *(fig fam)* ¡siéntate!
pewter [ˈpjuːtəʳ] *n* peltre *m*.
Pfc *(US Mil) abbr of* **private first class**.
PFLP *n abbr of* **Popular Front for the Liberation of Palestine** FPLP *m*.
PG *n abbr (Cine) of* **Parental Guidance** menores de 15 años acompañados.
PGA *n abbr of* **Professional Golfers' Association**.
PH *n abbr (US Mil) of* **Purple Heart** *decoración otorgada a los heridos de guerra*.
pH *n abbr of* **potential of hydrogen** pH *m*.
PHA *n abbr (US) of* **Public Housing Administration**.
phalange [ˈfælændʒ] *n* falange *f*; **P~** *(Spain)* Falange *f*.
phallic [ˈfælɪk] *adj* fálico/a.
phallus [ˈfæləs] *n* falo *m*.
phantasmagoric [ˌfæntæzməˈgɒrɪk] *adj* fantasmagórico/a.
phantom [ˈfæntəm] **1** *n* fantasma *m*. **2** *adj* fantasma; **~ pregnancy** seudoembarazo *m*.
Pharaoh [ˈfɛərəʊ] *n* Faraón *m*.
pharmaceutical [ˌfɑːməˈsjuːtɪkəl] *adj* farmacéutico/a.
pharmacist [ˈfɑːməsɪst] *n* farmacéutico/a *m/f*.
pharmacology [ˌfɑːməˈkɒlədʒɪ] *n* farmacología *f*.
pharmacopoeia, *(US sometimes)* **pharmacopeia** [ˌfɑːməkəˈpiːə] *n* farmacopea *f*.
pharmacy [ˈfɑːməsɪ] *n* farmacia *f*.
phase [feɪz] **1** *n* etapa *f*, fase *f*; **to be in ~** estar en fase; **to be out of ~** *(Tech, Elec)* estar fuera de fase *or* desfasado; **she's just going through a ~** está pasando por una etapa. **2** *vt (introduce gradually)* escalonar; *(co-ordinate)* poner en fase; **~d withdrawal** retirada progresiva. **3** *cpd*: **~ alternation line** *n (TV)* línea *f* de fase alternante.
▸ **phase in** *vt + adv* introducir progresivamente.
▸ **phase out** *vt + adv (old machines etc)* retirar progresivamente.
phase-out [ˈfeɪzˌaʊt] *n (esp US)* reducción *f* progresiva.
PhD *n abbr of* **Doctor of Philosophy**.
pheasant [ˈfeznt] *n* faisán *m*.
phenobarbitone [ˈfiːnəʊˈbɑːbɪtəʊn] *n* fenobarbitona *f*.
phenomenal [fɪˈnɒmɪnl] *adj* fenomenal, extraordinario/a.
phenomenally [fɪˈnɒmɪnəlɪ] *adv* extraordinariamente.
phenomenon [fɪˈnɒmɪnən] *n (pl* **phenomena** [fɪˈnɒmɪnə]) fenómeno *m*.
pheromone [ˈferəməʊn] *n* feromona *f*.
phew [fjuː] *interj* ¡uf! *(fam)*, ¡puf! *(fam)*.
philanderer [fɪˈlændərəʳ] *n* Don Juan *m*.
philanthropic [ˌfɪlənˈθrɒpɪk] *adj* filantrópico/a.
philanthropist [fɪˈlænθrəpɪst] *n* filántropo/a *m/f*.
philanthropy [fɪˈlænθrəpɪ] *n* filantropía *f*.
philatelist [fɪˈlætəlɪst] *n* filatelista *mf*.
philately [fɪˈlætəlɪ] *n* filatelia *f*.
...phile [faɪl] *suf* ...filo.
philharmonic [fɪlɑːˈmɒnɪk] *adj* filarmónico/a.
...philia [ˈfɪlɪə] *suf* ...filia.
Philippines [ˈfɪlɪpiːnz], **Philippine Islands** [ˈfɪlɪpiːn ˌaɪləndz] *npl* Filipinas *fpl*.
Phillips ® [ˈfɪlɪps] *cpd*: **~ screw** *n* tornillo *m* de cabeza cruciforme; **~ screwdriver** *n* destornillador *m* cruciforme.
philology [fɪˈlɒlədʒɪ] *n* filología *f*.
philosopher [fɪˈlɒsəfəʳ] *n* filósofo/a *m/f*.
philosophical [ˌfɪləˈsɒfɪkəl] *adj* filosófico/a.
philosophize [fɪˈlɒsəfaɪz] *vi* filosofar.
philosophy [fɪˈlɒsəfɪ] *n* filosofía *f*; **her ~ of life** su filosofía de la vida.
phlebitis [flɪˈbaɪtɪs] *n* flebitis *f*.
phlegm [flem] *n (Med, calm)* flema *f*.
phlegmatic [flegˈmætɪk] *adj* flemático/a.
...phobe [fəʊb] *suf* ...fobo.
phobia [ˈfəʊbɪə] *n* fobia *f*.
...phobia [ˈfəʊbɪə] *suf* ...fobia.
phoenix [ˈfiːnɪks] *n* fénix *m*.
phone [fəʊn] = **telephone**.
phonecard [ˈfəʊnkɑːd] *n* tarjeta *f* telefónica.
phone-in [ˈfəʊnɪn] *n* programa *m* (de radio *or* televisión) abierto al público.
phoneme [ˈfəʊniːm] *n* fonema *m*.
phonetic [fəʊˈnetɪk] **1** *adj* fonético/a. **2** *nsg*: **~s** fonética *f*.
phoney [ˈfəʊnɪ] *(fam)* **1** *adj (gen)* falso/a; *(pretended)* fingido/a; **the ~ war** la guerra ilusoria. **2** *n (person)* farsante *mf*; *(thing)* **it's a ~** es falso.
phono... [ˈfəʊnəʊ] *pref* fono....
phonograph [ˈfəʊnəgrɑːf] *n (old, US)* fonógrafo *m*, tocadiscos *m inv*.
phonology [fəʊˈnɒlədʒɪ] *n* fonología *f*.
phony [ˈfəʊnɪ] *(US)* = **phoney**.
phosphate [ˈfɒsfeɪt] *n* fosfato *m*.
phosphorescent [ˌfɒsfəˈresnt] *adj* fosforescente.
phosphorus [ˈfɒsfərəs] *n* fósforo *m*.
photo [ˈfəʊtəʊ] **1** *n abbr of* **photograph**. **2** *cpd*: **~ booth** *n* fotomatón *m*; **~ finish** *n* resultado *m* comprobado por fotocontrol; **~ opportunity** *n* oportunidad *f* fotográfica (de autopropaganda).
photo... [ˈfəʊtəʊ] *pref* foto....
photochemical [ˌfəʊtəʊˈkemɪkəl] *adj* fotoquímico/a.
photocopier [ˈfəʊtəʊˈkɒpɪəʳ] *n* fotocopiadora *f*.
photocopy [ˈfəʊtəʊˌkɒpɪ] **1** *n* fotocopia *f*. **2** *vt* foto-

copiar.

photoelectric [ˈfəʊtəʊɪˈlektrɪk] *adj*: ~ **cell** célula *f* fotoeléctrica.

Photofit ® [ˈfəʊtəʊfɪt] *cpd*: ~ **picture** *n* retrato *m* robot.

photoflash [ˈfəʊtəʊflæʃ] *n* flash *m*.

photogenic [ˌfəʊtəʊˈdʒenɪk] *adj* fotogénico/a.

photograph [ˈfəʊtəgræf] **1** *n* (*gen*) foto *f*, fotografía *f*; (*portrait*) retrato *m*; **to take a ~ (of sb/sth)** sacar una foto (de algn/algo). **2** *vt* sacar foto(grafía)s *or* una foto de, fotografiar. **3** *cpd*: ~ **album** *n* álbum *m*.

photographer [fəˈtɒgrəfəʳ] *n* fotógrafo/a *m/f*.

photographic [ˌfəʊtəˈgræfɪk] *adj* fotográfico/a.

photographically [ˌfəʊtəˈgræfɪkəlɪ] *adv* fotográficamente.

photography [fəˈtɒgrəfɪ] *n* fotografía *f*.

photojournalism [ˈfəʊtəʊˈdʒɜːnəˌlɪzəm] *n* fotoperiodismo *m*.

photosensitive [ˌfəʊtəʊˈsensɪtɪv] *adj* fotosensible.

photostat [ˈfəʊtəʊstæt] *n* fotostato *m*.

photosynthesis [ˌfəʊtəʊˈsɪnθəsɪs] *n* fotosíntesis *f*.

phototype [ˈfəʊtəʊˌtaɪp] *n* fototipo *m*.

phrase [freɪz] **1** *n* (*Ling*) frase *f*; (*idiom*) locución *f*, giro *m*; **to coin a ~** para decirlo así. **2** *vt* (**a**) expresar. (**b**) (*Mus*) frasear. **3** *cpd*: ~ **book** *n* libro *m* de frases.

phraseology [ˌfreɪzɪˈɒlədʒɪ] *n* fraseología *f*.

phrasing [ˈfreɪzɪŋ] *n* (*Mus*) fraseo *m*.

phut [fʌt] *adj*: **to go ~** (*fam*) estropearse.

physical [ˈfɪzɪkəl] *adj* (**a**) (*of the body*) físico/a; ~ **education, ~ training** educación *f* física; ~ **(examination)** reconocimiento *m* físico. (**b**) (*material*) material; (*of physics*) físico/a.

physically [ˈfɪzɪkəlɪ] *adv* físicamente; **it's ~ impossible** es materialmente imposible.

physician [fɪˈzɪʃən] *n* médico/a *m/f*.

physicist [ˈfɪzɪsɪst] *n* físico/a *m/f*.

physics [ˈfɪzɪks] *nsg* física *f*.

physio [ˈfɪzɪəʊ] *n* (*Sport fam*) = **physiotherapist**.

physio... [ˈfɪzɪəʊ] *pref* fisio....

physiognomy [ˌfɪzɪˈɒnəmɪ] *n* fisonomía *f*.

physiological [ˈfɪzɪəˈlɒdʒɪkəl] *adj* fisiológico/a.

physiology [ˌfɪzɪˈɒlədʒɪ] *n* fisiología *f*.

physiotherapist [ˌfɪzɪəˈθerəpɪst] *n* fisioterapeuta *mf*.

physiotherapy [ˌfɪzɪəˈθerəpɪ] *n* fisioterapia *f*.

physique [fɪˈziːk] *n* físico *m*.

pi [paɪ] *n* (*Math*) pi *m*.

pianist [ˈpɪənɪst] *n* pianista *mf*.

piano [ˈpjɑːnəʊ] **1** *n* piano *m*. **2** *cpd*: ~ **accordion** *n* acordeón-piano *m*; ~ **stool** *n* taburete *m* de piano; ~ **tuner** *n* afinador(a) *m/f* de pianos.

picaresque [ˌpɪkəˈresk] *adj* picaresco/a.

piccolo [ˈpɪkələʊ] *n* (*pl* **~s**) flautín *m*.

pick [pɪk] **1** *n* (**a**) (*tool*) pico *m*; (*also* **tooth ~**) palillo *m*.

(**b**) (*right to choose*) derecho *m* a elegir; (*choice*) elección *f*; **take your ~!** escoja el que quiera; **it's the ~ of the bunch** es lo mejor de la cosecha; **she had her ~ of the books** ella escogió los libros que quería.

2 *vt* (**a**) (*choose*) escoger, elegir; (*team*) seleccionar; **to ~ a winner** (*lit*) escoger un ganador; (*fig*) escoger bien; **to ~ one's way through sth** andar con tiento por algo; **to ~ a quarrel with sb** buscar camorra con algn, armar bronca con algn *(esp LAm)*.

(**b**) (*flowers*) coger *(Sp)*, recoger *(LAm)*.

(**c**) (*pull bits off, make holes in*) escarbar; **to ~ one's nose** hurgarse la nariz; **to ~ one's teeth** mondarse *or* escarbarse los dientes; **to ~ a lock** forzar *or* abrir con ganzúa un cerrojo; **to have a bone to ~ with sb** (*fig*) tener que ajustar cuentas con algn; **to ~ holes in sth** (*fig*) encontrar defectos en algo; **to ~ sb's pocket** robar algo del bolsillo de algn; **to ~ sb's brains** explotar los conocimientos de algn.

3 *vi*: **to ~ and choose** ser muy exigente; (*pej*) ser quisquilloso/a; **to ~ at one's food** comer con poca gana, picar la comida; **to ~ at a scab** rascarse una herida.

► **pick off** *vt + adv* (**a**) (*remove*) quitar. (**b**) (*shoot*) matar de un tiro.

► **pick on** *vi + prep* (**a**) (*fam: harass*) meterse con, tomarla con; **he's always ~ing on me** me tiene manía. (**b**) (*single out*) escoger, elegir.

► **pick out** *vt + adv* (**a**) (*choose*) elegir, escoger; (*draw out*) sacar. (**b**) (*see, distinguish*) identificar, distinguir. (**c**) (*Mus*) tocar de oído.

► **pick up 1** *vt + adv* (**a**) (*from floor etc*) levantar, recoger, coger; **to ~ up a bill** (*fig*) pagar una cuenta; **the car ~ed up speed** el coche cobró velocidad; **to ~ sb up for having made a mistake** corregirle *or* señalarle el error a algn; **may I ~ you up on one point?** ¿me permites corregirte en un punto?

(**b**) (*collect*) recoger, buscar; (*rescue*) rescatar; (*arrest*) detener.

(**c**) (*acquire*) conseguir, encontrar; (*learn*) aprender; **he ~ed up a girl at the disco** (*fam*) se ligó a una chica en la discoteca; **the dog ~ed up the scent** el perro cogió el rastro; **she ~s up £400 a week** gana 400 libros a la semana.

(**d**) (*Rad, TV, Telec*) captar.

2 *vi + adv* (**a**) (*improve*) mejorar(se), ir mejorando.

(**b**) (*continue*) seguir (de nuevo); **to ~ up where one left off** empezar donde se había dejado.

pickaback [ˈpɪkəbæk] *adv*: **to carry sb ~, to give sb a ~** llevar a algn a cuestas.

pickaxe, (*US*) **pickax** [ˈpɪkæks] *n* pico *m*, zapapico *m*.

picket [ˈpɪkɪt] **1** *n* (**a**) (*stake*) estaca *f*. (**b**) (*strikers etc*) piquete *m*; (*Mil: sentry*) piquete; (*: group*) pelotón *m*. **2** *vt* piquetear. **3** *vi* hacer piquete. **4** *cpd*: ~ **duty** *n*: **to be on ~ duty** estar de guardia; ~ **fence** *n* vallado *m*; ~ **line** *n* piquete *m*; **to cross a ~ line** no hacer caso de un piquete.

pickings [ˈpɪkɪŋz] *npl* (*leftovers*) restos *mpl*, sobras *fpl*; (*pilferings*) ganancias *fpl*.

pickle [ˈpɪkl] **1** *n* (**a**) (*food*) encurtido *m*, escabeche *m*. (**b**) (*fam: plight*) lío *m*, apuro *m*, aprieto *m*; **to be in a ~** estar en un apuro. **2** *vt* conservar en adobo *or* escabeche; **to be ~d** (*fam: drunk*) estar jumado *(fam)*; **~d herrings** arenques *mpl* en escabeche; **~d onions** cebollas *fpl* en vinagre.

pick-me-up [ˈpɪkmiːʌp] *n* (*drink*) bebida *f* tonificante; (*Med*) tónico *m*, reconstituyente *m*.

pickpocket [ˈpɪkˌpɒkɪt] *n* carterista *mf*.

pick-up [ˈpɪkʌp] **1** *n* (**a**) (*also* **~ arm**) brazo *m* (del tocadiscos). (**b**) (*also* **~ truck**) furgoneta *f*, camioneta *f*. (**c**) (*fam: casual lover*) ligue *m*. **2** *cpd*: ~ **point** *n* punto *m* de recogida.

picky [ˈpɪkɪ] *adj* (*US fam*) (**a**) (*critical*) criticón/ona. (**b**) (*choosy*) melindroso/a, delicado/a.

picnic [ˈpɪknɪk] (*vb: pt, pp* **~ked**) **1** *n* comida *f* campestre *or* de campo, picnic *m (esp LAm)*; **to go on a ~** ir de picnic *or* a comer al campo; **it was no ~** (*fig fam*) no fue nada fácil. **2** *vi* hacer comida campestre *or* comer en el campo. **3** *cpd*: ~ **basket** *n* cesta *f*, canasta *f (LAm)*; ~ **site** *n* lugar *m* destinado para picnics.

picnicker [ˈpɪknɪkəʳ] *n* excursionista *mf*.

pictorial [pɪkˈtɔːrɪəl] *adj* (*gen*) gráfico/a; (*Art*) pictórico/a; (*magazine*) ilustrado/a.

picture [ˈpɪktʃəʳ] **1** *n* (**a**) (*Art*) cuadro *m*; (*: painting*) pintura *f*; (*: portrait*) retrato *m*; (*photo*) foto *f*; (*in book*) lámina *f*; **he looked the ~ of health** rebosaba de salud; **you're the ~ of your mother** eres el vivo retrato de tu madre; **the garden is a ~ in June** el jardín es una preciosidad en junio; **his face was a ~** ¡la cara que puso!, vieras su cara *(LAm)*, hubieras visto su cara *(LAm)*.

(**b**) (*TV*) imagen *f*; **we get a good ~ here** recibimos buena imagen aquí.

(**c**) (*Cine*) película *f*, film(e) *m*; **to go to the ~s** ir al cine.

(**d**) (*mental image*) imagen *f*; **the other side of the ~** el reverso de la medalla; **he painted a black ~ of the future** nos pintó un cuadro muy negro del porvenir; **these figures give the general ~** estas cifras ofrecen una visión de conjunto; **I get the** ~ (*fam*) ya comprendo; **to put sb in the** ~ poner a algn al corriente *or* al tanto.

2 *vt* (*imagine*) imaginarse, figurarse; (*by painting, drawing*) representar.

3 *cpd*: ~ **book** *n* libro *m* de dibujos; ~ **frame** *n* marco *m*; ~ **gallery** *n* galería *f* de arte; ~ **postcard** *n* (tarjeta *f*) postal *f*; ~ **window** *n* ventanal *m*.

picturesque [,pɪktʃə'resk] *adj* pintoresco/a.

pidgin ['pɪdʒɪn] *n* (*also* ~ **English**) *lengua franca (inglés-chino) comercial del Lejano Oriente*.

pie [paɪ] **1** *n* (*of fruit*) tarta *f*, pay *m* (*LAm*); (*of meat, fish etc: large*) pastel *m*; (*: small*) empanada *f*; **it's all** ~ **in the sky** es pura ilusión; **to eat humble** ~ tragarse su orgullo y pedir perdón. **2** *cpd*: ~ **chart** *n* gráfico *m* de sectores *or* de tarta; ~ **crust pastry** *n* (*US*) pasta *f* quebradiza.

piece [pi:s] **1** *n* **(a)** (*gen*) pedazo *m*, trozo *m*; (*part, member of a set*) pieza *f*; (*fragment*) pedazo; (*counter: Chess etc*) pieza; (*Draughts etc*) ficha *f*; (*composition*) pieza, obra *f*; **a 10p** ~ una moneda de diez peniques; **a** ~ **of luggage** un bulto; **it's a** ~ **of cake** (*fam*) es pan comido; **a** ~ **of clothing** un prenda (de vestir); **a** ~ **of news** una noticia; **a** ~ **of luck** una suerte, un golpe de suerte; **a** ~ **of advice** un consejo; **it is made all in one** ~ está hecho de una sola pieza; **to get back all in one** ~ volver sano y salvo; **to pick up the** ~**s** recoger los platos rotos; **to leave sb to pick up the** ~**s** dejar que otro pague los platos rotos; ~ **by** ~ pieza por *or* a pieza; **to be in** ~**s** (*taken apart*) estar desmontado *or* desarmado; (*broken*) quedar en pedazos *or* despedazado; **to take sth to** ~**s** desmontar *or* desarmar algo; **to come** *or* **fall to** ~**s** hacerse pedazos; **to smash sth to** ~**s** hacer pedazos *or* trizas algo; **to tear** *or* **pull sth/sb to** ~**s** (*lit*) hacer pedazos *or* trizas algo/a algn; (*prey*) desgarrar algo/a algn; (*fig*) dejar por los suelos *or* hecho un trapo algo/a algn; **to go to** ~**s** (*fig: building, organization*) hundirse; (*: person: have a breakdown*) quedar deshecho, quedar hecho pedazos; (*: lose one's grip*) perder el norte completamente; **to say one's** ~ decir su parecer *or* lo suyo; **I said my** ~ **and left** dije lo que tenía que decir y salí.

(b) (*fam: woman*) monada *f*.

2 *cpd* (*rate*) a destajo; **a six-**~ **band/tea set** un conjunto de seis (músicos)/una vajilla de seis piezas.

► **piece together** *vt + adv* armar; (*fig: events, evidence*) reconstruir, atar cabos.

piecemeal ['pi:smi:l] **1** *adv* poco a poco, por partes. **2** *adj* poco sistemático/a.

piecework ['pi:swɜ:k] *n* trabajo *m* a destajo.

pieceworker ['pi:swɜ:kəʳ] *n* destajista *mf*.

pie-eyed ['paɪ'aɪd] *adj* (*fam*) jumado/a (*fam*).

pier [pɪəʳ] *n* (*amusement centre etc*) malecón *m*; (*landing-stage*) embarcadero *m*, muelle *m*; (*of bridge*) estribo *m*, pila *f*.

pierce [pɪəs] *vt* (*with sharp tool etc*) perforar; (*with drill*) taladrar; (*penetrate*) penetrar en; (*fig: sound, coldness etc*) penetrar, trascender; (*: painfully*) herir; **the bullet** ~**d his lung** la bala le atravesó el pulmón; **to have one's ears** ~**d** hacerse los agujeros de las orejas; **a nail** ~**d the tyre** un clavo pinchó el neumático; **a cry** ~**d the silence** un grito desgarró el silencio.

piercing ['pɪəsɪŋ] *adj* penetrante, agudo/a.

piety ['paɪətɪ] *n* piedad *f*.

piffle ['pɪfl] *n* (*fam*) disparates *mpl*, tonterías *fpl*; ~! ¡bobadas!, ¡tonterías!

pig [pɪg] **1** *n* **(a)** cerdo *m*, marrano *m*, chancho *m* (*LAm*); **to buy a** ~ **in a poke** (*fig*) comprar algo a ciegas; **he made a right** ~**'s ear of it** (*fam*) se armó un tremendo lío con eso.

(b) (*fam: person: dirty, nasty*) cerdo/a *m/f*, puerco/a *m/f*, cochino/a *m/f*, chancho/a *m* (*LAm*); (*: greedy*) comilón/ona *m/f*, tragón/ona *m/f*; (*: policeman*) poli *m* (*fam*); **the boss is a** ~ el jefe es un bruto; **to make a** ~ **of o.s.** ponerse morado.

2 *cpd*: ~ **iron** *n* hierro *m* en lingotes.

pigeon ['pɪdʒən] **1** *n* (*gen*) paloma *f*; (*as food*) pichón *m*. **2** *cpd*: **clay** ~ **shooting** *n* tiro *m* al pichón.

pigeonhole ['pɪdʒənhəʊl] *n* casilla *f*.

pigeon-toed ['pɪdʒən'təʊd] *adj* patituerto/a.

piggery ['pɪgərɪ] *n* pocilga *f*.

piggy ['pɪgɪ] **1** *n* cerdito *m*; **to be** ~ **in the middle** sufrir por estar entre otros dos que se riñen *etc*. **2** *adj*: **with little** ~ **eyes** con ojos pequeños como de cerdo. **3** *cpd*: ~ **bank** *n* hucha *f* (en forma de cerdito).

piggyback ['pɪgɪbæk] *adv* = **pickaback**.

pigheaded ['pɪg'hedɪd] *adj* terco/a, testarudo/a.

piglet ['pɪglɪt] *n* cerdito *m*, cochinillo *m*.

pigment ['pɪgmənt] *n* pigmento *m*.

pigmentation [,pɪgmən'teɪʃən] *n* pigmentación *f*.

pigmy ['pɪgmɪ] *n* = **pygmy**.

pigskin ['pɪgskɪn] *n* piel *f* de cerdo.

pigsty ['pɪgstaɪ] *n* pocilga *f*.

pigtail ['pɪgteɪl] *n* trenza *f*; (*Chinese, Bullfighting*) coleta *f*.

pike¹ [paɪk] *n* (*Mil*) pica *f*.

pike² [paɪk] *n* (*pl* ~) (*fish*) lucio *m*.

pikestaff ['paɪkstɑ:f] *n see* **plain 1(a)**.

pilchard ['pɪltʃəd] *n* sardina *f*.

pile¹ [paɪl] **1** *n* **(a)** (*heap*) montón *m*; **to put things in a** ~ amontonar cosas. **(b)** (*fam: large amount*) ~**s of** montones de; **a** ~ **of** un montón de. **(c)** (*column etc*) pilote *m*; (*stake*) estaca *f*. **(d)** (*fam: fortune*) dineral *m*, fortuna *f*. **(e)** (*hum: building*) caserón *m*, mole *f*. **2** *vt* amontonar; **a table** ~**d high with books** una mesa abarrotada de libros. **3** *vi* (*fam*) ~ **in!** ¡súbanse como puedan!; **to** ~ **into a car** meterse en un coche; **to** ~ **on to a bus** meterse a empellones en un bús.

► **pile on** *vt + adv*: **to** ~ **on the pressure** (*fam*) aumentar la presión; **to** ~ **it on** (*fam*) exagerar.

► **pile up 1** *vi + adv* (*lit, fig*) amontonarse; **the evidence is piling up** las pruebas van acumulándose. **2** *vt + adv* amontonar, acumular.

pile² [paɪl] *n* (*of carpet, cloth*) pelo *m*.

pile-driver ['paɪl,draɪvəʳ] *n* martinete *m*.

piles [paɪlz] *npl* (*Med*) almorranas *fpl*, hemorroides *mpl*.

pile-up ['paɪlʌp] *n* (*Aut fam*) accidente *m* múltiple.

pilfer ['pɪlfəʳ] *vt, vi* (*fam*) ratear, sisar (*fam*).

pilgrim ['pɪlgrɪm] *n* peregrino/a *m/f*.

pilgrimage ['pɪlgrɪmɪdʒ] *n* peregrinación *f*, romería *f*; **to go on a** ~, **to make a** ~ ir en peregrinación *or* romería.

pill [pɪl] *n* píldora *f*, pastilla *f*; **to be on the** ~ tomar la píldora (anticonceptiva).

pillage ['pɪlɪdʒ] *vt, vi* pillar, saquear.

pillar ['pɪləʳ] **1** *n* columna *f*; **a** ~ **of smoke** una columna de humo; **to be a** ~ **of strength** ser firme como una roca; **a** ~ **of the church** un pilar de la iglesia; **to go from** ~ **to post** ir de Ceca en Meca. **2** *cpd*: ~ **box** *n* (*Brit*) buzón *m*; ~**-box red** *n* carmesí *m*.

pillion ['pɪljən] **1** *n* (*also* ~ **seat**) asiento *m* trasero. **2** *adv*: **to ride** ~ ir en el asiento trasero.

pillock ['pɪlək] *n* (*Brit fam*) gili *mf* (*fam*).

pillory ['pɪlərɪ] **1** *n* picota *f*. **2** *vt* dejar en ridículo.

pillow ['pɪləʊ] **1** *n* (*for sleeping etc*) almohada *f*; (*cushion*) almohadilla *f*; (*Tech*) cojinete *m*. **2** *cpd*: ~ **talk** *n* charla *f* de enamorados (en la cama).

pillowcase ['pɪləʊkeɪs], **pillowslip** ['pɪləʊslɪp] *n* funda *f* de almohada.

pilot ['paɪlət] **1** *n* (*Aer, Naut*) piloto *m*. **2** *vt* (*Aer, Naut*) pilotar, pilotear (*esp LAm*); (*fig: guide*) guiar, dirigir. **3** *cpd* modelo, piloto; ~ **boat** *n* barco *m* del práctico; ~ **light** *n* (*Aut, gas*) piloto *m*; ~ **plant** *n* planta *f* de prueba *or* piloto; ~ **programme,** (*US*) ~ **program** *n* programa *m* piloto; ~ **scheme** *n* proyecto *m* piloto; ~ **series** *n* serie *f* piloto; ~ **study** *n* estudio *m* piloto.

pimento [pɪ'mentəʊ] *n* (*pl* ~**s**) pimiento *m* morrón.

pimp [pɪmp] **1** *n* chulo *m*, cafiche *m* (*CSur fam*). **2** *vi*: **to** ~ **for sb** servir de alcahuete a algn.

pimple ['pɪmpl] *n* grano *m*; (*on face*) espinilla *f*.

pimply ['pɪmplɪ] *adj* (*comp* **-ier**; *superl* **-iest**) cubierto/a de granos.

PIMS *n abbr of* **personal information management system.**

PIN [pɪn] *n abbr* (*Comput, Fin: also* ~ **number**) *of* **personal identification number** NPI *m.*

pin [pɪn] **1** *n* (**a**) (*Sew etc*) alfiler *m*; (*safety* ~) imperdible *m*, seguro *m (CAm, Mex)*; (*for hair etc*) horquilla *f.*
(**b**) (*drawing* ~) chincheta *f*, chinche *f (LAm)*; (*Tech*) clavija *f*, botón *m*; (*: of wood*) espiga *f*; (*: bolt*) perno *m*; (*in grenade*) percutor *m*; (*Elec: of plug*) polo *m*; (*Bowling*) bolo *m*; **three-~ plug** clavija *f* de 3 polos; **~s and needles** hormigueo *msg*; **as neat as a (new)** ~ limpio como un espejo; **you could have heard a ~ drop** se podía oír el vuelo de una mosca; **for two ~s I'd hit him!** (*fam*) ¡por poco le pego!
2 *vt* (**a**) clavar; (*clothes etc*) sujetar con alfileres.
(**b**) (*fig*) **to ~ sb against a wall** atrapar a algn contra una pared; **to ~ sb's arms to his sides** sujetar los brazos de algn; **to ~ one's hopes on sth** poner sus esperanzas en algo.
(**c**) (*fam: accuse of*) **to ~ a crime on sb** cargar a algn con un delito; **you can't ~ it on me** no podéis lograr que yo cargue con la culpa.
3 *cpd*: ~ **money** *n* alfileres *mpl.*

▸ **pin down** *vt + adv* (**a**) (*fasten or hold down*) sujetar. (**b**) (*fig*) **to ~ sb down** hacer que algn concrete; **you can't ~ him down to a date** es imposible lograr que nos diga una fecha conreta.

▸ **pin up** *vt + adv* (*on wall etc*) clavar; (*dress etc*) prender con alfileres; (*hair*) recoger.

pinafore ['pɪnəfɔːʳ] **1** *n* (*overall, apron*) delantal *m*. **2** *cpd*: ~ **dress** *n* pichi *m.*

pinball ['pɪnbɔːl] *n* millón *m*, flíper *m.*

pincers ['pɪnsəz] *npl* (*Tech*) tenazas *fpl*; (*Zool*) pinzas *fpl.*

pinch [pɪntʃ] **1** *n* (**a**) (*with fingers*) pellizco *m.*
(**b**) (*small quantity*) pizca *f*; **to take sth with a ~ of salt** (*fig*) tomar algo con reservas.
(**c**) (*pressure*) apuro *m*, aprieto *m*; **to feel the ~** pasar estrecheces *(Sp)*; **at a ~** en caso de apuro; **if it comes to the ~** en un caso extremo.
2 *vt* (**a**) (*with fingers*) pellizcar; (*subj: shoe*) apretar.
(**b**) (*fam: steal*) birlar, robar; **I had my pen ~ed** me guindaron la pluma.
(**c**) (*fam: arrest*) pescar.
3 *vi* (*shoe*) apretar; **to ~ and scrape** escatimar gastos; **they ~ed and scraped to send her to college** se privaron de muchas cosas a fin de poder enviarla a la universidad.

pinched ['pɪntʃt] *adj* (**a**) **to look ~** tener cara de cansado; ~ **with cold/hunger** muerto de frío/de hambre. (**b**) (*short*) ~ **for money/space** escaso *or* falto de dinero/sitio.

pincushion ['pɪn‚kʊʃən] *n* acerico *m.*

pine[1] [paɪn] **1** *n* pino *m*. **2** *cpd*: ~ **cone** *n* piña *f*; ~ **needle** *n* aguja *f* de pino; ~ **tree** *n* pino *m.*

pine[2] [paɪn] *vi* consumirse; **to ~ for sb/sth** suspirar por algn/algo; **to ~ away** morirse de pena.

pineapple ['paɪn‚æpl] *n* piña *f*, ananá(s) *m (LAm).*

ping [pɪŋ] **1** *n* (*on striking*) sonido *m* metálico; (*of bullet*) silbido *m*. **2** *vi* (*see 1*) hacer un sonido metálico; silbar.

ping-pong ® ['pɪŋpɒŋ] **1** *n* ping-pong *m* ®, tenis *m* de mesa. **2** *cpd*: ~ **ball** *n* pelota *f* de ping-pong.

pinion ['pɪnjən] *n* (*Tech*) piñón *m.*

pink[1] [pɪŋk] **1** *n* (**a**) (*colour*) rosa *m*. (**b**) (*Bot*) clavel *m*. (**c**) **to be in the ~ (of health)** rebosar de salud. **2** *adj* (**a**) (*colour*) (color de) rosa; **to turn ~** (*flush*) ponerse colorado, sonrojarse; **to be tickled ~ about sth** (*fam*) estar encantado con algo; (*joke*) reírse mucho con algo. (**b**) (*Pol fam*) rojillo/a.

pink[2] [pɪŋk] *vt* (*Sew*) ondear, picar.

pinkie ['pɪŋkɪ] *n* (*Scot fam, US fam*) dedo *m* meñique.

pinking shears ['pɪŋkɪŋ‚ʃiːəz] *npl* tijeras *fpl* dentadas.

pinnacle ['pɪnəkl] *n* (*Archit*) pináculo *m*; (*of rock etc*) cima *f*; (*fig*) cumbre *f*, pináculo.

pinpoint ['pɪnpɔɪnt] *vt* señalar, precisar.

pinprick ['pɪnprɪk] *n* (*lit*) pinchazo *m*; (*fig*) pequeña molestia *f.*

pinstripe ['pɪnstraɪp] *adj*: ~ **suit** traje *m* a rayas.

pint [paɪnt] *n* (**a**) (*measure*) pinta *f*. (**b**) (*Brit fam: of beer*) pinta *f* de cerveza, una cerveza; **to go for a ~** salir a tomar una copa; **we had a few ~s** bebimos unas cuantas.

pinta ['paɪntə] *n* (*Brit fam*) pinta *f* de leche.

pint-size(d) ['paɪntsaɪz(d)] *adj* (*fam*) diminuto/a, pequeñito/a.

pin-up (girl) ['pɪnʌp(‚gɜːl)] *n* pinup *f.*

pioneer [‚paɪə'nɪəʳ] **1** *n* (*founder*) pionero/a *m/f*, fundador(a) *m/f*; (*forerunner*) precursor(a) *m/f*. **2** *vt* promover, iniciar.

pious ['paɪəs] *adj* pío/a, piadoso/a; (*pej*) beato/a.

pip[1] [pɪp] (*Brit fam*) *n*: **to give sb the ~** sacar de quicio a algn; **to have the ~** estar disgustado.

pip[2] [pɪp] *n* (*Bot*) pepita *f*, pepa *f (esp LAm)*; (*on card, dice*) punto *m*; (*Brit Mil fam: on uniform*) estrella *f*; (*on radar screen*) señal *f*; **the ~s** (*Telec*) la señal.

pip[3] [pɪp] *vt*: **to be ~ped at the post** (*Brit fam*) perder por un pelo.

pipe [paɪp] **1** *n* (**a**) (*tube for water, gas etc*) conducto *m*, tubería *f*, cañería *f.*
(**b**) (*Mus: of organ*) cañón *m*; (*: wind instrument*) flauta *f*, caramillo *m*, quena *f (And, CSur)*, andaras *msg (And)*; **the ~s** (*Scot*) la gaita.
(**c**) (*smoker's*) pipa *f*, cachimba *f (LAm)*; **to smoke a ~** fumar en pipa; **put that in your ~ and smoke it!** (*fam*) ¡chúpate ésa!
2 *vt* (**a**) (*water*) transportar por tubería; (*oil*) transportar por oleoducto; **water is ~d to the farm** se conduce el agua a la granja por unas cañerías; **~d music** hilo *m* musical.
(**b**) (*Mus*) tocar en flauta *or* gaita *etc*; (*speak or sing in high voice*) chillar; **to ~ sb aboard** (*Naut*) pitar cuando algn sube a bordo.
(**c**) (*Culin*) adornar con manga.
3 *cpd*: ~ **cleaner** *n* limpiapipas *m inv*; ~ **dream** *n* sueño *m* imposible.

▸ **pipe down** *vi + adv* (*fam*) callarse.

▸ **pipe up** *vi + adv* (*fam*) hacerse oír, intervenir.

pipeline ['paɪplaɪn] *n* (*for water*) tubería *f*, cañería *f*; (*for oil*) oleoducto *m*; (*for gas*) gaseoducto *m*; **it is in the ~** (*fig*) está en trámites.

piper ['paɪpəʳ] *n* (*on bagpipes*) gaitero/a *m/f.*

piping ['paɪpɪŋ] **1** *n* (*tubing*) tubería *f*, cañería *f*; (*Sew*) ribete *m*; (*Mus*) música *f* de gaita. **2** *adv*: ~ **hot** bien caliente.

piquancy ['piːkənsɪ] *n* gusto *m* picante.

piquant ['piːkənt] *adj* picante.

pique [piːk] **1** *n* resentimiento *m*; **to do sth in a fit of ~** hacer algo por resentimiento. **2** *vt* picar, herir.

piracy ['paɪərəsɪ] *n* piratería *f.*

piranha [pɪ'rɑːnə] *n* piraña *f.*

pirate ['paɪərɪt] **1** *n* pirata *mf*; (*in publishing etc*) pirata. **2** *vt* piratear. **3** *cpd* pirata *inv*; ~ **radio** *n* emisora *f* pirata.

pirated ['paɪərɪtɪd] *adj* (*book, record etc*) pirata.

pirouette [‚pɪrʊ'et] **1** *n* pirueta *f*. **2** *vi* piruetear.

Pisces ['paɪsiːz] *n* Piscis *m.*

piss [pɪs] (*fam!*) **1** *n* meados *mpl*; **to take the ~ out of sb** cachondearse de algn *(fam)*. **2** *vi* mear.

▸ **piss about** *vi + adv* (*fam!*) hacer el oso.

pissed [pɪst] (*fam!*) *adj*: **to be ~** (*Brit: drunk*) estar ajumado/a *(fam)*; (*US*) estar de mala leche *(fam!)*; **to be ~ off** *(fam!)* estar hasta las narices *(fam)* (*with* de).

piss-up ['pɪsʌp] *n* (*fam!*) juerga *f* de borrachera *(fam).*

pistachio [pɪs'tɑːʃɪəʊ] *n* pistacho *m*; (*tree*) pistachero *m*; (*colour*) color *m* de pistacho.

pistol ['pɪstl] **1** *n* pistola *f*. **2** *cpd*: ~ **shot** *n* pistoletazo *m*.
piston ['pɪstən] **1** *n* pistón *m*, émbolo *m*. **2** *cpd*: ~ **engine** *n* motor *m* a pistón; ~ **rod** *n* vástago *m* de émbolo, barra *f* de pistón.
pit[1] [pɪt] **1** *n* (**a**) (*hole in ground*) hoyo *m*, hoya *f*; (*coal mine*) mina *f* de carbón; (*quarry*) cantera *f*; (*to trap animals*) trampa *f*; (*of stomach*) boca *f*; **he works down the ~(s)** trabaja en las minas.
(**b**) (*Aut: in garage*) foso *m or* pozo *m* de inspección; (*Motor racing*) box *m*.
(**c**) (*Brit Theat*) platea *f*.
(**d**) (*small depression on surface*) hoyo *m*, picadura *f*.
(**e**) (*US*) **the ~s** (*gloom*) estado *m* de depresión; **this game is the ~s** este partido es una basura.
2 *vt* (**a**) (*mark*) llenar de hoyos; **~ted with ...** marcado de ....
(**b**) **to ~ A against B** oponer A a B; **we ~ted all our strength against him** nos opusimos a él con todas nuestras fuerzas.
3 *cpd*: ~ **stop** *n* (*Motor racing*) entrada *f* a boxes; (*fam: on journey*) parada *f* en ruta.
pit[2] [pɪt] (*US*) *n* (*in fruit*) pepita *f*, hueso *m*, pepa *f* (*esp LAm*).
pitapat ['pɪtə'pæt] *adv*: **to go ~** (*feet, heart, rain*) golpetear.
pitch[1] [pɪtʃ] **1** *n* (*tar*) pez *f*, brea *f*. **2** *cpd*: ~ **black, ~ dark** *adj* negro/a como la boca de lobo; ~ **pine** *n* pino *m* de tea.
pitch[2] [pɪtʃ] **1** *n* (**a**) (*throw*) lanzamiento *m*, echada *f*.
(**b**) (*Naut*) cabezada *f*.
(**c**) (*esp Brit Sport*) campo *m*, terreno *m*, cancha *f* (*LAm*).
(**d**) (*esp Brit: place in market etc*) puesto *m*; (*fig: usual place on beach etc*) terreno *m*.
(**e**) (*angle, slope: of roof*) pendiente *f*.
(**f**) (*of note, voice, instrument*) tono *m*.
(**g**) (*fig: degree*) nivel *m*, grado *m*; **at its (highest) ~** en su punto máximo; **his anger reached such a ~ that ...** su ira llegó a tal extremo *or* a tal punto que ....
(**h**) (*fam*) **to make a ~ for sth** tratar de asegurarse algo.
2 *vt* (**a**) (*throw*) lanzar, arrojar, echar.
(**b**) (*Mus*) entonar.
(**c**) (*fig*) **to ~ one's aspirations too high** picar demasiado alto; **to ~ it too strong** (*fam*) exagerar.
(**d**) (*set up: tent*) armar, montar.
3 *vi* (**a**) (*fall*) caer, caerse; **the passengers ~ed forward as the coach stopped** los pasajeros fueron impulsados hacia adelante cuando se paró el autocar.
(**b**) (*Naut, Aer*) cabecear; **the ship ~ed and tossed** el barco cabeceaba.
▸ **pitch in** *vi + adv* (*fam*) echar una mano; **so we all ~ed in together** así que todos nos pusimos a trabajar *etc* juntos.
▸ **pitch into 1** *vi + prep* (*attack*) atacar, arremeterse contra; (*verbally etc*) criticar, meterse con; (*start: work, food*) lanzarse *or* echarse a. **2** *vt + prep*: **to ~ sb into sth** tirar (*Sp*) *or* echar a algn a algo.
pitch-and-putt [ˌpɪtʃən'pʌt] *n* minigolf *m*.
pitched [pɪtʃt] *adj*: ~ **battle** (*Mil, fig*) batalla *f* campal.
pitcher[1] ['pɪtʃəʳ] *n* (*jar*) cántaro *m*, jarro *m*.
pitcher[2] ['pɪtʃəʳ] *n* (*Baseball*) pitcher *m*.
pitchfork ['pɪtʃfɔːk] **1** *n* horca *f*. **2** *vt*: **to ~ sb into a job** (*fig*) meter a algn a hacer un trabajo sin preparación.
piteous ['pɪtɪəs] *adj* lastimoso/a.
piteously ['pɪtɪəslɪ] *adv* lastimosamente.
pitfall ['pɪtfɔːl] *n* (*fig: danger*) peligro *m*; (*: problem*) dificultad *f*.
pith [pɪθ] *n* (*Bot*) médula *f*; (*fig: core*) meollo *m*.
pithead ['pɪthed] *n* bocamina *f*.
pithy ['pɪθɪ] *adj* (*comp* **-ier**; *superl* **-iest**) (*Bot*) meduloso/a; (*fig*) jugoso/a.
pitiable ['pɪtɪəbl] *adj* = **pitiful**.
pitiful ['pɪtɪfʊl] *adj* (**a**) (*moving to pity*) lastimoso/a, que da lástima. (**b**) (*contemptible*) despreciable. (**c**) (*dreadful*) funesto/a, pésimo/a.
pitiless ['pɪtɪlɪs] *adj* despiadado/a.
pittance ['pɪtəns] *n* miseria *f*.
pitted ['pɪtɪd] *adj* (**a**) (*skin*) picado/a (de viruelas); (*surface*) picado/a. (**b**) (*US: fruit*) deshuesado/a.
pitter-patter ['pɪtə'pætəʳ] = **patter**[2].
pituitary (gland) [pɪ'tjʊɪtərɪ(ˌglænd)] *n* glándula *f* pituitaria.
pity ['pɪtɪ] **1** *n* (**a**) piedad *f*, compasión *f*; **for ~'s sake!** ¡por (amor de) Dios!; **to have** *or* **take ~ on sb** compadecerse de algn; **I did it out of ~ for him** se lo hice por compasión.
(**b**) (*cause of regret*) lástima *f*, pena *f* (*LAm*); **what a ~!** ¡qué pena!, ¡qué lástima!; **more's the ~** desgraciadamente, pero ¿qué le vamos a hacer?; **it is a ~ that you can't come** qué pena que no puedas venir. **2** *vt* compadecer(se de).
pitying ['pɪtɪɪŋ] *adj* compasivo/a.
pityingly ['pɪtɪɪŋlɪ] *adv* compasivamente.
pivot ['pɪvət] **1** *n* (*Mil, Tech*) pivote *m*; (*fig*) eje *m*. **2** *vt* montar sobre un pivote. **3** *vi* girar sobre su eje; **to ~ on sth** (*fig*) girar sobre algo.
pixel ['pɪksel] *n* (*Comput*) pixel *m*, punto *m*.
pixie ['pɪksɪ] *n* duendecillo *m*.
pizza ['piːtsə] *n* pizza *f*.
piz(z)azz [pə'zæz] *n* (*fam*) energía *f*, dinamismo *m*.
pizzeria [ˌpiːtsə'rɪə] *n* pizzería *f*.
PL a/c *abbr of* **profit and loss account**.
placard ['plækɑːd] *n* (*carried in procession etc*) pancarta *f*.
placate [plə'keɪt] *vt* aplacar, apaciguar.
place [pleɪs] **1** *n* (**a**) (*gen*) lugar *m*, sitio *m*; **we came to a ~ where ...** llegamos a un lugar donde ...; **any ~ will do** cualquier lugar será conveniente; **from ~ to ~** de un sitio a otro; **it must be some ~ else** (*US*) estará en otra parte; **this is no ~ for you** éste no es sitio para Ud; **when the new law is in ~** cuando la nueva ley entre en vigor; **the furniture was all over the ~** había muebles por todas partes; **it all began to fall into ~** todo empezó a tener sentido; **to go ~s** (*travel*) viajar, conocer mundo; **he's going ~s** (*fig fam*) llegará lejos.
(**b**) (*specific*) ~ **of business** lugar *m* de trabajo; (*office*) oficina *f*, despacho *m*; ~ **of worship** templo *m*.
(**c**) (*town etc*) sitio *m*, lugar *m*; **it's just a small country ~** no es más que un pequeño pueblo rural.
(**d**) (*house, home*) casa *f*, domicilio *m*; **his ~ in the country** su casa de campo; **come to our ~** ven a casa, pasa por casa; **my ~ or yours?** ¿en mi casa o en la tuya?
(**e**) (*in street names*) plaza *f*.
(**f**) (*proper or natural ~*) sitio *m*, lugar *m*; **to be in ~** estar en su lugar; **everything in its ~** cada cosa en su lugar; **to put sth back in its ~** devolver algo a su sitio; **it looks out of ~ here** aquí no está bien; **that remark was quite out of ~** aquella observación estaba fuera de lugar; **I feel rather out of ~ here** me encuentro algo desplazado; **this isn't the ~ to discuss politics** no es el lugar más indicado para hablar de política; **to change ~s with sb** cambiar de sitio con otro; **to take the ~ of sth/sb** sustituir *or* suplir algo/a algn; **nobody could ever take his ~** nadie sería capaz de sustituirle; **if I were in your ~** yo en tu lugar.
(**g**) (*in book etc*) página *f*; **to find/lose one's ~** encontrar/perder la página.
(**h**) (*seat*) asiento *m*; (*: in cinema, theatre etc*) localidad *f*; (*: at table*) sitio *m*; **to lay an extra ~ for sb** poner otro cubierto para algn; **are there any ~s left?** ¿quedan plazas?
(**i**) (*job, vacancy*) puesto *m*, vacante *f*; (*in queue*) turno *m*; (*in team, school, hospital etc*) lugar *m*; **he found a ~ for his nephew in the firm** encontró un puesto en la compañía para su sobrino; **to give up/lose one's ~ (in a queue)** ceder/perder su turno.
(**j**) (*social position etc*) rango *m*, lugar *m*; **friends in high**

~**s** amigos bien situados; **to know one's** ~ conocer su lugar; **it is not my** ~ **to do it** no me incumbe a mí hacerlo; **to put sb in his** ~ poner a algn en su lugar.

(**k**) (*in series, as rank etc*) posición *f*, lugar *m*; **in the first/second** ~ en primer/segundo lugar; **she took second** ~ **in the race/Latin exam** quedó la segunda en la carrera/el examen de Latín; **A won with B in second** ~ ganó A, con B en segunda posición.

(**l**) **in** ~ **of** en lugar de, en vez de; **to take** ~ tener lugar.

2 *vt* (**a**) (*put: gen*) poner, colocar; **to** ~ **confidence in sb** poner confianza en algn; **we should** ~ **no trust in that** no hay que fiarse de eso.

(**b**) (*situate*) situar, ubicar; **the house is well** ~**d** la casa está bien situada; **we are better** ~**d than a month ago** estamos en mejor situación que hace un mes.

(**c**) (*orders etc*) **to** ~ **an order with sb** hacer un pedido a algn; **to** ~ **a contract for machinery with a French firm** firmar un contrato con una compañía francesa para adquirir unas máquinas; **to** ~ **products** (*sell*) vender productos; **to** ~ **a matter in sb's hands** dejar un asunto en manos de algn; **we could** ~ **200 men** podríamos ofrecer empleo a 200 hombres; **the child was** ~**d with a loving family** el niño fue a vivir con una familia muy cariñosa.

(**d**) (*in exam, race etc*) colocar, clasificar; **to be** ~**d second** quedar segundo; **Vigo is well** ~**d in the League** Vigo tiene un buen puesto en la Liga.

(**e**) (*recall, identify*) recordar, ubicar (*LAm*); **I can't** ~ **him** no recuerdo de dónde lo conozco, no le ubico (*LAm*).

3 *cpd*: ~ **card** *n* tarjeta *f* para indicar la posición de algn en la mesa; ~ **mat** *n* tapete *m* individual; ~ **name** *n* topónimo *m*.

placebo [plə'siːbəʊ] *n* (*pl* ~**s** *or* ~**es**) placebo *m*.

placement ['pleɪsmənt] *n* colocación *f*.

placenta [plə'sentə] *n* placenta *f*.

placid ['plæsɪd] *adj* apacible, plácido/a.

plagiarism ['pleɪdʒɪərɪzəm] *n* plagio *m*.

plagiarist ['pleɪdʒɪərɪst] *n* plagiario/a *m/f*.

plagiarize ['pleɪdʒɪəraɪz] *vt* plagiar.

plague [pleɪg] **1** *n* (*disease*) plaga *f*; (*the* ~) (la) peste; (*fig*) molestia *f*, fastidio *m*; **to avoid sb/sth like the** ~ huir de algn/algo como de la peste; **a** ~ **of rats** una plaga de ratas. **2** *vt* (*fig*) atormentar; **to** ~ **sb with questions** acosar a algn con preguntas.

plaice [pleɪs] *n* platija *f*.

plaid [plæd] *n* (*cloth*) tela *f* escocesa *or* a cuadros.

plain [pleɪn] **1** *adj* (*comp* ~**er**; *superl* ~**est**) (**a**) (*clear, obvious*) claro/a, evidente; **it is** ~ **that ...** es evidente que ...; **it's as** ~ **as a pikestaff** *or* **as the nose on your face** (*fam*) está más claro que el agua; **you have made your feelings** ~ dejaste claros tus sentimientos; **to make sth** ~ **to sb** dejar algo en claro *or* poner algo de manifiesto a algn.

(**b**) (*outspoken, honest*) franco/a, directo/a; ~ **dealing** trato *m* directo; **in** ~ **language** *or* **English** en palabras claras; **I shall be** ~ **with you** le hablaré con toda franqueza.

(**c**) (*simple, with nothing added*) sencillo/a; (*paper: unlined*) sin raya; (*fabric: in one colour*) de un solo color, liso/a; **the** ~ **truth** la verdad lisa y llana; **under** ~ **cover** en un paquete discreto; **he's a** ~ **man** es un hombre llano; **she used to be** ~ **Miss Jones** se llamaba simplemente la Srta Jones; **it's just** ~ **common sense** (*fam*) es de lo más lógico; **it's a** ~ **guess** evidentemente es una conjetura; ~ **chocolate** chocolate *m* oscuro *or* amargo; **in** ~ **clothes** (*policeman etc*) vestido de civil *or* paisano; ~ **flour** harina *f* sin levadura; **it's** ~ **sailing from now on** (*fam*) a partir de ahora es de lo más sencillo; ~ **stitch** (*Knitting*) punto *m* sencillo.

(**d**) (*not pretty*) sin atractivo; **she's terribly** ~ no tiene atractivo alguno.

2 *adv* (**a**) (*fam: simply, completely*) claramente; **he's** ~ **wrong** no tiene razón, y punto.

(**b**) **I can't put it** ~**er than that** más claramente no lo puedo decir.

3 *n* (**a**) (*Geog*) llanura *f*, llano *m*.

(**b**) (*Knitting*) punto *m* sencillo.

plain-clothes ['pleɪn'kləʊðz] *adj*: ~ **policeman** policía *m* en paisano.

plainly ['pleɪnlɪ] *adv* (*clearly*) claramente; (*frankly*) francamente; (*simply*) simplemente, sencillamente; **to put sth** ~ explicar algo con claridad.

plainness ['pleɪnnɪs] *n* (*see adv*) claridad *f*; franqueza *f*; sencillez *f*.

plain-spoken ['pleɪn'spəʊkən] *adj* franco/a, directo/a.

plaintiff ['pleɪntɪf] *n* demandante *mf*, querellante *mf*.

plaintive ['pleɪntɪv] *adj* lastimero/a, quejumbroso/a.

plait [plæt] **1** *n* trenza *f*. **2** *vt* trenzar.

plan [plæn] **1** *n* (**a**) (*scheme*) proyecto *m*, plan *m*; (*Pol, Econ*) plan; **to draw up a** ~ elaborar un proyecto; **if everything goes according to** ~ si todo sale como está previsto; **the** ~ **is to come back later** pensamos volver más tarde; **to change one's** ~ cambiar de proyecto; **have you any** ~**s for tonight?** ¿tienes programa para esta noche?; **to make** ~**s** hacer proyectos *or* planes; **development** ~ plan de desarrollo; ~ **of campaign** (*Mil*) plan de campaña.

(**b**) (*diagram, map*) plano *m*.

2 *vt* (**a**) (*arrange*) planear, proyectar; **to** ~ **a robbery** planear un robo.

(**b**) (*intend*) pensar, tener la intención de; **to** ~ **to do sth** proponerse hacer algo; **how long do you** ~ **to stay?** ¿cuánto tiempo piensas quedarte?; ~**ned obsolescence** obsolescencia *f* planificada.

(**c**) (*design*) planificar.

3 *vi*: **we are** ~**ning for next April** hacemos proyectos para el abril que viene; **one has to** ~ **months ahead** hay que planear con varios meses de anticipación; **to** ~ **on sth** contar con algo.

► **plan out** *vt + adv* planear detalladamente.

plane[1] [pleɪn] *n* (*Bot*) plátano *m*.

plane[2] [pleɪn] **1** *adj* (*Geom*) plano/a. **2** *n* (**a**) (*Art, Math etc*) plano *m*. (**b**) (*fig*) nivel *m*; **on this** ~ en este nivel. (**c**) (*tool*) cepillo *m*. (**d**) (*aeroplane*) avión *m*; **to go by** ~ ir en avión. **3** *vt* cepillar. **4** *vi* (*bird, glider, boat*) planear.

planet ['plænɪt] *n* planeta *m*.

planetarium [ˌplænɪ'tɛərɪəm] *n* planetario *m*.

planetary ['plænɪtərɪ] *adj* planetario/a.

plank [plæŋk] *n* (*of wood*) tabla *f*; (*fig: of policy*) punto *m*.

plankton ['plæŋktən] *n* plankton *m*.

planned [plænd] *adj* (*economy*) dirigido/a; (*development, redundancy etc*) programado/a; (*crime, murder*) premeditado/a.

planner ['plænəʳ] *n* planificador(a) *m/f*.

planning ['plænɪŋ] **1** *n* planificación *f*. **2** *cpd* de planificación; ~ **permission** *n* permiso *m* para realizar obras.

plant [plɑːnt] **1** *n* (**a**) (*Bot*) planta *f*. (**b**) (*no pl: machinery etc*) equipo *m*, maquinaria *f*; (*factory*) fábrica *f*, planta *f*. **2** *vt* (**a**) plantar. (**b**) (*place in position*) colocar; **to** ~ **an idea in sb's mind** inculcar una idea en la cabeza de algn; **he** ~**ed himself right in her path** (*fam*) se le plantó en el camino. (**c**) **to** ~ **sth on sb** meterle algo a algn para comprometerle. **3** *cpd*: ~ **life** *n* vida *f* vegetal; ~ **pot** *n* maceta *f*, tiesto *m*.

plantain ['plæntɪn] *n* llantén *m*.

plantation [plæn'teɪʃən] *n* plantación *f*, hacienda *f* (*LAm*).

planter ['plɑːntəʳ] *n* (*person*) plantador(a) *m/f*, hacendado/a *m/f* (*esp LAm*); (*machine*) plantadora *f*.

plaque [plæk] *n* placa *f*.

plasma ['plæzmə] *n* plasma *m*.

plaster ['plɑːstəʳ] **1** *n* (**a**) (*Constr*) yeso *m*, argamasa *f*.

(**b**) (*Med: for broken leg etc*) escayola *f*; **with his leg in** ~ con la pierna escayolada.

(**c**) (*Brit: sticking ~*) esparadrapo *m*, tirita *f* (*LAm*).
(**d**) **~ of Paris** yeso *m* mate.
2 *vt* (**a**) (*Constr*) enyesar; **to ~ over a hole** llenar *or* tapar un hoyo con argamasa.
(**b**) (*fam: cover*) cubrir, llenar; **to ~ a wall with posters** cubrir una pared de carteles; **the story was ~ed all over the front page** el reportaje llenaba la primera plana.
3 *cpd* (*model, statue*) de yeso; **~ cast** *n* (*Med*) enyesado *m*; (*model, statue*) vaciado *m* de yeso.

plasterboard ['plɑːstəbɔːd] *n* cartón *m* yeso.

plastered ['plɑːstəd] *adj* (*fam: drunk*) trompa, tomado/a (*LAm*).

plasterer ['plɑːstərəʳ] *n* yesero/a *m/f*.

plastic ['plæstɪk] **1** *n* plástico *m*; **~s** (materiales *mpl*) plásticos. **2** *adj* (*flexible*) plástico/a; **the ~ arts** las artes plásticas. **3** *cpd* de plástico; **~ bag** *n* bolsa *f* de plástico; **~ bullet** *n* bala *f* de goma; **~ explosive** *n* plástico *m*; **~s industry** *n* industria *f* del plástico; **~ money** *n* dinero *m* plástico; **~ surgeon** *n* cirujano/a *m/f* especializado/a en cirugía plástica; **~ surgery** *n* cirugía *f* plástica *or* estética.

plasticine ® ['plæstɪsiːn] *n* plasticina *f* ®.

Plate [pleɪt] *n*: **the River ~** el Río de la Plata.

plate [pleɪt] **1** *n* (**a**) (*flat dish*) plato *m*; (*~ful*) plato; (*for church collection*) platillo *m*; (*warming ~*) plancha *f* (eléctrica); **to hand sth to sb on a ~** (*fig fam*) darle algo a algn en bandeja (de plata); **to have a lot on one's ~** (*fig fam*) estar muy atareado.
(**b**) (*silverware etc*) vajilla *f*; **gold/silver ~** vajilla de oro/plata.
(**c**) (*Phot, Tech, on door*) placa *f*; (*Aut: number ~*) matrícula *f*, placa.
(**d**) (*dental ~*) dentadura *f* (postiza).
(**e**) (*book illustration*) lámina *f*, grabado *m*.
2 *vt* (*with gold*) dorar; (*with silver*) platear; (*with nickel*) niquelar; **chromium ~d** chapado de cromo.
3 *cpd*: **~ glass** *n* vidrio *m or* cristal *m* cilindrado, luna *f*; **~ rack** *n* escurreplatos *m inv*.

plateau ['plætəʊ] *n* (*pl* **~s** *or* **~x** ['plætəʊz]) (*Geog*) meseta *f*, altiplano *m* (*LAm*).

platen ['plætən] *n* rodillo *m*.

platform ['plætfɔːm] **1** *n* (*gen*) plataforma *f*; (*at meeting*) plataforma, tribuna *f*; (*Pol*) programa *m*; (*Rail*) andén *m*, vía *f*; **the 5.15 is at** *or* **on ~ 8** el tren de las 5.15 está en la vía número 8. **2** *cpd*: **~ ticket** *n* billete *m or* (*LAm*) boleto *m* de andén.

plating ['pleɪtɪŋ] *n* (*layer of metal*) capa *f* metálica; **silver/gold/nickel ~** plateado *m*/dorado *m*/niquelado *m*; **armour ~** blindaje *m*.

platinum ['plætɪnəm] *n* platino *m*; **~ blond(e) hair** pelo rubio platino.

platitude ['plætɪtjuːd] *n* tópico *m*, lugar *m* común.

platonic [plə'tɒnɪk] *adj* platónico/a.

platoon [plə'tuːn] *n* (*Mil*) pelotón *m*.

platter ['plætəʳ] *n* fuente *f*.

platypus ['plætɪpəs] *n* ornitorrinco *m*.

plausible ['plɔːzəbl] *adj* admisible, plausible.

plausibly ['plɔːzəblɪ] *adv* plausiblemente.

play [pleɪ] **1** *n* (**a**) (*recreation*) juego *m*; **to be at ~** estar jugando; **to do/say sth in ~** hacer/decir algo en broma; **a ~ on words** un juego de palabras.
(**b**) (*Sport*) juego *m*; (*move, manoeuvre*) jugada *f*, movida *f*; **~ began at 3 o'clock** el partido empezó a las tres; **to be in/out of ~** (*ball*) estar en/fuera de juego; *see* **fair**[1]; **foul 1**.
(**c**) (*Theat*) obra *f* (de teatro), pieza *f*; **~s** teatro *msg*; **radio/television ~** obra para radio/televisión.
(**d**) (*Tech etc*) juego *m*; **there's not enough ~ in the rope** la cuerda no da lo suficiente.
(**e**) (*fig phrases*) **to bring** *or* **call into ~** poner en juego; **to give full ~ to one's imagination** dar rienda suelta a la imaginación; **to make great ~ of sth** insistir en algo, hacer hincapié en algo; **to make a ~ for sth/sb** intentar conseguir algo/conquistar a algn; **the ~ of light on the water** el rielar de la luz sobre el agua.
2 *vt* (**a**) jugar; **to ~ a game of tennis** jugar un partido de tenis; **to ~ sb at chess** jugar contra algn al ajedrez; **they ~ed him in goal** le pusieron en la portería; **I ~ed him twice** jugué contra él dos veces; **last time we ~ed Sunderland ...** la última vez que jugamos contra Sunderland ...; **to ~ a trick on sb** gastar una broma a algn.
(**b**) (*perform: role*) hacer el papel de, interpretar; (*: play*) representar; (*: in town*) actuar; (*fig*) **to ~ a part (in)** intervenir (en); **what part did you ~?** ¿qué papel tuviste?; **when we last ~ed Blackpool** cuando representamos la última vez en Blackpool; *see* **fool 1**.
(**c**) (*Mus etc*) tocar; **to ~ the piano/violin** tocar el piano/el violín.
(**d**) (*direct: light, hose*) dirigir.
3 *vi* (**a**) (*amuse o.s.*) jugar; **to go out to ~** salir a jugar; **to ~ with a stick** juguetear con un palo; **to ~ with an idea** dar vueltas a una idea; **to ~ with one's food** comiscar; **to ~ with fire** (*fig*) jugar con fuego; **he's got money to ~ with** tiene dinero de sobra.
(**b**) (*Sport, at game, gamble*) jugar; **they're ~ing at soldiers** están jugando a (los) soldados; **to ~ for money** jugar por dinero; **to ~ for time** (*fig*) tratar de ganar tiempo; **to ~ into sb's hands** (*fig*) hacerle el juego a algn; **what are you ~ing at?** (*fam*) pero ¿qué haces?, ¿qué te pasa?; **he's just ~ing at it** lo hace para pasar el tiempo nada más.
(**c**) (*move about, form patterns*) correr; **the sun was ~ing on the water** rielaba el sol sobre el agua; **a smile ~ed on his lips** una sonrisa le bailaba en los labios.
(**d**) (*Mus*) tocar; (*: sound*) sonar; **when the organ ~s** cuando suena el organo; **to ~ on the piano** tocar el piano.
(**e**) (*Theat, Cine: act*) actuar; **to ~ in a film** trabajar en una película; **to ~ safe** obrar con cautela, ser prudente; **to ~ hard to get** hacerse de rogar; (*woman*) hacerse la difícil.

▸ **play about, play around** *vi + adv*: **to ~ about** *or* **around with sth** (*fiddle with*) juguetear con algo.

▸ **play along 1** *vi + adv*: **to ~ along (with sb)** (*fig*) seguirle el juego (a algn). **2** *vt + adv*: **to ~ sb along** (*fig*) darle largas a algn.

▸ **play back** *vt + adv* poner.

▸ **play down** *vt + adv* minimizar, quitar importancia a.

▸ **play off 1** *vt + adv*: **to ~ off X against Y** oponer X a Y. **2** *vi + adv* (*Sport*) jugar un partido de desempate.

▸ **play on** *vi + prep* aprovecharse de, explotar; **to ~ on sb's nerves** atacarle los nervios a algn; **to ~ on words** jugar con las palabras.

▸ **play out** *vt + adv* llevar a su fin; (*fantasy etc*) realizar, dar; **to be ~ed out** estar agotado/a; **they are ~ing out a drama of revenge** están representando un drama de venganza.

▸ **play through** *vt + prep*: **to ~ a piece of music through** tocar una pieza entera.

▸ **play up 1** *vi + adv* (**a**) (*Brit fam: cause trouble*) dar guerra; **the car is ~ing up** el coche no marcha bien. (**b**) (*fam: flatter*) **to ~ up to sb** dar coba a algn. **2** *vt + adv* (*fam*) (**a**) (*cause trouble to*) **to ~ sb up** darle la lata *or* (*LAm*) fregar a algn. (**b**) (*exaggerate*) exagerar.

play-act ['pleɪækt] *vi* (*fig*) hacer la comedia.

playback ['pleɪbæk] *n* repetición *f*.

playbill ['pleɪbɪl] *n* cartel *m*.

playboy ['pleɪbɔɪ] *n* playboy *m*.

player ['pleɪəʳ] *n* (*Sport*) jugador(a) *m/f*; (*Theat*) actor *m*, actriz *f*; (*Mus*) **violin/piano ~** *etc* violinista *mf*/pianista *mf etc*.

playful ['pleɪfʊl] *adj* (*person*) juguetón/ona; (*mood*) alegre.

playground ['pleɪgraʊnd] *n* patio *m* de recreo.

playgroup ['pleɪˌgruːp] *n* jardín *m* de infancia, guardería *f*, kinder *m (LAm)*.

playhouse ['pleɪhaʊs] *n* (*pl* **-houses** [haʊzɪz]) (*theatre*) teatro *m*; (*for children*) casa *f* de muñecas.

playing ['pleɪɪŋ] *cpd*: ~ **card** *n* naipe *m*; ~ **field** *n* campo *m or (LAm)* cancha *f* de deportes.

playmate ['pleɪmeɪt] *n* compañero/a *m/f* de juego.

play-off ['pleɪɒf] *n* (*Sport*) (partido *m* de) desempate *m*.

playpen ['pleɪpen] *n* parque *m*, corral *m*.

playroom ['pleɪrʊm] *n* cuarto *m* de juego.

playschool ['pleɪˌsku:l] *n* parvulario *m*.

plaything ['pleɪθɪŋ] *n* (*lit, fig*) juguete *m*.

playtime ['pleɪtaɪm] *n* (*Scol*) (hora *f* de) recreo *m*.

playwright ['pleɪraɪt] *n* dramaturgo/a *m/f*.

PLC, plc *n abbr* (*Brit*) *of* **public limited company** S.A.

plea [pli:] **1** *n* (*entreaty*) súplica *f*, petición *f*; (*excuse*) pretexto *m*, disculpa *f*; (*Jur*) alegato *m*; **to enter a ~ of innocence** declararse inocente; **a ~ of insanity** un alegato de desequilibrio mental. **2** *cpd*: ~ **bargaining** *n acuerdo táctico entre fiscal y defensor para agilizar los trámites judiciales*.

plead [pli:d] (*pt, pp* **~ed** *or* (*esp US*) **pled**) **1** *vt* (**a**) (*argue*) **to ~ sb's case** (*Jur*) defender a algn en juicio; **to ~ sb's cause** (*fig*) hablar por algn. (**b**) (*as excuse*) pretender; **to ~ ignorance** pretextar ignorancia. **2** *vi* (**a**) (*beg*) **to ~ with sb (to do sth)** suplicar a algn (hacer algo); **to ~ with sb for sth** (*beg for*) rogar a algn que conceda algo. (**b**) (*Jur: as defendant*) presentar declaración; **to ~ guilty/not guilty** declararse culpable/inocente.

pleading ['pli:dɪŋ] **1** *n* (*entreaties*) súplicas *fpl*. **2** *adj* suplicante.

pleasant ['pleznt] *adj* (*gen*) agradable, grato/a; (*people*) simpático/a, amable; **it made a ~ change from our usual holiday** fueron unas vacaciones distintas de las acostumbradas y muy agradables.

pleasantly ['plezntlɪ] *adv* en forma *or* de manera agradable; **I am ~ surprised** ¡qué grata sorpresa!

pleasantry ['plezntrɪ] *n* (*joke*) chiste *m*, broma *f*; (*polite*) palabra *f* de cumplido; **to exchange pleasantries** conversar *or (esp Mex)* platicar en forma amena.

please [pli:z] **1** *interj*: **(yes,)** ~ sí, gracias, si es tan amable; ~ **pass the salt, pass the salt** ~ pasa la sal, por favor, me hace el favor de pasar la sal; **the bill,** ~ la cuenta, por favor; ~ **don't cry!** ¡no llores!, te lo ruego; ~ **be seated** siéntense; **'~ do not open this door'** 'se ruega no abrir esta puerta'.

2 *vi* (**a**) **if you** ~ (*frm: in request*) si hace favor, si es tan amable; **to do as one ~s** hacer lo que le dé la gana; **as you** ~ como quieras.

(**b**) (*cause satisfaction*) gustar, agradar; **anxious** *or* **eager to** ~ deseoso de quedar bien; **a gift that is sure to** ~ un regalo que siempre gusta.

3 *vt* (**a**) (*give pleasure to*) gustar, agradar, dar gusto a; (*satisfy*) satisfacer; **I did it, just to ~ you** lo hice únicamente para agradarte; **there's no pleasing him** no hay manera de contentarle; **to ~ o.s.** hacer lo que le parezca; ~ **yourself!** ¡haz lo que quieras!, ¡como quieras!

(**b**) (*frm: be the will of*) **he will recover,** ~ **God!** se repondrá, si Dios quiere *or* Dios mediante.

pleased [pli:zd] *adj* (*happy*) contento/a; (*satisfied*) satisfecho/a; **to be ~ (about sth)** alegrarse (de algo); ~ **to meet you!** (*fam*) ¡encantado/a!, ¡tanto gusto!; **to be ~ at sth** alegrarse de algo; **to be ~ with sb/sth** estar contento con algn/algo; **they were anything but ~ with the news** no estaban nada contentos con la noticia; **to be ~ with o.s.** estar satisfecho/a de sí mismo/a; **I am ~ to hear it** me alegra saberlo; **we are ~ to inform you that** ... tenemos el gusto de comunicarle que ....

pleasing ['pli:zɪŋ] *adj* agradable.

pleasurable ['pleʒərəbl] *adj* agradable, grato/a.

pleasure ['pleʒəʳ] **1** *n* (**a**) (*satisfaction*) placer *m*, gusto *m*; (*happiness*) alegría *f*; **with** ~ con mucho gusto; **my ~!, the ~ is mine!** (*frm: returning thanks*) ¡de nada!, ¡no hay de qué! *(esp LAm)*; **I have much ~ in informing you that** ... tengo el gran placer de comunicarles que ...; **may I have the ~?** (*frm: at dance*) ¿quiere Ud bailar?; **Mr and Mrs X request the ~ of Y's company** (*frm*) los Sres X tienen el gusto de solicitar la compañía de Y.

(**b**) (*source of ~*) placer *m*, gusto *m*; **it's a ~ to see him** da gusto verle; **all the ~s of London** todos los placeres de Londres; **is this trip for business or ~?** ¿este viaje es de negocios o de placer?

(**c**) (*frm: will*) voluntad *f*; **at sb's ~** según la voluntad de algn; **to be detained during her Majesty's ~** (*Jur*) quedar encarcelado a disposición del Estado.

2 *cpd*: ~ **boat** *n* barco *m* de recreo; ~ **cruise** *n* crucero *m* de recreo; ~ **ground** *n* parque *m* de atracciones; ~ **seeker** *n* hedonista *mf*.

pleasure-loving ['pleʒəˌlʌvɪŋ] *adj* hedonista.

pleat [pli:t] **1** *n* pliegue *m*. **2** *vt* plisar.

pleb [pleb] *n* (*fam*) plebeyo/a *m/f*.

plebeian [plɪ'bi:ən] *adj* plebeyo/a; (*pej*) ordinario/a.

plectrum ['plektrəm] *n* púa *f*, plectro *m*.

pled [pled] (*US*) *pt, pp of* **plead**.

pledge [pledʒ] **1** *n* (*given as security, token*) prenda *f*; (*promise*) promesa *f*; **as a ~ of** en señal de; **to sign** *or* **take the ~** (*hum fam*) jurar renunciar el alcohol. **2** *vt* (**a**) (*promise*) prometer; **I'm ~d to silence** prometí mantenerme callado; **to ~ support for sb** prometer su apoyo a algn; **to ~ one's allegiance to sb** jurar ser fiel a algn. (**b**) (*pawn*) empeñar.

plenary ['pli:nərɪ] *adj* plenario/a; **in ~ session** en sesión plenaria.

plenipotentiary [ˌplenɪpə'tenʃərɪ] *adj, n* plenipotenciario/a *m/f*.

plentiful ['plentɪfʊl] *adj* abundante.

plenty ['plentɪ] **1** *n* (**a**) abundancia *f*; **in ~** (*in large supply*) en abundancia; **land of ~** Jauja *f*, paraíso *m* terrenal; **I've got ~** tengo bastante; **there's ~ to go on** hay más que suficientes datos; **we know ~ about you** sabemos mucho acerca de Vd.

(**b**) ~ **of** mucho/a, harto/a *(LAm)*; **we've got ~ of time to get there** tenemos tiempo de sobra para llegar; **we see ~ of them** (*many*) vemos muchos de ellos; (*often*) les vemos mucho.

2 *adv* (*esp US fam*); **it's ~ big enough** es bastante *or (LAm)* harto grande; **it rained ~** llovió a mares.

plethora ['pleθərə] *n* plétora *f*.

pleurisy ['plʊərɪsɪ] *n* pleuresía *f*.

Plexiglas ® ['pleksɪglɑ:s] *n* (*US*) plexiglás ® *m*.

pliable ['plaɪəbl] *adj* flexible.

pliant ['plaɪənt] *adj* (*fig*) dócil, flexible.

pliers ['plaɪəz] *npl* (*also* **pair of ~**) alicates *mpl*, tenazas *fpl*.

plight [plaɪt] *n* drama *m*, situación *f* grave; **the country's economic ~** la grave situación económica del país.

Plimsoll ['plɪmsəl] *cpd*: ~ **line** *n* línea *f* de máxima carga.

plimsoll ['plɪmsəl] *n* (*Brit*) zapatilla *f* de tenis, playera *f*.

plinth [plɪnθ] *n* plinto *m*.

PLO *n abbr of* **Palestine Liberation Organization** OLP *f*.

plod [plɒd] *vi* (**a**) andar con paso pesado; **to ~ along** *or* **on** ir andando con paso lento. (**b**) (*fig: at work etc*) trabajar laboriosamente; **to ~ away at a task** seguir dándole a un trabajo; **we must ~ on** tenemos que seguir trabajando.

plodder ['plɒdəʳ] *n trabajador(a) diligente pero lento/a*.

plonk[1] [plɒŋk] *n* (*Brit fam: wine*) vino *m* peleón.

plonk[2] [plɒŋk] **1** *n* (*sound*) golpe *m* seco. **2** *adv* en golpe; ~ **in the middle** justo en el medio. **3** *vt* (*fam: also ~* **down**) dejar caer; **to ~ o.s. down** dejarse caer. **4** *interj* plas.

plonker ['plɒŋkəʳ] *n* (*Brit fam*) gilipollas *mf (fam)*.

plop [plɒp] **1** *n* plaf *m*. **2** *vi* hacer plaf. **3** *interj* plaf.

plot[1] [plɒt] *n* (*Agr*) parcela *f*, terreno *m*; **a ~ of land** (*gen*) un terreno; (*for building*) un solar, un lote *(esp LAm)*; **a vegetable ~** un cuadro de hortalizas.

plot[2] [plɒt] **1** *n* (**a**) (*conspiracy*) complot *m*, conjura *f*. (**b**)

(*Lit, Theat*) trama *f*, argumento *m*. **2** *vt* (**a**) (*course, position*) trazar. (**b**) (*plan, scheme etc*) urdir, fraguar. **3** *vi* maquinar, conspirar; **to ~ to do sth** conspirar para hacer algo.

plotter[1] ['plɒtəʳ] *n* (*conspirator*) conspirador(a) *m/f*.

plotter[2] ['plɒtəʳ] *n* (*Comput*) trazador *m* (de gráficos).

plotting ['plɒtɪŋ] *cpd*: **~ board** *n* tablero *m* trazador; **~ paper** *n* (*US*) papel *m* cuadriculado; **~ table** *n* mesa *f* trazadora.

plough, (*US*) **plow** [plaʊ] **1** *n* (*Agr*) arado *m*; **the P~** (*Astron*) el Carro, la Osa Mayor. **2** *vt* (**a**) (*Agr*) arar. (**b**) (*fig*) **to ~ money into a project** invertir (grandes cantidades de) dinero en un proyecto; **to ~ one's way through a book** leer un libro con dificultad. **3** *vi* (**a**) (*Agr*) arar. (**b**) (*fig*) **the car ~ed into the wall** el coche dio fuerte(mente) contra la pared; **to ~ through the mud** abrirse camino por el lodo.

► **plough back** *vt + adv* (*profits*) reinvertir.

► **plough up** *vt + adv* (*field*) arar, roturar.

ploughman, (*US*) **plowman** ['plaʊmən] *n* (*pl* **-men**) arador *m*, labrador *m*; **~'s lunch** (*Brit*) pan con queso y cebolla.

ploy [plɔɪ] *n* truco *m*, estratagema *f*.

PLP *n abbr* (*Brit Pol*) *of* **Parliamentary Labour Party**.

pluck [plʌk] **1** *n* (*courage*) valor *m*, ánimo *m*. **2** *vt* (**a**) arrancar; (*Mus*) puntear; (*Culin*) desplumar; **to ~ one's eyebrows** depilarse las cejas; **to ~ up (one's) courage** cobrar ánimos. (**b**) (*also* **~ out**) arrancar; **the helicopter ~ed him from the sea** el helicóptero le recogió del mar; **it's an idea I've just ~ed out of the air** es una idea que he cogido al vuelo. **3** *vi*: **to ~ at sb's sleeve** tirar a algn ligeramente de la manga.

plucky ['plʌkɪ] *adj* (*comp* **-ier**; *superl* **-iest**) valiente.

plug [plʌg] **1** *n* (**a**) (*in bath, basin, barrel, for leak*) tapón *m*; **a ~ of cotton wool** un tampón (de algodón); **the bank pulled the ~ on my overdraft** (*fam*) el banco me cerró el grifo de mi descubierto.

(**b**) (*Elec: on flex, apparatus*) enchufe *m*, clavija *f*; (*socket*) toma *f* de corriente; (*Aut: spark ~*) bujía *f*; **2-/3-pin ~** clavija bipolar/tripolar *or* de dos/tres espigas.

(**c**) (*fam: piece of publicity*) publicidad *f*; **to give sb/sth a ~** dar publicidad a algn/algo.

2 *vt* (**a**) (*also* **~ up**) llenar, tapar; **to ~ a tooth** empastar una muela; **to ~ a loophole** cerrar una escapatoria.

(**b**) (*insert*) introducir; **to ~ a lead into a socket** enchufar un hilo en una toma.

(**c**) (*fam: publicize*) dar publicidad a; (*: push, put forward*) insistir *or* hacer hincapié en; **he's been ~ging that line for years** hace años que viene diciendo lo mismo.

► **plug away** *vi + adv* (*fam*) **to ~ away (at sth)** perseverar (en algo), darle (a algo).

► **plug in** (*Elec*) *vi + adv*, *vt + adv* enchufar.

► **plug up** *vt + adv* (*fill*) tapar, taponar.

plughole ['plʌghəʊl] *n* desagüe *m*, desaguadero *m*; **all that work has gone down the ~** todo ese trabajo se perdió.

plum [plʌm] **1** *n* (*fruit*) ciruela *f*; (*also* **~ tree**) ciruelo *m*; (*colour*) color ciruela *or* (*LAm*) guinda; **a real ~ (of a job)** *or* **a real ~ job** (*fig fam*) un chollo de trabajo. **2** *cpd*: **~ pudding** *n* pudín *m or* budín *m* de pasas.

plumage ['plu:mɪdʒ] *n* plumaje *m*.

plumb [plʌm] **1** *n* plomo *m*. **2** *adv* (*fam*) **~ in the middle** en el mismo *or* (*Mex*) mero centro; **he's ~ stupid** (*US*) es un tonto perdido. **3** *vt* (**a**) (*lit*) sondar. (**b**) (*fig*) sondear; **to ~ the depths of the human mind** penetrar hasta las profundidades de la mente humana. **4** *cpd*: **~ bob** *n* plomo *m*; **~ line** *n* plomada *f*.

► **plumb in** *vt + adv* conectar (con el suministro de agua).

plumber ['plʌməʳ] *n* fontanero/a *m/f*, plomero/a *m/f* (*LAm*), gasfitero/a *m/f* (*Chi*).

plumbing ['plʌmɪŋ] *n* (*craft*) fontanería *f*, plomería *f* (*LAm*), gasfitería *f* (*Chi*); (*piping*) tubería *f*, cañería *f*.

plume [plu:m] *n* penacho *m*.

plummet ['plʌmɪt] *vi* (*bird, plane etc*) caer en picado; (*temperature, price, sales*) bajar de golpe *or* (*LAm*) de un tiro; (*spirits, morale*) caer a plomo.

plump [plʌmp] **1** *adj* (*comp* **~er**; *superl* **~est**) (*person*) relleno/a, regordete, gordito/a; (*baby*) rechoncho/a; (*animal*) gordo/a. **2** *adv*: **to run ~ into sb** dar de cara con algn.

► **plump down 1** *vt + adv* dejar caer; **to ~ o.s. down** dejarse caer pesadamente. **2** *vi + adv* desplomarse.

► **plump for** *vi + prep* optar por.

► **plump up** *vt + adv* hinchar.

plunder ['plʌndəʳ] **1** *n* (*act*) pillaje *m*, saqueo *m*; (*loot*) botín *m*. **2** *vt* pillar, saquear.

plunge [plʌndʒ] **1** *n* (*dive*) zambullida *f*; (*fig: into debt, of currency etc*) caída *f* repentina, desplome *m*; (*rash investment*) inversión *f* arriesgada; **to take the ~** (*fig fam*) aventurarse, dar el paso decisivo; **I took the ~ and bought it** por fin me armé de valor y lo compré.

2 *vt* (**a**) (*immerse*) sumergir, hundir; (*thrust*) arrojar; **to ~ a dagger into sb's chest** clavar un puñal en el pecho de algn.

(**b**) (*fig*) **to ~ a room into darkness** sumir un cuarto en la oscuridad; **we were ~d into gloom by the news** la noticia nos hundió en la tristeza; **to ~ sb into debt** arruinar a algn.

3 *vi* (**a**) (*dive*) arrojarse, tirarse; (*: into water*) lanzarse, zambullirse; **she ~d into 10 metres of water** se zambulló en 10 metros de agua.

(**b**) (*fall*) caer, hundirse; **he ~d to his death** tuvo una caída mortal; **he ~d from a 5th storey window** (*threw himself*) se arrojó desde una ventana del 5º piso; (*fell*) cayó desde una ventana del 5º piso.

(**c**) (*share prices, currency etc*) desplomarse; **to ~ into debt** endeudarse.

(**d**) (*fig: rush*) **to ~ into one's work** sumirse en su trabajo; **to ~ heedlessly into danger** meterse alegremente en un peligro.

(**e**) (*neckline*) ser muy escotado/a.

plunger ['plʌndʒəʳ] *n* (*Tech*) émbolo *m*; (*for clearing drain*) desatascador *m*.

plunging ['plʌndʒɪŋ] *adj* escotado/a.

pluperfect ['plu:'pɜ:fɪkt] *n* (*Ling*) pluscuamperfecto *m*.

plural ['plʊərəl] *adj*, *n* (*Ling*) plural *m*.

pluralism ['plʊərəlɪzəm] *n* pluralismo *m*.

plurality [,plʊə'rælɪtɪ] *n* pluralidad *f*; **by a ~ of votes** por mayoría (simple) de votos.

plus [plʌs] **1** *prep* más; **~ what I have to do already** además de lo que ya tengo que hacer. **2** *adj* (*Math, Elec*) positivo/a; **twenty ~** veinte y pico; **a ~ factor** (*fig*) un factor *m* a favor; **on earnings of £40,000 ~** de un sueldo de £40,000 en adelante. **3** *n* (*Math: ~ sign*) signo *m* más; (*fig: advantage*) punto *m* a favor; **that is a ~ for him** es un punto a su favor. **4** *conj* (*esp US*) además; **~ we haven't got the money** además no tenemos el dinero.

plush [plʌʃ] **1** *n* felpa *f*. **2** *adj* (*also* **~y**: *fam*) afelpado/a; (*fig*) de mucho lujo.

Pluto ['plu:təʊ] *n* (*Astron, Mythology*) Plutón *m*.

plutonium [plu:'təʊnɪəm] *n* plutonio *m*.

ply[1] [plaɪ] *cpd*: **three-~ wood** madera *f* de tres capas; **three-~ wool** lana *f* de tres cabos.

ply[2] [plaɪ] **1** *vt* (*needle, tool etc*) manejar, emplear; (*sea, river, route*) navegar por; **to ~ one's trade** ejercer su profesión; **to ~ sb with questions** acribillar *or* acosar de preguntas a algn; **to ~ sb with drink** no parar de ofrecerle a algn muchas copas. **2** *vi*: **to ~ between** ir y venir de; **to ~ for hire** ir en busca de clientes.

plywood ['plaɪwʊd] *n* madera *f* contrachapada.

PM *n abbr* (**a**) *of* **prime minister**. (**b**) (*Jur, Med*) *of* **postmortem**.

p.m. *abbr of* **post meridiem** p.m.

PMS *n abbr of* **premenstrual syndrome** SPM *m*.

PMT *n abbr of* **premenstrual tension**.
PN, P/N *n abbr of* **promissory note**.
pneumatic [nju:'mætɪk] *adj* neumático/a; ~ **drill** taladradora *f* neumática.
pneumonia [nju:'məʊnɪə] *n* pulmonía *f*, neumonía *f*.
PO *abbr* (**a**) *of* **post office**; ~ **Box** apdo. (**b**) (*Naut*) *of* **Petty Officer**.
p.o. *abbr of* **postal order** g.p.
POA *n abbr* (*Brit*) *of* **Prison Officers' Association** *sindicato*.
poach[1] [pəʊtʃ] *vt* (*Culin: eggs*) escalfar; (*: fish etc*) hervir; ~**ed egg** huevo *m* escalfado.
poach[2] [pəʊtʃ] **1** *vt* (*hunt*) cazar en vedado; (*fish*) pescar en vedado; (*fig fam: steal*) birlar, quitar. **2** *vi* (*see 1*) cazar en vedado; pescar en vedado; **to ~ on sb's preserves** (*fig*) pisarle los papeles a algn.
poacher[1] ['pəʊtʃə'] *n* (*of game etc*) cazador *m* etc furtivo.
poacher[2] ['pəʊtʃə'] *n* (*for eggs*) escalfador *m*.
poaching ['pəʊtʃɪŋ] *n* furtivismo *m*, caza *f* furtiva, pesca *f* furtiva.
POB *abbr of* **post office box** apdo.
pocket ['pɒkɪt] **1** *n* (**a**) (*gen*) bolsillo *m*; **with his hands in his ~s** con las manos (metidas) en los bolsillos; **to have sth/sb in one's ~** (*fig*) tener algo/a algn en el bolsillo; **to be in/out of ~** salir ganando/perdiendo; **to line one's ~s** forrarse; **to put one's hand in one's ~** echar mano al bolsillo; *see* **pick 2(c)**.
(**b**) (*restricted area, space*) ~ **of resistance/warm air** foco *m* de resistencia/bolsa *f* de aire caliente.
2 *vt* (*fig: gain, steal*) embolsar; **he ~ed half the takings** se embolsó la mitad de la recaudación; **to ~ one's pride** (*fig*) aguantarse, tragarse el orgullo.
3 *cpd* de bolsillo; ~ **calculator** *n* calculadora *f* de bolsillo; ~ **diary** *n* agenda *f* de bolsillo; ~ **handkerchief** *n* pañuelo *m*; ~ **money** *n* dinero *m* para gastos; (*children's*) propina *f*.
pocketbook ['pɒkɪtbʊk] *n* (*wallet*) cartera *f*, billetero *m*; (*notebook*) cuaderno *m*; (*US: handbag*) bolso *m*, cartera (*LAm*); (*: purse*) monedero *m*.
pocketknife ['pɒkɪtnaɪf] *n* (*pl* **-knives**) navaja *f*.
pocket-size(d) ['pɒkɪtsaɪz(d)] *adj* de bolsillo.
pockmarked ['pɒkmɑ:kt] *adj* (*face*) picado/a de viruelas; (*surface*) marcado/a de hoyos.
POD *n abbr of* **payment on delivery**.
pod [pɒd] *n* vaina *f*.
podgy ['pɒdʒɪ] *adj* (*comp* **-ier**; *superl* **-iest**) gordinflón/ona.
podiatrist [pɒ'di:ətrɪst] *n* (*US*) pedicuro *mf*.
podiatry [pɒ'di:ətrɪ] *n* (*US*) pedicura *f*.
podium ['pəʊdɪəm] *n* (*pl* **~s** *or* **podia** ['pəʊdɪə]) podio *m*.
POE *n abbr* (**a**) *of* **port of embarkation**. (**b**) *of* **port of entry**.
poem ['pəʊɪm] *n* poema *m*, poesía *f*.
poet ['pəʊɪt] *n* poeta *mf*; **P~ Laureate** (*Brit*) Poeta *m* laureado.
poetic [pəʊ'etɪk] *adj* poético/a; ~ **justice** justicia *f* divina; ~ **licence** licencia *f* poética.
poetry ['pəʊɪtrɪ] **1** *n* poesía *f*. **2** *cpd*: ~ **reading** *n* recital *m or* lectura *f* de poesías.
POEU *n abbr* (*Brit*) *of* **Post Office Engineering Union**.
pogrom ['pɒgrəm] *n* pogrom *m*.
poignancy ['pɔɪnjənsɪ] *n* patetismo *m*.
poignant ['pɔɪnjənt] *adj* conmovedor(a), patético/a.
poinsettia [pɔɪn'setɪə] *n* flor *f* de pascua.
point [pɔɪnt] **1** *n* (**a**) (*dot, punctuation mark, Typ, Geom*) punto *m*; (*decimal* ~) punto decimal; **2 ~ 6 (2.6)** dos coma seis (2,6).
(**b**) (*on scale, thermometer*) punto *m*; (*on compass*) cuarta *f*, grado *m*; **boiling/freezing ~** punto de ebullición/congelación; **from all ~s of the compass** desde los cuatro rincones del mundo; **up to a ~** hasta cierto punto, en cierta medida.
(**c**) (*of needle, pencil, knife etc*) punta *f*; **at the ~ of a sword** a punta de espada; **with a sharp ~** puntiagudo; **not to put too fine a ~ on it** (*fig*) hablando sin rodeos.
(**d**) (*place*) punto *m*, lugar *m*; **the train stops at Carlisle and all ~s south** el tren para en Carlisle y todas las estaciones al sur; ~ **of departure** (*lit, fig*) punto de partida; ~ **of interest** punto interesante; **to reach the ~ of no return** (*lit, fig*) llegar al punto sin reformo; ~ **of reference** punto de referencia; ~ **of sale** punto de venta; ~ **of view** punto de vista; **to come round to sb's ~ of view** adoptar el criterio de algn; **at this ~** (*spatially*) aquí, allí; (*in time*) en este *or* aquel momento; **from that ~ on** ... de allí en adelante ...; **to be on the ~ of doing sth** estar a punto de hacer algo; **when it comes to the ~** en el momento de la verdad; **abrupt to the ~ of rudeness** tan brusco que resulta grosero.
(**e**) (*counting unit: Sport, in test*) punto *m*; **to win on ~s** ganar por puntos; **the index is down 3 ~s** el índice bajó 3 enteros; **the shares went down 2 ~s** las acciones bajaron 2 enteros.
(**f**) (*purpose*) fin *m*, propósito *m*; **what's the ~ of trying?** ¿de qué sirve esforzarse?; **there's no ~ in staying** no tiene sentido quedarse; **I don't see the ~ of** *or* **in doing that** no le veo el sentido *or* chiste a hacer eso; **the ~ is that** ... el caso es que ...; **that's the whole ~!** ¡eso es!, ¡ahí está!; **that's not the ~** no es eso; **the ~ of the joke/story** la gracia del chiste/cuento.
(**g**) (*detail, argument*) punto *m*; **the ~ at issue** el asunto, el tema en cuestión; **in ~ of fact** en realidad, el caso es que; **to be beside the ~** no venir al caso; **to get off the ~** salirse del tema; **to come** *or* **get to the ~** ir al grano; **to get back to the ~** volver al tema; **to keep** *or* **stick to the ~** no salirse del tema; **to make a ~ of doing sth** poner empeño en hacer algo; **to make one's ~** convencer; **you've made your ~** nos *etc* has convencido; **to press the ~** insistir (*that* en que); **to stretch a ~** hacer una excepción; **his remarks were to the ~** sus observaciones venían al caso; **that's not the ~** esto no viene al caso; **you've got a ~ there!** ¡tienes razón!, ¡es cierto! (*LAm*); ~ **taken!** ¡de acuerdo!; **to miss the ~** no comprender; ~ **of order** cuestión *f* de procedimiento.
(**h**) (*matter*) cuestión *f*; **a ~ of principle** una cuestión de principios.
(**i**) (*characteristic*) cualidad *f*; **good/bad ~s** cualidades buenas/malas; **tact isn't one of his strong ~s** la discreción no es uno de sus (puntos) fuertes.
(**j**) (*Brit Rail*) **~s** agujas *fpl*.
(**k**) (*Ballet: usu pl*) punta *f*.
(**l**) (*Aut*) **~s** platinos *mpl*.
(**m**) (*Brit Elec: also* **power ~**) toma *f* de corriente, tomacorriente *m* (*CSur*).
2 *vt* (**a**) (*aim, direct*) apuntar; **to ~ a gun at sb** apuntar a algn con un fusil; **to ~ one's finger at** señalar con el dedo; **to ~ one's toes** hacer puntas.
(**b**) (*indicate, show*) señalar, indicar; **would you ~ me in the direction of the town hall?** ¿me quiere decir dónde está el ayuntamiento?; **to ~ the way** (*lit, fig*) señalar el camino; **to ~ the moral that** ... subrayar la moraleja de que ....
(**c**) (*Constr*) rejuntar.
3 *vi* (**a**) señalar, apuntar hacia; **to ~ at sth/sb** señalar algo/a algn con el dedo; **it ~s (to the) north** apunta hacia el norte; **the hand ~ed to midnight** la aguja marcaba las 12; **everything ~s to his success** todo anuncia su éxito.
(**b**) (*indicate*) indicar; **the evidence ~s to her** las pruebas indican que ella es la culpable.
4 *cpd*: ~ **duty** *n* control *m* de la circulación; **5-~ plan** *n* proyecto *m* de cinco puntos; **~s system** *n* sistema *m* de puntos; **~s win** *n* victoria *f* a los puntos.
► **point out** *vt + adv* (**a**) (*show*) señalar; **to ~ out sth to sb** señalar algo a algn. (**b**) (*mention*) hacer notar; **may I ~ out that** ... permítaseme observar que ....
► **point up** *vt + adv* subrayar, destacar.
point-blank ['pɔɪnt'blæŋk] **1** *adj* (*question*) directo/a;

(*refusal*) tajante, categórico/a; **at ~ range** a bocajarro, a quemarropa. **2** *adv* a bocajarro, a quemarropa; **to refuse ~** negarse rotundamente.
pointed [ˈpɔɪntɪd] *adj* (**a**) (*sharp*) puntiagudo/a. (**b**) (*obvious in intention*) intencionado/a.
pointedly [ˈpɔɪntɪdlɪ] *adv* intencionadamente.
pointer [ˈpɔɪntəʳ] *n* (**a**) (*indicator*) indicador *m*, aguja *f*; (*stick*) puntero *m*. (**b**) (*dog*) perro *m* de muestra. (**c**) (*clue, indication*) indicación *f*, pista *f*; (*advice*) consejo *m*; **there is at present no ~ to the outcome** por ahora nada incida qué resultado tendrá.
pointless [ˈpɔɪntlɪs] *adj* sin sentido; **it is ~ to complain** es inútil quejarse.
point-of-sale [ˌpɔɪntəvˈseɪl] *cpd* (*advertising etc*) en el punto de venta.
point-to-point [ˈpɔɪnttəˈpɔɪnt] *n* (*also ~ race*) *carrera de caballos a campo traviesa.*
poise [pɔɪz] **1** *n* (*carriage of head, body*) porte *m*; (*composure or dignity of manner*) elegancia *f*, aplomo *m*. **2** *vt* (*hold ready or balanced*) equilibrar, balancear; **to be ~d** (*balanced, positioned*) cernerse; (*fig: ready, all set*) estar listo *or* dispuesto; **they are ~d to attack, they are ~d for the attack** (*fig*) están listos para atacar.
poised [pɔɪzd] *adj* (*self-possessed*) sereno/a, ecuánime.
poison [ˈpɔɪzn] **1** *n* (*lit, fig*) veneno *m*; **what's your ~?** (*fam*) ¿qué toma? **2** *vt* (**a**) envenenar. (**b**) (*fig*) **to ~ sb's mind (against sb/sth)** envenenar la mente de algn (contra algn/algo). **3** *cpd*: **~ gas** *n* gas *m* tóxico; **~ ivy** *n* hiedra *f*.
poisoning [ˈpɔɪznɪŋ] *n* (*lit, fig*) envenenamiento *m*, intoxicación *f*; **to die of ~** morir envenenado *or* intoxicado.
poisonous [ˈpɔɪznəs] *adj* (**a**) venenoso/a, tóxico/a. (**b**) (*fig*) pernicioso/a.
poison-pen [ˈpɔɪznˈpen] *adj*: **~ letter** anónimo *m* ofensivo.
poke [pəʊk] **1** *n* (*jab*) empujón *m*, empellón *m*; (*with elbow*) codazo *m*; **to give the fire a ~** atizar la lumbre, remover la lumbre; **he gave me a ~ in the ribs** me dio un codazo en las costillas.
2 *vt* (**a**) (*jab with stick, finger etc*) dar con la punta, picar; **to ~ sb in the ribs** picar a algn en las costillas.
(**b**) (*US fam: punch*) golpear, dar con los puños a.
(**c**) (*thrust*) introducir; **to ~ one's head out of a window** asomar la cabeza por una ventana; **to ~ fun at sb** reírse de algn; *see* **nose**.
(**d**) (*hole*) hacer.
3 *vi*: **to ~ at sth with a stick** hurgar algo con un bastón.
▸ **poke about, poke around** (*fam*) *vi + adv* (*in drawers, attic etc*) fisgonear, hurgar; (*round shops*) curiosear.
▸ **poke out 1** *vi + adv* (*stick out*) salir. **2** *vt + adv* (*head*) asomar, sacar; **you almost ~d my eye out** casi me sacaste el ojo.
poker[1] [ˈpəʊkəʳ] *n* (*for fire*) atizador *m*.
poker[2] [ˈpəʊkəʳ] *n* (*Cards*) póker *m*, póquer *m*.
poker-faced [ˈpəʊkəˈfeɪst] *adj* de cara inmutable, con cara de póquer.
poky [ˈpəʊkɪ] *adj* (*comp* **-ier**; *superl* **-iest**): **a ~ room/town** (*pej*) un cuartucho/pueblucho.
Polack [ˈpəʊlæk] *n* (*US fam: offensive*) polaco/a *m/f*.
Poland [ˈpəʊlənd] *n* Polonia *f*.
polar [ˈpəʊləʳ] *adj* (*Elec, Geog*) polar; **~ bear** oso *m* polar.
polarity [pəʊˈlærɪtɪ] *n* (*Elec, fig*) polaridad *f*.
polarization [ˌpəʊləraɪˈzeɪʃən] *n* (*Elec, fig*) polarización *f*.
polarize [ˈpəʊləraɪz] **1** *vt* polarizar. **2** *vi* polarizarse.
Polaroid ® [ˈpəʊlərɔɪd] **1** *adj* Polaroid ®. **2** *n* (*also ~ camera*) Polaroid ® *f*.
Pole [pəʊl] *n* polaco/a *m/f*.
pole[1] [pəʊl] **1** *n* palo *m*; (*flag ~*) asta *f*; (*telegraph ~*) poste *m*; (*for vaulting, punting*) pértiga *f*, garrocha *f* (*LAm*); (*curtain ~*) barra *f*. **2** *cpd*: **~ bean** *n* (*US*) judía *f* trepadora; **~ vault** *n* salto *m* de pértiga.
pole[2] [pəʊl] **1** *n* (*Elec, Geog, Astron*) polo *m*; **North/South P~** Polo Norte/Sur; **to be ~s apart** ser polos opuestos. **2** *cpd*: **P~ Star** *n* Estrella *f* Polar.
polecat [ˈpəʊlkæt] *n* (*Brit*) turón *m*; (*US*) mofeta *f*.
Pol. Econ. *n abbr of* **political economy**.
polemic [pɒˈlemɪk] *n* polémica *f*.
polemics [pɒˈlemɪks] *nsg* polémica *f*.
police [pəˈliːs] **1** *npl* policía *fsg*; **to join the ~** meterse de policía. **2** *vt* (*lit, fig*) vigilar; **the frontier is ~d by UN patrols** la frontera la vigilan las patrullas de la ONU. **3** *cpd* de policía; **~ car** *n* coche *m* de policía; **~ constable** *n* (*Brit*) guardia *m*, policía *m*; **in ~ custody** bajo custodia policial; **~ force** *n* cuerpo *m* de policía; **~ officer** *n* guardia *mf*, policía *mf*; **~ record** *n* antecedentes *mpl* penales; **~ station** *n* comisaría *f*.
policeman [pəˈliːsmən] *n* (*pl* **-men**) guardia *m*, policía *m*.
policewoman [pəˈliːsˌwʊmən] *n* (*pl* **-women**) mujer *f* policía.
policy[1] [ˈpɒlɪsɪ] *n* (**a**) (*gen, principles*) política *f*; **foreign ~** política exterior; **it's a matter of ~** es cuestión de política; **that's not my ~** ése no es mi sistema. (**b**) (*prudence, a prudent procedure*) discreción *f*; **it is a good/bad ~** es buena/mala táctica.
policy[2] [ˈpɒlɪsɪ] **1** *n* (*also* **insurance ~**) póliza *f*; **to take out a ~** sacar una póliza, hacerse un seguro. **2** *cpd*: **~ holder** *n* asegurado/a *m/f*.
polio [ˈpəʊlɪəʊ] *n* poliomielitis *f*, polio *f*.
Polish [ˈpəʊlɪʃ] **1** *adj* polaco/a. **2** *n* (*Ling*) polaco *m*; **the ~** (*people*) los polacos.
polish [ˈpɒlɪʃ] **1** *n* (**a**) (*material: shoe ~*) betún *m*, bola *f* (*Mex*); (*: furniture~, floor ~*) cera *f*.
(**b**) (*act*) pulimento *m*; **my shoes need a ~** mis zapatos necesitan una limpieza; **to give sth a ~** dar brillo a algo.
(**c**) (*shine*) lustre *m*, brillo *m*; **to put a ~ on sth** sacar brillo a algo.
(**d**) (*fig: refinement*) brillo *m*, refinamiento *m*; **he lacks ~** le falta finura.
2 *vt* (*also* **~ up**) (**a**) (*gen*) pulir; (*shoes*) limpiar, lustrar (*esp LAm*), bolear (*Mex*), embolar (*Chi*); (*floor, furniture*) encerar; (*silver*) pulir.
(**b**) (*fig: improve*) perfeccionar.
▸ **polish off** *vt + adv* (*fam: work, food*) despachar; (*person etc*) acabar con.
polished [ˈpɒlɪʃt] *adj* pulido/a, lustroso/a; (*fig*) elegante, refinado/a.
polite [pəˈlaɪt] *adj* cortés, educado/a; **in ~ society** en la buena sociedad.
politely [pəˈlaɪtlɪ] *adv* cortésmente.
politeness [pəˈlaɪtnɪs] *n* cortesía *f*, educación *f*; **to do sth out of ~** hacer algo por cortesía.
politic [ˈpɒlɪtɪk] *adj* prudente.
political [pəˈlɪtɪkəl] *adj* político/a; **~ asylum** asilo *m* político; **~ economy** economía *f* política; **~ levy** impuesto *m* político; **~ prisoner** preso/a *m/f* político/a; **~ science** ciencias *fpl* políticas.
politician [ˌpɒlɪˈtɪʃən] *n* político/a *m/f*.
politics [ˈpɒlɪtɪks] **1** *nsg* (*subject, career*) política *f*; **to go into ~** dedicarse a la *or* meterse en política; **to talk ~** hablar de política. **2** *npl* (*views, policies*) posición *fsg* política.
polka [ˈpɒlkə] **1** *n* (*dance*) polca *f*. **2** *cpd*: **~ dot** *n* dibujo *m* de puntos.
poll [pəʊl] **1** *n* (**a**) (*voting*) votación *f*; (*election*) elecciones *fpl*; **to take a ~ on sth** someter un asunto a votación.
(**b**) (*total votes*) votos *mpl*, votación *f*; **there was a ~ of 84%** el 84% del electorado acudió a las urnas; **the Gallup ~** el sondeo Gallup.
(**c**) **~s** (*voting place*) urnas *fpl*; **to go to the ~s** acudir a las urnas.
(**d**) (*opinion ~*) encuesta *f*, sondeo *m*.
2 *vt* (**a**) (*votes*) obtener; **he ~ed only 50 votes** obtuvo

solamente 50 votos.
(**b**) (*in opinion* ~) encuestar.
3 *cpd*: ~ **tax** *n* (contribución *f* de) capitación *f*.
pollen [ˈpɒlən] **1** *n* polen *m*. **2** *cpd*: ~ **allergy** *n* alergia *f* polínica; ~ **count** *n* recuento *m* polínico.
pollinate [ˈpɒlɪneɪt] *vt* polinizar.
polling [ˈpəʊlɪŋ] **1** *n* votación *f*. **2** *cpd*: ~ **booth** *n* cabina *f* electoral; ~ **day** *n* día *m* de elecciones; ~ **station** *n* centro *m* electoral.
pollute [pəˈluːt] *vt* contaminar, polucionar; (*fig*) corromper; **to become ~d** contaminarse (*with* de).
pollution [pəˈluːʃən] *n* contaminación *f*, polución *f*; (*fig*) corrupción *f*.
Pollyanna [pɒlɪˈænə] *n* (*US*) optimista *mf* redomado/a.
polo [ˈpəʊləʊ] **1** *n* (*sport*) polo *m*. **2** *cpd*: ~ **neck (sweater)** *n* (jersey *m* de) cuello *m* vuelto *or* cisne.
poltergeist [ˈpɔːltəgaɪst] *n* duende *m*.
poly [pɒlɪ] *n abbr* (*Brit fam*) *of* **polytechnic**.
poly... [pɒlɪ] *pref* poli..., multi....
polyester [ˌpɒlɪˈestəʳ] *n* poliéster *m*.
polyethylene [ˌpɒlɪˈeθəliːn] *n* (*US*) polietileno *m*.
polygamy [pɒˈlɪgəmɪ] *n* poligamia *f*.
polyglot [ˈpɒlɪglɒt] *adj*, *n* (*person*) polígloto/a *m*/*f*.
polygon [ˈpɒlɪgən] *n* polígono *m*.
polyhedron [ˌpɒlɪˈhiːdrən] *n* poliedro *m*.
polymer [ˈpɒlɪməʳ] *n* (*Chem*) polímero *m*.
polymorphic [ˌpɒlɪˈmɔːfɪk] *adj* polimorfo/a.
Polynesia [ˌpɒlɪˈniːzɪə] *n* Polinesia *f*.
Polynesian [ˌpɒlɪˈniːzɪən] *adj*, *n* polinesio/a *m*/*f*.
polyp [ˈpɒlɪp] *n* (*Med*) pólipo *m*.
polyphonic [ˌpɒlɪˈfɒnɪk] *adj* (*Mus*) polifónico/a.
polypropylene [ˌpɒlɪˈprɒpɪliːn] *n* polipropileno *m*.
polystyrene [ˌpɒlɪˈstaɪriːn] *n* poliestireno *m*.
polysyllabic [ˈpɒlɪsɪˈlæbɪk] *adj* polisílabo/a.
polytechnic [ˌpɒlɪˈteknɪk] *n* (*Brit*) escuela *f* politécnica, politécnico *m*.
polythene [ˈpɒlɪθiːn] *n* (*Brit*) polietileno *m*.
polyunsaturated [ˌpɒlɪʌnˈsætʃəreɪtɪd] *adj* poliinsaturado/a.
polyurethane [ˌpɒlɪˈjʊərɪθeɪn] *n* poliuretano *m*.
pomander [pəʊˈmændəʳ] *n recipiente de porcelana que contiene hierbas perfumadas*.
pomegranate [ˈpɒməgrænɪt] *n* (*fruit*) granada *f*; (*tree*) granado *m*.
pommy [ˈpɒmɪ] *n* (*Australian fam: offensive*) inglés/esa *m*/*f*.
pomp [pɒmp] *n* pompa *f*.
pompon [ˈpɒmpɒn], **pompom** [ˈpɒmpɒm] *n* (*on hat etc*) borla *f*.
pomposity [pɒmˈpɒsɪtɪ] *n* pomposidad *f*.
pompous [ˈpɒmpəs] *adj* (*pretentious: person*) pretencioso/a; (*: occasion*) ostentoso/a.
ponce [pɒns] *n* (*Brit fam: pimp*) chulo *m*; (*: offensive: homosexual*) marica *m*.
poncho [ˈpɒntʃəʊ] *n* poncho *m*, manta *f*, ruana *f (Col, Ven)*, sarape *m (Mex)*, jorongo *m (Mex)*.
pond [pɒnd] *n* (*natural*) charca *f*; (*artificial*) estanque *m*.
ponder [ˈpɒndəʳ] **1** *vt* considerar, sopesar. **2** *vi* reflexionar *or* meditar (*on, over* sobre).
ponderous [ˈpɒndərəs] *adj* pesado/a.
pong [pɒŋ] (*Brit fam*) **1** *n* peste *f*. **2** *vi* apestar.
pontiff [ˈpɒntɪf] *n* pontífice *m*.
pontificate [pɒnˈtɪfɪkeɪt] *vi* pontificar.
pontoon[1] [pɒnˈtuːn] **1** *n* pontón *m*. **2** *cpd*: ~ **bridge** *n* puente *m* de pontones.
pontoon[2] [pɒnˈtuːn] *n* (*Cards*) veintiuna *f*.
pony [ˈpəʊnɪ] **1** *n* poney *m*, potro *m*. **2** *cpd*: ~ **trekking** *n* excursión *f* en poney *etc*.
ponytail [ˈpəʊnɪteɪl] *n* cola *f* de caballo, coleta *f*.
pooch [puːtʃ] *n* (*US fam*) perro *m*.
poodle [ˈpuːdl] *n* caniche *m*.
poof [pʊf] *n* (*fam!*) maricón *m (fam!)*.
poofy [ˈpʊfɪ] *adj* (*Brit fam!*) de maricón *(fam!)*.
pooh [puː] *interj* ¡bah!
pooh-pooh [puːˈpuː] *vt* despreciar.
pool[1] [puːl] *n* (*natural*) charca *f*; (*artificial*) estanque *m*; (*swimming* ~) piscina *f*, alberca *f (Mex)*, pileta *f (CSur)* (de natación); (*of spilt liquid*) charco *m*; (*in river*) pozo *m*.
pool[2] [puːl] **1** *n* (**a**) (*common fund*) fondo *m* (común). (**b**) (*supply, source*) reserva *f*; (*typing* ~) servicio *m* de mecanografía; (*car* ~) reserva *f* de coches. (**c**) **to do the (football) ~s** hacer las quinielas. (**d**) (*form of snooker*) billar *m* americano, chapolín *m*; **to shoot** ~ (*US*) jugar al chapolín. (**e**) (*Comm*) fondos *mpl* comunes; (*US: monopoly, trust*) consorcio *m*. **2** *vt* juntar, poner en común. **3** *cpd*: ~ **table** *n* mesa *f* de billar.
poolroom [ˈpuːlruːm] *n* (*US*) sala *f* de billar.
poop [puːp] *n* (*Naut*) popa *f*.
pooper-scooper [ˈpuːpəˈskuːpəʳ] *n* (*fam*) caca-can *m* (*fam*).
poor [pʊəʳ] **1** *adj* (*comp* ~**er**; *superl* ~**est**) (*gen*) pobre; (*inferior, feeble*) malo/a; (*wretched*) miserable; **a ~ family** una familia necesitada; **a ~ harvest** una cosecha pobre *or* escasa; **my ~ memory** mi mala memoria; **to be as ~ as a church-mouse** ser más pobre que las ratas; **to be ~ at maths** ser flojo en matemáticas; **to be in ~ health** estar mal (de salud); **I'm a ~ traveller** no llevo bien los viajes; **you ~ thing!** ¡pobrecito!; **he's very ill, ~ chap** está grave el pobre.
2 *npl*: **the** ~ los pobres.
3 *cpd*: ~ **box** *n* cepillo *m* de los pobres.
poorly [ˈpʊəlɪ] **1** *adv* (**a**) (*badly*) mal, no muy bien. (**b**) (*financially*) pobremente. **2** *adj* (*ill*) mal, enfermo/a.
pop[1] [pɒp] **1** *n* (**a**) (*sound*) pequeño estallido *m*.
(**b**) (*fam: drink*) gaseosa *f (Sp)*, refresco *m*.
2 *adv*: **to go** ~ reventar.
3 *vt* (**a**) (*burst*) hacer reventar; (*cork*) hacer saltar.
(**b**) (*fam: put*) **I'll just ~ my hat on** voy a ponerme el sombrero; **she ~ped her head out** asomó de repente la cabeza; **to ~ the question** declararse.
4 *vi* (**a**) (*burst*) reventar; (*cork*) saltar; **his eyes nearly ~ped out of his head** (*in amazement*) se le saltaban los ojos; **my ears ~ped on landing** al aterrizar se me han taponado los oídos.
(**b**) (*fam: go quickly or suddenly*) **to ~ across/over** acercarse; **to ~ out** salir un momento; **he ~ped out for some cigarettes** salió un momento a comprar tabaco; **let's ~ round to Joe's** vamos a casa de Pepe.
► **pop in** *vi + adv* (*fam*) entrar un momento, pasar por la casa de algn; **to ~ in to see sb** pasar por casa de algn.
► **pop off** *vi + adv* (*fam*) (**a**) (*die*) palmar. (**b**) (*leave*) irse, marcharse.
► **pop up** *vi + adv* aparecer inesperadamente.
pop[2] [pɒp] *n* (~ *music*) música *f* 'pop'.
pop[3] [pɒp] *n* (*esp US fam: dad*) papá *m*.
pop. *abbr of* **population** h.
popcorn [ˈpɒpkɔːn] *n* palomitas *fpl* de maíz, alborotos *mpl (CSur, Per)*, cabritas *fpl (CSur, Per)*.
pope [pəʊp] *n* papa *m*.
popemobile [ˈpəʊpməʊˌbiːl] *n* papamóvil *m*.
popeyed [ˈpɒpˈaɪd] *adj* de ojos saltones *or* desorbitados.
popgun [ˈpɒpgʌn] *n* pistola *f* de juguete (de aire comprimido).
poplar [ˈpɒpləʳ] *n* álamo *m*.
poplin [ˈpɒplɪn] *n* popelina *f*.
popmobility [ˌpɒpməʊˈbɪlɪtɪ] *n* gym-jazz *m*.
poppa [ˈpɒpə] *n* (*US fam*) papá *m (fam)*.
popper [ˈpɒpəʳ] *n* corchete *m*.
poppet [ˈpɒpɪt] *n* (*fam*) preciosa *f*, querida *f*; **she is a** ~ es un cielo.
poppy [ˈpɒpɪ] **1** *n* amapola *f*. **2** *cpd*: **P~ Day** *n* (*Brit*) *día de la conmemoración del armisticio de 1918*; ~ **seed** *n* semilla *f* de amapola.
poppycock [ˈpɒpɪkɒk] *n* (*fam*) tonterías *fpl*.
Popsicle ® [ˈpɒpsɪkl] *n* (*US*) polo *m*.

populace ['pɒpjʊlɪs] *n* (*gen*) pueblo *m*; (*mob*) populacho *m*, turba *f*.

popular ['pɒpjʊlə^r] *adj* (**a**) (*well-liked*) popular; (*fashionable*) de moda; (*acceptable*) bien visto/a; **I'm not very ~ with her** no le caigo bien *or* en gracia. (**b**) (*of the people*) popular; **in ~ language** en el lenguaje del pueblo; **~ front** frente *m* popular; **~ opinion** la opinión general. (**c**) (*widespread*) corriente, generalizado/a; **by ~ request** a petición del público; **there is a ~ belief that** ... muchos creen que ....

popularity [,pɒpjʊ'lærɪtɪ] *n* popularidad *f*.

popularize ['pɒpjʊləraɪz] *vt* (**a**) (*make well-liked, acceptable*) popularizar. (**b**) (*make available to the people*) vulgarizar.

popularly ['pɒpjʊləlɪ] *adv* popularmente, entre la mayoría de la gente.

populate ['pɒpjʊleɪt] *vt* poblar.

population [,pɒpjʊ'leɪʃən] **1** *n* población *f*. **2** *cpd*: **the ~ explosion** *n* la explosión *f* demográfica; **~ growth** *n* crecimiento *m* demográfico.

populous ['pɒpjʊləs] *adj* populoso/a; **the most ~ city in the world** la ciudad más poblada del mundo.

pop-up ['pɒpʌp] *adj*: **~ book** libro *m* con historietas o escenas plegables; **~ toaster** tostador *m* automático.

porage ['pɒrɪdʒ] *n* = **porridge**.

porcelain ['pɔːslɪn] *n* porcelana *f*.

porch [pɔːtʃ] *n* (*of church*) pórtico *m*; (*of house*) porche *m*, portal *m*; (*US: veranda*) porche, terraza *f*.

porcupine ['pɔːkjʊpaɪn] *n* puerco *m* espín.

pore[1] [pɔː^r] *n* (*Anat, Zool*) poro *m*.

pore[2] [pɔː^r] *vi*: **to ~ over sth** escudriñar algo.

pork [pɔːk] **1** *n* carne *f* de cerdo *or* puerco *or* (*LAm*) chancho. **2** *cpd*: **~ butcher** *n* charcutero/a *m/f*, chanchero/a *m/f* (*LAm*); **~ chop** *n* chuleta *f* de cerdo *or* puerco; **~ pie** *n* empanada *f* de carne de cerdo.

porn [pɔːn] **1** *n* (*fam*) pornografía *f*, porno *m*; **hard/soft ~** pornografía dura/blanda. **2** *cpd*: **~ merchant** *n* traficante *m* en pornografía; **~ shop** *n* tienda *f* de pornografía.

porno [pɔʌnəʊ] *n* (*esp US fam*) = **porn**.

pornographic [,pɔːnə'græfɪk] *adj* pornográfico/a.

pornography [pɔː'nɒgrəfɪ] *n* pornografía *f*.

porous ['pɔːrəs] *adj* poroso/a.

porpoise ['pɔːpəs] *n* marsopa *f*.

porridge ['pɒrɪdʒ] **1** *n* gachas *fpl* de avena, ≈ atole *m* (*Mex*). **2** *cpd*: **~ oats** *npl* copos *mpl* de avena (para hacer gachas).

port[1] [pɔːt] **1** *n* (**a**) (*harbour*) puerto *m*; **~ of call** puerto de escala; **his next ~ of call was the chemist's** luego fue a la farmacia; **to come** *or* **put into ~** tomar puerto; **any ~ in a storm** (*fig*) la necesidad carece de ley. (**b**) (*city or town with a ~*) puerto *m*. (**c**) (*Comput*) puerta *f*, puerto *m*, port *m*. **2** *cpd* portuario/a; **~ authority** *n* autoridad *f* portuaria.

port[2] [pɔːt] (*Naut, Aer: left side*) **1** *n* babor *m*. **2** *adj* de babor.

port[3] [pɔːt] *n* (*wine*) oporto *m*.

portable ['pɔːtəbl] *adj* portátil.

Portakabin ® ['pɔːtə,kæbɪn] *n* (*gen*) caseta *f* prefabricada.

portcullis [pɔːt'kʌlɪs] *n* rastrillo *m*.

portend [pɔː'tend] *vt* augurar.

portent ['pɔːtent] *n* augurio *m*, presagio *m*.

porter ['pɔːtə^r] *n* (*of hotel, office etc*) portero/a *m/f*; (*Rail, Aer*) malatero *m*, mozo *m* de cuerda *or* de estación, changador *m* (*CSur*); (*US Rail*) mozo *m* de los coches-cama, camarero *m* (*LAm*).

portfolio [pɔːt'fəʊlɪəʊ] *n* (*file*) carpeta *f*; (*of artist, designer*) carpeta, portfolio *m*; (*of business, politician*) cartera *f*; **~ of shares** cartera de acciones; **minister without ~** ministro sin cartera.

porthole ['pɔːthəʊl] *n* portilla *f*.

portion ['pɔːʃən] *n* (*part, piece*) porción *f*, parte *f*; (*of food*) ración *f*; (*of cake*) porción *f*, trozo *m*.

portly ['pɔːtlɪ] *adj* grueso/a, corpulento/a.

portmanteau [pɔːt'mæntəʊ] **1** *n* (*pl* **~s** *or* **~x** [pɔːt'mæntəʊz]) baúl *m* de viaje. **2** *cpd*: **~ word** *n* palabra *f* combinada.

portrait ['pɔːtrɪt] **1** *n* retrato *m*; **to have one's ~ painted** hacerse un retrato. **2** *cpd*: **~ orientation** *n* formato *m* vertical; **~ painter** *n* retratista *mf*.

portray [pɔː'treɪ] *vt* (*paint etc portrait of*) retratar; (*describe, paint etc*) representar, pintar.

portrayal [pɔː'treɪəl] *n* (*see vt*) retrato *m*; descripción *f*.

Portugal ['pɔːtjʊgəl] *n* Portugal *m*.

Portuguese [,pɔːtjʊ'giːz] **1** *adj* portugués/esa; **~ man-of-war** *especie de medusa*. **2** *n* (*pl* **~**) portugués/esa *m/f*; (*Ling*) portugués *m*.

POS *n abbr of* **point of sale**.

pose [pəʊz] **1** *n* postura *f*, actitud *f*; **it's only a ~** (*fig*) es pura pose. **2** *vt* (**a**) (*position*) colocar. (**b**) (*problem, question, difficulty*) plantear. **3** *vi* (**a**) (*for artist etc*) posar. (**b**) (*affectedly*) presumir, hacer pose. (**c**) **to ~ as** (*pretend to be*) fingir ser; (*disguise o.s. as*) disfrazarse de; (*act as*) hacerse pasar *or* tomar por.

poser ['pəʊzə^r] *n* (*fam*) (**a**) (*problem*) problema *m or* pregunta *f* difícil. (**b**) (*person*) = **poseur**.

poseur [pəʊ'zɜː^r] *n* persona *f* afectada.

posh [pɒʃ] (*fam*) **1** *adj* (*comp* **~er**; *superl* **~est**) (*high-class*) elegante; (*affected*) afectado/a; **a ~ car** un coche de lujo. **2** *adv*: **to talk ~** hablar con acento afectado.

position [pə'zɪʃən] **1** *n* (**a**) (*location, place where sb/sth is*) posición *f*; (*of house, farm etc*) situación *f*; (*Mil: strategic site*) posición; **to be in/out of ~** estar en su sitio/fuera de lugar; **what ~ do you play?** (*Sport*) ¿de qué juegas?

(**b**) (*posture*) posición *f*, postura *f*; **in a reclining ~** echado hacia atrás; **what ~ was the body in?** ¿cuál era la postura del cadáver?

(**c**) (*in race etc*) puesto *m*, lugar *m*; (*in class*) puesto.

(**d**) (*social, professional standing*) posición *f*, rango *m*; **a man of ~** un hombre de categoría.

(**e**) (*post*) puesto *m*, empleo *m*; **to have a good ~ in a bank** tener un buen puesto en un banco; **a ~ of trust** un puesto de confianza; **to look for a ~** buscar una colocación.

(**f**) (*window: in post office etc*) ventanilla *f*.

(**g**) (*fig: situation, circumstance*) situación *f*; **our ~ is improving** estamos mejorando de situación; **to be in a ~ to do sth** estar en condiciones de hacer algo; **he's in no ~ to criticize** él no está en condiciones de criticar; **put yourself in my ~** ponte en mi lugar.

(**h**) (*fig: point of view, attitude*) opinión *f*, postura *f*; **what is our ~ on Greece?** ¿cuál es nuestra postura sobre Grecia?; **to change one's ~** cambiar de opinión, cambiar de idea.

2 *vt* (*place in ~*) colocar; (*locate*) situar; **to be ~ed** situarse; **to ~ o.s.** colocarse, situarse.

positive ['pɒzɪtɪv] *adj* (**a**) (*true, real*) auténtico/a, real; (*sharp: refusal*) tajante, categórico/a; (*sure, certain*) seguro/a; **it's ~ proof** es una prueba incontrovertible; **are you sure? — yes, ~** ¿estás seguro? — sin lugar a dudas; **you don't sound very ~** no pareces estar muy seguro.

(**b**) (*affirmative, constructive*) positivo/a; (*person*) dinámico/a; **she's a ~ sort of person** es una persona enérgica; **~ criticism** crítica *f* constructiva; **~ discrimination** discriminación *f* positiva; **there are some ~ results at last** por fin hay unos resultados positivos.

(**c**) (*real, downright*) verdadero/a, auténtico/a; **he's a ~ nuisance** es un auténtico pelmazo.

(**d**) (*Elec, Math, Phot, Ling*) positivo/a; **~ cash flow** flujo *m* positivo de efectivo.

positively ['pɒzɪtɪvlɪ] *adv* (*really, truly*) auténticamente; (*categorically*) tajantemente; (*with certainty*) con seguridad; (*affirmatively*) en forma positiva; (*fam: really, absolutely*) realmente; **the film was ~ disgusting!** ¡la película daba auténtico asco!

poss. [pɒs] *(fam)* **1** *adj abbr of* **possible**. **2** *adv abbr of* **possibly**.

posse ['pɒsɪ] *n (US)* pelotón *m*.

possess [pə'zes] *vt (gen)* poseer; *(hold)* tener; *(own: estate etc)* ser dueño de; **to ~ a large collection** poseer una gran colección; **like one ~ed** como un poseído; **to be ~ed by an idea** dejarse apoderar por una idea; **whatever can have ~ed you?** ¿cómo se te ocurrió?

possession [pə'zeʃən] *n* **(a)** posesión *f*; **to have sth in one's ~** tener algo (en su poder *or* sus manos); **to get ~ of** ganar derecho de entrada a; **to take ~ of sth** *(Jur)* tomar posesión de algo; *(by force)* apoderarse de algo; **to take ~ of a house** adueñarse de una casa; **to get/have ~ of the ball** *(Sport)* hacerse con/tener el balón; **to be in ~ of sth** estar en posesión de algo. **(b)** *(thing possessed)* posesión *f*; **~s** posesiones, bienes *mpl*.

possessive [pə'zesɪv] **1** *adj* **(a)** posesivo/a; **to be ~ about sth/towards sb** ser posesivo con algo/algn. **(b)** *(Ling)* posesivo/a. **2** *n (Ling)* posesivo *m*.

possessor [pə'zesəʳ] *n* poseedor(a) *m/f*; **to be the proud ~ of sth** enorgullecerse de poseer algo.

possibility [ˌpɒsə'bɪlɪtɪ] *n* **(a)** *(chance)* posibilidad *f*; **there is no ~ of his agreeing to it** no existe posibilidad alguna de que esté de acuerdo; **it is within the bounds of ~** cabe dentro de lo posible; **if by any ~ ...** si por casualidad .... **(b)** *(event etc)* posibilidad *f*; **to allow for the ~ that it may happen** tener en cuenta la posibilidad de que podría ocurrir; **to foresee all the possibilities** prever todas las eventualidades. **(c)** *(promise)* **to have possibilities** ser prometedor.

possible ['pɒsəbl] **1** *adj* posible; **it is ~ that he'll come** es posible que venga; **it is ~ to do it** es posible hacerlo; **it is not ~ to do more** es imposible hacer más; **it will be ~ for you to leave early** no habrá inconveniente en que se vaya temprano; **as soon as ~** cuanto antes, lo antes posible; **if (at all) ~** de ser posible; **as often as ~** cuánto más mejor; **where ~, wherever ~** donde sea posible; **the best/worst ~** lo mejor/peor posible; **to make sth ~** posibilitar algo; **what ~ excuse can you give for your behaviour?** no hay disculpa que valga por tu comportamiento; **a ~ defeat** una posible derrota.

2 *n*: **a list of ~s for the job** una lista de candidatos para el puesto; **he's a ~ for Saturday's match** es posible que juegue en el partido del sábado.

possibly ['pɒsəblɪ] *adv* **(a)** posiblemente; **if I ~ can** si me es posible; **as often as I ~ can** lo más frecuentemente que pueda; **how can I ~ come tomorrow?** ¿cómo voy a poder venir mañana?; **I cannot ~ do it** no hay manera de que lo haga; **it can't ~ be true!** ¡no puede ser! **(b)** *(perhaps)* tal vez, quizás, puede que sí.

possum ['pɒsəm] *n* zarigüeya *f*; **to play ~** *(sleeping)* fingir estar dormido; *(dead)* hacerse el muerto.

post[1] [pəʊst] **1** *n* poste *m*; **starting/finishing ~** línea *f* de salida/llegada; **to be left at the ~** quedar muy atrasado. **2** *vt* **(a)** *(also* **~ up)** pegar, fijar; **'~ no bills'** 'prohibido fijar carteles'. **(b)** *(announce)* anunciar; **to ~ sb/sth (as) missing** anunciar la desaparición de algn/algo.

post[2] [pəʊst] **1** *n (mail)* correo *m*; **registered ~** correo certificado; **by ~** por correo; **by return of ~** a vuelta de correo; **to catch the ~** echar el correo antes de la recogida; **it's in the ~** está en el correo; **first/last ~** primer/último reparto; **to sort the ~** clasificar las cartas; **~ paid** porte pagado.

2 *vt* **(a)** *(put in mailbox)* echar (al correo); **to ~ sth to sb** *(send)* mandar algo a algn por correo; **this was ~ed on Monday** esto se echó al buzón el lunes.

(b) *(inform)* **to keep sb ~ed** tener a algn al corriente.

3 *cpd*: **~ office** *n (place)* oficina *f* de correos, correos *mpl*; **the P~ Office** *(institution)* ≈ la Administración General de Correos; **P~ Office box** *n* apartado *m* de correo(s), casilla *f* (postal *or* de correo) *(LAm)*; **P~ Office Savings Bank** *n* ≈ Caja *f* Postal de Ahorros.

post[3] [pəʊst] **1** *n* **(a)** *(job)* puesto *m*, empleo *m*; **to look for a ~** buscar un puesto; **to take up one's ~** ocupar el puesto. **(b)** *(Mil)* puesto *m*; **at one's ~** en su puesto; **frontier ~** puesto fronterizo; **last ~** toque *m* de retreta. **(c)** *(trading ~)* factoría *f*. **2** *vt* **(a)** *(Mil etc)* apostar; *(position)* situar. **(b)** *(send, assign)* enviar; *(Mil)* destinar; **to ~ sb to Buenos Aires** enviar a algn a Buenos Aires.

post... [pəʊst] *pref* post..., pos....

postage ['pəʊstɪdʒ] **1** *n* franqueo *m*, porte *m*; **~ and packing** gastos *mpl* de envío; **~ paid** porte pagado. **2** *cpd*: **~ meter** *n (US)* franqueadora *f*; **~ rates** *npl* tarifa *fsg* de correo; **~ stamp** *n* sello *m* (de correos), estampilla *f (LAm)*, timbre *m (Mex)*.

postal ['pəʊstəl] *adj* postal; **~ district** distrito *m* postal; **~ order** giro *m* postal; **~ service** servicio *m* postal; **~ survey** encuesta *f* por correo; **~ vote** voto *m* postal.

postbag ['pəʊsˌbæg] *n (Brit: letters)* correspondencia *f*, cartas *fpl*.

postbox ['pəʊsˌbɒks] *n (Brit)* buzón *m*.

postcard ['pəʊsˌkɑːd] *n* (tarjeta *f*) postal *f*.

postcode ['pəʊsˌkəʊd] *n (Brit)* código *m* postal.

post-coital [pəʊst'kəʊɪtəl] *adj* de después del coito.

postdate ['pəʊsˌ'deɪt] *vt* poner fecha adelantada a.

postdated ['pəʊsˌ'deɪtɪd] *adj (cheque)* con fecha adelantada.

post-doctoral ['pəʊst'dɒktərəl] *adj* posdoctoral.

poster ['pəʊstəʳ] **1** *n* cartel *m*, póster *m*, afiche *m (LAm)*. **2** *cpd*: **~ paint** *n* pintura *f* al agua.

poste restante ['pəʊst'restɑːnt] *n* lista *f* de correos.

posterior [pɒs'tɪərɪəʳ] *n (hum)* trasero *m*.

posterity [pɒs'terɪtɪ] *n* posteridad *f*.

post-free ['pəʊst'friː] *adj, adv* (con) porte pagado.

postgraduate ['pəʊsˌ'grædjʊɪt] **1** *adj* de posgrado. **2** *n* posgraduado/a *m/f*.

posthaste ['pəʊst'heɪst] *adv* a toda prisa.

posthumous ['pɒstjʊməs] *adj* póstumo/a.

posthumously ['pɒstjʊməslɪ] *adv* después de la muerte.

post-impressionist ['pəʊstɪm'preʃənɪst] *adj* posimpresionista.

postman ['pəʊsˌmən] *n (pl* **-men)** cartero *m*.

postmark ['pəʊstmɑːk] **1** *n* matasellos *m inv*; **date as ~** según fecha del matasellos. **2** *vt* matasellar.

postmaster ['pəʊsˌmɑːstəʳ] *n* administrador *m* de correos; **~ general** director *m* general de correos.

postmistress ['pəʊsˌmɪstrɪs] *n* administradora *f* de correos.

postmodern ['pəʊsˌmɒdən] *adj* posmoderno/a.

postmortem ['pəʊsˌ'mɔːtəm] *n (gen)* autopsia *f*; **to carry out a ~** practicar una autopsia; **to hold a ~ on sth** *(fig)* analizar los resultados de algo, hacer el balance de algo.

post-natal ['pəʊsˌ'neɪtl] *adj* postnatal, posparto; **~ depression** depresión *f* posparto.

post-operative [ˌpəʊst'ɒpərətɪv] *adj* posoperativo/a.

postpone [pəʊsˌ'pəʊn] *vt* aplazar, posponer, postergar *(LAm)*.

postponement [pəʊsˌ'pəʊnmənt] *n* aplazamiento *m*.

postscript ['pəʊsskrɪpt] *n* posdata *f*.

postulate ['pɒstjʊleɪt] *vt* postular.

posture ['pɒstʃəʳ] **1** *n* postura *f*, actitud *f*. **2** *vi (pej)* adoptar una postura afectada.

postviral [ˌpəʊst'vaɪrəl] *adj*: **~ syndrome** síndrome *m* posvírico.

post-war ['pəʊst'wɔːʳ] *adj* de la posguerra.

posy ['pəʊzɪ] *n* ramillete *m*.

pot [pɒt] **1** *n* **(a)** *(for cooking)* cazuela *f*, puchero *m*; *(tea ~)* tetera *f*; *(coffee ~)* cafetera *f*; *(for jam)* tarro *m*, pote *m (LAm)*; *(for flowers)* tiesto *m*, maceta *f*; *(piece of pottery)* cacharro *m*; **chamber ~** orinal *m*; **~s and pans** batería *fsg* de cocina, cacharros *mpl*; **to go to ~** *(fam)* ir al traste.

(b) *(potful)* cazuela *f*, **a ~ of coffee for two** café para dos; **to make a ~ of tea** hacer el té.

(**c**) (*fam*) **to have ~s of money** tener montones de dinero; **to keep the ~ boiling** (*earn living*) ganarse la vida; (*make things progress*) mantener las cosas en marcha.

(**d**) (*fam: shot*) **he took a ~ at the wolf** tiró al lobo.

(**e**) (*fam: marijuana*) maría *f* (*fam*), chocolate *m* (*fam*), mota *f* (*LAm fam*).

2 *vt* (**a**) (*jam, meat, etc*) conservar en tarros; (*plant*) poner en tiesto.

(**b**) (*shoot*) matar.

(**c**) (*Brit: Billiards etc*) meter en la tronera.

3 *cpd*: ~ **plant** *n* planta *f* de interior; ~ **roast** *n* carne *f* asada a la cazuela; ~ **shot** *n* tiro *m* al azar; **to take a ~ shot at sth** disparar al azar contra algo.

potash ['pɒtæʃ] *n* potasa *f*.

potassium [pə'tæsɪəm] **1** *n* potasio *m*. **2** *cpd*: ~ **cyanide** *n* cianuro *m* de potasio; ~ **sulphate** *n* sulfato *m* potásico.

potato [pə'teɪtəʊ] **1** *n* (*pl* **~es**) patata *f*, papa *f* (*LAm*); **sweet ~** batata *f*, camote *m* (*LAm*). **2** *cpd*: ~ **chip** (*US*), ~ **crisp** (*Brit*) *n* patata *f or* (*LAm*) papa *f* frita; ~ **masher** *n utensilio para aplastar las patatas al hacer puré*; ~ **peeler** *n* pelapatatas *m inv*.

potbellied ['pɒt,belɪd] *adj* (*from overeating*) barrigón/ona; (*from malnutrition*) de vientre hinchado.

potency ['pəʊtənsɪ] *n* potencia *f*.

potent ['pəʊtənt] *adj* potente, poderoso/a.

potentate ['pəʊtənteɪt] *n* potentado *m*.

potential [pə'tenʃəl] **1** *adj* en potencia; ~ **earnings** ganancias *fpl* potenciales; **a ~ prime minister** un primer ministro en ciernes. **2** *n* (**a**) (*possibilities*) potencial *m*; (*ability*) capacidad *f*; **to have ~** mostrar gran potencial. (**b**) (*Elec, Math, Phys*) potencial *m*.

potentially [pə'tenʃəlɪ] *adv* en potencia.

pothole ['pɒthəʊl] *n* (*in road*) bache *m*; (*Geol*) marmita *f* de gigante, gruta *f*.

potholer ['pɒthəʊləʳ] *n* espeleólogo/a *m/f*.

potholing ['pɒthəʊlɪŋ] *n* espeleología *f*.

potion ['pəʊʃən] *n* poción *f*, pócima *f*.

potluck ['pɒt'lʌk] *n*: **to take ~** tomar lo que haya.

potpourri [pəʊ'pʊrɪ] *n* (**a**) (*flowers*) flores *fpl* secas aromáticas, popurrí *m*. (**b**) (*of music, writing*) popurrí *m*.

potted ['pɒtɪd] *adj* (**a**) (*food*) conservado/a en tarros; (*plant*) en tiesto. (**b**) (*shortened*) resumido/a.

potter[1] ['pɒtəʳ] *n* alfarero/a *m/f*; **~'s clay** arcilla *f* de alfarería; **~'s wheel** torno *m* de alfarero.

potter[2] ['pɒtəʳ] *vi* (*also* ~ **about**, ~ **around**) entretenerse, pasar el tiempo haciendo cosas, ocuparse en fruslerías; **I ~ed round the house all day** hice bagatelas en casa todo el día.

pottery ['pɒtərɪ] *n* (*craft*) alfarería *f*; (*art*) cerámica *f*; (*pots*) cerámica.

potty[1] ['pɒtɪ] *n* (*fam*) orinal *m* de niño.

potty[2] ['pɒtɪ] *adj* (*comp* **-ier**; *superl* **-iest**) (*Brit fam: mad*) chiflado/a, tarado/a (*LAm*); **it's enough to drive you ~** es para volverse loco.

potty-trained ['pɒtɪ,treɪnd] *adj* que ya no necesita pañales.

pouch [paʊtʃ] *n* (*for tobacco*) petaca *f*; (*for ammunition*) cartuchera *f*; (*hunter's*) morral *m*; (*Zool, Anat*) bolsa *f*.

pouf(fe) [pu:f] *n* (**a**) (*seat*) puf(f) *m*. (**b**) (*Brit fam*) = **poof**.

poulterer ['pəʊltərəʳ] *n* (*Brit*) pollero/a *m/f*.

poultice ['pəʊltɪs] *n* cataplasma *f*, emplasto *m*.

poultry ['pəʊltrɪ] **1** *n* (*alive*) aves *fpl* de corral; (*as food*) aves. **2** *cpd*: ~ **farm** *n* granja *f* avícola; ~ **farmer** *n* avicultor(a) *m/f*; ~ **farming** *n* avicultura *f*.

pounce [paʊns] **1** *n* salto *m*, ataque *m*. **2** *vi* abalanzarse (*on* sobre); **to ~ on sth/sb** (*lit*) echarse encima de algo/algn; (*fig*) agarrar algo/a algn.

pound[1] [paʊnd] **1** *n* (**a**) (*weight*) libra *f* (= 453,6 *gr*); **half a ~** media libra; **they sell it by the ~** lo venden por libras; **to have one's ~ of flesh** (*fig*) exigir el cumplimiento completo (de un contrato *etc*). (**b**) (*money*) libra *f*; **one ~ sterling** una libra esterlina. **2** *cpd*: **a one-~ note** un billete de una libra.

pound[2] [paʊnd] **1** *vt* (**a**) (*hammer, strike*) golpear; (*with stick etc*) aporrear; (*subj: sea, waves*) azotar, batir; (*Mil*) bombardear. (**b**) (*pulverize*) machacar; **to ~ sth to pieces** romper algo a golpes. **2** *vi* (**a**) (*drums, etc*) resonar, redoblar; (*heart*) palpitar; (*waves*) romper; **the sea was ~ing against the rocks** el mar azotaba las rocas; **to ~ at, to ~ on** golpear, dar golpes en. (**b**) (*run, walk heavily*) correr/andar con paso pesado.

▸ **pound down** *vt + adv* (*drugs, spices*) moler; **to ~ sth down to a pulp** hacer algo papilla.

pound[3] [paʊnd] *n* (*enclosure: for dogs*) perrera *f*; (*: for cars*) depósito *m* de coches.

-pounder ['paʊndəʳ] *n suf*: **four~** (pez *m etc*) de cuatro libras.

pounding ['paʊndɪŋ] *n*: **to take a ~** (*ship*) ser azotado por el mar; (*Sport*) sufrir una derrota; (*Mil*) sufrir un bombardeo; **Barcelona gave us a real ~** el Barça nos dio una paliza de las buenas.

pour [pɔ:ʳ] **1** *vt* (*gen*) echar, verter; (*spill*) derramar; **to ~ a drink for sb** servir una copa a algn; **he ~ed himself some coffee** se sirvió café; **to ~ sth away** *or* **off** vaciar *or* verter algo; **to ~ money into a project** invertir dinero en cantidades en un proyecto.

2 *vi* (**a**) correr, fluir; **the sweat is ~ing off you!** ¡estás sudando la gota gorda!; **tourists are ~ing in** los turistas están llegando a raudales; **water came ~ing into the room** el agua entraba a raudales en el cuarto; **blood ~ed from the wound** la sangre salía a borbotones de la herida.

(**b**) **it's ~ing (with rain)** está lloviendo a cántaros.

▸ **pour out** **1** *vt + adv* (*gen*) echar; (*spill*) derramar; (*a drink*) servir, echar; **to ~ out one's troubles** desatarse y contarlo todo; **to ~ out one's feelings** *or* **heart** desahogarse. **2** *vi + adv* (*persons etc*) salir a raudales; **they ~ed out into the streets** invadieron las calles.

pouring ['pɔ:rɪŋ] *adj* (*custard etc*) para echar; (*rain*) torrencial.

pout [paʊt] **1** *n* puchero *m*, morritos *mpl*. **2** *vi* hacer pucheros, poner morr(it)os.

poverty ['pɒvətɪ] **1** *n* (*gen*) pobreza *f*; (*state of ~*) miseria *f*; ~ **of imagination** falta *f* de imaginación; **to live in ~** vivir en la miseria. **2** *cpd*: ~ **line** *n*: **to live below the ~ line** vivir en la indigencia; **to live on the ~ line** vivir del salario mínimo, vivir al borde de la pobreza; ~ **trap** *n* (*Brit*) trampa *f* de la pobreza.

poverty-stricken ['pɒvətɪ,strɪkn] *adj* necesitado/a; **to be ~** (*hum*) estar en la miseria.

POW *n abbr of* **prisoner of war**.

powder ['paʊdəʳ] **1** *n* polvo *m*; (*face ~, talcum ~*) polvos *mpl*; **to grind sth to (a) ~** reducir algo a polvo. **2** *vt* (**a**) (*reduce to ~*) pulverizar, reducir a polvo. (**b**) (*apply ~ to*) polvorear, poner polvos a; **to ~ one's nose** (*lit*) empolvarse la nariz; (*euph*) ir al tocador. **3** *cpd*: ~ **compact** *n* polvera *f*; ~ **puff** *n* borla *f*; ~ **room** *n* tocador *m*.

powdered ['paʊdəd] *adj* en polvo; ~ **milk** leche *f* en polvo; ~ **sugar** (*US*) azúcar *m* extrafino.

powdery ['paʊdərɪ] *adj* en polvo.

power [paʊəʳ] **1** *n* (**a**) (*gen: strength, force etc*) fuerza *f*; (*fig: of argument etc*) fuerza, impacto *m*; **more ~ to your elbow!** (*fam*) ¡qué tengas éxito!; **the ~ of life and death** poder *m* de vida o muerte.

(**b**) (*ability, capacity*) capacidad *f*; (*faculty*) facultad *f*; **it is beyond his ~ to save her** no está dentro de sus posibilidades salvarla; **to do all in one's ~ to help sb** hacer todo lo posible por ayudar a algn; **the ~ of speech** la facultad del habla; **~s of persuasion/imagination** capacidad de persuasión/imaginación.

(**c**) (*Pol etc: authority*) poder *m*, autoridad *f*; **that is beyond my ~(s)** eso no es de mi competencia; **to have ~ over sb** tener influencia sobre algn; **to have sb in one's**

~ tener a algn en su poder; **to be in sb's ~** estar en poder de algn; **to be in ~** estar en el poder; **to come to ~** subir al poder; **~ of attorney** (*Jur*) poder; **the ~ behind the throne** la eminencia gris; **the ~s that be** las autoridades; **the ~s of darkness** *or* **evil** las fuerzas del mal.

(**d**) (*nation*) potencia *f*; **the Great P~s** las grandes potencias.

(**e**) (*source of energy: nuclear ~, electric ~ etc*) energía *f*.

(**f**) (*of engine, machine, etc*) potencia *f*, fuerza *f*; (*of telescope*) aumento *m*; **engines at half ~** motores a medio rendimiento.

(**g**) (*Math*) potencia *f*; **7 to the ~ (of) 3** 7 elevado a la 3ª potencia.

(**h**) (*fam: a lot of*) **that did me a ~ of good** me hizo mucho *or (LAm)* harto bien.

2 *vt* impulsar; **a plane ~ed by 4 jets** un avión impulsado por 4 motores a reacción.

3 *cpd* (*saw, drill*) mecánico/a, eléctrico/a; (*Elec: cable, supply*) de energía eléctrica; (*: line*) de fuerza; **~ cut** *n* (*Brit*) corte *m* de corriente; **~ failure** *n* fallo *m* del suministro de electricidad; **~ game** *n* juego *m* del poder; **~ outage** (*US*) *n* = **~ cut**; **~ plant** *n* grupo *m* electrógeno; (*US*) central *f* eléctrica; **~ point** *n* (*Elec*) enchufe *m*, toma *f*; **~ politics** *npl* política *fsg* de fuerza; **~ station** *n* central *f* eléctrica, usina *f* eléctrica *(CSur)*; **~ steering** *n* (*Aut*) dirección *f* asistida; **~ structure** *n* estructura *f* del poder; **~ struggle** *n* lucha *f* por el poder.

power-assisted ['paʊərə,sɪstɪd] *adj*: **~ brakes** servofrenos *mpl*; **~ steering** dirección *f* asistida.

powerboat ['paʊə,bəʊt] *n* lancha *f* a motor.

power-driven ['paʊədrɪvn] *adj* mecánico/a, eléctrico/a.

powerful ['paʊəfʊl] *adj* (*person: physically*) fuerte, fornido/a; (*: influential*) poderoso/a; (*engine, magnet etc*) potente; (*actor*) convincente; (*speech, film etc*) conmovedor(a).

powerhouse ['paʊəhaʊs] *n* (*pl* **-houses** [haʊzɪz]) (*fig*) fuerza *f* motriz *or* dinámica.

powerless ['paʊəlɪs] *adj* impotente, ineficaz.

pp *abbr* (**a**) *of* **per procurationem, by proxy** p.p. (**b**) *of* **parcel post**. (**c**) *of* **post paid**. (**d**) *of* **prepaid**.

pp. *abbr of* **pages** págs.

PPE *n abbr of* **philosophy, politics, economics** *grupo de asignaturas de la Universidad de Oxford*.

ppm *n abbr of* **parts per million**.

PPP *n abbr of* **personal pension plan**.

PPS *n abbr* (**a**) (*Brit*) *of* **Parliamentary Private Secretary**. (**b**) *of* **post-postscriptum**.

PQ *abbr* (*Canada*) *of* **Province of Quebec**.

PR 1 *n abbr* (**a**) (*Pol*) *of* **proportional representation**. (**b**) *of* **public relations** R.P., RRPP *fpl*. **2** *abbr* (*US Post*) *of* **Puerto Rico**.

Pr. *abbr of* **prince** P.

practicability [,præktɪkə'bɪlɪtɪ] *n* factibilidad *f*.

practicable ['præktɪkəbl] *adj* factible, practicable.

practical ['præktɪkəl] **1** *adj* (**a**) práctico/a; **for all ~ purposes** en la práctica; **~ joke** broma *f* pesada; **~ nurse** (*US*) enfermera *f* práctica *or* sin título. (**b**) **it's a ~ sellout** es casi una traición. **2** *n* (*Univ etc*) examen *m* práctico.

practicality [,præktɪ'kælɪtɪ] *n* (*of person*) sentido *m* práctico; (*of scheme etc*) factibilidad *f*; **practicalities** detalles *mpl* prácticos.

practically ['præktɪklɪ] *adv* (*almost*) casi, prácticamente; **it ~ killed me** por poco me mata; **there has been ~ no rain** casi no ha llovido.

practice ['præktɪs] **1** *n* (**a**) (*habit, custom*) costumbre *f*; **sharp ~** engaños *mpl*, trampas *fpl*; **it is not our ~ to do that** no acostumbramos hacer eso.

(**b**) (*exercise*) práctica *f*; (*training*) entrenamiento *m*; (*rehearsal*) ensayo *m*, práctica; **to be out of ~** no estar en forma; **~ makes perfect** la práctica hace maestro.

(**c**) (*reality*) práctica *f*; **in ~** en la práctica; **to put sth into ~** poner algo en práctica.

(**d**) (*of doctor: place*) consultorio *m*; (*: people*) pacientes *mpl*; (*of lawyer: office*) bufete *m*; (*exercise of profession*) ejercicio *m*; **he is no longer in ~** ya no ejerce *or* practica; **to set up in ~ as** establecerse como.

2 *vt, vi* (*US*) = **practise**.

practise, (*US*) **practice** ['præktɪs] **1** *vt* (**a**) practicar; **to ~ what one preaches** predicar con el ejemplo. (**b**) (*train o.s. at*) hacer prácticas de, hacer ejercicios de; **to ~ doing sth** ensayar hacer algo; **I ~d my Spanish on her** practiqué el español con ella. (**c**) (*follow, exercise*) practicar, ejercer. **2** *vi* (**a**) (*to improve skill: Sport*) entrenar; (*: Theat, Mus*) ensayar; **to ~ every day** hacer ejercicios todos los días. (**b**) (*lawyer*) ejercer; (*doctor*) practicar.

practised, (*US*) **practiced** ['præktɪst] *adj* (*gen*) experto/a; **with a ~ eye** con ojo de experto.

practising, (*US*) **practicing** ['præktɪsɪŋ] *adj* (*professional*) que ejerce; (*Rel*) practicante.

practitioner [præk'tɪʃənə'] *n* (*of an art*) practicante *mf*; (*Med*) médico/a *m/f*; *see* **general 3**.

pragmatic [præg'mætɪk] *adj* pragmático/a.

pragmatism ['prægmətɪzəm] *n* pragmatismo *m*.

Prague [prɑːg] *n* Praga *f*.

prairie ['prɛərɪ] *n* pradera *f*; (*in North America*) llanura *f*, pampa *f (LAm)*.

praise [preɪz] **1** *n* alabanza *f*, elogio *m*; **he spoke in ~ of their achievements** habló en alabanza de sus éxitos; **I have nothing but ~ for her** merece todos mis elogios; **~ be to God!** (*in church*) ¡alabado sea Dios!; **~ be!** ¡gracias a Dios!; **to sing the ~s of sb** cantar las alabanzas de algn; **to sing one's own ~s** cantar sus propias alabanzas. **2** *vt* alabar, elogiar.

praiseworthy ['preɪz,wɜːðɪ] *adj* loable.

pram [præm] *n* (*Brit*) cochecito *m* de niño.

prance [prɑːns] *vi* (*horse*) hacer cabriolas, encabritarse; (*person: proudly*) pavonearse; (*: gaily*) brincar; **to ~ in/out** entrar/salir a brincos.

prank [præŋk] *n* travesura *f*; **to play a ~ on sb** gastar una broma a algn.

prat [præt] (*fam*) *n* (*ineffectual person*) inútil *mf (fam)*; (*fool*) imbécil *mf*.

prattle ['prætl] *vi* charlar, parlotear, cotorrear, echar cotorreo.

prawn [prɔːn] **1** *n* gamba *f*, camarón *m (esp LAm)*. **2** *cpd*: **~ cocktail** *n* cóctel *m* de gambas.

pray [preɪ] *vi* (*say prayers*) rezar, orar; **to ~ to God** rogar a Dios; **to ~ for sb/sth** orar por algn/algo; **to ~ for sth** (*want it badly*) desear algo; **she's past ~ing for!** (*fam*) ¡ya no se puede salvar!

prayer [prɛə'] **1** *n* (*Rel*) oración *f*, rezo *m*; (*entreaty*) súplica *f*, ruego *m*; **to say one's ~s** decir sus oraciones; **he didn't have a ~** (*US fam*) no tenía nada que hacer, no tenía ni la menor posibilidad. **2** *cpd*: **~ book** *n* devocionario *m*, misal *m*; **~ mat** *n* alfombra *f* de rezo; **~ meeting** *n* reunión *f* de fieles.

praying ['preɪɪŋ] *adj*: **~ mantis** mantis *f* religiosa.

pre... [priː] *pref* pre..., ante....

preach [priːtʃ] **1** *vt* (*Rel etc*) predicar; (*fig*) aconsejar, predicar. **2** *vi* predicar; **to ~ at sb** sermonear a algn; **to ~ to the converted** (*fig*) querer convertir a los que ya lo están.

preacher ['priːtʃə'] *n* (*of sermon*) predicador(a) *m/f*; (*US: minister*) pastor *m*.

preamble [priː'æmbl] *n* preámbulo *m*.

prearrange ['priːə'reɪndʒ] *vt* arreglar de antemano.

precarious [prɪ'kɛərɪəs] *adj* precario/a.

precaution [prɪ'kɔːʃən] *n* precaución *f*; **as a ~** por precaución; **to take ~s** (*gen*) tomar precauciones; (*use contraceptive*) usar anticonceptivos; **to take the ~ of doing sth** tomar la precaución de hacer algo.

precautionary [prɪ'kɔːʃənərɪ] *adj* preventivo/a, de precaución.

precede [prɪ'si:d] *vt* (*in space, time, rank*) preceder, anteceder; **for a month preceding this** durante un mes antes de esto; **to ~ a lecture with a joke** empezar una conferencia contando un chiste.

precedence ['presɪdəns] *n* (*in rank*) precedencia *f*; (*in importance*) preferencia *f*; **to take ~ over sb/sth** tener prioridad sobre algn/algo.

precedent ['presɪdənt] *n* (*also Jur*) precedente *m*; **without ~** sin precedente; **to establish** *or* **set a ~** sentar un precedente.

preceding [prɪ'si:dɪŋ] *adj* precedente, anterior; **throughout the ~ month** durante todo el mes anterior.

precept ['pri:sept] *n* precepto *m*.

precinct ['pri:sɪŋkt] *n* (*area*) recinto *m*; (*shopping ~*) centro *m* comercial; (*pedestrian ~*) zona *f* peatonal; (*US: district*) distrito *m*; **~s** (*grounds, premises*) límites *mpl*; (*environs*) alrededores *mpl*; (*of cathedral etc*) recinto *msg*.

precious ['preʃəs] **1** *adj* (**a**) (*costly*) precioso/a; **~ stone/metal** piedra *f* preciosa/metal *m* precioso. (**b**) (*treasured*) querido/a, precioso/a; **your ~ dog** (*iro*) tu querido perro; **your help is very ~ to me** aprecio mucho tu ayuda. **2** *adv* (*fam*) **~ little/few** bien poco/pocos.

precipice ['presɪpɪs] *n* precipicio *m*.

precipitate [prɪ'sɪpɪtɪt] **1** *adj* precipitado/a. **2** [prɪ'sɪpɪteɪt] *vt* (**a**) (*bring on*) precipitar, provocar. (**b**) (*fig*) arrojar. (**c**) (*Chem, Met*) precipitar.

precipitous [prɪ'sɪpɪtəs] *adj* (*steep*) escarpado/a; (*hasty*) precipitado/a.

précis ['preɪsi:] **1** *n* (*pl ~*) resumen *m*. **2** *vt* hacer un resumen de, resumir.

precise [prɪ'saɪs] *adj* (**a**) preciso/a, exacto/a; **there were 5, to be ~** para ser exacto, fueron 5; **at that ~ moment** en ese preciso momento. (**b**) (*meticulous*) meticuloso/a; (*pej: over-~*) afectado/a, pedante; **he's very ~ in everything** es meticuloso en todo.

precisely [prɪ'saɪslɪ] *adv* (*exactly*) precisamente, exactamente; (*with precision*) con precisión; **at 4 o'clock ~, at ~ 4 o'clock** a las 4 en punto; **~!** ¡exactamente!, efectivamente, ¡eso es!; **~ what was it that it you wanted?** ¿qué era lo que quería Vd exactamente?

precision [prɪ'sɪʒən] **1** *n* precisión *f*. **2** *cpd*: **~ bombing** *n* bombardeo *m* de precisión; **~ instrument** *n* instrumento *m* de precisión.

preclude [prɪ'klu:d] *vt* (*prevent*) impedir; (*avoid*) evitar; **this does not ~ the possibility of ...** esto no excluye *or* quita la posibilidad de ...; **we are ~d from doing that** nos está vedado hacer eso.

precocious [prɪ'kəʊʃəs] *adj* precoz.

precociousness [prɪ'kəʊʃəsnɪs], **precocity** [prə'kɒsɪtɪ] *n* precocidad *f*.

preconceived ['pri:kən'si:vd] *adj* preconcebido/a.

preconception ['pri:kən'sepʃən] *n* (*idea*) preconcepción *f*, idea *f* preconcebida; (*prejudice*) prejuicio *m*.

precondition ['pri:kən'dɪʃən] *n* condición *f* previa.

precooked [,pri:'kʊkt] *adj* precocinado/a.

precursor [pri:'kɜ:sə^r] *n* precursor(a) *m/f*.

predate ['pri:'deɪt] *vt* (*put earlier date on*) poner fecha anterior a; (*precede*) preceder.

predator ['predətə^r] *n* depredador *m*.

predatory ['predətərɪ] *adj* depredador(a).

predecessor ['pri:dɪsesə^r] *n* predecesor(a) *m/f*, antecesor(a) *m/f*.

predestination [pri:,destɪ'neɪʃən] *n* predestinación *f*.

predestine [pri:'destɪn] *vt* predestinar.

predetermine ['pri:dɪ'tɜ:mɪn] *vt* (*Phil, Rel*) predeterminar; (*arrange beforehand*) determinar de antemano.

predicament [prɪ'dɪkəmənt] *n* apuro *m*, aprieto *m*; **to be in a ~** (*puzzled*) hallarse en un dilema; (*in a fix*) estar en un apuro.

predicate ['predɪkɪt] **1** *n* (*Ling*) predicado *m*. **2** ['predɪkeɪt] *vt*: **to be ~d (up)on** basarse en, partir de.

predict [prɪ'dɪkt] *vt* predecir, pronosticar.

predictable [prɪ'dɪktəbl] *adj* previsible; **you're so ~!** ¡se te ve venir!

predictably [prɪ'dɪktəblɪ] *adv* como era de esperar.

prediction [prɪ'dɪkʃən] *n* (*gen*) pronóstico *m*, predicción *f*; (*prophecy*) vaticinio *m*.

predigested [,pri:daɪ'dʒestɪd] *adj* predigerido/a.

predilection [,pri:dɪ'lekʃən] *n* predilección *f*; **to have a ~ for** tener predilección por.

predispose ['pri:dɪs'pəʊz] *vt* predisponer.

predominance [prɪ'dɒmɪnəns] *n* predominio *m*.

predominant [prɪ'dɒmɪnənt] *adj* predominante.

predominantly [prɪ'dɒmɪnəntlɪ] *adv* (*in a majority*) en su mayoría, predominantemente.

predominate [prɪ'dɒmɪneɪt] *vi* predominar.

preemie ['pri:mɪ] *n* (*US Med fam*) bebé *m* prematuro.

pre-eminence [pri:'emɪnəns] *n* preeminencia *f*.

pre-eminent [pri:'emɪnənt] *adj* preeminente.

pre-eminently [pri:'emɪnəntlɪ] *adv* especialmente.

pre-empt [pri:'empt] *vt* adelantarse a; **to ~ sth** asegurarse de algo adelantándose a otros.

pre-emptive [prɪ(:)'emptɪv] *adj* (*claim etc*) por derecho de prioridad; **~ bid** oferta *f* con derecho preferente; **~ strike** ataque *m* preventivo.

preen [pri:n] *vt* arreglar con el pico; **to ~ o.s.** (*bird*) arreglarse las plumas; (*person*) pavonearse.

pre-established ['pri:ɪs'tæblɪʃt] *adj* establecido/a de antemano.

prefab ['pri:fæb] *n* (*fam*) casa *f* prefabricada.

prefabricated ['pri:'fæbrɪkeɪtɪd] *adj* prefabricado/a.

preface ['prefɪs] *n* prólogo *m*, prefacio *m*.

prefaded [,pri:'feɪdɪd] *adj* (*jeans etc*) desteñido/a de origen.

prefect ['pri:fekt] *n* (*Brit Scol*) monitor(a) *m/f*; (*French etc Admin*) prefecto *m*.

prefer [prɪ'fɜ:^r] *vt* (**a**) preferir; **to ~ coffee to tea** preferir el café al té; **to ~ walking to going by car** preferir ir a pie a ir en coche; **I ~ to stay home** prefiero quedarme en casa; **A is much to be ~red to B** A es mucho mejor que B. (**b**) (*Jur*) **to ~ charges against sb** presentar una denuncia contra algn.

preferable ['prefərəbl] *adj* preferible.

preferably ['prefərəblɪ] *adv* de preferencia, preferentemente.

preference ['prefərəns] *n* (**a**) (*greater liking or favour*) preferencia *f*; **in ~ to sth** antes que algo. (**b**) (*thing preferred*) **what is your ~?** ¿qué prefieres?; **I have no ~** no tengo preferencia. (**c**) (*priority*) **to give ~ to sb/sth** dar prioridad a algn/algo.

preferential [,prefə'renʃəl] *adj* preferente; **on ~ terms** con condiciones preferenciales.

prefiguration [,pri:fɪgə'reɪʃən] *n* prefiguración *f*.

prefix ['pri:fɪks] *n* (*Ling*) prefijo *m*.

pregnancy ['pregnənsɪ] **1** *n* embarazo *m*. **2** *cpd*: **~ test** *n* prueba *f* del embarazo.

pregnant ['pregnənt] *adj* embarazada, encinta; (*fig*) muy significativo/a; **~ with** cargado *or* preñado de; **a ~ silence** un silencio elocuente *or* significativo.

preheat ['pri:'hi:t] *vt* precalentar.

prehensile [prɪ'hensaɪl] *adj* prensil.

prehistoric ['pri:hɪs'tɒrɪk] *adj* prehistórico/a.

prehistory ['pri:'hɪstərɪ] *n* prehistoria *f*.

prejudge ['pri:'dʒʌdʒ] *vt* prejuzgar.

prejudice ['predʒʊdɪs] **1** *n* (**a**) (*biased opinion*) prejuicio *m*; **his ~ against ...** su mala voluntad hacia .... (**b**) (*Jur: injury, detriment*) perjuicio *m*; **without ~ to** sin perjuicio de. **2** *vt* (**a**) (*bias*) predisponer, prevenir. (**b**) (*injure*) perjudicar; **to ~ one's chances** perjudicar las posibilidades de uno.

prejudiced ['predʒʊdɪst] *adj* parcial, interesado/a; **to be ~ against/in favour of sb/sth** estar predispuesto contra/a favor de algn/algo.

prejudicial [,predʒʊ'dɪʃəl] *adj* perjudicial.

prelate ['prelɪt] *n* prelado *m*.

prelim ['pri:lɪm] *n abbr of* **preliminary**.
preliminary [prɪ'lɪmɪnərɪ] **1** *adj* preliminar. **2** *n*: **preliminaries** preliminares *mpl*.
prelude ['prelju:d] *n* preludio *m*.
premarital ['pri:'mærɪtl] *adj* prematrimonial.
premature ['premətʃʊə'] *adj* prematuro/a; **he was (born) 5 weeks** ~ nació con 5 semanas de antelación; **I think you're being a little** ~ creo que te has adelantado.
prematurely ['premətʃʊəlɪ] *adv* antes de tiempo.
pre-med ['pri:med] *n abbr (Brit) of* **premedication**.
premedication [,pri:medɪ'keɪʃən] *n* premedicación *f*.
premeditate [pri:'medɪteɪt] *vt* premeditar.
premenstrual [,pri:'menstrʊəl] *adj*: ~ **syndrome** síndrome *m* premenstrual; ~ **tension** tensión *f* premenstrual.
premier ['premɪə'] *n (Pol)* primer/a ministroa *m/f*.
première [,premɪ'ɛə'] *n* estreno *m*.
premise ['premɪs] *n* (**a**) (*hypothesis*) premisa *f*. (**b**) ~**s** (*property*) local *msg*; **licensed** ~**s** local autorizado para la venta de bebidas alcohólicas; **on the** ~**s** en el lugar mismo; **to see sb off the** ~**s** echar a algn del local *or* establecimiento.
premium ['pri:mɪəm] **1** *n* prima *f*, abono *m*; (*Comm, insurance*) prima; **to sell sth at a** ~ vender algo caro; **to be at a** ~ (*fig*) estar muy solicitado/a; **to put a** ~ **on sth** estimular algo; (*value*) valorar mucho algo. **2** *cpd*: ~ **bond** *n (Brit) bono del estado que participa en una lotería nacional*; ~ **gasoline** *n (US)* (gasolina *f*) súper *f*.
premonition [,premə'nɪʃən] *n* presentimiento *m*; **to have a** ~ **that** ... presentir que ....
prenatal ['pri:'neɪtl] *adj* prenatal.
preoccupation [pri:,ɒkjʊ'peɪʃən] *n* preocupación *f*.
preoccupied [pri:'ɒkjʊpaɪd] *adj* (*gen*) preocupado/a; (*absorbed, distracted*) ensimismado/a; **to be** ~ **with sth** estar preocupado *or* preocuparse por algo; **he was too** ~ **to notice** estaba demasiado absorto para darse cuenta.
preoccupy [pri:'ɒkjʊpaɪ] *vt* preocupar.
prep [prep] *(Brit)* **1** *n abbr (Scol) of* **preparation**; *see* **preparation (c)**. **2** *cpd*: ~ **school** *n* = **preparatory school**.
prepackaged ['pri:'pækɪdʒd], **prepacked** [,pri:'pækt] *adj* empaquetado/a.
prepaid ['pri:'peɪd] *adj* porte pagado.
preparation [,prepə'reɪʃən] *n* (**a**) (*preparing*) preparación *f*; **in** ~ **for sth** en preparación para algo; **to be in** ~ estar en preparación. (**b**) (*preparatory measure*) preparativo *m*; **to make** ~**s** hacer preparativos. (**c**) (*Brit Scol*) deberes *mpl*, tarea *f*.
preparatory [prɪ'pærətərɪ] *adj* preparatorio/a, preliminar; ~ **to sth/to doing sth** como preparación para algo/para hacer algo; ~ **school** (*Brit*) *escuela privada para muchachos de 8 a 12 años*.
prepare [prɪ'pɛə'] **1** *vt* (*get ready*) preparar, disponer; **to** ~ **a meal** preparar una comida; **to** ~ **the way for an agreement** preparar el terreno para un acuerdo; **to** ~ **to do sth** prepararse para hacer algo. **2** *vi* prepararse (*for sth* para algo); **to** ~ **for an examination** estudiar para un examen.
prepared [prɪ'pɛəd] *adj* (**a**) preparado/a, listo/a. (**b**) (*in state of readiness*) dispuesto/a; **to be** ~ **for anything** estar dispuesto a todo; **we were not** ~ **for this** esto no lo esperábamos. (**c**) (*willing*) **to be** ~ **to help sb** estar dispuesto a ayudar a algn.
prepayment ['pri:'peɪmənt] *n* pago *m* adelantado.
preponderance [prɪ'pɒndərəns] *n* preponderancia *f*, predominio *m*.
preponderant [prɪ'pɒndərənt] *adj* preponderante, predominante.
preposition [,prepə'zɪʃən] *n (Ling)* preposición *f*.
prepossessing [,pri:pə'zesɪŋ] *adj* agradable, atractivo/a.
preposterous [prɪ'pɒstərəs] *adj* absurdo/a, ridículo/a.
preprogramme, (*US, freq Comput*) **preprogram** [,pri:'prəʊgræm] *vt* preprogramar.
prerecord ['pri:rɪ(:)'kɔ:d] *vt* grabar de antemano, pregrabar.
prerequisite ['pri:'rekwɪzɪt] *n* requisito *m*; ~**s for success** las cosas necesarias para asegurar el éxito.
prerogative [prɪ'rɒgətɪv] *n* prerrogativa *f*.
presage ['presɪdʒ] **1** *n* presagio *m*. **2** *vt* presagiar.
Presbyterian [,prezbɪ'tɪərɪən] *adj*, *n* presbiteriano/a *m/f*.
preschool ['pri:'sku:l] *adj* preescolar.
prescribe [prɪ'skraɪb] *vt* (**a**) (*lay down, order*) prescribir, ordenar. (**b**) (*Med, fig*) recetar; **he** ~**d complete rest** recomendó el reposo completo.
prescription [prɪ'skrɪpʃən] **1** *n* (*Med*) receta *f*; **to make up** *or* (*US*) **fill a** ~ preparar una receta; **only available on** ~ se vende solamente con receta. **2** *cpd*: ~ **charges** *npl (Brit)* precio *msg* de las recetas.
presealed ['pri:'si:ld] *adj* precintado/a.
presence ['prezns] *n* (*gen*) presencia *f*; (*attendance*) asistencia *f*; **in the** ~ **of** en presencia de; **to make one's** ~ **felt** imponerse, hacerse sentir; ~ **of mind** aplomo *m*, serenidad *f*.
present ['preznt] **1** *adj* (**a**) (*in attendance*) presente; **those** ~ los presentes; **to be** ~ **(at)** asistir (a), estar presente (en); **he was** ~ **at the accident** fue testigo del accidente.
(**b**) (*of the moment*) actual; **at the** ~ **moment** en el momento actual *or* el presente; **the** ~ **Queen of England** la actual Reina de Inglaterra; **its** ~ **value** su valor actual; **in the** ~ **year** en el año que corre.
(**c**) (*Ling*) presente *m*.
2 *n* (**a**) (~ *time*) actualidad *f*, presente *m*; (*Ling*) presente; **at** ~ actualmente, ahora; **for the** ~ de momento, por lo pronto; **up to the** ~ hasta ahora.
(**b**) (*gift*) regalo *m*; (*: formal*) obsequio *m*; **to make sb a** ~ **of sth** regalar algo a algn.
3 [prɪ'zent] *vt* (**a**) (*hand over formally*) presentar; (*give as gift*) regalar; **to** ~ **sb with sth, to** ~ **sth to sb** obsequiar *or* regalar algo a algn.
(**b**) (*put forward*) presentar; **to** ~ **a report** presentar un informe; **the report** ~**s him in a favourable light** el informe le presenta bajo una luz favorable.
(**c**) (*offer, provide*) ofrecer; **it** ~**s a magnificent sight** ofrece una vista maravillosa; **it** ~**s some difficulties** nos plantea algunas dificultades; **a problem has** ~**ed itself** ha surgido un problema.
(**d**) (*Rad, TV*) presentar.
(**e**) (*introduce*) presentar; **to** ~ **X to Y** presentar a X a Y; **may I** ~ **Miss Clark?** (*frm*) permítame presentarle *or* le presento a la Srta Clark; **to** ~ **o.s.** presentarse.
presentable [prɪ'zentəbl] *adj* presentable; **to make sth** ~ arreglar algo; **to make o.s.** ~ arreglarse.
presentably [prɪ'zentəblɪ] *adv*: ~ **dressed** vestido/a de manera presentable.
presentation [,prezən'teɪʃən] **1** *n* (**a**) (*act of presenting*) presentación *f*; (*Jur: of case etc*) exposición *f*; **on** ~ **of the voucher** al presentar el vale. (**b**) (*Rad, TV, Theat*) representación *f*. (**c**) (*ceremony*) ceremonia *f* de entrega; (*gift*) obsequio *m*; **to make the** ~ hacer la presentación. **2** *cpd*: ~ **case** *n* estuche *m* de regalo; ~ **copy** *n* ejemplar *m* con dedicatoria del autor.
present-day ['preznt'deɪ] *adj* actual; ~ **Spain** la España de hoy.
presenter [prɪ'zentə'] *n* (*Rad*) locutor(a) *m/f*; (*TV*) presentador/a *m/f*.
presentiment [prɪ'zentɪmənt] *n* presentimiento *m*.
presently ['prezntlɪ] *adv* (*shortly*) dentro de poco, al rato; (*US: now*) ahora, ahorita (*LAm*).
preservation [,prezə'veɪʃən] **1** *n* conservación *f*, preservación *f*. **2** *cpd*: ~ **order** *n* orden *f* de preservación.
preservative [prɪ'zɜ:vətɪv] *n* (*Culin*) conservante *m*.
preserve [prɪ'zɜ:v] **1** *vt* (**a**) (*keep intact*) conservar, proteger; (*maintain: silence, customs etc*) mantener. (**b**) (*keep*

from decay) conservar, mantener en buen estado; **well ~d** bien conservado. (**c**) (*Culin*) guardar en conserva. (**d**) (*keep from harm, save*) proteger, preservar; **~ me from that!** ¡sálvame de eso! **2** *n* (**a**) (*Culin*) conserva *f*; **~s** conservas. (**b**) (*Hunting*) coto *m*, vedado *m*.

preserved [prɪˈzɜːvd] *adj* (*food*) en conserva.

preset [ˈpriːˈset] (*pt, pp* ~) *vt* programar.

preshrunk [ˈpriːˈʃrʌŋk] *adj* ya lavado/a.

preside [prɪˈzaɪd] *vi*: **to ~ (at** *or* **over)** presidir.

presidency [ˈprezɪdənsɪ] *n* presidencia *f*.

president [ˈprezɪdənt] *n* presidente/a *m/f*; (*US: of company*) director(a) *m/f* gerente.

presidential [ˌprezɪˈdenʃəl] *adj* presidencial.

press [pres] **1** *n* (**a**) (*apparatus, machine*) prensa *f*.

(**b**) (*printing press*) imprenta *f*; **to go to ~** entrar en prensa; **to be in the ~** estar en prensa.

(**c**) (*newspapers*) **the ~** la prensa; **to get a good/bad ~** tener buena/mala prensa.

2 *vt* (**a**) (*push, squeeze: button, switch*) apretar, pulsar; (*: hand, trigger*) apretar, presionar; (*: grapes etc*) pisar; (*: fruit*) exprimir, estrujar; **to ~ sb to one's heart** abrazar estrechamente a algn.

(**b**) (*iron*) planchar.

(**c**) (*urge, entreat*) instar; (*pressure*) presionar; (*force*) forzar, obligar; (*force on*) imponer; (*insist on*) insistir en; **to ~ sb to do sth** instar a algn a que haga algo; **to ~ sb for an answer** pedir insistentemente que algn conteste a algo; **to ~ sb/sth into service** recurrir a algn/algo; **to ~ charges against sb** hacer acusaciones contra algn; **to be hard ~ed for money/time** andar muy escaso de dinero/tiempo; **to ~ home an advantage** aprovecharse de una ventaja.

3 *vi* (**a**) (*in physical sense*) apretar; **the people ~ed round him** la gente se apiñó en torno a él.

(**b**) (*urge, agitate*) **to ~ for sth** pedir algo con insistencia, insistir en algo; **time ~es** el tiempo apremia.

(**c**) (*move, push*) apiñarse; **to ~ through** abrirse paso por; **the crowd ~ed towards the exit** la muchedumbre se apresuró hacia la salida; **to ~ ahead** *or* **forward (with sth)** (*fig*) seguir adelante (con algo).

4 *cpd*: ~ **agency** *n* agencia *f* de prensa; ~ **attaché** *n* agregado *m* de prensa; ~ **box** *n* tribuna *f* de la prensa; ~ **card** *n* tarjeta *f* de periodista; ~ **conference** *n* conferencia *f or* rueda *f* de prensa; ~ **cutting** *n* recorte *m* (de periódico); ~ **gallery** *n* tribuna *f* de la prensa; ~ **officer** *n* secretario/a *m/f* de prensa; ~ **photographer** *n* fotógrafo/a *m/f* de prensa; ~ **release** *n* boletín *m* de prensa; ~ **report** *n* reportaje *m* de prensa; ~ **secretary** *n* = **~ officer**; ~ **stud** *n* botón *m* de presión.

▶ **press on** *vi + adv* seguir adelante (*with* con).

press-gang [ˈpresgæŋ] *vt*: **to ~ sb into doing sth** enganchar *or* obligar a algn a hacer algo.

pressing [ˈpresɪŋ] *adj* (*matter, problem*) urgente; (*request, invitation*) insistente.

pressman [ˈpresmæn] *n* (*pl* **-men**) periodista *m*.

press-up [ˈpresʌp] *n* flexión *f*.

pressure [ˈpreʃəʳ] **1** *n* (**a**) (*Phys, Tech, Met*) presión *f*; (*weight*) peso *m*; **high/low ~** alta/baja presión; **at full ~** (*Tech*) a toda presión.

(**b**) (*compulsion, influence*) influencia *f*, presión *f*; **to be under ~ from sb (to do sth)** estar presionado por algn (para que haga algo); **to put ~ on sb** hacer presión sobre algn, presionar a algn; **to put the ~ on** (*fam*) ejercer presión.

(**c**) (*urgent demands*) presión *f*, apremio *m*; **to work under ~** trabajar bajo presión; **he's under a lot of ~** está muy presionado.

2 *vt* = **pressurize (b)**.

3 *cpd*: ~ **cooker** *n* olla *f* a presión *or* exprés; ~ **gauge** *n* manómetro *m*; ~ **group** *n* grupo *m* de presión; ~ **point** *n* (*Anat*) punto *m* de presión.

pressurize [ˈpreʃəraɪz] *vt* (**a**) presurizar. (**b**) (*fig*) **to ~ sb (into doing sth)** presionar a algn (para que haga algo).

pressurized [ˈpreʃəraɪzd] *adj* (*cabin*) a presión; **~ water reactor** reactor *m* de agua a presión.

Prestel ® [ˈprestel] *n* videotex *m*.

prestige [presˈtiːʒ] *n* prestigio *m*.

prestigious [presˈtɪdʒəs] *adj* prestigioso/a.

presto [ˈprestəʊ] *adv*: **hey ~!** ¡abracadabra!

presumably [prɪˈzjuːməblɪ] *adv*: **~ he will come eventually** es de suponer que llegará tarde o temprano; **~ he did it** seguramente lo hizo él.

presume [prɪˈzjuːm] **1** *vt* (**a**) (*suppose*) suponer, presumir; **to ~ that ...** suponer que .... (**b**) (*venture*) aventurar; **to ~ to do sth** atreverse a hacer algo. **2** *vi* (**a**) (*suppose*) suponer. (**b**) (*take liberties*) ser atrevido/a; **to ~ on sb's friendship** abusar de la amistad de algn; **you ~ too much** no sabes lo que pides.

presumption [prɪˈzʌmpʃən] *n* (**a**) (*arrogance*) presunción *f*. (**b**) (*thing presumed*) presunción *f*, suposición *f*.

presumptive [prɪˈzʌmptɪv] *adj* (*heir*) presunto/a.

presumptuous [prɪˈzʌmptjʊəs] *adj* atrevido/a.

presuppose [ˌpriːsəˈpəʊz] *vt* presuponer.

presupposition [ˌpriːsʌpəˈzɪʃən] *n* presuposición *f*.

pre-tax [ˌpriːˈtæks] *adj* anterior al impuesto; **~ profits** beneficios *mpl* preimpositivos.

pretence, (*US*) **pretense** [prɪˈtens] *n* (**a**) fingimiento *m*, simulación *f*; **to make a ~ of doing sth** fingir hacer algo; **it's all a ~** (*fam*) todo es fingido. (**b**) (*claim*) pretensión *f*. (**c**) (*pretext*) pretexto *m*; **on** *or* **under the ~ of doing sth** so pretexto de hacer algo; *see* **false**. (**d**) (*display*) ostentación *f*; **without ~, devoid of all ~** sin ostentación.

pretend [prɪˈtend] **1** *vt* (**a**) (*feign*) fingir, simular; **to ~ that ...** (querer) hacer creer que ...; **to ~ to do sth** fingir hacer algo; **to ~ to be asleep** fingir dormir; **he's ~ing he can't hear** finge no oír. (**b**) (*claim*) pretender. **2** *vi* (*feign*) fingir; **she is only ~ing** es de mentira. **3** *adj* (*fam*) fingido/a, de mentira.

pretense [prɪˈtens] *n* (*US*) = **pretence**.

pretension [prɪˈtenʃən] *n* (*claim*) pretensión *f*.

pretentious [prɪˈtenʃəs] *adj* (*affected*) pretencioso/a.

preterite [ˈpretərɪt] *n* (*Ling*) pretérito *m*.

preterm [ˌpriːˈtɜːm] *adj* prematuro/a.

pretext [ˈpriːtekst] *n* pretexto *m*, excusa *f*; **on** *or* **under the ~ of doing sth** so pretexto *or* con la excusa de hacer algo.

pretty [ˈprɪtɪ] **1** *adj* (*comp* **-ier**; *superl* **-iest**) bonito/a, mono/a, lindo/a *(LAm)*, chulo/a *(LAm)*; **a ~ girl** una muchacha guapa; **not a ~ sight** vaya espectáculo; **it'll cost you a ~ penny** (*fam*) te va a costar un ojo de la cara *or* un dineral.

2 *adv* bastante, harto *(LAm)*; **~ well** (*fam*) casi; **I'm ~ well finished** me falta poco para terminar; **~ nearly** (*fam*) casi; **it's ~ much the same** (*fam*) es mas o menos igual; **I have a ~ fair idea who did it** yo sé casi seguramente quién lo hizo; **that's ~ well everything** eso es todo más o menos.

pretzel [ˈpretsl] *n* galleta *f* salada.

prevail [prɪˈveɪl] *vi* (**a**) (*gain mastery*) prevalecer; **finally good sense ~ed** por fin se impuso el buen sentido. (**b**) (*be current*) predominar; **the conditions that now ~** las condiciones que ahora imperan. (**c**) (*persuade*) **to ~ (up)on sb to do sth** convencer a algn para que haga algo.

prevailing [prɪˈveɪlɪŋ] *adj* (*opinion, wind etc*) predominante.

prevalence [ˈprevələns] *n* (*dominance*) predominio *m*; (*frequency*) frecuencia *f*; (*of fashion etc*) uso *m* corriente.

prevalent [ˈprevələnt] *adj* (*dominant*) dominante; (*fashionable*) de moda; (*widespread*) extendido/a.

prevaricate [prɪˈværɪkeɪt] *vi* andar con rodeos.

prevarication [prɪˌværɪˈkeɪʃən] *n* evasivas *fpl*.

prevent [prɪˈvent] *vt* impedir; (*event*) evitar; (*illness*) prevenir; **to ~ sb from doing sth** impedir a algn hacer algo.

preventative [prɪˈventətɪv] *adj* = **preventive**.

prevention [prɪˈvenʃən] *n* prevención*f*; ~ **is better than cure** más vale prevenir que curar; **Society for the P~ of Cruelty to Children/Animals** Sociedad *f* Protectora de Niños/Animales.

preventive [prɪˈventɪv] *adj* preventivo/a; ~ **measure** medida *f* preventiva; ~ **medicine** medicina *f* preventiva.

preview [ˈpriːvjuː] *n* (*of film etc*) preestreno *m*; **to give sb a ~ of sth** (*fig*) permitir a algn ver algo de antemano.

previous [ˈpriːvɪəs] **1** *adj* anterior, previo/a; **the ~ day** el día anterior; **I have a ~ engagement** tengo un compromiso anterior; **on a ~ occasion** en otra ocasión; ~ **conviction** (*Jur*) antecedente *m* penal; ~ **experience** conocimientos *mpl* previos. **2** *prep*: ~ **to** antes de; ~ **to doing this** antes de hacer esto.

previously [ˈpriːvɪəslɪ] *adv* antes.

prewar [ˈpriːˈwɔːʳ] *adj* de antes de *or* anterior a la guerra.

prewash [ˈpriːwɒʃ] *n* prelavado *m*.

prey [preɪ] **1** *n* (*lit, fig*) presa *f*, víctima *f*; **beast/bird of ~** animal/ave de rapiña; **to be (a) ~ to** ser víctima de; **she is ~ to irrational fears** (*fig*) es presa de temores irracionales; **he fell (a) ~ to the disease** llegó a ser víctima de la enfermedad. **2** *vi*: **to ~ on** (*animals: attack*) cazar; (*: feed on*) alimentarse de; (*person*) vivir a costa de; **to ~ on sb's mind** traer preocupado *or* obsesionar a algn.

price [praɪs] **1** *n* (**a**) precio *m*; **cash/fixed/sale ~** precio al contado/fijo/de rebaja; **to go up** *or* **rise in ~** subir de precio; **to go down** *or* **fall in ~** bajar de precio; **at a reduced ~** a (un) precio reducido, con rebaja; **you can buy it at a ~** todo tiene su precio.

(**b**) (*fig*) precio *m*, valor *m*; **every man has his ~** todos tienen su precio; **the ~ of fame** el precio de la fama; **to pay a high ~ for sth** pagar algo muy caro; **what ~ liberty?** ¿para cuánto la libertad?; **at any ~** (*fig*) a toda costa; **peace at any ~** la paz a toda costa; **not at any ~** por nada del mundo; **that is a small ~ to pay for independence** ése es un precio módico para comprar la independencia.

(**c**) (*value, valuation*) valor *m*; **to put a ~ on sth** poner precio a algo.

(**d**) (*Betting: odds*) puntos *mpl* de ventaja.

2 *vt* (*fix ~ of*) poner precio a, valorar; (*put ~ label on*) poner precio a; **it was ~d at £20** (*valued*) estaba valorado en 20 libras; (*marked*) llevaba precio de 20 libras; **it was ~d too high/low** tenía una valoración demasiado alta/baja; **to be ~d out of the market** (*article*) no encontrar comprador por el precio; (*producer, nation*) no ser competitivo.

3 *cpd* de precios *cpd*: ~ **bracket** *n* categoría *f* de precio; ~ **control** *n* control *m* de precios; ~ **cut** *n* rebaja *f*; ~ **cutting** *n* reducción *f* de precios; ~ **fixing** *n* fijación *f* de precios; ~ **freeze** *n* congelación *f* de precios; ~ **limit** *n* tope *m*, precio *m* tope; ~ **list** *n* lista *f* de precios; ~**s and incomes policy** *n* política *f* de ingresos y precios; ~ **range** *n* gama *f* de precios; ~ **tag** *n* etiqueta *f*; ~ **war** *n* guerra *f* de precios.

priceless [ˈpraɪslɪs] *adj* que no tiene precio, inestimable; (*fam: amusing*) divertidísimo/a.

pricey [ˈpraɪsɪ] *adj* (*Brit fam*) caro/a.

pricing [ˈpraɪsɪŋ] **1** *n* fijación *f* de precios. **2** *cpd*: ~ **policy** *n* política *f* tarifaria.

prick [prɪk] **1** *n* (*act, sensation: with pin etc*) pinchazo *m*; (*of insect*) picadura *f*; (*fam!: penis*) polla *f (fam!)*, picha *f (fam!)*, pija *f (esp LAm fam!)*, pinga *f (esp LAm fam!)*; (*: person*) gilipollas *(fam) mf inv*; ~**s of conscience** remordimientos *mpl*. **2** *vt* (*puncture*) pinchar; (*insect*) picar; **to ~ one's finger (with** *or* **on sth)** pincharse el dedo (con algo).

► **prick up** *vt + adv*: **to ~ up its** *or* **one's ears** (*lit, fig*) aguzar el oído, parar la oreja *(LAm)*.

prickle [ˈprɪkl] **1** *n* (**a**) (*on plant, animal etc*) espina *f*. (**b**) (*sensation*) picor *m*, comezón *m*. **2** *vi* picar, hormiguear; **I could feel my skin prickling** me escocía la piel.

prickly [ˈprɪklɪ] *adj* (*comp* **-ier**; *superl* **-iest**) (**a**) espinoso/a; ~ **heat** (*Med*) sarpullido *m* causado por exceso de calor; ~ **pear** (*plant*) chumbera *f*, nopal *m (LAm)*; (*fruit*) higo *m* chumbo, tuna *f (LAm)*. (**b**) (*fig*) enojadizo/a.

pride [praɪd] **1** *n* (**a**) (*gen*) orgullo *m*; (*conceit*) orgullo, soberbia *f*; (*self-respect*) autoestima *f*, orgullo propio; (*satisfaction*) satisfacción *f*; **he's the ~ of the family** es el orgullo de la familia; ~ **comes before a fall** el orgullo excesivo conduce a la caída; **to swallow one's ~** tragarse el amor propio; **to take (a) ~ in sth** enorgullecerse de algo; **to be a (great) source of ~ to sb** ser motivo de gran orgullo para algn; **her ~ and joy** su orgullo; **to have** *or* **take ~ of place** tener el lugar de honor.

(**b**) (*of lions*) manada *f*.

2 *vt*: **to ~ o.s. on sth** enorgullecerse de algo.

priest [priːst] *n* sacerdote *m*, cura *m*.

priestess [ˈpriːstɪs] *n* sacerdotisa *f*.

priesthood [ˈpriːsthʊd] *n* (*priests collectively*) clero *m*; **to enter the ~** ordenarse sacerdote.

priestly [ˈpriːstlɪ] *adj* sacerdotal.

prig [prɪg] *n* gazmoño/a *m/f*.

prim [prɪm] *adj* (*comp* ~**mer**; *superl* ~**mest**) (*also* ~ **and proper**: *demure*) remilgado/a, cursi; (*: prudish*) gazmoño/a.

prima donna [ˈpriːməˈdɒnə] *n* primadonna *f*, diva *f*.

prima facie [ˈpraɪməˈfeɪʃɪ] **1** *adv* a primera vista. **2** *adj* suficiente a primera vista; ~ **evidence** prueba *f* semiplena; **to have a ~ case** (*Jur*) tener razón a primera vista.

primarily [ˈpraɪmərɪlɪ] *adv* (*chiefly*) ante todo, principalmente.

primary [ˈpraɪmərɪ] **1** *adj* (*chief, main*) principal; (*fundamental*) primordial; **of ~ importance** de vital importancia; ~ **colour** color *m* primario; ~ **education** enseñanza *f* primaria; ~ **products** productos *mpl* primarios; ~ **school** escuela *f* primaria; ~ **teacher** profesor(a) *m/f* de enseñanza primaria, maestro/a *m/f*. **2** *n* (**a**) (*colour*) color *m* primario. (**b**) (*US: election*) elección *f* primaria.

primate[1] [ˈpraɪmeɪt] *n* (*Zool*) primate *m*.

primate[2] [ˈpraɪmeɪt] *n* (*Rel*) primado *m*.

prime [praɪm] **1** *adj* (**a**) (*chief, major*) principal, primero/a; (*fundamental*) fundamental, primordial; ~ **factor** factor *m* primordial; **of ~ importance** de vital importancia; ~ **minister** primer/a ministro/a *m/f*; ~ **number** (*Math*) número *m* primo; **the ~ reason** la razón principal; ~ **time** (*TV*) banda *f* horaria caliente.

(**b**) (*excellent*) de primera categoría *or* clase; **in ~ condition** en perfecto estado.

2 *n* (*also* ~ **of life**) flor *f* de la vida; **to be past one's ~** dejar atrás lo mejor de la vida.

3 *vt* (*gun, pump*) cebar; (*surface etc*) imprimar, preparar; (*fig: instruct*) preparar; **to ~ sb** informar a algn de antemano.

primer [ˈpraɪməʳ] *n* (*textbook*) texto *m* elemental; (*basic reader*) abecedario *m*; (*paint*) capa *f* preparatoria.

primeval [praɪˈmiːvəl] *adj* primitivo/a.

primitive [ˈprɪmɪtɪv] **1** *adj* (*gen*) primitivo/a; (*basic*) rudimentario/a, básico/a. **2** *n* (*Art: artist*) primitivista *mf*; (*: work*) obra *f* primitivista.

primly [ˈprɪmlɪ] *adv* (*demurely*) con remilgo; (*prudishly*) con gazmoñería.

primordial [praɪˈmɔːdɪəl] *adj* primordial.

primrose [ˈprɪmrəʊz] **1** *n* (*Bot*) primavera *f*. **2** *adj* (*also* ~ **yellow**) amarillo pálido.

primula [ˈprɪmjʊlə] *n* (*Bot*) prímula *f*.

Primus (stove) ® [ˈpraɪməs(stəʊv)] *n* cocina *f* de camping, camping-gas ® *m*.

prince [prɪns] **1** *n* príncipe *m*. **2** *cpd*: ~ **consort/regent** *n* príncipe *m* consorte/regente.

princely [ˈprɪnslɪ] *adj* (*lit*) principesco/a; (*fig*) magnífico/a, espléndido/a; **the ~ sum of 5 dollars** (*iro*) la

bonita cantidad de 5 dólares.
princess [prɪnˈses] *n* princesa *f*; ~ **royal** hija *f* mayor del soberano.
principal [ˈprɪnsɪpəl] **1** *adj* principal. **2** *n* (*of school, college etc*) director(a) *m/f*; (*in play*) protagonista *mf* principal; (*in orchestra*) primer violín *m*; (*Fin*) capital *m*, principal *m*.
principality [ˈprɪnsɪˈpælɪtɪ] *n* principado *m*.
principally [ˈprɪnsɪpəlɪ] *adv* principalmente.
principle [ˈprɪnsəpl] *n* (*gen, law*) principio *m*; **in** ~ en principio; **on** ~ por principio; **it's a matter of** ~, **it's the** ~ **of the thing** es cuestión de principios; **a man of** ~**(s)** un hombre de principios; **it's against my** ~**s** va en contra de mis principios; **to have high** ~**s** tener principios nobles.
print [prɪnt] **1** *n* (**a**) (*mark, imprint: of foot, finger*) huella *f*; (*: of tyre etc*) marca *f*, impresión *f*.
(**b**) (*typeface, characters*) letra *f*; (*printed matter*) (texto *m*) impreso *m*; **that book is in/out of** ~ ese libro está en venta/agotado; **in small/large** ~ con letra pequeña/grande; **to get into** ~ imprimirse.
(**c**) (*edition: also* ~ **run**) tirada *f*.
(**d**) (*fabric*) estampado *m*.
(**e**) (*Art*) grabado *m*.
(**f**) (*Phot*) copia *f*.
2 *vt* (**a**) (*book etc*) imprimir; (*on the mind*) grabar; **they** ~**ed 300 copies** tiraron 300 ejemplares.
(**b**) (*publish: in paper*) publicar; (*: book*) editar.
(**c**) (*write in block letters*) escribir con letras de molde.
(**d**) (*Phot*) positivar, sacar copia de.
3 *cpd*: ~ **speed** *n* velocidad *f* de impresión; ~ **wheel** *n* rueda *f* impresora.
▸ **print out** *vt* + *adv* (*Comput*) imprimir.
printed [ˈprɪntɪd] *adj* impreso/a; ~ **circuit board** tarjeta *f* de circuito impreso; ~ **matter** *or* **papers** impresos *mpl*; **the** ~ **word** la palabra impresa.
printer [ˈprɪntəʳ] *n* (*person*) impresor(a) *m/f*; (*Comput: machine*) impresora *f*.
printhead [ˈprɪnthed] *n* cabeza *f* impresora.
printing [ˈprɪntɪŋ] **1** *n* (**a**) (*process*) impresión *f*. (**b**) (*craft, industry*) imprenta *f*. (**c**) (*block writing*) letras *fpl* de molde; (*characters, print*) letra *f*. (**d**) (*quantity printed*) tirada *f*. **2** *cpd*: ~ **ink** *n* tinta *f* de imprenta; ~ **press** *n* prensa *f*; ~ **queue** *n* cola *f* de impresión; ~ **works** *nsg* imprenta *f*.
printout [ˈprɪntaʊt] *n* (*Comput*) printout *m*, impresión *f*.
prior[1] [ˈpraɪəʳ] **1** *adj* (*previous*) previo/a; (*earlier*) anterior; **to have a** ~ **claim** tener prioridad. **2** *adv*: ~ **to sth/to doing sth** antes de algo/de hacer algo.
prior[2] [ˈpraɪəʳ] *n* (*Rel*) prior *m*.
prioritize [praɪˈɒrɪtaɪz] *vt* (*esp US*) priorizar.
priority [praɪˈɒrɪtɪ] **1** *n* (*gen*) prioridad *f*; (*socially etc*) preferencia *f*; **to give sth first** *or* **top** ~ dar la máxima prioridad a algo; **to have** *or* **take** ~ **over sth** tener prioridad sobre algo; **we must get our priorities right** hay que establecer un orden de prioridades. **2** *cpd* prioritario/a; ~ **case** *n* caso *m* prioritario; ~ **treatment** *n* trato *m* preferente.
priory [ˈpraɪərɪ] *n* priorato *m*.
prise [praɪz] *vt*: **to** ~ **sth open/off** abrir/levantar con palanca; **we had to** ~ **the secret out of him** tuvimos que sacarle el secreto a la fuerza.
prism [ˈprɪzəm] *n* (*Geom, Tech etc*) prisma *f*.
prison [ˈprɪzn] **1** *n* cárcel *f*, prisión *f*, presidio *m*; **to be in** ~ estar en la cárcel; **to go to** ~ **for 5 years** ser condenado a 5 años de prisión; **to send sb to** ~ **for 2 years** condenar a algn a 2 años de prisión. **2** *cpd* carcelario/a, de prisión; ~ **camp** *n* campamento *m* para prisioneros; ~ **life** *n* la vida de la cárcel; ~ **officer** *n* funcionario/a *m/f* de prisiones; ~ **system** *n* sistema *m* penitenciario.
prisoner [ˈprɪznəʳ] **1** *n* (*under arrest*) detenido/a *m/f*; (*in court*) acusado/a *m/f*; (*convicted*) preso/a *m/f*, reo/a *m/f*; (*fig*) preso, prisionero/a *m/f*; (*Mil*) prisionero; **to take sb** ~ tomar preso a algn; ~ **of war** prisionero *or* preso de guerra. **2** *cpd*: ~ **of war camp** *n* campamento *m* para prisioneros de guerra.
prissy [ˈprɪsɪ] *adj* (*fam*) remilgado/a.
pristine [ˈprɪstaɪn] *adj* prístino/a.
privacy [ˈprɪvəsɪ] *n* (*private life*) intimidad *f*; (*right to* ~) derecho *f* a la intimidad; **there is no** ~ **in these flats** en estos pisos no se puede estar en privado; **in the** ~ **of one's own home** en la intimidad del hogar; **in the strictest** ~ con el mayor secreto *or* sigilo; **to invade sb's** ~ invadir la soledad de algn.
private [ˈpraɪvɪt] **1** *adj* (**a**) (*not public: conversation, meeting, land etc*) privado/a; (*confidential: letter, agreement*) secreto/a, confidencial; '~' (*on door etc*) 'propiedad privada'; (*on envelope*) 'confidencial'; **to keep sth** ~ no divulgar algo; ~ **hearing** (*Jur*) vista *f* a puertas cerradas; **in (his)** ~ **life** en su vida privada; ~ **parts** partes *fpl* pudendas.
(**b**) (*for one person: car, house etc*) particular; (*personal: bank account, reasons etc*) personal; **a man of** ~ **means** un hombre que vive de sus rentas; ~ **member** (*Parl*) diputado *m* sin responsabilidades de gobierno; ~ **member's bill** (*Parl*) proyecto *m* de ley presentado por un diputado independiente; ~ **property** propiedad *f* privada; ~ **secretary** secretario/a *m/f* particular.
(**c**) (*not state-owned etc: company*) particular; (*: school, medicine*) privado/a; **to go** ~ (*Med*) ir a lo privado; ~ **citizen** particular *mf*; ~ **detective,** (*fam*) ~ **eye,** ~ **investigator** detective *mf* privado; ~ **enterprise** la empresa privada; ~ **health care** servicio *m* médico privado; ~ **limited company** sociedad *f* de responsabilidad limitada; ~ **(medical) practice** consulta *f* privada; **the** ~ **sector** la empresa privada.
2 *n* (**a**) (*Mil*) soldado *m* raso.
(**b**) **in** ~ = **privately** (**b**).
privately [ˈpraɪvɪtlɪ] *adv* (**a**) (*not publicly*) en privado; **he is being** ~ **educated** está en un colegio particular. (**b**) (*secretly*) en secreto; (*personally*) personalmente; **so he spoke** ~ **to me** así que me habló privadamente.
privation [praɪˈveɪʃən] *n* (**a**) (*poverty*) miseria *f*, estrechez *f*. (**b**) (*hardship, deprivation*) privación *f*.
privatization [ˌpraɪvətaɪˈzeɪʃən] *n* privatización *f*.
privatize [ˈpraɪvətaɪz] *vt* privatizar.
privet [ˈprɪvɪt] **1** *n* alheña *f*. **2** *cpd*: ~ **hedge** *n* seto *m* vivo.
privilege [ˈprɪvɪlɪdʒ] **1** *n* privilegio *m*; (*Parl*) inmunidad *f*; **I had the** ~ **of meeting her** tuve el honor de conocerla. **2** *vt*: **to be** ~**d to do sth** gozar del privilegio de hacer algo.
privileged [ˈprɪvɪlɪdʒd] *adj* privilegiado/a; **for a** ~ **few** para unos pocos afortunados.
privy [ˈprɪvɪ] **1** *adj* (**a**) **to be** ~ **to sth** estar al tanto *or* enterado de algo. (**b**) **P**~ **Council/Councillor** Concejo *m*/Concejero *m* privado (del rey). **2** *n* retrete *m*, baño *m* (*LAm*).
prize[1] [praɪz] **1** *n* (*gen*) premio *m*; (*fig: reward*) recompensa *f*, premio; **to win first** ~ (*in lottery*) tocarle a uno el gordo; (*in race etc*) llevarse el primer premio.
2 *adj* (**a**) (*awarded or worthy of a* ~) de primera (categoría); **a** ~ **idiot** (*fam*) un tonto de remate.
(**b**) (*awarded as a* ~) de premio.
(**c**) (*offering a* ~) con premio.
3 *vt* apreciar, valorar (en mucho); ~**d possession** posesión *f* más estimada.
4 *cpd*: ~ **draw** *n* sorteo *m* con premio; ~ **fight** *n* (*Boxing*) partido *m* (de boxeo) profesional; ~ **money** *n* (*Naut*) parte *f* de presa; (*cash*) premio *m* en metálico.
prize[2] [praɪz] *vt* (*US*) = **prise**.
prize-giving [ˈpraɪzˌgɪvɪŋ] *n* reparto *m or* distribución *f* de premios.
prizewinner [ˈpraɪzˌwɪnəʳ] *n* premiado/a *m/f*.
prizewinning [ˈpraɪzˌwɪnɪŋ] *adj* premiado/a.

PRO *n abbr* (**a**) *of* **Public Record Office** ≈ Archivo *m* Nacional. (**b**) (*Comm etc*) *of* **public relations officer**.
pro[1] [prəʊ] **1** *pref* (**a**) (*in favour of*) pro, en pro de; **~-Soviet** pro-soviético. (**b**) **~ forma** pro forma; **~ forma invoice** factura *f* pro forma; **~ rata** a prorrateo; **~ tempore,** (*fam*) **~ tem** por ahora. **2** *n*: **the ~s and cons** los pros y los contras.
pro[2] [prəʊ] *n* (*fam*) profesional *mf*.
probability [ˌprɒbəˈbɪlɪtɪ] *n* probabilidad *f*; **in all ~ she'll come** lo más probable es que venga.
probable [ˈprɒbəbl] *adj* probable.
probably [ˈprɒbəblɪ] *adv* probablemente; **he will ~ come, ~ he will come** es probable que venga; **~ not** quizá no.
probate [ˈprəʊbɪt] *n* (*Jur*) legalización *f* de un testamento.
probation [prəˈbeɪʃən] **1** *n*: **to be on ~** (*Jur*) estar en libertad condicional; (*gen: in employment etc*) estar a prueba; **to put sb on ~** (*Jur*) poner a algn en libertad provisional. **2** *cpd*: **~ officer** *n* (*Jur*) *oficial que vigila las personas que están en libertad condicional*.
probationary [prəˈbeɪʃnərɪ] *adj* de prueba; **~ period** (*Jur*) período *m* de libertad condicional; (*fig*) período a *or* de prueba.
probationer [prəˈbeɪʃnəʳ] *n* (*Jur*) persona *f* en libertad condicional.
probe [prəʊb] **1** *n* (**a**) (*Med*) sonda *f*. (**b**) (*also* **space ~**) sonda *f* espacial. (**c**) (*inquiry*) investigación *f*. **2** *vt* (*hole, crack*) sondear; (*: feel*) tantear; (*Med*) sondar; (*also Space*) sondar, explorar; (*also* **~ into**) investigar; **the policeman kept probing me** el policía seguía sondeándome. **3** *vi* investigar; **to ~ into sb's past** investigar el pasado de algn.
probing [ˈprəʊbɪŋ] *adj* penetrante.
probity [ˈprəʊbɪtɪ] *n* probidad *f*.
problem [ˈprɒbləm] **1** *n* (*gen*) problema *m*; **my teenage son is a ~** mi hijo adolescente es un problema; **to have a drink ~** tener tendencia al alcoholismo; **the housing ~** el problema de la vivienda; **I had no ~ in finding her** la encontré sin problema; **no ~!** ¡por supuesto!, ¡cómo no! (*LAm*). **2** *cpd*: **~ child** *n* niño/a *m/f* difícil; **~ family** *n* familia *f* difícil; **~ page** *n* consultorio *m* sentimental.
problematic(al) [ˌprɒblɪˈmætɪk(əl)] *adj* problemático/a.
procedure [prəˈsiːdʒəʳ] *n* (*gen*) procedimiento *m*; (*Admin*) gestión *f*; **the usual ~ is as follows ...** se suele proceder de la siguiente manera ....
proceed [prəˈsiːd] **1** (**a**) (*go*) proceder, avanzar; **let us ~ with caution** avancemos con cuidado; **cars should ~ slowly** los automóviles deberán seguir despacio.
(**b**) (*go on, continue*) seguir, continuar; **to ~ to do sth** empezar a hacer algo; **he ~ed to drink the lot** en seguida se lo bebió todo; **before we ~ any further** antes de seguir; **let us ~ to the next item** pasemos al asunto siguiente; **things are ~ing according to plan** las cosas se están desarrollando tal como se había previsto; **we ~ed to the bar** nos trasladamos al bar; **how does the story ~ after that?** ¿como se desarrolla el argumento después de eso?
(**c**) (*set about sth*) proceder; **I am not sure how to ~** no sé cómo proceder.
(**d**) (*act, operate*) obrar, actuar.
(**e**) (*originate*) **to ~ from** (*lit*) salir de; (*fig*) provenir de.
(**f**) **to ~ against sb** (*Jur*) proceder contra algn.
proceeding [prəˈsiːdɪŋ] *n* (**a**) (*action, course of action*) proceder *m*. (**b**) **~s** (*function*) acto *msg*, función *fsg*. (**c**) **~s** (*measures*) medidas *fpl*; (*Jur*) proceso *msg*; **to take ~s (in order to do sth)** tomar medidas (para hacer algo); **to take ~s (against sb)** (*Jur*) proceder (contra algn); **the ~s began at 7 o'clock** el acto comenzó a las 7. (**d**) **~s** (*record: of learned society*) actas *fpl*.
proceeds [ˈprəʊsiːdz] *npl* (*of sale etc*) ingresos *mpl*; (*profits*) ganancias *fpl*.
process[1] [ˈprəʊses] **1** *n* (**a**) proceso *m*; **it's a very slow ~** es un proceso muy lento; **by a ~ of elimination** por un proceso de eliminación; **in the ~** al hacerlo; **in ~ of construction** en construcción; **we are in the ~ of removal to ...** estamos en vías de mudarnos a ...; **in the ~ of cleaning the picture, they discovered ...** mientras limpiaban el cuadro, descubrieron ....
(**b**) (*specific method*) método *m*, sistema *m*; **the Bessemer ~** el proceso de Bessemer.
(**c**) (*Jur: action*) proceso *m*; (*: summons*) citación *f*.
2 *vt* (*Tech*) tratar, procesar; (*Phot*) revelar; (*Admin*) tramitar; (*Comput*) procesar; (*food*) procesar, tratar.
process[2] [prəˈses] *vi* (*go in procession*) desfilar.
process[3] (*US*) [ˈprəʊses], **processed** [ˈprəʊsest] *adj* (*food*) procesado/a, tratado/a; **~ cheese** queso *m* procesado.
processing [ˈprəʊsesɪŋ] **1** *n* (*see vt*) tratamiento *m*, procesamiento *m*, proceso *m*; revelado *m*; trámites *mpl*. **2** *cpd*: **~ plant** *n* planta *f* de transformación.
procession [prəˈseʃən] *n* (*of people, cars etc*) desfile *m*; (*ceremonial*) cortejo *m*; (*Rel*) procesión *f*.
processor [ˈprəʊsesəʳ] *n* procesador *m*.
proclaim [prəˈkleɪm] *vt* (**a**) (*announce*) proclamar, declarar. (**b**) (*reveal*) revelar.
proclamation [ˌprɒkləˈmeɪʃən] *n* proclamación *f*, bando *m*.
proclivity [prəˈklɪvɪtɪ] *n* propensión *f*, inclinación *f*.
procrastinate [prəʊˈkræstɪneɪt] *vi*: **to ~ over a decision/task** aplazar una decisión/tarea.
procrastination [prəʊˌkræstɪˈneɪʃən] *n* dilación *f*.
procreate [ˈprəʊkrɪeɪt] *vt, vi* procrear.
procreation [ˌprəʊkrɪˈeɪʃən] *n* procreación *f*.
procure [prəˈkjʊəʳ] *vt* (**a**) conseguir; **to ~ sb sth, to ~ sth for sb** conseguir *or* procurar algo para algn. (**b**) (*for prostitution*) llevar a la prostitución.
procurement [prəˈkjʊəmənt] *n* obtención *f*.
prod [prɒd] **1** *n* (*push, jab*) golpe *m*, empuje *m*; **to give sb a ~** dar un pinchazo a algn; **he needs an occasional ~** (*fig*) hay que empujarle de vez en cuando. **2** *vt* (*push, jab*) empujar, pinchar; **he has to be ~ded along** (*fig*) hay que empujarle constantemente; **to ~ sb into doing sth** (*fig*) instar a algn a hacer algo. **3** *vi*: **he ~ded at the picture with a finger** señaló el cuadro con el dedo.
prodigal [ˈprɒdɪgəl] *adj* pródigo/a.
prodigious [prəˈdɪdʒəs] *adj* (*vast*) enorme, vasto/a; (*marvellous*) prodigioso/a.
prodigy [ˈprɒdɪdʒɪ] *n* prodigio *m*; **child ~, infant ~** niño/a *m/f* prodigio.
produce [ˈprɒdjuːs] **1** *n* (*Agr*) producto *m*, productos agrícolas.
2 [prəˈdjuːs] *vt* (**a**) (*gen*) producir; (*manufacture*) fabricar; (*create*) producir, crear; (*give birth to*) dar a luz a; **he ~s 3 novels a year** escribe *or* publica 3 novelas al año; **the mine ~s 20 tons of lead** la mina produce 20 toneladas de plomo.
(**b**) (*bring out*) sacar; (*show*) presentar, mostrar; **I can't suddenly ~ £50!** ¿de dónde voy a sacar 50 libras?
(**c**) (*yield*) dar, rendir.
(**d**) (*play*) dirigir; (*film*) producir; (*TV*) realizar.
(**e**) (*cause*) causar, ocasionar.
producer [prəˈdjuːsəʳ] *n* (*Cine, Agr*) productor(a) *m/f*; (*Theat*) director(a) *m/f* de escena; (*TV*) realizador(a) *m/f*.
-producing [prəˈdjʊsɪŋ] *adj suf* productor(a) de ...; **oil~** productor(a) de petróleo.
product [ˈprɒdʌkt] **1** *n* producto *m*; (*fig*) producto, fruto *m*; (*Math*) producto. **2** *cpd*: **~ line** *n* línea *f* de productos; **~ research** *n* investigación *f* del producto.
production [prəˈdʌkʃən] **1** *n* (**a**) producción *f*; **to put sth into ~** lanzar algo a la producción; **to take sth out of ~** retirar algo de la producción; **the country's steel ~** la producción nacional de acero.
(**b**) (*act of showing*) presentación *f*; **on ~ of this ticket** enseñando esta entrada.

(**c**) (*of play, film etc*) representación *f*; (*of film*) producción *f*; **'Peribáñez: a new ~ by ...'** 'Peribáñez: nueva producción a cargo de ...'.

2 *cpd*: ~ **agreement** *n* (*US*) acuerdo *m* de productividad; ~ **control** *n* control *m* de producción; ~ **line** *n* línea *f* de producción, cadena *f* de montaje; ~ **manager** *n* encargado/a *m/f* de producción.

productive [prəˈdʌktɪv] *adj* productivo/a, fértil; **to be ~ of sth** producir algo.

productivity [ˌprɒdʌkˈtɪvɪtɪ] **1** *n* productividad *f*. **2** *cpd*: ~ **agreement** *n* (*Brit*) acuerdo *m* de productividad; ~ **bonus** *n* bono *m or* prima *f* de productividad.

prof [prɒf] *n* (*fam*) profe *m*.

Prof. [prɒf] *n abbr of* **professor** Prof.

profane [prəˈfeɪn] **1** *adj* (**a**) (*secular*) profano/a. (**b**) (*irreverent*) profano/a, sacrílego/a. **2** *vt* profanar.

profanity [prəˈfænɪtɪ] *n* (*blasphemy*) blasfemia *f*; (*oath*) palabrota *f*, grosería *f* (*esp LAm*), lisura *f* (*CSur*).

profess [prəˈfes] *vt* (**a**) (*faith, belief etc*) profesar. (**b**) (*claim*) pretender; (*state*) declarar; **I do not ~ to be an expert** no pretendo ser experto; **he ~es to be 25** dice tener 25 años.

professed [prəˈfest] *adj* (*Rel*) profeso/a; (*self-declared*) declarado/a.

profession [prəˈfeʃən] *n* (**a**) (*occupation*) profesión *f*; **the ~s** las profesiones; **by ~** de profesión. (**b**) (*members of the ~*) profesión *f*; **the medical/legal ~** la medicina/la abogacía. (**c**) (*declaration*) declaración *f*, manifestación *f*; ~ **of faith** profesión *f* de fe.

professional [prəˈfeʃənl] **1** *adj* (**a**) (*gen*) profesional; (*soldier etc*) de profesión; **to take ~ advice** buscar un consejo profesional; **to be a ~ singer** ser cantante profesional; **to turn** *or* **go ~** profesionalizarse, hacerse profesional; ~ **charges,** ~ **fees** honorarios *mpl*; ~ **qualifications** títulos *mpl* profesionales; ~ **standing** reputación *f* profesional. (**b**) (*competent, skilled*) profesional. **2** *n* profesional *mf*.

professionalism [prəˈfeʃnəlɪzəm] *n* profesionalismo *m*.

professionally [prəˈfeʃnəlɪ] *adv* profesionalmente; **to be ~ qualified** tener el título profesional; **they did it most ~** lo hicieron expertamente.

professor [prəˈfesə^r] *n* (*Univ: Brit, US*) catedrático/a *m/f*; (*US: teacher*) profesor(a) *m/f*.

proffer [ˈprɒfə^r] *vt* ofrecer.

proficiency [prəˈfɪʃənsɪ] **1** *n* capacidad *f*, habilidad *f*. **2** *cpd*: ~ **test** *n* examen *m* de aptitud.

proficient [prəˈfɪʃənt] *adj* experto/a, hábil.

profile [ˈprəʊfaɪl] *n* perfil *m*; **in ~** de perfil; **to keep a low ~** tratar de pasar desapercibido.

profit [ˈprɒfɪt] **1** *n* (*Comm*) ganancia *f*, beneficios *mpl*; (*fig*) provecho *m*, beneficio *m*; **~s** utilidades *fpl*, beneficios; **to make a ~ of two millions** sacar un beneficio de dos millones; **to make a ~ out of** *or* **on sth** sacar provecho *or* beneficio de algo; **to sell sth at a ~** vender algo con ganancia; **to show** *or* **yield a ~** dar dinero.

2 *vi*: **to ~ by** *or* **from sth** aprovecharse de algo.

3 *cpd*: ~ **and loss account** *n* cuenta *f* de ganancias y pérdidas; ~ **centre,** (*US*) ~ **center** *n* centro *m* de beneficios; ~ **margin** *n* margen *m* de beneficios; **~s tax** *n* impuesto *m* sobre los beneficios.

profitability [ˌprɒfɪtəˈbɪlɪtɪ] *n* rentabilidad *f*.

profitable [ˈprɒfɪtəbl] *adj* (*Comm*) rentable; (*fig: beneficial*) provechoso/a, útil; **a ~ investment** una inversión lucrativa; **it would be ~ to you to read this** te vendría bien leer esto.

profitably [ˈprɒfɪtəblɪ] *adv* con provecho.

profiteer [ˌprɒfɪˈtɪə^r] *vi* explotar, aprovechar.

profit-making [ˈprɒfɪtˌmeɪkɪŋ] *adj* rentable.

profit-related [ˈprɒfɪtrəˈleɪtɪd] *adj*: ~ **bonus** prima *f* relacionada con los beneficios.

profit-sharing [ˈprɒfɪtˌʃɛərɪŋ] *n* reparto *m* de los beneficios.

profligate [ˈprɒflɪgɪt] *adj* (*dissolute*) libertino/a, disoluto/a; (*extravagant*) despilfarrador(a), derrochador(a).

profound [prəˈfaʊnd] *adj* profundo/a.

profoundly [prəˈfaʊndlɪ] *adv* profundamente.

profundity [prəˈfʌndɪtɪ] *n* profundidad *f*.

profuse [prəˈfjuːs] *adj* (*abundant*) profuso/a, abundante; (*lavish*) pródigo/a.

profusely [prəˈfjuːslɪ] *adv* en abundancia; **he apologized ~** se disculpó efusivamente; **to sweat ~** sudar muchísimo.

profusion [prəˈfjuːʒən] *n* profusión *f*, abundancia *f*.

progeny [ˈprɒdʒɪnɪ] *n* progenie *f*.

progesterone [prəʊˈdʒestərəʊn] *n* progesterona *f*.

prognosis [prɒgˈnəʊsɪs] *n* (*pl* **prognoses** [prɒgˈnəʊsiːz]) (*Med*) pronóstico *m*.

prognostic [prɒgˈnɒstɪk] *n* pronóstico *m*.

programmable, (*US, freq Comput*) **programable** [prəʊˈgræməbl] *adj* programable.

programme, (*US, freq Comput*) **program** [ˈprəʊgræm] **1** *n* (*gen*) programa *m*; (*plan, course of action*) plan *m*; **what's the ~ for today?** ¿qué plan tenemos para hoy? **2** *vt* (*arrange*) planear, planificar; (*computer, machine*) programar; **it is ~d to do sth** está programado para hacer algo.

programmer, (*US*) **programer** [ˈprəʊgræmə^r] *n* programador(a) *m/f*.

programming, (*US*) **programing** [ˈprəʊgræmɪŋ] **1** *n* programación *f*. **2** *cpd*: ~ **language** *n* lenguaje *m* de programación.

progress [ˈprəʊgres] **1** *n* (**a**) (*movement, forwards*) progreso *m*, avance *m*.

(**b**) (*advance*) progreso *m*, desarrollo *m*; **the ~ of events** el curso de los acontecimientos; **to make (good/slow) ~** avanzar (rápidamente/despacio).

(**c**) **in ~** en curso.

2 [prəˈgres] *vi* (**a**) (*go forward*) avanzar, adelantar; **matters are ~ing slowly** las cosas avanzan lentamente.

(**b**) (*in time*) desarrollarse; **as the game ~ed** a medida que avanzaba partido.

(**c**) (*improve, make ~*) hacer progresos, progresar, adelantarse; **the patient is ~ing favourably** el enfermo está mejorando de modo satisfactorio.

3 [ˈprəʊgres] *cpd*: ~ **report** *n* informe *m* sobre la marcha del trabajo.

progression [prəˈgreʃən] *n* progresión *f*.

progressive [prəˈgresɪv] **1** *adj* (**a**) (*increasing*) progresivo/a. (**b**) (*Pol*) progresista. **2** *n* (*person*) progresista *mf*.

progressively [prəˈgresɪvlɪ] *adv* progresivamente, poco a poco.

prohibit [prəˈhɪbɪt] *vt* (**a**) (*forbid*) prohibir; **to ~ sb from doing sth** prohibir a algn hacer algo; **'smoking ~ed'** 'se prohíbe *or* prohibido fumar'. (**b**) (*prevent*) **to ~ sb from doing sth** impedir a algn hacer algo.

prohibition [ˈprəʊɪˈbɪʃən] *n* prohibición *f*; **P~** (*US*) el prohibicionismo, ley *f* seca.

prohibitive [prəˈhɪbɪtɪv] *adj* prohibitivo/a.

project [ˈprɒdʒekt] **1** *n* (*gen*) proyecto *m*. **2** [prəˈdʒekt] *vt* proyectar; **~ed costs** gastos *mpl* previstos. **3** [prəˈdʒekt] *vi* (*jut out*) resaltar, sobresalir.

projectile [prəˈdʒektaɪl] *n* proyectil *m*.

projection [prəˈdʒekʃən] **1** *n* (**a**) proyección *f*. (**b**) (*overhang, protrusion etc*) saliente *m*, resalto *m*. (**c**) (*forecast*) proyección *f*. **2** *cpd*: ~ **room** *n* (*Cine*) cabina *f* de proyección.

projectionist [prəˈdʒekʃnɪst] *n* (*Cine*) operador(a) *m/f* de cine.

projector [prəˈdʒektə^r] *n* (*Cine*) proyector *m*.

prolapse [ˈprəʊlæps] *n* (*Med*) prolapso *m*.

proletarian [ˌprəʊləˈtɛərɪən] *adj* proletario/a.

proletariat [ˌprəʊləˈtɛərɪət] *n* proletariado *m*.

proliferate [prəˈlɪfəreɪt] *vi* proliferar.

proliferation [prə,lɪfə'reɪʃən] *n* proliferación *f*.

prolific [prə'lɪfɪk] *adj* prolífico/a.

prologue, (*US*) **prolog** ['prəʊlɒg] *n* (*lit, fig*) prólogo *m*.

prolong [prə'lɒŋ] *vt* prolongar.

prolongation [,prəʊlɒŋ'geɪʃən] *n* prolongación *f*.

prolonged [prə'lɒŋd] *adj* (*absence*) prolongado/a; (*event, period, struggle*) largo/a.

prom [prɒm] *n* (**a**) (*Brit fam: promenade*) paseo *m* marítimo. (**b**) (*Brit fam*) = **promenade concert**. (**c**) (*US*) *baile de gala bajo los auspicios de los alumnos de un colegio.*

promenade [,prɒmɪ'nɑːd] **1** *n* (*at seaside*) paseo *m* marítimo. **2** *vi* (*stroll*) pasearse. **3** *cpd*: ~ **concert** *n* concierto *m* sinfónico; ~ **deck** *n* cubierta *f* de paseo.

prominence ['prɒmɪnəns] *n* (*hill etc*) prominencia *f*; (*importance*) importancia *f*; **to bring into** ~ hacer resaltar; **he came into** ~ **in the Cuba affair** empezó a sobresalir cuando lo de Cuba.

prominent ['prɒmɪnənt] *adj* (**a**) (*projecting*) saliente, prominente. (**b**) (*conspicuous*) destacado/a, resaltado/a; **put it in a** ~ **position** ponlo donde resalte a la vista. (**c**) (*leading*) importante; **the most** ~ **feature of this theory** el aspecto más notable de esta teoría. (**d**) (*well-known*) eminente, destacado/a; **he is** ~ **in the field of sociolinguistics** es una figura destacada en el campo de la sociolingüística.

prominently ['prɒmɪnəntlɪ] *adv* muy a la vista; **he figured** ~ **in the case** desempeñó un papel importante en el juicio.

promiscuity [,prɒmɪs'kjuːɪtɪ] *n* promiscuidad *f*.

promiscuous [prə'mɪskjʊəs] *adj* promiscuo/a.

promise ['prɒmɪs] **1** *n* (**a**) (*pledge*) promesa *f*; **a** ~ **is a** ~ lo prometido es deuda; **to break one's** ~ faltar a su palabra; **to make sb a** ~ hacer una promesa a algn; **to keep one's** ~ cumplir su promesa.

(**b**) (*hope, prospect*) promesa *f*, esperanza *f*; **full of** ~ muy prometedor; **to show** ~ ser prometedor.

2 *vt* (*pledge*) prometer; (*forecast, augur*) prometer, augurar; **to** ~ **(sb) to do sth** prometer (a algn) hacer algo; **to** ~ **sb sth, to** ~ **sth to sb** prometer dar algo a algn; **to** ~ **o.s. sth** prometerse algo.

3 *vi* prometer; **I can't** ~ **but I'll try** no te prometo nada, pero haré lo que pueda; **to** ~ **well** ser muy prometedor.

promising ['prɒmɪsɪŋ] *adj* prometedor(a); **two** ~ **candidates** dos candidatos buenos; **it doesn't look very** ~ no promete mucho.

promissory ['prɒmɪsərɪ] *adj*: ~ **note** pagaré *m*.

promo ['prəʊməʊ] *n abbr* (*Comm fam*) *of* **promotion**.

promontory ['prɒməntrɪ] *n* promontorio *m*.

promote [prə'məʊt] *vt* (**a**) (*in rank*) **to** ~ **sb (from sth) to sth** ascender a algn (de algo) a algo; **to be** ~**d** ser ascendido. (**b**) (*encourage*) promover, fomentar, estimular. (**c**) (*advertise*) promocionar. (**d**) (*organize, put on*) organizar.

promoter [prə'məʊtə'] *n* (*gen*) promotor(a) *m/f*; (*backer*) patrocinador(a) *m/f*.

promotion [prə'məʊʃən] **1** *n* (**a**) (*in rank*) ascenso *m*, promoción *f*; **to get** ~ ser ascendido. (**b**) (*encouragement*) fomento *m*. (**c**) (*organization: of boxing match etc*) organización *f*. (**d**) (*advertising, advertising campaign*) promoción *f*; **sales** ~ promoción de ventas. **2** *cpd*: **to move up the** ~ **ladder** subir en el escalafón.

promotional [prə'məʊʃənl] *adj* promocional.

prompt [prɒmpt] **1** *adj* (*punctual*) puntual; (*fast*) rápido/a; (*immediate*) inmediato/a; **'please be** ~**'** 'se ruega mucha puntualidad'.

2 *adv*: **at 6 o'clock** ~ a las 6 en punto.

3 *vt* (**a**) **to** ~ **sb to do sth** instar *or* mover a algn a hacer algo; **what** ~**ed you to do it?** ¿qué te movió a hacerlo?; **it** ~**s the thought that ...** lo cual hace pensar que ....

(**b**) (*help with speech*) ayudar a recordar; (*Theat*) apuntar.

4 *n* (**a**) (*Theat*) apuntador(a) *m/f*.

(**b**) (*Comput*) aviso *m*, guía *f*.

prompter ['prɒmptə'] *n* (*Theat*) apuntador(a) *m/f*.

promptly ['prɒmptlɪ] *adv* (*immediately*) inmediatamente; (*fast*) rápidamente; (*punctually*) en punto, puntualmente; **they left** ~ **at 6** partieron a las 6 en punto.

prone [prəʊn] *adj* (**a**) (*face down*) boca abajo. (**b**) (*liable*) ~ **to sth/to do sth** propenso/a a algo/hacer algo.

prong [prɒŋ] *n* (*of fork*) punta *f*, diente *m*; **three-**~**ed** de tres puntas.

pronoun ['prəʊnaʊn] *n* (*Ling*) pronombre *m*.

pronounce [prə'naʊns] **1** *vt* (**a**) pronunciar. (**b**) (*declare*) declarar; **they** ~**d him unfit to plead** le declararon incapaz de defenderse; **to** ~ **o.s. for/against sth** declararse a favor de/en contra de algo; **to** ~ **sentence** (*Jur*) pronunciar un fallo. **2** *vi*: **to** ~ **in favour of/against sth** pronunciarse a favor de/en contra de algo; **to** ~ **on sth** dar su opinión sobre algo.

pronounced [prə'naʊnst] *adj* (*marked*) marcado/a.

pronouncement [prə'naʊnsmənt] *n* declaración *f*.

pronto ['prɒntəʊ] *adv* (*fam*) en seguida.

pronunciation [prə,nʌnsɪ'eɪʃən] *n* pronunciación *f*.

proof [pruːf] **1** *n* (**a**) (*evidence*) prueba(s) *f(pl)*; **as** *or* **in** ~ **of** en *or* como prueba de; **to give** *or* **show** ~ **of** dar prueba de; **the** ~ **of the pudding is in the eating** al probar se ve el mosto. (**b**) (*test, trial*) prueba *f*; **to put sth to the** ~ someter algo a prueba. (**c**) (*Typ, Phot*) prueba *f*. (**d**) (*of alcohol*) **70°** ~ graduación *f* del 70 por 100, 70 grados. **2** *vt* impermeabilizar.

-proof [pruːf] *adj suf*: **bomb**~ a prueba de bombas.

proofread ['pruːfriːd] (*pt, pp* **proofread** ['pruːfred]) *vt* corregir las pruebas de.

proofreader ['pruːf,riːdə'] *n* corrector(a) *m/f* de pruebas.

prop [prɒp] **1** *n* (*lit*) puntal *m*; (*fig*) sostén *m*, apoyo *m*. **2** *vt* (*also* ~ **up**) (**a**) (*rest, lean*) apoyar. (**b**) (*support*) apuntalar; (*fig*) sostener, apoyar; **the company was** ~**ped up by a big loan** la compañía recibió el apoyo de un préstamo cuantioso.

Prop. *abbr* (*Comm*) *of* **proprietor**.

propaganda [,prɒpə'gændə] *n* propaganda *f*.

propagate ['prɒpəgeɪt] **1** *vt* propagar. **2** *vi* propagarse.

propagation [,prɒpə'geɪʃən] *n* propagación *f*.

propane ['prəʊpeɪn] *n* propano *m*.

propel [prə'pel] *vt* impulsar, propulsar; **to** ~ **sb/sth along** impulsar a algn/algo.

propellant, **propellent** [prə'pelənt] *n* propulsor *m*; (*aerosol etc*) propelente *m*.

propeller [prə'pelə'] *n* hélice *f*.

propelling pencil [prə'pelɪŋ'pensl] *n* lapicera *f*, portaminas *m inv*.

propensity [prə'pensɪtɪ] *n* propensión *f*.

proper ['prɒpə'] **1** *adj* (**a**) (*actual*) propiamente dicho/a; **physics** ~ la física propiamente dicha; **in the** ~ **sense of the word** en el sentido estricto de la palabra; **in the city** ~ en la ciudad misma.

(**b**) (*fam*) verdadero/a; **it's a** ~ **nuisance** es una verdadera molestia.

(**c**) (*right, suitable*) propio/a, conveniente, oportuno/a; **the** ~ **time** el momento oportuno; **in the** ~ **way** como debe de ser, según las reglas; **do as you think** ~ haz lo que te parezca conveniente; **it is the** ~ **thing to say** fue lo que había que decir; ~ **name,** ~ **noun** nombre *m* propio.

(**d**) (*seemly*) correcto/a, propio/a.

(**e**) (*peculiar, characteristic*) propio/a (*to* a), peculiar (*to* de).

2 *adv* (*Brit fam*) realmente, de verdad.

properly ['prɒpəlɪ] *adv* (**a**) (*correctly etc*) correctamente, bien; ~ **speaking** propiamente dicho; **she very** ~ **refused** se negó a ello e hizo bien; **to do sth** ~ hacer algo bien. (**b**) (*in seemly fashion*) de forma correcta; **not** ~ **dressed** no vestido de la manera adecuada; **to behave** ~ portarse correctamente. (**c**) (*fam: really, thoroughly*) de verdad.

property ['prɒpətɪ] **1** *n* (**a**) (*quality*) propiedad *f*.

(**b**) (*thing owned*) propiedad *f*, posesión *f*; **a man of ~** un hombre acomodado; **that news is common ~** eso lo saben todos ya.
(**c**) (*building, land*) propiedad *f*; (*estate*) finca *f*, hacienda *f* (*LAm*).
(**d**) (*Theat*) **properties** accesorios *mpl*, atrezzo *msg*.
2 *cpd*: **~ company** *n* compañía *f* immobiliaria; **~ developer** *n* promotor *m* inmobiliario; **~ manager** *n* (*Theat*) accesorista *mf*; **~ market** *n* mercado *m* immobiliario; **~ owner** *n* (*rural*) terrateniente *mf*; (*urban*) dueño/a *m/f* de propiedades; **~ tax** *n* impuesto *m* sobre la propiedad.
prophecy [ˈprɒfɪsɪ] *n* profecía *f*.
prophesy [ˈprɒfɪsaɪ] *vt* (*foretell*) profetizar; (*predict*) predecir, vaticinar.
prophet [ˈprɒfɪt] *n* profeta *mf*.
prophetic [prəˈfetɪk] *adj* profético/a.
prophylactic [ˌprɒfɪˈlæktɪk] **1** *adj* profiláctico/a. **2** *n* profiláctico *m*.
propitiate [prəˈpɪʃɪeɪt] *vt* propiciar.
propitious [prəˈpɪʃəs] *adj* propicio/a, favorable.
proportion [prəˈpɔːʃən] **1** *n* (**a**) (*ratio*) proporción *f*; **in/out of ~** proporcionado/desproporcionado; **the ~ of blacks to whites** la proporción entre negros y blancos; **to be in/out of ~ (to one another)** estar en/no guardar proporción (el uno con el otro); **to be in/out of ~ to** *or* **with sth** estar en/no guardar proporción con algo; **to see sth in ~** (*fig*) ver algo en su justa medida; **sense of ~** (*fig*) sentido de la medida.
(**b**) (*part, amount*) parte *f*.
(**c**) **~s** (*size*) dimensiones *fpl*.
2 *vt* adecuar; **well-~ed** bien proporcionado.
proportional [prəˈpɔːʃənl] *adj* proporcional (*to* a), en proporción (*to* con); **~ representation** (*Pol*) representación *f* proporcional; **~ spacing** (*on printer*) espaciado *m* proporcional.
proportionally [prəˈpɔːʃnəlɪ] *adv* proporcionalmente.
proportionate [prəˈpɔːʃnɪt] *adj* proporcionado/a (*to* a).
proposal [prəˈpəʊzl] *n* (*offer*) propuesta *f*; (*: of marriage*) oferta *f* *or* propuesta de matrimonio; (*suggestion*) sugerencia *f*; (*plan*) proyecto *m*; **to make a ~** hacer una propuesta.
propose [prəˈpəʊz] **1** *vt* (**a**) proponer; **the ~d motorway** la autopista que se propone; **to ~ marriage to sb** hacer una oferta de matrimonio a algn; **to ~ a toast to sb** proponer un brindis por algn. (**b**) (*have in mind*) **to ~ sth** proponer algo; **to ~ to do sth** proponerse hacer algo; **what do you ~ doing?** ¿qué piensas hacer? **2** *vi* (*marriage*) declararse.
proposer [prəˈpəʊzəʳ] *n* (*of motion*) proponente *mf*.
proposition [ˌprɒpəˈzɪʃən] *n* (**a**) (*statement, Math, Logic etc*) proposición *f*. (**b**) (*proposal*) proposición *f*, propuesta *f*; **to make sb a ~** proponer algo a algn. (**c**) (*person to be dealt with*) **he's a tough ~** es un adversario fuerte; (*matter to be dealt with*) **it's not a paying ~** no es negocio.
propound [prəˈpaʊnd] *vt* (*ideas etc*) exponer, plantear.
proprietary [prəˈpraɪətərɪ] *adj* (*Comm*) patentado/a; **~ brand** marca *f* comercial; **~ goods** artículos *mpl* de marca; **~ name** nombre *m* propietario.
proprietor [prəˈpraɪətəʳ] *n* (*of shop, hotel etc*) dueño/a *m/f*; (*of land*) propietario/a *m/f*; (*boss*) amo/a *m/f*.
propriety [prəˈpraɪətɪ] *n* (*seemliness*) decoro *m*, decencia *f*; (*fitness*) conveniencia *f*; **the proprieties** los cánones sociales.
props [prɒps] *npl* = **property 1(d)**.
propulsion [prəˈpʌlʃən] *n*: **jet ~** propulsión *f* por reacción.
prosaic [prəʊˈzeɪɪk] *adj* (*dull*) prosaico/a.
Pros. Atty. *abbr* (*US*) *of* **prosecuting attorney**.
proscribe [prəʊsˈkraɪb] *vt* proscribir.
prose [prəʊz] *n* prosa *f*; (*Scol: translation text*) texto *m* para traducir.
prosecute [ˈprɒsɪkjuːt] *vt* (**a**) (*Jur: try*) procesar, enjuiciar; (*: punish*) sancionar; **'trespassers will be ~d'** 'se procederá contra los intrusos'. (**b**) (*frm: carry on*) proseguir, llevar adelante.
prosecution [ˌprɒsɪˈkjuːʃən] **1** *n* (*Jur: act, proceedings*) proceso *m*, juicio *m*; (*in court: case, side*) acusación *f*, parte *f* que acusa; **counsel for the ~** fiscal *mf*. **2** *cpd*: **~ witness** *n* testigo *mf* de cargo.
prosecutor [ˈprɒsɪkjuːtəʳ] *n* (*Jur*) acusador(a) *m/f*; (*: also* **public ~**) fiscal *m/f*.
prospect [ˈprɒspekt] **1** *n* (**a**) (*outlook, future*) perspectiva *f*; (*view*) panorama *m*, vista *f*; (*hope, chance*) esperanza *f*; **future ~s** perspectivas (para el futuro); **it's a grim ~** es una perspectiva desesperante; **this ~ cheered him up** se alegró con esta perspectiva; **we are faced with the ~ of leaving** se nos plantea la posibilidad de marcharnos; **a job with no ~s** un trabajo sin porvenir; **there is little ~ of his coming** hay pocas posibilidades de que venga; **I see no ~ of that** eso no lo creo probable.
(**b**) (*person*) posible candidato/a *m/f*; (*for marriage*) partido/a *m/f*; (*Com*) cliente *mf* posible.
2 [prəsˈpekt] *vt* explorar.
3 [prəsˈpekt] *vi*: **to ~ for gold** buscar oro.
prospective [prəsˈpektɪv] *adj* (*likely to happen*) eventual, probable; (*future*) futuro/a.
prospector [prəsˈpektəʳ] *n* explorador(a) *m/f*, buscador(a) *m/f*.
prospectus [prəsˈpektəs] *n* prospecto *m*.
prosper [ˈprɒspəʳ] *vi* prosperar, medrar.
prosperity [prɒsˈperɪtɪ] *n* prosperidad *f*.
prosperous [ˈprɒspərəs] *adj* próspero/a.
prostate [ˈprɒsteɪt] *n* (*also* **~ gland**) próstata *f*.
prosthesis [prɒsˈθiːsɪz] *n* (*pl* **prostheses** [prɒsˈθiːsiːz]) prótesis *f*.
prostitute [ˈprɒstɪtjuːt] **1** *n* prostituto/a *m/f*; **to become a ~** prostituirse. **2** *vt* (*fig*) prostituir.
prostitution [ˌprɒstɪˈtjuːʃən] *n* (*lit, fig*) prostitución *f*.
prostrate [ˈprɒstreɪt] **1** *adj* boca abajo, postrado/a; (*nation, country etc*) abatido/a; (*exhausted*) postrado *or* abatido (*with* por). **2** [prɒsˈtreɪt] *vt*: **to ~ o.s.** (*lit, fig*) postrarse.
protagonist [prəʊˈtægənɪst] *n* protagonista *mf*.
protect [prəˈtekt] *vt* proteger.
protection [prəˈtekʃən] **1** *n* (**a**) protección *f*, amparo *m*; **to be under sb's ~** estar amparado por algn. (**b**) (*also* **~ money**) impuesto *m* de protección pagado a la Mafia. **2** *cpd*: **~ factor** *n* factor *m* de protección; **~ racket** *n* chantaje *m*.
protectionism [prəˈtekʃənɪzəm] *n* proteccionismo *m*.
protective [prəˈtektɪv] *adj* protector(a); **~ cream** crema *f* protectora; **~ custody** detención *f* preventiva.
protector [prəˈtektəʳ] *n* (**a**) (*defender*) protector(a) *m/f*. (**b**) (*protective wear*) protector *m*.
protégé(e) [ˈprɒteʒeɪ] *n* protegido/a *m/f*.
protein [ˈprəʊtiːn] *n* proteína *f*.
protest [ˈprəʊtest] **1** *n* (*gen*) protesta *f*; (*complaint*) queja *f*; **under ~** bajo protesta. **2** [prəˈtest] *vt* (**a**) (*complain about : US*) protestar de; **to ~ that** protestar diciendo que. (**b**) (*dispute*) poner reparos a. (**c**) (*affirm*) afirmar; **he ~ed his innocence** declaró enérgicamente su inocencia. **3** [prəˈtest] *vi* protestar; **to ~ at** *or* **against** protestar de. **4** [ˈprəʊtest] *cpd*: **~ march** *n* manifestación *f* *or* marcha *f* (de protesta).
Protestant [ˈprɒtɪstənt] *adj, n* protestante *mf*.
Protestantism [ˈprɒtɪstəntɪzəm] *n* protestantismo *m*.
protestation [ˌprɒtesˈteɪʃən] *n* (**a**) (*of love, loyalty etc*) afirmación *f*, declaración *f*. (**b**) (*protest*) protesta *f*.
protester [prəˈtestəʳ] *n* manifestante *mf*.
proto... [ˈprəʊtəʊ] *pref* proto....
protocol [ˈprəʊtəkɒl] *n* protocolo *m*.
proton [ˈprəʊtɒn] *n* protón *m*.
prototype [ˈprəʊtəʊtaɪp] *n* prototipo *m*.
protracted [prəˈtræktɪd] *adj* prolongado/a, (excesiva-

mente) largo/a.
protrude [prə'tru:d] *vi* salir, sobresalir.
protruding [prə'tru:dɪŋ] *adj* saliente, sobresaliente.
protrusion [prə'tru:ʒən] *n* saliente *m*, protuberancia *f*.
proud [praʊd] **1** *adj* (**a**) (*person etc*) orgulloso/a; (*: arrogant*) soberbio/a, orgulloso; **to be ~ of** estar orgulloso de; **to be ~ to do sth** enorgullecerse de hacer algo; **that's nothing to be ~ of!** ¡esto no es motivo de orgullo! (**b**) (*splendid*) espléndido/a. **2** *adv*: **to do sb ~** tratar a algn a cuerpo de rey; **to do o.s. ~** darse buena vida.
proudly ['praʊdlɪ] *adv* (*see adj*) orgullosamente; soberbiamente.
prove [pru:v] (*pt* **~d**; *pp* **~d** *or* **~n** ['pru:vən]) **1** *vt* (**a**) probar, demostrar; (*verify*) comprobar; **can you ~ it?** ¿tiene Vd prueba (de ello)?; **it all goes to ~ that** ... esto demuestra que ...; **to ~ sb innocent** *or* **sb's innocence** demostrar la inocencia de algn; **to ~ o.s.** dar prueba de sí *or* de sus capacidades; **he was ~d right in the end** al fin se le dio la razón.
(**b**) (*test out*) poner *or* someter a prueba.
(**c**) (*turn out*) resultar; **it ~d to be useful** resultó ser útil; **if it ~s (to be) otherwise** si resulta (ser) lo contrario.
2 *vi* = **1** (**c**).
proven ['pru:vən] **1** *pp of* **prove**. **2** *adj* probado/a; **it's a ~ fact that** ... es un hecho comprobado que ...; **the case was found not ~** el acusado fue absuelto por falta de pruebas.
proverb ['prɒvɜ:b] *n* refrán *m*, proverbio *m*.
proverbial [prə'vɜ:bɪəl] *adj* proverbial.
provide [prə'vaɪd] **1** *vt* (*gen*) proporcionar; (*supply, furnish*) suministrar, proveer (*with* de); **to ~ sb with sth** *or* **sth for sb** dar *or* proporcionar algo a algn; **the government ~d half the money** el gobierno proporcionó la mitad del dinero; **it ~s shade for the cows** da sombra para las vacas. **2** *vi* (**a**) **the Lord will ~** el Señor proveerá. (**b**) **the rules ~ against that** las reglas prohiben eso.
▸ **provide for** *vi + prep* (**a**) mantener; **they are well ~d for** tienen medios adecuados. (**b**) **the treaty ~s for** ... el tratado estipula ...; **we have ~d for that** ya lo hemos previsto.
provided [prə'vaɪdɪd] *conj*: **~ (that)** con tal (de) que, a condición de que.
providence ['prɒvɪdəns] *n* providencia *f*.
providential [,prɒvɪ'denʃəl] *adj* providencial.
providing [prə'vaɪdɪŋ] *conj* = **provided**.
province ['prɒvɪns] *n* (**a**) provincia *f*; **they live in the ~s** viven en provincias. (**b**) (*fig: area of knowledge, activity etc*) esfera *f*, campo *m*; **it's not within my ~** no es de mi competencia.
provincial [prə'vɪnʃəl] **1** *adj* provincial; (*pej*) pueblerino/a, provinciano/a. **2** *n* (*usu pej*) provinciano/a *m/f*.
provision [prə'vɪʒən] *n* (**a**) (*act of supplying*) provisión *f*. (**b**) (*supply*) suministro *m*, abastecimiento *m*. (**c**) **~s** (*food*) víveres *mpl*, provisiones *fpl*. (**d**) (*preparation*) preparativo *m*; **to make ~ for sb** asegurar el porvenir. (**e**) (*stipulation etc*) estipulación *f*, disposición *f*; **according to the ~s of the treaty** de acuerdo con lo estipulado en el tratado; **is there ~ for this in the rules?** las reglas ¿permiten esto?, ¿está previsto esto en las reglas?; **with the ~ that** con tal de que.
provisional [prə'vɪʒənl] **1** *adj* provisional, provisorio/a *(LAm)*. **2** *n*: **P~** Provisional *m (miembro de la tendencia activista del IRA)*.
provisionally [prə'vɪʒnəlɪ] *adv* provisionalmente.
proviso [prə'vaɪzəʊ] *n* (*gen*) salvedad *f*; **with the ~ that** ... a condición de que ....
Provo ['prəʊvəʊ] *n* (*fam*) = **provisional 2**.
provocation [,prɒvə'keɪʃən] *n* provocación *f*; **she acted under ~** reaccionó ante una provocación.
provocative [prə'vɒkətɪv] *adj* provocador(a), provocativo/a.
provoke [prə'vəʊk] *vt* (*gen*) provocar; (*anger*) provocar, enfadar, enojar *(LAm)*; **it ~d us to action** nos incitó a obrar; **he is easily ~d** se irrita por cualquier cosa.
provoking [prə'vəʊkɪŋ] *adj* provocador(a).
provost ['prɒvəst] *n* (*Univ*) rector *m*; (*Scot*) alcalde *m*.
prow [praʊ] *n* proa *f*.
prowess ['praʊɪs] *n* (*skill*) habilidad *f*, capacidad *f*; (*courage*) valor *m*.
prowl [praʊl] **1** *vi* (*also* **~ about** *or* **around**) rondar *or* merodear. **2** *vt*: **to ~ the streets** rondar las calles.
prowler ['praʊlə'] *n* merodeador(a) *m/f*.
proximity [prɒk'sɪmɪtɪ] *n* proximidad *f*; **in ~ to** cerca *or* en las cercanías de.
proxy ['prɒksɪ] **1** *n* (*power*) poder *m*; (*person*) apoderado/a *m/f*; **by ~** por poderes. **2** *cpd*: **~ vote** *n* voto *m* por poderes.
prude [pru:d] *n* gazmoño/a *m/f*, mojigato/a *m/f*.
prudence ['pru:dəns] *n* prudencia *f*.
prudent ['pru:dənt] *adj* cauteloso/a, prudente.
prudish ['pru:dɪʃ] *adj* gazmoño/a, remilgado/a.
prune[1] [pru:n] *n* (*fruit*) ciruela *f* pasa.
prune[2] [pru:n] *vt* podar.
pruning ['pru:nɪŋ] *n* poda *f*.
prurient ['prʊərɪənt] *adj* lascivo/a.
pry[1] [praɪ] *vi* (*snoop*) fisgonear, curiosear; (*spy*) atisbar; **to ~ into sb's affairs** (entro)meterse en asuntos de otros.
pry[2] [praɪ] *vt* (*US*) = **prise**.
prying ['praɪɪŋ] *adj* fisgón/a; (*meddling*) entrometido/a.
PS *abbr of* **postscript** P.D.
psalm [sɑ:m] *n* salmo *m*.
PSAT *n abbr* (*US*) *of* **Preliminary Scholastic Aptitude Test**.
PSBR *n abbr* (*Econ*) *of* **public sector borrowing requirement**.
pseud [sju:d] *n* (*fam*) farsante *mf*.
pseudo ['sju:dəʊ] *adj* (*fam*) farsante.
pseudo... ['sju:dəʊ] *pref* seudo....
pseudonym ['sju:dənɪm] *n* seudónimo *m*.
psoriasis [sə'raɪəsɪs] *n* soriasis *f*.
PST *abbr* (*US*) *of* **Pacific Standard Time**.
PSV *n abbr of* **public service vehicle**.
psych [saɪk] *vt* (*fam: prepare psychologically: also* **~ up**) mentalizar; **to get o.s. ~ed up for sth** mentalizarse para algo.
psyche ['saɪkɪ] *n* (*Psych*) psique *f*, psiquis *f*.
psychedelic [,saɪkə'delɪk] *adj* psicodélico/a.
psychiatric [,saɪkɪ'ætrɪk] *adj* psiquiátrico/a.
psychiatrist [saɪ'kaɪətrɪst] *n* psiquiatra *mf*.
psychiatry [saɪ'kaɪətrɪ] *n* psiquiatría *f*.
psychic ['saɪkɪk] *adj* (**a**) (*supernatural*) psíquico/a; (*telepathic*) telepático/a; **you must be ~!** (*fam*) ¿cómo lo adivinaste? (**b**) (*Psych*) psíquico/a.
psycho ['saɪkəʊ] *n* (*US fam*) psicópata *mf*.
psycho... ['saɪkəʊ] *pref* psico....
psychoanalyse, (*US*) **psychoanalyze** [,saɪkəʊ'ænəlaɪz] *vt* psicoanalizar.
psychoanalysis [,saɪkəʊə'næləsɪs] *n* psicoanálisis *m*.
psychoanalyst [,saɪkəʊ'ænəlɪst] *n* psicoanalista *mf*.
psychokinesis [,saɪkəʊkɪ'ni:sɪs] *n* psicoquinesis *f*.
psychological [,saɪkə'lɒdʒɪkəl] *adj* psicológico/a; **~ warfare** guerra *f* psicológica.
psychologist [saɪ'kɒlədʒɪst] *n* psicólogo/a *m/f*.
psychology [saɪ'kɒlədʒɪ] *n* psicología *f*.
psychopath ['saɪkəʊpæθ] *n* psicópata *mf*.
psychosis [saɪ'kəʊsɪs] *n* (*pl* **psychoses** [saɪ'kəʊsi:z]) psicosis *f*.
psychosomatic ['saɪkəʊsəʊ'mætɪk] *adj* psicosomático/a.
psychotherapy ['saɪkəʊ'θerəpɪ] *n* psicoterapia *f*.
psychotic [saɪ'kɒtɪk] *adj, n* psicótico/a *m/f*.
PT *n abbr of* **physical training**.
Pt *abbr* (*Geog*) *of* **Point** Pta.

pt *abbr* (**a**) *of* **part**. (**b**) *of* **pint(s)**. (**c**) *of* **point**. (**d**) (*Comm*) *of* **payment**.
P/T *abbr of* **part-time**.
PTA *n abbr of* **Parent-Teacher Association** ≈ APA *f*.
ptarmigan ['tɑ:mɪgən] *n* perdiz *f* blanca.
Pte *abbr* (*Mil*) *of* **Private**.
PTO *abbr of* **please turn over** sigue.
PTV *n abbr* (*US*) (**a**) *of* **pay television**. (**b**) *of* **public television**.
pub [pʌb] *n* (*Brit*) pub *m*, bar *m*.
pub-crawl ['pʌbkrɔ:l] *n*: **to go on a ~** (*fam*) ir de chateo *or* de parranda (de bar en bar).
puberty ['pju:bətɪ] *n* pubertad *f*.
pubescent [pju:'besənt] *adj, n* pubescente *mf*.
pubic ['pju:bɪk] *adj* púbico/a; **~ hair** vello *m* púbico.
pubis ['pju:bɪs] *n* pubis *m*.
public ['pʌblɪk] **1** *adj* público/a; **this place is too ~ to discuss it** aquí no hay suficiente intimidad para discutirlo; **to go ~** (*Comm*) hacerse cotizar en bolsa; **to make sth ~** hacer público algo; **~ address system** (sistema *m* de) megafonía *f*; **~ bar** bar *m*; **~ company** compañía *f* pública; **~ convenience** servicios *mpl*, aseos *mpl*, sanitarios *mpl* (*LAm*); **~ enterprise** (*firm*) empresa *f* pública; (*endeavour*) iniciativa *f* pública; **to be in the ~ eye** ser objeto del interés público; **~ holiday** fiesta *f* oficial; **~ house** (*Brit*) bar *m*, pub *m*; **of ~ interest** de interés general; **in the ~ interest** en los intereses del estado; **it is ~ knowledge** ya es del dominio público; **~ library** biblioteca *f* pública; **~ limited company** sociedad *f* anónima; **~ opinion** la opinión pública; **~ opinion poll** sondeo *m* (de la opinión pública); **in ~ ownership** nacionalizado, propiedad del Estado; **~ relations** relaciones *fpl* públicas; **~ relations officer** encargado/a *m/f* de relaciones públicas; **~ school** (*Brit*) colegio *m* privado; (*US*) instituto *m*; **~ sector** sector *m* estatal *or* público; **~ sector borrowing requirement** necesidades *fpl* de endeudamiento del sector público; **~ service** (*Civil Service*) administración *f* pública; **~ service vehicle** vehículo *m* de servicio público; **~ speaking** oratoria *f*; **~ spending** gastos *mpl* públicos; **~ transport** transporte(s) *m(pl)* público(s); **~ utility** servicio *m* público; **~ works** obras *fpl* públicas.
2 *n*: **the ~** el público *m*; **in ~** en público; **the reading/sporting ~** los aficionados a la lectura/al deporte.
publican ['pʌblɪkən] *n* (*Brit*) dueño/a *m/f or* encargado/a *m/f* de un bar.
publication [,pʌblɪ'keɪʃən] *n* publicación *f*, edición *f*; (*published work*) publicación.
publicity [pʌb'lɪsɪtɪ] **1** *n* (**a**) publicidad *f*,. (**b**) (*Comm: advertising, advertisements*) publicidad *f*, propaganda *f*. **2** *cpd*: **~ campaign** *n* campaña *f* publicitaria; **~ stunt** *n* truco *m* publicitario.
publicize ['pʌblɪsaɪz] *vt* (**a**) (*make public*) publicar, divulgar. (**b**) (*advertise*) anunciar, hacer propaganda de.
public-spirited ['pʌblɪk'spɪrɪtɪd] *adj* de espíritu cívico.
publish ['pʌblɪʃ] *vt* publicar, editar; **'~ed weekly'** 'semanario'.
publisher ['pʌblɪʃəʳ] *n* (*person*) editor(a) *m/f*; (*firm*) editorial *f*.
publishing ['pʌblɪʃɪŋ] **1** *n* (*trade*) industria *f* editorial. **2** *cpd*: **~ company** *n* (casa *f*) editorial *f*.
puce [pju:s] *adj* de color pardo rojizo.
pucker ['pʌkəʳ] *vt* (*also* **~ up**) fruncir, arrugar; (*Sew*) fruncir.
pudding ['pʊdɪŋ] **1** *n* (*dessert*) postre *m*; (*steamed ~*) pudín *m*, budín *m*; **black/white ~** morcilla *f* negra/blanca. **2** *cpd*: **~ basin** *n* cuenco *m*.
puddle ['pʌdl] *n* charco *m*.
puerile ['pjʊəraɪl] *adj* pueril.
Puerto Rican ['pwɜ:təʊ'ri:kən] *adj, n* puertorriqueño/a *m/f*.
Puerto Rico ['pwɜ:təʊ'ri:kəʊ] *n* Puerto Rico *m*.
puff [pʌf] **1** *n* (**a**) (*of breathing, engine*) resoplido *m*; (*of air*) soplo *m*; (*of wind*) racha *f*, ráfaga *f*; (*of smoke*) bocanada *f*; (*on cigarette etc*) chupada *f*; **I'm out of ~** (*fam*) me quedé sin aliento.
(**b**) (*powder ~*) borla *f*.
(**c**) (*Culin*) **cream ~** petisú *m*, pastel *m* de crema.
2 *vt* (**a**) **to ~ (out) smoke** echar bocanadas de humo.
(**b**) (*also* **~ up**) hinchar, inflar (*LAm*); **his face was all ~ed up** tenía la cara hinchada *or* (*LAm*) inflada; **to be ~ed up with pride** hincharse *or* inflarse de orgullo.
(**c**) **I'm ~ed (out)** (*fam*) me quedé sin aliento.
3 *vi* (*breathe heavily*) jadear, resoplar; **the train ~ed into the station** el tren entró en la estación echando humo; **to ~ (away) at** *or* **on one's pipe** chupar la pipa.
4 *cpd*: **~ pastry**, (*US*) **~ paste** *n* hojaldre *m*; **~ sleeves** *npl* mangas *fpl* filipinas.
puffin ['pʌfɪn] *n* frailecillo *m*.
puffy ['pʌfɪ] *adj* (*comp* **-ier**; *superl* **-iest**) hinchado/a, inflado/a.
pug [pʌg] *n* (*also* **~ dog**) doguillo *m*.
pugnacious [pʌg'neɪʃəs] *adj* pugnaz, agresivo/a.
pug-nosed ['pʌg'nəʊzd] *adj* de nariz chata.
puke [pju:k] *vi* (*fam*) devolver (*fam*); **it makes me (want to) ~** me da asco.
pull [pʊl] **1** *n* (**a**) (*tug*) tirón *m*, jalón *m* (*LAm*); (*of moon, magnet, the sea etc*) (fuerza *f* de) atracción *f*; (*fig: attraction*) atracción; **it was a long ~** fue mucho camino *or* trecho.
(**b**) (*fam: influence*) enchufe *m*, palanca *f* (*LAm*).
(**c**) (*at pipe, cigarette*) chupada *f*; (*at drink*) trago *m*; **he took a ~ from the bottle** dio un tiento a la botella.
(**d**) (*handle of drawer etc*) tirador *m*; (*of bell*) cuerda *f*.
2 *vt* (**a**) (*draw, drag*) tirar de, jalar (*LAm*); **to ~ a door shut/open** cerrar/abrir una puerta de un tirón *or* (*LAm*) jalón.
(**b**) (*tug*) tirar de, jalar (*LAm*); (*trigger*) apretar; **to ~ sb's hair** tirar *or* (*LAm*) jalarle de los pelos a algn; **she didn't ~ any punches** no anduvo con rodeos; **~ the other one!** (*fam*) ¡cuéntaselo a tu abuela! (*fam*).
(**c**) (*extract, draw out*) sacar, arrancar; **to ~ a gun on sb** amenazar a algn con pistola.
(**d**) **to ~ a muscle** sufrir un tirón en un músculo.
(**e**) (*fam: carry out, do*) **what are you trying to ~?** ¿qué quieres conseguir?, ¿qué es lo que pretendes con esto?
(**f**) (*fam*) **he knows how to ~ the birds** sabe ligar con las chicas.
(**g**) **to ~ a fast one** *or* **a trick on sb** jugar una mala parada a algn.
3 *vi* (**a**) tirar, jalar (*LAm*); **the car is ~ing to the right** el coche tira *or* (*LAm*) jala hacia la derecha; **the car isn't ~ing very well** el coche no tira *or* (*LAm*) jala.
(**b**) **to ~ at** *or* **on one's pipe** dar chupadas a la pipa.
(**c**) (*move*) **the train ~ed into the station** el tren entró en la estación; **he ~ed alongside the kerb** se acercó al bordillo; **it ~ed to a stop** se paró.
4 *cpd*: **~ ring, ~ tab** *n* anilla *f*.
▸ **pull about** *vt + adv* (*handle roughly*) maltratar, manosear.
▸ **pull apart** *vt + adv* (**a**) (*separate*) separar; (*take apart*) desmontar. (**b**) (*fig fam: search thoroughly*) allanar; (*: criticize*) deshacer, hacer pedazos.
▸ **pull away 1** *vt + adv* arrancar, jalar (*LAm*). **2** *vi + adv* (*move off*) salir, arrancar.
▸ **pull back 1** *vt + adv* tirar *or* (*LAm*) jalar para *or* hacia atrás. **2** *vi + adv* (*lit*) contenerse; (*Mil*) retirarse.
▸ **pull down** *vt + adv* (**a**) bajar, echar abajo; **the mark in chemistry ~s her down** la nota de química es la razón de que salga mal. (**b**) (*demolish*) derribar.
▸ **pull in 1** *vt + adv* (**a**) tirar de, jalarse (*LAm*). (**b**) (*rein in*) sujetar. (**c**) (*attract: crowds*) atraer; **this will ~ them in** esto les hará venir en masa. (**d**) (*fam: take into custody*) detener. **2** *vi + adv* (*into station, harbour*) llegar; (*into driveway*) entrar; (*stop, park*) parar.

▸ **pull off 1** *vt + adv* **(a)** (*remove*) quitar, arrancar. **(b)** (*fam: succeed in*) llevar a cabo, conseguir; **to ~ it off** lograrlo. **2** *vi + adv*: **we ~ed off into a lay-by** (*Aut*) salimos de la carretera y paramos en un apartadero. **3** *vi + prep*: **we ~ed off the road into a lay-by** salimos de la carretera y paramos en un apartadero.

▸ **pull on** *vt + adv* ponerse a la carrera.

▸ **pull out 1** *vt + adv* **(a)** (*take out*) sacar, arrancar; **to ~ sb out of a river** sacar a algn de un río. **(b)** (*withdraw*) retirar. **2** *vi + adv* **(a)** (*come out*) salir; **the red car ~ed out from behind that black one** el coche rojo se salió de detrás de aquel negro. **(b)** (*withdraw*) retirarse. **(c)** (*leave*) salir, partir.

▸ **pull over 1** *vt + adv* **(a)** (*move closer*) acercar. **(b)** (*topple*) volcar. **2** *vi + adv* (*Aut*) hacerse a un lado.

▸ **pull through** *vi + adv* (*fig*) salvarse, reponerse.

▸ **pull together 1** *vt + adv*: **to ~ o.s. together** (*fig*) tranquilizarse. **2** *vi + adv* tirar *or* jalar en conjunto.

▸ **pull up 1** *vt + adv* **(a)** (*raise by pulling*) levantar, subir. **(b)** (*uproot*) sacar, arrancar; **to ~ up one's roots** (*fig*) desarraigarse. **(c)** (*stop*) parar. **(d)** (*scold*) regañar. **2** *vi + adv* (*stop*) detenerse, parar.

pulley [ˈpʊlɪ] *n* polea *f*.

Pullman ® [ˈpʊlmən] *n* (*also* ~ **car**) pullman *m*.

pull-out [ˈpʊlaʊt] **1** *n* suplemento *m* separable. **2** *adj* (*magazine section*) separable; (*table leaf etc*) extensible.

pullover [ˈpʊləʊvəʳ] *n* jersey *m*, suéter *m*, chompa *f* (*Per*).

pulmonary [ˈpʌlmənərɪ] *adj* pulmonar.

pulp [pʌlp] **1** *n* **(a)** (*paper ~, wood ~*) pasta *f*, pulpa *f*; (*for paper*) pulpa de madera; **to reduce sth to ~** hacer algo papilla. **(b)** (*of fruit, vegetable*) pulpa *f*. **2** *vt* reducir a pulpa. **3** *cpd*: ~ **literature** *n* literatura *f* para tirar; ~ **magazine** *n* revista *f* amarilla.

pulpit [ˈpʊlpɪt] *n* púlpito *m*.

pulsate [pʌlˈseɪt] *vi* vibrar, palpitar.

pulse[1] [pʌls] **1** *n* (*Anat*) pulso *m*; (*Phys*) pulsación *f*; (*fig: of drums, music*) ritmo *m*, compás *m*; **to take sb's ~** tomar el pulso a algn; **he keeps his finger on the company's ~** está tomando constantemente el pulso a la compañía. **2** *cpd*: ~ **rate** *n* frecuencia *f* del pulso.

pulse[2] [pʌls] *n* (*Bot, Culin*) legumbre *f*.

pulverize [ˈpʌlvəraɪz] *vt* pulverizar.

puma [ˈpjuːmə] *n* puma *f*.

pumice (stone) [ˈpʌmɪs(stəʊn)] *n* piedra *f* pómez.

pummel [ˈpʌml] *vt* aporrear, apalear.

pump [pʌmp] **1** *n* bomba *f*; **petrol ~** bomba, grifo *m* (*Per*). **2** *vt* bombear; **to ~ sth in/out** meter/sacar algo con bomba; **to ~ sth dry** vaciar algo con una bomba; **to ~ air along a tube** hacer que pase el aire por un tubo por medio de una bomba; **to ~ money into a project** invertir dinero en cantidades en un proyecto; **to ~ sb for information** (son)sacarle informes a algn.

▸ **pump in** *vt + adv* (*lit*) inyectar; (*fig: money*) invertir.

▸ **pump out** *vt + adv* (*boat*) achicar el agua de; (*water*) bombear.

▸ **pump up** *vt + adv* (*tyre*) inflar, bombear (*LAm*).

pumpkin [ˈpʌmpkɪn] *n* calabaza *f*, zapallo *m* (*And, CSur*).

pun [pʌn] *n* juego *m* de palabras, retruécano *m*.

Punch [pʌntʃ] **1** *n* Polichinela *m*. **2** *cpd*: ~ **and Judy show** *n* teatro *m* de títeres.

punch[1] [pʌntʃ] **1** *n* **(a)** (*for making holes: in leather, etc*) punzón *m*; (*: in paper*) perforadora *f*; (*: in ticket*) máquina *f* de picar.
(b) (*blow*) puñetazo *m*; **he didn't pull any ~es** (*fig*) no se mordió la lengua.
(c) (*fig: vigour*) fuerza *f*, empuje *m*; **think of a phrase that's got some ~ to it** dame una frase que tenga garra.
2 *vt* **(a)** (*with tool: see n*) punzar; perforar; picar.
(b) (*with fist*) dar un puñetazo a.
(c) (*button, key*) presionar; **you have to ~ the code in first** primero hay que introducir el código.
3 *cpd*: ~**(ed) card** *n* tarjeta *f* perforada; ~ **line** *n* remate *m*.

punch[2] [pʌntʃ] *n* (*drink*) ponche *m*.

punchball [ˈpʌntʃbɔːl] *n* saco *m* de arena, punching-ball *m*.

punchbowl [ˈpʌntʃbəʊl] *n* ponchera *f*.

punch-drunk [ˈpʌntʃˈdrʌŋk] *adj* (*fig*) aturdido/a; **to be ~** estar groggy.

puncher [ˈpʌntʃəʳ] *n* (*tool*) perforador *m*.

punching bag [ˈpʌntʃɪŋbæg] *n* (*US*) = **punchball.**

punch-up [ˈpʌntʃʌp] *n* (*Brit fam*) riña *f*, refriega *f*.

punctilious [pʌŋkˈtɪlɪəs] *adj* puntilloso/a, quisquilloso/a.

punctual [ˈpʌŋktjʊəl] *adj* puntual; **you're very ~** llegaste en punto.

punctuality [ˌpʌŋktjʊˈælɪtɪ] *n* puntualidad *f*.

punctually [ˈpʌŋktjʊəlɪ] *adv* puntualmente, en punto; **the bus arrived ~** el autobús llegó a la hora.

punctuate [ˈpʌŋktjʊeɪt] *vt* (*Ling*) puntuar; **his speech was ~d by applause** los aplausos interrumpieron repetidamente su discurso.

punctuation [ˌpʌŋktjʊˈeɪʃən] **1** *n* (*Ling*) puntuación *f*. **2** *cpd*: ~ **mark** *n* signo *m* de puntuación.

puncture [ˈpʌŋktʃəʳ] **1** *n* (*in tyre, balloon, skin etc*) perforación *f*, pinchazo *m*; (*Aut*) pinchazo, ponchadura *f* (*Mex*); **I have a ~** se me pinchó *or* (*Mex*) ponchó un neumático *or* una llanta. **2** *vt* perforar, pinchar. **3** *vi* pincharse, poncharse (*Mex*).

pundit [ˈpʌndɪt] *n* experto/a *m/f*.

pungency [ˈpʌndʒənsɪ] *n* (*of smell*) acritud *f*; (*of taste*) sabor *m* picante *or* fuerte; (*of remark*) mordacidad *f*.

pungent [ˈpʌndʒənt] *adj* (*see n*) acre; muy picante; mordaz.

punish [ˈpʌnɪʃ] *vt* **(a)** castigar; **to ~ sb for sth/for doing sth** castigar a algn por algo/por haber hecho algo. **(b)** (*fig fam*) maltratar.

punishable [ˈpʌnɪʃəbl] *adj* (*gen*) punible; (*Jur*) delictivo/a; **a ~ offence** una infracción que castiga la ley.

punishment [ˈpʌnɪʃmənt] *n* **(a)** (*punishing, penalty*) castigo *m*; **to make the ~ fit the crime** señalar un castigo de acuerdo con el crimen; **to take one's ~** aceptar el castigo. **(b)** (*fig fam*) malos tratos *mpl*; **to take a lot of ~** (*Sport*) sufrir una paliza; (*car, furniture etc*) ser maltratado.

Punjabi [pʌnˈdʒɑːbɪ] *n* (*Ling*) punjabí *m*.

punk [pʌŋk] **1** *n* **(a)** (*person: also* ~ **rocker**) punk(i) *mf*; (*music: also* ~ **rock**) (música *f*) punk *m*. **(b)** (*US fam: hoodlum*) rufián *m*, matón *m* (*LAm*). **2** *cpd*: ~ **rock** *n* música *f* punk.

punnet [ˈpʌnɪt] *n* (*Brit*) canastilla *f*.

punt[1] [pʌnt] **1** *n* (*boat*) batea *f*. **2** *vt* impulsar con percha; (*ball*) dar un puntapié a. **3** *vi*: **to go ~ing** ir en batea.

punt[2] [pʌnt] *vi* (*bet*) apostar.

punter [ˈpʌntəʳ] *n* (*gambler*) jugador(a) *m/f*; (*Comm*) cliente *mf*; (*of prostitute*) cliente *m*.

puny [ˈpjuːnɪ] *adj* (*comp* **-ier**; *superl* **-iest**) enclenque, endeble, flaco/a (*LAm*).

pup [pʌp] *n* cachorro/a *m/f*.

pupil[1] [ˈpjuːpl] *n* (*Scol etc*) alumno/a *m/f*.

pupil[2] [ˈpjuːpl] *n* (*Anat*) pupila *f*.

puppet [ˈpʌpɪt] **1** *n* (*lit*) títere *m*, marioneta *f*; (*fig*) títere. **2** *cpd*: ~ **government** *n* gobierno *m* títere; ~ **show** *n* teatro *m* de marionetas *or* de títeres.

puppy [ˈpʌpɪ] **1** *n* cachorro/a *m/f*. **2** *cpd*: ~ **fat** *n* gordura *f* infantil; ~ **love** *n* amor *m* juvenil.

purchase [ˈpɜːtʃɪs] **1** *n* **(a)** (*act, object*) compra *f*, adquisición *f*; **to make a ~** hacer una compra. **(b)** (*grip*) agarre *f*, asidero *m*; (*leverage*) palanca *f*; **to get a ~ on** agarrar bien. **2** *vt* (*frm*) comprar, adquirir; **purchasing power** poder *m* adquisitivo. **3** *cpd*: ~ **order** *n* orden *f* de compra; ~ **price** *n* precio *m* de compra; ~ **tax** *n* (*Brit*) impuesto *m* sobre la venta.

purchaser [ˈpɜːtʃɪsəʳ] *n* comprador(a) *m/f*.

pure [pjʊəʳ] *adj* (*comp* ~**r**; *superl* ~**st**) puro/a, mero/a (*LAm*); **by ~ chance** de pura *or* (*LAm*) mera casualidad; **it was an accident ~ and simple** fue un accidente, es todo; **it's ~ folly to go on with this project** es una locura seguir con este proyecto; **a ~ wool jumper** un jersey de pura lana; **~ mathematics** matemáticas *fpl* puras.
purebred [ˈpjʊəˈbred] **1** *adj* de raza; (*horse*) de pura sangre. **2** *n* animal *m* de raza; (*horse*) pura sangre *mf*.
purée [ˈpjʊəreɪ] *n* (*Culin*) puré *m*.
purely [ˈpjʊəlɪ] *adv* (*simply, solely*) simplemente, sencillamente; (*wholly*) puramente, nada más, tan sólo (*LAm*).
purgative [ˈpɜːgətɪv] **1** *adj* (*Med*) purgante, purgativo/a. **2** *n* (*Med*) purgante *m*.
purgatory [ˈpɜːgətərɪ] *n* (*Rel, fig*) purgatorio *m*.
purge [pɜːdʒ] **1** *n* (*all senses*) purga *f*, depuración *f*. **2** *vt* (*all senses*) purgar, depurar.
purification [ˌpjʊərɪfɪˈkeɪʃən] *n* purificación *f*; (*of water, air*) depuración *f*.
purify [ˈpjʊərɪfaɪ] *vt* purificar; (*water, air*) depurar.
purist [ˈpjʊərɪst] *n* purista *mf*.
puritan [ˈpjʊərɪtən] *adj, n* puritano/a *m/f*.
puritanical [ˌpjʊərɪˈtænɪkəl] *adj* puritano/a.
purity [ˈpjʊərɪtɪ] *n* pureza *f*.
purl [pɜːl] **1** *n* punto *m* del revés. **2** *vt* hacer punto del revés.
purloin [pɜːˈlɔɪn] *vt* robar.
purple [ˈpɜːpl] **1** *adj* morado/a; **to go ~ (in the face)** enrojecer; **P~ Heart** (*US Mil*) *decoración otorgada a los heridos de guerra*; **~ passage** pasaje *m* destacado. **2** *n* (*colour*) púrpura *f*, morado *m*.
purport [ˈpɜːpət] **1** *n* significado *m*, sentido *m*. **2** [pɜːˈpɔːt] *vt*: **to ~ to be** pretender ser.
purportedly [pɜːˈpɔːtɪdlɪ] *adv* supuestamente.
purpose [ˈpɜːpəs] *n* (**a**) (*intention*) motivo *m*, propósito *m*; (*use*) uso *m*, utilidad *f*; **'~ of visit'** (*on official form*) 'motivo del viaje'; **for our ~s** para nuestros propósitos; **for training ~s** con fines de entrenamiento; **she has a ~ in life** tiene un objetivo en la vida; **on ~** a propósito, adrede; **this will serve my ~** esto me servirá; **it serves no useful ~** no sirve para nada; **it serves a variety of ~s** sirve para diversos efectos; **for the ~s of this meeting** para los fines de esta reunión; **for all practical ~s** en la práctica; **to be to some/no ~** servir para algo/no servir para nada; **to good/no good ~** con buenos resultados/sin resultado.
(**b**) (*resolution, determination*) **to have a sense of ~** ser firme *or* determinado en los propósitos.
purpose-built [ˌpɜːpəsˈbɪlt] *adj* construido/a especialmente.
purposeful [ˈpɜːpəsfʊl] *adj* decidido/a, determinado/a.
purposely [ˈpɜːpəslɪ] *adv* a propósito, adrede.
purr [pɜːʳ] **1** *n* ronroneo *m*. **2** *vi* (*cat*) ronronear.
purse [pɜːs] **1** *n* (**a**) (*for money*) monedero *m*; **to hold the ~ strings** (*fig*) administrar el dinero. (**b**) (*US: handbag*) bolso *m*, cartera *f* (*LAm*). (**c**) (*sum of money as prize*) bolsa *f*. **2** *vt*: **to ~ one's lips** apretar los labios. **3** *cpd*: **~ snatcher** *n* (*US*) tironista *mf*.
purser [ˈpɜːsəʳ] *n* (*Naut*) comisario/a *m/f*.
pursue [pəˈsjuː] *vt* (**a**) (*follow*) seguir; (*harass*) perseguir. (**b**) (*studies etc*) dedicarse a; (*profession*) ejercer; (*inquiry*) seguir.
pursuer [pəˈsjuːəʳ] *n* perseguidor(a) *m/f*.
pursuit [pəˈsjuːt] *n* (**a**) (*chase*) caza *f*, persecución *f*; (*fig: of pleasure, happiness, knowledge*) busca *f*, búsqueda *f*; **in (the) ~ of sb/sth** en busca de algn/algo; **with two policemen in hot ~** con dos policías pisándole los talones. (**b**) (*occupation*) carrera *f*, profesión *f*; (*pastime*) pasatiempo *m*.
purveyor [pɜːˈveɪəʳ] *n* (*frm*) proveedor(a) *m/f*.
pus [pʌs] *n* pus *m*.
push [pʊʃ] **1** *n* (**a**) (*shove*) empuje *m*, empujón *m*; **to give sb/sth a ~** dar a algn/algo un empujón; **to give sb the ~** (*Brit fam*) echar a algn; (*lover*) dar calabazas a algn; **to get the ~** (*Brit*) ser despedido.
(**b**) (*drive, aggression*) empuje *m*, energía *f*.
(**c**) (*effort*) esfuerzo *m*; (*Mil: offensive*) ataque *m*, ofensiva *f*.
(**d**) (*fam*) **at a ~** a duras penas; **if** *or* **when it comes to the ~** en último caso, en el peor de los casos.
2 *vt* (**a**) (*shove, move by ~ing*) empujar; (*press*) apretar, pulsar; **to ~ a door open/shut** abrir/cerrar una puerta empujándola.
(**b**) (*fig: press, advance: trade*) fomentar; (*: product*) promover; **to ~ home one's advantage** aprovechar la ventaja; **don't ~ your luck!** ¡no fuerces la suerte!
(**c**) (*fig: put pressure on*) **to ~ sb into doing sth** obligar a algn a hacer algo; **to ~ sb to do sth** presionar a algn para que haga algo; **I was ~ed into it** me obligaron a ello; **don't ~ her too far** no te pases con ella; **when we ~ed her, she explained it all** cuando insistimos con ella, lo explicó todo; **that's ~ing it a bit** (*fam*) eso es demasiado; **to be ~ed for time/money** andar justo de tiempo/escaso de dinero; **we shall be (hard) ~ed to finish it** tendremos grandes dificultades para terminarlo.
(**d**) (*drugs*) vender, traficar en.
(**e**) (*fam*) **he is ~ing 50** raya en los 50.
3 *vi* empujar; **'~'** (*on door*) 'empuje'; (*on bell*) 'apriete'; **he ~es too much** (*fig*) insiste demasiado; **they're ~ing for better conditions** hacer campaña para mejorar sus condiciones (de trabajo).
▸ **push about**, **push around** *vt + adv* (*fig fam: bully*) intimidar; **he's not one to be ~ed around** no da su brazo a torcer.
▸ **push ahead** *vi + adv* seguir adelante.
▸ **push aside** *vt + adv* apartar, hacer a un lado; (*fig*) hacer caso omiso de.
▸ **push away** *vt + adv* rechazar.
▸ **push back** *vt + adv* (*hair etc*) echar hacia atrás; (*enemy*) hacer retroceder.
▸ **push down 1** *vi + adv* (*press down*) apretar. **2** *vt + adv* (*press down*) apretar.
▸ **push forward 1** *vi + adv* (**a**) (*Mil*) avanzar. (**b**) **to ~ forward with a plan** llevar adelante un proyecto. **2** *vt + adv* empujar hacia adelante; **he tends to ~ himself forward** (*fig*) suele hacerse notar.
▸ **push in 1** *vt + adv* (**a**) empujar. (**b**) (*break*) romper. **2** *vi + adv* colarse.
▸ **push off 1** *vt + adv* (*top etc*) quitar a la fuerza; (*off wall etc*) tirar, echar, empujar. **2** *vi + adv* (**a**) (*in boat*) desatracarse. (**b**) (*fam: leave*) marcharse; **~ off!** ¡lárgate!
▸ **push on 1** *vi + adv* seguir adelante; **it's time we were ~ing on** es hora de ponernos otra vez en camino. **2** *vt + adv* (**a**) poner a la fuerza. (**b**) (*fig: incite, urge on*) animar, alentar.
▸ **push out** *vt + adv* (*of way*) quitar a empujones; (*of car*) sacar a empujones.
▸ **push over** *vt + adv* (**a**) hacer caer, derribar. (**b**) (*knock over*) volcar.
▸ **push through 1** *vt + adv* (**a**) (*through crowd, hedge etc*) abrirse paso por; **he ~ed his hand through the bars** sacó la mano por entre los barrotes. (**b**) (*get done quickly*) expeditar, apresurar. **2** *vi + adv* abrirse paso.
▸ **push up** *vt + adv* (**a**) levantar, subir. (**b**) (*fig: raise, increase*) hacer subir *or* aumentar.
push-bike [ˈpʊʃbaɪk] *n* (*Brit*) bicicleta *f*.
push-button [ˈpʊʃˌbʌtn] *adj* de mando de botón; **with ~ control** con mando de botón; **~ warfare** guerra *f* a control remoto.
pushchair [ˈpʊʃtʃɛəʳ] *n* (*Brit*) sillita *f* de ruedas.
pusher [ˈpʊʃəʳ] *n* (*fam*) (**a**) (*of drugs*) camello *mf*, traficante *mf*. (**b**) (*ambitious person*) ambicioso/a *m/f*.
pushover [ˈpʊʃˌəʊvəʳ] (*fam*) *n*: **it's a ~** está tirado; **I'm a ~ when a woman asks me** no resisto cuando me lo pide una mujer.

push-up [ˈpʊʃʌp] *n* (*US*) = **press-up**.
pushy [ˈpʊʃɪ] *adj* (*fam*) agresivo/a.
puss [pʊs] *n* (*fam*) minino *m*.
pussy [ˈpʊsɪ] **1** *n* (**a**) (*fam: also* ~**cat**) minino *m*. (**b**) (*fam!*) coño *m* (*fam!*). **2** *cpd*: ~ **willow** *n* sauce *m*.
pussyfoot [ˈpʊsɪfʊt] *vi* (*esp US fam: to* ~ *around*) andar sigilosamente.
put [pʊt] (*pt, pp* ~) **1** *vt* (**a**) (*gen*) poner; (*place*) colocar; (*insert*) meter; (~ *down*) dejar; ~ **it there!** (*fam: handshake*) ¡chócala! (*fam*); **we** ~ **the children to bed** acostamos a los niños; **my brother** ~ **me on the train** mi hermano me dejó en el tren; **to** ~ **the ball in the net** meter el balón en la red; **to** ~ **sth to one's ear** acercar algo al oído; **she** ~ **her head on my shoulder** recostó la cabeza en mi hombro; **to** ~ **a lot of time into sth** dedicar mucho tiempo a algo; **she has** ~ **a lot into her marriage** se ha esforzado mucho con su marido; **to** ~ **money into a company** invertir dinero en una compañía; **to** ~ **money on a horse** jugarse dinero en un caballo; **to stay** ~ no moverse, plantarse.
(**b**) (*thrust: direct*) meter; **I** ~ **my fist through the window** rompí la ventana con el puño; **he** ~ **his head round the door** se asomó de detrás de la puerta; **to** ~ **the shot** (*Sport*) lanzar el peso.
(**c**) (*cause to be*) **to** ~ **sb in a good/bad mood** poner a algn de buen/mal humor; **to** ~ **sb in charge of sth** poner a algn a cargo de algo; **to** ~ **sb to a lot of trouble** causar mucha molestia a algn; **I** ~ **him to answering the phone** le puse a contestar el teléfono; **she** ~ **him to work immediately** le puso a trabajar en seguida; **to** ~ **sb through his paces** poner a algn a prueba.
(**d**) (*express*) expresar; **let me** ~ **it this way** para decirlo de alguna manera; **as the Portuguese** ~ **it** como dicen los portugueses; **to** ~ **it bluntly** hablar sin rodeos; **to** ~ **it simply** para decirlo sencillamente; ~ **it to him gently** díselo suavemente; **to** ~ **sth into French** traducir algo al francés; **to** ~ **the words to music** poner música a la letra.
(**e**) (*expound: case*) presentar; (*: proposal, question*) plantear; **to** ~ **a question to sb** hacer una pregunta a algn; **I** ~ **it to you that ...** le sugiero que ....
(**f**) (*rate*) valorar, calcular; **what would you** ~ **it at?** ¿en cuánto lo estimas?; **I would** ~ **him at 40** diría que tiene unos 40 años.
2 *vi*: **to** ~ **to sea/into port** (*Naut*) hacerse a la mar/entrar a puerto.
▸ **put about 1** *vt* + *adv* (*circulate*) hacer correr; **she's** ~**ting it about a bit** (*fam*) se está ofreciendo a todo quisque (*fam*). **2** *vi* + *adv* (*Naut*) cambiar de rumbo.
▸ **put across** *vt* + *adv* (**a**) (*communicate*) comunicar. (**b**) (*fam: play trick*) **to** ~ **it** *or* **one across on sb** engañar a algn.
▸ **put aside** *vt* + *adv* (**a**) (*lay down*) dejar a un lado. (**b**) (*save*) ahorrar; (*in shop*) guardar; **to have money** ~ **aside** tener ahorros. (**c**) (*fig: forget, abandon*) dejar de lado.
▸ **put away** *vt* + *adv* (**a**) (*store*) poner en su sitio; (*keep*) guardar. (**b**) = **put aside (b)**. (**c**) (*fam: consume*) zamparse, tragar (*LAm*); **he can certainly** ~ **it away** ése sí sabe comer. (**d**) (*fam: lock up: in prison*) meter en la cárcel; (*: in asylum*) encerrar en un manicomio. (**e**) = **put down 1(e)**.
▸ **put back 1** *vt* + *adv* (**a**) (*replace*) volver a poner, devolver. (**b**) (*postpone, set back*) retrasar; **to be** ~ **back a class** (*Scol*) no pasar de año; **to** ~ **a clock back one hour** retrasar un reloj una hora. **2** *vi* + *adv* (*Naut*) cambiar de rumbo.
▸ **put by** *vt* + *adv* = **put aside (a), (b)**.
▸ **put down 1** *vt* + *adv* (**a**) (*set down*) dejar; (*let go*) soltar; (*passenger*) dejar (bajar); **I couldn't** ~ **that book down** no podía dejar de leer el libro.
(**b**) (*lower*) bajar.
(**c**) (*crush*) reprimir, sofocar; (*humiliate*) humillar.
(**d**) (*pay*) **to** ~ **down a deposit** pagar un adelanto.
(**e**) (*destroy*) sacrificar, matar.
(**f**) (*write down*) escribir, apuntar; **to** ~ **sth down in writing** poner algo por escrito; ~ **it down on my account** (*Comm*) póngalo en mi cuenta; ~ **me down for £15** apúntame por 15 libras; **he's** ~ **his son down for Harrow** ha inscrito a su hijo en Harrow.
(**g**) (*classify*) clasificar; **I** ~ **him down as a troublemaker** le tengo por revoltoso.
(**h**) (*attribute*) **to** ~ **sth down to sth** atribuir algo a algo.
2 *vi* + *adv* (*Aer*) aterrizar.
▸ **put forward** *vt* + *adv* (**a**) (*idea, theory*) exponer; (*proposal*) hacer; **to** ~ **o.s. forward for a job** presentarse como candidato para un puesto. (**b**) (*meeting, starting time*) adelantar; **to** ~ **a clock forward one hour** adelantar un reloj una hora.
▸ **put in 1** *vt* + *adv* (**a**) (*place in*) meter.
(**b**) (*insert: in book, speech etc*) incluir.
(**c**) (*interpose*) introducir, meter.
(**d**) (*enter*) presentar; **to** ~ **in a plea of not guilty** (*Jur*) declararse inocente; **to** ~ **one's name in for sth** inscribirse para algo; **to** ~ **sb in for an award** proponer a algn para un premio.
(**e**) (*install*) instalar.
(**f**) (*Pol: elect*) elegir.
(**g**) (*devote, expend*) dedicar; **I** ~ **in 2 hours reading** pasé 2 horas leyendo; **you've** ~ **in a good day's work** has trabajado bien hoy.
2 *vi* + *adv* (*Naut*) hacer escala.
▸ **put in for** *vi* + *prep* solicitar.
▸ **put off** *vt* + *adv* (**a**) (*set down*) dejar. (**b**) (*postpone, delay*) aplazar; **to** ~ **sb off with an excuse** dar largas a algn con disculpas. (**c**) (*discourage*) desanimar, quitar las ganas de; **he's not easily** ~ **off** no es fácil apartarle de su propósito; **it almost** ~ **me off opera for good** casi mató mi gusto por la ópera para siempre. (**d**) (*repel*) repugnar, dar asco a. (**e**) (*switch off*) apagar.
▸ **put on** *vt* + *adv* (**a**) (*clothes*) ponerse.
(**b**) (*assume*) afectar, fingir; (*fam: kid, have on: esp US*) engañar; **to** ~ **on an innocent expression** poner cara de inocente; **he's just** ~**ting it on** está disimulando, es pura guasa.
(**c**) (*add, increase*) añadir; **they** ~ **£2 on (to) the price** añadieron 2 libras al precio; **to** ~ **on weight** engordar.
(**d**) (*concert*) presentar; (*exhibition etc*) montar; (*extra bus, train etc*) poner.
(**e**) (*on telephone*) ~ **me on to Mr Smith please** póngame con *or* (*esp LAm*) me comunica con el Sr Smith, por favor.
(**f**) (*switch on etc*) encender, prender (*LAm*); **to** ~ **the brakes on** frenar.
(**g**) (*inform, indicate*) **to** ~ **sb on to sb/sth** informar a algn sobre algn/algo; **who** ~ **the police on to him?** ¿quién le denunció ante la policía?; **Sue** ~ **us on to you** Sue nos dio su nombre.
▸ **put out 1** *vt* + *adv* (**a**) (*place outside*) sacar; **to** ~ **clothes out to dry** poner la ropa a secar; **to be** ~ **out** (*asked to leave*) ser echado/a.
(**b**) (*stretch out, push out: arm*) alargar, extender; (*: hand*) alargar, tender; (*: tongue*) sacar; (*: leaves*) echar; **to** ~ **one's head out of a window** asomar la cabeza por una ventana.
(**c**) (*lay out in order*) disponer.
(**d**) (*bring out: publish*) publicar, sacar; (*: circulate*) hacer circular.
(**e**) (*extinguish*) apagar.
(**f**) (*discontent, vex*) enfadar, enojar (*LAm*); **to be** ~ **out by sth/sb** enfadarse por algo/algn.
(**g**) (*inconvenience*) **to** ~ **o.s. out (for sb)** molestarse (por algn); **are you sure I'm not** ~**ting you out?** ¿está seguro de que no le causo ningún inconveniente?; **I don't want to** ~ **you out** no quiero molestarle; **don't** ~ **yourself out!** ¡no te molestes!

(h) (*dislocate*) dislocar.
(**i**) (*subcontract*) ceder.
2 *vi* + *adv* (*Naut*) **to ~ out to sea/from Plymouth** hacerse a la mar/salir de Plymouth.
▶ **put over** *vt* + *adv* (**a**) = **put across (a)**. (**b**) (*fam*) **to ~ one over on sb** (*forestall*) ganar por la mano a algn; (*deceive*) engañar a algn.
▶ **put through 1** *vt* + *adv* (**a**) (*make, complete*) llevar a cabo; (*proposal*) hacer aceptar. (**b**) (*Telec: connect*) poner; **~ me through to Miss Blair** póngame *or (esp LAm)* me comunica con la Srta Blair. **2** *vt* + *prep*: **we'll ~ him through the course** le haremos estudiar el curso.
▶ **put together** *vt* + *adv* (**a**) (*lit*) unir, reunir; **she's worth more than all the others ~ together** vale más que todos los demás juntos. (**b**) (*assemble*) armar, montar.
▶ **put up 1** *vt* + *adv* (**a**) (*raise, lift up*) levantar, alzar; (*hoist: flag*) izar; **~ 'em up!** (*fam: hands: in surrender*) ¡manos arriba!; (*: fists: to fight*) ¡pelea! (**b**) (*hang up*) colgar.
(**c**) (*erect: building*) construir; (*: tent*) montar.
(**d**) (*send up*) lanzar al aire.
(**e**) (*increase*) aumentar, subir.
(**f**) = **put forward (a)**.
(**g**) (*offer*) ofrecer; **to ~ sth up for sale** poner algo a la venta; **they ~ up a struggle** no se dejaron vencer fácilmente.
(**h**) (*give accommodation to*) alojar, hospedar.
(**i**) (*provide*) proporcionar, suministrar; **to ~ up the money for sth** poner el dinero para algo.
(**j**) (*incite*) **to ~ sb up to doing sth** instar a algn a hacer algo; **sb must have ~ him up to it** alguien ha debido sugerírselo.
2 *vi* + *adv* (**a**) (*stay*) hospedarse, alojarse.
(**b**) (*offer o.s.*) presentarse.
▶ **put upon** *vi* + *prep*: **to be ~ upon** (*imposed on*) ser explotado/a por los demás.
▶ **put up with** *vi* + *prep* aguantar, soportar; **I can't ~ up with it any longer** no aguanto más.
put-on ['pʊt,ɒn] *adj* (*fam: feigned*) fingido/a.
putrefy ['pju:trɪfaɪ] *vi* pudrir.
putrid ['pju:trɪd] *adj* podrido/a.
putsch [pʊtʃ] *n* golpe *m* de estado, cuartelazo *m (LAm)*.
putt [pʌt] **1** *n* tiro *m* al hoyo. **2** *vt,vi* tirar al hoyo.
putter[1] ['pʌtəʳ] *n* putter *m*.
putter[2] ['pʌtəʳ] *vi* (*US*) = **potter**[2].
putting ['pʌtɪŋ] **1** *n* minigolf *m*. **2** *cpd*: **~ green** *n* campo *m* de minigolf; (*on golf course*) zona *f* del campo de golf que rodea al hoyo.
putty ['pʌtɪ] *n* masilla *f*; **to be ~ in sb's hands** (*fig*) ser el muñeco de algn.
put-up ['pʊtʌp] *adj*: **~ job** (*fam*) componenda *f*, chanchullo *m*.
puzzle ['pʌzl] **1** *n* (**a**) rompecabezas *m inv*. (**b**) (*mystery*) misterio *m*; (*riddle*) acertijo *m*. **2** *vt* dejar perplejo/a, desconcertar; **to be ~d about sth** no entender algo; **to ~ sth out** descifrar algo; **we're still trying to ~ out why he did it** seguimos tratando de comprender por qué lo hizo. **3** *vi*: **to ~ about** *or* **over** darle vueltas (en la cabeza) a. **4** *cpd*: **~ book** *n* libro *m* de puzzles.
puzzled ['pʌzld] *adj* perplejo/a.
puzzlement ['pʌzlmənt] *n* perplejidad *f*.
puzzling ['pʌzlɪŋ] *adj* incomprensible, desconcertante.
PVC *abbr of* **polyvinyl chloride** cloruro *m* de polivinilo.
PVS *n abbr of* **postviral syndrome**.
Pvt. *abbr* (*US Mil*) *of* **Private**.
PW *n abbr* (*US: Mil*) *of* **prisoner of war**.
pw *abbr of* **per week**.
PWR *n abbr of* **pressurized water reactor**.
PX *n abbr* (*US Mil*) *of* **Post Exchange** *economato militar*.
pygmy ['pɪgmɪ] *n* pigmeo/a *m/f*; (*fig*) enano/a *m/f*.
pyjamas [pɪ'dʒɑ:məz] *npl* pijama *msg*, piyama *msg (LAm)*.
pylon ['paɪlən] *n* (*Elec*) torre *f* de conducción eléctrica.
pyramid ['pɪrəmɪd] **1** *n* pirámide *f*. **2** *cpd*: **~ selling** *n* venta *f* piramidal.
pyre ['paɪəʳ] *n* pira *f*.
Pyrenean [,pɪrə'ni:ən] *adj* pirenaico/a, pirineo/a.
Pyrenees [,pɪrə'ni:z] *npl* Pirineo *m*, Pirineos *mpl*.
Pyrex ® ['paɪreks] *n* pirex ® *m*.
pyro... ['paɪərəʊ] *pref* piro....
pyromaniac ['paɪərəʊ'meɪnɪæk] *n* pirómano/a *m/f*.
pyrotechnics [,paɪərəʊ'teknɪks] *nsg* pirotecnia *f*.
python ['paɪθən] *n* pitón *m*.
pzazz [pə'zæz] *n* (*fam*) = **piz(z)azz**.

Q, q [kju:] *n* (*letter*) Q, q *f*.
Q. *abbr* (**a**) *of* **Queen**. (**b**) *of* **question** P.
Qatar [kæ'tɑ:ʳ] *n* Katar *m*, Qatar *m*.
QC *n abbr* (*Brit*) *of* **Queen's Counsel** *título concedido a determinados abogados*.
QED *abbr* (*Math etc*) *of* **quod erat demonstrandum** QED.
QM *abbr of* **Quartermaster**.
qr *abbr of* **quarter(s)**.
q.t. [kju:ti:] *n abbr* (*fam*) *of* **quiet**; **on the ~** a hurtadillas.
qty *abbr of* **quantity** ctdad.
Qu. *abbr of* **Queen**.
quack[1] [kwæk] **1** *n* (*of duck*) graznido *m*. **2** *vi* (*duck*) graznar.
quack[2] [kwæk] *n* (*fam: doctor*) curandero/a *m/f*; (*pej*) matasanos *m inv*.
quad [kwɒd] *n abbr* (**a**) *of* **quadrangle**. (**b**) *of* **quadruplet**.
quadrangle ['kwɒdræŋgl] *n* (**a**) (*Geom: with 4 angles*) cuadrángulo *m*. (**b**) (*courtyard*) patio *m*.
quadrant ['kwɒdrənt] *n* cuadrante *m*.
quadraphonic [,kwɒdrə'fɒnɪk] *adj* cuatrifónico/a.
quadratic [kwɒ'drætɪk] *adj* (*equation*) cuadrático/a.
quadrilateral [,kwɒdrɪ'lætərəl] *adj* cuadrilátero/a.
quadrophonic [,kwɒdrə'fɒnɪk] *adj* = **quadraphonic**.
quadruped ['kwɒdrʊped] *n* cuadrúpedo *m*.
quadruple ['kwɒdrʊpl] **1** *adj* cuádruple. **2** ['kwɒ'dru:pl] *vt* cuadruplicar. **3** ['kwɒ'dru:pl] *vi* cuadruplicarse.
quadruplet [kwɒ'dru:plɪt] *n* cuadrillizo/a *m/f*.
quaff [kwɒf] *vt* (*old or hum*) beber(se).
quagmire ['kwægmaɪəʳ] *n* cenegal *m*, lodazal *m*.
quail[1] [kweɪl] *n* (*bird*) codorniz *f*.
quail[2] [kweɪl] *vi* (*flinch*) acobardarse *or* amedrentarse (*at* ante).
quaint [kweɪnt] *adj* (*comp* ~**er**; *superl* ~**est**) (*odd*) extraño/a, curioso/a; (*picturesque*) típico/a, pintoresco/a.
quaintly ['kweɪntlɪ] *adv* (*see adj*) en forma extraña, curiosamente; típicamente.
quake [kweɪk] **1** *vi* (*person: shake*) temblar; (*: inwardly*) estremecerse; **to ~ at the sight** estremecerse viendo tal cosa. **2** *n* (*earth~*) terremoto *m*, temblor *m (LAm)*.
Quaker ['kweɪkəʳ] *n* cuáquero/a *m/f*.
qualification [,kwɒlɪfɪ'keɪʃən] *n* (**a**) (*diploma etc*) título

m; (*attribute*) cualidad *f*; **~s** (*requirements*) requisitos *mpl*; (*paper ~s*) títulos; **what are his ~s?** ¿qué títulos tiene?; **teaching ~s** título de profesor; **the ~s for the post are ...** los requisitos del puesto son .... (**b**) (*reservation*) reserva *f*; **without ~** sin reserva.

qualified ['kwɒlɪfaɪd] *adj* (**a**) (*professionally trained*) titulado/a; (*fit, suitable*) **~ for/to do sth** capacitado para/para hacer algo. (**b**) (*limited*) limitado/a; **it was a ~ success** fue un éxito relativo.

qualify ['kwɒlɪfaɪ] **1** *vt* (**a**) (*make suitable*) capacitar. (**b**) (*modify*) modificar, matizar. (**c**) (*Ling*) calificar a. **2** *vi* (*fulfil the requirements*) reunir los requisitos; (*graduate*) obtener el título, graduarse, recibirse; (*Sport*) clasificarse; **to ~ as an engineer** sacar el título de *or (LAm)* recibirse de ingeniero/a; **to ~ for a job** reunir los requisitos para un puesto; **we shall marry when he qualifies** nos casaremos en cuanto termine la carrera.

qualifying ['kwɒlɪfaɪɪŋ] *adj* (*Ling*) calificativo/a; (*exam, round*) eliminatorio/a.

qualitative ['kwɒlɪtətɪv] *adj* cualitativo/a.

quality ['kwɒlɪtɪ] **1** *n* (**a**) (*nature, kind*) calidad *f*; **of good ~, of high ~** de buena *or* alta calidad. (**b**) (*characteristic*) cualidad *f*; (*gift*) don *m*. **2** *cpd* (*carpet, product etc*) de calidad; **~ control** *n* control *m* de (la) calidad; **~ time** *n* tiempo *m* dedicado a la vida privada.

qualm [kwɑːm] *n* (*often pl: scruple*) escrúpulo *m*; (*: remorse*) remordimiento *m*; **to have ~s about doing sth** sentir escrúpulos en hacer algo; **to have no ~s about doing sth** no dudar en hacer algo.

quandary ['kwɒndərɪ] *n* (*dilemma*) dilema *m*; (*difficult situation*) apuro *m*; **to be in a ~ about sth** estar en la duda *or* vacilar sobre algo.

quango ['kwæŋgəʊ] *n abbr* (*Brit*) *of* **quasi-autonomous non-governmental organization.**

quantifiable ['kwɒntɪfaɪəbl] *adj* cuantificable.

quantify ['kwɒntɪfaɪ] *vt* cuantificar.

quantitative ['kwɒntɪtətɪv] *adj* cuantitativo/a.

quantity ['kwɒntɪtɪ] **1** *n* cantidad *f*; **in ~** en grandes cantidades; **unknown ~** incógnita *f*. **2** *cpd*: **~ surveyor** *n* aparejador(a) *m/f*.

quantum ['kwɒntəm] **1** *n* quantum *m*. **2** *cpd*: **~ leap** *n* salto *m* espectacular; **~ physics** *nsg* física *f* cuántica; **~ theory** *n* teoría *f* cuántica.

quarantine ['kwɒrəntiːn] *n* cuarentena *f*; **to be in ~** estar en cuarentena.

quarrel ['kwɒrəl] **1** *n* (*argument*) riña *f*, pelea *f*; **to have a ~ with sb** reñir *or (LAm)* pelearse con algn; **I have no ~ with you** no tengo nada en contra de Vd; **to pick a ~ (with sb)** armar pleito *or (esp LAm)* bronca (con algn). **2** *vi* reñir, pelearse *(LAm)*; **they ~led about** *or* **over money** riñeron por dinero; **to ~ with sb** reñir con algn; **I can't ~ with that** estoy de acuerdo con eso, no le veo inconveniente.

quarrelling, (*US*) **quarreling** ['kwɒrəlɪŋ] *n* disputas *fpl*, pelear *m*.

quarrelsome ['kwɒrəlsəm] *adj* pendenciero/a, peleón/ona.

quarry[1] ['kwɒrɪ] *n* (*Hunting*) presa *f*; (*fig*) presa, víctima *f*.

quarry[2] ['kwɒrɪ] **1** *n* (*mine*) cantera *f*. **2** *vt* sacar, extraer.

quart [kwɔːt] *n* (*gen*) cuarto *m* de galón *(Brit = 1,136 litros; US = 0,946 litros)*.

quarter ['kwɔːtə^r] **1** *n* (**a**) (*fourth part*) cuarto *m*, cuarta parte *f*; **a ~ of a mile** un cuarto de milla; **a mile and a ~** una milla y cuarto; **a ~ of a century** un cuarto de siglo; **for a ~ of the price** por la cuarta parte del precio; **to divide sth into ~s** dividir algo en cuartos *or* en cuatro.

(**b**) (*US: 25 cents*) cuarto *m* de dólar.

(**c**) (*of year*) trimestre *m*; **to pay by the ~** pagar cada tres meses *or* trimestralmente.

(**d**) (*time*) **a ~ of an hour** un cuarto de hora; **an hour and a ~** una hora y cuarto; **it's a ~ to 3,** (*US*) **it's a ~ of 3** son las tres menos cuarto *or (LAm)* es un cuarto para las tres; **it's a ~ past 3,** (*US*) **it's a ~ after 3** son las tres y cuarto.

(**e**) (*district*) barrio *m*; **the business ~** el barrio comercial; **from all ~s** de todas partes; **at close ~s** (de) cerca; **you won't get any help from that ~** por ese lado no nos llega ninguna ayuda.

(**f**) **~s** (*accommodation*) alojamiento *msg*; (*Mil*) cuartel *msg*; **to live in cramped ~s** tener una vivienda muy pequeña.

(**g**) **to give sb no ~** no dar cuartel a algn.

2 *adj*: **for a ~ century** durante un cuarto de siglo; **he has a ~ share** tiene una cuarta parte.

3 *vt* (*divide into 4*) dividir en cuatro.

quarterdeck ['kwɔːtədek] *n* alcázar *m*.

quarterfinal ['kwɔːtəˌfaɪnl] *n* cuarto *m* de final.

quarter-hourly ['kwɔːtə'aʊəlɪ] **1** *adv* cada cuarto de hora. **2** *adj*: **at ~ intervals** cada cuarto de hora.

quarterly ['kwɔːtəlɪ] **1** *adv* cada tres meses, trimestralmente. **2** *adj* trimestral; **~ statement** relato *m* trimestral.

quartermaster ['kwɔːtəˌmɑːstə^r] *n* ≈ furriel *m*.

quartet [kwɔː'tet] *n* cuarteto *m*.

quarto ['kwɔːtəʊ] *n* (*paper*) tamaño *m* holandés.

quartz ['kwɔːts] **1** *n* cuarzo *m*. **2** *cpd* de cuarzo.

quash ['kwɒʃ] *vt* (**a**) (*rebellion*) sofocar. (**b**) (*suggestion*) rechazar; (*verdict*) anular, invalidar.

quasi- ['kweɪzaɪ, 'kwɑːzɪ] *pref* cuasi-; **~religious** cuasireligioso/a; **~revolutionary** cuasi-revolucionario/a.

quaver ['kweɪvə^r] **1** *n* (*when speaking*) temblor *m*; (*Mus*) trémolo *m*; (*note*) corchea *f*; **to speak with a ~** hablar con voz trémula. **2** *vi* (*voice*) temblar.

quavering ['kweɪvərɪŋ] *adj* tembloroso/a.

quay [kiː] *n* muelle *m*, embarcadero *m*.

quayside ['kiːsaɪd] *n* muelle *m*.

Que. *abbr* (*Canada*) *of* **Quebec.**

queasy ['kwiːzɪ] *adj* (*comp* **-ier**; *superl* **-iest**) (*stomach*) delicado/a; **to feel ~** tener náuseas.

Quebec [kwɪ'bek] *n* Quebec *m*.

queen [kwiːn] **1** *n* (*monarch, Chess*) reina *f*; (*Cards*) dama *f*; (*Spanish Cards*) caballo *m*. **2** *cpd*: **~ ant** *n* hormiga *f* reina; **~ bee** *n* abeja *f* reina; **~ mother** *n* reina *f* madre.

queer [kwɪə^r] **1** *adj* (*comp* **~er**; *superl* **~est**) (**a**) (*odd: person, thing*) raro/a, extraño/a; **there's something ~ going on** pasa algo raro; **what's ~ about it?** ¿qué tiene esto de raro?; **to be in Q~ Street** (*Brit*) estar en la miseria. (**b**) (*ill*) indispuesto/a; **to feel ~** no sentirse bien. (**c**) (*fam: homosexual*) maricón, marica. **2** *n* (*fam: homosexual*) maricón *m*, marica *m*. **3** *vt*: **to ~ sb's pitch** fastidiar algo a algn.

queerly ['kwɪəlɪ] *adv* de modo raro.

quell [kwel] *vt* (*passion, pain etc*) calmar; (*rebellion etc*) sofocar, reprimir.

quench [kwentʃ] *vt* (*thirst*) apagar.

querulous ['kwerʊləs] *adj* quejumbroso/a.

query ['kwɪərɪ] **1** *n* (*question*) pregunta *f*; (*question mark*) punto *m* de interrogación; (*fig: doubt*) duda *f*; **did you have a ~?** ¿querías preguntar algo? **2** *vt* (*doubt*) dudar de, expresar dudas acerca de; (*disagree with, dispute*) no estar conforme con; (*ask*) **to ~ sb about sth** preguntar a algn sobre algo; **to ~ whether ...** dudar si ...; **do you ~ the evidence?** ¿tienes dudas acerca del testimonio?

quest [kwest] *n* (*lit, fig*) busca *f*, búsqueda *f*.

question ['kwestʃən] **1** *n* (**a**) (*interrogative*) pregunta *f*; **are there any ~s?** ¿hay alguna pregunta?; **to ask sb a ~, to put a ~ to sb** hacer una pregunta a algn.

(**b**) (*matter, issue*) asunto *m*, cuestión *f*; **burning ~** asunto candente; **it is an open ~ whether ...** es discutible si ...; **the ~ is ...** el asunto es ...; **it is a ~ of whether ...** se trata de si ...; **that is not the ~** no se trata *or* no es cuestión de eso; **it is not simply a ~ of money** no se trata simplemente de dinero.

(**c**) (*possibility*) **there is no ~ of outside help** no hay

posibilidad de ayuda externa; **there can be no ~ of your resigning** su dimisión no se puede admitir; **there was some ~ of John coming** se hablaba de que pudiera venir Juan; **it's out of the ~!** ¡ni hablar!, ¡ni pensarlo!, ¡eso faltaba!; *see* **beg**.
(**d**) (*doubt etc*) **beyond ~, past ~** fuera de toda duda; **in ~** en cuestión; **at the time in ~** a la hora que nos *etc* interesa; **the person in ~** la persona de quien hablamos *etc*; **there is no ~ about it** no cabe duda sobre ello; **it is open to ~ whether ...** es discutible si ...; **to bring** *or* **call sth/sb into ~** poner algo/a algn en duda.
(**e**) (*at meeting*) asunto *m*; **to put the ~** someter la moción a votación.
2 *vt* (**a**) (*interrogate: person*) hacer preguntas a, interrogar.
(**b**) (*doubt*) poner en duda, dudar de; (*distrust*) desconfiar(se) de; **I ~ whether it is worthwhile** dudo que valga la pena.
3 *cpd*: **~ mark** *n* punto *m* de interrogación; **~ time** *n* (*Brit Parl*) sesión *f* de interpelaciones.

questionable [ˈkwestʃənəbl] *adj* (**a**) (*uncertain, dubious: fact, decision*) discutible, cuestionable; **it is ~ whether ...** es discutible si .... (**b**) (*pej: person, behaviour*) dudoso/a.

questioner [ˈkwestʃənəʳ] *n* interrogador(a) *m/f*.

questioning [ˈkwestʃənɪŋ] **1** *adj* (*mind*) interrogativo/a. **2** *n* preguntas *fpl*, interrogatorio *m*.

questionnaire [ˌkwestʃəˈnɛəʳ] *n* cuestionario *m*.

queue [kjuː] (*esp Brit*) **1** *n* cola *f*; **to form a ~, to stand in a ~** hacer cola; **to jump the ~** colarse, saltarse la cola. **2** *vi* (*also* **~ up**) hacer cola; **to ~ for 3 hours** pasar 3 horas haciendo cola.

queue-jump [ˈkjuːˌdʒʌmp] *vi* colarse.

queue-jumper [ˈkjuːˌdʒʌmpəʳ] *n* colón/ona *m/f*.

quibble [ˈkwɪbl] **1** *n* (*trivial objection*) pequeña pega *f*. **2** *vi* hacer objeciones de poca monta; **he always ~s** es un quisquilloso.

quick [kwɪk] **1** *adj* (*comp* **~er**; *superl* **~est**) (*gen*) rápido/a, veloz; (*soon*) pronto/a; (*agile: reflexes*) ágil; (*: in mind*) listo/a; (*: sharp, witty etc*) agudo/a; **a ~ temper** un genio vivo; **the ~est method** el método más rápido; **a ~ reply** una respuesta rápida; **be ~ about it!** ¡date prisa!, ¡apúrate! (*LAm*); **to be ~ to act** obrar con prontitud; **to be ~ to take offence** ofenderse por nada; **to have a ~ one** (*fam*) tomarse un trago.
2 *n*: **to cut sb to the ~** herir a algn en lo vivo.
3 *adv* rápido, de prisa; **as ~ as a flash** *or* **as lightning** como un rayo.

quick-acting [ˈkwɪkˈæktɪŋ] *adj* de acción rápida.

quicken [ˈkwɪkən] **1** *vt* (*speed up*) acelerar, apresurar; (*excite*) avivar; **to ~ one's pace** acelerar el paso. **2** *vi*: **the pace ~ed** se aceleró el paso.

quick-fire [ˈkwɪkfaɪəʳ] *adj* (*Mil*) de tiro rápido.

quickie [ˈkwɪkɪ] *n* (*fam*) **a ~** un(a) ... relámpago *or* rápido/a.

quicklime [ˈkwɪklaɪm] *n* cal *f* viva.

quickly [ˈkwɪklɪ] *adv* de prisa, rápido, rápidamente, aprisa (*esp LAm*); **they answered ~** contestaron pronto; **he talks too ~ for me to understand** habla demasiado rápido para que yo le entienda; **come as ~ as you can** ven cuanto antes.

quickness [ˈkwɪknɪs] *n* (*see adj*) rapidez *f*, velocidad *f*; prontitud *f*; agilidad *f*; agudeza *f*.

quicksand [ˈkwɪksænd] *n* arenas *fpl* movedizas.

quicksilver [ˈkwɪkˌsɪlvəʳ] *n* azogue *m*, mercurio *m*.

quickstep [ˈkwɪkstep] *n* (*dance*) danza *f* a paso ligero.

quick-tempered [ˈkwɪkˈtempəd] *adj* de genio vivo, irascible.

quick-witted [ˈkwɪkˈwɪtɪd] *adj* agudo/a, perspicaz.

quid [kwɪd] *n* (*pl* **~**) (*Brit fam*) libra *f* (esterlina); **to be ~s in** haber ganado bastante.

quid pro quo [ˈkwɪdprəʊˈkwəʊ] *n* quid pro quo *m*.

quiet [ˈkwaɪət] **1** *adj* (*comp* **~er**; *superl* **~est**) (**a**) (*not noisy: music, engine, sound*) silencioso/a; (*calm*) tranquilo/a, quieto/a; (*person: silent*) callado/a, reservado/a; (*restful*) reposado/a; **to be/keep ~** callarse/quedarse callado; **be ~!** ¡cállate!, ¡silencio!; **to keep sb ~** tener a algn callado; **they paid him £100 to keep him ~** le pagaron 100 libras para que se callara; **business is ~ at this time of year** hay poco movimiento en esta época.
(**b**) (*discreet: manner, clothes, humour*) discreto/a; (*private, intimate*) íntimo/a; **I'll have a ~ word with him** hablaré discretamente con él; **to lead a ~ life** llevar una vida tranquila; **he managed to keep the whole thing ~** consiguió que nadie se enterara del asunto; **we had a ~ wedding** nos casamos con poca ceremonia.
2 *n* tranquilidad *f*; **on the ~** a hurtadillas *or* escondidas, a la sordina.
3 *vt* = **quieten 1**.

quieten [ˈkwaɪətn] **1** *vt* (*also* **~ down**: *calm down*) calmar, tranquilizar; (*: silence*) callar. **2** *vi* (*also* **~ down**: *calm*) calmarse, tranquilizarse; (*: fall silent*) callarse; (*fig: after unruly youth etc*) calmarse, apaciguarse; (*: after rage*) tranquilizarse.

quietly [ˈkwaɪətlɪ] *adv* (*silently*) silenciosamente; (*calmly*) tranquilamente, sosegadamente; (*discreetly*) reservadamente; (*iro: nonchalantly*) despreocupadamente; **he said ~** dijo dulcemente; **to be ~ dressed** vestirse con discreción *or* en forma discreta; **our house is ~ situated in the hills** nuestra casa se encuentra en una parte tranquila de la montaña; **let's get married ~** casémonos sin ceremonias; **he slipped off ~** se marchó sin que nadie lo notara.

quietness [ˈkwaɪətnɪs] *n* (**a**) (*silence*) silencio *m*. (**b**) (*softness: of voice*) dulzura *f*; (*: calm*) tranquilidad *f*.

quill [kwɪl] *n* (*feather*) pluma *f* de ave; (*of porcupine*) púa *f*; (*pen*) pluma.

quilt [kwɪlt] **1** *n* (*also* **continental ~**) edredón *m*. **2** *vt* acolchar.

quilted [ˈkwɪltɪd] *adj* acolchado/a.

quin [kwɪn] *n abbr of* **quintuplet**.

quince [kwɪns] **1** *n* membrillo *m*. **2** *cpd*: **~ jelly** *n* (carne *f* de) membrillo *m*.

quinine [kwɪˈniːn] *n* quinina *f*.

quintessence [kwɪnˈtesns] *n* quintaesencia *f*.

quintet [kwɪnˈtet] *n* (*gen*) quinteto *m*.

quintuplet [kwɪnˈtjuːplɪt] *n* quintillizo/a *m/f*.

quip [kwɪp] *n* ocurrencia *f*, salida *f*.

quire [ˈkwaɪəʳ] *n* mano *f* de papel.

quirk [kwɜːk] *n* (*oddity*) rareza *f*, manía *f*; **by some ~ of fate** por algún capricho del destino.

quirky [ˈkwɜːkɪ] *adj* (*comp* **-ier**; *superl* **-iest**) (*see n*) raro/a; estrafalario/a.

quit [kwɪt] (*pt, pp* **~** *or* **~ted**) **1** *vt* (**a**) (*cease: work, job*) dejar, abandonar; **to ~ doing sth** (*esp US*) dejar de hacer algo; **~ stalling!** (*US fam*) ¡déjate de evasivas! (**b**) (*leave: place*) abandonar, salir de. **2** *vi* (*resign*) dimitir; (*give up: in game etc*) renunciar. **3** *adj*: **to be ~ of sth/sb** haberse deshecho de algo/algn.

quite [kwaɪt] *adv* (**a**) (*completely*) totalmente, completamente, bastante (*LAm*); **~ new** completamente nuevo; **~ (so)!** ¡así es!, ¡exacto!; **that's ~ enough** eso basta y sobra, ya está bien; **I can ~ believe that ...** no me cuesta creer que ...; **not ~ as many as last time** no tantos como la última vez; **I ~ understand** comprendo perfectamente; **that's not ~ right** eso no está del todo bien; **it's not ~ what we wanted** no es exactamente lo que buscábamos; **we don't ~ know** no sabemos exactamente.
(**b**) (*rather*) bastante; **it's ~ good/important** es bastante bueno/importante; **that's ~ a car!** ¡vaya coche!

Quito [ˈkiːtəʊ] *n* Quito *m*.

quits [kwɪts] *adv*: **to be ~ with sb** estar en paz con algn; **now we're ~!** ¡ahora no nos debemos nada *or* estamos en paz!; **let's call it ~** hagamos las paces.

quitter [ˈkwɪtəʳ] *n* remolón/ona *m/f*.

quiver¹ [ˈkwɪvəʳ] *n* (*of arrows*) carcaj *m*, aljaba *f*.
quiver² [ˈkwɪvəʳ] **1** *n* (*trembling*) estremecimiento *m*. **2** *vi* (*person, voice, eyelids*) estremecerse.
quixotic [kwɪkˈsɒtɪk] *adj* quijotesco/a.
quiz [kwɪz] **1** *n* (*test of knowledge*) concurso *m*; (*in magazine etc*) encuesta *f*. **2** *vt* (*interrogate*) interrogar. **3** *cpd*: ~ **programme,** ~ **show** *n* concurso *m* de preguntas y respuestas.
quizzical [ˈkwɪzɪkəl] *adj* (*glance*) burlón/ona.
quizzically [ˈkwɪzɪkəlɪ] *adv*: **he looked at me** ~ me miró burlón.
quoit [kwɔɪt] *n* aro *m*, tejo *m*; ~**s** juego *msg* de aros.
quorum [ˈkwɔːrəm] *n* quórum *m*.
quota [ˈkwəʊtə] *n* (*gen*) cuota *f*; (*Comm etc*) cupo *m*, contingente *m*; **a fixed** ~ un cupo fijo.
quotation [kwəʊˈteɪʃən] **1** *n* (**a**) (*words*) cita *f*; **dictionary of** ~**s** diccionario de frases. (**b**) (*Comm: estimate*) cotización *f*. **2** *cpd*: ~ **marks** *npl* comillas *fpl*.
quote [kwəʊt] **1** *vt* (**a**) (*words, author etc*) citar; (*example*) dar, aducir; **to** ~ **sth/sb by heart** citar algo/a algn de memoria; **he can** ~ **Góngora all day long** es capaz de seguir recitando versos de Góngora hasta cuando sea; **but don't** ~ **me** pero no me menciones; **can you** ~ **me an example?** ¿puede citarme un ejemplo? (**b**) (*Comm: sum, figure*) cotizar; ~**d company** empresa *f* cotizada en la Bolsa.
2 *vi* citar; **and I** ~ y aquí cito sus propias palabras.
3 *n* (**a**) (*words*) cita *f*; **'~'** 'comienza la cita'; **'close ~', 'end of ~'** 'fin de la cita'.
(**b**) ~**s** (*inverted commas*) comillas *fpl*; **in** ~**s** entre comillas.
quotient [ˈkwəʊʃənt] *n* cociente *m*.
q.v. *abbr of* **quod vide,'which see'** V.
qwerty [ˈkwɜːtɪ] *cpd*: ~ **keyboard** *n* teclado *m* QWERTY.

R

R¹, r¹ [ɑːʳ] *n* (*letter*) R, r *f*; **the three R's** lectura *f*, escritura *f*, aritmética *f*.
R² **1** *abbr* (**a**) (*Brit*) *of* **Rex, Regina** R. (**b**) *of* **river** R. (**c**) *of* **right** dcha. (**d**) (*US Pol*) *of* **Republican**. **2** *adj abbr* (*US Cine*) *of* **restricted** sólo mayores.
r² *abbr of* **right** der, derº.
RA *n abbr* (**a**) (*Brit Art*) *of* **Royal Academy** ≈ Real Academia *f* de Bellas Artes. (**b**) (*Mil*) *of* **Royal Artillery**. (**c**) *of* **Rear Admiral**.
RAAF *n abbr of* **Royal Australian Air Force**.
Rabat [rəˈbɑːt] *n* Rabat *m*.
rabbi [ˈræbaɪ] *n* rabino *m*.
rabbit [ˈræbɪt] **1** *n* conejo *m*. **2** *cpd*: ~ **hole** *n* madriguera *f*; ~ **hutch** *n* conejera *f*.
▸ **rabbit on** *vi + adv* (*fam*) enrollarse (*fam*).
rabble [ˈræbl] *n* (*disorderly crowd*) gentío *m*, muchedumbre *f*; **the** ~ (*uncultured people*) la chusma.
rabble-rouser [ˈræblˌraʊzəʳ] *n* demagogo/a *m/f*, agitador(a) *m/f*.
rabble-rousing [ˈræblˈraʊzɪŋ] *n* demagogia *f*, agitación *f*.
rabid [ˈræbɪd] *adj* (*dog*) rabioso/a; (*fig: person*) fanático/a.
rabies [ˈreɪbiːz] *nsg* rabia *f*.
RAC *n abbr of* **Royal Automobile Club** ≈ RACE *m* (*Sp*).
raccoon [rəˈkuːn] *n* mapache *m*.
race¹ [reɪs] **1** *n* (**a**) (*contest*) carrera *f*; **the** ~**s** (*horse* ~*s*) las carreras; **a** ~ **against time** una carrera contra reloj; **the arms** ~ la carrera armamentista; **the** ~ **for power** la carrera hacia poder; **to go to the** ~**s** ir a las carreras; **to run a** ~ tomar parte en una carrera.
(**b**) (*rush*) carrera *f*; **it was a** ~ **to finish it in time** nos dimos una carrera para terminarlo a tiempo.
2 *vt* (**a**) (*horse etc*) hacer correr.
(**b**) **to** ~ **sb** competir con(tra) algn en una carrera; **I'll** ~ **you!** ¡te echo una carrera!
(**c**) (*hurry: thing*) apresurar, apurar (*LAm*).
3 *vi* (**a**) (*go fast, run*) correr, ir a la carrera; **to** ~ **along/in/across** pasar/entrar/cruzar corriendo.
(**b**) (*pulse, heart*) acelerarse; (*engine*) embalarse.
(**c**) (*in contest: person, horse, car*) competir, presentarse; **when did you last ~?** ¿cuándo corriste *etc* la última vez?
4 *cpd*: ~ **car** *n* (*US*) coche *m* de carreras; ~ **(car) driver** *n* (*US*) corredor(a) *m/f* de coches; ~ **meeting** *n* carreras *fpl* (de caballos).
race² [reɪs] **1** *n* (*people*) raza *f*; **the human** ~ el género humano. **2** *cpd*: ~ **relations** *npl* relaciones *fpl* raciales.
racecard [ˈreɪskɑːd] *n* programa *m* de carreras.
racecourse [ˈreɪskɔːs] *n* hipódromo *m*.
racegoer [ˈreɪsgəʊəʳ] *n* aficionado/a *m/f* a las carreras.
racehorse [ˈreɪshɔːs] *n* caballo *m* de carreras.
racer [ˈreɪsəʳ] *n* (*runner*) corredor(a) *m/f*; (*horse*) caballo *m* de carreras; (*Aut*) coche *m* de carreras.
racetrack [ˈreɪstræk] *n* (*gen*) pista *f*; (*for horses*) hipódromo *m*; (*Aut etc*) autódromo *m*; (*for cycles*) velódromo *m*.
racial [ˈreɪʃəl] *adj* racial; ~ **discrimination** discriminación *f* racial.
racialism [ˈreɪʃəlɪzəm] *n* racismo *m*.
racialist [ˈreɪʃəlɪst] *adj, n* racista *mf*.
racially [ˈreɪʃəlɪ] *adv* racialmente.
racing [ˈreɪsɪŋ] **1** *n* carreras *fpl*. **2** *cpd* (*cycle, stables, yacht etc*) de carreras; ~ **car** *n* coche *m* de carreras; ~ **driver** *n* piloto *m* de carreras; ~ **pigeon** *n* paloma *f* de carreras.
racism [ˈreɪsɪzəm] *n* racismo *m*.
racist [ˈreɪsɪst] *adj, n* racista *mf*.
rack¹ [ræk] **1** *n* (*dish* ~) escurreplatos *m inv*; (*clothes* ~) perchero *m*, percha *f*, colgadero *m*; (*rail*) rejilla *f*, portaequipajes *m inv*; (*mechanical* ~) cremallera *f*; (*for torture*) potro *m*; **to buy clothes off the** ~ (*US*) comprar ropa de percha. **2** *vt* (*subj: pain*) atormentar; (*cough*) sacudir; **to be** ~**ed by remorse** estar atormentado por el remordimiento; **to** ~ **one's brains** devanarse los sesos.
▸ **rack up** *vt + adv* (*accumulate*) conseguir.
rack² [ræk] *n*: **to go to** ~ **and ruin** (*building*) echarse a perder, venirse abajo; (*business*) arruinarse, tronar (*LAm*); (*country*) arruinarse; (*person*) dejarse ir.
rack-and-pinion [ˌrækəndˈpɪnjən] **1** *n* (*Tech*) cremallera *f* y piñón. **2** *cpd*: ~ **steering** *n* cremallera *f*, piñón *m*.
racket¹ [ˈrækɪt] *n* (*Sport*) raqueta *f*.
racket² [ˈrækɪt] *n* (**a**) (*din*) estruendo *m*, jaleo *m*; **to kick up** *or* **make a** ~ armar un jaleo. (**b**) (*organized fraud*) estafa *f*; **the drug** ~ el tráfico de drogas.
racketeer [ˌrækɪˈtɪəʳ] *n* (*esp US*) estafador(a) *m/f*, tramposo/a *m/f*.
raconteur [ˌrækɒnˈtɜːʳ] *n* anecdotista *m/f*.
racoon [rəˈkuːn] *n* = **raccoon**.
racquet [ˈrækɪt] *n* = **racket¹**.

racy ['reɪsɪ] *adj* (*comp* **-ier**; *superl* **-iest**) (*style, speech, humour*) picante, sabroso/a.

RADA ['rɑːdə] *n abbr* (*Brit*) *of* **Royal Academy of Dramatic Art** ≈ C.D.N. *m*.

radar ['reɪdɑːʳ] **1** *n* radar *m*. **2** *cpd*: ~ **screen** *n* pantalla *f* de radar; ~ **station** *n* estación *f* de radar.

radial ['reɪdɪəl] *adj* (*engine, tyre*) radial.

radiance ['reɪdɪəns] *n* resplandor *m*.

radiant ['reɪdɪənt] *adj* (*heat, light*) radiante, resplandeciente; (*fig: smile*) radiante.

radiate ['reɪdɪeɪt] **1** *vt* (*lit, fig*) radiar, irradiar. **2** *vi*: **to ~ from** salir de.

radiation [ˌreɪdɪ'eɪʃən] **1** *n* radiación *f*. **2** *cpd*: ~ **sickness** *n* enfermedad *f* de radiación; ~ **treatment** *n* tratamiento *m* por radiaciones.

radiator ['reɪdɪeɪtəʳ] *n* (*all senses*) radiador *m*.

radical ['rædɪkəl] *adj, n* (*Pol*) radical *mf*.

radicalism ['rædɪkəlɪzəm] *n* (*Pol*) radicalismo *m*.

radically ['rædɪkəlɪ] *adv* (*fundamentally*) radicalmente; **to disagree with sb ~** estar en desacuerdo radical con algn.

radii ['reɪdɪaɪ] *npl of* **radius**.

radio ['reɪdɪəʊ] **1** *n* (*gen, set*) radio *f*; **by** *or* **over the ~** por radio; **on the ~** en la radio.
2 *vi*: **to ~ to sb** enviar un mensaje a algn por radio.
3 *vt* (*information, news*) radiar, transmitir por radio.
4 *cpd* (*broadcast, beam, wave*) de radio; ~ **announcer** *n* locutor(a) *m/f* de radio; ~ **beacon** *n* radiofaro *m*; ~ **frequency** *n* frecuencia *f* de radio; ~ **network** *n* cadena *f or* red *f* de emisoras; ~ **programme** *n*, (*US*) ~ **program** *n* programa *m* de radio; ~ **station** *n* emisora *f*; ~ **taxi** *n* radiotaxi *m*.

radio... ['reɪdɪəʊ] *pref* radio....

radioactive ['reɪdɪəʊ'æktɪv] *adj* radi(o)activo/a; ~ **waste** residuos *mpl* radiactivos.

radioactivity ['reɪdɪəʊæk'tɪvɪtɪ] *n* radi(o)actividad *f*.

radiocassette [ˌreɪdɪəʊkə'set] *n* (*also* ~ **recorder**) radiocaset(t)e *m*.

radio-controlled ['reɪdɪəʊkən'trəʊld] *adj* (*car*) teledirigido/a.

radiogram ['reɪdɪəʊgræm] *n* (**a**) (*combined radio and gramophone*) radiogramola *f*. (**b**) (*X-ray picture*) radiografía *f*.

radiographer [ˌreɪdɪ'ɒgrəfəʳ] *n* radiógrafo/a *m/f*.

radiography [ˌreɪdɪ'ɒgrəfɪ] *n* radiografía *f*.

radiologist [ˌreɪdɪ'ɒlədʒɪst] *n* radiólogo/a *m/f*.

radiology [ˌreɪdɪ'ɒlədʒɪ] *n* radiología *f*.

radiopager ['reɪdɪəʊˌpeɪdʒəʳ] *n* localizador *m*.

radiotelephone ['reɪdɪəʊ'telɪfəʊn] *n* radioteléfono *m*.

radiotherapy ['reɪdɪəʊ'θerəpɪ] *n* radioterapia *f*.

radish ['rædɪʃ] *n* rábano *m*.

radium ['reɪdɪəm] *n* radio *m*.

radius ['reɪdɪəs] *n* (*pl* **radii**) radio *m*; **within a ~ of 50 miles** en un radio de 50 millas.

RAF *n abbr of* **Royal Air Force**.

raffia ['ræfɪə] *n* rafia *f*.

raffle ['ræfl] **1** *n* rifa *f*, sorteo *m*. **2** *vt* (*object*) rifar, sortear; **10 bottles will be ~d for charity** se sortearán 10 botellas con fines benéficos.

raft [rɑːft] *n* balsa *f*.

rafter ['rɑːftəʳ] *n* viga *f*, cabrio *m*.

rag¹ [ræg] **1** *n* (**a**) (*piece of cloth*) trapo *m*; **~s** (*old clothes*) trapos viejos; **from ~s to riches** de los andrajos a la riqueza; **to be in ~s** andar *or* estar en harapos; **to feel like a wet ~** (*fam*) estar hecho un trapo; **to put on one's glad ~s** endomingarse. (**b**) (*fam: newspaper*) periodicucho *m*. **2** *cpd*: ~ **doll** *n* muñeca *f* de trapo; **the ~ trade** *n* (*fam*) la industria de la confección.

rag² [ræg] **1** *n* (*practical joke*) broma *f* pesada; (*Univ: parade*) fiesta *f* benéfica (de estudiantes). **2** *vt* (*tease*) tomar el pelo a. **3** *cpd*: ~ **week** *n* semana *f* de funciones benéficas (estudantiles).

ragamuffin ['rægəˌmʌfɪn] *n* granuja *m*.

rag-and-bone-man [ˌrægən'bəʊnmæn] *n* (*pl* **-men**) trapero *m*.

ragbag ['rægbæg] *n* (*mixture*) talego *m* de recortes, mezcolanza *f*, cajón *m* de sastre.

rage [reɪdʒ] **1** *n* (**a**) (*anger*) furia *f*, rabia *f*; **to get into a ~ about sth** enfurecerse por algo; **to be in a ~** estar furioso/a. (**b**) (*fashion, trend*) moda *f*, manía *f*; **it's all the ~** hace furor. **2** *vi* (**a**) (*be angry*) estar furioso/a, rabiar. (**b**) (*sea*) enfurecerse; (*fire, plague*) hacer estragos; (*wind*) bramar; **fire ~d in the building for 3 hours** durante 3 horas el fuego hizo estragos en el edificio.

ragged ['rægɪd] *adj* (**a**) (*dress*) andrajoso/a, roto/a; (*person*) andrajoso/a, harapiento/a; (*edge*) mellado/a. (**b**) (*text*) ~ **left** margen *m* izquierdo irregular; ~ **right** margen derecho irregular.

raging ['reɪdʒɪŋ] *adj* (**a**) (*temper*) furioso/a, rabioso/a. (**b**) (*storm, wind, thunder*) violento/a. (**c**) (*illness, headache*) atroz.

ragout [ræ'guː] *n* guisado *m*.

ragtime ['rægtaɪm] *n* (*Mus*) ragtime *m*.

raid [reɪd] **1** *n* (*into territory, across border etc*) incursión *f*, correría *f*; (*Aer*) ataque *m* aéreo, bombardeo *m*; (*sweep by police*) redada *f*; (*by criminals*) asalto *m*; **there was a ~ on the jeweller's last night** anoche fue asaltada la joyería. **2** *vt* (*by land*) invadir, hacer una incursión en; (*Aer*) atacar, bombardear; (*subj: police*) hacer una redada en; (*: criminals*) asaltar; **the boys ~ed the orchard** los muchachos invadieron el huerto; **the police ~ed the club** la policía hizo una redada en el club.

raider ['reɪdəʳ] *n* (*across frontier*) invasor(a) *m/f*; (*criminal*) asaltante *mf*.

rail [reɪl] **1** *n* (**a**) (*horizontal bar*) barandilla *f*; (*banister*) pasamanos *m inv*; (*Naut*) barandilla *f*; (*fence*) valla *f*, cerco *m*. (**b**) (*for train*) carril *m*, riel *m*; **~s** vía *fsg*; **to go off the ~s** (*train*) descarrilar; (*fig: person*) descarrilarse; **by ~** por ferrocarril, en tren. **2** *cpd*: ~ **accident** *n* accidente *m* de ferrocarril; ~ **strike** *n* huelga *f* de ferroviarios.

railcard ['reɪlkɑːd] *n* carnet *m* para obtener descuento en los ferrocarriles; **family ~** carnet de familia; **student's ~** carnet de estudiante.

railings ['reɪlɪŋz] *npl* verja *fsg*, enrejado *msg*.

railroad ['reɪlrəʊd] **1** *n* (*US*) = **railway**. **2** *vt* (*fig*) **to ~ sb into doing sth** obligar apresuradamente a algn a hacer algo; **to ~ a bill through Parliament** hacer que se apruebe un decreto de ley sin discutirse.

railroader ['reɪlrəʊdəʳ] *n* (*US*) = **railwayman**.

railway ['reɪlweɪ] (*Brit*) **1** *n* (*system*) ferrocarril(es) *m(pl)*; (*track*) vía *f*. **2** *cpd* (*bridge, timetable, network*) de ferrocarril; ~ **carriage** *n* vagón *m*; ~ **engine** *n* máquina *f*, locomotora *f*; ~ **line** *n* línea *f* (de ferrocarril); (*track*) vía *f* (férrea); ~ **station** *n* estación *f* (de ferrocarril); ~ **yard** *n* cochera *f*.

railwayman ['reɪlweɪmən] (*pl* **-men**) (*Brit*), **railroader** ['reɪlrəʊdəʳ] *n* (*US*) ferroviario *m*, ferrocarrilero *m* (*LAm*).

rain [reɪn] **1** *n* lluvia *f*; **come ~ or shine** haga frío o haga calor; **if the ~ keeps off** si no llueve; **it looks like ~** parece que va a llover. **2** *vi* llover; **it's ~ing cats and dogs** está lloviendo a cántaros; **it never ~s but it pours** (*fig*) las desgracias nunca vienen solas; **blows ~ed down on him** llovieron sobre él los golpes. **3** *cpd*: ~ **check** *n*: **I'll take a ~ check** (*fam*) de momento, paso; ~ **cloud** *n* nubarrón *m*.

► **rain off, rain out** (*US*) *vt + adv*: **the match was ~ed off** se canceló *or* se abandonó el partido debido a la lluvia.

rainbow ['reɪnbəʊ] **1** *n* arco *m* iris. **2** *cpd*: **the ~ coalition** *n* la coalición multicolor; ~ **trout** *n* trucha *f* arco iris.

raincoat ['reɪnkəʊt] *n* gabardina *f*.

raindrop ['reɪndrɒp] *n* gota *f* de lluvia.

rainfall ['reɪnfɔːl] *n* precipitación *f*; (*quantity*) lluvia *f*,

cantidad *f* de lluvia.
rainforest ['reɪn,fɒrɪst] *n* (*also* **tropical** ~) selva *f* tropical.
rainproof ['reɪnpru:f] *adj* impermeable.
rainstorm ['reɪnstɔ:m] *n* aguacero *m*, chaparrón *m*.
rainwater ['reɪnwɔ:tə^r] *n* agua *f* de lluvia.
rainwear ['reɪnwɛə^r] *n* ropa *f* impermeable.
rainy ['reɪnɪ] *adj* (*comp* **-ier**; *superl* **-iest**) (*climate*) lluvioso/a; ~ **day** día *m* de lluvia.
raise [reɪz] **1** *vt* (**a**) (*lift: fallen object, weight, arm, eyes etc*) levantar, alzar, subir; (*: wreck*) sacar a flote; (*: hat*) quitarse; (*: flag*) izar, enarbolar; (*: dust*) levantar; (*total*) elevar; (*Math*) **to** ~ **to the power of n** elevar a la enésima potencia; **to** ~ **sb's spirits/hopes** levantar el ánimo a algn/dar esperanzas a algn; **her behaviour ~d a lot of eyebrows** su comportamiento causó un gran escándalo; **to** ~ **sb's hopes** (*unjustifiably*) dar esperanzas falsas a algn; **to** ~ **o.s.** levantarse, alzarse; **to** ~ **o.s. up on one's elbows/into a sitting position** apoyarse en los codos/incorporarse; **to** ~ **one's glass to sb/sth** brindar por algn/algo.
(**b**) (*erect: building, statue*) erigir, levantar.
(**c**) (*increase: price, salary, tax*) aumentar, subir; (*: production*) aumentar; (*Cards: stake, bid*) subir; **I'll** ~ **you £10** 10 libras más; **to** ~ **one's voice** (*lit*) hablar más alto; (*in anger*) alzar la voz, gritar.
(**d**) (*bring up etc: family, livestock*) criar.
(**e**) (*produce: laughter*) provocar; (*: rumpus*) armar; (*: problem, question, point*) plantear; (*: complaint*) presentar; (*: doubts*) suscitar; (*: cry*) dar; **to** ~ **objections to** hacer objeciones a, poner peros a; **I'll** ~ **the point with them** se lo mencionaré; **this ~s the question of whether** ... esto plantea el problema de si ....
(**f**) (*get together: funds*) reunir; (*: loan*) conseguir; (*: taxes*) imponer; (*: army*) recultar; **to** ~ **money on an estate** conseguir dinero hipotecando una propiedad.
2 *n* aumento *m*.
raisin ['reɪzən] *n* pasa *f*.
raison d'être ['reɪzɔ:n'dɛ:tr] *n* razón *f* de ser.
rake[1] [reɪk] **1** *n* (*garden* ~) rastrillo *m*. **2** *vt* (*Agr etc: sand, leaves, soil*) rastrillar; (*fire*) hurgar; (*strafe: ship, file of men*) barrer.
► **rake in** *vt* + *adv*: **they ~d in a profit of £100** sacaron 100 libras de ganancia; **he must be raking it in** está acuñando dinero.
► **rake off** *vt* + *adv* (*fam pej: share of profits, commission*) sacar.
► **rake together** *vt* + *adv* reunir con el rastrillo; (*fig*) reunir; **we managed to** ~ **a team together** por fin logramos formar un equipo.
► **rake up** *vt* + *adv* (*subject*) sacar a relucir; (*memories*) remover.
rake[2] [reɪk] *n* (*old: dissolute man*) calavera *m*.
rake-off ['reɪkɒf] *n* comisión *f*, tajada *f*.
rakish ['reɪkɪʃ] *adj* (**a**) (*dissolute: person*) libertino/a, disoluto/a. (**b**) **at a** ~ **angle** echado/a de lado.
rally ['rælɪ] **1** *n* (**a**) (*meeting*) mítin *m*, concentración *f*; (*gathering*) reunión *f*.
(**b**) (*Sport: competition*) rall(y)e *m*; (*: Tennis*) peloteo *m*.
(**c**) (*revival: Fin, Med*) recuperación *f*; (*: Med*) mejoramiento *m*.
2 *vt* (**a**) (*gather: Pol*) concentrar; (*: Mil*) reunir.
(**b**) (*exhort, unite in spirit*) levantar el ánimo de, fortalecer el espíritu de; (*fig: strength, spirits*) recobrar.
3 *vi* (**a**) (*gather in support: Pol*) reunirse, concentrarse; (*: Mil*) reorganizarse.
(**b**) (*Fin, Med*) recuperarse.
(**c**) (*Aut: compete*) competir en los rall(y)es.
► **rally round** *vi* + *adv* ofrecer ayuda y apoyo; **everyone must** ~ **round** todos hemos de afirmar nuestra unidad.
rallying point ['rælɪɪŋ,pɔɪnt] *n* (*Pol, Mil*) punto *m* de reunión.
RAM [ræm] *n abbr* (*Comput*) *of* **random access memory**.
ram [ræm] **1** *n* (*Zool*) carnero *m*; (*Mil*) ariete *m*.
2 *vt* (**a**) (*pack tightly: soil etc*) apisonar.
(**b**) (*force, apply violently*) dar *or* chocar con *or* contra; **to** ~ **a hat down on one's head** incrustarse el sombrero; **to** ~ **clothes into a case** embutir la ropa a la fuerza en una maleta; **to** ~ **a nail into a wall** incrustar un clavo en una pared; **they ~med their ideas down my throat** (*fig*) me hicieron tragar sus ideas a la fuerza; **we had Campoamor ~med into us at school** nos dimos un atracón de Campoamor en el colegio.
(**c**) (*collide with: Naut*) embestir con el espolón; **the car ~med the lamppost as it slid off the road** el coche chocó con el farol al deslizarse por la carretera; **to be ~med up against sth** estar apretado contra algo.
Ramadan [,ræmə'dæn] *n* ramadán *m*.
ramble ['ræmbl] **1** *n* paseo *m*, excursión *f*; **to go for a** ~ dar un paseo, echarse una vuelta. **2** *vi* (**a**) (*walk*) pasear, deambular; **we spent a week rambling in the hills** pasamos una semana de excursión en la montaña *or* la sierra. (**b**) (*in speech*) divagar, perder el hilo.
rambler ['ræmblə^r] *n* (*hiker*) excursionista *mf* (a pie).
rambling ['ræmblɪŋ] *adj* (*straggling: plant*) trepador(a); (*wandering, incoherent: speech, book*) prolijo/a, inconexo/a; (*sprawling: house*) laberíntico/a.
RAMC *n abbr* (*Brit*) *of* **Royal Army Medical Corps**.
ramification [,ræmɪfɪ'keɪʃən] *n* ramificación *f*; **in all its ~s** en toda su complejidad.
ramp [ræmp] *n* rampa *f*; (*on road*) desnivel *m*.
rampage [ræm'peɪdʒ] **1** *n*: **to go on the** ~ desbocarse, desmandarse. **2** *vi* desmandarse; **the crowd ~d through the market** la multitud corrió alocada por el mercado.
rampant ['ræmpənt] *adj* (**a**) (*uncontrolled: lust*) desenfrenado/a; (*prevailing*) difundido/a, de lo más común; (*Bot: overgrowing: flower, plant*) exuberante. (**b**) (*Heraldry*) **the lion** ~ el león rampante.
rampart ['ræmpɑ:t] *n* terraplén *m*; (*city wall*) muralla *f*; (*fig: bulwark*) baluarte *m*, defensa *f*.
ram raid ['ræm,reɪd] *n* (*fam*) atraco *m (rompiendo el escaparate con un coche)*.
ramrod ['ræmrɒd] *n* baqueta *f*.
ramshackle ['ræm,ʃækl] *adj* (*tumbledown: house, car*) desvencijado/a, destartalado/a; (*inefficient, careless*) descuidado/a.
RAN *n abbr of* **Royal Australian Navy**.
ran [ræn] *pt of* **run**.
ranch [rɑ:ntʃ] **1** *n* rancho *m*, hacienda *f* (de ganado) *(LAm)*, estancia *f (CSur)*. **2** *cpd*: ~ **hand** *n* peón *m*.
rancher ['rɑ:ntʃə^r] *n* ganadero/a *m/f*, ranchero/a *m/f*.
rancid ['rænsɪd] *adj* rancio/a.
rancour, (*US*) **rancor** ['ræŋkə^r] *n* rencor *m*.
R&B *n abbr* (*Mus*) *of* **Rhythm and Blues**.
R&D *n abbr of* **research and development** I. *f* y D.
random ['rændəm] **1** *adj* (*haphazard: arrangement*) (hecho/a) al azar; (*capricious, indiscriminate*) caprichoso/a; (*Statistics: impartial: sample*) aleatorio/a; **a wall built of** ~ **stones** un muro hecho con piedras elegidas al azar; ~ **access** (*Comput*) acceso *m* aleatorio; ~ **access memory** (*Comput*) memoria *f* de acceso aleatorio. **2** *n*: **at** ~ al azar; **to choose sth at** ~ escoger algo sin pensar; **to talk at** ~ hablar sin pesar las palabras.
randomly ['rændəmlɪ] *adv*: ~ **chosen** elegido/a al azar.
R&R *n abbr* (*US Mil*) *of* **rest and recreation** descanso *m*.
randy ['rændɪ] *adj* (*comp* **-ier**; *superl* **-iest**) (*Brit fam*) caliente *(fam)*, cachondo/a *(fam!)*, arrecho/a *(esp LAm fam)*; **to feel** ~ estar cachondo.
rang [ræŋ] *pt of* **ring**[2].
range [reɪndʒ] **1** *n* (**a**) (*row*) fila *f*, hilera *f*; (*of mountains*) sierra *f*, cordillera *f*.
(**b**) (*esp US Agr*) pradera *f*, pampa *f (CSur)*, llano *m (esp Ven)*.
(**c**) (*for shooting: in open*) campo *m* de tiro; (*: at fair*) tiro *m* al blanco.

(**d**) (*extent*) extensión *f*; (*: Mus: of instruments, voice*) registro *m*; (*series*) serie *f*; (*spectrum*) gama *f*; (*selection*) selección *f*, variedad *f*; (*Comm*) surtido *m*; (*domain*) campo *m*, ámbito *m*; ~ **of colours** gama de colores; ~ **of possibilities** abanico *m* de posibilidades; ~ **of vision/hearing** campo visual/alcance *m* del oído; **the ~ of sb's mind** la gama de conocimientos de algn; **the ~ of a book** el campo de un libro; **she has a wide ~ of interests** tiene una gama extensa de intereses; **price ~** escala *f* de precios.

(**e**) (*distance attainable*) alcance *m*; **a gun with a ~ of 3 miles** un cañón con un alcance de 3 millas; **at close ~** de cerca; **at point-blank ~** a quemarropa, a bocajarro; **to be within ~ (of sb/sth)** estar al alcance *or* a tiro (de algn/algo); **to be out of ~ (of sb/sth)** estar fuera del alcance (de algn/algo).

(**f**) (*kitchen ~*) fogón *m*.

(**g**) (*of plane, ship*) autonomía *f*; **the ~ is 3,000 miles** la autonomía es de 3.000 millas.

2 *vt* (**a**) (*arrange*) arreglar, ordenar; **he ~d them along the wall** los alineó en la pared; **~d left/right** (*text*) alineado/a a la izquierda/derecha.

(**b**) (*traverse in all directions*) recorrer; **they ~d the countryside/the woods** recorrieron el campo/el bosque.

3 *vi* (**a**) (*extend*) extenderse; **research ranging over a wide field** (*fig*) investigaciones que abarcan un campo amplio; **his mind ~s widely** es de amplias miras.

(**b**) (*vary within limits*) variar; **temperatures ~ from 5 to 30 degrees** las temperaturas oscilan entre 5 y 30 grados.

rangefinder [ˈreɪndʒ,faɪndəʳ] *n* (*Mil, Phot*) telémetro *m*.

ranger [ˈreɪndʒəʳ] *n* (**a**) (*Girl Guide*) exploradora *f*. (**b**) (*forest ~*) guardabosques *mf inv*,.

Rangoon [ræŋˈguːn] *n* Rangún *m*.

rank¹ [ræŋk] **1** *n* (**a**) (*taxi ~*) parada *f or* puesto *m* (de taxis).

(**b**) (*status*) rango *m*, categoría *f*; (*: Mil*) grado *m*, rango; **persons of ~** gente de calidad; **their ~s range from lieutenant to colonel** sus graduaciones van de teniente a coronel; **to pull ~** (*fam*) tratar de conseguir una ventaja empleando su categoría más alta.

(**c**) (*Mil*) **the ~s** la tropa; **the ~ and file** (*of political party etc*) la base; **to close ~s** (*Mil, fig*) cerrar filas; **to break ~(s)** romper filas; **I've joined the ~s of the unemployed** soy un parado más.

2 *vt* clasificar, poner en orden; **I ~ him 6th** yo le pongo en 6º lugar; **I ~ her among ...** yo la pongo entre ...; **he was ~ed as (being) ...** se le consideraba ....

3 *vi* figurar, encontrarse; **to ~ 4th** ocupar el 4º lugar; **to ~ above sb** ser superior a *or* sobrepasar a algn; **to ~ high** ocupar una alta posición; **to ~ among ...** figurar entre ...; **to ~ as** equivaler a; **to ~ with** ser igual a.

rank² [ræŋk] *adj* (**a**) (*Bot: plants*) exuberante; (*: garden*) muy poblado/a. (**b**) (*smelly*) maloliente, apestoso/a. (**c**) (*hypocrisy, injustice etc*) manifiesto/a, absoluto/a.

ranking [ˈræŋkɪŋ] **1** *adj* (*esp US*) superior. **2** *n* ránking *m*; (*Mil*) graduación *f*.

rankle [ˈræŋkl] *vi*: **to ~ with sb** sacar de quicio a algn; **it still ~s** todavía duele.

ransack [ˈrænsæk] *vt* (*search*) registrar (de arriba abajo); (*: house*) desvalijar; (*pillage*) saquear; **the place had been ~ed** el local había sido saqueado.

ransom [ˈrænsəm] **1** *n* rescate *m*; **to hold sb to ~** pedir un rescate por algn; (*fig*) poner a algn entre la espada y la pared. **2** *vt* rescatar. **3** *cpd*: **~ demand** *n* demanda *f* de rescate.

rant [rænt] *vi* (*declaim*) vociferar; **to ~ at sb** (*be angry*) despotricar contra algn; **to ~ on about sb** (*angrily*) echar pestes de algn; **he ~ed and raved for hours** despotricó durante varias horas.

ranting [ˈræntɪŋ] *n* lenguaje *m* campanudo *or* declamatorio; **for all his ~** por mucho que despotrique.

rap [ræp] **1** *n* (**a**) golpecito *m*, golpe *m* seco; **there was a ~ at the door** llamaron (suavamente) la puerta. (**b**) **to take the ~** (*fam*) pagar los platos rotos (*fam*). (**c**) (*esp US fam*) acusación *f*. (**d**) (*Mus*) rap *m*. **2** *vt* golpetear, dar un golpecito en; **to ~ sb's knuckles** (*lit*) darle a algn en los nudillos; (*fig*) echarle un rapapolvo a algn. **3** *vi*: **to ~ at the door** llamar a la puerta.

► **rap out** *vt + adv* (*order*) espetar.

rapacious [rəˈpeɪʃəs] *adj* rapaz.

rape¹ [reɪp] **1** *n* violación *f*. **2** *vt* violar.

rape² [reɪp] **1** *n* (*Bot*) colza *f*. **2** *cpd*: **~ oil** *n* (*also ~seed oil*) aceite *m* de colza.

rapeseed [ˈreɪpsiːd] *n* semilla *f* de colza.

rapid [ˈræpɪd] *adj* rápido/a.

rapidity [rəˈpɪdɪtɪ] *n* rapidez *f*.

rapidly [ˈræpɪdlɪ] *adv* rápidamente, rápido.

rapids [ˈræpɪdz] *npl* (*in river*) rápidos *mpl*, rabiones *mpl*.

rapier [ˈreɪpɪəʳ] *n* estoque *m*.

rapist [ˈreɪpɪst] *n* violador *m*.

rapport [ræˈpɔːʳ] *n* compenetración *f*, entendimiento *m*.

rapprochement [ræˈprɒʃmɑ̃ːŋ] *n* acercamiento *m*.

rapt [ræpt] *adj* (*attention*) profundo/a; **to be ~ in contemplation** estar ensimismado.

rapture [ˈræptʃəʳ] *n* éxtasis *m*; **to go into ~s over sth** extasiarse por algo.

rapturous [ˈræptʃərəs] *adj* (*applause etc*) entusiasta; (*look*) extasiado/a.

rare [rɛəʳ] *adj* (*comp* **~r**; *superl* **~st**) (**a**) (*uncommon*) raro/a, poco común; (*unexpected*) inusitado/a; **in a moment of ~ generosity** en un momento de generosidad inusitada; **it is ~ to find that ...** es raro descubrir que .... (**b**) (*air*) enrarecido/a. (**c**) (*meat*) poco hecho/a. (**d**) (*fam*) maravilloso/a; **we had a ~ old time getting here** nos ha costado un ojo de la cara llegar aquí (*fam*); **we had a ~ old time last night** lo pasamos pipa anoche (*fam*).

rarebit [ˈrɛəbɪt] *n*: **Welsh ~** pan *m* con queso tostado.

rarefied [ˈrɛərɪfaɪd] *adj* enrarecido/a.

rarely [ˈrɛəlɪ] *adv* rara vez, raramente; **that method is ~ satisfactory** ese método no es satisfactorio casi nunca.

raring [ˈrɛərɪŋ] *adj*: **to be ~ to do sth** tener muchas ganas de hacer algo; **to be ~ to go** tener muchas ganas de empezar.

rarity [ˈrɛərɪtɪ] *n* (**a**) (*no pl: also* **rareness**) rareza *f*. (**b**) (*rare thing*) cosa *f* rara.

rascal [ˈrɑːskəl] *n* (*scoundrel, child*) granuja *mf*, bribón/ona *m/f*.

rash¹ [ræʃ] *n* (*Med*) sarpullido *m*, erupción *f* (cutánea); (*fig: spate*) racha *f*, avalancha *f*; **to come out in a ~** salirle un sarpullido a algn.

rash² [ræʃ] *adj* (*act, statement*) temerario/a, precipitado/a; (*person*) imprudente.

rasher [ˈræʃəʳ] *n*: **a ~ of bacon** una lonja, una loncha.

rashly [ˈræʃlɪ] *adv* temerariamente.

rasp [rɑːsp] **1** *n* (**a**) (*tool*) escofina *f*. (**b**) (*sound*) chirrido *m*. **2** *vt* (**a**) (*file*) raspar, escofinar. (**b**) (*speak: also* **~ out**) decir con voz áspera.

raspberry [ˈrɑːzbərɪ] *n* (**a**) (*fruit*) frambuesa *f*. (**b**) **to blow a ~** (*fam*) hacer una pedorreta.

rasping [ˈrɑːspɪŋ] *adj* (*voice*) áspero/a; (*noise*) chirriante.

rat [ræt] **1** *n* (*Zool*) rata *f*; **you dirty ~!** (*fam*) ¡canalla!; **I smell a ~** (*fig*) aquí hay gato encerrado, aquí se está tramando algo. **2** *vi*: **to ~ on sb** (*fam*) chivarse de algn; **to ~ on a deal** (*fam*) rajarse de un negocio. **3** *cpd*: **~ poison** *n* matarratas *m inv*; **the ~ race** *n* la lucha por la vida, la competencia.

rat-a-tat [ˌrætəˈtæt] *n* (*at door*) golpecitos *mpl*; (*imitating sound*) ¡toc, toc!

ratchet [ˈrætʃɪt] **1** *n* (*Tech*) trinquete *m*. **2** *cpd*: **~ wheel** *n* rueda *f* de trinquete.

rate [reɪt] **1** *n* (**a**) (*ratio*) razón *f*; (*speed*) velocidad *f*, ritmo *m*; **at a ~ of 60 kph** a una velocidad de 60 kph; **~ of**

growth ritmo de crecimiento; **at a steady ~** a un ritmo constante; **birth/death ~** (índice *m or* tasa *f* de) natalidad *f*/mortalidad *f*; **at the ~ of 3 a minute** a razón de 3 por minuto; **at this ~** a este paso; **at any ~** de todas formas, de todos modos.

(**b**) (*price*) precio *m*; (*charges*) tarifa *f*; **the ~ for the job** el sueldo correspondiente; **the ~ for sending letters** tarifa postal; **at a ~ of 5% per annum** a razón del 5 por ciento anual; **at a ~ of £2 per hour** a razón de dos libras por hora.

(**c**) (*Fin: of stocks etc*) cotización *f*; **~ of exchange** (tipo *m* de) cambio *m*; **bank ~** tipo de interés bancario; **interest ~** tipo de interés; **~ of return** (*Fin*) tasa *f* de rentabilidad; **~ of taxation** nivel *m* de impuestos.

(**d**) (*Brit: local tax*) contribución *f* municipal; **we pay £900 in ~s** pagamos 900 libras de contribuciones.

2 *vt* (**a**) (*evaluate, appraise*) tasar, valorar; **to ~ sth/sb highly** tener algo/a algn/ en alta estima; **to ~ sth/sb as ...** considerar algo/a algn como ...; **I don't ~ your chances** creo que tienes pocas posibilidades; **I ~ him among my best 3 pupils** le pongo entre mis 3 mejores alumnos.

(**b**) (*Brit*) **the house is ~d at £84 per annum** esta casa tiene que pagar 84 libras anuales de contribución municipal.

(**c**) (*deserve*) merecer; **it didn't ~ a mention** no mereció ser mencionado.

3 *vi*: **to ~ as ...** considerarse como ..., tenerse por ....

4 *cpd*: **~ rebate** *n* (*Brit*) devolución *f* de contribución municipal.

-rate [reɪt] *adj suf*: **first~** de primera clase; **some third~ author** algún autor de baja categoría.

rateable [ˈreɪtəbl] *adj* (*Brit: property*) susceptible de pagar contribución; **~ value** valor *m* catastral.

ratepayer [ˈreɪtpeɪəʳ] *n* (*Brit*) contribuyente *mf*.

rather [ˈrɑːðəʳ] **1** *adv* (**a**) (*preference*) antes, más bien; **A ~ than B** A antes que B; **I'll stay ~ than go alone** prefiero quedarme que ir solo; **I'd ~ have this one than that** prefiero éste a aquél; **would you ~ stay here?** ¿prefieres quedarte?; **anything ~ than that!** (*hum*) ¡todo menos eso!; **'I'm going to have it out with the boss' — '~ you than me!'** 'voy a planteárselo al jefe' — '¡allá tú!'

(**b**) (*somewhat*) algo, un poco; (*quite*) bastante; **a ~ difficult task** una tarea bastante difícil; **I feel ~ more happy today** hoy me siento algo mejor; **that is ~ too dear** es algo caro (para mí *etc*); **I ~ think he won't come** tiendo a creer que no vendrá; **we were ~ tired** estábamos bastante cansados; **he did ~ well in the exam** le fue bastante bien en el examen; **it's ~ a pity** es una pena *or* lástima.

(**c**) **or ~** (*more accurately*) o mejor dicho, es decir.

2 *interj* ¡ya lo creo!, ¡cómo no! (*LAm*); **would you like some? — ~!** ¿quieres un poco? — ¡claro!

ratify [ˈrætɪfaɪ] *vt* (*treaty, agreement*) ratificar.

rating [ˈreɪtɪŋ] *n* (**a**) (*assessment*) tasación *f*, valuación *f*; **~s** (*TV, Radio*) clasificación *fsg*. (**b**) (*Naut*) marinero *m*.

ratio [ˈreɪʃɪəʊ] *n* razón *f*, relación *f*; **in the ~ of 2 to 1** a razón de 2 a 1; **in inverse ~** en razón inversa; **the ~ of wages to raw materials** la relación entre los sueldos y las materias primas.

ration [ˈræʃən] **1** *n* (*portion*) ración *f*, porción *f*; (*Mil etc*) víveres *mpl*, suministro *m*; **to be on ~** estar racionado; **to be on short ~s** andar escaso de víveres. **2** *vt* (*also* **~ out**) racionar; **to ~ sb to sth** poner algo a ración para algn; **to ~ sth to** (*amount*) limitar algo a. **3** *cpd*: **~ book, ~ card** *n* cartilla *f* de racionamiento.

rational [ˈræʃənl] *adj* (*argument, explanation*) racional; (*sane: person*) sensato/a, cuerdo/a; **the ~ thing to do would be to ...** lo lógico sería ...; **he seemed quite ~** parecía estar perfectamente cuerdo; **let's be ~ about this** seamos razonables.

rationale [ræʃəˈnɑːl] *n* base *f*, fundamento *m*; **the ~ of** *or* **behind sth** la razón fundamental de algo.

rationalism [ˈræʃnəlɪzəm] *n* racionalismo *m*.

rationality [ˌræʃəˈnælɪtɪ] *n* racionalidad *f*.

rationalization [ˌræʃnəlaɪˈzeɪʃən] *n* (*of ideas etc*) racionalización *f*; (*reorganization: of industry etc*) reconversión *f*.

rationalize [ˈræʃnəlaɪz] *vt* (*ideas etc*) racionalizar; (*reorganize: industry etc*) reconvertir, reorganizar.

rationally [ˈræʃnəlɪ] *adv* racionalmente.

rationing [ˈræʃnɪŋ] *n* racionamiento *m*.

rat-tat-tat [ˈrættættæt] *interj* ¡pum! ¡pum!

rattle [ˈrætl] **1** *n* (**a**) (*sound: of cart, train etc*) traqueteo *m*; (*of stone in tin, windows etc*) ruido *m* metálico; (*of teeth*) castañeteo *m*; (*of hail, rain*) tamborileo *m*; **death ~** estertor *m* (de la muerte).

(**b**) (*instrument: used by football spectators*) carraca *f*, matraca *f*; (*child's*) sonajero *m*, sonaja *f*.

2 *vt* (**a**) (*shake*) sonar agitando, hacer sonar; **the wind ~d the window** el viento sacudió la ventana.

(**b**) (*person*) desconcertar, confundir; **to get ~d** ponerse nervioso/a.

3 *vi* (**a**) (*see 1(a)*) traquetear; sonar, hacer ruido; castañetear; tamborilear.

(**b**) **we were rattling along at 50 (m.p.h.)** corríamos a 50 por hora.

► **rattle off** *vt + adv* (*write hurriedly*) despachar; (*speak*) decir de carretilla.

► **rattle on** *vi + adv* enrollarse parloteando.

► **rattle through** *vi + prep* darse prisa con.

rattlesnake [ˈrætlsneɪk] *n* serpiente *f* de cascabel.

ratty [ˈrætɪ] *adj* (*comp* **-ier**; *superl* **-iest**): **to be/get ~** (*fam*) estar/ponerse de malas.

raucous [ˈrɔːkəs] *adj* (*harsh*) ronco/a; (*loud*) chillón /ona.

ravage [ˈrævɪdʒ] **1** *n* estrago *m*, destrozo *m*; **the ~s of time** los estragos del tiempo. **2** *vt* hacer estragos; **the region was ~d by floods** la región fue asolada por las inundaciones; **a body ~d by disease** un cuerpo desfigurado por la enfermedad.

rave [reɪv] **1** *vi* (*be delirious*) delirar, desvariar; (*talk wildly*) desvariar; (*talk furiously*) echarse encima (*at* de); (*talk enthusiastically*) hablar con entusiasmo; **to ~ about sb** pirrarse por algn; **to ~ about sth** entusiasmarse por algo. **2** *n* (*fam*) fiesta *f* acid (*fam*). **3** *cpd*: **~ review** *n* reseña *f* entusiasta.

raven [ˈreɪvn] *n* cuervo *m*.

ravenous [ˈrævənəs] *adj* (*starving*) hambriento/a; (*voracious*) voraz.

raver [ˈreɪvəʳ] *n* (*fam*) juerguista *mf* (*fam*).

rave-up [ˈreɪvʌp] *n* (*Brit fam*) juerga *f* (*fam*).

ravine [rəˈviːn] *n* barranco *m*, quebrada *f* (*esp LAm*).

raving [ˈreɪvɪŋ] *adj*: **~ lunatic** loco/a *m/f* de remate; **you must be ~ mad!** ¡tú estás loco/a de atar!

ravings [ˈreɪvɪŋz] *npl* delirio *msg*, desvarío *msg*.

ravioli [ˌrævɪˈəʊlɪ] *n* ravioles *mpl*, ravioli *mpl*.

ravishing [ˈrævɪʃɪŋ] *adj* encantador(a).

raw [rɔː] **1** *adj* (**a**) (*food*) crudo/a; (*spirit*) puro/a; (*silk*) crudo/a; (*ore*) bruto/a; (*cotton*) en rama; (*sugar*) sin refinar; **~ data** datos *mpl* brutos; **a ~ deal** (*fam*) un trato injusto, una mala pasada *or* jugada; **~ flesh** carne *f* viva; **~ materials** materias *fpl* primas.

(**b**) (*wind*) fuerte; (*weather*) crudo/a.

(**c**) (*wound: open*) abierto/a; **I touched a ~ nerve** le di en lo más sensible.

(**d**) (*person: inexperienced*) novato/a, inexperto/a.

2 *n*: **it got him on the ~** (*fig*) le hirió en lo más vivo; **in the ~** (*naked*) en cueros; **life in the ~** la vida tal como es.

rawhide [ˈrɔːhaɪd] *n* (*US*) cuero *m* de vaca.

Rawlplug ® [ˈrɔːlplʌg] *n* taco *m*.

ray[1] [reɪ] *n* (*of light etc*) rayo *m*; (*fig*) **a ~ of hope** un rayo de esperanza.

ray[2] [reɪ] *n* (*fish*) raya *f*.

rayon [ˈreɪɒn] *n* rayón *m*.

raze [reɪz] *vt* (*also* **~ to the ground**) arrasar, asolar.

razor [ˈreɪzəʳ] **1** *n* (*open*) navaja *f*, chaveta *f* (*Per*); (*safety*) maquinilla *f* de afeitar. **2** *cpd*: ~ **blade** *n* hoja *f* de afeitar; ~ **burn** *n* erosión *f* cutánea.

razor-sharp ['reɪzə'ʃɑːp] *adj* (*edge*) muy afilado/a; (*mind*) agudo/a, perspicaz.

razzle ['ræzl] *n* (*fam*) borrachera *f*; **to go on the** ~ ir de juerga *(fam)*.

razzmatazz [,ræzmə'tæz] *n* (*US fam*) bombo *m* publicitario.

RC *abbr of* **Roman Catholic.**

RCAF *n abbr of* **Royal Canadian Air Force.**

RCMP *n abbr of* **Royal Canadian Mounted Police.**

RCN *n abbr of* **Royal Canadian Navy.**

RD *abbr* (*US Post*) *of* **rural delivery.**

R/D *abbr of* **refer to drawer**; *see* **refer 1**.

Rd *abbr of* **road** ctra.

RDC *n abbr of* **Rural District Council.**

RE *n abbr* (**a**) (*Scol*) *of* **religious education** ed. religiosa. (**b**) (*Brit Mil*) *of* **Royal Engineers.**

re[1] [riː] *prep* (*Comm: concerning*) relativo a, respecto a; ~ **my previous account** con referencia a mi cuenta anterior.

re[2] [reɪ] *n* (*Mus*) re *m*.

re... [riː] *pref* re....

reach [riːtʃ] **1** *n* (**a**) (*gen*) alcance *m*; (*of boxer etc*) extensión *f*; **to be within (easy)/out of** ~ (*of hand*) estar al alcance/fuera del alcance (de la mano); **it's within (easy)** ~ **by bus** en autobús está cerca.

(**b**) (*of river: continuous stretch*) tramo *m* recto *or* abierto; **the upper ~es of the Amazon** la cuenca alta del Amazonas.

2 *vt* (**a**) (*arrive at, attain*) llegar a *or* hasta, alcanzar; (*achieve*) lograr; (*come into sb's possession*) llegar a las manos de; **to** ~ **home** llegar a casa; **when this news ~ed my ears** cuando me enteré de la noticia; **to** ~ **40 (years old)** cumplir los 40; **to** ~ **a compromise** llegar a un arreglo *or* compromiso; **production now ~es 3,400 megawatts** la producción actual alcanza los 3.400 megavatios.

(**b**) (*stretch out*) alargar, extender; **to** ~ **(out) a hand** tender la mano.

(**c**) (*pass*) pasar, alcanzar *(LAm)*; **please** ~ **me (down) that case** por favor bájame *or (LAm)* alcánzame esa maleta.

(**d**) (*person*) ponerse en contacto con, contactar *(esp LAm)*; **to** ~ **sb by telephone** comunicarse con algn (por teléfono).

3 *vi* (**a**) (*stretch out hand: also* ~ **across**, ~ **out**, ~ **over**) tender la mano (*for sth* para tomar algo) .

(**b**) (*stretch: land etc*) extenderse; **as far as the eye can** ~ hasta donde alcanza la vista; **it won't** ~ no llega; **it ~es to the sea** se extiende hasta el mar; **the water ~ed up to the windows** el agua llegó a las ventanas.

react [riː'ækt] *vi* (*person, thing*) reaccionar (*against* contra); (*on* sobre); (*to* a, ante); **to** ~ **with sth** (*Chem*) reaccionar con algo.

reaction [riː'ækʃən] *n* reacción *f*.

reactionary [riː'ækʃənrɪ] *adj, n* reaccionario/a *m/f*, momio/a *m/f (Chi)*.

reactor [riː'æktə'] *n* (*nuclear* ~) reactor *m* nuclear.

read [riːd] (*pt, pp* **read** [red]) **1** *vt* (**a**) (*book etc*) leer; **to** ~ **a report to a meeting** leer un informe en una reunión; **to** ~ **sth to o.s.** leer algo para sí; **to** ~ **sth out** *or* **aloud** leer algo en voz alta; **to** ~ **o.s. to sleep** dormirse leyendo; **to take sth as read** (*fig*) dar algo por sentado; **to take the minutes as read** (*Admin*) dar las actas por leídas.

(**b**) (*writing, music etc*) leer; **can you** ~ **that traffic sign from here?** ¿puedes leer esa señal de tráfico desde aquí?; **she can** ~ **music** sabe leer música; **I cannot** ~ **your writing** no puedo entender tu letra; **to** ~ **a meter** leer un contador.

(**c**) (*Univ: study*) estudiar; **to** ~ **chemistry** estudiar química.

(**d**) (*dream*) interpretar; **she can** ~ **me like a book** me conoce a fondo; **to** ~ **sb's hand** leer la mano a algn; **to** ~ **sb's thoughts** adivinar el pensamiento de algn; **to** ~ **between the lines** leer entre líneas; **to** ~ **too much into sth** darle demasiada importancia a algo; **I read 'good' as 'mood'** ≈ al leer confundí 'paso' con 'vaso'.

2 *vi* (**a**) leer; **I have read about it in the newspapers** lo he leído en los periódicos; **to** ~ **aloud/silently** leer en voz alta/para sí; **to** ~ **to sb** leer a algn.

(**b**) (*give impression*) **the book ~s well** el libro se lee bien; **it would** ~ **better if you said ...** causaría mejor impresión si pusieras ....

(**c**) (*indicate: meter, inscription etc*) decir, poner; **the thermometer ~s 100°** el termómetro marca 100 grados.

3 *n* lectura *f*; **I like a (good)** ~ me gusta leer (un buen libro).

4 *cpd*: ~ **head** *n* (*Comput*) cabeza *f* de lectura.

▸ **read back** *vt + adv* repasar, releer.

▸ **read on** *vi + adv* seguir leyendo.

▸ **read out** *vt + adv* (*gen*) leer (en voz alta); **to** ~ **out a speech** pronunciar un discurso.

▸ **read over** *vt + adv* repasar.

▸ **read through** *vt + adv* (*quickly*) repasar, dar una lectura rápida a; (*thoroughly*) leer con cuidado *or* detenidamente.

▸ **read up** *vt + adv*, **read up on** *vi + prep* estudiar, ponerse al tanto de.

readable ['riːdəbl] *adj* (*writing*) legible; (*book etc*) entretenido/a.

readdress ['riːə'dres] *vt* (*letter*) poner señas nuevas en.

reader ['riːdə'] *n* (**a**) lector(a) *m/f*; **he's a great** ~ lee mucho. (**b**) (*Brit Univ*) profesor(a) *m/f* adjunto/a. (**c**) (*book*) libro *m* de lectura.

readership ['riːdəʃɪp] *n* número *m* de lectores.

readily ['redɪlɪ] *adv* (*quickly*) en seguida; (*willingly*) de buena gana.

readiness ['redɪnɪs] *n* prontitud *f*; (*willingness*) buena disposición *f*; **in** ~ listo/a, dispuesto/a.

reading ['riːdɪŋ] **1** *n* (**a**) (*activity*) lectura *f*.

(**b**) (*understanding*) interpretación *f*.

(**c**) (*of thermometer etc*) indicación *f*, lectura *f*; **to take a** ~ consultar; **to give a true/false** ~ marcar bien/mal.

(**d**) (*Parl: of bill*) lectura *f*; **to give a bill a second** ~ leer un proyecto de ley por segunda vez.

(**e**) (*in text*) lección *f*.

(**f**) (*recital: of play, poem*) recital *m*.

2 *cpd*: ~ **comprehension test** *n* ejercicio *m* de comprensión lectora; ~ **glasses** *npl* gafas *fpl* de leer; **she has a** ~ **knowledge of Spanish** sabe leer el español; ~ **list** *n* lista *f* de lecturas; ~ **matter** *n* material *m* de lectura; ~ **room** *n* sala *f* de lectura.

readjust ['riːə'dʒʌst] **1** *vt* reajustar. **2** *vi* reajustarse.

readjustment ['riːə'dʒʌstmənt] *n* reajuste *m*.

read-only [,riːd'əʊnlɪ] *adj*: ~ **memory** (*Comput*) memoria *f* muerta, memoria de sola lectura.

read-write [,riːd'raɪt] *adj*: ~ **head** cabeza *f* de lectura-escritura.

ready ['redɪ] **1** *adj* (*comp* **-ier**; *superl* **-iest**) (**a**) (*prepared*) listo/a, dispuesto/a; (*available*) disponible; **~?, are you ~?** ¿estás listo?; ~ **when you are!** ¡todo listo!; **~, steady, go!** ¡preparados, listos, ya!; ~ **for use** listo para usar; **I'm** ~ **for a drink** muero por echarme un trago; **to be** ~ **to do sth** estar listo para hacer algo; ~ **to serve** (*food*) preparado/a; **to get/make sth** ~ preparar algo; ~ **cash**, ~ **money** efectivo *m*, contante *m*; ~ **reckoner** tabla *f* de equivalencias.

(**b**) (*willing*) ~ **to do sth** dispuesto/a a hacer algo.

(**c**) (*quick*) agudo/a, vivo/a; **to have a** ~ **tongue** no morderse la lengua; **to find a** ~ **sale** venderse fácilmente.

(**d**) (*on the point of*) **we were** ~ **to give up there and then** estábamos a punto de abandonarlo sin más.

2 *n* (**a**) **at the** ~ listo/a, en ristre.

(**b**) **the readies** (*fam: cash*) la pasta *(fam)*, la plata

(LAm fam), la lana *(LAm fam)*.
ready-cooked ['redɪ'kʊkt] *adj* listo/a para comer.
ready-made ['redɪ'meɪd] *adj* (*clothes*) confeccionado/a; (*excuses, ideas*) preparado/a.
ready-to-wear ['redɪtə'wɛəʳ] *adj* (*clothes*) confeccionado/a, hecho/a.
reaffirm ['riːə'fɜːm] *vt* (*loyalty, affection etc*) reafirmar, reiterar.
reagent [riː'eɪdʒənt] *n* (*Chem*) reactivo *m*.
real [rɪəl] **1** *adj* (*reason, surprise*) verdadero/a; (*gold*) legítimo/a; (*power*) efectivo/a; **you're a ~ friend** eres un verdadero amigo; (*iro*) ¡vaya amigo que eres!; **this is the ~ thing at last** esta vez es de verdad; **~ ale** cerveza *f* legítima; **in ~ life** en la vida real, en la realidad; **the ~ McCoy** lo auténtico; **~ time** (*Comput*) tiempo *m* real; *see* **estate**. **2** *adv* (*US fam: really*); **we had a ~ good time** lo pasamos realmente bien; **it's ~ heavy** pesa una barbaridad. **3** *n*: **for ~** (*fam*) de veras, de verdad.
realign [riːə'laɪn] *vt* reordenar.
realism ['rɪəlɪzəm] *n* realismo *m*.
realist ['rɪəlɪst] *n* realista *mf*.
realistic [rɪə'lɪstɪk] *adj* realista.
reality [riː'ælɪtɪ] *n* realidad *f*; **in ~** la verdad es (que), en realidad; **the realities of the situation** la realidad de la situación.
realization [ˌrɪəlaɪ'zeɪʃən] *n* (*completion*) realización *f*; (*comprehension*) comprensión *f*, entendimiento *m*; **she awoke to the ~ that** cayó en la cuenta de que.
realize ['rɪəlaɪz] *vt* (**a**) (*comprehend*) darse cuenta de; **to ~ why/how/what** comprender *or* entender porqué/cómo/lo que; **I ~ that** comprendo *or* entiendo que.
(**b**) (*become aware of*) darse cuenta de, caer en la cuenta de que; **without realizing it** sin darse cuenta.
(**c**) (*carry out*) realizar, llevar a cabo; **to ~ one's hopes/ambitions** hacer realidad sus esperanzas/ambiciones; **my worst fears were ~d** resultaron ser ciertos mis temores.
(**d**) (*Comm: assets etc*) realizar.
really ['rɪəlɪ] *adv* (**a**) (*used alone*) **~?** ¿de veras?, ¿sí?, ¡no me digas!; **~, whatever next!** ¡qué cosas pasan!, ¡parece mentira!
(**b**) (*with adj: very*) realmente, auténticamente; **a ~ good film** una película buenísima; **this time we're ~ done for** (*fam*) esta vez hemos pringado de verdad *(fam)*.
(**c**) (*with verb*) en realidad, realmente; **I don't ~ know** en realidad no lo sé; **you ~ must see it** hay que verlo; **has he ~ gone?** ¿es cierto que se ha ido?; **he doesn't ~ speak Chinese, does he?** ¿(es) verdad que habla chino?
realm [relm] *n* (*lit, Jur*) reino *m*; (*fig: field*) esfera *f*, campo *m*; **in the ~s of fantasy** en el reino de la fantasía; **in the ~ of the possible** dentro de lo posible.
realtor ['rɪəltɔːʳ] *n* (*US*) corredor(a) *m/f* de bienes raíces.
ream [riːm] *n* resma *f*; **~s** (*fig fam*) montones *mpl*.
reap [riːp] *vt* (*Agr: cut*) segar; (*harvest, fig*) cosechar, recoger; **to ~ what one has sown** cosechar lo que se ha sembrado algn; **who ~s the reward?** ¿quién se lleva los beneficios?
reappear ['riːə'pɪəʳ] *vi* reaparecer.
reappearance ['riːə'pɪərəns] *n* reaparición *f*.
reapply ['riːə'plaɪ] *vi* hacer *or* presentar nueva solicitud.
reappoint ['riːə'pɔɪnt] *vt* volver a nombrar.
reappraisal ['riːə'preɪzəl] *n* revaluación *f*.
rear[1] [rɪəʳ] **1** *adj* (*gen: door, part etc*) de atrás, trasero/a; (*Aut: door, window etc*) trasero/a; **~ admiral** contraalmirante *m*; **~ light** piloto *m*, calavera *f (Mex)*. **2** *n* parte *f* trasera *or* posterior; (*Anat: fam: buttocks*) trasero *m*; (*Mil*) última fila *f*, retaguardia *f*; **in** *or* **at the ~** en la parte de atrás; **3 miles to the ~** 3 millas a retaguardia; **to bring up the ~** cerrar la marcha.
rear[2] [rɪəʳ] **1** *vt* (*raise, bring up*) criar; (*head: of animal*) levantar, alzar; **the problem ~ed its ugly head** (*fig fam*) el problema se presentó de nuevo. **2** *vi* (*esp horse*) encabritarse.
rearguard ['rɪəgɑːd] **1** *n* (*Mil*) retaguardia *f*. **2** *cpd*: **to fight a ~ action** (*fig*) resistir en lo posible.
rearm ['riː'ɑːm] **1** *vt* rearmar. **2** *vi* rearmarse.
rearmament ['riː'ɑːməmənt] *n* rearme *m*.
rearrange ['riːə'reɪndʒ] *vt* reorganizar.
rear-view mirror [ˌrɪəvjuː'mɪrəʳ] *n* (*Aut*) (espejo *m*) retrovisor *m*.
reason ['riːzn] **1** *n* (**a**) (*motive*) razón *f*, motivo *m*; **the ~ for my departure** el motivo de mi ida; **the ~ why** la razón por la cual, el porqué; **for this ~** por esta razón, por lo cual; **for some ~ or other** por algúna razón que otra; **for no good ~, for no ~ at all** sin motivo alguno; **with good ~** con razón; **is there any ~ why ...?** ¿hay alguna razón por la que ...?; **all the more ~ why you should not sell it** razón de más para que no lo vendas; **we have ~ to believe that ...** tenemos motivo para creer que ..., nos consta que ...; **by ~ of** a causa de, en virtud de.
(**b**) (*faculty*) razón *f*; **only mankind has ~** sólo el hombre razona; **to lose one's ~** perder la razón.
(**c**) (*good sense*) sentido *m* común; **to listen to ~** atender a razones; **we'll make him see ~** lo haremos entrar en razón; **it stands to ~** es evidente *or* lógico; **within ~** dentro de lo razonable.
2 *vt* (**a**) **to ~ that** llegar a la conclusión de que; **ours not to ~ why** no nos cumple a nosotros averiguar por qué.
(**b**) **to ~ sb out of/into sth** disuadir/convencer a algn de hacer algo.
3 *vi* razonar; **to ~ with sb** razonar con algn (para convencerle).
reasonable ['riːznəbl] *adj* (*acceptable*) razonable; (*sensible*) sensato/a, razonable; **be ~!** ¡sé razonable!
reasonably ['riːznəblɪ] *adv* razonablemente, sensatamente; **a ~ accurate report** un informe bastante exacto; **he acted very ~** obró con mucho tino.
reasoned ['riːznd] *adj* (*argument*) razonado/a; **well ~** bien argumentado/a.
reasoning ['riːznɪŋ] *n* razonamiento *m*, argumentos *mpl*; **the ~ behind sth** los argumentos en que se basa algo; **there's no ~ with him** no hay quién le convenza; **powers of ~** la razón.
reassemble ['riːə'sembl] **1** *vt* (*Tech*) montar de nuevo; (*people*) volver a reunir. **2** *vi* volver a reunirse, juntarse de nuevo.
reassembly [ˌriːə'semblɪ] *n* (*Parl etc*) (inauguración *f* de la) nueva sesión *f*.
reassert ['riːə'sɜːt] *vt* (*authority, influence*) reafirmar.
reassess ['riːə'ses] *vt* (*situation*) revaluar, considerar de nuevo; (*tax*) calcular de nuevo.
reassurance ['riːə'ʃʊərəns] *n* consuelo *m*, confianza *f*; **sometimes we all need ~** hay veces cuando todos necesitamos que se nos tranquilice.
reassure ['riːə'ʃʊəʳ] *vt* tranquilizar; **we ~d her that everything was O.K.** le aseguramos que todo iba bien; **she felt ~d in the morning** por la mañana ya se sentía más tranquila.
reassuring ['riːə'ʃʊərɪŋ] *adj* (*pacifying*) tranquilizador(a); (*encouraging*) alentador(a); **to make ~ noises** decir cosas tranquilizadoras.
reawakening ['riːə'weɪknɪŋ] *n* despertar *m*.
rebate ['riːbeɪt] *n* (*discount*) rebaja *f*, descuento *m*; (*repayment*) reembolso *m*, devolución *f*.
rebel ['rebl] **1** *adj* rebelde; **the ~ government** el gobierno rebelde. **2** *n* rebelde *mf*. **3** [rɪ'bel] *vi* rebelarse, sublevarse; **to ~ against sb/sth** rebelarse contra algn/algo.
rebellion [rɪ'beljən] *n* rebelión *f*, sublevación *f*.
rebellious [rɪ'beljəs] *adj* rebelde.
rebirth ['riː'bɜːθ] *n* (*gen*) renacimiento *m*; (*reemergence*) resurgimiento *m*.
reboot [ˌriː'buːt] *vt, vi* (*Comput*) reinicializar, reiniciar.
rebound ['riːbaʊnd] **1** *n*: **on the ~** (*gen*) de rebote. **2** [rɪ'baʊnd] *vi* rebotar.
▸ **rebound on** *vi + prep* estallar en la cara de.

rebuff [rɪ'bʌf] **1** *n* desaire *m*, rechazo *m*; **to meet with a ~** sufrir un desaire *or* rechazo. **2** *vt* rechazar, desairar.
rebuild ['riː'bɪld] (*pt, pp* **rebuilt**) *vt* reconstruir.
rebuilding ['riː'bɪldɪŋ] *n* reconstrucción *f*.
rebuilt ['riː'bɪlt] *pt, pp of* **rebuild**.
rebuke [rɪ'bjuːk] **1** *n* reprimenda *f*, reproche *m*. **2** *vt* reprender, reprochar.
rebut [rɪ'bʌt] *vt* rebatir, impugnar.
rebuttal [rɪ'bʌtl] *n* refutación *f*, impugnación *f*.
recalcitrant [rɪ'kælsɪtrənt] *adj* reacio/a.
recall [rɪ'kɔːl] **1** *n* recuerdo *m*; **those days are gone beyond ~** aquellos días pasaron al olvido; **to have total ~** poder recordarlo todo. **2** *vt* (**a**) (*call back: person*) llamar a volver; (*: attention, past*) recordar. (**b**) (*remember*) recordar, traer a la memoria; **I can't quite ~ whether ...** no recuerdo del todo si .... (**c**) (*Comput*) volver a llamar.
recant [rɪ'kænt] **1** *vt* retractar, desdecir. **2** *vi* retractarse, desdecirse.
recap ['riːkæp] (*fam*) **1** *n* recapitulación *f*, resumen *m*. **2** *vi* (*sum up*) recapitular, resumir.
recapitulate [ˌriːkə'pɪtjʊleɪt] *vt, vi* recapitular, resumir.
recapture ['riː'kæptʃəʳ] *vt* (*prisoner etc*) recobrar, volver a detener; (*town*) reconquistar; (*memory, scene*) hacer revivir, recordar.
recast ['riː'kɑːst] (*pt, pp ~*) *vt* (*play: change actors*) hacer un nuevo reparto para.
recd., **rec'd** *abbr* (*Comm*) *of* **received** rbdo.
recede [rɪ'siːd] *vi* (*tide, flood*) descender; (*person etc*) volverse atrás; (*view*) alejarse; (*danger etc*) disminuir; (*chin*) retroceder; **his hair is receding** se le están formando entradas; **receding hairline** entradas *fpl*.
receipt [rɪ'siːt] *n* (**a**) (*lit, Comm: act of receiving*) recepción *f*; **to acknowledge ~ of** acusar recibo de; **on ~ of** al recibo de, al recibir. (**b**) (*document*) recibo *m*; **please give me a ~** haga el favor de darme un recibo. (**c**) (*money taken*) **~s** recaudación *fsg*.
receivable [rɪ'siːvəbl] *adj* recibidero/a; (*Comm*) por *or* a cobrar.
receive [rɪ'siːv] *vt* (*gen*) recibir; (*guests: welcome*) acoger; (*: accommodate*) hospedar, alojar; (*stolen goods*) encubrir; **'~d with thanks'** (*Comm*) 'recibí'; **to ~ sb into one's home** alojar a algn en su casa; **the book was not well ~d** el libro no tuvo buena acogida; **he ~d a wound in the leg** resultó herido en una pierna; **what treatment did you ~?** ¿qué tratamiento te dieron?
receiver [rɪ'siːvəʳ] *n* (*of gift, letter etc*) destinatario/a *m/f*; (*of stolen goods*) perista *mf*; (*Rad*) receptor *m*, radiorreceptor *m*; (*Telec*) auricular *m*; (*liquidator*) (**official**) ~ síndico/a *m/f*; **to call in the ~** entrar en liquidación.
receivership [rɪ'siːvəʃɪp] *n*: **to go into ~** entrar en liquidación.
receiving [rɪ'siːvɪŋ] **1** *n* recepción *f*. **2** *adj*: **to be at the ~ end** ser la víctima.
recent ['riːsnt] *adj* reciente; **a ~ arrival** un(a) recién llegado/a; **a ~ event** un suceso reciente; **in ~ years** en los últimos años; **a ~ acquaintance** un(a) conocido/a reciente.
recently ['riːsntlɪ] *adv* recientemente, recién *(LAm)*, hace poco; (*before pp*) **~ arrived** recién llegado/a; **as ~ as 1970** todavía en 1970; **until ~** hasta hace poco.
receptacle [rɪ'septəkl] *n* (*frm*) receptáculo *m*, recipiente *m*.
reception [rɪ'sepʃən] **1** *n* (*gen*) recepción *f*; (*welcome*) acogida *f*; (*also* **~ desk**) (mesa *f* de) recepción; **to get a warm ~** tener buena acogida, ser bien recibido. **2** *cpd*: **~ centre** *n*, (*US*) **~ center** *n* centro *m* de recepción; **~ desk** *n* (*in hotel, at doctor's etc*) recepción *f*; **~ room** *n* sala *f* de recibo.
receptionist [rɪ'sepʃənɪst] *n* recepcionista *mf*.
receptive [rɪ'septɪv] *adj* receptivo/a.
recess [rɪ'ses] *n* (**a**) (*Jur, Pol: cessation of business*) clausura *f*; (*US Jur: short break*) descanso *m*; (*Scol: esp US*) recreo *m*; **parliament is in ~** la sesión del parlamento está suspendida. (**b**) (*Archit*) hueco *m*, nicho *m*. (**c**) (*secret place*) escondrijo *m*; (*: fig*) la parte más oculta.
recession [rɪ'seʃən] *n* (*Fin, Comm*) recesión *f*.
recharge ['riː'tʃɑːdʒ] *vt* (*battery*) recargar, volver a cargar; **to ~ one's batteries** (*fig*) reponerse.
rechargeable [rɪ'tʃɑːdʒəbl] *adj* recargable.
recherché [rə'ʃɛəʃeɪ] *adj* rebuscado/a.
recidivist [rɪ'sɪdɪvɪst] *n* reincidente *mf*.
recipe ['resɪpɪ] *n* receta *f* (de cocina); **a ~ for** (*also fig*) una receta para.
recipient [rɪ'sɪpɪənt] *n* (*of letter etc*) destinatario/a *m/f*.
reciprocal [rɪ'sɪprəkəl] *adj* recíproco/a.
reciprocate [rɪ'sɪprəkeɪt] **1** *vt* (*good wishes etc*) intercambiar, devolver; **and this feeling is ~d** y compartimos tal sentimiento. **2** *vi* corresponder; **but they did not ~** pero ellos no correspondieron a esto.
recital [rɪ'saɪtl] *n* (*Mus*) recital *m*; (*story*) relato *m*.
recitation [ˌresɪ'teɪʃən] *n* (*of poetry*) recitación *f*; (*of facts*) relación *f*.
recite [rɪ'saɪt] **1** *vt* (*poetry etc*) recitar; (*story*) relatar; (*list*) enumerar. **2** *vi* recitar.
reckless ['reklɪs] *adj* (*person*) temerario/a; (*: wild*) descabellado/a; (*: thoughtless*) imprudente; (*speed etc*) peligroso/a; (*statement*) inconsiderado/a; **~ driving** conducción *f* temeraria.
reckon ['rekən] **1** *vt* (*calculate*) calcular; (*count*) contar, computar; (*believe*) considerar; **to ~ sb as (being) ...** considerar a algn (como) ...; **to ~ sb to be ...** considerar a algn ...; **to ~ sb among ...** contar a algn entre ....
2 *vi* (*do sum*) calcular, hacer cálculos; (*think*) considerar, creer; **~ing from today** contando a partir de hoy; **she'll come, I ~** creo que vendrá, se me hace que vendrá *(Mex)*; **I ~ so** así lo creo; **to ~ on sb/sth** contar con algn/algo; **to ~ on doing sth** contar con hacer algo; **to ~ with** tener en cuenta, contar con; **he is somebody to be ~ed with** no se le puede descartar; **to ~ without sb** dejar de contar con algn; **to ~ without doing sth** no tener en cuenta la posibilidad de hacer algo.
reckoning ['reknɪŋ] *n* (*calculation*) cálculo *m*, recuento *m*; **day of ~** (*fig*) ajuste *m* de cuentas; **to pay the ~** pagar la cuenta; **to come into the ~** entrar en los cálculos; **to be out in one's ~** errar en el cálculo; **dead ~** (*Naut*) estima *f*.
reclaim [rɪ'kleɪm] *vt* (*thing lent*) recuperar, recobrar; (*land*) aprovechar, recobrar; (*material: salvage*) utilizar.
reclamation [ˌreklə'meɪʃən] *n* (*see vt*) recuperación *f*, aprovechamiento *m*; utilización *f*.
recline [rɪ'klaɪn] *vi* recostarse, reclinarse.
reclining [rɪ'klaɪnɪŋ] *adj* (*seat*) reclinable.
recluse [rɪ'kluːs] *n* solitario/a *m/f*.
recognition [ˌrekəg'nɪʃən] *n* reconocimiento *m*; **in ~ of** en reconocimiento de; **to change (sth) beyond ~** cambiar (algo) hasta quedar irreconocible.
recognizable ['rekəgnaɪzəbl] *adj* reconocible; **it is ~ as ...** se le reconoce *or* identifica como ....
recognize ['rekəgnaɪz] *vt* (**a**) (*know again*) reconocer, conocer; **I ~d him by his walk** le reconocí *or* conocí por su modo de andar; **he was ~d by 2 policemen** le reconocieron 2 policías; **do you ~ this handbag?** ¿conoce Vd este bolso? (**b**) (*acknowledge*) reconocer; **we ~ that ...** reconocemos *or* admitimos que ...; **we do not ~ the new government** no reconocemos el nuevo gobierno; **we do not ~ your claim** no admitimos su pretensión.
recognized ['rekəgnaɪzd] *adj* (*gen*) reconocido/a, conocido/a; (*agent etc*) acreditado/a.
recoil [rɪ'kɔɪl] *vi* (*person*) echarse atrás, retroceder; (*gun*) dar un culatazo; **to ~ from sth** retroceder *or* dar marcha atrás ante algo; **to ~ from doing sth** negarse a hacer algo.
recollect [ˌrekə'lekt] *vt* recordar, acordarse de.

recollection [ˌrekəˈlekʃən] *n* recuerdo *m*; **to the best of my ~** que yo recuerde.
recommend [ˌrekəˈmend] *vt* recomendar; **I ~ him to your keeping** se lo encomiendo; **to ~ sb to do sth** recomendar *or* aconsejar a algn que haga algo; **to be ~ed** (*person*) venir recomendado/a; (*activity*) recomendarse; **~ed retail price** precio *m* de venta al público.
recommendation [ˌrekəmenˈdeɪʃən] *n* recomendación *f*; **to do sth on sb's ~** hacer algo recomendado por algn.
recompense [ˈrekəmpens] **1** *n* (*gen*) recompensa *f*; (*financial*) indemnización *f*. **2** *vt* (*see 1*) recompensar; indemnizar.
reconcile [ˈrekənsaɪl] *vt* (*persons*) reconciliar(se); (*theories etc*) conciliar; **to become ~d to sth** resignarse a algo; **to ~ o.s. to sth** resignarse a algo, conformarse con algo.
reconciliation [ˌrekənsɪlɪˈeɪʃən] *n* (*see vt*) reconciliación *f*; conciliación *f*; resignación *f*; **to bring about a ~** lograr una reconciliación.
recondition [ˈriːkənˈdɪʃən] *vt* (*overhaul*) reparar.
reconnaissance [rɪˈkɒnɪsəns] **1** *n* reconocimiento *m*. **2** *cpd*: **~ flight** *n* vuelo *m* de reconocimiento.
reconnoitre, (*US*) **reconnoiter** [ˌrekəˈnɔɪtəʳ] (*Mil*) **1** *vt* reconocer. **2** *vi* hacer un reconocimiento.
reconquest [ˈriːˈkɒŋkwest] *n* reconquista *f*; **the R~** (*of Spain*) la Reconquista.
reconsider [ˈriːkənˈsɪdəʳ] *vt*, *vi* reconsiderar, repensar.
reconsideration [ˈriːkənˌsɪdəˈreɪʃən] *n* reconsideración *f*; **on ~** después de volver sobre ello.
reconstitute [ˈriːˈkɒnstɪtjuːt] *vt* (*events: piece together*) reconstituir; **~d food** alimentos *mpl* reconstituidos.
reconstruct [ˈriːkənˈstrʌkt] *vt* (*all senses*) reconstruir.
reconstruction [ˈriːkənˈstrʌkʃən] *n* reconstrucción *f*.
record [ˈrekɔːd] **1** *n* (**a**) (*document, Comput*) registro *m*, relación *f*; (*report etc*) informe *m*; (*Jur*) **~ of a case** acta *f*; **he told me off the ~** (*fam*) me dijo de forma confidencial; **for the ~, I disagree** que conste, no estoy de acuerdo; **he is on ~ as being/saying ...** hay pruebas de que él es/ha dicho públicamente ...; **it is on ~ that ...** consta que ...; **there is no ~ of it** no hay constancia de ello; **to keep a ~ of sth** apuntar *or* tomar nota de algo; **the highest temperatures on ~** las temperaturas más altas de que hay constancia; **to place** *or* **put sth on ~** hacer constar algo, dejar constancia de algo; **let me put** *or* **set the ~ straight** que consten los hechos.
(**b**) **~s** archivos *mpl*, fichas *fpl* (*LAm*); **police ~s** fichas.
(**c**) (*person's past: gen*) historial *m*; (*: Med*) historial médico; (*: as dossier*) expediente *m*; (*: Mil*) hoja *f* de servicios; (*: also* **criminal ~**) antecedentes *mpl* penales, ficha *f*; **he has a clean ~** no hay nada en su historial que le perjudique; **he left behind a splendid ~ of achievements** dejó una magnífica hoja de servicios.
(**d**) (*Sport etc*) récord *m*; **to beat** *or* **break a ~** batir un récord; **to hold the ~ (for sth)** tener el récord (de algo); **to set a ~ (for sth)** establecer un récord (de algo).
(**e**) (*Mus*) disco *m*; **long-playing ~** elepé *m*.
2 *adj* récord; **in ~ time** en un tiempo récord; **a ~ number** un número sin precedentes.
3 [rɪˈkɔːd] *vt* (**a**) (*set down*) registrar; (*relate*) hacer constancia de.
(**b**) (*Mus etc*) grabar.
4 [ˈrekɔːd] *cpd*: **~ card** *n* (*in file*) ficha *f*; **~ company** *n* casa *f* discográfica; **~ holder** *n* actual poseedor(a) *m/f* del récord; **~ library** *n* discoteca *f*; **~ player** *n* tocadiscos *m inv*; **~ token** *n* vale *m* para discos.
record-breaking [ˈrekɔːdˌbreɪkɪŋ] *adj* (*person, team*) batidor(a) del récord; (*effort, run*) récord.
recorded [rɪˈkɔːdɪd] *adj* (**a**) **~ music** música *f* grabada. (**b**) **never in ~ history** nunca en la historia escrita; **it is a ~ fact that ...** consta el hecho de que ...; **~ delivery** (*Brit Post*) entrega *f* con acuse de recibo.
recorder [rɪˈkɔːdəʳ] *n* (**a**) (*tape ~*) magnetófono *m*, grabadora *f* (*LAm*). (**b**) (*Jur*) juez *mf* municipal. (**c**) (*Mus: instrument*) flauta *f* dulce.
recording [rɪˈkɔːdɪŋ] **1** *n* (*gen*) grabación *f*. **2** *cpd*: **~ studio** *n* estudio *m* de grabación.
recount [ˈriːˈkaʊnt] *vt* contar, relatar.
re-count [ˈriːkaʊnt] **1** *n* (*of votes etc*) recuento *m*; **to have a ~** someter los votos a un segundo escrutinio. **2** [riːˈkaʊnt] *vt* volver a contar.
recoup [rɪˈkuːp] *vt* recobrar, recuperar.
recourse [rɪˈkɔːs] *n*: **to have ~ to** recurrir a.
recover [rɪˈkʌvəʳ] **1** *vt* (*retrieve, regain: gen*) recuperar, recobrar; (*Jur: damages, compensation*) ser indemnizado/a; (*rescue: person, thing*) rescatar; (*make up for: lost time*) recuperar; **to ~ one's senses** recobrar el conocimiento, volver en sí; (*fig*) volver en sí.
2 *vi* (*after accident, illness*) reponerse, recuperarse; (*regain consciousness*) recobrar el conocimiento *or* sentido, volver en sí; (*fig: from shock, blow*) reponerse; (*Fin: economy, currency*) recuperarse; (*: shares, stock market*) volver a subir; **I am** *or* **have ~ed now** me he repuesto, estoy recuperado.
re-cover [ˈriːˈkʌvəʳ] *vt* recubrir, forrar de nuevo.
recoverable [rɪˈkʌvərəbl] *adj* recuperable; (*at law*) reivindicable.
recovery [rɪˈkʌvərɪ] **1** *n* recuperación *f*; **to make a ~** (*Med*) restablecerse; (*Sport*) recobrar el aliento; (*Fin*) recuperarse. **2** *cpd*: **~ room** *n* (*Med*) sala *f* de posoperatorio; **~ service** *n* (*Aut*) servicio *m* de rescate.
recreation [ˌrekrɪˈeɪʃən] **1** *n* (**a**) (*amusement, Scol*) recreo *m*. (**b**) (*reconstruction*) reconstrucción *f*; (*Theat*) recreación *f*; (*representation*) representación *f*. **2** *cpd*: **~ centre, (*US*) ~ center** *n* centro *m* de recreo; **~ ground** *n* campo *m* de deportes; **~ room** *n* salón *m* de recreo.
recreational [ˌrekrɪˈeɪʃənəl] *adj* (*activity*) recreativo/a; (*drug*) de placer; **~ facilities** facilidades *fpl* de recreo; **~ vehicle** (*US*) caravana *f* *or* rulota *f* pequeña.
recrimination [rɪˌkrɪmɪˈneɪʃən] *n* recriminación *f*.
recruit [rɪˈkruːt] **1** *n* (*Mil*) recluta *mf*; (*gen*) neófito/a *m/f*; **raw ~** (*Mil*) quinto *m*, soldado *m* raso; (*fig*) novato/a *m/f*. **2** *vt* (*Mil*) reclutar; (*staff*) contratar; (*new members*) buscar.
recruiting [rɪˈkruːtɪŋ] **1** *n* reclutamiento *m*. **2** *cpd*: **~ officer** *n* oficial *m* de reclutamiento.
recruitment [rɪˈkruːtmənt] **1** *n* (*Mil*) reclutamiento *m*; (*of staff*) contratación *f*. **2** *cpd*: **~ agency** *n* agencia *f* de colocaciones.
rec't *abbr of* **receipt**.
rectangle [ˈrekˌtæŋgl] *n* rectángulo *m*.
rectangular [rekˈtæŋgjʊləʳ] *adj* rectangular.
rectify [ˈrektɪfaɪ] *vt* rectificar.
rectitude [ˈrektɪtjuːd] *n* rectitud *f*.
rector [ˈrektəʳ] *n* (*Rel*) párroco *m*; (*Univ etc*) rector(a) *m/f*.
rectum [ˈrektəm] *n* (*Anat*) recto *m*.
recuperate [rɪˈkuːpəreɪt] **1** *vi* restablecerse, recuperarse. **2** *vt* (*losses*) recuperar.
recuperation [rɪˌkuːpəˈreɪʃən] *n* restablecimiento *m*; (*of losses*) recuperación *f*.
recuperative [rɪˈkuːpərətɪv] *adj* (*powers, medicine*) recuperativo/a.
recur [rɪˈkɜːʳ] *vi* (*happen again: pain, illness*) producirse de nuevo; (*: event, mistake, idea, theme*) repetirse; (*: difficulty, opportunity*) volver a presentarse.
recurrence [rɪˈkʌrəns] *n* (*gen*) reaparición *f*, repetición *f*.
recurrent [rɪˈkʌrənt] *adj* (*gen*) repetido/a, constante.
recurring [rɪˈkɜːrɪŋ] *adj* (*Math: decimal*) periódico/a.
recyclable [ˌriːˈsaɪkləbl] *adj* reciclable.
recycle [ˌriːˈsaɪkl] *vt* reciclar.
recycling [ˌriːˈsaɪklɪŋ] **1** *n* reciclado *m*, reciclaje *m*. **2** *cpd*: **~ plant** *n* planta *f* de reciclaje.
red [red] **1** *adj* (*comp* **~der**; *superl* **~dest**) (*in colour*) rojo/a, colorado/a; (*face: high-coloured*) encarnado/a;

(*with shame: cheeks, face*) ruboroso/a, sonrojado/a; (*Pol*) rojo; **to have ~ hair** ser pelirrojo/a; **to be ~ in the face** (*from physical effort*) ponerse encarnado; (*embarrassed*) ponerse colorado/a; **to go** *or* **turn as ~ as a beetroot** ponerse como un tomate; **it's like a ~ rag to a bull** es lo que más le saca de quicio; **~ card** (*Ftbl*) tarjeta *f* roja; **R~ Cross** Cruz *f* Roja; **~ deer** ciervo *m* común; **~ herring** pista *f* falsa; **R~ Indian** piel roja *m*; **~ light** (*Aut*) luz *f* roja; **to go through the ~ light** pasar la luz roja; **to see the ~ light** (*fig*) ver el peligro que hay por delante; **~ meat** carne *f* de vacuno/de cordero; **~ pepper** pimiento *m or (LAm)* chile *m* rojo; **R~ Sea** Mar *m* Rojo; **~ tape** trámites *mpl*, papeleo *m*; **~ wine** vino *m* tinto.

2 *n* (*colour*) (color *m*) rojo *m*; (*Pol: person*) rojo/a *m/f*; **~s under the bed** (*fam*) la amenaza comunista; **to be in the ~** (*Fin: account, firm*) estar en números rojos; **to see ~** (*fig: person*) sulfurarse, salirse de sus casillas.

red-blooded ['red'blʌdɪd] *adj* (*fig*) viril.

redbreast ['redbrest] *n* (*bird*) petirrojo *m*.

redbrick ['redbrɪk] *adj* (*university*) *construido en el siglo XIX y fuera de Londres*; (*building*) de ladrillo.

redcurrant ['red'kʌrənt] *n* grosella *f* roja.

redden ['redn] **1** *vt* enrojecer, teñir de rojo. **2** *vi* (**a**) (*sky, leaves*) enrojecerse, ponerse rojo/a. (**b**) (*person: blush*) ponerse colorado/a, ruborizarse.

reddish ['redɪʃ] *adj* (*colour, hair*) rojizo/a.

redecorate ['riː'dekəreɪt] *vt* (*room, house*) renovar, pintar de nuevo.

redecoration [riːˌdekə'reɪʃən] *n* renovación *f*.

redeem [rɪ'diːm] *vt* (*Rel: sinner*) redimir; (*buy back: pawned goods*) desempeñar; (*Fin: debt, mortgage*) amortizar; (*fulfil: promise, obligation*) cumplir; (*compensate for: fault*) expiar; **to ~ o.s.** redimirse.

redeemable [rɪ'diːməbl] *adj* (*Comm*) reembolsable.

Redeemer [rɪ'diːmər] *n* (*Rel*) Redentor *m*.

redeeming [rɪ'diːmɪŋ] *adj*: **~ feature** rasgo *m* bueno, punto *m* favorable.

redemption [rɪ'dempʃən] *n* (*Rel*) redención *f*; **to be beyond** *or* **past ~** no tener remedio.

redeploy ['riːdɪ'plɔɪ] *vt* (*gen*) redistribuir; (*forces*) cambiar de frente.

redeployment ['riːdɪ'plɔɪmənt] *n* (*rearrangement*) disposición *f* nueva; (*redistribution*) redistribución *f*; (*Mil*) cambio *m* de frente.

redevelop [ˌriːdɪ'veləp] *vt* reorganizar.

redevelopment [ˌriːdɪ'veləpmənt] *n* reorganización *f*.

redeye ['redˌaɪ] *n* (*esp US fam*) vuelo *m* de noche.

red-faced ['red'feɪst] *adj* (*lit*) con la cara roja; (*fig: ashamed*) ruborizado/a, avergonzado/a.

red-haired ['red'hɛəd] *adj* pelirrojo/a.

red-handed ['red'hændɪd] *adj*: **to catch sb ~** coger *(Sp) or* pillar a algn con las manos en la masa.

redhead ['redhed] *n* pelirrojo/a *m/f*.

red-hot ['red'hɒt] *adj* (*iron, poker*) candente; (*fig: news*) de última hora; (*fam: very sharp: cardplayer, tennis player etc*) de primera categoría.

redial [riː'daɪəl] **1** *vt, vi* volver a marcar. **2** *n*: **automatic ~** marcación *f* automática.

redirect ['riːdaɪ'rekt] *vt* (*letter*) remitir.

rediscover ['riːdɪs'kʌvər] *vt* redescubrir.

rediscovery ['riːdɪs'kʌvərɪ] *n* redescubrimiento *m*.

redistribution ['riːˌdɪstrɪ'bjuːʃən] *n* redistribución *f*.

red-letter ['red'letər] *adj*: **~ day** (*fig: memorable day*) día *m* señalado.

red-light ['red'laɪt] *adj*: **~ district** barrio *m* chino.

redneck ['rednek] *n* (*US*) campesino *m* blanco (de los estados del Sur).

redness ['rednɪs] *n* (*of skin, hair, colour*) rojez *f*.

redolent ['redəʊlənt] *adj*: **~ of** oliente *or* con fragancia a; (*fig*) **to be ~ of** recordar, hacer pensar en.

redouble [riː'dʌbl] *vt* (*intensify: activity, effort*) redoblar, intensificar.

redoubtable [rɪ'daʊtəbl] *adj* temible.

redound [rɪ'daʊnd] *vi*: **to ~ upon sb** repercutir sobre algn; **to ~ to sb's credit** redundar en beneficio de algn.

redraft ['riː'drɑːft] *vt* redactar de nuevo.

redress [rɪ'dres] **1** *n* (*compensation*) reparación *f*, indemnización *f*; (*satisfaction*) desagravio *m*; **to seek ~ for** solicitar compensación por. **2** *vt* (*compensate for*) reparar, indemnizar; (*: offence*) reparar; **to ~ the balance** equilibrar la balanza.

redskin ['redskɪn] *n* piel roja *m*.

reduce [rɪ'djuːs] **1** *vt* (**a**) (*gen: decrease, cut*) rebajar, reducir; (*drawing*) reducir, disminuir; (*Med: swelling*) bajar; **to ~ sth by half** reducir algo en *or* hasta la mitad; **to ~ sth to ashes** reducir algo a cenizas; **to ~ sb to despair/tears** reducir a algn a la desesperación/a las lágrimas; **to ~ sb to silence** hacer callar a algn; **we were ~d to begging on the streets** no nos quedaba otro remedio que mendigar por las calles; **~d to nothing** reducido a cero.

(**b**) (*Mil*) **to ~ sb to the ranks** degradar a algn.

2 *vi* (*slim*) adelgazar.

reduced [rɪ'djuːst] *adj* (**a**) (*decreased*) reducido/a, rebajado/a; **~ by a half/a quarter** reducido en la mitad/la cuarta parte; **at a ~ price** con rebaja *or* descuento; **'greatly ~ prices'** (*Comm*) 'grandes rebajas'; **'~ to clear'** 'rebajas por liquidación'. (**b**) (*straitened*) **in ~ circumstances** necesitado/a, en la necesidad.

reduction [rɪ'dʌkʃən] *n* (*gen*) reducción *f*, rebaja *f*.

redundancy [rɪ'dʌndənsɪ] (*Brit*) **1** *n* (*unemployment*) desempleo *m*, paro *m*; (*person*) desempleado/a *m/f*, parado/a *m/f*. **2** *cpd*: **~ payment** *n* indemnización *f* por desempleo.

redundant [rɪ'dʌndənt] *adj* (*superfluous*) superfluo/a; (*Brit: worker*) sin trabajo, parado/a; **to be made ~** (*Brit: worker*) quedar sin trabajo.

redwood ['redwʊd] *n* (*tree*) secoya *f*.

reed [riːd] *n* (*Bot*) junco *m*, caña *f*; (*Mus: in mouthpiece*) lengüeta *f*.

re-educate ['riː'edjʊkeɪt] *vt* reeducar.

reedy ['riːdɪ] *adj* (*comp* **-ier**; *superl* **-iest**) (*voice, tone, instrument*) aflautado/a.

reef[1] [riːf] *n* (*Geog*) arrecife *m*.

reef[2] [riːf] **1** *n* (*sail*) rizo *m*. **2** *cpd*: **~ knot** *n* nudo *m* de rizo.

reefer ['riːfər] *n* (*fam: marijuana cigarette*) porro *m* (*fam*).

reek [riːk] **1** *n* tufo *m*, hedor *m*. **2** *vi* (*smell*) **to ~ of sth** apestar a algo; **this ~s of treachery** (*fig*) esto huele a traición.

reel [riːl] **1** *n* (**a**) (*gen*) carrete *m*, bobina *f*; (*of tape, film etc*) cinta *f*; (*Phot: for small camera*) carrete *m*, rollo *m*. (**b**) (*Mus: dance*) baile *m* escocés. **2** *vt* (*wind: thread*) devanar; (*: fishing line, camera, film*) enrollar; (*tape*) rebobinar. **3** *vi* (*sway, stagger*) tambalearse; **he was ~ing about drunkenly** andaba haciendo eses; **we ~ed at the news** la noticia nos atolondró.

► **reel in** *vt + adv*: **to ~ in a fish** sacar un pez del agua.

► **reel off** *vt + adv* (*story, poem, list of names*) recitar de una tirada.

re-elect ['riːɪ'lekt] *vt* reelegir.

re-election ['riːɪ'lekʃən] *n* reelección *f*.

re-emerge ['riːɪ'mɜːdʒ] *vi* volver a salir.

re-enact ['riːɪ'nækt] *vt* (*Parl: legislation*) volver a promulgar; (*crime*) reconstruir.

re-enter ['riː'entər] *vt* reingresar en.

re-entry ['riː'entrɪ] *n* reingreso *m*, reentrada *f*, (*Space*) reentrada.

re-examine ['riːɪg'zæmɪn] *vt* (*facts, evidence*) reexaminar, repasar; (*Jur: witness*) volver a interrogar.

re-export ['riː'ekspɔːt] **1** *vt* reexportar. **2** *n* reexportación *f*.

ref[1] [ref] *n abbr* (*Sport fam*) *of* **referee**.

ref[2] *prep abbr of* **with reference to**.

refectory [rɪ'fektərɪ] *n* comedor *m*.

refer [rɪˈfɜːʳ] **1** *vt* (*send, direct*) remitir; **to ~ sth to sb** (*matter, decision*) remitir algo a algn; **to ~ a dispute to arbitration** remitir una disputa al arbitraje; **the decision has been ~red to us** la decisión se ha dejado a nuestro juicio; **to ~ sb to sth/sb** remitir a algn a algo/algn; **a cheque ~red to drawer** un cheque protestado por falta de fondos.
2 *vi* (**a**) **to ~ to** (*relate to*) referirse a, relacionarse con.
(**b**) **to ~ to** (*allude to: speaker*) aludir a, tocar el tema de; **we will not ~ to it again** no lo volveremos a mencionar.
(**c**) **to ~ to** (*turn attention to, consult*) consultar; **please ~ to section 3** véase la sección 3; **you must ~ to the original** hay que recurrir al original; **to ~ to one's notes** consultar sus notas.
(**d**) **to ~ to** (*describe*) calificar.

referee [ˌrefəˈriː] *n* (*in dispute, Sport etc*) árbitro *m*; (*for application, post*) garante *mf*.

reference [ˈrefrəns] **1** *n* (**a**) (*act of referring*) consulta *f*, remisión *f*.
(**b**) (*relation*) relación *f*; **with special ~ to** con referencia especial a; **with ~ to** en cuanto a, respecto de; **without ~ to any particular case** sin referirse a ningún caso en concreto; **for future ~, please note that** ... por si importa en el futuro, obsérvese que ...; **I'll keep it for future ~** lo guardo por si importa en el futuro.
(**c**) (*allusion*) alusión *f*, mención *f*; **to make ~ to sth/sb** hacer alusión a algo/algn.
(**d**) (*in book, on letter*) número *m* de referencia; **to look up a ~** buscar una referencia; (*on map*) seguir las coordenadas.
(**e**) (*testimonial*) referencia *f*; (*person*) garante *mf*, fiador(a) *m/f*; **to have good ~s** tener buenas referencias; **to take up sb's ~s** pedir referencias de algn.
2 *cpd* (*book, library*) de consulta; (*number, point*) de referencia.

referendum [ˌrefəˈrendəm] *n* (*pl* **~s** *or* **referenda** [ˌrefəˈrendə]) referéndum *m*.

refill [ˈriːfɪl] **1** *n* recambio *m*; **would you like a ~?** ¿te pongo más vino *etc*?, ¿otro vaso? **2** [ˈriːˈfɪl] *vt* (*lighter, pen*) recargar; (*glass*) volver a llenar.

refinance [rːˈfaɪnæns] *vt* refinanciar.

refine [rɪˈfaɪn] *vt* (*sugar, oil, metal*) refinar; (*metal*) afinar; (*design, technique, machine*) perfeccionar; (*fig: behaviour, style of writing*) pulir, refinar.
▸ **refine (up)on** *vi + prep* perfeccionar.

refined [rɪˈfaɪnd] *adj* (*purified: sugar, flour etc*) refinado/a; (*fig: sophisticated: clothes, manners, sense of humour*) fino/a, refinado/a; (*subtle, polished: style of writing*) elegante, pulido/a.

refinement [rɪˈfaɪnmənt] *n* (*of person, language*) refinamiento *m*; (*manners etc*) educación *f*, finura *f*; (*in machine etc*) perfeccionamiento *m*.

refiner [rɪˈfaɪnəʳ] *n* refinador *m*.

refinery [rɪˈfaɪnərɪ] *n* refinería *f*.

refit [ˈriːˈfɪt] **1** *n* (*Naut: resupplying*) equipamiento *m*; (*: repair*) reparación *f*. **2** *vt* (*see 1*) equipar; reparar.

reflate [ˌriːˈfleɪt] *vt* (*economy*) reflacionar.

reflation [riːˈfleɪʃən] *n* reflación *f*.

reflationary [riːˈfleɪʃnərɪ] *adj* reflacionario/a.

reflect [rɪˈflekt] **1** *vt* (**a**) (*light, image*) reflejar; (*fig*) reflejar, hacer eco; **the difficulties are ~ed in his report** el informe se hace eco de las dificultades; **to ~ credit on sb** hacer honor a algn. (**b**) (*think*) **to ~ that** pensar que. **2** *vi* (**a**) (*think, meditate*) reflexionar; **to ~ on sth** reflexionar *or* meditar sobre algo. (**b**) (*discredit person, reputation*) **to ~ badly (up)on sb** dejar mal a algn, perjudicar a algn.

reflection [rɪˈflekʃən] *n* (**a**) (*of light, image etc*) reflejo *m*. (**b**) (*thought*) meditación *f*, reflexión *f*; **on ~** pensándolo bien. (**c**) (*aspersion, doubt*) tacha *f*, descrédito *m*; **this is no ~ on your work** esto no significa crítica alguna a su trabajo.

reflective [rɪˈflektɪv] *adj* (*meditative*) pensativo/a, reflexivo/a.

reflector [rɪˈflektəʳ] *n* (**a**) (*Aut: also* **rear ~**) ca(p)tafaros *m inv*. (**b**) (*telescope*) reflector *m*.

reflex [ˈriːfleks] **1** *adj* reflejo/a; (*Math: angle*) de reflexión; **~ camera** (*Phot*) cámara *f* reflex. **2** *n* reflejo *m*.

reflexive [rɪˈfleksɪv] *adj* (*Ling: verb, pronoun*) reflexivo/a.

refloat [ˈriːˈfləʊt] *vt* (*ship*) poner a flote.

reforestation [ˈriːˌfɒrɪsˈteɪʃən] *n* repoblación *f* forestal.

reform [rɪˈfɔːm] **1** *n* reforma *f*. **2** *vt* (*gen*) reformar. **3** *vi* (*change for the better*) reformarse. **4** *cpd*: **~ school** *n* (*US*) reformatorio *m*.

reformat [ˈriːˈfɔːmæt] *vt* reformatear.

Reformation [ˌrefəˈmeɪʃən] *n* (*Rel*) Reforma *f*.

reformer [rɪˈfɔːməʳ] *n* reformista *mf*, reformador(a) *m/f*.

refraction [rɪˈfrækʃən] *n* refracción *f*.

refractory [rɪˈfræktərɪ] *adj* (*Tech*) refractario/a; (*fig: obstinate*) obstinado/a, refractario/a.

refrain[1] [rɪˈfreɪn] *n* (*Mus*) estribillo *m*.

refrain[2] [rɪˈfreɪn] *vi*: **to ~ from sth/from doing sth** abstenerse de algo/de hacer algo.

refresh [rɪˈfreʃ] *vt* (*subj: drink, sleep, bath*) refrescar; (*fig*) **to ~ sb's memory** recordar algo a algn.

refresher [rɪˈfreʃəʳ] **1** *n* refresco *m*. **2** *cpd*: **~ course** *n* curso *m* de actualización.

refreshing [rɪˈfreʃɪŋ] *adj* (*drink etc*) refrescante; (*change etc*) estimulante.

refreshingly [rɪˈfreʃɪŋlɪ] *adv* (*fig*) que da gusto.

refreshment [rɪˈfreʃmənt] **1** *n* (*food, drink*) refresco *m*; **~s** refrigerio *m*, comida *f* liviana. **2** *cpd*: **~ room** *n* (*Rail etc*) cantina *f*, comedor *m*; **~ stall, ~ stand** *n* puesto *m* de refrescos.

refrigerate [rɪˈfrɪdʒəreɪt] *vt* refrigerar.

refrigeration [rɪˌfrɪdʒəˈreɪʃən] *n* refrigeración *f*.

refrigerator [rɪˈfrɪdʒəreɪtəʳ] **1** *n* frigorífico *m*, nevera *f*, refrigeradora *f* (*LAm*). **2** *cpd*: **~ lorry** *n* camión *m* frigorífico.

refuel [ˈriːˈfjʊəl] **1** *vi* (*tank, plane*) repostar. **2** *vt* llenar de combustible.

refuelling, (*US*) **refueling** [ˈriːˈfjʊəlɪŋ] **1** *n* reabastecimiento *m* de combustible. **2** *cpd*: **~ stop** *n* escala *f* para repostar.

refuge [ˈrefjuːdʒ] *n* (*shelter*) refugio *m*; (*for climbers*) albergue *m*; (*fig*) amparo *m*, abrigo *m*; **to take ~ in sth** refugiarse en algo; (*fig*) recurrir a algo.

refugee [ˌrefjʊˈdʒiː] **1** *n* refugiado/a *m/f*. **2** *cpd*: **~ camp** *n* campamento *m* para refugiados; **~ status** *n* status *m* de refugiado.

refund [ˈriːfʌnd] **1** *n* reembolso *m*, devolución *f*. **2** [rɪˈfʌnd] *vt* devolver, reembolsar.

refundable [rɪˈfʌndəbl] *adj* reembolsable.

refurbish [ˈriːˈfɜːbɪʃ] *vt* (*building, paintwork*) restaurar.

refusal [rɪˈfjuːzəl] *n* negativa *f*; (*by horse*) **the horse had 2 ~s** el caballo se plantó 2 veces; **a flat ~** una negativa rotunda; **to have first ~ on sth** tener la primera opción en algo.

refuse[1] [ˈrefjuːs] **1** *n* (*rubbish*) basura *f*; (*debris etc*) desperdicios *mpl*. **2** *cpd*: **~ bin** *n* cubo *m or* (*LAm*) bote *m or* tarro *m* de la basura; **~ collection** *n* recolección *f* de basuras; **~ dump** *n* vertedero *m*, tiradero(s) *m(pl)* (*Mex*).

refuse[2] [rɪˈfjuːz] **1** *vt* (*reject: offer, chance, applicant*) rechazar; (*not grant: request, obedience*) negar; **to ~ sb sth** negar algo a algn; **to ~ to do sth** negarse a *or* rehusar hacer algo; **I regret to have to ~ your invitation** siento no poder aceptar su invitación. **2** *vi* negarse; (*horse*) plantarse.

refutation [ˌrefjʊˈteɪʃən] *n* refutación *f*.

refute [rɪˈfjuːt] *vt* refutar, rebatir.

regain [rɪˈgeɪn] *vt* recobrar, recuperar.

regal [ˈriːgəl] *adj* real.

regale [rɪˈgeɪl] *vt* (*entertain*) entretener; (*delight*) divertir; **he ~d the company with a funny story** para divertirles les contó a los comensales un chiste.

regalia [rɪ'geɪlɪə] *npl* (*royal trappings*) atributos *mpl*; (*gen: insignia*) insignias *fpl*.

regard [rɪ'gɑːd] **1** *n* (**a**) (*relation*) **in** *or* **with ~ to** en cuanto a, en lo que se refiere a; **in this ~** a este respecto, al respecto.

(**b**) (*esteem*) estima *f*, respeto *m*; **out of ~ for** por respeto a; **to have a high ~ for sb, to hold sb in high ~** tener mucho respeto a algn, tener a algn en alta estima; **to have no ~ for sb** tener a algn en poco; **he shows little ~ for their feelings** se muestra indiferente a sus sentimientos.

(**c**) (*in messages*) **~s** recuerdos *mpl*, saludos *mpl*; **kind ~s** muy atentamente; **~s to X, please give my ~s to X** salude a X de mi parte, dele recuerdos a X.

(**d**) (*attention, care*) atención *f*; **without ~ to** sin hacer caso de; **having ~ to** en atención a.

2 *vt* (**a**) (*consider*) considerar, juzgar; **we don't ~ it as necessary** no nos parece necesario; **to ~ sb with suspicion** recelarse de algn.

(**b**) (*concern*) atañer, tocar; **as ~s** ... en cuanto a ..., en lo que se refiere a ....

(**c**) **highly ~ed** muy estimado/a.

regarding [rɪ'gɑːdɪŋ] *prep* con respecto a, en cuanto a.

regardless [rɪ'gɑːdlɪs] **1** *adj*: **~ of** sin reparar en; **buy it ~ of the cost** cómpralo, cueste lo que cueste; **we did it ~ of the consequences** lo hicimos sin tener en cuenta las consecuencias. **2** *adv* (*fam*) a pesar de todo, pase lo que pase; **press on ~!** ¡a seguir, sin reparar en las consecuencias!

regatta [rɪ'gætə] *n* regata *f*.

regd *abbr* (*Comm, post*) *of* **registered**.

regenerate [rɪ'dʒenəreɪt] *vt* regenerar.

regeneration [rɪˌdʒenə'reɪʃən] *n* regeneración *f*.

regent ['riːdʒənt] *n* regente *mf*.

reggae ['regeɪ] *n* (*Mus*) reggae *m*.

régime [reɪ'ʒiːm] *n* régimen *m*.

regiment ['redʒɪmənt] **1** *n* (*Mil*) regimiento *m*. **2** ['redʒɪment] *vt* (*fig*) reglamentar; **we are very ~ed at the college** en el colegio nuestra vida está muy reglamentada.

regimental [ˌredʒɪ'mentl] *adj* (*Mil*) de regimiento; **R~ Sergeant-Major** ≈ brigada *m* de regimiento.

regimentation [ˌredʒɪmen'teɪʃən] *n* (*pej: see vb*) reglamentación *f* estricta.

region ['riːdʒən] *n* (*of country, Admin*) región *f*; (*of body*) región, zona *f*; **in the ~ of 40** alrededor de los 40.

regional ['riːdʒənl] *adj* regional; **~ development** (*Brit Admin*) desarrollo *m* regional; **~ development grant** subsidio *m* para el desarrollo regional.

register ['redʒɪstəʳ] **1** *n* (**a**) (*gen: list*) registro *m*; (*electoral*) censo *m* electoral; **to call the ~** (*Scol*) pasar lista; **to sign the ~** (*in hotel*) firmar el registro; **the ~ of births, marriages and deaths** el registro civil; **R~ of Companies** Registro de Empresas.

(**b**) (*Mus*) **high/low ~** registro *m* alto/bajo.

2 *vt* (**a**) (*birth, marriage, death*) registrar, inscribir; (*car*) matricular; (*letter*) certificar; (*luggage*) facturar; (*Jur: report officially: deed, complaint*) presentar; (*Comm: trademark*) registrar.

(**b**) (*show: reading*) marcar; (*: emotion*) manifestar, mostrar; **he ~ed no surprise** no acusó sorpresa alguna; **production has ~ed a big fall** la producción ha experimentado un descenso considerable.

3 *vi* (**a**) (*sign on etc: at hotel*) registrarse; (*: at school, doctor's*) inscribirse; (*: for a course etc*) matricularse, inscribirse; (*Pol: on electoral roll*) registrarse, empadronarse.

(**b**) (*have impact, become clear*) hacer impresión, impactar (*LAm*); **it doesn't seem to have ~ed with her** parece no haber producido impresión en ella; **when it finally ~ed** cuando por fin cayó en la cuenta.

registered ['redʒɪstəd] *adj* (*letter*) certificado/a; (*luggage*) facturado/a; (*student, car*) matriculado/a; (*Comm: design, trademark*) registrado/a; (*charity*) legalmente constituido/a; **~ company** sociedad *f* legalmente constituida; **~ nurse** (*US*) enfermero/a *m/f* calificado/a; **~ office** domicilio *m* social.

registrar [ˌredʒɪs'trɑːʳ] *n* (*of births etc*) secretario *m* del registro civil; (*Univ*) secretario general; (*Med*) interno/a *m/f*.

registration [ˌredʒɪs'treɪʃən] **1** *n* (**a**) (*see vt*) inscripción *f*; matriculación *f*; certificación*f*, facturación *f*; presentación *f*; registro *m*; manifestación *f*. (**b**) (*number: Aut, Naut, Univ etc*) matrícula *f*. **2** *cpd*: **~ document** *n* (*Brit Aut*) documento *m* de matriculación; **~ form** *n* formulario *m* de inscripción; **~ number** *n* (*Aut*) matrícula *f*.

registry ['redʒɪstrɪ] *n* (*also* **~ office**) registro *m* civil; **to get married at a ~ office** casarse por lo civil.

regress [rɪ'gres] *vi* retroceder.

regression [rɪ'greʃən] *n* regresión *f*.

regressive [rɪ'gresɪv] *adj* regresivo/a.

regret [rɪ'gret] **1** *n* (**a**) (*grief*) pena *f*, pesar *m*, dolor *m* (*LAm*); (*remorse*) remordimientos *mpl*; **much to my ~, to my great ~** con gran pesar mío; **I have no ~s** no me arrepiento de nada; **I say it with ~** lo digo con pesar.

(**b**) **~s** (*excuses*) excusas *fpl*, disculpas *fpl*; **to send one's ~s for not being able to come** excusarse por no poder venir.

2 *vt* (*news, death*) sentir, lamentar; **I ~ the error** me arrepiento del error; **I ~ that I cannot come to your party** (*frm*) lamento no poder asistir a su fiesta; **we ~ to inform you that** ... lamentamos tener que informarles que ....

regretfully [rɪ'gretfəlɪ] *adv* (*sadly*) con pesar; (*unwillingly*) desgraciadamente.

regrettable [rɪ'gretəbl] *adj* (*deplorable*) lamentable.

regrettably [rɪ'gretəblɪ] *adv* (*unfortunately*) desgraciadamente, lamentablemente.

regroup ['riː'gruːp] **1** *vt* reagrupar. **2** *vi* reagruparse.

Regt. *abbr of* **Regiment** regto.

regular ['regjʊləʳ] **1** *adj* (**a**) (*shape: symmetrical*) regular; (*surface: even*) uniforme, parejo/a (*esp LAm*); (*features*) regular.

(**b**) (*recurring at even intervals*) regular, uniforme; **as ~ as clockwork** como un cronómetro; **at ~ intervals** a intérvalos regulares; **to make ~ use of sth** usar algo con regularidad.

(**c**) (*habitual: visitor, client*) habitual; (*Comm: price, size*) normal; **the ~ staff** los empleados permanentes.

(**d**) (*usual: action, procedure*) acostumbrado/a, normal.

(**e**) (*Mil: soldier, army*) regular.

(**f**) (*Ling: verb etc*) regular.

(**g**) (*fam: intensive*); **a ~ nuisance, a ~ bore** un auténtico pesado.

2 *n* (*customer etc*) cliente *mf* habitual; (*Mil*) regular *m*; **one of the ~s at the club** un asiduo del club.

regularity [ˌregjʊ'lærɪtɪ] *n* (*gen*) regularidad *f*.

regularize ['regjʊləraɪz] *vt* (*standardize: activities, procedure*) regularizar, estandarizar.

regularly ['regjʊləlɪ] *adv* (*frequently*) con regularidad; **he's ~ late** suele llegar tarde.

regulate ['regjʊleɪt] *vt* (*control: traffic, expenditure, habits*) reglamentar; (*Tech: machine, mechanism*) regular; **a well-~d life** una vida ordenada; **to ~ prices** regular los precios.

regulation [ˌregjʊ'leɪʃən] **1** *n* (**a**) (*no pl: see vb*) reglamentación *f*; regulación *f*. (**b**) (*rule*) regla *f*. **2** *cpd* reglamentario/a, normal; **it's ~ wear in school** es el uniforme del reglamento en la escuela.

regulator ['regjʊleɪtəʳ] *n* (*Tech*) regulador *m*.

regulatory ['regjʊˌleɪtərɪ] *adj* regulador(a).

regurgitate [rɪ'gɜːdʒɪteɪt] *vt* (*lit*) regurgitar; (*fig*) repetir maquinalmente.

rehabilitate [ˌriːə'bɪlɪteɪt] *vt* (*offenders, drug addicts etc*)

rehabilitar.
rehabilitation [ˈriːəˌbɪlɪˈteɪʃən] **1** *n* rehabilitación *f*. **2** *cpd*: ~ **centre** *n* centro *m* de rehabilitación.
rehash [ˈriːhæʃ] **1** *n* (*gen*) refrito *m*. **2** [ˌriːˈhæʃ] *vt* (*book, speech*) hacer un refrito de; (*food*) recalentar.
rehearsal [rɪˈhɜːsəl] *n* (*Mus, Theat*) ensayo *m*.
rehearse [rɪˈhɜːs] *vt, vi* (*Mus, Theat*) ensayar.
rehouse [ˈriːˈhaʊz] *vt* (*family*) dar una nueva vivienda a; **200 families have been ~d** 200 familias tienen vivienda nueva ya.
reign [reɪn] **1** *n* (*of king etc*) reinado *m*; (*gen*) dominio *m*; **in** *or* **under the ~ of Queen Elizabeth II** bajo el reinado de la Reina Isabel II; **~ of terror** régimen *m* de terror. **2** *vi* (*king*) reinar; (*fig: prevail*) predominar; **total silence ~ed** reinaba el silencio más absoluto; **~ing champion** campeón *m* actual.
reimburse [ˌriːɪmˈbɜːs] *vt*: **to ~ sb for sth** reembolsar a algn por algo.
reimbursement [ˌriːɪmˈbɜːsmənt] *n* reembolso *m*.
rein [reɪn] *n* (*usu pl*) rienda *f*; **the ~s of government** (*fig*) las riendas del gobierno; **to keep a tight ~ on sb** (*fig*) refrenar a algn; **to give sb free ~** (*fig*) dar rienda suelta a algn.
▸ **rein in** *vt + adv* (*horse*) refrenar.
reincarnation [ˈriːɪnkɑːˈneɪʃən] *n* reencarnación *f*.
reindeer [ˈreɪndɪəʳ] *n* (*pl* ~ *or* **~s**) reno *m*.
reinforce [ˌriːɪnˈfɔːs] *vt* (*gen, fig*) reforzar; **~d concrete** hormigón *m* armado.
reinforcement [ˌriːɪnˈfɔːsmənt] *n* (**a**) (*act*) refuerzo *m*. (**b**) (*Mil*) **~s** refuerzos *mpl*.
reinstate [ˈriːɪnˈsteɪt] *vt* (*restore*) reintegrar.
reinstatement [ˈriːɪnˈsteɪtmənt] *n* reintegración *f*.
reissue [ˈriːˈɪʃjuː] **1** *vt* (*stamp*) volver a emitir; (*book*) reimprimir; (*film*) reestrenar. **2** *n* (**a**) (*act: see vb*) reemisión *f*; reimpresión *f*; reestreno *m*. (**b**) (*object: see vb*) nueva emisión *f*; reimpresión *f*; reestreno *m*.
reiterate [riːˈɪtəreɪt] *vt* (*statement*) reiterar, repetir; **I must ~ that ...** quiero recalcar que ....
reiteration [riːɪtəˈreɪʃən] *n* reiteración *f*, repetición *f*.
reject [ˈriːdʒekt] **1** *n* (*person*) persona *f* rechazada; (*thing*) desecho *m*. **2** [rɪˈdʒekt] *vt* (*offer etc*) rechazar; (*dismiss: suggestion etc*) descartar; (*vomit: food*) arrojar; (*subj: body: new organ*) rechazar; **to feel ~ed** sentirse rechazado/a. **3** [ˈriːdʒekt] *cpd*: ~ **shop** *n* tienda *f* de taras.
rejection [rɪˈdʒekʃən] *n* (*gen*) rechazo *m*; (*of help etc*) denegación *f*; **the novel has already had 3 ~s** ya han rechazado la novela 3 veces.
rejoice [rɪˈdʒɔɪs] *vi* alegrarse; (*iro*) **he ~s in the name of Marmaduke** luce el nombre Marmaduke.
rejoicings [rɪˈdʒɔɪsɪŋz] *npl* (*festivities*) alegría *fsg*, regocijo *msg*.
rejoin[1] [ˈriːˈdʒɔɪn] **1** *vt* (*join again*) reincorporarse a. **2** *vi* reincorporarse.
rejoin[2] [rɪˈdʒɔɪn] *vi* (*retort*) replicar.
rejoinder [rɪˈdʒɔɪndəʳ] *n* (*retort*) réplica *f*.
rejuvenate [rɪˈdʒuːvɪneɪt] *vt* rejuvenecer.
rejuvenating [rɪˈdʒuːvɪneɪtɪŋ] *adj* (*effect etc*) rejuvenecedor(a).
rekindle [ˈriːˈkɪndl] *vt* (*fire*) volver a encender; (*fig: enthusiasm, hatred*) reanimar, reavivar.
relapse [rɪˈlæps] **1** *n* (*Med*) recaída *f*; (*into crime, error*) reincidencia *f*; **to have a ~** (*Med*) recaer. **2** *vi* (*see n*) recaer; reincidir.
relate [rɪˈleɪt] **1** *vt* (**a**) (*tell: story*) contar, relatar. (**b**) (*establish relation between*) relacionar, vincular. **2** *vi* (**a**) **to ~ to** (*connect*) relacionarse *or* tener que ver con. (**b**) **to ~ to** (*get on with*) llevarse bien con; (*understand, identify with*) simpatizar con.
related [rɪˈleɪtɪd] *adj* (**a**) (*connected: subject*) afín, relacionado/a; **this murder is not ~ to the other** este asesinato no está relacionado con el otro. (**b**) (*attached by family: person*) emparentado/a; **we are distantly ~** somos parientes lejanos; **are you ~ to the prisoner?** ¿es Vd pariente del acusado?
-related [rɪˈleɪtɪd] *adj suf*: **football~ hooliganism** gamberrismo *m* relacionado con el fútbol.
relating [rɪˈleɪtɪŋ] *adj*: **~ to** concerniente *or* referente a.
relation [rɪˈleɪʃən] *n* (**a**) (*narration*) relato *m*, narración *f*.
(**b**) (*relationship*) relación *f*; (*: between persons: kinship*) parentesco *m*; **the ~ between A and B** la relación entre A y B; **in ~ to** en relación con, en lo que se refiere a; **to bear ~ to** guardar relación con; **to bear little/no ~ to** tener poco/no tener nada que ver con.
(**c**) **~s** relaciones *fpl*; **good ~s** buenas relaciones; **diplomatic/international ~s** relaciones diplomáticas/internacionales; **to enter into ~s with sb** establecer relaciones con algn; **we have business ~s with them** tenemos relaciones comerciales con ellos; **to have sexual ~s with sb** tener relaciones sexuales con algn; *see* **public 3**.
(**d**) (*relative*) pariente/a *m/f*; **what ~ is she to you?** ¿qué parentesco tiene contigo?
relationship [rɪˈleɪʃənʃɪp] *n* (**a**) (*kinship*) parentesco *m*. (**b**) (*connection*) relación *f*; (*rapport*) relaciones *fpl*; **our ~ lasted 5 years** nuestras relaciones continuaron durante 5 años; **the ~ of A to B, the ~ between A and B** la relación entre A y B.
relative [ˈrelətɪv] **1** *adj* (**a**) (*gen*) relativo/a; **~ to** en relación a. (**b**) (*Ling*) relativo; **~ clause** oración *f* relativa; **~ pronoun** pronombre *m* relativo. **2** *n* pariente/a *m/f*.
relatively [ˈrelətɪvlɪ] *adv* relativamente; **~ speaking** relativamente hablando.
relativity [ˌreləˈtɪvɪtɪ] *n* relatividad *f*.
relaunch [ˈriːˈlɔːntʃ] *vt* (*plan etc*) relanzar.
relax [rɪˈlæks] **1** *vt* (*gen*) relajar; (*loosen: muscles, discipline etc*) relajar, aflojar; **to ~ one's hold on sth** soltar algo. **2** *vi* (**a**) (*loosen: grip etc*) aflojarse, relajarse; **his face ~ed into a smile** su cara se relajó con una sonrisa. (**b**) (*rest*) descansar; (*quieten down*) relajarse, tranquilizarse; (*lose inhibitions*) relajarse; (*amuse oneself*) distraerse; **don't worry, ~!** ¡no te preocupes, tranquilízate!; **I like to ~ with a book** me gusta relajarme leyendo.
relaxant [rɪˈlæksənt] *n* (*drug*) relajante *m*.
relaxation [ˌriːlækˈseɪʃən] *n* (**a**) (*loosening: of discipline*) relajación *f*, relajamiento *m*; (*: of hold, grip*) aflojamiento *m*. (**b**) (*rest*) descanso *m*, relajación; (*amusement*) recreo *m*, distracción *f*; **a favourite ~ of the wealthy** un pasatiempo favorito de los ricos.
relaxed [rɪˈlækst] *adj* (*gen*) relajado/a; **in a ~ atmosphere** en un clima de distensión.
relay [ˈriːleɪ] **1** *n* (**a**) (*of workmen*) relevo *m*; (*of horses*) posta *f*; **to work in ~s** trabajar por relevos. (**b**) (*Sport: also* **~ race**) carrera *f* de relevos; (*Tech*) relé *m*; (*Rad, TV*) repetidor *m*; **in ~** en cadena. **2** *vt* (*Rad, TV: concert, football match etc*) retransmitir; (*pass on*) transmitir, pasar; (*make known*) difundir; **to ~ a message to sb** pasar un mensaje a algn.
release [rɪˈliːs] **1** *n* (**a**) (*loosening*) aflojamiento *m*; (*fig*) relajación *f*.
(**b**) (*liberation*) liberación *f*; (*discharge*) puesta *f* en libertad; (*fig*) alivio *m*.
(**c**) (*issue: of film*) estreno *m*; (*: of record*) puesta *f* en venta; (*emission: of gas, smoke*) escape *m*, fuga *f*; (*record*) disco *m*.
(**d**) (*Tech, Phot: catch*) disparador *m*.
(**e**) (*Jur: relinquishing*) cesión *f*.
2 *vt* (**a**) (*loosen: grip*) soltar, aflojar; (*: fig: tension*) relajar.
(**b**) (*liberate: prisoner*) liberar; (*discharge*) poner en libertad; **to ~ sb on bail** poner a algn en libertad bajo fianza.
(**c**) (*issue: film*) estrenar; (*: record*) sacar, poner a la venta; (*: book*) publicar; (*: piece of news*) difundir.
(**d**) (*Jur: relinquish: right, property*) ceder.

(**e**) (*Tech: catch*) soltar; (*Phot: shutter*) disparar.
(**f**) (*let up: brakes, pedal etc*) soltar.

relegate [ˈrelɪgeɪt] *vt* (*demote: person, old furniture*) relegar; (*Sport: team*) bajar *or* descender (a una división inferior).

relegation [ˌrelɪˈgeɪʃən] *n* (*see vb*) relegación *f*; descenso *m*.

relent [rɪˈlent] *vi* (**a**) (*show compassion*) ablandarse, aplacarse. (**b**) (*let up*) descansar.

relentless [rɪˈlentlɪs] *adj* (**a**) (*heartless: cruelty*) cruel, despiadado/a. (**b**) (*persistent: hard work*) incesante; **he is quite ~ about it** en esto se muestra totalmente implacable.

relentlessly [rɪˈlentlɪslɪ] *adv* (**a**) (*heartlessly*) cruelmente, despiadadamente. (**b**) (*persistently*) sin descanso.

relet [ˈriːˈlet] (*pt, pp* ~) *vt* (*flat, house*) realquilar.

relevance [ˈreləvəns] *n* pertinencia *f*, relación *f*; **what is the ~ of that?** y eso ¿tiene que ver (con lo que estamos discutiendo)?

relevant [ˈreləvənt] *adj* (**a**) (*information etc*) pertinente, a propósito; ~ **to** relacionado con; **that's not ~ to the case** eso no viene al caso. (**b**) (*fitting*) apropiado/a; **we have all the ~ data** tenemos todos los datos que hacen al caso.

reliability [rɪˌlaɪəˈbɪlɪtɪ] *n* (*gen*) fiabilidad *f*; (*soundness*) seguridad *f*; (*of person*) seriedad *f*, formalidad *f*; (*of facts*) veracidad *f*.

reliable [rɪˈlaɪəbl] *adj* (*gen*) de fiar, de confianza; (*secure, sound*) seguro/a; (*person: trustworthy*) fiable, digno/a de confianza; (*: serious*) serio/a, formal; **I've always found him very ~** siempre me ha parecido de mucha formalidad; ~ **sources** fuentes *fpl* fidedignas.

reliably [rɪˈlaɪəblɪ] *adv*: **I am ~ informed that** ... sé de fuentes fidedignas que ....

reliance [rɪˈlaɪəns] *n*: ~ **on sth** dependencia *f* de algo.

reliant [rɪˈlaɪənt] *adj*: **to be ~ on sth/sb** confiar en algo/algn.

relic [ˈrelɪk] *n* (*lit*) reliquia *f*; (*fig*) vestigio *m*.

relief [rɪˈliːf] **1** *n* (**a**) (*of pain etc*) alivio *m*; (*from tension etc*) descanso *m*; (*aid*) socorro *m*, ayuda *f*; (*from taxation*) desgravación *f*; **by way of light ~** a modo de diversión; **that's a ~!** ¡qué alivio!; **it is a ~ to find that** ... me consuela encontrar que ...; **to heave a sigh of ~** dar un suspiro de alivio.
(**b**) (*Mil: of town*) auxilio *m*.
(**c**) (*Art, Geog*) relieve *m*; **high/low ~** alto/bajo relieve; **to throw sth into ~** (*fig*) hacer que resalte algo.
(**d**) (*replacement, supplement*) relevo *m*.
2 *cpd* (*bus, secretary*) suplente; (*work, organization*) de auxilio; ~ **fund** *n* fondo *m* de auxilo; ~ **map** *n* mapa *m* en relieve; ~ **road** *n* calle *f* de descongestionamiento; ~ **troops** *npl* tropas *fpl* de relevo.

relieve [rɪˈliːv] *vt* (**a**) (*comfort: sufferings etc*) aliviar; (*alleviate: pain, headache etc*) aliviar; (*fig: tension, boredom*) disipar, aliviar; **to feel ~d** sentirse aliviado; **it ~s me to hear it** me tranquiliza saberlo.
(**b**) (*rid*) **to ~ sb of sth** librar a algn de algo; **this ~s us of financial worries** esto nos quita de encima la preocupación económica; **let me ~ you of your coat** ¿me permite su abrigo?; **to ~ sb of his wallet** (*iro*) quitarle a algn la cartera.
(**c**) (*Mil: rescue: city etc*) auxiliar.
(**d**) (*replace: sb on guard or shift*) relevar.
(**e**) (*give vent to: feelings, anger*) desahogar.
(**f**) (*go to lavatory*) **to ~ o.s.** hacer del cuerpo, hacer sus necesidades.

religion [rɪˈlɪdʒən] *n* religión *f*; **football is like a ~ with him** (*fig*) el fútbol es su religión.

religious [rɪˈlɪdʒəs] *adj* (*gen*) religioso/a.

religiously [rɪˈlɪdʒəslɪ] *adv* (*fig*) religiosamente.

relinquish [rɪˈlɪŋkwɪʃ] *vt* (*gen*) renunciar a; (*let go of*) soltar.

relish [ˈrelɪʃ] **1** *n* (**a**) (*distinctive flavour*) sabor *m*. (**b**) (*gusto, enthusiasm*) entusiasmo *m*; **to do sth with ~** hacer algo de buena gana; **to eat sth with ~** comer algo con apetito. (**c**) (*sauce*) salsa *f*. **2** *vt* (*taste, savour: a good meal*) saborear; (*fig: like: idea, prospect*) disfrutar con; **I don't ~ the idea** no me gusta la idea.

relive [ˈriːˈlɪv] *vt* revivir; **to ~ old memories** rememorar los recuerdos.

relocate [ˈriːləʊˈkeɪt] **1** *vt* (*factory, employees*) trasladar, reubicar (*LAm*). **2** *vi* trasladarse.

relocation [riːləʊˈkeɪʃən] **1** *n* nueva ubicación *f*. **2** *cpd*: ~ **package** *n* prima *f* de traslado.

reluctance [rɪˈlʌktəns] *n* desgana *f*, renuencia *f*; **to show ~** mostrarse reacio/a *or* renuente; **with ~** con desgana.

reluctant [rɪˈlʌktənt] *adj* (*person*) reacio/a, renuente; **to be ~ to do sth** resistirse a hacer algo.

reluctantly [rɪˈlʌktəntlɪ] *adv* de mala gana, a disgusto.

rely [rɪˈlaɪ] *vi*: **to ~ on sb/sth** (*depend*) depender de algn/algo; (*trust*) confiar en algn/algo; **you can't ~ on the trains** no se puede uno fiar de los trenes; **we are ~ing on you to do it** contamos con Vd para hacerlo.

remain [rɪˈmeɪn] *vi* (**a**) (*be left over*) sobrar, restar; (*survive*) quedar; **if any ~** si sobra alguno; **nothing ~s but to sell up** no queda otro remedio sino venderlo todo; **it ~s to be seen whether** ... está por ver si ...; **it only ~s to thank you** sólo queda darle las gracias.
(**b**) (*stay, persist*) quedarse; **we ~ed there 3 weeks** nos quedamos allí 3 semanas; **it will ~ in my memory** se me quedará grabado en la memoria; **the fact ~s that** ... no es menos cierto que ...; **to ~ seated** *or* **sitting** permanecer sentado.
(**c**) (*with adj complement*) **to ~ faithful to sb** seguir *or* permanecer fiel a algn; **the problem ~s unsolved** el problema sigue sin resolverse; **it ~s true that** ... sigue siendo *or* no deja de ser cierto que ...; **I ~, yours faithfully** le saluda atentamente.

remainder [rɪˈmeɪndəʳ] **1** *n* (*gen, Math*) resto *m*; **the ~** (*gen*) lo demás, el resto, los demás; **during the ~ of the day** durante el resto del día. **2** *vt* (*copies of book*) saldar.

remaining [rɪˈmeɪnɪŋ] *adj* (*left over*) sobrante, restante (*LAm*); (*left behind: sg*) que queda; (*: pl*) que quedan; **the 3 ~ possibilities** las 3 posibilidades restantes; **the ~ passengers** los otros pasajeros.

remains [rɪˈmeɪnz] *npl* (*gen*) restos *mpl*, vestigios *mpl*; (*food*) sobras *fpl*, restos; (*bodily*) restos.

remake [ˈriːmeɪk] *n* (*Cine*) nueva versión *f*.

remand [rɪˈmɑːnd] (*Jur*) **1** *n*: **to be on ~** estar en prisión preventiva. **2** *vt* (*case*) remitir; **to ~ sb in custody** poner a algn en prisión preventiva; **to ~ sb on bail** libertar a algn bajo fianza. **3** *cpd*: ~ **centre** *n* cárcel *f* transitoria; ~ **home** *n* carcél *f* transitoria para menores.

remark [rɪˈmɑːk] **1** *n* (*comment*) comentario *m*, observación *f*; **to let sth pass without ~** dejar pasar algo sin (hacer) comentario; **after some introductory ~s** tras unos comentarios introductorios; **to make** *or* **pass ~s about sb** (*usu pej*) hacer comentarios sobre algn. **2** *vt* (*say*) observar, comentar. **3** *vi* (*comment*) **to ~ on sth** hacer observaciones sobre algo.

remarkable [rɪˈmɑːkəbl] *adj* (*noteworthy, unusual*) notable; (*outstanding*) destacado/a, extraordinario/a; **what's ~ about that?** no tiene nada de extraordinario; **he's a most ~ man** es un hombre extraordinario.

remarkably [rɪˈmɑːkəblɪ] *adv* (*surprisingly*) extraordinariamente.

remarriage [ˈriːˈmærɪdʒ] *n* segundo casamiento *m*.

remarry [ˈriːˈmærɪ] *vi* volver a casarse.

remedial [rɪˈmiːdɪəl] *adj* (*Med*) reparador(a); (*fig*) correctivo/a; ~ **education** educación *f* especial; ~ **teaching** enseñanza *f* de los niños *etc* atrasados.

remedy [ˈremədɪ] **1** *n* (*gen*) remedio *m*; **to be past ~** (*Med, fig*) no tener remedio. **2** *vt* (*Med: illness*) curar; (*fig: situation*) remediar.

remember [rɪˈmembəʳ] **1** *vt* (*recall, not forget: person,* *fact, promise*) acordarse de, recordar; **I ~ seeing it, I ~ having seen it** recuerdo haberlo visto; **she ~ed to do it** se acordó de hacerlo; **it is worth ~ing that ...** vale la pena recordar que ...; **give me sth to ~ you by** dame algún recuerdo tuyo; **~ the waiter!** ¡acuérdate de la propina!; **~ that he carries a gun** recuerda que lleva pistola; **to ~ sb in one's prayers** rezar por algn; **to ~ sb in one's will** mencionar a algn en el testamento; **~ me to your family** déles recuerdos a su familia, saluda a tu familia de mi parte.

2 *vi*: **do you ~?** ¿te acuerdas?, ¿recuerdas?; **yes, I ~** sí, me acuerdo; **as far as I can ~** si mal no recuerdo.

remembrance [rɪˈmembrəns] **1** *n* (*remembering*) recuerdo *m*; **in ~ of** en conmemoración de. **2** *cpd*: **R~ Day** *n* día *m* de los caídos *(en las dos guerras mundiales)*.

remind [rɪˈmaɪnd] *vt* recordar; **to ~ sb of sth** recordar algo a algn; **that ~s me of last time** eso me recuerda la última vez; **she ~s me of Anne** me recuerda a Ana; **that ~s me!** ¡y a propósito!; **thank you for ~ing me** gracias por recordarme; **to ~ sb to do sth** recordar a algn que haga algo.

reminder [rɪˈmaɪndəʳ] *n* **(a)** (*letter etc*) notificación *f*, aviso *m*; **we will send a ~** le enviaremos un recordatorio. **(b)** (*memento*) recuerdo *m*.

reminisce [ˌremɪˈnɪs] *vi* recordar, rememorar.

reminiscence [ˌremɪˈnɪsəns] *n* (*act*) reminiscencia *f*; (*individual recollection*) recuerdo *m*.

reminiscent [ˌremɪˈnɪsənt] *adj* **(a)** (*nostalgic*) nostálgico/a. **(b) to be ~ of** recordar.

remiss [rɪˈmɪs] *adj* descuidado/a; **it was ~ of me** fue un descuido de mi parte.

remission [rɪˈmɪʃən] *n* (*Rel: forgiveness*) remisión *f*, perdón *m*; (*gen: annulment*) exoneración *f*; (*shortening of prison sentence*) disminución *f* de pena.

remit [ˈriːmɪt] **1** *n* cometido *m*, deber *m*; (*of committee etc*) puntos *mpl* de consulta. **2** [rɪˈmɪt] *vt* **(a)** (*pay by sending: amount due*) remitir. **(b)** (*refer: decision*) remitir. **(c)** (*Rel: forgive: sins*) perdonar, remitir; (*gen: let off: debt, part of prison sentence*) remitir; **3 months of the sentence were ~ted** se le redujo la pena en 3 meses.

remittance [rɪˈmɪtəns] **1** *n* (*payment*) pago *m*, giro *m*. **2** *cpd*: **~ advice** *n* aviso *m* de pago.

remnant [ˈremnənt] *n* (*remainder*) resto *m*, remanente *m*; (*scrap of cloth*) retal *m*.

remodel [ˈriːˈmɒdl] *vt* remodelar.

remold [ˈriːməʊld] (*US*) = **remould.**

remonstrance [rɪˈmɒnstrəns] *n* (*complaint, protest*) protesta *f*, queja *f*.

remonstrate [ˈremənstreɪt] *vi* (*protest*) protestar, quejarse; (*argue*) discutir; **to ~ with sb** reconvenir a algn.

remorse [rɪˈmɔːs] *n* (*regret*) remordimiento *m*; **without ~** sin remordimientos; **to feel ~** arrepentirse.

remorseful [rɪˈmɔːsfʊl] *adj* (*regretful*) arrepentido/a.

remorseless [rɪˈmɔːslɪs] *adj* **(a)** despiadado/a. **(b)** (*fig: advance, progress*) implacable, inexorable.

remorselessly [rɪˈmɔːslɪslɪ] *adv* (*see adj*) despiadadamente; implacablemente, inexorablemente.

remote [rɪˈməʊt] *adj* (*comp* **~r**; *superl* **~st**) (*gen, Comput*) remoto/a; (*distant*) lejano/a; (*distant, detached: in place: village, spot*) apartado/a; (*aloof: person*) distante; **in a ~ farmstead** en una alquería aislada; **I haven't the ~st idea** no tengo la más remota idea; **a ~ possibility** una posibilidad remota; **~ control** telemando *m*, mando *m* a distancia.

remote-controlled [rɪˈməʊtkənˈtrəʊld] *adj* (*toy aircraft etc*) teledirigido/a.

remotely [rɪˈməʊtlɪ] *adv* **(a)** (*distantly*) remotamente; **they are ~ related** son parientes lejanos. **(b)** (*slightly*) **it's not even ~ likely** de eso no hay la más remota posibilidad.

remould, (*US*) **remold** [ˈriːˈməʊld] **1** *vt* recauchutar. **2** [ˈriːməʊld] *n* neumático *m or (LAm)* llanta *f* recauchutado/a.

remount [ˈriːˈmaʊnt] *vt* (*gen*) montar de nuevo, volver a montar.

removable [rɪˈmuːvəbl] *adj* (*detachable*) movible; (*from job*) amovible.

removal [rɪˈmuːvəl] **1** *n* (*transfer*) traslado *m*; (*of word etc*) supresión *f*; (*of house etc*) mudanza *f*; (*fig: murder*) eliminación *f*. **2** *cpd*: **~ allowance** *n* subvención *f* de mudanza; **~ expenses** *npl* gastos *mpl* de traslado de efectos personales; **~ van** *n* camión *m* de mudanzas.

remove [rɪˈmuːv] **1** *vt* **(a)** (*take away*) quitar, llevarse; (*set apart*) apartar, alejar; **to ~ a child from school** sacar a un niño de la escuela. **(b)** (*take off: clothing, make-up*) quitarse; **he ~d his hat** se descubrió, se quitó el sombrero; **first ~ the lid** primero quitar la tapa. **(c)** (*Med: appendix etc*) quitar. **(d)** (*get rid of: doubt, obstacle, fear*) eliminar; (*: stain*) borrar, quitar. **2** *vi* (*move house*) mudarse; (*transfer*) trasladarse.

removed [rɪˈmuːvd] *adj*: **first cousin once ~** (*parent's cousin*) tío/a *m/f* segundo/a; (*cousin's child*) sobrino/a *m/f* segundo/a; **far ~ from** muy lejos de.

remover [rɪˈmuːvəʳ] *n* **(a)** (*person*) agente *m* de mudanzas. **(b)** (*substance*) **make-up ~** desmaquillador *m*, desmaquillante *m*; **nail polish ~** quitaesmalte *m*; **stain ~** quitamanchas *m inv*.

remunerate [rɪˈmjuːnəreɪt] *vt* remunerar.

remuneration [rɪˌmjuːnəˈreɪʃən] *n* remuneración *f*.

remunerative [rɪˈmjuːnərətɪv] *adj* remunerativo/a.

Renaissance [rəˈneɪsɑːns] **1** *n* renacimiento *m*. **2** *cpd* renacentista.

renal [ˈriːnl] *adj* (*Anat*) renal; **~ failure** insuficiencia *f* renal.

rename [ˈriːˈneɪm] *vt* poner nuevo nombre a.

rend [rend] (*pt, pp* **rent**) *vt* (*poet: tear*) rasgar, desgarrar; (*: split*) hender; (*fig*) **a cry rent the air** un grito hendió el aire.

render [ˈrendəʳ] *vt* **(a)** (*give: thanks, honour*) dar, rendir; (*: service*) dar, prestar; (*: account*) dar; **'to account ~ed'** (*Comm*) 'según factura anterior'. **(b)** (*make*) dejar, volver; **the accident ~ed him blind** el accidente le dejó ciego; **to ~ sth useless** inutilizar algo; **this ~s it impossible for me to leave** esto me impide marcharme. **(c)** (*interpret: sonata etc*) interpretar; (*role, play*) representar, interpretar; (*translate: text*) traducir. **(d)** (*Culin: also* **~ down**) derretir. **(e)** (*Constr*) enlucir.

rendering [ˈrendərɪŋ] *n* (*translation*) traducción *f*; (*of song, role*) interpretación *f*; **an elegant ~ of Machado** una elegante versión de Machado.

rendezvous [ˈrɒndɪvuː] **1** *n* **(a)** (*date*) cita *f*; (*meeting*) reunión *f*; **to have a ~ with sb** tener una cita con algn. **(b)** (*meeting-place*) lugar *m* de reunión. **2** *vi* reunirse, encontrarse.

rendition [renˈdɪʃən] *n* (*Mus*) interpretación *f*.

renegade [ˈrenɪgeɪd] *adj, n* renegado/a *m/f*.

renege [rɪˈniːg] *vi* faltar a su palabra; **to ~ on a promise** no cumplir una promesa.

renew [rɪˈnjuː] *vt* (*gen*) renovar; (*resume*) reanudar; (*extend date*) prorrogar; **to ~ the attack** volver al ataque.

renewable [rɪˈnjuːəbl] *adj* renovable; (*energy, resources*) no perecedero/a.

renewal [rɪˈnjuːəl] *n* (*see vb*) renovación *f*; reanudación *f*; prórroga *f*; **urban ~** renovación urbana; **a spiritual ~** una renovación espiritual.

rennet [ˈrenɪt] *n* cuajo *m*.

renounce [rɪˈnaʊns] *vt* renunciar a.

renovate [ˈrenəʊveɪt] *vt* (*renew*) renovar; (*restore*) restaurar.

renovation [ˌrenəʊˈveɪʃən] *n* (*of house, building*) restauración *f*.

renown [rɪˈnaʊn] *n* renombre *m*, fama *f*.

renowned [rɪˈnaʊnd] *adj* renombrado/a, famoso/a.

rent[1] [rent] **1** *n* alquiler *m*, arriendo *m* (*LAm*); **we pay £350 in ~** pagamos 350 libras de alquiler; **'for ~'** (*US*) 'se alquila'. **2** *vt* (*house, TV, car*) alquilar, arrendar (*LAm*); **to ~ a flat from sb** alquilar un piso a algn; **to ~ a house (out) to sb** alquilar una casa a algn. **3** *cpd*: **~ book** *n* librito *m* del alquiler; **~ boy** *n* (*fam*) chapero *m* (*fam*); **~ collector** *n* recaudador(a) *m/f* de alquileres; **~ rebate** *n* devolución *f* de alquiler.

rent² [rent] *pt, pp of* **rend**.

rental ['rentl] **1** *n* (*cost*) alquiler *m*, arriendo *m* (*LAm*). **2** *cpd*: **~ car** *n* (*US*) coche *m* de alquiler.

rent-free ['rent'fri:] *adj* (*house etc*) exento/a de alquiler.

renting ['rentɪŋ] *n* arrendamiento *m*.

renunciation [rɪ,nʌnsɪ'eɪʃən] *n* renuncia *f*.

reopen ['ri:'əʊpən] **1** *vt* (*shop, theatre*) volver a abrir, reabrir; (*discussion, hostilities*) reanudar; **to ~ a case** (*Jur*) rever un proceso; **to ~ old wounds** reabrir una vieja herida. **2** *vi* volverse a abrir, reanudarse; **school ~s on the 8th** el nuevo curso comienza el día 8.

re-opening ['ri:'əʊpnɪŋ] *n* (*see vt*) reapertura *f*; reanudación *f*.

reorder ['ri:'ɔ:də^r] *vt, vi* (*Comm*) volver a pedir.

reorganization ['ri:,ɔ:gənaɪ'zeɪʃən] *n* reorganización *f*.

reorganize ['ri:'ɔ:gənaɪz] *vt* reorganizar.

rep¹ [rep] *n abbr* (*Comm*) *of* **representative**.

rep² [rep] *n abbr* (*Theat*) *of* **repertory**.

Rep. *abbr* **(a)** *of* **Republic**. **(b)** (*US Pol*) *of* **Republican**. **(c)** (*US Pol*) *of* **Representative**.

repaid [ri:'peɪd] *pt, pp of* **repay**.

repair [rɪ'pɛə^r] **1** *n* (*act*) reparación *f*, arreglo *m*, compostura *f*; (*patch etc*) remiendo *m*; **to be in good ~, to be in a good state of ~** estar en buen estado; **it is damaged beyond ~** es irreparable; **under ~** en obras; **'closed for ~s'** 'cerrado por obras'.

2 *vt* **(a)** (*car, shoes etc*) reparar, arreglar, componer; (*clothes*) remendar, arreglar.

(b) (*fig: wrong*) remediar.

3 *vi* (*frm: go*) **to ~ to** dirigirse a.

4 *cpd*: **~ kit** *n* caja *f* de herramientas (para reparaciones).

repairable [rɪ'pɛərəbl] *adj* reparable.

repairman [rɪ'pɛəmæn] *n* (*pl* **-men**) (*US*) reparador *m*.

reparable ['repərəbl] *adj* = **repairable**.

reparation [,repə'reɪʃən] *n* reparación *f*; **to make ~ to sb for sth** indemnizar a algn por algo.

repartee [,repɑ:'ti:] *n* réplicas *fpl* agudas.

repatriate [ri:'pætrɪeɪt] *vt* repatriar.

repatriation [ri:,pætrɪ'eɪʃən] *n* repatriación *f*.

repay [ri:'peɪ] (*pt, pp* **repaid**) *vt* (*money*) reembolsar, devolver; (*debt*) liquidar, pagar; (*person*) reembolsar, pagar; (*kindness etc*) devolver, corresponder a; **how can I ever ~ you?** ¿podré corresponderle alguna vez?; **it ~s study** vale la pena estudiarlo.

repayable [ri:'peɪəbl] *adj* reembolsable; **~ in 10 instalments** a pagar en 10 cuotas; **~ on demand** reembolsable a petición.

repayment [ri:'peɪmənt] **1** *n* devolución *f*, reembolso *m*. **2** *cpd*: **~ schedule** *n* plan *m* de amortización.

repeal [rɪ'pi:l] **1** *vt* revocar, abrogar. **2** *n* revocación *f*, abrogación *f*.

repeat [rɪ'pi:t] **1** *vt* (*say or do again*) repetir; **don't ~ it to anybody** no se lo cuentes a nadie; **this offer cannot be ~ed** la oferta no se puede repetir; **to ~ o.s.** repetirse; **~ed failure** fracasos repetidos; **in spite of ~ed reminders** a pesar de repetidas notificaciones. **2** *n* repetición *f*; (*TV*) reposición *f*. **3** *cpd*: **~ order** *n* (*Comm*) pedido *m* renovado; **~ performance** *n* repetición *f*.

repeatedly [rɪ'pi:tɪdlɪ] *adv* repetidas veces.

repel [rɪ'pel] *vt* (*force back*) repeler, rechazar; (*disgust*) repugnar, dar asco a.

repellent [rɪ'pelənt] **1** *adj* (*disgusting*) repugnante, asqueroso/a. **2** *n*: **insect ~** crema *f or* loción *f* antiinsectos.

repent [rɪ'pent] *vi* arrepentirse (*of* de).

repentance [rɪ'pentəns] *n* arrepentimiento *m*.

repentant [rɪ'pentənt] *adj* arrepentido/a.

repercussions [,ri:pə'kʌʃənz] *npl* repercusiones *fpl*; **it had great ~s in France** tuvo gran resonancia en Francia.

repertoire ['repətwɑ:^r] *n* (*of songs, jokes*) repertorio *m*.

repertory ['repətərɪ] *cpd*: **~ company** *n* compañía *f* de repertorio; **~ theatre** *n* teatro *m* de repertorio.

repetition [,repɪ'tɪʃən] *n* repetición *f*.

repetitious [,repɪ'tɪʃəs], **repetitive** [rɪ'petɪtɪv] *adj* repetitivo/a, reiterativo/a; **repetitive strain injury** *lesión en las muñecas y los brazos sufrida por teclistas*.

rephrase [ri:'freɪz] *vt* expresar de otro modo.

replace [rɪ'pleɪs] *vt* **(a)** (*put back: book etc*) devolver a su lugar; (*Telec: receiver*) colgar. **(b)** (*get a replacement for*) reemplazar; (*take the place of*) reemplazar, suplir; **to ~ sth by** *or* **with sth else** sustituir algo por otra cosa; **nobody could ever ~ him in my heart** nadie le sustituirá en mi corazón; **he asked to be ~d** pidió que se le sustituyera.

replaceable [rɪ'pleɪsəbl] *adj* reemplazable, sustituible.

replacement [rɪ'pleɪsmənt] **1** *n* (*act: see vt*) devolución *f*; reemplazo *m*; sustitución *f*; (*substitute: thing*) repuesto *m*, recambio *m*; (*: person*) sustituto/a *m/f*, suplente *mf*. **2** *cpd*: **~ cost** *n* costo *m* de sustitución; **~ value** *n* valor *m* de sustitución.

replay [,ri:'pleɪ] **1** *vt, vi* (*match etc*) volver a jugar. **2** ['ri:pleɪ] *n* (*of match*) repetición *f* de un partido; **action ~** (*TV*) repetición.

replenish [rɪ'plenɪʃ] *vt* (*tank etc*) rellenar, llenar de nuevo; (*stocks*) reponer.

replete [rɪ'pli:t] *adj* (*usu pred*) repleto/a, lleno/a.

replica ['replɪkə] *n* réplica *f*, reproducción *f*.

reply [rɪ'plaɪ] **1** *n* respuesta *f*, contestación *f*; **in ~** en respuesta; **there's no ~** (*Telec*) no contestan; **we await your ~** (*ending letter*) en espera de sus noticias. **2** *vi* (*to sb*) responder, contestar; **to ~ to a letter** contestar una carta. **3** *cpd*: **~-paid postcard** *n* tarjeta *f* de respuesta pagada.

repopulate ['ri:'pɒpjʊleɪt] *vt* repoblar.

report [rɪ'pɔ:t] **1** *n* **(a)** (*account: written, spoken*) informe *m*; (*Press, Rad, TV*) reportaje *m*; (*: piece of news*) noticia *f*; **annual ~** memoria *f* anual; **to give a ~ on sth** presentar un informe sobre algo.

(b) (*bang*) estallido *m*; (*shot*) disparo *m*.

(c) (*Scol*) boletín *m* escolar.

2 *vt* (*state, make known*) informar, dar informe de; (*Press, TV*) informar acerca de; (*notify: accident, culprit*) denunciar; **it is ~ed from Berlin that ...** se informa desde Berlín que ...; **she is ~ed to be in Italy** se cree que está en Italia; **~ed speech** discurso *m* indirecto; **what have you to ~?** ¿qué noticias nos trae?; **nothing to ~** sin novedad; **to ~ progress** informar sobre los progresos habidos; **I shall have to ~ this** tengo la obligación de presentar una denuncia de *or* denunciar esto; **you have been ~ed for idleness** Vd ha sido denunciado por vago.

3 *vi* **(a)** (*make ~*) presentar un informe; **to ~ on** investigar; **a committee was set up to ~ on the pill** se creó una comisión para investigar la píldora.

(b) (*as reporter*) ser reportero/a.

(c) (*present oneself*) presentarse (*to* a); **to ~ at a place at 18.00 hours** presentarse en un sitio a las 18.00 horas; **to ~ for duty** presentarse para el servicio; **to ~ sick** darse de baja por enfermo; **he ~s to the marketing director** es responsable al director de márketing.

▸ **report back** *vi + adv* informar; **~ back at 6 o'clock** preséntese a las 6.

reportage [,repɔ:'tɑ:ʒ] *n* (*news report*) reportaje *m*; (*technique*) periodismo *m*.

reportedly [rɪ'pɔ:tɪdlɪ] *adv* según se dice; **he is ~ living in Australia** se dice que está viviendo en Australia.

reporter [rɪ'pɔ:tə^r] *n* (*Press*) periodista *mf*, reportero/a *m/f*; (*TV, Rad*) locutor(a) *m/f*.

repose [rɪ'pəʊz] (*frm*) **1** *n* (*rest, sleep*) reposo *m*, descanso

m; (*calm*) calma *f*, tranquilidad *f*. **2** *vi* (*rest, be buried*) reposar, descansar.
repository [rɪˈpɒzɪtərɪ] *n* depósito *m*.
repossess [ˈriːpəˈzes] *vt* recobrar.
repossession [ˌriːpəˈzeʃən] *n* recuperación *f* de un artículo no pagado.
reprehensible [ˌreprɪˈhensɪbl] *adj* reprensible, censurable.
represent [reprɪˈzent] *vt* (**a**) (*stand for, symbolize*) representar. (**b**) (*act or speak for*) representar; **his early work is well ~ed in the exhibition** su obra juvenil tiene una fuerte representación en la exposición. (**c**) (*frm: convey, explain*) explicar, hacer ver.
representation [ˌreprɪzenˈteɪʃən] *n* representación *f*; **to make ~s to sb** levantar una protesta a algn; *see* **proportional**.
representative [ˌreprɪˈzentətɪv] **1** *adj* representativo/a (*of* de); **these figures are more ~** estas cifras son más representativas. **2** *n* (*gen*) representante *mf*; (*US Pol*) **R~** ≈ diputado/a *m/f*; (*Comm*) viajante *mf*; **the House of R~s** (*US Pol*) la cámara de Representantes, ≈ el Senado.
repress [rɪˈpres] *vt* reprimir.
repressed [rɪˈprest] *adj* reprimido/a.
repression [rɪˈpreʃən] *n* (*gen, Psych*) represión *f*.
repressive [rɪˈpresɪv] *adj* represivo/a.
reprieve [rɪˈpriːv] **1** *n* (*Jur*) indulto *m*; (*: of sentence*) conmutación *f*; (*fig: delay*) aplazamiento *m*, alivio *m* temporal; **the wood got a ~** se retiró la orden de talar el bosque. **2** *vt* (*Jur*) indultar; (*fig*) salvar.
reprimand [ˈreprɪmɑːnd] **1** *n* reprimenda *f*. **2** *vt* reprender, regañar.
reprint [ˈriːprɪnt] **1** *n* reimpresión *f*, reedición *f*. **2** [ˈriːˈprɪnt] *vt* reimprimir.
reprisal [rɪˈpraɪzəl] *n* represalia *f*; **to take ~s** tomar represalias.
reproach [rɪˈprəʊtʃ] **1** *n* reproche *m*; **above** *or* **beyond ~** intachable, irreprochable; **that is a ~ to us all** es un reproche a todos nosotros. **2** *vt*: **to ~ sb for sth** reprochar algo a algn; **to ~ o.s. for sth** reprocharse algo, culparse de algo.
reproachful [rɪˈprəʊtʃfʊl] *adj* (*look etc*) de reproche, de acusación.
reprobate [ˈreprəʊbeɪt] *n* réprobo/a *m/f*.
reprocess [ˌriːˈprəʊses] *vt* reprocesar.
reprocessing [ˌriːˈprəʊsesɪŋ] **1** *n* reprocesamiento *m*. **2** *cpd*: **~ plant** *n* planta *f* de reprocesamiento.
reproduce [ˌriːprəˈdjuːs] **1** *vt* reproducir. **2** *vi* (*Bio*) reproducirse.
reproduction [ˌriːprəˈdʌkʃən] **1** *n* (**a**) (*act of reproducing*) reproducción *f*; (*copy*) copia *f*, reproducción. (**b**) (*Bio*) reproducción *f*. **2** *cpd*: **~ furniture** *n* reproducciones *fpl* de muebles antiguos.
reproductive [ˌriːprəˈdʌktɪv] *adj* reproductor(a).
reproof [ˌriːˈpruːf] *n* reprobación *f*, regaño *m*.
re-proof [ˌriːˈpruːf] *vt* (*garment*) impermeabilizar de nuevo.
reprove [rɪˈpruːv] *vt*: **to ~ sb for sth** reprobar a algn por algo.
reptile [ˈreptaɪl] *n* reptil *m*.
Repub. *abbr* (**a**) *of* **Republic**. (**b**) *of* **Republican**.
republic [rɪˈpʌblɪk] *n* república *f*.
republican [rɪˈpʌblɪkən] *adj, n* republicano/a *m/f*.
republish [ˈriːˈpʌblɪʃ] *vt* reeditar.
repudiate [rɪˈpjuːdɪeɪt] *vt* (*charge, treaty, debt*) negarse a aceptar; (*wife, violence*) repudiar.
repudiation [rɪˌpjuːdɪˈeɪʃən] *n* (*see vt*) rechazo *m*; repudio *m*.
repugnance [rɪˈpʌgnəns] *n* repugnancia *f*.
repugnant [rɪˈpʌgnənt] *adj* repugnante.
repulse [rɪˈpʌls] *vt* (*gen*) rechazar.
repulsion [rɪˈpʌlʃən] *n* (*disgust*) repulsión *f*, repugnancia *f*; (*rejection*) rechazo *m*.
repulsive [rɪˈpʌlsɪv] *adj* repulsivo/a, repugnante.
reputable [ˈrepjʊtəbl] *adj* (*of good name*) acreditado/a, de confianza.
reputation [ˌrepjʊˈteɪʃən] *n* reputación *f*, fama *f*; **to have a bad ~** tener mala fama; **he has a ~ for being awkward** tiene fama de difícil; **to live up to one's ~** merecer la reputación.
repute [rɪˈpjuːt] **1** *n* reputación *f*, renombre *m*; **a firm of ~** una casa acreditada; **a house of ill ~** (*euph*) una casa de mala fama. **2** *vt*: **he is ~d to be very fast** se dice que es muy rápido; **she is ~d to be the world's best** tiene fama de ser la mejor del mundo.
reputed [rɪˈpjuːtɪd] *adj* (*supposed*) supuesto/a, presunto/a; (*well known*) renombrado/a.
reputedly [rɪˈpjuːtɪdlɪ] *adv* según dicen.
request [rɪˈkwest] **1** *n* (*gen*) solicitud *f*; (*plea*) petición *f*; **a ~ for help** una petición de socorro; **at the ~ of** a petición de; **by popular ~** a petición del público; **on ~** a solicitud; **to make a ~ for sth** pedir algo. **2** *vt* solicitar; **to ~ sb to do sth** pedir a algn hacer algo. **3** *cpd*: **~ (bus) stop** *n* parada *f* discrecional; **~ programme** *n* (*Rad*) programa *m* de discos solicitados.
requiem [ˈrekwɪem] *n* réquiem *m*.
require [rɪˈkwaɪəʳ] *vt* (**a**) (*need*) requerir, necesitar; (*call for, take: care, effort*) exigir, requerir; **it ~s great care** exige mucho cuidado; **is my presence ~d?** ¿es necesario que asista yo?; **what qualifications are ~d?** ¿qué títulos se requieren?; **if ~d** si se requiere. (**b**) (*demand, order*) exigir; (*ask*) pedir, rogar; **to ~ sth of sb** pedir algo a algn; **to ~ that sth be done** exigir que algo se haga.
required [rɪˈkwaɪəd] *adj* necesario/a, requerido/a; **in the ~ time** dentro del plazo prescrito; **the qualities ~ for the job** las cualidades que se requieren para el puesto; **it is a ~ course for the degree** (*US*) es una asignatura obligatoria para el título; **~ (by law)** obligatorio/a (por ley).
requirement [rɪˈkwaɪəmənt] *n* (*need*) necesidad *f*; (*condition*) requisito *m*; **it is one of the ~s of the contract** es una de las estipulaciones del contrato; **to meet all the ~s for sth** reunir todos los requisitos para algo.
requisite [ˈrekwɪzɪt] **1** *adj* = **required**. **2** *n* requisito *m*; **toilet ~s** artículos *mpl* de baño.
requisition [ˌrekwɪˈzɪʃən] **1** *n* (*Mil*) requisa *f*, requisición *f*; (*formal request*) solicitud *f*. **2** *vt* (*see n*) requisar; solicitar.
reroute [ˈriːˈruːt] *vt* desviar.
rerun [ˈriːrʌn] *n* repetición *f*.
resale [ˈriːˈseɪl] **1** *n* reventa *f*. **2** *cpd*: **~ price maintenance** *n* mantenimiento *m* del precio de venta; **~ value** *n* valor *m* de reventa.
resat [ˈriːˈsæt] *pt, pp of* **resit**.
rescind [rɪˈsɪnd] *vt* (*Jur*) abrogar; (*contract*) rescindir; (*order*) anular.
rescue [ˈreskjuː] **1** *n* rescate *m*, salvamento *m*; **to come/go to sb's ~** acudir en auxilio de algn, socorrer a algn. **2** *vt* salvar, rescatar; **three men were ~d** se salvaron tres hombres; **to ~ sb from death** salvar a algn de la muerte. **3** *cpd*: **~ attempt** *n* tentativa *f* de salvamento; **~ operations** *npl* operaciones *fpl* de salvamento; **~ party** *n* equipo *m* de salvamento; **~ services** *npl* servicios *mpl* de rescate.
rescuer [ˈreskjʊəʳ] *n* salvador(a) *m/f*.
research [rɪˈsɜːtʃ] **1** *n* investigación *f*; **~ and development** investigación y desarrollo; *see* **market 3**. **2** *vi* hacer investigaciones; **to ~ into sth** investigar algo. **3** *vt* investigar; **a well ~ed book** un libro bien documentado. **4** *cpd*: **~ establishment** *n* instituto *m* de investigación; **~ staff** *n* personal *m* investigador; **~ student** *n* estudiante *mf* investigador(a); **~ work** *n* trabajo(s) *m(pl)* de investigación; **~ worker** *n* investigador(a) *m/f*.
researcher [rɪˈsɜːtʃəʳ] *n* investigador(a) *m/f*.
resell [ˈriːˈsel] (*pt, pp* **resold**) *vt* revender.
resemblance [rɪˈzembləns] *n* semejanza *f*, parecido *m*;

to bear a strong ~ to sb parecerse mucho a algn, estar clavado/a a algn; **there is no ~ between them** los dos no se parecen en absoluto.
resemble [rɪ'zembl] *vt* parecerse a.
resent [rɪ'zent] *vt* resentirse por, sentirse ofendido/a por; **he ~s my being here** le molesta que esté aquí.
resentful [rɪ'zentfʊl] *adj* (*person, tone*) resentido/a; **to be** *or* **feel ~ of sb** tener resentimiento a algn.
resentment [rɪ'zentmənt] *n* resentimiento *m* (*about* por).
reservation [ˌrezə'veɪʃən] **1** *n* (**a**) (*booking*) reserva *f*. (**b**) (*doubt*) reserva *f*, duda *f*; **I had ~s about it** tenía ciertas dudas sobre ese punto. (**c**) (*area of land*) reserva *f*; *see* **central**. **2** *cpd*: **~ desk** *n* (*Brit*) mostrador *m* de reservas; (*US: in hotels*) recepción *f*.
reserve [rɪ'zɜːv] **1** *n* (**a**) (*of money etc*) reserva *f*; **to have sth in ~** tener algo de reserva; **to keep sth in ~** guardar algo en reserva; **there are untapped ~s of energy** hay fuentes de energía sin explotar todavía.
(**b**) (*Sport etc*) reserva *mf*, suplente *mf*.
(**c**) (*land*) reserva *f*.
(**d**) (*hiding one's feelings*) reserva *f*; **without ~** sin reserva.
2 *vt* (**a**) (*table, seat etc*) reservar; (*set aside*) reservar, guardar; **to ~ one's strength** conservar las fuerzas; **to ~ the right to do sth** reservarse el derecho de hacer algo.
(**b**) (*Jur*) aplazar; **I ~ judgment on this** me reservo el juicio en este asunto.
3 *cpd*: **~ currency** *n* divisa *f* de reserva; **~ petrol** *or* (*US*) **gas tank** *n* depósito *m* de gasolina de reserva; **~ price** *n* (*Brit*) precio *m* mínimo; **~ team** *n* (*Sport*) equipo *m* de reserva.
reserved [rɪ'zɜːvd] *adj* (*gen*) reservado/a.
reservist [rɪ'zɜːvɪst] *n* (*Mil*) reservista *mf*.
reservoir ['rezəvwɑːʳ] *n* (*lake*) embalse *m*, represa *f* (*LAm*); (*tank etc*) depósito *m*.
reset ['riː'set] (*pt, pp* ~) **1** *vt* (*machine etc*) reajustar; (*Typ*) recomponer; (*Comput*) reinicializar; (*bone*) volver a encajar; (*jewel*) reengastar. **2** *cpd*: **~ switch** *n* conmutador *m* de reajuste.
resettle ['riː'setl] **1** *vt* (*persons*) establecer de nuevo; (*land*) repoblar. **2** *vi* reestablecerse.
reshuffle ['riː'ʃʌfl] **1** *n* (*Pol*) reconstrucción *f*. **2** *vt* (*cards*) volver a barajar; (*Pol*) reconstruir.
reside [rɪ'zaɪd] *vi* (*frm*) residir, vivir; **to ~ in** *or* **with** (*fig*) residir en; **the problem ~s there** ahí el problema radica.
residence ['rezɪdəns] **1** *n* (**a**) (*stay*) permanencia *f*, estancia *f* (*LAm*); (*home*) residencia *f*, domicilio *m*; **after 6 months' ~** después de 6 meses de permanencia; **to take up ~** (*in house*) instalarse; (*in country*) establecerse; **in ~** residente. (**b**) (*Univ: also* **hall of ~**) colegio *m* mayor. **2** *cpd*: **~ permit** *n* permiso *m* de residencia.
resident ['rezɪdənt] **1** *adj* (*person, Comput*) residente; (*population etc*) permanente; **to be ~ in a town** tener domicilio fijo en una ciudad; **we were ~ there for some years** residimos allí durante varios años. **2** *n* (*of hotel etc*) huésped(a) *m/f*; (*of area*) vecino/a *m/f*; **~s' association** asociación *f* de vecinos.
residential [ˌrezɪ'denʃəl] *adj* (*area*) residencial; (*work*) interno/a.
residual [rɪ'zɪdjʊəl] *adj* residual.
residue ['rezɪdjuː] *n* (**a**) (*remainder*) resto *m*, residuo *m*. (**b**) (*Jur*) bienes *mpl* residuales. (**c**) (*Chem*) residuo *m*.
resign [rɪ'zaɪn] **1** *vt* (*gen*) renunciar a; **to ~ o.s. to (doing) sth** resignarse a (hacer) algo. **2** *vi* dimitir, renunciar.
resignation [ˌrezɪg'neɪʃən] *n* (**a**) (*act*) dimisión *f*, renuncia *f*; **to offer** *or* **send in** *or* **hand in** *or* **submit one's ~** presentar la dimisión. (**b**) (*state*) resignación *f*.
resigned [rɪ'zaɪnd] *adj* resignado/a.
resilience [rɪ'zɪlɪəns] *n* (*Tech*) elasticidad *f*; (*fig*) resistencia *f*.
resilient [rɪ'zɪlɪənt] *adj* (*see n*) elástico/a; resistente.
resin ['rezɪn] *n* resina *f*.
resist [rɪ'zɪst] **1** *vt* (*oppose*) resistir(se) a; (*be unaffected by*) resistir; **to ~ temptation** resistir la tentación; **I couldn't ~ buying it** no me resistí a comprarlo; **she can't ~ sweets** no puede resistirse a los dulces. **2** *vi* resistir.
resistance [rɪ'zɪstəns] *n* (*gen*) resistencia *f*; **to offer ~** oponer resistencia; **to take the line of least ~** seguir la ley del mínimo esfuerzo.
resistant [rɪ'zɪstənt] *adj* resistente.
resit ['riːsɪt] (*vb: pt, pp* **resat**) (*Brit*) **1** *n* reválida *f*. **2** ['riː'sɪt] *vt* (*exam*) presentarse otra vez a.
resold [ˌriː'səʊld] *pt, pp of* **resell**.
resolute ['rezəluːt] *adj* resuelto/a, decidido/a.
resolutely ['rezəluːtlɪ] *adv* resueltamente.
resolution [ˌrezə'luːʃən] *n* (**a**) (*determination*) resolución *f*. (**b**) (*solving*) resolución *f*. (**c**) (*motion*) resolución *f*, proposición *f*; **to put a ~ to a meeting** someter una moción a votación. (**d**) (*resolve*) propósito *m*; **New Year ~s** buenos propósitos para el Año Nuevo. (**e**) (*Chem*) resolución *f*. (**f**) (*Comput*) definición *f*.
resolve [rɪ'zɒlv] **1** *n* (*resoluteness*) resolución *f*; **to make a ~ to do sth** resolverse a hacer algo. **2** *vt* (*find solution to*) resolver, solucionar; (*decide*) resolver, decidir; **to ~ to do sth** resolverse a hacer algo; **to ~ that ...** acordar que ...; **it was ~d that ...** se acordó que ....
resolved [rɪ'zɒlvd] *adj*: **to be ~ to do sth** estar resuelto/a a hacer algo.
resonance ['rezənəns] *n* resonancia *f*.
resonant ['rezənənt] *adj* (*sound*) resonante; **the village was ~ with the sound of the bells** las campanas resonaban por el pueblo.
resort [rɪ'zɔːt] **1** *n* (**a**) (*recourse*) recurso *m*; **as a last ~, in the last ~** como último recurso. (**b**) (*place*) lugar *m* de reunión; **holiday ~** centro *m* turístico *or* de vacaciones. **2** *vi* (**a**) (*to violence etc*) recurrir (*to* a); **then you ~ to me for help** así que acudes a mí a pedir ayuda. (**b**) (*frequent, visit*) **to ~ to** frecuentar.
resound [rɪ'zaʊnd] *vi* (*sound*) resonar; (*place*) **the house ~ed with laughter** resonaron las risas por toda la casa.
resounding [rɪ'zaʊndɪŋ] *adj* (*noise*) sonoro/a; (*victory etc*) resonante.
resource [rɪ'sɔːs] **1** *n* (*expedient*) recurso *m*, expediente *m*; (*wealth, goods*) recurso; **as a last ~** como último recurso; **to leave sb to his own ~s** (*fig*) dejar que algn se apañe como pueda; **natural ~s** recursos naturales; **those ~s are as yet untapped** esos recursos quedan todavía sin explotar. **2** *vt* proveer fundos para; **an inadequately ~d project** un proyecto insuficientemente financiado.
resourceful [rɪ'sɔːsfʊl] *adj* ingenioso/a, despabilado/a (*Sp*).
respect [rɪs'pekt] **1** *n* (**a**) (*consideration*) respeto *m*, consideración *f*; **to have** *or* **show ~ for** tener *or* mostrar respeto por; **to pay ~ to** tomar en consideración.
(**b**) (*admiration, esteem*) respeto *m*, estima *f*; **to have** *or* **show ~ for** respetar; **to hold sb in great ~** tener a algn en gran estima; **to treat sb with ~** tratar a algn respetuosamente; **out of ~** por respeto; **with (due) ~** con el debido respeto; **worthy of ~** digno de respeto.
(**c**) **~s** respetos *mpl*, saludos *mpl*; **to pay one's ~s to sb** (*frm*) presentar sus respetos a algn; **to pay one's last ~s to sb** hacer honor al muerto; (*in official ceremony*) rendir el último homenaje a algn.
(**d**) (*point, detail*) respecto *m*; **in some/all/many ~s** en algunos/todos/muchos aspectos; **in this/one/no/any ~** en este/un/ningún/cualquier sentido.
(**e**) (*reference, regard*) respecto *m*; **in ~ of** (*frm*) respecto a *or* de; **with ~ to** (*frm*) en lo que respecta a; **without ~ to** sin distinción de.
2 *vt* respetar; **to ~ sb's wishes** respetar los deseos de algn.
respectability [rɪsˌpektə'bɪlɪtɪ] *n* respetabilidad *f*.
respectable [rɪs'pektəbl] *adj* (**a**) (*deserving respect*) res-

petable; **for perfectly ~ reasons** por motivos perfectamente legítimos. (**b**) (*of fair social standing, decent*) respetable, decente; **in ~ society** en la buena sociedad. (**c**) (*amount etc*) apreciable; **at a ~ distance** a una distancia prudente. (**d**) (*passable*) pasable, tolerable; **we made a ~ showing** lo hicimos más o menos bien.

respectably [rɪsˈpektəblɪ] *adv* (*dress, behave*) respetablemente, decentemente; (*quite well*) pasablemente.

respected [rɪsˈpektɪd] *adj* estimado/a, respetado/a.

respecter [rɪsˈpektəʳ] *n*: **to be no ~ of persons** no hacer distinción de personas.

respectful [rɪsˈpektfʊl] *adj* respetuoso/a.

respectfully [rɪsˈpektfəlɪ] *adv* respetuosamente.

respecting [rɪsˈpektɪŋ] *prep* con respecto a, en cuanto a.

respective [rɪsˈpektɪv] *adj* respectivo/a.

respectively [rɪsˈpektɪvlɪ] *adv* respectivamente.

respiration [ˌrespɪˈreɪʃən] *n* respiración *f*.

respiratory [rɪsˈpaɪərətərɪ] *adj* respiratorio/a.

respite [ˈrespaɪt] *n* (*gen*) respiro *m*, tregua *f*; (*Jur*) prórroga *f*, plazo *m*; **without ~** sin descanso; **they gave us no ~** no nos dejaron respirar.

resplendent [rɪsˈplendənt] *adj* resplandeciente; **to be ~ in a new dress** lucir un nuevo vestido.

respond [rɪsˈpɒnd] *vi* (*answer*) contestar, responder; (*be responsive*) responder, reaccionar; **to ~ to treatment** responder al tratamiento; **the cat ~s to kindness** el gato es sensible a los buenos tratos.

respondent [rɪsˈpɒndənt] *n* (*Jur*) demandado/a *m/f*.

response [rɪsˈpɒns] *n* (*answer*) contestación *f*, respuesta *f*; (*reaction*) reacción *f*; **in ~ to** en como respuesta a; **we got a 73% ~** respondió el 73 por cien; **we had hoped for a bigger ~** habíamos esperado más correspondencia.

responsibility [rɪsˌpɒnsəˈbɪlɪtɪ] *n* (**a**) (*accountability*) responsabilidad *f*; **on one's own ~** bajo su propia responsabilidad; **to accept ~ for sth** hacerse responsable de algo; **that's his ~** eso le incumbe a él; **to take ~ for sth/sb** asumir responsabilidad por algo/algn. (**b**) (*duty*) responsabilidad *f*, deber *m*; **that's his ~** eso le toca (a él).

responsible [rɪsˈpɒnsəbl] *adj* (**a**) (*accountable*) responsable; **to be ~ to sb (for sth)** ser responsable ante algn (de algo); **to hold sb ~ for sth** responsabilizar a algn de algo; **who was ~ for the delay?** ¿a quién se debe el retraso? (**b**) (*of character*) serio/a, responsable; **to act in a ~ fashion** obrar con seriedad. (**c**) (*post etc*) de confianza, de responsabilidad.

responsibly [rɪsˈpɒnsəblɪ] *adv* de forma responsable.

responsive [rɪsˈpɒnsɪv] *adj* (*sensitive*) sensible; (*interested*) interesado/a; **he was not very ~** apenas dio indicio de interés.

rest[1] [rest] **1** *n* (**a**) (*repose*) descanso *m*; (*pause*) respiro *m*, descanso; **day of ~** día de descanso; **to come to ~** (*vehicle*) pararse; **to have a good night's ~** dormir la noche entera; **at ~** (*not moving*) parado/a; (*euph: dead*) en paz; **give it a ~!** (*fam*) ¡déjalo!; **to set sb's mind at ~** tranquilizar a algn; **to take a ~** descansar.

(**b**) (*Mus*) silencio *m*, pausa *f*.

(**c**) (*support*) apoyo *m*, soporte *m*; (*base*) base *f*.

2 *vt* (**a**) (*give ~ to*) descansar, dejar descansar; **to ~ one's eyes** *or* **gaze on sth** fijar la mirada en algo.

(**b**) (*support: ladder, bicycle*) apoyar; (*: head, hand*) descansar, apoyar.

(**c**) **to ~ one's case** (*Jur*) dar fin a su alegato.

3 *vi* (**a**) (*repose: person*) descansar, reposar; (*: field, land*) descansar; (*stop*) detenerse, pararse; **I feel very ~ed** he descansado mucho; **may he ~ in peace** (*euph*) descanse en paz; **to ~ with sb** depender de algn; **we shall never ~ until it is settled** no habrá descanso hasta que se arregle el asunto; **and there the matter ~s** y ahí queda el asunto, y de ahí no pasa; **~ assured that ...** tenga por seguro que ....

(**b**) **to ~ on** (*perch*) posar en; (*be supported*) descansar sobre, apoyarse en; (*fig*) pesar sobre; **her head ~ed on her hand** su cabeza se apoyaba en la mano; **the case ~s on the following facts** el caso se basa en los siguientes hechos; **his eyes ~ed on me** su mirada se clavó en mí; **it does not ~ with me** no depende de mí.

4 *cpd* (*cure, day*) de descanso; **~ home** *n* casa *f* de reposo; **~ room** *n* (*US*) servicios *mpl*, sanitarios *mpl* (*LAm*).

rest[2] [rest] *n* (*remainder: of money, food etc*) resto(s) *m(pl)*, lo sobrante; (*: of people, things*) los/las demás, resto; **the ~** los demás; **the ~ of the soldiers** los otros *or* demás soldados; **as for the ~** en cuanto a lo demás; **she was a deb and all the ~ of it** (*fam*) era debutante y todo lo demás.

restate [ˈriːˈsteɪt] *vt* (*argument: repeat*) repetir; (*: change terms of*) modificar.

restaurant [ˈrestərɒŋ] **1** *n* restaurante *m*. **2** *cpd*: **~ car** *n* (*Brit*) coche-comedor *m*.

restaurateur [ˌrestərəˈtɜːʳ] *n* dueño *m* de un restaurante.

restful [ˈrestfʊl] *adj* descansado/a, tranquilo/a.

restitution [ˌrestɪˈtjuːʃən] *n* restitución *f*; **to make ~ (of sth to sb)** indemnizar (a algn por algo).

restive [ˈrestɪv] *adj* inquieto/a.

restless [ˈrestlɪs] *adj* (*gen*) agitado/a, inquieto/a; (*sleepless*) insomne, desvelado/a; (*crowd, natives etc*) alborotado/a; **he's the ~ sort** no sabe quedarse quieto; **to get ~** impacientarse; **I had a ~ night** pasé una noche en desvelo.

restlessness [ˈrestlɪsnɪs] *n* (*see adj*) agitación *f*, inquietud *f*; insomnio *m*; alboroto *m*.

restock [ˈriːˈstɒk] *vt* (*larder etc*) reabastecer; (*with livestock*) repoblar; **we ~ed with Brand X** renovamos las existencias con la Marca X.

restoration [ˌrestəˈreɪʃən] *n* (*see vb*) restauración *f*; devolución *f*, restitución *f*; restablecimiento *m*.

restore [rɪsˈtɔːʳ] *vt* (*building etc*) restaurar; (*give back*) devolver, restituir; (*strength etc*) devolver; (*introduce again*) restablecer; **to ~ sth to sb** devolver algo a algn; **to ~ sb to health** devolver la salud a algn; **to ~ the strength of the pound** restablecer el valor de la libra; **order was soon ~d** pronto se restableció el orden.

restorer [rɪsˈtɔːrəʳ] *n* (*person*) restaurador(a) *m/f*.

restrain [rɪsˈtreɪn] *vt* (*hold back*) refrenar; (*repress*) reprimir; (*by persuasion*) disuadir; (*prevent*) impedir; (*inhibit*) cohibir; (*contain*) contener; (*confine*) encerrar; **to ~ sb from doing sth** disuadir a algn de hacer algo; **I managed to ~ my anger** logré contener mi enojo; **to ~ o.s.** contenerse.

restrained [rɪsˈtreɪnd] *adj* (*person*) cohibido/a; (*style etc*) reservado/a.

restraint [rɪsˈtreɪnt] *n* (**a**) (*check*) restricción *f*; (*control*) control *m*; **a ~ on trade** una restricción sobre el comercio; **without ~** sin restricción. (**b**) (*constraint: of manner*) reserva *f*; (*self-control*) autodominio *m*, control *m* de sí mismo; **he showed great ~** mostró poseer gran autodominio.

restrict [rɪsˈtrɪkt] *vt* (*visits, price rise etc*) limitar; (*authority, freedom etc*) restringir; (*limit*) poner trabas a; **to ~ o.s. to sth** limitarse a algo; **his output is ~ed to novels** su producción se limita a las novelas.

restricted [rɪsˈtrɪktɪd] *adj* (*prohibited*) vedado/a, prohibido/a; (*limited*) limitado/a; (*held down etc*) restringido/a; **he has rather a ~ outlook** (*fig*) es de miras estrechas; **~ area** (*Brit Aut*) zona *f* de velocidad limitada; **~ market** mercado *m* restringido.

restriction [rɪsˈtrɪkʃən] *n* restricción *f*, limitación *f*; **to place ~s on the sale of a drug** poner limitaciones a la venta de una droga.

restrictive [rɪsˈtrɪktɪv] *adj* restringido/a, limitado/a; **~ practices** prácticas *fpl* restrictivas.

restring [ˌriːˈstrɪŋ] (*pt, pp* **restrung** [ˌriːˈstrʌŋ]) *vt* (*pearls, necklace*) ensartar de nuevo; (*violin, racket*) poner nuevas cuerdas a.

result [rɪˈzʌlt] **1** *n* resultado *m*; **~s** (*of election, exam etc*) resultados; **as a ~ (of)** como consecuencia (de); **the ~ is that ...** el resultado es que .... **2** *vi* resultar (*from* de); **to ~ in** resultar en, tener por resultado; **it ~ed in his death** causó su muerte; **it ~ed in a large increase** produjo un aumento apreciable.

resultant [rɪ'zʌltənt] *adj* resultante.

resume [rɪ'zjuːm] **1** *vt* (**a**) (*start again*) reanudar; **to ~ one's work** reanudar el trabajo; **to ~ one's seat** volver al asiento. (**b**) (*sum up*) resumir. **2** *vi* (*class, meeting*) continuar, comenzar de nuevo.

résumé ['reɪzjuːmeɪ] *n* resumen *m*.

resumption [rɪ'zʌmpʃən] *n* (*gen*) reanudación *f*; (*continuation*) continuación *f*.

resurface ['riː'sɜːfɪs] **1** *vt* (*road*) rehacer el firme de; (*gen*) revestir. **2** *vi* (*submarine*) volver a la superficie; (*person*) reaparecer.

resurgence [rɪ'sɜːdʒəns] *n* resurgimiento *m*.

resurrection [ˌrezə'rekʃən] *n* (*Rel*) Resurrección *f*; (*fig*) resurrección.

resuscitate [rɪ'sʌsɪteɪt] *vt* resucitar.

retail ['riːteɪl] **1** *adj* al por menor. **2** *adv*: **to buy/sell sth ~** comprar/vender algo al por menor. **3** *vt* (*Comm*) vender al por menor; (*gossip*) repetir. **4** *vi* (*Comm*) **to ~ at** tener precio de venta al público de. **5** *cpd*: **~ outlet** *n* punto *m* de venta al por menor; **~ price** *n* precio *m* de venta al público; **~ price index** *n* índice *m* de precios al consumo; **~ trade** *n* comercio *m* al por menor *or* detallista, menudeo *m*.

retailer ['riːteɪləʳ] *n* comerciante *mf* al por menor, detallista *mf*.

retain [rɪ'teɪn] *vt* (*hold back*) retener; (*keep in one's possession*) guardar, quedarse con; (*in memory*) recordar, retener; (*sign up: lawyer*) contratar; **~ed earnings, ~ed profit** beneficios *mpl* retenidos; **~ing wall** muro *m* de contención.

retainer [rɪ'teɪnəʳ] *n* (**a**) (*servant*) criado/a *m/f*. (**b**) (*fee*) anticipo *m*.

retake ['riːteɪk] (*vb: pt* **retook** [ˌriː'tʊk]; *pp* **~n** [ˌriː'teɪkən]) **1** *n* (*Cine*) repetición *f*. **2** [ˌriː'teɪk] *vt* (**a**) (*Mil*) volver a tomar. (**b**) (*exam*) presentarse segunda vez a.

retaliate [rɪ'tælɪeɪt] *vi* (*respond*) responder; (*take revenge*) tomar represalias; (*hit back*) desquitarse; **to ~ by doing sth** vengarse haciendo algo.

retaliation [rɪˌtælɪ'eɪʃən] *n* (*see vb*) respuesta *f*; represalias *fpl*; desquite *m*; **by way of ~, in ~** como represalia.

retaliatory [rɪ'tælɪətərɪ] *adj* (*measure*) de represalia *or* venganza.

retarded [rɪ'tɑːdɪd] *adj* (*Med*) atrasado/a.

retch [retʃ] *vi* tener arcadas.

ret(d). *abbr of* **retired**.

retentive [rɪ'tentɪv] *adj* retentivo/a; **a ~ memory** una buena memoria.

reticence ['retɪsəns] *n* reticencia *f*, reserva *f*.

reticent ['retɪsənt] *adj* reticente, reservado/a.

retina ['retɪnə] *n* (*Anat*) retina *f*.

retinue ['retɪnjuː] *n* séquito *m*, comitiva *f*.

retire [rɪ'taɪəʳ] **1** *vt* jubilar. **2** *vi* (**a**) (*withdraw*) retirarse; **to ~ into o.s.** encerrarse en sí mismo. (**b**) (*at age limit*) jubilarse; **to ~ from business** dejar los negocios; **to ~ from a post** dimitir un cargo; **to ~ on a pension** jubilarse. (**c**) (*Sport*) abandonar el campo. (**d**) (*go to bed*) retirarse.

retired [rɪ'taɪəd] *adj* (**a**) jubilado/a; (*esp Mil*) retirado/a. (**b**) (*quiet, secluded*) retirado/a.

retiree [rɪˌtaɪəˌriː] *n* (*US*) jubilado/a *m/f*.

retirement [rɪ'taɪəment] **1** *n* (**a**) (*state of being retired*) retiro *m*; **how will you spend your ~?** ¿qué piensa hacer después de jubilarse? (**b**) (*act of retiring*) jubilación *f*. **2** *cpd*: **~ age** *n* edad *f* de jubilación; **~ pay, ~ pension** *n* jubilación.

retiring [rɪ'taɪərɪŋ] *adj* (*shy*) reservado/a, retraído/a.

retook [ˌriː'tʊk] *pt of* **retake**.

retort [rɪ'tɔːt] **1** *n* (*answer*) réplica *f*; (*Chem*) retorta *f*. **2** *vt* (*insult etc*) replicar; **he ~ed that ...** replicó que ....

retrace [riː'treɪs] *vt* (*path*) desandar; **to ~ one's steps** desandar lo andado.

retract [rɪ'trækt] **1** *vt* (*statement*) retractar, retirar; (*draw in: claws*) retraer; (*: head*) meter; (*Tech: undercarriage etc*) replegar. **2** *vi* (*apologize*) retractarse, desdecirse; (*be drawn in*) retraerse, meterse; (*Tech*) replegarse.

retractable [rɪ'træktəbl] *adj* (*Tech*) replegable, retráctil.

retrain ['riː'treɪn] *vt* (*workers*) reconvertir, reciclar.

retread [ˌriː'tred] *n* (*tyre*) neumático *m or (LAm)* llanta *f* recauchutado/a.

retreat [rɪ'triːt] **1** *n* (**a**) (*place*) retiro *m*, refugio *m*. (**b**) (*Mil, gen: withdrawal*) retirada *f*; **to beat a hasty ~** (*fig*) retirarse en desorden. **2** *vi* (*Mil, Rel, move back*) retirarse; (*draw back*) retroceder.

retrench [rɪ'trentʃ] **1** *vt* reducir. **2** *vi* economizar.

retrial ['riː'traɪəl] *n* (*of person*) nuevo juicio *m*; (*of case*) revisión *f*.

retribution [ˌretrɪ'bjuːʃən] *n* justo castigo *m*, pena *f* merecida.

retrieval [rɪ'triːvəl] *n* (*recovery, Comput*) recuperación *f*; **beyond ~** irrecuperable.

retrieve [rɪ'triːv] *vt* (**a**) (*get back: object*) recuperar, recobrar; (*put right: error etc*) reparar, subsanar; **to ~ sth from the water** rescatar algo del agua. (**b**) (*Comput: information*) recuperar.

retriever [rɪ'triːvəʳ] *n* perro *m* cobrador.

retro... ['retrəʊ] *pref* retro....

retroactive [ˌretrəʊ'æktɪv] *adj* retroactivo/a.

retrograde ['retrəʊˌgreɪd], **retrogressive** [ˌretrəʊ'gresɪv] *adj* (*fig: step, measure*) retrógrado/a.

retrorocket ['retrəʊ'rɒkɪt] *n* retrocohete *m*.

retrospect ['retrəʊspekt] *n*: **in ~** retrospectivamente; **in ~ it seems a happy time** visto desde esta altura parece haber sido un período feliz.

retrospective [ˌretrəʊ'spektɪv] **1** *adj* retrospectivo/a. **2** *n* (*Art*) (exposición *f*) retrospectiva *f*.

retrovirus ['retrəʊˌvaɪrəs] *n* retrovirus *m*.

return [rɪ'tɜːn] **1** *n* (**a**) (*going/coming back*) vuelta *f*, regreso *m*; (*reappearance*) reaparición *f*; **on my ~** a mi vuelta, a mi regreso; **by ~ of post** (*Brit*) a vuelta de correo; **many happy ~s (of the day)!** ¡feliz cumpleaños!, ¡felicidades!

(**b**) (*of thing borrowed*) devolución *f*, restitución *f*; (*Comm: of merchandise*) devolución *f*; (*: of money*) reembolso *m*; **on sale or ~** (*Comm*) en depósito.

(**c**) (*Comm: profit*) ganancias *fpl*, beneficios *mpl*; (*: on capital*) réditos *mpl*; **the ~ on investments is only 2%** las inversiones rinden sólo el 2 por ciento; **~ on sales** rendimiento *m* de las ventas; **to bring in a good ~** *or* **good ~s** dar buen rendimiento.

(**d**) (*reward*) **in ~ (for)** a cambio (de).

(**e**) **tax ~** declaración *f* fiscal; **census ~s** estadísticas *fpl* producto del censo.

(**f**) (*~ ticket*) billete *m* de ida y vuelta, billete redondo (*LAm*); *see* **day 2**.

2 *vt* (**a**) (*gen: give back*) devolver; (*Sport: ball*) devolver, restar; (*answer, compliment*) responder con; (*favour, kindness, love*) corresponder a; (*sb's visit*) devolver, pagar; **to ~ sth to its place** devolver algo a su lugar; **'~ to sender'** 'devuélvase al remitente'; **I hope to ~ your kindness** espero poder corresponder a su amabilidad.

(**b**) (*Jur*) **to ~ a verdict of guilty/not guilty on sb** declarar culpable/inocente a algn.

(**c**) (*Pol: elect*) elegir; **~ing officer** escrutador(a) *m/f*.

3 *vi* (*go/come back*) volver, regresar; **to ~ home** volver a casa; **to ~ to a job** volver a un trabajo; **to ~ to a theme** volver sobre un tema.

4 *cpd*: **~ address** *n* señas *fpl* del remitente; **~ fare** *n* billete *m* de ida y vuelta; **~ flight** *n* vuelo *m* de regreso; **~ journey** *n* viaje *m* de regreso; **~ key** *n* tecla *f* de

retorno; **by ~ mail** (*US*) a vuelta de correo; ~ **match** *n* (*Sport*) partido *m* de vuelta.
returnable [rɪ'tɜ:nəbl] *adj* (*bottle*) retornable; **the deposit is not ~** no se reembolsa el depósito.
reunification ['ri:ju:nɪfɪ'keɪʃən] *n* reunificación *f*.
reunion [ri:'ju:njən] *n* reencuentro *m*, reunión *f*.
reunite ['ri:ju:'naɪt] **1** *vt* (*often passive*) (volver a) reunir; **she was ~d with her husband** volvió a verse al lado de su marido. **2** *vi* (volver a) reunirse.
reusable [ˌri:'ju:zəbl] *adj* reutilizable, que se puede volver a emplear.
rev [rev] **1** *n abbr* (*Aut*) *of* **revolution**. **2** *vt* (*engine*) girar. **3** *vi* (*also* ~ **up**) acelerar, embalarse.
revaluation [ri:ˌvæljʊ'eɪʃən] *n* revalorización *f*.
revalue ['ri:'vælju:] *vt* (*property, currency*) revaluar, revalorizar.
revamp ['ri:'væmp] *vt* modernizar, renovar.
Rev(d). *abbr of* **Reverend** R., Rdo., Rvdo.
reveal [rɪ'vi:l] *vt* (*uncover*) revelar, dejar al descubierto; (*show*) manifestar, mostrar.
revealing [rɪ'vi:lɪŋ] *adj* (*gen*) revelador(a).
reveille [rɪ'vælɪ] *n* (*Mil*) (toque *m* de) diana *f*.
revel ['revl] *vi* (**a**) (*make merry*) ir de juerga *or* de parranda. (**b**) (*delight*) **to ~ in sth/doing sth** gozar de algo/haciendo algo.
revelation [ˌrevə'leɪʃən] *n* revelación *f*.
reveller, (*US*) **reveler** ['revlə^r] *n* juerguista *mf*, parrandero/a *m/f*.
revelry ['revlrɪ] *n* juerga *f*, parranda *f*, jarana *f*.
revenge [rɪ'vendʒ] **1** *n* venganza *f*; **to get one's ~ (for sth)** vengarse (de algo); **to take ~ on sb for sth** vengarse de algn por algo. **2** *vt* vengar, vengarse de; **to ~ o.s. on sb, to be ~d on sb** vengarse de *or* en algn.
revenue ['revənju:] **1** *n* (*profit, income*) ingresos *mpl*, rentas *fpl*; (*of country*) rentas públicas; *see* **inland; internal**. **2** *cpd*: ~ **account** *n* cuenta *f* de ingresos presupuestarios; ~ **expenditure** *n* gasto *m* corriente; ~ **stamp** *n* timbre *m* fiscal.
reverberate [rɪ'vɜ:bəreɪt] *vi* (*sound*) resonar, retumbar.
reverberation [rɪˌvɜ:bə'reɪʃən] *n* (**a**) retumbo *m*, eco *m*. (**b**) (*fig*) **~s** consecuencias *fpl*.
revere [rɪ'vɪə^r] *vt* venerar.
reverence ['revərəns] **1** *n* reverencia *f*. **2** *vt* (*revere*) venerar.
Reverend ['revərənd] *adj* (*in titles*) reverendo/a; ~ **Mother** reverenda madre *f*.
reverent ['revərənt] *adj* reverente.
reverie ['revərɪ] *n* ensueño *m*.
reversal [rɪ'vɜ:səl] *n* (*of order*) inversión *f*; (*of policy*) cambio *m* de rumbo; (*of decision etc*) revocación *f*.
reverse [rɪ'vɜ:s] **1** *adj* (**a**) (*order*) inverso/a; (*direction*) contrario/a, opuesto/a; **the ~ side** (*of coin, medal*) el reverso; (*of sheet of paper*) el dorso; **in ~ order** en orden inverso.
(**b**) (*Aut: gear*) de marcha atrás.
2 *n* (**a**) (*opposite*) **the ~** lo contrario; **no, quite the ~!** no, ¡todo lo contrario!; **it was the ~ of what we had expected** fue todo lo contrario de lo que habíamos esperado; **it's the same process in ~** es el mismo proceso al revés.
(**b**) (*face: of coin*) reverso *m*; (*of paper etc*) dorso *m*.
(**c**) (*Aut*) marcha *f* atrás; **to go** *or* **change into ~** dar marcha atrás.
3 *vt* (**a**) (*change to opposite*) cambiar completamente; (*annul*) revocar.
(**b**) (*Brit Telec*) **to ~ the charges** cobrar al número llamado, llamar a cobro revertido.
(**c**) (*car, train etc*) dar marcha atrás a.
4 *vi* (*Aut*) dar marcha atrás; **I ~d into a van** al dar marcha atrás choqué con una furgoneta.
5 *cpd*: ~ **video** *n* vídeo *m* inverso.
reversible [rɪ'vɜ:səbl] *adj* reversible.
reversing [rɪ'vɜ:sɪŋ] **1** *n* marcha *f* atrás. **2** *cpd*: ~ **light** *n* luz *f* de marcha atrás.
reversion [rɪ'vɜ:ʃən] *n* reversión *f*.
revert [rɪ'vɜ:t] *vi* (*gen: return*) volver; (*Jur*) revertir.
review [rɪ'vju:] **1** *n* (**a**) (*survey, taking stock*) examen *m*, análisis *m*; (*Mil: of troops*) revista *f*; **the annual ~ of expenditure** el examen anual de los gastos; **salaries are under ~** los sueldos están sujetos a revisión.
(**b**) (*Jur: revision*) revisión *f*; **when the case comes up for ~** cuando el asunto se someta a revisión.
(**c**) (*critique*) crítica *f*, reseña *f*; **the play** *etc* **got good ~s** la obra *etc* fue bien recibida por los críticos.
(**d**) (*journal*) revista *f*.
2 *vt* (**a**) (*take stock of*) examinar, analizar; (*Mil: troops*) pasar revista a; **we will ~ the position in a month** volveremos a estudiar la situación dentro de un mes; **we shall have to ~ our policy** tendremos que reconsiderar nuestra política.
(**b**) (*Jur: reconsider: case*) revisar.
(**c**) (*write up*) reseñar, hacer una crítica de.
reviewer [rɪ'vju:ə^r] *n* (*of book, concert*) crítico *m*.
revile [rɪ'vaɪl] *vt* insultar, injuriar.
revise [rɪ'vaɪz] **1** *vt* (**a**) (*look over: subject, notes*) repasar. (**b**) (*amend: text*) revisar. (**c**) (*alter*) **to ~ one's opinion of sb** cambiar de opinión sobre algn. **2** *vi* (*for exams*) repasar.
revision [rɪ'vɪʒən] *n* (**a**) (*act: see vb*) repaso *m*; revisión *f*; cambio *m* de opinión; **I need 2 weeks for ~** necesito 2 semanas para repasar mis libros. (**b**) (*revised version*) texto *m* corregido.
revisit ['ri:'vɪzɪt] *vt* volver a visitar.
revitalize ['ri:'vaɪtəlaɪz] *vt* revitalizar, revivificar.
revival [rɪ'vaɪvəl] *n* (**a**) (*bringing back: of custom, usage*) recuperación *f*; (*: of old ideas*) resurgimiento *m*; (*: from illness, faint*) reanimación *f*; (*Theat: of play*) reposición *f*. (**b**) (*coming back: of custom, usage*) vuelta *f*; (*: of old ideas*) renacimiento *m*; (*: from illness, faint*) reanimación *f*.
revive [rɪ'vaɪv] **1** *vt* (*restore: to life, spirits*) reanimar; (*old customs*) restablecer; (*hopes, suspicions*) despertar; (*Theat: play*) reponer. **2** *vi* (*recover: from faint*) reanimarse, volver en sí; (*: from tiredness, shock etc*) reponerse, recuperarse; (*hope, emotions*) renacer; (*business, trade*) reactivarse; **interest in Gongora has ~d** ha renacido el interés por Góngora.
revoke [rɪ'vəʊk] *vt* (*gen*) revocar; (*licence*) suspender.
revolt [rɪ'vəʊlt] **1** *n* rebelión *f*, revuelta *f*; **to be in open ~** estar en plena rebeldía, amotinarse. **2** *vt* (*disgust*) repugnar, asquear; **the book ~ed me** el libro me dio asco. **3** *vi* (**a**) (*rebel*) rebelarse, sublevarse. (**b**) (*feel disgust*) **to ~ at** *or* **against** sentir repugnancia por.
revolting [rɪ'vəʊltɪŋ] *adj* (*disgusting*) repugnante, asqueroso/a.
revolution [ˌrevə'lu:ʃən] *n* (**a**) (*Pol, fig*) revolución *f*. (**b**) (*turn*) revolución *f*, vuelta *f*; (*Tech*) rotación *f*, giro *m*; (*Astron: orbit*) revolución; (*: on axis*) rotación; **~s per minute** revoluciones por minuto.
revolutionary [ˌrevə'lu:ʃənərɪ] **1** *adj* (*gen*) revolucionario/a. **2** *n* (*Pol*) revolucionario/a *m/f*.
revolutionize [ˌrevə'lu:ʃənaɪz] *vt* (*alter completely*) revolucionar.
revolve [rɪ'vɒlv] **1** *vt* girar, hacer girar. **2** *vi* girar, dar vueltas; **to ~ around** girar alrededor de; (*fig*) girar en torno a; **everything ~s round him** todo depende de él; **the discussion ~d around 3 topics** el debate se centró en 3 temas.
revolver [rɪ'vɒlvə^r] *n* revólver *m*.
revolving [rɪ'vɒlvɪŋ] *adj* (*door etc*) giratorio/a; ~ **credit** crédito *m* rotativo.
revue [rɪ'vju:] *n* (*Theat*) (teatro *m* de) revista *f or* variedades *fpl*.
revulsion [rɪ'vʌlʃən] *n* (*disgust*) repugnancia *f*, asco *m*.
reward [rɪ'wɔ:d] **1** *n* recompensa *f*; **as a ~ for** en recompensa de; **'£50 ~'** '50 libras de hallazgo'. **2** *vt* recompen-

sar; (*fig*) premiar; **she ~ed me with a smile** me premió con una sonrisa.
rewarding [rɪˈwɔːdɪŋ] *adj* gratificante.
rewind [ˈriːˈwaɪnd] *vt* (*tape*) rebobinar.
rewire [ˈriːˈwaɪəʳ] *vt* (*house*) rehacer la instalación eléctrica de.
reword [ˈriːˈwɜːd] *vt* expresar en otras palabras.
rewrite [ˈriːˈraɪt] (*pt* **rewrote** [ˈriːˈrəʊt]; *pp* **rewritten** [ˈriːˈrɪtn]) *vt* reescribir.
Reykjavik [ˈreɪkjəviːk] *n* Reíkiavik *m*.
RFD *n abbr* (*US Post*) *of* **rural free delivery**.
Rgt *abbr of* **Regiment** regto.
Rh *n abbr of* **Rhesus** Rh.
rhapsody [ˈræpsədɪ] *n* (*Mus*) rapsodia *f*; (*fig*) **to go into rhapsodies over** extasiarse por.
rhesus [ˈriːsəs] **1** *n* (*also* **~ monkey**) macaco *m* de la India; **~ negative** Rhesus negativo; **~ positive** Rhesus positivo. **2** *cpd*: **~ baby** *n* bebé *m* con factor Rhesus; **~ factor** *n* (*Med*) factor *m* Rhesus.
rhetoric [ˈretərɪk] *n* retórica *f*.
rhetorical [rɪˈtɒrɪkəl] *adj* retórico/a; **~ question** pregunta *f* retórica.
rheumatic [ruːˈmætɪk] *adj* reumático/a; **~ fever** fiebre *f* reumática.
rheumatics [ruːˈmætɪks] *nsg*, **rheumatism** [ˈruːmətɪzəm] *n* reumatismo *m*, reúma *m*.
rheumatoid arthritis [ˈruːmətɔɪdɑːˈθraɪtɪs] *n* reúma *m* articular.
rheumatologist [ˌruːməˈtɒlədʒɪst] *n* reumatólogo/a *m/f*.
Rhine [raɪn] *n*: **the ~** el Rin.
rhino [ˈraɪnəʊ] *n abbr* (*pl* **~** *or* **~s**) *of* **rhinoceros**.
rhinoceros [raɪˈnɒsərəs] *n* rinoceronte *m*.
Rhodes [rəʊdz] *n* Rodas *f*.
rhododendron [ˌrəʊdəˈdendrən] *n* rododendro *m*.
rhomb [rɒm], **rhombus** [ˈrɒmbəs] *n* rombo *m*.
Rhone [rəʊn] *n*: **the R~** el Ródano.
rhubarb [ˈruːbɑːb] **1** *n* ruibarbo *m*. **2** *cpd* (*jam, pie, tart*) de ruibarbo.
rhyme [raɪm] **1** *n* rima *f*; **without ~ or reason** sin ton ni son. **2** *vi* rimar; **to ~ with sth** rimar con algo.
rhyming [ˈraɪmɪŋ] *adj* (*couplet, verse*) rimado/a; **~ slang** argot *m* basado en rimas (*p.ej*, 'apples and pears' = 'stairs').
rhythm [ˈrɪðəm] **1** *n* ritmo *m*. **2** *cpd*: **~ method** *n* método *m* de Ogino-Knaus.
rhythmic(al) [ˈrɪðmɪk(əl)] *adj* rítmico/a, acompasado/a.
rhythmically [ˈrɪðmɪkəlɪ] *adv* rítmicamente, de forma rítmica.
RI **1** *n abbr* (*Brit Scol*) *of* **religious instruction** ed. religiosa. **2** *abbr* (*US Post*) *of* **Rhode Island**.
rib [rɪb] **1** *n* (*Anat, Culin*) costilla *f*; (*of umbrella*) varilla *f*; (*of leaf*) nervio *m*; (*Knitting*) cordoncillo *m*. **2** *vt* tomar el pelo a, mofarse de.
RIBA [ˈriːbə] *n abbr of* **Royal Institute of British Architects**.
ribald [ˈrɪbəld] *adj* (*jokes, laughter*) verde, colorado/a (*LAm*); (*person*) irreverente, procaz.
ribaldry [ˈrɪbəldrɪ] *n* (*of jokes*) chocarrería *f*; (*of person*) procacidad *f*.
ribbed [rɪbd] *adj*: **~ sweater** jersey *m* de cordoncillo.
ribbon [ˈrɪbən] **1** *n* (*gen*) cinta *f*; (*for hair*) moña *f*, cinta; **to tear sth to ~s** (*lit*) hacer algo trizas; (*fig*) hacer algo pedazos. **2** *cpd*: **~ development** *n* urbanización *f* a lo largo de una carretera.
ribcage [ˈrɪbˌkeɪdʒ] *n* caja *f* torácica.
riboflavin [ˌraɪbəʊˈfleɪvɪn] *n* riboflavina *f*.
rib-tickler [ˈrɪbˈtɪkləʳ] *n* (*Brit fam*) chiste *m* desternillante (*fam*).
rice [raɪs] **1** *n* arroz *m*. **2** *cpd*: **~ paper** *n* papel *m* de paja de arroz; **~ pudding** *n* arroz con leche.
rich [rɪtʃ] **1** *adj* (*comp* **~er**; *superl* **~est**) (*person*) rico/a; (*soil*) fértil, rico/a; (*food*) pesado/a, fuerte; (*colour*) vivo/a, subido/a; (*fam: funny*) **that's ~!** ¡qué gracioso!; **to be ~ in** abundar en; **to become** *or* **get** *or* **grow ~(er)** hacerse (más) rico, enriquecerse; **to strike it ~** (*fam*) ponerse las botas. **2** *npl*: **the ~** los ricos.
riches [ˈrɪtʃɪz] *npl* riqueza *fsg*.
richly [ˈrɪtʃlɪ] *adv* (**a**) (*see adj*) ricamente; fértilmente; fuerte; vivamente. (**b**) **she ~ deserves it** se lo tiene bien merecido.
richness [ˈrɪtʃnɪs] *n* (*see adj*) riqueza *f*; fertilidad *f*; pesadez *f*; viveza *f*.
Richter scale [ˈrɪçtəˌskeɪl] *n* (*Geol*) escala *f* Richter.
rick [rɪk] **1** *n* (**a**) (*sprain*) torcedura *f*. (**b**) (*of hay*) almiar *m*. **2** *vt* (*sprain*) torcer.
rickets [ˈrɪkɪts] *nsg* raquitismo *m*.
rickety [ˈrɪkɪtɪ] *adj* (*wobbly*) tambaleante, inseguro/a; (*old car*) desvencijado/a.
rickshaw [ˈrɪkʃɔː] *n* cochecillo *m* tirado por un hombre.
ricochet [ˈrɪkəʃeɪ] **1** *n* (*of stone, bullet*) rebote *m*. **2** *vi* rebotar (*off* de).
rid [rɪd] (*pt, pp* **~** *or* **~ded**) *vt* (**a**) **to ~ sb/sth of** librar a algn/algo de; **to ~ o.s. of sb/sth** desembarazarse de algn/algo. (**b**) **to be ~ of sb/sth** estar libre de algn/algo. (**c**) **to get ~ of sth/sb** deshacerse de algo/algn; **get ~ of it at any price** véndelo a cualquier precio.
riddance [ˈrɪdəns] *n*: **good ~!** (*fam pej*) ¡vete con viento fresco!
ridden [ˈrɪdn] *pp of* **ride**.
riddle[1] [ˈrɪdl] *n* (*word puzzle*) acertijo *m*, adivinanza *f*; **to speak in ~s** hablar en clave.
riddle[2] [ˈrɪdl] *vt*: **to ~ with** (*bullets etc*) acribillar a; **the house is ~d with damp** la casa tiene humedad por todas partes.
ride [raɪd] (*vb: pt* **rode**; *pp* **ridden**) **1** *n* (*gen*) paseo *m*; (*car ~*) vuelta *f* en coche; (*bike ~*) paseo en bicicleta; (*horse ~*) paseo a caballo; (*US*) viaje *m* gratuito; **to go for a ~** (*in car, on bike, on horse*) dar una vuelta, pasear; **'50p a ~'** '50 peniques por persona'; **it was a rough ~** fue un viaje bastante incómodo; **it's only a short ~** es poco camino; **it's a 10 minute ~ on the bus** son 10 minutos en autobús *or (Mex)* en camión; **he gave me a ~ into town** (*in car*) me llevó en coche a *or (Mex)* me dio aventón hasta la ciudad; **to take sb for a ~** (*in car*) dar una vuelta en coche a algn; (*fig: make fool of*) tomarle el pelo a algn; (*fam: swindle*) dar gato por liebre a algn; **to be taken for a ~** (*fam*) hacer el primo (*fam*).

2 *vt* (*horse*) montar; (*bicycle*) montar *or* ir en, andar en; **he rode his horse into town** fue a caballo hasta la ciudad; **can you ~ a bike?** ¿sabes montar en bicicleta?; **we rode 10 km yesterday** recorrimos 10 kilómetros ayer; **to ~ sb hard** exigir mucho a algn, darle duro a algn (*fam*).

3 *vi* (*on horse*) montar; (*in car*) ir, viajar; **to ~ over/through** andar a caballo *etc* por/a través de; **they rode off in pursuit** se marcharon a caballo en persecución; **can you ~?** (*~ a horse*) ¿sabes montar a caballo?; **she ~s every day** monta todos los días; **to ~ on a bus/in a car/in a train** viajar en autobús/en coche/en tren; **he rode up to me** se me acercó a caballo; **he's riding high at the moment** por ahora lo va muy bien; **to ~ at anchor** (*ship*) estar fondeado; **to let things ~** dejar que las cosas sigan su curso.
▸ **ride out** *vt + adv* (*subj: ship*) capear; (*fig: difficult period*) sobrevivir, sobreponerse a.
▸ **ride up** *vi + adv* (*skirt, dress*) subirse.
rider [ˈraɪdəʳ] *n* (**a**) (*horse~*) jinete *mf*; (*cyclist*) ciclista *mf*; (*motorcyclist*) motorista *mf*. (**b**) (*additional clause*) aditamento *m*; **with the ~ that ...** a condición de que ...; **I must add the ~ that ...** debo añadir que ....
ridge [rɪdʒ] *n* (*of hills, mountains*) cadena *f*; (*of nose, roof*) caballete *m*; (*Agr*) caballón *m*; (*crest of hill*) cumbre *f*, cresta *f*; (*Met*) **~ of high/low pressure** línea *f* de presión alta/baja.

ridgepole [ˈrɪdʒpəʊl] *n* (*on tent*) caballete *m*, cumbrera *f*.
ridicule [ˈrɪdɪkjuːl] **1** *n* irrisión *f*, burla *f*; **to hold sth/sb up to ~** poner algo/a algn en ridículo; **to lay o.s. open to ~** exponerse al ridículo. **2** *vt* dejar *or* poner en ridículo, ridiculizar.
ridiculous [rɪˈdɪkjʊləs] *adj* (*idea etc*) ridículo/a, absurdo/a; **to look ~** (*person*) estar ridículo; (*thing*) ser ridículo; **to make o.s. (look) ~** ponerse en ridículo; **don't be ~!** ¡no seas ridículo!
ridiculously [rɪˈdɪkjʊləslɪ] *adv* (**a**) (*stupidly*) de forma ridícula. (**b**) (*fig: disproportionately etc*) absurdamente.
riding [ˈraɪdɪŋ] **1** *n* equitación *f*; **I like ~** me gusta montar a caballo. **2** *cpd*: **~ boots** *npl* botas *fpl* de montar; **~ breeches** *npl* pantalones *mpl* de montar; **~ crop** *or* whip *n* fusta *f*; **~ school** *n* escuela *f* de equitación.
rife [raɪf] *adj*: **to be ~** ser muy común; **corruption is ~** la corrupción existe en todas partes; **to be ~ with** (*sth bad*) estar plagado de.
riffle [ˈrɪfəl] *vi*: **to ~ through a book** hojear (rápidamente) un libro.
riffraff [ˈrɪfræf] *n* gentuza *f*, chusma *f*.
rifle[1] [ˈraɪfl] *vt* desvalijar; **the house had been ~d** habían saqueado la casa.
▸ **rifle through** *vi + prep* echar un vistazo a.
rifle[2] [ˈraɪfl] **1** *n* rifle *m*, fusil *m*. **2** *cpd*: **~ range** *n* (*Mil*) campo *m* de tiro; (*at fair*) barraca *f* de tiro al blanco; **~ shot** *n* tiro *m* de fusil; **within ~ shot** a tiro de fusil.
rift [rɪft] *n* (*fissure*) grieta *f*, fisura *f*; (*: in clouds*) claro *m*; (*fig*) ruptura *f*, desavenencia *f*.
rig [rɪg] **1** *n* (**a**) (*Naut*) aparejo *m*. (**b**) (*also* **oil~**: *on land*) torre *f* de perforación; (*: at sea*) plataforma *f* petrolífera. (**c**) (*fam, old: clothing*) vestimenta *f*, atuendo *m*. **2** *vt* (**a**) (*Naut: ship*) aparejar, equipar. (**b**) (*election, competition*) amañar; (*prices*) fijar injustificadamente; **to ~ the market** (*Comm*) manipular la lonja *or* la bolsa; **it was ~ged** (*fam*) hubo tongo *or* trampa.
▸ **rig out** *vt + adv* (**a**) (*Naut*) proveer (*with* de), equipar (*with* con). (**b**) (*dress*) ataviar, vestir; **to be ~ged out in a new dress** lucir un vestido nuevo.
▸ **rig up** *vt + adv* (*build*) improvisar; (*fig: arrange*) organizar, trabar.
rigging [ˈrɪgɪŋ] *n* (*Naut*) jarcia *f*, aparejo *m*.
right [raɪt] **1** *adj* (**a**) (*morally good*) bueno/a; (*just*) justo/a; **it is/is not ~ that ...** es/no es justo que ...; **it's not ~!** ¡no hay derecho!; **it is/seems only ~ that ...** es/me parece justo que ...; **it doesn't seem ~ that ...** parece injusto que ...; **would it be ~ for me to ask him?** ¿convendría *or* sería correcto preguntárselo?; **I thought it ~ to ...** me pareció oportuno ....
(**b**) (*suitable*) debido/a, indicado/a; (*: time*) oportuno/a; **to choose the ~ moment for sth/to do sth** elegir el momento oportuno para algo/para hacer algo; **that's the ~ attitude!** ¡haces bien!; **to say the ~ thing** dar en el clavo; **to do the ~ thing, to do what is ~** hacer lo correcto; **to do the ~ thing by sb** tratar a algn con justicia; **to know the ~ people** tener enchufes *or (LAm)* palanca; **he's on the ~ side of 40** tiene menos de 40 años; **if the price is ~** si el precio es razonable; **we'll do it when the time is ~** lo haremos en el momento oportuno.
(**c**) (*correct*) correcto/a, exacto/a; **Mr R~** el novio soñado; **~ first time!** ¡exactamente!, ¡exacto!; **he's the ~ man for the job** es el hombre más indicado para el cargo; **they holiday in all the ~ places** toman sus vacaciones en todos los sitios que están de moda; **to get sth ~** acertar en algo; **let's get it ~ this time!** ¡a ver si esta vez nos sale bien!; **(yes,) that's ~** ¡eso es!, ¡exacto!; **and quite ~ too!** ¡y con razón!; **the ~ road/word/answer** la carretera/la palabra/la respuesta correcta; **the ~ time** la hora exacta; **to get on the ~ side of sb** (*fig*) congraciarse con algn; **to put a clock ~** poner un reloj en hora; **to put a situation ~** arreglar una situación; **to put a mistake ~** corregir un error; **~ you are!, ~-oh!** (*fam*) ¡bueno!
(**d**) **to be ~** (*person*) tener razón, estar en lo cierto; **you're quite ~**, (*fam*) **you're dead ~** tienes toda la razón; **you were ~ to come to me** has hecho bien en venir a verme.
(**e**) (*in order*) **to be/feel as ~ as rain** estar/sentirse perfectamente bien; **to be not quite ~ in the head** faltarle un tornillo (a uno); **to be in one's ~ mind** estar en su juicio; **I don't feel quite ~** no me siento del todo bien; **all's ~ with the world** todo anda bien; **it will all come ~ in the end** todo se arreglará al final; **my stereo still isn't ~** mi equipo sigue sin ir bien; **am I ~ in thinking that ...?** ¿me equivoco al afirmar que ...?
(**f**) **all ~!** (*agreed*) ¡conforme!, ¡de acuerdo!, ¡vale!; (*that's enough*) ¡basta ya!, ¡ya estuvo bueno! *(LAm)*; **it's all ~** (*don't worry*) no te preocupes; **it's all ~ for you!** a ti ¿qué te puede importar?; **is it all ~ for me to go at 4?** ¿puedo marcharme a las 4?; **I'm** *or* **I feel all ~ now** ya estoy bien.
(**g**) (*not left*) derecho/a; **I'd give my ~ arm to know ...** daría un ojo por saber ...; **~ back** defensa *m* derecho; **~ half** medio *m* derecho; **~ wing** (*Pol*) derecha *f*; (*Sport: position*) ala *mf* derecha; **~ winger** (*Pol*) derechista *mf*; (*Sport*) extremo *m* derecha.
(**h**) (*Math: angle*) recto/a; **at ~ angles** en ángulo recto.
(**i**) (*fam: intensive*) **a ~ idiot** un puro idiota; **you're a ~ one to talk** (*iro*) mira quién habla.
2 *adv* (**a**) (*directly, exactly*) directamente, exactamente; **~ now** *or* **away** ahora mismo, en seguida, ahorita (mismo) *(Mex)*; **~ off** de un tirón; **~ here** aquí mismo *or (LAm)* mero; **to go ~ on** seguir, seguir derecho; **he (just) went ~ on talking** siguió hablando como si nada; **~ behind/in front of sb/sth** justo detrás de/delante de algn/algo; **~ at the top/bottom of sth** en la cumbre misma/el fondo mismo de algo, en la mera cumbre/el mero fondo de algo *(LAm)*; **~ before/after sth/sb** inmediatamente antes/después de algo/algn; **~ in the middle (of)** justo en el centro *or (LAm)* en el mero centro (de); **~ round sth** alrededor de algo; **it hit him ~ on the chest** le dio en pleno pecho; **~ at the end of sth** justo al final de algo.
(**b**) (*completely*) completamente; **to go ~ back to the beginning of sth** volver hasta el principio mismo de algo; **to go ~ to the end of sth** ir hasta el final de algo; **to push sth ~ in** meter algo hasta el fondo; **to read a book ~ through** leer un libro hasta el final.
(**c**) (*correctly, truly*) bien, correctamente; **if I remember ~** si mal no recuerdo; **nothing goes ~ with them** nada les sale bien; **it's him all ~!** ¡es él, sin (sombra de) duda!; **to understand sb ~** entender bien a algn.
(**d**) (*properly, fairly*) con justicia; **to treat sb ~** tratar a algn con justicia; **you did ~ to/not to do sth** hiciste bien en hacer/en no hacer algo.
(**e**) (*satisfactorily*) bien.
(**f**) (*not left*) a (la) derecha; **~ left and centre** (*fig*) a diestro y siniestro; **to turn ~** torcer a la derecha; **he looked neither left nor ~** no miró a ningún lado; **eyes ~!** (*Mil*) ¡vista a la derecha!
(**g**) **~, who's next?** a ver, ¿quién sigue?; **~ then, let's begin!** ¡empecemos, pues!
3 *n* (**a**) **~ and wrong** el bien y el mal; **to be in the ~** tener razón, estar en lo cierto *or* justo; **to know ~ from wrong** saber distinguir el bien del mal; **two wrongs don't make a ~** no se subsana un error cometiendo otro.
(**b**) (*claim, authority*) derecho *m*; **sole ~** (*Comm*) exclusiva *f*; **by ~ of** por razón de; **to have a ~ to sth** tener derecho a algo; **the ~ to be/say/do sth** el derecho a ser/decir/hacer algo; **who gave you the ~ to ...?** ¿quién te dio permiso para ...?; **what ~ have you got to ...?** ¿con qué derecho ...?; **you have no ~ to ...** no tienes derecho a ...; **to own sth in one's own ~** poseer algo por derecho propio; **to be sth in one's own ~** ser algo por derecho propio; **to reserve the ~ to do sth** reservarse el derecho de hacer algo; **~ to reply** derecho de réplica; **~ of way**

derecho de paso; (*Aut etc: precedence*) prioridad *f*.

(c) **~s** derechos *mpl*; **civil/human/women's ~s** derechos civiles/humanos/de la mujer; **by ~s ...** de derecho ...; **to be (well) within one's ~s** estar en su derecho.

(d) (*not left*) derecha *f*; (*Pol*) **the R~** la derecha; **to the ~ (of)** a la derecha (de); **on the ~ (of)** a la derecha (de); **on** *or* **to my ~** a mi derecha.

(e) (*Boxing: punch*) derechazo *m*.

(f) **to set** *or* **put sb/sth to ~s** reponer a algn/componer algo.

4 *vt* (*put straight: crooked picture*) enderezar; (*correct: wrong, mistake*) corregir; (*vehicle, person*) enderezar; **to ~ itself** (*vehicle*) enderezarse; (*situation*) rectificarse.

5 *cpd*: **~s issue** *n* emisión *f* gratuita de acciones.

right-angled ['raɪt,æŋgld] *adj* (*bend, turning*) en ángulo recto; (*Math: triangle*) rectángulo.

righteous ['raɪtʃəs] *adj* (*person*) honrado/a, recto/a; (*indignation etc*) justo/a.

rightful ['raɪtfʊl] *adj* (*owner, heir to throne*) legítimo/a.

right-hand ['raɪthænd] *adj* derecho/a; **~ drive** (*Aut*) conducción *f* por la derecha; **~ man** (*fig: personal aide*) brazo *m* derecho.

right-handed ['raɪt'hændɪd] *adj* (*person*) que usa la mano derecha, diestro/a; (*tool*) para la mano derecha.

rightly ['raɪtlɪ] *adv* **(a)** (*correctly*) debidamente, como es debido; **I don't ~ know** no sé exactamente; **if I remember ~** si mal no recuerdo. **(b)** (*justifiably*) con razón; **~ or wrongly** con razón o sin ella; **and ~ so** y con razón.

right-minded ['raɪt'maɪndɪd] *adj* (*decent*) honrado/a.

right-wing ['raɪt'wɪŋ] *adj* (*Pol*) derechista, de derechas.

rigid ['rɪdʒɪd] *adj* (*stiff: material*) rígido/a, tieso/a; (*strict*) riguroso/a, estricto/a; (*inflexible: person, ideas*) inflexible, intransigente; **to be ~ with fear** estar tieso de miedo.

rigidity [rɪ'dʒɪdɪtɪ] *n* (*see adj*) rigidez *f*; rigor *m*; inflexibilidad *f*.

rigidly ['rɪdʒɪdlɪ] *adv* (*strictly*) estrictamente; (*inflexibly*) con inflexibilidad; (*stiffly*) rígidamente; **he is ~ opposed to it** está totalmente en contra de esto.

rigmarole ['rɪgmərəʊl] *n* (*nonsense*) galimatías *m inv*, relación *f* disparatada; (*paperwork etc*) trámites *mpl*, papeleo *m*.

rigor ['rɪgəʳ] *n* (*US*) = **rigour**.

rigor mortis ['rɪgə'mɔːtɪs] *n* rigidez *f* cadavérica.

rigorous ['rɪgərəs] *adj* riguroso/a.

rigorously ['rɪgərəslɪ] *adv* rigurosamente.

rigour, (*US*) **rigor** ['rɪgəʳ] *n* (*severity*) rigor *m*; (*of climate*) rigores *mpl*.

rig-out ['rɪgaʊt] *n* (*fam: clothes*) atuendo *m*.

rile [raɪl] *vt* (*fam*) sulfurar (*fam*); **there's nothing that ~s me more** no hay nada que me reviente más (*fam*).

rim [rɪm] *n* (*of cup etc*) borde *m*; (*of wheel*) llanta *f*; (*of spectacles*) montura *f*.

rimless ['rɪmlɪs] *adj* (*spectacles*) sin aros.

rimmed [rɪmd] *adj*: **~ with ...** con un borde de ....

rind [raɪnd] *n* (*of fruit*) cáscara *f*; (*of cheese, bacon*) corteza *f*.

ring¹ [rɪŋ] **1** *n* **(a)** (*circle: of metal etc*) aro *m*, argolla *f*; (*on finger: plain*) anillo *m*; (*: jewelled*) anillo, sortija *f*; (*around planet*) anillo; (*on tree*) anillo; (*for swimmer*) flotador *m*; **to have ~s round one's eyes** tener ojeras; **to run ~s round sb** (*fig*) dar mil vueltas a algn.

(b) (*of people: group*) círculo *m*, grupo *m*; (*: gang*) banda *f*; **they were sitting in a ~** estaban sentados en círculo.

(c) (*arena etc: Boxing*) cuadrilátero *m*, ring *m*; (*: at circus*) pista *f*.

2 *vt* (*surround*) cercar, rodear; (*mark with ~*) poner círculo a.

3 *cpd*: **~ binder** *n* carpeta *f* de anillas; **~ finger** *n* anular *m*; **~ road** *n* carretera *f* de circunvalación, periférico *m* (*esp LAm*).

ring² [rɪŋ] (*vb: pt* **rang**; *pp* **rung**) **1** *n* **(a)** (*sound of bell*) sonido *m*; (*nuance*) matiz *m*; **there was a ~ at the door** llamaron a la puerta; **that has the ~ of truth about it** eso suena a verdad.

(b) (*Brit Telec*) **to give sb a ~** llamar a algn (por teléfono), telefonear a algn.

2 *vt* **(a)** (*strike, make sound: bell*) hacer sonar; **to ~ the front door bell** tocar el timbre de la entrada; **to ~ the bells in church** tocar las campanas de la iglesia; **to ~ the changes** (*fig*) cambiar de rumbo; **that ~s a bell (with me)** (*fig*) eso me suena.

(b) (*Brit Telec*) **to ~ sb (up)** llamar a algn.

3 *vi* **(a)** (*bell*) sonar; (*person*) llamar; (*echo*) resonar; **the telephone rang** (*Brit*) sonó el teléfono; **to ~ for sb/sth** llamar a algn/por algo; **to ~ true/false** (*fig*) parecer cierto/sonar a falso; **his story ~s true** su narración parece verídica.

(b) (*Brit Telec*) llamar (por teléfono), telefonear; **to ~ long distance** (*Telec*) poner una conferencia *or* (*LAm*) un llamado a larga distancia.

▸ **ring back** *vt + adv, vi + adv* (*Brit Telec*) volver a llamar.

▸ **ring off** *vi + adv* (*Brit Telec*) colgar.

▸ **ring out** *vi + adv* resonar.

▸ **ring round** **1** *vi + adv* llamar (por teléfono). **2** *vi + prep*: **~ round the neighbours** llama a todos los vecinos.

▸ **ring up** *vt + adv* = **ring² 2 (b)**.

ringing ['rɪŋɪŋ] **1** *adj* (*voice, tone*) sonoro/a; **~ tone** (*Telec*) señal *m* de llamada; **in ~ tones** en tono enérgico. **2** *n* (*of bell*) toque *m*; (*of telephone*) sonar *m*; (*in ears*) zumbido *m*.

ringleader ['rɪŋ,liːdəʳ] *n* cabecilla *mf*.

ringlet ['rɪŋlɪt] *n* rizo *m*, tirabuzón *m*.

ringmaster ['rɪŋ,mɑːstəʳ] *n* maestro *m* de ceremonias.

ring-pull ['rɪŋpʊl] **1** *n* anilla *f*. **2** *cpd*: **~ can** *n* lata *f* de anilla.

ringside ['rɪŋsaɪd] **1** *n*: **to be at the ~** estar junto al cuadrilátero. **2** *cpd*: **a ~ seat** una butaca de primera fila; **to have a ~ seat** (*fig*) verlo todo desde muy cerca.

ringworm ['rɪŋwɜːm] *n* tiña *f*.

rink [rɪŋk] *n* (*for ice-skating*) pista *f* de hielo; (*for roller-skating*) pista de patinaje.

rinse [rɪns] **1** *n* (*gen*) aclarado *m*; (*hair colouring*) reflejo *m*; **to give one's hair a blue ~** dar reflejos azules al pelo. **2** *vt* (*dishes, clothes*) aclarar.

▸ **rinse out** *vt + adv* (*dirt*) lavar; (*cup*) enjuagar; (*one's mouth*) enjuagarse.

Rio de Janeiro [,riːəʊdədʒə'nɪərəʊ] *n* Río *m* de Janeiro.

riot ['raɪət] **1** *n* disturbio *m*, motín *m*; (*fig: wild success*) exitazo *m*; **a ~ of colour** un derroche de color; **to read sb the ~ act** (*fam*) leerle la cartilla a algn; **to run ~** (*out of control*) desmandarse; **to let one's imagination run ~** dejar volar la imaginación; **to put down a ~** reprimir un disturbio. **2** *vi* amotinarse. **3** *cpd*: **~ police** *n* policía *f* antidisturbios.

rioter ['raɪətəʳ] *n* amotinado/a *m/f*.

riotous ['raɪətəs] *adj* (*person, mob*) amotinado/a; (*wild, exciting: party, living*) desenfrenado/a, alborotado/a; (*very funny: comedy*) divertidísimo/a.

riotously ['raɪətəslɪ] *adv* bulliciosamente, ruidosamente; **~ funny** divertidísimo/a.

RIP *abbr of* **requiescat in pace** q.e.p.d, D.E.P., E.P.D.

rip [rɪp] **1** *n* rasgón *m*, desgarrón *m*. **2** *vt* rasgar, desgarrar; **to ~ sth to pieces** hacer algo trizas; **to ~ open** (*envelope, parcel, wound*) abrir desgarrando. **3** *vi* rasgarse, desgarrarse; **to ~ along** (*fig*) volar, ir a todo gas; **to let ~** desenfrenarse; **to let ~ at sb** arremeter contra algn.

▸ **rip off** *vt + adv* **(a)** arrancar. **(b)** (*fam: overcharge, cheat*) estafar.

▸ **rip up** *vt + adv* hacer pedazos.

ripcord ['rɪpkɔːd] *n* (*Aviat*) cuerda *f* de apertura.

ripe [raɪp] *adj* (*comp* **~r**; *superl* **~st**) (*gen*) maduro/a; **to be ~ for sth** (*fig: person*) estar dispuesto a algo; (*: situation* *etc*) estar listo para algo; **the country is ~ for revolution** la revolución está a punto de estallar en el país; **to live to a ~ old age** llegar a muy viejo; **until/when the time is ~** hasta/en un momento oportuno.

ripen [ˈraɪpən] *vt, vi* (*fruit, cheese, corn*) madurar.

ripeness [ˈraɪpnɪs] *n* madurez *f*.

rip-off [ˈrɪpɒf] *n*: **it's a ~!** (*fam*) ¡es una estafa *or* un robo!

riposte [rɪˈpɒst] **1** *n* (*retort*) réplica *f*. **2** *vi* replicar (con agudeza).

ripple [ˈrɪpl] **1** *n* (*small wave*) onda *f*, rizo *m*; (*sound*) murmullo *m*; **a ~ of excitement** un susurro de emoción. **2** *vt* ondular, rizar. **3** *vi* rizarse.

rip-roaring [ˈrɪp,rɔːrɪŋ] *adj* (*party*) desmadrado/a (*fam*), animadísimo/a; (*success*) clamoroso/a.

rise [raɪz] (*vb: pt* **rose**; *pp* **risen** [rɪzn]) **1** *n* (**a**) (*upward movement*) subida *f*, ascenso *m*; (*fig: growth*) crecimiento *m*, desarrollo *m*; (*: ascendancy*) auge *m*; **the ~ and fall (of sth)** (*movement*) la subida y bajada (de algo); **the ~ and fall of sb/sth** (*fig*) el auge y decadencia de algn/algo; **~ to power** ascenso al poder; **to get a ~ out of sb** (*fam*) tomar el pelo a *or* burlarse de algn.

(**b**) (*increase*) aumento *m*, subida *f*; (*in prices*) alza *f*; (*in salary*) aumento; **to ask for a ~** (*Brit*) pedir un aumento de sueldo.

(**c**) (*upward slope*) cuesta *f* (arriba).

(**d**) (*origin: of river*) nacimiento *m*, fuente *f*; **to give ~ to sth** (*fig*) dar origen a algo.

2 *vi* (**a**) (*get up*) levantarse; (*stand up*) ponerse de pie, levantarse; (*building*) elevarse, alzarse; **to ~ to one's feet** ponerse de pie; **to ~ early** madrugar; **the House rose** (*Parl*) se suspendió la sesión; **to ~ to the occasion** ponerse a la altura de las circunstancias.

(**b**) (*get higher: sun, moon*) salir; (*smoke*) subir, ascender; (*dough, cake etc*) aumentar, crecer; (*ground*) subir; (*in rank*) ascender; **his spirits rose** se animó; **the plane rose to 4,000 metres** el avión alcanzó 4.000 metros; **to ~ from the ranks** (*Mil*) ascender desde soldado raso; **to ~ from nothing** salir de la nada; **laughter rose from the audience** en el público estallaron las risas; **to ~ to the surface** (*lit, fig*) salir a la superficie; **to ~ to the bait** picar, morder; (*fig*) picar; **to ~ to the challenge** ponerse a la altura del reto; **tears rose to his eyes** se le subieron las lágrimas; **to ~ above sth** (*fig*) sobreponerse a algo; **to ~ to a higher sum** aumentar la oferta.

(**c**) (*increase*) aumentar, subir; (*tide, temperature*) subir; (*river*) crecer; (*wind*) arreciar; (*voice*) alzarse; **tension is rising** aumenta la tensión; **it has risen 20% in price** su precio ha subido en un 20 por cien.

(**d**) (*originate: river etc*) nacer.

(**e**) (*rebel*) rebelarse; (*: armed*) alzarse en armas.

riser [ˈraɪzəʳ] *n*: **to be an early/late ~** ser madrugador(a/dormilón/ona).

rising [ˈraɪzɪŋ] **1** *adj* (**a**) (*increasing: gen*) creciente; (*: prices etc*) en aumento, en alza; **the ~ number of murders** el creciente número de homicidios. (**b**) (*getting higher: sun, moon*) naciente; (*: ground*) en pendiente; (*: tide*) creciente; (*fig: promising*) prometedor(a); **~ damp** humedad *f* de paredes. **2** *adv* (*fam: almost: with age*) casi; **he's ~ 12** pronto tendrá 12 años. **3** *n* (*uprising*) rebelión *f*, sublevación *f*.

risk [rɪsk] **1** *n* (*gen*) riesgo *m*, peligro *m*; **against all ~s** contra todo riesgo; **at the ~ of** a riesgo de; **a health/security ~** un peligro para la salud/la seguridad; **to take a (great) ~** arriesgarse (mucho); **he takes a lot of ~s** se arriesga mucho; **to run the ~ of sth** correr el riesgo de algo; **it's not worth the ~** no merece la pena *or* el riesgo; **at ~** en peligro; **to put sth at ~** poner algo en peligro; **at one's own ~** por su cuenta y riesgo; **at the ~ of seeming stupid** a riesgo de parecer estúpido.

2 *vt* (*put at ~*) arriesgar; (*run the ~ of*) exponerse a; **I'll ~ it** me arriesgo, me lanzo; **to ~ losing/being caught** correr el riesgo de perder/ser cogido; **to ~ one's neck** arriesgarse la vida; (*fig*) jugarse el todo por el todo.

3 *cpd*: **~ capital** *n* capital *m* de riesgo.

risky [ˈrɪskɪ] *adj* (*comp* **-ier**; *superl* **-iest**) arriesgado/a, peligroso/a, riesgoso/a (*LAm*); **a ~ business** (*fam*) un asunto arriesgado.

risotto [rɪˈzɒtəʊ] *n* (*Culin*) risotto *m*, arroz *m*.

risqué [ˈriːskeɪ] *adj* (*humour, joke*) subido/a de color.

rissole [ˈrɪsəʊl] *n* (*Culin*) ≈ croqueta *f*.

rite [raɪt] *n* rito *m*; (*Rel*) **last ~s** exequias *fpl*.

ritual [ˈrɪtjʊəl] **1** *adj* (*gen*) ritual; (*fig: conventional*) consabido/a. **2** *n* (*Rel: Christian*) ritual *m*, ceremonia *f*; (*: non-Christian*) rito *m*.

ritzy [ˈrɪtsɪ] *adj* (*comp* **-ier**; *superl* **-iest**) (*US fam: car, house*) de lujo.

rival [ˈraɪvəl] **1** *adj* (*team, firm*) rival, contrario/a; (*claim, attraction*) competidor(a). **2** *n* rival *m*, contrario/a *m/f*; **to be sb's closest ~** ser el rival más cercano de algn. **3** *vt* competir con.

rivalry [ˈraɪvəlrɪ] *n* rivalidad *f*, competencia *f*.

river [ˈrɪvəʳ] *n* río *m*; **up/down ~** río arriba/abajo; **to sell sb down the ~** (*fam*) traicionar a algn.

riverbank [ˈrɪvəbæŋk] *n* orilla *f*, ribera *f*.

riverbed [ˈrɪvəbed] *n* lecho *m* (del río).

riverside [ˈrɪvəsaɪd] **1** *n* orilla *f*, ribera *f*. **2** *cpd* ribereño/a.

rivet [ˈrɪvɪt] **1** *n* remache *m*. **2** *vt* (*lit*) remachar; (*fig: grasp: attention*) captar; (*fasten: eyes, attention, gaze: on sth/sb*) fijar; **to be ~ed to sth** (*fig*) tener los ojos fijos en algo.

riveting [ˈrɪvɪtɪŋ] *adj* fascinante.

Riviera [,rɪvɪˈɛərə] *n* (*French*) Riviera *f* (francesa), Costa *f* Azul; (*Italian*) Riviera *f* italiana.

Riyadh [rɪˈjɑːd] *n* Riyadh *m*.

Rly *abbr of* **Railway** F/C.

RM *n abbr* (*Brit*) *of* **Royal Marines**.

RN *n abbr* (**a**) (*Brit*) *of* **Royal Navy**. (**b**) (*US*) *of* **registered nurse**.

RNA *n abbr of* **ribonucleic acid** ARN *m*.

RNLI *n abbr* (*Brit*) *of* **Royal National Lifeboat Institution**.

RNZAF *n abbr of* **Royal New Zealand Air Force**.

RNZN *n abbr of* **Royal New Zealand Navy**.

roach [rəʊtʃ] *n* (*fish*) gobio *m*.

road [rəʊd] **1** *n* (*residential: R~*) calle *f*; (*route*) camino *m*; **main ~** carretera *f*; **'A'-~/'B'-~** carretera principal/secundaria; **country ~** camino vecinal; **by ~** por carretera; **across the ~** al otro lado de la calle; **somewhere along the ~** (*fig*) tarde o temprano; **he's on the ~ to recovery** se está reponiendo; **to be off the ~** (*of car*) estar fuera de circulación; **he shouldn't be allowed on the ~** no deberían permitirle conducir; **to be on the ~** andar de gira; **to take to the ~** (*tramp*) ponerse en camino; **to get a show on the ~, to take to the ~** echarse a la carretera; **to be on the right ~** (*also fig*) ir por buen camino; **to have one for the ~** (*fam*) tomarse la última (copa); **one for the ~** (*fam*) el trago del estribo (*fam*); **to hold the ~** (*Aut*) agarrar, tener buena adherencia; **our relationship has reached the end of the ~** nuestras relaciones han llegado al punto final; **'~ up'** 'cerrado por obras'.

2 *cpd*: **~ accident** *n* accidente *m* de tráfico; **~ haulage** *or* transport *n* transporte *m* por carretera; **~ map** *n* mapa *m* de carreteras; **~ safety** *n* seguridad *f* vial; **~ show** *n* compañía *f* teatral en gira; **~ sign** *n* señal *f* de tráfico; **~ tax** *n* impuesto *m* de rodaje; **~ works** *npl* obras *fpl*.

roadblock [ˈrəʊdblɒk] *n* control *m*, barricada *f*, retén *m* (*LAm*).

roadhog [ˈrəʊdhɒg] *n* loco(a) *m/f* de volante.

roadie [ˈrəʊdɪ] *n* (*Mus fam*) encargado *m* del transporte del equipo.

roadman [ˈrəʊdmæn] (*pl* **-men**), **roadmender** [ˈrəʊdmendəʳ] *n* peón *m* caminero.

roadroller [ˈrəʊd,rəʊləʳ] *n* apisonadora *f*.

roadside [ˈrəʊdsaɪd] **1** *n* borde *m* de la carretera, orilla *f* del camino (*LAm*). **2** *cpd* de carretera; **~ restaurant** *n*

(*US*) café-restaurante *m* (de carretera).
roadsweeper ['rəʊd,swiːpəʳ] *n* (*person*) barrendero *m*; (*vehicle*) máquina *f* barrendera.
roadway ['rəʊdweɪ] *n* calzada *f*.
roadworthy ['rəʊd,wɜːðɪ] *adj* (*car etc*) en buen estado (para circular).
roam [rəʊm] **1** *vt* (*streets etc*) rondar, vagar por. **2** *vi* (*person etc*) vagar, errar; (*thoughts*) divagar; **to ~ about** andar sin rumbo fijo.
roar [rɔːʳ] **1** *n* (*of animal*) rugido *m*, bramido *m*; (*of crowd*) clamor *m*; (*of fire*) crepitación *f*; **with great ~s of laughter** con grandes carcajadas; **he said with a ~** dijo rugiendo. **2** *vi* (*animal*) rugir, bramar; (*crowd, audience*) clamar; (*guns, thunder*) retumbar; (*with laughter*) reírse a carcajadas; **the lorry ~ed past** el camión pasó ruidosamente.
roaring ['rɔːrɪŋ] *adj*: **in front of a ~ fire** ante una fogata bien caliente; **it was a ~ success** fue un tremendo éxito; **to do a ~ trade** hacer muy buen negocio.
roast [rəʊst] **1** *n* asado *m*. **2** *adj* asado/a. **3** *vt* (**a**) (*meat*) asar; (*coffee*) tostar; **to ~ o.s. in the sun** (*fig*) tostarse al sol. (**b**) (*fam: scold*) **to ~ sb** desollar vivo a algn. **4** *vi* asarse.
roasting ['rəʊstɪŋ] **1** *adj* (**a**) (*chicken etc*) para asar. (**b**) (*day, heat*) abrasador(a). **2** *n*: **to give sb a ~** (*fam*) = **roast 3 (b)**.
rob [rɒb] *vt* robar; **to ~ sb of sth** (*money etc*) robar algo a algn; (*fig: happiness etc*) quitar algo a algn; **I've been ~bed!** ¡me han robado!
robber ['rɒbəʳ] *n* ladrón/ona *m/f*.
robbery ['rɒbərɪ] *n* robo *m*; **it's daylight ~!** (*fam*) ¡es una estafa!
robe [rəʊb] *n* (*garment*) traje *m* de ceremonia, túnica *f*; (*bath~*) bata *f*; (*lawyer's, Univ etc*) toga *f*.
robin ['rɒbɪn] *n* (*bird*) petirrojo *m*.
robot ['rəʊbɒt] *n* robot *m*.
robotics [rəʊ'bɒtɪks] *nsg* robótica *f*.
robust [rəʊ'bʌst] *adj* (*person*) robusto/a, fuerte; (*material*) resistente.
rock [rɒk] **1** *n* (**a**) (*substance*) roca *f*; (*large stone, boulder*) roca, peña *f*; (*Naut*) escollo *m*; **whisky on the ~s** whisky con hielo; **their marriage is on the ~s** el matrimonio está al borde del fracaso.
(**b**) (*movement*) balanceo *m*.
(**c**) (*Mus*) rock *m*.
2 *vt* (*gently*) mecer, columpiar; (*violently*) sacudir; (*fig*) trastornar; **to ~ a child to sleep** arrullar a un niño; **the country was ~ed by strikes** el país fue sacudido por las huelgas.
3 *vi* (*gently*) mecerse, balancearse; (*violently*) sacudirse; **the train ~ed violently** el tren se sacudió violentamente.
4 *cpd*: **~ climbing** *n* (*sport*) escalada *f* en rocas; **~ concert** *n* concierto *m* de rock; **~ face** *n* vertiente *f* rocosa; **~ festival** *n* festival *m* de rock; **~ garden** *n* jardincito *m* rocoso; **~ music** *n* música *f* rock; **~ painting** *n* pintura *f* rupestre; **~ plant** *n* planta *f* alpestre; **~ pool** *n* charca *f* (de agua de mar) entre rocas; **~ salt** *n* sal *f* gema *or* mineral.
rock-bottom ['rɒk'bɒtəm] **1** *n* (*fig*) **to reach** *or* **touch ~** tocar fondo. **2** *cpd* (*price*) mínimo/a, tirado/a.
rocker ['rɒkəʳ] *n* balancín *m*; (*US: chair*) mecedora *f*, mecedor *m* (*LAm*); **to be off one's ~** (*fam*) estar majareta (*fam*).
rockery ['rɒkərɪ] *n* jardincito *m* de rocas.
rocket ['rɒkɪt] **1** *n* (**a**) cohete *m*; (*space ~*) cohete espacial. (**b**) **to give sb a ~** (*fig*) echar un rapapolvo a algn. **2** *vi*: **to ~ to fame** ascender vertiginosamente a la fama; **prices have ~ed** los precios han subido vertiginosamente. **3** *cpd*: **~ launcher** *n* lanzacohetes *m inv*.
rocketry ['rɒkɪtrɪ] *n* cohetería *f*.
rock-hard ['rɒk'hɑːd] *adj* duro/a como la roca.
Rockies ['rɒkɪz] *npl* = **Rocky Mountains**.
rocking chair ['rɒkɪŋtʃɛəʳ] *n* mecedora *f*, mecedor *m* (*LAm*).
rocking horse ['rɒkɪŋhɔːs] *n* caballito *m* de balancín.
rocky[1] ['rɒkɪ] *adj* (*comp* **-ier**; *superl* **-iest**) (*substance*) (duro/a) como la piedra; (*slope etc*) rocoso/a.
rocky[2] ['rɒkɪ] *adj* (*comp* **-ier**; *superl* **-iest**) (*shaky, unsteady*) inestable, bamboleante; (*fig: situation*) inseguro/a, inestable; (*: government etc*) débil.
Rocky Mountains ['rɒkɪ'maʊntɪnz] *npl* Montañas *fpl* Rocosas.
rod [rɒd] *n* (*Tech: of wood*) vara *f*; (*: of metal*) barra *f*; (*fishing ~*) caña *f*; (*curtain ~*) barra; **to rule with a ~ of iron** gobernar con mano de hierro; **spare the ~ and spoil the child** quien bien te quiere te hará llorar.
rode [rəʊd] *pt of* **ride**.
rodent ['rəʊdənt] *n* roedor *m*.
rodeo ['rəʊdɪəʊ] *n* rodeo *m*, charreada *f* (*Mex*).
roe[1] [rəʊ] *n* (*of fish*) **hard ~** hueva *f*; **soft ~** lecha *f*.
roe[2] [rəʊ] *n* (*also* **~ deer**: *male*) corzo *m*; (*: female*) corza *f*.
roebuck ['rəʊbʌk] *n* (*male roe deer*) corzo *m*.
roger ['rɒdʒəʳ] *vt* (*fam!*) joder (*fam!*).
rogue [rəʊg] *n* (*thief etc*) pícaro/a *m/f*, pillo/a *m/f*; (*hum*) granuja *mf*; **~'s gallery** fichero *m* de delincuentes.
roguish ['rəʊgɪʃ] *adj* (*child*) travieso/a; (*look, smile etc*) pícaro/a.
role [rəʊl] **1** *n* (*Theat*) papel *m*, rol *m* (*LAm*); **supporting ~** papel secundario; **to play a ~ (in)** (*fig*) desempeñar un papel (en). **2** *cpd*: **~ model** *n* modelo *m* a imitar.
role-playing ['rəʊl,pleɪɪŋ] *n* juego *m* de roles.
roll [rəʊl] **1** *n* (**a**) (*of paper, cloth, film etc*) rollo *m*; (*of fat*) michelín *m*; (*of money*) fajo *m*.
(**b**) (*of bread*) bollo *m*, panecillo *m*, bolillo *m* (*Mex*).
(**c**) (*list*) lista *f*; **to call the ~** pasar lista; **electoral ~** censo *m* electoral; **to have 500 pupils on the ~** tener inscritos 500 alumnos.
(**d**) (*sound: of thunder, cannon*) retumbo *m*; (*: of drum*) redoble *m*.
(**e**) (*of gait*) contoneo *m*; (*of ship, plane*) balanceo *m*.
2 *vt* (*ball, vehicle etc*) hacer rodar; (*road*) apisonar; (*lawn, pitch*) pasar el rodillo por; (*pastry*) aplanar; (*metal*) laminar; (*cigarette*) liar; **~ed gold** oro *m* laminado; **to ~ a stone downhill** hacer rodar una piedra cuesta abajo; **to ~ one's eyes** poner los ojos en blanco; **to ~ one's r's** pronunciar fuertemente las erres; **he's judge and jury ~ed into one** es a la vez juez y jurado.
3 *vi* (**a**) (*go ~ing*) rodar, dar vueltas; (*on ground, in pain etc*) revolcarse; **it ~ed under the chair** desapareció debajo de la silla; **tears ~ed down her cheeks** las lágrimas le corrían por la cara; **they're ~ing in money, they're ~ing in it** (*fam*) nadan en oro; **the bus ~ed to a stop** el autobús se paró.
(**b**) (*sound: thunder*) retumbar; (*: drum*) redoblar.
(**c**) (*in walking*) contonearse; (*Naut*) balancearse.
4 *cpd*: **~ call** *n* lista *f*; **to take a ~ call** pasar lista.
► **roll about** *vi + adv* (*ball, coin etc*) rodar (por); (*person, dog*) revolcarse; (*fam: with laughter*) revolcarse de (la) risa.
► **roll away** *vi + adv* alejarse.
► **roll back** *vt + adv* (*carpet etc*) enrollar.
► **roll by** *vi + adv* (*vehicle, year*) pasar.
► **roll in** *vi + adv* (*money, letters*) llegar en abundancia; (*waves*) subir y bajar; (*fam: person*) aparecer; **the money is ~ing in** (*fam*) nos entra el dinero a raudales.
► **roll on** *vi + adv* (*time*) pasar.
► **roll out** *vt + adv* (*pastry*) extender con el rodillo; (*carpet, map*) desenrollar.
► **roll over** *vi + adv* (*object*) volcar, voltearse (*LAm*); (*person, animal*) dar una vuelta.
► **roll up 1** *vi + adv* (**a**) (*animal*) enroscarse. (**b**) (*car*) acercarse, llegar; (*fam: arrive*) aparecer (por fin); **~ up!** ¡acérquense! **2** *vt + adv* (*cloth, map*) enrollar; (*sleeves*) arremangar; **to ~ sth up in paper** envolver algo en

papel; **to ~ o.s. up into a ball** hacerse un ovillo.

roller ['rəʊləʳ] **1** *n* (*Agr, Tech*) rodillo *m*; (*road-~*) apisonadora *f*; (*caster*) ruedecilla *f*. **2** *cpd*: ~ **blind** *n* (*Brit*) persiana *f* enrollable; ~ **coaster** *n* montaña *f* rusa; ~ **skate** *n* patín *m* (de ruedas); ~ **skating** *n* patinaje *m* sobre ruedas.

rollicking ['rɒlɪkɪŋ] **1** *adj* alegre. **2** *n*: **to give sb a ~** (*Brit fam*) poner a algn como un trapo *(fam)*.

rolling ['rəʊlɪŋ] **1** *adj* (*waves, sea*) agitado/a; (*countryside*) ondulado/a; ~ **stock** material *m* rodante; ~ **stone** (*fig*) canto *m* rodante; **a ~ stone gathers no moss** piedra movediza nunca moho la cobija. **2** *cpd*: ~ **mill** *n* laminador *m*; ~ **pin** *n* rodillo *m*.

roll-on ['rəʊlɒn] **1** *n* faja *f* elástica. **2** *cpd*: ~ **deodorant** *n* bola *f* desodorante; ~**-roll-off ship** *n* ro-ro *m*.

ROM [rɒm] *n abbr* (*Comput*) *of* **read-only memory**.

Roman ['rəʊmən] **1** *adj* romano/a; ~ **alphabet** alfabeto *m* romano; ~ **Catholic** (*adj, n*) católico/a *m/f* romano/a; ~ **nose** nariz *f* aguileña. **2** *n* (*person*) romano/a *m/f*; (*Typ*) **r~** tipo *m* romano.

romance [rəʊ'mæns] **1** *n* (**a**) (*love affair*) idilio *m*. (**b**) (*romantic character*) lo romántico; (*picturesqueness*) lo pintoresco; **the ~ of the sea** el encanto del mar. (**c**) (*tale*) novela *f*; (*medieval*) libro *m* de caballerías; (*Mus*) romanza *f*. **2** *adj* (*Ling*) **R~** romance, romántico/a.

Romanesque [ˌrəʊmə'nesk] *adj* (*Archit*) románico/a.

Romania [rəʊ'meɪnɪə] *n* Rumania *f*, Rumanía *f*.

Romanian [rəʊ'meɪnɪən] **1** *adj* rumano/a. **2** *n* rumano/a *m/f*; (*Ling*) rumano *m*.

romantic [rəʊ'mæntɪk] *adj, n* romántico/a *m/f*.

romanticism [rəʊ'mæntɪsɪzəm] *n* romanticismo *m*.

romanticize [rəʊ'mæntɪsaɪz] *vt* sentimentalizar.

Romany ['rɒmənɪ] **1** *adj* gitano/a. **2** *n* gitano/a *m/f*; (*Ling*) lengua *f* gitana.

Rome [rəʊm] *n* Roma *f*; **when in ~ (do as the Romans do)** donde fueres, haz lo que vieres.

romp [rɒmp] **1** *n* retozo *m*, jugueteo *m*; **to have a ~** retozar. **2** *vi* retozar; **she ~ed through the examination** no tuvo problema alguno para aprobar el examen; **to ~ home** ganar fácilmente.

rompers ['rɒmpəz] *npl* mono *msg*, pelele *msg*.

roof [ru:f] **1** *n* (*pl* **~s** [ru:fs, ru:vz]) (*of building*) tejado *m*; (*of car etc*) techo *m*; **flat ~** azotea *f*; ~ **of the mouth** paladar *m*; **prices are going through the ~** los precios están por las nubes; **to have a ~ over one's head** tener dónde cobijarse; **to live under the same ~** vivir bajo el mismo techo; **to raise the ~** (*protest*) poner el grito en el cielo; (*sing etc*) armar jaleo *or (esp LAm)* bronca; **he hit the ~** (*fam*) se subió por las paredes *(fam)*.

2 *vt* (*also* **~ in, ~ over**) techar.

3 *cpd*: ~ **rack** *n* (*Aut*) baca *f*, portamaletas *m inv*, portaequipajes *m inv*, parrilla *f (LAm)*.

roofing ['ru:fɪŋ] **1** *n* techumbre *f*. **2** *cpd*: ~ **felt** *n* fieltro *m* para techar.

rooftop ['ru:ftɒp] **1** *n* techo *m*; **we will proclaim it from the ~s** lo proclamaremos a los cuatro vientos. **2** *cpd*: ~ **restaurant** *n* restaurante *m* de azotea.

rook¹ [rʊk] **1** *n* (*bird*) grajo *m*. **2** *vt* (*swindle*) estafar, timar.

rook² [rʊk] *n* (*Chess*) torre *f*.

rookie ['rʊkɪ] *n* (*Mil fam*) novato/a *m/f*.

room [rʊm] **1** *n* (**a**) (*in house, hotel*) cuarto *m*, habitación *f*, pieza *f (esp LAm)*, ambiente *m (Arg)*; (*large, public*) sala *f*; **double ~** habitación *etc* doble; **furnished ~** cuarto amueblado; **ladies' ~** servicios *mpl* de damas; **they've always lived in ~s** siempre han vivido en casa alquilada.

(**b**) (*space*) sitio *m*, espacio *m*; **is there ~?** ¿hay sitio?; **is there ~ for this?** ¿cabe esto?, ¿hay cabida para esto?; **there's no ~ for anything else** no cabe más; **is there ~ for me?** ¿quepo yo?; **to make ~ for sb** hacer sitio a algn; **standing ~ only!** no queda asiento.

(**c**) (*fig*) **there is no ~ for doubt** no hay lugar a dudas; **there is ~ for improvement** podría mejorarse aún.

2 *cpd*: ~ **service** *n* (*in hotel*) servicio *m* de habitaciones; ~ **temperature** *n* temperatura *f* ambiente.

-roomed [rʊmd] *adj suf* de ... piezas; **seven~** de siete piezas.

roomful ['rʊmfʊl] *n*: **a ~ of priests** un cuarto lleno de curas.

rooming-house ['rʊmɪŋhaʊs] *n* (*pl* **-houses** [haʊzɪz]) (*US*) pensión *f*.

roommate ['rʊmmeɪt] *n* compañero/a *m/f* de cuarto.

roomy ['rʊmɪ] *adj* (*comp* **-ier**; *superl* **-iest**) (*flat, cupboard etc*) amplio/a; (*garment*) holgado/a.

roost [ru:st] **1** *n* (*gen*) percha *f*; (*hen ~*) gallinero *m*; **to rule the ~** dirigir el cotarro. **2** *vi* (*lit*) dormir en una percha; (*fig*) **to come home to ~** volverse en contra (de uno).

rooster ['ru:stəʳ] *n* gallo *m*.

root [ru:t] **1** *n* raíz *f*; (*of word*) raíz; **square ~** (*Math*) raíz cuadrada; **money is the ~ of all evil** el dinero es la raíz de todos los males; **the ~ of the problem is that ...** (*fig*) la raíz del problema es que ...; **her ~s are in Manchester** tiene sus raíces en Manchester; **to put down one's ~s in a country** echar raíces en un país; **to pull up by the ~s** arrancar de raíz; **to take ~** (*plant*) echar raíces; (*idea*) arraigarse.

2 *vt* (**a**) (*plant*) hacer arraigar.

(**b**) **to be ~ed to the spot** quedar paralizado; **a deeply ~ed prejudice** un prejuicio muy arraigado.

3 *vi* (*Bot*) echar raíces, arraigarse.

4 *cpd*: ~ **beer** *n* (*US*) cerveza *f* no alcohólica; ~ **cause** *n* causa *f* primordial; ~ **vegetable** *n* raíz *f*.

▸ **root about** *vi* + *adv* andar buscando por todas partes.

▸ **root for** *vi* + *prep* (*US fam*) animar.

▸ **root out** *vt* + *adv* (*find*) desenterrar; (*remove*) extirpar, arrancar de raíz.

rootless ['ru:tlɪs] *adj* (*person etc*) desarraigado/a.

rope [rəʊp] **1** *n* cuerda *f*, mecate *m (Mex)*; (*hangman's*) soga *f*; **to give sb more ~** (*fig*) dar rienda suelta a algn; **to know/learn the ~s** estar/ponerse al tanto; **I'll show you the ~s** te voy a mostrar lo que hay que hacer; **a ~ of pearls** un collar de perlas. **2** *vt* atar *or (LAm)* amarrar con (una) cuerda; **to ~ two things together** atar dos cosas con una cuerda. **3** *cpd*: ~ **ladder** *n* escala *f* de cuerda.

▸ **rope in** *vt* + *adv*: **to ~ sb in** (*fam*) embaucar a algn.

▸ **rope off** *vt* + *adv* acordonar.

rop(e)y ['rəʊpɪ] *adj* (*comp* **-ier**; *superl* **-iest**) (*fam*) chungo/a *(fam)*.

rosary ['rəʊzərɪ] *n* (*Rel*) rosario *m*; **to say the ~** rezar el rosario.

rose¹ [rəʊz] **1** *n* (*Bot: flower*) rosa *f*; (*: bush*) rosal *m*; (*colour*) rosa *m*; (*on shower, watering can*) alcachofa *f*; (*Archit: on ceiling*) roseta *f*; **my life isn't all ~s** (*fam*) mi vida no es un camino de rosas. **2** *adj* (*~-coloured*) (de color de) rosa *inv*. **3** *cpd*: ~ **bush** *n* rosal *m*; ~ **garden** *n* rosaleda *f*; ~ **pink** *adj* rosado/a; ~ **red** *adj* rojo/a como la rosa; ~ **tree** *n* rosal *m*; ~ **window** *n* (*Archit*) rosetón *m*.

rose² [rəʊz] *pt of* **rise**.

rosebed ['rəʊzbed] *n* rosaleda *f*.

rosebud ['rəʊzbʌd] *n* capullo *m* de rosa.

rose-coloured, (*US*) **rose-colored** ['rəʊzˌkʌləd] *adj* color de rosa; **to see everything through ~ spectacles** verlo todo color de rosa.

rosehip ['rəʊzhɪp] **1** *n* escaramujo *m*. **2** *cpd*: ~ **syrup** *n* jarabe *m* de escaramujo.

rosemary ['rəʊzmərɪ] *n* (*herb*) romero *m*.

rosette [rəʊ'zet] *n* (*Archit*) rosetón *m*; (*emblem*) escarapela *f*; (*prize*) premio *m*.

rosewood ['rəʊzwʊd] *n* palo *m* de rosa.

ROSPA ['rɒspə] *n abbr of* **Royal Society for the Prevention of Accidents**.

roster ['rɒstəʳ] *n* lista *f*.

rostrum ['rɒstrəm] *n* (*pl* **~s** *or* **rostra** ['rɒstrə]) tribuna *f*.
rosy ['rəʊzɪ] *adj* (*comp* **-ier**; *superl* **-iest**) (*cheeks etc*) sonrosado/a; (*colour*) (de color de) rosa; (*fig: future, prospect*) prometedor(a).
rot [rɒt] **1** *n* (**a**) (*process*) putrefacción *f*; (*substance*) podredumbre *f*. (**b**) (*fig*) **the ~ set in** la decadencia comenzó; **to stop the ~** acabar con la decadencia. (**c**) (*fam*) tonterías *fpl*, babosadas *fpl (LAm)*; **oh ~!, what ~!** ¡qué tonterías! **2** *vt* pudrir, descomponer. **3** *vi*: **to ~ (away)** pudrirse, descomponerse; **to ~ in jail** pudrirse en la cárcel.
rota ['rəʊtə] *n* (*roster*) lista *f*.
rotary ['rəʊtərɪ] *adj* (*movement*) giratorio/a; (*blades, press etc*) rotativo/a.
rotate [rəʊ'teɪt] **1** *vt* hacer girar, dar vueltas a; (*crops*) cultivar en rotación; (*staff*) alternar. **2** *vi* girar, dar vueltas.
rotation [rəʊ'teɪʃən] *n* rotación *f*; **~ of crops** rotación de cultivos; **in ~** por turnos; **orders are dealt with in strict ~** los pedidos se sirven por riguroso orden.
rote [rəʊt] *n*: **to learn sth by ~** aprender algo de memoria.
rotisserie [rəʊ'tɪsərɪ] *n* rotisserie *f*.
rotor ['rəʊtə^r] *n* rotor *m*.
rotten ['rɒtn] *adj* (**a**) (*gen*) podrido/a, putrefacto/a; (*food*) pasado/a; (*tooth*) cariado/a; (*wood*) carcomido/a, podrido/a.
(**b**) (*fig*) infame, malísimo/a; (*fam: morally*) vil, despreciable; (*of bad quality*) pésimo/a, lamentable; **what a ~ thing to do!** ¡qué maldad!; **what ~ weather!** ¡qué tiempo de perros!; **he's ~ at chess** para el ajedrez es un desastre; **it's a ~ novel** es una novela pésima; **I feel ~** (*ill*) me encuentro fatal; (*mean*) me siento culpable; **to be ~ to sb** (*fam*) portarse como una canalla con algn.
rotter ['rɒtə^r] *n* (*Brit fam*) caradura *m (fam)*.
rotund [rəʊ'tʌnd] *adj* (*person*) corpulento/a.
rouble, (*US*) **ruble** ['ru:bl] *n* rublo *m*.
rouge [ru:ʒ] *n* colorete *m*.
rough [rʌf] **1** *adj* (*comp* **~er**; *superl* **~est**) (**a**) (*surface, skin etc*) áspero/a; (*ground*) accidentado/a; (*road*) desigual, lleno/a de baches; (*hand*) calloso/a; (*edge*) desigual.
(**b**) (*treatment, behaviour etc*) brutal; (*person: uncultured*) inculto/a; (*crude*) tosco/a, basto/a; (*voice*) ronco/a; (*wine*) ordinario/a; (*life, manner*) difícil, duro/a; (*sea*) agitado/a, encrespado/a; (*play, sport*) violento/a; (*fam: unfortunate*) desgraciado/a, desafortunado/a; **to get ~** (*sea*) embravecerse; **he's a ~ diamond** (*fig*) es un diamante en bruto; **to feel ~** (*fam*) encontrarse mal; **to be ~ on sb** (*treatment*) tratar mal a algn; (*situation*) ser duro para algn.
(**c**) (*calculation, estimate*) aproximado/a; **~ draft** borrador *m*; **~ sketch, ~ plan** bosquejo *m*, boceto *m*; **I would say 50 at a ~ guess** diría que 50 aproximadamente.
2 *adv*: **to cut up ~** (*fam*) ponerse hecho una fiera; **to play ~** jugar duro; **to sleep ~** dormir a la intemperie.
3 *n* (**a**) (*person*) matón *m*, duro *m*.
(**b**) **we'll do it first in ~** lo haremos primero sólo en forma preliminar; **to take the ~ with the smooth** tomar las duras con las maduras.
4 *vt*: **to ~ it** vivir sin comodidades.
▸ **rough out** *vt + adv* (*plan etc*) esbozar, bosquejar.
▸ **rough up** *vt + adv* (**a**) (*hair*) despeinar. (**b**) (*fam*) **to ~ sb up** dar una paliza a algn.
roughage ['rʌfɪdʒ] *n* (*for animals*) forraje *m*; (*for people*) alimentos *mpl* ricos en fibra.
rough-and-ready ['rʌfən'redɪ] *adj* (*method, equipment*) tosco/a, burdo/a.
rough-and-tumble ['rʌfən'tʌmbl] *n* pelea *f*, escaramuza *f*; **the ~ of life** los vaivenes de la vida; **the ~ of politics** los avatares de la política.
roughcast ['rʌfkɑ:st] *n* mezcla *f* gruesa.
roughen ['rʌfn] *vt* (*skin etc*) poner *or* dejar áspero; (*scratch*) rascar; (*: surface*) rajar, agrietar.
roughly ['rʌflɪ] *adv* (**a**) (*not gently: push, play*) bruscamente; (*: speak, order*) toscamente, hoscamente. (**b**) (*approximately*) más o menos, aproximadamente; **~ speaking** en general; **I put it at ~ 250** yo lo calculo en más o menos 250.
roughneck ['rʌfnek] *n* (*US fam*) duro *m*, matón *m*.
roughness ['rʌfnɪs] *n* (*of hands, surface*) aspereza *f*; (*of person*) brusquedad *f*; (*of sea*) agitación *f*, encrespamiento *m*; (*of road*) desigualdad *f*.
roughshod ['rʌfʃɒd] *adv*: **to ride ~ over sth/sb** pisotear algo/a algn.
rough-spoken ['rʌf'spəʊkən] *adj* inculto/a.
roulette [ru:'let] *n* ruleta *f*.
Roumania *etc* [ru:'meɪnɪə] = **Romania** *etc*.
round [raʊnd] **1** *adj* (*comp* **~er**; *superl* **~est**) (*gen*) redondo/a; **in ~ figures** en números redondos; **~ robin** (*request*) petición *f* firmada en rueda; (*protest*) protesta *f* firmada en rueda; **R~ Table** (*Hist*) Mesa *f* Redonda; **the ~ trip** el viaje de ida y vuelta; **~ trip ticket** (*US*) billete *m* de ida y vuelta.
2 *adv* (*with circular motion*) **the wheels go ~** las ruedas giran *or* dan vuelta; **there is a fence all ~** está rodeado por un cercado; **the other/wrong way ~** al revés; **all year ~** (durante) todo el año; **drinks all ~!** ¡pago la ronda para todos!; **to ask sb ~** invitar a algn a casa *or* a pasar (por casa); **we were ~ at my sister's** estábamos en casa de mi hermana; **the long way ~** el camino más largo.
3 *prep* (**a**) (*of place etc*) alrededor de; **the wall ~ the garden** el muro que rodea el jardín; **~ the corner** a la vuelta de la esquina; **~ the table** alrededor de la mesa; **all the people ~ about** toda la gente alrededor; **all ~ the house** (*inside*) por toda la casa; (*outside*) alrededor de la casa; **to look ~ the shop** echar una mirada por la tienda; **~ the clock** (*at any time*) a todas horas, a cualquier hora; (*non-stop*) sin parar *or* cesar; **wear it ~ your neck** llévalo en el cuello.
(**b**) (*approximately: also* **~ about**) más o menos, aproximadamente; **~ 4 o'clock** a eso de las 4; **somewhere ~** cerca de.
4 *n* (**a**) (*circle*) círculo *m*; **a ~ (of sandwiches)** un sandwich.
(**b**) **the daily ~** (*fig*) la rutina cotidiana.
(**c**) (*of postman etc*) recorrido *m*; (*of watchman*) ronda *f*; **the doctor's on his ~s** el médico está haciendo sus visitas; **the story went the ~s** corrió la voz.
(**d**) (*Boxing*) asalto *m*, round *m*; (*Golf*) partido *m*, recorrido *m*; (*Showjumping*) recorrido; (*game: cards etc*) partida *f*; (*in tournament, talks etc*) vuelta *f*; **a ~ of talks** una ronda de negociaciones; **the first ~ of the elections** la primera vuelta de las elecciones; **she did** *or* **went** *or* **made the ~s of the agencies** visitó todas las agencias.
(**e**) (*of drinks*) ronda *f*; **it's my ~** yo invito, me toca a mí; **~ of ammunition** tiro *m*, cartucho *m*; **~ of shots** descarga *f*; **~ of applause** salva *f* de aplausos.
5 *vt* (**a**) (*make ~: lips, edges etc*) redondear.
(**b**) (*go ~: corner etc*) doblar, dar la vuelta a; (*: Naut*) doblar.
▸ **round down** *vt + adv* (*price etc*) redondear (rebajando).
▸ **round off** *vt + adv* acabar, rematar; **to ~ off the evening** dar el remate a la fiesta.
▸ **round on** *vi + prep* volverse en contra de.
▸ **round up** *vt + adv* (*cattle*) acorralar, rodear; (*friends etc*) reunir; (*criminals*) coger *(Sp)*, agarrar *(LAm)*; (*figures*) redondear (por arriba).
roundabout ['raʊndəbaʊt] **1** *adj* indirecto/a; **to speak in a ~ way** hablar con rodeos. **2** *n* (*at fair*) tiovivo *m*; (*Brit Aut*) cruce *m* giratorio, glorieta *f*.
rounders ['raʊndəz] *nsg* (*Brit*) *juego similar al béisbol*.
roundly ['raʊndlɪ] *adv* (*fig: forcefully*) rotundamente; (*: honestly*) francamente.

round-necked ['raʊnd,nekt] *adj*: ~ **pullover** jersey *m* de cuello cerrado *or* redondo.
roundness ['raʊndnɪs] *n* redondez *f*.
round-shouldered ['raʊnd'ʃəʊldəd] *adj* cargado/a de espaldas.
round-the-clock ['raʊndðə'klɒk] *adj* (*surveillance etc*) de veinticuatro horas.
roundup ['raʊndʌp] *n* (*Agr*) rodeo *m*; (*of suspects etc*) redada *f*; **a ~ of the latest news** un resumen de las últimas noticias.
rouse [raʊz] *vt* (*person*) despertar; (*emotion*) despertar, excitar; **to ~ sb to action** mover a algn a actuar; **to ~ sb to fury** provocar la furia de algn; **to ~ o.s.** animarse.
rousing ['raʊzɪŋ] *adj* (*applause*) caluroso/a; (*song, speech*) conmovedor(a).
rout[1] [raʊt] **1** *n* derrota *f* completa. **2** *vt* derrotar.
rout[2] [raʊt] *vi*: **to ~ about** hurgar.
▸ **rout out** *vt* + *adv* (*discover*) desenterrar; (*force out*) sacar a la fuerza.
route [ru:t] **1** *n* (*gen*) ruta *f*; (*of bus etc*) recorrido *m*; (*of ship*) derrota *f*; (*itinerary*) itinerario *m*; (*direction*) rumbo *m*; **shipping** ~ vía marítima; **air** ~ ruta aérea; **to go by a new ~** seguir una ruta nueva. **2** *cpd*: ~ **map** *n* mapa *m* de carreteras.
routemarch ['ru:tmɑ:tʃ] *n* marcha *f* de entrenamiento.
routine [ru:'ti:n] **1** *n* (*gen, Comput*) rutina *f*; **the daily ~** la rutina cotidiana. **2** *adj* rutinario/a; **a ~ inspection** una inspección rutinaria.
routinely [ru:'ti:nlɪ] *adv* rutinariamente.
rove [rəʊv] **1** *vt* vagar *or* errar por. **2** *vi* vagar, errar; **his eye ~d over the room** repasó el cuarto con la vista.
rover ['rəʊvə'] *n* vagabundo/a *m/f*.
roving ['rəʊvɪŋ] *adj* (*wandering*) errante; **to have a ~ commission** (*fig*) tener vía libre para investigar donde sea necesario; **he has a ~ eye** se le van los ojos tras las faldas.
row[1] [rəʊ] *n* (*gen*) fila *f*, hilera *f*; **in a ~** en fila; **in the front ~** en primera fila; **for 5 days in a ~** durante 5 días seguidos.
row[2] [rəʊ] **1** *n* (*trip*) paseo *m* en barca; **to go for a ~** pasearse en barca; **it was a hard ~ to the shore** nos costó llegar a la playa remando. **2** *vt* (*boat*) remar; (*person*) llevar a remo; **he ~ed the Atlantic** cruzó el Atlántico a remo. **3** *vi* remar; **we ~ed for the shore** nos dirigimos remando hacia la playa; **to ~ across a river** cruzar un río a remo.
row[3] [raʊ] **1** *n* (**a**) (*noise*) escándalo *m*, ruido *m*. (**b**) (*dispute*) bronca *f*, pelea *f*; **to have a ~** reñir, pelearse (*LAm*); **the ~ about wages** la disputa acerca de los salarios. (**c**) (*fuss, disturbance, incident*) jaleo *m*, bronca *f* (*esp LAm*); **what's the ~ about** ¿a qué se debe el lío?; **to kick up a ~, to make a ~** (*fam*) armar un lío, armar bronca (*esp LAm*). (**d**) (*scolding*) regaño *m*, regañina *f*; **to get into a ~** ganarse una regañina. **2** *vi* reñir, pelear (*LAm*); **they're always ~ing** siempre están riñendo.
rowan ['raʊən] *n* (*also* ~ **tree**) serbal *m*.
rowboat ['rəʊbəʊt] *n* (*US*) = **rowing boat**.
rowdy ['raʊdɪ] **1** *adj* (*comp* **-ier**; *superl* **-iest**) (*person*) escandaloso/a; (*meeting etc*) alborotado/a, agitado/a. **2** *n* (*person: loud*) escandaloso/a *m/f*; (*: quarrelsome*) pendenciero/a *m/f*.
rowdyism ['raʊdɪɪzəm] *n* disturbios *mpl*.
rower ['rəʊə'] *n* remero/a *m/f*.
rowing ['rəʊɪŋ] **1** *n* remo *m*. **2** *cpd*: ~ **boat** *n* barca *f* de remo, lancha *f*, bote *m* de remos; ~ **machine** *n* máquina *f* de remo.
royal ['rɔɪəl] **1** *adj* (**a**) real; **the R~ Navy/Air Force** la Marina Británica/las Fuerzas Aéreas Británicas; ~ **blue** azul *m* marino; ~ **family** familia *f* real; **His/Her R~ Highness** Su Alteza Real. (**b**) (*splendid*) magnífico/a, espléndido/a; **to have a right ~ time** pasarlo en grande. **2** *n*: **the ~s** (*fam*) la realeza.
royalist ['rɔɪəlɪst] *adj, n* monárquico/a *m/f*.
royally ['rɔɪəlɪ] *adv* (*fig*) magníficamente.
royalty ['rɔɪəltɪ] *n* (**a**) realeza *f*, familia *f* real. (**b**) (*payment: also* **royalties**: *on books*) derechos *mpl* de autor; (*: gen*) royalti(e)s *mpl* (*LAm*), regalías *fpl*.
RP *n abbr* (**a**) (*Brit Ling*) *of* **Received Pronunciation** *pronunciación estándar del inglés*. (**b**) (*Post*) *of* **reply paid** CP.
RPI *n abbr of* **Retail Price Index** IPC *m*.
RPM *n abbr of* **resale price maintenance**.
rpm *abbr of* **revolutions per minute** r.p.m.
RR *abbr* (*US*) *of* **Railroad** FC *m*.
RRP *n abbr of* **recommended retail price** PVP *m*.
RSA *n abbr* (**a**) (*Brit*) *of* **Royal Society of Arts**. (**b**) *of* **Royal Scottish Academy**.
RSI *n abbr of* **repetitive strain** *or* **stress injury**.
RSM *n abbr* (*Mil*) *of* **Regimental Sergeant-Major**.
RSPB *n abbr* (*Brit*) *of* **Royal Society for the Protection of Birds**.
RSPCA *n abbr* (*Brit*) *of* **Royal Society for the Prevention of Cruelty to Animals**.
RSVP *abbr of* **répondez s'il vous plaît** S.R.C.
rt *abbr of* **right**.
Rt Hon *abbr of* **Right Honourable**.
Rt Rev. *abbr of* **Right Reverend** Rmo.
rub [rʌb] **1** *n* (*gen*) **to give sth a ~** frotar algo; **to give sb's back a ~** frotar la espalda de algn. **2** *vt* (*apply friction*) frotar, restregar; (*polish*) sacar brillo a; **to ~ one's hands together** frotarse las manos; **to ~ sb up the wrong way** (*fig*) sacar de quicio a algn. **3** *vi*: **to ~ against sth, to ~ on sth** rozar algo.
▸ **rub along** *vi* + *adv* (*fam*) ir tirando, defenderse; **to ~ along with sb** llevarse *or* entenderse bien con algn.
▸ **rub down** *vt* + *adv* (**a**) (*body*) secar frotando; (*horse*) almohazar. (**b**) (*door, wall etc*) lijar.
▸ **rub in** *vt* + *adv* (*ointment, cream etc*) **to ~ a cream in to the skin** frotar la piel con una crema; (*fam*) **don't ~ it in!** ¡no insistas!
▸ **rub off 1** *vi* + *adv* quitarse (frotando); (*fig*) **to ~ off on sb** pegarse a algn. **2** *vt* + *prep* (*writing*) borrar; (*dirt etc*) quitar (frotando).
▸ **rub out** *vt* + *adv* borrar.
▸ **rub up** *vt* + *adv* pulir.
rubber[1] ['rʌbə'] **1** *n* (*material*) goma *f*, caucho *m*, hule *m*, jebe *m* (*LAm*); (*eraser*) goma de borrar; (*US*) condón *m*, goma. **2** *cpd* (*ball, dinghy, gloves, boots*) de goma *etc*; ~ **band** *n* goma *f*, gomita *f*; ~ **cheque** *n* (*fam*) cheque *m* sin fondos; ~ **industry** *n* industria *f* del caucho *or* cauchera; ~ **stamp** *n* estampilla *f* de goma.
rubber[2] ['rʌbə'] *n* (*Bridge etc*) partida *f*.
rubbery ['rʌbərɪ] *adj* elástico/a; (*fig*) de goma.
rubbing ['rʌbɪŋ] *n* (**a**) (*act*) frotamiento *m*. (**b**) (*brass ~*) calco *m*.
rubbish ['rʌbɪʃ] **1** *n* (**a**) basura *f*, desperdicios *mpl*. (**b**) (*fig: goods, film etc*) birria *f*, porquería *f*; (*spoken, written*) tonterías *fpl*, disparates *mpl*; **he talks a lot of ~** dice muchas bobadas; **the book is ~** la novela es una basura. **2** *cpd*: ~ **bin** *n* (*Brit*) cubo *m* de la basura; ~ **dump** *n* basurero *m*.
rubbishy ['rʌbɪʃɪ] *adj* (*fam: goods, film*) malísimo/a.
rubble ['rʌbl] *n* escombros *mpl*.
rubella [rʊ'belə] *n* rubéola *f*.
ruble ['ru:bl] *n* (*US*) = **rouble**.
rubric ['ru:brɪk] *n* rúbrica *f*.
ruby ['ru:bɪ] **1** *n* rubí *m*. **2** *adj* (*colour*) color rubí. **3** *cpd* (*necklace, ring*) de rubí(es).
RUC *n abbr of* **Royal Ulster Constabulary**.
ruck [rʌk] (*also* ~ **up**) **1** *vt* arrugar. **2** *vi* arrugarse.
rucksack ['rʌksæk] *n* mochila *f*.
ruction ['rʌkʃən] *n* follón *m*, bronca *f*; **there will be ~s** se va a armar la gorda.
rudder ['rʌdə'] *n* (*Naut, Aer*) timón *m*.
ruddy ['rʌdɪ] *adj* (*comp* **-ier**; *superl* **-iest**) (**a**) (*complexion*) sonrosado/a; (*sky etc*) rojizo/a. (**b**) (*Brit euph*) mal-

dito/a, condenado/a.

rude [ruːd] *adj* (*comp* ~**r**; *superl* ~**st**) (**a**) (*offensive*) grosero/a; (*short*) brusco/a; **to be ~ to sb** ser grosero con algn; **it's ~ to eat noisily** es muy ordinario hacer ruido al comer; **how ~!** ¡no seas mal educado! (**b**) (*indecent*) grosero/a; (*joke etc*) verde, colorado/a (*LAm*). (**c**) **a ~ awakening** una sorpresa desagradable; **to be in ~ health** estar robusto. (**d**) (*primitive*) tosco/a, burdo/a.

rudely [ˈruːdlɪ] *adv* groseramente; **she was ~ awakened** le despertaron bruscamente; (*fig*) quedó desagradablemente sorprendida.

rudeness [ˈruːdnɪs] *n* (*see adj (a), (b)*) grosería *f*; brusquedad *f*; falta *f* de educación; grosería, indecencia *f*.

rudimentary [ˌruːdɪˈmentərɪ] *adj* (*gen*) rudimentario/a; **he has ~ Latin** tiene las primeras nociones de latín.

rudiments [ˈruːdɪmənts] *npl* rudimentos *mpl*.

rueful [ˈruːfʊl] *adj* triste, arrepentido/a.

ruff [rʌf] *n* (*Sew*) gorguera *f*; (*Zool*) collarín *m*.

ruffian [ˈrʌfɪən] *n* rufián *m*.

ruffle [ˈrʌfl] *vt* (*surface*) agitar, rizar; (*hair*) despeinar; (*feathers*) erizar; (*fabric*) fruncir; (*sb's composure*) perturbar; **nothing ~s him** no se altera por nada.

rug [rʌg] *n* (*floor-mat*) alfombrilla *f*, tapete *m*; (*wrap*) manta *f*; **to pull the ~ from under sb** (*fig*) mover la silla para que algn se caiga.

rugby [ˈrʌgbɪ] **1** *n* rugby *m*. **2** *cpd*: ~ **league** *n* rugby *m* a trece.

rugged [ˈrʌgɪd] *adj* (*terrain*) accidentado/a; (*character: unrefined*) tosco/a; (*: surly*) severo/a; (*features*) duro/a, recio/a.

rugger [ˈrʌgəʳ] *n* (*fam*) = **rugby**.

ruin [ˈruːɪn] **1** *n* (**a**) ruina *f*; **~s** ruinas; **in ~s** en ruinas; **to fall into ~** caer en ruinas; **her hopes were in ~s** sus esperanzas estaban arruinadas. (**b**) (*fig*) ruina *f*, perdición *f*; **it will be the ~ of him** será su ruina; **~ stared us in the face** nos enfrentamos con el fracaso. **2** *vt* (*damage*) arruinar, destruir; (*undermine*) echar abajo; (*spoil*) estropear; (*bankrupt*) arruinar; **what ~ed him was gambling** el juego fue su ruina; **he ~ed my new car** hizo polvo mi coche nuevo.

ruination [ˌruːɪˈneɪʃən] *n* ruina *f*, perdición *f*.

ruined [ˈruːɪnd] *adj* en ruinas; (*also fig*) arruinado/a.

ruinous [ˈruːɪnəs] *adj* ruinoso/a.

rule [ruːl] **1** *n* (**a**) (*ruling*) regla *f*, norma *f*; **~s of the road** normas *fpl* de tráfico; **~s and regulations** reglamentos *mpl*; **it's against the ~s** va contra las normas; **as a ~** por regla general; **~ of thumb** regla empírica; **the golden ~ is ...** la regla principal es ...; **to bend the ~s** ajustar las reglas; **we make it a ~ to do sth** es nuestra costumbre hacer algo; *see* **work 3 (a)**.

(**b**) (*dominion etc*) dominio *m*, imperio *m*; **under British ~** bajo el dominio británico.

(**c**) (*ruler*) regla *f*, metro *m*.

2 *vt* (**a**) (*govern: also ~* **over**) gobernar; **he ~d the company for 40 years** durante 40 años rigió la compañía.

(**b**) (*Jur*) decidir, fallar; **to ~ that ...** fallar que ....

(**c**) (*draw*) trazar.

3 *vi* (**a**) (*govern*) gobernar, mandar.

(**b**) **to ~ against sth** decidir *or* fallar en contra de algo.

4 *cpd*: ~ **book** *n* libro *m* de normas; **we'll do it by the ~ book** lo haremos de acuerdo con el reglamento.

▸ **rule out** *vt + adv* excluir; **to ~ out the possibility** excluir la posibilidad.

ruled [ruːld] *adj* (*paper*) rayado/a.

ruler [ˈruːləʳ] *n* (**a**) (*person*) gobernante *mf*. (**b**) (*for measuring*) regla *f*.

ruling [ˈruːlɪŋ] **1** *adj* (*passion, factor*) dominante; **the ~ classes** las clases dirigentes. **2** *n* decisión *f*, fallo *m*; **to give a ~ on a dispute** fallar en una disputa.

rum[1] [rʌm] *n* (*drink*) ron *m*.

rum[2] [rʌm] *adj* (*fam*) raro/a.

Rumania *etc* [ruːˈmeɪnɪə] = **Romania** *etc*.

rumble[1] [ˈrʌmbl] **1** *n* (*of traffic etc*) ruido *m* sordo, retumbo *m*; (*of thunder etc*) redoble *m*, estruendo *m*. **2** *vi* redoblar, retumbar; (*stomach*) hacer ruidos; **the train ~d past** el tren pasó con estruendo; **he ~d on another half-hour** (*fam*) continuó media hora más con el rollo (*fam*).

rumble[2] [ˈrʌmbl] *vt* (*Brit fam*) calar; **he's ~d us** nos ha calado *or* pillado.

rumbustious [rʌmˈbʌstʃəs] *adj* bullicioso/a.

ruminant [ˈruːmɪnənt] *n* rumiante *mf*.

ruminate [ˈruːmɪneɪt] *vi* (*think*) rumiar.

rumination [ˌruːmɪˈneɪʃən] *n* (*act*) rumia *f*; (*thought*) meditación *f*.

rummage [ˈrʌmɪdʒ] *vi*: **to ~ (about** *or* **around)** revolver (*among, in* en); **to ~ about in a case** revolver en una maleta.

rummy [ˈrʌmɪ] *n* (*Cards*) rummy *m*.

rumour, (*US*) **rumor** [ˈruːməʳ] **1** *n* rumor *m*; **~ has it that ...** se rumorea que ..., corre la voz de que .... **2** *vt*: **it is ~ed that ...** se rumorea que ..., corre la voz de que ....

rump [rʌmp] **1** *n* (**a**) (*Anat: of horse etc*) ancas *fpl*, grupa *f*; (*Culin*) cuarto *m* trasero. (**b**) (*of party etc*) parte *f* que queda. **2** *cpd*: ~ **steak** *n* filete *m* de lomo de vaca *or* (*LAm*) de res.

rumple [ˈrʌmpl] *vt* arrugar; (*hair*) despeinar.

rumpus [ˈrʌmpəs] *n* (*fam*) jaleo *m*; **to kick up a ~** armar follón *or* (*esp LAm*) bronca.

run [rʌn] (*vb: pt* **ran**; *pp* ~) **1** *n* (**a**) (*act of ~ning, Sport etc*) carrera *f*; (*Mus*) carrerilla *f*; (*in tights*) carrera; **at a ~** corriendo, a la carrera; **to have a ~ before breakfast** (salir a) correr antes del desayuno; **a prisoner on the ~** un preso fugado; **to keep sb on the ~** mantener a algn en constante actividad; **we've got them on the ~** los hemos puesto en fuga; (*fig*) están casi vencidos; **to make a ~ for it** echarse a correr, huir; **to give sb a ~ for their money** hacer sudar a algn; **to have the ~ of sb's house** tener el libre uso de la casa de algn.

(**b**) (*outing in car etc*) vuelta *f*, excursión *f*; (*Rail etc: distance travelled*) recorrido *m*; **let's go for a ~ down to the coast** vamos a dar una vuelta por la costa; **the Calais ~** la ruta de Calais; **the Plymouth-Santander ~** el servicio de Plymouth a Santander; **it's a short car ~** es un breve viaje en coche.

(**c**) (*sequence*) serie *f*; (*Cards*) escalera *f*; **a ~ of luck** una racha de suerte; **the common ~** lo común y corriente; **it stands out from the general ~ of books** destaca de la generalidad de los libros; **the play had a long ~** la obra se mantuvo mucho tiempo en la cartelera; **in the long ~** a la larga; **in the short ~** a plazo corto.

(**d**) (*Comm etc*) **a ~ on the banks** una gran demanda de fondos en los bancos; **a ~ on sterling** una demanda de libras esterlinas; **there was a ~ on sugar** el azúcar tenía mucha demanda; **the ~ of the market** la tendencia del mercado.

(**e**) (*for animals*) corral *m*.

(**f**) (*ski ~*) pista *f*.

(**g**) **to have the ~s** (*fam*) tener el vientre descompuesto.

2 *vt* (**a**) (*gen*) recorrer; **to ~ a race** participar en una carrera; **the race is ~ over 4 km** la carrera se hace sobre una distancia de 4 km; **let things ~ their course** (*fig*) deja que las cosas sigan su curso; **to ~ a horse** correr un caballo.

(**b**) (*move*) **to ~ sb into town** llevar a algn (en coche) a la ciudad; **to ~ a car into a lamppost** estrellar un coche contra un farol; **to ~ errands** hacer recados.

(**c**) (*organize etc: business, hotel etc*) dirigir, llevar; (*: country*) gobernar; (*: campaign*) organizar; **to ~ the house for sb** llevar la casa a algn; **she ~s everything** ella se encarga de todo; **to ~ a candidate** presentar (un) candidato.

(**d**) (*operate, use: car*) tener; (*: machine*) hacer funcionar *or* andar; (*: train*) poner; (*Comput: programme*) ejecutar; **we don't ~ a car** no tenemos coche; **to ~ a new** bus service establecer un nuevo servicio de autobuses; **they ran an extra train** pusieron un tren suplementario; **you can ~ this machine on gas** puedes hacer funcionar esta máquina a gas.

(**e**) **to be ~ off one's feet** estar ocupadísimo; **to ~ it close** *or* **fine** dejarse muy poco tiempo; **to ~ a (high) temperature** tener (alta) fiebre; **to ~ a risk** correr un riesgo.

(**f**) (*with adv or prep*) **to ~ one's eye over a letter** echar un vistazo a una carta; **let me ~ this idea past you** (*US*) a ver qué piensas de esta idea; **to ~ a fence round a field** poner una valla alrededor de un campo; **to ~ a pipe through a wall** pasar un tubo por una pared; **to ~ one's fingers through sb's hair** pasar los dedos por el pelo de algn; **to ~ a comb through one's hair** peinarse rápidamente.

(**g**) **would you ~ my bath?** ¿me preparas el baño?

3 *vi* (**a**) (*gen*) correr; (*in race*) competir, correr; (*flee*) huir; **to ~ downstairs** bajar la escalera corriendo; **to ~ for a bus** correr tras el autobús; **to ~ to help sb** correr al auxilio de algn; **we shall have to ~ for it** habrá que darse a la fuga; **to ~ for office** (*fig*) presentarse como candidato a un cargo; **a rumour ran through the town** corrió la voz por la ciudad; **that tune keeps ~ning through my head** esa melodía la tengo metida en la cabeza; **it ~s in the family** viene de familia.

(**b**) (*of bus service etc*) circular, correr; **the train ~s between Glasgow and Edinburgh** el tren circula entre Glasgow y Edimburgo; **the bus ~s every 20 minutes** hay un autobús cada 20 minutos; **the train is ~ning late** el tren lleva retraso; **the service usually ~s on time** el servicio generalmente es puntual.

(**c**) (*Naut*) **to ~ aground** encallar.

(**d**) (*function*) funcionar; **the car is not ~ning well** el coche no funciona bien; **things did not ~ smoothly for them** (*fig*) les fue mal; **it ~s off the mains** funciona con corriente de la red.

(**e**) (*extend: contract etc*) prorrogarse; **the play ran for 2 years** la obra estuvo 2 años en cartelera; **the sentences will ~ concurrently** las condenas se cumplirán al mismo tiempo; **the cost ran to hundreds of pounds** el coste ascendió a cientos de libras; **the talk ran to 2 hours** la charla se extendió a 2 horas; **my salary won't ~ to a car** mi sueldo no alcanza para un coche.

(**f**) (*flow*) correr, fluir; **the tears ran down her cheeks** las lágrimas le corrían por las mejillas; **my pen ~s** mi pluma gotea; **you left the tap ~ning** dejaste abierto el grifo *or* (*LAm*) abierta la llave; **the river ~s into the sea** el río desemboca en el mar; **the milk ran all over the floor** la leche se derramó por todo el suelo; **his nose was ~ning** le moqueaba la nariz; **the colours have ~** los colores se han corrido; **to ~ dry** secarse; (*resources*) agotarse.

(**g**) (*with adv or prep*) **to ~ across the road** cruzar la calle corriendo; **the road ~s along the river** la carretera va a lo largo del río; **to ~ after sth/sb** (*fam*) perseguir algo/a algn; **to ~ back** volver corriendo; **the road ~s by our house** la carretera pasa delante de nuestra casa; **the path ~s from our house to the station** el sendero va de nuestra casa a la estación; **the car ran into the lamp-post** el coche chocó contra el farol; **this street ~s into the square** esta calle desemboca en la plaza; **he ran up to me** se me acercó corriendo; **he ran up the stairs** subió la escalera corriendo; **the ivy ~s up the wall** la hiedra trepa por la pared; *see* **high 2; low[1] 2; seed 1 (a).**

▸ **run about** *vi + adv* correr por todas partes.

▸ **run across** *vi + prep* tropezar *or* encontrarse con.

▸ **run along** *vi + adv*: **~ along now!** (*singular*) ¡vete!; (*plural*) ¡iros!

▸ **run away** *vi + adv* (**a**) escaparse, fugarse; **to ~ away from home** huir de casa; **to ~ away from one's responsibilities** evadir sus responsabilidades. (**b**) (*water*) salirse.

▸ **run away with** *vi + prep* (*money, jewels etc*) llevarse; (*person*) fugarse con; (*fig*) **he let his imagination ~ away with him** se dejó llevar por su imaginación; **it simply ~s away with the money** es que devora el dinero; **don't ~ away with the idea that ...** no te vayas a imaginar que ...; **don't let your feelings ~ away with you** no te dejes dominar por las emociones.

▸ **run back** *vt + adv* rebobinar.

▸ **run down 1** *vt + adv* (**a**) (*knock down*) atropellar. (**b**) (*reduce: production*) ir reduciendo. (**c**) (*disparage*) menospreciar. **2** *vi + adv*: **to be ~ down** (*battery: flat*) estar descargado/a; (*person: unwell*) estar agotado/a.

▸ **run in** *vt + adv* (**a**) (*new machine*) rodar, hacer funcionar. (**b**) (*fam: arrest*) detener.

▸ **run into** *vi + prep* (*encounter: person, difficulties etc*) tropezar con; **to ~ into debt** contraer deudas, endeudarse, endrogarse (*And, CSur*).

▸ **run off 1** *vi + adv* = **run away 1 (a). 2** *vt + adv* tirar.

▸ **run off with** *vi + prep* = **run away with.**

▸ **run on** *vi + adv* (**a**) (*fam: talk*) seguir hablando. (**b**) (*Typ*) continuar.

▸ **run out** *vi + adv* (*come to an end: contract, time*) acabarse, vencerse; (*: food, money etc*) agotarse; **when the money ~s out** cuando se acabe el dinero.

▸ **run out of** *vi + prep* quedarse sin; **I've ~ out of petrol** se me acabó la gasolina.

▸ **run out on** *vi + prep* (*abandon*) abandonar.

▸ **run over 1** *vi + adv* rebosar, desbordarse. **2** *vi + prep* (*reread etc*) repasar. **3** *vt + adv* (*Aut*) atropellar.

▸ **run through** *vi + prep* (**a**) (*use up*) despilfarrar. (**b**) (*read quickly: notes etc*) echar un vistazo a. (**c**) (*rehearse: play*) ensayar; (*recapitulate*) repasar.

▸ **run up** *vt + adv* (**a**) (*debt etc*) contraer. (**b**) (*dress etc*) hacer rápidamente.

▸ **run up against** *vi + prep* (*problem etc*) tropezar con.

runaround [ˈrʌnəraʊnd] *n*: **to give sb the ~** (*fam*) traer a algn al retortero.

runaway [ˈrʌnəweɪ] *adj* (*prisoner, slave*) fugitivo/a; (*soldier*) desertor(a); (*horse*) desbocado/a; (*success, victory etc*) aplastante; **~ inflation** inflación *f* galopante.

rundown [ˈrʌndaʊn] *n* (*of industry etc*) cierre *m* gradual; (*résumé*) resumen *m*; **to give sb a ~** poner a algn al día.

run-down [ˈrʌnˈdaʊn] *adj* (*place*) desvencijado/a, ruinoso/a; (*person*) agotado/a.

rung[1] [rʌŋ] *n* escalón *m*, peldaño *m*.

rung[2] [rʌŋ] *pt of* **ring[2]**.

runner [ˈrʌnəʳ] *n* (*athlete*) corredor(a) *m/f*; (*horse: in race*) caballo *m*; (*wheel*) ruedecilla *f*; (*of sledge, aircraft*) patín *m*; (*of skate*) cuchilla *f*; (*fam*) **to do a ~** largarse (*fam*).

runner-up [ˈrʌnəʳˈʌp] *n* subcampeón/ona *m/f*.

running [ˈrʌnɪŋ] **1** *adj* (*water*) corriente; (*commentary*) en directo; **for the sixth time ~** por sexta vez consecutiva; **~ battle** (*fig*) lucha *f* continua; **~ costs** gastos *mpl* corrientes; **~ head** (*Typ, Comput*) encabezamiento *m* normal; **~ repairs** reparaciones *fpl* provisionales; **~ total** suma *f* parcial.

2 *n* (*of business etc*) dirección *f*, organización *f*; (*of machine*) funcionamiento *m*, marcha *f*; **to be in the ~ for sth** tener posibilidades de ganar algo.

3 *cpd*: **~ board** *n* (*Aut*) estribo *m*; **~ in** *n* (*Aut*) rodaje *m*; **~ mate** *n* (*US Pol*) candidato/a *m/f* a la vicepresidencia; **~ track** *n* pista *f* (de atletismo).

runny [ˈrʌnɪ] *adj* (*comp* **-ier**; *superl* **-iest**) líquido/a, derretido/a.

run-of-the-mill [ˈrʌnəvðəˈmɪl] *adj* común y corriente.

runproof [ˈrʌnpru:f] *adj* (*mascara*) que no se corre; (*tights*) indesmallable.

run-through [ˈrʌnθru:] *n* ensayo *m*.

run-up [ˈrʌnʌp] *n* (*Brit*) período *m* previo (*to* a).

runway [ˈrʌnweɪ] *n* (*Aviat*) pista *f* (de aterrizaje).

rupture [ˈrʌptʃəʳ] **1** *n* (*Med*) hernia *f*; (*fig*) ruptura *f*. **2** *vt* causar una hernia en.

rural [ˈrʊərəl] *adj* rural.

ruse [ru:z] *n* estratagema *f*, ardid *m*.
rush[1] [rʌʃ] **1** *n* junco *m*. **2** *cpd*: ~ **matting** *n* estera *f* de juncos.
rush[2] [rʌʃ] **1** *n* (**a**) (*act of ~ing*) ímpetu *m*; **gold** ~ fiebre *f* del oro; **there was a** ~ **to** *or* **for the door** se precipitaron todos hacia la puerta; **it got lost in the** ~ se perdió en la confusión.
(**b**) (*hurry*) prisa *f*, apuro *m* (*LAm*); **I'm in a** ~ tengo prisa *or* (*LAm*) apuro; **what's all the** ~ **about?** ¿por qué tanta prisa?; **is there any** ~ **for this?** ¿te corre prisa esto?; **we had a** ~ **to get it ready** tuvimos que darnos prisa para tenerlo listo a tiempo.
(**c**) (*current*) **a** ~ **of air/wind** una ráfaga de aire/viento; **a** ~ **of water/steam** un chorro de agua/vapor; **a** ~ **of people** un tropel.
(**d**) (*Comm*) demanda *f* (*for, on* de); **we've had a** ~ **of orders** ha habido una gran demanda.
2 *vt* (**a**) (*person*) meter prisa a, apresurar, apurar (*LAm*); (*work, order*) hacer de prisa *or* a la carrera; **to** ~ **sth off** hacer algo de prisa; **I hate being ~ed** no aguanto que me metan prisa; **we were ~ed off our feet** estábamos muy liados *or* (*LAm*) apurados; **he was ~ed (off) to hospital** le llevaron al hospital con la mayor urgencia.
(**b**) (*attack: town*) asaltar, tomar por asalto; (*: person*) atacar inesperadamente; **the crowd ~ed the barriers** el público se abalanzó sobre las barreras.
3 *vi* (*person: run*) precipitarse; (*: hurry*) apresurarse, apurarse (*LAm*); (*car*) ir de prisa, correr; **I must** ~ me voy corriendo; **everyone ~ed to the windows** se precipitaron todos hacia las ventanas; **don't** ~**!** ¡con calma!; **don't** ~ **at it, take it slowly** no te apures, hazlo con calma; **to** ~ **past** pasar como un rayo; **I ~ed to her side** corrí a su lado; **to** ~ **upstairs/downstairs** subir/bajar la escalera a la carrera; **I was ~ing to finish it** me daba prisa por terminarlo.
4 *cpd*: ~ **hour** *n* hora *f* punta; **Madrid in the** ~ **hour** Madrid en las horas punta; ~ **hour traffic** *n* la circulación de las horas punta; ~ **order/job** *n* pedido *m*/trabajo *m* urgente.
▸ **rush about**, **rush around** *vi* + *adv* correr de un lado a otro.
▸ **rush at** *vi* + *prep* abalanzarse sobre, aventarse contra (*Mex*).
▸ **rush in** *vi* + *adv* entrar precipitadamente.
▸ **rush off** *vi* + *adv* irse corriendo.
▸ **rush out** **1** *vt* + *adv* (*book etc*) publicar con toda prisa. **2** *vi* + *adv* salir precipitadamente.
▸ **rush over** *vi* + *adv* acercarse corriendo.
▸ **rush through** **1** *vi* + *prep* (*meal*) comer de prisa, tragar (*LAm*); (*book*) leer de prisa; (*work*) hacer de prisa; (*town*) atravesar a toda velocidad. **2** *vt* + *adv* (*Comm: order, supplies*) despachar rápidamente.
▸ **rush up** *vi* + *adv* = **rush over**.
rusk [rʌsk] *n* (*esp for babies*) galleta *f*.
russet ['rʌsɪt] **1** *n* (*colour*) color *m* rojizo. **2** *adj* (*colour*) rojizo/a.
Russia ['rʌʃə] *n* Rusia *f*.
Russian ['rʌʃən] **1** *adj* ruso/a; ~ **roulette** ruleta *f* rusa. **2** *n* ruso/a *m/f*; (*Ling*) ruso *m*.
rust [rʌst] **1** *n* (*action*) oxidación *f*; (*on metal*) orín *m*, herrumbre *f*. **2** *vi* oxidarse. **3** *vt* oxidar.
rust-coloured ['rʌst,kʌləd] *adj* de color herrumbre.
rusted ['rʌstɪd] *adj* oxidado/a.
rustic ['rʌstɪk] *adj*, *n* rústico/a *m/f*, campesino/a *m/f*.
rustle[1] ['rʌsl] **1** *n* (*of leaves, wind*) susurro *m*; (*of paper*) crujido *m*; (*of silk, dress*) frufrú *m*, crujido. **2** *vt* hacer crujir. **3** *vi* (*leaves*) susurrar; (*paper, material*) crujir.
rustle[2] ['rʌsl] *vt* (*steal*) robar, abigear (*Mex*).
▸ **rustle up** (*fam*) *vt* + *adv* (*find*) encontrar, dar con; (*make*) improvisar; **I'll see what I can** ~ **up** veré lo que hay.
rustler ['rʌsləʳ] *n* ladrón/ona *m/f* de ganado, abigeo/a *m/f* (*Mex*).
rustling ['rʌslɪŋ] *n* robo *m* de ganado, abigeato *m* (*Mex*).
rustproof ['rʌstpru:f], **rust-resistant** ['rʌstrɪzɪstənt] *adj* inoxidable.
rusty ['rʌstɪ] *adj* (*comp* **-ier**; *superl* **-iest**) oxidado/a; **my Greek is pretty** ~ (*fig*) me falta práctica en griego.
rut[1] [rʌt] *n* surco *m*; **to be in/get into a** ~ (*fig*) ser/hacerse esclavo de la rutina; **to get out of the** ~ (*fig*) salir del bache.
rut[2] [rʌt] *n* (*Bio*) celo *m*.
ruthless ['ru:θlɪs] *adj* (*person, act*) despiadado/a, cruel.
rutted ['rʌtɪd] *adj* lleno/a de baches.
RV *n abbr* (**a**) *of* **Revised Version** *versión revisada de la Biblia*. (**b**) (*US*) *of* **recreational vehicle**.
rye [raɪ] **1** *n* (*grain, grass*) centeno *m*. **2** *cpd*: ~ **bread** *n* pan *m* de centeno; ~ **whisky** *n* whisky *m* de centeno.
ryegrass ['raɪgrɑ:s] *n* ballico *m*.

S

S[1], **s** [es] *n* (*letter*) S, s *f*.
S[2] *abbr* (**a**) *of* **south** S. (**b**) *of* **Saint** Sto., Sta.
s. *abbr* (**a**) **second**. (**b**) **son**. (**c**) (*Brit Fin: old*) *of* **shilling(s)**.
SA *abbr* (**a**) *of* **South Africa**. (**b**) *of* **South America**.
Sabbath ['sæbəθ] *n* (*Jewish*) sábado *m*; (*Christian*) domingo *m*.
sabbatical [sə'bætɪkəl] **1** *adj* (*Rel*) sabático/a. **2** *n* (*also* ~ **year**) año *m* sabático.
saber ['seɪbəʳ] *n* (*US*) = **sabre**.
sable ['seɪbl] *n* (*fur*) cebellina *f*.
sabotage ['sæbətɑ:ʒ] **1** *n* sabotaje *m*; **an act of** ~ un acto de sabotaje. **2** *vt* (*also fig*) sabotear.
saboteur [,sæbə'tɜ:ʳ] *n* saboteador(a) *m/f*.
sabre, (*US*) **saber** ['seɪbəʳ] *n* sable *m*.
sabre-rattling ['seɪbə,rætlɪŋ] *n* patriotería *f*.
sac [sæk] *n* (*Anat etc*) saco *m*.
saccharin(e) ['sækərɪn] *n* sacarina *f*.
sachet ['sæʃeɪ] *n* (*of shampoo etc*) sobrecito *m*.
sack[1] [sæk] **1** *n* (**a**) (*bag*) saco *m*, costal *m*. (**b**) (*fam: from job*); **to get the** ~ ser despedido/a; **to give sb the** ~ despedir *or* echar a algn. (**c**) (*fam: bed*) **to hit the** ~ echarse a dormir. **2** *vt* (*fam*) despedir. **3** *cpd*: ~ **dress** *n* vestido *m* saco; ~ **race** *n* carrera *f* de sacos.
sack[2] [sæk] **1** *n* (*plundering*) saqueo *m*. **2** *vt* saquear.
sacking ['sækɪŋ] *n* (**a**) (*cloth*) arpillera *f*. (**b**) (*fam: dismissal*) despido *m*.
sacrament ['sækrəmənt] *n* (*Rel*) sacramento *m*; **to receive the Holy S**~ comulgar.
sacramental [,sækrə'mentl] *adj* sacramental.
sacred ['seɪkrɪd] *adj* (*holy*) sagrado/a, sacro/a; ~ **to the memory of ...** consagrado a la memoria de ...; **a** ~ **promise** (*fig*) una promesa solemne; **is nothing** ~**?** ¿ya no se respeta nada?; ~ **cow** (*fam*) vaca *f* sagrada.
sacrifice ['sækrɪfaɪs] **1** *n* (*also fig*) sacrificio *m*; **to make ~s (for sb)** sacrificarse (a favor de algn), privarse (para algn). **2** *vt* (*gen*) sacrificar; **to** ~ **o.s.** sacrificarse.

sacrificial [ˌsækrɪˈfɪʃəl] *adj* sacrificatorio/a; ~ **lamb** chivo *m* expiatorio.
sacrilege [ˈsækrɪlɪdʒ] *n* (*also fig*) sacrilegio *m*.
sacrilegious [ˌsækrɪˈlɪdʒəs] *adj* sacrílego/a.
sacristan [ˈsækrɪstən] *n* sacristán *m*.
sacristy [ˈsækrɪstɪ] *n* sacristía *f*.
sacrosanct [ˈsækrəʊsæŋkt] *adj* (*also fig*) sacrosanto/a.
sad [sæd] *adj* (*comp* ~**der**; *superl* ~**dest**) (**a**) (*sorrowful*) triste, apenado/a *(Sp)*; (*depressing*) deprimente; **how** ~! ¡qué triste *or* tristeza!, ¡qué pena!; **to grow** ~ entristecerse; **to make sb** ~ entristecer a algn; **he left a** ~**der and a wiser man** se marchó un hombre escarmentado. (**b**) (*deplorable*) lamentable, triste; **a** ~ **mistake** un error deplorable.
sadden [ˈsædn] *vt* entristecer, dar pena a; **it** ~**s me** me da (mucha) pena.
saddle [ˈsædl] **1** *n* (*of bicycle*) silla *f*; (*of horse*) silla de montar; **Red Rum won with X in the** ~ ganó Red Rum montado por X; **to be in the** ~ (*fig*) estar en el poder; ~ **of lamb** (*Culin*) cuarto *m* (trasero) de cordero. **2** *vt* (*also* ~ **up**: *horse*) ensillar; **to** ~ **sb with sth** (*fam*) cargar a algn con algo.
saddlebag [ˈsædlbæg] *n* alforja *f*.
saddler [ˈsædləʳ] *n* talabartero *m*, guarnicionero *m*.
saddle-sore [ˈsædlˌsɔːʳ] *adj*: **he was** ~ le dolían las posaderas de tanto montar.
sadism [ˈseɪdɪzəm] *n* sadismo *m*.
sadist [ˈseɪdɪst] *n* sadista *mf*.
sadistic [səˈdɪstɪk] *adj* sádico/a.
sadly [ˈsædlɪ] *adv* (*unhappily*) tristemente, con tristeza; (*regrettably*) desgraciadamente; ~ **lacking in** ... muy deficiente en ...; **you are** ~ **mistaken** estás muy equivocado.
sadness [ˈsædnɪs] *n* (*gen*) tristeza *f*, pena *f (Sp)*; (*depression*) depresión *f*.
sadomasochism [ˌseɪdəʊˈmæsəˌkɪzəm] *n* sadomasoquismo *m*.
sadomasochist [ˌseɪdəʊˈmæsəkɪst] *n* sadomasoquista *mf*.
s.a.e. *n abbr of* **stamped addressed envelope**.
safari [səˈfɑːrɪ] **1** *n* safari *m*; **to be on** ~ estar de safari. **2** *cpd*: ~ **park** *n* parque *m* aventura.
safe [seɪf] **1** *adj* (*comp* ~**r**; *superl* ~**st**) (**a**) (*gen*) seguro/a; (*not in danger: person*) fuera de peligro; (*unharmed*) ileso/a, a salvo; ~ **and sound** sano y salvo; **as** ~ **as houses** completamente seguro; ~ **from** a salvo de; **you'll be** ~ **here** aquí no correrás peligro; ~ **house** piso *m* franco, vivienda *f* segura; ~ **sex** sexo *m* seguro.
(**b**) (*not dangerous*) inofensivo/a; (*dog*) manso/a; (*secure*) seguro/a; (*trustworthy*) digno/a de confianza, de fiar; ~ **journey!** ¡buen viaje!; **in** ~ **hands** a salvo; **the** ~ **period** (*Med*) el período de infertilidad; **it's a** ~ **bet!** ¡es cosa segura!; **just to be on the** ~ **side** para mayor seguridad *or* estar seguro; **better** ~ **than sorry** hombre precavido vale por dos; **it is** ~ **to say that** ... valga decir que ...; **the secret is** ~ **with me** el secreto seguirá siéndolo conmigo.
2 *n* (*for money etc*) caja *f* fuerte.
safe-breaker [ˈseɪfˌbreɪkəʳ] *n* ladrón/ona *m/f* de cajas fuertes.
safe-conduct [ˈseɪfˈkɒndəkt] *n* salvoconducto *m*.
safe-cracker [ˈseɪfˌkrækəʳ] *n* (*US*) ladrón/ona *m/f* de cajas fuertes.
safe-deposit [ˈseɪfdɪˌpɒzɪt] *n* (*vault*) cámara *f* acorazada; (*box*) caja *f* de seguridad *or* de caudales.
safeguard [ˈseɪfgɑːd] **1** *n* resguardo *m*; **as a** ~ **against** ... como defensa contra .... **2** *vt* proteger, resguardar.
safe-keeping [ˌseɪfˈkiːpɪŋ] *n* custodia *f*; **to put into** ~ poner a buen recaudo *or* bajo custodia.
safely [ˈseɪflɪ] *adv* (*without danger*) con toda seguridad; (*without accident*) sano y salvo; **to arrive** ~ llegar bien; **I can** ~ **say** ... puedo afirmar con toda seguridad ....
safety [ˈseɪftɪ] **1** *n* (*gen*) seguridad *f*; **road** ~ seguridad vial; ~ **first!** ¡con cautela!; **for** ~**'s sake** para mayor seguridad; **in a place of** ~ en un lugar seguro; **there's** ~ **in numbers** cuantos más, menos peligro.
2 *cpd* de seguridad; ~ **belt** *n* cinturón *m* de seguridad; ~ **catch** *n* (*on gun*) seguro *m*; (*on bracelet*) cadena *f* de seguridad; ~ **curtain** *n* (*in theatre*) telón *m* metálico; ~ **glass** *n* vidrio *m* inastillable; ~ **margin** *n* margen *m* de seguridad; ~ **match** *n* fósforo *m* de seguridad; ~ **measure** *n* medida *f* preventiva *or* de prevención; ~ **net** *n* (*in circus*) red *f*; ~ **officer** *n* encargado/a *m/f* de seguridad; ~ **pin** *n* imperdible *m (Sp)*, seguro *m (CAm, Mex)*; ~ **precaution** *n* medida *f* de seguridad; ~ **razor** *n* maquinilla *f* de afeitar, Gillette ® *f*; ~ **valve** *n* válvula *f* de seguridad *or* de escape; (*fig*) desahogo *m*.
saffron [ˈsæfrən] *n* (*powder*) azafrán *m*; (*colour*) color *m* azafrán.
sag [sæg] *vi* (*gen: roof, awning etc*) combarse; (*bed*) hundirse; (*slacken*) aflojarse; (*: shoulders*) encorvarse; (*fig: spirit*) flaquear; **his spirits** ~**ged** se le flaqueó el ánimo, se desanimó.
saga [ˈsɑːgə] *n* (*Hist*) saga *f*; (*novel*) serie *f* (de novelas); (*fig*) epopeya *f*.
sagacious [səˈgeɪʃəs] *adj* (*person, remark*) sagaz.
sagacity [səˈgæsɪtɪ] *n* sagacidad *f*.
sage[1] [seɪdʒ] **1** *adj* (*wise*) sabio/a; (*sensible*) cuerdo/a. **2** *n* sabio/a *m/f*.
sage[2] [seɪdʒ] **1** *n* (*herb*) salvia *f*. **2** *cpd*: ~ **and onion stuffing** *n* relleno *m* de cebolla con salvia; ~ **green** *adj*, *n* verde *m* salvia.
Sagittarius [ˌsædʒɪˈtɛrɪəs] *n* Sagitario *m*.
sago [ˈseɪgəʊ] *n* sagú *m*.
Sahara [səˈhɑːrə] *n* Sáhara *m*, Sájara *m*.
Sahel [sɑːˈhel] *n* Sahel *m*.
said [sed] **1** *pt, pp of* **say**. **2** *adj* dicho/a.
Saigon [saɪˈgɒn] *n* Saígon *m*.
sail [seɪl] **1** *n* (**a**) (*cloth*) vela *f*; **to set** ~ zarpar; **to take the wind out of sb's** ~**s** (*fig*) bajarle los humos a algn.
(**b**) (*trip*) paseo *m* en barco; **it is 3 days'** ~ **from here** desde aquí es un viaje de 3 días en barco.
2 *vt* (*ship*) gobernar; **they** ~**ed the ship to Cadiz** fueron con el barco a Cádiz; **to** ~ **the seas** navegar (en alta mar).
3 *vi* (**a**) (*boat, person*) navegar; **we** ~**ed into harbour** entramos a puerto; **to** ~ **round the world** dar la vuelta al mundo en barco; **to** ~ **close to the wind** (*fig*) pisar terreno peligroso.
(**b**) (*Naut: leave*) zarpar, salir; **we** ~ **for Australia soon** pronto zarpamos para Australia.
(**c**) (*fig*) **she** ~**ed into the room** entró majestuosamente en la sala; **the plate** ~**ed over my head** el plato voló por encima de mi cabeza.
▸ **sail through** *vi + prep* (*fig*) pasar sin esfuerzo por; (*: pass: exam, driving test*) no tener problemas para aprobar.
sailboard [ˈseɪlbɔːd] *n* plancha *f* de windsurf.
sailboarding [ˈseɪlbɔːdɪŋ] *n* windsurf *m*, surf *m* a vela.
sailboat [ˈseɪlbəʊt] *n* (*US*) = **sailing boat**.
sailcloth [ˈseɪlklɒθ] *n* lona *f*.
sailing [ˈseɪlɪŋ] **1** *n* (*sport*) vela *f*, navegación *f* a vela; (*Naut: departure*) salida *f*; **now it's all plain** ~ ahora es coser y cantar. **2** *cpd*: ~ **boat** *n* velero *m*, barco *m* de vela.
sailor [ˈseɪləʳ] **1** *n* marinero *m*; **to be a bad** ~ marearse fácilmente. **2** *cpd*: ~ **suit** *n* traje *m* de marinero *(de niño)*.
saint [seɪnt] *n* santo/a *m/f*; ~**'s day** santo *m*; **All S**~**s' Day** fiesta *f* de Todos los Santos; **S**~ **Bernard** (*dog*) perro *m* de San Bernardo; **S**~ **John** San Juan; **S**~ **Theresa** Santa Teresa; **they were married at S**~ **Mark's** se casaron en la parroquia de San Marcos; **my mother was a** ~ (*fig*) mi madre era una santa.
saintly [ˈseɪntlɪ] *adj* (*comp* **-ier**; *superl* **-iest**) (*gen*) santo/a; (*pious*) pío/a; (*pej*) santurrón/ona.

sake[1] [seɪk] *n*: **for the ~ of sb/sth** por algn/algo; **for my ~** por mí; **for God's ~!, for heaven's ~!** ¡por Dios!; **art for art's ~** el arte por el arte; **to talk for the ~ of talking** hablar por hablar; **for your own ~** por tu propio bien; **for old times' ~** en honor al pasado; **for the ~ of argument** digamos, es un decir; **for the ~ of peace** para garantizar la paz.

sake[2] [ˈsɑːkɪ] *n* sake *m*.

salable [ˈseɪləbl] *adj* (*US*) = **saleable**.

salacious [səˈleɪʃəs] *adj* salaz.

salad [ˈsæləd] **1** *n* ensalada *f*; **fruit ~** ensalada de frutas, macedonia *f (Sp)*; **Russian ~** ensaladilla *f* (rusa), ensalada rusa. **2** *cpd*: **~ cream** *n* (*Brit*) mayonesa *f*; **~ days** *npl* juventud *f*; **~ dressing** *n* aliño *m*; **~ oil** *n* aceite *m* para ensaladas.

salamander [ˈsæləˌmændəʳ] *n* salamandra *f*.

salami [səˈlɑːmɪ] *n* salami *m*, salame *m (CSur)*, salchichón *m*.

salaried [ˈsælərɪd] *adj* (*person*) asalariado/a; (*position*) retribuido/a, a sueldo.

salary [ˈsælərɪ] **1** *n* (*professional etc*) mensualidad *f*; (*pay in general*) salario *m*, sueldo *m*. **2** *cpd*: **~ earner** *n* asalariado/a *m/f*; **~ range** *n* gama *f* de salarios; **~ review** *n* revisión *f* de sueldos; **~ scale** *n* escala *f* salarial.

sale [seɪl] **1** *n* **(a)** (*gen*) venta *f*; **~ and lease back** venta y arrendamiento al vendedor; **'for ~'** 'se vende'; **to put a house up for ~** ofrecer una casa a la venta; **to be on ~** estar en venta; **on a ~ or return basis** a base de vender o devolver.

(b) (*place, event*) saldo *m*, rebajas *fpl*; **auction ~** subasta *f*; *see* **jumble**.

2 *cpd*: **~ price** *n* precio *m* rebajado *or* de rebaja, precio con descuento; **~s assistant** *n* (*Brit*); **~s clerk** *n* (*US*) dependiente/a *m/f*; **~s campaign** *n* campaña *f* de venta; **~s conference** *n* conferencia *f* de ventas; **~s department** *n* sección *f* de ventas; **~s drive** *n* promoción *f* de ventas; **~s executive** *n* ejecutivo/a *m/f* de ventas; **~s figures** *npl* cifras *fpl* de ventas; **~s force** *n* personal *m* de ventas; **~s manager** *n* jefe/a *m/f* de ventas; **~s meeting** *n* reunión *f* de ventas; **~s pitch** *n* (*fam*) rollo *m* publicitario (*fam*); **~s tax** *n* (*US*) impuesto *m* sobre las ventas.

saleable, (*US*) **salable** [ˈseɪləbl] *adj* vendible.

saleroom [ˈseɪlrʊm] *n* sala *f* de subastas.

salesman [ˈseɪlzmən] *n* (*pl* **-men**) (*in shop*) dependiente *m*, vendedor *m*; (*traveller*) viajante *m*, representante *m*.

salesmanship [ˈseɪlzmənʃɪp] *n* arte *m* de vender.

salesperson [ˈseɪlzˌpɜːsn] *n* (*esp US*) vendedor(a) *m/f*, dependiente/a *m/f*.

saleswoman [ˈseɪlzwʊmən] *n* (*pl* **-women**) (*in shop*) dependienta *f*, vendedora *f*, (*traveller*) viajante *f*, representante *f*.

salient [ˈseɪlɪənt] *adj* (*angle*) saliente; (*fig*) sobresaliente; **the most ~ feature** el aspecto más notable; **~ points** puntos *mpl* principales.

saline [ˈseɪlaɪn] *adj* salino/a; **~ drip** gota-a-gota *m* salino.

saliva [səˈlaɪvə] *n* saliva *f*.

salivary [ˈsælɪvərɪ] *adj*: **~ gland** glándula *f* salival.

salivate [ˈsælɪveɪt] *vi* salivar.

sallow [ˈsæləʊ] *adj* amarillento/a.

sally [ˈsælɪ] *vi*: **to ~ forth** *or* **out** salir airado/a.

salmon [ˈsæmən] **1** *n* salmón *m*. **2** *cpd*: **~ pink** *adj* color de salmón, salmonado/a; **~ steak** *n* filete *m* de salmón; **~ trout** *n* trucha *f* asalmonada.

salmonella [ˌsælməˈnelə] *n* salmonela *f*.

salon [ˈsælɒn] *n* salón *m*.

saloon [səˈluːn] *n* **(a)** (*Naut*) salón *m*. **(b)** (*Brit: car*) (coche *m*) turismo *m*. **(c)** (*room*) **billiard/dancing ~** sala *f* *or* salón *m* de billar/de baile. **(d)** (*US: bar*) taberna *f*, pub *m*, bar *m*, cantina *f (esp Mex)*.

salsify [ˈsælsɪfɪ] *n* (*Bot*) salsifí *m*.

SALT [sɔːlt] *n abbr of* **Strategic Arms Limitation Talks**.

salt [sɔːlt] **1** *n* sal *f*; **~s** sales; **to take sth with a pinch of ~** (*fig*) tomar algo con un grano de sal; **to rub ~ into the wound** (*fig*) poner sal en la llaga; **he's worth his ~** es una persona que vale; **the ~ of the earth** la sal de la tierra. **2** *vt* (*flavour*) salar; (*preserve*) conservar en sal. **3** *cpd* (*meat, water etc*) salado/a; **~ marsh** *n* saladar *m*, salina *f*; **~ mine** *n* mina *f* de sal; **~ shaker** *n* salero *m*.

saltcellar [ˈsɔːltˌseləʳ] *n* salero *m*.

salt-free [ˈsɔːltfriː] *adj* sin sal.

saltwater [ˈsɔːltˌwɔːtəʳ] *adj* (*fish etc*) de agua salada.

salty [ˈsɔːltɪ] *adj* (*taste*) salado/a.

salubrious [səˈluːbrɪəs] *adj* (*fig: district etc*) salubre.

salutary [ˈsæljʊtərɪ] *adj* (*healthy*) saludable; (*beneficial*) conveniente.

salute [səˈluːt] **1** *n* (*Mil: with hand*) saludo *m*; (*: with guns*) salva *f*; **to take the ~** tomar el saludo. **2** *vt* (*Mil etc*) hacer *or* dar un saludo; (*fig: acclaim*) aclamar.

Salvadoran [ˌsælvəˈdɔːrɪn], **Salvadorean**, **Salvadorian** [ˌsælvəˈdɔːrɪən] *adj* salvadoreño/a.

salvage [ˈsælvɪdʒ] **1** *n* **(a)** (*rescue: of ship etc*) salvamento *m*. **(b)** (*things rescued*) objetos *mpl* salvados; (*for re-use*) material *m* utilizable. **(c)** (*fee*) derechos *mpl* de salvamento. **2** *vt* salvar; (*fig: sth from theory, policy etc*) rescatar. **3** *cpd* (*operation, vessel*) de salvamento; (*fee*) derechos *mpl* de salvamento; **~ operation** *n* salvamento *m*.

salvation [sælˈveɪʃən] **1** *n* salvación *f*. **2** *cpd*: **S~ Army** *n* Ejército *m* de Salvación.

salve [sælv] *vt*: **to ~ one's conscience** aliviarse la conciencia.

salver [ˈsælvəʳ] *n* bandeja *f*.

salvo [ˈsælvəʊ] *n* (*Mil*) salva *f*.

SAM [sæm] *n abbr of* **surface-(to)-air missile**.

Samaritan [səˈmærɪtn] *n*: **the Good ~** el buen samaritano; **to call the ~s** (*organization*) llamar al teléfono de la esperanza.

same [seɪm] **1** *adj* (*gen*) mismo/a; (*equal*) igual, idéntico/a; **the ~ day** el mismo día; **~ day delivery** entrega *f* en el mismo día; **the ~ one** el/la mismo/a; **the ~ ones** los/las mismos/as; **the 2 houses are the ~** las dos casas son iguales; **in the ~ way** de la misma manera; **the ~ place as** el mismo lugar que; **at the ~ time** (*at once*) al mismo tiempo; (*on the other hand*) en cambio; (*and yet*) sin embargo, aun así; **to go the ~ way as sb** (*fig pej*) seguir el mismo camino que algn.

2 *pron*: **the ~** lo mismo; **it's always the ~** siempre pasa lo mismo; **it's all the ~** es lo mismo; **it's all the ~ to me** me da igual *or* lo mismo; **no, but thanks all the ~** no, pero en todo caso, gracias; **the ~ again** (*in bar etc*) otro igual; **all** *or* **just the ~** de todas formas *or* maneras; **Mr. Smith? — the very ~!** ¿el Sr. Smith? — ¡el mismísimo!; **I'd do the ~ again** yo volvería a hacer lo mismo; **and the ~ to you!** ¡igualmente!; **for repair of door and repainting of ~ ...** (*Comm*) reparación de la puerta y pintar lo mismo ...; **~ here!** ¡yo también!

sameness [ˈseɪmnɪs] *n* (*monotony*) monotonía *f*.

Samoa [səˈməʊə] *n* Samoa *f*.

sample [ˈsɑːmpl] **1** *n* (*all senses*) muestra *f*; **to take a ~** tomar una muestra; **free ~** muestra gratuita. **2** *vt* (*food, wine*) probar. **3** *cpd*: **~ pack** *n* paquete *m* de muestra.

sampling [ˈsɑːmplɪŋ] *n* muestreo *m*.

sanatorium [ˌsænəˈtɔːrɪəm] *n* (*pl* **~s** *or* **sanatoria** [ˌsænəˈtɔːrɪə]) sanatorio *m*.

sanctify [ˈsæŋktɪfaɪ] *vt* santificar.

sanctimonious [ˌsæŋktɪˈməʊnɪəs] *adj* beato/a, santurrón/ona.

sanction [ˈsæŋkʃən] **1** *n* **(a)** (*permission*) permiso *m*, autorización *f*. **(b)** (*esp Pol*) **~s** sanción *fsg*; **to impose economic ~s on** *or* **against** imponer sanciones económicas a *or* contra. **2** *vt* sancionar, autorizar. **3** *cpd*: **~ busting** *n* ruptura *f* de sanciones.

sanctity [ˈsæŋktɪtɪ] *n* (*sacredness*) lo sagrado.

sanctuary [ˈsæŋktjʊərɪ] *n* (*Rel*) santuario *m*; (*fig: refuge*) asilo *m*.

sanctum [ˈsæŋktəm] *n* lugar *m* sagrado; (*fig*) despacho *m* particular.

sand [sænd] **1** *n* arena *f*; (*beach*) ~**s** playa *f*. **2** *vt* (**a**) (*road*) echar arena a. (**b**) (*also* ~ **down**: *wood etc*) lijar. **3** *cpd*: ~ **dune** *n* duna *f*.

sandal [ˈsændl] *n* sandalia *f*, alpargata *f*, guarache *m or* huarache *m (Mex)*.

sandalwood [ˈsændlwʊd] *n* sándalo *m*.

sandbag [ˈsændbæg] *n* saco *m* de arena.

sandbank [ˈsændbæŋk] *n* banco *m* de arena.

sandblast [ˈsændblɑːst] *vt* (*building*) limpiar con chorro de arena.

sandbox [ˈsændbɒks] *n* (*US*) cajón *m* de arena.

sandcastle [ˈsænd,kɑːsl] *n* castillo *m* de arena.

sandman [ˈsændmæn] *n ser imaginario que les trae el sueño a los niños*.

sandpaper [ˈsænd,peɪpəʳ] **1** *n* papel *m* de lija. **2** *vt* lijar.

sandpit [ˈsændpɪt] *n* recinto *m* de arena para juegos infantiles.

sandshoes [ˈsændʃuːz] *npl* (zapatos *mpl*) tenis *mpl*.

sandstone [ˈsændstəʊn] *n* arenisca *f*.

sandstorm [ˈsændstɔːm] *n* tempestad *f* de arena.

sandwich [ˈsænwɪdʒ] **1** *n* bocadillo *m (Sp)*, sandwich *m esp LAm*, emparedado *m (esp LAm)*. **2** *vt* (*also* ~ **in**: *person, appointment etc*) intercalar; **to ~ sth between two things** hacer un hueco para algo entre dos cosas. **3** *cpd*: ~ **board** *n* cartelón *m (que lleva el hombre-anuncio)*; ~ **course** *n* (*Univ etc*) *programa que intercala períodos de estudio con prácticas profesionales;* ~ **man** *n* hombre-anuncio *m*.

sandy [ˈsændɪ] *adj* (*comp* **-ier**; *superl* **-iest**) (*beach*) arenoso/a; (*hair*) rubio/a.

sane [seɪn] *adj* (*comp* ~**r**; *superl* ~**st**) (*person*) cuerdo/a; (*judgment etc*) sabio/a, sensato/a.

sang [sæŋ] *pt of* **sing**.

sangfroid [ˈsɑ̃ːŋˈfrwɑː] *n* sangre *f* fría.

sanguine [ˈsæŋgwɪn] *adj* (*fig*) optimista.

sanitarium [,sænɪˈtɛərɪəm] *n* (*US*) = **sanatorium**.

sanitary [ˈsænɪtərɪ] *adj* (*clean*) higiénico/a; (*for health protection*) de sanidad; ~ **towel**, (*US*) ~ **napkin** compresa *f*, paño *m* higiénico.

sanitation [,sænɪˈteɪʃən] **1** *n* (*science*) higiene *f*; (*plumbing*) instalación *f* sanitaria, cañería *f*. **2** *cpd*: ~ **department** *n* (*US*) departamento *m* de limpieza y recogida de basuras.

sanitize [ˈsænɪtaɪz] *vt* sanear.

sanity [ˈsænɪtɪ] *n* (*of person*) cordura *f*; (*of judgment*) sensatez *f*; **to lose one's** ~ perder el juicio.

sank [sæŋk] *pt of* **sink**[1].

San Marino [,sænməˈriːnəʊ] *n* San Marino *m*.

Sanskrit [ˈsænskrɪt] *n* (*Ling*) sánscrito *m*.

Santa Claus [,sæntəˈklɔːz] *n* San Nicolás *m*, Papá Noel *m*.

Santiago [,sæntɪˈɑːgəʊ] *n* (*Chile*) Santiago *m* (de Chile); (*Spain*); ~ **de Compostela** Santiago *m* (de Compostela).

sap[1] [sæp] *n* (*Bot*) savia *f*.

sap[2] [sæp] *vt* (*undermine*) minar; (*weaken*) debilitar; (*exhaust*) agotar (las fuerzas de).

sap[3] [sæp] *n* (*fam*) bobo/a *m/f*.

sapling [ˈsæplɪŋ] *n* árbol *m* joven.

sapphire [ˈsæfaɪəʳ] **1** *n* zafiro *m*. **2** *cpd* (*ring, necklace*) de zafiro; ~ **blue** *adj*, *n* azul *m* de zafiro.

SAR *n abbr of* **Search and Rescue**.

Saragossa [,særəˈgɒsə] *n* Zaragoza *f*.

sarcasm [ˈsɑːkæzəm] *n* sarcasmo *m*.

sarcastic [sɑːˈkæstɪk] *adj* (*person, remark*) sarcástico/a.

sarcoma [sɑːˈkəʊmə] *n* sarcoma *m*.

sarcophagus [sɑːˈkɒfəgəs] *n* (*pl* **sarcophagi** [sɑːˈkɒfəgaɪ]) sarcófago *m*.

sardine [sɑːˈdiːn] *n* sardina *f*; **packed in like ~s** como sardinas en lata.

Sardinia [sɑːˈdɪnɪə] *n* Cerdeña *f*.

Sardinian [sɑːˈdɪnɪən] *adj*, *n* sardo/a *m/f*.

sardonic [sɑːˈdɒnɪk] *adj* sardónico/a.

sari [ˈsɑːrɪ] *n* sari *m*.

sarky [ˈsɑːkɪ] *adj* (*fam*) = **sarcastic**.

sarnie [ˈsɑːnɪ] *n* (*Brit fam*) bocata *f (fam)*.

SAS *n abbr* (*Brit Mil*) *of* **Special Air Service**.

s.a.s.e. *n abbr* (*US*) *of* **self-addressed stamped envelope**.

sash[1] [sæʃ] *n* (*of dress etc*) faja *f*.

sash[2] [sæʃ] **1** *n* (*window* ~) bastidor *m or* marco *m* de ventana. **2** *cpd*: ~ **cord** *n* cuerda *f* de ventana (de guillotina); ~ **window** *n* ventana *f* de guillotina.

Sask. *abbr* (*Canada*) *of* **Saskatchewan**.

Sassenach [ˈsæsənæx] *n* (*Scot: sometimes pej*) inglés/esa *m/f*.

sassy [ˈsæsɪ] *adj* (*US fam*) fresco/a, descarado/a.

SAT *n abbr* (*US*) *of* **Scholastic Aptitude Test**.

Sat. *n abbr of* **Saturday** sáb.

sat [sæt] *pt, pp of* **sit**.

Satan [ˈseɪtn] *n* Satanás *m*.

satanic [səˈtænɪk] *adj* satánico/a.

satchel [ˈsætʃəl] *n* cartera *f*, mochila *f (CSur)*.

sate [seɪt] *vt* saciar, hartar.

satellite [ˈsætəlaɪt] **1** *n* (*all senses*) satélite *m*. **2** *cpd*: ~ **broadcasting** *n* transmisión *f* por satélite; ~ **dish** *n* antena *f* parabólica para TV por satélite; ~ **town** *n* ciudad *f* satélite; ~ **TV** *n* TV *f* por satélite.

satiate [ˈseɪʃɪeɪt] *vt* saciar, hartar.

satiation [,seɪʃɪˈeɪʃən] *n* saciedad *f*, hartura *f*.

satin [ˈsætɪn] **1** *n* satén *m*, raso *m*. **2** *adj* (*dress, blouse etc*) de satén; (*paper, finish*) satinado/a.

satire [ˈsætaɪəʳ] *n* sátira *f* (*on* contra).

satirical [səˈtɪrɪkəl] *adj* satírico/a.

satirist [ˈsætərɪst] *n* (*writer etc*) escritor(a) *m/f* satírico/a; (*cartoonist*) caricaturista *mf*.

satirize [ˈsætəraɪz] *vt* satirizar.

satisfaction [,sætɪsˈfækʃən] *n* satisfacción *f*; **has it been done to your ~?** ¿se ha hecho a su satisfacción?; **it gives me every ~** ... es para mí una gran satisfacción ....

satisfactorily [,sætɪsˈfæktərɪlɪ] *adv* de modo satisfactorio.

satisfactory [,sætɪsˈfæktərɪ] *adj* (*pleasing*) satisfactorio/a; (*sufficient*) adecuado/a.

satisfy [ˈsætɪsfaɪ] *vt* (**a**) (*make content*) satisfacer, dejar satisfecho/a a; **to ~ o.s. with** contentarse con. (**b**) (*convince*) convencer; **to ~ sb that** ... convencer a algn de que .... (**c**) (*fulfil*) satisfacer, cumplir; **to ~ the examiners** aprobar; **to ~ the requirements** llenar los requisitos.

satisfying [ˈsætɪsfaɪɪŋ] *adj* (*result etc*) satisfactorio/a; (*food, meal*) que satisface *or* llena.

satsuma [,sætˈsuːmə] *n* satsuma *f*.

saturate [ˈsætʃəreɪt] *vt* empapar, saturar (*with* de); **to be ~d with** (*fig*) estar empapado/a de.

saturated [ˈsætʃəreɪtɪd] *adj*: ~ **fat** grasa *f* saturada.

saturation [,sætʃəˈreɪʃən] **1** *n* saturación *f*. **2** *cpd*: ~ **bombing** *n* bombardeo *m* por saturación; **to reach ~ point** (*Chem, fig*) llegar al punto de saturación.

Saturday [ˈsætədɪ] *n* sábado *m*; *see* **Tuesday** *for usage*.

Saturn [ˈsætən] *n* Saturno *m*.

sauce [sɔːs] *n* (**a**) (*savoury*) salsa *f*; (*sweet*) crema *f*; **cheese/curry/tomato** ~ salsa de queso/curry/de tomate. (**b**) (*fam: impudence*) frescura *f*, descaro *m*.

saucepan [ˈsɔːspən] *n* cacerola *f*, olla *f (esp LAm)*.

saucer [ˈsɔːsəʳ] *n* platillo *m*.

saucy [ˈsɔːsɪ] *adj* (*comp* **-ier**; *superl* **-iest**) (*fam: impertinent*) fresco/a, descarado/a.

Saudi [ˈsaʊdɪ] *adj*, *n* saudí *mf*, saudita *mf*.

Saudi Arabia [ˈsaʊdɪəˈreɪbɪə] *n* Arabia *f* Saudita.

Saudi Arabian [ˈsaʊdɪəˈreɪbɪən] *adj*, *n* = **Saudi**.

sauerkraut [ˈsaʊəkraʊt] *n* chucrut *m*, chucrú *m*.

sauna [ˈsɔːnə] *n* sauna *f*, sauna *m (CSur)*.

saunter [ˈsɔːntəʳ] **1** *n* paseo *m* tranquilo; **to go for a ~ around the park** pasearse *or (LAm)* caminar por el parque. **2** *vi* pasearse, deambular *(LAm)*; **to ~ in/out** entrar/salir sin prisa; **to ~ up and down** pasearse para arriba y para abajo.

sausage [ˈsɒsɪdʒ] **1** *n* (*to be cooked*) salchicha *f*; (*salami etc*) salchichón *m*, salami *m*, salame *m (CSur)*, chorizo *m*, embutido *m*, fiambre *m*. **2** *cpd*: ~ **meat** *n* carne *f* de salchicha; ~ **roll** *n* empanada *f* de carne.

sauté [ˈsəʊteɪ] **1** *adj* salteado/a. **2** *vt* saltear.

savage [ˈsævɪdʒ] **1** *adj* **(a)** (*animal etc*) feroz, fiero/a *(LAm)*; (*attack*) violento/a; (*fig*) cruel, bárbaro/a. **(b)** (*primitive: custom, tribe*) salvaje, primitivo/a. **2** *n* salvaje *mf*. **3** *vt* embestir.

savagely [ˈsævɪdʒlɪ] *adv* (*see adj*) ferozmente; con violencia; cruelmente.

savagery [ˈsævɪdʒrɪ] *n* salvajismo *m*; (*violence: of attack etc*) ferocidad *f*, violencia *f*.

savannah [səˈvænə] *n* sabana *f*, pampa *f (CSur)*, llanos *mpl (Ven)*.

save[1] [seɪv] **1** *vt* **(a)** (*rescue*) salvar *or* rescatar (*from* de); (*: Rel*) salvar; **to ~ sb from falling** impedir que caiga algn; **to ~ sb's life** salvarle la vida a algn; **I couldn't do it to ~ my life** (*fig fam*) no hay manera de que *or (LAm)* no hay ni modo de que lo haga yo; **to ~ the situation** *or* **the day** estar a la altura de la situación; **to ~ one's (own) skin** (*fam*) salvarse el pellejo; **to ~ face** salvar las apariencias; **to ~ a building for posterity** conservar un edificio para la posteridad; **to ~ a goal** (*Ftbl*) hacer una parada; **God ~ the Queen!** ¡Dios guarde a la Reina!

(b) (*put aside: money: also* ~ **up**) ahorrar, guardar; (*: collect: stamps*) coleccionar; (*Comput*) salvar, grabar, guardar; **we've ~d you a piece of cake** te hemos guardado un pedazo de torta; ~ **me a seat** guárdame un asiento; **to ~ sth till last** guardar algo para lo último.

(c) (*not spend: time, money, effort etc*) ahorrar; **it ~d us a lot of trouble** nos evitó muchas molestias; **it will ~ me 1 hour** ganaré una hora; **to ~ one's strength for sth** conservar sus fuerzas para algo; **to ~ time, ...** para ahorrar tiempo ...; **that way you ~ £10** así te ahorras 10 libras; ~ **your breath** no gastes saliva; **to ~ o.s. for** reservarse para.

2 *vi* **(a)** (*also* ~ **up**) **to ~ for** ahorrar (dinero) para; ~ **as you earn** (*savings scheme*) ahorre mientras gana.

(b) to ~ on time/energy economizar tiempo/energías.

3 *n* (*Sport*) parada *f*.

save[2] [seɪv] *prep* (*poet, old*) salvo.

saveloy [ˈsævəlɔɪ] *n* frankfurt *m*.

saver [ˈseɪvəʳ] *n* **(a)** (*having account*) ahorrador(a) *m/f*. **(b)** (*ticket*) billete-abono *m*.

saving [ˈseɪvɪŋ] **1** *n* (*of time, money*) economía *f*, ahorro *m*; **~s** ahorros; **a ~ of £100** un ahorro de £100; **life ~s** los ahorros de toda la vida; **to live on** *or* **off one's ~s** vivir de sus ahorros; **to make ~s** economizar. **2** *adj*: ~ **grace** mérito *m*. **3** *cpd*: **~s account** *n* cuenta *f* de ahorros; **~s and loan association** *n* (*US*) sociedad *f* inmobiliaria; **~s bank** *n* caja *f* de ahorros; **~s bond** *n*, **~s certificate** *n* bono *m* de (caja de) ahorros.

saviour, (*US*) **savior** [ˈseɪvjəʳ] *n* salvador(a) *m/f*.

savoir-faire [ˈsævwɑːˈfɛəʳ] *n* desparpajo *m*.

savour, (*US*) **savor** [ˈseɪvəʳ] **1** *n* sabor *m*, gusto *m*; **to add ~ to sth** dar sabor a algo. **2** *vt* saborear.

savoury, (*US*) **savory** [ˈseɪvərɪ] **1** *adj* (*appetizing*) sabroso/a; (*not sweet*) salado/a; **it's not a very ~ district/subject** (*fig*) no es un barrio muy salubre/no es un tema muy apto. **2** *n* entremés *m* salado.

savvy [ˈsævɪ] *n* (*fam*) inteligencia *f*.

saw[1] [sɔː] (*vb: pt* **~ed**; *pp* **~ed** *or* **~n**) **1** *n* (*tool*) sierra *f*, serrucho *m*. **2** *vt* serrar; **to ~ sth off** quitar algo aserrando. **3** *vi*: **to ~ through** cortar con (una) sierra.

saw[2] [sɔː] *pt of* **see**[1].

sawdust [ˈsɔːdʌst] *n* serrín *m*, aserrín *m*.

sawed-off [ˈsɔːdɒf] *adj* (*US*) = **sawn-off**.

sawhorse [ˈsɔːhɔːs] *n* caballete *m*.

sawmill [ˈsɔːmɪl] *n* aserradero *m*.

sawn [sɔːn] *pp of* **saw**[1].

sawn-off [ˈsɔːnɒf] *adj*: ~ **shotgun** (*Brit*) escopeta *f* de cañones recortados.

sax [sæks] *n* (*fam*) saxo *m (fam)*.

Saxon [ˈsæksn] *adj*, *n* sajón/ona *m/f*.

saxophone [ˈsæksəfəʊn] *n* saxofón *m*, saxófono *m*.

saxophonist [ˌsækˈsɒfənɪst] *n* saxofón *m*, saxófono *m*.

say [seɪ] (*vb: pt, pp* **said**) **1** *vt*, *vi* **(a)** (*person: speak, tell*) decir; (*show on dial, in print etc*) poner; **'Hello,' he said** 'Hola', dijo; **he said (that) he'd do it** dijo que él lo haría; **he said to me that ...** me dijo que ...; **what did you ~?** ¿qué dijiste?; **my watch ~s 3 o'clock** mi reloj marca las tres; **the rules ~ that ...** según las reglas ..., en las reglas pone ...; **to ~ mass** decir misa; **to ~ a prayer** rezar; **to ~ yes/no** decir que sí/que no; **to ~ yes/no to a proposal** aceptar/rechazar una propuesta; **I wouldn't ~ no** (*Brit fam*) me encantaría; **to ~ goodbye/goodnight to sb** despedirse de algn/dar las buenas noches a algn; **to ~ sth again** repetir algo; ~ **after me** repite lo que digo yo; **to ~ to o.s.** decir para sí; **I must ~ (that) ...** debo reconocer (que) ...; **it's difficult, I must ~** es difícil, lo confieso; **I've nothing more to ~** se acabó; **let's ~ no more about it** se acabó el asunto; **she said (that) I was to give you this** me pidió que te diera esto; **I ~ (that) we should go** yo digo que nos vayamos.

(b) (*in phrases*) **that is to ~** o sea, es decir; **to ~ nothing of the rest** sin hablar de lo demás; **to ~ the least** para no decir más; **that's ~ing a lot** y eso es algo; **she hasn't much** *or* **has nothing to ~ for herself** no tiene conversación, nunca abre la boca; **what have you got to ~ for yourself?** ¿y tú, qué dices?; **he never has much to ~ for himself** habla poco; **his suit ~s a lot about him** su traje dice mucho de él; **that doesn't ~ much for him** eso no es una gran recomendación para él; **it goes without ~ing that ...** ni que decir tiene que ..., huelga decir que ...; **that goes without ~ing** eso cae de su peso; **though I ~ it myself** aunque soy yo el que lo dice; **there's no ~ing what he'll do** quién sabe lo que hará; **it's not for me to ~** no me toca a mí decir; **what do** *or* **would you ~ to a walk?** ¿le apetece *or* se le antoja un paseo?; **what would you ~ to that?** ¿qué contestas a eso?; **when all is said and done** al fin y al cabo, a fin de cuentas; **I'd rather not ~** prefiero no decir (nada).

(c) (*impers use*) **it is said that ..., they ~ that ...** se dice que ..., dicen que ...; **there is something/a lot to be said for it/for doing it** hay algo/mucho que decir a su favor/a favor de hacerlo; **it must be said that ...** hay que decir *or* reconocer que ...; **he is said to have been the first** dicen que fue el primero; **it's easier said than done** del dicho al hecho hay gran trecho; **no sooner said than done** dicho y hecho.

(d) (*in exclamations*) **~!** (*US*), **I ~!** (*Brit: calling attention*) ¡oiga!; (*in surprise, appreciation*) ¡vaya!, ¡anda!; **I'll ~!, I should ~ it is** *or* **so!, you can ~ that again!** (*fam*) ¡ya lo creo!, ¡exacto!; **you don't ~!** (*fam: often hum*) ¡no me digas!; **you've said it!** (*fam*) ¡exacto!, ¡tú lo dijiste!; ~ **no more!** ¡basta!, ¡ni una palabra más!; **enough said!** ¡basta!; **well said!** ¡muy bien dicho!

(e) (*suppose*) suponer, poner; **(let's) ~ it's worth £20** digamos *or* pon que vale 20 libras; **I should ~ it's worth about £100** yo diría que vale unas cien libras; **shall we ~ Tuesday?** ¿quedamos en el martes?

2 *n*: **to have one's ~** dar su opinión; **to have a ~/no ~ in the matter** tener voz y voto/no tener voz en capítulo; **let him have his ~!** ¡que hable él!

SAYE *abbr of* **save as you earn**.

saying [ˈseɪɪŋ] *n* dicho *m*, refrán *m*; **as the ~ goes** según el refrán.

say-so [ˈseɪsəʊ] *n* (*fam: authority*) **on whose ~?** ¿autorizado por quién?, ¿con permiso de quién?

SBA *n abbr* (*US*) *of* **Small Business Administration**.

SC 1 *n abbr* (*US*) *of* **Supreme Court**. **2** *abbr* (*US Post*) *of* **South Carolina**.

s.c. *abbr of* **self-contained**.
scab [skæb] *n* (**a**) (*Med*) costra *f*. (**b**) (*fam pej: blackleg*) esquirol(a) *m/f*, rompehuelgas *mf inv*,.
scabbard ['skæbəd] *n* vaina *f*, funda *f*.
scabies ['skeɪbiːz] *nsg* sarna *f*.
scaffold ['skæfəld] *n* (*Constr: also* ~**ing**) andamio *m*, andamiaje *m*; (*for execution*) cadalso *m*.
scalawag ['skæləwæg] *n* (*US*) = **scallywag**.
scald [skɔːld] **1** *n* escaldadura *f*. **2** *vt* (*gen*) escaldar; (*milk*) calentar.
scalding ['skɔːldɪŋ] *adj*: **it's ~ (hot)** está hirviendo *or (LAm)* que arde.
scale[1] [skeɪl] **1** *n* (*of fish, reptile etc*) escama *f*; (*flake: of rust, chalk*) hojuela *f*; (*: of skin*) costra *f*. **2** *vt* (*fish*) escamar.
scale[2] [skeɪl] **1** *n* (**a**) (*gen*) escala *f*; (*for salaries, charges etc*) escalafón *m*; **pay ~** escala salarial; **on a ~ of 1 cm to 5 km** a escala de 1 cm a 5 km; **on a large/small ~** en gran/pequeña escala; **to draw sth to ~** dibujar algo a escala; **on an international ~** (*fig*) a escala *or* nivel internacional. (**b**) (*Mus*) gama *f*, escala *f*. **2** *vt* (*wall, mountain*) escalar, trepar. **3** *cpd*: **~ drawing** *n* dibujo *m* a escala; **~ model** *n* modelo *m* a escala.
▸ **scale back** (*US*), **scale down** *vt + adv* reducir a escala; (*Comput*) escalar.
scales [skeɪlz] *npl*: **(pair** *or* **set of) ~** balanza *f*, báscula *f*; **he tips the ~ at 70 kilos** pesa 70 kilos; **to turn** *or* **tip the ~ in sb's favour/against sb** inclinar la balanza a favor de/en contra de algn.
scallion ['skæljən] *n* cebolleta *f* (para ensalada), cebollita *f (LAm)*.
scallop ['skɒləp] **1** *n* (**a**) (*Zool*) venera *f*. (**b**) (*Sew*) festón *m*, onda *f*. **2** *vt* (*Sew*) festonear.
scallywag ['skælɪwæg] (*fam*) *n* (*child*) diablillo *m*, travieso/a *m/f*; (*rogue*) pícaro/a *m/f*.
scalp [skælp] **1** *n* cuero *m* cabelludo; (*as trophy*) escalpe *m*, escalpo *m*; **to demand sb's ~** (*fig*) exigir la cabeza de algn. **2** *vt* escalpar.
scalpel ['skælpəl] *n* escalpelo *m*.
scaly ['skeɪlɪ] *adj* (*comp* **-ier**; *superl* **-iest**) escamoso/a.
scam [skæm] *n* (*fam*) estafa *f*, timo *m*.
scamp [skæmp] *n* = **scallywag**.
scamper ['skæmpəʳ] *vi* escabullirse; **to ~ in/out** entrar/salir corriendo.
▸ **scamper away**, **scamper off** *vi + adv* escabullirse.
scampi ['skæmpɪ] *n* gambas *fpl*.
scan [skæn] **1** *vt* (**a**) (*inspect closely*) escudriñar, otear; (*Comput*) examinar, explorar. (**b**) (*glance at*) echar un vistazo a. (**c**) (*radar*) explorar, registrar. **2** *vi* (*poetry*) estar bien medido. **3** *n* (*Med*) examen *m* ultrasónico.
scandal ['skændl] *n* (*public furore*) escándalo *m*; (*disgraceful state of affairs*) vergüenza *f*; (*gossip*) chismes *mpl*, habladurías *fpl*; **nurses' wages are a ~** es una miseria lo que pagan a las enfermeras; **there's a lot of ~ going round about her** es objeto de muchos chismes; **the latest ~** lo último; **the local ~** los chismes del pueblo *or* del barrio *etc*.
scandalize ['skændəlaɪz] *vt* escandalizar.
scandalmonger ['skændl,mʌŋgəʳ] *n* chismoso/a *m/f*.
scandalous ['skændələs] *adj*: **it's simply ~!** ¡es un escándalo!
Scandinavia [,skændɪ'neɪvɪə] *n* Escandinavia *f*.
Scandinavian [,skændɪ'neɪvɪən] *adj*, *n* escandinavo/a *m/f*.
scanner ['skænəʳ] *n* (*radar*) antena *f* direccional; (*Med*) escáner *m*, scanner *m*; (*Comput, TV*) dispositivo *m* explorador.
scanning ['skænɪŋ] **1** *n* (*Med*) visualización *f* radiográfica. **2** *cpd*: **~ device** *n* detector *m*.
scant [skænt] *adj* (*comp* **~er**; *superl* **~est**) escaso/a.
scantily ['skæntɪlɪ] *adv*: **~ clad** *or* **dressed** ligeramente vestido/a.
scanty ['skæntɪ] *adj* (*comp* **-ier**; *superl* **-iest**) (*meal etc*) insuficiente; (*clothing*) ligero/a.
scapegoat ['skeɪpgəʊt] *n* cabeza *f* de turco, chivo *m* expiatorio.
scapula ['skæpjʊlə] *n* escápula *f*.
scar [skɑːʳ] **1** *n* (*Med*) cicatriz *f*; (*fig: on building, landscape etc*) llaga *f*; **it left a deep ~ on his mind** dejó una huella profunda en su ánimo. **2** *vt* marcar con una cicatriz; (*fig*) marcar, rayar. **3** *vi* (*leave a scar*) cicatrizar; (*also* **~ over**: *heal*) cicatrizarse.
scarab ['skærəb] *n* escarabajo *m*.
scarce [skɛəs] *adj* (*comp* **~r**; *superl* **~st**) (*money, food, resources*) escaso/a; **money is ~** escasea *or* falta dinero; **to grow** *or* **become ~** volverse escaso, escasear; **to make o.s. ~** (*fig fam*) largarse, rajarse *(LAm)*.
scarcely ['skɛəslɪ] *adv* (*barely*) apenas; **you can ~ see it** se ve apenas; **~ anybody/ever** casi nadie/nunca; **I ~ know what to say** no hallo qué decir; **you can ~ say no** no hay forma de decir que no; **you can ~ expect to ...** no se puede esperar que ....
scarcity ['skɛəsɪtɪ], **scarceness** ['skɛəsnɛ̃s] **1** *n* (*shortage*) escasez *f*, carestía *f*; (*rarity*) rareza *f*. **2** *cpd*: **scarcity value** *n* valor *m* por escasez.
scare [skɛəʳ] **1** *n* susto *m*, sobresalto *m*; **to cause a ~** sembrar el pánico; **to give sb a ~** dar un susto *or* asustar a algn; **bomb ~** amenaza *f* de bomba. **2** *vt* asustar, espantar; **to ~ sb to death, to ~ sb stiff** (*fam*) darle un gran susto a algn; **to be ~d to death, to be ~d stiff** (*fam*) estar muerto/a de miedo; **to be ~d out of one's wits** (*fam*) sufrir un susto mortal.
▸ **scare away**, **scare off** *vt + adv* espantar, ahuyentar.
scarecrow ['skɛəkrəʊ] *n* espantapájaros *m inv*, espantajo *m*.
scared [skɛəd] *adj see* **scare 2**.
scaremonger ['skɛəmʌŋgəʳ] *n* (*pej*) alarmista *mf*.
scaremongering ['skɛə,mʌŋgərɪŋ] *n* alarmismo *m*.
scarf [skɑːf] *n* (*pl* **~s** *or* **scarves**) (*for neck*) bufanda *f*; (*head ~*) pañuelo *m*.
scarlet ['skɑːlɪt] **1** *n* escarlata *f*. **2** *adj* color escarlata, colorado/a *(LAm)*; **~ fever** escarlatina *f*.
scarper ['skɑːpəʳ] *vi* (*Brit fam*) largarse *(fam)*.
scarves [skɑːvz] *npl of* **scarf**.
scary ['skɛərɪ] *adj* (*comp* **-ier**; *superl* **-iest**) (*fam*) espantoso/a, pavoroso/a.
scathing ['skeɪðɪŋ] *adj* mordaz, cáustico/a; **he was ~ about our trains** criticó duramente nuestros trenes.
scatter ['skætəʳ] **1** *vt* (**a**) (*strew around: crumbs, papers etc*) esparcir, desparramar; (*seeds*) sembrar al voleo, esparcir; **~ed showers** lluvias *fpl* aisladas. (**b**) (*disperse: clouds etc*) dispersar; (*crowd etc*) desbaratar; **her relatives are ~ed about the world** sus familiares se encuentran desparramados por el mundo. **2** *vi* (*crowd*) dispersarse, desbaratarse. **3** *cpd*: **~ cushions** *npl* almohadones *mpl*.
scatterbrained ['skætəbreɪnd] *adj* (*fam: scatty*) atolondrado/a, ligero/a de cascos.
scatty ['skætɪ] *adj* (*Brit fam*) atolondrado/a; **to drive sb ~** volver majareta a algn *(fam)*.
scavenge ['skævɪndʒ] *vi* remover basuras, pepenar (*Mex*); **to ~ for food** andar buscando comida (entre la basura).
scavenger ['skævɪndʒəʳ] *n* (*person*) basurero/a *m/f*, pepenador(a) *m/f (Mex)*; (*Zool*) animal *m*/ave *f*/insecto *m* de carroña.
Sc.D. *n abbr of* **Doctor of Science**.
SCE *n abbr of* **Scottish Certificate of Education**.
scenario [sɪ'nɑːrɪəʊ] *n* (*Theat*) argumento *m*; (*Cine*) guión *m*; (*fig*) escenario *m*.
scene [siːn] *n* (**a**) (*Theat, Cine, TV*) escena *f*; **indoor/outdoor ~** interior *m*/exterior *m*; **a bedroom ~** una escena de dormitorio; **the ~ is set in a castle** la escena se realiza en un castillo; **to set the ~** (*fig*) crear el am-

biente; **behind the ~s** (*also fig*) entre bastidores; **the political ~ in Spain** el panorama político español; **~s of violence** escenas de violencia.

(**b**) (*fam: fuss*) escándalo *m*, bronca *f* (*esp LAm*); (*: conflict*) enfrentamiento *m*, conflicto *m*; **to make a ~** armar un escándalo.

(**c**) (*place*) escenario *m*, lugar *m*; (*landscape*) paisaje *m*; **at the ~ of the crime** en el escenario del crimen; **she needs a change of ~** necesita un cambio de escenario; **to appear** *or* **come on the ~** aparecer, presentarse; (*fig*) surgir, aparecer; **it's not my ~** (*fam*) no me interesa *or* llama la atención.

(**d**) (*sight, view*) panorama *m*, vista *f*; **it was a ~ of utter destruction** se nos enfrentó un panorama de destrucción absoluta.

scenery ['si:nərı] *n* (*landscape*) paisaje *m*; (*Theat*) decorado *m*.

scenic ['si:nık] *adj* (*gen*) pintoresco/a; **an area of ~ beauty** una región de bellos paisajes; **~ railway** (*big dipper*) montaña *f* rusa; (*train*) ferrocarril *m* escénico; **~ road** carretera *f* panorámica.

scent [sent] **1** *n* (**a**) (*smell*) olor *m*; (*of food*) aroma *m*; (*perfume, toilet water*) perfume *m*, fragancia *f*. (**b**) (*Hunting etc*) rastro *m*, pista *f*; **to pick up/lose the ~** (*also fig*) seguir/perder la pista; **to put** *or* **throw sb off the ~** (*fig*) despistar a algn. **2** *vt* (**a**) (*make sth smell nice*) perfumar (*with* de). (**b**) (*smell*) olfatear; (*fig*) presentir, sentir. **3** *cpd*: **~ bottle** *n* frasco *m* de perfume.

scented ['sentıd] *adj* perfumado/a.

scepter ['septəʳ] *n* (*US*) = **sceptre**.

sceptic, (*US*) **skeptic** ['skeptık] *n* escéptico/a *m/f*.

sceptical, (*US*) **skeptical** ['skeptıkəl] *adj* escéptico/a (*of, about* acerca de).

scepticism, (*US*) **skepticism** ['skeptısızəm] *n* escepticismo *m*.

sceptre, (*US*) **scepter** ['septəʳ] *n* cetro *m*.

schedule ['ʃedju:l, (*US*) 'skedju:l] **1** *n* (**a**) (*timetable: of work, visits, events*) programa *m*; (*: of trains*) horario *m*; **a busy ~** un programa ocupado; **the work is behind/ahead of ~** el trabajo se retrasa/se adelanta; **the train arrived on ~** el tren llegó a la hora; **we are working to a very tight ~** tenemos un programa de trabajo muy exigente; **everything went according to ~** todo sucedió según se había previsto.

(**b**) (*list: of contents, goods*) inventario *m*, lista *f*; (*Customs, Tax etc*) tarifa *f*.

2 *vt* (*list*) poner en una lista; (*plan*) proyectar; (*trains etc*) establecer el horario de; (*Rad, TV*) programar; (*visit, lecture etc*) fijar la hora de.

scheduled ['ʃedju:ld] *adj* (*date, time*) fijado/a; (*event, train, bus*) programado/a; (*stop*) previsto/a; **~ flight** vuelo *m* regular; **the meeting is ~ for 7.00** *or* **to begin at 7.00** la reunión está fijada para las 7; **this building is ~ for demolition** este edificio está registrado para demolerse.

scheduling ['ʃedju:lıŋ] *n* (*Comput*) planificación *f*.

schematic [skı'mætık] *adj* esquemático/a.

scheme [ski:m] **1** *n* (**a**) (*plan*) plan *m*, proyecto *m*; (*programme*) programa *m*; (*structure*) esquema *f*; **a ~ of work** un programa de trabajo; **colour ~** combinación *f* de colores; **pension ~** sistema *m* de pensión; **it's not a bad ~** (*fam*) no es mala idea; **it's some crazy ~ of his** es otro de sus proyectos alocados. (**b**) (*plot*) intriga *f*; (*trick*) ardid *m*. **2** *vi* intrigar *or* conspirar (*to do* para hacer); **they ~d to overthrow the government** tramaron *or* maquinaron para derrocar el gobierno.

schemer ['ski:məʳ] *n* intrigante *mf*.

scheming ['ski:mıŋ] **1** *adj* maquinador(a), intrigante. **2** *n* conspiración *f*, maquinación *f*.

schism ['sızəm, 'skızəm] *n* cisma *m*.

schizoid ['skıtsɔıd] *adj, n* esquizoide *mf*.

schizophrenia [,skıtsəʊ'fri:nıə] *n* esquizofrenia *f*.

schizophrenic [,skıtsəʊ'frenık] *adj, n* esquizofrénico/a *m/f*.

schmaltz [ʃmɔ:lts] *n* (*US fam*) sentimentalismo *m*, sensiblería *f*.

schmaltzy ['ʃmɔ:ltsı] *adj* (*US fam*) sentimental, sensiblero/a.

schmuck [ʃmʌk] *n* (*US fam*) imbécil *mf*.

scholar ['skɒləʳ] *n* (**a**) (*learned person*) sabio/a *m/f*; (*expert*) estudioso/a *m/f*, experto/a *m/f*; **a famous Dickens ~** un conocido especialista en Dickens. (**b**) (*old: pupil*) alumno/a *m/f*; (*scholarship holder*) becario/a *m/f*; **he's never been much of a ~** nunca fue un gran aficionado de los libros.

scholarly ['skɒləlı] *adj* (*studious*) erudito/a, estudioso/a; (*pedantic*) pedante.

scholarship ['skɒləʃıp] *n* (*learning*) erudición *f*; (*money award*) beca *f*.

scholastic [skə'læstık] *adj* escolar.

school[1] [sku:l] **1** *n* (*primary ~, secondary ~*) escuela *f*, colegio *m*; (*Univ: faculty*) facultad *f*; (*group of artists etc*) escuela; (*US freq*) universidad *f*; **to be at/go to ~** asistir/ir a la escuela; **which ~ were you at?** ¿dónde cursó Vd los estudios?; **to leave ~** salir del *or* dejar el colegio; **~ of motoring** autoescuela *f*, escuela de manejo (*LAm*); **S~ of Languages** (*Univ*) Escuela de Lenguas Modernas; **medical/law ~** Facultad de Medicina/Derecho; **the Dutch ~** la escuela holandesa; **~ of thought** corriente *f* de opinión; **of the old ~** (*fig*) de la vieja escuela; *see* **primary; secondary; high 1(c)**.

2 *vt* (*animal*) amaestrar; (*reaction, voice etc*) disciplinar, dominar; **to ~ sb to do sth** preparar a algn para hacer algo; **to ~ o.s. in sth** disciplinarse en algo; **to ~ sb in a technique** enseñar a algn una técnica.

3 *cpd* (*bus, fees, report etc*) escolar; **~ age** *n* edad *f* escolar; **~ friend** *n* amigo/a *m/f* de clase; **~ holidays** *npl* vacaciones *fpl* escolares; **~ hours** *npl*: **during ~ hours** durante las horas de clase; **~ inspector** *n* inspector(a) *m/f* de enseñanza; **~ time** *n* = **~ hours**; **~ yard** *n* patio *m* (de recreo); **~ year** *n* año *m* escolar.

school[2] [sku:l] *n* (*of fish*) banco *m*.

schoolbook ['sku:lbʊk] *n* libro *m* de texto.

schoolboy ['sku:lbɔı] **1** *n* alumno *m* (de escuela). **2** *cpd*: **~ slang** *n* jerga *f* de colegial.

schoolchild ['sku:ltʃaıld] *n* (*pl* **-children**) alumno/a *m/f*.

schooldays ['sku:ldeız] *npl* años *mpl* del colegio.

schoolgirl ['sku:lgɜ:l] *n* colegiala *f*.

schoolhouse ['sku:lhaʊs] *n* (*pl* **-houses**) escuela *f*.

schooling ['sku:lıŋ] *n* (*education*) instrucción *f*, enseñanza *f*; (*studies*) estudios *mpl*; **compulsory ~** escolaridad *f* obligatoria.

school-leaver ['sku:l,li:vəʳ] *n* persona *f* que termina la escuela.

school-leaving age [,sku:l'li:vıŋ,eıdʒ] *n* edad *f* en que se termina la escuela.

schoolmaster ['sku:l,mɑ:stəʳ] *n* maestro *m* *or* profesor *m* (de escuela).

schoolmistress ['sku:l,mıstrıs] *n* maestra *f* *or* profesora *f* (de escuela).

schoolroom ['sku:lrʊm] *n* aula *f*, sala *f* de clase.

schoolteacher ['sku:l,ti:tʃəʳ] *n* (*gen*) maestro/a *m/f* *or* profesor(a) *m/f* (de escuela).

schooner ['sku:nəʳ] *n* (*Naut*) goleta *f*; (*for sherry*) copa *f* grande.

sciatica [saı'ætıkə] *n* (*Med*) ciática *f*.

science ['saıəns] **1** *n* ciencia *f*; **the natural/social ~s** las ciencias naturales/sociales; **the ~s** las ciencias; **it's a real ~** (*fam*) es un arte. **2** *cpd* de ciencias; **~ fiction** *n* ciencia-ficción *f*.

scientific [,saıən'tıfık] *adj* científico/a.

scientist ['saıəntıst] *n* científico/a *m/f*.

sci-fi ['saı'faı] *n abbr* (*fam*) *of* **science fiction**.

Scillies ['sılız], **Scilly Isles** ['sılıaılz] *npl* Islas *fpl* Sorlinga.

scimitar ['sımıtəʳ] *n* cimitarra *f*.

scintillating ['sɪntɪleɪtɪŋ] *adj* (*wit, conversation, company*) chispeante, brillante; (*jewels, chandelier*) relumbrante.

scissors ['sɪzəz] *npl* tijeras *fpl*; **a pair of ~** unas tijeras.

sclerosis [sklɪ'rəʊsɪs] *n* (*Med*) esclerosis *f*; *see* **multiple**.

scoff [skɒf] **1** *vi* mofarse *or* burlarse (*at sb/sth* de algn/algo). **2** *vt* (*fam: eat*) comérselo todo, zampar.

scold [skəʊld] *vt* reñir, regañar.

scolding ['skəʊldɪŋ] *n* reprimenda *f*, regañada *f*.

scone [skɒn] *n* bollo *m* (inglés).

scoop [sku:p] **1** *n* (**a**) (*for flour*) pala *f*; (*for ice cream, water*) cucharón *m*; (*quantity scooped*) palada *f*, cucharada *f*. (**b**) (*by newspaper*) exclusiva *f*; (*Comm*) golpe *m* financiero. **2** *vt* (**a**) recoger. (**b**) (*Comm: profit*) sacar; (*Comm, Press: competitors*) adelantarse a; (*Press: exclusive story*) publicar en exclusiva.

▸ **scoop out** *vt + adv* (*gen*) sacar con pala; (*water*) achicar.

▸ **scoop up** *vt + adv* recoger.

scoot [sku:t] *vi* (*fam: also* **~ away, ~ off**) largarse (*fam*); **I must ~** tengo que marcharme.

scooter ['sku:tə^r] *n* (*child's*) patinete *m*; (*adult's*) moto *f*, escúter *m*, motoneta *f* (*LAm*).

scope [skəʊp] *n* (*opportunity: for action etc*) libertad *f*, oportunidades *fpl*; (*range: of law, activity*) ámbito *m*; (*: of responsibilities*) incumbencia *f*; (*capacity: of person, mind*) alcance *m*; (*room: for manoeuvre etc*) esfera *f or* campo *m* de acción; **there is plenty of ~ for** hay bastante campo para; **to extend the ~ of one's activities** ampliar sus horizontes; **it is within/beyond her ~** está a/fuera de su alcance; **it is within/beyond the ~ of this book** está dentro/fuera del ámbito del presente libro.

scorch [skɔ:tʃ] **1** *n* (*also* **~ mark**) quemadura *f*. **2** *vt* (*burn*) quemar; (*: sun*) abrasar; (*singe*) chamuscar.

scorcher ['skɔ:tʃə^r] *n* (*fam: hot day*) día *m* abrasador.

scorching ['skɔ:tʃɪŋ] *adj* (*also* **~ hot**: *heat, day, sun*) abrasador(a); (*: sand*) que quema; **it's a ~ day** está que arde hoy.

score [skɔ:^r] **1** *n* (**a**) (*Sport*) tanteo *m*; (*Cards*) puntuación *f*, puntaje *m* (*LAm*); **to keep (the) ~** (*Sport*) tantear (*Sp*); (*: LAm*) llevar la cuenta; (*Cards*) sumar puntos; **there's no ~ yet** (*Sport*) están a cero, no se ha abierto el marcador todavía (*LAm*); **there was no ~ in the match** (*Sport*) empataron a cero en el partido; **what's the ~?** (*fig fam*) ¿qué pasa?, ¿qué hubo? (*Mex, Chi*); **to know the ~** (*fig fam*) estar al tanto *or* al corriente; **to have an old ~ to settle with sb** (*fig*) tener cuentas pendientes con algn; **to settle old ~s** (*fig*) desquitarse.

(**b**) (*account*) motivo *m*, causa *f*; **on that ~** en ese sentido.

(**c**) (*cut, mark: on wood, card etc*) raya *f*, línea *f*.

(**d**) (*Mus: of opera*) partitura *f*; (*: of film*) música *f*.

(**e**) (*twenty*) **a ~** una veintena; **~s of people** (*fig*) muchísima *or* montones de gente; **by the ~** en cantidades.

2 *vt* (**a**) (*points*) ganar; (*runs*) hacer; (*goal*) marcar; **to ~ 75% in an exam** sacar el 75 por ciento en un examen; **to ~ a hit** (*Fencing*) dar en el blanco; (*Shooting*) acertar en el tiro; **to ~ a hit with sb/sth** (*fig*) impresionar a algn/tener mucho éxito con algo.

(**b**) (*cut*) rayar.

(**c**) (*music*) instrumentar, orquestar.

(**d**) (*fam: drugs*) comprar, obtener.

3 *vi* (**a**) (*Sport: ~ a goal etc*) marcar un tanto *or* punto *etc*; (*: open scoring*) abrir el marcador; (*: keep ~*) llevar el tanteo *or* el marcador; **to ~ over sb** (*fig*) llevar la ventaja a algn.

(**b**) (*fam: have sex*) ligarse (*with sb* con algn); (*: buy drugs*) conseguirse drogas.

▸ **score off, score out, score through** *vt + adv* tachar.

scoreboard ['skɔ:bɔ:d] *n* tanteador *m*, marcador *m*.

scorecard ['skɔ:kɑ:d] *n* (*Golf*) tanteador *m*.

scorer ['skɔ:rə^r] *n* (*keeping score*) tanteador *m*; (*player*) él/la *m/f* que marca un gol *etc*.

scoresheet ['skɔ:ʃi:t] *n* acta *f* de tanteo.

scoring ['skɔ:rɪŋ] *n* tanteo *m*, puntaje *m*, marcador *m*.

scorn [skɔ:n] **1** *n* desprecio *m*, menosprecio *m*; **to pour ~ on sth** ridiculizar algo. **2** *vt* despreciar, menospreciar.

scornful ['skɔ:nfʊl] *adj* desdeñoso/a, despreciativo/a; **to be ~ about sth** desdeñar algo.

Scorpio ['skɔ:pɪəʊ] *n* Escorpión *m*.

scorpion ['skɔ:pɪən] *n* alacrán *m*.

Scot [skɒt] *n* escocés/esa *m/f*.

Scotch [skɒtʃ] **1** *adj*: **~ broth** sopa *f* de verduras; **~ egg** huevo *m* con carne rebozado; **~ tape** ® cinta *f* adhesiva, scotch *m* (*LAm*), durex *m* (*Mex*). **2** *n* (*whisky*) whisky *m* escocés, scotch *m*.

scotch [skɒtʃ] *vt* (*attempt, plan*) frustrar; (*rumour, claim*) calzar.

scot-free ['skɒt'fri:] *adj*: **to get off ~** (*unpunished*) salir impune; (*unhurt*) salir ileso/a.

Scotland ['skɒtlənd] *n* Escocia *f*.

Scots [skɒts] *adj* escocés/esa.

Scotsman ['skɒtsmən] *n* (*pl* **-men**) escocés *m*.

Scotswoman ['skɒts,wʊmən] *n* (*pl* **-women**) escocesa *f*.

Scottie ['skɒtɪ] *n* (*dog*) terrier *m* escocés.

Scottish ['skɒtɪʃ] *adj* escocés/esa; **~ Office** Ministerio *m* de Asuntos Escoceses.

scoundrel ['skaʊndrəl] *n* sinvergüenza *mf*.

scour ['skaʊə^r] *vt* (**a**) (*pan, floor etc*) fregar, restregar (*esp LAm*). (**b**) (*search*) registrar; **we ~ed the countryside for him** recorrimos el campo buscándole.

scourer ['skaʊrə^r] *n* (*pad*) estropajo *m*.

scourge [skɜ:dʒ] **1** *n* (*fig*) azote *m*; **the ~ of war** el castigo de la guerra. **2** *vt* (*fig*) hostigar.

scouring pad ['skaʊrɪŋpæd] *n* estropajo *m*.

scouring powder ['skaʊrɪŋpaʊdə^r] *n* limpiador *m* (en polvos), desgrasador *m* (en polvos).

Scouse [skaʊs] (*fam*) **1** *adj* de Liverpool. **2** *n* nativo/a *m/f or* habitante *mf* de Liverpool; (*Ling*) dialecto *m* de Liverpool.

scout [skaʊt] **1** *n* (*person: Mil*) explorador(a) *m/f*; (*: boy ~*) muchacho *m* explorador; **(talent) ~** (*Sport, Cine, Theat*) cazatalentos *mf inv*. **2** *vi*: **to ~ around (for sth)** hacer un reconocimiento *or* explorar (buscando algo).

scouting ['skaʊtɪŋ] *n* actividades *fpl* de los exploradores.

scoutmaster ['skaʊt,mɑ:stə^r] *n* jefe *m* de exploradores.

scowl [skaʊl] **1** *n* ceño *m*. **2** *vi* fruncir el ceño *or* el entrecejo (*at sb* a algn).

scrabble ['skræbl] **1** *vi*: **to ~ about** *or* **around for sth** revolver todo buscando algo. **2** *n*: **S~** ® (*game*) Scrabble ® *m*.

scraggy ['skrægɪ] *adj* (*comp* **-ier**; *superl* **-iest**) flacuzco/a.

scram [skræm] *vi* (*fam*) largarse, rajarse (*LAm*); **~!** ¡lárgate!

scramble ['skræmbl] **1** *vi* (**a**) **to ~ up/down** subir gateando/bajar con dificultad; **we ~d through the hedge** pasamos a gatas por el ceto; **to ~ for** (*coins, seats*) luchar entre sí por, pelearse por; (*fig: jobs*) pelearse por. (**b**) (*Sport*) **to go scrambling** hacer motocrós. **2** *vt* (**a**) (*Culin*) revolver; **~d eggs** huevos *mpl* revueltos. (**b**) (*Telec: message*) poner en cifra; (*TV*) codificar. **3** *n* (**a**) (*rush*) lucha *f*, pelea *f*. (**b**) (*Sport: motorcycle meeting*) carrera *f* de motocrós.

scrambler ['skræmblə^r] *n* (*Telec*) emisor *m* de interferencias.

scrambling ['skræmblɪŋ] *n* (**a**) (*Sport*) motocrós *m* campo a través. (**b**) (*TV*) codificación *f*.

scrap[1] [skræp] **1** *n* (**a**) (*small piece*) pedacito *m*; (*: of newspaper*) recorte *m*; (*: of material*) retazo *m*; (*fig*) pizca *f*; **a ~ of conversation** un fragmento de conversación; **a few ~s of news** unos fragmentos de noticias; **there is not a ~ of truth in it** no tiene ni un ápice de verdad, no tiene nada de cierto; **not a ~ of proof/use** ni la más mínima prueba/sin utilidad alguna.

(**b**) **~s** (*leftovers*) restos *mpl*, sobras *fpl*.
(**c**) (*~metal*) chatarra *f*, desecho *m* de hierro; **to sell a ship for ~** vender un barco como chatarra.
2 *vt* (*car, ship etc*) chatarrear, convertir en chatarra; (*plan etc*) desechar, descartar.
3 *cpd* (*metal, car*) de chatarra; **~ dealer** *n* chatarrero/a *m/f*; **~ heap** *n* montón *m* de desechos; **to throw sth on the ~ heap** (*fig*) desechar *or* descartar algo; **I was thrown on the ~ heap at the age of 50** me dieron la patada cuando tenía 50 años; **to be on the ~ heap** (*person*) no tener nada a que agarrarse; **he ended up on the ~ heap** se quedó sin nada a que agarrarse; **~ merchant** *n* chatarrero/a *m/f*; **~ metal** *n* chatarra *f*; **~ paper** *n* pedazos *mpl* de papel suelto; **~ value** *n* valor *m* de chatarra; **~ yard** *n* parque *m* de chatarra; (*for cars*) cementerio *m* de coches.

scrap² [skræp] (*fam*) **1** *n* (*fight*) riña *f*, pelea *f*; **to get into** *or* **have a ~ with sb** reñir *or* pelearse con algn. **2** *vi* reñir, pelearse (*with sb* con algn).

scrapbook [ˈskræpbʊk] *n* álbum *m* de recortes.

scrape [skreɪp] **1** *n* (**a**) (*act*) raspado *m*, raspadura *f*; (*sound*) chirrido *m*; (*mark*) arañazo *m*, rasguño *m*.
(**b**) (*fig*) lío *m*, apuro *m*, aprieto *m (esp LAm)*; **to get into/out of a ~** meterse en/sacarse de un lío *or* apuro.
2 *vt* (*knee etc*) arañarse, rasguñarse; (*clean: vegetables*) rallar, limpiar; (*: walls, woodwork*) raspar; **to ~ on/along/against sth** arrastrar en/a lo largo de/contra algo; **the lorry ~d the wall** el camión rozó el muro; **to ~ one's boots** limpiarse las botas; **to ~ one's plate clean** dejar limpio el plato; **to ~ a living** ir tirando; **to ~ the bottom of the barrel** (*fig*) tocar fondo.
3 *vi* (*make sound*) chirriar; (*rub*) **to ~ (against)** pasar rozando.

▸ **scrape along** *vi + adv* (*fam: money*) arreglárselas; (*: live*) ir tirando.

▸ **scrape off 1** *vt + adv* (*also* **~ away**) raspar. **2** *vt + prep* raspar.

▸ **scrape through 1** *vi + adv* (*succeed*) apenas lograr hacer algo. **2** *vi + prep* (*narrow gap*) pasar muy justo por; (*fig: exam*) aprobar por los pelos.

▸ **scrape together**, **scrape up** *vt + adv* (*fig*) reunir poco a poco; **we managed to ~ enough money together** logramos reunir suficiente dinero; **to ~ (up) an acquaintance with sb** trabar amistad con algn.

scraper [ˈskreɪpəʳ] *n* (*tool*) raspador *m*, rascador *m*; (*on doorstep*) limpiabarros *m inv*.

scrappy [ˈskræpɪ] *adj* (*comp* **-ier**; *superl* **-iest**) (*essay etc*) deshilvanado/a; (*knowledge, education*) incompleto/a; (*meal*) hecho/a con sobras.

scratch [skrætʃ] **1** *n* (**a**) (*mark: on skin*) arañazo *m*, rasguño *m*; (*: on surface, record*) raya *f*; **it's just a ~** es un rasguño, nada más; **he hadn't a ~ on him** no tuvo la más leve herida.
(**b**) (*noise*) chirrido *m*.
(**c**) **to start from ~** (*fig*) empezar de la nada; **to be** *or* **come up to ~** cumplir con los requisitos; **to bring/keep sth up to ~** poner/mantener en buenas condiciones.
2 *vt* (**a**) (*with claw, nail etc*) rasguñar, arañar; (*: making sound*) rascar, raspar; (*: surface, record*) rayar; (*scramble, dig*) escarbar; **the lovers ~ed their names on the tree** los amantes grabaron sus nombres en el árbol; **he ~ed his hand on a rose bush** se arañó la mano en un rosal; **we've barely ~ed the surface** (*fig*) estamos empezando apenas.
(**b**) (*to relieve itch*) rascarse; **he ~ed his head** se rascó la cabeza; **you ~ my back and I'll ~ yours** (*fig*) un favor con favor se paga.
(**c**) (*cancel: meeting, game*) cancelar; (*cross off list: horse, competitor*) tachar, borrar.
(**d**) (*Comput*) borrar.
3 *vi* (*person, dog etc*) rascarse; (*hens*) escarbar; (*pen*) raspear; (*clothing*) picar; **the dog ~ed at the door** el perro arañó la puerta.
4 *cpd*: **~ file** *n* (*Comput*) fichero *m* de trabajo; **~ meal** *n* comida *f* improvisada; **~ team** *n* equipo *m* improvisado.

▸ **scratch out** *vt + adv* (*from list*) borrar, tachar; **to ~ sb's eyes out** sacarle los ojos a algn.

scratchpad [ˈskrætʃpæd] *n* (*US*) bloc *m* (para apuntes).

scratchy [ˈskrætʃɪ] *adj* (*comp* **-ier**; *superl* **-iest**) (*fabric*) que pica; (*pen*) que raspea.

scrawl [skrɔːl] **1** *n* garabatos *mpl*; **I can't read her ~** no puedo leer sus garabatos. **2** *vt* garabatear.

scrawny [ˈskrɔːnɪ] *adj* (*comp* **-ier**; *superl* **-iest**) (*neck, limb*) flaco/a; (*animal*) escuálido/a.

scream [skriːm] **1** *n* (*of pain, fear: high-pitched*) chillido *m*; (*: yell*) grito *m*; (*of animal*) alarido *m*; **there were ~s of laughter** hubo carcajadas; **he let out a ~** soltó un grito; **it was a ~** (*fig fam*) fue la monda, fue para morirse de la risa; **he's a ~** (*fig fam*) es de lo más chistoso.
2 *vt* (*subj: person: abuse etc*) gritar; (*screech*) chillar; (*: poster, headlines*) vocear.
3 *vi* (*see n*) chillar; gritar; dar un alarido; **to ~ at sb** gritarle a algn; **to ~ (out) with pain** dar un grito de dolor; **to ~ for help** pedir ayuda a gritos; **to ~ with laughter** partirse *or* mondarse de (la) risa.

scree [skriː] *n* cono *m* de desmoronamiento.

screech [skriːtʃ] **1** *n* (*of brakes, tyres*) chirrido *m*; (*of person*) grito *m*; (*of animal*) chillido *m*. **2** *vi* (*squeak etc*) chirriar; (*person*) gritar, chillar; (*animal etc*) chillar.

screed [skriːd] *npl* (*fam*) rollo *m*.

screen [skriːn] **1** *n* (**a**) (*in room*) biombo *m*; (*for fire*) pantalla *f*; (*fig: of trees*) pantalla de árboles; (*: of smoke*) cortina *f* de humo.
(**b**) (*Cine, TV, Radar, Comput*) pantalla *f*; **the big/small ~** la pantalla grande/pequeña.
2 *vt* (**a**) **to ~ (from)** (*hide: from view, sight*) ocultar *or* tapar (de); (*protect*) proteger (de); **the house is ~ed (from view) by trees** la casa se oculta detrás de los árboles; **he ~ed his eyes with his hand** se tapó los ojos con la mano.
(**b**) (*show: film*) estrenar.
(**c**) (*sieve: coal*) tamizar; (*fig: person: for security*) investigar; **to ~ sb for sth** (*Med*) hacer un screening de algo a algn, hacer una exploración de algo a algn.
3 *cpd*: **~ actor** *n* actor *m* de cine; **~ editing** *n* (*Comput*) corrección *f* en pantalla; **~ memory** *n* (*Comput*) memoria *f* de la pantalla; **~ test** *n* prueba *f* de pantalla; **~ writer** *n* guionista *mf*.

▸ **screen off** *vt + adv* tapar.

▸ **screen out** *vt + adv* (*light, noise*) eliminar, filtrar.

screening [ˈskriːnɪŋ] *n* (**a**) (*of film*) estreno *m*. (**b**) (*check: security*) investigación *f*; (*Med*) screening *m*, exploración *f*.

screenplay [ˈskriːnpleɪ] *n* guión *m*.

screw [skruː] **1** *n* (**a**) tornillo *m*; (*of helicopter etc*) hélice *f*; **he's got a ~ loose** (*fig fam*) le falta un tornillo; **to put the ~s on sb** (*fig fam*) apretar las clavijas *or* presionar a algn.
(**b**) (*fam: prison officer*) carcelero/a *m/f*.
(**c**) (*fam!*) polvo *m (fam!)*.
2 *vt* (**a**) (*gen*) atornillar; (*turn*) dar vueltas a, torcer; **to ~ sth down/to the wall** fijar algo/a la pared con tornillos; **to ~ sth (up) tight** atornillar algo bien fuerte; **to ~ money out of sb** (*fam*) sacarle dinero a algn; **he's got his head ~ed on** sabe cuántos son cinco.
(**b**) (*fam!*) joder *(fam!)*; **~ the cost, it's got to be done!** ¡no importa el gasto, hay que hacerlo!
(**c**) (*fam: defraud*) timar, estafar.
3 *vi* (*fam!*) joder *(fam!)*, echar un polvo *(fam!)*, coger *(LAm fam!)*, chingar *(Mex fam!)*.

▸ **screw around** *vi + adv* (*fam!*) ligar *(fam)*.

▸ **screw together 1** *vi + adv* juntarse con tornillos. **2** *vt + adv* armar (con tornillos).

▸ **screw up 1** *vt + adv* (**a**) (*paper, material*) arrugar; **to ~ up one's eyes** arrugar el entrecejo; **to ~ up one's face** torcerse la cara; **to ~ up one's courage** (*fig*) armarse de valor. (**b**) (*ruin*) fastidiar, fregar *(LAm)*, joder *(fam!)*, chingar *(Mex fam!)*; **the experience really ~ed him up** la experiencia lo dejó completamente hecho polvo. **2** *vi + adv* (*US*) **he really ~ed up this time** esta vez sí lo fastidió *or (LAm)* fregó.

screwball ['skru:bɔ:l] *n* (*esp US fam*) chiflado/a *m/f (fam)*, chalado/a *m/f (fam)*, tarado/a *m/f (LAm fam)*.

screwdriver ['skru:,draɪvəʳ] *n* destornillador *m*, desarmador *m (Mex)*.

screw-top(ped) ['skru:tɒp(t)] *adj* (*bottle, jar*) de rosca.

screwy ['skru:ɪ] *adj* (*comp* **-ier**; *superl* **-iest**) (*fam: mad*) chiflado/a, tarado/a *(LAm)*.

scribble ['skrɪbl] **1** *n* garabatos *mpl*; **I can't read his ~** no consigo leer sus garabatos. **2** *vt* garabatear; **to ~ sth down** garabatear algo. **3** *vi* garabatear.

scribbling pad ['skrɪblɪŋ,pæd] *n* borrador *m*, bloc *m*.

scribe [skraɪb] *n* (*of manuscript*) escribiente/a *m/f*; (*Bible*) escriba *m*.

scrimmage ['skrɪmɪdʒ] *n* (*fight*) escaramuza *f*.

scrimp [skrɪmp] *vi*: **to ~ and save** hacer economías, apretarse el cinturón.

scrip [skrɪp] *n* (*Fin*) vale *m*, abonaré *m*.

script [skrɪpt] *n* (**a**) (*Cine*) guión *m*; (*Theat, TV, Rad*) argumento *m*; (*in exam*) escrito *m*. (**b**) (*handwriting*) letra *f*.

scripted ['skrɪptɪd] *adj* (*Rad, TV*) escrito/a.

Scripture ['skrɪptʃəʳ] *n* (*also* **Holy ~**) Sagrada Escritura *f*.

scriptwriter ['skrɪpt,raɪtəʳ] *n* guionista *mf*.

scroll [skrəʊl] **1** *n* (*roll of parchment*) rollo *m*; (*ancient manuscript*) manuscrito *m*; (*Archit*) voluta *f*. **2** *cpd*: **~ key** *n* (*Comput*) tecla *f* de desplazamiento. **3** *vt* (*Comput*) desplazar.

▸ **scroll down 1** *vt + adv* desplazar hacia abajo. **2** *vi + adv* desplazarse hacia abajo.

▸ **scroll up 1** *vt + adv* desplazar hacia arriba. **2** *vi + adv* desplazarse hacia arriba.

scrolling ['skrəʊlɪŋ] *n* (*Comput*) desplazamiento *m*.

scrotum ['skrəʊtəm] *n* escroto *m*.

scrounge [skraʊndʒ] (*fam*) **1** *n*: **to be on the ~ (for sth)** ir sacando (algo) de gorra. **2** *vt* gorrear, sablear. **3** *vi*: **to ~ on** *or* **off sb** vivir a costa de algn.

scrounger ['skraʊndʒəʳ] *n* (*fam*) gorrón/ona *m/f*, sablista *mf*.

scrub¹ [skrʌb] *n* (*Bot: undergrowth*) matarral *m*, monte *m*; (*: bushes*) matas *fpl*.

scrub² [skrʌb] **1** *n* fregado *m*, restregado *m (LAm)*; **to give sth a (good) ~** fregar *or (esp LAm)* restregar algo (bien). **2** *vt* (**a**) (*clean: floor, hands etc*) fregar; **to ~ sth clean** restregar algo. (**b**) (*fam: cancel*) cancelar, anular.

▸ **scrub down** *vt + adv* (*room, wall*) fregar; **to ~ o.s. down** fregarse.

▸ **scrub off 1** *vt + adv* (*mark, stain*) quitar cepillando. **2** *vt + prep* quitar.

▸ **scrub up** *vi + adv* (*doctor etc*) lavarse.

scrubbing brush ['skrʌbɪŋ,brʌʃ] *n* cepillo *m* de fregar.

scrubland ['skrʌblænd] *n* monte *m* bajo.

scruff [skrʌf] *n* (**a**) **by the ~ of the neck** del cogote. (**b**) (*fam: untidy person*) dejado/a *m/f*, desaliñado/a *m/f*.

scruffily ['skrʌfɪlɪ] *adv*: **~ dressed** mal vestido/a, vestido/a con desaliño.

scruffy ['skrʌfɪ] *adj* (*comp* **-ier**; *superl* **-iest**) (*person, appearance*) desaliñado/a, sucio/a, dejado/a; (*clothes, building*) sucio/a; **he looks ~** tiene el aspecto sucio.

scrum [skrʌm] **1** *n* (*Rugby*) melée *f*. **2** *cpd*: **~ half** *n* medio *m* de melée.

scrumptious ['skrʌmpʃəs] *adj* (*fam*) delicioso/a, sabrosísimo/a.

scruple ['skru:pl] **1** *n* escrúpulo *m*. **2** *vt*: **not to ~ to do sth** no tener escrúpulos para hacer algo.

scrupulous ['skru:pjʊləs] *adj* escrupuloso/a.

scrupulously ['skru:pjʊləslɪ] *adv* escrupulosamente; **~ honest/clean** sumamente honrado/limpio.

scrutineer [,skru:tɪ'nɪəʳ] *n* escrutador(a) *m/f*.

scrutinize ['skru:tɪnaɪz] *vt* (*work etc*) escudriñar; (*votes*) efectuar el escrutinio de.

scrutiny ['skru:tɪnɪ] *n* (*examination*) examen *m* detallado; (*Pol: of votes*) escrutinio *m*, recuento *m*; **under the ~ of sb** bajo la mirada de algn; **to keep sb under close ~** vigilar a algn de cerca; **it does not stand up to ~** no resiste al examen.

scuba ['sku:bə] *n*: **~ diving** buceo *m* con escafandra autónoma.

scuff [skʌf] **1** *vt* (*shoes, floor*) rayar, marcar; (*feet*) arrastrar. **2** *cpd*: **~ marks** *npl* rozaduras *fpl*.

scuffle ['skʌfl] **1** *n* refriega *f*. **2** *vi* reñirse *or* pelearse (*with sb* con algn).

scullery ['skʌlərɪ] *n* trascocina *f*.

sculpt [skʌlpt] *vt, vi* esculpir.

sculptor ['skʌlptəʳ] *n* escultor(a) *m/f*.

sculpture ['skʌlptʃəʳ] **1** *n* escultura *f*. **2** *vt, vi* = **sculpt**.

scum [skʌm] *n* (*on liquid*) espuma *f*; (*on pond*) verdín *m*; (*fig*) escoria *f*; **the ~ of the earth** la escoria de la tierra.

scumbag ['skʌm,bæg] *n* (*fam!*) cabronazo *m (fam)*, borde *mf (fam!)*.

scupper ['skʌpəʳ] *vt* (*Naut*) barrenar; (*fig: plan*) barrer con.

scurf [skɜ:f] *n* caspa *f*.

scurrilous ['skʌrɪləs] *adj* difamatorio/a, calumnioso/a; **to make a ~ attack on sb** calumniar a algn.

scurry ['skʌrɪ] *vi* (*run*) ir corriendo; (*hurry*) apresurarse, apurarse *(LAm)*; **to ~ away** *or* **off** escabullirse.

scuttle¹ ['skʌtl] *vt* (*ship*) barrenar.

scuttle² ['skʌtl] *vi* (*run*) echar a correr; **to ~ away** *or* **off/in** escabullirse.

scythe [saɪð] **1** *n* guadaña *f*. **2** *vt* guadañar, segar.

SD *abbr* (*US Post*) *of* **South Dakota**.

S.Dak. *abbr* (*US*) *of* **South Dakota**.

SDI *n abbr of* **Strategic Defence Initiative** IDE *f*.

SDLP *n abbr* (*Northern Ireland Pol*) *of* **Social Democratic and Labour Party**.

SDP *n abbr* (*Brit Pol, formerly*) *of* **Social Democratic Party**.

SDR *n abbr of* **special drawing rights** DEG *mpl*.

SE *abbr of* **south-east** SE.

sea [si:] **1** *n* mar *m (or f in some phrases)*; **by** *or* **beside the ~** a orillas del mar; **a holiday by the ~** unas vacaciones en la playa; **on the ~** (*boat*) en alta mar; **to go by ~** ir en barco; **to go to ~** (*subj: person*) hacerse marinero; **to put to ~** (*sailor, boat*) hacerse a la mar, zarpar; **to spend 3 years at ~** pasar tres años navegando; **(out) at ~** en alta mar; **heavy** *or* **rough ~(s)** mar agitado *or* picado; **to be all at ~ (about** *or* **with sth)** (*fig*) estar en un lío (por algo); **a ~ of faces** (*fig*) un mar de caras; **a ~ of troubles** un piélago de penas.

2 *cpd* (*air, breeze*) marino/a, del mar; (*fish, water*) de mar; (*route, transport*) marítimo/a; (*battle, power*) naval; **~ anemone** *n* anémona *f* de mar; **~ bathing** *n* nadar en el mar; **~ bed** *n* fondo *m* del mar; **~ change** *n* (*fig*) viraje *m*, cambiazo *m*; **~ dog** *n* lobo *m* de mar; **~ front** *n* paseo *m* marítimo; **~ horse** *n* hipocampo *m*; **~ lane** *n* ruta *f* marítima; **~ legs** *npl*: **to find one's ~ legs** encontrar el equilibrio (en barco); **~ level** *n* nivel *m* del mar; **800 metres above ~ level** 800 metros sobre el nivel del mar; **~ mist** *n* bruma *f*; **~ urchin** *n* erizo *m* de mar; **~ wall** *n* malecón *m*, rompeolas *m inv*.

seabird ['si:bɜ:d] *n* ave *f* marina.

seaboard ['si:bɔ:d] *n* (*US*) litoral *m*.

seaborne ['si:bɔ:n] *adj* transportado/a por mar.

seafarer ['si:,fɛərəʳ] *n* marinero *m*.

seafaring ['si:,fɛərɪŋ] *adj* marinero/a.

seafood ['si:fu:d] *n* mariscos *mpl*.

seagoing ['si:,gəʊɪŋ] *adj* marítimo/a.

seagull ['si:gʌl] *n* gaviota *f*.

seal¹ [si:l] *n* (*Zool*) foca *f*.

seal[2] [siːl] **1** *n* (*official stamp*) sello *m*; (*: wax*) sello de lacre; (*of envelope, parcel*) pegamento *m*; (*of door, lid*) junta *f*; **to set one's ~ to sth, to give the** *or* **one's ~ of approval to sth** aprobar algo; **to set the ~ on sth** (*fig*) dar el remate a algo. **2** *vt* (**a**) (*close: envelope*) cerrar, pegar; (*put~ on: document*) sellar; (*jar, tin*) tapar herméticamente; (*Culin: meat*) encerrar los jugos de. (**b**) (*decide: fate*) decidir, determinar; (*: bargain*) cerrar.

▸ **seal in** *vt + adv* encerrar.

▸ **seal off** *vt + adv* (*close up: building, room*) cerrar; (*forbid entry to: area*) acordonar.

▸ **seal up** *vt + adv* (*parcel*) precintar; (*jar, door*) tapar herméticamente.

sealing wax [ˈsiːlɪŋwæks] *n* lacre *m*.

sealskin [ˈsiːlskɪn] *n* piel *f* de foca.

seam [siːm] *n* (**a**) (*Sew*) costura *f*; (*welding*) juntura *f*; **to come apart at the ~s** descoserse; **to be bursting at the ~s** (*dress etc*) estar por reventar; (*fig fam: room etc*) rebosar de gente. (**b**) (*Geol*) filón *m*, veta *f*.

seaman [ˈsiːmən] *n* (*pl* **-men**) marinero *m*, marino *m*.

seamanship [ˈsiːmənʃɪp] *n* náutica *f*.

seamless [ˈsiːmlɪs] *adj* (*Sew*) sin costura; (*Tech*) sin soldadura.

seamstress [ˈsemstrɪs] *n* costurera *f*.

seamy [ˈsiːmɪ] *adj* (*comp* **-ier**; *superl* **-iest**) (*fam*) sórdido/a, insalubre.

seance [ˈseɛ̃ɑ̃ns] *n* sesión *f* de espiritismo.

seaplane [ˈsiːpleɪn] *n* hidroavión *m*.

seaport [ˈsiːpɔːt] *n* puerto *m* de mar.

sear [sɪəʳ] *vt* (*wither*) secar, marchitar; (*Med*) cauterizar; (*of pain etc*) punzar; (*scorch*) chamuscar, quemar.

search [sɜːtʃ] **1** *n* (**a**) (*for sth lost*) busca *f*, búsqueda *f*; (*Comput*) búsqueda; (*Video*) búsqueda de imagen; **in ~ of** en busca de; **to make** *or* **conduct a ~ for sth/sb** buscar algo/a algn.

(**b**) (*of person, building etc*) registro *m*, cateo *m* (*Mex*); **to make** *or* **conduct a ~ of sth/sb** registrar algo/a algn.

2 *vt* (**a**) (*area, house*) registrar (*for sb/sth* en busca de algn/algo); (*luggage, drawer, person*) registrar, catear (*Mex*); **to ~ the whole house for sth/sb** buscar algo/a algn por toda la casa; **~ me!** (*fig fam*) ¡yo qué sé!, ¡ni idea!

(**b**) (*scan: documents, records*) escudriñar; (*: one's conscience*) examinar; (*: one's memory*) indagar en; **I ~ed his face for some sign of emotion** le busqué en la cara algún indicio de emoción.

(**c**) (*Comput*) buscar.

3 *vi* buscar; **to ~ after** *or* **for sb/sth** ir en busca de algn/algo; **to ~ through** *or* **in sth for sth** registrar algo en busca de algo; **'~ and replace'** (*Comput*) 'buscar y reemplazar'.

4 *cpd*: **~ party** *n* pelotón *m* de salvamento; **~ warrant** *n* mandamiento *m* *or* mandato *m* de registro.

searcher [ˈsɜːtʃəʳ] *n* buscador(a) *m/f*.

searching [ˈsɜːtʃɪŋ] *adj* penetrante.

searchlight [ˈsɜːtʃlaɪt] *n* reflector *m*, proyector *m*.

searing [ˈsɪərɪŋ] *adj* (*heat*) ardiente; (*pain*) agudo/a.

seascape [ˈsiːskeɪp] *n* (*Art*) paisaje *m* marino.

seashell [ˈsiːʃel] *n* concha *f* marina, caracol *m* de mar.

seashore [ˈsiːʃɔːʳ] *n* (*beach*) playa *f*; (*gen*) orilla *f* del mar; **by** *or* **on the ~** en la playa.

seasick [ˈsiːsɪk] *adj* mareado/a; **to get** *or* **be ~** marearse.

seasickness [ˈsiːsɪknɪs] *n* mareo *m*.

seaside [ˈsiːsaɪd] **1** *n* (*beach*) playa *f*; (*shore*) orilla *f* del mar; **we want to go to the ~** queremos ir a la playa; **at the ~** en la playa. **2** *cpd* (*holiday, hotel*) de playa, en la playa; (*town*) costero/a, costeño/a; **~ resort** *n* playa *f*, centro *m* de veraneo.

season [ˈsiːzn] **1** *n* (*of the year*) estación *f*; (*social, sporting, Theat etc*) temporada *f*; (*occasion*) tiempo *m*, ocasión *f*; **to be in/out of ~** estar en sazón/fuera de temporada; **the rainy/dry ~** la temporada de lluvias/de secas; **the Christmas ~** las navidades; **'S~'s Greetings'** 'Felices Pascuas'; **the busy ~** la temporada alta; **at the height of the ~** en plena temporada; **the fishing/football ~** la temporada de pesca/de fútbol; **the open/closed ~** (*Hunting*) la temporada de caza *or* de pesca/la veda; **in ~** (*Zool*) en celo.

2 *vt* (**a**) (*wood*) secar.

(**b**) (*Culin*) sazonar, aliñar.

3 *cpd*: **~ ticket** *n* (*Theat, Rail etc*) abono *m*; **~ ticket holder** *n* abonado/a *m/f*.

seasonable [ˈsiːznəbl] *adj* (*weather*) propio/a de la estación.

seasonal [ˈsiːzənl] *adj* (*employment*) de temporada.

seasoned [ˈsiːznd] *adj* (*wood*) curado/a; (*wine etc*) maduro/a; (*fig: worker, actor*) experimentado/a; (*: soldier etc*) aguerrido/a.

seasoning [ˈsiːznɪŋ] *n* aliño *m*, condimentos *mpl*.

seat [siːt] **1** *n* (**a**) (*chair*) silla *f*; (*in theatre etc: ticket*) entrada *f*, localidad *f*; (*: chair*) butaca *f*; (*in bus, train, car etc*) asiento *m*, plaza *f*; (*on cycle*) silla; **are there any ~s left?** ¿quedan plazas?; **to take one's ~** sentarse, tomar asiento; **keep a ~ for me** guárdame lugar *or* un asiento.

(**b**) (*Pol*) escaño *m*, curul *m*; **to keep/lose one's ~** retener/perder su escaño; **a majority of 50 ~s** una mayoría de 50 escaños; **to win 4 ~s from the nationalists** ganar 4 escaños a los nacionalistas; **to take one's ~ in the (House of) Commons** ocupar su escaño en los Comunes.

(**c**) (*of chair*) fondo *m*; (*of trousers*) fondillos *mpl*.

(**d**) (*buttocks*) culo *m*, trasero *m*.

(**e**) (*centre: of government etc*) sede *f*; (*: of infection, fire, trouble*) foco *m*.

2 *vt* (**a**) (*person etc*) sentar; **to be ~ed** estar sentado/a, sentarse.

(**b**) (*of capacity*) tener cabida para.

3 *cpd*: **~ back** *n* respaldo *m*; **~ belt** *n* cinturón *m* de seguridad.

-seater [ˈsiːtəʳ] *n suf*: **a two~** (*car etc*) un coche *etc* de dos asientos.

seating [ˈsiːtɪŋ] **1** *n* asientos *mpl*. **2** *cpd*: **~ arrangements** *npl* arreglo *msg* de los asientos; **~ capacity** *n* número *m*/cabida *f* de asientos.

SEATO [ˈsiːtəʊ] *n abbr of* **Southeast Asia Treaty Organization** OTASE *f*.

seaway [ˈsiːweɪ] *n* vía *f* marítima.

seaweed [ˈsiːwiːd] *n* alga *f*.

seaworthy [ˈsiːˌwɜːðɪ] *adj* en condiciones de navegar.

sebaceous [sɪˈbeɪʃəs] *adj* sebáceo/a.

SEC *n abbr* (*US*) *of* **Securities and Exchange Commission**.

Sec. *abbr of* **Secretary** Sec., Srio/a.

sec. [sek] *abbr of* **second(s)**[2].

secateurs [ˌsekəˈtɜːz] *npl* podadera *fsg*.

secede [sɪˈsiːd] *vi* separarse (*from* de).

secession [sɪˈseʃən] *n* secesión *f*, separación *f* (*from* de).

secluded [sɪˈkluːdɪd] *adj* retirado/a.

seclusion [sɪˈkluːʒən] *n* aislamiento *m*; **to live in ~** vivir en el retiro.

second[1] [ˈsekənd] **1** *adj* segundo/a; **for the ~ time** por segunda vez; **he's a ~ Beethoven** es otro Beethoven; **~ to none** inigualable; **A is ~ only to B as a tourist attraction** A es la atracción turística más popular aparte de B; **give him a ~ chance** dale una segunda oportunidad; **you won't get a ~ chance** no tendrás otra oportunidad; **the ~ floor** (*Brit*) el segundo piso (*Sp*), el tercer piso (*LAm*); (*US*) el primer piso (*Sp*), el segundo piso (*LAm*); **Charles the S~** Carlos Segundo; **~ cousin** primo/a *m/f* segundo/a; **in ~ gear** (*Aut*) en segunda (velocidad); **~ generation** segunda generación *f*; **~ half** (*Sport*) segundo tiempo *m*; (*Fin*) segundo semestre *m* (del año económico); **~ mortgage** segunda hipoteca *f*; **to ask for a ~ opinion** (*Med*) pedir una segunda opinión; **~ person** (*Ling*) segunda persona *f*; **it's ~ nature to her** lo hace sin pensar; **~ child** segundón/ona *m/f*; **to have ~ sight**

tener clarividencia; **to have ~ thoughts (about sth/ about doing sth)** cambiar de opinión (sobre algo/si hacer algo); **on ~ thoughts** ... pensándolo bien ....
2 *adv* (**a**) (*in race, competition etc*) en segundo lugar; **to come ~** terminar en segundo lugar; **the ~ largest fish** el segundo pez en tamaño; **this is the ~ largest city of Spain** ésta es la segunda ciudad de España.
(**b**) (~*ly*) segundo, en segundo lugar.
3 *n* (**a**) (*Boxing, in duel*) segundo *m*, cuidador *m*.
(**b**) (*Aut*) **in ~** en segunda (velocidad).
(**c**) **he came a good ~** (*in race, fight, exam etc*) por poco ganó.
(**d**) **~s** (*Comm*) artículos *mpl* con algún desperfecto.
(**e**) **will you have ~s?** (*Culin*) ¿quieres más?
4 *vt* (**a**) (*motion, speaker*) apoyar, secundar; **I'll ~ that** (*fig*) yo concuerdo *or* secundo.
(**b**) [sɪ'kɒnd] (*employee*) trasladar temporalmente.

second[2] ['sekənd] **1** *n* (*in time, Geog, Math*) segundo *m*; **at that very ~** en ese mismo instante; **just a ~!** ¡un momento!, ¡momentito! (*esp LAm*); **it won't take a ~** es cosa de un segundo. **2** *cpd*: **~ hand** *n* segundero *m*.

secondary ['sekəndərɪ] *adj* secundario/a; **~ picket(ing)** piquete *m* secundario; **~ school** escuela *f* secundaria.

second-best ['sekənd'best] **1** *n* segundo *m*. **2** *adv*: **to come off ~** quedar en segundo lugar.

second-class ['sekənd'klɑːs] **1** *adj* (*gen*) de segunda clase; **~ citizen** ciudadano/a *m/f* de segunda clase; **~ hotel** hotel *m* de segunda; **~ mail, ~ post** correo *m* de segunda clase. **2** *adv*: **to send sth ~** enviar algo por segunda clase; **to travel ~** viajar en segunda.

seconder ['sekəndəʳ] *n el/la que apoya una moción*.

second-hand ['sekənd'hænd] **1** *adj* (*gen*) de segunda mano; (*car etc*) usado/a, viejo/a; **~ clothes** ropa *f* vieja *or* de ocasión; **~ shop** tienda *f* de segunda mano, bazar *m* (*Mex*), cambalache *m* (*CSur*). **2** *adv*: **to buy sth ~** comprar algo de segunda mano; **I heard it only ~** yo lo supe solamente por otro.

second-in-command ['sekəndɪnkə'mɑːnd] *n* segundo jefe *m*.

secondly ['sekəndlɪ] *adv* en segundo lugar.

secondment [sɪ'kɒndmənt] *n* traslado *m*; **on ~** en destacamento.

second-rate ['sekənd'reɪt] *adj* de baja categoría.

secrecy ['siːkrəsɪ] *n* (*gen*) secreto *m*; (*reserve*) reserva *f*; **in ~** en secreto, a escondidas; **to swear sb to ~** hacer que algn jure no revelar algo.

secret ['siːkrɪt] **1** *adj* (*place*) secreto/a; (*information*) secreto, confidencial; **to keep sth ~ from sb** ocultarle algo a algn; **~ agent** agente *mf* secreto/a, espía *mf*; **~ police** policía *f* secreta; **~ service** servicio *m* secreto. **2** *n* secreto *m*; **to keep a ~** guardar un secreto; **to let sb into a/the ~** revelar a algn un/el secreto; **to make no ~ of sth** no ocultar algo; **to do sth in ~** hacer algo en secreto *or* a escondidas.

secretarial [ˌsekrə'tɛərɪəl] *adj*: **~ college** colegio *m* de secretaría; **~ course** curso *m* para secretarios; **~ work** trabajo *m* de secretario.

secretariat [ˌsekrə'tɛərɪət] *n* secretaría *f*.

secretary ['sekrətrɪ] **1** *n* secretario/a *m/f*; **S~ of State** (*Brit*) Ministro *mf*, Secretario/a *m/f* (*Mex*); (*US*) Ministro *mf* de Asuntos Exteriores. **2** *cpd*: **~ pool** *n* (*US*) servicio *m* de mecanógrafos.

secretary-general ['sekrətrɪ'dʒenərəl] *n* (*pl* **secretaries-general**) secretario-general *m*.

secrete [sɪ'kriːt] *vt* (**a**) (*Med*) secretar, segregar. (**b**) (*hide*) ocultar, esconder.

secretion [sɪ'kriːʃən] *n* secreción *f*.

secretive ['siːkrətɪv] *adj* (*cautious*) cauteloso/a; (*quiet*) reservado/a, callado/a; **to be ~ about sth** callarse sobre algo.

secretly ['siːkrɪtlɪ] *adv* en secreto, a escondidas.

sect [sekt] *n* secta *f*.

sectarian [sek'tɛərɪən] *adj* sectario/a.

sectarianism [sek'tɛərɪənɪzəm] *n* sectarismo *m*.

section ['sekʃən] *n* (**a**) (*part: of community, population*) sector *m*; (*: of town*) barrio *m*; (*: of newspaper*) página *f*, sección *f*; (*: of orchestra*) sección; (*: of document, law etc*) artículo *m*; (*: of pipeline, road etc*) tramo *m*; (*: of machine, furniture*) parte *f*, sección; (*department*) departamento *m*, sección. (**b**) (*cut*) corte *m*; **cross ~** sección *f* transversal.

▸ **section off** *vt + adv* cortar, seccionar.

sectional ['sekʃənl] *adj* (**a**) (*bookcase etc*) desmontable. (**b**) (*interests*) particular. (**c**) (*diagram*) en corte.

sector ['sektəʳ] *n* sector *m*; **the public ~** el sector estatal *or* público.

secular ['sekjʊləʳ] *adj* (*authority, school*) laico/a; (*writings, music*) profano/a; (*priest*) secular, seglar.

secure [sɪ'kjʊəʳ] **1** *adj* (**a**) (*firm: knot, rope, hold*) seguro/a; (*: steady*) firme; **to make sth ~** afianzar algo.
(**b**) (*safe, certain*) seguro/a; **~ from** *or* **against sth** protegido/a contra algo.
(**c**) (*unworried*) seguro/a.
2 *vt* (**a**) (*fix: rope*) sujetar; (*: to floor etc*) afianzar; (*: door, window*) cerrar firmemente; (*tie up: person, animal*) atar, amarrar (*LAm*).
(**b**) (*make safe*) proteger (*from, against* contra); (*: career, future*) asegurar.
(**c**) (*frm: obtain: job, staff*) conseguir, obtener; **to ~ sth for sb** conseguir algo para algn; **he ~d it for £900** lo adquirió por 900 libras.
(**d**) (*Fin: loan*) garantizar; **~d creditor** acreedor(a) *m/f* con garantía; **~d loan** préstamo *m* con garantía.

securely [sɪ'kjʊəlɪ] *adv* (*V adj*) seguramente; firmemente, fijamente; **it is ~ fastened** está bien sujetado.

security [sɪ'kjʊərɪtɪ] **1** *n* (**a**) (*safety, stability*) seguridad *f*; **job ~** trabajo *m* asegurado; **~ of tenure** tenencia *f* asegurada; *see* **social 3**.
(**b**) (*against theft etc*) seguridad *f*.
(**c**) (*Fin: on loan*) fianza *f*, garantía *f*; **to lend money on ~** prestar dinero bajo fianza.
(**d**) (*Fin*) **securities** valores *mpl*, títulos *mpl*.
2 *cpd* (*police*) de seguridad; **S~ Council** *n* Consejo *m* de Seguridad; **~ forces** *npl* fuerzas *fpl* de seguridad; **~ guard** *n* guarda *m* jurado; **~ risk** *n* riesgo *m* para la seguridad; **~ system** *n* sistema *m* de seguridad.

Secy. *abbr of* **Secretary** Sec., Srio/a *m/f*.

sedan [sɪ'dæn] *n* (*also* **~ chair**) silla *f* de manos; (*US Aut*) sedán *m*.

sedate [sɪ'deɪt] **1** *adj* (*comp* **~r**; *superl* **~st**) serio/a, formal. **2** *vt* (*Med*) proveer de sedantes.

sedation [sɪ'deɪʃən] *n* sedación *f*; **under ~** bajo sedación.

sedative ['sedətɪv] **1** *adj* sedativo/a, sedante. **2** *n* sedativo *m*, sedante *m*.

sedentary ['sedntrɪ] *adj* sedentario/a.

sediment ['sedɪmənt] *n* (*in liquids, boiler*) sedimento *m*, poso *m*; (*Geol*) sedimento.

sedimentary [ˌsedɪ'mentərɪ] *adj* sedimentario/a.

sedition [sə'dɪʃən] *n* sedición *f*.

seditious [sə'dɪʃəs] *adj* sedicioso/a.

seduce [sɪ'djuːs] *vt* (*sexually*) seducir; **to ~ sb into doing sth** (*fig*) engatusar *or* convencer a algn para que haga algo.

seduction [sɪ'dʌkʃən] *n* (*act*) seducción *f*; (*attraction*) tentación *f*.

seductive [sɪ'dʌktɪv] *adj* (*person, mood*) seductor(a); (*charms, smile, clothes*) provocativo/a; (*offer*) tentador(a).

see[1] [siː] (*pt* **saw**; *pp* **~n**) *vt, vi* (**a**) (*gen*) ver; (*have an interview with*) tener entrevista *or* entrevistarse con; **'~ page 8'** 'véase la página 8'; **let me ~, let's ~** (*show me/us*) a ver; (*let me/us think*) vamos a ver; **we'll ~** ya veremos, a ver; **to ~ sb do** *or* **doing sth** ver a algn hacer algo; **there was nobody to be ~n** no se veía ni nadie; **I can't ~ to read** no veo lo suficiente para leer; **can you ~ your way to helping us?** (*fig*) ¿nos hace el favor de ayudarnos?; **to**

go and ~ sb ir a ver a algn; (*a friend*) visitar a algn; **we don't ~ much of them nowadays** ahora les vemos bastante poco; **to ~ the doctor** consultar al médico; **~ you soon!, ~ you later!** ¡hasta pronto!, ¡hasta luego!; **~ you!** (*fam*) chau (*fam*); **now ~ here!** (*in anger*) ¡mira!, ¡oiga!, ¡escuche!; **so I ~** ya lo veo; **~ for yourself** velo tú; **as you can ~** como ves; **as far as the eye can ~** hasta donde alcanza la vista; **from here you can ~ for miles** desde aquí se ve muy lejos; **I must be ~ing things** (*fam*) estoy viendo visiones; **I ~ in the paper that** ... sale en el periódico que ...; **I ~ nothing wrong in it** no le encuentro nada malo; **I don't know what she ~s in him** no sé lo que encuentra en él; **(go and) ~ who's at the door** ve a ver quién llama (a la puerta); **this car has ~n better days** este coche ha conocido mejores tiempos; **I never thought I'd ~ the day when** ... nunca pensé ver el día en que ....

(**b**) (*understand, perceive*) comprender, entender, caer en la cuenta; **I ~** lo veo; **I ~!** ya entiendo; **I don't** *or* **can't ~ why/how** *etc* ... no entiendo porqué/cómo *etc* ...; **as far as I can ~** por lo visto *or* lo que yo veo; **the way I ~ it** a mi parecer.

(**c**) (*accompany*) acompañar; **to ~ sb to the door** acompañar a algn a la puerta; **to ~ sb home** acompañar a algn a casa.

(**d**) (*try*) procurar; **~ if** ... ve a ver si ..., mira a ver si ...; **~ that he has all he needs** procura que tenga todo lo que necesita.

(**e**) (*imagine*) imaginarse, figurarse; **I can just ~ him as a teacher** me lo imagino como profesor; **I can't ~ him winning** me parece imposible que gane.

(**f**) (*ensure*) **to ~ (to it) that** ... procurar que + *subjun*.

▸ **see about** *vi + prep* (**a**) (*deal with*) ocuparse de. (**b**) (*consider*) pensar.

▸ **see in** *vt + adv*: **to ~ the New Year in** celebrar *or* festejar el Año Nuevo.

▸ **see off** *vt + adv* (**a**) (*at station*) acompañar a la estación; (*say goodbye to*) despedir, despedirse de. (**b**) (*fam: defeat*) vencer; (*: destroy*) acabar con.

▸ **see out** *vt + adv* (*survive*) sobrevivir; (*take to the door*) acompañar hasta la puerta; **I'll ~ myself out** (*fam*) no hace falta que me acompañe hasta la puerta.

▸ **see over** *vi + prep* recorrer.

▸ **see through 1** *vi + prep* (*person, behaviour*) calar; **to ~ through a mystery** penetrar un misterio. **2** *vt + adv* (*project, deal*) llevar a cabo; **we'll ~ him through** nosotros le ayudaremos; **£100 should ~ you through** tendrás bastante con 100 libras. **3** *vt + prep*: **this money should ~ you through your stay in Egypt** este dinero te bastará para tu estancia en Egipto.

▸ **see to** *vi + prep* (*deal with*) atender a; (*mend*) ocuparse de; **please ~ to it that** ... por favor procura que ....

see² [siː] *n* (*Rel*) sede *f*; **the Holy S~** la Santa Sede.

seed [siːd] **1** *n* (**a**) (*Bot: for sowing*) semilla *f*, simiente *f*; (*within fruit*) pepita *f*; (*grain*) grano *m*; **to go to ~, to run to ~** (*subj: plant*) granar; (*fig: person*) descuidarse; **to sow (the) ~s of doubt in sb's mind** (*fig*) sembrar dudas en algn.

(**b**) (*Tennis: player*) jugador(a) *m/f* seleccionado/a.

2 *vt* (**a**) (*lawn etc*) sembrar.

(**b**) (*remove the ~: raisins, grapes*) despepitar.

(**c**) (*Tennis*) preseleccionar.

3 *vi* granar, dar grana.

4 *cpd*: **~ corn** *n* trigo *m* de siembra; **~ merchant** *n* vendedor *m* de semillas; **~ pearl** *n* aljófar *m*; **~ potato** *n* patata *f or* (*LAm*) papa *f* de siembra.

seedbed [ˈsiːdbed] *n* semillero *m*.

seedbox [ˈsiːdbɒks] *n* caja *f* de simientes, semillero *m*.

seedless [ˈsiːdlɪs] *adj* sin semillas.

seedling [ˈsiːdlɪŋ] *n* plantón *m*.

seedy [ˈsiːdɪ] (*fam*) *adj* (*comp* **-ier**; *superl* **-iest**) (*ill*) enfermizo/a; (*sordid*) sórdido/a; (*shabby*) raído/a.

seeing [ˈsiːɪŋ] *conj*: **~ (that)** visto que, en vista de que.

seek [siːk] (*pt, pp* **sought**) **1** *vt* (*gen*) buscar; (*ask for*) pedir, solicitar; (*post*) solicitar; (*fame, honours*) ambicionar; **to ~ shelter (from)** buscar abrigo (de); **to ~ advice/help from sb** pedir consejos/solicitar ayuda a algn. **2** *vi* (*gen*) buscar; **to ~ after, to ~ for** buscar; **to ~ to do sth** procurar hacer algo.

▸ **seek out** *vt + adv* (*person*) buscar.

seem [siːm] *vi* (*gen*) parecer; **he ~s capable** parece capaz; **he ~ed to be in difficulty** parecía tener dificultades; **I can't ~ to do it** me parece imposible hacerlo; **how did he ~ to you?** ¿qué te pareció?, ¿cómo lo encontraste?; **it ~s to me/him** me/le parece; **it ~s (that)** ... parece que ...; **it ~s so/not** parece que sí/no; **what ~s to be the trouble?** ¿qué pasa?; **there ~s to be a mistake** aquí pasa algo; **it only ~s colder, but it's not really** sólo parece haberse puesto más frío.

seeming [ˈsiːmɪŋ] *adj* aparente.

seemingly [ˈsiːmɪŋlɪ] *adv* según parece, aparentemente.

seemly [ˈsiːmlɪ] *adj* (*comp* **-ier**; *superl* **-iest**) (*frm: behaviour, language, dress*) decoroso/a, decente.

seen [siːn] *pp of* **see¹**.

seep [siːp] *vi*: **to ~ (through/into/from)** filtrarse *or* colarse (por/en/de).

seer [sɪəʳ] *n* vidente *mf*.

seesaw [ˈsiːsɔː] **1** *n* (*apparatus, game*) subibaja *m*. **2** *vi* columpiarse; (*fig*) vacilar.

seethe [siːð] *vi* borbotar, hervir; **to ~/be seething (with anger)** estar furioso/a.

see-through [ˈsiːθruː] *adj* transparente.

segment [ˈsegmənt] *n* (*section*) segmento *m*; (*of orange*) gajo *m*.

segregate [ˈsegrɪgeɪt] *vt*: **to ~ (from)** segregar (de), apartar (de).

segregation [ˌsegrɪˈgeɪʃən] *n* segregación *f*; **racial ~** la segregación racial.

Seine [seɪn] *n* Sena *m*.

seismic [ˈsaɪzmɪk] *adj* sísmico/a.

seize [siːz] *vt* (*clutch*) coger, agarrar (*LAm*); (*Mil, Jur: person*) detener; (*: kidnap*) secuestrar; (*: property*) incautar, embargar; (*: territory*) apoderarse de; (*opportunity*) aprovechar(se de); **to ~ hold of sth/sb** agarrar algo/a algn; **to be ~d with fear/rage** estar sobrecogido por el miedo/la cólera; **he was ~d with a desire to do sth** le entró un súbito deseo de hacer algo.

▸ **seize up** *vi + adv* (*subj: machine*) agarrotarse.

▸ **seize (up)on** *vi + prep* (*chance*) valerse de, aprovechar; (*idea*) fijarse en.

seizure [ˈsiːʒəʳ] *n* (**a**) (*of goods*) embargo *m*, incautación *f*; (*of person*) secuestro *m*; (*of land, city, ship*) toma *f*. (**b**) (*Med*) ataque *m*.

seldom [ˈseldəm] *adv* rara vez.

select [sɪˈlekt] **1** *vt* (*team, candidate*) seleccionar; (*book, gift etc*) escoger, elegir; **~ed works** obras *fpl* escogidas. **2** *adj* (*gen*) selecto/a, exclusivo/a; **~ committee** comité *m* de investigación; **a ~ few** una minoría privilegiada.

selection [sɪˈlekʃən] **1** *n* (*act of choosing*) elección *f*; (*person/thing chosen*) selección *f*; (*range, assortment*) surtido *m*, selección; **~s from** (*Mus, Lit*) selecciones de. **2** *cpd*: **~ committee** *n* (*esp Pol*) comisión *f* de nombramiento.

selective [sɪˈlektɪv] *adj* selectivo/a; **to be ~** elegir entre varios.

selector [sɪˈlektəʳ] *n* (*person*) seleccionador(a) *m/f*; (*Tech*) selector *m*.

self [self] *n* (*pl* **selves**) uno/a mismo/a *m/f*; **the ~** el yo; **my better ~** mi lado bueno; **my true ~** mi ser verdadero; **he's quite his old ~ again** se ha repuesto del todo.

self- [self] *pref* auto ..., ... de sí mismo.

self-addressed [ˈselfəˈdrest] *adj*: **~ envelope,** (*US*) **~ stamped envelope** sobre *m* con dirección propia.

self-adhesive [ˈselfədˈhiːzɪv] *adj* (*envelope, label, tape*) autoadhesivo/a, autoadherente.

self-appointed [ˈselfəˈpɔɪntɪd] *adj* que se ha nombrado

a sí mismo.
self-assurance [ˈselfəˈʃʊərəns] *n* confianza *f* en sí mismo.
self-assured [ˈselfəˈʃʊəd] *adj* seguro/a de sí mismo/a.
self-awareness [ˌselfəˈwɛənɪs] *n* conocimiento *m or* conciencia *f* de sí mismo.
self-catering [ˈselfˈkeɪtərɪŋ] *adj*: ~ **apartment** piso *m* sin pensión; ~ **holiday** vacaciones *fpl* en piso *or* chalet *or* casita *etc* con cocina propia.
self-centred, (*US*) **self-centered** [ˈselfˈsentəd] *adj* egocéntrico/a.
self-cleaning [ˌselfˈkliːnɪŋ] *adj* (*oven etc*) autolimpiable.
self-confessed [ˌselfkənˈfest] *adj* confeso/a.
self-confidence [ˈselfˈkɒnfɪdəns] *n* confianza *f* en sí mismo.
self-confident [ˈselfˈkɒnfɪdənt] *adj* seguro/a de sí mismo/a, lleno/a de confianza en sí mismo/a.
self-congratulation [ˈselfkənˌgrætjʊˈleɪʃən] *n* autofelicitación *f*.
self-conscious [ˈselfˈkɒnʃəs] *adj* cohibido/a, tímido/a.
self-contained [ˈselfkənˈteɪnd] *adj* (*flat*) con entrada propia, independiente; (*person*) autónomo/a, autosuficiente.
self-control [ˈselfkənˈtrəʊl] *n* dominio *m* de sí mismo.
self-defeating [ˈselfdɪˈfiːtɪŋ] *adj* contraproducente.
self-defence, (*US*) **self-defense** [ˈselfdɪˈfens] *n* autodefensa *f*, defensa *f* propia.
self-denial [ˈselfdɪˈnaɪəl] *n* abnegación *f*.
self-destruct [ˌselfdɪsˈtrʌkt] *vi* autodestruirse.
self-determination [ˈselfdɪˌtɜːmɪˈneɪʃən] *n* autodeterminación *f*, autonomía *f*.
self-discipline [ˈselfˈdɪsɪplɪn] *n* autodisciplina *f*.
self-drive [ˌselfˈdraɪv] *adj*: ~ **hire** (*Brit Aut*) alquiler *m* sin chófer.
self-employed [ˈselfɪmˈplɔɪd] *adj* que trabaja por cuenta propia.
self-esteem [ˈselfɪsˈtiːm] *n* amor *m* propio.
self-evident [ˈselfˈevɪdənt] *adj* manifiesto/a, patente.
self-examination [ˌselfɪgˌzæmɪˈneɪʃən] *n* autoexamen *m*; (*Rel*) examen *m* de conciencia.
self-explanatory [ˈselfɪksˈplænɪtərɪ] *adj* que se explica por sí mismo *or* solo.
self-expression [ˈselfɪksˈpreʃən] *n* autoexpresión *f*.
self-financing [ˌselffaɪˈnænsɪŋ] *adj* autofinanziado/a.
self-governing [ˈselfˈgʌvənɪŋ] *adj* autónomo/a.
self-help [ˈselfˈhelp] **1** *n* autosuficiencia *f*. **2** *cpd* de ayuda propia.
self-importance [ˈselfɪmˈpɔːtəns] *n* prepotencia *f*.
self-important [ˈselfɪmˈpɔːtənt] *adj* prepotente.
self-imposed [ˈselfɪmˈpəʊzd] *adj* (*punishment etc*) autoimpuesto/a, voluntario/a.
self-indulgent [ˈselfɪnˈdʌldʒənt] *adj* que se permite excesos.
self-inflicted [ˈselfɪnˈflɪktɪd] *adj* (*wound*) autoinfligido/a.
self-interest [ˈselfˈɪntrɪst] *n* interés *m* propio.
selfish [ˈselfɪʃ] *adj* egoísta.
self-knowledge [ˈselfˈnɒlɪdʒ] *n* conocimiento *m* de sí mismo/a.
selfless [ˈselflɪs] *adj* desinteresado/a.
self-locking [ˈselfˈlɒkɪŋ] *adj* de cierre automático.
self-opinionated [ˈselfəˈpɪnjəneɪtɪd] *adj* terco/a.
self-perpetuating [ˌselfpəˈpetjʊeɪtɪŋ] *adj* autoperpetuable.
self-pity [ˈselfˈpɪtɪ] *n* lástima *f* de sí mismo.
self-portrait [ˈselfˈpɔːtrɪt] *n* autorretrato *m*.
self-possessed [ˈselfpəˈzest] *adj* sereno/a, dueño/a de sí mismo/a.
self-preservation [ˈselfˌprezəˈveɪʃən] *n* autopreservación *f*, propia conservación *f*.
self-raising [ˈselfˌreɪzɪŋ] *adj*: ~ **flour** (*Brit*) harina *f* con levadura.
self-reliant [ˈselfrɪˈlaɪənt] *adj* independiente, autosuficiente.
self-respect [ˈselfrɪsˈpekt] *n* amor *m* propio.
self-restraint [ˈselfrɪsˈtreɪnt] *n* = **self-control**.
self-righteous [ˈselfˈraɪtʃəs] *adj* santurrón/ona, creído/a (*LAm*).
self-rising [ˈselfˈraɪzɪŋ] *adj*: ~ **flour** (*US*) *see* **self-raising**.
self-sacrifice [ˈselfˈsækrɪfaɪs] *n* abnegación *f*.
self-same [ˈselfseɪm] *adj* mismo/a, mismísimo/a.
self-satisfied [ˈselfˈsætɪsfaɪd] *adj* satisfecho/a de sí mismo.
self-sealing [ˈselfˈsiːlɪŋ] *adj* (*envelope*) autoadhesivo/a, autopegado/a.
self-seeking [ˈselfˈsiːkɪŋ] *adj* egoísta.
self-service [ˈselfˈsɜːvɪs] *adj* de autoservicio; ~ **restaurant** sutoservicio *m*, self-service *m*.
self-starter [ˈselfˈstɑːtəʳ] *n* (**a**) (*Aut*) arranque *m* automático. (**b**) (*Comm etc*) persona *f* dinámica.
self-styled [ˈselfˈstaɪld] *adj* supuesto/a, sediciente.
self-sufficiency [ˈselfsəˈfɪʃənsɪ] *n* autosuficiencia *f*.
self-sufficient [ˈselfsəˈfɪʃənt] *adj* independiente; (*economically*) autosuficiente; (*person*) seguro/a de sí mismo/a.
self-supporting [ˈselfsəˈpɔːtɪŋ] *adj* económicamente independiente.
self-taught [ˈselfˈtɔːt] *adj* autodidacta.
self-test [ˈselfˌtest] *n* (*Comput*) autocomprobación *f*.
sell [sel] (*pt, pp* **sold**) **1** *vt* vender; **to ~ sth for £1** vender algo por una libra; **to ~ sth to sb** vender algo a algn; **I was sold this in London** me vendieron esto en Londres; **to ~ sb down the river** traicionar a algn; **to ~ sb an idea** (*fig*) convencer a algn de una idea; **to be sold on sb/sth** (*fam*) estar cautivado por algn/algo; **he doesn't ~ himself very well** no se presenta con ventaja.
2 *vi* venderse; **these ~ at 15p** éstos se venden a 15 peniques; **this line just isn't ~ing** este género no tiene demanda.
3 *n* (*Comm*) *see* **hard; soft**.
▸ **sell off** *vt + adv* (*stocks and shares*) vender; (*goods*) liquidar.
▸ **sell out 1** *vi + adv* (*Comm*) vender (su negocio); (*fig*) claudicar, venderse, transar (*LAm*); **to ~ out of sth** vender todas las existencias de algo; **we have sold out of bananas** hemos agotado las existencias de plátanos.
2 *vt + adv* (**a**) (*stock*) agotar las existencias, venderlo todo; **the tickets are all sold out** los billetes están agotados; **we are sold out of bread** se terminó el pan.
(**b**) (*person*) traicionar; (*compromise*) transigir, transar (*LAm*).
▸ **sell up 1** *vi + adv* liquidarse. **2** *vt + adv* vender.
sell-by date [ˈselbaɪˌdeɪt] *n* fecha *f* de caducidad.
seller [ˈseləʳ] *n* vendedor(a) *m/f*; **~'s market** mercado *m* favorable al vendedor.
selling [ˈselɪŋ] *cpd*: ~ **point** *n* punto *m* fuerte; ~ **price** *n* precio *m* de venta *or* (*LAm*) de menudeo.
sellotape ® [ˈseləʊteɪp] **1** *n* cinta *f* adhesiva, scotch *m* (*esp LAm*), durex *m* (*Mex*). **2** *vt* pegar con cinta adhesiva *etc*.
sellout [ˈselaʊt] *n* (**a**) (*Theat*) lleno *m*, éxito *m* de taquilla *or* taquillero. (**b**) (*betrayal: to enemy*) claudicación *f*, traición *f*.
selvage, **selvedge** [ˈselvɪdʒ] *n* (*Sew*) orillo *m*, bordo *m*.
selves [selvz] *npl of* **self**.
semantics [sɪˈmæntɪks] *nsg* semántica *f*.
semaphore [ˈseməfɔːʳ] *n* semáforo *m*.
semblance [ˈsembləns] *n* apariencia *f*.
semen [ˈsiːmən] *n* semen *m*.
semester [sɪˈmestəʳ] *n* (*US*) semestre *m*.
semi [ˈsemɪ] *n* (*Brit fam*) casa *f* con una pared medianera.
semi... [ˈsemɪ] *pref* semi..., medio....
semibreve [ˈsemɪbriːv] *n* (*Brit*) semibreve *f*.
semicircle [ˈsemɪˌsɜːkl] *n* semicírculo *m*.
semicircular [ˈsemɪˈsɜːkjʊləʳ] *adj* semicircular.

semicolon [ˈsemɪˈkəʊlən] *n* punto *m* y coma.
semiconductor [ˌsemɪkənˈdʌktəʳ] *n* semiconductor *m*.
semiconscious [ˈsemɪˈkɒnʃəs] *adj* semiconsciente.
semidetached [ˈsemɪdɪˈtætʃt] *adj*: ~ **house** casa *f* con una pared medianera.
semifinal [ˈsemɪˈfaɪnl] *n* semifinal *m*.
semifinalist [ˈsemɪˈfaɪnəlɪst] *n* semifinalista *mf*.
seminar [ˈsemɪnɑːʳ] *n* (*Univ: class*) clase *f*, seminario *m*; (*conference*) congreso *m*.
seminary [ˈsemɪnərɪ] *n* seminario *m*.
semiofficial [ˈsemɪəˈfɪʃəl] *adj* semioficial.
semiprecious [ˈsemɪˌpreʃəs] *adj* semiprecioso/a.
semiquaver [ˈsemɪˌkweɪvəʳ] *n* (*Brit*) semicorchea *f*.
semiskilled [ˈsemɪˈskɪld] *adj* semicalificado/a.
semi-skimmed [ˈsemɪˈskɪmd] *adj*: ~ **milk** leche *f* semidesnatada.
Semitic [sɪˈmɪtɪk] *adj* semítico/a.
semitrailer [ˈsemɪˈtreɪləʳ] *n* (*US*) trailer *m*.
semolina [ˌseməˈliːnə] *n* sémola *f*.
SEN *n abbr* (*Brit: formerly*) *of* **State Enrolled Nurse**.
Sen. *abbr* (**a**) *of* **Senior**. (**b**) (*US Pol*) *of* **Senator**. (**c**) (*US Pol*) *of* **Senate**.
senate [ˈsenɪt] *n* (*Pol*) senado *m*; (*Univ*) consejo *m* universitario; **the S~** (*US Pol*) el Senado.
senator [ˈsenɪtəʳ] *n* (*Pol*) senador(a) *m/f*.
send [send] (*pt, pp* **sent**) *vt* (**a**) (*gen*) mandar, enviar; (*letter, telegram*) mandar, despachar *(esp LAm)*; (*ball, arrow*) lanzar; **please ~ me further details** le ruego mandarme más detalles; **to ~ word that ...** avisar *or* mandar decir que ...; **she ~s (you) her love** te envía cariñosos saludos; **to ~ sb for sth** mandar a algn a buscar algo; **to ~ sb to do sth** enviar a algn a hacer algo; **to ~ sb home** mandar a algn a casa; (*from abroad*) repatriar a algn; **to ~ sb to prison** condenar a algn a una pena de cárcel; **to ~ sb to bed/school** mandar a algn a acostarse/a la escuela; **to ~ sb to sleep** dormir a algn; **the explosion sent a cloud of dust into the air** la explosión lanzó una nube de polvo al aire; **to ~ a shiver down sb's spine** dar escalofríos a algn; **to ~ sb flying** tirar *or* derribar a algn; **to ~ sth flying** tirar a algo, echar algo a rodar; *see* **pack 3(a)**.
(**b**) (*cause to become*) volver; **to ~ sb mad** volver loco a algn.
▸ **send away 1** *vi + adv*: **to ~ away for sth** escribir pidiendo algo. **2** *vt + adv* (*person*) despedir, despachar; (*goods*) despachar, expedir.
▸ **send back** *vt + adv* (*return goods, ball etc*) devolver; (*make sb return*) hacer volver *or* regresar.
▸ **send down** *vt + adv* mandar bajar; (*Brit Univ*) expulsar; (*imprison*) encarcelar.
▸ **send for** *vi + prep* (**a**) (*doctor, police etc*) mandar llamar. (**b**) (*by post*) **to ~ for sth** escribir pidiendo algo.
▸ **send in** *vt + adv* (*person*) hacer pasar; (*troops*) enviar; (*report, application*) devolver; (*names, resignation, competition entry*) presentar, mandar.
▸ **send off 1** *vi + adv*: **to ~ off for sth** escribir pidiendo algo. **2** *vt + adv* (*person, letter etc*) enviar, despachar; (*Ftbl: player*) expulsar de la cancha.
▸ **send on** *vt + adv* (*letter*) expedir; (*luggage etc: in advance*) facturar; (*: afterwards*) enviar.
▸ **send out 1** *vi + adv*: **to ~ out for sth** mandar traer algo. **2** *vt + adv* (**a**) (*of room*) mandar salir, echar; (*abroad*) enviar. (**b**) (*post: invitations, leaflets*) distribuir, diseminar. (**c**) (*emit: light, heat*) echar, difundir; (*: signals*) dar, emitir.
▸ **send round** *vt + adv*: **to ~ sth/sb round (to sb)** mandar algo/a algn a domicilio.
▸ **send up** *vt + adv* (**a**) (*person, luggage*) hacer subir; (*balloon, rocket, flare*) lanzar al aire; (*smoke, dust*) arrojar, echar; (*prices*) hacer subir. (**b**) (*fam: make fun of: person*) burlarse de; (*: book etc*) satirizar.
sender [ˈsendəʳ] *n* remitente *mf*.
send-off [ˈsendɒf] *n* despedida *f*.
send-up [ˈsendʌp] *n* (*fam*) sátira *f*.
Senegal [ˌsenɪˈgɔːl] *n* el Senegal.
Senegalese [ˈsenɪgəˈliːz] *adj, n* senegalés/esa *m/f*.
senile [ˈsiːnaɪl] *adj* senil; ~ **dementia** demencia *f* senil; **to go** ~ empezar a chochear; **to have gone** ~ padecer debilidad senil.
senior [ˈsiːnɪəʳ] **1** *adj* (**a**) (*in age*) mayor; (*on a staff*) de más antigüedad; **Douglas Fairbanks S~** Douglas Fairbanks padre; ~ **high school** (*US*) ≈ instituto *m* de enseñanza superior *(Sp)*, ≈ preparatoria *f (Mex)*.
(**b**) (*position, rank*) superior; (*partner, executive, officer*) mayoritario/a; **he is ~ to me in the firm** es de más jerarquía *or* rango que yo en la compañía; ~ **citizen** jubilado/a *m/f*, mayor *mf*; ~ **partner** socio *mf* principal.
2 *n* (**a**) (*in age*) mayor *mf*; **he is my ~ by 2 years** me lleva 2 años.
(**b**) (*Scol*) alumno/a *m/f* de los cursos más avenzados.
seniority [ˌsiːnɪˈɒrɪtɪ] *n* antigüedad *f*.
sensation [senˈseɪʃən] *n* (*gen*) sensación *f*; **to be a ~** ser sensación *or* sensacional; **to cause a ~** causar sensación.
sensational [senˈseɪʃənl] *adj* sensacional.
sensationalism [senˈseɪʃnəlɪzəm] *n* sensacionalismo *m*.
sensationalist [senˈseɪʃnəlɪst] *adj, n* sensacionalista *mf*.
sense [sens] **1** *n* (**a**) (*faculty*) sentido *m*; **to have a keen ~ of smell/hearing** tener buen olfato/oído; **sixth ~** sexto sentido; ~ **of direction** sentido de la dirección; ~ **of humour** sentido del humor.
(**b**) (*feeling*) sensación *f*; (*emotion*) sentimiento *m*.
(**c**) (*common ~*) sentido *m* común; **he should have had more ~ than to ...** debía saber que no se debe ...; **there is no ~ in (doing) that** de qué sirve *or* a qué viene (hacer) eso; **he had the ~ to call the doctor** tuvo bastante sentido común como para llamar al médico; **to make sb see ~** hacer que algn entre en razón; **to talk ~** hablar con juicio.
(**d**) (*sanity*) **~s** juicio *m*; **no-one in his right ~s would do that** estando en su juicio, nadie haría eso; **to bring sb to his ~s** obligar a algn a sentar la cabeza; **to come to one's ~s** sentar la cabeza; **to take leave of one's ~s** perder el juicio.
(**e**) (*meaning*) sentido *m*, significado *m*; **it doesn't make ~** no tiene sentido; **in one** *or* **a ~** por un lado, en un sentido; **in every ~ (of the word)** en todos los sentidos (de la palabra).
2 *vt* sentir, percibir; **to ~ that all is not well** constar que las cosas no marchan.
senseless [ˈsenslɪs] *adj* (**a**) (*stupid*) estúpido/a, insensato/a. (**b**) (*Med: unconscious*) sin conocimiento, inconsciente; **to knock sb ~** derribar a algn y dejarle sin sentido.
sensibilities [ˌsensɪˈbɪlɪtɪz] *npl* susceptibilidad *fsg*.
sensible [ˈsensəbl] *adj* (**a**) (*having good sense*) sensato/a, cuerdo/a. (**b**) (*reasonable: act*) prudente; (*: decision, choice*) lógico/a; (*clothing etc*) práctico/a.
sensibly [ˈsensəblɪ] *adv* (*carefully etc*) con cordura; (*wisely*) prudentemente.
sensitive [ˈsensɪtɪv] *adj* (*gen*) sensible; (*skin, question, topic*) delicado/a; (*document*) confidencial, de difusión prohibida; **to be ~ about sth** tener vergüenza de *or (LAm)* tener pena por algo; **to be ~ to sth** ser sensible a algo.
sensitivity [ˌsensɪˈtɪvɪtɪ] *n* (*see adj*) sensibilidad *f*; delicadeza *f*.
sensitized [ˈsensɪtaɪzd] *adj* sensibilizado/a.
sensor [ˈsensəʳ] *n* sensor *m*.
sensory [ˈsensərɪ] *adj* sensorio/a, sensorial; ~ **deprivation** aislamiento *m* sensorial.
sensual [ˈsensjʊəl], **sensuous** [ˈsensjʊəs] *adj* sensual.
sent [sent] *pt, pp of* **send**.
sentence [ˈsentəns] **1** *n* (**a**) (*Ling*) frase *f*, oración *f*. (**b**)

(*Jur*) sentencia *f*, fallo *m*; **to pass ~ on sb** (*lit, fig*) condenar a algn (a una pena); **under ~ of death** condenado/a a la pena de muerte; **the judge gave him a 6-month ~** el juez le condenó a 6 meses de prisión. **2** *vt* condenar (*to* a).

sentiment ['sentɪmənt] *n* (**a**) (*feeling*) sentimiento *m*; (*opinion*) opinión *f*, juicio *m*. (**b**) (*sentimentality*) sentimentalismo *m*.

sentimental [ˌsentɪ'mentl] *adj* sentimental.

sentimentality [ˌsentɪmen'tælɪtɪ] *n* sentimentalismo *m*.

sentry ['sentrɪ] **1** *n* centinela *m*, guardia *m*. **2** *cpd*: **~ box** *n* garita *f* de centinela; **~ duty** *n*: **to be on ~ duty** estar de guardia, hacer guardia.

Seoul [səʊl] *n* Seúl *m*.

separable ['sepərəbl] *adj* separable.

separate ['seprɪt] **1** *adj* (*apart*) separado/a; (*different*) distinto/a, diferente; (*distant*) apartado/a, retirado/a; **~ from** separado de, distinto de; **could we have ~ bills?** queremos cuentas individuales; **that's a ~ issue** esa es una cuestión aparte; **it was discussed at a ~ meeting** se trató en otra reunión *or* reunión aparte; **we sat at ~ tables** nos sentamos en distintas mesas; **they went their ~ ways** fueron cada uno por su lado.

2 *n* (*clothes*) **~s** coordinados *mpl*.

3 ['sepəreɪt] *vt* (*keep apart*) separar; (*set aside*) apartar; (*divide*) dividir, partir; (*distinguish*) distinguir; **he is ~d from his wife** se separó de su mujer.

4 ['sepəreɪt] *vi* separarse.

► **separate out** *vt + adv* apartar.

separately ['seprɪtlɪ] *adv* por separado.

separation [ˌsepə'reɪʃən] *n* separación *f*.

separatist ['sepərətɪst] *adj, n* separatista *mf*.

sepia ['si:pɪə] *n* (*colour, ink*) sepia *f*.

Sept. *abbr of* **September** sep.

September [sep'tembəʳ] *n* se(p)tiembre *m*; *see* **July** *for usage*.

septic ['septɪk] *adj* séptico/a; **to go ~** infectarse; **~ tank** fosa *f* séptica.

septicaemia, (*US*) **septicemia** [ˌseptɪ'si:mɪə] *n* septicemia *f*.

sepulchre, (*US*) **sepulcher** ['sepəlkəʳ] *n* (*poet*) sepulcro *m*.

sequel ['si:kwəl] *n* (*film, book*) continuación *f*; (*event*) consecuencia *f*, resultado *m*; **it had a tragic ~** tuvo un resultado trágico.

sequence ['si:kwəns] *n* (**a**) (*order*) orden *m*; **to arrange things in ~** ordenar cosas secuencialmente. (**b**) (*series*) serie *f*; (*Cards*) escalera *f*; (*Cine*) secuencia *f*.

sequential [sɪ'kwenʃəl] *adj*: **~ access** (*Comput*) acceso *m* en serie.

sequestrate [sɪ'kwestreɪt] *vt* secuestrar.

sequestration [ˌsi:kwes'treɪʃən] *n* secuestración *f*.

sequin ['si:kwɪn] *n* lentejuela *f*.

Serb [sɜ:b] *n* serbio/a *m/f*.

Serbia ['sɜ:bɪə] *n* Serbia *f*.

Serbian ['sɜ:bɪən] *adj, n* serbio/a *m/f*.

Serbo-Croat ['sɜ:bəʊ'krəʊæt] *n* (*Ling*) serbocroata *m*.

SERC *n abbr* (*Brit*) *of* **Science and Engineering Research Council**.

serenade [ˌserə'neɪd] **1** *n* serenata *f*, mañanitas *fpl* (*Mex*). **2** *vt* dar una serenata a, cantar las mañanitas a (*Mex*).

serene [sə'ri:n] *adj* sereno/a.

serenely [sə'ri:nlɪ] *adv* con serenidad *or* calma.

serenity [sɪ'renɪtɪ] *n* serenidad *f*.

serf [sɜ:f] *n* siervo/a *m/f* (de la gleba).

serge [sɜ:dʒ] *n* sarga *f*.

sergeant ['sɑ:dʒənt] **1** *n* sargento *m*. **2** *cpd*: **~ major** *n* sargento *m* mayor.

serial ['sɪərɪəl] **1** *n* serial *m*, serie *f*; (*soap opera*) tele-/radio-novela *f*. **2** *cpd*: **~ access** *n* acceso *m* en serie; **~ interface** *n* interface *m* en serie; **~ killer** *n* asesino/a *m/f* (que comete crímenes en serie); **~ number** *n* (*of goods, machinery, banknotes etc*) número *m* de serie; **~ printer** *n* impresora *f* en serie; **~ rights** *npl* derechos *mpl* de publicación por entregas.

serialization [ˌsɪərɪəlaɪ'zeɪʃən] *n* (*of novel etc: TV*) serialización *f*; (*: in magazine*) publicación *f* por entregas.

serialize ['sɪərɪəlaɪz] *vt* (*publish*) publicar por entregas; (*on TV*) televisar por entregas.

series ['sɪərɪz] *n* (*pl ~*) (*gen*) serie *f*; (*of lectures etc*) ciclo *m*.

serious ['sɪərɪəs] *adj* (**a**) (*gen*) serio/a; (*person*) serio, formal; **it's a ~ matter** esto va en serio; **to get ~ about sb** (*love*) enamorarse de algn; **are you ~ (about it)?** ¿lo dices en serio?; **you can't be ~!** ¡no lo dices en serio, verdad! (**b**) (*causing concern*) grave, serio/a; **a ~ danger/illness** un peligro/una enfermedad grave; **things are getting ~** la situación se está poniendo grave.

seriously ['sɪərɪəslɪ] *adv* (**a**) (*in earnest*) **to take sth/sb ~** tomar algo/a algn en serio. (**b**) (*dangerously*) gravemente, seriamente; **he is ~ ill** está grave.

seriousness ['sɪərɪəsnɪs] *n* (*see adj*) seriedad *f*; gravedad *f*, seriedad; **in all ~** hablando en serio.

sermon ['sɜ:mən] *n* sermón *m*.

seropositive [ˌsɪərəʊ'pɒzɪtɪv] *adj* seropositivo/a.

serpent ['sɜ:pənt] *n* (*poet*) serpiente *m*, culebra *f*.

serpentine ['sɜ:pəntaɪn] *n* serpentina *f*.

SERPS [sɜ:ps] *n abbr* (*Brit*) *of* **state earnings-related pension scheme**.

serrated [se'reɪtɪd] *adj* serrado/a, dentellado/a.

serum ['sɪərəm] *n* suero *m*.

servant ['sɜ:vənt] *n* (*domestic*) criado/a *m/f*, sirviente/a *m/f*, muchacho/a *m/f*, mucamo/a *m/f* (*CSur*); (*fig*) servidor(a) *m/f*; *see* **civil**.

serve [sɜ:v] **1** *vt* (**a**) (*work for: employer, God, country*) servir; **that ~s to explain ...** eso sirve para explicar ....

(**b**) (*be used for or useful as*) servir; **it ~s its/my purpose** viene al caso; **it ~s you right** te lo mereces *or* tienes merecido; **if my memory ~s me right** si me sirve la memoria.

(**c**) (*in shop, restaurant: customer*) servir, atender; (*: food, meal*) servir; **to ~ sb (with sth)** servir (algo) a algn; **are you being ~d, madam?** ¿le están despachando, señora?; **dinner is ~d** la cena está servida.

(**d**) (*complete*) cumplir, hacer; **to ~ an apprenticeship** hacer el aprendizaje; **to ~ a prison sentence** *or* **time (in prison)** cumplir una condena *or* una pena de cárcel.

(**e**) (*Jur*) entregar; **to ~ a summons on sb** entregar una citación a algn.

(**f**) (*subj: transport*) **in towns ~d by this line** en las ciudades por donde pasa esta línea; **the villages used to be ~d by buses** antes en estos pueblos había servicio de autobuses.

2 *vi* (**a**) (*subj: servant, soldier, priest etc*) servir; (*Tennis*) sacar; **to ~ on a committee/jury** ser miembro de una comisión/un jurado.

(**b**) (*be useful*) **to ~ for** *or* **as** servir de.

3 *n* (*Tennis etc*) saque *m*.

► **serve out** *vt + adv* (*meal*) servir.

► **serve up** *vt + adv* servir.

server ['sɜ:vəʳ] *n* (**a**) (*Rel*) monaguillo *m*; (*Tennis*) saque *mf*; (*of food*) camarero/a *m/f*, mesero/a *m/f* (*LAm*), mero/a *m/f* (*Mex*). (**b**) (*cutlery*) cubierto *m* de servir; (*tray*) bandeja *f*, charola *f* (*Mex*).

service ['sɜ:vɪs] **1** *n* (**a**) (*help, in hotel, Mil*) servicio *m*; **at your ~!** ¡a su disposición!, ¡a sus órdenes!; **to be of ~** servir, ayudar; **how can I be of ~?** ¿en qué puedo ayudarle *or* servirle?; **to be out of ~** (*Mech*) no funcionar; **to do sb a ~** prestar un servicio a algn; **in the ~ of one's country** en el servicio de la patria; **is ~ included in the bill?** ¿se incluye el servicio en la cuenta?; **15% ~ is included** se incluye un 15 por ciento de servicio.

(**b**) (*department, system*) servicio *m*; **medical/social ~s** servicios médicos/sociales; **postal ~s** servicios postales; **National Health S~** Seguridad *f* Social (*Sp*), Seguro *m* Social *(LAm)*, Servicio Nacional de Salud; **the essential ~s** (*water, electricity etc*) los servicios esenciales; **motorway ~s** área *f* de servicio; **the S~s** (*Mil*) las fuerzas armadas; **the train ~ to London** el servicio de tren para Londres; **the number 13 bus ~** la línea 13 de autobuses; *see* **civil**.

(**c**) (*Rel: Catholic*) misa *f*; (*: other*) oficio *m*; **to hold a ~** celebrar un oficio divino.

(**d**) (*maintenance work*) revisión *f*, mantenimiento *m*; **the car is in for a ~** están revisando el coche.

(**e**) (*set of crockery*) vajilla *f*.

(**f**) (*Tennis etc*) saque *m*.

2 *vt* (*car, washing machine etc*) revisar, mantener.

3 *cpd*: **~ area** *n* (*on motorway*) zona *f* de servicio; **~ charge** *n* servicio *m*; **~ charges** *npl* (*of flat etc*) gastos *mpl* de comunidad *or* escalera; **~ industry** *n* industria *f* del servicio; **~ lift** *n*, **~ elevator** *n* (*US*) ascensor *m* de carga; **~ sector** *n* (*Econ*) sector *m* de servicios; **~ station** *n* gasolinera *f*, estación *f* de servicio, bencinera *f* *(Chi)*, grifo *m (Per)*.

serviceable [ˈsɜːvɪsəbl] *adj* (*practical: clothes etc*) práctico/a; (*usable, working*) utilizable.

serviceman [ˈsɜːvɪsmən] *n* (*pl* **-men**) militar *m*.

servicing [ˈsɜːvɪsɪŋ] *n* (*of car*) revisión *f*; (*of washing machine etc*) servicio *m* de reparaciones.

serviette [ˌsɜːvɪˈet] *n* servilleta *f*.

servile [ˈsɜːvaɪl] *adj* servil.

sesame [ˈsesəmɪ] **1** *n* (*Bot*) sésamo *m*; **open ~!** ¡ábrete sésamo! **2** *cpd*: **~ oil** *n* aceite *m* de sésamo; **~ seeds** *npl* semillas *fpl* de sésamo.

session [ˈseʃən] *n* (**a**) (*meeting, sitting, Comput*) sesión *f*; **to be in ~** (*Pol, Jur*) estar en sesión; **I had a long ~ with her** tuve una larga entrevista con ella. (**b**) (*year: Scol, Univ*) año *m* académico, curso *m*; (*: Pol*) sesión *f*.

set [set] (*vb: pt, pp ~*) **1** *n* (**a**) (*matching series: of golf clubs*) juego *m*; (*: of kitchen utensils*) batería *f*; (*: of cutlery*) cubierto *m*; (*: of books etc*) colección *f*; (*: of plates etc*) servicio *m*, juego, vajilla *f*; (*of tools*) equipo *m*, estuche *m*; (*of teeth*) dentadura *f*; (*Math*) conjunto *m*; **I need one more to make up the complete ~** me falta uno para completar la serie; **they are sold in ~s** se venden en juegos completos.

(**b**) (*Tennis*) set *m*.

(**c**) (*Elec*) aparato *m*; (*radio*) aparato de radio; (*TV*) televisor *m*.

(**d**) (*Theat*) decorado *m*; (*Cine*) plató *m*.

(**e**) (*Hairdressing*) **to have a shampoo and ~** hacerse lavar y marcar el pelo.

(**f**) (*often pej: group*) grupo *m*, pandilla *f*; (*: clique*) camarilla *f*.

2 *adj* (**a**) (*gen*) fijo/a; (*smile*) forzado/a; (*opinions*) inflexible, rígido/a; (*speech, talk*) preparado/a; (*expression*) hecho/a; (*date, time*) señalado/a; (*Scol: books, subjects*) prescrito/a; **to be ~ in one's ways/opinions** tener costumbres/opiniones profundamente arraigadas; **to be (dead) ~ on (doing) sth** estar (completamente) empeñado en (hacer) algo; **to be (dead) ~ against (doing) sth** estar (completamente) opuesto a (hacer) algo; **to be all ~ to do sth** estar listo para hacer algo; **the scene was ~ for ...** (*fig*) todo estaba listo para ...; **~ books** (*Scol, Univ*) lecturas *mpl* obligatorias; **~ menu** menú *m*, comida *f* corrida *(Mex)*; **a ~ phrase** una frase hecha; **~ piece** (*Art*) grupo *m*; (*fireworks*) cuadro *m*; (*Lit etc*) escena *f* importante; **at a ~ time** a una hora señalada.

(**b**) (*determined*) resuelto/a, decidido/a; (*ready*) listo/a.

3 *vt* (**a**) (*gen: place, put*) poner; (*gem*) engastar, montar; **to ~ fire to sth** prender fuego a algo; **a novel ~ in Madrid** una novela ambientada en Madrid; **to ~ a poem to music** poner música a un poema.

(**b**) (*arrange*) poner, colocar; (*adjust: clock*) poner en la hora; (*: mechanism*) ajustar; (*: hair*) marcar, fijar; (*: broken bone*) encajar, reducir; (*: type*) componer; **to ~ the table** poner la mesa; **the alarm clock is ~ for 7** el despertador está puesto para las 7; *see* **sail**.

(**c**) (*fix, establish: date, limit*) señalar, fijar; (*record*) establecer; (*fashion*) imponer; (*dye, colour*) fijar; **to ~ a bone** componer un hueso; **to ~ a course for** salir rumbo a; **to ~ one's heart on sth** tener algo como máximo deseo; **the meeting is ~ for Tuesday** (*US*) la reunión se celebrará el martes.

(**d**) (*assign*) asignar, poner; **to ~ sb a task/problem** dar a algn una tarea que hacer/un problema que resolver; **to ~ an exam in French** preparar un examen de francés.

(**e**) (*cause to start*) **to ~ sth going** poner algo en marcha; **it ~ me thinking** me puso a pensar; **to ~ sb to work** poner a algn a trabajar.

(**f**) **to ~ a dog on sb** azuzar un perro contra algn; **we ~ the police on to him** le denunciamos a la policía.

4 *vi* (**a**) (*subj: sun, moon*) ponerse.

(**b**) (*subj: broken bone, limb*) componerse; (*: jelly, jam*) cuajarse; (*: concrete, glue*) endurecerse; (*: face*) congelarse.

(**c**) (*begin*) **to ~ to work** ponerse a trabajar.

► **set about** *vi + prep* (**a**) (*task*) ponerse a; **to ~ about doing sth** ponerse a hacer algo. (**b**) (*attack*) atacar, agredir.

► **set against** *vt + prep* (**a**) **to ~ sb against sb** enemistar a algn contra algn; **to ~ sb against sth** hacer que algn coja aversión por algo. (**b**) (*balance against*) comparar con.

► **set apart** *vt + adv* (*lit, fig*) separar (*from* de).

► **set aside** *vt + adv* (**a**) (*book, work*) poner aparte, apartar; (*money, time*) reservar, guardar; (*differences, quarrels*) dejar de lado. (**b**) (*reject*) rechazar.

► **set back** *vt + adv* (**a**) (*retard*) retrasar; (*clocks*) atrasar. (**b**) (*place apart*) apartar; **a house ~ back from the road** una casa algo apartada de la carretera. (**c**) (*fam: cost*) costar.

► **set by** *vt + adv* = **set aside (a)**.

► **set down** *vt + adv* (**a**) (*put down: object*) colocar, poner; (*passenger etc*) bajar, dejar. (**b**) (*record*) poner por escrito; **to ~ sth down in writing** *or* **on paper** poner algo por escrito.

► **set in** *vi + adv* (*weather etc*) establecerse; (*rain*) empezar; **the rain has ~ in for the night** la lluvia continuará toda la noche; **the rain has really ~ in now** ahora está lloviendo de verdad.

► **set off 1** *vi + adv* (*leave*) marcharse, salir, partir *(esp LAm)*; **to ~ off on a journey** ponerse en camino. **2** *vt + adv* (**a**) (*start*) causar, provocar; (*burglar alarm*) hacer sonar; (*bomb*) hacer estallar; (*mechanism*) hacer funcionar; **that ~ him off again** (*angrily*) eso le provocó de nuevo. (**b**) (*enhance*) hacer resaltar.

► **set out 1** *vi + adv* salir *or (esp LAm)* partir (*for* para) (*from* de); **to ~ out in search of sb/sth** salir en busca de algn/algo; **to ~ out to do sth** proponerse hacer algo; **we did not ~ out to do that** no teníamos esa intención al principio. **2** *vt + adv* (*goods etc*) disponer; (*reasons, ideas*) presentar, plantear.

► **set to** *vi + adv*: **to ~ to and do sth** ponerse a trabajar para hacer algo.

► **set up 1** *vi + adv*: **to ~ up (in business) as a baker** establecerse de panadero.

2 *vt + adv* (**a**) (*place in position*) colocar, arreglar; (*: statue, camp etc*) levantar; (*: chairs, tables etc*) disponer.

(**b**) (*start: school, business etc*) establecer, fundar; (*: committee, inquiry*) constituir; (*: record*) establecer; (*: infection*) causar, producir; **to ~ up house** establecerse, poner casa; **to ~ up shop** (*Comm*) poner (un) negocio; **to ~ sb up in business** establecer a algn; **to ~ o.s. up as sth** presumir de algo, hacérselas de algo.

(**c**) (*fam: frame*) incriminar dolosamente.

► **set upon** *vi + prep* abalanzarse sobre, asaltar a.

setback [ˈsetbæk] *n* revés *m*, atraso *m*.

setsquare ['setskwɛəʳ] *n* cartabón *m*.
settee [se'tiː] *n* sofá *m*.
setter ['setəʳ] *n* (*dog*) setter *m*, perro *m* de muestra.
setting ['setɪŋ] **1** *n* (**a**) (*of novel etc*) escenario *m*; (*scenery*) marco *m*; (*of jewels*) engaste *m*, montura *f*. (**b**) (*Mus*) arreglo *m*. (**c**) (*of controls*) ajuste *m*. **2** *cpd*: ~ **lotion** *n* fijador *m* (para el pelo).
settle ['setl] **1** *vt* (**a**) (*place carefully: object*) colocar, asentar; (*: person*) hacer cómodo, acomodar; **to ~ o.s., to get ~d** acomodarse.
(**b**) (*finalize*) fijar, precisar; (*decide*) acordar, decidir; (*pay*) pagar, liquidar; (*solve: difficulty, problem, dispute*) resolver; **to ~ a case** *or* **claim out of court** llegar a un acuerdo sin recurrir al juicio; **the terms were ~d by negotiation** se acordaron las condiciones mediante una negociación; **it's all ~d** todo está resuelto; **that ~s it!** (*fam*) ¡ya está bien! (*fam*), ¡basta!, ¡ya estuvo bien! (*LAm*); **so that's ~d then** así que todo está arreglado.
(**c**) (*calm down*) calmar.
(**d**) (*colonize: land*) colonizar.
(**e**) (*Jur*) asignar; **to ~ sth on sb** asignar algo a algn.
(**f**) (*fam*) **I'll soon ~ him** me lo cargaré (*fam*); **that ~d him** ya no hay problema con él.
2 *vi* (**a**) (*subj: bird, insect*) posarse; (*: person: in armchair*) arrellanarse; (*: in new job, routine*) establecerse; (*: sediment*) depositarse; (*: building*) asentarse; (*: dust, snow*) depositarse, caer; (*: conditions, situation*) volver a la normalidad; (*: anger, nerves*) calmarse; **I couldn't ~ to anything** no pude concentrarme en nada; **to ~ on sth** (*fig: choose*) decidirse por algo; **to ~ on a date** fijar una fecha.
(**b**) (*put down roots*) establecerse, domiciliarse; **to feel ~d** (*in a place*) sentirse establecido; (*in a job*) sentirse instalado.
(**c**) (*agree*) **to ~ with sb for the cost of sth** ajustar cuentas con algn por algo; **now they want to ~** ahora quieren llegar a un acuerdo.
▸ **settle down** *vi + adv* (*get comfortable*) hacerse cómodo, acomodarse; (*calm down*) calmarse, tranquilizarse; (*get married*) casarse; (*become normal*) normalizarse.
▸ **settle for** *vi + prep* (*accept*) conformarse con; (*agree to*) quedar en; **to ~ for £250** convenir en aceptar 250 libras.
▸ **settle in** *vi + adv* establecerse.
▸ **settle up** *vi + adv* ajustar cuentas (*with sb* con algn).
settlement ['setlmənt] *n* (**a**) (*of claim, bill, debt*) liquidación *f*; (*dowry*) dote *m*; **please find enclosed my cheque in full ~ of ...** adjunto le remito el talón a cuenta de la total liquidación de .... (**b**) (*agreement*) acuerdo *m*. (**c**) (*colony, village*) colonia *f*, poblado *m*. (**d**) (*act of settling persons*) establecimiento *m*; (*of land*) colonización *f*.
settler ['setləʳ] *n* colonizador(a) *m/f*.
set-to ['set'tuː] (*fam*) *n* (*fight*) pelea *f*; (*quarrel*) agarrada *f*.
setup ['setʌp] *n* (*fam*) sistema *m*; **it's an odd ~ here** aquí todo es en un plan raro; **you have to know the ~** hay que conocer el tinglado.
seven ['sevn] **1** *adj* siete. **2** *n* siete *m*; *see* **five** *for usage*.
seventeen ['sevn'tiːn] **1** *adj* diecisiete, diez y siete. **2** *n* diecisiete *m*; *see* **five** *for usage*.
seventeenth ['sevn'tiːnθ] **1** *adj* decimoséptimo/a; **the ~ century** el siglo diecisiete. **2** *n* (*in series*) decimoséptimo/a *m/f*; (*fraction*) decimoséptima parte *f*; *see* **fifth** *for usage*.
seventh ['sevnθ] **1** *adj* séptimo/a. **2** *n* (*in series*) séptimo/a *m/f*; (*fraction*) séptima parte *f*; *see* **fifth** *for usage*.
seventieth ['sevntɪɪθ] **1** *adj* septuagésimo/a. **2** *n* (*in series*) septuagésimo/a *m/f*; (*fraction*) septuagésima parte *f*; *see* **fifth** *for usage*.
seventy ['sevntɪ] **1** *adj* setenta. **2** *n* setenta *m*; *see* **fifty** *for usage*.
sever ['sevəʳ] *vt* cortar; (*fig: relations, communications*) romper.
several ['sevrəl] **1** *adj* varios/as, diversos/as; **~ times** varias veces. **2** *pron* varios/as; **~ of them wore hats** varios llevaban sombrero.
severance ['sevərəns] **1** *n* ruptura *f*; (*Industry*) despido *m*. **2** *cpd*: **~ pay** *n* indemnización *f* por despido.
severe [sɪ'vɪəʳ] *adj* (*comp* **~r**; *superl* **~st**) (*critical*) severo/a; (*hard*) severo, duro/a; (*rigorous*) riguroso/a; (*serious: flooding etc*) serio/a, grave; (*: defeat*) rotundo/a; (*: pain*) agudo/a; **~ injuries** daños *mpl* graves; **don't be too ~ with him** no seas demasiado duro con él.
severely [sɪ'vɪəlɪ] *adv* (*see adj*) severamente; rigurosamente; seriamente, gravemente; **~ wounded** herido de gravedad.
severity [sɪ'verɪtɪ] *n* (*of character, criticism*) severidad *f*; (*of climate*) rigor *m*; (*of illness*) seriedad *f*, gravedad *f*; (*of pain*) agudeza *f*.
Seville [sə'vɪl] *n* Sevilla *f*.
Sevillian [sə'vɪlɪən] *adj, n* sevillano/a *m/f*.
sew [səʊ] (*pt* **~ed**; *pp* **~n** *or* **~ed**) *vt, vi* coser; **to ~ a button on sth** coser un botón en algo.
▸ **sew up** *vt + adv* (*gen*) coser; (*mend*) remendar; **it's all ~n up** (*fig fam*) está todo arreglado.
sewage ['sjuːɪdʒ] **1** *n* aguas *fpl* cloacales. **2** *cpd*: **~ disposal** *n* depuración *f* de aguas residuales *or* cloacales; **~ farm** *n*, **~ works** *nsg* estación *f* depuradora; **~ system** *n* alcantarillado *m*.
sewer ['sjʊəʳ] *n* alcantarilla *f*, albañal *m*, cloaca *f*.
sewing ['səʊɪŋ] **1** *n* (*activity, object*) costura *f*. **2** *cpd*: **~ machine** *n* máquina *f* de coser.
sewn [səʊn] *pp of* **sew**.
sex [seks] **1** *n* (*gender*) sexo *m*; (*sexual intercourse*) relaciones *fpl* sexuales; **the opposite ~** el sexo opuesto; **to have ~** tener relaciones sexuales (*with* con).
2 *vt* (*chicks etc*) sexar, determinar el sexo de.
3 *cpd*: **~ appeal** *n* atractivo *m* sexual; **~ change** *n* cambio *m* de sexo; **~ discrimination** *n* discriminación *f* a base de sexo; **~ education** *n* educación *f* sexual; **~ life** *n* vida *f* sexual; **~ maniac** *n* manío *m* sexual; **~ object** *n* objeto *m* sexual; **~ shop** *n* sex-shop *m*; **~ symbol** *n* sex-símbol *mf*.
sexed [sekst] *adj*: **to be highly ~** tener un apetito sexual muy alto.
sexism ['seksɪzəm] *n* sexismo *m*.
sexist ['seksɪst] *adj, n* sexista *mf*.
sexologist [sek'sɒlədʒɪst] *n* sexólogo/a *m/f*.
sexology [sek'sɒlədʒɪ] *n* sexología *f*.
sextant ['sekstənt] *n* sextante *m*.
sextet [seks'tet] *n* (*Mus*) sexteto *m*.
sexton ['sekstən] *n* sacristán *m*.
sexual ['seksjʊəl] *adj* sexual; **~ abuse** abuso *m* sexual; **~ harassment** importunación *f* sexual, acoso *m* sexual; **~ intercourse** relaciones *fpl* sexuales; **~ organs** órganos *mpl* genitales *or* sexuales; **~ orientation** orientación *f* sexual.
sexuality [,seksjʊ'ælɪtɪ] *n* sexualidad *f*.
sexually ['seksjʊəlɪ] *adv* sexualmente; **~ transmitted disease** enfermedad *f* de transmisión sexual.
sexy ['seksɪ] *adj* (*comp* **-ier**; *superl* **-iest**) sexy (*fam*); (*fam: product, car*) seductor(a).
Seychelles [seɪ'ʃelz] *npl* Seychelles *fpl*.
SF *n abbr of* **science fiction**.
SFA *n abbr of* **Scottish Football Association** ≈ AFE *f*.
SG *n abbr* (*US*) *of* **Surgeon General**.
Sgt *abbr of* **Sergeant**.
shabbily ['ʃæbɪlɪ] *adv* (**a**) (*dress*) en harapos. (**b**) (*treat*) vilmente.
shabbiness ['ʃæbɪnɪs] *n* (**a**) (*of dress, person*) pobreza *f*, lo desharrapado *m*. (**b**) (*of treatment*) injusticia *f*, lo injusto *m*.
shabby ['ʃæbɪ] *adj* (*comp* **-ier**; *superl* **-iest**) (**a**) (*building*)

desvencijado/a; (*clothes*) desharrapado/a, raído/a; (*also* **~-looking person**) de aspecto pobre. **(b)** (*treatment*) injusto/a, vil; (*behaviour*) poco honrado/a; (*excuse*) poco convincente; **a ~ trick** una mala jugada.

shack [ʃæk] **1** *n* choza *f*, jacal *m (CAm, Mex)*. **2** *vi*: **to ~ up with sb** *(fam)* juntarse con algn.

shackle [ˈʃækl] **1** *vt* (*prisoner*) poner grillos a; (*obstruct*) echar trabas a. **2** *npl*: **~s** (*chains*) cadenas *fpl*; (*fig: obstruction*) trabas *fpl*.

shade [ʃeɪd] **1** *n* **(a)** (*shadow*) sombra *f*; **in the ~** a la sombra; **to put sth in the ~** (*fig*) dejar algo en la sombra; **to put sb in the ~** (*fig*) hacer sombra a algn.

(b) (*lamp-~*) pantalla *f*; (*eye-~*) visera *f*; (*US: window ~*) persiana *f*; **~s** (*esp US: sunglasses*) gafas *fpl* de sol.

(c) (*of colour*) tono *m*, matiz *m*; (*fig: of meaning, opinion*) matiz; **all ~s of opinion are represented** está representada la gama entera de opiniones.

(d) (*small quantity*) poquito *m*, tantito *m (LAm)*; **just a ~ more** un poquito más.

(e) (*reminder*) **~s of Professor X!** ¡eso recuerda al profesor X!

2 *vt* (*from sun*) dar sombra a; (*from light*) resguardar de la luz; (*Art*) sombrear.

▸ **shade in** *vt + adv* sombrear.

shading [ˈʃeɪdɪŋ] *n* (*of colour*) degradación *f*; (*fig: of meaning*) matizar *m*.

shadow [ˈʃædəʊ] **1** *n* (*shade, of person etc*) sombra *f*; (*darkness*) oscuridad *f*, tinieblas *fpl*; **under the ~ of** al abrigo *or* a la sombra de; **in the ~** a la sombra; **without** *or* **beyond a ~ of doubt** sin lugar a dudas; **to cast a ~ over sth** hacer sombra a algo; (*fig*) aguar la fiesta; **a ~ of his former self** la sombra de lo que fue; **five o'clock ~** (*fam*) barba de ocho horas.

2 *vt* (*follow*) seguir y vigilar; **I was ~ed all the way home** me siguieron todo el camino hasta mi casa.

3 *cpd*: **~ boxing** *n* boxeo *m* con un adversario imaginario; **~ cabinet** *n* (*Brit Pol*) consejo *m* de ministros de la oposición; **the ~ Foreign Secretary** *n el portavoz parlamentario de la oposición en materia de asuntos extranjeros*.

shadowy [ˈʃædəʊɪ] *adj* oscuro/a, tenebroso/a.

shady [ˈʃeɪdɪ] *adj* (*comp* **-ier**; *superl* **-iest**) (*place*) sombreado/a; (*tree*) que da sombra; (*fig fam: person*) dudoso/a; (*: deal: fam*) turbio/a, chueco/a *(Mex fam)*.

shaft [ʃɑːft] **1** *n* (*of arrow, spear*) astil *m*; (*of tool, golf club etc*) mango *m*; (*of cart etc*) vara *f*; (*of mine, lift etc*) pozo *m*; **~ of light** rayo *m* de luz; **drive ~** (*Tech*) árbol *m* motor. **2** *vt* (*US fam*) timar, joder *(fam!)*.

shag[1] [ʃæg] *n* tabaco *m* picado.

shag[2] [ʃæg] *n* (*Orn*) cormorán *m* moñudo.

shag[3] [ʃæg] (*fam!*) **1** *n* polvo *m* (*fam!*). **2** *vt, vi* joder *(fam!)*.

shag[4] [ʃæg] *n* (*carpet*) tripe *m*.

shaggy [ˈʃægɪ] *adj* (*comp* **-ier**; *superl* **-iest**) (*gen*) peludo/a; (*person*) melenudo/a, greñudo/a; **~ dog story** (*fig*) chiste *m* largo y pesado.

Shah [ʃɑː] *n* cha *m*.

shake [ʃeɪk] (*vb: pt* **shook**; *pp* **~n**) **1** *n* sacudida *f*; **with a ~ of her head** negando con la cabeza; **to give a rug a good ~** sacudir bien una alfombrilla; **he's no great ~s at swimming** (*fam*) no vale gran cosa como nadador; **in two ~s** (*fam*) en un dos por tres; **to have the ~s** temblar como un azogado.

2 *vt* **(a)** (*gen*) agitar, mover; (*building, windows*) estremecer, hacer temblar; (*bottle, dice*) mover; **to ~ one's fist at sb** mostrar el puño a algn; **to ~ hands (with sb)** estrechar la mano (a algn); **to ~ hands on a deal** darse las manos para cerrar un trato; **to ~ one's head** (*in refusal*) negar con la cabeza; (*in dismay*) mover *or* menear la cabeza, incrédulo.

(b) (*fig: weaken, impair*) debilitar, minar; **nothing will ~ our resolve** nada afectará nuestra determinación; **the firm's credit has been badly ~n** la reputación de la empresa ha sufrido bastante.

(c) (*fig: alarm*) trastornar; (*: amaze*) pasmar, asombrar; **the news shook me** la noticia me dejó pasmado; **it shook me rigid** (*fam*) me pasmó.

3 *vi* (*subj: person, building etc*) temblar, estremecerse; (*: voice*) temblar; **to ~ like a leaf** temblar como un azogado; **to ~ with fear/cold** temblar de miedo/frío; **the walls shook at the sound** se estremecían las paredes con el ruido; **his voice shook** le tembló la voz.

▸ **shake off** *vt + adv* sacudirse; (*fig: cold, cough*) deshacerse de, quitarse; (*: habit*) librarse de; (*: pursuer*) dar esquinazo a, zafarse de *(esp LAm)*.

▸ **shake out** *vt + adv* **(a)** (*blanket, bag*) sacudir; **she shook some money out of her bag** al sacudir el bolso le apareció dinero. **(b)** (*company*) reorganizar, reestructurar; (*work force*) reducir.

▸ **shake up** *vt + adv* **(a)** (*bottle*) agitar, remover; (*pillow*) sacudir. **(b)** (*disturb*) agitar, trastornar; **she was badly ~n up** sufrió una profunda conmoción. **(c)** (*rouse, stir*) estimular; (*organization*) reorganizar, reestructurar.

shaken [ˈʃeɪkən] *pp of* **shake**.

Shakespearian [ʃeɪksˈpɪərɪən] *adj* shakespeariano/a.

shake-up [ˈʃeɪkʌp] *n* (*fig*) reorganización *f*.

shakily [ˈʃeɪkɪlɪ] *adv* (*speak*) con voz trémula; (*walk*) con paso vacilante; (*write*) con mano temblorosa.

shaky [ˈʃeɪkɪ] *adj* (*comp* **-ier**; *superl* **-iest**) (*unstable*) inestable, poco firme; (*trembling*) tembloroso/a; (*fig: health, memory*) defectuoso/a, poco fiable; **my Spanish is rather ~** mi español es algo defectuoso.

shale [ʃeɪl] *n* esquisto *m*.

shall [ʃæl] *aux vb* **(a)** (*used to form 1st person in future tense and questions*) **I ~ go** yo me iré, me voy; **no I ~ not (come), no I shan't (come)** no, yo no (vendré *or* voy a venir); **~ I go now?** ¿me voy ahora?; **let's go in, ~ we?** ¿entramos?; **~ we let him?** ¿se lo permitimos?; **~ we hear from you soon?** ¿te pondrás en contacto pronto? **(b)** (*in commands, emphatic*) **you ~ pay for this!** ¡me las vas a pagar!; **but I wanted to see him — and so you ~** pero quería verle — y le vas a ver.

shallot [ʃəˈlɒt] *n* chalote *m*.

shallow [ˈʃæləʊ] **1** *adj* (*gen*) poco profundo/a, playo/a *(CSur)*; (*dish etc*) llano/a; (*breathing*) superficial; **he's a ~ person** es un tipo completamente superficial; **the ~ end** (*of swimming pool*) la parte poco profunda. **2** *n*: **~s** bajío *msg*, bajos *mpl*.

shallowness [ˈʃæləʊnɪs] *n* (*see adj*) poca profundidad *f*; superficialidad *f*.

sham [ʃæm] **1** *adj* falso/a, fingido/a. **2** *n* **(a)** (*imposture*) simulacro *m*, fraude *m*; **it was all a ~** fue una farsa, fue pura pantalla *(Mex)*. **(b)** (*person*) impostor(a) *m/f*. **3** *vt* fingir, simular; **to ~ illness** fingirse enfermo. **4** *vi* fingir, fingirse; **he's just ~ming** lo está fingiendo.

shambles [ˈʃæmblz] *nsg* (*scene of confusion*) desorden *m*, confusión *f*; **the place was a ~** el lugar quedó hecho pedazos; **the game was a ~** el partido fue desastroso.

shambolic [ʃæmˈbɒlɪk] *adj* (*fam*) caótico/a.

shame [ʃeɪm] **1** *n* **(a)** (*feeling, humiliation*) vergüenza *f*, pena *f (LAm)*; **the ~ of it!** ¡qué vergüenza!; **~ on you!** ¡qué vergüenza!, ¡avergüénzate!; **to put sb/sth to ~** (*fig*) poner a algn por los suelos/dejar algo en la sombra. **(b)** (*pity*) lástima *f*, desgracia *f*; **it's a ~ that ...** es una lástima que + *subjun*; **what a ~!** ¡qué lástima! **2** *vt* avergonzar, deshonrar; **to ~ sb into doing sth** avergonzar a algn para que haga algo.

shamefaced [ˈʃeɪmfeɪst] *adj* avergonzado/a, apenado/a *(LAm)*.

shameful [ˈʃeɪmfʊl] *adj* vergonzoso/a.

shamefully [ˈʃeɪmfəlɪ] *adv* vergonzosamente.

shameless [ˈʃeɪmlɪs] *adj* (*pej*) descarado/a, desvergonzado/a.

shammy [ˈʃæmɪ] *n* gamuza *f*.

shampoo [ʃæmˈpuː] **1** *n* champú *m*; **a ~ and set** un lavado y marcado. **2** *vt* (*carpet*) lavar con champú; (*hair*) **I ~ my hair twice a week** me lavo el pelo dos veces por semana.

shamrock [ˈʃæmrɒk] *n* trébol *m*.

shandy [ˈʃændɪ], (*US*) **shandygaff** [ˈʃændɪˌgæf] *n* cerveza *f* con gaseosa, clara *f (Sp)*.

shan't [ʃɑːnt] = **shall not**.

shanty[1] [ˈʃæntɪ] *n* (*also* **sea ~**) saloma *f*.

shanty[2] [ˈʃæntɪ] *n* chabola *f*, jacal *m (Mex)*, bohío *m (CAm)*, callampa *f (Chi)*.

shantytown [ˈʃæntɪˌtaʊn] *n* chabolas *fpl (Sp)*, villa *f* miseria *(Mex)*, (población) callampa *f (Chi)*, ciudad *f* perdida *(Mex)*, colonia *f* proletaria *(Mex)*, pueblo *m* joven *(Per)*, cantegriles *mpl (Uru)*, ranchitos *mpl (Ven)*.

SHAPE [ʃeɪp] *n abbr of* **Supreme Headquarters Allied Powers, Europe** *cuartel general de las fuerzas aliadas en Europa*.

shape [ʃeɪp] **1** *n* forma *f*, figura *f*; **it is rectangular in ~** es de forma rectangular; **all ~s and sizes** todas las formas; **I can't bear gardening in any ~ or form** no aguanto la jardinería bajo ningún concepto; **to take the ~ of sth** cobrar la forma de algo; **in the ~ of ...** (*fig*) en forma de ...; **the ~ of things to come** la configuración del porvenir; **to take ~** (*lit, fig*) cobrar forma; **to lose its ~** (*sweater etc*) perder la forma; **to be in good/poor ~** (*subj: person*) estar en buenas/malas condiciones *or* buena/mala forma; (*: object*) estar en buen/mal estado; **to knock** *or* **hammer sth into ~** dar forma a algo a martillazos; **to knock** *or* **lick sth into ~** (*fig*) poner algo a punto *or* a nivel; **to get o.s. into ~** ponerse en forma; **a ~ loomed up out of the fog/darkness** surgió una figura de la niebla/la oscuridad.

2 *vt* (*material*) dar forma a, formar; (*fig: ideas, character*) formar; (*: course of events*) determinar.

3 *vi* (*fig*) **things are shaping (up) well** las cosas van tomando buen cariz; **he's shaping (up) nicely** está progresando *or* haciendo progresos.

▸ **shape up** *vi* + *adv* (*US*) comportarse mejor; (*work*) trabajar mejor.

-shaped [ˈʃeɪpt] *adj suf* en forma de; **heart~** en forma de corazón.

shapeless [ˈʃeɪplɪs] *adj* informe, sin forma definida.

shapely [ˈʃeɪplɪ] *adj* (*object*) bien formado/a; (*woman*) de buen talle *or* cuerpo.

shard [ʃɑːd] *n* tiesto *m*, casco *m*, fragmento *m* (de loza *etc*).

share [ʃɛəʳ] **1** *n* (**a**) parte *f*, porción *f*; **a ~ in the profits** una proporción de las ganancias; **to have a ~ in sth** participar en algo; **the lion's ~** la parte del león; **to take a ~ in doing sth** hacer su parte en algo; **the minister came in for his ~ of the blame** el ministro tuvo que aceptar su parte de la culpa; **to do one's (fair) ~** hacer su (debida) parte; **we've had our ~ of misfortunes** hemos sufrido bastante infortunio.

(**b**) (*Fin*) acción *f*.

2 *vt* (**a**) **to ~ (among/between)** (*distribute*) repartir (entre); (*divide up*) dividir *or* partir (entre).

(**b**) (*have a share in*) compartir (*with* con); **would you like to ~ the bottle with me?** ¿quieres compartir la botella conmigo?; **I ~ the blame** yo comparto la culpa.

3 *vi* compartir; **~ and ~ alike** por partes iguales; **to ~ in sth** participar en algo.

4 *cpd*: **~ capital** *n* capital *m* social en acciones; **~ certificate** *n* (*Brit*) (certificado *m or* título *m* de una) acción *f*; **~ index** *n* índice *m* de la Bolsa; **~ issue** *n* emisión *f* de acciones; **~ option** *n plan de compra de acciones de una empresa por sus empleados (a precios ventajosos)*; **~ prices** *npl* precio *msg* de las acciones.

sharecropper [ˈʃɛəˌkrɒpəʳ] *n* (*US*) aparcero *m*, mediero *m (Mex)*.

sharecropping [ˈʃɛəˌkrɒpɪŋ] *n* (*US*) aparcería *f*.

shareholder [ˈʃɛəˌhəʊldəʳ] *n* accionista *mf*.

shareholding [ˈʃɛəˌhəʊldɪŋ] *n* accionariado *m*.

share-out [ˈʃɛəraʊt] *n* reparto *m*.

shark [ʃɑːk] *n* (*fish*) tiburón *m*; (*fam: swindler*) estafador(a) *m/f*.

sharp [ʃɑːp] **1** *adj* (*comp* **~er**; *superl* **~est**) (**a**) (*edge, razor, knife*) afilado/a; (*point, needle*) puntiagudo/a; (*curve, bend, angle*) cerrado/a, abrupto/a; (*features*) anguloso/a.

(**b**) (*abrupt: change*) brusco/a, repentino/a; (*: halt*) repentino; (*: descent*) empinado/a; (*: rise, fall*) marcado/a, brusco.

(**c**) (*well-defined: outline, contrast*) definido/a, marcado/a.

(**d**) (*harsh: smell, taste*) acre; (*: pain*) agudo/a; (*: blow*) fuerte; (*: tone, voice, cry*) áspero/a, acerbo/a; (*: frost*) cortante; (*: wind*) penetrante; (*: temper*) violento/a, arisco/a; (*: rebuke, retort, words*) mordaz; **to be ~ with sb** hablar a algn con voz tajante.

(**e**) (*acute: eyesight, hearing, sense of smell*) agudo/a; (*: mind, intelligence*) perspicaz, astuto/a; **he's as ~ as they come** es de lo más avispado *or* despabilado; **~ practice** (*pej*) mañas *fpl*.

(**f**) (*Mus: raised a semitone*) sostenido/a; (*: too high*) demasiado alto/a; **C ~** do sostenido.

2 *adv* (**a**) (*Mus*) demasiado alto, desafinadamente.

(**b**) **at 5 o'clock ~** a las 5 en punto; **to turn ~ left** doblar fuertemente a la izquierda; **to stop ~** pararse en seco; **look ~!** ¡rápido!, ¡apúrate! *(LAm)*.

3 *n* (*Mus*) sostenido *m*.

sharpen [ˈʃɑːpən] *vt* (**a**) (*make sharp: tool, blade etc*) afilar, aguzar; (*: pencil*) sacar punta a. (**b**) (*make clearer*) hacer más definido/a; (*make more acute, increase*) agudizar; **to ~ one's wits** despabilarse.

sharpener [ˈʃɑːpnəʳ] *n* (*for pencil*) sacapuntas *m inv*; (*for knife*) afilador *m*.

sharp-eyed [ˈʃɑːpˈaɪd] *adj* de vista aguda.

sharp-faced [ˈʃɑːpˈfeɪst], **sharp-featured** [ˈʃɑːpˈfiːtʃəd] *adj* de facciones angulosas.

sharpish [ˈʃɑːpɪʃ] *adv (fam)* prontito, bien pronto.

sharply [ˈʃɑːplɪ] *adv* (**a**) (*abruptly*) bruscamente, repentinamente. (**b**) (*clearly*) marcadamente, claramente. (**c**) (*harshly*) con aspereza.

sharpshooter [ˈʃɑːpˌʃuːtəʳ] *n* tirador(a) *m/f* de primera, tirofijo *m (LAm)*.

sharp-sighted [ˈʃɑːpˈsaɪtɪd] *adj* = **sharp-eyed**.

sharp-tempered [ˌʃɑːpˈtempəd] *adj* de genio arisco.

sharp-tongued [ˈʃɑːpˈtʌŋd] *adj* de lengua mordaz.

sharp-witted [ˈʃɑːpˈwɪtɪd] *adj* perspicaz, despabilado/a.

shat [ʃæt] *pret and ptp (fam!) of* **shit**.

shatter [ˈʃætəʳ] **1** *vt* (*gen*) romper en pedazos *or* añicos, hacer pedazos *or* añicos; (*fig*) hacer polvo; **to ~ sb's health/hopes** quebrantar la salud/frustrar las esperanzas de algn; **I was ~ed to hear it** al saberlo quedé estupefacto; **she was ~ed by his death** su muerte la anonadó. **2** *vi* (*break*) hacerse pedazos *or* añicos; (*: into pieces*) estrellarse, astillarse; (*fig: health*) quebrantarse; (*: hopes*) frustrarse.

shattered [ˈʃætəd] *adj* (*grief-stricken*) trastornado/a; (*fam: amazed*) pasmado/a; (*: exhausted*) hecho/a polvo.

shattering [ˈʃætərɪŋ] *adj* (*attack, defeat*) aplastante; (*experience, news*) pasmoso/a; **it was a ~ blow to his hopes** deshizo sus esperanzas.

shatterproof [ˈʃætəpruːf] *adj* inastillable.

shave [ʃeɪv] (*vb: pt* **~d**; *pp* **~d** *or* **~n**) **1** *n*: **to have a ~** afeitarse, rasurarse *(esp LAm)*; **to have a close ~** (*fig*) salvarse por milagro. **2** *vt* (*person, face*) afeitar, rasurar *(esp LAm)*; (*wood*) cepillar; (*fig: graze*) pasar rozando; **to ~ off one's beard** afeitarse la barba. **3** *vi* (*person*) afeitarse, rasurarse *(esp LAm)*.

shaven [ˈʃeɪvn] *adj* afeitado/a.

shaver [ˈʃeɪvəʳ] *n* (*electric ~*) máquina *f* de afeitar, rasuradora *f* eléctrica *(LAm)*.

shaving ['ʃeɪvɪŋ] **1** *n* (*of wood etc*) viruta *f*. **2** *cpd*: ~ **brush** *n* brocha *f* de afeitar; ~ **cream** *n* crema *f* de afeitar; ~ **foam** *n* espuma *f* de afeitar; ~ **mirror** *n* espejo *m* de tocador; ~ **soap** *n* jabón *m* de afeitar; ~ **stick** *n* barra *f* de jabón de afeitar.

shawl [ʃɔːl] *n* chal *m*, rebozo *m (LAm)*.

she [ʃiː] **1** *pers pron* ella; ~ **who** la que *or* quien. **2** *n*: **it's a** ~ (*animal*) es hembra; (*baby*) es una niña. **3** *cpd*: ~**-bear** *n* osa *f*.

sheaf [ʃiːf] *n* (*pl* **sheaves**) (*Agr*) gavilla *f*; (*of arrows*) haz *m*; (*of papers*) fajo *m*, manojo *m*.

shear [ʃɪəʳ] (*pt* ~**ed**; *pp* ~**ed** *or* **shorn**) *vt* (*sheep*) esquilar; **to be shorn of sth** (*fig*) quedar pelado de *or* sin algo.

► **shear off 1** *vt* + *adv* cortar. **2** *vi* + *adv* (*break off*) romperse.

► **shear through** *vi* + *prep* cortar.

shears [ʃɪəz] *npl* (*for sheep*) tijeras de esquilar *fpl*; (*for hedges*) tijeras grandes; (*for metals*) cizalla *fsg*.

sheath [ʃiːθ] **1** *n* (*for sword*) vaina *f*, funda *f*; (*around electrical cable*) cubierta *f*; (*Bio*) vaina; (*contraceptive*) preservativo *m*. **2** *cpd*: ~ **knife** *n* cuchillo *m* de monte.

sheathe [ʃiːð] *vt* envainar, enfundar.

sheaves [ʃiːvz] *npl of* **sheaf**.

she'd [ʃiːd] = **she would; she had**.

shed[1] [ʃed] (*pt, pp* ~) *vt* (**a**) (*get rid of: clothes, leaves etc*) despojarse de; (*: unwanted thing*) deshacerse de; **the lorry ~ its load** la carga cayó del camión. (**b**) (*tears, blood*) derramar. (**c**) (*send out: warmth*) dar; (*: light*) echar; **to ~ light on a mystery** aclarar un misterio.

shed[2] [ʃed] *n* (*in garden*) cobertizo *m*, galpón *m (CSur)*; (*Industry, Rail*) nave *f*; (*for cattle*) establo *m*.

sheen [ʃiːn] *n* brillo *m*, lustre *m*.

sheep [ʃiːp] **1** *n inv* (*gen*) oveja *f*; **to be the black ~ of the family** (*fig*) ser la oveja negra de la familia; **to make ~'s eyes at sb** (*fig*) mirar a algn con ojos de cordero. **2** *cpd*: ~ **farm** *n* finca *f or* estancia *f* de ovejas; ~ **farmer** *n* dueño *m* de ganado lanar; ~ **worrying** *n* acoso *m* de ovejas.

sheep-dip ['ʃiːpdɪp] *n* (baño *m*) desinfectante *m* para ovejas.

sheepdog ['ʃiːpdɒg] *n* perro *m* pastor.

sheepish ['ʃiːpɪʃ] *n* tímido/a.

sheepskin ['ʃiːpskɪn] *n* piel *f* de carnero.

sheer [ʃɪəʳ] **1** *adj* (*comp* ~**er**; *superl* ~**est**) (**a**) (*absolute*) puro/a, absoluto/a; **by ~ chance, by a ~ accident** de pura casualidad; **in ~ desperation** en último extremo; **the ~ impossibility of ...** la total imposibilidad de .... (**b**) (*transparent*) diáfano/a, fino/a. (**c**) (*precipitous*) escarpado/a. **2** *adv*: **it falls ~ to the sea** baja sin obstáculo alguno hasta el mar; **it rises ~ for 100 metres** se levanta verticalmente unos 100 metros.

sheet [ʃiːt] **1** *n* (*on bed*) sábana *f*; (*of paper*) hoja *f*; (*of metal, glass, plastic*) lámina *f*; (*of ice, water*) capa *f*; (*of flame*) cortina *f*. **2** *cpd*: ~ **feed** *n* alimentador *m* de papel; ~ **lightning** *n* fucilazo *m*; ~ **metal** *n* metal *m* en lámina; ~ **music** *n* hojas *fpl* de partitura.

sheik(h) [ʃeɪk] *n* jeque *m*.

sheik(h)dom ['ʃeɪkdəm] *n* reino *m or* territorio *m* de un jeque.

shelf [ʃelf] **1** *n* (*pl* **shelves**) (**a**) (*in cupboard*) tabla *f*, anaquel *m*; (*fixed to wall, in shop*) estante *m*; (*in oven*) parrilla *f*; **to buy a product off the ~** comprar un producto ya hecho; **to be on the ~** (*fig fam: woman*) quedarse para vestir santos; (*: proposal etc*) quedar arrinconado/a. (**b**) (*edge: in rock face*) repisa *f*; (*underwater*) plataforma *f*. **2** *cpd*: ~ **life** *n* (*Comm*) tiempo *m* de durabilidad antes de la venta.

she'll [ʃiːl] = **she will; she shall**.

shell [ʃel] **1** *n* (**a**) (*of egg, nut*) cáscara *f*; (*of tortoise, turtle*) caparazón *m*, carapacho *m*; (*of snail, shellfish*) concha *f*, caracol *m (LAm)*; (*of pea*) vaina *f*; **to come out of one's ~** (*fig*) salir del carapacho. (**b**) (*of building, ship*) armazón *m*, casco *m*. (**c**) (*Mil: bullet*) cartucho *m*; (*: mortar etc*) obús *m*, proyectil *m*. **2** *vt* (**a**) (*peas*) desvainar; (*nuts*) descascarar; (*shellfish*) quitar la concha a. (**b**) (*Mil*) bombardear. **3** *cpd*: ~ **shock** *n* neurosis *f* de guerra; ~ **suit** *n tipo de chandal*.

► **shell out** (*fam*) **1** *vi* + *adv* (*pay*) soltar el dinero. **2** *vt* + *adv* (*money*) desembolsar (*for* para pagar).

shellac [ʃə'læk] *n* goma *f* (laca *f*).

shellfire ['ʃelfaɪəʳ] *n* = **shelling**.

shellfish ['ʃelfɪʃ] *n* (*pl* ~) (*Zool*) crustáceo *m*; (*as food*) marisco(s) *m(pl)*.

shelling ['ʃelɪŋ] *n* bombardeo *m*.

shell-shocked ['ʃelʃɒkt] *adj* que padece neurosis de guerra.

shelter ['ʃeltəʳ] **1** *n* (**a**) (*protection*) abrigo *m*, protección *f*; **to seek ~ (from)** buscar abrigo (de); **to take ~ (from)** refugiarse *or* asilarse (de). (**b**) (*construction: on mountain*) albergue *m*; **bus ~** refugio *m* de espera; **air-raid/anti-nuclear ~** refugio *m* antiaéreo/antinuclear; **night ~** (*for tramps etc*) asilo *m*. **2** *vt* (**a**) (*protect*) abrigar *or* proteger (*from* de); (*give refuge*) amparar (*from* de). (**b**) (*give lodging to*) dar asilo a. **3** *vi* (*see vt*) abrigarse; ampararse; **to ~ from the rain** abrigarse de la lluvia.

sheltered ['ʃeltəd] *adj* (*place*) abrigado/a, protegido/a; ~ **accommodation** residencia *f* vigilada; ~ **environment** (*fig*) ambiente *m* protegido; **she has led a very ~ life** ha vivido apartada del mundo.

shelve [ʃelv] **1** *vt* (*fig: postpone*) dar carpetazo a. **2** *vi* formar declive.

shelves [ʃelvz] *npl of* **shelf**.

shelving ['ʃelvɪŋ] *n* estantería *f*.

shepherd ['ʃepəd] **1** *n* pastor *m*; ~**'s pie** (*Culin*) pastel *m* de carne con patatas. **2** *vt*: **to ~ children across a road** llevar niños a través de una calle; **to ~ sb in/out** acompañar a algn al entrar/salir; **to ~ sb around** hacer de guía para algn.

sherbet ['ʃɜːbət] *n* (*Brit: powder*) polvos *mpl* azucarados; (*US: water ice*) sorbete *m*.

sheriff ['ʃerɪf] *n* (*England*) gobernador *m* civil; (*Scot*) juez *mf*; (*US*) alguacil *m*, sheriff *m*.

sherry ['ʃerɪ] *n* jerez *m*, manzanilla *f*.

she's [ʃiːz] = **she is; she has**.

Shetland ['ʃetlənd] **1** *n* (*also* **the ~ Isles, the ~s**) Islas *fpl* de Zetlandia. **2** *cpd* (*pony, wool*) de Zetlandia.

shield [ʃiːld] **1** *n* (*armour*) escudo *m*; (*Tech: on machine etc*) blindaje *m*, capa *f* protectora; (*US: of policeman*) placa *f*. **2** *vt*: **to ~ sb from sth** proteger a algn de algo; **to ~ one's eyes** taparse los ojos.

shift [ʃɪft] **1** *n* (**a**) (*change*) cambio *m*; (*: of direction*) cambio de dirección *or* sentido; (*diversion*) desviación *f*; **a ~ in demand** (*Comm*) un desplazamiento de la demanda.

(**b**) (*period of work*) turno *m*; (*group of workers*) tanda *f*; **to work in ~s** trabajar por turnos.

(**c**) (*expedient*) recurso *m*, expediente *m*; **to make ~ with/without sth** arreglárselas con/pasarse sin algo.

(**d**) (*US Aut: gear ~*) palanca *f* de cambio de velocidades.

(**e**) (*old*) camisa *f* (de mujer).

2 *vt* (**a**) (*change*) cambiar (de dirección *or* sentido); (*deviate*) desviar; (*move*) mover; **to ~ scenery** (*Theat*) cambiar el decorado; **to ~ the blame on to sb** echar la culpa a algn; **come on, ~ yourself** (*fam*) ¡vamos!, ¡anda!, ¡venga!

(**b**) (*US Aut: gears*) cambiar de.

3 *vi* (**a**) (*move*) moverse; (*change*) cambiar; (*: direction*) mudarse; **to ~ over/along/up** correrse; **that car's certainly ~ing** (*fam*) ¡cómo corre aquel coche!; **to ~ into second gear** (*Aut*) cambiar a segunda (velocidad).

(**b**) **to ~ for o.s.** arreglárselas solo.

4 *cpd*: ~ **key** *n* tecla *f* de mayúsculas; ~ **system** *n* (*of work*) sistema *m* de turnos.

shiftily ['ʃɪftɪlɪ] *adv* furtivamente, sospechosamente.

shiftless ['ʃɪftlɪs] *adj* perezoso/a, flojo/a *(LAm)*.

shiftwork ['ʃɪftwɜːk] *n* trabajo *m* por turno.

shiftworker [ˈʃɪftˌwɜːkəʳ] *n* (*Brit*) trabajador(a) *m/f* por turnos.
shifty [ˈʃɪftɪ] *adj* (*comp* **-ier**; *superl* **-iest**) furtivo/a, sospechoso/a.
Shiite [ˈʃiːaɪt] *n* chiíta *mf*.
shillelagh [ʃəˈleɪlə, ʃəˈleɪlɪ] *n* (*Ireland*) cachiporra *f*.
shilling [ˈʃɪlɪŋ] *n* chelín *m*.
shilly-shally [ˈʃɪlɪˌʃælɪ] *vi* titubear, vacilar.
shimmer [ˈʃɪməʳ] **1** *n* luz *f* trémula, brillo *m*. **2** *vi* rielar, relucir.
shimmering [ˈʃɪmərɪŋ] *adj* reluciente.
shin [ʃɪn] **1** *n* espinilla *f*; (*of meat*) jarrete *m*. **2** *vi*: **to ~ up/down a tree** trepar a/bajar de un árbol.
shinbone [ˈʃɪnbəʊn] *n* tibia *f*.
shindy [ˈʃɪndɪ] (*fam*) *n* (*noise*) conmoción *f*, escándalo *m*; (*brawl*) jaleo *m*, bronca *f* (*esp LAm*); **to kick up a ~** armar un jaleo *or* una bronca.
shine [ʃaɪn] (*vb: pt, pp* **shone**) **1** *n* (*brilliance*) brillo *m*, lustre *m*; **to give sth a ~** sacar brillo a algo; **to take the ~ off sth** (*lit*) deslustrar algo; (*fig*) quitar a algo su encanto; **to take a ~ to** (*fam*) tomar simpatía por; **come rain or ~, ...** no importa el tiempo ....
2 *vt* (**a**) (*polish*) (*pt, pp* **~d**) sacar brillo a, pulir.
(**b**) **to ~ a light on sth** echar una luz sobre algo.
3 *vi* (**a**) (*sun, light etc*) brillar; (*metal*) relucir; **the sun is shining** brilla el sol; **the metal shone in the sun** el metal relucía al sol; **her face shone with happiness** su cara irradiaba felicidad.
(**b**) (*fig: of student etc*) lucir; **to ~ at English** sobresalir en inglés.
shingle [ˈʃɪŋgl] *n* (**a**) (*on beach*) guijarros *mpl*. (**b**) (*on roof*) tablilla *f*. (**c**) (*US: signboard*) placa *f*.
shingles [ˈʃɪŋglz] *npl* (*Med*) herpes *msg*.
shinguard [ˈʃɪngɑːd] *n* espinillera *f*.
shining [ˈʃaɪnɪŋ] *adj* (*surface, light*) brillante; (*face*) radiante; (*hair*) lustroso/a; (*eyes*) chispeante; **a ~ example** un ejemplo destacado.
shinty [ˈʃɪntɪ] *n* (*Scot*) *especie de hockey*.
shiny [ˈʃaɪnɪ] *adj* (*comp* **-ier**; *superl* **-iest**) brillante.
ship [ʃɪp] **1** *n* barco *m*, buque *m*; **Her *or* His Majesty's S~** (*abbr HMS*) buque de la marina británica; **on board ~** a bordo; **to abandon ~** abandonar el barco; **to jump ~** desertar del buque; **when my ~ comes in** (*fig*) cuando lleguen las vacas gordas; **~'s company** tripulación *f*; **~'s manifest** manifesto *m* del buque.
2 *vt* (**a**) (*take on board: goods, water*) embarcar; (*: oars*) desarmar.
(**b**) (*transport: usu by ship*) transportar en barco, consignar; **a new engine had to be ~ped out to them** hubo que enviarles un nuevo motor.
3 *cpd*: **~ canal** *n* canal *m* de navegación; **~ chandler** *n* proveedor *m* de efectos navales.
▸ **ship out** *vt + adv* enviar.
shipbuilder [ˈʃɪpˌbɪldəʳ] *n* constructor(a) *m/f* de buques.
shipbuilding [ˈʃɪpˌbɪldɪŋ] *n* construcción *f* marina.
shipload [ˈʃɪpləʊd] *n* cargamento *m*.
shipmate [ˈʃɪpmeɪt] *n* compañero/a *m/f* de tripulación.
shipment [ˈʃɪpmənt] *n* (*act*) transporte *m*, embarque *m*; (*load*) consignación *f*; (*quantity*) cargamento *m*, remesa *f*.
shipowner [ˈʃɪpəʊnəʳ] *n* naviero *m*, armador *m*.
shipper [ˈʃɪpəʳ] *n* (*company*) empresa *f* naviera.
shipping [ˈʃɪpɪŋ] **1** *n* (**a**) (*ships*) barcos *mpl*, buques *mpl*; (*fleet*) flota *f*; **a danger to ~** un peligro para la navegación. (**b**) (*transporting*) transporte *m* (en barco), embarque *m*; (*sending*) envío *m*. **2** *cpd*: **~ agent** *n* agente *mf* marítimo; **~ company** *n*, **~ line** *n* compañía *f* naviera; **~ instructions** *npl* instrucciones *fpl* de embarque; **~ lane** *n* ruta *f* de navegación.
shipshape [ˈʃɪpʃeɪp] *adj* en buen orden.
shipwreck [ˈʃɪprek] **1** *n* naufragio *m*. **2** *vt*: **to be ~ed** naufragar.
shipwright [ˈʃɪpraɪt] *n* carpintero *m* de navío.
shipyard [ˈʃɪpjɑːd] *n* astillero *m*.
shire [ʃaɪəʳ] **1** *n* (*Brit old*) condado *m*. **2** *cpd*: **~ horse** *n* ≈ percherón/ona *m/f*.
shirk [ʃɜːk] **1** *vt* (*duty*) esquivar, zafarse de; (*issue*) eludir, rehuir; **to ~ doing sth** evadir hacer algo. **2** *vi* gandulear.
shirker [ˈʃɜːkəʳ] *n* gandul(a) *m/f*, flojo/a *m/f* (*LAm*).
shirt [ʃɜːt] **1** *n* camisa *f*; **to put one's ~ on a horse** (*fig: Betting*) apostar todo lo que tiene a un caballo; **keep your ~ on!** (*fig fam*) ¡no te sulfures!, ¡cálmate! **2** *cpd*: **in one's ~ sleeves** en mangas de camisa.
shirt-tail [ˈʃɜːtteɪl] *n* faldón *m* (de camisa).
shirtwaist [ˈʃɜːtweɪst] *n* (*US*) blusa *f* (de mujer).
shirty [ˈʃɜːtɪ] *adj* (*comp* **-ier**; *superl* **-iest**): **he was pretty ~ about it** (*fam*) no le gustó nada, no le cayó en gracia.
shit [ʃɪt] (*vb: pt, pp* **~** *or* **~ted** *or* **shat**) (*fam!*) **1** *n* (**a**) (*excrement*) mierda *f* (*fam!*), caca *f* (*fam!*); **tough ~!** ¡mala suerte!; **to beat the ~ out of sb** dar una tremenda paliza a algn (*fam*); **to have the ~s** tener el vientre descompuesto; **he landed us in the ~** nos dejó en la mierda (*fam!*). (**b**) (*person*) mierda *f* (*fam!*), cabrón *m* (*fam!*). (**c**) (*nonsense*) cagadas *fpl* (*fam!*). **2** *vt* cagar (*fam!*); **to ~ bricks** *etc*, **to ~ o.s.** (*from fear*) cagarse de miedo (*fam!*). **3** *vi* cagar (*fam!*).
shitty [ˈʃɪtɪ] *adj* (*comp* **-ier**; *superl* **-iest**) (*fam! fig*) de mierda (*fam!*).
shiver [ˈʃɪvəʳ] **1** *n* (*with cold*) tiritón *m*; (*of horror etc*) escalofrío *m*; **it sent ~s down my spine** me dio escalofríos; **it gives me the ~s** (*of fear*) me da horror. **2** *vi* (*with cold*) tiritar; (*with emotion*) temblar, estremecerse.
shivery [ˈʃɪvərɪ] *adj* (*feverish*) destemplado/a; (*shaking*) estremecido/a; (*sensitive to cold*) friolero/a, friolento/a (*LAm*).
shoal [ʃəʊl] *n* (*of fish*) banco *m*.
shock[1] [ʃɒk] **1** *n* (**a**) (*Elec*) descarga *f*; (*jolt*) choque *m*, sacudida *f*.
(**b**) (*emotional*) conmoción *f*, golpe *m*, impresión *f*; (*start*) susto *m*; **the ~ was too much for him** le causó mucha impresión; **it comes as a ~ to hear that ...** me asombra descubrir que ...; **to give sb a ~** dar un susto a algn; **what a ~ you gave me!** ¡qué susto me diste *or* llevé!
(**c**) (*Med*) shock *m*, postración *f* nerviosa; **to be in (a state of) ~** estar conmocionado/a; **to be suffering from ~** padecer una postración nerviosa.
2 *vt* (*startle*) sobresaltar, asustar; (*affect emotionally*) conmover, chocar; (*scandalize*) escandalizar; **easily ~ed** que se escandaliza por poca cosa; **to ~ sb into doing sth** dar una sacudida a algn para animarle a hacer algo.
3 *vi* causar escándalo, chocar.
4 *cpd*: **~ absorber** *n* (*Aut*) amortiguador *m*; **~ reaction** *n* (*fam*) reacción *f* escandalizada; **~ tactics** *npl* (*Mil etc*) táctica *fsg* de choque; **~ therapy** *n*, **~ treatment** *n* (*Med etc*) tratamiento *m* por electrochoque; **~ troops** *npl* guardias *mpl* de asalto; **~ wave** *n* onda *f* de choque.
shock[2] [ʃɒk] *n*: **~ of hair** greña *f*; (*mop*) melena *f*.
shocker [ˈʃɒkəʳ] *n* (*fam*) (**a**) (*Lit*) novelucha *f*. (**b**) **it's a ~** es horrible; **he's a ~** es un sinvergüenza.
shocking [ˈʃɒkɪŋ] *adj* (*appalling*) espantoso/a, horrible; (*disgusting*) ofensivo/a, chocante; (*morally improper*) escandaloso/a, vergonzoso/a; **she has ~ taste** tiene un pésimo gusto; **~ pink** rosa *m* estridente.
shockproof [ˈʃɒkpruːf] *adj* (*watch*) a prueba de choques; (*fam: person*) ecuánime.
shod [ʃɒd] *pt, pp of* **shoe**.
shoddily [ˈʃɒdɪlɪ] *adv* (*behave*) ruínmente; **~ made** chapucero/a, hecho/a chapuceramente.
shoddy [ˈʃɒdɪ] *adj* (*comp* **-ier**; *superl* **-iest**) de pacotilla.
shoe [ʃuː] (*vb: pt, pp* **shod**) **1** *n* (*gen*) zapato *m*; (*horse ~*) herradura *f*; (*Aut: brake ~*) zapata *f*; **~s** zapatos *mpl*, calzado *msg*; **I wouldn't like to be in his ~s** no quisiera

estar en su lugar; **to step into sb's ~s** pasar a ocupar el puesto de algn; **to be waiting for dead men's ~s** esperar a que muera algn (para pasar luego a ocupar su puesto).

2 *vt* (*horse*) herrar.

3 *cpd*: ~ **leather** *n* cuero *m* para zapatos; **to wear out one's ~ leather** gastarse el calzado; ~ **polish** *n* betún *m*, lustre *m (LAm)*; ~ **repair** *n* remiendo *m or* reparación *f* de zapatos; ~ **shop** *n* zapatería *f*.

shoebrush [ˈʃuːbrʌʃ] *n* cepillo *m* para zapatos.

shoehorn [ˈʃuːhɔːn] *n* calzador *m*.

shoelace [ˈʃuːleɪs] *n* cordón *m*, pasador *m (And)*.

shoemaker [ˈʃuːˌmeɪkəʳ] *n* zapatero/a *m/f*.

shoeshine [ˈʃuːʃaɪn] **1** *n*: **to have a ~** hacerse limpiar los zapatos. **2** *cpd*: ~ **boy/man** *n* limpiabotas *m inv*, lustrabotas *m inv (LAm)*, bolero *m (Mex)*, embolador *m (Col)*.

shoestring [ˈʃuːstrɪŋ] **1** *n* cordón *m*, lazo *m*; **to do sth on a ~** (*fig*) hacer algo con muy poco dinero; **to live on a ~** (*fig*) vivir muy justo. **2** *cpd*: ~ **budget** *n* presupuesto *m* muy limitado.

shoetree [ˈʃuːtriː] *n* horma *f*.

shone [ʃɒn] *pt, pp of* **shine**.

shoo [ʃuː] **1** *interj* ¡fuera!, ¡zape!, ¡ándale! *(Mex)*. **2** *vt* (*also* ~ **away,** ~ **off**) ahuyentar.

shook [ʃʊk] *pt of* **shake**.

shoot [ʃuːt] (*vb: pt, pp* **shot**) **1** *n* (**a**) (*Bot*) brote *m*, retoño *m*, vástago *m*.

(**b**) (*shooting party*) cacería *f*; (*competition*) concurso *m* de tiro al blanco; (*preserve*) coto *m* de caza.

2 *vt* (**a**) (*hit*) dar un balazo a, pegar un tiro a; (*hunt*) cazar; (*kill*) matar a tiros; (*execute*) fusilar; **you'll get shot for that!** (*fig fam*) ¡te van a ahorcar!; **you'll get me shot** (*fig fam*) si hago esto me harás fusilar.

(**b**) (*fire: bullet*) tirar, disparar; (*: missile*) lanzar, echar; (*: arrow*) disparar; **to ~ sth at sb/sth** lanzar algo hacia algn/algo; **to ~ a goal** marcar un gol; **to ~ dice** jugar a los dados.

(**c**) (*direct: look, smile*) lanzar, echar; **to ~ a question at sb** dispararle una pregunta a algn; **'~ no rubbish'** (*US*) 'prohibido verter basuras'.

(**d**) (*Cine: film, scene*) rodar, filmar; (*Phot: person, object*) sacar (una foto de).

(**e**) (*pass quickly: rapids*) salvar; (*: traffic lights*) saltarse.

3 *vi* (**a**) (*with gun, bow*) tirar *or* disparar (*at sb/sth* a algn/algo); **~ to kill** tirad a matar; **to go ~ing** ir de caza; **to ~ at the goal** (*Ftbl etc*) tirar a gol, chutar; **to ~ wide of the mark** errar el tiro.

(**b**) (*rush*) lanzarse, precipitarse; (*subj: flames*) saltar; (*: water*) brotar; (*: pain*) punzar.

(**c**) ~! (*fam: in conversation*) ¡adelante!

4 *cpd*: ~ **to kill policy** *n* programa *m* de tirar a matar.

► **shoot down** *vt + adv* (*aeroplane*) derribar, balear *(LAm)*; (*person*) matar a tiros, balear *(LAm)*; (*fig: person, argument*) echar abajo.

► **shoot out 1** *vt + adv* (*sparks, flames*) arrojar; (*hand*) sacar; **to ~ it out** resolverlo a tiros. **2** *vi + adv* (*flames*) salir; (*water*) brotar; (*arm*) extenderse rápidamente *or* inesperadamente; (*person*) salir como una bala.

► **shoot up 1** *vi + adv* (**a**) (*flames*) salir; (*water*) brotar; (*price, rocket*) subir rápidamente; (*hands*) alzarse de repente. (**b**) (*grow quickly*) crecer rápidamente. (**c**) (*fam: drugs*) chutarse *(fam)*. **2** *vt + adv* (*place: with rifles etc*) balacear.

shooter [ˈʃuːtəʳ] (*fam*) *n* (*pistol*) pistola *f*; (*shotgun*) escopeta *f*.

shooting [ˈʃuːtɪŋ] **1** *n* (**a**) (*shots*) tiros *mpl*, disparos *mpl*; (*continuous* ~) tiroteo *m*, balacera *f*.

(**b**) (*act: murder*) asesinato *m*; (*: execution*) fusilamiento *m*.

(**c**) (*of film*) rodaje *m*, filmación *f*.

(**d**) (*Hunting*) caza *f*.

(**e**) (*sport*) tiro *m* al blanco.

2 *adj* (*pain*) punzante.

3 *cpd*: ~ **brake** *n* (*old: Aut: estate car*) furgoneta *f*, rubia *f*, camioneta *f*; ~ **gallery** *n* barraca *f* de tiro al blanco; ~ **incident** *n* tiroteo *m*, balacera *f*; ~ **match** *n*: **the whole ~ match** (*fig fam*) todo el negocio; ~ **party** *n* partida *f* de caza; ~ **star** *n* estrella *f* fugaz; ~ **stick** *n* bastón *m* taburete.

shoot-out [ˈʃuːtaʊt] *n* (**a**) tiroteo *m*, balacera *f (CAm, Mex)*. (**b**) (*Sport*) desempate *m* a penaltis.

shop [ʃɒp] **1** *n* (**a**) (*Comm: building*) tienda *f*; (*: business*) comercio *m*, negocio *m*; (*: large store*) almacén *m*; **book/butcher's/sweet ~** librería *f*/carnicería *f*/dulcería *f*; **to set up ~** (*lit*) poner una tienda; (*fig*) empezar un negocio; **he set up ~ as a photographer** empezó un negocio de fotografía; **to shut up ~** (*lit*) cerrar (la tienda); (*fig*) dejar los negocios; **to talk ~** (*fig*) hablar de negocios; **all over the ~** (*fig fam*) en *or* por todas partes.

(**b**) (*Industry: work~*) taller *m*; **repair ~** taller de reparaciones; *see* **closed**.

2 *vi* comprar, hacer las compras; **to go ~ping** ir de compras *or* de tiendas.

3 *vt* (*fam: betray*) denunciar.

4 *cpd*: ~ **assistant** *n* (*Brit*) dependiente/a *m/f*, empleado/a *m/f* de una tienda; ~ **floor** *n*: **to work on the ~ floor** (*Industry*) trabajar en la producción, ser obrero/a de la producción; ~ **front** *n* escaparate *m*; ~ **steward** *n* (*Industry*) enlace *mf* sindical; ~ **talk** *n* temas *mpl* del oficio, conversación *f* sobre el trabajo; ~ **window** *n* escaparate *m*, vitrina *f*, vidriera *f (CSur)*.

► **shop around** *vi + adv* comparar precios.

shopkeeper [ˈʃɒpˌkiːpəʳ] *n* tendero/a *m/f*.

shoplifter [ˈʃɒpˌlɪftəʳ] *n* ratero/a *m/f*.

shoplifting [ˈʃɒpˌlɪftɪŋ] *n* ratería *f*.

shopper [ˈʃɒpəʳ] *n* (**a**) (*person*) comprador(a) *m/f*. (**b**) (*bag*) bolsa *f or* canasta *f* de compras.

shopping [ˈʃɒpɪŋ] **1** *n* la compra; (*goods bought*) las compras; **to go ~** ir de tiendas *or* de compras. **2** *cpd*: ~ **bag** *n* bolsa *f or* canasta *f* de compras; ~ **basket** *n* cesta *f*, canasta *f (LAm)*; ~ **cart** *n* (*US*) = ~ **trolley**; ~ **centre** *n*, (*US*) ~ **center** *n* centro *m* comercial; ~ **list** *n* lista *f* de compras; ~ **precinct** *n* centro *m* comercial; ~ **trolley** *n* carrito *m* de la compra.

shop-soiled [ˈʃɒpsɔɪld] *adj* deteriorado/a.

shopworn [ˈʃɒpwɔːn] *adj* (*US*) = **shop-soiled**.

shore[1] [ʃɔːʳ] **1** *n* (*of sea, lake*) orilla *f*; (*beach*) playa *f*; (*coast*) costa *f*; **on ~** en tierra. **2** *cpd*: ~ **leave** *n* (*Naut*) permiso *m* para bajar a tierra.

shore[2] [ʃɔːʳ] *vt*: **to ~ up** (*way, tunnel*) apuntalar.

shorn [ʃɔːn] *pp of* **shear**.

short [ʃɔːt] **1** *adj* (*comp* ~**er**; *superl* ~**est**) (**a**) (*in length, distance, time: message, journey, hair*) corto/a; (*brief*) breve: (*person*) bajo/a, chaparro/a *(CAm, Mex)*; **the days are getting ~er** los días se vuelven más cortos; **to be ~ in the leg** tener las piernas cortas; **to win by a ~ head** (*Racing*) ganar por una cabeza escasa; **a ~ time ago** hace poco; **that was ~ and sweet** eso fue corto y bueno; **in ~ order** en breve, en seguida; **to make ~ work of sth** (*fig*) despachar algo; **to have a ~ back and sides** llevar el pelo corto por detrás y por los lados; ~ **cut** atajo *m*; ~ **list** lista *f* de candidatos seleccionados; ~ **sight** miopía *f*; ~ **story** cuento *m*; **in the ~ term** a corto plazo; **to work ~ time, be on ~ time** (*Industry*) trabajar una jornada reducida; ~ **wave** (*Rad*) onda *f* corta.

(**b**) (*insufficient*) escaso/a; **I'm £3 ~** me faltan 3 libras; **to give ~ weight** *or* **measure to sb** dar de menos a algn; **gold is in ~ supply** escasea el oro, hay escasez de oro; **to be ~ of sth** andar falto *or* escaso de algo; ~ **of breath** corto/a de resuello; **it's little ~ of madness** lo que se podría llamar una locura; ~ **ton** (*US: = 2,000 lb*) tonelada *f* corta.

(**c**) (*concise*) corto/a, breve; ~ **and to the point** corto y bueno; **'Pat' is ~ for 'Patricia'** 'Patricia' se abrevia en

'Pat'; **Rosemary is called 'Rose' for ~** a Rosemary le dicen 'Rosa' para abreviar; **in ~** en pocas palabras, concretamente; *see* **long[1] 3.**

(**d**) (*reply, manner*) brusco/a; **to be ~ with sb** tratar a algn con sequedad; **to have a ~ temper** ser de mal genio, tener mal genio *or* mal carácter *or* corto de genio; *see* **shrift.**

2 *adv* (**a**) (*suddenly, abruptly*) en seco; **to stop ~, to pull up ~** pararse en seco.

(**b**) (*insufficiency*) **we're running ~ of bread** tenemos poco pan, se nos acaba el pan *(LAm)*; **we never went ~ (of anything) as children** no nos faltó nada de niños; **to cut sth ~** suspender algo; **they had to cut ~ their holiday** tuvieron que interrumpir sus vacaciones; **to come/fall ~ of** no alcanzar; **to sell sb ~** (*fig*) menospreciar a algn.

(**c**) (*except*) **~ of apologizing ...** fuera de pedirle perdón ...; **nothing ~ of a miracle can save him** sólo un milagro le puede salvar, se necesitaría un milagro para salvarle.

(**d**) **in ~** en resumen.

3 *n* (**a**) (*Elec*) = **short-circuit 1.**

(**b**) (*fam: drink*) bebida *f* corta.

(**c**) (*Cine*) cortometraje *m.*

4 *vt, vi* (*Elec*) = **short-circuit 2, 3.**

shortage [ˈʃɔːtɪdʒ] *n* (*lack*) falta *f*, escasez *f*; (*gen*) carestía *f*; **the housing ~** la crisis de la vivienda.

shortbread [ˈʃɔːtbred] *n especie de mantecada.*

shortcake [ˈʃɔːtkeɪk] *n* (*US*) torta *f* de frutas; (*Brit*) *especie de mantecada.*

short-change [ˈʃɔːtˈtʃeɪndʒ] *vt*: **to ~ sb** no darle el cambio completo a algn; (*fig*) defraudar a algn; **to do this is to ~ the project** (*esp US*) hacer esto es tratar inadecuadamente el proyecto.

short-circuit [ˈʃɔːtˈsɜːkɪt] (*Elec*) **1** *n* cortocircuito *m.* **2** *vt* poner en cortocircuito. **3** *vi* ponerse en cortocircuito.

shortcomings [ˈʃɔːtkʌmɪŋz] *npl* defectos *mpl.*

short(crust) pastry [ˈʃɔːt(krʌst)ˈpeɪstrɪ] *n* (*Brit*) pasta *f* quebradiza.

shorten [ˈʃɔːtn] **1** *vt* (*gen*) acortar; (*journey etc*) acortar, abreviar; (*rations etc*) reducir. **2** *vi* acortarse, reducirse; (*days*) menguar.

shortening [ˈʃɔːtnɪŋ] *n* (*Culin*) manteca *f*, grasa *f.*

shortfall [ˈʃɔːtfɔːl] *n* déficit *m*, deficiencia *f.*

short-haired [ˈʃɔːtˈhɛəd] *adj* pelicorto/a.

shorthand [ˈʃɔːthænd] **1** *n* taquigrafía *f*; **to take sth down in ~** escribir algo taquigráficamente. **2** *cpd*: **~ notebook** *n* cuaderno *m* de taquigrafía; **~ typist** *n* taquimecanógrafo/a *m/f.*

short-handed [ˈʃɔːtˈhændɪd] *adj* falto/a de mano de obra.

short-haul [ˈʃɔːthɔːl] *adj* de corto recorrido.

short-list [ˈʃɔːtˈlɪst] *vt*: **to ~ sb** poner a algn en la lista de candidatos escogidos.

short-lived [ˈʃɔːtˈlɪvd] *adj* (*fig*) efímero/a.

shortly [ˈʃɔːtlɪ] *adv* (**a**) (*soon*) dentro de poco, en breve, ahorita *(Mex)*, al tiro *(Chi)*; **~ after** poco después. (**b**) (*curtly*) bruscamente, secamente.

shorts [ʃɔːts] *npl* pantalones *mpl* cortos; **a pair of ~** un pantalón corto.

short-sighted [ˈʃɔːtˈsaɪtɪd] *adj* (*lit, fig*) miope, corto/a de vista.

short-sleeved [ˈʃɔːtsliːvd] *adj* de manga corta.

short-staffed [ˌʃɔːtˈstɑːft] *adj* falto/a de personal.

short-tempered [ˈʃɔːtˈtempəd] *adj* de genio vivo.

short-term [ˈʃɔːttɜːm] *adj* a corto plazo; **a ~ loan** un préstamo a plazo corto; **~ car park** zona *f* de estacionamiento limitado.

short-time [ˈʃɔːtˈtaɪm] *n*: **~ working** trabajo *m* de horario reducido.

short-wave [ˈʃɔːtˌweɪv] *adj* (*Rad*) de onda corta.

shot [ʃɒt] **1** *pt, pp of* **shoot; to get ~ of sb/sth** (*fam*) deshacerse de algn/algo, quitarse algn/algo de encima; **black ~ (through) with blue** negro con visos azules; **his story is ~ through with inconsistencies** su narración está plagada de incongruencias.

2 *n* (**a**) (*act of shooting*) tiro *m*, balazo *m*; (*sound*) tiro, disparo *m*; (*shotgun pellets*) perdigones *mpl*; **to fire a ~ at sb/sth** tirar *or* disparar contra algn/algo; **he was off like a ~** (*fig*) salió disparado *or* como un rayo; *see* **long[1] 1 (a).**

(**b**) (*person*) tirador(a) *m/f*; **he's a good/bad ~** es un buen/mal tirador; **a big ~** (*fam*) un pez gordo.

(**c**) (*Ftbl*) tiro *m*; (*Golf, Tennis etc*) golpe *m*; (*Athletics*) peso *m*; (*throw*) tirada *f*, echada *f*; **to call the ~s** (*fig*) mandar, dirigirlo todo; **good ~!** ¡buen tiro!

(**d**) (*attempt*) tentativa *f*, intento *m*; (*turn to play*) **it's your ~** te toca (a ti); **to have a ~ at sth** probar suerte con algo; **to have a ~ at doing sth** hacer un intento de *or* intentar hacer algo; **a ~ in the dark** una tentativa a ciegas.

(**e**) (*injection*) inyección *f*; (*of alcohol*) trago *m*; **a ~ of rum** un trago de ron; **the economy needs a ~ in the arm** (*fig*) la economía necesita estímulo.

(**f**) (*Phot*) foto *f.*

3 *cpd*: **~ put** *n* (*sport*) lanzamiento *m* de pesos; **~ putter** *n* lanzador(a) *m/f* de pesos.

shotgun [ˈʃɒtgʌn] **1** *n* escopeta *f.* **2** *cpd*: **~ wedding** *n* casamiento *m* a la fuerza.

should [ʃʊd] *aux vb* (**a**) (*used to form conditional tense*) **I ~ go, I'd go** yo iría; **I ~ have liked to** me hubiera gustado, quisiera haber; **I ~ think so** supongo que sí.

(**b**) (*duty, advisability, desirability*) deber; **all cars ~ carry a first-aid kit** todos los coches deberían llevar un botiquín; **I ~ have been a doctor** yo debería haber sido médico; **you ~n't do that** más vale no hacer eso, no deberías hacerlo; **I ~n't if I were you** yo que tú no lo haría; **he ~ know that ...** debiera saber que ...; **why ~ I?** ¿por qué lo voy a hacer?; **why ~ he (have done it)?** por qué lo iba a hacer?

(**c**) (*statements of probability*) deber de; **he ~ pass his exams** debería de aprobar los exámenes; **they ~ have arrived by now** han de haber llegado ya; **this ~ be good** esto promete ser bueno.

(**d**) (*subjun uses*) **who ~ I meet?** ¿a quién crees que me encontré?

shoulder [ˈʃəʊldəʳ] **1** *n* (**a**) (*Anat*) hombro *m*; (*of meat, animal*) lomo *m*; **to carry sth over one's ~** llevar algo en hombros; **to cry on sb's ~** desahogarse con algn; **all the responsibilities fell on his ~s** tuvo que cargar con todas las responsabilidades; **to give sb the cold ~** dar de lado a algn; **to look over one's ~** mirar hacia atrás; **to look over sb's ~** (*fig*) vigilar a algn; **to rub ~s with sb** codearse con algn; *see* **round-shouldered.**

(**b**) (*of road, hill*) lomo *m*; *see* **hard 1 (a).**

2 *vt* (**a**) (*fig: responsibilities etc*) cargar con.

(**b**) **to ~ sb aside** apartar a algn con el hombro; **to ~ one's way through** abrirse paso a codazos.

3 *cpd*: **~ bag** *n* bolso *m* de bandolera; **~ blade** *n* omóplato *m*; **~ pad** *n* hombrera *f*; **~ strap** *n* tirante *m*; (*of satchel etc*) bandolera *f.*

shoulder-length [ˈʃəʊldəˌleŋθ] *adj* que llega hasta los hombros.

shouldn't [ˈʃʊdnt] = **should not.**

shout [ʃaʊt] **1** *n* grito *m*; **a ~ of laughter/protest** una carcajada/un grito de protesta; **to give sb a ~** gritarle a algn. **2** *vt* gritar. **3** *vi* (*cry out*) gritar; **to ~ for help** pedir socorro a gritos.

► **shout at** *vi + prep* gritar a.

► **shout down** *vt + adv* abuchear, callar.

shouting [ˈʃaʊtɪŋ] *n* gritos *mpl*, vocerío *m.*

shove [ʃʌv] **1** *n* empujón *m*; **to give sb/sth a ~** dar a algn de empujones/empujar algo. **2** *vt* empujar; **to ~ sb/sth in/out** *etc* meter/sacar *etc* a algn/algo a empellones. **3** *vi* empujar; **stop shoving!** (*fam*) ¡deja de empujar!

► **shove off** *vi + adv* (**a**) (*Naut*) alejarse del muelle *etc.* (**b**) (*fam*) largarse, marcharse.

► **shove over, shove up** *vi + adv* correrse.

shovel [ˈʃʌvl] **1** *n* pala *f*; **mechanical ~** pala mecánica, excavadora *f*. **2** *vt* mover con pala; **he was ~ling food into his mouth** (*fam*) se zampaba la comida.

show [ʃəʊ] (*vb: pt* **~ed**; *pp* **~n**) **1** *n* (**a**) (*showing*) demostración *f*, manifestación *f*; **~ of hands** votación *f* a mano alzada.

(**b**) (*exhibition*) exposición *f*; **agricultural ~** feria *f* de campo; **to be on ~** estar expuesto; **the garden is a splendid ~** el jardín es un espectáculo; *see* **horse; motor** *etc*.

(**c**) (*Theat, performance*) espectáculo *m*, función *f*; **to go to a ~** ir al teatro; **on with the ~!** (*fig*) ¡que siga el espectáculo!; **good ~!** (*fam*) ¡muy bien hecho!; **let's get this ~ on the road** (*fig*) echémosnos a la carretera; **to put up a good/poor ~** (*fam*) dar/no dar buena cuenta de sí; **it's a poor ~** (*fam*) es una vergüenza; *see* **steal**.

(**d**) (*outward appearance*) apariencia *f*; **to do sth for ~** hacer algo para impresionar; **it's just for ~** es para lucir nada más; **to make a ~ of** hacer alarde de, hacer gala de; **to make a ~ of resistance** fingir resistencia.

(**e**) (*organization*) negocio *m*, empresa *f*; **this is my ~** aquí mando yo; **who's in charge of this ~?** ¿quién manda aquí?

2 *vt* (**a**) (*gen*) mostrar, enseñar; (*exhibit*) exponer; (*film*) proyectar, pasar; (*Theat*) representar, dar; **he ~ed me his new car** me enseñó su nuevo coche; **to ~ a film at Cannes** proyectar una película en Cannes; **white shoes soon ~ the dirt** los zapatos blancos pronto dejan ver la suciedad; **don't ~ your face here again** no te vuelvas a dejar ver por aquí; **to ~ one's hand** *or* **one's cards** (*lit*) poner las cartas boca arriba; (*fig*) descubrir el juego; **I'll ~ him!** (*fam*) ¡ya va a ver!

(**b**) (*indicate*) marcar; **the speedometer ~s a speed of ...** el velocímetro marca ...; **the clock ~s 2 o'clock** el reloj marca las 2; **as ~n in the illustration** como se ve en el grabado; **the motorways are ~n in black** las autopistas están marcadas en negro; **to ~ a profit/loss** (*Comm*) arrojar un saldo positivo/negativo.

(**c**) (*demonstrate*) enseñar; **to ~ that ...** demostrar que ..., hacer ver que ...; **it just goes to ~ (that) ...** queda demostrado (que) ...; **I ~ed him that this could not be true** le hice ver que esto no podía ser cierto.

(**d**) (*reveal*) manifestar, señalar; **to ~ intelligence/fear** manifestar inteligencia/temor; **her face ~ed her happiness** se le veía la felicidad en la cara; **the choice of dishes ~s excellent taste** la selección de platos demuestra un gusto muy fino; **this ~s him to be a coward** esto deja manifiesto lo cobarde que es.

(**e**) (*direct, conduct*) llevar, señalar; **to ~ sb the way** señalar el camino a algn; **to ~ sb to his seat/to the door** *or* **out** acompañar a algn a su asiento/a la puerta; **to ~ sb the door** (*fig*) echar a algn con cajas destempladas; **to ~ sb round** *or* **over a house** dar a algn el recorrido de una casa.

3 *vi* (**a**) (*stain, emotion, underskirt etc*) notarse, verse; **it doesn't ~** no se ve *or* nota; **fear ~ed on her face** se le notaba *or* manifestaba el miedo en la cara; **don't worry, it won't ~** no te preocupes, no se notará.

(**b**) (*film*) proyectarse; **there's a horror film ~ing at the Odeon** están pasando una película de horror en el Odeón.

(**c**) (*demonstrate*) demostrar, manifestar; **he had nothing to ~ for his trouble** se quedó sin nada después de tanto trabajo; **time will ~** el tiempo lo dirá.

4 *cpd*: **~ business** *n*, **~ biz** *n* (*fam*) el mundo del espectáculo; **~ house** *n* (*Brit*) casa *f* modelo; **~ jumping** *n* hípica *f*, hipismo *m*; **~ trial** *n* proceso *m* organizado con fines propagandísticos.

▸ **show in** *vt + adv* hacer pasar; **~ him in!** ¡que pase!

▸ **show off 1** *vi + adv* presumir, darse tono. **2** *vt + adv* hacer alarde de, ostentar.

▸ **show out** *vt + adv* acompañar a la puerta.

▸ **show up 1** *vi + adv* (**a**) (*be visible*) verse, notarse. (**b**) (*fam: arrive*) presentarse, acudir. **2** *vt + adv* (**a**) (*conduct*) hacer subir; **~ him up!** ¡hazle subir! (**b**) (*reveal*) revelar; **he was ~n up as an imposter** quedó expuesto como impostor; **the bright lighting ~ed up her scars** el alumbrado hizo resaltar sus cicatrices. (**c**) (*embarrass*) avergonzar, apenar (*LAm*); **please don't ~ me up!** por favor, no me hagas quedar en ridículo.

showcase [ˈʃəʊkeɪs] **1** *n* (*in shop, museum*) vitrina *f*. **2** *cpd*: **~ project** *n* proyecto *m* modelo.

showdown [ˈʃəʊdaʊn] *n* enfrentamiento *m* (final); **to have a ~ with sb** enfrentarse con algn.

shower [ˈʃaʊəʳ] **1** *n* (**a**) (*of rain*) chubasco *m*, chaparrón *m*, aguacero *m*.

(**b**) (*fig: of arrows, stones, blows etc*) lluvia *f*.

(**c**) (*US: party*) fiesta *f* de obsequio.

(**d**) (*~bath*) ducha *f*, regadera *f* (*Mex*); **to have** *or* **take a ~** ducharse.

(**e**) (*Brit fam*) gentuza *f*; **what a ~!** ¡qué pesados!

2 *vt* (*fig*) inundar; **they ~ed gifts (up)on the queen** los regalos llegaron a la reina en montones; **he was ~ed with invitations** llovieron invitaciones.

3 *vi* (*take a ~*) ducharse.

4 *cpd*: **~ cap** *n* gorro *m* de baño; **~ curtain** *n* cortina *f* de ducha; **~ gel** *n* gel *m* de baño; **~ head** *n* alcachofa *f* de ducha; **~ unit** *n* ducha *f*.

showerproof [ˈʃaʊəpruːf] *adj* impermeable.

showery [ˈʃaʊərɪ] *adj* lluvioso/a.

showgirl [ˈʃəʊgɜːl] *n* corista *f*.

showground [ˈʃəʊgraʊnd] *n* real *m*.

showing [ˈʃəʊɪŋ] *n* (**a**) (*of film*) proyección *f*. (**b**) (*performance*) actuación *f*; **the poor ~ of the team** la pobre actuación del equipo.

showman [ˈʃəʊmən] *n* (*pl* **-men**) (*at fair, circus*) empresario *m*; (*fig*) **he's a great ~!** ¡es un extrovertido!

showmanship [ˈʃəʊmənʃɪp] *n* (*fig*) teatralidad *f*.

shown [ʃəʊn] *pp of* **show**.

show-off [ˈʃəʊɒf] *n* (*fam*) presumido/a *m/f*.

showpiece [ˈʃəʊpiːs] *n* (*centrepiece*) objeto *m* cumbre; **the ~ of the exhibition is ...** el éxito de la exposición es ....

showplace [ˈʃəʊpleɪs] *n* lugar *m* turístico.

showroom [ˈʃəʊrʊm] *n* (*Comm*) sala *f* de muestras; (*Art*) sala de exposición, galería *f* de arte.

showstopper [ˈʃəʊˌstɒpəʳ] *n* exitazo *m*.

showy [ˈʃəʊɪ] *adj* (*comp* **-ier**; *superl* **-iest**) ostentoso/a.

shpt *abbr* (*Comm*) *of* **shipment**.

shrank [ʃræŋk] *pt of* **shrink**.

shrapnel [ˈʃræpnl] *n* metralla *f*.

shred [ʃred] **1** *n* (*of cloth*) jirón *m*; (*of paper*) tira *f*; (*fig: of truth, evidence*) chispa *f*; **if you had a ~ of decency** si Vd tuviese una gota de honradez; **you haven't got a ~ of evidence** no tienes la más mínima prueba; **in ~s** (*lit, fig*) hecho/a jirones *or* trizas; **to tear sth to ~s** (*lit, fig*) hacer algo trizas. **2** *vt* (*paper*) hacer trizas, triturar; (*food*) despedazar.

shredder [ˈʃredəʳ] *n* (*for documents, papers*) trituradora *f*; (*vegetable ~*) picadora *f*.

shrew [ʃruː] *n* (*Zool*) musaraña *f*; (*fig pej: woman*) arpía *f*.

shrewd [ʃruːd] *adj* (*comp* **~er**; *superl* **~est**) (*person*) perspicaz, astuto/a; (*wise*) sabio/a, juicioso/a; (*plan etc*) atinado/a, sagaz; **I have a ~ idea that ...** tengo la sospecha de que ....

shrewdly [ˈʃruːdlɪ] *adv* (*see adj*) con perspicacia *or* astucia; sabiamente; con tino.

shrewdness [ˈʃruːdnɪs] *n* (*see adj*) perspicacia *f*, astucia *f*; juicio *m*; tino *m*, sagacidad *f*.

shriek [ʃriːk] **1** *n* chillido *m*, grito *m* agudo; **a ~ of pain** un grito de dolor. **2** *vi* chillar; **to ~ with laughter** chillar de risa.

shrift [ʃrɪft] *n*: **to give sb short ~** (*fig*) despachar a algn sin rodeos; **he gave that idea short ~** mostró su completa disconformidad con tal idea; **he got short ~ from the boss** el jefe se mostró poco compasivo con él.

shrill [ʃrɪl] *adj* (*comp* **~er**; *superl* **~est**) (*voice*) chillón/

ona, agudo/a; (*sound*) estridente, agudo.

shrimp [ʃrɪmp] *n* (*Zool*) camarón *m*; (*fig*) enano/a *m/f*.

shrine [ʃraɪn] *n* (*Rel: tomb*) sepulcro *m*; (*: place*) lugar *m* sagrado.

shrink [ʃrɪŋk] (*pt* **shrank**; *pp* **shrunk**) **1** *vt* encoger. **2** *vi* (**a**) (*gen*) encogerse; **to ~ in the wash** encogerse al lavar. (**b**) (*also* **~ away**, **~ back**) retroceder, echar marcha atrás; **I ~ from doing it** no me atrevo a hacerlo; **he did not ~ from touching it** no vaciló en tocarlo. **3** *n* (*fam*) psiquiatra *mf*.

shrinkage [ˈʃrɪŋkɪdʒ] *n* (*gen*) encogimiento *m*; (*Tech: contraction*) contracción *f*; (*Comm: in shops*) pérdidas *fpl*.

shrinking [ˈʃrɪŋkɪŋ] *adj*: **~ violet** (*fig*) tímido/a *m/f*, vergonzoso/a *m/f*.

shrink-wrap [ˈʃrɪŋkræp] *vt* empaquetar *or* envasar al calor.

shrink-wrapped [ˈʃrɪŋkræpt] *adj* empaquetado/a *or* envasado/a al calor.

shrink-wrapping [ˈʃrɪŋkræpɪŋ] *n* envasado *m* al calor.

shrivel [ˈʃrɪvl] (*also* **~ up**) **1** *vt* (*plant etc*) marchitar, secar; (*skin*) arrugar. **2** *vi* (*plant etc*) marchitarse, secarse; (*skin etc*) arrugarse; **to have a ~led skin** tener la piel arrugada.

shroud [ʃraʊd] **1** *n* (*round corpse*) sudario *m*, mortaja *f*. **2** *vt*: **~ed in** (*fig*) envuelto en.

Shrove Tuesday [ˈʃrəʊvˈtju:zdɪ] *n* martes *m* de carnaval.

shrub [ʃrʌb] *n* arbusto *m*.

shrubbery [ˈʃrʌbərɪ] *n* arbustos *mpl*.

shrug [ʃrʌg] **1** *n* encogimiento *m* de hombros. **2** *vt*: **to ~ one's shoulders** encogerse de hombros. **3** *vi* encogerse de hombros.

► **shrug off** *vt + adv* no hacer caso de; **he just ~ged it off** se encogió de hombros y no hizo caso.

shrunk [ʃrʌŋk] *pp of* **shrink**.

shrunken [ˈʃrʌŋkən] *adj* encogido/a.

shtoom [ʃtʊm] *adj*: **to keep ~** (*fam*) achantar (*fam*), estar achantado (*fam*).

shudder [ˈʃʌdəʳ] **1** *vi* (*person*) estremecerse (*with* de); (*machinery*) vibrar; **the car ~ed to a halt** el coche paró a sacudidas; **I ~ to think** (*fig*) sólo pensarlo me da horror. **2** *n* (*of person*) estremecimiento *m*, escalofrío *m*; (*of machinery*) vibración *f*, sacudida *f*; **to give a ~** sacudirse.

shuffle [ˈʃʌfl] **1** *n* (**a**) **to walk with a ~** caminar arrastrando los pies. (**b**) (*Cards*) **to give the cards a ~** barajar (las cartas). **2** *vt* (**a**) (*feet*) arrastrar. (**b**) (*mix up: papers*) revolver, traspapelar; (*: cards*) barajar. **3** *vi* (**a**) (*walk*) arrastrar los pies; **to ~ about** moverse de un lado para otro; **to ~ in/out** entrar/salir arrastrando los pies. (**b**) (*cards*) barajar.

shun [ʃʌn] *vt* (**a**) (*person*) rechazar. (**b**) (*work*) evitar. (**c**) (*publicity*) rehuir.

shunt [ʃʌnt] *vt* (*Rail*) cambiar de vía, shuntar; (*fig*) desviar.

shunting yard [ˈʃʌntɪŋˌjɑ:d] *n* estación *f* de maniobras.

shush [ʃʊʃ] **1** *interj* ¡chis!, ¡chitón! **2** *vt* (*fam*) (hacer) callar.

shut [ʃʌt] (*pt, pp* **~**) **1** *vt* cerrar; **they ~ the door in his face** le dieron con la puerta en las narices; **to ~ one's fingers in the door** pillarse los dedos en la puerta. **2** *vi* cerrarse; **we ~ at 5** cerramos a las 5.

► **shut away** *vt + adv* encerrar.

► **shut down 1** *vi + adv* cerrarse. **2** *vt + adv* (*gen*) cerrar; (*machine*) apagar; (*by law*) clausurar.

► **shut in** *vt + adv* encerrar.

► **shut off** *vt + adv* (**a**) (*stop: water, power, machine*) cortar, cerrar. (**b**) (*isolate*) aislar (*from* de).

► **shut out** *vt + adv* (*leave outside*) dejar fuera; (*put outside*) sacar; (*close door on*) cerrar la puerta a; (*keep out*) excluir; (*block*) tapar.

► **shut up 1** *vi + adv* (*fam: be quiet*) callarse; **~ up!** ¡cállate! **2** *vt + adv* (**a**) (*close*) cerrar. (**b**) (*enclose*) encerrar. (**c**) (*fam: silence*) callar, hacer callar.

shutdown [ˈʃʌtdaʊn] *n* cierre *m*.

shut-eye [ˈʃʌtaɪ] *n* (*fam*) sueño *m*; **to get some ~** echar un sueñecito (*fam*).

shut-in [ˈʃʌtɪn] *adj* encerrado/a.

shutout [ˈʃʌtaʊt] *n* (*US: lockout*) cierre *m* patronal.

shutter [ˈʃʌtəʳ] **1** *n* (*on window*) contraventana *f*, postigo *m*; (*Phot*) obturador *m*. **2** *cpd*: **~ speed** *n* velocidad *f* de obturación.

shuttered [ˈʃʌtəd] *adj* con las contraventas cerradas.

shuttle [ˈʃʌtl] **1** *n* (*weaving, sewing*) lanzadera *f*; (*space* **~**) transportador *m* espacial; (*fig: transport*) servicio *m* regular; (*Aer*) puente *m* aéreo. **2** *vi* (*subj: transport, person*) ir y venir. **3** *vt* transportar, trasladar. **4** *cpd*: **~ diplomacy** *n* viajes *mpl* diplomáticos; **~ service** *n* servicio *m* regular entre dos puntos.

shuttlecock [ˈʃʌtlkɒk] *n* (*Badminton*) volante *m*.

shy [ʃaɪ] **1** *adj* (*comp* **~er**; *superl* **~est**) tímido/a; **to be ~** avergonzarse, apenarse (*LAm*); **to fight ~ of sth/of doing sth** esquivar algo/no atreverse a hacer algo. **2** *vi* (*horse*) espantarse (*at* a); **to ~ away from sth** (*fig*) huir *or* rehuir de algo; **to ~ away from doing sth** rehusar hacer algo.

shyly [ˈʃaɪlɪ] *adv* tímidamente, con timidez.

shyness [ˈʃaɪnɪs] *n* timidez *f*.

shyster [ˈʃaɪstəʳ] *n* (*US fam*) tramposo/a *m/f*, estafador(a) *m/f*.

SI *n abbr of* **Système Internationale** sistema *m* métrico internacional.

Siam [saɪˈæm] *n* (*old*) Siam *m*.

Siamese [ˌsaɪəˈmi:z] **1** *n* siamés/esa *m/f*. **2** *adj* siamés/esa; **~ cat** gato *m* siamés; **~ twins** hermanos *mpl* siameses.

Siberia [saɪˈbɪərɪə] *n* Siberia *f*.

Siberian [saɪˈbɪərɪən] *adj, n* siberiano/a *m/f*.

sibilant [ˈsɪbɪlənt] *adj, n* sibilante *f*.

sibling [ˈsɪblɪŋ] **1** *n* hermano/a *m/f*. **2** *cpd*: **~ rivalry** *n* rivalidad *f* de hermanos.

sic [sɪk] *adv*: **he said '~'** dijo '~' (*palabras textuales or la cita es textual*).

Sicilian [sɪˈsɪlɪən] *adj, n* siciliano/a *m/f*.

Sicily [ˈsɪsɪlɪ] *n* Sicilia *f*.

sick [sɪk] **1** *adj* (*comp* **~er**; *superl* **~est**) (**a**) (*ill*) enfermo/a, malo/a; **to be (off) ~** estar ausente por enfermedad; **~ building syndrome** *síndrome causado por el aire acondicionado*.

(**b**) (*dizzy, about to vomit*) mareado/a; **~ headache** jaqueca *f*; **to be ~** vomitar, devolver (el estómago); **to feel ~** sentir náuseas; **it will make you ~** te hará mal.

(**c**) (*fig: mind, joke*) morboso/a; **to be ~ (and tired** *or* **to death) of sth/sb** estar harto (a reventar) de algo/algn; **you make me ~!** (*lit*) ¡me das asco!; **it makes me ~!** (*fig*) ¡me revienta!; **it's enough to make you ~** es para volverse loco; **she worried herself ~ about it** se inquietó terriblemente por esto.

2 *npl*: **the ~** los enfermos *mpl*.

3 *cpd*: **~ benefit** *n* subsidio *m* de enfermedad; **~ leave** *n*: **to be on ~ leave** tener licencia por enfermedad; **~ list** *n*: **to be on the ~ list** estar de baja; **~ pay** *n* pago *m* durante la enfermedad.

► **sick up** *vt + adv* (*fam*) vomitar, devolver.

sickbay [ˈsɪkbeɪ] *n* enfermería *f*.

sickbed [ˈsɪkbed] *n* lecho *m* de enfermo.

sicken [ˈsɪkn] **1** *vt* (*make ill*) poner enfermo; (*revolt*) dar asco; (*fig*) **it ~s me to think I missed the party** me enferma pensar que me perdí la fiesta. **2** *vi* caer enfermo, enfermarse; **to be ~ing for sth** (*show signs of*) mostrar síntomas de; (*miss*) echar de menos, echar a faltar.

sickening [ˈsɪknɪŋ] *adj* (*lit*) nauseabundo/a; (*fig*) asqueroso/a, repugnante; (*fam: annoying*) exasperante.

sickle [ˈsɪkl] *n* hoz *f*.

sickle-cell anaemia, (*US*) **sickle-cell anemia**

[ˈsɪkl,selə'niːmɪə] *n* anemia *f* de células falciformes, drepanocitosis *f*.
sickly [ˈsɪklɪ] *adj* (*comp* **-ier**; *superl* **-iest**) (*person*) enfermizo/a, enclenque; (*smile*) forzado/a; (*pale*) pálido/a; (*taste, smell*) empalagoso/a; ~ **sweet** dulzón/ona.
sick-making [ˈsɪkmeɪkɪŋ] *adj* (*fam*) asqueroso/a.
sickness [ˈsɪknɪs] **1** *n* enfermedad *f*; (*sea* ~, *air* ~) mareo *m*. **2** *cpd*: ~ **benefit** *n* = **sick benefit**.
sickroom [ˈsɪkrʊm] *n* cuarto *m* del enfermo.
side [saɪd] **1** *n* (**a**) (*of person*) lado *m*, costado *m*; (*of animal*) ijar *m*, ijada *f*; ~ **of bacon/beef** lonja *f* de tocino/vaca *or* (*LAm*) res; **at** *or* **by sb's** ~ al lado de algn; (*fig*) en apoyo a algn; **by the** ~ **of me** a mi lado; ~ **by** ~ uno al lado del otro.
(**b**) (*edge: of box, square, building etc*) lado *m*; (*of boat, vehicle*) costado *m*; (*of hill*) ladera *f*, falda *f*; (*of lake*) orilla *f*; (*of road*) borde *m*; **on the other** ~ **of the road** *etc* al otro lado de la calle *etc*.
(**c**) (*face, surface: of box, solid figure, paper, record etc*) cara *f*; (*fig: aspect*) lado *m*, aspecto *m*; **right** ~ **up** boca arriba; **to hear both** ~**s of the question** escuchar los argumentos en pro y en contra.
(**d**) (*part*) lado *m*; **the left-hand** ~ el lado izquierdo; **from all** ~**s, from every** ~ de todas partes, de todos lados; **on all** ~**s** por todas partes, por todos lados; **from** ~ **to** ~ de un lado a otro; **to move to one** ~ apartarse, ponerse de lado; **to take sb on** *or* **to one** ~ apartar a algn; **to put sth to** *or* **on one** ~ **(for sb)** guardar algo (para algn); **leaving that to one** ~ **for the moment, ...** dejando eso a un lado por ahora, ...; **on the mother's** ~ por parte de la madre; **to be on the wrong/right** ~ **of 30** haber/no haber cumplido los 30 años; **to get on the wrong/right** ~ **of sb** caerle mal/bien a algn; **to keep on the right** ~ **of sb** congraciarse *or* quedar bien con algn; **to get out of bed on the wrong** ~ levantarse con el pie izquierdo; **to be on the safe** ~ ... para estar seguro ..., por si acaso ...; **to look on the bright** ~ ser optimista; **it's a bit on the large** ~ es algo *or* (*LAm*) tantito grande; **to make a bit (of money) on the** ~ (*fam*) ganar algún dinero extra, hacer chapuzas (*Sp*); **it's this** ~ **of Segovia** está más acá de Segovia; **it won't happen this** ~ **of Christmas** no será antes de Navidades.
(**e**) (*party, team: Sport*) equipo *m*; (*: Pol*) partido *m*; **to have age/justice** *etc* **on one's** ~ tener la juventud/la justicia *etc* de su lado; **he's on our** ~ es de los nuestros; **whose** ~ **are you on?** ¿a quiénes apoyas?; **with a few concessions on the government** ~ con algunas concesiones por parte del gobierno; **to pick** *or* **choose** ~**s** seleccionar el equipo; **to be on the** ~ **of sth/sb** ser partidario/a de algo/algn; **to take** ~**s (with sb)** tomar partido (con algn); **to change** ~**s** pasar al otro bando; (*opinion*) cambiar de opinión; **to let the** ~ **down** (*Sport*) dejar caer a los suyos; (*fig*) decepcionar.
2 *vi*: **to** ~ **with sb** (*in argument*) ponerse de parte de algn.
3 *cpd*: ~ **dish** *n* entremés *m*; ~ **door** *n*, ~ **entrance** *n* puerta *f* de al lado; ~ **effect** *n* efecto *m* secundario; ~ **glance** *n* mirada *f* de soslayo; ~ **issue** *n* cuestión *f* secundaria; ~ **plate** *n* platito *m*; ~ **road** *n* carretera *f* secundaria; ~ **street** *n* calle *f* lateral; ~ **view** *n* perfil *m*.
sideboard [ˈsaɪdbɔːd] *n* aparador *m*.
sideboards [ˈsaɪdbɔːdz], (*US*) **sideburns** [ˈsaɪdbɜːnz] *npl* patillas *fpl*.
sidecar [ˈsaɪdkɑːʳ] *n* sidecar *m*.
-sided [ˈsaɪdɪd] *adj suf* de ... aspectos *or* caras.
sidekick [ˈsaɪdkɪk] *n* (*esp US fam*) compañero/a *m/f*, compinche *mf* (*fam*) cuate/a *m/f* (*Mex*), pata *mf* (*Per*).
sidelight [ˈsaɪdlaɪt] *n* (*Aut*) luz *f* lateral.
sideline [ˈsaɪdlaɪn] *n* (**a**) (*Ftbl etc*) línea *f* de banda. (**b**) (*fig: Comm*) actividad *f* suplementaria; **it's just a** ~ es un pasatiempo, nada más. (**c**) (*fig*) **to be on the** ~**s** estar al margen.
sidelong [ˈsaɪdlɒŋ] **1** *adv* de costado. **2** *adj*: ~ **glance** mirada *f* de reojo *or* soslayo.
side-saddle [ˈsaɪd,sædl] **1** *n* silla *f* de amazona. **2** *adv*: **to ride** ~ montar a la amazona.
sideshow [ˈsaɪdʃəʊ] *n* (*at fair*) atracción *f* secundaria.
side-splitting [ˈsaɪd,splɪtɪŋ] *adj* (*fam*) para reírse a carcajadas.
sidestep [ˈsaɪdstep] **1** *vt* (*problem, question*) eludir, esquivar. **2** *vi* (*Boxing etc*) dar un quiebro, fintar *or* (*LAm*) dar una finta.
sideswipe [ˈsaɪdswaɪp] *n* (*also fig*) golpe *m* de refilón.
sidetrack [ˈsaɪdtræk] *vt* (*person*) despistar; **I got** ~**ed** me despisté.
sidewalk [ˈsaɪdwɔːk] *n* (*US: pavement*) acera *f*, vereda *f* (*LAm*), andén *m* (*CAm, Col*), banqueta *f* (*Mex*).
sideways [ˈsaɪd,weɪz] **1** *adj* (*gen*) de lado, lateral; (*look*) de reojo *or* soslayo. **2** *adv*: **to step** ~ hacerse de lado; **to walk/move** ~ andar/moverse hacia el lado *or* lateralmente; **it goes** *or* **fits in** ~ se mete de lado *or* de costado.
siding [ˈsaɪdɪŋ] *n* (*Rail*) apartadero *m*, vía *f* muerta.
sidle [ˈsaɪdl] *vi*: **to** ~ **up (to sb)** acercarse furtivamente (a algn); **to** ~ **in/out** entrar/salir furtivamente.
SIDS *n abbr of* **sudden infant death syndrome**.
siege [siːdʒ] **1** *n* cerco *m*, sitio *m*; **to lay** ~ **to** cercar, sitiar. **2** *cpd*: ~ **economy** *n* economía *f* de sitio.
sienna [sɪˈenə] *n* siena *f*.
Sierra Leone [sɪˈerəlɪˈəʊn] *n* Sierra *f* Leona.
siesta [sɪˈestə] *n* siesta *f*; **to have a** ~ dormir la siesta.
sieve [sɪv] **1** *n* (*gen*) colador *m*; (*Min*) criba *f*, tamiz *m*. **2** *vt* (*liquid etc*) colar; (*flour, soil etc*) cribar, tamizar.
sift [sɪft] **1** *vt* (*flour, soil etc*) cerner, tamizar. **2** *vi*: **to** ~ **through** (*fig*) examinar cuidadosamente.
sigh [saɪ] **1** *n* (*of person*) suspiro *m*; (*of wind*) susurro *m*, gemido *m*; **to heave a** ~ dar un suspiro. **2** *vi* (*person*) suspirar; (*wind*) susurrar.
sighing [ˈsaɪɪŋ] *n* (*of person*) suspiros *mpl*; (*of wind*) susurro *m*.
sight [saɪt] **1** *n* (**a**) (*faculty, act of seeing*) vista *f*; **to have good/poor (eye)**~ tener buena/mala vista; **at** ~ a la vista; **at first** ~ a primera vista; **to shoot on** ~ disparar sin previo aviso; **I know her by** ~ la conozco de vista; **to be in** *or* **within** ~ estar a la vista (*of* de); **to have sth within** ~ tener algo a la vista; **to keep sth in** ~ no perder de vista algo; **we were within** ~ **of the coast** teníamos la costa a la vista; **it came into** ~ apareció; **to catch** ~ **of sth/sb** divisar algo/a algn; **to be out of** ~ no estar a la vista; **keep out of** ~! ¡no te dejes ver!, ¡escóndete!; **not to let sb out of one's** ~ no perder a algn de vista; **out of** ~ (*US fam*) fabuloso/a (*fam*); **out of** ~**, out of mind** ojos que no ven, corazón que no siente; **to buy sth** ~ **unseen** comprar algo sin verlo; **to hate the** ~ **of sb/sth** no poder ver a algn/algo; **to lose** ~ **of sb/sth** perder a algn/algo de vista; **to lose** ~ **of sb** (*fig*) perder contacto con algn; **to lose** ~ **of the fact that** ... no tener presente el hecho de que ....
(**b**) (*spectacle*) espectáculo *m*; **to see** *or* **visit the** ~**s of Madrid** visitar los lugares turísticos *or* de mayor interés de Madrid; **it's not a pretty** ~ no es precisamente bonito; **it's a** ~ **for sore eyes** da gusto verlo.
(**c**) (*spectacle: of person*) **I must look a** ~ debo parecer horroroso, ¿no?; **what a** ~ **you are!** ¡qué adefesio!
(**d**) (*on gun: often pl*) mira *f*, alza *f*; **in one's** ~**s** en la línea de tiro; **to set one's** ~**s on sth/doing sth** aspirar a *or* ambicionar algo/hacer algo; **to set one's** ~**s too high** (*fig*) ser demasiado ambicioso.
(**e**) (*fam: a great deal*) **this is a** ~ **better than the other one** éste no tiene comparación con el otro.
2 *vt* (*Naut: land*) ver, divisar; (*bird, rare animal*) observar, ver; (*person*) ver.
sighted [ˈsaɪtɪd] *adj* vidente.
-sighted [ˈsaɪtɪd] *adj suf*: **short**~ corto/a de vista, miope.
sighting [ˈsaɪtɪŋ] *n* observación *f*.

sight-read [ˈsaɪtriːd] (*pt, pp* **-read**) *vt, vi* (*Mus*) repentizar.
sight-reading [ˈsaɪt,riːdɪŋ] *n* (*Mus*) acción *f* de repentizar.
sightseeing [ˈsaɪt,siːɪŋ] *n* turismo *m*; **to go ~, to do some ~** hacer turismo.
sightseer [ˈsaɪt,sɪəʳ] *n* turista *mf*.
sign [saɪn] **1** *n* (**a**) (*gesture*) gesto *m*, seña *f*; (*: symbolic etc*) señal *f*; **to make a ~ to sb** hacer seña a algn; **to make the ~ of the Cross** hacer la señal de la cruz.
(**b**) (*indication*) señal *f*, muestra *f*; (*proof*) prueba *f*; (*track, trail*) huella *f*, rastro *m*; **as a ~ of sth** en señal de algo; **it's a (sure) ~** es una prueba (inconfundible); **it's a ~ of the times** es señal de la época; **it's a good/bad ~** es buena/mala señal; **at the first** *or* **slightest ~ of sth** al primer indicio de algo; **there was no ~ that he had been there** no dejó rastro de su presencia; **to show ~s/no ~ of doing sth** dar/no dar muestras de hacer algo; **there was no ~ of him anywhere** no se le veía en ninguna parte; **there was no ~ of life in the village** no había señal de vida en el pueblo.
(**c**) (*road~: with instructions*) señal *f* de tráfico; (*: direction indicator*) indicador *m*; (*shop ~*) letrero *m*, rótulo *m*; (*notice*) anuncio *m*; (*US: carried in demonstration*) pancarta *f*; **there was a big ~ which said 'Danger'** había un gran letrero que decía 'Peligro'.
(**d**) (*written symbol*) signo *m*, símbolo *m*; (*Astron, Math, Mus, Zodiac*) signo; **plus/minus ~** signo de más/de menos.
2 *vt* (**a**) (*letter, contract*) firmar; **to ~ one's name** firmar; **she ~s herself B. Smith** firma con el nombre B. Smith.
(**b**) (*Ftbl: player*) fichar.
3 *vi* (**a**) (*with signature*) firmar.
(**b**) (*signal*) hacer señas; **to ~ to sb to do sth** hacer señas a algn para que haga algo.
4 *cpd*: **~ language** *n* lenguaje *m* por señas.
▸ **sign away** *vt + adv* (*rights etc*) ceder.
▸ **sign for** *vi + prep* (*key, parcel etc*) firmar el recibo de.
▸ **sign in 1** *vi + adv* firmar el registro. **2** *vt + adv* inscribir en la lista de invitados.
▸ **sign off** *vi + adv* (*Rad, TV*) cerrar el programa; (*ending letter*) terminar.
▸ **sign on 1** *vi + adv* (*Mil etc: enlist*) alistarse; (*as unemployed*) registrarse como desempleado; (*as worker*) contratarse; **to ~ on for a course** (*enrol*) matricularse en una clase. **2** *vt + adv* (*employees*) contratar; (*Mil: enlisted man*) alistar; (*Ftbl*) fichar.
▸ **sign out 1** *vi + adv* marcharse. **2** *vt + adv*: **you must ~ all books out** tienes que firmar al tomar prestado cualquier libro.
▸ **sign over** *vt + adv* (*rights etc*) ceder.
▸ **sign up** = **sign on.**
signal [ˈsɪgnl] **1** *n* señal *f*; (*Telec*) señal, tono *m*; (*TV, Rad*) sintonía *f*; **traffic ~s** semáforo *m*; **railway ~s** semáforos de ferrocarril.
2 *vt* (**a**) (*message*) comunicar por señales; **to ~ a left-/right-hand turn** (*Aut*) indicar que va a doblar a la izquierda/derecha; **to ~ sb on/through** dar la señal de pasar.
(**b**) (*signify*) señalar.
3 *vi* (*gen*) dar una señal; (*with hands*) hacer señas; **to ~ to sb to do sth** hacer señas a algn para que haga algo; **to ~ (to sb) that ...** comunicar (a algn) por señas que ....
4 *cpd*: **~ box** *n* (*Rail*) garita *f* de señales.
signalman [ˈsɪgnlmən] *n* (*pl* **-men**) (*Rail*) guardavía *mf*.
signatory [ˈsɪgnətərɪ] *n* firmante *mf*, signatario/a *m/f*.
signature [ˈsɪgnətʃəʳ] **1** *n* (**a**) (*of person*) firma *f*; **to put one's ~ to sth** firmar algo. (**b**) (*Mus*) armadura *f*. **2** *cpd*: **~ tune** *n* sintonía *f* de apertura de un programa.
signboard [ˈsaɪnbɔːd] *n* (*small*) letrero *m*; (*large*) cartelera *f*.
signet [ˈsɪgnɪt] *cpd*: **~ ring** *n* sello *m*.
significance [sɪgˈnɪfɪkəns] *n* (*meaning*) significado *m*; (*importance*) importancia *f*.
significant [sɪgˈnɪfɪkənt] *adj* (*meaningful*) significativo/a; (*important*) importante; **~ other** (*fam: partner*) pareja *f*; **calculate it to 4 ~ figures** (*Math*) calcúlelo a 4 cifras significativas; **it is ~ that ..., it's a ~ fact that ...** es significativo que ....
significantly [sɪgˈnɪfɪkəntlɪ] *adv* (*markedly*) sensiblemente; **~, most of them are Scottish** es de notar que la mayoría son escoceses; **she looked at me ~** me lanzó una mirada expresiva.
signify [ˈsɪgnɪfaɪ] *vt* (**a**) (*mean*) querer decir, significar; (*indicate*) indicar, señalar; **to ~ that ...** dar a entender que .... (**b**) (*make known*) indicar.
signpost [ˈsaɪnpəʊst] **1** *n* poste *m* indicador. **2** *vt* indicar.
Sikh [siːk] *adj, n* sij *mf*.
silage [ˈsaɪlɪdʒ] *n* ensilaje *m*.
silence [ˈsaɪləns] **1** *n* silencio *m*; **~!** ¡silencio!; **in (dead** *or* **complete) ~** en silencio (absoluto); **there was ~ on the matter** no se hizo comentario alguno sobre la cuestión; **to pass over sth in ~** pasar algo por alto; **~ is golden** en boca cerrada no entran moscas. **2** *vt* (*person, critics*) hacer callar, acallar; (*noise*) apagar; (*conscience*) calmar, aplacar.
silencer [ˈsaɪlənsəʳ] *n* (*Aut, on gun*) silenciador *m*.
silent [ˈsaɪlənt] *adj* (*person*) silencioso/a, callado/a; (*film, letter etc*) mudo/a; **to fall ~** callarse, quedarse callado; **to keep** *or* **remain ~** guardar silencio; **~ majority** mayoría silenciosa; **~ partner** (*esp US*) socio/a *m/f* comanditario/a.
silently [ˈsaɪləntlɪ] *adv* (*gen*) en silencio; (*not speaking*) sin hablar.
silhouette [,sɪluːˈet] **1** *n* silueta *f*. **2** *vt*: **to be ~d against sth** destacarse *or* perfilarse en *or* contra algo.
silica [ˈsɪlɪkə] *n* sílice *f*.
silicon [ˈsɪlɪkən] **1** *n* silicio *m*. **2** *cpd*: **~ chip** *n* plaqueta *f* de silicio.
silicone [ˈsɪlɪkəʊn] *n* silicona *f*.
silicosis [,sɪlɪˈkəʊsɪs] *n* silicosis *f*.
silk [sɪlk] **1** *n* seda *f*. **2** *cpd* de seda.
silkmoth [ˈsɪlkmɒθ] *n* mariposa *f* de seda.
silk-screen [ˈsɪlkskriːn] *cpd*: **~ printing** *n* serigrafía *f*.
silkworm [ˈsɪlkwɜːm] *n* gusano *m* de seda.
silky [ˈsɪlkɪ] *adj* (*comp* **-ier**; *superl* **-iest**) (*material*) sedoso/a; (*sound*) suave.
sill [sɪl] *n* (*window~*) alféizar *m*; (*Aut*) umbral *m*.
silliness [ˈsɪlɪnɪs] *n* (*quality*) estupidez *f*; (*act*) tontería *f*.
silly [ˈsɪlɪ] *adj* (*comp* **-ier**; *superl* **-iest**) (*stupid: person*) tonto/a, bobo/a, sonso/a *or* zonzo/a (*LAm*); (*: act, idea*) absurdo/a; (*ridiculous*) ridículo/a; **how ~ (of) me!** ¡qué tonto soy!; **to laugh o.s. ~** (*fam*) desternillarse de risa (*fam*); **to make sb look ~** poner a algn en ridículo; **~ season** temporada *f* boba, canícula *f*.
silo [ˈsaɪləʊ] *n* (*pl* **~s**) (*gen*) silo *m*.
silt [sɪlt] *n* sedimento *m*, aluvión *m*.
▸ **silt up 1** *vi + adv* obstruirse con sedimentos. **2** *vt + adv* obstruir (con sedimentos).
silver [ˈsɪlvəʳ] **1** *n* (*metal*) plata *f*; (*~ware, ~ cutlery*) plata, vajilla *f* de plata; (*money*) monedas *fpl* de plata. **2** *cpd* de plata; **~ beet** *n* (*US*) acelga *f*; **~ birch** *n* abedul *m* plateado; **~ coin** *n* moneda *f* de plata; **~ foil** *n* hoja *f* de plata; **~ jubilee** *n* vigésimo quinto aniversario *m*; **~ lining** *n* (*fig*) resquicio *m* de esperanza; **~ paper** *n* papel *m* de plata; **~ plate** *n* (*material*) plateado *m*; (*objects*) vajilla *f* plateada; **the ~ screen** *n* la pantalla cinematográfica; **~ wedding** *n* bodas *fpl* de plata.
silver-plated [,sɪlvəˈpleɪtɪd] *adj* plateado/a.
silversmith [ˈsɪlvəsmɪθ] *n* platero/a *m/f*.
silverware [ˈsɪlvəwɛəʳ] *n* plata *f*, vajilla *f* de plata.
silvery [ˈsɪlvərɪ] *adj* (*colour*) plateado/a; (*sound*) argentino/a.
simian [ˈsɪmɪən] *adj* símico/a.
similar [ˈsɪmɪləʳ] *adj* semejante *or* parecido/a (*to* a); **A**

and B are ~, A is ~ to B A y B se parecen; ~ **in size** de tamaño parecido; **the cars are so ~ that ...** los coches se parecen tanto que ....
similarity [ˌsɪmɪˈlærɪtɪ] *n* semejanza *f*, parecido *m*.
similarly [ˈsɪmɪləlɪ] *adv* (*equally*) igualmente; (*in a like manner*) de manera parecida; **and ~, ...** y del mismo modo *or* por la misma razón ....
simile [ˈsɪmɪlɪ] *n* símil *m*.
simmer [ˈsɪməʳ] **1** *vt* cocer a fuego lento. **2** *vi* hervir a fuego lento; (*fig*) estar a punto de estallar.
▸ **simmer down** *vi* + *adv* (*fig fam*) calmarse, tranquilizarse.
simper [ˈsɪmpəʳ] **1** *n* sonrisa *f* afectada. **2** *vi* sonreír con afectación.
simpering [ˈsɪmpərɪŋ] *adj* (*affected*) afectado/a; (*foolish*) atontado/a.
simple [ˈsɪmpl] *adj* (*comp* **~r**; *superl* **~st**) (*gen*) sencillo/a; (*easy*) fácil, sencillo; (*natural*) natural; (*innocent*) ingenuo/a, cándido/a; (*foolish*) simple, tonto/a; ~ **interest** (*Fin*) interés *m* simple.
simple-minded [ˈsɪmplˈmaɪndɪd] *adj* simple.
simpleton [ˈsɪmpltən] *n* inocentón/ona *m/f*, simplón/ona *m/f*.
simplicity [sɪmˈplɪsɪtɪ] *n* (*see adj*) sencillez *f*; naturalidad *f*; ingenuidad *f*; simpleza *f*.
simplification [ˌsɪmplɪfɪˈkeɪʃən] *n* simplificación *f*.
simplify [ˈsɪmplɪfaɪ] *vt* simplificar.
simplistic [sɪmˈplɪstɪk] *adj* simplista.
simply [ˈsɪmplɪ] *adv* sencillamente; **a ~ furnished room** un cuarto sencillamente amueblado; **I ~ said that ...** (*only*) sólo dije que ..., no más dije que ... (*LAm*); **you ~ must come!** (*fam: absolutely*) ¡no dejes de venir!
simulate [ˈsɪmjʊleɪt] *vt* simular.
simulated [ˈsɪmjʊˌleɪtɪd] *adj* simulado/a; ~ **attack** simulacro *m* de ataque.
simulation [ˌsɪmjʊˈleɪʃən] *n* simulación *f*.
simulator [ˈsɪmjʊleɪtəʳ] *n* simulador *m*.
simultaneous [ˌsɪməlˈteɪnɪəs] *adj* simultáneo/a.
simultaneously [ˌsɪməlˈteɪnɪəslɪ] *adv* simultáneamente, a la vez.
sin [sɪn] **1** *n* pecado *m*; **mortal ~** pecado mortal; **it would be a ~ to do that** (*Rel*) sería un pecado hacer eso; (*fig*) sería un crimen hacer eso. **2** *vi* pecar.
since [sɪns] **1** *adv* (*also* **ever ~**) desde entonces; **not long ~** hace poco. **2** *prep* (*gen*) desde; (*starting from*) a partir de; ~ **Monday** desde el lunes; **(ever) ~ then** *or* **that, ...** desde entonces .... **3** *conj* **(a)** (*time*) desde que; **(ever) ~ I arrived** desde que llegué. **(b)** (*because*) ya que; ~ **you can't come** ya que no puedes venir; ~ **he is Spanish** como es español, siendo él español.
sincere [sɪnˈsɪəʳ] *adj* sincero/a.
sincerely [sɪnˈsɪəlɪ] *adv* sinceramente; **Yours ~** (le saluda) atentamente.
sincerity [sɪnˈserɪtɪ] *n* sinceridad *f*; **in all ~** con toda sinceridad.
sine [saɪn] *n* (*Math*) seno *m*.
sinecure [ˈsaɪnɪkjʊəʳ] *n* sinecura *f*, hueso *m*, enchufe *m*.
sine qua non [ˈsaɪnɪkweɪˈnɒn] *n* sine qua non *m*.
sinew [ˈsɪnjuː] *n* (*tendon*) tendón *m*; **~s** (*muscles*) músculos *mpl*; (*fig: strength*) nervio *m*, vigor *m*.
sinewy [ˈsɪnjuːɪ] *adj* nervudo/a.
sinful [ˈsɪnfʊl] *adj* (*act, thought*) pecaminoso/a; (*person*) pecador(a); (*fig*) escandaloso/a.
sing [sɪŋ] (*pt* **sang**; *pp* **sung**) **1** *vt* cantar; **to ~ a child to sleep** arrullar a un niño. **2** *vi* (*person, bird*) cantar; (*kettle, bullet*) silbar; (*ears*) zumbar.
▸ **sing out** *vi* + *adv* gritar.
▸ **sing up** *vi* + *adv* cantar más fuerte; **~ up!** ¡más fuerte!
Singapore [ˌsɪŋgəˈpɔːʳ] *n* Singapur *m*.
singe [sɪndʒ] *vt* chamuscar.
singer [ˈsɪŋəʳ] *n* cantante *mf*.
singing [ˈsɪŋɪŋ] **1** *n* (*act of* ~) cantar *m*; (*songs*) canciones *fpl*; (*of kettle etc*) silbido *m*; (*in ears*) zumbido *m*. **2** *adj*: ~ **telegram** telegrama *m* cantado. **3** *cpd* de cantar; ~ **teacher** *n* profesor(a) *m/f* de canto.
single [ˈsɪŋgl] **1** *adj* **(a)** (*only one*) único/a, solo/a; **a ~ tree in a garden** un árbol único en el jardín; **only on one ~ occasion** una sola vez; **not a ~ one was left** no quedaba ni uno; **every ~ day** todos los días (sin faltar uno); ~ **market** mercado *m* único; ~ **parent** (*woman*) madre *f* sola; (*man*) padre *m* solo; ~ **parent family** familia *f* monoparental; ~ **user** (*adj*) monousuario/a.
(b) (*not double etc*) simple, sencillo/a; ~ **bed/room** cama *f*/habitación *f* individual *or* sencilla; ~ **density disk** disco *m* de densidad sencilla; **in ~ file** en fila india; ~ **spacing** interlineado *m* simple; **in ~ spacing** a espacio sencillo.
(c) (*not married*) soltero/a.
2 *n* **(a) ~s** (*Tennis*) individual *m*.
(b) (*Rail*) billete *m* sencillo *or* de ida.
(c) (*record*) disco *m* de 45, single *m*.
3 *cpd*: **~s bar** *n* bar *m* para solteros.
▸ **single out** *vt* + *adv* (*choose*) elegir, seleccionar; (*distinguish*) hacer resaltar.
single-breasted [ˈsɪŋglˈbrestɪd] *adj* recto/a.
single-decker [ˌsɪŋglˈdekəʳ] *n* autobús *m* de un solo piso.
single-entry [ˈsɪŋglˈentrɪ] **1** *n* partida *f* simple. **2** *cpd*: ~ **book-keeping** *n* contabilidad *f* por partida simple.
single-figure [ˈsɪŋglˌfɪgəʳ] *adj*: ~ **inflation** inflación *f* de un solo dígito.
single-handed [ˈsɪŋglˈhændɪd] *adj*, *adv* sin ayuda.
single-minded [ˈsɪŋglˈmaɪndɪd] *adj* resuelto/a.
singleness [ˈsɪŋglnɪs] *n*: ~ **of purpose** resolución *f*.
single-seater [ˈsɪŋglˈsiːtəʳ] *adj*: ~ **aeroplane** monoplaza *m*.
single-sex [ˈsɪŋglseks] *adj*: ~ **school** escuela *f* para sólo niños *or* sólo niñas.
single-sided [ˈsɪŋglˌsaɪdɪd] *adj*: ~ **disk** disco *m* de una cara.
singlet [ˈsɪŋglɪt] *n* camiseta *f*, playera *f* (*LAm*).
single-track [ˈsɪŋglˈtræk] *adj* de vía única.
singly [ˈsɪŋglɪ] *adv* (*separately*) por separado; (*one at a time*) algn por algn.
singsong [ˈsɪŋˌsɒŋ] **1** *adj* (*tone*) monótono/a. **2** *n* (*songs*) concierto *m* improvisado; (*sound*) sonsonete *m*.
singular [ˈsɪŋgjʊləʳ] **1** *adj* **(a)** (*Ling*) singular. **(b)** (*extraordinary*) excepcional, extraordinario/a. **2** *n* singular *m*; **in the ~** en singular.
singularly [ˈsɪŋgjʊləlɪ] *adv* (*see adj*) singularmente; extraordinariamente.
sinister [ˈsɪnɪstəʳ] *adj* siniestro/a.
sink[1] [sɪŋk] (*pt* **sank**; *pp* **sunk**) **1** *vt* **(a)** (*ship*) hundir, echar a pique; (*fig: person, project*) dar al traste con; **to be sunk** (*fam*) estar perdido; **to be sunk in thought** estar absorto en la meditación; **to be sunk in depression** estar sumido en el abatimiento; **let's ~ our differences** hagamos las paces.
(b) (*mineshaft, well*) cavar, excavar; (*foundations*) echar, sentar; (*stake, pipe etc*) hincar; (*fam: drink*) tragarse; (*ball, putt*) embocar; **he sank his teeth into my arm** me hincó los dientes en el brazo; **to ~ money into an enterprise** invertir dinero en una empresa.
2 *vi* (*gen*) hundirse; (*in water*) hundirse, irse a pique; (*sun*) ponerse; (*person*) dejarse caer; (*fig: plans etc*) echarse abajo; (*fig: into sleep, despair*) sumirse; **to ~ to the bottom** ir al fondo; **to ~ into a chair** dejarse caer en una silla; **to ~ into poverty** caer en la miseria; **he's ~ing fast** (*dying*) está desvaneciendo; **his heart sank** se le cayó el alma a los pies; **he has sunk in my estimation** ha bajado en mi estima; **he was left to ~ or swim** (*fig*) le abandonaron a su suerte; **the share(s) prices have sunk to 3 dollars** las acciones han bajado a 3 dólares.
sink[2] [sɪŋk] **1** *n* (*in kitchen*) fregadero *m*, pila *f*; (*in bathroom*) lavabo *m*. **2** *cpd*: ~ **tidy** *n* recipiente para lavavajillas, jabón y estropajos; ~ **unit** *n* fregadero *m*.

► **sink back** *vi + adv*: **he sank back into his chair** se arrellanó en la silla.
► **sink in** *vi + adv* (*be submerged*) hundirse; (*penetrate*) penetrar; **it hasn't sunk in yet** (*fig*) aún no ha caído en la cuenta.
sinking ['sɪŋkɪŋ] **1** *n* (*shipwreck*) hundimiento *m*. **2** *adj*: **to have a ~ feeling that ...** tener la sensación deprimente de que ...; **~ fund** fondo *m* de amortización; **with ~ heart** con la muerte en el alma.
sinner ['sɪnəʳ] *n* pecador(a) *m/f*.
Sino... ['saɪnəʊ] *pref* sino..., chino....
Sinologist [,saɪ'nɒlədʒɪst] *n* sinólogo/a *m/f*.
sinuous ['sɪnjʊəs] *adj* (*gen*) sinuoso/a; (*road*) con muchos rodeos.
sinus ['saɪnəs] *n* (*Anat*) seno *m*.
sip [sɪp] **1** *n* sorbo *m*. **2** *vt* sorber, beber a sorbos.
siphon ['saɪfən] **1** *n* sifón *m*. **2** *vt* (*also* **~ off, ~ out**) sacar con sifón; (*fig: traffic, funds*) desviar.
sir [sɜːʳ] *n* señor *m*; **S~s** (*US*) muy señores nuestros; **yes, ~** sí, señor; **Dear S~** (*in letter*) muy señor mío, estimado Sr; **S~ Winston Churchill** Sir Winston Churchill.
sire ['saɪəʳ] **1** *n* (*Zool*) padre *m*. **2** *vt* ser el padre de.
siren ['saɪərən] *n* (*all senses*) sirena *f*.
sirloin ['sɜːlɔɪn] *n* solomillo *m*.
sisal ['saɪsəl] *n* pita *f*, sisal *m*, henequén *m (LAm)*.
sissy ['sɪsɪ] *n* (*fam*) marica *m*.
sister ['sɪstəʳ] **1** *n* (**a**) (*relation*) hermana *f*. (**b**) (*Med*) enfermera *f* jefe. (**c**) (*Rel*) hermana *f*, monja *f*; (*: before name*) sor. **2** *cpd*: **~ city** *n* (*US*) ciudad *f* gemela; **~ company** *n* empresa *f* hermana; **~ nation** *n* nación *f* hermana; **~ organization** *n* organización *f* hermana; **~ ship** *n* barco *m* gemelo.
sister-in-law ['sɪstərɪnlɔː] *n* (*pl* **sisters-in-law**) cuñada *f*.
sisterly ['sɪstəlɪ] *adj* de hermana.
sit [sɪt] (*pt, pp* **sat**) **1** *vi* (**a**) (*also* **~ down**) sentarse, tomar asiento; (*be ~ting down*) estar sentado/a; **to ~ still/straight** estarse quieto/ponerse derecho en la silla; **to be ~ting pretty** (*fig fam*) estar bien colocado/a; **to ~ on a committee** ser miembro de una comisión; **to ~ for a painter** *or* **a portrait** posar para un retrato; **to ~ for an examination** presentarse a *or* pasar un examen; **to ~ for Bury** (*Pol*) representar a Bury; **he sat over his books all night** pasó toda la noche con sus libros.
(**b**) (*assembly*) reunirse, celebrar sesión.
(**c**) (*bird, insect*) posarse; (*on eggs*) empollar.
(**d**) (*fig: dress etc*) caer, sentar; **that pie ~s heavy on the stomach** la empanada esa no me sienta; **it sat heavy on his conscience** le remordió la conciencia.
2 *vt* (**a**) (*guest, child etc*) sentar *or* distribuir en la mesa.
(**b**) (*exam*) presentarse a; **to ~ an examination in French** examinarse de francés.
► **sit about, sit around** *vi + adv* holgazanear, flojear *(LAm)*.
► **sit back** *vi + adv* (*in seat*) recostarse; (*doing nothing*) cruzarse de brazos.
► **sit down 1** *vi + adv* sentarse; **to be ~ting down** estar sentado/a. **2** *vt + adv* sentar.
► **sit in** *vi + adv* (**a**) (*on a discussion*) asistir. (**b**) (*demonstrate: in a building*) ocupar como protesta.
► **sit on** *vi + prep* (*fig fam*) (**a**) (*keep secret: news, information*) ocultar, callar; (*delay taking action on: document, application*) aplazar. (**b**) (*person: silence*) hacer callar; (*: oppress*) reprimir a.
► **sit out** *vt + adv* (**a**) (*not take part in*) no participar en; **let's ~ this dance out** no bailemos esta vez. (**b**) (*endure*) **to ~ out a strike** aguantar una huelga (sin ofrecer concesiones).
► **sit up 1** *vi + adv* (**a**) (*upright*) ponerse derecho, enderezarse; (*in bed*) incorporarse; **to ~ up and take notice** despabilarse; **to make sb ~ up (and take notice)** (*fig*) hacer que algn preste atención, llamarle la atención a algn. (**b**) (*stay up late*) trasnochar, velar; **to ~ up with sb** hacerle compañía a algn. **2** *vt + adv* (*baby, doll*) sentar.
sitcom ['sɪtkɒm] *n abbr* (*fam: TV*) *of* **situation comedy**.
sit-down ['sɪtdaʊn] **1** *adj* (*function*) sentado/a; (*strike*) de brazos caídos. **2** *n*: **I must have a ~** (*fam*) tengo que descansar (sentado).
site [saɪt] **1** *n* (*place*) sitio *m*, lugar *m*; (*location*) situación *f*; (*scene*) escenario *m*; (*for building*) solar *m*, descampado *m (Per)*; **camp ~** camping *m*; **the ~ of the battle** el escenario de la batalla. **2** *vt* situar, ubicar; **a badly ~d building** un edificio mal ubicado.
sit-in ['sɪtɪn] *n* (*fam: demonstration*) ocupación *f*; (*: strike*) huelga *f* de brazos caídos.
Sits Vac. [,sɪts'væk] *n abbr of* **Situations Vacant**.
sitter ['sɪtəʳ] *n* (*Art*) modelo *mf*; (*baby~*) canguro *mf (Sp)*, quien cuida al niño.
sitting ['sɪtɪŋ] **1** *n* (*Pol, Art etc*) sesión *f*; (*in canteen*) servicio *m*; **to eat it all at one ~** comérselo todo de una sentada; **to read a book in one ~** leer un libro de un tirón. **2** *adj* (*also* **~ down**) sentado/a; **~ duck** (*fig*) blanco *m* facilísimo; **~ member** miembro *mf* actual *or* en funciones; **~ tenant** inquilino/a *m/f* en posesión. **3** *cpd*: **~ room** *n* sala *f*, cuarto *m* de estar, salón *m (LAm)*, living *m*.
situate ['sɪtjʊeɪt] *vt* situar, ubicar *(esp LAm)*.
situated ['sɪtjʊeɪtɪd] *adj* (*gen*) situado/a, ubicado/a *(esp LAm)*; **the bank is ~ in the high street** el banco se encuentra en la calle principal; **how are you ~ for money?** (*fig*) ¿cómo vas *or* andas de dinero?
situation [,sɪtjʊ'eɪʃən] **1** *n* (*position*) situación *f*, ubicación *f*; (*fig*) situación; (*job*) empleo *m*, vacante *f*; **'S~s Vacant'** 'Ofrecen trabajo'; **'S~s Wanted'** 'Buscan trabajo'. **2** *cpd*: **~ comedy** *n* (*TV, Rad*) serie *f* cómica.
sit-up ['sɪtʌp] *n* abdominal *m*.
six [sɪks] **1** *adj* seis. **2** *n* seis *m*; **to be (all) at ~es and sevens** (*fig: person*) estar confuso/a; (*: things*) estar en desorden; **it's ~ of one and half a dozen of the other** (*fig*) da lo mismo, da igual; **~ of the best** (*Brit*) seis azotes *mpl (castigo escolar)*; *see* **five** *for usage*.
six-pack ['sɪkspæk] *n* paquete *m* de seis.
sixpence ['sɪkspəns] *n* (*Brit: formerly*) 6 peniques *mpl*.
six-shooter ['sɪks'ʃuːtəʳ] *n* revólver *m* de seis tiros.
sixteen ['sɪks'tiːn] **1** *adj* dieciséis *or* diez y seis. **2** *n* dieciséis *m*, diez y seis *m*; *see* **five** *for usage*.
sixteenth ['sɪks'tiːnθ] **1** *adj* decimosexto/a. **2** *n* (*in series*) decimosexto/a *m/f*; (*fraction*) dieciseisavo *m*, decimosexta parte *f*; *see* **fifth** *for usage*.
sixth [sɪksθ] **1** *adj* sexto/a; **~ form** clase *f* de alumnos del sexto año *(de 16 a 18 años de edad)*. **2** *n* (*in series*) sexto/a *m/f*; (*fraction*) sexto *m*, sexta parte *f*; *see* **fifth** *for usage*.
sixth-form ['sɪksθfɔːm] *adj*: **~ college** instituto *m* para alumnos de 16 a 18 años.
sixtieth ['sɪkstɪɪθ] **1** *adj* sexagésimo/a. **2** *n* (*in series*) sexagésimo/a *m/f*; (*fraction*) sexagésima parte *f*, sesentavo *m*; *see* **fifth** *for usage*.
sixty ['sɪkstɪ] **1** *adj* sesenta. **2** *n* sesenta *m*; *see* **fifty** *for usage*.
size[1] [saɪz] *n* (*gen*) tamaño *m*; (*of person*) talla *f*, estatura *f*; (*of garments*) talla, medida *f*; (*shoes*) número *m*; (*scope*) alcance *m*; **what ~ are you?** ¿qué talla usas?, ¿de qué talla eres?; **what ~ shoes do you take?** ¿qué numero (de zapato) calzas *or* gastas?; **what ~ shirt do you take?** ¿qué talla de camisa es la de Vd?; **try this (on) for ~** prueba esto a ver si te conviene; **it's 2 ~s too big** es dos tallas demasiado grande; **he's about your ~** tiene más o menos la talla de Vd; **what ~ is the room?** ¿de qué tamaño *or (LAm)* qué tan grande es el cuarto?; **it's quite a ~** es bastante grande; **that's about the ~ of it** eso es lo que puedo decirle acerca del asunto, es más o menos eso; (*as answer*) así es; **the ~ of the problem** la magnitud del problema; **to cut sth to ~** cortar algo al tamaño que se necesita; **to cut sb down to ~** (*fig fam*) bajarle los humos a algn.
size[2] [saɪz] **1** *n* cola *f*, apresto *m*. **2** *vt* encolar, aprestar.

▸ **size up** *vt + adv* (*person*) tomar la medida a; (*problem, situation*) evaluar, apreciar.
sizeable ['saɪzəbl] *adj* (*sum of money etc*) considerable, importante; (*object*) bastante grande.
-sized [saɪzd] *adj ending in cpds* de tamaño ....
sizzle ['sɪzl] *vi* chisporrotear; (*in frying*) crepitar (al freírse).
S.J. *abbr of* **Society of Jesus** C. de J.
SK *abbr* (*Canada*) *of* **Saskatchewan**.
skate[1] [skeɪt] *n* (*fish*) raya *f*.
skate[2] [skeɪt] **1** *n* patín *m*; **get your ~s on!** ¡date prisa! **2** *vi* patinar.
▸ **skate over**, **skate around** *vi + prep* (*problem, issue*) pasar por alto *or* por encima de.
skateboard ['skeɪtbɔːd] *n* monopatín *m*.
skater ['skeɪtəʳ] *n* patinador(a) *m/f*.
skating ['skeɪtɪŋ] **1** *n* patinaje *m*; **do you like ~?** ¿te gusta patinar? **2** *cpd*: ~ **rink** *n* (*for ice skating*) pista *f* de hielo; (*for roller skating*) pista de patinaje.
skedaddle [skɪ'dædl] *vi* (*fam*) escabullirse, salir pitando (*fam*).
skein [skeɪn] *n* madeja *f*.
skeletal ['skelɪtl] *adj* esquelético/a.
skeleton ['skelɪtn] **1** *n* (*of person*) esqueleto *m*; (*building etc*) armazón *m*, armadura *f*; (*structure*) estructura *f*; (*of novel, report*) esquema *m*, bosquejo *m*; ~ **in the cupboard** (*fig*) secreto *m* de familia. **2** *cpd* (*staff, service*) mínimo/a; ~ **key** *n* llave *f* maestra; ~ **staff** *n*: **with a ~ staff** con un personal mínimo.
skeptic *etc* ['skeptɪk] (*US*) = **sceptic** *etc*.
sketch [sketʃ] **1** *n* (**a**) (*preliminary drawing*) esbozo *m*, bosquejo *m*; (*plan*) borrador *m*, esquema *m*; (*quick drawing*) croquis *m*; (*drawing*) dibujo *m*. (**b**) (*Theat*) sketch *m*. **2** *vt* (*gen: draw*) dibujar; (*: preliminary drawing, plan etc*) bosquejar, esbozar. **3** *vi* hacer bosquejos.
▸ **sketch in** *vt + adv* (*details*) explicar con más detalle.
sketchbook ['sketʃbʊk], **sketchpad** ['sketʃpæd] *n* bloc *m* de dibujos.
sketchy ['sketʃɪ] *adj* (*comp* **-ier**; *superl* **-iest**) incompleto/a, sin detalles.
skewer ['skjʊəʳ] **1** *n* pincho *m*, broqueta *f*, brocheta *f*. **2** *vt* ensartar, espetar.
skew-whiff [ˌskjuː'wɪf] *adj* (*Brit fam: twisted*) torcido/a, chueco/a (*LAm*).
ski [skiː] **1** *n* esquí *m*. **2** *vi* esquiar; **to go ~ing** practicar el esquí, (ir a) esquiar; **to ~ down** bajar esquiando. **3** *cpd*: ~ **boot** *n* bota *f* de esquí; ~ **instructor** *n* instructor *m* de esquí; ~ **jump** *n* (*action*) salto *m* con esquís; (*course*) pista *f* de salto; ~ **lift** *n* telesquí *m*; ~ **pants** *npl*, ~ **trousers** *npl* pantalones *mpl* de esquí; ~ **resort** *n* estación *f* de esquí; ~ **run** *n* pista *f* de esquí; ~ **stick** *n* bastón *m*; ~ **suit** *n* traje *m* de esquiar.
skid [skɪd] **1** *n* patinazo *m*, resbaló *m*. **2** *vi* (*Aut*) patinar; (*person, object*) deslizarse, resbalarse; **to grease the ~s** (*US fam*) engrasar el mecanismo; **to put the ~s under sb** deshacerse de algn con maña; **to ~ into** dar con *or* contra. **3** *cpd*: ~ **row** *n* (*US fam*) *calles donde se refugian los borrachos, drogadictos, etc.*
skidmark ['skɪdmɑːk] *n* huella *f* del patinazo.
skier ['skɪːəʳ] *n* esquiador(a) *m/f*.
skiff [skɪf] *n* esquife *m*.
skiing ['skiːɪŋ] *n* esquí *m*; **do you like ~?** ¿te gusta esquiar?
skilful, (*US*) **skillful** ['skɪlfʊl] *adj* hábil, diestro/a.
skilfully, (*US*) **skillfully** ['skɪlfəlɪ] *adv* hábilmente, con destreza.
skill [skɪl] *n* (**a**) (*ability*) destreza *f*, habilidad *f*; (*talent*) talento *m*, don *m*. (**b**) (*technique*) arte *m*, técnica *f*.
skilled [skɪld] *adj* (**a**) (*person: specialized*) experto/a, especializado/a; (*worker*) calificado/a; ~ **labour** mano *f* de obra cualificada *or* especializada. (**b**) (*job, work*) especializado/a; (*movement*) diestro/a, hábil.
skillet ['skɪlɪt] *n* sartén *m* pequeño.
skillful *etc* ['skilfʊl] *adj* (*US*) = **skilful** *etc*.
skim [skɪm] **1** *vt* (**a**) (*milk*) desnatar, descremar; (*soup*) espumar; **to ~ the cream off (the milk)** quitar la nata *or* desnatar a la leche; **~med milk** leche *f* descremada *or* desnatada. (**b**) (*stone*) hacer cabrillas con; (*ground*) rozar; (*plane, bird etc*) volar a ras de (*the ground* la tierra); (*subject*) tratar superficialmente. **2** *vi*: **to ~ across/along the ground** pasar rozando la tierrra; **to ~ through a book** (*fig*) echar una ojeada *or* hojear a un libro.
▸ **skim off** *vt + adv* (*cream, grease*) desnatar; **they ~med off the brightest pupils** separaron a la flor y nata de los alumnos.
skimp [skɪmp] **1** *vt* (*material etc*) escatimar; (*work*) chapucear; (*praise*) ser tacaño/a en *or* con. **2** *vi* economizar; **to ~ on fabric/work/food** escatimar tela/trabajo/alimento.
skimpy ['skɪmpɪ] *adj* (*comp* **-ier**; *superl* **-iest**) (*skirt etc*) ligero/a; (*allowance, meal*) escaso/a, mezquino/a.
skin [skɪn] **1** *n* (*of person*) piel *f*; (*of face*) cutis *m*; (*complexion*) tez *f*; (*of animal*) piel, pellejo *m*; (*as hide*) piel, cuero *m*; (*of fruit, vegetable*) piel, cáscara *f*; (*: discarded*) mondaduras *fpl*; (*crust: on paint, milk pudding*) nata *f*; **to have a thick/thin ~** (*fig*) ser poco sensible/muy susceptible; **by the ~ of one's teeth** (*fig*) por los pelos; **to be ~ and bone** (*fig*) estar en los huesos; **to get under sb's ~** (*fig*) irritarle *or* molestarle a algn; **I've got you under my ~** (*fam*) el recuerdo de ti no se me quita de la cabeza; **to jump out of one's ~** llevarse un tremendo susto; **to save one's ~** salvar el pellejo; **it's no ~ off my nose** (*fig fam*) a mí ni me va ni me viene, me da igual *or* lo mismo.
2 *vt* (*animal*) despellejar; **to ~ one's knee/elbow** desollarse la rodilla/el codo; **I'll ~ him alive!** (*fig*) ¡le voy a matar! (*fam*) ¡le voy a desollar vivo!; **to keep one's eyes ~ned for sth** (*fig fam*) andar ojo alerta por algo.
3 *cpd*: ~ **cancer** *n* cáncer *m* de la piel; ~ **colour** *n* color *m* natural; ~ **disease** *n* enfermedad *f* de la piel; ~ **diving** *n* buceo *m*, escafandrismo *m*; ~ **flick** *n* (*fam*) película *f* porno (*fam*); ~ **trade** *n* (*fam*) publicación *f* de revistas porno.
skin-deep ['skɪn'diːp] *adj* superficial; **beauty is only ~** la belleza no lo es todo.
skin-diver ['skɪndaɪvəʳ] *n* buceador(a) *m/f*.
skinflint ['skɪnflɪnt] *n* tacaño/a *m/f*, roñoso/a *m/f*.
skinful ['skɪnfʊl] *n* (*fam*) **to have a ~** estar borracho/a *or* (*LAm*) tomado/a.
skinhead ['skɪnhed] *n* cabeza *mf* rapada.
-skinned [skɪnd] *adj suf* de piel ...; **dark~** de piel morena.
skinny ['skɪnɪ] *adj* (*comp* **-ier**; *superl* **-iest**) flaco/a, enjuto/a.
skint [skɪnt] *adj*: **to be ~** (*fam*) estar sin cuartos *or* pelado/a.
skin-tight ['skɪntaɪt] *adj* muy ajustado/a.
skip[1] [skɪp] **1** *n* salto *m*, brinco *m*. **2** *vi* (*gen*) saltar, brincar (*LAm*); (*with a rope*) saltar a la comba; **to ~ in/out** *etc* entrar/salir *etc* dando brincos; **to ~ off** (*fig*) largarse, rajarse; **to ~ over sth** (*fig*) pasar algo por alto, saltarse algo; **to ~ from one thing to another** saltar de un tema a otro. **3** *vt* (*fig: meal, lesson, page*) fumarse, saltarse; **let's ~ it!** (*fam*) ¡basta de eso! **4** *cpd*: ~ **rope** *n* (*US*) = **skipping rope**.
skip[2] [skɪp] *n* (*container*) container *m*.
skipper ['skɪpəʳ] *n* (*Sport, Naut*) capitán/ana *m/f*.
skipping ['skɪpɪŋ] **1** *n* comba *f*. **2** *cpd*: ~ **rope** *n* (*Brit*) cuerda *f*, comba *f*.
skirmish ['skɜːmɪʃ] **1** *n* escaramuza *f*, refriega *f*. **2** *vi* pelear.
skirt [skɜːt] **1** *n* falda *f*, pollera *f* (*LAm*); **flared/split/straight ~** falda acampanada/pantalón/estrecha *or* recta. **2** *vt* (*also* ~ **around**) rodear, dar la vuelta a; (*fig: avoid*) esquivar.
skirting (board) ['skɜːtɪŋ(bɔːd)] *n* zócalo *m*, cenefa *f*.

skit [skɪt] *n* (*Theat*) sátira *f*.
skittish [ˈskɪtɪʃ] *adj* (*capricious*) caprichoso/a, delicado/a.
skittle [ˈskɪtl] **1** *n* el juego de bolos; **to play ~s** jugar a los bolos. **2** *cpd*: ~ **alley** *n* bolera *f*.
skive [skaɪv] *vi* (*fam*) fumarse, rajarse (*LAm*).
▸ **skive off** *vi* + *adv* (*Brit fam*) escabullirse, rajarse (*LAm*).
skiver [ˈskaɪvəʳ] *n* (*Brit fam*) gandul(a) *m/f*.
skivvy [ˈskɪvɪ] *n* (*fam pej*) esclava *f* del hogar.
skulduggery [skʌlˈdʌgərɪ] *n* (*old fam*) trampas *fpl*, embustes *mpl*.
skulk [skʌlk] *vi* esconderse.
skull [skʌl] *n* calavera *f*; (*Med*) cráneo *m*; ~ **and crossbones** calavera.
skullcap [ˈskʌlkæp] *n* (*gen*) gorro *m*; (*priest*) solideo *m*.
skunk [skʌŋk] *n* (*Zool*) mofeta *f*, zorrillo *m* (*LAm fam*); **you ~!** (*fig*) ¡canalla!
sky [skaɪ] *n* cielo *m*; **to praise sb to the skies** poner a algn por las nubes; **the ~'s the limit** (*fig fam*) no hay límite.
sky-blue [ˈskaɪˈbluː] **1** *adj* (azul) celeste. **2** *n* azul *m* celeste.
skydiver [ˈskaɪdaɪvəʳ] *n* paracaidista *mf* de caída libre, paracaidista acrobático/a.
skydiving [ˈskaɪdaɪvɪŋ] *n* caída *f* libre, paracaidismo *m* acrobático.
sky-high [ˈskaɪˈhaɪ] *adv* por las nubes; **to blow sth ~** hacer algo pedazos; **to blow a theory ~** echar por tierra una teoría; **prices have gone ~** los precios están por las nubes.
skyjack [ˈskaɪdʒæk] *vt* (*fam: plane*) atracar, piratear.
skylab [ˈskaɪlæb] *n* skylab *m*, laboratorio *m* espacial.
skylark [ˈskaɪlɑːk] **1** *n* (*bird*) alondra *f*. **2** *vi* (*fig fam*) hacer travesuras.
skylight [ˈskaɪlaɪt] *n* tragaluz *m*, claraboya *f*.
skyline [ˈskaɪlaɪn] *n* (*horizon*) horizonte *m*; (*of city*) contorno *m*, perfil *m*.
skyscraper [ˈskaɪˌskreɪpəʳ] *n* rascacielos *m inv*.
skywriting [ˈskaɪˌraɪtɪŋ] *n* publicidad *f* aérea.
SL *n abbr of* **source language**.
slab [slæb] *n* (*of stone*) losa *f*; (*in mortuary*) plancha *f* or tabla *f* de mármol; (*of chocolate*) tableta *f*; (*of cake etc*) trozo *m*, tajada *f*.
slack [slæk] **1** *adj* (*comp* **~er**; *superl* **~est**) (**a**) (*not tight or firm*) flojo/a. (**b**) (*lax*) descuidado/a; (*lazy*) perezoso/a, flojo/a (*LAm*). (**c**) (*Comm*) **business is ~** hay poco movimiento *or* poca actividad en el negocio; **demand was ~** hubo poca demanda. **2** *n* (**a**) (*part of rope etc*) parte *f* floja; **to take up the ~** tensar una cuerda; **to take up the ~ in the economy** utilizar toda la capacidad productiva de la economía. (**b**) (*Min*) cisco *m*. **3** *vi* (*fam*) gandulear (*Sp*), holgazanear.
slacken [ˈslækn] (*also* ~ **off**) **1** *vt* (*gen*) aflojar; (*reins*) soltar; **to ~ speed** *or* **one's pace** aflojar el paso, disminuir la velocidad. **2** *vi* (*see vt*) aflojar(se); (*gale*) amainar(se); (*trade, activity*) bajar, disminuirse.
slacker [ˈslækəʳ] *n* (*fam*) gandul(a) *m/f*, holgazán/ana *m/f*, flojo/a *m/f*, vago/a *m/f* (*LAm*).
slackness [ˈslæknɪs] *n* flojedad *f*.
slacks [slæks] *npl* pantalones *mpl*.
slag[1] [slæg] **1** *n* (*Min*) escoria *f*. **2** *cpd*: ~ **heap** *n* escorial *m*.
slag[2] [slæg] *n* (*fam pej: woman*) puta *f*, ramera *f*.
slag[3] [slæg] *vt* (*fam: also* **to ~ off**: *criticize*) poner como un trapo (*fam*), dar una paliza a (*fam*).
slain [sleɪn] **1** *pp of* **slay**. **2** *npl*: **the ~** los caídos *mpl*.
slake [sleɪk] *vt* (*one's thirst*) apagar, aplacar.
slalom [ˈslɑləm] *n* eslálom *m*, slalom *m*.
slam [slæm] **1** *n* (**a**) (*of door*) portazo *m*. (**b**) (*Bridge*) slam *m*. **2** *vt* (*door*) dar un portazo; (*lid*) cerrar de golpe; **to ~ sth shut** cerrar algo de golpe; **to ~ sth (down) on the table** poner algo en la mesa con fuerza; **to ~ on the brakes** dar un frenazo. **3** *vi* (*of door*) cerrarse con un golpe.
▸ **slam down** *vt* + *adv*: **to ~ sth down on the table** arrojar algo violentamente sobre la mesa.
slander [ˈslɑːndəʳ] **1** *n* (*gen*) calumnia *f*; (*Jur*) difamación *f*. **2** *vt* (*see n*) calumniar; difamar.
slanderer [ˈslɑːndərəʳ] *n* (*see slander 1*) calumniador/a *m/f*, difamador/a *m/f*.
slanderous [ˈslɑːndərəs] *adj* (*see slander 1*) calumnioso/a; difamatorio/a.
slang [slæŋ] **1** *n* (*gen*) argot *m*, jerga *f*. **2** *vt* (*fam: insult, criticize*) poner verde a, injuriar; **a ~ing match** un pleito a voces.
slangy [ˈslæŋɪ] *adj* (*comp* **-ier**; *superl* **-iest**) (*fam*) vulgar, grosero/a.
slant [slɑːnt] **1** *n* (*gen*) inclinación *f*, sesgo *m*; (*slope*) pendiente *f*, cuesta *f*; (*fig: point of view*) punto *m* de vista, interpretación *f*; **the situation is taking on a new ~** la situación está tomando un nuevo giro. **2** *vt* inclinar, sesgar; **to ~ a report** (*fig*) enfocar una cuestión de manera parcial. **3** *vi* inclinarse, sesgarse.
slanting [ˈslɑːntɪŋ] *adj* inclinado/a, sesgado/a.
slantwise [ˈslɑːntwaɪz] *adj* oblicuamente, al sesgo.
slap [slæp] **1** *n* (*gen*) palmada *f*, manotada *f*; **~ in the face** bofetada *f*, bofetón *m*; (*fig*) desaire *m*; **a ~ on the back** un espaldarazo; **to give sb a ~ on the back** (*fig*) felicitar a algn; **to give sb a ~ on the wrist** (*fig*) dar un aviso a algn.

2 *adv* (*fam*) de lleno; **it fell ~ in the middle** cayó justo en el medio.

3 *vt* (**a**) (*gen*) dar palmadas *or* manotadas; (*in the face*) abofetear; **to ~ sb on the back** dar a algn una palmada en la espalda; **to ~ sb down** (*fig*) aplastar a algn, bajarle los humos a algn.

(**b**) **he ~ped the book on the table** tiró *or* arrojó el libro sobre la mesa; **to ~ paint on sth** pintar algo a grandes brochazos.
slap-bang [ˈslæpˈbæŋ] *adv* justo, exactamente.
slapdash [ˈslæpdæʃ], **slap-happy** [ˈslæphæpɪ] *adj* descuidado/a.
slapstick [ˈslæpstɪk] *n* (*also* ~ **comedy**) bufonada *f*.
slap-up [ˈslæpʌp] *adj* (*fam*) ~ **meal** banquete *m*, comilona *f*.
slash [slæʃ] **1** *n* (**a**) (*gen*) tajo *m*; (*with knife*) cuchillada *f*; (*with machete*) machetazo *m*; (*with razor*) navajazo *m*. (**b**) (*US Typ*) barra *f* oblicua. (**c**) (*fam*) **to go for a ~, to have a ~** cambiar el agua al canario (*fam*). **2** *vt* (*with knife etc*) acuchillar; (*with razor*) dar tajos a; (*trees*) talar; (*fig: price*) reducir, rebajar; (*: text*) cortar; **'prices ~ed'** 'precios sacrificados *or* quemados'.
slat [slæt] *n* (**a**) tablilla *f*, listón *m*. (**b**) (*of blind*) lama *f*.
slate [sleɪt] **1** *n* (**a**) pizarra *f*; **put it on the ~** (*Brit fam*) apúntalo en mi cuenta; **to wipe the ~ clean** (*fig*) hacer borrón y cuenta nueva. (**b**) (*US Pol*) lista *f* de candidatos. **2** *adj* de pizarra; (*colour*) color pizarra. **3** *vt* (**a**) (*roof*) empizarrar. (**b**) (*fam: criticize*) vapulear, criticar duro. **4** *cpd*: ~ **quarry** *n* pizarral *m*; ~ **roof** *n* empizarrado *m*.
slate-blue [ˈsleɪtˈbluː] *adj* de color (azul) pizarra.
slate-grey [ˌsleɪtˈgreɪ] *adj* de color gris pizarra.
slaughter [ˈslɔːtəʳ] **1** *n* (*of animals*) matanza *f*, sacrificio *m*; (*of persons*) matanza, carnicería *f*; **the ~ on the roads** la carnicería en las carreteras. **2** *vt* (*animals*) matar, sacrificar; (*person, people*) matar brutalmente; (*fig: beat*) dar una paliza a.
slaughterhouse [ˈslɔːtəhaʊs] *n* (*pl* **-houses**) matadero *m*.
Slav [slɑːv] *adj, n* (*Slavonic*) eslavo/a *m/f*.
slave [sleɪv] **1** *n* esclavo/a *m/f*; **to be a ~ to sth** (*fig*) ser esclavo de algo. **2** *vi*: **to ~ (away) at sth/at doing sth** trabajar como un negro en algo/en hacer algo. **3** *cpd*: ~ **driver** *n* negrero/a *m/f*; (*fig*) tirano/a *m/f*; ~ **labour** *n* (*work*) trabajo *m* de esclavos; (*persons*) esclavos *mpl*; ~ **trade** *n* trata *f* de esclavos.
slaver [ˈslævəʳ] *vi* babear.

slavery [ˈsleɪvərɪ] *n* esclavitud *f*.
slave-trader [ˈsleɪvˌtreɪdəʳ] *n* traficante *m* en esclavos.
slavish [ˈsleɪvɪʃ] *adj* servil, de esclavo.
slavishly [ˈsleɪvɪʃlɪ] *adv* servilmente.
Slavonic [sləˈvɒnɪk] *adj* eslavo/a.
slay [sleɪ] (*pt* **slew**; *pp* **slain**) *vt* (*poet: kill*) matar.
SLD *n abbr* (*Brit Pol*) *of* **Social and Liberal Democrat(ic Party)**.
sleazy [ˈsli:zɪ] *adj* sórdido/a; (*deal etc*) poco limpio/a.
sled [sled] (*esp US*), **sledge** [sledʒ] **1** *n* (*also* **sled**) trineo *m*. **2** *vi* ir en trineo.
sledgehammer [ˈsledʒˌhæməʳ] *n* almádana *f*.
sleek [sli:k] **1** *adj* (*comp* **~er**; *superl* **~est**) (*shiny*) liso/a, lustroso/a; (*of general appearance*) impecable; (*in manner*) meloso/a. **2** *vt*: **to ~ one's hair down** alisarse el pelo.
sleep [sli:p] (*vb: pt, pp* **slept**) **1** *n* sueño *m*; **to have a good night's ~** dormir toda la noche; **to drop off to ~/to go to ~** quedarse dormido/dormirse; **to go to ~** (*limb*) dormirse; **to put sb to ~** (*patient*) dormir a algn; **to put to ~** (*animal: euph: kill*) sacrificar; **to send sb to ~** (*bore*) adormecer a algn; **I shan't lose any ~ over it** (*fig*) no perderé el sueño por ello; **to walk in one's ~** pasearse dormido/a; (*habitually*) ser sonámbulo/a.
2 *vt*: **we can ~ 4** hay cama para 4.
3 *vi* dormir; **to ~ like a log** *or* **top** dormir como un tronco; **he was ~ing soundly** *or* **deeply** dormía profundamente *or* a pierna suelta; **to ~ on sth** (*fig*) consultar algo con la almohada; **to ~ with sb** (*euph: have sex*) acostarse con algn.
▸ **sleep around** *vi + adv* (*fam*) acostarse con todos.
▸ **sleep in** *vi + adv* quedarse dormido.
▸ **sleep off** *vt + adv*: **to ~ it off** (*fam*) dormir la mona *or* (*LAm*) la cruda; **to ~ off a big dinner** dormir hasta que baje una cena grande.
▸ **sleep together** *vi + adv* dormir juntos, acostarse juntos.
sleeper [ˈsli:pəʳ] *n* (**a**) (*person*) durmiente *mf*; **to be a heavy/light ~** tener el sueño pesado/ligero. (**b**) (*Rail: on track*) traviesa *f*, durmiente *m*; (*berth*) litera *f*; (*compartment*) camarín *m*, alcoba *f*; (*coach*) coche-cama *m*. (**c**) (*earring*) arete *m*.
sleepily [ˈsli:pɪlɪ] *adv* soñolientamente; **'yes,' she said ~** 'sí,' dijo entre sueños.
sleeping [ˈsli:pɪŋ] **1** *adj* dormido/a; **S~ Beauty** la bella durmiente; **~ partner** socio/a *m/f* comanditario/a; **~ policeman** policía *m* muerto. **2** *cpd*: **~ bag** *n* (*camper's*) saco *m* de dormir; (*baby's*) pelele *m*; **~ car** *n* (*Rail*) cochecama *m*; **~ pill** *n* somnífero *m*; **~ quarters** *npl* dormitorio *msg*; **~ sickness** *n* encefalitis *f* letárgica.
sleepless [ˈsli:plɪs] *adj* (*person*) insomne; **many ~ nights** muchas noches en blanco.
sleepwalk [ˈsli:pˌwɔ:k] *vi* ser sonámbulo/a, pasearse dormido/a.
sleepwalker [ˈsli:pˌwɔ:kəʳ] *n* sonámbulo/a *m/f*.
sleepy [ˈsli:pɪ] *adj* (*comp* **-ier**; *superl* **-iest**) (*gen*) soñoliento/a; **to be** *or* **feel ~** (*person*) tener sueño.
sleepyhead [ˈsli:pɪhed] *n* dormilón/ona *m/f*.
sleet [sli:t] **1** *n* aguanieve *f*, cellisca *f*. **2** *vi*: **it was ~ing** caía aguanieve *or* cellisca.
sleeve [sli:v] *n* (*of garment*) manga *f*; (*of record*) funda *f*; **to have sth up one's ~** (*fig*) tener algo en reserva; **to roll up one' ~s** arremangarse.
-sleeved [sli:vd] *adj suf* con mangas ...; **long~** con mangas largas.
sleeveless [ˈsli:vlɪs] *adj* sin mangas.
sleigh [sleɪ] *n* trineo *m*.
sleight [slaɪt] *n*: **~ of hand** prestidigitación *f*.
slender [ˈslendəʳ] *adj* (*person: thin*) delgado/a, fino/a; (*: slim and graceful*) esbelto/a; (*waist, neck, hand*) delgado; (*fig: resources*) escaso/a; (*: hope etc*) lejano/a; **by a ~ majority** por escasa mayoría.
slept [slept] *pt, pp of* **sleep**.
sleuth [slu:θ] *n* (*hum*) detective *m*, sabueso *m*.
slew[1] [slu:] (*also* **to ~ round**) **1** *vt* torcer. **2** *vi* torcerse.
slew[2] [slu:] *pt of* **slay**.
slice [slaɪs] **1** *n* (**a**) (*gen: of food*) rebanada *f*; (*: of meat*) tajada *f*; (*: of ham*) lonja *f*; (*: of salami*) rodaja *f*; (*: of cake*) porción *f*, ración *f*; **a ~ of the profits** (*fig*) una participación (en los beneficios); **a ~ of life** (*fig*) un trozo de la vida. (**b**) (*tool*) pala *f*. **2** *vt* (*cut into ~s*) rebanar, cortar en tajos; (*divide*) partir; (*cut*) cortar; (*Sport: ball*) dar efecto a, cortar.
▸ **slice off** *vt + adv* cortar.
▸ **slice through** *vi + prep* cortar, partir.
▸ **slice up** *vt + adv* cortar (en rebanadas *etc*).
sliced [slaɪst] *adj* (*bread*) rebanado/a, en rebanadas; (*lemon*) en rodajas; **it's the best thing since ~ bread** (*hum*) es la octava maravilla (del mundo).
slicer [ˈslaɪsəʳ] *n* máquina *f* de cortar.
slick [slɪk] **1** *adj* (*comp* **~er**; *superl* **~est**) (*pej: skilful*) mañoso/a, hábil. **2** *n*: **oil ~** capa *f* de aceite. **3** *vt* alisar; (*fig*) **to ~ o.s. up** acicalarse.
slide [slaɪd] (*vb: pt, pp* **slid** [slɪd]) **1** *n* (*act of sliding*) desliz *m*, deslizamiento *m*; (*by accident*) resbaladiza *f*, resbalón *m*; (*in playground, swimming pool*) tobogán *m*; (*land~*) desprendimiento *m*; (*for hair*) pasador *m*; (*Mus*) vara *f*, corredera *f*; (*microscope ~*) platina *f*; (*Phot*) diapositiva *f*; **the ~ in share prices** la baja de las cotizaciones.
2 *vi* (*gen*) deslizarse; (*accidentally*) resbalar; **to ~ into place** introducirse en su lugar; **to ~ down the banisters** deslizarse por la barandilla; **to let things ~** (*fig*) dejar pasar *or* ir algo.
3 *vt* (*object*) correr; (*: slip*) deslizar.
4 *cpd*: **~ projector** *n* (*Phot*) proyector *m* de diapositivas; **~ rule** *n* (*Math*) regla *f* de cálculo; **~ show** *n* (*Phot*) exposición *f* de diapositivas.
sliding [ˈslaɪdɪŋ] *adj* (*part*) corredizo/a; (*door, seat*) corredero/a; **~ scale** escala *f* móvil.
slight [slaɪt] **1** *adj* (*comp* **~er**; *superl* **~est**) (**a**) (*figure*) delgado/a, fino/a; (*of weak appearance*) delicado/a. (**b**) (*trivial*) leve, insignificante; **a ~ pain in the arm** un leve dolor en el brazo. (**c**) (*small*) pequeño/a, ligero/a, cierto/a, liviano/a *(LAm)*; **a ~ improvement** una ligera mejora; **there's not the ~est possibility of that** no hay la menor *or* más mínima posibilidad de ello; **not in the ~est** en absoluto. **2** *n* desaire *m*. **3** *vt* despreciar, desairar.
slighting [ˈslaɪtɪŋ] *adj* despreciativo/a, menospreciativo/a.
slightly [ˈslaɪtlɪ] *adv* (**a**) (*a little*) un poco, ligeramente; (*scarcely, barely*) apenas, escasamente; **~ better** algo mejor. (**b**) **~ built** delgado/a, fino/a.
slim [slɪm] **1** *adj* (*comp* **~mer**; *superl* **~mest**) (**a**) (*figure, person*) delgado/a, fino/a; (*: elegant*) esbelto/a. (**b**) (*fig: resources*) escaso/a; (*: evidence*) insuficiente; **his chances are pretty ~** sus posibilidades son bastante limitadas. **2** *vi* adelgazar; **I'm ~ming** estoy haciendo régimen.
slime [slaɪm] *n* (*in pond*) cieno *m*, fango *m*; (*of snail*) baba *f*.
slimline [ˈslɪmˌlaɪn] *adj*: **~ food** alimento *m* reductivo, alimento que no engorda.
slimmer [ˈslɪməʳ] *n* persona *f* que está a dieta.
slimming [ˈslɪmɪŋ] **1** *adj* (*food etc*) que no engorda; (*dress etc*) que adelgaza; **~ diet** régimen *m* (para adelgazar). **2** *n* adelgazamiento *m*.
slimy [ˈslaɪmɪ] *adj* (*comp* **-ier**; *superl* **-iest**) limoso/a; (*snail*) baboso/a; (*fig: person*) adulón/ona, zalamero/a.
sling [slɪŋ] (*vb: pt, pp* **slung**) **1** *n* (*weapon*) honda *f*; (*Med*) cabestrillo *m*; **to have one's arm in a ~** llevar el brazo en cabestrillo. **2** *vt* (*throw*) arrojar, lanzar, echar; (*: away*) tirar, botar *(LAm)*; **to ~ sth over** *or* **across one's shoulder** lanzar algo al hombro.
▸ **sling out** *vt + adv* (*fam*) echar, tirar, botar *(LAm)*.

slingshot [ˈslɪŋʃɒt] *n* (*weapon*) honda *f*; (*US*) tirador *m*, tirachinas *m inv*.

slink [slɪŋk] (*pt, pp* **slunk**) *vi*: **to ~ away, to ~ off** escabullirse, zafarse.

slinky [ˈslɪŋkɪ] *adj* (*comp* **-ier**; *superl* **-iest**) (*fam: clothes*) ajustado/a, pegado/a al cuerpo; (*: movement*) sensual.

slip[1] [slɪp] **1** *n* (**a**) (*landslide*) desprendimiento *m*; (*trip*) traspiés *m inv*, resbalón *m*; **to give sb the ~** escabullirse *or* zafarse de algn.

(**b**) (*mistake*) error *m*, equivocación *f*; (*faux pas*) falta *f*; **a ~ of the pen** una falta de ortografía; **a ~ of the tongue** un lapsus; **there's many a ~ 'twixt cup and lip** de la mano a la boca desaparece la sopa.

(**c**) (*undergarment*) combinación *f*; (*underskirt*) enagua *f*; (*pillow~*) funda *f*.

2 *vi* (**a**) (*slide*) resbalar, deslizarse; **I/my foot ~ped** resbalé/se me fue *or* resbaló el pie; **it ~ped from her hand** se le cayó de la mano; **it ~ped out that** ... se le escapó que ...; **to let it ~ that** ... revelar inadvertidamente que ...; **to let a chance ~ by** escapársele una oportunidad; **you're ~ping** (*fig fam*) se te fue la mano; **the clutch ~s** el embrague patina.

(**b**) (*move quickly*) escabullirse, escurrirse; **to ~ into/out of sth** (*person: clothes*) ponerse en/quitarse algo; (*: into place*) introducirse en/salirse de algo; (*thing*) introducir en/sacar de algo; **to ~ away** *or* **off** marcharse desapercibido/a; **to ~ out to the shops** salir un momento a las tiendas; **the months/years have ~ped by** ya pasaron los años/meses.

3 *vt* (**a**) (*put in*) meter; **to ~ a coin into a slot** introducir una moneda en la ranura; **to ~ sb a fiver** pasar cinco libras a algn; **to ~ an arm round sb's waist** pasar el brazo por la cintura de algn; **to ~ on a jumper** ponerse un jersey *or* suéter; **to ~ sth in** introducir algo sin aviso; **a ~ped disc** una vértebra dislocada.

(**b**) (*escape*) **the dog ~ped its collar** el perro se soltó de su correa; **it ~ped my memory/notice** se me olvidó/pasó.

4 *cpd*: **~ road** *n* (*on motorway*) vía *f* de acceso.

slip[2] [slɪp] *n* (*paper*) papelito *m*, ficha *f*; **a ~ of a boy/girl** un(a chiquillo/a) *m/f*.

▸ **slip up** (*fam*) *vi* (*make a mistake*) equivocarse; (*faux pas*) cometer un desliz.

slipknot [ˈslɪpnɒt] *n* nudo *m* corredizo.

slip-on [ˈslɪpɒn] *adj*: **~ shoes** zapatillas *fpl*.

slipper [ˈslɪpəʳ] *n* (*gen*) zapatilla *f*, pantufla *f* (*esp LAm*); (*Tech*) zapata *f*, patín *m*.

slippery [ˈslɪpərɪ] *adj* (*gen*) resbaladizo/a; (*surface*) escurridizo/a; (*fig pej: person*) mañoso/a, escurridizo; **to be on a ~ slope** (*fig*) estar en terreno resbaladizo.

slips [slɪps] *npl*: **in the ~** (*Theat*) entre bastidores.

slipshod [ˈslɪpʃɒd] *adj* descuidado/a.

slipstream [ˈslɪpstriːm] *n* estela *f*.

slip-up [ˈslɪpʌp] *n* (*fam: mistake*) error *m*, desliz *m*.

slipway [ˈslɪpweɪ] *n* gradas *fpl*.

slit [slɪt] (*vb: pt, pp* **~**) **1** *n* (*cut, in dress etc*) raja *f*; (*opening*) abertura *f*, hendidura *f*; (*cut*) corte *m*. **2** *vt* cortar, abrir; **to ~ sb's throat** cortarle el pescuezo a algn.

slither [ˈslɪðəʳ] *vi* deslizarse; **to ~ down a slope** ir rodando por una pendiente; **to ~ about on ice** ir resbalando sobre el hielo.

sliver [ˈslɪvəʳ] *n* lonja *f*, tajada *f*; (*of wood*) astilla *f*.

slob [slɒb] *n* (*fam*) palurdo/a *m/f*, dejado/a *m/f*.

slobber [ˈslɒbəʳ] *vi* (*pej*) babear.

sloe [sləʊ] **1** *n* (*fruit*) endrina *f*; (*tree*) endrino *m*. **2** *cpd*: **~ gin** *n* licor *m* de endrinas.

slog [slɒg] **1** *n*: **it's a hard ~ to the top** cuesta trabajo llegar a la cumbre. **2** *vi* (**a**) (*work*) afanarse, sudar tinta; **to ~ away at sth** afanarse por hacer algo. (**b**) (*walk etc*) caminar *or* avanzar trabajosamente; **we ~ged on for 8 kilometres** seguimos la marcha otros 8 kilómetros más. **3** *vt* (*ball, opponent*) golpear.

slogan [ˈsləʊgən] *n* slogan *m*, lema *m*.

slogger [ˈslɒgəʳ] *n* trabajador(a) *m/f*.

sloop [sluːp] *n* balandra *f*.

slop [slɒp] **1** *vi* (*also* **~ over**) derramarse, verterse; **the water was ~ping about in the bucket** el agua chapoteaba en el cubo. **2** *vt* derramar, verter.

slope [sləʊp] **1** *n* (*up*) cuesta *f*, pendiente *f*; (*down*) declive *m*, bajada *f*; (*of hill*) falda *f*, ladera *f*; **on the eastern ~** en la vertiente este; **the car got stuck on a ~** el coche se atascó en una cuesta. **2** *vi* inclinarse; **to ~ up/down** subir/bajar en pendiente; **the garden ~s down to the stream** el jardín baja hacia el arroyo.

▸ **slope off** *vi* + *adv* (*fam*) escabullirse, largarse, rajarse *(LAm)*.

sloping [ˈsləʊpɪŋ] *adj* inclinado/a, al sesgo.

sloppily [ˈslɒpɪlɪ] *adv* (**a**) (*carelessly*) en forma descuidada; **to dress ~** vestirse sin atención. (**b**) (*sentimentally*) en forma sentimentaloide.

sloppy [ˈslɒpɪ] *adj* (*comp* **-ier**; *superl* **-iest**) (*food*) aguado/a; (*work etc*) descuidado/a; (*appearance, dress*) desaliñado/a, desordenado/a; (*sentimental*) sentimentaloide.

slops [slɒps] *npl* (*food*) gachas *fpl*; (*liquid waste*) agua *f* sucia, lavazas *fpl*; (*of tea*) posos *mpl* de té.

slosh [slɒʃ] (*fam*) **1** *vt* (**a**) (*liquid*) **to ~ some water over sth** regar agua sobre algo. (**b**) (*hit: person*) pegar. **2** *vi*: **to ~ about in the puddles** chapotear en los charcos.

sloshed [slɒʃt] *adj*: **to be/get ~** (*fam*) andar/ponerse borracho/a *or (LAm)* tomado/a.

slot [slɒt] **1** *n* (*in machine etc*) ranura *f*; (*groove*) muesca *f*; (*fig: in timetable, programme etc*) hueco *m*; (*: advertising ~*) cuña *f* (publicitaria). **2** *vt*: **to ~ in(to)** (*object*) introducir *or* meter en; (*fig: activity, speech*) incluir (en). **3** *vi* introducirse; **it doesn't ~ in with the rest** no encaja con los demás. **4** *cpd*: **~ machine** *n* (*at funfair*) tragaperras *f inv*; (*vending machine*) aparato *m* vendedor, distribuidor *m* automático; **~ meter** *n* contador *m*.

sloth [sləʊθ] *n* (**a**) (*vice*) pereza *f*, indolencia *f*. (**b**) (*Zool*) oso *m* perezoso.

slothful [ˈsləʊθfʊl] *adj* perezoso/a, vago/a, flojo/a *(LAm)*.

slouch [slaʊtʃ] **1** *n* (**a**) **to walk with a ~** andar con un aire gacho. (**b**) (*fam*) **he's no ~** (*in skill*) no es ningún principiante; (*at work*) no es ningún vago. **2** *vi* (*walking*) andar desgarbado/a; **to ~ in a chair** repantigarse en un sillón.

slough [slʌf] **1** *n* (*Zool*) camisa *f*, piel *f* vieja (que muda la serpiente). **2** *vt* mudar, echar de sí.

▸ **slough off** *vt* + *adv* mudar, echar de sí.

Slovene [ˈsləʊviːn] *adj, n* esloveno/a *m/f*.

Slovenia [sləʊˈviːnɪə] *n* Eslovenia *f*.

slovenly [ˈslʌvnlɪ] *adj* (*person*) descuidado/a; (*appearance*) desaliñado/a, desaseado/a; (*work*) chapucero/a.

slow [sləʊ] (*comp* **~er**; *superl* **~est**) **1** *adj* (**a**) lento/a; **he's a ~ worker** trabaja lentamente; **this car is ~er than my old one** este coche corre más lento que el anterior; **to be ~ to do sth** tardar *or (LAm)* demorar en hacer algo; **to be ~ to anger** tener mucho aguante.

(**b**) (*of clock*) atrasado/a; **my watch is 20 minutes ~** mi reloj lleva 20 minutos de atraso.

(**c**) (*of person: stupid*) torpe, lento; **~ to understand/notice** lento para entender/darse cuenta; **he's a bit ~ at maths** es algo flojo en matemáticas.

(**d**) (*boring, dull*) aburrido/a; **life here is ~** aquí se vive a un ritmo lento; **the game is very ~** el juego es muy aburrido; **business is ~** (*Comm*) hay poco movimiento (en el negocio).

(**e**) **~ cooker** bote *m* eléctrico de cocción lenta; **~ lane** (*Aut: Brit*) carril *m* de la izquierda; (*: most countries*) carril de la derecha; **in ~ motion** (*Cine*) a cámara lenta; **bake for two hours in a ~ oven** cocer dos horas en el horno a fuego lento; **~ train** (*Brit*) ≈ tren *m* correo *(Sp)*.

2 *adv* despacio, lentamente, lento *(LAm)*; **to go ~** (*driver*) conducir despacio; (*in industrial dispute*) trabajar a ritmo lento; **'(go) ~'** '¡despacio!' **3** *vt* (*also* ~ **down,** ~ **up**: *person, progress*) retrasar; (*: engine, machine*) reducir la marcha de; (*: economy etc*) ralentizar; (*development*) retardar; **that car ~s up the traffic** aquel coche entorpece la circulación.

4 *vi* (*also* ~ **down,** ~ **up**: *engine etc*) reducir la velocidad *or* la marcha; **'S~ down'** (*road sign*) 'Disminuir velocidad'; **production has ~ed to almost nothing** la producción ha bajado casi a cero.

▸ **slow down** = **slow 3, 4.**

▸ **slow up** = **slow 3, 4.**

slow-acting ['sləʊ,æktɪŋ] *adj* de efecto retardado.

slowcoach ['sləʊkəʊtʃ] *n* (*fam*) tortuga *f*.

slowdown ['sləʊdaʊn] *n* (*US: strike*) huelga *f* de manos caídas.

slowly ['sləʊlɪ] *adv* despacio, lentamente; ~ **but surely** paso a paso.

slowness ['sləʊnɪs] *n* (*see adj (a), (c), (d)*) lentitud *f*; torpeza *f*; aburrimiento *m*.

slowpoke ['sləʊ,pəʊk] *n* (*US fam*) = **slowcoach.**

slow-witted ['sləʊ'wɪtɪd] *adj* torpe, lento/a.

slowworm ['sləʊwɜːm] *n* lución *m*.

sludge [slʌdʒ] *n* (*mud*) fango *m*, lodo *m*; (*sediment*) residuos *mpl*; (*sewage*) aguas *fpl* residuales.

slug [slʌg] **1** *n* (*Zool*) babosa *f*; (*bullet*) posta *f*; (*fam: blow*) porrazo *m*; (*: with fist*) puñetazo *m*; **a ~ of whisky** (*fam*) un trago de whisk(e)y. **2** *vt* (*fam*) pegar, aporrear.

sluggish ['slʌgɪʃ] *adj* (*indolent*) perezoso/a, flojo/a (*LAm*); (*slow moving: river, engine, car*) lento/a; (*: business, market, sales*) inactivo/a, moroso/a; (*liver*) perezoso/a.

sluice [sluːs] **1** *n* (*gate*) esclusa *f*, compuerta *f*; (*waterway*) canal *m*, conducto *m*. **2** *vt*: **to ~ sth down** *or* **out** regar algo.

slum [slʌm] **1** *n* (*usu pl: area*) barrio *m* bajo, tugurios *mpl*, colonia *f* proletaria *(Mex)*, barriada *f (Per)*; (*house*) casucha *f*, tugurio *m*. **2** *vt*: **to ~ it** (*esp Brit fam*) vivir como pobres; (*: live cheaply*) vivir muy barato. **3** *vi*: **to ~, to go ~ming** visitar los barrios bajos. **4** *cpd*: ~ **clearance (programme)** *n* (programa *m* de) deschabolización *f*; ~ **dweller** *n* barriobajero/a *m/f*.

slumber ['slʌmbəʳ] **1** *n* (*sleep*) sueño *m*; (*: deep*) sopor *m*; **~s** sueño. **2** *vi* dormir.

slump [slʌmp] **1** *n* (*gen*) baja *f* (repentina), bajón *m*; (*in production, sales*) caída *f*, baja; (*economic*) depresión *f*; **the S~** el crac; **the ~ in the price of copper** la baja repentina del precio del cobre. **2** *vi* **(a)** (*price etc*) hundirse; (*production, sales*) bajar, caer; (*fall, fig: morale etc*) desplomarse. **(b) to ~ into a chair** hundirse en una silla; **he ~ed to the floor** se desplomó al suelo; **he was ~ed over the wheel** se había caído encima del volante.

slung [slʌŋ] *pt, pp of* **sling.**

slunk [slʌŋk] *pt, pp of* **slink.**

slur [slɜːʳ] **1** *n* **(a)** (*stigma*) mancha *f*, calumnia *f*; **to cast a ~ on sb** manchar la reputación de algn. **(b)** (*Mus*) ligado *m*. **2** *vt* (*word etc*) pronunciar mal, tragar; (*Mus*) ligar.

slurp [slɜːp] *vt, vi* (*fam*) sorber ruidosamente.

slurred [slɜːd] *adj* (*pronunciation*) mal articulado/a, borroso/a.

slurry ['slʌrɪ] *n* lodo *m etc* líquido; (*Agr*) estiércol *m* líquido.

slush [slʌʃ] **1** *n* (*melting snow*) aguanieve *f*; (*mud*) fango *m*, lodo *m*; (*fam: bad poetry etc*) sentimentalismo *m*. **2** *cpd*: ~ **fund** *n* fondos *mpl* para sobornar.

slushy [slʌʃɪ] *adj* (*comp* **-ier**; *superl* **-iest**) (*snow*) medio/a derretido/a; (*fam: poetry etc*) sentimentaloide.

slut [slʌt] *n* (*immoral*) puta *f* (*fam*); (*dirty, untidy*) marrana *f*.

sly [slaɪ] **1** *adj* (*comp* **~er**; *superl* **~est**) (*wily*) astuto/a, taimado/a; (*secretive*) furtivo/a; (*mischievous*) travieso/a; (*pej*) malicioso/a; **he's a ~ one!** ¡es un zorro! **2** *n*: **on the ~** a hurtadillas, a escondidas; **they used to meet on the ~** se encontraban a escondidas.

slyly ['slaɪlɪ] *adv* (*see adj*) con astucia; furtivamente; con malicia.

smack¹ [smæk] *vi*: **to ~ of** (*fig: intrigue etc*) oler a; **it ~s of treachery to me** me suena a traición.

smack² [smæk] **1** *n* (*slap*) bofetada *f*, tortazo *m*; (*sound*) (ruido *m* de una) bofetada *or* palmada; **to give a child a ~** dar una bofetada a *or* abofetear a un niño. **2** *vt* (*slap*) dar una bofetada a, abofetear; **she ~ed the child's bottom** pegar al niño en el trasero *or* culo; **to ~ one's lips** relamerse, chuparse los labios. **3** *adv*: **it fell ~ in the middle** (*fam*) cayó justo en medio; **she ran ~ into the door** chocó contra la puerta, dio de lleno con la puerta.

smack³ [smæk] *n* (*Naut*) barca *f* de pesca.

smack⁴ [smæk] *n* (*fam*) heroína *f*.

smacker ['smækəʳ] (*fam*) *n* (*kiss*) besuqueo *m*; (*pound, dollar*) libra *f*, dólar *m*.

small [smɔːl] **1** *adj* (*comp* **~er**; *superl* **~est**) (*gen: in size*) pequeño/a, chico/a *(LAm)*; (*: in height*) bajo/a, pequeño, chaparro/a *(LAm)*; (*stock, supply, number*) escaso/a, corto/a; (*clothes etc*) de talla pequeña; (*meal*) ligero/a; (*humble: voice*) débil; (*coal etc*) menudo/a; (*minor, unimportant*) menor, sin importancia; (*: increase, improvement*) mínimo/a; **in ~ letters** en minúscula; **when we were ~** cuando éramos pequeños; **the dress is too ~ for her** el vestido le viene pequeño *or* chico; **the ~est possible number of books** los menos libros posible; **to have a ~ appetite** tener poco apetito; **to feel ~** (*fig*) sentirse poca cosa *or* humillado; **to make sb look ~** humillar a algn; **a ~ problem** un pequeño problema; **to have ~ hope of success** tener pocas esperanzas de éxito; **to have ~ cause** *or* **reason to do sth** tener poco motivo para hacer algo; **to start in a ~ way** empezar en pequeña escala; ~ **ad** (*Brit*) anuncio *m* por palabras; ~ **arms** armas *fpl* cortas; ~ **business** negocio *m* pequeño; ~ **businessman** pequeño comerciante *m*; ~ **change** suelto *m*, cambio *m*, sencillo *m (LAm)*, feria *f (Mex fam)*; ~ **claims court** tribunal *m* de instancia (que se ocupa de asuntos menores); ~ **hours** altas horas *fpl* (de la noche); ~ **investor** pequeño/a inversionista *mf*; ~ **print** letra *f* menuda; ~ **screen** pequeña pantalla *f*, pantalla chica *(LAm)*; ~ **talk** charla *f*.

2 *n*: **~ of the back** región *f* lumbar; **~s** (*Brit fam: underwear*) ropa *fsg* interior *or (esp LAm)* íntima.

3 *adv* en pedazos pequeños; **to cut sth up ~** cortar algo en trocitos.

smallholding ['smɔːl,həʊldɪŋ] *n* parcela *f*, minifundio *m*, chacra *f (CSur)*.

smallish ['smɔːlɪʃ] *adj* más bien pequeño/a *or* chico/a.

small-minded ['smɔːl'maɪndɪd] *adj* mezquino/a, de miras estrechas.

smallness ['smɔːlnɪs] *n* (*gen*) pequeñez *f*, lo chico *(LAm)*; (*in size*) lo bajo, lo chaparro *(LAm)*.

smallpox ['smɔːlpɒks] *n* (*Med*) viruela *f*.

small-scale ['smɔːl'skeɪl] *adj* (*gen*) en pequeña escala.

small-time ['smɔːl'taɪm] *adj* (*fam*) de poca categoría *or* monta; **a ~ criminal** un delincuente menor.

small-town ['smɔːl'taʊn] *adj* provinciano/a, pueblerino/a.

smarmy ['smɑːmɪ] *adj* (*comp* **-ier**; *superl* **-iest**) (*fam*) zalamero/a.

smart [smɑːt] **1** *adj* (*comp* **~er**; *superl* **~est**) **(a)** (*elegant*) elegante; (*society*) de buen tono, fino/a; **that's a ~ car** ¡qué coche más elegante! **(b)** (*bright*) listo/a; (*sharp*) hábil; (*pej*) ladino/a, astuto/a; (*computer, weapons*) inteligente; **he was too ~ for me** me engañó; **that was pretty ~ of you** ¡qué listo *or* astuto!; **~ work by the police led to ...** la pronta reacción de la policía permitió que ...; ~ **Alec** (*fam*); ~ **ass** (*US fam*) sabelotodo *m (fam)*; ~ **card** tarjeta *f* electrónica, tarjeta inteligente; ~ **money** dinero *m* en busca de utilidades excepcionales.

(c) (*quick: pace, action*) rápido/a; **look ~ about it!** ¡date prisa!, ¡apúrate! *(LAm)*.

2 *vi* **(a)** (*wound, eyes*) escocer, picar, arder *(esp LAm)*;

my eyes are ~ing me pican los ojos.

(**b**) (*fig*) dolerse; **she's still ~ing from his remarks** sus comentarios le hirieron en lo más vivo; **to ~ under an insult** dolerse *or* resentirse ante una injuria.

smarten ['smɑːtn] **1** *vt* (*also* ~ **up**) arreglar; **to ~ o.s. up** arreglarse; **to ~ up one's ideas** espabilarse, ponerse sobre aviso. **2** *vi* (*also* ~ **up**) arreglarse.

smartly ['smɑːtlɪ] *adv* (**a**) (*elegantly*) elegantemente. (**b**) (*cleverly*) inteligentemente. (**c**) (*quickly*) rápidamente.

smartness ['smɑːtnɪs] *n* (**a**) (*in appearance: elegance*) elegancia *f*; (*: neatness*) arreglo *m*. (**b**) (*cleverness*) inteligencia *f*; (*brightness*) viveza *f*.

smash [smæʃ] **1** *n* (*breakage*) rotura *f*, quiebra *f (LAm)*; (*collision*) choque *m*; (*Tennis etc*) smash *m*, mate *m*; **he died in a car ~** murió en un accidente de tránsito.

2 *vt* (*break*) romper, quebrar *(esp LAm)*; (*shatter*) hacer pedazos *or* trizas; (*wreck*) dar al traste con; (*ruin*) arruinar, minar; (*defeat*) vencer a, derrotar; (*overcome: record etc*) batir, pasar; (*Tennis etc*) dar mate a; **he ~ed it against the wall** lo estrelló contra la pared; **we will ~ this crime ring** romperemos este complot; **he ~ed his way out of the building** se escapó del edificio a base de golpes.

3 *vi* (*break*) romperse, hacerse pedazos, quebrarse *(esp LAm)*; **the car ~ed into the wall** el coche se estrelló contra la pared.

4 *cpd*: ~ **hit** *n* exitazo *m*.

▸ **smash down** *vt + adv* (*door*) echar abajo.

▸ **smash in** *vt + adv* (*door, window*) forzar; **to ~ sb's face in** (*fam*) romperle la cara a algn.

▸ **smash up** *vt + adv* (*car*) hacer pedazos; (*fam: person, place*) pulverizar.

smash-and-grab raid ['smæʃən'græb,reɪd] *n* robo *m* relámpago *(con rotura de escaparate)*.

smashed [smæʃt] *(fam) adj* (*drunk*) colocado/a *(fam)*; (*drugged*) flipado/a *(fam)*.

smashing ['smæʃɪŋ] *adj* (*fam*) estupendo/a *(Sp)*, bárbaro/a, macanudo/a *(LAm)*; **we had a ~ time** lo pasamos estupendamente *or* de maravilla *or (CSur)* regio.

smattering ['smætərɪŋ] *n*: **to have a ~ of** tener idea de.

smear [smɪəʳ] **1** *n* (*lit*) mancha *f*; (*fig*) calumnia *f*; (*Med*) frotis *m*. **2** *vt* (**a**) untar; **to ~ one's face with blood** untarse la cara de sangre. (**b**) (*print, lettering etc*) borrar. (**c**) (*fig: libel*) calumniar, difamar. **3** *vi* (*paint, ink etc*) correrse. **4** *cpd*: ~ **campaign** *n* campaña *f* de calumnias; ~ **tactics** *npl* tácticas *fpl* de difamación; ~ **test** *n* (*Med*) frotis *m*.

smell [smel] (*vb: pt, pp* **~ed** *or* **smelt**) **1** *n* (**a**) (*sense of* ~) olfato *m*; **to have a keen sense of ~** tener buen olfato.

(**b**) (*odour*) olor *m*; **it has a nice ~** huele bien; **there's a strong ~ of gas here** huele mucho a gas por aquí.

2 *vt* oler; (*fig*) olfatear; **to ~ danger** (*fig*) olfatear el peligro; **I can ~ a rat** (*fig*) aquí hay gato encerrado.

3 *vi* (*gen*) oler (*of* a); (*stink*) apestar; **my fingers ~ of garlic** mis dedos huelen a ajo; **it ~s like chicken** huele a pollo; **it ~s good** huele bien; **it ~s damp in here** huele a húmedo aquí dentro.

▸ **smell out** *vt + adv* (**a**) (*animal*) husmear. (**b**) **your feet ~ the room out!** ¡tus pies están envenando el ambiente!

smelling ['smelɪŋ] *cpd*: ~ **salts** *npl* sales *fpl* aromáticas.

smelly ['smelɪ] *adj* (*comp* **-ier**; *superl* **-iest**) (*fam*) maloliente, pestífero/a *(fam)*.

smelt¹ [smelt] *pt, pp of* **smell**.

smelt² [smelt] *vt* fundir.

smidgen, **smidgin** ['smɪdʒən] *n*: **a ~ of** (*fam*) un poquito de.

smile [smaɪl] **1** *n* sonrisa *f*; **she said with a ~** dijo sonriente; **with a ~ on one's lips** con una sonrisa en los labios; **to be all ~s** ser pura sonrisa; **to give sb a ~** sonreír a algn; **to wipe the ~ off sb's face** quitarle a algn las ganas de sonreír. **2** *vi* sonreír; **to ~ at sb/sth** (*in greeting*) sonreír a algn/algo; (*with contempt*) reírse de algn/algo; **keep smiling!** ¡ánimo!; **fortune ~d on him** le sonrió la fortuna. **3** *vt*: **he ~d his appreciation** dio las gracias con una sonrisa, sonrió de agradecimiento.

smiling ['smaɪlɪŋ] *adj* sonriente, risueño/a.

smirk [smɜːk] **1** *n* sonrisa *f* de satisfacción. **2** *vi* sonreír de satisfacción.

smite [smaɪt] (*pt* **smote**; *pp* **smitten**) *vt* (*old: strike*) golpear; (*: punish*) castigar; *see also* **smitten**.

smith [smɪθ] *n* herrero *m*.

smithereens ['smɪðə'riːnz] *npl*: **to smash sth to ~** hacer añicos *or* trizas algo.

smithy ['smɪðɪ] *n* herrería *m*, fragua *f*.

smitten ['smɪtn] **1** *pp of* **smite**. **2** *adj pred*: **to be ~ (with sb)** estar locamente enamorado/a (de algn); **to be ~ with an idea** entusiasmarse por una idea; **to be ~ with flu** estar aquejado/a de gripe; **to be ~ with remorse** remorderle a algn la conciencia.

smock [smɒk] *n* (*blouse*) bata *f*; (*to protect clothing*) guardapolvo *m*.

smocking ['smɒkɪŋ] *n* adorno *m* de frunces.

smog [smɒg] *n* smog *m*, niebla *f* mezclada con humo.

smoke [sməʊk] **1** *n* (**a**) humo *m*; **the S~** (*Brit fam*) Londres; **there's no ~ without fire** cuando el río suena, agua lleva; **to go up in ~** (*lit*) hacerse humo; (*fig: fail*) fracasar, venir abajo, malograrse *(esp Per)*; (*: disappear*) esfumarse.

(**b**) (*cigarette etc*) cigarrillo *m*, tabaco *m*, cigarro *m*; **to have a ~** fumar(se) un cigarrillo *etc*.

2 *vt* (**a**) (*tobacco*) fumar.

(**b**) (*bacon, fish, cheese*) ahumar.

3 *vi* (**a**) (*chimney etc*) echar humo.

(**b**) (*smoker*) fumar; **do you ~?** ¿fumas?

4 *cpd*: ~ **bomb** *n* bomba *f* fumígena *or* de humo; ~ **detector** *n* detector *m* de humo; ~ **screen** *n* (*Mil*) cortina *f* de humo; ~ **shop** *n* (*US*) estanco *m*, tabaquería *f*; ~ **signal** *n* señal *f* de humo.

▸ **smoke out** *vt + adv* (*insects*) ahuyentar con humo.

smoked [sməʊkt] *adj* (*bacon, fish, etc*) ahumado/a; ~ **glass** cristal *m or (LAm)* vidrio *m* ahumado.

smokeless ['sməʊklɪs] *adj*: ~ **fuel** combustible *m* sin humo; ~ **zone** zona *f* libre de humos.

smoker ['sməʊkəʳ] *n* (*person*) fumador(a) *m/f*; (*railway carriage*) coche *m or* vagón *m* de fumar; **~'s cough** tos *f* de fumador.

smokestack ['sməʊkstæk] *n* chimenea *f*.

smoking ['sməʊkɪŋ] **1** *adj* humeante, que humea. **2** *n* fumar *m*; **'no ~'** 'prohibido fumar', 'no fumar', 'se prohibe fumar'. **3** *cpd*: ~ **car** *n* (*US*), ~ **compartment** *n* departamento *m* de fumadores; ~ **jacket** *n* medio batín *m*.

smoky ['sməʊkɪ] *adj* (*comp* **-ier**; *superl* **-iest**) (*chimney, fire*) humeante, que humea; (*room, atmosphere*) lleno/a de humo; (*flavour, surface etc*) ahumado/a.

smolder ['sməʊldəʳ] *vi* (*US*) = **smoulder**.

smooch [smuːtʃ] *vi* (*fam*) besuquearse.

smooth [smuːð] **1** *adj* (*comp* **~er**; *superl* **~est**) (**a**) (*skin*) liso/a; (*road etc*) llano/a, parejo/a *(esp LAm)*; (*sea*) tranquilo/a, en calma.

(**b**) (*in consistency: paste etc*) sin grumos.

(**c**) (*running of engine, take-off etc*) suave, parejo/a *(esp LAm)*.

(**d**) (*trouble-free*) sin inconvenientes.

(**e**) (*not harsh in taste or sound*) suave.

(**f**) (*pej: person*) zalamero/a, meloso/a.

2 *vt* (**a**) (*also* ~ **down**: *hair etc*) alisar; **to ~ the way for sb** (*fig*) allanar el camino para algn.

(**b**) (*remove roughness from*) limar; (*polish*) pulir; (*flatten*) alisar, emparejar *(LAm)*; **to ~ away wrinkles** quitar las arrugas.

▸ **smooth down** *vt + adv* (*hair etc*) alisar; (*surface*) allanar, igualar; (*wood*) desbastar.

▸ **smooth out** *vt + adv* (*fabric, creases*) alisar; (*road etc*) aplanar, allanar; (*fig: problem*) solucionar.

▸ **smooth over** *vt + adv*: **to ~ things over** (*fig*) limar las asperezas.
smoothly ['smu:ðlı] *adv* (*see adj*) lisamente, parejo; suavemente; **everything went ~** todo pasó sin novedad.
smoothness ['smu:ðnıs] *n* (*see adj*) llaneza *f*; suavidad *f*.
smooth-running ['smu:ð'rʌnıŋ] *adj* (*engine etc*) suave, parejo/a (*esp LAm*).
smooth-shaven ['smu:ð'ʃeıvn] *adj* bien afeitado/a.
smooth-spoken ['smu:ð'spəʊkən], **smooth-talking** ['smu:ð,tɔ:kıŋ] *adj* afable; (*pej*) zalamero/a, meloso/a.
smote [sməʊt] *pt of* **smite**.
smother ['smʌðə^r] **1** *vt* (**a**) (*stifle*) sofocar; (*: yawn, sob, laughter*) contener. (**b**) (*cover*) cubrir; **they ~ed him with kisses** le colmaron *or* abrumaron de besos. **2** *vi* (*asphyxiate*) asfixiarse, ahogarse.
smoulder, (*US*) **smolder** ['sməʊldə^r] *vi* (*fire*) arder sin llama; (*fig: passion etc*) arder.
smudge [smʌdʒ] **1** *n* mancha *f*. **2** *vt* manchar. **3** *vi* correrse.
smug [smʌg] *adj* (*comp* **~ger**; *superl* **~gest**) creído/a, engreído/a.
smuggle ['smʌgl] *vt* (*bring or take secretly*) pasar de contrabando; **to ~ goods in/out** meter/sacar mercancías de contrabando; **to ~ sth past** *or* **through Customs** pasar algo de contrabando por la aduana.
smuggler ['smʌglə^r] *n* contrabandista *mf*.
smuggling ['smʌglıŋ] *n* contrabando *m*.
smugly ['smʌglı] *adv* con engreimiento.
smut [smʌt] *n* (*grain of soot*) carbonilla *f*, hollín *m*; (*crudity*) obscenidades *fpl*.
smutty ['smʌtı] *adj* (*comp* **-ier**; *superl* **-iest**) (*dirty*) manchado/a; (*crude*) obsceno/a, verde, colorado/a (*LAm*).
snack [snæk] **1** *n* tentempié *m*, bocadillo *m*; **to have a ~** probarse un bocado. **2** *cpd*: **~ bar** *n* cafetería *f*, lonchería *f* (*LAm*).
snag [snæg] *n* (*tooth*) raigón *m*; (*tree*) tocón *m*; (*pulled thread*) enganchón *m*; (*difficulty*) inconveniente *m*, problema *m*; **what's the ~?** ¿en qué consiste la pega? (*Sp*), ¿cuál es el problema?; **the ~ is that ...** la dificultad es que ...; **to run into** *or* **hit a ~** encontrar inconvenientes, dar con un obstáculo.
snail [sneıl] *n* caracol *m*; **at (a) ~'s pace** a paso de tortuga.
snake [sneık] **1** *n* serpiente *f*, víbora *f*; (*harmless*) culebra *f*; **a ~ in the grass** (*fig*) un traidor. **2** *cpd*: **~ charmer** *n* encantador(a) *m/f* de serpientes; **~s and ladders** *n* juego *m* de la oca.
snakebite ['sneıkbaıt] *n* mordedura *f or* picadura *f* de serpiente.
snakeskin ['sneıkskın] *n* piel *f* de serpiente.
snap [snæp] **1** *n* (*sound*) golpe *m*, ruido *m* seco; (*of sth breaking*) chasquido *m*; (*Phot*) foto *f*; **a cold ~** (*fam*) una ola de frío; **the dog made a ~ at the biscuit** el perro se lanzó sobre la galleta.
2 *adj* (*sudden*) repentino/a, sin aviso; **~ decision** decisión *f* instantánea.
3 *vt* (**a**) (*break*) partir, quebrar (*esp LAm*).
(**b**) (*fingers*) castañetear; **to ~ one's fingers at sb/sth** (*fig*) burlarse de algn/algo; **to ~ a box shut** cerrar una caja de golpe.
(**c**) **'be quiet!' she ~ped** 'cállate,' dijo bruscamente *or* (*LAm*) con enojo.
(**d**) (*Phot*) sacar una foto de.
4 *vi* (**a**) (*break: elastic*) romperse.
(**b**) (*whip*) chasquear; **it ~ped shut** se cerró de golpe; **to ~ into place** meterse de golpe.
(**c**) **to ~ at sb** (*person*) regañarle a algn; (*dog*) intentar morder a algn.
5 *cpd*: **~ fastener** *n* (*US*) cierre *m* (automático).
▸ **snap back** *vi + adv*: **to ~ back at sb** contestar *or* hablar *etc* bruscamente a algn.
▸ **snap off 1** *vt + adv* separar, quebrar; **to ~ sb's head off** (*fig*) regañarle a algn, echarle un rapapolvo a algn. **2** *vi + adv*: **it ~ped off** se desprendió, se partió.
▸ **snap out 1** (*fam*) *vi + adv*: **to ~ out of sth** dejarse de algo, quitarse algo de encima; **~ out of it!** ¡anímate! **2** *vt + adv* (*order etc*) gritar, decir con brusquedad *or* (*LAm*) enojo.
▸ **snap up** *vt + adv*: **to ~ up a bargain** (*fig*) agarrar una ganga.
snapdragon ['snæp,drægən] *n* (*Bot*) dragón *m*.
snappish ['snæpıʃ] *adj* irritable, gruñón/ona.
snappy ['snæpı] *adj* (*comp* **-ier**; *superl* **-iest**) (*fam*) rápido/a; (*smart*) elegante; **make it ~!** ¡date prisa!, ¡apúrate! (*LAm*).
snapshot ['snæpʃɒt] *n* (*Phot*) foto *f*.
snare [snεə^r] **1** *n* lazo *m*; (*fig*) trampa *f*. **2** *vt* coger (*Sp*) *or* (*LAm*) agarrar con lazo; (*fig*) atrapar.
snarl[1] [snɑ:l] **1** *n* (*noise*) gruñido *m*. **2** *vi*: **to ~ at sb** decirle a algn gruñendo.
snarl[2] [snɑ:l] **1** *n* (*in wool etc*) maraña *f*, enredo *m*; (*in traffic*) atasco *m*, embotellamiento *m*. **2** *vt* (*also* **~ up**: *wool*) enmarañar; (*: plans*) confundir, enredar; (*: traffic*) atascar.
snarl-up ['snɑ:lʌp] *n* enredo *m*, maraña *f*.
snatch [snætʃ] **1** *n* (**a**) (*act of ~ing*) arrebatamiento *m*; **to make a ~ at sth** intentar arrebatar *or* agarrar algo.
(**b**) (*fam: theft*) robo *m*, hurto *m*.
(**c**) (*snippet*) trocito *m*; **~es of conversation** fragmentos *mpl* de conversación; **to sleep in ~es** dormir a ratos.
(**d**) (*US fam!*) coño *m* (*fam!*).
2 *vt* (*grab*) arrebatar; **to ~ a meal** comer a la carrera; **to ~ some sleep** buscar tiempo para dormir; **to ~ a knife out of sb's hand** arrebatarle un cuchillo a algn.
3 *vi*: **don't ~** ¡no me lo quites!; **to ~ at sth** (*lit, fig*) intentar agarrar algo.
▸ **snatch away** *vt + adv*: **to ~ sth away from sb** arrebatar algo a algn.
▸ **snatch up** *vt + adv* agarrar (rápidamente).
snazzy ['snæzı] *adj* (*comp* **-ier**; *superl* **-iest**): **a ~ dress** (*fam*) un vestido vistoso.
sneak [sni:k] **1** *vt*: **to ~ sth out of a place** sacar algo furtivamente de un lugar; **to ~ a look at sth** mirar algo de reojo *or* soslayo. **2** *vi* (**a**) **to ~ in/out** entrar/salir a hurtadillas; **to ~ away** *or* **off** escabullirse; **to ~ in** colarse; **to ~ off with sth** llevarse algo furtivamente. (**b**) **to ~ on sb** (*fam*) denunciar a algn, soplar a algn. **3** *n* (*fam: taleteller*) chivato/a *m/f*, soplón/ona *m/f*. **4** *cpd*: **~ preview** *n* anticipo *m* no autorizado; **~ thief** *n* ratero/a *m/f*.
sneakers ['sni:kəz] *npl* zapatos *mpl* de lona, zapatillas *fpl*.
sneaking ['sni:kıŋ] *adj* ligero/a; **to have a ~ dislike of sb** sentir antipatía hacia algn; **I have a ~ feeling that ...** tengo la sensación de que ....
sneaky ['sni:kı] *adj* (*comp* **-ier**; *superl* **-iest**) (*fam*) soplón/ona.
sneer [snıə^r] **1** *n* (*expression*) cara *f* de desprecio; (*remark*) comentario *m* desdeñoso. **2** *vi* hablar con desprecio *or* desdén; **to ~ at sb/sth** (*laugh*) mofarse de algn/algo; (*scorn*) despreciar a algn/algo.
sneeze [sni:z] **1** *n* estornudo *m*. **2** *vi* estornudar; **an offer not to be ~d at** (*fig*) una oferta que no es de despreciar.
snicker ['snıkə^r] = **snigger**.
snide [snaıd] *adj* (*fam*) bajo/a, sarcástico/a.
sniff [snıf] **1** *n* (*gen: act*) sorbo *m*; (*: dog*) husmeo *m*; (*faint smell*) olorcito *m*. **2** *vt* (*snuff etc*) sorber (por la nariz), aspirar; (*smell*) oler; (*: dog etc*) olfatear, husmear. **3** *vi* aspirar por la nariz, sorber; (*dog etc*) oler, husmear, olfatear; **to ~ at sth** (*lit*) oler algo; (*fig*) despreciar *or* desdeñar algo; **an offer not to be ~ed at** una oferta que no es de despreciar.
▸ **sniff out** *vt + adv* (*discover*) encontrar husmeando; (*pry*) fisgar, fisgonear; (*fig: dig out*) desenterrar.
sniffer ['snıfə^r] *adj*: **~ dog** (*for drugs*) perro *m* antidroga; (*for explosives*) perro antiexplosivos.
sniffle ['snıfl] = **snuffle**.

snifter ['snɪftəʳ] *n* (*fam*) copa *f*, trago *m*.
snigger ['snɪgəʳ] **1** *n* risilla *f*. **2** *vi* reír disimuladamente; **to ~ at sth** reírse tontamente de algo.
snip [snɪp] **1** *n* (*cut*) tijeretada *f*; (*action, noise*) tijereteo *m*; (*small piece*) recorte *m*; (*Brit fam: bargain*) ganga *f*. **2** *vt* tijeretear; **to ~ sth off** cortar algo con tijeras.
snipe [snaɪp] **1** *n* (*bird*) agachadiza *f*. **2** *vi*: **to ~ at sb** (*lit*) disparar a algn desde un escondite; **to ~ at one's critics** responder ante las críticas.
sniper ['snaɪpəʳ] *n* francotirador(a) *m/f*.
snippet ['snɪpɪt] *n* (*of cloth, paper*) pedacito *m*, recorte *m*; (*of information, conversation etc*) retazo *m*, fragmento *m*.
snitch [snɪtʃ] (*fam*) **1** *vi*: **to ~ on sb** chivarse *or* soplar a algn. **2** *vt* (*steal*) birlar (*fam*).
snivel ['snɪvl] *vi* lloriquear.
snivelling, (*US*) **sniveling** ['snɪvlɪŋ] *adj* llorón/ona.
snob [snɒb] *n* (e)snob *mf*, presumido/a *m/f*; **he's an intellectual ~** presume de intelectual.
snobbery ['snɒbərɪ] *n* (e)snobismo *m*, presunción *f*.
snobbish ['snɒbɪʃ] *adj* (e)snob, presumido/a.
snobby ['snɒbɪ] *adj* (*fam*) (e)snob.
snog [snɒg] (*fam*) **1** *n*: **to have a ~** = 2. **2** *vi* besuquearse (*fam*).
snook [snu:k] *n*: **to cock a ~ at sb** (*fig fam*) hacer un palmo de narices a algn.
snooker ['snu:kəʳ] **1** *n* snooker *m*, billar *m* inglés. **2** *vt*: **to be properly ~ed** (*fig fam*) estar en un aprieto serio.
snoop [snu:p] **1** *n* (**a**) (*person*) fisgón/ona *m/f*. (**b**) (*act*) **to have a ~ round** fisgar, fisgonear. **2** *vi* (*also* **~ about, ~ around**: *pry*) fisgar, fisgonear; (*: interfere*) entrometerse.
snooper ['snu:pəʳ] *n* fisgón/ona *m/f*.
snooty ['snu:tɪ] *adj* (*comp* **-ier**; *superl* **-iest**) (*fam*) presumido/a, (e)snob.
snooze [snu:z] **1** *n* cabezada *f*, siestecita *f*; **to have a ~** dar una cabezada, echar una siestecita. **2** *vi* dormitar.
snore [snɔ:ʳ] **1** *n* ronquido *m*. **2** *vi* roncar.
snoring ['snɔ:rɪŋ] *n* ronquidos *mpl*.
snorkel ['snɔ:kl] **1** *n* (*of swimmer*) tubo *m* de respiración; (*of submarine*) (e)snorquel *m*. **2** *vi* bucear con tubo respiratorio.
snort [snɔ:t] **1** *n* resoplido *m*. **2** *vi* (*horse*) resoplar, bufar; (*person: with anger, impatience etc*) resoplar, bufar; (*Drugs fam*) esnifar (*fam*). **3** *vt* (*Drugs fam*) inhalar, esnifar (*fam*).
snorter ['snɔ:təʳ] (*fam*) *n* (**a**) **a real ~ of a problem** un problemón. (**b**) (*drink*) trago *m*, copa *f*.
snot [snɒt] *n* (*fam*) mocos *mpl*, mocarro *m*.
snotty ['snɒtɪ] (*fam*) *adj* (*comp* **-ier**; *superl* **-iest**) mocoso/a; (*Brit: snooty*) (e)snob, presumido/a.
snout [snaʊt] *n* (*gen*) hocico *m*, jeta *f*.
snow [snəʊ] **1** *n* (**a**) nieve *f*. (**b**) (*on TV screen*) lluvia *f*. **2** *vt*: **to be ~ed in** *or* **up** quedar aislado por la nieve; **to be ~ed under with work** (*fig*) estar agobiado de trabajo. **3** *vi* nevar. **4** *cpd*: **~ blindness** *n* (*Med*) ceguera *f* de nieve; **~ line** *n* límite *m* de las nieves perpetuas; **~ report** *n* (*Met*) informe *m* sobre el estado de la nieve; **S~ White** *n* Blancanieves *f*.
snowball ['snəʊbɔ:l] **1** *n* bola *f* de nieve. **2** *vi* (*fig*) aumentar progresivamente, ir aumentándose.
snow-blind ['snəʊ,blaɪnd] *adj* cegado/a por la nieve.
snow-bound ['snəʊbaʊnd] *adj* aislado/a *or* bloqueado/a por la nieve.
snow-capped ['snəʊkæpt], **snow-covered** ['snəʊ,kʌvəd] *adj* cubierto/a de nieve, nevado/a.
snowdrift ['snəʊdrɪft] *n* ventisca *f*, ventisquero *m*.
snowdrop ['snəʊdrɒp] *n* campanilla *f* de invierno.
snowfall ['snəʊfɔ:l] *n* (*gen*) nevada *f*.
snowflake ['snəʊfleɪk] *n* copo *m* de nieve.
snowman ['snəʊmæn] *n* (*pl* **-men**) figura *f* de nieve; **the abominable ~** el abominable hombre de las nieves.
snowplough, (*US*) **snowplow** ['snəʊplaʊ] *n* quitanieves *m inv*.
snowshoe ['snəʊʃu:] *n* raqueta *f* (de nieve).
snowstorm ['snəʊstɔ:m] *n* nevada *f*, nevasca *f*.
snow-white ['snəʊ'waɪt] *adj* blanco/a como la nieve.
snowy ['snəʊɪ] *adj* (*comp* **-ier**; *superl* **-iest**) (*climate, region*) de mucha nieve; (*day etc*) de nieve; (*white as snow*) blanco/a como la nieve.
SNP *n abbr* (*Brit Pol*) *of* **Scottish National Party**.
Snr *abbr of* **Senior**.
snub[1] [snʌb] **1** *n* desaire *m*. **2** *vt* (*person*) desairar, volver la espalda a; (*offer*) rechazar.
snub[2] [snʌb] *adj*: **~ nose** nariz *f* respingona.
snub-nosed ['snʌb'nəʊzd] *adj* chato/a, ñato/a (*LAm*).
snuff[1] [snʌf] *n* rapé *m*; **to take ~** tomar rapé.
snuff[2] [snʌf] *vt* apagar; **to ~ it** (*fam*) estirar la pata (*fam*), liar el petate (*fam*).
▸ **snuff out** *vt + adv* (*candle*) apagar.
snuffbox ['snʌfbɒks] *n* caja *f* de rapé, tabaquera *f*.
snuffle ['snʌfl] **1** *n*: **to have the ~s** estar resfriado/a *or* constipado/a. **2** *vi* sorber con ruido.
snug [snʌg] *adj* (*comp* **~ger**; *superl* **~gest**) (*cosy*) cómodo/a; (*: fam*) calientito/a; (*fitting closely*) ajustado/a, justo/a (*esp LAm*); (*too tight*) apretado/a.
snuggle ['snʌgl] *vi*: **to ~ down in bed** acurrucarse en la cama; **to ~ up to sb** arrimarse a algn.
snugly ['snʌglɪ] *adv* cómodamente; **it fits ~** (*clothes: well*) queda ajustado *or* (*esp LAm*) justo; (*one object in another*) encaja perfectamente.
SO, S/O *abbr of* **standing order**.
so[1] [səʊ] **1** *adv* (**a**) (*to such an extent*) tan(to); **~ quickly** tan rápidamente; **it is ~ big that ...** es tan grande que ...; **it's about ~ high** es más o menos así de alto; **she's not ~ clever as him** no es tan lista como él; **it's not ~ very difficult** no es tan difícil; **I wish you weren't ~ clumsy** ¡ojalá no fueras tan patoso!; **I love you ~** te quiero tanto.
(**b**) (*very*) **I'm ~ worried** estoy tan preocupado; **I've got ~ much to do** tengo tantísimo que hacer; **thank you ~ much** muchísimas gracias, muy agradecido; **~ much tea** tanto té; **~ many flies** tantas moscas; *see* **kind 1**; **much 1 (c)**.
(**c**) (*thus, in this way, likewise*) así, de esta manera, de este modo; **only more ~** pero en mayor grado; **how ~?** ¿cómo es eso?; **just ~!** ¡eso!, ¡eso es!; **if ~** en este caso, en cuyo caso; **~ far** hasta aquí *or* ahora; **he likes things just ~** le gusta que todo esté en su lugar; **~ do I** yo también; **~ would I** yo también; **he's wrong and ~ are you** se equivocan tanto Ud como él; **and ~ forth, and ~ on** y así sucesivamente, etcétera; **~ it is!, ~ it does!** ¡es verdad!, ¡es cierto!, ¡correcto!; **is that ~?** ¿de veras?; **isn't that ~?** ¿no es así?; **~ be it** así sea; **it ~ happens that ...** resulta que ..., el caso es que ...; **I hope ~** eso espero yo, espero que sí; **I thought ~** me lo figuraba *or* suponía; **~ he says** eso dice él; **~ much ~ that ...** hasta tal punto *or* grado que ..., tanto es así que ...; **I told you ~** ya te lo dije; **~ saying he walked away** dicho eso, se marchó; **do ~ then!** ¡hazlo, pues!; **and he did ~** y lo hizo; **~ to speak** por decirlo así.
(**d**) (*phrases*) **she didn't ~ much as send me a birthday card** no me mandó ni una tarjeta siquiera para mi cumpleaños; **~ much the better/worse** tanto mejor/peor; **I haven't ~ much as a penny** no tengo ni un peso; **~ much for her promises!** ¡eso valen sus promesas!; **ten or ~** unos diez, diez más o menos, diez o por ahí; **~ long!** (*fam*) ¡adiós!, ¡hasta luego!
2 *conj* (**a**) (*expressing purpose*) para; **~ as to do sth** para hacer algo, a fin de hacer algo; **~ that ...** para que + *subjun*, a fin de que + *subjun*; **we hurried ~ as not to be late** corríamos para no llegar *or* para que no lleguemos tarde; **I bought it ~ that you should see it** lo compré para que lo vieras.
(**b**) (*expressing result*) de manera que, de modo que; **~ that ...** de modo que + *indic*; **he stood ~ that he faced west** se puso de manera que miraba al oeste; **it rained and ~ we could not go out** llovió de modo que no pudi-

mos salir; ~ **you see** ... por lo cual, entenderás ....

(**c**) (*in questions, exclamations*) entonces, así que; ~ **you're Spanish?** así que ¿eres español?, ¿eres español pues? *(LAm)*; ~ **that's the reason!** ¡por eso es!; ~ **that's why he stayed home** de allí que se quedó en casa; ~ **(what)?** *(fam)* ¿y?, ¿y qué?; *see* **there 2**.

so[2] [səʊ] *n* (*Mus*) = **soh**.

soak [səʊk] **1** *vt* (**a**) **to ~ sth in a liquid** remojar algo en un líquido; **to get ~ed (to the skin)** empaparse *or* quedar empapado. (**b**) **to ~ the rich** *(fam)* clavarles a los ricos. **2** *vi* remojarse; **to leave sth to ~** dejar algo en *or* al remojo. **3** *n* (**a**) (*rain*) diluvio *m*; **to have a good ~ in the bath** descansar bañándose largamente. (**b**) (*fam: drunkard*) borracho/a *m/f*.

► **soak in** *vi* + *adv* penetrar.

► **soak through 1** *vt* + *adv*: **to be ~ed through** (*person*) estar calado/a hasta los huesos. **2** *vi* + *prep* calar, penetrar.

► **soak up** *vt* + *adv* absorber.

soaking [ˈsəʊkɪŋ] **1** *adj* (*also* **~ wet**: *person*) calado/a *or* empapado/a hasta el tuétano; (*object*) mojado/a. **2** *n* (*in liquid*) remojo *m*; (*of rain*) diluvio *m*; **to get a ~** calarse hasta los huesos.

so-and-so [ˈsəʊənsəʊ] *n* (*somebody*) fulano/a *m/f*; (*pej*); **he's a ~** es un cabrón *(fam!)*.

soap [səʊp] **1** *n* (**a**) jabón *m*; **soft ~** *(fam)* coba *f*. (**b**) *(fam)* = **~ opera**. **2** *vt* jabonar. **3** *cpd*: **~ dish** *n* jabonera *f*; **~ flakes** *npl* jabón *msg* en escamas; **~ opera** *n* (*TV*) telenovela *f*; (*Rad*) radionovela *f*; **~ powder** *n* jabón *m* en polvo, polvos *mpl* de jabón.

soapbox [ˈsəʊpbɒks] *n* tribuna *f* improvisada.

soapsuds [ˈsəʊpsʌdz] *npl* jabonaduras *fpl*, espuma *fsg*.

soapy [ˈsəʊpɪ] *adj* (*comp* **-ier**; *superl* **-iest**) (*covered in soap*) cubierto/a de jabón; (*like soap*) parecido/a a jabón, jabonoso/a.

soar [sɔːʳ] *vi* (**a**) (*rise: birds etc*) remontar el vuelo. (**b**) (*fig: tower etc*) elevarse; (*price etc*) subir vertiginosamente; (*ambition, hopes*) aumentar; (*morale, spirits*) renacer, reanimarse; **our spirits ~ed** renació nuestra esperanza.

soaring [ˈsɔːrɪŋ] *adj* (*flight*) planeador(a), que vuela; (*building*) altísimo/a; (*prices*) en alza *or* aumento; (*hopes, imagination*) expansivo/a.

sob [sɒb] **1** *n* sollozo *m*. **2** *vi* sollozar. **3** *vt*: **to ~ one's heart out** llorar a lágrima viva. **4** *cpd*: **~ story** *n* *(fam)* tragedia *f*.

s.o.b. *n abbr* (*US fam*) *of* **son of a bitch**.

sobbing [ˈsɒbɪŋ] *n* sollozos *mpl*.

sober [ˈsəʊbəʳ] **1** *adj* (**a**) (*not drunk*) sobrio/a. (**b**) (*rational, sedate*) sensato/a; (*colours: dull, subdued*) discreto/a; **to be as ~ as a judge, to be stone-cold ~** *(fam)* estar completamente sobrio. **2** *vt* (*also* **~ up**) quitarle la sopa a. **3** *vi* (*also* **~ up**) pasársele la borrachera.

sobering [ˈsəʊbərɪŋ] *adj*: **it had a ~ effect** moderó el entusiasmo *etc*; **it's a ~ thought** eso da en qué pensar.

soberly [ˈsəʊbəlɪ] *adv* (*see adj*) sobriamente; sensatamente; discretamente.

sober-minded [ˈsəʊbəˈmaɪndɪd] *adj* serio/a.

sobriety [səʊˈbraɪətɪ] *n* (**a**) (*not being drunk*) sobriedad *f*. (**b**) (*seriousness, sedateness*) seriedad *f*, sensatez *f*.

Soc. *abbr* (**a**) *of* **society**. (**b**) *of* **Socialist**.

so-called [ˈsəʊˈkɔːld] *adj* supuesto/a, presunto/a; **all these ~ journalists** todos estos periodistas, así llamados.

soccer [ˈsɒkəʳ] *n* fútbol *m*.

sociable [ˈsəʊʃəbl] *adj* (*person*) sociable, tratable; (*occasion*) social; **I don't feel very ~** no estoy para hacer vida social; **I'll have one drink, just to be ~** para hacerles compañía, tomaré una copa.

social [ˈsəʊʃəl] **1** *adj* (**a**) (*behaviour, customs, problems, reforms*) social; **~ administration** administración *f* social; **~ class** clase *f* social; **~ contract** contrato *m* social; **S~ Democrat** socialdemócrata *mf*; **the S~ Democratic Party** el Partido Socialdemócrata; **~ insurance** (*US*) seguro *m* social; **~ outcast** marginado/a *m/f*, rechazado/a *m/f* social; **~ science** ciencias *fpl* sociales; **~ scientist** sociólogo/a *m/f*; **~ security** seguro *m* *or* seguridad *f* social; **to be on ~ security** vivir del seguro *or* de la seguridad social; **the ~ services** los servicios sociales; **~ studies** estudios *mpl* sociales; **~ welfare** asistencia *f* social; **~ work** trabajo *m* social; **~ worker** trabajador(a) *m/f* social.

(**b**) (*in society: engagements, life etc*) social; **~ climber** arribista *mf*; **~ column** (*Press*) ecos *mpl* de sociedad, notas *fpl* sociales *(LAm)*; **~ disease** (*euph*) enfermedad *f* venérea; **to have a good ~ life** hacer buena vida social.

(**c**) (*gregarious*) sociable; **man is a ~ animal** el hombre es social por naturaleza; **~ club** club *m* social; **~ secretary** secretario/a *m/f* social.

2 *n* velada *f*, tertulia *f*, peña *f (LAm)*.

socialism [ˈsəʊʃəlɪzəm] *n* socialismo *m*.

socialist [ˈsəʊʃəlɪst] *adj*, *n* socialista *mf*.

socialite [ˈsəʊʃəlaɪt] *n* vividor(a) *m/f*.

socialize [ˈsəʊʃəlaɪz] **1** *vt* socializar. **2** *vi* circular.

socially [ˈsəʊʃəlɪ] *adv* socialmente.

society [səˈsaɪətɪ] **1** *n* (**a**) (*social community*) sociedad *f*; **he was a danger to ~** era un peligro para la sociedad. (**b**) (*company*) compañía *f*; **I enjoyed his ~** me encantó su compañía. (**c**) (*high ~*) alta sociedad. (**d**) (*club, organization*) asociación *f*, sociedad *f*; **the Glasgow film ~** la sociedad cinematográfica de Glasgow; **learned ~** sociedad científica, academia *f*. **2** *cpd*: **~ column** *n* ecos *mpl* de sociedad, notas *fpl* sociales; **~ party** *n* fiesta *f* de sociedad; **~ wedding** *n* boda *f* de sociedad.

socioeconomic [ˈsəʊsɪəʊˌiːkəˈnɒmɪk] *adj* socioeconómico/a.

sociolinguistics [ˌsəʊsɪəʊlɪŋˈgwɪstɪks] *n* sociolingüística *f*.

sociological [ˌsəʊsɪəˈlɒdʒɪkəl] *adj* sociológico/a.

sociologist [ˌsəʊsɪˈɒlədʒɪst] *n* sociólogo/a *m/f*.

sociology [ˌsəʊsɪˈɒlədʒɪ] *n* sociología *f*.

sock[1] [sɒk] *n* calcetín *m*, media *f (LAm)*; **to pull one's ~s up** (*fig*) hacer esfuerzos, despabilarse; **put a ~ in it!** *(fam)* ¡a callar!, ¡cállate!

sock[2] [sɒk] *(fam)* **1** *n* (*blow*) puñetazo *m*; **to give sb a ~ on the jaw** pegarle a algn en la cara. **2** *vt* pegar, darle.

socket [ˈsɒkɪt] *n* (*of eye*) cuenca *f*; (*of joint*) glena *f*; (*Elec*) enchufe *f*, toma *f* de corriente, tomacorriente *m (LAm)*.

sod[1] [sɒd] *n* (*of earth*) terrón *m*, tepe *m*, césped *m*.

sod[2] [sɒd] (*Brit fam!*) **1** *n* cabrón/ona *m/f (fam!)*; **you lazy ~!** ¡vago! **2** *vt*: **~ it!** ¡mierda! *(fam!)*; **~ him!** ¡que se joda! *(fam!)*.

► **sod off** *vi* + *adv*: **~ off!** ¡vete a la porra! *(fam)*.

soda [ˈsəʊdə] **1** *n* (**a**) (*Chem*) sosa *f*. (**b**) (*drink*) soda *f*; **whisky and ~** whisky-soda *m*. (**c**) (*US: pop*) gaseosa *f*, refresco *m*. **2** *cpd*: **~ fountain** *n* café-bar *m*; **~ siphon** *n* sifón *m*; **~ water** *n* soda *f*.

sodden [ˈsɒdn] *adj* empapado/a.

sodding [ˈsɒdɪŋ] *adj* *(fam!)* jodido/a *(fam)*, puñetero/a *(fam)*.

sodium [ˈsəʊdɪəm] **1** *n* sodio *m*. **2** *cpd*: **~ bicarbonate** *n* bicarbonato sódico*m*,: **~ chloride** *n* cloruro *m* sódico *or* de sodio; **~ lamp** *n* lámpara *f* de vapor de sodio.

sodomy [ˈsɒdəmɪ] *n* sodomía *f*.

sofa [ˈsəʊfə] **1** *n* sofá *m*. **2** *cpd*: **~ bed** *n* sofá-cama *m*.

Sofia [ˈsəʊfɪə] *n* Sofía *f*.

soft [sɒft] **1** *adj* (*comp* **~er**; *superl* **~est**) (**a**) (*not hard etc*) blando/a; (*pej: flabby*) flojo/a; **~ centre** relleno *m* blando; **~ copy** (*Comput*) copia *f* transitoria; **~ currency** moneda *f* blanda *or* débil; **~ fruit** frutas *fpl* blandas; **~ furnishings** textiles *mpl*; **~ goods** (*Comm*) géneros *mpl*; **~ money** (*US*) papel *m* moneda; **~ soap** *(fam)* coba *f* *(fam)*; **~ top** (*esp US*) descapotable *m*; **~ toy** peluche *m*; **~ water** agua *f* blanda.

(**b**) (*smooth*) suave.

(**c**) (*gentle, not harsh*) suave; **~ sell** venta *f* por persuasión.

(**d**) (*lenient, weak*) blando/a; **you're too ~ with him** eres demasiado blando con él.

(**e**) (*easy*) fácil; ~ **job** chollo *m*; **he has a ~ time of it** lo pasa fácil; **to be a ~ touch** (*fam*) ser fácil de engañar.

(**f**) (*fam: foolish*) tonto/a, bobo/a; **you must be ~!** ¡has perdido el juicio!; **he's ~ (in the head)** es un poco tocado *or* chiflado.

(**g**) (*fam: feeling, affection*) tierno/a; **to be ~ on sb** sentir afecto por algn; **to have a ~ spot for sth** tener una debilidad por algo; **he's ~ on communism** es partidario del comunismo.

(**h**) (*not of the worst, most harmful kind: drugs, pornography*) blando/a; (*: drink*) no alcohólico/a.

(**i**) (*Ling*) débil.

softback ['sɒftbæk] *adj* = **soft-bound**.

soft-boiled ['sɒft,bɔɪld] *adj* (*egg*) pasado/a (por agua).

soft-bound ['sɒftbaʊnd], **soft-cover** ['sɒftkʌvəʳ] *adj*: ~ **book** libro *m* en rústica.

soften ['sɒfn] **1** *vt* (*gen*) ablandar; (*make gentle*) suavizar; (*move to pity etc*) enternecer; (*weaken*) debilitar; (*metal etc*) templar; **to ~ the blow** (*fig*) amortiguar el golpe. **2** *vi* (*see 1*) ablandarse; suavizarse; enternecerse; debilitarse; templarse; **her heart ~ed** se le ablandó el corazón.

softener ['sɒfnəʳ] *n* suavizador *m*.

soft-hearted ['sɒft'hɑ:tɪd] *adj* compasivo/a, bondadoso/a.

softie ['sɒftɪ] *n* (*fam*) = **softy**.

softly ['sɒftlɪ] **1** *adv* (*quietly*) silenciosamente, suavemente; (*gently*) suavemente; (*tenderly*) con ternura; **she said ~** dijo dulcemente *or* en voz baja. **2** *adj*: **to adopt a ~-~ approach** avanzar con cautela, ir con pies de plomo.

softness ['sɒftnɪs] *n* (*gen*) blandura *f*; (*smoothness*) suavidad *f*; (*flabbiness*) flojedad *f*; (*stupidity*) estupidez *f*; (*indulgence*) ternura *f*.

soft-pedal ['sɒft'pedl] *vt* (*fig*) minimizar la importancia de.

soft-soap [,sɒft'səʊp] *vt* (*fam*) dar coba a (*fam*).

soft-spoken ['sɒft'spəʊkən] *adj* de voz suave.

software ['sɒftwεəʳ] **1** *n* software *m*. **2** *cpd*: ~ **engineering** *n* ingeniería *f* de software; ~ **house** *n* compañía *f* especializada en programación; ~ **package** *n* paquete *m* de programas.

softy, **softie** ['sɒftɪ] *n* (*fam*) mollejón/ona *m/f*.

SOGAT ['səʊgæt] *n abbr* (*Brit*) *of* **Society of Graphical and Allied Trades** *sindicato de tipógrafos*.

soggy ['sɒgɪ] *adj* (*comp* **-ier**; *superl* **-iest**) empapado/a, saturado/a.

soh [səʊ] *n* (*Mus*) sol *m*.

soil [sɔɪl] **1** *n* tierra *f*; **his native ~** su tierra natal; **on British ~** en suelo británico; **the ~** (*fig: farmland*) la tierra. **2** *vt* (*dirty*) ensuciar; (*stain*) manchar; (*fig: reputation, honour etc*) manchar.

soiled [sɔɪld] *adj* (*dirty*) sucio/a; (*stained*) manchado/a.

soirée ['swɑ:reɪ] *n* velada *f*.

sojourn ['sɒdʒɜ:n] *n* permanencia *f*, estancia *f*.

solace ['sɒlɪs] *n* consuelo *m*; **to seek ~ with ...** procurar consolarse con ....

solar ['səʊləʳ] *adj* solar; ~ **battery** pila *f* solar; ~ **cell** célula *f* solar; ~ **energy** energía *f* solar; ~ **heating** calefacción *f* solar; ~ **panel** panel *m* solar; ~ **plexus** (*Anat*) plexo *m* solar; ~ **system** sistema *m* solar.

solarium [səʊ'lεərɪəm] *n* (*pl* **solaria** [səʊ'lεərɪə]) solario *m*.

solar-powered ['səʊlə'paʊəd] *adj* de energía solar.

sold [səʊld] *pt, pp of* **sell**.

solder ['səʊldəʳ] **1** *n* soldadura *f*. **2** *vt* soldar.

soldering-iron ['səʊldərɪŋ,aɪən] *n* soldador *m*.

soldier ['səʊldʒəʳ] **1** *n* soldado *m*, militar *m*; **an old ~** un veterano *or* excombatiente; **to play at ~s** jugar a los soldados; ~ **of fortune** aventurero *m* militar. **2** *vi* ser soldado, hacer el servicio militar.

▸ **soldier on** *vi + adv* seguir adelante.

sole[1] [səʊl] **1** *n* (*Anat*) planta *f*; (*of shoe*) suela *f*; **half/inner ~** media suela/plantilla *f*. **2** *vt* poner suela a.

sole[2] [səʊl] *n* (*fish*) lenguado *m*.

sole[3] [səʊl] *adj* (*only*) único/a, solo/a; (*exclusive*) exclusivo/a, en exclusividad; ~ **trader** comerciante *m* exclusivo; *see* **agent**.

solecism ['sɒləsɪzəm] *n* solecismo *m*.

solely ['səʊllɪ] *adv* (*only*) únicamente, solamente, sólo; (*exclusively*) exclusivamente.

solemn ['sɒləm] *adj* (*ceremonious*) solemne; (*serious*) serio/a.

solemnize ['sɒləmnaɪz] *vt* solemnizar.

solemnly ['sɒləmlɪ] *adv* (*see adj*) solemnemente; seriamente.

sol-fa ['sɒl'fɑ:] *n* (*Mus*) solfeo *m*.

solicit [sə'lɪsɪt] **1** *vt* (*request*) solicitar; (*demand*) exigir; (*beg for*) pedir. **2** *vi* (*prostitute*) abordar, importunar.

soliciting [sə'lɪsɪtɪŋ] *n* abordamiento *m*; (*by prostitute*) reclamo *m*.

solicitor [sə'lɪsɪtəʳ] **1** *n* (*Jur: court officer*) procurador(a) *m/f*, abogado/a *m/f*; (*: for wills etc*) notario/a *m/f*. **2** *cpd*: **S~ General** *n* (*Brit*) subfiscal *mf* de la corona; (*US*) Procurador(a) general del Estado.

solicitous [sə'lɪsɪtəs] *adj*: ~ **(about** *or* **for)** (*anxious*) atento/a (a); ~ **to please** deseoso/a de agradar *or* quedar bien.

solicitude [sə'lɪsɪtju:d] *n* (*consideration*) solicitud *f*; (*concern*) preocupación *f*; (*anxiety*) ansiedad *f*; (*attention*) atención *f*.

solid ['sɒlɪd] **1** *adj* (**a**) (*firm, not liquid*) sólido/a; **to be frozen ~** estar congelado/a; ~ **fuel** combustible *m* sólido.

(**b**) (*not hollow*) macizo/a; (*pure*) puro/a; (*unbroken*) de una sola pieza; **we waited 2 ~ hours** esperamos 2 horas enteras; **a man of ~ build** un hombre fornido; **a ~ mass of colour** una masa sólida de color; ~ **geometry** geometría *f* del espacio; ~ **gold** oro *m* puro.

(**c**) (*full*) **the square was ~ with cars** la plaza estaba totalmente llena de coches; **the street was packed ~ with people** la calle estaba atascada de gente.

(**d**) (*stable, secure*) estable, seguro/a; **he's a good ~ worker** es un trabajador fiable.

(**e**) (*reason*) **a ~ argument** un argumento bien fundamentado; **to have ~ grounds for thinking that ...** tener buenos motivos para creer que ....

(**f**) (*unanimous*) ~ **support** un apoyo unánime.

2 *n* (**a**) (*food*) (alimento *m*) sólido *m*.

(**b**) (*Geom*) sólido *m*.

solidarity [,sɒlɪ'dærɪtɪ] *n* solidaridad *f*.

solidify [sə'lɪdɪfaɪ] *vi* solidificarse; (*fig: become strong, united etc*) unirse.

solidity [sə'lɪdɪtɪ] *n* solidez *f*.

solidly ['sɒlɪdlɪ] *adv* sólidamente, densamente; **to vote ~ for sb** votar unánimemente por algn; **a ~-built house** una casa de sólida construcción; **to work ~** trabajar sin descanso.

solid-state ['sɒlɪd'steɪt] *adj* (*Elec*) estado sólido; ~ **physics** física *f* del estado sólido.

soliloquy [sə'lɪləkwɪ] *n* soliloquio *m*.

solitaire [,sɒlɪ'tεəʳ] *n* solitario *m*.

solitary ['sɒlɪtərɪ] *adj* (*alone*) solitario/a, solo/a; (*secluded*) retirado/a; (*sole*) solo/a, único/a; **not a ~ one** ni algn solo; *see* **confinement**.

solitude ['sɒlɪtju:d] *n* soledad *f*.

solo ['səʊləʊ] **1** *n* (*pl* **~s**) (*Mus*) solo *m*; **a tenor ~** un solo para tenor. **2** *adj*: ~ **flight** vuelo *m* a solas; **passage for ~ violin** pasaje *m* para violín solo. **3** *adv* solo, a solas; **to fly ~** volar a solas.

soloist ['səʊləʊɪst] *n* solista *mf*.

solstice ['sɒlstɪs] *n* solsticio *m*.

soluble ['sɒljʊbl] *adj* soluble.

solution [sə'lu:ʃən] *n* solución *f*.
solve [sɒlv] *vt* resolver, solucionar.
solvency ['sɒlvənsɪ] *n* (*Fin*) solvencia *f*.
solvent ['sɒlvənt] **1** *adj* (*Chem, Fin*) solvente. **2** *n* (*Chem*) solvente *m*. **3** *cpd*: ~ **abuse** *n* abuso *m* de los solventes.
Som. *abbr* (*Brit*) *of* **Somerset**.
Somali [səʊ'mɑ:lɪ] *adj, n* somalí *mf*.
Somalia [səʊ'mɑ:lɪə] *n* Somalia *f*.
Somalian [səʊ'mɑ:lɪən] *adj, n* somalí *mf*.
sombre, (*US*) **somber** ['sɒmbəʳ] *adj* (*gen*) sombrío/a; (*pessimistic*) pesimista; (*melancholy*) melancólico/a; **a ~ prospect** una perspectiva sombría.
some [sʌm] **1** *adj* (**a**) (*with plural nouns*) unos/as, algunos/as; (*several*) varios/as; (*a few: emphatic*) unos/as pocos/as, unos/as cuantos/as; (*any: in 'if' clauses, questions*) ~ **people** algunos, algunas personas, alguna gente; ~ **people say** hay quien dice; **if you have ~ queries** si tienes alguna pregunta que hacer; **would you like ~ biscuits?** ¿te apetece unas galletas?; **we've got ~ biscuits, haven't we?** tenemos galletas, ¿no?
(**b**) (*with singular nouns*) algún/alguna; (*a little: emphatic*) un poco de, algo de; **have ~ more bread** toma más pan; **will you have ~ tea?** ¿quieres té?; **all I have left is ~ chocolate** solamente me queda un poco de chocolate; **you have got ~ money, haven't you?** tienes dinero, ¿no?
(**c**) (*certain: in contrast*) cierto/a; ~ **people hate fish** algunas personas odian el pescado; ~ **people say that ...** algunos dicen que ...; **in ~ ways** en cierto modo *or* sentido.
(**d**) (*vague, indeterminate*) alguno/a; **at ~ place in Sweden** en algún lugar de Suecia; **in ~ form or other** de una u otra forma; ~ **politician or other** algún que otro político; **for ~ reason or other** por alguna razón; ~ **other time** otro día; ~ **day** algún día; ~ **day next week** algún día de la semana que viene.
(**e**) (*considerable amount of*) bastante; **it took ~ courage to do that** hacer eso exigió bastante valor; ~ **distance away** bastante lejos; ~ **days ago** hace unos días; **after ~ time** pasado algún tiempo.
(**f**) (*fam: intensive*) **that's ~ fish!** ¡eso es lo que se llama un pez!, ¡vaya pez!; **it was ~ party** ¡vaya fiesta!, ¡menuda fiesta!; ~ **expert!** (*iro*) ¡valiente experto!; **you're ~ help!** (*fam*) ¡cuánto ayudas!
2 *pron* (**a**) (*~people*) algunos/as; (*certain people*) algunos, algunas personas; ~ **went this way and ~ that** algunos fueron por aquí y otros por allá; ~ **of them are crazy** entre ellos hay algunos locos.
(**b**) (*referring to plural nouns*) algunos/as; (*a few*) unos/as pocos/as *or* cuantos/as; (*certain ones*) algunos, ciertos/as; ~ **(of them) have been sold** algunos (de ellos) se han vendido; **do take ~** toma algunos; **would you like ~?** ¿quieres algunos?
(**c**) (*referring to singular nouns*) alguno/a; (*a little, a certain amount*) algo, un poco; **could I have ~ of that cheese?** ¿me sirve un poco del queso aquel?; **have ~ more cake** coma más torta *or* pastel; **have ~!** ¡toma!, ¡ten!; **I've got ~** ya tengo; **I've read ~ of the book** he leído (una) parte del libro; ~ **of what he said was true** parte de lo que dijo era cierto; **and then ~** (*fam*) y luego más, y más todavía.
3 *adv* (**a**) (*about*) ~ **20 people** unas veinte personas, una veintena de personas; ~ **30-odd** unos 30 y pico *or* tantos.
(**b**) (*esp US fam*) mucho; **we laughed ~** nos reímos mucho; **he's travelling ~** lleva gran velocidad.
...some *n ending in cpds*: **three~** grupo *m* de tres personas.
somebody ['sʌmbədɪ] **1** *pron* alguien; **there's ~ coming** viene alguien; ~ **knocked at the door** alguien llamó a la puerta; ~ **else** otro/a, otra persona; ~ **Italian** algún italiano; ~ **told me so** alguien me lo dijo; ~ **or other** alguien. **2** *n*: **to be ~** ser un personaje.
somehow ['sʌmhaʊ] *adv* (**a**) (*in some way*) de algún modo, de alguna manera, de una u otra manera; **it must be done ~ or other** a como dé lugar, tendrá que hacerse. (**b**) (*for some reason*) por alguna razón; ~ **(or other) I didn't get on with her** no sé porqué, no me llevaba con ella.
someone ['sʌmwʌn] *pron* = **somebody**.
someplace ['sʌmpleɪs] *adv* (*US*) = **somewhere**.
somersault ['sʌməsɔ:lt] **1** *n* (*by person*) salto *m* mortal; (*by car etc*) vuelco *m*, vuelta *f* de campana; **to turn a ~** dar un salto mortal. **2** *vi* dar un salto mortal *or* una vuelta de campana.
something ['sʌmθɪŋ] **1** *pron* (**a**) algo; ~ **nice** algo bonito; ~ **else** otra cosa; ~ **or other** algo; **there's ~ the matter** pasa algo; **did you say ~?** ¿dijiste algo?; **there's ~ odd here** aquí hay *or* pasa algo (raro); **there's ~ in what you say** algo tiene de verdad lo que dices; **it's come to ~ when ...** llegamos a un punto grave cuando ...; **will you have ~ to drink?** ¿quieres tomar algo?; **he's called John ~** se llama Juan y no sé qué más; **I hope to see ~ of you** espero que nos seguiremos viendo, nos estamos viendo, espero (*LAm*); **do you want to make ~ of it?** y a Vd ¿qué le importa?
(**b**) (*fam: ~ special or unusual*) algo especial; **I think you may have ~ there** puede que tengas razón *or* que estés en lo cierto; **that's really ~!** ¡eso sí que es fenomenal *or* estupendo!; **well, that's ~** eso ya es algo.
2 *adv* (**a**) ~ **over 200** 200 y pico *or* tantos; **now that's ~ like a rose!** ¡eso es lo que se llama una rosa!
(**b**) **it's ~ of a problem** es bastante problemático; **he's ~ of a musician** tira hacia la música.
(**c**) (*fam*) **the weather was ~ shocking** el tiempo fue algo atroz.
3 *n*: **give her ~ for herself** dale una propina; **she has a certain ~** algo tiene, tiene un no sé qué.
sometime ['sʌmtaɪm] **1** *adv* algún día, en alguna ocasión; (*in past*); ~ **last month** el mes pasado; ~ **before tomorrow** antes de mañana; ~ **next year** el año que viene (no se sabe exactamente cuándo); ~ **soon** algún día de estos, antes de que pase mucho tiempo; **I'll finish it ~** lo voy a terminar un día de estos; ~ **or (an)other it will have to be done** tarde o temprano tendrá que hacerse. **2** *adj* (*former*) ex ..., antiguo/a.
sometimes ['sʌmtaɪmz] *adv* a veces; ~ **I lose interest** hay veces cuando pierdo el interés.
somewhat ['sʌmwɒt] *adv* algo, un tanto; **we are ~ worried** estamos algo inquietos.
somewhere ['sʌmwɛəʳ] *adv* (**a**) (*in space: be*) en alguna parte; (*: go*) a alguna parte; ~ **else** (*be*) en otra parte; (*go*) a otra parte; **I lost it ~** lo perdí en alguna parte; ~ **in Wales** en algún lugar de Gales; ~ **or other in Scotland** en alguna parte de Escocia; **to get ~** (*fam*) hacer progresos, lograr algo; **now we're getting ~** estamos haciendo progresos. (**b**) (*approximately*) más o menos; **he paid ~ about £12** pagó alrededor de 12 libras; **he's ~ in his fifties** tendrá sus cincuenta años, anda por los cincuenta.
somnambulist [sɒm'næmbjʊlɪst] *n* sonámbulo/a *m/f*.
somniferous [sɒm'nɪfərəs] *adj* somnífero/a.
somnolent ['sɒmnələnt] *adj* (*sleepy*) soñoliento/a.
son [sʌn] *n* hijo *m*; **the youngest/eldest ~** el hijo menor/mayor; **come here, ~** (*fam*) ven, hijo; ~ **of a bitch** (*fam!*) hijo de puta (*fam!*), hijo de la chingada (*Mex fam!*).
sonar ['səʊnɑ:ʳ] *n* sonar *m*.
sonata [sə'nɑ:tə] *n* sonata *f*.
son et lumière [ˌsɔ̃elym'jɛ:r] *n* luz y sonido *f*.
song [sɒŋ] **1** *n* (*ballad etc*) canción *f*; (*of birds*) canto *m*; **to burst into ~** romper a cantar; **give us a ~!** ¡cántanos algo!; **to make a ~ and dance about sth** (*fig*) hacer aspavientos por algo; **I got it for a ~** (*fig*) lo compré regalado. **2** *cpd*: ~**book** *n* cancionero *m*; ~ **cycle** *n* ciclo *m* de canciones; ~ **thrush** *n* tordo *m* cantor, tordo melodioso.
songbird ['sɒŋbɜ:d] *n* pájaro *m* cantor.
songwriter ['sɒŋˌraɪtəʳ] *n* compositor(a) *m/f* (de

canciones).

sonic ['sɒnɪk] *adj* sónico/a; ~ **boom** estampido *m* sónico.

son-in-law ['sʌnɪnlɔː] *n* (*pl* **sons-in-law**) yerno *m*, hijo *m* político.

sonnet ['sɒnɪt] *n* soneto *m*.

sonny ['sʌnɪ] *n* (*fam*) hijo *m*.

sonority [sə'nɒrɪtɪ] *n* sonoridad *f*.

sonorous ['sɒnərəs] *adj* (*gen*) sonoro/a.

soon [suːn] *adv* (**a**) (*before long*) pronto, dentro de poco; **come back** ~ vuelve pronto; ~ **afterwards** poco después; **it will** ~ **be summer** pronto llegará el verano, falta poco para que llegue el verano.

(**b**) (*early, quickly*) temprano, pronto; **how** ~ **can you be ready?** ¿cuándo tardas en prepararte?; **Friday is too** ~ el viernes es muy pronto; **it's too** ~ **to tell** es demasiado pronto para saber; **we were none too** ~ no llegamos antes de tiempo, llegamos justo.

(**c**) (*with as*) **as** ~ **as possible** cuanto antes, lo antes posible, lo más pronto posible; **I'll do it as** ~ **as I can** lo haré en cuanto *or* (*LAm*) apenas pueda; **as** ~ **as it was finished** en cuanto se terminó.

(**d**) (*expressing preference*) **I would as** ~ **not go** preferiría no ir; **I would as** ~ **he didn't know** preferiría que él no lo supiera; *see also* **sooner**.

sooner ['suːnə^r] *adv* (**a**) (*of time*) más temprano, antes; ~ **or later** tarde o temprano; **the** ~ **the better** cuanto antes mejor; **no** ~ **had we left than they arrived** apenas nos habíamos marchado cuando llegaron; **no** ~ **said than done** dicho y hecho. (**b**) (*of preference*) **I had** ~ **not do it, I would** ~ **not do it** preferiría no hacerlo; **I'd** ~ **die!** (*fam*) ¡antes morir!; ~ **you than me!** (*fam*) ¡allá tú, yo no!

soot [sʊt] *n* hollín *m*.

soothe [suːð] *vt* (*calm*) tranquilizar, calmar; (*quieten, lessen*) acallar; (*pain*) aliviar.

soothing ['suːðɪŋ] *adj* (*ointment etc*) sedante; (*tone, words etc*) calmante, tranquilizante.

soothsayer ['suːθ,seɪə^r] *n* adivino/a *m/f*.

sooty ['sʊtɪ] *adj* (*comp* **-ier**; *superl* **-iest**) hollinoso/a; (*fig*) negro/a como el hollín.

SOP *n abbr of* **standard operating procedure**.

sop [sɒp] *n* (*fig: pacifier*) soborno *m*, cohecho *m*; (*food*) ~**s** sopa *fsg*; **as a** ~ **to his pride** para que su orgullo no quedara herido.

▸ **sop up** *vt* + *adv* absorber.

sophism ['sɒfɪzəm] *n* sofisma *m*.

sophisticated [sə'fɪstɪkeɪtɪd] *adj* (*gen*) sofisticado/a.

sophistication [sə,fɪstɪ'keɪʃən] *n* sofisticación *f*.

sophomore ['sɒfəmɔː^r] *n* (*US*) estudiante *mf* de segundo año.

soporific [,sɒpə'rɪfɪk] *adj* soporífero/a.

sopping ['sɒpɪŋ] *adj*: **it's** ~ **(wet)** está empapado/a.

soppy ['sɒpɪ] *adj* (*fam*) sentimental.

soprano [sə'prɑːnəʊ] **1** *n* (*pl* ~**s**) (*Mus*) soprano *f*; (*: male*) tiple *m*. **2** *adj* (*part*) de *or* para soprano; (*voice*) de soprano. **3** *adv*: **to sing** ~ cantar soprano.

sorbet ['sɔːbeɪ] *n* sorbete *m*.

sorcerer ['sɔːsərə^r] *n* hechicero *m*, brujo *m*.

sorceress ['sɔːsəres] *n* hechicera *f*, bruja *f*.

sorcery ['sɔːsərɪ] *n* hechicería *f*, brujería *f*.

sordid ['sɔːdɪd] *adj* (*place, room etc*) miserable, sórdido/a; (*deal, motive etc*) mezquino/a.

sore [sɔː^r] **1** *adj* (*comp* ~**r**; *superl* ~**st**) (**a**) (*Med: aching*) adolorido/a; (*: painful*) doloroso/a; **my eyes are** ~**, I have** ~ **eyes** me duelen los ojos; ~ **throat** dolor *m* de garganta. (**b**) (*fig*) **it's a** ~ **point** es un asunto delicado *or* espinoso; **to be** ~ **about sth** estar resentido por algo; **to be** ~ **with sb** estar enojado con algn; **don't get** ~**!** (*fam*) ¡no te vayas a ofender!, ¡no te enojes! (*LAm*). **2** *n* (*Med*) llaga *f*, úlcera *f*; **to open old** ~**s** (*fig*) renovar la herida.

sorehead ['sɔːhed] *n* (*US fam*) persona *f* resentida.

sorely ['sɔːlɪ] *adv* (*very*) muy; (*much*) mucho; (*deeply*) profundamente; (*seriously*) seriamente; **I am** ~ **tempted** me siento con tentación; **he has been** ~ **tried** ha tenido que aguantar muchísimo.

sorority [sə'rɒrɪtɪ] *n* (*US Univ*) hermandad *f* de mujeres.

sorrel ['sɒrəl] *n* (*Bot*) acedera *f*; (*horse*) alazán *m*.

sorrow ['sɒrəʊ] **1** *n* (*grieving*) pena *f*, pesar *m*, dolor *m*; **to my** ~ con *or* para gran pesar mío; **her** ~ **at the death of her son** su pena por la muerte de su hijo; **more in** ~ **than in anger** con más pesar que enojo; **to drown one's** ~**s** olvidar su tristeza emborrachándose. **2** *vi* apenarse, afligirse (*at, for, over* de).

sorrowful ['sɒrəfʊl] *adj* afligido/a, triste, apenado/a.

sorry ['sɒrɪ] *adj* (*comp* **-ier**; *superl* **-iest**) (**a**) (*regretful*) arrepentido/a; (*sad*) triste, apenado/a (*LAm*); **to be** ~ **that ...** sentir que + *subjun*; **I'm** ~ **to hear that ...** me da tristeza *or* pena saber que ...; **I'm** ~ **to tell you that ...** lamento tener que decirte que ...; **it was a failure, I'm** ~ **to say** me duele reconocerlo, pero fue un fracaso; **I can't say I'm** ~ no puedo decir que lo sienta; **you'll be** ~ **for this!** ¡me las pagarás!

(**b**) (*in apologizing, repentant*) avergonzado/a, apenado/a (*LAm*); ~**!** ¡perdón!, ¡perdone!,, ¡disculpe! (*esp LAm*); **awfully** ~**!**, **so** ~**!**, **very** ~**!** lo siento mucho, ¡cuánto lo siento!, me da mucha pena (*LAm*); **to be** ~ sentirlo, lamentarlo; **to say** ~ **(to sb for sth)** pedir perdón *or* (*esp LAm*) disculpas (a algn por algo); **to be** ~ **about sth** lamentar algo; **to be** ~ **to have to do sth** sentir tener que hacer algo.

(**c**) (*pitying*) lleno/a de lástima, compasivo/a; **to be** *or* **feel** ~ **for sb** compadecer *or* tener lástima a algn; **I feel** ~ **for the child** el niño me da lástima *or* pena; **to be** *or* **feel** ~ **for o.s.** compadecerse.

(**d**) (*pitiful*) lastimoso/a, triste; **a** ~ **excuse** una miserable *or* vil excusa; **it was a** ~ **tale of defeat** fue una historia lastimosa de derrotas.

sort [sɔːt] **1** *n* (**a**) (*gen*) clase *f*, género *m*; **what** ~ **do you want?** (*make*) ¿qué marca quieres?; (*type*) ¿de qué tipo quieres?; **a new** ~ **of car** una nueva clase de coche; **I know his** ~ conozco el paño *or* la madera, conozco esa clase de gente; **books of all** ~**s** libros de todo tipo; **he's a painter of a** ~**, he's a painter of** ~**s** en cierto sentido es pintor; **it's tea of a** ~ es té, pero bastante inferior; **something of the** ~ algo por el estilo; **nothing of the** ~**!** ¡nada de eso!; **I shall do nothing of the** ~ no haré eso bajo ningún concepto, ni se me ocurriría hacerlo; **it takes all** ~**s (to make a world)** de todo hay en la viña del Señor.

(**b**) (~ *of*) **what** ~ **of car?** ¿qué tipo de coche?; **what** ~ **of man is he?** ¿qué clase de hombre es?; **he's not the** ~ **of man to say that** no es de los que dicen eso; **all** ~**s of dogs** perros de toda clase; **he's some** ~ **of painter** es pintor de algún tipo; **it's a** ~ **of dance** es una especie de baile; **and all that** ~ **of thing** y otras cosas por el estilo; **that's the** ~ **of person I am** así soy yo; **it's** ~ **of awkward** (*fam*) es bastante *or* (*LAm*) medio difícil; **aren't you pleased? —** ~ **of** (*fam*) ¿no te alegras? — en cierto sentido; **I** ~ **of thought that ...** (*fam*) quedé con la idea de que ....

(**c**) (*person*) **he's a good** ~ es buena persona *or* (*esp LAm*) buena gente; **he's an odd** ~ es un tipo raro.

(**d**) **to be out of** ~**s** estar de malas *or* de mal humor.

(**e**) (*Comput*) ordenación *f*.

2 *vt* (*classify, arrange*) clasificar; (*Comput*) ordenar; **to** ~ **the good apples from the bad ones** separar las malas manzanas de las buenas.

3 *cpd*: ~ **code** *n* número *m* de agencia.

▸ **sort out** *vt* + *adv* (**a**) = **sort 2**. (**b**) (*straighten out: problem, situation etc*) arreglar, solucionar; **we've got it** ~**ed out now** ya se arregló. (**c**) **to** ~ **sb out** (*fam*) ajustar cuentas con algn.

sortie ['sɔːtɪ] *n* (*Aer, Mil*) salida *f*; **a** ~ **into town** una escapada a la ciudad.

sorting office ['sɔːtɪŋ,ɒfɪs] *n* (*Post*) sala *f* de batalla.

SOS *n* (*signal*) SOS *m*; (*fig*) llamada *f* de socorro.

so-so ['səʊ'səʊ] *adv* regular, así así.

soufflé ['suːfleɪ] *n* soufflé *m*.

sought [sɔːt] *pt, pp of* **seek**.

sought-after ['sɔːt,ɑːftəʳ] *adj* (*person*) solicitado/a; (*object*) codiciado/a.

soul [səʊl] **1** *n* (**a**) (*Rel*) alma *f*; **All S~s' Day** (el día de) Todos los Santos; **God rest his ~** Dios le reciba en su seno.

(**b**) (*inner being, finer feelings*) alma *f*; **he's got no ~** es un desalmado; **she loved him with all her ~** *or* **body and ~** le quería con toda el alma; **the music lacks ~** a la música le falta ánimo.

(**c**) (*fig: person*) alma *f*; **3,000 ~s** 3.000 almas; **the poor ~ had nowhere to sleep** el pobre no tenía dónde dormir; **without seeing a ~** sin ver bicho viviente; **the ship was lost with all ~s** el buque se hundió con toda la tripulación (y pasajeros).

(**d**) **he's the ~ of discretion/honour** es la discreción/honra misma *or* en persona.

2 *adj se aplica a la cultura de los negros de los Estados Unidos.*

3 *cpd*: **~ food** *n* cocina *f* negra del Sur de EE. UU.; **~ mate** *n* compañero/a *m/f* del alma; **~ (music)** *n* música *f* 'soul'.

soul-destroying ['səʊldɪs'trɔɪɪŋ] *adj* (*fig*) aburrido/a, deshumanizante.

soulful ['səʊlfʊl] *adj* lleno/a de emoción, sentimental.

soulless ['səʊllɪs] *adj* (*person*) sin alma; (*work etc*) mecánico/a, monótono/a.

soul-searching ['səʊl,sɜːtʃɪŋ] *n*: **after a lot of ~** después de revolverlo muchas veces.

sound[1] [saʊnd] **1** *adj* (*comp* **~er**; *superl* **~est**) (**a**) (*in good condition*) estable, sano/a; **to be of ~ mind** estar en su cabal juicio; **as ~ as a bell** (*person*) en perfecta salud; (*thing*) en perfecta condición.

(**b**) (*valid*) válido/a; (*logical*) razonable, lógico/a; (*correct*) acertado/a; **~ advice** buen consejo; **he's ~ on government policy** es experto en la política del gobierno; **he's a very ~ man** es un hombre fiable.

(**c**) (*thorough*) completo/a, rotundo/a.

(**d**) (*sleep: deep, untroubled*) profundo/a.

2 *adv*: **to be ~ asleep** estar profundamente dormido.

sound[2] [saʊnd] **1** *n* (*gen*) sonido *m*; (*noise*) ruido *m*; (*music*) **the Glenn Miller ~** la música de Glenn Miller; **the speed of ~** la velocidad del sonido; **within ~ of** al alcance de; **to the ~ of the national anthem** al son del himno nacional; **the ~ of breaking glass** el ruido de cristales que se rompen; **not a ~ was to be heard** no se oía *or* (*esp LAm*) sentía ruido alguno; **consonant ~s** consonantes *fpl*; **by the ~ of it** según parece; **I don't like the ~ of it** (*fig: film etc*) no me gusta nada; (*: threat*) me preocupa mucho, me da mala espina.

2 *vt* (**a**) (*alarm, bell, horn, trumpet*) tocar, sonar; **~ your horn!** (*Aut*) ¡toca *or* suena la bocina!; **to ~ the retreat** (*Mil*) tocar la retirada; **to ~ a note of warning** (*fig*) dar la señal de alarma.

(**b**) **~ your 'r's more** pronuncia más claro la 'r'.

3 *vi* (**a**) (*emit ~*) sonar, resonar; **a cannon ~ed a long way off** se oyó un cañón a lo lejos.

(**b**) (*give aural impression*) sonar; **it ~s hollow** suena a hueco; **he ~s Italian to me** por la voz, se le diría italiano; **it ~s like French** suena a francés; **that ~s like them arriving now** parece que llegan ahora; **he ~ed angry** parecía enfadado.

(**c**) (*seem*) sonar, parecer; **that ~s very odd** suena muy raro; **how does it ~ to you?** ¿qué te parece?; **that ~s like a good idea** eso parece buena idea; **she ~s like a nice girl** parece una chica simpática; **it ~s as if she won't be coming** parece que no va a venir.

4 *cpd*: **~ barrier** *n* barrera *f* del sonido; **~ bite** *n* cita *f* jugosa; **~ effect** *n* efecto *m* sonoro; **~ engineer** *n* ingeniero *m* de sonido; **~ system** *n* (*Ling*) sistema *m* fonológico; (*hi-fi*) cadena *f* de sonido; **~ wave** *n* (*Phys*) onda *f* sonora.

► **sound off** *vi + adv* (*fam*) despotricarse.

sound[3] [saʊnd] *vt* (*Med, Naut*) sondar; **to ~ sb's chest** auscultar el pecho a algn; **to ~ sb out about sth** sondear a algn sobre algo; **to ~ sth out** tantear algo.

sound[4] [saʊnd] *n* (*Geog*) estrecho *m*, brazo *m* de mar.

sounding ['saʊndɪŋ] **1** *n* (*Naut*) sondeo *m*. **2** *cpd*: **~ board** *n* (*Mus, fig*) caja *f* de resonancia.

soundless ['saʊndlɪs] *adj* silencioso/a, mudo/a.

soundly ['saʊndlɪ] *adv* (*built*) sólidamente; (*argued*) lógicamente; (*invested*) con cordura *or* prudencia; **to beat sb ~** dar a algn una buena paliza; **to sleep ~** dormir profundamente.

soundness ['saʊndnɪs] *n* (*good condition*) firmeza *f*, solidez *f*; (*validity*) validez *f*; (*of business, argument, judgment*) lógica *f*, fundamento *m*; (*solvency*) solvencia *f*.

soundproof ['saʊndpruːf] **1** *adj* insonorizado/a, a prueba de ruidos. **2** *vt* insonorizar.

soundproofing ['saʊndpruːfɪŋ] *n* insonorización *f*.

soundtrack ['saʊndtræk] *n* banda *f* sonora.

soup [suːp] **1** *n* (*thin*) caldo *m*, consomé *m*; (*thick*) sopa *f*; **vegetable ~** sopa de hortelano *or* de verduras; **to be in the ~** (*fam*) estar en apuros. **2** *cpd*: **~ kitchen** *n* comedor *m or* cocina *f* popular, olla *f* común; **~ plate** *n* plato *m* sopero; **~ spoon** *n* cuchara *f* sopera; **~ tureen** *n* sopera *f*.

soupçon ['suːpsɔ̃] *n* (*Culin*) pizca *f*.

souped-up ['suːpt,ʌp] *adj* (*fam*) sobrealimentado/a.

sour ['saʊəʳ] *adj* (*comp* **~er**; *superl* **~est**) (**a**) (*fruit etc*) agrio/a, ácido/a; (*bitter*) amargo/a; **whisky ~** whisky *m* sour. (**b**) (*bad: milk, butter etc*) rancio/a; (*: food*) pasado/a; **to go** *or* **turn ~** (*milk*) cortarse; (*food*) pasarse; (*wine*) agriarse; **to go** *or* **turn ~ (on sb)** (*fig*) amargarse, agriarse; **~ cream** nata *f or* leche *f* cortada. (**c**) (*fig: person*) amargado/a, áspero/a.

source [sɔːs] **1** *n* (*of river*) fuente *f*, nacimiento *m*; (*fig: origin*) fuente, origen *m*; (*: of gossip etc*) procedencia *f*; **what is the ~ of this information?** ¿de dónde proceden estos informes?; **I have it from a reliable ~ that ...** sé de fuente fidedigna que ...; **at ~** en su origen. **2** *cpd*: **~ file** *n* archivo *m* fuente; **~ language** *n* lenguaje *m* de partida, lengua *f* original; (*Comput*) lenguaje fuente.

sourdough ['saʊə,dəʊ] *cpd*: **~ bread** *n* (*US*) pan *m* de masa fermentada.

sourly ['saʊəlɪ] *adv* (*fig*) agriamente, con amargura.

sourness ['saʊənɪs] *n* (*of fruit etc*) acidez *f*, agrura *f*; (*of milk*) agrura; (*fig: of person, expression*) amargura *f*, aspereza *f*.

sourpuss ['saʊəpʊs] *n* (*fam*) amargado/a *m/f*.

souse [saʊs] *vt* (*Culin: pickle*) escabechar, adobar (*LAm*); (*plunge*) zambullir; (*soak*) mojar; **he ~d himself with water** se empapó de agua.

south [saʊθ] **1** *n* sud *m*, sur *m*; (*region*) mediodía *m*, sur; **in the ~ of England** en el sur de Inglaterra; **to the ~ of** al sur de; **the wind is in the ~/from the ~** el viento viene del sur; **the S~ of France** el sur de Francia.

2 *adj* del sur, austral; **S~ Africa** África *f* del Sur; **S~ African** (*adj, n*) sudafricano/a *m/f*; **S~ America** América *f* del Sur, Sudamérica *f*; **S~ American** (*adj, n*) sudamericano/a *m/f*; **S~ Atlantic** Atlántico *m* del Sur; **S~ Pole** Polo *m* sud *or* sur; **S~ Sea Islands** Islas *fpl* de los mares del Sur; **the S~ Seas** los mares *mpl* del Sur, el mar austral.

3 *adv* (*place*) al sur; (*direction*) hacia el sur; **~ of the border** al sur de la frontera; **to travel ~** viajar hacia el sur; **this house faces ~** esta casa tiene vista hacia el sur; **my window faces ~** mi ventana da al sur; **to sail due ~** (*Naut*) ir proa al sur.

southbound ['saʊθbaʊnd] *adj* (con) rumbo al sur.

southeast [saʊθ'iːst] **1** *n* sudeste *m*. **2** *adj* (del) sudeste; **S~ Asia** el sudeste de Asia *or* asiático. **3** *adv* (*direction*) hacia el sudeste; (*location*) al sudeste.

south-easterly [saʊθ'iːstəlɪ] *adj* (*point, direction*) sudeste; (*wind*) del sudeste.

south-eastern [saʊθ'iːstən] *adj* sudeste.

southerly ['sʌðəlɪ] *adj* (*direction*) hacia el sur; (*point*) al sur; (*wind*) del sur.

southern ['sʌðən] *adj* del sur, austral; **S~ Africa** África *f* del Sur, Sudáfrica *f*; **S~ Cross** Cruz *f* del Sur; **S~ Europe** Europa *f* del Sur; **in ~ Spain** en el sur de España.

southerner ['sʌðənəʳ] *n* habitante *mf* del sur, sureño/a *m/f (esp LAm)*.

southward ['saʊθwəd] *adj, adv* hacia el sur.

southwest ['saʊθ'west] **1** *n* suroeste *m*. **2** *adj* suroeste. **3** *adv* (*direction*) hacia el suroeste; (*location*) al suroeste.

southwestern [saʊθ'westən] *adj* del suroeste.

souvenir [ˌsu:və'nɪəʳ] *n* recuerdo *m*.

sou'wester [saʊ'westəʳ] *n* sueste *m*.

sovereign ['sɒvrɪn] **1** *adj* (**a**) (*supreme*) soberano/a; **with ~ contempt** (*fig*) con soberano desprecio. (**b**) (*self-governing*) soberano/a; **~ state** estado *m* soberano. **2** *n* (*monarch*) soberano/a *m/f*; (*coin*) soberano.

sovereignty ['sɒvrəntɪ] *n* soberanía *f*.

soviet ['səʊvɪət] **1** *n* soviet *m*. **2** *adj* soviético/a; **S~ Russia** Rusia *f* Soviética; **the S~ Union** la Unión Soviética.

sow[1] [səʊ] (*pt* **~ed**; *pp* **~n**) *vt* (*seed*) sembrar; **to ~ doubt in sb's mind** (*fig*) sembrar dudas en algn.

sow[2] [saʊ] *n* puerca *f*, marrana *f*.

sower ['səʊəʳ] *n* sembrador(a) *m/f*.

sowing ['səʊɪŋ] *n* siembra *f*.

sown [səʊn] *pp of* **sow**[1].

soya ['sɔɪə], (*US*) **soy** [sɔɪ] **1** *n* soja *f*. **2** *cpd*: **~ bean** *n* semilla *f* de soja; **~ flour** *n* harina *f* de soja; **~ oil** *n* aceite *m* de soja; **~ sauce** *n* salsa *f* de soja.

sozzled ['sɒzld] *adj* (*fam*): **to be ~** estar mamado/a *(fam)*, estar tomado/a *(LAm)*; **to get ~** coger una trompa *(Sp)*, agarrarse una borrachera *(LAm)*.

spa [spɑ:] *n* balneario *m*.

space [speɪs] **1** *n* (**a**) (*gen, Phys etc*) espacio *m*; **outer ~** el espacio exterior; **the rocket vanished into ~** el cohete desapareció en el espacio; **to stare into ~** mirar al vacío.

(**b**) (*room*) espacio *m*, lugar *m*; **to clear a ~ for sth** hacer lugar para algo; **to take up a lot of ~** ocupar mucho sitio *or* espacio; **to buy ~ in a newspaper** comprar espacio en un periódico; **parking ~** aparcamento *m (Sp)*, parking *m*, estacionamiento *m (esp LAm)*.

(**c**) (*gap, empty area*) espacio *m*, hueco *m*; **blank ~** espacio en blanco; **to leave a ~ for sth** dejar sitio *or* lugar para algo; **answer in the ~ provided** conteste en el espacio provisto; **in a confined ~** en un espacio restringido; **I couldn't see a ~ for my car** no veía un lugar *or* un hueco donde meter el coche; **wide open ~s** campo *m* abierto.

(**d**) (*of time*) espacio *m*, lapso *m*; **in a short ~ of time** en un corto espacio *or* lapso; **(with)in the ~ of an hour/three generations** en el espacio de una hora/tres generaciones; **for the ~ of a fortnight** durante un período de quince días; **after a ~ of two hours** después de un lapso de dos horas.

2 *vt* (**a**) (*also* **~ out**) espaciar, separar.

(**b**) **to be ~d out** (*fam: on drugs*) estar colocado/a; (*: drunk*) estar ajumado/a.

3 *cpd*: **~ age** *n* era *f* espacial; **~ bar** *n* (*on typewriter*) barra *f* espaciadora; **~ capsule** *n* cápsula *f* espacial; **~ flight** *n* vuelo *m* espacial; **S~ Invaders** *nsg* (*game*) Marcianitos *mpl*; **~ probe** *n* sonda *f* espacial; **~ programme** *n* programa *m* de investigaciones espaciales; **~ race** *n* carrera *f* espacial; **~ shuttle** *n* transbordador *m* espacial, lanzadera *f* espacial; **~ station** *n* estación *f* espacial; **~ travel** *n* viajes *mpl* espaciales.

spacecraft ['speɪskrɑ:ft] *n, pl inv* nave *f* espacial, astronave *f*.

spaceman ['speɪsmæn] *n* (*pl* **-men**) astronauta *m*, cosmonauta *m*.

space-saving ['speɪsˌseɪvɪŋ] *adj* que economiza *or* ahorra espacio.

spaceship ['speɪsʃɪp] *n* nave *f* espacial, astronave *f*.

spacesuit ['speɪssu:t] *n* traje *m* espacial.

spacewalk ['speɪswɔ:k] *n* paseo *m* en el espacio.

spacing ['speɪsɪŋ] *n* espaciamiento *m*; (*Typ*) espaciado *m*; **with double ~** a doble espacio; **in single ~** a espacio sencillo.

spacious ['speɪʃəs] *adj* espacioso/a, amplio/a.

spade [speɪd] *n* (**a**) (*tool*) pala *f*, laya *f*; **to call a ~ a ~** (*fig*) llamar al pan pan y al vino vino. (**b**) (*Cards*) picos *mpl*; (*Sp Cards*) espadas *fpl*; **the three of ~s** el tres de espadas; **to play ~s** jugar espadas; **to play a ~** jugar una espada.

spadework ['speɪdwɜ:k] *n* (*fig*) trabajo *m* preliminar.

spaghetti [spə'getɪ] **1** *n* (*gen*) espaguettis *mpl*; (*: thin*) fideos *mpl*. **2** *cpd*: **~ western** *n* película *f* de vaqueros hecha por un director italiano.

Spain [speɪn] *n* España *f*.

span[1] [spæn] **1** *n* (*of hand*) palmo *m*; (*of road etc*) tramo *m*; (*of bridge, arch*) luz *f*; (*roof*) vano *m*; (*of time*) lapso *m*, espacio *m*; **the average ~ of life** la duración promedia de la vida; **for a brief ~** durante un breve lapso. **2** *vt* (*subj: bridge etc*) extenderse sobre, cruzar; (*in time etc*) abarcar.

span[2] [spæn] *pt of* **spin**.

spangle ['spæŋgl] *n* lentejuela *f*; **star ~d** centelleado/a de estrellas.

Spanglish ['spæŋglɪʃ] *n* (*hum*) espanglis *m*.

Spaniard ['spænjəd] *n* español(a) *m/f*.

spaniel ['spænjəl] *n* perro *m* de aguas.

Spanish ['spænɪʃ] **1** *adj* español(a). **2** *n* (*Ling*) español *m*, castellano *m (esp LAm)*; **the ~** (*people*) los españoles.

Spanish-American ['spænɪʃə'merɪkən] *adj, n* hispanoamericano/a *m/f*.

Spanish-speaking ['spænɪʃ'spi:kɪŋ] *adj* hispanohablante, de habla española.

spank [spæŋk] *vt* zurrar, dar nalgadas a.

spanking ['spæŋkɪŋ] *n* zurra *f*, nalgada *f*.

spanner ['spænəʳ] *n* (*gen*) llave *f* de tuercas *or* de tubo; (*adjustable*) llave (inglesa); **to throw** *or* **put a ~ in the works** meter un palo en la rueda.

spar[1] [spɑ:ʳ] *n* (*Naut*) palo *m*, verga *f*.

spar[2] [spɑ:ʳ] *vi* (*Boxing*) entrenarse en el boxeo; (*argue*) discutir; **~ring partner** sparring *m*.

spar[3] [spɑ:ʳ] *n* (*Min*) espato *m*.

spare [spɛəʳ] **1** *adj* (**a**) (*left over*) sobrante, de sobra; (*excess*) de más, de sobra; (*available*) disponible, de reserva; **is there any string ~?** ¿queda cuerda?; **there are 2 going ~** sobran *or* quedan 2; **~ part** (pieza *f* de) repuesto *m or* recambio *m*, refacción *f (Mex)*; **~ part surgery** cirugía *f* de trasplantes; **~ room** cuarto *m* para visitas; **~ time** tiempo *m* libre, momentos *mpl* de ocio; **~ tyre,** (*US*) **~ tire** (*Aut*) neumático *m or (LAm)* llanta *f* de recambio; (*hum*) michelín *m*; **~ wheel** (*Aut*) rueda *f* de recambio.

(**b**) (*of build etc*) enjuto/a, flaco/a *(LAm)*.

2 *n* (pieza *f* de) recambio *m or* repuesto *m*, refacción *f (Mex)*.

3 *vt* (**a**) (*be grudging with*) escatimar; **she ~d no effort in helping me** no ahorró esfuerzos por ayudarme; **to ~ no expense** no escatimar gastos.

(**b**) (*do without*) pasarse sin; **can you ~ this for a moment?** ¿me puedo llevar esto un momento?; **if you can ~ it** si Ud no lo va a necesitar; **can you ~ the time?** ¿dispones del tiempo?, ¿tienes tiempo?; **we can't ~ him now** ahora no podemos estar sin él; **to ~ a thought for** pensar un momento en.

(**c**) **to ~** de sobra; **there is none to ~** no sobra nada *or* ninguno; **with three minutes to ~** faltando tres minutos.

(**d**) (*show mercy to*) perdonar; **the fire ~d nothing** el incendio no perdonó nada; **to ~ sb's feelings** procurar no herir los sentimientos de algn.

(**e**) (*save from need or trouble*) ahorrar, evitar; **to ~ sb the trouble of doing sth** evitar a algn la molestia de hacer algo; **~ me the details** ahórrate los detalles.

sparerib [ˌspɛəˈrɪb] *n* (*Culin*) costilla *f* de cerdo.

sparing [ˈspɛərɪŋ] *adj* (*frugal*) frugal, económico/a; (*meagre*) escaso/a; (*merciful*) piadoso/a, compasivo/a; **to be ~ with** *or* **of** ser parco/a en; **his ~ use of colour** su parquedad en el uso del color; **to be ~ of praise** escatimar los elogios.

sparingly [ˈspɛərɪŋlɪ] *adv* (*see adj*) frugalmente, económicamente; escasamente; con compasión; **we used water ~** tuvimos cuidado con el agua.

spark [spɑːk] **1** *n* (*from fire, Elec*) chispa *f*; (*trace, hint*) pizca *f*; **to make the ~s fly** provocar una bronca; **bright ~** (*fam*) listillo/a *m/f*. **2** *vt* (*also* **~ off**) provocar. **3** *cpd*: **~(ing) plug** *n* (*Aut*) bujía *f*.

sparkle [ˈspɑːkl] **1** *n* centelleo *m*, destello *m*; (*fig*) brillo *m*, viveza *f*. **2** *vi* (*flash*) centellear, echar chispas; (*shine*) brillar; (*stand out*) relucir; **the conversation ~d** la conversación fue animadísima.

sparkler [ˈspɑːkləʳ] *n* (*firework*) bengala *f* (*fam*).

sparkling [ˈspɑːklɪŋ] *adj* (*glass etc*) centelleante; (*wine*) espumoso/a; (*person, wit, conversation*) chispeante.

sparrow [ˈspærəʊ] *n* gorrión *m*.

sparrowhawk [ˈspærəʊhɔːk] *n* gavilán *m*.

sparse [spɑːs] *adj* (*comp* **~r**; *superl* **~st**) (*thin*) escaso/a; (*dispersed*) disperso/a, esparcido/a; (*hair*) ralo/a.

sparsely [ˈspɑːslɪ] *adv* (*thinly*) escasamente; (*in scattered way*) en forma dispersa; **~ populated** escasamente poblado/a; **a ~ furnished room** un cuarto con pocos muebles.

spartan [ˈspɑːtən] *adj* (*fig*) espartano/a.

spasm [ˈspæzəm] *n* (*Med*) espasmo *m*; (*fig*) arranque *m*, ataque *m*; **a ~ of coughing** un acceso de tos.

spasmodic [spæzˈmɒdɪk] *adj* (*Med*) espasmódico/a; (*fig*) irregular, intermitente.

spasmodically [spæzˈmɒdɪkəlɪ] *adv* (*see adj*) en forma espasmódica; de cuando en cuando, en forma irregular.

spastic [ˈspæstɪk] *adj, n* espástico/a *m/f*.

spat[1] [spæt] *pt, pp of* **spit**[2].

spat[2] [spæt] *n* (*overshoe*) polaina *f*.

spat[3] [spæt] (*US fam*) *n* riña *f*, disputa *f* (sin trascendencia).

spate [speɪt] *n* (*fig*) torrente *m*; **to be in ~** (*river*) estar crecido.

spatial [ˈspeɪʃəl] *adj* espacial.

spatter [ˈspætəʳ] *vt*: **to ~ (with)** salpicar *or* rociar (de); **a dress ~ed with mud** un vestido salpicado de lodo.

spatula [ˈspætjʊlə] *n* espátula *f*.

spawn [spɔːn] **1** *n* (*of fish, frogs*) freza *f*, huevas *fpl*; (*of mushrooms*) semillas *fpl*. **2** *vi* frezar. **3** *vt* (*pej*) engendrar, producir.

spay [speɪ] *vt* (*animal*) sacar los ovarios a.

SPCA *n abbr* (*US*) *of* **Society for the Prevention of Cruelty to Animals**.

SPCC *n abbr* (*US*) *of* **Society for the Prevention of Cruelty to Children**.

speak [spiːk] (*pt* **spoke**; *pp* **spoken**) **1** *vt* (*utter*) hablar, decir; **he ~s Italian** habla italiano; **'English spoken here'** 'se habla inglés'; **to ~ the truth** decir la verdad; **to ~ one's mind** hablar claro *or* con franqueza.

2 *vi* (**a**) (*gen*) hablar; **to ~ to sb** hablar con algn; **to ~ in a whisper** hablar bajo; **since they quarrelled they don't ~ (to each other)** desde que riñeron no se hablan; **I'll ~ to him about it** (*problem, idea*) lo hablaré con él; (*his lateness etc*) se lo diré; **I don't know him to ~ to** no le conozco bastante como para hablar con él; **I know him to ~ to** le conozco bastante bien para cambiar algunas palabras con él; **to ~ well of sb** hablar bien de algn; **he's very well spoken of** tiene buen nombre *or* buena fama; **~ing of holidays** ... a propósito de las vacaciones ...; **it's nothing to ~ of** no tiene importancia; **he has no money to ~ of** no tiene dinero que digamos; **so to ~** por decirlo así, por así decir; **roughly ~ing** en términos generales; **~ing as a student myself** hablando desde mi experiencia como estudiante.

(**b**) (*make a speech, give one's opinion*) pronunciar un discurso, discurrir; **he spoke on Greek myths** habló sobre los mitos griegos; **when the minister had spoken** ... cuando terminó el ministro su discurso ....

(**c**) (*Telec*) **~ing!** ¡al habla!; **may I ~ to Mr X?** me pone con el Sr. X, por favor; **this is Peter ~ing** ¡soy Pedro!, ¡habla Pedro!; **who is that ~ing?** ¿con quién hablo?, ¿quién es?; (*taking message*) ¿de parte (de quién)?

▶ **speak for** *vi + prep* (**a**) **to ~ for sb** (*as representative*) hablar por *or* en nombre de algn; (*as defender*) interceder por algn; **~ing for myself** en cuanto a mí, yo por mi parte; **~ for yourself!** ¡eso lo dirás tú!; **let her ~ for herself** déjala que hable. (**b**) **to ~ for itself** ser evidente, hablar por sí solo. (**c**) **that's already been spoken for** eso ya está reservado *or* apartado.

▶ **speak out**, **speak up** *vi + adv* (**a**) (*raise voice*) hablar alto *or* en voz alta, hablar fuerte. (**b**) (*fig*) hablar sin rodeos *or* ambages; **to ~ out against sth** denunciar algo; **don't be afraid to ~ up** no tengas miedo de hablar claro; **to ~ up for sb** interceder por *or* a favor de algn.

speaker [ˈspiːkəʳ] *n* (**a**) (*gen*) el/la *m/f* que habla; (*in discussion, lecture etc*) orador(a) *m/f*, conferenciante *mf*; **he's a good/poor ~** es buen/mal orador, habla bien/mal. (**b**) (*of language*) hablante *mf*; **are you a Welsh ~?** ¿habla Ud galés?; **he's a French ~** es francohablante. (**c**) (*loud-~*) altavoz *m*, bafle *m*, altoparlante *m* (*LAm*); **~s** (*of hi-fi system*) bafles, altavoces *fpl*. (**d**) (*Brit Pol*) **the S~** el Presidente de la Cámara de los Comunes.

speaking [ˈspiːkɪŋ] **1** *adj* hablante; **Spanish-~ people** los hispanohablantes, los de habla española *or* castellana; **to be on ~ terms with sb** hablarse con algn; **a ~ part** un papel hablado. **2** *n* (*skill*) oratoria *f*.

spear [spɪəʳ] *n* (*gen*) lanza *f*, jabalina *f*; (*harpoon*) arpón *m*.

spearhead [ˈspɪəhed] **1** *n* (*Mil, fig*) punta *f* de lanza. **2** *vt* encabezar.

spearmint [ˈspɪəmɪnt] **1** *n* (*Bot etc*) menta *f* verde, hierbabuena *f*. **2** *cpd*: **~ chewing gum** *n* chicle *m* de menta.

spec [spek] *n* (*Comm fam*): **to buy sth on ~** comprar algo como especulación; **to go along on ~** ir a ver lo que sale; **to turn up on ~** presentarse por si acaso.

special [ˈspeʃəl] **1** *adj* (**a**) (*specific*) especial, específico/a; **have you any ~ date in mind?** ¿tienes en mente una fecha particular?; **I've no-one ~ in mind** no pienso en nadie en concreto; **~ agent** agente *m* especial; **S~ Branch** (*Brit*) Servicio *m* de Seguridad del Estado; **~ constable** guardia *mf* auxiliar; **~ correspondent** corresponsal *mf* especial; **~ delivery letter** carta *f* express; **~ investigator** investigador *m* especial.

(**b**) (*exceptional*) extraordinario/a; **my ~ friend** mi amigo del alma; **this is a ~ day for me** hoy es un día especial para mí; **you're extra ~** (*fam*) tú eres lo mejor de lo mejor; **to expect ~ treatment** esperar trato especial; **my ~ chair** mi silla preferida; **nothing ~** nada en particular; **what's so ~ about that?** y eso ¿qué tiene (de especial)?; **~ effects** efectos *mpl* especiales; **~ feature** (*Press*) crónica *f* especial; **~ offer** (*Comm*) oferta *f* especial, ganga *f*.

2 *n* (*train*) tren *m* especial; (*TV, Rad*) programa *m* especial; (*newspaper*) número *m* extraordinario; **the chef's ~** el plato del día.

specialist [ˈspeʃəlɪst] **1** *n* especialista *mf*; **heart ~** (*Med*) especialista del corazón. **2** *adj* especialista; **that's ~ work** es trabajo para un profesional; **~ knowledge** conocimientos *mpl* especializados.

speciality [ˌspeʃɪˈælɪtɪ], **specialty** [ˈspeʃəltɪ] *n* especialidad *f*; **to make a ~ of sth** especializarse en algo.

specialization [ˌspeʃəlaɪˈzeɪʃən] *n* especialidad *f*.

specialize [ˈspeʃəlaɪz] *vi* especializarse (*in* en).

specially [ˈspeʃəlɪ] *adv* (*specifically*) especialmente; (*particularly*) en especial; **we asked for it ~** lo pedimos a propósito; **~ the yellow ones** sobre todo los amarillos.

species ['spi:ʃi:z] *n inv* especie *f*.

specific [spə'sɪfɪk] *adj* (**a**) (*definite*) específico/a; (*precise*) exacto/a, preciso/a; **can you be more ~?** ¿puedes ser más concreto? (**b**) (*Bio, Phys, Chem, Med*) específico/a; **~ gravity** peso *m* específico.

specifically [spə'sɪfɪkəlɪ] *adv* (*explicitly*) específicamente, expresamente; (*especially*) especialmente, en particular.

specification [ˌspesɪfɪ'keɪʃən] *n* especificación *f*; **~s** (*plan*) presupuesto *m*, plan *m* detallado.

specify ['spesɪfaɪ] **1** *vt* especificar; **in the order specified** en el orden especificado; **at a specified time** a una hora indicada. **2** *vi* especificar, concretar; **unless otherwise specified** salvo indicaciones contrarias.

specimen ['spesɪmɪn] **1** *n* (*example*) ejemplo *m*; (*sample*) muestra *f*; (*: of urine*) espécimen *m*; (*: of blood*) muestra; **he's an odd ~** (*fam*) es un bicho raro. **2** *cpd*: **~ copy** *n* ejemplar *m* de muestra; **~ signature** *n* muestra *f* de firma.

specious ['spi:ʃəs] *adj* especioso/a.

speck [spek] *n* (*stain*) pequeña mancha *f*; (*of dust*) mota *f*; (*small portion*) partícula *f*, pizca *f*; **it's just a ~ on the horizon** es un punto en el horizonte nada más; **there's not a ~ of truth in it** no tiene ni pizca de verdad.

speckled ['spekld] *adj* moteado/a, con puntos.

specs [speks] *npl* (*fam*) gafas *fpl*, anteojos *mpl* (*LAm*).

spectacle ['spektəkl] **1** *n* (**a**) espectáculo *m*; **to make a ~ of o.s.** hacer el ridículo, ponerse en ridículo. (**b**) **~s** gafas *fpl*, anteojos *mpl* (*LAm*); **to see everything through rose-coloured ~s** verlo todo color de rosa. **2** *cpd*: **~ case** *n* estuche *m* (de gafas).

spectacular [spek'tækjʊlə^r] **1** *adj* (*gen*) espectacular; (*impressive*) impresionante. **2** *n* (*TV, Cine*) espectáculo *m*.

spectator [spek'teɪtə^r] **1** *n* espectador(a) *m/f*; **~s** público *msg*. **2** *cpd*: **~ sport** *n* deporte *m* espectáculo.

spectre, (*US*) **specter** ['spektə^r] *n* espectro *m*, fantasma *m*.

spectrum ['spektrəm] *n* (*pl* **spectra** ['spektrə]) espectro *m*, gama *f*; (*Phys*) espectro.

speculate ['spekjʊleɪt] *vi* especular (*on* sobre); (*Fin*) especular (*on* en).

speculation [ˌspekjʊ'leɪʃən] *n* especulación *f*; **it is the subject of much ~** es tema de amplias discusiones.

speculative ['spekjʊlətɪv] *adj* especulativo/a.

speculator ['spekjʊleɪtə^r] *n* especulador(a) *m/f*.

speculum ['spekjʊləm] *n* espéculo *m*.

sped [sped] *pt, pp of* **speed**.

speech [spi:tʃ] **1** *n* (**a**) (*faculty*) habla *f*; (*act of speaking*) palabra *f*; (*words*) palabras; (*manner of speaking*) lenguaje *m*, forma *f* de hablar; **to lose the power of ~** perder el habla; **better in ~ than in writing** de palabra mejor que por escrito; **freedom of ~** libertad de expresión.

(**b**) (*language*) idioma *m*, lenguaje *m*; **children's ~** el lenguaje de los niños.

(**c**) (*address*) conference *f*; (*oratory*) arenga *f*; (*in play etc*) discurso *m*; **to make a ~** pronunciar un discurso.

(**d**) (*Brit Ling*); **direct/indirect ~** oración *f* directa/indirecta.

2 *cpd*: **~ day** *n* (*Brit*) reparto *m* de premios; **~ defect, ~ impediment** *n* defecto *m* del habla; **~ therapist** *n* logopeda *mf*; **~ therapy** *n* terapia *f* de la palabra.

speechless ['spi:tʃlɪs] *adj* mudo/a, enmudecido/a; **everybody was ~ at this** con esto todos quedaron estupefactos.

speed [spi:d] (*vb: pt, pp* **sped** *or* **~ed**) **1** *n* (**a**) (*rate of movement*) velocidad *f*, rapidez *f*; (*rapidity, haste*) rapidez, prisa *f*; **at ~** a gran velocidad; **at full ~, at top ~** a máxima velocidad, a todo correr; **at a ~ of 70 km/h** a una velocidad de 70 km por hora; **the ~ of light/sound** la velocidad de la luz/del sonido; **full ~ ahead!** ¡avante toda! (*fam*); **what ~ were you doing?** (*Aut*) ¿a qué velocidad ibas?; **to pick up** *or* **gather ~** acelerar, cobrar velocidad; **shorthand/typing ~** rapidez en taquigrafía/mecanografía.

(**b**) (*Aut, Tech: gear*) velocidad *f*; **a five-~ gearbox** una caja de cambios de cinco velocidades.

(**c**) (*Phot*) velocidad *f*.

2 *vi* (**a**) (*pt, pp* **sped**) (*go fast*) correr a toda prisa; (*hurry*) darse prisa, apresurarse; **to ~ along/off** ir a gran velocidad/marcharse a toda prisa; **the years sped by** pasaron los años volando.

(**b**) (*pt, pp* **~ed**) (*Aut: exceed ~ limit*) conducir *or* (*LAm*) manejar con exceso de velocidad.

3 *cpd*: **~ cop** *n* (*fam*) policía *m* de tráfico *or* tránsito; **~ limit** *n*: **a 50 km/h ~ limit** velocidad máxima (permitida) de 50 km por hora; **to exceed the ~ limit** exceder la velocidad permitida; **~ merchant** *n* (*fam*) corredor(a) *m/f*; **~ restriction** *n* limitación *f* de velocidad; **~ skating** *n* patinaje *m* de velocidad; **~ trap** *n* (*Aut*) sistema *m* policial para detectar infracciones de velocidad.

▸ **speed up** (*pt, pp* **~ed up**) **1** *vi* + *adv* apresurarse, apurarse (*LAm*). **2** *vt* + *adv* (*gen*) acelerar; (*person*) apresurar, apurar (*LAm*).

speedboat ['spi:dˌbəʊt] *n* lancha *f* motora.

speedily ['spi:dɪlɪ] *adv* (*quickly*) rápidamente, con la mayor prontitud; (*promptly*) prontamente, en seguida.

speeding ['spi:dɪŋ] *n* (*Aut*) exceso *m* de velocidad; **he was fined for ~** se le impuso una multa por exceso de velocidad.

speedometer [spɪ'dɒmɪtə^r] *n* velocímetro *m*, cuentakilómetros *m inv*.

speedway ['spi:dweɪ] *n* (**a**) (*sport*) carreras *fpl* de moto; (*track*) pista *f* de carrera. (**b**) (*US*) autopista *f*.

speedwell ['spi:dwel] *n* (*Bot*) verónica *f*.

speedy ['spi:dɪ] *adj* (*comp* **-ier**; *superl* **-iest**) veloz, rápido/a; (*answer etc*) pronto/a.

spell[1] [spel] *n* encanto *m*, hechizo *m*; **to be under sb's ~** estar hechizado por algn; **to cast a ~ over sb, to put sb under a ~** hechizar a algn; **to break the ~** romper el hechizo *or* encanto.

spell[2] [spel] (*pt, pp* **~ed** *or* **spelt**) *vt* (**a**) (*write*) escribir correctamente; (*letter by letter*) deletrear; **she can't ~** sabe poco de ortografía; **how do you ~ your name?** ¿cómo se escribe tu nombre?; **c-a-t ~s 'cat'** 'cat' se deletrea c - a - t. (**b**) (*denote*) significar, presagiar; **it ~s disaster for us** representa un desastre para nosotros.

▸ **spell out** *vt* + *adv* (*fig*) **to ~ sth out for sb** explicar algo a algn en detalle.

spell[3] [spel] *n* (*period*) temporada *f*, período *m*; (*shift etc*) turno *m*; (*short time*) rato *m*; (*of weather*) racha *f*, ola *f*; (*rest*) descanso *m*; **cold ~** racha de frío; **a ~ of duty** una temporada; **they're going through a bad ~** están pasando por un mal rato.

spellbinder ['spelˌbaɪndə^r] *n* (*speaker*) orador *m* que fascina; (*book*) obra *f* que fascina.

spellbound ['spelbaʊnd] *adj* embelesado/a, hechizado/a; **to hold sb ~** tener a algn embelesado.

spelling ['spelɪŋ] **1** *n* ortografía *f*. **2** *cpd*: **~ checker** *n* corrector *m* ortográfico; **~ mistake** *n* falta *f* de ortografía.

spelt [spelt] *pt, pp of* **spell**[2].

spend [spend] (*pt, pp* **spent**) *vt* (**a**) (*gen*) gastar; (*time*) pasar, dedicar; **I ~ a lot of time reading** paso mucho tiempo leyendo, dedico mucho tiempo a la lectura. (**b**) (*pass: time etc*) pasar; **he ~s his time sleeping** se pasa la vida durmiendo. (**c**) (*devote*) dedicar; **to ~ time/money/effort on sth** gastar tiempo/dinero/energías en algo.

spender ['spendə^r] *n* gastador(a) *m/f*; **big ~** persona *f* generosa; (*pej*) derrochador(a) *m/f*.

spending ['spendɪŋ] **1** *n* gastos *mpl*, presupuesto *m*; **government ~** gastos del gobierno. **2** *cpd*: **~ cuts** *npl* cortes del presupuesto público; **~ limit** *n* límite *m* de gastos; **~ money** *n* dinero *m* para gastos personales; **~ power** *n* poder *m* de compra *or* adquisitivo; **~ spree**

n: **we went on a ~ spree** gastamos como locos.
spendthrift ['spendθrɪft] *adj, n* derrochador(a) *m/f*, pródigo/a *m/f*.
spent [spent] **1** *pt, pp of* **spend**. **2** *adj* gastado/a; **he's a ~ force** es una vieja gloria.
sperm [spɜːm] **1** *n* (*Bio*) esperma *f*. **2** *cpd*: ~ **bank** *n* banco *m* de esperma; ~ **count** *n* recuento *m* de espermas; ~ **whale** *n* cachalote *m*.
spermicide ['spɜːmɪsaɪd] *n* espermicida *m*.
spew [spjuː] **1** *vt* (*also* ~ **up**) vomitar; (*fig*) vomitar, arrojar. **2** *vi* vomitar; **it makes me want to** ~ (*fig: fam*) me da asco.
sphere [sfɪəʳ] *n* (*gen*) esfera *f*; **in the ~ of politics** en el mundo de la política; **his ~ of interest** la esfera de sus intereses; ~ **of activity** campo *m* de actividad; **in the social** ~ en la esfera social; **that's outside my** ~ eso no es de mi competencia.
spherical ['sferɪkəl] *adj* esférico/a.
sphinx [sfɪŋks] *n* esfinge *f*.
spice [spaɪs] **1** *n* (*Culin*) especia *f*; (*fig*) lo picante; **mixed ~(s)** especias mixtas; **the details add ~ to the story** los detalles dan sabor al cuento; **variety is the ~ of life** en la variedad está el gusto. **2** *vt* (*Culin*) especiar, sazonar; (*fig*) salpicar; **a highly ~d account** un relato de mucho picante. **3** *cpd*: ~ **rack** *n* especiero *m*.
Spick [spɪk] *n* (*US fam: pej*) hispano/a *m/f*.
spick-and-span ['spɪkən'spæn] *adj* (*cleaned up*) aseado/a, (bien) arreglado/a; (*neat*) pulcro/a, acicalado/a.
spicy ['spaɪsɪ] *adj* (*comp* **-ier**; *superl* **-iest**) (*Culin: gen*) condimentado/a, sazonado/a; (*: hot*) picante, picoso/a (*LAm*); (*fig: joke etc*) picante, colorado/a (*LAm*).
spider ['spaɪdəʳ] **1** *n* araña *f*; **~'s web** telaraña *f*. **2** *cpd*: ~ **plant** *n* cinta *f*.
spiel [spiːl] *n*: **it's just his usual** ~ (*fam*) es el mismo cuento de siempre.
spigot ['spɪgət] *n* espita *f*, bitoque *m*.
spike [spaɪk] **1** *n* (**a**) (*point*) punta *f*; (*metal rod*) pincho *m*; (*stake*) estaca *f*; (*on railing*) barrote *m*; (*on shoes*) clavo *m*. (**b**) (*Bot*) espiga *f*. (**c**) **~s** (*Sport*) zapatillas *fpl* con clavos. **3** *vt* (*fix*) clavar; (*impale*) atravesar; (*stop: rumour*) acabar con; (*thwart: plan etc*) frustrar; **to ~ sb's guns** (*fig*) poner trabas a los planes de algn; **a ~d drink** (*fam*) una bebida fortalecida.
spiky ['spaɪkɪ] *adj* (*comp* **-ier**; *superl* **-iest**) (*sharp*) puntiagudo/a; (*thorny*) cubierto/a de púas; (*hedgehog etc*) erizado/a.
spill [spɪl] (*pt, pp* **~ed** *or* **spilt** [spɛlt]) **1** *vt* derramar, verter, echar; **to ~ the beans** (*fam*) descubrir el pastel (*fam*), contarlo todo. **2** *vi* derramarse, verterse.
▸ **spill out 1** *vi + prep*: **the audience spilt out of the cinema** el público se desbordó del cine. **2** *vt + adv* volcar; (*fig*) soltar.
▸ **spill over** *vi + prep* desbordarse.
spin [spɪn] (*vb: pt, pp* **spun**) **1** *n* (**a**) (*revolution*) vuelta *f*, revolución *f*; **long/short** ~ (*on washing machine*) centrifugado *m* largo/corto; **to be in a flat** ~ (*fam*) andar atolondrado.
(**b**) (*on ball*) efecto *m*; **to put a ~ on the ball** dar efecto a una pelota.
(**c**) (*Aer, Aut*) barrena *f*, espín *m*; **to go into a** ~ entrar en barrena.
(**d**) (*ride*) **to go for a** ~ dar un paseo en coche.
2 *vt* (**a**) (*cotton, wool etc*) hilar.
(**b**) (*turn: wheel etc*) dar una vuelta a, girar, hacer girar; **to ~ a coin** echar a cara o cruz; *see* **yarn**.
3 *vi* (**a**) hilar.
(**b**) (*revolve*) girar, dar vueltas; **to ~ round and round** dar vueltas y más vueltas; **the car spun out of control** el coche se descontroló dando vueltas; **to send sb/sth ~ning** echar algn/algo a rodar; **it makes my head** ~ me marea.
▸ **spin out** *vt + adv* (*fam: speech etc*) alargar, prolongar; (*stretch*) estirar.
spina bifida [ˌspaɪnə'bɪfɪdə] *n* espina *f* bífida.
spinach ['spɪnɪdʒ] *n* espinacas *fpl*.
spinal ['spaɪnl] *adj* espinal, vertebral; ~ **column** columna *f* vertebral; ~ **cord** médula *f* espinal.
spindle ['spɪndl] *n* (*for spinning*) huso *m*; (*Tech*) eje *m*.
spindly ['spɪndlɪ] *adj* (*comp* **-ier**; *superl* **-iest**) largo/a y delgado/a; (*leg*) zanquivano/a.
spin-dry [ˌspɪn'draɪ] *vt* centrifugar.
spin-dryer ['spɪn'draɪəʳ] *n* secador *m* centrífugo.
spine [spaɪn] *n* (*Anat*) columna *f* (vertebral), espina *f* dorsal; (*Zool*) púa *f*; (*Bot*) espina; (*of book*) lomo *m*; (*of mountain range*) espinazo *m*.
spine-chiller ['spaɪnˌtʃɪləʳ] *n* (*film*) película *f* de terror; (*book*) libro *m* de horror.
spineless ['spaɪnlɪs] *adj* (*fig*) débil.
spinner ['spɪnəʳ] *n* (**a**) (*of cloth etc*) hilandero/a *m/f*. (**b**) (*Cricket, Baseball*) el/a que da efecto a la pelota. (**c**) (*Fishing*) cebo *m* artificial de cuchara. (**d**) (*fam: spin-dryer*) secador *m* centrífugo.
spinney ['spɪnɪ] *n* bosquecillo *m*.
spinning ['spɪnɪŋ] **1** *n* (*act*) hilado *m*; (*art*) hilandería *f*, arte *m* de hilar. **2** *cpd*: ~ **top** *n* peonza *f*, trompo *m*; ~ **wheel** *n* rueca *f or* torno *m* de hilar.
spin-off ['spɪnɒf] *n* derivado *m*, producto *m* secundario.
spinster ['spɪnstəʳ] *n* soltera *f*; (*pej*) solterona *f*.
spiny ['spaɪnɪ] *adj* (*comp* **-ier**; *superl* **-iest**) (*rose etc*) con púas; (*problem*) espinoso/a.
spiral ['spaɪərəl] **1** *adj* espiral, en espiral; **a ~ staircase** una escalera de caracol. **2** *n* espiral *f*, hélice *f*; **the inflationary** ~ la espiral inflacionista. **3** *vi*: **to ~ up/down** subir/bajar en espiral; **prices have ~led up** los precios han subido vertiginosamente.
spire ['spaɪəʳ] *n* aguja *f*.
spirit ['spɪrɪt] **1** *n* (**a**) (*soul*) espíritu *m*, alma *f*; **I'll be with you in** ~ te acompañaré en el alma.
(**b**) (*ghost, supernatural being*) fantasma *m*, aparecido *m*; **Holy S~** Espíritu Santo.
(**c**) (*leading person: of age, movement, party etc*) alma *f*, espíritu *m*.
(**d**) (*courage*) valor *m*, ánimo *m*; (*energy, vitality*) energía *f*, fuerza *f*; **they lack** ~ les falta carácter.
(**e**) (*attitude etc*) espíritu *m*, humor *m*; **community ~, public** ~ civismo *m*; **a ~ of optimism** un espíritu optimista; **to enter into the ~ of sth** ambientarse con algo; **it depends on the ~ in which it is done** depende del humor con que se hace; **that's the ~!** (*fam*) ¡ánimo!
(**f**) (*intention*) espíritu *m*; **the ~ of the law** el espíritu de la ley; **to take sth in the right/wrong** ~ interpretar bien/mal algo.
(**g**) **~s** (*state of mind*) ánimo *m*, humor *m*; **high ~s** entusiasmo *m*; **to be in low ~s** estar abatido, andar apenado (*LAm*); **we kept our ~s up by singing** mantuvimos el ánimo cantando; **my ~s rose somewhat** me animé de nuevo.
(**h**) **~s** (*alcohol*) alcohol *m*, licor *m*; **I keep off ~s** yo no bebo licores.
(**i**) (*Chem*) alcohol *m*.
2 *cpd*: ~ **lamp** *n* lamparilla *f* de alcohol; ~ **level** *n* nivel *m* de burbuja.
▸ **spirit away, spirit off** *vt + adv* llevarse de forma clandestina.
spirited ['spɪrɪtɪd] *adj* (*person: lively*) animado/a; (*: cheerful*) alegre; (*attack etc*) enérgico/a, vigoroso/a; (*horse*) fogoso/a; **he gave a ~ performance** (*Mus*) tocó con brío.
spiritual ['spɪrɪtjʊəl] **1** *adj* espiritual. **2** *n* (*Mus*) canción *f* religiosa.
spiritualism ['spɪrɪtjʊəlɪzəm] *n* espiritismo *m*.
spiritualist ['spɪrɪtjʊəlɪst] *n* espiritista *mf*.
spirituality [ˌspɪrɪtjʊ'ælɪtɪ] *n* espiritualidad *f*.
spiritually ['spɪrɪtjʊəlɪ] *adv* espiritualmente.
spit[1] [spɪt] *n* (*Culin*) asador *m*, espetón *m*; (*of land*) lengua *f*.

spit² [spɪt] (*vb: pt, pp* **spat**) **1** *n* saliva *f*, esputo *m*; ~ **and polish** (*fam*) limpieza *f*; **to be the dead ~ of sb** (*fam*) ser la viva imagen *or* el vivo retrato de algn. **2** *vt* escupir. **3** *vi* escupir (*at, on* a, en); **it is ~ting with rain** está goteando.
▸ **spit out** *vt + adv* escupir; ~ **it out!** (*fam*) ¡dilo!, ¡habla!
spite [spaɪt] **1** *n* (**a**) (*ill will*) rencor *m*, ojeriza *f*; **to do sth out of** *or* **from** ~ hacer algo por inquina. (**b**) **to have a ~ against sb** (*fam*) tener rencor a *or* hacia algn; **in ~ of** (*despite*) a pesar de, pese a; **in ~ of the fact that** a pesar de que, pese a que; **in ~ of herself** a pesar de sí misma. **2** *vt* herir, dañar; **she just does it to ~ me** lo hace solamente para causarme pena.
spiteful [ˈspaɪtfʊl] *adj* rencoroso/a.
spitefully [ˈspaɪtfəlɪ] *adv* con rencor.
spitfire [ˈspɪtˌfaɪəʳ] *n* fierabrás *mf*.
spitroast [ˈspɪtrəʊst] *vt* rostizar.
spitting [ˈspɪtɪŋ] **1** *n*: **'~ prohibited'** 'se prohíbe escupir'. **2** *adj*: **it's within ~ distance** (*fam*) está muy cerca; **to be the ~ image of sb** ser la viva imagen *or* el vivo retrato de algn.
spittle [ˈspɪtl] *n* saliva *f*, baba *f*.
spittoon [spɪˈtuːn] *n* escupidera *f*.
splash [splæʃ] **1** *n* (*spray*) salpicadura *f*, rociada *f*; (*~ing noise*) chapoteo *m*; (*mark: of colour, light*) mancha *f*; **to make a ~** (*fig*) causar sensación, hacer impresión.
2 *vt* (*gen*) salpicar; (*spray*) rociar; (*stain*) manchar; **to ~ sb with water** salpicar a algn de agua; **to ~ paint on the floor** manchar el suelo de pintura; **the story was ~ed across the front page** (*fam*) el reportaje mereció grandes titulares en primera plana.
3 *vi* (*of liquid, mud etc*) esparcirse, rociarse; (*of person, animal in water: also* ~ **about**) chapotear; **to ~ across a stream** cruzar un arroyo chapoteando; **to ~ about in the water** chapotear (en el agua).
▸ **splash down** *vi + adv* amarar, amerizar.
▸ **splash out** *vi + adv* (*fam*) derrochar dinero.
splashboard [ˈsplæʃbɔːd] *n* guardabarros *m inv*.
splashdown [ˈsplæʃdaʊn] *n* amaraje *m*, amerizaje *m*.
spleen [spliːn] *n* (*Anat*) bazo *m*; **to vent one's ~** (*fig*) descargar la bilis.
splendid [ˈsplendɪd] *adj* (*magnificent*) espléndido/a, magnífico/a; (*excellent*) bárbaro/a, estupendo/a (*Sp*), macanudo/a (*CSur*), chévere (*Ven*).
splendidly [ˈsplendɪdlɪ] *adv* (*see adj*) espléndidamente; magníficamente; estupendamente; **everything went ~** todo fue de maravilla; **we get along ~** nos llevamos muy bien.
splendour, (*US*) **splendor** [ˈsplendəʳ] *n* esplendor *m*.
splice [splaɪs] *vt* (*rope, tape etc*) empalmar, juntar; **to get ~d** (*fam*) casarse.
splint [splɪnt] *n* (*Med*) tablilla *f*; **to put sb's arm in ~s** entablillar el brazo a algn; **to be in ~s** estar entablillado.
splinter [ˈsplɪntəʳ] **1** *n* (*gen*) astilla *f*; (*small piece*) fragmento *m*; (*of bone*) esquirla *f*. **2** *vi* astillarse, hacerse astillas; (*fig: party*) separarse. **3** *vt* astillar, hacer astillas; (*fig: party*) dividir. **4** *cpd*: ~ **group** *n* grupo *m* disidente, facción *f*.
split [splɪt] (*vb: pt, pp* ~) **1** *n* (**a**) (*crack, break*) hendedura *f*, grieta *f*.
(**b**) (*fig: division, quarrel*) ruptura *f*, escisión *f*; **there are threats of a ~ in the progressive party** hay amenazas de escisión en el partido progresista.
(**c**) **to do the ~s** esparrancarse.
(**d**) (*cake etc*) **jam ~** pastel *m* de mermelada; **banana ~** (banana) split *m*.
2 *adj* partido/a, hendido/a; (*party etc*) escindido/a; **it was a ~ decision** la decisión no fue unánime; ~ **personality** personalidad *f* desdoblada; ~ **screen** pantalla *f* partida.
3 *vt* (**a**) (*cleave*) partir, hender; **to ~ sth open** abrir algo; **he ~ his head open** se golpeó y se abrió la cabeza; **to ~ hairs** (*fig*) hilar muy fino *or* delgado, buscarle mangas al chaleco (*LAm*); **to ~ one's sides laughing** (*fig*) partirse de risa, morirse de (la) risa.
(**b**) (*divide, share*) repartir, compartir; (*fig: party*) escindir; **to ~ sth into three parts** dividir algo en tres partes; **to ~ the vote** (*Pol*) repartirse los votos; **to ~ the profit five ways** repartir las ganancias entre cinco; **to ~ the difference** partir la diferencia.
4 *vi* (**a**) (*stone etc*) henderse, rajarse; (*divide*) partir; (*fig: party*) escindirse; **to ~ open** abrirse; **my head is ~ting** tengo jaqueca.
(**b**) (*divide*) dividirse.
(**c**) (*fam: tell tales*) chivatear, soplar; **to ~ on sb** chivatear *or* soplar contra algn.
▸ **split off 1** *vi + adv* separarse. **2** *vt + adv* separar.
▸ **split up 1** *vi + adv* estrellarse; (*meeting, crowd*) dispersarse; (*partners*) separarse; **they were married 14 years but then they ~ up** estuvieron casados durante 14 años pero luego se separaron. **2** *vt + adv* (*break up*) partir; (*divide up*) repartir; (*separate*) dividir.
split-level [ˈsplɪtˌlevl] *adj* (*room*) a desnivel; (*house*) dúplex; (*cooker*) en dos niveles.
splitting [ˈsplɪtɪŋ] *adj*: **a ~ headache** un terrible dolor de cabeza.
splodge [splɒdʒ], **splotch** [splɒtʃ] *n* mancha *f*, borrón *m*.
splurge [splɜːdʒ] (*fam*) **1** *n* (**a**) (*show*) fachenda *f* (*fam*). (**b**) (*excess*) derroche *m*. **2** *vi*: **to ~ on sth** derrochar dinero comprando algo.
splutter [ˈsplʌtəʳ] **1** *n* (*of fat etc*) chisporroteo *m*; (*of speech*) farfulla *f*. **2** *vi* (*person: to spit*) escupir; (*: to stutter*) balbucear; (*fire, fat*) chisporrotear; (*engine*) renquear; **to ~ with indignation** farfullar indignado. **3** *vt* salpicar.
spoil [spɔɪl] (*vb: pt, pp* **~ed** *or* **~t**) **1** *n* (*also* **~s**) botín *m*; **the ~s of war** el botín de la guerra.
2 *vt* (**a**) (*ruin*) estropear, echar a perder; (*harm*) dañar; (*detract from*) arruinar; **the coast has been ~ed by development** la costa ha sido arruinada por la urbanización; **to ~ sb's fun** aguar la fiesta a algn; **to ~ one's appetite** quitar el apetito a uno.
(**b**) (*pamper*) mimar, consentir (*LAm*).
3 *vi* (**a**) (*food*) estropearse, echarse a perder.
(**b**) **to be ~ing for a fight** estar con ganas de luchar, andar con ganas de pelear (*LAm*).
spoiler [ˈspɔɪləʳ] *n* (*Aut, Aer*) alerón *m*, spoiler *m*.
spoilsport [ˈspɔɪlspɔːt] *n* (*fam*) aguafiestas *mf inv*,.
spoilt [spɔɪlt] **1** *pt, pp of* **spoil**. **2** *adj* (**a**) (*meal etc*) estropeado/a, echado/a a perder. (**b**) (*child*) mimado/a, consentido/a.
spoke¹ [spəʊk] *n* rayo *m*, radio *m*; **to put a ~ in sb's wheel** ponerle trabas a algn.
spoke² [spəʊk] *pt of* **speak**.
spoken [ˈspəʊkən] **1** *pp of* **speak**. **2** *adj* hablado/a; **the ~ language** la lengua hablada.
spokesman [ˈspəʊksmən] *n* (*pl* **-men**) portavoz *mf*, vocero *mf* (*LAm*).
spokesperson [ˈspəʊkspɜːsn] *n* portavoz *mf*.
spokeswoman [ˈspəʊkswʊmən] *n* (*pl* **-women**) portavoz *f*.
sponge [spʌndʒ] **1** *n* (*gen*) esponja *f*; (*Culin: also* ~ **cake**) bizcocho *m*, queque *m*, pastelito *m* (*LAm*); **to throw in the ~** darse por vencido. **2** *vt* (*wash*) lavar *or* limpiar con esponja; **to ~ a stain off** quitar una mancha con esponja. **3** *vi* (*fam: scrounge*) dar sablazos, vivir de gorra; **to ~ off** *or* **on sb** vivir de algn. **4** *cpd*: ~ **bag** *n* esponjera *f*; ~ **cake** *n* bizcocho *m*, queque *m* (*LAm*), pastelito *m* (*LAm*); ~ **pudding** *n* pudín *m* de bizcocho.
▸ **sponge down** *vt + adv* limpiar *or* lavar con esponja.
sponger [ˈspʌndʒəʳ] *n* (*fam*) gorrón/ona *m/f* (*fam*), sablista *mf* (*fam*).
spongy [ˈspʌndʒɪ] *adj* (*comp* **-ier**; *superl* **-iest**) esponjoso/a.
sponsor [ˈspɒnsəʳ] **1** *n* (*gen*) patrocinador(a) *m/f*; (*for*

loan) fiador(a) *m/f*, garante *mf*; (*of member, also godparent*) padrino *m*/madrina *f*. **2** *vt* (*gen*) patrocinar, auspiciar *(LAm)*; (*support*) respaldar, apoyar; (*for loan etc*) fiar, garantizar; (*member*) apadrinar, apoyar; **I ~ed his attempt at the record** le costeé el intento de batir el récord; **~ed walk** *marcha emprendida a cambio de donaciones a una obra benéfica*.

sponsorship [ˈspɒnsəʃɪp] *n* (*see vt*) patrocinio *m*, respaldo *m*, apoyo *m*, fianza *f*, garantía *f*.

spontaneity [ˌspɒntəˈneɪɪtɪ] *n* espontaneidad *f*.

spontaneous [spɒnˈteɪnɪəs] *adj* espontáneo/a; **~ combustion** combustión *f* espontánea.

spontaneously [spɒnˈteɪnɪəslɪ] *adv* espontáneamente.

spoof [spuːf] *n* (*fam*) burla *f*, parodia *f*.

spook [spuːk] *n* (*fam*) espectro *m*, aparición *f*.

spooky [ˈspuːkɪ] *adj* (*comp* **-ier**; *superl* **-iest**) (*fam*) espeluznante, horripilante.

spool [spuːl] *n* (*Phot, for thread*) carrete *m*; (*for film etc*) bobina *f*; (*on fishing line*) cucharilla *f*; (*on sewing machine*) canilla *f*.

spoon [spuːn] **1** *n* (*gen*) cuchara *f*; (*tea ~*) cucharita *f*; **to be born with a silver ~ in one's mouth** nacer de pie, criarse en buenos pañales. **2** *vt* (*serve*) sacar *or* servir con cuchara; (*measure*) medir por cucharadas; **to ~ sth into a plate** echar cucharadas de algo en un plato.

spoonerism [ˈspuːnərɪzəm] *n* trastrueque *m* verbal *or* de palabras.

spoon-feed [ˈspuːnfiːd] (*pt, pp* **spoon-fed** [ˈspuʌnfed]) *vt* (*lit*) dar de comer con cuchara a; (*fig*) mimar *or* proteger a.

spoonful [ˈspuːnfʊl] *n* cucharada *f*.

spoor [spʊəʳ] *n* pista *f*, rastro *m*.

sporadic [spəˈrædɪk] *adj* esporádico/a; **~ gunfire** tiroteo *m* intermitente *or* esporádico.

sporadically [spəˈrædɪkəlɪ] *adv* esporádicamente.

spore [spɔːʳ] *n* espora *f*.

sporran [ˈspɒrən] *n* escarcela *f*.

sport [spɔːt] **1** *n* (**a**) (*games in general*) deporte *m*; **~s** (*meeting*) juegos *mpl* deportivos; **to be good at ~** ser buen deportista *mf*.

(**b**) (*amusement*) juego *m*, diversión *f*; **to say sth in ~** decir algo en broma.

(**c**) (*fam: person*) persona *f* amable; **she's a good ~** es buena persona, es buena gente *(esp LAm)*; **be a ~!** ¡no seas malo!

2 *vt* lucir, ostentar.

3 *cpd*: **~s car** *n* coche *m* sport; **~s centre, ~s complex** *n* polideportivo *m*; **~s ground** *n* campo *m or* centro *m* deportivo; **~s hall** *n* = **~s centre**; **~s jacket** *n* chaqueta *f* sport, saco *m* sport *(LAm)*; **~s page** *n* página *f* deportiva.

sporting [ˈspɔːtɪŋ] *adj* (*gen*) deportivo/a; **that's very ~ of you** es una oferta *etc* muy caballerosa; **there's a ~ chance that** existe la posibilidad de que.

sportsman [ˈspɔːtsmən] *n* (*pl* **-men**) deportista *m*.

sportsmanlike [ˈspɔːtsmənlaɪk] *adj* caballeroso/a.

sportsmanship [ˈspɔːtsmənʃɪp] *n* honradez *f* en el deporte.

sportswear [ˈspɔːtswɛəʳ] *n* trajes *mpl* sport.

sportswoman [ˈspɔːtswʊmən] *n* (*pl* **-women**) deportista *f*.

sporty [ˈspɔːtɪ] *adj* (*comp* **-ier**; *superl* **-iest**) (*fam*) deportivo/a, aficionado/a a los deportes.

spot [spɒt] **1** *n* (**a**) (*dot*) punto *m*; (*stain, mark*) mancha *f*; **a cloth with blue ~s** un paño de puntos azules; **~s of blood/grease** manchas de sangre/grasa; **to knock ~s off sb** (*fig fam*) dar ciento y raya a algn, vencer fácilmente a algn; **to have ~s before one's eyes** tener la vista nublada.

(**b**) (*Med etc*) grano *m*, granito *m*; **to break** *or* **come out in ~s** salir a algn granos en la piel.

(**c**) (*place*) sitio *m*, lugar *m*, parte *f*; (*scene*) escena *f*, escenario *m*; **a pleasant ~** un lugar agradable; **a tender ~ on the arm** un punto *or* lugar sensible en el brazo; **the reporter was on the ~** el reportero estaba presente; **the firemen were on the ~ in 3 minutes** los bomberos acudieron *or* llegaron en 3 minutos; **an on-the-~ broadcast** una emisión directa; **to do sth on the ~** hacer algo en el acto; **to pay cash on the ~** (*US*) pagar al contado; **night ~** centro *m* nocturno; **to touch a sore ~** (*fig*) poner el dedo en la llaga; **an accident black ~** escena de frecuentes accidentes.

(**d**) (*Brit fam: small quantity*) poquito *m*, pizca *f*; **just a ~, thanks** un poquitín, gracias; **we had a ~ of rain yesterday** ayer se sintieron gotas de lluvia; **a ~ of bother** un pequeño disgusto; **we're in a ~ of trouble** estamos en un pequeño apuro.

(**e**) (*fig: characteristic*) característica *f*; **weak** *or* **soft ~** debilidad *f*, punto *m* flaco, lado *m* flaco *(LAm)*; **to have a soft ~ for sb** tener una debilidad por algn.

(**f**) (*difficulty*) lío *m*, dificultad *f*, apuro *m*, aprieto *m* *(LAm)*; **to be in a (tight) ~** estar en un apuro *or* aprieto; **to put sb in a ~** *or* **on the ~** (*in difficulty*) poner a algn en un aprieto; (*compromise*) comprometer a algn.

(**g**) (*Rad, Theat, TV: in show*) espacio *m*; (*Rad, TV: advertisement*) espacio publicitario.

(**h**) (*fam: spotlight*) foco *m*.

2 *vt* (**a**) (*with mud etc*) salpicar *or* manchar (*with* de).

(**b**) (*notice*) darse cuenta de, notar; (*see*) observar, darse cuenta de; (*recognize*) reconocer; (*catch out*) coger, pillar; **to ~ the winner** elegir el ganador.

3 *cpd*: **~ check** *n* comprobación *f* en el acto, reconocimiento *m* rápido; **~ price** *n* precio *m* de entrega inmediata; **~ remover** *n* quitamanchas *m inv*.

spotless [ˈspɒtlɪs] *adj* (*clean*) sin mancha, limpio/a; (*appearance*) impecable, pulcro/a; (*fig: house*) bien arreglado/a; (*: reputation*) impecable, intachable.

spotlessly [ˈspɒtlɪslɪ] *adv*: **~ clean** perfectamente limpio/a.

spotlight [ˈspɒtlaɪt] *n* (*beam, lamp*) foco *m*, reflector *m*; (*Theat*) proyector *m*; (*Aut*) faro *m* auxiliar orientable; **in the ~** (*lit*) bajo reflector; (*fig*) a la luz de las miradas; **to turn the ~ on sb/sth** (*fig*) exponer a algn/algo a la luz pública.

spot-on [ˌspɒtˈɒn] (*fam*) **1** *adj*: **what he said was ~** lo que dijo era muy justo. **2** *adv*: **she guessed ~** lo adivinó exactamente.

spotted [ˈspɒtɪd] *adj* (*gen*) moteado/a, con puntos; (*with mud etc*) manchado/a.

spotty [ˈspɒtɪ] *adj* (*comp* **-ier**; *superl* **-iest**) (*fam*) con granos.

spouse [spaʊs] *n* cónyuge *mf*.

spout [spaʊt] **1** *n* pico *m*; (*of teapot etc*) pitón *m*, pitorro *m*; (*of guttering*) canalón *m*; (*column of water*) surtidor *m*; **my holiday's up the ~** (*fam*) mis vacaciones se hicieron pedazos. **2** *vt* brotar, salir en chorros; (*fam: poetry etc*) declamar. **3** *vi* (*fam: declaim*) hablar incansablemente.

sprain [spreɪn] **1** *n* torcedura *f*. **2** *vt* torcer; **to ~ one's wrist** torcerse la muñeca.

sprang [spræŋ] *pt of* **spring**.

sprawl [sprɔːl] **1** *vi* (*person: sit, lie*) tumbarse, echarse; (*: untidily*) despatarrarse; (*: fall*) derrumbarse; (*plant, town*) extenderse; **the body was ~ed on the floor** el cadáver estaba tumbado en el suelo. **2** *n* extensión *f*; **urban ~** crecimiento *m* urbano descontrolado.

sprawling [ˈsprɔːlɪŋ] *adj* (*person*) tumbado/a; (*city etc*) en crecimiento rápido.

spray¹ [spreɪ] **1** *n* (**a**) (*liquid*) rociada *f*, chorro *m*; (*of sea*) espuma *f*; (*from atomizer, aerosol*) pulverización *f*. (**b**) (*aerosol, atomizer*) atomizador *m*, spray *m*; (*Med*) rociador *m*; **paint ~** pistola *f* rociadora de pintura. **2** *vt* (*water etc*) rociar, regar; **to ~ the roses with insecticide** rociar las rosas de insecticida; **to ~ sth/sb with water/bullets** rociar algo/a algn de agua/balas. **3** *cpd*: **~ gun** *n* pistola *f* rociadora, pulverizador *m*; **~ paint** *n* pintura *f* spray.

spray[2] [spreɪ] *n* (*of flowers*) ramita *f*.

sprayer [ˈspreɪəʳ] *n* = **spray**[1] **1 (b)**.

spread [spred] (*vb: pt, pp* ~) **1** *n* (**a**) (*extension: gen*) extensión *f*; (*: of infection*) propagación *f*; (*: of idea*) difusión *f*, diseminación *f*; (*: of crime*) aumento *m*; **the ~ of nuclear weapons** la proliferación de armas nucleares.
(**b**) (*extent*) extensión *f*, trascendencia *f*; (*of wings*) envergadura *f*; (*range*) gama *f*; (*scale*) escala *f*; **middle-age ~** gordura *f* de la mediana edad.
(**c**) (*fam: of food etc*) comilona *f*, banquetazo *m*.
(**d**) (*cover: for bed*) cubrecama *m*, sobrecama *f*.
(**e**) (*for bread*) producto *m* para untar; **cheese ~** queso *m* de untar.
(**f**) (*Press, Typ: two pages*) plana *f*; **a full-page ~** una plana entera.
2 *vt* (**a**) (*open or lay out: also* ~ **out**) desplegar, tender; **to ~ a map out on the table** extender un mapa sobre la mesa; **to ~ one's wings** (*fig*) desplegar las alas; **she lay ~ out on the floor** se tendió en el suelo.
(**b**) (*butter etc*) untar; **to ~ cream on one's face** ponerse crema en la cara.
(**c**) (*distribute: also* ~ **out**) repartir, distribuir; (*scatter*) esparcir, desparramar; **repayments will be ~ over 18 months** los pagos se harán a lo largo de 18 meses.
(**d**) (*disseminate: news etc*) divulgar, difundir; (*: panic*) difundir, diseminar; **to ~ news about** diseminar *or* difundir una noticia.
3 *vi* difundirse, cundir, trascender; **to ~ to sth** extenderse a algo; **to ~ into sth** prolongarse hasta algo; **margarine ~s better than butter** la margarina se unta mejor que la mantequilla; **the project will ~ over three years** el proyecto durará tres años; **the disease ~** la enfermedad se propagó.
► **spread out** **1** *vi + adv* (*extend*) extenderse; (*widen*) ensancharse; **the police were ~ out along the route** la policía iba repartida por toda la ruta. **2** *vt + adv* (*unfold*) desplegar, tender; (*scatter*) esparcir, desparramar.

spread-eagled [ˈspredˈiːgld] *adj* a pata tendida.

spreadsheet [ˈspredʃiːt] *n* hoja *f* electrónica *or* de cálculo.

spree [spriː] *n* (*fam*) juerga *f*, parranda *f*, farra *f* (*esp CSur*); **spending ~** derroche *m* de dinero; **to go on a ~** ir de juerga *or* parranda *or* (*esp CSur*) farra.

sprig [sprɪg] *n* espiga *f*.

sprightly [ˈspraɪtlɪ] *adj* (*comp* **-ier**; *superl* **-iest**) enérgico/a, animado/a.

spring [sprɪŋ] (*vb: pt* **sprang**; *pp* **sprung**) **1** *n* (**a**) (*of water*) fuente *f*, manantial *m*; **a hot ~** fuente termal.
(**b**) (*season*) primavera *f*; **in ~, in the ~** en la primavera; **~ is in the air** se siente la llegada de la primavera.
(**c**) (*leap*) salto *m*, brinco *m*; **in one ~** de un salto *or* brinco.
(**d**) (*bounciness*) elasticidad *f*; **to walk with a ~ in one's step** andar dando saltos *or* brincos.
(**e**) (*Tech*) resorte *m*; (*of mattress, seat etc*) muelle *m*; **~s** (*Aut*) ballestas *fpl*.
2 *vt* (**a**) (*leap over*) saltar *or* brincar.
(**b**) (*trap, lock etc*) soltar; **to ~ a leak** hacer agua; **to ~ a surprise on sb** (*fig*) coger (*Sp*) *or* (*LAm*) agarrar a algn de imprevisto.
3 *vi* (**a**) (*leap*) saltar, brincar (*over* por encima de); **to ~ aside/back/into** *etc* echarse de lado/echarse atrás/meterse de un salto *etc*; **the door sprang open** la puerta se abrió de golpe; **where on earth did you ~ from?** (*fam*) ¿de dónde diablos ha salido Ud?; **to ~ into the air** dar un salto en el aire; **to ~ into action** lanzarse a la acción *or* a actuar; **to ~ to sb's help** correr a ayudar a algn; **to ~ to one's feet** levantarse de un salto; **to ~ to mind** ocurrírsele a algn.
(**b**) (*originate*) brotar, nacer; **a man sprung from the people** un hombre surgido del pueblo.
4 *cpd* (*of season*) de primavera; (*with ~s*) con muelles; **~ binder** *n* encuadernación *f* de muelle; **~ onion** *n* cebolleta *f*, cebollino *m*; **~ tide** *n* marea *f* viva.
► **spring up** *vi + adv* (*person: from chair*) levantarse de un salto; (*plant, weeds*) brotar, crecer rápidamente; (*building, settlement*) surgir, levantarse; (*wind, storm*) levantarse; (*doubt, friendship, rumour*) nacer.

springboard [ˈsprɪŋbɔːd] *n* trampolín *m*.

spring-cleaning [ˈsprɪŋˈkliːnɪŋ] *n* limpieza *f* general.

springtime [ˈsprɪŋtaɪm] *n* primavera *f*.

springy [ˈsprɪŋɪ] *adj* (*comp* **-ier**; *superl* **-iest**) elástico/a; (*step*) ligero/a.

sprinkle [ˈsprɪŋkl] **1** *n* rociada *f*, salpicadura *f*; **a ~ of salt** un poquito de sal. **2** *vt* salpicar, rociar (*with* de); **they are ~d about here and there** están esparcidos aquí y allá.

sprinkler [ˈsprɪŋkləʳ] *n* (**a**) (*for lawn etc*) rociadera *f*, regadera *f*. (**b**) (*for sugar*) espolvoreador *m* de azúcar. (**c**) (*for fire-fighting*) aparato *m* de rociadura automática.

sprinkling [ˈsprɪŋklɪŋ] *n* rociada *f*, salpicadura *f*; **there was a ~ of young people** había unos cuantos jóvenes.

sprint [sprɪnt] **1** *n* (*in race*) (e)sprint *m*; (*dash*) carrera *f* sprint. **2** *vi* (*in race*) (e)sprintar; (*dash*) correr a toda velocidad; (*rush*) precipitarse; **he ~ed for the bus** corrió tras el autobús.

sprinter [ˈsprɪntəʳ] *n* (*Sport*) (e)sprínter *mf*.

sprocket [ˈsprɒkɪt] **1** *n* rueda *f* de espigas. **2** *cpd*: **~ feed** *n* avance *m* por rueda de espigas.

sprout [spraʊt] **1** *n* (*from bulb, seeds*) brote *m*, retoño *m*; **~s** (*also* **Brussels ~s**) coles *fpl* de Bruselas. **2** *vt* echar, hacerse; **to ~ new leaves** echar nuevas hojas. **3** *vi* (*bud*) brotar, retoñar, echar retoños; (*grow quickly*) crecer rápidamente; **skyscrapers are ~ing up** se están levantando rascacielos por todos lados.

spruce[1] [spruːs] *n* (*Bot*) pícea *f*.

spruce[2] [spruːs] *adj* pulcro/a, apuesto/a.
► **spruce up** *vt + adv* arreglar; **all ~d up** muy acicalado/a.

sprung [sprʌŋ] **1** *pp of* **spring**. **2** *adj*: **interior ~ mattress** somier *m*, colchón *m* de muelle.

spry [spraɪ] *adj* ágil, activo/a.

SPUC [spʌk] *n abbr of* **Society for the Protection of Unborn Children**.

spud [spʌd] *n* (*fam: potato*) patata *f*, papa *f* (*LAm*).

spun [spʌn] **1** *pt, pp of* **spin**. **2** *adj*: **~ silk** seda *f* hilada.

spunk [spʌŋk] *n* (*fam: spirit*) ánimo *m*, valor *m*; (*fam!: sperm*) leche *f*.

spur [spɜːʳ] **1** *n* (*gen*) espuela *f*; (*of cock*) espolón *m*; (*fig*) estímulo *m*, aguijón *m*; (*Geog*) espolón; **to win one's ~s** (*fig*) pasar pruebas; **on the ~ of the moment** sin pensar, impensadamente; **it was a ~ of the moment decision** fue una decisión tomada al instante. **2** *vt*: **to ~ on** (*lit*) espolear, picar con las espuelas; (*fig*) estimular, incitar; **to ~ sb on to do sth** incitar a algn a hacer algo; **~red on by greed** bajo el aguijón de la codicia.

spurious [ˈspjʊərɪəs] *adj* falso/a.

spurn [spɜːn] *vt* desdeñar, rechazar.

spurt [spɜːt] **1** *n* chorro *m*, borbotón *m*; **to put in** *or* **on a ~** hacer un gran esfuerzo. **2** *vi* (*gush: also* ~ **out**) chorrear, borbotar.

sputnik [ˈspʊtnɪk] *n* satélite *m* artificial.

spy [spaɪ] **1** *n* espía *mf*. **2** *vt* (*catch sight of*) divisar; **finally I spied him coming** por fin pude verle viniendo. **3** *vi* espiar, ser espía; **to ~ on sb** espiar a algn, observar a algn clandestinamente. **4** *cpd*: **~ plane** *n* avión *m* espía; **~ story** *n* novela *f* de espionaje.
► **spy out** *vt + adv* hacer un reconocimiento de; **to ~ out the land** reconocer el terreno.

spyglass [ˈspaɪglɑːs] *n* catalejo *m*.

spying [ˈspaɪɪŋ] *n* espionaje *m*.

Sq *abbr* (*in address*) *of* **square**.

sq. *abbr* (*Math*) *of* **square**.

sq. ft. *abbr of* **square foot** *or* **feet**.

squabble ['skwɒbl] **1** *n* riña *f*, disputa *f*, pleito *m (esp LAm)*. **2** *vi* reñir, disputar, pelearse (*over, about* por, sobre).
squabbling ['skwɒblıŋ] *n* riñas *fpl*, disputas *fpl*, pleitos *mpl (esp LAm)*.
squad [skwɒd] **1** *n* (*Mil*) pelotón *m*; (*of police*) brigada *f*; (*of workmen etc*) cuadrilla *f*; (*Sport*) equipo *m*; **flying ~** brigada móvil. **2** *cpd*: **~ car** *n* (*Police*) coche-patrulla *m*.
squaddie ['skwɒdı] *n* (*fam*) soldado *m* raso.
squadron ['skwɒdrən] *n* (*Mil*) escuadrón *m*; (*Aer*) escuadrilla *f*, escuadrón; (*Naut*) escuadra *f*.
squalid ['skwɒlıd] *adj* miserable, vil; (*affair etc*) asqueroso/a.
squall [skwɔ:l] *n* (*wind*) ráfaga *f*; (*rain*) chubasco *m*.
squalor ['skwɒlə^r] *n* miseria *f*, vileza *f*.
squander ['skwɒndə^r] *vt* derrochar, despilfarrar.
square [skwɛə^r] **1** *n* (**a**) (*shape*) cuadrado *m*, cuadro *m*; (*on graph paper, chessboard, crossword*) casilla *f*; (*piece of material, paper etc*) cuadrado; (*scarf*) pañuelo *m*; **to cut into ~s** cortar en cuadros *or* cuadrados; **back to ~ one!** (*fig*) ¡hay que volver al principio!
(**b**) (*in town*) plaza *f*; (*US: block of houses*) manzana *f*, cuadra *f (LAm)*; **the town ~** la plaza del pueblo.
(**c**) (*Math*) cuadrado *m*; **16 is the ~ of 4** 16 es el cuadrado de 4.
(**d**) (*fam: old-fashioned person*) persona de ideas anticuadas; **he's a real ~** es un carca *(fam) or (Chi)* un momio.
2 *adj* (**a**) (*in shape*) cuadrado/a; **to be a ~ peg in a round hole** estar como un pulpo en un garaje.
(**b**) (*forming right angle*) en ángulo recto; (*jaw, shoulder*) cuadrado/a; **~ brackets** corchetes *mpl*.
(**c**) (*Math*) cuadrado/a; **~ foot** pie *m* cuadrado; **a ~ kilometre** un kilómetro cuadrado; **a kilometre ~** un kilómetro en cuadro; **~ root** raíz *f* cuadrada.
(**d**) **a ~ meal** una comida completa.
(**e**) (*fair, honest*) justo/a, equitativo/a; **to give sb a ~ deal** ser justo con algn; **I'll be ~ with you** seré justo contigo.
(**f**) (*fig: even*) igual, parejo/a *(esp LAm)*; **to get one's accounts ~** dejar las cuentas claras; **to get ~ with sb** ajustar cuentas con algn, desquitarse con algn; **now we're all ~** (*fig, Sport*) ahora vamos iguales *or* parejos; **if you pay me a pound we'll call it ~** con una libra me quedo conforme.
(**g**) (*fam: old-fashioned*) anticuado/a, pasado/a de moda; **he's ~** es un carca *or (Chi)* un momio (*fam*).
3 *adv*: **~ in the middle** exactamente en el centro; **to look sb ~ in the eye** mirarle a algn directamente a los ojos.
4 *vt* (**a**) (*make ~*) cuadrar; **to ~ one's shoulders** ponerse derecho.
(**b**) (*settle, reconcile*) ajustar; **can you ~ it with your conscience?** ¿lo puede acomodar con su conciencia?; **I'll ~ it with him** (*fam*) yo lo arreglo con él.
(**c**) (*Math*) cuadrar; **2 ~d is 4** 2 al cuadrado es 4.
5 *vi* cuadrar *or* conformarse (*with* con); **it doesn't ~ with what you said before** esto no cuadra con lo que dijiste antes.
6 *cpd*: **~ dance** *n* danza *f* de figuras.
► **square off** *vt + adv* cuadrar.
► **square up** *vi + adv* (**a**) ponerse en guardia; **to ~ up to sb** enfrentarse con algn. (**b**) (*settle*) **to ~ up with sb** ajustar cuentas con algn.
squarely ['skwɛəlı] *adv* (**a**) (*directly*) de lleno, directamente; **to face sth ~** hacer frente a algo sin pestañear. (**b**) (*honestly, fairly*) honradamente, justamente; **to deal ~ with sb** tratar honradamente a algn.
squash[1] [skwɒʃ] **1** *n* (**a**) (*drink*) jugo *m*, zumo *m (Sp)*; **orange ~** jugo *or* zumo de naranja, naranjada *f*. (**b**) (*crowd*) apiñamiento *m*, agolpamiento *m*. **2** *vt* (**a**) (*flatten*) aplastar; **to ~ sth in** meter algo a la fuerza; **can you ~ 2 more in (the car)?** ¿caben 2 más en el coche?; **to be ~ed together** ir amontonados. (**b**) (*fig: argument*) dar al traste con; (*: person*) apabullar. **3** *vi*: **to ~ in/up** entrar con dificultad/arrimarse.
squash[2] [skwɒʃ] *n* (*vegetable*) calabaza *f*.
squash[3] [skwɒʃ] *n* (*sport*) squash *m*.
squat [skwɒt] **1** *adj* (*person*) rechoncho/a, achaparrado/a; (*building, shape etc*) desproporcionadamente bajo/a. **2** *vi* (**a**) (*also* **~ down**) agacharse, sentarse en cuclillas. (**b**) (*on property*) ocupar ilegalmente. **3** *n* piso *m etc* ocupado ilegalmente.
squatter ['skwɒtə^r] *n* ocupante *mf* ilegal.
squaw [skwɔ:] *n* india *f*, piel roja *f*.
squawk [skwɔ:k] **1** *n* graznido *m*, chillido *m*. **2** *vi* graznar, chillar.
squeak [skwi:k] **1** *n* (*of hinge, wheel etc*) chirrido *m*, rechinamiento *m*; (*of mouse etc*) chillido *m*; (*of shoe*) crujir *m*; **I couldn't get a ~ out of him** no pude sacarle palabra alguna. **2** *vi* (*see n*) chirriar, rechinar; chillar; crujir.
squeaky ['skwi:kı] *adj* (*comp* **-ier**; *superl* **-iest**) (*gen*) chirriante; (*voice*) chillón/ona; **~ clean** relimpio; (*fig*) perfectamente honrado.
squeal [skwi:l] **1** *n* chillido *m*; **a ~ of tyres** un chillido de ruedas. **2** *vi* chillar; (*fam: inform*) cantar, soplar.
squeamish ['skwi:mıʃ] *adj* que se marea fácilmente; **to be ~** tener *or* sentir horror (*about* a, ante); **don't be so ~** no seas tan delicado, no pongas reparos; **to feel ~** sentir náuseas.
squeegee ['skwi:'dʒi:] *n* enjugador *m*.
squeeze [skwi:z] **1** *n* (*pressure*) presión *f*, estrujón *m*; (*of hand*) apretón *m*; (*crush, crowd*) apiñamiento *m*, apretura *f*; (*credit ~*) restricción *f*; **to give sb's hand a little ~** dar un apretón de manos a algn; **it was a tight ~ to get through** se pudo pasar apenas; **we're in a tight ~** (*fig fam*) estamos en un aprieto.
2 *vt* (*press*) apretar; (*squash*) apachurrar; (*lemon etc*) exprimir; (*hand, arm*) apretar; (*: painfully*) estrujar; **to ~ the juice out of a lemon** exprimir el zumo de un limón; **to ~ money out of sb** sacar dinero a algn; **to ~ clothes into a case** meter ropa en una maleta a la fuerza; **can you ~ 2 more in?** ¿cabrían 2 más?
3 *vi*: **to ~ in/past** *etc* meterse/pasar *etc* apenas; **to ~ through a hole** pasar por un agujero con dificultad.
squelch [skweltʃ] *vi* chapotear; **to ~ through the mud** ir chapoteando por el lodo.
squib [skwıb] *n* (*firework*) buscapiés *m inv*.
squid [skwıd] *n* calamar *m*, sepia *f*.
squint [skwınt] **1** *n* (*Med*) estrabismo *m*; (*sidelong look*) mirada *f* de soslayo *or* reojo; **let's have a ~** (*fam*) déjame ver. **2** *vi* (*Med*) bizquear, ser bizco; **to ~ at sth** (*quickly*) echar un vistazo a algo; (*with half-closed eyes*) mirar algo con los ojos entrecerrados; **he ~ed in the sunlight** entrecerró los ojos en el sol.
squint-eyed ['skwınt'aıd] *adj* bizco/a.
squire ['skwaıə^r] *n* (*old: landowner*) terrateniente *m*, hacendado *m (LAm)*, estanciero *m (LAm)*.
squirm [skwɜ:m] *vi* retorcerse; **I'll make him ~** yo le haré sufrir.
squirrel ['skwırəl] *n* ardilla *f*.
squirt [skwɜ:t] **1** *n* (*jet*) chorro *m*; (*fam: child*) mequetrefe *mf*, chiquitajo/a *m/f (fam)*, escuincle *mf (Mex)*; (*: person*) farolero/a *m/f*, presumido/a *m/f*. **2** *vt* (*liquid*) lanzar; (*person, car*) mojar. **3** *vi*: **to ~ out/in** salir/entrar a chorros.
Sr *abbr of* **senior**.
Sri Lanka [ˌsri:'læŋkə] *n* Sri Lanka *m*.
SRN *n abbr* (*Brit: formerly*) *of* **state registered nurse**.
SRO *abbr* (*US*) *of* **standing room only**.
Sr(s). *abr of* **Sister(s)** Hna(s).
SS *abbr* (**a**) (*Brit*) *of* **steamship**. (**b**) *of* **Saints** SS.
SSA *n abbr* (*US*) *of* **Social Security Administration**.
SSE *abbr of* **south-south-east** SSE.
SSSI *n abbr of* **site of special scientific interest**.

SST *n abbr (US) of* **supersonic transport**.
SSW *abbr of* **south-south-west** SSO.
St *abbr* (**a**) *(Rel) of* **Saint** Sto., Sta., S. (**b**) *(Geog) of* **Strait**. (**c**) *of* **Street** C/L. (**d**) *(weight) of* **stone** = *14 libras*, = *6,348 kg*. (**e**) *of* **summer time**.
St. *abbr of* **Station**.
stab [stæb] **1** *n* (**a**) *(with knife etc)* puñalada *f*, navajazo *m*; *(of pain)* punzada *f*. (**b**) **to have a ~ at sth** intentar hacer algo. **2** *vt* apuñalar; **to ~ sb in the back** *(fig)* clavarle a algn un puñal por la espalda; **to ~ sb to death** matar a algn a puñaladas. **3** *cpd*: **~ wound** *n* puñalada *f*.
stabbing [ˈstæbɪŋ] **1** *n (incident)* apuñalamiento *m*. **2** *adj (pain, ache)* punzante.
stability [stəˈbɪlɪtɪ] *n* estabilidad *f*.
stabilization [ˌsteɪbəlaɪˈzeɪʃən] *n* estabilización *f*.
stabilize [ˈsteɪbəlaɪz] **1** *vt (boat)* estabilizar. **2** *vi (currency, economy)* estabilizarse.
stabilizer [ˈsteɪbəlaɪzəʳ] *n (Naut)* estabilizador *m*.
stable[1] [ˈsteɪbl] *adj (comp* **~r**; *superl* **~st**) *(gen)* estable.
stable[2] [ˈsteɪbl] **1** *n (building)* cuadra *f*, caballeriza *f*; *(establishment)* cuadra. **2** *vt (keep in ~)* guardar en una cuadra; *(put in ~)* poner en una cuadra. **3** *cpd*: **~ door** *n*: **to shut** *or* **close the ~ door after the horse has bolted** a buenas horas, mangas verdes.
stack [stæk] **1** *n (pile, fam)* montón *m*; *(section in library)* estantería *f*; **we have ~s of time** nos sobra tiempo; **I have ~s of work to do** tengo un montón *or* una cantidad de trabajo. **2** *vt* amontonar, apilar; **the cards are ~ed against us** todo va en contra nuestra.
stacker [ˈstækəʳ] *n (Comput)* apiladora *f*.
stadium [ˈsteɪdɪəm] *n (pl* **~s** *or* **stadia** [ˈsteɪdɪə]) estadio *m*.
staff [stɑːf] **1** *n* (**a**) *(personnel)* personal *m*, empleados *mpl*; *(Mil)* estado *m* mayor; **the administrative/teaching ~** (el personal de) la administración/el cuerpo docente; **to be on the ~** ser de plantilla; **to join the ~** entrar a formar parte del personal.
(**b**) *(old: stick)* bastón *m*, vara *f*; *(Rel)* báculo *m*; *(of flag, lance etc)* asta *f*.
(**c**) *(Mus: pl)* **staves** pentagrama *m*.
2 *vt* proveer de personal; **to be well ~ed** *(good workers)* tener un buen personal; *(fully ~ed)* tener la plantilla completa.
3 *cpd*: **~ meeting** *n* reunión *f* del personal; **~ nurse** *n* enfermero/a *m/f* titulado/a; **~ room** *n* sala *f* de profesores; **~ training** *n* formación *f* de personal.
Staffs *abbr (Brit) of* **Staffordshire**.
stag [stæg] **1** *n* (**a**) *(Zool)* ciervo *m*, venado *m*. (**b**) *(Fin)* especulador(a) *m/f* con nuevas emisiones. **2** *cpd*: **~ night** *n* despedida *f* de soltero; **~ party** *n* fiesta *f* de despedida de soltero.
stage [steɪdʒ] **1** *n* (**a**) *(platform)* plataforma *f*, tablado *m*; *(in theatre)* escenario *m*, escena *f*; **the ~** *(profession)* el teatro; **to go on ~** entrar en el escenario; **to go on the ~** hacerse actor/actriz; **to put a play on the ~** poner una obra; **you're on ~ in 2 minutes** sales en 2 minutos.
(**b**) *(period, section: of process, development)* etapa *f*, fase *f*; *(: of journey)* etapa, jornada *f*; *(: of pipeline)* tramo *m*; *(: of rocket)* piso *m*; **in ~s** por etapas; **in** *or* **by easy ~s** paso a paso; **at this ~ in the negotiations** a estas alturas de las negociaciones; **to go through a difficult ~** pasar por una fase difícil.
2 *vt (play)* representar, poner; *(carry out: scene, recovery)* efectuar; *(arrange: accident, welcome)* organizar; **to ~ a comeback** restablecerse.
3 *cpd*: **~ director** *n* director(a) *m/f* de escena; **~ door** *n* entrada *f* de artistas; **~ fright** *n* miedo *m* a las tablas; **to get ~ fright** ponerse nerviosísimo; **~ manager** *n* director *m* de escena; **~ whisper** *n (fig)* aparte *m*.
stagecoach [ˈsteɪdʒkəʊtʃ] *n* diligencia *f*.
stagehand [ˈsteɪdʒhænd] *n* tramoyista *mf*.
stage-manage [ˈsteɪdʒˌmænɪdʒ] *vt (play, production)* dirigir; *(fig: event, confrontation etc)* orquestrar.
stagestruck [ˈsteɪdʒstrʌk] *adj* aficionado/a al teatro.
stagger [ˈstægəʳ] **1** *vt* (**a**) *(amaze)* asombrar. (**b**) *(hours, spokes etc)* escalonar. **2** *vi* tambalear; **he ~ed to the door** fue tambaleando a la puerta.
staggered [ˈstægəd] *adj* (**a**) *(amazed)* asombrado/a. (**b**) *(hours, junction)* escalonado/a.
stagnant [ˈstægnənt] *adj (lit)* estancado/a; *(fig)* inactivo/a, paralizado/a.
stagnate [stægˈneɪt] *vi (lit)* estancarse; *(fig)* quedar estancado.
stagnation [stægˈneɪʃən] *n (lit)* estancamiento *m*; *(fig)* paralización *f*.
stagy [ˈsteɪdʒɪ] *adj (comp* **-ier**; *superl* **-iest**) teatral, histriónico/a.
staid [steɪd] *adj (person)* ortodoxo/a, tradicionalista; *(clothes)* serio/a, formal.
stain [steɪn] **1** *n (gen)* mancha *f*; *(dye)* tinte *m*, tintura *f*. **2** *vt* manchar; *(dye)* teñir. **3** *vi* manchar. **4** *cpd*: **~ remover** *n* quitamanchas *m inv*.
stained [steɪnd] *adj*: **~ glass** vidrio *m* de color; **~ glass window** vidriera *f* de colores.
stainless [ˈsteɪnlɪs] *adj (steel)* inoxidable.
stair [stɛəʳ] *n (single step)* escalón *m*, peldaño *m*; *(whole flight: usu)* **~s** escalera *f*; **a flight of ~s** un tramo de escalera.
staircase [ˈstɛəkeɪs] *n* escalera *f*; **spiral ~** escalera de caracol.
stairwell [ˈstɛəwel] *n* hueco *m or* caja *f* de la escalera.
stake [steɪk] **1** *n* (**a**) *(post: gen)* poste *m*; *(: for plant)* rodrigón *m*. (**b**) *(for execution)* hoguera *f*; **to be burnt at the ~** morir en la hoguera. (**c**) *(bet)* puesta *f*, apuesta *f*; **the issue at ~** el asunto de que se trata; **to be at ~** estar en juego; **there's a lot at ~ in this** va mucho en esto; **to have a ~ in sth** tener interés en algo. **2** *vt (bet)* apostar *(on* a); *(esp US: Fin)* financiar, patrocinar; **to ~ one's reputation on sth** jugarse la reputación en algo; **to ~ a claim to sth** presentar reclamación por *or* reclamar algo.
stake-out [ˈsteɪkaʊt] *n* allanamiento *m*.
stalactite [ˈstæləktaɪt] *n* estalactita *f*.
stalagmite [ˈstæləgmaɪt] *n* estalagmita *f*.
stale [steɪl] *adj (comp* **~r**; *superl* **~st**) *(food)* pasado/a; *(bread)* duro/a; *(air)* viciado/a; *(news)* viejo/a; **I'm getting ~** me estoy estancando.
stalemate [ˈsteɪlmeɪt] *n (Chess)* ahogado *m*; *(fig)* punto *m* muerto; **to reach ~** *(fig)* estancarse.
staleness [ˈsteɪlnɪs] *n (of food)* lo pasado; *(of bread)* dureza *f*; *(of air)* lo viciado; *(of news)* lo viejo; *(of person)* estancamiento *m*.
stalk[1] [stɔːk] **1** *vt (animal: subj: hunter)* cazar al acecho; *(: subj: animal)* acechar; *(person)* seguir los pasos de. **2** *vi (walk)* andar con paso pausado; **she ~ed out of the room** salió airada del cuarto.
stalk[2] [stɔːk] *n (Bot)* tallo *m*; *(Aut: control ~)* palanca *f*.
stall [stɔːl] **1** *n* (**a**) *(Agr: stable)* establo *m*; *(: manger)* pesebre *m*; *(for single horse etc)* casilla *f*; *(paper ~)* quiosco *m*, puesto *m*; *(in market etc)* puesto; *(in fair)* caseta *f*, casilla.
(**b**) *(Theat)* **the ~s** las butacas.
2 *vt (car, plane)* parar, calar.
3 *vi* (**a**) *(car)* pararse; *(plane)* perder velocidad.
(**b**) *(fig: delay)* andar con rodeos, esquivar; **stop ~ing!** ¡déjate de evasivas!; **the talks have ~ed** las negociaciones están en un callejón sin salida; **the minister ~ed for 20 minutes** durante 20 minutos el ministro evitó contestar directamente.
stallholder [ˈstɔːlˌhəʊldəʳ] *n* dueño/a *m/f* de un puesto, puestero/a *m/f (LAm)*.
stallion [ˈstæljən] *n* semental *m*, padrillo *m (LAm)*.
stalwart [ˈstɔːlwət] **1** *adj (person: in spirit)* fuerte, robusto/a; *(supporter, opponent)* leal, fiel; *(belief)* empedernido/a. **2** *n* partidario/a *m/f* incondicional.
stamen [ˈsteɪmen] *n* estambre *m*.
stamina [ˈstæmɪnə] *n* resistencia *f*.

stammer ['stæməʳ] **1** *n* tartamudeo *m*; **he has a bad ~** tartamudea terriblemente. **2** *vi* tartamudear. **3** *vt* decir tartamudeando.

stamp [stæmp] **1** *n* **(a)** (*postage ~*) sello *m*, estampilla *f* (*LAm*); (*trading ~*) cupón *m*.

(b) (*rubber ~*) estampilla *f*; (*for metal*) cuño *m*; (*mark*) sello *m*; **it bears the ~ of genius** tiene el sello del genio; **to leave** *or* **put one's ~ on sth** poner *or* dejar su sello en algo.

(c) (*with foot*) taconazo *m*.

2 *vt* **(a) to ~ one's foot** patear, patalear; **to ~ the ground** (*person*) dar patadas en el suelo; (*horse*) piafar.

(b) (*letter*) sellar, poner el sello a; **~ed addressed envelope** (*abbr s.a.e.*) sobre *m* sellado con las señas propias; **the letter is insufficiently ~ed** la carta no tiene suficientes sellos.

(c) (*mark with rubber ~*) marcar con sello; (*emboss*) grabar; **they ~ed my passport at the frontier** sellaron mi pasaporte en la frontera.

3 *vi* (*single movement*) patear, patalear; (*walk*) ir pateando; **he ~s about the house** anda por la casa pisando muy fuerte; **ouch, you ~ed on my foot!** ¡ay, me has pisoteado el pie!

4 *cpd*: **~ collecting** *n* filatelia *f*; **~ collector** *n* filatelista *mf*; **~ duty** *n* impuesto *m or* derecho *m* del timbre; **~ machine** *n* expendedor *m* automático de sellos (de correo).

▸ **stamp down** *vt + adv*: **to ~ sth down** apisonar algo.

▸ **stamp out** *vt + adv* (*fire*) apagar con el pie; (*fig*) acabar con, sofocar; **we must ~ out this abuse** tenemos que acabar con esta injusticia.

stampede [stæm,pi:d] **1** *n* (*lit*) estampida *f*, desbandada *f*; (*fig*) desbandada; **there was a sudden ~ for the door** todo el mundo corrió hacia la puerta. **2** *vt* (*cattle*) provocar la desbandada de; **to ~ sb into doing sth** presionar fuerte a algn para que haga algo. **3** *vi* (*lit*) ir en desbandada; (*fig*) precipitarse.

stamping-ground ['stæmpɪŋ,graʊnd] *n* territorio *m* personal.

stance [stæns] *n* (*lit*) postura *f*; (*fig*) actitud *f*; **to take up a ~** (*fig*) adoptar una actitud.

stand [stænd] (*vb: pt, pp* **stood**) **1** *n* **(a)** (*position*) posición *f*, puesto *m*; (*fig: stance*) actitud *f*, postura *f*; **to take up a ~ near the door** colocarse cerca de la puerta; **to take a ~ on an issue** adoptar una actitud hacia una cuestión.

(b) (*Mil*) parada *f*, alto *m*; **to make a ~** (*fig*) hacer parada, plantarse; **to make a ~ against sth** oponer resistencia a algo.

(c) (*for taxis*) parada *f* (de taxis).

(d) (*Theat*) función *f*, representación *f*; (*of pop group etc*) actuación *f*; *see* **one-night**.

(e) (*lamp ~*) pie *m*; (*music ~ etc*) atril *m*; (*in shop*) estante *m*, puesto *m*.

(f) (*newspaper ~*) quiosco *m*, puesto *m* (*esp LAm*); (*market stall etc*) puesto; (*at exhibition*) caseta *f*, stand *m*; (*raised area: band~*) quiosco; (*: Sport*) tribuna *f*; (*: US Jur*) estrado *m*; **to take the ~** (*esp US*) subir a la tribuna de los testigos.

2 *vt* **(a)** (*place*) poner, colocar; **to ~ sth against the wall** apoyar algo en la pared.

(b) to ~ one's ground mantenerse firme, plantarse.

(c) (*withstand, tolerate*) aguantar, resistir; **it won't ~ serious examination** no resistirá un examen detallado; **the company will have to ~ the loss** la compañía tendrá que encargarse de las pérdidas; **I can't ~ him** (*fam*) no le puedo ver, no lo puedo tragar; **I can't ~ waiting for people** (*fam*) no aguanto *or* soporto que me hagan esperar; **I can't ~ it any longer!** ¡no aguanto más!; *see* **chance 1 (c)**; **stead**.

(d) (*fam*) **to ~ sb a drink/meal** invitar a algn a una copa/a comer; **he stood me lunch** me pagó la comida.

3 *vi* **(a)** (*be upright*) estar de pie *or* derecho/a, estar parado/a (*LAm*); (*get up*) levantarse, pararse (*LAm*); **he could hardly ~** hasta tenía problemas para ponerse de pie; **he left the others ~ing** (*fig*) dejó a todos atrás *or* (*LAm*) parados; **to ~ on one's own two feet** (*fig*) valerse por sí mismo, defenderse solo (*LAm*); **they kept us ~ing about** *or* **around for ages** nos hicieron esperar mucho tiempo; **he stood over me while I did it** me vigiló mientras lo hacía.

(b) (*be left: car, tea*) quedar; (*be situated: building, tree*) encontrarse, ubicarse (*LAm*); **the tower ~s 50m high** la torre tiene 50 metros de alta.

(c) (*remain valid: offer, argument, decision*) seguir en pie *or* vigente; **my objection still ~s** mis reservas siguen en pie; **the theory ~s or falls on this** de allí depende la teoría entera.

(d) (*fig: be placed*) estar, encontrarse; (*: be in a position (+ infin)*) tener que; (*: risk*) arriesgar; **I'd like to know where I ~** quisiera saber a qué atenerme; **as things ~** tal como están las cosas; **he ~s to gain a great deal** tiene la posibilidad de ganar mucho; **she ~s in need of a friend** lo que necesita es un amigo; **we must ~ together** debemos unirnos *or* ser solidarios; **nothing ~s between us** nada nos separa; **sales are currently ~ing at 2 million** las ventas ya han alcanzado los 2 millones.

(e) (*remain undisturbed*) estar; **let it ~ for 3 days** dejarlo así durante 3 días.

(f) (*Pol*) **to ~ as a candidate** presentarse como candidato; **to ~ for parliament** presentarse a las elecciones.

▸ **stand aside** *vi + prep* apartarse, mantenerse aparte.

▸ **stand back** *vi + prep* retirarse; (*fig*) tomar una posición más objetiva; (*building: be placed further back*) estar apartado.

▸ **stand by 1** *vi + adv* (*do nothing*) mantenerse aparte; (*be ready*) estar preparado *or* listo; **~ by for further news** seguirán más noticias; **~ by for take-off!** ¡listos para despegar! **2** *vi + prep* (*person*) apoyar *or* respaldar a; (*promise*) cumplir con; **we ~ by what we said** nos atenemos a lo dicho.

▸ **stand down** *vi + adv* (*withdraw*) ceder el puesto; (*Jur*) retirarse; **the candidate is ~ing down in favour of a younger person** el candidato se retira a favor de una persona más joven.

▸ **stand for** *vi + prep* **(a)** (*represent: principle, honesty*) representar; (*: abbreviation*) significar; **'A ~s for apple'** 'M es de manzana'. **(b)** (*permit*) permitir; (*tolerate*) admitir; **I won't ~ for that** eso no lo admito. **(c)** *see* **stand 3 (f)**.

▸ **stand in** *vi + adv* sustituir; **to ~ in for sb** sustituir a algn.

▸ **stand out** *vi + adv* **(a)** (*be noticeable*) destacarse (*against* contra); **to ~ out in relief** resaltar. **(b)** (*be firm, hold out*) mantenerse firme, aferrarse; **to ~ out against sth** oponerse a algo; **to ~ out for sth** insistir en algo.

▸ **stand up 1** *vi + adv* (*rise*) levantarse, ponerse de pie; (*be standing*) estar de pie; (*fig*) **to ~ up for sb** respaldar a algn; **to ~ up for o.s.** defenderse solo; **to ~ up to sb** hacer frente a algn; **it ~s up to hard wear** es muy resistente; **it won't ~ up to close examination** no resiste al examen cuidadoso. **2** *vt + adv* (*fam: girlfriend, boyfriend*) dejar plantado/a, dar plantón a.

stand-alone ['stændələʊn] *adj* autónomo/a.

standard ['stændəd] **1** *n* **(a)** (*flag*) estandarte *m*, bandera *f*.

(b) (*measure*) patrón *m*, estándar *m*; (*fig: established norm*) norma *f*, regla *f*; **the gold ~** (*Fin*) el patrón oro; **to be up to ~** satisfacer los requisitos; **to be below ~** ser de baja calidad; **to set a good ~** establecer un alto nivel.

(c) (*moral~: usu pl*) criterio *m*, valor *m*; **she has no ~s** carece de valores morales; **to apply a double ~** aplicar un doble criterio; **to have double ~s** medir a dos raseros.

(d) (*degree, level*) nivel *m*, grado *m*; **~ of living** nivel de vida; **at first-year university ~** al nivel del primer año universitario; **of (a) high/low ~** de alto/bajo nivel.

2 *adj* normal, común; **it's quite ~!** ¡es de lo más común!; **to become ~** imponerse como norma; **~ English** el inglés *m* normativo; **~ lamp** lámpara *f* de pie; **~ model** modelo *m* standard; **~ practice** norma *f*; **~ price** precio *m* oficial; **~ quality** calidad *f* normal; **~ rate** tipo *m* de interés vigente; **~ size** tamaño *m* normal.

standardization [ˌstændədaɪˈzeɪʃən] *n* normalización *f*, estandar(d)ización *f*.

standardize [ˈstændədaɪz] *vt* normalizar, estandar(d)izar.

stand-by [ˈstænd*b*aɪ] **1** *n* (*person*) suplente *mf*; (*thing*) repuesto *m*; **to be on ~** estar preparado para salir; **to be on 24-hours ~** estar listo para partir dentro de 24 horas. **2** *cpd*: **~ passenger** *n* (*Aer*) pasajero/a *m/f* que está en la lista de espera; **~ (ticket)** *n* billete *m* standby.

stand-in [ˈstændɪn] *n* sustituto/a *m/f* (*for* por); (*Cine*) doble *mf*.

standing [ˈstændɪŋ] **1** *adj* (**a**) (*not sitting*) de pie, parado/a *(LAm)*; (*upright: stone, corn*) derecho/a, recto/a; **~ ovation** ovación *f* ferviente; **~ room only** ya no quedan asientos; **~ start** salida *f* parada.

(**b**) (*permanent*) permanente; **~ order** (*Fin*) giro *m or* pedido *m* regular.

2 *n* (**a**) (*social position*) rango *m*, estatus *m*; (*repute*) reputación *f*, fama *f*; **a man of some ~** un hombre de cierta categoría; **the relative ~ of these problems** la importancia relativa de estos problemas; **what is his ~ locally?** ¿cómo se le considera en círculos locales?

(**b**) (*duration*) **of 6 months' ~** que lleva 6 meses; **of long ~** de mucho tiempo (acá), viejo/a.

stand-offish [ˌstændˈɒfɪʃ] *adj* reservado/a, distante.

standpipe [ˈstændpaɪp] *n* tubo *m* vertical.

standpoint [ˈstæn*d*pɔɪnt] *n* punto *m* de vista; **from the ~ of ...** desde el punto de vista de ....

standstill [ˈstæn*d*stɪl] *n*: **to bring a car to a ~** parar un coche; **to be at a ~** (*vehicle*) estar parado; (*industry etc*) estar paralizado; **negotiations are at a ~** las negociaciones están paralizadas; **to come to a ~** (*vehicle*) pararse; (*industry etc*) estancarse.

stand-up [ˈstændʌp] *adj*: **~ fight** (*lit*) pelea *f* violenta; (*fig*) altercado *m* violento; **~ comedian, ~ comic** cómico/a *m/f*.

stank [stæŋk] *pt of* **stink**.

Stanley knife ® [ˈstænlɪˌnaɪf] *n* cuchilla *f* para moqueta.

stanza [ˈstænzə] *n* estrofa *f*.

staple[1] [ˈsteɪpl] **1** *n* (*fastener*) grapa *f*. **2** *vt* sujetar con grapa.

staple[2] [ˈsteɪpl] **1** *adj* (*diet, product*) de primera necesidad; (*topic of conversation*) clásico/a. **2** *n* (*product*) artículo *m* de primera necesidad.

stapler [ˈsteɪpləʳ], **stapling machine** [ˈsteɪplɪŋməˌʃiːn] *n* grapadora *f*.

star [stɑːʳ] **1** *n* (**a**) (*Astron*) estrella *f*; **the S~s and Stripes** las barras y estrellas; **you can thank your lucky ~s that ...** tuviste suerte de que ...; **to see ~s** (*fig*) ver estrellas.

(**b**) (*person*) estrella *f*, astro *m*; **the ~ of the team was X** la figura más destacada del equipo fue X.

2 *vt* (*Cine etc*) presentar como estrella; **a film ~ring Greta Garbo** una película con Greta Garbo en el papel principal.

3 *vi* (*Cine etc*) tener el papel principal; **the 3 films in which James Dean ~red** las 3 películas que protagonizó James Dean.

4 *cpd* estrella, estelar; **~ attraction** *n* atracción *f* principal; **~ player** *n* estrella *f*; **~ sign** *n* signo *m* del Zodíaco; **~ turn** *n* = **~ attraction**.

-star [stɑːʳ] *adj suf*: **4~ hotel** hotel *m* de 4 estrellas; **4~ (petrol)** *gasolina m* **extra,** súper *m*.

starboard [ˈstɑːbɔːd] *n* estribor *m*; **on the ~ side** a estribor.

starch [stɑːtʃ] **1** *n* (*for clothes etc*) almidón *m*; (*in food*) fécula *f*. **2** *vt* almidonar.

starched [stɑːtʃt] *adj* almidonado/a.

starchy [ˈstɑːtʃɪ] *adj* (*comp* **-ier**; *superl* **-iest**) (*food*) feculento/a; (*fig: person*) rígido/a, estirado/a.

stardom [ˈstɑːdəm] *n* estrellato *m*.

stare [stɛəʳ] **1** *n* mirada *f* fija; **to give sb a ~** mirar fijamente a algn. **2** *vt*: **it's staring you in the face** salta a la vista. **3** *vi*: **to ~ (at)** mirar fijamente *or* de hito en hito; **it's rude to ~ at people** está mal visto fijar la mirada en la gente; **to ~ into the distance, to ~ into space** estar mirando a las nubes.

starfish [ˈstɑːfɪʃ] *n* (*pl* ~ *or* **~es**) estrella *f* de mar.

stargazing [ˈstɑːˌgeɪzɪŋ] *n* (*fam: astronomy*) astronomía *f*; (*: astrology*) astrología *f*; (*fig*) distracción *f*.

stark [stɑːk] **1** *adj* (*comp* **~er**; *superl* **~est**) (*outline, landscape*) severo/a, adusto/a; (*simplicity, colour, contrast*) austero/a; (*reality, poverty*) sin adornos, escueto/a. **2** *adv*: **~ staring mad** *or* **~ raving mad** loco de remate; **~ naked** (*also* **starkers**: *fam*) en cueros, encuerado/a *(LAm)*, pilucho/a *(Chi)*, calato/a *(Per fam)*.

starlet [ˈstɑːlɪt] *n* actriz *f* principiante.

starlight [ˈstɑːlaɪt] *n* luz *f* de las estrellas; **by ~** a la luz de las estrellas.

starling [ˈstɑːlɪŋ] *n* estornino *m*.

starlit [ˈstɑːlɪt] *adj* iluminado/a por las estrellas.

starry [ˈstɑːrɪ] *adj* (*comp* **-ier**; *superl* **-iest**) sembrado/a de estrellas.

starry-eyed [ˈstɑːrɪˈaɪd] *adj* (*idealistic*) idealista, ingenuo/a; (*in love*) sentimentaloide.

star-studded [ˈstɑːˌstʌdɪd] *adj*: **a ~ cast** un elenco *m* estelar.

start [stɑːt] **1** *n* (**a**) (*fright etc*) susto *m*, sobresalto *m*; **to give sb a ~** asustar *or* dar un susto a algn; **to wake with a ~** despertarse sobresaltado.

(**b**) (*beginning*) principio *m*, comienzo *m*; (*departure, Sport*) salida *f*; (*~ing line*) línea *f* de salida; **at the ~** al principio, en un principio; **from the ~** desde el principio; **for a ~** en primer lugar, para empezar; **from ~ to finish** desde el principio hasta el fin; **to get off to a bad ~** comenzar mal; **to get off to a good ~** empezar muy bien; **to make an early ~** (*on journey*) ponerse en camino temprano; (*with job*) empezar temprano; **to make a fresh** *or* **new ~ in life** hacer vida nueva.

(**c**) (*advantage*) ventaja *f*; **to give sb a 5 minute ~** dar a algn 5 minutos de ventaja.

2 *vt* (**a**) (*begin*) empezar, comenzar; **to ~ doing sth** *or* **to do sth** empezar a hacer algo; **to ~ negotiations** iniciar *or* entablar las pláticas; **to ~ a family** (empezar a) tener hijos; **he ~ed work yesterday** entró a trabajar ayer; **he ~ed life as a labourer** empezó de *or* como peón; **they ~ed her (off) in the sales department** la emplearon primero en la sección de ventas.

(**b**) (*cause to begin or happen*) iniciar, poner en marcha; (*: collapse, recovery*) provocar, causar; **to ~ a fire** provocar un incendio; **you ~ed it!** ¡tú diste el primer golpe!; **don't ~ him on that!** ¡no le des cuerda!

(**c**) (*found: business, newspaper*) fundar, establecer; **to ~ (up) an enterprise** fundar una empresa.

(**d**) (*car, engine*) arrancar, poner en marcha.

3 *vi* (**a**) (*in fright*) asustarse, sobresaltarse (*at* a); **his eyes were ~ing out of his head** se le saltaban los ojos de la cara.

(**b**) (*begin*) empezar, comenzar; (*on journey*) partir, ponerse en camino; (*car, engine*) arrancar, ponerse en marcha; **~ing from Tuesday** a partir del martes; **to ~ on a task** emprender una tarea; **to ~ at the beginning** empezar desde el principio; **what shall we ~ (off) with?** ¿con qué empezamos?; **to ~ (off) with ...** (*firstly*) en primer lugar ..., para empezar ...; (*at the beginning*) al principio ..., en un principio ...; **he ~ed (off) by saying ...** empezó por decir *or* diciendo ....

► **start back** *vi + adv* emprender el viaje de regreso (*for* a).

► **start off 1** *vi + adv* (*leave*) salir, ponerse en camino, partir *(esp LAm)*; *see also* **start 3 (b)**. **2** *vt + adv* provocar, causar; **to ~ sb off** (*on complaints, story etc*) dar cuerda a algn; (*give initial help*) dar un primer empujón a algn.

► **start out** *vi + adv* (*begin journey*) ponerse en camino, partir *(esp LAm)*; (*originally begin*) comenzar.

► **start over** *vi + adv* (*US*) volver a empezar.

► **start up 1** *vi + adv* (*driver, engine*) arrancar; (*music*) empezar. **2** *vt + adv* (*car, engine*) arrancar.

starter [ˈstɑːtəʳ] **1** *n* (**a**) (*person: judge*) juez *m* de salida; (*: competitor*) corredor(a) *m/f*. (**b**) (*Aut etc: motor*) motor *m* de arranque; (*button*) botón *m* de arranque. (**c**) (*fam: first course*) entrada *f*; **for ~s** (*fig*) en primer lugar. **2** *cpd*: ~ **home** *n* primera vivienda *f*.

starting [ˈstɑːtɪŋ] *adj*: ~ **block** taco *m* de salida; ~ **line** línea *f* de salida; ~ **point** (*fig*) punto *m* de partida; ~ **post** poste *m* de salida; ~ **price** cotización *f*; ~ **salary** sueldo *m* inicial.

startle [ˈstɑːtl] *vt* asustar, sobresaltar.

startling [ˈstɑːtlɪŋ] *adj* (*news*) alarmante; (*discovery*) inesperado/a; (*appearance*) llamativo/a.

start-up [ˈstɑːtʌp] *cpd*: ~ **costs** *npl* gastos *mpl* de puesta en marcha.

starvation [stɑːˈveɪʃən] **1** *n* hambre *f*, inanición *f*, hambruna *f (LAm)*; **fuel** ~ (*Tech*) agotamiento *m* del combustible. **2** *cpd*: ~ **diet** *n* régimen *m* de hambre.

starve [stɑːv] **1** *vt* privar de comida; **to ~ sb to death** hacer que algn muera de hambre; **to be ~d of affection** (*fig*) estar privado de afecto. **2** *vi* (*die*) morir(se) de hambre; (*lack food*) pasar hambre; **I'm starving!** (*fam*) estoy muerto de hambre.

starving [ˈstɑːvɪŋ] *adj* hambriento/a.

stash [stæʃ] *vt (fam)*: **to ~ sth away** esconder algo.

state [steɪt] **1** *n* (**a**) (*gen*) estado *m*; (*condition*) estado, condición *f*; **to be in a bad** ~ estar en malas condiciones; **he's not in a (fit) ~ to do it** no está en condiciones para hacerlo; **he arrived home in a shocking** ~ llegó a casa en un estado espantoso; **the ~ of the art** el estado de la cuestión; ~ **of emergency** estado de emergencia; ~ **of mind** estado de ánimo; ~ **of play** (*Sport*) situación *f* del juego; (*fig*) situación; ~ **of war** estado de guerra.

(**b**) (*anxiety*) **to be in a** ~ andar afligido *or* nervioso; **now don't get into a ~ about it** no te agites *or* aflijas.

(**c**) (*rank*) rango *m*; (*office*) cargo *m*; **the ~ of bishop** la dignidad de obispo.

(**d**) (*pomp*) **in** ~ con mucha ceremonia; **to lie in** ~ estar de cuerpo presente.

(**e**) (*Pol: gen*) estado *m*; (*: country*) nación *f*; **the S~s** (*USA*) los Estados Unidos; **Secretary of S~** (*US*) Secretario/a *m/f* de Asuntos Exteriores; **Secretary of S~ for Education** (*Brit*) Secretario/a *m/f* de Educación.

2 *vt* afirmar, declarar; (*case, problem*) exponer; **as ~d above** como se indica arriba; **cheques must ~ the amount clearly** los cheques deben llevar la cantidad claramente indicada.

3 *cpd* (*apartment, coach, visit*) de gala; (*Pol: run by the* ~) estatal, del Estado; ~ **capitalism** *n* capitalismo *m* de Estado; ~ **control** *n* control *m* público; ~ **education** *n* enseñanza *f* pública; ~ **highway** *n* (*US*) carretera *f* nacional; ~ **line** *n* (*US*) frontera *f* de estado; ~ **ownership** *n* propiedad *f* del Estado; ~ **pension** *n* pensión *f* estatal; ~ **secret** *n* (*lit, fig*) secreto *m* de Estado; ~ **sector** *n* sector *m* estatal; ~ **visit** *n* visita *f* de Estado.

state-controlled [ˈsteɪtkənˈtrəʊld] *adj* controlado/a por el Estado.

stated [ˈsteɪtɪd] *adj* indicado/a, señalado/a; **within ~ limits** dentro de límites fijos.

statehood [ˈsteɪthʊd] *n* (*independence*) independencia *f*; (*as federal state*) categoría *f* de estado.

stateless [ˈsteɪtlɪs] *adj* desnacionalizado/a, apátrida.

stately [ˈsteɪtlɪ] *adj* (*comp* **-ier**; *superl* **-iest**) (*person, manner*) imponente; (*pace, music*) majestuoso/a; ~ **home** casa *f* solariega.

statement [ˈsteɪtmənt] *n* declaración *f*, afirmación *f*; (*Fin*) estado *m*; **to make a** ~ (*Jur*) prestar declaración; ~ **of account** estado de cuenta.

stateroom [ˈsteɪtrʊm] *n* camarote *m*.

statesman [ˈsteɪtsmən] *n* (*pl* **-men**) estadista *m*.

statesmanship [ˈsteɪtsmənʃɪp] *n* habilidad *f* política, capacidad *f* de gobernar; **that showed true** ~ eso demostró su verdadera capacidad de estadista.

state-subsidized [ˌsteɪtˈsʌbsɪdaɪzd] *adj* subvencionado/a por el Estado.

static [ˈstætɪk] **1** *adj* estático/a, inmóvil; ~ **electricity** estática *f*. **2** *n* (*noise*) parásitos *mpl*.

station [ˈsteɪʃən] **1** *n* (**a**) (*Rail*) estación *f* (de ferrocarril); (*bus* ~) terminal *f* de autobuses; (*police* ~) comisaría *f*; (*US: gas* ~) gasolinera *f*, fuente *f*, grifo *m (Per)*; (*esp Mil: post*) puesto *m*; **action ~s!** ¡a los puestos de combate! (**b**) (*Rad*) emisora *f*. (**c**) (*social position*) rango *m*; **to have ideas above one's** ~ darse aires de superioridad. **2** *vt* (*Mil*) estacionar, apostar; (*fig*) colocar. **3** *cpd*: ~ **master** *n* jefe *m* de estación; ~ **wagon** *n* (*Aut*) furgoneta *f*, camioneta *f*.

stationary [ˈsteɪʃənərɪ] *adj* inmóvil; (*not movable*) estacionario/a, fijo/a; **to remain** ~ quedarse inmóvil.

stationer [ˈsteɪʃənəʳ] *n*: **~'s (shop)** papelería *m*.

stationery [ˈsteɪʃənərɪ] *n* artículos *mpl* de escritorio.

statistic [stəˈtɪstɪk] *n* estadística *f*; *see also* **statistics**.

statistical [stəˈtɪstɪkəl] *adj* estadístico/a.

statistically [stəˈtɪstɪkəlɪ] *adv* según las estadísticas.

statistician [ˌstætɪsˈtɪʃən] *n* estadístico/a *m/f*.

statistics [stəˈtɪstɪks] **1** *nsg* (*subject*) estadística *f*. **2** *npl* (*numbers*) estadísticas *fpl*; *see* **vital**.

statue [ˈstætjuː] *n* estatua *f*.

statuesque [ˌstætjʊˈesk] *adj* escultural.

statuette [ˌstætjʊˈet] *n* figurilla *f*.

stature [ˈstætʃəʳ] *n* (**a**) (*size*) estatura *f*, talla *f*; **to be of short** ~ ser de baja estatura. (**b**) (*fig*) rango *m*, estatus *m*.

status [ˈsteɪtəs] **1** *n* (*of person: legal*) estado *m*; (*of agreement etc*) validez *f*; **marital** ~ estado civil; **social** ~ posición *f* social, estatus *m*. **2** *cpd*: ~ **line** *n* (*Comput*) línea *f* de situación; ~ **quo** *n* (e)statu quo *m*; ~ **report** *n* informe *m* situacional; ~ **symbol** *n* símbolo *m* de rango.

statute [ˈstætjuːt] *n* ley *f*, estatuto *m*; **in the ~ book** en el código de leyes.

statutory [ˈstætjʊtərɪ] *adj* reglamentario/a; ~ **meeting** junta *f* ordinaria.

staunch[1] [stɔːntʃ] *adj* (*comp* **~er**; *superl* **~est**) leal, firme.

staunch[2] [stɔːntʃ] *vt* (*bleeding*) restañar.

stave [steɪv] *n* (*Mus*) pentagrama *m*.

► **stave in** *vt + adv* (*pt, pp* **stove in**) desfondar.

► **stave off** *vt + adv* (*pt, pp* **~d off**) (*attack, crisis, illness*) rechazar; (*temporarily*) aplazar, posponer.

staves [steɪvz] *npl of* **staff 1(c)**.

stay [steɪ] **1** *n* (**a**) estancia *f*, permanencia *f*; **a ~ of 10 days** una estancia de 10 días; ~ **in hospital** estancia hospitalaria.

(**b**) (*Jur*) ~ **of execution** aplazamiento *m* de una sentencia.

(**c**) (*guy rope*) viento *m*; **~s** (*corset*) corsé *m*.

2 *vi* (**a**) (*remain in a place or situation*) quedarse, permanecer; (*as guest*) hospedarse, alojarse; (*reside*) vivir, habitar; **you ~ right there** quédate allí; **how long can you ~?** ¿cuánto tiempo te puedes quedar?; **to ~ at home** quedarse en casa; **to ~ with friends** hospedarse en casa de unos amigos; **video recorders are here to** ~ los vídeos no son una simple moda pasajera.

(**b**) (*continue, remain: with adj*) seguir, continuar; **if it ~s fine** si el tiempo sigue bueno; **he ~ed faithful to his wife** siguió fiel a su mujer.

(**c**) (*last out*) ~ **with it!** (*fam*) ¡sigue adelante!; *see* **put 1(a)**.

3 *vt* (*last out*) **to ~ the course** terminar la carrera; (*fig*) aguantar hasta el final.

► **stay away** *vi + adv* no acercarse (*from* a), mantener las distancias (*from* con).

► **stay behind** *vi + adv* quedarse, esperar; **they made him ~ behind after school** le hicieron quedar en la escuela después de las clases.

► **stay in** *vi + adv* quedarse en casa, no salir.

► **stay on** *vi + adv* quedarse, permanecer; **he ~ed on as manager** siguió en la firma con el puesto de gerente.

► **stay out** *vi + adv* quedarse fuera, no volver a casa; (*strikers*) no volver al trabajo; **you ~ out of this!** tú ¡no te metas en esto!

► **stay over** *vi + adv* pasar la noche, quedar a dormir.

► **stay up** *vi + adv* (*trousers, tent*) no caerse; (*person: wait up*) no acostarse, trasnochar; **don't ~ up for me** no os quedéis esperándome hasta muy tarde.

stay-at-home [ˈsteɪəthəʊm] *n* persona *f* hogareña.

stayer [ˈsteɪəʳ] *n* (*in race*) corredor(a) *m/f* de fondo; (*fig*) persona *f* de mucha resistencia.

staying power [ˈsteɪɪŋˌpaʊəʳ] *n* resistencia *f*, aguante *m*.

STD *n abbr* **1** (**a**) (*Brit Telec*) *of* **Subscriber Trunk Dialling.** (**b**) (*Med*) *of* **sexually transmitted disease** ETS *f*. **2** *cpd*: ~ **code** *n* prefijo *m* para conferencias interurbanas (automáticas).

stead [sted] *n*: **to stand sb in good ~** ser muy útil a algn; **in sb's ~** en lugar de algn.

steadfast [ˈstedfəst] *adj* (*person*) firme, resuelto/a; **~ in adversity** firme en el infortunio.

steadfastly [ˈstedfəstlɪ] *adv* firmemente, resueltamente.

steadily [ˈstedɪlɪ] *adv* (*improve, grow*) constantemente, a un ritmo constante; (*speak*) con firmeza; (*gaze*) fijamente; **it gets ~ worse** se vuelve cada vez peor; **to work ~** trabajar sin parar.

steadiness [ˈstedɪnɪs] *n* (*of voice*) firmeza *f*; (*lack of fluctuation*) constancia *f*; (*reliability*) formalidad *f*.

steady [ˈstedɪ] **1** *adj* (*comp* **-ier**; *superl* **-iest**) (*not wobbling*) firme, fijo/a; (*voice*) firme; (*gaze*) fijo/a; (*not fluctuating*) constante; (*reliable, regular*) formal; (*boyfriend etc*) establecido/a; **~ demand** demanda *f* constante; **~ progress** progreso *m* ininterrumpido; **a ~ job** un empleo fijo; **a ~ hand** una mano firme; **we were going at a ~ 70 kph** íbamos a una velocidad constante de 70 kph.

2 *adv*: **~!** ¡despacio!, ¡lento!, ¡con calma!; **they are going ~** (*fam*) son novios.

3 *n* (*fam*) novio/a *m/f*.

4 *vt* (*wobbling object, oneself*) estabilizar, equilibrar; (*nervous person*) calmar, tranquilizar; (*wild person*) apaciguar; **she smokes to ~ her nerves** fuma para calmar los nervios; **to have a ~ing influence on sb** ejercer una buena influencia sobre algn.

steak [steɪk] **1** *n* (*one piece*) filete *m or* bistec *m* de vaca *or* (*LAm*) de res, bife *m* (*And, CSur*); (*for stewing etc*) carne *f* de vaca *or* res; (*barbecued ~*) churrasco *m* (*And, CSur*). **2** *cpd*: ~ **and kidney pie** *n* pastel *m* de biftec y riñones.

steakhouse [ˈsteɪkhaʊs] *n* (*pl* **-houses** [haʊzɪz]) parrilla *f*.

steal [sti:l] (*pt* **stole**; *pp* **stolen**) **1** *vt* (*gen*) robar, hurtar; **to ~ the show** acaparar la atención de todos; **to ~ a glance at sb** echar una mirada de soslayo a algn. **2** *vi* (**a**) (*thieve*) robar. (**b**) (*move quietly*) moverse a hurtadillas; **to ~ away** *or* **off** marcharse furtivamente; **to ~ up on sb** acercarse a algn sigilosamente.

stealth [stelθ] *n* cautela *f*, sigilo *m*.

stealthy [ˈstelθɪ] *adj* (*comp* **-ier**; *superl* **-iest**) cauteloso/a, sigiloso/a.

steam [sti:m] **1** *n* vapor *m*; **to get up ~** dar presión; **to let off ~** (*fig*) desahogarse; **under one's own ~** (*fig*) por sus propios medios *or* propias fuerzas; **to run out of ~** (*fig*) quedar agotado.

2 *vt* (*Culin*) cocer al vapor; **to ~ open an envelope** abrir un sobre por medio de vapor.

3 *vi* (*give off ~*) echar vapor; **the bowl was ~ing on the table** la cacerola humeaba en la mesa; **the ship ~ed into harbour** el buque entró al puerto echando vapor.

4 *cpd*: ~ **bath** *n* baño *m* de vapor; ~ **engine** *n* máquina *f* de vapor; ~ **hammer** *n* martillo *m* pilón; ~ **iron** *n* plancha *f* de vapor.

► **steam up 1** *vi + adv* (*window*) empañarse. **2** *vt + adv*: **to get ~ed up about sth** (*fig: angry*) ponerse negro por algo; (*worried*) preocuparse por algo.

steamboat [ˈsti:mbəʊt] *n* = **steamship.**

steamer [ˈsti:məʳ] *n* (*Culin*) olla *f* de estofar; (*Naut*) vapor *m*, buque *m* de vapor.

steaming [ˈsti:mɪŋ] *adj* (**a**) (*kettle, plate*) humeante. (**b**) (*fam: angry*) negro/a (*fam*), furioso/a. (**c**) (*fam: drunk*) mamado/a (*fam*).

steamroller [ˈsti:mˌrəʊləʳ] **1** *n* apisonadora *f*. **2** *vt*: **to ~ a bill through Parliament** (*fig*) hacer aprobar legislación aplastando *or* arrollando a la oposición.

steamship [ˈsti:mʃɪp] *n* vapor *m*, buque *m* de vapor.

steamy [ˈsti:mɪ] *adj* (*comp* **-ier**; *superl* **-iest**) (**a**) (*room etc*) lleno/a de vapor. (**b**) (*fam: film etc*) erótico/a.

steed [sti:d] *n* corcel *m*.

steel [sti:l] **1** *n* acero *m*; **nerves of ~** nervios de acero. **2** *vt*: **to ~ one's heart** endurecer el corazón; **to ~ o.s. for sth/to do sth** cobrar ánimo para algo/para hacer algo. **3** *cpd* de acero; ~ **band** *n* (*Mus*) banda *f* de percusión del Caribe; ~ **industry** *n* industria *f* siderúrgica; ~ **mill** *n* fundición *f*, fundidora *f* (*LAm*); ~ **wool** *n* estropajo *m* de aluminio.

steel-plated [ˌsti:lˈpleɪtɪd] *adj* chapado/a en acero.

steelworks [ˈsti:lwɜ:ks] *nsg* fundición *f*, fundidora *f* (*LAm*).

steely [ˈsti:lɪ] *adj* (*comp* **-ier**; *superl* **-iest**) (*determination*) inflexible; (*gaze*) duro/a; **~ blue** azul metálico.

steelyard [ˈsti:ljɑ:d] *n* romana *f*.

steep[1] [sti:p] *adj* (*comp* **~er**; *superl* **~est**) (**a**) (*hill, cliff, climb*) escarpado/a, abrupto/a; (*increase, drop*) abrupto/a, brusco/a; **a ~ slope** una inclinación abrupta. (**b**) (*fig fam: price, demands*) excesivo/a; **it's a bit ~ that you've got to do it yourself** no es justo que lo tengas que hacer tú solo.

steep[2] [sti:p] **1** *vt* (*washing*) remojar *or* poner al remojo (*in* en); **a town ~ed in history** una ciudad saturada de historia. **2** *vi*: **to leave sth to ~** dejar algo en remojo.

steeple [ˈsti:pl] *n* aguja *f*, chapitel *m*.

steeplechase [ˈsti:plˌtʃeɪs] *n* carrera *f* de obstáculos.

steeplejack [ˈsti:pldʒæk] *n* *reparador de chimeneas, torres etc.*

steeply [ˈsti:plɪ] *adv*: **the road climbs ~** la carretera sube muy empinada; **prices have risen ~** los precios han subido muchísimo.

steer[1] [stɪəʳ] **1** *vt* (*gen*) guiar, dirigir; (*car etc*) conducir, manejar (*LAm*); (*ship*) gobernar; (*lead: person*) dirigir, llevar; (*: conversation etc*) llevar; **I ~ed her across to the bar** la dirigí hacia el bar. **2** *vi* (*car*) conducir, manejar (*LAm*); (*ship*) gobernar; **to ~ for sth** dirigirse hacia algo; **to ~ clear of sb/sth** (*fig*) esquivar a algn/evadir algo.

steer[2] [stɪəʳ] *n* novillo *m*; **to sell sb a bum ~** (*fam: US*) dar información falsa a algn.

steering [ˈstɪərɪŋ] *cpd*: ~ **column** *n* columna *f* de dirección; ~ **committee** *n* comisión *f* directiva; ~ **lock** *n* (*Aut: anti-theft device*) dispositivo *m* antirrobo; ~ **wheel** *n* volante *m*, manubrio *m* (*LAm*).

stellar [ˈsteləʳ] *adj* estelar.

stem [stem] **1** *n* (*of plant*) tallo *m*; (*of glass*) pie *m*; (*of pipe*) tubo *m*, cañón *m*; (*of word*) tema *m*. **2** *vt* (*check: blood*) restañar; (*: attack, flood*) detener; **to ~ the tide of events** detener el curso de los acontecimientos. **3** *vi*: **to ~ from sth** ser el resultado de algo.

stench [stentʃ] *n* hedor *m*.

stencil [ˈstensl] *n* (*for lettering etc*) plantilla *f*; (*for typing*) cliché *m*.

stenographer [steˈnɒgrəfəʳ] *n* taquígrafo/a *m/f*.
stenography [steˈnɒgrəfɪ] *n* taquigrafía *f*.
stentorian [stenˈtɔːrɪən] *adj* estentóreo/a.
step [step] **1** *n* (**a**) (*gen*) paso *m*; (*sound*) paso, pisado *f*; ~ **by** ~ (*fig*) paso a paso, poco a poco; **it's quite a ~ to the village** el pueblo queda bastante lejos; **to be in ~ (with)** llevar el paso (con), ir parejo (con) *(esp LAm)*; (*fig*) estar de acuerdo (con); **to retrace one's ~s** volver sobre los pasos; **to watch one's ~** (*lit, fig*) ir con cuidado.
(**b**) (*fig: move, measure*) medida *f*; (*: formal*) gestión *f*, trámite *m*; **it's a great ~ forward** significa un gran avance *or* salto adelante; **a ~ in the right direction** un paso adelante; **what's the next ~?** ¿qué hacemos después?; **to take ~s to solve a problem** tomar medidas para resolver un problema.
(**c**) (*stair*) peldaño *m*, escalón *m*; (*of vehicle*) estribo *m*; (*fig: in scale*) grado *m*; **~s** (*stairs*) escalera *fsg*; (*outside building*) escalinata *fsg*, gradas *fpl*; **folding ~s, pair of ~s** escalera de tijera.
2 *vi* (*one ~*) dar un paso; (*walk*) andar, caminar *(LAm)*; (*heavily*) pisar; ~ **this way** haga el favor de pasar por aquí; **to ~ over sth** pasar por encima de algo; **to ~ on sth** pisar *or* pisotear algo; ~ **on it!** (*fam*) ¡date prisa!, ¡apúrate! *(LAm)*.
3 *cpd*: ~ **by ~ instructions** *npl* instrucciones *fpl* paso a paso.
▸ **step back** *vi + adv* (*lit*) retroceder, echar marcha atrás; (*fig*) mirar con objetividad.
▸ **step down** *vi + adv* bajar (*from* de); (*fig: resign*) renunciar; **to ~ down in favour of sb** renunciar a favor de algn.
▸ **step forward** *vi + adv* (*lit*) dar un paso hacia adelante; (*fig: volunteer*) ofrecerse.
▸ **step in** *vi + adv* (*lit*) entrar; (*fig*) intervenir.
▸ **step out** *vi + adv* (*walk briskly*) apretar el paso.
▸ **step up 1** *vi + adj* subir (*on* a). **2** *vt + adv* (*increase*) aumentar (el ritmo de).
stepbrother [ˈstep,brʌðəʳ] *n* hermanastro *m*.
stepchild [ˈsteptʃaɪld] *n* (*pl* **-children**) hijastro/a *m/f*.
stepdaughter [ˈstep,dɔːtəʳ] *n* hijastra *f*.
stepfather [ˈstep,fɑːðəʳ] *n* padrastro *m*.
stepladder [ˈstep,lædəʳ] *n* escalera *f* de tijera.
stepmother [ˈstep,mʌðəʳ] *n* madrastra *f*.
step-parent [ˈstep,pɛərənt] *n* (*father*) padrastro *m*; (*mother*) madrastra *f*.
steppe [step] *n* (*also* **~s**) estepa *f*.
stepping stone [ˈstepɪŋstəʊn] *n* (*lit*) pasadera *f*; (*fig*) trampolín *m* (*to* para llegar a).
stepsister [ˈstep,sɪstəʳ] *n* hermanastra *f*.
stepson [ˈstepsʌn] *n* hijastro *m*.
ster. *abbr of* **sterling**.
stereo [ˈsterɪəʊ] **1** *n* (*hi-fi equipment*) equipo *m* estereofónico; (*sound*) estéreo *m*; **in ~** en estéreo. **2** *cpd* estereofónico/a.
stereo... [ˈsterɪəʊ] *pref* estereo....
stereophonic [,sterɪəˈfɒnɪk] *adj* esterofónico/a.
stereotype [ˈsterɪətaɪp] *n* estereotipo *m*.
sterile [ˈsteraɪl] *adj* (*person, animal*) estéril; (*germfree*) esterilizado/a.
sterility [steˈrɪlɪtɪ] *n* (*gen*) esterilidad *f*.
sterilization [,sterɪlaɪˈzeɪʃən] *n* (*gen*) esterilización *f*.
sterilize [ˈsterɪlaɪz] *vt* (*gen*) esterilizar.
sterling [ˈstɜːlɪŋ] **1** *n* (libras *fpl*) esterlinas *fpl*. **2** *adj* (**a**) **pound ~** libra *f* esterlina; ~ **traveller's cheques** cheques *mpl* de viajero en libras esterlinas; ~ **area** zona *f* de la libra esterlina; ~ **silver** plata *f* de ley. (**b**) (*quality etc*) destacado/a.
stern[1] [stɜːn] *adj* (*comp* **-er**; *superl* **-est**) severo/a, austero/a; **a ~ warning** un serio aviso.
stern[2] [stɜːn] *n* (*Naut*) popa *f*.
sternly [ˈstɜːnlɪ] *adv* (*look*) severamente, austeramente; (*warn*) con seriedad.
sternum [ˈstɜːnəm] *n* esternón *m*.
steroid [ˈstɪərɔɪd] *n* esteroide *m*.
stethoscope [ˈsteθəskəʊp] *n* estetoscopio *m*.
stet [stet] *vi* (*Typ*) vale, deje como está.
stetson [ˈstetsən] *n* sombrero *m* tejano.
stevedore [ˈstiːvɪdɔːʳ] *n* estibador *m*.
stew [stjuː] **1** *n* (**a**) (*Culin*) estofado *m*, guisado *m (esp LAm)*. (**b**) (*fig*) **to be in a ~** sudar la gota gorda. **2** *vt* (*meat*) estofar, guisar *(esp LAm)*; (*fruit*) cocer, hacer una compota de. **3** *vi* (*tea*) dejar que se repose; **to let sb ~ in his/her own juice** dejar a algn que cueza en su propia salsa.
steward [ˈstjuːəd] *n* (*on estate etc*) administrador *m*, mayordomo *m*; (*butler*) mayordomo; (*Aer, Naut*) camarero *m*; (*shop ~*) enlace *mf* sindical.
stewardess [ˈstjʊədes] *n* (*Aer*) azafata *f*, auxiliar *mf* de vuelo *or* de cabina, aeromoza *f (LAm)*, sobrecargo *f (Mex)*, cabinera *f (Col)*; (*Naut*) camarera *f*.
stewing [ˈstjuːɪŋ] *adj*: ~ **steak** carne *f* de vaca *or (LAm)* res para guisar.
St. Ex., St. Exch. *abbr of* **Stock Exchange**.
Stg *abbr of* **sterling**.
stick [stɪk] (*vb: pt, pp* **stuck**) **1** *n* (*piece of wood*) (trozo *m* de) madera *f*; (*: shaped*) palo *m*, vara *f*; (*walking ~*) bastón *m*; (*gear ~*) palanca *f*; (*of celery*) rama *f*; (*of shaving soap*) barra *f*; (*of dynamite*) cartucho *m*; **to wield the big ~** (*fig*) amenazar con el garrote; **to be in a cleft ~** estar entre la espada y la pared; **to get** *or* **take a lot of ~** recibir una buena paliza; **the critics gave him a lot of ~** los críticos le dieron una buena paliza; **to live in the ~s** (*fam*) vivir en el quinto infierno.
2 *vt* (**a**) (*with glue etc*) pegar; **to ~ two things together** pegar dos cosas; **he was ~ing stamps into his album** pegaba sellos en su álbum; **she stuck the envelope down** pegó el sobre.
(**b**) (*thrust, poke*) meter; (*sth pointed*) clavar, hincar; **to ~ a knife into the table** clavar un cuchillo en la mesa.
(**c**) (*fam: place, put*) poner, meter, guardar *(LAm)*; ~ **it in your case** mételo en la maleta; **we'll ~ an advert in the paper** (*fam*) pondremos un anuncio en el periódico; **you know where you can ~ that!** (*fam!*) ¡que te jodas! *(fam!)*.
(**d**) (*fam: tolerate*) aguantar, soportar; **I can't ~ it any longer** no aguanto más.
(**e**) **to be stuck** (*jammed*) estar atorado; (*in mud etc*) estar atascado; (*sth pointed*) quedar clavado; (*fam: have a problem*) estar en un apuro *or* aprieto; **to be/get stuck fast** (*jammed*) estar atorado/atorarse; (*in mud etc*) estar atascado/atascarse; (*sth pointed*) estar clavado/clavarse; **to be stuck with sb/sth** (*fam*) tener que aguantar a algn/algo; **I was stuck with him for 2 hours** (*fam*) tuve que soportar su compañía durante 2 horas; **to get stuck into sth** (*fam*) meterse de lleno en algo; **I'm stuck at home all day** (*fam*) estoy metida en casa todo el día; **he's stuck in France** sigue en Francia sin poder moverse; **he's never stuck for an answer** (*fam*) no le falta nunca una respuesta; **to be stuck on sb** (*fam*) estar enamorado de algn.
3 *vi* (*glue, sticky object etc*) pegarse; (*get jammed*) atorarse; (*in mud etc*) atascarse; (*sth pointed*) quedar clavado, clavarse; **it stuck to the wall** quedó pegado a la pared; **the name seems to have stuck** (*fam*) el apodo se le pegó; **he stuck to his story** se atuvo a su explicación; **decide what you're going to do, then ~ to it** ¡decídete y no te dejes desviar!; **it stuck in my mind** se me quedó grabado; **we'll all ~ by you** (*support you*) te apoyaremos todos; (*stay with you*) no te abandonaremos; **I'll ~ with the job for another few months** seguiré con el trabajo unos meses más; **she will ~ at nothing to get what she wants** no se para en barras para conseguir lo que quiere; **just ~ at it and I'm sure you'll manage it** no te amedrentes y al fin llegarás; **to ~ to a promise** cumplir una promesa; ~ **with us and you'll be all right** quédate con nosotros y todo saldrá bien.

4 *cpd*: ~ **insect** *n* insecto *m* palo.
▸ **stick around** *vi + adv (fam)* quedarse.
▸ **stick on** *vt + adv* (**a**) *(stamp, label)* pegar. (**b**) *(extra cost etc)* añadir; **they've stuck 10p on a litre** han subido el precio del litro en 10p.
▸ **stick out 1** *vi + adv* (**a**) *(protrude)* sobresalir; *(be noticeable)* destacarse, resaltar; **it ~s out a mile** salta a los ojos; **to ~ out like a sore thumb** llamar la atención. (**b**) **to ~ out for sth** empeñarse en conseguir algo. **2** *vt + adv (foot, tongue)* sacar; **to ~ it out** *(fam)* aguantar.
▸ **stick together** *vi + adv (fig)* mantenerse unidos.
▸ **stick up 1** *vi + adv (protrude)* sobresalir; *(hair)* ponerse de punta, pararse *(LAm)*; **to ~ up for sb** *(fam)* defender a algn. **2** *vt + adv (fam: raise: hand)* levantar; **~ 'em up!** ¡arriba las manos!
sticker [ˈstɪkəʳ] *n (label)* etiqueta *f*; *(with slogan)* pegatina *f*.
stickiness [ˈstɪkɪnɪs] *n (gen)* pegajosidad *f*, lo pegajoso; *(of situation)* dificultad *f*.
sticking plaster [ˈstɪkɪŋˌplɑːstəʳ] *n* esparadrapo *m*, tirita *f*, curita *f (LAm)*.
sticking-point [ˈstɪkɪŋˌpɔɪnt] *n* punto *m* de fricción.
stick-in-the-mud [ˈstɪkɪnðəmʌd] *n (fam)* persona *f* poco aventurera.
stickleback [ˈstɪklbæk] *n* espinoso *m*.
stickler [ˈstɪkləʳ] *n*: **to be a ~ for** insistir mucho en.
stick-on [ˈstɪkɒn] *adj*: **~ label** etiqueta *f*.
sticky [ˈstɪkɪ] *adj (comp* **-ier**; *superl* **-iest**) pegajoso/a; *(label)* engomado/a; *(weather)* bochornoso/a; *(fam: situation)* difícil, violento/a; *(: person)* renuente, resentido/a; **to be ~ about doing sth** ser reticente a hacer algo; **to come to a ~ end** *(fam)* acabar mal; **to have ~ fingers** *(fam)* ser largo de uñas.
stiff [stɪf] **1** *adj (comp* **~er**; *superl* **~est**) (**a**) *(unbending)* rígido/a, tieso/a; *(door)* duro/a, atorado/a; *(joints)* entumecido/a; *(paste)* espeso/a.
(**b**) *(fig: climb, examination, test)* difícil, arduo/a; *(: breeze)* fuerte; *(: resistance)* tenaz; *(: price, punishment)* excesivo/a; *(: drink)* cargado/a; *(person: in manner)* estirado/a; **~ neck** tortícolis *f inv*; **she poured herself a ~ whisky** se sirvió una copa grande de whisky; **that's a bit ~!** *(fam)* ¡eso es mucho *or* demasiado!, ¡se pasaron!
2 *adv*: **to be worried ~** estar muy preocupado.
stiffen [ˈstɪfn] **1** *vt (card, fabric etc)* reforzar; *(with starch)* almidonar; *(resistance etc)* fortalecer. **2** *vi (person, manner)* ponerse rígido *or* tieso, endurecerse.
stiffly [ˈstɪflɪ] *adv (walk, move)* con los miembros entumecidos; *(smile)* a la fuerza; *(bow)* rígidamente.
stiff-necked [ˈstɪfˈnekt] *adj (fig)* porfiado/a, terco/a.
stiffness [ˈstɪfnɪs] *n (see adj)* rigidez *f*; dureza *f*; entumecimiento *m*; espesura *f*; dificultad *f*; fuerza *f*; tenacidad *f*; lo excesivo; carácter *m* estirado.
stifle [ˈstaɪfl] **1** *vt* ahogar, sofocar; **to ~ a yawn** sofocar un bostezo; **to ~ opposition** reprimir a la oposición. **2** *vi* ahogarse, sofocarse.
stifling [ˈstaɪflɪŋ] *adj* sofocante; **it's ~ in here** ¡hace un calor agobiante aquí dentro!
stigma [ˈstɪgmə] *n (pl* **~s** *or Bot, Med, Rel* **~ta** [stɪgˈmɑːtə]) estigma *m*.
stile [staɪl] *n* escalones *mpl* para saltar una cerca.
stiletto [stɪˈletəʊ] **1** *n (knife)* estilete *m*; *(shoe)* zapato *m* con tacón de aguja. **2** *cpd*: **~ heel** *n* tacón *m* de aguja.
still[1] [stɪl] **1** *adj (comp* **~er**; *superl* **~est**) *(motionless)* inmóvil, quieto/a; *(: quiet)* tranquilo/a; *(orange juice etc)* sin gas; **to stand ~** estarse quieto; **keep ~!** ¡no te muevas!, ¡quieto!; **~ waters run deep** *(Prov)* del agua mansa me libre Dios; **~ life** *(Art)* naturaleza *f* muerta. **2** *n* (**a**) **in the ~ of the night** en el silencio de la noche. (**b**) *(Cine)* vista *f* fija. **3** *vt* calmar, acallar.
still[2] [stɪl] *adv (up to this/that time)* todavía, aún; *(nevertheless, all the same)* no obstante, sin embargo; *(besides, in addition)* también; **he ~ hasn't come** *(with comp)* no ha venido todavía; **~ more expensive** aún más caro; **~, it was worth it** en fin, sí valió la pena.
still[3] [stɪl] *n (for alcohol)* alambique *m*.
stillbirth [ˈstɪlˌbɜːθ] *n* mortinato *m*.
stillborn [ˈstɪlˌbɔːn] *adj* nacido/a muerto; **the child was ~** el niño nació muerto.
stillness [ˈstɪlnɪs] *n (not moving)* inmovilidad *f*; *(tranquillity)* tranquilidad *f*.
stilt [stɪlt] *n* zanco *m*.
stilted [ˈstɪltɪd] *adj* afectado/a.
stimulant [ˈstɪmjʊlənt] *n* estimulante *m*.
stimulate [ˈstɪmjʊleɪt] *vt* estimular; **to ~ sb to do sth** animar a algn para que haga algo.
stimulating [ˈstɪmjʊleɪtɪŋ] *adj (gen)* estimulante.
stimulation [ˌstɪmjʊˈleɪʃən] *n (stimulus)* estímulo *m*; *(act)* estimulación *f*; *(state)* excitación *f*.
stimulus [ˈstɪmjʊləs] *n (pl* **stimuli** [ˈstɪmjʊlaɪ]) *(gen)* estímulo *m*.
sting [stɪŋ] *(vb: pt, pp* **stung**) **1** *n* (**a**) *(Zool, Bot: organ)* aguijón *m*; *(: act, wound)* picadura *f*, escozor *m*; *(sharp pain)* punzada *f*; **to take the ~ out of sth** *(fig)* restarle fuerza a algo; **but there's a ~ in the tail** pero viene algo no tan agradable al final.
(**b**) *(esp US fam)* timo *m*.
2 *vt* (**a**) *(subj: insect etc)* picar, morder; *(make smart)* escocer, picar, arder *(esp LAm)*; *(fig: conscience)* remorder; *(: remark, criticism)* herir; **he was stung into action** le provocaron a actuar.
(**b**) *(fam)* **they stung me for £4** me clavaron 4 libras.
3 *vi* picar; **my eyes ~** me pican los ojos.
stinginess [ˈstɪndʒɪnɪs] *n* tacañería *f*.
stingy [ˈstɪndʒɪ] *adj (comp* **-ier**; *superl* **-iest**) *(person)* tacaño/a; *(meal etc)* parco/a, escaso/a.
stink [stɪŋk] *(vb: pt* **stank**; *pp* **stunk**) **1** *n* peste *f*, hedor *m*; **to kick up** *or* **raise a ~** *(fig fam)* armar un escándalo. **2** *vi*: **to ~ (of)** apestar (a), heder (a); **it ~s in here** aquí apesta; **the idea ~s** *(fig fam)* es una pésima idea; **they are ~ing rich** son unos ricachos *(fam)*. **3** *vt*: **to ~ the place out** *(fam)* infestar el lugar de olor. **4** *cpd*: **~ bomb** *n* bomba *f* fétida.
stinker [ˈstɪŋkəʳ] *n*: **this problem is a ~** *(fam)* esto es un problema peliagudo.
stint [stɪnt] **1** *n*: **to do a** *or* **one's ~ (at)** tomar su turno (a). **2** *vt, vi*: **he did not ~ his praises** *or* **on praise** no escatimó sus elogios; **don't ~ yourself!** ¡no te prives de nada!
stipend [ˈstaɪpend] *n* salario *m*, remuneración *f*.
stipple [ˈstɪpl] *vt* puntear.
stipulate [ˈstɪpjʊleɪt] *vt* estipular.
stipulation [ˌstɪpjʊˈleɪʃən] *n* estipulación *f*, condición *f*.
stir [stɜːʳ] **1** *n* (**a**) **to give sth a ~** remover algo.
(**b**) *(fig: disturbance)* escándalo *m*, conmoción *f*; **to cause a ~** causar conmoción.
2 *vt* (**a**) *(liquid etc)* remover, revolver.
(**b**) *(move)* mover; **a breeze ~red the leaves** una brisa agitó las hojas.
(**c**) *(fig: interest)* excitar, despertar; *(: emotions)* provocar, excitar; *(: imagination)* estimular, avivar; **to ~ sb to do sth** incitar a algn a hacer algo; **come on, ~ yourself** *or* **your stumps** *(fam)* ¡venga, muévete!, ¡anda, muévete!
3 *vi (move)* moverse; **he never ~red from the spot** no se apartó del lugar ni un momento; **nobody is ~ring yet** están todavía en cama.
▸ **stir up** *vt + adv (memories)* despertar; *(passions)* provocar, excitar; *(revolt)* fomentar; *(trouble)* provocar; **he's always trying to ~ things up** siempre anda provocando.
stir-fry [ˈstɜːfraɪ] **1** *vt* sofreír. **2** *n* sofrito *m* (chino).
stirring [ˈstɜːrɪŋ] **1** *adj (speech, music)* emocionante, conmovedor(a). **2** *n*: **there were ~s of protest** la gente empezó a protestar.
stirrup [ˈstɪrəp] *n* estribo *m*.
stitch [stɪtʃ] **1** *n (Sew)* puntada *f*; *(Med)* punto *m* de sutura; **a ~ in time saves nine** *(Prov)* más vale prevenir

que lamentar; **she hadn't a ~ on** andaba en cueros *or (LAm)* encuerada; **we were in ~es** *(fam)* nos moríamos *or (LAm)* partíamos de (la) risa. **2** *vt* (*Sew*) coser; (*Med*) suturar; **to ~ up a hem/wound** coser un dobladillo/suturar una herida.

stitching [ˈstɪtʃɪŋ] *n* puntadas *fpl*; (*Med*) puntos *mpl*.

stoat [stəʊt] *n* armiño *m*.

stock [stɒk] **1** *n* (**a**) (*supply, store*) reserva *f*; (*Comm: goods*) existencias *fpl*; (*: variety*) surtido *m*; **to be out of ~** (*goods*) estar agotado; **we are out of ~ of umbrellas** se agotaron *or* acabaron los paraguas; **to have sth in ~** tener algo en almacén *or* existencia; **to take ~ of the situation** evaluar la situación.

(**b**) (*Agr: live~*) ganado *m*.

(**c**) (*Culin*) caldo *m*.

(**d**) (*Rail: rolling ~*) material *m* rodante.

(**e**) (*Fin: company's capital*) capital *m*; (*also* **~s and shares**) acciones *fpl*, valores *mpl*; **government ~** papel *m* del Estado.

(**f**) (*descent, origin*) linaje *m*, estirpe *f*; **to be of good ~** ser de buena cepa.

(**g**) **the ~s** (*Hist: for punishment*) el cepo; **to be on the ~s** (*ship*) estar en vía de construcción; (*fig: piece of work*) estar en preparación.

2 *vt* (*Comm: goods*) tener existencias de; (*: shop*) surtir, abastecer; (*freezer, cupboard*) llenar; **a well-~ed shop/library** una tienda/biblioteca con buen surtido.

3 *cpd* (*Comm*) normal, de serie; (*fig: phrase, response*) trillado/a, hecho/a; **~ car** *n* (*US Rail*) vagón *m* para el ganado; (*racing etc*) stock-car *m*; **~ car racing** *n* carreras *fpl* de choque; **~ company** *n* sociedad *f* anónima *or* de acciones; **~ control** *n* control *m* de existencias; **~ cube** *n* (*Culin*) pastilla *f or* cubito *m* de caldo; **S~ Exchange** *n* (*Fin*) Bolsa *f*; **~ market** *n* (*Fin*) bolsa *f*.

▸ **stock up** *vi + adv*: **to ~ up (on)** abastecerse *or* surtirse (de).

stockade [stɒˈkeɪd] *n* estacada *f*.

stockbroker [ˈstɒkˌbrəʊkəʳ] *n* corredor(a) *m/f* de Bolsa, bolsista *mf*.

stockholder [ˈstɒkˌhəʊldəʳ] *n* accionista *mf*.

Stockholm [ˈstɒkhəʊm] *n* Estocolmo *m*.

stocking [ˈstɒkɪŋ] **1** *n* media *f*; **a pair of ~s** unas medias, un par de medias; **in one's ~ed feet** sin zapatos. **2** *cpd*: **~ filler** *n* pequeño regalo *m* de Navidad.

stock-in-trade [ˈstɒkɪnˈtreɪd] *n* (*tools etc*) existencias *fpl*; (*fig*) repertorio *m*.

stockist [ˈstɒkɪst] *n* distribuidor(a) *m/f*, proveedor(a) *m/f*.

stockman [ˈstɒkmən] *n* (*pl* **-men**) (*Agr*) ganadero *m*.

stockpile [ˈstɒkpaɪl] **1** *n* reservas *fpl*. **2** *vt* (*accumulate*) acumular; (*store*) almacenar.

stockroom [ˈstɒkrʊm] *n* almacén *m*, depósito *m*.

stock-still [ˈstɒkˈstɪl] *adv*: **to be** *or* **stand ~** mantenerse *or* quedarse inmóvil.

stocktaking [ˈstɒkˌteɪkɪŋ] *n* inventario *m*, balance *m*; **to do the ~** hacer el inventario.

stocky [ˈstɒkɪ] *adj* (*comp* **-ier**; *superl* **-iest**) fornido/a.

stockyard [ˈstɒkjɑːd] *n* (*pens etc*) corral *m* de ganado; (*US: abattoir*) matadero *m*.

stodge [stɒdʒ] *n* (*fam*) comida *f* indigesta.

stodgy [ˈstɒdʒɪ] *adj* (*comp* **-ier**; *superl* **-iest**) (*food*) indigesto/a; (*fig: book, style, person*) pesado/a.

stoical [ˈstəʊɪkəl] *adj* estoico/a.

stoicism [ˈstəʊɪsɪzəm] *n* estoicismo *m*.

stoke [stəʊk] *vt* (*also* **~ up**: *fire, furnace*) atizar.

stoker [ˈstəʊkəʳ] *n* fogonero *m*.

STOL [stɒl] *n abbr of* **short take-off and landing**.

stole[1] [stəʊl] *n* estola *f*.

stole[2] [stəʊl] *pt of* **steal**.

stolen [ˈstəʊlən] *pp of* **steal**.

stolid [ˈstɒlɪd] *adj* imperturbable, impasible.

stomach [ˈstʌmək] **1** *n* estómago *m*; **they have no ~ for the fight** (*fig*) no están dispuestos para la lucha; **on an empty ~** en ayunas; **it turns my ~** me revuelve el estómago. **2** *vt* (*fig fam*) soportar, tragar (*fam*). **3** *cpd*: **~ ache** *n* dolor *m* de estómago; **~ pump** *n* bomba *f* gástrica; **~ upset** *n* trastorno *m* estomacal.

stomp [stɒmp] *vi* dar patadas.

stone [stəʊn] **1** *n* (*gen*) piedra *f*; (*grave~*) lápida *f*; (*gem~*) piedra, gema *f*; (*of fruit*) hueso *m*; (*Med*) cálculo *m*, piedra; (*weight*) 6.350 kg; **he weighs 12 ~(s)** pesa 76 kilos; **within a ~'s throw** a tiro de piedra; **to leave no ~ unturned** no dejar piedra por mover. **2** *vt* (*person*) apedrear; (*fruit*) deshuesar. **3** *cpd* de piedra; **the S~ Age** *n* la Edad de Piedra.

stone-cold [ˌstəʊnˈkəʊld] *adj* como un témpano; **to be ~ sober** estar completamente sobrio.

stoned [stəʊnd] *adj pred* (*fam: drunk*) borracho/a; (*: drugged*) fumado/a, colocado/a.

stone-dead [ˈstəʊnˈded] *adj* tieso/a.

stone-deaf [ˈstəʊnˈdef] *adj* sordo/a como una tapia, profundamente sordo.

stone-ground [ˈstəʊnˌgraʊnd] *adj* (*flour*) molido/a por piedras.

stonemason [ˈstəʊnˈmeɪsn] *n* albañil *m*.

stonewall [ˈstəʊnˈwɔːl] *vi* (*Sport*) jugar a la defensiva; (*in answering questions*) negarse a contestar.

stoneware [ˈstəʊnwɛəʳ] *n* gres *m*.

stonewashed [ˈstəʊnˌwɒʃt] *adj* (*jeans*) lavado/a a la piedra.

stonework [ˈstəʊnwɜːk] *n* cantería *f*.

stony [ˈstəʊnɪ] *adj* (*comp* **-ier**; *superl* **-iest**) (*ground, beach*) pedregoso/a; (*fig: glance, silence*) glacial, frío/a.

stony-broke [ˈstəʊnɪˈbrəʊk] *adj*: **to be ~** (*fam*) no tener una perra (gorda), estar pelado/a (*fam*), estar sin una blanca (*fam*).

stood [stʊd] *pt, pp of* **stand**.

stooge [stuːdʒ] *n* (*Theat*) comparsa *mf*; (*fam*) secuaz *mf*, siervo/a *m/f*.

stool [stuːl] **1** *n* taburete *m*; **to fall between two ~s** estar entre dos aguas. **2** *cpd*: **~ pigeon** *n* (*fam: informer*) chivato/a *m/f*, soplón/ona *m/f*; (*decoy*) señuelo *m*.

stoop [stuːp] **1** *n* espaldas *fpl* encorvadas; **to walk with a ~** andar encorvado. **2** *vi* (**a**) (*bend: also* **~ down**) inclinarse, agacharse; (*permanently, as defect*) andar encorvado. (**b**) (*fig*) **to ~ to sth/doing sth** rebajarse a algo/hacer algo; **I wouldn't ~ so low!** ¡a eso no llegaría!, ¡no me rebajaría tanto!

stop [stɒp] **1** *n* (**a**) (*halt*) parada *f*, alto *m*; **to come to a ~** parar(se), hacer alto; **to put a ~ to sth** poner fin *or* término a algo.

(**b**) (*break, pause*) descanso *m*, pausa *f*; (*overnight*) estadía *f*, estada *f*; (*for refuelling etc*) escala *f*; **a ~ for coffee** un descanso para tomar café; **without a ~** sin parar.

(**c**) (*~ping place: for bus etc*) parada *f*.

(**d**) (*Typ: also* **full ~**) punto *m*.

(**e**) (*Mus: on organ*) registro *m*; **to pull out all the ~s** (*fig*) tocar todos los registros.

2 *vt* (**a**) (*block: hole: also* **~ up**) tapar; (*: leak, flow of blood*) restañar; (*tooth*) empastar.

(**b**) (*arrest movement of: runaway, engine, car*) detener, parar; (*: blow, punch*) parar; **to ~ a bullet** (*be shot*) ser disparado *or (LAm)* baleado; **~ thief!** ¡al ladrón!

(**c**) (*put an end to: rumour, abuse*) dar fin *or* término a; (*: activity, process*) acabar; (*: conversation*) interrumpir, suspender; (*: production: permanently*) terminar; (*: temporarily*) suspender; **there is nothing to ~ him** y no hay nada que se lo impida.

(**d**) (*prevent: future trouble*) evitar; **to ~ sb (from) doing sth** impedir a algn hacer algo; **to ~ sth (from) happening** evitar que algo ocurra; **can't you ~ him?** ¿no le puedes impedir?; **to ~ o.s. (from doing sth)** abstenerse (de hacer algo).

(**e**) (*cease: noise, nonsense*) terminar; **to ~ doing sth** dejar de hacer algo; **I'm trying to ~ smoking** trato de dejar de fumar; **~ it!** ¡basta ya!; **I just can't ~ it** (*help it*)

¡qué remedio!, ¡qué le vamos a hacer!

(**f**) (*suspend: payments, wages, subscription*) suspender; (*cheque*) invalidar; **to ~ 10 pounds from sb's wages** retener 10 libras del sueldo de algn; **to ~ the milk for a fortnight** cancelar la leche durante quince días.

3 *vi* (**a**) (*~moving*) pararse, detenerse; (*clock, watch*) pararse; (*pause, take a break*) parar, hacer alto; (*cease, come to an end*) terminar, acabar(se); ~! ¡pare!; **the clock has ~ped** el reloj se ha parado; **without ~ping** sin parar; **to ~ at nothing (to do sth)** no detenerse ante nada (para hacer algo); **the rain has ~ped** ha dejado de llover; **she never ~s talking** habla incansablemente.

(**b**) (*fam: stay*) **to ~ (at/with)** hospedarse *or* alojarse (con); **I'm not ~ping** no me quedo.

4 *cpd*: ~ **press** *n* noticias *fpl* de última hora.

▸ **stop away** *vi + adv* (*fam*) ausentarse.

▸ **stop behind** *vi + adv* (*fam*) quedarse.

▸ **stop by** *vi + adv*: **I'll ~ by your place later** pasaré por tu casa más tarde.

▸ **stop in** *vi + adv* quedarse en casa, no salir.

▸ **stop off** *vi + adv*: **to ~ off at** pasar por.

▸ **stop over** *vi + adv* (*stay the night*) pasar la noche; (*Aer: for refuelling etc*) hacer escala.

▸ **stop up** *vt + adv see* **stop 2(a)**.

stopcock [ˈstɒpkɒk] *n* llave *f* de paso.

stopgap [ˈstɒpgæp] *n* (*thing*) recurso *m* provisional; (*person*) sustituto/a *m/f*.

stopover [ˈstɒpəʊvəʳ] *n* (*Aer*) escala *f*.

stoppage [ˈstɒpɪdʒ] *n* (*in pipe etc*) obstrucción *f*; (*of work*) paro *m*, suspensión *f*; (*from wages*) deducción *f*.

stopper [ˈstɒpəʳ] *n* tapón *m*.

stopping place [ˈstɒpɪŋpleɪs] *n* paradero *m*; (*of bus etc*) parada *f*.

stopwatch [ˈstɒpwɒtʃ] *n* cronómetro *m*.

storage [ˈstɔːrɪdʒ] **1** *n* almacenaje *m*, almacenamiento *m*; **to put sth into ~** poner algo en almacén *or* depósito.

2 *cpd*: ~ **heater** *n* acumulador *m*; ~ **space** *n* lugar *m* para los trastos; ~ **tank** *n* (*for oil etc*) tanque *m* de almacenamiento; (*for rainwater*) tanque de reserva.

store [stɔːʳ] **1** *n* (**a**) (*stock*) provisión *f*, abastecimiento *m*; (*fig: of knowledge etc*) reserva *f*; (*~house, ~room*) almacén *m*, depósito *m*; (*esp Mil: for equipment*) pertrechos *mpl*; **~s** (*food*) provisiones *fpl*, existencias *fpl*; (*furniture ~*) guardamuebles *m inv*; **what is in ~ for sb** lo que le espera a algn; **to have** *or* **keep sth in ~** tener algo en reserva; **to set great/little ~ by sth** tener algo en mucho/en poco, dar mucha/poca importancia a algo.

(**b**) (*shop*) tienda *f*; (*grocery ~*) tienda de comestibles *(Sp)*, ultramarinos *m*, tienda de abarrotes *(LAm)*; (*department ~*) gran almacén *m*.

2 *vt* (*gen*) almacenar, poner en depósito; (*keep, also fig*) guardar; (*also ~* **up**: *keep in reserve*) acumular; (*Comput*) almacenar.

3 *cpd*: ~ **card** *n* tarjeta *f* de compra.

▸ **store away** *vt + adv* almacenar.

storefront [ˈstɔːfrʌnt] *n* (*US*) escaparate *m*.

storehouse [ˈstɔːhaʊs] *n* (*pl* **-houses** [haʊzɪz]) almacén *m*, depósito *m*; (*fig*) mina *f*, tesoro *m*.

storekeeper [ˈstɔːˌkiːpəʳ] *n* (*shopkeeper*) tendero/a *m/f*.

storeroom [ˈstɔːrʊm] *n* despensa *f*.

storey [ˈstɔːrɪ] **1** *n* piso *m*. **2** *cpd*: **a 9-~ building** un edificio de 9 pisos.

stork [stɔːk] *n* cigüeña *f*.

storm [stɔːm] **1** *n* (**a**) (*gen*) tormenta *f*, tempestad *f*; (*Met*) borrasca *f*, tormenta; (*: uproar*) escándalo *m*, bronca *f*; **a ~ of abuse** un torrente de injurias; **a ~ of applause** una salva de aplausos; **a ~ in a teacup** (*fig*) una tempestad en un vaso de agua.

(**b**) (*Mil*) **to take a town by ~** tomar una ciudad por asalto; **the play took Paris by ~** (*fig*) la obra cautivó a todo París.

2 *vt* (*Mil*) asaltar, tomar por asalto.

3 *vi* (*move angrily*) echar pestes, vociferar; **he came ~ing into my office** entró en mi despacho echando pestes; **he ~ed out of the meeting** salió de la reunión como un huracán.

4 *cpd*: ~ **cloud** *n* nubarrón *m*; ~ **door** *n* contrapuerta *f*; ~ **troops** *npl* (*Mil*) tropas *fpl or* guardia *fsg* de asalto.

stormbound [ˈstɔːmbaʊnd] *adj* inmovilizado/a por el mal tiempo.

stormy [ˈstɔːmɪ] *adj* (*comp* **-ier**; *superl* **-iest**) (*weather*) tormentoso/a; (*fig: meeting etc*) acalorado/a.

story[1] [ˈstɔːrɪ] **1** *n* (*gen*) historia *f*; (*tale, Lit*) cuento *m*, relato *m*; (*Press*) artículo *m*, reportaje *m*; (*joke*) chiste *m*; (*plot*) argumento *m*; (*lie*) mentira *f*, cuento; **that's not the whole ~** eso no es todo; **it's the same old ~** es la historia de siempre; **but that's another ~** pero eso es otro cantar; **it's a long ~** es *or* sería largo de contar; **that's the ~ of my life!** (*fam*) ¡siempre me pasa lo mismo!; **to cut a long ~ short** en resumidas cuentas, en pocas palabras; **a likely ~!** ¡puro cuento!; **to tell a ~** contar un cuento; **to tell stories** (*fig*) contar embustes.

2 *cpd*: ~ **line** *n* argumento *m*.

story[2] [ˈstɔːrɪ] *n* (*US*) = **storey**.

storyboard [ˈstɔːrɪˌbɔːd] *n* (*Cine*) dibujos *mpl or* fotos *fpl* secuenciales de imágenes, guión *m* gráfico.

storybook [ˈstɔːrɪbʊk] **1** *n* libro *m* de cuentos. **2** *cpd*: **a ~ ending** una conclusión como el fin de una novela.

storyteller [ˈstɔːrɪˌteləʳ] *n* cuentista *mf*.

stout [staʊt] **1** *adj* (*comp* **~er**; *superl* **~est**) (*sturdy: stick, shoes etc*) fuerte, sólido/a; (*fat: person*) gordo/a, robusto/a; (*determined: supporter, resistance*) resuelto/a, empedernido/a; **with ~ hearts** resueltamente. **2** *n* (*beer*) cerveza *f* negra.

stout-hearted [ˈstaʊtˈhɑːtɪd] *adj* valiente, resuelto/a.

stove[1] [stəʊv] *n* (*for heating*) estufa *f*; (*for cooking*) cocina *f*, horno *m (LAm)*.

stove[2] [stəʊv] *pt, pp of* **stave**; *see* **stave in**.

stow [stəʊ] **1** *vt* (*Naut: cargo*) estibar, arrumar; (*also ~* **away**: *put away*) guardar. **2** *vi*: **to ~ away** (*on ship, plane*) viajar de polizón.

stowaway [ˈstəʊəweɪ] *n* polizón *mf*.

straddle [ˈstrædl] *vt* ponerse a horcajadas; (*town: river etc*) hacer puente sobre.

strafe [strɑːf] *vt* ametrallar, abalear *(LAm)*.

straggle [ˈstrægl] *vi* (*lag behind*) rezagarse; (*spread, untidily*) desparramarse, estar disperso; (*hair*) caer lacio.

straggler [ˈstrægləʳ] *n* rezagado/a *m/f*.

straggling [ˈstræglɪŋ] *adj* (*town*) disperso/a; (*plants*) extendido/a.

straight [streɪt] **1** *adj* (*comp* **~er**; *superl* **~est**) (**a**) (*not bent or curved*) recto/a, derecho/a; **the picture isn't ~** el cuadro está chueco; **as ~ as a die** derecho como una vela; **I couldn't keep a ~ face** *or* **keep my face ~** no podía mantener la cara seria.

(**b**) (*continuous, direct*) directo/a, derecho/a; **we had ten ~ wins** ganamos diez veces seguidas.

(**c**) (*honest: person*) honrado/a, de confianza; (*answer, denial*) franco/a, directo/a; **I'll be ~ with you** te hablaré con toda franqueza.

(**d**) (*plain, uncomplicated*) sencillo/a; (*drink*) sin mezcla; (*Theat: part, play*) serio/a; (*person: conventional*) cuadrado/a.

(**e**) (*pred*) **to be (all) ~** (*tidy*) estar en orden; (*clarified*) quedar claro; **it's all ~ now** (*tidy*) ya está en orden; (*clarified*) ya está claro; **let's get this ~** hablemos claro; **to put things** *or* **matters ~** poner las cosas en orden; **he soon put me ~** me desengañó muy pronto; **to put the record ~** hacer constar la verdad.

(**f**) (*fam: not gay*) heterosexual, hetero *(fam)*.

2 *adv* (**a**) (*in a ~ line*) en línea recta; (*above, below etc*) directamente; (*sit, stand up*) recto, derecho; **it's ~ across the road from us** está exactamente enfrente de nosotros; **~ on** *or* **ahead** todo seguido, derecho; **to go ~** (*fig*) enmendarse.

(**b**) (*directly, without diversion*) directamente; **I went ~**

home fui directamente a casa; **to come ~ to the point** ir al grano; **to drink ~ from the bottle** beber de la botella; **to look sb ~ in the eye** mirar directamente a los ojos de algn.

(**c**) (*immediately*) inmediatamente, al tiro *(Chi)*; **~ away** en seguida; **~ off** sin vacilar, en el acto; **she just went ~ off** se marchó sin detenerse.

(**d**) (*frankly*) francamente, con franqueza; **~ out** sin rodeos, francamente.

(**e**) (*pure: drink*) sin mezcla.

(**f**) (*Cards*) runfla *f*, straight *m*.

3 *n* (*on racecourse*) recta *f*; **to cut sth on the ~** cortar algo derecho; **to keep to the ~ and narrow** (*fig*) ir por buen camino.

straightaway [ˈstreɪtəˈweɪ] *adv* inmediatamente, en seguida, al tiro *(Chi)*.

straighten [ˈstreɪtn] **1** *vt* (*sth bent: also* **~ out**) enderezar, poner derecho; (*picture, tablecloth, tie*) poner bien; (*tidy: also* **~ up**) arreglar, ordenar; (*fig: problem: also* **~ out**) resolver. **2** *vi* (*road etc: also* **~ out**) enderezarse; (*person: also* **~ (o.s.) up**) arreglarse.

straight-faced [ˈstreɪtˈfeɪst] **1** *adj* serio/a. **2** *adv* sin mostrar emoción, impávido.

straightforward [ˌstreɪtˈfɔːwəd] *adj* (*honest*) honrado/a; (*sincere*) sincero/a; (*simple*) sencillo/a.

strain[1] [streɪn] **1** *n* (**a**) (*Tech*) tensión *f*; **the ~ on a rope** la tensión de una cuerda.

(**b**) (*fig: gen*) tensión *f*; (*: atmosphere*) tensión, tirantez *f*; (*: effort*) esfuerzo *m*; **mental ~** tensión nerviosa; **the ~s on the economy** las presiones sobre la economía; **the ~s of modern life** las tensiones de la vida moderna; **to put a great ~ on sb/sth** exigir un gran esfuerzo a algn/de algo.

(**c**) (*Med: muscle ~*) torcedura *f*; (*: on eyes, heart*) agotamiento *m*.

(**d**) **~s** (*Mus*) son *msg*, compases *mpl*.

2 *vt* (**a**) (*stretch*) estirar, tensar.

(**b**) (*put~ on: lit*) poner presión sobre; (*: fig: generosity, friendship*) abusar de; (*: resources*) sobrepasar; (*Med: back, muscle etc*) torcer(se); (*: eyes*) cansar; **to ~ every nerve to do sth** hacer grandes esfuerzos por hacer algo; **to ~ one's ears to hear sth** aguzar el oído para oír algo.

(**c**) (*filter*) filtrar; (*Culin*) colar.

3 *vi*: **to ~ at sth** (*push/pull*) tirar *or (LAm)* jalar algo; **he ~ed against the bonds that held him** se esforzó por romper los lazos que le retenían.

strain[2] [streɪn] *n* (*breed*) raza *f*, linaje *m*; (*hereditary streak*) vena *f*, tendencia *f*.

strained [streɪnd] *adj* (*muscle etc*) torcido/a; (*laugh, smile etc*) forzado/a; (*relations*) tenso/a, tirante.

strainer [ˈstreɪnəʳ] *n* (*Culin*) colador *m*.

strait [streɪt] *n* (*Geog*) estrecho *m*; **the S~s of Dover** el estrecho de Dóver; **to be in dire ~s** (*fig*) estar en un gran aprieto.

straitened [ˈstreɪtnd] *adj*: **in ~ circumstances** (*frm*) en condiciones de apuro.

straitjacket [ˈstreɪtˌdʒækɪt] *n* camisa *f* de fuerza.

strait-laced [ˈstreɪtˈleɪst] *adj* puritano/a.

strand[1] [strænd] *n* (*of thread*) hebra *f*, hilo *m*; (*of hair*) pelo *m*.

strand[2] [strænd] *n* (*beach, shore*) playa *f*.

stranded [ˈstrændɪd] *adj*: **to be (left) ~** (*ship, fish*) quedar varado/a; (*person: without money*) quedar desamparado/a; (*: without transport*) quedar colgado/a; **to leave sb ~** dejar a algn plantado.

strange [streɪndʒ] *adj* (*comp* **~r**; *superl* **~st**) (*unknown, unfamiliar*) desconocido/a; (*odd*) extraño/a, raro/a; **it is ~ that ...** es raro que ...; **I felt rather ~ at first** al principio me sentía bastante raro; **the work is ~ to him** el trabajo es nuevo para él; **don't talk to any ~ men** no hables con ningún desconocido.

strangely [ˈstreɪndʒlɪ] *adv* (*gen*) en forma rara *or* extraña; **~ (enough), I've never met him before** aunque te extrañe *or* por extraño que te parezca, no lo había conocido hasta ahora.

strangeness [ˈstreɪndʒnɪs] *n* (*unfamiliarity*) novedad *f*; (*oddness*) extrañeza *f*.

stranger [ˈstreɪndʒəʳ] *n* (*unknown person*) desconocido/a *m/f*, extraño/a *m/f*; (*in a place*) forastero/a *m/f*, forajido/a *m/f*; **I'm a ~ here** yo soy nuevo aquí; **hullo, ~!** ¡cuánto tiempo sin vernos!

strangle [ˈstræŋgl] *vt* estrangular.

stranglehold [ˈstræŋglhəʊld] *n* (*Sport*) collar *m* de fuerza; (*fig*) **to have a ~ on sb/sth** tener dominio completo sobre algn/monopolizar algo.

strangler [ˈstræŋgləʳ] *n* estrangulador(a) *m/f*.

strangling [ˈstræŋglɪŋ], **strangulation** [stræŋgjʊˈleɪʃən] *n* estrangulación *f*, estrangulamiento *m*.

strangulated [ˈstræŋgjʊleɪtɪd] *adj* estrangulado/a.

strap [stræp] **1** *n* correa *f*, tira *f*; (*shoulder ~*) tirante *m*, bretel *m (LAm)*; (*safety ~*) cinturón *m*; **to give sb the ~** (*punishment*) azotar a algn con correa. **2** *vt* (**a**) (*fasten*) **to ~ sth on/down** sujetar algo con correa; **to ~ sb/o.s. in** poner a algn/ponerse el cinturón de seguridad. (**b**) (*Med: also* **~ up**) vendar.

strap-hanging [ˈstræpˌhæŋɪŋ] *n* viajar *m* de pie *or (LAm)* parado.

strapless [ˈstræplɪs] *adj* sin tirantes.

strapped [stræpt] *adj*: **to be ~ for cash** no tener un duro.

strapping [ˈstræpɪŋ] *adj* (*person*) fornido/a, robusto/a.

Strasbourg [ˈstræzbɜːg] *n* Estrasburgo *m*.

strata [ˈstrɑːtə] *npl of* **stratum**.

stratagem [ˈstrætɪdʒəm] *n* estratagema *f*.

strategic [strəˈtiːdʒɪk] *adj* estratégico/a.

strategy [ˈstrætɪdʒɪ] *n* estrategia *f*.

stratified [ˈstrætɪfaɪd] *adj* estratificado/a.

stratosphere [ˈstrætəʊsfɪəʳ] *n* estratosfera *f*.

stratum [ˈstrɑːtəm] *n* (*pl* **strata**) (*lit*) estrato *m*; (*fig*) estrato, capa *f*.

stratus [ˈstreɪtəs] *n* (*pl* **strati** [ˈstreɪtaɪ]) estrato *m*.

straw [strɔː] **1** *n* paja *f*; (*drinking ~*) pajita *f*, caña *f*, popote *m (Mex)*; **it's the last ~!** ¡es el colmo!, ¡sólo eso faltaba!; **to clutch at ~s** agarrarse a un clavo ardiendo; **to draw** *or* **get the short ~** ser elegido para hacer algo desagradable. **2** *cpd*: **~ hat** *n* sombrero *m* de paja.

strawberry [ˈstrɔːbərɪ] **1** *n* fresa *f*, fresón *m*, frutilla *f (And, CSur)*. **2** *cpd*: **~ blonde** *adj* bermejo/a; **~ mark** *n* (*on skin*) mancha *f* de nacimiento.

straw-coloured, (*US*) **straw-colored** [ˈstrɔːkʌləd] *adj* pajizo/a, (de) color de paja.

stray [streɪ] **1** *adj* (*lost*) perdido/a, extraviado/a; (*bullet*) perdido/a; (*isolated, occasional*) aislado/a; (*animal etc*) callejero/a; **a few ~ cars** alguno que otro coche. **2** *n* (*animal*) animal *m* extraviado. **3** *vi* (*animal: roam*) extraviarse; (*: get lost*) perderse, extraviarse; (*wander: person*) vagar, ir sin rumbo fijo; (*: speaker, thoughts*) desvariar; **we had ~ed 2 kilometres from the path** nos habíamos desviado 2 kilómetros del camino.

streak [striːk] **1** *n* (*line*) raya *f*; (*of mineral*) veta *f*; (*fig: of madness etc*) vena *f*; (*: of luck*) racha *f*; **to have ~s in one's hair** tener vetas en el pelo; **like a ~ of lightning** como un rayo; **he had a cruel ~ (in him)** tenía un rasgo cruel. **2** *vt* rayar (*with* de). **3** *vi*: **to ~ in/out** entrar/salir como un rayo.

streaker [ˈstriːkəʳ] *n* (*fam*) corredor(a) *m/f* desnudo/a.

streaky [ˈstriːkɪ] *adj*: **~ bacon** tocino *m* con grasa, bacon *m*, béicon *m*.

stream [striːm] **1** *n* (*brook*) arroyo *m*, riachuelo *m*; (*river*) río *m*; (*flow: of liquid, air*) corriente *f*; (*: of people*) oleada *f*; (*: of words, insults*) chorro *m*; **with/against the ~** con la corriente/a contracorriente; **an unbroken ~ of cars** una riada de coches; **the B ~** (*Scol*) la clase B; **to come on ~** (*oil well, production line*) entrar en funcionamiento; (*fig*) empezar a trabajar; **~ of consciousness** monólogo *m* interior.

2 *vt* (**a**) (*water etc*) derramar, dejar correr; **his face ~ed**

blood la sangre le corría *or* chorreaba por la cara.

(**b**) (*Scol*) clasificar.

3 *vi* (*liquid*) correr, manar; (*people*) ir en tropel; (*cars*) fluir; **her eyes were ~ing** lloraba a mares; **her cheeks were ~ing with tears** tenía la cara bañada en lágrimas; **the cars kept ~ing past** los coches pasaban ininterrumpidamente.

streamer [ˈstriːməʳ] *n* (*of paper, at parties etc*) serpentina *f*.

streamline [ˈstriːmlaɪn] *vt* (*lit*) aerodinamizar; (*fig*) racionalizar.

streamlined [ˈstriːmlaɪnd] *adj* (*air*) aerodinámico/a; (*fig*) racionalizado/a.

street [striːt] **1** *n* calle *f*, jirón *m* (*Per*); **the back ~s** (*lit*) las callejuelas; (*fig*) los barrios bajos; **he lives in** *or* **on the High S~** vive en la Calle Mayor; **to be on the ~s** (*homeless*) estar sin vivienda; (*as prostitute*) ser de la vida; **it's right up my ~** (*fig*) me viene perfecto; **to be ~s ahead of sb** (*fam*) adelantarle por mucho a algn; **they're ~s apart** les separa un abismo.

2 *cpd* (*lamp, lighting*) de la calle; (*musician etc*) ambulante, callejero/a; **~ corner** *n* esquina *f* (de la calle), bocacalle *f*; **~ cred(ibility)** *n* dominio *m* de la contracultura urbana; **~ lamp**, **~ light** *n* farola *f*, faro *m* (*LAm*); **~ market** *n* mercado *m* callejero, tianguis *m* (*Mex*), feria *f* (*LAm*); **~ plan** *n* plano *m*, callejero *m*; **~ sweeper** *n* barrendero/a *m/f*; **~ vendor** *n* (*US*) vendedor *m* callejero.

streetcar [ˈstriːtkɑːʳ] *n* (*US*) tranvía *m*, tren *m*.

streetwalker [ˈstriːtˌwɔːkəʳ] *n* carrerista *f*, mujer *f* de la vida.

streetwise [ˈstriːtwaɪz] *adj* (*youth*) pícaro/a, muy listo/a; **to be ~** estar en onda con la calle.

strength [streŋθ] *n* (**a**) (*gen*) fuerza *f*; (*physical ~*) fuerza(s) *f(pl)*, poder *m*; (*of wall, nail, wood etc*) resistencia *f*; (*fig: of emotion, conviction*) intensidad *f*, fuerza; (*: of argument, evidence*) fuerza, poder; **the ~ of the pound** (*exchange value*) el valor de la libra; **you'll soon get your ~ back** pronto recobrarás las fuerzas *or* te repondrás; **~ of character/mind** carácter *m*/resolución *f*; **on the ~ of** ... a base de ..., en base a ...; **to go from ~ to ~** ir ganando fuerzas; **to save** *or* **reserve one's ~** reservarse.

(**b**) (*Mil etc*) complemento *m*, número *m*; **to be at full ~/below ~** tener/no tener todo su complemento; **to come in ~** venir en gran número.

strengthen [ˈstreŋθən] **1** *vt* (*gen*) reforzar; (*person, muscles*) fortalecer, dar fuerza nueva a; (*desire, determination*) intensificar. **2** *vi* (*economy, currency*) reforzarse, fortalecerse; (*wind*) hacerse más fuerte; (*desire, determination*) intensificarse.

strenuous [ˈstrenjʊəs] *adj* (*energetic*) intenso/a, enérgico/a; (*opposition etc*) tenaz, firme.

stress [stres] **1** *n* (**a**) (*Tech*) tensión *f*; (*compulsion*) presión *f*, coacción *f*; (*psychological etc: strain*) tensión (nerviosa), stress *m*; **to be under ~** sufrir una tensión nerviosa; **in times of ~** en épocas de tensión; **the ~es and strains of modern life** las presiones de la vida moderna.

(**b**) (*emphasis*) hincapié *m*, énfasis *m*; (*Ling, Poetry*) acento *m*; **the ~ is on the second syllable** el acento tónico cae en la segunda sílaba; **to lay great ~ on sth** recalcar algo.

2 *vt* (*emphasize*) subrayar, insistir en; (*Ling, Poetry*) acentuar.

stressed [strest] *adj* (*syllable*) acentuado/a.

stressful [ˈstresfʊl] *adj* (*job*) que produce tensión nerviosa.

stretch [stretʃ] **1** *n* (**a**) (*elasticity*) elasticidad *f*; **to have a ~** (*person*) estirarse; **to be at full ~** (*person: physically*) estirarse al máximo; (*: at work*) estar trabajando a toda mecha; **by no ~ of the imagination** bajo ningún concepto.

(**b**) (*distance*) trecho *m*; (*expanse*) extensión *f*; (*of road etc*) tramo *m*; (*of rope*) trozo *m*; (*of time*) período *m*, tiempo *m*; **in that ~ of the river** en aquella parte del río; **for a long ~ it runs between mountains** corre entre montañas durante un buen trecho; **for 3 days at a ~** 3 días de un tirón *or* (*LAm*) jalón.

2 *vt* (**a**) (*pull out: elastic*) estirar; (*: rope etc*) tender (*between* entre); (*make larger: pullover, shoes*) ensanchar; (*: make longer*) alargar; (*spread on ground etc*) extender; (*person: from blow*) estirar (*fam*); **to ~ one's legs** estirar las piernas; **to ~ o.s.** (*after sleep etc*) desentumecerse.

(**b**) (*money, resources, meal*) hacer que llegue *or* alcance; **our resources are fully ~ed** nuestros recursos están empleados a tope.

(**c**) (*meaning, law, truth*) forzar, violentar; **that's ~ing it too far** eso va demasiado lejos; **to ~ a point** hacer una excepción.

(**d**) (*athlete, student etc*) exigir el máximo esfuerzo a; **to be fully ~ed** llegar a sus límites; **to ~ o.s.** esforzarse.

3 *vi* (*~one's limbs, reach out*) estirarse; (*be elastic*) estirar(se), dar (de sí); (*become larger: clothes, shoes*) ensancharse; (*reach, extend: rope, area of land*) llegar (*to* a); (*: power, influence*) permitir (*to* que); (*be enough: money, food*) alcanzar (*to* para).

4 *cpd*: **~ fabric** *n* tela *f* elástica; **~ marks** *npl* estrillas *fpl*.

▸ **stretch out 1** *vt + adv* (*gen*) extender; (*lengthen: essay, discussion*) alargar. **2** *vi + adv* (*person*) estirarse; (*: lie down*) tumbarse; (*space, time*) extenderse.

stretcher [ˈstretʃəʳ] **1** *n* (*Med*) camilla *f*. **2** *cpd*: **~ bearer** *n* camillero/a *m/f*; **~ case** *n enfermo o herido que tiene que ser llevado en camilla*.

strew [struː] (*pt* **~ed**; *pp* **~ed** *or* **~n** [struːn]) *vt* (*scatter*) regar, esparcir; (*cover*) cubrir *or* tapizar (*with* de); **to ~ one's belongings about the room** desparramar las cosas por el cuarto; **there were fragments ~n about everywhere** había fragmentos desparramados por todas partes.

stricken [ˈstrɪkən] **1** (*old*) *pp of* **strike**. **2** *adj* (*distressed, upset*) afligido/a, acongojado/a; (*damaged: ship etc*) destrozado/a, dañado/a; **she was ~ with remorse** le remordía la conciencia.

strict [strɪkt] *adj* (*comp* **~er**; *superl* **~est**) (**a**) (*stern: severe: person*) severo/a, estricto/a; **to be ~ with sb** ser severo con algn. (**b**) (*inflexible*) estricto/a; (*definitive*) terminante. (**c**) (*precise: meaning, accuracy*) estricto/a; (*absolute: secrecy*) absoluto/a; **in the ~ sense of the word** en el sentido estricto de la palabra; **in ~ confidence** en la más absoluta confianza.

strictly [ˈstrɪktlɪ] *adv* (**a**) (*sternly, severely*) severamente; **she was ~ brought up** tuvo una educación muy severa. (**b**) (*inflexibly*) estrictamente; **it is ~ forbidden to do that** está terminantemente prohibido hacer eso. (**c**) **~ confidential** estrictamente confidencial; **'~ private'** (*notice*) 'propiedad privada'; **~ speaking** en (el) sentido estricto (de la palabra); **~ between ourselves** ... entre nosotros ....

strictness [ˈstrɪktnɪs] *n* (*severity: of person*) severidad *f*; (*inflexibility*) lo terminante; (*precision*) exactitud *f*.

stricture [ˈstrɪktʃəʳ] *n* (*usu pl: criticism*) censura *f*, crítica *f*.

stride [straɪd] (*vb: pt* **strode**; *pp* **stridden** [strĭdn]) **1** *n* zancada *f*, tranco *m*; **to get into one's ~** (*fig*) coger *or* (*LAm*) agarrar el ritmo; **to take sth in one's ~** (*fig*) tomar las cosas con calma. **2** *vi* (*also* **~ along**) andar a zancadas; **to ~ up and down** andar de aquí para allá a pasos largos.

strident [ˈstraɪdənt] *adj* (*voice, sound*) estridente; (*protest*) fuerte.

strife [straɪf] *n* conflictos *mpl*; **domestic ~** riñas *fpl* domésticas; **internal ~** disensión *f* interna.

strike [straɪk] (*vb: pt, pp* **struck**) **1** *n* (**a**) (*by workers*) huelga *f*, paro *m*; **to go on ~** declarar la huelga; *see* **hunger**.

(**b**) (*discovery: of oil, gold*) descubrimiento *m*.

(**c**) (*Baseball*) golpe *m*; (*Bowling*) strike *m*.

(**d**) (*Mil: air ~*) ataque *m* aéreo.

2 *vt* (**a**) (*hit*) pegar, golpear; (*: blow*) pegar *or* dar un golpe (*at* a); (*: chord*) tocar; **never ~ a woman** no pegar nunca a una mujer; **the president was struck by two bullets** dos balas alcanzaron al presidente; **the clock struck the hour** el reloj dio la hora; **to be struck by lightning** ser alcanzado por un rayo.

(**b**) (*collide with*) chocar con *or* contra; (*: difficulty, obstacle*) encontrar, dar *or* tropezar con; **a ghastly sight struck our gaze** se nos presentó un panorama horroroso; **what ~s the eye is the poverty** lo que más llama la atención es la pobreza; **disaster struck us** el desastre nos vino encima.

(**c**) (*produce, make: coin, medal*) acuñar; (*: agreement, deal*) concertar, concretar *(esp LAm)*; (*: a light, match*) encender, prender *(LAm)*; **to ~ sparks from sth** hacer que algo eche chispas; **to ~ an attitude** adoptar una actitud; **to ~ a balance** (*fig*) encontrar el equilibrio; **to ~ a bargain** cerrar un trato; **that ~s a chord!** (*fig*) ¡eso me suena!; **to ~ a deal** llegar a un acuerdo; (*Comm*) cerrar un trato; **to be struck dumb** quedarse sin habla; **to ~ terror into sb's heart** infundir terror a algn.

(**d**) (*occur to*) **it ~s me as being most unlikely** me parece poco factible, se me hace poco probable *(LAm)*; **the thought** *or* **it ~s me that ...** se me ocurre que ...; **how did it ~ you?** ¿qué te pareció?, ¿qué impresión te causó?; **I'm not much struck (with him)** no me llama la atención, no me impresiona mucho.

(**e**) (*find: gold, oil*) descubrir; **he struck it rich** le salió el gordo.

(**f**) (*pp also* **stricken**) (*remove, cross out*) suprimir (*from* de).

3 *vi* (**a**) (*attack: Mil etc*) atacar; (*: disaster*) sobrevenir; (*: disease*) golpear; **now is the time to ~** éste es el momento en que conviene atacar; **this ~s at our very existence** esto amenaza nuestra existencia misma; *see* **home 2; iron 1**.

(**b**) (*clock*) dar la hora.

(**c**) (*workers*) declarar la huelga, declararse en huelga; **to ~ for higher wages** hacer una huelga para conseguir un aumento de los sueldos.

(**d**) **to ~ on an idea** ocurrírsele a algn una idea.

(**e**) **to ~ (it) lucky** tener suerte.

4 *cpd* (*pay, committee*) de huelga.

▸ **strike back** *vi + adv* (*gen*) devolver el golpe; (*Mil*) contraatacar.

▸ **strike down** *vt + adv* (*illness etc: incapacitate*) fulminar; (*: kill*) matar; **he was struck down in his prime** se le llevó la muerte en la flor de la vida.

▸ **strike off 1** *vt + adv* (*from list*) tachar; (*: doctor*) suspender. **2** *vt + prep* (*name off list*) tachar.

▸ **strike out 1** *vt + adv* (*cross out*) tachar. **2** *vi + adv* (**a**) (*hit out*) arremeter (*at* contra). (**b**) (*set out*) dirigirse; **to ~ out on one's own** (*fig: in business*) volar con sus propias alas.

▸ **strike up 1** *vt + adv* (**a**) (*friendship, conversation*) empezar. (**b**) (*tune*) atacar. **2** *vi + adv* (*band*) empezar a tocar.

strikebreaker [ˈstraɪkˌbreɪkəʳ] *n* esquirol *m*, rompehuelgas *mf inv*.

striker [ˈstraɪkəʳ] *n* (*in industry*) huelguista *mf*.

striking [ˈstraɪkɪŋ] *adj* (*arresting: picture, clothes, colour*) llamativo/a; (*obvious: contrast, resemblance*) notorio/a; **a ~ woman** una mujer imponente; **it is ~ that ...** es impresionante que ....

string [strɪŋ] (*vb: pt, pp* **strung**) **1** *n* (**a**) (*cord*) cuerda *f*, cordel *m*, cabuya *f (LAm)*, mecate *m (Mex)*; (*lace etc*) cordón *m*; (*row: of onions*) ristra *f*; (*: of beads*) hilo *m*, sarta *f*; (*: of vehicles*) caravana *f*, fila *f*; (*: of people*) hilera *f*; (*: of excuses*) sarta, serie *f*; (*: of curses*) retahila *f*; (*Comput*) cadena *f*; **a whole ~ of errors** toda una serie de errores; **to pull ~s** mover palancas; **with no ~s attached** (*fig*) sin compromiso.

(**b**) (*on musical instrument, racket*) cuerda *f*; **the ~s** (*instruments*) los instrumentos de cuerda.

2 *vt* (*pearls etc*) ensartar; (*violin, tennis racket*) encordar; **he can't even ~ two sentences together** ni sabe enhilar dos frases seguidas.

3 *cpd*: **~ bean** *n* (*US*) judía *f* verde, ejote *m (Mex)*, poroto *m* verde *(CSur)*; **~ quartet** *n* cuarteto *m* de cuerdas.

▸ **string along** *vt + adv* (*fam*) dar falsas esperanzas a; **to ~ sb along** embaucar a algn.

▸ **string out** *vt + adv*: **to be strung out behind sb/along sth** seguir a algn en fila/hacer fila a lo largo de algo.

stringed [strɪŋd] *adj* (*instrument*) de cuerdas.

stringent [ˈstrɪndʒənt] *adj* severo/a, estricto/a; **~ rules** reglas *fpl* rigurosas.

strip [strɪp] **1** *n* (*of paper etc*) tira *f*; (*of land*) franja *f*, faja *f*; (*of metal*) fleje *m*; **to tear sb off a ~, to tear a ~ off sb** (*fam*) poner a algn como un trapo *(fam)*.

2 *vt* (**a**) (*person*) desnudar; (*bed*) quitar la ropa de; (*wall*) desempapelar; (*wallpaper*) quitar; (*plants, bushes*) descortezar; **to ~ sth/sb of sth** despojar algo/a algn de algo.

(**b**) (*Tech: engine*) desmontar.

3 *vi* (*undress*) desnudarse; (*do striptease*) hacer estriptise; **to ~ to the waist** desnudarse hasta la cintura.

4 *cpd*: **~ cartoon** *n* tira *f* cómica, historieta *f*, caricatura *f (LAm)*; **~ club,** (*US fam*) **~ joint** *n* (show *m* de) estriptise; **~ light** *n* lámpara *f* fluorescente; **~ show** *n* = **~ club**.

▸ **strip off 1** *vt + adv* (*paint etc*) quitar; (*violently*) arrancar; **to ~ off one's clothes** quitarse (rápidamente) la ropa. **2** *vi + adv* desnudarse; (*paint etc*) desprenderse.

stripe [straɪp] *n* (*on flag etc*) franja *f*; (*line*) raya *f*, lista *f*; (*Mil*) galón *m*.

striped [straɪpt] *adj* rayado/a, de rayas.

stripper [ˈstrɪpəʳ] *n* persona *f* que hace striptease.

strip-search [ˈstrɪpsɜːtʃ] **1** *n* registro *m* integral. **2** *vt*: **he was ~ed at the airport** le hicieron un registro integral en el aeropuerto.

striptease [ˈstrɪptiːz] *n* striptease *m*, estriptise *f*.

strive [straɪv] (*pt* **strove**; *pp* **~n** [ˈstrɪvn]) *vi* esforzarse, procurar; **to ~ after** *or* **for sth** esforzarse por conseguir algo; **to ~ to do sth** esforzarse por hacer algo.

strobe [strəʊb] *n* (*also* **~ light, ~ lighting**) luces *fpl* estroboscópicas.

strode [strəʊd] *pt of* **stride**.

stroke [strəʊk] **1** *n* (**a**) (*blow*) golpe *m*; **at a** *or* **one ~** de un solo golpe.

(**b**) (*caress*) caricia *f*.

(**c**) (*Cricket, Golf*) golpe *m*, jugada *f*; (*Rowing*) remada *f*; (*Swimming: single movement*) brazada *f*; (*: type of ~*) estilo *m*; **he hasn't done a ~ of work** no ha dado golpe; **a ~ of genius** una ocurrencia genial; **a ~ of luck** un golpe de suerte.

(**d**) (*of bell, clock*) campanada *f*; **on the ~ of 12** al dar las 12.

(**e**) (*of piston*) carrera *f*.

(**f**) (*Med*) apoplejía *f*; **to have a ~** tener un ataque.

(**g**) (*of pen*) trazo *m*, plumada *f*; (*of brush*) pincelada *f*.

2 *vt* (*cat, sb's hair*) acariciar.

3 *cpd*: **two-~ engine** *n* motor *m* de dos tiempos.

stroll [strəʊl] **1** *n* paseo *m*; **to go for a ~, to have** *or* **take a ~** dar un paseo, dar una vuelta. **2** *vi* dar un paseo, pasear, dar una vuelta; **to ~ up and down** pasearse de acá para allá.

stroller [ˈstrəʊləʳ] *n* (*US: pushchair*) cochecito *m*.

strong [strɒŋ] **1** *adj* (*comp* **~er**; *superl* **~est**) (*gen*) fuerte; (*physically*) fuerte, fornido/a; (*powerful*) poderoso/a;

(*healthy: person, teeth, heart*) robusto/a, saludable; (*sturdy: table, shoes, fabric*) sólido/a, fuerte; (*candidate*) con posibilidades; (*evidence, argument, reason*) convincente; (*protest, support, supporter*) acérrimo/a; (*light*) brillante; (*smell*) punzante; (*colour*) intenso/a; (*marked, pronounced: resemblance, accent*) marcado/a; (*: possibility*) bueno/a; **to have a ~ stomach** tener un buen estómago; **he's not very ~ on grammar** no está muy fuerte en gramática; **geography was never my ~ point** la geografía nunca fue mi fuerte; **they are 20 ~** son 20 en total; **~ language** (*swearing*) lenguaje *m* fuerte; (*frank*) palabras *fpl* directas.

2 *adv*: **to come on ~** (*fam*) mostrarse demasiado severo; **she was coming on ~** se veía que ella se sentía atraída por él; **the firm is still going ~** la empresa todavía marcha bien; **he was still going ~ at 80** se conservaba bien con sus 80 años.

strong-arm [ˈstrɒŋɑːm] *adj* (*tactics, methods*) represivo/a.

strongbox [ˈstrɒŋbɒks] *n* caja *f* fuerte.

stronghold [ˈstrɒŋhəʊld] *n* fortaleza *f*; (*fig*) **the last ~ of ...** el último baluarte de ....

strongly [ˈstrɒŋlɪ] *adv* (*gen*) fuertemente; (*gripped etc*) con fuerza; (*tempted, influenced*) muchísimo; (*protest, support, argue*) vigorosamente; (*believe, suspect, feel*) firmemente; **a ~ worded letter** una carta con tono subido.

strongpoint [ˈstrɒŋpɔɪnt] *n* fuerte *m*.

strongroom [ˈstrɒŋrʊm] *n* cámara *f* acorazada.

strong-willed [ˈstrɒŋˈwɪld] *adj* resuelto/a, decidido/a.

strontium [ˈstrɒntɪəm] *n* estroncio *m*.

stroppy [ˈstrɒpɪ] *adj*: **to get ~** (*Brit fam*) cabrearse *(fam)*, ponerse negro *(fam)*.

strove [strəʊv] *pt of* **strive**.

struck [strʌk] *pt, pp of* **strike**.

structural [ˈstrʌktʃərəl] *adj* estructural.

structure [ˈstrʌktʃəʳ] **1** *n* (*organization, make-up*) estructura *f*; (*thing constructed*) construcción *f*. **2** *vt* (*essay, argument*) estructurar.

struggle [ˈstrʌgl] **1** *n* (*gen*) lucha *f*; (*fistfight etc*) pelea *f*; **it was a ~ to convince him** nos costó grandes esfuerzos convencerle; **the class ~** la lucha de clases; **the ~ for survival** la lucha por la vida. **2** *vi* (*physically*) luchar; **to ~ to do sth** esforzarse por hacer algo; **to ~ with sth** luchar con algo; **to ~ to one's feet** levantarse con esfuerzo.

▸ **struggle on** *vi + adv* seguir luchando; **we ~d on for another kilometre** avanzamos con dificultad un kilómetro más.

strum [strʌm] *vt* (*guitar etc*) rasguear.

strung [strʌŋ] *pt, pp of* **string** *see* **highly**.

strut[1] [strʌt] *vi* pavonearse; **to ~ into a room** entrar pavoneándose en un cuarto.

strut[2] [strʌt] *n* (*beam*) puntal *m*, riostra *f*.

strychnine [ˈstrɪkniːn] *n* estricnina *f*.

stub [stʌb] **1** *n* (*of cigarette*) colilla *f*, pitillo *m*; (*of candle, pencil etc*) cabo *m*; (*of cheque, receipt*) talón *m*. **2** *vt*: **to ~ one's toe (on sth)** dar con el dedo del pie (contra algo).

▸ **stub out** *vt + adv* (*cigarette*) apagar.

stubble [ˈstʌbl] *n* rastrojo *m*; (*on chin*) barba *f* (incipiente).

stubborn [ˈstʌbən] *adj* (*gen*) terco/a; (*person*) testarudo/a, porfiado/a; (*stain, lock*) difícil.

stubbornness [ˈstʌbənnɪs] *n* (*gen*) terquedad *f*.

STUC *n abbr of* **Scottish Trades Union Congress**.

stucco [ˈstʌkəʊ] *n* estuco *m*.

stuck [stʌk] *pt, pp of* **stick**.

stuck-up [ˈstʌkˈʌp] *adj* (*fam*) presumido/a, engreído/a.

stud[1] [stʌd] **1** *n* (*in road*) clavo *m*, tope *m (Mex)*; (*decorative*) tachón *m*; (*on boots*) taco *m*; (*collar~, shirt ~*) corchete *m*. **2** *vt*: **~ded with** (*fig*) salpicado de.

stud[2] [stʌd] *n* (*also* **~ farm**) caballeriza *f*, cuadra *f*; (*also* **~ horse**) caballo *m* semental; (*fam*) semental *m (fam)*.

student [ˈstjuːdənt] **1** *n* (*pupil*) alumno/a *m/f*; (*Univ*) estudiante *mf*, universitario/a *m/f*; (*researcher*) investigador(a) *m/f*; **a law/medical ~** un estudiante de derecho/medicina. **2** *cpd* (*life, unrest, attitude*) estudiantil; **~ driver** *n* (*US*) aprendiz(a) *m/f* de conductor; **~ grant** *n* beca *f*; **~ nurse** *n* estudiante *mf* de enfermera; **~ teacher** *n* normalista *mf*; **~s' union** *n* (*association*) federación *f* de estudiantes; (*building*) centro *m* estudiantil.

studied [ˈstʌdɪd] *adj* (*gen*) estudiado/a, pensado/a; (*calm, insult*) calculado/a, premeditado/a; (*pose, style*) afectado/a.

studio [ˈstjuːdɪəʊ] **1** *n* (*TV etc*) estudio *m*; (*of artist*) estudio, taller *m*. **2** *cpd*: **~ apartment, ~ flat** *n* estudio *m*.

studious [ˈstjuːdɪəs] *adj* (*devoted to study*) estudioso/a; (*thoughtful*) atento/a.

study [ˈstʌdɪ] **1** *n* (*gen*) estudio *m*; (*of text, evidence etc*) investigación *f*, estudio; (*room*) biblioteca *f*, despacho *m*; **to make a ~ of sth** realizar una investigación de algo; **his face was a ~** (*fig*) ¡le hubieras visto la cara! **2** *vt* estudiar; (*as student*) estudiar, cursar; (*examine: evidence, painting*) examinar, investigar. **3** *vi* estudiar; **to ~ for an exam** preparar un examen. **4** *cpd*: **~ group** *n* grupo *m* de estudio.

stuff [stʌf] **1** *n* (**a**) (*substance*) materia *f*; (*cloth*) género *m*, tela *f*; **there is some good ~ in that book** ese libro tiene cosas buenas; **do you call this ~ beer?** ¿llamas a esto cerveza?; **I can't read his ~** no puedo leer sus cosas.

(**b**) (*possessions, equipment etc*) cosas *fpl*, chismes *mpl (Sp)*; **he leaves his ~ scattered about** deja sus cosas tiradas (por ahí).

(**c**) (*nonsense*) tonterías *fpl*; **all that ~ about Cervantes** todas esas tonterías acerca de Cervantes.

(**d**) (*fam*) **to do one's ~** hacer lo necesario; **to be hot ~** ser fenomenal; **he certainly knows his ~** sabe cantidad.

2 *vt* (*fill: container*) llenar, hinchar (*de* with); (*: Culin, cushion, toy*) rellenar (*de* with); (*animal: for exhibition*) disecar; (*stow: contents*) **to ~ (into)** meter (en); **he ~ed it into his pocket** lo metió de prisa en el bolsillo; **to ~ o.s. (with food)** atracarse *or* atiborrarse (de comida); **my nose is ~ed up** estoy constipado; **get ~ed!** *(fam!)* ¡vete a la porra! *(fam!)* ¡vete al carajo! *(LAm fam!)*; **~ the government!** *(fam!)* !que se joda el gobierno! *(fam!)*.

stuffed [stʌft] *adj* (*animal*) disecado/a; **~ toy** (*US*) muñeco *m* de peluche.

stuffing [ˈstʌfɪŋ] *n* (*gen*) relleno *m*; **to knock the ~ out of sb** dejar a algn para el arrastre.

stuffy [ˈstʌfɪ] *adj* (*comp* **-ier**; *superl* **-iest**) (**a**) (*room*) mal ventilado/a; (*weather*) bochornoso/a; **it's ~ in here** aquí huele a encerrado. (**b**) (*narrow-minded*) remilgado/a, de miras estrechas.

stultify [ˈstʌltɪfaɪ] *vt* anular, aniquilar.

stumble [ˈstʌmbl] *vi* tropezar, dar un traspié; **to ~ against sth** tropezar contra algo; **to ~ on** *or* **across sth** (*fig*) tropezar con algo.

stumbling [ˈstʌmblɪŋ] *adj*: **~ block** (*fig*) tropiezo *m*, escollo *m*.

stump [stʌmp] **1** *n* (*gen*) cabo *m*; (*of limb*) muñón *m*; (*of tree etc*) tocón *m*; (*Cricket*) palo *m*; **to go on the ~** (*US*) hacer campaña electoral. **2** *vt* (*perplex*) dejar perplejo *or* confuso; **to be ~ed for an answer** no tener respuesta. **3** *vi* renquear, cojear.

▸ **stump up** *vt, vi + adv* (*fam*) pagar.

stun [stʌn] *vt* (*subj: blow*) atontar, aturdir; (*fig*) dejar pasmado, aturdir; **the news ~ned everybody** la noticia dejó estupefactos a todos.

stung [stʌŋ] *pt, pp of* **sting**.

stunk [stʌŋk] *pp of* **stink**.

stunner [ˈstʌnəʳ] *n* (*fam*) persona *f* maravillosa; **she's a real ~** está como un tren *(fam)*, está buenísima *(fam)*.

stunning [ˈstʌnɪŋ] *adj* (*news etc*) pasmoso/a; (*dress, girl etc*) imponente.

stunt[1] [stʌnt] *vt* (*tree, growth*) impedir (el crecimiento de), atrofiar.

stunt[2] [stʌnt] *n* (*for film etc*) papel *m* peligroso en el cine; (*Comm*) truco *m* publicitario; **it's just a ~ to get your money** es sólo un truco para sacarte dinero; **to pull a ~** hacer algo peligroso (y tonto).
stunted ['stʌntɪd] *adj* enano/a, mal desarrollado/a.
stuntman ['stʌntmæn] *n* (*pl* **-men**) doble *m/f* especializado/a en escenas peligrosas.
stupefaction [ˌstju:pɪ'fækʃən] *n* estupefacción *f.*
stupefy ['stju:pɪfaɪ] *vt* (*tiredness, alcohol*) atontar; (*fig: astound*) dejar estupefacto *or* pasmado.
stupendous [stju:'pendəs] *adj* (*fam: wonderful*) estupendo/a; (*extraordinary*) extraordinario/a.
stupid ['stju:pɪd] *adj* (*gen*) estúpido/a, tonto/a; (*dizzy etc*) atontado/a; **don't be ~** no seas bobo; **that was ~ of you, that was a ~ thing to do** ¡qué imbécil fuiste!
stupidity [stju:'pɪdɪtɪ] *n* estupidez *f.*
stupor ['stju:pə'] *n* estupor *m.*
sturdiness ['stɜ:dɪnɪs] *n* (*of person, tree*) robustez *f,* fuerza *f;* (*of boats, material*) fuerza; (*fig: of supporter, refusal*) energía *f,* firmeza *f.*
sturdy ['stɜ:dɪ] *adj* (*comp* **-ier**; *superl* **-iest**) (*person, tree*) robusto/a, fuerte; (*boat, material*) fuerte; (*fig: supporter, refusal*) enérgico/a, firme.
sturgeon ['stɜ:dʒən] *n* esturión *m.*
stutter ['stʌtə'] **1** *n* tartamudeo *m*; **he has a bad ~** tartamudea terriblemente. **2** *vi* tartamudear. **3** *vt* decir tartamudeando.
stutterer ['stʌtərə'] *n* tartamudo/a *m/f.*
sty [staɪ] *n* pocilga *f,* chiquero *m (CSur).*
stye [staɪ] *n* (*Med*) orzuelo *m.*
style [staɪl] *n* (*of writing, painting, building etc*) estilo *m*; (*fashion*) moda *f;* (*elegance*) estilo, elegancia *f;* **in the Italian ~** a la italiana; **she has ~** ella tiene estilo; **to cramp sb's ~** cortar los vuelos a algn; **to live in ~** vivir con lujo.
styli ['staɪlaɪ] *npl of* **stylus**.
stylish ['staɪlɪʃ] *adj* (*elegant*) elegante; (*fashionable*) a la moda.
stylist ['staɪlɪst] *n*: **hair ~** peluquero/a *m/f.*
stylistic [staɪ'lɪstɪk] *adj* (*device*) estilístico/a; (*improvement*) del estilo.
stylistics [staɪ'lɪstɪks] *nsg* estilística *f.*
stylized ['staɪlaɪzd] *adj* estilizado/a.
stylus ['staɪləs] *n* (*pl* **styli**) (*pen*) estilo *m*; (*of gramophone*) aguja *f.*
stymie ['staɪmɪ] *vt*: **to ~ sb** (*fam*) bloquear a algn.
styptic ['stɪptɪk] *adj* astringente.
suave [swɑ:v] *adj* suave; (*pej*) zalamero/a.
sub[1] [sʌb] **1** *n abbr* (**a**) *of* **subaltern**. (**b**) *of* **subeditor**. (**c**) *of* **submarine**. (**d**) *of* **subscription**. (**e**) *of* **substitute**. **2** *vt abbr of* **sub-edit**.
sub[2] [sʌb] *vi*: **to ~ for sb** hacer las veces de algn.
sub[3] [sʌb] (*fam*) **1** *n* (*advance on wages*) avance *m,* anticipo *m.* **2** *vt* anticipar dinero a.
sub... [sʌb] *pref* sub....
subaltern ['sʌbltən] *n* (*Mil*) alférez *m.*
subcommittee ['sʌbkəˌmɪtɪ] *n* subcomisión *f,* subcomité *m.*
subconscious ['sʌb'kɒnʃəs] **1** *adj* subconsciente. **2** *n*: **the ~** el subconsciente.
subconsciously ['sʌb'kɒnʃəslɪ] *adv* subconscientemente.
subcontinent ['sʌb'kɒntɪnənt] *n*: **the (Indian) ~** el subcontinente (de la India).
subcontract ['sʌb'kɒntrækt] **1** *n* subcontrato *m.* **2** [ˌsʌbkən'trækt] *vt* subcontratar.
subcontractor ['sʌbkən'træktə'] *n* subcontratista *mf.*
subdivide ['sʌbdɪ'vaɪd] *vt* subdividir.
subdue [səb'dju:] *vt* (*enemy*) someter, sojuzgar; (*children, revellers*) calmar, tranquilizar; (*animal*) amansar, domar; (*noise*) bajar; (*passions etc*) dominar.
subdued [səb'dju:d] *adj* (*person, mood*) callado/a; (*: passive*) sumiso/a, manso/a; (*voice*) suave; (*colours, light*) tenue; **he's very ~ these days** está sin ánimo en estos días.
sub-edit ['sʌb'edɪt] *vt* (*Brit: article*) corregir, preparar para la prensa.
sub-editor ['sʌb'edɪtə'] *n* redactor(a) *m/f.*
sub-entry ['sʌbentrɪ] *n* (*Book-keeping*) subasiento *m.*
subhead(ing) ['sʌbˌhed(ɪŋ)] *n* subtítulo *m.*
subhuman ['sʌb'hju:mən] *adj* infrahumano/a.
subject ['sʌbdʒɪkt] **1** *n* (**a**) (*Pol*) súbdito *m.*
(**b**) (*Ling*) sujeto *m.*
(**c**) (*topic, theme*) tema *m*; (*plot etc*) argumento *m,* asunto *m*; (*Scol*) asignatura *f;* **(while we're) on the ~ of money ...** ya que de dinero se trata ...; **to change the ~** volver la hoja.
2 *adj* (**a**) (*people, nation*) dominado/a, subyugado/a.
(**b**) **~ to** (*liable to: law, tax*) sujeto/a a; (*: disease*) expuesto/a a; (*: delays, flooding*) propenso/a a; (*conditional on: approval etc*) sujeto/a a; **these prices are ~ to change without notice** estos precios están sujetos a cambio sin previo aviso; **~ to confirmation in writing** sujeto a confirmación por escrito.
3 [səb'dʒekt] *vt*: **to ~ sb to sth** someter a algn a algo; **I will not be ~ed to this questioning** no tolero esta interrogación.
4 ['sʌbdʒɪkt] *cpd*: **~ heading** *n* título *m* de materia; **~ index** *n* (*in book*) índice *m* de materias; (*in library*) catálogo *m* de materias; **~ matter** *n* tema *m,* asunto *m*; **~ pronoun** *n* pronombre *m* de sujeto.
subjection [səb'dʒekʃən] *n* (*state*) **~ (to)** sojuzgamiento *m* (a); **to hold a people in ~** tener subyugado a un pueblo.
subjective [səb'dʒektɪv] *adj* subjetivo/a.
subjectively [səb'dʒektɪvlɪ] *adv* subjetivamente.
sub judice [sʌb'dju:dɪsɪ] *adj*: **the matter is ~** el asunto está en manos del tribunal.
subjugate ['sʌbdʒʊgeɪt] *vt* subyugar, sojuzgar.
subjunctive [səb'dʒʌŋktɪv] **1** *adj* subjuntivo/a. **2** *n* subjuntivo *m.*
sublease ['sʌb'li:s] **1** *vt* subarrendar. **2** ['sʌbˌli:s] *n* subarriendo *m.*
sublet ['sʌb'let] (*pt, pp* ~) *vt, vi* realquilar.
sub-lieutenant ['sʌblef'tenənt] *n* (*Naut*) alférez *m* de fragata; (*Mil*) subteniente *mf.*
sublimate ['sʌblɪmeɪt] *vt* (*Psych*) sublimar.
sublime [sə'blaɪm] **1** *adj* sublime; (*iro: indifference, contempt*) supremo/a, total. **2** *n*: **to go from the ~ to the ridiculous** pasar de lo sublime a lo ridículo.
subliminal [sʌb'lɪmɪnl] *adj* subliminal; **~ advertising** publicidad *f* subliminal.
sub-machine gun ['sʌbmə'ʃi:ngʌn] *n* pistola *f* ametralladora, metralleta *f.*
submarine [ˌsʌbmə'ri:n] *n* submarino *m.*
submerge [səb'mɜ:dʒ] **1** *vt* (*plunge*) hundir (*in* en); (*: person*) sumirse (*in* en); (*flood*) inundar. **2** *vi* (*submarine*) sumergirse.
submersion [səb'mɜ:ʃən] *n* sumersión *f.*
submission [səb'mɪʃən] *n* (**a**) (*state*) sumisión *f.* (**b**) (*act*) presentación *f* (*of evidence* de datos etc), entrega *f.* (**c**) (*Jur etc*) argumento *m.* (**d**) (*to committee etc*) ponencia *f.*
submissive [səb'mɪsɪv] *adj* sumiso/a, condescendiente.
submit [səb'mɪt] **1** *vt* (**a**) (*proposal, claim*) presentar; **I ~ that ...** me permito sugerir que .... (**b**) (*subject*) someter. **2** *vi* (*give in*) rendirse, someterse; **to ~ to sth** someterse a algo.
subnormal ['sʌb'nɔ:məl] *adj* subnormal.
subordinate [sə'bɔ:dnɪt] **1** *adj* subordinado/a; **~ clause** oración *f* subordinada. **2** *n* subordinado/a *m/f.* **3** [sə'bɔ:dɪneɪt] *vt* subordinar (*to* a); **subordinating conjunction** conjunción *f* de subordinación.
suborn [sʌ'bɔ:n] *vt* sobornar.
subpoena [səb'pi:nə] **1** *n* citación *f.* **2** *vt* citar.
sub post-office [ˌsʌb'pəʊstˌɒfɪs] *n* subdelegación *f* de correos.

subscribe [səb'skraɪb] *vi*: **to ~ to sth** (*magazine etc*) su(b)scribirse *or* abonarse a algo; (*opinion*) compartir la opinión sobre algo; **~d capital** (*Comm*) capital *m* suscrito.
subscriber [səb'skraɪbəʳ] *n* su(b)scriptor(a) *m/f*, abonado/a *m/f*.
subscription [səb'skrɪpʃən] **1** *n* (*to magazine etc*) abono *m*, su(b)scripción *f*; (*to view*) adhesión *f*; (*to club*) cuota *f*; **to take out a ~ to a journal** abonarse a una revista. **2** *cpd*:**~ fee, ~ rate** *n* tarifa *f* de suscripción.
subsequent ['sʌbsɪkwənt] *adj* subsiguiente; **~ to** posterior a.
subsequently ['sʌbsɪkwəntlɪ] *adv* posteriormente.
subservient [səb'sɜːvɪənt] *adj* servil (*to* a).
subside [səb'saɪd] *vi* (*floods*) bajar, descender; (*road, land*) hundirse; (*wind*) amainar; (*anger, laughter*) calmarse.
subsidence [səb'saɪdəns] *n* (*see vi*) bajada *f*, descenso *m*; hundimiento *m*; amaine *m*; apaciguamiento *m*.
subsidiary [səb'sɪdɪərɪ] **1** *adj* (*interest*) secundario/a; (*Univ: subject*) subsidiario/a; (*Comm: company*) sucursal. **2** *n* (*Univ*) asignatura *f* menor; (*Comm*) sucursal *f*, filial *f*.
subsidize ['sʌbsɪdaɪz] *vt* subvencionar.
subsidy ['sʌbsɪdɪ] *n* subvención *f*.
subsist [səb'sɪst] *vi* subsistir.
subsistence [səb'sɪstəns] **1** *n* (*nourishment*) sustento *m*, subsistencia *f*; (*existence*) existencia *f*. **2** *cpd*: **~ allowance** *n* dietas *fpl*; **~ farming** *n* agricultura *f* de subsistencia.
substance ['sʌbstəns] *n* (*material*) materia *f*, sustancia *f*; (*essence, gist*) esencia *f*; (*worthwhile content*) sustancia; **a person of ~** una persona acaudalada.
substandard ['sʌb'stændəd] *adj* inferior.
substantial [səb'stænʃəl] *adj* (*solid: building, table*) sólido/a; (*: meal*) abundante; (*considerable: increase, sum of money, majority*) importante; (*: difference*) apreciable; **~ damages** (*Jur*) daños *mpl* y perjuicios generales; **there is ~ proof** existen pruebas importantes.
substantially [səb'stænʃəlɪ] *adv* (*considerably*) sustancialmente; (*in essence*) en gran parte; **~ true** verdadero en lo esencial; **it contributed ~ to our success** contribuyó materialmente a nuestro éxito.
substantiate [səb'stænʃɪeɪt] *vt* establecer, justificar.
substantive ['sʌbstəntɪv] *n* (*Ling*) sustantivo *m*.
substitute ['sʌbstɪtjuːt] **1** *n* (*person*) sustituto/a *m/f*, suplente *mf*; (*thing*) sucedáneo *m*; **this is a poor ~ for the real thing** esto no sustituye plenamente lo auténtico. **2** *vt* sustituir. **3** *cpd*: **~ teacher** *n* (*US*) profesor(a) *m/f* suplente.
substitution [ˌsʌbstɪ'tjuːʃən] *n* sustitución *f*.
subtenant ['sʌb'tenənt] *n* subarrendatario/a *m/f*.
subterfuge ['sʌbtəfjuːdʒ] *n* subterfugio *m*.
subterranean [ˌsʌbtə'reɪnɪən] *adj* subterráneo/a.
subtitle ['sʌbˌtaɪtl] **1** *n* (*Cine*) subtítulo *m*. **2** *vt* subtitular.
subtle ['sʌtl] *adj* (*flavour, perfume*) delicado/a; (*mind, humour, book*) ingenioso/a; (*difference*) sutil.
subtlety ['sʌtltɪ] *n* (*see adj*) delicadeza *f*; ingeniosidad *f*; sutileza *f*.
subtly ['sʌtlɪ] *adv* (*see adj*) con delicadeza; con ingeniosidad; sutilmente.
subtotal ['sʌbˌtəʊtl] *n* subtotal *m*.
subtract [səb'trækt] *vt* (*gen*) restar; (*fig*) sustraer; **to ~ 5 from 9** restar 5 de 9.
subtraction [səb'trækʃən] *n* resta *f*.
subtropical ['sʌb'trɒpɪkəl] *adj* subtropical.
suburb ['sʌbɜːb] *n* suburbio *m*; **the ~s** las afueras de la ciudad.
suburban [sə'bɜːbən] *adj* suburbano/a; **~ train** tren *m* de cercanías.
suburbia [sə'bɜːbɪə] *n* barrios *mpl* satélites.
subversion [səb'vɜːʃən] *n* subversión *f*.
subversive [səb'vɜːsɪv] **1** *adj* subversivo/a. **2** *n* persona *f* subversiva.
subway ['sʌbweɪ] **1** *n* (*underpass*) paso *m* subterráneo; (*US Rail*) metro *m*, subterráneo *m (Arg)*, subte *m (Arg fam)*. **2** *cpd*: **~ station** *n* (*US*) estación *f* de metro.
sub-zero ['sʌb'zɪərəʊ] *adj*: **~ temperatures** temperaturas *fpl* por debajo del cero.
succeed [sək'siːd] **1** *vi* **(a)** (*be successful: person*) tener éxito, triunfar; (*: plan etc*) salir bien; **to ~ in life** triunfar en la vida; **to ~ in doing sth** conseguir hacer algo; **he only ~ed in making it worse** lo único que consiguió fue ponerlo peor. **(b)** (*follow*) suceder (*to* a). **2** *vt* (*monarch*) suceder.
succeeding [sək'siːdɪŋ] *adj* sucesivo/a, subsiguiente; **~ generations** generaciones *fpl* futuras; **on 3 ~ Saturdays** tres sábados seguidos.
success [sək'ses] *n* éxito *m*; **he was a great ~** fue todo un éxito; **she had no ~** no le resultó; **to make a ~ of sth** tener éxito en algo; **to meet with ~** tener éxito.
successful [sək'sesfʊl] *adj* (*in life*) afortunado/a, feliz; (*attempt, plan*) logrado/a, exitoso/a *(esp LAm)*; (*business*) próspero/a; **to be ~ in doing sth** conseguir hacer algo; **he was not ~ last time** le salió mal la última vez.
succession [sək'seʃən] *n* **(a)** (*series*) sucesión *f*, serie *f*; **in ~** sucesivamente. **(b)** (*to post etc*) sucesión *f*.
successive [sək'sesɪv] *adj* sucesivo/a; **5 ~ days** 5 días seguidos.
successor [sək'sesəʳ] *n* (*in office*) sucesor(a) *m/f*.
succinct [sək'sɪŋkt] *adj* sucinto/a.
succulent ['sʌkjʊlənt] **1** *adj* (*tasty*) suculento/a. **2** *n* (*Bot*) planta *f* carnosa.
succumb [sə'kʌm] *vi* sucumbir (*to* a).
such [sʌtʃ] **1** *adj* (*of that kind*) tal, semejante, parecido/a; (*so much*) tanto/a; **~ a book** tal libro; **~ books** tales libros; **books ~ as these** semejantes libros; **there's no ~ thing** no existe tal cosa; **there's no ~ thing as a unicorn** el unicornio no existe; **~ a man as you** un hombre como tú; **~ writers as Updike, writers ~ as Updike** autores como Updike; **I was in ~ a hurry** tenía tanta prisa; **it caused ~ trouble that ...** dio lugar a tantos disgustos que ...; **in ~ cases** en casos parecidos; **~ is not the case** (*frm*) la cosa no es así; **some ~ idea** algo por el estilo; **~ is life** así es la vida; **and as ~ he was promoted** y así fue ascendido; **there are no trees as ~** no hay árboles propiamente dichos; **this is my car ~ as it is** aunque valga poco, es mi coche; **he read the documents ~ as they were** leyó los documentos los que había.
2 *adv* tan; **~ good food** comida tan buena; **~ a clever girl** una muchacha tan inteligente; **it's ~ a long time now** hace tanto tiempo.
such-and-such ['sʌtʃənsʌtʃ] *adj* tal o cual.
suchlike ['sʌtʃlaɪk] **1** *adj* tal, semejante; **sheep and ~ animals** ovejas y animales por el estilo. **2** *pron* cosas *fpl*/gente *f etc* por el estilo; **buses and lorries and ~** autobuses y camiones y tal.
suck [sʌk] **1** *vt* (*person*) sorber; (*machine*) aspirar; (*fig*) **we were ~ed into the controversy** fuimos involucrados en la controversia. **2** *vi*: **to ~ (on/at)** chupar, mamar; **this ~s** (*fam!*) es la mierda *(fam!)*.
► **suck down** *vt + adv* (*current, mud*) tragar.
► **suck in** *vt + adv* (*machine: dust, air etc*) aspirar; **to ~ one's cheeks in** hundirse los carrillos.
► **suck up 1** *vt + adv* (*dust, liquid etc*) aspirar. **2** *vi + adv*: **to ~ up to sb** (*fam*) dar coba a algn.
sucker ['sʌkəʳ] *n* (*gen*) ventosa *f*; (*US: lollipop*) chupón *m*, chupete *m*; (*fam: person*) primo/a *m/f*, bobo/a *m/f*; **he's a ~ for a pretty girl** (*fam*) no puede resistir una chica guapa.
suckle ['sʌkl] *vt* amamantar.
sucrose ['suːkrəʊz] *n* sucrosa *f*.
suction ['sʌkʃən] *n* succión *f*.
Sudan [sʊ'dɑːn] *n* Sudán *m*.
Sudanese [ˌsuːdə'niːz] *adj, n* sudanés/esa *m/f*.
sudden ['sʌdn] *adj* (*unexpected*) imprevisto/a, inespe-

rado/a; (*hurried*) súbito/a, repentino/a; (*change*) brusco/a; **all of a** ~ de repente, de pronto, de golpe; ~ **infant death syndrome** síndrome *m* de la muerte infantil súbita.
suddenly [ˈsʌdnlı] *adv* de repente, de pronto.
suddenness [ˈsʌdnnıs] *n* (*see adj*) lo imprevisto; lo súbito, lo repentino; brusquedad *f*.
suds [sʌdz] *npl* espuma *fsg* de jabón.
sue [suː] **1** *vt* demandar (*for* por); **to ~ sb for damages** demandar *or* poner pleito a algn por daños y perjuicios. **2** *vi*: **to ~ for divorce** solicitar el divorcio.
suede [sweıd] **1** *n* ante *m*. **2** *cpd* de ante.
suet [sʊıt] *n* sebo *m*.
Suez [ˈsuːız] *cpd*: ~ **Canal** *n* Canal *m* de Suez.
Suff *abbr* (*Brit*) *of* **Suffolk**.
suffer [ˈsʌfəʳ] **1** *vt* (**a**) (*pain, hardship*) sufrir, padecer; (*undergo: loss, decline, setback*) experimentar, sufrir; **to ~ a defeat** sufrir una derrota.
(**b**) (*tolerate: opposition, rudeness*) aguantar, soportar; **she doesn't ~ fools gladly** no soporta a los imbéciles.
2 *vi* (*physically*) sufrir; (*be adversely affected*) sufrir a consecuencia (*from* de); **to ~ from an illness** padecer una enfermedad; **to ~ from the effects of alcohol/a fall** resentirse del alcohol/de una caída; **the house is ~ing from neglect** la casa tiene aspecto de abandonada; **to ~ for one's sins** pagar las consecuencias del pecado; **Madrid ~s from overcrowding** Madrid adolece de la sobrepoblación; **sales have ~ed badly** las ventas han sido afectadas seriamente.
sufferance [ˈsʌfərəns] *n*: **on** ~ por tolerancia *f*.
sufferer [ˈsʌfərəʳ] *n* (*Med*) enfermo/a *m/f* (*from* de).
suffering [ˈsʌfərıŋ] *n* (*gen*) sufrimiento *m*; (*pain*) dolor *m*.
suffice [səˈfaıs] (*frm*) **1** *vi* ser suficiente, bastar. **2** *vt*: ~ **it to say** ... basta con decir ....
sufficient [səˈfıʃənt] *adj* suficiente (*for* para).
sufficiently [səˈfıʃəntlı] *adv* suficientemente, bastante; **it isn't ~ large** no es lo suficientemente grande.
suffix [ˈsʌfıks] *n* sufijo *m*.
suffocate [ˈsʌfəkeıt] **1** *vt* ahogar, asfixiar. **2** *vi* ahogarse, asfixiarse.
suffocating [ˈsʌfəkeıtıŋ] *adj* (*heat*) sofocante; (*atmosphere*) bochornoso/a.
suffocation [ˌsʌfəˈkeıʃən] *n* asfixia *f*, ahogo *m*.
suffrage [ˈsʌfrıdʒ] *n* sufragio *m*.
suffragette [ˌsʌfrəˈdʒet] *n* sufragista *f*.
suffuse [səˈfjuːz] *vt* bañar, cubrir; **~d with light** bañado de luz.
sugar [ˈʃʊgəʳ] **1** *n* azúcar *m*. **2** *vt* (*tea etc*) azucarar, echar azúcar a; **to ~ the pill** (*fig*) dorar la píldora. **3** *cpd* (*gen*) azucarero/a; ~ **beet** *n* remolacha *f*; ~ **bowl** *n* azucarera *f*; ~ **candy** *n* azúcar *m* candi; ~ **cane** *n* caña *f* (de azúcar); ~ **cube** *n* terrón *m* de azúcar; ~ **daddy** *n* (*fam*) viejo *m* adinerado amante de una joven; ~ **lump** *n* = ~ **cube**; ~ **plantation** *n* plantación *f* azucarera; ~ **refinery** *n* ingenio *m* azucarero.
sugar-coated [ˈʃʊgəˈkəʊtıd] *adj* azucarado/a.
sugared [ˈʃʊgəd] *adj*: ~ **almonds** almendras *fpl* garapiñadas.
sugar-free [ˌʃʊgəˈfri], **sugarless** [ˈʃʊgəlıs] *adj* sin azúcar.
sugary [ˈʃʊgərı] *adj* (*like sugar*) azucarado/a; (*sweet*) dulce; (*fig: sentimental*) sentimentaloide.
suggest [səˈdʒest] *vt* (*propose: plan, candidate etc*) sugerir, proponer; (*recommend: remedy etc*) aconsejar; (*evoke*) evocar, hacer pensar en; (*indicate*) indicar, señalar; **this ~s that** ... esto hace pensar que ...; **we ~ you contact X** aconsejamos contactar con X; **what are you trying to ~?** ¿qué insinúas?; **nothing ~s itself** no se me ocurre nada.
suggestible [səˈdʒestıbl] *adj* sugestionable.
suggestion [səˈdʒestʃən] *n* (**a**) (*proposal*) sugerencia *f*; (*indication*) indicación *f*; **if I may make** *or* **offer a** ~ si se me permite proponer algo; **my ~ is that** ... yo propongo que ...; **I am writing at the ~ of Z** le escribo siguiendo la indicación de Z. (**b**) (*trace*) sombra *f*, traza *f*; **with just a ~ of garlic** con una pizca de ajo.
suggestive [səˈdʒestıv] *adj* (*indecent*) indecente, colorado/a (*LAm*); **to be ~ of sth** evocar algo.
suicidal [ˌsʊıˈsaıdl] *adj* suicida.
suicide [ˈsʊısaıd] **1** *n* suicidio *m*; **to commit** ~ suicidarse; (*fig*) **it would be ~ to** ... sería una locura .... **2** *cpd*: ~ **attempt** *n* tentativa *f* de suicidio; ~ **note** *n* nota *f* en que se explica el motivo del suicidio.
suit [suːt] **1** *n* (**a**) (*for man*) traje *m*, terno *m* (*esp LAm*); (*for woman*) conjunto *m*; **bathing** ~ bañador *m*, traje de baño; ~ **of armour** armadura *f*.
(**b**) (*law~*) pleito *m*.
(**c**) (*Cards*) palo *m*; **to follow** ~ (*fig*) seguir el ejemplo.
2 *vt* (**a**) (*adapt*) **to ~ (to)** adaptar (a), acomodar (a); **to ~ one's style to one's audience** adaptar su estilo al público; **to be ~ed to sth** (*suitable for*) ser apto para algo; **they are well ~ed (to each other)** están hechos el algn para el otro; **the coat ~s you** el abrigo te sienta; **I know what ~s me best** sé lo que me conviene.
(**b**) (*be convenient, acceptable*) convenir; **come whenever it ~s** ven cuando mejor te convenga.
(**c**) (*please*) agradar, caer bien; ~ **yourself whether you do it or not** hazlo o no como quieras; ~ **yourself!** ¡como quieras!
suitability [ˌsuːtəˈbılıtı] *n* (*convenience*) conveniencia *f*; (*for task*) aptitud *f*.
suitable [ˈsuːtəbl] *adj* (*convenient*) conveniente, apto/a; (*apt*) adecuado/a, indicado/a; **the most ~ man for the job** el hombre más indicado para el puesto; **the film is not ~ for children** la película no es apta para menores; **Tuesday is the most ~ day** el martes nos conviene más.
suitably [ˈsuːtəblı] *adv* (*aptly*) convenientemente; (*impressed etc*) apropiadamente.
suitcase [ˈsuːtkeıs] *n* maleta *f*, valija *f* (*LAm*), veliz *m* (*Mex*).
suite [swiːt] *n* (*of furniture*) juego *m*, mobiliario *m*; (*of rooms, Mus*) suite *f*; **bedroom** ~ (juego de) dormitorio *m*; **a ~ of programs** (*Comput*) una serie *f* de programas.
suitor [ˈsuːtəʳ] *n* (*gen*) pretendiente *m*.
sulfate *etc* [ˈsʌlfeıt] (*US*) = **sulphate** *etc*.
sulk [sʌlk] **1** *vi* estar de mal humor. **2** *n*: **to have (a fit of) the ~s** tener murria, enfurruñarse.
sulky [ˈsʌlkı] *adj* (*comp* **-ier**; *superl* **-iest**) malhumorado/a, resentido/a.
sullen [ˈsʌlən] *adj* hosco/a, tétrico/a; (*sky*) plomizo/a.
sully [ˈsʌlı] *vt* (*poet*) manchar.
sulphate, (*US*) **sulfate** [ˈsʌlfeıt] *n* sulfato *m*; **copper** ~ sulfato de cobre.
sulphide, (*US*) **sulfide** [ˈsʌlfaıd] *n* sulfuro *m*.
sulphur, (*US*) **sulfur** [ˈsʌlfəʳ] *n* azufre *m*.
sulphuric, (*US*) **sulfuric** [sʌlˈfjʊərık] *adj*: ~ **acid** ácido *m* sulfúrico.
sultan [ˈsʌltən] *n* sultán *m*.
sultana [sʌlˈtɑːnə] *n* (*fruit*) pasa *f* de Corinto.
sultry [ˈsʌltrı] *adj* (*weather*) bochornoso/a, sofocante; (*woman, eyes*) sensual.
sum [sʌm] *n* (*piece of arithmetic*) suma *f*, adición *f*; (*total*) suma, total *m*; (*amount of money*) suma, importe *m*; **lump** ~ suma global; **that was the ~ (total) of his achievements** y de allí no pasó.
► **sum up 1** *vt + adv* sumar; (*review*) resumir; (*evaluate rapidly*) evaluar; **to ~ up an argument** resumir un argumento; **he ~med up the situation quickly** se dio cuenta rápidamente de la situación. **2** *vi + adv* resumir; **to ~ up, I would say** ... en resumidas cuentas, yo diría ....
Sumatra [sʊˈmɑːtrə] *n* Sumatra *f*.
summarize [ˈsʌməraız] *vt* resumir.
summary [ˈsʌmərı] **1** *n* resumen *m*; **in** ~ en resumen. **2** *adj* (*gen*) sumario/a, perentorio/a.

summer ['sʌmə^r] **1** *n* verano *m*; **a ~'s day** un día de verano; **to spend the ~ in Spain** veranear en España. **2** *cpd* (*clothing, residence, holiday*) de verano; (*weather, heat*) veraniego/a; **~ camp** *n* colonia *f* de vacaciones; **~ school** *n* escuela *f* de verano; **~ time** *n* (*Brit: daylight saving*) hora *f* de verano; *see also* **summertime**.
summerhouse ['sʌməhaʊs] *n* (*pl* **-houses** [haʊzɪz]) cenador *m*, glorieta *f*.
summertime ['sʌmətaɪm] *n* (*season*) verano *m*.
summery ['sʌmərɪ] *adj* veraniego/a.
summing-up ['sʌmɪŋ'ʌp] *n* (*Jur*) resumen *m*.
summit ['sʌmɪt] *n* (*gen*) cima *f*, cumbre *f*; (*Pol: also* **~ conference**) conferencia *f* al más alto nivel, cumbre.
summon ['sʌmən] *vt* (*servant etc*) llamar; (*meeting*) convocar; (*aid, doctor*) pedir; (*Jur*) citar, emplazar; **to ~ up all one's strength** *or* **courage** reunir todas sus fuerzas.
summons ['sʌmənz] **1** *n* (*Jur*) citación *f* judicial, emplazamiento *m*; (*fig*) llamada *f*; **to serve a ~ on sb** citar a algn ante el juicio. **2** *vt* citar, emplazar.
sumo ['su:məʊ] *n* (*also* **~ wrestling**) sumo *m*.
sump [sʌmp] *n* (*Aut*) cárter *m*; (*Min*) sumidero *m*; (*cesspool*) letrina *f*.
sumptuous ['sʌmptjʊəs] *adj* suntuoso/a.
sun [sʌn] **1** *n* sol *m*; **to be out in the ~** estar al sol; **the ~ is shining** brilla el sol; **they have everything under the ~** no les falta nada; **he called me all the names under the ~** me dijo de todo; **you've caught the ~** te ha dado el sol. **2** *vt*: **to ~ o.s.** tomar el sol, asolearse. **3** *cpd*: **~ lamp** *n* lámpara *f* solar ultravioleta; **~ lotion** *n* bronceador *m*; **~ lounger** *n* tumbona *f*.
Sun. *abbr of* **Sunday** dom.º.
sunbathe ['sʌnbeɪð] *vi* tomar el sol, asolearse.
sunbathing ['sʌnbeɪðɪŋ] *n* baños *mpl* de sol.
sunbeam ['sʌnbi:m] *n* rayo *m* de sol.
sunbed ['sʌnbed] *n* tumbona *f*.
sunblind ['sʌnblaɪnd] *n* toldo *m*.
sunblock ['sʌnblɒk] *n* filtro *m* solar.
sunburn ['sʌnbɜ:n] *n* (*tan*) bronceado *m*; (*painful*) quemadura *f* del sol.
sunburned ['sʌnbɜ:nd], **sunburnt** ['sʌnbɜ:nt] *adj* (*tanned*) bronceado/a; (*painfully*) quemado/a por el sol; **to get ~** broncearse.
sundae ['sʌndeɪ] *n* helado *m* con frutas y nueces.
Sunday ['sʌndɪ] **1** *n* domingo *m*. **2** *cpd*: **~ best** *n*: **in one's ~ best** en traje de domingo; **~ school** *n* catequesis *f*; *see* **Tuesday** *for usage*.
sundeck ['sʌndek] *n* cubierta *f* superior.
sundial ['sʌndaɪəl] *n* reloj *m* de sol.
sundown ['sʌndaʊn] *n* anochecer *m*.
sun-drenched ['sʌndrentʃt] *adj* bañado/a de sol.
sundry ['sʌndrɪ] **1** *adj* diversos/as, varios/a; **ail and ~** todos sin excepción. **2** *npl*: **sundries** (*Comm*) artículos *mpl* diversos.
sunflower ['sʌn,flaʊə^r] **1** *n* girasol *m*. **2** *cpd*: **~ oil** *n* aceite *m* de girasol; **~ seeds** *npl* pipas *fpl*.
sung [sʌŋ] *pp of* **sing**.
sunglasses ['sʌn,glɑ:sɪz] *npl* gafas *fpl* *or* anteojos *mpl* de sol.
sunhat ['sʌnhæt] *n* pamela *f*, sombrero *m* ancho.
sunk [sʌŋk] *pp of* **sink**.
sunken ['sʌŋkən] *adj* hundido/a.
sunless ['sʌnlɪs] *adj* sin sol.
sunlight ['sʌnlaɪt] *n* sol *m*, luz *f* del sol; **in the ~** al sol.
sunlit ['sʌnlɪt] *adj* iluminado/a por el sol.
Sunni ['sʌnɪ] *adj*, *n* sunita *mf*.
sunny ['sʌnɪ] *adj* (*comp* **-ier**; *superl* **-iest**) **(a)** (*place, room etc*) soleado/a; (*day*) de sol; **it's a ~ day** hace sol; **I'd like my eggs ~ side up** quiero mis huevos fritos *or* estrellados con la yema arriba. **(b)** (*fig: person, smile*) alegre.
sunray ['sʌnreɪ] *adj*: **~ lamp** lámpara *f* ultravioleta.
sunrise ['sʌnraɪz] *n* salida *f* del sol; **from ~ to sunset** de sol a sol.
sunroof ['sʌnru:f] *n* (*on building*) azotea *f*, terraza *f*; (*Aut*) techo *m* corredizo.
sunset ['sʌnset] *n* puesta *f* del sol.
sunshade ['sʌnʃeɪd] *n* (*portable*) sombrilla *f*; (*awning*) toldo *m*.
sunshine ['sʌnʃaɪn] **1** *n* sol *m*, luz *f* del sol; **hours of ~** (*Met*) horas *fpl* de sol. **2** *cpd*: **~ roof** *n* (*Aut*) techo *m* corredizo.
sunspot ['sʌnspɒt] *n* (*Astron*) mancha *f* solar.
sunstroke ['sʌnstrəʊk] *n* insolación *f*; **to have ~** sufrir una insolación.
suntan ['sʌntæn] *n* bronceado *m*.
suntanned ['sʌntænd] *adj* bronceado/a.
suntrap ['sʌntræp] *n* lugar *m* muy soleado.
super ['su:pə^r] *adj* (*fam*) bárbaro/a, estupendo/a *(Sp)*, tremendo/a, macanudo/a *(LAm)*, regio/a *(CSur fam)*, chévere *(Ven)*; **we had a ~ time** lo pasamos la mar de bien *or (CSur fam)* regio.
super... ['su:pə^r] *pref* (*more than the norm*) super..., sobre....
superabundance [,su:pərə'bʌndəns] *n* superabundancia *f*, sobreabundancia *f*.
superannuation [,su:pə,rænjʊ'eɪʃən] **1** *n* (*pension*) jubilación *f*, pensión *f*. **2** *cpd*: **~ contribution** *n* cuota *f* de jubilación.
superb [su:'pɜ:b] *adj* espléndido/a, estupendo/a.
supercharged ['su:pətʃɑ:dʒd] *adj* (*Aut*) sobrealimentado/a.
supercharger ['su:pətʃɑ:dʒə^r] *n* compresor *m* de sobrealimentación.
supercilious [,su:pə'sɪlɪəs] *adj* altanero/a.
super-duper ['su:pə'du:pə^r] *adj* (*fam*) estupendo/a *(fam)*, magnífico/a *(fam)*.
superficial [,su:pə'fɪʃəl] *adj* (*lit, fig*) superficial.
superficiality [,su:pə,fɪʃɪ'ælɪtɪ] *n* superficialidad *f*.
superficially [,su:pə'fɪʃəlɪ] *adv* superficialmente, en la superficie.
superfluous [sʊ'pɜ:flʊəs] *adj* superfluo/a, sobrante; **to be ~** sobrar.
superglue ['su:pə,glu:] *n* supercola *f*.
supergrass ['su:pəgrɑ:s] *n* (*fam*) supersoplón/ona *m/f*.
superhuman [,su:pə'hju:mən] *adj* sobrehumano/a.
superimpose ['su:pərɪm'pəʊz] *vt* sobreponer (*on* en).
superintendent [,su:pərɪn'tendənt] *n* director *m*; (*US: porter*) conserje *mf*; **police ~** subjefe *m* de policía.
superior [sʊ'pɪərɪə^r] **1** *adj* (*better, also in rank*) superior (*to* a); (*smug*) presumido/a; (*Comm: goods, quality*) superior; **to be ~ (to)** (*in quantity*) superar (a); **~ number** (*Typ*) cantidad *f* superior *or* mayor. **2** *n* (*in rank*) superior *m*; **Mother S~** (*Rel*) madre *f* superiora.
superiority [sʊ,pɪərɪ'ɒrɪtɪ] *n* (*gen*) superioridad *f*; (*smugness*) desdén *m*.
superlative [sʊ'pɜ:lətɪv] **1** *adj* (*gen*) superlativo/a. **2** *n* (*Ling*) superlativo *m*; **to talk in ~s** deshacerse en elogios.
superman ['su:pəmæn] *n* (*pl* **-men**) superhombre *m*.
supermarket ['su:pə,mɑ:kɪt] *n* supermercado *m*.
supernatural [,su:pə'nætʃərəl] **1** *adj* sobrenatural. **2** *n*: **the ~** lo sobrenatural.
supernumerary [,su:pə'nju:mərərɪ] *adj* supernumerario/a.
superpower ['su:pə,paʊə^r] *n* (*Pol*) superpotencia *f*.
supersede [,su:pə'si:d] *vt* desbancar, suplantar.
supersonic ['su:pə'sɒnɪk] *adj* supersónico/a.
superstar ['su:pəstɑ:^r] *n* superestrella *f*.
superstition [,su:pə'stɪʃən] *n* superstición *f*.
superstitious [,su:pə'stɪʃəs] *adj* supersticioso/a.
superstructure ['su:pə,strʌktʃə^r] *n* superestructura *f*.
supertanker ['su:pə,tæŋkə^r] *n* superpetrolero *m*.
supertax ['su:pətæks] *n* sobretasa *f*, sobreimpuesto *m*.
supervise ['su:pəvaɪz] *vt* supervisar.
supervision [,su:pə'vɪʒən] *n* supervisión *f*; **to work under the ~ of ...** trabajar bajo la supervisión de ....
supervisor ['su:pəvaɪzə^r] *n* supervisor(a) *m/f*.

supervisory ['su:pəvaɪzərɪ] *adj* de supervisión.
supine ['su:paɪn] *adj* supino/a.
supper ['sʌpəʳ] *n* (*evening meal*) cena *f*; **to have ~** cenar.
supplant [sə'plɑ:nt] *vt* suplantar, reemplazar.
supple ['sʌpl] *adj* flexible.
supplement ['sʌplɪmənt] **1** *n* (*gen*) suplemento *m*. **2** [sʌplɪ'ment] *vt* completar.
supplementary [,sʌplɪ'mentərɪ] *adj* suplementario/a, supletorio/a.
supplication [,sʌplɪ'keɪʃən] *n* súplica *f*.
supplier [sə'plaɪəʳ] *n* (*Comm: distributor*) distribuidor(a) *m/f*; (*: provider*) abastecedor(a) *m/f*, proveedor(a) *m/f*.
supply [sə'plaɪ] **1** *n* (*provision*) suministro *m*; (*delivery*) distribución *f*; (*stock*) surtido *m*, existencias *fpl*; **supplies** (*food*) provisiones *fpl*, víveres *mpl*; (*Mil*) pertrechos *mpl*; **the electricity/water ~** el suministro de electricidad/agua; **~ and demand** la oferta y la demanda; **new cars are in short ~** hay escasez de coches nuevos; **office supplies** materiales *mpl* para oficina.
2 *vt* (*provide: goods, materials*) suministrar; (*Comm: distribute*) distribuir, surtir; (*information, evidence*) facilitar, proporcionar; (*fill: need, want*) suplir; **to ~ sb (with sth)** (*with goods*) proveer a algn (de algo); (*: Comm*) surtir a algn (de algo); (*with provisions, Mil*) abastecer a algn (de algo); (*with information*) facilitar (algo) a algn; **she supplied the vital clue** ella nos dio la pista esencial.
3 *cpd*: **~ teacher** *n* profesor(a) *m/f* suplente.
support [sə'pɔ:t] **1** *n* (**a**) (*lit, Tech*) soporte *m*, apoyo *m*.
(**b**) (*fig: financial, emotional etc*) apoyo *m*; (*: for proposal, project*) aprobación *f*, apoyo; (*: person*) sostén *m*; **moral ~** apoyo moral; **to speak in ~ of a candidate** apoyar la candidatura de algn; **to lean on sb for ~** apoyarse en algn; **they depend on him for financial ~** dependen de él para mantenerse; **our ~ comes from the workers** nos apoyan los obreros.
2 *vt* (**a**) (*lit, Tech*) apoyar, sostener.
(**b**) (*fig: person: emotionally, financially*) apoyar; (*: proposal, project*) aprobar, apoyar; (*: Sport: team*) seguir; (*: corroborate: evidence*) confirmar, respaldar; **to ~ o.s.** (*financially*) ganarse la vida.
supporter [sə'pɔ:təʳ] *n* (*of proposal, Pol etc*) partidario/a *m/f*, adicto/a *m/f*; (*Sport*) hincha *mf*; **~s** la afición; **~s' club** peña *f* deportiva.
supporting [sə'pɔ:tɪŋ] *adj* (*Theat*) secundario/a.
supportive [sə'pɔ:tɪv] *adj* (*esp US*) solidario/a; (*role*) de apoyo; **~ of** que apoya a; **I have a very ~ family** tengo una familia que me ayuda mucho.
suppose [sə'pəʊz] *vt* (**a**) (*assume as hypothesis*) suponer; **let us ~ that ...** supongamos que ..., pongamos por caso que ...; **but just ~ he's right ...** y ¿si tiene razón ...?; **supposing it rains, what shall we do?** pongamos que llueve, entonces ¿qué hacemos?
(**b**) (*assume, believe*) suponer, creer; **I ~ she'll come** supongo que vendrá; **I don't ~ she'll come, I ~ she won't come** no creo que venga; **I ~ so/not** supongo que sí/no; **you'll accept, I ~?** por supuesto que aceptarás; **who do you ~ was there?** ¿quiénes crees tú que estaban?; **what's that ~d to mean?** ¿qué quieres decir con eso?; **I don't ~ you could lend me a pound, I ~ you couldn't lend me a pound?** de casualidad ¿no me podrías prestar una libra?; **he's ~d to be an expert** se le supone un experto.
(**c**) (*in passive: ought*) **you're ~d to be in bed by 10** se supone que debes estar acostado antes de las 10; **you're not ~d to do that** no deberías hacer eso.
(**d**) (*in imperative: I suggest*) **~ you do it now?** ¡te importa hacerlo ahora!
(**e**) (*presuppose*) suponer, presuponer.
supposed [sə'pəʊzd] *adj* supuesto/a.
supposedly [sə'pəʊzɪdlɪ] *adv* según cabe suponer, supuestamente.
supposition [,sʌpə'zɪʃən] *n* suposición *f*, hipótesis *f*.
suppository [sə'pɒzɪtərɪ] *n* supositorio *m*.
suppress [sə'pres] *vt* (*gen*) suprimir; (*repress*) reprimir; (*emotion*) contener, dominar; (*yawn, smile*) ahogar; (*news, the truth*) callar, ocultar; **to ~ a rising** sofocar una revuelta.
suppression [sə'preʃən] *n* (*see vt*) supresión *f*; represión *f*; ahogo *m*; ocultación *f*.
suppressor [sə'presəʳ] *n* supresor *m*.
suppurate ['sʌpjʊəreɪt] *vi* supurar.
supranational ['su:prə'næʃənl] *adj* supranacional.
supremacy [sʊ'preməsɪ] *n* supremacía *f*.
supreme [sʊ'pri:m] *adj* (*gen*) supremo/a; **with ~ indifference** con suma indiferencia; **the ~ sacrifice** el supremo sacrificio; **to reign ~** (*fig*) gozar del dominio absoluto; **~ court** corte *f* suprema.
supremely [sʊ'pri:mlɪ] *adv* totalmente.
supremo [sʊ'pri:məʊ] *n* jefe *m*.
Supt *abbr* (*Brit*) *of* **Superintendent**.
surcharge ['sɜ:tʃɑ:dʒ] *n* sobretasa *f*, sobreimpuesto *m*.
sure [ʃʊəʳ] **1** *adj* (*comp* **~r**; *superl* **~st**) (**a**) (*steady: hand, aim*) firme; (*reliable: proof, method*) seguro/a.
(**b**) (*definite, convinced*) seguro/a; **it's ~ to rain** seguramente lloverá; **I'm ~ it's going to rain** estoy seguro de que va a llover; **to be ~ of sth** (*of seat, good meal etc*) tener algo asegurado; (*of facts etc*) estar seguro de algo, tener algo por seguro; **to be ~ of o.s.** estar seguro de sí mismo; **be** *or* **make ~ you do it right** no dejes de hacerlo bien; **I think I locked up, but I'll just make ~** creo que lo he cerrado con llave, pero voy a verificarlo; **do you know for ~?** ¿lo sabes a ciencia cierta?; **I'm ~ I don't know, I don't know, I'm ~** ¿qué sé yo!, ¡cómo lo voy a saber yo!; **to make ~ of** (*facts*) verificar; **he's a ~ thing for president** no cabe la menor duda de que llegará a presidente.
2 *adv*: **is that OK? — ~!** ¿está bien así? — ¡claro que sí! *or* (*LAm*) ¡cómo no!; **that ~ is pretty, that's ~ pretty** (*US*) ¡qué bonito es!; **~ enough** efectivamente; **as ~ as fate!** ¡tenía que ser!; **that's the truth, as ~ as I'm standing here** es verdad *or* es cierto, tenlo por seguro.
sure-fire ['ʃʊə'faɪəʳ] *adj* (*fam*) de éxito seguro, seguro/a.
sure-footed ['ʃʊə'fʊtɪd] *adj* de pie firme.
surely ['ʃʊəlɪ] *adv* (*seeking confirmation*) verdad; (*certainly*) sin duda; **slowly but ~** lenta pero seguramente; **~ not?** ¿será posible?; **~ you don't mean that!** ¡no lo dices en serio!; **~ to goodness** *or* **God you know that!** ¡no es posible que ignores eso!
sureness ['ʃʊənɪs] *n* (*of aim, footing*) firmeza *f*; (*positiveness*) certeza *f*, seguridad *f*.
surety ['ʃʊərətɪ] *n* (*sum*) fianza *f*, caución *f*; (*person*) fiador(a) *m/f*, garante *mf*; **to go** *or* **stand ~ for sb** ser fiador de algn.
surf [sɜ:f] *n* (*waves*) oleaje *m*; (*current*) resaca *f*.
surface ['sɜ:fɪs] **1** *n* (*gen*) superficie *f*; (*of road*) firme *m*; **on the ~ it seems that ...** (*fig*) a primera vista parece que ...; **we've only scratched the ~** (*fig*) estamos lejos de tocar fondo; **to come** *or* **rise to the ~** salir a la superficie. **2** *vt* (*road*) revestir. **3** *vi* (*submarine etc*) salir a la superficie; **he ~s in London occasionally** de vez en cuando se deja ver por Londres. **4** *cpd* (*Mil, Naut*) de la superficie; (*Aut*) superficial; **~ area** *n* área *f* de la superficie; **~ mail** *n*: **by ~ mail** por vía *f* terrestre.
surface-(to-)air ['sɜ:fɪs(tu:)'ɛəʳ] *adj*: **~ missile** proyectil *m* tierra-aire.
surfboard ['sɜ:fbɔ:d] *n* plancha *f* de surf.
surfeit ['sɜ:fɪt] *n* exceso *m*.
surfer ['sɜ:fəʳ] *n* súrfer *mf*.
surfing ['sɜ:fɪŋ], **surfriding** ['sɜ:f,raɪdɪŋ] *n* surf *m*.
surge [sɜ:dʒ] **1** *n* (*of sea*) oleaje *m*, oleada *f*; **a power ~** una sobretensión eléctrica; **a ~ of people** una oleada de gente; **a sudden ~ of sympathy** una oleada de apoyo. **2** *vi* (*water*) levantarse, hincharse; (*people*) **to ~ in/out** *etc* entrar/salir *etc* en tropel; **the blood ~d to her cheeks** se le subió la sangre a la cara.

surgeon [ˈsɜːdʒən] **1** *n* cirujano/a *m/f.* **2** *cpd*: **S~ General** *n (US) jefe del servicio federal de sanidad.*

surgery [ˈsɜːdʒərɪ] *n (art, operation)* cirugía *f*; *(room)* consultorio *m.*

surgical [ˈsɜːdʒɪkəl] *adj* quirúrgico/a; ~ **dressing** vendaje *m* quirúrgico; ~ **spirit** alcohol *m.*

surly [ˈsɜːlɪ] *adj* (*comp* **-ier**; *superl* **-iest**) hosco/a, huraño/a.

surmise [sɜːˈmaɪz] **1** *n* conjetura *f*, suposición *f.* **2** *vt* conjeturar, suponer; **I ~d as much** ya me lo suponía *or* imaginaba.

surmount [sɜːˈmaʊnt] *vt (difficulty)* superar, vencer.

surmountable [sɜːˈmaʊntəbl] *adj* superable.

surname [ˈsɜːneɪm] *n* apellido *m.*

surpass [sɜːˈpɑːs] *vt (go above)* superar, exceder; *(go by)* rebasar; **to ~ o.s.** sobrepasar, pasarse *(LAm).*

surplice [ˈsɜːpləs] *n* sobrepelliz *f.*

surplus [ˈsɜːpləs] **1** *n* excedente *m*, sobrante *m*; *(Fin, Comm)* superávit *m*, excedente *m.* **2** *adj* excedente, sobrante; ~ **to my requirements** que me sobran; ~ **stock** saldos *mpl.*

surprise [səˈpraɪz] **1** *n* sorpresa *f*; **much to my ~, to my great ~** con gran sorpresa mía; **to give sb a ~** dar una sorpresa a algn; **to take sb by ~** coger *or (LAm)* tomar a algn desprevenido. **2** *vt* sorprender, extrañar; *(catch unawares)* coger *or (LAm)* tomar de sorpresa; **to ~ sb in the act** sorprender a algn en el acto; **to be ~d** quedar asombrado; **I should not be ~d if ...** no me extrañaría que .... **3** *cpd (present, visit)* inesperado/a; *(attack)* sorpresa; ~ **party** *n* fiesta *f*, guateque *m.*

surprising [səˈpraɪzɪŋ] *adj* sorprendente.

surprisingly [səˈpraɪzɪŋlɪ] *adv* de modo sorprendente; **(somewhat) ~, he agreed** para sorpresa de todos, aceptó.

surrealism [səˈrɪəlɪzəm] *n (Art)* surrealismo *m.*

surrealistic [səˌrɪəˈlɪstɪk] *adj* surrealista.

surrender [səˈrendəʳ] **1** *n* rendición *f*, capitulación *f.* **2** *vt (Mil: goods)* entregar *(to* a); *(: territory)* ceder *(to* a); *(claim, right)* renunciar *(to* a); *(insurance, policy)* cobrar *(to* de). **3** *vi* entregarse *(to* a), someterse *(to* a). **4** *cpd*: ~ **value** *n* valor *m* de rescate.

surreptitious [ˌsʌrəpˈtɪʃəs] *adj* subrepticio/a.

surrogate [ˈsʌrəgeɪt] **1** *n* sucedáneo *m.* **2** *cpd*: ~ **mother** *n* madre *f* portadora; ~ **motherhood** *n* alquiler *m* de úteros.

surround [səˈraʊnd] **1** *n* marco *m*, borde *m.* **2** *vt* rodear, cercar; **a town ~ed by hills** una ciudad rodeada de colinas.

surrounding [səˈraʊndɪŋ] *adj* circundante; **in the ~ hills** en las colinas cercanas.

surroundings [səˈraʊndɪŋz] *npl (of place)* alrededores *mpl*, cercanías *fpl*; *(environment)* ambiente *m.*

surtax [ˈsɜːtæks] *n* sobretasa *f*, sobreimpuesto *m.*

surveillance [sɜːˈveɪləns] *n*: **under ~** bajo vigilancia.

survey [ˈsɜːveɪ] **1** *n (of land, building)* inspección *f*, reconocimiento *m*; *(in topography)* medición *f*; *(inquiry, study)* encuesta *f*; *(comprehensive look: of subject etc)* vista *f* de conjunto; **he gave a general ~ of the situation** dio una reseña general de la situación.

2 [sɜːˈveɪ] *vt (scene, crowd, countryside)* contemplar, repasar; *(building)* inspeccionar; *(land)* hacer un reconocimiento de; *(in topography)* medir; *(study, inquire into)* estudiar, hacer una encuesta de; *(take general view of)* repasar, reseñar; **the book ~s events up to 1972** el libro pasa revista de los sucesos hasta 1972.

surveying [sɜːˈveɪɪŋ] *n* agrimensura *f*, topografía *f.*

surveyor [səˈveɪəʳ] *n* agrimensor(a) *m/f*, topógrafo/a *m/f.*

survival [səˈvaɪvəl] **1** *n (act)* supervivencia *f*; *(relic)* vestigio *m*, resto *m.* **2** *cpd*: ~ **course** *n* curso *m* de supervivencia; ~ **kit** *n* equipo *m* de emergencia.

survive [səˈvaɪv] **1** *vi (gen)* sobrevivir; **not one of them ~d** no quedó ni algn; **he ~d on nuts for several weeks** logró vivir durante varias semanas comiendo nueces. **2** *vt (all senses)* sobrevivir a.

survivor [səˈvaɪvəʳ] *n* sobreviviente *mf.*

susceptibility [səˌseptəˈbɪlɪtɪ] *n* susceptibilidad *f.*

susceptible [səˈseptəbl] *adj (to attack, illness etc)* susceptible *or* propenso/a *(to* a); *(to persuasion, flattery etc)* sensible *(to* a); **to be ~ of proof** *(frm)* ser capaz de demostrarse.

suspect [ˈsʌspekt] **1** *adj* sospechoso/a. **2** *n* sospechoso/a *m/f.* **3** [səsˈpekt] *vt (person)* sospechar *(of* de); *(plot etc)* recelar de; *(think likely)* imaginar, creer; *(illness)* sospechar; **to ~ sb of a crime** sospechar a algn de haber cometido un crimen; **I ~ him of being the author** sospecho que él es el autor; **he ~s nothing** no se recela de nada; **I ~ it may be true** tengo la sospecha de que puede ser verdad; **I ~ed as much** ya me lo figuraba.

suspected [səsˈpektɪd] *adj (thief etc)* presunto/a; **Bailey went off the field with a ~ fracture** Bailey abandonó el campo con sospecha de fractura.

suspend [səsˈpend] *vt (gen)* suspender; *(hang)* suspender, colgar; **to ~ sb from work** *or* **his post** suspender a algn de su empleo; **2-year ~ed sentence** libertad *f* condicional de 2 años.

suspender [səsˈpendəʳ] **1** *n (for stocking)* liga *f*; **~s** *(US: braces)* tirantes *mpl*, tiradores *mpl (CSur).* **2** *cpd*: ~ **belt** *n* liguero *m.*

suspense [səsˈpens] **1** *n* incertidumbre *f*; *(Theat etc)* suspense *m*; **to keep sb in ~** mantener a algn en la incertidumbre. **2** *cpd*: ~ **account** *n* cuenta *f* en suspenso.

suspension [səsˈpenʃən] **1** *n (gen)* suspensión *f.* **2** *cpd*: ~ **bridge** *n* puente *m* colgante; ~ **file** *n* archivador *m* colgante.

suspicion [səsˈpɪʃən] *n* **(a)** *(suspicious belief)* sospecha *f*; *(lack of trust)* desconfianza *f*, recelo *m*; **my ~ is that ...** yo sospecho que ...; **to be under ~** estar bajo sospecha; **to arouse sb's ~s** despertar los recelos de algn; **to have one's ~s about sth** tener sospechas acerca de algo. **(b)** *(trace)* pizca *f*, poco *m.*

suspicious [səsˈpɪʃəs] *adj (feeling suspicion)* receloso/a; *(causing suspicion)* sospechoso/a; **to be ~ about sth** recelarse de algo; **he is ~ of visitors** se muestra receloso ante las visitas; **that made him ~** eso le hizo sospechar.

suspiciously [səsˈpɪʃəslɪ] *adv (look etc)* con recelo; *(behave etc)* de modo sospechoso; **it looks ~ like measles to me** me parece ser *or (LAm)* se me hace que es sarampión.

suss [sʌs] *vt*: **to ~ sth out** *(Brit fam)* calar algo.

sustain [səsˈteɪn] *vt* **(a)** *(weight)* sostener, apoyar; *(body, life)* sustentar; *(Mus: note)* sostener; *(effort, role, pretence)* sostener, mantener; **objection ~ed** *(US Jur)* la objeción está admitida. **(b)** *(receive)* sufrir.

sustainable [səsˈteɪnəbl] *adj* sostenible.

sustained [səsˈteɪnd] *adj (effort etc)* sostenido/a, prolongado/a.

sustenance [ˈsʌstɪnəns] *n* sustento *m.*

suture [ˈsuːtʃəʳ] *n* sutura *f.*

SW *abbr* **(a)** *of* **south-west** SO. **(b)** *(Rad) of* **short wave** OC *f.*

swab [swɒb] **1** *n (Med: for cleaning wound)* algodón *m*, tampón *m*; *(: for specimen)* frotis *m.* **2** *vt (Naut: also ~* **down)** limpiar, fregar.

swaddle [ˈswɒdl] *vt* envolver *(in* en).

swag [swæg] *n (fam)* botín *m.*

swagger [ˈswægəʳ] **1** *n* contoneo *m*, pavoneo *m.* **2** *vi* contonearse, pavonearse.

swallow[1] [ˈswɒləʊ] **1** *n* trago *m.* **2** *vt (food, drink)* tragar; *(fig: suppress, believe)* tragarse; **he ~ed the lot** se lo tragó todo; **to ~ one's pride** tragarse el orgullo; **to ~ one's words** desdecirse; **to ~ the bait** *(fig)* tragar el anzuelo. **3** *vi* tragar; **to ~ hard** *(fig)* tragar saliva.

▸ **swallow up** *vt + adv (savings)* consumir; **they were soon ~ed up in the darkness** la oscuridad los tragó pronto; **I wish the ground would open and ~ me up** ¡trá-

game tierra!
swallow[2] ['swɒləʊ] *n* (*bird*) golondrina *f*.
swam [swæm] *pt of* **swim**.
swamp [swɒmp] **1** *n* pantano *m*, ciénaga *f*. **2** *vt* (**a**) (*land*) inundar; (*boat etc*) hundir. (**b**) (*fig: inundate*) abrumar *or* agobiar (*with* de); **they have been ~ed with applications** les inundaron de solicitudes; **we are ~ed with work** estamos agobiados de trabajo.
swampy ['swɒmpɪ] *adj* pantanoso/a.
swan [swɒn] **1** *n* cisne *m*. **2** *vi* (*fam*) **to ~ around** pavonearse; **to ~ off to New York** escaparse a Nueva York. **3** *cpd*: **~ song** *n* canto *m* del cisne.
swank [swæŋk] (*fam*) **1** *n* (**a**) (*vanity, boastfulness*) fanfarronada *f*; **he does it for ~** lo hace para darse tono *or* lucirse. (**b**) (*person*) fanfarrón/ona *m/f*. **2** *vi* darse tono, pavonearse; **to ~ about sth** presumir con algo.
swanky ['swæŋkɪ] *adj* (*comp* **-ier**; *superl* **-iest**) (*fam: person*) fanfarrón/ona, presumido/a; (*: car etc*) de ultralujo.
swap [swɒp] **1** *n* (*exchange*) trueque *m*, canje *m*. **2** *vt* (*cars, stamps etc*) trocar, canjear; **to ~ sth for sth else** intercambiar algo por algo; **to ~ stories (with sb)** contar chascarrillas; **to ~ places with sb** cambiar asiento con algn. **3** *vi* hacer un intercambio.
SWAPO ['swɑːpəʊ] *n abbr of* **South West Africa People's Organization**.
swarm[1] [swɔːm] **1** *n* (*of bees etc*) enjambre *m*; (*fig: of tourists etc*) multitud *f*; **they came in ~s** vinieron en tropel. **2** *vi* (*bees*) enjambrar; **Stratford is ~ing with ...** Stratford hierve de ....
swarm[2] [swɔːm] *vi*: **to ~ up a tree/rope** trepar rápidamente un árbol/una cuerda.
swarthy ['swɔːðɪ] *adj* (*comp* **-ier**; *superl* **-iest**) moreno/a, prieto/a *(LAm)*.
swashbuckling ['swɒʃ,bʌklɪŋ] *adj* bravucón/ona.
swastika ['swɒstɪkə] *n* esvástica *f*, cruz *f* gamada.
swat [swɒt] *vt* (*fly*) aplastar.
swath [swɔːθ] *n* (*pl* **~s** [swɔːðs]) = **swathe**[1].
swathe[1] [sweɪð] *n* ringlera *f*, guadaña *f*; **to cut a ~ through sth** avanzar por algo a guadañadas.
swathe[2] [sweɪð] *vt* envolver, vendar.
sway [sweɪ] **1** *n* (**a**) (*movement*) balanceo *m*, vaivén *m*; (*totter*) tambaleo *m*. (**b**) (*rule, power*) dominio *m* (*over* sobre); **to hold ~ over sb** mantener el dominio sobre algn. **2** *vi* (*swing*) balancearse, mecerse; (*totter*) tambalearse; **the train ~ed from side to side** el tren se mecía de un lado para otro. **3** *vt* (**a**) (*move*) balancear, mecer. (**b**) (*influence*) mover, influir en; **these factors finally ~ed me** estos factores terminaron convenciéndome; **I allowed myself to be ~ed** me dejé persuadir.
swear [swɛəʳ] (*pt* **swore**; *pp* **sworn**) **1** *vt* (*gen*) jurar; (*oath*) prestar; **I ~ it!** ¡lo juro!; **I ~ (that) I did not steal it** juro que no lo robé; **to ~ to do sth** jurar hacer algo; **I could have sworn that it was Louise** juraría que fue Luisa; **to ~ sb to secrecy** hacer que algn jure (guardar un secreto); *see also* **sworn**.
2 *vi* (**a**) (*solemnly*) jurar; **to ~ on the Bible** jurar sobre la Biblia; **I can't ~ to it** no lo juraría.
(**b**) (*use swearwords*) soltar tacos *or (esp LAm)* groserías *or (CSur)* lisuras; (*blaspheme*) blasfemar; **to ~ at sb** echar pestes a algn, mentar la madre a algn *(Mex)*; **to ~ like a trooper** jurar como un carretero.
► **swear by** *vi + prep* (*fam*) tener plena confianza en.
► **swear in** *vt + adv* (*witness, president*) tomar juramento a; **to be sworn in** prestar juramento.
swearword ['swɛəwɜːd] *n* palabrota *f*, taco *m*, grosería *f (esp LAm)*, lisura *f (CSur)*, puteada *f (CSur fam)*.
sweat [swet] **1** *n* sudor *m*; (*fam: hard work*) trabajo *m* difícil; **by the ~ of one's brow** con el sudor de su frente; **to get in/get into a ~ about sth** (*fam*) apurarse por algo; **no ~!** (*fam*) ¡sin *or* ningún problema! **2** *vi* sudar, transpirar; (*fam: hard work*) sudar la gota gorda (*over sth* por algo). **3** *vt*: **to ~ blood** (*fig*) sudar la gota gorda; **to ~ it out** (*fig fam*) aguantar, aguantarse.
sweatband ['swetbænd] *n* (*round forehead*) venda *f*, banda *f*; (*round wrist*) muñequera *f*.
sweated ['swetɪd] *adj*: **~ labour** trabajo *m* muy mal pagado.
sweater ['swetəʳ] *n* suéter *m*, jersey *m*, chompa *f (Per)*.
sweatshirt ['swet'ʃɜːt] *n* sudadera *f*.
sweatshop ['swet'ʃɒp] *n fábrica donde se explota al obrero*.
sweaty ['swetɪ] *adj* (*comp* **-ier**; *superl* **-iest**) sudado/a, sudoroso/a.
Swede [swiːd] *n* sueco/a *m/f*.
swede [swiːd] *n* (*vegetable*) nabo *m* sueco.
Sweden ['swiːdn] *n* Suecia *f*.
Swedish ['swiːdɪʃ] **1** *adj* sueco/a. **2** *n* (*Ling*) sueco *m*.
sweep [swiːp] (*vb: pt, pp* **swept**) **1** *n* (**a**) **the floor/chimney needs a ~** el suelo necesita barrerse/la chimenea necesita deshollinarse.
(**b**) (*chimney ~*) deshollinador(a) *m/f*.
(**c**) (*movement: of arm, pendulum*) movimiento *m*; (*curve: of road, hills etc*) curva *f*; **a wide ~ of country** un paisaje amplio y extenso; **to make a clean ~ of** hacer tabla rasa de.
2 *vt* (**a**) (*stairs, floor*) barrer; (*chimney*) deshollinar; (*dust, snow*) barrer, quitar barriendo; **to ~ (out) a room** limpiar un cuarto barriéndolo; **to ~ sth under the carpet** (*fig*) ocultar algo.
(**b**) (*move over: subj: searchlight*) recorrer; (*: waves, wind*) azotar; (*: disease, fashion*) difundirse por, recorrer; **to ~ the sea for mines** dragar el mar en busca de minas; **to ~ the board** (*fig*) llevarse todos los premios; **a wave swept him overboard** fue arrastrado por una ola y cayó al mar.
(**c**) (*remove with ~ing movement*) barrer con; **he swept her off her feet** (*fig*) le volvió loca, la dejó traspuesta.
3 *vi* (**a**) (*with broom*) barrer.
(**b**) (*move*) recorrer; **to ~ past/in/out** pasar/entrar/salir con garbo; (*road, river etc*) extenderse; **the hills ~ down to the sea** las colinas bajan (majestuosamente) hacia el mar.
► **sweep aside** *vt + adv* (*lit*) apartar bruscamente; (*fig: objections*) descartar.
► **sweep away** *vt + adv* (*refuse*) barrer; (*subj: river, storm*) arrastrar con.
► **sweep up 1** *vi + adv* barrer, limpiar. **2** *vt + adv* (*pick up*) coger, recoger, agarrar *or (LAm)* levantar.
sweeper ['swiːpəʳ] *n* (*cleaner*) barrendero/a *m/f*; (*machine*) barredora *f*; (*Ftbl*) líbero *m*.
sweeping ['swiːpɪŋ] *adj* (*gesture*) amplio/a; (*statement etc*) demasiado general; (*change*) radical.
sweepstake ['swiːpsteɪk] *n* lotería *f*.
sweet [swiːt] **1** *adj* (*comp* **~er**; *superl* **~est**) (**a**) (*of taste*) dulce; **this coffee is too ~** este café está muy dulce *or* azucarado; **~ and sour** agridulce; **~ chestnut** (*Bot*) castaño *m* dulce; **~ corn** maíz *m* tierno, elote *m (Mex)*, choclo *m (And, CSur)*; **~ pea** (*Bot*) guisante *m* de olor, clarín *m (Chi)*; **~ potato** batata *f*, boniato *m*, camote *m (LAm)*; **~ talk** halagos *mpl*; **to have a ~ tooth** ser goloso; **~ william** (*Bot*) minutisa *f*.
(**b**) (*fresh, pleasant: smell, perfume*) agradable; (*breath*) sano/a; (*sound*) melodioso/a, dulce; (*fig: revenge, success*) dulce.
(**c**) (*charming: person, smile*) simpático/a, encantador(a); (*: appearance, village, kitten*) precioso/a, lindo/a *(LAm)*; **that's very ~ of you** eres muy amable, ¡qué amable!; **to be ~ on sb** (*fam*) estar un poco enamorado/a de algn; **what a ~ little dress!** ¡qué vestido más mono *or (LAm)* lindo!; **he carried on in his own ~ way** (*iro*) siguió su libre albedrío; **to go one's own ~ way** ir a su aire.
2 *n* (**a**) (*Brit: chocolate etc*) caramelo *m*, dulce *m*, golosina *f*; **~s** caramelos, dulces, golosinas.
(**b**) (*Brit: course*) postre *m*.

sweetbreads [ˈswiːtbredz] *npl* mollejas *fpl.*
sweeten [ˈswiːtn] *vt* (*tea etc*) azucarar; (*fig: temper*) aplacar, calmar; (*: person: also ~* **up**) endulzar.
sweetener [ˈswiːtnəʳ] *n* dulcificante *m.*
sweetheart [ˈswiːthɑːt] *n* novio/a *m/f,* amor *mf;* **yes,** ~ sí, cielo.
sweetie [ˈswiːtɪ] *n* (*fam*) (**a**) (*person*) chica *f.* (**b**) (*Scot: sweet*) dulce *m.*
sweetly [ˈswiːtlɪ] *adv* (*sing*) dulcemente; (*smile, answer, act*) con dulzura.
sweetness [ˈswiːtnɪs] *n* (*gen*) dulzura *f;* (*of smell*) fragancia, buen olor *m;* (*of sound*) suavidad *f;* (*of character*) simpatía *f;* (*of appearance*) encanto *m;* **now all is ~ and light** reina ahora la más perfecta armonía; **he was all ~ and light yesterday** ayer estuvo la mar de amable.
sweetshop [ˈswiːtʃɒp] *n* (*Brit*) confitería *f,* bombonería *f,* dulcería *f* (*esp LAm*).
sweet-smelling [ˈswiːtˈsmelɪŋ] *adj* perfumado/a.
sweet-talk [ˈswiːtˈtɔːk] *vt* engatusar, lisonjear; (*US fam*) enrollarse con.
swell [swel] (*vb: pt* ~**ed**; *pp* **swollen**) **1** *n* (*Naut*) oleaje *m.* **2** *adj* (*US: fine, good*) fenomenal, bárbaro/a. **3** *vi* (*ankle, eye etc: also ~* **up**) hincharse, inflamarse; (*sails: also ~* **out**) inflarse, hincharse; (*in size, number*) aumentar; (*: river etc*) crecer; **the river is swollen** el río está crecido; **to ~ with pride** hincharse de orgullo; **the cheers ~ed to a roar** los vítores fueron creciendo hasta convertirse en un grito. **4** *vt* (*numbers, sales etc*) aumentar; *see also* **swollen.**
swell-headed [ˈswelˈhedɪd] *adj* (*fam*) engreído/a, presumido/a.
swelling [ˈswelɪŋ] *n* (*Med*) tumefacción *f,* hinchazón *f;* (*gen*) bulto *m.*
swelter [ˈsweltəʳ] *vi* abrasarse; **we ~ed in 40°** nos sofocábamos a una temperatura de 40 grados.
sweltering [ˈsweltərɪŋ] *adj* (*gen*) sofocante; **I'm ~** me ahogo de calor.
swept [swept] *pt, pp of* **sweep.**
sweptback [ˈsweptˈbæk] *adj* (*wing*) en flecha.
swerve [swɜːv] **1** *n* (*on foot, Sport*) esguince *m;* (*in car*) desvío *m* brusco. **2** *vi* (*see 1*) hurtar el cuerpo; desviar bruscamente; **to ~ to the right** desviar bruscamente a la derecha.
swift [swɪft] **1** *adj* (*comp* ~**er**; *superl* ~**est**) (*runner*) rápido/a, veloz; (*reaction*) pronto/a, rápido/a; **we must be ~ to act** tenemos que obrar con toda prontitud. **2** *n* (*bird*) vencejo *m.*
swift-footed [ˈswɪftˈfʊtɪd] *adj* veloz.
swiftly [ˈswɪftlɪ] *adv* (*see adj*) rápidamente, velozmente; pronto, rápidamente.
swiftness [ˈswɪftnɪs] *n* (*see adj*) rapidez *f,* velocidad *f;* prontitud *f,* rapidez.
swig [swɪg] (*fam*) **1** *n* trago *m;* **he took a ~ at his flask** se echó un trago de la botella. **2** *vt* beber a tragos.
swill [swɪl] **1** *n* (*gen*) bazofia *f,* basura *f.* **2** *vt* (**a**) (*clean: also ~* **out**) limpiar con agua. (**b**) (*drink: beer*) beber a tragos.
swim [swɪm] (*vb: pt* **swam**; *pp* **swum**) **1** *n* (**a**) baño *m;* **it's a long ~ back to the shore** nos *etc* costará llegar nadando a la playa; **to go for a ~, to have a ~** ir a nadar *or* a bañarse.
(**b**) (*fam*) **to be in the ~** estar al corriente *or* al tanto.
2 *vt* (*river etc*) pasar *or* cruzar a nado; **to ~ the crawl** nadar el crol; **she can't ~ a stroke** no sabe nadar en absoluto.
3 *vi* nadar; **we shall have to ~ for it** tendremos que echarnos al agua; **to go ~ming** ir a nadar; **my head is ~ming** (*fig*) me estoy mareando, me está dando vueltas la cabeza; **the meat was ~ming in gravy** la carne flotaba en salsa.
swimmer [ˈswɪməʳ] *n* nadador(a) *m/f.*
swimming [ˈswɪmɪŋ] **1** *n* natación *f.* **2** *cpd* (*gear, trunks*) de baño; ~ **baths** *npl* piscina *fsg,* alberca *fsg* (*Mex*), pileta *fsg* (de natación) (*CSur*); ~ **cap** *n* gorro *m* de baño; ~ **costume** *n* traje *m* de baño, bañador *m;* ~ **pool** *n* = ~ **baths**; ~ **trunks** *npl* bañador *msg.*
swimsuit [ˈswɪmsuːt] *n* traje *m* de baño, bañador *m.*
swindle [ˈswɪndl] **1** *n* estafa *f,* timo *m.* **2** *vt* estafar, timar; **to ~ sb out of sth** estafar algo a algn.
swindler [ˈswɪndləʳ] *n* estafador(a) *m/f,* timador(a) *m/f.*
swine [swaɪn] **1** *npl* (*pigs*) cerdos *mpl,* puercos *mpl,* cochinos *mpl.* **2** *nsg* (*fig fam: person*) canalla *mf,* cochino/a *m/f,* marrano/a *m/f;* **you ~!** ¡canalla!
swing [swɪŋ] (*vb: pt, pp* **swung**) **1** *n* (**a**) (*movement*) vaivén *m,* balanceo *m,* oscilación *f;* **he took a ~ at me** me tiró un golpe.
(**b**) (*Pol, in votes etc*) movimiento *m,* viraje *m;* **a sudden ~ in opinion** un viraje repentino de opinión; **a ~ to the left** un movimiento hacia la izquierda.
(**c**) (*seat for ~ing*) columpio *m;* (*activity*) balance *m,* balanceo *m;* **it's ~s and roundabouts** (*fig*) lo que se pierde aquí, se gana allá.
(**d**) (*rhythm*) ritmo *m;* **to be in full ~** estar en plena marcha; **to get into the ~ of things** coger *or* (*LAm*) captar el ritmo de las cosas.
2 *vt* (**a**) abrir de un golpe; (*to and fro: on swing, hammock*) balancear; (*: arms, legs*) menear, columpiar; **to ~ the lead** (*fig fam*) hacerse el remolón.
(**b**) (*wield: axe, racket etc*) blandir; **he swung the case up onto his shoulder** se echó la maleta a los hombros; **he swung himself over the wall** saltó la tapia; **she swung the car round** dio un viraje brusco en el coche.
(**c**) (*influence: opinion, decision*) decidir; **she managed to ~ it so that we could all go** (*fam*) consiguió arreglarlo para que todos pudiéramos ir; **what swung it for me was ...** lo que me decidió fue ....
3 *vi* (**a**) girar; (*to and fro*) balancearse; (*: on swing, hammock*) columpiarse, balancearse; (*: arms, legs*) menearse; (*: hanging object*) oscilar; **the door swung open** de repente se abrió la puerta; **he'll ~ for it** (*fam*) le ahorcarán por eso.
(**b**) (*move: with axe, racket etc*) tirar *or* echar un golpe; (*change direction*) cambiar de dirección *or* sentido; (*: fig: opinion*) virar; **he swung round** dio media vuelta, viró; **the car swung into the square** el coche viró y entró en la plaza; **to ~ into action** ponerse en marcha.
4 *cpd:* ~ **bridge** *n* puente *m* giratorio; ~ **door** *n* puerta *f* de batiente.
swingeing [ˈswɪndʒɪŋ] *adj* abrumador(a).
swinger [ˈswɪŋəʳ] *n:* **he's a ~** (*old fam: with it*) es muy marchoso.
swipe [swaɪp] **1** *n:* **to take a ~ at sb** asestar un golpe a algn. **2** *vt* (**a**) (*hit*) golpear, pegar. (**b**) (*fam: steal*) robar, hurtar. **3** *vi:* **to ~ at sb/sth** asestar un golpe a algn/algo.
swirl [swɜːl] **1** *n* (*movement*) remolino *m,* torbellino *m;* **the ~ of the dancers' skirts** el girar de las faldas de las bailadoras. **2** *vi* (*water, dust, mist*) arremolinarse; (*person*) dar vueltas, girar.
swish [swɪʃ] **1** *n* (*sound*) susurro *m;* (*of whip*) chasquido *m;* (*of skirt*) frufrú *m;* (*of water*) chapoteo *m.* **2** *adj* (*fam: smart*) muy elegante. **3** *vt* (*whip*) hacer chasquear; (*skirt*) hacer girar; (*tail*) agitar, menear. **4** *vi* (*whip*) dar un chasquido; (*skirts*) girar, crujir; (*long grass*) dar un susurro; (*water*) chapotear.
Swiss [swɪs] **1** *adj* suizo/a; ~**-French/-German** (*Ling*) el francés/alemán de Suiza; ~ **roll** (*Culin*) brazo *m* de gitano. **2** *n* suizo/a *m/f.*
switch [swɪtʃ] **1** *n* (**a**) (*Elec etc*) interruptor *m,* suich(e) *m* *or* (*LAm*) switch *m.*
(**b**) (*Rail: points*) agujas *fpl.*
(**c**) (*stick*) vara *f;* (*: for riding*) fusta *f.*
(**d**) (*change*) viraje *m;* (*exchange*) trueque *m,* canje *m.*
2 *vt* (**a**) (*change: plans, jobs*) cambiar de; (*: allegiance*) cambiar de (*to* a); (*: conversation*) hacer virar (*to* hacia).
(**b**) (*exchange*) cambiar de; (*transpose: also ~* **round,** ~

over) intercambiar.
(**c**) (*Elec*) poner.
(**d**) (*Rail*) desviar, cambiar de vía.
3 *vi* (*also* ~ **over**: *change*) cambiar; (: *TV*) cambiar de canal; (*also* ~ **round,** ~ **over**: *exchange*) cambiarse; **he ~ed to another topic** cambió de tema; **to ~ over to another station** cambiar a otra emisora.
▸ **switch off 1** *vt* + *adv* (*Elec*) apagar, cortar; (*Aut: ignition*) parar. **2** *vi* + *adv* (*fig fam: not listen*) hacerse el desentendido.
▸ **switch on** *vt* + *adv* (*Elec, Aut*) encender, prender *(LAm)*; **to leave the television ~ed on** dejar puesta la televisión.
switchback ['swɪtʃbæk] *n* (*roller-coaster*) montaña *f* rusa.
switchboard ['swɪtʃbɔːd] *n* (*Telec: at exchange*) central *f*; (: *in offices*) centralita *f*, conmutador *m (LAm)*.
Switzerland ['swɪtsələnd] *n* Suiza *f*.
swivel ['swɪvl] **1** *n* eslabón *m* giratorio. **2** *vi* (*also* ~ **round**) girar. **3** *cpd*: ~ **chair** *n* silla *f* giratoria.
swizz [swɪz], **swizzle** ['swɪzl] *n* (*Brit fam*) = **swindle**.
swizzle-stick ['swɪzlstɪk] *n* paletilla *f* para cóctel.
swollen ['swəʊlən] **1** *pp of* **swell**. **2** *adj* (*ankle, finger*) hinchado/a; (*river*) crecido/a; **her eyes were ~ (with tears)** tenía los ojos hinchados de lágrimas; **you'll give him a ~ head** (*fig*) le vas a engreír.
swoon [swuːn] (*old*) **1** *n* desmayo *m*. **2** *vi* desmayarse.
swoop [swuːp] **1** *n* (*of bird etc*) calada *f*; (*by police*) redada *f* (*on* de). **2** *vi* (*bird: also* ~ **down**) calarse; (*police*) hacer una redada (*on* de); **the plane ~ed low over the village** el avión picó y voló muy bajo sobre el pueblo.
swop [swɒp] = **swap**.
sword [sɔːd] *n* espada *f*; **to cross ~s with sb** habérselas con algn.
swordfish ['sɔːdfɪʃ] *n* (*pl* ~ *or* **~es**) pez *m* espada.
swordsman ['sɔːdzmən] *n* (*pl* **-men**) espada *f*; **a good ~** una buena espada.
swore [swɔːʳ] *pt of* **swear**.
sworn [swɔːn] **1** *pp of* **swear**. **2** *adj* (*enemy*) implacable; (*testimony*) dado/a bajo juramento.
swot [swɒt] (*fam*) **1** *n* empollón/ona *m/f*. **2** *vt, vi*: **to ~ up (on) one's maths** empollar matemáticas; **to ~ for an exam** preparar un examen.
swotting ['swɒtɪŋ] *n*: **to do some ~** (*fam*) empollar *(fam)*.
swum [swʌm] *pp of* **swim**.
swung [swʌŋ] *pt, pp of* **swing**.
sycamore ['sɪkəmɔːʳ] *n* sicomoro *m*.
sycophant ['sɪkəfənt] *n* adulador(a) *m/f*.
Sydney ['sɪdnɪ] *n* Sidney *m*.
syllabic [sɪ'læbɪk] *adj* silábico/a.
syllable ['sɪləbl] *n* sílaba *f*.
syllabus ['sɪləbəs] *n* (*Scol, Univ*) programa *m* de estudios.
syllogism ['sɪlədʒɪzəm] *n* silogismo *m*.
sylph [sɪlf] *n* (*Mythology: male*) silfo *m*; (*: female*) sílfide *f*.
sylphlike ['sɪlflaɪk] *adj* de sílfide.
symbiotic [ˌsɪmbɪ'ɒtɪk] *adj* simbiótico/a.
symbol ['sɪmbəl] *n* símbolo *m*.
symbolic [sɪm'bɒlɪk] *adj* simbólico/a (*of* de).
symbolism ['sɪmbəlɪzəm] *n* simbolismo *m*.
symbolize ['sɪmbəlaɪz] *vt* simbolizar.
symmetrical [sɪ'metrɪkəl] *adj* simétrico/a.
symmetry ['sɪmɪtrɪ] *n* simetría *f*.
sympathetic [ˌsɪmpə'θetɪk] *adj* (*showing pity*) compasivo/a; (*kind, understanding*) comprensivo/a; **they were ~ but could not help** se compadecieron de nosotros pero no podían ayudarnos; **he wasn't in the least ~** no mostró compasión alguna; **to be ~ to a cause** (*well-disposed*) apoyar una causa.
sympathetically [ˌsɪmpə'θetɪkəlɪ] *adv* (*showing pity*) con compasión; (*with understanding*) con comprensión.
sympathize ['sɪmpəθaɪz] *vi*: **to ~ (with)** (*feel pity*) compadecerse (de); (*understand*) comprender; (*express sympathy*) dar el pésame (a); **I ~ with what you say, but ...** comprendo tu punto de vista, pero ....
sympathizer ['sɪmpəθaɪzəʳ] *n* simpatizante *mf*.
sympathy ['sɪmpəθɪ] *n* (**a**) (*pity, compassion*) compasión *f*, condolencia *f*; **you have my deepest ~ *or* sympathies** te compadezco; **you won't get any ~ from me!** ¡no tengo compasión por ti!; **a letter of ~** un pésame. (**b**) (*understanding*) comprensión *f*; (*fellow-feeling, agreement*) solidaridad *f*; **I am in ~ with your suggestions** comparto tus puntos de vista; **to strike in ~ with sb** declararse en huelga por solidaridad con algn.
symphonic [sɪm'fɒnɪk] *adj* sinfónico/a.
symphony ['sɪmfənɪ] *n* sinfonía *f*.
symposium [sɪm'pəʊzɪəm] *n* (*pl* **~s** *or* **symposia** [sɪm'pəʊzɪə]) coloquio *m*.
symptom ['sɪmptəm] *n* (*lit*) síntoma *m*; (*fig*) señal *f*, indicio *m*.
symptomatic [ˌsɪmptə'mætɪk] *adj* sintomático/a (*of* de).
synagogue ['sɪnəgɒg] *n* sinagoga *f*.
sync [sɪŋk] *n abbr* (*fam*) *of* **synchronization**; **in ~** en sincronización; **out of ~** (*fig*) desincronizado/a.
synchromesh ['sɪŋkrəʊ'meʃ] *n* cambio *m* sincronizado de velocidades.
synchronize ['sɪŋkrənaɪz] *vt* sincronizar; **~d swimming** natación *f* sincronizada.
syndicate ['sɪndɪkɪt] **1** *n* corporación *f*. **2** ['sɪndɪkeɪt] *vt* (*Press*) sindicar.
syndrome ['sɪndrəʊm] *n* síndrome *m*.
synergy ['sɪnədʒɪ] *n* sinergia *f*.
synod ['sɪnəd] *n* sínodo *m*.
synonym ['sɪnənɪm] *n* sinónimo *m*.
synonymous [sɪ'nɒnɪməs] *adj* sinónimo/a (*with* con).
synopsis [sɪ'nɒpsɪs] *n* (*pl* **synopses** [sɪ'nɒpsiːz]) sinopsis *f*.
synoptic [sɪ'nɒptɪk] *adj* sinóptico/a.
syntax ['sɪntæks] **1** *n* sintaxis *f*. **2** *cpd*: ~ **error** *n* (*Comput*) error *m* sintáctico.
synthesis ['sɪnθəsɪs] *n* (*pl* **syntheses** ['sɪnθəsiːz]) síntesis *f*.
synthesize ['sɪnθəsaɪz] *vt* (*produce artificially*) sintetizar.
synthesizer ['sɪnθəsaɪzəʳ] *n* (*Mus*) sintetizador *m*.
synthetic [sɪn'θetɪk] **1** *adj* (*fabric etc*) sintético/a. **2** *npl*: **~s** fibras *fpl* sintéticas.
syphilis ['sɪfɪlɪs] *n* sífilis *f*.
syphon ['saɪfən] = **siphon**.
Syria ['sɪrɪə] *n* Siria *f*.
Syrian ['sɪrɪən] *adj, n* sirio/a *m/f*.
syringe [sɪ'rɪndʒ] **1** *n* jeringa *f*, jeringuilla *f*. **2** *vt* (*Med*) jeringar.
syrup ['sɪrəp] *n* jarabe *m*.
system ['sɪstəm] **1** *n* (*gen*) sistema *m*; **it was quite a shock to the ~** (*fig*) fue un golpe para el organismo; **to get sth out of one's ~** (*fig*) desahogarse de algo. **2** *cpd*: **~s analyst** *n* (*Comput*) analista *mf* de sistemas; ~ **disk** *n* disco *m* del sistema; **~s programmer** *n* programador(a) *m/f* de sistemas; **~s software** *n* software *m* del sistema.
systematic [ˌsɪstə'mætɪk] *adj* sistemático/a, metódico/a.
systematically [ˌsɪstə'mætɪkəlɪ] *adv* sistemáticamente, metódicamente.
systematize ['sɪstəmətaɪz] *vt* sistematizar.

T

T, t [tiː] *n* (*letter*) T, t *f*; **it fits you to a T** le sienta perfectamente; *see* **T-bone; T-junction; T-shirt**.
TA *n abbr* (**a**) (*Brit*) *of* **Territorial Army**. (**b**) (*US Univ*) *abbr of* **teaching assistant**.
ta [tɑː] *interj* (*fam*) gracias.
tab [tæb] **1** *abbr of* **tabulator**. **2** *n* (*label*) etiqueta *f*; (*loop*) presilla *f*; **to keep ~s on sth/sb** (*fam*) tener algo/a algn bajo vigilancia; **to pick up the ~** (*fam*) pagar la cuenta.
Tabasco ® [tə'bæskəʊ] *n* (salsa *f*) tabasco *m*.
tabby ['tæbɪ] *n* (*also* ~ **cat**) gato *m* atigrado.
tabernacle ['tæbənækl] *n* (*in Judaism*) tabernáculo *m*; (*church*) templo *m*, santuario *m*; (*in church*) sagrario *m*.
tab key ['tæbkiː] *n* tecla *f* de tabulación.
table ['teɪbl] **1** *n* (**a**) (*furniture*) mesa *f*; **to clear the** ~ quitar *or* levantar la mesa; **to lay** *or* **set the** ~ poner la mesa; **at** ~ en la mesa; **they were at ~ when we arrived** estaban comiendo cuando llegamos; **to drink sb under the** ~ dejar a algn en el suelo bebiendo; **to put a proposal on the** ~ (*Brit*) ofrecer una propuesta para discutir, (*US*) aplazar la discusión de una propuesta; **to sit down to** ~ sentarse a la mesa; **to turn the ~s on sb** dar la vuelta a la tortilla; **the entire ~ was in fits of laughter** toda la mesa se moría de risa.
(**b**) (*list*) lista *f*; (*graph, chart etc*) cuadro *m*, gráfica *f*; (*Math, in book*) tabla *f*; **multiplication ~s** tablas de multiplicar; ~ **of contents** índice *m* de materias; **they're fourth in the league** ~ (*Ftbl, Rugby*) están en cuarto lugar en la liga.
(**c**) (*Geog: also* **water** ~) capa *f* freática; (*: also* ~**land**) meseta *f*, altiplano *m* (*LAm*).
2 *vt* (*Brit*): **to ~ a motion** presentar una moción; (*US*) **to ~ a bill** dar carpetazo a una ley.
3 *cpd*: ~ **lamp** *n* lámpara *f* de mesa *or* de cola; ~ **manners** *npl* comportamiento *m* en la mesa; ~ **napkin** *n* servilleta *f*; ~ **talk** *n* sobremesa *f*; ~ **tennis** *n* ping-pong *m*, tenis *m* de mesa; ~ **wine** *n* vino *m* de mesa.
tableau ['tæbləʊ] *n* (*pl* ~**s** *or* ~**x** ['tæbləʊz]) (*Art, Theat*) cuadro *m*.
tablecloth ['teɪblklɒθ] *n* mantel *m*, tapete *m*.
table d'hôte ['tɑːbl'dəʊt] *n* menú *m*, comida *f* (corrida) (*Mex*).
tableland ['teɪbllænd] *n* meseta *f*, altiplano *m* (*LAm*).
tablemat ['teɪblmæt] *n* salvamanteles *m inv*.
tablespoon ['teɪblspuːn] *n* (*spoon*) cucharón *m*; (*also* ~**ful**) cucharada *f*.
tablet ['tæblɪt] *n* (*Med: gen*) pastilla *f*; (*: round pill*) comprimido *m*; (*of soap, chocolate*) pastilla *f*; (*inscribed stone*) lápida *f*.
tabloid ['tæblɔɪd] *n* (*newspaper*) periódico *m* popular; **the ~s** (*pej*) la prensa amarilla.
taboo [tə'buː] **1** *adj* (*socially*) tabú; (*religiously*) sagrado/a. **2** *n* (*social*) tabú *m*.
tabulate ['tæbjʊleɪt] *vt* disponer en tablas.
tabulator ['tæbjʊleɪtəʳ] *n* tabulador *m*.
tachograph ['tækəgrɑːf] *n* tacógrafo *m*.
tachometer [tæ'kɒmɪtəʳ] *n* taquímetro *m*.
tacit ['tæsɪt] *adj* tácito/a.
taciturn ['tæsɪtɜːn] *adj* taciturno/a.
tack [tæk] **1** *n* (**a**) (*nail*) tachuela *f*; **to get down to brass ~s** ir al grano. (**b**) (*Naut: course*) bordada *f*; (*: turn*) virada *f*; **to change** ~ (*fig*) cambiar de rumbo *or* sentido; **to be on the wrong/right** ~ tomar un rumbo equivocado/ir por buen camino; **to try a different** ~ cambiar de proyecto. (**c**) (*Sew*) hilván *m*. **2** *vt* (**a**) (*nail*) clavar con tachuelas. (**b**) (*Sew*) hilvanar; **to ~ sth on to (the end of) a letter/book** añadir algo de paso a una carta/un libro. **3** *vi* (*Naut*) virar, cambiar de bordada.
tackle ['tækl] **1** *n* (**a**) (*lifting gear*) aparejo *m*, jarcia *f*. (**b**) (*gear, equipment: esp for sport*) equipo *m*; (*: tools etc*) avíos *mpl*; (*fishing* ~) aparejo *m* de pescar; (*fig: bits and pieces etc*) cosas *fpl*, trastos *mpl*. (**c**) (*Sport*) tackle *m*, agarrada *f*. **2** *vt* (*Sport*) tacklear; (*thief, intruder*) hacer frente a; (*fig: confront*) enfrentarse con; (*: undertake: problem*) enfrentar, hacer frente a; (*job*) emprender; **I'll ~ him about it at once** lo discutiré con él en seguida; **can you ~ another helping?** ¿puedes comerte otra porción?
tacky ['tækɪ] *adj* (*comp* **-ier**; *superl* **-iest**) (*sticky*) pegajoso/a; (*US: shabby*) desvencijado/a, destartalado/a.
tact [tækt] *n* (*discretion*) tacto *m*, discreción *f*; (*perception*) tino *m*.
tactful ['tæktfʊl] *adj* (*discreet*) discreto/a; (*perceptive*) atinado/a.
tactic ['tæktɪk] *n* (*also* ~**s**) táctica *f*.
tactical ['tæktɪkəl] *adj* táctico/a.
tactile ['tæktaɪl] *adj* táctil.
tactless ['tæktlɪs] *adj* indiscreto/a.
tactlessness ['tæktlɪsnɪs] *n* falta *f* de tacto *or* discreción.
Tadjikistan [tɑːˌdʒɪkɪ'stɑːn] *n* Tajikistán *m*, Tadjikia *m*.
tadpole ['tædpəʊl] *n* renacuajo *m*.
taffeta ['tæfɪtə] *n* tafetán *m*.
taffy ['tæfɪ] *n* (*US: toffee*) melcocha *f*.
tag [tæg] **1** *n* (**a**) (*label*) etiqueta *f*, marbete *m*; **name** ~ etiqueta con el nombre; **price** ~ etiqueta con el precio. (**b**) (*game*) **to play** ~ jugar al cojecoje *or* (*LAm*) a la pega. (**c**) (*proverb*) refrán *m*; (*cliché*) tópico *m*. **2** *vi*: **to ~ along** (*go as well*) ir de carabina; **to ~ after sb** seguirle la pista a algn.
► **tag on** *vi*: **to ~ on to sb** pegarse a algn.
Tagus ['teɪgəs] *n* Tajo *m*.
Tahiti [tɑː'hiːtɪ] *n* Tahití *m*.
tail [teɪl] **1** *n* (*gen*) cola *f*, (*of animals*) cola, rabo *m*; (*of comet, plane*) cabellera *f*, cola; (*of shirt*) faldón *m*; (*of coin*) cruz *f*; **heads or ~s** cara o cruz; **~s** (*jacket*) frac *m*, traje *m* de etiqueta; **to put a ~ on sb** poner a algn bajo vigilancia; **to turn** ~ volver la espalda, huir; **he went off with his ~ between his legs** (*fig*) se fue con el rabo entre las piernas.
2 *vt* (*follow*): **to ~ sb** vigilar a algn.
3 *cpd*: ~ **end** *n* (*of procession, queue*) tramo *m* final; (*fig: of party, storm etc*) final *m*; **at the ~ end of the summer** en los últimos días del verano.
► **tail away, tail off** *vi* + *adv* ir apagándose; **his voice ~ed away** su voz se fue desvaneciendo.
tailback ['teɪlbæk] *n* cola *f*.
tailgate ['teɪlgeɪt] *n* (*Aut*) puerta *f* trasera.
tail-off ['teɪlɒf] *n* disminución *f* (paulatina).
tailor ['teɪləʳ] **1** *n* sastre *m*; **~'s (shop)** sastrería *f*; **~'s chalk** jabón *m* de sastre. **2** *vt* (*suit*) confeccionar, cortar; (*fig*) adaptar.
tailored ['teɪləd] *adj*: ~ **dress** vestido *m* sastre; **a well-~ suit** un traje bien hecho.
tailor-made ['teɪləmeɪd] *adj* (**a**) hecho/a a la medida. (**b**) (*fig*) **it's ~ for you** te viene al pelo.
tailpipe ['teɪlpaɪp] *n* (*US*) tubo *m* de escape.
tailplane ['teɪlpleɪn] *n* (*Aer*) plano *m* de cola.

tailspin [ˈteɪlspɪn] *n* (*Aer*) barrena *f*.
tailwind [ˈteɪlwɪnd] *n* viento *m* de cola.
taint [teɪnt] **1** *n* corrupción *f*, contaminación *f*; (*fig*) mancha *f*, tacha *f*; **the ~ of sin** la mancha del pecado. **2** *vt* (*fig*) manchar, tachar.
Taiwan [ˌtaɪˈwɑːn] *n* Taiwán *m*.
Taiwanese [ˌtaɪwəˈniːz] *adj, n* taiwanés/esa *m/f*.
take [teɪk] (*vb: pt* **took**; *pp* **~n**) **1** *vt* (**a**) (*remove*) llevar; (*steal*) robar, llevarse; (*subtract, deduct*) **to ~ (from** *or* **off)** restar (de); (*: from price*) quitar, rebajar; **who took my beer?** ¿quién se ha llevado mi cerveza?
(**b**) (*gen: lead, transport etc*) llevar; (*~hold of, seize*) coger *(Sp)*, agarrar *(LAm)*; (*use: bus, taxi*) coger *(Sp)*, tomar *(LAm)*; (*: travel by*) ir en; (*: motorway, short cut*) ir por; **let me ~ your case/coat** permíteme tu maleta/abrigo; **to ~ sb somewhere** llevar a algn a un sitio; **to ~ sb's arm** tomar del brazo a algn; **to ~ sb in one's arms** abrazar a algn; **~ the first on the right** vaya por la primera calle a la derecha.
(**c**) (*accept, receive*) aceptar; (*: advice*) seguir; (*: news, blow*) tomar, recibir; (*purchase, rent*) alquilar, tomar; (*buy regularly: newspaper etc*) comprar con regularidad, ser lector de; (*obtain, win: prize, 1st place*) ganar, conseguir; **to ~ £500** (*Comm*) cobrar 500 libras; **last year we took £30,000** *el año pasado los ingresos sumaron 30.000 libras,*; **we shall ~ a house for the summer** alquilaremos una casa para el verano; **he took it badly** le afectó mucho; **please ~ a seat** tome asiento, por favor; **is this seat ~n?** ¿está ocupado este asiento?; **it's £50 — ~ it or leave it!** son 50 libras — lo toma o lo deja; **~ it from me!** ¡escucha lo que te digo!; **you must ~ us as you find us** así somos, hay que aceptarlo.
(**d**) (*have room or capacity for*) tener cabida para; (*support weight of*) aguantar; (*call for, require*) necesitar, requerir; (*time: use up*) ocupar; (*Ling: case*) llevar; (*wear: clothes size*) gastar, usar *(LAm)*; (*: shoes*) calzar; **a car that ~s 6 passengers** un coche con cabida para 6 personas; **however long it ~s** el tiempo que sea; **it ~s a lot of courage** exige gran valor; **it ~s an hour to get there** se tarda una hora en llegar, hace falta una hora para llegar; **it won't ~ long** durará poco; **that will ~ some explaining** costará explicar eso; **she's got what it ~s** (*to do the job*) reúne todas las cualidades; (*fam: sexually*) tiene lo que hay que tener.
(**e**) (*capture: person*) coger *(Sp)*, agarrar *(LAm)*; (*: place*) tomar; **to ~ sb prisoner** tomar preso a algn.
(**f**) (*conduct: meeting, church service*) presidir; (*teach: course, class*) enseñar; (*study: course, subject*) dar, estudiar; (*undergo: exam, test*) presentarse a, pasar; **to ~ a degree in** licenciarse en.
(**g**) (*record: sb's name, address*) anotar, apuntar; (*: measurements etc*) tomar; **to ~ notes** tomar apuntes.
(**h**) (*understand, assume*) tener entendido; (*consider: case, example*) poner como ejemplo; **how old do you ~ him to be?** ¿cuántos años le das?; **I took him for a doctor** lo tenía por médico; **what do you ~ me for?** ¿por quién me has tomado?; **may I ~ it that ...?** ¿debo suponer que ...?; **she knows how to ~ him** ella sabe por qué lado tomarle; **now ~ Ireland** consideren el caso de Irlanda.
(**i**) (*put up with, endure: climate, alcohol*) aguantar, soportar; **I can't ~ any more!** ¡no aguanto más!; **I won't ~ no for an answer** no hay pero que valga.
(**j**) (*eat*) comer; (*drink*) tomar; **'to be ~n 3 times a day'** 'a tomar 3 veces al día'; **'not to be ~n (internally)'** 'para uso externo'; **how much alcohol had he ~n?** ¿cuánto alcohol había ingerido?
(**k**) (*negotiate: bend*) tomar; (*: jump*) saltar.
(**l**) **to be ~n with sb/sth** (*attracted*) tomarle gusto *or* cariño a algn/algo; **to ~ a dislike to sb** tomarle antipatía a algn; **I'm not at all ~n with the idea** la idea no me gusta nada.
(**m**) (*as function verb: see other element*) **to ~ a photograph** sacar una fotografía; **to ~ a bath/shower** bañarse/ducharse; **to ~ fright** asustarse (*at* de); **~ your time!** ¡despacio!, ¡no se apure! *(LAm)*; **it took me by surprise** me cogió de imprevisto, me pilló de sorpresa *(LAm)*.
2 *vi* (*be effective: dye, injection, fire etc*) agarrar, prender *(LAm)*, tomar.
3 *n* (*Cine*) toma *f*.
▸ **take after** *vi + prep* parecerse a, salir a.
▸ **take along** *vt + adv* (*person, thing*) llevar (consigo).
▸ **take apart** *vt + adv* (*clock, machine etc*) desmontar, desarmar; **I'll ~ him apart!** (*fam*) ¡le rompo la cara!
▸ **take aside** *vt + adv* llevar aparte *or* a un lado.
▸ **take away 1** *vi + adv*: **to ~ away from sth** quitar mérito a *or* restar valor a algo. **2** *vt + adv* (**a**) (*subtract*) restar; **~ 9 away from 12** reste 9 de 12. (**b**) (*remove: person, thing, privilege*) llevarse, quitar; (*carry away, transport*) llevar.
▸ **take back** *vt + adv* (**a**) (*get back, reclaim*) apoderarse de nuevo de; (*retract: statement, promise*) retractar, desdecir. (**b**) (*return*) devolver; **can you ~ him back home?** ¿le puedes acompañar a su casa? (**c**) (*remind*) **to ~ sb back to his childhood** recordar a algn su infancia; **it ~s you back, doesn't it?** ¡cuántos recuerdos (de los buenos tiempos)!
▸ **take down** *vt + adv* (**a**) (*off shelf etc*) bajar; (*decorations, curtains, picture*) quitar. (**b**) (*dismantle: scaffolding*) desmantelar; (*: building*) derribar. (**c**) (*write down*) apuntar, tomar nota de.
▸ **take in** *vt + adv* (**a**) (*bring in: person*) hacer entrar; (*: thing*) traer para dentro; (*: harvest*) recoger.
(**b**) (*lodgers, orphan, stray dog*) acoger, recoger.
(**c**) (*receive: money*) cobrar; (*: laundry, sewing*) aceptar.
(**d**) (*skirt, dress, waistband*) achicar.
(**e**) (*include, cover*) abarcar; **we took in Florence on the way** pasamos por Florencia en el camino.
(**f**) (*grasp, understand*) comprender, captar; (*impressions, sights etc*) asimilar; (*visually: surroundings, people, area*) abarcar con la vista; **he took the situation in at a glance** con una sola mirada se puso al tanto de la situación.
(**g**) (*deceive, cheat*) engañar; **to be ~n in by appearances** dejarse engañar por las apariencias.
▸ **take off 1** *vi + adv* (**a**) (*plane, passengers*) despegar, decolar *(LAm)*; (*high jumper*) saltar.
(**b**) (*succeed*) empezar a tener éxito; **the idea never really took off** la idea no llegó a cuajar.
2 *vt + adv* (**a**) (*remove*) quitar; (*: clothes*) quitarse, sacarse *(LAm)*; (*: leg, limb*) amputar; (*: train*) suprimir.
(**b**) (*deduct: from bill, price*) descontar; **she took 50p off** descontó *or* hizo un descuento de 50 peniques.
(**c**) (*lead away etc: person, object*) llevarse; **she was ~n off to hospital** la llevaron al hospital; **to ~ o.s. off** marcharse, largarse.
(**d**) (*imitate*) imitar.
(**e**) (*not work*) **he took the day off** se tomó el día de descanso.
3 *vt + prep* (**a**) (*remove: clothes, price tag, lid*) quitar de, sacar de *(LAm)*; (*: train, item from menu*) quitar de; **to ~ sth off sb** quitarle algo a algn; **to ~ sb off sth** (*remove from duty, job*) dar de baja a algn de algo.
(**b**) (*deduct: from bill, price*) descontar.
▸ **take on 1** *vi + adv* (**a**) (*fam: become upset*) perder la calma.
(**b**) (*become popular: song, fashion etc*) hacerse muy popular.
2 *vt + adv* (**a**) (*work, responsibility*) aceptar, encargarse de; (*bet, challenger*) aceptar el reto de; **she's ~n on more than she bargained for** aceptó demasiadas responsabilidades, se le fue la mano *(fam)*.
(**b**) (*worker*) contratar; (*cargo, passengers*) coger *(Sp)*, tomar *(LAm)*; (*form, qualities*) asumir; **her face took on a wistful expression** quedó cariacontecida.

▸ **take out** *vt + adv* (**a**) (*bring, carry out*) sacar; **he took the dog out for a walk** sacó el perro a pasear; **can I ~ you out to lunch/the cinema?** ¿le puedo invitar a almorzar/al cine?

(**b**) (*pull out, extract: gen*) sacar; (*: tooth*) extraer, sacar; (*remove: stain etc*) quitar, limpiar.

(**c**) (*procure*) **to ~ out insurance/a patent** hacerse un seguro/sacar patente.

(**d**) **to ~ sb out of himself** sacarle a algn de sí; **it ~s it out of you** te deja hecho pedazos; **don't ~ it out on me!** ¡no te desquites conmigo!

▸ **take over 1** *vi + adv* (*dictator, political party*) tomar el poder; **to ~ over (from sb)** hacer de suplente (para algn), reemplazar (a algn). **2** *vt + adv* (**a**) (*assume responsibility for*) encargarse de; **to ~ over sb's job** sustituir a algn. (**b**) (*another company*) acaparar; **the tourists have ~n over Madrid** los turistas se apoderaron de Madrid.

▸ **take to** *vi + prep* (**a**) (*form liking for: person*) tomar cariño a algn, encariñarse con algn; (*: Sport etc*) aficionarse a; (*surroundings, idea etc*) hacerse a; **she didn't ~ kindly to the idea** no le gustó la idea; **they took to one another on the spot** se congeniaron al instante; **I just can't ~ to him** no puedo simpatizar con él.

(**b**) (*form habit of*) **to ~ to sth/to doing sth** entregarse a algo/a hacer algo; **she took to telling everyone that** ... le dio por contar a todos que ....

(**c**) (*escape to*) fugarse en; **to ~ to one's bed** guardar cama; **to ~ to drink** darse a la bebida.

▸ **take up 1** *vi + adv*: **to ~ up with sb** hacerse amigo de algn.

2 *vt + adv* (**a**) (*raise, lift*) levantar, recoger; (*: carpet, floorboards*) quitar; (*: road*) levantar; (*: dress, hem*) acortar.

(**b**) (*lead, carry upstairs etc*) subir.

(**c**) (*continue*) reanudar, continuar con.

(**d**) (*occupy: time, attention*) ocupar; (*: space*) llenar, ocupar; **it ~s up a lot of his time** le dedica mucho tiempo; **he's very ~n up with his work/with her** está absorto en el trabajo/ocupado con ella.

(**e**) (*absorb: liquids*) absorber.

(**f**) (*raise question of: matter, point*) retomar, volver sobre; **I shall ~ the matter up with the manager** hablaré del asunto con el gerente.

(**g**) (*start: hobby, sport*) dedicarse a.

(**h**) (*accept: offer, challenge*) aceptar; **I'll ~ you up on your offer** te acepto la oferta.

(**i**) (*adopt: cause, case*) apoyar; (*: person*) adoptar.

▸ **take upon** *vt + prep*: **to ~ sth upon o.s.** tomar algo sobre sí; **to ~ it upon o.s. to do sth** atreverse a hacer algo.

takeaway ['teɪkəweɪ] **1** *n* (*restaurant*) tienda *f* de comida para llevar. **2** *cpd* (*food*) para llevar.

take-home ['teɪkhəʊm] *adj*: **~ pay** sueldo *m* neto.

taken ['teɪkən] *pp of* **take**.

takeoff ['teɪkɒf] *n* (**a**) (*Aer, Econ*) despegue *m*. (**b**) (*imitation*) imitación *f*, mímica *f*.

takeover ['teɪk,əʊvə^r] **1** *n* acaparamiento *m*; **the ~ of company A by company Z** la adquisición *or* compra de la compañía A por la compañía Z. **2** *cpd*: **~ bid** *n* oferta *f* de compra de una empresa por otra.

taker ['teɪkə^r] *n*: **at £5 there were no ~s** a un precio de 5 libras nadie se ofreció a comprarlo.

taking ['teɪkɪŋ] *adj* (*attractive*) atractivo/a.

takings ['teɪkɪŋz] *npl* (*Fin*) recaudación *fsg*; (*at show etc*) taquilla *fsg*; **this year's ~ were only half last year's** este año se ha embolsado sólo la mitad de la recaudación del año pasado.

talcum powder ['tælkəm,paʊdə^r] *n* (*also* **talc**) talco *m*.

tale [teɪl] *n* (*story*) cuento *m*, historia *f*; (*lie, fabrication*) mentira *f*, cuento *m*; **to tell ~s** chivarse, chismear; *see* **old 3**.

talent ['tælənt] **1** *n* (*skill*) talento *m*; (*talented people*) gente *f* capaz *or* de talento; (*fam: opposite sex*) las niñas *fpl*/los niños *mpl*; **there wasn't much ~ at the dance** (*fam*) en el baile casi no había chicas atractivas. **2** *cpd*: **~ scout, ~ spotter** *n* cazatalentos *mf inv*,.

talented ['tæləntɪd] *adj* talentoso/a, de talento.

talisman ['tælɪzmən] *n* talismán *m*.

talk [tɔːk] **1** *n* (*conversation*) conversación *f*, plática *f* *(Mex)*; (*lecture*) **~ (on)** charla *f* *or* ponencia *f* (sobre); **~s** conversaciones *fpl*, pláticas *fpl (Mex)*; **it's just ~** es puro cotorreo; **she's the ~ of the town** es la comidilla de la ciudad; **there is (some) ~ of** ... corre la voz de que ...; **to give a ~** dar una charla, dictar una conferencia; **to have a ~ with sb** conversar con algn.

2 *vi* (*gen*) hablar; **to ~ about sth/sb** hablar de algo/de algn; **it's all ~ and no action** todo es hablar y no se hace nada; **now you're ~ing!** ¡ahora sí te escucho!; **look who's ~ing!** ¡quién lo dice!; **to keep sb ~ing** entretener a algn en conversación; **to ~ through one's hat** decir tonterías; **he doesn't know what he's ~ing about** no sabe de qué habla; **to ~ to o.s.** hablar solo.

3 *vt* (*a language, slang*) hablar; **they were ~ing Arabic** hablaban árabe; **to ~ business** hablar de negocios; **to ~ nonsense** decir tonterías; **to ~ sense** hablar con juicio; **to ~ sb into doing sth** convencer a algn a hacer algo; **to ~ sb out of doing sth** disuadir a algn de hacer algo; *see* **shop**.

▸ **talk back** *vi + adv* replicar.

▸ **talk down 1** *vi + adv*: **to ~ down to sb** condescender con algn. **2** *vt + adv* (*pilot, aircraft*) dirigir un aterrizaje por radio.

▸ **talk over** *vt + adv* (*discuss*) hablar, discutir; **to ~ sth over with sb** repasar algo con algn.

▸ **talk round** *vt + adv*: **to ~ sb round** llegar a convencer a algn.

▸ **talk through** *vt + prep*: **to ~ a plan through** examinar un proyecto discutiéndolo.

talkative ['tɔːkətɪv] *adj* hablador(a), platicón/ona *(Mex)*.

talked-of ['tɔːktɒv] *adj*: **a much ~ event** un suceso muy comentado.

talker ['tɔːkə^r] *n* hablador(a) *m/f*, platicón/ona *m/f* *(Mex)*; **to be a good ~** hablar con soltura.

talking ['tɔːkɪŋ] **1** *adj* (*bird*) que habla. **2** *n* hablar *m*; **she does all the ~** es ella quien habla siempre; **no ~, please** !silencio, por favor! **3** *cpd*: **~ point** *n* tema *m* de conversación.

talking-to ['tɔːkɪŋtuː] *n* bronca *f*, regañada *f (esp LAm)*; **I gave him a good ~** le eché una buena bronca *or* regañada.

tall [tɔːl] *adj* (*comp* **~er**; *superl* **~est**) alto/a; **a ~ tree** un árbol alto; **how ~ are you?** ¿cuánto mides?, ¿qué alto *or* altura tienes?; **I'm 6 feet ~** mido 6 pies, tengo 6 pies de alto; **that's a ~ order!** ¡eso es mucho pedir!; **a ~ story** (*fig*) un cuento chino.

tallboy ['tɔːlbɔɪ] *n* cómoda *f* alta.

tallow ['tæləʊ] *n* sebo *m*.

tally ['tælɪ] **1** *n* (*running total, score*) total *m*, cuenta *f*; **to keep a ~** llevar la cuenta. **2** *vi* (*stories, accounts*) corresponder, concordar; **to ~ with sth** concordar *or* corresponder con algo.

Talmud ['tælmʊd] *n* Talmud *m*.

Talmudic [tæl'mʊdɪk] *adj* talmúdico/a.

talon ['tælən] *n* garra *f*.

tamale [tə'mɑːlɪ] *n* tamal *m*.

tambourine [,tæmbə'riːn] *n* pandereta *f*.

tame [teɪm] **1** *adj* (*comp* **~r**; *superl* **~st**) (*animal*) domesticado/a, manso/a; (*fig: person*) soso/a; (*: book, performance*) mediocre. **2** *vt* (*animal*) domesticar, amansar; (*passion etc*) dominar.

tamer ['teɪmə^r] *n* domador(a) *m/f*.

Tamil ['tæmɪl] *adj, n* tamil *mf*.

tamp [tæmp] *vt* (*ground etc*) apisonar.

tamper ['tæmpə^r] *vi*: **to ~ with** (*lock etc*) tratar de forzar; (*papers*) falsificar; (*handle*) manosear.

tampon ['tæmpən] *n* tampón *m*.

tan [tæn] **1** *n* (*suntan*) bronceado *m*; (*colour*) color *m* marrón *or (esp LAm)* café claro; **to get a ~** broncearse, ponerse moreno/a. **2** *adj* marrón *or (LAm)* café claro. **3** *vi* (*person*) broncearse, ponerse moreno/a. **4** *vt* (*person, skin*) broncear, quemar; (*leather*) curtir; **to ~ sb's hide** (*fam*) zurrarle la badana a algn.

tandem ['tændəm] **1** *n* (*bicycle*) tándem *m*. **2** *adv*: **in ~** en tándem, en fila.

tang [tæŋ] *n* (*taste*) sabor *m* (picante).

tangent ['tændʒənt] *n* (*Geom*) tangente *f*; **to go off at a ~** (*fig*) salirse por la tangente.

tangerine [,tændʒə'ri:n] *n* mandarina *f*.

tangible ['tændʒəbl] *adj* (*difference*) tangible; (*proof*) concreto/a; **~ assets** bienes *mpl* tangibles.

Tangier(s) [tæn'dʒɪə(z)] *n* Tánger *m*.

tangle ['tæŋgl] **1** *n* (*lit*) enredo *m*, maraña *f*; (*fig: muddle*) enredo, lío *m*; **a ~ of weeds** una maraña de malas hierbas; **a ~ of wool** una maraña de lana; **I'm in a ~ with the accounts** me hago un lío con las cuentas; **to get into a ~** hacerse un nudo; (*fig*) enredarse. **2** *vt* (*also* **~ up**) enredar, enmarañar. **3** *vi* enredarse, enmarañarse; **to ~ with sb/sth** (*fig fam*) meterse con algn/en algo.

tangled ['tæŋgld] *adj* enredado/a, enmarañado/a; (*fig*) enmarañado.

tango ['tæŋgəʊ] *n* (*pl* **~s**) tango *m*.

tangy ['tæŋɪ] *adj* fuerte y picante.

tank [tæŋk] *n* (*container*) tanque *m*, depósito *m*; (*Aut*) depósito *(Sp)*, tanque *(esp LAm)*; (*Mil*) tanque; **swimming ~** (*US*) piscina *f*, alberca *f (Mex)*, pileta *f* (de natación) *(CSur)*.

tankard ['tæŋkəd] *n* bock *m*.

tanked-up [,tæŋk'ʌp] *adj* (*fam*); **to be/get ~** estar borracho/emborracharse.

tanker ['tæŋkə^r] *n* (*ship*) buque-cisterna *m*; (*lorry*) camión-cisterna *m*.

tanned [tænd] *adj* moreno/a, bronceado/a.

tanner ['tænə^r] *n* curtidor *m*.

tannin ['tænɪn] *n* tanino *m*.

tannoy ® ['tænɔɪ] *n* altavoz *m*.

tantalize ['tæntəlaɪz] *vt*: **to ~ sb (with sth)** tentar a algn (con algo).

tantalizing ['tæntəlaɪzɪŋ] *adj* tentador(a).

tantamount ['tæntəmaʊnt] *adj*: **~ to** equivalente a; **this is ~ to a refusal** esto equivale a una negativa.

tantrum ['tæntrəm] *n* rabieta *f*, berrinche *m*; **to have** *or* **throw a ~** coger una rabieta.

Tanzania [,tænzə'ni:ə] *n* Tanzania *f*.

Tanzanian [,tænzə'nɪən] *adj, n* tanzano/a *m/f*.

tap¹ [tæp] **1** *n* (**a**) (*Brit: water ~*) grifo *m*, canilla *f (CSur)*; (*: gas ~*) llave; (*of barrel*) canilla *f*, espita *f*; **to be on ~** (*fig*) estar a mano. (**b**) (*Telec*) intervención *f*. **2** *vt* (*barrel*) espitar; (*telephone*) intervenir; (*resources*) explotar; **my phone is ~ped** mi teléfono está intervenido; **to ~ sb for information** (*fam*) tratar de sacar información de algn; **he tried to ~ me for £5** (*fam*) quería que le prestase 5 libras.

tap² [tæp] **1** *n* golpecito *m*, toque *m*; **there was a ~ on the door** hubo un toque en la puerta. **2** *vt* dar un toque a, toquetear; **I ~ped him on the shoulder** le toqué el hombro; **to ~ one's foot** (*impatiently*) taconear (de impaciencia); (*in time to music*) seguir el compás con el pie. **3** *vi*: **to ~ at/on** toquetear en, golpear en; **he ~ped on the table several times** dio varios golpecitos en la mesa. **4** *cpd*: **~ dancing** *n* zapateado *m*, zapateo *m*.

tape [teɪp] **1** *n* (*Sew etc*) cinta *f*; (*Sport*) meta *f*; (*adhesive ~*) cinta de pegar *or* adhesiva, scotch *m*; (*recording ~*) cinta (magnetofónica); **on ~** grabado/a (en cinta). **2** *vt* (*record*) grabar (en cinta); (*also* **~ up**) cerrar con cinta; **I've got him/it ~d** (*fam*) ya le encontré la medida. **3** *cpd*: **~ deck** *n* tocacassettes *m inv*; **~ measure** *n* cinta *f* métrica *or* de medir, metro *m*; **~ recorder** *n* magnetófono *m*, grabadora *f (esp LAm)*; **~ recording** *n* grabación *f*.

taper ['teɪpə^r] **1** *n* vela *f*, cerilla *f*. **2** *vi* (*also* **~ off**) afilarse, estrecharse.

tape-record ['teɪprɪ,kɔ:d] *vt* grabar (en cinta).

tapering ['teɪpərɪŋ] *adj* que se va estrechando.

tapestry ['tæpɪstrɪ] *n* (*object*) tapiz *m*; (*art*) tapicería *f*.

tapeworm ['teɪpwɜ:m] *n* tenia *f*, solitaria *f*.

tapioca [,tæpɪ'əʊkə] **1** *n* tapioca *f*. **2** *cpd*: **~ pudding** *n* postre *m* de tapioca.

tappet ['tæpɪt] *n* varilla *f* de levantamiento.

tapwater ['tæp,wɔ:tə^r] *n* (*Brit*) agua *f* corriente *or* de grifo.

tar [tɑ:^r] **1** *n* alquitrán *m*, brea *f*, chapopote *m (Mex)*; **low/middle ~ cigarettes** cigarrillos con contenido bajo/medio de alquitrán. **2** *vt* (*road etc*) alquitranar; **he's ~red with the same brush** (*fig*) está cortado por el mismo patrón.

tarantula [tə'ræntjʊlə] *n* tarántula *f*.

tardy ['tɑ:dɪ] *adj* (*late*) tardío/a; (*slow*) lento/a.

tare [tɛə^r] *n* (*Comm*) tara *f*.

target ['tɑ:gɪt] **1** *n* (*gen*) blanco *m*; (*objective*) objetivo *m*, meta *f*; **the ~s for production in 1980** las metas de la producción para 1980; **to be on ~** (*project*) seguir el curso previsto. **2** *vt* elegir como blanco; **the factory is ~ted for closure** se propone cerrar la fábrica. **3** *cpd*: **~ audience** *n* público *m* objetivo; **~ language** *n* (*study*) lengua *f* objeto de estudio; **~ market** *n* mercado *m* objetivo; **~ practice** *n* tiro *m* al blanco; **~ price** *n* precio *m* indicativo.

tariff ['tærɪf] **1** *n* tarifa *f*. **2** *cpd*: **~ barrier, ~ wall** *n* barrera *f* arancelaria.

tarmac ['tɑ:mæk] (*vb: pt, pp* **~ked**) **1** *n* (*substance*) alquitranado *m*; (*runway*) pista *f* de despegue. **2** *vt* alquitranar.

tarnish ['tɑ:nɪʃ] **1** *vt* (*lit*) deslustrar; (*fig*) manchar, empañar. **2** *vi* (*metal*) deslustrarse.

tarnished ['tɑ:nɪʃt] *adj* (*also fig*) deslustrado/a.

tarot ['tærəʊ] *n*: **~ card** naipe *m* tarot.

tarpaulin [tɑ:'pɔ:lɪn] *n* lona *f* alquitranada, alquitranado *m*.

tarragon ['tærəgən] *n* (*Bot*) estragón *m*.

tarry ['tærɪ] *vi* (*delay*) demorarse.

tart¹ [tɑ:t] *adj* (*sour: fruit, flavour*) ácido/a, agrio/a; (*fig: expression, remark*) cáustico/a.

tart² [tɑ:t] *n* (**a**) (*Culin: large*) tarta *f*; (*: small*) pastelillo *m*, queque *m (LAm)*. (**b**) (*pej: prostitute*) fulana *f (fam)*, puta *f (fam!)*.

▸ **tart up** *vt + adv* (*fam*) pintar; **to ~ o.s. up, to get ~ed up** vestir(se) y pintar(se).

tartan ['tɑ:tən] *n* tartán *m*.

Tartar ['tɑ:tə^r] *n* (*fig*) fiera *f*.

tartar ['tɑ:tə^r] **1** *n* (*on teeth*) tártaro *m*; (*Culin: also* **cream of ~**) crémor *m* tartárico. **2** *cpd*: **~ sauce** *n* salsa *f* tártara.

task [tɑ:sk] **1** *n* tarea *f*; **to take sb to ~ (for sth)** reprender *or* regañar a algn (por algo). **2** *cpd*: **~ force** *n* grupo *m* de asalto.

taskmaster ['tɑ:sk,mɑ:stə^r] *n*: **he's a hard ~** es muy exigente.

Tasmania [tæz'meɪnɪə] *n* Tasmania *f*.

Tasmanian [tæz'meɪnɪən] *adj, n* tasmanio/a *m/f*.

tassel ['tæsəl] *n* borla *f*.

taste [teɪst] **1** *n* (**a**) (*flavour*) sabor *m*, gusto *m*; (*sense of ~*) gusto; (*sample, sip*) prueba *f*; **the soup had an odd ~** la sopa tenía un sabor raro; **may I have a ~?** ¿puedo probarlo?; **we got a ~ of what was to come** tuvimos una muestra de lo que había de venir después.

(**b**) (*liking*) gusto *m*; **to acquire a ~ for sth** tomar gusto a algo; **it's not to my ~** no es de mi gusto; **each to his own ~** entre gustos no hay disputa.

(**c**) **good ~** buen gusto; **to be in bad** *or* **poor ~** ser de mal gusto.

2 *vt* (**a**) (*sample*) probar, saborear; **just ~ this** pruebe esto.

(**b**) (*notice flavour of*) **he couldn't ~ the food** la comida no le sabía a nada; **I can hardly ~ the garlic in this** casi no noto *or* siento el ajo en esto.

(**c**) (*fig: experience*) conocer; **when he first ~d power** cuando saboreó el poder por primera vez.

3 *vi*: **to ~ of sth** saber a algo; **what does it ~ of?** ¿a qué sabe?; **it ~s good** está rico.

4 *cpd*: **~ bud** *n* papila *f* gustativa.

tasteful ['teɪstfʊl] *adj* de buen gusto.

tastefully ['teɪstfəlɪ] *adv* elegantemente, con buen gusto.

tasteless ['teɪstlɪs] *adj* (*food*) insípido/a, soso/a; (*not tasteful: decor, joke*) de mal gusto.

taster ['teɪstə^r] *n* (**a**) (*person*) catador(a) *m/f*. (**b**) (*fig*) muestra *f*.

tasty ['teɪstɪ] *adj* (*comp* **-ier**; *superl* **-iest**) sabroso/a.

tattered ['tætəd] *adj* en jirones.

tatters ['tætəz] *npl* andrajos *mpl*, harapos *mpl*; **in ~** deshilachado/a.

tattoo[1] [tə'tuː] *n* (*Mil*) retreta *f*; **the Edinburgh ~** la exposición militar de Edimburgo; **to beat a ~ with one's fingers** tamborilear con los dedos.

tattoo[2] [tə'tuː] **1** *n* (*on arm etc*) tatuaje *m*. **2** *vt* (*pt, pp* **~ed**) tatuar.

tattooist [tə'tuːɪst] *n* tatuador/a *m/f*.

tatty ['tætɪ] *adj* (*comp* **-ier**; *superl* **-iest**) (*fam: shabby*) raído/a, deshilachado/a.

taught [tɔːt] *pt, pp of* **teach**.

taunt [tɔːnt] **1** *n* pulla *f*. **2** *vt*: **to ~ sb (with)** echar algo en cara a algn.

Taurus ['tɔːrəs] *n* Tauro *m*.

taut [tɔːt] *adj* (*tight*) tenso/a; (*fig: tense*) tirante, tenso; (*: concise*) conciso/a.

tautological [,tɔːtə'lɒdʒɪkəl] *adj* tautológico/a.

tautology [tɔː'tɒlədʒɪ] *n* tautología *f*.

tavern ['tævən] *n* (*old*) posada *f*, fonda *f*.

tawdry ['tɔːdrɪ] *adj* (*comp* **-ier**; *superl* **-iest**) de oropel.

tawny ['tɔːnɪ] *adj* (*comp* **-ier**; *superl* **-iest**) leonado/a.

tax [tæks] **1** *n* impuesto *m*; **free of ~** exento de contribuciones; **profits after ~** beneficios *mpl* postimpositivos; **profits before ~** beneficios *mpl* preimpositivos; **to put a ~ on sth** gravar algo con un impuesto; **to cut ~es** reducir impuestos; *see* **capital; income; value 3**.

2 *vt* (**a**) (*Fin: people, salary, wages*) imponer contribuciones a; (*: goods*) gravar con un impuesto.

(**b**) (*fig: resources etc*) agotar; (*: patience*) poner *or* someter a prueba.

(**c**) (*fig: accuse*) **to ~ sb with sth** tachar a algn de algo.

3 *cpd*: **~ allowance** *n* desgravación *f* fiscal; **~ avoidance** *n* evasión *f* de impuestos; **~ code, ~ coding** *n* código *m* impositivo; **~ collector** *n* recaudador(a) *m/f* de contribuciones; **~ disc** *n* (*Brit*) pegatina *f* del impuesto de circulación; **~ evasion** *n* evasión *f* fiscal; **~ exemption** *n* exención *f* de impuestos; **~ haven** *n* territorio *m* exento de impuestos; **~ inspector** *n* tasador(a) *m/f*; **~ rate** *n* tipo *m* del impuesto; **~ rebate** *n* devolución *f* de impuestos; **~ relief** *n* desgravación *f* fiscal; **~ return** *n* declaración *f* fiscal; **~ system** *n* sistema *m* tributario; **~ year** *n* año *m* fiscal.

taxable ['tæksəbl] *adj* imponible.

taxation [tæk'seɪʃən] *n* impuestos *mpl*; **system of ~** sistema *m* tributario.

tax-deductible ['tæksdɪ'dʌktəbl] *adj* desgravable.

taxi ['tæksɪ] **1** *n* taxi *m*; (*collective ~*) colectivo *m (LAm)*, pesero *m (Mex)*. **2** *vi* (*Aer*) rodar por la pista. **3** *cpd*: **~ driver** *n* taxista *mf*; **~ rank** *n* parada *f* de taxis.

taxidermist ['tæksɪdɜːmɪst] *n* taxidermista *mf*.

taximeter ['tæksɪ,miːtə^r] *n* taxímetro *m*.

taxing ['tæksɪŋ] *adj* (*problem*) dificilísimo/a; (*task*) absorbente.

taxpayer ['tæks,peɪə^r] *n* contribuyente *mf*.

TB *abbr of* **tuberculosis**.

T-bone (steak) ['tiːbəʊn'(steɪk)] *n* filete *m* en forma de T.

tbsp(s) *abbr of of* **tablespoonful(s)**.

TD *n abbr* (**a**) (*US Ftbl*) *of* **touchdown**. (**b**) (*US*) *of* **Treasury Department**. (**c**) (*Ireland*) *of* **Teachta Dála** *miembro del parlamento irlandés*.

tea [tiː] **1** *n* (**a**) (*beverage*) té *m*; **I'm making another pot of ~** voy a hacer otra tetera; **~ with lemon** té con limón; **it's just my cup of ~!** (*fig*) es lo que más me gusta; **not for all the ~ in China** por nada del mundo.

(**b**) (*meal: afternoon*) merienda *f*; (*: evening*) cena *f*; **an invitation to ~** una invitación a merendar.

2 *cpd*: **~ bag** *n* bolsita *f* de té; **~ break** *n* descanso *m* para el té; **~ caddy** *n* tarro *m* para el té; **~ cart** *n* (*US*) = **~ trolley**; **~ chest** *n* caja *f* grande de madera; **~ cloth** *n* (*for dishes*) paño *m*; (*for trolley, tray*) mantelito *m*, pañito *m*; **~ cosy** *n* cubretetera *m*; **~ leaf** *n* hoja *f* de té; **~ party** *n* merienda *f*; **~ service** *n*, **~ set** *n* servicio *m* de té; **~ strainer** *n* colador *m* de té; **~ towel** *n* paño *m or (LAm)* trapo *m* de cocina; **~ tray** *n* bandeja *f* del té; **~ trolley** *n* carrito *m* del té.

teacake ['tiːkeɪk] *n* bollito *m*, queque *m (LAm)*.

teach [tiːtʃ] (*pt, pp* **taught**) **1** *vt* (*person, subject, skill*) enseñar; (*Scol, Univ: subject*) dar clases de; (*: students*) dar clases a; **to ~ sb sth/(how) to do sth** enseñar a algn a hacer algo; **that'll ~ him (a lesson)!** ¡para que aprenda!; **I'll ~ you to leave the gas on!** ¡y te enseñaré yo a no dejar encendido el gas!

2 *vi* (*gen*) dar clases; **his wife ~es in our school** su esposa es profesora en nuestro colegio; **she's been ~ing for 20 years** es profesora desde hace 20 años, ha trabajado como profesora durante 20 años.

teacher ['tiːtʃə^r] **1** *n* profesor(a) *m/f*; **French ~** profesor(a) de francés. **2** *cpd*: **~ training college** *n* escuela *f* normal.

teaching ['tiːtʃɪŋ] **1** *n* (*act: no pl*) enseñanza *f*, docencia *f*; (*of moral, religious beliefs: often pl*) enseñanzas *fpl*; **her son's gone into ~** su hijo se metió de profesor. **2** *cpd*: **~ hospital** *n* (*Brit*) hospital *m* con facultad de medicina; **~ practice** *n* práticas *fpl* de enseñanza; **~ staff** *n* profesorado *m*, cuerpo *m* docente.

teacup ['tiːkʌp] *n* taza *f* para el té.

teak [tiːk] *n* teca *f*.

team [tiːm] **1** *n* (*gen*) equipo *m*; (*group*) grupo *m*; (*of horses*) tiro *m*; (*of oxen*) yunta *f*; **the national ~** la selección nacional; **home/away ~** equipo de casa/visitante.

2 *vi*: **to ~ up (with)** juntarse (con), asociarse (con); (*Sport*) formar equipo (con). **3** *cpd*: **~ game** *n* juego *m* de equipo; **~ mate** *n* compañero/a *m/f* de equipo; **~ spirit** *n* espíritu *m* de equipo.

teamwork ['tiːmwɜːk] *n* trabajo *m* en equipo.

teapot ['tiːpɒt] *n* tetera *f*.

tear[1] [tɛə^r] (*vb: pt* **tore**; *pp* **torn**) **1** *n* (*rip, hole*) rasgón *m*, desgarrón *m*; **your shirt has a ~ in it** su camisa está rota.

2 *vt* (*material, garment*) romper, desgarrar; (*make a hole*) rasgar; **torn by his emotions** (*fig*) desgarrado por sus emociones; **to ~ to pieces** *or* **to bits** (*garment, paper*) hacer pedazos; (*prey*) descuartizar; (*argument, book*) poner por los suelos; **to ~ a muscle** desgarrarse un músculo; **to ~ open** abrir desgarrando.

3 *vi* (**a**) (*be ripped*) rasgarse; **to ~ at sth** atacar con las uñas.

(**b**) (*go quickly*) **to ~ along/out/down** *etc* ir/salir/bajar *etc* a la carrera *or* a toda velocidad; **to ~ past** pasar como un rayo.

▸ **tear apart** *vt* (*object*) hacer trizas; **the dispute was ~ing the company apart** la disputa dividía la empresa en bandas opuestas.

▸ **tear away** *vt + adv* (*lit, fig*) arrancar, despegar; **I couldn't ~ myself away from the party** no había forma de hacerme dejar *or* salir de la fiesta.

▸ **tear down** *vt + adv* (*flag, hangings etc*) bajar arrancando; (*building*) derribar.

▸ **tear off 1** *vt + adv* arrancar de. **2** *vt + prep* arrancar.

▸ **tear out** *vt + adv* arrancar.

► **tear up** *vt + adv* (**a**) (*paper*) romper, hacer pedazos; (*fig: contract, offer*) anular. (**b**) (*pull from ground: plant, stake*) desarraigar.

tear[2] [tɪəʳ] **1** *n* lágrima *f*; **to burst into ~s** echarse a llorar, deshacerse en lágrimas; **to be in ~s** estar llorando, llorar. **2** *cpd*: **~ duct** *n* conducto *m* lacrimal; **~ gas** *n* gas *m* lacrimógeno.

tearaway [ˈtɛərəweɪ] *n* (*fam*) gamberro/a *m/f*.

teardrop [ˈtɪədrɒp] *n* lágrima *f*.

tearful [ˈtɪəfʊl] *adj* (*gen*) lloroso/a; (*habitually*) llorón/ona.

tear-jerker [ˈtɪəˌdʒɜːkəʳ] *n* (*fam: film etc*) obra *f* sentimentaloide.

tearoom [ˈtiːrʊm] *n* salón *m* de té.

tear-stained [ˈtɪəsteɪnd] *adj* manchado/a de lágrimas.

tease [tiːz] **1** *n* (*person: leg-puller*) bromista *mf*, guasón/ona *m/f* (*LAm*); (*: flirt*) provocador(a) *m/f*. **2** *vt* (*cat etc*) atormentar, provocar; (*person: make fun of*) tomar el pelo a *or* mofarse de algn; **they ~ her about her hair** la molestan con chistes acerca de su pelo.

► **tease out** *vt + adv* (*tangles*) desenredar; (*fig: information etc*) sonsacarle algo a algn.

teaser [ˈtiːzəʳ] *n* (*person*) bromista *mf*; (*fam: problem*) rompecabezas *m inv*.

teaspoon [ˈtiːspuːn] *n* cucharita *f* (de postre).

teaspoonful [ˈtiːspʊnfʊl] *n* cucharadita *f*.

teat [tiːt] *n* (*of bottle*) tetina *f*; (*of animal*) teta *f*.

teatime [ˈtiːtaɪm] *n* hora *f* del té.

tech [tek] *n abbr* (**a**) *of* **technology**. (**b**) *of* **technical college**.

technical [ˈteknɪkəl] *adj* (*process, word*) técnico/a; **this book is too ~ for me to understand** este libro es demasiado técnico para que yo lo entienda; **~ college** *or* **school** escuela *f* vocacional *or* técnica; **~ hitch** problema *m* de carácter técnico; **~ offence** (*Jur*) cuasidelito *m*, delito *m* menor.

technicality [ˌteknɪˈkælɪtɪ] *n* (*technical detail*) detalle *m* (técnico); **I don't understand all the technicalities** no entiendo todos los detalles.

technically [ˈteknɪkəlɪ] *adv* (*gen*) técnicamente; (*in theory*) en teoría.

technician [tekˈnɪʃən] *n* técnico/a *m/f*.

Technicolor ® [ˈteknɪˌkʌləʳ] **1** *n* tecnicolor ® *m*. **2** *adj* en *or* de tecnicolor.

technique [tekˈniːk] *n* (*gen*) técnica *f*.

techno... [ˈteknəʊ] *pref* tecno....

technological [ˌteknəˈlɒdʒɪkəl] *adj* tecnológico/a.

technology [tekˈnɒlədʒɪ] *n* tecnología *f*.

teddy (bear) [ˈtedɪ(bɛəʳ)] *n* osito *m* (de felpa *or* (*LAm*) de peluche).

tedious [ˈtiːdɪəs] *adj* pesado/a.

tediousness [ˈtiːdɪəsnɪs], **tedium** [ˈtiːdɪəm] *n* pesadez *f*.

tee [tiː] *n* tee *m*; **to a ~** como anillo al dedo.

► **tee off** *vi + adv* dar el primer golpe.

teem [tiːm] *vi* (**a**) **to ~ (with)** (*insects, fish*) hervir (de), abundar (en). (**b**) **it's ~ing (with rain)** está lloviendo a mares.

teenage [ˈtiːneɪdʒ] *adj* (*fashion etc*) adolescente; **a ~ boy/girl** un(a) adolescente.

teenager [ˈtiːnˌeɪdʒəʳ] *n* adolescente *mf*, quinceañero/a *m/f* (*pej*).

teens [tiːnz] *npl* adolescencia *f*; **he is still in his ~** es adolescente todavía.

teenybopper [ˈtiːnɪˈbɒpəʳ] *n* quinceañero/a *m/f*.

tee-shirt [ˈtiːʃɜːt] *n* = **T-shirt**.

teeter [ˈtiːtəʳ] *vi* bambolearse, tambalear; (*fig*) vacilar, titubear; **to ~ on the edge of a nervous breakdown** (*fig*) estar al borde de un ataque nervioso.

teeth [tiːθ] *npl of* **tooth**.

teethe [tiːð] *vi* echar los dientes.

teething [ˈtiːðɪŋ] **1** *n* dentición *f*. **2** *cpd*: **~ troubles** *npl* (*fig*) problemas *mpl* de principiantes.

teetotal [ˈtiːˈtəʊtl] *adj* abstemio/a.

teetotaller, (*US*) **teetotaler** [ˈtiːˈtəʊtləʳ] *n* (*person*) abstemio/a *m/f*.

TEFL [ˈtefəl] *n abbr of* **Teaching English as a Foreign Language**.

Teflon ® [ˈteflɒn] *n* teflón ® *m*.

Teheran, **Tehran** [tɛəˈrɑːn] *n* Teherán *m*.

tel. *abbr of* **telephone** tel, tfno, Tfno.

tele... [ˈtelɪ] *pref* tele....

telecommunications [ˈtelɪkəˌmjuːnɪˈkeɪʃənz] *npl* telecomunicación *fsg*.

telecommute [ˈtelɪkəmˌjuːt] *vi* teletrabajar, trabajar a distancia.

telegram [ˈtelɪgræm] *n* telegrama *m*.

telegraph [ˈtelɪgrɑːf] **1** *n* (*message*) telégrafo *m*; (*apparatus*) aparato *m* telegráfico. **2** *vt* telegrafiar. **3** *cpd*: **~ pole** *n*, **~ post** *n* poste *m* telegráfico; **~ wire** *n* hilo *m* telegráfico.

telekinesis [ˌtelɪkɪˈniːsɪs] *n* telequinesia *f*.

telemessage [ˈtelɪmesɪdʒ] *n* (*Brit*) telegrama *m*.

telepathic [ˌtelɪˈpæθɪk] *adj* telepático/a.

telepathy [tɪˈlepəθɪ] *n* telepatía *f*.

telephone [ˈtelɪfəʊn] **1** *n* teléfono *m*; **to be on the ~** (*subscriber*) tener teléfono; (*be speaking*) estar hablando por teléfono; **you're wanted on the ~** quieren hablar con Ud por teléfono.

2 *vi* llamar por teléfono.

3 *vt* llamar por teléfono, telefonear a.

4 *cpd*: **~ answering machine** *n* contestador *m* automático; **~ box** *n*, **~ booth** *n* cabina *f* telefónica; **~ call** *n* llamada *f* (telefónica), llamado *m* (telefónico) (*LAm*); **~ directory** *n* guía *f* telefónica; **~ exchange** *n* central *f* (telefónica); (*private*) centralita *f* (*Sp*), conmutador *m* (*LAm*); **~ kiosk** *n* = **~ box**; **~ number** *n* número *m* de teléfono, fono *m* (*Chi*).

telephonist [tɪˈlefənɪst] *n* telefonista *mf*.

telephoto [ˈtelɪˈfəʊtəʊ] *adj*: **~ lens** teleobjetivo *m*.

teleprinter [ˈtelɪˌprɪntəʳ] *n* teletipo *m*.

teleprocessing [ˌtelɪˈprəʊsesɪŋ] *n* teleproceso *m*.

teleprompter ® [ˈtelɪˌprɒmptəʳ] *n* teleapuntador *m*.

telesales [ˈtelɪˌseɪlz] **1** *npl* televenta(s) *f(pl)*. **2** *cpd*: **~ person** *n* televendedor(a) *m/f*.

telescope [ˈtelɪskəʊp] **1** *n* (*gen*) catalejo *m*; (*Astron*) telescopio *m*. **2** *vi* encajar.

telescopic [ˌtelɪsˈkɒpɪk] *adj* telescópico/a; (*umbrella*) plegable.

teleshopping [ˈtelɪˌʃɒpɪŋ] *n* (*US*) telecompra(s) *f(pl)*.

teletext [ˈtelɪtekst] *n* teletex(to) *m*.

telethon [ˈteləθɒn] *n* (*TV*) *maratón m televisivo (con fines benéficos)*.

Teletype ® [ˈtelɪˌtaɪp] *n* teletipo *m*.

televise [ˈtelɪvaɪz] *vt* transmitir por televisión, televisar.

television [ˈtelɪˌvɪʒən] **1** *n* (*broadcasts, broadcasting industry*) televisión *f*; (*also* **~ set**) televisor *m*; **to watch ~** ver la televisión; **to speak on ~** hablar por televisión. **2** *cpd* (*programme, camera*) de televisión; (*personality*) de la televisión; (*play, report, serial*) televisivo/a, televisual; **~ screen** *n* pantalla *f* de televisión.

telex [ˈteleks] **1** *n* (*gen*) télex *m*. **2** *vt,vi* enviar un télex (a).

tell [tel] (*pt, pp* **told**) **1** *vt* (**a**) (*story, experiences*) contar; (*truth, lie*) decir; (*secret*) contar, divulgar; **to ~ sb sth** decirle algo a algn; **to ~ sb that ...** decirle a algn que ...; **to ~ sb whether/how/why** *etc* decir a algn si/cómo/por qué *etc*; **to ~ sb about sth** explicar algo a algn; **I have been told that ...** me han dicho que ...; **I am glad to ~ you that ...** (*frm*) tengo el gusto en comunicarle que ...; **I cannot ~ you how pleased I am** no encuentro palabras para expresarle lo feliz que estoy; **so much happened that I can't begin to ~ you** pasaron tantas cosas no sé por dónde empezar a contarte; **(I) ~ you what, let's go now** sabes qué, vámonos ahora; **I told you so!, didn't I ~ you so?** ¿no te lo dije?; **.., I can ~ you ...** te aseguro, ... tenlo por seguro; **let me ~ you, I didn't enjoy it** si te digo la verdad, no me gustó nada; **you're ~ing me** (*fam*) ya lo creo y que lo digas; **don't ~ me you can't do it!** ¡no me vayas a decir *or* no me digas que no lo puedes hacer!; **~ me another!** (*fam*) ¡cuéntaselo a tu abuela!; **to ~ sb the future** *or* **sb's fortune** decirle a algn la buenaventura.

(**b**) (*order*) **to ~ sb to do sth** mandarle a algn a hacer algo; **do as you are told!** ¡haz lo que te digo!; **he won't be told** no acepta consejos.

(**c**) (*indicate: subj: sign, dial*) **to ~ sb sth** indicarle algo a algn; **there was a sign ~ing us which way to go** una señal nos indicaba el camino.

(**d**) (*distinguish*) distinguir; (*know, be sure of*) saber; **to ~ the difference (between A and B)** distinguir (entre A y B); **to ~ right from wrong** distinguir el bien del mal; **I couldn't ~ them apart** no sabía distinguirlos; **you can ~ a horse's age by its teeth** la edad de un caballo se sabe por los dientes; **I couldn't ~ how it was done** no sabía cómo se hizo; **you can't ~ much from his letter** su carta nos dice bien poco; *see* **time 1 (d)**.

(**e**) **400 all told** 400 en total.

2 *vi* (**a**) (*talk*) **to ~ (of)** contar; (*fam: sneak, tell secrets*); **to ~ (on)** contar chismes (sobre); **more than words can ~** me fallan las palabras; **that would be ~ing!** ¡es un secreto!

(**b**) (*know, be certain*) saber; **I can't ~** no le puedo decir, no sabría decirle; **who can ~?** ¿quién sabe?; **there is no ~ing** no se puede saber; **you never can ~** nunca se sabe; *see* **time 1 (a)**.

(**c**) (*have an effect*) surtir efecto; (*: negatively*) hacerse sentir; **to ~ against sb** ir en contra de algn; **the strain is beginning to ~ (on him)** se le empieza a notar la tensión.

► **tell off** *vt + adv*: **to ~ sb off (for sth/for doing sth)** regañar a algn (por algo/por haber hecho algo).

► **tell on** *vt + prep*: **to ~ on sb** soplarse de algn (*fam*).

teller ['telə^r] *n* (**a**) (*of story*) narrador(a) *m/f*. (**b**) (*person: in bank*) cajero/a *m/f*; (*: at election*) escrutador(a) *m/f*.

telling ['telıŋ] *adj* (*effective: blow*) contundente, eficaz; (*significant: figures, remark*) revelador(a).

telling-off [,telıŋ'ɒf] *n*: **to give sb a ~** echarle una bronca *or* regañarle a algn.

telltale ['telteıl] **1** *adj* (*sign*) revelador(a). **2** *n* (*person*) soplón/ona *m/f*.

telly ['telı] *n* (*Brit fam*) tele *f*.

temerity [tı'merıtı] *n* temeridad *f*.

temp [temp] **1** *n abbr of* **temporary**. **2** *vi* trabajar de temporero.

temp. *abbr of* **temperature**.

temper ['tempə^r] **1** *n* (*nature*) carácter *m*, genio *m*; (*mood*) humor *m*; **to be in a ~** estar furioso; **to be in a good/bad ~** estar de buen/mal humor; **to keep/lose one's ~** contenerse/enfadarse *or* (*LAm*) enojarse; **to have a quick ~** tener genio; **in a fit of ~** en un acceso de furia *or* ira; **to fly into a ~** ponerse furioso, montarse en cólera; **mind your ~!, ~, ~!** ¡contrólate *or* controla ese genio! **2** *vt* (*moderate*) moderar; (*soften: metal*) templar.

temperament ['tempərəmənt] *n* temperamento *m*, disposición *f*.

temperamental [,tempərə'mentl] *adj* (**a**) (*moody: person, machine*) caprichoso/a. (**b**) (*caused by one's nature*) temperamental, por temperamento.

temperance ['tempərəns] **1** *n* (*teetotalism*) abstinencia *f*. **2** *cpd* (*movement, hotel*) antialcohólico/a.

temperate ['tempərıt] *adj* (*climate, zone*) templado/a.

temperature ['temprıtʃə^r] *n* (*Met*) temperatura *f*; (*Med: of person*) calentura *f*, fiebre *f*; **to have a high ~** tener fiebre; **to take sb's ~** tomar la temperatura de algn.

-tempered ['tempəd] *adj suf* de genio ...; **bad~** de mal genio.

tempest ['tempıst] *n* (*poet*) tempestad *f*.

tempestuous [tem'pestjʊəs] *adj* (*relationship, meeting*) tempestuoso/a.

template, (*US*) **templet** ['templıt] *n* plantilla *f*.

temple ['templ] *n* (**a**) (*Rel*) templo *m*. (**b**) (*Anat*) sien *f*.

tempo ['tempəʊ] *n* (*pl* **tempi** ['tempi:]) (*Mus*) compás *m*; (*fig*) ritmo *m*.

temporal ['tempərəl] *adj* (*Ling: conjunction, clause*) temporal.

temporarily ['tempərərılı] *adv* temporalmente.

temporary ['tempərərı] *adj* (*measure*) transitorio/a; (*arrangement*) provisional, temporal; (*worker*) temporero/a; (*official, post office, secretary*) interino/a.

tempt [tempt] *vt* (*gen*) tentar, provocar (*LAm*); **to ~ sb to do sth** tentar a algn a hacer algo; **I'm ~ed to do it** me siento tentado de *or* (*LAm*) me provoca hacerlo; **can I ~ you to another cake?** ¿le apetece otro pastelito?; **one must not ~ fate** no hay que tentar a la suerte.

temptation [temp'teıʃən] *n* tentación *f*; **there is always a ~ to ...** existe siempre una tendencia a ...; **I couldn't resist the ~** no pude resistir (la tentación).

tempting ['temptıŋ] *adj* (*offer etc*) tentador(a); (*food*) apetitoso/a.

ten [ten] **1** *adj* diez. **2** *n* diez *m*; **~s of thousands** decenas de miles; **~ to one he'll be late** (*fam*) te apuesto que llega tarde; **they're ~ a penny** (*fam*) se encuentran en todas partes; *see* **five** *for usage*.

tenable ['tenəbl] *adj* (*argument*) sostenible; (*proposal*) válido/a.

tenacious [tı'neıʃəs] *adj* tenaz.

tenacity [tı'næsıtı] *n* tenacidad *f*.

tenancy ['tenənsı] *n* (*possession, period*) tenencia *f*, inquilinato *m*; (*renting*) arriendo *m*, alquiler *m*.

tenant ['tenənt] *n* inquilino/a *m/f*, arrendatario/a *m/f*.

tend[1] [tend] *vi* tener tendencia, tender; **to ~ to do sth** tener tendencia a hacer algo; **I ~ to agree** (*Brit frm*) comparto su opinión; **that ~s to be the case** suele ser así; **to ~ towards sth** tirar hacia algo; **these clothes ~ to shrink** estas prendas tienen tendencia a encogerse.

tend[2] [tend] *vt* (*also* **~ to**: *sick etc*) cuidar, atender; (*cattle*) vigilar; (*garden*) cultivar; (*machine*) vigilar, cuidar.

tendency ['tendənsı] *n* tendencia *f*; **to have a ~ to ...** tener tendencia a ....

tendentious [ten'denʃəs] *adj* tendencioso/a.

tender[1] ['tendə^r] *n* (*Rail*) ténder *m*.

tender[2] ['tendə^r] **1** *n* (**a**) (*Comm*) oferta *f*; **call for ~** propuesta *f* para licitación de obras; **to make a ~ (for), to put in a ~ (for)** hacer una oferta (para); **to put work out to ~** ofrecer un trabajo a contrata. (**b**) **legal ~** moneda *f* corriente *or* de curso legal. **2** *vt* (*frm: proffer: money*) ofrecer; **to ~ one's resignation** presentar renuncia *or* su dimisión. **3** *vi* (*Comm*) **to ~ (for)** hacer una oferta (para).

tender[3] ['tendə^r] *adj* (**a**) (*gentle, affectionate*) cariñoso/a, tierno/a; **to bid sb a ~ farewell** despedirse de algn con ternura. (**b**) (*sore: part of body*) sensible, dolorido/a; (*fragile*) frágil, delicado/a; (*fig: subject*) delicado; **~ to the touch** sensible al tacto. (**c**) (*not tough: meat*) tierno/a.

tender-hearted ['tendə'hɑ:tıd] *adj* compasivo/a.

tenderloin ['tendələın] *n* lomo *m*, filete *m*.

tenderly ['tendəlı] *adv* (*affectionately*) cariñosamente, con ternura.

tenderness ['tendənıs] *n* (*see adj*) cariño *m*, ternura *f*; delicadeza *f*, lo tierno.

tendon ['tendən] *n* tendón *m*.

tendril ['tendrıl] *n* zarcillo *m*.

tenement ['tenımənt] **1** *n* (*Scot: flat*) piso *m*, departamento *m* (*LAm*). **2** *cpd*: **~ block** *n* bloque *m* de pisos; **~ house** *n* casa *f* de vecinos.

Tenerife [,tenə'ri:f] *n* Tenerife *m*.

tenet ['tenət] *n* principio *m*.

Tenn. *abbr* (*US*) *of* **Tennessee**.

tenner ['tenə^r] *n* (*Brit: £10*) diez libras; (*: £10 note*) billete *m* de diez (libras).

tennis ['tenıs] **1** *n* tenis *m*. **2** *cpd* de tenis; **~ ball** *n* pelota *f* de tenis; **~ court** *n* cancha *f* de tenis; **~ elbow** *n* (*Med*) sinovitis *f* del codo; ~ **match** *n* partido *m* de tenis; ~ **player** *n* tenista *mf*; ~ **racket** *n* raqueta *f* de tenis.

tenor ['tenəʳ] **1** *adj* (*instrument, part, voice*) de tenor. **2** *n* (**a**) (*Mus*) tenor *m*. (**b**) (*purport: of speech*) tono *m*, sentido *m*.

tenpin bowling ['tenpɪn'bəʊlɪŋ] *n* bolos *mpl*, bolera *f*.

tense[1] [tens] *n* (*Ling*) tiempo *m*.

tense[2] [tens] **1** *adj* (*comp* **-r**; *superl* **-st**) (*stretched tight*) estirado/a, tieso/a *(LAm)*; (*nervous: person*) nervioso/a, tirante; (*: moment, atmosphere*) tenso/a, de tensión. **2** *vt* (*tighten: muscles*) tensar.

► **tense up** *vi + adv* tensarse.

tensely ['tenslɪ] *adv* (*nervously*) nerviosamente, con tirantez.

tension ['tenʃən] *n* (*gen*) tensión *f*; (*in relations, atmosphere*) tirantez *f*.

tent [tent] **1** *n* tienda *f* de campaña, carpa *f (LAm)*. **2** *cpd*: ~ **peg** *n* estaca *f* de tienda.

tentacle ['tentəkl] *n* tentáculo *m*.

tentative ['tentətɪv] *adj* (*hesitant: person*) indeciso/a, vacilante; (*provisional: arrangement*) provisional, provisorio/a *(LAm)*.

tenterhooks ['tentəhʊks] *npl*: **to be on** ~ estar sobre ascuas; **to keep sb on** ~ tener a algn sobre ascuas.

tenth [tenθ] **1** *adj* décimo/a. **2** *n* (*in series*) décimo/a *m/f*; (*fraction*) décimo *m*, décima parte *f*; *see* **fifth** *for usage*.

tenuous ['tenjʊəs] *adj* (*gen*) tenue; (*connection*) ligero/a; (*argument*) poco convincente.

tenure ['tenjʊəʳ] *n* (*of land*) tenencia *f*; (*of office*) ocupación *f*, ejercicio *m*; (*guaranteed employment*) puesto *m* asegurado, permanencia *f*; **teacher without** ~ profesor(a) *m/f* no numerario/a.

tepee ['ti:pi:] *n* (*US*) tipi *m*.

tepid ['tepɪd] *adj* (*lit*) tibio/a; (*fig*) poco entusiasta *or* caluroso/a.

term [tɜ:m] **1** *n* (**a**) (*period: of office etc*) período *m*, término *m*; (*Comm: limit of time*) plazo *m*; (*of president etc*) mandato *m*; (*in school*) trimestre *m*; **in the short/long** ~ a corto/largo plazo; **in the medium** ~ a plazo medio; **during his** ~ **of office** bajo su mandato; **in the spring/summer** ~ en el segundo/tercer trimestre; *see* **half 2**.

(**b**) (*expression*) término *m*, vocablo *m*; **to tell sb sth in no uncertain ~s** decirle algo a algn de forma clara; **in ~s of ...** en términos de ..., en cuanto a ...; **in ~s of production we are doing well** por lo que se refiere a *or* en cuanto a la producción vamos bien; **he was talking in ~s of buying it** hablaba de la posibilidad de comprarlo.

(**c**) **~s** (*conditions*) condiciones *fpl*; **~s of employment** condiciones de empleo; **~s of payment** condiciones de pago; **~s of reference** puntos *mpl* de referencia; **on one's own ~s** como uno quiere; **according to the ~s of the contract** según las condiciones del contrato; **to come to ~s with sth** hacerse a la idea de algo; **to come to ~s with a situation/person** aceptar *or* adaptarse a una situación/una persona; **reduced ~s for pensioners** descuentos para jubilados; **we offer easy ~s** ofrecemos facilidades de pago; **not on any ~s** de ninguna manera, bajo ningún concepto.

(**d**) **~s** (*relations*) relaciones *fpl*; **to be on good ~s with sb** llevarse bien con algn, congeniar con algn; **not to be on speaking ~s with sb** no hablarse con algn; **they were not competing on equal** *or* **the same ~s** no competían en un pie de igualdad.

2 *vt* (*name*) calificar de, llamar.

3 *cpd*: ~ **loan** *n* préstamo *m* a plazo fijo.

terminal ['tɜ:mɪnl] **1** *adj* (*disease, patient*) mortal; (*stages*) final, terminal. **2** *n* (**a**) (*Elec*) borne *m*, polo *m*; (*Comput*) terminal *f*. (**b**) (*of bus, train*) término *m*, terminal *f*.

terminate ['tɜ:mɪneɪt] **1** *vt* (*meeting*) concluir; (*contract*) finalizar. **2** *vi* (*contract*) finalizarse, concluirse; (*train, bus*) terminar.

termination [,tɜ:mɪ'neɪʃən] *n* (*of contract etc*) terminación *f*.

terminology [,tɜ:mɪ'nɒlədʒɪ] *n* terminología *f*.

terminus ['tɜ:mɪnəs] *n* (*pl* **termini** ['tɜ:mɪnaɪ]) (*last station*) estación *f* terminal; (*Rail: building*) término *m*.

termite ['tɜ:maɪt] *n* comején *m*, termita *f*.

termtime ['tɜ:mtaɪm] *n*: **in** ~ durante el trimestre.

Ter(r). *abbr of* **Terrace**.

terrace ['terəs] *n* (**a**) (*patio, verandah*) terraza *f*; (*roof*) azotea *f*. (**b**) (*of earth*) terraplén *m*. (**c**) (*of houses*) hilera *f* de casas (adosadas); (*name of street*) calle *f*. (**d**) **the ~s** (*Sport*) las gradas *fpl*.

terraced ['terəst] *adj* (*layered: hillside, garden*) terraplenado/a, en terrazas; (*in a row: house, cottage etc*) alineado/a.

terracotta ['terə'kɒtə] *n* terracota *f*.

terrain [te'reɪn] *n* terreno *m*.

terrazzo [te'rætsəʊ] *n* terrazo *m*.

terrestrial [tɪ'restrɪəl] *adj* terrestre.

terrible ['terəbl] *adj* (*very bad: gen*) malísimo/a, terrible; (*: pain etc*) atroz; (*: mistake etc*) horrible, bárbaro/a; **to be ~ at sth** ser malísimo en *or* para algo.

terribly ['terəblɪ] *adv* (*badly*) muy mal, fatal; (+ *adj*) terriblemente; (*: Brit fam*) realmente.

terrier ['terɪəʳ] *n* terrier *m*.

terrific [tə'rɪfɪk] *adj* (*very good: performance, book etc*) bárbaro/a, fenómeno/a, macanudo/a *(LAm)*, regio/a *(CSur)*, chévere *(Ven)*; (*: news*) maravilloso/a, estupendo/a; (*terrifying, extreme*) tremendo/a, terrible; **we had a ~ time** lo pasamos en grande *(fam)*.

terrify ['terɪfaɪ] *vt* aterrorizar; **to ~ sb out of his wits** dar un susto mortal a algn.

terrifying ['terɪfaɪɪŋ] *adj* espantoso/a, aterrador(a).

territorial [,terɪ'tɔ:rɪəl] *adj* territorial; **T~ Army** segunda reserva *f*; ~ **waters** aguas *fpl* jurisdiccionales.

territory ['terɪtərɪ] *n* territorio *m*, región *f*; (*of salesman*) zona *f*, sector *m*; (*Sport etc*) campo *m*, terreno *m*.

terror ['terəʳ] *n* (*gen*) terror *m*; (*fam: child*) monstruo/a *m/f*; **to live in ~ of sth** vivir atemorizado por algo; **she's a ~ on the roads** es un peligro en la carretera; **you little ~!** ¡eres un diablillo!

terrorism ['terərɪzəm] *n* terrorismo *m*.

terrorist ['terərɪst] *adj*, *n* terrorista *mf*.

terrorize ['terəraɪz] *vt* aterrorizar.

terror-stricken ['terə,strɪkən], **terror-struck** ['terə,strʌk] *adj* aterrorizado/a.

terse [tɜ:s] *adj* (*comp* **~r**; *superl* **~st**) lacónico/a, sucinto/a.

tertiary ['tɜ:ʃərɪ] *adj* (*gen*) terciario/a; ~ **education** enseñanza *f* superior.

Terylene ® ['terəli:n] *n* (*Brit*) terylene ® *m*.

TESL ['tes(ə)l] *n abbr of* **Teaching (of) English as a Second Language**.

TESOL ['tesɒl] *n abbr of* **Teaching of English to Speakers of Other Languages**.

test [test] **1** *n* (*gen*) prueba *f*; (*rehearsal*) ensayo *m*; (*Scol, Univ etc*) examen *m*, test *m*, prueba; (*driving* ~) examen (de conducir); **a weekly French** ~ una prueba semanal de francés; **to do ~s on sth** hacer análisis de algo; **to put sth to the** ~ someter algo a prueba; **it has stood the ~ of time** ha resistido el paso del tiempo; *see* **blood 2**.

2 *vt* (*eyes, blood, ears etc*) examinar; (*object, product, machine*) probar, poner a prueba; **to have one's eyes ~ed** hacerse un examen de la vista; **to ~ sb's patience** poner a prueba la paciencia de algn; **to ~ sb in mathematics** comprobar los conocimientos de matemáticas de algn; **to ~ sth for sth** analizar algo en busca de algo; **the new weapon is being ~ed** se está sometiendo a prueba la nueva arma.

3 *vi* (*for oil*) hacer perforaciones; (*for gas etc*) probar en busca de; **~ing, ~ing ...** (*Telec etc*) probando, probando ....

4 *cpd*: **(nuclear) ~ ban** *n* suspensión *f* de pruebas nucleares; ~ **card** *n* (*TV*) carta *f* de ajuste; ~ **case** *n* (*Jur*) juicio *m* que sienta precedente; ~ **flight** *n* (*Aer*) vuelo *m* de ensayo; ~ **match** *n* (*Cricket*) partido *m* internacional; ~ **paper** *n* (*Chem*) papel *m* reactivo; ~ **pilot** *n* piloto *m or* mujer piloto *f* de pruebas; ~ **tube** *n* (*Chem*) probeta *f*, tubo *m* de ensayo; ~ **tube baby** *n* bebé *m* de probeta.

testament [ˈtestəmənt] *n* testamento *m*; **the Old/New T~** el Antiguo/Nuevo Testamento.

testator [tesˈteɪtəʳ] *n* testador *m*.

test-drive [ˈtest,draɪv] (*vb: pt* **test-drove**; *pp* **test-driven**) **1** *n* prueba *f* de carretera. **2** *vt* (*car*) probar en carretera.

testicle [ˈtestɪkl] *n* testículo *m*.

testify [ˈtestɪfaɪ] *vi* (*Jur*) declarar (bajo juramento), dar testimonio; **to ~ that** ... atestiguar *or* testimoniar que ...; **to ~ to sth** (*Jur*) dar fe de algo; (*fig: be sign of*) demostrar *or* revelar algo.

testimonial [,testɪˈməʊnɪəl] *n* (**a**) (*reference about person*) (carta *f* de) recomendación *f*; (*guarantee*) aval *m*. (**b**) (*gift*) obsequio *m*.

testimony [ˈtestɪmənɪ] *n* (*Jur: statement in court*) testimonio *m*, declaración *f*; (*fig: indication of sth*) muestra *f*, señal *f*; **to bear ~ to sth** atestar algo.

testing [ˈtestɪŋ] **1** *adj* (*difficult: time*) duro/a, exigente. **2** *n* pruebas *fpl*. **3** *cpd*: ~ **ground** *n* zona *f or* terreno *m* de pruebas.

testosterone [teˈstɒstərəʊn] *n* testosterona *f*.

testy [ˈtestɪ] *adj* (*comp* **-ier**; *superl* **-iest**) (*impatient: person*) colérico/a; (*: remark*) malhumorado/a.

tetanus [ˈtetənəs] *n* tétanos *m*.

tetchy [ˈtetʃɪ] *adj* (*comp* **-ier**; *superl* **-iest**) malhumorado/a, irritable.

tête-à-tête [ˈteɪtɑːˈteɪt] *n* conversación *f* íntima.

tether [ˈteðəʳ] **1** *n* ronzal *m*: **to be at the end of one's ~** (*fig*) estar hasta el moño, estar harto/a. **2** *vt* (*animal*) atar (con una cuerda).

Teutonic [tjʊˈtɒnɪk] *adj* teutónico/a.

Tex. *abbr* (*US*) *of* **Texas**.

Texan [ˈteksən] *adj* tejano/a *m/f*.

Texas [ˈteksəs] *n* Tejas *m*.

text [tekst] *n* (*written or printed matter*) texto *m*; (*book etc*) lectura *f*; (*Rel*) pasaje *m*.

textbook [ˈteksbʊk] *n* libro *m* de texto.

textile [ˈtekstaɪl] **1** *adj* textil. **2** *n*: **~s** textiles *mpl*, tejidos *mpl*.

text processing [ˈtekstˈprəʊsesɪŋ] *n* proceso *m or* tratamiento *m* de textos.

text processor [ˈtekstˈprəʊsesəʳ] *n* procesador *m* de textos.

textual [ˈtekstjʊəl] *adj* (*gen*) del texto; (*literal*) textual.

texture [ˈtekstʃəʳ] *n* textura *f*, tejido *m*.

TGIF *abbr* (*fam*) *of* **thank God it's Friday**.

TGWU *n abbr* (*Brit*) *of* **Transport and General Workers' Union**.

Thai [taɪ] *adj*, *n* tailandés/esa *m/f*.

Thailand [ˈtaɪlænd] *n* Tailandia *f*.

thalidomide ® [θəˈlɪdəʊmaɪd] *n* talidomida *f*.

Thames [temz] *n*: **the ~** el Támesis.

than [ðæn] *conj* (*in comparisons*) que; (*with numerals*) de; (*stating preference*) antes que; **I have more ~ you** tengo más que Ud; **nobody is more sorry ~ I (am)** nadie lo siente más que yo; **they have more money ~ we have** tienen más dinero que nosotros; **the car went faster ~ we had expected** el coche alcanzó una velocidad mayor de lo que habíamos esperado; **no sooner ... ~** bastaba que ... para que; **it is better to phone ~ to write** más vale llamar por teléfono que escribir; **more/less ~ 90** más/menos de 90; **more ~ once** más de una vez; **rather you ~ me** tú antes que yo; **more often ~ not** en la mayoría de los casos.

thank [θæŋk] **1** *vt*: **to ~ sb** dar las gracias *or* agradecer a algn; **to ~ sb for sth** agradecerle algo a algn; **~ you (very much)** (muchas) gracias; **no ~ you** no, gracias; (*iro*) ¡ni hablar!, ¡no faltaba más!; **to say a special '~ you' to sb** agradecer a algn especialmente; **to have only o.s. to ~ for sth** tener la culpa de algo; **I have John to ~ for that** eso se lo tengo que agradecer a Juan; (*iro*) Juan tiene la culpa de eso; **he won't ~ you for telling her** no te agradecerá el habérselo dicho a ella; **without so much as a '~ you'** sin la menor señal de agradecimiento; **~ heavens/goodness/God (for that)!** ¡gracias a Dios!, ¡menos mal!

2 *n*: **~s** gracias *fpl*; (*fam interj*) **~s!** ¡gracias!; **(very) many ~s** muchísimas *or* muchas gracias; **that's all the ~s I get!** ¡y así se me agradece!; **I got the job ~s to him** conseguí el trabajo a *or* por mediación suya; **~s to you** ... gracias a Ud ...; (*iro*) por culpa suya ...; **~s to the rain the game was abandoned** debido a la lluvia el partido fue anulado; **small/no ~s to you** no fue gracias a Ud; **it's all ~s to brand X** todo es gracias a la marca X; (*iro*) hay que echarle la culpa a la marca X; **~s be to God** (*Rel*) alabado sea Dios.

thankful [ˈθæŋkfʊl] *adj* agradecido/a; **let us be ~ that it's over** demos gracias que haya terminado.

thankfully [ˈθæŋkfəlɪ] *adv* por suerte, afortunadamente.

thankless [ˈθæŋklɪs] *adj* (*unrewarding: task*) ingrato/a.

thanksgiving [ˈθæŋks,gɪvɪŋ] **1** *n* acción *f or* voto *m* de gracias. **2** *cpd*: **T~ Day** *n* (*US*) día *m* de Acción de Gracias.

thankyou [ˈθæŋkjʊ] *n* gracias *fpl*; **now a big ~ to John** ahora, nuestras gracias más sinceras para Juan.

that [ðæt] **1** *dem adj* (*pl* **those**) (*gen*) ese/a, aquel/aquella; **~ man/woman/book** ese hombre/esa mujer/ese libro; **~ one over there** aquél/aquélla; **it's not this picture but ~ one I like** el cuadro que me gusta no es éste, es aquél; **I only met her ~ once** la ví solamente aquella vez; **what about ~ cheque?** ¿y el cheque aquel?; **~ wretched dog!** ¡ese maldito perro!; **~ son of yours** ese hijo tuyo.

2 (*dem pron*) (*pl* **those**) (*gen*) ése/a, aquél/aquélla; **who/what is ~?** ¿quién/qué es eso?; **~'s Joe/my house** ése es Joe/ésa es mi casa; **I prefer this to ~** prefiero esto a eso; **£5? — it must have cost more than ~** ¿5 libras? — debe haber costado más (que eso); **~'s true** es verdad, es cierto *(esp LAm)*; **~ is (to say), ...** es decir ..., o sea ...; **~'s ~!** (*that's finished*) ¡y ya está!, ¡y ya estuvo! *(LAm)*; **~'s it!, she can find her own gardener!** ¡se acabó!, puede buscarse jardinero por su cuenta; **bees and wasps and (all) ~** abejas y avispas y cosas así; **you can't go and ~'s ~!** ¡no puedes ir y sanseacabó!; **~'s odd!** ¡qué raro!; **after ~** después, luego; **at ~** sin más, así nomás *(LAm)*; **with ~** con eso; **..., at ~ ...,** y además; **do it like ~** hágalo así; **if it comes to ~** si vamos a eso; **how do you like ~?** (*iro*) ¿qué te parece?

3 *dem adv* (*+ adj*) (*gen*) tan; **it's about ~ big** (*with gesture*) es más o menos así de grande; **cheer up! it isn't ~ bad** ¡ánimo! ¡no es para tanto!; **nobody can be ~ rich** nadie puede ser tan rico; **I didn't know he was ~ ill** no sabía que estaba tan enfermo; **~ much/many** tanto/tantos; **he was ~ angry** (*fam*) tenía tanta rabia, estaba tan furioso; **it was ~ cold!** ¡hacía tanto frío!

4 *relative pron* que; (*of time: when*) que, cuando; **the book ~ I read** el libro que leí; **the houses ~ I painted** las casas que pinté; **all ~ I have** todo lo que tengo; **the box ~ I put it in** la caja donde lo puse; **the film ~ I read about in the papers** la película que vi comentada en el periódico; **the house ~ we're speaking of** la casa de la que hablamos; **not ~ I know of** que yo sepa, no.

5 *conj* que; **he said ~ ...** dijo que ...; **I believe ~ he exists** creo que existe; **~ he should behave like this!** ¡quién hubiera dicho que se comportaría así!; **~ he should behave like this is incredible** que se comporte así es increíble; **oh ~ I could ...** ojalá (que *or* y) pudiera ...; **..., not ~ I want to, of course ...**, no es que yo quiera, por supuesto; *see* **in 1 (m); order 1 (h); so 2; would (f).**

thatch [θætʃ] **1** *n* (*on roof*) paja *f*. **2** *vt* cubrir con paja.
thatched [θætʃt] *adj* (con techo) de paja.
thaw [θɔː] **1** *n* (*gen*) deshielo *m*; (*of snow*) derretimiento *m*; (*fig: easing up*) descongelación *f*. **2** *vt* (*also* ~ **out**) deshelar, descongelar. **3** *vi* (*Met*) deshelarse, derretirse; (*also* ~ **out**: *frozen food, cold toes*) deshelarse; (*fig: relations, person*) descongelarse; **it is ~ing** se esta deshelando *or* descongelando.
the [ðiː, ðə] **1** *def art* (**a**) el/la; **I haven't ~ time/money** no tengo tiempo/dinero; **do you know ~ Smiths?** ¿conoce a los Smith?; **to play ~ piano/violin** tocar el piano/el violín; **all ~ ...** todo el .../toda la ..., todos los .../todas las ...; **it was ~ year of the student riots** fue el año de los disturbios estudiantiles; **how's ~ leg?** ¿cómo va la pierna?
(**b**) (+ *adj: denoting pl*) los/las; (*: denoting sg*) el/la; (+ *n: denoting whole class*) lo, el/la; **~ rich and ~ poor** los ricos y los pobres; **she was ~ elder** era la mayor; **within the realms of ~ possible** dentro de los límites de lo posible; **in this age of ~ computer ...** en esta época del computador ....
(**c**) (*distributive*) **25 miles to ~ gallon** 25 millas por galón; **700 lire to ~ dollar** 700 liras por dólar; **eggs are usually sold by ~ dozen** los huevos se venden normalmente por docena; **paid by ~ hour** pagado por hora.
(**d**) (*emphatic*) el mismo/la misma; **he's ~ man for the job** es el más indicado para el puesto.
(**e**) (*in titles*) **Richard ~ Second** Ricardo Segundo; **Ivan ~ Terrible** Iván el Terrible.
2 *adv*: **~ more he works ~ more he earns** cuanto más trabaja más gana; **she looks all ~ better for it** se la ve mucho mejor por eso; **(all) ~ more so because ...** tanto más cuanto que ...; **~ more ... ~ less** mientras más ... menos ...; **~ sooner ~ better** cuanto antes mejor.
theatre, (*US*) **theater** [ˈθɪətəʳ] *n* teatro *m*; **lecture ~** aula *f*; **operating ~** sala *f* de operaciones; (*fig*) teatro, escenario *m*.
theatregoer, (*US*) **theatergoer** [ˈθɪətəˌgəʊəʳ] *n* aficionado/a *m/f* al teatro.
theatrical [θɪˈætrɪkəl] *adj* (*gen*) de teatro; (*fig: person, gesture*) histriónico/a.
thee [ðiː] *pron* (*old, poet*) te; (*after prep*) ti.
theft [θeft] *n* (*gen*) hurto *m*, robo *m*.
their [ðɛəʳ] *poss adj* su, sus.
theirs [ðɛəz] *poss pron* (el) suyo/(la) suya, (los) suyos/(las) suyas.
them [ðem, ðəm] *pers pron* (*dir obj*) los/las; (*: stressed*) ellos/ellas; (*indir obj*) les; (*: stressed*) a ellos/ellas; (*referring back to 'someone', 'anyone' etc*) le/la; **that's ~, they're coming now** son ellos, ya vienen.
theme [θiːm] **1** *n* (*gen*) tema *m*. **2** *cpd*: **~ tune/song** *n* tema *m* principal/genérico.
theme-park [ˈθiːmpɑːk] *n parque en que todas las atracciones corresponden a un tema determinado.*
themselves [ðəmˈselvz] *pron pl* ellos mismos/ellas mismas; *see also* **oneself**.
then [ðen] **1** *adv* (**a**) (*at that time*) entonces, en aquel entonces; (*on that occasion*) en aquel momento *or* aquella ocasión; **it was ~ that ...** fue entonces cuando ...; **before/since ~** hasta/desde entonces; **~ he used to go out, but now he never does** entonces salía, pero ahora (en cambio) no sale nunca; **even ~ it didn't work** aún así, no funcionaba; **from ~ on** desde entonces, a partir de entonces; **by ~** para entonces; **just ~** en este mismo momento; **until ~** hasta entonces; **~ and there** en ese *or* aquel mismo momento; **every now and ~** de vez en cuando.
(**b**) (*afterwards, next*) después, luego; **what happened ~?** ¿qué pasó luego?; **and ~ what?** y luego ¿qué?; *see* **now 1(a)**.
(**c**) (*in that case*) entonces, por lo tanto; (*further*) además; **what do you want me to do ~?** ¿qué quiere que haga, entonces?; **well ~** bueno pues, pues bien; **and** *or* **but ~ again** por otra parte; **I like it, but ~ I'm biased** a mí sí me gusta, pero no pretendo ser objetivo; **it would be awkward at work, and ~ there's the family** en el trabajo habría problemas, sin hablar de la familia.
2 *adj* entonces, de entonces; **the ~ king** el entonces rey.
3 *conj* entonces, en ese caso.
thence [ðens] *adv* (*time etc*) de allí en adelante; (*consequently*) por lo tanto, por eso; **~ the fact that** de allí que.
theologian [θɪəˈləʊdʒɪən] *n* teólogo/a *m/f*.
theological [θɪəˈlɒdʒɪkəl] *adj* teológico/a.
theology [θɪˈɒlədʒɪ] *n* teología *f*.
theorem [ˈθɪərəm] *n* (*Math*) teorema *m*.
theoretical [θɪəˈretɪkəl] *adj* (*gen*) teórico/a.
theoretically [θɪəˈretɪkəlɪ] *adv* (*gen*) teóricamente, en teoría.
theorize [ˈθɪəraɪz] *vi*: **to ~ (about)** teorizar (acerca de).
theory [ˈθɪərɪ] *n* (*statement, hypothesis*) teoría *f*; **in ~ ... but in practice** en teoría ... pero en la práctica.
therapeutic [ˌθerəˈpjuːtɪkəl] *adj* terapéutico/a.
therapist [ˈθerəpɪst] *n* terapeuta *mf*.
therapy [ˈθerəpɪ] *n* terapia *f*.
there [ðɛəʳ] **1** *adv* (**a**) (*at that place*) ahí, allí, allá; (*with verbs of motion*) allí, allá; (*fig: on this point*) en *or* sobre ese punto; **to go ~ and back** ir y volver; **back/down/over/in/through ~** allá atrás/abajo/del otro lado/dentro/través; **to be all ~** (*fam*) ser despabilado *or* muy despierto; **mind out ~!** ¡cuidado!, ¡abusado! (*LAm*), ¡aguas!; **you ~!** ¡oye, tú!; **~'s the bus** ahí viene el autobús; **~ he is!** ¡allí está!; **~ we differ** en eso estamos en desacuerdo; **~ you are wrong** ahí se equivoca; **~ you go again** siempre *or* otra vez lo mismo; **~ you are!** ¿ves?, ¡para que veas!; **~ again** por otra parte; **it wasn't what I wanted, but ~ you go** (*fam*) no era lo que buscaba, pero ¿qué le vamos a hacer?; **~ you are, what did I tell you!** ¿ves? es lo que te dije.
(**b**) **~ is, ~ are** hay; **~ were 10 of them** eran *or* había *or* (*esp LAm*) habían 10; **~ will be 8 people for dinner tonight** seremos 8 para cenar esta noche; **~ was laughter at this** esto provocó la risa; **~ is no wine left** no queda vino; **~ might be time/room** puede que haya tiempo/sitio.
2 *interj* ¡ves!; **~, ~** (*comforting*) no te preocupes, no pasa nada; **so ~!** ¡fastídiate!
thereabouts [ˈðɛərəbaʊts] *adv*: **... or ~** ... más o menos.
thereafter [ðɛərˈɑːftəʳ] *adv* después de eso, de allí en adelante.
thereby [ˈðɛəˈbaɪ] *adv* así, de ese modo.
therefore [ˈðɛəfɔːʳ] *adv* por lo tanto; **it isn't ~ any better** no por eso es mejor; **~ X = 4** luego X vale 4.
therein [ðɛərˈɪn] *adv* (*inside*) allí dentro; (*in this regard*) en eso, en esto; **~ lies the danger** ahí está el peligro.
there's [ðɛəz] = **there is; there has.**
thereupon [ˈðɛərəˈpɒn] *adv* (*at that point*) en seguida, en eso; (*frm: on that subject*) sobre eso.
thermal [ˈθɜːməl] *adj* (*currents, spring*) termal; (*underwear*) ropa *f* interior térmica; **~ blanket** manta *f* térmica; **~ reactor** reactor *m* térmico.
thermo ... [ˈθɜːməʊ] *pref* termo ....
thermodynamics [ˈθɜːməʊdaɪˈnæmɪks] *nsg* termodinámica *f*.
thermometer [θəˈmɒmɪtəʳ] *n* termómetro *m*.
thermonuclear [ˈθɜːməʊˈnjuːklɪəʳ] *adj* (*bomb*) termonuclear.
thermoplastic [ˌθɜːməʊˈplæstɪk] *n* termoplástico *m*.
Thermos ® [ˈθɜːməs] *n* (*also* **~ flask** *or* **bottle**) termo *m*, termos *m*.
thermostat [ˈθɜːməstæt] *n* termostato *m*.
thesaurus [θɪˈsɔːrəs] *n* tesoro *m*, diccionario *m*.
these [ðiːz] **1** *pl of* **this**. **2** *dem adj* estos/estas; **~ ones over here** éstos/éstas que están aquí; **it's not ~ chocolates but those ones I like** no son estos bombones los que me gustan sino aquéllos; **how are you getting on ~**

days? ¿cómo le va últimamente? **3** *dem pron* éstos/éstas; **what are ~?** ¿qué son éstos?; **~ are my friends/my books** éstos son mis amigos/mis libros; **I prefer ~ to those** prefiero éstos a aquéllos.

thesis ['θi:sɪs] *n* (*pl* **theses** ['θi:si:z]) tesis *f*.

Thespian ['θespɪən] (*liter, hum*) *n* actor *m*, actriz *f*.

they [ðeɪ] *pers pron* ellos/ellas; (*stressed*) ellos/ellas; (*referring back to 'someone', 'anyone' etc*) él/ella; **~ are making it illegal** lo van a hacer ilegal; **~ say that ...** se dice que ..., dicen que ...; **as ~ say** como dicen, según dicen, como quien dice.

they'd [ðeɪd] = **they would; they had.**

they'll [ðeɪl] = **they will; they shall.**

they're [ðɛə'] = **they are.**

they've [ðeɪv] = **they have.**

thick [θɪk] **1** *adj* (*comp* **~er**; *superl* **~est**) **(a)** (*book, parcel, wall*) gordo/a, grueso/a; (*soup, paint, honey etc*) espeso/a; (*fog, smoke*) denso/a, espeso; (*broad: line, brush-stroke etc*) ancho/a, grueso; (*dense: vegetation, beard etc*) tupido/a; (*strong: accent*) fuerte, cerrado/a; **a wall 2 metres ~** una pared de 2 metros de espesor; **the air was ~ with petrol fumes** el aire estaba cargado de vapores de gasolina; **the leaves were ~ on the ground** las hojas formaban una capa espesa en el suelo; **the place will be ~ with tourists** el sitio estará atestado de turistas; **they're ~ as thieves** son uña y carne.

(b) (*fam: stupid*) tonto/a, bruto/a; **he's as ~ as two short planks** (*fam*) es tonto de remate.

2 *adv*: **to spread butter** *etc* **~** untarle mucha mantequilla *etc* a; **to cut sth ~** cortar en trozos gruesos; **the blows came ~ and fast** llovían los golpes; **to lay it on (a bit) ~** (*fig*) exagerar.

3 *n*: **in the ~ of battle** en lo más reñido de la batalla; **he likes to be in the ~ of things** le gusta estar metido en el meollo del asunto *or* el ajo; **through ~ and thin** para lo bueno y para lo malo.

thicken ['θɪkən] **1** *vt* espesar. **2** *vi* espesarse; (*grow denser: wood, jungle*) volverse más denso *or* tupido; **the plot ~s** (*fig*) la cosa se complica.

thickener ['θɪkənə'] *n* espesador *m*.

thicket ['θɪkɪt] *n* matorral *m*.

thickheaded ['θɪk'hedɪd] *adj* (*stupid*) estúpido/a, bruto/a; (*obstinate*) terco/a, cabezudo/a.

thickie ['θɪkɪ] *n* (*fam*) bobo/a *m/f*.

thickly ['θɪklɪ] *adv* espesamente, gruesamente; (*densely: wooded, populated*) densamente; **the snow was falling ~** nevaba muchísimo.

thickness ['θɪknɪs] *n* (*see adj*) espesor *m*; densidad *f*.

thicko ['θɪkəʊ] *n* (*fam*) = **thickie.**

thickset ['θɪk'set] *adj* (*person*) achaparrado/a, rechoncho/a; (*features*) gordo/a, grueso/a.

thick-skinned ['θɪk'skɪnd] *adj* (*fig: insensitive*) poco susceptible.

thief [θi:f] *n* (*pl* **thieves** [θi:vz]) ladrón/ona *m/f*.

thieve [θi:v] *vi* robar, hurtar.

thieving ['θi:vɪŋ] **1** *adj* ladrón/ona. **2** *n* robo *m*, hurto *m*.

thigh [θaɪ] *n* muslo *m*.

thimble ['θɪmbl] *n* dedal *m*.

thin [θɪn] **1** *adj* (*comp* **~ner**; *superl* **~nest**) (*person, animal*) delgado/a, flaco/a (*LAm*); (*book, parcel, wall*) delgado; (*soup, paint, honey etc*) aguado/a; (*cloth*) ligero/a; (*layer, line, brushstroke etc*) fino/a; (*sparse: crop*) escaso/a; (*: beard*) ralo/a; (*: crowd, population*) de baja densidad; (*fig: insubstantial*) poco convincente; **at 20,000 metres the air is ~** a 20,000 metros el aire está enrarecido; **he's as ~ as a rake** está en los huesos; **to get** *or* **grow ~ner** enflaquecer; **to vanish into ~ air** esfumarse; **my patience is wearing ~** se me agota la paciencia; **doctors are ~ on the ground at the moment** escasean los médicos hoy en día.

2 *adv*: **to spread sth ~** untar finamente algo; **to cut sth ~** cortar algo en trozos finos.

3 *vt* (*also* **~ down**: *paint, sauce*) diluir, aclarar; (*also* **~ out**: *trees, plants*) entresacar.

4 *vi* (*hair etc*) reducirse, perderse; (*also* **~ out**: *crowd*) dispersarse.

thine [ðaɪn] *poss pron* (*old, poet*) (el) tuyo/(la) tuya, (los) tuyos/(las) tuyas.

thing [θɪŋ] *n* **(a)** (*concrete: object*) cosa *f*, objeto *m*; (*: undefined*) chisme *m*, aparato *m*; **~s** (*belongings*) cosas *fpl*, enseres *mpl*, trastos *mpl*; (*equipment*) equipo *m*; (*clothes*) ropa *f*; **a ~ of beauty** una belleza; **~s of value** objetos de valor.

(b) (*fam: person*) **you poor ~!, poor (old) ~!** ¡pobre!, ¡pobrecito/a!

(c) (*non-concrete: matter, circumstance, action etc*) cosa *f*, asunto *m*, cuestión *f*; **the main/first/best/only ~ is to ...** lo principal/primero/mejor/único que hay que hacer es ...; **for one ~** en primer lugar; **what with one ~ and another** entre unas cosas y otras; **if it's not one ~ it's the other** si no es una cosa es otra; **neither one ~ nor the other** ni lo uno ni lo otro; **first ~ (in the morning)** a primera hora (de la mañana); **you don't know the first ~ about it** no sabes nada en absoluto de esto; **last ~ (at night)** a última hora (de la noche); **it's a good ~ that he left** menos mal que se fue; **the best ~ would be to** + *infin* lo mejor sería + *infin*; **it was a close ~, it was a near ~** escapó *etc* por un pelo; **it's the very ~!, it's just the ~ !** viene al pelo *or* justo lo que faltaba; **he's got a ~ for her** (*fam*) está colado por ella (*fam*); **the ~ is ...** lo que pasa es que ...; **it's one ~ to buy it, quite another to make it work** es fácil comprarlo, pero no es tan fácil hacerlo funcionar; **it's just one of those ~s** es una de esas cosas que pasan; **what a ~ to say!** ¡qué dices!, ¡cómo se te ocurre!; **how are ~s with you?** ¿qué tal van las cosas?, ¿cómo andas?, ¿cómo te/le va? (*esp LAm*); **~s are going badly** las cosas van *or* marchan mal; **~s aren't what they used to be** las cosas ya no son como antes *or* lo que eran; **not a ~** nada; **I haven't done a ~ about it** todavía no he hecho nada; **I don't know a ~ about cars** no sé nada de coches; **she knows a good ~ when she sees it** sabe obrar de acuerdo con su propio interés; **he knows a ~ or two** conoce el percal, sabe cuántos son cinco; **don't make a ~ of it!** ¡no exageres!; **to make a mess of ~s** estropear las cosas; **to do one's own ~** (*fam*) hacer lo que a uno le parece; **it's not my ~** no es lo mío; **you did the right ~** hiciste bien; **to make a (big) ~ out of sth** (*fam*) sacar las cosas de quicio.

(d) (*fashion*) **the latest ~ in hats** lo último en sombreros.

(e) (*fam: obsession*) **to have a ~ about sth** tener manía de algo.

thingumabob ['θɪŋəmɪbɒb], **thingamajig** [θʊɛ̃ŋəmədʒɪg], **thingummy** [θʊɛ̃ŋəmɪ] *n* (*fam: object*) chisme *m*; (*: person*) Fulano/a *m/f*.

think [θɪŋk] (*vt: pt, pp* **thought**) **1** *vi* (*gen*) pensar; (*reflect*) reflexionar; (*be of the opinion*) creer; **to act without ~ing** actuar sin pensar; **~ before you reply** piénselo antes de contestar; **give me time to ~** dame tiempo para reflexionar; **~ again!** ¡piénsalo bien!; **just ~!** ¡imagínate!, ¡te das cuenta!; **I ~ so/not** creo que sí/no; **to ~ twice before doing sth** pensar algo dos veces antes de hacerlo; **we didn't ~ twice about it** no vacilamos un instante; **to ~ about sth** pensar en algo; **to ~ straight** concentrarse; **to ~ for o.s.** pensar por sí mismo.

2 *vt* **(a)** (*use one's brain, have ideas*) pensar; **I can't ~ what he can want** no me puedo imaginar qué quiere; **did you ~ to bring a corkscrew?** ¿te acordaste de traer un sacacorchos?; **I didn't ~ to tell him** me olvidé de decírselo; **I thought/I'd thought I might go swimming** pensaba/había pensado en ir a nadar; **~ what you've done** piense en lo que hizo; **~ what we could do** imagínate lo que podríamos hacer; **to ~ evil thoughts** tener malos pensamientos.

(b) (*believe, consider*) creer, parecer; **who do you ~ you are?** ¿quién se cree Vd que es?; **we all thought him a**

fool le teníamos todos por idiota; **you must ~ me very rude** vas a creer que soy muy descortés; **I don't ~ it likely** lo creo *or* me parece muy poco probable; **who'd have thought it possible?** ¿quién se lo hubiera imaginado?; **I don't ~ it can be done** no creo que se pueda hacer; **I ~ (that) you're wrong** me parece que estás equivocado; **I thought as much** ya me lo figuraba, ya lo sabía; **I ~ so** creo que sí, me parece que sí; **I should ~ so too!** ¡ya era hora!; **what do you ~?** ¿qué te parece?, ¿qué opinas?; **what do you ~ I should do?** ¿qué cree que debo hacer?; **what do you ~ you're doing?** ¿se puede saber lo que estás haciendo?; **anyone would ~ she was dying** cualquiera diría que se estaba muriendo.

3 *n*: **to have a ~ about sth** meditar algo; **you've got another ~ coming** (*fam*) te equivocas.

▸ **think about** *vi + prep* (*remember*) recordar; (*consider*) pensar en; **that is worth ~ing about** eso vale la pena de pensarlo; **you've given us a lot to ~ about** nos ha dado mucho en que pensar; **(now I come) to ~ of it ...** ahora que lo pienso ....

▸ **think back** *vi + adv* recordar.

▸ **think of** *vi + prep* (**a**) (*remember: names etc*) acordarse de, recordar; **you can't ~ of everything** no se puede pensar en todo; **I'll be ~ing of you** me acordaré de ti.

(**b**) (*consider, esteem*) estimar, considerar; **I thought of going to Spain** se me ocurrió ir a España; **to ~ of other people's feelings** tener presentes los sentimientos ajenos; **~ of the expense** imagínate qué caro *or* lo que costaría; **he ~s of nobody but himself** no piensa más que en sí mismo; **~ of what might have happened!** ¡piensa en lo que podía ocurrir; **to ~ highly of sb** tener a algn en alta estima; **what do you ~ of him/it?** ¿qué te parece?; **I didn't ~ much of the play** la obra no me convenció *or* gustó mucho; **I told him what I thought of him** le dije cuatro verdades.

▸ **think out** *vt + adv* (*plan*) urdir, tramar; (*solution*) encontrar; **this wants ~ing out** hay que estudiar esto.

▸ **think over** *vt + adv* (*offer, suggestion*) pensar, considerar; **~ it over!** ¡medítalo!

▸ **think through** *vt + adv* pensar bien.

▸ **think up** *vt + adv* (*idea, solution*) idear, inventar.

thinkable ['θɪŋkəbl] *adj*: **it isn't ~ that ...** es impensable que ....

thinker ['θɪŋkəʳ] *n* pensador(a) *m/f*.

thinking ['θɪŋkɪŋ] **1** *adj*: **to any ~ person** para cualquier ser racional. **2** *n* (*thought*) pensamiento *m*; **to my (way of) ~** a mi parecer; *see* **wishful**.

think-tank ['θɪŋktæŋk] *n* grupo *m* de expertos; (*en gobierno*) gabinete *m* de estrategia.

thinly ['θɪnlɪ] *adv* (*scantily: dressed, disguised*) ligeramente; **~ veiled** apenas disimulado; **~ populated** poco poblado; **~ cut** cortado en trozos finos.

thinner ['θɪnəʳ] *n* disolvente *m*.

thin-skinned ['θɪn'skɪnd] *adj* (*fig: person*) sensible, susceptible.

third [θɜːd] **1** *adj* tercer *m*, tercero/a; **~ time lucky!** ¡a la tercera va la vencida! **2** *n* (*in series*) tercero/a *m/f*; (*fraction*) tercio *m*; *see* **fifth** *for usage*. **3** *cpd*: **~ party** *n* tercero *m*; **~-party insurance** seguro *m* contra terceros; **T~ World** *n* Tercer Mundo *m*; **~-world** *adj* tercermundista.

third-class ['θɜːd'klɑːs] *adj* de tercera clase.

third-degree ['θɜːdɪ'griː] *adj* (*burns*) de tercer grado.

thirdly ['θɜːdlɪ] *adv* en tercer lugar.

third-rate ['θɜːd'reɪt] *adj* de tercera.

thirst [θɜːst] **1** *n* sed *f*; **the ~ for knowledge** la sed *or* el afán de saber; **to quench one's ~** apagar la sed. **2** *vi*: **to ~ for** (*fig*) tener sed de, añorar.

thirsty ['θɜːstɪ] *adj* (*comp* **-ier**; *superl* **-iest**) (*gen*) sediento/a; (*hum: work*) que da sed; **to be ~** tener sed.

thirteen ['θɜː'tiːn] **1** *adj* trece. **2** *n* trece *m*; *see* **five** *for usage*.

thirteenth ['θɜː'tiːnθ] **1** *adj* decimotercero/a. **2** *n* (*in series*) decimotercero/a *m/f*; (*fraction*) decimotercio *m*; *see* **fifth** *for usage*.

thirtieth ['θɜːtɪɪθ] **1** *adj* trigésimo/a. **2** *n* (*in series*) trigésimo/a *m/f*; (*fraction*) treintavo *m*; *see* **fifth** *for usage*.

thirty ['θɜːtɪ] **1** *adj* treinta. **2** *n* treinta *m*; *see* **fifty** *for usage*.

this [ðɪs] **1** *dem adj* (*pl* **these**) este/esta; **~ man/woman/book** este hombre/esta mujer/este libro; **~ one here** éste/ésta que está *or* de aquí; **it's not that picture but ~ one I like** no es ese cuadro el que me gusta sino éste; **~ time** esta vez; **~ time next week/last year** de hoy en una semana/hoy hace un año; **~ way** por aquí.

2 *dem pron* (*pl* **these**) éste/ésta; (*as opposed to 'that'*) esto; **who/what is ~?** ¿quién es éste/ésta/qué es esto?; **~ is Mr Brown** (*in introductions*) le presento al señor Brown; (*in photo*) éste es el señor Brown; (*on phone*) soy *or* habla el Sr. Brown; (*: more fam*) **~ is Pepe** aqui Pepe, soy Pepe; **I prefer ~ to that** prefiero esto a aquello; **~ is April** estamos en abril; **~ is Friday** hoy es viernes; **where did you find ~?** ¿dónde encontró Ud esto?; **~ is where I live** aquí vivo; **do it like ~** hágalo así; **it was like ~ ...** fue así ...; **what's all ~ I hear about you leaving?** ¿qué es eso de que tu vas?; **what with ~ and that I was busy all week** entre una cosa y otra estuve ocupado toda la semana; **they sat talking of ~ and that** sentados, hablaban de esto y aquello.

3 *dem adv*: **~ far** hasta aquí; **~ high** así de alto; **I can tell you ~ much ...** lo que sí te puedo decir es ....

thistle ['θɪsl] *n* cardo *m*.

thong [θɒŋ] *n* correa *f*.

thorax ['θɔːræks] *n* tórax *m*.

thorn [θɔːn] *n* espina *f*; **to be a ~ in sb's side** *or* **flesh** (*fig*) ser una espina clavada.

thorny ['θɔːnɪ] *adj* (*comp* **-ier**; *superl* **-iest**) (*gen, also fig*) espinoso/a.

thorough ['θʌrə] *adj* (*rigorous, not superficial*) minucioso/a, meticuloso/a; (*person*) concienzudo/a; (*complete: attr only*) completo/a, total; **to have a ~ knowledge of sth** tener un conocimiento profundo de algo; **we made a ~ search** lo registramos minuciosamente.

thoroughbred ['θʌrəbred] **1** *adj* (*horse*) de pura sangre. **2** *n* pura sangre *mf*.

thoroughfare ['θʌrəfɛəʳ] *n* vía *f* pública; **'no ~'** 'callejón *m* sin salida'.

thoroughgoing ['θʌrə,gəʊɪŋ] *adj* minucioso/a, concienzudo/a.

thoroughly ['θʌrəlɪ] *adv*: **to know sth ~** conocer algo a fondo; **he works ~** trabaja cuidadosamente *or* concienzudamente; **a ~ bad influence** una influencia totalmente mala; **a ~ stupid thing to do** una acción totalmente *or* completamente estúpida.

thoroughness ['θʌrənɪs] *n* (*care*) minuciosidad *f*; (*wealth of detail*) detalle *m*.

those [ðəʊz] **1** *pl of* **that**. **2** *dem adj* esos/as, aquellos/as; **~ ones over there** aquéllos/as que están allí; **it's not these chocolates but ~ ones I like** no son estos bombones los que me gustan sino aquéllos. **3** *dem pron* ésos/as, aquéllos/as; **~ of you/us** *etc* **who ...** los/las que ...; **I prefer these to ~** prefiero éstos a aquéllos.

thou[1] [ðaʊ] *pron* (*old, poet*) tú, vos.

thou[2] [θaʊ] *abbr* (*fam*) *of* **thousand**.

though [ðəʊ] **1** *conj* aunque; **~ it was raining** aunque llovía; **even ~** aunque; **strange ~ it may appear** aunque parezca extraño *or* por muy extraño que parezca; **young ~ she is** aunque es joven *or* por muy joven que sea; *see* **as (g)**. **2** *adv* sin embargo, aun así; **it's not so easy, ~** sin embargo no es tan fácil.

thought [θɔːt] **1** *pt, pp of* **think**.

2 *n* (*reflection, mental activity*) pensamiento *m*; (*idea*) idea *f*; (*consideration*) consideración *f*, opinión *f*; **to be lost/deep in ~** estar ensimismado; **after much ~** pensándolo bien; **I gave it no ~, I didn't give it a second ~** ni lo pensé, se me pasó; **I didn't give it another** ~ no volví a pensar en ello; **I've just had a** ~ se me acaba de ocurrir una idea; **then I had second ~s** luego tuve otra idea; **that's a ~!** ¡no vendría mal!; **the very ~ of sth** con sólo *or* basta con pensarlo; **to collect one's ~s** organizar las ideas, concentrarse; **my ~s were elsewhere** estaba pensando en otra cosa; **with no ~ for o.s.** sin pensar en sí mismo; **it's the ~ that counts** la intención es lo que cuenta.

thoughtful ['θɔːtfʊl] *adj* (*pensive*) pensativo/a; (*kind*) considerado/a.

thoughtfully ['θɔːtfəlɪ] *adv* (*gen*) pensativamente; (*caringly*) atentamente.

thoughtless ['θɔːtlɪs] *adj* (*without reflection*) irreflexivo/a; (*inconsiderate*) desconsiderado/a; (*uncaring*) poco atento/a.

thoughtlessly ['θɔːtlɪslɪ] *adv* (*without reflection*) sin pensar; (*inconsiderately*) desconsideradamente.

thought-out [ˌθɔːt'aʊt] *adj* (bien) pensado/a.

thought-process ['θɔːtˌprəʊses] *n* proceso *m* mental.

thought-provoking ['θɔːtprəˌvəʊkɪŋ] *adj* que hace reflexionar.

thousand ['θaʊzənd] **1** *adj* mil. **2** *n* mil *m*; **one/two/five** ~ mil/dos mil/cinco mil; **a ~ and one/two** mil uno/mil dos; **I've got a ~ and one things to do** tengo la mar de cosas que hacer *(fam)*; **they sell them by the** ~ los venden a millares; **in their ~s** a millares; **~s of ...** miles de ....

thousandth ['θaʊzənʈθ] **1** *adj* milésimo/a. **2** *n* (*in classification*) número mil *m*; (*fraction*) milésimo *m*.

thrash [θræʃ] **1** *vt* (*whip*) azotar; (*Sport fam: defeat*) dar una paliza a. **2** *vi* (*also* ~ **about,** ~ **around**) revolverse.

▸ **thrash out** *vt + adv* discutir a fondo, dar vueltas a.

thrashing ['θræʃɪŋ] *n*: **to give sb a** ~ (*lit: beat*) dar un azote a algn; (*Sport: defeat*) dar una paliza a algn.

thread [θred] **1** *n* (**a**) (*Sew etc*) hilo *m*; (*of silkworm, spider*) hebra *f*; **a needle and** ~ una aguja e hilo; **cotton/nylon** ~ hilo de algodón/nylon; **to hang by a** ~ (*fig*) estar pendiente de un hilo; **to lose the** ~ **(of what one is saying)** perder el hilo (de lo que algn está diciendo); **to pick up the ~ again** (*of conversation, thought*) retomar el hilo; (*of process, problem*) volver a tomar las riendas.

(**b**) (*of screw*) rosca *f*, filete *m*.

2 *vt* (*needle, beads etc*) ensartar, enhebrar; **to ~ one's way through a crowd** colarse entre una multitud.

threadbare ['θredbɛəʳ] *adj* (*coat, blanket etc*) raído/a; (*fig: argument*) trillado/a.

threat [θret] *n* amenaza *f*; **to be a ~ to sb/sth** constituir una amenaza para algn/algo; **under ~ of** amenazado de *or* bajo amenaza de.

threaten ['θretn] *vt* amenazar; **to ~ sb with sth** amenazar a algn con algo; **it's ~ing to rain** amenaza llover.

threatening ['θretnɪŋ] *adj* (*storm, cloud, look etc*) amenazador(a), amenazante.

three [θriː] **1** *adj* tres. **2** *n* tres *m*; **the best of** ~ (*Sport*) hasta tres sets *or* partidos; ~ **cheers** ¡tres hurras!; *see* **five** *for usage*.

three-D ['θriː'diː] (*also* **3-D**) **1** *adj* (*also* **three-dimensional**) tridimensional. **2** *n*: **in** ~ en tres dimensiones.

threefold ['θriːfəʊld] **1** *adj* triple. **2** *adv* tres veces.

three-legged ['θriː'legɪd] *adj* (*gen*) de tres patas *or* pies.

three-piece ['θriːpiːs] *adj* (*suit*) de tres piezas; ~ **suite** tresillo *m*.

three-ply ['θriːplaɪ] *adj* (*wood*) contrachapado/a (de tres); (*wool*) triple.

three-point turn [ˌθriːpɔɪnt'tɜːn] *n* (*Aut*) giro *m* en tres maniobras.

three-quarter [ˌθriː'kwɔːtəʳ] *adj*: **~-length sleeves** mangas *fpl* tres cuartos.

three-quarters [ˌθriː'kwɔːtəz] **1** *n*: ~ **of the people** las tres cuartas partes de la gente; **in ~ of an hour** en tres cuartos de hora. **2** *adv*: **the tank is ~ full** quedan las tres cuartas partes en el depósito.

threesome ['θriːsəm] *n* (*group of 3 people*) grupo *m* de tres.

three-wheeler ['θriː'wiːləʳ] *n* (*car*) coche-cabina *m*; (*tricycle*) triciclo *m*.

thresh [θreʃ] *vt* (*corn*) trillar.

threshing machine ['θreʃɪŋməˌʃiːn] *n* trilladora *f*.

threshold ['θreʃhəʊld] *n* (*doorway*) umbral *m*; (*fig*) puertas *fpl*; (*pain ~, sound ~ etc*) tolerancia *f*; **to be on the ~ of** (*fig*) estar al borde de.

threw [θruː] *pt of* **throw**.

thrift [θrɪft], **thriftiness** ['θrɪftɪnɪs] *n* economía *f*, frugalidad *f*.

thrifty ['θrɪftɪ] *adj* económico/a, frugal.

thrill [θrɪl] **1** *n* emoción *f*; **it gave me a great ~ to ...** significó mucho para mí ..., fue un honor para mí .... **2** *vt* emocionar, excitar; **I was ~ed to get your letter** dio mucha alegría *or* me ilusionó mucho recibir tu carta. **3** *vi*: **to ~ at/to sth** dejarse conmover *or* emocionar por algo.

thriller ['θrɪləʳ] *n* obra *f* de suspense.

thrilling ['θrɪlɪŋ] *adj* (*gen*) emocionante.

thrive [θraɪv] *vi* (*be healthy*) crecer, desarrollarse; (*fig*) prosperar, medrar; **to ~ on sth** sacar provecho de algo; (*fig*) encantarle a algn hacer algo; **business is thriving** el negocio prospera.

thriving ['θraɪvɪŋ] *adj* (*industry, business*) próspero/a.

throat [θrəʊt] *n* (*gen*) garganta *f*; **they are at each other's ~s all the time** se atacan uno a otro todo el tiempo; **to clear one's** ~ aclararse la voz; **to have a sore** ~ tener dolor de garganta; **to jump down sb's** ~ lanzarse a criticar a algn en el acto; **to thrust sth down sb's** ~ meterle algo a algn a la fuerza.

throaty ['θrəʊtɪ] *adj* (*comp* **-ier**; *superl* **-iest**) (*person, voice*) ronco/a, afónico; (*roar of engine*) ronco/a.

throb [θrɒb] **1** *n* (*of heart etc*) latido *m*, pulso *m*. **2** *vi* (*machine, heart*) latir, palpitar; (*wound, sore head*) dar punzadas; **~bing with life** (*fig: town etc*) agitado, rebosante de vida.

throes [θrəʊz] *npl* (*of death*) agonía *f*; **to be in the ~ of doing sth** (*fig*) estar empeñado en la tarea de hacer algo.

thrombosis [θrɒm'bəʊsɪs] *n* trombosis *f*; **coronary** ~ trombosis coronaria.

throne [θrəʊn] *n* (*chair, sovereign*) trono *m*; **the heir to the** ~ el/la heredero/a *m/f* del trono.

throng [θrɒŋ] **1** *n* multitud *f*, muchedumbre *f*. **2** *vt* atestar. **3** *vi* apiñarse.

throttle ['θrɒtl] **1** *n* (*lever, knob*) acelerador *m*; (*valve*) válvula *f*; **to give an engine full** ~ acelerar un motor al máximo. **2** *vt* (*strangle*) estrangular. **3** *vi*: **to ~ back** *or* **down** moderar la marcha.

through [θruː] **1** *prep* (**a**) (*place*) por, a través de; **to post a letter ~ the letterbox** echar una carta al buzón; **to look ~ a telescope** mirar por un telescopio; **to walk ~ the woods** pasear por el bosque; **he shot her ~ the head** le pegó un tiro en la cabeza; **to go ~ pockets/belongings/papers** hurgar en los bolsillos/entre las cosas/entre los papeles.

(**b**) (*time, process*) durante; **we're staying ~ till Tuesday** nos quedamos hasta el martes; **all** *or* **right ~ the night** durante toda la noche; **(from) Monday ~ Friday** (*US*) de lunes a viernes; **right ~ the year** durante el año entero; **to go ~ a bad/good period** pasar una mala/buena racha; **to be halfway ~ a book** ir por la mitad de un libro.

(**c**) (*means*) por; ~ **lack of resources** por falta de recursos; ~ **him I found out that ...** por él supe que ...; **he got the job ~ friends** consiguió el trabajo por mediación de unos amigos; **it was ~ you that we were late** fue por tu culpa que llegamos tarde.

2 *adv* (**a**) (*place*) directamente; **does this train go ~ to London?** ¿este tren va directamente a Londres?; **the nail went right** ~ el clavo penetró de parte a parte; **wet** ~ (*person*) mojado/a hasta los huesos; (*person, object*) empapado/a; **he is ~ to the finals of the competition** pasó a la final del concurso; **the wood has rotted ~** la madera se ha podrido completamente; **to put sb ~** (*Telec*) comunicar *or* poner con algn; **you're ~!** (*Telec*) ya puede hablar.

(**b**) (*time, process: also* **right ~**) hasta el final; **I read the book right ~** leí el libro entero.

(**c**) **~ and ~** (*be something*) completamente, hasta la médula; (*know something*) de pe a pa; *see* **carry ~**; **fall ~**; **pull ~** *etc*.

3 *adj* (**a**) (*attr: road, traffic, train*) directo/a; **'no ~ road'** (*sign*) 'callejón *m* sin salida'.

(**b**) (*pred: finished*) terminado/a; **we'll be ~ at 7** terminaremos a las siete; **I'm ~ with my girlfriend** rompí *or* terminé con mi novia; **I'm not ~ with you yet** todavía no he terminado contigo; **you're ~!** ¡se acabó (para ti)!

throughout [θrʊ'aʊt] **1** *prep* (**a**) (*place*) por *or* en todas partes de; **~ the country** en *or* a través de todo el país. (**b**) (*time, process*) durante todo; **~ last winter** durante todo el invierno pasado. **2** *adv* (**a**) (*fully*) completamente; (*everywhere*) en todas partes; **the house is carpeted ~** la casa está completamente alfombrada. (**b**) (*time, process*) de principio a fin; **the film was boring ~** la película fue aburrida de principio a fin.

throughput ['θru:pʊt] *n* (*materials*) materia *f* procesada *or* elaborada; (*total quantity*) cantidad *f* tratada; (*Comput*) capacidad *f* de procesamiento.

throughway ['θru:weɪ] *n* (*US*) autopista *f (de peaje)*.

throw [θrəʊ] (*vb: pt* **threw**; *pp* **~n**) **1** *n* tiro *m*, echada *f (esp LAm)*; (*of dice*) lance *m*; (*in judo, wrestling*) tumbado *m*; **within a stone's ~** a tiro de piedra.

2 *vt* (*ball, stone etc*) tirar, lanzar, echar; (*dice*) echar; (*horse rider*) desmontar; (*judo opponent*) proyectar; (*wrestling*) tumbar; (*move: switch*) conectar; (*fig: cast*) echar; (*: disconcert*) desconcertar; (*pottery*) amoldar; **to ~ a ball 20 metres** lanzar *or* echar una pelota 20 metros; **to ~ a coat round one's shoulders** cubrirse con un abrigo, echarse un abrigo por los hombros; **he was ~n from his horse** le desmontó su caballo; **to ~ a party** dar *or* organizar una fiesta; **to ~ open** (*doors, windows*) abrir de par en par; (*house, gardens etc*) abrir al público; (*competition, race*) abrir a todos; **this answer seemed to ~ him** esta respuesta parecía desconcertarle; **to ~ o.s. off a cliff/into a river** *etc* tirarse por un acantilado/a un río *etc*; **to ~ o.s. at sb** (*rush at*) abalanzarse sobre algn; (*fig*) acosarle a algn; **to ~ o.s. into one's work** meterse de lleno en el trabajo; **to ~ o.s. at sb's feet/on sb's mercy** echarse a los pies de algn/ abandonarse a la merced de algn; *see* **light[1] 1 (b)**.

▸ **throw about, throw around** *vt + adv* (*litter etc*) esparcir, desparramar; **to ~ money about** derrochar *or* despilfarrar dinero, tirar el dinero; **to ~ one's weight about** hacer uso de su autoridad.

▸ **throw away** *vt + adv* (*rubbish etc*) tirar, arrojar, botar *(LAm)*; (*chance*) desperdiciar; **you're just ~ing your money away** estás despilfarrando el dinero.

▸ **throw back** *vt + adv* (**a**) (*return: ball*) devolver. (**b**) (*head*) echar hacia atrás; **to be ~n back on sth** (*fig*) tener que recurrir a algo.

▸ **throw in** *vt + adv* (*Sport: ball*) sacar; (*sth extra*) añadir, incluir, agregar *(LAm)*; (*say casually: remark*) saltar.

▸ **throw off** *vt + adv* (*get rid of*) quitarse de encima; (*escape: pursuers, dogs*) despistar; **to ~ sb off the trail** despistar a algn.

▸ **throw out** *vt + adv* (**a**) (*rubbish etc*) tirar, botar *(LAm)*; (*person*) expulsar, echar; (*fig: proposal*) rechazar. (**b**) (*offer: idea, suggestion*) soltar.

▸ **throw over** *vt + adv* (*person*) abandonar.

▸ **throw together** *vt + adv* (*clothes*) amontonar; (*essay*) bricolar; (*meal*) preparar a la carrera; (*people*) reunir por casualidad.

▸ **throw up 1** *vi + adv* (*fam: vomit*) vomitar, devolver; **it makes me ~ up** (*fig*) me da asco. **2** *vt + adv* (*ball etc*) lanzar *or* echar al aire; (*job*) renunciar a; **she threw up her hands in horror** alzó las manos horrorizada.

throwaway ['θrəʊəweɪ] *adj* (*casual: remark*) hecho/a de paso; (*disposable: bottle etc*) desechable, para tirar.

throwback ['θrəʊbæk] *n* (*gen*) retroceso *m*; **it's like a ~ to the old days** es como una reversión a los viejos tiempos.

throw-in ['θrəʊɪn] *n* (*Ftbl*) saque *m* (de banda).

thrown [θrəʊn] *pp of* **throw**.

thru [θru:] (*US*) = **through**.

thrush[1] [θrʌʃ] *n* (*bird*) zorzal *m*, tordo *m*.

thrush[2] [θrʌʃ] *n* (*Med*) afta *f*.

thrust [θrʌst] (*vb: pt, pp* **~**) **1** *n* (*push*) empujón *m*, empuje *m*; (*with knife*) puñalada *f*; (*Aer, Space*) empuje *m*; (*Mil: offensive*) acometida *f*, arremetida *f*; (*in fencing*) estocada *f*; **forward/reverse ~** empuje de avance/de marcha atrás.

2 *vt* (*push*) empujar con fuerza; (*nail etc*) hincar; **he ~ a book into my hands** me metió un libro entre las manos; **she ~ her head out of the window** sacó la cabeza por la ventana; **to ~ o.s. upon sb** (*fig*) pegarse a algn; **they ~ the job on me** (*fig*) me cargaron el trabajo; **I ~ my way through the crowd** me abrí paso entre la multitud; **to ~ sb/sth aside** apartar bruscamente a algn/algo; (*fig*) echar a algn/algo de lado.

thud [θʌd] **1** *n* ruido *m or* golpe *m* sordo. **2** *vi* hacer un ruido sordo; **to ~ to the ground** caer al suelo con un ruido sordo.

thug [θʌg] *n* gamberro/a *m/f*, matón/ona *m/f*.

thumb [θʌm] **1** *n* pulgar *m*; **she's got him under her ~** (*fig*) le tiene metido en un puño; **to give sb/sth the ~s up/down** aprobar/desaprobar a algn/algo; **to twiddle one's ~s** (*fig*) estar mano sobre mano.

2 *vt*: **to ~ a lift** *or* **a ride** hacer autostop, pedir aventón *(LAm)*, hacer dedo *(CSur)*; **to ~ one's nose at sb/sth** (*lit*) hacer burla a algn/hacia algo; (*fig*) despreciar a algn/ pasar algo por alto; **a well-~ed book** un libro muy manoseado.

3 *vi*: **to ~ through a book/magazine** *etc* hojear un libro/una revista *etc*.

thumb-index ['θʌm'ɪndeks] *n* índice *m* recortado.

thumbnail ['θʌmneɪl] **1** *n* uña *f* del pulgar. **2** *cpd*: **~ sketch** *n* esbozo *m*.

thumbprint ['θʌmprɪnt] *n* impresión *f* del pulgar.

thumbtack ['θʌmtæk] *n* (*US*) chincheta *f*, chinche *f (LAm)*.

thump [θʌmp] **1** *n* (*blow*) porrazo *m*; (*noise of fall etc*) ruido *m* seco *or* sordo; **it came down with a ~** cayó con un ruido sordo. **2** *vt* (*hit hard*) golpear *or* pegar fuerte; (*accidentally: head etc*) dar *or* topar con; (*put down heavily*) poner *or* deponer violentamente. **3** *vi* (*person: on door, table*) dar golpes; (*: move heavily*) ir con pasos pesados; (*pound: heart*) palpitar.

thumping ['θʌmpɪŋ] *adj* (*fam*) **it's a ~ great book** es un ladrillo de libro; **a ~ headache** una jaqueca terrible.

thunder ['θʌndəʳ] **1** *n* (*Met*) trueno *m*; (*of hooves, traffic etc*) estruendo *m*; **with a face like ~** con cara de furia; **to steal sb's ~** robarle el éxito a algn. **2** *vi* (*Met*) tronar; **the guns ~ed in the distance** los cañones tronaban a lo lejos; **the train ~ed by** el tren pasó con gran estruendo; **to ~ at sb** (*shout*) arremeterse contra algn.

thunderbolt ['θʌndəbəʊlt] *n* rayo *m*.

thunderclap ['θʌndəklæp] *n* trueno *m*.

thundercloud ['θʌndəklaʊd] *n* nube *f* tormentosa, nubarrón *m*.

thunderous ['θʌndərəs] *adj* (*applause*) ensordecedor(a), estruendoso/a.

thunderstorm ['θʌndəstɔ:m] *n* tormenta *f*.

thunderstruck ['θʌndəstrʌk] *adj* (*fig*) pasmado/a, asombrado/a.

thundery ['θʌndərɪ] *adj* (*weather*) tormentoso/a.

Thur(s). *abbr of* **Thursday** juev.

Thursday ['θɜ:zdɪ] *n* jueves *m*; *see* **Tuesday** *for usage.*
thus [ðʌs] *adv* (*in this way*) así, de esta manera; (*as a result*) por eso, así que, de modo que; ~ **far** hasta ahora *or* aquí.
thwart [θwɔ:t] *vt* (*person, plan, etc*) frustrar.
thyme [taɪm] *n* tomillo *m*.
thyroid ['θaɪrɔɪd] **1** *n* (*also* ~ **gland**) tiroides *m inv*. **2** *adj* tiroideo/a.
tiara [tɪ'ɑ:rə] *n* diadema *f*.
Tiber ['taɪbəʳ] *n* Tíber *m*.
Tibet [tɪ'bet] *n* el Tibet.
Tibetan [tɪ'betən] **1** *adj* tibetano/a. **2** *n* tibetano/a *m/f*; (*Ling*) tibetano *m*.
tibia ['tɪbɪə] *n* tibia *f*.
tic [tɪk] *n* (*Med*) tic *m*; **a nervous** ~ un tic nervioso.
tick[1] [tɪk] **1** *n* (**a**) (*of clock*) tictac *m*. (**b**) (*fam: moment*) momento *m*; **I shan't be a** ~ en seguida voy, no tardo, ahorita voy *(Mex)*. (**c**) (*mark*) palomita *f*; **to put a** ~ **against sth** marcar algo (con palomita). **2** *vt* (*right answer*) marcar (con una palomita *or* cruz); (*also* ~ **off**: *name on list etc*) marcar, poner una señal contra. **3** *vi* (*clock*) hacer tictac; **I can't understand what makes him** ~ (*fig*) no comprendo su forma de ser.
tick[2] [tɪk] *n* (*Zool*) garrapata *f*.
tick[3] [tɪk] *n* (*fam*) **to buy sth on** ~ comprar algo a crédito.
▸ **tick away, tick by** *vi* + *adv*: **time is ~ing away** el tiempo pasa.
▸ **tick off** *vt* + *adv* (*fam: scold*) reñir, reprender, regañar.
▸ **tick over** *vi* + *adv* (*engine*) girar en marcha lenta; (*fig: business etc*) ir tirando.
ticker ['tɪkəʳ] **1** *n* (*fam: watch*) reloj *m*; (*: heart*) corazón *m*. **2** *cpd*: ~ **tape** *n* cinta *f* de teletipo.
ticket ['tɪkɪt] **1** *n* (*gen*) billete *m*, boleto *m (LAm)*; (*for theatre etc*) entrada *f*, boleto, boleta *f (LAm)*; (*for library*) ficha *f*, boleta, ticket *m (LAm)*; (*Comm: label*) etiqueta *f*; (*US Pol*) lista *f* (de candidatos), planilla *f (LAm)*; **to get a (parking)** ~ (*Aut*) ser multado por estacionamiento ilegal; **return** ~ (*US*), **round-trip** ~ billete de ida y vuelta, (boleto de) viaje *m* redondo *(LAm)*; **by** ~ **only** entrada solamente con invitación; **that's the** ~! (*fig*) ¡eso es!, ¡así está bien!
2 *vt* (**a**) (*label: goods*) poner etiqueta a.
(**b**) (*US: passenger*) expedir un billete a.
3 *cpd*: ~ **agency** *n* (*Theat*) agencia *f* de billetes, boletería *f (LAm)*; ~ **collector** *n* revisor(a) *m/f*, controlador(a) *m/f* de boletos *(LAm)*; ~ **holder** *n* poseedor(a) *m/f* de billete; ~ **inspector** *n* revisor(a) *m/f*, inspector(a) *m/f* de boletos *(LAm)*; ~ **office** *n* (*Rail*) despacho *m* de billetes; (*Teat*) taquilla *f*, boletería *f (LAm)*.
ticket-barrier ['tɪkɪt,bærɪəʳ] *n* (*Brit Rail*) barrera *f (más allá de la cual se necesita billete)*.
ticket-tout ['tɪkɪt,taʊt] *n* revendedor(a) *m/f* (de entradas).
ticking ['tɪkɪŋ] *n* (**a**) (*of clock etc*) tictac *m*. (**b**) (*material*) terliz *m*.
ticking-off ['tɪkɪŋ'ɒf] *n* (*fam*) **to give sb a** ~ echarle una bronca, regañarle a algn.
tickle ['tɪkl] **1** *vt* (*person*) hacerle cosquillas a; (*fig: palate*) regalar; (*: of pride etc*) picar; (*: amuse*) divertir; **it ~d his fancy** (*comedy*) le hizo gracia; (*object*) le cayó en gracia; **to be ~d pink** (*fam*) estar encantado/a *or* como unas castañuelas. **2** *vi*: **it ~s** pica. **3** *n*: **to give sb a** ~ hacerle cosquillas a algn; **to have a** ~ **in one's throat** tener picor de garganta.
ticklish ['tɪklɪʃ], **tickly** ['tɪklɪ] *adj* (*fam: easily tickled: person*) cosquilloso/a; (*: which tickles: blanket*) que pica; (*: cough*) irritante; (*fig: touchy: person*) picajoso/a, delicado/a; (*: delicate: situation, problem*) delicado; **to be** ~ tener cosquillas.
tick-tock ['tɪk'tɒk] *n* tictac *m*.
tidal ['taɪdl] *adj* de (la) marea; ~ **wave** maremoto *m*; **the Mediterranean is not** ~ en el Mediterráneo no hay mareas.
tidbit ['tɪdbɪt] *n* (*US*) = **titbit**.
tiddler ['tɪdləʳ] *n* (*small fish*) pececillo *m*; (*fam: child*) nene/a *m/f*, escuincle *mf (Mex fam)*, guagua *mf (And, CSur)*.
tiddly[1] ['tɪdlɪ] *adj* (*comp* **-ier**; *superl* **-iest**) (*drunk*) alegre, tomado/a *(LAm)*.
tiddly[2] *adj* (*comp* **-ier**; *superl* **-iest**) (*Brit fam: tiny*) pequeñito/a, pequeñín/ina.
tiddlywinks ['tɪdlɪwɪŋks] *nsg* pulga *f*.
tide [taɪd] **1** *n* marea *f*; (*fig: of emotion*) ola *f*; (*: of events etc*) corriente *f*; **high/low** ~ marea alta/baja; **the** ~ **has turned** (*lit*) ha cambiado la marea; (*fig*) han cambiado las cosas; **to swim against/go with the** ~ (*fig*) ir contra/seguir la corriente. **2** *vt*: **to** ~ **sb over** *or* **through** ayudarle a algn a salir de un apuro.
tidemark ['taɪdmɑ:k] *n* línea *f* de la marea alta.
tidily ['taɪdɪlɪ] *adv* (*well: dressed etc*) bien, perfectamente; (*organized*) ordenadamente.
tidiness ['taɪdɪnɪs] *n* (*order*) orden *m*; (*cleanliness*) aseo *m*, limpieza *f*.
tidings ['taɪdɪŋz] *npl* (*old*) noticias *fpl*.
tidy ['taɪdɪ] **1** *adj* (*comp* **-ier**; *superl* **-iest**) (*room etc*) ordenado/a; (*drawing, work etc*) limpio/a, claro/a; (*person*) arreglado/a, aseado/a; (*mind*) claro/a, metódico/a; **a** ~ **sum** (*fam*) una suma considerable, una buena *or* bonita suma. **2** *vt* (*also* ~ **up**: *room, toys etc*) ordenar, poner en orden; (*: one's hair*) arreglarse. **3** *n* cajita *f*.
▸ **tidy away** *vt* + *adv* devolver a su lugar.
▸ **tidy out** *vt* + *adv* limpiar, ordenar.
▸ **tidy up 1** *vi* + *adv* limpiar, ordenar. **2** *vt* + *adv* = **tidy 2**. **3** *vr*: **to** ~ **o.s. up** asearse, arreglarse.
tie [taɪ] **1** *n* (**a**) (*necktie etc*) corbata *f*; **black** ~ lazo *m* negro; (*fig*) traje *m* de etiqueta; *see* **bow**[1].
(**b**) (*cord, ribbon*) cuerda *f*, atadura *f*; (*fig: bond*) lazo *m*, vínculo *m*; (*: hindrance*) atadura; **the ~s of friendship** los lazos de la amistad; **family ~s** los lazos *mpl* familiares.
(**c**) (*Sport etc: draw*) empate *m*; **there was a** ~ **in the voting** la votación resultó en empate; **Cup** ~ (*Sport: match*) partido *m* de copa.
2 *vt* (*necktie*) hacer nudo en, atar; (*also* ~ **up**: *shoelaces, knot*) atar, amarrar *(LAm)*; (*parcel etc*) liar, envolver; (*tether, attach*) atar, amarrar *(LAm)*; (*fig: restrict*) atar, ligar; **to** ~ **tight(ly)** apretar *or* amarrar fuerte; **his hands are ~d** (*fig*) está atado de pies y manos; **we are very ~d in the evenings** por las tardes nos vemos bastante estorbados para salir; **are we ~d to this plan?** ¿estamos restringidos a este plan?
3 *vi* (*Sport etc: draw*) empatar; **they ~d at 2 goals each** empataron a dos tantos.
▸ **tie back** *vt* + *adv* (*curtains, hair*) recoger.
▸ **tie down** *vt* + *adv* (*lit*) sujetar, amarrar *(LAm)*; (*fig*) **to** ~ **sb down to sth** obligar a algn a cumplir algo; **we can't** ~ **him down to a date** no podemos conseguir que fije una fecha; **to be ~d down** estar atado/a.
▸ **tie in 1** *vi* + *adv* (*correspond, be connected*) **to** ~ **in (with)** concordar (con), corresponder (con); **it all ~s in** todo concuerda. **2** *vt* + *adv*: **to** ~ **in (with)** (*meeting, visit*) juntar con; (*findings*) relacionar con, compaginar con.
▸ **tie on** *vt* + *adv* (*label etc*) atar.
▸ **tie up 1** *vi* + *adv* (*Naut*) amarrar, atracar.
2 *vt* + *adv* (*parcel*) atar, envolver; (*person, boat, horse*) atar; (*fig: capital*) inmovilizar; (*: business deal*) concluir; (*: connect*) relacionar, vincular; **to be ~d up (with sb/sth)** (*busy*) estar ocupado (con algo/algn); **I'm ~d up tomorrow** mañana estoy liado; **the traffic was ~d up by the accident** se formó un atasco de tráfico a causa del accidente; **he has a fortune ~d up in property** tiene una fortuna inmovilizada en bienes raíces; **we'll soon have it all ~d up** pronto lo arreglamos todo.
tie-break(er) ['taɪbreɪk(əʳ)] *n* (*Sport*) tie-break *m*,

muerte *f* rápida.

tie-in ['taɪɪn] *n* (*link*) vinculación *f*.

tie-on ['taɪɒn] *adj* (*label*) para atar.

tiepin ['taɪpɪn] *n* alfiler *m* de corbata.

tier [tɪəʳ] *n* grada *f*; **to arrange in ~s** disponer en gradas *or* pisos.

tie-up ['taɪʌp] *n* (*connection*) enlace *m*, vínculo *m*.

tiff [tɪf] *n* (*fam*) pelea *f*, riña *f* sin trascendencia; **a lover's ~** una pelea de amantes.

tiger ['taɪgəʳ] *n* tigre *m*.

tiger lily ['taɪgəˌlɪlɪ] *n* tigridia *f*.

tight [taɪt] **1** *adj* (*comp* **~er**; *superl* **~est**) (**a**) (*stretched to limit: rope etc*) estirado/a; (*close-fitting: trousers*) (muy) ajustado/a; (*shoes*) apretado/a; (*usu pred: firmly fixed, hard to move*) firme; (*narrow: bend, space*) cerrado/a; (*strict: control, discipline*) severo/a, estricto/a; (*fam: mean*) tacaño/a, amarrete *(CSur fam)*; **it's a ~ fit** queda muy justo; **to keep ~ hold of sth** agarrar algo muy fuerte, no soltar algo; **to be in a ~ spot** (*fig*) estar en un apuro *m or* aprieto *m*; **space/money is a bit ~** falta espacio/escasea el dinero.

(**b**) (*fam: drunk*) borracho/a, tomado/a *(LAm)*; **to get ~** emborracharse.

2 *adv* (*grasp, hold*) bien; **to be packed ~** (*food, suitcase etc*) estar atestado; (*room*) estar lleno de gente; **screw the nut up ~!** ¡aprieta bien la tuerca!; **pull the door ~!** ¡cierra bien la puerta!; **to hold sb ~** abrazar a algn fuertemente, apretar a algn contra si; **hold ~!** ¡agárrense bien!; **to sit ~** (*patiently*) aguantar; (*still*) estarse quieto; **to sleep ~** (*soundly*) dormir profundamente; **sleep ~!** ¡que duermas bien!

tighten ['taɪtn] **1** *vt* (*also* **~ up**: *rope etc*) estirar, tensar; (*nut etc*) apretar; (*belt, shoes etc*) apretarse; (*regulation*) reforzar, estrechar. **2** *vi* (*also* **~ up**: *rope, knot*) estirarse; (*: grasp*) apretarse.

► **tighten up 1** *vi* + *adv* = **tighten 2**. **2** *vt* + *adv* (**a**) = **tighten 1**. (**b**) **to ~ up on sth** hacer algo en forma más rigurosa, ser más estricto con algo.

tight-fisted ['taɪt'fɪstɪd] *adj* (*mean: person*) tacaño/a, agarrado/a.

tight-fitting ['taɪt'fɪtɪŋ] *adj* muy ajustado/a, muy ceñido/a.

tight-lipped ['taɪt'lɪpt] *adj* (*annoyed*) que está de morros; (*silent*) callado/a.

tightly ['taɪtlɪ] *adv* = **tight 2**.

tightness ['taɪtnɪs] *n* (*of shoes, trousers*) estrechez *f*; (*of lid, screw*) lo apretado; (*of discipline, regulations*) severidad *f*; **I can feel a ~ in my chest** siento opresión en el pecho.

tightrope ['taɪtrəʊp] **1** *n* cuerda *f* floja; **to be on a ~, to be walking a ~** (*fig*) andar a la cuerda floja. **2** *cpd*: **~ walker** *n* equilibrista *mf*, funambulista *mf*.

tights [taɪts] *npl* (*clothes*) pantis *mpl*, medias *fpl*; (*of wool etc*) leotardos *mpl*.

tigress ['taɪgrɪs] *n* tigresa *f*.

Tigris ['taɪgrɪs] *n* Tigris *m*.

tilde ['tɪldɪ] *n* tilde *f*.

tile [taɪl] **1** *n* (*roof ~*) teja *f*; (*floor ~*) baldosa *f*; (*wall ~, decorative ~*) azulejo *m*; **a night on the ~s** (*fam*) una noche de juerga *or* parranda *or (CSur)* farra. **2** *vt* (*floor, bathroom etc*) poner tejas *or* azulejos *etc* en.

tiled [taɪld] *adj* (*see n*) tejado/a; embaldosado/a; cubierto/a con azulejos.

till¹ [tɪl] *vt* (*Agr: land, soil*) cultivar, labrar.

till² [tɪl] = **until**.

till³ [tɪl] *n* (*for money*) caja *f*; **they caught him with his hand** *or* **fingers in the ~** le cogieron robando (dentro de la empresa *etc*).

tiller ['tɪləʳ] *n* (*Naut*) timón *m*.

tilt [tɪlt] **1** *n* (**a**) (*slant*) inclinación *f*, ladeo *m*; (*incline*) declive *m*, cuesta *f*; **on/at a ~** inclinado/a, ladeado/a. (**b**) **(at) full ~** a toda velocidad *or* carrera. **2** *vt* inclinar, ladear; **~ it this way/the other way** inclínalo hacia este/el otro lado; **he ~ed his chair back** inclinó la silla hacia atrás. **3** *vi* inclinarse, ladearse; **to ~ to one side** inclinarse hacia un lado; **he ~ed back in his chair** se recostó en la silla.

timber ['tɪmbəʳ] *n* (*material*) madera *f*; (*beam*) viga *f*; **~!** ¡árbol, tronco va!

timbered ['tɪmbəd] *adj* (*house etc*) enmaderado/a.

timber-yard ['tɪmbəjɑːd] *n* (*Brit*) almacén *m* de madera.

timbre [tɛ̃ːmbr] *n* (*Mus: of instrument, voice*) timbre *m*.

time [taɪm] **1** *n* (**a**) (*gen*) tiempo *m*; (*spare ~*) tiempo libre, ocio *m*; **~ and space** el tiempo y el espacio; **how ~ flies!** ¡cómo pasa el tiempo!; **only ~ will tell** el tiempo lo dirá; **~ is on our side** el tiempo obra a nuestro favor; **for all ~** para siempre; **all in good ~** a su debido tiempo; **to have (the) ~ (to do sth)** tener tiempo (para hacer algo); **to find the ~ for reading** encontrar tiempo para leer; **to kill ~** entretener el tiempo; **we have ~, we have plenty of ~** tenemos tiempo de sobra; **I've no ~ for them** (*too busy*) no tengo tiempo para ellos; (*contemptuous*) no me interesan (ellos); **it's only a matter** *or* **question of ~ before it falls** sólo es cuestión de tiempo antes de que caiga; **he lost no ~ in doing it** no tardó en hacerlo; **to make up for lost ~** recuperar el tiempo perdido; **it takes ~ to ...** se tarda en ...; **to take one's ~** hacer algo con tranquilidad, tomarse el tiempo que uno quiera; **~ is money** (*Prov*) el tiempo es oro; **he did it in his own ~** (*without being hurried*) lo hizo sin prisa; (*out of working hours*) lo hizo en su tiempo libre; **on Saturdays they pay ~ and a half** los sábados pagan lo normal más la mitad; **my ~ is my own** yo dispongo de mi tiempo; *see* **spare**.

(**b**) (*period of ~*) período *m*, rato *m*; **a long ~** mucho tiempo; **a long ~ ago** hace mucho (tiempo), hace tiempo; **a short ~ ago** hace poco; **a short ~ after** poco (tiempo) después; **for a ~** durante un rato; **have you been here all this ~?** ¿has estado aquí todo este tiempo?; **for the ~ being** por ahora, de momento; **let me know in good ~** avíseme con anticipación; **in no ~** en un abrir y cerrar de ojos; **in a week's ~** dentro de una semana, en una semana más *(LAm)*; **to do ~** (*fam*) cumplir una condena; **to take a long ~ to do sth** tardar mucho en hacer algo.

(**c**) (*moment*) momento *m*; **any ~** cuando quieras; **any ~ now** de un momento a otro; **at that ~** entonces, en aquel entonces; **at the present ~** hoy en día, actualmente; **at this ~ of the year** en esta época del año; **(by) this ~ next year** el año que viene por estas fechas; **by the ~ he arrived** para cuando él llegó; **at a given ~** en un momento convenido; **at the same ~** (*simultaneously*) al mismo tiempo, a la vez; (*even so*) al mismo tiempo, por otro lado; **at ~s** a veces, a ratos; **at all ~s** siempre, en todo momento; **from ~ to ~** de vez en cuando; **from that ~ (on)** a partir de entonces; **now is the ~ to go** ahora es el momento de irse; **the ~ has come to leave** ha llegado el momento de irse; **this is no ~ for jokes** éste no es momento para bromas; **this is neither the ~ nor the place to discuss it** éste no es ni el momento ni el lugar oportuno para hablar de eso.

(**d**) (*by clock*) hora *f*; **to tell the ~** (*clock*) dar la hora; (*child*) saber decir la hora; **what ~ do you make it?** ¿qué hora es *or* tiene?; **have you got the (right) ~?** ¿tiene hora exacta?; **what's the ~?** ¿qué hora es?; **Greenwich mean ~** hora de Greenwich; **I wouldn't give him the ~ of day** a mi él me tiene sin cuidado; **on ~** a la hora, puntual(mente); **to arrive (just) in ~ for dinner** llegar justo a tiempo para cenar; **it's ~ to go** es hora de irse; **it's ~ for the news** es (la) hora de las noticias; **to die before one's ~** morir temprano; **to be 30 minutes behind/ahead of ~** llevar 30 minutos de retraso/adelanto; **at any one ~ there is room for 12 readers** en un momento dado hay sitio para 12 lectores; **it's high ~ that ...** ya va siendo hora de + *infin*; **about ~ too!** ¡ya era hora!; **it's about ~ you had a haircut** ya es hora de que te cortes el pelo; *see* **closing**; **opening 3**.

(**e**) (*era, period: often*) **~s** época *f*; **in modern ~s/Elizabethan ~s/our own ~(s)** en tiempos modernos/isabelinos/en nuestro tiempo; **before/during my** *etc* **~** antes de/en mis *etc* tiempos; **~s were hard** fueron tiempos duros; **in ~s to come** en tiempos venideros; **one of the greatest footballers of our ~** uno de los mejores futbolistas de nuestros tiempos; **to be ahead of one's ~/behind the ~s** estar adelantado/atrasado; **to fall on hard ~s** estar en el tiempo de las vacas flacas; **to keep abreast of** *or* **up with the ~s, to move with the ~s** ir con los tiempos.

(**f**) (*experience*) experiencia *f*; **to have a good/bad** *or* **rough ~ (of it)** pasarlo bien/mal; **she's out for a good ~** se propone divertirse; **to make it into the big ~** (*fam*) abrirse paso y entrar en el gran mundo.

(**g**) (*occasion*) vez *f*, ocasión *f*; **three ~s** tres veces; **this ~** esta vez; **next ~** la próxima vez, a la próxima *(esp LAm)*; **for the first ~** por primera vez; **the last ~ I did it** la última vez que lo hice; **~ after ~, ~ and again** repetidas veces, una y otra vez; **many's the ~ ...** no una vez, sino muchas ...; **third ~ lucky!** ¡a la tercera va la vencida!; **nine ~s out of ten, ninety-nine ~s out of a hundred** (*fig*) casi siempre; **I remember the ~ he came here** recuerdo la ocasión en que vino por aqui; **for weeks at a ~** durante semanas enteras; **to carry 3 boxes at a ~** llevar 3 cajas a la vez.

(**h**) (*Mil, Mus*) ritmo *m*, compás *m*; **to beat ~** marcar el compás; **to march in ~/out of ~** desfilar llevando el compás/perder el compás al desfilar; *see* **beat 2 (a)**; **mark[2] 2 (g)**.

(**i**) (*Math*) **4 ~s 3 is 12** 4 por 3 son 12; **3 ~s as fast (as sth)** *or* **faster (than sth)** 3 veces más rápido (que algo).

2 *vt* (**a**) (*schedule*) planear, calcular; (*choose ~ of: joke, request*) elegir el momento para; **to ~ sth perfectly** elegir el momento más oportuno para algo; **the bomb was ~d to explode 5 minutes later** la bomba estaba sincronizada para explotar 5 minutos más tarde.

(**b**) (*with stopwatch etc*) cronometrar; **to ~ o.s.** cronometrarse.

3 *cpd*: ~ **and motion study** *n* estudio *m* de tiempos y movimientos; ~ **bomb** *n* bomba *f* de relojería; ~ **card** *n* tarjeta *f* de registro horario; ~ **clock** *n* reloj *m* registrador, reloj de control de asistencia; ~ **exposure** *n* (*Phot*) exposición *f*; ~ **limit** *n* plazo *m*, límite *m* de tiempo; **to set a ~ limit** fijar un plazo; ~ **sheet** *n* = ~ **card**; ~ **switch** *n* interruptor *m* horario.

time-consuming ['taɪmkən,sju:mɪŋ] *adj* que requiere mucho tiempo.

time-honoured, (*US*) **time-honored** ['taɪm,ɒnəd] *adj* consagrado/a.

timekeeper ['taɪm,ki:pər] *n* (*watch*) reloj *m*, cronómetro *m*; (*official*) cronometrador/a *m/f*; **to be a good ~** ser puntual.

time-keeping ['taɪm,ki:pɪŋ] *n* (*gen*) cronometraje *m*; (*in factory etc*) control *m*.

time-lag ['taɪmlæg] *n* (*delay*) retraso *m*; (*lack of synchronization*) desfase *m*.

timeless ['taɪmlɪs] *adj* (*book, experience etc*) eterno/a.

timely ['taɪmlɪ] *adj* oportuno/a.

time-out [,taɪm'aʊt] *n* (*esp US: also fig*) tiempo *m* muerto.

timepiece ['taɪmpi:s] *n* reloj *m*.

timer ['taɪmər] *n* (*egg ~ etc*) reloj *m* de arena; (*Tech*) reloj automático; (*: regulator*) temporizador *m*; (*Aut*) distribuidor *m*.

time-saving ['taɪm,seɪvɪŋ] *adj* que ahorra tiempo.

timescale ['taɪmskeɪl] *n* escala *f* de tiempo.

time-share ['taɪmʃɛər] **1** *n* (*for holiday etc*) multipropiedad *f*. **2** *cpd*: ~ **apartment** *n* piso *m* en multipropiedad.

time-sharing ['taɪm,ʃɛərɪŋ] *n* (*also Comput*) tiempo *m* compartido; (*for holiday etc*) multipropiedad *f*.

timetable ['taɪm,teɪbl] *n* (*for trains etc*) horario *m*; (*programme of events etc*) programa *m*, itinerario *m*.

timid ['tɪmɪd] *adj* tímido/a.

timidity [tɪ'mɪdɪtɪ] *n* timidez *f*.

timidly ['tɪmɪdlɪ] *adv* tímidamente.

timing ['taɪmɪŋ] *n* coordinación *f*; **that was good/bad ~** (*opportunity*) lo hiciste en buen/mal momento; (*on time*) lo hiciste a tiempo/destiempo.

timorous ['tɪmərəs] *adj* tímido/a, asustadizo/a.

timpani ['tɪmpənɪ] *npl* (*Mus*) tímpanos *mpl*.

tin [tɪn] **1** *n* (**a**) (*as ore*) estaño *m*; (*metal*) hojalata *f*. (**b**) (*Brit: container*) lata *f*, bote *m*. **2** *vt* enlatar. **3** *cpd*: ~ **can** *n* lata *f*, bote *m*; ~ **mine** *n* mina *f* de estaño; ~ **soldier** *n* soldadito *m* de plomo; ~ **whistle** *n* (*Mus*) pito *m*.

tinfoil ['tɪnfɔɪl] *n* papel *m* de estaño.

tinge [tɪndʒ] **1** *n* (*of colour*) tinte *m*, matiz *m*; (*fig*) **a ~ of nostalgia** cierta nostalgia. **2** *vt* teñir, matizar.

tingle ['tɪŋgl] **1** *n* (*of skin*) hormigueo *m*, comezón *m*; (*thrill*) estremecimiento *m*. **2** *vi* (*cheeks, skin*) sentir hormigueo *or* comezón; **a tingling sensation** una sensación de hormigueo, un comezón; **to ~ with excitement** estremecerse de emoción.

tinker ['tɪŋkər] **1** *n* calderero *m*. **2** *vi* (*also* **~ about**): **to ~ (with)** enredar (con), toquetear; **he's been ~ing with the car all day** ha pasado todo el día tratando de reparar el coche.

tinkle ['tɪŋkl] **1** *n* (*of bell etc*) tintín *m*, tintineo *m*; **give me a ~ some time** (*fam*) llámame *or* pégame un telefonazo algún día. **2** *vi* tintinear.

tinkling ['tɪŋklɪŋ] **1** *adj* que hace tilín. **2** *n* tintineo *m*, tilín *m*.

tinned [tɪnd] *adj* (*Brit*) en *or* de lata *or* bote.

tinny ['tɪnɪ] *adj* (*comp* **-ier**; *superl* **-iest**) (*metallic: sound*) metálico/a; (*pej: car, machine*) poco sólido/a, de pacotilla.

tin-opener ['tɪn,əʊpnər] *n* (*Brit*) abrelatas *m inv*.

tinplate ['tɪnpleɪt] *n* hojalata *f*.

tinsel ['tɪnsəl] *n* oropel *m*.

tint [tɪnt] **1** *n* (*gen*) tono *m*, matiz *m*; (*for hair*) tinte *m*. **2** *vt* (*hair*) teñir.

tintack ['tɪntæk] *n* tachuela *f*.

tiny ['taɪnɪ] *adj* (*comp* **-ier**; *superl* **-iest**) pequeñito/a, minúsculo/a.

tip[1] [tɪp] *n* (*gen: end*) punta *f*; (*of mountain*) pico *m*; (*of cigarette*) filtro *m*, boquilla *f*; **on the ~ of sb's tongue** (*fig*) en la punta de la lengua; **the ~ of the iceberg** (*fig*) la punta del iceberg; *see* **filter-tipped**.

tip[2] [tɪp] **1** *n* (**a**) (*gratuity*) propina *f*. (**b**) (*hint*) consejo *m*; (*: for race*) información *f*, confidencia *f*; **to give sb a ~** darle a algn un buen consejo. **2** *vt* (**a**) (*porter, waiter*) dar una propina a. (**b**) (*predict: winner*) pronosticar; (*: horse*) recomendar; **he is being ~ped for the job** le señalan como el más indicado para el puesto.

tip[3] [tɪp] **1** *n* (*rubbish dump*) vertedero *m*, tiradero(s) *m(pl) (Mex)*; **this room is a ~** (*fam*) este cuarto es un basurero.

2 *vt* volcar, verter, tirar; **to ~ away the dishwater** tirar *or* echar el agua sucia; **to ~ back a chair** inclinar una silla hacia atrás; **he ~ped out the contents of the box** vertió el contenido de la caja; **to ~ over a glass of wine** tirar *or* volcar una copa de vino; **to ~ the balance** ser el factor decisivo.

3 *vi* (**a**) (*incline*) inclinarse, ladearse; (*also* **~ over**) volcarse, voltearse *(LAm)*.

(**b**) (*dump rubbish*) tirar *or (LAm)* botar basura; **'no ~ping'** 'prohibido arrojar basura'; **he ~s the scales at 100kg** pesa 100kg.

▸ **tip off** *vt + adv* (*warn*) advertir, avisar; (*inform on*) soplar a, pasar información; **the police had been ~ped off** la policía había recibido un soplo.

▸ **tip up 1** *vi + adv* volcarse, voltearse. **2** *vt + adv* volcar, voltear.

tip-off ['tɪpɒf] *n* (*warning*) información *f*, advertencia *f*; (*informing*) soplo *m*.

tipped [tɪpt] *adj* (*cigarette*) con filtro *or* boquilla.

Tipp-Ex ® [ˈtɪpeks] **1** *n* Tippex ® *m*, corrector *m*. **2** *vt* (*also* **to ~ out, to ~ over**) corregir con Tippex.
tipple [ˈtɪpl] (*fam*) **1** *n* trago *m* (*fam*). **2** *vi* empinar el codo.
tippler [ˈtɪplər] *n* (*fam*) amante *mf* de la bebida; **he's a bit of a ~** le gusta echar un trago de vez en cuando.
tippy-toe [ˈtɪpɪtəʊ] (*US*) = **tiptoe**.
tipster [ˈtɪpstər] *n* pronosticador(a) *m/f*.
tipsy [ˈtɪpsɪ] *adj* (*comp* **-ier**; *superl* **-iest**) achispado/a, chispa, piripi, tomado/a (*LAm*).
tiptoe [ˈtɪptəʊ] **1** *n*: **to walk on ~** andar *or* (*LAm*) caminar de puntillas. **2** *vi* ir de puntillas; **to ~ in** entrar de puntillas.
tiptop [ˈtɪpˈtɒp] *adj*: **in ~ condition** (*car etc*) en excelentes condiciones; (*person*) en plena forma.
tirade [taɪˈreɪd] *n* diatriba *f*.
tire[1] [ˈtaɪər] *n* (*US*) = **tyre**.
tire[2] [ˈtaɪər] **1** *vt* cansar. **2** *vi* cansarse; **to ~ of sb/sth** hartarse de algn/algo.
▸ **tire out** *vt + adv* agotar, rendir (*LAm*); **to ~ sb out** cansar a algn.
tired [ˈtaɪəd] *adj* (**a**) (*person, voice etc*) cansado/a, fatigado/a (*esp LAm*); **to be/feel ~** estar/sentirse cansado; **to look ~** tener cara de cansancio; **to be ~ of sb/sth** estar harto de algn/algo; **to get** *or* **grow ~ of doing sth** cansarse *or* hartarse de hacer algo. (**b**) (*fig: cliché etc*) trillado/a; (*: shabby*) raído/a, gastado/a.
tiredness [ˈtaɪədnɪs] *n* (*see adj*) cansancio *m*, fatiga *f*.
tireless [ˈtaɪəlɪs] *adj* incansable.
tiresome [ˈtaɪəsəm] *adj* (*job*) fastidioso/a, pesado/a; (*person*) aburrido/a, latoso/a, pesado; (*situation*) fastidioso/a, pesado.
tiring [ˈtaɪərɪŋ] *adj* cansado/a.
tissue [ˈtɪʃuː] **1** *n* (**a**) (*thin paper*) papel *m* de seda; (*paper handkerchief*) pañuelo *m* de papel, klínex *m* (*esp LAm*). (**b**) (*Anat*) tejido *m*. (**c**) (*fig*) **a ~ of lies** una sarta de mentiras. **2** *cpd*: **~ paper** *n* papel *m* de seda.
tit[1] [tɪt] *n* (*bird*) paro *m*; **blue ~** alionín *m*.
tit[2] [tɪt] *n*: **~ for tat** ojo por ojo.
tit[3] [tɪt] *n* (*fam: breast*) teta *f*, pecho *m*; **to get on sb's ~s** sacar de quicio a algn.
titanium [tɪˈteɪnɪəm] *n* titanio *m*.
titbit [ˈtɪtbɪt] *n*, (*US*) **tidbit** [ˈtɪdbɪt] *n* (*of food*) golosina *f*; (*fig: of news, information etc*) pedazo *m*, retazo *m*.
titillate [ˈtɪtɪleɪt] *vt* (*sexually*) excitar.
title [ˈtaɪtl] **1** *n* (**a**) (*of book, chapter etc*) título *m*; (*headline etc*) titular *m*, cabecera *f*. (**b**) (*Sport*) título *m*; **to hold a ~** ser campeón/ona *m/f*, tener un título. (**c**) (*of nobility etc*) título *m*. (**d**) (*Jur: right*) **~ (to)** derecho *m* (a). **2** *cpd*: **~ deed** *n* (*Jur*) título *m* de propiedad; **~ holder** *n* (*Sport*) campeón/ona *m/f*; **~ page** *n* portada *f*; **~ role** *n* (*Theat, Cine*) papel *m* principal.
titled [ˈtaɪtld] *adj* (*person*) con título de nobleza.
titter [ˈtɪtər] **1** *n* (*snigger*) risa *f* tonta. **2** *vi* (*snigger*) reírse tontamente.
tittle-tattle [ˈtɪtlˌtætl] (*fam*) **1** *n* chismes *mpl*. **2** *vi* chismear.
tizzy [ˈtɪzɪ] *n* (*fam*) **to be in/get into a ~ (about sth)** (*nervous*) estar/ponerse nervioso/a (por algo); (*hassled*) hacerse un lío (por algo).
T-junction [ˈtiːˌdʒʌŋkʃən] *n* cruce *m* en T.
TM *n abbr* (**a**) *of* **transcendental meditation**. (**b**) (*Comm*) *of* **trademark**.
TN *abbr* (*US Post*) *of* **Tennessee**.
TNT *n abbr of* **trinitrotoluene** TNT *m*.
to [tuː, tə] *prep* **1** (**a**) (*direction*) a; **to go ~ Paris** ir a París; **to go ~ school** ir al colegio; **to go ~ the doctor's** ir al médico; **the road ~ Edinburgh** la carretera de Edimburgo; **have you ever been ~ India?** ¿ha estado en la India?; **(move) ~ the left/the right** (muévete) a la izquierda/la derecha; **~ the west** al oeste; **a letter ~ his wife** una carta a su mujer.
(**b**) (*next ~, with position*) a, contra; **he stood with his back ~ the wall** estaba con la espalda contra la pared; **at right angles ~ that** en ángulo recto con eso; **the door is ~ the left (of the window)** la puerta está a la izquierda (de la ventana); **to talk to sb man ~ man** hablar con algn de hombre a hombre.
(**c**) (*as far as*) hasta, a; **from here ~ London** de aquí a *or* hasta Londres; **from morning ~ night** de la mañana a la noche; **to count ~ 10** contar hasta 10; **correct ~ 3 decimal places** correcto hasta 3 decimales; **from 40 ~ 50 people** *etc* entre 40 y 50 personas *etc*; **~ some extent** hasta cierto punto, en cierta medida; **to be wet ~ the skin** estar mojado hasta los huesos, estar empapado; **~ this day** hasta hoy.
(**d**) (*with expressions of time*) menos, para (*LAm*); **it's a quarter ~ three** son las tres menos cuarto (*Sp*), es *or* (*LAm*) falta un cuarto para las tres.
(**e**) (*expressing indirect object*) a; **to give sth ~ sb** darle algo a algn; **it belongs ~ me** me pertenece a mí; **the man I sold it ~** *or* **~ whom I sold it** (*frm*) el hombre a quien se lo vendí; **they were kind ~ me** fueron muy amables conmigo; **a solution ~ the problem** una solución del problema; **devoted ~ his wife** fiel a su mujer; **a monument ~ the fallen** un monumento en honor a los caídos; **welcome ~ you all!** ¡bienvenida a todos!; **to drink ~ sb** brindar por algn *or* a la salud de algn.
(**f**) (*in relation ~*) a, con; **superior ~ the others** superior a los demás; **that's nothing ~ what is to come** eso no es nada en comparación con lo que está por venir; **30 miles ~ the gallon** 30 millas por galón; **8 apples ~ the kilo** 8 manzanas por kilo; **the odds are 8 ~ 1** los puntos de ventaja son de 8 a 1.
(**g**) (*about*) de; **what do you say ~ this?** ¿qué te parece (esto)?; **that's all there is ~ it** eso es todo, no hay nada más que hablar.
(**h**) (*according ~*) según; **~ my way of thinking** según mi modo de pensar, a mi modo de ver; **it is not ~ my taste** no me gusta; **~ the best of my recollection/ability** que yo recuerde/lo mejor que pueda; **we danced ~ the music of the band** bailamos con la música de la orquesta.
(**i**) (*purpose, result*) **to come ~ sb's aid** acudir en ayuda de algn; **to sentence sb ~ death** condenar a algn a la pena de muerte; **~ my great surprise** con gran sorpresa por mi parte.
2 (*with vb*) (**a**) (*simple infin*) **~ come/sing/work** *etc* venir/cantar/trabajar *etc*.
(**b**) (*following another vb*) **to want ~ do** querer hacer; **to try ~ do sth** tratar de hacer algo; **to start ~ cry** empezar a llorar; **I want you ~ do it** quiero que lo hagas.
(**c**) (*purpose, result*) para; **he did it ~ help you** lo hizo para ayudarte; **he came ~ see you** vino a verte; **I arrived ~ find she had gone** llegué para descubrir que ella se había ido.
(**d**) (*without vb*) **I don't want ~** no quiero; **you ought ~** deberías.
(**e**) (*equivalent to relative clause*) **I have things ~ do** tengo cosas que hacer; **he's not the sort ~ do that** no es de los que hacen eso; **now is the time ~ do it** llegó la hora de hacerlo; **he has a lot ~ lose** tiene mucho que perder.
(**f**) (*after adj etc*) **ready ~ go** listo/a para salir; **hard ~ believe** difícil de creer; **is it good ~ eat?** ¿es bueno de *or* para comer?; **the first ~ go** el primero/la primera en irse; **too old ~ play tennis** demasiado viejo/a para jugar al tenis; **he's young ~ be a grandfather** es muy joven para ser abuelo.
3 *adv* (**a**) **to push the door ~** (*closed*) cerrar la puerta.
(**b**) **to come ~** (*recover consciousness*) volver en sí, recobrar el conocimiento.
(**c**) **~ and fro** (*back and forth*) de un lado para otro, para arriba y para abajo.
toad [təʊd] *n* sapo *m*.
toad-in-the-hole [ˌtəʊdɪnðəˈhəʊl] *n* (*Culin*) salchichas

fpl en pasta.

toadstool [ˈtəʊdstuːl] *n* hongo *m* venenoso.

toady [ˈtəʊdɪ] (*pej*) **1** *n* adulador(a) *m/f*, pelotilla *mf inv*, pelota *mf inv*. **2** *vi*: **to ~ to sb** adular *or (Sp)* hacer la pelotilla a algn, dar coba a algn.

toast [təʊst] **1** *n* (**a**) (*bread*) pan *m* tostado, tostada *f*; **a piece of ~** una tostada. (**b**) (*drink*) brindis *m*; **to propose/drink a ~ to sb** proponer un brindis/brindar por algn; **to be the ~ of the town/nation** (*fig*) ser el/la niño/a bonito/a de la ciudad/la nación. **2** *vt* (**a**) (*bread*) tostar; **~ed sandwich** sándwich *m* tostado. (**b**) (*drink to*) brindar por.

toaster [ˈtəʊstəʳ] *n* tostadora *f*.

toast-rack [ˈtəʊstræk] *n* rejilla *f* para tostadas.

toasty [ˈtəʊstɪ] *n* sándwich *m* tostado.

tobacco [təˈbækəʊ] **1** *n* tabaco *m*; **pipe ~** tabaco de pipa. **2** *cpd*: **~ pouch** petaca *f*.

tobacconist [təˈbækənɪst] *n* estanquero/a *m/f*, tabaquero/a *m/f*; **~'s (shop)** estanco *m*, tabaquería *f*.

Tobago [təˈbeɪgəʊ] *n* Tobago *f*.

toboggan [təˈbɒgən] **1** *n* tobogán *m*. **2** *vi* ir *or* deslizarse en tobogán.

tod [tɒd] *n* (*Brit fam*): **on one's ~** a solas.

today [təˈdeɪ] *adv* hoy; (*these days*) hoy (en) día; **a fortnight ~** de hoy en quince días; **from ~** desde hoy; **what day is it ~?** ¿qué día es hoy?; **what date is it ~?** ¿a qué fecha estamos?; **~ is the 4th of March** hoy es el 4 de marzo; **~'s paper** el periódico de hoy.

toddle [ˈtɒdl] *vi* (*fam: go*) marcharse; **he ~d off** se marchó.

toddler [ˈtɒdləʳ] *n* (*small child*) niño/a *m/f* (que empieza a caminar *or* en edad de aprender a andar).

toddy [ˈtɒdɪ] *n*: **hot ~** ponche *m*.

to-do [təˈduː] *n* (*fam: fuss*) follón *m*, lío *m*.

toe [təʊ] **1** *n* (*Anat*) dedo *m* del pie; (*of shoe*) puntera *f*; **big/little ~** dedo gordo/pequeño del pie; **to keep sb on his ~s** (*fig*) mantener a algn sobre ascuas; **to tread on sb's ~s** (*lit*) pisar el pie a algn; (*fig*) meterse con algn. **2** *vt*: **to ~ the line** (*fig: conform*) conformarse.

toecap [ˈtəʊkæp] *n* puntera *f*.

toe-clip [ˈtəʊklɪp] *n* calapiés *m*.

TOEFL [ˈtəʊfəl] *n abbr of* **Test of English as a Foreign Language**.

toenail [ˈtəʊneɪl] *n* uña *f* del dedo del pie.

toerag [ˈtəʊræg] *n* (*fam*) mequetrefe *m*.

toffee [ˈtɒfɪ] **1** *n* caramelo *m*, dulce *m* de leche; **he can't do it for ~** (*fam*) no tiene ni idea de cómo hacerlo. **2** *cpd*: **~ apple** *n* manzana *f* de caramelo.

toffee-nosed [ˈtɒfɪˈnəʊzd] *adj* (*fam*) presumido/a, engreído/a.

together [təˈgeðəʳ] *adv* (**a**) (*live, work, be*) juntos/as; **to bring/glue ~** juntar/fijar; **~ with** junto con; **all ~** todos/as juntos/as *or* en conjunto; **they were in it ~** (*pej*) todos estaban metidos en el asunto; **we're in this ~** estamos metidos todos por igual; **to put a meal ~** preparar una comida; **to put a show ~** montar un show. (**b**) (*simultaneously*) a la vez, juntos/as; (*continuously*) seguidos/as.

togetherness [təˈgeðənɪs] *n* compañerismo *m*.

toggle [ˈtɒgl] **1** *n* (*on coat*) botón *m* alargado de madera. **2** *cpd*: **~ switch** *n* conmutador *m* de palanca.

Togo [ˈtəʊgəʊ] *n* Togo *m*.

Togolese [ˌtəʊgəʊˈliːz] *adj* togolés/esa *m/f*.

togs [tɒgz] *npl* (*fam: clothes*) atuendo *msg*, ropa *fsg*.

toil [tɔɪl] **1** *n* trabajo *m*, esfuerzo *m*; **after months of ~** después de meses de trabajo (agotador). **2** *vi* trabajar duro; **to ~ away at sth** darle duro a algo; **to ~ up a hill** subir trabajosamente una cuesta.

toilet [ˈtɔɪlɪt] **1** *n* (**a**) (*lavatory*) servicio *m*, wáter *m*, lavabo *m*, baño *m (esp LAm)*, sanitario *m (LAm)*; **to go to the ~** ir al servicio *or* al baño; **she's in the ~** está en el servicio *or* el baño. (**b**) (*dressing, washing etc*) aseo *m*. **2** *cpd*: **~ bag** *n* neceser *m*, estuche *m*; **~ paper/roll** *n* papel *m* higiénico, papel sanitario *(LAm)*; **~ water** *n* (agua *f* de) colonia *f*.

toiletries [ˈtɔɪlɪtrɪz] *npl* artículos *mpl* de tocador.

toilet-train [ˈtɔɪlɪttreɪn] *vt*: **to ~ a child** acostumbrar a un niño a ir solo al baño.

toing [ˈtuːɪŋ] In] *n*: **~ and froing** vaivén *m*, ir *m* y venir.

token [ˈtəʊkən] **1** *n* (**a**) (*voucher*) vale *m*; (*metal disc*) ficha *f*. (**b**) (*sign, symbol*) muestra *f*, señal *f*; **as a ~ of friendship** como prueba de amistad; **by the same ~** por la misma razón. **2** *cpd* (*payment, strike*) nominal, simbólico/a; (*resistance, gesture*) simbólico.

Tokyo [ˈtəʊkjəʊ] *n* Tokio *m*, Tokío *m*.

told [təʊld] *pt, pp of* **tell**.

tolerable [ˈtɒlərəbl] *adj* (*pain, heat etc*) soportable; (*not too bad: film, food etc*) regular.

tolerably [ˈtɒlərəblɪ] *adv* (*moderately: good, comfortable*) medianamente.

tolerance [ˈtɒlərəns] *n* (*gen*) tolerancia *f*.

tolerant [ˈtɒlərənt] *adj* indulgente, tolerante.

tolerate [ˈtɒləreɪt] *vt* (*heat, pain*) resistir, aguantar; (*person*) tolerar, soportar; **I can't ~ any more** no aguanto más.

toleration [ˌtɒləˈreɪʃən] *n* tolerancia *f*.

toll[1] [təʊl] **1** *n* (**a**) (*on road*) peaje *m*. (**b**) (*losses, casualties*) número *m* de víctimas, mortandad *f*; **the ~ on the roads** las víctimas de accidentes de tráfico; **the effort took its ~ on all of us** el esfuerzo tuvo un grave efecto en todos nosotros; **the severe weather has taken its ~ on the crops** el mal tiempo ha ocasionado pérdidas en la cosecha. **2** *cpd* (*road, bridge*) de peaje, de cuota *(LAm)*.

toll[2] [təʊl] **1** *vt, vi* (*bell*) tañer, doblar. **2** *n* (*of bell*) tañido *m*, doblar *m*.

toll-free [ˌtəʊlˈfriː] *adv* (*US*): **to call ~** llamar sin pagar.

tollway [ˈtəʊlweɪ] *n* (*US*) autopista *f* de peaje *or (LAm)* cuota.

Tom [tɒm] *n*: **any ~, Dick or Harry** un fulano cualquiera; **~ Thumb** Pulgarcito.

tom [tɒm] *n* (*also* **~ cat**) gato *m* (macho).

tomato [təˈmɑːtəʊ] **1** *n* (*pl* **~es**) tomate *m*, jitomate *m (Mex)*. **2** *cpd*: **~ juice** *n* jugo *m* de tomate; **~ ketchup** *n* salsa *f* de tomate; **~ plant** *n* tomatera *f*.

tomb [tuːm] *n* tumba *f*, sepulcro *m*.

tombola [tɒmˈbəʊlə] *n* tómbola *f*.

tomboy [ˈtɒmbɔɪ] *n* marimacho *m*.

tombstone [ˈtuːmstəʊn] *n* lápida *f* (sepulcral).

tomcat [ˈtɒmkæt] *n* (*cat*) gato *m* (macho).

tome [təʊm] *n* tomo *m*.

tomfoolery [tɒmˈfuːlərɪ] *n* payasadas *fpl*, tonterías *fpl*.

Tommy gun [ˈtɒmɪgʌn] *n* (pistola *f*) ametralladora *f*, metralleta *f*.

tomorrow [təˈmɒrəʊ] *adv* mañana; **~ morning** mañana por la mañana; **~ is Sunday** mañana es domingo; **the day after ~** pasado mañana; **~ is another day** (*fig*) mañana es otro día.

tomtom [ˈtɒmtɒm] *n* (*drum*) tantán *m*.

ton [tʌn] *n* (*weight: gen*) tonelada *f*; **metric ~** tonelada métrica; **this cargo weighs 1,000 ~s** esta carga pesa 1.000 toneladas; **a 3-~ lorry** un camión de 3 toneladas; **this suitcase weighs a ~** (*fam*) esta maleta pesa una barbaridad *(fam)*; **~s of sth** (*fam*) montones *mpl* de algo; **to come down (on sb) like a ~ of bricks** (*fig*) echar una bronca descomunal a algn.

tone [təʊn] **1** *n* (**a**) (*Mus*) tono *m*; **dialling ~** (*Telec*) señal *f* para marcar; **to praise sb in ringing ~s** (*fig*) poner a algn por las nubes; **they were whispering in low ~s** cuchicheaban. (**b**) (*shade of colour*) tono *m*, matiz *m*; **two-~ colour scheme** combinación *f* de dos tonalidades. (**c**) (*character, dignity*) buen tono *m*, elegancia *f*; **to raise/lower the ~ of sth** levantar/bajar el tono de algo. **2** *vi* (*also* **~ in**: *colours*) armonizar, combinar.

▸ **tone down** *vt + adv* (*moderate: colour*) atenuar, suavizar; (*fig: language, criticism etc*) moderar.

▸ **tone up** *vt + adv* tonificar, entonar.
tone-deaf ['təʊn'def] *adj* que no tiene oído musical.
toner ['təʊnəʳ] *n* (*for photocopier*) virador *m*; (*for skin*) tonificante *m*.
tongs [tɒŋz] *npl* tenazas *fpl*; (*curling* ~) tenacillas *fpl*; **a pair of** ~ unas tenazas, unas tenacillas.
tongue [tʌŋ] *n* (*gen*) lengua *f*; (*language*) lengua, idioma *m*; (*of shoe*) lengüeta *f*; (*of bell*) badajo *m*; **have you lost your ~?** ¿te has tragado la lengua?; **hold your ~!** ¡cállate la boca!; **to put out one's ~ (at sb)** sacarle la lengua (a algn); **to say sth ~ in cheek** (*fig*) decir algo en tono de burla; **the formula came tripping off her** ~ pronunció la fórmula con la mayor facilidad.
tongue-tied ['tʌŋtaɪd] *adj* con la lengua trabada.
tongue-twister ['tʌŋ,twɪstəʳ] *n* trabalenguas *m inv*.
tonic ['tɒnɪk] *n* (*Med, gen*) tónico *m*; ~ **(water)** (agua *f*) tónica *f*.
tonight [tə'naɪt] *adv* esta noche; **I'll see you** ~ nos vemos esta noche; **~'s TV programmes** los programas de TV de esta noche.
tonnage ['tʌnɪdʒ] *n* (*weight of ship*) tonelaje *m*.
tonsil ['tɒnsl] *n* amígdala *f*; **to have one's ~s out** quitarse las amígdalas.
tonsillitis [,tɒnsɪ'laɪtɪs] *n* amigdalitis *f*; **to have** ~ tener amigdalitis.
too [tu:] *adv* **(a)** (*excessively*) demasiado, muy; **it's ~ sweet** está demasiado *or* muy dulce; **it's ~ hot to drink** está demasiado caliente para beberlo; **it's ~ heavy for me to lift** es demasiado pesado para que yo lo levante; **I'm not ~ keen on the idea** la idea no me hace gracia que digamos; **it's ~ good to be true** no puede ser; **~ bad!** ¡mala suerte!, ¡qué le vamos a hacer!, ¡ni modo! (*Mex*); *see* **many; much 1 (d)**.
(b) (*also*) también; (*moreover*) además; **I speak French and Japanese** ~ hablo francés y también japonés; **not only that, he's blind ~!** no sólo eso, ¡además es ciego!
took [tʊk] *pt of* **take**.
tool [tu:l] *n* **(a)** (*carpenter's etc*) herramienta *f*, (*gardener's*) útil *m*, utensilio *m*; **(set of) ~s** útiles *mpl*, equipo *m*; **the ~s of one's trade** los instrumentos de su trabajo; *see* **down³ 4**. **(b)** (*fig: person*) instrumento *m*; **he was a mere ~ in their hands** fue instrumento en sus manos, nada más.
toolbag ['tu:lbæg] *n* estuche *m* de herramientas.
toolbox ['tu:lbɒks] *n* caja *f* de herramientas.
toolkit ['tu:lkɪt] *n* juego *m or* estuche *m* de herramientas.
toolmaker ['tu:l,meɪkəʳ] *n* tallador *m* de herramientas.
toolshed ['tu:lʃed] *n* cobertizo *m* para herramientas.
toot [tu:t] **1** *vt* (*horn*) tocar *or* sonar el klaxon *or* la bocina. **2** *n* toque *m*, bocinazo *m*.
tooth [tu:θ] *n* (*pl* **teeth**) (*Anat*) diente *m*; (*of comb*) púa *f*; **to clean one's teeth** lavarse los dientes; **to have a ~ out** sacarse una muela; **to have a sweet** ~ ser goloso/a; **to cut a** ~ echar un diente; **long in the** ~ (*fam: old*) con muchos años a cuestas; **to be fed up to the (back) teeth with sb/sth** (*fam*) estar hasta la coronilla de algn/algo; **to get one's teeth into sth** (*fig*) hincarle el diente a algo, meterse de lleno en algo; **armed to the teeth** armado/a hasta los dientes; **to fight ~ and nail** luchar a brazo partido; **it sets my teeth on edge** me da dentera; **by the skin of one's teeth** por un pelo; **in the teeth of great opposition** haciendo frente a una gran resistencia; *see* **false; wisdom**.
toothache ['tu:θeɪk] *n* dolor *m* de muelas; **to have** ~ tener dolor de muelas.
toothbrush ['tu:θbrʌʃ] *n* cepillo *m* de dientes.
toothcomb ['tu:θkəʊm] *n*: **to go through sth with a fine** ~ registrar algo minuciosamente.
toothless ['tu:θlɪs] *adj* desdentado/a.
toothpaste ['tu:θpeɪst] *n* pasta *f* de dientes.
toothpick ['tu:θpɪk] *n* palillo *m* (de dientes).
toothy ['tʊθɪ] *adj* (*comp* **-ier**; *superl* **-iest**) (*fam*) dentudo/a; **to give sb a ~ smile** sonreír a algn enseñando mucho los dientes.
top¹ [tɒp] **1** *n* **(a)** (*highest point, peak*) cumbre *f*, cima *f*; (*of tree*) copa *f*; **at the ~ of the hill** en la cumbre de la colina; **at the ~ of the stairs** en lo alto de la escalera; **at the ~ of the page** a la cabeza de la página; **~ of the pops** el número uno; **Liverpool are at the ~ of the league** Liverpool encabeza la liga; **I'm on ~ of my work now** ahora puedo con el trabajo; **from ~ to bottom** (*fig*) de arriba abajo; **from ~ to toe** (*fig*) de pies a cabeza; **on** ~ encima, arriba; **thin on** ~ (*fam*) con poco pelo, medio calvo/a; **to reach the** ~ (*fig: of career etc*) alcanzar la cumbre (del éxito); **the men at the** ~ (*fig*) los que mandan; **he doesn't have much up** ~ (*fam*) no es muy listo que digamos.
(b) (*surface*) superficie *f*; **the ~ of the table needs wiping** hay que pasar una bayeta por la mesa; **oil comes to the** ~ el aceite sube a la superficie.
(c) (*lid: of pen, bottle, jar*) tapa *f*, cubierta *f*, tapón *m*.
(d) (*upper part*) parte *f* superior, parte de arriba; (*of bus*) piso *m* superior; **seats on the ~!** ¡hay sitio arriba!; **the ~ of the milk** la nata; **at the ~ of the street** al final de la calle.
(e) (*clothing: blouse, pyjamas, T-shirt*) blusa *f*, chaqueta *f*, camiseta *f*.
(f) (*work surface*) plano *m* de trabajo, superficie *f*.
(g) (*Aut: also* ~ **gear**) directa *f*.
(h) (*in addition to*) **on ~ of (all) that** y encima *or* además de (todo) eso; **on ~ of which** y para colmo, más encima; **it's just one thing on ~ of another** es una cosa tras otra.
(i) (*in phrases*) **to be/feel on ~ of the world** (*fam*) estar/sentirse en el paraíso *or* en el séptimo cielo; **to be/get on ~ of things** (*fig*) ponerse a la altura de las cosas; **things are getting on ~ of me** (*fam*) ya no puedo más; **to come out on** ~ (*fig*) salir ganando *or* con éxito; **he said it off the ~ of his head** (*fam*) lo dijo sin pensar; **at the ~ of one's voice** (*fig*) a voz en grito; *see* **blow² 1 (c)**.
2 *adj* **(a)** (*highest*) más alto/a, de arriba; (*: price*) máximo/a; **at ~ speed** a máxima velocidad, a toda carrera; **in ~ gear** en directa.
(b) (*highest in rank*) más importante; **the ~ men in the party** la dirección del partido; **a ~ job** un puesto de importancia; **she's ~ dog at work** (*fig fam*) ella es mandamás en el trabajo.
(c) (*best*) mejor; **to get ~ marks** sacar la mejor nota; **to come ~ of the class** ser el primero de la clase; **he came ~ in maths** sacó la mejor nota de la clase en matemáticas; **the ~ twenty** (*Mus*) los éxitos, el hit parade; **to be on ~ form** (*fam*) estar en plena forma; **to pay ~ dollar for sth** (*fam: US*) pagar una cosa a precio de oro; **a ~ surgeon** uno de los mejores cirujanos.
(d) (*last: coat of paint etc*) último/a; **the ~ class at school** el último año en la escuela.
3 *vt* **(a)** (*cover*) cubrir, recubrir; **a church ~ped by a steeple** una iglesia coronada por un campanario; **to ~ the bill** (*Theat*) encabezar el reparto.
(b) (*crown*) rematar, coronar; **and to ~ it all ...** (*fig*) y para colmo ..., como remate ..., y para rematar las cosas ....
(c) (*exceed*) exceder, superar; **profits ~ped £5,000 last year** las ganancias excedieron (las) 5.000 libras el año pasado; **sales ~ped the million mark** las ventas rebasaron el millón.
(d) (*vegetables, fruit*) descabezar; **to ~ and tail fruit** quitar los extremos de la fruta.
4 *cpd*: ~ **hat** *n* sombrero *m* de copa, chistera *f*.
▸ **top up 1** *vt + adv* llenar; **to ~ sb's glass up** volver a llenar el vaso de algn; **to ~ up a battery** llenar a nivel una batería. **2** *vi*: **to ~ up with fuel** repostar combustible.
top² [tɒp] *n* **(a)** (*toy*) trompo *m*, peonza *f*. **(b)** (*Circus*) **the big** ~ tienda *f or* (*LAm*) carpa *f* principal.
topaz ['təʊpæz] *n* topacio *m*.
topcoat ['tɒpkəʊt] *n* (*overcoat*) abrigo *m*, sobretodo *m*.
topflight ['tɒpflaɪt] *adj* de primera (categoría).

top-heavy [ˈtɒpˈhevɪ] *adj* demasiado pesado/a en la parte superior.
topic [ˈtɒpɪk] *n* tema *m*.
topical [ˈtɒpɪkəl] *adj* de interés actual, de actualidad; **a highly ~ question** un tema de gran actualidad.
topless [ˈtɒplɪs] *adj* topless; **to go ~** ir en topless; **~ swimsuit** monoquini *m*.
top-level [ˈtɒpˈlevl] *adj* del más alto nivel.
top-loader [ˌtɒpˈləʊdəʳ] *n* lavadora *f* de carga superior.
topmost [ˈtɒpməʊst] *adj* más alto/a.
topnotch [ˈtɒpˈnɒtʃ] *adj* (*fam*) de primerísima categoría.
topography [təˈpɒgrəfɪ] *n* topografía *f*.
topper [ˈtɒpəʳ] *n* (*fam*) sombrero *m* de copa, chistera *f*.
topping [ˈtɒpɪŋ] *n* (*Culin*) cubierta *f*.
topple [ˈtɒpl] **1** *vt* (*fig: overthrow*) derribar. **2** *vi* (*government etc*) venirse abajo, caer.
► **topple over** *vi + adv* perder el equilibrio.
top-ranking [ˈtɒpˈræŋkɪŋ] *adj* de alto rango.
top-secret [ˈtɒpˈsiːkrɪt] *adj* de alto secreto.
topsy-turvy [ˈtɒpsɪˈtɜːvɪ] **1** *adj* en desorden, revuelto/a. **2** *adv* patas arriba, al revés.
top-up [ˈtɒpʌp] **1** *n* (*Brit fam: refill*) **can I give you a ~?** ¿te sirvo un poco más? **2** *cpd*: **~ loan** (*Brit*) préstamo *m* gubernamental a estudiantes.
torch [tɔːtʃ] *n* (*electric*) linterna *f*; (*Tech: also* **blow ~**) soplete *m*; (*flaming*) antorcha *f*, tea *f*; **to carry a ~ for sb** (*fig*) estar enamorado de algn.
tore [tɔːʳ] *pt of* **tear**.
torment [ˈtɔːment] **1** *n* tormento *m*; **to be in ~** estar atormentado/a. **2** [tɔːˈment] *vt* (*hurt*) atormentar, torturar; (*annoy*) fastidiar, molestar; **she was ~ed by doubts** la atormentaban las dudas.
tormentor [tɔːˈmentəʳ] *n* atormentador(a) *m/f*.
torn [tɔːn] *pp of* **tear**.
tornado [tɔːˈneɪdəʊ] *n* (*pl* **~es**) tornado *m*.
torpedo [tɔːˈpiːdəʊ] **1** *n* (*pl* **~es**) torpedo *m*. **2** *vt* torpedear. **3** *cpd*: **~ boat** *n* torpedero *m*, lancha *f* torpedera.
torpid [ˈtɔːpɪd] *adj* aletargado/a; (*fig: person*) apático/a.
torpor [ˈtɔːpəʳ] *n* (*see adj*) letargo *m*, apatía *f*.
torrent [ˈtɒrənt] *n* (*lit*) torrente *m*; **it rained in ~s** llovía a cántaros; **a ~ of abuse** una lluvia de abusos.
torrential [tɒˈrenʃəl] *adj* torrencial.
torrid [ˈtɒrɪd] *adj* (*lit*) tórrido/a; (*fig*) apasionado/a.
torso [ˈtɔːsəʊ] *n* (*Anat, sculpture*) torso *m*.
tortoise [ˈtɔːtəs] *n* tortuga *f*.
tortoiseshell [ˈtɔːtəsʃel] *n* (*shell*) carey *m*; (*cat*) gato *m* pardo.
tortuous [ˈtɔːtjʊəs] *adj* (*lit: path*) tortuoso/a; (*fig: explanation*) retorcido/a.
torture [ˈtɔːtʃəʳ] **1** *n* (*lit*) tortura *f*; (*fig*) tormento *m*; **it was sheer ~!** ¡era una verdada tortura! **2** *vt* (*lit*) torturar; (*fig*) atormentar.
torturer [ˈtɔːtʃərəʳ] *n* torturador(a) *m/f*.
Tory [ˈtɔːrɪ] **1** *adj* conservador(a); **the T~ Party** el Partido Conservador. **2** *n* conservador(a) *m/f*.
toss [tɒs] **1** *n* (**a**) (*movement: of head etc*) sacudida *f*; **a ~ of the head** una sacudida de cabeza; **to take a ~** caerse del caballo; **I don't give a ~** (*fam*) me la trae floja (*fam*).
(**b**) (*of coin*) tirada *f*, echada *f* (*esp LAm*); **to win/lose the ~** ganar/perder (a cara o cruz); **to argue the ~** (*fam*) machacar el asunto (*fam*).
2 *vt* (**a**) (*move: head etc*) sacudir; **the boat was ~ed by the waves** las olas sacudían el barco.
(**b**) tirar, lanzar, echar, aventar (*Mex*); **to ~ sth to sb** tirarle *or* lanzarle algo a algn; **to ~ a pancake** dar la vuelta a *or* voltear una tortita; **to ~ a coin** echar a cara o cruz; **I'll ~ you for it** lo echamos a cara o cruz.
3 *vi* (**a**) (*also* **~ about, ~ around**) sacudirse, agitarse; **to ~ (in one's sleep), to ~ and turn** dar vueltas *or* revolverse (en la cama).
(**b**) (*also* **~ up**) echarlo a cara o cruz; **we ~ed (up) for the last piece of cake** nos jugamos a cara o cruz el último trozo de pastel.
► **toss off 1** *vt + adv* (*poem etc*) escribir rapidísimamente. **2** *vi + adv* (*fam!*) hacerse una paja (*fam!*).
toss-up [ˈtɒsʌp] *n*: **we'll settle it by a ~** nos le jugaremos *or* lo echaremos a cara o cruz; **it's a ~** (*fig fam*) no se sabe, queda por saber; **it was a ~ between X and Y** había iguales posibilidades para X e Y.
tot [tɒt] *n* (**a**) (*child*) nene/a *m/f*, chiquillo/a *m/f*, niñito/a *m/f*. (**b**) (*drink*) trago *m*, traguito *m*; **a ~ of rum** un dedo de ron.
► **tot up** *vt + adv* sumar, hacer la cuenta de.
total [ˈtəʊtl] **1** *adj* (*complete, utter*) total, completo/a; (*Math etc*) total; **~ assets** activo *m* total; **the ~ losses amount to ...** las pérdidas ascienden a (un total de) ...; **a ~ failure** un fracaso total. **2** *n* total *m*, suma *f*; **grand ~** importe *m* total; **in ~** en total, en suma. **3** *vi* (*also* **~ up**: *amount to*) totalizar, sumar. **4** *vt* (*add*) sumar, sacar la cuenta de.
totalitarian [ˌtəʊtælɪˈtɛərɪən] *adj* totalitario/a.
totalitarianism [ˌtəʊtælɪˈtɛərɪənɪzəm] *n* totalitarismo *m*.
totality [təʊˈtælɪtɪ] *n* totalidad *f*.
totally [ˈtəʊtəlɪ] *adv* totalmente.
tote[1] [təʊt] *n* (*Racing*) totalizador *m*.
tote[2] [təʊt] **1** *vt* (*fam*) cargar con; **to ~ a gun** llevar pistola. **2** *cpd*: **~ bag** *n* bolsa *f*, bolso *m*.
totem pole [ˈtəʊtəmpəʊl] *n* tótem *m*.
totter [ˈtɒtəʳ] *vi* tambalearse.
toucan [ˈtuːkən] *n* tucán *m*.
touch [tʌtʃ] **1** *n* (**a**) (*sense*) tacto *m*; **rough to the ~** áspero al tacto; **by ~** al tacto; **the ~ of her hand** el tacto *or* roce de su mano; **a soft ~** (*fig fam*) fácil de convencer.
(**b**) (*style*) toque *m*, nota *f*; **a pianist with a delicate ~** un(a) pianista con sensibilidad; **the personal ~** el toque personal; **it has a ~ of genius** tiene un toque de genio; **to lose one's ~** (*fig*) perder la habilidad; **to put the finishing ~es to sth** dar los últimos toques a algo.
(**c**) (*small quantity*) poquito *m*, pizca *f*; **a ~ of irony** una cierta ironía; **to have a ~ of flu** tener un poco de gripe.
(**d**) (*contact*) contacto *m*; **to be in ~ with sb** estar en contacto con algn; **I'll be in ~** le llamaré *or* escribiré; **you can get in ~ with me here** te podrás poner en contacto conmigo aquí; **to keep in/lose ~ with sb** mantener/perder el contacto con algn; **to be out of ~ with events** no estar al corriente (de los acontecimientos).
(**e**) (*Ftbl, Rugby*) **the ball is in/out of ~** el balón está fuera de/en juego.
(**f**) (*as adv*) **it's a ~ expensive** es un poquito caro.
2 *vt* (**a**) (*gen*) tocar; (*feel*) palpar, tentar; **don't ~!** ¡no tocar!; **she ~ed his arm** le tocó el brazo; **his hair ~es his shoulders** su pelo llega hasta los hombros; **~ wood!** ¡toca madera!; **to ~ sb for £5** (*fam*) sablear 5 libras a algn; **I wouldn't ~ it (with a barge pole)** no lo quiero ver ni de lejos.
(**b**) (*neg phrases*) **I never ~ gin** no pruebo la ginebra; **you haven't ~ed your cheese** no has probado el queso; **if you don't admit it, they can't ~ you** (*fig*) si no lo admites, no te pueden hacer nada.
(**c**) (*move, affect*) afectar, conmover; **I am ~ed by your offer** su propuesta me conmueve; **she was ~ed by his gift** el regalo la emocionó mucho; **it ~es all our lives** nos afecta a todos.
(**d**) (*compare*) compararse con, igualar; **nobody can ~ them for quality** no hay quien les iguale en calidad; **no artist in the country can ~ him** no hay artista en todo el país que le iguale.
3 *vi* (*gen*) tocarse; **our hands ~ed** nuestras manos se encontraron; **'do not ~'** '(se ruega) no tocar'.
► **touch down 1** *vt + adv* (*Rugby*) poner en tierra; **he ~ed the ball down** marcó un ensayo. **2** *vi + adv* (*Aer*) aterrizar.
► **touch off** *vt + adv* (*argument etc*) provocar.
► **touch on** *vi + prep*: **to ~ on a subject** tocar un tema.

▸ **touch up** *vt + adv* (**a**) (*improve*) retocar. (**b**) (*fam: sexually*) meter mano a, sobar.
touch-and-go ['tʌtʃən'gəʊ] *n*: **it's ~ whether ...** está en el aire si ....
touchdown ['tʌtʃdaʊn] *n* aterrizaje *m*.
touched [tʌtʃt] *adj* (*fam: crazy*) chiflado/a, tocado/a, tarado/a *(LAm)*.
touching ['tʌtʃɪŋ] *adj* conmovedor(a).
touchline ['tʌtʃlaɪn] *n* (*Sport*) línea *f* de banda.
touch-sensitive ['tʌtʃ'sensɪtɪv] *adj* sensible al tacto.
touch-type ['tʌtʃtaɪp] *vi* mecanografiar al tacto.
touchy ['tʌtʃɪ] *adj* quisquilloso/a, delicado/a; **he's ~ about his weight** su peso es un tema delicado, es muy quisquilloso en referente a su peso.
tough [tʌf] **1** *adj* (*comp* **~er**; *superl* **~est**) (**a**) (*material*) resistente, fuerte; (*pej: meat*) duro/a; **as ~ as old boots** (*meat*) correoso/a, como una suela.
(**b**) (*person: hardy, resilient*) fuerte, fornido/a; (*mentally strong*) fuerte, duro/a.
(**c**) (*stubborn, unyielding*) terco/a, inflexible; **~ opposition** una resistencia férrea; **to get ~ with sb** ponerse duro con algn.
(**d**) (*difficult*) difícil, duro/a; **a ~ problem** un problema difícil; **conditions are ~** las condiciones son duras; **to have a ~ time of it** pasar las de Caín.
(**e**) (*person: violent, rough*) bruto/a; **he's a ~ customer** (*fam*) es un rufián.
(**f**) (*unfortunate*) desgraciado/a; **~ luck!** (*fam*) ¡mala suerte!; **but it was ~ on the others** pero para los demás no fue fácil.
2 *n* (*fam: person*) rufián *m*, gamberro *m*, matón *m*.
toughen ['tʌfn] *vt* (*also* **~ up**: *substance*) endurecer; (*: person*) fortalecer.
toughness ['tʌfnɪs] *n* (*see adj*) resistencia *f*, fuerza *f*; terquedad *f*; dificultad *f*; lo bruto; desgracia *f*.
toupée ['tu:peɪ] *n* peluca *f*, postizo *m*.
tour ['tʊəʳ] **1** *n* (**a**) (*round trip*) gira *f*, vuelta *f*; (*journey*) paseo *m*, excursión *f*; **a world ~** una vuelta al mundo; *see* **package**.
(**b**) (*of building, exhibition*) visita *f*; **conducted/guided ~** visita acompañada/con guía.
(**c**) (*professional: of musicians, team etc*) gira *f*; **to take a company on ~** (*Theat*) llevar a una compañía de gira; **to go on ~** ir de gira; **~ of inspection** recorrido *m* de inspección.
2 *vt* (*holiday*) recorrer; (*musicians, team etc*) ir de gira por.
3 *vi*: **to go ~ing** ir de paseo *or* de excursión; **a ~ing company** (*Theat*) una compañía *f* ambulante; **we're just ~ing round** hacemos visitas de turismo aquí y allá.
4 *cpd*: **~ guide** *n* guía *m* turístico; **~ operator** *n* touroperador(a) *m/f*.
tourer ['tʊərəʳ] *n* (coche *m* de) turismo *m*.
tourism ['tʊərɪzəm] *n* turismo *m*.
tourist ['tʊərɪst] **1** *n* turista *mf*. **2** *cpd* (*attraction, season*) turístico/a; **~ agency** *n* agencia *f* de turismo; **~ class** *n* clase *f* turista; **~ office** *n* oficina *f* de turismo *or* de información turística; **the ~ trade** *n* el turismo; **~ trap** *n* trampa *f* de turistas.
tournament ['tʊənəmənt] *n* torneo *m*; **tennis ~** torneo de tenis.
tourniquet ['tʊənɪkeɪ] *n* (*Med*) torniquete *m*.
tousled ['taʊzld] *adj* despeinado/a, desgreñado/a.
tout [taʊt] **1** *n* (*for hotels etc*) gancho/a *m/f*; (*ticket ~*) revendedor(a) *m/f*; (*Racing*) pronosticador(a) *m/f*. **2** *vi*: **to ~ for business** captar clientes.
tow [təʊ] **1** *n* remolque *m*; **to give sb a ~** (*Aut*) darle remolque *or* remolcar a algn; **on ~** a remolque; **he arrived with a friend in ~** (*fig fam*) llegó acompañado de un amigo; (*unwillingly*) llegó con un amigo a rastras *or* a remolque. **2** *vt* (*boat, car, caravan*) remolcar, sirgar; **to ~ a car away** llevar un coche a la comisaría. **3** *cpd*: **~ truck** *n* (*US*) (camión *m*) grúa *f*, coche *m* de remolque.
toward(s) [tə'wɔ:d(z)] *prep* (**a**) (*direction*) hacia; **we walked ~ the sea** caminamos rumbo al mar; **the government is moving ~ disaster** el gobierno se encamina hacia el desastre. (**b**) (*time*) alrededor de, a eso de; **~ noon** alrededor de mediodía. (**c**) (*attitude*) para con, con respecto a; **to feel friendly ~ sb** sentir simpatía hacia algn. (**d**) (*purpose*) para; **half my salary goes ~ paying the rent** la mitad de mi sueldo se va en el alquiler.
towbar ['təʊbɑ:ʳ] *n* barra *f* de remolque.
towboat ['təʊbəʊt] *n* (*US*) remolcador *m*.
towel ['taʊəl] **1** *n* toalla *f*; (*for hands*) paño *m*; **to throw in the ~** (*fig*) darse por vencido, renunciar. **2** *cpd*: **~ rail** *n* toallero *m*.
towelling, (*US*) **toweling** ['taʊəlɪŋ] *n* felpa *f*.
tower ['taʊəʳ] **1** *n* (*of castle*) torre *f*; (*also* **bell ~**) campanario *m*; **the ~ of London** la Torre de Londres; **a ~ of strength** (*fig*) una gran ayuda. **2** *vi* elevarse; **to ~ above** *or* **over sth** dominar algo; **to ~ over sb** destacarse sobre algn. **3** *cpd*: **~ block** *n* torre *f* de pisos.
towering ['taʊərɪŋ] *adj* sobresaliente, destacado/a; **in a ~ rage** (*fig*) con una rabia terrible.
town [taʊn] **1** *n* ciudad *f*; **to live in a ~** vivir en la ciudad; **to be out of ~** estar fuera de la ciudad; **to go (into) ~** ir al centro; **to go out on the ~** (*fam*) salir de juerga *or* de parranda *or (CSur)* de farra; **to go to ~ (on sth)** (*fig fam*) dedicarse con entusiasmo (a algo), no cortarse nada (con algo); (*spending*) no reparar en gastos (con algo); *see* **paint**.
2 *cpd* (*centre, life, house*) de la ciudad, urbano/a; **~ clerk** *n* secretario/a *m/f* del ayuntamiento; **~ council** *n* ayuntamiento *m*; **~ hall** *n* ayuntamiento *m*, municipalidad *f*; **~ planner** *n* urbanista *mf*; **~ planning** *n* urbanismo *m*.
townspeople ['taʊnz,pi:pl] *npl* ciudadanos *mpl*.
towpath ['təʊpɑ:θ] *n* camino *m* de sirga.
towrope ['təʊrəʊp] *n* remolque *m*, sirga *f*.
toxic ['tɒksɪk] *adj* tóxico/a; **~ alga** alga *f* tóxica; **~ waste** desechos *mpl* tóxicos.
toxin ['tɒksɪn] *n* toxina *f*.
toy [tɔɪ] **1** *n* juguete *m*. **2** *cpd* (*railway, car etc*) de juguete; **~ poodle** *n* (*small dog*) caniche *m* enano; **~ soldier** *n* soldadito *m* de plomo.
▸ **toy with** *vi + prep* (**a**) (*play with: object, sb's affections*) jugar *or* juguetear con. (**b**) (*consider: idea etc*) acariciar.
toybox ['tɔɪbɒks] *n* caja *f* de juguetes.
toyboy ['tɔɪbɔɪ] *n* amante *m* (de una mujer mayor).
toyshop ['tɔɪʃɒp] *n* juguetería *f*.
trace [treɪs] **1** *n* (**a**) (*sign*) rastro *m*, huella *f*; (*remains*) vestigio *m*; **there was no ~ of him being there** no había ningún indicio de que hubiera estado allí; **to vanish without ~** desaparecer sin dejar rastro *or* vestigio; **I've lost all ~ of my relations** perdí todo contacto con mis familiares.
(**b**) (*small amount*) pizca *f*; **the blood test revealed ~s of poison** el análisis de sangre reveló rastros de veneno.
2 *vt* (**a**) (*draw*) trazar; (*with tracing paper*) calcar.
(**b**) (*find, locate*) localizar, ubicar *(LAm)*; **I cannot ~ any reference to it** no encuentro ninguna referencia a eso; **she was finally ~d to a house in Soho** por fin la encontraron en una casa del Soho.
3 *cpd*: **~ element** *n* oligoelemento *m*.
▸ **trace back** *vt + adv* hacer remontar, remontarse a; **to ~ a number back to its source** sacarle las raíces a un número.
trachea [trə'kɪə] *n* (*Anat*) tráquea *f*.
tracing paper ['treɪsɪŋ,peɪpəʳ] *n* papel *m* de calco.
track [træk] **1** *n* (**a**) (*mark: of animal*) huella *f*, rastro *m*; (*: of person*) pista *f*, rastro; (*: of vehicle*) huella, rodada *f*; **to be on sb's ~** seguir la pista de algn; **to cover one's ~s** borrar sus huellas; **to follow in sb's ~s** (*fig*) seguir los

pasos de algn; **to keep/lose ~ of** (*fig: person*) mantener/perder el contacto con; (*: event*) mantenerse al corriente de/no estar al corriente de; **to lose ~ of what sb is saying** perder el hilo de lo que está diciendo algn; **to make ~s (for)** (*fig fam*) irse (rumbo a); **to stop (dead) in one's ~s** pararse en seco.

(**b**) (*path*) camino *m*, sendero *m*; (*of comet, rocket etc*) trayectoria *f*, curso *m*; **off the beaten ~** aislado/a; **to be on the right/wrong ~** (*fig*) ir por buen/mal camino; **to throw sb off the ~** (*fig*) despistar a algn; **he has a one-~ mind** (*fam*) solo piensa en 'eso'.

(**c**) (*Sport*) pista *f*; **race ~** (*horses*) hipódromo *m*; (*cycle*) velódromo *m*; (*cars*) autódromo *m*.

(**d**) (*Rail*) vía *f*; **single ~** vía unica; **to go off the ~s** descarrilarse; **on the wrong side of the ~s** (*US fam*) en los barrios bajos.

(**e**) (*on vehicle*) oruga *f*.

(**f**) (*Mus*) pieza *f*; (*: on tape, record etc*) canal *m*; **the first ~ on the record** el primer corte.

2 *vt* (*animal*) rastrear, seguir las huellas de; (*person*) seguir la pista de.

3 *cpd*: **~ events** *npl* (*Sport*) pruebas *fpl* en pista; **~ record** *n*: **to have a good ~ record** (*fig*) tener (buenos) antecedentes; **~ shoes** *npl* zapatillas *fpl* para pista de atletismo (claveteadas).

▸ **track down** *vt + adv* (*locate*) localizar, ubicar *(LAm)*.

tracker dog [ˈtrækədɒg] *n* perro *m* rastreador.

tracking station [ˈtrækɪŋˌsteɪʃən] *n* (*Space*) estación *f* de seguimiento.

track-race [ˈtrækreɪs] *n* carrera *f* en pista.

tracksuit [ˈtræksu:t] *n* chandal *m*, chándal *m*.

tract[1] [trækt] *n* (**a**) (*area*) zona *f*, extensión *f*; (*land*) terreno *m*. (**b**) (*Anat*) **respiratory ~** vías *fpl* respiratorias.

tract[2] [trækt] *n* (*pamphlet*) folleto *m*, panfleto *m*.

tractable [ˈtræktəbl] *adj* (*person*) tratable.

traction [ˈtrækʃən] **1** *n* tracción *f*. **2** *cpd*: **~ engine** *n* locomotora *f* de tracción.

tractor [ˈtræktəʳ] *n* tractor *m*.

tractorfeed [ˈtræktəˌfi:d] *n* arrastre *m* de papel por tracción.

trad [træd] *adj abbr* (*fam*) *of* **traditional**.

trade [treɪd] **1** *n* (**a**) (*commerce*) comercio *m*; (*manufacture*) industria *f*; **the cotton ~** la industria del algodón *or* algodonera; **to do ~ with sb** tener *or* hacer negocio con algn; **foreign/domestic ~** comercio exterior/interior; **to do a good** *or* **brisk** *or* **roaring ~** hacer un buen negocio; (*Brit*) **Board of T~**, (*US*) **Department of T~** Ministerio *m* de Comercio.

(**b**) (*profession*) oficio *m*; **a butcher by ~** un carnicero de oficio; **tailoring is a useful ~** la sastrería es un oficio útil; **to sell to the ~** vender al por mayor *or (LAm)* al mayoreo.

2 *vt* (*fig: exchange sth for sth*) cambiar, trocar; **he ~d his tennis racket for a football** cambió su raqueta de tenis por un balón de fútbol.

3 *vi*: **to ~ in sth** comerciar (en algo); **to ~ with sb** negociar con algn; **to cease trading** dejar de existir.

4 *cpd* (*route etc*) comercial, industrial; **~ agreement** *n* acuerdo *m* comercial; **~ association** *n* asociación *f* mercantil; **~ barriers** *npl* barreras *fpl* arancelarias; **~ deficit** *n* déficit *m* comercial; **T~ Descriptions Act** *n* ley *f* de protección al consumidor; **~ discount** *n* descuento *m* comercial; **~ fair** *n* feria *f* de muestras; **~ figures** *npl* estadísticas *fpl* comerciales; **~ mission** *n* misión *f* comercial; **~ name** *n* nombre *m* comercial; **~ price** *n* precio *m* al por mayor *or (LAm)* de mayoreo; **~ restrictions** *npl* restricciones *fpl* comerciales; **~ sanctions** *npl* sanciones *fpl* comerciales; **~ secret** *n* (*lit, fig*) secreto *m* profesional.

▸ **trade in** *vt + adv* (*exchange*) trocar; (*give as deposit*) dar como entrada *or (LAm)* enganche.

▸ **trade off** *vt + adv*: **to ~ off one thing for another** renunciar a algo a cambio de otra cosa.

trade-in [ˈtreɪdɪn] **1** *n* trueque *m*, entrega *f* a cuenta, enganche *m (Mex)*. **2** *cpd*: **~ price** *n* precio *m* de entrega *or* a cuenta; **~ value** *n* valor *m* de entrega *or* a cuenta.

trademark [ˈtreɪdmɑ:k] *n* (*lit*) marca *f* de fábrica *or* comercial; (*fig*) marca personal.

trade-off [ˈtreɪdɒf] *n* intercambio *m*.

trader [ˈtreɪdəʳ] *n* comerciante *mf*, negociante *mf*.

tradesman [ˈtreɪdzmən] *n* (*pl* **-men**) proveedor *m*, tendero *m*; **~'s entrance** entrada *f* de servicio.

trade(s) union [ˈtreɪd(z)ˈju:njən] **1** *n* sindicato *m*. **2** *cpd* (*official*) sindical, gremial.

Trades Union Congress [ˈtreɪdzˈju:njənˈkɒŋgres] *n* (*Brit*) Central *f* Nacional Sindical.

trade(s) unionism [ˈtreɪd(z)ˈju:njənɪzəm] *n* sindicalismo *m*.

trade(s) unionist [ˈtreɪd(z)ˈju:njənɪst] *n* sindicalista *mf*.

trading [ˈtreɪdɪŋ] *adj* (*nation, centre*) comercial; **~ account** cuenta *f* de compraventa; **~ estate** (*Brit*) zona *f* industrial; **~ stamp** cupón *m*.

tradition [trəˈdɪʃən] *n* tradición *f*.

traditional [trəˈdɪʃənl] *adj* tradicional.

traditionally [trəˈdɪʃnəlɪ] *adv* tradicionalmente.

traffic [ˈtræfɪk] (*vb: pt, pp* **~ked**) **1** *n* (**a**) (*Aut, Aer, Naut, Rail*) tráfico *m*, circulación *f*, tránsito *m*; **air ~** tránsito aéreo; **the ~ is heavy during the rush hour** hay mucho tráfico durante las horas punta; **closed to heavy ~** (*Aut*) cerrado a los vehículos pesados.

(**b**) (*trade*) tráfico *m*, comercio *m*; **drug ~** tráfico de drogas.

2 *vi*: **to ~ (in)** traficar (en).

3 *cpd* (*Aut: regulations etc*) de circulación, de tránsito; **~ cone** *n* cono *m* señalizador; **~ flow** *n* flujo *m* de tráfico; **~ island** *n* (*Brit*) refugio *m*; **~ jam** *n* embotellamiento *m*, atasco *m*, atorón *m (Mex)*, taco *m (CSur fam)*, trancón *m (Col)*, galleta *f (Ven fam)*; **a 5-mile ~ jam** un atasco de 5 millas; **~ lights** *npl* semáforo *msg*; **~ offence** *n* infracción *f* de tráfico; **~ warden** *n* policía *mf* de tránsito.

trafficker [ˈtræfɪkəʳ] *n* traficante *mf*.

traffic-sign [ˈtræfɪksaɪn] *n* señal *f* de tráfico.

tragedy [ˈtrædʒɪdɪ] *n* tragedia *f*.

tragic [ˈtrædʒɪk] *adj* trágico/a.

tragically [ˈtrædʒɪkəlɪ] *adv* trágicamente.

tragicomedy [ˈtrædʒɪˈkɒmɪdɪ] *n* tragicomedia *f*.

trail [treɪl] **1** *n* (**a**) (*of dust, smoke etc*) estela *f*; (*of meteor*) cola *f*; (*of blood*) reguero *m*; **the hurricane left a ~ of destruction** el huracán dejó un rastro de destrucción.

(**b**) (*track*) rastro *m*, pista *f*; **to be on sb's ~** seguir la pista de algn.

(**c**) (*path*) camino *m*, sendero *m*.

2 *vt* (**a**) (*drag*) arrastrar; (*take*) llevar consigo; **don't ~ mud into the house** no entres barro en la casa.

(**b**) (*track: animal, person*) rastrear, seguir la pista de.

3 *vi* (**a**) (*object*) arrastrarse.

(**b**) (*wearily: also* **~ along**) ir arrastrando los pies; **to ~ far behind** quedar muy a la zaga.

▸ **trail away, trail off** *vi + adv* desvanecerse.

trailblazer [ˈtreɪlbleɪzəʳ] *n* pionero/a *m/f*, precursor(a) *m/f*.

trailer [ˈtreɪləʳ] **1** *n* (**a**) (*Aut*) remolque *m*; (*US: caravan*) tráiler *m*, remolque. (**b**) (*Cine*) tráiler *m*, avance *m*. **2** *cpd*: **~ park** *n* (*US*) camping *m* para remolques.

train [treɪn] **1** *n* (**a**) (*Rail*) tren *m*; **to travel by ~** viajar en tren; **to take the 3.00 ~** coger *or (LAm)* tomar el tren de las 3; **through ~** (tren) directo *m*; **to change ~s** cambiar de tren, hacer tra(n)sbordo; *see* **goods**.

(**b**) (*line: of people, vehicles etc*) fila *f*, línea *f*; (*: of animals*) recua *f*; (*entourage*) séquito *m*, comitiva *f*.

(**c**) (*series*) **~ of events** curso *m* de los acontecimientos; **to lose one's ~ of thought** perder el hilo; **the earthquake brought great suffering in its ~** (*fig*) el terremoto trajo consigo gran sufrimiento.

(**d**) (*of dress*) cola *f*.

2 *vt* (**a**) (*instruct*) formar, entrenar; (*Mil*) instruir, adiestrar; (*Sport*) entrenar; (*animal*) amaestrar, domar; (*voice, mind, memory*) educar; **to ~ sb to do sth** capacitar *or* entrenar a algn para hacer algo; **he was ~ed at Salamanca** tuvo su formación profesional en Salamanca.

(**b**) **to ~ (on)** (*direct, gun*) apuntar (a); (*: camera, telescope*) enfocar (a).

3 *vi* (**a**) (*learn a skill*) formarse, estudiar; **I ~ for 6 hours a day** me entreno 6 horas diarias; **to ~ as** *or* **to be a lawyer** estudiar derecho; **where did you ~?** ¿dónde hizo Ud sus estudios?

(**b**) (*Sport*) **to ~ (for)** entrenarse (para).

4 *cpd*: **~ set** *n* tren *m* eléctrico; **~ station** *n* estación *f* de ferrocarril.

trained [treɪnd] *adj* (*teacher, nurse, worker etc*) cualificado/a; (*animal*) amaestrado/a, domesticado/a; **to be ~ed for sth** estar capacitado para algo; **I've got him well-~** (*hum*) le tengo bien entrenado; **a fully-~ nurse** una enfermera diplomada.

trainee [treɪ'niː] **1** *n* aprendiz(a) *m/f*; **management ~** aspirante *mf* a la dirección. **2** *cpd*: **~ manager** *n* aprendiz(a) *m/f* de administración; **~ teacher** *n* estudiante *mf* de magisterio.

trainer ['treɪnəʳ] *n* (*Sport: of athletes etc*) entrenador(a) *m/f*; (*of horses*) preparador(a) *m/f*; (*of circus animals*) domador(a) *m/f*; **~s** (*shoes*) zapatillas *fpl* de deporte.

training ['treɪnɪŋ] **1** *n* (*job*) formación *f*, capacitación *f*; (*Mil*) adiestramiento *m*; (*Sport*) entrenamiento *m*; (*teaching*) instrucción *f*, enseñanza *f*; (*of animals*) amaestramiento *m*, doma *f*; (*period of ~*) aprendizaje *m*; **to be in ~** estar entrenado; **to be out of ~** estar desentrenado, no estar en forma, estar bajo de forma. **2** *cpd* (*camp, centre etc*) de formación *or* capacitación; **~ college** *n* escuela *f* normal; **~ course** *n* curso *m* de formación; **~ shoes** *npl* zapatillas *fpl* de deporte.

train-spotting ['treɪnspɒtɪŋ] *n*: **to go ~** (*hobby*) ir a apuntar el número de serie de los trenes que pasan.

traipse [treɪps] **1** *vi* (*fam*) andar penosamente; **to ~ in/out** *etc* entrar/salir *etc* penosamente; **we ~d about all morning** pasamos toda la mañana yendo de acá para allá. **2** *n* caminata *f*.

trait [treɪt] *n* rasgo *m*.

traitor ['treɪtəʳ] *n* traidor(a) *m/f*; **to turn ~** volverse traidor(a).

trajectory [trə'dʒektərɪ] *n* trayectoria *f*, curso *m*.

tram [træm], **tramcar** ['træmkɑːʳ] *n* (*Brit*) tranvía *m*; (*in mine*) vagoneta *f*.

tramlines ['træmlaɪnz] *npl* (**a**) rieles *mpl* de tranvía. (**b**) (*Tennis*) líneas *f* laterales.

tramp [træmp] **1** *n* (**a**) (*sound of feet*) ruido *m* de pasos. (**b**) (*long walk*) paseo *m* largo, caminata *f*; **to go for a ~ in the hills** ir de paseo por la montaña. (**c**) (*person*) vagabundo/a *m/f*, vago/a *m/f*; **she's a ~** (*fam pej*) es una zorra (*fam pej*). **2** *vt*: **to ~ the streets** andar por las calles, callejear. **3** *vi* andar con pasos pesados; **the soldiers ~ed past** los soldados pasaron marchando; **he ~ed up to the door** se acercó con pasos pesados a la puerta.

trample ['træmpl] *vt* (*crush*) pisar, pisotear.

▸ **trample on** *vi + prep* pisotear; **to ~ on sb's feelings** (*fig*) herir los sentimientos de algn.

trampoline ['træmpəlɪn] *n* trampolín *m*.

trance [trɑːns] *n* trance *m*; **to go into a ~** (*lit, fig*) entrar en trance.

tranquil ['træŋkwɪl] *adj* tranquilo/a, calmado/a.

tranquillity, (*US*) **tranquility** [træŋ'kwɪlɪtɪ] *n* tranquilidad *f*, calma *f*.

tranquillizer, (*US*) **tranquilizer** ['træŋkwɪlaɪzəʳ] *n* (*Med*) tranquilizante *m*.

trans. *abbr* (**a**) *of* **translation**. (**b**) *of* **translated** trad. (**c**) *of* **transferred**.

trans... [trænz] *pref* trans....

transact [træn'zækt] *vt* negociar, tramitar.

transaction [træn'zækʃən] *n* (*business*) operación *f*, transacción *f*; (*paperwork*) tramitación *f*; **cash ~s** operación *f* al contado.

transatlantic ['trænzət'læntɪk] *adj* transatlántico/a.

transcend [træn'send] *vt* sobrepasar, rebasar.

transcendent [træn'sendənt] *adj* (*outstanding*) sobresaliente; (*Rel etc*) transcendente.

transcendental [ˌtrænsen'dentl] *adj* (*Phil*) trascendental; **~ meditation** meditación *f* trascendental.

transcontinental ['trænzˌkɒntɪ'nentl] *adj* transcontinental.

transcribe [træn'skraɪb] *vt* transcribir, copiar.

transcription [træn'skrɪpʃən] *n* (*gen*) transcripción *f*.

transfer ['trænsfəʳ] **1** *n* (**a**) (*change of place*) traslado *m*, traspaso *m*; (*change of vehicle*) transbordo *m*; **by bank ~** por transferencia bancaria *or* giro bancario.

(**b**) (*picture*) calcomanía *f*.

2 [træns'fɜːʳ] *vt* (**a**) (*move*) trasladar (*from* de) (*to* a) (*change vehicle*) hacer transbordo de; (*Comm*) transferir; (*Sport*) traspasar; **to ~ money from one account to another** transferir dinero de una cuenta a otra.

(**b**) (*possession*) traspasar.

(**c**) (*Telec*) **to make a ~red charge call** poner una conferencia a cobro *or* cargo revertido.

3 [træns'fɜːʳ] *vi* (*move: work etc*) trasladarse; traspasarse; hacer trasbordo; **she ~red from French to Spanish** (*Univ*) hizo traslado de matrícula *or* se cambió de francés a español; **the firm is ~ring to Quito** la compañía se traslada a Quito.

4 ['trænsfəʳ] *cpd*: **~ desk** *n* mostrador *m* de trasbordo; **~ fee** *n* precio *m* de traspaso.

transferable [træns'fɜːrəbl] *adj* transferible; **not ~** no transferible.

transfigure [træns'fɪgəʳ] *vt* transfigurar, transformar.

transfix [træns'fɪks] *vt* traspasar, paralizar; **he stood ~ed with fear** (*fig*) se quedó paralizado por el miedo.

transform [træns'fɔːm] *vt* transformar.

transformation [ˌtrænsfə'meɪʃən] *n* transformación *f*.

transformer [træns'fɔːməʳ] *n* (*Elec*) transformador *m*.

transfusion [træns'fjuːʒən] *n* transfusión *f*; **to give sb a blood ~** hacer a algn una transfusión de sangre.

transgress [træns'gres] *vt* (*go beyond*) traspasar; (*violate*) violar, infringir.

transient ['trænzɪənt] *adj* transitorio/a, pasajero/a.

transistor [træn'zɪstəʳ] **1** *n* (*Elec*) transistor *m*. **2** *cpd*: **~ radio** *n* radio *f* de transistores.

transistorized [træn'zɪstəraɪzd] *adj* (*circuit*) transistorizado/a.

transit ['trænzɪt] **1** *n* tránsito *m*; **in ~** en tránsito. **2** *cpd*: **~ camp** *n* campo *m* de tránsito; **~ visa** *n* visado *m or* (*LAm*) visa *f* de tránsito.

transition [træn'zɪʃən] **1** *n* transición *f*. **2** *cpd*: **~ period** *n* período *m* de transición.

transitive ['trænzɪtɪv] *adj* transitivo/a.

transitory ['trænzɪtərɪ] *adj* transitorio/a.

translate [trænz'leɪt] **1** *vt*: **to ~ (from/into)** traducir (de/a); **to ~ centigrade into Fahrenheit** convertir grados centígrados en Fahrenheit. **2** *vi* traducirse; **poetry does not ~ easily** la poesía no es fácil de traducir.

translation [trænz'leɪʃən] *n* traducción *f*.

translator [trænz'leɪtəʳ] *n* traductor(a) *m/f*.

translucent [trænz'luːsnt] *adj* translúcido/a.

transmission [trænz'mɪʃən] **1** *n* (**a**) (*Rad etc*) transmisión *f*. (**b**) (*Aut*) transmisión *f*. **2** *cpd*: **~ shaft** *n* (*Aut*) eje *m* de transmisión.

transmit [trænz'mɪt] *vt* (*illness, programme, message*) transmitir.

transmitter [trænz'mɪtəʳ] *n* (*Rad, TV, Telec*) emisora *f*.

transmute [trænz'mjuːt] *vt*: **to ~ (into)** transmutar (en).

transnational [trænz'næʃənəl] **1** *adj* transnacional. **2** *n* transnacional *f*.

transom ['trænsəm] *n* dintel *m*, travesaño *m*.
transparency [træns'pærənsı] *n* (*Phot*) diapositiva *f*.
transparent [træns'pærənt] *adj* transparente; **a ~ lie** (*fig*) una mentira obvia.
transpire [træns'paıəʳ] *vi* (**a**) (*Bot, Anat*) transpirar. (**b**) (*become known*) hacerse saber; **it finally ~d that ...** al final se supo que .... (**c**) (*happen*) ocurrir, suceder; **his report on what ~d** su informe acerca de lo que pasó.
transplant [træns'plɑ:nt] **1** *vt* (*also Med*) trasplantar. **2** ['trænsplɑ:nt] *n* (*Med*): **to have a heart ~** sufrir un trasplante de corazón.
transport ['trænspɔ:t] **1** *n* (**a**) (*gen*) transporte *m*; (*service*) servicio *m* de transporte; (*carriage*) acarreo *m*; **public ~** el transporte público; **Ministry of T~** Ministerio *m* de Transporte; **I haven't got any ~** no tengo transporte. (**b**) (*fig: of delight*) transporte *m*; (*: of rage*) arrebato *m*. **2** [træns'pɔ:t] *vt* (**a**) transportar; (*Hist: criminals*) deportar. (**b**) (*fig*) transportar. **3** ['trænspɔ:t] *cpd* (*system, costs etc*) de transporte; **~ café** *n* bar-restaurante *m* de carretera.
transportation [,trænspɔ:'teıʃən] *n* (**a**) (*esp US*) transporte *m*. (**b**) (*Hist: of criminals*) deportación *f*.
transpose [træns'pəʊz] *vt* (**a**) (*words etc*) transponer. (**b**) (*Mus*) transportar.
transsexual [trænz'seksjʊəl] *adj*, *n* transexual *mf*.
transship [træns'ʃıp] *vt* trasbordar.
transverse ['trænzvɜ:s] *adj* transverso/a, transversal.
transvestite [trænz'vestaıt] *n* travesti *mf*.
trap [træp] **1** *n* (**a**) (*snare*) trampa *f*; (*fig*) trampa, engaño *m*; **it's a ~!** ¡es una trampa!; **to set a ~ (for sb)** poner trampa (a algn); **he was caught in his own ~** cayó en su propia trampa.
(**b**) (*fam: mouth*) boca *f*; **shut your ~!** ¡cállate la boca!
(**c**) (*carriage*) carreta *f*.
2 *vt* (**a**) (*snare*) coger *or (LAm)* atrapar *or* agarrar en una trampa; (*fig*) hacer caer en la trampa, engañar; **to ~ sb into saying sth** engañar a algn para que diga algo.
(**b**) (*block*) aprisionar, bloquear; **the miners are ~ped** los mineros están atrapados *or* encerrados bajo tierra; **to ~ one's finger** pillarse *or (LAm)* atraparse el dedo.
3 *cpd*: **~ door** *n* trampa *f*.
trapeze [trə'pi:z] **1** *n* trapecio *m*. **2** *cpd*: **~ artist** *n* trapecista *mf*.
trapper ['træpəʳ] *n* trampero *m*, cazador *m*.
trappings ['træpıŋz] *npl* arreos *mpl*, adornos *mpl*.
Trappist ['træpıst] **1** *adj* trapense. **2** *n* trapense *m*.
trash [træʃ] **1** *n* (**a**) (*US: rubbish*) basura *f*, desperdicios *mpl*; (*fig*) tonterías *fpl*, babosadas *fpl (LAm)*; **the book is ~** el libro es una basura *or* una mierda *(fam)*. (**b**) (*US pej: people*) gentuza *f*, hampa *f*. **2** *cpd*: **~ can** *n* cubo *m* de la basura, balde *m or* bote *m or (LAm)* tarro *m* de la basura.
trash-heap ['træʃhi:p] *n* basurero *m*.
trashy ['træʃı] *adj* malo/a, barato/a.
trauma ['trɔ:mə] *n* trauma *m*.
traumatic [trɔ:'mætık] *adj* traumático/a.
traumatize ['trɔ:mətaız] *vt* traumatizar.
travel ['trævl] **1** *n* viajar *m*; (*Tech: of pedal etc*) recorrido *m*; **I like ~** me gusta viajar; **on one's ~s** de viaje; (*fig*) en camino.
2 *vi* (**a**) (*make a journey*) viajar; **we shall be ~ling through/round France** viajaremos por/recorreremos Francia; **to ~ by car** viajar en coche; **they have ~led a lot** han viajado mucho; **to ~ light** viajar con poco equipaje; **this wine doesn't ~ well** este vino se estropea con los viajes.
(**b**) (*go at a speed etc*) correr, hacer; **it ~s at 600 mph** hace 600 millas por hora; **I was ~ling too fast** iba demasiado rápido; **light ~s at a speed of ...** la luz viaja a una velocidad de ...; **news ~s fast** las noticias vuelan.
(**c**) (*Tech: move*) correr; **it ~s along this wire** corre *or* se transmite por este cable.
(**d**) (*Comm*) ser viajante; **he ~s in soap** es representante de jabón.
3 *vt* (*road*) transitar; (*distance*) recorrer; **we ~led 50 miles that day** ese día cubrimos 50 millas.
4 *cpd*: **~ agency** *n* agencia *f* de viajes; **~ agent** *n* agente *mf* de viajes; **~ brochure** *n* folleto *m* turístico; **~ insurance** *n* seguro *m* de viaje; **~ sickness** *n* mareo *m*.
traveller, (*US*) **traveler** ['trævləʳ] *n* (*gen*) viajero/a *m/f*; (*Comm*) viajante *mf*; **~'s cheque**, (*US*) **~'s check** cheque *m* de viajero.
travelling, (*US*) **traveling** ['trævlıŋ] *adj* (*salesman*) viajante; (*circus, exhibition*) ambulante; (*expenses, bag, rug, clock*) de viaje; **~ folk**, **~ people** gitanos *mpl*.
travelogue, (*US*) **travelog** ['trævəlɒg] *n* recuento *m* de viajes.
traverse ['trævəs] *vt* atravesar.
travesty ['trævıstı] *n* parodia *f*.
trawl [trɔ:l] **1** *n* (*net*) red *f* barredera *or* de arrastre. **2** *vi*: **to ~ (for sth)** rastrear (algo).
trawler ['trɔ:ləʳ] *n* trainera *f*.
tray [treı] *n* bandeja *f*, charola *f (Mex)*; (*filing ~*) cesta *f*.
treacherous ['tretʃərəs] *adj* (*disloyal: person, act*) traicionero/a, traidor(a); (*fig: dangerous*) engañoso/a, peligroso/a.
treachery ['tretʃərı] *n* traición *f*; **an act of ~** una traición.
treacle ['tri:kl] *n* melaza *f*.
tread [tred] (*vb: pt* **trod**; *pp* **trodden**) **1** *n* (**a**) (*footsteps*) paso *m*; **with (a) heavy ~** con paso pesado.
(**b**) (*of stair*) huella *f*; (*of tyre*) rodadura *f*, banda *f* rodante *(LAm)*.
2 *vt* (*ground*) pisar, pisotear; (*path: make*) marcar; (*: follow*) seguir; (*grapes*) pisar; **to ~ water** flotar en el agua en posición vertical; **he trod his cigarette end into the mud** apagó la colilla pisándola en el barro.
3 *vi* (*walk*) andar, caminar *(LAm)*; (*put foot down*); **to ~ (on)** pisar; **to ~ on sb's toes** (*fig*) meterse con algn; **we must ~ very carefully in this matter** debemos actuar cautelosamente en este asunto.
treadle ['tredl] *n* pedal *m*.
treadmill ['tredmıl] *n* (*fig*) rutina *f*; **back to the ~!** ¡volvamos al trabajo!
Treas. *abbr of* **Treasurer**.
treason ['tri:zn] *n* traición *f*.
treasure ['treʒəʳ] **1** *n* (*no pl: gold, jewels*) tesoro *m*; (*valuable object, person etc*) joya *f*. **2** *vt* (*appreciate*) valorar, apreciar mucho; (*keep*) guardar, atesorar. **3** *cpd*: **~ house** *n* (*fig*) mina *f*; **~ hunt** *n* caza *f* al tesoro; **~ trove** *n* tesoro *m* hallado.
treasured ['treʒəd] *adj* (*memory etc*) entrañable; (*possession*) valioso/a, precioso/a.
treasurer ['treʒərəʳ] *n* tesorero/a *m/f*.
treasury ['treʒərı] **1** *n* (**a**) (*Brit*) **the T~**, (*US*) **the T~ Department** la Secretaría de Hacienda. (**b**) (*fig*) mina *f*. **2** *cpd*: **~ bill** *n* (*US*) pagaré *m or* bono *m* del Tesoro.
treat [tri:t] **1** *n* (*something special*) placer *m*, gusto *m*; (*present*) regalo *m*; **a birthday/Christmas ~** un regalo de cumpleaños/Navidad; **to give sb a ~** regalar a algn; **to give o.s. a ~** darse un capricho *(fam)*; **they have a ~ in store** les espera una bonita sorpresa; **this is my ~** invito yo.
2 *vt* (**a**) (*behave towards*) tratar; (*handle: object*) manejar; **to ~ sb well** tratar bien a algn; **to ~ sb as if they were a child** tratar a algn como niño.
(**b**) (*consider*) **to ~ sth as a joke** tomar algo en broma.
(**c**) (*give, buy for sb*) **to ~ (to)** invitar *or* convidar (a); **to ~ sb to sth** invitar *or* convidar algn a algo; **I'm ~ing you** te invito; **he ~ed himself to another drink** se permitió otra copa.
(**d**) (*patient, illness*) tratar, atender; **to ~ sb for a cold** tratarle el resfriado a algn; **which doctor is ~ing you?** ¿qué médico te atiende?
(**e**) (*Tech*) tratar.
3 *vi*: **to ~ of sth** tratar de algo.

4 *vr*: **to ~ o.s. to sth** permitirse el lujo.
treatise ['tri:tɪz] *n* tratado *m*.
treatment ['tri:tmənt] *n* (**a**) (*of people*) trato *m*; (*of objects*) manejo *m*; **to give sb preferential ~** dar a algn trato preferencial; **our ~ of foreigners** el trato que damos a los extranjeros; **to give sb the ~** (*fam*) hacer sufrir a algn. (**b**) (*medical*) tratamiento *m*; **to have ~ for sth** recibir tratamiento para algo.
treaty ['tri:tɪ] *n* tratado *m*; **T~ of Accession** (*to EC*) Tratado de Adhesión; **T~ of Rome** Tratado de Roma.
treble ['trebl] **1** *adv* (*3 times*) tres veces. **2** *adj* (*Mus: voice, note, instrument*) de triple; **~ clef** clave *f* de sol. **3** *vt* triplicar. **4** *vi* triplicarse.
tree [tri:] **1** *n* (**a**) (*Bot*) árbol *m*; (*fig*) **to be at the top of the ~** estar en la cumbre de su carrera profesional; **to be barking up the wrong ~** tomar el rábano por las hojas. (**b**) (*for shoes*) horma *f*; *see* **family**. **2** *cpd*: **~ house** *n* casita *f* en un árbol; **~ trunk** *n* tronco *m* (de árbol).
treeless ['tri:lɪs] *adj* sin árboles, pelado/a.
tree-lined ['tri:laɪnd] *adj* bordeado/a de árboles.
tree-surgeon ['tri:,sɜ:dʒən] *n* arboricultor/a *m/f*.
treetop ['tri:tɒp] *n* copa *f* (de árbol).
trek [trek] **1** *n* (*hike, Mil*) expedición *f*; (*fam*) caminata *f*; **it's quite a ~ to the shops** (*fam*) las tiendas quedan muy lejos. **2** *vi* (*hike, Mil*) caminar; (*fam*) ir (penosamente).
trellis ['trelɪs] *n* espaldera *f*, enrejado *m*.
tremble ['trembl] **1** *n* temblor *m*; **to be all of a ~** estar tembloroso/a. **2** *vi*: **to ~ (with)** temblar (de); **to ~ at the thought of sth** temblar ante la idea de algo; **to ~ like a leaf** temblar como un azogado.
tremendous [trə'mendəs] *adj* (*gen*) tremendo/a; (*huge*) enorme, tremendo, tamaño/a *(LAm)*; (*amazing*) asombroso/a; (*extraordinary*) extraordinario/a; (*marvellous*) estupendo/a, fabuloso/a.
tremendously [trə'mendəslɪ] *adv* (*very much*) enormemente, sobremanera.
tremor ['tremə^r] *n* (*earthquake*) temblor *m*; (*tremble*) estremecimiento *m*; **earth ~** temblor *m* de tierra.
tremulous ['tremjʊləs] *adj* trémulo/a, tembloroso/a.
trench [trentʃ] **1** *n* (*gen*) zanja *f*; (*Mil*) trinchera *f*. **2** *cpd*: **~ coat** *n* trinchera *f*; **~ warfare** *n* guerra *f* de trincheras.
trenchant ['trentʃənt] *adj* mordaz.
trend [trend] *n* (*tendency*) tendencia *f*; (*fashion*) moda *f*; **to set the ~** marcar la pauta; **a ~ towards (doing) sth/away from (doing) sth** una tendencia hacia/en contra de (hacer) algo.
trendsetter ['trend,setə^r] *n* iniciador(a) *m/f* de una moda.
trendy ['trendɪ] *adj* (*comp* **-ier**; *superl* **-iest**) (*fam*) de moda.
trepidation [,trepɪ'deɪʃən] *n* (*fear*) inquietud *f*, agitación *f*.
trespass ['trespəs] **1** *vi* (*on land*) entrar ilegalmente; (*Bible: do wrong*) pecar; **'no ~ing'** 'prohibida la entrada'. **2** *n* (*on land*) entrada *f* ilegal, invasión *f* (de propiedad ajena); **forgive us our ~es** (*Bible*) perdónanos nuestras deudas.
trespasser ['trespəsə^r] *n* intruso/a *m/f*; **'T~s will be prosecuted'** 'se procesará a los intrusos'.
trestle ['tresl] **1** *n* caballete *m*. **2** *cpd*: **~ table** *n* mesa *f* de caballete.
tri... [traɪ] *pref* tri....
trial ['traɪəl] **1** *n* (**a**) (*Jur*) proceso *m*, juicio *m*; **~ by jury** proceso con jurado; **to be on ~ for murder** ser procesado por asesino; **to bring sb to ~ (for a crime)** llevar a algn al juicio (por un delito); **to go on ~, to stand ~** ser procesado.
(**b**) (*test: of drug, machine*) prueba *f*, ensayo *m*; **~s** (*Sport, Tech*) pruebas *fpl*; **a ~ of strength** una prueba de fuerza; **by ~ and error** a fuerza de probar; **on a ~ basis** a prueba; **to be on ~** estar a prueba; **to give sb a ~** (*for job etc*) poner a algn a prueba.
(**c**) (*hardship*) sufrimiento *m*, molestia *f*; **it was a great ~ for me** sufrí mucho; **the child is a great ~ to them** el niño es una preocupación constante para ellos; **the ~s and tribulations of parenthood** los problemas de ser padre.
2 *cpd*: **~ balance** *n* balance *m* de comprobación; **~ flight** *n* vuelo *m* de prueba; **~ offer** *n* oferta *f* de prueba; **~ period** *n* período *m* de prueba; **~ run** *n* prueba *f*.
triangle ['traɪæŋgl] *n* triángulo *m*.
triangular [traɪ'æŋgjʊlə^r] *adj* triangular.
triathlon [traɪ'æθlən] *n* triatlón *m*.
tribal ['traɪbəl] *adj* tribal, de tribu.
tribe [traɪb] *n* (*lit*) tribu *f*; (*fig pej*) familia *f*.
tribesman ['traɪbzmən] *n* (*pl* **-men**) miembro *m* de una tribu.
tribulation [,trɪbjʊ'leɪʃən] *n* (*frm*) tribulación *f*; **~s** aflicciones *fpl*.
tribunal [traɪ'bju:nl] *n* tribunal *m*, jurado *m*.
tribune ['trɪbju:n] *n* (*stand*) tribuna *f*.
tributary ['trɪbjʊtərɪ] *n* (*Geog*) afluente *m*.
tribute ['trɪbju:t] *n* (*fig*) homenaje *m*, tributo *m*; **to pay ~ to sb/sth** rendir homenaje a algn/algo; **floral ~** ofrenda *f* floral.
trice [traɪs] *n*: **in a ~** en un santiamén.
tricentenary [,traɪsen'ti:nərɪ] **1** *adj* (de) tricentenario. **2** *n* tricentenario *m*.
triceps ['traɪseps] *n* tríceps *m*.
trick [trɪk] **1** *n* (**a**) (*joke, hoax*) broma *f*; (*mischief*) travesura *f*; (*ruse*) truco *m*, ardid *m*; (*catch*) trampa *f*; (*special knack*) truco; **to play a ~ on sb** gastarle una broma a algn; **dirty** *or* **mean ~** mala pasada *f*, jugada *f* sucia; **~s of the trade** trucos *mpl* del oficio; **there must be a ~ in it** aquí seguro que hay trampa; **he's up to his old ~s again** ha vuelto a hacer de las suyas; **how's ~s?** ¿cómo te va?; **there's a ~ to opening this door** esta puerta tiene truco para abrirla; **unless my eyes are playing ~s on me** si los ojos no me engañan.
(**b**) (*peculiarity, strange habit*) manía *f*, peculiaridad *f*; **to have a ~ of doing sth** tener la manía de hacer algo; **it's a ~ of the light** es una ilusión óptica.
(**c**) (*card ~*) baza *f*; (*conjuring ~*) truco *m*; **that should do the ~** (*fam*) esto servirá; **he doesn't miss a ~** (*fig*) no se pierde nada.
2 *vt* (*deceive*) engañar; (*swindle*) estafar, timar; **I've been ~ed!** ¡me engañaron!; **to ~ sb into doing sth** engañar a algn para que haga algo, conseguir con engaños que algn hacer algo; **to ~ sb out of sth** quitarle algo a algn con engaños.
3 *cpd*: **~ photography** *n* trucaje *m*; **~ question** *n* pega *f*.
trickery ['trɪkərɪ] *n* engaño *m*, superchería *f*.
trickle ['trɪkl] **1** *n* (*gen*) chorrito *m*; (*of blood etc*) hilo *m*; **a ~** (*fig*) pequeñas cantidades *fpl*; **a ~ of people** una cantidad reducida de personas. **2** *vi* (*lit*) escurrir; (*fig*) ir despacio *or* poco a poco; **people kept trickling in** la gente seguía entrando poco a poco. **3** *vt* (*lit*) gotear.
tricky ['trɪkɪ] *adj* (*comp* **-ier**; *superl* **-iest**) (*person: sly*) tramposo/a, ladino/a; (*: difficult*) difícil; (*situation etc*) complicado/a, difícil; (*problem*) delicado/a.
tricolour, (*US*) **tricolor** ['trɪkələ^r] *n* (*flag*) bandera *f* tricolor.
tricycle ['traɪsɪkl] *n* triciclo *m*.
trident ['traɪdənt] *n* tridente *m*.
tried [traɪd] **1** *pt, pp of* **try**. **2** *adj*: **~ and tested** probado/a.
trier ['traɪə^r] *n* persona *f* aplicada.
trifle ['traɪfl] *n* (**a**) (*cheap object*) baratija *f*, fruslería *f*; (*unimportant issue*) pequeñez *f*, nimiedad *f*; **he worries about ~s** se preocupa por tonterías. (**b**) **a ~** (*small amount*) un poquito, tantito así *(LAm)*; (*as adv: somewhat*) algo, un poco; **it's a ~ difficult** es un poco difícil. (**c**) (*Culin*) dulce *m* de bizcocho borracho.
▸ **trifle with** *vi + prep* jugar con; **he's not a person to be**

~d with con ése (es) mejor no meterse; **to ~ with sb's affections** jugar con los sentimientos de algn.

trifling ['traɪflɪŋ] *adj* (*insignificant*) sin importancia, frívolo/a.

trigger ['trɪgəʳ] **1** *n* (*of gun, machine*) gatillo *m*; **to pull the ~** apretar el gatillo, disparar. **2** *vt*: **to ~ off** (*fight etc*) provocar; (*chain of events*) desencadenar.

trigger-happy ['trɪgə,hæpɪ] *adj* pronto/a a disparar, que dispara a la mínima.

trigonometry [,trɪgə'nɒmɪtrɪ] *n* trigonometría *f*.

trilby ['trɪlbɪ] *n* sombrero *m* flexible.

trill [trɪl] **1** *n* (*of bird*) gorjeo *m*; (*Mus*) trino *m*; (*of 'R'*) vibración *f*. **2** *vi* (*see n*) gorjear; trinar.

trillion ['trɪlɪən] *n* (*Brit*) trillón *m*; (*US*) billón *m*.

trilogy ['trɪlədʒɪ] *n* trilogía *f*.

trim [trɪm] **1** *adj* (*comp* **~mer**; *superl* **~mest**) (*cared for*) arreglado/a, cuidado/a; (*neat and clean*) aseado/a, pulcro/a *(esp LAm)*; **a ~ figure** una buena figura *or* un buen tipo.

2 *n* (**a**) (*condition*) estado *m*; **in good ~** (*car etc*) en buen estado; (*person*) en buena forma *or* buenas condiciones; **to keep in (good) ~** (*car etc*) mantener(se) en buen estado; (*person*) mantener(se) en buena forma.

(**b**) (*cut*) recorte *m*; **to give one's hair a ~** cortarse las puntas; **to give one's beard a ~** recortarse la barba.

(**c**) (*decoration*) **a coat with a fur ~** un abrigo con adornos *or* añadidos de piel.

3 *vt* (**a**) (*cut: hair*) recortar; (*: hedge*) podar; (*: lamp, wick*) despabilar; (*make neat*) arreglar, cuidar.

(**b**) (*decorate*) adornar.

▸ **trim down** *vt + adv* recortar.

trimming ['trɪmɪŋ] *n* (*edging*) adorno *m*; **~s** (*extras, embellishments*) accesorios *mpl*; (*cuttings*) recortes *mpl*; **turkey with all the ~s** pavo con su guarnición.

trimphone ['trɪmfəʊn] *n* ≈ teléfono *m* góndola.

Trinidad ['trɪnɪdæd] *n* Trinidad *f*.

Trinity ['trɪnɪtɪ] *n* Trinidad *f*.

trinket ['trɪŋkɪt] *n* chuchería *f*, baratija *f*.

trio ['trɪəʊ] *n* trío *m*.

trip [trɪp] **1** *n* (**a**) (*journey*) viaje *m*, recorrido *m*; (*: boat*) travesía *f*; (*tour*) gira *f*; (*outing*) paseo *m*, excursión *f*; **he's away on a ~** está de viaje; **it's a 100-mile ~** es un viaje de 100 millas. (**b**) (*on drugs*) viaje *m*. **2** *vi* tropezar; **to ~ along, to go ~ping along** ir brincando. **3** *vt* = **~ up 2**.

▸ **trip over 1** *vi + adv* caerse. **2** *vi + prep* tropezar con.

▸ **trip up 1** *vi + adv* tropezar, caerse; (*fig: make a mistake*) equivocarse. **2** *vt + adv* hacer tropezar, hacer caer; (*fig*) confundir; **to ~ sb up** (*fig*) coger a algn en una falta.

tripartite ['traɪ'pɑːtaɪt] *adj* tripartito/a.

tripe [traɪp] *n* (**a**) (*Culin*) callos *mpl*, chinchulines *mpl (And, CSur)*. (**b**) (*fam*) tonterías *fpl*, babosadas *fpl or* pendejadas *fpl (LAm fam)*.

triple ['trɪpl] **1** *adj* triple; **~ jump** triple salto *m*. **2** *adv* el triple, 3 veces. **3** *vt* triplicar. **4** *vi* triplicarse.

triplet ['trɪplɪt] *n* (*person*) trillizo/a *m/f*, triate *mf (Mex)*.

triplicate ['trɪplɪkɪt] *n*: **in ~** por triplicado.

tripod ['traɪpɒd] *n* trípode *m*.

Tripoli ['trɪpəlɪ] *n* Trípoli *m*.

tripper ['trɪpəʳ] *n* turista *mf*, excursionista *mf*.

triptych ['trɪptɪk] *n* tríptico *m*.

tripwire ['trɪpwaɪəʳ] *n* cuerda *f* de trampa.

trite [traɪt] *adj* trillado/a.

triumph ['traɪʌmf] **1** *n* (*emotion*) júbilo *m*, éxito *m*; (*victory*) **~ (over)** triunfo *m* (sobre); **a new ~ for industry** otro éxito para la industria; **it is a ~ of man over nature** es un triunfo del hombre sobre la naturaleza; **in ~** con júbilo, en triunfo. **2** *vi*: **to ~ (over)** triunfar (sobre), vencer (a).

triumphal [traɪ'ʌmfəl] *adj* triunfal, de triunfo.

triumphant [traɪ'ʌmfənt] *adj* (*jubilant*) jubiloso/a, triunfante; (*victorious*) victorioso/a, vencedor(a).

triumphantly [traɪ'ʌmfəntlɪ] *adv* triunfalmente.

trivia ['trɪvɪə] *npl* banalidades *fpl*, nimiedades *fpl (LAm)*.

trivial ['trɪvɪəl] *adj* trivial, frívolo/a, insignificante.

triviality [,trɪvɪ'ælɪtɪ] *n* (*gen*) trivialidad *f*, banalidad *f*; (*trivial detail*) trivialidad.

trivialize ['trɪvɪəlaɪz] *vt* minimizar, tratar con desprecio.

trod [trɒd] *pt of* **tread**.

trodden ['trɒdn] *pp of* **tread**.

Trojan ['trəʊdʒən] *adj, n* troyano/a *m/f*.

trolley ['trɒlɪ] *n* (*in station, supermarket*) carrito *m*, carretilla *f*; (*in hospital*) camilla *f*; (*tea ~*) carrito; (*drinks ~*) mesita *f* de ruedas; (*in mine*) vagoneta *f*; (*US: tram*) tranvía *m*; **to be off one's ~** (*US*) estar chiflado (*fam*).

trolleybus ['trɒlɪbʌs] *n* trolebús *m*.

trombone [trɒm'bəʊn] *n* trombón *m*.

trombonist [trɒm'bəʊnɪst] *n* trombón *m*.

troop [truːp] **1** *n* (*gen*) banda *f*, grupo *m*; (*gang*) cuadrilla *f*; (*Mil*) tropa *f*; **~s** (*Mil*) tropas. **2** *vi* (*walk*) **to ~ in/past/off** *etc* entrar/pasar/marcharse *etc* en tropel. **3** *vt*: **to ~ the colour** presentar la bandera. **4** *cpd*: **~ carrier** *n* (*plane, ship*) transporte *m* (militar); **~ ship** *n* (buque *m* de) transporte.

trooper ['truːpəʳ] *n* (*Mil*) soldado *m* (de caballería); (*US: policeman*) policía *mf* montado/a; **to swear like a ~** jurar como un carretero.

trophy ['trəʊfɪ] *n* (*gen*) trofeo *m*.

tropic ['trɒpɪk] *n* trópico *m*; **the ~s** el trópico; **T~ of Cancer/Capricorn** Trópico de Cáncer/Capricornio.

tropical ['trɒpɪkəl] *adj* tropical.

trot [trɒt] **1** *n* (**a**) (*step*) trote *m*; **to break into a ~** (*horse, rider*) echar a trotar; (*person*) echar a correr; **to go for a ~** (*on horse*) ir a montar a caballo; **on the ~** (*fam*) seguidos/as, uno/a tras otro/a, uno/a detrás de otro/a; **to keep sb on the ~** (*fam*) no dejar a algn descansar. (**b**) **the ~s** (*fam: diarrhoea*) diarrea *f*; **to have the ~s** tener diarrea. **2** *vi* (*horse, rider*) trotar, ir al trote; (*person*) ir *etc* trotando; **I must be ~ting along now** (*fam*) es hora de que me marche.

▸ **trot out** *vt + adv* (*excuse, reason*) ensartar, recitar; (*names, facts*) echar mano de.

trotskyist ['trɒtskɪɪst] *n* trotskista *mf*.

trotter ['trɒtəʳ] *n*: **pig's ~s** manitas *fpl* (de puerco *or (LAm)* chancho).

trouble ['trʌbl] **1** *n* (**a**) (*problem, difficulty*) problema *m*, dificultad *f*; (*: as result of doing wrong*) lío *m*, problemas *mpl*; (*: with something mechanical*) fallo *m*, avería *f*; (*unrest, fighting*) conflicto *m*, disturbio *m*; **to have ~ doing sth** tener dificultad en *or* para hacer algo; **to be in ~** (*having problems*) estar en un apuro *or* aprieto; (*for doing wrong*) tener problemas; **now your ~s are over** ya no tendrás de que preocuparte; **to get into ~ (with sb)** meter la pata (con algn); **to get sb into ~** meter a algn en un lío *or* problemas; (*euph: make pregnant*) dejar embarazada a una; **to help sb out of ~** sacar a algn de un apuro; **to make ~ for sb** crear un lío a algn; **what's the ~?** ¿cuál es el problema?, ¿qué pasa?; **the ~ is ...** el problema es ..., lo que pasa es ...; **engine ~** problemas con el motor; **heart/back ~** (*Med*) problemas de corazón/espalda; **money ~s** dificultades *fpl* económicas; **don't go looking for ~** no busques camorra *or* problemas; **it's just asking for ~** eso es buscarse complicaciones; **there'll be ~ if she finds out** se armará una buena si se entera; **to tell sb one's ~s** contarle a algn sus penas.

(**b**) (*effort, bother*) molestia *f*; **it's no ~** no es molestia; **it's not worth the ~** no vale la pena; **to go to (all) the ~ of doing sth, to take the ~ to do sth** tomarse la molestia de hacer algo; **to put sb to the ~ of doing sth** molestar a algn pidiéndole que haga algo.

2 *vt* (**a**) (*worry*) preocupar; (*cause pain*) doler, afectar; **the thought ~d him** el pensamiento le afligió; **his eyes ~ him** le duelen los ojos.

(**b**) (*bother, be nuisance to*) molestar; **I'm sorry to ~ you** disculpe la molestia; **I shan't ~ you with all the details** no le voy a aburrir con exceso de detalles; **to ~ o.s. to do sth** molestarse en *or* darse el trabajo de hacer algo; **may I ~ you for a light?** ¿le molestaría darme fuego, por favor?

(c) (+ *infin: make the effort*) **to ~ to do sth** tomarse la molestia *or* el trabajo de hacer algo; **don't ~ yourself!** ¡no te molestes!

3 *cpd*: ~ **spot** *n* (*esp Pol: area, country*) zona conflictiva *f*.

troubled [ˈtrʌbld] *adj* (*person, expression*) preocupado/a, apenado/a *(LAm)*; (*period*) agitado/a, turbulento/a.

trouble-free [ˈtrʌblfriː] *adj* (*life*) sin problemas, tranquilo/a; (*demonstration, factory*) sin disturbios, pacífico/a; (*car, motoring, washing machine etc*) sin avería.

troublemaker [ˈtrʌblˌmeɪkəʳ] *n* agitador(a) *m/f*.

troubleshooter [ˈtrʌblˌʃuːtəʳ] *n* mediador(a) *m/f*.

troublesome [ˈtrʌblsəm] *adj* (*person*) fastidioso/a, molesto/a, latoso/a; (*headache etc*) molesto; (*dispute, problem*) difícil, penoso/a.

trough [trɒf] *n* **(a)** (*for animals: feeding*) comedero *m*, pesebre *m*; (*: drinking*) abrevadero *m*, bebedero *m*; (*Min*) batea *f*. **(b)** (*between waves, on graph*) seno *m*; (*Met*) zona *f* de bajas presiones.

troupe [truːp] *n* (*Theat etc*) compañía *f* de teatro.

trouser press [ˈtraʊzəpres] *n* (*Brit*) prensa *f* para pantalones.

trousers [ˈtraʊzərz] *npl* (*Brit*) pantalón *m*, pantalones *mpl*; **short/long** ~ pantalones cortos/largos; **a pair of** ~ un pantalón, unos pantalones.

trousseau [ˈtruːsəʊ] *n* (*pl* **~x** [ˈtruːsəʊz]) ajuar *m*.

trout [traʊt] **1** *n, pl inv* trucha *f*. **2** *cpd*: ~ **fishing** *n* pesca *f* de trucha.

trowel [ˈtraʊəl] *n* (*Agr*) desplantador *m*; (*builder's*) paleta *f*, llana *f*.

truant [ˈtrʊənt] *n* (*Scol*) ausente *mf*; **to play** ~ hacer novillos, hacer la rabona *(esp CSur fam)*.

truce [truːs] *n* tregua *f*; **to call a** ~ (*Mil, fig*) acordar una tregua.

truck[1] [trʌk] *n* (*exchange*) ~ **system** el trueque; **to have no ~ with sb** no tener nada que ver con algn.

truck[2] [trʌk] **1** *n* **(a)** (*Rail: wagon*) vagón *m*. **(b)** (*esp US: lorry*) camión *m*. **(c)** (*hand-trolley*) carretilla *f*. **2** *cpd*: ~ **farm** *n* (*US*) huerto *m* de hortalizas; ~ **farmer** *n* (*US*) hortelano/a *m/f*; ~ **farming** *n* (*US*) horticultura *f*; ~ **garden** *n* = ~ **farm**; ~ **stop** *n* (*US*) restaurante *m* de carretera.

truckdriver [ˈtrʌkˌdraɪvəʳ] *n*, (*US*) **trucker** [ˈtrʌkəʳ] *n* camionero/a *m/f*, transportista *mf*.

trucking [ˈtrʌkɪŋ] *n* (*US*) acarreo *m*, transporte *m* (en camión).

truckload [ˈtrʌkləʊd] *n* carga *f* de camión; **by the** ~ (*fig*) a carretadas.

truculent [ˈtrʌkjʊlənt] *adj* malhumorado/a, agresivo/a.

trudge [trʌdʒ] *vi*: **to ~ up/down/along** *etc* subir/bajar/caminar *etc* penosamente.

true [truː] **1** *adj* (*comp* **~r**; *superl* **~st**) **(a)** (*not fiction: story etc*) verdadero/a, de verdad, cierto/a; (*accurate, correct: statement, description*) exacto/a, correcto/a; (*: portrait, likeness*) fiel; **to come** ~ realizarse; (*wish*) hacerse realidad; (*predictions*) cumplirse; **the same holds ~ of** *or* **for** ... lo mismo se puede decir de ...; **it's not ~!** ¡no es verdad!, ¡no es cierto!; **too ~!** ¡es verdad!, ¡es cierto!; **~ but** ... sí, pero ...; *see* **ring**[2] **3 (a)**.

(b) (*real, genuine: emotion, interest etc*) auténtico/a, verdadero/a; ~ **to life** realista, verídico/a; ~ **love** amor *m* verdadero; **to behave like a ~ Englishman** comportarse como un auténtico inglés; **in the ~st sense of the word** en el sentido más estricto de la palabra.

(c) (*level*) a plomo *or* nivel; (*wheel*) centrado/a; (*straight: aim of gun, person*) exacto/a.

(d) (*faithful: friend etc*) fiel, leal; **to be ~ to sb/sth** ser fiel a algn/algo; **to be ~ to one's word** cumplir con su palabra; **to run ~ to type** hacer como *or* lo de siempre.

2 *n*: **to be out of ~** no estar bien alineado *or* nivelado.

truffle [ˈtrʌfl] *n* trufa *f*.

truism [ˈtruːɪzəm] *n* perogrullada *f*, tópico *m*.

truly [ˈtruːlɪ] *adv* **(a)** (*genuinely*) realmente, sinceramente; **yours ~** (*in letter*) atentamente. **(b)** (*emphatic: very*) realmente, auténticamente. **(c)** (*faithfully*) fielmente.

trump [trʌmp] **1** *n* (*Cards*) triunfo *m*; **what's ~s?** ¿a qué pinta?; **to turn up ~s** (*fig*) salir *or* resultar bien. **2** *vt* **(a)** (*Cards*) fallar. **(b) to ~ up** (*fabricate: charge, excuse*) fabricar, inventar. **3** *cpd*: ~ **card** *n* triunfo *m*; **to play one's ~ card** (*fig*) jugar su mejor carta.

trumped-up [ˈtrʌmptˈʌp] *adj* (*charge, excuse*) inventado/a, fabricado/a.

trumpet [ˈtrʌmpɪt] **1** *n* trompeta *f*; **to blow one's own ~** darse bombo. **2** *vi* (*elephant*) bramar.

trumpeter [ˈtrʌmpɪtəʳ] *n* trompetista *mf*.

truncate [trʌŋˈkeɪt] *vt* (*report, speech*) truncar.

truncated [trʌŋˈkeɪtɪd] *adj* (*shortened: report etc*) truncado/a.

truncheon [ˈtrʌnʃən] *n* porra *f*.

trundle [ˈtrʌndl] **1** *vt* (*push*) empujar; (*pull*) tirar, jalar *(LAm)*. **2** *vi* (*cart etc*) rodar.

trunk [trʌŋk] **1** *n* **(a)** (*of tree*) tronco *m*. **(b)** (*Anat: human torso*) tronco *m*. **(c)** (*of elephant*) trompa *f*. **(d)** (*big suitcase*) baúl *m*. **(e)** (*US: boot of car*) maletero *m*, baúl *m (LAm)*, cajuela *f (Mex)*, maletera *f (CSur)*. **2** *cpd*: ~ **call** *n* (*Brit Telec*) conferencia *f* (interurbana); **to make a ~ call** llamar a larga distancia; ~ **road** *n* carretera *f* principal.

trunks [trʌŋks] *npl*: **swimming** *or* **bathing ~** bañador *m*, slip *m*.

truss [trʌs] **1** *vt* (*also* **~ up**) atar. **2** *n* (*Med*) braguero *m*.

trust [trʌst] **1** *n* **(a)** (*faith, confidence*) ~ **(in)** confianza *f* (en); **to put one's ~ in sb/sth** confiar en algn/algo; **to be in a position of ~** tener un puesto de confianza.

(b) (*charge*) **to leave sth in sb's ~** dejar algo a cargo de algn.

(c) (*Jur, Fin*) fideicomiso *m*; **in ~** en fideicomiso.

(d) (*Comm: also* **~ company**) trust *m*, monopolio *m*.

2 *vt* **(a)** (*have faith in, rely on*) confiar en, fiarse de; **don't you ~ me?** ¿no te fías de mí?; **she is not to be ~ed** ella no es de fiar; **to ~ sb with sth** (*entrust*) encomendarle algo a algn; **I wouldn't ~ him an inch** no me fío de él ni un pelo; **~ you to make a mistake!** (*fam*) ¡ya era de esperar que lo hicieses mal! **(b)** (*hope*) esperar; **I ~ that all will go well** espero que todo salga bien.

3 *vi* (*have faith*) **to ~ in** confiar en; (*rely*) **to ~ to luck/fate** confiar en el destino.

4 *cpd*: ~ **company** *n* compañía *f* de fideicomiso; ~ **fund** *n* fondo *m* fiduciario.

trusted [ˈtrʌstɪd] *adj* (*friend etc*) de confianza.

trustee [trʌsˈtiː] *n* fideicomisario/a *m/f*, síndico/a *m/f*.

trustful [ˈtrʌstfʊl] *adj*, **trusting** [ˈtrʌstɪŋ] *adj* confiado/a.

trustworthy [ˈtrʌstˌwɜːðɪ] *adj* (*person*) de confianza; (*source of news etc*) fidedigno/a.

trusty [ˈtrʌstɪ] *adj* (*comp* **-ier**; *superl* **-iest**) (*servant etc*) fiel, leal.

truth [truːθ] (*pl* **~s** [truːðz]) *n* (*gen*) verdad *f*; **to tell the ~** decir la verdad; **to tell (you) the ~, ~ to tell** a decir verdad; **the ~ of the matter is that** ... si te digo la verdad *or* la verdad es que ...; **the ~ hurts** las verdades duelen; **to tell sb a few home ~s** decir a algn cuatro verdades.

truthful [ˈtruːθfʊl] *adj* (*account*) verídico/a; (*person*) veraz.

truthfully [ˈtruːθfəlɪ] *adv* verídicamente; **~, I don't know** de veras, no sé nada.

try [traɪ] **1** *n* **(a)** (*attempt*) tentativa *f*, intento *m*; **to give sth a ~** (*attempt*) intentar (hacer) algo; (*try out*) probar *or* ensayar algo; **to have a ~ (at sth)** hacer un intento (de hacer algo); **it's worth a ~** vale la pena intentarlo.

(**b**) (*Rugby*) ensayo *m*.
2 *vt* (**a**) (*usu + infin: attempt*) **to ~ to do sth** intentar *or* tratar de hacer algo; **to ~ one's (very) best** *or* **one's (very) hardest** poner todo su empeño, hacer todo lo posible.
(**b**) (*sample, give a trial to*) probar, ensayar; **why not ~ him for the job?** ¿por qué no probarle para el puesto?; **~ turning the key** da vuelta a la llave y a ver qué pasa; **we tried 3 hotels but they had no room** preguntamos en 3 hoteles pero no tenían habitación; **have you tried these olives?** ¿has probado estas aceitunas?
(**c**) (*test: strength*) poner a prueba; (*tax, strain: eyes*) cansar; **to ~ sb's patience** abusar de la paciencia de algn; **to ~ one's hand at sth** (*fig*) intentar *or* probar algo; *see also* **tried; trying**.
(**d**) (*Jur*) **to ~ sb (for sth)** procesar *or* enjuiciar a algn por algo.
3 *vi* (*attempt*) intentar, hacer el intento; **to ~ and do sth** tratar de hacer algo; **it's no use ~ing to persuade him** no vale la pena tratar de convencerle.
► **try for** *vi + prep* intentar conseguir.
► **try on** *vt + adv* (**a**) (*clothes, shoes*) probar(se). (**b**) (*fig*) **to ~ it on (with sb)** intentar engañar a algn.
► **try out** *vt + adv* (*sth new, different*) probar; (*employee*) poner a prueba.
trying ['traɪɪŋ] *adj* (*tiring: situation, time etc*) cansado/a, latoso/a; (*tiresome: person*) pesado/a, aburrido/a.
tryout ['traɪaʊt] *n* prueba *f*, ensayo *m*.
tsar [zɑːʳ] *n* zar *m*.
tsetse fly ['tsetsɪflaɪ] *n* mosca *f* tsetsé.
T-shirt ['tiːʃɜːt] *n* camiseta *f*, playera *f*, remera *f* (*Arg*), polera *f* (*Chi*).
tsp(s) *abbr of* **teaspoonful(s)**.
T-square ['tiːskwɛəʳ] *n* regla *f* en T.
TT *abbr* (**a**) (*US*) *of* **Trust Territory**. (**b**) (*Fin*) *of* **telegraphic transfer**.
TU *n abbr of* **trade(s) union**.
tub [tʌb] *n* (*gen*) cubo *m*, tina *f*, balde *m* (*LAm*); (*bath ~*) bañera *f*, tina (*esp LAm*).
tuba ['tjuːbə] *n* tuba *f*.
tubby ['tʌbɪ] *adj* (*comp* **-ier**; *superl* **-iest**) (*fam: fat*) gordito/a, rechoncho/a.
tube [tjuːb] **1** *n* (**a**) (*pipe, of toothpaste, paint etc*) tubo *m*; (*Anat*) trompa *f*; **it's all gone down the ~** (*fam*) todo se ha perdido. (**b**) (*US fam: television*) tele *f*. (**c**) (*London underground*) metro *m*. **2** *cpd*: **~ station** *n* estación *f* de metro.
tubeless ['tjuːblɪs] *adj* (*tyre*) sin cámara.
tuber ['tjuːbəʳ] *n* (*Bot*) tubérculo *m*.
tuberculosis [tjʊˌbɜːkjʊ'ləʊsɪs] *n* tuberculosis *f*, tisis *f*.
tubing ['tjuːbɪŋ] *n* tubería *f*, cañería *f*.
tubular ['tjuːbjʊləʳ] *adj* (*gen*) tubular; **~ bells** (*Mus*) campanas *fpl* tubulares.
TUC *n abbr of* **Trades Union Congress**.
tuck [tʌk] **1** *n* (*Sew: fold*) pinza *f*, pliegue *m*; **to take a ~ in sth** poner una pinza en algo. **2** *vt* (*put*) meter.
► **tuck away** *vt + adv* (*gen*) esconder; **she has her money safely ~ed away** tiene su dinero bien guardado.
► **tuck in 1** *vi + adv* (*fam*) comer con apetito. **2** *vt + adv* (*shirt etc*) remeter, meter dentro; (*child: in bed*) arropar.
► **tuck into** *vi + prep* (*fam: meal*) comer con buen apetito.
► **tuck up** *vt + adv* (*Sew: skirt, sleeves*) remangar; (*child: in bed*) arropar.
tuckshop ['tʌkʃɒp] *n* (*Brit Scol*) tienda de chucherías *f*.
Tue(s). *abbr of* **Tuesday** mart.
Tuesday ['tjuːzdɪ] *n* martes *m*; **the date today is ~ 23rd March** hoy es martes, 23 de marzo; **on ~** (*past or future*) el martes; **on ~s** los martes; **every ~** todos los martes; **every other ~** cada otro martes, un martes sí y otro no; **last/next ~** el martes pasado/martes próximo; **~ next** el martes que viene; **this ~/the following ~** este martes/el martes siguiente; **the ~ before last/after next** el martes antepasado/del martes en 8 días; **a week/fortnight on ~, ~ week/fortnight** del martes en una semana/en una quincena; **~ morning/lunchtime/afternoon** *or* **evening/night** el martes por la mañana/a mediodía/por la tarde/por la noche; **the ~ film** (*TV*) la película del martes; **~'s newspaper** el periódico del martes; *see* **Shrove ~**.
tuft [tʌft] *n* (*of hair*) copete *m*, mechón *m*; (*of grass etc*) mata *f*.
tug [tʌg] **1** *n* (**a**) (*pull*) tirón *m*, jalón *m* (*LAm*); **to give sth a (good) ~** dar a algo un tirón (fuerte). (**b**) (*Naut: boat*) remolcador *m*. **2** *vt* (*pull*) tirar de, jalar (*LAm*). **3** *vi* tirar, jalar (*LAm*); **to ~ at sth** tirar de algo.
tugboat ['tʌgbəʊt] *n* remolcador *m*.
tug-of-war ['tʌgə(v)'wɔːʳ] *n* (*Sport*) juego *m* de tiro de cuerda; (*fig*) lucha *f*, tira y afloja *m*.
tuition [tjʊ'ɪʃən] **1** *n* enseñanza *f*, instrucción *f*; **private ~** clases *fpl* particulares. **2** *cpd*: **~ fee** *n* tasa *f* (de instrucción).
tulip ['tjuːlɪp] *n* tulipán *m*.
tulle [tjuːl] *n* tul *m*.
tumble ['tʌmbl] **1** *n* caída *f*, voltereta *f*, rodada *f* (*LAm*); **to have a ~, to take a ~** caerse; *see* **rough-and-~**. **2** *vi* (**a**) (*fall*) caerse; **to ~ downstairs/down a mountain** rodar por la escalera/por la montaña. (**b**) (*rush*) **to ~ into/out of bed** tirarse en/saltar de la cama; **the children ~d out of the room/the car** los niños salieron de la habitación/del coche en tropel. (**c**) (*suddenly understand*) **to ~ to sth** (*fam*) caer en la cuenta de algo. **3** *cpd*: **~ dryer** *n* secadora *f*.
► **tumble down** *vi + adv* desplomarse, venirse abajo.
tumble-down ['tʌmbldaʊn] *adj* (*building, shack*) ruinoso/a, desvencijado/a.
tumbler ['tʌmbləʳ] *n* (*glass*) vaso *m*.
tummy ['tʌmɪ] **1** *n* (*fam: stomach*) estómago *m*, barriga *f*. **2** *cpd*: **~ tuck** *n* cirugía *f* plástica anti-michelines (*fam*).
tummy-ache ['tʌmɪeɪk] *n* (*fam*) dolor *m* de tripas (*fam*).
tumour, (*US*) **tumor** ['tjuːməʳ] *n* tumor *m*.
tumult ['tjuːmʌlt] *n* (*uproar*) tumulto *m*; (*confusion: of person, emotions*) **to be in a ~** estar agitado/a *or* alborotado/a.
tumultuous [tjuː'mʌltjʊəs] *adj* (*applause*) tumultuoso/a.
tuna ['tjuːnə] *n* (*also ~* **fish**) atún *m*.
tune [tjuːn] **1** *n* (*Mus: melody*) tonada *f*, melodía *f*; **in/out of ~** afinado/desafinado; **in/out of ~ with sb** (*fig*) de acuerdo/en desacuerdo con algn; **to be in ~ with the times** estar a tono con la época; **she calls the ~ in their house** ella lleva la voz cantante en su casa; **to change one's ~** (*fig*) cambiar de tono; **to the ~ of** (*fig: amount*) por (la) cantidad de, por la friolera de. **2** *vt* (*Mus*) afinar; (*Aut: engine*) poner a punto. **3** *vi* (*Mus: also ~* **up**) afinar los instrumentos.
► **tune in** *vi + adv* (*Rad, TV*) sintonizar; **to be ~d in** (*fig*) estar al corriente.
tuneful ['tjuːnfʊl] *adj* (*voice, song*) melodioso/a, armonioso/a.
tuneless ['tjuːnlɪs] *adj* (*voice, song*) discordante.
tuner ['tjuːnəʳ] *n* (**a**) (*Rad: knob*) sintonizador *m*. (**b**) **piano ~** afinador(a) *m/f* de pianos.
tune-up ['tjuːnʌp] *n* (*Mus*) afinación *f*; (*Aut*) puesta *f* a punto.
tungsten ['tʌŋstən] *n* tungsteno *m*.
tunic ['tjuːnɪk] *n* túnica *f*.
tuning fork ['tjuːnɪŋfɔːk] *n* diapasón *m*.
Tunis ['tjuːnɪs] *n* Túnez *m*.
Tunisia [tjuː'nɪzɪə] *n* Túnez *m*.
Tunisian [tjuː'nɪzɪən] *adj, n* tunecino/a *m/f*.
tunnel ['tʌnl] **1** *n* (*gen*) túnel *m*; (*Min*) galería *f*; (*subway*) paso *m* subterráneo. **2** *vt* (*one's way, a passage*) cavar; **they ~led their way out** escaparon excavando un túnel.

3 *vi* construir un túnel. **4** *cpd*: ~ **vision** *n* visión *f* periférica restringida; (*fig*) estrechez *f* de miras.

tunny [ˈtʌnɪ] *n* = **tuna**.

tuppence [ˈtʌpəns] *n* (*Brit fam*) = **twopence**.

turban [ˈtɜːbən] *n* turbante *m*.

turbine [ˈtɜːbaɪn] *n* turbina *f*.

turbo... [ˈtɜːbəʊ] *pref* turbo....

turbocharged [ˈtɜːbəʊtʃɑːdʒd] *adj* turbocargado/a, turboalimentado/a.

turbojet [ˈtɜːbəʊˈdʒet] *n* turborreactor *m*.

turboprop [ˈtɜːbəʊˈprɒp] *n* turbohélice *m*.

turbot [ˈtɜːbət] *n* (*fish*) rodaballo *m*.

turbulence [ˈtɜːbjʊləns] *n* (*gen*) turbulencia *f*; (*crowd*) revuelta *f*.

turbulent [ˈtɜːbjʊlənt] *adj* (*gen*) turbulento/a; (*crowd*) alborotado/a, soliviantado/a.

turd [tɜːd] *n* (*fam*) (**a**) cagada *f* (*fam!*), zurullo *m* (*fam!*). (**b**) (*person*) mierda *mf* (*fam!*).

tureen [təˈriːn] *n* sopera *f*.

turf [tɜːf] **1** *n* (*grass*) césped *m*; (*clod*) tepe *m*; **the T~** (*Horseracing*) el turf, el hipódromo. **2** *vt* (*also* ~ **over**) cubrir con césped. **3** *cpd*: ~ **accountant** *n* corredor *m* de apuestas.

▸ **turf out** *vt + adv* (*fam*) echar (de la casa), plantar en la calle.

turgid [ˈtɜːdʒɪd] *adj* (*prose etc*) pesado/a, hinchado/a.

Turin [tjʊˈrɪn] *n* Turín *m*.

Turk [tɜːk] *n* turco/a *m/f*.

Turkey [ˈtɜːkɪ] *n* Turquía *f*.

turkey [ˈtɜːkɪ] **1** *n* (*bird*) pavo *m*, guajolote *m* (*Mex*), jolote *m* (*CAm*), chompipe *m* (*CAm*). **2** *cpd*: ~ **buzzard** *n* (*US*) buitre *m*, zopilote *m* (*CAm, Mex*), aura *f* (*Carib*), carancho *m* (*CSur*), gallinazo *m* (*Col, And*), urubú *m* (*Par, Uru*), zamuro *m* (*Ven*).

Turkish [ˈtɜːkɪʃ] **1** *adj* turco/a; ~ **bath** baño *m* turco; ~ **delight** lokum *m*, capricho *m* de reina. **2** *n* (*language*) turco *m*.

Turkmenistan [tɜːˌkmenɪsˈtɑːn] *n* Turmenistán *m*.

turmeric [ˈtɜːmərɪk] *n* cúrcuma *f*.

turmoil [ˈtɜːmɔɪl] *n* confusión *f*, desorden *m*; **to be in** ~ estar confuso/a *or* en desorden.

turn [tɜːn] **1** *n* (**a**) (*rotation*) vuelta *f*, revolución *f*; **he gave the handle a** ~ dio vuelta a la palanca; **it's done to a** ~ (*Culin*) está en su punto; **to give a screw another** ~ apretar un tornillo una vuelta más.

(**b**) (*change of direction: in road, etc*) vuelta *f*, curva *f*; **'no left ~'** 'prohibido girar a la izquierda'; **to do a left** ~ (*Aut*) doblar *or* girar a la izquierda; **I think we missed our** ~ **back there** creo que allí atrás nos hemos pasado de la salida; **a road full of twists and ~s** una carretera llena de curvas; **to take a** ~ **in the park** dar una vuelta por el parque; **at the** ~ **of the year/century** a fin de año/a finales del siglo; **at every** ~ (*fig*) a cada paso; **the milk is on the** ~ la leche está a punto de cortarse; **things took a new** ~ (*fig*) las cosas tomaron otro cariz *or* aspecto; **then things took a** ~ **for the better** (*fig*) entonces las cosas empezaron a mejorar; **an odd** ~ **of mind** una manera retorcida *or* (*LAm*) chueca de pensar; ~ **of phrase** forma *f* de hablar, giro *m*.

(**c**) (*Med*) **he had a bad** ~ **last night** anoche tuvo un ataque; **the news gave me quite a** ~ (*fam*) la noticia me asustó *or* dejó de piedra.

(**d**) (*in series, etc*) turno *m*; **by ~s** por turno; **to take ~s at doing sth** alternar *or* turnarse para hacer algo; **to take it in ~(s) to do sth** turnarse para hacer algo; **it's your** ~ te toca a ti; **to take/wait one's** ~ llegarle (a algn)/esperar (algn) su turno; **whose** ~ **is it?** ¿a quién le toca?; **to miss one's** ~ perder la vez *or* el turno; **your** ~ **will come** ya te tocará; **they spoke in** ~ hablaron por turnos; **to take** ~ **and** ~ **about** ir por turnos; **to take ~s at the wheel** conducir por turnos; **to take a** ~ **at the wheel** turnarse para conducir; **to speak out of** ~ (*fig*) hablar fuera de lugar.

(**e**) (*Theat*) número *m*, turno *m*.

(**f**) (*action*) **to do sb a good** ~ hacerle un favor a algn; **his good** ~ **for the day** su buena acción del día; **one good** ~ **deserves another** amor con amor se paga.

2 *vt* (**a**) (*rotate: wheel, handle etc*) girar, dar vueltas a; **to** ~ **the key in the lock** dar vuelta a la llave en la cerradura; **the engine ~s the wheel** el motor hace girar la rueda; **you can** ~ **it through 90°** se puede girarlo hasta 90°.

(**b**) (*also* ~ **over**: *record, mattress, steak*) dar la vuelta a, voltear (*LAm*); (*: page*) pasar; (*: soil*) revolver; **to** ~ **one's ankle** torcerse el tobillo; **it ~s my stomach** me revuelve el estómago.

(**c**) (*direct*) dirigir, volver; **to** ~ **one's thoughts/attention to sth** concentrarse en/concentrar su atención en algo; **the fireman ~ed the hose on the building** el bombero dirigió la manguera hacia el edificio; **to** ~ **a gun on sb** apuntar una pistola a algn; **to** ~ **one's back on sb/sth** (*also fig*) volverle *or* dar la espalda a algn/algo; **as soon as his back is ~ed** en cuanto mira para otro lado; **to** ~ **one's head** (*lit*) volver la cabeza; (*fig*) subírsele a algn a la cabeza; **without ~ing a hair** sin immutarse; **to** ~ **the other cheek** (*fig*) ofrecer la otra mejilla; **he ~ed his hand to cookery** se dedicó a la cocina; **to** ~ **the tables** (*fig*) dar la vuelta a la tortilla; **they ~ed him against us** le pusieron en contra nuestra.

(**d**) (*pass*) doblar, dar la vuelta a; **the car ~ed the corner** el coche dobló la esquina; **to have ~ed the corner** (*fig*) haber salido del apuro, haber pasado lo peor; **he's ~ed 50** ha pasado los 50 años; **it's ~ed four o'clock** son las cuatro y pico *or* (*esp LAm*) las cuatro pasadas.

(**e**) (*change*) **to** ~ **sth into sth** cambiar *or* transformar algo en algo; **to** ~ **sb into sth** transformar a algn en algo; **he ~ed Catholic** se hizo católico; **to** ~ **iron into gold** convertir el hierro en oro; **to** ~ **a play into a film** pasar una obra al cine; **to** ~ **English into Spanish** traducir el inglés al español; **the frog ~ed into a prince** el sapo se convirtió en un príncipe; **it ~ed him into a bitter man** le volvió un resentido; **the shock ~ed her hair white** del susto, el pelo se le puso blanco; **the heat has ~ed the milk** el calor ha cortado la leche.

(**f**) (*shape: wood, metal*) tornear; **to** ~ **wood on a lathe** labrar la madera en un torno; **a well-~ed phrase** una frase elegante; **a well-~ed ankle** un tobillo bien formado.

3 *vi* (**a**) (*wheel etc*) girar, dar vueltas; (*person: change direction*) dar la vuelta, voltear (*LAm*); **the object ~ed on a stand** el objeto giraba en un pedestal; **my head is ~ing** (*fig*) la cabeza me está dando vueltas; **to toss and** ~ **in bed** revolverse en la cama; **everything ~s on his decision** (*fig*) todo depende de su decisión; **to** ~ **and go back** volverse *or* dar la vuelta y regresar; **to** ~ **left** (*Aut*) torcer *or* girar *or* doblar a la izquierda; **the car ~ed into a lane** el coche se metió en una bocacalle; **the tide is ~ing** (*fig*) las cosas están cambiando; **please** ~ **to page 34** vamos a la página 34; **to wait for the weather to** ~ esperar a que cambie el tiempo; **to** ~ **to port** (*Naut*) virar a babor; **he ~ed to me and smiled** se volvió hacia mí y sonrió; **to** ~ **to sb for help** acudir a algn en busca de ayuda; **she has no-one to** ~ **to** no tiene a quién recurrir; **he ~ed to politics** se dedicó a la política; **he ~ed to drink** se dio a la bebida, le dio por el alcohol; **I don't know which way to** ~ (*fig*) no sé qué hacer; **the conversation ~ed to religion** la conversación viró hacia la religión; **to** ~ **against sb** volverse contra algn.

(**b**) (*change*) volverse, convertirse *or* transformarse en; **to** ~ **into sth** convertirse *or* transformarse en algo; **the milk has ~ed** la leche se ha cortado; **to** ~ **red** ponerse rojo/a; **to** ~ **nasty** ponerse *or* volverse antipático/a; **then he began to** ~ **awkward** luego empezó a ponerse difícil; **he ~ed into a cynic** se volvió cínico; **they ~ed communist** se hicieron comunistas; **a singer ~ed songwriter** un cantante transformado en compositor.

▸ **turn aside** *vi + adv*: **to ~ aside (from)** desviarse *or* apartarse (de).

▸ **turn away 1** *vi + adv*: **to ~ away (from)** apartar la vista (de). **2** *vt + adv* (**a**) (*move: eyes, head, gun*) desviar, apartar. (**b**) (*reject: person, offer, business, customer*) rechazar.

▸ **turn back 1** *vi + adv* (**a**) (*in journey etc*) volverse (atrás), desandar el camino. (**b**) (*in book*) volver. **2** *vt + adv* (**a**) (*fold: bedclothes*) doblar. (**b**) (*send back: person*) devolver; (*: vehicle*) volver. (**c**) (*clock*) retrasar; **to ~ back the clock 20 years** (*fig*) volver 20 años atrás; **they were ~ed back at the frontier** en la frontera les hicieron volver.

▸ **turn down** *vt + adv* (**a**) (*fold down: bedclothes, collar, page*) doblar. (**b**) (*reduce: gas, heat, volume*) bajar. (**c**) (*refuse: offer, suitor, candidate*) rechazar.

▸ **turn in 1** *vi + adv* (**a**) (*car, person*) entrar, dar la vuelta. (**b**) (*fam: go to bed*) acostarse. **2** *vt + adv* (*hand over*) entregar; **to ~ sb in** entregar a algn a la policía.

▸ **turn off 1** *vi + adv* (**a**) (*person, vehicle*) torcer, dar vuelta. (**b**) (*appliance etc*) apagarse. **2** *vt + adv* (**a**) (*light*) apagar; (*appliance*) cortar; (*tap*) cerrar. (**b**) (*fam: person*) desanimar, descorazonar; (*: also sexually*) matar *or* extinguir el deseo a.

▸ **turn on 1** *vi + adv* (*appliance*) encenderse, prender *(LAm)*. **2** *vt + adv* (**a**) (*appliance, electricity*) encender, prender *(LAm)*; (*tap*) abrir; (*light*) poner. (**b**) (*fam: person*) interesar, despertar; (*: also sexually*) excitar; **he doesn't ~ me on** no me chifla *(fam)*; **whatever ~s you on** lo que te guste, lo que quieras.

▸ **turn out 1** *vi + adv* (**a**) (*appear*) aparecer; (*attend: troops*) presentarse; (*: doctor*) atender; **to ~ out for a meeting** asistir a una reunión.
(**b**) (*prove to be*) resultar; **it ~ed out that ...** resultó (ser) que ...; **it ~ed out well/badly** salió bien/mal; **as it ~s out** por fin.
2 *vt + adv* (**a**) (*appliance, light*) apagar; (*gas*) cortar.
(**b**) (*produce*) producir; **to be well ~ed out** (*fig*) ir elegante *or* bien vestido.
(**c**) (*empty: pockets*) vaciar; (*tip out: cake*) sacar.
(**d**) (*clean out: room*) limpiar, remover.
(**e**) (*expel: person*) expulsar, echar.
(**f**) (*guard, police*) llamar.

▸ **turn over 1** *vi + adv* (**a**) (*person, car etc*) volverse, voltearse *(LAm)*; (*of engine*) girar; **my stomach ~ed over** se me revolvió el estómago.
(**b**) (*in reading*) pasar a la siguiente página; (*in letter*) volver la página; **please ~ over** véase al dorso, sigue ....
2 *vt + adv* (**a**) (*page*) volver; (*patient, mattress, card*) dar la vuelta a; **to ~ over an idea in one's mind** (*fig*) darle vueltas a una idea en la cabeza.
(**b**) (*hand over: object, business etc*) ceder, entregar; (*: person*) entregar.
(**c**) (*Comm: sum*) mover, facturar; **they ~ over a million a year** su volumen de ventas *or* producción *etc* es de un millón al año.

▸ **turn round 1** *vi + adv* (**a**) (*back to front*) volverse, dar la espalda. (**b**) (*rotate*) girar, dar vueltas; **to ~ round and round** dar vueltas y más vueltas. **2** *vt + adv* (**a**) dar la vuelta a, voltear *(LAm)*; (*vehicle, ship etc*) volver. (**b**) (*change*) cambiar; reformar; **it is time to ~ the economy round** es el momento de dar una nueva dirección a la economía.

▸ **turn up 1** *vi + adv* (**a**) (*be found*) aparecer; (*arrive*) llegar, aparecer; **something will ~ up** algo saldrá; **we waited but she didn't ~ up** esperamos pero no apareció; **he ~ed up 2 hours late** llegó con 2 horas de retraso.
(**b**) (*point upwards*) volverse hacia arriba; **his nose ~s up** tiene la nariz respingona.
2 *vt + adv* (**a**) (*collar, sleeve, hem*) subir; **a ~ed-up nose** una nariz respingona; **to ~ up one's nose at sth** ponerle mala cara a algo, hacer ascos a algo.
(**b**) (*heat, gas*) subir; (*radio etc*) poner más fuerte.
(**c**) (*find*) descubrir, desenterrar.

turnabout [ˈtɜːnəbaʊt], **turnaround** [ˈtɜːnəraʊnd] *n* cambio *m* de rumbo.

turncoat [ˈtɜːnkəʊt] *n* renegado/a *m/f*.

turner [ˈtɜːnəʳ] *n* tornero *m*.

turning [ˈtɜːnɪŋ] **1** *n* (*side road*) bocacalle *f*; (*fork*) cruce *m*, esquina *f*; (*bend*) curva *f*; **the first ~ on the right** la primera bocacalle a la derecha. **2** *cpd*: **~ point** *n* (*fig*) encrucijada *f*.

turnip [ˈtɜːnɪp] *n* nabo *m*.

turnkey [ˈtɜːnkiː] **1** *n* (*Comput*) llave *f* de seguridad. **2** *cpd*: **~ system** *n* sistema *m* de seguridad.

turnoff [ˈtɜːnɒf] *n* (**a**) (*in road*) desvío *m*, empalme *m*. (**b**) (*fam*); **he's a real ~** ese me cae gordo *(fam)*.

turn-on [ˈtɜːnɒn] *n* (*fam: girl*) tía *f* buena *(fam)*; (*: guy*) tío *m* bueno *(fam)*.

turnout [ˈtɜːnaʊt] *n* (**a**) (*attendance*) concurrencia *f*, asistencia *f*; **there was a poor ~** asistió poca gente. (**b**) (*clean*) limpieza *f*; **she gave the room a good ~** hizo limpieza en el cuarto.

turnover [ˈtɜːnˌəʊvəʳ] *n* (**a**) (*Comm: of stock, goods*) renovación *f* de existencias; (*total business*) movimiento *m* de mercancías; **he sold the goods cheaply, hoping for a quick ~** vendió barato las existencias, con la idea de renovarlas rápido; **a ~ of £6,000 a week** una facturación de 6000 libras a la semana; **there is a rapid ~ in staff** el personal cambia muy a menudo. (**b**) (*Culin*) empanada *f*.

turnpike [ˈtɜːnpaɪk] *n* (*US Aut*) autopista *f* de peaje.

turnround [ˈtɜːnraʊnd] *n* (*Naut*) tiempo *m* de descarga y carga; (*of goods*) plazo *m*.

turnstile [ˈtɜːnstaɪl] *n* torniquete *m*.

turntable [ˈtɜːnˌteɪbl] **1** *n* (*for record player*) plato *m* giratorio; (*for trains, car etc*) placa *f* giratoria. **2** *cpd*: **~ ladder** *n* escalera *f* sobre plataforma giratoria.

turn-up [ˈtɜːnʌp] *n* (*of trousers*) vuelta *f*; **that was a ~ for the book** *(fam)* eso sí que no se esperaba.

turpentine [ˈtɜːpəntaɪn] **1** *n* (*also* **turps**: *fam*) trementina *f*. **2** *cpd*: **~ substitute** *n* aguarrás *m inv*.

turps [tɜːps] *n abbr* (*fam*) *of* **turpentine**.

turquoise [ˈtɜːkwɔɪz] **1** *n* (*stone*) turquesa *f*; (*colour*) azul turquesa *m*. **2** *adj* azul turquesa.

turret [ˈtʌrɪt] *n* (*of castle*) torreón *m*; (*of tank, warship, aircraft*) torreta *f*.

turtle [ˈtɜːtl] **1** *n* tortuga *f* (marina); **to turn ~** (*boat*) volcar, capotar. **2** *cpd*: **~ soup** *n* sopa *f* de tortuga.

turtledove [ˈtɜːtldʌv] *n* tórtola *f*.

turtleneck [ˈtɜːtlnek] *n* cuello *m* vuelto.

Tuscan [ˈtʌskən] **1** *adj* toscano/a. **2** *n* toscano/a *m/f*; (*Ling*) toscano *m*.

Tuscany [ˈtʌskənɪ] *n* la Toscana.

tusk [tʌsk] *n* colmillo *m*.

tussle [ˈtʌsl] **1** *n* lucha *f*, pelea *f*; **to have a ~ with** pelearse con. **2** *vi*: **to ~ (with sb for sth)** pelearse (por algo con algn).

tussock [ˈtʌsək] *n* mata *f* (de hierba).

tut [tʌt] (*also* **~-~**) **1** *interj* ¡vaya! **2** *vi* chasquear la lengua en señal de desaprobación.

tutor [ˈtjuːtəʳ] **1** *n* (*private teacher*) profesor(a) *m/f* particular; (*Univ*) tutor(a) *m/f*. **2** *vt*: **to ~ sb in Latin** dar clases particulares de latín a algn.

tutorial [tjuːˈtɔːrɪəl] *n* (*Univ*) seminario *m*.

tutu [ˈtuːtuː] *n* tutú *m*.

tuxedo [tʌkˈsiːdəʊ] *n* (*US*) smoking *m*, esmoquin *m*.

TV *n abbr of* **television** TV *f*.

TVA *n abbr* (*US*) *of* **Tennessee Valley Authority**.

TVEI *n abbr* (*Brit*) *of* **technical and vocational educational initiative**.

TVP *n abbr of* **texturized vegetable protein** *sustituto de carne*.

twaddle [ˈtwɒdl] *n* tonterías *fpl*, chorradas *fpl*, babosadas *fpl or (LAm fam)* pendejadas *fpl*.

twang [twæŋ] **1** *n* (*of wire, bow etc*) tañido *m*; (*of voice*)

deje *m*; **to speak with a** ~ ganguear. **2** *vt* (*Mus*) tañer.
tweak [twi:k] **1** *n*: **to give sb's nose/ear a** ~ pellizcarle a algn la nariz/la oreja. **2** *vt* pellizcar.
twee [twi:] *adj* (*fam pej*) cursi, afectado/a.
tweed [twi:d] *n* (*cloth*) tweed *m*; **~s** (*suit*) traje *m* de tweed.
tweet [twi:t] *vi* (*bird*) piar.
tweeter ['twi:tə^r] *n* altavoz *m* para frecuencias altas.
tweezers ['twi:zəz] *npl* pinzas *fpl*; **a pair of** ~ unas pinzas.
twelfth [twelfθ] **1** *adj* duodécimo/a; **T~ Night** (Día *m* de) Reyes *mpl*. **2** *n* (*in series*) duodécimo/a *m/f*; (*fraction*) doceavo *m*; *see* **fifth** *for usage*.
twelve [twelv] **1** *adj* doce. **2** *n* doce *m*; *see* **five** *for usage*.
twentieth ['twentɪɪθ] **1** *adj* vigésimo/a. **2** *n* (*in series*) vigésimo/a *m/f*; (*fraction*) veintésimo *m*; *see* **fifth** *for usage*.
twenty ['twentɪ] **1** *adj* veinte. **2** *n* veinte *m*; *see* **fifty** *for usage*.
twenty-first ['twentɪf3:st] *n* (*birthday*) cumpleaños *m* veintiuno; (*party*) fiesta *f* del cumpleaños veintiuno.
twenty-four ['twentɪ'fɔ:^r] *attr*: **'~ hour service'** '24 horas de servicio', 'abierto 24 horas'.
twerp [tw3:p] *n* (*fam*) idiota *mf*, bruto/a *m/f*.
twice [twaɪs] *adv* dos veces; ~ **as much/many** dos veces más; ~ **a week** dos veces a la *or* por semana; **she is ~ your age** ella tiene dos veces tu edad; **A is ~ as big as B** A es el doble de B, A es dos veces más grande que B; **since the operation he is ~ the man he was** después de la operación vale dos veces lo de antes; **to do sth ~** hacer algo dos veces; **he didn't have to be asked ~** no se hizo de rogar.
twiddle ['twɪdl] **1** *vt* dar vueltas a; **to ~ one's thumbs** (*fig*) estar de brazos cruzados, estar mano sobre mano, flojear (*esp LAm*). **2** *vi* dar vueltas.
twig[1] [twɪg] *n* ramita *f*.
twig[2] [twɪg] (*fam*) **1** *vt* caer en la cuenta de. **2** *vi* caer en la cuenta.
twilight ['twaɪlaɪt] **1** *n* (*lit: evening*) anochecer *m*, crepúsculo *m*; (*: morning*) madrugada *f*; (*fig*) crepúsculo, ocaso *m*; **at ~** al anochecer; **in the ~** a media luz. **2** *cpd*: **~ area, ~ zone** *n* zona *f* gris.
twill [twɪl] *n* (*fabric*) tela *f* cruzada.
twin [twɪn] **1** *adj* (*son, brother*) gemelo, mellizo, cuate (*Mex*); (*daughter, sister*) gemela, melliza, cuate (*Mex*); **~ beds** camas *fpl* gemelas; **~ town** ciudad *f* hermanada. **2** *n* gemelo/a *m/f*, mellizo/a *m/f*; **identical ~s** gemelos idénticos, cuates (*Mex*). **3** *vt*: **the town with which Wigan is ~ned** la ciudad que está hermanada con Wigan.
twin-bedded ['twɪn'bedɪd] *adj* (*room*) con camas gemelas.
twine [twaɪn] **1** *n* bramante *m*. **2** *vt* enroscar, trenzar; **to ~ one's arms round sb** abrazar a algn. **3** *vi* enroscarse.
twin-engined ['twɪn'endʒɪnd] *adj* bimotor(a).
twinge [twɪndʒ] *n* (*of pain*) punzada *f*; **I've been having ~s of conscience** (*fig*) he tenido remordimientos de conciencia.
twinkle ['twɪŋkl] **1** *n* centelleo *m*, parpadeo *m*; **he had a ~ in his eye** tenía un brillo en sus ojos. **2** *vi* (*gen*) centellear, parpadear.
twinkling ['twɪŋklɪŋ] *n*: **in the ~ of an eye** en un abrir y cerrar de ojos.
twinning ['twɪnɪŋ] *n* (*Brit*) hermanación *f* de dos ciudades.
twinset ['twɪnset] *n* conjunto *m*, juego *m*.
twin-tub ['twɪn'tʌb] *n* lavadora *f* de dos tambores.
twirl [tw3:l] **1** *n* (*of body*) vuelta *f*, pirueta *f*; (*in writing*) rasgo *m*. **2** *vt* dar vueltas rápidas a; (*baton, lasso*) dar vueltas a; (*knob*) girar; (*moustache*) atusarse. **3** *vi* dar vueltas, piruetear.
twist [twɪst] **1** *n* (**a**) (*in wire etc*) vuelta *f*; (*of hair*) trenza *f*; (*of tobacco*) rollo *m*; (*of paper*) cucurucho *m*; (*of lemon*) pedacito *m*.
(**b**) (*twisting action*) torsión *f*, torcimiento *m*; **to give sth a ~** girar algo; **to give one's ankle a ~** (*Med*) torcerse el tobillo; **with a quick ~ of the wrist** torciendo rápidamente la muñeca.
(**c**) (*bend*) vuelta *f*, curva *f*; (*in road, etc*) recodo *m*; (*fig: in story, etc*) giro *m* inesperado; **a road full of ~s and turns** una carretera llena de curvas; **the plot has an unexpected ~** el argumento tiene un giro inesperado; **a strange ~ of fate** un capricho de la suerte; **to be round the ~** (*fam*) estar chiflado (*fam*); **to go round the ~** (*fam*) volverse loco/a, enloquecer.
(**d**) **to do the ~** (*dance*) bailar el twist.
2 *vt* (*wrench out of shape*) torcer, retorcer; (*turn*) girar; (*also* ~ **together**) trenzar, entrelazar; (*coil*) enrollar, enroscar; (*fig: sense, words, argument*) retorcer, tergiversar; **his face was ~ed with pain** tenía en la cara un gesto de dolor *or* tenía el rostro transfigurado por el dolor; **to ~ one's ankle/neck/wrist** (*Med*) torcerse el tobillo/el cuello/la muñeca; **to ~ sb's arm** (*fig*) apretarle las tuercas a algn.
3 *vi* (**a**) (*coil up*) enroscarse; (*road etc*) serpentear, dar vueltas; **the rope got ~ed round the pole** la cuerda se enroscó alrededor del palo; **the road ~ed and turned** la carretera serpenteaba.
(**b**) (*dance*) bailar el twist.
► **twist off** *vt + adv* desenroscar.
twisted ['twɪstɪd] *adj* (*wire, rope*) trenzado/a, enroscado/a; (*ankle, wrist*) torcido/a; (*fig: logic, mind*) retorcido/a.
twister ['twɪstə^r] *n* (*fam*) estafador(a) *m/f*.
twit [twɪt] *n* (*fam*) imbécil *mf*, gilipollas *mf* (*fam*), pendejo/a *m/f* (*LAm fam*).
twitch [twɪtʃ] **1** *n* (*slight pull*) tirón *m*; (*nervous*) tic *m*; **to give sth a ~** darle un tirón a algo. **2** *vi* (*hands, face, muscles*) crisparse; (*nose, tail, ears*) moverse nerviosamente.
twitchy ['twɪtʃɪ] *adj* (*nervous*) nervioso/a, inquieto/a.
twitter ['twɪtə^r] **1** *n* (*of bird*) pío *m*; **to be all of a ~, to be in a ~** (*fam*) estar *or* andar agitado/a *or* nervioso/a. **2** *vi* (*of bird*) piar; (*of person*) hablar nerviosamente.
two [tu:] **1** *adj* dos. **2** *n* dos *m*; **to break sth in ~** romper algo en dos; **~ by ~, in ~s** de dos en dos; **to arrive in ~s and threes** llegar dos o tres a la vez; **to put ~ and ~ together** (*fig*) atar cabos; **that makes ~ of us** ya somos dos; *see* **five** *for usage*.
two-bit ['tu:bɪt] *adj* (*US fam*) de poca monta, de tres al cuarto.
two-door ['tu:'dɔ:^r] *adj* (*car*) de dos puertas.
two-edged ['tu:'edʒd] *adj* de doble filo.
two-faced ['tu:'feɪst] *adj* (*fig: person*) falso/a, hipócrita.
twofold ['tu:fəʊld] **1** *adv* dos veces. **2** *adj* doble.
two-legged ['tu:'legɪd] *adj* bípedo/a, de dos piernas.
two-party ['tu:'pɑ:tɪ] *adj* (*state etc*) bipartidista.
twopence ['tʌpəns] *n* (*Brit*) dos peniques; (*: coin*) una moneda de dos peniques; **it's not worth ~** (*fam*) no vale una perra gorda.
two-phase ['tu:'feɪz] *adj* (*Elec*) bifásico/a.
two-piece ['tu:'pi:s] **1** *adj* de dos piezas. **2** *n* (*suit*) conjunto *m* de dos piezas.
two-ply ['tu:'plaɪ] *adj* (*wool*) de dos cabos, doble.
two-seater ['tu:'si:tə^r] *n* (*car, plane*) de dos plazas.
twosome ['tu:səm] *n* (*people*) pareja *f*; **to go out in a ~** salir en pareja.
two-step ['tu:'step] *n* (*dance*) paso *m* doble.
two-storey ['tu:'stɔ:rɪ] *adj* de dos pisos.
two-stroke ['tu:'strəʊk] **1** *n* (*engine*) motor *m* de dos tiempos. **2** *adj* de dos tiempos.
two-time ['tu:'taɪm] *vt* (*fam*) engañar con otro/a a, ser infiel con otro/a a.
two-timer [ˌtu:'taɪmə^r] *n* (*US*) (**a**) (*gen: traitor*) traidor(a) *m/f*. (**b**) (*in marriage*) marido *m* *or* mujer *f* infiel.
two-tone ['tu:'təʊn] *adj* (*colour*) de dos tonos, bicolor.
two-way ['tu:'weɪ] *adj* emisor(a) y receptor(a); **~ traffic**

circulación *f* de dos sentidos.
two-wheeler [ˈtuːˈwiːləʳ] *n* bicicleta *f*.
TX *abbr* (*US Post*) *of* **Texas**.
Tx *abbr of* **telex**.
tycoon [taɪˈkuːn] *n* magnate *m*; **an oil ~** un magnate del petróleo.
tympanum [ˈtɪmpənəm] *n* (*Anat, Archit*) tímpano *m*.
type [taɪp] **1** *n* (**a**) (*characteristic specimen*) tipo *m*, clase *f*.
(**b**) (*class, make*) tipo *m*; **what ~ of car is it?** ¿qué marca de coche es?; **what ~ did you want?** ¿qué tipo quería?; **what ~ of person is he?** ¿qué tipo de persona es?; **he's not my ~** no me cae bien, no me gusta su forma de ser; **it's my ~ of film** es una película de las que a mí me gustan; **I know the ~ of thing you mean** sé exactamente a lo que te refieres.
(**c**) (*fam: person*) tipo/a *m/f*; **a pleasant ~** un tipo amable; **she's not my ~** no es mi tipo.
(**d**) (*Typ: one letter*) letra *f*, carácter *m*; (*: letters collectively*) tipos *mpl*; **in bold ~** en negrita.
2 *vt* (**a**) (*also* **~ out, ~ up**) pasar a máquina, escribir a máquina.
(**b**) (*disease etc*) clasificar.
3 *vi* escribir a máquina, mecanografiar.
typecast [ˈtaɪpkɑːst] (*pt, pp* ~) *vt*: **to ~ an actor** encasillar a un actor.
typeface [ˈtaɪpfeɪs] *n* tipo *m*.
typescript [ˈtaɪpskrɪpt] *n* texto *m* mecanografiado.
typeset [ˈtaɪpset] *vt* componer.
typesetter [ˈtaɪpˌsetəʳ] *n* (*person*) cajista *mf*, compositor(a) *m/f*.
typewriter [ˈtaɪpˌraɪtəʳ] **1** *n* máquina *f* de escribir. **2** *cpd*: **~ ribbon** *n* cinta *f* para máquina de escribir.
typewritten [ˈtaɪpˌrɪtn] *adj* escrito/a a máquina.
typhoid [ˈtaɪfɔɪd] *n* tifoidea *f*.
typhoon [taɪˈfuːn] *n* tifón *m*.
typhus [ˈtaɪfəs] *n* tifus *m*.
typical [ˈtɪpɪkəl] *adj* típico/a; **a ~ Canadian winter** un típico invierno canadiense; **the ~ Spaniard** el español típico; **(isn't that just) ~!** ¡típico!; **that's ~ of her!** ¡eso es típico *or* muy de ella!
typically [ˈtɪpɪkəlɪ] *adv* típicamente; **~ Scottish** típicamente escocés; **~, he arrived home late** como siempre *or* de costumbre, regresó tarde a casa.
typify [ˈtɪpɪfaɪ] *vt* (*thing*) representar, tipificar; (*person*) ser ejemplo de.
typing [ˈtaɪpɪŋ] *n* mecanografía *f*. **2** *cpd*: **~ error** *n* error *m* mecanográfico; **~ paper** *n* papel *m* para máquina de escribir; **~ pool** *n* sala *f* de mecanógrafas; **~ speed** *n* palabras *fpl* por minuto (mecanografiadas).
typist [ˈtaɪpɪst] *n* mecanógrafo/a *m/f*.
typo [ˈtaɪpəʊ] *n* (*fam*) errata *f*.
typographer [taɪˈpɒgrəfəʳ] *n* tipógrafo/a *m/f*.
typographical [ˌtaɪpəˈgræfɪkəl] *adj* tipográfico/a.
typography [taɪˈpɒgrəfɪ] *n* tipografía *f*.
tyrannical [tɪˈrænɪkəl] *adj* tiránico/a, tirano/a.
tyranny [ˈtɪrənɪ] *n* (*lit, fig*) tiranía *f*.
tyrant [ˈtaɪrənt] *n* tirano/a *m/f*.
tyre [ˈtaɪəʳ] **1** *n* (*Aut etc*) neumático *m (Sp)*, cubierta *f*, llanta *f (LAm)*, caucho *m (CSur)*; **to have a burst/flat ~** tener una rueda pinchada *or (Mex)* ponchada. **2** *cpd*: **~ gauge** *n* medidor *m* de presión; **~ lever** *n* palanca *f* para desmontar neumáticos; **~ pressure** *n* presión *f* de los neumáticos *etc*.
Tyrol [tɪˈrəʊl] *n* el Tirol.
Tyrolean [ˌtɪrəˈlɪ(ː)ən], **Tyrolese** [ˌtɪrəˈliːz] *adj, n* tirolés/esa *m/f*.
Tyrrhenian [tɪˈriːnɪən] **1** *adj* tirrénico/a. **2** *n*: **the ~ Sea** El Mar Tirreno.
tzar [zɑːʳ] *n* = **tsar**.

U

U[1], **u** [juː] *n* (*letter*) U, u *f*.
U[2] [juː] **1** *adj abbr* (*Brit*) (**a**) *of* **upper-class**. (**b**) (*Cine*) *of* **universal** todos los públicos. **2** *abbr of* **University** U.
UAE *n abbr of* **United Arab Emirates** EAU *mpl*.
UB40 *n abbr* (*Brit*) *of* **Unemployment Benefit form 40** *número de referencia en la solicitud de inscripción en la lista de parados; por extensión, el beneficiario*.
ubiquitous [juːˈbɪkwɪtəs] *adj* ubicuo/a.
U-boat [ˈjuːbəʊt] *n* submarino *m* alemán.
UCCA [ˈʌkə] *n abbr* (*Brit*) *of* **Universities Central Council on Admissions**.
UDA *n abbr of* **Ulster Defence Association** *organización paramilitar protestante en Irlanda del Norte*.
UDC *n abbr* (*Brit*) *of* **Urban District Council**.
udder [ˈʌdəʳ] *n* ubre *f*.
UDI *n abbr* (*Brit*) *of* **unilateral declaration of independence**.
UDR *n abbr of* **Ulster Defence Regiment** *fuerza de seguridad de Irlanda del Norte*.
UEFA [jʊˈeɪfə] *n abbr of* **Union of European Football Associations** UEFA.
UFO *n abbr of* **unidentified flying object** OVNI *m*.
Uganda [juːˈgændə] *n* Uganda *f*.
Ugandan [juːˈgændən] *adj, n* ugandés/esa *m/f*.
ugh [ɜːh] *interj* ¡uf!
ugliness [ˈʌglɪnɪs] *n* fealdad *f*.
ugly [ˈʌglɪ] *adj* (*comp* **-ier**; *superl* **-iest**) (**a**) (*not pretty*) feo/a; **to be as ~ as sin** ser feísimo *or* más feo que Picio; **~ duckling** (*fig*) patito *m* feo. (**b**) (*unpleasant*) desagradable; (*dangerous*) peligroso/a; **an ~ customer** (*fam*) un tipo de cuidado.
UHF *n abbr of* **ultra-high frequency** UHF *f*.
UHT *adj abbr of* **ultra heat-treated** uperizado/a.
UK *n abbr of* **United Kingdom** RU.
Ukraine [juːˈkreɪn] *n* Ucrania *f*.
Ukrainian [juːˈkreɪnɪən] *adj, n* ucranio/a *m/f*.
ukulele [ˌjuːkəˈleɪlɪ] *n* ukelele *m*.
ulcer [ˈʌlsəʳ] *n* úlcera *f*.
ulcerated [ˈʌlsəreɪtɪd] *adj* ulcerado/a.
ulna [ˈʌlnə] *n* (*pl* **ulnae** [ˈʌlniː]) cúbito *m*.
Ulster [ˈʌlstəʳ] *n* Ulster *m*.
ult. [ʌlt] *adv abbr* (*Comm*) *of* **ultimo**; **the 5th ~** el 5 del mes pasado.
ulterior [ʌlˈtɪərɪəʳ] *adj*: **~ motive** segunda intención *f*, motivos *mpl* ulteriores.
ultimate [ˈʌltɪmɪt] **1** *adj* (**a**) (*final*) último/a, final; **the ~ result** el resultado final. (**b**) (*greatest*) mayor; **the ~ deterrent** (*Mil*) el disuasivo supremo. (**c**) (*basic*) fundamental, esencial. **2** *n* último/a *m/f*; **the ~ in luxury** el colmo del lujo, lo último en lujo; **it's the ~ in hairstyling** es el último grito del peinado.
ultimately [ˈʌltɪmɪtlɪ] *adv* (*eventually*) por último, a fin de cuentas; (*in the end*) finalmente, al final.
ultimatum [ˌʌltɪˈmeɪtəm] *n* (*pl* **~s** *or* **ultimata** [ˌʌltɪˈmeɪtə]) (*Mil, fig*) ultimátum *m*.
ultra... [ˈʌltrə] *pref* ultra....

ultramarine [ˌʌltrəmə'ri:n] **1** *adj* ultramarino/a. **2** *n* azul *m* ultramarino.
ultramodern ['ʌltrə'mɒdən] *adj* ultramoderno/a.
ultrasonic ['ʌltrə'sɒnɪk] *adj* ultrasónico/a.
ultrasound ['ʌltrəsaʊnd] **1** *n* ultrasonido *m*. **2** *cpd*: ~ **scan** *n* ecografía *f*.
ultraviolet ['ʌltrə'vaɪəlɪt] *adj* ultravioleta; ~ **rays** rayos *mpl* ultravioleta.
um [ʌm] *interj* (*in hesitation*) esto (*Sp*), este (*LAm*).
umber ['ʌmbəʳ] **1** *n* ocre *m or* pardo *m* oscuro. **2** *adj* color ocre *or* pardo oscuro.
umbilical [ˌʌmbɪ'laɪkəl] *adj*: ~ **cord** cordón *m* umbilical.
umbrage ['ʌmbrɪdʒ] *n*: **to take ~ (at sth)** ofenderse *or* quedarse resentido (por algo).
umbrella [ʌm'brelə] **1** *n* paraguas *m inv*; **beach ~** sombrilla *f*; **under the ~ of** (*fig: protected*) al abrigo de; (*: incorporating*) comprendido en. **2** *cpd*: ~ **organization** *n* organización *f* paraguas; ~ **stand** *n* paragüero *m*.
umpire ['ʌmpaɪəʳ] **1** *n* árbitro *m*. **2** *vi* ser árbitro.
umpteen ['ʌmpti:n] *adj* (*fam*) enésimos/as.
umpteenth ['ʌmpti:nθ] *adj* (*fam*) enésimo/a.
UMW *n abbr* (*US*) *of* **United Mineworkers of America**.
UN *n abbr of* **United Nations** NN. UU.
un... [ʌn] *pref* in ..., des ..., no ....
unabashed ['ʌnə'bæʃt] *adj* (*shameless*) descarado/a, desvergonzado/a; (*unperturbed*) impertérrito/a.
unabated ['ʌnə'beɪtɪd] *adj*: **the storm continued ~** la tormenta siguió sin amainar.
unable ['ʌn'eɪbl] *adj*: **to be ~ to do sth** no poder hacer algo, ser incapaz de hacer algo.
unabridged ['ʌnə'brɪdʒd] *adj* íntegro/a.
unacceptable ['ʌnək'septəbl] *adj* inaceptable.
unaccommodating ['ʌnə'kɒmədeɪtɪŋ] *adj* poco amable.
unaccompanied ['ʌnə'kʌmpənɪd] *adj* solo/a, no acompañado/a; (*Mus*) sin acompañamiento, no acompañado/a.
unaccountably ['ʌnə'kaʊntəblɪ] *adv* inexplicablemente.
unaccounted ['ʌnə'kaʊntɪd] *adj*: **two passengers are still ~ for** aún (nos) faltan dos pasajeros.
unaccustomed ['ʌnə'kʌstəmd] *adj* (**a**) **to be ~ to sth** no estar acostumbrado a algo, no tener costumbre de algo; **to be ~ to doing sth** no tener costumbre de hacer algo, no acostumbrar hacer algo. (**b**) **with ~ zeal** con un entusiasmo insólito.
unacquainted ['ʌnə'kweɪntɪd] *adj*: **to be ~ with** desconocer, ignorar.
unaffected ['ʌnə'fektɪd] *adj* (**a**) (*sincere*) sin afectación, sencillo/a. (**b**) (*emotionally*) no afectado/a, inmutable; **to be ~ by** ... no ser afectado por ....
unafraid ['ʌnə'freɪd] *adj* sin temor *or* miedo.
unaided ['ʌn'eɪdɪd] **1** *adv* sin ayuda, solo/a. **2** *adj*: **by his own ~ efforts** sin ayuda de nadie.
unalterable [ʌn'ɒltərəbl] *adj* inalterable.
unaltered ['ʌn'ɒltəd] *adj* inalterado/a.
unambiguous ['ʌnæm'bɪgjʊəs] *adj* inequívoco/a.
unambitious ['ʌnæm'bɪʃəs] *adj* sin ambición.
unanimous [ju:'nænɪməs] *adj* unánime.
unanimously [ju:'nænɪməslɪ] *adv* unánimemente, por unanimidad.
unannounced ['ʌnə'naʊnst] *adj*: **to arrive ~** llegar sin dar aviso.
unanswerable [ʌn'ɑ:nsərəbl] *adj* incontestable.
unanswered ['ʌn'ɑ:nsəd] *adj* sin contestar.
unappealing ['ʌnə'pi:lɪŋ] *adj* poco atractivo/a.
unappetizing ['ʌn'æpɪtaɪzɪŋ] *adj* poco apetitoso/a; (*fig*) nada atractivo/a.
unapproachable ['ʌnə'prəʊtʃəbl] *adj* (*inaccessible*) inaccesible; (*person: aloof etc*) intratable, inasequible.
unarmed ['ʌn'ɑ:md] *adj* desarmado/a; ~ **combat** combate *m* sin armas.
unashamed ['ʌnə'ʃeɪmd] *adj* desvergonzado/a, descarado/a; **she was quite ~ about it** no se avergonzó por lo que hizo.
unashamedly ['ʌnə'ʃeɪmɪdlɪ] *adv* desvergonzadamente; **to be ~ proud of sth** enorgullecerse sin remordimiento de algo.
unasked ['ʌn'ɑ:skt] *adj* (*guest*) no invitado/a; (*advice*) no solicitado/a.
unassailable [ˌʌnə'seɪləbl] *adj* (*proof*) inobjetable; (*position, influence*) inatacable; (*argument*) indestructible.
unassisted ['ʌnə'sɪstɪd] *adj, adv* sin ayuda.
unassuming ['ʌnə'sju:mɪŋ] *adj* modesto/a, sin pretensiones.
unattached ['ʌnə'tætʃt] *adj* (*loose*) suelto/a; (*fig: gen*) libre; (*: employee*) disponible; (*: unmarried*) soltero/a.
unattainable ['ʌnə'teɪnəbl] *adj* inalcanzable.
unattended ['ʌnə'tendɪd] *adj* sin atender, desatendido/a.
unattractive ['ʌnə'træktɪv] *adj* poco atractivo/a.
unauthorized ['ʌn'ɔ:θəraɪzd] *adj* sin autorización *or* permiso.
unavailable ['ʌnə'veɪləbl] *adj* no disponible; (*busy*) ocupado/a.
unavoidable [ˌʌnə'vɔɪdəbl] *adj* inevitable, ineludible.
unavoidably [ˌʌnə'vɔɪdəblɪ] *adv*: ~ **detained** en retraso por causas ajenas a su voluntad.
unaware ['ʌnə'wɛəʳ] *adj*: **to be ~ of sth/that** ... ignorar algo/que ..., no ser consciente de algo/que ....
unawares ['ʌnə'wɛəz] *adv*: **to catch** *or* **take sb ~** coger a algn desprevenido.
unbalanced ['ʌn'bælənst] *adj* desequilibrado/a; (*mentally*) trastornado/a.
unbearable [ʌn'bɛərəbl] *adj* inaguantable, insoportable.
unbearably [ʌn'bɛərəblɪ] *adv* insoportablemente.
unbeatable ['ʌn'bi:təbl] *adj* invencible; (*price, offer*) inmejorable.
unbeaten ['ʌn'bi:tn] *adj* invicto/a, imbatido/a.
unbecoming ['ʌnbɪ'kʌmɪŋ] *adj* (*unseemly*) indecoroso/a, impropio/a; (*unflattering*) poco favorecedor(a).
unbeknown(st) ['ʌnbɪ'nəʊn(st)] *adj*: ~ **to me** sin saberlo yo.
unbelievable [ˌʌnbɪ'li:vəbl] *adj* increíble, inconcebible; **it is ~ that** ... es increíble que + *subjun*.
unbelievably [ˌʌnbɪ'li:vəblɪ] *adv* increíblemente.
unbeliever ['ʌnbɪ'li:vəʳ] *n* no creyente *mf*.
unbend ['ʌn'bend] (*pt, pp* **unbent**) **1** *vt* enderezar. **2** *vi* (*fig: person*) relajarse.
unbending ['ʌn'bendɪŋ] *adj* (*fig: inflexible*) inflexible; (*: strict*) estricto/a, severo/a.
unbent ['ʌn'bent] *pt, pp of* **unbend**.
unbias(s)ed ['ʌn'baɪəst] *adj* imparcial.
unblemished [ʌn'blemɪʃt] *adj* sin mancha *or* tacha.
unblock ['ʌn'blɒk] *vt* (*pipe*) desatascar; (*road etc*) despejar.
unbolt ['ʌn'bəʊlt] *vt* desatrancar, quitar el cerrojo de.
unborn ['ʌn'bɔ:n] *adj* (*child*) que va a nacer; (*generation*) venidero/a.
unbosom [ʌn'bʊzəm] *vt*: **to ~ o.s.** desahogarse.
unbounded [ʌn'baʊndɪd] *adj* ilimitado/a, sin límites.
unbreakable ['ʌn'breɪkəbl] *adj* irrompible.
unbridled [ʌn'braɪdld] *adj* (*fig*) desenfrenado/a.
unbroken ['ʌn'brəʊkən] *adj* (**a**) (*intact*) entero/a, intacto/a. (**b**) (*continuous*) ininterrumpido/a, continuo/a. (**c**) (*unbeaten*) no batido/a. (**d**) (*animals*) indomado/a; **his spirit remained ~** no se hundió.
unbuckle ['ʌn'bʌkl] *vt* desabrochar.
unburden [ʌn'bɜ:dn] *vt*: **to ~ o.s.** *or* **one's conscience to sb** desahogarse con algn.
unbusinesslike [ʌn'bɪznɪslaɪk] *adj* (*without method*) poco metódico/a; (*in appearance etc*) poco formal.
unbutton ['ʌn'bʌtn] *vt* desabrochar, desabotonar.

uncalled-for [ʌnˈkɔːldfɔːʳ] *adj* gratuito/a, impropio/a.
uncanny [ʌnˈkænɪ] *adj* (*comp* **-ier**; *superl* **-iest**) (*peculiar*) raro/a, extraño/a; (*ghostly*) misterioso/a.
uncared-for [ˈʌnˈkɛədfɔːʳ] *adj* (*gen*) descuidado/a; (*neglected*) abandonado/a.
uncaring [ˈʌnkɛərɪŋ] *adj* poco compasivo/a.
unceasing [ʌnˈsiːsɪŋ] *adj* (*incessant*) incesante; (*continuous*) continuo/a.
unceasingly [ʌnˈsiːsɪŋlɪ] *adv* (*see adj*) incesantemente; sin cesar; continuamente.
unceremonious [ˈʌnˌserɪˈməʊnɪəs] *adj* (*abrupt, rude*) brusco/a, hosco/a.
unceremoniously [ˈʌnˌserɪˈməʊnɪəslɪ] *adv* bruscamente, sin cortesías.
uncertain [ʌnˈsɜːtn] *adj* (*unsure*) incierto/a, precario/a; (*unknown*) desconocido/a; (*doubtful*) dudoso/a; (*indecisive*) indeciso/a; (*unreliable*) poco fiable; **in no ~ terms** sin dejar lugar a dudas, claramente.
uncertainty [ʌnˈsɜːtntɪ] *n* (*gen*) incertidumbre *f*; (*doubt*) duda *f*; (*indecision*) indecisión *f*, irresolución *f*.
unchallenged [ˈʌnˈtʃælɪndʒd] *adj* (*unnoticed*) inadvertido/a; (*undeniable*) incontrovertible; (*Jur*) incontestado/a; **his ideas went ~** sus ideas no fueron cuestionadas; **we cannot let that go ~** eso no lo podemos dejar pasar sin protesta.
unchanged [ˈʌnˈtʃeɪndʒd] *adj* igual, sin cambiar.
unchanging [ʌnˈtʃeɪndʒɪŋ] *adj* inalterable, inmutable.
uncharacteristic [ˌʌnkærəktəˈrɪstɪk] *adj* poco característico/a.
uncharitable [ʌnˈtʃærɪtəbl] *adj* poco caritativo/a, duro/a.
uncharted [ˈʌnˈtʃɑːtɪd] *adj* inexplorado/a, desconocido/a.
unchecked [ˈʌnˈtʃekt] **1** *adv* (*continue etc*) libremente, sin estorbo *or* restricción. **2** *adj* (**a**) (*unrestrained*) desenfrenado/a. (**b**) (*not verified*) no comprobado/a.
unchristian [ˈʌnˈkrɪstɪən] *adj* impropio/a de un cristiano.
uncivil [ˈʌnˈsɪvɪl] *adj* descortés, incivil; **to be ~ to sb** ser grosero con algn.
uncivilized [ˈʌnˈsɪvɪlaɪzd] *adj* poco civilizado/a, inculto/a; (*fig*) bárbaro/a.
unclaimed [ˈʌnˈkleɪmd] *adj* sin reclamar.
unclassifiable [ˌʌnˈklæsɪfaɪəbl] *adj* inclasificable.
unclassified [ˈʌnˈklæsɪfaɪd] *adj* (**a**) (*not arranged*) sin clasificar. (**b**) (*not secret*) libre, abierto/a.
uncle [ˈʌŋkl] *n* tío *m*.
unclean [ˈʌnˈkliːn] *adj* (*filthy*) inmundo/a, sucio/a; (*impure*) impuro/a.
unclear [ˌʌnˈklɪəʳ] *adj* (*report etc*) poco claro/a; **I'm still ~ about it** todavía no lo tengo muy claro.
unclouded [ˈʌnˈklaʊdɪd] *adj* (*sky etc*) despejado/a; (*fig: calm*) tranquilo/a.
uncoil [ˈʌnˈkɔɪl] **1** *vt* desenrollar. **2** *vi* desenrollarse; (*snake*) desenroscarse.
uncoloured, (*US*) **uncolored** [ˈʌnˈkʌləd] *adj* sin color, incoloro/a; (*account etc*) objetivo/a.
uncombed [ˈʌnˈkəʊmd] *adj* (*untidy*) despeinado/a; (*lit*) sin peinar.
uncomfortable [ʌnˈkʌmfətəbl] *adj* (**a**) (*gen*) incómodo/a. (**b**) (*fig: uneasy*) inquieto/a; (*: ill at ease*) incómodo; (*: worrying*) inquietante; (*: scared*) inquieto/a, con miedo; **to make life ~ for sb** (*euph*) hacerle la vida difícil a algn.
uncommitted [ˈʌnkəˈmɪtɪd] *adj* no comprometido/a.
uncommon [ʌnˈkɒmən] *adj* (**a**) (*unusual*) poco común. (**b**) (*outstanding*) insólito/a, extraordinario/a.
uncommonly [ʌnˈkɒmənlɪ] *adv* extraordinariamente; **not ~** con cierta frecuencia.
uncommunicative [ˈʌnkəˈmjuːnɪkətɪv] *adj* poco comunicativo/a, cerrado/a, reservado/a.
uncomplaining [ˈʌnkəmˈpleɪnɪŋ] *adj* resignado/a, sumiso/a.
uncomplainingly [ˈʌnkəmˈpleɪnɪŋlɪ] *adv* sin protesta, con resignación.
uncomplicated [ʌnˈkɒmplɪkeɪtɪd] *adj* sin complicaciones.
uncomplimentary [ˈʌnˌkɒmplɪˈmentərɪ] *adj* poco halagüeño/a *or* halagador(a).
uncomprehending [ˈʌnˌkɒmprɪˈhendɪŋ] *adj* incomprensivo/a.
uncompromising [ʌnˈkɒmprəmaɪzɪŋ] *adj* intransigente, inflexible; **~ loyalty** lealtad *f* absoluta.
unconcealed [ˈʌnkənˈsiːld] *adj* evidente, no disimulado/a.
unconcerned [ˈʌnkənˈsɜːnd] *adj* (*unworried*) despreocupado/a; (*indifferent*) indiferente; **to be ~ about sth** no inquietarse por algo.
unconditional [ˈʌnkənˈdɪʃənl] *adj* incondicional; **~ surrender** rendición *f* sin condiciones.
unconditionally [ˈʌnkənˈdɪʃnəlɪ] *adv* incondicionalmente.
unconfirmed [ˈʌnkənˈfɜːmd] *adj* no confirmado/a.
unconnected [ˈʌnkəˈnektɪd] *adj* (**a**) (*unrelated*) no relacionado/a. (**b**) (*incoherent*) inconexo/a.
unconscious [ʌnˈkɒnʃəs] **1** *adj* (**a**) (*Med*) sin conocimiento. (**b**) (*unaware*) inconsciente, insensible; **to be ~ of sth** no ser consciente de algo. (**c**) (*unintentional*) inconsciente. **2** *n*: **the ~** (*Psych*) el inconsciente.
unconsciously [ʌnˈkɒnʃəslɪ] *adv* inconscientemente.
unconsciousness [ʌnˈkɒnʃəsnɪs] *n* inconsciencia *f*; (*Med*) insensibilidad *f*, pérdida *f* de conocimiento.
unconstitutional [ˈʌnˌkɒnstɪˈtjuːʃənl] *adj* inconstitucional.
uncontested [ˈʌnkənˈtestɪd] *adj* ganado/a sin oposición.
uncontrollable [ˈʌnkənˈtrəʊləbl] *adj* (*gen*) incontrolable; (*temper*) indomable.
uncontrolled [ˈʌnkənˈtrəʊld] *adj* (*out of control*) descontrolado/a; (*passion*) desenfrenado/a; (*freedom etc*) irrestricto/a.
unconventional [ˈʌnkənˈvenʃənl] *adj* poco convencional; (*person*) original.
unconvinced [ˈʌnkənˈvɪnst] *adj* poco convencido/a; **I am *or* remain ~ by what she said** lo que dijo sigue sin convencerme.
unconvincing [ˈʌnkənˈvɪnsɪŋ] *adj* poco convincente.
uncooked [ˈʌnˈkʊkt] *adj* (*raw*) crudo/a; (*not properly cooked*) a medio cocer.
uncool [ʌnˈkuːl] (*fam*) *adj* (*unsophisticated*) nada sofisticado/a; (*unfashionable*) fuera de moda, anticuado/a.
uncooperative [ˈʌnkəʊˈɒpərətɪv] *adj* poco dispuesto/a a ayudar, nada servicial.
uncoordinated [ˈʌnkəʊˈɔːdɪneɪtɪd] *adj* no coordinado/a.
uncork [ˈʌnˈkɔːk] *vt* descorchar, destapar.
uncorroborated [ˈʌnkəˈrɒbəreɪtɪd] *adj* no confirmado/a.
uncouple [ˈʌnˈkʌpl] *vt* desenganchar, desacoplar.
uncouth [ʌnˈkuːθ] *adj* (*unrefined*) grosero/a, inculto/a; (*clumsy*) torpe, desmañado/a.
uncover [ʌnˈkʌvəʳ] *vt* (**a**) (*find out*) descubrir. (**b**) (*remove coverings of*) destapar, dejar al descubierto.
uncritical [ˈʌnˈkrɪtɪkəl] *adj* falto/a de sentido crítico.
uncrossed [ˈʌnˈkrɒst] *adj* (*cheque*) sin cruzar.
uncrowned [ˈʌnˈkraʊnd] *adj*: **the ~ king of Scotland** el rey sin corona de Escocia.
UNCTAD [ˈʌŋktæd] *n abbr of* **United Nations Conference on Trade and Development**.
unction [ˈʌŋkʃən] *n* (*unguent*) unción *f*; **extreme ~** (*Rel*) extremaunción *f*.
unctuous [ˈʌŋktjʊəs] *adj* (*fig*) afectadamente fervoroso/a; **in an ~ voice** en tono efusivo.
uncultivated [ˈʌnˈkʌltɪveɪtɪd] *adj* inculto/a.
uncultured [ˈʌnˈkʌltʃəd] *adj* inculto/a, ignorante.
uncurl [ˈʌnˈkɜːl] **1** *vt* desenroscar. **2** *vi* (*snake etc*) desenroscarse; (*straighten out*) estirarse.

uncut [ˈʌnˈkʌt] *adj* sin cortar; (*stone*) sin labrar; (*diamond*) en bruto, sin tallar; (*film, text*) integral, sin cortes.
undamaged [ʌnˈdæmɪdʒd] *adj* (*gen*) en buen estado; (*intact*) intacto/a.
undated [ˈʌnˈdeɪtɪd] *adj* sin fecha.
undaunted [ˈʌnˈdɔːntɪd] *adj* impávido/a, impertérrito/a.
undecided [ˈʌndɪˈsaɪdɪd] *adj* (*person*) indeciso/a; (*question*) pendiente; **we are still ~ whether to go** aún no sabemos si ir o no.
undefeated [ˈʌndɪˈfiːtɪd] *adj* invicto/a.
undefended [ˈʌndɪˈfendɪd] *adj* indefenso/a; (*Jur*) ganado/a por incomparencia del demandado.
undefinable [ˌʌndɪˈfaɪnəbl] *adj* indefinible.
undefined [ˌʌndɪˈfaɪnd] *adj* indefinido/a.
undelivered [ˌʌndɪˈlɪvəd] *adj* no entregado/a al destinatario.
undemanding [ˌʌndɪˈmɑːndɪŋ] *adj* (*person*) poco exigente; (*job*) que exige poco esfuerzo.
undemocratic [ˌʌndeməˈkrætɪk] *adj* antidemocrático/a.
undemonstrative [ˈʌndɪˈmɒnstrətɪv] *adj* reservado/a, poco expresivo/a.
undeniable [ˌʌndɪˈnaɪəbl] *adj* innegable.
undeniably [ˌʌndɪˈnaɪəblɪ] *adv* innegablemente, indudablemente.
under [ˈʌndəʳ] **1** *adv* (**a**) (*beneath: position*) debajo; (*: direction*) abajo; **he's been ~ for 3 hours** (*unconscious*) lleva 3 horas bajo los efectos de la anestesia.
(**b**) (*less*) menos.
2 *prep* (**a**) (*beneath*) debajo de; **~ the bed** debajo de la cama; **the train passed ~ the bridge** el tren pasó por debajo del puente.
(**b**) (*underneath*) debajo.
(**c**) (*less than*) menos de; **in ~ a minute** en menos de un minuto.
(**d**) (*subject to*) bajo; **~ this government/the Romans** bajo este gobierno/los romanos; **to study ~ X** estudiar con X, tener a X por profesor(a); **~ construction** bajo construcción, en obras; **~ a false name** con nombre falso; **~ pain/the pretext of** so pena/pretexto de; **he has 30 workers ~ him** tiene 30 obreros a su cargo.
(**e**) (*according to, by*) de acuerdo con, según.
under- *pref* (**a**) (*in rank*) **~secretary** subsecretario/a *m/f*; **~cook** cocinero/a *m/f* ayudante *or* auxiliar; **~15** (*child*) menor *mf* de 15 años; **the Spanish ~21 team** la selección española sub-21. (**b**) (*insufficiently*) poco.
under-achiever [ˌʌndərəˈtʃiːvəʳ] *n* (*Brit*) persona *f* que no desarrolla su potencial.
under-age [ˌʌndərˈeɪdʒ] *adj* menor de edad.
underarm [ˈʌndərɑːm] **1** *n* axila *f*. **2** *cpd* (*service etc*) hecho/a con la mano debajo del hombro; **~ deodorant** *n* desodorante *m*.
underbelly [ˈʌndəˌbelɪ] *n* panza *f*; (*fig*) parte *f* indefensa.
underbody [ˈʌndəbɒdɪ] *n* (*Aut*) bajos *mpl* del chasis.
undercapitalized [ˈʌndəˈkæpɪtəlaɪzd] *adj* descapitalizado/a.
undercarriage [ˈʌndəˌkærɪdʒ] *n* (*Aviat*) tren *m* de aterrizaje.
undercharge [ˈʌndəˈtʃɑːdʒ] *vt* cobrar menos de la cuenta.
underclass [ˈʌndəklɑːs] *n* clase *f* inferior.
underclothes [ˈʌndəkləʊðz] *npl*, **underclothing** [ˈʌndəˌkləʊðɪŋ] *n* ropa *fsg* interior *or (esp LAm)* íntima.
undercoat [ˈʌndəkəʊt] **1** *n* (*of paint*) primera capa *f or* mano, capa de apresto; (*paint itself*) pintura *f* preparatoria. **2** *vt* poner una primera capa a; (*US Aut*) proteger contra la corrosión.
undercover [ˈʌndəˌkʌvəʳ] *adj* clandestino/a.
undercurrent [ˈʌndəˌkʌrənt] *n* (*lit*) corriente *f* submarina, contracorriente *f*; (*fig*) corriente oculta.
undercut [ˈʌndəkʌt] (*pt, pp ~*) *vt* rebajar los precios para competir con.
underdeveloped [ˈʌndədɪˈveləpt] *adj* subdesarrollado/a; (*Phot*) insuficientemente revelado/a.
underdevelopment [ˈʌndədɪˈveləpmənt] *n* subdesarrollo *m*.
underdog [ˈʌndədɒg] *n*: **the ~** (*in fight*) el/la más debil *m/f*; (*in society*) el/la desvalido/a; **the ~s** los de abajo.
underdone [ˈʌndəˈdʌn] *adj* medio asado/a; (*deliberately*) poco hecho/a.
underdrawers [ˈʌndəˈdrɔːəz] *n* (*US*) calzoncillos *mpl*.
underemployment [ˌʌndərɪmˈplɔɪmənt] *n* subempleo *m*.
underestimate [ˈʌndərˈestɪmeɪt] *vt* (*gen*) subestimar; (*person*) menospreciar.
underexposed [ˈʌndərɪksˈpəʊzd] *adj* (*Phot*) subexpuesto/a.
underfed [ˈʌndəˈfed] *adj* subalimentado/a.
underfelt [ˈʌndəfelt] *n* arpillera *f*.
underfinanced [ˌʌndəfaɪˈnænst] *adj* insuficientemente financiado/a.
underfloor heating [ˌʌndəflɔːˈhiːtɪŋ] *n* calefacción *f* bajo el suelo de una casa.
underfoot [ˈʌndəˈfʊt] *adv* debajo de los pies; **it's wet ~** el suelo está mojado.
underfund [ˌʌndəˈfʌnd] *vt* infradotar.
undergarments [ˈʌndəˌgɑːmənts] *npl* ropa *fsg* interior *or (LAm)* íntima.
undergo [ˈʌndəˈgəʊ] (*pt* **underwent**; *pp* **undergone** [ˈʌndəˈgɒn]) *vt* sufrir, experimentar; (*treatment*) recibir; (*operation*) someterse a; **to ~ repairs** ser reparado.
undergraduate [ˈʌndəˈgrædjʊɪt] **1** *n* estudiante *mf*. **2** *cpd* (*student*) no graduado/a; (*course*) para estudiantes (no graduados).
underground [ˈʌndəˌgraʊnd] **1** *adj* subterráneo/a; (*fig*) clandestino/a. **2** [ˌʌndəˈgraʊnd] *adv* bajo tierra; **to go ~** (*hide*) esconderse; (*Pol fig*) pasar a la clandestinidad. **3** [ˈʌndəˌgraʊnd] *n* (*Brit Rail*) metro *m*, subterráneo *m (Arg)*, subte *m (Arg fam)*; (*Mil*) resistencia *f* clandestina; (*Pol*) movimiento *m* clandestino; (*Art*) arte *m* marginal.
undergrowth [ˈʌndəgrəʊθ] *n* maleza *f*, matorrales *mpl*.
underhand [ˈʌndəhænd] *adj* (*sly*) socarrón/ona; (*hidden*) clandestino/a, disimulado/a.
underinsured [ˌʌndərɪnˈʃʊəd] *adj* insuficientemente asegurado/a.
underlay [ˈʌndəleɪ] *n* (*for carpet*) refuerzo *m* (de alfombra).
underlie [ˌʌndəˈlaɪ]; (*pt* **underlay** [ˌʌndəˈleɪ]; *pp* **underlaid** [ˌʌndəˈleɪd]) *vt* (*fig*) sostener, estar en la base de.
underline [ˌʌndəˈlaɪn] *vt* (*lit, fig*) subrayar.
underling [ˈʌndəlɪŋ] *n* (*pej*) subordinado/a *m/f*, subalterno/a *m/f*.
underlying [ˈʌndəˈlaɪɪŋ] *adj* (*fig*) fundamental, esencial; **the ~ problem is that ...** el problema de fondo es que ....
undermanned [ˈʌndəˈmænd] *adj*: **to be ~** estar sin la debida plantilla, no tener el debido personal.
undermanning [ˌʌndəˈmænɪŋ] *n* escasez *f* de mano de obra, falta *f* de personal.
undermentioned [ˈʌndəˈmenʃənd] *adj* abajo citado/a.
undermine [ˌʌndəˈmaɪn] *vt* (*fig*) minar, socavar.
underneath [ˈʌndəˈniːθ] **1** *prep* (*position*) bajo, debajo de; **the noise came from ~ the table** el ruido salió de debajo de la mesa. **2** *adv* debajo, por debajo. **3** *n* parte *f* de abajo, fondo *m*.
undernourished [ˈʌndəˈnʌrɪʃt] *adj* desnutrido/a.
underpaid [ˈʌndəˈpeɪd] *adj* mal pagado/a.
underpants [ˈʌndəpænts] *npl* calzoncillos *mpl*, calzones *mpl (LAm)*.
underpass [ˈʌndəpɑːs] *n* (*for cars*) paso *m* a desnivel; (*for pedestrians*) paso inferior.
underpin [ˌʌndəˈpɪn] *vt* (*Archit*) apuntalar; (*fig*) sostener.
underpopulated [ˈʌndəˈpɒpjʊleɪtɪd] *adj* despoblado/a.

underpriced [ˈʌndəˈpraɪst] *adj* con precio demasiado bajo.
underprivileged [ˈʌndəˈprɪvɪlɪdʒd] *adj* desvalido/a, menos privilegiado/a.
underrate [ˌʌndəˈreɪt] *vt* subestimar, menospreciar.
underscore [ˌʌndəˈskɔːʳ] *vt* subrayar, recalcar.
underseal [ˈʌndəsiːl] *vt* (*Brit*) impermeabilizar (por debajo), proteger contra la corrosión.
undersecretary [ˈʌndəˈsekrətərɪ] *n* subsecretario/a *m/f.*
undersell [ˈʌndəˈsel] (*pt, pp* **undersold**) *vt* (*deliberately*) malvender, malbaratar; (*competitors*) vender a precio más bajo que; (*fig*) menospreciar.
undershirt [ˈʌndəʃɜːt] *n* (*US*) camiseta *f.*
undershorts [ˈʌndəˌʃɔːts] *n* (*US*) calzoncillos *mpl.*
underside [ˈʌndəsaɪd] *n* parte *f* inferior.
undersigned [ˈʌndəsaɪnd] *adj*: **we the ~** (*frm*) nosotros, los abajo firmantes.
undersized [ˈʌndəˈsaɪzd] *adj* (*small*) pequeño/a; (*too small*) demasiado pequeño/a.
underskirt [ˈʌndəskɜːt] *n* (*Brit*) enaguas *fpl.*
undersold [ˈʌndəˈsəʊld] *pt, pp of* **undersell**.
understaffed [ˈʌndəˈstɑːft] *adj*: **to be ~** estar falto de personal, no tener el debido personal.
understaffing [ˈʌndəˈstɑːfɪŋ] *n* escasez *f* de mano de obra, falta *f* de personal.
understand [ˌʌndəˈstænd] (*pt, pp* **understood**) **1** *vt* (**a**) comprender, entender; **I don't ~ why ...** no entiendo por qué ...; **she ~s children** (ella) entiende a los niños; **we ~ one another** nos entendemos.
(**b**) (*believe*) tener entendido; **I ~ you have been absent** tengo entendido que Ud ha estado ausente; **to give sb to ~ that ...** dar a algn a entender que ....
2 *vi* (**a**) comprender, entender; **I quite ~** se entiende perfectamente; (*don't worry*) no se preocupe; **it's understood that he'll pay** se sobreentiende que él pagará.
(**b**) **she was, I ~, a Catholic** tengo entendido que era católica; *see also* **understood**.
understandable [ˌʌndəˈstændəbl] *adj* comprensible; **it is ~ that ...** se comprende que ....
understanding [ˌʌndəˈstændɪŋ] **1** *adj* comprensivo/a, compasivo/a; **an ~ smile** una sonrisa de comprensión.
2 *n* (**a**) (*intelligence*) comprensión *f*, entendimiento *m*; **his ~ of these problems** su comprensión de estos problemas; **it was my ~ that ...** a mi entender ....
(**b**) (*knowledge*) conocimientos *mpl.*
(**c**) (*sympathy*) simpatía *f*, comprensión *f.*
(**d**) (*agreement*) acuerdo *m*, arreglo *m*; **to come to an ~ with sb** ponerse de acuerdo con algn; **to have an ~ with sb** (*verbal*) tener un acuerdo con algn; **on the ~ that he pays** a condición de que pague.
understate [ˈʌndəˈsteɪt] *vt* (*underestimate*) subestimar; (*underplay*) quitar importancia a; (*deprecate*) menospreciar.
understatement [ˈʌndəˌsteɪtmənt] *n* (*see vt*) subestimación *f*; menosprecio *m*; **to say it was good is quite an ~** decir que ha sido bueno es no hacer justicia a la verdad *or* es quedarse corto; **the ~ of the year** el eufemismo del año.
understood [ˌʌndəˈstʊd] **1** *pt, pp of* **understand. 2** *adj* (**a**) (*clear*) entendido/a, claro/a; **to make o.s. ~** hacerse entender; **I want it clearly ~** quiero que quede bien claro. (**b**) (*agreed*) entendido/a; **it was ~ between them that ...** acordaron entre ellos que .... (**c**) (*believed*) **it is ~ that** se sobreentiende que; **she is ~ to be ill** se cree que está enferma.
understudy [ˈʌndəˌstʌdɪ] **1** *n* suplente *mf*, sobresaliente *mf.* **2** *vt* prepararse a suplir a.
undertake [ˌʌndəˈteɪk] (*pt* **undertook**; *pp* **~n** [ˌʌndəˈteɪkən]) *vt* (*gen*) emprender; (*take charge of*) encargarse de; **to ~ to do sth** comprometerse a hacer algo.
undertaker [ˈʌndəˌteɪkəʳ] *n* director(a) *m/f* de funeraria *or* pompas fúnebres.
undertaking [ˌʌndəˈteɪkɪŋ] *n* (**a**) (*enterprise*) empresa *f*; (*task*) tarea *f.* (**b**) (*pledge*) garantía *f*, compromiso *m*; **to give an ~ that ...** comprometerse con que ..., prometer que ....
undertone [ˈʌndətəʊn] *n* (**a**) (*low voice*) voz *f* baja. (**b**) (*of criticism*) trasfondo *m*; (*suggestion*) matiz *m*, sugerencia *f.*
undertook [ˌʌndəˈtʊk] *pt of* **undertake**.
undertow [ˈʌndətəʊ] *n* resaca *f.*
undervalue [ˈʌndəˈvæljuː] *vt* (*Comm*) valorizar por debajo de su precio; (*fig*) subestimar, menospreciar.
underwater [ˈʌndəˈwɔːtəʳ] **1** *adj* submarino/a. **2** *adv* debajo del agua.
underwear [ˈʌndəwɛəʳ] *n* ropa *f* interior *or (esp LAm)* íntima.
underweight [ˌʌndəˈweɪt] *adj* de peso insuficiente.
underwent [ˌʌndəˈwent] *pt of* **undergo**.
underwhelm [ˈʌndəˈwelm] *vt* (*hum*) impresionar muy poco.
underworld [ˈʌndəwɜːld] *n* (*hell*) infierno *m*; (*criminal*) hampa *f*, inframundo *m.*
underwrite [ˈʌndəraɪt] (*pt* **underwrote**; *pp* **underwritten**) *vt* (*Fin, Insurance*) asegurar (contra riesgos), suscribir; (*fig*) aprobar, respaldar.
underwriter [ˈʌndəˌraɪtəʳ] *n* (*Insurance*) asegurador(a) *m/f.*
underwritten [ˈʌndəˌrɪtn] *pp of* **underwrite**.
underwrote [ˈʌndərəʊt] *pt of* **underwrite**.
undeserved [ˈʌndɪˈzɜːvd] *adj* inmerecido/a.
undeserving [ˈʌndɪˈzɜːvɪŋ] *adj* indigno/a; **to be ~ of sth** no ser digno de algo.
undesirable [ˈʌndɪˈzaɪərəbl] *adj, n* indeseable *mf.*
undetected [ˈʌndɪˈtektɪd] *adj* no descubierto/a; **to go ~** pasar inadvertido.
undetermined [ˈʌndɪˈtɜːmɪnd] *adj* (*unknown*) indeterminado/a; (*uncertain*) incierto/a.
undeterred [ˈʌndɪˈtɜːd] *adj*: **he was ~ by ...** no se dejó intimidar por ....
undeveloped [ˈʌndɪˈveləpt] *adj* subdesarrollado/a.
undid [ˌʌnˈdɪd] *pt of* **undo**.
undies [ˈʌndɪz] *npl* (*fam*) ropa *fsg* interior *or (esp LAm)* íntima.
undignified [ʌnˈdɪgnɪfaɪd] *adj* (*act, position etc*) indecoroso/a; (*person*) sin dignidad, informal.
undiluted [ˈʌndaɪˈluːtɪd] *adj* sin diluir, concentrado/a; (*fig*) puro/a.
undiminished [ˈʌndɪˈmɪnɪʃt] *adj* no disminuido/a.
undiplomatic [ˈʌnˌdɪpləˈmætɪk] *adj* poco diplomático/a.
undiscerning [ˈʌndɪˈsɜːnɪŋ] *adj* sin discriminación.
undischarged [ˈʌndɪsˈtʃɑːdʒd] *adj* (*debt*) impagado/a, por pagar; **~ bankrupt** (*Brit*) quebrado *m* no rehabilitado.
undisciplined [ʌnˈdɪsɪplɪnd] *adj* indisciplinado/a.
undiscovered [ˈʌndɪsˈkʌvəd] *adj* (*gen*) no descubierto/a; (*unknown*) desconocido/a.
undiscriminating [ˈʌndɪsˈkrɪmɪneɪtɪŋ] *adj* sin discernimiento.
undisguised [ˈʌndɪsˈgaɪzd] *adj* (*fig*) franco/a, abierto/a.
undismayed [ˈʌndɪsˈmeɪd] *adj* impávido/a.
undisposed-of [ˈʌndɪsˈpəʊzdɒv] *adj* (*Comm*) no vendido/a.
undisputed [ˈʌndɪsˈpjuːtɪd] *adj* incontestable, indiscutible.
undistinguished [ˈʌndɪsˈtɪŋgwɪʃt] *adj* mediocre.
undisturbed [ˈʌndɪsˈtɜːbd] *adj* (**a**) (*gen*) tranquilo/a; (*sleep*) ininterrumpido/a. (**b**) (*unworried*) **to be ~** no dejarse perturbar *or (LAm)* alterar.
undivided [ˈʌndɪˈvaɪdɪd] *adj*: **I want your ~ attention** quiero su completa atención.
undo [ˈʌnˈduː] (*pt* **undid**; *pp* **undone**) *vt* (**a**) (*unfasten*) desabrochar; (*: parcel*) desatar; (*take to pieces*) desarmar. (**b**) (*reverse*) deshacer; (*: damage etc*) reparar.

undoing [ˈʌnˈduːɪŋ] *n* ruina *f*, perdición *f*.
undomesticated [ˈʌndəˈmestɪkeɪtɪd] *adj* indomado/a, no domesticado/a.
undone [ˈʌnˈdʌn] **1** *pp of* **undo**. **2** *adj* (*unfastened*) desabrochado/a; (*neglected*) sin terminar; **to come** ~ (*button*) desabrocharse; (*parcel*) desatarse; **to leave sth** ~ dejar algo sin hacer.
undoubted [ʌnˈdaʊtɪd] *adj* indudable.
undoubtedly [ʌnˈdaʊtɪdlɪ] *adv* indudablemente, sin duda.
undreamed [ʌnˈdriːmd], **undreamt** [ʌnˈdremt] *adj*: ~ **of** inimaginable.
undress [ˈʌnˈdres] **1** *vt* desnudar, desvestir *(LAm)*. **2** *vi* (*also* **get** ~**ed**) desnudarse, desvestirse *(LAm)*. **3** *n*: **in a state of** ~ desnudo/a.
undrinkable [ˈʌnˈdrɪŋkəbl] *adj* no potable.
undue [ˈʌnˈdjuː] *adj* indebido/a.
undulating [ˈʌndjʊleɪtɪŋ] *adj* ondulante, ondeante; (*land*) ondulado/a.
unduly [ˈʌnˈdjuːlɪ] *adv* (*unfairly*) indebidamente; (*excessively*) excesivamente.
unearned [ˈʌnˈɜːnd] *adj* no ganado/a; ~ **income** ingresos *mpl* no ganados.
unearth [ˈʌnˈɜːθ] *vt* (*fig*) desenterrar, descubrir.
unearthly [ʌnˈɜːθlɪ] *adj* (*ghostly*) sobrenatural; (*eerie*) horripilante; ~ **hour** (*fam*) hora *f* inverosímil.
unease [ʌnˈiːz] *n* malestar *m*.
uneasily [ʌnˈiːzɪlɪ] *adv* (*with fear*) temerosamente; (*delicately*) inseguramente.
uneasy [ʌnˈiːzɪ] *adj* (*calm, peace etc*) inseguro/a; (*sleep*) sobresaltado/a; (*night*) intranquilo/a; (*person: worried*) inquieto/a; (*: ill at ease*) incómodo/a, molesto/a; **to become** ~ empezar a inquietarse (*about* por); **I have an** ~ **feeling that** ... me inquieta la posibilidad de que + *subjun*.
uneaten [ˈʌnˈiːtn] *adj* sin comer, sin probar.
uneconomic [ˈʌnˌiːkəˈnɒmɪk] *adj* no económico/a, no rentable.
uneconomical [ˈʌnˌiːkəˈnɒmɪkəl] *adj* antieconómico/a.
unedited [ʌnˈedɪtɪd] *adj* inédito/a.
uneducated [ˈʌnˈedjʊkeɪtɪd] *adj* inculto/a, ignorante.
unemotional [ˈʌnɪˈməʊʃənl] *adj* (*gen*) impasible, insensible, fríola; (*account*) objetivo/a.
unemployable [ˈʌnɪmˈplɔɪəbl] *adj* inútil para el trabajo.
unemployed [ˈʌnɪmˈplɔɪd] **1** *adj* desempleado/a, parado/a, en paro; (*capital etc*) sin utilizar, no utilizado/a. **2** *npl*: **the** ~ los desempleados, los parados.
unemployment [ˈʌnɪmˈplɔɪmənt] **1** *n* paro *m*, desempleo *m*, cesantía *f (LAm)*. **2** *cpd*: ~ **benefit** *n* (*Brit*) subsidio *m* de desempleo *or* paro; ~ **figures** *npl* cifras *fpl* del paro.
unencumbered [ˈʌnɪnˈkʌmbəd] *adj*: ~ **by** no impedido/a por.
unending [ʌnˈendɪŋ] *adj* interminable.
unendurable [ˈʌnɪnˈdjʊərəbl] *adj* inaguantable, insoportable.
unenterprising [ˈʌnˈentəpraɪzɪŋ] *adj* (*gen*) poco emprendedor(a); (*character*) tímido/a.
unenthusiastic [ˈʌnɪnˌθuːzɪˈæstɪk] *adj* poco entusiasta.
unenviable [ˈʌnˈenvɪəbl] *adj* poco envidiable.
unequal [ˈʌnˈiːkwəl] *adj* desigual; **to be** ~ **to a task** no estar a la altura de una tarea.
unequalled, (*US*) **unequaled** [ˈʌnˈiːkwəld] *adj* inigualado/a, sin par.
unequivocal [ˈʌnɪˈkwɪvəkəl] *adj* inequívoco/a.
unequivocally [ˈʌnɪˈkwɪvəkəlɪ] *adv* (*inequívocamente*) de modo inequívoco.
unerring [ˈʌnˈɜːrɪŋ] *adj* infalible.
UNESCO [juːˈneskəʊ] *n abbr of* **United Nations Educational, Scientific and Cultural Organization** UNESCO *f*.
unethical [ˈʌnˈeθɪkəl] *adj* poco ético/a.
uneven [ˈʌnˈiːvən] *adj* desigual; (*road etc*) quebrado/a.
unevenly [ˈʌnˈiːvənlɪ] *adv* desigualmente.
uneventful [ˈʌnɪˈventfʊl] *adj* sin novedad.
unexceptionable [ˌʌnɪkˈsepʃnəbl] *adj* intachable, irreprochable.
unexceptional [ˌʌnɪkˈsepʃənl] *adj* sin nada de extraordinario, común y corriente, ordinario/a.
unexciting [ˈʌnɪkˈsaɪtɪŋ] *adj* sin interés.
unexpected [ˈʌnɪksˈpektɪd] *adj* inesperado/a, imprevisto/a.
unexpectedly [ˈʌnɪksˈpektɪdlɪ] *adv* inesperadamente, en forma imprevista.
unexplained [ˈʌnɪksˈpleɪnd] *adj* inexplicado/a.
unexploded [ˈʌnɪksˈpləʊdɪd] *adj* sin explotar.
unexploited [ˈʌnɪksˈplɔɪtɪd] *adj* inexplotado/a, sin explotar.
unexplored [ˈʌnɪksˈplɔːd] *adj* inexplorado/a.
unexposed [ˈʌnɪksˈpəʊzd] *adj* (*Phot*) inexpuesto/a.
unexpressed [ˈʌnɪksˈprest] *adj* no expresado/a, tácito/a.
unexpurgated [ˈʌnˈekspɜːgeɪtɪd] *adj* sin expurgar, íntegro/a.
unfailing [ʌnˈfeɪlɪŋ] *adj* (*gen*) indefectible, infalible; (*supply*) inagotable.
unfailingly [ʌnˈfeɪlɪŋlɪ] *adv* sin faltar, con seguridad; **to be** ~ **courteous** ser siempre cortés.
unfair [ˈʌnˈfɛəʳ] *adj* (*comp* ~**er**; *superl* ~**est**) (*gen*) injusto/a; (*competition*) desleal; (*price etc*) exagerado/a; **to be** ~ **to sb** ser injusto con algn; ~ **dismissal** despido *m* improcedente.
unfairly [ˈʌnˈfɛəlɪ] *adv* (*see adj*) injustamente; deslealmente; exageradamente.
unfaithful [ˈʌnˈfeɪθfʊl] *adj* infiel (*to* a).
unfamiliar [ˈʌnfəˈmɪlɪəʳ] *adj* desconocido/a, extraño/a; **to be** ~ **with sth** no estar familiarizado con algo; (*not know*) desconocer *or* ignorar algo.
unfashionable [ˈʌnˈfæʃnəbl] *adj* pasado/a *or* fuera de moda.
unfasten [ˈʌnˈfɑːsn] *vt* (*button etc*) desabrochar; (*rope etc*) desatar, aflojar *(LAm)*; (*door*) abrir.
unfathomable [ʌnˈfæðəməbl] *adj* insondable.
unfavourable, (*US*) **unfavorable** [ˈʌnˈfeɪvərəbl] *adj* (*contrary*) desfavorable, contrario/a; (*adverse*) adverso/a.
unfavourably, (*US*) **unfavorably** [ˈʌnˈfeɪvərəblɪ] *adv* (*see adj*) desfavorablemente; adversamente.
unfeeling [ʌnˈfiːlɪŋ] *adj* insensible.
unfinished [ˈʌnˈfɪnɪʃt] *adj* inacabado/a, sin terminar; **we have** ~ **business** tenemos asuntos pendientes.
unfit [ˈʌnˈfɪt] *adj* (**a**) (*unsuitable*) no apto/a; (*incompetent*) incapaz. (**b**) (*Sport: injured*) lesionado/a; (*: not physically fit*) bajo/a de forma; (*ill*) indispuesto/a; ~ **for military service** no apto para el servicio militar.
unflagging [ʌnˈflægɪŋ] *adj* incansable.
unflappable [ˈʌnˈflæpəbl] *adj* (*fam*) imperturbable.
unflattering [ˈʌnˈflætərɪŋ] *adj* poco lisonjero/a *or* halagüeño/a; (*clothes, haircut*) poco favorecedor(a).
unflinching [ˈʌnˈflɪntʃɪŋ] *adj* impávido/a, resuelto/a.
unfold [ʌnˈfəʊld] **1** *vt* desplegar, desdoblar; (*fig*) exponer. **2** *vi* (*fig*) revelarse, exponerse.
unforeseeable [ˈʌnfɔːˈsiːəbl] *adj* imprevisible.
unforeseen [ˈʌnfɔːˈsiːn] *adj* imprevisto/a.
unforgettable [ˈʌnfəˈgetəbl] *adj* inolvidable.
unforgivable [ˈʌnfəˈgɪvəbl] *adj* imperdonable.
unforgiving [ˈʌnfəˈgɪvɪŋ] *adj* implacable.
unforgotten [ˈʌnfəˈgɒtn] *adj* no olvidado/a.
unformatted [ˈʌnˈfɔːmætɪd] *adj* (*disk, text*) sin formatear.
unformed [ˈʌnˈfɔːmd] *adj* (*shapeless*) informe; (*immature*) inmaduro/a, sin formar aún.
unforthcoming [ˈʌnfɔːθˈkʌmɪŋ] *adj* poco comunicativo/a.
unfortunate [ʌnˈfɔːtʃnɪt] **1** *adj* (*deserving of pity, unlucky*) desgraciado/a, desdichado/a; (*unsuitable, re-*

grettable) inoportuno/a, poco afortunado/a; **how very ~!** ¡qué mala suerte!; **he was ~ enough to fall over** tuvo la desgracia *or* mala suerte de caerse; **it is most ~ that he left** es una lástima *or* de lamentar que se haya ido. **2** *n* desgraciado/a *m/f*.

unfortunately [ʌnˈfɔːtʃnɪtlɪ] *adv* desgraciadamente, por desgracia.

unfounded [ˈʌnˈfaʊndɪd] *adj* infundado/a, sin fundamento.

unfreeze [ˈʌnˈfriːz] **1** *vt* descongelar. **2** *vi* descongelarse.

unfriendly [ˈʌnˈfrendlɪ] *adj* (*comp* **-ier**; *superl* **-iest**) hostil, poco amigable.

unfulfilled [ˈʌnfʊlˈfɪld] *adj* incumplido/a.

unfunny [ˈʌnˈfʌnɪ] *adj* (*fam*) nada divertido/a.

unfurl [ʌnˈfɜːl] *vt* desplegar.

unfurnished [ˈʌnˈfɜːnɪʃt] *adj* sin amueblar.

ungainly [ʌnˈgeɪnlɪ] *adj* (*gen*) torpe, patoso/a; (*in walk*) desgarbado/a.

ungenerous [ˈʌnˈdʒenərəs] *adj* poco generoso/a.

un-get-at-able [ˈʌngetˈætəbl] *adj* (*fam*) inaccesible.

unglazed [ˈʌnˈgleɪzd] *adj* no vidriado/a; (*window*) sin cristales.

ungodly [ʌnˈgɒdlɪ] *adj* impío/a, irreligioso/a; **an ~ hour** (*fam*) una hora intempestiva.

ungracious [ˈʌnˈgreɪʃəs] *adj* descortés/esa, grosero/a.

ungrammatical [ˈʌngrəˈmætɪkəl] *adj* incorrecto/a.

ungrateful [ʌnˈgreɪtfʊl] *adj* ingrato/a.

ungrudging [ˈʌnˈgrʌdʒɪŋ] *adj* liberal, generoso/a; (*support etc*) incondicional.

unguarded [ˈʌnˈgɑːdɪd] *adj* (**a**) (*Mil etc*) indefenso/a, sin protección. (**b**) (*fig: careless*) descuidado/a; (*: thoughtless*) imprudente; **I caught him in an ~ moment** le cogí *or (LAm)* agarré (en un momento en que estaba) desprevenido.

unhampered [ˈʌnˈhæmpəd] *adj*: **~ by** no estorbado/a por.

unhappily [ʌnˈhæpɪlɪ] *adv* (*miserably*) tristemente; (*unfortunately*) desgraciadamente.

unhappiness [ʌnˈhæpɪnɪs] *n* desdicha *f*, desgracia *f*.

unhappy [ʌnˈhæpɪ] *adj* (*comp* **-ier**; *superl* **-iest**) (**a**) (*sad*) infeliz; (*unlucky*) desdichado/a, desgraciado/a. (**b**) (*not pleased*) descontento/a; (*uneasy, worried*) inquieto/a; **we are ~ about the decision** no nos gusta la decisión. (**c**) (*unfortunate*) inoportuno/a, infeliz.

unharmed [ˈʌnˈhɑːmd] *adj* (*person*) ileso/a; (*thing*) intacto/a.

UNHCR *n abbr of* **United Nations High Commission for Refugees** ACNUR *m*.

unhealthy [ʌnˈhelθɪ] *adj* (*comp* **-ier**; *superl* **-iest**) (*person*) enfermizo/a; (*climate, place etc*) malsano/a, insalubre; (*complexion*) de aspecto poco sano; (*curiosity etc*) morboso/a.

unheard-of [ʌnˈhɜːdɒv] *adj* (*unprecedented*) inaudito/a, desconocido/a; (*outrageous*) escandaloso/a.

unheeded [ˈʌnˈhiːdɪd] *adj*: **the warning went ~** la advertencia fue desatendida, no se hizo caso de la advertencia.

unhelpful [ˈʌnˈhelpfʊl] *adj* (*person*) poco servicial; (*useless*) inútil, que no sirve.

unhesitating [ʌnˈhezɪteɪtɪŋ] *adj* (*steadfast, unwavering*) resuelto/a, decidido/a; (*prompt, immediate*) inmediato/a, pronto/a.

unhesitatingly [ʌnˈhezɪteɪtɪŋlɪ] *adv*: **he said ~** dijo sin vacilar *or (Chi)* al tiro.

unhindered [ˈʌnˈhɪndəd] *adj*: **~ by** no estorbado/a por.

unhinge [ʌnˈhɪndʒ] *vt* desquiciar; (*fig*) trastornar.

unhinged [ˈʌnˈhɪndʒd] *adj* (*mad*) loco/a.

unhitch [ˈʌnˈhɪtʃ] *vt* desenganchar.

unholy [ʌnˈhəʊlɪ] *adj* impío/a; (*fam*) atroz.

unhook [ˈʌnˈhʊk] *vt* (*remove*) desenganchar, descolgar; (*undo*) desabrochar, desatar.

unhoped-for [ʌnˈhəʊptfɔːʳ] *adj* inesperado/a.

unhurried [ˈʌnˈhʌrɪd] *adj* (*slow*) pausado/a, lento/a; (*cautious*) cuidadoso/a.

unhurt [ˈʌnˈhɜːt] *adj* ileso/a.

unhygienic [ˈʌnhaɪˈdʒiːnɪk] *adj* antihigiénico/a.

uni ... [ˈjuːnɪ] *pref* uni ....

UNICEF [ˈjuːnɪsef] *n abbr of* **United Nations International Children's Emergency Fund** UNICEF *m*.

unicorn [ˈjuːnɪkɔːn] *n* unicornio *m*.

unicycle [ˈjuːnɪˌsaɪkl] *n* monociclo *m*.

unidentified [ˈʌnaɪˈdentɪfaɪd] *adj* sin identificar, no identificado/a; **~ flying object** objeto *m* volante no identificado.

unification [ˌjuːnɪfɪˈkeɪʃən] *n* unificación *f*.

uniform [ˈjuːnɪfɔːm] **1** *adj* uniforme. **2** *n* uniforme *m*; **in/out of ~** con/sin uniforme.

uniformity [ˌjuːnɪˈfɔːmɪtɪ] *n* uniformidad *f*.

uniformly [ˈjuːnɪfɔːmlɪ] *adv* uniformemente, de modo uniforme.

unify [ˈjuːnɪfaɪ] *vt* unificar, unir.

unilateral [ˈjuːnɪˈlætərəl] *adj* unilateral; **~ disarmament** desarme *m* unilateral.

unimaginable [ˌʌnɪˈmædʒɪnəbl] *adj* inimaginable.

unimaginative [ˈʌnɪˈmædʒɪnətɪv] *adj* falto/a de imaginación.

unimpaired [ˈʌnɪmˈpɛəd] *adj* (*unharmed*) intacto/a, entero/a, no dañado/a; (*not lessened*) no disminuido/a; (*unaltered*) inalterado/a.

unimpeachable [ˌʌnɪmˈpiːtʃəbl] *adj* irreprochable.

unimportant [ˈʌnɪmˈpɔːtənt] *adj* sin importancia.

unimpressed [ˈʌnɪmˈprest] *adj*: **he remained ~** siguió sin inmutarse.

uninformed [ˈʌnɪnˈfɔːmd] *adj*: **to be ~ about sth** no estar enterado/a de algo, desconocer algo.

uninhabited [ˈʌnɪnˈhæbɪtɪd] *adj* (*deserted*) desierto/a, despoblado/a; (*house*) desocupado/a.

uninhibited [ˈʌnɪnˈhɪbɪtɪd] *adj* nada cohibido/a, sin reservas.

uninitiated [ˈʌnɪˈnɪʃɪeɪtɪd] *npl*: **the ~** los no iniciados.

uninjured [ˈʌnˈɪndʒəd] *adj* ileso/a.

uninspired [ˈʌnɪnˈspaɪəd] *adj* (*gen*) sin inspiración; (*mediocre*) mediocre.

uninspiring [ˈʌnɪnˈspaɪərɪŋ] *adj* nada inspirador(a).

uninsured [ˈʌnɪnˈʃʊəd] *adj* no asegurado/a.

unintelligent [ˈʌnɪnˈtelɪdʒənt] *adj* poco inteligente, tonto/a.

unintelligible [ˈʌnɪnˈtelɪdʒəbl] *adj* ininteligible, incomprensible.

unintended [ˈʌnɪnˈtendɪd], **unintentional** [ˈʌnɪnˈtenʃənl] *adj* involuntario/a, no intencionado/a.

unintentionally [ˈʌnɪnˈtenʃnəlɪ] *adv* sin querer.

uninterested [ʌnˈɪntrɪstɪd] *adj* (*indifferent*) indiferente, desinteresado/a; **I am quite ~ in what he thinks** me es igual *or* indiferente lo que piensa él.

uninteresting [ˈʌnˈɪntrɪstɪŋ] *adj* sin interés, poco interesante.

uninterrupted [ˈʌnˌɪntəˈrʌptɪd] *adj* ininterrumpido/a.

uninvited [ˈʌnɪnˈvaɪtɪd] *adj* (*guest etc*) sin invitación; (*criticism*) gratuito/a; **she helped herself ~ to cake** se sirvió pastel sin esperar que la ofreciesen.

uninviting [ˈʌnɪnˈvaɪtɪŋ] *adj* poco atractivo/a.

union [ˈjuːnjən] **1** *n* (**a**) unión *f*; **U~ of Soviet Socialist Republics** (*formerly*) Unión de Repúblicas Socialistas Soviéticas. (**b**) (*trade ~*) sindicato *m*, gremio *m*. (**c**) (*club, society*) club *m*, sociedad *f*. **2** *cpd*: **~ card** *n* carnet *m* de sindicato; **U~ Jack** *n* bandera *f* del Reino Unido; **~ leader** *n* líder *mf* sindical; **~ shop** *n* (*US*) taller *m* de afiliación (sindical) obligatoria.

unionist [ˈjuːnjənɪst] **1** *adj* (*Brit Pol*) unionista. **2** *n* (**a**) = **trade(s) ~**. (**b**) (*Brit Pol*) **U~** Unionista *mf*.

unionize [ˈjuːnjənaɪz] *vt* sindicalizar.

unique [juːˈniːk] *adj* (*gen*) único/a; (*unequalled*) sin par *or* igual.

uniquely [juːˈniːklɪ] *adv* (*only*) únicamente, exclusivamente; (*outstandingly*) destacadamente.

uniqueness [juːˈniːknɪs] *n* unicidad *f*.
unisex [ˈjuːnɪseks] *adj* unisex *inv*.
unison [ˈjuːnɪzn] *n*: **in ~** (*Mus*) al unísono; (*fig*) **to act in ~ with sb** obrar de acuerdo con algn.
unissued [ˈʌnˈɪʃuːd] *adj*: **~ capital** capital *m* no emitido.
unit [ˈjuːnɪt] **1** *n* (*gen*) unidad *f*; (*Tech: mechanism*) conjunto *m*; (*: device*) aparato *m*. **2** *cpd*: **~ cost** *n* (*Brit Fin*) costo *m* por unidad; **~ price** *n* precio *m* unitario; **~ trust** *n* (*Brit Fin*) sociedad *f* de inversiones.
unite [juːˈnaɪt] **1** *vt* (*join*) unir, juntar; (*parts of country etc*) unificar. **2** *vi* unirse, juntarse.
united [juːˈnaɪtɪd] *adj* unido/a; **U~ Arab Emirates** Emiratos *mpl* Árabes Unidos; **U~ Kingdom** Reino *m* Unido; **U~ Nations (Organization)** (Organización *f* de) las Naciones Unidas; **U~ States (of America)** Estados *mpl* Unidos (de América).
unity [ˈjuːnɪtɪ] *n* (*oneness*) unidad *f*, unión *f*; (*harmony*) armonía *f*, acuerdo *m*; **~ is strength** la unión hace la fuerza.
Univ. *abbr of* **university** U.
universal [ˌjuːnɪˈvɜːsəl] *adj* (*gen*) universal; (*worldwide*) mundial; (*general*) general, global; (*common*) común; **~ joint** (*Tech*) junta *f* cardán *or* universal; **~ product code** (*US*) código *m* de barras; **~ suffrage** sufragio *m* universal.
universally [ˌjuːnɪˈvɜːsəlɪ] *adv* (*see adj*) universalmente; mundialmente; generalmente; comúnmente.
universe [ˈjuːnɪvɜːs] *n* universo *m*.
university [ˌjuːnɪˈvɜːsɪtɪ] **1** *n* universidad *f*; **to be at/go to ~** estar en/ir a la universidad. **2** *cpd* universitario/a; **~ town** *n* ciudad *f* que tiene universidad.
unjust [ˈʌnˈdʒʌst] *adj* injusto/a.
unjustifiable [ʌnˈdʒʌstɪfaɪəbl] *adj* injustificable.
unjustifiably [ʌnˈdʒʌstɪfaɪəblɪ] *adv* injustificadamente.
unjustified [ˈʌnˈdʒʌstɪfaɪd] *adj* injustificado/a; (*text*) no alineado/a, no justificado/a.
unjustly [ˈʌnˈdʒʌstlɪ] *adv* injustamente.
unkempt [ˈʌnˈkempt] *adj* (*clothes, appearance*) descuidado/a, desaseado/a; (*hair*) despeinado/a.
unkind [ʌnˈkaɪnd] *adj* (*comp* **~er**; *superl* **~est**) (*gen*) poco amable, nada amistoso/a; (*cruel*) cruel, despiadado/a; (*severe*) severo/a, duro/a.
unkindly [ʌnˈkaɪndlɪ] *adv* cruelmente; (*harshly*) desconsideradamente; **don't take it ~ if ...** no lo tome a mal si ....
unkindness [ʌnˈkaɪndnɪs] *n* (*see adj*) falta *f* de amabilidad; crueldad *f*; severidad *f*; **to do sb an ~** ser injusto con algn.
unknowing [ˈʌnˈnəʊɪŋ] *adj* inconsciente; **she was the ~ cause** ella fue la causa, inconscientemente.
unknowingly [ˈʌnˈnəʊɪŋlɪ] *adv* (*unwillingly*) inconscientemente, sin querer; (*in ignorance*) sin darse cuenta.
unknown [ˈʌnˈnəʊn] **1** *adj* desconocido/a; **~ quantity** incógnita *f*; **the U~ Soldier** *or* **Warrior** el soldado desconocido; **to be ~ to sb** ser desconocido para algn; **it's ~ to me** lo desconozco. **2** *adv*: **~ to me** sin saberlo yo. **3** *n* (*person*) desconocido/a *m/f*; (*Math*) incógnita *f*; **the ~** lo desconocido.
unlace [ˈʌnˈleɪs] *vt* desenlazar; (*shoes*) desatar los cordones de.
unladylike [ˈʌnˈleɪdɪlaɪk] *adj* impropio/a de una señora.
unlawful [ˈʌnˈlɔːfʊl] *adj* ilegal, ilícito/a.
unleaded [ˌʌnˈledɪd] **1** *adj* (*petrol*) sin plomo. **2** *n* gasolina *f* sin plomo.
unleash [ˈʌnˈliːʃ] *vt* (*dog*) desatraillar, soltar; (*fig*) desencadenar, desatar.
unleavened [ˈʌnˈlevnd] *adj*: **~ bread** pan *m* ázimo *or* cenceño.
unless [ənˈles] *conj* a menos que, a no ser que; **~ he comes tomorrow** a menos que venga mañana.
unlicensed [ˈʌnˈlaɪsənst] *adj* sin permiso, sin licencia.
unlike [ˈʌnˈlaɪk] **1** *adj* distinto/a. **2** *prep* a diferencia de; **it's quite ~ him** es impropio *or* poco típico de él; **I, ~ others ...** yo, a diferencia de los demás ....
unlikelihood [ʌnˈlaɪklɪhʊd], **unlikeliness** [ʌnˈlaɪklɪnɪs] *n* improbabilidad *f*.
unlikely [ʌnˈlaɪklɪ] *adj* (*comp* **-ier**; *superl* **-iest**) improbable, poco probable; **it is ~ that he will come, he is ~ to come** es poco probable que venga.
unlimited [ʌnˈlɪmɪtɪd] *adj* ilimitado/a, sin límite; **~ company** (*Comm*) compañía *f* ilimitada; **~ liability** (*Comm*) responsabilidad *f* ilimitada.
unlined [ˈʌnˈlaɪnd] *adj* (*without lines: paper*) sin rayas; (*: face*) sin arrugas; (*without lining*) sin forro.
unlisted [ˈʌnˈlɪstɪd] *adj*: **~ company** sociedad *f* sin cotización oficial; **~ number** (*US*) número *m* que no figura en la guía telefónica; **~ securities** valores *mpl* no inscritos en bolsa.
unlit [ˈʌnˈlɪt] *adj* (*dark*) oscuro/a, sin luz; (*street*) sin alumbrado.
unload [ˈʌnˈləʊd] **1** *vt* (**a**) descargar. (**b**) (*fam: get rid of*) deshacerse de. **2** *vi* descargar.
unlock [ˈʌnˈlɒk] *vt* abrir (con llave).
unloose [ˈʌnˈluːs], **unloosen** [ʌnˈluːsn] *vt* aflojar, soltar.
unlovable [ˈʌnˈlʌvəbl] *adj* antipático/a.
unluckily [ʌnˈlʌkɪlɪ] *adv* desgraciadamente, por desgracia.
unlucky [ʌnˈlʌkɪ] *adj* (*comp* **-ier**; *superl* **-iest**) desgraciado/a; (*ill-omened*) funesto/a, nefasto/a; **he was ~ enough to meet him** tuvo la desgracia *or* mala suerte de conocerlo; **to be ~** (*person*) tener mala suerte; **it's ~ to whistle** silbar trae mala suerte.
unmade [ˈʌnˈmeɪd] *adj* (*bed*) deshecho/a.
unmanageable [ʌnˈmænɪdʒəbl] *adj* (*unwieldy*) poco manejable, difícil de manejar; (*uncontrollable*) ingobernable.
unmannerly [ʌnˈmænəlɪ] *adj* (*frm*) mal educado/a.
unmarked [ˈʌnˈmɑːkt] *adj* (*unstained*) sin mancha; (*without marking*) sin marca; (*uncorrected*) sin corregir; (*police car*) camuflado/a.
unmarketable [ˈʌnˈmɑːkɪtəbl] *adj* invendible.
unmarried [ˈʌnˈmærɪd] *adj* soltero/a.
unmask [ˈʌnˈmɑːsk] *vt* (*fig*) desenmascarar.
unmatched [ˈʌnˈmætʃt] *adj* incomparable, sin par.
unmentionable [ʌnˈmenʃnəbl] *adj* que no se puede *or* quiere mencionar *or* nombrar.
unmerciful [ʌnˈmɜːsɪfʊl] *adj* despiadado/a.
unmindful [ʌnˈmaɪndfʊl] *adj*: **to be ~ of sth** (*frm*) no hacer caso de algo.
unmistak(e)able [ˈʌnmɪsˈteɪkəbl] *adj* inconfundible, inequívoco/a.
unmistak(e)ably [ˈʌnmɪsˈteɪkəblɪ] *adv* de modo inconfundible.
unmitigated [ʌnˈmɪtɪgeɪtɪd] *adj* (*liar, rogue*) redomado/a, rematado/a; (*dislike*) completo/a, absoluto/a; **it was an ~ disaster** fue un desastre total.
unmotivated [ˈʌnˈməʊtɪveɪtɪd] *adj* sin motivo.
unmounted [ˈʌnˈmaʊntɪd] *adj* (*frameless*) sin marco.
unmoved [ˈʌnˈmuːvd] *adj* impasible.
unnamed [ˈʌnˈneɪmd] *adj* (*nameless*) sin nombre; (*anonymous*) anónimo/a.
unnatural [ʌnˈnætʃrəl] *adj* (*gen*) antinatural; (*abnormal*) anormal; (*perverted*) perverso/a.
unnaturally [ʌnˈnætʃrəlɪ] *adv* (*see adj*) de manera poco natural; anormalmente; perversamente; **not ~ he was cross** era lógico que se enfadara, lógicamente se enfadó.
unnecessarily [ʌnˈnesɪsərɪlɪ] *adv* innecesariamente, sin necesidad.
unnecessary [ʌnˈnesɪsərɪ] *adj* innecesario/a; (*superfluous*) superfluo/a.
unneighbourly, (*US*) **unneighborly** [ˈʌnˈneɪbəlɪ] *adj* impropio/a de un buen vecino.
unnerve [ˈʌnˈnɜːv] *vt* acobardar.
unnerving [ˈʌnˈnɜːvɪŋ] *adj* desconcertante.
unnoticed [ˈʌnˈnəʊtɪst] *adj*: **to go** *or* **pass ~** pasar

inadvertido/a.
UNO *n abbr of* **United Nations Organization** ONU *f.*
unobjectionable [ˈʌnəbˈdʒekʃnəbl] *adj* inofensivo/a.
unobservant [ˈʌnəbˈzɜːvənt] *adj* (*person etc*) distraído/a.
unobserved [ˈʌnəbˈzɜːvd] *adj* (*not seen*) inadvertido/a; (*not celebrated*) sin celebrar *or (LAm)* festejar.
unobstructed [ˈʌnəbˈstrʌktɪd] *adj* (*pipe etc*) despejado/a; (*view etc*) sin obstáculos.
unobtainable [ˈʌnəbˈteɪnəbl] *adj* (*gen*) inasequible, inalcanzable; (*Telec*) incomunicable.
unobtrusive [ˈʌnəbˈtruːsɪv] *adj* discreto/a.
unoccupied [ˈʌnˈɒkjʊpaɪd] *adj* libre, desocupado/a; (*Mil*) despoblado/a.
unofficial [ˈʌnəˈfɪʃəl] *adj* extraoficial, no oficial; (*unconfirmed*) sin confirmar; ~ **strike** huelga *f* no oficial.
unofficially [ˈʌnəˈfɪʃəlɪ] *adv* de modo *or (LAm)* en forma extraoficial.
unopened [ˈʌnˈəʊpənd] *adj* sin abrir.
unopposed [ˈʌnəˈpəʊzd] *adj* sin oposición.
unorganized [ˈʌnˈɔːgənaɪzd] *adj* (*spontaneous*) no organizado/a; (*untidy*) desorganizado/a.
unorthodox [ˈʌnˈɔːθədɒks] *adj* poco *or* no ortodoxo/a.
unpack [ˈʌnˈpæk] **1** *vt* deshacer, desempacar *(LAm).* **2** *vi* deshacer las maletas, desempacar *(LAm).*
unpaid [ˈʌnˈpeɪd] *adj* (*work: without pay*) sin sueldo, no retribuido/a; (*: voluntary etc*) sin cobrar, gratis; (*bill etc*) sin pagar.
unpalatable [ʌnˈpælɪtəbl] *adj* (*food*) de mal sabor; (*fig*) desagradable.
unparalleled [ʌnˈpærəleld] *adj* (*unequalled*) sin par; (*unprecedented*) sin precedentes.
unpardonable [ʌnˈpɑːdnəbl] *adj* imperdonable.
unpatriotic [ˈʌnˌpætrɪˈɒtɪk] *adj* antipatriótico/a, poco patriótico/a.
unperturbed [ˈʌnpɜːˈtɜːbd] *adj* impertérrito/a, sin alterarse *(LAm).*
unpick [ˈʌnˈpɪk] *vt* descoser.
unpin [ˈʌnˈpɪn] *vt* desprender, quitar los alfileres de.
unpleasant [ʌnˈpleznt] *adj* (*gen*) desagradable; (*person*) antipático/a; (*: rude*) grosero/a, mal educado/a.
unpleasantness [ʌnˈplezntnɪs] *n* (*see adj*) lo desagradable; antipatía *f*, lo antipático; grosería *f*, falta *f* de educación; (*bad feeling, quarrel*) desavenencia *f*, disgusto *m*; **there has been a lot of** ~ ha habido muchos disgustos.
unplug [ˈʌnˈplʌg] *vt* desenchufar, desconectar.
unpolished [ˈʌnˈpɒlɪʃt] *adj* sin pulir; (*diamond*) en bruto; (*fig*) tosco/a, inculto/a.
unpolluted [ˈʌnpəˈluːtɪd] *adj* impoluto/a, no contaminado/a.
unpopular [ˈʌnˈpɒpjʊləʳ] *adj* (*gen*) impopular, poco popular; (*unacceptable*) inaceptable, mal visto/a; **it is** ~ **with the miners** los mineros no lo aceptan; **to make o.s.** ~ hacerse impopular.
unprecedented [ʌnˈpresɪdəntɪd] *adj* sin precedentes, inaudito/a.
unpredictable [ˈʌnprɪˈdɪktəbl] *adj* (*situation*) impredecible; (*weather*) variable; (*person*) caprichoso/a, de reacción imprevisible; (*event*) imprevisible.
unprejudiced [ʌnˈpredʒʊdɪst] *adj* (*not biased*) imparcial; (*having no prejudices*) sin prejuicios.
unprepared [ˈʌnprɪˈpɛəd] *adj* desprevenido/a; (*improvised*) improvisado/a; **to be** ~ **for sth** no estar preparado para algo, no esperar algo.
unprepossessing [ˈʌnˌpriːpəˈzesɪŋ] *adj* poco atractivo/a.
unpretentious [ˈʌnprɪˈtenʃəs] *adj* modesto/a, sin pretensiones.
unpriced [ˈʌnˈpraɪst] *adj* sin precio.
unprincipled [ʌnˈprɪnsɪpld] *adj* sin escrúpulos, cínico/a.
unprintable [ˈʌnˈprɪntəbl] *adj* intranscribible.
unproductive [ˈʌnprəˈdʌktɪv] *adj* (*soil etc*) improductivo/a; (*meeting etc*) infructuoso/a.
unprofessional [ˈʌnprəˈfeʃənl] *adj* (*ethically*) indigno/a de su profesión, poco profesional; (*unskilled*) inexperto/a.
unprofitable [ʌnˈprɒfɪtəbl] *adj* (*gen*) improductivo/a; (*financially*) poco provechoso/a.
unpronounceable [ˈʌnprəˈnaʊnsəbl] *adj* impronunciable.
unprotected [ˈʌnprəˈtektɪd] *adj* (*gen*) sin protección; (*uncovered*) destapado/a, descubierto/a; (*fig*) desamparado/a, indefenso/a.
unprovoked [ˈʌnprəˈvəʊkt] *adj* no provocado/a, sin provocación.
unpublished [ˈʌnˈpʌblɪʃt] *adj* inédito/a.
unpunished [ˈʌnˈpʌnɪʃt] *adj*: **to go** ~ quedar sin castigo *or* impune.
unputdownable [ˈʌnpʊtˈdaʊnəbl] *adj* (*fam*) absorbente.
unqualified [ˈʌnˈkwɒlɪfaɪd] *adj* (**a**) no calificado/a, sin título. (**b**) (*absolute*) incondicional.
unquestionable [ʌnˈkwestʃənəbl] *adj* indiscutible.
unquestionably [ʌnˈkwestʃənəblɪ] *adv* indiscutiblemente.
unquestioning [ʌnˈkwestʃənɪŋ] *adj* (*faith etc*) ciego/a.
unquote [ˈʌnˈkwəʊt] *n*: **'~'** 'fin *m* de la cita'.
unquoted [ˈʌnˈkwəʊtɪd] *adj* (*share etc*) no cotizado/a, sin cotización oficial.
unravel [ʌnˈrævəl] **1** *vt* desenredar, desenmarañar. **2** *vi* desenredarse, desenmarañarse.
unreadable [ˈʌnˈriːdəbl] *adj* (*writing etc*) ilegible; (*fig: turgid etc*) imposible de leer.
unreal [ˈʌnˈrɪəl] *adj* (**a**) irreal; (*illusory*) imaginario/a, ilusorio/a. (**b**) (*US fam: extraordinary*) increíble; (*: difficult*) dificilísimo/a.
unrealistic [ˈʌnrɪəˈlɪstɪk] *adj* poco realista; (*person*) iluso/a.
unreality [ˈʌnrɪˈælɪtɪ] *n* irrealidad *f.*
unrealized [ˈʌnˈriːəlaɪzd] *adj* (*objective*) no logrado/a.
unreasonable [ʌnˈriːznəbl] *adj* irrazonable, exento/a de razón; (*too great*) excesivo/a; **he was most** ~ **about it** respondió en una forma irracional.
unreceptive [ˈʌnrɪˈseptɪv] *adj* poco receptivo/a.
unrecognizable [ˈʌnˈrekəgnaɪzəbl] *adj* irreconocible.
unrecognized [ˈʌnˈrekəgnaɪzd] *adj* (*talent, genius*) desapercibido/a; (*Pol: regime*) no reconocido/a; **he walked along the road** ~ **by passers-by** fue por la calle sin que los transeúntes le reconocieran.
unrecorded [ˈʌnrɪˈkɔːdɪd] *adj* no registrado/a, ignorado/a.
unredeemed [ˈʌnrɪˈdiːmd] *adj* no redimido/a; (*pledge*) no desempeñado/a; (*bill*) sin redimir; (*debt*) sin amortizar.
unrefined [ˈʌnrɪˈfaɪnd] *adj* (*oil, sugar etc*) crudo/a, sin refinar; (*person, manners: coarse*) inculto/a, poco refinado/a.
unrehearsed [ˈʌnrɪˈhɜːst] *adj* (*Theat etc*) improvisado/a; (*spontaneous*) imprevisto/a.
unrelated [ˈʌnrɪˈleɪtɪd] *adj* (*unconnected*) inconexo/a; (*by family*) no emparentado/a.
unrelenting [ˈʌnrɪˈlentɪŋ] *adj* (*rain, attack etc*) implacable; (*person, heat*) despiadado/a.
unreliable [ˈʌnrɪˈlaɪəbl] *adj* (*person*) informal; (*machine*) poco fiable; (*information*) poco seguro/a, sin fundamento; **this map is** ~ este mapa no es de fiar.
unrelieved [ˈʌnrɪˈliːvd] *adj* (*work etc*) sin alivio; **sadness** ~ **by hope** tristeza sin alivio de esperanza.
unremarkable [ˈʌnrɪˈmɑːkəbl] *adj* ordinario/a.
unremitting [ˈʌnrɪˈmɪtɪŋ] *adj* incansable; (*continuous*) continuo/a.
unrepeatable [ˈʌnrɪˈpiːtəbl] *adj* irrepetible; **what he said is quite** ~ no me atrevo a repetir lo que me dijo; **an** ~ **bargain** una ganga única.

unrepentant ['ʌnrɪ'pentənt] *adj* impenitente.
unreported [ˌʌnrɪ'pɔːtɪd] *adj* (*crime*) no denunciado/a, sin denunciar.
unrepresentative ['ʌnˌreprɪ'zentətɪv] *adj* (*untypical*) poco representativo/a; **he holds an ~ view** su punto de vista es atípico.
unrequited ['ʌnrɪ'kwaɪtɪd] *adj* no correspondido/a.
unreserved ['ʌnrɪ'zɜːvd] *adj* (**a**) (*not booked*) no reservado/a. (**b**) (*frank*) franco/a, directo/a. (**c**) (*complete*) total, completo/a.
unrest [ʌn'rest] *n* (*Pol*) desorden *m*, disturbio *m*.
unrestrained ['ʌnrɪ'streɪnd] *adj* desenfrenado/a.
unrestricted ['ʌnrɪ'strɪktɪd] *adj* sin restricción; **~ access** libre acceso.
unrewarded ['ʌnrɪ'wɔːdɪd] *adj* sin recompensa; **to go ~** quedar sin recompensa.
unrewarding ['ʌnrɪ'wɔːdɪŋ] *adj* ingrato/a; (*financially*) improductivo/a.
unripe ['ʌn'raɪp] *adj* verde.
unrivalled, (*US*) **unrivaled** [ʌn'raɪvəld] *adj* sin par, incomparable.
unroadworthy ['ʌn'rəʊdˌwɜːðɪ] *adj* no apto/a para circular.
unroll ['ʌn'rəʊl] **1** *vt* desenrollar. **2** *vi* desenrollarse.
unruffled ['ʌn'rʌfld] *adj* (*person*) sereno/a, imperturbable; (*hair, surface*) liso/a.
unruly [ʌn'ruːlɪ] *adj* (*comp* **-ier**; *superl* **-iest**) (*child, behaviour, mob*) revoltoso/a, alterado/a; (*hair*) despeinado/a.
UNRWA ['ʌnrə] *n abbr of* **United Nations Relief and Works Agency**.
unsafe ['ʌn'seɪf] *adj* (*machine, wiring etc*) peligroso/a; (*method*) arriesgado/a; (*uncertain*) inseguro/a; **~ to drink** *or* **eat** no apto para consumo humano; **to feel ~** sentirse inseguro.
unsaid ['ʌn'sed] *adj* sin decir, sin expresar; **much was left ~** muchas cosas se quedaron por decir.
unsaleable, (*US*) **unsalable** [ˌʌn'seɪləbl] *adj* invendible.
unsatisfactory ['ʌnˌsætɪs'fæktərɪ] *adj* poco satisfactorio/a.
unsatisfied ['ʌn'sætɪsfaɪd] *adj* insatisfecho/a.
unsatisfying ['ʌn'sætɪsfaɪɪŋ] *adj* poco satisfactorio/a; (*insufficient*) insuficiente.
unsavoury, (*US*) **unsavory** ['ʌn'seɪvərɪ] *adj* (*person*) indeseable; (*remark etc*) desagradable.
unscathed ['ʌn'skeɪðd] *adj* ileso/a.
unscheduled ['ʌn'ʃedjuːld] *adj* no programado/a.
unscientific ['ʌnˌsaɪən'tɪfɪk] *adj* poco científico/a.
unscramble ['ʌn'skræmbl] *vt* (*message*) descifrar; (*TV*) descodificar.
unscrew ['ʌn'skruː] **1** *vt* des(a)tornillar. **2** *vi* des(a)tornillarse.
unscrupulous [ʌn'skruːpjʊləs] *adj* sin escrúpulos.
unseat ['ʌn'siːt] *vt* (*rider*) desarzonar; (*passenger etc*) echar de su asiento; (*MP*) hacer perder su escaño.
unsecured ['ʌnsɪ'kjʊəd] *adj* (*Fin*) no respaldado/a, sin aval; **~ creditor** acreedor *m* común; **~ debt** deuda *f* sin respaldo.
unseeded ['ʌn'siːdɪd] *adj* (*player*) no preseleccionado/a.
unseemly [ʌn'siːmlɪ] *adj* (*gen*) mal visto/a; (*behaviour*) impropio/a.
unseen ['ʌn'siːn] **1** *adj* (*hidden*) oculto/a; (*unknown*) desconocido/a. **2** *n* (*Scol*) traducción *f* (al idioma materno).
unself-conscious ['ʌnˌself'kɒnʃəs] *adj* natural.
unselfish ['ʌn'selfɪʃ] *adj* desinteresado/a.
unserviceable ['ʌn'sɜːvɪsəbl] *adj* inservible.
unsettle ['ʌn'setl] *vt* (*gen*) trastornar; (*distress*) agitar, alterar; (*worry*) inquietar.
unsettled ['ʌn'setld] *adj* (**a**) (*undecided: matter*) pendiente; (*: person*) indeciso/a, vacilante. (**b**) (*changeable: weather*) variable; (*: situation*) inestable; **to feel ~** estar incómodo/a.
unsettling ['ʌn'setlɪŋ] *adj* perturbador(a).
unshak(e)able [ʌn'ʃeɪkəbl] *adj* inquebrantable.
unshaken ['ʌn'ʃeɪkən] *adj* impertérrito/a.
unshockable ['ʌn'ʃɒkəbl] *adj*: **she's ~** no se escandaliza por nada.
unshrinkable ['ʌn'ʃrɪŋkəbl] *adj* que no encoge.
unsighted ['ʌn'saɪtɪd] *adj* (*blind*) no vidente; (*with no view*) con la visión obstruída.
unsightly [ʌn'saɪtlɪ] *adj* feo/a, desagradable.
unskilled ['ʌn'skɪld] *adj*: **~ workers** mano *fsg* de obra no cualificada.
unsmiling ['ʌn'smaɪlɪŋ] *adj* sin sonrisa.
unsociable [ʌn'səʊʃəbl] *adj* insociable, huraño/a.
unsocial [ʌn'səʊʃəl] *adj* antisocial; **to work ~ hours** trabajar fuera de las horas normales.
unsold ['ʌn'səʊld] *adj* sin *or* por vender.
unsolicited ['ʌnsə'lɪsɪtɪd] *adj* no solicitado/a.
unsolved ['ʌn'sɒlvd] *adj* no resuelto/a, sin resolver.
unsophisticated ['ʌnsə'fɪstɪkeɪtɪd] *adj* sencillo/a, cándido/a; (*pej*) burdo/a.
unsound ['ʌn'saʊnd] *adj* (*in health*) malo/a; (*in construction*) defectuoso/a; (*unstable*) poco sólido/a *or* estable; (*argument, opinion etc*) falso/a, erróneo/a; **of ~ mind** (*Jur*) mentalmente incapacitado/a; **the book is ~ on some points** el libro yerra en algunos puntos.
unsparing [ʌn'speərɪŋ] *adj* (*generous*) pródigo/a, generoso/a; (*untiring*) incansable; (*unmerciful*) despiadado/a.
unspeakable [ʌn'spiːkəbl] *adj* (*terrible: pain etc*) horrible, indecible; (*dreadful*) incalificable.
unspeakably [ʌn'spiːkəblɪ] *adv*: **to suffer ~** sufrir lo indecible; **it was ~ bad** fue horroroso.
unspecified ['ʌn'spesɪfaɪd] *adj* no especificado/a.
unspoiled ['ʌn'spɔɪld], **unspoilt** ['ʌn'spɔɪlt] *adj* (*place*) sin estropear, incólume; (*child*) natural, no mimado/a.
unspoken ['ʌn'spəʊkən] *adj* tácito/a, sobreentendido/a.
unstable ['ʌn'steɪbl] *adj* inestable; (*weather*) variable.
unsteady ['ʌn'stedɪ] *adj* inestable; (*voice*) tembloroso/a; **to be ~ on one's feet** tambalearse.
unstinting [ʌn'stɪntɪŋ] *adj* pródigo/a; **to be ~ in one's praise** no escatimar las alabanzas, prodigar las alabanzas.
unstoppable ['ʌn'stɒpəbl] *adj* incontenible, irrefrenable.
unstressed ['ʌn'strest] *adj* átono/a, inacentuado/a.
unstuck ['ʌn'stʌk] *adj*: **to come ~** (*label etc*) despegarse, desprenderse; (*fam*) fracasar, sufrir un revés.
unsubstantiated ['ʌnsəb'stænʃɪeɪtɪd] *adj* no comprobado/a, no demostrado/a.
unsuccessful ['ʌnsək'sesfʊl] *adj* (*gen*) sin éxito; (*person, business*) fracasado/a; (*attempt*) fallido/a, inútil; **their marriage was ~** el matrimonio fracasó; **an ~ writer** un escritor fracasado; **to be ~** fracasar, no tener éxito, malograrse (*Per*); **to be ~ in doing sth** no lograr hacer algo.
unsuccessfully ['ʌnsək'sesfəlɪ] *adv* en vano, sin éxito.
unsuitable ['ʌn'suːtəbl] *adj* (*clothes etc*) impropio/a, inapropiado/a; **an ~ moment** un momento inoportuno *or* inconveniente; **the film is ~ for children** la película no es apta para menores; **he's ~ for the post** no es el más indicado para el puesto.
unsuited ['ʌn'suːtɪd] *adj*: **to be ~ for** *or* **to** no ser apto/a para.
unsupported ['ʌnsə'pɔːtɪd] *adj* (*claim, statement*) no infundado/a; (*person*) sin apoyo.
unsure ['ʌn'ʃʊəʳ] *adj* (*person*) inseguro/a; (*unreliable*) de poca confianza; **to be ~ of o.s.** estar inseguro de sí mismo, no tener confianze en sí mismo.
unsurpassed ['ʌnsə'pɑːst] *adj* no superado/a, sin par.
unsuspected ['ʌnsəs'pektɪd] *adj* insospechado/a.
unsuspecting ['ʌnsəs'pektɪŋ] *adj* confiado/a.

unsweetened [ˈʌnˈswiːtnd] *adj* sin azúcar.
unswerving [ʌnˈswɜːvɪŋ] *adj* inquebrantable, firme.
unsympathetic [ˈʌnˌsɪmpəˈθetɪk] *adj* poco comprensivo/a.
unsystematic [ˈʌnˌsɪstɪˈmætɪk] *adj* poco metódico/a *or* sistemático/a.
untangle [ˈʌnˈtæŋgl] *vt* desenredar, desenmarañar.
untapped [ˈʌnˈtæpt] *adj* sin explotar.
unteachable [ˈʌnˈtiːtʃəbl] *adj* imposible de enseñar.
untenable [ˈʌnˈtenəbl] *adj* insostenible.
untested [ˈʌnˈtestɪd] *adj* no probado/a.
unthinkable [ʌnˈθɪŋkəbl] *adj* inconcebible, impensable.
untidily [ʌnˈtaɪdɪlɪ] *adv (see adj)* desordenadamente; desaliñadamente; en desarreglo.
untidiness [ʌnˈtaɪdɪnɪs] *n (of person, dress)* desaliño *m*; *(of ideas)* falta *f* de método; *(of room)* desorden *m*.
untidy [ʌnˈtaɪdɪ] *adj (comp* **-ier**; *superl* **-iest**) *(room, person etc)* desordenado, desorganizado/a; *(appearance)* desaliñado/a; *(clothes)* desarreglado/a; *(hair)* despeinado/a.
untie [ˈʌnˈtaɪ] *vt* desatar.
until [ənˈtɪl] **1** *prep* hasta; **he won't be back ~ tomorrow** no volverá hasta mañana; **from morning ~ night** desde la mañana hasta la noche; **~ his arrival** hasta su llegada. **2** *conj* hasta que; **~ they come/sleep** hasta que vengan/se duerman; **wait ~ I get back** espera hasta que yo vuelva; **he did nothing ~ I told him to** no hizo nada hasta que yo se lo dije.
untimely [ʌnˈtaɪmlɪ] *adj (premature)* prematuro/a; *(inopportune)* inoportuno/a, en mal momento.
untiring [ʌnˈtaɪərɪŋ] *adj* incansable.
untold [ˈʌnˈtəʊld] *adj (story)* nunca contado/a; *(secret)* nunca revelado/a; *(loss, wealth etc)* incalculable.
untouchable [ʌnˈtʌtʃəbl] *adj, n* intocable *mf*.
untouched [ˈʌnˈtʌtʃt] *adj* (**a**) *(not used etc)* intacto/a, sin tocar; **she left her breakfast ~** no tocó el desayuno; **a product ~ by human hand** un producto no manipulado. (**b**) *(safe)* indemne, incólume; *(unaffected)* insensible, indiferente.
untoward [ˌʌntəˈwɔːd] *adj (adverse)* adverso/a; *(inapt)* impropio/a, infortunate, desfortunado/a.
untrained [ˈʌnˈtreɪnd] *adj* inexperto/a; *(unskilled)* sin preparación profesional, no cualificado/a; **to the ~ ear/eye** para el oído/ojo inexperto.
untrammelled, *(US)* **untrameled** [ʌnˈtræməld] *adj* ilimitado/a.
untranslatable [ˈʌntrænzˈleɪtəbl] *adj* intraducible.
untreated [ʌnˈtriːtɪd] *adj (injury, effluent)* no tratado/a.
untried [ˈʌnˈtraɪd] *adj (person)* inexperto/a; *(method)* no probado/a; *(Jur)* no juzgado/a.
untroubled [ˈʌnˈtrʌbld] *adj* tranquilo/a; **she was ~ by the news** la noticia no pareció preocuparle.
untrue [ˈʌnˈtruː] *adj* (**a**) *(false)* falso/a. (**b**) *(unfaithful)* infiel.
untrustworthy [ˈʌnˈtrʌstˌwɜːðɪ] *adj (person: unreliable)* informal; *(: suspicious)* de poco fiar, sospechoso/a; *(information etc)* poco fiable.
untruth [ˈʌnˈtruːθ] *n (pl* **~s** [ˈʌnˈtruːðz]) mentira *f*.
untruthful [ˈʌnˈtruːθfʊl] *adj* mentiroso/a, falso/a.
unusable [ˈʌnˈjuːzəbl] *adj* inservible, inútil.
unused[1] [ˈʌnˈjuːzd] *adj (new)* nuevo/a, sin estrenar; *(not made use of)* sin usar *or* utilizar.
unused[2] [ˈʌnˈjuːst] *adj*: **to be ~ to sth** no estar acostumbrado/a a algo.
unusual [ʌnˈjuːʒʊəl] *adj (uncommon)* insólito/a, poco común; *(odd)* raro/a, extraño/a; *(exceptional)* extraordinario/a, descomunal.
unusually [ʌnˈjuːʒʊəlɪ] *adv (unaccustomedly)* fuera de lo común, descomunalmente; *(exceedingly)* extraordinariamente; **an ~ gifted man** un hombre de excepcional talento.
unvaried [ʌnˈvεərɪd] *adj (gen)* invariable; *(unchanged)* sin cambiar, constante; *(monotonous)* monótono/a.
unvarnished [ˈʌnˈvɑːnɪʃt] *adj (gen)* sin barnizar; *(fig)* sencillo/a, puro/a.
unveil [ʌnˈveɪl] *vt (gen)* descubrir.
unwaged [ʌnˈweɪdʒd] *adj* sin sueldo.
unwanted [ˈʌnˈwɒntɪd] *adj (gen)* superfluo/a, de sobra; *(child)* no deseado/a.
unwarranted [ʌnˈwɒrəntɪd] *adj* injustificado/a.
unwary [ʌnˈwεərɪ] *adj* imprudente, incauto/a.
unwashed [ˈʌnˈwɒʃt] *npl*: **the Great U~** *(hum)* la plebe.
unwavering [ʌnˈweɪvərɪŋ] *adj (faith etc)* inquebrantable, firme.
unwed [ˈʌnˈwed] *adj* soltero/a.
unwelcome [ʌnˈwelkəm] *adj* importuno/a, molesto/a.
unwelcoming [ʌnˈwelkəmɪŋ] *adj (person)* nada simpático/a, poco cordial; *(place)* poco acogedor(a).
unwell [ˈʌnˈwel] *adj* indispuesto/a.
unwholesome [ˈʌnˈhəʊlsəm] *adj* no saludable.
unwieldy [ʌnˈwiːldɪ] *adj* difícil de manejar.
unwilling [ˈʌnˈwɪlɪŋ] *adj* mal *or* poco dispuesto/a; **to be ~ to do sth** no estar dispuesto a hacer algo; **to be ~ for sb to do sth** no querer que algn haga algo.
unwillingly [ˈʌnˈwɪlɪŋlɪ] *adv* de mala gana, de mal grado.
unwind [ˈʌnˈwaɪnd] *(pt, pp* **unwound**) **1** *vt (gen)* desenvolver; *(wool)* desovillar. **2** *vi* desenvolverse; *(fam: relax)* relajarse, calmarse los nervios.
unwise [ˈʌnˈwaɪz] *adj (careless)* imprudente, descuidado/a; *(inadvisable)* poco aconsejable.
unwitting [ʌnˈwɪtɪŋ] *adj* involuntario/a; **I was the ~ cause** sin querer, yo fui la causa.
unwittingly [ʌnˈwɪtɪŋlɪ] *adv* involuntariamente, inintencionadamente, sin querer.
unworkable [ˈʌnˈwɜːkəbl] *adj* impráctico/a.
unworldly [ˈʌnˈwɜːldlɪ] *adj (gen)* alejado/a del mundo; *(naïve)* ingenuo/a.
unworthy [ʌnˈwɜːðɪ] *adj* indigno/a; **to be ~ to do sth** ser indigno de *or* no merecer hacer algo.
unwound [ˌʌnˈwaʊnd] *pt, pp of* **unwind**.
unwrap [ˈʌnˈræp] *vt* desenvolver.
unwritten [ˈʌnˈrɪtn] *adj* no escrito/a; **~ law** *(fig)* ley *f* consuetudinaria.
unyielding [ʌnˈjiːldɪŋ] *adj* inflexible.
unzip [ˈʌnˈzɪp] *vt* abrir la cremallera *or (LAm)* el cierre de.
up [ʌp] **1** *adv* (**a**) *(upwards)* hacia *or* para arriba, arriba; *(above)* arriba, en lo alto; *(standing)* de pie; **from ~ (above)** desde arriba; **higher ~** más arriba; **to stop halfway ~** pararse a mitad de la subida; **to throw sth ~ in the air** lanzar algo al aire; **~ in the mountains** montaña arriba; **~ in the sky** en lo alto del cielo; **my office is 5 floors ~** mi oficina está en el quinto piso; **we're ~ for the day** hemos venido a pasar el día; **'this side ~'** 'este lado hacia arriba'; **the sun is ~** ha salido el sol; **the road is ~** la calle está en obras; **to be ~ among** *or* **with the leaders** estar a la altura de los líderes; **~ Celtic!** ¡arriba el Celtic!; **to walk ~ and down** pasearse de un lado para otro *or* de arriba abajo; **he's been ~ and down all evening** no ha parado quieto en toda la tarde; **she's still a bit ~ and down** todavía tiene sus altibajos.
(**b**) *(built etc)* construido/a; **the curtains are ~** las cortinas están colocadas.
(**c**) *(out of bed)* **to be ~** estar levantado/a; **to be ~ and about again** estar repuesto/a; **to be ~ all night** no acostarse en toda la noche; **we were still ~ at midnight** a medianoche seguíamos sin acostarnos.
(**d**) *(in price, value)* **potatoes are ~** han subido las patatas.
(**e**) *(in score)* **we're a goal ~** tenemos un tanto de ventaja.
(**f**) *(finished)* terminado/a, acabado/a; *(contract etc)* vencido/a, caduco/a; **time is ~** se ha terminado el tiempo permitido, es la hora; **our time here is ~** no podemos estar más tiempo aquí.

(**g**) (*upwards*) **from £2 ~** de 2 libras para arriba; **from the age of 13 ~** a partir de los 13 años.

(**h**) (*in or towards the north*) hacia el norte; **to go ~ to London/to university** ir a Londres/a la universidad.

(**i**) (*knowledgeable*) al tanto, al corriente, enterado/a; **he's well ~ in** *or* **on British politics** está al día en lo referente a la política británica.

(**j**) (*fam: wrong*); **what's ~?** ¿qué pasa?; **what's ~ with him?** ¿que le pasa (a él)?; **there's something ~ with him** le pasa algo; **there's something ~ with the TV** le pasa algo a la tele.

(**k**) **~ to** (*as far as*) hasta; **~ to now** hasta ahora, hasta la fecha; **~ to here** hasta aquí; **~ to £10** hasta 10 libras nada más.

(**l**) **~ to** (*fam: doing*); **what are you ~ to?** ¿qué haces ahí?, ¿qué andas haciendo?; **he's ~ to something** está tramando algo; **what does he think he's ~ to?** ¿qué diablos piensa hacer?

(**m**) **~ to** (*equal to*) a la altura de, en condiciones de; **to be ~ to a task** estar a la altura de un cometido; **I don't feel ~ to going out** no tengo ánimos para salir; **the book isn't ~ to much** (*fam*) el libro no vale mucho.

(**n**) **~ to** (*depending on*) **it's ~ to you to decide** te toca (a ti) decidir; **I wouldn't do it but it's ~ to you** yo (que tú) no lo haría, pero allá tú *or* tú verás; **I'd go, but it's ~ to you** por mí iría, pero depende de ti.

(**o**) **to be ~ against opposition** enfrentar resistencia; **he's really ~ against it** ahora sí está en un aprieto; **to be ~ against sb** tener que habérselas con algn.

(**p**) (*US fam*) **a bourbon (straight) ~** un bourbon sin hielo; **two fried eggs, ~** un par de huevos fritos boca arriba.

(**q**) **to be ~ and running** estar en funcionamiento; **to get sth ~ and running** poner algo en funcionamiento.

2 *prep* (**a**) (*high*) en lo alto de; (*on top of*) encima de, arriba de (*LAm*); **~ river** río arriba; **to be ~ a tree** estar en lo alto de *or* (*LAm*) arriba de un árbol; **further ~ the page** en la misma página, más arriba; **halfway ~ the stairs** a mitad de la escalera; **he went off ~ the road** se fue calle arriba; **to travel ~ and down the country** viajar por todo el país.

(**b**) **~ yours!** (*fam!*) ¡vete a hacer puñetas! (*fam!*).

3 *n* (**a**) **~s and downs** altibajos *mpl*, vicisitudes *fpl*.

(**b**) **it's on the ~ and ~** (*Brit*) va cada vez mejor; (*US*) eso está en regla, eso es legítimo.

4 *adj* (**a**) (*train, line*) ascendente.

(**b**) **to be ~** (*fam: elated*) estar en plena forma.

5 *vi* (*fam*) **to ~ and do sth** lanzarse a hacer algo; **he ~ped and offed** sin más se largó (*fam*); **she ~ped and left** se levantó y se marchó.

6 *vt* (*price, offer*) aumentar.

up-and-coming [ˈʌpənd'kʌmɪŋ] *adj* prometedor(a), con futuro.

up-and-down [ˈʌpənˈdaʊn] *adj* (*movement*) vertical; (*business, progress etc*) con altibajos.

upbeat [ˈʌpˈbiːt] **1** *adj* (*fam*) optimista, animado/a. **2** *n* (*Mus*) tiempo *m* no acentuado; (*fig: in prosperity*) aumento *m*.

upbraid [ʌpˈbreɪd] *vt* censurar.

upbringing [ˈʌpˌbrɪŋɪŋ] *n* educación *f*, crianza *f*.

upchuck [ˈuptʃʌk] *vi* (*US fam*) echar los hígados por la boca (*fam*), vomitar.

upcoming [ˈʌpkʌmɪŋ] *adj* (*US*) venidero/a, futuro/a.

upcountry [ˈʌpˈkʌntrɪ] *adv* tierra adentro, en el interior.

update [ʌpˈdeɪt] *vt* poner al día.

upfront [ʌpˈfrʌnt] (*fam*) **1** *adj* (*esp US: frank*) abierto/a, sincero/a. **2** *adv* (**a**) **to pay ~ for sth** pagar algo por adelantado. (**b**) (*esp US: frankly*) sinceramente, abiertamente.

upgrade [ʌpˈgreɪd] *vt* (*promote*) ascender; (*Comput*) modernizar.

upheaval [ʌpˈhiːvəl] *n* (*fig*) trastornos *mpl*; (*Pol*) agitación *f*.

upheld [ʌpˈheld] *pt, pp of* **uphold**.

uphill [ˈʌpˈhɪl] **1** *adv*: **to go ~** ir cuesta arriba. **2** *adj* en cuesta *or* pendiente; (*fig*) arduo/a, penoso/a; **it's ~ all the way** (*lit*) vamos cuesta arriba todo el camino; (*fig*) es una tarea laboriosa.

uphold [ʌpˈhəʊld] (*pt, pp* **upheld**) *vt* (*sustain*) mantener, sostener; (*support*) apoyar, defender; (*Jur*) confirmar.

upholstery [ʌpˈhəʊlstərɪ] *n* tapicería *f*.

UPI *n abbr* (*US*) *of* **United Press International**.

upkeep [ˈʌpkiːp] *n* (*care*) mantenimiento *m*, manutención *f*; (*cost*) gastos *mpl* de mantenimiento.

uplift [ʌpˈlɪft] *vt* (*fig: encourage*) animar; (*: raise*) mejorar, elevar.

up-market [ʌpˈmɑːkɪt] (*Brit*) **1** *adj* (*product*) de primera calidad. **2** *adv*: **to go ~** (*for clients, product*) buscar una clientela más selecta.

upon [əˈpɒn] *prep* = **on**.

upper [ˈʌpəʳ] **1** *adj* (**a**) superior, de arriba; **the ~ river** río arriba. (**b**) (*in importance, rank*) superior; **the ~ classes** la clase alta; **the ~ crust** (*fam*) la flor y nata. **2** *n*: **~s** (*of shoe*) pala *fsg*; **to be on one's ~s** estar en la calle.

upper-case [ˈʌpəˈkeɪs] *adj* mayúsculo/a.

upper-class [ˈʌpəˈklɑːs] *adj* de la clase alta.

uppermost [ˈʌpəməʊst] *adj* el/la más alto/a; **it was ~ in my mind** me preocupaba más que cualquier otra cosa.

uppish [ˈʌpɪʃ], **uppity** [ˈʌpɪtɪ] *adj* (*Brit fam*) presumido/a, engreído/a; **to get ~** presumir, darse aires de importancia.

upright [ˈʌpraɪt] **1** *adj* (**a**) (*lit*) derecho/a, recto/a; **~ piano** piano *m* vertical *or* recto. (**b**) (*fig*) honrado/a, íntegro/a. **2** *adv* erguido, derecho, recto. **3** *n* (**a**) (*post*) montante *m*, poste *m*. (**b**) (*piano*) piano *m* vertical *or* recto.

uprising [ˈʌpraɪzɪŋ] *n* alzamiento *m*, sublevación *f*.

uproar [ˈʌprɔːʳ] *n* jaleo *m*, escándalo *m*; **the whole place was in ~** el lugar estaba alborotado.

uproarious [ʌpˈrɔːrɪəs] *adj* (*noisy*) ruidoso/a, escandaloso/a; (*very funny*) divertidísimo/a.

uproot [ʌpˈruːt] *vt* desarraigar, arrancar (de raíz); **whole families have been ~ed** familias enteras han sido desalojadas.

upset [ʌpˈset] (*vb: pt, pp* ~) **1** *vt* (**a**) (*object etc*) volcar, tirar; (*water etc*) derramar, tirar.

(**b**) (*make sad*) alterar, trastornar; (*offend*) ofender, disgustar; (*annoy*) fastidiar, molestar; (*displease*) enfadar, disgustar.

(**c**) (*disorganize*) trastornar, dar al traste con.

(**d**) (*make ill*) sentar mal a, enfermar (*LAm*).

2 *adj* (**a**) (*sad*) alterado/a, trastornado/a; (*offended*) ofendido/a, disgustado/a; (*annoyed*) fastidiado/a, molesto/a; (*displeased*) enfadado/a; **to get ~** (*offended*) ofenderse, llevarse un disgusto; (*angry*) enfadarse.

(**b**) [ˈʌpset] (*sick*) **I have an ~ stomach** tengo el estómago revuelto.

3 [ˈʌpset] *n* (**a**) (*disturbance*) revés *m*, contratiempo *m*; (*emotional*) trastorno *m*; (*fam: quarrel*) riña *f*, disgusto *m*, pleito *m*.

(**b**) (*illness*) malestar *m*; **stomach ~** malestar de estómago.

4 [ˈʌpset] *cpd*: **~ price** *n* (*esp Scot, US*) precio *m* mínimo, precio de reserva.

upsetting [ʌpˈsetɪŋ] *adj* (*saddening*) triste, conmovedor(a); (*offending*) ofensivo/a; (*annoying*) fastidioso/a, molesto/a.

upshot [ˈʌpʃɒt] *n* resultado *m*; **the ~ of it all was ...** resultó por fin que ....

upside down [ˈʌpsaɪd'daʊn] **1** *adv* al revés; (*untidily*) patas arriba; **to turn sth ~** volver algo al revés; (*fig*) revolverlo todo. **2** *adj* al revés; **the room was ~** reinaba el desorden en el cuarto.

upstage [ˈʌpˈsteɪdʒ] **1** *adv*: **to be ~** estar en el fondo de la escena: **to go ~** ir hacia el fondo de la escena. **2** *vt*: **to ~**

sb (*fig*) eclipsar a algn.

upstairs [ˈʌpˈstɛəz] **1** *adv* arriba. **2** *n* el piso superior *or* de arriba.

upstanding [ʌpˈstændɪŋ] *adj* (**a**) (*strong*) fuerte; (*honourable*) honrado/a. (**b**) **be ~!** (*Jur etc*) ¡levántense!

upstart [ˈʌpstɑːt] *n* advenedizo/a *m/f*.

upstream [ˈʌpˈstriːm] *adv* río *or* aguas arriba; **about 3 miles ~ from Windsor** unas 3 millas más arriba de Windsor.

upsurge [ˈʌpsɜːdʒ] *n* acceso *m*, arrebato *m*.

uptake [ˈʌpteɪk] *n*: **to be quick/slow on the ~** (*fam*) ser muy listo/torpe.

uptight [ʌpˈtaɪt] (*fam*) *adj* tenso /a, nervioso/a; **to get ~ about sth** ponerse nervioso por algo.

uptime [ˈʌptaɪm] *n* tiempo *m* de operación.

up-to-date [ˈʌptəˈdeɪt] *adj* (*person, clothes etc*) al día, de moda; (*magazine etc*) corriente.

up-to-the-minute [ˈʌptəðəˈmɪnɪt] *adj* de última hora.

uptown [ˈʌpˈtaʊn] (*US*) **1** *adv* hacia las afueras, hacia los barrios exteriores. **2** *adj* exterior, de las afueras.

upturn [ˈʌptɜːn] *n* (*fig: improvement*) mejora *f*; (*Econ etc*) repunte *m*.

upturned [ˈʌptɜːnd] *adj* (*box etc*) vuelto/a hacia arriba; (*nose*) respingón/ona.

UPU *n abbr of* **Universal Post Union** UPU *f*.

upward [ˈʌpwəd] **1** *adj* ascendente, hacia arriba. **2** *adv* (*also* **~s**) (**a**) (*gen*) hacia arriba; **face ~** boca arriba. (**b**) (*with numbers*) **from the age of 13 ~s** desde los 13 años; **~s of 500** más de 500.

upwardly [ˈʌpwədlɪ] *adv*: **~ mobile** ambicioso/a.

URA *n abbr* (*US*) *of* **Urban Renewal Administration**.

Urals [ˈjʊərəlz] *n* (*also* **Ural Mountains**) (Montes *mpl*) Urales *mpl*.

uranium [jʊəˈreɪnɪəm] *n* uranio *m*.

Uranus [jʊəˈreɪnəs] *n* Urano *m*.

urban [ˈɜːbən] *adj* urbano/a; **~ renewal** renovación *f* urbana; **~ sprawl** extensión *f* urbana.

urbane [ɜːˈbeɪn] *adj* urbano/a, cortés.

urbanization [ˈɜːbənaɪˈzeɪʃən] *n* urbanización *f*.

urchin [ˈɜːtʃɪn] *n* pilluelo/a *m/f*, golfillo/a *m/f*; **sea ~** erizo *m* de mar.

Urdu [ˈʊəduː] *n* (*Ling*) urdu *m*.

urge [ɜːdʒ] **1** *n* impulso *m*; (*sexual etc*) deseo *m*; **to feel an ~ to do sth** sentir fuertes deseos *or* ganas de hacer algo; **to get** *or* **have the ~ (to do sth)** entrarle a uno unas ganas (de hacer algo). **2** *vt* (**a**) (*try to persuade*) animar, alentar; **to ~ sb to do sth** animar *or* instar a algn a hacer algo; **to ~ that sth should be done** recomendar encarecidamente que se haga algo. (**b**) (*advocate*) recomendar, abogar por; **to ~ sth on** *or* **upon sb** insistir en algo con algn.

▶ **urge on** *vt + adv* animar, alentar; (*fig*) animar, instar.

urgency [ˈɜːdʒənsɪ] *n* urgencia *f*; (*of tone of voice, pleas*) perentoriedad *f*; **it is a matter of ~** es un asunto urgente.

urgent [ˈɜːdʒənt] *adj* (**a**) urgente, apremiante. (**b**) (*earnest, persistent*) insistente.

urgently [ˈɜːdʒəntlɪ] *adv* (*see adj*) con urgencia, con apremio; insistentemente.

urinal [jʊəˈraɪnl] *n* (*building*) urinario *m*; (*vessel*) orinal *m*.

urinate [ˈjʊərɪneɪt] *vi* orinar.

urine [ˈjʊərɪn] *n* orina *f*, orines *mpl*.

urn [ɜːn] *n* (**a**) (*vase*) urna *f*. (**b**) (*tea ~*) tetera *f*; (*coffee ~*) cafetera *f*.

urologist [jʊəˈrɒlədʒɪst] *n* urólogo/a *m/f*.

urology [jʊəˈrɒlədʒɪ] *n* urología *f*.

Uruguay [ˈjʊərəgwaɪ] *n* el Uruguay.

Uruguayan [ˌjʊərəˈgwaɪən] *adj, n* uruguayo/a *m/f*.

US *n abbr of* **United States** EE.UU.

us [ʌs] *pron* (**a**) nos; (*after prep*) nosotros/as. (**b**) (*fam: me*) me.

USA *n abbr* (**a**) *of* **United States of America** EE.UU. (**b**) *of* **United States Army**.

usable [ˈjuːzəbl] *adj* utilizable; **~ space** espacio *m* útil.

USAF *n abbr of* **United States Air Force**.

usage [ˈjuːzɪdʒ] *n* (**a**) (*custom*) uso *m*, costumbre *f*. (**b**) (*Ling: use, way of using*) uso *m*. (**c**) (*handling*) manejo *m*; (*treatment*) tratos *mpl*; **ill ~** malos tratos.

USCG *n abbr of* **United States Coast Guard**.

USDA *n abbr of* **United States Department of Agriculture** ≈ MAPA *m*.

USDAW [ˈʌzdɔː] *n abbr* (*Brit*) *of* **Union of Shop, Distributive and Allied Workers**.

USDI *n abbr of* **United States Department of the Interior**.

use [juːs] **1** *n* (**a**) (*gen*) uso *m*, empleo *m*; (*handling*) manejo *m*; **'directions for ~'** 'modo *m* de empleo'; **for the ~ of the blind** para uso de los invidentes; **for ~ in case of emergency** para uso en caso de urgencia; **fit for ~** servible, en buen estado; **ready for ~** listo/a (para ser usado); **in ~/out of ~** en uso/desuso; **to be in daily ~** ser de uso diario; **to be no longer in ~** estar fuera de uso; **to go** *or* **fall out of ~** caer en desuso; **I have the ~ of it on Sundays** me permiten usarlo los domingos; **he lost the ~ of his arm** se le quedó inútil el brazo.

(**b**) (*exploitation, making ~ of*) aprovechamiento *m*; **to make ~ of sth** servirse de *or* aprovechar algo; **to put sth to good ~** sacar partido *or* provecho de algo.

(**c**) (*way of using*) modo *m* de empleo, uso *m*; **to find a ~ for sth** encontrarle utilidad a algo; **I have no further ~ for it** ya no me sirve (para nada).

(**d**) (*usefulness*) utilidad *f*; **to be of ~** servir, tener utilidad; **can I be of any ~?** ¿puedo ayudar?; **it's (of) no ~** no sirve (para nada); **it's no ~ discussing it further** es inútil *or* no vale la pena seguir discutiéndolo; **what's the ~ of all this?** ¿de qué sirve *or* a qué viene todo esto?; **to have no further ~ for sth** no poder usar algo más; **it has its ~s** tiene sus aspectos útiles; **he's no ~ as a teacher** no vale para *or* no sirve como profesor.

(**e**) (*ability or right to use*) derecho *m* de uso; **to have the ~ of a garage** tener acceso a un garaje.

2 [juːz] *vt* (**a**) (*gen*) usar, emplear, utilizar; **to ~ force** emplear la fuerza; **to ~ every means** no perder esfuerzo (*to do sth* por hacer algo); **it isn't ~d any more,** ya no se usa; **~ only in emergencies** usar sólo en caso de urgencia; **to ~ sth as a hammer** emplear algo como martillo; **what's this ~d for?** ¿para qué sirve *or* para qué se utiliza esto?; **this room could ~ some paint** (*fam*) no le vendría mal a este cuarto una mano de pintura; **I could ~ a drink!** (*fam*) ¡no me vendría mal un trago!

(**b**) (*make ~ of, exploit*) servirse de, aprovechar, utilizar.

(**c**) (*consume*) consumir; (*~up*) agotar.

(**d**) (*old, poet: treat*) tratar.

3 *vi* (*Drugs fam*) drogarse.

4 *aux vb* (*gen*) soler, acostumbrar; **I ~d to go/drink/run** solía *or* acostumbraba ir/beber/correr, iba/bebía/corría.

▶ **use up** *vt + adv* agotar; **the ink is all ~d up** se acabó la tinta.

useable [ˈjuːzəbl] *adj* = **usable**.

used¹ [juːzd] *adj* (*second-hand*) usado/a, viejo/a; **~ car** coche *m* de ocasión.

used² [juːst] *adj*: **to be ~ to sth** estar acostumbrado/a a algo; **to be ~ to doing sth** estar acostumbrado/a a *or* acostumbrar hacer algo; **to get ~ to** acostumbrarse a.

useful [ˈjuːsfʊl] *adj* (**a**) útil; **it is very ~ to be able to drive** es muy útil saber conducir; **to make o.s. ~** ayudar, echar una mano (*fam*); **to come in ~** servir, ser útil; **~ capacity** capacidad *f* útil. (**b**) (*fam: capable*) hábil, capaz.

usefully [ˈjuːsfəlɪ] *adv* útilmente; **there was nothing that could ~ be said** no había nada provechoso que se pudiese decir.

usefulness [ˈjuːsfʊlnɪs] *n* utilidad *f*; **it has outlived its ~** ha dejado de tener utilidad.

useless ['ju:slɪs] *adj* (**a**) inútil; (*unusable*) inservible; **he's ~ as a forward** no vale para *or* no sirve como delantero. (**b**) (*pointless*) inútil.

user ['ju:zəʳ] **1** *n* usuario/a *m/f*; (*Drugs*) drogadicto/a *m/f*. **2** *cpd*: **~ identification** *n* identificación *f* del usuario; **~ language** *n* lenguaje *m* del usuario; **~ software** *n* software *m* del usuario.

user-definable [ˌju:zədɪ'faɪnəbl], **user-defined** [ˌju:zədɪ'faɪnd] *adj* definido/a por el usuario.

user-friendly [ˌju:zə'frendlɪ] *adj* (*Comput*) fácil de utilizar.

USES *n abbr of* **United States Employment Service**.

usher ['ʌʃəʳ] **1** *n* (*at wedding, in court etc*) ujier *m*; (*in theatre, cinema etc*) acomodador *m*. **2** *vt*: **to ~ sb in** (*Theat*) acomodar a algn, conducir a algn a su sitio; (*into room*) hacer pasar a algn a un cuarto; **it ~ed in a new reign** (*fig*) anunció un nuevo reinado.

usherette [ˌʌʃə'ret] *n* acomodadora *f*.

USIA *n abbr of* **United States Information Agency**.

USM *n abbr* (**a**) *of* **United States Mail**. (**b**) (*Fin*) *of* **unlisted securities market** mercado *m* de valores no inscritos en la Bolsa. (**c**) *of* **United States Mint**.

USN *n abbr of* **United States Navy**.

USPHS *n abbr of* **United States Public Health Service**.

USPO *n abbr of* **United States Post Office**.

USPS *n abbr of* **United States Postal Service**.

USS *n abbr of* **United States Ship** *or* **Steamer**.

USSR *n abbr* (*Hist*) *of* **Union of Soviet Socialist Republics** USSR *f*.

usu. *abbr* (**a**) *of* **usual**. (**b**) *of* **usually**.

usual ['ju:ʒʊəl] **1** *adj* (*customary*) acostumbrado/a; (*normal*) normal; **it's ~ to sing on these occasions** es costumbre *or (esp LAm)* se acostumbra cantar en estas ocasiones; **it's the ~ thing today** hoy es lo más normal; **as (per) ~** como de costumbre, como siempre; **more than ~** más que de costumbre; **it's not ~ for her to be late** no suele llegar tarde. **2** *n*: **the ~ please!** (*fam: drink*) lo de siempre, por favor.

usually ['ju:ʒʊəlɪ] *adv* por lo general, por regla general.

usurer ['ju:ʒərəʳ] *n* usurero *m*.

usurp [ju:'zɜ:p] *vt* usurpar.

usurper [ju:'zɜ:pəʳ] *n* usurpador(a) *m/f*.

UT *abbr* (*US Post*) *of* **Utah**.

UTC *abbr of* **Universal Time Coordinated**.

utensil [ju:'tensl] *n* utensilio *m*; **kitchen ~s** utensilios de cocina.

uterus ['ju:tərəs] *n* útero *m*.

utilitarian [ˌju:tɪlɪ'tɛərɪən] *adj* utilitario/a.

utility [ju:'tɪlɪtɪ] **1** *n* (*usefulness*) utilidad *f*; (*public service*) servicio *m* público. **2** *cpd* utilitario/a; **~ room** *n* trascocina *f*.

utilization [ˌju:tɪlaɪ'zeɪʃən] *n* utilización *f*.

utilize ['ju:tɪlaɪz] *vt* utilizar, aprovecharse de.

utmost ['ʌtməʊst] **1** *adj* (**a**) (*greatest*) supremo/a, sumo/a; **of the ~ importance** de la mayor importancia. (**b**) (*furthest*) más lejano/a. **2** *n*: **to do one's ~ (to do sth)** hacer todo lo posible (por hacer algo); **to the ~ of one's ability** lo mejor que pueda uno.

Utopia [ju:'təʊpɪə] *n* Utopía *f*.

Utopian [ju:'təʊpɪən] **1** *adj* utópico/a. **2** *n* utopista *mf*.

utter[1] ['ʌtəʳ] *adj* total, absoluto/a.

utter[2] ['ʌtəʳ] *vt* (*words*) pronunciar; (*cry*) dar, soltar; **she never ~ed a word** no dijo nada *or* (ni una) palabra.

utterly ['ʌtəlɪ] *adv* totalmente, completamente.

uttermost ['ʌtəməʊst] *adj* = **utmost 1**.

U-turn ['ju:tɜ:n] *n* (*lit, fig*) cambio *m* de sentido.

UV *adj abbr of* **ultraviolet** UV, UVA.

Uzbekistan [ˌʊzbekɪ'stɑ:n] *n* Usbiekistán *m*, Usbekia *f*.

V

V, v[1] [vi:] *n* (*letter*) V, v *f*, v corta *(LAm)*.

v[2] *abbr* (**a**) (*Lit*) *of* **verse** v; (*Rel*) vers.º (**b**) (*Sport, Jur etc*) *of* **versus** vs. (**c**) (*Elec*) *of* **volt(s)** v. (**d**) *of* **vide**, **see** vid., v. (**e**) *of* **very**. (**f**) *of* **volume**.

VA *abbr* (*US Post*) *of* **Virginia**.

vac [væk] *n* (*Brit fam*) (**a**) = **vacation**. (**b**) = **vacuum**.

vacancy ['veɪkənsɪ] *n* (**a**) (*emptiness*) vaciedad *f*, vacuidad *f*. (**b**) (*in boarding house etc*) habitación *f or* cuarto *m* libre; **have you any vacancies?** ¿tiene *or* hay alguna habitación *or* algún cuarto libre?; **'no vacancies'** 'completo'. (**c**) (*job*) vacante *f*; **'vacancies'** 'se ofrece trabajo', 'hay vacante'.

vacant ['veɪkənt] *adj* (**a**) (*seat, room, house etc*) libre, desocupado/a; (*space*) vacío/a; **~ lot** (*US*) solar *m*; **is this seat ~?** ¿está libre (este asiento)? (**b**) (*look etc*) vacío/a, vago/a; (*stupid*) alelado/a.

vacate [və'keɪt] *vt* (*frm: house, seat, room*) desocupar, dejar libre; (*: post*) dejar, dejar vacante.

vacation [və'keɪʃən] *n* (*esp US, Univ*) vacaciones *fpl*; **on ~** de vacaciones; **to take a ~** tomarse unas vacaciones; **long ~** (*Univ*) vacaciones de verano.

vacationer [və'keɪʃənəʳ], **vacationist** [və'keɪʃənɪst] *n* (*US*) veraneante *mf*.

vaccinate ['væksɪneɪt] *vt* vacunar.

vaccination [ˌvæksɪ'neɪʃən] *n* vacunación *f*.

vaccine ['væksi:n] *n* vacuna *f*.

vacillate ['væsɪleɪt] *vi* (*hesitate*) vacilar, dudar; (*waver*) oscilar (*between* entre).

vacuous ['vækjʊəs] *adj* (*empty*) vacío/a, vacuo/a; (*vague*) vago/a, vacío/a, ausente; (*stupid*) tonto/a, bobo/a.

vacuum ['vækjʊm] **1** *n* (*gen*) vacío *m*. **2** *cpd*: **~ bottle** *n* (*US*) = **~ flask**; **~ cleaner** *n* aspirador *m*, aspiradora *f*; **~ flask** *n* termo *m*; **~ pump** *n* bomba *f* neumática. **3** *vt* (*fam*) pasar la aspiradora por.

vacuum-packed ['vækjʊm'pækt] *adj* envasado/a al vacío.

vagabond ['vægəbɒnd] *n* vagabundo/a *m/f*.

vagary ['veɪgərɪ] *n* (*strange idea*) capricho *m*, manía *f*; (*sudden desire*) capricho, antojo *m*; **the vagaries of love** los caprichos del amor.

vagina [və'dʒaɪnə] *n* vagina *f*.

vagrant ['veɪgrənt] *n* vagabundo/a *m/f*, vago/a *m/f*.

vague [veɪg] *adj* (*comp* **~r**; *superl* **~st**) (**a**) vago/a; (*outline*) borroso/a; (*concept, description*) impreciso/a; (*feeling*) indefinido/a, indeterminado/a; **I haven't the ~st idea** no tengo la más remota idea; **the ~ outline of a ship** el perfil borroso de un buque; **he made some ~ promises** hacía promesas, pero sin concretar; **a ~ expression/look** una expresión/una mirada ausente.
(**b**) (*subj: person: in giving details etc*) impreciso/a; **he's terribly ~** es muy poco preciso.

vaguely ['veɪglɪ] *adv* vagamente; **a picture ~ resembling another** un cuadro que se parece vagamente a otro.

vagueness ['veɪgnɪs] *n* (*gen*) vaguedad *f*, imprecisión *f*; (*absent-mindedness*) despiste *m*, distracción *f*.

vain [veɪn] *adj* (**a**) (*useless*) vano/a, inútil; **in ~** en vano, en balde; **all our efforts were in ~** nuestros esfuerzos no dieron resultado. **(b)** (*comp* ~**er**; *superl* ~**est**) (*conceited*) vanidoso/a, presumido/a.

vainly [ˈveɪnlɪ] *adv* **(a)** (*to no effect*) en vano, en balde. **(b)** (*conceitedly*) vanidosamente.

valance [ˈvæləns] *n* (*gen*) cenefa *f*; (*of a bed*) doselera *f*.

vale [veɪl] *n* valle *m*.

valedictory [ˌvælɪˈdɪktərɪ] *n* (*US*) oración *f* de despedida.

Valencian [vəˈlensɪən] **1** *adj*, *n* valenciano/a *m/f*. **2** *n* (*Ling*) valenciano *m*.

valentine [ˈvæləntaɪn] *n* (*card*) tarjeta *f* del Día de los Enamorados; (*person*) *persona a la que se manda una tarjeta del Día de los Enamorados*.

valet [ˈvæleɪ] *n* ayuda *m* de cámara.

valiant [ˈvælɪənt] *adj* (*poet*) valiente, valeroso/a; (*effort etc*) valioso/a.

valiantly [ˈvælɪəntlɪ] *adv* valientemente, con valor.

valid [ˈvælɪd] *adj* (*argument, excuse*) válido/a; (*ticket etc*) valedero/a; (*law*) vigente.

validate [ˈvælɪdeɪt] *vt* (*gen*) validar, dar validez a; (*documents etc*) convalidar.

validation [ˌvælɪˈdeɪʃən] *n* convalidación *f*.

validity [vəˈlɪdɪtɪ] *n* validez *f*.

Valium ® [ˈvælɪəm] *n* valium ® *m*.

valley [ˈvælɪ] *n* valle *m*.

valour, (*US*) **valor** [ˈvæləʳ] *n* (*frm*) valor *m*, valentía *f*.

valuable [ˈvæljʊəbl] **1** *adj* (*gen*) valioso/a, de valor; (*worthwhile*) apreciable, valioso/a; **a ~ contribution** una valiosa aportación. **2** *n*: ~**s** objetos *mpl* de valor.

valuation [ˌvæljʊˈeɪʃən] *n* (*evaluation*) valuación *f*, tasación *f*; (*fig: of person's character*) estimación *f*, consideración *f*.

value [ˈvæljuː] **1** *n* **(a)** (*gen*) valor *m*; (*merit*) mérito(s) *m(pl)*; (*usefulness*) utilidad *f*; **sentimental ~** valor sentimental; **surplus ~** plusvalía *f*; **of no ~** sin valor; **to be of ~ to sb** tener valor para algn; (*useful*) ser útil para algn; **to be of little/great ~ to sb** ser de poco/gran valor para algn; **this dress is good ~ (for money)** este vestido tiene buen precio; **to attach no ~ to sth** no darle *or* restarle importancia a algo.

(b) (*moral*) ~**s** valores *mpl* (morales).

2 *vt* (*financially*) valorar, valorizar; (*appraise*) tasar; (~*highly*) estimar, apreciar; **it is ~d at £8** está valorado en 8 libras; **he doesn't ~ his life** desprecia su vida, no da valor a su vida.

3 *cpd*: **~ added tax** *n abbr of* **VAT** impuesto *m* sobre el valor añadido; **~ judgment** *n* juicio *m* de valor.

valued [ˈvæljuːd] *adj* estimado/a, apreciado/a.

valueless [ˈvæljʊlɪs] *adj* sin valor.

valve [vælv] *n* (*Anat, Tech*) válvula *f*; (*Rad, TV*) lámpara *f*; (*of musical instrument*) llave *f*.

vampire [ˈvæmpaɪəʳ] **1** *n* vampiro *m*. **2** *cpd*: **~ bat** *n* (*Zool*) vampiro *m*.

van [væn] *n* (*Aut*) furgoneta *f*, camioneta *f*; (*Rail*) furgón *m or* vagón *m* de equipajes.

V&A *n abbr* (*Brit*) *of* **Victoria and Albert Museum**.

Vandal [ˈvændəl] **1** *adj* vándalo/a, vandálico/a. **2** *n* (*Hist*) vándalo/a *m/f*.

vandal [ˈvændəl] *n* vándalo/a *m/f*, gamberro/a *m/f*.

vandalism [ˈvændəlɪzəm] *n* vandalismo *m*.

vandalize [ˈvændəlaɪz] *vt* destruir, destrozar.

vane [veɪn] *n* (*weather ~*) veleta *f*.

vanguard [ˈvængɑːd] *n* vanguardia *f*; **to be in the ~ of progress** estar en la vanguardia del progreso.

vanilla [vəˈnɪlə] **1** *n* vainilla *f*. **2** *adj* de vainilla.

vanish [ˈvænɪʃ] *vi* desaparecer, esfumarse.

vanishing [ˈvænɪʃɪŋ] *adj*: **~ point** (*fig*) punto *m* de fuga; **~ trick** truco *m* de desaparecer.

vanity [ˈvænɪtɪ] *n* vanidad *f*, orgullo *m*; **~ case** neceser *m*.

vanquish [ˈvæŋkwɪʃ] *vt* (*poet*) vencer, conquistar.

vantage [ˈvɑːntɪdʒ] *cpd*: **~ point** posición *f* ventajosa, lugar *m* estratégico; (*for views*) punto *m* panorámico.

vapid [ˈvæpɪd] *adj* insípido/a, soso/a.

vaporization [ˌveɪpəraɪˈzeɪʃən] *n* vaporización *f*.

vaporize [ˈveɪpəraɪz] **1** *vt* vaporizar, volatilizar. **2** *vi* vaporizarse, volatilizarse.

vapour, (*US*) **vapor** [ˈveɪpəʳ] **1** *n* (*steam*) vapor *m*; (*on breath*) window etc, vaho *m*. **2** *cpd*: **~ trail** *n* (*Aer*) estela *f*.

variability [ˌvɛərɪəˈbɪlɪtɪ] *n* variabilidad *f*.

variable [ˈvɛərɪəbl] **1** *adj* (*gen*) variable; (*person*) voluble. **2** *n* variable *f*.

variance [ˈvɛərɪəns] *n*: **to be at ~ (with sb over sth)** estar en desacuerdo (con algn en algo), discrepar (con algn en algo).

variant [ˈvɛərɪənt] *n* variante *f*.

variation [ˌvɛərɪˈeɪʃən] *n* variación *f*.

varicose [ˈværɪkəʊs] *adj*: **~ veins** varices *fpl*.

varied [ˈvɛərɪd] *adj* variado/a.

variegated [ˈvɛərɪgeɪtɪd] *adj* abigarrado/a; (*leaf*) jaspeado/a.

variety [vəˈraɪətɪ] **1** *n* (*gen*) variedad *f*; (*range, diversity*) diversidad *f*; **a new ~** una nueva variedad; **he likes a ~ of food** le gustan diversas comidas; **in a wide** *or* **large ~ of colours** en una gran variedad de colores; **for a ~ of reasons** por varias *or* diversas razones; **for ~** por variar; **~ is the spice of life** en la variedad está el gusto. **2** *cpd*: **~ artist** *n* artista *mf* de variedades; **~ show** *n* espectáculo *m* de variedades.

various [ˈvɛərɪəs] *adj* (*gen*) varios/as, diversos/as; (*different*) distintos/as; **at ~ times** a distintas horas; **for ~ reasons** por diversas razones.

variously [ˈvɛərɪəslɪ] *adv* indistintamente.

varnish [ˈvɑːnɪʃ] **1** *n* (*for wood*) barniz *m*; (*for nails*) esmalte *m or* laca *f* (para las uñas). **2** *vt* (*wood*) barnizar; (*nails*) pintar.

vary [ˈvɛərɪ] **1** *vt* (*gen*) variar; (*change*) cambiar, modificar. **2** *vi* (*change*) **to ~ with** *or* **according to** variar según *or* de acuerdo con; **to ~ from hot to cold** oscilar entre caliente y frío; **it varies** depende, según; **it never varies** no varía, no cambia; **it varies from 2 to 10** varía de dos a diez; **they ~ in price** los hay de diversos precios.

varying [ˈvɛərɪɪŋ] *adj* variable.

vase [vɑːz] *n* florero *m*, jarrón *m*.

vasectomy [væˈsektəmɪ] *n* vasectomía *f*.

vaseline ® [ˈvæsɪliːn] *n* vaselina *f* ®.

vast [vɑːst] *adj* (*comp* ~**er**; *superl* ~**est**) inmenso/a; (*expense*) enorme; (*stretch of land*) extenso/a, vasto/a; (*difference, success*) enorme, grande.

vastly [ˈvɑːstlɪ] *adv*: **~ superior to** inmensamente superior a.

vastness [ˈvɑːstnɪs] *n* inmensidad *f*.

VAT [viːeɪˈtiː, væt] *abbr of* **value added tax** IVA *m*.

vat [væt] *n* tina *f*, tinaja *f*; (*of cider*) cuba *f*.

Vatican [ˈvætɪkən] *n*: **the ~** el Vaticano.

vaudeville [ˈvəʊdəvɪl] *n* vodevil *m*.

vault[1] [vɔːlt] *n* (*Archit*) bóveda *f*; (*: cellar*) sótano *m*; (*: for wine etc*) bodega *f*; (*of bank*) cámara *f* acorazada; (*tomb*) panteón *m*; (*of church*) cripta *f*.

vault[2] [vɔːlt] *vt, vi* (*leap*) saltar; **to ~ (over) a stream** cruzar un arroyo de un salto, saltar un arroyo.

vaulted [ˈvɔːltɪd] *adj* abovedado/a.

vaulting [ˈvɔːltɪŋ] *cpd*: **~ horse** *n* potro *m*.

vaunted [ˈvɔːntɪd] *adj* (*also* **much ~**) cacareado/a, alardeado/a.

VC *n abbr* **(a)** (*Brit Mil*) *of* **Victoria Cross** *condecoración*. **(b)** (*Univ*) *of* **Vice-Chancellor**. **(c)** *of* **vice-chairman**.

VCR *n abbr of* **video-cassette recorder**.

VD *n abbr of* **venereal disease**.

VDT *n abbr* (*esp US*) *of* **visual display terminal**.

VDU **1** *n abbr of* **visual display unit** UDV *f*. **2** *cpd*: **~ operator** *n* operador(a) *m/f* de UDV.

veal [viːl] *n* ternera *f*.

veer [vɪəʳ] *vi* (*ship*) virar; (*car*) girar, torcer; (*wind*) cambiar; (*fig*) cambiar (de rumbo); **the car ~ed off the road** el coche se salió de la carretera; **the country has ~ed to the left** el país ha dado un giro hacia *or* a la izquierda.

veg [vedʒ] *n abbr (fam) of* **vegetable(s)**.

vegeburger ['vedʒɪˌbɜ:gəʳ] *n* hamburguesa *f* vegetariana.

vegetable ['vedʒɪtəbl] **1** *n (Bot)* vegetal *m*, planta *f*; *(food)* legumbre *f*, hortaliza *f*; *(green ~)* verdura *f*. **2** *cpd* vegetal; *(soup)* de verduras; ~ **garden** *n* huerta *f*, huerto *m*.

vegetarian [ˌvedʒɪ'tɛərɪən] *adj, n* vegetariano/a *m/f*.

vegetarianism [ˌvedʒɪ'tɛərɪənɪzəm] *n* vegetarianismo *m*.

vegetate ['vedʒɪteɪt] *vi* vegetar.

vegetation [ˌvedʒɪ'teɪʃən] *n* vegetación *f*.

vehemence ['vi:ɪməns] *n* vehemencia *f*; *(of attack)* violencia *f*.

vehement ['vi:ɪmənt] *adj* vehemente, apasionado/a; *(attack)* violento/a; **there was ~ opposition** hubo una resistencia férrea *or* tenaz.

vehemently ['vi:ɪməntlɪ] *adv* con vehemencia, apasionadamente; *(attack)* violentamente; **to be ~ opposed to sth** estar radicalmente opuesto a algo, ser totalmente contrario a algo.

vehicle ['vi:ɪkl] *n* **(a)** vehículo *m*. **(b)** *(fig: means for sth)* vehículo *m*, medio *m*.

veil [veɪl] **1** *n* velo *m*; **to take the ~** *(Rel)* tomar el hábito, meterse monja; **under a ~ of secrecy** *(fig)* en el mayor secreto. **2** *vt (gen)* velar, cubrir con un velo; *(shut off)* tapar; *(disguise)* disimular, encubrir; **the town was ~ed in mist** la ciudad estaba envuelta en una capa de niebla.

veiled [veɪld] *adj* velado/a; *(disguised)* disimulado/a, encubierto/a; **thinly-~ dislike** antipatía *f* apenas disimulada; **with ~ irony** con velada ironía.

vein [veɪn] *n (Anat, Bot)* vena *f*; *(Min: of ore etc)* filón *m*, veta *f*; *(fig: streak)* vena; *(mood, tone)* **in a different ~** en tono distinto, en otro tono.

Velcro ® ['velkrəʊ] *n* velcro ® *m*.

vellum ['veləm] *n (writing paper)* papel *m* vitela.

velocity [vɪ'lɒsɪtɪ] *n* velocidad *f*.

velvet ['velvɪt] **1** *n* terciopelo *m*. **2** *adj (of velvet)* de terciopelo.

velveteen ['velvɪti:n] *n* pana *f*.

velvety ['velvɪtɪ] *adj* aterciopelado/a.

venal ['vi:nl] *adj (person)* venal, sobornable; *(action)* corrupto/a, corrompido/a.

vendetta [ven'detə] *n* vendetta *f*; **to carry on a ~ against sb** hostigar *or* perseguir a algn.

vending machine ['vendɪŋ məˌʃi:n] *n* máquina *f* (expendedora).

vendor ['vendɔ:ʳ] *n* vendedor(a) *m/f*.

veneer [və'nɪəʳ] *n* chapa *f*, enchapado *m*; **with a ~ of culture** *(fig)* con un barniz de cultura.

venerable ['venərəbl] *adj* venerable.

venerate ['venəreɪt] *vt* venerar, reverenciar.

veneration [ˌvenə'reɪʃən] *n* veneración *f*.

venereal [vɪ'nɪərɪəl] *adj*: ~ **disease** enfermedad *f* venérea.

Venetian [vɪ'ni:ʃən] **1** *adj* veneciano/a; ~ **blind** persiana *f*. **2** *n* veneciano/a *m/f*.

Venezuela [ˌvene'zweɪlə] *n* Venezuela *f*.

Venezuelan [ˌvene'zweɪlən] *adj, n* venezolano/a *m/f*.

vengeance ['vendʒəns] *n* venganza *f*; **to take ~ on sb** vengarse de algn; **with a ~** *(fam)* con creces.

vengeful ['vendʒfʊl] *adj* vengativo/a.

venial ['vi:nɪəl] *adj* venial; *(error, fault)* leve, no muy grave.

Venice ['venɪs] *n* Venecia *f*.

venison ['venɪzn] *n* carne *f* de venado.

venom ['venəm] *n (lit)* veneno *m*; *(fig)* violencia *f*, malicia *f*.

venomous ['venəməs] *adj (lit)* venenoso/a; *(fig)* violento/a; *(look)* maligno/a.

vent [vent] **1** *n (Tech)* agujero *m*; *(: valve)* válvula *f*; *(airhole)* respiradero *m*; *(grille)* rejilla *f* de ventilación; *(pipe)* ventosa *f*, conducto *m* de ventilación; **to give ~ to one's feelings** *(fig)* desahogarse. **2** *vt (Tech)* purgar; *(discharge)* descargar; **to ~ one's anger (on sb/sth)** *(fig)* desahogar la cólera (con algn/algo).

ventilate ['ventɪleɪt] *vt (room etc)* ventilar, airear; *(fig: grievance, question)* ventilar.

ventilation [ˌventɪ'leɪʃən] **1** *n* ventilación *f*. **2** *cpd*: ~ **shaft** *n* pozo *m* de ventilación.

ventilator ['ventɪleɪtəʳ] *n* ventilador *m*.

ventriloquism [ven'trɪləkwɪzəm] *n* ventriloquia *f*.

ventriloquist [ven'trɪləkwɪst] *n* ventrílocuo/a *m/f*.

venture ['ventʃəʳ] **1** *n* aventura *f*, empresa *f* (arriesgada); **a business ~** una empresa comercial; **a new ~ in publishing** una nueva empresa editorial.

2 *vt (money, reputation, life)* arriesgar, jugar(se); *(opinion, guess)* aventurar; **they ~d everything** se lo jugaron todo; **if I may ~ an opinion** si se me permite expresar una opinión; **nothing ~d, nothing gained** quien no se arriesga no pasa la mar.

3 *vi* **(a) to ~ on sth** emprender algo; **to ~ out (of doors)** arriesgarse *or* atreverse a salir (fuera).

(b) to ~ to do sth osar *or* aventurarse a hacer algo; **I ~ to write to you** me atrevo a escribirle *or* dirigirme a Ud.

4 *cpd*: ~ **capital** *n* capital-riesgo *m*.

venue ['venju:] *n* lugar *m or* punto *m* de reunión; *(for concert)* local *m*; **the ~ for the next match** el escenario del próximo partido.

Venus ['vi:nəs] *n (Mythology)* Venus *f*; *(Astron)* Venus *m*.

veracity [və'ræsɪtɪ] *n (frm)* veracidad *f*.

veranda(h) [və'rændə] *n* terraza *f*, balcón *m*.

verb [vɜ:b] *n* verbo *m*.

verbal ['vɜ:bəl] *adj* verbal; **a ~ agreement** un acuerdo verbal.

verbalize ['vɜ:bəlaɪz] *vt* expresar verbalmente.

verbally ['vɜ:bəlɪ] *adv* verbalmente, de palabra.

verbatim [vɜ:'beɪtɪm] **1** *adj* textual. **2** *adv* textualmente, palabra por palabra.

verbiage ['vɜ:bɪɪdʒ] *n* verborrea *f*, palabrería *f*.

verbose [vɜ:'bəʊs] *adj* prolijo/a, locuaz, hablador(a).

verdict ['vɜ:dɪkt] *n (Jur: judgment)* veredicto *m*, fallo *m*; *(: of judge)* sentencia *f*; ~ **of guilty/not guilty** declaración *f* de culpabilidad/inocencia; **his ~ on the wine was unfavourable** dio un juicio desfavorable sobre el vino.

verge [vɜ:dʒ] **1** *n (of road)* borde *m*; *(of motorway)* arcén *m*; *(fig)* borde, margen *m*; **to be on the ~ of disaster/discovery** estar al borde de la catástrofe/en la antesala de un descubrimiento; **she was on the ~ of tears/laughter** estaba a punto de llorar/reír; **to be on the ~ of doing sth** estar a punto *or* al borde de hacer algo. **2** *vi*: **to ~ on** *or* **upon** rayar en; *(colour)* tirar a.

verger ['vɜ:dʒəʳ] *n (in church)* sacristán *m*.

verifiable ['verɪfaɪəbl] *adj* verificable, comprobable.

verification [ˌverɪfɪ'keɪʃən] *n (gen)* comprobación *f*; *(of result)* verificación *f*; *(document)* comprobante *m*.

verify ['verɪfaɪ] *vt* comprobar, confirmar; *(Comput)* verificar.

veritable ['verɪtəbl] *adj* verdadero/a, auténtico/a.

vermicelli [ˌvɜ:mɪ'selɪ] *n* fideos *mpl*.

vermilion [və'mɪlɪən] *adj* bermejo/a.

vermin ['vɜ:mɪn] *n (lit)* bichos *mpl*, sabandijas *fpl*; *(fig, pej)* chusma *f*, sabandijas.

vermouth ['vɜ:məθ] *n* vermut *m*.

vernacular [və'nækjʊləʳ] **1** *adj* vernáculo/a, vulgar. **2** *n (Ling)* lengua *f* vernácula.

Versailles [vɛə'saɪ] *n* Versalles *m*.

versatile ['vɜ:sətaɪl] *adj (person)* de talentos variados, polifacético/a; *(building)* que se presta a usos distintos; *(material)* flexible.

versatility [ˌvɜ:sə'tɪlɪtɪ] *n* carácter *m* polifacético, talentos *mpl* variados; *(flexibility)* flexibilidad *f*.

verse [vɜ:s] *n* **(a)** *(stanza)* estrofa *f*; *(of Bible)* versículo *m*. **(b)** *(no pl: poetry)* verso *m*, poesía *f*; **in ~** en verso.

versed [vɜ:st] *adj*: **to be well ~ in** estar versado/a en, ser

experto/a en.
version [ˈvɜːʃən] *n* (*gen*) versión *f*; (*translation*) traducción *f*; (*of car etc*) modelo *m*; **according to his ~** según su interpretación.
versus [ˈvɜːsəs] *prep* (*Jur, Sport*) contra.
vertebra [ˈvɜːtɪbrə] *n* (*pl* **vertebrae** [ˈvɜːtɪbriː]) vértebra *f*.
vertebrate [ˈvɜːtɪbrɪt] **1** *adj* vertebrado/a. **2** *n* vertebrado *m*.
vertex [vɜːteks] *n* (*pl* **vertices** [vɜːtɪsiːz]) (*Math, Archit*) vértice *m*.
vertical [ˈvɜːtɪkəl] *adj* vertical.
vertically [ˈvɜːtɪkəlɪ] *adv* verticalmente.
vertigo [ˈvɜːtɪgəʊ] *n* vértigo *m*.
verve [vɜːv] *n* energía *f*, ánimo *m*; (*enthusiasm*) entusiasmo *m*.
very [ˈverɪ] **1** *adv* **(a)** (*extremely*) muy; **she feels ~ much better** se encuentra muchísimo mejor; **~ good** muy bueno; **are you tired? — (yes,) ~** ¿tienes sueño? — (sí) mucho; **he's so ~ poor** es tan pobre; **you're not being ~ helpful** nos *etc* ayudas poco; **I didn't like it ~ much** no me gustó mucho; **we don't see each other ~ often** nos vemos poco; **he ~ nearly missed the bus** por poco pierde el autobús; **~ well, I'll do what I can** muy bien *or* bueno, haré lo que pueda; **the water is ~ cold/hot** el agua está muy fría/caliente; **it's ~ cold/hot today** hoy hace mucho frío/calor; **~ high frequency** (*Rad: abbr VHF*) frecuencia *f* muy alta.
(b) (*absolutely*) **the ~ first/last** el primero/último (de todos); **the ~ best/worst** el mejor/peor (de todos); **at the ~ most** a lo sumo; **at the ~ least** en el peor de los casos, por lo menos *or* lo mínimo; **at the ~ latest/earliest** a más tardar/lo más pronto, lo antes posible; **the ~ same hat** el mismísimo sombrero; **it's my ~ own** es mío y muy mío.
2 *adj* **(a)** (*precise*) mismo/a; **that ~ day** ese mismo día; **his ~ words** sus mismas palabras; **he's the ~ man we want** es precisamente a él a quien buscamos.
(b) (*mere*) mero/a, simple; **the ~ thought (of it) alarms me** con sólo pensarlo me entra miedo; **the ~ idea!** ¡qué cosas dices!, ¡eso nomás faltaba! *(LAm)*, ¡ándale! *(LAm)*.
(c) (*extreme*) extremo/a, mero/a *(Mex)*; **at the ~ top** arriba del todo; **at the ~ bottom** abajo del todo; **at the ~ end** (justo) al final, al final de todo.
vespers [ˈvespəz] *npl* vísperas *fpl*.
vessel [ˈvesl] *n* (*ship*) barco *m*, embarcación *f*; (*receptacle*) vasija *f*, recipiente *m*; *see* **blood 2**.
vest[1] [vest] **1** *n* camiseta *f*; (*US: waistcoat*) chaleco *m*. **2** *cpd*: **~ pocket** *n* (*US*) bolsillo *m* del chaleco.
vest[2] [vest] *vt*: **to ~ sb with sth** investir a algn de algo; **to ~ rights/authority in sb** conferir *or* conceder derechos/autoridad a algn.
vested [ˈvestɪd] *adj*: **~ interests** intereses *mpl* creados.
vestibule [ˈvestɪbjuːl] *n* (*frm*) vestíbulo *m*, entrada *f*.
vestige [ˈvestɪdʒ] *n* vestigio *m*, rastro *m*; **a ~ of truth** un elemento *or* un tanto de verdad.
vestment [ˈvestmənt] *n* vestidura *f*.
vestry [ˈvestrɪ] *n* sacristía *f*.
Vesuvius [vɪˈsuːvɪəs] *n* Vesubio *m*.
vet[1] [vet] *n abbr* **(a)** *of* **veterinary surgeon. (b)** (*US fam*) *of* **veteran.**
vet[2] [vet] *vt* repasar, revisar; (*examine*) investigar; **he was ~ted by Security** fue sometido a una investigación por los servicios de seguridad.
veteran [ˈvetərən] **1** *adj* (*gen*) veterano/a; (*battleworn*) aguerrido/a. **2** *n* (*war ~*) veterano/a *m/f*; (*ex-serviceman*) excombatiente *mf*.
veterinarian [ˌvetərɪˈnɛərɪən] *n* (*US*) veterinario/a *m/f*.
veterinary [ˈvetərɪnərɪ] *adj* veterinario/a; **~ surgeon** veterinario/a *m/f*.
veto [ˈviːtəʊ] **1** *n* (*pl* **~es**) veto *m*; **to use** *or* **exercise one's ~, to put a ~ on sth** vetar algo. **2** *vt* vedar, prohibir; **the president ~ed it** el presidente le puso su veto.
vex [veks] *vt* (*anger*) enfadar, enojar *(LAm)*; (*annoy*) hostigar; (*make impatient*) molestar.
vexation [vekˈseɪʃən] *n* (*anger*) enfado *m*, enojo *m (LAm)*; (*annoyance*) hostigamiento *m*, enojo *(LAm)*; (*impatience*) molestia *f*, disgusto *m*.
vexatious [vekˈseɪʃəs], **vexing** [vekˈsɪŋ] *adj* fastidioso/a, molesto/a, enojoso/a *(LAm)*.
vexed [vekst] *adj* **(a)** (*angry*) enfadado/a, enojado/a *(LAm)*; **to be/get ~ (with sb about sth)** estar enfadado/enfadarse *or (LAm)* estar enojado/enojarse (con algn por algo). **(b)** (*question*) reñido/a, controvertido/a. **(c)** (*puzzled*) perplejo/a, confuso/a.
VFD *n abbr* (*US*) *of* **voluntary fire department.**
VG, v.g. *abbr of* **very good** S.
VHF *n abbr of* **very high frequency** VHF.
VHS *n abbr of* **video home system.**
VI *abbr* (*US Post*) *of* **Virgin Islands.**
via [ˈvaɪə] *prep* por, vía.
viability [ˌvaɪəˈbɪlɪtɪ] *n* viabilidad *f*.
viable [ˈvaɪəbl] *adj* viable.
viaduct [ˈvaɪədʌkt] *n* viaducto *m*.
vibes [vaɪbz] *npl abbr* (*fam*) *of* **vibrations**; (*from band, singer*) vibraciones *fpl*, ambiente *msg*; **I got good ~ from her** me cayó muy bien.
vibrant [ˈvaɪbrənt] *adj* (*gen*) vibrante; (*person, place*) animado/a.
vibrate [vaɪˈbreɪt] *vi* vibrar.
vibration [vaɪˈbreɪʃən] *n* **(a)** (*movement*) vibración *f*. **(b)** (*fam: influence: gen pl*) vibraciones *fpl (fam)*.
vibrator [vaɪˈbreɪtəʳ] *n* vibrador *m*.
vicar [ˈvɪkəʳ] *n* cura *m*, párroco *m*.
vicarage [ˈvɪkərɪdʒ] *n* parroquia *f*.
vicarious [vɪˈkɛərɪəs] *adj* (*indirect*) indirecto/a; (*substitute*) por referencias; **to get ~ pleasure out of sth** disfrutar indirectamente *or* a distancia de algo.
vice[1] [vaɪs] **1** *n* vicio *m*; (*of animal*) resabio *m*. **2** *cpd*: **~ squad** *n* brigada *f* antivicio.
vice[2] [vaɪs] *n* (*Tech*) torno *m or* tornillo *m* de banco.
vice-chairman [ˈvaɪsˈtʃɛəmən] *n* (*pl* **-men**) vicepresidente *m*.
vice-chancellor [ˈvaɪsˈtʃɑːnsələʳ] *n* (*Univ*) rector(a) *m/f*.
vice-president [ˈvaɪsˈprezɪdənt] *n* vicepresidente/a *m/f*.
vice versa [ˈvaɪsɪˈvɜːsə] *adv* viceversa, al revés.
vicinity [vɪˈsɪnɪtɪ] *n* (*neighbourhood*) vecindad *f*, cercanías *fpl*; (*nearness*) proximidad *f*; **in the ~ of 20** alrededor de (los) 20; **and other towns in the ~** y otras ciudades de las inmediaciones *or* la zona.
vicious [ˈvɪʃəs] *adj* (*remark, criticism*) malicioso/a; (*blow, kick*) fuerte; (*attack*) atroz; (*habit*) malo/a; (*animal*) resabiado/a; **a ~-looking knife** un cuchillo de aspecto terrible; **a ~ circle** un círculo vicioso.
viciously [ˈvɪʃəslɪ] *adv* (*see adj*) con malicia; atrozmente; con resabio.
vicissitudes [vɪˈsɪsɪtjuːdz] *npl* vicisitudes *fpl*, peripecias *fpl*.
victim [ˈvɪktɪm] *n* víctima *f*; **to be the ~ of** (*attack, hoax*) ser víctima de; **to fall ~ to** (*fig: desire, sb's charms*) sucumbir a, dejarse llevar por.
victimization [ˌvɪktɪmaɪˈzeɪʃən] *n* persecución *f*.
victimize [ˈvɪktɪmaɪz] *vt* (*pursue*) perseguir, acosar; **to be ~d** ser víctima de una persecución.
victor [ˈvɪktəʳ] *n* (*in sport, battle*) vencedor(a) *m/f*.
Victorian [vɪkˈtɔːrɪən] *adj, n* victoriano/a *m/f*.
victorious [vɪkˈtɔːrɪəs] *adj* vencedor(a), triunfante.
victory [ˈvɪktərɪ] *n* victoria *f*, triunfo *m*.
victuals [ˈvɪtlz] *npl* (*esp US*) víveres *mpl*, provisiones *fpl*, viandas *fpl (esp LAm)*.
vicuna [vɪˈkjuːnə] *n* vicuña *f*.
video [ˈvɪdɪəʊ] **1** *n* (*fam: also* **~ recorder**) vídeo *m*. **2** *cpd*: **~ cassette** *n* videocassette *f*; **~ recorder** *n* vídeo *m*; **~ recording** *n* grabación *f* de vídeo.
videotape [ˈvɪdɪəʊˌteɪp] **1** *n* cinta *f* de vídeo. **2** *vt* grabar en vídeo.

vie [vaɪ] *vi*: **to ~ (with sb) for sth** competir (con algn) por algo, disputarse algo (con algn).
Vienna [vɪ'enə] *n* Viena*f*.
Viennese [ˌvɪə'ni:z] **1** *adj, n* vienés/esa *m/f*.
Vietnam, Viet Nam ['vjet'næm] *n* Vietnam *m*.
Vietnamese [ˌvjetnə'mi:z] **1** *adj* vietnamita. **2** *n* (*person*) vietnamita *mf*; (*Ling*) vietnamita *m*.
view [vju:] **1** *n* (**a**) (*sight*) vista *f*, panorama *m*; (*landscape*) paisaje *m*; **a splendid ~ of the river** un magnífico panorama del río; **50 ~s of Venice** cincuenta vistas de Venecia; **in** *or* **within ~ (of sth)** a la vista (de algo); **in full ~ of the crowd** a plena vista *or* delante de la multitud; **to come into ~** aparecer; **to come within ~** hacerse visible, ponerse al alcance de la vista; **hidden from ~** oculto/a, tapado/a; **to be on ~** estar a la vista del público.
(**b**) (*opinion*) opinión *f*, idea *f*; **in my ~** a mi parecer; **to take** *or* **hold the ~ that ...** opinar *or* pensar que ...; **to take a dim** *or* **poor ~ of sth** ver algo con malos ojos; **an overall ~ of the situation** una visión de conjunto de la situación; **to take the long(-term) ~** pensar a largo plazo *or* a la larga; **in ~ of this, ...** en vista de eso ..., visto eso ...; **to have in ~** tener en mente *or* pensado; **with this in ~** con este propósito *or* fin; **with a ~ to doing sth** con miras *or* vistas a hacer algo.
2 *vt* (*house*) repasar, examinar; (*TV*) ver, mirar; (*situation, prospect*) enfocar, considerar; **how does the government ~ it?** ¿cómo lo ve el gobierno?
viewdata ['vju:ˌdeɪtə] *n* videodatos *mpl*.
viewer ['vju:ə^r] *n* (**a**) (*TV*) televidente *mf*, telespectador(a) *m/f*. (**b**) (*for slides*) visionadora *f* de diapositivas.
viewfinder ['vju:ˌfaɪndə^r] *n* (*Phot*) visor *m* (de imagen), objetivo *m*.
viewpoint ['vju:pɔɪnt] *n* (*on hill etc*) mirador *m*; (*fig*) punto *m* de vista.
vigil ['vɪdʒɪl] *n* vigilia *f*, vela *f*; **to keep ~** velar.
vigilance ['vɪdʒɪləns] *n* vigilancia *f*.
vigilant ['vɪdʒɪlənt] *adj* despabilado/a, despierto/a, sobre aviso.
vigilante [ˌvɪdʒɪ'læntɪ] *n* vigilante *mf*.
vigorous ['vɪgərəs] *adj* vigoroso/a, enérgico/a.
vigour, (*US*) **vigor** ['vɪgə^r] *n* vigor *m*, energía *f*.
Viking ['vaɪkɪŋ] *adj, n* vikingo/a *m/f*.
vile [vaɪl] *adj* (*horrible*) vil, miserable; (*very bad*) pésimo/a; (*revolting*) repugnante, asqueroso/a; **a ~ temper** un genio de mil demonios.
vilify ['vɪlɪfaɪ] *vt* vilipendiar, denigrar.
villa ['vɪlə] *n* (*in town*) torre *f*, casa *f* sola; (*in country*) casa de campo, quinta *f*; (*esp by sea*) casa *or* chalet *m* en la playa.
village ['vɪlɪdʒ] **1** *n* pueblo *m*; (*small*) aldea *f*, pueblito *m* (*LAm*). **2** *cpd* pueblerino/a, de pueblo; **the ~ church** la iglesia del pueblo.
villager ['vɪlɪdʒə^r] *n* (*inhabitant*) vecino/a *m/f* del pueblo; (*: provincial etc*) lugareño/a *m/f*, pueblerino/a *m/f*.
villain ['vɪlən] *n* (*fam: wrongdoer*) maleante *mf*, delincuente *mf*; (*hum: rascal*) bribón/ona *m/f*, tunante *m*; (*in novel, film*) malo/a *m/f*; **the ~ of the piece is X** (*hum*) el malo *or* malvado es X.
villainous ['vɪlənəs] *adj* malvado/a.
villainy ['vɪlənɪ] *n* (*esp poet*) maldad *f*, vileza *f*.
vim [vɪm] *n* (*fam*) energía *f*, ánimos *mpl*.
VIN *n abbr of* **vehicle identification number**.
vindicate ['vɪndɪkeɪt] *vt* (*decision, action*) justificar; (*claim, right*) reivindicar, hacer valer.
vindication [ˌvɪndɪ'keɪʃən] *n* justificación *f*; (*right*) reivindicación *f*, defensa *f*.
vindictive [vɪn'dɪktɪv] *adj* vengativo/a; (*spiteful*) rencoroso/a.
vindictively [vɪn'dɪktɪvlɪ] *adv* (*unforgivingly*) con rencor, rencorosamente; (*vengefully*) por venganza.
vine [vaɪn] *n* vid *f*; (*climbing, trained*) parra *f*; (*climber*) enredadera *f*.
vinegar ['vɪnɪgə^r] *n* vinagre *m*.
vine-growing ['vaɪnˌgrəʊɪŋ] *adj* (*region*) viticultor(a).
vineyard ['vɪnjəd] *n* viña *f*, viñedo *m*.
vintage ['vɪntɪdʒ] **1** *n* (*season, harvest*) vendimia *f*; (*year*) cosecha *f*, añada *f*; **the 1970 ~** la cosecha de 1970. **2** *cpd*: **~ car** *n* coche *m* de época *or* antiguo; **~ wine** *n* vino *m* añejo; **~ year** *n*: **it has been a ~ year for plays** ha sido un año destacado en lo que a teatro se refiere.
vinyl ['vaɪnl] **1** *n* vinilo *m*. **2** *adj* de vinilo, vinílico/a.
viola [vɪ'əʊlə] *n* (*Mus*) viola *f*.
violate ['vaɪəleɪt] *vt* (*law*) violar, infringir; (*contract*) no cumplir.
violation [ˌvaɪə'leɪʃən] *n* (*gen*) violación *f*; (*of law*) infracción *f*; **~ of privacy** entrometimiento *m*, intromisión *f*.
violence ['vaɪələns] *n* (*gen*) violencia *f*; **to resort to ~** recurrir a la violencia *or* a la fuerza; **an act of ~** un acto de violencia; **crimes of ~** delitos *mpl* violentos; **robbery with ~** robo *m* a mano armada; **to do ~ to sb** agredir a algn; **to do ~ to sth** (*fig*) dañar *or* perjudicar algo.
violent ['vaɪələnt] *adj* (*person, quarrel, storm*) violento/a; (*language*) fuerte; (*kick*) violento, fuerte; (*pain*) intenso/a, agudo/a; (*colour*) chillón/ona; **to come to a ~ halt** detenerse *or* (*LAm*) parar bruscamente; **to die a ~ death** morir de muerte violenta; **he has a ~ temper** tiene un genio terrible; **to take a ~ dislike to sb/sth** coger *or* (*LAm*) agarrar una profunda antipatía a algn/tener aversión a algo; **by ~ means** por la fuerza *or* la violencia.
violently ['vaɪələntlɪ] *adv* con violencia, de manera violenta; **to be ~ sick** vomitar mucho, devolver la primera papilla (*fam*); **to react ~ against sth** tener una fuerte reacción contra algo.
violet ['vaɪəlɪt] **1** *n* (*Bot*) violeta *f*; (*colour*) violado *m*, violeta. **2** *adj* violado/a, violeta.
violin [ˌvaɪə'lɪn] **1** *n* violín *m*. **2** *cpd*: **~ case** *n* estuche *m* de violín; **~ concerto** *n* concierto *m* para violín; **~ player** *n* violinista *mf*; **~ section** *n* sección *f* de violines.
violinist [ˌvaɪə'lɪnɪst] *n* violinista *mf*.
VIP *abbr of* **very important person** persona *f* de categoría.
viper ['vaɪpə^r] *n* víbora *f*.
virgin ['vɜ:dʒɪn] **1** *n* (*lit*) virgen *mf*; **the Blessed V~** la Santísima Virgen. **2** *adj* (*fig: forest, soil etc*) virgen.
Virgin Isles ['vɜ:dʒɪnˌaɪlz] *npl* Islas *fpl* Vírgenes.
virginity [vɜ:'dʒɪnɪtɪ] *n* virginidad *f*.
Virgo ['vɜ:gəʊ] *n* Virgo *m*.
virile ['vɪraɪl] *adj* viril; (*looks*) varonil.
virility [vɪ'rɪlɪtɪ] *n* virilidad *f*.
virology [ˌvaɪə'rɒlədʒɪ] *n* virología *f*.
virtual ['vɜ:tjʊəl] *adj* (*gen*) real, verdadero/a; **he's the ~ star of the show** en realidad *or* en la práctica, la estrella del espectáculo es él; **it was a ~ defeat/failure** en realidad fue una derrota/un fracaso; **~ memory** *or* **storage** memoria *f* virtual; **~ reality** realidad *f* virtual.
virtually ['vɜ:tjʊəlɪ] *adv* prácticamente, en (la) realidad; **I've ~ finished the work** casi he terminado el trabajo; **it is ~ impossible to do anything** es prácticamente imposible hacer nada.
virtue ['vɜ:tju:] *n* virtud *f*; (*female chastity*) castidad *f*, honra *f*; **it has the ~ of simplicity** *or* **of being simple** tiene la ventaja de ser sencillo; **I see no ~ in (doing) that** no veo ninguna ventaja en (hacer) eso; **to make a ~ of necessity** poner al mal tiempo buena cara; **by ~ of** en virtud de, debido a.
virtuosity [ˌvɜ:tjʊ'ɒsɪtɪ] *n* virtuosismo *m*.
virtuoso [ˌvɜ:tjʊ'əʊzəʊ] **1** *n* virtuoso/a *m/f*. **2** *cpd* de virtuoso/a.
virtuous ['vɜ:tjʊəs] *adj* virtuoso/a.
virulent ['vɪrʊlənt] *adj* (*gen*) virulento/a; (*attack, criticism*) violento/a.

virus ['vaɪərəs] *n* (*Med, Comput*) virus *m*.
visa ['vi:zə] *n* visado *m*, visa *f* (*LAm*).
vis-à-vis ['vi:zəvi:] *prep* (*compared with*) comparado con, con respecto a.
viscount ['vaɪkaʊnt] *n* vizconde *m*.
viscous ['vɪskəs] *adj* viscoso/a.
vise [vaɪs] *n* (*US*) = **vice**[2].
visibility [ˌvɪzɪ'bɪlɪtɪ] *n* visibilidad *f*; **in good** ~ con buena visibilidad.
visible ['vɪzəbl] *adj* (**a**) visible; ~ **exports/imports** exportaciones *fpl*/importaciones *fpl* visibles; ~ **reserve** reserva *f* visible. (**b**) (*obvious*) patente, claro/a.
visibly ['vɪzəblɪ] *adv* (*see adj*) visiblemente; patentemente; **he had got** ~ **thinner** había adelgazado visiblemente.
Visigoth ['vɪzɪgɒθ] *n* visigodo/a *m/f*.
Visigothic [ˌvɪzɪ'gɒθɪk] *adj* visigodo/a, visigótico/a.
vision ['vɪʒən] *n* (**a**) (*eyesight*) vista *f*; **to have normal** ~ tener la vista normal; **field of** ~ campo *m* visual. (**b**) (*imagination*) imaginación *f*; **a man of (broad)** ~ un hombre de miras amplias; **a** ~ **of the future** una visión del futuro; **I had** ~**s of having to walk home** ya me veía volviendo a casa a pie.
visionary ['vɪʒənərɪ] **1** *n* visionario/a *m/f*; (*dreamer*) soñador(a) *m/f*. **2** *adj* imaginario/a, quimérico/a; (*impractical*) utópico/a.
visit ['vɪzɪt] **1** *n* (*gen*) visita *f*; **to go on** *or* **make a** ~ **to** (*person, place*) ir de visita *or* visitar a; **to pay sb a** ~, **to pay a** ~ **to sb** hacer una visita *or* visitar a algn, pasar a ver a algn (*esp LAm*); **on a private/official** ~ de *or* en visita privada/oficial. **2** *vt* (**a**) (*go and see: person*) visitar, hacer una visita a; (*place*) ir a conocer. (**b**) (*stay with: person*) visitar, pasar un tiempo con, estar de visita con; (*stay in: town, area*) visitar, pasar un tiempo en.
visiting ['vɪzɪtɪŋ] **1** *adj* (*speaker, professor*) invitado/a; (*team*) visitante, de fuera. **2** *cpd*: ~ **card** *n* tarjeta *f* de visita; ~ **hours** *npl* horas *fpl* de visita.
visitor ['vɪzɪtə[r]] *n* (*guest*) invitado/a *m/f*, visita *f*; (*in hotel*) huésped(a) *m/f*; (*tourist*) turista *mf*, visitante *mf*; (*in hospital*) visita; (*at zoo, exhibition*) visitante; ~**s' book** libro *m* de visitas.
visor ['vaɪzə[r]] *n* visera *f*.
VISTA ['vɪstə] *n abbr* (*US*) *of* **Volunteers in Service to America** *programa de ayuda voluntaria a los necesitados*.
vista ['vɪstə] *n* (*lit*) vista *f*, panorama *m*; (*fig*) perspectiva *f*, horizonte *m*.
visual ['vɪzjʊəl] *adj* (*gen*) visual; ~ **display unit** unidad *f* de despliegue visual; ~ **proof** pruebas *fpl* oculares; **the** ~ **arts** las artes plásticas; ~ **aids** (*in teaching*) medios *mpl* visuales.
visualize ['vɪzjʊəlaɪz] *vt* (*imagine*) imaginarse, hacerse una idea de.
visually ['vɪzjʊəlɪ] *adv* visualmente.
vital ['vaɪtl] *adj* (**a**) (*essential*) imprescindible; (*critical*) decisivo/a, crítico/a; **of** ~ **importance (to sb/sth)** de suma *or* primera *or* vital importancia (para algn/algo); ~ **organ** *or* **part** órgano *m or* parte *f* vital; **at the** ~ **moment** en el momento crítico *or* clave; ~ **statistics** (*of population*) estadísticas *fpl* demográficas; (*fam: woman's*) medidas *fpl*. (**b**) (*lively*) vivo/a, animado/a.
vitality [vaɪ'tælɪtɪ] *n* vitalidad *f*, energía *f*.
vitalize ['vaɪtəlaɪz] *vt* vitalizar, vivificar; (*fig*) animar.
vitally ['vaɪtəlɪ] *adv*: ~ **important** de suma *or* vital importancia, de gran transcendencia; ~ **urgent** de la mayor urgencia.
vitamin ['vɪtəmɪn] **1** *n* vitamina *f*; **with added** ~**s** vitaminado, reforzado con vitaminas. **2** *cpd*: ~ **tablet** *n* pastilla *f* de vitaminas.
vitreous ['vɪtrɪəs] *adj* vítreo/a.
vitriolic [ˌvɪtrɪ'ɒlɪk] *adj* (*fig*) mordaz.
vituperation [vɪˌtju:pə'reɪʃən] *n* vituperio *m*, injurias *fpl*.
viva ['vaɪvə] *n* (*also* ~ **voce**) examen *m* oral.
vivacious [vɪ'veɪʃəs] *adj* animado/a, vivaz.
vivacity [vɪ'væsɪtɪ] *n* vivacidad *f*, entusiasmo *m*.
vivid ['vɪvɪd] *adj* (*colour*) vivo/a, intenso/a; (*impression, recollection*) vivo/a, fuerte; (*dream*) clarísimo/a; (*description*) gráfico/a, realista; **a** ~ **imagination** una imaginación viva.
vividly ['vɪvɪdlɪ] *adv* (*gen*) vivamente; (*describe*) gráficamente.
vividness ['vɪvɪdnɪs] *n* (*gen*) intensidad *f*, viveza *f*; (*of description*) lo gráfico; (*of impression, recollection*) fuerza *f*.
vivisection [ˌvɪvɪ'sekʃən] *n* vivisección *f*.
vixen ['vɪksn] *n* zorra *f*, raposa *f*; (*pej: bad-tempered woman*) arpía *f*, bruja *f*.
viz. [vɪz] *adv abbr of* **videlicet** v.g., v.gr.
VLF *n abbr of* **very low frequency**.
V-neck ['vi:nek] *n* cuello *m* en pico.
VOA *n abbr of* **Voice of America**.
vocabulary [vəʊ'kæbjʊlərɪ] *n* vocabulario *m*; (*glossary*) glosario *m*.
vocal ['vəʊkəl] *adj* (**a**) ~ **cords** cuerdas *fpl* vocales; ~ **music** música *f* vocal; ~ **organs** órganos *mpl* vocales. (**b**) (*fig fam: vociferous*) ruidoso/a; **they are getting rather** ~ **about it** están empezando a protestar.
vocalist ['vəʊkəlɪst] *n* vocalista *mf*; (*in pop group*) cantante *mf*.
vocation [vəʊ'keɪʃən] *n* vocación *f*; (*profession*) profesión *f*, carrera *f*.
vocational [vəʊ'keɪʃənl] *adj*: ~ **guidance** orientación *f* profesional; ~ **training** formación *f or* capacitación *f* profesional.
vocative ['vɒkətɪv] *n* vocativo *m*.
vociferous [vəʊ'sɪfərəs] *adj* ruidoso/a, vociferante.
vodka ['vɒdkə] *n* vodka *m*.
vogue [vəʊg] *n* moda *f*, boga *f*; **to be in** ~, **to be the** ~ estar en boga *or* de moda.
voice [vɔɪs] **1** *n* voz *f*; **active/passive** ~ (*Ling*) voz activa/pasiva; **in a loud/soft** ~ en voz alta/baja; **at the top of one's** ~ a voz en grito *or* en cuello; **with one** ~ por unanimidad; **to give** ~ **to** (*frm*) expresar, dar expresión a. **2** *vt* (*feelings, opinions*) expresar, hacerse eco de.
voiced [vɔɪst] *adj* (*Ling: consonant*) sonoro/a.
voiceless ['vɔɪslɪs] *adj* (*Ling: consonant*) sordo/a.
void [vɔɪd] **1** *adj* (*empty*) vacío/a; (*Jur*) nulo/a, inválido/a; ~ **of interest** carente *or* desprovisto/a de interés; **to make** *or* **render a contract** ~ anular *or* invalidar un contrato; *see* **null**. **2** *n* vacío *m*; (*hole*) hueco *m*; (*fig: sense of emptiness*) vacío, hueco; **the** ~ la nada.
vol., **vols** *abbr of* **volume(s)** t.
volatile ['vɒlətaɪl] *adj* (*Chem*) volátil; (*fig*) voluble; (*situation*) inestable; ~ **memory** (*Comput*) memoria *f* no permanente.
volcanic [vɒl'kænɪk] *adj* volcánico/a.
volcano [vɒl'keɪnəʊ] *n* (*pl* ~**es**) volcán *m*.
vole [vəʊl] *n* campañol *m*, ratón *m* de campo.
volition [və'lɪʃən] *n*: **of one's own** ~ (*frm*) por voluntad (propia) *or* de libre albedrío.
volley ['vɒlɪ] *n* (*of shots*) descarga *f* (cerrada); (*of applause*) salva *f*; (*of stones etc*) lluvia *f*; (*of insults*) torrente *m*; (*Tennis*) volea *f*.
volleyball ['vɒlɪbɔ:l] *n* balón volea *m*, vol(e)ibol *m* (*esp LAm*).
volt [vəʊlt] *n* voltio *m*.
voltage ['vəʊltɪdʒ] *n* voltaje *m*, tensión *f*.
volte-face ['vɒlt'fɑ:s] *n* viraje *m*.
voluble ['vɒljʊbl] *adj* (*person*) locuaz, hablador(a); (*speech*) ameno/a.
volubly ['vɒljʊblɪ] *adv* (*see adj*) locuazmente; con amenidad.
volume ['vɒlju:m] **1** *n* (**a**) (*book*) volumen *m*, tomo *m*. (**b**) (*space, sound*) volumen *m*; (*amount: of work, sales*)

volumen cantidad *f.* (**c**) ~**s** (*great quantities*) gran cantidad (de); ~**s of smoke** gran cantidad de humo; **to write** ~**s** escribir mucho; **his expression spoke** ~**s** su expresión lo decía todo. **2** *cpd*: ~ **discount** *n* descuento *m* por volumen de compras.

voluminous [vəˈlu:mɪnəs] *adj* (*large, capacious*) voluminoso/a; (*prolific*) prolífico/a; (*overlong*) prolijo/a.

voluntarily [ˈvɒləntərɪlɪ] *adv* voluntariamente, libremente.

voluntary [ˈvɒləntərɪ] *adj* (*gen*) voluntario/a; (*statement, confession*) voluntario, espontáneo/a; ~ **liquidation** liquidación *f* voluntaria; ~ **redundancy** *or* **severance** despido *m* voluntario; ~ **work** trabajo *m* voluntario.

volunteer [ˌvɒlənˈtɪəʳ] **1** *n* (*gen*) voluntario/a *m/f.* **2** *vt* (*one's help, services*) ofrecer; (*remark, suggestion*) hacer; (*information*) dar. **3** *vi* (*for a task*) ofrecerse; (*for the army*) alistarse como voluntario; **to** ~ **to do sth** ofrecerse (voluntario) para hacer algo. **4** *cpd* (*forces, helpers*) voluntario/a, de voluntarios.

voluptuous [vəˈlʌptjʊəs] *adj* voluptuoso/a.

vomit [ˈvɒmɪt] **1** *n* vómito *m.* **2** *vi* devolver, vomitar. **3** *vt* (*also* ~ **up**) vomitar; (*fig: pour out*) arrojar, echar.

vomiting [ˈvɒmɪtɪŋ] *n* vómito *m.*

voodoo [ˈvu:du:] *n* vudú *m.*

voracious [vəˈreɪʃəs] *adj* voraz; (*fig: reader*) insaciable, ávido/a.

vortex [ˈvɔ:teks] *n* (*pl* **vortices** [ˈvɔ:tɪsi:z]) vórtice *m*, torbellino *m*; (*fig: of activity*) torbellino, remolino *m.*

vote [vəʊt] **1** *n* (*act of voting, number voting*) votación *f*; (*election*) elección *f*, comicios *mpl*; (*right to vote*) derecho *m* al voto *or* de votar, sufragio *m*; (*single* ~) voto *m* (*for, against* a favor, contra); **to pass a** ~ **of confidence/no confidence** aprobar un voto de confianza/un voto de censura; **to propose/pass a** ~ **of thanks** proponer/aprobar un voto de gracias; **to put sth to the** ~**, to take a** ~ **on sth** someter algo a votación; **to win** ~**s** ganar votos; **to count the** ~**s** escrutar *or* computar los votos; **as the 1931** ~ **showed** según demostraron las elecciones de 1931; **the Labour** ~ los que votan por los laboristas; **when women got the** ~ cuando las mujeres ganaron el derecho de votar *or* el sufragio.

2 *vt* votar; **to** ~ **a bill/measure through parliament** aprobar una ley/una medida en el parlamento; **to** ~ **a sum for defence** votar un presupuesto para la defensa; **he was** ~**d secretary** fue elegido secretario por votación; **to** ~ **a proposal down** rechazar una propuesta por votación; **we** ~**d it a failure** (*fig*) opinamos que fue un fracaso.

3 *vi* votar; **to** ~ **on sth** someter algo a votación; **to** ~ **for sb** votar por *or* a algn; **to** ~ **Labour/Conservative** votar por el *or* al partido laborista/conservador; **to** ~ **to do sth** votar por hacer algo; **to** ~ **against/in favour of sth** votar en contra/a favor de algo; **I** ~ **we turn back** (*fig fam*) propongo que volvamos.

voter [ˈvəʊtəʳ] *n* (*gen*) votante *mf*; (*in election*) elector(a) *m/f.*

voting [ˈvəʊtɪŋ] **1** *n* votación *f.* **2** *cpd*: ~ **booth** *n* cabina *f* electoral; ~ **paper** *n* papeleta *f* de votación; ~ **right** *n* derecho *m* a voto; ~ **slip** *n* = ~ **paper**.

votive [ˈvəʊtɪv] *adj* votivo/a.

vouch [vaʊtʃ] *vi*: **to** ~ **for sth** garantizar algo, responder de algo; **to** ~ **for sb** responder por *or* salir como fiador de algn.

voucher [ˈvaʊtʃəʳ] *n* vale *m*; (*Comm*) bono *m*; **luncheon/travel** ~ vale de comida/viaje.

vow [vaʊ] **1** *n* (*Rel*) voto *m*; (*promise*) promesa *f*, compromiso *m*; **to take** *or* **make a** ~ jurar, comprometerse; **to break one's** ~ faltar a un compromiso; **to take one's** ~**s** (*Rel*) hacer sus votos (monásticos); **a** ~ **of poverty/chastity** un voto de pobreza/castidad. **2** *vt* (*obedience, allegiance*) jurar, prometer; **to** ~ **to do sth** jurar hacer algo; **to** ~ **that** ... jurar que ....

vowel [vaʊəl] **1** *n* vocal *f.* **2** *cpd*: ~ **sound** *n* sonido *m* vocálico.

voyage [ˈvɔɪɪdʒ] *n* viaje *m.*

voyager [ˈvɔɪədʒəʳ] *n* viajero/a *m/f.*

V.P. *n abbr of* **Vice-President** V.P. *mf.*

vs *abbr of* **versus** vs.

VSO *n abbr* (*Brit*) *of* **Voluntary Service Overseas**.

VSOP *abbr* (*sherry*) *of* **very special** *or* **superior old pale**.

VT *abbr* (*US Post*) *of* **Vermont**.

VTOL [ˈvi:tɒl] *n abbr of* **vertical take-off and landing** (*aircraft*) ADAC *m.*

VTR *n abbr of* **videotape recorder**.

vulcanize [ˈvʌlkənaɪz] *vt* vulcanizar.

vulgar [ˈvʌlgəʳ] *adj* (**a**) (*common, unrefined*) ordinario/a, grosero/a; (*crude, indecent*) grosero/a, de mal gusto; (*joke*) verde, colorado/a *(LAm).* (**b**) (*Latin*) vulgar, vernáculo/a. (**c**) ~ **fraction** fracción *f* común.

vulgarity [vʌlˈgærɪtɪ] *n* vulgaridad *f*; (*crude remark*) grosería *f.*

Vulgate [ˈvʌlgɪt] *n* Vulgata *f.*

vulnerability [ˌvʌlnərəˈbɪlɪtɪ] *n* vulnerabilidad *f.*

vulnerable [ˈvʌlnərəbl] *adj* vulnerable.

vulture [ˈvʌltʃəʳ] *n* buitre *m*, zopilote *m (CAm, Mex)*, aura *f (Carib)*, carancho *m (CSur)*, gallinazo *m (Col, And)*, urubú *m (Par, Uru)*, zamuro *m (Ven).*

vulva [ˈvʌlvə] *n* vulva *f.*

vv. *abbr of* **verses**.

v.v. *abbr of* **vice versa**.

W[1], **w** [ˈdʌbljʊ] *n* (*letter*) W, w *f*, uve *f* doble *(Sp)*, doble ve *f (LAm).*

W[2] *abbr of* **west** O.

w. *abbr of* **watt(s)** v.

WA *abbr* (*US Post*) *of* **Washington**.

wacky [ˈwækɪ] *adj* (*comp* **-ier**; *superl* **-iest**) (*US fam: person*) chiflado/a; (*thing*) absurdo/a.

wad [wɒd] *n* (*gen*) taco *m*, bolita *f*; (*of papers, banknotes*) fajo *m*, rollo *m*; ~**s of money** un dineral.

wadding [ˈwɒdɪŋ] *n* (*for packing*) relleno *m*; (*for quilting*) entretela *f*, forro *m.*

waddle [ˈwɒdl] *vi* andar como un pato; **to** ~ **in/out** entrar/salir andando como un pato.

wade [weɪd] *vi* (*gen: also* ~ **along**) caminar por el agua; (*through mud etc*) ir chapoteando por; **to** ~ **ashore** llegar a tierra vadeando; **to** ~ **into sb** (*fig*) arremeterse *or* abalanzarse sobre algn; **he** ~**d in and helped us** (*fig*) se puso a ayudarnos; **to** ~ **through a book** leer un libro con esfuerzo; **it took me an hour to** ~ **through your essay** tardé una hora en leer tu ensayo.

wader [ˈweɪdəʳ] *n* (**a**) (*bird*) ave *f* zancuda. (**b**) (*boot*) bota *f* alta impermeable.

wafer [ˈweɪfəʳ] *n* (*biscuit*) galleta *f* sandwich; (*Rel*) oblea *f*, hostia *f*; (*with ice cream*) barquillo *m*, sandwich *m*

(LAm).
wafer-thin [ˈweɪfəˈθɪn] *adj* finísimo/a.
waffle [ˈwɒfl] **1** *n (Culin)* gofre *m*; *(fam: talk)* tonterías *fpl*; *(in essay etc)* paja *f*. **2** *vi (fam: also* ~ **on**) enrollarse; *(in essay etc)* poner mucha paja. **3** *cpd*: ~ **iron** *n* molde *m* para hacer buñuelos.
waft [wɑːft] **1** *vt* llevar por el aire. **2** *vi* flotar.
wag[1] [wæg] **1** *n* meneo *m*, movimiento *m*. **2** *vt* agitar, menear. **3** *vi* agitarse, menearse; **tongues were ~ging about their relationship** las malas lenguas se ocupaban de sus relaciones.
wag[2] [wæg] *n (joker)* bromista *mf*.
wage [weɪdʒ] **1** *n (often* ~**s**) sueldo *m*, salario *m*; **minimum** ~ salario *or* sueldo mínimo.
2 *vt (war)* hacer, librar; *(campaign)* emprender, trabar.
3 *cpd (freeze, negotiations)* de salarios, salarial; ~ **agreement** *n* convenio *m*; **~s bill** *n* gastos *mpl* de nómina; ~ **claim** *n (Brit)* reivindicación *f* salarial; ~ **contract** *n* = ~ **agreement**; ~ **demand** *n* = ~ **claim**; ~ **earner** *n* asalariado/a *m/f*; ~ **freeze** *n* congelación *f* de salarios; ~ **packet** *n* sobre *m* de paga; ~ **settlement** *n* acuerdo *m* salarial.
wager [ˈweɪdʒəʳ] **1** *n* apuesta *f (on* a); **to lay a** ~ hacer una apuesta. **2** *vt (sum of money)* apostar *(on* a); **to ~ that ...** apostar a que ....
wage-worker [ˈweɪdʒˌwɜːkəʳ] *n (US)* asalariado/a *m/f*.
waggle [ˈwægl] **1** *n (of tail, finger)* movimiento *m*; *(of hips)* contoneo *m*, meneo *m*. **2** *vt (tail)* agitar, menear; *(finger)* agitar; *(hips)* contonearse.
waggon, *(US)* **wagon** [ˈwægən] *n (horse-drawn)* carro *m*; *(truck)* camión *m*; *(tea* ~) carrito *m*; *(Rail)* vagón *m*; **to be on the** ~ *(fam)* no beber.
waif [weɪf] *n (child)* niño/a *m/f* abandonado/a *or* desamparado/a; *(animal)* animal *m* abandonado.
wail [weɪl] **1** *n* gemido *m*. **2** *vi* gemir.
wailing [ˈweɪlɪŋ] *n* gemidos *mpl*.
waist [weɪst] *n (Anat, of dress)* cintura *f*, talle *m*; *(fig: narrow part)* cuello *m*.
waistband [ˈweɪsˌbænd] *n* pretina *f*, cinturilla *f*.
waistcoat [ˈweɪskəʊt] *n* chaleco *m*.
waist-deep [ˈweɪsˈdiːp] *adv* hasta la cintura.
waisted [ˈweɪstɪd] *adj*: **slim-~** de cintura delgada; **high-/low-~** de cintura alta/baja.
waistline [ˈweɪstlaɪn] *n* talle *m*, cintura *f*.
wait [weɪt] **1** *n* espera *f*; **it was a long ~ for the train** tuvimos *etc* una larga espera antes de llegara el tren; **to lie in ~ (for sb)** andar *or* estar al acecho (de algn).
2 *vt* (**a**) *(turn, chance)* esperar.
(**b**) *(US: delay: dinner etc)* aguardar.
3 *vi* (**a**) **to ~ (for)** esperar; **to ~ for sb to do sth** esperar hasta que *or* estar pendiente de que algn haga algo; **what are you ~ing for?** *(hurry up)* ¡vamos ya!; ~ **a moment!** *(lit)* ¡un momento!, ¡momentito! *(esp LAm)*, ¡aguarde! *(LAm)*; *(fig: querying, threatening)* ¿cómo?; ~ **and see!** ¡espera y verás!; ~ **till you're older** eso es para cuando seas mayor; **to keep sb ~ing** hacer esperar a algn; **'repairs while you ~'** 'reparaciones en el acto'; **there's a parcel ~ing to be collected** hay un paquete que recoger; **the dishes can** ~ no hay prisa con los platos; **I can't ~ to see his face** estoy deseando ver su cara; **I can hardly ~!** ¡muero de impaciencia! (**b**) *(as servant)* **to ~ on sb** servir *or (esp LAm)* atender a algn; **to ~ at table** servir a *or* atender la mesa; **to ~ on sb hand and foot** atender el menor deseo de algn.
▸ **wait behind** *vi + adv* quedarse, esperar.
▸ **wait in** *vi + adv* quedarse en casa (esperando).
▸ **wait up** *vi + adv*: **to ~ up for sb** esperar levantado/a *or* sin acostarse a algn; **don't ~ up for me!** ¡idos a la cama sin esperarme!
waiter [ˈweɪtəʳ] *n* mozo *m*, camarero *m*, mesero *m (Mex)*, garzón *m (CSur)*, mesonero *m (Ven)*.
waiting [ˈweɪtɪŋ] **1** *n* espera *f*; *(Aut)* aparcamiento *m*; **'no ~'** 'prohibido aparcar *or (esp LAm)* estacionarse'. **2** *cpd*: ~ **game** *n*: **to play a ~ game** esperar la ocasión apropiada; ~ **list** *n* lista *f* de espera; ~ **room** *n* sala *f* de espera.
waitress [ˈweɪtrɪs] *n* camarera *f*, mesera *f (Mex)*, garzona *f (CSur)*, mesonera *f (Ven)*.
waive [weɪv] *vt* suspender.
waiver [ˈweɪvəʳ] *n* renuncia *f*.
wake[1] [weɪk] *n (Naut)* estela *f*; **in the ~ of** *(fig)* detrás de, tras; **he followed in her ~** le siguió detrás.
wake[2] [weɪk] *n (over corpse)* velatorio *m*, velorio *m (esp LAm)*.
wake[3] [weɪk] *(pt* **woke** *or (old)* ~**d**; *pp* **woken** *or (old)* ~**d**)
1 *vi (also* ~ **up**) despertarse; ~ **up!** ¡despiértate!; *(fig)* ¡despiértate!, despabílate!; **to ~ up to sth** *(fig)* darse cuenta de algo; **she woke up with a start** despertó sobresaltada. **2** *vt (also* ~ **up**: *lit, fig)* despertar; **to ~ sb (up) to sth** *(fig)* hacer ver algo a algn; **to ~ one's ideas up** *(fam)* despabilarse, ponerse sobre aviso.
wakeful [ˈweɪkfʊl] *adj (unable to sleep)* desvelado/a, con el sueño intranquilo; *(alert)* alerta, vigilante *(to* a).
waken [ˈweɪkən] *vt, vi* = **wake**[3].
wakey-wakey [ˈweɪkɪˈweɪkɪ] *interj (fam)* ¡arriba!
waking [ˈweɪkɪŋ] *adj*: **one's ~ hours** las horas que se está despierto.
Wales [weɪlz] *n* País *m* de Gales.
walk [wɔːk] **1** *n* (**a**) *(stroll, ramble)* paseo *m*, caminata *f*; *(race)* marcha *f* atlética; *(path, place to* ~) ruta *f*; **to go for a** ~ ir de paseo; **it's only a 10-minute ~ from here** está a 10 minutos de aquí andando; **there's a nice ~ by the river** hay un paseo agradable por el río.
(**b**) *(~ing pace)* paso *m* de andadura; *(gait)* paso, andar *m*; **he has an odd sort of** ~ tiene un modo de andar algo raro.
(**c**) ~ **of life** esfera *f*.
2 *vt* (**a**) *(distance)* recorrer a pie; **we ~ed 40 kilometres yesterday** ayer recorrimos 40 kilómetros; **to ~ the streets** vagar por las calles; *(prostitute)* hacer la calle, callejear; **don't worry, you'll ~ it** *(fam)* no te preocupes, será facilísimo.
(**b**) *(lead: dog, horse)* pasear; *(ride: horse)* llevar al paso; **to ~ sb into the ground** *or* **off his feet** dejar rendido a algn de tanto caminar; **I'll ~ you to the station** te acompaño a la estación; **she ~s the dog every day** lleva al perro de paseo todos los días.
3 *vi* andar, caminar *(LAm)*; *(as opposed to riding)* andar, caminar, ir caminando; *(Sport)* marchar; **can your little boy ~ yet?** ¿ya anda *or (LAm)* camina el niño?; ~ **a little with me** acompáñame un rato; **to ~ in one's sleep** ser sonámbulo; **we had to** ~ tuvimos que ir andando; **to ~ home** ir andando a casa; **we were out ~ing in the hills** hacíamos excursiones por la montaña; **to ~ into sth** *(bump into)* tropezar con algo; *(fig: fall into: trap etc)* caer en algo; **you really ~ed into that one!** *(fam)* ¡te has dejado embaucar por las buenas!; **to ~ into a job** *(fam)* conseguir fácilmente un puesto.
▸ **walk about**, **walk around** *vi + adv* pasearse, vagar.
▸ **walk away** *vi + adv* irse, marcharse; *(fig: unhurt)* salir; **to ~ away from a problem** negarse a afrontar un problema; **to ~ away with sth** *(fig)* llevarse algo.
▸ **walk in** *vi + adv* entrar.
▸ **walk off** **1** *vi + adv* irse, marcharse; **to ~ off with sth** llevarse algo. **2** *vt + adv*: **we ~ed off our lunch** dimos un paseo para bajar la comida.
▸ **walk on** *vi + adv (go on ~ing)* seguir andando *or (LAm)* caminando; *(Theat: come on stage)* salir a escena; *(: have a walk-on part)* hacer de comparsa.
▸ **walk out** *vi + adv (go out)* salir *(of* de); *(strike)* declararse en *or* declarar la huelga; **to ~ out with sb** *(old)* salir con algn; **he ~ed out on his wife** abandonó *or* dejó a su mujer.
▸ **walk over** *vi + prep (defeat)* derrotar; **to ~ all over sb**

(*dominate*) tratar a algn a patadas.

▸ **walk up** *vi + adv* (*approach*) acercarse (*to* a); ~ **up!** (*at fair*) ¡acérquense!; **to ~ up to sb** acercarse a algn; **to ~ up and down** pasearse (de acá para allá).

walkabout ['wɔːkəbaʊt] *n* paseo *m*.

walker ['wɔːkəʳ] *n* (*person: gen*) paseante *mf*, transeúnte *mf*; (*: hiker*) excursionista *mf*; (*baby-~*) andador *m*.

walkies ['wɔːkɪz] *nsg* (*paseo m*) ; **to take the dog ~** llevar al perro de paseo.

walkie-talkie ['wɔːkɪ'tɔːkɪ] *n* walkie-talkie *m*.

walk-in ['wɔːkɪn] *adj*: ~ **cupboard** cuarto *m* trastero; **in ~ condition** en condiciones de habitabilidad.

walking ['wɔːkɪŋ] **1** *n* (*act*) andar *m*, caminar *m* (*esp LAm*); (*as pastime*) excursionismo *m*. **2** *adj* (*holiday*) de excursión; (*shoes*) para andar; ~ **pace** paso *m* de andar; **it's within ~ distance** se puede ir andando; **he's a ~ encyclopaedia** es una enciclopedia ambulante; **the ~ wounded** los heridos *mpl* ambulantes; ~ **stick** bastón *m*.

Walkman ® ['wɔːkmən] *n* (*pl* **~s** ['wɔːkmənz]) Walkman ® *m*.

walk-on ['wɔːkɒn] *adj* (*Theat*) ~ **part** papel *m* de comparsa.

walkout ['wɔːkaʊt] *n* (*from conference*) retirada *f*, abandono *m* (de la sala *etc*); (*strike*) huelga *f*.

walkover ['wɔːk,əʊvəʳ] *n* (*Sport*) paseo *m*; (*fig*) triunfo *m* fácil, pan *m* comido (*fam*).

walkway ['wɔːkweɪ] *n* pasaje *m* (entre edificios).

wall [wɔːl] **1** *n* (*inside, also gen*) pared *f*; (*outside*) muro *m*, tapia *f*; (*of city*) muralla *f*; **to climb the ~** (*fam*); **to go up the ~** subirse por las paredes (*fam*); **it drives me up the ~** (*fam*) me saca de quicio; **to go to the ~** (*fig: firm etc*) ir a la bancarrota. **2** *cpd* (*cupboard, light, clock, map*) de pared; ~ **bars** *npl* (*Sport*) barras *fpl* fijas; ~ **hanging** *n* tapiz *m*; ~ **socket** *n* enchufe *m* de pared.

▸ **wall in** *vt + adv* (*garden etc*) cercar con una tapia.

▸ **wall off** *vt + adv* (*area of land*) separar con un muro.

▸ **wall up** *vt + adv* (*entrance etc*) tapiar; (*window*) condenar.

wallaby ['wɒləbɪ] *n* ualabi *m*.

walled [wɔːld] *adj* (*city*) amurallado/a; (*garden*) con tapia.

wallet ['wɒlɪt] *n* cartera *f*, billetera *f* (*esp LAm*).

wallflower ['wɔːl,flaʊəʳ] *n* alhelí *m*; **to be a ~** (*fig*) comer pavo.

Walloon [wɒ'luːn] **1** *adj* valón/ona. **2** *n* (*person*) valón/ona *m/f*; (*Ling*) valón *m*.

wallop ['wɒləp] (*fam*) **1** *n* (*blow*) golpe *m* fuerte; (*sound*) zas *m*. **2** *vt* zurrar.

walloping ['wɒləpɪŋ] (*fam*) **1** *n*: **to give sb a ~** dar una paliza a algn. **2** *adj* (*also* ~ **great**) grandote/a.

wallow ['wɒləʊ] *vi* (*in water, mud*) revolcarse (*in* en); (*boat*) revolcarse; **to ~ in misery/luxury** revolcarse en la miseria/deleitarse en el lujo.

wallpaper ['wɔːl,peɪpəʳ] **1** *n* papel *m* pintado *or* tapiz. **2** *vt* empapelar.

Wall Street ['wɔːlstriːt] *n* (*US*) *calle de la Bolsa y de muchos bancos en Nueva York*; (*fig*) mundo *m* bursátil.

wall-to-wall ['wɔːltə'wɔːl] *adj*: ~ **carpeting** moqueta *f*.

walnut ['wɔːlnʌt] **1** *n* (*nut*) nuez *f*; (*tree, wood*) nogal *m*. **2** *adj* de nogal.

walrus ['wɔːlrəs] *n* morsa *f*.

waltz [wɔːlts] **1** *n* vals *m*. **2** *vi* bailar el vals; **to ~ in** (*fam*) entrar tan fresco (*fam*).

wan [wɒn] *adj* (*pale*) pálido/a; (*weak*) débil; (*sickly*) enfermizo/a, enclenque.

wand [wɒnd] *n* (*magic ~*) varita *f* mágica.

wander ['wɒndəʳ] **1** *n* paseo *m*; **to take** *or* **go for a ~** pasearse, dar un paseo.

2 *vi* (*gen*) vagar, errar; (*walk slowly*) deambular, andar lentamente; (*aimlessly*) vagabundear; (*stray*) extraviarse; (*fig: eyes*) desviarse; (*attention*) divagar; **don't go ~ing off** no te alejes demasiado, sea que te pierdas; **to ~ from** *or* **off the point** salirse del tema, desvariarse; **to let one's mind ~** dejarse llevar por la imaginación, dejar vagar la imaginación.

3 *vt* (*streets, hills*) recorrer, vagar por; **to ~ the world** recorrer el mundo entero.

wanderer ['wɒndərəʳ] *n* vagabundo/a *m/f*; **the ~ returns!** ¡ha vuelto el viajero!

wandering ['wɒndərɪŋ] **1** *adj* (*tribe, minstrel*) errante, nómada; (*path, river*) sinuoso/a; (*eyes, mind*) distraído/a. **2** *n*: **~s** vagabundeos *mpl*.

wanderlust ['wɒndəlʌst] *n* pasión *f* de viajar.

wane [weɪn] **1** *vi* (*moon*) menguar; (*fig: strength*) decaer; (*: popularity, power*) disminuir. **2** *n*: **to be on the ~** (*see vi*) decaer; disminuir.

wangle ['wæŋgl] (*fam*) **1** *n* chanchullo *m*, trampa *f*. **2** *vt* (*job, ticket*) agenciarse; **he ~d his way in** se las arregló para entrar; **can you ~ me a free ticket?** ¿puedes procurarme una entrada de favor?

wangler ['wæŋgləʳ] *n* (*fam*) trapisondista *mf*, tramposo/a *m/f*.

wangling ['wæŋglɪŋ] *n* (*fam*) trampas *fpl*, trucos *mpl*.

wank [wæŋk] (*Brit fam!*) **1** *n*: **to have a ~** = **2**. **2** *vi* hacerse una paja (*fam*).

wanker ['wæŋkəʳ] *n* (*Brit fam!*) pajero/a *m/f* (*fam!*).

wanly ['wɒnlɪ] *adv* (*see adj*) pálidamente; débilmente; en forma enfermiza.

want [wɒnt] **1** *n* (**a**) (*lack*) falta *f or* carencia *f* (*of* de); **for ~ of sth** por falta de algo; **for ~ of anything better to do** a falta de algo mejor que hacer; **it wasn't for ~ of trying** no fue por que no nos esforzásemos.

(**b**) (*poverty*) pobreza *f*, necesidad *f*; (*scarcity*) escasez *f*; **to be in ~** estar necesitado.

(**c**) (*need*) necesidad *f*; **to be in ~ of sth** necesitar algo; **this car ~s cleaning** a este coche le hace falta una limpieza; **my ~s are few** necesito poco; **it fills a long-felt ~** llena un hueco de hace tiempo.

2 *vt* (**a**) (*wish, desire*) querer, desear; **to ~ to do sth** querer hacer algo; **to ~ sb to do sth** querer que algn haga algo; **she ~s 500 pounds for the car** pide 500 libras por el coche; **I don't ~ you interfering!** ¡no quiero que te entrometas!; **what does he ~ with me?** ¿qué quiere de mí?; **you're ~ed on the phone** le llaman al teléfono; **I don't ~ to** no quiero.

(**b**) (*need, require*) necesitar; **we have all we ~** tenemos todo lo que necesitamos; **he ~s a lot of attention** exige *or* requiere mucha atención; **that's the last thing I ~!** (*fam*) ¡sólo eso me faltaba!; **it only ~ed the parents to come in ...** sólo faltaba que llegaran los padres ...; **'~ed'** (*police notice*) 'se busca'; **he is ~ed for robbery** se le busca por robo.

3 *vi* (**a**) (*wish, desire*) querer, desear.

(**b**) (*lack*) **to ~ (for)** carecer (de), faltar; **they ~ for nothing** no les hace falta nada.

(**c**) **he ~s out** (*fam*) quiere dejarlo.

wanting ['wɒntɪŋ] *adj*: ~ **(in)** (*lacking*) falto/a (de); (*short of, inadequate*) deficiente (en); **he is ~ in confidence** le falta confianza; **he was tried and found ~** demostró no estar a la altura de las circunstancias.

wanton ['wɒntən] *adj* (*shameless*) lascivo/a, libertino/a; (*wilful*) caprichoso/a.

war [wɔːʳ] **1** *n* guerra *f*; (*fig*) campaña *f* (*on, against* contra); **to be at/go to ~ (with)** estar en/entrar en guerra (con); **to declare ~ on** declarar la guerra (*on* a); **to make ~ (on)** hacer la guerra (a); **a ~ of words/nerves** una guerra de palabras/de nervios; **to have been in the ~s** (*fig, hum*) haber vivido una verdadera tragedia (*fam, hum*).

2 *vi* (*lit*) hacer la guerra (*with* a).

3 *cpd* de guerra; ~ **cry** *n* grito *m* de guerra; ~ **dance** *n* danza *f* guerrera; ~ **debt** *n* deuda *f* de guerra; ~ **effort** *n* esfuerzo *m* bélico; ~ **game** *n* (*Mil*) estudios *mpl* tácticos sobre el mapa; (*board game*) juego *m* de estrategia; ~ **memorial** *n* monumento *m* a los caídos; ~ **paint** *n* pintura *f* de guerra; ~ **zone** *n* zona *f* de guerra.

warble ['wɔ:bl] **1** *n* (*of bird*) trino *m*, gorjeo *m*. **2** *vt* cantar trinando *or* gorjeando. **3** *vi* gorjear, trinar.

warbler ['wɔ:blə'] *n* (*bird*) curruca *f*.

ward [wɔ:d] *n* (**a**) (*person*) pupilo *m*; **he is her ~** (él) está bajo su tutela; **to make sb a ~ of court** poner a algn bajo la protección *or* el amparo de la tribunal. (**b**) (*Pol*) distrito *m* electoral. (**c**) (*in hospital*) sala *f*, pabellón *m*.

► **ward off** *vt + adv* (*attack*) rechazar; (*blow*) parar, desviar; (*danger etc*) protegerse contra.

warden ['wɔ:dn] *n* (*in institution*) conserje *mf*, guardián/ana *m/f*.

warder ['wɔ:də'] *n* carcelero *m*.

wardress ['wɔ:drɪs] *n* carcelera *f*.

wardrobe ['wɔ:drəʊb] *n* (*cupboard*) armario *m*; (*clothes*) vestuario *m*.

wardroom ['wɔ:drʊm] *n* (*Naut*) cámara *f* de oficiales.

...ward(s) [wəd(z)] *adj, adv suf* hacia; **town~** hacia la ciudad.

warehouse ['wɛəhaʊs] *n* almacén *m*, depósito *m*; **~ price** precio *m* en almacén.

wares [wɛəz] *npl* mercancías *fpl*.

warfare ['wɔ:fɛə'] *n* (*fighting*) guerra *f*; (*techniques*) artes *mpl* militares; **chemical/germ ~** guerra química/bacteriológica; **trench ~** guerra de trincheras.

warhead ['wɔ:hed] *n* (*of torpedo*) cabeza *f* explosiva; **nuclear ~** cabeza *f* nuclear.

warhorse ['wɔ:hɔ:s] *n* (*fig*) veterano *m*.

warily ['wɛərɪlɪ] *adj* con cautela, cautelosamente.

wariness ['wɛərɪnɪs] *n* cautela *f*, precaución *f*.

warlike ['wɔ:laɪk] *adj* bélico/a.

warm [wɔ:m] **1** *adj* (*comp* **~er**; *superl* **~est**) (**a**) (*water etc*) caliente; (*: not hot*) tibio/a; (*day, summer*) caluroso/a, de calor; (*blanket, clothing etc*) caliente, que abriga; **I'm ~, I feel ~** tengo calor; **it's ~ today** hace calor hoy; **it's ~ work** es un trabajo que hace sudar; **to get ~** entrar en calor; **come and get ~** ven a calentarte; **to keep o.s./sth ~** abrigarse/mantener algo caliente; **am I getting ~?** (*fig: in game*) ¿caliente, caliente?; **to be as ~ as toast** estar muy bien de caliente.

(**b**) (*fig: colour*) cálido/a; (*: thanks*) efusivo/a; (*: desire, passion*) ardiente; (*: welcome*) entusiasta, acalorado/a; (*: greeting, smile*) afectuoso/a.

2 *vt* (*food etc*) (re)calentar; **to ~ o.s. by the fire** calentarse (junto) al fuego; **it ~ed my heart** me enterneció.

3 *vi* (*food etc*) calentarse; **he ~ed to his subject** se fue metiendo el tema; **I** *or* **my heart ~ed to him** le fui tomando afecto *or* cariño.

4 *cpd*: **~ front** *n* (*Met*) frente *m* cálido.

► **warm up 1** *vi + adv* (*person*) entrar en calor; (*Sport etc*) calentarse; (*fig: party, game*) animarse. **2** *vt + adv* (*food*) (re)calentar; (*engine*) recalentar; (*fig: party, audience*) animar.

warm-blooded [wɔ:m'blʌdɪd] *adj* de sangre caliente.

warm-hearted [wɔ:m'hɑ:tɪd] *adj* cariñoso/a.

warmly ['wɔ:mlɪ] *adv* con (más) calor; (*fig*) afectuosamente; **to dress ~** arroparse.

warmongering ['wɔ:ˌmʌŋgərɪŋ] *n* belicismo *m*.

warmth [wɔ:mθ] *n* calor *m*; (*fig*) cordialidad *f*.

warm-up ['wɔ:mʌp] *n* (*Sport*) ejercicios *mpl* de calentamiento.

warn [wɔ:n] *vt* advertir, avisar (*of, about* sobre); **to ~ sb not to do sth** *or* **against doing sth** aconsejar a algn que no haga algo; **you have been ~ed!** ¡ya estás avisado!; **to ~ sb about sth** amonestar a algn acerca de algo.

► **warn off** *vt + adv or prep* (*suitor etc*) despedir; **to ~ sb off doing sth** avisar a algn que no haga algo.

warning ['wɔ:nɪŋ] **1** *n* advertencia *f*, aviso *m*; (*by police, judge*) advertencia; (*advance notice*) previo aviso (*of* de); **to give sb a ~** poner a algn sobre aviso, prevenir a algn; **to give sb due ~/a few days' ~** avisar a algn con tiempo *or* antelación/unos días de anticipación; **without (any) ~** sin aviso *or* avisar, de pronto; **let this be a ~ to you!** ¡qué te sirva de escarmiento *or* aviso! **2** *cpd*: **~ light** *n* piloto *m* (de alarma); **~ notice** *n* aviso *m*; **~ shot** *n* disparo *m* de advertencia.

warp [wɔ:p] **1** *n* (*in weaving*) urdimbre *f*; (*of wood*) alabeo *m*; (*fig*) deformación *f*, perversión *f*. **2** *vt* (*wood*) alabear, combar; (*fig: mind*) deformar, pervertir. **3** *vi* (*wood*) alabearse, combarse.

warpath ['wɔ:pɑ:θ] *n*: **to be on the ~** (*fig*) estar en pie de *or* buscando guerra.

warped [wɔ:pt] *adj* (*wood*) alabeado/a, combado/a; (*fig: character, sense of humour etc*) pervertido/a.

warrant ['wɒrənt] **1** *n* (*for travel: permission*) autorización *f*; (*: permit*) permiso *m*; (*Jur: search ~*) mandamiento *m* de registro; (*: for arrest*) orden *f* de detención; **there is a ~ out for his arrest** se ha ordenado su detención.

2 *vt* (**a**) (*justify, merit*) merecer; **nothing ~s such an assumption** nada justifica tal suposición; **this order ~s your immediate attention** esta orden exige que Vd le preste atención en seguida.

(**b**) (*Comm: guarantee*) garantizar.

3 *cpd*: **~ officer** *n* (*Mil*) suboficial *m*; (*Naut*) contramaestre *m*.

warranted ['wɒrəntɪd] *adj* (*action, remark*) justificado/a; (*Comm: goods*) garantizado/a.

warranty ['wɒrəntɪ] *n* (*Comm*) garantía *f*.

warren ['wɒrən] *n* (*rabbit ~*) madriguera *f*; (*fig*) laberinto *m*.

warring ['wɔ:rɪŋ] *adj* (*interests*) opuesto/a; (*nations*) en guerra.

warrior ['wɒrɪə'] *n* guerrero/a *m/f*.

Warsaw ['wɔ:sɔ:] *n* Varsovia *f*.

warship [wɔ:ʃɪp] *n* buque *m* de guerra.

wart [wɔ:t] *n* (*Med*) verruga *f*; **~s and all** con todas sus imperfecciones.

warthog ['wɔ:thɒg] *n* jabalí *m* de verrugas.

wartime ['wɔ:taɪm] **1** *n* tiempo *m* de guerra; **in ~** en tiempos de guerra. **2** *cpd* (*regulations, rationing etc*) de guerra.

war-torn ['wɔ:ˌtɔ:n] *adj* destrozado/a por la guerra.

wary ['wɛərɪ] *adj* (*comp* **-ier**; *superl* **-iest**) cauteloso/a (*of* con); **to be ~ of sb** desconfiar *or* recelar de algn; **to be ~ about** *or* **of doing sth** tener cuidado con hacer algo.

was [wɒz, wəz] *pt of* **be**.

Wash. *abbr* (*US*) *of* **Washington**.

wash [wɒʃ] **1** *n* (**a**) (*act of ~ing*) lavado *m*; **to give sth a ~** lavar algo; **to have a ~** lavarse; **your jeans are in the ~** tus vaqueros están para lavar; **it'll all come out in the ~** (*fig*) al final, todo se arreglará.

(**b**) (*of ship*) estela *f*.

(**c**) (*Art*) aguada *f*.

2 *vt* (**a**) (*clean: clothes, car*) lavar; (*: dishes, floor*) fregar; **to ~ one's hands/hair** lavarse las manos/el pelo; **to ~ one's hands of sth** (*fig*) lavarse las manos *or* desentenderse de algo.

(**b**) (*lap: sea, waves*) bañar; **an island ~ed by a blue sea** una isla bañada por el mar azul.

(**c**) (*sweep, carry: sea etc*) llevar, llevarse; **he was ~ed overboard** cayó del barco arrastrado por las olas.

3 *vi* (**a**) (*have a ~*) lavarse; **I'll ~ if you wipe** *or* **dry** yo friego y tú secas; **man-made fabrics usually ~ well** los tejidos sintéticos suelen lavarse bien; **that excuse won't ~!** (*fam*) ¡esa excusa no cuela!

(**b**) (*sea etc*) chapotear.

4 *cpd*: **~ bag** *n* (*US*) esponjera *f*; **~ leather** *n* gamuza *f*.

► **wash away** *vt + adv* (*gen*) quitar (lavando); (*fig: sins etc*) limpiar.

► **wash down** *vt + adv* (*walls, car*) lavar; (*food*) rociar.

► **wash off** *vt + adv* (*stain, dirt*) quitar (lavando).

► **wash out 1** *vt + adv* (*stain etc*) quitar lavando; (*bottle, paintbrush*) lavar; (*fig: match*) cancelar; **to feel ~ed out** no estar bien de salud. **2** *vi + adv*: **the paint will ~ out** la pintura se quitará lavando.

► **wash up 1** *vi + adv* (*Brit: dishes*) fregar; (*US: have a* *wash*) lavarse. **2** *vt + adv* (*Brit: dishes*) fregar; (*driftwood: on beach etc*) arrojar.

washable ['wɒʃəbl] *adj* lavable.

wash-and-wear ['wɒʃən'wɛəʳ] *adj* que no se arruga.

washbasin ['wɒʃˌbeɪsn], **washbowl** ['wɒʃbəʊl] *n* lavabo *m*, lavamanos *m inv*, lavatorio *m (CSur)*; (*bowl*) palangana *f*.

washcloth ['wɒʃklɒθ] *n* (*US*) paño *m* para lavarse.

washday ['wɒʃdeɪ] *n* día *m* de colada.

washed-out ['wɒʃtaʊt] *adj* (*fam*) rendido/a, agotado/a.

washer ['wɒʃəʳ] *n* (**a**) (*Tech*) arandela *f*. (**b**) (*washing machine*) lavadora *f*; (*dish~*) lavavajillas *m inv*.

wash-hand basin ['wɒʃˌhændˌbeɪsn] *n* lavabo *m*, lavamanos *m inv*, lavatorio *m (CSur)*.

washing ['wɒʃɪŋ] **1** *n* (*act*) lavado *m*; (*clothes: dirty*) ropa *f* sucia; (*: hung to dry*) colada *f*. **2** *cpd*: ~ **line** *n* cuerda *f* or cordel *m* de ropa, tendedero *m*; ~ **machine** *n* lavadora *f*; ~ **powder** *n* jabón *m* de lavadora.

Washington ['wɒʃɪŋtən] *n* Washington *m*.

washing-up ['wɒʃɪŋ'ʌp] **1** *n* (*act*) fregado *m*; (*dishes*) platos *mpl* (para fregar); **he did all the** ~ fregó todos los platos. **2** *cpd*: ~ **bowl** *n* barreño *m*, palangana *f*; ~ **liquid** *n* detergente *m* para la vajilla.

wash-out ['wɒʃaʊt] *n* (*fam*): **it was a** ~ (*match*) se suspendió a causa de la lluvia; (*plan, party etc*) fue un fracaso; **he's a** ~ es un desastre.

washroom ['wɒʃrʊm] *n* servicios *mpl*, aseos *mpl*, sanitarios *mpl (LAm)*, baño *m (LAm)*.

wasn't ['wɒznt] = **was not**.

WASP [wɒsp] *n abbr* (*US fam*) *of* **White Anglo-Saxon Protestant**.

wasp [wɒsp] *n* avispa *f*; ~**s' nest** (*also fig*) avispero *m*.

waspish ['wɒspɪʃ] *adj* (*character*) irritable; (*comment*) mordaz, punzante.

wastage ['weɪstɪdʒ] *n* (*loss*) desperdicio *m*; (*spending*) despilfarro *m*; (*wear and tear*) desgaste *m*; (*amount wasted*) pérdidas *fpl*.

waste [weɪst] **1** *adj* (*excess*) sobrante; (*unused: land etc*) baldío/a; (*: heat etc*) desperdiciado/a; **to lay** ~ devastar, arrasar.

2 *n* (**a**) (*gen*) desperdicio *m*; (*loss*) pérdida *f*; (*misuse*) desgaste *m*; (*wastefulness*) despilfarro *m*, derroche *m*; **it's a** ~ **of time/money** es tiempo/dinero perdido, es una pérdida de tiempo/es tirar el dinero; **to go to** ~ desperdiciarse.

(**b**) (~ *material*) desechos *mpl*, residuos *mpl*; (*rubbish*) basura *f*, desperdicios *mpl*.

(**c**) (*land*) tierras *fpl* baldías.

3 *vt* (*squander*) malgastar, derrochar; (*not use: food, training, opportunity*) desperdiciar, echar a perder; **we ~d 3 litres of petrol** perdimos 3 litros de gasolina; **you're wasting your time talking to him** hablar con él es perder el tiempo; **you didn't** ~ **much time getting here** no has tardado mucho en llegar; **he's ~d in that job** ese trabajo no aprovecha sus talentos; **sarcasm is ~d on him** aunque sea sarcástico con él no se entera.

4 *vi* (*food*) perderse, echarse a perder; ~ **not, want not** (*Prov*) la economía protege de la necesidad.

5 *cpd*: ~ **disposal** *n* destrucción *f* de la basura; ~ **disposal unit** *n* triturador *m* de basura; ~ **matter** *n* (*Industry*) residuos *mpl*; (*from body*) excrementos *mpl*; ~ **pipe** *n* tubo *m* de desagüe; ~ **products** *npl* = ~ **matter**.

▸ **waste away** *vi + adv* consumirse.

wasted ['weɪstɪd] *adj* (*opportunity*) desaprovechado/a; (*effort*) inútil.

wasteful ['weɪstfʊl] *adj* (*person*) **to be** ~ **with sth** despilfarrar algo; (*process, habit*) **to be** ~ **of** gastar demasiado.

wasteland ['weɪstlænd] *n* terreno *m* baldío.

wastepaper [weɪst'peɪpəʳ] **1** *n* papeles *mpl* usados. **2** *cpd*: ~ **basket** *n* papelera *f*.

waster ['weɪstəʳ] *n* (*person*) gandul *mf*, derrochador(a) *m/f*.

watch[1] [wɒtʃ] *n* (*wrist~*) reloj(-pulsera) *m*; (*pocket* ~) reloj de bolsillo, leontina *f*.

watch[2] [wɒtʃ] **1** *n* (**a**) (*vigilance*) vigilancia *f*; **to be on the** ~ **(for)** estar al acecho (de); **to keep** ~ **(over)** vigilar (a), montar guardia (sobre); **to keep a close** ~ **on sb/sth** mantener a algn/algo bajo vigilancia; **to keep** ~ **for sb/sth** estar al acecho de algn/algo.

(**b**) (*period of duty*) guardia *f*; (*vigil*) vigilia *f*, vela *f*; (*sentry*) centinela *m*, guardia; **officer of the** ~ oficial *m* de guardia.

2 *vt* (**a**) (*guard*) vigilar, cuidar.

(**b**) (*observe*) mirar; (*TV, programme*) mirar, ver; (*monitor: case etc*) vigilar, seguir; **to** ~ **sb do(ing) sth** observar a algn haciendo algo; **we are being ~ed** nos están observando; **you can't do that — just you** ~ **(me)!** ¡así no se hace! — ¡mírame a mí!; **a new actor to be ~ed** un nuevo actor muy prometedor.

(**c**) (*be careful with*) tener cuidado de, cuidar; ~ **it!** ¡ojo!, ¡cuidado!, ¡abusado! *(Mex fam)*; (*threatening*) ¡cuidadito!; ~ **your head** cuidado con la cabeza; **we shall have to** ~ **our spending** habrá que vigilar los gastos; *see* **step 1 (a)**.

(**d**) (*chance, time*) mantenerse al tanto *or* sobre aviso; **he ~ed his chance and slipped out** esperó el momento propicio y se escabulló.

3 *vi* (*observe*) mirar, ver; (*keep* ~) vigilar; **you ~!** (*wait and see*) ¡espera y verás!; **to** ~ **for sb/sth** estar *or* quedar a la espera de algn/algo.

▸ **watch out** *vi + adv* (*keep watch*) quedar a la espera (*for* de); (*be on the alert*) estar al acecho (*for* de); ~ **out!** ¡ten ciudado!, ¡ahí va! *(Sp)*, ¡abusado! *(Mex fam)*; (*threatening*) ¡ten cuidado!; **then you'd better** ~ **out!** ¡pues aténgase a las consecuencias!

▸ **watch over** *vi + prep* velar; **to** ~ **over sb's interests** velar por los intereses de algn.

watchable ['wɒtʃəbl] *adj* (*programme etc*) visible.

watchdog ['wɒtʃdɒg] *n* (*lit*) perro *m* guardián; (*fig*) autoridad *f* protectora.

watcher ['wɒtʃəʳ] *n* mirón/ona *m/f*.

watchful ['wɒtʃfʊl] *adj* vigilante, sobre aviso.

watchfulness ['wɒtʃfʊlnɪs] *n* vigilancia *f*.

watchmaker ['wɒtʃˌmeɪkəʳ] *n* relojero/a *m/f*.

watchman ['wɒtʃmən] *n* (*pl* **-men**) guardián *m*, guachimán *m (LAm)*; (*night* ~) sereno *m*, vigilante *m* nocturno.

watchstrap ['wɒtʃstræp] *n* pulsera *f* de reloj.

watchtower ['wɒtʃˌtaʊəʳ] *n* atalaya *f*.

watchword ['wɒtʃwɜːd] *n* (*Mil, Pol*) consigna *f*, contraseña *f*; (*motto*) lema *m*.

water ['wɔːtəʳ] **1** *n* (**a**) agua *f*; **fresh/salt** ~ agua dulce/salada; **like** ~ **off a duck's back** como si nada; **the High Street is under** ~ la Calle Mayor está inundada; **to be in hot** ~ (*fam*) estar metido en un lío (*fam*); **to spend money like** ~ despilfarrar *or* tirar el dinero; **a lot of** ~ **has flowed under the bridge since then** (*fig*) ha llovido mucho desde entonces; **that theory won't hold** ~ esa teoría carece de fundamento; **to test the ~(s)** (*fig*) probar la temperatura del agua.

(**b**) (*of sea etc*) agua *f*; (*at spa*) ~**s** aguas; **the ~s of the Amazon** las aguas del Amazonas; **British ~s** aguas británicas.

(**c**) (*urine*) aguas menores; **to pass** ~ orinar.

(**d**) (*Med*) ~ **on the brain** hidrocefalía *f*; ~ **on the knee** derrame *m* sinovial; **her ~s broke** rompió aguas.

2 *vt* (*garden, plant*) regar; (*horses, cattle*) abrevar, dar de beber a; (*wine*) aguar, bautizar.

3 *vi* (*eyes, mouth*) hacerse agua; **her mouth ~ed** se le hizo agua la boca.

4 *cpd* (*level, pressure, vapour*) del agua; (*power*) hidráulico/a; (*softener, purifier*) de agua; ~ **bed** *n* cama *f* de agua; ~ **biscuit** *n* galleta *f* de harina y agua; ~ **bottle** *n* (*for drinking*) cantimplora *f*; (*for heat*) bolsa *f* de agua caliente, guatona *f (Chi)*; ~ **chestnut** *n* castaña *f* de agua; ~ **closet** *n (frm: abbr W.C.)* wáter *m*, baño *m (LAm)*; ~ **heater** *n* calentador *m* de agua; ~ **main** *n* cañería *f* principal; ~ **meter** *n* contador *m* de agua; ~ **polo** *n* polo *m* acuático; ~ **rate** *n (Brit)* tarifa *f* de agua; ~ **sports** *npl* deportes *mpl* acuáticos; ~ **supply** *n* abastecimiento *m* de agua; ~ **tank** *n* cisterna *f*.

▸ **water down** *vt + adv* aguar; (*fig: claim etc*) moderar.

waterborne [ˈwɔːtəbɔːn] *adj* (*disease*) de origen hídrico; (*trade etc*) por agua.

watercolour, (*US*) **watercolor** [ˈwɔːtəˌkʌləʳ] *n* acuarela *f*.

water-cooled [ˈwɔːtəkuːld] *adj* refrigerado/a (por agua).

watercourse [ˈwɔːtəkɔːs] *n* (*river bed*) lecho *m*, cauce *m*; (*canal*) canal *m*, conducto *m*.

watercress [ˈwɔːtəkres] *n* berro *m*.

watered-down [ˈwɔːtədˈdaʊn] *adj* (*wine etc*) aguado/a; (*fig*) *account, version*, saneado/a.

waterfall [ˈwɔːtəfɔːl] *n* cascada *f*, salto *m* de agua.

waterfront [ˈwɔːtəfrʌnt] *n* puerto *m*, muelles *mpl*.

watering can [ˈwɔːtərɪŋkæn] *n* regadera *f*.

waterlily [ˈwɔːtəˌlɪlɪ] *n* nenúfar *m*.

waterline [ˈwɔːtəlaɪn] *n* línea *f* de flotación.

waterlogged [ˈwɔːtəlɒgd] *n* (*ground*) anegado/a; (*wood, paper etc*) empapado/a.

watermark [ˈwɔːtəmɑːk] *n* (*in paper*) filigrana *f*; (*left by tide*) marca *f* del nivel del agua.

watermelon [ˈwɔːtəˌmelən] *n* sandía *f*.

waterpark [ˈwɔːtəpɑːk] *n* parque *m* acuático.

waterproof [ˈwɔːtəpruːf] **1** *adj* impermeable. **2** *n* impermeable *m*. **3** *vt* impermeabilizar.

water-resistant [ˈwɔːtərɪˈzɪstənt] *adj* a prueba de agua; (*material*) impermeable.

watershed [ˈwɔːtəʃed] *n* (*Geog*) línea *f* divisoria de dos cuencas; (*fig*) momento *m* clave.

waterside [ˈwɔːtəsaɪd] **1** *n* (*river etc*) orilla *f*, ribera *f*; (*harbour*) muelle *m*. **2** *adj* ribereño/a.

water-skiing [ˈwɔːtəˌskiːɪŋ] *n* esquí *m* acuático.

water-soluble [ˈwɔːtəˈsɒljʊbl] *adj* soluble en agua.

watertight [ˈwɔːtətaɪt] *adj* (*compartment etc*) hermético/a; (*fig*) irrecusable, irrefutable.

waterway [ˈwɔːtəweɪ] *n* vía *f* fluvial *or* navegable; (*inland* ~) canal *m*.

waterwheel [ˈwɔːtəwiːl] *n* rueda *f* hidráulica.

waterwings [ˈwɔːtəwɪŋz] *npl* flotadores *mpl*.

waterworks [ˈwɔːtəwɜːks] *npl* central *f* depuradora; **to turn on the** ~ (*fig fam*) echarse a llorar, soltar el chorro; **to have trouble with one's** ~ (*fig*) tener problemas de orina.

watery [ˈwɔːtərɪ] *adj* (*tea, soup*) aguado/a; (*pale: sun, colour*) desvaído/a; (*eyes*) lloroso/a; **to go to a** ~ **grave** morir ahogado.

WATS [ˈwɒts] *n abbr* (*US*) *of* **Wide Area Telecommunications Service**.

watt [wɒt] *n* vatio *m*.

wattage [ˈwɒtɪdʒ] *n* vatiaje *m*.

wave [weɪv] **1** *n* (**a**) (*of water*) ola *f*; (*fig: of enthusiasm, strikes etc*) oleada *f*; **the new** ~ (*Cine, Mus*) la nueva ola; **to make** ~**s** (*fig: rock the boat*) hacer olas.

(**b**) (*in hair*) onda *f*; (*of surface*) ondulación *f*.

(**c**) (*Phys, Rad*) onda *f*; **short/long/medium** ~ onda corta/larga/media.

(**d**) (*movement of hand*) señal *f* con la mano.

2 *vt* (**a**) (*move about: gen*) agitar; (*beckon, motion*) hacer señas; **he** ~**d the ticket under my nose** agitó el billete delante de mis narices; **to** ~ **sb goodbye, to** ~ **goodbye to sb** decir(le) adiós a algn con la mano; **she** ~**d a greeting to the crowd** saludó a la multitud con la mano; **he** ~**d us over to his table** con señales nos invitó a su mesa.

(**b**) (*hair*) ondular.

3 *vi* (**a**) (*person*) agitar la mano; **to** ~ **to** *or* **at sb** hacer señales a algn con la mano.

(**b**) (*flag*) ondear; (*branches etc*) moverse.

(**c**) (*hair*) ondular.

▸ **wave about**, **wave around** *vt + adv* (*object, arms*) agitar.

▸ **wave aside**, **wave away** *vt + adv* (*person*) apartar (con la mano); (*fig: suggestion, objection*) rechazar, desechar.

▸ **wave down** *vt + adv*: **to** ~ **a car down** hacer señales a un coche para que pare.

▸ **wave off** *vt + adv*: **to** ~ **sb off** decir adiós a algn con la mano.

▸ **wave on** *vt + adv* (*policeman etc*) **to** ~ **sb on** señalar a algn para que avance.

waveband [ˈweɪvbænd] *n* banda *f* de ondas.

wavelength [ˈweɪvleŋθ] *n* longitud *f* de onda; **we're not on the same** ~ (*fig*) no nos entendemos, no estamos en la misma onda, no estamos en onda *(Mex)*.

waver [ˈweɪvəʳ] *vi* (*flame, needle etc*) oscilar; (*fig: hesitate*) vacilar (*between* entre); (*: courage, support*) flaquear; **he's beginning to** ~ está empezando a vacilar.

wavy [ˈweɪvɪ] *adj* (*comp* **-ier**; *superl* **-iest**) (*hair, surface, line*) ondulado/a.

wax¹ [wæks] **1** *n* cera *f*; (*in ear*) cerilla *f*. **2** *adj* de cera. **3** *vt* (*furniture, car*) encerar.

wax² [wæks] *vi* (*moon*) crecer; **to** ~ **enthusiastic** entusiasmarse; **to** ~ **eloquent about sth** ponerse elocuente acerca de algo.

wax(ed) paper [wæks(t)peɪpəʳ] *n* papel *m* encerado.

waxen [ˈwæksən] *adj* (*of wax*) de cera, céreo/a; (*fig: pale*) ceroso/a.

waxwork [ˈwækswɜːk] *n* figura *f* de cera.

waxworks [ˈwækswɜːks] *n sg or pl* museo *m* de cera.

waxy [ˈwæksɪ] *adj* (*comp* **-ier**; *superl* **-iest**) ceroso/a.

way [weɪ] **1** *n* (**a**) (*road, lane etc*) camino *m*, vía *f*; (*in names*) calle *f*, avenida *f*; **across** *or* **over the** ~ **(from)** enfrente (de), frente (a).

(**b**) (*route*) camino *m*, ruta *f*, trayecto *m*; **to ask one's** ~ **to the station** preguntar el camino *or* cómo se va a la estación; **which is the** ~ **to the station?** ¿qué camino se toma *or* cómo se va *or* cómo se llega a la estación?; **we came a back** ~ vinimos por los caminos vecinales; **she went by** ~ **of Birmingham** fue por *or* via Birmingham; **to go the wrong** ~ equivocarse de camino; **to lose one's** ~ extraviarse; **the** ~ **in/out** (*entrance etc*) la entrada/salida; **to find one's** ~ orientarse, ubicarse *(esp LAm)*; **to find one's** ~ **into a building** encontrar la entrada de un edificio, encontrar cómo entrar en un edificio; **I'll find my own** ~ **out** no hace falta que me acompañen a la puerta; **you'll find it on the** ~ **out** lo encontrarás cerca de la salida; **to find a** ~ **out of a problem** encontrar una solución a un problema; **to take the easy** ~ **out** buscar la salida más fácil; **on the** ~ en (el) camino; **on the** ~ **to** camino *or* rumbo a; **they have another child on the** ~ tienen otro niño en camino; **you pass it on your** ~ **home** está en el camino a casa; **he's on the** ~ **to becoming an alcoholic** va camino de hacerse un alcohólico; **he walked all the** ~ **here** vino todo el camino andando; **he ran all the** ~ **home** hizo todo el camino a la casa corriendo; **I'm with you all the** ~ te apoyo en todo; **to make one's** ~ **home** volver a casa; **I know my** ~ **about town** conozco la ciudad; **to lead the** ~ (*lit*) tomar la delantera; (*fig*) dar la pauta, abrir el camino; **to prepare the** ~ preparar el terreno (*for* a, para); **I don't want to take you out of your** ~ no quiero apartarle del camino; **the village I live in is rather out of the** ~ mi pueblo está un poco retirado; **that's nothing out of the** ~ **these days** eso no es nada extraordinario hoy día; **to go out of one's** ~ **to help sb** desvivirse por ayudar a algn; **to see one's** ~ **(clear) to helping sb** no tener inconveniente en ayudar a algn; **to go one's own** ~ (*fig*) seguir su propio camino; (*pej*) obrar a su antojo; **to make one's** ~ **in the world** abrirse camino en la vida; **he is well on the** ~ **to finishing it** lo tiene casi terminado; **he worked his** ~

up in the company ascendió en la compañía a fuerza de trabajo; **to pay one's ~** (*in restaurant*) pagar su parte; **the company isn't paying its ~** la compañía no rinde *or* no da provecho; **he put me in the ~ of some good contracts** me conectó *or* enchufó para que consiguiera buenos contratos.

(**c**) (*space sb wants to go through*) camino *m*; **to bar the ~** ponerse en el camino; **to be/get in the** *or* **sb's ~** estorbar a algn; (*fig*) molestar a algn; **to stand in sb's ~** (*lit*) cerrar el paso a algn; (*fig*) ser un obstáculo para algn; **to stand in the ~ of progress** impedir *or* entorpecer el progreso, ser un obstáculo para el progreso; **to be/get out of the ~** no estar en medio/quitarse de en medio; **to keep out of sb's ~** evitar el encuentro con *or* esquivar a algn; **to move sth out of the ~** quitar algo de en medio *or* del camino; **as soon as I've got this essay out of the ~** en cuanto *or (LAm)* apenas termine este ensayo *or* esta redacción; **keep those matches out of his ~** no pongas esas cerillas a su alcance; **to push/elbow one's ~ through the crowd** abrirse paso por la multitud a empujones/a codazos; **he crawled/limped his ~ to the gate** llegó arrastrándose/cojeando hasta la puerta; **to make ~ (for sb/sth)** (*lit*) dejar paso (a algn/algo); (*fig*) abrir camino (a algn/algo); **to leave the ~ open for further talks** dejar la puerta abierta a posteriores conversaciones.

(**d**) (*direction*) dirección *f*, sentido *m*, rumbo *m*; **come this ~** pase por aquí; **which ~ did it go?** ¿hacia dónde fue?, ¿qué rumbo tomó?; **which ~ do we go from here?** ¿en qué dirección vamos *or* qué rumbo tomamos desde aquí?; **everything is going my ~** (*fig*) todo me está saliendo a pedir de boca; **it doesn't matter to me one ~ or the other** me es igual; **this ~ and that** por aquí y por allá; **down our ~** por nuestra zona; **put it the right ~ up** ponlo boca arriba *or* en pie; **to look the other ~** (*fig*) hacer la vista gorda; **to rub sb up the wrong ~** irritar a algn; **to split sth three ~s** repartir algo entre tres.

(**e**) (*indicating distance, motion, progress*) **a long ~** mucho camino; **it's a long ~ away** está muy lejos; **to go the long ~ round** ir por rodeos; **a little ~ along the road** subiendo la calle, no muy lejos; **he'll go a long ~** (*fig*) llegará lejos; **we've come a long ~ since those days** hemos recorrido mucho desde entonces; **it should go a long ~ towards convincing him** (esto) seguramente contibuirá mucho a convencerle; **that's a long ~ from the truth** eso queda muy lejos de la verdad; **to be/get under ~** (*work, project*) ponerse en camino; **the job is now well under ~** el trabajo ya está muy avanzados.

(**f**) (*means, manner*) manera *f*, modo *m*, forma *f*; **the British ~ of life** el estilo de vida británico; **~s and means** medios *mpl*; **we'll find a ~ of doing it** se hará de una u otra manera; **the only ~ of doing it** la única forma de hacerlo; **there are no two ~s about it** no cabe la menor duda, no hay que darle más vueltas; **he has his own ~ of doing it** tiene su forma de hacerlo; **I'll do it (in) my own ~** lo haré a mi manera; **you can't have it both ~s** tienes que optar por lo uno o lo otro; **they've had it all their own ~ too long** hace tiempo que hacen lo que les da la gana; **to get one's own ~** salirse con la suya; **have it your own ~!** ¡como quieras!; **I will help you in every ~ possible** haré todo lo posible por ayudarte; **he helped in a small ~** ayudó un poco; **in no ~, not in any ~** de ninguna manera, de manera alguna; **no ~!** (*fam*) ¡ni pensarlo!, ¡de eso nada!, ¡ni hablar!; **do it this ~** hazlo así; **in the same ~** de la misma manera; **in this ~** así, de esta manera; **it looks that ~** así parece; **it was this ~** ... pasó lo siguiente ...; **(in) one ~ or another** de una u otra manera; **in a ~** en cierto sentido; **in some/many ~s** en algunos/muchos sentidos; **in more ~s than one** de más de una manera; **to my ~ of thinking** a mi parecer, a mi manera de ver; **either ~ I can't help you** de todas formas no puedo ayudarle; **to go on in the same old ~** seguir como siempre *or* dándole; **the ~ things are** tal como están *or* van las cosas; **the ~ things are going we shall have nothing left** si esto continúa así nos vamos a quedar sin nada; **in the ordinary ~ (of things)** por lo común, por lo general.

(**g**) (*custom*) costumbre *f*; **the ~s of the Spaniards** las costumbres de los españoles; **he has his little ~s** tiene sus manías; **he has a ~ with people** tiene don de gentes; **he has a ~ with him** tiene un encanto personal; **to mend one's ~s** enmendarse; **to be out of the ~ of doing sth** haber perdido la costumbre de hacer algo.

(**h**) (*state*) estado *m*; **things are in a bad ~** las cosas van *or* marchan mal; **he's in a bad ~** (*sick*) está grave; (*troubled*) está trastornado; **to be in the family ~** (*fam*) estar embarazada.

(**i**) (*with 'by'*) **by the ~** a propósito; **oh, and by the ~** antes que se me olvide; **by ~ of a warning** a modo *or* guisa de advertencia; **she's by ~ of being an artist** es una especie de artista.

2 *adv* (*fam*) **it happened ~ back** pasó hace mucho tiempo *or (esp LAm)* tiempo atrás; **~ back in 1900** allá en 1900; **it's ~ out in Nevada** está allá en Nevada; **he was ~ out in his estimate** se equivocó en mucho en su valoración.

waybill ['weɪbɪl] *n* hoja *f* de ruta.

wayfarer ['weɪˌfɛərəʳ] *n* (*old*) caminante *mf*.

waylay [weɪ'leɪ] (*pt, pp* **waylaid** [weɛ̃θleɛ̃d]) *vt* abordar; **I was waylaid by the manager** me detuvo el gerente.

way-out ['weɪ'aʊt] *adj* (*fam*) exagerado/a.

wayside ['weɪsaɪd] **1** *n* borde *m* del camino; **to fall by the ~** (*fig: project*) venirse abajo; (*: person*) quedarse atrás, quedarse en la estacada, fracasar, fallar. **2** *cpd* (*flowers, café*) al borde del camino.

wayward ['weɪwəd] *adj* (*self-willed*) díscolo/a, rebelde.

W/B *n abbr of* **waybill.**

WBA *n abbr of* **World Boxing Association.**

WC *n abbr* (*Brit*) *of* **water closet.**

WCC *n abbr of* **World Council of Churches.**

we [wiː] *pron* nosotros/as.

w/e *abbr of* **week ending** .

WEA *n abbr* (*Brit*) *of* **Workers' Educational Association.**

weak [wiːk] *adj* (*comp* **~er**; *superl* **~est**) (*gen*) débil, flojo/a *(LAm)*; (*tea, coffee*) claro/a, aguado/a; (*argument, excuse*) flojo, poco convincente; (*voice, sound*) débil, tenue; **her French is ~, she is ~ at French** está floja en francés; **to go ~ at the knees** (*with excitement*) ponérsele a algn la piel de gallina; (*with hunger etc*) tener flojera, estar desfallecido.

weaken ['wiːkən] **1** *vt* debilitar; **this fact ~s your case** este dato quita fuerza a tu argumento. **2** *vi* debilitarse; (*give way*) ceder; **we must not ~ now** debemos mantenernos firmes, ahora más que nunca.

weak-kneed ['wiːk'niːd] *adj* (*fig*) sin voluntad, sin carácter.

weakling ['wiːklɪŋ] *n* debilucho/a *m/f*.

weakly ['wiːklɪ] **1** *adj* enfermizo/a, enclenque. **2** *adv* débilmente; (*give in*) sin luchar.

weakness ['wiːknɪs] *n* (*gen*) debilidad *f*, flaqueza *f*, flojedad *f (esp LAm)*; (*weak point*) punto *m or* lado *m* débil; **to have a ~ for sth** tener debilidad por algo.

weak-willed ['wiːk'wɪld] *adj* indeciso/a, sin voluntad.

weal [wiːl] *n* (*wound*) verdugón *m*, hematoma *f*.

wealth [welθ] **1** *n* riqueza *f*; (*fig: abundance*) abundancia *f* (*of* de). **2** *cpd*: **~ tax** *n* impuesto *m* sobre el patrimonio.

wealthy ['welθɪ] *adj* (*comp* **-ier**; *superl* **-iest**) rico/a.

wean [wiːn] *vt* (*child*) destetar; **to ~ sb (away) from sth** (*fig*) quitar a algn la costumbre de algo.

weapon ['wepən] *n* arma *f*.

wear [wɛəʳ] (*vb: pt* **wore**; *pp* **worn**) **1** *n* (**a**) (*use*) uso *m*; **for everyday ~** para uso normal *or* corriente; **for hard ~** resistente; **I've had a lot of ~ out of this jacket** esta chaqueta me ha durado mucho.

(**b**) (*deterioration through use*) desgaste *m*; **~ and tear** desgaste; **she looks the worse for** ~ parece desmejorada.

(**c**) (*clothing*) ropa *f*; **children's** ~ ropa de niños; **summer** ~ ropa de verano.

2 *vt* (**a**) (*clothing, spectacles etc*) llevar, usar; (*shoes etc*) gastar; (*look, smile, beard etc*) llevar; **she wore her blue dress** llevaba su vestido azul; **I have nothing to ~ to the dinner** no tengo qué ponerme para ir a la cena; **what size do you ~?** ¿qué número tiene Vd?; **to ~ one's hair long** llevar el pelo largo; **he wore a big smile** sonreía alegremente.

(**b**) (*get into a worn condition*) desgastar; **to ~ a path across the lawn** hacer un camino pisando la hierba; **to ~ a hole in sth** hacer un agujero en algo; **the rocks had been worn smooth by the waves** las olas habían erosionado las rocas.

(**c**) (*fam: believe, tolerate*) aguantar, admitir; **he won't ~ that** eso no lo permitirá.

3 *vi* (**a**) (*last*) durar; **that theory has worn well** esa teoría ha sido muy duradera.

(**b**) (*become worn*) desgastarse; **the edges have worn smooth** los bordes se han desgastado; **that excuse is ~ing a bit thin** esa excusa ya carece de fuerza.

▸ **wear away 1** *vt* + *adv* (*rock*) erosionar, pattern etc, desgastar. **2** *vi* + *adv* desgastarse.

▸ **wear down 1** *vt* + *adv* (*heel, tyre tread etc*) gastar; (*fig: opposition etc*) agotar. **2** *vi* + *adv* (*heels, tyre tread etc*) desgastarse.

▸ **wear off** *vi* + *adv* (*plating, paint etc*) quitarse; (*pain, excitement etc*) pasar; **when the novelty ~s off** cuando la novedad deje de serlo.

▸ **wear on** *vi* + *adv* (*evening, year etc*) avanzar, seguir, transcurrir.

▸ **wear out 1** *vt* + *adv* gastar, desgastar; (*fig: exhaust*) agotar. **2** *vi* + *adv* (*see vt*) desgastarse; quedar agotado. **3** *vr*: **to ~ o.s. out** agotarse, matarse.

▸ **wear through 1** *vt* + *adv* agujerear. **2** *vi* + *adv* agujerearse.

wearable [ˈwɛərəbl] *adj* que se puede llevar.

wearily [ˈwɪərɪlɪ] *adv* (*tiredly*) con cansancio *or* fatiga; (*dispiritedly*) sin ánimo.

weariness [ˈwɪərɪnɪs] *n* (*tiredness*) cansancio *m*, fatiga *f*; (*boredom*) aburrimiento *m*, hastío *m*.

wearisome [ˈwɪərɪsəm] *adj* (*tiring*) fatigoso/a, pesado/a; (*boring*) aburrido/a.

weary [ˈwɪərɪ] **1** *adj* (*comp* **-ier**; *superl* **-iest**) (*tired*) cansado/a; (*dispirited*) abatido/a; (*tiring: wait, day*) fatigoso/a, pesado/a; **to be ~ of sb/sth** estar harto de algn/algo; **to grow ~ of** cansarse de; **five ~ hours** cinco horas fatigosas. **2** *vt* fastidiar, molestar. **3** *vi*: **to ~ of sb/sth** cansarse *or* hartarse de algn/algo.

weasel [ˈwiːzl] *n* comadreja *f*.

weather [ˈweðəʳ] **1** *n* tiempo *m*; ~ **permitting** si el tiempo lo permite; **in this** ~ con el tiempo que hace; **what's the ~ like?** ¿qué tiempo hace?; **it gets left outside in all ~s** se deja siempre a la intemperie; **to be under the** ~ (*fig: ill*) estar indispuesto; **to make heavy ~ of sth** complicar algo, hacer algo más difícil de lo que es.

2 *vt*: **to ~ the storm** (*lit*) aguantar la tempestad.

3 *vi* (*rocks*) desgastarse, erosionarse; (*skin*) curtirse; (*wood*) curarse.

4 *cpd* (*bureau, ship, chart, station*) meteorológico/a; ~ **forecast** *n* pronóstico *m* del tiempo; ~ **vane** *n* veleta *f*.

weather-beaten [ˈweðəˌbiːtn] *adj* curtido/a.

weathered [ˈweðəd] *adj* (*rocks*) desgastado/a, erosionado/a; (*skin*) curtido/a; (*wood*) curado/a, maduro/a.

weatherman [ˈweðəmæn] *n* (*pl* **-men**) hombre *m* del tiempo.

weatherproof [ˈweðəpruːf] *adj* que resiste a la intemperie, impermeabilizado/a.

weave [wiːv] (*vb: pt* **wove**; *pp* **woven**) **1** *n* tejido *m*. **2** *vt* (*lit*) tejer; **he wove these details into the story** entretejó los detalles en el cuento; **he wove a story round these experiences** urdió una historia con estas experiencias. **3** *vi* (*lit*) tejer (*pt, pp* **~d**) (*fig: move in and out*) zigzaguear; **to ~ in and out among traffic** abrirse paso entre los coches.

weaver [ˈwiːvəʳ] *n* tejedor(a) *m/f*.

weaving [ˈwiːvɪŋ] *n* tejeduría *f*.

web [web] *n* (*of spider*) telaraña *f*; (*between toes etc*) membrana *f*; (*fig*) red *f*; **a ~ of intrigue** un tejido de intrigas.

webbed [webd] *adj* palmípedo/a, palmeado/a.

webbing [ˈwebɪŋ] *n* cinchas *fpl*.

web-footed [ˈwebˈfʊtɪd] *adj* palmípedo/a.

we'd [wiːd] = **we would; we had.**

wed [wed] **1** *vt* desposarse con, casarse con; **to be ~ded to an idea** aferrarse a una idea. **2** *vi* desposarse, casarse.

Wed. *abbr of* **Wednesday** miérc.

wedded [ˈwedɪd] *adj* (*wife, husband*) desposado/a, casado/a; (*bliss, life etc*) conyugal.

wedding [ˈwedɪŋ] **1** *n* boda *f*, casamiento *m*; **silver/ruby** ~ bodas de plata/de rubí; **to have a church** ~ casarse por la iglesia; **to have a civil** ~ casarse por lo civil. **2** *cpd* (*dress*) de novia; (*invitation, reception*) de bodas; ~ **anniversary** *n* aniversario *m* de boda; ~ **breakfast** *n* (*frm*) banquete *m* de bodas (*desayuno*); ~ **cake** *n* tarta *f* de boda; ~ **day** *n* día *m* de la boda; ~ **present** *n* regalo *m* de boda; ~ **ring** *n* alianza *f*.

wedge [wedʒ] **1** *n* (*of wood etc*) cuña *f*; (*piece: of cheese, cake*) porción *f*; **it's the thin end of the** ~ es un paso hacia el desastre; **to drive a ~ between two people** abrir una brecha entre dos personas. **2** *vt* acuñar; **to ~ a door open** dejar abierta una puerta poniéndole una cuña; **the car was ~d between 2 lorries** el coche quedó encajado entre dos camiones.

wedge-shaped [ˈwedʒʃeɪpt] *adj* en forma de cuña.

wedlock [ˈwedlɒk] *n* matrimonio *m*; **to be born out of** ~ nacer fuera del matrimonio.

Wednesday [ˈwenzdeɪ] *n* miércoles *m*; *see* **Tuesday** *for usage*.

Wed(s). *abbr of* **Wednesday** miérc.

wee[1] [wiː] *adj* (*comp* **~r**; *superl* **~st**) (*Scot, fam*) pequeño/a, chico/a (*LAm*); **a ~ bit** un poquito, un tantito (*LAm*); **I'm a ~ bit worried** estoy un pelín preocupado.

wee[2] [wiː] **1** *n* pipí *m*. **2** *vi*: **to (have a)** ~ (*fam*) hacer pipí (*fam*).

weed [wiːd] **1** *n* mala hierba *f*. **2** *vt* (*flowerbed*) escardar, desherbar. **3** *vi* escardar, desherbar.

▸ **weed out** *vt* + *adv* (*fig*) eliminar.

weed-killer [ˈwiːdˌkɪləʳ] *n* herbicida *f*.

weedy [ˈwiːdɪ] *adj* (*comp* **-ier**; *superl* **-iest**) (*fam: person*) debilucho/a.

week [wiːk] *n* semana *f*; **Tuesday ~, a ~ on Tuesday** del martes en ocho (días); ~ **in,** ~ **out** semana tras semana; **to knock sb into the middle of next** ~ (*fam*) dar tal golpe a algn que casi le pone en órbita; **allow 4 ~s for delivery** dejar 4 semanas para entrega.

weekday [ˈwiːkdeɪ] *n* día *m* laborable.

weekend [ˈwiːkˈend] **1** *n* fin *m* de semana; **a long** ~ un puente. **2** *cpd* (*cottage, visit*) de fin de semana; ~ **case** *n* neceser *m* de fin de semana; ~ **return** *n* billete *m* redondo de fin de semana.

weekly [ˈwiːklɪ] **1** *adj* semanal. **2** *adv* semanalmente, cada semana; **£15** ~ 15 libras por semana; ~ **statement** (*Fin*) balance *m* semanal. **3** *n* (*magazine*) semanario *m*.

weep [wiːp] (*vb: pt, pp* **wept**) **1** *vt* (*tears*) llorar. **2** *vi* llorar; (*Med: wound etc*) supurar; **to ~ for sb** llorar a algn. **3** *n*: **to have a good** ~ llorar a lágrima viva.

weeping [ˈwiːpɪŋ] **1** *n* (*crying*) lágrimas *fpl*, llanto *m*. **2** *cpd*: ~ **willow** *n* sauce *m* llorón.

weepy [ˈwiːpɪ] **1** *adj* llorón/ona; (*fam: film etc*) lacrimógeno/a. **2** *n* película *f etc* lacrimógena.

weewee ['wi:wi:] (*fam*) **1** *n* pipí *m*. **2** *vi* hacer pipí.
w.e.f. *abbr of* **with effect from**; *see* **effect 1**.
weft [weft] *n* trama *f*.
weigh [weɪ] **1** *vt* (**a**) pesar. (**b**) (*fig: ponder*) sopesar, meditar; **to ~ sth in one's mind** considerar algo, detenerse a pensar sobre algo; **to ~ the pros and cons** medir el pro y el contra, medir los pros y los contras. **2** *vi* (**a**) pesar; **it ~s 4 kilos** pesa 4 kilos. (**b**) (*fig: be a worry*) **to ~ on sb** agobiar a algn; (*: be important*) **to ~ with sb** tener importancia para algn; **it ~s on her mind** le preocupa constantemente; **that didn't ~ with him** no le dio importancia.
► **weigh down** *vt + adv* sobrecargar; **to be ~ed down with sorrows** estar abrumado por el pesar.
► **weigh in** *vi + adv* (*Sport*) pesar; (*fig*) (entro-)meterse.
► **weigh out** *vt + adv* (*goods*) pesar.
► **weigh up** *vt + adv* (*alternatives*) (so)pesar; (*situation*) juzgar.
weighbridge ['weɪbrɪdʒ] *n* báscula-puente *f*.
weighing ['weɪɪŋ] *n*: **~ machine** báscula *f*.
weight [weɪt] **1** *n* (**a**) (*heaviness*) peso *m*; (*unit of measure*) pesa *f*; **~s and measures** pesas y medidas; **it is worth its ~ in gold** vale su peso en oro; **to put on/lose ~** engordar/bajar de peso; **to take the ~ off one's feet** sentarse y descansarse.
(**b**) (*metal ~*) pesa *f*; (*heavy object*) peso *m*.
(**c**) (*fig: worry*) peso *m*, carga *f*; (*: importance*) peso, autoridad *f*; **these are arguments of some ~** son argumentos de cierto peso; **that's a ~ off my mind** eso me quita un peso de encima; **they won by sheer ~ of numbers** ganaron porque eran más; **to chuck** *or* **throw one's ~ about** (*fam*) hacer sentir su influencia; **he doesn't pull his ~** no pone su debida parte.
2 *vt* cargar; **it's ~ed against you** está en tu contra.
3 *cpd*: **~ training** *n* entrenamiento *m* con pesas; **~ watcher** *n* persona *f* que quiere evitar engordar.
weightless ['weɪtlɪs] *adj* ingrávido/a.
weightlessness ['weɪtlɪsnɪs] *n* ingravidez *f*.
weightlifting ['weɪt,lɪftɪŋ] *n* levantamiento *m* de pesas.
weighty ['weɪtɪ] *adj* (*comp* **-ier**; *superl* **-iest**) (*fig*) grave.
weir [wɪə^r] *n* presa *f*.
weird [wɪəd] *adj* (*comp* **~er**; *superl* **~est**) raro/a, extraño/a.
weirdo ['wɪədəʊ] *n* (*fam*) persona *f* rara.
welch [welʃ] *vi* chivarse (*on* de).
welcome ['welkəm] **1** *adj* (*visitor, present*) bienvenido/a; **to make sb ~** dar buena acogida a algn; **you're ~** (*after thanks*) no hay de qué; **you're ~ to try** lo puede intentar cuando quiera; **it's a ~ change** es un cambio oportuno.
2 *n* bienvenida *f*; **the crowd gave him an enthusiastic ~** el público le acogió calurosamente; **what sort of a ~ will this product get?** ¿cómo será recibido este producto?
3 *interj* bienvenido (*to* a); **~ home!** ¡bienvenido a casa!
4 *vt* (*gen*) recibir; (*: with warmth*) dar la bienvenida a; (*fig: change, suggestion*) celebrar; **to ~ sb with open arms** recibir a algn con los brazos abiertos; **we ~ this step** celebramos esta medida.
welcoming ['welkəmɪŋ] *adj* acogedor(a).
weld [weld] **1** *vt* soldar. **2** *n* soldadura *f*.
welder ['weldə^r] *n* soldador *m*.
welding ['weldɪŋ] **1** *n* soldadura *f*. **2** *cpd*: **~ torch** *n* soplete *m* soldador.
welfare ['welfɛə^r] **1** *n* (**a**) (*well-being*) bienestar *m*; **child ~** la protección del niño. (**b**) (*fam: social aid etc*) asistencia *f* social. **2** *cpd* (*aid, organization, work, worker*) de asistencia social; **~ centre** *n* centro *m* de asistencia social; **~ state** *n* estado *m* de bienestar.
well- [wel] *pref* bien-.
we'll [wi:l] = **we will; we shall**.
well[1] [wel] **1** *n* (*for water*) pozo *m*, fuente *f*; (*oil ~*) pozo; (*of stairs*) hueco *m*, caja *f*; (*in auditorium*) estrado *m*. **2** *vi* (*also* **~ out, ~ up**) brotar.
well[2] [wel] (*comp* **better**; *superl* **best**) **1** *adv* (**a**) (*in a good manner*) bien; **to do ~ in an exam** sacar buena nota en un examen; **as ~ as he could** lo mejor que pudo; **to eat/live ~** comer/vivir bien; **~ done!** ¡bien hecho!
(**b**) (*favourably, advantageously*) bien; **to be ~ in with sb** llevarse bien con algn; **I** *etc* **might** *or* **may as ~** por qué no.
(**c**) (*thoroughly, considerably*) bien; **it was ~ deserved** estuvo bien merecido; **she loved him too ~** lo quiso demasiado; **to wish sb ~** desear todo lo mejor a algn; **~ and truly** de verdad, realmente; **~ over a thousand** muchos más de mil, los mil bien pasados; **all** *or* **only too ~** perfectamente; **he's ~ away** (*fam: drunk*) está borracho perdido.
(**d**) (*probably, reasonably*) **it may ~ be that ...** existe la posibilidad de que ...; **you might as ~ tell me the truth** más valdría decirme la verdad; **she cried, as ~ she might** lloró, y con razón; **you may ~ ask!** ¡buena pregunta!; **I couldn't very ~ leave** no había posibilidad de que me marchara.
(**e**) **as ~** (*in addition*) también, además; **X as ~ as Y** X igual que Y.
(**f**) (*concessive*) pues; **~, it was like this** bueno; **~ then?** ¿y qué?
2 *adj* (**a**) (*healthy*) bien, sano/a; **are you ~?** ¿qué tal estás?; **she's not been ~ lately** recientemente ha estado algo indispuesta.
(**b**) (*acceptable, satisfactory*) bien; **that's all very ~, but ...** todo eso está muy bien, pero ...; **it would be as ~ to ask** más vale *or* valdría preguntar; **it's just as ~ we asked** menos mal que preguntamos.
3 *interj* bueno.
well-appointed ['weləˈpɔɪntɪd] *adj* bien amueblado/a.
well-argued ['welˈɑ:gju:d] *adj* razonado/a.
well-balanced ['welˈbælənsd] *adj* bien equilibrado/a.
well-behaved ['welbɪˈheɪvd] *adj* bien educado/a, formal.
well-being ['wel,bi:ɪŋ] *n* bienestar *m*.
well-bred ['welˈbred] *adj* bien educado/a.
well-brought-up ['welˈbrɔ:tʌp] *adj* (*child*) educado/a.
well-built ['welˈbɪlt] *adj* (*house*) de construcción sólida; (*person*) fornido/a.
well-chosen ['welˈtʃəʊzn] *adj* (*remarks, words*) acertado/a.
well-developed ['weldɪˈveləpt] *adj* (*arm, muscle etc*) bien desarrollado/a; (*sense*) agudo/a, fino/a.
well-disposed ['weldɪsˈpəʊzd] *adj* bien dispuesto/a (*to(wards)* hacia).
well-dressed ['welˈdrest] *adj* bien vestido/a.
well-equipped ['welɪˈkwɪpt] *adj* bien equipado/a.
well-established ['welɪˈstæblɪʃt] *adj* sólidamente establecido/a; (*custom*) muy arraigado/a; (*firm*) sólido/a.
well-fed ['welˈfed] *adj* bien alimentado/a; (*in appearance*) regordete.
well-founded ['welˈfaʊndɪd] *adj* fundamentado/a.
well-heeled ['welˈhi:ld] *adj* (*fam*) ricacho/a (*fam*).
well-informed ['welɪnˈfɔ:md] *adj* enterado/a, al corriente.
wellington ['welɪŋtən] *n* (*also* **~ boot**) bota *f* de goma.
well-kept ['welˈkept] *adj* (*secret*) bien guardado/a; (*garden*) bien cuidado/a; (*house*) bien conservado/a.
well-known ['welˈnəʊn] *adj* conocido/a.
well-liked ['welˈlaɪkt] *adj* querido/a.
well-managed ['welˈmænɪdʒd] *adj* bien administrado/a.
well-mannered ['welˈmænəd] *adj* educado/a, cortés/esa.
well-matched ['welˈmætʃt] *adj* muy iguales.
well-meaning ['welˈmi:nɪŋ] *adj* bienintencionado/a.
well-nigh ['welnaɪ] *adv*: **~ impossible** casi imposible.
well-off ['welˈɒf] **1** *adj* acomodado/a, pudiente. **2** *npl*: **the ~** las clases *fpl* acomodadas.
well-paid ['welˈpeɪd] *adj* bien pagado/a.

well-preserved ['welprɪ'zɜːvd] *adj* (*person*) bien conservado/a.
well-read ['wel'red] *adj* culto/a.
well-spoken ['wel'spəʊkən] *adj* bienhablado/a.
well-stocked ['wel'stɒkt] *adj* bien surtido/a.
well-timed ['wel'taɪmd] *adj* oportuno/a.
well-to-do ['weltə'duː] *adj* acomodado/a, pudiente.
well-travelled, (*US*) **well-traveled** ['wel'trævld] *adj* (*person*) que ha viajado mucho.
well-wisher ['wel,wɪʃəʳ] *n* admirador(a) *m/f*.
well-written ['wel'rɪtn] *adj* bien escrito/a.
Welsh [welʃ] **1** *adj* galés/esa; ~ **rabbit,** ~ **rarebit** pan *m* con queso tostado. **2** *n* (*language*) galés *m*; **the** ~ (*people*) los galeses.
welsh [welʃ] *vi* = **welch.**
Welshman ['welʃmən] *n* (*pl* **-men**) galés *m*.
Welshwoman ['welʃ,wʊmən] *n* (*pl* **-women**) galesa *f*.
welt [welt] *n* (*of shoe*) vira *f*.
welterweight ['weltəweɪt] *n* wélter *m*.
wench [wentʃ] *n* (*old, hum*) moza *f*.
wend [wend] *vt*: **to ~ one's way home** (*hum*) encaminarse a casa.
went [went] *pt of* **go.**
wept [wept] *pt, pp of* **weep.**
were [wɜːʳ] *pt of* **be.**
we're [wɪəʳ] = **we are.**
weren't [wɜːnt] = **were not.**
werewolf ['wɪəwʊlf] *n* (*pl* **-wolves**) hombre *m* lobo.
west [west] **1** *n* oeste *m*, occidente *m*; **the W~** (*Pol*) el Oeste, el Occidente. **2** *adj* (*part, coast*) del oeste, occidental; (*wind*) del oeste. **3** *adv* hacia el oeste, al oeste. **4** *cpd*: **W~ German** *adj* de Alemania Occidental *n* alemán/ana *m/f* (de Alemania Occidental); **W~ Germany** *n* Alemania *f* Occidental; **W~ Indian** *adj, n* antillano/a *m/f*; **W~ Indies** *npl* Antillas *fpl*.
west-bound ['westbaʊnd] *adj* (*traffic, carriageway*) con rumbo al oeste.
westerly ['westəlɪ] **1** *adj* (*point, direction*) hacia el oeste. **2** *n* (*wind*) del oeste.
western ['westən] **1** *adj* occidental; **W~** (*Pol*) del Oeste. **2** *n* (*film*) película *f* del oeste.
westernized ['westənaɪzd] *adj* occidentalizado/a; **to become** ~ occidentalizarse.
westward ['westwəd] **1** *adj*: **in a ~ direction** hacia el oeste. **2** *adv* (*also* **~s**) hacia el oeste.
wet [wet] **1** *adj* (*comp* **~ter**; *superl* **~test**) **(a)** mojado/a; (*slightly*) húmedo/a; (*paint, varnish, ink*) fresco/a; ~ **blanket** (*fam*) aguafiestas *mf*; **in ~ clothes** con la ropa mojada *or* húmeda; **to be ~ through** *or* **to the skin** estar empapado; **to get** ~ mojarse.
(b) (*rainy*) lluvioso/a, de lluvia; **a ~ day** un día de lluvia; **it was too ~ for us to go out** llovió tanto que no pudimos salir.
(c) (*fam: person*) soso/a, bobo/a.
2 *n* **(a)** (*moisture, rain*) lluvia *f*.
(b) (*Brit Pol fam*) moderado/a *m/f*.
3 *vt* mojar, humedecer; **to ~ the bed/one's pants** *or* **o.s.** mearse en la cama/encima (*fam*).
wetsuit ['wetsuːt] *n* vestido *m* isotérmico.
wetting ['wetɪŋ] *n*: **to get a** ~ quedar empapado/a.
WEU *n abbr of* **Western European Union.**
we've [wiːv] = **we have.**
WFTU *n abbr of* **World Federation of Trade Unions** FSM *f*.
whack [wæk] *n* **(a)** (*blow*) golpe *m* fuerte. **(b)** (*fam: attempt*); **to have a ~ at sth** intentar algo. **(c)** (*fam: share*) parte *f*.
whacked [wækt] *adj* (*Brit fam*): **to be** ~ estar agotado/a.
whale [weɪl] *n* ballena *f*; **a ~ of a difference** (*fam*) una enorme diferencia; **to have a ~ of a time** (*fam*) pasarlo bomba *or* (*CSur*) regio.
whalebone ['weɪlbəʊn] *n* barba *f* de ballena.
whaler ['weɪləʳ] *n* (*person, ship*) ballenero *m*.
wharf [wɔːf] *n* (*pl* **~s** *or* **wharves** [wɔːvz]) muelle *m*, embarcadero *m*; **ex** ~ franco en el muelle.
wharfage ['wɔːfɪdʒ] *n* muellaje *m*.
what [wɒt] **1** *pron* **(a)** (*interrog*) ¿qué?; **¿~ for?** (*why*) ¿por qué?; (*to what purpose*) ¿para qué?; **¿~'s it like?** ¿cómo es?; **~ do you want now?** ¿qué quieres ahora?; **~ is it now?** ahora ¿qué?; **~ are you doing that for?** ¿por qué haces eso?; **~ about me?** y yo ¿qué?; **you know ~, I think he's drunk** creo que está borracho, ¿sabes?; **~ about next week?** ¿qué te parece la semana que viene?; **~'s that to you?** ¿eso qué tiene que ver contigo?, ¿a ti qué te importa?; **so ~ if he is gay?** y ¿nos importa que sea gay?; **that pub, ~'s its name** el bar aquél ¿cómo se llama?
(b) (*relative*) lo que; **~ I want is a cup of tea** lo que yo quiero es una taza de té; **~ with one thing and another** entre una cosa y otra; **and ~'s more** ... y además ...; **he knows ~'s ~** (*fam*) sabe cuántas son cinco; **business is not ~ it was** los negocios no son lo que eran; **to give sb ~ for** (*fam*) regañar a algn.
2 *adj* **(a)** (*interrog*) ¿qué?; **~ sort of ...?** ¿qué tipo *or* clase de ...?; **~ good would that do?** ¿para *or* de qué serviría eso?, ¿a qué vendría eso?; **~ a nuisance!** ¡qué lata!; **~ a fool I was!** ¡qué tonto fui!
(b) (*relative*) que; **~ little I had** lo poco que tenía.
3 *interj* (*disbelieving*) ¡cómo!, ¡no puede ser!; **~! you sold it!** ¿cómo? ¡lo has vendido!
what-d'you-call- ['wɒtdʒʊ,kɔːl] *pref*: **~ him/her/it** fulano *m*/fulana *f*/chisme *m*, cachivache *m*.
whatever [wɒt'evəʳ] **1** *pron* (*anything that*) lo que; (*in questions*) qué; (*no matter what*) **~ it may be** sea lo que sea; **do ~ you want** haz lo que quieras; **~ you say** (*aquiescing*) lo que quieras; **~ happens** pase lo que pase; **~ do you mean?** ¿qué quieres decir?; **or ~ they're called** o como quiera que se llamen.
2 *adj* cualquier(a); (*with negative*) en absoluto; (*in questions*) qué; **nothing** ~ nada en absoluto; **it's no use** ~ no sirve para nada; **~ book you choose** cualquier libro que elijas; **~ help will that be?** ¿para qué servirá eso?
whatsoever [,wɒtsəʊ'evəʳ] *pron, adj* = **whatever.**
wheat [wiːt] *n* trigo *m*.
wheaten ['wiːtn] *adj* de trigo.
wheatgerm ['wiːtdʒɜːm] *n* germen *m* de trigo.
wheatmeal ['wiːtmiːl] *n* harina *f* negra.
wheedle ['wiːdl] *vt*: **to ~ sb into doing sth** engatusar a algn para que haga algo; **to ~ sth out of sb** sonsacar algo a algn.
wheel [wiːl] **1** *n* (*gen*) rueda *f*; (*steering* ~) volante *m*; (*Naut*) timón *m*; **the ~ of fortune** la rueda de fortuna; **to be at** *or* **behind the** ~ estar al volante; **to take the** ~ tomar el volante. **2** *vt* (*push: bicycle, pram etc*) empujar; **we ~ed it over to the window** lo empujamos hasta la ventana. **3** *vi* (*turn*) revolotear, girar; **to ~ left** (*Mil*) dar una vuelta hacia la izquierda; **to ~ round** (*person*) girar sobre los talones. **4** *cpd*: **four-~ drive** *n* tracción *f* a las cuatro ruedas; **front-~ drive** *n* tracción *f* delantera.
wheelbarrow ['wiːl,bærəʊ] *n* carretilla *f*.
wheelbase ['wiːlbeɪs] *n* batalla *f*.
wheelchair ['wiːltʃɛəʳ] *n* silla *f* de ruedas.
wheel-clamp ['wiːlklæmp] **1** *n* cepo *m*. **2** *vt* poner cepo a.
-wheeled [wiːld] *adj suf*: **3-~** de 3 ruedas.
wheeler-dealer ['wiːlə,diːləʳ] *n* chanchullero/a *m/f*.
wheelhouse ['wiːlhaʊs] *n* timonera *f*.
wheeling ['wiːlɪŋ] *n*: **~ and dealing** chanchullos *mpl*, manejos *mpl*.
wheeze [wiːz] *vi* resollar.
whelk [welk] *n* buccino *m*.
whelp [welp] *n* cachorro *m*.
when [wen] **1** *adv* cuándo; **~ did it happen?** ¿cuándo ocurrió?; **I know ~ it happened** yo sé cuándo ocurrió; **since ~ do you like Indian food?** ¿desde cuándo te gusta la comida india?; **say ~!** ¡dime cuándo!
2 *conj* **(a)** (*at, during or after the time that*) cuando; **~ I came in** cuando entré; **~ you've read it** en cuanto lo

hayas leído; **be careful ~ you cross the road** *or* **~ crossing the road** ten cuidado al cruzar la calle; **(even) ~** (aun) cuando; **I wouldn't walk ~ I could get the bus** no iría a pie si pudiese coger el autobús.

(b) (*the time that*) cuando; **that's ~ the train arrives** eso es cuando llega el tren; **she told me about ~ she was in London** me contó lo que le pasó cuando estuvo en Londres.

(c) (*relative: on or at which*) (en) que; **during the time ~ she lived abroad** durante el tiempo que vivió en el extranjero; **the year ~ you were born** el año en que naciste.

whence [wens] *adv* (*poet: from where*) de donde; (*interrog*) ¿de dónde?

whenever [wen'evəʳ] *adv* **(a)** (*relative: at whatever time*) cuando(quiera); (*: each time*) toda *or* cada vez que, cada que *(Mex fam)*; **I go ~ I can** voy todas las veces que puedo; **~ you see one of those, stop** cuando veas uno de esos, párate; **tomorrow or ~** mañana o cuando sea; **we will help ~ possible** ayudaremos siempre cuando sea posible. **(b)** (*in questions*) cuándo; **~ did I say that?** ¿cuándo dije yo eso?

where [wɛəʳ] **1** *adv* dónde; **~ am I?** ¿dónde estoy?; **~ are you going (to)?** ¿a dónde vas?; **~ have you come from?** ¿de dónde has venido?; **~ should we be if ...?** ¿a dónde habríamos ido a parar si ...?

2 *conj* **(a)** donde; **~ possible** donde sea posible, en lo posible.

(b) (*the place or point that*) donde; **this is ~ we found it** aquí lo encontramos; **that's ~ we got to in the last lesson** hasta allí llegamos en la última clase; **from ~ I'm sitting** desde aquí; **that's just ~ you're wrong!** ¡en eso te equivocas!; **that's ~ I disagree with you** en eso no estoy de acuerdo contigo; **~ husband and wife both work, benefits are ...** en el caso de que los dos esposos trabajan, los beneficios son ....

(c) (*relative: in, on, or at which*) donde.

whereabouts ['wɛərə'baʊts] **1** *adv* dónde. **2** ['wɛərəbaʊts] *n sg or pl* paradero *m*.

whereas [wɛər'æz] *conj* (*on the other hand*) mientras; (*Jur*) considerando que.

whereby [wɛə'baɪ] *adv* por lo cual.

whereupon ['wɛərəpɒn] *adv* con *or* después de lo cual.

wherever [wɛər'evəʳ] *adv* **(a)** (*relative: at or to whatever place*) dondequiera que; (*: at or to every place*) adondequiera que; **~ you go I'll go too** vayas donde que vayas yo te acompañaré; **~ possible** donde sea posible; **~ they went they were cheered** en todos los sitios a los que fueron les recibieron con aplausos; **sit ~ you like** siéntate donde te parezca bien; **in Madrid, London, or ~** en Madrid, Londres o donde sea.

(b) (*in questions*) ¿dónde demonios *or* diablos?; **~ did he put it?** ¿dónde diablos lo habrá puesto?

wherewithal ['wɛəwɪðɔːl] *n*: **the ~ (to do sth)** el dinero *or (fam)* la pasta (para hacer algo).

whet [wet] *vt* (*tool*) afilar; (*appetite, curiosity*) estimular, despertar.

whether ['weðəʳ] *conj* si; **~ it is ... or not** sea ...o no (sea); **I am not certain ~ he'll come (or not)** no estoy seguro de que venga; **~ you like it or not** tanto si quieres como si no; **~ they come or not** vengan o no (vengan).

whew [hwjuː] *interj* ¡vaya!, ¡caramba!

whey [weɪ] *n* suero *m*.

whf *abbr of* **wharf**.

which [wɪtʃ] **1** *adj* **(a)** (*in questions etc*) qué; **I don't know ~ tie he wants** no sé qué corbata quiere; **~ way did she go?** ¿por dónde se fue? **(b)** (*relative*) ... **she said, ~ remark annoyed me** ... dijo ella, una observación que me irritó; **by ~ time** a esas alturas.

2 *pron* **(a)** (*in questions etc*) cuál; **~ do you want?** ¿cuál quieres?; **I can't tell ~ is ~** no sé cuál es cuál.

(b) (*relative: replacing noun*) que; (*: replacing clause*) lo que; (*: after preposition*) el cual, lo/la cual; **the meeting ~ we attended** la reunión a la que asistimos; **it rained hard ~ upset her** llovió mucho, lo que le disgustó; **the hotel at ~ we stayed** el hotel en el que nos hospedamos; **from ~ we deduce that** ... de lo cual deducimos que ...; **after ~ we went to bed** después de lo cual nos acostamos.

whichever [wɪtʃ'evəʳ] **1** *adj*: **~ one** (*the ... which*) el que/lo que/la que; (*no matter which*) cualquier(a); **~ way you look at it** se mire como se mire; **you can choose ~ system you want** elija el sistema que prefiere; **~ system you have there are difficulties** no importa el sistema que tengas, hay problemas. **2** *pron* (*the one which*) el/la que; (*no matter which one*) no importa cual; **~ of the methods you choose** cualquiera de los métodos que escojas.

whiff [wɪf] *n* (*sniff*) bocanada *f*; (*smell*) olorcito *m*; **to catch a ~ of sth** oler algo.

while [waɪl] **1** *n* **(a)** (*gen*) rato *m*, ratito *m*; (*time*) tiempo *m*; **after a ~** al cabo de un rato, al ratito; **for a ~** durante algún tiempo *or* un rato; **in a ~** dentro de poco, al rato *(LAm)*, ahórita *(Mex)*; **it will be a good ~ before he gets here** tardará en venir aún, todavía falta para que venga *(LAm)*; **a little ~ ago** hace poco; **in between ~s** mientras, en el entretanto *or* interino; **once in a ~** de vez en cuando; **all the ~** todo el tiempo.

(b) it is worth ~ to ask whether ... vale la pena preguntar si ...; **we'll make it worth your ~** te compensaremos generosamente.

2 *conj* **(a)** (*during the time that*) mientras; (*as long as*) mientras (que); **~ this was happening** mientras pasaba esto; **she fell asleep ~ reading** se durmió mientras leía; **it won't happen ~ I'm here** no pasará mientras yo esté aquí.

(b) (*although*) aunque; **~ I admit it is awkward** aunque reconozco que es difícil.

(c) (*whereas*) mientras, si bien; **I enjoy sport, ~ he prefers reading** a mí me gusta el deporte, mientras que él prefiere la lectura.

▸ **while away** *vt + adv* (*time, hours*) pasar el tiempo *or* el rato.

whilst [waɪlst] *conj* = **while 2**.

whim [wɪm] *n* capricho *m*, antojo *m*; **a passing ~** un antojo; **as the ~ takes me** según se me antoja.

whimper ['wɪmpəʳ] **1** *n* quejido *m*. **2** *vi* quejarse.

whimsical ['wɪmzɪkəl] *adj* caprichoso/a.

whine [waɪn] **1** *n* (*of dog*) gemido *m*; (*of child*) lloriqueo *m*; (*of engine, bullet*) zumbido *m*. **2** *vi* (*see n*) gemir; gimotear, lloriquear; zumbar; (*fig fam: complain*) quejarse; **don't come whining to me about it** no vengas a quejarte *or* lloriquearte a mí.

whinny ['wɪnɪ] **1** *n* relincho *m*. **2** *vi* relinchar.

whip [wɪp] **1** *n* **(a)** látigo *m*, fuete *m (LAm)*, rebenque *m (LAm)*, chicote *m (LAm)*.

(b) (*Parl: person*) encargado/a *m/f* de la disciplina del partido en el parlamento; **a three-line ~** órdenes *fpl* máximas.

2 *vt* **(a)** (*horse, person: with stick*) azotar; (*Culin: cream etc*) batir.

(b) (*fam: move quickly*) **he ~ped the book off the table/away from me** arrebató el libro de la mesa/me arrebató el libro; **they ~ped her into hospital** le llevaron al hospital a toda prisa.

3 *vi*: **the car ~ped round the corner** el coche dobló la esquina a toda velocidad; **she ~ped round when she heard me** giró *or* se dio de repente al oírme.

4 *cpd*: **~ hand** *n*: **to have the ~ hand (over sb)** llevar ventaja (a algn).

▸ **whip round** *vi + adv* **(a)** (*turn*) volverse de repente. **(b) to ~ round for sb** (*fam*) hacer una colecta para algn.

▸ **whip up** *vt + adv* (*fam: meal*) preparar rápidamente; (*: stir up: support, feeling*) avivar.

whipcord ['wɪpkɔːd] *n* tralla *f*.

whiplash ['wɪplæʃ] *n* tralla *f*; (*Med: also* **~ injury**) latigazo *m*.

whipped [wɪpt] *adj* (*cream etc*) batido/a.

whippersnapper ['wɪpə,snæpəʳ] *n* (*also* **young** ~) mequetrefe *m*.

whippet ['wɪpɪt] *n* perro *m* lebrel.

whipping ['wɪpɪŋ] **1** *n* tunda *f*, paliza *f*, zurra *f*. **2** *cpd*: ~ **boy** *n* cabeza *f* de turco; ~ **cream** *n* nata *f* para batir.

whip-round ['wɪpraʊnd] *n* (*fam*) colecta *f*.

whirl [wɜːl] **1** *n* (*spin*) giro *m*, vuelta *f*; (*of dust, water etc*) remolino *m*; (*of cream*) rizo *m*; **my head is in a** ~ la cabeza me está dando vueltas; **the social** ~ la actividad social; **let's give it a** ~ (*fam*) ¡nada se pierde con intentar!

2 *vt* (*also* ~ **round**) hacer girar, dar vueltas a; (*fig: transport*) transportar; **he ~ed us off to the theatre** nos llevó volando al teatro.

3 *vi* (*also* ~ **round**: *wheel, merry-go-round*) girar; (*: leaves, dust, water*) arremolinarse; (*fig: move quickly*) moverse rápidamente *or* a toda velocidad; **the dancers ~ed past** los bailarines pasaron girando vertiginosamente; **my head was ~ing** me daba vueltas la cabeza.

whirlpool ['wɜːlpuːl] *n* remolino *m*.

whirlwind ['wɜːlwɪnd] **1** *n* torbellino *m*. **2** *cpd* (*romance etc*) de torbellino; **they took us on a** ~ **tour** nos llevaron en una gira relámpago.

whirr [wɜːʳ] **1** *n* (*of insect wings*) zumbido *m*; (*of machine*) zumbido, runrún *m*. **2** *vi* (*insect wings*) zumbar; (*machine*) zumbar, runrunear.

whisk [wɪsk] **1** *n* (*fly* ~) mosqueador *m*; (*Culin: hand* ~) batidor *m*; (*: electric* ~) batidora *f*. **2** *vt* (*Culin*) batir; (*fam: move quickly*); **the horse ~ed the flies away with its tail** el caballo ahuyentó las moscas con la cola; **the waiter ~ed the dishes away** el camarero se llevó los platos en seguida; **they ~ed him off to a meeting** se lo llevaron volando a una reunión.

whisker ['wɪskəʳ] *n* bigote *m*; **~s** (*side ~s*) patillas *fpl*; (*beard*) barba *fsg*; (*moustache*) bigotes.

whisky, (*US, Ireland*) **whiskey** ['wɪskɪ] *n* whisky *m*.

whisper ['wɪspəʳ] **1** *n* cuchicheo *m*; (*of leaves*) susurro *m*; **to speak in a** ~ hablar en voz baja. **2** *vt* decir en voz muy baja; **to ~ sth to sb** decir *or* susurrar algo al oído de algn. **3** *vi* cuchichear, susurrar, hablar muy bajo; (*leaves*) susurrar; **to** ~ **to sb** cuchichear a algn; **stop ~ing!** ¡silencio!

whispering ['wɪspərɪŋ] **1** *n* cuchicheo *m*; (*of leaves*) susurro *m*. **2** *cpd*: ~ **gallery** *n* galería *f* de los murmullos.

whist [wɪst] **1** *n* whist *m*. **2** *cpd*: ~ **drive** *n* certamen *m* de whist.

whistle ['wɪsl] **1** *n* (*sound*) silbido *m*, chiflido *m* (*esp LAm*); (*instrument*) silbato *m*, pito *m*; **the referee blew his** ~ el árbitro silbó. **2** *vt*: **to** ~ **a tune** silbar una melodía. **3** *vi* silbar, chiflar (*esp LAm*); (*Sport etc*) pitar, silbar; **he ~d for a taxi** llamó un taxi con un silbido; **the referee ~d for a foul** el árbitro pitó para señalar una falta; **the bullet ~d past my ear** la bala pasó silbando muy cerca de mi oreja; **he can** ~ **for it** (*fam*) lo pedirá en vano.

whistle-stop ['wɪslstɒp] **1** *n* (*US: station*) apeadero *m*. **2** *cpd*: ~ **tour** *n* (*US Pol*) gira *f* electoral rápida; (*fig*) recorrido *m* rápido.

Whit [wɪt] **1** *n* Pentecostés *m*. **2** *cpd* (*holiday, weekend*) de Pentecostés; ~ **Sunday/Monday** *n* día *m*/lunes *m* de Pentecostés.

whit [wɪt] *n*: **not a** ~ ni un ápice.

white [waɪt] **1** *adj* (*gen*) blanco/a; (*with fear*) pálido/a; **a** ~ **man/woman** un(a) blanco/a; **to be as** ~ **as a sheet** estar blanco como el papel; **to go** ~, **to turn** ~ (*thing*) blanquear; (*person*) palidecer.

2 *n* (*colour, of eye*) blanco *m*; (*person*) blanco/a *m/f*; (*of egg*) clara *f*, blanquillo *m* (*LAm*); **tennis ~s** ropa *f* de tenis.

3 *cpd*: ~ **blood-cell** *n* célula *f* sanguínea blanca; ~ **bread** *n* pan *m* blanco; **a** ~ **Christmas** *n* una Navidad con nieve; ~ **coffee** *n* café *m* con leche *or* cortado; ~ **elephant** *n* (*fam: object*) maula *f*; ~ **goods** *npl* (*appliances*) electrodomésticos *mpl*; (*linen*) lencería *f*, ropa *f* blanca; ~ **horse** *n* (*on wave*) cabrilla *f*; **the W~ House** *n* la Casa Blanca; **W~ Knight** *n* (*Comm*) salvador(a) *m/f* de una empresa con problemas; ~ **lie** *n* mentirilla *f*; ~ **meat** *n* carne *f* de cerdo (*pollo, ternera*); ~ **paper** *n* (*Pol*) libro *m* blanco; ~ **pepper** *n* pimienta *f* blanca; ~ **sauce** *n* salsa *f* blanca *or* bechamel; ~ **spirit** *n* aguarrás *m*; ~ **tie** *n* (*tie*) corbatín *m* blanco; (*evening dress*) frac *m*; ~ **wedding** *n*: **to have a** ~ **wedding** casarse de blanco; ~ **wine** *n* vino *m* blanco.

whitebait ['waɪtbeɪt] *n* morralla *f*, pescadito *m* frito.

white-collar ['waɪt,kɒləʳ] *adj*: ~ **worker** oficinista *mf*.

white-haired ['waɪt'hɛəd] *adj* canoso/a, con canas, de pelo cano.

Whitehall [,waɪt'hɔːl] *n calle de Londres en la cual hay muchos ministerios*; (*fig*) el gobierno de Gran Bretaña.

white-hot ['waɪt'hɒt] *adj* (*metal*) calentado/a al blanco.

whitener ['waɪtnəʳ] *n* blanqueador *m*.

whiteness ['waɪtnɪs] *n* blancura *f*.

whitening ['waɪtnɪŋ] *n* (*substance*) tiza *f*, blanco *m* para zapatos.

whitewash ['waɪtwɒʃ] **1** *n* cal *f*, jalbegue *m*. **2** *vt* enjalbegar; (*fig*) encubrir.

whither ['wɪðəʳ] *adv* (*poet*) ¿adónde?

whiting ['waɪtɪŋ] *n* (*fish*) pescadilla *f*.

whitish ['waɪtɪʃ] *adj* blanquecino/a, blancuzco/a.

whitlow ['wɪtləʊ] *n* panadizo *m*.

Whitsun ['wɪtsn] *n* Pentecostés *m*.

whittle ['wɪtl] *vt* (*wood, shape*) tallar (con cuchillo).

▸ **whittle away, whittle down** *vt + adv* (*fig*) ir reduciendo, minar.

whiz(z) [wɪz] **1** *vi* ir como flecha; **cars were ~ing past** los coches pasaban a gran velocidad. **2** *cpd*: ~ **kid** *n* (*fam*) prodigio *m*.

WHO *n abbr of* **World Health Organization** OMS *f*.

who [huː] *pron* (**a**) (*in questions etc*) quién; ~ **is it?** ¿quién es?; **I know** ~ **it was** (yo) sé quién fue; ~ **are you looking for?** ¿a quién buscas?; ~ **does she think she is?** (*fam*) ¿quién se cree que es?; **you'll soon find out ~'s** ~ pronto sabrás quién es quién; ~ **should it be but Neil!** ¿a que no sabes quién era? ¡Neil!, ¡no era otro que Neil! (**b**) (*relative*) que; **my cousin** ~ **lives in New York** mi primo que vive en Nueva York; **those** ~ **can swim** los que saben nadar.

who'd [huːd] = **who would; who had.**

whodun(n)it [huː'dʌnɪt] *n* (*fam*) novela *f* policíaca.

whoever [huː'evəʳ] *pron* (**a**) (*the person that, anyone that*) quienquiera que; ~ **said that is an idiot** quien haya dicho eso es un imbécil; **it won't be easy,** ~ **does it** no será fácil, no importa quién lo haga. (**b**) (*in questions*) quién; ~ **told you that?** ¿quién te dijo eso?

whole [həʊl] **1** *adj* (**a**) (*entire*) entero/a, todo/a; (*in one piece*) íntegro/a; **the** ~ **world** el mundo entero; ~ **milk** leche *f* sin desnatar; ~ **note** (*US Mus*) nota *f* completa; **she swallowed it** ~ se lo tragó entero; **is that the** ~ **truth?** ¿es toda la verdad?; **but the** ~ **purpose was to** ... pero si la idea era precisamente ....

(**b**) (*intact, unbroken*) sano/a, intacto/a; (*unhurt*) ileso/a.

2 *n* todo *m*, conjunto *m*; **as a** ~ en su conjunto; **on the** ~ en general; **nearly the** ~ **of our production** casi toda nuestra producción.

wholefood(s) ['həʊlfuːd(z)] **1** *n* comida *f* naturista, alimentos *mpl* integrales. **2** *cpd*: ~ **restaurant** restaurante *m* naturista.

wholehearted ['həʊl'hɑːtɪd] *adj* sincero/a, de todo corazón.

wholemeal ['həʊlmiːl] *adj*: ~ **bread** pan *m* integral; ~ **flour** harina *f* integral.

wholesale ['həʊlseɪl] **1** *adj* (*prices, trade*) al por mayor;

(*fig: on a large scale*) en masa; (*: indiscriminate*) general, total. **2** *adv* al por mayor; **to buy ~** comprar al por mayor. **3** *n* venta *f* al por mayor, mayoreo *m (Mex)*.
wholesaler ['həʊl,seɪlə^r] *n* mayorista *mf*.
wholesome ['həʊlsəm] *adj* sano/a, saludable.
whole-wheat ['həʊlwi:t] *adj* (*esp US*) de trigo integral.
who'll [hu:l] = **who will.**
wholly ['həʊlɪ] *adv* totalmente; **not ~ successful** no todo un éxito, no un éxito completo.
whom [hu:m] *pron* **(a)** (*in questions etc*) a quién; **~ did you see?** ¿a quién viste?; **from ~ did you receive it?** ¿de quién lo recibiste? **(b)** (*relative*) que, a quien; **the lady with ~ I was talking** la señora con quien *or* a que hablaba; **three policemen, none of ~ wore a helmet** tres policías, ninguno de los cuales llevaba casco.
whoop [hu:p] **1** *n* alarido *m*, grito *m*. **2** *vi* dar alaridos, gritar; (*when coughing*) toser.
whoopee [wʊ'pi:] **1** *interj* ¡estupendo! **2** *n*: **to make ~** (*fam*) divertirse una barbaridad *(fam)*.
whooping cough ['hu:pɪŋ,kɒf] *n* tos *f* ferina.
whoosh [wʊ(:)ʃ] *n* susurro *m*; **it came out with a ~** salió como una exhalación.
whopper ['wɒpə^r] *n* (*fam: big thing*) monstruo *m*; (*: lie*) bola *f*.
whopping ['wɒpɪŋ] *adj* (*fam: also* **~ great**) enorme.
whore ['hɔ:^r] *n* (*pej*) puta *f*.
whorehouse ['hɔ:haʊs] *n* (*pl* **-houses** [haʊzɪz]) (*US*) casa *f* de putas.
whorl [wɜ:l] *n* (*of shell*) espira *f*, (*of fingerprint*) espiral *m*.
who's [hu:z] = **who is; who has.**
whose [hu:z] *pron* **(a)** (*in questions etc*) de quién; **~ is this?** ¿de quién es esto?; **~ car did you go in?** ¿en qué coche fuiste?; **~ fault was it?** ¿quién tuvo la culpa? **(b)** (*relative*) cuyo/a; **those ~ passports I have** aquellas personas cuyos pasaportes tengo *or* de las que tengo pasaportes.
who've [hu:v] = **who have.**
whse *abbr of* **warehouse.**
why [waɪ] **1** *adv* ¿por qué?; **~ not?** ¿por qué no?; **~ on earth didn't you tell me?** ¿por qué demonios no me lo dijiste?; **that's ~ I couldn't come** por eso no pude venir. **2** *interj* ¡toma!, ¡mira!, ¡anda!; **~, it's you!** ¡anda, eres tú! **3** *n*: **the ~s and (the) wherefores** el por qué.
WI *abbr* **(a)** *of* **West Indies. (b)** (*Brit*) *of* **Women's Institute** ≈ IM *m*. **(c)** (*US Post*) *of* **Wisconsin.**
wick [wɪk] *n* mecha *f*; **he gets on my ~** (*fam*) me hace subir por las paredes *(fam)*.
wicked ['wɪkɪd] *adj* malvado/a, cruel; (*fam: price etc*) insoportable, imperdonable; **that was a ~ thing to do** eso no se perdona; **a ~ sense of humour** un sentido del humor socarrón.
wickedness ['wɪkɪdnɪs] *n* maldad *f*, crueldad *f*.
wicker ['wɪkə^r] *adj* de mimbre.
wickerwork ['wɪkəwɜ:k] *n* artículos *mpl* de mimbre.
wicket ['wɪkɪt] **1** *n* (*Cricket: stumps*) palos *mpl*; (*: fallen ~*) entrada *f*, turno *m*; **to be on a sticky ~** estar en una situación difícil. **2** *cpd*: **~ keeper** *n* guardameta *m*.
wide [waɪd] **1** *adj* (*gen*) ancho/a, amplio/a; (*fig: considerable*) grande; **it is 3 metres ~** tiene 3 metros de ancho; **his ~ knowledge of the subject** sus amplios conocimientos del tema; **the whole ~ world** el mundo entero. **2** *adv* **(a) set ~ apart** muy lejos algn del otro; **to be ~ open** (*door etc*) estar abierto de par en par; **to be ~ open to criticism/attack** estar expuesto a la crítica/al ataque. **(b)** (*shoot, aim*) **~ (of)** fuera (de).
wide-angle ['waɪd,æŋgl] *adj* (*lens etc*) gran angular.
wide-awake ['waɪdə'weɪk] *adj* (*lit*) completamente *or* bien despierto/a; (*fig*) despabilado/a.
wide-bodied ['waɪd'bɒdɪd] *adj* (*Aer*) de fuselaje ancho.
wide-eyed ['waɪd'aɪd] *adj* con los ojos muy abiertos, con los ojos como platos *(fam)*.
widely ['waɪdlɪ] *adv* (*travel, read etc*) ampliamente; (*differing*) muy, mucho; (*popularly, by many people*) generalmente, comúnmente; **a ~ known author** un autor generalmente conocido; **it is ~ believed that ...** generalmente se cree que ....
widen ['waɪdn] **1** *vt* ensanchar; (*fig: knowledge, circle of friends*) extender, ampliar. **2** *vi* (*also* **~ out**) ensancharse.
wide-ranging ['waɪd,reɪndʒɪŋ] *adj* (*survey, report*) de gran alcance; (*interests*) muy diversos.
widespread ['waɪdspred] *adj* extendido/a, general, generalizado/a; **there is ~ fear that ...** muchos temen que ....
widow ['wɪdəʊ] **1** *n* viuda *f*; **~'s pension** viudedad *f*; **to be left a ~** quedar viuda, enviudar. **2** *vt*: **she has been ~ed for 5 years** enviudó hace 5 años.
widowed ['wɪdəʊd] *adj* viudo/a.
widower ['wɪdəʊə^r] *n* viudo *m*.
width [wɪdθ] *n* anchura *f*, amplitud *f*; **to swim a ~** hacer un ancho (de la piscina).
widthways ['wɪdθweɪz] *adv* a lo ancho.
wield [wi:ld] *vt* (*sword, axe*) manejar; (*power, influence*) ejercer.
wife [waɪf] *n* (*pl* **wives**) mujer *f*, esposa *f*; **the ~** (*fam*) la parienta, la jefa.
wifely ['waɪflɪ] *adj* de esposa.
wig [wɪg] *n* peluca *f*.
wiggle ['wɪgl] **1** *n* meneo *m*. **2** *vt* menear. **3** *vi* menearse.
wiggly ['wɪglɪ] *adj* (*line*) ondulado/a.
wigwam ['wɪgwæm] *n* tipi *m*, tienda *f* india.
wild [waɪld] **1** *adj* **(a)** (*not domesticated: animal*) salvaje; (*: fierce*) feroz; (*plant*) silvestre; (*countryside*) salvaje; (*: uncultivated*) no cultivado/a; **to grow ~** crecer en estado silvestre.
(b) (*rough: wind, weather*) furioso/a, violento/a; (*: sea*) bravo/a; **it was a ~ night** fue una noche de tormenta.
(c) (*unrestrained, disorderly: child*) alborotado/a, descontrolado/a; (*hair, appearance*) desordenado/a, revuelto/a; **to lead a ~ life** llevar una vida desenfrenada; **they were ~ times** fue un período turbulento; **to run ~** (*children*) descontrolarse, desmandarse; **that dog is running ~** ese perro está sin controlar.
(d) (*fam: angry*) furioso/a; (*: ecstatic*) loco/a, desatinado/a; **to be ~ with joy** estar loco de alegría; **it makes me ~** me saca de quicio, me da rabia; **to be ~ about sb/sth** andar loco por algn/algo; **I'm not exactly ~ about it** (*fam*) la idea no me llena de entusiasmo que digamos.
(e) (*rash, extravagant*) extravagante, fantástico/a; (*erratic: shot, guess*) al azar; **it's a ~ exaggeration** es una enorme exageración; **to make a ~ guess** hacer una conjectura extravagante; **you've let your imagination run ~** te has dejado llevar por la imaginación.
2 *n*: **the ~** la naturaleza; **to live out in the ~s** (*hum*) vivir en lugar remoto, vivir en el quinto pino *(fam, hum)*; **when do they breed in the ~?** ¿cuándo se reproducen en estado natural?
3 *cpd*: **~ card** *n* (*Comput*) comodín *m*; **~ goose chase** *n* búsqueda *f* inútil; **~ oats** *npl*: **to sow one's ~ oats** tener muchos amoríos, correr lo suyo; **W~ West** *n* el oeste americano.
wildcat ['waɪld'kæt] **1** *n* gato *m* montés. **2** *cpd*: **~ strike** *n* huelga *f* no legalizada.
wilderness ['wɪldənɪs] *n* desierto *m*, monte *m*.
wildfire ['waɪld,faɪə^r] *n*: **to spread like ~** correr como un reguero de pólvora.
wildlife ['waɪldlaɪf] **1** *n* fauna *f*. **2** *cpd* (*sanctuary, reserve*) de fauna; **~ trust** *n* asociación *f* protectora de la naturaleza.
wildly ['waɪldlɪ] *adv* (*look*) con cara de loco *or* espanto; (*gesture, hit out, throw: violently*) furiosamente, violentamente; (*: aimlessly*) sin ton ni son; (*promise, exaggerate, guess, fluctuate*) de manera extravagante; (*applaud, cheer*) frenéticamente; **~ happy/enthusiastic**

loco de felicidad/entusiasmo; **her heart was beating** ~ su corazón latía incontroladamente; **the children ran about** ~ los niños estaban descontrolados *or* desmadrados.

wildness ['waɪldnɪs] *n* (*of animal, country*) estado *m* salvaje; (*of plant*) estado silvestre; (*of weather*) furor *m*, furia *f*; (*of sea*) bravura *f*; (*of person*) desenfreno *m*; (*of appearance*) desorden *m*; (*extravagance*) extravagancia *f*; (*of shot*) lo errático.

wiles [waɪlz] *npl* artimañas *fpl*, ardides *mpl*.

wilful, (*US*) **willful** ['wɪlfʊl] *adj* (*obstinate*) testarudo/a, porfiado/a; (*deliberate*) deliberado/a, premeditado/a.

wilfully, (*US*) **willfully** ['wɪlfəlɪ] *adv* (*obstinately*) voluntariosamente, tercamente; (*intentionally*) a propósito, adrede.

will[1] [wɪl] (*pt* **would**) **1** *modal aux vb* (**a**) (*forming future tense*) **I** ~ **finish it tomorrow** lo terminaré mañana; **I** ~ **have finished it by tomorrow** lo habré terminado para mañana; **you won't lose it,** ~ **you?** no lo vayas a perder, no lo perderás ¿verdad?; **no, I won't** no, no quiero *or* de ninguna manera.

(**b**) (*in conjectures*) **he** ~ *or* **he'll be there by now** ya debe de haber llegado *or* ya habrá llegado; **she'll be about 50** tendrá como 50 años.

(**c**) (*in commands, insistence*) **I won't go — oh yes you** ~ no voy — ¿cómo que no?; **wait a moment,** ~ **you?** (*in requests, offers*) espera un momento, ¿quieres?; ~ **you sit down?** (*politely*) ¿quiere Ud sentarse?, tome Ud asiento; (*angrily*) ¡siéntate!; **won't you come with us?** ¿no quieres venir con nosotros?; **I** ~ **not** *or* **won't put up with it!** ¡no lo voy a consentir!

(**d**) (*expressing habits, persistence*) soler; (*expressing capability*) **the car won't start** el coche no arranca; **the car** ~ **cruise at 100 mph** el coche alcanzará 100 por hora; **accidents** ~ **happen** son cosas que pasan.

2 *vi* (*wish*) querer; **(just) as you** ~! ¡como quieras!; **say what you** ~ di lo que quieras.

will[2] [wɪl] **1** *n* (**a**) voluntad *f*; **to have a** ~ **of one's own** tener voluntad propia; **to do sth of one's own free** ~ hacer algo por voluntad propia *or* de su libre albedrío; **the** ~ **to win/live** el deseo de ganar/vivir; **against sb's** ~ contra la voluntad de algn; **at** ~ a voluntad; **to work with a** ~ trabajar con ahinco; **with the best** ~ **in the world** por mucho que se quiera; **where there's a** ~ **there's a way** querer es poder; *see* **goodwill; ill 1 (b)**.

(**b**) (*testament*) testamento *m*; **to make a** ~ hacer testamento.

2 *vt* (**a**) (*urge on by willpower*) lograr a fuerza de voluntad; **he ~ed himself to stay awake** consiguió quedarse despierto por fuerza de voluntad; **I was ~ing you to win** estaba deseando que ganaras.

(**b**) (*leave in one's* ~) **to** ~ **sth to sb** legar algo a algn, dejar algo (en herencia) a algn.

willies ['wɪlɪz] *n*: **it gives me the** ~ (*fam*) me da horror.

willing ['wɪlɪŋ] *adj* (**a**) (*helpful*) complaciente; **a** ~ **boy** un chico bien dispuesto; **there were plenty of** ~ **hands** no faltaba quién nos ayudara. (**b**) **to be** ~ querer, estar dispuesto; **to be** ~ **to do sth** estar dispuesto a hacer algo; **...**, **God** ~ ..., si Dios quiere; **to show** ~ mostrarse dispuesto.

willingly ['wɪlɪŋlɪ] *adv* (*gen*) de buena gana; **will you help us? —** ~! ¿nos ayudas? — ¡con mucho gusto! *or* (*LAm*) ¡cómo no!

willingness ['wɪlɪŋnɪs] *n* buena voluntad *f or* gana *f*.

will-o'-the-wisp ['wɪləðə'wɪsp] *n* (*lit*) fuego *m* fatuo; (*fig*) quimera *f*.

willow ['wɪləʊ] **1** *n* (*also* ~ **tree**) sauce *m*. **2** *cpd*: ~ **pattern** *n* dibujos *mpl* de aspecto chinesco para la cerámica.

willowy ['wɪləʊɪ] *adj* esbelto/a.

willpower ['wɪlpaʊə'] *n* fuerza *f* de voluntad.

willy ['wɪlɪ] *n* (*fam*) colita *f* (*fam*).

willy-nilly ['wɪlɪ'nɪlɪ] *adv* quiérase o no, guste o no guste.

wilt [wɪlt] *vi* (*flower*) marchitarse; (*fig*) debilitarse.

Wilts [wɪlts] *abbr* (*Brit*) *of* **Wiltshire.**

wily ['waɪlɪ] *adj* (*comp* **-ier**; *superl* **-iest**) astuto/a, taimado/a.

WIMP [wɪmp] *n abbr* (*Comput*) *of* **windows, icons, menu** *or* **mice, pointers.**

wimp [wɪmp] (*fam*) *n* (*physically*) enclenque *m*; (*character*) parado *m*, cortado *m*; **what a** ~! ¡qué parao! (*fam*).

▸ **wimp out** *vi* + *adv* (*fam*) rajarse (*fam*).

wimpish ['wɪmpɪʃ] (*fam*) *adj* (*see n*) enclenque; parado, cortado.

win [wɪn] (*vb: pt, pp* **won**) **1** *n* victoria *f*, triunfo *m*; **their fifth** ~ **in a row** su quinta victoria consecutiva; **to back a horse for a** ~ apostar dinero a un caballo para el primer puesto.

2 *vt* (*race, cup, prize etc*) ganar; (*victory*) lograr; (*sympathy, support, friendship, admirers*) ganarse; (*contract*) lograr, conseguir; **to** ~ **sb's favour/heart** ganar el favor de/enamorar a algn; **it won him first prize** le valió el primer premio.

3 *vi* ganar, tener éxito; **OK, you** ~ (*fam*) bueno, te doy la razón; **if you're up against the minister you can't** ~ si tienes el ministro en contra no hay manera de salir ganando.

▸ **win back** *vt* + *adv* (*prize etc*) volver a ganar; (*girlfriend etc*) reconquistar.

▸ **win out, win through** *vi* + *adv* triunfar.

▸ **win over, win round** *vt* + *adv* ganarse, convencer.

wince [wɪns] **1** *n* mueca *f* de dolor. **2** *vi* encogerse.

winch [wɪntʃ] **1** *n* torno *m*. **2** *vt* levantar con un torno.

wind[1] [wɪnd] **1** *n* (**a**) viento *m*; **into** *or* **against the** ~ contra el viento; **it's an ill** ~ **that blows nobody any good** no hay mal que por bien no venga; **there's something in the** ~ algo se está cociendo; **to get** ~ **of sth** enterarse de algo; **to get/have the** ~ **up** (*fam*) preocuparse/estar preocupado; **to put the** ~ **up sb** (*Brit fam*) meter a algn el ombligo para dentro; **to take the** ~ **out of sb's sails** cortar las alas a algn.

(**b**) (*Med*) gases *mpl*; (*: baby*) flato *m*; **to break** ~ (*fart*) ventosear; (*belch*) eructar; **to bring up** ~ (*baby*) eructar.

(**c**) (*breath*) aliento *m*; **to be short of** ~ estar sin aliento.

(**d**) (*Mus*) **the** ~**(s)** los instrumentos *mpl* de viento.

2 *vt* (*pt, pp* **~ed**): **to** ~ **sb** (*with punch etc*) dejar a algn sin aliento; **to** ~ **a baby** hacer eructar a un niño.

3 *cpd*: ~ **farm** *n* parque *m* eólico; ~ **instrument** *n* instrumento *m* de viento.

wind[2] [waɪnd] (*pt, pp* **wound** [waʊnd]) **1** *vt* (**a**) (*roll, coil*) enrollar, envolver. (**b**) (*clock, watch, toy*) dar cuerda a; (*key, handle*) dar vueltas a. **2** *vi* (*also* ~ **one's way**) serpentear; **the car wound slowly up the hill** el coche subió lentamente la colina culebreando.

▸ **wind back** *vt* + *adv* (*tape etc*) girar hacia atrás.

▸ **wind down** *vt* + *adv* (*car window*) bajar; (*fig: production, business*) disminuir, bajar.

▸ **wind forward** *vt* + *adv* (*tape etc*) girar hacia adelante.

▸ **wind in** *vt* + *adv* (*fishing line etc*) enrollar.

▸ **wind on 1** *vt* + *adv* (*film*) enrollar. **2** *vi* + *adv* (*film*) enrollarse.

▸ **wind up 1** *vt* + *adv* (*car window*) subir; (*clock, toy*) dar cuerda a; (*close: meeting, debate*) cerrar, dar por terminado; (*: company*) liquidar; **to** ~ **sb up** (*fig fam*) provocar a algn. **2** *vi* + *adv* (*meeting, debate*) concluir, cerrar; (*fam: end up*) acabar; **we wound up in Rome** fuimos a parar en Roma.

windbag ['wɪndbæg] *n* (*fam: person*) hablador(a) *m/f*.

windbreak ['wɪndbreɪk] *n* abrigada *f*.

windcheater ['wɪnd'tʃi:tə'] *n* cazadora *f*.

windchill ['wɪndtʃɪl] *cpd*: **the** ~ **factor** el efecto enfriador del viento.

winder ['waɪndə'] *n* (*on watch etc*) cuerda *f*.

windfall ['wɪndfɔ:l] *n* (*apple etc*) fruta *f* caída; (*fig*) golpe *m* de suerte.

windgauge ['wɪndgeɪdʒ] *n* anemómetro *m*.

winding ['waɪndɪŋ] *adj* (*road, path*) tortuoso/a; ~ **staircase** escalera *f* de caracol.

winding-up ['waɪndɪŋ'ʌp] *n* conclusión *f*; (*Comm*) liquidación *f*.

windlass ['wɪndləs] *n* torno *m*.

windless ['wɪndlɪs] *adj* sin viento.

windmill ['wɪndmɪl] *n* molino *m* de viento.

window ['wɪndəʊ] **1** *n* (*gen*) ventana *f*; (*shop* ~) escaparate *m*, vitrina *f (LAm)*, vidriera *f (CSur)*; (*of booking office, car, envelope etc*) ventanilla *f*; **to lean out of the** ~ asomarse a la ventana; **to look out of the** ~ mirar por la ventana.

2 *cpd*: ~ **box** *n* jardinera *f* de ventana; ~ **cleaner** *n* limpiacristales *m inv*; ~ **display** *n* escaparate *m*; ~ **dressing** *n*: **it's all just** ~ **dressing** (*fig*) es pura fachada *or* pantalla; ~ **envelope** *n* sobre *m* de ventanilla; ~ **ledge** *n* antepecho *m*; ~ **pane** *n* cristal *m*, vidrio *m (LAm)*; ~ **seat** *n* asiento *m* junto a la ventana.

window-shopping ['wɪndəʊˌʃɒpɪŋ] *n* mirar los escaparates.

windowsill ['wɪndəʊsɪl] *n* antepecho *m*.

windpipe ['wɪndpaɪp] *n* tráquea *f*.

wind-powered ['wɪndˌpaʊəd] *adj* impulsado/a por el viento.

windproof ['wɪndpruːf] *adj* a prueba de viento.

windscreen ['wɪndskriːn], (*US*) **windshield** ['wɪndʃiːld] **1** *n* parabrisas *m inv*. **2** *cpd*: ~ **wiper** *n* limpiaparabrisas *m inv*.

windsock ['wɪndsɒk] *n* (*Aer*) manga *f*.

windsurf ['wɪndsɜːf] *vi* practicar el windsurf.

windsurfing ['wɪndsɜːfɪŋ] *n* windsurf *m*; **to go** ~ hacer windsurf.

windswept ['wɪndswept] *adj* (*place*) azotado/a por el viento; (*look*) con el pelo revuelto.

wind-up ['waɪndʌp] *n* (*fam: joke*) tomadura *f* de pelo *(fam)*.

Windward Isles ['wɪndwədˌaɪlz] *n* Islas *fpl* de Barlovento.

windy ['wɪndɪ] *adj* (*comp* **-ier**; *superl* **-iest**) **(a)** (*day*) de mucho viento, ventoso/a; (*place*) expuesto/a al viento. **(b)** (*fam: afraid, nervous*) miedoso/a *or* temeroso/a (*about* por).

wine [waɪn] **1** *n* vino *m*; **red/white/rosé** ~ vino tinto/blanco/rosado. **2** *vt*: **to** ~ **and dine sb** agasajar a algn. **3** *cpd* de vino; ~ **bar** *n* bar *m* especializado en servir vinos; ~ **cellar** *n* bodega *f*; ~ **grower** *n* viñador(a) *m/f*; ~ **list** *n* lista *f* de vinos; ~ **taster** *n* catador(a) *m/f* de vinos; ~ **tasting** *n* cata *f* de vinos; ~ **vinegar** *n* vinagre *m* de vino; ~ **waiter** *n* escanciador *m*.

wineglass ['waɪnglɑːs] *n* copa *f* (para vino).

wing [wɪŋ] **1** *n* **(a)** (*gen*) ala *f*; (*of chair*) orejera *f*; (*Sport, position*) extremo *m*, ala; (*Brit Aut*) aleta *f*; **the left** ~ **of the party** el ala izquierda del partido; **to stretch** *or* **spread one's** ~**s** (*fig*) empezar a volar; **to take sb under one's** ~ dar amparo a algn, tomar a algn bajo su protección. **(b)** ~**s** (*Theat*) bastidores *mpl*; **to be waiting in the** ~**s** (*fig*) esperar entre bastidores. **2** *cpd*: ~ **mirror** *n* retrovisor *m*; ~ **nut** *n* tuerca *f* mariposa.

winger ['wɪŋəʳ] *n* (*Sport*) extremo *m*.

wingspan ['wɪŋspæn], **wingspread** ['wɪŋspred] *n* envergadura *f*.

wink [wɪŋk] **1** *n* **(a)** (*blink*) pestañeo *m*; (*meaningful*) guiño *m*; **to give sb a** ~ guiñar el ojo a algn; **to have 40** ~**s** echarse una siesta *or* cabezada. **(b)** (*instant*) **I didn't sleep a** ~ no pegué ojo. **2** *vi* **(a)** (*meaningfully*) guiñar el ojo (*at sb* a algn); (*light, star etc*) centellear, parpadear. **(b) to** ~ **at sb** guiñar el ojo a algn; **to** ~ **at sth** (*fig*) hacer la vista gorda a algo.

winkle ['wɪŋkl] **1** *n* bigarro *m*. **2** *vt*: **to** ~ **a secret out of sb** sacar un secreto a algn.

winner ['wɪnəʳ] *n* (*person, horse etc*) ganador(a) *m/f*, vencedor(a) *m/f*; (*book, entry etc*) obra *f* premiada; (*fam: sth successful*); **this record is a** ~! ¡este disco es fabuloso!; **he knew he was on (to) a** ~ sabía que con ese producto *etc* tenía asegurado el triunfo.

winning ['wɪnɪŋ] **1** *adj* **(a)** (*person, horse, team etc*) ganador(a), vencedor(a), triunfante; (*book, entry etc*) premiado/a; (*hit, shot*) decisivo/a; ~ **post** meta *f*. **(b)** (*charming*) encantador(a). **2** *n*: ~**s** ganancias *fpl*.

wino ['waɪnəʊ] *n* (*fam*) alcohólico/a *m/f*.

winter ['wɪntəʳ] **1** *n* invierno *m*. **2** *adj* de invierno, invernal; ~ **Olympics** Olimpíada *f* de invierno; ~ **sports** deportes *mpl* de invierno.

winterize ['wɪntəraɪz] *vt* (*US*) adaptar para el invierno.

wintertime ['wɪntətaɪm] *n* invierno *m*.

wintry, **wintery** ['wɪntrɪ] *adj* invernal; (*fig*) glacial.

wipe [waɪp] **1** *n* pasada *f*, limpieza *f*; **to give sth a** ~ pasar un trapo sobre algo. **2** *vt* limpiar; **to** ~ **one's eyes** enjugarse las lágrimas; **to** ~ **one's nose** limpiarse la nariz; **to** ~ **one's feet/shoes** limpiarse los pies/zapatos; **to** ~ **one's bottom** limpiarse; **to** ~ **sth dry** secar algo con un trapo; **to** ~ **the floor with sb** (*fig fam*) dejar *or* poner a algn por los suelos.

▸ **wipe away**, **wipe off** *vt* + *adv* (*tears*) limpiar, enjugar; (*marks*) quitar, borrar.

▸ **wipe out** *vt* + *adv* **(a)** (*erase*) borrar. **(b)** (*destroy*) destruir; (*: town etc*) aniquilar.

▸ **wipe up 1** *vi* + *adv* (*dry dishes*) secar los platos. **2** *vt* + *adv* limpiar.

wiper ['waɪpəʳ] *n* limpiaparabrisas *m inv*.

wire ['waɪəʳ] **1** *n* alambre *m*; (*insulated flex*) cordón *m*; (*Elec*) cable *m*; (*Telec: old*) telegrama *m*; **to get one's** ~**s crossed** (*fam*) tener un malentendido. **2** *vt* **(a)** (*Elec*) instalar el alambrado en. **(b)** (*Telec*) **to** ~ **sb** comunicar con algn (por telegrama). **(c) to** ~ **sth to sth** atar una cosa a otra con alambre; **it's** ~**d to the alarm** está conectado a la alarma. **3** *cpd*: ~ **brush** *n* cepillo *m* de alambre; ~ **cutters** *npl* cortaalambres *mpl*, cizalla *f*; ~ **fence** *n* alambrado *m*; ~ **netting** *n* tela *f* metálica.

wireless ['waɪəlɪs] *n* radio *f*; **by** ~ por radio.

wire-tapping ['waɪə'tæpɪŋ] *n* intervención *f* electrónica.

wiring ['waɪərɪŋ] *n* (*Elec*) alambrado *m*.

wiry ['waɪərɪ] *adj* (*comp* **-ier**; *superl* **-iest**) (*person, animal, build*) enjuto/a y fuerte; (*hair*) tieso/a.

Wis., **Wisc.** *abbr* (*US*) *of* **Wisconsin**.

wisdom ['wɪzdəm] **1** *n* (*knowledge*) sabiduría *f*; (*prudence*) juicio *m*, cordura *f*. **2** *cpd*: ~ **tooth** *n* muela *f* del juicio.

wise [waɪz] **1** *adj* (*comp* ~**r**; *superl* ~**st**) (*knowledgeable*) sabio/a; (*prudent*) juicioso/a, cuerdo/a; **the Three W~ Men** los Reyes Magos; **to be** ~ **after the event** verlo todo muy fácil después de que ha ocurrido; **it does not seem** ~ **to do it** no parece aconsejable hacerlo; **you would be** ~ **to ask him first** sería aconsejable preguntarle primero; **I'm none the** ~**r** sigo sin entender, me quedo como estaba *(fam)*; **to get** ~ **to sth** caer en la cuenta de algo; **to get** ~ **to sb** (*fam*) conocerle a algn el juego, calarle a algn, ponerse chango sobre algn *(Mex fam)*; **to put sb** ~ **to sb/sth** (*fam*) poner a algn sobre aviso acerca de algn/algo.

2 *cpd*: ~ **guy** *n* (*fam*) sabelotodo *mf*.

-wise [waɪz] *suffix* en cuanto a, respecto a; **how are you off money~?** ¿cómo estás en cuanto a dinero?

wisecrack ['waɪzkræk] *n* (*fam*) salida *f*.

wish [wɪʃ] **1** *n* **(a)** deseo *m*; **to go against sb's** ~**es** ir en contra de los deseos de algn; **you shall have your** ~ tu deseo se cumplirá; **to make a** ~ pensar un deseo.

(b) best ~**es** (*in greetings*) felicidades *fpl*; **with best** ~**es** saludos, recuerdos; **please give him my best** ~**es** por favor dale recuerdos míos.

2 *vt* **(a)** (*want*) querer, desear; **to** ~ **sb to do sth** querer que algn haga algo; **to** ~ **to do sth** querer hacer algo.

(b) (*desire, hope*) desear, anhelar; **I** ~ **she'd come** estoy deseando que venga; **I ~ I could!** ¡ojalá (y) pudiera!; **I ~ I was rich** ojalá (y) fuese yo rico; **I don't ~ her ill, I don't ~ her any harm** no le deseo ningún mal; **to ~ sth on sb** imponer algo a algn; **I wouldn't ~ that on anybody** eso no lo desearía para nadie.

(**c**) (*bid, express*) desear; **to ~ sb good luck/a happy Christmas** desear a algn buena suerte/felices pascuas.

3 *vi*: **to ~ for sth** desear *or* anhelar algo; **she has everything she could ~ for** tiene todo lo que pudiera desear.

wishbone ['wɪʃbəʊn] *n* espoleta *f*.

wishful ['wɪʃfʊl] *adj*: **~ thinking** ilusiones *fpl*.

wishy-washy ['wɪʃɪˌwɒʃɪ] *adj* (*fam*) soso/a, insípido/a.

wisp [wɪsp] *n* (*of straw*) manojo *m*; (*of hair*) mechón *m*; (*of cloud, smoke*) voluta *f*.

wistful ['wɪstfʊl] *adj* pensativo/a, melancólico/a.

wit [wɪt] *n* (**a**) (*understanding*) juicio *m*, comprensión *f*; **to be at one's ~s' end** no saber qué hacer, estar desesperado; **to be out of one's ~s** estar fuera de sí; **to have** *or* **keep one's ~s about one** no perder la cabeza; **to live by one's ~s** vivir del cuento; **to be frightened** *or* **scared out of one's ~s** estar profundamente asustado. (**b**) (*humour, wittiness*) gracia *f*, ingenio *m*, agudeza *f*; **to have a ready ~** ser ingenioso. (**c**) (*person*) ingenioso/a *m/f*.

witch [wɪtʃ] **1** *n* bruja *f*. **2** *cpd*: **~ doctor** *n* hechicero *m*.

witchcraft ['wɪtʃkrɑːft] *n* brujería *f*.

witch-hunt ['wɪtʃhʌnt] *n* (*Pol*) caza *f* de brujas.

with [wɪð, wɪθ] *prep* (**a**) con; **I was ~ him** yo estaba con él; **she stayed ~ friends** se hospedó en casa de amigos; **I'll be ~ you in a moment** un momento y estoy con vosotros; **to leave sth ~ sb** dejar algo en manos de algn; **he had no money ~ him** no llevaba dinero (encima); **she mixed the sugar ~ the eggs** mezcló el azúcar con los huevos.

(**b**) (*descriptive*) con, de; **the fellow ~ the big beard** el de la barba grande.

(**c**) (*manner, means, cause*) con, de; **to cut wood ~ a knife** cortar madera con un cuchillo; **to walk ~ a walking stick** andar con bastón; **to fill a glass ~ wine** llenar una copa de vino; **to shake ~ fear** temblar de miedo; **to jump ~ joy** saltar de alegría; **it's pouring ~ rain** está lloviendo a cántaros.

(**d**) (*as regards*) con; **the trouble ~ Harry** el problema con *or* lo malo de Enrique; **you must be patient ~ him** hay que tener paciencia con él; **she's good ~ children** tiene don para niños, sabe cómo tratar a los niños; **how are things ~ you?** (*fam*) ¿qué tal?, ¿cómo te va? (*esp LAm*), ¿qué hubo? (*Mex, Chi*).

(**e**) (*in proportion*) según, de acuerdo con; **it varies ~ the time of year** varía según la estación.

(**f**) (*in spite of*) con, pese a.

(**g**) (*expressing agreement, on side of*) de acuerdo con.

(**h**) (*fam: expressing comprehension*); **I am not ~ you** no te entiendo *or* sigo; **we agree ~ you** estamos de acuerdo contigo.

(**i**) **~ it** (*fam: up-to-date*) al día, de moda; (*: mentally alert*) despierto/a, despabilado/a.

withdraw [wɪθ'drɔː] (*pt* **withdrew**; *pp* **~n**) **1** *vt* (*object, money*) retirar *or* sacar (*from* de); (*troops, ambassador, team etc*) retirar (*from* de); (*words, remark, charge*) retractar. **2** *vi*: **to ~ (from)** (*move away*) apartarse *or* separarse (de); (*move back*) retirarse (de); (*from contest etc*) darse de baja (de), retirar (de); **to ~ into o.s.** replegarse en sí mismo.

withdrawal [wɪθ'drɔːəl] **1** *n* (*see vt*) retirada *f*; retractación *f*; **to make a ~ of funds from a bank** efectuar una retirada de fondos de un banco. **2** *cpd*: **~ notice** *n* (*Fin*) aviso *m* de retirada de fondos; **~ symptoms** *npl* síntomas *mpl* de abstinencia.

withdrawn [wɪθ'drɔːn] **1** *pp of* **withdraw**. **2** *adj* reservado/a, apartado/a, introvertido/a.

withdrew [wɪθ'druː] *pt of* **withdraw**.

wither ['wɪðəʳ] **1** *vt* marchitar, agostar. **2** *vi* marchitarse, ajarse; (*fig*) debilitarse.

withered ['wɪðəd] *adj* marchito/a.

withering ['wɪðərɪŋ] *adj* abrasador(a); (*tone, look, remark*) desdeñoso/a.

withhold [wɪθ'həʊld] (*pt, pp* **withheld** [wɪθ'held]) *vt* (*information*) ocultar; (*money*) retener; (*decision*) aplazar; (*refuse*) negar, rehusar; **to ~ the truth from sb** no revelar la verdad a algn.

within [wɪð'ɪn] **1** *prep* dentro de, al interior de; **a voice ~ me said ...** una voz interior me dijo ...; **we were ~ 100 metres of the summit** faltaban 100 metros para que llegaramos a la cumbre; **to be ~ an inch of** estar a dos dedos de; **~ the stipulated time** dentro del plazo señalado; **to be ~ the law** no rebasar los límites de la ley, atenerse a la legalidad; **to live ~ one's income** vivir conforme a los ingresos; **~ a year of her death** a poco menos de un año de su muerte.

2 *adv*: **'car for sale — apply ~'** 'se vende coche — razón dentro *or* (*LAm*) infórmese adentro'.

without [wɪð'aʊt] *prep* sin; **he did it ~ telling me** lo hizo sin decírmelo; **times ~ number** un sinfín de veces.

with-profits ['wɪθ'prɒfɪts] *adj*: **~ endowment assurance** seguro *m* dotal con beneficios.

withstand [wɪθstænd] (*pt, pp* **withstood** [wɪθstʊd]) *vt* resistirse a, aguantar.

witness ['wɪtnɪs] **1** *n* (**a**) (*person*) testigo *mf*; **eye ~** testigo ocular; **~ for the prosecution/defence** testigo de cargo/descargo; **to call sb as a ~** citar a algn como testigo.

(**b**) (*evidence*) testimonio *m*; **to give ~ for/against sb** atestiguar a favor de/en contra de algn; **to bear ~ to sth** (*lit*) atestiguar algo; (*fig*) demostrar *or* probar algo.

2 *vt* (**a**) (*be present at*) presenciar, asistir a; (*see*) testimoniar, ver; **the accident was ~ed by two people** hay dos testigos del accidente; **to ~ a document** firmar un documento como testigo.

(**b**) (*attest by signature*) atestiguar la veracidad de.

(**c**) (*consider as evidence*) ver, mirar.

3 *vi* (*testify*) dar testimonio, testimoniar, atestiguar; **to ~ to sth** dar testimonio de *or* testimoniar algo.

4 *cpd*:**~ box**, (*US*) **~ stand** *n* barra *f* de los testigos.

witticism ['wɪtɪsɪzəm] *n* dicho *m* ingenioso, agudeza *f*, ocurrencia *f*.

witty ['wɪtɪ] *adj* (*comp* **-ier**; *superl* **-iest**) ingenioso/a.

wives [waɪvz] *npl of* **wife**.

wizard ['wɪzəd] *n* (**a**) mago *m*, brujo *m*, hechicero *m*. (**b**) (*fam*) genio *m*, as *m*.

wizened ['wɪznd] *adj* arrugado/a, marchito/a.

wk *abbr of* **week** sem.

W/L *abbr of* **wavelength**.

WMO *n abbr of* **World Meteorological Organization** OMM *f*.

WNW *abbr of* **west-north-west** ONO.

WO *n abbr* (*Mil*) *of* **warrant officer**.

wobble ['wɒbl] **1** *n* (*of chair, table etc*) tambaleo *m*, bamboleo *m*; (*of voice*) temblor *m*. **2** *vi* (*move unsteadily*) tambalearse, bambolearse; (*voice*) temblar; (*hesitate*) vacilar.

wobbly ['wɒblɪ] **1** *adj* (*comp* **-ier**; *superl* **-iest**) tembloroso/a, temblón/ona. **2** *n*: **to throw a ~** (*fam*) ponerse histérico/a.

woe [wəʊ] *n* (*poet, hum*) desgracia *f*, aflicción *f*; **~ is me!** ¡ay de mí!; **~ betide him who ...** ¡ay del que ...!; **a tale of ~** una historia triste.

woeful ['wəʊfʊl] *adj* (*sad*) afligido/a, apenado/a; (*unfortunate*) desgraciado/a; (*deplorable*) lamentable.

Wog [wɒg] *n* (*Brit pej, fam!*) negro/a *m/f*.

woke [wəʊk] *pt of* **wake**[3].

woken ['wəʊkn] *pp of* **wake**[3].

wolf [wʊlf] **1** *n* (*pl* **wolves** [wʊlvz]) (**a**) lobo *m*; **a ~ in sheep's clothing** un lobo disfrazado de cordero; **to keep the ~ from the door** defenderse de *or* contra la miseria; **to cry ~** dar una falsa alarma. (**b**) (*fig fam: womanizer*) tenorio *m*. **2** *vt* (*also* **~ down**) zampar (*fam*), engullir. **3** *cpd*: **~ whistle** *n* silbido *m* de admiración.

wolfcub ['wʊlfkʌb] *n* lobato *m*.
wolfpack ['wʊlfpæk] *n* manada *f* de lobos.
woman ['wʊmən] **1** *n* (*pl* **women** ['wɪmɪn]) mujer *f*; ~ **is very different from man** la mujer es muy distinta del hombre; **I have a ~ who comes in to do the cleaning** tengo una mujer que me hace la limpieza; ~ **of the world** mujer de mundo; **the ~ in his life** su compañera; **to make an honest ~ of sb** casarse con una *(a causa de haberla dejado encinta)*; **his ~** (*lover*) su querida; **women's page** sección *f* femenina; **women's lib** (*fam*) la liberación de la mujer; **women's libber** (*fam*) feminista *mf*; **women's rights** derechos *mpl* de la mujer.
2 *cpd*: ~ **doctor** *n* doctora *f*; ~ **driver** *n* conductora *f*; ~ **engineer** *n* ingeniera *f*; ~ **writer** *n* escritora *f*.
woman-hater ['wʊmən,heɪtə^r] *n* misógino *m*.
womanize ['wʊmənaɪz] *vi* ser mujeriego, dedicarse a la caza de mujeres.
womanizer ['wʊmənaɪzə^r] *n* mujeriego *m*.
womanly ['wʊmənlɪ] *adj* femenino/a.
womb [wu:m] *n* matriz *f*, útero *m*; (*fig*) cuna *f*.
women ['wɪmɪn] *npl of* **woman**.
womenfolk ['wɪmɪnfəʊk] *npl* mujeres *fpl*.
won [wʌn] *pt, pp of* **win**.
wonder ['wʌndə^r] **1** *n* (**a**) (*feeling*) asombro *m*; **in ~** asombrado/a, maravillado/a.
(**b**) (*object or cause of ~*) maravilla *f*, milagro *m*; **the ~s of science** las maravillas de la ciencia; **the Seven W~s of the World** las Siete Maravillas del Mundo; **it is no** *or* **little** *or* **small ~ that he left** no es de extrañarse que se haya marchado; **the ~ of it was that** ... lo (más) asombroso fue que ...; **to do** *or* **work ~s** obrar milagros; **no ~!** ¡no es de extrañarse!; **~s will never cease!** ¡todavía hay milagros!
2 *vt* preguntarse; **I ~ why she said it** me pregunto por qué lo dijo; **I ~ where he's going?** ¿a dónde irá?; **I ~ whether the milkman's been** a ver si el lechero habrá venido.
3 *vi* (**a**) (*ask o.s., speculate*) preguntarse, pensar; **I was ~ing if you could help** te agradecería me ayudaras; **does she know about it? — I ~** ¿se habrá enterado ella? — eso mismo me pregunto yo.
(**b**) (*be surprised*) asombrarse, maravillarse; **to ~ at sth** asombrarse de algo.
wonderful ['wʌndəfʊl] *adj* maravilloso/a, estupendo/a, macanudo/a *(CSur)*.
wondering ['wʌndərɪŋ] *adj* perplejo/a, sorprendido/a.
wonderland ['wʌndəlænd] *n* país *m* de la maravilla *or* las aventuras.
wonderstruck ['wʌndəstrʌk] *adj* asombrado/a, pasmado/a.
wonky ['wɒŋkɪ] *adj* (*comp* **-ier**; *superl* **-iest**) (*Brit fam: unstable*) cojo/a; (*: broken down*) estropeado/a, descompuesto/a *(esp Mex)*; (*: not straight*) torcido/a, chueco/a *(LAm)*.
won't [wəʊnt] = **will not**.
woo [wu:] *vt* (*lit*) cortejar; (*fig*) buscarse.
wood [wʊd] **1** *n* (**a**) (*material*) madera *f*; **touch ~!** ¡toca madera!
(**b**) (*forest*) bosque *m*; **~s** bosque *msg*; **we're not out of the ~ yet** aún no estamos fuera de peligro; **he can't see the ~ for the trees** los árboles no le dejan ver el bosque, aún no le encuentra el chiste *(LAm)*.
(**c**) (*Golf*) palo *m* de madera; (*Bowls*) bola *f*; **drawn from the ~** (*wine, beer etc*) de barril.
2 *cpd* (*made of ~*) de madera; (*living etc in a ~*) del bosque, silvestre; ~ **anemone** *n* anémona *f* silvestre; ~ **pigeon** *n* paloma *f* torcaz; ~ **pulp** *n* pasta *f* de madera; ~ **shavings** *npl* virutas *fpl*.
woodbine ['wʊdbaɪn] *n* (*honeysuckle*) madreselva *f*; (*US: Virginia creeper*) viña *f* loca.
woodcarving ['wʊd,kɑ:vɪŋ] *n* talla *f* de madera.
woodcock ['wʊdkɒk] *n* chocha *f* perdiz.
woodcut ['wʊdkʌt] *n* grabado *m* en madera.
woodcutter ['wʊd,kʌtə^r] *n* leñador *m*.
wooded ['wʊdɪd] *adj* arbolado/a.
wooden ['wʊdn] *adj* (**a**) de madera; ~ **spoon** cuchara *f* de palo; (*fig*) premio *m* para el peor. (**b**) (*fig*) falto/a de expresión.
woodland ['wʊdlənd] **1** *n* bosque *m*. **2** *cpd* de los bosques.
woodlouse ['wʊdlaʊs] *n* (*pl* **woodlice** ['wʊdlaɪs]) cochinilla *f*.
woodpecker ['wʊd,pekə^r] *n* pájaro *m* carpintero.
woodshed ['wʊdʃed] *n* leñera *f*.
woodwind ['wʊdwɪnd] *n* instrumentos *mpl* de viento de madera.
woodwork ['wʊdwɜ:k] *n* (**a**) (*craft*) carpintería *f*. (**b**) (*wooden parts*) enmaderado *m*, maderaje *m*; **they come crawling out of the ~** (*fig*) salen de la madera como carcomas.
woodworm ['wʊdwɜ:m] *n* carcoma *f*.
woof [wʊf] **1** *n* (*of dog*) ladrido *m*. **2** *vi* ladrar.
woofer ['wu:fə^r] *n* altavoz *m* para sonidos graves.
wool [wʊl] **1** *n* (*of sheep*) lana *f*; (*gen*) pelo *m*; **all ~, pure ~** lana pura; **to pull the ~ over sb's eyes** (*fam*) dar a algn gato por liebre. **2** *adj* de lana.
woolgathering ['wʊl,gæðərɪŋ] *n* (*fig*) **to be ~** andar distraído/a, andar pensando en otra cosa.
woollen, (*US*) **woolen** ['wʊlən] **1** *adj* de lana. **2** *n*: **~s** géneros *mpl* de lana.
woolly, (*US*) **wooly** ['wʊlɪ] **1** *adj* (*comp* **-ier**; *superl* **-iest**) (*jumper etc*) lanudo/a, de lana; (*fig*) confuso/a. **2** *n* ropa *f* de lana.
woozy ['wu:zɪ] *adj* (*comp* **-ier**; *superl* **-iest**) (*fam*) mareado/a.
Wop [wɒp] *n* (*fam, pej*) italiano/a *m/f*.
Worcs *abbr* (*Brit*) *of* **Worcestershire**.
word [wɜ:d] **1** *n* (**a**) (*gen*) palabra *f*; (*Ling*) voz *f*, vocablo *m*; **~s** (*of song*) letra *fsg*; **~ for ~** palabra por palabra; **too stupid for ~s** de lo más estúpido; **silly isn't the ~ for it** ¡llamarle estúpido es poco!; **~s fail me** me fallan las palabras; **in a ~** en pocas palabras *or* una palabra; **in so many ~s** textualmente; **not to mince ~s** hablar sin rodeos, no tener pelos en la lengua; **the last ~** el último grito.
(**b**) (*remark*) palabra *f*; **by ~ of mouth** verbalmente, de palabra; **to eat one's ~s** tragarse las palabras; **not to let sb get a ~ in edgeways** no dejar a algn meter baza; **to take sb at his ~** cogerle *or (LAm)* aceptarle a algn la palabra; **to have a ~ with sb** hablar (dos palabras) con algn, tener unas palabras con algn; **to put in a (good) ~ for sb** avalar a algn, interceder por algn; **you're putting ~s into my mouth** te refieres a cosas que yo no he dicho; **without a ~** sin decir palabra *or* ni pío; **don't say** *or* **breathe a ~ about it** no digas nada de eso; **to have ~s with sb** (*quarrel with*) reñir *or (esp LAm)* pelear(se) con algn; **you took the ~s right out of my mouth** me quitaste la palabra de la boca.
(**c**) (*message*) recado *m*; (*news*) noticia *f*, aviso *m*; (*report*) informe *m*; **to bring ~ of sth to sb** informar a algn de algo; **to leave ~ (with sb/for sb) that** ... dejar recado (con/para algn) de que ..., dejar dicho (con/para algn) que ...; **to spread the ~** propagar la noticia.
(**d**) (*promise*) palabra *f* (de honor); **he is a man of his ~** es hombre de palabra; **to be as good as one's ~, to keep one's ~** cumplir (lo prometido); **to break one's ~** faltar a *or* no cumplir la palabra; **to give sb one's ~ (that ...)** dar la palabra a algn (de que ...); **I take your ~ for it** te creo, ¡basta con que me lo digas! *(fam)*.
(**e**) (*order*) orden *f*, mandato *m*; **to give the ~ to do sth** dar la orden de hacer algo.
(**f**) (*Rel*) verbo *m*, palabra *f*.
2 *vt* redactar; **how shall we ~ it?** ¿cómo lo expresamos?
3 *cpd*: ~ **count** *n* recuento *m* de vocabulario; ~ **game** *n* juego *m* de formación de palabras; ~ **order** *n* orden *m* de palabras; ~ **processing** *n* procesamiento *m* de tex-

tos; ~ **processor** *n (machine)* procesador *m* de textos.
word-blind ['wɜ:d,blaɪnd] *adj* disléxico/a.
wording ['wɜ:dɪŋ] *n*: **the ~ is unclear** está mal redactado.
word-perfect ['wɜ:d'pɜ:fɪkt] *adj* sin falta de expresión; **to be ~** saber perfectamente su papel.
wordwrap ['wɜ:dræp] *n* salto *m* de línea automático.
wordy ['wɜ:dɪ] *adj (comp* **-ier**; *superl* **-iest**) verboso/a, prolijo/a.
wore [wɔ:ʳ] *pt of* **wear**.
work [wɜ:k] **1** *n* (**a**) *(gen: activity)* trabajo *m*; *(effort)* esfuerzo *m*; *(task)* tarea *f*, faena *f*; **she's put a lot of ~ into it** le ha puesto grandes esfuerzos; **it's hard ~** es mucho trabajo, cuesta (trabajo); **to be at ~ (on sth)** estar trabajando (sobre algo); **it's all in a day's ~** es pan de cada día; **to get on with one's ~** seguir trabajando; **to set to ~, to start ~** ponerse a trabajar; **to make short** *or* **quick ~ of sth/sb** despachar algo/a algn con rapidez; **you'll have you're ~ cut out trying to stop him** te costará muchísimo trabajo impedirle.
(**b**) *(employment, job)* empleo *m*, trabajo *m*; **to be at ~/looking for ~** estar trabajando/buscando trabajo; **to be in ~** tener trabajo; **to be out of ~** estar desempleado *or* parado *or* en paro; **to put** *or* **throw sb out of ~** despedir/echar a algn del trabajo; **I'm off ~ for a week** tengo una semana de permiso.
(**c**) *(product, also Art, Lit etc)* obra *f*; **good ~s** obras de caridad; ~ **of art/reference** obra de arte/libro *m* de consulta; **the ~s of Dickens** las obras de Dickens.
(**d**) **~s** *(of machine, clock etc)* mecanismo *msg*.
(**e**) **~s** *(Mil)* obras *fpl*, fortificaciones *fpl*; **road ~s** obras; ~ **in progress** trabajo *m* en curso.
(**f**) *(factory etc)* fábrica *f*; **~s outing** excursión *f* del personal.
(**g**) **to give sb the ~s** *(fam: treat harshly)* dar a algn una paliza *or (LAm)* golpiza; (*: treat generously*) tratar a algn a cuerpo de rey.
2 *vt* (**a**) *(make ~)* hacer trabajar; **to ~ o.s. to death** matarse trabajando.
(**b**) *(operate)* manejar, hacer funcionar *or* marchar; **it is ~ed by electricity** funciona con electricidad.
(**c**) *(achieve)* producir; **they ~ed it so that she could come** *(fam)* lo arreglaron para que viniera; **to ~ one's passage on a ship** costearse un viaje trabajando.
(**d**) *(Sew)* coser.
(**e**) *(shape)* trabajar; *(stone etc)* tallar, grabar.
(**f**) *(exploit: mine)* explotar; (*: land*) cultivar; **this land has not been ~ed for many years** estas tierras hace mucho tiempo que no se cultivan.
(**g**) *(move gradually)* moverse poco a poco; **to ~ one's hands free** lograr soltar las manos; **to ~ one's way up to the top of a company** llegar a la dirección de una compañía por sus propios esfuerzos; **to ~ o.s. into a rage** ponerse furioso, enfurecerse.
3 *vi* (**a**) trabajar; **she ~s in a bakery** trabaja en una panadería; **to ~ to achieve sth** dirigir todos sus esfuerzos a lograr algo; **to ~ towards/for sth** trabajar *or* realizar esfuerzos para conseguir algo; **to ~ hard** trabajar mucho *or* duro; **to ~ to rule** estar en huelga de celo.
(**b**) *(machine, car etc)* funcionar, marchar; *(plan)* salir, marchar; *(drug, medicine, spell)* ser eficaz; **to get sth ~ing** hacer funcionar algo; **it ~s off the mains** funciona con la electricidad de la red.
(**c**) *(mouth, face, jaws)* moverse, torcerse.
(**d**) *(move gradually)* moverse poco a poco; **to ~ loose** desprenderse; **to ~ one's way along** ir avanzando poco a poco; **to ~ round to a question** preparar el terreno para preguntar algo.
4 *cpd*: ~ **camp** *n* campamento *m* laboral; ~ **experience** *n* experiencia *f* laboral; ~ **force** *n* mano *f* de obra; *(personnel)* plantilla *f*; ~ **permit** *n* permiso *m* de trabajo; ~ **station** *n* estación *f* de trabajo; ~ **study** *n* práctica *f* estudiantil.
► **work in 1** *vi + adv* concordar *or* congeniar con. **2** *vt + adv* introducir.
► **work off** *vt + adv (weight)* quitar con trabajo *or* esfuerzos; **to ~ off one's feelings** desahogarse; **to ~ off surplus fat** quitarse las grasas excesivas trabajando.
► **work on** *vi + prep* (**a**) trabajar en. (**b**) **the police are ~ing on it** la policía lo está investigando; **we've no clues to ~ on** no tenemos pistas en qué basarnos; **we're ~ing on the principle that ...** nos atenemos al principio de que .... (**c**) **he hasn't agreed yet but I'm ~ing on him** todavía no está de acuerdo pero lo estoy tratando de convencer.
► **work out 1** *vi + adv* (**a**) *(allow solution)* resolverse.
(**b**) *(amount to)* sumar, ascender a; **the cost ~ed out at £5** los costos ascendieron a 5 libras.
(**c**) *(succeed)* salir bien, tener éxito.
(**d**) *(exhaust)* agotarse.
(**e**) *(Sport)* hacer ejercicios.
2 *vt + adv* (**a**) *(solve, calculate)* resolver; **things will ~ themselves out** al final, todo saldrá bien *or* se solucionará.
(**b**) *(devise)* calcular; **to ~ out a plan** tramar *or* urdir un plan.
(**c**) *(understand)* lograr entender.
(**d**) *(exhaust)* agotar.
► **work up** *vt + adv* (**a**) *(develop)* desarrollar; **he ~ed his way up in the firm** ascendió en la compañía mediante sus propios esfuerzos; **to ~ up an appetite** abrir el apetito. (**b**) **to be ~ed up** excitarse, emocionarse *(esp LAm)*; **don't get all ~ed up!** ¡cálmate!
► **work up to** *vi + prep* llegar a, resultar en.
workable ['wɜ:kəbl] *adj* práctico/a, factible.
workaday ['wɜ:kədeɪ] *adj* rutinario/a.
workaholic [,wɜ:kə'hɒlɪk] *n* trabajador(a) *m/f* obsesivo/a.
workbench ['wɜ:kbentʃ] *n* banco *m or* mesa *f* de trabajo.
workbook ['wɜ:kbʊk] *n* libro *m* de trabajo; *(Scol)* cuaderno *m*.
worker ['wɜ:kəʳ] *n* trabajador(a) *m/f*, obrero/a *m/f*; *(Agr, Industry etc)* obrero/a.
workhouse ['wɜ:khaʊs] *n (pl* **-houses** [haʊzɪz]) *(Brit Hist)* asilo *m* de pobres.
working ['wɜ:kɪŋ] **1** *adj* (**a**) *(engaged in work)* obrero/a, que trabaja; *(Comm)* activo/a; **the ~ class** la clase obrera.
(**b**) *(spent in or used for ~)* de trabajo; ~ **assets** activo *m* circulante; ~ **capital** *(Comm)* capital *m* circulante; ~ **conditions** condiciones *fpl* de trabajo; ~ **day** día *m* laborable; ~ **environment** ambiente *m* laboral; ~ **mother** madre *f* trabajadora; ~ **party** comisión *f* de investigación; ~ **week** semana *f* laborable.
(**c**) *(provisional)* de guía, proyecto; ~ **majority** mayoría *f* absoluta; **in ~ order** que funciona, en condiciones; ~ **knowledge** conocimientos *mpl* básicos.
2 *n* (**a**) *(work)* trabajo *m*.
(**b**) **~s** *(way sth works)* funcionamiento *m*; **the ~s of his mind** su forma de pensar.
(**c**) **~s** *(of quarry)* excavaciones *fpl*, obras *fpl*.
working-class ['wɜ:kɪŋklɑ:s] *adj* obrero/a, proletario/a.
workload ['wɜ:kləʊd] *n* carga *f* de trabajo.
workman ['wɜ:kmən] *n (pl* **-men**) obrero/a.
workmanlike ['wɜ:kmənlaɪk] *adj* competente, bien hecho/a.
workmanship ['wɜ:kmənʃɪp] *n (work)* ejecución *f*, hechura *f*; *(skill)* habilidad *f*.
work-out ['wɜ:kaʊt] *n (Sport)* entrenamiento *m*.
workplace ['wɜ:k,pleɪs] *n* lugar *m* de trabajo.
workroom ['wɜ:krʊm] *n* taller *m*.
worksheet ['wɜ:kʃi:t] *n* hoja *f* de trabajo.
workshop ['wɜ:kʃɒp] *n* taller *m*; **a music ~** un taller sobre la música.
workshy ['wɜ:kʃaɪ] *adj* perezoso/a, flojo/a *(LAm)*.
worktop ['wɜ:ktɒp] *n* encimera *f*.

work-to-rule ['wɜ:ktə'ru:l] *n* huelga *f* de brazos caídos.

world [wɜ:ld] **1** *n* (**a**) mundo *m*; **in the ~** en el mundo; **all over the ~** por todo el mundo, en el mundo entero; **to be on top of the ~** estar en la gloria, no caber en sí de gozo; **it's a small ~!** ¡el mundo es un pañuelo!; **it's not the end of the ~!** (*fam*) ¡no es el fin del mundo!; **to live in a ~ of one's own** (*apart*) vivir en otro mundo; (*distracted*) estar siempre en las nubes.

(**b**) (*particular part or group*) mundo *m*; **the animal ~** el reino animal; **the business ~** el mundo comercial.

(**c**) (*society*) mundo *m*; **to come** *or* **go down in the ~** venir a menos; **to go up** *or* **rise in the ~** prosperar, medrar; **to have the ~ at one's feet** triunfar, estar en la cumbre de la fama *etc*.

(**d**) (*this life*) mundo *m*; **to come into the ~** venir al mundo; **to have the best of both ~s** beneficiarse por partida doble, salir ganando por ambos lados; **it's out of this ~** (*fam*) es una maravilla; **he's not long for this ~** le queda poco de vida.

(**e**) (*emphatic idioms etc*) **I wouldn't do it for the ~** no lo haría por nada del mundo; **what in the ~?** ¿qué diablos?; **to be dead to the ~** (*asleep*) estar profundamente dormido; **it did him the ~ of good** le hizo la mar de bien; **to think the ~ of sb** tener a algn en alta estima; **there's a ~ of difference between ...** hay la mar de diferencia entre ...; **they're ~s apart** no tienen nada que ver uno con otro; **she looked for all the ~ as if she was dead** cualquiera hubiera dicho que ya estaba muerta; **the ~'s worst cook** el peor cocinero del mundo.

2 *cpd* del mundo *cpd*: **~ champion** *n* campeón *m* del mundo; **W~ Cup** *n* (*Ftbl*) Copa *f* Mundial; **~ market** *n* mercado *m* mundial; **W~ title** *n* título *m* mundial; **W~ War One/Two** *n* primera/segunda Guerra *f* Mundial.

world-class ['wɜ:ldklɑ:s] *adj* de calidad mundial.

world-famous ['wɜ:ld'feɪməs] *adj* de fama mundial, mundialmente conocido/a.

worldly ['wɜ:ldlɪ] *adj* (*comp* **-ier**; *superl* **-iest**) mundano/a; **all my ~ goods** todo lo que tengo.

worldly-wise ['wɜ:ldlɪ'waɪz] *adj* de mundo, que conoce mundo.

world-wide ['wɜ:ld'waɪd] *adj* mundial, universal; **it's known ~** está mundialmente conocido.

WORM [wɔ:m] *abbr of* **write once read many times**.

worm [wɜ:m] **1** *n* gusano *m*, lombriz *f*; (*person: pej*) miserable *mf*; **to have ~s** (*Med*) tener lombrices; **the ~ will turn** (*Prov*) la paciencia tiene un límite. **2** *vt* (**a**) deslizarse; **to ~ one's way into a group/into sb's confidence** infiltrarse en un grupo/ganarse la confianza de algn. (**b**) **to ~ a secret out of sb** arrancarle un secreto a algn.

worm(ing) powder ['wɜ:m(ɪŋ),paʊdəʳ] *n* polvos *mpl* antigusanos.

worn [wɔ:n] **1** *pp of* **wear**. **2** *adj* (*object*) gastado/a; (*person*) rendido/a, agotado/a.

worn-out ['wɔ:n'aʊt] *adj* (*object*) gastado/a, rotoso/a (*CSur*); (*person*) rendido/a, agotado/a.

worried ['wʌrɪd] *adj* preocupado/a; **to be ~ about sth** estar *or* andar preocupado por algo; **to be ~ sick** (*fam*) estar *or* andar preocupadísimo; **I'm not ~ either way** me es igual con cualquiera; **you had me ~ for a moment** empezabas a preocuparme.

worrier ['wʌrɪəʳ] *n*: **to be a ~** ser un(a) agonías *mf or* preocupón/ona *m/f (fam)*.

worry ['wʌrɪ] **1** *n* (*gen*) preocupación *f*; (*cause for concern*) motivo *m* de preocupación; (*anxiety*) inquietud *f*, ansias *fpl*; **financial worries** preocupaciones *fpl* financieras; **the ~ of having to do sth** el problema de tener que hacer algo.

2 *vt* (**a**) (*cause concern*) preocupar; (*make anxious*) inquietar; **to ~ o.s. sick (about** *or* **over sth)** preocuparse (por algo); **that doesn't ~ me in the least** eso me tiene absolutamente sin cuidado.

(**b**) (*bother*) molestar; (*disturb*) estorbar; **to ~ sb with sth** molestar a algn con algo.

(**c**) (*dog etc*) atacar.

3 *vi*: **to ~ (about** *or* **over)** preocuparse (de); **not to ~!** (*fam*) ¡no hay problema!; **that's nothing to ~ about** no hay que preocuparse por eso.

worrying ['wʌrɪɪŋ] *adj* (*disturbing*) inquietante; (*bothersome*) molesto/a.

worse [wɜ:s] **1** *adj comp of* **bad** peor; **~ and ~** cada vez peor; **A is ~ than B** A es peor que B; **it's ~ than ever** es peor que nunca; **so much the ~** tanto peor; **it could have been ~!** ¡pudo haber sido peor!; **to be the ~ for drink** (*fam*) estar bebido *or (LAm)* tomado; **to be the ~ for wear** estar deteriorado; **he is none the ~ for it** se ha quedado tan fresco *or* tranquilo; **to get ~, to grow ~** empeorar, volverse peor; **to go from bad to ~** ir de mal en peor; **to make matters ~** para colmo de desgracias; **I don't think any the ~ of you** no afecta la estima en que te tengo; **~ luck** desgraciadamente, por desgracia.

2 *adv comp of* **badly** peor; **she is behaving ~ than ever** se está portando peor que nunca; **you might do ~ than (to) marry him** harías ninunga tontería casándote con él; **he is now ~ off than before** ha quedado aun peor que antes.

3 *n* lo peor; **there is ~ to come** todavía queda lo peor, aún viene lo peor; *see* **bad**.

worsen ['wɜ:sn] *vt, vi* empeorar.

worsening ['wɜ:snɪŋ] **1** *adj* (*situation*) que empeora, que va de mal en peor. **2** *n* empeoramiento *m*.

worship ['wɜ:ʃɪp] **1** *n* (**a**) (*adoration*) adoración *f*; (*reverence*) veneración *f*; (*organized ~*) culto *m*; **place of ~** lugar de culto. (**b**) (*Brit: in titles*) **Your W~** (*to judge*) señor(a) juez; (*to mayor*) señor(a) alcalde(sa). **2** *vt* adorar, rendir culto a; **she ~s her children** (*fig*) adora a sus hijos. **3** *vi* (*Rel*) hacer sus devociones.

worshipper, (*US*) **worshiper** ['wɜ:ʃɪpəʳ] *n* devoto/a.

worst [wɜ:st] **1** *adj superl of* **bad** peor; **the ~ film of the three** la peor película de las tres.

2 *adv superl of* **badly** peor; **the ten ~ dressed men** los diez hombres peor vestidos.

3 *n* lo peor; **when the crisis was at its ~** en el momento más grave de la crisis; **at (the) ~** en el peor de los casos; **the ~ of it is that ...** lo peor del caso es que ...; **if the ~ comes to the ~** en último caso; **we're over** *or* **past the ~ of it now** ya pasó lo peor; **do your ~!** haz lo que se te antoje *or* te de la gana; **to think the ~ of sb** pensar lo peor de algn.

worsted ['wʊstɪd] *n* (*cloth*) estambre *m*.

worth [wɜ:θ] **1** *adj* (**a**) **to be ~** valer, tener valor; **it's ~ £5** vale 5 libras; **it's ~ a great deal to me** (*sentimentally*) para mí tiene gran valor sentimental; **I tell you this for what it's ~** te digo esto por si te interesa; **it's more than my job's ~ to tell you** me costaría mi empleo decirte eso; **to run for all one is ~** correr como si le llevara a uno el diablo.

(**b**) **to be ~** (*merit*) merecer, ser digno de; **it's ~ supporting** es digno de apoyo; **it's ~ thinking about** merece que se considere; **it's not ~ it, it's not ~ the trouble** no vale *or* merece la pena; *see* **while**.

2 *n* valor *m*, valía *f*; **£10's ~ of books** libros por valor de 10 libras, 10 libras de libros; **he had no chance to show his true ~** no tuvo oportunidad de mostrar sus méritos; *see* **money 1**.

worthless ['wɜ:θlɪs] *adj* (*financially*) sin valor; (*useless*) inútil; (*despicable*) despreciable; **a ~ individual** un tipo miserable.

worthwhile ['wɜ:θ'waɪl] *adj* (*activity*) que vale la pena; (*cause*) loable; **to be ~** (*worthy*) valer *or* merecer la pena; (*useful*) convenir; **it would be ~ to see him** convendría verlo; *see also* **while**.

worthy ['wɜ:ðɪ] **1** *adj* (*comp* **-ier**; *superl* **-iest**) (**a**) (*cause*) noble; (*opponent etc*) estimado/a; **a ~ person** una persona respetable. (**b**) **~ of** que merece, digno/a de; **~ of respect** digno de respeto. **2** *n* (*fig*) personaje *m*.

would [wʊd] *pt of* **will**[1] *modal aux vb* (**a**) (*cond tense*) **if you asked him he ~ do it** si se lo pidieras lo haría *or* hacía; **if you had asked him he ~ have done it** si se lo hubieras pedido lo habría hecho, si se lo pides te lo hace; **I ~ have a word with him (if I were you)** sería aconsejable discutirlo con él; **I ~n't worry too much if I were you** yo en tu lugar no me preocuparía mucho de eso.

(**b**) (*in indirect speech*) **I said I ~ do it** te dije que lo haría *or* hacía.

(**c**) (*emphatic*) **you ~ be the one to forget!** ¡quién más si no tú se iba a olvidar!, ¡tú tenías que ser el que se olvidase!

(**d**) (*insistence*) **I told her not to but she ~ do it** le dije que no, pero insistió.

(**e**) (*conjecture*) **what ~ this be?** ¿qué será esto?

(**f**) (*wish*) querer; **what ~ you have me do?** ¿qué quieres que haga?; **~ (that) it were not so!** (*old, poet*) ¡ojalá (y) no fuera así!

(**g**) (*in questions*) **~ you come this way?** pase por favor *or (esp LAm)* si hace favor; **~ you care for some tea?** ¿quiere tomar un té?; **~ you mind?** si no le importa, si no tiene inconveniente.

(**h**) (*habit*) **he ~ paint it each year** solía pintarlo *or* lo pintaba cada año.

would-be [ˈwʊdbiː] *adj*: **a ~ poet/politician** un presunto *or* supuesto poeta/político.

wouldn't [ˈwʊdnt] = **would not**.

wound[1] [wuːnd] **1** *n* (*gen*) herida *f*; (*in skin*) llaga *f*; **to open up ~s** renovar la herida. **2** *vt* (*lit, fig*) herir; **to ~ sb's feelings** dañar a algn.

wound[2] [waʊnd] *pt, pp of* **wind**[2].

wounded [ˈwuːndɪd] **1** *adj* (*lit, fig*) herido/a. **2** *npl*: **the ~** los heridos *mpl*.

wove [wəʊv] *pt of* **weave**.

woven [ˈwəʊvən] *pp of* **weave**.

wow [waʊ] *interj* (*fam*) ¡vaya!, ¡anda!, ¡caramba!, ¡mira nomás! *(LAm)*.

WP (**a**) *n abbr of* **word processing; word processor**. (**b**) *abbr of* **weather permitting**.

WPC *n abbr of* **Woman Police Constable**.

WPI *n abbr of* **wholesale price index**.

wpm *abbr of* **words per minute** p.p.m.

WRAC *n abbr* (*Brit*) *of* **Women's Royal Army Corps**.

WRAF *n abbr* (*Brit*) *of* **Women's Royal Air Force**.

wrangle [ˈræŋgl] **1** *n* riña *f*, pelea *f*, pleito *m (esp LAm)*. **2** *vi*: **to ~ (about** *or* **over)** reñir *or (esp LAm)* pelear (por *or* sobre).

wrap [ræp] **1** *n* chal *m*, rebozo *m (LAm)*; **under ~s** (*fig*) escondido/a, en secreto, tapado/a *(esp LAm)*. **2** *vt* (*also* **~ up**) envolver; (*also* **~ around**) enrollar; **the scheme is ~ped in secrecy** el proyecto está envuelto en el misterio.

▸ **wrap up 1** *vt + adv* (**a**) (*lit, fig*) envolver. (**b**) (*fam: finalize*) dar el toque final a. (**c**) **to be ~ped up in sb/sth** estar embelesado con algn/absorto en algo. **2** *vi + adv* (**a**) (*dress warmly*) abrigarse; **~ up warm!** ¡abrígate bien! (**b**) (*fam: be quiet*) callarse.

wraparound [ˈræpəˌraʊnd] *n* reciclado *m*, bucle *m*.

wrapper [ˈræpəʳ] *n* (*of goods*) envoltura *f*, envase *m*; (*of book*) sobrecubierta *f*; (*postal*) faja *f*.

wrapping [ˈræpɪŋ] **1** *n* envoltura *f*, envase *m*. **2** *cpd*: **~ paper** *n* papel *m* de envolver.

wrath [rɒθ] *n* (*poet*) cólera *f*.

wreak [riːk] *vt* (*destruction, vengeance*) hacer, causar; **to ~ havoc** causar estragos.

wreath [riːθ] *n* (*pl* **~s** [riːðz]) (*of flowers etc*) guirnalda *f*; (*for funeral*) corona *f*; (*of smoke, mist etc*) espiral *m*.

wreathed [riːðd] *adj*: **a face ~ in smiles** una cara sonriente.

wreck [rek] **1** *n* (**a**) (*destruction: of ship*) naufragio *m*; (*fig: of hopes, plans etc*) ruina *f*, derrota *f*. (**b**) (*Naut*) restos *mpl*; (*fig: old car etc*) ruina *f*, cacharro *m (fam)*; **I'm a ~, I feel a ~** estoy hecho polvo; **she's a nervous ~** tiene los nervios destrozados. **2** *vt* (**a**) destruir, hacer pedazos; (*fam: ship etc*) hundir; **to be ~ed** (*Naut*) naufragar. (**b**) (*plans, health, happiness etc*) arruinar, hundirse.

wreckage [ˈrekɪdʒ] *n* (*of ship*) pecios *mpl or* restos *mpl* de un naufragio; (*of car etc*) restos.

wrecker [ˈrekəʳ] *n* (*Naut: salvager*) raquero *m*; (*US: breaker, salvager*) demoledor *m*; (*US: breakdown van*) camión-grúa *m*.

WREN *abbr* (*Brit*) *of* **Women's Royal Navy Service**; **a ~** *miembro de la sección femenina de la marina británica*.

wren [ren] *n* reyezuelo *m*.

wrench [rentʃ] **1** *n* (**a**) (*tug*) tirón *m*, jalón *m (LAm)*; (*Med*) torcedura *f*; **to give sth a ~** tirar *or (LAm)* jalar algo (con violencia *or* fuerza). (**b**) (*tool*) llave *f* inglesa, llave de tuerca. (**c**) (*fig*) **it was a ~ to see her go** dolió mucho verla partir. **2** *vt* (**a**) **to ~ sth (away) from/off/out of** arrancar algo de; **to ~ a door open** abrir una puerta de un tirón *or (LAm)* jalón. (**b**) (*Med*) torcerse. **3** *vi*: **he ~ed (himself) free** haciendo un gran esfuerzo se soltó.

wrestle [ˈresl] **1** *n*: **to have a ~ with sb** luchar con algn. **2** *vi* (**a**) luchar (a brazo partido); (*Sport*) luchar. (**b**) (*fig*) luchar (*with* con); **we are wrestling with the problem** estamos luchando con el problema.

wrestler [ˈresləʳ] *n* (*Sport*) luchador(a) *m/f*.

wrestling [ˈreslɪŋ] **1** *n* (*Sport*) lucha *f* libre. **2** *cpd*: **~ match** *n* partido *m* de lucha libre.

wretch [retʃ] *n* desgraciado/a *m/f*, miserable *mf*; **little ~** (*often hum*) pícaro/a *m/f*, travieso/a *m/f*, granuja *mf*.

wretched [ˈretʃɪd] *adj* (**a**) (*very poor*) miserable, desgraciado/a; (*unhappy, depressed*) desdichado/a, desgraciado/a; **I feel ~** (*fam: ill*) me siento muy mal. (**b**) (*very bad*) horrible, espantoso/a; **what ~ luck!** (*fam*) ¡qué mala suerte!; **where's that ~ dog!** (*fam*) ¡dónde está ese maldito perro!

wriggle [ˈrɪgl] **1** *vt* menear; **to ~ one's way through sth** lograr salirse de algo. **2** *vi* (*also* **~ about** *or* **around**) menearse, moverse *or* revolverse (nerviosamente); (*in pain*) retorcerse; (*worm, snake, eel*) serpentear; (*fish*) colear; **to ~ along/down** moverse/bajarse; **to ~ free** escaparse, escurrirse; **to ~ through a hole** deslizarse por un agujero; **to ~ out of a difficulty** escabullirse, escaparse de un apuro.

wriggly [ˈrɪglɪ] *adj* (*comp* **-ier**; *superl* **-iest**) sinuoso/a.

wring [rɪŋ] (*pt, pp* **wrung**) **1** *vt* (**a**) (*also* **~ out**) escurrir. (**b**) (*twist*) torcer, retorcer; **I'll ~ your neck for that!** (*fam*) ¡te voy a retorcer el pescuezo! *(hum, fam)*; **she wrung my hand** me dio un apretón de manos; **to ~ one's hands** (*fig: in distress*) retorcerse las manos. (**c**) **eventually we wrung the truth out of them** al final les sacamos la verdad. **2** *n*: **to give clothes a ~** escurrir la ropa.

wringer [ˈrɪŋəʳ] *n* escurridor *m*.

wringing [ˈrɪŋɪŋ] *adj* (*also* **~ wet**) empapado/a.

wrinkle [ˈrɪŋkl] **1** *n* (*gen*) arruga *f*. **2** *vt* arrugar. **3** *vi* (*also* **~ up**) arrugarse.

wrinkled [ˈrɪŋkld], **wrinkly** [ˈrɪŋklɪ] *adj* arrugado/a.

wrist [rɪst] *n* muñeca *f*.

wristwatch [ˈrɪstwɒtʃ] *n* reloj *m* de pulsera.

writ [rɪt] *n* (*Jur*) mandato *m* judicial; **to issue a ~ against sb** demandar a algn; **to serve a ~ on sb** notificar un mandato judicial a algn.

write [raɪt] (*pt* **wrote**; *pp* **written**) **1** *vt* (*letter*) escribir; (*note*) apuntar; **she wrote to say that she'd be late** escribió para avisar que llegaría tarde; **to ~ sb a letter** escribirle (una carta) a algn; **he's just written another novel** acaba de escribir otra novela; **how is his name written?** ¿cómo se escribe su nombre?; **she wrote 3 pages** escribió 3 páginas; **his guilt was written all over him** se le veía *or* notaba en la cara que era culpable.

2 *vi* escribir; **to ~ to sb** escribir a algn; **that's nothing to ~ home about** (*fam*) no es nada del otro mundo; **I'll ~ for the catalogue** pediré el catálogo por carta; **to ~ for a paper** colaborar en un periódico.

▸ **write away** *vi + adv*: **to ~ away for sth** pedir algo por escrito *or* carta.

▸ **write back** *vi + adv* contestar por escrito.

▸ **write down** *vt + adv* (*make a note of, put in writing*) apuntar, anotar.

▸ **write in 1** *vt + adv* insertar. **2** *vi + adv* mandar carta; **to ~ in for sth** pedir algo por escrito.

▸ **write into** *vt + prep* incluir en; **the details will be written into the contract** se harán constar los detalles en el contrato.

▸ **write off 1** *vi + adv* = **write away**. **2** *vt + adv* (*Fin: debts etc*) cancelar; (*fig*) desechar por inútil; **to ~ sth off as a total loss** considerar algo como totalmente perdido; **the car had to be written off** el coche se consideró como sin valor alguno.

▸ **write out** *vt + adv* (**a**) (*gen*) escribir; (*neat version*) pasar en limpio. (**b**) **he was written out of the series** suprimieron el papel que tenía en la telenovela *etc*.

▸ **write up** *vt + adv* (*report*) redactar; (*diary*) poner al día; (*write report on*) escribir un informe sobre; **she wrote the play up in the Glasgow Herald** escribió una reseña de la obra en el Glasgow Herald.

write-off ['raɪtɒf] *n* (**a**) (*car etc*) ruina *f* total. (**b**) (*Comm*) amortización *f*.

write-protect ['raɪtprə'tekt] *vt* proteger contra escritura.

writer ['raɪtəʳ] *n* (*of letter, report etc*) escritor(a) *m/f*; (*as profession*) autor(a) *m/f*; **to be a good/poor ~** (*handwriting*) tener buena/mala letra; **~'s cramp** calambre *m* de los escribientes.

write-up ['raɪtʌp] *n* crítica *f*, reseña *f*.

writhe [raɪð] *vi* retorcerse; **to ~ with embarrassment** morirse de vergüenza *or (LAm)* pena.

writing ['raɪtɪŋ] **1** *n* (**a**) (*art in general*) escribir *m*, escritura *f*; (*style*) redacción *f*; **to put sth in ~** poner algo por escrito.

(**b**) (*handwriting*) letra *f*, escritura *f*; **in one's own ~** (*not typewritten*) a mano; (*not written by somebody else*) de su puño y letra.

(**c**) (*sth written*) escrito *m*, obra *f* escrita; **Aubrey's biographical ~s** las obras biográficas de Aubrey; **the ~'s on the wall** (*fig*) tiene los días contados.

2 *cpd*: **~ case** *n* estuche *m* de papel de escribir; **~ desk** *n* escritorio *m*; **~ paper** *n* papel *m* de escribir.

writing-pad ['raɪtɪŋpæd] *n* taco *m* de papel, bloc *m*.

written ['rɪtn] **1** *pp of* **write**. **2** *adj* escrito/a; **~ offer** oferta *f* por escrito; **~ statement** declaración *f* escrita.

WRNS [renz] *n abbr* (*Brit*) *of* **Women's Royal Naval Service.**

wrong [rɒŋ] **1** *adj* (**a**) (*morally*) malo/a; (*unfair*) injusto/a; **it's ~ to steal, stealing is ~** está malo *or (fam)* feo robar; **you were ~ to do that** hiciste mal en hacer eso; **what's ~ with a drink now and again?** ¿qué tiene de malo beberse una copa de vez en cuando?

(**b**) (*incorrect*) incorrecto/a, equivocado/a; **the ~ way round** al revés; **to be ~** (*person*) equivocarse; **that clock is ~** ese reloj anda *or* marcha mal; **I was ~ in thinking that ...** me equivoqué al pensar que ...; **at the ~ time** inoportunamente; **I'm in the ~ job** tengo un puesto que no me conviene.

(**c**) (*improper, not sought, not wanted*) impropio/a, inoportuno/a; **to say/do the ~ thing** decir/hacer algo inoportuno; **you have the ~ number** (*Telec*) (Ud) se ha equivocado de número; *see* **way 1 (b)**.

(**d**) (*amiss*) **something is ~** hay algo que no está bien; **is anything** *or* **something ~?** ¿pasa algo?; **what's ~ (with you)?** ¿qué (te) pasa?; **there's nothing ~** no pasa nada; **there is something ~ with my lights** mis faros no funcionan *or* andan *or* marchan bien, mis faros se cebaron *(Mex fam) or (LAm)* se me descompusieron; **to be ~ in the head** (*fam*) estar chiflado.

2 *adv* mal; **you're doing it all ~** lo estás haciendo mal; **you did ~ to insult him** hiciste mal en insultarle; **to get sth ~** equivocarse en algo; **don't get me ~** (*fam*) no me malinterpretes; **to go ~** (*on route*) equivocarse de camino; (*in calculation*) equivocarse; (*morally*) desorientarse; (*plan etc*) salir mal, malograrse *(Per)*, cebarse *(Mex fam)*; **something went ~ with the gears** las marchas empezaron a funcionar mal; **you can't go ~** no puede equivocarse.

3 *n* mal *m*; **to do sb a ~** hacerle un mal a algn; **to be in the ~** (*guilty*) ser culpable; (*mistaken*) estar equivocado; **to put sb in the ~** hacer que algn cargue con la culpa; **two ~s don't make a right** no se subsana un error cometiendo otro; **he can do no ~** es incapaz de hacer mal a nadie.

4 *vt* ser injusto con.

wrongdoer ['rɒŋ,duːəʳ] *n* malhechor(a) *m/f*, delincuente *mf*.

wrongful ['rɒŋfʊl] *adj* (*unjust*) injusto/a; (*unlawful*) ilegal; **~ dismissal** despido *m* improcedente.

wrong-headed ['rɒŋ'hedɪd] *adj* equivocado/a, erróneo/a.

wrongly ['rɒŋlɪ] *adv* (*unjustly*) injustamente; (*incorrectly*) incorrectamente.

wrote [rəʊt] *pt of* **write**.

wrought [rɔːt] **1** (*old, poet*) *pt, pp of* **work**; **great changes have been ~** se han efectuado grandes cambios. **2** *adj*: **~ iron** hierro *m* forjado.

wrought-up ['rɔːt'ʌp] *adj*: **to be ~** estar nervioso.

wrung [rʌŋ] *pt, pp of* **wring**.

WRVS *n abbr* (*Brit*) *of* **Women's Royal Voluntary Service.**

wry [raɪ] *adj* torcido/a; (*ironical*) irónico/a; (*sense of humour, joke etc*) pervertido/a.

wryly ['raɪlɪ] *adv* irónicamente, con ironía.

WSW *abbr of* **west-south-west** OSO.

W/T *abbr of* **wireless telegraphy** .

wt *abbr of* **weight** .

WV *abbr* (*US Post*) *of* **West Virginia**.

W. Va. *abbr* (*US*) *of* **West Virginia**.

WW1 *n abbr of* **World War One**.

WW2 *n abbr of* **World War Two**.

WWF *n abbr of* **World Wildlife Fund** Fundación *f* Mundial para la Naturaleza.

WY *abbr* (*US Post*) *of* **Wyoming**.

Wyo. *abbr* (*US*) *of* **Wyoming**.

WYSIWYG ['wɪzɪ,wɪg] *abbr* (*Comput*) *of* **what you see is what you get**.

X, x [eks] **1** *n* (*letter, Math*) X, x *f*; **if you have ~ dollars a year** si se tiene equis dólares al año; **~ marks the spot** el sitio está señalado con una equis. **2** *cpd*: **~ chromosome** *n* cromosoma *m* X.

X-certificate ['eksə,tɪfɪkɪt] *adj* (*Brit Cine*) no apto/a para menores de 18 años.

xenon ['zenɒn] *n* xenón *m*.

xenophobic [,zenə'fəʊbɪk] *adj* xenófobo/a.

Xerox ® ['zɪərɒks] **1** *n* (*machine*) fotocopiadora *f*; (*copy*) fotocopia *f*. **2** *vt* fotocopiar.
XL *abbr of* **extra large**.
Xmas ['eksməs] *n abbr of* **Christmas**.
X-rated ['eks'reɪtɪd] *adj* (*US Cine*) = **X-certificate**.
X-ray ['eks'reɪ] **1** *n* (*ray*) rayo-X *m*; (*photo*) radiografía *f*. **2** *vt* hacer una radiografía a, radiografiar. **3** *cpd*: ~ **photograph** *n* radiografía *f*; ~ **treatment** *n* tratamiento *m* de rayos X.
xylophone ['zaɪləfəʊn] *n* xilófono *m*.

Y, y [waɪ] *n* (*letter*) Y, y *f*.
yacht [jɒt] **1** *n* yate *m*. **2** *cpd*: ~ **club** *n* club *m* náutico; ~ **race** *n* regata *f* de yates.
yachting ['jɒtɪŋ] *n* balandrismo *m*.
yachtsman ['jɒtsmən] *n* (*pl* **-men**) balandrista *m*.
yachtswoman ['jɒtswʊmən] *n* (*pl* **-women**) balandrista *f*.
yak [jæk] *n* (*animal*) yac *m*, yak *m*.
Yale ® [jeɪl] *cpd*: ~ **lock** *n* cerradura *f* de cilindro.
yam [jæm] *n* ñame *m*; (*sweet potato*) batata *f*, camote *m* (*LAm*).
Yank [jæŋk] *adj*, *n* (*fam*) yanqui *mf*, gringo/a *m/f* (*LAm*).
yank [jæŋk] **1** *n* tirón *m*, jalón *m* (*LAm*). **2** *vt* tirar de, jalar (*LAm*); **to ~ a nail out** sacar un clavo de un tirón.
Yankee ['jæŋkɪ] = **Yank**.
yap [jæp] **1** *n* (*of dog*) ladrido *m* agudo. **2** *vi* (*dog*) ladrar.
yard[1] [jɑːd] *n* (*measure*) yarda *f*; **a few ~s off** ≈ a unos metros.
yard[2] [jɑːd] *n* (*court~*, *farm~*) patio *m*; (*US: garden*) jardín *m*; (*worksite*) taller *m*; (*for storage*) depósito *m*, almacén *m*; (*Rail*) estación *f*.
yardarm ['jɑːdɑːm] *n* (*Naut*) penol *m*.
yardstick ['jɑːdstɪk] *n* (*fig*) medida *f*, patrón *m*.
yarn [jɑːn] *n* **(a)** (*wool etc*) hilo *m*, hilado *m*. **(b)** (*tale*) cuento *m*, historia *f*; **to spin a ~** venir con el cuento de (como pretexto).
yashmak ['jæʃmæk] *n* velo *m* (de musulmana).
yawn [jɔːn] **1** *n* bostezo *m*. **2** *vi* bostezar. **3** *vt*: **to ~ one's head off** bostezar mucho.
yawning ['jɔːnɪŋ] *adj* (*fig: abyss*) muy abierto/a.
yd. *abbr of* **yard**.
ye [jiː] (*old*) **1** *pron* = **you** (*pl*). **2** *def art* = **the**.
yea [jeɪ] (*old*) **1** *adv* (*yes*) sí. **2** *n*: **the ~s and the nays** los votos a favor y en contra.
yeah [jɛə] *adv* (*fam*) = **yes**.
year ['jɪəʳ] *n* **(a)** año *m*; **all (the) ~ round** durante todo el año; **~ in, ~ out** año tras año; **3 times a ~** 3 veces al año; **in the ~ 1869** en el año 1869; **last ~** el año pasado; **the ~ before last** el año antepasado; **next ~** (*looking to future*) el año que viene; **the next ~** (*in past time*) el año siguiente; **he got 10 ~s** le condenaron a 10 años de prisión; **it takes ~s** tarda años *or* un siglo; **she's three ~s old** tiene tres años; **he's getting on in ~s** va para viejo; **the work has put ~s on him** el trabajo le ha hecho envejecer bastante; **it's taken ~s off her** la ha rejuvenecido.
(b) (*Scol, Univ*) curso *m*, clase *f*; **he's in the second ~** está en el segundo curso.
(c) (*of wine*) vendimia *f*, cosecha *f*.
(d) (*age*) **old/young for his ~s** más viejo de lo que es/joven para la edad que tiene; **from her earliest ~s** desde muy joven.
yearbook ['jɪəbʊk] *n* anuario *m*.
yearly ['jɪəlɪ] **1** *adj* anual. **2** *adv* anualmente, cada año; **(once)** ~ una vez al año.
yearn [jɜːn] *vi*: **to ~ for sb/sth** añorar a algn/anhelar algo; **to ~ to do sth** suspirar por hacer algo.
yearning ['jɜːnɪŋ] **1** *adj* (*desire*) ansioso/a; (*look, tone etc*) de ansia. **2** *n* (*desire*) ansias *fpl*; (*longing*) añoranzas *fpl*.
yearningly ['jɜːnɪŋlɪ] *adv* con ansia, ansiosamente.
yeast [jiːst] *n* levadura *f*.
yell [jel] **1** *n* grito *m*, alarido *m*; **to give a ~, to let out a ~** dar un alarido, pegar un grito; **a ~ of laughter** una carcajada. **2** *vi* gritar, dar voces. **3** *vt* (*order, name*) gritar.
yellow ['jeləʊ] **1** *adj* (*comp* **~er**; *superl* **~est**) amarillo/a; (*fig: cowardly*) cobarde; **to go** *or* **turn** ~ volverse amarillo; ~ **card** (*Ftbl*) tarjeta *f* amarilla. **2** *n* amarillo *m*. **3** *vi* volverse amarillo.
yellowish ['jeləʊɪʃ] *adj* amarillento/a.
yelp [jelp] **1** *n* (*of animal*) gañido *m*; (*of person*) chillido *m*. **2** *vi* (*animal*) gañir; (*person*) chillar.
Yemen ['jemən] *n* Yemen *m*.
Yemeni ['jemənɪ] *adj*, *n* yemenita *mf*.
yen [jen] *n* **(a)** (*currency*) yen *m*. **(b)** (*fam*) **to have a ~ to do sth** tener ganas de hacer algo.
yeoman ['jəʊmən] *n* (*pl* **-men**) (*Brit Mil*) soldado *m* de caballería; **Y~ of the Guard** alabardero *m* de la Casa Real.
yes [jes] **1** *adv* sí; (*answering negative question*) **you're not going, are you? — ~, I am** tú no vas, ¿verdad? — sí sí, (que) voy; **~?** (*awaiting further reply*) ¿y qué más?, y ¿luego? (*LAm*); **to say ~ (to)** decir que sí (a), aceptar; **~ and no** (*sort of*) un poco sí y un poco no; **~~, but what if it doesn't?** de acuerdo, pero ¿si no es así? **2** *n* sí *m*. **3** *cpd*: ~ **man** *n* pelotillero *m*, cobista *m*.
yesterday ['jestədeɪ] *adv* ayer; ~ **morning/evening** ayer por la mañana/tarde; **the day before ~** anteayer.
yet [jet] **1** *adv* **(a)** (*now, up to now, by now*) todavía, aún; **not ~** todavía no; **he hasn't come ~** todavía no ha llegado; **don't go (just) ~** quédate un rato; **this is his best film ~** es su mejor película hasta ahora; **as ~** todavía, hasta ahora. **(b)** (*still*) todavía; **he may come ~** puede venir todavía; **that question is ~ to be decided** está por decidirse todavía. **(c)** (*in addition, even*) **~ again** otra *or* una vez más; **~ more** todavía más. **(d)** (*frm*) **nor ~** ni. **2** *conj*: **and ~** (pero) con todo, (y) sin embargo.
yeti ['jetɪ] *n* yeti *m*.
yew [juː] *n* (*also* **~ tree**) tejo *m*.
YHA *n abbr* (*Brit*) *of* **Youth Hostels Association**.
Yiddish ['jɪdɪʃ] *n* (*Ling*) yiddish *m*.
yield [jiːld] **1** *n* (*of crops etc*) cosecha *f*; (*of oil well etc*) producción *f*; (*Fin: profits, interest*) rendimiento *m*; **a ~ of 5%** un rédito *or* beneficio del 5 por ciento. **2** *vt* **(a)** (*produce*) producir, dar; (*Fin: profit, interest*) rendir. **(b)** (*surrender: also* **~ up**) ceder. **3** *vi* (*surrender*) rendirse (*to* a), entregarse (*to* a); (*break, collapse*) ceder; (*US Aut*) ceder el paso; **to ~ to temptation** ceder a la tentación; **we shall never ~** nunca nos rendimos.
yippee [jɪ'piː] *interj* (*fam*) yupi.
YMCA *n abbr of* **Young Men's Christian Association**.
yo ['jəʊ] *interj* (*as greeting*) ¡hombre!; (*to attract attention*) ¡eh!, ¡oye!
yob ['jɒb], **yobbo** ['jɒbəʊ] *n* (*pl* **~s**) (*Brit fam*) gamberro *m*.
yodel ['jəʊdl] **1** *vi* cantar a la tirolesa. **2** *n* canto *m* a la

tirolesa.
yoga ['jəʊgə] *n* yoga *m.*
yog(h)urt ['jəʊgət] *n* yogur(t) *m.*
yoke [jəʊk] **1** *n* (**a**) (*of oxen*) yunta *f*; (*carried on shoulder*) balancín *m*; (*fig*) yugo *m.* (**b**) (*on dress etc*) canesú *m.* **2** *vt* (*also* ~ **together**: *oxen*) uncir.
yokel ['jəʊkəl] *n* palurdo *m.*
yolk [jəʊk] *n* yema *f.*
yonder ['jɒndəʳ] *adv*: **(over)** ~ allá.
yonks [jɒŋks] (*fam*) *n*: **for** ~ hace siglos; **I haven't seen you for** ~ hace siglos que no te veo.
Yorks [jɔ:ks] *abbr* (*Brit*) *of* **Yorkshire**.
you [ju:] *pron* (**a**) (*sg: familiar: nominative*) tú; (*: accusative, dative*) te; (*: after prep*) ti; (*: polite: nominative*) usted, Ud, Vd; (*: accusative/dative*) la/le; (*: after prep*) usted, Ud, Vd; **if I was** *or* **were** ~ yo que tú, yo en tu lugar; **that dress just isn't** ~ ese vestido no te sienta bien; ~ **fool!** ¡no seas tonto!; ~ **there!** ¡oye, tú!
(**b**) (*pl: familiar: nominative*) vosotros/as, ustedes *(LAm)*; (*: accusative, dative*) os; (*: after prep*) vosotros/as; (*: polite: nominative*) ustedes, Uds, Vds; (*: accusative, dative*) les; (*: after prep*) ustedes, Uds, Vds; **all of** ~, ~ **all** todos vosotros/todos ustedes; ~ **doctors!** ¡vosotros, los médicos!
(**c**) (*impers: one*) uno; **that's lawyers for** ~! ¡para que te fíes de los abogados!; ~ **never know,** ~ **never can tell** nunca se sabe; ~ **can't do that!** ¡no se puede hacer eso!
you'd [ju:d] = **you would; you had**.
you'll [ju:l] = **you will; you shall**.
young [jʌŋ] **1** *adj* (*comp* ~**er**; *superl* ~**est**) (*gen*) joven; (*moon*) nuevo/a; (*wine*) verde; **a** ~ **man/lady** un joven/ una joven; **they have a** ~ **family** tienen niños jóvenes; **the** ~**er son** el hijo menor; **you're only** ~ **once** la juventud no se recupera; **the night is** ~ la noche es joven. **2** *npl* (*of animals*) cría *f*; **the** ~ (*young people*) los jóvenes.
youngster ['jʌŋstəʳ] *n* joven *mf.*
your ['jʊəʳ] *poss adj* (**a**) (*singular: familiar*) tu; (*: polite*) su, de usted. (**b**) (*plural: familiar*) vuestro/a, su *(LAm)*; (*: polite*) su, de ustedes. (**c**) (*impers: one's*) **it's bad for** ~ **health** perjudica la salud.
you're ['jʊəʳ] = **you are**.
yours ['jʊəz] *poss pron* (*sg: familiar*) (el/la) tuyo/a; (*: polite*) (el/la) suyo/a; (*pl: familiar*) (el/la) vuestro/a, él/la de ustedes *(LAm)*; (*: polite*) (el/la) suyo/a; **that dog of** ~! ¡ese perro tuyo!; ~ **(faithfully** *or* **sincerely)** le saluda atentamente; **what's** ~**?** (*fam*) ¿qué vas a tomar?
yourself [jə'self] *pron* (*pl* **yourselves** [jə'selvz]) (**a**) (*reflexive: sg: familiar*) te; (*: polite*) se; (*: pl: familiar*) os, se *(LAm)*; (*: polite*) se; (*: impers*) se; **have you hurt** ~**?** ¿te has hecho daño? (**b**) (*emphatic: sg: familiar*) tú mismo/a; (*: polite*) usted mismo/a; (*: pl: familiar*) vosotros/as mismos/as, ustedes mismos/as *(LAm)*; (*: polite*) ustedes mismos/as; (*: impers*) uno mismo; **you did it** ~ tú mismo lo hiciste; **(all) by** ~ sin ayuda de nadie.
youth [ju:θ] **1** *n* (**a**) juventud *f*; **in my** ~ en mi juventud. (**b**) (*pl* ~**s** [ju:ðz]) (*boy*) joven *m.* **2** *npl* (*young people*) jóvenes *mpl*; **the** ~ **of today** los jóvenes de hoy. **3** *cpd*: ~ **club** *n* club *m* juvenil; ~ **hostel** *n* albergue *m* juvenil; **to go** ~ **hostelling** pasar las vacaciones en albergues juveniles.
youthful ['ju:θfʊl] *adj* juvenil.
youthfulness ['ju:θfʊlnɪs] *n* juventud *f.*
you've [ju:v] = **you have**.
yowl [jaʊl] **1** *n* aullido *m.* **2** *vi* aullar.
yo-yo ['jəʊjəʊ] *n* yoyo *m.*
yr *abbr* (**a**) *of* **year**. (**b**) *of* **your**.
yrs *abbr* (**a**) *of* **years**. (**b**) *of* **yours**.
YT *abbr* (*Canada*) *of* **Yukon Territory**.
YTS *n abbr* (*Brit*) *of* **Youth Training Scheme** *plan de promoción de empleo para jóvenes.*
yucca ['jʌkə] *n* yuca *f.*
yuck [jʌk] *interj* (*fam*) ¡puaj! (*fam*).
Yugoslav ['ju:gəʊ'slɑ:v] *adj, n* yugoslavo/a *m/f.*
Yugoslavia ['ju:gəʊ'slɑ:vɪə] *n* Yugoslavia *f.*
Yugoslavian ['ju:gəʊ'slɑ:vɪən] *adj* yugo(e)slavo/a.
Yule(tide) ['ju:l(taɪd)] **1** *n* Navidad *f.* **2** *cpd*: ~ **log** *n* leño *m* de Navidad.
yummy ['jʌmɪ] *adj* (*comp* **-ier**; *superl* **-iest**) (*fam*) de rechupete.
yuppie ['jʌpɪ] *n abbr* (*fam*) *of* **young upwardly mobile professional** yuppie *mf.*
YWCA *n abbr of* **Young Women's Christian Association**.

Z

Z, z [zed, (*US*) zi:] *n* (*letter*) Z, z *f.*
Zaire [zɑ:'i:əʳ] *n* Zaire *m.*
Zambia ['zæmbɪə] *n* Zambia *f.*
Zambian ['zæmbɪən] *adj, n* zambiano/a *m/f.*
zany ['zeɪnɪ] *adj* (*comp* **-ier**; *superl* **-iest**) estrafalario/a.
zap [zæp] *vt* (*Comput*) borrar.
zeal [zi:l] *n* celo *m*, entusiasmo *m* (*for* por).
zealot ['zelət] *n* fanático/a *m/f.*
zealous ['zeləs] *adj* entusiasta.
zebra ['zi:brə] **1** *n* cebra *f.* **2** *cpd*: ~ **crossing** *n* (*Brit*) paso *m* de peatones.
zenith ['zenɪθ] *n* (*Astron*) cenit *m*; (*fig*) cenit, apogeo *m.*
zephyr ['zefəʳ] *n* céfiro *m.*
zeppelin ['zeplɪn] *n* zepelín *m.*
zero ['zɪərəʊ] **1** *n* cero *m*; **5° below** ~ 5 grados bajo cero. **2** *vi*: **to** ~ **in on** apuntar sobre. **3** *cpd* (*altitude, gravity*) cero; (*fam: interest, hope*) nulo/a; ~ **hour** *n* hora *f* cero; ~ **rating** *n* tasa *f* cero.
zero-rated ['zɪərəʊˌreɪtɪd] *adj*: **to be** ~ **for VAT** tener tipo cero del IVA.
zest [zest] *n* (*enthusiasm*) entusiasmo *m* (*for* por); (*excitement*) ánimo *m.*
zigzag ['zɪgzæg] **1** *n* zigzag *m.* **2** *vi* zigzaguear, serpentear. **3** *cpd* en zigzag.
zilch [zɪltʃ] *n* (*US fam*) nada de nada.
Zimbabwe [zɪm'bɑ:bwɪ] *n* Zimbabue *m.*
Zimbabwean [zɪm'bɑ:bwɪən] *adj, n* zimbabuo/a *m/f.*
Zimmer ® [zɪmə] *n* andador *m.*
zinc [zɪŋk] **1** *n* cinc *m*, zinc *m.* **2** *cpd*: ~ **ointment** *n* pomada *f* de zinc; ~ **oxide** *n* óxido *m* de zinc.
Zionism ['zaɪənɪzəm] *n* sionismo *m.*
Zionist ['zaɪənɪst] *adj, n* sionista *mf.*
zip [zɪp] **1** *n* (**a**) (*Brit: also* ~ **fastener**) cremallera *f*, cierre *m* relámpago *(LAm)*. (**b**) (*energy*) vigor *m*, energía *f.* **2** *vt*: **to** ~ **sb/sth up** cerrar la cremallera de algn/algo; ~**ped pockets** (*with* ~*s*) bolsillos con cremallera. **3** *vi*: **to** ~ **in/past** entrar/pasar volando *or* zumbando. **4** *cpd*: ~ **code** *n* (*US*) código *m* postal.
zipper ['zɪpəʳ] *n* (*esp US*) = **zip 1 (a)**.
zippy ['zɪpɪ] *adj* (*fam*) enérgico/a.
zirconium [zɜ:'kəʊnɪəm] *n* circonio *m.*
zither ['zɪðəʳ] *n* cítara *f.*
zodiac ['zəʊdɪæk] *n* zodíaco *m.*
zombie ['zɒmbɪ] *n* (*fig*) zombi *m*, autómata *m.*

zone [zəʊn] **1** *n* (*gen*) zona *f*; **postal ~** (*US*) zona postal. **2** *vt* dividir en *or* por zonas.
zonked [zɒŋkt] (*fam*) *adj* (*also* ~ **out**: *exhausted*) agotado/a, hecho/a polvo *(fam)*; (*: on drink, drugs*) colocado/a *(fam)*.
zonk out *vi* + *adv* (*fam*) quedarse sobado/a *or* sobeta *(fam)*.
zoo [zuː] *n* zoo *m*, parque *m* zoológico.
zoological [ˌzəʊəˈlɒdʒɪkəl] *adj* zoológico/a.
zoologist [zəʊˈɒlədʒɪst] *n* zoólogo/a *m/f*.
zoology [zəʊˈɒlədʒɪ] *n* zoología *f*.
zoom [zuːm] **1** *n* (*sound*) zumbido *m*. **2** *vi* (**a**) (*go fast*) ir zumbando; **he ~ed past at 120 kph** pasó como un rayo a 120 kph. (**b**) (*Phot, Cine*) **to ~ in (on sb/sth)** enfocar (a algn/algo) con el zoom. **3** *cpd*: ~ **(lens)** *n* (*Phot*) zoom *m*.
zucchini [zuːˈkiːnɪ] *n inv* (*US*) calabacín *m*, calabacita *f* *(LAm)*.
Zulu [ˈzuːlʊ] *adj*, *n* zulú *mf*.
Zürich *n* Zurich *f*.

THE SPANISH VERB

INFINITIVE	PRESENT INDICATIVE	PRESENT SUBJUNCTIVE	PRETERITE
|1a| **cantar** (regular: see table at end of list)			
Gerund: *cantando*			
|1b| **cambiar**	cambio	cambie	cambié
i of the stem is not stressed and the verb is	cambias	cambies	cambiaste
regular	cambia	cambie	cambió
Gerund: *cambiando*	cambiamos	cambiemos	cambiamos
	cambiáis	cambiéis	cambiasteis
	cambian	cambien	cambiaron
|1c| **enviar**	env**í**o	env**í**e	envié
i of the stem stressed in parts of the present	env**í**as	env**í**es	enviaste
tenses	env**í**a	env**í**e	envió
Gerund: *enviando*	enviamos	enviemos	enviamos
	enviáis	enviéis	enviasteis
	env**í**an	env**í**en	enviaron
|1d| **evacuar**	evacuo	evacue	evacué
u of the stem is not stressed and the verb is	evacuas	evacues	evacuaste
regular	evacua	evacue	evacuó
Gerund: *evacuando*	evacuamos	evacuemos	evacuamos
	evacuáis	evacuéis	evacuasteis
	evacuan	evacuen	evacuaron
|1e| **situar**	sit**ú**o	sit**ú**e	situé
u of the stem stressed in parts of the present	sit**ú**as	sit**ú**es	situaste
tenses	sit**ú**a	sit**ú**e	situó
Gerund: *situando*	situamos	situemos	situamos
	situáis	situéis	situasteis
	sit**ú**an	sit**ú**en	situaron
|1f| **cruzar**	cruzo	cru**ce**	cru**cé**
Stem consonant **z** written **c** before **e**	cruzas	cru**ces**	cruzaste
Gerund: *cruzando*	cruza	cru**ce**	cruzó
	cruzamos	cru**ce**mos	cruzamos
	cruzáis	cru**cé**is	cruzasteis
	cruzan	cru**ce**n	cruzaron
|1g| **picar**	pico	pi**que**	pi**qué**
Stem consonant **c** written **qu** before **e**	picas	pi**que**s	picaste
Gerund: *picando*	pica	pi**que**	picó
	picamos	pi**que**mos	picamos
	picáis	pi**qué**is	picasteis
	pican	pi**que**n	picaron
|1h| **pagar**	pago	pa**gue**	pa**gué**
Stem consonant **g** written **gu** (with **u** silent)	pagas	pa**gue**s	pagaste
before **e**	paga	pa**gue**	pagó
Gerund: *pagando*	pagamos	pa**gue**mos	pagamos
	pagáis	pa**gué**is	pagasteis
	pagan	pa**gue**n	pagaron
|1i| **averiguar**	averiguo	averi**güe**	averi**güé**
u of the stem written **ü** (so that it is pro-	averiguas	averi**güe**s	averiguaste
nounced) before **e**	averigua	averi**güe**	averiguó
Gerund: *averiguando*	averiguamos	averi**güe**mos	averiguamos
	averiguáis	averi**güé**is	averiguasteis
	averiguan	averi**güe**n	averiguaron
|1j| **cerrar**	c**ie**rro	c**ie**rre	cerré
Stem vowel **e** becomes **ie** when stressed	c**ie**rras	c**ie**rres	cerraste
Gerund: *cerrando*	c**ie**rra	c**ie**rre	cerró
	cerramos	cerremos	cerramos
	cerráis	cerréis	cerrasteis
	c**ie**rran	c**ie**rren	cerraron
|1k| **errar**	**ye**rro	**ye**rre	erré
As |1j|, but diphthong written **ye-** at the start of	**ye**rras	**ye**rres	erraste
the word	**ye**rra	**ye**rre	erró
Gerund: *errando*	erramos	erremos	erramos
	erráis	erréis	errasteis
	yerran	**ye**rren	erraron

INFINITIVE	PRESENT INDICATIVE	PRESENT SUBJUNCTIVE	PRETERITE
|1l| **contar**	cu**e**nto	cu**e**nte	conté
Stem vowel **o** becomes **ue** when stressed	cu**e**ntas	cu**e**ntes	contaste
Gerund: *contando*	cu**e**nta	cu**e**nte	contó
	contamos	contemos	contamos
	contáis	contéis	contasteis
	cu**e**ntan	cu**e**nten	contaron
|1m| **agorar**	ag**üe**ro	ag**üe**re	agoré
As |1l|, but diphthong written **üe** (so that the **u** is pronounced)	ag**üe**ras	ag**üe**res	agoraste
Gerund: *agorando*	ag**üe**ra	ag**üe**re	agoró
	agoramos	agoremos	agoramos
	agoráis	agoréis	agorasteis
	ag**üe**ran	ag**üe**ren	agoraron
|1n| **jugar**	j**ue**go	j**ue**g**u**e	ju**gu**é
Stem vowel **u** becomes **ue** when stressed; stem consonant **g** written **gu** (with **u** silent) before **e**	j**ue**gas	j**ue**g**u**es	jugaste
Gerund: *jugando*	j**ue**ga	j**ue**g**u**e	jugó
	jugamos	ju**gu**emos	jugamos
	jugáis	ju**gu**éis	jugasteis
	j**ue**gan	j**ue**g**u**en	jugaron
|1o| **estar**	estoy	esté	estuve
Irregular.	estás	estés	estuviste
Imperative: *está* (*tú*)	está	esté	estuvo
Gerund: *estando*	estamos	estemos	estuvimos
	estáis	estéis	estuvisteis
	están	estén	estuvieron
|1p| **andar**	ando	ande	anduve
Irregular.	andas	andes	anduviste
Gerund: *andando*	anda	ande	anduvo
	andamos	andemos	anduvimos
	andáis	andéis	anduvisteis
	andan	anden	anduvieron
|1q| **dar**	doy	dé	di
Irregular.	das	des	diste
Gerund: *dando*	da	dé	dio
	damos	demos	dimos
	dais	deis	disteis
	dan	den	dieron
|2a| **temer** (regular: see table at end of list)			
|2b| **vencer**	ven**z**o	ven**z**a	vencí
Stem consonant **c** written **z** before **a** and **o**	vences	ven**z**as	venciste
Gerund: *venciendo*	vence	ven**z**a	venció
	vencemos	ven**z**amos	vencimos
	vencéis	ven**z**áis	vencisteis
	vencen	ven**z**an	vencieron
|2c| **coger**	co**j**o	co**j**a	cogí
Stem consonant **g** written **j** before **a** and **o**	coges	co**j**as	cogiste
Gerund: *cogiendo*	coge	co**j**a	cogió
	cogemos	co**j**amos	cogimos
	cogéis	co**j**áis	cogisteis
	cogen	co**j**an	cogieron
|2d| **conocer**	cono**zc**o	cono**zc**a	conocí
Stem consonant **c** becomes **zc** before **a** and **o**	conoces	cono**zc**as	conociste
Gerund: *conociendo*	conoce	cono**zc**a	conoció
	conocemos	cono**zc**amos	conocimos
	conocéis	cono**zc**áis	conocisteis
	conocen	cono**zc**an	conocieron
|2e| **leer**	leo	lea	leí
Unstressed **i** between vowels is written **y**.	lees	leas	leíste
Past Participle: *leído*	lee	lea	le**y**ó
Gerund: *leyendo*	leemos	leamos	leímos
	leéis	leáis	leísteis
	leen	lean	le**y**eron

INFINITIVE	PRESENT INDICATIVE	PRESENT SUBJUNCTIVE	PRETERITE
|2f| **tañer**	taño	taña	tañí
Unstressed **i** after **ñ** (and also after **ll**) is	tañes	tañas	tañiste
omitted	tañe	taña	ta**ñ**ó
Gerund: *tañendo*	tañemos	tañamos	tañimos
	tañéis	tañáis	tañisteis
	tañen	tañan	ta**ñ**eron
|2g| **perder**	p**ie**rdo	p**ie**rda	perdí
Stem vowel **e** becomes **ie** when stressed	p**ie**rdes	p**ie**rdas	perdiste
Gerund: *perdiendo*	p**ie**rde	p**ie**rda	perdió
	perdemos	perdamos	perdimos
	perdéis	perdáis	perdisteis
	p**ie**rden	p**ie**rdan	perdieron
|2h| **mover**	m**ue**vo	m**ue**va	moví
Stem vowel **o** becomes **ue** when stressed	m**ue**ves	m**ue**vas	moviste
Gerund: *moviendo*	m**ue**ve	m**ue**va	movió
	movemos	movamos	movimos
	movéis	mováis	movisteis
	m**ue**ven	m**ue**van	movieron
|2i| **oler**	**hue**lo	**hue**la	olí
As |2h|, but diphthong is written **hue-** at the	**hue**les	**hue**las	oliste
start of the word	**hue**le	**hue**la	olió
Gerund: *oliendo*	olemos	olamos	olimos
	oléis	oláis	olisteis
	huelen	**hue**lan	olieron
|2j| **haber** (see table at end of list)			
|2k| **tener**	tengo	tenga	tuve
Irregular.	tienes	tengas	tuviste
Future: *tendré*	tiene	tenga	tuvo
Imperative: *ten* (*tú*)	tenemos	tengamos	tuvimos
Gerund: *teniendo*	tenéis	tengáis	tuvisteis
	tienen	tengan	tuvieron
|2l| **caber**	quepo	quepa	cupe
Irregular.	cabes	quepas	cupiste
Future: *cabré*	cabe	quepa	cupo
Gerund: *cabiendo*	cabemos	quepamos	cupimos
	cabéis	quepáis	cupisteis
	caben	quepan	cupieron
|2m| **saber**	sé	sepa	supe
Irregular.	sabes	sepas	supiste
Future: *sabré*	sabe	sepa	supo
Gerund: *sabiendo*	sabemos	sepamos	supimos
	sabéis	sepáis	supisteis
	saben	sepan	supieron
|2n| **caer**	caigo	caiga	caí
Unstressed **i** between vowels written **y**, as |2e|.	caes	caigas	caíste
Past Participle: *caído*	cae	caiga	ca**y**ó
Gerund: *cayendo*	caemos	caigamos	caímos
	caéis	caigáis	caísteis
	caen	caigan	ca**y**eron
|2o| **traer**	traigo	traiga	traje
Irregular.	traes	traigas	trajiste
Past Participle: *traído*	trae	traiga	trajo
Gerund: *trayendo*	traemos	traigamos	trajimos
	traéis	traigáis	trajisteis
	traen	traigan	trajeron
|2p| **valer**	valgo	valga	valí
Irregular.	vales	valgas	valiste
Future: *valdré*	vale	valga	valió
Gerund: *valiendo*	valemos	valgamos	valimos
	valéis	valgáis	valisteis
	valen	valgan	valieron

INFINITIVE	PRESENT INDICATIVE	PRESENT SUBJUNCTIVE	PRETERITE
|2q| **poner**	pongo	ponga	puse
Irregular.	pones	pongas	pusiste
Future: *pondré*	pone	ponga	puso
Past Participle: *puesto*	ponemos	pongamos	pusimos
Imperative: *pon* (*tú*)	ponéis	pongáis	pusisteis
Gerund: *poniendo*	ponen	pongan	pusieron
|2r| **hacer**	hago	haga	hice
Irregular.	haces	hagas	hiciste
Future: *haré*	hace	haga	hizo
Past Participle: *hecho*	hacemos	hagamos	hicimos
Imperative: *haz* (*tú*)	hacéis	hagáis	hicisteis
Gerund: *haciendo*	hacen	hagan	hicieron
|2s| **poder**	puedo	pueda	pude
Irregular.	puedes	puedas	pudiste
In present tenses like |2h|.	puede	pueda	pudo
Future: *podré*	podemos	podamos	pudimos
Gerund: *pudiendo*	podéis	podáis	pudisteis
	pueden	puedan	pudieron
|2t| **querer**	quiero	quiera	quise
Irregular.	quieres	quieras	quisiste
In present tenses like |2g|.	quiere	quiera	quiso
Future: *querré*	queremos	queramos	quisimos
Gerund: *queriendo*	queréis	queráis	quisisteis
	quieren	quieran	quisieron
|2u| **ver**	veo	vea	vi
Irregular.	ves	veas	viste
Imperfect: *veía*	ve	vea	vio
Past Participle: *visto*	vemos	veamos	vimos
Gerund: *viendo*	veis	veáis	visteis
	ven	vean	vieron

|2v| **ser** (see table at end of list)

|2w| **placer**. Exclusively 3rd person singular. Irregular forms: Present subj. *plazca* (less commonly *plega* or *plegue*); Preterite *plació* (less commonly *plugo*); Imperfect subj. I *placiera*, II *placiese* (less commonly *plugiera*, *plugiese*).

|2x| **yacer**. Archaic. Irregular forms: Present indic. *yazco* (less commonly *yazgo* or *yago*), *yaces* etc; Present subj. *yazca* (less commonly *yazga* or *yaga*), *yazcas* etc; Imperative *yace* (*tú*) (less commonly *yaz*).

|2y| **raer**. Present indic. usually *raigo*, *raes* etc (like *caer* |2n|), but *rayo* occasionally found; Present subj. usually *raiga*, *raigas* etc (also like *caer*), but *raya*, *rayas* etc occasionally found.

|2z| **roer**. Alternative forms in present tenses: Indicative, *roo*, *roigo* or *royo*; *roes*, *roe* etc. Subjunctive, *roa*, *roiga* or *roya*. First persons usually avoided because of the uncertainty. The gerund is *royendo*.

|3a| **partir** (regular: see tables at end of list)

INFINITIVE	PRESENT INDICATIVE	PRESENT SUBJUNCTIVE	PRETERITE
|3b| **esparcir**	espar**z**o	espar**z**a	esparcí
Stem consonant **c** written **z** before **a** and **o**	esparces	espar**z**as	esparciste
Gerund: *esparciendo*	esparce	espar**z**a	esparció
	esparcimos	espar**z**amos	esparcimos
	esparcís	espar**z**áis	esparcisteis
	esparcen	espar**z**an	esparcieron
|3c| **dirigir**	diri**j**o	diri**j**a	dirigí
Stem consonant **g** written **j** before **a** and **o**	diriges	diri**j**as	dirigiste
Gerund: *dirigiendo*	dirige	diri**j**a	dirigió
	dirigimos	diri**j**amos	dirigimos
	dirigís	diri**j**áis	dirigisteis
	dirigen	diri**j**an	dirigieron
|3d| **distinguir**	distin**g**o	distin**g**a	distinguí
u after the stem consonant **g** omitted before **a** and **o**	distingues	distin**g**as	distinguiste
Gerund: *distinguendo*	distingue	distin**g**a	distinguió
	distinguimos	distin**g**amos	distinguimos
	distinguís	distin**g**áis	distinguisteis
	distinguen	distin**g**an	distinguieron
|3e| **delinquir**	delin**c**o	delin**c**a	delinquí
Stem consonant **qu** written **c** before **a** and **o**	delinques	delin**c**as	delinquiste
Gerund: *delinquiendo*	delinque	delin**c**a	delinquió
	delinquimos	delin**c**amos	delinquimos
	delinquís	delin**c**áis	delinquisteis
	delinquen	delin**c**an	delinquieron

INFINITIVE	PRESENT INDICATIVE	PRESENT SUBJUNCTIVE	PRETERITE
[3f] **lucir**	lu**zc**o	lu**zc**a	lucí
Stem consonant **c** becomes **zc** before **a** and **o**	luces	lu**zc**as	luciste
Gerund: *luciendo*	luce	lu**zc**a	lució
	lucimos	lu**zc**amos	lucimos
	lucís	lu**zc**áis	lucisteis
	lucen	lu**zc**an	lucieron
[3g] **huir**	hu**y**o	hu**y**a	huí
A **y** is inserted before endings not beginning with **i**.	hu**y**es	hu**y**as	huiste
Gerund: *huyendo*	hu**y**e	hu**y**a	hu**y**ó
	huimos	hu**y**amos	huimos
	huís	hu**y**áis	huisteis
	hu**y**en	hu**y**an	hu**y**eron
[3h] **gruñir**	gruño	gruña	gruñí
Unstressed **i** after **ñ** (and also after **ch** and **ll**) omitted	gruñes	gruñas	gruñiste
Gerund: *gruñendo*	gruñe	gruña	gru**ñó**
	gruñimos	gruñamos	gruñimos
	gruñís	gruñáis	gruñisteis
	gruñen	gruñan	gru**ñe**ron
[3i] **sentir**	s**ie**nto	s**ie**nta	sentí
The stem vowel **e** becomes **ie** when stressed; **e** becomes **i** in 3rd persons of Preterite, 1st and 2nd persons pl. of Present Subjunctive.	s**ie**ntes	s**ie**ntas	sentiste
Gerund: *sintiendo*	s**ie**nte	s**ie**nta	s**i**ntió
In *adquirir* the stem vowel **i** becomes **ie** when stressed	sentimos	s**i**ntamos	sentimos
	sentís	s**i**ntáis	sentisteis
	s**ie**nten	s**ie**ntan	s**i**ntieron
[3j] **dormir**	d**ue**rmo	d**ue**rma	dormí
The stem vowel **o** becomes **ue** when stressed; **o** becomes **u** in 3rd persons of Preterite, 1st and 2nd persons pl. of Present Subjunctive.	d**ue**rmes	d**ue**rmas	dormiste
Gerund: *durmiendo*	d**ue**rme	d**ue**rma	d**u**rmió
	dormimos	d**u**rmamos	dormimos
	dormís	d**u**rmáis	dormisteis
	d**ue**rmen	d**ue**rman	d**u**rmieron
[3k] **pedir**	p**i**do	p**i**da	pedí
The stem vowel **e** becomes **i** when stressed, and in 3rd persons of Preterite, 1st and 2nd persons pl. of Present Subjunctive.	p**i**des	p**i**das	pediste
Gerund: *pidiendo*	p**i**de	p**i**da	p**i**dió
	pedimos	p**i**damos	pedimos
	pedís	p**i**dáis	pedisteis
	p**i**den	p**i**dan	p**i**dieron
[3l] **reír**	río	ría	reí
Irregular.	ríes	rías	reíste
Past Participle: *reído*	ríe	ría	rió
Gerund: *riendo*	reímos	riamos	reímos
Imperative: *ríe (tú)*	reís	riáis	reísteis
	ríen	rían	rieron
[3m] **erguir**	yergo	yerga	erguí
Irregular.	yergues	yergas	erguiste
Gerund: *irguiendo*	yergue	yerga	irguió
Imperative: *yergue (tú)* and less commonly *irgue (tú)*	erguimos	yergamos	erguimos
	erguís	yergáis	erguisteis
	yerguen	yergan	irguieron
[3n] **reducir**	redu**zc**o	redu**zc**a	red**uj**e
The stem consonant **c** becomes **zc** before **a** and **o** as [3f]; irregular preterite in **-uj-**	reduces	redu**zc**as	red**uj**iste
Gerund: *reduciendo*	reduce	redu**zc**a	red**uj**o
	reducimos	redu**zc**amos	red**uj**imos
	reducís	redu**zc**áis	red**uj**isteis
	reducen	redu**zc**an	red**uj**eron
[3o] **decir**	digo	diga	dije
Irregular.	dices	digas	dijiste
Future: *diré*	dice	diga	dijo
Past Participle: *dicho*	decimos	digamos	dijimos
Gerund: *diciendo*	decís	digáis	dijisteis
Imperative: *di (tú)*	dicen	digan	dijeron

INFINITIVE	PRESENT INDICATIVE	PRESENT SUBJUNCTIVE	PRETERITE
|3p| **oír**	oigo	oiga	oí
Irregular.	oyes	oigas	oíste
Unstressed **i** between vowels becomes **y**	oye	oiga	oyó
Past Participle: *oído*	oímos	oigamos	oímos
Gerund: *oyendo*	oís	oigáis	oísteis
	oyen	oigan	oyeron
|3q| **salir**	salgo	salga	salí
Irregular.	sales	salgas	saliste
Future: *saldré*	sale	salga	salió
Imperative: *sal* (*tú*)	salimos	salgamos	salimos
Gerund: *saliendo*	salís	salgáis	salisteis
	salen	salgan	salieron
|3r| **venir**	vengo	venga	vine
Irregular.	vienes	vengas	viniste
Future: *vendré*	viene	venga	vino
Gerund: *viniendo*	venimos	vengamos	vinimos
Imperative: *ven* (*tú*)	venís	vengáis	vinisteis
	vienen	vengan	vinieron
|3s| **ir**	voy	vaya	fui
Irregular.	vas	vayas	fuiste
Imperfect: *iba*	va	vaya	fue
Gerund: *yendo*	vamos	vayamos	fuimos
Imperative: *ve* (*tú*), *id* (*vosotros*)	vais	vayáis	fuisteis
	van	vayan	fueron

|1a| **cantar** (regular verb)

INDICATIVE

Present
canto
cantas
canta
cantamos
cantáis
cantan

Imperfect
cantaba
cantabas
cantaba
cantábamos
cantabais
cantaban

Preterite
canté
cantaste
cantó
cantamos
cantasteis
cantaron

Future
cantaré
cantarás
cantará
cantaremos
cantaréis
cantarán

Gerund
cantando

CONDITIONAL
cantaría
cantarías
cantaría
cantaríamos
cantaríais
cantarían

Imperative
canta (tú)
cantad (vosotros)

Past Participle
cantado

SUBJUNCTIVE

Present
cante
cantes
cante
cantemos
cantéis
canten

Imperfect
cantara/-ase
cantaras/-ases
cantara/-ase
cantáramos/-ásemos
cantarais/-aseis
cantaran/-asen

|2a| **temer** (regular verb)

INDICATIVE

Present
temo
temes
teme
tememos
teméis
temen

Imperfect
temía
temías
temía
temíamos
temíais
temían

Future
temeré
temerás
temerá
temeremos
temeréis
temerán

Preterite
temí
temiste
temió
temimos
temisteis
temieron

Gerund
temiendo

CONDITIONAL
temería
temerías
temería
temeríamos
temeríais
temerían

Imperative
teme (tú)
temed (vosotros)

Past Participle
temido

SUBJUNCTIVE

Present
tema
temas
tema
temamos
temáis
teman

Imperfect
temiera/-iese
temieras/-ieses
temiera/-iese
temiéramos/-iésemos
temierais/-ieseis
temieran/-iesen

[3a] **partir** (regular verb)

INDICATIVE
Present
parto
partes
parte
partimos
partís
parten
Imperfect
partía
partías
partía
partíamos
partíais
partían
Preterite
partí
partiste
partió
partimos
partisteis
partieron
Future
partiré
partirás
partirá
partiremos
partiréis
partirán
Gerund
partiendo

CONDITIONAL
partiría
partirías
partiría
partiríamos
partiríais
partirían
Imperative
parte (tú)
partid (vosotros)
Past Participle
partido
SUBJUNCTIVE
Present
parta
partas
parta
partamos
partáis
partan
Imperfect
partiera/-iese
partieras/-ieses
partiera/-iese
partiéramos/-iésemos
partierais/-ieseis
partieran/-iesen

[2j] **haber**

INDICATIVE
Present
he
has
ha
hemos
habéis
han
Imperfect
había
habías
había
habíamos
habíais
habían
Preterite
hube
hubiste
hubo
hubimos
hubisteis
hubieron
Future
habré
habrás
habrá
habremos
habréis
habrán
Gerund
habiendo
Past Participle
habido

CONDITIONAL
habría
habrías
habría
habríamos
habríais
habrían
SUBJUNCTIVE
Present
haya
hayas
haya
hayamos
hayáis
hayan
Imperfect
hubiera/-iese
hubieras/-ieses
hubiera/-iese
hubiéramos/-iésemos
hubierais/-ieseis
hubieran/-iesen

[2v] **ser**
INDICATIVE *Present* soy eres es somos sois son
Imperfect era eras era éramos erais eran
Preterite fui fuiste fue fuimos fuisteis fueron
Future seré serás será seremos seréis serán
Gerund siendo
Past Participle sido
CONDITIONAL sería serías sería seríamos seríais serían
Imperative sé (tú) sed (vosotros)
SUBJUNCTIVE *Present* sea seas sea seamos seáis sean
Imperfect fuera/-ese fueras/-eses fuera/-ese fuéramos/-ésemos fuerais/-eseis fueran/-esen

EL VERBO INGLÉS

INFINITIVO	PRETÉRITO	PARTICIPIO DE PASADO
abide	abode *or* abided	abode *or* abided
arise	arose	arisen
awake	awoke	awaked
be	was, were	been
bear	bore	(*llevado*) borne, (*nacido*) born
beat	beat	beaten
become	became	become
beget	begot, (old) begat	begotten
begin	began	begun
bend	bent	bent
beseech	besought	besought
bet	bet *or* betted	bet *or* betted
bid *(ordenar)*	bade	bidden
(licitar etc)	bid	bid
bind	bound	bound
bite	bit	bitten
bleed	bled	bled
blow	blew	blown
break	broke	broken
breed	bred	bred
bring	brought	brought
build	built	built
burn	burned *or* burnt	burned *or* burnt
burst	burst	burst
buy	bought	bought
can	could	
cast	cast	cast
catch	caught	caught
choose	chose	chosen
cleave[1] (*vt*)	clove *or* cleft	cloven *or* cleft
cleave[2] (*vi*)	cleaved, (old) clave	cleaved
cling	clung	clung
come	came	come
cost (*vt*)	costed	costed
(*vi*)	cost	cost
creep	crept	crept
cut	cut	cut
deal	dealt	dealt
dig	dug	dug
do	did	done
draw	drew	drawn
dream	dreamed *or* dreamt	dreamed *or* dreamt
drink	drank	drunk
drive	drove	driven

INFINITIVO	PRETÉRITO	PARTICIPIO DE PASADO
dwell	dwelt	dwelt
eat	ate	eaten
fall	fell	fallen
feed	fed	fed
feel	felt	felt
fight	fought	fought
find	found	found
flee	fled	fled
fling	flung	flung
fly	flew	flown
forbid	forbad(e)	forbidden
forget	forgot	forgotten
forsake	forsook	forsaken
freeze	froze	frozen
get	got	got, (*US*) gotten
gild	gilded	gilded *or* gilt
gird	girded *or* girt	girded *or* girt
give	gave	given
go	went	gone
grind	ground	ground
grow	grew	grown
hang	hung, (*Law*) hanged	hung, (*Law*) hanged
have	had	had
hear	heard	heard
heave	heaved, (*Naut*) hove	heaved, (*Naut*) hove
hew	hewed	hewed *or* hewn
hide	hid	hidden
hit	hit	hit
hold	held	held
hurt	hurt	hurt
keep	kept	kept
kneel	knelt	knelt
know	knew	known
lade	laded	laden
lay	laid	laid
lead	led	led
lean	leaned *or* leant	leaned *or* leant
leap	leaped *or* leapt	leaped *or* leapt
learn	learned *or* learnt	learned *or* learnt
leave	left	left
lend	lent	lent
let	let	let
lie	lay	lain
light	lit *or* lighted	lit *or* lighted
lose	lost	lost
make	made	made
may	might	–
mean	meant	meant
meet	met	met
mow	mowed	mown *or* mowed
pay	paid	paid
put	put	put
quit	quit *or* quitted	quit *or* quitted
read [ri:d]	read [red]	read [red]
rend	rent	rent
rid	rid	rid
ride	rode	ridden
ring	rang	rung
rise	rose	risen
run	ran	run
saw	sawed	sawed *or* sawn
say	said	said
see	saw	seen
seek	sought	sought
sell	sold	sold
send	sent	sent
set	set	set
sew	sewed	sewn
shake	shook	shaken
shave	shaved	shaved *or* shaven
shear	sheared	sheared *or* shorn
shed	shed	shed
shine	shone	shone
shoe	shod	shod
shoot	shot	shot
show	showed	shown *or* showed
shrink	shrank	shrunk
shut	shut	shut
sing	sang	sung
sink	sank	sunk
sit	sat	sat
slay	slew	slain
sleep	slept	slept
slide	slid	slid
sling	slung	slung
slink	slunk	slunk
slit	slit	slit
smell	smelled *or* smelt	smelled *or* smelt
smite	smote	smitten
sow	sowed	sowed *or* sown
speak	spoke	spoken
speed (*vt*)	speeded	speeded
(*vi*)	sped	sped
spell	spelled *or* spelt	spelled *or* spelt
spend	spent	spent
spill	spilled *or* spilt	spilled *or* spilt
spin	spun, (old) span	spun
spit	spat	spat
split	split	split
spoil	spoiled *or* spoilt	spoiled *or* spoilt
spread	spread	spread
spring	sprang	sprung
stand	stood	stood
stave	stove *or* staved	stove *or* staved
steal	stole	stolen
stick	stuck	stuck
sting	stung	stung
stink	stank	stunk
strew	strewed	strewed *or* strewn
stride	strode	stridden
strike	struck	struck
string	strung	strung
strive	strove	striven
swear	swore	sworn
sweep	swept	swept
swell	swelled	swollen
swim	swam	swum
swing	swung	swung
take	took	taken
teach	taught	taught
tear	tore	torn
tell	told	told
think	thought	thought
thrive	throve *or* thrived	thriven *or* thrived
throw	threw	thrown
thrust	thrust	thrust
tread	trod	trodden
wake	woke *or* waked	woken *or* waked
wear	wore	worn
weave	wove	woven
weep	wept	wept
win	won	won
wind	wound	wound
wring	wrung	wrung
write	wrote	written

N.B. – No constan en esta lista los verbos compuestos con prefijo etc; para ellos véase el verbo básico, p.ej. para **forbear** véase **bear**, para **understand** véase **stand**.